Ouvrages édités par les DICTIONNAIRES LE ROBERT
107, avenue Parmentier, 75011 PARIS (France).

Dictionnaires de langue :

— *Grand Robert de la langue française* (deuxième édition).
Dictionnaire alphabétique et analogique de la langue française (9 vol.).
Une étude en profondeur de la langue française.
Une anthologie littéraire de Villon à Queneau et à nos contemporains.

— *Petit Robert 1 [P. R. 1].*
Dictionnaire alphabétique et analogique de la langue française
(1 vol., 2 208 pages, 59 000 articles).
Le classique pour la langue française : 8 dictionnaires en 1.

— *Robert méthodique [R. M.].*
Dictionnaire méthodique du français actuel
(1 vol., 1 648 pages, 34 300 mots et 1 730 éléments).
Le seul dictionnaire alphabétique de la langue française qui groupe les mots par familles.

— *Micro-Robert.*
Dictionnaire du français primordial
(1 vol., 1 232 pages, 30 000 articles).
Un dictionnaire d'apprentissage du français.

— *Dictionnaire universel* d'Antoine Furetière
(édition de 1690, préfacée par Bayle).
Réédition anastatique (3 vol.), avec illustrations du XVIIᵉ siècle et index thématiques.
Précédé d'une étude par Alain Rey :
«Antoine Furetière, imagier de la culture classique».
Le premier grand dictionnaire français.

— *Le Robert des sports.*
Dictionnaire de la langue des sports
(1 vol., 586 pages, 2 780 articles, 78 illustrations et plans cotés),
par Georges PETIOT.

Dictionnaires de noms propres :
(Histoire, Géographie, Arts, Littératures, Sciences...)

— *Grand Robert des noms propres.*
Dictionnaire universel des noms propres
(5 vol., 3 504 pages, 42 000 articles, 4 500 illustrations couleurs et noir, 210 cartes).
Le complément culturel indispensable du *Grand Robert de la langue française.*

— *Petit Robert 2 [P. R. 2].*
Dictionnaire des noms propres
(1 vol., 2 106 pages, 36 000 articles, 2 200 illustrations couleurs et noir, 200 cartes).
Le complément, pour les noms propres, du *Petit Robert 1.*

— *Dictionnaire universel de la peinture.*
(6 vol., 3 022 pages, 3 500 articles, 2 700 illustrations couleurs).

Dictionnaires bilingues :

— *Le Robert et Collins.*
Dictionnaire français-anglais/english-french
(1 vol., 1 536 pages, 225 000 «unités de traduction»).

— *Le «Junior» Robert et Collins.*
Dictionnaire français-anglais/english-french
(1 vol., 960 pages, 105 000 «unités de traduction»).

— *Le «Cadet» Robert et Collins.*
Dictionnaire français-anglais/english-french
(1 vol., 624 pages, 60 000 «unités de traduction»).

— *Le Robert et Signorelli.*
Dictionnaire français-italien/italiano-francese
(1 vol., 3 008 pages, 339 000 «unités de traduction»).

*Consultez à la fin de ce volume
les titres de la collection* «Les usuels du ROBERT».

LE GRAND ROBERT
DE LA LANGUE FRANÇAISE

LE GRAND ROBERT
DE LA LANGUE FRANÇAISE

DICTIONNAIRE
ALPHABÉTIQUE ET ANALOGIQUE
DE LA LANGUE FRANÇAISE

de Paul ROBERT

DEUXIÈME ÉDITION
entièrement revue et enrichie
par
Alain REY

Tome VIII
Raiso - Sub

LE ROBERT
107, avenue Parmentier, Paris-XIe

Deuxième édition entièrement revue et enrichie.

Tous droits réservés pour le Canada.
© 1985, Les Dictionnaires ROBERT - CANADA S.C.C.
Montréal, Canada.

Tous droits de reproduction, de traduction et d'adaptation
réservés pour tous pays.
© 1985, DICTIONNAIRES LE ROBERT
107, avenue Parmentier, 75011 PARIS.

ISBN 2-85036-099-6 (édition complète).
ISBN 2-85036-096-1 (tome VIII).

On trouvera en tête du premier volume
les préfaces de Paul ROBERT et d'Alain REY,
l'explication des signes conventionnels, abréviations et conventions,
les principes de la transcription phonétique,
les correspondances des principales datations lexicales
ainsi que la liste des collaborateurs de l'ouvrage ;
et en fin d'ouvrage (tome IX) les annexes suivantes :
dérivés de noms propres de personnes et de lieux (noms d'habitants),
tableaux des conjugaisons des verbes français,
bibliographie et liste des suffixes.

Raison

RAISON [ʀɛzɔ̃] n. f. — 980, *Passion du Christ*, au sens III.; les autres acceptions apparaissent au déb. du XIIᵉ; du lat. *rationem*, accusatif de *ratio* «calcul, compte; système, procédé», et, par ext. «faculté de calculer, de raisonner; explication, théorie» (de *reor* «calculer»), mot employé pour traduire le grec *logos*, à la fois «raison» et «langage».

★ **I.** Capacité de jugement par laquelle l'homme* est capable d'organiser, de systématiser sa connaissance et sa conduite, d'établir des rapports vrais avec le monde. — Dans certaines théories, système de principes qui dirigent l'activité de l'esprit et forment une règle, un modèle idéal de connaissance et d'action. — REM. À la différence d'*intelligence* et de *pensée*, raison a généralement une valeur normative et universelle. Le mot ne s'emploie pas dans la langue de la psychologie. ⇒ **Intelligence** (I., REM.). — *Relatif à la raison.* ⇒ **Rationnel.** *Doctrines, attitudes philosophiques concernant la raison.* ⇒ **Rationalisme.** *Théories biologique, pragmatiste, sociologique... de la raison* (→ ci-dessous, A., 2.).

1 *Raison*, selon qu'on envisage surtout, soit le caractère analytique de ses opérations, soit la clarté certaine de ses assertions, s'applique tantôt à la faculté essentiellement discursive, qui, capable d'organiser des expériences ou des preuves, établit ses démonstrations; — tantôt à la faculté d'affirmer l'absolu, de connaître le réel pour ainsi dire de capter l'être tel qu'il est, et de fournir les principes, d'atteindre les vérités nécessaires et suffisantes à la pensée et à la vie. Dans le premier sens, la raison est un simple instrument («un instrument universel», disait Descartes) pour servir, aider ou mimer l'œuvre d'une faculté plus haute d'intuition; dans le second sens, elle prend le premier rôle; elle prétend, plus ou moins délibérément, attribuer une valeur réaliste au travail discursif de l'esprit, et restituer le réel à l'aide des fragments artificiels de l'analyse.
M. BLONDEL, *in* LALANDE, *Voc. de la philosophie*, art. *Raison*.

A. ♦ 1. La faculté pensante et son fonctionnement, chez l'homme; ce qui permet à l'homme de connaître, juger et agir, conformément à des principes (considérés comme plus ou moins stables), mais sans préjuger la valeur de cette connaissance ou de cette action. Spécialt. La pensée discursive. ⇒ **Compréhension, connaissance, entendement, esprit**; **intelligence, pensée**; fig. **cerveau, cervelle...** «*Je suis une chose qui pense, c'est-à-dire un esprit* (cit. 39), *un entendement ou une raison*» (Descartes). «*Discours de la méthode pour bien conduire sa raison...*». *La raison, propre de l'homme* (→ Animal, cit. 18; bête, cit. 3, Descartes; généraliser, cit. 3, Voltaire). *Être doué de raison.* ⇒ **Raisonnable.** *L'instinct* (cit. 9 et 12) *et la raison.* — Par ext. *L'instinct, raison des bêtes* (→ Intelligence, cit. 8, Voltaire). — *L'activité de la raison.* ⇒ **Raisonnement, raisonner; comprendre, connaître, penser; déductif, déduction, démonstration, jugement, logique** (cit. 1 et 2). *Les lois, les principes, les règles de la raison* (→ ci-dessous, 2.). *Les opérations* (cit. 1) *de la raison.*

2 Ainsi, loin que la véritable raison de l'homme se forme indépendamment du corps, c'est la bonne constitution du corps qui rend les opérations de l'esprit faciles et sûres.
ROUSSEAU, *Émile*, II.

3 Que nos théories scientifiques soient liées aux règles de fonctionnement de notre esprit, à la structure de notre raison, aux concepts dont nous disposons, c'est certainement un point dont j'ai parlé, et aucun savant doué d'un esprit tant soit peu critique n'a naturellement jamais pu faire entièrement abstraction (...)
L. DE BROGLIE, *Physique et Microphysique*, p. 130.

Loc. *Raison raisonnante**. — *Être de raison.* ⇒ 2. **Être** (cit. 31 et 32); **entité**. — *L'abstraction*, opposée au réel, au concret (→ Langage, cit. 30). — *La spéculation désintéressée*, opposée aux activités pratiques (→ Immoralisme, cit. 2).

♦ 2. (Dans un sens normatif.). La faculté de penser, considérée d'un point de vue général et abstrait, en tant qu'elle permet à l'homme «de bien juger (cit. 31, Descartes) et de distinguer le vrai du faux», et d'appliquer ce jugement à l'action. ⇒ **Discernement, jugement, sagesse, sens** (bon sens).

ⓐ Didact., philos. «*L'intelligence* (cit. 9, Comte), *principal attribut pratique de la raison*». *La philosophie* (cit. 3), *application de la raison aux différents objets.* ⇒ **Philosophie, science.** *Les lumières* (cit. 21) *de la raison. Raison et morale. Justice et bonté* (cit. 4), «*affections de l'âme éclairée par la raison*». *Le droit* (3. Droit, cit. 32, Bossuet) *n'est autre chose que la raison même* (→ aussi 1. Loi, cit. 49). — *L'exercice de la raison, les lois, les principes, les règles de la raison.* ⇒ **Loi, principe.** — *La raison, con-*

sidérée comme modèle pour la pensée et comme instrument de connaissance (Descartes), *comme une valeur conventionnelle incarnée dans le langage, dans la logique* (Valéry; → ci-dessous, cit. Bergson), *comme prise de conscience d'un rapport entre la vérité objective et l'Esprit* (Hegel), etc. (→ ci-dessous, les sens 5, 6 et 7).

4 (...) il est certain que la raison des hommes ne s'étend pas si loin que la vérité des choses (...)
GUEZ DE BALZAC, *Lettres*, 14, *in* LITTRÉ.

5 L'entendement (...) en tant qu'il invente et qu'il pénètre, il s'appelle *esprit*; en tant qu'il juge et qu'il dirige au vrai et au bien, il s'appelle *raison* et *jugement*.
BOSSUET, *Traité de la connaissance de Dieu*, I, VII.

6 (...) je ne sache point de qualités que celles-ci qui servent à la perfection de l'esprit : car pour la raison ou le sens, d'autant qu'elle est la seule chose qui nous rend hommes et nous distingue des bêtes, je veux croire qu'elle est tout entière en un chacun, et suivre en ceci l'opinion commune des philosophes (...)
DESCARTES, *Discours de la méthode*, I.

7 Ce que dans l'homme nous appelons la raison n'est point un don inné, primitif et persistant, mais une acquisition tardive et un composé fragile.
TAINE, *les Origines de la France contemporaine*, II, t. II, p. 56
(→ ci-dessous, 6., le sens philosophique).

8 (...) les mots ont un sens défini, une valeur conventionnelle relativement fixe; ils ne peuvent exprimer le nouveau que comme un réarrangement de l'ancien. On appelle couramment et peut-être imprudemment «raison» cette logique conservatrice qui régit la pensée en commun : conversation ressemble beaucoup à conservation.
H. BERGSON, *la Pensée et le Mouvant*, p. 89.

9 Il y a des choses qu'il faut bien accepter sans les comprendre; en ce sens, nul ne vit sans religion. L'Univers est un fait; il faut ici que la raison s'incline (...)
ALAIN, *Propos*, 1ᵉʳ avr. 1908, Aimer ce qui existe.

10 Il y a toujours eu des hommes pour défendre les droits de l'irrationnel. La tradition de ce qu'on peut appeler la pensée humiliée n'a jamais cessé d'être vivante (...) Mais jamais peut-être en aucun temps comme le nôtre, l'attaque contre la raison n'a été plus vive.
CAMUS, *le Mythe de Sisyphe*, p. 39.

Spécialt. *La raison intuitive* (noêsis) *et la raison discursive* (dianoia), *dans la philosophie antique* (⇒ **Conscience, intuition**).

Abaisser, humilier la raison (→ aussi Abêtir, cit. 2). *La foi et la raison* (→ Inculquer, cit. 6). *Le culte de la raison* (→ ci-dessous, 5., spécialt). *Le besoin qu'a l'homme de croire* (cit. 55) *en sa raison.*

Vieilli. *La raison*, faculté de se conduire suivant les valeurs morales (→ ci-dessous, la *Raison pratique* de Kant). *L'Être suprême nous a donné la raison pour connaître ce qui est bien.* ⇒ **Bien**, n. m. (→ Grâce, cit. 25).

11 (...) c'est la raison éclairée par le flambeau de la philosophie, qui nous montre ce point fixe dont j'ai parlé, ce point duquel on peut partir pour connaître le juste et l'injuste, le bien et le mal moral.
LA METTRIE, *Discours préliminaire*, *in* Textes choisis, p. 60.

ⓑ Cour. (⇒ **Raisonnable**). Bon sens, sagesse pour penser sainement et se bien conduire. ⇒ **Discernement, entendement, judiciaire** (n. f., vx); **jugement, justesse** (d'esprit), **sagesse, sens, tête**. *La droite raison* (→ 1. Droit, cit. 23). «*Le droit chemin de la raison*» (→ Cabrer, cit. 8). «*La parfaite raison fuit toute extrémité*» (cit. 14). *La mesure et la raison françaises* (→ 1. Étranger, cit. 6). *Chez les Français, le raisonnement tue la raison* (→ Esprit, cit. 96, Balzac). — Fig. *Les préjugés sont la raison des sots* (→ Conclure, cit. 10), leur tiennent lieu de raison.

12 Et ne devez-vous pas me passer un peu de morale en faveur de ma gaieté, comme on passe aux Français un peu de folie en faveur de leur raison?
BEAUMARCHAIS, *le Mariage de Figaro*, Préface.

13 Un gouvernement serait parfait s'il pouvait mettre autant de raison dans la force que de force dans la raison. RIVAROL, *Notes, pensées et maximes*, t. I, p. 24.

14 La raison habite rarement les âmes communes et bien plus rarement encore les grands esprits. FRANCE, *le Petit Pierre*, XXXIII.

Conformité à la raison (d'un jugement, d'une opinion...). ⇒ **Bien-fondé, justesse, rectitude.** *Conforme à la raison.* ⇒ **Juste, légitime, raisonnable, rationnel, sain, sensé.** *Contraire à la raison.* ⇒ **Absurde, déraisonnable, fou, insane, insensé, irraisonné, irrationnel.** *Il serait contre la raison que...* (→ 2. Flétrir, cit. 2). — Loc. Vieilli. *Contre toute raison* : d'une manière excessive, anormale... *Un outrage** *à la raison, outrager la raison.*

Faire valoir, employer la raison : persuader au lieu d'employer l'argument d'autorité (cit. 4 et 12). — *Ramener qqn à la raison,* à une attitude raisonnable (→ Dépiter, cit. 4). — (Mil. XVIIᵉ) *Mettre qqn à la raison, se mettre à la raison* : rendre, devenir plus raisonnable. — Par ext. *Mettre qqn à la raison* : réduire (qqn) par la force (→ Malheur, cit. 20, La Fontaine).

15 (...) Jean s'en alla, pendant qu'Élodie, de sa voix blanche de vierge, disait que, si son papa faisait le méchant, elle se chargeait de le mettre à la raison.
ZOLA, la Terre, V, V.

Consulter (cit. 9 et 10) *la raison, sa raison. Soumettre au jugement de la raison.* ⇒ **Juger.** *Peser à la balance* (cit. 10) *de la raison. Les conseils*, la voix de la raison. Appel à la raison. La raison nous commande plus impérieusement qu'un maître* (→ Désobéir, cit. 2). *Suivre la raison. Des sottises que ma raison désapprouvait* (cit. 3). — *Renoncer à suivre la raison. Abdiquer sa raison* (→ Plier, cit. 19). *Ne laisser ployer* (cit. 9) *ni sa raison ni sa probité.*

16 Quoi? j'étouffe en mon cœur la raison qui m'éclaire (...)
RACINE, Andromaque, V, 4.

17 L'homme libre est celui qui ne craint pas d'aller jusqu'au bout de sa raison.
J. RENARD, Journal, 1901.

La raison, faculté qui se développe le plus tard (→ Difficilement, cit. 2, Rousseau). *La marche de la raison dans l'enfance* (→ Présenter, cit. 7). *Croître en raison et en force.* — Loc. (1690). **ÂGE* DE RAISON** : âge auquel on considère que l'enfant a l'essentiel de la raison, aux environs de sa septième année (→ Faire, cit. 62; idée, cit. 5). *Sitôt que l'homme est en âge de raison* (→ Maître, cit. 33).

18 (...) tu es resté un vieil étudiant irresponsable (...) Tu as l'âge de raison, Mathieu, tu as l'âge de raison ou tu devrais l'avoir (...) — Bah! dit Mathieu, ton âge de raison, c'est l'âge de la résignation, je n'y tiens pas du tout.
SARTRE, l'Âge de raison, p. 115.

Une maturité (cit. 6) *de raison.* — Allus. littér. *« Et puis est revenu, plein d'usage et raison »* (→ Âge, cit. 2).

C (Opposé à *instinct, intuition*). **LA RAISON** : faculté de connaître, de raisonner selon des lois, par opposition aux autres moyens de connaissance. — REM. *Raison* est pris ici au sens de *« raison discursive »*, et exclut l'intuition. — *La raison et l'instinct* (cit. 9, 31 et 32), *et la nature* (cit. 58). *La raison opposée au cœur,* chez Pascal. ⇒ **Cœur** (cit. 143, 161 et 162). *Raison et intuition.*

LA RAISON, opposée à la pensée irrationnelle, notamment dans le domaine de la création. *Raison et fantaisie, et imagination.* ⇒ **Imagination** (cit. 11). *La raison et l'irrationnel, le rêve, la folie* (fig.; cit. 12, 18 et 19). *Se révolter contre la raison* (au nom de l'inconscient). → Gratuit, cit. 9. — *Place de la raison dans la littérature classique. «Aimez donc la raison»* (→ Écrit, cit. 3, Boileau). *Le romantisme, le surréalisme réduisent le rôle de la raison.*

19 Notre pâle raison nous cache l'infini!
RIMBAUD, Poésies, V, III.

(Opposé à *sentiment*). **LA RAISON,** réglant et ordonnant le comportement humain. *La raison et le cœur* (cit. 152, 153 et 157). *La raison et la passion*.* → aussi Arrêter, cit. 20; céder, cit. 13; démontrer, cit. 1; frein, cit. 6; homme, cit. 20. *« Les passions* (cit. 8, Vauvenargues) *ont appris aux hommes la raison ». La raison et le sentiment* (→ Mesquin, cit. 4). *« Ma raison, il est vrai, dompte mes sentiments »* (→ Autorité, cit. 37, Corneille). *La raison et l'amour* (cit. 44, Pascal). — Loc. *Mariage* (cit. 18 et 19) *de raison* (opposé à *mariage d'amour*), réglé par les convenances sociales ou l'intérêt et non par les sentiments. *La raison et l'humeur* (cit. 4; cit. 22) *et l'impulsion* (cit. 13), *et le tempérament, et le caractère. Raison et désir. Raison et sens* (→ Gouvernail, cit. 5). *« Ces surprises des sens que la raison surmonte »* (→ Assaut, cit. 5, Corneille).

20 Il est vrai : ma raison me le dit chaque jour;
Mais la raison n'est pas ce qui règle l'amour.
MOLIÈRE, le Misanthrope, I, 1.

21 Notre raison nous rend quelquefois aussi malheureux que nos passions; et on peut dire de l'homme, quand il est dans ce cas, que c'est un malade empoisonné par son médecin.
CHAMFORT, Maximes, « Sur les sentiments », XLI.

22 Les grandes pensées viennent de la raison!
LAUTRÉAMONT, Poésies, II, p. 285 (allusion à la phrase de Vauvenargues, → Cœur, cit. 151).

23 Enfin on se pénètre près d'elle *(la femme)* de cette idée que les rêves du sentiment et les ombres de la foi sont invincibles, et que ce n'est pas la raison qui gouverne les hommes.
FRANCE, le Jardin d'Épicure, p. 39.

24 Mon cœur, si ma raison lui donne tort de battre, c'est à lui que je donne raison.
GIDE, les Nouvelles nourritures, p. 208.

25 Il faut admettre que si le cœur a ses raisons que la raison ne connaît pas, c'est que celle-ci est moins raisonnable que notre cœur.
R. RADIGUET, le Diable au corps, p. 123.

26 Qu'on ne reproche point un trépas de fantaisie à ce souverain qui avait eu une naissance de raison, qui avait fait un mariage, un divorce, un remariage de raison et des enfants par raison d'État. Il s'est rattrapé sur le dernier article, le seul qui lui restât pour se divertir.
A. ARNOUX, Suite variée, Le fauteuil, p. 235.

♦ **3.** Les facultés intellectuelles d'une personne *(la raison de quelqu'un, sa raison),* considérées quant à leur état actuel, à leur fonctionnement. *Une raison claire, lucide, lumineuse. Obscurcir les lumières de sa raison.* ⇒ **Aveugler** (→ Épreuve, cit. 16). *Raison vacillante, obscurcie.* ⇒ **Aveuglement, déraison, déraisonner, égarement, égarer** (cit. 8 et 16). *Ma raison chancelle* (→ Incertain, cit. 16), *s'égare* (→ Poison, cit. 3). *Sa raison s'est altérée* (→ Fixe, cit. 9). ⇒ aussi **Fou** (cit. 27). *Sa raison sommeillait* (→ Détraquer, cit. 4), *s'en allait* (→ Impression, cit. 42). *Troubler* la raison.* — *Les malheureux en qui la raison humaine s'est obscurcie* (→ Imbécile, cit. 12).

La raison agit avec lenteur, et avec tant de vues, sur tant de principes, lesquels il faut qu'ils soient toujours présents, qu'à toute heure elle s'assoupit ou s'égare, manque *(faute)* d'avoir tous ses principes présents. 27
PASCAL, Pensées, IV, 252.

J'ai peur surtout du trouble horrible de ma pensée, de ma raison qui m'échappe brouillée, dispersée par une mystérieuse et invisible angoisse. 28
MAUPASSANT, les Sœurs Rondoli, « Lui ».

Absolt. État normal des facultés intellectuelles. — (1680). *Perdre la raison* : devenir fou*. *Recouvrer la raison. Intervalles de raison d'un malade mental.* ⇒ **Lucide, lucidité.** *Avoir sa raison. Il n'a plus toute sa raison. Lueur* de raison.*

Vous voyez, madame, que notre étourdi faisait comme font tous les hommes : ne pouvant se corriger de sa folie, il tentait de lui donner l'apparence de la raison. 29
A. DE MUSSET, Nouvelles, « Deux maîtresses », VIII.

♦ **4.** (V. 1165 : *entendre raison*). Sens, signification raisonnable. *«... avec la rime enchaîner* (cit. 8) *la raison »* (Boileau). — *N'avoir ni rime* ni raison. Sans rime ni raison.*

Le langage de la raison; discours, conseils raisonnables. *Parler* (1. Parler, cit. 89) *raison.* — Loc. *Entendre raison.* ⇒ **Entendre** (*infra* cit. 60).

Par ext. La juste mesure, le juste milieu. Loc. *Plus que de raison* : plus que la mesure raisonnable (→ Forcer, cit. 32). *Boire plus que de raison.*

Dans la juste nature on ne les voit jamais; 30
La raison a pour eux des bornes trop petites;
En chaque caractère ils passent ses limites (...)
MOLIÈRE, Tartuffe, I, 5.

♦ **5.** Philos. Connaissances que l'homme peut acquérir par ses rapports avec le monde, la nature, par oppos. à toute connaissance qui lui serait fournie par une révélation, à la foi, à la croyance (dans ce sens, la raison est « naturelle »). (→ Irrationnel, cit. 1). *La raison naturelle* (→ Astreindre, cit. 2, Pascal). *Raison et foi* (cit. 26 et 31), *et religion* (→ Choquer, cit. 6, Pascal; dévotion, cit. 4). *Connaître par la foi et non par la raison.* ⇒ **Fidéisme, révélation.** *Raison et mysticisme* (cit. 4). → Mystique, cit. 4. *Les impies* (cit. 8, Pascal) *qui font profession de suivre la raison. Humilier* (cit. 6 et 10) *la raison et la nature* (Pascal). *Faiblesse de la raison, selon Pascal* (→ Démarche, cit. 4; déterminer, cit. 9).

(...) la raison est l'enchaînement des vérités; mais particulièrement, lorsqu'elle est comparée avec la foi, de celles où l'esprit humain peut atteindre naturellement, sans être aidé des lumières de la foi. 31
LEIBNIZ, Théodicée, Disc. conformité, § 1, *in* LALANDE.

(...) ce ne sont point mouvements humains, cela vient de Dieu. *Point de raison!* C'est la vraie religion cela. *Point de raison!* Que Dieu vous a fait, monseigneur, une belle grâce! *Estote sicut infantes* : soyez comme des enfants. Les enfants ont encore leur innocence; et pourquoi? Parce qu'ils n'ont point de raison. *Beati pauperes spiritu!* bienheureux les pauvres d'esprit! ils ne pèchent point. La raison? C'est qu'ils n'ont point de raison. 32
SAINT-ÉVREMOND, Conversation du maréchal d'Hocquincourt avec le père Canaye, 1665, *in* GUERLAC.

Spécialt. **LA RAISON,** considérée comme une puissance stable, organisée, comme un système de principes appartenant à la nature même de l'homme et lui permettant d'accéder à la vérité, au bien, en s'opposant à la superstition et au fanatisme. — REM. Ce sens, en honneur au XVIIIe s., conduisit sous la Révolution à une sorte de divinisation de la raison. ⇒ **Lumière** (cit. 34), **philosophie.** *Le culte de la raison. La déesse Raison. L'autel, le temple de la Raison.*

Que des citoyens (...) viennent déposer sur l'autel de la patrie les monuments inutiles et pompeux de la superstition (...) la patrie et la raison sourient à ces offrandes. Que d'autres renoncent à telles ou telles cérémonies, et adoptent sur toutes ces choses l'opinion qui leur paraît la plus conforme à la vérité, la raison et la philosophie peuvent applaudir à leur conduite. 33
ROBESPIERRE, Contre le philosophisme, *in* le Moniteur universel, no 66, nov. 1793 (*in* Textes choisis, t. III, p. 83).

Par ext. Les tenants de la philosophie, des « lumières » ⇒ **Philosophe.**

(...) la raison finira par avoir raison (...) 34
D'ALEMBERT, Lettre à Voltaire, 23 janv. 1757.

♦ **6.** Philos. Pouvoir d'organisation, de synthèse, dont la valeur ne dépend que de la nature de l'esprit humain; système de principes a priori* qui règle la pensée et dont nous avons une connaissance réfléchie. Dans ce sens, *raison* s'oppose à *expérience* (*supra* cit. 23), à *perception, sens**... (→ aussi Fait, cit. 36; préexistence, cit.). *L'associationnisme, l'empirisme, le sensualisme contestent l'existence de la raison* (→ ci-dessus, cit. 7, Taine).

La thèse selon laquelle la raison ne comporte aucun élément fixe à travers l'histoire et doit changer *non pas de comportement mais de nature,* sous l'action de l'expérience; c'est la thèse des « âges de l'Intelligence » de Brunschvicg, qui veut, en somme, que la raison soit soumise à l'expérience (...) et déterminée par *(elle)* (...) Si la raison, à l'âge où l'homme, en lutte avec l'entour, jetait les fondements de sa nature, est sortie de l'expérience, elle lui est devenue transcendante... en d'autres termes, l'expérience, dans la mesure où elle est autre chose qu'un constat mais un enrichissement de l'esprit, implique la préexistence de la raison. 35
Julien BENDA, la Trahison des clercs, p. 56.

(Dans la philosophie kantienne). *Raison théorique, spéculative,* concernant exclusivement la connaissance, et fondatrice de la science. *Raison pratique** : principe a priori de l'action (morale). *La critique de la Raison pratique.* — (Sartre) *Critique de la raison dialectique.*

Spécialt. Chez Kant, la faculté de penser supérieure qui nous fournit les idées* du monde, de l'âme, de Dieu... *La raison fait la synthèse des concepts de l'entendement*.* — Chez Schopenhauer, *la raison forme et combine les concepts abstraits.*

Cour. *La raison et les sens* (→ Abuser, cit. 10). *« Quand l'eau courbe* (cit. 1) *un bâton, ma raison le redresse »* (→ aussi Œil, cit. 34). *Peintres qui parlent* (→ 1. Parler, cit. 58) *à la raison plus qu'aux yeux.*

36 La raison nous trompe plus souvent que la nature.
VAUVENARGUES, Réflexions et maximes, 123.

37 Une seule démonstration me frappe plus que cinquante faits. Grâce à l'extrême confiance que j'ai en ma raison, ma foi n'est point à la merci du premier saltimbanque (...) Je suis plus sûr de mon jugement que de mes yeux.
DIDEROT, Pensées philosophiques, L.

♦ 7. (Dans des philosophies idéalistes). Faculté naturelle (→ ci-dessus, 6.) — ou octroyée à l'homme par un principe suprême — de connaître le réel et l'absolu, à travers l'apparence et l'accident (⇒ **Transcendental**). *Kant a critiqué cette conception de la raison dans la« Critique de la Raison pure ».* — *Théorie de la raison impersonnelle,* d'après laquelle la raison de chaque homme n'est que le reflet d'une Raison universelle (Dieu, pour les croyants). — *Raison, chez Bossuet, Fénelon... est synonyme de Logos*.*

38 La vraie raison (...) loge dans le sein de Dieu (...) c'est de là qu'elle part quand il plaît à Dieu nous en faire voir quelque rayon (...)
MONTAIGNE, Essais, II, XII.

39 À la vérité, une raison est en moi (...) mais la raison supérieure qui me corrige dans le besoin et que je consulte n'est point à moi (...) cette règle est parfaite et immuable, je suis étranger et imparfait (...)
FÉNELON, Traité de l'existence de Dieu, I, 55-56, in LITTRÉ.

40 Admettre quelque conformité entre la raison de l'homme et la raison éternelle, qui est Dieu, et prétendre que Dieu exige le sacrifice de la raison humaine, c'est établir qu'il veut et ne veut pas tout à la fois.
DIDEROT, Additions aux pensées philosophiques, II.

41 La raison est bien une faculté innée à l'âme humaine, constitutive de son essence; on pourrait dire que c'est la faculté de l'absolu : mais cette faculté n'opère pas primitivement ni à vide; elle ne saisit pas son objet sans intermédiaire; cet intermédiaire essentiel, cet antécédent de la raison c'est le moi primitif.
MAINE DE BIRAN, Du physique et du moral de l'homme, p. 389.

42 (...) une sphère de lumière et de paix, où la raison aperçoit la vérité sans retour sur soi, par cela seul que la vérité est la vérité, et parce que Dieu a fait la raison pour l'apercevoir (...)
Victor COUSIN, Du vrai, du beau et du bien, 3e leçon.

♦ 8. (Sens objectif). Ordre, structure présente dans le monde; absolu, vérité (ce sens correspond aux sens 2., 5. à 7. concernant la raison subjective).

43 (...) l'homme peut dire : « Mes sentiments, mon angoisse, ma nausée, ma mort ». Il ne peut dire : « ma raison », mais seulement : « la Raison », la Raison étant commune à tous, et même, semble-t-il, présente dans les choses, dont elle constitue la structure. La Raison est toujours extériorité, nécessité, toujours elle semble découverte en ce qui n'est pas nous.
Ferdinand ALQUIÉ, Deucalion, I.

B. Opposé à *tort**; en loc. (*Dire raison* au XIIe). Vérité, opinion, jugement en accord avec les faits; action ou comportement que l'on approuve.

(V. 1175). AVOIR RAISON : être dans le vrai, ne pas se tromper (dans la pensée ou dans l'action). → Appartenir, cit. 15; beau, cit. 14; clabauder, cit. 2; destin, cit. 4; doute, cit. 24; indigner, cit. 8; parti, cit. 31. *« Brigadier* (cit. 3), *vous avez raison ».* — *Avoir bien raison. Vous avez bien raison de... :* vous faites bien de... (→ Fortune, cit. 42). *Il a tout à fait raison* (Contr. : *errer, tromper* [*se*]).

44 Prouver que j'ai raison serait accorder que je puis avoir tort.
BEAUMARCHAIS, le Mariage de Figaro, I, 1.

45 — Mon cher, me répondit le dessinateur, il a peut-être raison d'avoir tort!
BALZAC, Un Prince de la Bohême, Pl., t. VI, p. 845.

46 On peut avoir des raisons de se plaindre et n'avoir pas raison de se plaindre.
HUGO, Post-Scriptum de ma vie, L'esprit, «Tas de pierres», II.

47 Il a souvent raison, c'est entendu; mais il croit trop que cela suffit, d'avoir raison, et qu'il n'y a que la raison qui compte.
GIDE, Robert, II, 1.

(XVIIIe). DONNER RAISON à qqn. ⇒ **Donner** (cit. 55). → aussi Donner droit, prendre parti* pour...

48 Nous ne somme pas ici en France, où l'on donne toujours raison aux femmes (...)
BEAUMARCHAIS, le Barbier de Séville, II, 15.

À tort* ou à raison. — *Avec raison :* en connaissance* de cause. — *Contre toute raison.*

★ **II.** (Premier sens attesté, 980). Ce qui est juste, équitable; ce qui est de droit*. — Vx. *La raison écrite :* le droit romain (cf. Montesquieu, *l'Esprit des lois*, XXVIII, XII).

(*Est raison,* XIIe; *est bien raison que...,* fin XIIe). Loc. (Vx). *Il est raison, c'est (bien) raison que, c'est raison de...* (→ Double, cit. 18). — (Langue class.) *Il n'y a point de raison :* c'est excessif, absurde, fou. — *Faire raison à qqn, lui rendre raison :* lui rendre justice. *Tirer raison :* obtenir satisfaction. — REM. Ces locutions se rencontrent fréquemment chez Corneille. — Vx. *À raison, par raison :* justement. — *Contre toute raison :* de manière excessive, absurde. *« Il fait un froid et une pluie contre toute raison »* (Mme de Sévigné).

(Dans la langue juridique). *De raison. Pour valoir*, pour servir ce que de raison,* ce que de droit (ce à quoi on peut prétendre selon le droit). *À telle fin que de raison :* → À toutes fins* utiles. *Comme* de raison.* ⇒ aussi **Juste** (comme de). — REM. *Plus que de raison* n'est plus compris dans ce sens, mais au sens I.

★ **III.** (1190. *Raison* a signifié « contribution, somme, caution, profit... » en moyen français).

♦ 1. Compte. — REM. Ce sens subsiste dans l'expression *livre de raison* [d'abord écrit *livre de raisons,* fin XIIIe] (→ Livre) où, sous

l'influence du sens I., *raison* a pris le sens de « revue discursive de tout le train d'une maison » (M. Blondel, in Lalande).

49 (...) tout fut confisqué, sans que jamais (...) j'aie eu ni raison ni nouvelle de ma pauvre pacotille.
ROUSSEAU, les Confessions, V.

♦ **2.** [a] (1723). Vx. Part sociale; intérêt de chacun des associés, puis liste des associés.

[b] Mod. (Code de Commerce, 1807). RAISON SOCIALE. Dr. Désignation (d'une société en nom collectif ou d'une société en commandite), réunion des noms des associés ou des commandités, ou, plus souvent, des noms de quelques-uns d'entre eux suivis de la mention *et Cie.* — Cour. Nom (d'une société), quelle que soit la forme juridique de celle-ci. ⇒ **Nom** (→ Associé, cit. 5). ⇒ aussi **Commerce.**

50 Guillaume et Lebas, ces mots ne feraient-ils pas une belle raison sociale? On pourrait mettre *et compagnie* pour arrondir la signature.
BALZAC, la Maison du Chat-qui-pelote, Pl., t. I, p. 39.

51 Dans plus de dix ans d'intimité, nous n'en avons reçu qu'une seule *(lettre)* qui dérogeât à cette douce raison sociale : c'était celle où le malheureux survivant criait du fond de son désespoir la mort de son frère bien-aimé.
Th. GAUTIER, Portraits contemporains, Jules de Goncourt.

♦ **3.** (XVe). Rapport* entre deux grandeurs, deux quantités. *Raison d'une progression** : terme constant, qui, multiplié par un terme d'une progression ou additionné avec lui, donne le terme suivant. *Dans la progression arithmétique* 1, 3, 5, 7, 9... *et dans la progression géométrique* 2, 4, 8, 16, 32 *la raison est* 2. — (1771). *Raison directe de deux quantités :* rapport tel que, quand l'une des quantités augmente, l'autre augmente aussi. *Varier en raison directe de...* ⇒ **Fonction.** — (Mil. XVIIIe). *Raison inverse** : rapport tel que, quand l'une des quantités augmente, l'autre diminue. *En raison inverse* (cit. 2) *de...* — Vx. *Dans la raison renversée de...* (→ Attractif, cit. 1). — Mus. *L'octave* (cit. 1) *est en raison double. Raison triple* (→ Mesure, cit. 33).

52 La *raison* exprime comment un nombre est contenu dans un autre, ou comment il le contient (...) On la peut représenter par une fraction dont un nombre sera le numérateur et l'autre le dénominateur.
CONDILLAC, la Langue des calculs, I, XII, in LALANDE.

Loc. prép. (Déb. XVIe). **À RAISON DE :** en comptant, sur la base de... *Trois mille francs « qui lui rapportèrent, à raison de deux sous pièce, trois cents francs »* (Balzac). ⇒ **Pied** (sur le pied de...), **prix** (au prix de...).

À RAISON DE : à proportion* de... ⇒ **Suivant** (→ Drôlement, cit. 1; pièce, cit. 4). — REM. Il arrive qu'on emploie aussi *en raison de...,* dans ce sens, malgré la confusion qui peut en résulter avec *en raison* (IV., 1.) *de...,* causal. *La vie sociale nous donne* (cit. 49) *en raison de nos efforts. On ne reçoit qu'en raison de ce qu'on donne* (cit. 26) : dans la mesure* où... ⇒ **Mesure, proportion** (en).

53 Je désirais surtout être jugé non point à raison de mérites extérieurs, mais à raison des services que je pouvais rendre.
G. DUHAMEL, la Pesée des âmes, VII.

★ **IV.** (V. 1112, « cause, motif », et aussi « affaire, problème », 1080, *la Chanson de Roland*).

♦ **1.** Principe d'explication; ce qui rend compte d'un effet, permet de comprendre l'apparition d'un événement, d'un fait, d'un objet nouveau. *Demander, donner la raison.* ⇒ **Cause, explication, origine** (cit. 13), **pourquoi** (n. m.). *Faire connaître la raison de...* ⇒ **Expliquer.** *Comprendre la raison, les raisons d'une chose. La nécessité* (cit. 8) *et les raisons. Ce dont on peut donner la raison.* ⇒ **Compréhensible, explicable.** *Ignorer* (cit. 5) *les raisons de tout ce qu'on voit.*

Philos., sc. Une raison métaphysique. ⇒ **Origine** (cit. 10), **principe.** *Tout existant* (cit. 27) *naît sans raison. Chaîne* (cit. 27) *de raisons.* — *Je me plaisais aux mathématiques* (cit. 3) *à cause de l'évidence de leurs raisons.*

Raison formelle (cit. 7, Descartes).

(1710). *Raison suffisante :* principe selon lequel « rien n'arrive sans qu'il y ait une cause ou du moins une raison déterminante » (Leibniz).

54 La raison suffisante, son titre l'indique, n'est que la raison même en action ou appliquée à la liaison ou l'enchaînement des faits, dans l'ordre naturel et légitime de la succession, comme à la liaison des conséquences à leurs principes, dans l'ordre logique de nos idées et de nos signes conventionnels.
MAINE DE BIRAN, Du physique et du moral de l'homme, p. 397.

Dr. Raisons de fait, raisons de droit. ⇒ **Motif, moyen.** — *Raison d'État.* ⇒ **État** (cit. 126 à 129, et *supra*).

Raison d'être (→ un autre sens, cit. 71 et *supra*).

55 Le mal est l'unique raison d'être du bien. Que serait le courage loin du péril et la pitié sans la douleur?
FRANCE, le Jardin d'Épicure, p. 88.

Cour. La cause, le pourquoi d'un acte, d'un comportement, d'un sentiment. ⇒ **Mobile, motif.** *Un accès d'impatience* (cit. 4) *dont il est impossible de dire la raison. Des mélancolies sans raison apparente* (→ Originalité, cit. 4). ⇒ **Sujet.** *Il faut qu'il y ait une raison qui nous détermine* (→ Gratuitement, cit. 4). *La raison cachée de son attitude, de sa conduite* (cit. 13). → Le fin mot*.

56 (...) il n'y a aucune raison pour que je sois fidèle, sincère et courageux. Et c'est *précisément pour cela* que je dois me montrer tel.
SARTRE, Situations I, p. 243.

Par plais. (et allusion aux sens philosophiques traités ci-dessus).

57 Un jour Cunégonde *(vit)* le docteur Pangloss qui donnait une leçon de physique expérimentale à la femme de chambre de sa mère (...) Comme mademoiselle Cunégonde avait beaucoup de disposition pour les sciences, elle observa, sans souffler, les expériences réitérées dont elle fut témoin ; elle vit clairement la raison suffisante du docteur, les effets et les causes, et s'en retourna tout agitée (...) songeant qu'elle pourrait bien être la raison suffisante du jeune Candide, qui pouvait aussi être la sienne.
 VOLTAIRE, *Candide*, I.

Vx. *Par la raison de..., que...* ⇒ **Par ; parce que, puisque** (→ Aisément, cit. 4). *Par cette seule raison que...* (→ Équité, cit. 15).

58 S'ils n'ont pas été publiés dans les précédentes éditions du livre, c'est par une raison bien simple.
 HUGO, *Notre-Dame de Paris*, Note ajoutée à l'éd. définitive, 1832.

59 Par la raison que les contraires s'attirent (...) je prévois une lutte secrète entre le gouverneur et le curé.
 A. DE MUSSET, *On ne badine pas avec l'amour*, I, 3.

(1671). *Pour* (cit. 59) *la raison que...* ⇒ **Puisque.** *Pour quelle raison ?* ⇒ **Comment, pourquoi.** *Pour une raison ou pour une autre* (→ Hasard, cit. 28) : *sans raison précise et connue. Pour cette raison.* ⇒ **Car.** — Loc. vieillie. *Pour raison de quoi* : à cause de quoi.

60 (...) pour la seule raison qu'ils avaient voulu faire un peu de sa besogne, un jour qu'elle était souffrante. PROUST, *le Côté de Guermantes*, Pl., t. II, p. 321.

La raison, les raisons pourquoi* (cit. 21). → aussi Bon, cit. 5.

Loc. adv. (1580, Montaigne). À PLUS FORTE RAISON : avec des raisons encore plus fortes (par rapport à une chose donnée pour vraie ou supposée telle). ⇒ **A fortiori ; plus** (*supra*, cit. 43) ; → Laisser, cit. 7. — REM. L'inversion du sujet est fréquente après cette locution.

61 À plus forte raison un Jerphanion restait-il hors de jeu.
 J. ROMAINS, *les Amours enfantines*, p. 127
 in R. LE BIDOIS, *l'Inversion du sujet*, p. 111.

(Fin XIXᵉ). *Raison de plus* (*supra* cit. 58) *pour...* (→ Garce, cit. 4).

(1835). EN RAISON DE... : en tenant compte de... ⇒ **Cause** (à cause de), **conséquence** (en conséquence de), **égard** (eu égard à), **vertu** (en). → la loc. homonyme « à proportion de » ci-dessus III., 3., *supra* cit. 53.

62 (...) On s'irrite moins en raison de l'offense reçue qu'en raison de l'idée que l'on s'est formée de soi. CHATEAUBRIAND, *Mémoires d'outre-tombe*, t. III, p. 2.

Loc. vieillie. *Demander raison de quelque chose* : en demander l'explication (→ Gastrite, cit.). *Demander raison d'une offense* : → ci-dessous, sens IV., 4. — Vx. (XVIIᵉ). *Faire raison de* : expliquer, rendre compte de... — (Déb. XIIIᵉ). *Rendre raison de...* : expliquer.

63 Qui pourrait rendre raison de la fortune de certains mots et de la proscription de quelques autres ? LA BRUYÈRE, *les Caractères*, XIV, 73.

64 Je vous ai déjà surpris trois fois allant à la messe, vous ! Vous me ferez raison de ce mystère, et m'expliquerez ce désaccord flagrant entre vos opinions et votre conduite. BALZAC, *la Messe de l'athée*, Pl., t. II, p. 1156.

(Fin XVIIᵉ). *Se faire une raison* : se résigner à admettre ce qu'on ne peut changer. ⇒ **Parti** (prendre son), **résignation** (→ Premier, cit. 7).

65 — Voyez-vous, monsieur Baillehache, il faut se faire une raison, les jambes ne vont plus, les bras ne sont guère meilleurs, et, dame ! la terre en souffre (...) ZOLA, *la Terre*, I, II.

Point de raison : pas d'explication (→ ci-dessus, cit. 32, Saint-Évremond).

♦ **2.** Cause ou motif légitime qui justifie qqch. en l'expliquant. ⇒ **Justification ; cause** (cit. 16), **considération, excuse, fondement.** → Excuser, cit. 9. *Se proposer une raison d'agir* (cit. 14), *d'entreprendre. Établir sur des raisons.* ⇒ **Fonder.** *Il a donné des raisons, de bonnes raisons de le haïr, de se méfier.* ⇒ **Occasion ; motif, sujet.** *Avoir de fortes* raisons de penser, de croire...* (⇒ **Indice, probabilité**). *Si les raisons manquaient, les exemples ne manqueraient pas* (→ Cas, cit. 27). *Des raisons apparentes* (cit. 4), *captieuses*, fallacieuses* (⇒ **Couleur, 2. prétexte**). *Inventer des raisons de faire quelque chose*, de fausses motivations (→ 1. Faux, cit. 34). *Des raisons de famille* (→ Crampon, cit. 3). *Absent pour raison de santé*.* — *Avoir de bonnes raisons pour...* (cf. Être fondé à...). *J'ai mes raisons* (→ 1. Penser, cit. 21)... — (1830). *Il n'y a pas de raison, aucune raison pour...* ⇒ 1. **Lieu** (III.). — (Déb. XXᵉ). *Ce n'est pas une raison* : ce n'est pas une bonne excuse. — *Écouter, entendre les raisons de quelqu'un.* — (1732). Vieilli ou littér. *Entrer dans les raisons de qqn* : admettre son point de vue, se laisser convaincre. — REM. Les emplois de ce type peuvent souvent être interprétés au sens 3. ci-dessous.

66 Vous me semblez troublé. — J'ai bien raison de l'être.
 CORNEILLE, *la Suite du Menteur*, V, 4.

67 Et lorsque de la sorte on se met en colère,
On fait croire qu'on a de mauvaises raisons. MOLIÈRE, *Amphitryon*, III, 5.

68 Elle me doit être à moi, dit-il, et la raison,
C'est que je m'appelle Lion (...) LA FONTAINE, *Fables*, I, 6.

68.1 — Mais pourquoi ?
— Parce que... j'ai mes raisons (...) Eh ben ! j'ai mes raisons ; laissez-moi tranquille.
— Mais on en dit une, de raison, madame Badoulard ; on en dit une, de raison.
 Henri MONNIER, *la Victime du corridor*, 5, *in Scènes populaires*, t. I, p. 264.

69 Il y a des raisons pour tout. Si la guerre vient, on dira qu'on avait donc raison de la préparer ; si la paix suit, on dira que c'est en préparant la guerre qu'on assure la paix. ALAIN, *Propos*, 16 mai 1922, *Conditions de l'expérience*.

Allus. littér. « *Le cœur* (cit. 143), *a ses raisons...* » (Pascal).

70 L'esprit a ses raisons subtiles, et comme son cœur, que le cœur méconnaît.
 J. PAULHAN, *Entretiens sur des faits divers*, p. 66.

La raison du plus fort. ⇒ **Fort** (*infra* cit. 4). → Justice, cit. 25 ; montrer, cit. 13 ; plaisir, cit. 2.

RAISON D'ÊTRE : ce qui justifie l'existence d'une chose ou d'une personne. ⇒ **Destination, fin, justification.** *Son enfant est sa seule raison d'être. Raison de vivre.* — (→ dans un autre sens, *supra,* 1., cit. 55, France).

71 Je compris aussitôt que, l'ayant perdue, c'en était fait de ma raison d'être, et je ne savais plus pourquoi désormais je vivais. GIDE, *Et nunc manet in te,* p. 8.

(Mil. XVIIᵉ). Loc., au sing. *Avec raison, avec juste raison :* en ayant une raison valable, un motif légitime de... (et, aussi, en ayant raison, au sens II.). ⇒ **Justice, titre** (à juste* titre) ; → Dépositaire, cit. 6 ; interrogation, cit. 1.

(V. 1165). *Sans raison :* sans motif (→ À plaisir*), sans justification raisonnable. *Il s'est inquiété sans raison.* — *Non sans raison.* — (Qualificatif). *Vos inquiétudes sont sans raisons,* immotivées.

72 (...) une propreté dont on cherche le but en ce salon où il n'y a personne, un luxe sans raison pour un intérieur où ne régnerait que la nuit.
 Charles CROS, *Fantaisies en prose*, Le meuble, Pl., p. 153.

♦ **3.** *(Une, des raisons).* Argument destiné à démontrer, à prouver. ⇒ **Allégation, argument.** → Persuader, cit. 3 et 19. *Raisons alléguées pour réfuter.* ⇒ **Réfutation.** *Raisons démonstratives, déterminantes* (cit. 1), *péremptoires* (cit. 1), *pertinentes, probantes, toutes droites* (→ 1. Droit, cit. 22) *et toutes vraies. Puissantes raisons. Raisons « massue »* (cit. 6). *Une raison bien forte* (cit. 28) *en sa faveur. Prouver par des raisons naturelles* (→ Athée, cit. 2). *Les raisons qui prouvent que...* ⇒ **Preuve** (→ Âme, cit. 5). — *Raisons pour et raisons contre* (→ Partialité, cit. 1). *Les bonnes et les mauvaises raisons. Raison valable.* — *Conduire qqn à ses raisons :* le convaincre. *Opposer des raisons à celles de qqn* (→ Jaune, cit. 3). *Se rendre* aux raisons de... :* admettre l'argumentation de... — Prov. *Comparaison* n'est pas raison.*

73 (...) ils ont jugé plus à propos et plus facile de censurer que de répartir, parce qu'il leur est bien plus aisé de trouver des moines que des raisons (...)
 PASCAL, *les Provinciales*, III.

74 La lutte des idées est possible, même les armes à la main, et il est juste de savoir reconnaître les raisons de l'adversaire avant même de se défendre contre lui.
 CAMUS, *Actuelles III*, Avant-propos, p. 14.

♦ **4.** Par ext. du 1. (dans quelques syntagmes verbaux). Vieilli. Réparation à un tort ; vengeance... — (1580). *Demander raison d'un affront, d'une offense** (en provoquant en duel, etc.). → Honneur, cit. 13. — Vx. *Tirer* (sa) *raison de qqn :* s'en venger.

75 (...) je vous demande raison de l'affront qui m'a été fait.
 MOLIÈRE, *George Dandin*, I, 6.

(V. 1570). Vx. *Avoir la raison de qqch. :* en tirer vengeance. *Avoir sa raison :* faire triompher son droit.

(V. 1830). Mod. AVOIR RAISON DE... *Avoir raison de quelqu'un :* en venir à bout (→ Effacer, cit. 5). — Par ext. *Avoir raison de qqch. Avoir raison des difficultés, des obstacles.* ⇒ **Franchir.** — Fig. *La fatigue, la terreur eurent raison d'elle,* s'emparèrent d'elle sans qu'elle pût résister (→ Épouvante, cit. 6 ; inégal, cit. 11).

(V. 1460). Vx. *Faire la raison de qqch. :* en donner réparation. Fig. *Faire raison de (qqn, qqch.) :* vaincre, venir à bout. — *Se faire raison :* se faire justice.

76 (...) six pieds de terre, comme le disait Mathieu Molé, feront toujours raison du plus grand homme du monde. CHATEAUBRIAND, *Itinéraire...,* VI.

Spécialt. (Vx). *Faire raison à quelqu'un d'une santé qu'il a portée :* lui rendre la pareille en buvant avec lui (cf. La Fontaine, Lesage, *in* Littré ; → aussi Éponge, cit. 2, La Fontaine).

♦ **5.** (1835). Fam., vx (au plur.) *Avoir des raisons avec qqn :* avoir une dispute (→ Avoir des mots*). *Ils ont eu des raisons.* — (Déb. XXᵉ). *Chercher des raisons à qqn,* lui chercher querelle.

CONTR. Aberration, aliénation, cécité (fig.), délire, démence, déraison, égarement, extravagance, folie, fureur, insanité ; bêtise. — Caprice, impulsion, instinct ; cœur, sentiment ; charme, chimère. — Tort.

DÉR. et COMP. Arraisonner, déraison. — Raisonnable, raisonnement, raisonner.

RAISONNABLE [ʀɛzɔnabl] adj. — 1265 ; *reidnable,* 1120 ; *raisnable,* v. 1155 ; dér. de *raison.*

♦ **1.** Didact. Qui possède la raison, qui est doué de raison* (I., A.). ⇒ **Intelligent, pensant.** *L'homme, animal* (cit. 8) *raisonnable.* ⇒ **Homme** (cit. 18, Descartes ; → Intangible, cit. 1). *Les êtres raisonnables* (→ 2. Bien, cit. 69 ; plaisir, cit. 10). *Partie raisonnable de l'âme, l'âme raisonnable :* l'intellect (cit. 1), la pensée (et spécialt la pensée discursive). → Esprit, cit. 20. *Faculté raisonnable* (→ Concupiscible, cit.). *Se sentir libre* (cit. 23) *et raisonnable.*

(V. 1155). Choses. Conforme à la raison. ⇒ **Rationnel.** *La foi* (cit. 26) *n'est ni anti-raisonnable, ni a-raisonnable. L'acte raisonnable* (→ Liberté, cit. 35). — *Les travaux raisonnables des savants* (→ Lumière, cit. 1).

1 (...) ainsi que la diversité de nos opinions ne vient pas de ce que les uns sont plus raisonnables que les autres, mais seulement de ce que nous conduisons nos pensées par diverses voies, et ne considérons pas les mêmes choses.
 DESCARTES, *Discours de la méthode*, I.

♦ **2.** (Déb. XIVᵉ). Cour. Qui pense, raisonne, agit selon les principes de la raison (I., A., 2.), avec bon sens, d'une manière convenable* et mesurée. ⇒ **Judicieux, sage** (→ Dieu, cit. 47 ; exercer, cit. 9), **sensé.**

2 Celui-là n'est pas raisonnable à qui le hasard fait trouver la raison, mais celui qui la connaît, qui la discerne et qui la goûte. LA ROCHEFOUCAULD, Maximes, 105.

3 En effet, on le croyait (l'homme) raisonnable et même bon par essence. — Raisonnable, c'est-à-dire capable de donner son assentiment à un principe clair, de suivre la filière des raisonnements ultérieurs, d'entendre et d'accepter la conclusion finale, pour en tirer soi-même à l'occasion les conséquences variées qu'elle renferme : tel est l'homme ordinaire aux yeux des écrivains du temps : c'est qu'ils le jugent d'après eux-mêmes.
TAINE, les Origines de la France contemporaine, II, t. II, p. 51.

Cour. Qui se conduit avec bon sens et mesure, d'une manière réfléchie. *Tour à tour enfant et raisonnable.* ⇒ **Mûr** (→ Hommage, cit. 17). *Gens raisonnables et agréables* (cit. 6) *dans la conversation. Rester* (→ Mesurer, cit. 28), *devenir raisonnable* (→ Convaincant, cit. 1 ; escapade, cit. 5). *Une jeune fille raisonnable* (→ Papillon, cit. 7).

4 (...) c'est que la sagesse est un travail, et que, pour être seulement raisonnable, il faut se donner beaucoup de mal, tandis que, pour faire des sottises, il n'y a qu'à se laisser aller. A. DE MUSSET, Nouvelles, « Margot », IV.

5 C'est toujours quand une femme se montre le plus résignée qu'elle paraît le plus raisonnable. GIDE, les Faux-monnayeurs, III, X, p. 406.

6 Un type paresseux et froid, un peu chimérique mais très raisonnable au fond, qui s'est sournoisement confectionné un médiocre et solide bonheur d'inertie (...)
SARTRE, l'Âge de raison, p. 54.

Qui consent des conditions honnêtes et modérées, en parlant d'un commerçant, d'un homme d'affaires... (→ Gérer, cit. 4).

(Avec un n. de chose). *Avis, conseils raisonnables.* ⇒ **Bon.** *Idée, opinion* (cit. 1) *raisonnable* (→ Bêtement, cit. 1). *Jugement sain et raisonnable* (→ Confronter, cit. 2). *Motif raisonnable* (→ Peur, cit. 17). *Interprétation raisonnable.* ⇒ **Fondé.** *Action, conduite, décision raisonnable.* ⇒ **Convenable, honnête, juste, légitime.** — Impers. *Il est raisonnable de penser...* ⇒ **Légitime, naturel, normal** (→ Beauté, cit. 15 ; ensevelir, cit. 15 ; fanfaron, cit. 7).

7 Il ne faut rien faire que de raisonnable ; mais il faut bien se garder de faire toutes les choses qui le sont. MONTESQUIEU, Cahiers, IV, Maximes, XIX.

8 Il y a une grande différence entre dire : « Ceci est raisonnable » et dire « Ceci est sage ». Ce qui est raisonnable n'est pas nécessairement sage, et ce qui est très sage n'est presque jamais raisonnable aux yeux de la raison trop froide.
MAETERLINCK, Sagesse et Destinée, XXIX.

♦ **3.** (XIVᵉ ; *rasenaule*, XIIIᵉ). Qui correspond à la mesure normale, suffisante ; qui est acceptable. *Accorder une liberté raisonnable à qqn* (→ Licence, cit. 13). — (1418, *in* D.D.L.). *Prix raisonnable.* ⇒ **Acceptable, modéré.** → Meubler, cit. 8. *Profit raisonnable* (→ 2. Livre, cit. 3). — Fam. Assez important, au-dessus du médiocre. *Un raisonnable paquet d'actions* (→ Cataplasme, cit. 3). « *Il était, quand je l'eus, de grosseur raisonnable* » (→ Coûter, cit. 4).

REM. Dans les emplois où elle est possible, l'antéposition est stylistique.

CONTR. Déraisonnable, extravagant (cit. 1), forcené, fou, insensé ; affectif, passionné ; étourdi, impertinent, léger. — Aberrant, absurde, arbitraire, déraisonnable, déréglé, exagéré, excessif, exorbitant, irraisonnable ; illégitime, injuste.
DÉR. Raisonnablement.

RAISONNABLEMENT [ʀɛzɔnabləmɑ̃] adv. — XIIIᵉ ; *raisnablement*, v. 1130 ; de *raisonnable*.
D'une manière raisonnable.

♦ **1.** Conformément aux lois de la raison (I., A.), à la logique ou au bon sens. ⇒ **Bien.** *Écrire raisonnablement* (→ Bon, cit. 40). *Les gens qui pensent raisonnablement* (→ Multiplier, cit. 9). — D'après des critères de raison, en bonne raison. *On ne peut raisonnablement s'attendre à...* (→ Potée, cit. 2).

1 Il n'est pas possible de croire raisonnablement contre les miracles.
PASCAL, Pensées, XIII, 815.

2 Tout ce que Jerphanion pouvait raisonnablement demander à cette soirée, c'était de ne pas trop le décevoir.
J. ROMAINS, les Hommes de bonne volonté, t. IV, XXI, p. 228.

♦ **2.** Avec mesure, modération. ⇒ **Modérément.** *Aimer raisonnablement* (→ Folie, cit. 21). *Se conduire raisonnablement.* ⇒ **Convenablement.**

♦ **3.** (1314). Dans des conditions raisonnables (3.), convenables. *Se trouver « raisonnablement logé »* (Mᵐᵉ de Sévigné). — Fam. ⇒ **Passablement.** *Il travaille raisonnablement. Cette affaire marche raisonnablement.* ⇒ **Convenablement.**

CONTR. Aveuglément, déraisonnablement, follement. — Exagérément, excessivement.

RAISONNANT, ANTE [ʀɛzɔnɑ̃, ɑ̃t] adj. — XVIIᵉ ; de *raisonner*.

♦ **1.** Fam., vx. Qui a l'habitude de raisonner, de discuter (cf. Molière, *le Malade imaginaire*, II, 6, 1673). ⇒ **Raisonneur.**

1 — Vous avez des passagers ?
— Pas de passagers. Jamais de passagers. Marchandise encombrante et raisonnante. J. VERNE, le Tour du monde en 80 jours, p. 292.

2 Très exactement pareille à ces femmes des vieux âges est la petite Rose Bivaque, comme elles si peu pensante et jamais raisonnante »
G. CHEVALLIER, Clochemerle, p. 256.

♦ **2.** Loc. *Raison raisonnante* : la faculté de raisonner. ⇒ **Raison, raisonnement.**

♦ **3.** (1865). Mod. *Folie raisonnante* : délire appuyé de raisonnements. ⇒ aussi **Délire.**

RAISONNÉ, ÉE [ʀɛzɔne] adj. ⇒ **Raisonner.**

RAISONNEMENT [ʀɛzɔnmɑ̃] n. m. — 1380 au sens 1 ; dér. de *raison.*

♦ **1.** L'activité, l'exercice de la raison (I., A., 1.) discursive*. ⇒ **Composition** (des concepts), **logique, méthode, raison.** *Le raisonnement, élaboration* (cit. 5) *réfléchie. Le raisonnement déductif, inductif...* (→ ci-dessous, 2.). *Les principes du raisonnement* (→ Postulat, cit. 2). *Matières qui dépendent du raisonnement* (→ Dogmatique, cit. 2). *Jugement dont la vérité est fondée sur le raisonnement ou sur l'expérience* (cit. 31). *Contrôle au moyen du raisonnement et des faits* (→ Expérience, cit. 42 ; expérimental, cit. 1). — *Le raisonnement et la foi* (cit. 32), *l'intuition, la passion* (cit. 28)*..., la folie. Convaincre* (cit. 4) *par le raisonnement ou persuader par le sentiment. — Les subtilités du raisonnement* (→ Casuiste, cit. 3). *L'excès de raisonnement et d'analyse* (→ Honneur, cit. 56). *Le cerveau* (cit. 7) *brûlé, desséché par le raisonnement.* — Allus. littér. « *Et le raisonnement en bannit* (cit. 12) *la raison* » (→ aussi Grain, cit. 6).

1 Le raisonnement n'est que la raison ; le sentiment est souvent la conscience ; l'un vient de l'homme, l'autre de plus haut. HUGO, Quatre-vingt-treize, III, VI, II.

2 Suivre en toute recherche, avec toute confiance, sans réserve ni précaution, la méthode des mathématiciens ; extraire, circonscrire, isoler quelques notions très simples et très générales ; puis, abandonnant l'expérience, les comparer, les combiner, et, du composé artificiel ainsi obtenu, déduire par le pur raisonnement toutes les conséquences qu'il enferme : tel est le procédé naturel de l'esprit classique.
TAINE, les Origines de la France contemporaine, I, t. I, p. 315.

3 C'est la vie qui, peu à peu, cas par cas, nous permet de remarquer que ce qui est le plus important pour notre cœur, ou pour notre esprit, ne nous est pas appris par le raisonnement, mais par des puissances autres.
PROUST, la Fugitive, Pl., t. III, p. 423.

♦ **2.** (1636). *Un, des raisonnements.* Activité de l'esprit qui passe, selon des principes déterminés, d'un jugement à un autre, pour aboutir à une conclusion (⇒ **Inférence, logique**) ; suite ordonnée de termes aboutissant à une conclusion. — *Raisonnement par analogie*, *par induction* (⇒ **Induction,** cit. 2 et 3 ; → Inductif, cit. ; induire, cit. 11 et 12), *raisonnement déductif** (⇒ **Déduction, démonstration, sorite, syllogisme, synthèse**). *Raisonnement par l'absurde. Raisonnement par récurrence* (cit. 2.1). *L'enthymème* (cit.) *convient mieux à un raisonnement rapide. Raisonnement disjonctif.* ⇒ **Dilemme.** *Raisonnement* (cit. 2), *fondé sur la raison** (I., A., 6.) ; *raisonnement a priori, raisonnement* a posteriori, *fondé sur l'expérience. Raisonnement a pari, a contrario.* — *Raisonnement formel* (cit. 1), qui suit les règles de la logique formelle. — *Raisonnement affectif* (selon des lois psychologiques et non purement logiques). *Dans la Logique des sentiments, Ribot distingue les raisonnements passionnel, inconscient, imaginatif, de justification et de consolation, le raisonnement mixte* (plaidoyer...). *Raisonnement pratique « construit à l'aide de perceptions et d'images »* (Ribot). — *Niveaux de raisonnement* (Piaget) : inférences des schèmes sensori-moteurs ; *raisonnements matériels ; raisonnements formels.* — *Les raisonnements des « primitifs », des enfants.* — *Raisonnements des paranoïaques* (cit. 1). ⇒ aussi **Délire, folie** (raisonnante). — *Base, donnée, point de départ d'un raisonnement.* ⇒ **Principe.** *Raisonnement qui part d'un axiome, d'une hypothèse* (raisonnement hypothétique). *Raisonnement qui repose sur... Concepts, jugements, termes ; conséquences, conclusion d'un raisonnement.* — *Raisonnement qui se développe* (cit. 17). *Portée d'un raisonnement. — Raisonnement conséquent, irréprochablement déduit* (→ Argumentateur, cit. 2), *solide, suivi* (→ Incapable, cit. 4). *Raisonnement logique. Rigueur d'un raisonnement. Raisonnement juste ; clair ; habile, subtil... Raisonnement faux, qui porte à faux ; creux, décousu, illogique, tortu, vicieux...* (⇒ **Cercle** [vicieux], **illogisme, paralogisme, sophisme ;** et aussi **paradoxe**). *S'enferrer* (cit. 3), *se noyer, patauger, se perdre, se tromper dans ses raisonnements* (→ 1. Droit, cit. 22). *Faire, enfiler* (cit. 10) *de longs raisonnements, des raisonnements à perte de vue, d'haleine* (→ Involontaire, cit. 2). *D'après ce raisonnement...* (→ À ce compte*-là...).

4 Rien n'est moins applicable à la vie qu'un raisonnement mathématique. Une proposition, en fait de chiffres, est décidément fausse ou vraie ; sous tous les autres rapports le vrai se mêle au faux d'une telle manière, que souvent l'instinct peut seul nous décider entre des motifs divers, quelquefois aussi puissants d'un côté que de l'autre. Mᵐᵉ DE STAËL, De l'Allemagne, I, XVIII.

5 Il ne réussissait à rien voir de distinct. Les vagues aspects de tous les raisonnements ébauchés par sa rêverie tremblaient et se dissipaient l'un après l'autre en fumée. HUGO, les Misérables, I, VII, III.

6 (...) affirmer une logique extra-rationnelle, n'est-ce pas un paradoxe qui doit révolter les logiciens ? (...) Évidemment, ces deux formes (...) — logique affective, logique rationnelle — doivent être très différentes. Pour les réunir légitimement sous une dénomination commune, il faut donc qu'elles aient un fond commun : c'est le *raisonnement*, c'est-à-dire la matière propre de toute logique. Son mécanisme varie beaucoup (*mais*) il conserve sa marque propre (...) c'est d'être une opération médiate, qui pour terme une conclusion (...)
Th. RIBOT, la Logique des sentiments, p. 23.

Raisonnements destinés à prouver, à convaincre... ⇒ **Apodictique ; argument, preuve, raison.** *La force* (cit. 42) *d'un raisonnement. Raisonnement honnête. Raisonnement captieux** (cit. 2 et 4), *spé-*

cieux*... (→ 2. Politique, cit. 9). *Des raisonnements inutiles...* ⇒ **Argutie, chicane.***Attaquer* (cit. 40), *critiquer, réfuter* (→ Bûcher, cit. 4) *un raisonnement.* ⇒ **Objection.** *Raisonnement inattaquable, irréfutable* (cit.). *Raisonnements échangés dans la discussion, la conversation.* ⇒ **Dialectique.** — *Raisonnement destiné à..., qui tend à...* — Spécialt. Argument, objection, excuse que l'on soulève pour ne pas obéir. *Pas tant de raisonnements; épargnez-nous vos raisonnements.* ⇒ **Observation; raisonner, raisonneur.** Fam. *Ce n'est pas un raisonnement!,* votre raisonnement est mauvais. Loc. *Raisonnement de femme saoûle,* absurde.

7   En beaux raisonnements vous abondez toujours;
     Mais vous perdez le temps et tous vos beaux discours.
                               MOLIÈRE, le Misanthrope, V, 1.

8   L'esprit de conversation est un esprit particulier, qui consiste dans des raisonnements et des déraisonnements courts.   MONTESQUIEU, Cahiers, X.

9   Tout bon raisonnement offense, dit Stendhal; chacun de nous peut méditer utilement sur cette sévère maxime : mais enfin, dans l'ordinaire de la vie, il faut entendre le bon raisonnement quoiqu'il déplaise; il faut se donner la peine d'y répondre; de toute façon il faut y penser; après le premier égarement, le jugement revient.   ALAIN, Propos, 19 déc. 1921, Maîtres et esclaves.

Spécialt. *Les raisonnements,* opposés à la complexité, à la richesse de la vie affective, du réel... *Dessécher* (cit. 7) *l'âme à force de raisonnements. Froids raisonnements* (→ Attiédir, cit. 4)... ⇒ **Abstraction, logique** (*supra* cit. 9), **spéculation.** — *Raisonnement schématique, simpliste, théorique...*

CONTR. **Conscience, instinct, intuition, sentiment.**
HOM. **Résonnement.**

RAISONNER [REzɔne] v. — XIIᵉ, *raisnier,* du lat. *rationare; résuner,* v. 1138; *raisonner,* en 1380; dér. de *raison.*

★ **I.** V. intr. **A.** ♦ **1.** (Fin XIVᵉ). [a] Se servir de sa raison (I., A., 1. et 2.), de son intellect, pour former et combiner des idées, des jugements. ⇒ **Penser.** → Inférer, cit. 5. *La partie qui raisonne en nous* (→ Âme, cit. 20). *Notre âme raisonne sur...* (→ Dimension, cit. 1). *Raisonner sur des questions générales, importantes.* ⇒ **Philosopher.** *Raisonner avant d'agir.* ⇒ **Calculer.**

1   Tant que l'homme sait peu, il parle nécessairement beaucoup : moins il raisonne, plus il chante; et quand il ne sait rien dire, il amuse l'oreille par son joli babil.
                    PROUDHON, in SAINTE-BEUVE, Proudhon, p. 55.

2   (...) pour lui *(Descartes),* penser ne signifie pas seulement raisonner ou former des idées, mais sentir, vouloir, éprouver des passions, manifester des instincts, bref comprend tous les états que peut présenter votre âme.
               Julien BENDA, Lettres à Mélisande, p. 34.

(Par oppos. aux activités affectives, instinctives... → Raison, I., A., 2., c). *« Un cœur se laisse prendre et ne raisonne pas »* (→ Appas, cit. 15). *Raisonner là où il faut sentir* (→ Mesquin, cit. 4). *La passion ne raisonne pas* (→ Imputation, cit. 2).

[b] (1553). Concevoir et employer des arguments, des raisons pour convaincre qqn, pour éclaircir, examiner, confirmer, prouver ou réfuter qqch. (→ Argument, cit. 1). *Aimer raisonner; manie de raisonner* (→ Immoralisme, cit. 1; pente, cit. 12). *Plaisanter* (cit. 1) *n'est pas raisonner. Raisonner sur qqch. Raisonner conséquemment, disertement (...), savamment..., d'une façon pédantesque* (⇒ **Ratiociner, sophistiquer**). *Raisonner en impie* (cit. 9). *On raisonne comme si...* (→ 1. Pratique, cit. 15). — *Raisonner avec qqn.* ⇒ **Converser** (vx)**, discuter, disputer.** *Raisonner ensemble sans s'emporter* (→ Doux, cit. 37). *Raisonner avec des marmots* (cit. 3). — *« Quand la populace* (cit. 2) *se mêle de raisonner, tout est perdu »* (Voltaire).

3   (...) il dut raisonner longtemps, discuter, combattre avec des arguments précis son affolement et sa terreur.   MAUPASSANT, Pierre et Jean, VII.

4   On ne peut raisonner avec les fanatiques, il faut être plus forts qu'eux.
             ALAIN, Propos, 19 juin 1922, Le nouveau dieu.

(1694, *raisonner pantoufle*). Loc. fam. *Raisonner comme une citrouille, comme une pantoufle*, comme un tambour, comme un tambour mouillé :* mal raisonner, raisonner de travers (par jeu de mots avec *résonner*).

(1662). Répliquer, soulever des objections, alléguer des excuses... ⇒ **Discuter.** *Il ne s'agit pas de raisonner, mais d'obéir* (Académie).

5   Voyez comme raisonne et répond la vilaine!
                MOLIÈRE, l'École des femmes, V, 4.

♦ **2.** (1553). Passer d'un jugement (principe, base...) à un autre (conclusion), par le raisonnement; conduire un raisonnement. ⇒ **Juger** (→ Logiquement, cit.). *Raisonner par analogie, par induction* (⇒ **Induire**)*, par déduction* (⇒ **Déduire**). *La logique* (1. Logique, cit. 2) *étudie « les quatre opérations de l'esprit, concevoir, juger, raisonner et ordonner ». Ne raisonner qu'après avoir bien vu les principes* (→ Géomètre, cit. 4). *Raisonner sur...* (→ Espace, cit. 5). *Raisonner sur des idées...* (→ Moi, cit. 64). *Apprendre à qqn à raisonner* (→ Démonstration, cit. 3). *L'art de raisonner* (→ Langue, cit. 34). *Raisonner expérimentalement et expérimenter* (cit. 7). — *Raisonner avec exactitude* (cit. 16) *; raisonner bien, mal...* (→ Donnée, cit. 1; fort, cit. 69; intelligent, cit. 1; méthode, cit. 3). *Raisonner faux* (→ 1. Faux, cit. 35). *Qui raisonne selon les règles.* ⇒ **2. Logique; logicien.**

6   Il s'est trouvé des personnes qui ont été choquées du titre *d'art de penser,* au lieu duquel ils *(sic)* voulaient qu'on mît, *l'art de bien raisonner.* Mais on les prie

de considérer que la logique ayant pour but de donner des règles pour toutes les actions de l'esprit, et aussi bien pour les idées simples, que pour les jugements et pour les raisonnements, il n'y avait guère d'autre mot qui enfermât toutes ces différentes actions (...)   Logique de Port-Royal, Second discours, p. 34.

7   D'un principe erroné tire subitement
     Une conséquence trompeuse,
     Et raisonne en déraisonnant!   FLORIAN, Fables, V, 3.

8   — Et que lui apprendrez-vous donc, s'il vous plaît? — À raisonner juste, si je puis; chose si peu commune parmi les hommes et plus rare encore parmi les femmes.   DIDEROT, le Neveu de Rameau, Pl., p. 445.

9   (...) ne voyez-vous pas que, sitôt que l'esprit est parvenu jusqu'aux idées, tout jugement est un raisonnement? La conscience de toute sensation est une proposition, un jugement. Donc, sitôt que l'on compare une sensation à une autre, on raisonne. L'art de juger et l'art de raisonner sont exactement le même.
                               ROUSSEAU, Émile, III.

10   Je pense qu'il n'y a pour l'esprit qu'une seule manière de raisonner, comme il n'y a pour le corps qu'une seule manière de marcher.
          Cl. BERNARD, Introd. à l'étude de la médecine expérimentale, I, II.

B. V. tr. indir. (1772, Voltaire). **RAISONNER DE** (vieilli) : juger de; disputer, débattre. *Il se mêle de raisonner de tout.* Ellipt. *Raisonner politique, philosophie.*

★ **II.** V. tr. ♦ **1.** (1580). Littér. Soumettre à un raisonnement, au raisonnement; examiner* par la raison. *Raisonner le concret* (cit. 6). — *Raisonner une entreprise.* ⇒ **Calculer** (→ Malin, cit. 12). *Raisonner son art* (→ Poète, cit. 5). — *Ils ne raisonnent pas leurs plaisirs* (→ Novice, cit. 6).

11   Je raisonne tout, et j'analyse d'ordinaire trop bien mes goûts pour les subir aveuglément.   MAUPASSANT, Notre cœur, III, I.

♦ **2.** (1666). Cour. *Raisonner qqn,* chercher à l'amener à la raison, à une attitude raisonnable. ⇒ **Admonester** (→ 1. Part, cit. 25).

12   Non, vous avez beau faire et beau me raisonner,
     Rien de ce que je dis ne me peut détourner.   MOLIÈRE, le Misanthrope, V, 1.

Pron. *Se raisonner :* écouter la voix, les conseils de la raison. — (Passif). Pouvoir être contrôlé par la raison (sentiment, impulsion). *L'amour, la haine ne se raisonne pas.*

▶ **RAISONNÉ, ÉE** p. p. adj. Conforme aux règles du raisonnement. *Bien, mal raisonné.* Qui résulte d'un raisonnement, s'exprime par des raisonnements. *L'exposé raisonné du dogme* (cit. 4) *chrétien. Un corps d'idées raisonnées* (→ Former, cit. 8). *Délire scientifique raisonné et froid* (→ 1. Froid, cit. 15). — *Raisonné, académique et plat* (cit. 13). — Subst. («plaidoyer», n. m., 1462). *« Du raisonné fort obscur »* (→ Beaucoup, cit. 37, Voltaire).

13   Mon frère, vos conseils sont les meilleurs du monde,
     Ils sont bien raisonnés, et j'en fais un grand cas (...)   MOLIÈRE, Tartuffe, IV, 3.

(1611). Qui est appuyé de raisons, d'arguments, de preuves. *Projet raisonné,* calculé, étudié. *Une docilité raisonnée,* réfléchie (→ Drapeau, cit. 8). *Décision raisonnée et mesurée, pondérée.*

Spécialt. (Didact.). Qui explique par des raisonnements (et ne se contente pas d'affirmer, d'énoncer). ⇒ **Rationnel.** *Grammaire, arithmétique raisonnée. Méthode raisonnée d'anglais.*

CONTR. **Déraisonner.** — **Irraisonné, passionnel.**
DÉR. **Raisonnant, raisonneur.**
HOM. **Résonner.**

RAISONNEUR, EUSE [REzɔnœR, øz] n. et adj. — 1666, «celui qui réplique»; «avocat», 1345; dér. de *raisonner.*

♦ **1.** N. (1678). Personne qui discute, raisonne, réplique au lieu d'obéir, d'accepter les remarques... (→ Lanterner, cit. 1). *Faire la raisonneuse* (→ Mêler, cit. 29)*, le raisonneur...* ⇒ **Résister.**

Tu fais le raisonneur. Je te baillerai de ce raisonnement-ci par les oreilles.   MOLIÈRE, l'Avare, I, 3.

♦ **2.** Personne qui raisonne. → Attaquer, cit. 40. *Un subtil, un rigoureux raisonneur. C'est un imaginatif, un intuitif, le contraire d'un raisonneur, d'un logicien.*

1   C'est que Pascal n'est pas seulement un raisonneur, un homme qui presse dans tous les sens son adversaire, qui lui porte mille défis sur tous les points qui sont d'ordinaire l'orgueil et la gloire de l'entendement (...)
           SAINTE-BEUVE, Causeries du lundi, 29 mars 1852.

Spécialt, péj. *Un ennuyeux, un insupportable, un intarissable raisonneur.* ⇒ **Argumentateur, discuteur.**

♦ **3.** Adj. (1718). Qui raisonne. → Bon, cit. 126. *Robespierre, naturellement raisonneur et logicien** (cit. 2). *« Notre siècle raisonneur »* (Rousseau). *La dialectique* (cit. 3) *lente, le bon sens raisonneur du peuple.* — Par ext. *Un ton raisonneur* (→ Humoristique, cit.).

2   Le Grec est raisonneur encore plus que métaphysicien ou savant; il se plaît aux distinctions délicates, aux analyses subtiles, il raffine, il tisse volontiers des toiles d'araignée.   TAINE, Philosophie de l'art, t. II, p. 102.

3   (...) à l'instant où elle *(l'Allemagne)* semblait renoncer à exprimer son âme complexe et raisonneuse, pour épouser le style de la pensée latine (...)
          R. ROLLAND, Voyage musical au pays du passé, p. 238.

Spécialt (→ ci-dessus 1.). Qui discute, réplique... *Une petite fille raisonneuse et désobéissante* (contr. : *docile*).

RAÏTA [Rajta] n. f. — xxᵉ ; arabe du Maghreb.

♦ Instrument à vent, assez voisin du hautbois, en usage dans le Maghreb. — On écrit parfois *rhaïta*.

RAJAH [Radʒa ; Raʒa] n. m. — 1659 ; *raia*, v. 1525 ; en port., 1521 ; mot hindi, du sanscrit *râjâ* « roi ».

♦ Aux Indes, Souverain brahmanique d'une principauté indépendante. ⇒ **Maharajah**. *La rani, épouse du rajah. La richesse fabuleuse des anciens rajahs* (→ aussi Palanquin, cit. 3). — Par ext. Noble indien. — REM. Sous la domination anglaise, l'appellation de « rajah » n'était parfois qu'un simple titre honorifique.

1   C'était aux environs de Delhi (...) j'entrai dans la ville avec la nuit (...) je parvins à une place immense qui entoure la forteresse habitée par le Grand Mogol. Elle était couverte de tentes de rajahs ou nababs de sa garde, et de leurs escadrons (...)
                                   BERNARDIN DE SAINT-PIERRE, la Chaumière indienne.

2   Sauf au printemps, on y voyait *(à Londres)* peu d'étrangers ; quelques actrices françaises seulement, quelques rajahs à turban, quelques archiducs venus pour les chasses.   Paul MORAND, Londres, p. 49.

Var. : *radja* ou *radjah* (1846).

RAJANIA [Raʒanja] n. m. — 1869, *rajanie* ; du nom du botaniste *Jean Rai*.

♦ Bot. Plante grimpante d'Amérique tropicale *(Dioscoréacées)*, à rhizome féculent utilisé dans l'alimentation. *L'igname est un rajania.*

RAJETON [Raʒtɔ̃] n. m. — 1904, var. graphique de *raieton* (1781), *rayton* (1553) : de *raie*, suff. *-(t)on*.

♦ Rare. Jeune raie*.

RAJEUNIR [RaʒœniR] v. — xIIIᵉ, var. *rejeunir* ; xIIᵉ, *rejovener*, ou *rajovenir* dial. ; de *re-*, et *jeune*.

★ **I.** V. tr. ♦ **1.** Rendre jeune ou plus jeune ; ramener à l'état de jeunesse. *Rajeunir le corps* (→ Immortaliser, cit. 6). *Rajeunir des vieillards avec des injections d'hormones* (→ Partie, cit. 16). *Aucune fontaine* de jouvence ne pourrait la rajeunir* (→ Obsolète, cit.). Pron. « *L'an se rajeunissait en sa verte jouvence* » (cit. 1, Ronsard).

1   *(V. Hugo)* est un de ces mortels si rares (...) qui tirent une nouvelle force des années et qui vont, par un miracle incessamment répété, se rajeunissant et se renforçant jusqu'au tombeau.   BAUDELAIRE, l'Art romantique, XXII, I, V.

(1811). Loc. fig. et fam. (Sujet n. de chose). *Cela ne me, ne nous... rajeunit pas*, se dit, par euphémisme, à propos d'événements, de faits qui soulignent précisément l'âge des personnes en question. *Me voilà grand-père, cela ne me rajeunit pas !*

♦ **2.** Ramener à l'aspect physique, aux signes caractéristiques de la jeunesse ; faire paraître jeune ou plus jeune. *Le bonheur l'a rajeuni. Elle s'habille avec une élégance qui la rajeunit* (→ Maintenir, cit. 21). — Pron. (1779). **SE RAJEUNIR** (sens réfléchi). *Jeune fille qui porte des nattes* (cit. 5) *pour se rajeunir* (→ Faire jeune*).

2   (...) il reprenait sa bonne figure, ses grands yeux vifs, encore pleins d'enfance (...) tandis que ses cheveux blancs sa barbe blanche, poussaient plus drus, d'une abondance léonine, dont le flot de neige le rajeunissait.
                                   ZOLA, le Dʳ Pascal, VIII.

(Dans l'ordre moral, psychologique). *Fraîcheur* (cit. 16) *d'esprit propre à rajeunir des hommes blasés.*

3   (...) il reporta sa vue avec délices sur la jeune femme (...) il se sentit tout joyeux. « Cette provinciale me rajeunit ». Ce mot avait déjà une grande signification pour notre peintre, et pourtant il n'avait pas encore vingt-six ans (...) Ces comédies de toutes les espèces qu'il avait jouées avec distinction sous la direction de la savante Rosalinde avaient vieilli son caractère et même un peu fané ses traits.
                                   STENDHAL, Romans et nouvelles, « Féder », III.

♦ **3.** (Mil. xIxᵉ). Croire (qqn) plus jeune (qu'il n'est réellement), lui donner moins que son âge. *Il vient d'avoir cinquante ans ; vous le rajeunissiez de cinq ans.* — Pron. (sens réfléchi). Se faire passer pour plus jeune qu'on n'est. *Elle a beau se rajeunir, personne ne s'y trompe !*

4   François-René (...) de Chateaubriand était né à Saint-Malo le 4 septembre 1768, et non le 4 octobre (...) comme lui-même semblait le croire. Quant à la date de l'année, il la mettait volontiers en 1769. Cela veut dire qu'il voulut un peu, soit pour faire coïncider sa naissance avec cette année 69, à laquelle on se plaisait à rapporter plusieurs naissances illustres, soit tout simplement pour se rajeunir.
                                   SAINTE-BEUVE, Chateaubriand..., t. I, p. 75.

♦ **4.** Ramener à un état de vigueur, de fraîcheur, de nouveauté... *Mets fortifiants* (cit. 1) *propres à rajeunir un tempérament épuisé.* ⇒ **Ranimer, renouveler, revigorer.** *Chercher à rajeunir le plaisir de la rime.* ⇒ **Raviver** (→ Étrangeté, cit. 4). *Rajeunir une installation, un équipement* (⇒ **Moderniser**), *un vêtement* (⇒ **Rafraîchir**). — *Rajeunir une vieille institution, ses méthodes.* ⇒ **Rénover.**

5   Dans l'ode sur le rossignol, le poète allemand veut rajeunir un sujet bien usé, en prêtant à l'oiseau des sentiments si doux et si vifs pour la nature et pour l'homme, qu'il semble un médiateur ailé qui porte de l'une à l'autre les tributs de louange et d'amour.   Mᵐᵉ DE STAËL, De l'Allemagne, II, XII.

♦ **5.** (xxᵉ). Diminuer l'âge moyen de (un groupe, une pluralité). *Rajeunir les cadres d'une entreprise, d'un parti, une assemblée.*

★ **II.** (xIIIᵉ). V. intr. ♦ **1.** Redevenir jeune ; reprendre les apparences, les signes distinctifs de la jeunesse. « *Cet air du ciel natal où l'on croit rajeunir* » (→ Doux, cit. 15, Lamartine).

6   En vain on me dit : « Vous rajeunissez », croit-on me faire prendre pour ma dent de lait ma dent de sagesse.
                                   CHATEAUBRIAND, Mémoires d'outre-tombe, t. VI, p. 3.

♦ **2.** Reprendre, retrouver de la vigueur, de la fraîcheur, de l'éclat... *Vieille façade qui a besoin d'un coup de badigeon* (cit. 2) *pour rajeunir.* — *Forêts qui rajeunissent au printemps.* ⇒ **Reverdir.**
REM. À la forme intransitive, *rajeunir* se construit avec l'auxiliaire *avoir* ou *être*, selon qu'on veut exprimer une action en voie d'accomplissement *(Il a beaucoup rajeuni pendant son séjour à la campagne)*, ou le résultat de cette action, un fait accompli, un état *(Il s'est longuement reposé à la campagne et il est tout rajeuni)*.

▶ **SE RAJEUNIR** v. pron.
Voir à l'article.

▶ **RAJEUNI, IE** p. p. adj.
Rendu plus jeune ou redevenu jeune. *Vieillards rajeunis* (→ 1. Jumelle, cit.). *Il s'était mis en jeune homme, il m'a paru rajeuni* (→ Pardonner, cit. 4). *Je lui ai trouvé un air, un visage tout rajeuni.*

7   Pauline mettait ses robes nouvelles et des chapeaux à bords souples. Elle se sentait rajeunie ainsi vêtue, le cou dégagé, les bras à demi-nus, marchant légèrement en souliers blancs avec des jupes qui ne dépassaient pas les chevilles.
                                   J. CHARDONNE, les Destinées sentimentales, p. 327.

Plaisir sans cesse rajeuni. — *Paysage changeant* (cit. 8) *toujours rajeuni par le cours des saisons.*

CONTR. Vieillir.
DÉR. Rajeunissant, rajeunissement, rajeunisseur.

RAJEUNISSANT, ANTE [Raʒœnisã, ãt] adj. — xvIIᵉ-xvIIIᵉ ; de *rajeunir.*

♦ Qui rajeunit, qui a la propriété de rajeunir. *Crème de beauté rajeunissante. Traitement rajeunissant. Chirurgie rajeunissante* (vieilli). ⇒ **Esthétique.**

RAJEUNISSEMENT [Raʒœnismã] n. m. — xvᵉ ; *rajonisement*, 1165 ; de *rajeunir.*

♦ **1.** Action de rajeunir (I., II.) ; résultat de cette action, état de ce qui est ou paraît rajeuni. *La gérontologie et le problème du rajeunissement. Rajeunissement de l'organisme par l'opothérapie. Cure de rajeunissement. Rajeunissement du visage par la chirurgie esthétique.*

Et les rosiers, les arbustes vieillirent aussi, de leur moins sinistre vieillesse de plantes, avec encore des airs de rajeunissement à chaque renouveau.
                                   LOTI, Figures et Choses..., « Mur d'en face ».

♦ **2.** Le fait de donner une apparence, de jeunesse, un renouveau à (la nature...).

Arbor. *Rajeunissement des arbres fruitiers*, par suppression des branches épuisées et infécondes (ravalement, etc.).

♦ **3.** (Abstrait). Action de redonner ou de reprendre de la vigueur, de la fraîcheur, de l'éclat... *Rajeunissement du talent par des moyens nouveaux* (→ Mesure, cit. 10). *Rajeunissement d'un vieux thème.*

RAJEUNISSEUR, EUSE [RaʒœnisœR, øz] n. — 1852, *in* D. D. L. ; de *rajeunir.*

♦ Littér. Personne qui rajeunit (qqch.).

RAJOUT [Raʒu] n. m. — V. 1904 ; de *rajouter.*

♦ Ce qui est rajouté. Spécialt. (Dans un ensemble de maçonnerie, un assemblage de pièces mécaniques, un texte...). *Correcteur qui faits des rajouts sur une épreuve.* ⇒ **Ajout.**
REM. On trouve dans la langue familière la variante péjorative *rajouti* ou *rajoutis* [Raʒuti].

Faudra-t-il se contenter d'entrevoir des bords de commencement ? Tronçons, de part et d'autre, qui grouillent pêle-mêle ; et qui en viennent à se confondre, et aussi à se recoller au hasard, à faire ensemble de vilains rajouts.
                                   J. ROMAINS, les Hommes de bonne volonté, XIX, p. 9.

RAJOUTER [Raʒute] v. tr. — xvIᵉ *rajouster* ; repris 1869 ; xIIᵉ, *rajousteir* ; de *re-*, et *ajouter.*

♦ Ajouter* de nouveau, ou (fam.) ajouter en plus, par surcroît. *Il n'y a rien à ajouter, c'est parfait. Tableau où l'on ne peut rajouter aucune touche* (→ Lier, cit. 6). *Compléter* un récit en y rajoutant quelques détails pittoresques.*

Non ! Je ne puis affirmer qu'avec la fin de ce cahier, tout sera clos ; que c'en sera fait. Peut-être aurai-je le désir de rajouter encore quelque chose. De rajouter je

ne sais quoi. De rajouter. Peut-être. Au dernier instant, de rajouter encore quelque
chose (...)   GIDE, Ainsi soit-il, p. 197 (13 févr. 1951, six jours avant sa mort).

(XXᵉ). Fam. EN RAJOUTER : exagérer les choses. *Il n'a pas pu vous
dire de telles énormités ! Vous en rajoutez !*, vous exagérez la
vérité. ⇒ **Remettre** (fam.). — (D'un acteur). *Son jeu est trop chargé,
il en rajoute.*

DÉR. Rajout.

RAJPOUTE [Raʒput; Radʒput] n. et adj. — 1663, *raspoute* ; *resbut*,
1581 ; du hindi *rājpūt* « prince », du sanskrit *rājā* (roi) *putra* « fils ».

♦ **1.** N. Prince, dignitaire hindou.

♦ **2.** N. et adj. (XXᵉ). Habitant du Rajputana, région de l'Inde.
Du *Rājputāna.*

REM. On écrit aussi *rajput, ute* et *râjput, rājput.*

RAJUSTEMENT [Raʒystəmɑ̃] n. m. — 1803 ; 1690, « réconcilia-
tion » ; de *rajuster.*

♦ **1.** Rare. Action de rajuster ; résultat de cette action.

♦ **2.** (1932). Cour. *Les syndicats réclament un rajustement des
salaires.* — REM. Dans ce sens, on emploie plutôt la forme *réajustement* [Reaʒystəmɑ̃].

RAJUSTER [Raʒyste] v. tr. — 1170, *rajoster* ; de *re-*, et *ajuster.*

A. ♦ **1.** Mod. Remettre (qqch.) en bonne place, à sa place exacte
(en vue d'un fonctionnement ou d'une utilisation convenable).

1   — Permettez, répliqua Mercier en rajustant ses lunettes.
                              FRANCE, le Chat maigre, III, *in* Œ., t. II, p. 173.

♦ **2.** (1298). Redonner de la justesse, de la précision à... *Rajuster
le tir* (→ Manquer, cit. 72). *Rajuster une balance, des instruments
de mesure...*
Cour. (Le compl. désigne la coiffure, les pièces de l'habillement).
Remettre dans un état convenable, en ordre, en place... ⇒ **Réajuster.** *Rajuster sa coiffure* (⇒ **Refaire**), *son chignon* (cit. 4), *sa cravate* (→ Coquet, cit. 12), *son tablier* (→ Orage, cit. 7). *Rajuster son chapeau devant une glace* (cit. 28). *Fantassin* (cit. 1) *qui
rajuste son shako.* — Pron. et absolt. (1669). *Se rajuster,* remettre
de l'ordre dans ses vêtements, reprendre une tenue convenable.

2   (...) Emma débouclait ses socques, mettait d'autres gants, rajustait son châle, et,
vingt pas plus loin, elle sortait de l'*Hirondelle.*   FLAUBERT, Mᵐᵉ Bovary, III, V.

3   (...) Mᵐᵉ de Marelle rajustant en face de la glace les petits cheveux frisés de ses
tempes, toujours défaits au sortir du lit.   MAUPASSANT, Bel-Ami, II, X.

♦ **3.** (XXᵉ). *Rajuster les salaires,* les relever pour qu'ils demeurent
proportionnés au coût de la vie. — REM. En ce sens, on emploie surtout la forme *réajuster*.*

B. (1645). Vx. Raccomoder, réconcilier* (des personnes brouillées).
— Pron. (réciproque). ⇒ **Réconcilier** (se).

4   Après le démêlé d'un amoureux caprice,
       Ils goûtent le plaisir de s'être rajustés.   MOLIÈRE, Amphitryon, III, 2.

C. (XVIIᵉ). Vx (langue class.). Remettre en état, en situation correcte.
⇒ mod. **Arranger, réparer.** — Ramener à l'exactitude ou à la normale. *Rajuster les choses.* ⇒ mod. **Rétablir.** « *La mort rajuste toutes choses* » (Molière). ⇒ mod. **Régler.**

CONTR. Briser.
DÉR. Rajustement.

RAKI [Raki] n. m. — 1827 ; *raqui,* 1628 ; turc *raqui* ; arabe ɛărăq
« sueur, lait ». → Arack.

♦ Liqueur d'Orient, eau-de-vie de marc de raisin parfumée à
l'essence d'anis. *Consommer du mastic* (cit. 1) *et du raki.*

RAKU [Raku] n. m. — XXᵉ ; mot japonais.

♦ Art. Poterie noire cuite à basse température.

RÂLAGE [Ralaʒ] n. m. — 1924 ; de *râler.*

♦ Fam., rare. Le fait de râler ; protestation de personnes qui râlent.
⇒ **Rouspétance.**

(...) c'est la pagaye installée, innocente et heureuse d'elle-même, c'est le râlage
qui finit en blague, c'est une gentillesse un peu aigre, c'est la France, c'est quelque chose que j'ai détesté jadis et que maintenant j'aime assez (...)
                              MONTHERLANT, les Olympiques, p. 197.

RÂLANT, ANTE [Ralɑ̃, ɑ̃t] adj. — 1834, Landais ; de *râler.*

♦ **1.** Didact. Qui fait entendre un râle. *Une respiration râlante. Un
moribond râlant.*

♦ **2.** (V. 1930). Fam. Qui fait râler, rager ; qui met en colère.

⇒ **Rageant, vexant.** *Je l'ai manqué à deux minutes près, c'est
râlant !*

1. RÂLE [Ral] n. m. — 1636 ; *rascle,* 1164 ; 1300, *raalle* ; selon Wart-
burg, d'un lat. **rasclare* « racler », à cause du cri de cet oiseau.

♦ Oiseau migrateur (*Échassiers, Rallidés*), de la taille d'une
bécasse, scientifiquement appelé *rallus,* aux multiples espèces
répandues sur tout le globe. — *Râle d'eau,* dit aussi *râle noir. Râle
des genêts, couramment appelé* roi des cailles. *Râle marouette.*

(...) je connaissais tous les oiseaux de ces étendues pâles : le râle noir, ou râle d'eau,
qui sautille dans les arbustes dépouillés ; le râle de genêt, ou râle rouge, qui court à
perdre haleine à travers les grandes herbes, dépiste les meilleurs chiens, essouffle
le chasseur et faire croire à la présence d'un lièvre, avant de se décider à s'envoler, pauvre oiseau alors malhabile, proie condamnée.
                              Pierre BENOIT, Kœnigsmark, V.

DÉR. Rallidés.
HOM. 2. Râle.

2. RÂLE [Ral] n. m. — 1611, *rasle* ; de *râler.*
Action de râler ; son résultat.

♦ **1.** Bruit rauque de la respiration chez certains moribonds. *Un
râle d'agonie* (cit. 6 ; → Gai, cit. 11). *Le râle de la mort.* « *Le râle
épais d'un blessé qu'on oublie* » (→ Effort, cit. 3, Baudelaire). *Râle
qui sort du fond de la gorge d'une agonisante* (→ 2. Mort, cit. 5).
Souffle entrecoupé (cit. 3) *de râles.*

(...) un râle caverneux, qui monte d'en dessous des murs ; toujours le « Han !   1
Han... » prolongé en plainte déchirante : quelqu'un qui meurt.
                              LOTI, Figures et Choses..., « Trois journées de guerre », III.

(...) l'abominable râle, cette respiration mécanique, semblable à une bulle d'air qui   2
crève à la surface de l'eau, derniers souffles du corps, qui s'obstine à vivre, quand
l'âme n'est déjà plus.   R. ROLLAND, Jean-Christophe, Le matin, I, p. 127.

♦ **2.** (1845). Pathol. Altération du murmure respiratoire provoqué
par le déplacement des sécrétions bronchiques et alvéolaires au passage de l'air, symptomatique d'une affection pulmonaire et perçue
à l'auscultation (médiate ou immédiate). *Râle sec ou sonore, râle
humide ou bulleux* (faisant entendre un bruit comparable à celui
des bulles qui crèvent), *râle muqueux, caverneux, râle crépitant,
sibilant.*

Laennec en distingue 4 espèces : 1º le râle crépitant, 2º le râle muqueux, 3º le   3
râle sonore, 4º le râle sibilant.
                              NYSTEN, Nouv. dict. de médecine (art. *Râle*), *in* D. D. L., II, 14.

Et puis il se remit à tousser presque le même jour. Nous l'auscultons et on lui   4
trouve toute une série de râles sur toute la hauteur du poumon droit.
                              CÉLINE, Voyage au bout de la nuit, p. 422.

HOM. 1. Râle.

RÂLEMENT [Ralmɑ̃] n. m. — 1611 ; de *râler.*

♦ Bruit rauque que fait la respiration d'une personne qui râle
(→ Râler, I., 1.). ⇒ 2. **Râle** (1.).
Par métaphore. « *Les râlements du glas* » (Gautier).

J'entendis un râlement haut et sinistre. J'étais dans la chambre de Balzac (...) Une
vieille femme, la garde, et un domestique se tenaient debout des deux côtés du
lit (...) Cet homme et cette femme se taisaient avec une sorte de terreur et écoutaient le mourant râler avec bruit.
                              HUGO, Choses vues, 1850, Mort de Balzac.

RALENTI n. m. ⇒ **Ralentir,** *infra* cit. 7.

RALENTIR [Ralɑ̃tiR] v. — V. 1550 ; de *re-*, et *-alentir.*

★ **I.** V. tr. ♦ **1.** Rendre lent ou plus lent (un mouvement*, une progression dans l'espace) ⇒ **Ralentissement, retardation.** *Ralentir le
pas* (→ Distancer, cit. 1 ; égal, cit. 5), *son allure* (→ Pédaler, cit. 2), *sa marche. Mécanisme qui sert à ralentir l'allure
d'un moteur, d'un véhicule.* (⇒ **Frein, modérateur, ralentisseur**).
— *Ralentir la progression de l'ennemi.* ⇒ **Entraver, gêner, retarder.** — Par métaphore. *Rien ne le ralentira dans la voie du succès.*
⇒ **Arrêter.**

(...) nous nous penchâmes sur nos avirons, et tantôt gravissant péniblement le flanc   1
des lames montantes, tantôt en nous précipitant avec leur écume au fond des lames
descendantes, nous cherchions à activer notre ascension ou à ralentir notre chute
par la résistance de nos rames dans l'eau.
                              LAMARTINE, Graziella, Épisode, VII.

Il essaya de ralentir son train et de marcher, mais changer d'allure nécessitait un   2
effort qu'il n'était pas en mesure de fournir. Un homme exténué ne s'arrête pas
de courir pour aller au pas, il poursuit sa course jusqu'à ce qu'il s'abatte.
                              J. GREEN, Léviathan, I, XIII.

♦ **2.** Rendre plus lent (le déroulement d'un processus), diminuer
(l'intensité d'un phénomène). *Ralentir l'expansion économique.
Médicament qui ralentit les sécrétions de l'estomac* (cit. 6). *Ralentir une émission de neutrons, une réaction en chaîne.* ⇒ **Modérateur,
ralentisseur ; ralentissement** (pouvoir de ralentissement). — Rendre
moins vif. *Ralentir la fougue de qqn.* ⇒ **Alentir** (vx), **diminuer,
freiner.** — *Cette scène est inutile ; elle ralentit* (action dramatique).
⇒ **Embarrasser.** — Mus. *Ralentir le mouvement* (⇒ **Rallentendo**).

3 Cette idée ne s'offrait pas à lui directement, et ne l'empêchait pas de faire son devoir ; mais elle agissait sourdement sans qu'il s'en aperçût lui-même, et ralentissait quelquefois son zèle qu'il eût poussé plus loin sans cela.
ROUSSEAU, les Confessions, II.

4 Ah ! ne ralentis pas tes flammes ;
Réchauffe mon cœur engourdi,
Volupté, torture des âmes !
BAUDELAIRE, Poèmes apportés par l'édition de 1868, Pl., t. I, p. 139.

★ **II.** V. intr. (1774, Voltaire). Aller moins vite, réduire sa vitesse (→ Concerter, cit. 4 ; pénétrer, cit. 4). Fam. *Ralentis un peu* (→ Calmer le jeu*). Spécialt. Réduire la vitesse du véhicule, de l'automobile que l'on conduit (→ Freiner, cit. 1). *Automobiliste qui ralentit avant d'aborder un croisement. Ralentir, travaux ; ralentir, danger. Ralentir école, hôpital...*

5 La voiture ralentit pour prendre un virage et franchir un passage à niveau.
MARTIN DU GARD, les Thibault, t. VI, p. 15.

▶ **SE RALENTIR** v. pron. (1653). « *Leur fougue impétueuse* (cit. 1) *enfin se ralentit* » (Racine). *L'offensive ennemie commence à se ralentir* (→ Marquer* le pas).

▶ **RALENTI, IE** p. p. adj. *Mouvement ralenti.*

6 (...) il ne comprenait pas une autre table ni d'autres mets ni une autre dépense que celle qui convenait à son existence ralentie ; il réglait l'idée sur le geste, comme tous ; et son geste était prudent et conservateur (...)
ALAIN, Propos, 18 nov. 1922, Les âges et les passions.

N. f. (Emploi stylistique et personnel) :

7 Ralentie, on tâte le pouls des choses (...) on a tout le temps ; tranquillement, toute la vie. Henri MICHAUX, Plume, La ralentie, p. 41.

N. m. **RALENTI.** **ⓐ** (xxᵉ ; Larousse, 1932). Régime le plus bas d'un moteur. *Moteur qui tient bien le ralenti. Gicleur de ralenti dans un carburateur. Régler le ralenti d'un moteur d'automobile.*

ⓑ (1935, *in* Académie). AU RALENTI. *Vivre, travailler au ralenti. Une activité au ralenti.*

8 Ils travaillaient sans vacances, sans loisirs, jusqu'à soixante ou soixante-cinq ans, puis un jour tombaient évanouis et se réveillaient bouche tordue, langue empâtée, un bras et une jambe immobilisés. Alors commençait une vie au ralenti.
A. MAUROIS, Mémoires, t. I, VI.

9 Si au moins je pouvais m'économiser, vivre tout doucement, au ralenti, je gagnerais peut-être quelques années. SARTRE, l'Âge de raison, p. 38.

ⓒ (1921). Techn. Procédé de tournage qui consiste à photographier les images à une cadence plus lente que la cadence ordinaire, ce qui a pour effet, au moment de la projection, de rendre sur l'écran les mouvements plus rapides qu'ils ne sont dans la réalité (effet d'*accéléré*). *Le ralenti, la prise de vue au ralenti est utilisée, dans le cinéma scientifique ou éducatif, pour rendre sensibles les mouvements très lents* (éclosion d'une fleur, croissance d'une plante, etc.).

10 Certains films documentaires (...) présentent le règne végétal par l'emploi du ralenti, lequel résulte de l'accélération de la vitesse des images.
COCTEAU, Journal d'un inconnu, p. 80.

Cour. Effet qui fait apparaître sur l'écran les mouvements plus lents qu'ils ne sont dans la réalité, et qui provient d'un tournage accéléré. *Le ralenti permet l'analyse de mouvements très rapides (gestes d'un sportif en action, déplacement d'une balle de fusil, etc.).*

Figuré :

11 (...) il allait être condamné à se mouvoir en force (d'où peut-être aussi pour lui cette impression de ralenti, comme dans les rêves, comme un scaphandrier ou un plongeur dont les mouvements sont freinés par la résistance de l'eau)
Claude SIMON, le Palace, p. 79.

CONTR. Accélérer, activer. — Brusquer, hâter, précipiter. — Soutenir. — Courir, doubler (le pas).
DÉR. Ralentissement, 1. ralentisseur, 2. ralentisseur.

RALENTISSEMENT [Ralɑ̃tismɑ̃] n. m. — 1584 ; de *ralentir.*

♦ **1.** (D'un mouvement). Le fait de se ralentir (⇒ **Retard, retardation ; décélération**). *Ralentissement de la marche d'un véhicule.* — Ch. de fer. *Signal de ralentissement. Rappel de ralentissement.* — *Ralentissement de la circulation. La radio signale un ralentissement sur l'autoroute.* ⇒ **Bouchon.**

♦ **2.** (XVIIᵉ, Mᵐᵉ de Sévigné). Affaiblissement de l'intensité d'un phénomène ; diminution d'activité. *Ralentissement de l'expansion économique* (→ **Temps*** d'arrêt). *Ralentissement de la production.* ⇒ **Diminution** (→ Chômage, cit. 1).

(...) une France appauvrie et comme anémiée par le ralentissement de l'activité économique. JAURÈS, Hist. socialiste..., t. III, p. 239.
Ralentissement des fonctions physiologiques (→ aussi Frigidité, cit. 3). *Ralentissement de la nutrition. Ralentissement psychique :* lenteur anormale des processus mentaux (⇒ **Bradypsychie**) ; diminution qualitative et quantitative de l'activité psychique qui marque la progression de l'affaiblissement intellectuel. — Chim. *Pouvoir de ralentissement :* perte d'énergie subie par une particule ionisante lorsqu'elle traverse l'unité de longueur. — Phys. *Ralentissement d'une réaction en chaîne. Pouvoir de ralentissement :* grandeur

qui mesure l'efficacité d'un modérateur (dans un réacteur). — Fig. *Ralentissement de l'ardeur, du zèle.* ⇒ **Relâchement.**
CONTR. Accélération ; développement.

1. RALENTISSEUR [Ralɑ̃tisœR] n. m. — 1903, *in* D.D.L. ; de *ralentir.*

♦ **1.** Techn. Mécanisme, dispositif qui sert à ralentir. *Ralentisseur monté sur un camion,* pour l'empêcher d'aller trop vite dans les descentes dangereuses.

Un moteur isolé aux silicones pourra être utilisé sans précaution supplémentaire sur une locomotive gravissant de fortes pentes ou dans un pays très chaud ; l'utilisation relationnelle s'étend ; le même type de moteur perfectionné peut être utilisé (en petits modèles) comme ralentisseur de camions ; c'est en effet à la modalité relationnelle que le moteur est adapté et non pas seulement à ce type unique de relation qu'est celle qui lie le réseau et le monde géographique pour la traction d'un train.
Gilbert SIMONDON, Du mode d'existence des objets techniques, p. 54.

♦ **2.** (Mil. xxᵉ). Phys. Substance qui, dans un réacteur, ralentit l'émission des neutrons issus d'une fission nucléaire. ⇒ **Modérateur.**
CONTR. Accélérateur.

2. RALENTISSEUR, EUSE [Ralɑ̃tisœR, øz] adj. — 1902 ; de *ralentir.*

♦ Qui ralentit (qqch.). *Frein ralentisseur. Dispositif ralentisseur.*

RÂLER [Rɑle] v. intr. — 1680 ; *rasler*, 1456 ; même rad. que *racler.*

★ **I.** ♦ **1.** Faire entendre un râle en respirant. *Agonisant, moribond qui râle.*

C'était un Espagnol de l'armée en déroute,
Qui se traînait sanglant sur le bord de la route,
Râlant, brisé, livide, et mort plus qu'à moitié.
HUGO, la Légende des siècles, XIII, I, « Après la bataille ». [1]

Par anal. (→ Locomotif, cit. 1).

Dieu dit au peuple : va ! l'ardent tocsin qui râle,
Secoue avec sa corde obscure et sépulcrale
L'église et son clocher, le Louvre et son beffroi (...)
HUGO, les Contemplations, V, III, IV. [2]

♦ **2.** (xixᵉ). Faire entendre un bruit de gorge, en parlant de certains animaux. ⇒ **Raller.** *Cerf, chevreuil, daim, tigre qui râle.*

★ **II.** Fam. ♦ **1.** (1875 ; 1781, « mendier par profession »). Vx. Marchander interminablement, avec âpreté (→ cit. Zola, ci-dessous).

Ce vieux-là râle sur tout le marché ; il attend quelquefois le dernier coup de cloche, pour acheter quatre sous de marchandise (...) Ah ! ces Partisans ! ça se chamaille pour deux liards et ça va boire le fond de sa bourse chez le marchand de vin. ZOLA, le Ventre de Paris, t. I, I, p. 25. [3]

♦ **2.** (1923). Mod. Être en colère, de mauvaise humeur, avoir du dépit ; récriminer, protester. ⇒ **Grogner, maronner, maugréer, rager, rouspéter.** *Faire râler.* ⇒ **Enrager.** *Il y a de quoi râler :* c'est râlant*. *Il, elle râle toujours. Qu'est-ce que tu as à râler ?* Loc. *Râler comme un voleur,* vivement.

Elle (...) ne manquait pas de répartie, mais il regrettait le temps où elle râlait en silence, avec tous ses cheveux dans la figure : ça faisait moins d'histoires.
SARTRE, la Mort dans l'âme, p. 59. [4]

Elle râle parce que les cotisations, les journaux, les listes de souscriptions, grèvent leur budget. Roger VAILLAND, Bon pied, bon œil, p. 25. [5]

DÉR. Râlage, râlant, 2. râle, râlement, râleur, râleux, râloter.
HOM. Raller.

RÂLEUR, EUSE [RɑlœR, øz] n. et adj. — 1923 ; « personne qui a la manie de marchander », 1845 ; *ralleur*, 1571, « qui râle, pousse des râles ».

♦ Fam. Personne qui proteste, qui râle* à tout propos. ⇒ **Râleux** (vx), **rouspéteur.** *Jamais contente, quelle râleuse !* — Adj. *Il n'est pas méchant, mais il est trop râleur.*

Mon vieux, disait Biffi, je ne suis pas râleur, mais si je rencontre le Norbert, qu'est-ce que je vais lui passer comme engueulade !
P. MAC ORLAN, Quai des brumes, VII.

RÂLEUX, EUSE [Rɑlø, øz] n. — 1847, au fém., « marchande » ; de *râler*, II., 1., au sens de « marchander mesquinement » ; → Râler, cit. 3, Zola.

★ **I.** Argot (fam., vieilli). Personne qui regarde à la dépense. ⇒ **Avare.** — Adj. *Il est un peu râleux.* ⇒ **Rapiat.**

(...) le directeur (...) prenant généralement, à l'arrivée de l'« omnibus », les grands seigneurs pour des râleux et les rats d'hôtels pour des grands seigneurs !
PROUST, À l'ombre des jeunes filles en fleurs, Pl., t. I, p. 662. [1]

★ **II.** (1920 ; de *râler*, II., 2.). Vx. Râleur.

Ça faisait des mélanges d'engueulades... avec les ménagères cockneys et les brutes ivrognes de l'endroit, les pilons, les cirrhoses whisky, les fistules, les tranches avariées, les gastralgiques, les lumbagos coupés en deux qui crient pour tout, les albumines, leurs petites bouteilles, les râleux mièvres, les anti-tout, tout ça embringués, parqués, les uns dans les autres... tassés contre la porte (...)
CÉLINE, Guignol's band, p. 121. [2]

RALIGNER [Raliɲe] n. m. — xxᵉ; du v. *raligner, ralignier*, déb. xiiiᵉ; de *re-*, et *aligner*.

♦ Techn. *Pêche au raligner* : pêche en mer, à la traîne, pour capturer les bars, les lieus.

RALINGAGE [Ralɛ̃gaʒ] n. m. — D. i.; de *ralinguer*.

♦ Mar. Opération par laquelle on ralingue (une voile, les voiles d'un bateau).

Nos trinquettes jumelles (20 m²) seront terminées quatre jours plus tard : don Pedro, le voilier du coin, venu voir en curieux, s'est chargé du ralingage à une vitesse stupéfiante, pour un prix plus que raisonnable.
　　　　　　　　　　　　　　　Bernard MOITESSIER, Cap Horn à la voile, p. 80.

RALINGUE [Ralɛ̃g] n. f. — 1379; *raelingue*, v. 1155; p.-ê. néerl. *ralijk* «cordage *(lijk)* de vergue *(ra)*» (→ aussi Raban). Mais les var. en *re-* «postulent un dérivé de *élingue* "corde", confirmé par le sens» (P. Guiraud, *Dict. des étymologies obscures*).

♦ **1.** Mar. Cordage* auquel sont cousus les bords d'une voile et qui sert à les protéger et à les renforcer. *Ralingue de têtière ou d'envergure* (sur le bord supérieur d'une voile carrée), *de chute* (sur chacun des côtés), *de fond* (sur le bord inférieur).
Les voiles furent bordées de fortes ralingues, et il restait encore de quoi fabriquer les drisses, les haubans, les écoutes, etc.
　　　　　　　　　　　　　　　J. VERNE, l'Île mystérieuse, t. II, p. 466.

(1691). *Voile en ralingue* : voile qui reçoit mal le vent, ses ralingues et sa toile étant disposées parallèlement à la direction du vent. ⇒ **Ralinguer**. *Mettre une voile en ralingue.*

♦ **2.** (1812). Techn. Bordure en filin d'un élément (d'un filet de pêche). *Filet à ralingue* (→ Chalut, cit. 2).

DÉR. **Ralinguer.**

RALINGUER [Ralɛ̃ge] v. — V. 1691; de *ralingue*.

♦ **1.** V. tr. Orienter (une voile) de sorte qu'elle soit parallèle à la direction du vent. — Garnir, border (une voile) de ses ralingues.

♦ **2.** V. intr. (1701). Se dit d'une voile qui est *en ralingue*, qui reçoit mal le vent et bat sans être tendue. ⇒ **Barbeyer, battre, faséyer**. *Mettre une voile à ralinguer.*

Juste avant le coucher du soleil, l'éclaircie que nous attendions avec inquiétude apparut au sud-ouest, et une heure plus tard notre unique petite voile d'avant ralinguait contre le mât.
　　　　　　　　　　　　　　　BAUDELAIRE, Trad. E. POE, les Aventures d'A. Gordon Pym, XIV.

DÉR. **Ralingage.**

RALLENTENDO [Ralɛntɛndo] adv. — 1875, *in* P. Larousse; mot italien.

♦ Mus. En ralentissant, en élargissant le mouvement. — N. m. Passage à jouer rallentendo. *Un rallentendo.*

RALLER [Rale] v. intr. — 1690; autre forme de *râler*.

♦ Rare. Se dit du cerf qui pousse son cri* (surtout en parlant du cerf en rut, du daim, etc.).

HOM. Râler.

RALLIDÉS [Ralide] n. m. pl. — 1839; de 1. *râle*.

♦ Zool. Famille d'oiseaux *(Échassiers)* aux ailes courtes, à petite tête, et à bec dur, pointu, comprimé latéralement, et dont le type est le râle. ⇒ **Foulque, poule** (d'eau), **râle**. — Au sing. *Un rallidé.*

RALLIE [Rali] n. m. — 1973; de *rallier*, pour traduire *rallye*.

♦ Forme proposée et recommandée pour remplacer *rallye**.

RALLIÉ, ÉE [Ralje] adj. et n. ⇒ **Rallier.**

RALLIÉ [Ralje] n. m. — D. i.; de *rallier* au p. passé.

♦ Chasse. Réunion de plusieurs meutes. *«On appelle rallié, en terme de vénerie, la réunion de plusieurs meutes par les chasseurs d'une même localité»* (*Année sc. et industr.* 1866, p. 373, 1865).

RALLIEMENT [Ralimɑ̃] n. m. — V. 1160, *raliement* «force qui réunit»; «réconciliation», 1538; de *rallier*.

♦ **1.** Le fait de rallier (1.) une troupe, de se rallier. ⇒ aussi **Rassemblement, regroupement**. *Manœuvre de ralliement.*

1　(...) cette discipline et ces manœuvres de ralliement qui décident de la victoire dans un champ de bataille.　VOLTAIRE, Essai sur les mœurs, CLXIII.

Loc. (1770). *Point de ralliement* : point où les troupes doivent se réunir, et, fig., point central, lieu où convergent les forces d'un pays, etc. ⇒ **Citadelle.**

2　Une grande ville qui servirait de point de ralliement serait utile à l'Allemagne, pour rassembler les moyens d'étude, augmenter les ressources des arts, exciter l'émulation (...)　Mᵐᵉ DE STAËL, De l'Allemagne, I, XI.

MOT DE RALLIEMENT : mot qu'un soldat doit donner en réponse au mot d'ordre* et, par ext., formule qui sert aux membres d'une association, d'une société secrète, etc. pour se reconnaître (→ aussi Patrie, cit. 10).

3　L'admiration pour Gœthe *(en Allemagne)* est une espèce de confrérie dont les mots de ralliement servent à faire connaître les adeptes les uns aux autres. Quand les étrangers veulent aussi l'admirer, ils sont rejetés avec dédain (...)　Mᵐᵉ DE STAËL, De l'Allemagne, II, VII.

(Fin xviiiᵉ). *Signe de ralliement* : drapeau, enseigne, etc., autour duquel les soldats devaient se rallier dans la bataille, et, par ext., objet qui sert aux membres d'une association à se reconnaître. — *Sonnerie de ralliement. Donner l'ordre au trompette de sonner le ralliement.* — Mar. *Ralliement des unités d'une flotte. Signal de ralliement.*

♦ **2.** (Déb. xxᵉ). Fig. Le fait de se rallier (2.) à un parti, à un régime, à une opinion. ⇒ **Adhésion**. *Les ralliements à notre cause sont chaque jour plus nombreux. Ralliement de dernière minute.*

4　(...) la plus sanglante des révolutions comporte (...) malgré tout des ralliements; elle est avant tout une absorption et une assimilation de la classe d'oppression par la classe opprimée.　SARTRE, Situations III, p. 189.

(1904). Hist. Mouvement politique par lequel certains monarchistes français se rallièrent à la IIIᵉ République.

CONTR. (Du sens 1) **Débandade, dispersion.**

RALLIER [Ralje] v. tr. — V. 1210; *ralier*, 1080, *Chanson de Roland*; de *re-*, et *allier*.

♦ **1.** Regrouper (des soldats, des éléments dispersés, séparés du gros de la troupe). *Le général tentait de rallier ses soldats, ses fuyards, sa troupe en désordre.* ⇒ **Rassembler** (→ Garçon, cit. 6).

1　Il expédia Zarxas vers Mâtho, parcourut les bois, rallia ses hommes (les pertes n'étaient pas considérables), — et enragés d'avoir été vaincus sans combattre, ils reformaient leurs lignes (...)　FLAUBERT, Salammbô, VI.

Par ext. *Rallier une flotte, ses vaisseaux*. Vén. *Rallier des chiens*, quand ils s'écartent de la meute et prennent le change.

♦ **2.** (Fin xviiiᵉ). Unir, grouper (des personnes) en vue d'une action commune, afin de former un parti, etc. ⇒ **Assembler**. *Rallier des amis, des disciples, rallier un groupe autour d'un but.* — Ramener à soi, convertir à sa cause (des dissidents ou des opposants). ⇒ **Gagner, convertir.**

2　Çà et là, dans le chaos des races mélangées et des sociétés croulantes, un homme s'est rencontré qui, par son ascendant, a rallié autour de lui une bande de fidèles, chassé les étrangers, dompté les brigands, rétabli la sécurité, restauré l'agriculture, fondé la patrie et transmis comme une propriété à ses descendants son emploi de justicier héréditaire et de général-né.　TAINE, les Origines de la France contemporaine, II, t. II, p. 11.

(Sujet n. de chose). *Cette proposition a rallié tous les suffrages. Son nom pourrait rallier tous les hésitants.*

♦ **3.** (1771, en mar., Bougainville). Rejoindre (le gros d'une troupe). *Cavaliers qui rallient leur escadron.* — Absolt. *La patrouille n'a pas encore rallié.* — Mar. *Navire qui rallie son poste* (dans la ligne de bataille), *qui rallie la côte, la terre* (⇒ **Aborder**). *Rallier le vent ou au vent* : gouverner de manière à naviguer plus près du vent. — *Matelot qui rallie le bord*, qui rentre à bord. — Vén. *Les chiens ont rallié*, ont repris la voie, après avoir pris le change. Absolt. (→ Meute, cit. 3).

Fig. *Rallier un parti, l'opposition, la majorité.*

▶ **SE RALLIER** v. pron. (V. 1155).

♦ **1.** Se regrouper (→ Panache, cit. 2). *Troupes qui se rallient. Le bataillon a pu se rallier, malgré la violence de l'attaque ennemie.* ⇒ **Reformer** (se). — Prendre pour signe de ralliement. *«Il y a des opinions qui sont des étendards* (cit. 5) *auxquels les nations se rallient»* (Voltaire).

♦ **2.** (xviiiᵉ). Rejoindre (un parti). *Se rallier à un parti.* ⇒ **Adhérer**. *Se rallier à un régime, au vainqueur.* — Spécialt (après s'être opposé). *Se rallier à l'avis de qqn, à une doctrine, à un point de vue, à une solution.* ⇒ **Approuver; croire** (à); → Indéterministe, cit. 2; indiquer, cit. 8.

▶ **RALLIÉ, ÉE** p. p. adj. et n.

♦ **1.** Adj. (1650). *Soldats ralliés. Une société ralliée autour d'une doctrine* (→ Église, cit. 11). *Qui a été rallié, qui s'est rallié* (à un parti, à un régime, etc.). ⇒ aussi **Transfuge**. *Des vaincus ralliés à leurs vainqueurs* (→ aussi Hellène, cit. 1).

♦ **2.** N. m. (1904). Hist. *Les ralliés*, s'est dit, après 1875, des monarchistes et des bonapartistes qui s'étaient ralliés à la République.

CONTR. **Disperser, disséminer.** — **Déserter.** — **Débander** (se).
DÉR. **Rallie, ralliement.**

RALLIFORMES [ʀalifɔʀm] n. m. pl. — Déb. xxᵉ (*in* Larousse 1904); du lat. sc. mod. *rallus* «râle», et -*forme*.

♦ Zool. Ordre d'oiseaux comprenant des espèces à plumage terne, dont les poussins quittent le nid dès la naissance (rallidés* : râles, foulques, poules d'eau; grues; outardes...). — Au sing. *Un ralliforme.*

RALLONGE [ʀalɔ̃ʒ] n. f. — 1418, *ralonge; de rallonger.*

♦ **1.** Pièce qu'on ajoute à une chose pour la rallonger*. ⇒ **Allonge**; et aussi **allongement, augmentation** (de longueur). *Mettre une rallonge à un vêtement. Rallonge d'un compas :* chacune des pièces amovibles qu'on adapte à l'extrémité de l'une des branches d'un compas et qui porte un crayon, une pointe sèche, etc. — Feuille de papier qu'on colle à un effet de commerce de manière à pouvoir y ajouter les endos.

(1765). Cour. Chacune des planches, chacun des panneaux supplémentaires qui servent à augmenter la surface d'une table. *Rallonges d'une table à coulisses. Table à rallonge.*

1   Dépouillée de la toile cirée qui la couvre habituellement, agrandie de ses deux rallonges, la table de la salle à manger occupait presque tout l'espace libre au milieu de la pièce.   G. DUHAMEL, Salavin, I, XI.

Fam. *Nom à rallonges :* nom nobiliaire à plusieurs éléments et à particule (→ fam. *Un nom** qui se dévisse, un nom à courants d'air).

♦ **2.** Fig. Ce qui s'ajoute à quelque chose pour prolonger, compléter, augmenter (→ cit. 1 et 2, ci-dessous).

2   Dans de certains cas, l'instruction et la lumière peuvent servir de rallonge au mal.   HUGO, les Misérables, I, II, VII.

3   Le monde et la vie riche l'ont tournée tout entière vers une existence artificielle et artificieuse, où l'amour ne fait qu'une rallonge à l'intrigue.   A. THIBAUDET, Gustave Flaubert, p. 153.

Spécialt, fam. Ce qu'on paye ou ce qu'on reçoit en plus du prix convenu ou officiel. ⇒ **Supplément**. — Fam. Augmentation de salaire.

Spécialt, en matière de construction immobilière :

4   Les entrepreneurs non payés depuis deux échéances avaient arrêté le travail. Les souscripteurs des appartements (...) ont commencé à pousser des cris, etc. Cette histoire m'ennuie tellement que je n'ai pas le cœur de la continuer. D'autant plus qu'elle est, pour ainsi dire, classique. Il y en a eu dix semblables depuis la fin de la guerre. Bref, il a fallu faire des augmentations de capital, et demander des rallonges aux souscripteurs, qui ont crié de plus belle et déposé une plainte.   J. DUTOURD, Pluche, VI, p. 45.

RALLONGEMENT [ʀalɔ̃ʒmɑ̃] n. m. — xvɪᵉ; *ralloignement* «prolongation», 1346; *ralongement*, 1445; *de rallonger.*

♦ Opération qui consiste à rallonger, à rendre plus long (qqch.). *Le rallongement d'un manteau.*

(Par métaphore, ou temporel). *Le rallongement d'un texte, de ses vacances. Le rallongement des jours au printemps.* ⇒ **Allongement**.

CONTR. **Raccourcissement.**

RALLONGER [ʀalɔ̃ʒe] v. — Conjug. *bouger*. — xvɪɪᵉ; *ralonger*, v. 1360; *ralongier*, 1266; *de re-*, et *allonger*.

♦ **1.** V. tr. Augmenter* la longueur de (qqch.) par l'adjonction d'une pièce, d'un élément, etc. ⇒ **Allonger**. *Rallonger une robe, un manteau. Rallonger une table au moyen d'une rallonge**. *Rallonger qqch. de l m.* — Par ext. Allonger d'une manière quelconque. «*Rallonger ces étrivières, ces étriers*» (Académie).

Pron. *Se rallonger :* devenir plus long.

Elle avait aussi rallongé son corsage, et, au lieu d'avoir l'air d'une pièce de bois habillée, elle avait la taille fine et ployante (...)   G. SAND, la Petite Fadette, XXII.

♦ **2.** V. intr. (Fin xɪxᵉ). Fam. *Les jours rallongent.* ⇒ **Allonger** (s').

♦ **3.** V. tr. Fam. (Compl. n. de personne). Être plus long pour (qqn). *Si vous prenez ce chemin, ça va vous rallonger de 10 km :* cela va allonger votre route de 10 km.

CONTR. **Accourcir, diminuer, raccourcir.**
DÉR. **Rallonge, rallongement, rallongis.**

RALLONGIS [ʀalɔ̃ʒi] n. m. — Mil. xxᵉ; *de rallonger, d'après raccourci,* n. m.

♦ Fam. Chemin qui allonge le parcours; faux raccourci.

REM. *Rallongi,* sans s, plus logique (sur *raccourci*) semble plus rare.

RALLUMER [ʀalyme] v. tr. — xvɪᵉ; *ralumer*, v. 1050; *ralumer* «faire voir les aveugles», «recouvrer la vue», xɪᵉ; *de re-*, et *allumer*.

♦ **1.** Allumer de nouveau (ce qui s'est éteint, ce qu'on a éteint). *Rallumer le feu, une lampe* (→ Furtif, cit. 6). *Rallumer la minuterie* (cit. 1), *une lampe électrique,* ou, absolt, *rallumer :* redonner de la lumière (→ Interrupteur, cit. 3). *Rallumer une cigarette, un mégot* (→ Cadenasser, cit. 4).

1   Je rallumais le feu en y jetant quelques branches (...)   LAMARTINE, Graziella, IV, XXI.

2   Mathias ne savait pas dans quelle position était resté le bouton électrique. Si le contact était coupé, le courant se trouvait peut-être rétabli depuis longtemps à son insu; et dans le cas contraire, la lampe risquait de se rallumer toute seule au milieu de la nuit.   A. ROBBE-GRILLET, le Voyeur, p. 229.

Pron. *Se rallumer :* s'allumer de nouveau.

♦ **2.** (xvɪᵉ). Redonner de la force, de l'ardeur, de la vivacité à qqch. (⇒ **Ranimer**); faire recommencer, faire éclater de nouveau. *Rallumer des passions* (→ Assoupir, cit. 21), *une guerre* (→ Militaire, cit. 4).

3   Il voyait tous les jours
Cet objet rallumer sa haine et son courage.   LA FONTAINE, Fables, VII, 13.

▶ **SE RALLUMER** v. pron. (xɪɪɪᵉ).
Reprendre de l'intensité. ⇒ **Renaître, revivre.**

4   Les deux frères avaient étouffé sans peine la guerre qui se rallumait en Aquitaine.   MICHELET, Hist. de France, II, II.

CONTR. **Éteindre.**

RALLYE [ʀali] n. m. — 1885 au sens 1; de l'angl. *to rally* «rassembler».
Sports.

♦ **1.** Compétition où les concurrents (cavaliers, à l'origine), partis de points différents, doivent rallier un lieu déterminé en se guidant sur diverses indications (⇒ aussi **Circuit, course**). *Rallye équestre, pédestre, cycliste.* — *Grand rallye de la jeunesse.* ⇒ aussi **Rallye-paper**.

REM. On a écrit aussi *rally* (1921, Mauriac); la forme francisée *rallie* serait préférable.

♦ **2.** (1911, *Rallye de Monte-Carlo; rallye-Auto*, 1900). Cour. Épreuve automobile dans laquelle des concurrents doivent rallier, en fonction d'une moyenne horaire imposée, un lieu déterminé par un ou plusieurs itinéraires. *Le rallye de Monte-Carlo, le rallye Paris-Dakar. Rallye des neiges. Rallye surprise.*

♦ **3.** Ancienne épreuve de ski (course de fond interrompue par des épreuves annexes).

♦ **4.** (1925). Tennis. Échange de balles sans résultat à la marque.

♦ **5.** (Du sens 1). Cycle de réunions dansantes organisées par des familles aisées dont les filles sont en âge de se marier, pour permettre à celles-ci de rencontrer des jeunes gens. *Le rallye Durand-Martin* (organisé à l'initiative des mères de Mˡˡᵉ Durand et de Mˡˡᵉ Martin). *Inscrire sa fille à un rallye. Rallye-bridge :* cycle de réunions organisées selon le même principe, et ayant le bridge pour prétexte.

DÉR. **Rallyeur.**
COMP. **Rallye(-)man, rallye-paper.**
HOM. Formes du v. **rallier.**

RALLYEUR, EUSE [ʀaljœʀ, øz] n. — 1932, n. m., *in* Petiot; de *rallye*.

♦ Autom. Personne qui participe à un rallye automobile; pilote de rallye. — REM. On pourrait écrire *rallieur* (→ Rallie).

RALLYE-MAN ou **RALLYEMAN** [ʀaliman] n. m. — Mil xxᵉ; de *rallye*, et angl. *man* «homme».

♦ Pilote de rallye. *Des rallye-men ou rallyemen* [ʀalimɛn]. — Il existe une forme francisée *rallyeur.*

RALLYE-PAPER [ʀalipepœʀ] n. m. — 1890, P. Larousse, *Deuxième Suppl.;* de *rallye*, et angl. *paper* «papier».

♦ Faux anglic. Épreuve, compétition où des personnes (cavaliers, coureurs, etc.) doivent gagner un point déterminé qu'ils ignorent en se guidant sur des marques (papiers, etc.) disposées à cet effet par un premier concurrent. *Des rallye-papers.* — Le mot a été semi-francisé en *rallye-papiers* (vx).

Comme Henri ne venait jamais à leurs chasses, à leurs rallye-papiers, à leurs cotillons et que la duchesse l'excusait en disant qu'il était «dans sa musique», ces demoiselles entendant [dire] qu'Henri avait un ami intime qui n'était pas du monde, elles avaient cru qu'il était musicien.   PROUST, Jean Santeuil, Pl., p. 464.

REM. Le comp. *rallye-ballon* a été en usage (1899-1932) pour désigner une épreuve où il fallait rejoindre un ballon à son point d'atterrissage.

RÂLOTER [ʀɑlote] v. intr. — 1881; de *râler*.

♦ Littér. Râler faiblement, faire entendre un faible râle.

Voyons, tu ne te rappelles pas (...) d'avoir vu sur une chaise percée un vieillard qui râlotait?   HUYSMANS, En ménage, 1881, p. 304.

RAM [ʀam] n. m. — 1867 ; mot angl. « bélier ».

♦ Anglic. Hist. Navire de combat pourvu d'un éperon d'acier en usage à l'époque de la guerre de Sécession.

-RAMA Forme tronquée de *-orama** (obtenue à partir de *panorama**), à la mode au XIXᵉ siècle et, sous l'infl. de l'anglo-américain, dans les années 1950-1960 (cf. Étiemble, *Parlez-vous franglais ?* p. 151-152). *La plaisanterie de parler en* rama (→ Panorama, cit. 1, Balzac).

— Il fait un fameux *froitorama !* dit Vautrin. Dérangez-vous donc, père Goriot ! Que diable ! votre pied prend toute la gueule du poêle.
— Illustre monsieur Vautrin, dit Bianchon, pourquoi dites-vous *froitorama ?* il y a une faute, c'est *froidorama.*
— Non, dit l'employé du Muséum, c'est *froitorama,* par la règle : j'ai froid aux pieds (...)
— Ah ! ah ! voici une fameuse *soupeaurama,* dit Poiret en voyant Christophe qui entrait tenant respectueusement le potage.
— Pardonnez-moi, monsieur, dit madame Vauquer, c'est une soupe aux choux.
                                    BALZAC, le Père Goriot, Pl., t. II, p. 888-889.

RAMADAN [ʀamadɑ̃] n. m. — 1546 ; arabe *rămădăn,* nom du neuvième mois de l'année de l'Hégire.

♦ **1.** Relig. Mois pendant lequel les musulmans doivent s'astreindre au jeûne entre le lever et le coucher du soleil. *Observer les prescriptions* (cit. 3) *du ramadan. Fêtes de la fin du ramadan.* ⇒ **Baïram.** → Canon, cit. 4. — REM. On emploie aussi *ramazan* [ʀamazɑ̃] forme pakistanaise du mot (→ Jeûne, cit. 5), à propos des musulmans d'Orient (cf. Montesquieu, *Lettres persanes,* « Lune de rhamazan »).

1   Il indiqua du doigt un point du ciel où se montrait un faible croissant : c'était la nouvelle lune, la lune du Ramazan, qui se traçait faiblement à l'horizon.
                                    NERVAL, Voyage en Orient, « Nuits du Ramazan », I, V.

2   (...) le Rhamadan *(sic),* qui est le carême des Arabes, dure l'espace compris entre deux lunes, c'est-à-dire un peu moins d'un mois solaire. Le jeûne quotidien commence et finit à cette minute très fictive où l'on est présumé : *« ne pouvoir plus distinguer un fil noir d'un fil blanc ».* Quant au mois d'abstinence, il expire au moment non moins contestable où trois *Adouls* déclarent avoir vu la lune nouvelle.
                                    E. FROMENTIN, Un été dans le Sahara, p. 221.

3   Le Ramadan dure trente jours. Pendant cette période, aucun serviteur de Mahomet ne doit boire, manger ou fumer depuis l'heure matinale où le soleil apparaît jusqu'à l'heure où l'œil ne distingue plus *un fil blanc d'un fil rouge.*
                                    MAUPASSANT, Au soleil, « Province d'Alger ».

♦ **2.** Prescriptions religieuses de ce mois. *Observer, faire le ramadan.*
DÉR. V. Ramdam.

1. RAMADE [ʀamad] n. f. — V. 1180 « forêt », repris 1904 ; de 1. *ramée.*

♦ Rare. Jonchée de branches, de fleurs, etc. jetée ou disposée sur le sol.
HOM. 2. Ramade.

2. RAMADE [ʀamad] n. f. — 1858 ; mot gascon *ramad* « branches rassemblées » (→ 1. Ramade), d'où « troupeau, bêtes rassemblées », de *ram* « branches ». → Rameau.

♦ Régional. Réunion de troupeaux de moutons, dans les Pyrénées.
HOM. 1. Ramade.

1. RAMAGE [ʀamaʒ] n. m. — V. 1265 ; adj., XIIᵉ ; de l'anc. franç. *ram, rain* « rameau » ; lat. pop. *ramaticum,* rac. *ramus* « rameau ».

★ **I.** ♦ **1.** Vx. ⇒ **Branchage, feuillage, rameau.**

1   Dans ce Parc un vallon secret,
    Tout voilé de ramages sombres,
    Où le Soleil est si discret
    Qu'il n'y force jamais les ombres (...)
                                    THÉOPHILE DE VIAU, la Maison de Silvie, Ode III.

♦ **2.** (1611). Plur. Représentation stylisée de rameaux feuillés aux formes élégantes. *Étoffe à ramages rouges* (→ Divan, cit. 5), *bleus* (→ Pénombre, cit. 3)... ⇒ **Ramagé.** *Ramages éclatants d'un vêtement* (→ Façon, cit. 8). *Ramages d'une draperie* (→ Minutie, cit. 3), *d'un tapis* (→ Minutieux, cit. 4). *Un vieux brocart à ramages. Ramages et arabesques des lettres historiées* (→ Entremêler, cit. 5).

2   (...) la femme a son petit chien à côté d'elle, ses gants et les ramages de sa robe de brocart sont rendus avec une finesse inouïe.
                                    Th. GAUTIER, Voyage en Espagne, p. 28.

3   Son frère Edmond lui a installé deux grands rideaux de cretonne à ramages, glissant sur tringle, qui ferment le renfoncement du plancher au plafond.
                                    J. ROMAINS, les Hommes de bonne volonté, t. I, V, p. 60.

★ **II.** ♦ **1.** (1549 ; *chant ramage,* 1530, Marot). Chant* des oiseaux dans les rameaux, dans la ramure. Par ext. Chant d'oiseau. *Le ramage entrecoupé des oiseaux* (→ Nature, cit. 64). *Les bengalis* (cit. 1) *dont le ramage est si doux.* — « *Si votre ramage Se rapporte à votre plumage »* (cit. 1, La Fontaine).

4   Au printemps, c'était un ramage à ne pas s'entendre : chaque feuille cachait un nid, chaque arbre était un orchestre.
                                    Th. GAUTIER, « Nid de rossignols », in Fortunio..., p. 245.

5   Un concert confus de ramages s'éleva d'abord dans le fond du parc (...) Dans cette confusion il me fut tout d'abord difficile de distinguer tel cri d'oiseau. Le bruit montait en houle, puis s'abaissait. S'il ne formait qu'une onde, l'onde emportait, par milliers, les appels, les sifflets, les soupirs, les clameurs, les crépitements, les reproches, les prières, les récriminations, les défis et les douloureux signaux de l'amour. Tout le feuillage des vieux arbres en frémissait. Ce frémissement s'étendait jusqu'aux autres régions du bois, d'où me parvenaient d'autres houles de ramages, mais brèves.
                                    H. BOSCO, Un rameau de la nuit, p. 196.

♦ **2.** (1588, Montaigne). Fig., plais. Langage, manière de s'exprimer (→ Plumage, cit. 4). *Le ramage des enfants.* ⇒ **Babil.**

6   L'âme des femmes n'étant pas plus honnête que la nôtre, mais la décence ne leur permettant pas de s'expliquer avec notre franchise, elles se sont fait un ramage délicat, à l'aide duquel on dit honnêtement tout ce qu'on veut quand on a été sifflé dans leur volière.
                                    DIDEROT, Sur les femmes.

7   À bien écouter l'homme et son ramage, on saisit mieux les idées en leur naissance.
                                    ALAIN, Propos, 21 juil. 1921, L'homme et son ramage.

DÉR. Ramager.

2. RAMAGE [ʀamaʒ] n. m. — 1723 ; de *ramer.*

♦ Techn. Opération par laquelle on rame le tissu ; séchage d'un tissu tendu.

RAMAGÉ, ÉE [ʀamaʒe] adj. — 1852 ; de *ramager.*

♦ Orné de ramages. *Étoffe ramagée* (→ Guillocher, cit. 3).

Quelquefois ce cabinet est en glaces de couleur, ramagées de gravures à l'acide fluorique et montées dans des panneaux de cuivre doré.
                                    Th. GAUTIER, Voyage en Russie, I, X.

RAMAGER [ʀamaʒe] v. — Conjug. *bouger.* — 1585 ; de 1. *ramage.*

★ **I.** V. intr. ♦ **1.** Faire entendre son ramage. ⇒ **Chanter** (→ Hirondelle, cit. 3). — (Se dit spécialt du pinson*). *Le pinson ramage.*

1   (...) des épaisseurs vertes où ramage un monde ailé, guetté par un monde rampant : merles, linottes, rouges-gorges, geais, torquilles (...)
                                    HUGO, l'Archipel de la Manche, VII.

2   La perdrix cacabe, le pinson ramage, le bélier blatère et la cigale, hein, la cigale.
                                    Claude MAURIAC, le Dîner en ville, p. 151.

♦ **2.** Fig., littér. Babiller, jacasser. — Rare. Trans. Dire en un ramage. *Petite fille qui ramage sa joie en un charmant babil.*

★ **II.** V. tr. (1843). Dessiner ou peindre des ramages.
DÉR. (De I., 2.) Ramageur. — (De II.) Ramagé.

RAMAGEUR, EUSE [ʀamaʒœʀ, øz] adj. — 1895, Daudet ; de *ramager,* I., 2.

♦ Littér. Babillard, jacassier. *Des enfants ramageurs.*

RAMAILLAGE [ʀamɑjaʒ ; ʀamajaʒ] n. m. ⇒ **Remmaillage.**

RAMAILLER [ʀamɑje ; ʀamaje] v. tr. ⇒ **Remmailler.**

RAMAPITHÈQUE [ʀamapitɛk] n. m. — 1968 ; de *Râma,* dieu de l'Inde ; et *-pithèque.*

♦ Paléont. Fossile anthropomorphe préhominien de l'Inde dont la denture rappelle celle du chimpanzé. *« Dans des couches de Miocène où avaient été trouvés des restes d'un primate fossile au statut encore discuté, le Ramapithèque. »* (Sciences et Avenir, nº spécial, 1980).

RAMARDAGE [ʀamaʀdaʒ] n. m. — 1904 ; de *ramarder.*

♦ Techn. Action de ramarder* ; son résultat. ⇒ **Ramendage.**

RAMARDER [ʀamaʀde] v. tr. — 1904 ; orig. incert., à rapprocher de *ramender.*

♦ Techn. Réparer (un filet de pêche). ⇒ **Ramender.**
DÉR. Ramardage, ramardeur.

RAMARDEUR, EUSE [ʀamaʀdœʀ, øz] n. — 1904 ; de *ramarder.*

♦ Techn. Personne qui ramarde* (un filet de pêche).

RAMAS [ʀamɑ] n. m. — 1549 ; de *ramasser.*
Vieux ou littéraire.

A. ♦ **1.** (1549). Ce qu'on ramasse. — Fig., péj. Amas, assemblage de choses sans valeur. ⇒ **Fatras, ramassis.** *Un ramas de vieilleries.*

« *Inutile ramas de gothique* (cit. 15) *écriture* » (Boileau). *Ramas de textes empruntés.* ⇒ **Compilation.**

0.1 Le sage peut-il voir autre chose dans ce ramas de fables épouvantables, que le fruit dégoûtant de l'imposture de quelques hommes et de la fausse crédulité d'un plus grand nombre (...)   SADE, *Justine...*, t. I, p. 81.

1 (...) une étincelle mettrait le feu à ce ramas de vieilles planches et de vieilles choses.   Th. GAUTIER, *Voyage en Russie*, I, XIII.

2 Au loin, sur la côte, quelques ramas de masures entre des squelettes d'arbres et des talus. Humbles hameaux urbains qui attendent la conquête.
        J. ROMAINS, *les Hommes de bonne volonté*, t. IV, VI, p. 46.

♦ **2.** (1679). Réunion de personnes méprisables (⇒ **Écume, lie, ramassis, rebut**). *Ramas de canailles* (→ Pièce, cit. 3), *de coquins* (→ Immoralité, cit. 7).

3 (...) ta société, dont votre chef vous vante le bel ordre, ne sera qu'un ramas d'hypocrites, qui foulent secrètement aux pieds les lois ; ou d'infortunés, qui sont eux-mêmes les instruments de leurs supplices, en s'y soumettant (...)
        DIDEROT, *Suppl. au voyage de Bougainville*, III.

4 (...) ce ramas d'étrangers sans nom, sans culte et sans patrie, qui grouillent encore sur le port de Syra, ce carrefour de l'Archipel.
        NERVAL, *Voyage en Orient*, Introduction, XX.

B. Vx. Action de ramasser. ♦ **1.** (1642). Langue class. Fait de recueillir (des réflexions, des éléments intellectuels).

♦ **2.** (1869, Littré). Fait de ramasser (concrètement). — REM. Ce sens, conforme au système des déverbaux, semble assez artificiel.

DÉR. **Rams.**

RAMASSAGE [ʀamɑsaʒ ; ʀamasaʒ] n. m. — 1797 ; de *ramasser*.

♦ **1.** Action de ramasser des choses éparses. ⇒ **Assemblage, rassemblement, réunion.** *Le ramassage des feuilles mortes, du foin.* ⇒ **Râtelage.**

♦ **2.** Action de prendre en divers endroits. *Ramassage des vieux journaux, ramassage du lait dans les fermes.* ⇒ **Collecte.** — (1960 ; *ramassage des élèves*, 1936). — Spécialt. **RAMASSAGE SCOLAIRE :** opération par laquelle un service routier spécial transporte quotidiennement les écoliers demeurant loin des établissements scolaires, dans les zones rurales. *Car de ramassage scolaire.*

Le fait qu'elles *(deux femmes qui travaillent)* aient, elles, désormais, ce qu'elles appelaient le confort, eau, électricité, salle de bains, machine à laver, car de ramassage scolaire, nourriture, vêtements, représentait à leurs yeux un progrès énorme.
        Michèle PERREIN, *Entre chienne et louve*, p. 225.

Service de ramassage ; car de ramassage (du personnel d'une entreprise).

♦ **3.** Action de prendre par terre (des choses éparses). ⇒ **Cueillette, glanage, grapillage.** *Ramassage du bois mort, des pommes de terre.*

RAMASSE [ʀamɑs] n. f. — V. 1518 ; « balai », 1367 ; de *rame, raime* « branchage » ; lat. *ramus* (→ Rameau, ramille, ramoner).

♦ **1.** Régional. Traîneau en bois, servant à divers usages.

♦ **2.** Régional. Glissade sur la neige (sur une planchette).

(1940). Alpin. Glissade* volontaire sur la neige avec maintien du piolet sous l'aisselle pour le freinage ou l'arrêt. *Entamer une ramasse. Piolet*-ramasse.* — Loc. adv. *Descendre en ramasse.*

Dans la côte de la Vierge, là où la pente se creuse, ils filèrent en ramasse, debout, bien appuyés sur le manche de leur piolet et, emportés par leur élan, franchirent d'un saut la dernière crevasse avant le plateau.
        R. FRISON-ROCHE, *Premier de cordée*, 1941, p. 38.

RAMASSÉ, ÉE [ʀamɑse ; ʀamase] adj. ⇒ **Ramasser.**

RAMASSE-COUVERTS [ʀamɑskuvɛʀ ; ʀamaskuvɛʀ] n. m. invar. — 1890 ; de *ramasser*, et *couverts.*

♦ Rare. Corbeille à compartiments où l'on peut ranger les couverts de table.

RAMASSEMENT [ʀamɑsmɑ̃ ; ʀamasmɑ̃] n. m. — 1636 ; « amalgame de langues », XVIe ; de *ramasser.*

♦ **1.** Rare. Action de ramasser (I., 1.), son résultat. ⇒ **Ramassage.**

♦ **2.** (1877, Daudet). Le fait de se ramasser sur soi-même ; d'être ou de devenir ramassé. — Abstrait :

(Les Évangiles sont) un ramassement total de la pensée chrétienne.
        Ch. PÉGUY, *Note conjointe, Descartes*, p. 273.

RAMASSE-MIETTES [ʀamɑsmjɛt ; ʀamasmjɛt] n. m. invar. — 1876 ; de *ramasser*, et *miette.*

♦ Ustensile ménager (brosse à manche et petit plateau) qui sert à ramasser les miettes éparses sur la table à la fin du repas. Spécialt. La brosse* ou le plateau* seul. *Des ramasse-miettes en argent.* ⇒ aussi **Raclette.**

RAMASSE-MONNAIE [ʀamɑsmɔnɛ ; ʀamasmɔnɛ] n. m. invar. — 1904 ; de *ramasser*, et *monnaie.*

♦ Vieilli. Dispositif (plaque, coupe...) de forme spéciale adapté pour ramasser facilement la monnaie, sur un comptoir, à un guichet, etc.

RAMASSE-PÂTE [ʀamɑspɑt ; ʀamaspɑt] n. m. invar. — Mil. XXe ; de *ramasser*, et *pâte.*

♦ Techn. Appareil récupérant les fibres dans les eaux de papeterie.

RAMASSE-POUSSIÈRE [ʀamɑspusjɛʀ ; ʀamaspusjɛʀ] n. m. invar. — XXe ; de *ramasser*, et *poussière.*

♦ **1.** Régional (Belgique et Nord de la France). Pelle à poussière. ⇒ **Ramassette.**

♦ **2.** Fam. Ce qui ramasse et retient la poussière. *Les bibelots sont de vrais ramasse-poussière.* Syn. : *nid à poussière.*

RAMASSER [ʀamɑse ; ʀamase] v. tr. — V. 1213, « rassembler (des personnes) » ; 1580 au sens I, 2 ; de *re-*, et *amasser*, de *masse.*

★ **I.** (Idée de réunir, de resserrer). **A.** (Compl. n. de choses). ♦ **1.** (1723). Resserrer* (une chose souple) ou rassembler (des choses) pour en faire un tout, une masse (→ Pelotonner, cit. 1). *Ramasser ses jupes pour monter un escalier.* — Par ext. Tenir serré, — (1835). *Ramasser les guides.*

(...) tu es un parfait cavalier ; personne mieux que toi ne sait rendre et ramasser les guides, faire piaffer un cheval (...)
        BALZAC, *le Contrat de mariage*, Pl., t. III, p. 85. 1

Elle ramassa ses jupes, courut dans l'averse rejoindre sa sœur.
        ZOLA, *la Terre*, II, II. 2

Fig. *Ramasser son style*, le condenser.

La *maxime* fut le moule de l'observation générale, de la synthèse des expériences ; le *portrait* exposa les expériences particulières, lorsque le modèle était réel ; il servit aussi à les ramasser en forme générale, lorsque le type était inventé.
        Gustave LANSON, *l'Art de la prose*, p. 127. 3

Pron. *Se ramasser :* se mettre en masse, en boule. ⇒ **Blottir** (cit. 1), **pelotonner, replier** (se). *Se ramasser sur soi-même. Chat qui se ramasse avant de bondir.*

Mirabeau se tut, se ramassa sur lui-même, comme le lion qui médite un bond.
        MICHELET, *Hist. de la Révolution franç.*, III, VIII. 4

Fig. *Écrivain qui ne cherche ni à se réduire ni à se ramasser* (→ Amplifier, cit. 5). *Leur génie se ramasse sur un point.* ⇒ **Concentrer** (→ Entier, cit. 17).

♦ **2.** (1580). Réunir (des choses éparses). ⇒ **Assembler, rassembler, réunir.** *Ramasser les débris d'une armée.* ⇒ **Regrouper.** *Ramasser des feuilles, du foin avec un râteau*, mettre en tas*. ⇒ **Râteler.** — Fig. *Ramasser ses forces :* faire appel* à toutes ses forces pour fournir un effort.

(...) on a vu qu'avec les lettres de La Fayette, avec tous les efforts de ses aides de camp envoyés exprès de Paris, Bouillé ne put ramasser, sur une route assez longue, que sept cents gardes nationaux, des nobles très probablement, leurs fermiers, gardes-chasses, etc.   MICHELET, *Hist. de la Révolution franç.*, IV, IV. 5

(...) je ramasse en ces formules les traits épars au cours de la plaidoirie.
        Louis MADELIN, *Hist. du Consulat et de l'Empire*, Avènement de l'Empire, IX. 6

Pron. *En lui se ramassait tout ce qu'il fallait savoir* (→ Modèle, cit. 4).

♦ **3.** (1572). Prendre en divers endroits et notamment à terre, prendre en réunissant. *Ramasser des chiffons, de vieux journaux ; des ordures* (⇒ **Enlever**). *Ramasser les cartes, au jeu.* ⇒ **Levée.** *Le professeur, le surveillant ramasse les cahiers, les copies.* ⇒ **Relever.** *Toutes les jolies pièces qu'il a pu ramasser.* ⇒ **Collectionner.** *L'hôtelier ramassa les louis avec componction* (cit. 2). *Ramasser des écus* (→ Cotiser, cit. 1), *de l'argent à une quête.* ⇒ **Collecter.** — Par ext. Se procurer. *Ramasser de l'argent* (→ Fortune, cit. 37), *un pécule* (→ Aussi, cit. 36). ⇒ **Amasser, gagner, rafler, récolter.**

(...) on trouva moyen de ramasser cette grosse somme (...)
        RACINE, *Port-Royal*, I. 7

(...) il paraît qu'on va doubler les impôts et que le Père Ubu viendra les ramasser lui-même   A. JARRY, *Ubu roi*, III, 3. 8

B. (Compl. n. de personnes). ♦ **1.** Vx (langue class.). Regrouper, rassembler (des personnes).

♦ **2.** Fam. (Le compl. désigne des personnes coupables, ou dans une situation irrégulière). S'emparer de, arrêter (⇒ **Cueillir, prendre**). *La police les a tous ramassés* (⇒ **Rafle**). En parlant d'une seule personne. *Se faire ramasser.*

Buteau avait eu son haussement brusque d'épaules : belle affaire de se révolter ! oui, pour que les gendarmes vous ramassent !   ZOLA, *la Terre*, I, V. 9

Fig., péj. Prendre, trouver. *Où a-t-il ramassé ces balivernes, ces poncifs ? Une bande d'incapables qu'il a ramassée on ne sait où.* — Au participe passé :

Mais la plupart des femmes sont peu difficiles. On les satisfait très bien avec des phrases ramassées n'importe où, ressassées mille fois. Elles y goûtent même une sécurité.   J. ROMAINS, *les Hommes de bonne volonté*, t. V, VIII, p. 69. 10

★ **II.** (Idée d'élever). ◆ **1.** Prendre par terre (des choses éparses) pour les utiliser ou les conserver. *Ramasser des brindilles, du bois mort* (→ Fagot, cit. 1), *des marrons* (→ Papier, cit. 16), *des épis.* ⇒ **Glaner.** *Ramasser des coquillages, des cailloux. Ramasser des jouets pour les ranger. Il n'y a qu'à se baisser pour le ramasser. On en ramasse à la pelle** (→ Plein, cit. 37). *Ramasser des mégots. Ramasser des choses en grande quantité* (⇒ **Moissonner**), *de-ci delà* (⇒ **Grappiller**).

11 Nous jetons nos bouts de cigare, immédiatement ramassés par des jeunes gens moins fortunés que nous. NERVAL, les Nuits d'octobre, VIII.

Par ext. (Le compl. désigne des végétaux). ⇒ **Cueillir.** *Ramasser des baies, des champignons.* — Au p. p. *Des champignons ramassés dans les bois* (→ Girolle, cit.).

REM. *Ramasser* ne se dit que de végétaux comestibles : pour les fleurs on dit plutôt *cueillir.*

◆ **2.** (1559). Prendre par terre (une chose qui s'y trouve naturellement ou qui est tombée). *Ramasser un caillou* (→ Imprudence, cit. 3). *Ramasser des pierres pour lapider* (cit. 3) *qqn. Ramasser ce qu'on vous jette. Ramasser le gant** (cit. 16). ⇒ **Relever** (→ aussi Méchanceté, cit. 3). *Ramasser les balles, au tennis. Se baisser* (cit. 30) *pour ramasser sa proie, la bête tuée* (→ Poursuite, cit. 2). *Ramasser son chapeau* (→ Gaminerie, cit. 2). *Ramasser ce qu'on a laissé tomber par mégarde. Ramasser le mouchoir d'une dame* (→ Merci, cit. 13).

12 Mais, Madame, écoutez-moi donc
Vous perdez quelque chose
— C'est mon cœur, pas grand-chose
Ramassez-le donc. APOLLINAIRE, Ombre de mon amour, p. 112.

13 (...) il renversait une boîte par terre, pour qu'elle ait à en ramasser le contenu (...) ARAGON, les Beaux Quartiers, I, XVII.

Prendre par terre (une chose qui s'y trouve posée provisoirement). *Elle ramassa sa corbeille pour aller étendre* (cit. 6) *le linge. Ramasser un pesant haltère* (cit. 1 et 2).

(1882). Par métaphore, fam. *Ramasser une bûche*, une pelle* :* tomber accidentellement.

Pron. *Se ramasser* (fam.) : se relever lorsqu'on est tombé, et, par ext., tomber.

14 L'inclinaison générale en avant. C'est ainsi qu'on finit par se ramasser par terre. Ch. PÉGUY, la République..., p. 267.

14.1 La chute classique m'était familière, après laquelle sauf membre cassé on se ramasse séance tenante et reprend son chemin, en maudissant dieu et les hommes (...) S. BECKETT, Têtes-mortes, p. 25-26.

Fig., fam. Se trouver (inopinément, sans l'avoir prévu). *Après avoir fait une bonne dizaine de bois, on s'est ramassés chez un type qu'on ne connaissait même pas.*

(Le compl. désigne une personne dans l'impossibilité de se relever, un cadavre). *On l'a ramassé ivre-mort. Ramasser un cadavre.*

15 — Qu'est-ce que ça me fait à moi qu'on me ramasse demain rue Plumet sur le pavé, tuée à coups de surin par mon père (...) HUGO, les Misérables, IV, VIII, IV.

16 Tu comprends ici, avec les Halles, c'est pas tous les mois qu'on en ramasse un dans un coin, zigouillé (...) ARAGON, les Beaux Quartiers, II, XXXI.

Fig., péj. *Ramasser qqn dans le ruisseau*.*

Loc. fam. *Être à ramasser à la petite cuiller :* être en très mauvais état.

◆ **3.** Fig., fam. Recevoir (des coups, des réprimandes). *Ramasser une volée, une engueulade* (cit.). ⇒ **Attraper.** — *Ramasser qqn,* le réprimander vigoureusement. *Il s'est fait ramasser.* — Attraper (une maladie). *Ramasser un bon rhume.*

Argot scol. *Se faire ramasser,* recaler à un examen. ⇒ **Étendre.**

▶ **SE RAMASSER** v. pron.
V. à l'article.

▶ **RAMASSÉ, ÉE** p. p. adj. et n. m. (V. 1536).

◆ **1.** Resserré en une masse, en parlant de l'attitude. *Ramassé sur soi-même.* ⇒ **Blotti, pelotonné, recroquevillé.** *Ramassé en chien* (cit. 44) *de fusil. Accroupi et ramassé* (→ Équivoque, cit. 25). *Tout ramassé contre le piédestal* (→ 1. Fou, cit. 12). — Par ext. *Le geste ramassé du Moïse de Michel-Ange* (→ Obstacle, cit. 3).

17 Ramassée sur une de ces chaises basses, appelées *chauffeuses,* dans la pose d'une femme attentive (...) BALZAC, Une fille d'Ève, Pl., t. II, p. 62.

18 Alors, ne pouvant aller plus loin, il se coucha contre la porte, ramassé, roulé en boule, pour que l'avancement du toit le protégeât de l'eau. ZOLA, la Terre, V, II.

◆ **2.** (1751). En parlant des formes. *« Son corps ramassé dans sa courte grosseur »* (→ Gémir, cit. 14). *Charpente ramassée et musculeuse* (→ Corpulent, cit. 1). ⇒ **Court, courtaud, massif, mastoc, puissant, trapu.** *Décoration ramassée au milieu d'un panneau.* ⇒ **Concentré.**

19 Son visage ramassé lui donnait d'autant plus de ressemblance avec un renard, que son nez était court et pointu. BALZAC, Ursule Mirouët, Pl., t. III, p. 292.

20 La Trinité, c'était, dans le temps, un hameau tout ramassé au milieu du plateau, une dizaine de maisons serrées les unes contre les autres. J. GIONO, Regain, I, III.

◆ **3.** Condensé. *Formule, expression ramassée,* concise et dense*. ⇒ **Laconique.** *Un style ramassé.*

Gambetta définissait bien les conditions du gouvernement quand il disait, dans une de ces formules ramassées dont il avait le secret : « En politique il faut être quelqu'un, en administration il faut être quelque chose ». André SIEGFRIED, La Fontaine..., p. 71. 21

N. m. (1894). *Le ramassé du style.*

Dans les derniers livres des *Mémoires* et dans la *Vie de Rancé,* œuvres de ces années dédaignées, il atteint à une liberté de style, à une hardiesse dans le choix des mots et dans le ramassé des images (...) A. MAUROIS, Chateaubriand, X, IV. 22

CONTR. Étaler, étirer, étendre. — Disperser. — Écarter. — Distribuer, répartir, Répandre. — Jeter. — Allongé, élancé. — Échelonné.

DÉR. Ramas, ramassage, ramassé, ramassement, ramassette, ramasseur, ramassis, ramassoire.

COMP. Ramasse-couverts, ramasse-miettes, ramasse-monnaie, ramasse-pâte, ramasse-poussière.

RAMASSETTE [Ramasɛt ; Ramasɛt] n. f. — 1842 ; de *ramasser.*

◆ **1.** Léger clayonnage adapté à une faux et qui ramasse les tiges coupées.

◆ **2.** Régional (Belgique et Nord de la France). Pelle à poussière. ⇒ **Ramasse-poussière, ramassoire** (Suisse).

RAMASSEUR, EUSE [Ramasœr, øz ; Ramasœr ; øz] adj. et n. m. — V. 1547 ; « chiffonnier », v. 1508 ; de *ramasser.*

◆ **1.** Personne qui ramasse. *Ramasseur de mégots. Ramasseuse de foin. Ramasseur, ramasseuse d'algues, de goémon. Ramasseur de galets :* ouvrier des travaux publics qui enlève les galets à la grue. — *Ramasseur de balles,* au tennis.

Derrière leur marche lente, en ligne, la terre rase reparaissait, les chaumes durs, au travers desquels piétinaient les ramasseuses, la taille cassée. ZOLA, la Terre, III, IV. 1

(...) Satan, roi, forçat, épouvantail,
L'effrayant ramasseur des haillons de l'abîme. HUGO, la Légende des siècles, XVIII, « Conseillers probes et libres ». 2

Var. régionale : *ramasseux, euse.*

(...) une petite grotte située tout en bas, à demi ouverte à la mer, et où l'on peut entrer à marée basse (...) tous les ramasseux de coquillages la connaissent (...) M. LEBLANC, l'Aiguille creuse, p. 243. 2.1

Personne qui va chercher chez les producteurs les denrées destinées à la vente. *Ramasseur de lait. Ramasseur de fruits.*

J'ai souvenir d'un petit bourg bien fleuri qui vendit en une matinée, à des ramasseurs étrangers, pour quatre-vingt mille francs de prunes. ALAIN, Propos, 30 avr. 1921, Métiers. 3

◆ **2.** Adj. (1869). Techn. *Couteau* ramasseur.*

N. m. (1875). Partie d'un mécanisme servant à ramasser (I., 3. et II., 1.). *Ramasseur d'une broyeuse, d'une ramasseuse-presse.* Océanologie. *Ramasseur de fond :* appareil pour prendre des échantillons de sols sous-marins.

N. f. *Ramasseuse-presse* ou *ramasseuse-botteleuse :* machine agricole servant à ramasser le foin et à le serrer en balles.

RAMASSIS [Ramasi ; Ramasi] n. m. — 1674, au sens 2 ; de *ramasser.*

◆ **1.** (Déb. XVIIIᵉ). Vx. Amas, assemblage confus de choses de peu de valeur. ⇒ **Ramas.** *Un ramassis d'objets dépareillés, de vieilles croûtes.*

◆ **2.** (1674). Rassemblement de personnes méprisables ou médiocres. *Un ramassis de miteux* (cit. 2). ⇒ **Bande, meute.** *Un ramassis de misérables, de voyous...* ⇒ **Canaille** (vx), **écume, lie** (du peuple). *Un ramassis de crétins et d'incapables.*

(Le) *Club du Panthéon,* ramassis de révolutionnaires aigris et de tenants de Babeuf. Louis MADELIN, Hist. du Consulat et de l'Empire, Ascension de Bonaparte, X. 1

Cette sérénité sublime que demande l'œuvre d'art pour germer, pour se développer et s'épanouir, pourrait-on l'éprouver dans l'absurde climat moral où grouille non pas un grand peuple, mais un ramassis de peuples et de races ? G. DUHAMEL, Scènes de la vie future, VII. 2

— Et il se trouve un juge pour donner raison à ce ramassis de forbans, à qui nous aurions vite fait, nous autres marins, de passer une cravate de chanvre. J. ROMAINS, Volpone, IV, 2. 3

RAMASSOIRE [Ramaswar ; Ramaswar] n. f. — 1896 ; de *ramasser.*

◆ Régional (Suisse). Pelle à poussière. *Une ramassoire en plastique.*

(...) Marthe avait fait sonner sur le bord des marches de ciment la ramassoire de tôle. Francine-Charlotte GEHRI, Un sou d'or, p. 55.

RAMASTIQUE [Ramastik] n. f. — 1844 ; de *ramastiquer.*

◆ Argot anc. Escroquerie qui consiste à faire semblant de trouver un objet placé intentionnellement en un lieu pour le revendre immédiatement comme une trouvaille. — Var. : *ramastic,* n. m. (1835).

RAMASTIQUER [ʀamastike] v. tr. — 1835 ; de *ramasser*.

♦ Argot anc. Ramasser. — Pratiquer l'escroquerie dite *ramastique**.
DÉR. Ramastique, ramastiqueur.

RAMASTIQUEUR [ʀamastikœʀ] n. m. — 1829 ; de *ramastiquer*.

♦ «Escroc qui pratique la ramastique» (Vidocq). — Var. : *ramastique* [ʀamastik] n. m.

RAMAZAN [ʀamazɑ̃] n. m. ⇒ **Ramadan**.

RAMBARDE [ʀɑ̃baʀd] n. f. — 1773 ; *rambade* «construction élevée à la proue d'une galère» (1546, Rabelais) altéré en *rambarde* ; ital. *rambata* de l'anc. lombard *rammon* «enfoncer».

♦ **1.** Mar. Garde-corps placé autour des gaillards et des passerelles. ⇒ **Balustrade, garde-corps** (→ Main courante*). *Plage de navire sans rambardes ni parapets* (→ 1. Glacis, cit. 1). *S'appuyer à la rambarde.*

1   Pierre Gilieth, sa valise à la main, appuyé sur une rambarde de l'arrière contemplait les mouettes piaillantes.   P. MAC ORLAN, la Bandera, IV.

♦ **2.** Cour. Rampe métallique, garde-fou. *Rambarde d'une jetée, d'une route en surplomb, d'une plate-forme.*

2   Les tramways sont devenus le seul moyen de transport et ils avancent à grand'peine, leurs marchepieds et leurs rambardes chargés à craquer.
                                                      CAMUS, la Peste, p. 136.

RAMBERGE [ʀɑ̃bɛʀʒ] ou **ROBERGE** [ʀɔbɛʀʒ] n. f. — V. 1536, *ramberge* ; altér. de l'angl. *rowberge*, de *to row* «ramer», et *barge* «chaloupe».

Hist. techn. (mar.).

♦ **1.** Bateau de guerre anglais, très allongé.

(...) la plage, depuis la pointe de l'Aiguillon jusqu'à la tranchée, était littéralement, à chaque marée, couverte des débris de pinasses, de roberges et de felouques (...)
                                      DUMAS, les Trois Mousquetaires, t. II, p. 499.

♦ **2.** Bateau de rivière, en Angleterre.

RAMBIN ou **REMBIN** [ʀɑ̃bɛ̃] n. m. — 1899 ; de *rambiner*.
Argot.

♦ **1.** Flatterie. *Faire du rambin* : faire la cour (à qqn).

♦ **2.** Excuse destinée à atténuer l'effet d'un impair d'une maladresse, et, par ext., diplomatie. Loc. *Marcher au rambin* : s'excuser d'un impair commis.

Je suis passé rassurer Pierrot sur le sort de sa voiture. Ma frime devait pas être brillante. Tout de suite, le gros, qu'avait le génie du rambin m'a invité : T'arrives juste pour la deuxième séance *(de cinéma)*, tu veux en croquer ? Après on mange un morceau.   Albert SIMONIN, Touchez pas au grisbi, p. 119.

♦ **3.** Réconfort, action de rambiner (1.).

RAMBINER ou **REMBINER** [ʀɑ̃bine] v. tr. — 1929 ; «réparer (des souliers)», 1844 ; apparenté à *débiner* «disputer, dénigrer», préf. *re-*, opposé à *dé-*.

Argot.

♦ **1.** V. tr. Remettre en santé. ⇒ **Guérir** (au physique et au moral), **réconforter.**

1   Si vous me trouvez 16 paquets de Gitanes, vides bien sûr, je ne dessine pas par intérêt, je vous en ferai un jeu *(de cartes)* neuf, dis-je pour rembiner mon monde.
                                                  A. SARRAZIN, la Cavale, p. 19.

Participe passé adjectif :

2   Ah ! moi ça m'avait fait du bien le gardien barbu ! L'ordre rétabli ! Ah ! je me ressentais tout invincible ! rambiné frémissant ! tout neuf ! d'acier je peux le dire ! ... Ah ! chambardement des humeurs !... Je me repompe d'un coup ! ... d'un bond ! ...   CÉLINE, le Pont de Londres, p. 208.

♦ **2.** V. intr. *Rambiner avec qqn.*

3   J'ai pris le vanne *(propos désobligeant)* à la rigolade, pour rien envenimer, et on a terminé en bons potes. À la framboise, tout était rambiné le gros avait retrouvé son sourire.   Albert SIMONIN, Touchez pas au grisbi, p. 201.

REM. On trouve aussi la forme pronominale *se rambiner* aux sens 1 et 2.
DÉR. Rambineur.

RAMBINEUR, EUSE ou **REMBINEUR, EUSE** [ʀɑ̃binœʀ, øz] n. — 1899 ; de *rambiner*.
Argot.

♦ **1.** Réconciliateur.

♦ **2.** Flatteur, diplomate. «*Marco, je ne suis pas un rambineur, mais tu m'as fait un avantage ; j'espère que ça se retrouvera*» (A. Simonin, *Touchez pas au grisbi*, p. 61, 1953).

RAMBLA [ʀɑ̃bla] n. f. — xxᵉ ; mot esp., «promenade plantée d'arbres».

♦ Hispanisme. Avenue servant de promenade, dans les villes espagnoles (notamment Barcelone).

Elle rit. Ils arrivaient sur la rambla vide. Quelques balayeuses arrosaient le pavé. Le jour était arrivé. C'était propre et reluisant.
                                      H.-F. REY, les Pianos mécaniques, 1962, p. 36.

RAMBOT [ʀɑ̃bo] n. m. — 1936 ; var. de 2. *rambour*.

♦ Argot. Rendez-vous. ⇒ 2. **Rambour, rancard.** — REM. C'est la graphie habituelle de Céline.

London Hospital bien connu, Mile End Road... On se donnait là tous nos rambots, y avait des raisons (...)   CÉLINE, Guignol's band, p. 36.

1. RAMBOUR [ʀɑ̃buʀ] n. m. — 1875 ; *pommes de rambour*, 1536 ; de *Rambures*, village près d'Amiens.

♦ Variété de pommier ; son fruit, pomme* d'août, verte et striée de rouge, à manger au couteau. — REM. Zola écrit *rambourg* (→ Pomme, cit. 2).

2. RAMBOUR [ʀɑ̃buʀ] n. m. — 1909 ; var. de *rancard*, d'après argot comm. *rembourre, rembour* «fourniture de marchandise», de *rembourrer* au figuré.

Argot.

♦ **1.** Renseignement.

Il me faut le maxi de rambourg sur elle : d'où elle vient, ce qu'elle faisait avant   1
de venir au monde, ainsi qu'après, bref, le grand jeu...
                              SAN-ANTONIO, Des gueules d'enterrement, p. 154.
REM. Graphie analogique, d'après *bourg*.

♦ **2.** Rendez-vous. ⇒ **Rancard.** Var. : *rambot, rembot, rembour. Donner, filer rambour à qqn.*

Martine dessert la table et je lui file rambour pour un avenir très immédiat dans   2
sa carrée.   SAN-ANTONIO, le Secret de Polichinelle, p. 126.
REM. On trouve aussi l'orthographe *rembour* (conforme à l'étymologie) :

Songez qu'à six plombes, ce soir, j'ai rembour avec une blonde qui n'aurait qu'une   3
demande sur papier timbré à rédiger pour être admise parmi les Blue Bell Girls !
                              SAN-ANTONIO, Au suivant de ces messieurs, p. 22.

RAMBOUTAN [ʀɑ̃butɑ̃] n. m. — 1604 ; mot malais, *rambūtan*.

♦ Fruit rougeâtre à noyau enveloppé par une écorce épineuse, à pulpe juteuse sucrée et parfumée (Malaisie, Sud-Est asiatique). *Le ramboutan est voisin du li-chi** chinois.
Plante produisant ce fruit.
On écrit aussi *rambutan* [ʀɑ̃butɑ̃].

RAMBUTEAU [ʀɑ̃byto] n. m. — 1872 ; du nom du comte de Rambuteau (Claude Philibert Barthelot), préfet de la Seine de 1833 à 1848, qui imposa ces édicules.

♦ (En usage v. 1870-1914). Fam., vx. Urinoir en forme de guérite métallique, à Paris. — En appos. *Colonne Rambuteau* (1875, in D.D.L.).

Il y a un mois, j'étais entré, le soir, dans un (...) rambuteau, voisin du Luxembourg, quand un jeune homme à côté de moi me dit une incongruité.
Bêtement, moi qui d'ordinaire suis si réservé, je répondis par une plaisanterie.
Dieu ! qu'elle m'a coûté cher et que le bon Dieu m'a puni ! (...) Au moment où je sortais, deux hommes, qui sans doute étaient cachés derrière l'urinoir, se dressent tout à coup devant moi me disant :
— Allons ! lève-toi, vieux polisson !
                              GORON, l'Amour à Paris, t. II, p. 741-742 (v. 1900).

RAMDAM [ramdam] n. m. — 1896 ; de *ramadan* (à cause de la vie nocturne bruyante du *ramadan*), avec reprise de la prononciation arabe et changement de graphie.

♦ Fam. Tapage, vacarme. *Ils ont fait un ramdam terrible.* ⇒ **Barouf, boucan, chambard, raffut.**

— Vous faites pourtant un de ces ramdams, dit le flicard.
                              R. QUENEAU, Zazie dans le métro, Folio, p. 105.

1. RAME [ram] n. f. — xvᵉ ; *rain*, 1112 ; *raime*, xivᵉ ; d'après *ramer*, lat. *remus*.

♦ **1.** Longue barre de bois aplatie à une extrémité, qu'on manœuvre à la main sur une embarcation pour la propulser et la diriger. ⇒ **Aviron.** *Poignée, manche, bras, pelle ou pale* d'une rame. Rame fixée au bordage* (⇒ **Dame, tolet**). *Rame non fixée, à une ou deux pales.* ⇒ **Pagaie.** *Paire de rames. Enfoncer, plonger la rame* (→ Attaquer l'eau). *Rame manœuvrée en tirant, en poussant, à la godille...* ⇒ **Ramer.** *Coups de rames* (→ Écumant, cit. 1). *Choc alternatif* (cit. 3), *battement des rames* (→ Plisser, cit. 2). *Anciens navires à rames.* ⇒ suff. **-rème.** *Galère* (cit. 2) *à soixante paires de rames. Forçats* (cit. 1) *qui gémissent sous le travail de la* _rame._ « _Et la rame inutile Fatigua vainement une mer immobile_ » (Racine, _Iphigénie_, I, 1). _Rames d'une barque, d'une chaloupe, d'un canot. La rame et la barque fatale_ (→ Nocher, cit.). — _Loc. Faire force de rames_ : ramer, nager vigoureusement. ⇒ **Force.** _À toutes rames_ : aussi vite que possible (et figuré).

1   Le bruit égal et mesuré des rames m'excitait à rêver.
                                    ROUSSEAU, Julie ou la Nouvelle Héloïse, IV, XVII.

2   Pierre, le plus rapproché des deux femmes, prit l'aviron de tribord, Jean l'aviron de bâbord, et ils attendirent que le patron criât : « Avant partout ! » car il tenait à ce que les manœuvres fussent exécutées régulièrement. Ensemble, d'un même effort, ils laissèrent tomber les rames, puis se couchèrent en arrière en tirant de toutes leurs forces, et une lutte commença pour montrer leur vigueur.
                                    MAUPASSANT, Pierre et Jean, I.

2.1 (...il) préparait de lui-même la barque si le vent soufflait, pour les cloches, et quand par les jours calmes on les entendait qui sonnaient de Concarneau, il faisait force de rames pour n'être pas trop loin et, arrivé assez près, posait les rames, ne disait plus un mot, ne faisait plus un mouvement, regardant l'eau, écoutant aussi peut-être (...)
                                    PROUST, Jean Santeuil, Pl., p. 382.

3   (...) lorsque la mer est immobile et que les vents sont tombés, c'est alors que la rame devient utile.   GIDE, Attendu que..., p. 211.

♦ **2.** (1694). Loc. fig. et fam. Vx. _Tirer à la rame, être à la rame_ : travailler dur ; être dans une situation de travail forcé.

(1892). Mod. _Ne pas en ficher une rame_ : ne rien faire, ne fournir aucun effort (→ Ne pas en ficher une ramée*).

♦ **3.** (1910 ; de la loc. _ne pas en ficher une rame_). Paresse. _Avoir la rame_ : être paresseux. ⇒ **Cosse.**

HOM. 2. **Rame,** 3. **rame,** 4. **rame.**

2. **RAME** [ʀam] n. f. — 1530 ; _ram,_ 980 ; de l'anc. franç. _raim_ ; du lat. _ramus_ «branche».

♦ **1.** Vx ou littér. Branche d'arbre, branchage ; tige.

♦ **2.** (1600). Hortic. Branche rameuse que l'on fiche en terre à côté d'un plant de bois, de haricots à longue tige, pour lui servir de support. _Les rames sont généralement des branches de noisetier, d'ormeau. Pose des rames sur deux rangées, inclinées les unes vers les autres en berceau. Pois nains et pois à rames._ — Par ext. Perche, piquet, pieu servant de tuteur.

     Le vent s'amusait à jeter bas les rames des haricots.
                                    FLAUBERT, Bouvard et Pécuchet, II.

DÉR. 2. **Ramer, ramier, ramure.**
HOM. 1. **Rame,** 3. **rame,** 4. **rame.**

3. **RAME** [ʀam] n. f. — 1723 ; _ranme,_ 1405 ; francique _hrama_ «solive, latte, charpente» ; cf. all. _Rahmen_ «châssis».

♦ Techn. Châssis horizontal servant à maintenir tendue dans les deux sens une pièce de tissu pendant le séchage. — _Rame sans fin_ : machine à mouvement continu servant au même usage. (⇒ 2. **Rameuse,** n. f.). _Les rames sont utilisées de préférence aux sécheurs à cylindres pour les tissus qui ont de l'apprêt. Mise en rame._

DÉR. 3. **Ramé, ramer,** 1. **ramette, rameuse.**
HOM. 1. **Rame,** 2. **rame,** 4. **rame.**

4. **RAME** [ʀam] n. f. — XVᵉ ; _rayme,_ XIVᵉ ; esp. _resma,_ arabe _rīzmäh_ «ballot», et spécialt, «rame de papier». Cf. aussi (vx) _Coton en rame, en ballots, in_ Littré, Additif.

♦ **1.** Comm. Ensemble de cinq cents feuilles ou vingt mains* de papier d'impression. _L'administration écrit_ (cit. 12) _tout, consomme des rames de papier._

1   Au reste, Lecteur, si je te voulais instruire et t'informer de tous les préceptes qui appartiennent à la Poésie héroïque, il me faudrait une rame de papier (...)
                                    RONSARD, la Franciade, Au lecteur apprentif.

2   Imprimée, cette rame, qui contient cinq cents feuilles, se vend donc, à raison d'un sou la feuille, vingt-cinq francs. Madame Séchard résolut d'employer cent rames à un premier tirage (...)   BALZAC, Illusions perdues, Pl., t. IV, p. 893.

Ensemble de vingt rouleaux de papier à tapisser.

♦ **2.** (1915 ; «convoi de péniches», 1869). File de wagons attelés qui manœuvrent ensemble. _Rame de chemin de fer._

3   Des rames de wagons interminables, des trains de quarante à soixante voitures formaient comme des rangées de maisons aux façades sombres (...)
                                    H. BARBUSSE, le Feu, I, VII.

4   Le Nancéien racontait que, depuis plusieurs nuits, sur toutes les voies ferrées de l'Est, défilaient d'interminables rames de wagons vides qui ralliaient les grandes gares, pour venir ensuite s'accumuler en réserve dans la banlieue parisienne.
                                    MARTIN DU GARD, les Thibault, t. VII, p. 149.

Techn., admin. (ch. de fer). _Rame de grand confort. Rame réversible._

Cour. Ensemble de voitures, convoi du métropolitain (le terme techn.

et admin. est _train_). _La dernière rame est passée il y a deux minutes._ ⇒ **Métro** (le dernier métro).

♦ **3.** Techn. Assemblage de deux ou trois tiges de forage pétrolier.
DÉR. 2. **Ramette.**

1. **RAMÉ, ÉE** [ʀame] adj. — XIIᵉ, «branchu, touffu». → 2. Ramer.

♦ **1.** Vx ou littér. Qui a des rames (1.).

♦ **2.** (V. 1210). Vén. _Cerf ramé_ : jeune cerf dont les bois poussent. (1690). Blason. Cerf dont la ramure est d'un émail particulier.
DÉR. 1. **Ramade.**
HOM. 2. **Ramé,** 3. **ramé,** 4. **ramé.**

2. **RAMÉ, ÉE** [ʀame] adj. — XVIᵉ ; de 1. _rame_ ou de _ramer._

♦ **1.** Vx. Muni de rame (navire).

♦ **2.** (1869, Littré). _Vol ramé,_ produit par le battement des ailes (opposé à _vol à voile,_ à _vol plané_) ; vol par une machine à ailes battantes. _Les premiers avions étaient des appareils à vol ramé._
HOM. 1. **Ramé,** 3. **ramé,** 4. **ramé.**

3. **RAMÉ, ÉE** [ʀame] adj. — V. 1600, d'Aubigné ; du v. _ramer_ «attacher», dér. de 3. _rame._

♦ Techn. (anciennt). _Balles ramées,_ rassemblées (par un fil d'archal). _Boulets ramés,_ réunis par une chaîne. _On employait les boulets ramés pour démâter les navires ennemis._
HOM. 1. **Ramé,** 2. **ramé,** 4. **ramé.**

4. **RAMÉ, ÉE** [ʀame] adj. ⇒ **Ramer.**

RAMÉAL, ALE, AUX [ʀameal, o] adj. — 1869, Littré ; dér. sav. du lat. _ramus_ «rameau».
Botanique.

♦ **1.** Qui a le caractère d'une branche, d'un rameau.

♦ **2.** Qui pousse sur un rameau. _Racines raméales._

RAMEAU [ʀamo] n. m. — XIIIᵉ ; _ramel,_ v. 1160 ; lat. pop. _ramellus,_ class. _ramus._ → aussi Rinceau.

♦ **1.** Petite branche* née d'une branche principale. _Branche_ (cit. 4) _à rameaux._ ⇒ **Rameux, ramifié.** _Division d'une branche en rameaux. Petits rameaux._ ⇒ **Brindille, ramille.** _Rameaux divergents. Rameau terminal_ (⇒ aussi **Lambourde**). _Rameau axillaire. Rameau feuillé, feuillu, effeuillé_ (→ Cristallisation, cit. 4), _dénudé, fleuri, fruité, fructifère. Rameaux fruitiers et rameaux gourmands*. Rameau chiffon_ (→ Branche* chiffonne). _Amputer_ (cit. 4) _des rameaux pleins de sève. Rameau utilisé comme bouture*, marcotte*, provin*... Les rameaux des arbres._ ⇒ **Feuillage, ramée, ramure** (→ Bécasse, cit. 2 ; haleine, cit. 29). — _Rameau d'olivier_ (cit. 4) _porté par la colombe en signe de paix_ — _Rameau de buis bénit_ (→ ci-dessous, spécialt : _Les Rameaux_) _qui remplace dans nos régions la branche de palmier des Évangiles._

1   Rêvais-tu (_Jésus_) de ces jours si brillants et si beaux
     Où tu vins pour remplir l'éternelle promesse,
     Où tu foulais, monté sur une douce ânesse,
     Des chemins tout jonchés de fleurs et des rameaux.
                                    BAUDELAIRE, les Fleurs du mal, « Révolte », CXVIII.

2   M. de Loménie n'avait jamais remarqué que Philbertine pour rien au monde ne se serait couchée sans avoir mis un petit rameau de buis bénit sous l'oreiller.
                                    ARAGON, les Beaux Quartiers, I, V.

3   (...) les renflements des bourgeons, à l'extrémité invisible des rameaux, formaient sur la forêt comme un brouillard léger.   L. PERGAUD, De Goupil à Margot, II.

♦ **2.** (V. 1190, _jor del ramispalmaus_ «jour des branches de palmier» ; XVᵉ, _jor de rams,_ du lat. _Dominica in ramis Palmarum,_ saint Jean, XIX, 26). Liturgie chrétienne. _Dimanche des Rameaux,_ et, ellipt, _les Rameaux_ : fête qui commémore l'accueil triomphal (avec des rameaux de palmier) fait par ses disciples à Jésus entrant à Jérusalem, et qui se célèbre huit jours avant Pâques. ⇒ **Pâques** (fleuries). _Faire bénir du buis*, chanter l'Hosanna* le jour des Rameaux._ — Loc. fig. _Faire Pâques* avant les Rameaux._ — Arts décor. _Rameaux en bronze du modern style_ (→ Moderne, cit. 1). _Rameau de vigne._ ⇒ **Pampre.** _Rameaux ornant un tissu._ ⇒ **Ramage.**

♦ **3.** Subdivision d'une division en arbre. _Les rameaux vivaces de notre civilisation_ (→ Ébrancher, cit. 3). — _Rameaux de l'arbre* généalogique d'une famille* ; d'une espèce animale ; du règne animal, végétal ; d'une langue commune..._

♦ **4.** (XVIᵉ). Anat. Subdivision* d'un vaisseau, d'un conduit, d'un cordon... ou d'une de leurs branches. ⇒ **Ramification.** _Rameaux des veines, des artères, des bronches, des nerfs*; rameaux nerveux_ (→ Plexus, cit.). — (1892). Spécialt. _Rameaux communicants_ : fibres nerveuses qui relient le système sympathique (ganglions de la chaîne latéro-vertébrale) au système cérébro-spinal (nerfs rachidiens).

4   Sa peau, transparente et satinée comme celle d'une petite fille, laissait voir le plus léger rameau de ses veines bleues.   BALZAC, l'Enfant maudit, Pl., t. IX, p. 693.

5   Réunis d'une part dans une partie de leurs centres, au niveau du névraxe, reliés intimement d'autre part par ce que nous appellerons les *rameaux communicants* (...) les deux systèmes *(nerveux)* ne peuvent revendiquer une indépendance complète, ni anatomique, ni physiologique.   L. TESTUT, Traité d'anatomie, t. III, p. 362.

Subdivision ramifiée d'une ligne de la main.

◆ **5.** Sc., techn. (géol.). Massif qui se détache d'une chaîne de montagnes.

(Fortif.). Petite galerie qui relie deux grandes galeries, une galerie principale à un fourneau de mine, etc.

1. RAMÉE [Rame] n. f. — xiiᵉ; «hutte faite de branches», 1160; «forêt», av. 1273; de l'anc. franç. *ram, raim*. → 2. Rame.

◆ **1.** Vx ou littér. Ensemble des branches feuillées d'un arbre. ⇒ **Feuillage, feuillée, ramage.** *Danser sous la ramée. La verte ramée* (→ Épithète, cit. 1). *Les ramées cramoisies* (→ Dorer, cit. 5).

1   Et toi viens avec moi, ma fraîche bien-aimée ;
    Qu'on entende chanter les nids sous la ramée (...)
          HUGO, la Légende des siècles, XXXVI, XXI.

2   La lune blanche
    Luit dans les bois ;
    De chaque branche
    Part une voix
    Sous la ramée (...)   VERLAINE, la Bonne Chanson, VI.

◆ **2.** (1382). Vx. Branches coupées avec leurs feuilles. « *Un pauvre bûcheron* (cit. 2) *tout couvert de ramée* » (La Fontaine). *Cabane de ramée* (→ Piper, cit. 2). *Ramasser de la ramée.*

3   De longues files de ramées, alignées parallèlement, et coupées par les bûcherons après la montée de la sève, prolongeaient en d'infinies perspectives des pousses mourantes.   L. PERGAUD, De Goupil à Margot, II.

HOM. 2. Ramée, 1. ramer, 2. ramer.

2. RAMÉE [Rame] n. f. — 1892; de *ramer*.

◆ Fig. et fam. *Ne pas en fiche une ramée :* ne rien faire. ⇒ 2. **Rame.**

HOM. 1. Ramée, 1. ramer, 2. ramer.

RAMENABLE [Ramnabl] adj. — 1380; non attesté entre le xviᵉ et 1842; de *ramener.*

◆ **1.** Rare. Qu'on peut ramener. *Chose, véhicule ramenable à son point de départ.*

◆ **2.** (1869, Littré). Personnes. Qui peut être ramené au droit chemin. ⇒ **Corrigeable.** — (Avec un compl. en *à*) :

Certainement, au point où il en est, Eudolfe (...) est difficilement ramenable à l'honnêteté. Mais je prétends l'y ramener (...)   GIDE, les Faux-monnayeurs, III, XV, *in* Romans, Pl., p. 1225.

RAMENARD, ARDE [Ramnar, ard] adj. et n. — Mil. xxᵉ; de *ramener (la ramener).*

◆ Pop. Qui « la ramène », qui fait l'important. *Il est gentil, mais un peu ramenard.* — Subst. *C'est un ramenard, une ramenarde insupportable.*

1   C'était un brave type, mais un peu ramenard.   Roger IKOR, À travers nos déserts, p. 452.

2   Mais Zette, elle est comme ça : ramenarde. Ça lui tourne la tête d'être la fille d'un vétérinaire.   Geneviève DORMANN, la Passion selon Saint Jules, p. 171.

RAMENDAGE [Ramɑ̃daʒ] n. m. — xviᵉ, «réparer»; de *ramender.*

Technique.

◆ **1.** (1873). Action de ramender (les filets). ⇒ **Ramardage.**

◆ **2.** (1688). Feuille d'or servant aux réparations, en dorure.

RAMENDER [Ramɑ̃de] v. tr. — V. 1160; de re-, et *amender.*

◆ **1.** Vx. Réparer. (1769). Spécialt. Raccommoder (des filets de pêche). ⇒ **Ramarder.**

◆ **2.** (1690). Amender de nouveau (un terrain).

◆ **3.** (1690). Techn. Réparer une dorure* en mettant des feuilles d'or (→ Ramendage, 2.) aux endroits dédorés.

DÉR. Ramendage, ramendeur.

RAMENDEUR, EUSE [Ramɑ̃dœr, øz] n. — 1174, «réparateur»; sens mod., 1873; de *ramender.*

◆ Techn. Ouvrier qui ramende les filets sur les bateaux de pêche.

RAMENÉ [Ramne] n. m. — 1939, *in* Petiot; de *ramener.*

◆ Sports. Regroupement des jambes pendant le temps de suspension, pour préparer la chute, au saut en longueur. *Avoir un bon ramené de jambes.*

1. RAMENER [Ramne] v. tr. — Conjug. *mener.* — xiiᵉ *rameiner;* 1115, au sens 2.; de re-, et *amener.* → Mener.

◆ **1.** (Fin xviᵉ). Amener de nouveau (qqn). *Ramenez-moi le malade, je veux l'examiner une seconde fois.*

◆ **2.** Faire revenir (qqn en l'accompagnant) au lieu qu'il avait quitté et où il réside normalement. ⇒ **Raccompagner, reconduire.** *Ramenez-moi à Constantinople* (→ Éclair, cit. 7). *On parla de me ramener en France* (→ Intérieurement, cit. 2). *Nous allons le ramener, le prendre* (cit. 3) *avec nous. Les Bourbons ramenés dans les fourgons* (cit. 2), *de l'étranger. Ramener un malade sur un brancard* (→ Paralysie, cit. 1). *Ramener un fugitif* (→ Impôt, cit. 17; impuissant, cit. 18). *On me ramena l'enfant après son équipée* (cit. 4). — Par métaphore. *Ramener à l'Église* (cit. 3) *les infidèles* (→ Foi, cit. 45). — *Voiture, train... qui ramène qqn quelque part* (→ Avant, cit. 10; esquif, cit. 1; hurler, cit. 20). *Je lui ai parlé dans l'avion qui nous ramenait en France.*

1   Cette belle éplorée ne pouvait parvenir à cacher ses peines. Tout à coup elle me prit le bras et me dit : « Ramenez-moi, je ne puis rester ici. »   NERVAL, Petits châteaux de Bohême, IV.

2   — Allons, la femme, donne-lui tout de même la pâtée, puisque la faim le ramène.   ZOLA, la Terre, V, II.

(Sujet n. de chose). Provoquer le retour de (qqn). *Le mauvais temps nous ramena à la maison.*

Milit. (vx). *Ramener aux bases de départ,* repousser.

3   Je vois aussi beaucoup de chevau-légers avec eux; mêlons-nous à leur désordre, car je crois qu'ils sont *ramenés.*
    Ce mot est un terme honnête qui voulait dire et signifie encore *en déroute,* dans la langue militaire.   A. DE VIGNY, Cinq-Mars, IX.

Ramener les bêtes à l'écurie (→ Provocation, cit. 1). *Je ramenai ses chevaux, sa tente et tout son équipage* (→ Honneur, cit. 54).

◆ **3.** Fam. et fautif (avec un compl. n. de chose). Rapporter* (forme correcte). *Tu me ramèneras mon parapluie que j'ai laissé chez toi.* « *Le sac de provisions... qu'Agnès ramena à la maison* » (Ph. Hériat, *Les grilles d'or ;* cité par Georgin, *Jeu de mots,* p. 30). « *Mon père... en ramenait* (de Chine) *cinquante espèces nouvelles* (d'insectes)» (H. Bazin, *la Mort du petit cheval ;* cité par R. Le Bidois, *in Combat* du 13 août 1953).

4   — Ça, dit-il, c'est un gri-gri, mon porte-chance. Je l'ai ramené de mon premier voyage en Afrique équatoriale.   G. DUHAMEL, la Nuit d'orage, XVIII.

◆ **4.** (V. 1120). Faire revenir (qqn) à un état (physique ou moral), à des occupations, à un sujet... *Ramener un noyé à la vie.* ⇒ **Ranimer, ressusciter.** — *On l'a ramené à lui* (→ Patatras, cit. 2). — *Goethe nous ramène au pratique* (→ Panique, cit. 4). *Ramener l'interlocuteur au sujet. Ramener qqn à la raison, au devoir* (⇒ **Rappeler**), *à la foi, aux bonnes mœurs.* ⇒ **Corriger, convertir.** *Ramener à de bons, de meilleurs sentiments.*

5   Je voudrais bien aller à *Santa Maria di Falleri* pour voir une ville qui n'a plus que la peau, son enceinte : à l'intérieur elle était vide : *misère humaine à Dieu ramène.*   CHATEAUBRIAND, Mémoires d'outre-tombe, t. V, p. 13.

6   Cette pensée nous ramène heureusement au sujet de ce discours.   FRANCE, le Petit Pierre, VIII.

7   Elle est tombée, par crise ou par mégarde, dans une anesthésie dont vous devinez comme moi le principe. Le seul massage, la seule circulation artificielle que nous puissions pratiquer dans ce cas, c'est de rapprocher d'aussi près que possible de sa conscience endormie le bruit de sa vie habituelle. — Ne s'agit pas de la ramener à elle, mais de la ramener à nous.   GIRAUDOUX, Intermezzo, III, 6.

Absolt. *Ramener qqn,* l'amener à conciliation, à réconciliation. *Ramener les esprits,* les calmer. *Ramener nos ennemis par la douceur* (cit. 31). — (Sujet n. de chose). *Ce mot me ramène à l'idée* (cit. 39) *de notre séparation. Cette habitude le ramenait à la sérénité* (→ Paisible, cit. 2). « *Un peu de philosophie écarte* (1. Écarter, cit. 14) *de la religion et beaucoup y ramène* » (Rivarol). → aussi Âme, cit. 16; culture, cit. 17.

(Compl. n. de chose). *Ramener l'estomac* (cit. 7) *à l'état normal, un mannequin à l'immobilité* (→ Oscillation, cit. 1). *Ramener les cours à la parité* (cit. 4). *Ramener les prix au niveau antérieur.* ⇒ **Diminuer.** — (En parlant de la pensée, de l'attention...). « *Ramener à un centre de repos mes pensées errantes* » (2. Errant, cit. 11). *Ramener son regard sur la route* (→ Jamais, cit. 16). *Cette mort ramenait ses pensées aux lieux* (1. Lieu, cit. 7) *de son enfance.* — *Ramener tout à soi,* faire preuve d'égocentrisme, d'égoïsme.

8   (...) la pensée va peut-être encore plus loin, quand elle n'a point de bornes ni même de but déterminé, et que, sans cesse en rapport avec l'immense et l'infini, aucun intérêt ne la ramène aux choses de ce monde.   Mᵐᵉ DE STAËL, De l'Allemagne, II, II.

9   Cet amant qui poursuit son idée à travers toutes les choses indifférentes que dit sa maîtresse pour l'empêcher d'en venir à lui parler de sa flamme, et qui sait ramener à son dessein les phrases qui l'en écartent le plus, cet amant est ingénieusement trouvé.   Th. GAUTIER, les Grotesques, IX, p. 290.

Ramener vers, sur... Ramener sur qqn toute son affection. ⇒ **Concentrer.**

10   C'est pourquoi, lorsque nous voulons comprendre notre situation présente, nos

regards sont toujours ramenés vers la crise terrible et féconde par laquelle l'Ancien Régime a produit la Révolution, et la Révolution le Régime nouveau.
TAINE, les Origines de la France contemporaine, Préface.

11 Puis il ramena la question sur l'achat éventuel d'une automobile (...)
J. ROMAINS, les Hommes de bonne volonté, t. III, XI, p. 152.

♦ **5.** (XIIIᵉ). Fig. Faire renaître, faire réapparaître (une chose là où elle s'était manifestée). *Le soir ramenait mes inquiétudes* (→ Apaisement, cit. 3). *Cette égalité ramènerait l'esclavage* (cit. 12) *des âmes. J'ai tenté de ramener au théâtre l'ancienne gaieté* (cit. 12). *Réaction sociale qui prétend ramener l'ensemble des croyances chrétiennes* (→ Nier, cit. 5). *Mesures destinées à ramener la paix, l'ordre.* ⇒ **Restaurer, rétablir.**

12 Sur les ailes du Temps la tristesse s'envole ;
Le Temps ramène les plaisirs.   LA FONTAINE, Fables, VI, 21.

13 Le soir ramène le silence.
Assis sur ces rochers déserts,
Je suis dans le vague des airs
Le char de la nuit qui s'avance.   LAMARTINE, Premières méditations, IV.

14 Le temps va ramener l'ordre des anciens jours.
NERVAL, Poésies, Les chimères, « Delfico ».

15 Notre maison, chaque dimanche, était secouée d'un accès de fièvre. Le lundi ramenait la paix.   G. DUHAMEL, Chronique des Pasquier, III, IX.

♦ **6.** (1690). Amener (qqn) ou apporter (qqch.) avec soi, en revenant au lieu qu'on avait quitté. *Il a habité quelque temps à l'étranger et en a ramené une femme charmante. « Ce camion était parti à vide et il a ramené tout un chargement »* (Académie).

♦ **7.** Faire prendre une certaine position à (qqch.), en changeant sa direction naturelle ou précédente ; remettre (qqch.) en place. *Ramener ses mains sur les bras du fauteuil* (→ Buste, cit. 5), *son bras à l'horizontale* (cit. 5), *sa tête vers la cheminée* (→ Effarement, cit. 1). *Ramener sur ses genoux les pans d'une robe de chambre* (→ Ouate, cit. 1). *Ramener une fourrure sur le cou d'une femme* (→ Imitation, cit. 21). ⇒ **Remettre.** *Ramener un litham* (cit.) *sur ses yeux.* ⇒ **Rabattre, tirer...** *Pressier ramenant le marbre* (→ Frisquette, cit.). *Ramener qqch. au centre.* ⇒ **Centrer, centripète** (cit.), **diriger.**

16 Que signifie cette casaque longue qui t'enveloppe de la tête aux pieds, et ce sac pointu que tu laisses tomber sur tes épaules, ou que tu ramènes sur tes oreilles ?   DIDEROT, Suppl. au voyage de Bougainville, III.

17 Ses mains terreuses ramenées derrière son dos, crainte de tacher la belle robe (...)   COURTELINE, Messieurs les ronds-de-cuir, 4ᵉ tableau, II.

Au p. p. *Cheveux ramenés en croissants* (cit. 3) *le long des tempes. Une jambe ramenée sur l'autre* (→ Enlacer, cit. 11).

Équit. *Ramener un cheval,* lui faire exécuter le mouvement du ramener (2. Ramener). — Billard. *Ramener une bille,* la toucher pour qu'elle revienne près des autres.

♦ **8.** Loc. fig. (1908). Fam. *Ramener sa gueule, sa fraise :* protester, rouspéter ; faire le malin, avoir des prétentions déplacées. — Loc. ellipt. *La ramener.* ⇒ **Crâner.** *Il commence à la ramener. Tu la ramènes un peu trop. Personne qui a l'habitude de la ramener.* ⇒ **Ramenard.**

♦ **9.** (XIIIᵉ). RAMENER QQCH. À... : porter à un certain point de simplification ou d'unification. ⇒ **Réduire.** *Ramener une fraction à sa plus simple expression. Ramener les sentiments à des formules* (cit. 9) *identiques. L'analyse est l'opération qui ramène l'objet à ses éléments déjà connus* (→ Intuition, cit. 2, Bergson). *Ramener des services à une direction unique.* ⇒ **Centraliser.** *Ramener les mouvements de l'esprit à ceux de la matière* (→ Matérialisme, cit. 3). *Que toute figure soit ramenée à son trait le plus saillant* (→ Optique, cit. 4). — *Ramener à* (et inf.). *Ramener la pensée* (1. Pensée, cit. 16) *à n'être qu'une des formes de l'énergie.*

18 Tout devenait doux et facile ; il (Abailard) traitait poliment la religion, la maniait doucement, mais elle lui fondait dans la main. Il ramenait la religion à la philosophie, à la morale, à l'humanité.   MICHELET, Hist. de France, IV, IV.

19 (...) le geste discret de ses doigts ramenait à de justes proportions les affirmations bruyantes de l'employé (...)   COURTELINE, Messieurs les ronds-de-cuir, 4ᵉ tableau, II.

▶ **SE RAMENER** v. pron.

♦ **1.** (Réfl.). Vx. Se concentrer. *« L'âme, l'esprit se ramène en soi »* (Corneille, *in* Littré). Revenir à un sujet. *« Je me ramène à ce qui se passait dans le continent »* (Voltaire, *in* Littré).

♦ **2.** (XXᵉ). Fam. Venir. (On entend plus souvent, en ce sens, *s'amener*). *Allez ramène-toi ! Il se ramène.* — Fig. *Voilà l'autre qui se ramène,* qui prend part tout d'un coup à la conversation.

♦ **3.** (Récipr.) *Des philosophes qui veulent réciproquement se ramener dans la voie de la vérité* (→ Entre-, cit. 8).

♦ **4.** (XIXᵉ). Passif. Se réduire, être réductible. *Ces lois se ramènent à une loi plus simple* (→ Association, cit. 16 ; et aussi gouvernement, cit. 31 ; identification, cit. 2 ; philosophie, cit. 9). *Tout se ramenait à un jeu d'écritures* (cit. 21). *Ça se ramène à une question d'indemnité* (cit. 2).

20 Qui veut agir a besoin d'espérer, et l'espérance, même pour celui qui fonde sur

Dieu, se ramène toujours à être une confiance dans les moyens d'action, qui sont les choses et les hommes.   Émile FAGUET, Études littéraires XVIIIᵉ s., p. 402.

▶ **RAMENÉ, ÉE** p. p. adj. Voir à l'article.

CONTR. Déplacer, écarter.

2. RAMENER [Ramne] n. m. — 1904 ; infinitif subst. de *ramener.*

♦ Équit. Mouvement de dressage qui consiste à ramener la tête du cheval à la verticale (l'encolure fléchie près de la nuque). Cette attitude du cheval.

Le ramener est la fermeture de l'angle de la tête avec l'encolure, la nuque restant le point le plus haut de cette dernière : il met la tête dans la position la plus favorable pour accepter l'action du mors et favorise la tension de la ligne du dessus et l'engagement des postérieurs.   Henri AUBLET, l'Équitation, p. 101.

RAMENTEVOIR [Ramɛ̃təvwaʀ] v. tr. — Conjug. *décevoir* — V. 1175 ; de *r(e)-,* et anc. franç. *amenteveir* (v. 1160), *amentevoir* (v. 1175) « rappeler au souvenir », de *a-,* et *menteveir* ou *mentevoir* (XIIᵉ) « rappeler, retracer, mentionner », calque du bas lat. *(in) mente habere* « songer à... », de *mens, mentis* « esprit » et *habere* « avoir ».

♦ Vx ou littér. Remettre (qqch.) en mémoire (à qqn) ; rappeler* au souvenir. *Ramentevoir qqch. à qqn.* — (XVᵉ). Pron. *Se ramentevoir :* se souvenir.

RAMEQUIN [Ramkɛ̃] n. m. — 1654 ; néerl. *rammeken* (XVIᵉ), dimin. de *ram ;* cf. all. *Rahm* « crème ».

♦ **1.** Petit gâteau au fromage.

♦ **2.** (XXᵉ). Petit récipient utilisé pour la cuisson au four ou au bain-marie.

1. RAMER [Rame] v. intr. — 1213 ; lat. pop. *remare,* de *remus* « rame ».

★ **I.** ♦ **1.** Agir sur les rames, les avirons, pour manœuvrer et mouvoir une embarcation. ⇒ **Nager** (mar.) ; et aussi **canoter, godiller, pagayer** (→ Pagayer, cit.). *Galériens condamnés à ramer* (→ Bucentaure, cit. ; fortune, cit. 17). *Ramer ou se servir de la gaffe* (cit. 2). *Ramer à outrance.* ⇒ **Rame** (faire force de). → Héler, cit. 1. — *Ramer en couple,* avec un aviron dans chaque main. *Ramer avec un seul aviron tenu à deux mains,* se dit : « tirer en pointe ».

Le plus souvent il fallait ramer, et ramer aux heures de soleil (...) Tout flambait, tout miroitait (...) Et je ramais en fermant les yeux. Par moments, à la vigueur de mes efforts, à l'élan de l'eau sous ma barque, je me figurais que j'allais très vite (...)   Alphonse DAUDET, Contes du lundi, « Le pape est mort. »   1

Par extension :

(Le cygne) glisse sur le bassin, comme un traineau blanc (...) Doucement, sur son léger coussin de plumes, le cygne rame et s'approche (...)   J. RENARD, Histoires naturelles, « Le cygne ».   2

(...) parfois il se laissait enfoncer, il ramait doucement des jambes dans la profondeur *(de l'eau)* ...   J. GIONO, le Chant du monde, I, II.   3

♦ **2.** Rare. Mouvoir dans l'air ses ailes. ⇒ **Voler.**

♦ **3.** Mouvoir ses bras largement étendus.

D'une façon un peu gauche, et cependant gracieuse. il ramait dans l'air, pour saisir une tunique oubliée sur une escabelle près de la muraille.   FLAUBERT, Trois contes, « Hérodias », II.   4

★ **II.** Fam. (d'abord argotique). Travailler (dur). *On a ramé six mois là-dessus.* Avoir de la peine, faire des efforts. *«Antoine doit longuement ramer pour qu'elle soit moins distante »* (Actuel, févr. 1980, p. 39). *Ramer comme une bête, comme un fou.* — Sports. Subir une défaillance. *Coureur qui rame en côte.*

DÉR. V. 1. Rame. — Rameur.
HOM. Ramée, 2. ramer, 3. ramer.

2. RAMER [Rame] v. tr. — 1549 ; de 2. *rame.*

♦ **1.** Hortic. Soutenir (une plante grimpante) avec une rame. *Ramer des pois* (⇒ aussi **Tuteurer**).

♦ **2.** (1688). Loc. fig. Vx. *S'y entendre comme à ramer des choux* * : n'y rien connaître.

HOM. Ramée, 1. ramer, 3. ramer.

3. RAMER [Rame] v. tr. — 1723 ; de 3. *rame.*

♦ Techn. Étirer (le tissu) sur une rame (3. Rame) où il sèche. *Ramer le drap. Tissu ramé.*

DÉR. 2. Ramage.
HOM. Ramée, 1. ramer, 2. ramer.

RAMEREAU ou **RAMEROT** [ʀamʀo] n. m. — 1611, *ramereau; ramerot,* xvie; de *ramier.*

♦ Rare. Jeune ramier*.

RAMESCENCE [ʀamesɑ̃s; ʀamɛsɑ̃s] n. f. — 1869; dér. sav. du lat. *ramescere.* → Rameau.

♦ Bot. Disposition en rameaux, forme des rameaux. *Ramescence d'une branche.*

RAMESCENT, ENTE [ʀamesɑ̃, ɑ̃t; ʀamɛsɑ̃, ɑ̃t] adj. — 1875, Larousse; du lat. *ramescere.*

♦ Bot. Disposé en rameaux, ramifié.

1. RAMETTE [ʀamɛt] n. f. — 1690; de 3. *rame.*

♦ Techn. (imprim.). Châssis de fer sans barre pour les impositions peu importantes.

2. RAMETTE [ʀamɛt] n. f. — 1845; de 4. *rame.*

♦ Techn. Rame (4. Rame) de papier de petit format. *Ramette de papier à lettres.*

1. RAMEUR, EUSE [ʀamœʀ, øz] n. — 1599; *rameor,* v. 1213; *remeur,* 1273; de 1. *ramer.*

♦ **1.** Personne qui rame, qui est chargée de ramer. ⇒ **Nageur** (→ Barque, cit. 1; cadence, cit. 6). *Rang, banc* (cit. 3) *de rameurs.* — *Bâteau de course à deux rameurs* (deux avec ou sans barreur), *à quatre rameurs* (quatre avec ou sans barreur), *à huit rameurs* (huit avec barreur). → Barreur, cit. 2, embarcation, cit. 1.

1 Dans la galère capitane
Nous étions quatre-vingts rameurs. HUGO, les Orientales, VIII.

2 Un canot (...) monté par quatre femmes descendait lentement le courant. Celle qui ramait était petite, maigre (...) En face d'elle, une grosse blondasse (...) se tenait couchée sur le dos au fond du bateau, les jambes en l'air sur le banc des deux côtés de la rameuse (...) MAUPASSANT, la Femme de Paul, p. 14.

♦ **2.** N. m. (1869, Littré). Régional. (Souvent plur.). Insecte hémiptère qui nage à la surface de l'eau.
(1791). Rare. Oiseaux aux ailes largement déployées, en vol. — Appos. ou adj. *Oiseaux rameurs.*

♦ **3.** N. m. Argot. (Sports). Concurrent qui « rame », qui subit une défaillance. Spécialt (autom.). Pilote trop lent.

2. RAMEUR, EUSE [ʀamœʀ, øz] n. — 1405, *rameur; rameuse,* 1904; de 3. *rame.*

♦ **1.** Ouvrier, ouvrière qui met le tissu sur les rames et les conduit.

♦ **2.** N. f. RAMEUSE (v. 1960). Techn. Rame (3. Rame) sans fin.

RAMEUTEMENT [ʀamøtmɑ̃] n. m. — V. 1700, Saint Simon; de *rameuter.*

♦ Littér. Action de rameuter; son résultat.

RAMEUTER [ʀamøte] v. tr. — Fin xviie, Saint-Simon; pron., fin xvie; de *re-,* et *ameuter.*

♦ **1.** Regrouper de nouveau. ⇒ **Ameuter.** *Rameuter la foule.* — *Rameuter ses troupes, ses partisans,* les regrouper en vue d'une nouvelle action. — Pron. Se regrouper.

1 Les C. R. S. se rameutent.
Claude COURCHAY, La vie finira bien par commencer, p. 185.

♦ **2.** (Abstrait). Rassembler comme pour mobiliser. *Rameuter ses griefs.* ⇒ **Meute** (fig.).

2 Pris de panique, Yankel rameuta tous les motifs de haine qu'il avait contre son pays. Roger IKOR, les Fils d'Avrom, La greffe du printemps, p. 104.

♦ **3.** (1763). Vén. Ramener les chiens en meute*, en arrêtant ceux qui ont poussé trop loin, qui se sont écartés. ⇒ **Ameuter.**
(Fin xvie). Pron. *Les chiens s'étaient rameutés d'eux-mêmes* (→ Meute, cit. 3).

DÉR. Rameutement.

RAMEUX, EUSE [ʀamø, øz] adj. — Fin xiiie; lat. *ramosus,* de *ramus* « rameau ».

♦ **1.** Bot. ou littér. Partagé en rameaux, qui a de nombreux rameaux.

Arbrisseaux rameux. ⇒ **Broussaille, buisson.** *Branche rameuse servant de rame* (2. Rame).
(...) cet asphodèle rameux des garrigues du Gard (...) GIDE, Journal, 22 avr. 1905.

♦ **2.** (Mil. xvie). Vén. En parlant du bois (cit. 46) du cerf. *La bête inclinait sa tête rameuse* (→ 1. Garrot, cit.).

♦ **3.** (1314). Vx. Qui présente des ramifications.

RAMI [ʀami] n. m. — xxe (1937, *in* Höfler); var. de *rummy,* mot angl. (en franç. 1929, *in* Höfler), de l'adj. *rummy* « bizarre, drôle ».

♦ Jeu de cartes, dont il existe diverses variantes (rami-poker, joker, stop), se jouant généralement avec cinquante-deux cartes et un joker*, et consistant à réunir des combinaisons d'au moins trois cartes, du type des figures de poker ou de piquet, qu'on étale sur la table. *On fait rami quand on a étalé toutes ses cartes.*

HOM. Ramie.

RAMIE [ʀami] n. f. — 1866; *ramieh,* 1858; malais *rami* ou *ramieh.*

♦ Plante de l'Asie tropicale *(Urticacées),* sous-ligneuse, vivace; sorte d'ortie dont les longues fibres fournissent un textile résistant (n. sc. : *Boehmeria nivea;* syn. : *ortie* de Chine*). *« Sous les noms de (...) ramieh, les Malais connaissent une espèce d'ortie dont ils extrayent d'admirables filaments pour les étoffes, des fils à coudre (...) » Année sc. et industr.* 1859, p. 209 (1858).

HOM. Rami.

RAMIER [ʀamje] n. m. et adj. — 1440; *colon ramier* « pigeon nichant dans les branches », de l'anc. adj. *ramier* « touffu (forêt) », v. 1173 (→ 1. Ramage, étym.); de l'anc. franç. *raim.* → 2. Rame.

♦ Gros pigeon sauvage *(columba palumbus),* vivant en Europe et en Asie occidentale, qui niche dans les arbres (surtout dans les conifères) parfois aussi dans l'intérieur des villes (Paris, Venise...). ⇒ **Palombe, palonne.** *Ramier à collier,* répandu en France. *Cri du ramier.* ⇒ **Caracouler.** *Jeune ramier.* ⇒ **Ramereau.**

1 Sur les coupoles de Venise
Deux ramiers blancs aux pieds rosés,
Un soir de mai se sont posés.
Th. GAUTIER, Émaux et Camées, « Affinités secrètes ».

2 Quand la branche du sapin pliait, je voyais à travers les aiguilles les boules rondes des ramiers serrés, leur gorge bleu d'ardoise, et les petites flammes roses et vertes que le grand jour y fait courir. M. GENEVOIX, Forêt voisine, XVI.

Adj. *Pigeon ramier.*

REM. On trouve aussi le fém. *ramière* (xixe, rare) : femelle du ramier.

DÉR. Ramereau ou *ramerot.*

RAMIFICATION [ʀamifikɑsjɔ̃] n. f. — 1541, anat.; lat. scolast. *ramificatio,* de *ramificare.* → Ramifier.

♦ **1.** Division en plusieurs rameaux*; chacune des divisions ou des rameaux eux-mêmes. — (1771). Bot. Mode de division du corps des végétaux (cellulaires ou vasculaires) pendant leur croissance, par lequel ils s'étendent dans plusieurs directions et prennent une forme particulière (⇒ Croissance, 2. **port,** II., 2.). *Ramification d'une tige, d'un tronc. Ramification d'une tige à fleurs.* ⇒ **Inflorescence.** *Ramification dichotome,* où le corps, la tige, se sépare en deux et chaque division encore en deux, etc. *Ramification sympodiale :* ramification dichotome dans laquelle un rameau est plus gros que l'autre (⇒ aussi **Rameux, ramifier**). — Spécialt. *Ramification des racines, des nervures des feuilles.*

1 Il suffit d'une division du point végétatif ou de la cellule initiale de ce dernier pour substituer à la condition monopodiale *(axe simple)* une ramification dichotome (...) La dichotomie peut se renouveler, de sorte que la tige se présentera ultérieurement comme une suite de segments nés les uns des autres par une simple bifurcation. F. MOREAU, *in* Encycl. Pl., Botanique, p. 523.

Anat. Mode suivant lequel se divisent les artères, les veines, les nerfs...; ces divisions elles-mêmes. ⇒ **Rameau.** *Ramifications vasculaires.* ⇒ **Capillaire** (vaisseau). *Ramifications nerveuses. Ramifications des bronches.* ⇒ **Bronchiole.** *Canaux à ramifications convergentes* (→ Lymphatique, cit. 1). — Zool. *Ramification d'un polypier* (cit.).

2 Les ramifications des coraux et les percées des éponges avaient probablement servi de modèles aux architectes des « petits appartements » royaux et seigneuriaux. Les embranchements étaient inextricables. HUGO, l'Homme qui rit, II, VII, II.

Les ramifications des bois (cervidés). ⇒ **Bois** (*supra* cit. 30).
(xixe). Par anal. *Les ramifications d'un souterrain* (→ Château, cit. 1), *d'un égout* (cit. 2), *d'une voie ferrée, d'un filon...* ⇒ **Embranchement.** *Ramifications dessinées par certains dépôts.* ⇒ **Arborisation.**

♦ **2.** Groupement ou centre d'action secondaire rattaché à un organisme central. *Société, secte ayant des ramifications en province, à l'étranger. Ramifications d'un complot, d'une conspiration.*
(1798). Branche secondaire, subdivision. *Ramification d'une science.*

3 Grâce à leurs ramifications, et au réseau sous-jacent de leurs relations, Babet,

Gueulemer, Claquesous et Montparnasse avaient l'entreprise générale des guet-apens du département de la Seine.   HUGO, les Misérables, III, VII, IV.

♦ **3.** Didact. Alternative dans un raisonnement, dans une suite logique de propositions. *Les ramifications d'un programme d'ordinateur.*

RAMIFIER [Ramifje] v. — 1560, v. pron.; *se remifier,* 1314, en anat.; lat. scolast. *ramificare,* francisé sur le type des verbes en *-fier,* lat. *ramus* «rameau».

★ **I.** V. pron. SE RAMIFIER. ♦ **1.** Se diviser en plusieurs branches* ou rameaux* qui peuvent eux-mêmes se diviser à leur tour. ⇒ **Diviser (se), partager (se), subdiviser (se).** *Tige, plante, arbre qui se ramifie.* ⇒ **Ramification.** *Les veines, les nerfs... se ramifient.* — (XIXe). *Voie ferrée, filon qui se ramifie.*

1   (...) en bas de la fenêtre même, occupant tout le vaste champ, les trois doubles voies qui sortaient du pont, se ramifiaient, s'écartaient en un éventail dont les branches de métal, multipliées, innombrables, allaient se perdre sous les marquises.   ZOLA, la Bête humaine, I.

2   (...) son rire de bon vivant congestionnait ses pommettes, les couvrait de petits vermicelles rouges, qui se ramifiaient jusque dans le blanc de ses yeux, et troublaient son regard (...)   MARTIN DU GARD, les Thibault, t. I, p. 179.

3   Sa tige *(de l'arbre)* affecte des aspects variés (...) Le plus souvent elle se ramifie, mais perdant de bonne heure ses rameaux inférieurs, par un élagage naturel qui ne laisse subsister aucune trace des branches disparues, la tige n'apparaît rameuse qu'à une certaine hauteur au-dessus du sol; elle présente dans toute sa partie inférieure une région dénudée qu'on appelle le tronc; à son sommet, celui-ci donne naissance à quelques branches maîtresses qui constituent la charpente de l'arbre, et leur division en branches plus grêles forme la ramure.   F. MOREAU, in Encyclopédie Pl., Botanique, p. 581.

♦ **2.** (1724). Fig. Avoir, pousser des ramifications. *La famille* (cit. 4) *romaine se ramifiait sans se diviser. Secte, société, complot... qui se ramifie.*

4   Les sociétés parisiennes se ramifient dans les principales villes. Lyon, Nantes, Lille et Marseille avaient leur société des Droits de l'Homme (...)   HUGO, les Misérables, IV, I, V.

★ **II.** V. tr. (1875). RAMIFIER. Produire la ramification de (qqch.). *Le charme ramifie son tronc très près du sol.* — Fig. *Cette administration a ramifié sa hiérarchie et cloisonné ses services.*

▶ **RAMIFIÉ, ÉE** p. p. adj. (1835).

♦ **1.** Qui a de nombreuses ramifications. *Prolongement ramifié de la cellule nerveuse.* — *Estuaires* (cit. 1) *ramifiés. Une administration moins ramifiée* (→ Bureaucratie, cit. 1).

♦ **2.** (XXe). Fig. *Question subtilement ramifiée. Un problème compliqué et très ramifié.* — *Programme ramifié* (en psychopédagogie).

RAMILLE [Ramij] n. f. — XIIIe; de l'anc. franç. *raim.* → 2. Rame.

♦ **1.** (Sing. collectif). Menues branches d'arbres avec leurs feuilles. *Fagots, fascines* (cit. 1) *de ramille. Ramille sèche servant à l'alimentation des jeunes agneaux.*

1   La Noël venue, mangée la truffe et brûlée la ramille de houx arrosé d'eau-de-vie sur un plat d'argent (...)   COLETTE, la Fin de Chéri, p. 41.

♦ **2.** (1802). *Une, des ramilles :* chacune des plus petites et dernières divisions d'un rameau*. — REM. On dit aussi *ramillon* et *ramule.*

2   Et je revois cette forêt, le lendemain de Noël (...) Tout était blanc (...) Blanc depuis le tronc jusqu'aux plus fines ramilles (...)   CLAUDEL, Cinq grandes odes, p. 88.

DÉR. Ramillon.

RAMILLON [Ramijɔ̃] n. m. — 1876; dimin. de *ramille.*

♦ ⇒ **Ramille** (2.).

RAMINAGROBIS [RaminagRobis] n. m. — XIVe, in Sainéan, *Rabelais,* var. *romina-grobis,* 1619; d'abord nom propre, in Rabelais, III, 20; de *raminer* «ronronner» (Sainéan) et probablt du rad. de *minet,* et de *grobis,* d'orig. obscure.

♦ **1.** (XIVe). Fam. Chat.

♦ **2.** Personnage patelin, «chat fourré». ⇒ **Grippeminaud.**

RAMINGUE [Ramɛ̃g] adj. — 1593; ital. *ramingo,* de *ramo* «rameau», mot qui s'est d'abord appliqué au faucon qui vole de branche en branche.

♦ Techn. (manège). Se dit du cheval qui refuse d'avancer quand on lui fait sentir l'éperon. ⇒ **Rétif.** *Cheval ramingue.*

RAMOLLIR [RamɔliR] v. tr. — 1448; de *re-,* et *amollir.*

♦ **1.** Rendre mou ou moins dur. ⇒ **Amollir.** *Ramollir du cuir. «Les pluies ramollissent la terre»* (Académie). *L'âge ramollit les chairs.*

⇒ **Avachir, mollifier** (vx). — Pron. *Os, tissus qui se ramollissent.* ⇒ **Mollir.**

Spécialt. *Cerveau qui se ramollit.* ⇒ **Ramollissement.**

♦ **2.** (V. 1360). Fig., littér. Rendu moins résistant, moins ferme, moins énergique. ⇒ **Amollir, efféminer, énerver.** *L'«oisiveté ramollit les courages»* (Vaugelas). *Toute profession* (cit. 4) *sédentaire ramollit le corps.* — Pronominal :

1   Que son cœur ne se ramollisse pas en écrivant des choses si tendres.   BOSSUET, Lettres, 133, in LITTRÉ.

▶ **RAMOLLI, IE** p. p. adj. (1560).

♦ **1.** (Choses). Devenu mou. ⇒ **Ramollo** (fam.). *Asphalte ramolli par la chaleur.*

2   (...) des gaufrettes ramollies qui sentaient le fond de tiroir (...)   J. ROMAINS, les Hommes de bonne volonté, t. V, X, p. 78.

Loc. *Cerveau ramolli,* faible, sans idées.

♦ **2.** (1867). Fam. (Personnes). Dont le cerveau est devenu faible. ⇒ **Déliquescent.** *Il est complètement ramolli. Un vieux type à moitié ramolli.* ⇒ **Gâteux.**

N. *Un vieux ramolli.* — Absolt (vx) :

3   (...) il ricanait, en demandant qui avait posé pour le duc de Beaurivage, le ramolli de Géraldine.   ZOLA, Nana, IX.

CONTR. Durcir, endurcir, raffermir.
DÉR. Ramollissable, ramollissant, ramollissement, ramollo.

RAMOLLISSABLE [Ramɔlisabl] adj. — 1842; de *ramollir.*

♦ Qui peut se ramollir, être ramolli. *Substance ramollissable.*

RAMOLLISSANT, ANTE [Ramɔlisɑ̃, ɑ̃t] adj. — XVIe; de *ramollir.*

♦ Méd. Qui ramollit, relâche les tissus. ⇒ **Émollient.** *Remèdes ramollissants.* — N. m. (1694). *La guimauve est un ramollissant.*

CONTR. Astringent.

RAMOLLISSEMENT [Ramɔlismɑ̃] n. m. — 1558; *ramollissement* (du temps), 1393; de *ramollir.*

♦ **1.** Action de se ramollir, état de ce qui est ramolli (au propre et au fig.). *Ramollissement des os.* ⇒ **Ostéomalacie.**

1   Il est donc convenu entre messieurs Desplein, Bianchon et moi que je meurs d'un ramollissement de je ne sais quel os que la science a parfaitement décrit.   BALZAC, Honorine, Pl., t. II, p. 315.

(1762). *Ramollissement du cerveau :* «lésion cérébrale consistant essentiellement en un infarctus par altération artérielle (thrombose ou embolie), entraînant secondairement la mortification et le ramollissement du territoire cérébral privé de l'afflux sanguin» (Garnier). ⇒ **Gâtisme.**

2   Il y a des ramollissements du cerveau. Le ramollissement du cœur est pire.   BERNANOS, Journal d'un curé de campagne, p. 90.

♦ **2.** (1866). Fig. État de moindre résistance, de moindre fermeté, perte d'énergie. *Ramollissement de la volonté.*

♦ **3.** Fam. État d'une personne ramollie, sénile.

CONTR. Raffermissement.

RAMOLLO [Ramɔlo] adj. et n. — 1883, *ramollot;* du nom d'un personnage de Ch. Leray, le *Colonel Ramollot;* on a employé *un ramollot* au sens de «officier routinier, inintelligent»; de *ramolli,* et suff. pop. *-o.*

♦ Fam. Ramolli. *Ils sont un peu ramollos.* — *Un vieux ramollo.* ⇒ **Gâteux.**

RAMON [Ramɔ̃] n. m. — XIIIe; dér. de l'anc. franç. *ram, raim,* qui a aussi donné *rameau*.*

♦ Régional. Balai de branchages.

DÉR. Ramoner.

RAMONAGE [Ramɔnaʒ] n. m. — 1439, *ramonage;* «balayage», 1317; de *ramoner.*

♦ **1.** Action de ramoner*, résultat de cette action. *Le ramonage des cheminées est prescrit par des ordonnances de police municipale* (à Paris, une fois par an).

♦ **2.** Techn. *Lance de ramonage :* dispositif servant à nettoyer un appareil de chauffage industriel par projection d'un fluide sous pression.

♦ **3.** (1927). Alpin. Mouvement d'escalade dans une cheminée, effectué en appuyant sur les parois avant et arrière.

RAMONDA [Ramɔ̃da] n. m. ou **RAMONDIE** [Ramɔ̃di] n. f. — XIXᵉ; du nom de *Ramond* de Carbonnières, naturaliste français.

♦ Bot. Plante phanérogame angiosperme dicotylédone *(Gesneriacées)* originaire des Balkans et cultivée pour ses fleurs violet foncé.

RAMONER [Ramɔne] v. — 1531; «balayer avec un ramon», v. 1220; de *ramon*.

★ **I.** V. tr. ♦ **1.** Nettoyer en raclant de façon à débarrasser de la suie (les cheminées, les tuyaux). *Ramoner une cheminée avec un hérisson*.

1 *(La marmotte)* monte entre deux parois de rochers, entre deux murailles voisines, et c'est des marmottes, dit-on, que les Savoyards ont appris à grimper pour ramoner les cheminées. BUFFON, Hist. nat. des animaux, La marmotte.

Vulg. *Ramoner la cheminée* (d'une femme) ou, ellipt., *ramoner* (une femme), la pénétrer sexuellement.

♦ **2.** Ramoner, écurer une pipe (cit. 1). — (1881). Fam. *Se ramoner l'estomac* : se purger.

★ **II.** V. intr. (1886; cf. dans l'Ouest (Normandie) *ramoner* une terre, «cultiver [en côte]»). Alpin. Se hisser dans une cheminée* en poussant contre les parois. ⟹ **Ramonage.**

2 Il tâtonne, trouve des prises de plus en plus nombreuses, ramone et se hisse ainsi jusqu'à une petite grotte. R. FRISON-ROCHE, Premier de cordée, p. 200 (1941).

DÉR. Ramonage, ramoneur.

RAMONEUR [RamɔnœR] n. m. — 1530; *ramonneux*, v. 1520; de *ramoner*.

♦ **1.** Celui dont le métier est de ramoner les cheminées. *Racle, raclette de ramoneur. Les ramoneurs étaient traditionnellement de jeunes Savoyards allant de ville en ville, avec leur boîte à marmotte* et leur vielle.

Dans la rue, tandis que j'arrangeais cela, des ramoneurs savoyards passaient sous le ciel brumeux, avec leur plaintif appel qui s'entend chez nous à l'automne, comme le glas des beaux jours (...) LOTI, Figures et Choses..., «Vacances de Pâques».

♦ **2.** (xxᵉ). Techn. Appareil servant à nettoyer les tubes des chaudières à vapeur.

RAMPANT, ANTE [Rɑ̃pɑ̃, ɑ̃t] adj. et n. m. — 1115, au sens II., 1.; p. prés. de *ramper*.

★ **I.** ♦ **1.** (XIVᵉ). Vx. Qui grimpe (→ Ramper, étym.). — (XIVᵉ). Blason. *Animaux rampants*, figurés debout, pattes en avant comme s'ils grimpaient (opposé à *passant*). ⟹ **Effare.**

♦ **2.** (XVIIᵉ). Incliné, disposé en pente. *Arc rampant* : arc dont les naissances ne sont pas à la même hauteur (comme presque tous les arcs-boutants).

♦ **3.** N. m. (1568, *rangpan*). La partie montante inclinée. *Rampants d'un fronton, d'un pignon, d'un gable*, les deux côtés obliques du triangle. *Rampants curvilignes* : rampants ornés de crochets*. *Toit à deux rampants*, à deux versants.

★ **II.** ♦ **1.** Qui rampe (Ramper, II.). *Bête, animal rampant(e).* ⟹ **Reptile** (→ Anneau, cit. 11; aveugler, cit. 6). *Insecte rampant* (→ Graisser, cit. 3). Bot. *Plante rampante. Cucurbitacées rampantes. Le lierre* est rampant et grimpant. La tige rampante de la véronique officinale.* — Par ext. (Milit.). *Marche rampante* : progression au sol, sur les mains et les genoux.

Par métaphore. «*Ton ombre* (cit. 29), *cette forme de toi rampante...*» (Hugo).

1 Soudain à leurs regards une lueur rampante
En bleuâtres sillons sur la hauteur serpente (...) HUGO, Ballades, VIII.

♦ **2.** (1918). Par plais. (argot des aviateurs). *Personnel rampant,* qui ne vole pas, employé à l'aérodrome (opposé à *personnel navigant*). N. m. *Un rampant.*

1.1 Ces vieillards de quarante à cinquante ans, tous réservistes (...), maintenus pendant toute la guerre dans des fonctions de rampants, popotiers, scribes, chefs de bureau, en dépit des promesses de mise à l'entraînement aérien toujours renouvelées et jamais tenues. R. GARY, la Promesse de l'aube, p. 256.

♦ **3.** (1660). Fig. Qui est dans une position humble, une situation obscure (→ Arrogant, cit. 1, Bossuet). — Qui s'abaisse, fait preuve de bassesse (cit. 13), notamment par ses flatteries et ses complaisances envers les puissants. ⟹ **Abject, bas, flatteur, obséquieux, plat, servile, soumis, vil.** *Caractère rampant. Vie molle* (Mou, cit. 22), *rampante.* — (En parlant du style). *Quelque chose de plat, rampant et insipide* (cit. 7).

2 — Avec du caractère et de l'esprit, tu pourrais un jour t'avancer dans les bureaux.
— De l'esprit pour s'avancer? Monseigneur se rit du mien. Médiocre et rampant, et l'on arrive à tout. BEAUMARCHAIS, le Mariage de Figaro, III, 5.

RAMPE [Rɑ̃p] n. f. — 1584; de *ramper* «grimper».

A. ♦ **1.** Vx. ⟹ **Volée** (d'un escalier). Cf. La Fontaine, Ronsard, *in* Littré.

♦ **2.** Mod. Plan incliné servant de passage entre deux plans horizontaux. *Rampe conduisant d'un étage à un autre, d'une terrasse à une autre. Rampe menant à une levée* (cit. 1). *Rampe pour voitures dans un garage, rampe d'accès. Gravir, monter* (cit. 25) *une rampe* (→ Guidon, cit. 2).

1 Excepté la partie de Sancerre qui occupe le plateau, les rues sont plus ou moins en pente, et la ville est enveloppée de rampes, dites les Grands Remparts (...) BALZAC, la Muse du département, Pl., t. IV, p. 49.

2 Au fond, une rampe côtoyée de garde-fous en pierre ornés de boules surmontées de pointes menait à un jardin situé en contre-bas de la cour. Th. GAUTIER, le Capitaine Fracasse, I.

Loc. (1945). **RAMPE DE LANCEMENT** : plan incliné permettant le lancement d'avions catapultés, de fusées et de divers engins propulsés par fusées. *Rampes de lancement de fusées.*

Par métaphore. Ce qui sert à «lancer», à faire connaître, à faire réussir qqch.; terrain d'essai. «*Rennes a servi de rampe de lancement à l'emprunt Électricité de France*» (la Croix, 13 mai 1964, *in* P. Gilbert).

♦ **3.** (1875). Partie en pente d'un terrain, d'une route, d'une voie (⟹ **Déclivité, inclinaison, pente**). *La rampe d'une colline. Automobiliste abordant une rampe longue et sinueuse.* ⟹ **Côte, montée** (→ Corde, cit. 7). *Lacets permettant de réduire une rampe. Pourcentage d'une rampe.*

3 Après Harfleur, commença la grande rampe de trois lieues qui va jusqu'à Saint-Romain, la plus forte de toute la ligne. Aussi le mécanicien se remit-il à la manœuvre, très attentif, s'attendant à un fort coup de collier, pour monter cette côte, déjà rude par les beaux temps. ZOLA, la Bête humaine, VII.

♦ **4.** Techn. Élément incliné. *Rampe de graissage d'un moteur. Rampe de chargement.*

B. ♦ **1.** (1690). Balustrade à hauteur d'appui*, posée sur le limon d'un escalier pour empêcher de tomber et faciliter l'ascension ou la descente. ⟹ **Main** (courante). *Rampe de bois, de fer* (→ Escalier, cit. 4; étage, cit. 6). *Arcades, pilastres, arcs-rampants d'une rampe.* — (Mar.). *Corde tenant lieu de rampe,* dite «tire-veilles». *Escalier à rampe vermoulue* (→ Juchoir, cit. 1). *Serrer, étreindre la rampe* (→ Force, cit. 9; irrésolu, cit. 4). *S'accrocher* (cit. 9) *à la rampe. Se pencher sur la rampe* (→ Cordon, cit. 3; poisser, cit. 1).

4 Les rampes de ces petits escaliers, d'une propreté brillante, sont en fer coulé de Berzin, je crois, et étaient toute la richesse un peu bizarre du dessin allemand. STENDHAL, Romans et nouvelles, «Le rose et le vert», II.

4.1 Elle descendit l'escalier lentement, se tenant à la rampe, qui était un cordon passé dans des anneaux de cuivre. H. TROYAT, le Vivier, p. 122.

Loc. fig., fam. *Tenir bon la rampe* : tenir bon. — *Lâcher la rampe* : mourir (1875); abandonner la partie.

♦ **2.** (1821, d'abord *rampe* bordant effectivement la scène, afin de protéger les spectateurs contre une chute possible dans la fosse de l'orchestre). Rangée de lumières disposées au bord de la scène. *Les feux, la lumière de la rampe* (→ Frêle, cit. 9; magnésium, cit. 1; nue, cit. 4). *Allumer, baisser, lever la rampe. Rampe à gaz, électrique. Rampes et herses** (→ Éclairer, cit. 22).

5 Elle avait pour moi toutes les perfections (...) belle comme le jour aux feux de la rampe qui l'éclairait d'en bas, pâle comme la nuit, quand la rampe baissée la laissait reparaître en haut sous les rayons du lustre et la montrait plus naturelle, brillant dans l'ombre de sa seule beauté (...) NERVAL, les Filles du feu, «Sylvie», I.

6 Le public, celui qui paye, se fait sur ce qui se passe au delà de cette traînée, flamboyante, qu'on appelle la rampe, les idées les plus bizarres (...) Th. GAUTIER, Souvenirs de théâtre..., Gavarni, III.

7 Voilà pourquoi cette tâche hardie de Pygmalion, de Prométhée, je la crois réservée à ceux qui, délibérément, feront un fossé de la rampe, écarteront à neuf de la salle la scène, de la réalité la fiction, du spectateur l'acteur, et du manteau des mœurs le héros. GIDE, Nouveaux prétextes, p. 26.

8 L'enceinte lombarde du Kremlin détachait ses créneaux à deux cornes, ses guettes, ses tours, au bas de riantes casernes — triomphe des Nicolas sur les Ivans — ou sur les bulles d'or et les faïences vertes des clochers, éclairés en dessous comme un acteur par la rampe. Paul MORAND, l'Europe galante, p. 110.

Fig. *Passer la rampe* : produire de l'effet sur un public, un auditeur.

9 Mes interprètes servaient la pièce au mieux (...). Elle passait évidemment la rampe. MAURIAC, le Nouveau Bloc-notes 1958-1960, p. 205.

♦ **3.** (1889). Dispositif présentant une suite de sources lumineuses (pour l'éclairage des devantures, des façades...).

10 La rampe à gaz, simple ou double, suivant le cas est surmontée de plaques perforées, qui rendent aussi intime que possible le mélange du gaz et de l'air (...) L. FIGUIER, l'Année scientifique et industrielle 1890, p. 500 (1889).

Spécialt (aviat.). Alignement de projecteurs destinés à éclairer une piste. *Rampe de balisage* (→ Phare, cit. 3).

♦ **4.** (xxᵉ). Mécan. *Rampe de culbuteurs* : ensemble des culbuteurs* et de leur support dans un moteur d'automobile.

DÉR. Rampiste.

RAMPEAU [Rɑ̃po] n. m. — 1518; altér. probable de *rappel*.

♦ **1.** Vx. Partie de quilles jouée en un seul coup.

♦ **2.** (1560). Jeux. Second coup, dans une partie qui n'en comporte que deux ; coup joué à titre de revanche, quand on a perdu le coup précédent (cf. l'altération *rampot*, par croisement avec *pot*).

♦ **3.** (1904). *Faire rampeau* : faire le même nombre de points que l'adversaire, donc coup nul.

RAMPEMENT [ʀɑ̃pmɑ̃] n. m. — 1538 ; de *ramper*.

♦ **1.** Rare. Action de ramper. ⇒ **Reptation.**

1   Ayant aperçu une pierre dans l'allée, il se précipita pour la ramasser, atteignit la haie avec des prudences, des rampements de trappeur, et il lança la pierre dans notre jardin de toutes ses forces.
                    O. MIRBEAU, le Journal d'une femme de chambre, p. 94.
2   (...) les bruits se multiplièrent : il y eut, traînant sur le sol, des rampements de bêtes molles (...)   J.-M. G. LE CLÉZIO, le Déluge, XI, p. 223.

♦ **2.** Techn. Déplacement longitudinal des rails de chemin de fer, dû à des déformations élastiques.

RAMPER [ʀɑ̃pe] v. intr. — 1156, « grimper » ; *(h)rampon* « grimper avec des griffes » ; rad. germ. *(h)ramp* « chose crochue ».

★ **I.** Vx. Grimper. — Blason. Se dresser (⇒ **Rampant**).

★ **II.** ♦ **1.** (1487 ; en parlant des reptiles, des vers, des gastéropodes et de certains batraciens). Progresser par un mouvement de reptation*. *Serpent qui rampe* (→ Couleuvre, cit. 2 ; homme, cit. 62). *Mousses sur lesquelles rampent des limaces* (→ Lande, cit. 3).

1   Alors le Seigneur Dieu dit au serpent : Parce que tu as fait cela tu es maudit entre tous les animaux et toutes les bêtes de la terre ; tu ramperas sur le ventre, et tu mangeras la terre tous les jours de ta vie.   BIBLE (SACY), Genèse, III, 14.

Par ext. (En parlant d'animaux, de l'homme). Progresser lentement le ventre au sol, les membres repliés. ⇒ **Traîner** (se). *Fauve qui rampe en approchant de sa proie. L'enfant rampe avant de marcher* (→ Homme, cit. 147 ; mioche, cit. 2). *Fantassin qui sort de la tranchée en rampant* (→ Patrouille, cit. 5), *à plat* (cit. 8) *ventre. Ramper vers un trou* (→ Abattre, cit. 18).

2   C'était un beau sujet de guerre
     Qu'un logis où lui-même il n'entrait qu'en rampant !
                    LA FONTAINE, Fables, VII, 16.
3   Elle *(Cosette)* sortit de dessous la table en rampant sur ses genoux et sur ses mains (...)   HUGO, les Misérables, II, III, VIII.
4   La panthère aux aguets rampe en arquant le dos (...)
                    LECONTE DE LISLE, Poèmes barbares, « Les Jungles ».

♦ **2.** (Fin XVIe). Ce sens conserve la valeur ancienne de « grimper » (→ ci-dessus, sens 1) mais ce rapport n'est plus ressenti. Se dit de plantes dont les rameaux se couchent, dont les tiges se développent au sol, ou qui s'étendent sur une surface, sur un support, en s'accrochant par des crampons ou des vrilles. *Vigne rampant le long d'un faîtage* (cit. 1). *Le lierre rampe contre les murs.*

♦ **3.** Par métaphore. *Le brouillard, les brumes rampent sur la terre* (→ Coller, cit. 11 ; crête, cit. 5). *Le feu, la flamme rampe sous la brande* (cit. 2). *Lumière rampant sur les parois* (→ Catacombe, cit. 1). *La paralysie* (cit. 2) *rampait le long de ses membres.*

Fig. ⇒ **Glisser** (se). *La calomnie* (cit. 5), *bruit qui rampe, chemine...* (→ aussi Glisser, cit. 47).

4.1   Mais nous, Thérèse, nous que cette Providence barbare, dont tu as la folie de faire ton idole, a condamnés à ramper dans l'herbe (...)   SADE, Justine..., t. I, p. 37.
5   La conscience, ainsi qu'un voleur qui s'évade,
     Retient son souffle, rampe et tremble (...)   HUGO, les Années funestes, XL.
6   (...) les inquiétudes noires commencèrent de ramper au fond de son être (...)
                    M. BARRÈS, Un jardin sur l'Oronte, X.

♦ **4.** (1680 ; avec une acception morale). Sujet n. de personne. Être dans une situation humble, basse, obscure (→ Héroïque, cit. 10). S'abaisser, être rampant*. ⇒ **Courbette** (faire des), **flatter.** *Ramper vilement devant des supérieurs* (→ Élever, cit. 65 ; et aussi se mettre à plat, cit. 7) *ventre*). — (1569). Manquer d'élévation, être incapable de s'élever. *L'homme ne peut que ramper, si la religion ne le soulève* (→ Mysticisme, cit. 3).

7   Quel style épistolaire ! qu'il est guindé ! que d'exclamations ! que d'apprêts ! quelle emphase pour ne dire que des choses communes ! quels grands mots pour de petits raisonnements ! Rarement du sens, de la justesse ; jamais ni finesse, ni force, ni profondeur. Une diction toujours dans les nues, et des pensées qui rampent toujours.   ROUSSEAU, Julie ou la Nouvelle Héloïse, Avertissement (2e édition).
8   Toutes les nations rampent sous son talon.
                    HUGO, la Légende des siècles, VI. « Les trois cents », I.

CONTR. Culminer. — (Du sens fig.) Braver.
DÉR. Rampe. — Rampant, rampement.

RAMPIN [ʀɑ̃pɛ̃] adj. et n. m. — 1664 ; de *ramper*, sur le modèle de *clopin*.

♦ Techn. (hippol.). *Cheval* rampin*, qui marche sur la pince* (sans appuyer le talon). ⇒ **Pinçard.** *Pied rampin*, à l'aplomb défectueux, chez le cheval. — N. m. Par métonymie. Fer destiné à parer aux inconvénients de cette anomalie. *Clouer un rampin.*

RAMPISTE [ʀɑ̃pist] n. m. — 1836 ; de *rampe*.

♦ Techn. Menuisier ou serrurier qui fait des rampes d'escalier.

RAMPONNEAU [ʀɑ̃pɔno] n. m. — 1835 ; de *à la Rampónneau*, qualifiant divers objets gros et courts ; du nom de *Ramponeau*, cabaretier de la Courtille, qui « vendait en 1760 de très mauvais vin à très bon marché » (Voltaire), populaire pour sa jovialité et sa corpulence ; on a écrit aussi *ramponeau*.

★ **I.** ♦ **1.** Vx. Jouet d'enfant représentant un petit personnage équilibré par gravité. ⇒ **Poussah.**

♦ **2.** Techn. Petit couteau. — Petit marteau à garnir de tapissier dont une extrémité permet d'arracher les clous.

★ **II.** (1932). Fam. et mod. Bourrade, coup. *Donner un ramponneau à quelqu'un.*

Bérurier, qui commence à se dessoûler, met un ramponneau express au plexus de Minivier qui se casse en trois. Le Gros est très farceur. Dès qu'il voit un inculpé, il faut qu'il le chahute un brin pour s'entretenir la pogne.
                    SAN-ANTONIO, le Secret de Polichinelle, p. 183.

RAMPONNER [ʀɑ̃pɔne] v. tr. — V. 1138, *ramponer* ; altér. de l'anc. franç. *ramprosner*, de *re-, an-* (*am-*), et *prosne*. → Prône.

♦ Vx (encore chez Chateaubriand). Railler, se moquer de (qqn).

RAMS [ʀams] n. m. — 1875 ; *rhams*, 1842, in D.D.L. ; de *ramas*.

♦ Jeu de cartes, qui se joue avec trente-deux cartes, à trois, quatre ou cinq joueurs, le gagnant étant celui qui se débarrasse le premier de ses cinq jetons en faisant cinq levées (celui qui n'en fait aucune en un coup recevant cinq jetons supplémentaires).
DÉR. Ramser.

RAMSER [ʀamse] v. intr. — 1877 ; de *rams*.

♦ Vx. Jouer au rams*.

RAMULE [ʀamyl] n. f. — 1875 ; lat. *ramulus*, de *ramus* « rameau ».
Botanique.

♦ **1.** Tige foliacée (des asperges et des fragons).

♦ **2.** Ramille (2.).

RAMURE [ʀamyʀ] n. f. — 1307 ; *rameure*, XIIIe ; de 2. *rame*.

♦ **1.** Ensemble des branches et rameaux (d'un arbre). ⇒ **Branchage, feuillage, frondaison, ramée** (littér.). *Des arbres séculaires aux ramures gigantesques* (→ Côte, cit. 8). *Ramure nue* (→ Bourgeon, cit. 2), *pesante de fruit* (→ Fléchir, cit. 14).

1   Les abords du village abondaient en rangées de grands arbres calmes, qu'on longeait et, de temps en temps, les vastes ramures, sous l'action de la brise, se décidaient à quelque lent geste majestueux.   H. BARBUSSE, le Feu, I, X.
2   Douce aux ramiers, douce aux amants,
     Toi de qui la ramure
     Nous charmait d'ombre et de murmure,
     Et de roucoulements   P.-J. TOULET, Contrerimes, XLVI.

♦ **2.** (1524). Vén. Ensemble du bois* des cervidés (→ 1. Cor, cit. 1). ⇒ **Andouiller, corne, merrain.**

3   Le cerf, sur une dernière lancée, échouait dans un autre fourré où sa ramure disparut.   M. GENEVOIX, Forêt voisine, XII.
Blason. Bois d'un ruminant, qui peut figurer isolément sur un écu.

RAMUSCULE [ʀamyskyl] n. m. — 1819 ; lat. *ramusculus*, dimin. de *ramus* « rameau ».

♦ Didact. Très petit rameau.

RAN [ʀɑ̃] n. m. — 1873, Daudet ; onomatopée. → Rataplan.

♦ Rare. Bruit de fusillade.

RANALES [ʀanal] n. f. pl. — Mil. XXe ; dér. sav. du lat. *rana* « grenouille ».

♦ Bot. Groupe important de plantes dicotylédones appelées aussi *polycarpiques*, et comprenant des espèces à structure peu fixée mais toujours spiralée. *Principales familles de ranales* : magnoliacées, lauracées, renonculacées, nymphéacées. — Au sing. *Une ranale.*

RANATRE [ʀanatʀ] n. f. — 1803 ; dér. sav. de *rana* « grenouille ».

♦ Zool. Insecte hémiptère (ou Rhynchote), hétéroptère *(Nepidés),* voisin de la nèpe*, de forme grêle et allongée. *La ranatre vit dans les mares, on l'appelle communément « punaise d'eau ».*

1. RANCARD ou **RANCART** [ʀɑ̃kaʀ] n. m. — 1889 ; orig. incert., p.-ê. de 1. *rancart.*

♦ Argot. Renseignement confidentiel. ⇒ 2. **Rambour,** 1.
Victor, j'ai fait, je viens aux rancarts sur ce qui s'est passé cette nuit dans ta cabane (...) Ça sortira pas d'entre nous.
              Albert SIMONIN, Touchez pas au grisbi, p. 82.
REM. On écrit aussi *rencard.*
DÉR. 1. Rancarder.
HOM. 2. Rancard ou rancart, 1. rancart ou rencart.

2. RANCARD ou **RANCART** [ʀɑ̃kaʀ] n. m. — 1898 ; orig. incert., mais infl. de *rendez-vous* ou *rencontre.*

♦ Fam. Rendez-vous. ⇒ 2. **Rambour,** 2. *Donner, filer un rancard à qqn.* ⇒ 2. **Rancarder.**

1 Le jeune homme eut beau (...) dire qu'il ne blairait pas les flics et pousser l'audace jusqu'à dire au baron : « Fous-moi un rancart » (un rendez-vous), le charme était dissipé. On sentait le chiqué, comme dans les livres des auteurs qui s'efforcent pour parler argot.   PROUST, À la recherche du temps perdu, t. XIV, p. 161.

2 (...) vous n'êtes pas comme eux. Ainsi, vous ne m'avez pas encore proposé un rancard.
— Je vous attends à la sortie ? demanda Pierrot.
          R. QUENEAU, Pierrot mon ami, éd. L. de Poche, p. 22.

3 Donne-moi rancart, où ça t'arrange, quand tu voudras. Je n'ai rien d'autre à faire : venir à ton appel, être là, exacte, pour toi.   A. SARRAZIN, l'Astragale, p. 162.
REM. On écrit parfois *rencard* et *rencart.*
DÉR. 2. Rancarder.
HOM. 1. Rancard ou rancart, 1. rancart ou rencart.

1. RANCARDER [ʀɑ̃kaʀde] v. tr. — 1899 ; de 1. *rancard.*

♦ Argot. Renseigner. — (1901). Pron. *Se rancarder.*
1 Quand j'avais encore des années à tirer, mais aussi toutes mes illusions, j'avais essayé ; oh oui, Maître, pour ces études-là, je m'étais rancardée, je vous assure ! On m'a répondu qu'il y avait des Travaux Pratiques, avec présence obligatoire en Faculté : on ne voulut pas m'envoyer à la Fac entre deux flics (...)
          A. SARRAZIN, la Cavale, p. 386.
Au participe passé :
2 ANTOINE. Pourquoi tu te défends tellement ?... Ici où là, c'est du pareil au même ... Allez, va, je suis rancardé ... parle.
     H.-G. CLOUZOT et J. FERRY, Quai des orfèvres, in l'Avant-Scène, nº 29, p. 54.
REM. On écrit parfois *rencarder.*
HOM. 2. Rancarder.

2. RANCARDER [ʀɑ̃kaʀde] v. tr. — 1901 ; de 2. *rancard.*

♦ Fam. Donner un rendez-vous à. *Rancarder des copains.* — Pronominal :
Ce n'est pas là qu'on se rancarde jeudi (...)   ARAGON, Aurélien, I, p. 259.
HOM. 1. Rancarder.

1. RANCART ou **RENCART** [ʀɑ̃kaʀ] n. m. — 1755, Vadé ; du v. *rencarter,* altér. de *récarter* « écarter (les cartes) » (1821), ou à rapprocher de comp. de *carre, quarre* « coin » comme le dial. *rancarouner* « se blottir » (P. Guiraud).

♦ Loc. fam. *Mettre* ou *jeter au rancart* : abandonner, se débarrasser, se défaire* (d'une chose inutile ou inutilisable*). *Un vieux cheval boiteux, bon à mettre au rancart.* ⇒ **Rebut.** — Fig. *Mise au rancart d'un projet.* ⇒ **Abandon.**
Le chanteur macabre était oublié, mis au rancart.
           Léon BLOY, la Femme pauvre, II, XXX.
HOM. 1. Rancard, 2. rancard.

2. RANCART [ʀɑ̃kaʀ] n. m. ⇒ 1. **Rancard** et 2. **rancard.**

1. RANCE [ʀɑ̃s] adj. et n. m. — 1552 ; subst., 1373 ; « perdu (moralement) », 980 ; lat. *rancidus.*

★ **I.** Adj. ♦ **1.** Se dit d'un corps gras qui a pris une odeur forte et un goût âcre, dus au développement d'acides au contact de l'air. ⇒ **Rancissement.** *Beurre*, huile, lard rance* (→ Incruster, cit. 10 ; marché, cit. 26). *Vieille graisse rance et puante.* ⇒ **Gâté.** — Par ext. *Odeur, goût rance.*
(...) tous les plats étaient empestés avec de l'huile rance (...) Nous avons essayé de laver les viandes avec de l'eau chaude, et de les manger ensuite dans vinaigrette ; mais il a été impossible de leur ôter l'exécrable odeur de l'huile rance.
         STENDHAL, Mémoires d'un touriste, t. II, p. 354.

♦ **2.** (XVᵉ). Fig. et vieilli. Vieux et gâté. « *Monde poussiéreux* (cit. 2), *rance, moisi, fétide...* » (Gautier). — REM. Pour les choses abstraites, on dit plutôt *ranci.*

★ **II.** N. m. (1180). Odeur, goût caractéristique d'un corps gras rance. *Pièce qui sent le renfermé, le moisi* (cit. 6), *le rance.*
CONTR. Frais.
DÉR. Rancir. — V. aussi **Rancœur.**
HOM. 2. Rance, 3. rance.

2. RANCE [ʀɑ̃s] n. f. — 1836 ; « étai d'une ridelle », 1557 ; forme normande de *ranche.*
Mar. Régional (Normandie).

♦ **1.** Pièce de bois servant de support à des fûts, à des objets pesants, sur un navire. ⇒ **Chantier.**

♦ **2.** Pièce de bois que l'on appliquait à angle droit sur les bordages d'un vieux navire en bois, pour le consolider.
DÉR. Rancer.
HOM. 1. Rance, 3. rance.

3. RANCE [ʀɑ̃s] n. m. — 1755 ; nom d'une commune de Belgique.

♦ Techn. (Vx). Marbre blanc et brun veiné de gris et de bleu.
HOM. 1. Rance, 2. rance.

RANCER [ʀɑ̃se] v. tr. — Conjug. *placer.* — 1838 ; de 2. *rance.*

♦ Mar. Régional (Normandie). Renforcer avec des rances*. — Au p. p. *Navire rancé.*

RANCESCIBLE [ʀɑ̃sesibl ; ʀɑ̃sɛsibl] adj. — 1801 ; du lat. *rancescere* « rancir ».

♦ Techn. Susceptible de rancir. *Huîtres rancescibles.*

RANCETTE [ʀɑ̃sɛt] n. f. — 1869 ; var. de *rangette.*

♦ ⇒ 1. **Rangette.**

RANCH [ʀɑ̃tʃ] n. m. — 1862 ; mot anglo-amér., « hutte, cabane... », de l'esp. d'Amérique latine *rancho* « cabane », esp. *rancho* « cantine, repas en commun ».

★ **I.** (Aux États-Unis.) ♦ **1.** Rare. Bâtiment isolé dans un lieu désert ; hutte de pionnier.

♦ **2.** (1872). Cour. Ferme de la prairie ; exploitation d'élevage qui en dépend. *Exploitant d'un ranch.* ⇒ 2. **Rancher.** *Des ranchs ou des ranches. Les cow-boys d'un ranch* (⇒ **Rancho**).
1 Il neige par là-bas vers l'Ouest, sur les silos et sur les ranchs et sur les vastes plaines sans histoire enjambées de pylônes (...)
        SAINT-JOHN PERSE, Exil, Neiges, II.
2 Au confluent des deux rivières on élève des terrassements et le ranch s'édifie. Des arbres à peine équarris, des planches de six pouces d'épaisseur entrent dans sa construction. Tout est solide, grand, vaste, conçu pour l'avenir. Les bâtiments s'alignent, granges, magasins, réserves.   B. CENDRARS, l'Or, p. 92.

♦ **3.** Résidence campagnarde plus ou moins luxueuse aménagée à la manière d'un ranch (au sens précédent), et à laquelle est annexée ou non une exploitation d'élevage gérée par un employé du propriétaire. *La célèbre actrice a donné une fastueuse réception dans son ranch californien.*

★ **II.** En France, Centre d'équitation dont l'aménagement, le décor, etc. évoquent un ranch (I., 2.) américain. *Elle suit un stage de dressage dans un ranch de l'Ardèche.*

RANCHE [ʀɑ̃ʃ] n. f. — 1411 ; « étai qui supporte la ridelle d'une charrette » ; *renche,* 1363 ; probablt du francique **hrumka.*

♦ Régional. Échelon d'un rancher.
DÉR. 1. Rancher. — V. 2. Rance.

1. RANCHER [ʀɑ̃ʃe] n. m. — 1690 ; *ranchier,* 1400 ; de *ranche.*

♦ Régional. Échelle dont les échelons (ranches*) sont disposés perpendiculairement de part et d'autre d'un montant central. ⇒ **Échelier, échelle.**

2. RANCHER [ʀɑ̃tʃœʀ ; ʀɑ̃tʃɛʀ] n. m. — 1896, in Höfler ; → *Ranchero,* de *rancho,* 1907 ; mot angl., de *ranch.*

♦ Fermier d'un ranch* (⇒ **Ranchero**). *Les ranchers de l'Ouest américain.* — On a dit aussi *ranchman* (1884).

RANCHERO [ʀɑ̃tʃeʀo] n. m. — 1907 ; mot esp., « fermier », de *rancho.*

♦ Fermier d'un rancho* (⇒ **Rancher**), en Amérique latine.

RANCHO [Rãtʃo] n. m. — 1822 ; mot esp., «cantine, repas en commun», puis, en Amérique latine, «cabane».

♦ Ferme, exploitation d'élevage, en Amérique latine (rarement, dans le Sud des États-Unis).

Autour du lac, la campagne était admirablement cultivée, car les Mormons s'entendent aux travaux de la terre : des ranchos et des corrals pour les animaux domestiques, des champs de blé, de maïs, de sorgho, des prairies luxuriantes, partout des haies de rosiers sauvages, des bouquets d'acacias et d'euphorbes (...)
J. VERNE, le Tour du monde en 80 jours, 1873, p. 240.

RANCI, IE [Rãsi] adj. et n. m. — 1539 ; → Rancir.

♦ **1.** Devenu rance. *Du beurre ranci.* — N. m. *Sentir le ranci.*

Et ce parfum (...) dont je m'enivrais (...) hélas ! il est remplacé par une fétide odeur de tabac mêlée à je ne sais quelle nauséabonde moisissure. On respire ici maintenant le ranci de la désolation.   BAUDELAIRE, le Spleen de Paris, V.

♦ **2.** (1867). Fig. *Un vieux célibataire ranci. Une vieille fille rancie* (⟹ **Rancir**).

RANCIDITÉ [Rãsidite] n. f. — 1538 ; de *rancir.*

♦ **1.** Didact. État de ce qui est rance*. ⟹ **Rancissement, rancissure.**

♦ **2.** Techn. (peint.). Tache produite par l'huile.

RANCIO [Rãsjo] n. m. — Fin XVIIᵉ, Saint-Simon ; esp. *rancio* «rance», lat. *rancidus*, à cause du vieillissement du vin.

♦ **1.** Vin de liqueur qu'on a laissé vieillir et qui est devenu doux et doré. *Un rancio renommé.*

(...) les deux servantes nous ont apporté (...) d'excellent vin vieux nommé *rancio.*
STENDHAL, Mémoires d'un touriste, t. II, p. 355.

♦ **2.** (1869). Goût adouci que prend une eau-de-vie très vieille.

RANCIR [Rãsir] v. intr. — 1636 ; v. pron., 1538, au sens 1. ; de 1. *rance.*

♦ **1.** Devenir rance. *Ce beurre a ranci en peu de temps.* — Pron. *Se rancir.*

1 À la longue (...) le meilleur lard rancit.   HUGO, Notre-Dame de Paris, I, IV, V.

♦ **2.** Techn. S'altérer en jaunissant, en parlant d'une peinture à l'huile. ⟹ **Rancidité** (2.).

♦ **3.** Fig. Vieillir en s'altérant, en s'aigrissant. — (1801). Pronominal :
2 Ne laissez pas vos idées se rancir en province (...)
BALZAC, Illusions perdues, Pl., t. IV, p. 587.

▶ **RANCI, IE** p. p. adj.
⟹ **Rancir.**
DÉR. Rancidité, rancissement, rancissure.

RANCISSEMENT [Rãsismã] n. m. — 1877 ; de *rancir.*

♦ **1.** Didact. Le fait de rancir. *Le rancissement est une oxydation des corps gras par l'oxygène de l'air, qui donne des peroxydes, lesquels se transforment en un grand nombre de produits, notamment des acides. Un rancissement rapide.* — Résultat de ce processus. ⟹ **Rancidité, rancissure.**

♦ **2.** Littér. fig. Le fait de rancir.

RANCISSURE [Rãsisyr] n. f. — 1538 ; de *rancir.*

♦ *(La rancissure).* État de ce qui est rance.*

(Une, des rancissures). Partie rance de qqch. *Les rancissures d'un produit.* ⟹ **Rancidité.**

RANCŒUR [Rãkœr] n. f. — V. 1460 ; *rancor,* 1190 ; *rancuer* XIVᵉ ; bas lat. *rancor, oris* «rancidité», lat. ecclés. «rancune» ; *rancœur* sous l'infl. de *cœur.*

♦ Ressentiment intense, amertume ressentie après une désillusion, une injustice subie, etc. ⟹ **Aigreur, amertume, dépit, rancune, ressentiment.** *Une âpre rancœur* (→ Frigide, cit. 5). *Avoir de la rancœur pour, contre qqn. «Pour te conserver de tant de rancœur de m'avoir trompé »* ⟹ Enfieller, cit. 1, Gautier). *Oublier sa rancœur. Avoir une, des rancœurs contre quelqu'un.*

1 (...) elle éprouvait une si poignante mélancolie, tant de rancœur contre elle savait quoi, tant d'espérance sans but, qu'elle leva la tête vers le ciel constellé, et souhaita, pendant quelques secondes, de mourir avant d'avoir essayé de vivre.
MARTIN DU GARD, les Thibault, t. II, p. 210.

2 Toute la sale marée de ses rancœurs refluait en lui avec ce matin sombre.
F. MAURIAC, Génitrix, XVI.

3 L'aile noire de la défaite de 1871 traîne encore dans les alcôves et sur les chemi-

nées de marbre blanc. Quarante années de piétinements, de rancœurs et d'affronts ravalés (...)   ARAGON, les Beaux quartiers, I, XXVII.

CONTR. **Pardon.**

RANÇON [Rãsõ] n. f. — V. 1360 ; *raençon,* 1130 ; *raançon,* 1155 ; *reanson,* 1250 ; du lat. *redemptio, onis* «rachat».

♦ **1.** Somme d'argent, prix que l'on exige pour délivrer une personne qu'on tient captive (→ Besant, cit. 2). *Captif prisonnier qui achète, rachète sa liberté au moyen d'une rançon* (⟹ **Délivrance, rachat**). *Payer une rançon. Exiger une rançon après avoir ravi, enlevé un enfant* (⟹ **Kidnapper**). — Loc fig. et fam. *C'est une rançon de roi (la rançon d'un roi) que vous me demandez là !,* un prix beaucoup trop élevé.

Loc. littér. *Mettre des voyageurs à rançon.* ⟹ **Rançonner.**

Par métaphore :

1 C'est ainsi que le Fils de l'homme n'est pas venu pour être servi, mais pour servir et donner sa vie en rançon pour une multitude.
BIBLE (Jérusalem), Évangile selon saint Matthieu XX, 28.
REM. La traduction de SACY, au XVIIᵉ siècle, porte *rédemption.*

♦ **2.** (1723). Fig. *La rançon de :* inconvénient que comporte (un agrément), mal qui résulte (d'une situation heureuse), difficulté qui accompagne (un avantage). ⟹ **Envers** (→ Abus, cit. 4). *C'est la rançon de la jeunesse, de la beauté. La rançon d'une enfance trop studieuse* (→ Impunément, cit. 8). *La rançon de la gloire, de la célébrité.* — *La rançon du plaisir, du péché...* ⟹ **Expiation.**

2 (...) dans les corps fortement constitués, où d'ailleurs, la rigueur des préjugés n'est que la rançon de la plus belle intégrité, des idées morales les plus élevées (...)
PROUST, À la recherche du temps perdu, t. VIII, p. 96.

DÉR. **Rançonner.**

RANÇONNEMENT [Rãsɔnmã] n. m. — 1690 ; *renchonnement* «pillerie, rapine», XIVᵉ ; de *rançonner.*
Vieilli.

♦ **1.** Le fait de rançonner. *Le rançonnement d'un prisonnier. Le rançonnement des voyageurs par les brigands* (⟹ **Brigandage**). — Par ext. ⟹ **Racket.**

♦ **2.** (1690). Fig. Exaction de qqn qui rançonne (3.).

RANÇONNER [Rãsɔne] v. tr. — XIVᵉ ; *ranssonner,* 1260 ; de *rançon.*

♦ **1.** Proposer de relâcher (qqn) contre une rançon. *Le Prince Noir rançonna Du Guesclin. Les corsaires pillaient ou rançonnaient les vaisseaux marchands.* — **Gangsters** (cit. 1) *qui enlèvent et rançonnent les enfants.* ⟹ **Kidnapper.** *Un gang rançonnait tous les cafés de la ville* (⟹ **Racket**).

♦ **2.** (1636). Faire payer (qqn) par la force, exiger de (qqn) une contribution qui n'est pas due. *Des brigands rançonnaient les voyageurs. Les seigneurs qui rançonnaient et pillaient les paysans* (→ Écorcheur, cit. 1).

REM. *Rançonner,* comme *rançonneur* est de l'usage soutenu, surtout écrit ; ces mots remplaceraient avantageusement les anglicismes du type *kidnapper, racketteur,* etc.

♦ **3.** Fig. Vieilli ou littér. Exiger de (qqn) plus qu'il n'est dû ; faire payer à (qqn) beaucoup trop. ⟹ **Exploiter.** *Rançonner les clients :* vendre à des prix exagérés. ⟹ **Voler** (fig.). *Rançonner les contribuables.* ⟹ **Saigner.**

DÉR. **Rançonnement, rançonneur.**

RANÇONNEUR, EUSE [Rãsɔnœr, øz] n. — 1409 ; de *rançonner.*
Rare.

♦ **1.** Personne qui rançonne ; brigand, voleur qui rançonne (2.).

♦ **2.** (V. 1534). Personne, groupe... qui rançonne (3.), exploite. ⟹ **Exploiteur.**

RANCUNE [Rãkyn] n. f. — 1080, *Chanson de Roland,* «colère soutenue», altér. de l'anc. franç. *rancure ;* lat. pop. *rancura,* de *rancor* (→ Rancœur), sous l'infl. de *cura* «souci».

♦ Souvenir vif et tenace que l'on garde d'une offense, d'un mal, avec de l'hostilité et un désir de vengeance* *(la rancune) ;* disposition ou état d'âme de celui qui garde un tel ressentiment *(une, des rancunes).* ⟹ **Aigreur, animosité** (cit. 8), **rancœur, ressentiment ; haine, hostilité, malveillance.** *La rancune d'un ennemi. Avoir, garder de la rancune contre qqn.* ⟹ **Dent** (fig.). → En vouloir* à..., et, fam., en avoir gros sur la patate*. *Garder rancune à qqn* (→ Marri, cit. 1). *Le cœur gros* (cit. 9) *de rancune. «Léger d'argent* (cit. 32) *et chargé de rancune »* (La Fontaine). *Marquer de la rancune.* ⟹ **Humeur** (mauvaise humeur) → Bouder, cit. 5. — *Mouvement* (→ Déserter, cit. 4), *sursaut de rancune* (→ Évocation, cit. 9). — *Par rancune ou par dépit* (→ Dénigrement, cit. 3). *L'envie et la rancune qui couvaient* (→ Incubation, cit. 3). — *Entretenir*

(→ Empoisonner, cit. 18), *nourrir des rancunes* (→ Entêter, cit. 9). *Rancune que le temps fortifie* (cit. 12). *Une rancune qui s'aggravait* (cit. 8) *de méfiance. L'amour-propre engendre la rancune* (→ Envenimer, cit. 5). — *Mettez bas* (cit. 70) *toute rancune. Désarmer* (cit. 6) *la rancune de qqn. Les rancunes s'envolèrent* (cit. 8). *Leur rancune se fondit comme neige au soleil* (→ Étreindre, cit. 10). *Faire qqch. sans rancune* (→ 2. Moyen, cit. 14), *sans nulle rancune* (→ ci-dessous, *sans rancune!*). *Rancune féroce* (→ Incarner, cit. 7), *meurtrière* (cit. 12). *Les rancunes privées ou publiques* (→ Malfaiteur, cit. 2).

1   Jacques la prit par le milieu du corps, et l'embrassa fortement ; sa rancune n'avait jamais tenu contre du bon vin et une belle femme (...)
                 DIDEROT, Jacques le fataliste, Pl., p. 602.

2   Ignominieusement chassé, le régisseur garda contre son maître une de ces rancunes qui sont un élément de l'existence en province, et dont la durée, la persistance, les trames, étonneraient les diplomates habitués à ne s'étonner de rien.
                 BALZAC, les Paysans, Pl., t. VIII, p. 102.

3   Valentin, qui de son naturel n'était pas gardeur de rancune, et chez qui le ressentiment passait aussi vite qu'il venait, voulut mettre la conversation sur un ton enjoué, et commença à plaisanter la marquise sur son bal supposé.
                 A. DE MUSSET, Nouvelles, « Deux maîtresses », X.

4   (...) je ne connais point la rancune, et si je me venge en paroles, c'est que je suis soulagée en disant tout de suite ce qui me vient au bout de la langue (...)
                 G. SAND, la Petite Fadette, XVIII.

5   Les coups de pied de mule ne sont pas aussi foudroyants d'ordinaire ; mais celle-ci était une mule papale ; et puis, pensez donc ! elle le lui gardait depuis sept ans (...) Il n'y a pas de plus bel exemple de rancune ecclésiastique.
                 Alphonse DAUDET, Lettres de mon moulin, « Mule du pape ».

6   Est-il possible, pendant près d'un demi-siècle, de n'observer qu'un seul côté de la créature qui partage notre vie ? Se pourrait-il que nous fassions, par habitude, le tri des paroles et de ses gestes, ne retenant que ce qui nourrit nos griefs et entretient nos rancunes ?   F. MAURIAC, le Nœud de vipères, II, XIII.

Loc. (Vx : *point de rancune*, 1690). *Sans rancune!*, formule qui scelle une réconciliation. *Allez, au revoir, et sans rancune!*

CONTR. **Amitié, amour. — Oubli, pardon.**
DÉR. **Rancuneux, rancunier.**

RANCUNEUX, EUSE [Rãkynφ, φz] adj. — 1160 ; de rancune.

♦ Vieilli, littér. ou régional (Belgique, Canada). Qui a de la rancune, est plein de rancune. ⇒ **Rancunier.** *Femme rancuneuse.* Par ext. *« Elle n'avait pas (...) l'air étonné ni rancuneux »* (Sartre, *l'Âge de raison*, p. 173).

1   (...) toutes les joies que vous leur avez refusées, tous les tourments que vous leur avez infligés pèsent comme du plomb sur leurs petites âmes rancuneuses et désolées.   SARTRE, les Mouches, II, I, II.

2   Isolés de la ville la plus proche par dix kilomètres, ils n'étaient pas très hardis au milieu des paysans rancuneux.   Geneviève DORMANN, le Chemin des dames, p. 61.

CONTR. **Indulgent, oublieux.**

RANCUNIER, IÈRE [Rãkynje, jɛR] adj. — 1718 ; de rancune.

♦ Qui a facilement de la rancune, qui garde sa rancune. ⇒ **Rancuneux, vindicatif.** *« D'autant plus rancunier que les torts sont anciens »* (→ Merci, cit. 2, Leconte de Lisle). *Un dieu trop rancunier* (→ Manquer, cit. 75).

1   C'est à cette heureuse disposition, je le sens, que je dois de n'avoir jamais connu cette humeur rancunière qui fermente dans un cœur vindicatif, par le souvenir continuel des offenses reçues, et qui le tourmente lui-même de tout le mal qu'il voudrait faire à son ennemi.   ROUSSEAU, les Confessions, XI.

2   — Jeanne, ma mignonne, lui dit-il, ne soyez pas rancunière, et donnez-moi la main.
                 BALZAC, l'Enfant maudit, Pl., t. IX, p. 688.

Par ext. *Caractère rancunier. Pensées rancunières.*

3   Il lui sourit ; mais l'enfant, croyant qu'il se moquait, détourna la tête, et, crispant ses sourcils, lui jeta un coup d'œil furtif et rancunier.
                 MARTIN DU GARD, les Thibault, t. IX, p. 31.

N. *Un rancunier, une rancunière.*

CONTR. **Indulgent, oublieux.**

RAND [Rãd] n. m. — 1964 ; mot angl., « bord, marge », p.-ê. du sens géogr. local, par ex. *dans Witwatersrand.*

♦ Monnaie de la République d'Afrique du Sud.

RANDOMISATION [Rãdɔmizasjɔ̃] n. f. — xxᵉ (1957, Piéron) ; de l'angl. *randomization*, de *at random* « au hasard » ; de même orig. que l'anc. franç. *randon.* → Randonnée.

♦ Anglic. Didact. (statistique). Tirage au hasard d'échantillons dans une population donnée, employé pour définir la répartition des éléments caractéristiques de celle-ci, ou pour prélever un certain nombre d'unités à des fins d'études comparatives.

REM. 1. On emploie aussi le v. (1963) *randomiser* : *«...un essai contrôlé randomisé... »* (la Recherche, oct. 1981, p. 1173).

2. On a proposé *randoniser, randonisation,* en se référant à l'anc. franç. *randon,* pour franciser ces anglicismes : *«randoniser une collection d'objets»* (la Recherche, févr. 1978, p. 8).

RANDONNÉE [Rãdɔne] n. f. — xiiᵉ ; du v. *randonner* (xiiᵉ) tiré des expressions *à randon, de randon* «avec impétuosité, violence» (*randon* au sens de «mouvement impétueux» est encore chez La Fontaine) ; de l'anc. franç. *randir* «courir avec impétuosité» (→ Randonner), du francique *rant (Wartburg) ou d'un comp. en re-, de l'anc. franç. *ander,* du bas lat. *ambitare* «courir» (Guiraud).

♦ **1.** Vx. Course rapide. — (1574, Jodelle). Vén. Circuit, tour que fait la bête autour de l'endroit où elle a été lancée. *La randonnée de lièvre.*

♦ **2.** (1798 ; répandue fin xixᵉ). Promenade longue et ininterrompue. ⇒ **Errance, excursion, promenade.** *D'exténuantes randonnées* (→ Oued, cit. 1). *Randonnée à bicyclette, en automobile.* ⇒ **Circuit.** *Randonnée à pied.* ⇒ **Marche.** *Sentier de grande randonnée.*

Parfois, la nuit tombait, mais elle n'arrêtait personne : on avait envisagé une promenade au soleil et cela se transformait en une randonnée nocturne.
                 G. DUHAMEL, Chronique des Pasquier, IX, XII.

Sports. Course* impliquant longueur et durée (avec ou sans idée de compétition). *Ski de randonnée* (→ Hors-piste). — *La randonnée* : le ski de randonnée. *Elle n'aime pas beaucoup la piste, elle préfère la randonnée.*

1. RANDONNER [Rãdɔne] v. intr. — V. 1155, «courir vite» ; de l'anc. franç. *randon* (v. 1155, *de randon* «avec impétuosité»), déverbal du verbe *randir* (attesté plus tard) ou d'une forme *rand du francique *rand* «mouvement vif, rapide, impétueux».

♦ **1.** Vx (jusqu'à Académie, 1842). Courir avec impétuosité.

♦ **2.** Vén. Tourner rapidement autour de l'endroit où la poursuite a commencé, en parlant d'une bête chassée à courre.

2. RANDONNER [Rãdɔne] v. intr. — 1909 ; de *randonnée*, 2.

♦ Sports. Pratiquer la randonnée (2.). *Randonner en forêt.*

DÉR. **Randonneur.**

RANDONNEUR, EUSE [Rãdɔnœʀ, φz] n. — 1909, sens 2. ; de 2. *randonner.*

Sports.

♦ **1.** (1921). Personne qui pratique la randonnée (2.), spécialt à bicyclette. — (1965, *in* Petiot). Skieur de randonnée.

♦ **2.** N. f. Bicyclette spécialement équipée pour la randonnée.

RANG [Rã] n. m. — V. 1175 ; *renc* (de guerriers), Chanson de Roland, 1080 ; francique *hring* «anneau, cercle». Cf. all. et angl. *ring.*

★ **I.** ♦ **1.** (xivᵉ). Suite (de personnes, de choses) disposées sur une même ligne*, en largeur (en longueur, on dit *file*) ou de manière non orientée (syn. : *file*). Ex. : *Deux voûtes soutenues par un seul rang de piliers* (→ Bas-côté, cit. 1). *Deux rangs d'arceaux...* (→ Entrelacer, cit. 3). — *Disposer par rangs superposés* (⇒ **Étager**), *successifs...* ⇒ **Ranger.** — EN RANGS. *Gabions* (cit. 1) *en rangs. Bouteilles en rangs serrés* (⇒ Factice, cit. 1). — *Un triple rang de cercueils* (→ Catacombe, cit. 1). *Une lampe* (cit. 5) *Carcel à six rangs de mèches.* — *Pectoral* (cit. 2 et 3) *composé de plusieurs rangs d'émaux, de pierres. Collier à trois rangs de perles.* — Par métonymie. *Un rang de perles* : un collier, un bracelet de perles enfilées sur un fil unique. (⇒ **Collier**). Mar. anc. *Navire* (cit. 1) *à deux, trois rangs de rames* (birème, trirème...).
Rang de fauteuils (dans une salle de spectacle). ⇒ **Rangée.** *Rang de loges* (⇒ Paradis, cit. 11), *de fauteuils d'orchestre.* — Absolt. *Se placer au dixième rang, au premier rang.*

(Déb. xxᵉ). Ensemble des mailles d'un ouvrage, en nombre déterminé, qui sont travaillées à la suite et une seule fois. *Rang de crochet, de tricot. Un rang* (tricoté) *à l'endroit, un rang à l'envers. Diminutions aux extrémités d'un rang.*

1   (...) Mᵐᵉ de Loménie qui s'était trompée dans ses diminutions et qui avait dû défaire dix rangs qui bouclaient maintenant sur ses genoux (...)
                 ARAGON, les Beaux Quartiers, I, XIV.

REM. On n'emploie plus guère *rang* en parlant d'objets naturels ou dont la disposition résulte du hasard. ⇒ **Rangée.** *« Un long rang de collines »* (→ Bâtir, cit. 45, Boileau).

(1080). *Rangs de personnes, de foule* (→ Bloquer, cit. 3). *Les rangs d'une procession* (cit. 5), *d'un cortège. File ou rang de spectateurs le long d'une rue.* ⇒ **Haie.** *Trois rangs, un triple rang* (→ Appareil, cit. 7). — EN RANG(S) : sur un, sur plusieurs rangs. — *Les premiers* (⇒ **Tête**), *les derniers rangs d'une queue.* — Abusivt. File (cit. 10, Claudel).

2   (...) les jeunes gens des villages les plus voisins dans des charrettes où ils se tenaient debout, en rang, les mains appuyées sur les ridelles pour ne pas tomber (...)
                 FLAUBERT, Mᵐᵉ Bovary, I, IV.

Milit. (Opposé à *file*). Série, suite de soldats placés les uns à côté des autres (au combat, en ordre serré...). ⇒ **Front.** *En ligne* sur deux rangs. Placer les hommes sur cinq rangs. Marcher sur deux rangs* (→ File, cit. 6). *Un double rang de C.R.S.* — Loc. *Dans les rangs,* *hors des rangs, sortir des rangs. Des épaisseurs de vingt-sept rangs* (→ Flanc, cit. 13). *Rang de cavaliers* (→ Manège, cit. 1). — Loc. *Garder** (cit. 18) *les rangs. Serrer* les rangs. Rompre* les rangs. À vos rangs, fixe !*

3 Toutes les faces des carrés anglais furent attaquées à la fois. Un tournoiement frénétique les enveloppa. Cette froide infanterie demeura impassible. Le premier rang, genou en terre, recevait les cuirassiers sur les bayonnettes, le second rang les fusillait (...) HUGO, les Misérables, II, II, X.

Par anal. *Les rangs successifs que forment des écoliers, des élèves, des enfants qui se déplacent en ordre et en groupe. Dans les rangs :* parmi les élèves. *Silence dans les rangs !*

4 (...) le tambour qui, cinq minutes avant huit heures, roulait au sommet du grand perron, les rangs qui se formaient aussitôt, deux par deux (...) A. MAUROIS, Mémoires, I, III.

Loc. fig. *En rang d'oignon** (cit. 2).

♦ **2. Au plur. LES RANGS.** *Les rangs d'une armée :* les hommes qui y servent. — *Entrer, combattre, servir dans les rangs de tel régiment d'infanterie.*
Loc. fig. (au sens propre 1636 ; « se présenter au combat, au tournoi », d'un ancien sens de *renc* « piste réservée pour la joute »). **SUR LES RANGS.** *Être, se mettre sur les rangs :* entrer en concurrence avec d'autres, pour obtenir qqch. ⇒ **Candidat ; postuler, présenter** (se), **prétendre** (à...) ; → Bon, cit. 25.

5 (...) il avait appris que le premier moutardier du Pape venait de mourir subitement en Avignon, et, comme la place lui semblait bonne, il était arrivé en grande hâte pour se mettre sur les rangs. Alphonse DAUDET, Lettres de mon moulin, « La mule du Pape ».

Fig. Masse, nombre... *Grossir les rangs des mécontents.* ⇒ **Liste, nombre.** (→ 1. Moyen, cit. 6). *Nous l'avons admis dans nos rangs,* parmi nous.
Spécialt. *Officier sorti des rangs* (→ ci-dessous : *sorti du rang*).

♦ **3.** (1893). *Le rang :* l'ensemble des hommes de troupes (et parfois des sous-officiers), par oppos. aux *officiers. Officiers sortis du rang,* qui ont fait carrière de sous-officier avant de devenir officiers (→ Populo, cit. 1). *Servir dans le rang.*

6 L'ordre même, l'ordre si admirable, que l'art du stratège impose aux individus eux-mêmes, quand on les prépare à servir dans le rang. Te souvient-il, cher Socrate, de ces journées dépensées aux alignements, et aux formations, ou massives ou déployées, qui accoutument la jeunesse à l'obéissance militaire et à l'unanimité dans l'action ? VALÉRY, Eupalinos, p. 89.

(1918, D.D.L.). Fig. *Rentrer dans le rang :* se soumettre à la discipline.

6.1 Au moment où j'écris, la radio annonce que le général Massu rentre dans le rang, et que le Forum va redevenir muet. F. MAURIAC, le Nouveau Bloc-notes 1958-1960, p. 62.

♦ **4.** (1721 ; Canada). Au Québec et en Ontario, Type de peuplement rural dispersé, délimité par deux routes perpendiculaires et comprenant un alignement d'exploitations agricoles s'étendant sur la longueur en bandes parallèles de part et d'autre du chemin qui les dessert. — Par ext. Ce chemin (opposé à *route rurale**). *Le bas, le haut du douzième rang :* de chaque côté du village ou d'une route.
Au plur. **LES RANGS :** la campagne (opposé à *village*). « *Les domestiques du manoir le cherchent partout, dans le village et les rangs* » (A. Hébert).

♦ **5.** En franç. d'Afrique. File d'attente. ⇒ **Queue.** Loc. *Faire le rang :* faire la queue.

★ **II.** Place dans une série, un ordre. ⇒ **Ordre.** *Le rang se marque par les nombres cardinaux.*

♦ **1.** (1462). Place, situation (dans une série, une suite concrète, matérielle). *Le rang de qqch. dans un ensemble.* — (Plus souvent dans des expr.). *Être placé à son rang, au troisième rang. Parler, se lever, donner son avis à son rang.* ⇒ **Tour.** — Place d'un dignitaire, d'un fonctionnaire, dans l'ordre des préséances. *Avoir rang avant, après qqn.* ⇒ **Précéder, suivre.**
En rang, par rang d'ancienneté, d'âge, de taille... (→ Fauconnerie, cit.).

7 — Par rang d'âges, voulez-vous ? proposa l'arpenteur. À toi, Jésus-Christ, qui es l'aîné. ZOLA, la Terre, I, IV.

♦ **2.** Place, position dans un ordre, et, spécialt, dans un classement, une classification hiérarchique. ⇒ **Classe, échelon, étage, position.** *Le rang le plus bas*, le plus haut. Être, venir au premier rang* (⇒ **Chef ; prééminence, primauté,** *au dernier* rang. Venir après, avant* (qqn ou qqch.), *par le rang.* ⇒ **Dessous, dessus** (au). *Être au même rang.* ⇒ **Égal, pareil.** *Mériter le premier rang parmi les artisans, les artistes. Rangs dans un concours.* ⇒ **Place.** *Officier d'un certain rang.* ⇒ **Grade** (→ Épaulette, cit. 3). *Tenir son rang dans une hiérarchie* (→ Éclabousser, cit. 3). *Reprendre son rang de simple religieuse* (→ Noviciat, cit. 1). — Dr. *Rang hypothécaire* (dans l'ordre de priorité des privilèges et hypothèques).

♦ **3.** Spécialt. Place (d'une personne) dans la société, place, situation conférée par la naissance (→ Caste, cit. 3), l'emploi, l'argent, la puissance... ⇒ **Classe** (cit. 3), **condition, degré** (de l'échelle sociale), **état, lieu** (vx), **place, position, situation** (→ Monarchique, cit. 1). *Rang inférieur, subalterne. Un rang aussi bas* (1. Bas, cit. 22). → aussi Ennoblir, cit. 5. *Bassesse, infériorité du rang. L'inéga-*

lité des rangs et des états (→ Humanité, cit. 3). *Les distinctions de rang* (→ Obéissance, cit. 3). *Le nivellement* (cit. 1) *des rangs* (→ 1. Goûter, cit. 12). — *Conserver tel ou tel rang. Monter* (cit. 12) *au rang d'honorable bourgeoise. Élever* à un rang plus haut.* ⇒ **Promotion, promouvoir.** — *Vassaux de même rang.* ⇒ 1. **Pair** (2.).

8 Exceller dans le rang où la Providence nous a fait naître et le garder, c'est là certes la meilleure des ambitions, et la seule conforme à l'ordre. Joseph JOUBERT, Pensées, X, XVI.

9 Les rangs n'y étaient point marqués (en France) d'une manière positive, et les prétentions s'agitaient sans cesse dans l'espace incertain que chacun pouvait tour à tour ou conquérir ou perdre. Mme DE STAËL, De l'Allemagne, I, XI.

(Se dit surtout des rangs les plus élevés). *Fonction, titre qui confère un haut rang.* ⇒ **Dignité, fonction**(s), **place, titre.** *Élever* (cit. 15) *qqn en un rang. « Quel rang pourrais-je attendre ? »* (cit. 66, Racine). *Rang distingué* (cit. 40), *élevé* (→ Emploi, cit. 11), *considérable.* ⇒ **Élévation** (supra, cit. 7), **prééminence.** *Le rang de roi, de souverain, d'impératrice* (→ Associer, cit. 4). *Femmes de haut rang, du plus haut rang* (→ Ours, cit. 7). — *Déchoir de son rang. Avilir* (cit. 4) *l'honneur de son rang. Garder, soutenir, tenir son rang* (→ Plébéien, cit. 4). *Traiter qqn selon son rang, avec les honneurs dus à son rang* (→ 2. Dauphin, cit. 1 ; incognito, cit. 3). *Les avantages de son rang. Oublier son rang* (→ Mésallier, cit. 1).

10 Au retour des Bourbons, les deux familles reprirent leur rang, leurs charges, leurs dignités à la cour, et rentrèrent dans le mouvement social (...) BALZAC, la Duchesse de Langeais, Pl., t. V, p. 155.

Absolt. *Rang élevé* (→ Considération, cit. 5 ; nom, cit. 23). *« Noblesse, fortune, un rang, des places, tout cela rend si fier »* (cit. 10, Beaumarchais). *Occuper un rang* (⇒ **Notabilité, personnalité**). *Rangs et titres* (→ Attacher, cit. 111). *N'avoir ni rang ni richesse* (→ Beaucoup, cit. 15). *Prestige du rang* (→ Familiarité, cit. 7). *Distinction et rang social* (→ Distinguer, cit. 38).

11 Là cette femme emplit sa bourse,
Et, sans avoir d'autre ressource,
Gagne de quoi donner un rang à son mari.
Elle achète un office, une maison aussi. LA FONTAINE, Fables, VII, 15.

11.1 Aussi s'il vante l'esprit de quelqu'un, ce n'est jamais d'une duchesse, mais d'une bourgeoise qui ne peut lui servir à rien. On sent bien que le rang ne l'éblouit pas, qu'il n'a égard qu'au mérite et qu'il préfère le mérite obscur. S'il fait l'éloge d'un grand, c'est comme malgré les apparences, après une expérience personnelle qui l'a fait revenir de ses préventions. PROUST, Jean Santeuil, Pl., p. 429.

♦ **4.** Place (de qqch., de qqn) par rapport à d'autres ; célébrité, importance, valeur plus ou moins grande. *Le premier, le second rang* (→ Briller, cit. 20). *Se donner le premier rang* (→ Homme, cit. 13). — REM. Sauf dans les emplois avec un numéral, *rang,* dans ce sens, est vieilli ou littér. *Une œuvre de haut rang* (→ Enrôlement, cit. 2).

12 (...) un homme (...) d'une vie grave, d'une âme ferme, et nourri aux fortes études, Joseph de Maistre, commençait à marquer son rang (...) SAINTE-BEUVE, Chateaubriand..., t. II, p. 138.

Anc., mar. *Vaisseau du premier rang* (trois ponts), *du second rang* (deux ponts ; plus de 80 canons), *du troisième rang.*
Loc. (Personnes ou choses). *Être du même rang,* de même valeur (→ Amitié, cit. 2). *Mettre au même rang* (→ Faire, cit. 47), *sur le même rang* (→ Ex æquo, cit.). ⇒ **Égaler, ligne** (IV., sur la même ligne). — *Être au premier rang. Mettre, se mettre* (cit. 61), *placer* (1. Placer, cit. 7 et 15) *à tel rang, au premier rang...* (→ Humeur, cit. 38). *Élever* une chose au rang d'une autre, à un certain rang* (→ Musique, cit. 1). *Tomber au rang de...* (→ Poète, cit. 7). *Donner le premier rang, tel rang à...*

13 Dans notre civilisation, si les lois donnent la première place à l'homme, l'honneur donne le premier rang à la femme. Tout l'équilibre des sociétés chrétiennes est là. HUGO, Littérature et Philosophie mêlées, 1823-1824, Idées au hasard, II.

Loc. *Hors rang :* en dehors du classement. *Compagnie hors rang.*

♦ **5.** (1536). Place dans un groupe, un ensemble (sans idée de hiérarchie). **AU RANG DE...** : *parmi** (→ Aïeul, cit. 4 ; docte, cit. 15 ; ignorant, cit. 15). *Être, se mettre au rang des mécontents. Prendre rang parmi, avec...* (→ Ordinaire, cit. 4). *Ne tenir aucun rang parmi...* (→ Culte, cit. 1). *Mettre au rang de...* ⇒ **Compter, ranger** (vx) ; → Dialoguer, cit. 3 ; libation, cit. 1. *Placer au rang de...* (→ Guerre, cit. 36). — Loc. *Mettre au rang de péchés oubliés* (v. 1590), *des vieux péchés* (1632) → Fâcher, cit. 18.

14 Effacé du rang des humains,
Sans mouvement et sans visage,
Vous ne trouverez plus l'usage
Ni de vos yeux ni de vos mains. THÉOPHILE DE VIAU, Odes, in Œ. poétiques, p. 208.

15 Je me comptais trop tôt au rang des malheureux. RACINE, Bérénice, II, 5.

16 Je tâcherai, en parlant cette fois, devant tout le monde, d'un livre qui a rang parmi nos classiques, d'oublier que j'en ai écrit de trop particulier, et de me borner à ce qui peut intéresser la généralité des lecteurs. SAINTE-BEUVE, Causeries du lundi, 29 mars 1852.

♦ **6.** (Abstrait). Math. *Rang d'une partie d'un espace vectoriel (de dimension finie) :* dimension du sous-espace vectoriel engendré par cette partie. *Rang d'une application linéaire d'un espace vectoriel :* dimension de son ensemble image. *Rang d'une matrice :* rang de l'application linéaire canoniquement associée à cette matrice.

Ling. Niveau d'analyse. *Le rang de l'énoncé, de la phrase, du syntagme...*

DÉR. Ranger.

RANGE [Rãʒ] n. f. — V. 1175, «rang» ou «file»; «ceinture» v. 1050; de 1. *ranger.*

♦ (1694). Techn. Disposition en ligne, en parlant des pavés. *Range losange :* ligne oblique de pavés.

DÉR. 1. Rangette.

RANGÉ, ÉE [Rãʒe] p. p. adj. ⇒ 1. **Ranger.**

RANGÉE [Rãʒe] n. f. — 1227; *rengiée,* 1212; *rengie,* xiiᵉ; repris xixᵉ; de 1. *ranger.*

♦ Suite (de choses ou de personnes) disposée côte à côte sur une même ligne. ⇒ **Alignement, cordon, file, ligne, rang.** — REM. *Rang,* aussi concret que *rangée,* s'applique surtout à une disposition régulière et concertée, et *rangée* à une disposition de hasard; *rang* est plutôt considéré dans un ensemble; *rangée,* en soi (→ *Un rang de fauteuils; une rangée de fauteuils*). En outre, *rangée* s'emploie pour des objets naturels, dont la disposition est le fruit du hasard. — *Une rangée de collines* (cit. 2), *de maisons* (→ Groupe, cit. 8), *d'arbustes* (→ Dégager, cit. 19), *de roses* (→ Fleurs, cit. 5). *Rangée d'arbres. Disposer en une rangée régulière* (→ Couteau, cit. 8). *Une quadruple rangée de pavés* (cit. 6). *Rangées superposées de cartons* (→ Emplir, cit. 7), *de pierres* (⇒ **Assise**). — *Des rangées de fenêtres* (→ Patrouille, cit. 3). *Rangée de colonnes* (⇒ **Colonnade;** → Octo-, cit. 3; portique, cit. 4). *Rangée de gradins* (cit. 2). *Rangées de fauteuils d'orchestre.* ⇒ **Rang.** *Les deux rangées de touches d'un clavier d'orgue.*

1 Devant la façade du côté du jardin, il y avait une rangée de grenadiers, d'orangers et de plantes rares que le précédent propriétaire (...) cultivait lui-même.
BALZAC, Illusions perdues, Pl. t. IV, p. 1053.

2 (...) un habit couleur olive à taille courte, à queue de morue, à double rangée de boutons d'argent serrés les uns contre les autres et montant jusque sur l'épaule (...)
HUGO, les Misérables, I, v, XII.

3 (...) la Place des Fêtes. Avec ses rangées d'arbres, ses gazons (...)
J. ROMAINS, les Hommes de bonne volonté, t. IV, I, p. 7.

Rangées d'officiers (→ Braquer, cit. 4; hâte, cit. 10). *Les matelots dormaient à plat pont, par rangées* (→ Emboîter, cit. 2).

HOM. 1. Ranger.

RANGEMENT [Rãʒmã] n. m. — 1630; de 1. *ranger.*

A. ♦ 1. Le fait de ranger, de mettre en ordre*. ⇒ **Arrangement, classement, disposition.** *Le rangement des livres par le bibliothécaire. Un bruit de rangement rapide* (→ Poubelle, cit. 3). — *Faire des rangements dans un tiroir* (→ Prévision, cit. 3). — *Rangement du linge. Rangement d'une armoire, d'une chambre,* des objets contenus. *Volume de rangement d'une cuisine* (les placards, buffets, étagères...).

1 Je me suis retirée en craignant qu'il n'arrivât des étrangers. J'ai fait quelques rangements chez moi, j'ai mis sur le velours ponceau de la belle table tout ce qu'il me fallait pour t'écrire (...)
BALZAC, Mémoires de deux jeunes mariées, Pl., t. I, p. 138.

2 Elle ouvrait des tiroirs (...) vidait une commode, bousculait son linge (...) puis, tard dans la nuit (...) elle recommençait les rangements et remettait tout en ordre.
J. CHARDONNE, les Destinées sentimentales, p. 448.

Absolt. *Aimer le rangement. Meuble de rangement.*

♦ 2. Fig. et rare. Le fait de se ranger, de s'amender, de mener une vie rangée.

3 (...) il devait encore s'écouler du temps avant qu'on passât pour elle du mépris à l'estime et de l'aversion au bon vouloir (...) On ne donna pas grosse part d'attention au rangement de la petite Fadette.
G. SAND, la Petite Fadette, XXIV (1848).

B. Disposition de choses rangées bien ou mal. *Un rangement rationnel.*

CONTR. Dérangement, dérèglement, désordre.

1. RANGER [Rãʒe] v. tr. — Conjug. *bouger.* — xiiiᵉ; *rengier,* v. 1160; *rengier* «mettre en rang(s)», et «mettre en ordre», xiiᵉ; de *rang.*

♦ 1. Disposer (des choses) en un ou plusieurs rangs (I.), ou files. ⇒ **Aligner.** *Cave où des pommes* (cit. 3) *sont rangées sur des planches. Choses, personnes que l'on range, qui sont rangées en file* (→ Prescrire, cit. 4), *en ligne* (cit. 30). — Au p. p. *Livres rangés sur des tablettes* (→ Armée, cit. 17). *Candélabres* (cit. 2) *rangés en guirlandes. Vous êtes tous rangés au coin du feu* (→ 1. Ensemble, cit. 4). *De petits arbres rangés comme des collégiens en promenade* (→ Pépinière, cit. 1). *Pierres rangées les unes par-dessus les autres* (→ Hérisser, cit. 14). — *Toute la paroisse rangée en deux haies* (cit. 7).

1 Près de trois cents pièces d'or y étaient rangées par petits rouleaux enveloppés dans du papier.
J. GREEN, Adrienne Mesurat, I, X.

Vx. (Compl. n. de personne). *Ranger des soldats* (→ Ordre, cit. 11). *«Anges saints, rangez vos escadrons»* (cit. 5).

♦ 2. (V. 1190). Plus cour. Disposer, placer à sa place, avec soin et netteté. ⇒ **Arranger, caser, classer, disposer, ordonner, placer, serrer** (régional). — REM. *Ranger* est le mot le plus usuel et neutre. *Ranger des papiers* (cit. 23), *des paperasses* (cit. 1). ⇒ **Classifier.** *Ranger ses frusques* (cit. 1), *du linge* (→ Maladresse, cit. 1). *Déballer et ranger des instruments de ménage* (→ Huilier, cit.). *Ranger ce qu'on a dérangé* (→ Ponctuel, cit. 1), *des objets, des papiers en désordre* (⇒ **Débrouiller**). *Ranger et étiqueter des dossiers, des marchandises. Ranger qqch. à part.* ⇒ **Séparer.**

2 Après-midi, achevé de ranger mes papiers, c'est-à-dire de classer par séries les pages d'anciens carnets qui me paraissent valoir d'être conservées, et déchiré tout le reste. GIDE, Journal, 5 mars 1916.

3 Le même fait de la vie courante peut d'ailleurs être exprimé par des vocables différents (...) Chez soi, l'on a souvent à parler de remettre un objet à la place qu'il doit occuper dans les buffets, placards ou armoires. Or, nous avons entendu exprimer ce fait usuel par des vocables très différents (...) *ranger* (...) *serrer;* Madame CB, du Mans, dit *ramasser;* Monsieur CC, de Vienne, dit *placer* et nous a rapporté que sa femme, Stéphanoise, disait *retirer* et qu'en pays romand, on disait couramment *réduire;* Madame DS, élevée en Artois (...) dit *plier* (...) Si l'on remet à la place qu'il doit occuper (...) un mouchoir (...) c'est légitimement qu'on peut dire qu'on le *range,* car on le met à son rang dans la pile des mouchoirs semblables; qu'on le *serre* (...)
DAMOURETTE et PICHON, Essai de grammaire, t. I, § 34.

Absolt. *Elle aime ranger.* ⇒ **Ordre.** *Il passe son temps à ranger.*

4 Certaines femmes, c'est bon signe quand elles rangent : cela veut dire que, guérissant d'une crise, elles recommencent à aimer leur maison.
MONTHERLANT, les Lépreuses, I, I.

(Au p. p.). *Tout est rangé, bien rangé dans sa chambre. Choses rangées suivant tel ou tel ordre* (→ Format, cit. 1).

5 Un aménagement de navire n'est pas plus concis et plus précis que ne l'était, l'appropriation intérieure de la Green-Box. Tout y était casé, rangé, prévu, voulu.
HUGO, l'Homme qui rit, II, VIII.

6 — Vous savez, reprend Estrachard en avisant le faux col sur les livres, ce n'est jamais très bien rangé chez moi.
J. ROMAINS, les Hommes de bonne volonté, t. V, XXI, p. 166.

Par ext. Mettre de l'ordre dans (un lieu), y mettre chaque chose à sa place ou dans une place telle qu'on ait une impression de netteté, d'ordre. *Ranger sa chambre, son appartement. Ranger un placard, une armoire, une malle... — L'appartement est rangé* (→ Hasard, cit. 45).

7 La chambre d'une reine ne peut pas être aussi proprement rangée que celle d'un marin, soit dit sans vouloir nous vanter.
A. DE VIGNY, Servitude et Grandeur militaires, I, V.

8 Avant le dîner, je veux ranger (...) l'armoire à linge et puis ma commode qui est en désordre depuis trois jours (...)
J. CHARDONNE, les Destinées sentimentales, p. 244.

(Déb. xviiᵉ). Abstrait. *Ranger les acceptions d'un mot* (→ Filiation, cit. 3). ⇒ **Classer, distribuer, grouper.** — *Ranger des individus dans des espèces* (cit. 30) *distinctes* (→ aussi 1. Nomenclateur, cit.). *Ranger en série, par séries. Ranger des faits, des théories sous une même acception, sous une même étiquette*. — Au p. p. *Mots rangés par ordre alphabétique* (cit. 1). — REM. De nos jours, *ranger* implique l'idée de classement selon un ordre simple et déterminé; au xviiᵉ s. on employait *ranger* au sens plus large de «disposer, organiser selon un plan». *Ranger ses affaires :* les régler, y mettre de l'ordre (Mᵐᵉ de Sévigné, 30 mars 1689). *Ranger ses mots, ses paroles* (Mᵐᵉ de Sévigné, Pascal, → Diversement, cit.). *Ranger* signifiait même «arrêter, décider» (en organisant). ⇒ **Arranger.**

♦ 3. Par ext. et vieilli (sans idée d'ordre, de classement). Mettre au nombre* de..., au rang* (II.) de. *«Et trois ou quatre seulement, Au nombre desquels on me range»* (Malherbe, → Éternellement, cit. 3). *Être rangé parmi** (→ Fluide, cit. 8).

♦ 4. Mettre de côté pour laisser un passage (→ ci-dessous *Se ranger*). *Ranger sa voiture.* ⇒ **Garer** (→ Pied, cit. 29).

♦ 5. (xiiiᵉ, *renger* «marcher à travers, parcourir»). Mar. Passer auprès de, le long de... ⇒ **Longer.** *Ranger la terre, la côte. Ranger (un bâtiment, un môle) à l'honneur** (infra, cit. 99).

9 À gauche, nous rangeâmes un îlot de rochers arides ou du moins qui paraissaient tels à distance. Th. GAUTIER, Voyage en Russie, I, v.

9.1 Le lendemain, 17 avril, Pencroff appareilla dès le point du jour, et, grand largue et bâbord armures, il put ranger de très près la côte occidentale.
J. VERNE, l'Île mystérieuse, t. II, p. 573-574.

♦ 6. (1636). Compl. n. de personne. Placer dans une situation (morale, matérielle) de conformité ou de soumission. *Ranger qqn de son parti, de son bord, le ranger à son avis* (peu usité. → ci-dessous Se ranger).

Ranger une personne, un groupe sous les lois de..., sous le joug, l'autorité de qqn. ⇒ **Contraindre, soumettre; contrainte.** *Ranger sous sa loi, ses lois* (1. Loi, cit. 25 et 28). — P. p. adj. Vx. *Rangé dessous* (cit. 2) *les lois.*

Vx (avec un compl. prépositionnel). Contraindre, pousser, réduire à... *«Ranger des rebelles à leur devoir»* (Fléchier). *Ranger à un destin, à un sort... Ranger qqn sous l'obéissance de...*

10 Accablé des malheurs où le destin me range.
Je vais les déplorer : va, cours, vole, et nous venge. CORNEILLE, le Cid, I, 5.

Spécialt. Soumettre, réduire à l'obéissance. *«Il faut avec vigueur*

ranger les jeunes gens » (→ Mollesse, cit. 5). → ci-dessous
Rangé, ée.

▶ **SE RANGER. v. pron.** (Déb. XIIIᵉ).

♦ **1.** Se mettre en rangs, en ordre. *Soldats qui se rangent, trois par trois, en ordre de bataille... Se ranger autour de qqn.* ⇒ **Entourer** (→ Musique, cit. 29). — Fig. *Se ranger sous les enseignes, les drapeaux d'un général, d'un régiment... Se ranger sous l'ombre d'un drapeau* (cit. 3).

11   Le roi bondit dehors et appela ses cavaliers. Ils se rangèrent dans la plaine, en formant un cercle devant lui.   FLAUBERT, Salammbô, VIII.

12   (...) quarante grands lasquenets, la pertuisane au poing, viennent se ranger autour de la chambre.
      Alphonse DAUDET, Lettres de mon moulin, « Ballades en prose », I.

(Choses ; sens passif). Se mettre, se placer à son ordre ou dans sa catégorie. *Papiers qui se rangent difficilement. Se ranger parmi, au nombre de...*

♦ **2.** (1668). Personnes. S'écarter* ou être écarté pour laisser le passage (→ Payer, cit. 33 ; porteur, cit. 8). Se mettre de côté ou contre qqch. ⇒ **Place** (faire place). *Se ranger contre un mur* (→ Grommeler, cit. 2). ⇒ **Garer** (se). *Se ranger vivement de côté* (→ Distraction, cit. 4).

13   Quand une automobile arrive, on se range, on on la laisse passer, ébloui par les phares et éclaboussé par la vase liquide que les roues projettent sur toute la largeur du chemin.   H. BARBUSSE, le Feu, I, XI.

(D'un véhicule). S'arrêter, se garer*. *Taxi qui se range contre un trottoir* (→ Croiser, cit. 5).
Mar. *Se ranger à bord, à quai.*

♦ **3.** (Fin XVᵉ). Fig. (Personnes). Se mettre dans une position, une situation de conformité ou de subordination ; se mettre, se placer aux côtés ou sous l'autorité de... *Se ranger du côté* (cit. 34) *de...* (→ Famille, cit. 16), *du parti* (cit. 3)... *de...* (→ aussi Ligue, cit. 2). *Se ranger avec, parmi... Je me range dans l'opposition* (→ Guingois, cit. 4). — *Se ranger à l'avis, à l'opinion* de qqn. ⇒ **Adopter** (II. ; → Péremptoire, cit. 1 ; et aussi neutre, cit. 3). *Se ranger à une décision* (→ Préjuger, cit. 1).

14   Souffrez que je vous quitte et me range auprès d'elle.   RACINE, Phèdre, IV, 1.

15   (...) il se rangeait ordinairement à l'avis du plus absurde ou du plus audacieux (...)
      CHATEAUBRIAND, Mémoires d'outre-Tombe, t. III, p. 97.

16   Les trois hommes finirent par se ranger au même avis.
      J. ROMAINS, les Hommes de bonne volonté, t. V, XXVII, p. 273.

Vieilli. *Se ranger sous l'autorité, la loi, le joug...*

♦ **4.** (1732 in D.D.L.). Absolt. Adopter un genre de vie plus régulier, une conduite* plus raisonnable. ⇒ **Assagir** (s'). → Amender, cit. 5 ; composer, cit. 4 ; dételer, cit. 2. *Après avoir mené joyeuse vie, il a fini par se ranger* (→ Faire une fin*).

17   Après que la première Fronde fut apaisée, et avant que la seconde éclatât, Retz semble avoir eu par moments des intentions sincères de se ranger, de redevenir honnête homme et fidèle sujet (...)
      SAINTE-BEUVE, Causeries du lundi, 22 déc. 1851.

(1881). Loc. fam. (métaphore du sens 2. ; forme inusitée au sens concret). *Il s'est rangé des voitures* (→ ci-dessous, p. p. adj. sens 3).

▶ **RANGÉ, ÉE** p. p. adj.
REM. Les emplois du participe passé qui correspondent au sens du verbe actif sont mentionnés ci-dessus. Spécialement :

♦ **1.** Loc. *En bataille* (cit. 19) *rangée. Bataille rangée.* ⇒ **Bataille** (4.).

♦ **2.** Vx. (Personnes). Installé (cf. Mᵐᵉ de Sévigné, VI, 428). Vieilli. Qui a de l'ordre, de la méthode dans ses activités, ses affaires. ⇒ **Ordonné, soigneux.** *Un homme rangé et sans fantaisie.*

♦ **3.** (V. 1735). Mod. Qui mène une vie régulière, réglée, sans excès ; qui a une bonne conduite*. ⇒ **Sérieux** (→ Comme* il faut). *Cet homme si réglé, si rangé* (→ Luxure, cit. 5). — Fam. *Être rangé des voitures,* se dit par croisement avec *se ranger* (2.), de celui qui a renoncé à une vie irrégulière ou aventureuse pour devenir « rangé ». — Par ext. *Vie rangée.*

18   Ainsi, au cœur du vice, la vertu, la vie rangée, ont une odeur de nostalgie.
      CAMUS, l'Homme révolté, p. 113.

CONTR. Déranger, dérégler, entasser, mélanger. — (Du p. p. adj.) Bohème, débauché, dissolu, irrégulier.

DÉR. Range, rangée, rangement, 2. rangette, rangeur.

2. RANGER [ʀɑ̃dʒɛʀ ; ʀɑ̃dʒœʀ] n. m. — 1844, « milicien américain » in Höfler, mot amér., de *to range* « errer ».

♦ **1.** (Aux États-Unis). Vx. Membre de la police montée. *Chapeau à large bord de ranger.*

(1869, A. Achard in D.D.L.) Mod. Garde dans une réserve, un parc national.

1   La perplexité admirative qu'inspire à ses lecteurs Roger Caillois ressemble à celle que j'ai vue ressentir par un *ranger* néophyte dans un parc national des États-Unis.
      Cl. ROY, in le Nouvel Obs., 19 juin 1978, p. 73.

♦ **2.** (1947). Soldat d'un corps d'élite (d'une armée de terre).
     « *Quand, par exemple, ils refusent d'aller voir si le "Viêtcông"*

attaque des rangers sud-viêtnamiens... » (*le Nouvel Obs.*, 26 mars 1973).

♦ **3.** Brodequin à tige montante utilisé notamment dans les unités de choc (parachutistes, infanterie de marine, etc.).

(...) ses pieds menus s'enfoncent dans des rangers pointure quarante-quatre.   2
      Joseph JOFFO, Baby-foot, p. 28.

1. RANGETTE [ʀɑ̃ʒɛt] n. f. — 1757, « fer forgé », de *range*, dans des emplois techn. anciens.

♦ (1803). Techn. Tôle très mince employée en fumisterie (On dit aussi *rancette*).

2. RANGETTE (À LA) [alaʀɑ̃ʒɛt]. loc. adv. — V. 1530 ; de 1. *ranger.*

♦ Fam. et vx. À la file (→ À la queue* leu leu).

RANGEUR, EUSE [ʀɑ̃ʒœʀ, øz] n. — Attesté XIXᵉ ; emplois techn. 1776 ; *rengeur* « gouverneur », v. 1298 ; de 1. *ranger.*

♦ Rare. Personne qui range, met en ordre.

RANI [ʀani] n. f. — 1904 (cf. *Rana* « prince indien », 1765) ; *ranee,* 1878 ; mot hindi, du sanscrit *rajni,* fém. de *raja.*

♦ Femme d'un rajah* (→ aussi Maharani).

RANIDÉS [ʀanide] n. m. pl. — 1904 ; *ranacées,* 1839 ; lat. *rana* « grenouille ».

♦ Zool. Vx. Famille de batraciens (ou amphibiens) anoures, phanéroglosses, comprenant les grenouilles et rainettes. — Au sing. *Un ranidé.*

RANIFORMES [ʀanifɔʀm] n. m. pl. — 1875 ; du lat. *rana* « grenouille », et *-forme.*

♦ Zool. Famille de batraciens anoures comprenant les grenouilles et les genres analogues. — Au sing. *Un raniforme.*

RANIMABLE [ʀanimabl] adj. — Mil. XIXᵉ, Balzac ; de *ranimer.*

♦ Rare. Qui peut être ranimé. *Blessé ranimable.* — Fig. *Haines ranimables.*

RANIMATION [ʀanimasjɔ̃] n. f. ⇒ **Réanimation.**

RANIMER [ʀanime] v. tr. — 1549 ; de *re-,* et *animer.*

♦ **1.** Vx. Rendre à la vie* (un mort). ⇒ **Ressusciter, revivifier ; reviviscence.** « *Jésus-Christ ranima le Lazare qui était mort quatre jours auparavant* » (Furetière, 1690).

(...) celui-là (...) est cent fois plus confondant qu'un thaumaturge qui ranimerait   1
de vieux ossements.   Léon BLOY, le Désespéré, p. 243.

Par métaphore. Faire renaître, revivre. *Ranimer le passé* (→ Évocation, cit. 11).

Cherchons à ranimer cette belle ombre effacée.   2
                                   R. ROLLAND, Musiciens d'autrefois, Mozart.

♦ **2.** (1677). Remettre dans un état normal de conscience ; rendre le mouvement à (qqn). *Ranimer un noyé, une personne évanouie* (→ Pomme, cit. 13). *Être ranimé par des sels* (→ Évanouir, cit. 26). — REM. Dans ce sens, et lorsqu'il s'agit d'une opération médicale ou chirurgicale, on emploie aussi *réanimer.* ⇒ **Réanimation.**

Les connaisseurs disaient que les rennes ne jouissaient pas de tous leurs moyens,   3
parce qu'il faisait trop chaud pour eux (huit ou dix degrés au-dessous de zéro).
En effet, l'une des pauvres bêtes qu'on avait dételée paraissait suffoquée, et pour
la ranimer on amoncelait de la neige autour d'elle.
                                   Th. GAUTIER, Voyage en Russie, I, VIII.

Par ext. *Ranimer une main gelée* (⇒ **Dégeler**), *un membre paralysé...*

♦ **3.** (Déb. XIXᵉ). Rendre (qqn) fort, vigoureux... comme avant. ⇒ **Ravigoter, remonter, rétablir, revigorer, vivifier.** *Ranimer qqn à l'aide d'un cordial, d'un reconstituant, d'un remontant.* — (Compl. n. de chose). *Ranimer la chair fatiguée* (→ Drap, cit. 4). *Ranimer les forces* (→ Balsamique, cit. 4).

Tous se taisaient, maintenant, le nez dans l'assiette, la figure ranimée par la fumi-   4
gation de l'odorante soupe.   HUYSMANS, Là-bas, V.

Absolt. *Un air vivifiant*, qui ranime.*

♦ **4.** (Abstrait). Rendre plus vif, plus actif ; redonner de l'énergie* à... ⇒ **Animer, encourager, réconforter.** « *Ce discours ranima les troupes* » (Académie). — Au participe passé :

— Ma foi, tu es une fille d'esprit, dit Germain, et tu sais faire le feu comme une   5
petite sorcière de nuit. Je me sens tout ranimé, et le cœur me revient (...)
                                   G. SAND, la Mare au diable, VIII.

Ranimer l'ardeur, le courage de qqn (→ Exagération, cit. 6), *les énergies* (→ Exploiter, cit. 7), *l'enthousiasme.* ⇒ **Aiguiser, attiser, augmenter, exalter, exciter, raffermir, raviver, rehausser** (vx), **relever.** *Ranimer le zèle.* ⇒ **Réchauffer.** *Ranimer les esprits* (→ Parole, cit. 24 ; présage, cit. 1).

6   Voir tout cela d'un clin d'œil, s'animer par l'envie de plaire, pencher mollement la tête de côté, sourire avec coquetterie, lancer un de ces regards veloutés qui ranimeraient un cœur mort à l'amour (...)   BALZAC, les Chouans, Pl., t. VII, p. 834.

(Mil. XVIIᵉ, Corneille). Donner plus d'intensité, de force à (un sentiment, une passion). → Bruit, cit. 4. *Ranimer l'animosité* (cit. 6), *la colère, la haine, la rancune de qqn.* ⇒ **Aviver, réveiller.** *Ranimer une vieille blessure d'amour-propre.* ⇒ **Gratter** (fig.). *Ranimer la douleur, la peine* (contr. : *consoler*).

7   Elle croyait ranimer mon amour en excitant ma jalousie ; mais c'était agiter des cendres que rien ne pouvait réchauffer.   B. CONSTANT, Adolphe, VIII.

8   L'idée de commettre un sacrilège ranima la gourmandise des Mercenaires (...)   FLAUBERT, Salammbô, I.

♦ **5.** (Compl. n. de chose concrète). Redonner de la force, de l'éclat à... *Ranimer le feu.* ⇒ **Attiser, rallumer.** *Ranimer la flamme sur la tombe du Soldat inconnu.* — Vieilli. « *Ranimer les couleurs d'un tableau* » (Académie), les aviver.

9   Et plus tard un Ange, entr'ouvrant les portes,
Viendra ranimer, fidèle et joyeux,
Les miroirs ternis et les flammes mortes.
    BAUDELAIRE, les Fleurs du mal, « la Mort », CXXI.

10   (...) il ranime d'un souffle léger une étincelle qui s'étend peu à peu sur un charbon prêt à s'éteindre, et finit par embraser toute sa noire surface.   Charles NODIER, Contes, « Trilby », p. 63.

11   Cette minute de contemplation m'avait transi, et l'âme encore plus que la chair ; je rabattis les bûches, ranimai le feu (...)   GIDE, Isabelle, I.

▶ **SE RANIMER** v. pron.

♦ **1.** (1690). Vx. Ressusciter.

♦ **2.** (Fin XVIIᵉ). Retrouver la conscience, le mouvement, la vie. *Se ranimer après un évanouissement.* — *Son visage se ranima* (→ Creuser, cit. 24).

♦ **3.** (1690). Augmenter, reprendre. *La fièvre se ranime* (→ Aggraver, cit. 7). *Leur succès s'est ranimé* (→ Impression, cit. 22).

▶ **RANIMÉ, ÉE** p. p. adj. Voir à l'article.

CONTR. **Assoupir, attiédir ; décourager, étouffer.** — **Dépérir.**

DÉR. **Ranimable, ranimation.** — V. **Réanimation.**

RANINE [Ranin] adj. fém. — 1690, Furetière, art. *ranulaire ;* dér. sav. du lat. *rana* « grenouille ».

♦ Anat. *Veines ranines,* situées sous la langue. *Artère ranine :* extrémité de l'artère linguale.

RANTANPLAN [Rɑ̃tɑ̃plɑ̃] onomat. ⇒ **Rataplan.**

RANULE [Ranyl] ou **RANULA** [Ranyla] n. f. — 1611 ; lat. *ranula,* de *rana* « grenouille ».

♦ Méd. ⇒ **Grenouillette.**

RANZ [Rɑ̃ ; Rɑ̃ts ; Rɑ̃s ; Rɑ̃z] en Suisse française, n. m. — 1767, Rousseau, *Dict. de mus.* ; Musique ; mot all. (région de Fribourg) qui correspond au français *rang.*

♦ Air de berger, chanson pastorale suisse. *Le ranz des vaches.*

1   (...) un vieux berger (...) sonne d'une trompe droite, longue de six pieds, qu'on prendrait de loin pour un porte-voix ou une houlette. Il en tire d'abord trois sons métalliques assez harmonieux, puis il fait entendre l'air précipité d'une espèce de galop ou de ranz des vaches, imitant des mugissements de bœufs et des rires de pourceaux.   CHATEAUBRIAND, Mémoires d'outre-tombe, t. VI, p. 36.

2   RANZ-DES-VACHES. *Air insipide, célèbre parmi les Suisses.* BOISTE. *J'aurai écrit, chant délicieux* (...) *j'aurais écrit comme un Suisse,* et M. Boiste a écrit comme un parisien. Chacun a son goût ; mais il ne faut pas mettre son goût en définition.   Charles NODIER, Examen critique des dict. de la langue franç.

RAOUT [Raut] n. m. — 1824 ; *rout,* 1776 ; angl. *rout,* du franç. *route* « troupe, compagnie ».

♦ Vieilli. Réunion, soirée mondaine. ⇒ **Fête.**

1   Il se cogna dans l'antichambre contre les meubles entassés. Mais un bruit de voix et de musique le guidait. Il ouvrit une porte et tomba au milieu d'un *raout.*   FLAUBERT, l'Éducation sentimentale, III, III (1869).

2   Mais les femmes pareilles à l'ambassadrice ottomane, toutes récentes dans le monde (...) sont utiles à ces sortes de représentations qui s'appellent une soirée, un raout, et où elles se feraient traîner, moribondes, plutôt que d'y manquer.   PROUST, Sodome et Gomorrhe, Pl., t. II, p. 661.

REM. Le mot semble avoir un regain de vie dans l'usage contemporain, mais il reste marqué (de snobisme, etc.).

3   J'avais convié le ban et l'arrière-ban de toutes nos connaissances. Le grand « raout », quoi, comme si je voulais mettre les bouchées doubles pour conjurer le sort.   Marie CARDINAL, les Mots pour le dire, p. 259.

RAPACE [Rapas] adj. et n. m. pl. — V. 1460 ; *rapal,* XIIIᵉ ; lat. *rapax, rapacis* sur le rad. de *rapere* « saisir, ravir ».

★ **I.** Adj. ♦ **1.** Qui aime le gain à l'excès, qui cherche à s'enrichir rapidement et brutalement, au détriment d'autrui. ⇒ **Âpre** (au gain, à la curée), **avare, avide, cupide** (→ 1. Geste, cit. 19). *Usurier rapace. Homme d'affaires rapace* (→ fam. Pirate, requin, vautour). *Il est très rapace.*

♦ **2.** Vorace, ardent à poursuivre sa proie. Vx. *Crocodiles* (cit. 2) *rapaces.* — Mod. (Seulement des oiseaux dits *rapaces,* II.) *Éperviers* (cit. 3) *rapaces.*

★ **II.** ♦ **1.** Cour. Oiseau carnivore (de l'ordre des *Rapaces*). *Rapace qui fond sur sa proie. Nid de rapace.* ⇒ **Aire.** *Un grand rapace planait. Rapaces nuisibles.*

Loin, en haut, comme suspendu dans la lumière, un oiseau de proie, un grand rapace l'avait découvert et, les ailes agitées perpétuellement sans bouger de place, le cou tendu, la tête penchée, fascinait de ce mouvement vain et du regard hallucinant de ses yeux fixes cerclés d'or la malheureuse bestiole, incapable maintenant de fuir le nid où le sentiment maternel l'avait fait rester malgré le danger.   L. PERGAUD, De Goupil à Margot, « Fin de Fuseline ».

♦ **2.** N. m. pl. (1768). Zool. et cour. Ordre d'oiseaux carnivores, aux doigts armés d'ongles forts et crochus (⇒ **Serre**), au bec puissant, arqué et pointu. ⇒ **Oiseau** (de proie). *Rapaces diurnes* (familles des *Cathartidés* — vautours d'Amérique —, des *Pandionidés* — balbuzard —, des *Accipitridés* — plus de 200 espèces —, des *Sagittariidés* — serpentaire —, des *Falconidés*). ⇒ **Aigle, 2. autour, balbuzard, bondrée, busaigle, busard, 1. buse** (I.), **circaète, condor, crécerelle, écoufle, émerillon, émouchet, épervier, faucon, gerfaut, 1. griffon** (I., 2.), **gypaète, harpie** (4.), **hobereau** (I.), **lanier, milan, orfraie, pandion, sarcoramphe, secrétaire, serpentaire, spizaète, uraète, vautour.** — *Rapaces nocturnes* (Strigiformes ; famille des *Strigidés**). ⇒ **Bubo, chat-huant, chevêche, chouette, duc, effraie, harfang, hibou, hulotte, scops, strix.** Cri des rapaces nocturnes. ⇒ **Hululement.**

♦ **3.** Fig. Personne rapace (I., 1.), âpre au grain, cupide. *Cet homme d'affaires est un rapace, un vrai rapace.* « *Les Rapaces* », film d'Erich von Stroheim.

RAPACITÉ [Rapasite] n. f. — 1380 ; lat. *rapacitas,* de *rapax, rapacis.* → Rapace.

♦ **1.** Caractère, manière d'agir d'une personne rapace. ⇒ **Avidité, cupidité.** *Marchander qqch. avec rapacité.* ⇒ **Âpreté** (→ Gain, cit. 8).

(...) la rapacité d'un propriétaire désireux d'arrondir son champ ?   R. QUENEAU, Pierrot mon ami, éd. L. de Poche, p. 61.

♦ **2.** (1530). Avidité à se jeter sur sa proie, ardeur à la poursuivre. *La rapacité du tigre, du loup, du vautour.*

RÂPAGE [Rɑpaʒ] n. m. — 1775 ; *rapage* « grapillage », 1617 ; de *râper.*

♦ Opération qui consiste à râper (qqch.). *Le râpage des betteraves.*

RAPAISER [Rapeze] v. tr. — V. 1260 ; *soi rapaisier* « se calmer », v. 1170 ; de *re-,* et *apaiser.*

♦ Vx. Ramener (qqn) au calme. ⇒ **Apaiser, calmer.** « *Je me fâchai, l'on me rapaisa* » (Retz, *in* G. L. L. F.).

RAPAPILLOTER [Rapapijɔte] v. tr. — 1840 ; de *re-, papillotte,* et suff. verbal.

♦ (Attesté mil. XIXᵉ). Régional. Remettre bien ensemble, arranger, raccommoder. ⇒ **Rabibocher.** *Rapapilloter les choses, les affaires de personnes brouillées. Rapapilloter deux personnes.* ⇒ **Réconcilier.** — Pron. *Se rapapilloter.*

RAPATELLE [Rapatɛl] n. f. — 1640 ; étym. inconnue.

♦ Techn. Tissu de crin utilisé pour faire des sacs, des tamis.

RAPATRIABLE [Rapatrijabl] adj. — Attesté XXᵉ ; de *rapatrier.*

♦ Que l'on peut rapatrier, remporter dans le pays d'origine. « *Une part des bénéfices communs sera rapatriable* » (*l'Express,* 15 sept. 1979).

N. Personne susceptible d'être rapatriée. « *Une fois les rapatriables désignés...* » (*Tribune de Genève,* 27 janv. 1945, p. 11).

RAPATRIAGE [Rapatrijaʒ] n. m. — 1668 ; de *rapatrier.*

♦ Vx et fam. Raccommodement, réconciliation.

RAPATRIÉ, ÉE [ʀapatʀije] adj. et n. ⇒ **Rapatrier**.

RAPATRIEMENT [ʀapatʀimɑ̃] n. m. — V. 1675 ; de *rapatrier*.

◆ **1.** Action de rapatrier (2.) qqn. *Rapatriement des prisonniers de guerre, d'un matelot. Droit de rapatriement*.

◆ **2.** (Mil. xxᵉ). Action de faire revenir (des fonds) dans le pays de leur propriétaire. *Le rapatriement des bénéfices, des devises*.

RAPATRIER [ʀapatʀije] v. tr. — V. 1462, au sens 2 ; de *re-*, et *patrie*.

◆ **1.** (1603). Vx, fam. Réconcilier*. *Rapatrier deux amis qui étaient brouillés*. — Pron. *Se rapatrier : se réconcilier*.

Mais n'y aurait-il pas moyen de se rapatrier ? La faute que vous avez commise est-elle si impardonnable ? DIDEROT, le Neveu de Rameau, Pl., p. 437.

◆ **2.** Mod. Assurer le retour de (une personne) sur le territoire du pays auquel elle appartient par sa nationalité, conformément aux dispositions légales. ⇒ **Rapatriement**. « *Il s'est fait rapatrier par les soins du consul français* » (Académie). *Rapatrier des prisonniers de guerre, des coloniaux. Matelot qui est rapatrié par sa compagnie de navigation à la fin de son contrat.* — Pron. (Rare). *Se rapatrier : retourner dans sa patrie*.

◆ **3.** (Mil. xxᵉ). Faire rentrer dans son pays d'origine (de l'argent). *Rapatrier des capitaux, des devises, des bénéfices*.

▶ **RAPATRIÉ, ÉE** p. p. adj.

◆ **1.** (V. 1600). Vx. Réconcilié.

◆ **2.** Qu'on a fait rentrer dans son pays. *Matelot rapatrié*. — N. (Surtout en parlant de prisonniers de guerre libérés, de coloniaux contraints de revenir en métropole, etc.). *Aide aux rapatriés. Convoi de rapatriés. Les rapatriés d'Algérie* (en France). *Le problème des rapatriés*. — Au sing. *Un rapatrié, une rapatriée*.

CONTR. Dépayser, déporter. — (Du v. pron.) Émigrer.
DÉR. Rapatriable, rapatriage, rapatriement.

RAPATRONNAGE [ʀapatʀɔnaʒ] n. m. — 1737 ; de *re-*, et 2. *patron*.

◆ Techn. Opération qui consiste à rapatronner un tronc d'arbre et une souche.

RAPATRONNER [ʀapatʀɔne]. v. tr. — 1765, *se rapatronner* « s'ajuster » ; de *re-*, et 2. *patron*.

◆ Techn. Rapprocher (le tronc d'un arbre coupé) d'une souche restée en terre, afin de vérifier qu'il en provient.

DÉR. Rapatronnage.

RÂPE [ʀɑp] n. f. — 1374, *raspe* ; *râpe*, xvᵉ ; sous la forme lat. *raspa*, 1202 ; du germanique **raspôn*, par le lat. *raspa* « grappe de raisin ».

★ **I.** Agric. Marc de raisin, ce qui reste des grappes une fois qu'on les a pressées. *La râpe sert à faire le râpé**. — Ce qui reste d'une grappe de raisin ou de groseilles dont les grains sont tombés ou ont été enlevés ⇒ **Rafle**.

Grâce à l'âpreté que la râpe lui communique et qui, dit-on, se modifie avec l'âge, ce vin traverse un siècle. BALZAC, la Rabouilleuse, Pl., t. III, p. 937.

(1752). Ce qui reste d'un épi (de blé, etc.) dont on a enlevé les grains. — Rafle* servant à user la matière d'un épi de maïs.

★ **II.** Cour. ◆ **1.** Grosse lime* plate ou demi-ronde à grosses entailles (→ Rabot, cit. 1). *Râpe à bois. Râpe de sculpteur, de cordonnier, de plombier, de serrurier, de maçon...* — Méd. *Bruit de râpe*, qu'on observe, à l'auscultation, dans certaines maladies de cœur, et qui ressemble au frottement d'une lime sur du bois.

◆ **2.** (1559). Ustensile formé d'une plaque hérissée d'aspérités, qui sert à réduire une substance en poudre grossière, en très petits morceaux. *Râpe à fromage, à muscade. Râpe à tabac*.

DÉR. 1. Râpé (I.), râper, râpeux, râpure.
HOM. Râpes.

1. RÂPÉ [ʀɑpe] n. m. — 1611 ; *vin raspé*, v. 1175 ; de *râpe* I., le sens II. vient du v. *râper*.

★ **I.** Boisson qu'on obtient en faisant passer de l'eau sur du marc ou sur du raisin frais entassé dans un tonneau. ⇒ **Piquette**. — (1765). Vin éclairci avec des copeaux de hêtre, de chêne, etc., qu'on y a laissé tremper ; (1688) ces copeaux.

(xiiᵉ). Vin faible ou éventé qu'on a amélioré en y ajoutant du raisin nouveau ; ce raisin.

Les Garçons de charrue et les Vignerons buvaient un vin qui leur était beaucoup plus agréable que celui du Maître ne leur aurait paru : c'était le vin de pressurage, passé sur un râpé de rafles de raisin. RESTIF DE LA BRETONNE, la Vie de mon père, p. 227.

★ **II.** (P. p. de *râper*).

◆ **1.** (1759). Vx. Tabac en poudre, servant à la confection du tabac à priser.

◆ **2.** (1920). Mod. Fromage de gruyère râpé. *Acheter cent grammes de râpé*.

2. RÂPÉ, ÉE [ʀɑpe] adj. — 1972 ; de *râper*, avec infl. probable de *raté*.

◆ Fam. *C'est râpé !*, se dit d'un contretemps, d'une attente déçue. *Pour l'invitation, c'est râpé !*

Lorsqu'ils m'ont questionné sur notre vie en commun, je leur ai dit que c'était râpé, mort, que nos relations se limitaient à des rapports de taulière à locataire, rien de plus. Martin ROLLAND, la Rouquine, p. 186. 1

Décidément, tout ça démarre vachètement *(sic)* mal ! (...) Ohé, Gros ! hélé-je, dès l'entrée. Personne ne répond. — Radine, la Gonfle, c'est râpé ! 2
  SAN-ANTONIO, T'est beau, tu sais !, p. 41.

RÂPEMENT [ʀɑpmɑ̃] n. m. — 1611, « action de râper » ; de *râper*.

◆ Littér. (rare). Bruit de ce qui râpe ; bruit de râpe. — Figuré :

Allons, voyons, Agnès ! nasillait doucement la vieille dame. Ces râpements d'admonestations dans un nez crochu redoublaient l'hilarité de la rieuse. P. GUTH, le Mariage du naïf, XV, p. 159.

RÂPER [ʀɑpe] v. tr. — 1568 ; *rasper* « gratter », 1270 ; de *râpe*, II.

◆ **1.** Réduire en poudre grossière, en petits morceaux au moyen d'une râpe* (II., 2.) ou d'une machine appropriée. *Râper des betteraves* (pour fabriquer du sucre), *du bois* (pour obtenir de la pâte à papier). ⇒ **Râpage, râperie**. — *Râper du tabac* (à priser) → Nez, cit. 18. — *Râper du fromage, des carottes*.

◆ **2.** (1596). Travailler à la râpe* (II., 1.). « *Râper un morceau de bois avant de le polir* » (Académie). — Fig. *Vin grossier qui râpe la gorge*. ⇒ **Gratter** (→ Un vin, un goût râpeux*).

La dure lumière qui râpe les yeux comme du papier de verre, c'est comme ça, dans le Sud, jusqu'à la dernière minute. SARTRE, le Sursis, p. 56. 1

◆ **3.** (Av. 1834). User jusqu'à la corde un vêtement, une étoffe... (rare à l'actif). → Haillon, cit. 2.

▶ **RÂPÉ, ÉE** p. p. adj.

◆ **1.** (Au sens 1.). *Tabac râpé*. ⇒ 1. **Râpé**, II., 1. *Fromage, gruyère, parmesan râpé* (→ Oignon, cit. 1). ⇒ 1. **Râpé**, II., 2. *Carottes râpées*.

◆ **2.** (Au sens 3.). *Habit, manteau, drap, molleton râpé*. ⇒ **Élimé, usagé, usé** (→ Envahissement, cit. 3 ; facteur, cit. 13 ; ouate, cit. 1). *Pelisse, redingote râpée* (→ Accroupi, cit. 5 ; mise, cit. 5). — Fam. Qui porte des vêtements usés, qui a l'air pauvre, misérable. *Un singulier personnage, huileux* (cit. 4)*, râpé*. — Par ext. *Une misère* (cit. 11) *économe, râpée*. ⇒ aussi **Pauvre**.

Sans chemise et sans bas, et les poches si vides,
Qu'il n'est que mon esprit au monde d'aussi creux ;
Tel je vécus, râpé, sycophante, envieux. 2
  A. DE MUSSET, Poésies nouvelles, « Dupont et Durand. »

Je n'aime pas à retrouver l'amour de la grisette, la loge du portier et mon habit râpé, là où je vais pour oublier tout cela. 3
  FLAUBERT, Correspondance, 211, À Louise Colet, 1847.

(...) le costume râpé plus que jusqu'à la corde, troué même à un coude, mais porté avec la même insolente désinvolture que s'il avait été neuf, sorti la veille de chez le tailleur, et non pas avec l'étoffe au point de se fendre à force d'avoir été repassée dans les mêmes plis, et à peu près aussi mince qu'une feuille de papier à cigarette (...) Claude SIMON, le Vent, p. 49. 4

DÉR. Râpage, 1. râpé (II.), 2. râpé, râpement, râperie, rapeur. — V. Râpière.

RÂPERIE [ʀɑpʀi] n. f. — 1872 ; de *râper*.

Technique.

◆ **1.** Atelier, usine où l'on râpe les betteraves pour la fabrication du sucre.

◆ **2.** Atelier où l'on râpe le bois destiné à la fabrication de la pâte à papier.

RÂPES [ʀɑp] n. f. pl. — 1393, *rape;* «ulcère», v. 1200; all. *Rappe.*
→ Râpe.

♦ Vétér. Crevasses transversales au pli du genou, chez le cheval.
REM. La forme *râpe* (sing.) est rare.
HOM. Râpe.

RAPETASSAGE [ʀaptasaʒ] n. m. — 1609; de *rapetasser.*
Familier.

♦ **1.** Action de rapetasser. ⇒ **Raccommodage.**

♦ **2.** (1751). Fig. Remaniement, fragment corrigé d'une œuvre littéraire. — Action de procéder à des corrections, des remaniements.

RAPETASSER [ʀaptase] v. tr. — 1532; du provençal *petassar,* de
petas «pièce pour rapiécer», mot courant en franç. régional
(Auvergne, etc.); du lat. *pittacium,* grec *pittakion* «emplâtre».
Familier.

♦ **1.** Rapiécer sommairement, grossièrement (un vêtement, etc.).
⇒ **Raccommoder, rapiécer, réparer, retaper** (fam.). — Au p. p. *« Les
souliers grimaçants* (cit. 1), *vingt fois rapetassés »* (Boileau).

1   (...) une ignorante fille sans cesse occupée à rapetasser des bas (...)
                                BALZAC, Eugénie Grandet, Pl., t. III, p. 511.

♦ **2.** (V. 1600). Fig. et péj. Compiler, faire une œuvre au moyen
d'emprunts; remanier, corriger.

2   Passé deux heures avec J.-E. Blanche à rapetasser son manuscrit terriblement
    défaillant par endroits.   GIDE, Journal, 31 janv. 1916.
3   Journée consacrée au roman que je rapetasse.
                                        F. MAURIAC, Bloc-notes 1952-1957, p. 61.
DÉR. Rapetassage, rapetasseur.

RAPETASSEUR, EUSE [ʀaptasœʀ, øz] n. — Av. 1553; de *rapetasser.*
Familier.

♦ **1.** Rare. Personne qui reconstruit, fait des travaux hétérogènes, à
partir de données dispersées.

♦ **2.** (1659). Personne dont le métier consiste à réparer, à rapetasser des objets.

En décembre encore, Alphonsine vient s'installer au Domaine pour ravauder.
Depuis plus d'un quart de siècle, rapetasseuse de métier, elle nomadise de ferme
en ferme.   Catherine PAYSAN, l'Empire du taureau, p. 134.

RAPETISSEMENT [ʀaptismɑ̃] n. m. — 1547; de *rapetisser.*

♦ **1.** Action de rendre plus petit qqch.; résultat de cette action; le
fait de devenir plus petit. ⇒ **Diminution, réduction.** *Le rapetissement
d'un vêtement trop grand. Rapetissement au lavage.* ⇒ **Rétrécissement.**

♦ **2.** (Déb. XIXᵉ). Action de diminuer le mérite, la valeur (de qqn
ou de qqch.). ⇒ **Abaissement, dégradation.** *Un rapetissement humiliant.*

CONTR. Agrandissement, amplification, élargissement, extension, grossissement.

RAPETISSER [ʀaptise] v. — 1349, *rapetichier;* de *re-,* et *apetisser.*

★ **I.** V. tr. ♦ **1.** Rendre plus petit. ⇒ **Amenuiser, apetisser, diminuer,
réduire, restreindre.** *Rapetisser le manteau d'un aîné pour le faire
servir au cadet.* ⇒ aussi **Accourcir, écourter, raccourcir.**

♦ **2.** (1749). Faire paraître plus petit par un effet d'optique
(→ Angle, cit. 2). *« La distance rapetisse les objets »* (Académie).
Cet immeuble rapetisse, par sa masse, les maisons qui l'entourent.
⇒ **Écraser** (*supra* cit. 13).

♦ **3.** (1752). Fig. Diminuer la grandeur de (qqch.), le mérite de
(qqn), représenter comme plus petit qu'en réalité. ⇒ **Amoindrir**
(cit. 3).

1   On trouvera assez d'explications de mes actions après moi pour m'agrandir si je
    réussis et me rapetisser si je tombe.
                                    A. DE VIGNY, Servitude et Grandeur militaires, III, V.
2   (...) vous appartenez à cette masse décrépite que l'intérêt rend hideuse, qui
    tremble, qui se recroqueville et qui, parce qu'elle se rapetisse, veut rapetisser la
    France.   BALZAC, Z. Marcas, Pl., t. VII, p. 758.

★ **II.** V. intr. (1459, *rapeticier*). Devenir plus petit, plus court (dans
l'espace ou dans le temps). *Les jours rapetissent vite en automne.*
⇒ **Raccourcir.**

3   Dès qu'on entre parmi ces arbres, qui dépassent en magnificence tous les arbres
    de nos bois, on a l'impression d'avoir soudain rapetissé, d'être devenu lilliput-
    tien (...)   Jérôme et Jean THARAUD, Marrakech, II.

▶ **SE RAPETISSER** v. pron. (1694).
Devenir plus petit, plus court (dans l'espace ou dans le temps).
⇒ fam. **Ratatiner** (se). → Courber, cit. 20; grandir, cit. 2; 1. ombre,
cit. 31. — Par métaphore (→ cit. 6).

Nous nous rapetissons dans les petits enfants.   HUGO, l'Art d'être grand-père, V.   4
Le père, jadis très robuste, âgé de soixante-dix ans aujourd'hui, s'était desséché et   5
rapetissé dans un travail si dur, dans une passion de la terre si âpre, que son corps
se courbait, comme pour retourner à cette terre, violemment désirée et possédée.
                                                          ZOLA, la Terre, I, II.

Voici que je me fais très bien à ce Japon mignard maintenant, je me rapetisse et   6
je me manière; je sens mes pensées se rétrécir et mes goûts incliner vers les choses mignonnes, qui font sourire seulement; je m'habitue aux petits meubles ingénieux, aux pupitres de poupées pour écrire, aux bols en miniature pour faire la
dînette (...)   LOTI, Mᵐᵉ Chrysanthème, XLIX.

(Av. 1711). Devenir d'un moindre mérite, intérêt, d'une moindre
valeur.

Tout se resserre et se rapetisse; les pratiques perdent leur sens et se matériali-   7
sent; la prière devient un mécanisme, le culte une cérémonie (...)
                          RENAN, l'Avenir de la science, XV, Œ. compl., t. III, p. 959.

CONTR. **Agrandir, allonger, amplifier, développer, élargir, étendre, grandir, grossir. — Magnifier.**
DÉR. Rapetissement, rapetissure.

RAPETISSURE [ʀaptisyʀ] n. f. — 1868; de *rapetisser.*

♦ Techn. (pêche). Diminution progressive de l'ouverture d'un filet
vers son extrémité.

RÂPEUR, EUSE [ʀɑpœʀ, øz] n. — 1611; de *râper.*

♦ Techn. Ouvrier, ouvrière qui râpe une substance, et, spécialt
(1765), le tabac.

RÂPEUX, EUSE [ʀɑpø, øz] adj. — Av. 1577; *raspos,* v. 1175;
de *râpe.*

♦ **1.** Hérissé d'aspérités, rude au toucher comme une râpe* (II.).
⇒ **Rugueux.** *Langue râpeuse d'un chat* (→ Lécher, cit. 2). *La consistance râpeuse et dure de l'argile* (cit. 4) *sèche.*

Il vint près d'elle, lui effleura le front de sa barbe râpeuse; il demanda si elle   1
n'avait besoin de rien, baissa la lumière de la lampe, et partit (...)
                               R. ROLLAND, Jean-Christophe, L'aube, I, p. 9.

♦ **2.** (Av. 1880). D'un goût âpre, désagréable à boire. *Vin, cidre
râpeux. — Un goût râpeux* (→ Falsifier, cit. 3; gâter, cit. 41).

♦ **3.** (1869). Dont le son manque de moelleux. ⇒ **Âpre, rocailleux,
rude** (→ Goualeuse, cit.). *Une voix râpeuse.*

Il avait une voix chaude et rocailleuse, il attaquait les mots avec rudesse et par à-   2
coups, ils sortaient du fond de sa gorge tantôt très vite et tantôt lentement, âpres
et râpeux; mais ils se prolongeaient tous par une douce vibration sombre.
                                       SARTRE, le Sursis, p. 147.

RAPHAÉLESQUE [ʀafaelɛsk], **RAPHAÉLIQUE** [ʀafaelik]
adj. — 1834 *raphaélesque; raphaélique,* av. 1841 in *Mémoires d'outre-
tombe,* III, p. 420; de *Raphaël,* nom propre. → aussi Préraphaélite.

♦ Didact. Qui est particulier au peintre Raphaël; qui rappelle son
art, ses types. *Douceur, visage raphaélesque.*

Samuel a le front pur et noble, les yeux brillants comme des gouttes de café, le
nez taquin et railleur, les lèvres impudentes et sensuelles, le menton carré et despote, la chevelure prétentieusement raphaélesque.   BAUDELAIRE, la Fanfarlo.

RAPHANIE [ʀafani] n. f. — 1803; *raphania,* 1795, Cullen, II, 364;
du lat. *raphanus* «raifort», cette maladie étant attribuée à l'ingestion
de semences de *Raphanus raphanistrum.*

♦ Méd. Forme convulsive de l'ergotisme.

RAPHÉ [ʀafe] n. m. — 1839; grec *rhaphê* «couture, suture».

♦ Anat. Entrecroisement serré de fibres nerveuses, tendineuses ou
conjonctives, provenant d'organes symétriques, au niveau de leur
ligne médiane. *Raphé du scrotum, du périné. Raphé du bulbe.
« Les neurones du raphé dorsal s'arrêtent totalement de fonctionner durant la phase paradoxale du sommeil »* (la Recherche,
mars 1980, p. 350).

RAPHIA [ʀafja] n. m. — 1804; mot malgache.

♦ **1.** Bot. Palmier d'Afrique et d'Amérique équatoriale (plusieurs
espèces; famille des *Palmacées*), à stipe robuste, à très longues
feuilles. *Un raphia fournit une fibre textile. Vin de palme tiré d'une
espèce malgache de raphia* (Raphia vinifera).

♦ **2.** Cour. Fibre, liens qu'on tire des feuilles de ce palmier. *Le
raphia est utilisé pour la fabrication de cordages, d'ouvrages de
sparterie, etc. Un brin de raphia.*

Adieu, ma nuit à la belle étoile sur le matelas de raphia (...)
                              COLETTE, la Naissance du jour, 1928, p. 25.
Ouvrage en raphia. *Étendre un raphia sur le sol en guise de nappe.*

RAPHIDE [Rafid] n. f. — 1846 ; du grec *raphis, idos* « aiguille ».

♦ Biol. Cristal en forme d'aiguilles qui se rencontre dans certaines cellules végétales ou animales.

RAPIAT, ATE [Rapja, at] adj. et n. — 1836 ; on a allégué l'argot scolaire *faire rapiamus* « chiper », du lat. *rapere* « saisir, ravir », mais plutôt (P. Giraud) de *râper* au sens de « amasser de petites choses » (cf. *rapailler*, au Canada).

♦ **1.** Fam. Avare, cupide (avec une idée de mesquinerie, de goût pour les petites économies, les petits profits). ⇒ **Pingre, radin.** *Elle est rapiate,* ou, plus cour. (invar.) *elle est rapiat.* — N. *Un vieux rapiat.*

Alors tu trouves qu'on ne gagne pas assez pour se payer de bonnes choses ? C'est-il que tu deviendrais rapiat ?
J. ROMAINS, les Hommes de bonne volonté, t. XVI, XXVI, p. 244.

♦ **2.** N. m. Vx et pop. Auvergnat, Savoyard résidant à Paris et exerçant un petit métier, comme celui de brocanteur (cf. Balzac, *le Cousin Pons*, p. 553).

CONTR. **Dépensier, prodigue.**
DÉR. **Rapiater, rapiaterie.**

RAPIATER [Rapjate] v. intr. — 1967, cit. *infra ;* de *rapiat.*

♦ Fam. Faire le rapiat ; économiser sur de petites sommes, éviter les dépenses.

Par contraste avec cette vie infernale, je me délecte à contempler mes économies, à tenir ma petite comptabilité, à rapiater dans tous les coins. Je fais ma caisse toutes les semaines, comme un épicier. Je ne laisse rien perdre de ce que le monde me fournit, pour subsister. Les gens qui ne sont pas atteints de cette sorte d'avarice ne savent pas de quelles joies ils se privent. J. DUTOURD, Pluche, V, p. 33.

RAPIATERIE [Rapjatri] n. f. — 1967, cit. *infra ;* de *rapiat.*

♦ Fam. Avarice ; comportement de rapiat.

(...) passant selon mon habitude d'un extrême de rapiaterie à un extrême de dévouement, j'ai offert de donner mon argent tout de suite.
J. DUTOURD, Pluche, XIII, p. 224.

RAPIDE [Rapid]. adj. et n. — 1509, au sens 2. ; a remplacé *rabde* (XIe), *rade* (v. 1175), de même orig. ; lat. *rapidus* « qui entraîne, qui emporte », de *rapere* « entraîner violemment ». → Ravin, raviner.

★ **I.** Adj. **A.** ♦ **1.** (1640). (En parlant d'un cours d'eau). Dont le courant est fort, qui coule avec une grande vitesse*, selon une pente très accentuée. *Le fleuve* (cit. 12) *qui nous entraîne est si rapide... Rivière, ruisseau rapide. Courant rapide. Le cours du Rhône est plus rapide que celui de la Loire.* ⇒ **Impétueux.** — *Eau, onde rapide d'une rivière* (→ Falaise, cit. 3 ; fouiller, cit. 5).

1 (...) le courant devient brusquement si rapide que tout l'effort des pagayeurs a du mal à le remonter. GIDE, Voyage au Congo, in Souvenirs, Pl., p. 707.

♦ **2.** (XVIIIe). Qui est fortement incliné par rapport au plan horizontal, qui entraîne vers le bas. *Pente* (cit. 1) *rapide.* ⇒ **Abrupt** (→ aussi Gravir, cit. 6 ; penchant, cit. 2). *Descente rapide.*

2 Nous redescendons, autant sur le dos que sur les pieds, le cône rapide du cratère (...) MAUPASSANT, la Vie errante, La Sicile.

♦ **3.** (1687). Fig. littér. Qui passe vite. *Le cours* (cit. 14) *rapide des heures. Instant* (2. Instant, cit. 3) *rapide. Heures rapides* (→ Présence, cit. 1). — *Existence, jeunesse rapide.* ⇒ **Éphémère** (→ Néant, cit. 9 et 21).

♦ **4.** (1690). Qui se meut ou peut se mouvoir avec une vitesse élevée. *Animal, cheval, coursier rapide.* ⇒ **Véloce** (→ Aquilain, cit. ; éperon, cit. 4). *Chien rapide. Coureur rapide.* ⇒ **Vite** (adj.). → *Aller comme le vent*. Rapide comme une flèche, comme l'éclair. Il est rapide dans ses mouvements.* ⇒ **Agile.** *Mains nerveuses, rapides* (→ Improviser, cit. 4). *Mots tracés d'une main rapide et ferme* (→ Écrire, cit. 4). — *Vaisseau, navire, avion rapide* (→ Argonaute, cit. 1 ; lance-bombes, cit. 2 ; manier, cit. 9). *Voiture rapide et nerveuse. Train rapide* (⇒ Gagner, cit. 62 ; garde-barrière, cit.). → aussi ci-dessous, II., 2. *Train rapide Paris-Bruxelles. Car rapide.* — *Flèche rapide. Message rapide.*

3 (...) la Lumière est la plus rapide des messagères. Il y a longtemps que les hommes ont l'intuition de cette propriété remarquable de la Lumière. Déjà Lucrèce dans son *De Natura Rerum* attribuait une vitesse « indicible » aux légères pellicules détachées de la surface des corps matériels qui, selon lui, constituaient la lumière. Longtemps, on crut qu'elle se propageait instantanément, avec une vitesse infinie (...) L. DE BROGLIE, Physique et Microphysique, p. 66-67.

Rapide à... Être rapide à la course.

♦ **5.** (1679). Personnes. (Sans idée de déplacement). Qui exécute ou peut exécuter une action, un ouvrage, qui produit ses effets avec promptitude. *Il est rapide dans son travail, dans l'exécution de ses projets.* ⇒ **Diligent, empressé, expéditif, prompt.** *Vous êtes bien rapide en besogne !* : vous êtes trop pressé ! — Spécialt. Qui comprend, qui voit tout de suite. *Un esprit rapide et brillant* (→ Frénésie, cit. 4). *Intuition rapide* (→ Pénétration, cit. 7). *Coup d'œil rapide et sûr* (→ Descendre, cit. 14).

4 J'ai rarement eu l'impression d'avoir en face de moi quelqu'un qui ait le coup d'œil aussi net et aussi rapide, et autant de décision dans l'esprit.
J. ROMAINS, les Hommes de bonne volonté, t. V, XXII, p. 192.

(Choses). *Un poison rapide,* qui agit vite, qui a une action rapide (→ ci-dessous B.). *Acier rapide.*

B. ♦ **1.** (D'une allure, d'un mouvement). Qui est caractérisé par une vitesse élevée, qui est exécuté en un temps bref. *Allure, course* (→ Lièvre, cit. 2), *pas rapide.* ⇒ **Ailé** (→ Litière, cit. 4). *Le tiercé a été très rapide,* s'est déroulé à grande vitesse. — *Mouvement* (→ Animé, cit. 46), *geste* (→ Faucher, cit. 2 ; habilleur, cit.), *pirouette rapide* (→ Hourvari, cit. 1). *Geste, coup rapide comme l'éclair, comme la foudre.* ⇒ **Fulgurant** (→ Cela s'est fait en un clin* d'œil).
Mouvement, rythme rapide, où les temps de la mesure sont très rapprochés (→ Biniou, cit. ; entêtant, cit. ; fandango, cit. 2 ; habanera, cit. 1). *Cadence rapide.* ⇒ **Soutenu** (→ Apsara, cit. 1). *Pizzicato* (cit.) *rapide.* ⇒ **Allegro, presto...** *Mouvements rapides.* ⇒ **Allegro, presto...** *Pouls rapide,* dont les battements sont très rapprochés. ⇒ **Élevé, fréquent** (*infra* cit. 5). → 1. Mou, cit. 15. *Respiration rapide. Voix, articulation, prononciation rapide,* qui ne traîne pas sur les syllabes, qui ne fait pas de pauses longues (→ 1. Lire, cit. 23 ; provocateur, cit. 2).

♦ **2.** Fig. (Du style, d'un récit, etc.). Qui va droit à l'essentiel, qui donne par son rythme une impression de vivacité. ⇒ **Alerte, cursif, emmené.** *Style, narration, éloquence rapide. L'allure franche et rapide de l'ïambe* (cit. 3). *Des pages rapides écrites d'un ton enjoué* (→ Fredaine, cit. 3).

5 Le récit est rapide. On le sent écrit d'un trait, fusant de l'esprit sous la pression de passions intérieures violentes, dans l'impatience, dans la frénésie.
A. MAUROIS, Études littéraires II, Mauriac, v.

♦ **3.** (D'une action, d'un processus, etc.). Dont les différentes phases se succèdent à des intervalles rapprochés, qui est exécuté, qui atteint son terme en peu de temps. ⇒ **Prompt.** *Rendre une évolution plus rapide* (⇒ **Accélérer, activer, précipiter**), *moins rapide* (⇒ **Retarder**). *Amélioration* (cit. 2), *avancement* (cit. 9), *perfectionnement* (cit. 2) *rapide. Progrès rapides* (→ Enterrer, cit. 15 ; foyer, cit. 22 ; grimace, cit. 3). *Succès, victoire* (→ Exaspérer, cit. 7), *fortune, gain* (cit. 7), *guérison rapide. Cela n'a été qu'un rapide épisode.* ⇒ **Bref.** *Une rapide explosion de colère.* ⇒ **Flambée.** *Nous espérons une réponse rapide. Son intervention, sa décision a été bien rapide.* ⇒ **Brusque, hâtif, soudain.** — *Construction rapide* (→ Platitude, cit. 6). *Ciment à prise rapide.* — *Médicament à action rapide, lente, retardée.* — Qui conduit vite au but désiré. *Moyen, expédient rapide.* ⇒ aussi **Court, prompt.** *D'une manière rapide.* ⇒ **Rapidement.**

6 La méthode, les détails d'une fortune rapide vous donnent toujours une impression de magie. CÉLINE, Voyage au bout de la nuit, p. 194.

Techn. *Acier à coupe rapide,* ou, ellipt., *acier rapide* : acier très dur employé dans la fabrication des outils de machines. *Fraise, toupie en acier rapide.* — Photogr. *Pellicule rapide, ultra-rapide* : sensible, dont le temps de pose est très bref.

♦ **4.** Que l'on fait sans s'appesantir. *Regard rapide.* ⇒ aussi **Furtif** (→ Gloussement, cit. 1). *Visions instantanées* (cit. 1), *rapides. Expérience rapide et superficielle* (→ Identique, cit. 3). *Examen* (→ Limier, cit. 6), *inventaire* (→ Papier, cit. 22), *lecture rapide.* ⇒ **Sommaire.** *Exposé rapide.* ⇒ **Compendieux** (vx).

C. Sports. Qui permet des performances élevées, quant aux temps. *Cette piste n'est pas très rapide* : *les virages en sont mal dessinés. Cette piscine olympique est très rapide.*

★ **II.** N. m. ♦ **1.** (1736). Partie d'un cours d'eau où le courant est rapide, agité et tourbillonnant par suite d'un léger ressaut du fond du lit provoquant une rupture de pente (phénomène inverse de la chute). → Canal, cit. 10 ; marmite, cit. 5. *Dans un rapide, la différence de niveau est beaucoup moins grande que dans une cataracte, une chute. Les rapides du Mékong, du Saint-Laurent, des fleuves africains. Descente* (cit. 2) *d'un rapide.*

7 Ce point de la Seine est redouté des mariniers. Rien n'est plus dangereux que ce rapide, resserré à cette époque et irrité par les pilotis du moulin du pont, aujourd'hui démoli. HUGO, les Misérables, V, IV.

8 Troisième visite aux rapides du Congo (...) Nous traversons un bras du Djoué en pirogue et gagnons le bord même du fleuve, où la hauteur des vagues et l'impétuosité du courant sont particulièrement sensibles (...) Par instants, un remous creuse un sillon profond ; une gerbe d'écume bondit.
GIDE, Voyage au Congo, in Souvenirs, Pl., p. 692.

♦ **2.** (1870). Train* qui va plus vite que l'express* et ne s'arrête que dans les très grandes villes (→ Locomotive, cit. 3 ; monstrueux, cit. 3). *Le rapide de Lausanne* (→ Consulter, cit. 7). *Le rapide Paris-Bordeaux.*

9 Et un rapide illuminé, grondant comme le tonnerre, fit trembler la cabine d'aiguillage. SAINT-EXUPÉRY, le Petit Prince, XXII.

♦ **3.** En franç. d'Afrique. Camionnette, petit car privé. « *Quant aux rapides, ces pittoresques petits cars Renault (...)* » (B. Courteille, *Nés de la brousse,* p. 18, in I. F. A.).

CONTR. **Lent.**
DÉR. et COMP. **Rapidement, rapido-presto, rapidos.**

RAPIDEMENT [ʀapidmɑ̃] adv. — 1611 ; de *rapide*.

♦ **1.** D'une manière rapide, à une grande vitesse. ⇒ **Vite** (adv.); **vivement.** *Aller rapidement.* ⇒ **Train** (bon train). *Partir, filer rapidement* (cf. Comme l'éclair, comme une flèche, à tire-d'aile). ⇒ **Rapido-presto, rapidos.** *Une seconde, je reviens rapidement* (→ fam. Je ne fais qu'aller et venir*). *Assez, très rapidement.*

(...) deux jeunes filles en haillons, l'une longue et mince, l'autre un peu moins grande, qui passaient rapidement, essoufflées, effarouchées, et comme ayant l'air de s'enfuir (...)   HUGO, les Misérables, III, VIII, II.

♦ **2.** En un temps bref. *Mener rapidement une affaire.* ⇒ **Bride** (à bride abattue, fig.), **expéditivement.** *Ce travail va être achevé rapidement.* ⇒ **Bientôt** (2.), **instant** (en un instant), **moment** (en un moment), **presto** (fam.), **promptement, rien** (en moins de rien), **tour** (en un tour de main). *On voit que cet ouvrage a été fait trop rapidement.* ⇒ **Hâte** (à la hâte), **hâtivement.** *Manger rapidement,* sur le pouce*. *Tout s'est passé très rapidement. Lettres écrites rapidement, sans brouillon* (2. Brouillon, cit. 1). ⇒ **Jet** (d'un seul jet) ; → vx À trait de plume*. *Improviser* (cit. 5) *un discours rapidement. Lire, parcourir rapidement le journal* (→ Jeter un coup d'œil* sur...). *Exposer rapidement une question. Se résumer rapidement.* ⇒ **Compendieusement** (→ Formule, cit. 20). *Il s'est enrichi, ruiné rapidement* (→ fig. Du soir au matin*). *Le temps qui détruit* (cit. 4) *si rapidement les monuments des empires.*

CONTR. Lentement, doucement.

RAPIDITÉ [ʀapidite] n. f. — 1573 ; lat. *rapiditas*.

♦ **1.** Caractère d'une chose, d'un être, d'une personne rapide qui va vite. *Rapidité d'un cheval.* ⇒ **Vélocité, vitesse.** *La rapidité d'un cours d'eau, d'un rythme, d'une danse. Courir avec rapidité.* — Fig. *Avec la rapidité de l'éclair, de la foudre, d'une flèche* (→ Mépris, cit. 9).

1   (...) les deux compagnies avaient pris leur parti ; lancées avec la rapidité de la foudre et au cri de *vive le roi !* elles fondirent sur la longue colonne de la cavalerie ennemie comme deux vautours sur les flancs d'un serpent (...)
A. DE VIGNY, Cinq-Mars, X.

2   D'un bond il avait atteint le trapèze, et se balançait dans l'air, ses mains, au milieu de la volée de son corps, quittant à coup la barre et la reprenant de l'autre côté. Il tourbillonnait autour du morceau de bois avec une rapidité vertigineuse, qui peu à peu se modérait et mourait dans un doux alanguissement de son corps tournoyant (...)   Ed. DE GONCOURT, les Frères Zemganno, IV.

Parler avec rapidité. ⇒ **Volubilité.** *Rapidité dans le travail.* ⇒ **Activité, célérité, diligence, promptitude.** *Rapidité excessive.* ⇒ **Hâte, précipitation.** — *Une rapidité merveilleuse à comprendre* (→ Divination, cit. 5). — *Rapidité d'esprit* (cit. 99), *de décision* (→ Fusion, cit. 3), *de la pensée* (→ Panorama, cit. 4).

3   Néanmoins, on trouve très rarement chez les Allemandes la rapidité d'esprit qui anime l'entretien et met en mouvement toutes les idées (...)
Mᵐᵉ DE STAËL, De l'Allemagne, I, III.

♦ **2.** (1680). Caractère de ce qui est fait en peu de temps, de ce qui se fait vite. *Rapidité des gestes, des mouvements.* ⇒ **Agilité, prestesse, vivacité.** *La rapidité de son avancement* (→ Note, cit. 31). *Ses progrès furent d'une rapidité déconcertante* (→ Promptitude, cit. 2).

Caractère de ce qui passe vite.

4   Les objets que nous voyons habituellement ne nous font pas apercevoir de la rapidité de notre vie ; ils vieillissent avec nous d'une vieillesse insensible : mais ce sont ceux que nous revoyons tout à coup, après les avoir perdus quelques années de vue, qui nous avertissent de la vitesse avec laquelle s'écoule le fleuve de nos jours.
BERNARDIN DE SAINT-PIERRE, Paul et Virginie, p. 98.

♦ **3.** Caractère d'une œuvre, d'un récit... rapide* (I., B., 2.). *Rapidité du style, de l'éloquence, d'une narration.*

♦ **4.** (V. 1660). Caractère de ce qui dure peu de temps, qui passe vite. *La rapidité du temps* (→ Couler, cit. 17 ; emmener, cit. 1 ; et aussi engager, cit. 49).

Sports. Qualité d'une piste, d'un parcours qui permet de hautes performances. ⇒ **Rapide** (I., C.).

CONTR. Lenteur. — Paresse, pesanteur.

RAPIDO-PRESTO [ʀapidopʀɛsto] adv. — Attesté xxᵉ ; de *rapide*, et *presto*, formation plaisante sur le modèle des adv. ital. employés en musique.

♦ Fam. Rapidement, sans attendre. *Ça c'est fait rapido-presto.* ⇒ **Rapidos.**

RAPIDOS [ʀapidos] adv. — 1928 selon M. Prigniel (in *Dico-Plus*); de *rapide*, et suff. pop. *-os*.

♦ Fam. Rapidement, sans traîner. *Il a disparu rapidos.* ⇒ **Rapido-presto.**

Femme de devoir, elle souhaiterait filocher rapidos, affranchir son petit julot et Monsieur Hans.   Albert SIMONIN, Hotu soit qui mal y pense, 1971, p. 185.

RAPIÉÇAGE [ʀapjesaʒ] ou **RAPIÈCEMENT** [ʀapjɛsmɑ̃] n. m. — 1552, *rapiéçaige*, repris 1866 ; *rapiècement*, 1606 (xvıᵉ, « tout composite »); de *rapiécer*.

♦ **1.** Action de rapiécer. ⇒ **Rapetassage.** *Faire du rapiéçage.*

1   (...) je pus voir que la livrée du pauvre homme, non plus que le harnachement, n'en était pas à son premier rapiéçage.   GIDE, Isabelle, I.

♦ **2.** Partie réparée en rapiéçant ; pièce. *Les rapiéçages d'un vieux soulier.* ⇒ **Rapiéçure.**

2   Les hommes portaient tous des pantalons de toile bleue, plus ou moins passés et bigarrés de rapiéçages, et l'ample vareuse des pêcheurs.
A. ROBBE-GRILLET, le Voyeur, p. 43.

Par ext. Réparation précaire, bien visible. ⇒ **Rafistolage.**

3   Bien propre pourtant, cette barque, bien soignée, mais si vieille, avec des rapiéçages.   LOTI, in G.L.L.F.

Par métaphore. « *Des champs et des châtaigneraies comme des rapiéçages* » (Giraudoux, *Suzanne et le Pacifique*, I, p. 8).

REM. Dans tous les emplois, *rapièement* semble rare.

RAPIÉCER [ʀapjese] v. tr. — Conjug. *céder* et *placer*. — 1549 ; *rapiecier*, 1360 ; de *re-*, et *pièce*.

♦ Réparer ou raccommoder en mettant, en cousant une pièce de tissu. ⇒ **Apiécer** (vx), **rapetasser, rapiéceter.** *Réparer un vieux vêtement en le rapiéçant. Rapiécer un morceau d'étoffe* (→ Haillon, cit. 2). *Lingère, raccommodeuse qui rapièce du linge.*
Réparer, boucher les trous, en posant un morceau d'une matière appropriée. *Rapiécer des chaussures. Rapiécer un pneu.*

▶ **RAPIÉCÉ, ÉE** p. p. adj.

♦ **1.** Réparé avec des pièces. *Veste rapiécée* (→ Gardian, cit.). *Un jean tout rapiécé.*

1   Elle n'était vêtue, elle aussi, que d'une chemise et d'un jupon de tricot rapiécé avec des morceaux de vieux drap.   HUGO, les Misérables, III, VIII, VI.

♦ **2.** Fig. Formé de pièces qui semblent rapportées.

2   Tout autour une plaine immense, rapiécée de mille sortes de cultures, semée de beaux villages.   HUGO, Notre-Dame de Paris, I, III, II.

3   On ne rencontre, au loin, qu'enclos rapiécés et chemins noirs de houille et de scories.   VERHAEREN, les Villes tentaculaires, « La plaine ».

DÉR. Rapiéçage ou rapiècement, rapiéceter, rapiéçure.

RAPIÉCETAGE [ʀapjestaʒ ; ʀapjɛstaʒ] n. m. — 1694 ; de *rapiéceter*.

♦ Rare. Action de rapiéceter ; son résultat. *Le rapiécetage d'un vêtement.*

RAPIÉCETER [ʀapjeste ; ʀapjɛste] v. tr. — Conjug. *jeter.* — 1624 ; de *rapiécer*.

♦ Rare. Mettre des pièces nombreuses, rapiécer de façon précaire, par pièces plus ou moins bien cousues, fixées. ⇒ **Rapetasser, rapiécer.**

RAPIÉÇURE [ʀapjesyʀ] n. f. — 1868, cit. *infra* ; de *rapiécer*.

♦ Rare. Pièce servant à faire un rapiéçage ; partie rapiécée (de qqch.). *Un vêtement plein de rapiéçures.* ⇒ **Rapiéçage, 2.**

Il était joli le bagage ! une pauvre petite mallette garnie de clous, avec des rapiéçures, et pesant plus que son contenu.
Alphonse DAUDET, Quarante ans de Paris, I.

RAPIÈRE [ʀapjɛʀ] n. f. — 1488 ; *espee rapiere*, 1479 ; de *râper*, par anal. de la poignée trouée avec une râpe.

♦ Anc. Épée* longue et effilée, à garde hémisphérique. *Longue rapière* (→ Ceinturon, cit. ; manteau, cit. 3). *Un coup de rapière* (→ Busc, cit. 1). *Un traîneur de rapière.* ⇒ **Soudard.** — Vx. Mauvaise épée.

1   Lorsqu'un franc campagnard, avec longue rapière,
Montant superbement sa jument poulinière (...)   MOLIÈRE, les Fâcheux, II, 6.

2   C'est un donjon. Des gueux à la longue rapière
Le gardent ; des soudards sur ses tours font le guet.
HUGO, la Légende des siècles, XXI, « Masferrer », V.

Mod., plais. Épée (quelle que soit la longueur de sa lame ou la qualité de son acier).

RAPIN [ʀapɛ̃] n. m. — 1824 ; « petit maraudeur », 1821 ; « auteur de rapines », 1619 in D.D.L. ; de *rapine*, avec infl. probable de *râper* « prendre ».

♦ **1.** Vx. Jeune élève, apprenti dans un atelier de peinture. « *Le gamin* (cit. 1) *peintre s'appelle rapin* » (Hugo). — *Plaisanterie, farce de rapin* : grosse plaisanterie, telle qu'en font les élèves des Beaux-arts.

1   Le regard de celui-là révélait une autorité sur cet adepte en qui des yeux

exercés auraient reconnu ce joyeux élève en peinture, qu'en style d'atelier on appelle un rapin.   BALZAC, Un début dans la vie, Pl., t. I, p. 635.

♦ **2.** Peintre d'allure bohème et sans grand talent. *Un obscur rapin* (→ Peintre, cit. 3). *Les rapins de Montparnasse, de Montmartre, de la place Pigalle* (→ Danse, cit. 13; divertir, cit. 15). *Le chapeau, la lavallière, la pipe du rapin 1900.*

2   (...) le rapin fleurit dans cette capitale, qu'il proclame l'*Athènes* moderne (...)
           NERVAL, Voyage en Orient, Introd., V.

3   (...) dans un milieu d'artistes et provoqué sans cesse par les rapins et les modèles (...)   GIDE, Si le grain ne meurt, II, I, p. 289.

DÉR. Rapinade.

RAPINADE [ʀapinad] n. f. — V. 1865; de *rapin*.

♦ Vx. Peinture médiocre et prétentieuse (→ Contestation, cit. 4).

RAPINE [ʀapin] n. f. — V. 1190; *rappine*, v. 1160; lat. *rapina*, de *rapere* «prendre» (→ Rapide, rapt), p.-ê. avec infl. de *râper* «ramasser».

♦ **1.** Action de ravir, de prendre par violence. ⇒ **Enlèvement, ravissement.** *Le penchant du loup «pour la rapine et la destruction»* (Buffon). — Pillage, exactions violentes. ⇒ **Brigandage, pillage.**

1   La rapine et l'orgueil sont les dieux de la terre.   VOLTAIRE, Agathocle, III, 2.

2   Les écumeurs de la mer ont laissé de leur vigueur au peuple de Norvège. Les Vikings et leur violence ont fait ce sang. Ils l'ont versé sur toute l'Europe; hardis et cruels, ils ont grandi dans la rapine et la contestation.
           André SUARÈS, Trois hommes, «Ibsen», IV.

♦ **2.** (V. 1265). Vol, détournement de biens. ⇒ **Exaction.** *Rapines des soldats en campagne.* ⇒ **Maraude** (→ Maraudeur, cit. 1). *Les vols et les rapines des fermiers* (cit. 1) *généraux.* ⇒ **Concussion.** *Vivre de rapines.*

3   Le docteur, sa femme et ses enfants se concertèrent si bien pour épuiser ma bourse par toutes sortes de petites rapines, qu'ils y eurent bientôt réussi.
           DIDEROT, Jacques le fataliste, Pl., p. 569.

♦ **3.** (V. 1265, «butin»). Ce qui est pris par la rapine, gain illicite. ⇒ **Rapinerie.**

4   Leur camp, ou *ring*, était un prodigieux village de bois qui couvrait toute une province, fermée de haies d'arbres entrelacées; il y avait là les rapines de plusieurs siècles, les dépouilles des Byzantins, entassement étrange des objets les plus brillants, les plus inutiles aux barbares, bizarre musée de brigandage.
           MICHELET, Hist. de France, II, II.

DÉR. Rapiner, rapinerie.

RAPINER [ʀapine] v. — V. 1250; de *rapine*.
Vieux.

♦ **1.** V. intr. Pratiquer la rapine. *Il rapinait de tous côtés.*

1   Il rapine un peu dans les magasins, trafique un peu les numéros des voitures volées, maquille un peu les peintures.   Roger BORNICHE, Flic Story, p. 162.

♦ **2.** V. tr. Rare. Se procurer (qqch.) par rapine.

2   Bientôt on verra les chasseurs qui (...) rapineront vos melons et vos tomates.
           R. SABATIER, les Enfants de l'été, p. 131.

DÉR. Rapineur.

RAPINERIE [ʀapinʀi] n. f. — V. 1720; de *rapine*.

♦ Vx. Acte de rapine. *Les rapineries l'avaient enrichi.* ⇒ **Rapine.**

RAPINEUR, EUSE [ʀapinœʀ, øz] adj. et n. — Fin XIIIᵉ; de *rapiner*.

♦ Vx. Qui pratique la rapine. ⇒ **Chapardeur, maraudeur, voleur.** — N. *Un rapineur occasionnel.*

RAPLAPLA [ʀaplapla] adj. invar. — 1902, in D.D.L.; renforcement plaisant de *à plat* ou de *raplatir*.

♦ Fam. Fatigué; sans plus d'énergie. *Elle est complètement raplapla.* ⇒ **Flagada.**

(...) je ne cherche pas. Pourtant je pourrais si je voulais. Mais quoi? Partager les rentes et le pieu d'un retraité raplapla (...)? Merci!
           R. QUENEAU, Pierrot mon ami, éd. L. de Poche, p. 82.

RAPLATIR [ʀaplatiʀ] v. tr. — V. 1450, «aplatir»; repris XIXᵉ; de *re-*, et *aplatir*.

♦ Rendre de nouveau plat ou plus plat. — Pron. *Un pneu qui se raplatit.* — Fig. :

Quelque chose s'apprêtait à naître, une timide aurore de colère. Ça y est! Mais ça se dégonfla, ça se raplatit, il était désert, il marchait à pas comptés avec la décence d'un type qui suit un enterrement (...)   SARTRE, l'Âge de raison, p. 119.

▶ **RAPLATI, IE** p. p. adj.
Fig. et fam. Fatigué, mou, sans force. *Il est tout raplati.* ⇒ **Raplapla.**

DÉR. Raplatissement.

RAPLATISSEMENT [ʀaplatismɑ̃] n. m. — 1846, Flaubert; de *raplatir*.

♦ Action de raplatir. État de ce qui est raplati.

RAPOINTIR [ʀapwɛ̃tiʀ] v. tr. — 1846, *rappointir; rappointier* «aiguiser», 1481; de *re-*, et 2. *appointer.*

♦ Techn. Refaire la pointe de. ⇒ **Appointer.** *Rapointir une alène.*

CONTR. Émousser, épointer.

RAPPAREILLER [ʀapaʀeje; ʀapaʀɛje] v. tr. — 1690; «réunir (des personnes dispersées)», XIIIᵉ; «rendre pair» v. 1160; de *re-*, et *appareiller.*

♦ Rare. Remettre (une chose) avec sa pareille ou ses pareilles, lorsqu'elles manquent; remplacer les éléments manquants de (une série, une collection, etc.). ⇒ **Accorder, appareiller, réassortir.** *Rappareiller un service de table ancien.*

CONTR. Dépareiller.

RAPPARIEMENT [ʀapaʀimɑ̃] n. m. — 1803; de *rapparier.*

♦ Rare. Action de rapparier; son résultat. ⇒ **Réassortiment.**

RAPPARIER [ʀapaʀje] v. tr. — 1690; de *re-*, et *apparier.* → Paire.
Rare.

♦ **1.** Remettre (une chose) avec sa pareille, pour reformer une paire*.

♦ **2.** (1835; v. pron., 1690). Reformer un couple (d'animaux). *Rapparier les pigeons* (se dit surtout, comme *apparier*, de ces oiseaux). ⇒ **Apparier; pariade.**

CONTR. Déparier.
DÉR. Rappariement.

RAPPEL [ʀapɛl] n. m. — XIIIᵉ; de *rappeler.*

A. ♦ **1.** Action de rappeler, d'appeler (qqn) pour faire revenir. *Rappel d'un banni, d'un exilé. Rappel de ban.* — Dr. *Rappel d'agent diplomatique,* par lequel un État met fin à la mission d'un agent diplomatique auprès d'un autre État. — (1798). *Lettres de rappel* ou *de recréance,* par lesquelles un gouvernement signifie son rappel à un agent diplomatique. — *Rappel de réservistes* (sous les drapeaux). → Engager, cit. 38. *Rappel d'une, de deux classes, de spécialistes, de sous-officiers...* ⇒ **Mobilisation.**

1   (...) cette maison a très exactement coïncidé avec le rappel aux États-Unis d'un certain capitaine américain, qui a occupé quelque temps un poste à l'ambassade de Paris (...)   MARTIN DU GARD, les Thibault, t. IX, p. 122.

♦ **2.** (1762). Batterie* de tambour, sonnerie* de clairon par laquelle on rappelle les soldats pour les réunir. *Battre le rappel* (→ Fusillade, cit. 2). — Loc. *Battre* (cit. 28) *le rappel sur une porte :* tambouriner. *Tambouriner un petit rappel* (→ Coutumier, cit. 4). — Fig. Rassembler, réunir tous ceux ou tout ce dont on peut disposer. *Battre le rappel de ses amis.*

2   Vainement il battit le rappel de ses souvenirs, il ne trouva pas ce qu'il cherchait.
           Th. GAUTIER, le Capitaine Fracasse, XI.

3   J'ai entendu battre le rappel dans les rues depuis six heures et demie du matin.
           HUGO, Choses vues, 1840, Funérailles de Napoléon, 15 déc.

3.1   (...) il ne s'arrêtait même pas dans sa course, comme un soldat qui a entendu battre le rappel.   PROUST, Jean Santeuil, Pl., p. 823.

Par anal. Méd. *Bruit de rappel* (ou *bruit d'enclume*) : modification du rythme cardiaque par dédoublement du second bruit.

♦ **3.** (1875). Applaudissements par lesquels on rappelle un comédien, un musicien, une troupe, pour les acclamer.

4   — Ah bien! dit une voix enrouée de femme, j'ai cru qu'ils nous garderaient, ce soir! (...) En voilà des raseurs, avec leurs rappels!
   C'était la fin, le rideau venait de tomber.   ZOLA, Nana, V.

♦ **4.** Cri par lequel certains animaux s'appellent pour se rassembler. *Rappel de perdrix. Croassement* (cit. 1) *de rappel.*

5   Comme les oiseaux qui se rallient à un rappel, ils *(les bateaux pêcheurs)* se rassemblaient à la suite de ce croiseur (...)   LOTI, Pêcheur d'Islande, I, VI.

♦ **5.** Action de rappeler les concurrents au départ d'une course, lorsque celui-ci s'est mal effectué. *Rappel individuel. Il y a eu rappel général à la première régate.*

B. ♦ **1.** (1834). RAPPEL À... : avertissement donné à qqn pour tenter de le faire revenir à. *Rappel à la question**, fait à qui s'écarte d'une question à traiter dans une assemblée délibérante. *Rappel à l'ordre**, fait à qui compromet le bon ordre des délibérations en enfreignant le règlement. — *Rappel au silence* (→ Assourdir, cit. 5), *à la raison...* — Action de faire revenir (qqn) à... *Rappel à la réalité, aux réalités* (→ Dérisoire, cit. 1).

6 Si le souvenir, pour la plupart des âmes, dans des situations analogues à la mienne, est une tentation rude, pour moi, mon ami, il est plutôt une persuasion, un rappel au bien, une sollicitation presque toujours salutaire dans sa vivacité.
SAINTE-BEUVE, *Volupté*, XIV.

♦ **2.** (1875). **RAPPEL DE** (qqch.) : fait d'évoquer à la mémoire. ⇒ **Appel.** *Le rappel d'un nom.* ⇒ **Évocation** (cit. 10), **commémoration.** *Il rougit au rappel de cette aventure passée.* ⇒ **Mémoire, souvenance.**

7 (...) c'étaient comme des images réveillées, des rappels d'existences antérieures (...)
LOTI, Mme Chrysanthème, XXXII.

Action de faire penser de nouveau à. *Signal de rappel de limitation de vitesse. Rappel de compte :* avertissement d'avoir à toucher ou à payer le complément d'un paiement partiel. — (1869). *Par ext.* (Sans compl.). Paiement d'une portion d'appointements ou d'arrérages restée en suspens.

(1803). Répétition qui renvoie à une même chose. *Rappels de couleurs* (→ Grammaire, cit. 12 ; noir, cit. 44). *Rappel de ton :* touche destinée à rappeler un ton. — *Les rappels :* les reprises de mots (→ Offenser, cit. 8).

Méd. et cour. (Sans compl.). *Injection de rappel,* effectuée après un intervalle assez long qui suit une série initiale. « *L'immunité* (antipolyomyélitique) *est généralement très solide après la 4e injection, celle dite de rappel* » (Vic-Dupont, *la Maladie infectieuse*, p. 73). *Piqûre de rappel.* — *Par ext.* (Sans compl.). *Injection de rappel. Vous reviendrez dans trois mois pour le rappel.*

♦ **3.** (1904). Fait de ramener à sa position première ou normale. *Vis, ressort de rappel.* — Mécan. *Couple, force de rappel,* qui tend à ramener un système mécanique à sa position d'équilibre.

Mar. *Rappel d'une amarre. Amarre de rappel.*

♦ **4.** (1904). **a** Alpin. et cour. Le fait de ramener à soi, en la faisant glisser, la corde que l'on avait assujettie pour descendre. — Par ext. (Sans compl.). Procédé de descente des passages abrupts au moyen d'une corde qui peut être rappelée. *Descente en rappel. Faire du rappel. Corde de rappel.* — Descente effectuée selon ce procédé.

8 Allez-y. Vous faisiez très bien les rappels à l'école. Ce n'est pas plus difficile ici, il y a simplement plus de vide.
R. FRISON-ROCHE, *la Grande Crevasse*, 1948, p. 62.

Corde de rappel.

9 Ça devient malsain ! Georges, passe en tête ! Tu poseras les rappels. Vous, Monsieur Warfield, tâchez de descendre aussi bien que vous êtes monté.
R. FRISON-ROCHE, *Premier de cordée*, 1941, p. 50.

b Ski. Mouvement du skieur, repli des jambes destiné à dégager les talons des skis de la neige, dans le déclenchement d'un virage. ⇒ aussi **Rappel-lancer.**

c Mar. Position de l'équipage d'un dériveur ou d'un croiseur léger sur le plat-bord au vent pour compenser la gîte. *Se mettre au rappel. Faire du rappel.* — Équilibrage du bateau par l'équipage dans cette position.

♦ **5.** (1906). Sports. Action de faire revenir une bille de billard à son point de départ, après avoir touché une ou plusieurs bandes.

CONTR. Bannissement ; exil, renvoi ; oubli.
COMP. Rappel-lancer.

RAPPELABLE [Raplabl] adj. — V. 1265 ; de *rappeler.*

♦ Rare. Qui peut être rappelé. *Il est rappelable sous les drapeaux.*

RAPPELER [Raple] v. : — Conjug. *appeler.* — 1080, *rapeler,* au sens I., 2. ; de *re-,* et *appeler.*

★ **I.** V. tr. **A.** (Le compl. désigne une personne, un animal).

♦ **1.** (V. 1175). Appeler (un être vivant) pour faire revenir. *Rappeler qqn* (→ Manquer, cit. 45 ; marchander, cit. 2). *Rappeler son chien en le sifflant.* — Au p. p. *Moutons* (cit. 6) *rappelés par le berger.* Absolt. (Chasse). S'appeler.

1 Le ciel est redevenu bleu, et tandis que les perdrix rappellent sous le couvert, La buse plane dans l'air liquide. CLAUDEL, *l'Annonce faite à Marie*, IV, 5.

♦ **2.** Faire revenir ou tenter de faire revenir (qqn) — (Avec un compl. de lieu). *Voyageur qu'on rappelle chez lui. On l'a rappelé auprès de sa mère malade. Rappeler qqn à..., dans..., quelque part. Où l'a-t-on rappelé !* — (Sans compl. de lieu) :

2 Il faut tenir bon, il faut avoir du courage. Si tu reviens sans être rappelé, tu es perdu. Il faut apprendre à vivre à ce petit monde-là.
DIDEROT, Jacques le fataliste, Pl., p. 702.

Spécialt. (⇒ **Rappel,** 1.). *Rappeler un ambassadeur*, un agent diplomatique. Rappeler un acteur en l'applaudissant.* (⇒ **Bisser**).

Rappeler des réservistes sous les drapeaux. Rappeler des troupes. ⇒ **Mobiliser.** *Rappeler un exilé, un banni* (→ Exil, cit. 6).

Loc. *Dieu l'a rappelé à lui :* il est mort (⇒ **Appeler**). Littér. *Rappeler qqn du tombeau :* ressusciter.

3 Du tombeau, quand tu veux, tu sais nous rappeler. RACINE, *Athalie*, III, 7.

(Sujet n. de chose). Obliger à revenir. *Ses affaires le rappellent à Paris. « Repoussé par cent raisons, rappelé par mille sentiments »* (→ Flotter, cit. 16).

♦ **3.** (XVIIe). Fig. **RAPPELER QQN À...,** le faire revenir à. *Rappeler qqn à la vie,* l'empêcher de mourir, le faire revenir d'un évanouissement, et, par ext., lui redonner des raisons de vivre, d'espérer. ⇒ **Ramener** (→ 1. Goutte, cit. 42 ; lâche, cit. 5 ; procédé, cit. 1). *Rappeler qqn à soi,* lui faire reprendre connaissance. — *Rappeler qqn au devoir, à l'obéissance, à un sentiment.* (→ Élémentaire, cit. 2 ; grandeur, cit. 25). — *Rappeler qqn à la question, à l'ordre** (cit. 32). *Rappeler qqn aux bienséances, aux convenances, à la raison...*

4 Des sels violents, de l'eau fraîche, tous les moyens ordinaires prodigués rappelèrent la baronne à la vie, ou, si l'on veut, au sentiment de ses douleurs.
BALZAC, *la Cousine Bette*, Pl., t. VI, p. 458.

♦ **4.** Appeler de nouveau (qqn). *Téléphonez vers sept heures, si je ne suis pas encore rentré vous pourrez me rappeler plus tard. Il doit me rappeler. Je vous rappellerai demain.*

5 Il était dans l'entrée, le téléphone, et, passant devant lui, Edmond avait eu l'impression qu'il tintait toujours. L'autre, après leur départ, avait dû rappeler sans fin. ARAGON, *les Beaux Quartiers*, II, XXIV.

♦ **5.** Absolt. *En rappeler :* en appeler (de nouveau).

6 — Et pour cela on m'a condamné à trois ans, mais *j'en rappelle.*
HUGO, *Choses vues*, 1846, Visite à la Conciergerie.

B. (Le compl. désigne une chose). ♦ **1.** (Attesté XXe). Faire revenir (une chose) à sa position initiale ou vers soi. (Sujet n. de personne). *Rappeler la corde en tirant, dessus.* — (Sujet n. de chose). *Ressort qui rappelle une pièce.* ⇒ **Rappel.** — Mar. *« Cette amarre rappelle le navire sur bâbord »* (Académie).

♦ **2.** (Compl. abstrait). Faire renaître, revivre (une qualité, un sentiment, etc.). → Audace, cit. 2. *Rappeler sa force défaillante* (→ 2. Errant, cit. 6). — *Rappeler un sentiment* (→ Aspect, cit. 9), *des désirs* (→ Humeur, cit. 14) *en qqn.* — *Rappeler ses esprits*, ses sens...*

7 Quelle voix salutaire ordonne que je vive, Et rappelle en mon sein mon âme fugitive ? RACINE, *Esther*, II, 7.

♦ **3.** (Fin XIIe). Faire revenir à la conscience, à la mémoire (un souvenir, un état de conscience passé). → Immobile, cit. 18 ; irriter, cit. 18.

8 Rappellerai-je encor le souvenir affreux Du jour qui dans les fers nous jeta toutes deux ? RACINE, *Iphigénie*, II, 1.

9 Je rappelai à moi le peu que je savais.
VALÉRY, *Regards sur le monde actuel*, p. 13.

Rappeler le souvenir de... Rappeler une opinion. ⇒ **Citer** (→ Instinct, cit. 11). *Rappeler à qqn des paroles qu'il a oubliées* (cit. 2). ⇒ **Remémorer.** *Rappeler le soir ce que nous avons fait dans la journée* (→ Blâmer, cit. 14). ⇒ **Retracer.** *Rappeler à qqn ses devoirs* (→ Manquement, cit. 5). *Note destinée à rappeler qqch.* ⇒ **Mémorandum.** *Rappeler à tout propos son grade* (→ Petit, cit. 2). ⇒ **Allusion** (faire) — *Rappeler le souvenir d'un grand homme, un événement historique par une cérémonie.* ⇒ **Commémorer, commémoratif.**

REM. Dans cet emploi, le compl. désignant un contenu de conscience peut désigner une personne. *Rappeler quelqu'un au bon souvenir de...*

10 Ayez la bonté de me rappeler à son souvenir quand vous lui écrirez.
BALZAC, *Modeste Mignon*, Pl., t. I, p. 533.

Rappeler à qqn, que... (et proposition à l'indic.). *Je vous rappelle que vous devez terminer ce travail demain. Faut-il rappeler que...?* ⇒ **Redire.**

♦ **4.** (Fin XVIe). Sujet n. de chose. Faire venir à l'esprit par association d'idées (le souvenir du passé). ⇒ **Évoquer, évocation.** *Les excuses* (cit. 17) *rappellent la faute. Les paroles qu'on venait de prononcer lui rappelèrent...* (→ Parodier, cit. 3). — *Un air de solitude qui rappelle les Chartreuses* (→ Imprimer, cit. 12). *Cette plante rappelle le printemps* (→ Œillette, cit.). *Le bordj* (cit. 1) *rappelle les mœurs féodales.* ⇒ **Évoquer.**

11 Les monuments gothiques sont les seuls remarquables en Allemagne ; ces monuments rappellent les siècles de la chevalerie ; dans presque toutes les villes, les musées publics conservent des restes de ces temps-là.
Mme DE STAËL, *De l'Allemagne*, I, I.

12 Il fuit avec terreur les lieux et les visages qui lui rappellent sa vie passée.
F. MAURIAC, *l'Enfant chargé de chaînes*, XXVII.

Faire penser* à... *Un haut aqueduc me rappelait un ouvrage de Rome* (→ Croire, cit. 75). — Ressembler à. *Les gradins* (cit. 1) *qui rappellent ceux des amphithéâtres de Rome* (→ aussi Coiffe, cit. 3 ; fendillement, cit. ; noble, cit. 19). — *Rappeler qqch. par un caractère, une qualité, un trait...* (→ Finesse, cit. 1 ; particulier, cit. 10). ⇒ **Représenter.** — REM. Comme au sens 3., le compl., désignant un objet psychique, peut être un n. de personne ou même (rare) un pronom. *Il me rappelle son père.*

13 Avec sa précocité de petit malade, ses câlineries, sa grâce de fillette, il me rappelait toi à cet âge-là (...) Alphonse DAUDET, Rose et Ninette, VIII.

▶ **SE RAPPELER** v. pron.

♦ **1.** (Av. 1673). Rappeler (un souvenir) à soi, à sa mémoire*; avoir toujours présent à l'esprit. ⇒ **Souvenir** (se); **remémorer** (se), **remettre**. *Se rappeler une chose* (→ Anecdote, cit. 2; mémoire, cit. 22). *On se rappelle toujours ce qu'on a médité* (cit. 5) *longtemps. Se rappeler mot à mot un entretien* (→ Analyser, cit. 3). *Être incapable de se rappeler un chiffre* (→ Numérique, cit. 1). *Une figure que je me rappelle encore* (→ Difficile, cit. 3). *Être sur le point de se rappeler qqch.* (→ Avoir sur le bout* de la langue). *Je me le rappelle encore; je ne me le rappelle plus.* Absolt. *Je ne me rappelle plus :* j'ai oublié (→ aussi Brouiller, cit. 20). — *Se rappeler que...* (→ Bougie, cit. 2; espièglerie, cit. 2; fortifier, cit. 15). *Je me suis brusquement rappelé que je devais déjeuner avec toi, que nous avions rendez-vous.* (→ Il m'est revenu* que...). *Ne se rappelant plus où il avait caché ses papiers...* (→ Fureter, cit. 5). *Ils se rappelaient combien la guerre* (cit. 12) *avait développé les mauvais instincts.*

14 (...) je ne sais rien voir de ce que je vois; je ne vois bien que ce que je me rappelle, et je n'ai de l'esprit que dans mes souvenirs.
ROUSSEAU, les Confessions, III.

15 Nous ne saurions nous rappeler l'ignorance dans laquelle nous sommes nés : c'est un état qui ne laisse point de trace après lui.
CONDILLAC, Traité des sensations, Dessein de cet ouvrage.

16 Marius, nous l'avons dit, ne se rappelait rien. Il se souvenait seulement d'avoir été saisi en arrière par une main énergique au moment où il tombait à la renverse dans la barricade; puis tout s'effaçait pour lui. HUGO, les Misérables, V, V, VIII.

17 S'il est vrai, selon le poète catholique, qu'il n'y ait pas plus de grande peine que de se rappeler un temps heureux, dans la misère, il est aussi vrai que l'âme trouve quelque bonheur à se rappeler, dans un moment de calme et de liberté, les temps de peine ou d'esclavage. A. DE VIGNY, Servitude et Grandeur militaires, I, I.

18 Des souvenirs de scènes semblables l'accablèrent; il se rappela des filles qui, elles aussi, glissaient sur le tapis pour ne pas être entendues (...)
HUYSMANS, Là-bas, XIII.

REM. Cet emploi avec l'article indéfini ne doit pas être confondu avec le solécisme *se rappeler de...* (→ ci-dessous, *infra* cit. 21).

19 (...) un nom qu'on cherche à se rappeler et à la place duquel on ne trouve que du néant, un néant d'où une heure plus tard, sans qu'on y pense, s'élanceront d'elles-mêmes, en un seul bond, les syllabes d'abord vainement sollicitées.
PROUST, À l'ombre des jeunes filles en fleurs, Pl., t. I, p. 530.

20 Mathilde se rappelle comme son cœur battait le jour qu'accroupie derrière les troènes, elle guettait l'orage montant des deux voix confondues.
F. MAURIAC, Genitrix, III.

21 Donogoo-Tonka. — Pas mal. C'est un mot qu'on retient, c'est-à-dire qu'on ne retient pas; mais c'est la difficulté de se le rappeler qui prend quelque chose d'inoubliable. J. ROMAINS, Donogoo, I, III.

Par anal. avec *se souvenir de...*, une construction *se rappeler de...* est apparue à la fin du XVIIIᵉ s.; bien que très répandue, notamment avec *en (je m'en rappelle)*, elle est considérée par les grammairiens et les pédagogues comme incorrecte. — Brunot (*Hist. de la langue franç.*, t. VI, p. 1765) la relève chez Mirabeau, dans les *Mémoires* de Roland, etc. Grevisse en cite des exemples chez Stendhal *(Vie de Henry Brulard, Correspondance)*, F. Jammes *(Roman du lièvre)*, Claudel *(la Rose et le Rosaire)*, etc., et G. et R. Le Bidois le signalent chez J. de Maistre, L. Daudet... — Cf. aussi Senancour, *Oberman*, Lettre LXXII. Gide *(Journal, 30 mai 1930)* pense que «l'on sera bien forcé d'y venir».

REM. L'emploi de *de* (ou *en, dont*) après *se rappeler* est possible en interrogation indirecte. Dans la phrase : «*Je me rappelle de quel ton Barrès jugeait Claudel*» (Mauriac, *le Figaro* du 17 déc. 1955) il s'agit d'une autre construction. Il en va de même pour les cas où *de* (en, dont, est le complément déterminatif de l'objet dir. : *une histoire dont on se rappelle le dénouement. Je m'en rappelle les moindres détails.*

SE RAPPELER, suivi d'un infin. passé. **ⓐ** Vieilli. *Se rappeler de... Je me rappelle d'avoir fait cette histoire quelque part.* — REM. Ce tour, attesté par Littré, et par l'Académie (5ᵉ et 7ᵉ éd.), mais supprimé dans la 8ᵉ) est assez rare aujourd'hui, mais correct. Comme le remarquent G. et R. Le Bidois (*Syntaxe du franç. mod.*, § 691), ce *de* n'introduit pas l'objet secondaire, mais sert à relier l'infinitif au verbe régime, comme dans *aimer de boire, espérer de faire*, etc.

22 Je me rappelle de t'avoir demandé si ta maîtresse te valait.
MARIVAUX, le Jeu de l'amour et du hasard, I, 7.

23 (...) je ne me rappelle pas d'en avoir vu, à Chambéri, une seule qui ne fût pas charmante. ROUSSEAU, les Confessions, V.

ⓑ (Sans *de*). *Je me rappelle avoir vu ce film il y a longtemps. Rappelez-vous avoir écrit que...* (→ Parjure, cit. 4).

24 Il se rappelle avoir tressailli quand Jérôme les a suppliés d'élargir leur pauvre vie (...) F. MAURIAC, l'Enfant chargé de chaînes, IX.

SE RAPPELER, avec un inf. présent exprimant une action à faire ou en train de se faire :

25 Rappelle-toi bien d'employer tout ce que tu as d'esprit à être aimable.
STENDHAL, Correspondance, t. II, p. 174, *in* GREVISSE.

♦ **2. Réfl.** *Se rappeler à... :* faire souvenir de soi. *Se rappeler à qqn, au bon souvenir de quelqu'un.*

★ **II.** V. intr. Mar. *Le navire rappelle sur son ancre,* exerce une traction sur son mouillage et tend à venir dans le prolongement de celui-ci.

▶ **RAPPELÉ, ÉE** p. p. adj. (1669). Pour les emplois correspondant à l'actif → ci-dessus, I. — Spécialement :

♦ **1.** Qu'on fait revenir ou qu'on révoque pour raisons diplomatiques. *Ambassadeur rappelé.*

♦ **2.** Appelé de nouveau sous les drapeaux. *Soldat rappelé,* et, n. m., *un rappelé.* ⇒ **Mobilisé**. *Les rappelés.*

26 (...) qui pense au drame des rappelés, à la solitude des Français d'Algérie, à l'angoisse du peuple arabe? CAMUS, Actuelles III, p. 134.

CONTR. **Bannir, chasser, exiler.** — **Oublier; anticiper.**
DÉR. **Rappel, rappelable.**

RAPPEL-LANCER [Rapεllãse] n. m. — Mil. xxᵉ; de *rappel,* et *lancer.*

♦ Ski. Mouvement du skieur, repli des jambes, suivi d'une projection des skis au-delà de la trace directe initiale, afin d'amorcer le déclenchement d'un virage. ⇒ **Christiania**. *Des rappels-lancers.*

(...) un mouvement de *rappel-lancer* qui provoque le pivotement initial réclamé par le déclenchement.
Le rappel-lancer est aidé d'un appui sur le bâton aval.
Jean FRANCO, le Ski, p. 49.

RAPPLIQUER [Raplike] v. — 1675; «rattacher», mil. xviᵉ; de re-, et *appliquer.*

♦ **1.** V. tr. Rare. Appliquer de nouveau.

♦ **2.** V. intr. (1837 en argot, Vidocq). Fam. Revenir; venir, arriver (→ Grossissement, cit. 1). *Rappliquer chez qqn, dans une ville, à Paris.*

(...) il a compris que je pourrais le faire entrer à l'*Ermitage.* Je m'en expliquerai 1
nettement avec lui s'il rapplique. GIDE, Journal, 30 avril 1906.

(Sujet au plur.) Arriver ensemble (au même endroit).

(...) si Michaël voyage, les filles n'auront qu'à rappliquer chez nous. 2
COCTEAU, les Enfants terribles, p. 147.

♦ **3.** Pron. (1935). *Se rappliquer :* arriver, venir. ⇒ **Ramener** (se).

CONTR. **Décaniller, tirer** (se).

RAPPOINTIS [Rapwĕti] n. m. — 1836; «menus ouvrages de menuiserie», 1765; de re-, et *pointe.*

♦ Techn. Pointe à large tête qui sert à retenir un enduit (plâtre...) recouvrant du bois (élément de charpente, lattis de cloison, poteau d'huisserie, etc.).

RAPPORT [Rapɔr] n. m. — V. 1360; *raipor,* 1214, *rappors,* 1276; de *rapporter.*

★ **I.** Action de rapporter. **A.** (Au sens I.6. de *rapporter*). ♦ **1.** (Vx ou effet stylistique, sauf dans quelques loc.). Action de raconter, d'exposer à qqn ce qu'on a vu, entendu; chose que l'on rapporte. ⇒ **Conte, dire, récit, relation, témoignage.** *Le rapport des paroles d'autrui :* le fait de les redire à qqn (→ Impertinemment, cit. 1). *Le rapport de qqch., à qqn.* — *Un, des rapports. Rapports indiscrets* (cit. 11), *médisants..., faits par malignité*, pour nuire. — (Fin XIVᵉ). Absolt et vx. *Faire des rapports :* être indiscret, médisant sur le compte d'autrui. ⇒ **Rapporter; dénonciation, indiscrétion.** — *Un rapport peu sincère* (→ Imputer, cit. 19). *Faire de bons rapports* (sur qqn), en dire du bien (→ Enquêter, cit. 2). — *Au rapport d'un auteur :* selon lui, d'après lui (→ Bière, cit. 1).

(...) nous l'avons suivi ce matin sur le rapport d'un valet qui nous a dit qu'il sortait à cheval. MOLIÈRE, Dom Juan, III, 3. 1

Il ne faut pas trop s'étonner de leur circonspection : un faux rapport suffirait pour 2
aliéner l'esprit d'un certain nombre de personnes bienfaisantes et les priver de leurs secours. DIDEROT, Jacques le fataliste, Pl., p. 616.

Loc. *Faire rapport de qqch. à qqn :* rapporter.

Par ext. *Le rapport des sens* (→ Milieu, cit. 24).

♦ **2.** (XIIIᵉ). Plus cour. Compte* rendu plus ou moins officiel. *Rapport écrit, oral, verbal. Rapport d'arbitre* (dans un arbitrage), *d'expert* (⇒ **Expertise**). *Rapport de juge,* à l'audience ou en chambre du Conseil... *Rapport de mer,* fait par le capitaine sur les circonstances du voyage (rapport écrit). *Rapport du, des commissaires vérificateurs,* dans une société anonyme. — *Rapport administratif* (→ Archive, cit. 9; élucubration, cit. 1; paragraphe, cit.). *Dresser* (→ Avis, cit. 26), *rédiger* (→ Blandice, cit. 4), *circonstancier* un rapport. *Faire un rapport à son supérieur. Faire un rapport sur qqn, sur qqch.* — *Pièces annexes d'un rapport. Rapport confidentiel* (→ Inventaire, cit. 4). *Vous me ferez un rapport en 3 exemplaires. Rapport politique* (→ Partialité, cit. 1). *Rapport de police. Rapport de médecin légiste.* — *Rapport scientifique, technique.* ⇒ **Analyse, description, exposé; bulletin, compte** (compte rendu). *Rapports académiques* (→ Melliflu, cit. 2). *Personne chargée d'un rapport.* ⇒ **Rapporteur.**

Puis, l'Assemblée (...) resta là, faisant semblant d'écouter des rapports sur les 3
finances, la marine, les troubles suscités par les prêtres, etc.
MICHELET, Hist. de la Révolution franç., V, VIII.

4 Le *Rapport* est dans l'administration actuelle ce que sont les limbes dans le christianisme. Jacquet connaissait la manie du rapport, et il n'avait pas attendu cette occasion pour gémir, sur ce ridicule bureaucratique.
BALZAC, *Ferragus*, Pl., t. V, p. 113.

5 Vous savez, monsieur Léniot, que votre zéro de conduite sera accompagné d'un rapport au préfet des études. Valery LARBAUD, *Fermina Marquez*, IX.

6 (...) un rapport de police qu'un camarade, substitut à Marseille, m'avait laissé lire dans un dossier. C'était évidemment un chef-d'œuvre. On sentait que chaque circonstance avait été respectée dans son détail, et que ce policier, qui avait naturellement l'esprit juste, trouvait une grande satisfaction à exécuter un calque des faits absolument irréprochable, sans se préoccuper des conclusions que qui de droit aurait à en tirer. J. ROMAINS, *le Dieu des corps*, I.

(Contexte militaire). *Rapport d'un chef de poste. Rapports de patrouilles, au combat.* — (1793). Compte rendu des événements du jour, des détails du service, etc. *Réponse au rapport,* donnant des instructions, etc. ⇒ **Décision.**

(1888). Par ext. Réunion des hommes de troupes et de certains sous-officiers et officiers, pour la communication d'instruction, la distribution du courrier, la lecture des punitions... (→ Prison, cit. 13). *Au rapport !*

B. (Au sens I, 5 de *rapporter*). ♦ **1.** (Fin XIVe). Action d'apporter un profit. ⇒ **Bénéfice, fruit, gain, intérêt, produit, rendement, revenu.** *Vivre du rapport d'une terre, d'un capital, d'actions* (⇒ **Dividende**). *Rapport annuel.* ⇒ **Annuité.** *Terres en rapport, en plein rapport,* en période d'exploitation et de rendement normal. *Être d'un grand, d'un bon, d'un meilleur rapport. Terre de maigre rapport* (→ Propriété, cit. 13). *Mettre un héritage en bon rapport* (→ Dépôt, cit. 1).

7 Du rapport d'un troupeau, dont il vivait sans soins,
Se contenta longtemps un voisin d'Amphitrite. LA FONTAINE, *Fables*, IV, 2.

Immeuble, maison de rapport, dont le propriétaire tire profit par la location (→ Humide, cit. 10; locataire, cit. 4). Par ext. Immeuble urbain d'apparence bourgeoise.

♦ **2.** (1690). Adjonction d'une matière d'origine étrangère. — Rare. *Le rapport d'une pièce* (sur qqch.). — Cour. De rapport. *Terres de rapport,* prises en un endroit et transportées ailleurs. — *Or de rapport* (→ Gris, cit. 24), plaqué, rapporté...

8 (...) les planchers de rapport *(en marqueterie)* ...
LA BRUYÈRE, *les Caractères*, XIII, 2.

♦ **3.** Dr. Restitution; action de rapporter un bien, une somme. ⇒ aussi **Apport.** — *Rapport de biens à la masse,* avant un partage. *Rapport de dette. Rapport des donations, des libéralités,* effectué par un cohéritier *ab intestat. Dispense de rapport par la clause de préciput.* ⇒ aussi **Succession.** — *Rapport à faillite :* rapport d'un élément du patrimoine du failli. — *Rapport des dettes,* par l'époux débiteur (dans le régime matrimonial de la communauté).

★ **II.** ♦ **1.** (Fin XVIe). Lien, relation qui existe entre plusieurs objets distincts, et que l'esprit peut constater. ⇒ **Connexion, connexité, correspondance, liaison, relation** (→ Absolu, cit. 22, Buffon; essence, cit. 3). *Rapport entre deux choses, deux objets. Rapport d'une chose et d'une autre, à une autre, avec une autre. Rapport de ressemblance. Lié par un rapport.* ⇒ **Relatif.** *Proportion** (cit. 1) *et rapport. Les catégories* (cit. 2), *rapports fondamentaux qui déterminent la forme de la connaissance. Les lois** (1. Loi, cit. 57), *rapports nécessaires. L'ordre** (cit. 2) *et les rapports. Rapports des éléments d'une forme. Ensemble organisé de rapports.* ⇒ **Forme, gestalt, schème, structure.** *Les idées* (cit. 5) *sont déterminées par des rapports. L'idée, représentation abstraite d'un rapport. Unir par un rapport logique.* ⇒ **Lier.** *Rapports entre des choses concrètes, des événements, des idées.* (→ Augmenter, cit. 3; esprit, cit. 92 et 144). *Rapports entre le monde externe et interne* (→ Fausser, cit. 5). *« Rapports du physique et du moral de l'homme »,* ouvrage de Cabanis. *Rapports de parenté* (⇒ **Filiation**). *Rapports de l'individu* (cit. 7) *avec le type. Termes d'un rapport.* ⇒ **Antécédent, conséquent.** — *Rapport accidentel ou fondamental* (→ Participe, cit. 5). *Rapports réels ou apparents* (→ Esprit, cit. 95). *Rapports simples* (→ Développer, cit. 17), *complexes, subtils* (→ Perspicace, cit.). — *Établir* (cit. 21), *saisir, percevoir les rapports entre...* (→ Former, cit. 8). — *Associations d'idées, comparaisons, images* (cit. 46 et 47) *basées sur tel ou tel rapport.* — *Avoir des rapports étroits* (⇒ **Afférent, connexe**), *lointains.*

Le rapport entre la douleur et les larmes. Établir un rapport conventionnel entre un objet et un autre, entre un signe et un sens (⇒ **Symbole**). *Rapport signifiant.*

9 (...) dès que la langue scientifique est déjà en possession de termes qui expriment les rapports des plus hautes classes de faits, c'est-à-dire les *lois* (...)
MAINE DE BIRAN, *Du physique et du moral de l'homme*, I, § 1.

10 La faculté de percevoir les rapports indéterminés l'emporta alors sur celle de combiner des rapports mathématiques. Les relations morales devenaient sensibles : le sentiment du beau commençait à naître (...)
É. DE SENANCOUR, *Oberman*, XXI.

(Construit avec deux substantifs apposés). *Le rapport qualité prix* (ou *qualité-prix*).

Il n'y a pas de rapport entre ces deux choses, il n'y a aucun rapport : ce sont des choses indépendantes ou incomparables.

11 Il n'y a aucun rapport entre l'idée de la souffrance et l'être qui saigne et qui souffre. Il n'y a aucun rapport entre la pensée de la mort et les convulsions de la chair et de l'âme qui se débat et meurt.
R. ROLLAND, *Jean-Christophe, Le matin*, I, p. 130.

(1690). *Avoir rapport à...* ⇒ **Concerner, intéresser, rapporter** (se), **regarder, toucher** (→ Avoir trait* à...; et aussi indigeste, cit. 4). *En rapport. Mettre en rapport deux choses* (pour comparer, etc.). ⇒ **Balance** (en).

Spécialt. *Rapport d'analogie* (cit. 4), *de ressemblance; de convenance* (→ Justice, cit. 10); *de cause* (cit. 31), *de finalité* (cit. 1), *d'identité*.* — *Rapport de différence* (→ Antithèse, cit. 3), *d'opposition* (⇒ **Contraste**; et aussi **extrême**). *Rapport d'égalité, de supériorité, d'infériorité. Rapport de possession* (cit. 19). *Rapports de coordination*, de subordination* entre deux propositions.*

♦ **2.** (1538). Relation de ressemblance; traits, éléments communs. ⇒ **Accord, affinité, analogie** (cit. 2 et 5), **concordance, parenté, ressemblance, similitude** (→ Guêpier, cit. 1). *Les rapports et les différences* (→ 2. Plante, cit. 2). *Les rapports que les autres ont avec nous* (→ Approuver, cit. 20). *Balzac, avec lequel Gavarni a plus d'un rapport* (→ Exclusivement, cit. 2). *Avoir beaucoup de rapport avec...* (→ Hiéroglyphique, cit. 1). *Être sans rapport avec...,* tout a fait différent de... (→ Interdit, cit. 19).

(Av. 1662). Convenance, fait de bien aller avec, de s'adapter à... ⇒ **Ajustement, cohérence, conformité, convenance, harmonie, pertinence.** *La beauté* (cit. 3), *rapport entre notre nature et la chose qui nous plaît. Le rapport de deux caractères* (⇒ **Affinité**), *des sentiments* (⇒ **Communion**). — Vx. (Serait compris au sens III). *« Les doux rapports de sympathie »* (→ Attacher, cit. 55). *Un doux rapport d'humeur* (cit. 3). — *L'agrément* (cit. 2) *est un rapport secret des traits...*

12 (...) peu de femmes lui étaient agréables; et, excepté quelques-unes, qui avaient sa familiarité et sa confiance, et dont l'humeur avait du rapport avec la sienne, elle n'en recevait chez elle que les jours où elle prenait plaisir à avoir une cour comme celle de la reine.
Mme DE LA FAYETTE, la *Princesse de Clèves*, t. I, p. 252.

13 (...) les Allemands ont plus de rapports naturels avec les Anglais qu'avec les Français; cependant il y a des préjugés, même en Angleterre, contre la philosophie et la littérature des Allemands. Mme DE STAËL, *De l'Allemagne*, II, II.

AVOIR RAPPORT AVEC..., EN RAPPORT... ⇒ **Cadrer, convenir ; appliquer** (s'). — *En rapport avec... :* qui convient à... *Une place* (cit. 42) *plus en rapport avec vos goûts.*

♦ **3.** Relation de cause à effet. ⇒ **Causalité, cause, conséquence, corrélation, dépendance, effet, enchaînement.** *Chaîne* (cit. 32) *de rapports.* — *Faire le rapport entre deux choses, deux événements.* ⇒ **Rapprochement; rattacher.** *Ces deux choses n'ont aucun rapport.* ⇒ **Étranger, indépendant.**

AVOIR RAPPORT À... : être en relation avec; avoir pour objet, être fait pour...

♦ **4.** (1690). Relation entre deux grandeurs de même espèce. *Les équations expriment* (cit. 14) *des rapports* (→ aussi Mesurer, cit. 4). — Spécialt. Quotient de deux grandeurs. ⇒ **Fraction, ratio** (→ Mathématique, cit. 6; base, cit. 5). *Rapport entre une grandeur et un étalon, une unité.* ⇒ **Mesure.** *Rapport d'une valeur à la monnaie.* ⇒ **Prix.** — *Rapports trigonométriques. Rapport d'homothétie. Rapport anharmonique.* ⇒ **Birapport.** *Rapport de corrélation entre deux variables numériques. Rapport volumétrique de compression d'un moteur.* — (Construit avec deux substantifs apposés). *Rapport signal-bruit* (dans un récepteur). *Rapport hauteur-section.* — *Rapport constant entre la représentation graphique et l'objet représenté.* ⇒ **Échelle.** — *Dans le rapport de un à dix, de cent contre* un...*

14 Nul ne pense à mille objets quand il compte mille. De même, dans les transformations algébriques, on oublie les quantités, on ne considère que les rapports.
ALAIN, *Propos*, 17 nov. 1921, Méthode concrète.

Par ext. *Le rapport des forces.* ⇒ **Balance.**

Mus. *Les rapports des consonances* (cit. 1). *Rapports subtils* (→ Harmonie, cit. 25). *Rapport enharmonique* (ex. : si bémol - la dièse). *Rapports des parties d'un édifice. Rapports des lignes, des volumes* (→ Grammaire, cit. 12; imitation, cit. 12). *Être en rapport de symétrie.* ⇒ **Répondre** (se). — *Ensemble de rapports.* ⇒ **Harmonie, proportion.**

Spécialt. Relation entre la vitesse de rotation d'un mécanisme et celle d'un système (roues, etc.) qu'elle entraîne. *Rapports d'une boîte de vitesse, d'un changement de vitesse, d'un dérailleur de vélo. Changer de rapport. « On apprendra, après coup, que ses rapports de boîte* (d'un coureur motocycliste) *ne sont (...) pas ceux qui conviennent »* (*Moto-revue*, 6 mai 1981, p. 11).

EN RAPPORT DE... : dans la mesure de... (→ Attribuer, cit. 21). *En rapport inverse de...* (→ Corrompre, cit. 28).

♦ **5.** Loc. prép. (1677). **PAR RAPPORT À... :** en ce qui concerne, pour ce qui regarde... ⇒ **Pour, quant** (à), **relativement** (à). *Connaître* (cit. 38) *qqn par rapport à soi. Agressivité par rapport à qqn.* ⇒ **Envers** (→ Psychanalyse, cit. 3. *Une influence* (cit. 7) *n'est bonne ou mauvaise que par rapport à qui la subit* (→ Au point* de vue de...). *Position par rapport à l'observateur...* (→ Graviter, cit. 1; 1. point, cit. 10).

En comparant avec..., en établissant un rapport quantitatif entre... Considérer une grandeur par rapport à une autre. ⇒ **Comparaison** (en), **fonction** (en).

15 Il gagnait bien, oui, par rapport à un cantonnier. Maintenant par rapport à un banquier (...) six francs par jour ne sont pas le Pérou.
ARAGON, les Beaux Quartiers, I, XII.

Vieilli. En vue de..., en ne considérant que... Faire qqch. par rapport à ses intérêts.

♦ **6.** (1833). Pop. **RAPPORT À...** : en ce qui concerne, à propos de... ⇒ **Concernant.**

15.1 — Dites donc, vous savez, c'est vrai ce qu'on raconte des pendus.
— Quoi donc ? demande Étienne.
— Rapport à la virilité.
R. QUENEAU, le Chiendent, p. 105.

À cause de... (→ Chialer, cit. 1).

16 (...) l'expression *rapport à* n'a aucune valeur spéciale. Elle marque simplement, et de la façon la plus générale, qu'il y a un lien entre deux faits. Cela suffit pour que l'esprit y voie un lien causal.
F. BRUNOT, la Pensée et la Langue, p. 822.

17 *(Il)* tourne autour de ma jupe, rapport à mes rentes, tout comme ceux qui viennent ici flairer le magot de monsieur, en vous faisant la cour.
BALZAC, Eugénie Grandet, Pl., t. III, p. 599.

Rapport que... (et indic.) : parce que...

17.1 Et l'Arthur, probable, s'était ralenti, comme ça vient toujours en ménage, rapport que c'est toujours la même cuisine.
G. CHEVALLIER, Clochemerle, p. 185.

♦ **7.** (*Sous beaucoup de rapports*, 1802). *Sous le rapport de..., sous tel rapport :* par tel côté, à tel égard. *Considérer une chose sous tel ou tel rapport.* ⇒ **Aspect.** *Sous tous les rapports :* à tous égards*. — Personne bien sous tous les rapports. Ignoble sous tous les rapports* (→ Homme, cit. 122). *Sous ce rapport* (→ Croire, cit. 51 ; famille, cit. 16). *Sous le rapport de...* (→ Dépourvu, cit. 5). *Sous ce rapport que...* (→ Manœuvre, cit. 5).

18 (...) il faut signaler l'expression *sous le rapport de.* Elle s'est développée au XIXᵉ s., malgré l'opposition des grammairiens : *Lameth succéda*, sous un rapport, *à Mirabeau* (MICHELET, Rév., III, 7) ; — *Je veux dire* sous le rapport *des charmes* (G. de NERVAL, Voy. en Or., I, XV) ; — *Les ordres religieux n'ont été*, sous beaucoup de rapports, *que des sectes philosophiques* (CHATEAUB., Gén., IVᵉ p., 1, III, ch. 4). D'où l'expression *sous ce rapport.*
F. BRUNOT, la Pensée et la Langue, p. 224.

19 Il y a des natures si impressionnables à l'encontre de certaines odeurs ! et ce serait même une belle question à étudier, tant sous le rapport pathologique que sous le rapport physiologique.
FLAUBERT, Mᵐᵉ Bovary, II, XIII.
N. B. C'est le pharmacien Homais qui parle.

19.1 Tout ce que je savais d'elle jusqu'à ce jour, c'est qu'elle était belle, et, sous pas mal de rapports, assez différente des êtres féminins ses sœurs, occupés en général, par ce siècle impossible, à se défendre des intempéries des saisons, de leur propre lubricité, et de la cherté des taxis.
GIRAUDOUX, Siegfried et le Limousin, p. 159.

★ **III.** ♦ **1.** (1762 ; surtout au plur.). Relation entre des personnes. ⇒ **Commerce, communication, contact, correspondance, fréquentation, liaison, relation...** *Les rapports des hommes entre eux* (→ Illusion, cit. 14). *Rapports sociaux,* de la vie sociale (→ Obéissance, cit. 3). *Des rapports directs* (cit. 5), *fréquents* (cit. 2), *rares, étroits et suivis* (⇒ **Alliance, union...**). — *Rapports d'amitié, de sympathie, de rivalité ; d'hostilité. Avoir des rapports tendus avec qqn* (→ Conflit, cit. 3). *Établir des rapports, de nouveaux rapports avec qqn* (→ Envier, cit. 5). *Entretenir de bons rapports avec qqn. Avoir des rapports secrets avec l'ennemi.* ⇒ **Intelligence.** *Rapports d'affaires. Rapports de droits établis par un contrat... Rapports entre parents* (cit. 2) *et enfants. Les rapports mère-fille, père-fille. Rapports de l'écrivain* (cit. 3) *avec son public. Avoir peu de rapports avec les gens* (→ Moqueur, cit. 2), *avec la foule.*

20 (...) non seulement il (*l'homme*) a des rapports physiques avec les êtres environnants, mais il perçoit ou connaît ces rapports, et peut tantôt s'y conformer et s'y soustraire jusqu'à un certain point, tantôt les amplifier, les étendre, les varier en vertu d'une force agissante, qui s'affranchit elle-même des liens du destin.
MAINE DE BIRAN, Du physique et du moral de l'homme, II, § 1ᵉʳ.

21 (...) dans toute notre littérature occidentale et je ne parle pas de la française seulement, le roman, à part de très rares exceptions, ne s'occupe que des relations des hommes entre eux, rapports passionnels ou intellectuels, rapports de famille, de société, de classes sociales, — mais jamais, presque jamais, des rapports de l'individu avec lui-même ou avec Dieu, — qui priment ici tous les autres.
GIDE, Dostoïevsky, p. 57.

Spécialt. Rapports sexuels (→ 2. Hymen, cit. 1). *Absolt. Avoir des rapports avec qqn.* ⇒ **Amour** (faire l'amour), **coïter ;** fam. **baiser, coucher.** *Rapports rares, fréquents, réguliers ; satisfaisants.*

22 Des rapports normaux, complets, l'auraient hanté d'une vision moins torturante. Cette débauche pourrissait tout, enfonçait et retournait au fond de sa chair les lames empoisonnées de sa jalousie.
ZOLA, la Bête humaine, I, p. 24.

EN RAPPORT. *Être en rapport avec, se trouver en rapport.* ⇒ **Auprès, avec...** (→ Placement, cit. 3). *Se mettre en rapport avec qqn.* ⇒ **Aboucher** (s') (→ accointance, connaissance (faire la), relation (→ Homélie, cit. 3). *On les a mis en rapport.* ⇒ **Aboucher.** *Les fleuves* (cit. 7) *mettent les hommes en rapport d'idées, de sentiments, de commerce. — Une personne d'un rapport agréable.* ⇒ **Commerce** (→ 1. Poli, cit. 2).

Par ext. Rapports entre l'individu et l'État (cit. 115). — *Rapports entre groupes, associations... — Rapports entre États, Gouvernements* (→ Diplomatie, cit. 1), *entre peuples. Les rapports franco-prussiens* (→ Heure, cit. 52). *Rapports de coexistence*. Rapports de force.*

23 (...) ces peuples entretinrent des rapports de toute nature : guerre, commerce, échanges, volontaires ou non, de choses, de connaissances, de méthodes ; mélanges de sang, de vocables, de légendes ou de traditions.
VALÉRY, Variété, « Inspirations méditerranéennes », Œ., Pl., t. I, p. 1096.

Construit avec deux substantifs apposés :

---

24 (...) les programmes (*du comportement opératoire*) supposent des niveaux d'intervention intellectuelle et des rapports individu-société différents.
A. LEROI-GOURHAN, le Geste et la Parole, t. II, p. 29.

Fig. Quand l'homme (cit. 59) *entre en rapport avec le monde. Un art qui entretient avec la magie des rapports étroits* (→ Magique, cit. 4). — *Rapports d'échanges* (cit. 15) *de l'organisme avec le milieu. Être en rapport avec.* ⇒ **Communiquer, correspondre.**

♦ **2.** Relation entre une personne et qqch. ; façon d'appréhender qqch. *Notre rapport au monde. Son rapport au réel est satisfaisant.*

CONTR. Disproportion ; disconvenance.
COMP. Birapport.

RAPPORTABLE [ʀapɔʀtabl] adj. — XVIᵉ ; de *rapporter.*

♦ Rare. Qui doit, qui peut être rapporté ou rapporté à... (II.).

RAPPORTAGE [ʀapɔʀtaʒ] n. m. — 1866 ; *rapportage* « garantie », 1328 ; de *rapporter.*

♦ Fam. (dans le langage des écoliers). Action de rapporter (I., 6.), de dénoncer. ⇒ **Cafardage, mouchardage.**

RAPPORTER [ʀapɔʀte] v. tr. — V. 1150, *raporter*, sens I., 2. ; de *re-*, et *apporter*.

★ **I.** ♦ **1.** (V. 1175). Porter de nouveau (qqch.) à qqn (⇒ **Apporter**). *Emportant les bocks vides et les rapportant pleins de mousse* (→ 1. Patron cit. 9).

♦ **2.** Apporter à l'endroit initial, primitif (une chose qui avait été déplacée). ⇒ **Remettre** (à sa place). *Rapporter ce qu'on a pris, emprunté...* ⇒ **Rendre ; ramener** (fam. et fautif).

(V. 1283) Spécialt (dr.). Remettre à la masse, à la communauté (des biens reçus avant le décès du *de cujus* ou avant la dissolution de la communauté).

♦ **3.** (1590). Apporter (qqch.) d'un lieu en revenant, en s'en retournant (⇒ **Ramener**). *Rapporter un objet à qqn* (→ Gâter, cit. 4), *certains produits d'un pays* (→ Indien, cit. 2). *Rapporter d'un voyage de nouveaux disques* (→ Gramophone, cit. 1). *Rapporter du gibier* (cit. 2), *des poissons* (→ Huile, cit. 15). *Rapporter des brassées* (cit. 2) *de fleurs. — Rapporter des perles* (cit. 2) *des profondeurs* (→ aussi Plongeur, cit. 1). *Rapporter de l'argent* (→ Jeu, cit. 35). *Rapporter une réponse* (→ Messager, cit. 3). — Par métaphore. *Elle n'avait rapporté de Paris qu'une sensation d'étourdissement* (cit. 7). *Il en a rapporté un mauvais souvenir.*

1 Après que nous eûmes fini de chanter, il alla renfermer ma harpe dans son étui ; et, en m'en rapportant la clef, il me pria d'en jouer encore le soir, aussitôt que je serais seule.
LACLOS, les Liaisons dangereuses, XVI.

Spécialt. Chien qui rapporte le gibier abattu. Absolt. Chien dressé à rapporter. — Phoques (cit. 1) *qui rapportent le poisson.*

♦ **4.** (1718). Apporter (une chose) pour compléter, parfaire qqch. ⇒ **Ajouter.** *Rapporter des terres. —* Joindre en appliquant contre... ou sur... *Rapporter une pièce, un élément en bout.* ⇒ **Abouter. —** (1564). Cout. Coudre (une pièce séparée) sur une autre. *Rapporter un biais, une poche... Rapporter une bande de soie du brocart* (→ Orfroi, cit. 2).

(1690). Géom. *Rapporter un angle, une mesure d'angle,* le ou la tracer, le ou la rapporter (sur un support). ⇒ **Rapporteur.**

♦ **5.** (1538). Sujet n. de chose. Donner comme produit, comme gain, comme bénéfice. ⇒ **Donner, produire, rendre.** *Campagnes militaires qui rapportent du butin* (cit. 1). *Rapporter un revenu* (→ 1. Ombre, cit. 2), *des droits* (cit. 31). *Métier qui ne rapporte presque rien à qqn* (→ Dur, cit. 16). *Ça rapportait dans les quarante mille francs nets* (cit. 16). — Absolt. Donner un bénéfice, produire un gain. *Faire rapporter.* ⇒ **Valoir** (→ Mettre en valeur*). *Ce champ rapporte.* ⇒ **Fructifier**, cit. 1 (→ aussi Davantage, cit. 3). *Son argent* (cit. 50) *lui rapporte. Rapporter beaucoup, au centuple* (→ Être de bon compte*). *Ça ne rapporte pas.*

2 Quoi qu'en disent l'auteur des *Réflexions sur la Violence* et ses disciples, la guerre rapporte plus que le comptoir ; prendre est plus avantageux qu'échanger (...)
Julien BENDA, la Trahison des clercs, p. 200.

♦ **6.** (V. 1160). Venir dire, répéter (ce qu'on a appris, entendu). ⇒ **Conter, dire, raconter, redire, relater, répéter.** *Rapporter un récit* (→ Ici, cit. 20), *des historiettes* (cit. 2). *Rapporter des on-dit* (→ 1. Dire, cit. 70). ⇒ **Colporter.** *Rapporter pour se justifier* (⇒ **Alléguer**), *pour expliquer, comparer* (⇒ **Référer**). — *Rapporter que...* (→ Immunité, cit. 6).

3 Il m'a été rapporté, Monsieur, que vous aimez et poursuivez une jeune personne, qui est ma fille (...)
MOLIÈRE, George Dandin, I. 5.

4 (...) il faut savoir lire, et (...) se taire, ou pouvoir rapporter ce qu'on a lu (...)
LA BRUYÈRE, les Caractères, Préface.

5 Je me doutais, d'ailleurs, que ces propos seraient rapportés à Didier, non sans déformation stupide et malveillante.
G. DUHAMEL, le Cri des profondeurs, IV.
Rapporter un mot célèbre, un exemple (cit. 31). ⇒ **Citer.** Par ext. *L'histoire ne rapporte aucun exemple semblable.* ⇒ **Consigner**

(→ Destruction, cit. 5). *Tout ce qu'on nous rapporte du héros* (→ Guinder, cit. 8).

6 Les prophéties citées dans l'Évangile, vous croyez qu'elles sont rapportées pour vous faire croire ? Non, c'est pour vous éloigner de croire.
PASCAL, *Pensées*, VIII, 568.

(Fin XIIIᵉ). Spécialt. Répéter par indiscrétion, par malice, une chose de nature à nuire à qqn. *Espionner qqn pour rapporter ses actions...* Absolt et fam. Dénoncer. ⇒ **Cafarder, moucharder ; rapportage.**

7 On m'a appris qu'il ne fallait pas « rapporter ».   J. VALLÈS, l'Enfant, III.

7.1 — Il rapporte, dit Zazie. C'est vilain.
R. QUENEAU, Zazie dans le métro, Folio, p. 30.

(1549). Exposer oralement ou par écrit, en faisant un rapport. *Rapporter les circonstances d'un accident.* ⇒ **Consigner.**

★ **II.** (1538). RAPPORTER QQCH. À QQCH., QQN : rattacher qqch. à qqch. ou qqn, établir un rapport *(II.) entre qqch. et qqch. ou qqn. ⇒ **Attribuer** (cit. 18), **raccrocher, rapprocher.** *Rapporter des actes à qqn.* ⇒ **Imputer** (→ Légende, cit. 2). *Rapporter un évènement à une certaine époque.* ⇒ **Situer** (→ Apocryphe, cit. 2 ; et aussi époque, cit. 4). — *Rapporter, comme cause, le phénomène à la nature* (cit. 2). *Rapporter qqch. à un but. Rapporter plusieurs choses à une cause, à un but,* etc. ⇒ **Ramener.** *Rapporter tout à soi.* ⇒ **Diriger** (vers). → Perdre, cit. 59. *Rapporter toute son affection à son enfant.* ⇒ **Concentrer, ramener** (à), **reporter** (sur).

8 Expliquerai-je comment, sous l'empire du poison, mon homme se fait bientôt centre de l'univers ? comment il devient l'expression vivante et outrée du proverbe qui dit que la passion rapporte tout à elle ?
BAUDELAIRE, les Paradis artificiels, « le Poème du haschisch », IV.

9 En un mot, l'homme peut rapporter tous ses raisonnements à deux critériums : l'un intérieur et conscient, qui est certain et absolu ; l'autre extérieur et inconscient, qui est expérimental et relatif.
Cl. BERNARD, Introd. à l'étude de la médecine expérimentale, I, II.

10 Rien n'est inutile quand on sait le rapporter à sa fin (...)
RENAN, l'Avenir de la science, X, Œ., compl., t. III, p. 878.

11 Le vulgaire rapporte à un seul Hercule des actions accomplies, par plusieurs héros de ce nom.   FRANCE, l'Anneau d'améthyste, XXIII, Œ., compl., t. XII, p. 258.
Établir un rapport d'identité, identifier, assimiler à... (→ Momie, cit. 1). — Établir un rapport numérique entre une chose et une autre (→ Mortalité, cit. 5). *Rapporter des mesures à une certaine échelle* (cit. 17). ⇒ **Proportionner.**

12 Si l'on rapportait à l'échelle des évènements publics les calamités d'une vie privée, ces calamités devraient à peine compter un mot dans des *Mémoires.*
CHATEAUBRIAND, Mémoires d'outre-tombe, t. II, p. 272.

★ **III.** Dr. Abroger, annuler. *Rapporter un décret* (1789, in Brunot ; attestation isolée, mil. XIIIᵉ), *une nomination. Rapporter un acte* (→ Désaffectation, cit.).

▶ **SE RAPPORTER** v. pron.

♦ **1.** (1538). Vx. Avoir un rapport de conformité ou de ressemblance avec... ; aller avec... (⇒ **Convenir**) ou ressembler à... *« Si votre ramage se rapporte à votre plumage »* (cit. 1, La Fontaine).

13 Je sais bien que nos ans ne se rapportent guère (...)
MOLIÈRE, l'École des maris, I, 2.

♦ **2.** (1538). Mod. Avoir rapport à..., être en relation avec... ⇒ **Appartenir, appliquer** (s'), **concerner, correspondre** (à). *Les idées qui se rapportent à un sentiment* (→ Injustice, cit. 7). *Les souvenirs qui se rapportent à une certaine situation* (→ Caractériser, cit. 5). *Qui se rapporte à...* ⇒ **Afférent, pertinent.** *La réponse ne se rapporte pas à la question.* ⇒ **Cadrer** (avec). *Se rapporter par l'origine, l'époque...* ⇒ **Remonter** (à).
Être concentré, réuni. *Tout se rapportait à lui* (→ A parte, cit. 2 ; et aussi 1. droit, cit. 20).

♦ **3.** (XIVᵉ). Vx. *Se rapporter à qqn de qqch.* Mod. *S'en rapporter à qqn (pour, au sujet de qqch.),* lui faire confiance pour décider, pour juger ou pour agir. ⇒ **Remettre** (s'en), **reposer** (se reposer sur). *Je m'en rapporte à vous* (→ Attrait, cit. 18 ; prendre, cit. 61). — *S'en rapporter à l'arbitrage, au jugement de qqn.* ⇒ **Compromettre, déférer.** *Je m'en rapporte à la sagesse du tribunal. S'en rapporter à la bonne foi de qqn* (→ 1. Priser, cit. 1). — Par ext. *Il faut s'en rapporter aux faits* (cit. 36), *à l'observation.*

14 Ceci ressemble fort aux débats qu'ont parfois
Les petits souverains se rapportant(s) aux rois.   LA FONTAINE, Fables, VII, 16.

▶ **RAPPORTÉ, ÉE** p. p. adj. (V. 1580).
Spécialt (du sens I., 4.). Qui a été apporté, ajouté pour compléter... *Terres rapportées* (ou de rapport). *Éléments rapportés.* — Loc. *Pièce** (cit. 29, fig.) *rapportée.*

15 (...) les trois fenêtres donnaient sur un jardin féerique, une de ces jardins fabriqués en un mois avec des terrains rapportés, avec des fleurs transplantées, et dont les gazons semblent obtenus par des procédés chimiques.
BALZAC, la Cousine Bette, Pl., t. VI, p. 199.

16 (...) la porte ovale au milieu de ces baies carrées a un air faux, rapporté, tout l'ensemble est laid, commun, de la camelote, celle du faubourg Saint-Antoine ne serait pas pire (...)   N. SARRAUTE, le Planétarium, p. 12.

(Abstrait). *Partie rapportée dans une œuvre. Ensemble fait d'éléments rapportés.* ⇒ **Mosaïque, patchwork.** — *Veste à basques, à poches rapportées.*

17 (...) elle se rendait chez Mᵐᵉ Legris pour lui commander une robe couleur du temps, une robe en lainage façon sport, un tailleur de tweed, un tailleur en crêpe

de Chine avec un assortiment de blouses et un paletot de couleur réséda à poches rapportées.   M. AYMÉ, le Passe-muraille, p. 168.

Fig. ⇒ **Postiche** (cit. 6).

CONTR. Emporter, enlever, envoyer, renvoyer ; garder. — Coûter. Cacher, taire ; garder (un secret). — Distinguer, opposer. — Confirmer, proroger...
DÉR. Rapport, rapportable, rapportage, rapporteur.

RAPPORTEUR, EUSE [ʀapɔʀtœʀ, øz] n. et adj. — 1282, *raporteux,* de *rapporter.*

♦ **1.** (Langue classique ; enfantin dans l'usage moderne). Personne qui, par indiscrétion, ou pour nuire, répète, rapporte (I., 6.) ce qu'il conviendrait de taire. ⇒ **Délateur, espion, mouchard ; cafard** (enfantin). — Adj. *Cette gosse est rapporteuse et sournoise.*

Je couvrais les plâtres de la maison (...) de caricatures contre Zénaïde *rapporteuse.* Ma sœur Pauline [...] (et moi) accusions Zénaïde de jouer auprès de nous le rôle d'espion (...)   STENDHAL, Vie de Henry Brulard, 8.   1

♦ **2.** N. m. (V. 1360). Personne qui rend compte (par un rapport) d'un procès au tribunal, d'un projet de loi devant une assemblée ; personne qui rédige ou expose un rapport devant une commission. *Désigner un rapporteur* (→ Enterrement, cit. 8). — Par appos. *Juge rapporteur.*

Toutes les fois que Robespierre a besoin d'un rapporteur impassible, sophistique, aux lèvres d'airain et au front de marbre, pour épurer la Convention et envoyer à l'échafaud, sous couleur de bien public, d'anciens amis et complices, il met en avant Saint-Just, qui s'acquitte de cette tâche comme d'un sacerdoce.   2
SAINTE-BEUVE, Causeries du lundi, 26 janv. 1852.

On n'imagine pas récit plus correct, plus clair, plus élégant, plus aisé, que celui que fait Léon Blum, au pied levé, d'un évènement, d'un livre, ou d'une pièce de théâtre. Quel excellent « rapporteur » il doit faire au Conseil d'État !   3
GIDE, Journal, 5 janv. 1907.

REM. Dans ce sens on dira plutôt : *Mᵐᵉ X est rapporteur du projet ; c'est elle le rapporteur.*

♦ **3.** N. m. (1680). Géom. Instrument à l'aide duquel on peut mesurer les angles ou construire (rapporter) un angle d'une mesure donnée. *Un rapporteur est formé d'un demi-cercle évidé ou transparent, dont le limbe* (bord extérieur) *est gradué. Compas et rapporteur. Mesurer un angle au rapporteur.*

CONTR. (Du sens 1.) Discret.

RAPPRENDRE [ʀapʀɑ̃dʀ] ou RÉAPPRENDRE [ʀeapʀɑ̃dʀ] v. tr. — Conjug. *prendre.* — XIIIᵉ, attestation isolée ; *rapprendre,* 1549 ; de *re-,* et *apprendre.*

♦ **1.** Apprendre* de nouveau (→ Goûter, cit. 14 ; penser, cit. 6 ; portrait, cit. 9). *Apprendre et rapprendre vingt fois les éclogues de Virgile* (→ Opiniâtreté, cit. 7). *Rapprendre sa leçon. Elle a dû réapprendre à se débrouiller seule.*

♦ **2.** Enseigner de nouveau (→ Voiture, in Littré, Suppl.).
REM. Dans les deux sens, la forme *réapprendre* tend à l'emporter.

RAPPRÊTER [ʀapʀete ; ʀapʀɛte] v. tr. — 1718 ; *raprester,* v. intr., « s'apprêter à son tour », v. 1175 ; v. tr., « réparer », XIVᵉ ; de *re-,* et *apprêter.*

♦ Techn. Donner un second apprêt* à... (une étoffe). — REM. La tendance de la langue est à une variante *réapprêter.*

RAPPROCHEMENT [ʀapʀɔʃmɑ̃] n. m. — V. 1460 ; de *rapprocher.*

Action de rapprocher*, de se rapprocher ; le fait d'être proche, voisin. ⇒ **Approchement** (vx), **assemblage, proximité, réunion.**

♦ **1.** Action de rapprocher, de se rapprocher. *Son corps touchait mon bras dans le rapprochement de la voiture* (→ Frémissement, cit. 6). *Rapprochements de tons dans un tableau* (→ Modulation, cit. 6). — Spécialt. Union sexuelle (→ Impuissance, cit. 13). ⇒ **Approche.**

Les femmes sont capables de tout, — les pires rapprochements sexuels, — par curiosité ou par intérêt.   Paul LÉAUTAUD, Propos d'un jour, p. 29.   1

(1767). Arbor. Méthode de taille consistant à supprimer certaines branches fruitières, en particulier lorsque les fruits sont trop éloignés des axes de la charpente.

♦ **2.** (1629). ⇒ **Rapprocher** (3. et, v. pron., 2.). Établissement ou rétablissement du contact, de relations plus étroites, plus cordiales. ⇒ **Conciliation, réconciliation.** *Essayer de concilier* (cit. 1) *les parties en vue d'un rapprochement.* ⇒ **Accommodement, accord.** *Rapprochement franco-allemand* (→ Jalon, cit. 5 ; non, cit. 33), *de plusieurs nations* (→ Diplomatiquement, cit. 2), *entre l'Orient et l'Occident* (→ Perle, cit. 9). ⇒ **Contact, union.** *Esquisser, favoriser, promouvoir un rapprochement.*

(...) M. Mercy d'Argenteau décida Marie-Antoinette à surmonter ses répugnances, à se rapprocher de Mirabeau. Mais, quelle que fût la facilité du caractère de l'orateur (...) le rapprochement était difficile.   2
MICHELET, Hist. de la Révolution franç., III, VI.

Enfin, elle lui demanda s'il consentirait à pardonner. Aussitôt qu'il eut compris que la rupture était évitée, il vit tous les inconvénients d'un rapprochement. D'ail-   3 leurs il souffrait déjà moins et avait presque accepté une douleur dont il faudrait, dans quelques mois peut-être, retrouver à nouveau la morsure si sa liaison recommençait. PROUST, À la recherche du temps perdu, t. VI, p. 151.

♦ **3.** (1674). Action d'associer ou de combiner selon des rapports, des relations de convenance, d'analogie (→ Nœud, cit. 20). *Rapprochement de mots.* ⇒ **Alliance, association** (→ Facette, cit. 6). *Trouvailles, rapprochements de poète* (→ Poème, cit. 2). *Rapprochements baroques* (→ Outrance, cit. 2). *L'image* (cit. 46 et 47) *naît du rapprochement de deux réalités, de deux termes. Rapprochement ingénieux, inattendu, incongru, forcé... Rapprochement injustifié, absurde.* ⇒ **Amalgame.** *Le rapprochement de ces deux textes est éloquent.* ⇒ **Comparaison, parallèle.** *Faire un rapprochement entre deux textes.*

4 Excellent choix de citations, et excellents rapprochements de citations, qui s'expliquent et se font valoir. GIDE, Journal, 4 nov. 1929.

Opération par laquelle l'esprit établit une relation entre deux faits, qui paraissaient appartenir à des séries distinctes (⇒ **Rapport,** II.). *Je n'avais pas fait le rapprochement entre ces deux événements. Faire opérer un rapprochement entre le sujet d'un ouvrage et les événements politiques de l'époque.*

5 Des rapprochements qui coïncident logiquement finissent par construire quelque chose qui ressemble à l'évidence. À Gwynplaine arrêté, au mode silencieux de son arrestation, à ses vêtements rapportés par l'homme de police (...) venait s'ajouter, disons mieux, s'ajuster cette chose tragique, un cercueil porté en terre. — Il est mort! cria Ursus. HUGO, l'Homme qui rit, II, VI, IV.

6 Il est parti au bout de vingt minutes, peut-être, en me remerciant. Je n'ai plus pensé à lui. Je n'ai même pas été étonné de ne pas entendre parler d'un accident de voiture (...) Mais entrevoyez-vous maintenant, monsieur le commissaire, le rapprochement qui s'est fait dans mon esprit, hier matin, quand j'ai lu le journal? J. ROMAINS, les Hommes de bonne volonté, t. II, XIII, p. 133.

CONTR. Écartement, éloignement; différenciation, division, dissociation.

RAPPROCHER [RapRoʃe] v. tr. — Déb. xivᵉ; *raprochier,* 1268; de *re-,* et *approcher.*

♦ **1.** *Rapprocher (qqn, qqch.) de (qqn, qqch.); rapprocher (des personnes, des choses) :* mettre plus près de. ⇒ **Approcher.** *Rapprochez votre siège, je vous entends mal.* ⇒ **Avancer.** *Rapprocher son fauteuil du feu. Nageur que le courant* (cit. 5) *rapproche de la côte.* (Sans compl. direct). *Force qui rapproche du centre.* ⇒ **Centripète.** — *Rapprocher deux objets l'un de l'autre* (→ Agrafe, cit. 2; jonction, cit. 1). *Rapprocher deux choses.* ⇒ **Assembler** (cit. 3), **joindre, presser, réunir, unir** (→ Approcher, cit. 1; emboîter, cit. 7; grappin, cit. 1). ⇒ aussi **Cohésion.** *Rapprocher les bords d'une plaie.* — (Le sujet désigne une durée). *Chaque heure nous rapprochait de Paris.*

1 (...) j'avais tout lieu d'espérer qu'ils (*ces troubles*) disparaîtraient progressivement, chaque minute me rapprochant des couches plus denses de l'atmosphère lunaire *(sic).* BAUDELAIRE, Trad. E. POE, Histoires extraordinaires, « Avent. Hans Pfaal », 19 avril.

*Rendre plus proche, plus rapide à parcourir. L'avion rapproche les distances** (au fig. → Distance).

Rapprocher qqch. : faire paraître plus proche. *Jumelles, longue-vue rapprochent les objets. Les côtes étaient rapprochées par la limpidité de l'air* (→ Angle, cit. 2; et aussi distance, cit. 2).

♦ **2.** *Rapprocher (qqn, qqch.) de (qqch.) :* faire approcher de (un temps, un état à venir). *Chaque jour nous rapproche de la mort. Rapprocher du terme* (→ Pensée, cit. 12; progrès, cit. 13). *Les concessions ne rapprochaient pas de l'état de paix* (→ Négociation, cit. 4).

2 Chaque geste le rapprochait du moment pathétique. Brusque montée de la flamme! Chaque soir Quinette s'apprêtait à tuer Leheudry. J. ROMAINS, les Hommes de bonne volonté, t. III, V, p. 79.

Rapprocher (qqch.) : faire arriver plus tôt. *Rapprocher une échéance.*

3 Si la société sans classes termine l'histoire, alors, en effet, la société capitaliste est supérieure à la société féodale dans la mesure où elle rapproche encore l'avènement de cette société sans classes. CAMUS, l'Homme révolté, p. 276.

♦ **3.** (xviiᵉ). *Rapprocher (qqn, qqch.) de (qqn, qqch.); rapprocher (plusieurs personnes ou choses).* Fig. Faire voisiner, mettre en rapports. ⇒ **Accoler, grouper.** *Les départements* (cit. 3) *parfois disjoignent ce que la géographie rapproche.* — Disposer à des rapports amicaux, à la compréhension ou à l'affection mutuelle. *La révolution, qui devait les rapprocher, les avait brouillés* (→ Hostile, cit. 3). *Le besoin rapproche les hommes, les lie* (cit. 14). *Rapprocher des cœurs qui ne s'accordent* (cit. 24) *pas. Ce qui me rapproche de mes semblables* (→ Arête, cit. 7).

4 Tous deux (*Mme Roland et Robespierre*) avaient ce qui semblerait pouvoir rapprocher les hommes, et qui, au contraire, crée entre eux les plus vives antipathies : *avoir un même défaut.* MICHELET, Hist. de la Révolution franç., VI, V, in Pl., t. I, p. 836.

Absolt. *L'absence* (cit. 10), *l'éloignement* (cit. 8) *rapproche.*

5 Rien ne rapproche comme la haine. Les Jéricho-Loreille se plaisaient maintenant ensemble (...) parce qu'ils haïssaient les Tite-le-Long ensemble. M. JOUHANDEAU, Tite-le-Long, XVII.

*Rattacher, associer** par des rapports logiques ou analogiques, en découvrant une certaine conformité, une certaine parenté. L'ordre* (cit. 2) *rapproche les choses. Grâce à l'apposition* (cit. 3), *Hugo rapproche les aspects parfois antithétiques des choses. Synthèse*

rapprochant des éléments. ⇒ **Amalgamer** (→ Analyse, cit. 6). *Choses à rapprocher de...* (→ Fraude, cit. 2). *L'art doit être rapproché de...* (cit. 3). ⇒ **Assimiler.** *Rapprocher certains passages d'un livre avec des passages d'auteurs anciens.* ⇒ **Rapprochement** (→ Plagiat, cit. 1), et aussi **rapporter.**

♦ **4.** (V. 1360). Vx. (Personnes). *Rapprocher qqn :* se rapprocher de lui. — Chasse. *Rapprocher la bête* (en parlant des chiens; ⇒ **Rapprocheur**). N. m. *Faire un, des rapprochers.* — Mod. Sports (chevaux). *Se rapprocher de* (le cheval qui est devant).

▶ **SE RAPPROCHER** v. pron. (V. 1320).

♦ **1.** *Se rapprocher de ou* (sujet plur.) *se rapprocher :* venir plus près. *S'éloigner, puis se rapprocher* (→ Abat-jour, cit. 3). *Se rapprocher de...* ⇒ **Aborder, côtoyer** (→ Attraction, cit. 9; brûler, cit. 28; errer, cit. 18; ligne, cit. 39). *Se rapprocher les uns des autres.* ⇒ **Serrer** (se). → Étoile, cit. 17; main, cit. 20. *Ils avaient senti le besoin de se rapprocher* (→ Nœud, cit. 16). — Spécialt. *S'unir sexuellement. Moments où les époux décident de se rapprocher* (→ Conception, cit. 1). — (Choses). *Les brasiers se rapprochent, se touchent* (→ Incendie, cit. 3).

6 Quelle secrète pensée faisait sourire sa bouche avec tant d'amertume au même moment où ses sourcils froncés se rapprochaient comme deux taureaux qui vont lutter? HUGO, Notre-Dame de Paris, I, IV, V.

Se rapprocher : devenir plus proche. *Tout le jour nous vîmes se rapp la montagne* (→ Diaprer, cit. 5). *Les points de chute des obus se rapprochaient* (→ Évaluer, cit. 4; pointe, cit. 1).

♦ **2.** (1671). Fig. *Se rapprocher de ou* (sujet plur.) *se rapprocher :* voisiner, entrer en relations. *Ils se rapprochaient les uns des autres* (→ Fortement, cit. 1; et aussi éloignement, cit. 7). — En venir à des relations plus confiantes, plus affectueuses; se réconcilier. *Quand je les croyais détachés* (cit. 27) *l'un de l'autre, ils s'étaient rapprochés.*

7 M. Valenod pensa à se rapprocher des libéraux : c'est pour cela que plusieurs étaient invités au dîner où Julien récita. STENDHAL, le Rouge et le Noir, I, XXII.

8 Mais, prodige! C'est lorsque j'obtins enfin de moi ce détachement très factice, qu'elle commença de se rapprocher de moi (...) GIDE, Et nunc manet in te, p. 62.

Se rapprocher de : tendre à être plus près de... (un but, un principe). *Je ne peux me rapprocher de l'infini* (cit. 19). *Nous cherchons à nous rapprocher des origines* (cit. 11). *Les changes se rapprochent de la parité* (cit. 4). *Le gouvernement doit se rapprocher des principes* (cit. 16).

9 (...) l'homme, ce diable naturel (...) ne s'aperçoit pas (...) combien, de seconde en seconde, il se rapproche de la perfection diabolique. BAUDELAIRE, les Paradis artificiels, « Poème du haschisch », IV.

Se rapprocher de : présenter certaine conformité, certaine analogie, certains rapports avec (→ Calcédoine, cit. 1; nominal, cit. 5). *La propagande* (cit. 3) *se rapproche de la publicité... L'inverti se rapproche de la femme* (→ Inversion, cit. 5). *Cet artiste se rapproche, par la perfection du travail, de certains maîtres* (→ Précieux, cit. 6). *Ce qui se rapproche le plus de qqch.* (→ Détestable, cit. 3; expression, cit. 22). *Solliciter les textes jusqu'à ce qu'ils arrivent à se rapprocher* (→ Interprétation, cit. 3, Renan). — *Se rapprocher de ou* (sujet plur.), *se rapprocher :* être comparé en raison de cette conformité, de cette analogie. *Ces trois grandes scènes de funérailles* (cit. 4) *peuvent se rapprocher.* ⇒ **Comparer** (se), **parallèle** (être mis en).

10 (...) il faut un bel appartement ou un beau paysage, un esprit libre et dégagé, et quelques complices dont le talent intellectuel se rapproche du vôtre (...) BAUDELAIRE, les Paradis artificiels, « Du vin et du haschisch », IV.

▶ **RAPPROCHÉ, ÉE** p. p. adj.

(Sens 1). *Chaise rapprochée du mur.* ⇒ **Proche, voisin.** *La croisée la plus rapprochée de la porte* (→ Hauteur, cit. 7). *Chaises rapprochées* (l'une de l'autre, les unes des autres). *Leurs mains rapprochées* (→ Longueur, cit. 13). *Des yeux rapprochés* (opposé à *écartés*).

11 Un nez long et droit, mais qui dépassait la courbe du front, partageait ses deux yeux noirs et très rapprochés qui, dit-on, sont, dit-on, la marque d'un caractère extravagant ou de quelque insanité intellectuelle. BARBEY D'AUREVILLY, les Diaboliques, « le Dessous de cartes... », II.

*Plan** rapproché* (au cinéma).

(Sens 2). *Une échéance assez rapprochée.* ⇒ **Proche.** *Deux succès rapprochés* (→ Nourrir, cit. 27).

(Sens 3). Personnes. *Nous étions extrêmement rapprochés* (→ Mollir, cit. 6). *Nous nous sentions rapprochés par un goût commun.* ⇒ **Lier,** cit. 14. — (Choses). *Idées rapprochées. Langue familière aussi rapprochée que possible du ton de la conversation* (→ Correctement, cit. 2).

CONTR. Couper, dépecer, disjoindre, disperser, dissocier, diviser, écarter, éloigner, éparpiller, espacer, 2. étranger (vx), **repousser, séparer; différencier, opposer.** — (Du pron.) **Diverger.** — (Du p. p. adj.) **Distant, éloigné.**

DÉR. Rapprochement, rapprocheur.

RAPPROCHEUR [RapRoʃœR] n. m. — 1875, P. Larousse; de *rapprocher.*

♦ **Vén.** Chien qu'on découple aux brisées, qui « rapproche » la bête avant qu'on n'emploie toute la meute.

1 (...) vous attaquerez de meute-à-mort (...) il est déjà tard et (...) vous perdriez trop de temps à arrêter vos rapprocheurs.
M. DRUON, la Chute des corps, II, IX, p. 176.

2 (...) d'aucuns attaquent avec toute la meute dans le cas (...) où le cerf de chasse est entièrement seul dans l'enceinte ; sinon, ils ont recours, comme d'Yauville *(veneur célèbre)*, à quelques vieux rapprocheurs seuls capables de déharder le cerf.
François VIDRON, la Chasse à courre, p. 36.

RAPPROPRIER [ʀapʀopʀije] v.tr. — 1808 ; du lat. *proprius* « propre ».

♦ **Vx** ou **régional** (Belgique, Nord de la France). Nettoyer, rendre propre. ⇒ 2. **Approprier.**

(...) on voit le lit *(du torrent)* préparé pour l'eau, tout rapproprié sur plusieurs mètres. Thyde MONNIER, le Pain des pauvres, p. 328.

RAPPROVISIONNEMENT [ʀapʀovizjɔnmã] n. m. ⇒ **Réapprovisionner.**

RAPPROVISIONNER [ʀapʀovizjɔne] v. tr. — xvie, reprovisionner ; de re-, et approvisionner.

♦ ⇒ **Réapprovisionner.**

DÉR. Rapprovisionnement.

RAPSODE [ʀapsɔd] n. m., **RAPSODIE** [ʀapsɔdi] n. f. ⇒ **Rhapsode, rhapsodie.**

RAPSODIQUE [ʀapsɔdik] adj., **RAPSODISTE** [ʀapsɔdist] n. m. ⇒ **Rhapsodique, rhapsodiste.**

RAPT [ʀapt] n. m. — 1530 ; « viol », xive, *rat*, 1237 ; *rap*, v. 1155 ; lat. *raptus*, de *rapere* « saisir, enlever ».

♦ **1.** Enlèvement illégal (d'une personne). ⇒ **Détournement.** *Rapt par violence ou par fraude* (Code pénal. art. 354). *Rapt par séduction* (Code pénal, art. 356). → aussi, par métaphore Orbite, cit. 4. *Accusation de rapt* (→ Arguer, cit. 1). *Rapt d'un enfant.* ⇒ **Kidnapper, kidnapping.**

Détournement de mineure, rapt, enlèvement ! Vous vous êtes mis une belle affaire sur les bras. Vous êtes tout bonnement sous le coup de cinq à dix ans de prison. — Miséricorde ! m'écriai-je ; dix ans de prison pour avoir sauvé une innocente enfant ! FRANCE, le Crime de S. Bonnard, VI, Œ., t. II, p. 480.

♦ **2.** (1973). **Phys.** Réaction nucléaire sans formation de noyau composé, dans laquelle le projectile enlève un des nucléons du noyau cible (recomm. off. pour l'anglicisme *pick-up*).

RAPTUS [ʀaptys] n. m. — 1883, Daudet ; « transport soudain des humeurs dans une partie du corps », 1834 ; mot lat. → Rapt.

♦ **1.** **Psychiatrie.** Manifestation paroxysmique constituant une décharge explosive, qui peut entraîner le sujet à un comportement impulsif, à un acte violent grave envers lui-même ou autrui (fureur, fugue, meurtre, suicide, mutilation...). ⇒ aussi **Acte** (passage à l'). *Raptus émotif, anxieux* (par surcharge affective). *Raptus confusionnel d'origine onirique ou hallucinatoire. Raptus épileptique.*

♦ **2.** **Littér.** Élan, impulsion psychique violente.

RÂPURE [ʀɑpyʀ] n. f. — 1646 ; *raspure* « rafle de raisin », xiiie ; de *râpe.*

♦ **Techn.** Ce qu'on enlève d'une substance qu'on travaille à la râpe (II.). *Râpure de chêne, d'ivoire. Râpure de marbre.*

RAQUER [ʀake] v. intr. — 1893 ; *rakier* « cracher », xiiie ; *rachier*, v. 1190, d'un rad. onomatopéique *rakk-* (Wartburg) ou d'un dér. roman de *radere* « raser » (Guiraud).

♦ **Pop.** Payer. *Il va falloir raquer. Il l'a fait raquer.*

RAQUETIER, IÈRE [ʀak(ə)tje, jɛʀ], n. — 1457, *in* G. Petiot, art. *Raquette* ; de *raquette.*

♦ **Techn.** Personne qui fabrique des raquettes ; ouvrier, ouvrière qui confectionne des raquettes.

RAQUETTE [ʀakɛt] n. f. — xve, « instrument pour jouer au jeu de paume » ; lat. médiéval *rasceta* ; p.-ê. de l'arabe *rāhāh* « paume de la main » ; P. Guiraud préfère un dér. de *radere* « râcler », la *raquette* étant assimilée à une râclette.

♦ **1.** Instrument de forme ovale, adapté à un manche, permettant de lancer une balle (cit. 1 ; et → Peloter, cit. 1), un volant

(→ Bombe, cit. 2 ; élever, cit. 42). *Raquette pleine* (bois, etc.). *Raquette formée d'un cadre et de cordes tendues. Raquette de joueur de paume, de tennis. Faire recorder une raquette. Raquette de ping-pong. Cordes, cadre d'une raquette de tennis. Bois d'une raquette. Apprendre à tenir sa raquette. Prise de raquette.*

1 Ce que ceux qui jouent à la paume éprouvent assez, lorsque leur balle rencontre de faux carreaux ou bien qu'ils les touchent en biaisant de leur raquette, ce qu'ils nomment (...) couper ou friser. DESCARTES, la Dioptrique, Discours I.

2 Un jour, je t'ai donné une raquette en osier, et un volant avec des plumes jaunes, bleues, vertes. Tu l'as oublié, toi. Tu étais si espiègle toute petite !
HUGO, les Misérables, V, IX, V.

3 En possession d'une raquette bien équilibrée, et que vous vous garderez de choisir trop lourde, afin de la manier aisément, vous vous munirez d'un *presse-raquette*, de préférence à cadre de bois pourvu de vis à papillon. Votre raquette n'en devra être extraite qu'au moment où vous vous disposerez à entrer sur le court (...) Le cadre ainsi restera « en forme », les boyaux ne se relâcheront pas (...)
Yvon PÉTRA, le Tennis, p. 12.

Loc. fig. (1906). *Coup de raquette :* secousse (dans une voiture).

(1887). **Par métonymie.** *Une de nos meilleures raquettes :* un de nos meilleurs joueurs. *Une fine raquette.*

♦ **2.** (1557). Instrument de forme ronde ou ovale, composé d'un cadre tendu de cordes, qu'on adapte aux pieds pour marcher dans la neige sans enfoncer ⇒ **Patin.** *Raquettes de montagnard. Prendre des raquettes ou des skis pour aller dans la neige.*

4 Ces *raquettes* ont environ trois pieds de long, et quinze ou seize pouces dans leur plus grande largeur. Leur figure est ovale (...) De petits bâtons de traverse (...) servent à les rendre plus fermes, et celui qui est sur le devant, est comme la corde d'une ouverture en arc, où l'on met le pied qu'on y assujettit avec des courroies.
P. DE CHARLEVOIX, Journal d'un voyage d'Amérique, Lettre 14, *in* Encycl. (DIDEROT), art. *Raquette.*

La raquette : la marche sportive avec des raquettes. *Faire de la raquette.* ⇒ **Raquetteur.**

♦ **3.** **Techn.** [a] (1834). **Chasse.** Petit piège à détente (→ Engin, cit. 9).

[b] (1845). **Scie** à ruban.

[c] **Pêche.** Épuisette à manche court utilisée dans la pêche en rivière.

♦ **4.** (1948). **Sports.** Surface en forme de trapèze, délimitée sur un terrain de basket, sous les paniers, et utilisée pour les lancers francs.

♦ **5.** (1704). **Bot.** Oponce (cactus). → Fouetter, cit. 20 ; nopal, cit. 2.

♦ **6.** **Techn.** Partie du bœuf comprenant la macreuse, les jumeaux, le gîte de devant.

DÉR. Raquetier, raquetteur.
COMP. Presse-raquette.
HOM. Racket.

RAQUETTEUR, EUSE [ʀakɛtœʀ, øz ; ʀakɛtœʀ, øz] n. — 1705 ; mot canadien, de *raquette* (2.).

♦ Personne qui se déplace en raquettes, qui fait de la raquette. « *Saints des matins gelés sans soleil ni chaleur, Vous les batteurs de neige, blancs et saints raquetteurs* » (Savard).

HOM. Racketteur.

RARE [ʀaʀ ; ʀɑʀ] adj. — Fin xiie, *rere*, sens 2. ; du lat. *rarus.*

♦ **1.** (1377 ; *rere*, v. 1220). Épithète en général postposé. Qui se rencontre peu souvent, dont il existe peu d'exemplaires. *Objet rare* (→ Examiner, cit. 6). *Pierres rares.* ⇒ **Précieux** (→ Bijou, cit. 4 et 8 ; maître, cit. 108). *Variétés, espèces, plantes... rares* (→ Commun, cit. 22 ; fourrager, cit. 3). *Espèces, animaux... rares* (→ Lévrier, cit. 1 ; 1. onagre, cit.). *Oiseaux* (cit. 16) *rares* (→ Oiseleur, cit. 5). **Loc. fig.** ⇒ **Oiseau.** — *Bois rares* (→ Plafond, cit. 1). *Timbres rares* (→ Maquiller, cit. 2). *Livres, éditions rares.* ⇒ **Recherche.** *Objets rares et curieux*. Goût de ce qui est rare* (→ Curiosité, cit. 20). *Les poteries deviennent rares.* ⇒ **Introuvable** (cit. 5). *Pièce très rare.* ⇒ **Mouton** (à cinq pattes). *Dénicher* une pièce rare, très rare, presqu'unique.*

1 Un curieux se préfère au reste des chétifs mortels, quand il a dans son cabinet une médaille rare qui n'est bonne à rien, un livre rare que personne n'a le courage de lire, une vieille estampe d'*Albert-Dure (Dürer)*, mal dessinée et mal empreinte ; il triomphe s'il a dans son jardin un arbre rabougri venu d'Amérique. Ce curieux n'a point de goût ; il n'a que de la vanité. Il a ouï dire que le beau est rare ; mais il devrait savoir que tout rare n'est point beau.
VOLTAIRE, Dict. philosophique, Rare.

Peu commun, et d'autant plus prisé. *L'amour, le génie, le goût* (cit. 22), *les vraies passions... sont rares* (→ Apparemment, cit. 4 ; atténuer, cit. 4). *Don, qualité, esprit* (cit. 132) *rare* (→ Grouper, cit. 4 ; 2. original, cit. 15 ; poésie, cit. 17). « *Rien n'est plus commun que ce nom* (→ Ami, cit. 4, La Fontaine). *Rien n'est plus rare que la chose. Pourquoi la liberté est-elle si rare?* (→ 2. Bien, cit. 26).

2 S'il est ordinaire d'être vivement touché des choses rares, pourquoi le sommes-nous si peu de la vertu ? LA BRUYÈRE, les Caractères, II, 20.

Peu employé. *Mot, terme rare* (→ Écrire, cit. 55 ; étymologie, cit. 11 ; gicler, cit. 1). *Rimes, rythmes rares.* ⇒ **Insolite** (→ 1. Facture, cit. 2).

3 (...) une espèce de panthéisme christianisé, enrichi de rimes rares, péniblement cherchées, comme émeraude et fraude, aïeul et glaïeul, etc.
BALZAC, Illusions perdues, Pl., t. IV, p. 543.

Qui est momentanément, localement en faible quantité, difficile à trouver. *La sécurité renaît, la nourriture est moins rare* (→ Fédération, cit. 5). *La main-d'œuvre était rare* (→ Formariage, cit.). *La place est rare* (→ Garage, cit. 2). *Attitude, comportement rare* (→ Jaser, cit. 3 ; matamore, cit. 1). *Il a une force d'esprit très rare chez un enfant de son âge.* ⇒ **Inconnu** (→ Montrer, cit. 28). *Le papier était alors plus rare que l'argent* (→ Nettoyer, cit. 1).

4 Le pain est toujours rare, et aux portes des boulangers la queue ne diminue pas.
TAINE, les Origines de la France contemporaine, III, t. I, p. 133.

Au plur. (Épithète antéposé). Peu nombreux, en petit nombre (dans les conditions considérées). *Les rares adeptes* (cit. 2) *que...* ⇒ **Quelque.** *De rares étoiles* (→ Diffuser, cit. 6). *À de rares exceptions près* (→ Dominant, cit. 2). *Un des rares élus* (→ Élire, cit. 10). *Quelques rares éventaires* (cit. 1). *Rares sont ceux qui...* (→ Gâterie, cit. 5 ; initiatique, cit. 1). *Ces lettres étaient assez rares* (→ 1. Baume, cit. 11). *Les passants sont rares* (→ Circuler, cit. 2).

5 (..) quelques nababs, aussi rares que les promeneurs d'un matin de dimanche à Londres, se dirigent vers une diligence de diamants.
RIMBAUD, Illuminations, XIX.

Un des rares... qui..., suivi du subj. (→ Audience, cit. 6 ; aventure, cit. 13).

6 N'oublions pas que Flaubert est un provincial, qu'il est un des rares écrivains du dix-neuvième siècle qui vive presque toujours en province.
A. THIBAUDET, Gustave Flaubert, p. 241.

7 Une des rares notes de l'abbé Calou qui ait directement trait à Hortense Voyod (...)
F. MAURIAC, la Pharisienne, XIII.

Chim. *Gaz* rares :* les gaz inertes de l'atmosphère, de valence nulle, tous présents en très petites quantités dans l'air (sauf l'argon : 1 %). — *Terres* rares :* oxyde de lanthanides ; abusif, cour. : lanthanides.

♦ **2.** (1690). Temporel. Qui se produit, arrive, se présente peu souvent ; peu fréquent. ⇒ **Accidentel, exceptionnel** (opposé à *fréquent*). *Cas rares* (→ Cautère, cit. 1 ; exception, cit. 16). *Dans de rares cas.* *Fortune* (cit. 24), *bonheur rare* (→ Filer, cit. 11 ; fouille, cit. 3). *Ces moments-là sont rares* (→ Occasion, cit. 4). *Ces impressions sont trop rares pour que...* (→ Précieux, cit. 2). *Par bouffées* (cit. 4) *de plus en plus rares. Vos visites sont bien rares, se font rares. Elle ne vous fait plus que de rares visites.* (1694). Par ext. (Personnes). *Vous devenez bien rare, vous vous faites rare :* vos visites sont devenues bien rares (→ aussi 2. Prétexte, cit. 4). *Elle se fait rare :* on la voit peu.

8 La mère de famille qui ne laisse pas désirer sa présence en se rendant rare au sein du ménage risque d'y faire connaître la satiété.
BALZAC, Mémoires de deux jeunes mariées, Pl., t. I, p. 262.

9 Le mariage et surtout la province vieillissent étonnamment un homme, l'esprit devient paresseux, et un mouvement du cerveau, à force d'être rare, devient pénible et bientôt impossible.
STENDHAL, Souvenirs d'égotisme, v.

10 Cécile arriva la première. Elle n'allait pas à Paris tous les jours, et même, en cette fin d'été, ses voyages étaient assez rares.
G. DUHAMEL, Chronique des Pasquier, III, I.

Cela arrive, mais c'est rare. Quand il riait, ce qui était rare (→ Lèvre, cit. 9 ; et aussi maladie, cit. 1). *Il est rare de...,* suivi de l'inf. (→ Arrosement, cit. 2 ; atteindre, cit. 39 ; extraordinaire, cit. 17). *Ce n'est pas rare... :* c'est fréquent, courant, normal. *Il n'est pas rare de rencontrer...* (→ Détaillant, cit. 2). *Il est rare, fort rare que...,* suivi d'un subj. (→ Désobliger, cit. 58 ; harangue, cit. 5). *Il n'est pas rare que... :* cela arrive souvent (→ Gérondif, cit. 3). *Il semble rare que...* ⇒ **Difficile** (→ Amitié, cit. 10).

11 Il était rare qu'elle eût vraiment travaillé.
A. MAUROIS, le Cercle de famille, I, XI.

12 À table, il n'était pas rare qu'il fît des plaisanteries ou affectât, pour amuser l'enfant, de manger sa soupe avec une fourchette.
H. TROYAT, la Tête sur les épaules, II, p. 33.

♦ **3.** (Mil. XVIᵉ). Épithète antéposé ou postposé. Qui est peu commun, qui sort de l'ordinaire. ⇒ **Exceptionnel, extraordinaire, remarquable.** *Mérite* (→ Auteur, cit. 20), *talent* (→ Force, cit. 16), *beauté* (→ Main, cit. 4) *rare. Rares talents, rares qualités...* (→ Attribut, cit. 1 ; bienveillance, cit. 2). *Il a des qualités rares, rares chez un intellectuel, rares pour... D'une rare énergie* (→ Faisceau, cit. 2). *Rare beauté.* ⇒ **Exquis** (→ Flegmatique, cit. 1). *Rare bravoure.* ⇒ **Épique.** *Exprimer avec un rare bonheur...* (→ 1. Général, cit. 14), *une rare sûreté* (→ Jeter, cit. 26), *une rare maîtrise...* (→ Monologue, cit. 6). — (Postposé). *Homme, femme rare,* d'un mérite exceptionnel (→ 1. Duel, cit. 4 ; ordinaire, cit. 7). ⇒ **Distingué, merle (blanc), phénix, phénomène.**

13 Quelque rare que soit le mérite des belles,
Je pense, Dieu merci ! qu'on vaut son prix comme elles (...)
MOLIÈRE, le Misanthrope, III, 1.

14 Rare et fameux esprit, dont la fertile veine
Ignore en écrivant le travail et la peine (...)
BOILEAU, Satires, II (→ Escrime, cit. 6).

15 Son livre est comme un jeune visage plein de charme rare et de grâce fine.
FRANCE, Préface de « les Plaisirs et les Jours », de PROUST.

Vx. (Avec une nuance péjorative). Étrange, bizarre, singulier. « *C'est un homme étonnant* (cit. 11) *et rare en son espèce* » (Regnard, à propos d'un distrait qu'on tient pour fou). *Ce n'est pas une chose rare qu'il faille...* (→ Docilité, cit. 1) : c'est normal, naturel que...

♦ **4.** (Av. 1679). Mod. Fam. ou régional. Improbable, étonnant. *Ce serait bien rare qu'il ne puisse pas venir. C'est bien rare si on ne le voit pas demain. Ça n'aurait rien de rare.*

Jeunes, la nature pouvait encore se raviser, mais c'était bien rare...   15.1
M. AYMÉ, la Vouivre, p. 25.

♦ **5.** (1555 ; latinisme, sens primitif de l'adj. *rarus*). Vx. Peu serré, peu dense. « *Substance molle, rare et spongieuse* » (Paré). *L'atmosphère* (cit. 21, Laplace) *d'un corps est un fluide rare, transparent...* ⇒ **Raréfié** (→ Noyau, cit. 3, Baudelaire).

La chair du poumon est si rare et si molle (...) qu'à mesure que les vapeurs du   16
sang (...) entrent dedans (...) elles s'y épaississent et convertissent en sang derechef (...)   DESCARTES, Traité de l'homme, Pl. p. 809.

(1636). Mod. *Chevelure, barbe rare,* peu fournie. ⇒ **Clair, clairsemé.** *Moustache rare* (→ Lisser, cit. 1). *Brouter* (cit. 2) *une herbe rare. Jour, lumière rare.* ⇒ **Avare.**

♦ **6.** Emploi adverbial. « *Il parlait rare* » (Giono, le grand Troupeau, Pl., t. I, p. 544).

CONTR. Abondant, banal, commun, multiplié, nombreux, ordinaire, pléthorique ; continuel, courant, familier, fréquent, général, habituel ; dense, dru, pullulant.
DÉR. Rarement, rareté. (Cf. Raréfaction, raréfier, rarescent, rarissime.)

RARÉFACTION [ʀaʀefaksjɔ̃] n. f. — 1370 ; lat. scolast. *rarefactio,* du lat. *rarefacere.* → Raréfier.

♦ **1.** Le fait de se raréfier ; diminution de la densité d'un gaz et augmentation de son volume, par l'écartement de ses molécules. *Raréfaction d'un gaz obtenue par diminution de sa pression dans des conditions de température déterminées. Raréfaction de l'air en haute montagne.*

(...) car (...) le gaz du ballon serait soumis à la même raréfaction (et, dans cette occurence, je n'avais qu'à lâcher une quantité proportionnelle de gaz, suffisante pour prévenir une explosion)...
BAUDELAIRE, Trad. E. POE, Histoires extraordinaires, « Avent. Hans Pfaall. »

Pathol. *Raréfaction du tissu osseux :* ostéoporose.

♦ **2.** (1872, in Littré, *Suppl.*). Diminution dans la quantité de produits offerts sur le marché. ⇒ **Épuisement.** *Raréfaction des produits laitiers en temps de sécheresse. Raréfaction provoquée par des spéculateurs. — La raréfaction grandissante de la monnaie* (→ Gêner, cit. 17).

CONTR. Condensation ; abondance.

RARÉFIABLE [ʀaʀefjabl] adj. — 1641 ; de *raréfier.*

♦ Phys. Susceptible d'être raréfié, de se raréfier (1.). *Gaz raréfiable.*

RARÉFIER [ʀaʀefje] v. tr. — 1370 ; lat. *rarefacere,* passif *rarefieri,* de *rarus* → Rare, et *facere* « faire ».

♦ **1.** Phys. Rendre rare (5.), moins dense ; augmenter le volume de (un gaz) sans augmenter sa masse. *Machine pneumatique permettant de raréfier l'air contenu dans un récipient. La chaleur raréfie l'air.* — Pron. *Air* (cit. 8), *atmosphère* (cit. 8) *qui se raréfie.*

♦ **2.** (1836). Rendre rare (1. et 2.). *Stérilisation eugénique* (cit. 3), *permettant de raréfier certaines tares.*

Les proies sont toujours rares ; parce que la faim des autres les raréfie.   0.1
J. ROMAINS, les Hommes de bonne volonté, t. IV, XV, p. 152.

▶ **RARÉFIÉ, ÉE** p. p. adj. Plus cour. *Atmosphère raréfiée* (→ Lest, cit. 3). *Gaz raréfié :* gaz sous une très faible pression. *Nébuleuses* (cit. 1) *gazeuses, faites de matières raréfiées.*

(...) mon but (...) était de m'enfermer entièrement, moi et ma nacelle, et de me   1
barricader contre l'atmosphère singulièrement raréfiée au sein de laquelle j'existais, et enfin d'introduire à l'intérieur, à l'aide de mon condensateur, une quantité de cette même atmosphère suffisamment condensée pour les besoins de la respiration.
BAUDELAIRE, Trad. E. POE, Histoires extraordinaires, « Avent. Hans Pfaall. »

▶ **SE RARÉFIER** v. pron.
Devenir plus rare, moins fréquent (→ Misère, cit. 15). *L'argent s'est raréfié pendant cette crise. Cheveux qui se raréfient.* ⇒ **Éclaircir** (s').

De 1804 à 1815, il lui fut donc impossible de lutter avec les jeunes filles qui se   2
disputaient les partis convenables, raréfiés par le canon.
BALZAC, la Vieille Fille, Pl., t. IV, p. 252.

Là naquit, d'une population en partie étrangère au Béarn, une bourgeoisie intelli-   3
gente et riche, mais qui fut décimée par les guerres de religion, abêtie et raréfiée ensuite par deux siècles de vices sournois et de mariages consanguins, amoindrie encore par la Révolution (...)   P.-J. TOULET, la Jeune Fille verte, v.

CONTR. Condenser.
DÉR. Raréfiable.

RAREMENT [ʀɑʀmɑ̃ ; ʀaʀmɑ̃] adv. — V. 1600 ; *relment,* 1170 ; *rerement,* 1190 ; de *rare.*

♦ **1.** Dans des cas rares, peu souvent, peu fréquemment. ⇒ **Guère, peu, quelquefois** (→ Aimable, cit. 10 ; blâmer, cit. 2 ; comique, cit. 7 ; conforme, cit. 3 ; gratuit, cit. 2). *Très rarement, bien rarement* (→ Divan, cit. 2 ; institution, cit. 15). *Cette ivresse* (cit. 14) *que l'on éprouve si rarement. De plus en plus rarement* (→ Maison, cit. 16). *Il vient nous voir, mais assez rarement.*

1 La raison habite rarement les âmes communes et bien plus rarement encore les grands esprits. FRANCE, le Petit Pierre, XXXIII.

Littér. (En tête d'une proposition et entraînant l'inversion du sujet). « *Rarement se pardonnent-elles l'avantage de la beauté* » (→ Irrémissible, cit. 1, La Fontaine). Cf. R. Le Bidois, *Inversion du sujet,* p. 139-140, qui cite Maurois, Romains, R. Rolland, etc.

2 (...) si nous voulions être toujours sages, rarement aurions-nous besoin d'être vertueux. ROUSSEAU, les Confessions, II.

♦ **2.** Littér. D'une manière peu commune.

CONTR. **Communément, constamment, couramment, fréquemment, généralement, habituellement, souvent.**

RARESCENT, ENTE [ʀaʀesɑ̃, ɑ̃t ; ʀaʀɛsɑ̃, ɑ̃t] adj. — 1842 ; lat. *rarescens,* p. prés. de *rarescere* « se raréfier ».

♦ Didact. Qui se raréfie.

RARETÉ [ʀɑʀte ; ʀaʀte] n. f. — 1611 ; *rarité* « caractère de ce qui est rare (5.), diffus », 1314 ; du lat. *raritas,* de *rarus.* → Rare.

♦ **1.** (Phys.). Vx. État de ce qui est rare (5.), peu dense (cf. encore Laplace, *in* Littré). — Par anal. *La rareté du système pileux* (cit.).

♦ **2.** Littér. Qualité de ce qui est rare (1.), peu commun. *Édition, médaille... de la plus grande rareté. La rareté des denrées* (cit. 1), *des monnaies* (→ Change, cit. 1), *du numéraire* (cit. 1). ⇒ **Défaut, disette, insuffisance, manque, pénurie.** *Lampas* (cit. 2) *d'une exquise rareté. La précellence* (cit. 1) *de la belle prose et sa plus grande rareté. Rareté d'un terme, d'une image.*

1 Il trouva même que leur liaison y prenait de la rareté, échappait ainsi à ce qu'il y a de banal dans un adultère de gens du monde, se parait de l'imprévu, de l'absurdité apparente que les artistes savent mettre à chaque détour de leur vie.
J. ROMAINS, les Hommes de bonne volonté, t. V, IV, p. 27.

Spécialt. Écon. « Insuffisance de la quantité existante, par rapport à la quantité demandée » (Ch. Gide). *De la rareté relative dépend la notion de valeur.*

1.1 Les survivances de la pénurie et les prolongements de la rareté : le domaine de l'économie, de l'abstinence, de la privation, de la répression des désirs, de la mesquine avarice.
Henri LEFEBVRE, la Vie quotidienne dans le monde moderne, p. 71-72.

♦ **3.** (1602 ; *rarité,* XVIᵉ). *Une, des raretés.* Objet rare, curieux. ⇒ **Curiosité.** *Cabinet des livres, médailles, raretés antiques et modernes* (→ Bibliothécaire, cit.). *Tout objet a d'abord été une rareté, un luxe* (cit. 8). *Collectionner toutes sortes de raretés. Raretés gastronomiques* (→ Primeur, cit. 3).

2 (...) des étagères pleines de curiosités, de raretés à faire envie à un roi de Saxe (...) BALZAC, Un homme d'affaires, Pl., t. VI, p. 811.

♦ **4.** Cour. Caractère de ce qui est rare (2.), peu fréquent. *Locutions adverbiales marquant la rareté ou la fréquence* (→ Fois, cit. 6). *Tu te plains de la rareté de mes lettres* (cit. 21). *Pour une rareté du fait :* pour la beauté*, la singularité du fait. « La rareté du fait donnait prix* (cit. 8) *à la chose* » (La Fontaine).

Par ext. Vieilli. (En parlant d'une personne). « *Vous devenez d'une grande rareté* » (Académie) : on ne vous voit guère, vous vous faites rare (2.).

CONTR. **Densité ; abondance, affluence, foison, pléthore, prodigalité, profusion ; fréquence.**

RARISSIME [ʀaʀisim] adj. — 1544, Sceve, ital. *rarissimo,* superl. de *raro* « rare ».

♦ Extrêmement rare. *Livre, pièce rarissime. Cela peut arriver, mais c'est rarissime.*

1 (...) Mérimée savait recevoir et faire profiter ses amis des flacons d'une bonne cave, bien fournie en exceptionnel vin du pape et d'un rarissime madère rouge.
Émile HENRIOT, les Romantiques, p. 380.

2 L'Algérie, au contraire, offre l'exemple rarissime de populations différentes imbriquées sur le même territoire. CAMUS, Actuelles III, p. 207.

CONTR. **Fréquent, courant.**
DÉR. **Rarissimement.**

RARISSIMEMENT [ʀaʀisimmɑ̃] adv. — XXᵉ ; de *rarissime.*

♦ Littér. De manière rarissime, très rarement. « *Chaque personnage, chaque réplique est d'une subtilité poétique telle qu'on en voit rarissimement sur les écrans* » (J.-L. Godard, *in Arts,* nᵒ 679, 22 juil. 1958).

RARRANGER [ʀaʀɑ̃ʒe] v. tr. — Conjug. *bouger* — 1821 ; de *re-,* et *arranger.*

♦ Arranger, réparer de nouveau. *Il va encore falloir rarranger ça.* — REM. La tendance, au moins dans la langue parlée, est d'employer *réarranger.*

1. RAS [ʀɑ] n. m. — 1678 ; *rat,* 1630 ; cf. l'anc. franç. *red* « radeau », fin XIᵉ ; du lat. *ratis.*

♦ Vx. Radeau. — Spécialt. Mar. Radeau servant à la réparation d'un bâtiment près de la flottaison. *Ras de carène.*

DÉR. **Radeau.**
HOM. 2. **Ras,** 3. **ras, raz.**

2. RAS [ʀɑs ; ʀɑ] n. m. — 1683 ; *eras,* 1614 ; *arraze,* 1556 ; arabe vulg. *ras,* arabe class. *rāss* « chef », « tête ».

♦ Chef éthiopien.

HOM. 1. **Ras,** 3. **ras, raz.**

3. RAS, RASE [ʀɑ, ʀɑz] adj. — XIIᵉ, *res ;* du lat. *rasus,* p. p. de *radere* « ôter en raclant ». → Raser.

Se dit d'une surface de laquelle rien ne dépasse.

♦ **1.** Qui est tondu. — Vieilli. Coupé tout contre la peau. ⇒ **Rasé.** *Barbe rase* (Littré), *tête rase.*

0.1 Ah ! elle jurait sur sa tête et sur la mienne, qu'elle venait de voir Ballmeyer !... vivant dans la glace, avec sa figure rase de Larsan, toute rase, toute rase... et son grand-front dénudé ! (...)
G. LEROUX, le Parfum de la dame en noir, p. 81.

(1549). Mod. Dont le poil* est coupé près de la racine, très court (Contr. : *long*). *Les cheveux ras, la barbe taillée* (→ Mise, cit. 6). — *Poil ras, fourrure rase,* naturellement très court, très courte. *Le cheval, le bouledogue ont le poil ras. Race à poil long, à poil ras. Le poulain, fourrure à poil ras.* — Par ext. *Tapis, velours à poil ras. Étoffe rase.* — Qui s'élève peu au-dessus du sol. *Végétation rase. Herbe rase et drue* (→ Prairie, cit. 2). *Les ajoncs ras des hauteurs pierreuses* (→ Bas-fond, cit. 1). — Par ext. *Lande* (cit. 3) *à peu près rase. Des pentes rases* (→ Cépée, cit.). — N. m. Tissu de laine où le poil ne paraît pas.

Adv. Très court. *Cheveux taillés ras* (→ Gros, cit. 5). *Le reste de sa barbe était tondu ras* (→ 1. Fruit, cit. 17). *Ongles taillés ras* (→ Pouce, cit. 1).

♦ **2.** Plat et uni. ⇒ **Égal.** — *Rase campagne :* terrain découvert. *Se rendre, capituler en rase campagne* (→ Capitulation, cit. 2 ; héros, cit. 17). *Fortifications* (cit. 3) *en rase campagne.* ⇒ **Rasant.**

1 Je leur ai conté le fait du drapeau arraché, grave à cause de l'audace de cette attaque un poste en *rase campagne.* HUGO, Choses vues, XI, I.

2 Dans l'obscurité je distinguais les champs, j'entendais la mer, nous étions en rase campagne. PROUST, Sodome et Gomorrhe, Pl., t. II, p. 1036.

Mar. Sans mâts. *Bâtiment ras.*

Loc. **TABLE RASE** (*table rese,* 1314 ; lat. *tabula rasa* « tablette de cire vierge, sans inscription », métaphore employée par Aristote pour représenter l'âme à la naissance) : l'âme, l'esprit avant qu'aucune idée, aucune connaissance n'y soit inscrite.

3 (*Les partisans de Locke*) supposent qu'au commencement l'âme est une *table rase,* vide de toute pensée et sans aucune idée (...) Cette *tabula rasa,* dont on parle tant, n'est à mon avis qu'une fiction que la nature ne souffre point.
LEIBNIZ, Nouveaux essais, *in* LALANDE, Voc. de la philosophie, art. *Table.*

Par ext. Milieu vierge de toute influence. *La race et le milieu n'opèrent point sur une table rase* (→ Moment, cit. 30, Taine).

Loc. fig. *Faire table rase de... :* écarter, rejeter, ne rien laisser subsister de (les idées, opinions, notions, conceptions... précédemment admises). *L'idéalisme cartésien faisait table rase du monde des qualités sensibles* (→ Intelligible, cit. 3). *Faire table rase pour reconstruire* (→ Jeu, cit. 13), *pour repartir à zéro.*

4 La Révolution française, en faisant table rase des institutions du passé, en ne laissant subsister en face l'un de l'autre que l'individu et l'État, se donna la tâche difficile de tout créer à nouveau sur le modèle de la pure logique.
RENAN, Questions contemporaines, Instruc. sup. en France, Œ. compl., t. I, p. 79.

5 Il y a un âge de la vie, où il faut oser être injuste, où il faut oser faire table rase de toutes les admirations et de tous les respects appris, et tout nier — mensonges et vérités — tout ce que l'on n'a pas reconnu vrai par soi-même.
R. ROLLAND, Jean-Christophe, La révolte, I, p. 393.

6 Tantôt il (*l'esprit*) essaye de préserver ce qui lui semble essentiel dans ce qui fut, dans ce qu'il connaît et dont il croit que la vie civilisée ne peut se passer. Tantôt il se résout à faire table rase, à construire un nouveau système de l'univers humain.
VALÉRY, Variété III, p. 197.

♦ **3.** (1191). Qui ne dépasse pas les bords, est rempli au niveau des bords. *Mesure rase* par oppos. à *mesure comble.* — Adv. *Mesurer ras.* ⇒ **Rader.** — Loc. *À ras bords :* jusqu'aux bords. ⇒ **Plein.** *Empli à ras bords. Il se versa du vin à ras bords.*

7 Dans sa tasse emplie à ras-bords (*sic*), un prisme s'était allumé (...)
COURTELINE, Messieurs les ronds-de-cuir, 1ᵉʳ tableau, I.

Mar. *Navire ras d'eau :* navire très chargé dont le pont est près du niveau des eaux.

♦ **4.** Loc. prép. (XVIIIᵉ). À RAS, AU RAS DE : au plus près de, au même niveau de... *Au ras des eaux* (→ Banc, cit. 7), *du sol* (→ Exhaler, cit. 4 ; haleine, cit. 32). *Au ras des sillons* (→ Froissement, cit. 7). *Presque au ras de terre* (→ 1. Bas, cit. 1). *Trancher le pédoncule au ras du fruit* (→ Cueillette, cit. 1). *Au ras des murs* (→ Heure, cit. 97). *À ras de terre* (→ Bruire, cit. 4 ; chapelet, cit. 2 ; 1. lever, cit. 32). *Yacht à ras de quai* (→ Cuivre, cit. 6).

8 À l'horizon, de l'autre côté de la vallée du Loir, le soleil, noyé dans une vapeur, n'épandait plus sur la Beauce qu'une nappe de rayons jaunes, au ras du sol.
ZOLA, la Terre, III, IV.

9 Venu de l'ouest, un grand vent chargé d'ombres et de nuées courait au ras de la terre. G. DUHAMEL, Chronique des Pasquier, VII, XXVIII.

Loc. fig. *À ras de terre, de sol, au ras des pâquerettes** : terre à terre. ⇒ aussi **Rase-mottes.**

Loc. adv. *À ras. Coupé, taillé à ras* (⇒ fam. **Rasibus**).

Ras du cou (ras de cou, ras le cou), se dit d'un vêtement dont l'encolure s'arrête à la naissance du cou. *Une robe, un pull-over ras du cou.* — N. m. *Un ras-de-cou.*

Par métaphore. *Au ras de...* : tout près de... «*On se tient au ras des choses, près des visages, en toute attentive humilité...* » (J.-L. Bory, in *le Nouvel Obs.*, 19 avr. 1967).

N. m. (1931). Sports. *Ras de terre* : tir de football effectué au niveau du sol.

♦ **5.** (Adv. ; de *bol*, argot «anus»). Loc. fam. (1968). *En avoir ras le bol* : en avoir assez, en avoir marre. ⇒ **Ras-le-bol.** Ellipt. «*J'en ai assez dit-elle. Ras le bol* » (Cécil Saint-Laurent, *la Bourgeoise*, p. 201).

9.1 Je n'avais pas le goût du luxe, et puis en quatre ans d'occupation j'avais pris l'habitude de manger léger, de viser modeste. Non, c'était le reste dont j'avais ras le bol.
Jean HOUGRON, la Gueule pleine de dents, p. 58.

Écrit *ralbol.* ⇒ **Ras-le-bol** (2.).

9.2 (...) ce qu'il y a de dégueulasse c'est qu'il est pas permis d'avorter les vieilles personnes comme Madame Rosa qui en ont ralbol.
É. AJAR (R. GARY), la Vie devant soi, p. 201.

Rare. (*Ras* est adjectif) :

10 Longtemps qu'il en avait son ras bol de Corneille et de Saint-Exupéry.
Claude COURCHAY, La vie finira bien par commencer, p. 247.

Vulg. *En avoir ras le cul** (même sens). — Var. plaisante, où *bol* est compris comme «tête» :

11 Tu ne commences pas à en avoir ras la casquette, toi, des louloutes ?
René FALLET, Y-a-t-il un docteur dans la salle ?, p. 311.

12 Après, j'ai un autre rendez-vous à la Bastille avec des nouveaux copains qui sont sympa, ils en ont ras le cul de Paris, ils veulent monter une communauté pour s'éclater dans la nature. Cécil SAINT-LAURENT, la Bourgeoise, p. 263.

DÉR. Rasade, rasibus.
HOM. 1.Ras, 2. ras, raz.

RASA [Raza] plus correct [Rasa] n. f. — 1974 ; mot espagnol.

♦ Géogr. Plateau littoral exondé. *La rasa de Galice.*

RASADE [Razad ; Razad] n. f. — 1670 ; de l'adj. 3. *ras.*

♦ Quantité de boisson servie à ras bords. *Rasade de vin, de bière* (→ Cuire, cit. 16). *Se verser de nombreuses rasades* (→ Clapper, cit. 1). *Boire une rasade, une bonne rasade.*

1 On but quelques rasades les unes sur les autres pour s'assurer de la sagesse de la bouteille (...) DIDEROT, Jacques le fataliste, Pl., p. 603.

2 Ils se versaient des rasades d'une espèce de rhum puant et les avalaient, à la file, sans une parole. G. DUHAMEL, Scènes de la vie future, V.

RASAGE [Razaʒ] n. m. — 1467, *pierres à rasaige* «destinées à mettre à ras, de niveau» ; de *raser.*

♦ **1.** Techn. Opération par laquelle on rase et égalise les fibres, les poils qui dépassent d'une étoffe (velours, peluche, etc.).

♦ **2.** (1797). Action de raser, de faire la barbe. *Un rasage de très près. Crème qui facilite le rasage. S'asperger de lotion après le rasage.* ⇒ **After-shave, après-rasage.**

♦ **3.** (Avec un compl.). Le fait de raser (quelque chose).

COMP. Après-rasage.

RASANCE [Razɑ̃s] n. f. — 1940, «qualité de ce qui est rasant» ; de *rasant.*

♦ Milit. Rapport entre la hauteur de la trajectoire et celle de l'objectif. ⇒ **Rasant** (tir).

RASANT, ANTE [Razɑ̃, ɑ̃t] adj. — 1678 ; «qui est au ras de», 1270 ; de *raser.*

♦ **1.** Milit. Qui est à ras de terre. *Fortifications dominantes et fortifications* (cit. 3) *rasantes.*

♦ **2.** Qui rase (III.), passe tout près. *Lumière rasante.* — *Tir rasant, dont la trajectoire est tendue et d'une hauteur voisine de celle de l'objectif. Balles* (cit. 9) *rasantes.*

♦ **3.** (1872, *in* D.D.L.). Fam. Qui ennuie. ⇒ **Assommant, barbant, barbifiant, ennuyeux, fatigant, rasoir.** *Un discours, un auteur rasant. Un type rasant.* ⇒ **Raseur.** *Est-ce assez rasant ce que je vous raconte là !* (→ Assommer, cit. 18.2). *Il trouve ce pays, ce bled rasant. Un séjour rasant.*

1 Pour Wagner, puis pour Franck, pour Debussy, elle ne se donnait même pas la peine de dire « la barbe » mais se contentait de faire passer sa main, comme un barbier, sur son visage. Bientôt, ce qui fut ennuyeux, ce fut tout (...) Finalement ce fut la vie elle-même qu'elle vous déclara une chose rasante, sans qu'on sût bien où elle prenait son terme de comparaison.
PROUST, Sodome et Gomorrhe, Pl., t. II, p. 688.

2 Ah ! non... tu sais... c'est rasant... J'en ai soupé de la poésie... La petite fleur bleue... faut laisser ça à papa.
O. MIRBEAU, le Journal d'une femme de chambre, p. 261.

Subst. *Sa conférence était d'un rasant !*

DÉR. Rasance.

RASCASSE [Raskas] n. f. — 1554 ; provençal *rascasso*, de *rasco* «teigne».

♦ (D'abord régional). Scorpène*, poisson à grosse tête hérissée d'épines (→ Girelle, cit.). *Pêche à la rascasse. Rascasses d'une soupe au poisson, d'une bouillabaisse.*

— Deux belles tranches de fiala et une rascasse de deux kilos qui remue encore la queue (...) — Tu commandes une bouillabaisse ? M. PAGNOL, Marius, II, 3.

RASCETTE [Rasɛt] n. f. — 1771, Trévoux ; anc. franç. *rachette.* → **Raquette.**

♦ Chiromancie. Partie de la paume de la main la plus proche du poignet.

Elle se frotte la paume droite, zébrée à la base, à travers les rascettes, par une longue cicatrice violette. Hervé BAZIN, Cri de la chouette, p. 67.

RASE [Raz] n. f. — Attesté XXᵉ ; provençal *rasa*, même sens.

♦ Régional (Provence). Fossé, rigole.

Des grenouilles, de petits crapauds vernis couraient dans l'herbe, sautaient, se cachaient au fond des rases humides. R. SABATIER, les Noisettes sauvages, p. 74.

RASÉ, ÉE [Raze] adj. ⇒ **Raser.**

RASE-BITUME [Razbitym ; Razbitym] n. m. — XXᵉ ; de *raser*, et *bitume.*

♦ Fam. Personne très petite.

(...) un petit rase-bitume comme moi, estropié et sans forces, casser *(s'évader)* !
A. SARRAZIN, la Cavale, p. 187.

RASEMENT [Razmɑ̃] n. m. — Fin XIVᵉ ; de *raser.*
Vieux, rare.

♦ **1.** Action de détruire, d'abattre. *Rasement d'un vieux quartier.*

♦ **2.** Vx. Action de faire la barbe. ⇒ **Rasage.**

♦ **3.** Techn. (Vétér.). Usure des incisives chez le cheval.

RASE-MOTTES [Razmɔt ; Razmɔt] n. m. — 1926 ; de *raser*, et *motte* «élévation de terrain».

♦ *Vol en rase-mottes*, très près du sol. *Faire du rase-mottes, un rase-mottes*, un tel vol.

Par métaphore :

Ma propre voix m'entraînait, je la suivais ; sans vraiment planer, comme autrefois, je m'élevais un peu au-dessus du sol, je faisais du rase-mottes.
CAMUS, la Chute, p. 124.

RASE-PET [Razpɛ ; Razpɛ] n. m. — 1871, *in* D.D.L. ; de *raser*, et *pet.*

♦ Vx, fam. Manteau d'homme très court (→ Paletot, cit.). — REM. On écrit aussi *rasepet.*

1 (...) un vieux monsieur avec une grande barbe blanche (...) — Un pantalon à carreaux, un cronstadt et un rase-pet vert olive, n'est-ce pas, imbécile ?
J. ANOUILH, le Bal des voleurs, p. 124.

En fonction d'adj. invariable :

2 Les pantalons à pattes d'éléphant, les vestons à épaules en portemanteau, amples et rasepet, les grosses cannes en bambou (...) surgissaient.
P. GUTH, Mémoires d'un naïf, p. 212.

RASER [Raze] v. tr. — V. 1175 ; «remplir à ras bord», déb. XIIᵉ ; lat. pop. *rasare, class. radere «tondre, raser la barbe» ; refait sur le p. p. rasus. → 3. Ras ; 1. rader.

★ **I.** ♦ **1.** Couper* (le poil) au ras de la peau. ⇒ **Tondre.** *Raser le poil* (→ Malpropre, cit. 1), *la barbe, les cheveux de qqn. Raser le poil, la toison d'un animal* (on dit plus souvent *tondre*). — Par ext. Couper le poil au ras de. *Raser les joues d'un homme. Se raser les joues et le menton* (→ Duvet, cit. 7). *Job se rasa la tête* (→ 1. Nu, cit. 1). *Se raser les jambes, les aisselles.* — Absolt. *Instrument pour raser.* ⇒ **Rasoir, tondeuse.** *Crème, mousse à raser,* que l'on passe sur la peau avant le rasoir.

1 (...) les bons musulmans se font gravement raser la tête, en réservant au sommet la mèche par laquelle Mahomet viendra les prendre pour les porter en paradis.
                                        LOTI, *Aziyadé*, IV, XXIV.

(Av. 1662). Par ext. Dépouiller (qqn) de son poil en le rasant. *Raser qqn.* Couper à ras les cheveux de (qqn). *Raser un condamné* (→ Exécution, cit. 19) ; *un prêtre.* ⇒ **Tonsure, tonsurer.** — Couper à ras la barbe* de (qqn). *Barbier*, coiffeur qui rase un client* (⇒ **Rasage**). « *Demain* (cit. 6) *on rasera gratis* ». *Se faire raser en pleine* (cit. 30) *rue, chez son coiffeur* (cit. 2).

Pron. *Se raser. Se savonner avant de se raser. Tu te rases ou tu t'épiles ?* — Spécialt. *Se raser la barbe* (→ Douche, cit. 1 ; espagnolette, cit.). ⇒ **Rasoir ; barbe** (savon, bol à barbe...) ; **blaireau.** *Se raser tous les matins. Il ne s'est pas rasé depuis trois jours.*

2 M. de Coantré monta et se rasa. Sa main tremblait et il se coupa.
                                        MONTHERLANT, *les Célibataires*, I, IV.

♦ **2.** (1851). Fam. Ennuyer, fatiguer (spécialt. par des propos oiseux). ⇒ **Assommer, barber, barbifier, bassiner, embêter, tanner.** *Raser ses élèves* (→ Genre, cit. 33). *Tu nous rases avec tes histoires ! Ça me rase d'aller les voir.* ⇒ **Rasant, rasoir** (2.). — (1903, *in* D.D.L.) Pron. *Se raser :* s'ennuyer. *Comme vous devez vous raser sur la plage !* (→ Bêtifier, cit. 2).

3 (...) elle rasa tout le monde par ses bons sentiments, un accès d'honnêteté bête, avec des idées d'éducation religieuse pour Louiset et tout un plan de bonne conduite pour elle.
                                        ZOLA, *Nana*, VI.

4 Ah! non, tu nous rases, tu sais, avec ton *Forgeron de la paix !*
                                        COURTELINE, *Boubouroche*, I, 1.

♦ **3.** (1665 ; par anal. du sens 1). *Raser le drap, le velours.* ⇒ **Rasage.** — Couper à ras (une plante).

★ **II.** ♦ **1.** (Fin XIIᵉ). Abattre à ras de terre. *Raser un bâtiment, une fortification, une muraille.* ⇒ **Démanteler, démolir, détruire.** *Tout le quartier a été rasé par un bombardement.* — (1671). Mar. *Raser un navire*, en abattre les mâts.* ⇒ **3. Ras.** Détruire en écrasant les plantes, la récolte de. *On brûlait sa chaumière, on rasait son champ* (→ Paysan, cit. 6). ⇒ **Dévaster.** — Au participe passé :

5 Lorsque le laboureur, regagnant sa chaumière,
  Trouve le soir son champ rasé par le tonnerre,
  Il croit d'abord qu'un rêve a fasciné ses yeux (...)
                                        A. DE MUSSET, *Poésies nouvelles*, « Lettre à Lamartine » (→ Fasciner, cit. 8).

6 En exigeant que le port de Dunkerque fût comblé, ses fortifications rasées, l'Angleterre montrait l'importance qu'elle attachait à nous désarmer sur la côte qui nous fait face (...)
                                        J. BAINVILLE, *Hist. de France*, XIII, p. 250.

♦ **2.** (1606). Techn. ⓐ Mettre à ras, de niveau*. *Raser une mesure à grains*,* en ôter le trop plein afin que le grain ne dépasse pas le niveau des bords. ⇒ **Rader.** Par ext. Remplir jusqu'au bord.

ⓑ Mettre au niveau du sol, sans remblais ni tranchées (une route, une voie de chemin de fer).

ⓒ Chasse. *Bête qui rase les oreilles,* qui les rabat (→ Croc, cit. 3). Pron. *Bête qui se rase,* qui se tapit contre terre. — *Cheval qui se rase,* ou, intrans., *qui rase,* dont les incisives ont perdu par usure la cavité dite du cul-de-sac externe.

★ **III.** (V. 1175). Passer au ras d'une surface, très près. *Raser le sol. Tout courbés, rasant le sol* (→ Aplatir, cit. 4). « *D'abord un bruit léger rasant le sol comme l'hirondelle avant l'orage* » (→ Calomnie, cit. 5, Beaumarchais.). *Raser les murailles* (pour se cacher). → Hypocrite, cit. 26. *Rasant les murs* (→ Fermer, cit. 20). ⇒ **Longer.** *La lumière rasait ses lèvres.* ⇒ **Effleurer, friser.** *Véhicule qui rase un piéton.* ⇒ **Frôler.** *Balle qui rase le filet. Un avion rase le sol* (⇒ **Rasemottes**).

7 Quand nous nous réveillâmes, les hirondelles criaient déjà autour de notre couche en rasant la terrasse, pour y dérober les miettes de notre souper (...)
                                        LAMARTINE, *Graziella*, Épisode, XIV.

8 Je le regardais s'éloigner : je le regardais, par la fenêtre. Il rasait les murs. Il n'avait plus d'âge. Il ressemblait au juif errant, à un proscrit (...)
                                        G. DUHAMEL, *Cri des profondeurs*, VII.

9 Le rapide nous rasa de si près que l'air qu'il chassait me heurta comme un corps solide.   J. ROMAINS, *Lucienne*, II.

10 Un épervier passa. Il baissait son vol comme pour essayer de passer sous la pluie. Il rasait l'herbe et il remontait en criant.   J. GIONO, *le Chant du monde*, I, VII.

▶ **RASÉ, ÉE** p. p. adj.

♦ **1.** (Fin XVIᵉ, n. m., « prêtre » : homme tonsuré, tondu). Coupé à ras. *Poil, cheveux rasés. Dont le poil est coupé à ras. La tête rasée jusqu'à la peau* (→ Exception, cit. 10) ; *le crâne rasé à la façon d'un teigneux* (→ Moyennâgeux, cit. 1). — fam. Avoir la boule* à zéro. *Têtes chevelues* (cit. 1) *et têtes rasées.* ⇒ **Tonsuré.** *Face* (cit. 5), *figure rasée* (→ Gros, cit. 5 ; 1. masque, cit. 25). — (Personnes : hommes adultes). *Être rasé, bien rasé :* avoir la figure rasée, la barbe faite (→ Favori, cit. 11). *Rasé de près* (cit. 2), *de frais**

(→ 1. Frais, cit. 22). *Joues, menton bleu(s), piquant(s)... d'un homme mal rasé. Pas lavé, pas rasé.*

11 Tout le monde était tondu à neuf, les oreilles s'écartaient des têtes, on était rasé de près ; quelques-uns même, qui s'étaient levés dès avant l'aube, n'ayant pas vu clair à se faire la barbe, avaient des balafres en diagonale sous le nez, ou le long des mâchoires, des pelures d'épiderme larges comme des écus de trois francs (...)
                                        FLAUBERT, Mᵐᵉ *Bovary*, IV.

12 Sa figure était, non pas longue, mais grande et toujours rasée de près, ce qui accentuait le caractère de propreté et de franchise qui se dégageait de toute sa personne.
                                        Valery LARBAUD, *Fermina Marquez*, V.

13 Il eut un singulier sourire, presque enfantin, qui paraissait déplacé sur sa face olivâtre où la barbe mal rasée mettait des plaques bleues.
                                        SARTRE, *l'Âge de raison*, p. 312.

Coupé au pied (végétaux). *Les pois rasés au pied, les salades tranchées* (→ Planche, cit. 14).

♦ **2.** (Au sens II). *Bâtiment rasé. Ville à demi rasée,* après un bombardement.

♦ **3.** Vx. (1790, *in* D.D.L.). *C'est rasé,* fini, foutu.

CONTR. Amuser, intéresser. — Construire, élever, fortifier. — Écarter (s'). — (Du p. p.) Barbu, chevelu, poilu.

DÉR. Rasage, rasant, rasement, rasette, raseur.

COMP. Araser, déraser. — Rase-bitume, rase-mottes, rase-pet.

RASETTE [ʀɑzɛt ; ʀazɛt] n. f. — 1396, *razette ;* de *raser.*

♦ Techn. Outil agricole, petit soc qu'on fixe en avant du coutre d'une charrue, et qui sert à couper les mauvaises herbes.

RASEUR, EUSE [ʀɑzœʀ, øz] n. — V. 1290, *raseres ;* « qui rase le poil », adj., v. 1380 ; de *raser.*

♦ **1.** N. m. (1858). Techn. Ouvrier qui fait le rasage des étoffes ; qui rase le poil des peaux et des cuirs.

♦ **2.** (1853). Fam. Personne qui ennuie, fatigue par des propos interminables et oiseux. ⇒ **Emmerdeur, importun ;** et aussi **fâcheux, gêneur.** *Quel raseur !* (→ Qu'il est barbant*, ennuyeux*, fatigant*...). *Une raseuse. Le plus barbifiant** (cit.) *des raseurs* (→ aussi Phraseur, cit.). — Adj. *Il est plutôt raseur !* ⇒ **Rasant, rasoir.**

1 Il est raseur comme un savant qui ne voit rien au delà de sa spécialité, agaçant comme un renseigné qui tire vanité des secrets qu'il détient et brûle de divulguer (...)
                                        PROUST, *la Prisonnière*, Pl., t. III, p. 305.

2 — Qu'est-ce que tu as, tu deviens folle ? — Moi ! — Oui, toi. Quelle raseuse ! Tu ne veux pas laisser les autres dormir ?   COCTEAU, *les Enfants terribles*, p. 47.

3 Gurau tâchait de se garer des raseurs. Mais une fois qu'il s'était résigné à recevoir quelqu'un, il avait pour règle d'être très aimable.
                                        J. ROMAINS, *les Hommes de bonne volonté*, t. X, VIII, p. 102.

RASH [ʀaʃ] n. m. — 1800, *in* Höfler ; 1772, comme mot angl., dans une traduction ; mot angl., p.-ê. du moy. franç. *rache, rasche* « teigne ».

♦ Méd. Éruption cutanée transitoire, lors de maladies fébriles (ordinairement non éruptives). ⇒ **Érythème.**

RASIBUS [ʀazibys] adv. — XVᵉ ; de *3. ras,* adj.
Familier.

♦ **1.** À ras, tout près. *Passer rasibus. Cheveux coupés rasibus.* Vx. *Rasibus de... :* tout près de...

1 (...) une femme veuve, qu'on appelait la mère Fadet, et qui demeurait tout au bout de la Joncière, rasibus du chemin qui descend au gué.
                                        G. SAND, *la Petite Fadette*, VIII.

2 Ma tête a passé, j'peux dire, entre les éclats, mais tout juste, rasibus, et les esgourdes ont pris.   H. BARBUSSE, *le Feu*, I, IV.

♦ **2.** À ras bord. *Remplir un récipient rasibus.*

RASKOLNIK [ʀaskɔlnik] n. m. — 1858 ; *raskoolnikis,* 1832 ; mot russe, de *raskol* « schisme ».

♦ Hist. Membre d'une secte dissidente russe du XVIIᵉ siècle. *Des raskolniki,* ou *des raskolniks.*

RAS-LE-BOL ou **RAS LE BOL** [ʀalbɔl ; ʀalbɔl] interj. et n. m. invar. — V. 1968 ; de la loc. *en avoir ras* (→ 3. Ras, 5.) *le bol, bol* signifiant en argot « cul ».

♦ **1.** Interj. Il y en a assez ! *L'école, ras le bol !* ⇒ **Marre.** « *Le cinéma, ras-le-bol* » (*le Nouvel Obs.,* 5 févr. 1973, p. 53).

♦ **2.** N. m. *Le ras-le-bol :* le fait d'en avoir assez ; dégoût. « *Une vieille expression déjà bien usée : le "ras-le-bol"* » (*le Nouvel Obs.,* 26 mars 1973). *Le ras le bol des lycéens. Un ras le bol général.*

REM. La lexicalisation s'exprime par la graphie *ralbol* [ʀalbɔl]. « (Le) grand phénomène de « *ralbol* » qui secoue dramatiquement (...) la haute administration française » (*le Nouvel Obs.,* 5 sept. 1972, p. 25).

RAS-LE-CUL [ʀɑlky; ʀalky] interj. et n. m. invar. ⇒ **Ras-le-bol.**

RASOIR [ʀɑzwaʀ; ʀazwaʀ] n. m. — 1174; d'un lat. *rasorium,* de *rasere* «raser».

♦ **1.** Instrument à tranchant très fin servant à raser (I., 1.). *Rasoir pour se faire la barbe** (cit. 18). *Rasoir à main, à lame** (cit. 5) *incurvée rentrant dans le manche* (⇒ fam. **Sabre**). *Le fil du rasoir; rasoir bien affilé. Pierre, cuir* à rasoir. Aiguiser un rasoir. Émorfiler un rasoir. Rasoir de sûreté, rasoir mécanique,* à lame amovible maintenue tout près des bords entre un support en râteau et une plaque incurvée. *Paquet de lames de rasoir. Rasoir à double lame. Rasoir jetable. Manier* (cit. 6) *le rasoir. Le crissement* (cit. 2) *léger du rasoir. Le feu* du rasoir* (→ Cerner, cit. 2). *Se couper avec un rasoir* (→ Près, cit. 2). *Coupure de rasoir. Coupe (de cheveux) au rasoir (à main).*

1   Il décrocha un vieux plat à barbe, prit un savon et de l'eau tiède, pendant que l'autre tirait de sa poche un rasoir grand comme un coutelas, qu'il se mit à repasser sur un cuir fixé à l'étui.   ZOLA, la Terre, I, IV.

2   Mais il était indécis quant au choix d'un rasoir. Son goût pour les inventions modernes l'eût porté vers les rasoirs dits automatiques, dont la vogue commençait tout juste. Mais dans la publicité qu'on faisait pour ces instruments, une phrase l'avait choqué : «Rasoirs pour timides et nerveux». Et il avait entendu plusieurs fois ses camarades d'atelier railler les maladroits qui n'osaient pas se servir du rasoir traditionnel.   J. ROMAINS, les Hommes de bonne volonté, t. II, VI, p. 70.

Rasoir pour couper les peausseries, les cartons, etc. — *Coupant comme un rasoir* (→ Ongle, cit. 6), *une lame de rasoir.* — Fig. *Marcher, courir sur des rasoirs, la lame d'un rasoir* (→ Charbon, cit. 3; compte, cit. 35; occasion, cit. 10). — *Sur le fil du rasoir :* dans un équilibre très instable. — *Coupé au rasoir :* aux contours très nets. — (1960, *in* P. Gilbert). *Au rasoir :* parfaitement. *Savoir son texte au rasoir.*

Rasoir électrique : petit appareil à moteur électrique, agissant sur une tondeuse rotative ou des lames à va-et-vient. *Rasoir à piles. Prise de rasoir.*

3   D'abord il enfonça la prise électrique dans le mur, et le ronronnement du moteur se fit entendre. Ensuite il passa le rasoir sur ses joues, très lentement, en écoutant le grésillement des poils tranchés par les lames rotatives (...) Besson tenait dans sa main droite l'objet un peu arrondi qui ronronnait régulièrement; il avait bien son rasoir électrique (...) À l'intérieur de la coque de matière plastique, la mécanique tournait sur elle-même à toute vitesse, et les pales des hélices minuscules tranchaient les poils les uns après les autres, au ras de la peau, dégageant leur infime coussin de courant d'air tiède.   J.-M. G. LE CLÉZIO, le Déluge, XII, p. 230.

♦ **2.** (1867; de *raser,* I., 2. Cf. *Ça fait rasoir,* 1789 *in* D.D.L. : c'est terminé, fini.) Fig. et fam. Personne qui rase, ennuie. ⇒ **Importun, raseur.** *Quel rasoir ce type !* — Adj. Ennuyeux, assommant. ⇒ **Barbant, fatigant, rasant.** *Il était bien rasoir* (→ Partisan, cit. 2). *Elle est un peu rasoir.* — *Un roman bien rasoir.*

CONTR. Amusant, intéressant.

RASPOUTITSA [ʀasputitsa] n. f. — 1925; mot russe, «chemin rompu».

♦ Géogr. Période de dégel avec formation d'une couche de boue gluante.

1. RASSADE [ʀasad] n. f. — 1505; orig. incertaine.

♦ Vx. Perle de peu de valeur utilisée autrefois pour faire des colliers, des bracelets.

HOM. 2. Rassade.

2. RASSADE [ʀasad] n. f. — 1875; mot provençal; orig. incertaine.

♦ Régional (Midi). Sentier dans un bois.

HOM. 1. Rassade.

RASSASIANT, ANTE [ʀasazjɑ̃, ɑ̃t] adj. — 1551, *in* D.D.L.; de *rassasier.*

♦ Rare. Qui rassasie. ⇒ **Nourrissant.** *Un plat rassasiant.*
Par métaphore :

La nourriture délicate et préparatoire des âmes est souvent la vôtre; ne désespérez pas! S'il convient de la tempérer dans l'usage, comme trop enivrante en cette vie et peu rassasiante sans la foi, il serait mortel de s'en sevrer.   SAINTE-BEUVE, Volupté, XIII.

RASSASIEMENT [ʀasazimɑ̃] n. m. — 1538; *rassaisiement,* XIVe; de *rassasier.*
Rare.

♦ **1.** État d'une personne rassasiée; fait d'être rassasié (de quelque chose).

♦ **2.** Littér. Fig. Satisfaction complète, satiété. *Un rassasiement de...*

1   J'ai du moins ceci, d'avoir éperdument convoité la Justice et j'espère obtenir le rassasiement qui nous est assuré par la Parole sainte.   Léon BLOY, le Désespéré, p. 261.

(...) il éprouve que du rassasiement des désirs peut naître, accompagnant la joie   2
et comme s'abritant derrière elle, une sorte de désespoir.
GIDE, les Faux-monnayeurs, I, VII.

RASSASIER [ʀasazje] v. tr. — 1120; de *re-,* et anc. franç. *assasier,* lat. médiéval *assatiare,* class. *satiare,* de *satis* «assez».

♦ **1.** Satisfaire entièrement la faim de (qqn). *Rassasier qqn* (→ Potpourri, cit. 1). *Rassasier sa faim.* ⇒ **Apaiser, assouvir.** — Absolt. *Un plat qui rassasie.* ⇒ **Rassasiant.** — Plus cour. Pron. *Se rassasier.* ⇒ **Gaver** (se), **manger** (à sa faim); → Dépecer, cit. 2. — *Se rassasier d'un mets* (→ Friand, cit. 9).

— Vous avez six perdrix et un lièvre! Je pense qu'il ne vous faut pas tout cela   1
pour vous rassasier?   G. SAND, la Mare au diable, VIII.

Le jeune Baron, qui peut-être ne s'était pas rassasié depuis le jour où il avait été   2
sevré (...) mangeait ou plutôt engloutissait avec une ardeur qui n'eût pas laissé
soupçonner qu'il eût soupé déjà.   Th. GAUTIER, le Capitaine Fracasse, II.

♦ **2.** (V. 1180). Fig. (ou par métaphore). Satisfaire pleinement les désirs, les aspirations, les passions... de (qqn). ⇒ **Contenter.** «*Heureux ceux qui ont faim* (cit. 14) *et soif de justice, car ils seront rassasiés*» (Bible). — Par ext. *Rassasier sa vue, ses regards, ses yeux de...* (→ Opimes, cit. 3). — Absolt. *L'habitude rassasie.*

Ce n'est pas tant la possession que l'assujettissement qui rassasie, et l'on garde   3
pour une fille entretenue un bien plus long attachement que pour une femme.
ROUSSEAU, Émile, V.

La médiocrité est facilement satisfaite : les grandes âmes sont toujours inquiètes,   4
agitées, car elles aspirent sans cesse au meilleur. L'infini seul pourrait les rassasier.
RENAN, l'Avenir de la science, Œ.compl., t. III, p. 1028.

Pron. *Ses yeux se rassasiaient de la splendeur du couchant.* ⇒ **Gorger** (se). — *Se rassasier de plaisirs.* ⇒ **Soûler** (se). → S'en donner à cœur joie*. *Se rassasier de scandales.* ⇒ **Repaître** (se). — *Se rassasier de...* (et infinitif) :

(...) je ne puis me rassasier de regarder ces deux créatures; elles me captivent   5
comme des choses jamais vues et incompréhensibles.
LOTI, Mme Chrysanthème, XLV.

♦ **3.** Satisfaire les désirs de (qqn) jusqu'à la lassitude, au dégoût. ⇒ **Blaser.** — (Surtout au passif). *Être rassasié de... Je suis rassasié de vos histoires, de vos inventions.* ⇒ **Assez** (en avoir assez); **dos** (en avoir plein le dos).
Loc. (Bible). *Être rassasié d'années :* être arrivé à un grand âge, être très vieux (→ Assez, cit. 12).

▶ **RASSASIÉ, ÉE** p. p. adj.

♦ **1.** Qui n'a plus faim, repu. *Des convives rassasiés.* ⇒ **Bourre** (fam.). → Avoir le ventre plein*.

♦ **2.** Fig. Dont les aspirations sont totalement satisfaites (spécialt, jusqu'au dégoût). ⇒ **Assouvi, dégoûté, satisfait, saturé** (fig.), **soûl** (fig.). *Ils sont rassasiés, blasés, usés* (→ Ennuyer, cit. 9). «*Il faut se maintenir en tel état qu'on ne puisse être jamais ni rassasié ni insatiable*» (→ Désir, cit. 4, Joubert).

Comblé, toute sa vie durant, de succès de toutes sortes, d'honneurs, riche à souhait, entouré, choyé (...) Il atteint sans défaillances un âge très avancé; meurt sans   6
agonie, rassasié de tout (...)   GIDE, Attendu que..., p. 122.

CONTR. Affamer. — (Du p. p.) **Affamé, famélique, jeun** (à). — **Assoiffé, avide, désireux, insatiable.**
DÉR. Rassasiant, rassasiement.

RASSE [ʀas] ou **RESSE** [ʀɛs] n. f. — 1846; du bas lat. *rassa* «faix».

♦ Techn. Panier qui sert, dans les forges, à mesurer le charbon.

HOM. Race.

RASSEMBLEMENT [ʀasɑ̃bləmɑ̃] n. m. — 1426; de 1. *rassembler.*

♦ **1.** Action de rassembler (des choses dispersées). *Le rassemblement d'éléments épars* (par qqn). *Rassemblement des documents, des matériaux nécessaires à une œuvre.*

♦ **2.** (1835). Le fait de se rassembler, de se réunir pour former un groupe. *Le rassemblement des personnes convoquées.* — (Plus cour. : *un, des rassemblements*). *Le groupe ainsi formé* (généralement sur la voie publique). ⇒ aussi **Affluence, agglomération, concours, 1. masse, multitude, réunion, troupe** (→ Individu, cit. 23; mêler, cit. 44). *Dissiper, disperser un rassemblement.* ⇒ **Attroupement, manifestation.** → Martial, cit. 2.

Il était deux heures du matin; il gelait, et l'ombre était épaisse lorsque un nombreux   1
rassemblement s'arrêta sur le quai (...) Deux cents hommes, à peu près, semblaient
composer cet attroupement (...)   A. DE VIGNY, Cinq-Mars, XIV.

♦ **3.** (1835). Réunion des soldats, des éléments dispersés d'une troupe, exécutée au commandement ou à la sonnerie. — Sonnerie de clairon ou de trompette par laquelle on ordonne cette manœuvre. *Faites sonner le rassemblement. Rassemblement ! Rassemblement de plusieurs divisions dans un secteur.* ⇒ **Concentration, groupement.**

♦ **4.** Union pour une action commune. *Ce rassemblement derrière une idée ou un homme pour un effort commun* (→ Dissocier, cit. 3).

— Parti* politique groupant divers éléments. ⇒ **Union**. *Le Rassemblement pour la République* (R. P. R.).

2 La constitution du «Rassemblement populaire» entre radicaux, socialistes et communistes était auparavant intervenue deux semaines auparavant à Paris.
Raymond ABELLIO, Ma dernière mémoire, t. II, p. 251.

CONTR. Dispersion, dissémination, distribution, division, éparpillement.

1. RASSEMBLER [ʀasɑ̃ble] v. tr. — V. 1155 ; de re-, et assembler.

♦ **1.** Assembler de nouveau (des personnes séparées) → **Bout**, cit. 19. Faire venir au même endroit (des personnes). ⇒ **Assembler** (cit. 4). *Rassembler la foule.* ⇒ **Ameuter, attrouper.** *Le général rassembla ses troupes avant l'attaque.* ⇒ **Concentrer, masser.** *Le moment de souper les rassemblait tous dans la cuisine.* ⇒ **Réunir.** (→ 1. Placer, cit. 14).

1 Certains chefs *(de l'insurrection)* connus *faisaient la poste,* c'est-à-dire couraient chez l'un et chez l'autre pour rassembler leur monde.
HUGO, les Misérables, IV, X, III.

Fig. Recruter, réunir pour une action commune. *C'est l'idéal* (cit. 16) *qui rassemble les âmes autour d'un but commun. Rassembler tous les mécontents.* ⇒ **Grouper, rallier, unir.**

♦ **2.** Mettre ensemble (des choses concrètes). *Rassembler des papiers* (cit. 23) *épars. Rassembler divers contes sous le titre* Histoires (cit. 42) *extraordinaires. Le but d'une Encyclopédie* (cit. 2) *est de rassembler les connaissances. Rassembler des lois, des décisions relatives à un domaine donné.* ⇒ **Codifier.** *Rassembler des matériaux* (cit. 6) *pour une œuvre* (→ aussi Historiographe, cit. 1). *Rassembler des indices* (cit. 4), *des preuves* (→ 1. Police, cit. 8), *des informations.* ⇒ **Accumuler, amasser, capter** (fig.), **recueillir.** — *Rassembler les rapports éloignés et en former* (cit. 8) *un corps d'idées raisonnées.* ⇒ **Joindre, synthèse** (faire la synthèse de...). *Les conditions d'une culture originale étant rassemblées.* ⇒ **Réunir** (→ Imitation, cit. 18).

2 Écoute la prière de celui-ci qui te remercie. Aide les efforts de celui-là qui rassemble les tristes restes de sa fortune.
DIDEROT, Regrets sur ma vieille robe de chambre, Pl., p. 977.

3 Forcé de rassembler quelques faits épars, de les lier par des conjectures raisonnables (...)
BEAUMARCHAIS, Mémoires... dans l'affaire Goëzman, p. 87.

4 Le baron sonna, donna l'ordre à Mariette de rassembler tous ses effets, de les mettre secrètement et promptement dans des malles.
BALZAC, la Cousine Bette, Pl., t. VI, p. 431.

5 Apportez-moi (...) tous les éléments d'information que vous aurez pu rassembler.
J. ROMAINS, les Hommes de bonne volonté, t. V, XIV, p. 108.

(1559). Réunir (ses facultés, ses pensées). *Rassembler ses idées* (cit. 35), *ses souvenirs.* — Loc. *Rassembler ses esprits :* reprendre sa lucidité, son sang-froid (→ Muer, cit. 3). *Rassembler son courage :* faire appel à toutes les réserves de courage dont on dispose (→ Calculateur, cit. 3).

6 La nouvelle vie commença. Je vais m'efforcer, rassemblant tous mes souvenirs, d'en composer une relation ordonnée.
G. DUHAMEL, Chronique des Pasquier, V, VII.

♦ **3.** Techn. Remettre en place les pièces, les éléments de (un ensemble démonté). *Rassembler une charpente.* ⇒ **Remonter.**

♦ **4.** (1839). Équit. *Rassembler son cheval,* le tenir de manière à le préparer aux mouvements qu'on veut lui faire exécuter. (⇒ 2. **Rassembler**).

▶ **SE RASSEMBLER** v. pron. (XIVᵉ).

S'assembler de nouveau (→ Fronder, cit. 1). — Par ext. S'assembler. *La foule* (cit. 5) *compacte se rassemblait autour du corps.* ⇒ **Agglomérer** (s').

7 C'était sur ce rocher que ces familles se rassemblaient le soir, et jouissaient en silence de la fraîcheur de l'air (...)
BERNARDIN DE SAINT-PIERRE, Paul et Virginie, p. 44.

▶ **RASSEMBLÉ, ÉE** p. p. adj. (1672). *Au milieu des chefs rassemblés* (→ Cassant, cit. 2).

8 (...) il ramenait sa jument au sec en la faisant tourner lentement en cercle autour de l'escadron rassemblé, comme s'il se fût agi des suites d'une épreuve de haies.
CÉLINE, Voyage au bout de la nuit, p. 36.

CONTR. Couper, dépecer, disloquer, disperser, disséminer, diviser, distribuer, éparpiller, fractionner, fragmenter, isoler, parsemer. — (Du pron.) Diverger. — (Du p. p.) Épars.
DÉR. Rassemblement, 2. rassembler, rassembleur.
HOM. 2. Rassembler.

2. RASSEMBLER [ʀasɑ̃ble] n. m. — 1902 ; infinitif substantivé de 1. rassembler (4.).

♦ Équit. Mouvement de dressage qui consiste à rassembler le cheval. Cette attitude du cheval.

Le rassembler est l'attitude du cheval en équilibre, prêt à déplacer sa masse dans n'importe quelle direction ou susceptible de travailler tantôt sur des bases longues, tantôt sur des bases courtes : il est caractérisé par la flexibilité des han-

ches, entraînant l'engagement des jarrets sous la masse, les différents degrés de cet engagement répondant à la nature du mouvement recherché.
Henri AUBLET, l'Équitation, p. 101.

HOM. 1. Rassembler.

RASSEMBLEUR [ʀasɑ̃blœʀ] n. m. — Déb. XXᵉ ; de 1. rassembler.

♦ Celui qui rassemble (au fig.), qui unit (→ Partageux, cit.). *Un roi grand rassembleur de territoires.*

(...) même après sa mort, l'auteur de l'*Éducation sentimentale*, de *Madame Bovary*, de *Salammbô* faisait, sans y avoir prétendu, figure de chef d'École et de rassembleur de bonnes volontés.
Georges LECOMTE, Ma traversée, p. 83.

RASSEOIR [ʀaswaʀ] v. — Conjug. asseoir. — Déb. XIIᵉ, rasis «calmé»; de re-, et asseoir.

★ **I.** V. tr. ♦ **1.** Asseoir de nouveau (une personne qu'on a fait lever). ⇒ **Asseoir** (supra cit. 1). *«Il faut rasseoir ce malade, cet enfant»* (Académie). — Pron. (v. 1175). Plus cour. *Se rasseoir. Rasseyez-vous !* — REM. Le pronom réfléchi est généralement omis après *faire, laisser :* «Je m'étais levé, mais il me fit rasseoir» (Académie).

♦ **2.** (V. 1160). Replacer*. *Rasseoir une statue sur sa base, sur son socle.* — Figuré :
(...) la nécessité de rasseoir la vie sociale sur des bases rationnelles s'imposait et, au premier chef, celle *de restaurer l'État en restaurant la Société.*
Louis MADELIN, Hist. du Consulat et de l'Empire, Le Consulat, XII.

♦ **3.** (1559). Vx. ou littér. Rassurer, ramener au calme, remettre dans son assiette. ⇒ **Rasséréner.** *Rasseoir son esprit, ses esprits.* — Pron. *« Et je veux prendre l'air pour me rasseoir un peu »* (Molière, Tartuffe, II, 2).

★ **II.** V. intr. ou pron. (V. 1398). Techn. (D'un liquide). Se reposer et s'épurer. *Laisser (se) rasseoir un vin.*

RASSÉRÉNEMENT [ʀaseʀenmɑ̃ ; ʀaseʀenmɑ] n. m. — 1834 ; de rasséréner.

Rare.

♦ **1.** Action de rendre serein, d'éclaircir ; résultat de cette action.

♦ **2.** Action de ramener au calme ; son résultat. *Le rassérénement des populations.*

RASSÉRÉNER [ʀaseʀene] v. tr. — Conjug. céder. — 1544, se rasséréner; de re-, et serein.

♦ **1.** Rare. Faire redevenir serein, éclaircir (le temps, le ciel). *« Le soleil parut et rasséréna le temps »* (Académie).

♦ **2.** Fig. Ramener (qqn) au calme, à la sérénité. ⇒ **Apaiser, calmer, consoler, rasseoir** (3.), **rassurer.** — Pron. Redevenir calme. *Il s'est soudain rasséréné. À cette bonne nouvelle, son visage s'est rasséréné.*

1 (...) Buffon peint la nature sous tous les points de vue qui peuvent élever l'âme, qui peuvent l'agrandir, la rasséréner et la calmer (...)
SAINTE-BEUVE, Causeries du lundi, 21 juil. 1851.

▶ **RASSÉRÉNÉ, ÉE** p. p. adj. ⇒ 2. **Calme.**
Je sens un souffle puissant de consolation effleurer mon front rasséréné, comme la brise du printemps ranime l'espérance des vieillards. 2
LAUTRÉAMONT, les Chants de Maldoror, I.

CONTR. Obscurcir. — Affoler, agiter, ahurir, effaroucher, éprouver, fâcher, obséder, troubler.
DÉR. Rassérénement.

RASSIR [ʀasiʀ] v. intr. et pron. — Conjug. finir. — XXᵉ (in Larousse, 1949) ; de rassis.

♦ Devenir rassis. *Ce pain commence à rassir, à se rassir. Envelopper le pain dans un sac en plastique pour qu'il ne rassisse pas.*

RASSIS, ISE [ʀasi, iz] adj. — V. 1150, plomb raci «durci»; → Rasseoir.

♦ **1.** (V. 1307). En parlant du pain, de pâtisseries. Qui n'est plus frais, sans être encore dur. *Du pains rassis,* ou, subst., *du rassis. Gâteau de Savoie rassis. Une brioche rassise* (fam. *rassie*).

1 — Chez nous, intervient le pauvre Méridional, les repas de fêtes sont si longs que le pain, frais au commencement, est rassis à la fin !
H. BARBUSSE, le Feu, I, XI.

(1932). Se dit de la viande d'un animal qui a été tué plusieurs jours auparavant.

(1877). Vx. Se dit de la terre qui n'a pas été remuée, labourée depuis longtemps.

♦ **2.** (V. 1460, Villon : *de sens rassis*). Fig. (d'après le sens 3. de *rasseoir*). ⇒ **Calme, pondéré, posé, réfléchi, sérieux.** *Des amis anciens,* *rassis, modérés* (→ Frivolité, cit. 6). *Un cerveau positif et rassis* (→ Guide, cit. 10). *Un homme de sens rassis.*

2 — Fort convenable (...) c'est un homme froid (...)
— Posé, rassis, entendant parfaitement les affaires, et possédant cent huit actions des zincs de la Vieille-Montagne (...)
E. LABICHE, Un monsieur qui prend la mouche, 3.

3 (...) la personnalité de Lamarck, malgré sa haute valeur de botaniste et de zoologiste, avait de quoi inspirer quelque méfiance aux esprits rassis.
Jean ROSTAND, Esquisse d'une histoire de la biologie, p. 110.

CONTR. Croquant, frais. — Fougueux, impulsif.
DÉR. Rassir.

RASSORTIMENT [ʀasɔʀtimɑ̃] n. m. ; **RASSORTIR** [ʀasɔʀtiʀ] v. tr. ⇒ **Réassortiment, réassortir.**

RASSOTER [ʀasɔte] v. tr. — XIIIᵉ ; au p. p., fin XIIᵉ ; de re-, et assoter.

♦ Vx. Rendre sot ; rendre fou (d'une personne, d'une chose). *« On l'a rassoté de cette fille, il veut l'épouser »* (Académie).

▶ **RASSOTÉ, ÉE** p. p. adj. (Fin XIIᵉ).
Qui a été rendu sot, fou (par qqch, qqn) ; entêté (de...).

RASSURANT, ANTE [ʀasyʀɑ̃, ɑ̃t] adj. — 1777 ; de *rassurer.*

♦ De nature à rassurer, à redonner confiance. (→ Heure, cit. 11 ; nerf, cit. 9). *Conversations* (→ Alarmant, cit. 1), *nouvelles* (→ Approvisionnement, cit.), *prophéties* (cit. 2) *rassurantes.* ⇒ **Tranquillisant.** *Un ami rassurant.* (⇒ **Sécurisant**). — (Par euphém.). *Un individu peu rassurant,* menaçant. *La situation n'est pas rassurante,* est inquiétante.

Comment finira l'histoire ? M. Pinay aurait tort de s'y fier. Son petit feutre qui rassure tant de Français moyens, quel effet ferait-il à des capitaines vainqueurs qui n'ont aucun besoin d'être rassurés ? Il leur suffit bien de n'être pas rassurants.
F. MAURIAC, le Nouveau Bloc-notes 1958-1960, p. 291.

CONTR. Affolant, alarmant, alarmiste, angoissant, déconcertant, effrayant, épouvantable, formidable, menaçant.

RASSUREMENT [ʀasyʀmɑ̃] n. m. — Attesté XXᵉ ; de *rassurer, se rassurer.*

♦ **1.** Action de rassurer (qqn).

♦ **2.** État d'une personne rassurée ou rassurante ; état de calme moral.

Cette douceur, ce rassurement qui émanent d'elle en voici la recette : quoi qu'elle fasse ou dise, elle sait déjà exactement ce qu'elle va faire ou dire l'instant d'après.
G. CESBRON, Voici le temps des imposteurs, p. 49.

RASSURER [ʀasyʀe] v. tr. — 1165, *se rassurer* « se tranquilliser » ; de re-, et *assurer.*

♦ **1.** (1476, *rasseurer*). Vx. Affermir, consolider, rendre stable. *Rassurer une muraille, une arche de pont, une voûte.* — Fig. *Rassurer un néophyte dans sa foi. Cette victoire a rassuré son autorité.*

♦ **2.** Mod. Rendre la confiance, la tranquilité à (qqn), le libérer de ses craintes, de ses appréhensions, de ses scrupules. ⇒ **Calmer, consoler, rasséréner, remettre** (en confiance), **sécuriser, tranquilliser.** *Rassurer qqn au sujet de qqch. Rassurer un moribond* (→ Contrainte, cit. 1). *Une doctrine toute faite qui le rassure, qui le guide* (→ Bouillir, cit. 32). *Absolt.* (→ Facilité, cit. 18).

1 (...) rien n'est plus capable de rassurer quiconque est effrayé des ombres de la nuit, que d'entendre dans une chambre voisine une compagnie assemblée rire et causer tranquillement. ROUSSEAU, Émile, II.

♦ **3.** (XVIᵉ). Vx. (langue class.). Rendre plus sûr, sans danger.

▶ **SE RASSURER** v. pron.
Retrouver la sécurité, se libérer de ses craintes (→ Paroxysme, cit. 1 ; plaideur, cit. 1).

2 Les victimes, comme il arrive dans une trop longue alarme, s'étaient rassurées, et, ce jour, ne s'attendaient plus à rien.
MICHELET, Hist. de la Révolution franç., XVII, V.

▶ **RASSURÉ, ÉE** p. p. adj. ⇒ 2. **Calme.** → Croissance, cit. 1 ; incompétent, cit. 3 ; 1. parler, cit. 89.

3 Louis XVI répondit si nettement, si simplement, avec une telle bonhomie, que La Fayette s'en alla complètement rassuré.
MICHELET, Hist. de la Révolution franç., IV, XIII.

CONTR. Affoler, ahurir, alarmer, courroucer, déconcerter, décontenancer, décourager, démonter, désorienter, ébranler, effarer, effrayer, épouvanter, frapper, inquiéter, intimider, menacer, obséder, souci (donner du souci), terrifier. — (Du pron.). Appréhender. — (Du p. p.). Apeuré.
DÉR. Rassurant, rassurement.

---

1. RASTA [ʀasta] n. m. ⇒ **Rastafari.**

2. RASTA [ʀasta] adj. et n. ⇒ **Rastaquouère.**

RASTAFARI [ʀastafaʀi] ou **RASTA** [ʀasta] n. m. — 1978, *Actuel, Almanach des années 80*, p. 254 ; de *ras tafari* (→ 2. Ras, en hommage au *ras* ou *négus** éthiopien Haïlé Sélassié, considéré comme le Messie noir.

♦ À la Jamaïque, Membre d'une secte messianique. — Adepte du retour culturel à l'Afrique et de la musique reggae*. *« Les rastas qui vivent dans les ghettos et pour qui le reggae est la musique de combat quotidienne »* (*Télé 7 jours*, 22 déc. 1979). Adj. *Des musiciens rastas. La coiffure rasta.* *« Tosh est, avec Marley, le chantre de la philosophie rasta. Une étrange religion, qui prône le port des cheveux nattés et le retour à la mère Afrique, vénère feu Haïlé Sélassié et... la marijuana »* (*l'Express*, 28 juil. 1979, p. 14).

RASTAQUOUÈRE [ʀastakwɛʀ] ou **RASTA** [ʀasta] n. m. — 1880, *rastaquouère ; rasta,* 1886 ; esp. d'Amérique *rastracuero* « traîne-cuir », désignant des parvenus, p.-ê. par allus. aux culottes ou jambières de cuir, signalant l'ancien vacher, gaucho.
Péjoratif.

♦ **1.** Étranger aux allures voyantes, affichant une richesse suspecte.

On apercevait (...) beaucoup de nobles étrangers dont Du Roy faisait suivre le nom de la syllabe Rast (ce qui signifiait Rastaquouère), pour imiter, dit-il, les Anglais qui mettent Esq. sur leurs cartes. MAUPASSANT, Bel-Ami, II, III. 1

Le jeune baron, un peu grisé par sa juste réputation de beauté, formula certaine pensée qui, bien que trahissant une mentalité de rastaquouère, ne manquait ni d'imprévu ni d'originalité.
Raymond ROUSSEL, Impressions d'Afrique, p. 215. 2

♦ **2.** Par ext. Aventurier de bas étage, individu d'allure louche. *Bar fréquenté par des maquereaux et des rastas.*

Les salons où l'on joue gros jeu, et où la maîtresse de la maison est une veuve, une divorcée ou l'épouse prétendue d'un rasta quelconque, sont les plus dangereux des coupe-gorges. GORON, l'Amour à Paris, (v. 1900), t. I, p. 456. 3

C'est un rastaquouère... Rastaquouère ! je dis rastaquouère ! Un chevalier d'industrie, un aventurier ! G. DUHAMEL, Chronique des Pasquier, II, III. 4

♦ **3.** Adj. Propre aux rastaquouères. *« Les costumes un peu rastas »* (Colette).

(...) l'air fat, rasta, prétentieux, égoïste, enlaidissent des millions de visages. Les puissants du monde aux Indes ont très rarement de belles figures.
Henri MICHAUX, Un barbare en Asie, p. 84. 5

(...) ç'avait dû être un beau garçon, avec quelque chose d'un peu rasta tout de même. R. QUENEAU, Pierrot mon ami, éd. L. de Poche, p. 130. 6

DÉR. Rastaquouérisme.

RASTAQUOUÉRISME [ʀastakwɛʀism] n. m. — 1882 ; de *rastaquouère,* et *-isme.*

♦ Caractère du rastaquouère ; fatuité, arrogance d'un rastaquouère.

Le haut-de-forme l'enlaidit, et le feutre mou l'embellit jusqu'au rastaquouérisme (...) COLETTE, la Vagabonde, éd. L. de Poche, p. 138.

RASTEL [ʀastɛl] n. m. — 1870 ; mot provençal, de même orig. que l'anc. franç. *rastel* « rateau », « râtelier d'étable », d'où dial. « festin, bombance ».

♦ Régional (Midi). Réunion* de gens qu'on invite à boire (⇒ **Beuverie**), et, par ext., l'endroit où se tient cette réunion. *Les rastels étaient autrefois un moyen de propagande électorale.*

RAT [ʀa] n. m. — Fin XIIᵉ ; orig. incert. ; on a suggéré l'all. *ratt-,* onomat. née du bruit du rat qui grignote ; mais l'importance du mot suggère une orig. romane, p.-ê. un dérivé roman de *radere* « ronger », d'où *raditare, *raditus* « qui ronge » (Guiraud).

♦ **1.** Petit mammifère rongeur* (*Muridés*), à museau pointu et à très longue queue, répandu sur tout le globe, vorace et prolifique, qui se nourrit de grains, de paille... et de nombreux produits servant à l'alimentation humaine. *Principales variétés de rats :* rat proprement dit *ou* rat noir *(mus rattus) ;* campagnol, mulot, tous deux dits *rats des champs* ou *rats d'eau* (→ Creuser, cit. 2 ; ⇒ **Arvicole, campagnol, mulot**) ; surmulot ou *rat gris, rat d'égout,* espèce la plus commune (⇒ **Surmulot**), souris grise ou blanche (⇒ **Souris**). — Spécial. Le rat noir ou le surmulot (distingué des rats des champs, des souris). *Rats qui rongent les livres* (→ Dent, cit. 24). — Loc. (vx). *Les beurrières** et les rats. — Objets* (cit. 6) *grignotés par les rats. Mangé aux rats* (→ Entasser, cit. 12). *Prisonnier menacé par* ⇒ Immonde, cit. 1). *Morsure de rat. Les rats transmettent à l'homme de nombreuses maladies, dont la peste* (→ Infection, cit. 5). *Chat** (cit. 1) *qui mange les rats.* — Prov. *À bon chat* (cit. 18) *bon rat. — Chien, fox qui flaire* (cit. 8) *un rat.* ⇒ **Ratier.** *Détruire les rats.* ⇒ **Dératiser.** *Piège à rats.* ⇒ **Ratière.**

Ce réseau de caves a bien toujours son immémoriale population de rongeurs, plus 1

pullulante que jamais; de temps en temps, un rat, vieille moustache, risque sa tête à la fenêtre de l'égout et examine les Parisiens (...)
    HUGO, les Misérables, V, II, v.

2 Ce n'est même plus du cheval que nous mangeons. C'est *peut-être* du chien? C'est *peut-être* du rat? Je commence à avoir des maux d'estomac. Nous mangeons de l'inconnu! HUGO, Choses vues, XVI, 30 déc. 1870.

3 L'absence de bruit était telle qu'on aurait pu entendre un rat remuer dans la paille des greniers. Mais les rats eux-mêmes, tapis dans leurs trous, sous la terre, ne bougeaient pas. H. BOSCO, le Jardin d'Hyacinthe, p. 111.

4 Le nombre des rongeurs ramassés allait croissant et la récolte était tous les matins plus abondante. Dès le quatrième jour, les rats commencèrent à sortir pour mourir en groupes. Des réduits, des sous-sols, des caves, des égouts, ils montaient en longues files titubantes (...) CAMUS, la Peste, p. 26.

Le rat, dans la symbolique chinoise. *L'année du rat.*

Spécialt. Mâle adulte de l'espèce *rat*. Femelle (⇒ **Rate**), *petit du rat* (⇒ **Raton**).

Allus. littér. *Le rat de ville et le rat des champs* (La Fontaine, → Civil, cit. 13).

Par compar. *Sortir comme des rats avant l'inondation* (→ Descendre, cit. 38). *Gueux comme un rat. Être fait* (cit. 276) *comme un rat* : être pris au piège (→ Débiner, cit. 3). *Crever comme un rat* (→ Ouf, cit. 2). — *Les rats quittent le navire* (fig.) : en cas de danger, les lâches, les gens intéressés abandonnent tout.

5 Comme les rats quittent le navire quand ils pressentent qu'il va sombrer, les danseurs russes quittent volontiers les boîtes qui, dans la mauvaise fortune, tardent à changer de propriétaire. A. HERMANT, les Épaves, II, IX.

Techn. *Queue* de rat.*

(1808). T. d'affection. *Mon rat, mon petit rat.* — Péj. *Face de rat,* nom donné à une personne dont les traits rappellent la physionomie d'un rat. — *Fesse de rat.*

Loc. fig. *Avoir un rat dans la contrebasse* : être un peu fou, cinglé, sonné → Avoir une araignée* au plafond.

5.1 — Elle ne m'aime plus. — Mais si, Régis! Il y a qu'elle est paumée. — Ça, on le saura! Elle a même un rat dans la contrebasse, ta copine!
    René FALLET, Y a-t-il un docteur dans la salle?, p. 252.

♦ **2.** Fig. (De la compar. *gueux comme un rat*, 1668; et croisement avec les mots de sens voisin, *radin, rapia, rapace...*). Personne avare. *C'est un rat.* — Adj. *Ce qu'il est rat!*

6 — Et il n'y a pas de feu au foyer! dit Simone. C'est dégoûtant, il *(le directeur)* devient d'un rat (...) ZOLA, Nana, IX.

♦ **3.** Fig. RAT DE... ▣**a** *Rat de cave.* ⇒ **Cave.** — Absolument :

6.1 Je vous demanderai la permission d'allumer mon rat (...) Tout finit par s'éteindre dans la nature! (...) le rat c'est l'image de la vie.
    Henri MONNIER, Scènes populaires, 1835, t. I, p. 34.

▣**b** (1773). Personnes. *Rat d'église, de sacristie.* ⇒ **Bigot, dévot.** — *Rat de bibliothèque*.* — (1907; *rat* «voleur», 1891). *Rat d'hôtel* : personne qui s'introduit dans les chambres d'hôtel pour dévaliser les clients. ⇒ **Filou, voleur.** — (1816). *Rat de l'Opéra* : jeune élève de la classe de danse employée dans la figuration. *Les petits rats de l'Opéra.*

7 Le rat est un des éléments de l'Opéra, car il est à la première danseuse ce que le petit clerc est au notaire. Le rat, c'est l'espérance.
    BALZAC, les Comédiens sans le savoir, Pl., t. VII, p. 16.

8 (...) je vais revenir à Ronsard. Il est donc lettré, érudit, savant. Il n'est pas savant comme un rat de bibliothèque. Il n'est pas tout embaumé dans la poussière de ses livres. G. DUHAMEL, Refuges de la lecture, III.

9 (...) le directeur (...) au regard de psychologue prenant généralement, à l'arrivée de l'«omnibus», les grands seigneurs pour des râleux et les rats d'hôtels pour des grands seigneurs! PROUST, À l'ombre des jeunes filles en fleurs, Pl., t. I, p. 662.

♦ **4.** (1680). Techn. Petit trou dans la filière des tireurs d'or.

♦ **5.** (1651, *in* D.D.L.: selon Guiraud, p.-ê. par l'idée de «ronger» : le rouet du mousquet, le chien du fusil gratte sans tirer d'étincelle). Vx. Loc. *Prendre un rat* (en parlant d'une arme à feu) : s'enrayer, ne pas partir. (⇒ **Rater**).

♦ **6.** (Qualifié). ▣**a** Nom donné à d'autres muridés, à certains animaux ressemblant au rat. *Rat de blé, rat à queue courte.* ⇒ **Hamster** (cit.). *Rat musqué, rat d'Amérique.* ⇒ **Ondatra**; et aussi **castor** (du Canada), **loutre** (d'Hudson), **ragondin**. *Rat palmiste* (cit. 2). ⇒ **Xérus** (syn. : *rat* : *écureuil de terre*). *Rat taupe.* ⇒ **Spalax.** — Franç. d'Afrique. *Rat de brousse, rat de Gambie* : grand muridé comestible (*Cricetomys gambianus*).

▣**b** Par métaphore (autres animaux). *Rat de mer.* ⇒ **Chimère.**

DÉR. **Rate, ratel, rater, ratichon, raticide, ratier, 1. ratier, 2. ratier, ratière.**
COMP. **Mort-aux-rats. — Dératiser.**

RATA [ʁata] n. m. — 1829; abrév. de *ratatouille*.

♦ Argot milit. (Vieilli). Plat chaud servi aux soldats, ragoût grossier. «*C'est pas d'la soupe, c'est du rata...!*» (chanson militaire). *Remuer le rata* (→ Frigo, cit. 1). ⇒ **Fricot, pitance.** — (1928). *Ne pas s'endormir sur le rata* : être actif, diligent.

Par ext. Mauvaise nourriture. — Nourriture, cuisine, quels qu'en soit la qualité ou le goût. (Parfois au fém., dans ce sens). *Pas mauvaise, ta rata, j'en reprends!*

RATAFIA [ʁatafja] n. m. — V. 1675, *ratafiat* «à votre santé»; p.-ê. du créole, altération possible de *rectifier*, selon Guiraud qui estime anecdotique l'étym. du lat. *rata fiat* «que le marché soit conclu».

♦ Liqueur de ménage obtenue par macération d'ingrédients divers dans l'eau-de-vie additionnée de sucre (→ Avide, cit. 1). *Ratafia d'angélique, d'anis, de noyaux, de vanille, de vin... Le rossolis, ratafia de roses. Ratafia des quatre fruits.*

1 Camille Teisseire s'était enrichi, ou plutôt son père s'était enrichi en fabriquant du *ratafia de cerises,* ce dont il avait une grande honte.
    STENDHAL, Vie de Henry Brulard, 8.

2 Ils obtinrent par la macération des ratafias de framboise et d'absinthe.
    FLAUBERT, Bouvard et Pécuchet, II.

Var. graph. (vx) : *ratafiat,* n. m.

RATAGE [ʁataʒ] n. m. — 1864; de *rater.*

♦ **1.** Échec. ⇒ **Loupage.**

1 Annette Montreuil (...) aperçoit ses diverses entreprises sous le jour le plus noir. Une suite de ratages. J. ROMAINS, les Hommes de bonne volonté, t. XXVII, p. 2.

2 Je me disais que ces amis, qui leur faisaient fête de si bon cœur, car on les aime, eussent été impitoyables devant un ratage. La justice au théâtre est stricte et prompte. F. MAURIAC, le Nouveau Bloc-notes 1958-1960, p. 129.

3 Le petit Levaillant, si bien nommé... — Le prurit du ratage le démange, ce garçon... Vous avez lu son dernier bouquin?
— Très habile ce petit, il ira loin... N. SARRAUTE, le Planétarium, p. 188.

♦ **2.** Rare. Fait de manquer son objectif, de ne pas l'atteindre. «*Un ratage de train*» (Gide).

CONTR. **Réussite, succès.**

RATANHIA [ʁatanja] n. m. — 1846, Bescherelle; mot d'une langue indienne du Pérou, «plante traçant sous terre».

♦ ⇒ **Kramerie.**

RATAPLAN [ʁataplã] onomat. — 1839; onomat.; mot exprimant le roulement du tambour. Var. : *rantanplan.*

♦ **1.** Adj. Ridicule.
Tous les regards s'étaient tournés vers lui et le public se mit à rire gaiement, du reste sans hostilité. On le trouvait simplement cornichon, cucul la rainette, ratapoil et rataplan. M. AYMÉ, Travelingue, p. 225.

♦ **2.** N. m. (1926). Vx. *Faire du rantanplan, du rataplan,* de la frime, du chiqué; tenter d'en imposer, d'en faire accroire.

RATAPOIL [ʁatapwal] n. m. — 1869; de *rat,* à et *poil*; nom d'un personnage de dessin de Daumier.

♦ Vx. Militariste borné.
Adj. «*Quelque chose dans la tournure de bonasse et de ratapoil*» (Daudet). — Par ext. Ridicule (→ Rataplan, cit.).

RATATINAGE [ʁatatinaʒ] n. m. — XXᵉ; de *ratatiner.*

♦ Rare. Action de ratatiner, de battre, de démolir.
(...) quant aux archers du roi, il y a les petits canons pour les recevoir et, s'ils s'avisaient de se présenter devant les murs du châtiau, leur ratatinage ne serait somme toute que prétexte à réjouissances supplémentaires.
    R. QUENEAU, les Fleurs bleues, p. 90.

RATATINEMENT [ʁatatinmã] n. m. — 1845; de *ratatiner.*

♦ Action de se ratatiner; état de ce qui est ratatiné. ⇒ **Rapetissement; rabougrissement.**
(...) ce ratatinement de grimace rabougrie présenté par la carte-album¹ (...)
    PROUST, À l'ombre des jeunes filles en fleurs, Pl., t. I, p. 824.
1. Une photographie.

RATATINER [ʁatatine] v. tr. — 1606 *ratatiné, in* D.D.L. 1662, *se ratatiner* «se rapetisser en se desséchant»; *retatiner* «effacer les plis», 1508; rad. *tat-*, exprimant l'amoindrissement, p.-ê. d'un gallo-roman **tacticare.* → Attaquer (P. Guiraud).

♦ **1.** Rapetisser, réduire la taille en déformant.
1 Quel travail avait pu le ratatiner ainsi? BALZAC, le Père Goriot, Pl., t. II, p. 856.

♦ **2.** Fig. et fam. *Se faire ratatiner,* se faire battre (au jeu, dans une compétition, à la guerre).
1.1 Ah! ce n'est pas drôle, Paris en ce moment. Je me demande si Chancel n'a pas eu raison, je ne dis pas de se faire ratatiner, mais d'aller se battre.
    S. DE BEAUVOIR, les Mandarins, p. 63.

♦ **3.** (1932). Tuer, anéantir. ⇒ **Rectifier** (pop.).
1.2 Ce n'est pas la crainte, expliqua-t-elle, c'est surtout la parole que j'ai donnée de ne jamais indiquer le lieu où sont cachées des... armes.

— Même si moi, par exemple, j'avais besoin de l'une d'elles pour ratatiner un salaud ?   Francis CARCO, les Belles Manières, p. 100.

▶ **SE RATATINER** v. pron.

♦ **1.** (1662). Se contracter, se réduire en se déformant. *Pomme tombée qui se ratatine.* ⇒ **Dessécher** (se), **rider** (se). *Vieillard qui se ratatine.* ⇒ **Rapetisser, recroqueviller** (se), **tasser** (se). *Une petite vieille femme qui paraissait se ratatiner dans ses pauvres vêtements* (→ 2. Estrade, cit. 1).

2   La chaleur du foyer agissait sur les vêtements du jeune homme qui se ratatinaient et s'appauvrissaient encore sous l'effet de la chaleur.
                    P. MAC ORLAN, Quai des brumes, II.

2.1   Je regardais les maisons marcher à reculons, par la vitre arrière. La route se ratatinait comme les poignets de ma grand-mère.
                    Geneviève DORMANN, le Chemin des dames, p. 10.

♦ **2.** (1690). Se ramasser sur soi-même pour tenir moins de place. ⇒ **Recroqueviller** (se) ; **petit** (se faire). *On se ratatine pour se soustraire au danger* (→ Apathie, cit. 4).

3   — Vous vous ratatinez frileusement, au lieu d'accepter d'être cinglé par le vent.
                    MONTHERLANT, les Lépreuses, I, III.

♦ **3.** (xxᵉ). Fam. (Sujet n. de personne). *Se ratatiner dans, sur, etc.* : heurter violemment (avec une idée de dommage corporel plus ou moins grave, de blessure). *Elle s'est ratatinée dans un poteau électrique.*

▶ **RATATINÉ, ÉE** p. p.

Rapetissé et déformé. *Pomme ratatinée.* ⇒ **Rabougri.** *Visage ratatiné.* ⇒ **Flétri, ridé.** *Personne ratatinée,* tassée par l'âge, la maladie. ⇒ **Recroquevillé** (→ Fragile, cit. 6). — Ramassé sur soi-même. ⇒ **Pelotonné, ramassé, replié.** *Malade ratatiné et grelottant* (cit. 4). — Fig. ⇒ **Racorni.**

4   (...) je le déclarai plus aimable et plus du monde que ma famille triste, *ratatinée* (ce fut mon mot), sauvage, ne donnant jamais à souper, n'allant jamais dans un salon où il y eût dix personnes (...)   STENDHAL, Vie de Henry Brulard, 28.

5   (...) le visage plissé, ratatiné, culotté tel qu'un vieux buis, s'enfonçait dans un taillis de poils blancs (...)   HUYSMANS, En route, II, II.

6   Gottfried avait en effet l'air vieilli, ratatiné, rapetissé, rabougri ; il respirait d'un petit souffle pénible et court.
                    R. ROLLAND, Jean-Christophe, L'adolescent, III, p. 368.

7   La boîte fut ouverte et l'oiseau apparut, ébouillanté, ratatiné entre de larges tranches de truffes à l'odeur obsédante.   G. DUHAMEL, Salavin, I, VI.

Fig., fam. Démoli, hors d'usage. *Nous l'avons échappé belle, mais la voiture est complètement ratatinée.*

CONTR. (Du p. p.) **Élancé, épanoui.**
DÉR. **Ratatinage, ratatinement.**

RATATOUILLE [Ratatuj] n. f. — 1778 ; de *tatouiller,* et *ratouiller,* formes expressives de *touiller,* et doublet possible de *ratatiner,* du rad. *tat-* (P. Guiraud).

♦ **1.** Fam. Vx. Ragoût grossier. *Ratatouille informe* (→ Goût, cit. 7). — Par ext. Mauvaise cuisine. *La ratatouille des gargotes.* ⇒ **Tambouille.**

1   (...) nous voulons la fortune et nous n'avons pas le sou, nous mangeons les *ratatouilles* de maman Vauquer et nous aimons les beaux dîners du faubourg Saint-Germain (...)   BALZAC, le Père Goriot, Pl., t. II, p. 933.

2   (...) leur cuisine était excellente et contrastait avec la ratatouille que nous apportait le reste du temps un traiteur.   GIDE, Si le grain ne meurt, I, IV, p. 107.

♦ **2.** Plat, ragoût. (S'est dit de divers plats régionaux.)

3   Je demandai du poulet à dîner, et l'on me donna à manger cet agréable mélange de pommes de terre, de mouton, de pain qui se nommait, se nomme et sans doute se nommera toujours la *ratatouille.*
                    A. DE VIGNY, Servitude et Grandeur militaires, II, VIII.

4   Je faisais la soupe à merveille ; j'en recevais de grands compliments, surtout quand je mêlais à la ratatouille du lait et des choux, à la mode de Bretagne.
                    CHATEAUBRIAND, Mémoires d'outre-tombe, t. II, p. 42.

♦ **3.** (Répandu xxᵉ). Mod., cour. Plat d'origine niçoise, mélange de courgettes, de tomates, d'aubergines, etc. cuites ensemble à l'huile.

5   — Qu'est-ce que c'est que ce truc jaunâtre, là-bas ? — De la ratatouille niçoise ! dit le garçon (...) — Eh bien ! dit M. Thuillier, va pour la ratatouille.
                    H. TROYAT, la Tête sur les épaules, VIII.

♦ **4.** Fig. et fam. Volée de coups, raclée. *Prendre une ratatouille.* — Par ext. Défaite écrasante. *Quand ils sont venus, on les a battus, mais au match retour, ils nous ont collé une sacrée ratatouille !*

DÉR. **Rata.**

1. RATE [Rat] n. f. — 1530 ; *rate* pour *rat,* XIIᵉ ; fém. de *rat.*

♦ **Femelle du rat.**

1   Il avait fini peu à peu par distinguer différentes sortes de personnalités ratières. Les bêtes avaient leurs noms et quand telle rate opulente et sympathique baptisée Roni avait gagné ses bonnes grâces, il la laissait souvent rogner tranquillement sa paillasse.   P. GRAINVILLE, les Flamboyants, 1976, p. 67.

REM. 1. On trouve parfois *ratte.*

2   Un de nos confrères pince-sans-rire se fit l'écho d'une plainte de membres d'une autre académie qui trouvent incommode que la rate, femelle du rat, ne prenne qu'un T, tout comme le viscère.
                    F. MAURIAC, le Nouveau Bloc-notes 1958-1960, p. 33.

2. Le mot, rare ou plaisant dans l'usage général, est normal en biologie, le rat étant un animal de laboratoire très habituel.

2. RATE [Rat] n. f. — 1156 ; moyen néerl. *râte* « rayon de miel » (→ 2. Rayon), par anal. de forme.

♦ Organe lymphoïde du système réticulo-endothélial, situé sous la partie gauche du diaphragme, et constitué par une pulpe rouge gorgée de sang parsemée de nodules blancs (follicules lymphoïdes). *De la rate.* ⇒ **Splénique.** *Fonction de la rate dans la production de l'hémoglobine, des pigments biliaires, des anticorps. Maladies de la rate.* ⇒ **Périsplénite, ratelle, splénite.** *Hypertrophie de la rate chez les paludéens. Ablation expérimentale de la rate.* ⇒ **Dérater.** (→ aussi Ouf, cit. 3). *Absence de rate.* ⇒ **Asplénie.** — *Dans l'ancienne médecine la rate passait pour sécréter la « bile noire »,* cause d'humeur mélancolique (⇒ **Atrabilaire ; mélancolie, spleen**). *Dégonfler la rate* (→ Médecine, cit. 2).

1   Galien dit que l'usage de la rate est de nettoyer le sang féculent, et d'attirer l'humeur mélancolique : et pour cela quelques-uns l'ont appelée *faux foie,* et d'autres l'*organe du ris ;* d'où vient qu'on dit de ceux qui se réjouissent, qu'ils s'épanouissent la rate.   FURETIÈRE, Dict., art. *Rate.*

2   La rate est un organe lymphoïde, dont les fonctions multiples et complexes sont encore mal connues. Les fonctions se rattachent à la *lymphopoïèse* (formation des globules blancs), à l'*hématopoïèse* (formation des globules rouges), à l'*hématolyse* (destruction des globules rouges). En dehors de ces fonctions, la rate semble jouer encore un pouvoir phagocytaire important. Véritable grenier de globules rouges, elle les déverse dans la circulation sanguine sous diverses influences (influence de l'altitude, par exemple, BINET). Enfin elle joue un rôle important dans la libération des pigments ferrugineux (*fonction martiale*).
                    L. TESTUT, Traité d'anatomie, t. IV, p. 707.

(1652, *épanouir la rate*). Loc. fig. et fam. *Décharger* (cit. 14) *sa rate :* faire éclater sa colère. *Dilater, désopiler la rate :* amuser, faire rire. *Après nous être bien épanoui* (cit. 5) *la rate. Se fouler la rate :* faire des efforts. *Ne pas se fouler* (cit. 13) *la rate :* paresser.

3   Je suis gai de nature ; j'aime à rire et j'ai la rate qui va en éclater quelquefois !
                    J. VALLÈS, l'Enfant, XV.

DÉR. **Ratelle.**
COMP. **Dérater.**

RATÉ, ÉE [Rate] n. — 1836 ; de *rater.*

★ **I.** N. m. ♦ **1.** Le fait de rater (en parlant d'une arme à feu) ; coup qui ne part pas. *« Dans le cas d'un raté, le tireur qui a eu le raté doit tirer de nouveau »* (les Sports modernes illustrés, 1906). — (1875). Échec dans la mise à feu d'artifice, ou d'une cartouche d'explosif.

♦ **2.** (1864, *Année sc. et industr.* 1865, p. 135.) Par ext. Bruit anormal révélant le mauvais fonctionnement d'un moteur à explosion. — Fonctionnement défectueux d'un mécanisme ou d'un organisme.

1   Comment s'étonner que sa race en lui ne sache pas encore écrire, ou enfin ne sache pas bien. Qu'elle ait si souvent et tant de manques dans l'écriture. Tant de défaillances. Tant de défauts. Ce sont les ratés d'une machine non assouplie, non habituée, non entraînée, et qui n'est mise en branle que depuis une ou deux générations.   Ch. PÉGUY, Note conjointe, Descartes, p. 88.

(1967). Fig. Déficience dans le fonctionnement d'un système. *« Les "ratés" de la coexistence pacifique obligent les uns et les autres à renoncer à cette vision quelque peu idyllique »* (le Nouvel Obs., 14 févr. 1968).

(Personnes). Difficulté ou impossibilité de faire aboutir un processus de réflexion ou un programme d'action, de l'amener à son terme. *Les ratés des mécanismes mentaux. Ratés de la conduite.*

2   (...) lui seul (l'homme) peut être « analysé », et encore ne peut-il l'être qu'à travers ses échecs, ses ratés, ses manques, ses abandons.
                    J. GILLIBERT, la Création littéraire, in la Nef, nº 31, p. 84.

★ **II.** N. (1876). Personne qui a raté sa vie, sa carrière, etc. *Un raté, une ratée. C'est un médiocre et un raté. Un raté aigri.*

3   Sacré homme de lettres (...) et vraisemblablement né pour autre chose, Denizot est le plus grand universel raté de son siècle. Raté de la poésie, raté du roman, raté du théâtre, raté de la politique, raté même de l'amour (...)
                    Léon BLOY, le Désespéré, p. 201.

HOM. **Rater.**

RÂTEAU [Rɑto ; Rato] n. m. — 1636 ; *rateau,* v. 1534 ; *rastel,* v. 1180 ; lat. *rastellum,* dimin. de *rastrum.*

♦ **1.** Traverse munie de dents* séparées, ajustée en son milieu à un long manche et qui sert à ramasser les feuilles sans ôter la terre, à égaliser la surface du sol, etc. *Râteau à bras, de jardinier. Manier* (cit. 8) *le râteau. Passer* (cit. 121) *le râteau.* ⇒ **Ratisser.** *Ramasser avec un râteau.* ⇒ **Râteler ; râtelée, râtelure.** *Râteau à double rangée de dents.* ⇒ **Fauchet.** *Râteau de fenaison. Faux à râteau.* ⇒ **Fauchon.**

1   J'entendais un râteau faire au bord des pelouses,
Parmi les graviers murmurants,
Son bruit lisse et perlé (...)
                    Cᵉˢˢᵉ DE NOAILLES, les Forces éternelles, « Dans l'adolescence ».

Agric. Grande traverse à longues dents courbées, parallèle à l'essieu des roues, qui ramasse le foin et se relève pour faire des andains. *Râteau (mécanique) tiré par un cheval, un tracteur.*

♦ **2.** Techn. Pièce munie de dents séparées. *Râteau de métier à tisser* (⇒ **Peigne**), *de rasoir mécanique.* — Garde d'une serrure. — Segment de roue dentée du mécanisme de l'avance et du retard, dans une montre.

♦ **3.** Instrument servant à racler, à ramasser. *Râteau de charbonnier.* ⇒ **Arc**. *Râteau pour ramasser le sel.* ⇒ **Rouable**. — Mar. *Râteau de pont :* balai garni de caoutchouc servant à ôter l'eau du pont.

♦ **4.** Raclette à manche avec laquelle le croupier ramasse les mises, les jetons sur les tables de jeu*. *Sur la table verte, un râteau et des boîtes* (→ Partie, cit. 26).

2 Quant au jeune homme, il ne comprit sa ruine qu'au moment où le râteau s'allongea pour ramasser son dernier napoléon.
BALZAC, la Peau de chagrin, Pl., t. IX, p. 17 (1831).

3 Quittons nos lyres, Érato!
On n'entend plus que le râteau
De la roulette et de la banque.
Th. DE BANVILLE, Odes funambulesques, « La corde roide ».

DÉR. Râtelier.

RATEL [Ratɛl] n. m. — 1846 ; de *rat*.

♦ Zool. Mammifère carnivore *(Mustélidés)*, scientifiquement appelé *mellivora capensis*, blaireau d'Afrique très friand de miel.

HOM. Ratelle.

RÂTELAGE [Ratlaʒ ; Ratlaʒ] n. m. — 1842 ; *resteilage*, 1436 ; de *râteler*.

♦ Agric. Action de râteler. *Le râtelage du foin.*

RÂTELÉE [Ratle ; Ratle] n. f. — 1636 ; fig., 1466 ; de *râteler*.

♦ **1.** Agric. Quantité ramassée d'un coup de râteau. *Une râtelée de feuilles mortes.*

♦ **2.** Fig. et vx (langue class.). Quantité de choses dites d'un coup, sans précautions. *Dire sa râtelée.*

RÂTELER [Ratle ; Ratle] v. tr. — Conjug. *appeler*. — XVIIe ; *rasteler*, v. 1220 ; de *ratel* « râteau ».

♦ **1.** Agric. Ramasser avec un râteau (1.). *Râteler des feuilles mortes. Râteler le foin.* ⇒ **Râteleur**.

0.1 J'aperçus alors les tenanciers qui râtelaient avec de grands râteaux de bois de la feuillée pour litière.
Hervé BAZIN, Cri de la chouette, p. 76.

♦ **2.** Rare. Nettoyer au râteau. ⇒ **Ratisser**. *Râteler une allée.* — Fig. :

1 Dans ces jardins où naguère les pieds de la foule râtelaient les allées sablées, l'herbe et les ronces verdissaient (...)
CHATEAUBRIAND, Mémoires d'outre-tombe, t. IV, p. 46.

2 (...) les autres râtelaient devant eux *(sic)* névé nue et plate où on n'aurait pas pu perdre une épingle à tête noire. J. GIONO, le Chant du monde, II, I.

DÉR. Râtelage, râtelée, râteleur, râtelure.

RÂTELEUR, EUSE [Ratlœʀ, øz ; Ratlœʀ, øz] n. — 1694 ; anc. franç. *rastelaire*, 1527 ; de *râteler*.

♦ Techn. Ouvrier, ouvrière agricole qui fait le râtelage.
N. f. (XXe). Machine à râteler.

RÂTELIER [Ratəlje ; Ratəlje] n. m. — XVIIe ; *ratelier*, v. 1354 ; *rastelier* « planche pour mettre les sacs à pain », 1250 ; de *râteau*, par anal. de forme.

♦ **1.** Meuble d'étable fixé ou posé au-dessus de la mangeoire ; sorte d'échelle, inclinée contre le mur dans le sens de la longueur, qui sert à recevoir le fourrage du bétail. *Râtelier d'écurie* (→ Frottement, cit. 4), *crèche et râtelier de bergerie. Mettre de la paille, du foin dans le râtelier. Cheval qui tire la paille du râtelier* (→ Bidet, cit. 1). — Par ext. *Râtelier double au milieu d'une bergerie.* ⇒ **Doublier**.

1 Le long des murs *(de la bergerie)*, des crémaillères permettaient de hausser les râteliers, à mesure que la couche de fumier montait. ZOLA, la Terre, II, I.

Loc. fig. *Manger au râtelier de qqn*, vivre à ses dépens (→ Expectative, cit. 1). *Manger à deux, à plusieurs, à tous les râteliers :* tirer profit de deux, de plusieurs, de toutes les situations.

2 — Oui ; c'è-est qu'il mange à deux râteliers. — Manger ! je suis garant qu'il dévore.
BEAUMARCHAIS, le Mariage de Figaro, III, 13.

Fam. *Quand il n'y a plus de foin dans le râtelier... :* quand l'argent vient à manquer.

♦ **2.** Support servant à ranger verticalement des objets longs. *Râtelier d'armes :* double étagère à encoches où l'on range des fusils.

Poser son fusil au râtelier d'armes (→ Déséquiper, cit. 1). *Mausers* (cit. 1) *au râtelier.*

2.1 Un falot était allumé au pied du grand mât, autour duquel était appendu un râtelier garni d'armes à feu de toutes sortes. Ayrton détacha du râtelier un revolver et s'assura qu'il était chargé et amorcé.
J. VERNE, l'Île mystérieuse, 1874, p. 620.

(1873). *Râtelier d'établi, de menuisier :* tringle parallèle à l'établi où l'on place les outils à manche.

2.2 (...) des râteliers de couteaux et de couperets (dans une charcuterie).
ZOLA, le Ventre de Paris, 1873, p. 98.

Râtelier à pipes, de pipes : planchette percée de trous où l'on range les pipes (→ Écume, cit. 5).

2.3 (...) un bureau qui faisait penser au logement d'un célibataire. À un râtelier, au mur, des pipes étaient rangées, dix ou douze, plusieurs en terre, et une fort belle pipe en écume. G. SIMENON, Maigret chez le ministre, p. 12-13.

♦ **3.** (1661). Vx. Denture.

3 (...) une jeune femme de vingt-cinq à trente ans, aux yeux brillants, au teint frais, à la taille irréprochable, avec un râtelier complet (...)
NERVAL, Notes de voyage, Lettres des Flandres, II.

(1777 ; 1718, *râtelier de fausses dents*). Fam. Dentier. *Porter un râtelier* (→ 1. Parler, cit. 3). *Ôter* (cit. 6) *sa perruque et son râtelier.*

4 Un râtelier bien mis conservait à sa bouche une grimace d'ironie qui rappelait celle de Voltaire. BALZAC, la Paix du ménage, Pl., t. I, p. 1011.

RATELLE [Ratɛl] n. f. — XVe ; « rate » (organe), XIIIe ; de 2. *rate*.

♦ Techn. (Vétér.). Maladie charbonneuse du porc.

HOM. Ratel.

RÂTELURE [Ratlyʀ ; Ratlyʀ] n. f. — 1876, plur. ; de *râteler*, → Balayure.

♦ Rare. Ce qu'on ramasse avec le râteau. (Surtout au plur.). ⇒ **Ratissure**.

RATER [Rate] v. — 1715 ; de « *prendre un rat** », « manquer son coup ».

★ **I.** V. intr. ♦ **1.** (En parlant d'une arme à feu). Ne pas partir*. *Son fusil, son pistolet a raté. Coup de fusil qui rate. Pièce d'artifice qui rate parce que la poudre est humide* (cit. 3).

1 — Oh ! oh ! mon fusil pourra rater si je tire sur des oiseaux, mais sur des Bleus (...) jamais ! dit Galope-chopine en hochant la tête en signe de satisfaction.
BALZAC, les Chouans, Pl., t. VII, p. 981.

♦ **2.** (1718). Cour. Échouer. *L'affaire a raté.* ⇒ **Foirer**. *Coup qui rate au dernier moment. Tout a raté. Le voyage risque de rater* (→ Occasion, cit. 14).

2 Je suis si habitué à voir tout me rater dans les mains que je ne compte sur rien.
FLAUBERT, Correspondance, 188, 23 févr. 1847.

3 (...) toutes les fois que le mouvement de la bourgeoisie voltairienne contre la bourgeoisie catholique rate, c'est contre et sur le prolétariat que retombe le ressentiment féroce de la bourgeoisie catholique (...)
Ch. PÉGUY, la République..., p. 101.

4 Je n'ai jamais su m'abandonner, ni rire, ni faire le fou. Il était inimaginable que je pusse m'agréger à aucune bande joyeuse : j'appartenais à la race de ceux dont la présence fait tout rater. F. MAURIAC, le Nœud de vipères, II.

4.1 Que l'U. R. S. S. ait intérêt à ce que Genève rate, à ce que les forces d'Indochine libérées ne viennent pas renforcer l'armée européenne, c'est évident (...)
F. MAURIAC, Bloc-notes 1952-1957, p. 61.

Fam. Manquer. *Ça n'a pas raté ! :* c'était inévitable, prévisible.

5 Ils aimeraient ma manière de compter les puces jusqu'à la folie, j'en étais certain d'avance. Ça ne devait pas rater selon moi.
CÉLINE, Voyage au bout de la nuit, p. 171.

★ **II.** V. tr. ♦ **1.** (1718). Ne pas atteindre (ce qu'on visait).

6 (...) en parlant de deux hommes qui se battent à coups de pistolet, on dit de celui dont le pistolet a manqué en tirant sur son ennemi, qu'*il a raté son ennemi* (...)
ACADÉMIE (1762), art. *Rater.*

Chasseur qui rate un lièvre. Ellipt. *Raté !* (→ À côté*). — *Rater une balle qui est tombée près du filet*, ne pas la recevoir, ne pas la renvoyer. ⇒ 2. **Louper**. *Rater son train.* — *Rater quelqu'un*, le manquer (II, 2.).

7 On dit à un débiteur, si vous ne m'apportez pas de l'argent dans le temps que vous me le promettez, je ne vous *raterai pas*, c'est-à-dire je vous ferai certainement des frais. Dict. de TRÉVOUX (1771), art. *Rater.*

8 Ordinairement, je rentre dans mon domicile vers 4 heures (...) Comme je serais désolé de vous *rater*, imaginez un truc pour nous voir un peu longuement.
FLAUBERT, Correspondance, 1851, 2 juin 1879.

9 Si nous sommes en retard nous ratons Olga, qui prend le thé au Moulin de Garches avec Georgette. GIRAUDOUX, la Folle de Chaillot, II, p. 172.

10 En même temps, il tendait l'oreille : la porte de sa chambre était entre-bâillée, pour qu'il pût mieux entendre : il se disait : « Ce coup-ci je ne le raterai pas ».
SARTRE, l'Âge de raison, p. 88.

Fam. *Je ne le raterai pas ! :* il aura le traitement, le châtiment qu'il mérite. *Il ne l'a pas raté :* il lui a cloué le bec ; il l'a remis en place comme il le fallait, de la belle manière. — Fig. *Rater une place, une situation. Rater une occasion. Ne pas rater une occasion de...*

(→ Peinard, cit. 1). — Fam. et iron. *Il n'en rate pas une :* il les fait toutes (les bévues, les maladresses, les sottises).

10.1 Eh bien, le nommé Fléchard (Jules) a raté une belle occasion de se tenir tranquille !
A. ALLAIS, l'Affaire Blaireau, p. 81.

11 Elle n'en ratait jamais une ma mère pour essayer de me faire croire que le monde était bénin et qu'elle avait bien fait de me concevoir.
CÉLINE, Voyage au bout de la nuit, p. 160.

♦ **2.** (1718). Ne pas réussir, ne pas mener à bien. *Rater son affaire, son coup, son effet* (→ Attendre, cit. 18). *Attentat raté* (→ Commotion, cit. 2). *Rater un plat, une mayonnaise* (→ 1. Foutre, cit. 15). *Rater une balle* (→ Ping-pong, cit.).

12 (...) un poète qui a de l'habileté peut tout risquer : cet endroit-là est peut-être celui de ma pièce le plus propre à me fournir des vers pompeux ; je ne le raterai pas, sur ma parole. Tous mes ouvrages (...) sont marqués au bon coin (...)
A.-R. LESAGE, le Diable boiteux, XIV
(éd. de 1726 ; le passage est absent de l'éd. orig. de 1707).

13 C'est un sacrilège que de prouver à notre créateur qu'il a raté le monde. Les amabilités qu'il a pour lui viennent de ce qu'il croit parfait.
GIRAUDOUX, Amphitryon 38, III, 1.

Rater sa vie : ne pas réussir comme on l'espérait (→ Intéressant, cit. 6 ; OS, cit. 7). ⇒ **Gâcher, manquer, perdre.**

14 Si tu n'es pas plus exact que ça, tu rateras ton avenir, toi. Le père Walter comptait sur ta copie. Je vais lui dire que ce sera pour demain.
MAUPASSANT, Bel-Ami, I, IV.

▶ **RATÉ, ÉE** p. p. adj. *Objectif raté. — Coup raté. C'est raté. Raté ! Toute la série est ratée.* ⇒ **Défectueux.** — *Un homme qui a tout raté.* ⇒ **Raté,** II. *Un écrivain (un musicien, un peintre, un acteur,* etc.) *raté,* qui, faute de talent, n'a pas atteint au renom qu'il ambitionnait.

CONTR. Atteindre, obtenir, réussir.
DÉR. Ratage, raté.
HOM. Raté.

RATIBOISER [Ratibwaze] v. tr. — 1875, argot des joueurs ; de *ratisser,* et anc. franç. dialectal *emboiser* « tromper », d'un rad. germanique *bausi.* Cf. all. *böse* « méchant ».

♦ **1.** Fam. Rafler (au jeu), et, par ext., prendre, voler. *Ils m'ont ratiboisé dix mille francs.* — Au participe passé :

1 Croquignol et ses copains, ne possédant pas un sou à eux trois, s'empressèrent de bazarder les chameaux ainsi que le butin ratiboisé aux négros.
L. FORTON, les Aventures des Pieds-Nickelés, *in* l'Épatant, 1909, p. 49.

♦ **2.** Ruiner au jeu. — Au p. p. *C'est fini, je suis complètement ratiboisé.*

(1881). Perdre, ruiner (qqn) dans sa santé, sa situation, sa carrière. *Une maladie qui l'a ratiboisé en huit jours. Si je ne réussis pas cette fois-ci, je suis ratiboisé.*

2 (...) comme ça, dans la vie, ça vous empêche d'être blousé. Parce que, avec des êtres comme ça, plus on est bon, plus on est vite ratiboisé (...) une fois qu'on est prévenu, il faut qu'on soit andouille pour qu'on se laisse faire.
J. GIONO, Regain, II, III.

RATIBOISEUR, EUSE [Ratibwazœʀ, øz] n. — D.i. (XXᵉ) ; de *ratiboiser.*

♦ Fam. Personne qui ratiboise (qqch.).

Nietzsche, le casseur de morales et le ratiboiseur d'idoles, l'homme au credo anti-credo.
Michel LEIRIS, Frêle bruit, p. 57.

RATICHE [Ratiʃ] n. f. — Mil. XXᵉ ; 1953, Simonin ; p.-ê. de *rat* ou de *râtisser.*
Argot.

♦ **1.** Dent. *Elle a des ratiches comme des pelles à sel.*

1 Il n'y a guère que miss Muguet qui soit gentille avec nous. Primo parce que c'est moi qui colgate¹ les ratiches de ses pachydermes.
SAN-ANTONIO, En peignant la girafe, *in* Œ. compl., t. II, p. 21.
1. De *Colgate,* marque de dentifrice.

♦ **2.** Couteau.

2 Pas de couteau. Je trouverai bien une vieille baleine de corset : une fois affûtée sur les pierres de la cour, ça fait une très bonne ratiche.
A. SARRAZIN, la Cavale, p. 18.

RATICHON [Ratiʃɔ̃] n. m. — 1725 ; rare av. 1850-1860 ; *rastichon,* argot, « aumônier des prisons », 1628 ; de *rat,* 3. (→ Rat d'église), par anal. de couleur (→ Corbeau), mais aussi (P. Guiraud) de *rasté* « rasé ».

♦ Péj. Prêtre.

1 (...) il détestait franchement, du dernier « ratichon » au Pape, toute l'Église. « Ratichon », ce mot lui plaisait. « Tu ne connais pas ça, me disait-il. Ratichon ! Ratichon, c'est du rat et du rat noir, le pire ! ». Et il racontait, des « ratichons », des histoires abominables et obscures, qui m'éloignaient de lui. Car j'étais aimant, et il me déplaisait de sentir que ce mot de « ratichon », m'éloignât, malgré moi, du respect qu'on m'avait inculqué, à la maison, pour les ministres de l'Église.
H. BOSCO, Antonin, p. 34.

2 Il disait qu'il pouvait pas souffrir les ratichons, et pis (*puis*) il était à cul et à chemise avec un séminariste.
Roger NIMIER, le Hussard bleu, p. 119.

REM. Le dér. *ratichonnerie* [Ratiʃɔnʀi] (1860, Mérimée, *Correspondance*) est vieilli.

RATICIDE [Ratisid] n. m. — V. 1965 ; de *rat,* et *-cide.*

♦ Produit utilisé pour détruire les rats (→ Pesticide). « *Les raticides les plus modernes seront employés, et notamment un produit anticoagulant à odeur de framboise, dont les rats sont, paraît-il, très friands* » (le Monde, 27 févr. 1969).

RATIER [Ratje] n. et adj. — 1869 ; « ratière », 1362 ; de *rat.*

♦ Chien qui chasse les rats. *Un ratier. Le fox-terrier est un excellent ratier.*

Poulet était dans la pièce, occupé à flatter trois chiens de petite taille : — Des ratiers de la meilleure race, dit-il en tournant la tête vers Joste. Je me les suis fait confier pour deux jours. J'irai les promener dans les égouts, cette après-midi (...)
Pierre GASCAR, les Bêtes, p. 128.

Adj. *Un chien ratier.*

1. RATIER, IÈRE [Ratje, jɛʀ] adj. — 1485 ; de *rat.*

♦ Des rats ; qui concerne les rats. → 1. Rate, cit. 1.

Avec le mus vagus, le mus minutus ou le decumanus de la terminologie ratière (...)
Pierre GASCAR, les Bêtes, p. 92.

2. RATIER, IÈRE [Ratje, jɛʀ] adj. — XIIᵉ ; de *rat.*

♦ Vx (langue class.). Capricieux, en parlant d'une personne. « *Je la crois plus ratière que malicieuse (méchante)* » (Marivaux).

RATIÈRE [Ratjɛʀ] n. f. — V. 1380 ; de *rat.*

♦ **1.** Piège à rats. ⇒ **Souricière** (plus courant).

♦ **2.** Fig. et vieilli. Piège.

Les plus célèbres banquiers de Paris ne se sont pas mis fictivement dans cette affaire comme dans quelques-unes de ces honteuses spéculations que je nomme, moi, des ratières ; non, non, ce n'est plus cela (...)
BALZAC, l'Illustre Gaudissart, Pl., t. IV, p. 28.

RATIFICATEUR, TRICE [Ratifikatœʀ, tʀis] n. et adj. — 1636, « approbateur », n. ; adj., même sens, 1791 ; de *ratification.*

♦ Didact. Qui est favorable à la ratification (d'un traité, d'une loi).

(...) un jeune révolutionnaire, Gaston Crémieux, jetait aux ratificateurs (*du traité de paix, en 1871*) cette injure : *Majorité de ruraux !*
J. BAINVILLE, la Troisième République, p. 27.

RATIFICATION [Ratifikasjɔ̃] n. f. — 1358, *ratification* (sens 1) ; « confirmation des catéchumènes », XVᵉ ; du lat. médiéval *ratificatio* « confirmation ».

♦ **1.** Action de ratifier. « Acte juridique unilatéral par lequel une personne prend pour son compte (...) une opération juridique faite pour elle et en son nom par quelqu'un qui n'en avait pas reçu pouvoir » (Capitant). *Ratification verbale, écrite, sous seing privé...* ⇒ **Autorisation, confirmation, homologation.** — Confirmation par laquelle une personne rend valable un acte en renonçant à en demander l'annulation.

1 (...) je prendrais pour médiateur un vieux bonhomme, comme qui dirait moi, je le chargerais de demander un million à Malin, contre une ratification de la vente de Gondreville (...)
BALZAC, Une ténébreuse affaire, Pl., t. VII, p. 559.

Approbation, accord formel d'un organe (politique, administratif), indispensable à la validité d'un acte. ⇒ **Approbation.** *Sous réserve de ratification par les Chambres. Ratification accordée par le Parlement.*

2 Les ordonnances sont prises en Conseil des Ministres après avis du Conseil d'État. Elles entrent en vigueur dès leur publication, mais deviennent caduques si le projet de loi de ratification n'est pas déposé devant le Parlement avant la date fixée par la loi d'habilitation.
Constitution de 1958, art. 38.

Dr. Acte par lequel la procédure de conclusion d'un traité international est close. *Ratification du traité de paix* (cit. 25), *du Concordat* (→ Légat, cit. 1).

Par ext. et fig. Confirmation, consécration officielle, publique.

♦ **2.** (1680). Diplom. Document, instrument de ratification diplomatique. *Dépôt de ratification. Procéder à l'échange des ratifications.*

CONTR. Annulation, dénonciation.
DÉR. Ratificateur.

RATIFIER [Ratifje] v. tr. — 1294, *rattefier* ; du lat. médiéval *ratificare,* de *ratum facere* « rendre valable, ratifier ».

♦ **1.** Approuver ou confirmer par un acte authentique. ⇒ **Approuver, confirmer, entériner, homologuer.** *Ratifier un acte, un contrat, une convention... Les obligations faites par un mineur demeurent nulles s'il ne les ratifie à sa majorité. — Ordonnance ratifiée par le Parlement. — Le Président de la République négocie et ratifie* *les traités* (Constitution 1958, art. 52). *Convention que l'Assemblée des Nations Unies a prié les États de ratifier* (→ Génocide, cit. 1). *Ratifier, signer la paix.*

1 Toute loi que le peuple en personne n'a pas ratifiée est nulle ; ce n'est point une loi.   ROUSSEAU, Du contrat social, III, XV.

♦ **2.** (XVIIᵉ). Littér. Confirmer ou affirmer publiquement. ⇒ **Approuver, avouer, consacrer.** *Thomas Corneille a ratifié cette sentence de Vaugelas* (→ Chez, cit. 17). *Je ratifie tout ce qu'on vous a dit de ma part* (Académie).

2 Les conclusions auxquelles Jaurès était parvenu, ne connaissant qu'une partie des éléments, furent presque toutes ratifiées par les magistrats de la Cour de Cassation, quand ils eurent en main(s) tous les éléments de leur enquête.
     Ch. PÉGUY, la République..., p. 24.

CONTR. Abroger, annuler, dédire (se), **démentir, dénoncer.**

RATINAGE [ʀatinaʒ] n. m. — 1812 ; de *ratine.*

♦ Techn. (Industrie textile). Traitement qui donne à certains draps (velours, peluches, etc.) l'aspect de la ratine.

RATINE [ʀatin] n. f. — 1593 ; *rastin,* 1260 ; de l'anc. verbe **raster* « racler, raturer », d'un lat. pop. *rasitoria.* → Rader.

♦ Tissu de laine épais, du type « à armure façonnée », cardé, dont le poil est tiré en dehors et frisé, et dont un traitement spécial a fait moutonner les fibres tirées par le lainage. *Palper une ratine souple* (→ Laine, cit. 8). *Veste, blazer, manteau de ratine. Ratine bleue.*

Il était en chemise bien blanche, et avait sous le bras une veste fort propre en ratine violette.   STENDHAL, le Rouge et le Noir, I, VI.

DÉR. Ratinage, ratiner, ratineuse.

RATINER [ʀatine] v. tr. — 1765 ; de *ratine.*

♦ Techn. Soumettre (un drap, une étoffe) à l'opération du ratinage.

RATINEUSE [ʀatinøz] n. f. — 1869 ; de *ratine.*

♦ Techn. Machine à friser, à ratiner.

RATING [ʀatiŋ] n. m. — Mil. XXᵉ (1960, *in* Höfler) ; mot angl. « évaluation », de l'angl. *to rate.*

♦ Anglic. Mar. Indice caractérisant un yacht, et qui détermine son handicap. *Un rating de 60 pieds.*
Recomm. off. : *indice de performance.*

1. RATIO [ʀasjo] n. m. — 1951 ; mot angl. « rapport, coefficient », 1660 (→ Sex-ratio) ; lat. *ratio.*

♦ Rapport de deux grandeurs variables, auquel on attribue une signification particulière pour certaines valeurs prises par ces grandeurs. *Les différents ratios tirés des postes du bilan. Ratios de rentabilité.* — REM. Le mot est parfois considéré comme invariable.

Dans les firmes en expansion les ratio de solvabilité sont faibles (...)
     J.-P. COURTHÉOUX, la Politique des revenus, p. 98.

Spécialt. Pourcentage du bénéfice net d'une entreprise par rapport à ses capitaux propres.

2. RATIO [ʀasjo] n. f. — V. 1970 ; lat. *ratio.*

♦ Didact. (Latinisme) Raison ; élément ou ensemble d'éléments rationnels.

RATIOCINAGE [ʀasjɔsinaʒ] n. m. — Mil. XXᵉ ; de *ratiociner.*

♦ Péj. Ratiocination.

(...) vous avez sûrement raison... c'est ça... un manque de vie, tout est là... pas d'instinct fort... aucun tempérament... du ratiocinage stérile (...)
     N. SARRAUTE, Martereau, p. 62.

RATIOCINATEUR [ʀasjɔsinatœʀ] n. m. — 1549 ; du lat. *ratiocinator* de *ratiocinari,* → Ratiociner.

♦ Rare et littér. Homme qui a l'habitude de ratiociner, qui se plaît à ratiociner. ⇒ **Ratiocineur.**

Rien d'absurde comme ces prétendues lois que certains ratiocinateurs ont cherché à établir ; lois selon lesquelles chaque auteur devrait faire, presque sitôt après sa mort, un plongeon dans un oubli momentané.   GIDE, Ainsi soit-il, p. 143.

RATIOCINATION [ʀasjɔsinasjɔ̃] n. f. — 1495 ; du lat. *ratiocinatio,* de *ratiocinari,* → Ratiociner.

♦ **1.** Vx. Raisonnement.

♦ **2.** Littér. Action de ratiociner ; argument ou raisonnement vain et exagérément subtil.

(...) elles semblent avoir pris à tâche de justifier cette réputation que l'on nous a fait à l'étranger, d'avoir laisser encombrer notre Parnasse par des rhéteurs ; où l'on souhaite de la musique, on trouve de l'éloquence et de la ratiocination.
     GIDE, Attendu que..., p. 53.

RATIOCINER [ʀasjɔsine] v. intr. — 1546 ; du lat. *ratiocinari* « calculer, raisonner ».

♦ **1.** Vx. Raisonner, faire des raisonnements (→ Esprit, cit. 19).

♦ **2.** (V. 1900). Mod. et littér. Se perdre en raisonnements, en considérations, en discussions interminables. ⇒ **Argumenter, ergoter, raisonner.** *Ratiociner sur ses fautes* (→ Argument, cit. 8).

1 (...) il décide enfin de ne plus perdre le peu de temps qui lui est accordé pour être aimé et glorieux, à ratiociner sur des mystères dont la Foi nous enseigne qu'ils sont impénétrables à la raison (...)   F. MAURIAC, la Vie de Jean Racine, II.

2 Laissez donc tout ça tranquille ! lui dit Gallieni *(à Lyautey).* Les ordres sont donnés, le nécessaire est fait. A quoi cela vous avancerait-il de ratiociner ? Vous avez autant besoin que moi de tenir vos méninges en bon état.
     MONTHERLANT, les Lépreuses, I, V.

DÉR. Ratiocinage, ratiocineur.

RATIOCINEUR, EUSE [ʀasjɔsinœʀ, øz] n. et adj. — 1929, L. Daudet, adj. ; de *ratiociner.*

♦ Littér. Personne qui se plaît à ratiociner. ⇒ **Ergoteur.**

Monsieur Cidrolin que je connais encore peu, vous n'allez pas me démoraliser. D'ailleurs, ne craignez rien, je ne suis pas démoralisable. — Vous conviendrez alors que vos débuts dans le campinge *(sic)* ne sont pas encourageants. — Monsieur Cidrolin que je connais encore peu, seriez-vous un ratiocineur (...)
     R. QUENEAU, les Fleurs bleues, p. 227.

RATION [ʀɑsjɔ̃ ; ʀasjɔ̃] n. f. — 1643 ; « solde de militaire », XIIIᵉ ; du lat. *ratio* « compte, évaluation ».

♦ **1.** Portion journalière (de vivres et de boissons distribuée à chaque homme), dans l'armée. *Recevoir, toucher sa ration de pain, de viande, de tabac... Distribuer, répartir les rations* (⇒ **Répartition**). *Double* (cit. 20) *ration. Demi-ration d'un enfant* (cit. 36) *de troupe. Ration de combat.* — Spécialt. Portion journalière (de vivres, de boissons et de fourrage), pour les cavaliers. *Ration de foin, d'avoine pour les chevaux.* ⇒ **Mesure.**

1 (...) pourquoi vouloir, parce que des hommes sont pareillement vêtus de kaki et chaussés de brodequins à clous, qu'ils soient taillés sur un même modèle de rustres sympathiques, seulement préoccupés de la ration de gnole et de rabiot de bromure ?   R. DORGELÈS, la Drôle de guerre, IX.

♦ **2.** (1810). Cour. Quantité (d'aliments) qui revient à un homme, à un animal pendant une journée. *Une maigre ration.* ⇒ **Pitance.** *Rations imposées en temps de guerre, de crise.* ⇒ **Rationnement, restriction.** *Mettre à la ration.* ⇒ **Rationner.**

2 Malgré la famine qui pesa sur Paris, les proscrits trouvèrent à la porte de leur taudis des rations de *pain blanc* qui y étaient régulièrement apportées par des mains invisibles (...)   BALZAC, Un épisode sous la Terreur, Pl., t. VII, p. 444.

3 La ration quotidienne de pain vient d'être portée de deux à cinq cents grammes par personne.   GIDE, Journal, 10 mai 1943.

♦ **3.** Agric. Quantité normale d'aliments consommée quotidiennement par un animal. *La ration doit apporter à chaque animal une quantité suffisante d'énergie utilisable. Ration d'entretien,* calculée d'après le poids des bêtes. *Ration de production (de croissance et d'engraissement),* calculée d'après les besoins de la production. *Préparation, distribution des rations.* — (Physiol.). *Ration alimentaire :* quantité et nature des aliments nécessaires à un organisme pour son alimentation rationnelle de vingt-quatre heures. *Ration d'entretien,* strictement nécessaire pour compenser les pertes journalières de l'organisme. ⇒ **Minimum** (cit. 5 : minimum vital). *Ration de travail, de croissance. Les rations doivent être équilibrées pour apporter à l'individu les calories, protides, lipides, glucides et vitamines nécessaires* (→ Calorie, cit. 1 ; gras, cit. 2).

Par métaphore :

4 L'imaginaire proprement dit fait partie du quotidien. Chacun en demande chaque jour (ou chaque semaine) sa ration.
     Henri LEFEBVRE, la Vie quotidienne dans le monde moderne, 1968, p. 172.

♦ **4.** (1863). *Ration de... :* quantité, due ou exigée de (souvent iron.). *Fournir à la mort sa ratio de cadavres* (→ 1. Orque, cit.). *Recevoir sa ration de coups, d'épreuves.* ⇒ **Lot.**

DÉR. Rationnaire, rationner.

RATIONAL, AUX [ʀasjɔnal, o ; ʀɑsjɔnal, o] n. m. — Fin. XVᵉ ; *racionale,* XIIIᵉ ; lat. de la Vulgate, *rationale* (→ Éphod, cit. 1).
Didactique.

★ **I.** Antiq. Pièce d'étoffe ornée de pierreries que le grand prêtre des Hébreux portait sur la poitrine. ⇒ **Pectoral.**

Suspendu par des rubans d'hyacinthe et des anneaux d'or ciselé, le rational étincelait sur sa poitrine ; il était carré, long d'une palme et bordé d'un rang de sardoines, de topazes et d'émeraudes, d'un second rang d'escarboucles, de saphirs et de jaspe ; d'une troisième rangée de ligures, d'améthystes et d'agates ; d'une quatrième, enfin, de chrysolithes, d'onyx et de béryls.
     NERVAL, Voyage en Orient, Nuits de Ramazan, III, IX.

★ **II.** (Lat. *rationalis* « qui sert à compter » ; anc. franç. *livre rational* « livre de comptes » cf. Livre de raison). Relig. Titre de certains ouvrages de liturgie. *Le Rational de Guillaume Durand* (→ Percussion, cit. 1).

RATIONALISATION [Rasjɔnalizasjɔ̃ ; Rasjɔnalizasjɔ̃] n. f. — 1842, attestation isolée ; repris xxᵉ ; de *rationaliser*.

♦ **1.** Didact. Action de rationaliser ; son résultat.

♦ **2.** (1932). Écon. Organisation d'une activité économique, selon des principes rationnels d'efficacité, en soumettant tous ses éléments à une étude scientifique (division et spécialisation du travail, automatisation, normalisation des fabrications, etc.). *Fièvre de suréquipement et de rationalisation* (→ Suréquipement, cit.). *Graphiques de rationalisation* (→ Dossier, cit. 5). *Plan de rationalisation* (⇒ **Planning**). *Rationalisation des choix budgétaires*, permettant d'obtenir le meilleur rendement avec le minimum de dépense.

♦ **3.** (Mil. xxᵉ ; introd. en angl. par Jones, 1908). Psychan. Justification que cherche à donner un sujet, sur le plan logique ou moral, d'une conduite directement ou indirectement inspirée par des motivations inconscientes. *Rationalisation de symptômes névrotiques, de compulsions défensives* (*besoin de se laver, comme rite conjuratoire, expliqué par des soucis d'hygiène*). *Dans les états délirants, la rationalisation aboutit à une systématisation du délire. Analogie du processus de rationalisation avec l'élaboration* secondaire du rêve.*

On ne range pas habituellement la rationalisation parmi les mécanismes de défense, malgré sa fonction défensive patente. C'est qu'elle n'est pas directement dirigée contre la satisfaction pulsionnelle, mais qu'elle vient plutôt camoufler secondairement les divers éléments du conflit défensif.
J. LAPLANCHE et J.-B. PONTALIS, Voc. de la psychanalyse.

RATIONALISER [Rasjɔnalize ; Rasjɔnalize] v. tr. — 1842, attestation isolée ; repris v. 1890, Renan ; du lat. *rationalis* « rationnel ».

♦ **1.** Rendre rationnel, conforme à la raison. *Les encyclopédistes* (cit. 3) *rationalisaient les problèmes religieux.* — (1826). *Au p. p. Une société, une croyance rationalisée.*

♦ **2.** (1907). *Rationaliser le travail, la production*, l'organiser d'une manière rationnelle (⇒ **Rationalisation**).

♦ **3.** Psychol., psychan. Justifier (une conduite) par des motifs rationnels ; présenter, élaborer (des faits psychiques) d'une manière rationnelle, alors que leur origine, leur motivation relève d'éléments non rationnels (affectivité, instincts) et souvent inconscients.
DÉR. **Rationalisation.**

RATIONALISME [Rasjɔnalism ; Rasjɔnalism] n. m. — 1803 ; du lat. *rationalis* « rationnel ».

♦ **1.** Philos. Doctrine d'après laquelle tout ce qui existe a sa raison* d'être et peut donc être considéré comme intelligible (ou d'après laquelle la raison* est effectivement en accord avec le monde et permet à l'homme de le connaître et d'agir sur lui). *Rationalisme spiritualiste, matérialiste.*
Doctrine d'après laquelle toute connaissance certaine vient de la raison* (I., 6.), système de principes *a priori* (opposé à *empirisme*). *Le rationalisme de Descartes, de Hegel.* Doctrine d'après laquelle l'expérience* est constituée par l'organisation que la raison impose aux données empiriques. *Le rationalisme kantien.*

1 Personne (...) n'a jamais nommé Raison la simple ordonnance (...) de nos pensées. Il faut, pour un « rationalisme », que cette ordonnance reproduise ou constitue l'ordre de l'être. Ainsi la Raison est un certain rapport de la connaissance et de l'être.
SARTRE, Critique de la raison dialectique, Préface, p. 10.

2 L'ordre des objets est toujours pour mon désir un ordre auquel il faut obéir, et donc un ordre impératif. Bien plus, si le rationalisme est vrai, je dois moi-même être explicable : la Raison n'est donc pas ce que je porte en moi, mais plutôt ce qui me porte et peut rendre compte de moi.
Ferdinand ALQUIÉ, Deucalion, I, in Panorama des idées contemporaines, p. 46.

♦ **2.** (Mil. xixᵉ). Croyance et confiance dans la raison, dans la connaissance naturelle. *Le rationalisme du xviiiᵉ siècle* (→ Irrationalisme, cit. 1). — Tournure d'esprit de celui qui n'accorde de valeur qu'à la raison. *« Je souhaite... que le rationalisme ne se considère plus comme l'adversaire-né de la connaissance* (cit. 2) *intuitive »* (Duhamel). *Rationalisme et classicisme* (cit. 3) → aussi Frange, cit. 7. *Un rationalisme étroit.*

♦ **3.** Théol. Doctrine d'après laquelle on ne doit admettre en matière religieuse que ce qui est conforme à la raison naturelle et saisissable par elle (opposé à *fidéisme*).

♦ **4.** Arts. Théorie fonctionnelle subordonnant la beauté à l'appropriation à une destination.

♦ **5.** Psychiatrie (E. Minkowski). *Rationalisme morbide* : caractère d'un univers mental où la pensée consiste dans le jeu stérile de raisonnements, d'une logique poussée à l'extrême, sans référence pra-

tique et sociale, et sans lien apparent avec l'affectivité. *Le rationalisme morbide est l'un des traits de la structure schizophrénique.*

CONTR. **Empirisme, fidéisme.**
DÉR. **Rationaliste.**
COMP. **Antirationalisme.**

RATIONALISTE [Rasjɔnalist ; Rasjɔnalist] adj. et n. — 1852 ; de *rationalisme* ; « médecin non empirique », 1539 ; du lat. *rationalis*.

♦ (1842). Philos. Relatif au rationalisme. *Écoles, doctrines rationalistes* (→ Intellectualisme, cit. 1). — Qui professe le rationalisme. *Penseur, philosophe rationaliste.*

On a pu s'étonner qu'un philosophe rationaliste donne une si longue attention à des illusions et à des erreurs (...) En fait, nous ne voyons aucune solidité à une rationalité naturelle, immédiate, élémentaire. On ne s'installe pas d'un seul coup dans la connaissance rationnelle (...) Rationaliste ? Nous essayons de le *devenir* (...)
G. BACHELARD, l'Eau et les Rêves, p. 9-10.

N. (1718). *Les rationalistes* (→ Épuiser, cit. 20 ; occulte, cit. 4).

RATIONALITÉ [Rasjɔnalite ; Rasjɔnalite] n. f. — 1834 ; *racionalité* « activité rationnelle », fin xiiiᵉ ; du lat. *rationalis* « rationnel ».

♦ Didact. Caractère de ce qui est rationnel. *Le rationalisme croit à la rationalité complète du monde, du réel.*

1 Pourquoi donc saurions-nous que le réel est rationnel puisque nous ne l'avons pas créé et que nous n'en refiétons, au jour le jour, qu'une infime partie. La réussite de la science peut, à la rigueur, nous inciter à penser que cette rationalité est *probable ;* mais il peut s'agir d'une rationalité locale, statistique ; elle peut valoir pour un certain ordre de grandeur et s'effondrer au-dessus ou au-dessous de cette limite.
SARTRE, Situations III, p. 142.

2 Cette rationalité, explicitée par la philosophie, implicite dans la quotidienneté, d'où peut-elle provenir ? (...) Chez Hegel, c'est clair : la rationalité vient de la Raison, de l'Idée, de l'Esprit. Chez Marx et pour le marxisme, c'est encore clair ; la raison naît (...) de la réflexion inhérente à l'activité créatrice prise dans toute son ampleur.
Henri LEFEBVRE, la Vie quotidienne dans le monde moderne, p. 34.

RATIONE MATERIÆ, PERSONÆ [Rasjɔne matɛRje, pɛRsɔne] ou [Ratjɔnae matɛRjae, pɛRsɔnae] locutions latines, « en raison de la matière, de la personne ».

♦ Dr. *Compétence* ratione materiæ, personæ. ⇒ **Compétence.**

RATIONNAIRE [RasjɔnɛR ; RasjɔnɛR] n. — 1777 ; de *ration*.

♦ Admin. Personne qui reçoit une ration, qui a droit à une ration. — Spécialt. Bénéficiaire de certaines facilités, dans une entreprise (accès à prix réduits au restaurant de l'entreprise, obtention de tickets spéciaux pour déjeuner à l'extérieur, etc.).

RATIONNEL, ELLE [Rasjɔnɛl ; Rasjɔnɛl] adj. et n. m. — 1120, « raisonnable, doué de raison » (âme) ; du lat. *rationalis*.

★ **I.** ⇒ **Raison, I.** ♦ **1.** (xiiiᵉ). Qui appartient à la raison, relève de la raison (I.). *Activité rationnelle :* la raison raisonnante, le raisonnement. ⇒ **Raison** (I., A., 1.). *La pensée rationnelle. Logique* (cit. 6) *rationnelle et logique des sentiments.* ⇒ **Raison** (I., A., 2., c). *Donner des motivations rationnelles à ses actes* (⇒ **Rationaliser**). *Attitudes rationnelles et attitudes passionnelles.*
Spécialt. *Connaissance rationnelle et connaissance révélée* (⇒ **Raison**, I., 1., 5.).

Qui provient de la raison (I., A., 6.) et non de l'expérience. *L'idée* (cit. 10) *de nombre est rationnelle. Nécessité* (cit. 9) *empirique et nécessité rationnelle. Philosophie* (cit. 4) *rationnelle et philosophie expérimentale.* — (xviiiᵉ). *Mécanique* (cit. 7) *rationnelle :* ensemble des questions de mécanique qui sont étudiées d'une manière déductive, mathématique. — Spécialt. *Horizon* rationnel* (par oppos. à *horizon sensible*).

♦ **2.** (1836). Qui est conforme à la raison (I., A., 2.), au bon sens. ⇒ **Raisonnable, sensé ; judicieux, juste** (→ Bêtement, cit. 1, Musset). *Organisation rationnelle.* ⇒ **Rationalisation.** *Méthode rationnelle. Ce qu'il dit est tout à fait rationnel, rationnel et cohérent*.* — Qui raisonne avec justesse. *Esprit rationnel.* ⇒ **Cartésien, logique.**

1 (...) toutes sortes d'objections fort rationnelles sans doute, mais parfaitement inutiles et quelquefois dangereuses.
FRANCE, le Crime de S. Bonnard, IV, Œ., t. II, p. 393.

2 Le jour où, instruit enfin, il se déciderait à une culture rationnelle et scientifique, la production doublerait.
ZOLA, la Terre, II, v.

♦ **3.** N. m. Ce qui est conforme à la raison (→ Instinct, cit. 33). *Le réel et le rationnel* (→ Entièrement, cit. 3).

3 (...) j'ai peint les efforts d'un esprit élevé pour concilier le rationnel et le révélé.
G. DUHAMEL, Biographie de mes fantômes, XI.

★ **II.** (1549). ⇒ **Raison III., 3.** Math. *Nombre* rationnel*, qui peut être mis sous la forme d'un rapport entre deux nombres entiers. *L'ensemble des nombres rationnels est un corps, noté* Q ; *il est inclus dans le corps des nombres réels. Les nombres rationnels et* *les nombres incommensurables forment les nombres réels. Quantités rationnelles.* — Alg. *Expression rationnelle, équation rationnelle* (ne comprenant pas de radicaux).

CONTR. **Antirationnel, empirique, irrationnel, passionné; contingent. — Anarchique, déraisonnable.**
DÉR. **Rationnellement.**
COMP. **Antirationnel.**

RATIONNELLEMENT [ʀasjɔnɛlmɑ̃; ʀasjɔnɛlmɑ̃] adv. — 1836; de *rationnel.*

♦ D'une manière rationnelle. *Discuter rationnellement les choses* (→ Attraper, cit. 26). *Agir rationnellement,* raisonnablement.

RATIONNEMENT [ʀasjɔnmɑ̃; ʀasjɔnmɑ̃] n. m. — 1870, → cit. 1; de *rationner.*

♦ **1.** Action de rationner. *Rationnement du pain, du tabac* (→ Fumer, cit. 29). *Cartes, tickets de rationnement* (alimentation, textiles, chaussures, etc.). ⇒ **Répartition.**

1   Il n'y a plus de sucre à Paris que pour dix jours. Le rationnement de la viande a commencé aujourd'hui. On aura un tiers de livre par tête et par jour.
                                              HUGO, Choses vues, XVI, 8 oct. 1870.

2   Dès l'année 1940, l'Académie de médecine réunit une commission pour étudier les problèmes qu'allait comporter le rationnement alimentaire, pour surveiller, en particulier, l'apparition et le développement des avitaminoses, c'est-à-dire des maladies qui résultent d'une disette de vitamines.
                                              G. DUHAMEL, Manuel du protestataire, IV.

3   L'économie de guerre et le développement de l'équipement au sein d'une économie sous-développée provoquent naturellement la limitation contrôlée de la consommation. Les mesures de rationnement sont à distinguer des mesures de dirigisme adoptées pour combattre l'inflation ou rétablir l'équilibre de la balance des comptes.
                                              M. LENGELLÉ, *in* ROMEUF, Dict. des sciences économiques, art. *Rationnement.*

♦ **2.** Quantités allouées à titre de ration. *Un rationnement insuffisant.*

RATIONNER [ʀasjɔne; ʀasjɔne] v. tr. — 1795; de *ration.*

♦ **1.** Distribuer des rations déterminées et limitées de (qqch.). *Rationner des produits de première nécessité en cas de guerre, de disette, de crise...* (→ Ersatz, cit. 1).

(...) le préfet prit des mesures concernant la circulation des véhicules et le ravitaillement. Le ravitaillement fut limité et l'essence rationnée. On prescrivit même des économies d'électricité.   CAMUS, la Peste, p. 94.

♦ **2.** (1869). Soumettre (qqn) au rationnement. *Rationner les habitants d'une ville assiégée, la population en temps de guerre.* — Par ext. Donner, distribuer de la nourriture à (qqn) avec mesure, insuffisamment. *La patronne nous rationne depuis quelque temps.* — Pron. *Se rationner :* s'imposer une ration, un régime restrictif, des économies*.

DÉR. **Rationnement.**

RATISSAGE [ʀatisaʒ] n. m. — Mil. XVIᵉ; de *ratisser.*

♦ **1.** Action de ratisser (1., vx, ou 2.). *Le ratissage d'une allée, d'un jardin.*

♦ **2.** (XXᵉ). Milit. Action de ratisser (3.). *Opération de ratissage.* ⇒ aussi **Quadrillage.** — (Mil. XXᵉ). Fouille méthodique d'un lieu, opérée par la police.

1   Les opérations de police, les ratissages, les condamnations à mort, les camps de concentration.   R. BARTHES, Mythologies, p. 140.

Par analogie :

2   À dix, ils battent une bande de terrain d'au moins un kilomètre de large et cela sur une profondeur illimitée! Un ratissage, un véritable ratissage, il n'y a pas d'autre mot!   Pierre GASCAR, les Bêtes, p. 200.

RATISSER [ʀatise] v. tr. — 1390, «racler légèrement»; de l'anc. verbe *rater* «râteler», d'après *râteau.*

♦ **1.** Vieilli. Racler légèrement. *Ratisser un cuir, des carottes* (Académie). *Frotteur* (cit.) *qui ratisse un parquet.*

♦ **2.** (1680). Nettoyer à l'aide d'un râteau, promener le râteau sur... ⇒ **Râteler.** *Ratisser les allées d'un jardin, le gravier* (cit. 2), *le sable* (→ Creuser, cit. 14; olivier, cit. 6).

1   Tout en marchant, elle remarqua le soin particulier que le jardinier avait mis à ratisser le sable de cette allée, assez mal tenue depuis peu de temps.
                                              BALZAC, la Femme de trente ans, Pl., t. II, p. 843.

Recueillir en promenant le râteau. *Paludier qui ratisse le sel et le met en mulons* (cit.). *Ratisser les feuilles mortes.* ⇒ **Enlever.**

2   Dans une prairie voisine, une fille fanait. En chemise et jupon court, le cou et les bras nus, elle ratissait l'herbe et la mettait en tas.
                                              R. ROLLAND, Jean-Christophe, L'adolescent, I, p. 268.

♦ **3.** (1867). Fig. et fam. ⇒ **Ratiboiser, ruiner.** *Se faire ratisser au jeu. Il est complètement ratissé.*

3   — (...) il faut une messe, avec un corbillard assez gentil (...) — Et qui est-ce qui

paiera?... Pas nous, qui avons perdu de l'argent la semaine dernière; pas vous non plus, puisque vous êtes ratissés (...)   ZOLA, l'Assommoir, IX, t. II, p. 86.

(...) un monsieur très bien, qu'elle avait ratissé jusqu'au dernier centime.
                                              PROUST, À la recherche du temps perdu, t. III, p. 301.   4

♦ **4.** (V. 1955). D'abord milit., puis cour. *Ratisser le terrain :* fouiller méthodiquement une zone de terrain, à l'aide d'éléments très rapprochés les uns des autres. *La police a ratissé tout le quartier.*

Ils tendent entre deux postes un rideau de rabatteurs et «ratissent» le terrain,   5
silencieusement.   R. DORGELÈS, la Drôle de guerre, XIV.

Au participe passé :

Une prière à l'intention des fellahs tunisiens «ratissés» au Cap Bon.   6
                                              Claude ROY, Nous, p. 557.

♦ **5.** (1931). Sport (rugby). *Ratisser le ballon,* se dit du talonneur qui, en mêlée, s'empare du ballon en se servant de ses pieds comme d'un râteau.

DÉR. **Ratissage, ratisseur, ratissette, ratissoire, ratissure.**

RATISSETTE [ʀatisɛt] n. f. — 1803; de *ratisser.*

♦ Techn. Outil de briquetier en forme de racle. — *Ratissette de forgeron,* qui sert à nettoyer un feu de forge.

RATISSEUR, EUSE [ʀatisœʀ, øz] adj. et n. — 1532; de *ratisser.*

♦ **1.** Qui ratisse. *La main ratisseuse d'un voleur à l'étalage.*

♦ **2.** N. (1932). Sport (rugby). Talonneur*. *« Transformer un de ces deux piliers* en ratisseur* »* (*l'Équipe,* 9 déc. 1950).

RATISSOIRE [ʀatiswaʀ] n. f. — 1538; de *ratisser.*

♦ Agric. Outil de jardinage servant à faire des sarclages et des binages légers.
REM. On rencontre la forme *ratissoir,* n. m. (1765).

RATISSURE [ʀatisyʀ] n. f. — 1552; de *ratisser.*

♦ Vx. Ce qui est enlevé en ratissant (surtout au plur.). ⇒ **Râtelure.**

RATITES [ʀatit] n. m. pl. — 1839; du lat. *ratis* «radeau», par allus. au sternum plat des oiseaux.

♦ Zool. Sous-classe d'oiseaux coureurs dont le sternum est dépourvu de bréchet. *L'aptéryx, l'autruche, le nandou, le casoar, l'émeu, le kiwi sont des ratites.* — Au sing. *Un ratite.*

1. RATON [ʀatɔ̃] n. m. — V. 1265; de *rat.*

♦ **1.** Jeune rat (→ Gris, cit. 24). — Fam. Terme d'affection. *Mon petit raton.*

♦ **2.** (1753, Buffon). Mammifère carnivore *(Procyonidés),* scientifiquement appelé *procyon,* qui ressemble au blaireau par le pelage et la taille, à l'ours par la forme de la tête, et qui vit en Amérique (où on l'appelle *racoon*). *Raton laveur,* ainsi appelé parce qu'il lave ses aliments (poissons, mollusques...) avant de les absorber. *Raton crabier,* friand de crabes (Buffon, 1776). *La fourrure du raton est recherchée.*

Le raton que nous avons eu vivant (...) était de la grosseur et de la forme d'un   1
petit blaireau; il a le corps court et épais, le poil doux, long, touffu, noirâtre par la pointe, et gris par-dessous (...) Il trempait dans l'eau, ou plutôt il détrempait tout ce qu'il voulait manger; il jetait son pain dans sa terrine d'eau, et il ne l'en retirait que quand il le voyait bien imbibé (...)
                                              BUFFON, Hist. nat. des animaux, Le raton.

Au Canada. Chat sauvage*.

♦ **3.** (1937, Esnault). Fam. Injurieux et raciste. Nord-Africain. ⇒ **Bicot, bougnoul** (autres termes injurieux et racistes).

(...) cette grosse ordure recrutait surtout chez les Ratons.   2
— Les Ratons?
— Oui, les Bics comme on dit. Depuis qu'il avait amené Coco Saïd au championnat d'Europe (...)   J. CAU, la Pitié de Dieu, p. 179.

(...) des *désespérés* qui ont pris les armes pour n'être jamais les ratons et les   3
bougnoules de personne.   F. MAURIAC, le Nouveau Bloc-notes 1958-1960, p. 54.

REM. Dans cet emploi, on relève le fém. *ratonne.*

Marie-France se dit égyptienne; elle doit être un peu ratonne sur les bords. Oh   4
ma mère, les bords de la Méditerranée, et ici ce froid lourd et moisi!
                                              A. SARRAZIN, la Cavale, p. 18.

DÉR. **Raton(n)ade, raton(n)er.**

2. RATON [ʀatɔ̃] n. m. — 1458; *raston, reston,* XIIIᵉ; p.-ê. de l'anc. verbe **raster, rater* «racler», lat. *rasitoria,* par allus. à la pâte qui attache et qu'il faut racler.

♦ Cuis. Pâtisserie au fromage, en forme de tartelette.

RATONNADE [Ratɔnad] n. f. — V. 1955; de 1. *raton* (3.).

♦ Expédition punitive ou brutalités exercées par des Européens contre des Nord-Africains (→ Pogrom). *«Depuis le 13 mai 1958, cette affreuse chose qu'on appelait les "ratonnades" avait disparu».* (*le Monde*, 14 févr. 1960).

REM. On trouve la graphie *ratonade :*

1 Nos bienveillants et optimistes historiens de ces 13 complots ne ferment pourtant pas les yeux sur les «ratonades» ni sur le bouillon de culture dans lequel ce petit monde bariolé de la tête aux pieds mijote.
F. MAURIAC, le Nouveau Bloc-notes 1958-1960, p. 171.

Par ext. Brutalités commises contre un groupe ethnique ou social.

2 Le «nettoyage» du Quartier latin se poursuit le 24 mai 1968 avec une violence extrême. Dix, cent témoins décriront les «ratonnades», les violences systématiques dans les commissariats.
P. VIANSSON-PONTÉ, Hist. de la république gaullienne, 1971.

RATONNER [Ratɔne] v. — V. 1955; de 1. *raton* (3.).

♦ **1.** V. intr. Se livrer à des ratonnades*.

Quand *(en Algérie, en 1956)* on «bouscule» un peu un musulman, ils *(les policiers européens)* ferment les yeux. Ils se sentent si proches du type qui ratonne.
Yves COURRIÈRE, la Guerre d'Algérie, t. II, 1969.

Par ext. Commettre des brutalités contre un groupe ethnique, social, etc. *« Les huissiers "musclés" ne se sont pas contentés de "ratonner" à l'intérieur* (de la faculté), *assommant au passage des étudiants qui sortaient des cours»* (*le Monde*, 8 févr. 1969).

♦ **2.** V. tr. Exercer les brutalités d'une ratonnade sur (qqn).

Au p. p. Qui a fait l'objet d'une ratonnade. *«Je me demande (...) si les musulmans ne se sentent étrangers à ces quartiers chrétiens construits pour d'autres et où, jadis, ils étaient si mal acceptés, parfois ratonnés»* (*le Nouvel Obs.*, 4 déc. 1978, p. 69).

RATTACHAGE [Rataʃaʒ] n. m. — 1858; de *rattacher.*

♦ Action de rattacher (ce qui avait été détaché).

RATTACHEMENT [Rataʃmã] n. m. — 1845; de *rattacher.*

♦ Action de rattacher, de rétablir un lien; fait d'être rattaché, de se rattacher. *C'est sous son règne que se produisit le rattachement de cette province au royaume.* ⇒ **Adjonction, annexion, réunion.** *Le rattachement de l'Autriche à l'Allemagne nazie* (→ Anschluss). — (Abstrait). *Le rattachement de deux théories. Rattachement d'une émotion particulière à des émotions plus générales* (→ Image, cit. 48). *Le rattachement d'une personne à...*

Ici commence la pieuse confusion (...) par le rattachement du poète à la légende impériale, à travers ce père, qui fut un héros (...) Et c'est en pensant à lui que le jeune royaliste des premières Odes (...) trouvera son indépendance (...)
Émile HENRIOT, les Romantiques, G*al* Hugo, p. 30.

CONTR. **Détachement.**

RATTACHER [Rataʃe] v. tr. — XIIIᵉ; *ratachier*, v. 1175; de *re-*, et *attacher.*

♦ **1.** Attacher* de nouveau (qqn, qqch.). *Rattacher un chien après l'avoir promené. Rattacher ses lacets, ses bas. Démêler, puis rattacher ses cheveux* (→ Non-pareille, cit. 4). *Rattacher une poulie à l'extrémité d'un cacatois* (→ Mousse, cit. 1). — Pron. (au sens passif). → Guillocher, cit. 2.

Par métaphore. *Rattacher des liens*, les renouer, faire cesser une séparation. — Pron. (passif). → Fouetter, cit. 5.

♦ **2.** (1762). Attacher (I.), lier entre eux des objets. *Rattacher un fil électrique à un circuit.* ⇒ **Brancher; adapter** (→ aussi Emboîter, cit. 4). *Les os sont rattachés l'un à l'autre par des ligaments* (→ Articulation, cit. 3; et aussi épaule, cit. 1). — (XXᵉ). *Rattacher une province à un État.* ⇒ **Incorporer.** *Rattacher des pièces à un dossier.*

(Choses). Constituer une attache. — Par métaphore. *«Il demeurait le dernier lien qui le rattachait à la vie des autres»* (Zola).

Pron. (passif). *À ces palans* (cit. 1) *se rattachaient des câbles.*

♦ **3.** (XIIᵉ). Fig. Attacher, lier (une chose secondaire, annexe ou postérieure) à une chose principale ou antérieure, faire dépendre de qqch. ⇒ **Relier.** *Rattacher la langue actuelle à ses états anciens* (→ Embrasser, cit. 22). *Faits qu'on rattache à des lois générales* (→ Géographe, cit. 2; et 2. physique, cit. 2). ⇒ **Attribuer.** *Rattacher la magie* (cit. 4) *à la religion.*

Pron. (Passif). ⇒ **Dépendre.** *Les faits* (cit. 36) *se rattachent à des conditions d'existence déterminées. L'homme* (cit. 7) *se rattache par une longue série d'ancêtres à un tronc commun... Mot qui se rattache à un autre par l'étymologie* (→ Humaniste, cit. 2). *Écrivains qui se rattachent au mouvement néo* (cit. 2) *-classique. Porches* (cit. 3) *se rattachant à un certain type architectural*, qui en font partie. *Ce qui se rattache à une question* (→ Les tenants et aboutissants*).

Je ne serais pourtant pas étonné si cette source se révélait à l'usage comme d'une efficacité non négligeable pour combattre l'*encrassement organique* et les manifestations si variées qui s'y rattachent.
J. ROMAINS, les Hommes de bonne volonté, t. V, XXII, p. 177.

▶ **RATTACHÉ, ÉE** p. p. adj. *Fils rattachés. Tentures rattachées par des cordelières* (→ Étourdir, cit. 9). — *Province rattachée à un État.* — Fig. *Langues rattachées au sanscrit* (→ Indo-, cit. 1).

CONTR. **Dénouer, détacher, distraire, libérer.** — **Dériver, émaner.**
DÉR. Rattachage, rattachement, rattacheur.

RATTACHEUR, EUSE [Rataʃœʀ, øz] n. — 1845; de *rattacher.*

♦ Personne qui rattache (des choses l'une à l'autre). — Techn. Ouvrier qui rattache les fils cassés (industr. textile).

RATTRAPABLE [Ratʀapabl] adj. — Mil. XXᵉ; de *rattraper.*

♦ Qu'on peut rattraper. — (Du temps). *Toutes ces heures perdues qui ne sont pas rattrapables.* ⇒ **Récupérable.** (D'une erreur). *Sa démarche a été maladroite, mais c'est rattrapable.*

CONTR. **Irrattrapable.**

RATTRAPAGE [Ratʀapaʒ] n. m. — 1878; dès 1867 en typogr.; de *rattraper.*

Action de rattraper, de se rattraper (dans des emplois spéciaux).

A. ♦ **1.** Action de rattraper, de corriger. *Le rattrapage d'une erreur.* — Techn. *Rattrapage de jeu :* suppression du jeu entre des pièces.

♦ **2.** (Mil. XXᵉ). *Cours, classe de rattrapage :* cours destinés à remettre au niveau d'instruction de leur âge les enfants retardés d'intelligence normale.

♦ **3.** Écon. Rajustement. *Rattrapage des prix, des salaires* (par rapport au coût de la vie).

B. Typogr. Fin d'alinéa qui se trouve en tête d'un feuillet de copie et qui doit être composé par l'ouvrier qui a le commencement de cet alinéa dans sa copie.

RATTRAPANTE [Ratʀapãt] n. f. — Mil. XXᵉ; p. prés. du v. *rattraper*, au féminin.

♦ Techn. Trotteuse supplémentaire de certains chronographes, que l'on peut immobiliser, puis déclencher de manière qu'elle rattrape la première aiguille.

RATTRAPER [Ratʀape] v. tr. — V. 1280; de *re-*, et *attraper.*

♦ **1.** Attraper* de nouveau (qqn ou qqch. qu'on avait laissé échapper). ⇒ **Reprendre.** *Je te rattraperai au tournant. Rattraper un prisonnier qui s'est évadé. Lâcher* (cit. 10) *et rattraper son monocle. Rattraper une maille.*

Petit poisson deviendra grand,
Pourvu que Dieu lui prête vie;
Mais le lâcher, en attendant,
Je tiens, pour moi, que c'est folie :
Car de le rattraper, il n'est pas trop certain. LA FONTAINE, Fables, V, 3. 1

(...) le suivant de près, les bras levés, les mains ouvertes, comme si, craignant qu'Antoine ne fît un faux pas, il eût voulu pouvoir le rattraper au vol.
MARTIN DU GARD, les Thibault, t. I, p. 159. 2

Par métaphore :

Ah! que si de vos mains je rattrape mon cœur,
Je bénirai le Ciel de ce rare bonheur ! MOLIÈRE, le Misanthrope, II, 1. 3

Dans le vide blanc, les pigeons jouent à laisser tomber leur ombre du haut des toits et à la rattraper sous leurs ailes repliées, en touchant terre.
Valery LARBAUD, Barnabooth, Journal, II, 18 juin. 4

♦ **2.** (1555). Fig. Récupérer (ce qu'on avait perdu).

Le temps s'enfuit, le temps qu'on ne rattrap(p)e
Quand une fois des mains il nous échappe.
RONSARD, Pièces retranchées, Hymnes, «Prière à la fortune». 5

(1875). *Rattraper le temps perdu :* s'activer de manière à compenser une perte de temps.

Je m'étais juré de rattraper le temps perdu. J'affirme qu'il se rattrape. C'est un jeu chanceux. G. DUHAMEL, Inventaire de l'abîme, XIII. 6

(XVIᵉ). Retrouver (l'argent perdu). ⇒ **Récupérer.** *Rattraper l'argent qu'on a perdu* (→ Culotte, cit. 5). *J'ai tâché de vous rattraper cinquante louis* (→ Jaunet, cit. 2; et aussi futur, cit. 5).

(Av. 1880). Par ext. Réparer (une imprudence, une erreur, un inconvénient). ⇒ **Réparer.** *Rattraper une phrase malheureuse qu'on a lâchée* (→ Posséder, cit. 42). *Rattraper des jours de misère* (→ Goulûment, cit. 2). *Rattraper un retard.* ⇒ **Réduire** (→ Nombre, cit. 8).

Il ne disait plus rien, il avançait d'un pas ralenti, ennuyé, ne sachant comment rattraper ses violences (...) ZOLA, la Terre, III, I. 7

À qui suit la bonne marche, pas à pas, tout est simple; à qui prétend soudain, après des années perdues, rattraper le retard et doubler les étapes, tout est impossible.
A. MAUROIS, Mémoires, I, II. 8

Corriger, réparer, réussir (ce qu'on avait d'abord échoué à faire). *La cuisinière a pu rattraper sa mayonnaise. Peintre qui rattrape une couleur. Ça a brûlé; je n'arrive pas rattraper cette casserole.* ⇒ 1. **Ravoir.**

♦ **3.** (1636). Rejoindre (une personne, une chose qui a de l'avance). ⇒ **Atteindre, poursuivre.** *Il court moins bien, je le rattraperai* (→ Peureux, cit. 2). *Il a été rattrapé au dernier tour.* — *Mon regard la rattrapait* (→ Inconnu, cit. 28).

9 *(Il) se mit à courir après la diligence, qui était fort éloignée; il la rattrapa cependant, quoiqu'il allât nu-pieds et sur un chemin pavé de pierres aiguës et tranchantes.* Th. GAUTIER, Voyage en Espagne, p. 140.

10 — *Il faut que j'entre à la poste une minute. Ne m'attendez pas, monsieur. Si vous suivez ce trottoir-ci, je vous rattraperai.* J. ROMAINS, les Hommes de bonne volonté, t. II, VI, p. 66.

Par métaphore :

11 *Mais lorsqu'on la néglige (la rime), elle devient rebelle. Et pour la rattraper le sens court après elle.* BOILEAU, l'Art poétique, I.

Fig. (Dans le lang. scolaire). Rejoindre (des élèves plus avancés). → Handicaper, cit. 1. ⇒ **Rattrapage.**

▶ **SE RATTRAPER** v. pron.

♦ **1.** (1869). Se raccrocher. *Se rattraper à une branche.* ⇒ **Retenir** (se). — Loc. fig. *Se rattraper aux branches*.*

♦ **2.** (1845). Regagner l'argent qu'on a perdu. *Après ses pertes d'hier, il s'est rattrapé.*

♦ **3.** (1893). Regagner le temps perdu. ⇒ **Dédommager** (se). *Je n'ai pu ce mois-ci aller au cinéma, mais je vais me rattraper.*

♦ **4.** Combler son retard, pallier une insuffisance. *Essayer de se rattraper à l'approche d'un examen* (cit. 17). *Si on loupait* (2. Louper, cit. 1) *la physique, on pouvait se rattraper avec la philo.*

DÉR. **Rattrapable, rattrapage.**

RATURAGE [ʀatyʀaʒ] n. m. — 1875; de *raturer.*

♦ **1.** Action de raturer; son résultat. *Le raturage d'une phrase.*

♦ **2.** Techn. Opération qu'on fait subir au parchemin, après écharnage, ponçage et effleurage, pour le rendre plus mince, plus uni, plus blanc.

RATURE [ʀatyʀ] n. f. — 1537; *rasture* «raclure», XIIᵉ; probablt du lat. pop. **rasitura,* de *radere* «racler».

♦ Trait, barre que l'on tire sur un ou plusieurs mots pour les effacer, les annuler. ⇒ **Biffure** (cit.), **correction** (cit. 5), **effaçure, surcharge, trait** (de plume). *Faire des ratures sur...* ⇒ **Raturer.** *Manuscrit chargé, surchargé, noir* (cit. 10) *de ratures. Écriture* (cit. 12) *irrégulière, avec des ratures et des taches. Flaubert entassait les brouillons et les ratures* (→ Élimination, cit. 1). *Écrire d'un seul jet* (cit. 2), *sans rature* (→ aussi Net, cit. 19). *Règles à observer pour les ratures sur les actes de l'état civil, les actes notariés...*

1 *Les actes seront inscrits sur les registres, de suite, sans aucun blanc. Les ratures et les renvois seront approuvés et signés de la même manière que le corps de l'acte.* Code civil, art. 42.

2 *(...) tu ne t'y reconnaîtrais pas, au milieu des ratures et des renvois, n'ayant rien fait recopier.* FLAUBERT, Correspondance, 114, 8 août 1846.

3 *Les reprises d'un ouvrage, les repentirs, les ratures, et enfin les progrès marqués par les œuvres successives montrent bien que la part de l'arbitraire, de l'imprévu, de l'émotion, et même celle de l'intention actuelle, n'est prépondérante qu'en apparence.* VALÉRY, Variété V, p. 289.

4 *Il est vrai pour tous les artistes que le difficile est de reconnaître un beau trait, et de ne le point gâter par la retouche. Gœthe disait qu'il faut être vieux dans le métier pour s'entendre aux ratures.* ALAIN, Propos, 8 déc. 1921, Ubu roi.

Par métaphore :

5 *Tout pesé, si j'avais à recommencer ma vie, avec le droit d'y faire des ratures, je n'y changerais rien.* RENAN, Souvenirs d'enfance..., Œ. compl., t. II, VI, p. 901.

DÉR. **Raturer.**

RATURER [ʀatyʀe] v. tr. — 1550; *rasuré,* adj., 1378; de *rature.*

♦ **1.** Vx. (Du sens ancien de *rature* «raclure»). Soumettre au raturage. *Raturer le parchemin.*

♦ **2.** Mod. Effacer, annuler, ou corriger par des ratures. ⇒ **Barrer, biffer, rayer;** et aussi (vx) **canceller.** *Raturer un mot, une page, un projet...* (→ Filtrer, cit. 5; impératif, cit. 10). *Raturer pour corriger, rectifier.*

1 *L'écrivain en voyage tourne et retourne en son esprit une phrase imparfaite. Se réveille-t-il dans la nuit? Une répétition de mots lui apparaît. Le voici qui rature, dans l'obscurité, des pages imaginaires.* A. MAUROIS, Un art de vivre, III, 8.

Absolt. *Écrivain qui a l'habitude de raturer.*

(1830). Par métaphore. Annuler, abolir.

2 *Chaque race écrit en passant sa ligne sur le livre; elle rature les vieux hiéroglyphes romans sur le frontispice des cathédrales, et c'est tout au plus si l'on voit encore le dogme percer çà et là sous le nouveau symbole qu'elle y dépose.* HUGO, Notre-Dame de Paris, I, V, II.

▶ **RATURÉ, ÉE** p. p. adj. *Manuscrits, brouillons raturés* (→ Barbouiller, cit. 8; hiéroglyphe, cit. 3). *Balzac renvoyait plusieurs fois ses épreuves* (cit. 35) *raturées et remaniées.*

CONTR. **Écrire.**
DÉR. **Raturage.**

RAUCHAGE [ʀoʃaʒ] n. m. — Mil. XXᵉ; de *raucheur** ou d'un v. régional *raucher.*

♦ Techn. Opération par laquelle on élargit, on remet aux dimensions normales une galerie de mines resserrée par des pressions.

RAUCHEUR [ʀoʃœʀ] n. m. — 1875; orig. inconnue (dialectale).

♦ Techn. Ouvrier mineur chargé de la surveillance et de l'entretien du boisage des galeries (⇒ aussi **Ravaleur**).

RAUCITÉ [ʀosite] n. f. — XIVᵉ; du lat. *raucitas,* de *raucus.* → Roque.

♦ Littér. Caractère d'une voix, d'un son rauque.

Soyez le bienvenu, dit-il d'une voix qui, malgré sa raucité avait un ton net et franc. J. KESSEL, le Lion, p. 45.

RAUGMENTER [ʀogmɑ̃te] v. — 1923; de *re-,* et *augmenter.*

♦ Fam. Augmenter de nouveau.

Beaucoup de choses ont raugmenté. J. ROMAINS, Verdun, p. 247.

RAUQUE [ʀok] adj. — 1406; *rauc* «enroué», 1270; du lat. *raucus* «enroué».

♦ **1.** Se dit d'une voix rude et âpre, produisant des sons voilés ou gutturaux (⇒ **Raucité**). *Voix rauque* (→ Cri, cit. 11; enrouer, cit. 1; étranglement, cit. 3; gorge, cit. 25; larynx, cit. 2; 2. parler, cit. 3). *La voix rauque d'une personne enrouée*.* ⇒ **Éraillé.** — *Hoquet* (cit. 5), *respiration* (→ Incurable, cit. 4), *toux rauque* (→ Expectorer, cit. 1).

1 *Il se plaignait de douleurs dans les membres; sa voix rauque annonçait un mal de gorge.* DIDEROT, Jacques le fataliste, Pl., p. 638.

2 *À force d'exercer les cordes basses de sa voix, le pauvre diable avait aussi réussi à se donner une parole rauque et menaçante, qu'il savait rendre plus formidable en fronçant convulsivement les sourcils épais (...)* Charles NODIER, Contes divers, « Lidivine ».

(1690). *Cri rauque du corbeau* (→ Mêler, cit. 7), *des éperviers* (cit. 3). *Les piaillements* (cit. 1) *rauques des oies.* — Par ext. *Le rauque tambour* (→ Crotale, cit. 1).

♦ **2.** Par métaphore et poét. Rude, âpre, sauvage. *La « rauque garrigue »* (→ Chamarrer, cit. 1, Gide). *« Et l'éperon froissait les rauques étriers »* (→ Crinière, cit. 2, Hugo).

3 *Tout est sauvage, inculte, âpre, rauque (...)* HUGO, la Légende des siècles, XXI, III.

4 *Fuyez; prenez votre volée. Un peu plus est nous traînerons Notre rauque idylle éculée Dans le ruisseau des Porcherons.* HUGO, la Légende des siècles, LVI.

CONTR. **Clair.**
DÉR. V. **Raucité.** — **Rauquement, rauquer.**

RAUQUEMENT [ʀokmɑ̃] n. m. — 1860, «rugissement» (du lion); adv., attestation isolée, 1374; de *rauque.*

♦ **1.** (1892). Littér. Cri rauque.

1 *Marchenoir (...) se mit à exhaler des rauquements horribles qui n'étaient ni des sanglots ni des cris.* Léon BLOY, le Désespéré, p. 123.

♦ **2.** (1904). Cri du tigre. ⇒ **Feulement.** — Par ext. Cri d'un félin qui rauque.

2 *(...) il terminait ses phrases par une espèce de son à lui : un demi-rire qui résonnait dans sa poitrine profonde comme ce rauquement des lions qui bâillent.* LOTI, Mon frère Yves, XXVI.

Cri d'un animal sauvage.

3 *(...) lorsque des cris retentirent (...). À ces cris se mêlaient d'horribles rauquements qui n'avaient rien d'humain (...) ils aperçurent le jeune garçon terrassé par un être sauvage, un gigantesque singe sans doute (...)* J. VERNE, l'Île mystérieuse, t. II, p. 503.

RAUQUER [ʀoke] v. intr. — 1761; de *rauque.*

♦ **1.** Rare. Pousser son cri, en parlant du tigre. ⇒ **Feuler.**

♦ **2.** (Av. 1872). Fig. et poét. Émettre un bruit semblable au cri du tigre.

Au loin, derrière un mur, là-bas, Un steamer rauque avec un bruit de corne. VERHAEREN, les Villes tentaculaires, « Âme de la ville ».

RAUWOLFIA [ʀowɔlfja] n. f. — 1875; *rauvolfes,* 1808; de *Rauwolf,* botaniste allemand.

♦ Bot. Arbrisseau *(Apocynacées)* originaire d'Inde et d'Indonésie, dont les racines contiennent des alcaloïdes aux propriétés sédatives et hypotensives. ⇒ **Réserpine.**

RAVAGE [ʀavaʒ] n. m. — 1355, «pillage»; de *ravir,* sens propre.

♦ **1.** Dommage, dégât important causé par des hommes avec violence et soudaineté. ⇒ **Dévastation, pillage.**

[a] Vx. *Le ravage d'une région par des pillards.* ⇒ **Sac.**

1 Rien ne peut leur temple empêcher le ravage (...)
RACINE, Athalie, III, 3.

[b] Mod. (Plur.). *Les ravages d'un envahisseur, d'une armée ennemie...* (→ Désoler, cit. 1; établir, cit. 26). *Faire des ravages* (⇒ **Ravager, ravageur**). *Les ravages de la guerre**. ⇒ **Ruine.**

2 Les Français de l'Empire eurent à réparer les ravages qu'avaient faits à Rome les Français de la République; ils devaient aussi une expiation à ce sac de Rome accompli par une armée que conduisait un prince français (...)
CHATEAUBRIAND, Mémoires d'outre-tombe, t. V, p. 143.

3 Les soixante ans de guerre, qui remplissent les règnes de Pépin et de Charlemagne, offrent peu de victoires, mais des ravages réguliers, périodiques; ils usaient leurs ennemis plutôt qu'ils ne les domptaient, ils brisaient à la longue leur fougue et leur élan.
MICHELET, Hist. de France, II, II.

♦ **2.** (1586; «flots impétueux», 1553; cf. La Fontaine, *Fables,* IX, *Discours à Mme de la Sablière;* → Ravine, I.). Dégâts, destructions causés par les forces de la nature. ⇒ **Destruction, dommage.** *Les ravages d'une inondation* (→ Déborder, cit. 23). *Les ravages du feu, d'un incendie. De grands, de terribles ravages.* ⇒ **Destruction, dévastation.** *Le gel, la grêle ont exercé leurs ravages sur les cultures :* les cultures ont gravement souffert* du gel, de la grêle.

Singulier collectif :

4 Ah! quel travail! ça *(la grêle)* en faisait, du ravage, dans les légumes et dans les arbres à fruits! Les blés, les avoines, les seigles n'étaient pas assez hauts, pour avoir beaucoup souffert. Mais les vignes ah! les vignes! ZOLA, la Terre, II, II.

♦ **3.** (1680; abstrait). Détérioration subie par le corps. *Les ravages du temps :* les infirmités, les signes de vieillesse (→ Décharner, cit. 1). — *Les ravages de l'intoxication* (cit. 1), *de la maladie* (→ Précision, cit. 4). *Ravages physiques* (→ 1. Manifeste, cit. 2). (Abstrait). *Ravages sur l'âme et dans le corps* (→ Peine, cit. 7). *Les ravages des sens* (→ Désir, cit. 15), *des passions**... Fam. *Faire des ravages :* se faire aimer et faire souffrir. (→ Fringant, cit. 5). *Il fait des ravages, c'est un véritable don Juan.*

5 (...) le beau Patru ne laissait pas de faire des ravages aux environs du Palais et du Châtelet. Tallemant des Réaux nous a raconté dans un singulier détail toutes ces amours de son ami. SAINTE-BEUVE, Causeries du lundi, 5 janv. 1852.

6 C'est une sorte de rayonnement qu'il dégage, comme un fluide, cela coule vers vous de ses yeux étroits, de son sourire de Bouddha, de son silence (...) c'est son charme (...) Je le trouve très séduisant... Ah, il a dû faire des ravages, autrefois...
N. SARRAUTE, le Planétarium, p. 136.

DÉR. **Ravager.**

RAVAGÉ, ÉE [ʀavaʒe] adj. ⇒ **Ravager.**

RAVAGEANT, ANTE [ʀavaʒɑ̃, ɑ̃t] adj. — V. 1660; p. prés. de *ravager.*
Rare. Qui cause des ravages.

RAVAGER [ʀavaʒe] v. tr. — Conjug. *bouger.* — 1559, «piller»; «arracher des plants de vigne», 1300; de *ravage.*

♦ **1.** Endommager gravement ou détruire* par une action violente. ⇒ **Dévaster** (cit. 1). *Pillards, envahisseurs, hordes barbares qui ravagent un pays.* ⇒ **Butiner** (1., vx), **fourrager** (vx), **piller.** (→ Humaniser, cit. 8; normand, cit. 1). *La guerre, les combats ravagèrent le pays.* ⇒ **Désoler.** *Bombardement qui ravage une ville.*

♦ **2.** (En parlant des forces naturelles). *Torrent, eaux qui ravagent une terre* (⇒ **Labourer, raviner**). *Orages, pluies, grêle... qui ravagent les récoltes.* ⇒ **Anéantir, détruire, endommager, gâter, ruiner.** *Tremblement de terre qui ravage toute une région.* ⇒ **Bouleverser.** Par ext. *Les grandes pestes qui ravagèrent la terre* (→ Épidémique, cit. 2). ⇒ **Infester.**

1 La famine ravagea tout le monde depuis l'Orient, la Grèce, l'Italie, la France, l'Angleterre. MICHELET, Hist. de France, IV, I.

Par métaphore :

2 Le guignon, comme un incendie
Dans un pays où manque l'eau,
Ravage et dévaste ma vie (...)
VERLAINE, Bonheur, XVI.

♦ **3.** (XVIIᵉ, La Rochefoucauld). Fig. Apporter à (qqn) de graves perturbations physiques ou morales. *La maladie, le malheur l'ont ravagé, ont ravagé sa vie. L'envie le ravage.*

3 (...) des enfants pleins d'adresse, gracieux en dépit de la teigne qui les ravage presque tous (...) Jérôme et Jean THARAUD, Marrakech, V.

4 Le génie triomphant d'un Wagner a ravagé l'avenir de la musique allemande.
R. ROLLAND, Voyage musical au pays du passé, I.

Ses traits prirent une expression si grave qu'Antoine en éprouva un malaise : il 5 supposa aussitôt qu'un drame nouveau ravageait la vie de son cadet.
MARTIN DU GARD, les Thibault, t. V, p. 175.

Absolt. *Faire des ravages, des dégâts. Les gens faibles* (cit. 19) *infestent et ravagent.*

▶ **RAVAGÉ, ÉE** p. p. adj. (1685).

♦ **1.** Endommagé, détruit par une action violente. *Pays ravagé. Jardins ravagés.* ⇒ **Dévasté.** (→ Exciter, cit. 19). *Terres ravagées.* ⇒ **Saccagé** (→ Pilonnage, cit.).

♦ **2.** (Av. 1850; corps humain). Marqué, flétri (par le temps, la maladie, etc.). *Masque* (1. Masque, cit. 28), *visage ravagé; ravagé de cicatrices, de rides* (⇒ **Ridé**), *de petite vérole* (⇒ **Éphélide,** cit.). *Maigre et défait, ravagé* (→ Emplir, cit. 9).

6 (...) la veilleuse fouille impitoyablement son visage ravagé; la peau est jaune, distendue; des ombres soulignent la bouffissure des yeux, la chute des joues, le gonflement des lèvres, le fanon.
MARTIN DU GARD, Jean Barois, I, Goût de vivre, I.

Par ext. *Ravagé de... :* déformé par.

7 Sa face longue, encadrée de cheveux très noirs, était ravagée de tics qui lui donnaient parfois l'air d'un dément.
MARTIN DU GARD, les Thibault, t. VI, p. 259.

(Abstrait). Littér. *Ravagé par l'émotion, la passion...* (→ Proie, cit. 9). *Ravagé de remords.* ⇒ **Dévasté** (→ Impuissant, cit. 4).

♦ **3.** (Mil. XXᵉ). Fam. Fou. ⇒ **Cinglé.** *Il est complètement ravagé!*
CONTR. **Épargner.**
DÉR. **Ravageant, ravageur.**

RAVAGEUR, EUSE [ʀavaʒœʀ, øz] adj. et n. — 1611; de *ravager.*

A. ♦ **1.** Qui détruit, ravage, saccage. ⇒ **Destructeur, dévastateur, pillard, saccageur.** «*Les insectes ravageurs du blé*» (Académie). — N. Agric. *Les ravageurs des cultures* (oiseaux, rongeurs, insectes, parasites divers).

♦ **2.** Littér. Personne qui cause des ravages.

1 Le monde appartient à Bonaparte; ce que le ravageur n'avait pu achever de conquérir, sa renommée l'usurpe; vivant il a manqué le monde, mort il le possède.
CHATEAUBRIAND, Mémoires d'outre-tombe, t. IV, p. 65.

♦ **3.** Vx. Personne qui recherchait des ferrailles, des débris dans la vase.

♦ **4.** (V. 1890, Huysmans). N. f. Vx. Prostituée, femme de mauvaise vie.

B. ♦ Fig. Qui produit du ravage (3.). *Passion ravageuse,* dévastatrice.

2 Oh! Renée, dans la solitude, une pensée ravageuse vous conduit au suicide.
BALZAC, Mémoires de deux jeunes mariées, Pl., t. I, p. 313.

3 J'ai appris à ce moment-là que la lassitude peut être aussi ravageuse qu'une maladie et tuer tout plaisir de vivre. S. DE BEAUVOIR, la Force de l'âge, p. 296.

RAVALANT, ANTE [ʀavalɑ̃, ɑ̃t] adj. — Fin XIXᵉ; de *ravaler.*

♦ Qui ravale, abaisse. ⇒ **Avilissant, rabaissant.**

(...) disproportion rendue à chaque minute plus sensible, plus humiliante, plus ravalante par les caprices et même par les bontés de ces êtres sans justice, sans amour, que sont les riches (...)
O. MIRBEAU, le Journal d'une femme de chambre, p. 280 (1900).

RAVALEMENT [ʀavalmɑ̃] n. m. — 1460; de *ravaler.*

♦ **1.** (1690). Vieilli. Action de ravaler, de rabaisser (par métaphore ou fig.) ou de déprécier. ⇒ **Avilissement, bassesse.**

1 Mais ces ravalements de l'âme, ces voluptés d'abaissement, l'amour ne doit pas les souffrir. MICHELET, la Femme, II, XII.

Spécial. Action de déprécier. Vx. Action de s'humilier chrétiennement (Corneille, *Imitation de J.-C.,* II, vers 1198 et III, vers 1572).

♦ **2.** Techn. (Constr.). Travaux d'achèvement des parois extérieures d'une construction, par lesquels on donne au parement extérieur son aspect définitif. *Ravalement des murs, de la façade.*

(1676). Cour. Nettoyage, remise en état des murs (par regrattage, nettoyage, application d'un enduit, etc.). ⇒ **Grattage, nettoyage, ragrément.** *Ravalement et peinture d'une façade. Ravalement d'entretien.*

2 Le crépi se décollait jusqu'à hauteur d'homme et les maisons mouillées comme des vannes d'écluse restaient sans ravalement ou, comme on dit en russe, «sans remonte». Paul MORAND, l'Europe galante, p. 19.

Par ext. *Le produit qui sert à ravaler.* ⇒ **Crépi.**

(Mil. XXᵉ). Fig. et fam. *Faire un (son) ravalement :* retoucher son maquillage, en parlant d'une femme.

3 Et comme elles étaient seules dans ce temple de ravalement discret *(les toilettes du Casino),* la conversation put s'engager.
Guy DES CARS, Une certaine dame, p. 33.

♦ **3.** [a] (1869; de *ravaler,* I., 3.). Diminution d'épaisseur, enfoncement dans un pilastre, un corps de maçonnerie...

[b] (1715). Agric. Opération consistant à sectionner les branches de

charpente des arbres à une faible distance du tronc, pour favoriser le développement de jeunes rameaux destinés à former une charpente nouvelle *(Omnium agricole)*.

RAVALER [ʀavale] v. tr. — V. 1280; v. intr. «descendre», v. 1175; de re-, et anc. franç. *avaler* «descendre», rac. *val*. → Avaler.

★ **I.** ♦ **1.** Vx. Faire redescendre.

♦ **2.** (1432). Achever ou nettoyer, refaire le parement (3.) de (un mur, un ouvrage de maçonnerie) en commençant par le haut et en descendant. ⇒ **Ragréer.** *Ravaler une façade, un mur qu'on vient de terminer.* — (1432). *Ravaler un mur en grattant* l'ancien enduit, en nettoyant la pierre, en recrépissant* (⇒ **Crépir**). *Ravaler une construction, une maison* (⇒ **Raccommoder,** vx).

1   La maison était alors, si j'en crois mes souvenirs, sinon ravalée de frais, du moins fort avenante.   G. DUHAMEL, Chronique des Pasquier, III, VI.

Fig. et fam. *Ravaler sa façade, se ravaler la façade :* retoucher, rafraîchir son maquillage, en parlant d'une femme.

♦ **3.** (1690). Techn. Diminuer (une chose) en hauteur ou en épaisseur. — Diminuer l'épaisseur ou creuser (une pièce de bois, un corps de maçonnerie).

(1690). Agric. Faire le ravalement* de (un arbre). ⇒ **Tailler.** — Aplanir la terre après le labourage.

(1794). Intrans. T. de chasse. Porter moins de bois en vieillissant (cerf, chevreuil...).

1.1   Et quand on devient vieux comme nous, eh bien, on est comme ces vieux cerfs qui ravalent... qui portent moins de bois chaque année.
                                    M. DRUON, les Grandes Familles, Prologue, p. 12.

♦ **4.** (V. 1330). Fig. Abaisser, déprécier. ⇒ **Rabaisser** (2.); → Animal, cit. 2. *Ravaler la dignité* (cit. 1) *de médecin. Ravaler sa réputation, son honneur.* ⇒ **Avilir, dépraver.** *Ravaler une institution au rang de... L'idée que toute exploitation commerciale ravale celui qui l'exerce* (→ Mouture, cit. 2). *Ravaler par des calomnies la réputation de qqn.* ⇒ **Salir.** *Il ravale tout ce dont il parle.* ⇒ **Dénigrer, vilipender.**

2   (...) les bassesses épouvantables où cette passion ravale les personnes sur qui elle étend sa puissance (...)   MOLIÈRE, la Princesse d'Élide, II, 1.
3   Quoi? tu ne vois donc pas jusqu'où l'on me ravale,
     Albine? C'est à moi qu'on donne une rivale.   RACINE, Britannicus, III, 4.
4   Il reprochait à l'Assemblée (...) de n'avoir pas prévenu l'incendie des châteaux, en brisant, dit-il, les armes cruelles qu'ils contiennent, ces actes iniques qui ravalent l'homme à la bête, qui attellent à la charrette l'homme et l'animal, qui outragent la pudeur (...)   MICHELET, Hist. de la Révolution franç., II, IV.
5   Voilà ce que la passion fait des êtres, voilà jusqu'où elle nous ravale.
                                    F. MAURIAC, la Pharisienne, XII.

Au p. p. (→ Loustic, cit. 5). *Un homme, un ivrogne ravalé au rang de la brute.*

6   Confus, humilié, consterné, de sentir dégrader en moi la nature de l'homme, et de me voir ravalé si bas de cette grandeur intérieure où nos cœurs enflammés s'élevaient réciproquement (...)   ROUSSEAU, Julie ou la Nouvelle Héloïse, II, XVII.

▶ **SE RAVALER** v. pron.
S'abaisser, s'avilir moralement, socialement, etc. *Se ravaler à la condition de «nègre»* (cit. 6). ⇒ **Descendre** (fig.), **tomber.** — (V. 1460). Spécialt et vx. S'abaisser par humilité chrétienne (→ Humilité, cit. 4). ⇒ **Humilier** (3.).

7   S'il faut que vos bontés veuillent me consoler
     Et jusqu'à mon néant daignent se ravaler (...)   MOLIÈRE, Tartuffe, III, 3.
8   Celui qui n'a pas le respect des cheveux blancs se ravale au rang de la bête !
                            COURTELINE, Messieurs les ronds-de-cuir, 4e tableau, I.

★ **II.** (1538, de *avaler*, II.). ♦ **1.** Avaler de nouveau, avaler (ce qu'on a dans la bouche). *Ravaler sa salive.* — *Ravaler son souffle* (→ Intonation, cit. 6). — Loc. *Je lui ferai ravaler ses paroles,* je les lui ferai rentrer dans la gorge.

♦ **2.** Par ext. Retenir (ce qu'on allait dire). *Ravaler une boutade* (cit. 3), *une remarque.*

♦ **3.** (1689). Fig. Empêcher de s'exprimer. *Ravaler sa colère, son dégoût.*

9   « Il ne sait pas m'utiliser », pensait Bernard, qui ravalait son amour-propre et, sagement, ajoutait aussitôt : « Tant pis ».   GIDE, les Faux-monnayeurs, II, III.
10   Le garçon ravala son sourire et s'inclina profondément.
                                    G. DUHAMEL, Salavin, VI, VI.

CONTR. Remonter. — (Du sens I, 4) **Célébrer, élever, exalter.**
DÉR. Ravalant, ravalement, ravaleur.

RAVALEUR [ʀavalœʀ] n. et adj. m. — 1892; «personne qui dénigre», v. 1460; de *ravaler.*

♦ Techn. Ouvrier, maçon ou peintre qui travaille au ravalement d'un mur, d'une construction; «cimentier-applicateur» qui fait des travaux de façade. — Tailleur de pierres qui effectue le ravalement. — Ouvrier mineur qui est chargé d'entretenir et de réparer les voies *(raccommodeur)* et le boisage *(raucheur, boiseur).*

RAVAUDAGE [ʀavodaʒ] n. m. — 1553; de *ravauder.*

♦ **1.** Action de ravauder; son résultat. ⇒ **Raccommodage, rapiéçage, reprise...** *Faire du ravaudage* (→ Aiguille, cit. 5).

♦ **2.** (1612). Fig. Travail grossier, réparation sommaire (⇒ **Rafistolage**); ouvrage fait de pièces et de morceaux.

♦ **3.** (1672). Vx. Bavardage futile. ⇒ **Ravauderie.**

RAVAUDER [ʀavode] v. tr. — 1530, *ravaulder;* de *ravault, raval,* non pas au sens de «diminution de valeur», mais dans celui de «action de ravaler», de «faire disparaître les défauts» (Guiraud).

♦ **1.** Raccommoder* à l'aiguille (le plus souvent, des vieux vêtements). ⇒ **Rapiécer, repriser;** et aussi **rentraire, stopper.** *Ravauder des bas, un vieux pantalon.* — Au p. p. *Des hardes* ravaudées.*

1   (...) une ignorante fille sans cesse occupée à rapetasser des bas, à ravauder la garde-robe de son père (...)   BALZAC, Eugénie Grandet, Pl., t. III, p. 511.
2   (...) ma gouvernante est lasse de détacher ou de ravauder celle de ses deux soutanes qui garde un aspect décent (...)
                                    BERNANOS, Sous le soleil de Satan, I, I.

Absolt. *Une vieille femme qui ravaude au coin du feu.*

♦ **2.** (V. 1673). Fig. et vx. Dire (des sottises, des impertinences). — Intrans. Bavarder, rabâcher, ressasser.

♦ **3.** Vieilli. Fourrager, rechercher dans... *Ravauder des vieilleries, une vieille malle.* — Intrans. *Ravauder dans des paperasses* (Mme de Sévigné). — Transitif :

3   Nous ravaudâmes les vingt-cinq collèges, les bibliothèques, les tableaux, le muséum, le jardin des plantes.   CHATEAUBRIAND, Mémoires d'outre-tombe, t. II, p. 156.

♦ **4.** Vx. Maltraiter* en paroles, rabrouer.

♦ **5.** (XIXe, fig. du sens 1). Réparer*, raccommoder grossièrement, mettre bout à bout... ⇒ **Rafistoler, retaper.**

4   Que celui-là rature et barbouille à son aise;
     Il peut, tant qu'il voudra, rimer à tour de bras,
     Ravauder l'oripeau qu'on appelle antithèse (...)
                    A. DE MUSSET, Poésies nouvelles, «Après une lecture», XV.

DÉR. Ravaudage, ravauderie, ravaudeur.

RAVAUDERIE [ʀavodʀi] n. f. — Fin XVIe; de *ravauder.*
Rare.

♦ **1.** Vx. Objet de peu de valeur.

♦ **2.** (1675). Fig. et littér. Bavardage futile, propos décousu. ⇒ **Ravaudage** (3.).

RAVAUDEUR, EUSE [ʀavodœʀ, øz] n. — 1530; de *ravauder.*

♦ **1.** Personne qui ravaude. ⇒ **Raccommodeur, rentrayeur, repriseuse, stoppeur...** *Une ravaudeuse* (→ Frusque, cit. 2).

Les photographies de Gabrielle Chanel, en 1906, démentent catégoriquement ces fantaisies. Ni femme galante, ni ravaudeuse. Trop modestement mise pour le premier de ces emplois, trop bien mise pour se satisfaire de l'autre.
                    Edmonde CHARLES-ROUX, l'Irrégulière, p. 141.

♦ **2.** Fig. et vx. Bavard, rabâcheur, importun. Compilateur.

RAVE [ʀav; ʀɑv] n. f. — V. 1398; franç. provençal *rava,* 1322; attestation isolée, *reve,* XIIIe; *rabe,* v. 1196; lat. *rapa,* de *rapum.*

♦ **1.** Plante potagère cultivée pour ses racines comestibles ou oléagineuses (nom commun à plusieurs plantes). *Bette* ou *blette rave (Chénopodiacées).* ⇒ **Betterave.** *Céleri rave (Ombellifères).* ⇒ **Céleri-rave.**

♦ **2.** Plante crucifère cultivée pour ses racines (⇒ **Chou-navet, chou-rave, rabiole, radis** [long], **rutabaga, turnep**), et, spécialt, navet plat. ⇒ **Navet.**

Dans cette soudaine dévastation, la nature n'apparaît plus qu'au fond des jardins ouvriers : des choux, des tournesols, des raves livides, enduits d'un soleil mouillé.
                                    Paul MORAND, l'Europe galante, p. 27.

DÉR. Ravière.
COMP. Betterave, céleri-rave, chou-rave.

RAVELIN [ʀavlɛ̃] n. m. — 1546; *ravellin,* 1450; ital. *ravellino,* var. de *rivellino,* même sens.

♦ Vx. Fortif. Demi-lune.

(...) un parapet en granit, étroit, glissant, incliné, par lequel on communiquait au ravelin qui défendait le fossé.   CHATEAUBRIAND, Mémoires d'outre-tombe, t. I, p. 54.

RAVENALA [ʀavnal; ʀavenala] n. m. — 1782, Sonnerat, *in* D.D.L.; mot malgache, «feuille de la forêt».

♦ Bot. Plante monocotylédone *(Musacées)* voisine du bananier, dont une espèce *(Ravenala madagascariensis)* est appelée *arbre du voya-*

geur à cause des ressources qu'elle semble offrir aux haltes des marcheurs (ombre des feuilles qui se déploient, en éventail, dans un
seul plan ; fruits renfermant des graines comestibles et oléagineuses ; sève rafraîchissante que l'on recueille en incisant l'écorce).

Des ravenalas immenses et verts déployèrent à son regard leurs éventails souples
et mélodieux au bout des hautes tiges courbes. Les palmes larges et dociles pal-
pitaient (...)   P. GRAINVILLE, les Flamboyants, p. 25.

REM. La prononciation [ʀavnal] est celle du français de Madagascar.
[ʀavenala] appartient à la terminologie latinisée des botanistes.

RAVENELLE [ʀavnɛl] n. f. — 1596, « radis » ; *ravenielle* « variété de
garance », v. 1440 ; de l'anc. franç. *rave* « radis » ; du lat. *raphanus*.

♦ **1.** (1694). Giroflée des jardins.

1 Une grande corbeille de ravenelles exhalait des souffles sucrés et délicats (...)
                                    MAUPASSANT, Contes de la Bécasse, « Un fils », p. 226.

♦ **2.** Radis sauvage *(raphanus)*.

2 Je venais de commander un plat de tortue verte à la ravenelle pour me purger des
humeurs et des glaires qu'on attrape dans les embruns et les brouillasses des îles
Macquarie.   B. CENDRARS, Moravagine, 1926, p. 201.

RAVES [ʀav] n. f. pl. ⇒ **Rabes.**

RAVI, IE [ʀavi] adj. ⇒ **Ravir.**

RAVIER [ʀavje] n. m. — 1836 ; bot., 1827 ; de l'anc. franç. *rave*
« radis », du lat. *raphanus*.

♦ Petit plat creux, généralement oblong, dans lequel on sert les
hors-d'œuvre (→ Débarrasser, cit. 6), des sauces... — Contenu d'un
ravier. *Un ravier de radis, de céleris.*

RAVIÈRE [ʀavjɛʀ] n. f. — 1539 ; de *rave.*

♦ Agric. Terrain où l'on cultive des raves (betteraves, navets, rutabagas).

RAVIGOTANT, ANTE [ʀavigɔtɑ̃, ɑ̃t] adj. — 1720 ; de *ravigoter.*

♦ Fam. Qui ravigote. *Un petit froid sec ravigotant.*

RAVIGOTE [ʀavigɔt] n. f. — 1720 ; de *ravigoter.*

♦ Vinaigrette mêlée d'œufs durs écrasés et relevée de fines herbes. — Appos. *Sauce ravigote. Tête de veau ravigote,* à la
sauce ravigote.

RAVIGOTER [ʀavigɔte] v. tr. — 1611, *ravigotter* ; altér. probable du
moy. franç. *ravigorer* « réconforter », v. 1200 ; → Revigorer.

♦ Fam. Rendre plus vigoureux, redonner de la force, de la vigueur
à... ⇒ **Ranimer, raviver, revigorer,** et, fam., **ragaillardir, requinquer, retaper.** — Absolt. *Un petit vin qui ravigote et redonne
de l'appétit.*
Deux journées à Marseille avec Sartre me ravigotèrent.
                                        S. DE BEAUVOIR, la Force de l'âge, p. 322.

DÉR. **Ravigotant, ravigote.**

RAVILIR [ʀaviliʀ] v. tr. — 1588 ; de *re-,* et *avilir.*

♦ Rare. Rendre vil et méprisable. ⇒ **Rabaisser, ravaler** (I.).
→ Dépravation, cit. 2.

▶ **SE RAVILIR** v. pron.
Se ravaler.

RAVIN [ʀavɛ̃] n. m. — 1690, « chemin creusé par les eaux » ; *ravine,*
mil. XVIIᵉ ; de *raviner.*

♦ **1.** Petite vallée* étroite à versants raides. ⇒ **Ravine** (II.). *Le lit
de la rivière a formé un ravin. Les ravins où bruissent les torrents.
Montagnes, terrains où se trouvent des ravins, des précipices.* → 2.
Ce, cit. 1 ; graine, cit. 7. *Pont qui franchit un ravin. — Ravins et
rigoles qui entaillent un dôme volcanique.*

1 Le ravin était là, inattendu, béant, à pic sous les pieds des chevaux, profond de
deux toises entre son double talus (...)   HUGO, les Misérables, II, I, IX.

2 Au plus creux des ravins emplis de blocs confus,
De flaques d'eau luisant par endroits sous les ombres,
La lune, d'un trait net, sculpte les lignes sombres
De vieux troncs d'arbres morts roides comme des fûts.
                                LECONTE DE LISLE, Poèmes barbares, « Clairs de lune », II.

Par ext. *Ravin sous-marin* (calanque, fjord...), *sous-lacustre...*
(1787). Par ext. Le fond d'un ravin (servant de chemin ; chemin
creux). *Suivre un ravin.*

♦ **2.** Rigole, cavité creusée par le ruissellement (→ Impraticable,
cit. 4). ⇒ **Ravinement.**

(...) ce filet de mer rêve dans le berceau du ravin, pareil à ce peu de ciel qu'on
voit couler, entre les toits des maisons, dans les rues des vieilles villes.
                                        André SUARÈS, Trois hommes, « Ibsen », I.   3

DÉR. **Ravinée.**

RAVINE [ʀavin] n. f. — 1120, *raveine* ; *ravine de terre* « avalanche »,
1388 ; lat. *rapina.* → Rapine.

★ **I.** (1388, « pluie torrentielle »). Vx. Torrent.

★ **II.** (XVIᵉ). Petit ravin, lit encaissé d'un ruisseau, d'un torrent
(→ Chêne, cit. 7 ; irradier, cit. 1 ; ocre, cit. 3).

La vallée qui s'engage entre les deux murailles peut avoir une lieue de large ; elle
est accidentée, coupée de brusques ravines (...)
                                        E. FROMENTIN, Un été dans le Sahara, p. 102.

DÉR. **Ravineau, raviner, ravineux.**

RAVINÉ, ÉE [ʀavine] adj. ⇒ **Raviner.**

RAVINEAU [ʀavino] n. m. — XXᵉ ; francisation de formes dialecta-
les *ravena, revenno, rabino,* etc. ; de *ravine.*

♦ Régional. Fente d'un sol raviné.

Au-dessus d'eux, une large et haute paroi gercée de nombreux petits ravineaux
couverts de glace se termine par une crête tourmentée (...)
                                        R. FRISON-ROCHE, la Grande Crevasse, p. 48 (1948).

RAVINÉE [ʀavine] n. f. — 1875, de *ravin.*

♦ Régional. Creux formé par le passage d'un torrent.

RAVINEMENT [ʀavinmɑ̃] n. m. — 1845 ; de *raviner.*

♦ **1.** Formation de sillons dans le sol par les eaux de ruissellement.
⇒ **Affouillement, érosion.** *Le ravinement affecte surtout les sols
imperméables.*

♦ **2.** Sillons laissés par le passage des eaux de ruissellement.

Voici une courte descente. La pente n'est pas rapide. Le sol, malgré ses ravine-
ments, reste assez ferme.
                                        J. ROMAINS, les Hommes de bonne volonté, t. VIII, v, p. 40.

RAVINER [ʀavine] v. tr. — 1585 ; « couler avec force », 1165 ;
de *ravine.*

♦ **1.** (En parlant des eaux de ruissellement). Creuser (le sol, la terre)
de sillons, emporter par endroits (la terre). ⇒ **Affouiller, éroder.**
*Pluies, orages, ruisseaux qui ravinent une pente, un champ. La
fonte des neiges a raviné la terre.*

♦ **2.** (1897). Fig. Marquer de rides (le visage). *Les larmes qui ont
raviné son visage* (→ Éteindre, cit. 54).

Les larmes avaient surtout raviné la figure d'Hubert.
                                        F. MAURIAC, le Nœud de vipères, II, XVII.   1

▶ **RAVINÉ, ÉE** p. p. adj.

♦ **1.** (1813). Creusé de ravines, érodé (terre, sol). *Plaine ravinée par
un torrent, une rivière* (→ Caillouteux, cit. 1). *Les bords ravinés
d'une petite rivière* (→ Proche, cit. 1).

♦ **2.** (Av. 1922, Proust). Fig. Marqué de rides profondes. *Une face
labourée* (cit. 11), *ravinée, creusée de rides profondes.* ⇒ aussi
Ravagé.

On ne peut pas dire qu'il soit ridé ; l'épithète *raviné* lui conviendrait mieux tant
sont profonds les sillons sculptés sur son vieux cuir.
                                        M. CONSTANTIN-WEYER, Source de joie, II.   2

DÉR. **Ravin, ravinement.**

RAVINEUX, EUSE [ʀavinø, øz] adj. — 1842 ; de *ravine.*

♦ Rare. Creusé par des ravins. *Terrain ravineux.*

RAVIOLI [ʀavjoli] n. m. pl. — 1834 ; *raviolle* « pâté de raves et de
viande », 1376 ; mot ital., du lat. *rapum* « rave ».

♦ Petits carrés de pâte renfermant de la viande hachée assaisonnée ou des légumes, que l'on fait cuire à l'eau. *Ravioli à la sauce
tomate et au parmesan.*

REM. Certains auteurs, considérant que ce mot est francisé, ajoutent
un s à cette forme déjà au pluriel en italien, ce qui permet de dire : *un
ravioli et d'écrire des raviolis.*

C'était (...) cinq boîtes de sardines une d'olives noires deux de cassoulet et de
raviolis avec une bouteille de mousseux (...)
                                        Tony DUVERT, Paysage de fantaisie, p. 49.

RAVIR [Ravir] v. tr. — V. 1112 ; du lat. pop. *rapire, lat. class. rapere « saisir vivement, violemment ».

♦ **1.** Littér. Emporter, emmener de force. *L'aigle ravit sa proie.* ⇒ **Emporter.** *Ravir une femme.* ⇒ **Enlever ; rapt, ravisseur.**

0.1 (...) Je suis la fille unique du Comte de***, enlevée à Paris à l'âge de douze ans (...) je fus ravie dans les bras de ma gouvernante qui me ramenait seule dans une voiture, d'une campagne de mon père (...) SADE, *Justine...,* t. I, p. 172.

Prendre par violence, par ruse ou par surprise (ce qui appartient à autrui), s'emparer illégalement de (qqch.). ⇒ **Approprier** (s'), **brigander, enlever, prendre, souffler** (fam.), **usurper, voler ; rapine, vol.** *Ravir un trésor* (→ Dragon, cit. 2). *Henri III lui ravit son patrimoine* (→ Indignement, cit. 2). ⇒ aussi **Confisquer.** *Sa fortune lui fut ravie par des hommes d'affaires malhonnêtes.* → Être la proie* (3.) de... — Fig. *« L'absence ni* (cit. 8) *le temps (...) Ne vous peuvent ravir ce cœur qui vous adore »* (Racine). — *Femme qui se laisse ravir les dernières faveurs* (→ Abord, cit. 11 ; et aussi fleur, cit. 28). *Ravir l'esprit, le jour, la vie à qqn.* ⇒ aussi **Coûter** (*supra* cit. 14) ; → Éclairer, cit. 17 ; égarer, cit. 17 ; laisser, cit. 27.

1 Dites qu'après vous avoir ravi l'honneur et précipitée dans le crime, je vous ai abandonnée à la misère (...) DIDEROT, *Jacques le fataliste,* Pl., p. 657.

Arracher (qqn) à l'affection de ses proches, à la vie (→ Nom, cit. 20). *La mort avait ravi ce petit innocent* (cit. 4).

2 Et dans toute la Grèce il n'est point de familles
Qui ne demandent compte à ce malheureux fils
D'un père ou d'un époux qu'Hector leur a ravis. RACINE, *Andromaque,* I, 2.

3 Mes amis sont à présent d'une espèce si rare, que la seule crainte de me les voir ravir glace mon sang. CHATEAUBRIAND, *Mémoires d'outre-tombe,* t. II, p. 263.

Arracher* (une personne) à sa condition, à son sort.

4 J'apprends que pour ravir son enfance au supplice
Andromaque trompa l'ingénieux Ulysse (...) RACINE, *Andromaque,* I, 1.

♦ **2.** (1170). Relig. Transporter au ciel. *Être ravi au (jusqu'au) troisième ciel** (cit. 1). — Fig. (sans idée de déplacement réel). *Être ravi en extase.* Par extension :

4.1 Roger aimait le danger comme il aimait l'alcool, les drogues, et les cérémonies-simulacres « cruels » en érotisme : tout ce qui ravit à soi.
Claude ROY, *Nous,* p. 230.

♦ **3.** (V. 1220). Vx (langue class.). Porter (qqn) à un état de bonheur extrême.

(XIIIe). Mod. Plaire beaucoup à (qqn). ⇒ **Enivrer** (2.), **enthousiasmer, transporter.** *Son discours a ravi l'auditoire.* ⇒ **Enlever** (*supra* cit. 4), **emballer** (fam.). *Ces débauches de couleur qui ont ravi les peintres romantiques.* ⇒ **Charmer, enchanter, plaire** (à). → Nuancer, cit. 6. — (Sujet n. de personne). *Elle ravit tous ceux qui la voient* (→ Briller* par son charme, sa beauté).

5 Oh ! ce discours me transporte, me ravit (...) PASCAL, *Pensées,* III, 233.

6 (Ce poème) ne ressemblait à rien, était fait de fort peu de chose, et me ravissait essentiellement, sans que je puisse démêler la composition de ce charme, dans lequel la plus grande simplicité et la plus exquise « distinction » s'unissaient en proportion admirable. VALÉRY, *Variété V,* p. 174.

(1627). Loc. adv. À RAVIR : admirablement. *Sa coiffure* (cit. 6) *lui seyait à ravir. Elle est jeune et faite* (cit. 260) *à ravir.* ⇒ **Merveille** (à). — Iron. *Il est bête à ravir* (→ Paternel, cit. 2).

7 L'hôtesse a quatre petites-filles, toutes pareilles, qui sont jolies à ravir sous leur coiffe blanche. LOTI, *Mon frère Yves,* X.

▶ **RAVI, IE** p. p. adj. (XIIIe Rutebeuf).
Qui est très content. ⇒ **Aise** (être bien aise), **comblé, content, enchanté, heureux, satisfait** (cf. Être aux anges). *Être ravi de..., suivi d'un nom* (→ Bonheur, cit. 3) *ou d'un inf.* (→ Honorer, cit. 16 ; matériel, cit. 12). *Être ravi que..., suivi du subj.* (→ Disculpation, cit. ; faire, cit. 265 ; nous, cit. 22). *Être ravi de ce que..., suivi de l'indic.* — *Des yeux luisants et ravis* (→ Bouche, cit. 4). *Un visage ravi.* ⇒ **Bienheureux, épanoui, radieux, rayonnant.**

8 Monsieur, je suis ravi d'entrer en relations avec un homme de votre science. À nous deux nous pourrons porter votre découverte à sa plus haute perfection. BALZAC, *les Ressources de Quinola,* III, 13.

9 Le Soleil, le foyer de tendresse et de vie,
Verse l'amour brûlant à la terre ravie (...) RIMBAUD, *Poésies,* V, I.

Ellipt. *Enchanté ! ravi !* (dans des échanges de politesse). — Fam. *Nous n'étions pas ravis,* ou, *pas ravis ravis :* pas contents.

CONTR. **Donner.** — **Affliger, assombrir, attrister, chagriner, contrister, déplaire, désillusionner, ennuyer, excéder, fâcher.** — (Du p. p.) 1. **Chagrin, déçu.**
DÉR. **Ravage, ravissant, ravissement, ravisseur.**

RAVISEMENT [Ravizmã] n. m. — 1863, Sainte-Beuve ; de *(se) raviser.*

♦ Rare. Le fait de se raviser. *Un brusque ravisement.*

RAVISER (SE) [Ravize] v. pron. — V. 1330 ; *raviser* « examiner attentivement », 1167 ; de *re-,* et *aviser.*

♦ Changer d'avis, revenir sur sa décision, sa promesse. ⇒ **Dédire** (se). → Dix, cit. 4 ; morceau, cit. 5.

Les peuples ont l'oreille dure et la vie longue ; ce qui fait que leur surdité n'a rien d'irréparable. Ils ont le temps de se raviser. HUGO, *Shakespeare,* III, I.

DÉR. **Ravisement.**

RAVISSAMMENT [Ravisamã] adv. — 1669 ; de *ravissant.*

♦ Rare. D'une manière ravissante.

Elle se laisse alors prendre dans ses bras et les voilà qui dansent tous les deux, elle ravissamment et lui comiquement (...)
Sacha GUITRY, *Ils étaient 9 célibataires,* p. 315.

RAVISSANT, ANTE [Ravisã, ãt] adj. — 1626 ; *ravisant* « ravisseur », 1350 ; de *ravir* (1.).

♦ **1.** Vx (sens fort, dans la langue class.). Qui ravit (3.). ⇒ **Enchanteur, exaltant** (→ Glorifier, cit. 3, Gide). *Mes idées étaient paisibles et douces, non célestes et ravissantes* (→ Empyrée, cit. 3). *Jardins, bois ravissants* (→ 1. Parler, cit. 74).

♦ **2.** (1690). Mod. Qui plaît beaucoup, touche par la beauté, le charme. ⇒ **Charmant, joli.** *Un petit tableau ravissant.*

1 Allez donc à ce bal. Tout le monde dit que ce sera amusant et votre robe est ravissante. J. ANOUILH, *Ornifle,* II, p. 82.

2 La pluie s'interrompt, laisse le temps au ballet de s'ébattre sous les feuillages, dans un faux clair de lune. L'éternelle chose « ravissante » dont les gens du monde ne paraissent pas fatigués après tant de « saisons ».
F. MAURIAC, *Bloc-notes 1952-1957,* p. 32.

(D'une personne : surtout enfant, femme, jeune fille). *Sa fiancée est ravissante.*

3 (...) Folly était jeune, jolie, éveillée, pleine de grâce dans sa marche et surtout dans sa danse, aimable, fraîche, ravissante comme une rose qui s'épanouit, et qui ne demande qu'à être cueillie.
Charles NODIER, *Contes,* « Fée aux miettes », XIX.

N. f. Fam. *Une ravissante :* une très jolie fille, une très jolie femme.

RAVISSEMENT [Ravismã] n. m. — XIIIe ; de *ravir* (1.).

♦ **1.** Vx. Action de ravir (1.), d'enlever de force. *Le ravissement d'Europe.* ⇒ **Enlèvement, rapt.**

♦ **2.** (1370). Relig. Le fait d'être ravi (2.), transporté au ciel. *Le ravissement de saint-paul.* — État d'une âme ravie en extase. ⇒ **Délectation, extase** (cit. 1).

1 L'homme ne répondit point (...) Paphnuce s'imagina que ce silence était causé par un de ces ravissements dont les saints sont coutumiers. FRANCE, *Thaïs,* p. 26.

♦ **3.** (Déb. XVIIe). Émotion éprouvée par une personne transportée de joie et dans une sorte d'extase. ⇒ **Enchantement, exaltation.** *Il l'écoutait avec ravissement. Jeter* (cit. 38) *quelqu'un dans le ravissement.*

2 (...) j'entrai avec ravissement dans le mois des tempêtes.
CHATEAUBRIAND, *René.*

3 (...) j'étais intérieurement en proie à une joie voluptueuse dans laquelle il me semblait que mon âme se baignait. Il n'y a qu'un mot pour l'expliquer ce que j'éprouve, c'est le ravissement.
BALZAC, *Mémoires de deux jeunes mariées,* Pl., t. I, p. 207.

4 J'ai repris hier, avant de me coucher et pour me laver l'esprit de tous les soucis du jour, *les Orientales* de Hugo. Mon ravissement rejoint celui de mon enfance (...)
GIDE, *Journal,* 18 nov. 1929.

RAVISSEUR, EUSE [Ravisœr, øz] n. — 1288 ; *ravissiere,* 1216 ; de *ravir* (1.).

♦ **1.** Vx. Personne qui ravit (ce qui appartient à autrui). ⇒ **Voleur** (→ Idolâtre, cit. 4, Bible). *« Des biens des nations ravisseurs altérés »* (Racine, *Mithridate,* III, 1).

♦ **2.** Mod. Personne qui enlève, emmène (une personne) de force. *L'enfant a été repris à ses ravisseurs.* ⇒ **Kidnappeur.** *Les ravisseurs ont commis un rapt* audacieux. — N. m. (V. 1235). Spécialt. Celui qui a enlevé une femme, une jeune fille.

Expliquez-nous pourquoi, devenu ravisseur,
Néron de Silanus fait enlever la sœur. RACINE, *Britannicus,* I, 2.

♦ **3.** Adj. (Déb. XVe). *Un loup ravisseur.*

RAVITAILLEMENT [Ravitajmã] n. m. — 1430, *ravictaillement ;* de *ravitailler.*

♦ **1.** Action de ravitailler (une armée, une place, une flotte, etc) ; action de se ravitailler. ⇒ aussi **Réapprovisionnement.** *Ravitaillement en vivres et en munitions* (→ Approvisionnement, cit.). *Ravitaillement des armées* (→ Logistique, cit. 3). *Base, centre* (→ Ksar, cit.), *escale, étape, gare, point de ravitaillement. Convoi, corvée* (cit. 4) *de ravitaillement.* — (1916). *Officier de ravitaillement.* (→ Lardon, cit. 3).

Par ext. Alimentation, approvisionnement (→ Concernant, cit.). *Le ravitaillement des grandes villes. Ancien ministère du Ravitaillement* (pendant la guerre). — Abrév. fam. (v. 1942, sous l'occupation allemande, à Paris) : *ravito. « Il est au ravito avec son père. — Au ravito ? — À Tours, par là »* (René Fallet, *Banlieue sud-est,* p. 133

(1947), *in* D. D. L.) — Fam. *Aller au ravitaillement :* aller se procurer les aliments nécessaires à la consommation familiale.

C'est « le vin aux sombres feux ». Il joue un rôle non petit dans le ravitaillement des voyageurs et des guerriers.   G. DUHAMEL, Refuges de la lecture, I.

♦ **2.** Les denrées qui servent à ravitailler. ⇒ **Provision.** *Ravitaillement d'un navire.* ⇒ **Avitaillement.** *Nous avons du ravitaillement dans le garde-manger.*

♦ **3.** (V. 1960). *Ravitaillement en vol :* transfert de combustible effectué, en vol, d'un avion à un autre.

RAVITAILLER [Ravitaje] v. — 1427 ; de re-, et avitailler.

♦ **1.** V. tr. Pourvoir (une armée, une place, une flotte...) de vivres, de munitions, etc. ⇒ **Munir** (vieilli), **réapprovisionner** (→ Interminable, cit. 3).

Par ext. Fournir* (une personne, ou, plus souvent, une communauté) de vivres, de denrées diverses. ⇒ **Approvisionner, assurer** (la subsistance de...), **avitailler** (aviat., mar.), **nourrir.** *Ravitailler une ville en viande, en carburant.* — (Déb. xxᵉ). *Ravitailler un avion en vol,* lui transférer, en vol, du carburant.

♦ **2.** V. pron. (Mil. xixᵉ). SE RAVITAILLER. *Armée, flotte qui se ravitaille.* — Se procurer ce qui est nécessaire à ses besoins. « *On peut se ravitailler facilement à la ville voisine* » (Académie). — *Coureur cycliste qui se ravitaille en course. Le pilote se ravitaille au stand.*

♦ **3.** V. intr. Argot des sports. *Ravitailler :* effectuer son plein de carburant (ou changer de roue). « *C. a deux tours d'avance, mais il doit encore ravitailler* » (Pisart, *Mes courses,* 1945).

DÉR. Ravitaillement, ravitailleur.

RAVITAILLEUR [Ravitajœʀ] n. et adj. m. — 1527, « celui qui fournit en vivres » ; de ravitailler.

♦ **1.** (1878, *in Année sc. et industr.* 1879, p. 410). Milit. Véhicule, navire, avion employé au ravitaillement (en vivres, en munitions, en carburant). *Ravitailleur de sous-marins.* — Adj. *Navire ravitailleur. Avion ravitailleur.* ⇒ **Avion-citerne.**

♦ **2.** Sports. Celui qui ravitaille les coureurs (en vivres, dans une course cycliste ; en essence, dans une course automobile, etc.).

RAVIVAGE [Raviva3] n. m. — 1904 ; de raviver.

♦ Techn. Opération qui consiste à raviver* une surface métallique avant de la souder ou de la dorer. — Opération destinée à redonner aux couleurs un éclat plus vif.

RAVIVEMENT [Ravivmɑ̃] n. m. — 1875, *ravivement d'une plaie ;* de raviver.

♦ Le fait de raviver, de rendre plus vif. — *Le ravivement des souvenirs, de la douleur.*

(...) nous étions quelques-uns à préconiser (...) non plus l'exégèse des lieux communs, mais leur résurrection (...) qui avions fait de l'emploi conscient du lieu commun (l'expression toute faite) une méthode de ravivement des mots, de réveil des mots, de leur sens (...)   ARAGON, Blanche..., III, I, p. 361.

REM. *Ravivage* est employé comme terme technique.

RAVIVER [Ravive] v. tr. — V. 1160, au sens fig. 2 ; sens 1, fin xiiᵉ ; de re-, et aviver.

♦ **1.** Rendre plus vif*, plus actif, ramener à son intensité, à sa vigueur première. *Raviver le feu, la flamme* (→ Pétillement, cit. 1). *Raviver des couleurs.* ⇒ **Aviver.** — Pron. *Le feu se ravivait sous l'action du vent.*

1 Des carrières rougeâtres se dessinaient encore çà et là à travers les bois effeuillés, et ravivaient la teinte verdâtre des plaines et des forêts (...)
NERVAL, les Filles du feu, « Angélique », X.

♦ **2.** Fig. Ranimer, faire revivre. *Raviver un vieux souvenir, une douleur ancienne. Raviver la colère de qqn.* ⇒ **Ranimer, réveiller** (→ Jeter de l'huile* sur le feu). *Raviver l'affection, l'amitié.* ⇒ **Ragaillardir** (vx).

2 Répété le matin en chaire, le soir commenté au confessionnal, orné de gloses meurtrières, ce texte de haine et de discorde allait exaspérant les femmes, ravivant les fureurs religieuses (...)   MICHELET, Hist. de la Révolution franç., III, VII.

3 Les quatre vents de la Lorraine et le souffle inspirateur s'exhale d'un lieu éternellement consacré au divin, ravivent en nous une énergie indéfinissable (...)
M. BARRÈS, la Colline inspirée, I, III.

(Le compl. désigne une personne). ⇒ **Réconforter** (→ Estomac, cit. 15). *Se sentir ravivé* (→ Injurier, cit. 4).

Pron. *Son espoir, son enthousiasme s'est ravivé.* ⇒ **Exalter.**

4 L'inquiétude d'avoir laissé son père si souffrant s'était ravivée dès qu'il s'était senti sur le chemin du retour, et, pendant des heures, dans la nuit, dans le fracas du train, sa fatigue et son insomnie l'avaient livré sans défense aux pires imaginations.   MARTIN DU GARD, les Thibault, t. IV, p. 143.

♦ **3.** (1765). Techn. Nettoyer, décaper (le métal qu'on veut souder

ou dorer). — (1798). Chir. *Raviver une plaie,* la mettre à vif pour favoriser la cicatrisation. ⇒ **Aviver.**

CONTR. Adoucir, apaiser, atténuer, attiédir, effacer, endormir, estomper, éteindre, panser.
DÉR. Ravivage, ravivement.

1. RAVOIR [RavwaR] v. tr. — V. 1175 ; raveir, v. 1155 ; de re-, et avoir.

♦ **1.** Avoir de nouveau, reprendre possession de qqch. ⇒ **Recouvrer, récupérer.** — REM. *Ravoir* n'est pratiquement usité qu'à l'infinitif ; le futur *(je raurai, etc.)* et le conditionnel *(je raurais, etc.)* se rencontrent parfois dans la langue familière par plaisanterie.

1 Voilà pourquoi la plupart des enfants veulent ravoir ce qu'ils ont donné, et pleurent quand on ne le leur veut pas rendre.   ROUSSEAU, Émile, II, note.

2 (...) je pense à ravoir mon prieuré, et je crois que je le raurai.
P.-L. COURIER, Pamphlets politiques, Lettre VII.

♦ **2.** Fam. (généralt à la forme négative). Remettre en bon état de propreté. *Je n'arrive pas à ravoir cette casserole.*

2. RAVOIR [RavwaR] n. m. — 1681 ; probablt de la loc. *(filet en) ravoir* « tendu au travers des courants », attestée seult en 1827 ; de l'anc. franç. *ravoir,* xivᵉ ; *ravoi,* fin xiiᵉ ; du lat. **rapidium* « torrent » ; → Rapide.
Pêche.

♦ **1.** Parc de filets que la mer ne recouvre qu'à marée haute.

♦ **2.** (1875). Filet tendu d'une rive à l'autre d'un cours d'eau.

RAVOURE [RavuR] n. m. — Mot dialectal., var. de l'anc. franç. *rovur,* xiiᵉ, *roveur* xiiiᵉ ; du lat. *rubor* « rougeur ».

♦ Régional (Alpes françaises, Suisse). Bande de lumière rouge, au soleil levant ou couchant.

C'est un vieux dicton de chez nous, monsieur Warfield, lorsque les *ravoures* (...) ces longues traînées rouges, apparaissent au lever du soleil, c'est signe de pluie pour l'après-midi. Ne flânons pas !
R. FRISON-ROCHE, Premier de cordée, p. 44-45.

RAY [Raj] n. m. — Mil. xxᵉ ; mot annamite.

♦ Didact. (Géogr.). Procédé de culture par brûlis (écobuage) de terrains boisés, tel qu'il est pratiqué dans le Sud-Est asiatique (Laos, Cambodge, Viet-nâm). *Le ray est l'équivalent asiatique du feu de brousse africain.* — Par métonymie. Terrain brûlé par la culture.

Encore trois heures de marche et il tombe sur un ray, une portion de forêt qui a été incendiée ; dans la cendre les Méo plantent du riz dur, des légumes et des pavots.   Jean LARTÉGUY, les Centurions, p. 52.

RAYA [Raja] n. m. ⇒ **Raïa.**

RAYAGE [Rɛja3] n. m. — 1868 ; de rayer.

♦ **1.** Action de rayer ; état de ce qui est rayé. *Le rayage d'un nom dans une liste.* ⇒ **Rangement** (vx).

♦ **2.** Techn. Opération qui consiste à pratiquer des rayures (3.) dans le canon d'une arme à feu.

RAYÉ, ÉE [Reje ; Rɛje] adj. ⇒ **Rayer.**

RAYEMENT [Rɛjmɑ̃ ; Rɛmɑ̃] n. m. — xviᵉ ; de rayer.

♦ Vx. ⇒ **Rayage** (1.).

RAYER [Reje ; Rɛje] v. tr. — Conjug. payer. — xivᵉ ; au p. p., v. 1165 ; rayer, xiiiᵉ ; au p. p. roié, fin xiiᵉ ; de raie.

♦ **1.** Marquer (une surface) d'une ou de plusieurs raies. *Rayer du papier avec un crayon et une règle. Rayer une feuille de hachures* (cit. 3 et 4), *par des hachures.* ⇒ **Hachurer, strier.**

♦ **2.** Marquer de raies en entamant la surface. *Rayer un mur en transportant un meuble.* ⇒ **Érafler.** — (Sujet n. de chose). *Le diamant raye le verre.* ⇒ **Entamer.**

1 Un gentilhomme seul peut vaincre un gentilhomme, de même qu'un diamant n'est rayé que par un autre diamant.   Th. GAUTIER, le Capitaine Fracasse, XVIII.

Techn. *Rayer un canon,* y pratiquer des rayures* (3.). ⇒ **Rayage.**

♦ **3.** Constituer un sillon, une raie. *Deux plaies profondes rayaient cette face* (cit. 7) *désormais lamentable.* ⇒ **Couper** (supra cit. 11).

♦ **4.** (xvᵉ). Tracer un trait sur (un mot, un groupe de mots, etc.) pour l'annuler. ⇒ **Barrer, bâtonner, biffer, raturer.** — Annuler l'effet d'une inscription sur une liste ou un registre au moyen d'une formalité appropriée ; ôter (une personne ou une chose d'un ensemble où elle figurait). ⇒ **Radier ; radiation.** *Rayer qqn d'une liste* (→ Exiler, cit. 9). *Rayer qqn des cadres*, des contrôles.* ⇒ **Éliminer, exclure, réformer, rejeter.** *Rayer une dette, une pension.* ⇒ **Annuler, supprimer.** — *Il avait rayé le mot impossible* (cit. 15) *de son dictionnaire.* — *Rayer une personne, une chose de ses papiers** (cit. 25), *de ses tablettes. Rayer quelque chose de sa mémoire.* ⇒ **Effacer** (→ Fumée, cit. 14). *Carthage n'est plus que le nom de sa grandeur* (cit. 12) *rayée du monde.* (⇒ **Abolir, détruire**). *Rayer qqn du nombre* (cit. 19) *des vivants, des humains,* le supprimer. *Rayer qqch. d'un trait de plume.*

2   La France était, en principe, ramenée à ses frontières de 1791. Vingt-deux ans de guerres et de victoires étaient rayés d'un trait de plume.
                                        Louis MADELIN, *Talleyrand,* IV, XXIX.

▶ **RAYÉ, ÉE** p. p. adj.

♦ **1.** Qui porte des rayures*. *Hyène rayée* (→ Chacal, cit. 1). *Pantalon rayé* (→ Jaquette, cit. 2). *Toile rayée* (→ Panka, cit. 1). *Le dos vert sombre d'une perche* (1. Perche, cit.), *rayé de noir comme le dos d'un tigre.* ⇒ **Tigré, vergeté, zébré.** *Des tentes rouges, rayées de noir* (→ 1. Piquet, cit. 1).

3   Les animaux étaient fort beaux ; c'étaient des lions roux comme le soleil, des tigres rayés comme le soir, et des ours noirs comme la nuit.
                                      Pierre LOUŸS, *Aphrodite,* II, VII.

♦ **2.** (1694). Qui porte une rayure, des rayures, des éraflures. *Vitre rayée. Reliure rayée.* — Garni de rainures. *Canon, fusil rayé.*

♦ **3.** Annulé, supprimé. *Un mot rayé nul. Noms rayés sur une liste.*

CONTR. Immatriculer, inscrire.
DÉR. Rayage ou **rayement, rayure.**

RAYÈRE [ʀɛjɛʀ] n. f. — 1412 ; *raiere,* XIIIe ; de l'anc. franç., *raier* « émettre des rayons lumineux, éclairer », du lat. *radiare.*

♦ **1.** Archit. Étroite ouverture verticale pratiquée dans le mur d'une tour et qui sert à en éclairer l'intérieur. *Un mur percé de minces rayères.*

♦ **2.** Techn. Conduit* étroit qui projette l'eau sur les aubes d'une roue de moulin (on écrit aussi *reillère*).

RAY-GRASS [ʀɛgʀɑs] n. m. — 1758, comme mot angl., 1754, *Encyclopédie* ; mot angl. de *ray* « ivraie », et *grass* « herbe ».

♦ Anglic. Plante herbacée *(Graminées),* d'ivraie vivace employée pour les pelouses, les prairies artificielles. *Le ray-grass donne un excellent fourrage.* « *(...) il faudra bientôt que le jardinier amateur apprenne à connaître les meilleures variétés de ces ray-grass et fétuques* » *(le Monde,* 18 juin 1977).

1. RAYON [ʀɛjɔ̃] n. m. — 1534 ; de *rai,* du lat. *radius.* → Radius, rai.

A. ♦ **1.** Trace de lumière en ligne ou en bande. ⇒ **Jet** (cit. 8), **rai ; trait.** *Toutes ces clartés, croisant leurs rayons* (→ Illumination, cit. 7). *Le rayon d'un phare* (cit. 2). — *Rayon de soleil. Un rayon, des rayons de soleil** (→ Couler, cit. 35 ; festonner, cit. 2 ; orgueilleux, cit. 9 ; panorama, cit. 5). *Insecte* (cit. 3) *dans un rayon de soleil* (→ Création, cit. 11). *Un rayon perçait les nuages* (→ Fugitif, cit. 7). *Mince* (cit. 4) *rayon de jour.* — *Un rayon de lune* (→ Changeant, cit. 9 ; effiler, cit. 1). — (Au plur.). *Les rayons :* la clarté, la lumière. *Lancer, répandre des rayons, des rayons lumineux.* ⇒ **Briller, darder** (cit. 3), **éclairer** (cit. 3), **étinceler, irradier, rayonner** (→ Naturellement, cit. 1). *Baigner de ses rayons* (→ 1. Frais, cit. 1). *La lumière que l'émeraude lance en rayons...* ⇒ **Reflet** (→ Brillanter, cit. 1). *Les rayons du soleil* (→ Ardent, cit. 10 ; étincelant, cit. 1 ; nimbe, cit. 1). ⇒ **Soleil.** *Les rayons de midi* (→ 1. Frais, cit. 1, Hugo). *Rayons des étoiles* (cit. 2). *Les rayons d'une lanterne* (cit. 7). — *Le rayon vert*.*

1   Les rayons du jour, égarés
  Parmi des ombres incertaines,
  Éparpillent leurs feux dorés
  Dessus l'azur de ces fontaines.
                THÉOPHILE DE VIAU, *Maison de Silvie,* Ode VI.

2   (...) le brillant soleil du mois de juillet illuminait l'atelier, et deux rayons le traversaient dans sa profondeur en y traçant de larges bandes d'or diaphanes où brillaient des grains de poussière.   BALZAC, *la Vendetta,* Pl., t. I, p. 866.

3   La plaine brille au loin et fume.
  Un oblique rayon venu
  Du soleil surgissant allume
  Le fleuve comme un sabre nu.
      VERLAINE, *Jadis et Naguère, Vers jeunes,* « Angélus du matin ».

Par ext. Figuration de la lumière (en héraldique, en art décoratif) par des traits divergents, des triangles allongés... *L'emblème d'un soleil dardant ses rayons* (→ Devise, cit. 1). *Tête nimbée* (cit. 1) *de rayons. Rayons d'une étoile*.* (XVIe, à propos des rayons solaires). Phys. Trajet rectiligne d'une radiation lumineuse visible, à partir d'un point de sa source. ⇒ **Lumière, lumineux** (→ Optique, cit. 2). *Relatif aux rayons.* ⇒ le préf. **Actin(o)-.** *Le feu* (cit. 2, Buffon) *que nous produisons par la réunion des rayons.*

4   (...) et ainsi, pensant que ce n'est pas tant le mouvement, comme l'action des corps lumineux qu'il faut prendre pour leur lumière, vous devez juger que les rayons de cette lumière ne sont autre chose, que les lignes suivant lesquelles tend cette

action. En sorte qu'il y a une infinité de tels rayons qui viennent de tous les points des corps lumineux (...) ainsi que vous pouvez imaginer une infinité de lignes droites (...)   DESCARTES, *la Dioptrique,* 1er discours.

REM. De nos jours, ce mot n'a ce sens précis (du moins lorsqu'il est employé au singulier) qu'en optique* géométrique.

(Av. 1650). Opt. Matérialisation de la courbe ou du parcours des ondes lumineuses, telle qu'en chaque point, sa tangente se trouve dirigée dans la direction de propagation des ondes. *Dans un milieu homogène et isotrope, le rayon est, en chaque point, perpendiculaire au front d'onde.* — *Rayons convergents, divergents* (⇒ **Convergence, converger** [→ 1. Point, cit. 15], **divergence, diverger**), *parallèles...* (⇒ **Faisceau**). *Rayons qui pénètrent dans un milieu* (⇒ **Immergent**), *en sortent* (⇒ **Émergent**) ; *rayons incidents** (II., 2. ; ⇒ **Incidence,** II., 1.), *qui se brisent*, s'infléchissent* (cit. 3 ; et → Inflexion, cit. 1). *Rayons réfractés* (⇒ **Réfraction, réfrangible, réfringent**), *réfléchis* (⇒ **Réflexion** ; **miroir...**). *Le prisme* dévie et disperse les rayons. Rayons qui interfèrent.* (⇒ **Interférence**).

5   (...) quand une propagation d'onde ne peut plus se décrire par les procédés de l'optique géométrique, par exemple quand interviennent des interférences ou de la diffraction, la notion de rayon perd entièrement son sens et l'optique physique doit renoncer à définir les rayons dans les régions où, par suite des interférences, règne une répartition compliquée des champs vibratoires lumineux.
          L. DE BROGLIE, *Physique et Microphysique,* p. 176.

6   Vers l'année 1800, Herschel constata, en promenant un thermomètre dans le spectre solaire, que le mercure montait, dans la partie invisible, située au delà de l'extrême rouge, beaucoup plus que dans le spectre visible. La découverte du *spectre infrarouge* était ainsi effectuée avec des moyens vraiment simples (...) Ce fut Ampère, vers 1835, qui, avec une hardiesse de conception vraiment géniale, affirma que ces radiations obscures se propagent, se réfléchissent, se polarisent, interfèrent, etc. exactement comme les rayons lumineux, et qu'elles en diffèrent uniquement par leur plus grande longueur d'onde, ou, ce qui revient au même, par la fréquence plus basse de leurs vibrations.
          J. LECOMTE, *le Rayonnement infrarouge,* p. V.

Rayon ordinaire, rayon extraordinaire, se dit des deux rayons en lesquels se divise un rayon lumineux après avoir frappé un cristal biréfringent (dans une autre direction que celle de son axe). *Polariser un rayon lumineux.* ⇒ **Polarisation.**

(1677). *Rayon visuel :* ligne idéale joignant un point à l'œil ; spécialt, rayon lumineux qui vient impressionner l'œil.

♦ **2.** (XVIIIe). Par anal. Phénomène physique considéré comme analogue aux rayons de lumière. *Émission de « rayons ».* ⇒ **Irradiation.** *Rayons actiniques, chimiques* (vx) ; *rayons inactiniques. Rayons calorifiques :* ancienne désignation des rayons infrarouges, parce qu'ils se décelaient plus facilement que les autres au moyen d'une élévation de température. « *Le rayon du docteur allemand, qui traverse les corps* » (→ Éclair, cit. 3, France, à propos des rayons Röntgen).

(1903, *Rev. gén. des sc.*). Vx. *Rayons électriques :* ondes radio-électriques.

Dans un discours pastichant le discours scientifique (littérature d'anticipation, notamment). *Le rayon de la mort, le rayon qui tue.*

Acoust. Ligne droite que l'on suppose être suivie par le son, lorsqu'il traverse un milieu homogène (et en négligeant les effets de diffraction).

Mod. (Plur.) Cour. *Rayons :* radiations, rayonnements. ⇒ **Radio-.** *Rayons infrarouges.* ⇒ **Infrarouge ;** et ci-dessus cit. 6, J. Lecomte. *Rayons ultraviolets.* ⇒ **Ultraviolet.** — *Rayons X* ou *rayons Röntgen* (1896 ; all. *X Strahlen,* cit. 6.1). *Rayons X* (vx : *rayons Röntgen*) : rayonnement électromagnétique de longueur d'onde beaucoup plus petite que celle de la lumière. *Le spectre des rayons X peut être continu* (rayonnement* de freinage pouvant s'étendre jusque dans le domaine des rayons γ) *ou discontinu, et caractérise dans ce cas les divers éléments. Propriétés des rayons X.* ⇒ **Radiographie, radioscopie.** *Étude des structures cristallines au moyen des rayons X. Diffraction des rayons X.*

6.1   Les rayons X et la photographie de l'invisible (...) Dès lors le grand public se passionna, et, depuis, les X strahlen — ou rayons X (c'est ainsi que dès le premier jour furent baptisés, avec grand à-propos, par leur inventeur, les nouveaux rayons aux miraculeuses propriétés.
          L. FIGUIER, *l'Année scientifique et industrielle* 1897, p. 54 (1896).

(1904, *Rev. gén. des sc.,* no 1, p. 4). *Rayons γ* (gamma) : rayonnement électromagnétique de longueur encore plus petite que celle des rayons X, émis par un noyau. — *Rayons durs,* se dit des rayons X et γ de longueur d'onde plus petite et d'énergie plus grande (par oppos. aux *rayons mous*). — (1904, *Rev. gén. des sc.,* no 1). *Rayons α* (alpha) : particules α, émises par un noyau, composées chacune de 2 protons et de 2 neutrons, et donc semblables aux noyaux de l'atome d'hélium (par ext. noyaux d'hélium en mouvement rapide). *Les rayons α sont facilement absorbés par la matière ; ils sont déviés par un champ magnétique dans un champ électrique.* — (1904, *Rev. gén. des sc.,* no 1). *Rayons β* (bêta) : flux de particules β (électrons négatifs ou positifs : positrons, ou positons) émis par un noyau produisant la désintégration β, plus pénétrant que les rayons α, mais facilement absorbés par la matière en produisant des photons. *Spectre des rayons β.* — *Rayons δ* (delta) : électrons éjectés d'un atome par d'autres particules chargées en mouvement. — (1904, *Rev. gén. des sc.,* no 1, p. 14). *Rayons cathodiques :* flux d'électrons négatifs en mouvement rapide émis par la cathode d'un tube à décharge dans un gaz, au cours du bombardement par des ions positifs. — (1904). *Rayons positifs, rayons canaux :* flux de particules ou d'ions positifs en mouvement rapide qui se produit pendant une décharge électrique dans un gaz raréfié, à travers les trous percés dans la cathode. ⇒ aussi **Tube** (de Crookes).

7 Vers la même époque (1895), Röntgen s'apercevait que si un faisceau de rayons cathodiques vient frapper un obstacle (anticathode), celui-ci devient la source de radiations très pénétrantes, les fameux Rayons X. Ceux-ci ne tardèrent pas à être reconnus comme étant des radiations de même nature que la lumière ou les ondes hertziennes, mais de fréquence beaucoup plus élevée.
L. DE BROGLIE, *Physique et Microphysique*, p. 304.

(1923). *Rayons cosmiques :* ensemble de radiations d'une grande énergie, très pénétrantes, qui atteignent la Terre en provenance de toutes les directions de l'espace, avec une égale intensité. ⇒ aussi **Rayonnement.** *Les rayons cosmiques* (rayons primaires) *se composent presque exclusivement de noyaux atomiques chargés positivement* (protons : 9/10, noyaux d'hélium : 1/10). *Rayons secondaires, qui prennent naissance par chocs entre les rayons primaires et les noyaux d'atomes de la haute atmosphère et dont la nature est très complexe* (particules positives, négatives et neutres ; mésons, hypérons...).

8 Ainsi les premières propriétés que les physiciens purent mettre en évidence avec les anciennes méthodes de détection furent, d'une part, l'origine extra-atmosphérique et le pouvoir de pénétration extraordinaire du rayonnement (cosmique), d'autre part, son indépendance des influences solaires et stellaires (...)
(...) Quels étaient donc ces rayons pénétrants, qui paraissaient frapper la terre en ayant, dans l'espace extérieur à l'atmosphère, une distribution uniforme et qui ne semblaient provenir ni du soleil, ni de la voie lactée, ni d'aucune des régions de l'univers dans lesquelles la matière est concentrée ? (...)
L. LEPRINCE-RINGUET, *les Rayons cosmiques*, p. 123.

Absolt (méd. et courant). *Rayons,* se dit de toute radiation ou de tout rayonnement pouvant avoir un effet particulier sur l'organisme, et, spécialt, rayons X, rayons ultraviolets et infrarouges, ondes courtes (radioactivité). *Le « mal des rayons » :* mal des irradiations pénétrantes. *Traitement par les rayons.* ⇒ **Actinothérapie.** *Castration par les rayons* (→ Ménopause, cit. 1).

♦ **3.** (xvie). Par métaphore, fig. Ce qui éclaire, répand la connaissance, le bonheur, etc. (⇒ **Radieux, rayonnant**...). *Faire pénétrer dans l'âme quelques rayons d'une lumière vraie* (→ Démon, cit. 29). *Émettre* (cit. 1) *un rayon. Un rayon d'espérance* (→ 1. Bas, cit. 65), *d'amour* (→ Habitant, cit. 7). *Un léger rayon d'espérance.* ⇒ **Apparence, lueur** (fig.). *Rayon de gloire* (cit. 23). *Le rayon de la poésie* (cit. 12) *pure. « Tout souffle, tout rayon... »* (→ Écho, cit. 15, Hugo). *« Le soleil noir de la mélancolie* (cit. 16, Nerval) *qui verse des rayons obscurs ».* — Littér. *Les Rayons et les Ombres,* recueil de poèmes de Hugo.

9 Quand nous en irons-nous où sont l'aube et la foudre
Quand verrons-nous, déjà libres, hommes encor,
Notre chair ténébreuse en rayons se dissoudre,
Et nos pieds faits de nuit éclore en ailes d'or?
HUGO, *les Contemplations*, VI, VIII.

Loc. métaphorique. *Un rayon de soleil :* chose ou personne qui remplit le cœur de joie.

10 Écrivez-moi tant que vous pourrez, vos lettres me sont des rayons de soleil.
FLAUBERT, *Correspondance*, 1804, mi févr. 1879.

B. ♦ **1.** (1538). Chacune des pièces allongées qui relient le moyeu d'une roue* à sa jante, en divergeant. *Rayons de bois d'une roue de charrette. Fins rayons des roues d'un phaéton* (cit. 2). *Rayons métalliques d'une roue de bicyclette*.*

11 Un soldat allemand en armes les escortait, poussant une bicyclette dont le rayon d'une roue était cassé et frottait un peu, à chaque tour, contre la fourche.
Pierre GASCAR, *les Bêtes*, p. 73.

♦ **2.** (Début xviiie). Chacun des éléments qui divergent à partir d'un centre. *Disposition en rayons.* ⇒ **Radiaire** (1.), **radié, rayonné, stellaire.** — (1765). Bot. Se dit des pédicules qui constituent une ombelle*. *Rayons médullaires d'une tige :* « les cellules rayonnantes du parenchyme général... (qui) se présentent comme des expansions du parenchyme axial ou mœlle » (Moreau). *Rayons « médullaires »* (secondaires) : lames de tissu cellulosique ou ligneux provenant de l'assise génératrice *(cambium)* d'un tronc et qui croissent dans le plan axial de ce tronc, sorte qu'en coupe transversale, elles forment les files de cellules rayonnantes (ce sont en réalité des *rayons libériens, ligneux* ou « *cambiaires* », du cambium).

12 Les membranes des cellules des rayons libériens demeurent cellulosiques, celles des rayons ligneux deviennent lignifiées. L'étendue de ces derniers varie avec les bois, dont elle permet souvent de déterminer la nature et de fixer l'utilisation.
F. MOREAU, *Botanique*, in Encycl. Pl., p. 570.

(1777). Zool. Chacune des pièces dures qui forment la charpente de la nageoire des poissons.

♦ **3.** (xviie). Géom. Segment de valeur constante joignant un point quelconque d'un cercle* (ou d'une sphère*) à son centre (abrév. r). *Le rayon est égal au demi-diamètre*. *Le rayon terrestre* (→ Fusion, cit. 1).

Par ext. Segment joignant un point fixe à un point quelconque d'une courbe (ou à une position quelconque d'un mobile). Spécialt. *Rayon vecteur :* distance du foyer d'une conique à la courbe.

Rayon de courbure d'une voie, d'un segment de voie ferrée.

Rayon de giration : coefficient qui, élevé au carré et multiplié par

la masse d'un système matériel, exprime le moment d'inertie du système autour d'un axe.

Autom. *Rayon de braquage :* rayon minimum que peut décrire la roue avant extérieure d'une voiture.

Par ext. Distance déterminée, mesurée à partir d'un point d'origine (dans toutes les directions).

13 L'endroit était élevé de cinquante à soixante pieds au-dessus du niveau de la mer. Le rayon de vue était donc assez étendu (...)
J. VERNE, *l'Île mystérieuse*, t. I, p. 361.

(1835). Loc. *Dans un rayon de* (et compl. indiquant une distance) : dans un espace circulaire de ... *Dans un rayon de dix mille nautiques autour du phare. Dans un certain rayon autour de Paris* (→ Existence, cit. 12). ⇒ **Autour.** — (1910 en aviation). — (en D.D.L.). *Rayon d'action :* distance maximale qu'un navire, un avion peut parcourir sans être ravitaillé en combustible. Fig. Zone d'activité. *Cette entreprise a étendu son rayon d'action* (⇒ **Envergure**).

Admin. *Rayon douanier :* zone de contrôle des services douaniers, près des frontières.

DÉR. Rayonnement, 1. **rayonner, rayonnisme.**
HOM. 2. **Rayon,** 3. **rayon.**

2. RAYON [ʀɛjɔ̃] n. m. — 1538, « rayon de miel »; de l'anc. franç. *ree*, v. 1120, francique *ree*, xiie, **hrâta.* Cf. le moyen néerl. *rata* « miel vierge ». ⇒ Rate, ratel. — REM. Dans la conscience du locuteur moderne le mot est souvent rattaché à 1. *rayon,* B.

♦ **1.** Chaque gâteau de cire formé par certains insectes (abeilles*, guêpes) et dont les alvéoles ou cellules sont remplies de miel* ou de couvain. *Les rayons d'une ruche*, parallèles et verticaux, comprennent deux rangs d'alvéoles* (⇒ aussi **Cadre,** 2.).

1 Quelques rayons de miel sans maître se trouvèrent,
Des frelons se les réclamèrent. LA FONTAINE, *Fables,* I, 21.

2 Il faut donc que, dans leur plan, elles *(les abeilles)* prévoient l'épaisseur définitive de chaque rayon (...) et en même temps la largeur des rues qui les séparent (...) D'ailleurs elles ne sont pas infaillibles (...) Il y a souvent trop d'espace entre les rayons ou trop peu. Elles y remédient alors du mieux qu'elles peuvent, soit en faisant obliquer le rayon trop rapproché, soit en intercalant dans le vice trop grand un rayon irrégulier. MAETERLINCK, *la Vie des abeilles,* III, xv.

♦ **2.** (1690, Furetière : voir la définition cit. 3; sens mod., mil xviiie). Planche, tablette de rangement. ⇒ **Degré, étagère.** *Ensemble de rayons.* ⇒ **Rayonnage.** *Crémaillère d'une armoire, d'une bibliothèque... à rayons mobiles* (⇒ aussi **Tasseau**). *Rayons d'une bibliothèque* (cit. 3). *Rayons garnis de livres*; par métonymie : *rayons de livres* (→ Flairer, cit. 9). *Rayons d'un casier* (→ Journal, cit. 13), *d'un vaisselier* (→ Loqueteux, cit. 1).

3 RAYON, chez les Marchands, se dit des divisions de leurs armoires en petits quarrez qui représentent les *rayons* de miel, où ils tiennent leurs marchandises proprement et en bon ordre (...) FURETIÈRE, *Dict.* (1690), art. *Rayon.*

4 (...) des livres et des paperasses garnissaient les rayons d'une bibliothèque entourant de ses trois côtés un large bureau de bois noir.
FLAUBERT, *Trois contes,* « Un cœur simple », I.

♦ **3.** (1841). Partie d'un magasin réservée au commerce d'une marchandise (→ Magasin, cit. 6). *Rayons de vente d'un grand magasin. Le rayon des manteaux, des bagages. Chef de rayon.*

5 (...) il avait eu la conscience soudaine que le classement des rayons adopté par lui, était inepte. C'était pourtant un classement d'une logique absolue, les tissus d'un côté, les objets confectionnés de l'autre, un ordre intelligent qui devait permettre aux clientes de se diriger elles-mêmes.
ZOLA, *Au Bonheur des dames,* IX.

♦ **4.** (1959). Loc. Vieilli. *C'est de votre rayon, dans votre rayon.* — Mod. *C'est votre rayon :* c'est une chose qui vous concerne, qui vous regarde. *Je regrette, ce n'est pas mon rayon.* ⇒ **District, domaine.**

6 C'est une affaire de nuance et de tact, c'est-à-dire du rayon féminin.
Léon DAUDET, *la Femme et l'Amour,* XIII.

7 Est-ce dans mon rayon? Est-ce moi que ça regarde?
J. ROMAINS, *les Hommes de bonne volonté,* t. XII, VI, p. 59.

8 (...) pour ça (...) il faudra vous entendre avec le patron. Nous, ça ne nous regarde pas, ce n'est pas notre rayon (...) N. SARRAUTE, *le Planétarium,* p. 19.

Loc. fam. *Il en connaît un rayon :* il est très compétent, très fort (dans ce domaine). ⇒ **Bout.**

9 Juges d'instruction ou de culture, c'est toujours le même mouron. Mais j'en ai eu de l'instruction, et pour la culture j'en connais un rayon.
J. PRÉVERT, *Choses et autres,* p. 270.

DÉR. Rayonnage, 2. **rayonner.**
HOM. 1. **Rayon,** 3. **rayon.**

3. RAYON [ʀɛjɔ̃] n. m. — xvie, « sillon, fossé, rigole »; *reun,* 1120; de 1. *raie.*

♦ Petit sillon tracé sur une planche labourée et ratissée ou au bord d'une allée (⇒ **Labour**). *Semer, planter en rayons :* semer les graines en ligne droite. *Un rayon de pois.*

DÉR. 2. **Rayonnage.**
HOM. 1. **Rayon,** 2. **rayon.**

1. RAYONNAGE [ʀɛjɔnaʒ] n. m. — 1874; in Littré, *Suppl.*; de 2. *rayon* (2.).

♦ Ensemble des rayons d'un meuble de rangement, d'une bibliothè-que*. Rayons assemblés pour y ranger des livres, des dossiers, etc. (→ 2. Entre, cit. 2 ; planchette, cit.). ⇒ **Étagère**. *Installer un rayonnage, des rayonnages dans un bureau.*

(...) il se dirigea vers des rayonnages sur lesquels s'empilaient des boîtes de boutons de toutes les variétés.   R. QUENEAU, le Dimanche de la vie, p. 112.

HOM. 2. **Rayonnage.**

2. RAYONNAGE [Rɛjɔnaʒ] n. m. — 1842 ; de 3. rayon.

♦ Agric. Opération par laquelle on trace les rayons dans un potager, un champ, avant d'y semer des graines.

HOM. 1. **Rayonnage.**

RAYONNANT, ANTE [Rɛjɔnɑ̃, ɑ̃t] adj. — 1611 ; de 1. rayonner.

♦ **1.** Qui présente une disposition en rayons (1. Rayon, B.), dont les éléments divergent en partant d'un centre. ⇒ **Étoile** (en), **radiant**. *Ombelle rayonnante. Fleurs rayonnantes* (→ Hibiscus, cit. 1). — *Décor rayonnant :* à motifs pointés vers le centre. — *Système rayonnant de ravins, de rigoles,* sur un cône volcanique. *Disposition rayonnante du drainage.*

Blason. *Étoile rayonnante :* étoile représentée avec de petits traits rayonnants entre ses cinq rais. *Couronne rayonnante.*

(Fin XIXᵉ). Se dit de l'art gothique de la deuxième moitié du XIIIᵉ et du XIVᵉ siècle. *Le gothique rayonnant est caractérisé par la présence de motifs circulaires rayonnants (rosaces, remplages) mais aussi par la suppression du triforium, la réduction des chapiteaux, souvent le remplacement des piles par des faisceaux de colonnettes... ; il succède en France à la période des grandes cathédrales et précède le maniérisme flamboyant*.

1   L'art gothique, dans la première moitié du XIIIᵉ siècle, malgré sa coordination puissante (...) ne se présente pas comme un classicisme doctrinaire (...) Chartres et Bourges ont encore la qualité poétique de l'invention (...) le style rayonnant, à ses débuts, n'est pas dépourvu de cette qualité vivante (...) mais il tend rapidement à la formule. Mais d'abord est-ce un style ? (...) Et ce terme des rayonnants, qui désigne une certaine disposition des remplages, permet-il de saisir tous ses caractères !   Henri FOCILLON, l'Art d'occident, II, II, II.

Archit. *Chapelles rayonnantes :*

2   C'est là *(au chevet)* que sont distribuées les chapelles abritant les reliques des Saints (...) Le plus souvent les absidioles sont groupées en collerette autour du déambulatoire (...) Ce parti des chapelles rayonnantes prévalut, et l'art roman qui l'avait reçu de l'art carolingien devait le léguer à l'art gothique.
                    Henri FOCILLON, l'Art d'occident, I, II, II.

♦ **2.** Littér. Qui émet des rayons lumineux. *Soleil rayonnant.* ⇒ **Radieux**. — *Un temps rayonnant* (→ Baigner, cit. 6).

(1821). Phys. (Vieilli). Qui se propage par rayonnement*. *Chaleur rayonnante.* ⇒ **Radiant**. *Lumière rayonnante. Pouvoir rayonnant :* émission de rayons « calorifiques » (infrarouges). *Énergie rayonnante.*

♦ **3.** (XVIIᵉ, Mᵐᵉ de Sévigné). Par métaphore et fig. Qui rayonne (1. Rayonner, 3.), répand un rayonnement* (II.). ⇒ **Radieux** (2.). — REM. *Rayonnant* évoque plus précisément *que radieux* les rayons lumineux d'une source brillante ; il ajoute à l'idée de clarté, de lumière (fig.), celle d'influence qui se répand tout autour. « *Dans son regard céleste* (cit. 12) *et rayonnant ». Rembrandt, génie singulier, moitié nocturne et moitié rayonnant* (→ Douteux, cit. 6). *Une beauté rayonnante.* ⇒ **Éclatant**.

3   Sa beauté un peu irrégulière, mais réelle, devenait rayonnante en ces moments où elle s'animait (...)   SAINTE-BEUVE, Causeries du lundi, 22 oct. 1849.

Rayonnant de... : qui exprime vivement un sentiment tel que la joie, la bonté. *Visage rayonnant de joie, de satisfaction. Rayonnante de bonne foi, de volonté* (→ Combattre, cit. 15). — *Un enfant rayonnant de santé.*

4   À la droite du Christ, se pressent avec un mouvement ascensionnel des essaims d'âmes bienheureuses, aux formes sveltes et pures, aux longues draperies chastes, aux figures rayonnantes de beauté, d'amour et d'extase, qui accueillent fraternellement les anges.   Th. GAUTIER, Voyage en Russie, I, XI.

CONTR. Obscur, sombre. — Chagrin, éteint.

RAYONNE [Rɛjɔn] n. f. — 1930 ; de l'anglo-amér. rayon, 1924, id. en franç., *in* Höfler ; du franç. *rayon,* à cause de l'aspect brillant de cette matière.

♦ Fibre textile artificielle (cellulosique), dite aussi *soie artificielle*. — Cette matière, employée en fibres continues (opposé à *fibranne**). *Rayonne à l'acétate de cellulose, à la cellulose sodique* (⇒ **Viscose**). — Par ext. Étoffe, tissu de rayonne. *Rideaux en rayonne.*

RAYONNÉ, ÉE [Rɛjɔne] adj. et n. m. pl. — 1765 ; → 1. Rayonner.

♦ **1.** Disposé selon des rayons. ⇒ **Étoilé**. *Symétrie rayonnée,* des êtres vivants dont les mêmes organes se répètent autour d'un axe, à intervalles réguliers. *Symétrie rayonnée de l'étoile de mer, de l'oursin.*

N. m. pl. (1842). LES RAYONNÉS : ancienne division du règne ani-mal comprenant les cœlentérés, les échinodermes. — Au sing. *Un rayonné.*

♦ **2.** (1842). Orné de rayons figurés. *Nimbe rayonné. Tête rayonnée* (sur une médaille).

RAYONNEMENT [Rɛjɔnmɑ̃] n. m. — 1558 ; rare av. le romantisme ; de 1. rayonner.

Fait de rayonner ; ce qui rayonne.

★ **I.** ♦ **1.** (1827). Émission et propagation d'un ensemble de radiations avec transport d'énergie et émission de corpuscules. *Rayonnement des astres ; rayonnement solaire. Rayonnement thermique de la terre.*

1   (...) un tel récepteur *(universel)* est réalisé par un appareil thermométrique, qui absorbe le rayonnement tombant sur sa surface et transforme son énergie en chaleur, décelant le rayonnement et mesurant son intensité par le débit de chaleur ainsi produit. Un aveugle, tout comme un voyant, peut se chauffer au soleil, ou même au rayonnement non visible d'un poêle. Multipliez par des millions ou par des milliards la sensibilité calorifique de l'épiderme, et vous aurez un appareil capable de déceler tout rayonnement et d'en mesurer impartialement l'énergie ; le thermomètre dont la surface noircie absorbe tout rayonnement qui le rencontre, et doué d'une sensibilité infiniment plus grande que celle de nos thermomètres ordinaires, constituera l'appareil universel pour déceler les radiations et en mesurer l'intensité énergétique (...)
                    Ch. FABRY, Préface à l'Ultra-violet, de Th. LYMAN, p. XIII.

2   Plusieurs animaux rassemblés et resserrés se réchauffent entre eux, car ainsi diminue le rayonnement de chacun par diminution de la surface exposée.
                    VALÉRY, Mélange, Instants, in Œ., t. I, Pl., p. 393.

Rayonnement d'un corps radioactif. ⇒ **Radioactivité**.
Occultisme. Fluide.

♦ **2.** Phys. Ensemble de radiations* de nature similaire ou voisine, mais dont les longueurs d'ondes et les énergies peuvent être différentes. — REM. La *radiation* est en principe simple et homogène (« monochromatique »), le *rayonnement* peut être complexe et hétérogène ; mais *rayonnement* peut s'employer dans les deux cas : *rayonnement simple* (⇒ **Radiation**), *complexe, homogène, hétérogène, monochromatique. Rayonnements corpusculaires ; rayonnements électromagnétiques.* — *Rayonnement visible, infra-rouge ; ultraviolet.* ⇒ **Rayon**. *Rayonnement ionisant. Rayonnement de freinage :* rayonnement électromagnétique émis par suite de l'accélération subie par un électron au voisinage d'un noyau. — *Rayonnement noir* (cit. 6), *du corps noir*. *Constantes de rayonnement,* qui interviennent dans le cas d'un corps noir, pour son émission globale, pour la répartition de l'énergie dans le spectre, etc. — *Rayonnement cosmique.* ⇒ **Rayon** (cosmique). *Rayonnement primaire, secondaire* (rayons cosmiques, émission électronique...).

3   Tout corps solide chauffé à haute température émet un *rayonnement visible*. L'analyse spectroscopique de ce rayonnement montre que son spectre est continu et qu'il se prolonge avec une grande intensité dans l'infrarouge. Si la température est peu élevé (par exemple 200 ºC) aucune radiation visible n'est émise, mais le rayonnement n'est nullement supprimé ; il est entièrement infrarouge.
On est amené à conclure que ce rayonnement, par la surface d'un corps solide, se produit à *toute température* (excepté au zéro absolu), c'est par lui que se produisent (indépendamment du transport par conductibilité ou convection de l'air) les échanges d'énergie entre un corps et les parois de la salle qui le contient, si ce corps et les parois sont à des températures différentes.
                    Ch. FABRY, Introd. générale à la photométrie, p. 113.

4   C'est donc le *rayonnement solaire,* qui est la source de toute l'énergie disponible sur la Terre, c'est son intensité qui règle les diverses régions de notre globe et y permet le développement de la vie sous toutes ses formes. L'importance des effets des diverses radiations qui le composent n'est d'ailleurs en aucune façon proportionnelle à l'impression lumineuse qu'elles produisent sur l'œil : en particulier, il n'est pas possible de ne pas tenir compte, dans l'étude de ses divers effets, des radiations infrarouges et ultraviolettes qu'il contient, bien que l'œil n'y soit pas sensible.   Georges BRUHAT, le Soleil, p. 17-18.

5   Le problème de l'origine du rayonnement cosmique est, à coup sûr, l'un des plus passionnants de ceux qui se posent. D'où provient ce rayonnement qui semble remplir de façon isotrope l'espace dans lequel se déplace notre terre ? Est-il créé dans notre galaxie au sein des étoiles, des novæ, des étoiles doubles ou même du soleil ? ou bien encore dans les lointaines nébuleuses ? ou sinon dans les immenses espaces interplanétaires à peu près vides de toute matière, espaces dans lesquels les atomes sont relativement aussi éloignés les uns des autres que le sont les astres dans l'univers.   L. LEPRINCE-RINGUET, les Rayons cosmiques, p. 306.

♦ **3.** Littér. Lumière rayonnante, clarté. *Le rayonnement des cierges* (→ Assoupir, cit. 8). — REM. Même au sens propre, ce mot entraîne souvent l'idée de bonheur, de joie, etc. qu'exprime le sens II.

6   De temps en temps, elle voyait le rayonnement d'une chandelle à travers la fente d'un volet, c'était de la lumière et de la vie, il y avait là des gens, cela la rassurait.
                    HUGO, les Misérables, II, III, V.

7   (...) le lustre descendit du plafond, versant, avec le rayonnement de ses facettes, une gaieté subite dans la salle (...)   FLAUBERT, Mᵐᵉ Bovary, II, XV.

8   (...) ces longs cils, qui se levaient et s'abaissaient avec lenteur, voilant et dévoilant le jet lumineux des prunelles comme le rayonnement intermittent d'un phare.
                    MARTIN DU GARD, les Thibault, t. VIII, p. 242.

★ **II.** (Mil. XIXᵉ). Fig. Influence heureuse, éclat (fig.) excitant l'admiration. *De quel rayonnement se nimbait* (cit. 2) *son beau visage.* ⇒ **Joie, satisfaction...** *Un extraordinaire rayonnement émanait* (cit. 6) *de tout son être. Le rayonnement de sa présence* (cit. 3). (Av. 1854). *Le rayonnement de la gloire. Rayonnement d'une œuvre, d'un pays, d'une civilisation* (→ Prestige, cit. 7). *Politique de rayonnement et de prestige.*

9 Ils s'avançaient (...) au milieu d'un tel rayonnement de félicité, qu'ils semblaient marcher dans une gloire. ZOLA, le Dr Pascal, VIII.

10 (...) cet inexprimable sentiment du mystère des choses où notre esprit s'abîme dans un rayonnement de beauté, comme le soleil couchant dans la mer (...) PROUST, les Plaisirs et les Jours, p. 124.

11 (...) tout l'éclat du jour se concentrait sur le rectangle blanc du front, auquel il prêtait le rayonnement du génie (...) MARTIN DU GARD, les Thibault, t. II, p. 26.

12 Il se disait : « Elle est une lampe voilée. Sa lumière est certaine, mais elle manque de rayonnement ». MONTHERLANT, Pitié pour les femmes, p. 110.

1. RAYONNER [Rɛjɔne] v. — 1549; dér. de 1. *rayon.*

A. ♦ 1. Littér. Répandre de la lumière*, des rayons* lumineux. ⇒ **Irradier.** — REM. *Rayonner,* comme «irradier», n'est pas du langage courant (qui emploie *éclairer*); il évoque la lumière d'une source de rayons. — *Briller et rayonner* (→ Cristal, cit. 15). *Des éclaboussements d'étincelles rayonnaient comme des soleils* (→ Marteau, cit. 1). *«Non, le jour rayonnait dans un azur sans bornes»* (→ Encens, cit. 6).

1 Et rien, ni votre amour, ni le boudoir, ni l'âtre,
Ne me vaut le soleil rayonnant sur la mer.
BAUDELAIRE, les Fleurs du mal, «Spleen et idéal», LVI, II.

2 La lampe rayonnait comme une fournaise au milieu de rougeâtres ténèbres (...)
MARTIN DU GARD, les Thibault, t. II, p. 140.

♦ 2. (V. 1850). Se propager par rayonnement (⇒ **Radiation, rayonnement, radiateur**). *Chaleur qui rayonne.*

♦ 3. Fig. (V. 1800). Répandre comme une lumière, un rayonnement... ⇒ **Briller, émaner** (→ Lumineux, cit. 7, Joubert). *Ce rire intérieur qui fait rayonner le visage* (→ Frotter, cit. 14). *Rayonner de joie*, *de bonheur...* ⇒ **Éclater,** 3. **radier** (vx). — Absolt. Exprimer le bonheur.

2.1 Passepartout fut sonné. Il arriva aussitôt. Mr Fogg tenait encore dans sa main la main de Mrs Aouda. Passepartout comprit, et sa large face rayonna comme le soleil au zénith des régions tropicales.
J. VERNE, le Tour du monde en 80 jours, 1873, p. 320.

Se répandre, se manifester comme une clarté. *La grâce de Dieu devrait rayonner de vous* (→ Grâce, cit. 32). *Civilisation, culture qui rayonne dans le monde.* ⇒ **Développer** (se), **propager** (se).

3 Ma vie, à moi, s'est restreinte, tandis que la tienne a grandi, a rayonné. L'amour est profondément égoïste, tandis que la maternité tend à multiplier nos sentiments.
BALZAC, Mémoires de deux jeunes mariées, Pl., t. I, p. 308.

4 Il eût été beau que monseigneur Bienvenu n'eût pas été royaliste et que son regard ne se fût pas détourné un seul instant de cette contemplation sereine où l'on voit rayonner distinctement, au-dessus du va-et-vient orageux des choses humaines, ces trois pures lumières, la Vérité, la Justice, la Charité.
HUGO, les Misérables, I, I, XI.

5 Je vois luire son œil d'où rayonne la haine (...) HUGO, Ruy Blas, II, I.

♦ 4. Trans. **a** Littér. *Rayonner l'amour autour de soi* (→ Dénuer, cit. 4).

6 Il rêve d'être comme eux, de rayonner cet amour, dont quelques rayons perdus illuminent sa misère d'un sourire divin. Être dieu à son tour, être un foyer de joie, être un soleil de vie ! (...)
R. ROLLAND, Jean-Christophe, Le matin, I, p. 147.

7 Aucune musique au monde ne rayonne une telle force de foi.
R. ROLLAND, Voyage musical au pays du passé, III.

b Sc., techn. Émettre (un rayonnement).

B. ♦ 1. (1760). Être disposé en rayons, en lignes divergentes autour d'un centre*. *Rayonner en étoile* (→ Capillaire, cit. 3). *Cils* (cit. 1) *qui rayonnent autour des yeux. Pointes qui rayonnent* (→ Coquille, cit. 4).

8 (...) Badmington en Glocester, qui est une résidence d'où rayonnent une foule d'avenues comme d'une étoile.
HUGO, l'Homme qui rit, I, Chapitre préliminaire, I, III.

(En parlant de l'image conventionnelle du soleil, des étoiles...). *Le prêtre posa son grand soleil d'or* (l'ostensoir) *qui rayonnait* (→ Encensoir, cit. 1).

♦ 2. Par ext. Se répandre, se manifester dans toutes les directions*. ⇒ **Irradier.** *Douleur qui rayonne.*

♦ 3. (Mil. xxᵉ). Se déplacer dans un certain rayon. *Service de cars qui rayonne autour d'une ville. Rayonner dans la région* (en partant d'un point donné).

DÉR. **Rayonnant, rayonnement.**
HOM 2. **Rayonner,** 3. **rayonner.**

2. RAYONNER [Rɛjɔne] v. tr. — 1869; de 2. *rayon.*

♦ Rare. Garnir de rayons, de rayonnages. *« J'ai fait rayonner cette pièce pour y mettre mes livres »* (Académie).

HOM. 1. **Rayonner,** 3. **rayonner.**

3. RAYONNER [Rɛjɔne] v. intr. — 1869; de 3. *rayon.*

♦ Agric. Tracer des rayons (⇒ 3. **Rayon**) dans un champ, un jardin.

HOM. 1. **Rayonner,** 2. **rayonner.**

RAYONNEUR [Rɛjɔnœʀ] n. m. — 1842; de 3. *rayonner.*

♦ Agric. Dispositif qui trace le rayon où les semences sont disposées, sur un semoir*.

RAYONNISME [Rɛjɔnism] n. m. — 1913; de 1. *rayon.*

♦ Hist. de la peint. École de peinture issue du futurisme et développée à partir de 1912 en Russie.
En 1911-12, apparaît, en Russie, le *Rayonnisme,* de LARIONOW et Nathalie GONTCHAROWA issu, en partie, du *Futurisme* lors des conférences de Marinetti à Moscou et à Saint-Pétersbourg en 1910. Le manifeste le définissant date de 1913. Un tableau «rayonniste» doit *glisser* hors du temps et de l'espace, suggérer une quatrième dimension par des rayons de couleurs parallèles ou contrastées (...)
Maurice GIEURE, la Peinture moderne, p. 97.

DÉR. **Rayonniste.**

RAYONNISTE [Rɛjɔnist] adj. — 1913; de *rayonnisme.*

♦ Hist. de la peint. Vx. Du rayonnisme. *Peintres rayonnistes.* — N. *Les rayonnistes russes.*

RAYURE [Rɛjyʀ, ou, plus cour., Rɛjyʀ] n. f. — 1530, «action de rayer, de biffer»; *rainure* «état d'une étoffe mal fabriquée», XIVᵉ; de *rayer.*

♦ 1. Vx. Manière dont une étoffe est rayée. — (1690). Partie d'une surface qui est rayée*, recouverte de bandes, de lignes d'une couleur différente de celle du fond. *Rayure d'une étoffe.* «*Une rayure noire et blanche qui s'étend jusque sous les ailes* » (Buffon, in Littré).

♦ 2. (1690). Mod. Chacune des bandes, des lignes qui se détachent sur un fond de couleur différente (dans ce sens, *rayure* s'emploie surtout au plur.). ⇒ **Bande.** *Rayures d'un dessin.* ⇒ **Hachure, trait.** *Maillot* (cit. 7) *à rayures noires. Étoffe à rayures* (→ aussi Occasion, cit. 13). *Rayures sur le pelage d'un animal.* ⇒ **Zébrure.**

(Le soleil) éclairait longuement, en y traçant des rayures d'ombre et de lumière, un grand pays plat, tristement coupé de vignobles, de guérets et de marécages (...)
E. FROMENTIN, Dominique, I.

♦ 3. (1829). Éraflure sur une surface. *Rayures sur un meuble, une reliure.* ⇒ **Griffure.** *Rayures d'une glace* (cit. 27). — Entaille allongée de forme régulière. ⇒ **Entaille, raie, rainure, sillon, strie.** *Les rayures sont parfois employées comme ornement en architecture.*

♦ 4. (1680). Spécialt. Chacune des rainures ménagées à l'intérieur du canon d'une arme à feu afin de rendre le projectile plus stable sur sa trajectoire. *Rayures d'un canon, d'un fusil. Rayures droites* (ancienn), *rayures en spirales, à pas constant, à pas progressif. Flanc, fond, profil d'une rayure.*

RAZ ou RAS [Rɑ] n. m. invar. — 1842; *ras,* v. 1360; breton *raz,* de l'anc. scandinave *râs* «courant d'eau».

♦ 1. Mar. Courant marin violent qui se fait sentir dans un passage étroit. — *Raz de courant :* remous formé par la rencontre de courants de marée (ou de veines de courants de marée) qui arrivent de différentes directions (⇒ aussi **Mascaret**).

1 (...) le courant (...) portait presque plein est, à 2 nœuds, entre les îles Jason et les Falklands où nous aurions passé, pour le moins, un très mauvais quart d'heure dans les raz de courant, avec peut-être l'occasion de perdre assez de plumes pour remplir un édredon. Bernard MOITESSIER, Cap Horn à la voile, p. 232.

(1484). Régional (Bretagne, Normandie). Surtout dans des noms propres. Passage resserré où se produit un tel courant. *Le raz de Sein, de Barfleur. La pointe du Raz* (du raz de Sein). *Le raz Blanchard* (à l'ouest du Cotentin, entre le cap de la Hague et l'île d'Aurigny).

♦ 2. (1680). Cour. **RAZ DE MARÉE** ou **RAZ-DE-MARÉE** [Rɑdmaʀe] : vague isolée et très haute, d'origine sismique ou volcanique, qui pénètre profondément dans les terres. *Des raz de marée* (→ Nature, cit. 55). *Au Japon les raz de marée sont fréquents et provoquent de véritables catastrophes.* ⇒ **Tsunami.**

(Mil. xxᵉ). Fig. Bouleversement moral, social ou politique qui détruit l'équilibre existant. ⇒ **Marée.** «*Le leader radical est écarté de Lorraine par un raz de marée socialiste* » (la Croix, 26 sept. 1978).

2 Pour nombreux qu'ils aient été, les raz-de-marée qui emportent, avec les valeurs d'une société, cette société elle-même, n'emplissent point le passé, dont le rythme

fut celui d'une métamorphose assez lente, parent de celui de la vie humaine, et brisé comme ce dernier par maladies et accidents.
MALRAUX, les Voix du silence, p. 413.

HOM. 1. **Ras**, 2., **ras**, 3. **ras**.

RAZZIA [ʀadzja ; ʀazja] n. f. — 1841 ; arabe d'Algérie *ğăzyă(h)*, arabe class. *ğăzwăh* «incursion militaire».

♦ **1.** Attaque qu'une troupe de pillards lance contre une tribu, une oasis, une bourgade, afin d'enlever les troupeaux, les récoltes, etc. ⇒ **Incursion, raid.**

0.1   Leur aga, surnommé Abd-el-Razibus par nos troupes pour son penchant à la razzia, vient d'être blessé.   A. ROBIDA, le Vingtième Siècle, p. 212 (av. 1900).

♦ **2.** Fam. et vieilli. Rafle de police.

1   La fourmilière avait été écrasée. Visiblement une mesure de police avait été prise. Il y avait eu ce qu'on appellerait de nos jours une razzia.
HUGO, l'Homme qui rit, II, IX, II.

Mod. et fam. *Faire (une) razzia sur qqch.*, l'enlever par surprise ou par violence.

2   Il y en a qui veulent déjà souper, par enfantillage, à peine remis de leur grand dîner ; ils ont encore été faire razzia du côté de certaine flaque d'eau où tous les poulets et les canards échappés du feu se sont réunis (...)
LOTI, Figures et Choses..., «Trois journées de guerre», III.

3   Et je me débrouillais pour le faire manger à sa faim. Ce n'était pas une petite affaire. Je fauchais la viande de nos officiers. Je faisais des razzias chez les artilleurs. Je partais en expédition dans les villages de l'arrière.
B. CENDRARS, la Main coupée, Œ. compl., t. X, p. 13.

DÉR. Razzier.

RAZZIER [ʀadzje ; ʀazje] v. tr. — 1843 ; de *razzia*.

♦ **1.** Exécuter une razzia (1.) contre (qqn, qqch.). *Razzier un village.* ⇒ **Piller, saccager.** — Figuré :

1   Puis elle (*la foule*) fonça à Saint-Claude razzier la villa et redescendit sur Basse-Terre pour jeter dans le port le parc automobile de la famille.
Claude COURCHAY, La vie finira bien par commencer, p. 137.

♦ **2.** Enlever au cours d'une razzia.

2   (*Les Indiens*) avaient pris les armes, incendiaient les meules et les granges, assassinaient en plein jour les bergers isolés et razziaient le bétail.
B. CENDRARS, l'Or, 1925, t. II, p. 173.

3   De par toutes les provinces, les résistants noirs razzient des captifs noirs, et paient de cette monnaie, aux marchands, chevaux, poudre, armes, augmentant ainsi, par hordes, les colonnes incessantes du nombre des esclaves, tandis que, de leur côté, les Blancs gagnent du terrain.
Yambo OUOLOGUEM, le Devoir de violence, p. 36.

Rb [ɛʀbe] Symbole chimique du rubidium.

rd Symbole du radian*.

RE [ɛʀe] Symbole chimique du rhénium*.

RE-, RÉ-, R- du lat. *re*, indiquant un mouvement en arrière.
Élément qui, antéposé à un verbe ou à un dérivé de verbe (noms d'action), produit des verbes, des substantifs et des adjectifs verbaux, et qui indique :

♦ **1.** Le fait de ramener en arrière* : *rabattre, recourber, reculer, retirer...*, et, par ext., l'opposition : *repousser, refouler, etc.*

♦ **2.** Le retour à un état antérieur : *ramener, refermer, rétablir, rhabiller, etc.*

♦ **3.** La répétition (sens itératif). ⇒ **Encore, nouveau** (à) : *redire, refaire, rejouer, réaffirmer...* ⇒ **Recommencer** (à... dire, faire, etc.).
— REM. La composition des verbes avec *re-* obéit aux nécessités de l'euphonie et de la clarté : on emploie *ravoir* (de *avoir*) mais non pas «*il ra*» ; on ne dit pas «*il rose*» (de *oser*), etc. On trouve souvent le composé accompagnant la forme simple : *il frappe et refrappe sans succès* ; une *viande cuite et recuite*. *Re-* peut être mis devant *dé-* : *redéfaire, redéshabiller*, et redoublé par plais. et familièrement : *je lui renvoie son cadeau, il me le rerenvoie !*

1   Mon chapitre est fini. Je l'ai recopié hier (...) Aujourd'hui je le re-recorrige, et je le re-recopie. À chaque nouvelle lecture, j'y découvre des fautes !
FLAUBERT, Correspondance, 1927, 11 janv. 1880.

♦ **4.** Le renforcement, l'achèvement : *réunir, ramasser, relier...* (cette valeur n'est plus productive).

♦ **5.** Sens équivalent de celui de la forme simple moins usitée ou réservée à d'autres emplois : *raccourcir, raffermir, ralentir, récurer, remplir, rentrer, etc.*
REM. Sur la forme du préfixe : ⓐ *Re-* s'élide normalement devant une voyelle (*rattacher, remporter, réchauffer, rouvrir...*) ou un *h* muet (*rhabiller*), mais on a tendance à employer *ré-* au lieu de *r-* (*réapprendre, réassortir, réélire, réentendre, réhabituer, réinventer, réorganiser...*) d'après les mots issus du latin (*réintégrer, réitérer...*) générált par souci de clarté et d'euphonie.

ⓑ Devant les mots commençant par un *s*, l's est générált redoublé (*ressaisir, ressortir*) mais le *e* qui précède reste sourd (re-sortir). Parfois l's n'est pas redoublé, notamment dans les formations récentes (*resaler, resalir, resituer...*) et garde la prononciation *ss*.

2   *Re* marque en latin, soit le rétablissement dans le premier état, soit l'augmentation, soit la rétrogradation, soit l'opposition, soit enfin la réciprocité. Il a conservé tous ces sens en français (...) Il existe un certain nombre de verbes composés avec la préposition *à*, qui combinés avec *re*, ont *ra* comme syllabe initiale (...) sous l'influence de ces composés réguliers, la particule *re* est devenue dans beaucoup de mots *ra* : *rafraîchir, rassasier, ravauder...*
La langue populaire fait un usage abusif de *re* : elle en affaiblit ou en efface complètement la valeur (...) : *récurer, remplir, renforcer...*
Cette particule se présente tantôt sous la forme *re* (...) tantôt sous la forme *ré*. La forme ancienne est *re*, qui élidait l'*e* devant une voyelle : *raccourcir, rapprendre. Ré* ne devrait se trouver que dans les cas où *re* précédait des verbes composés avec la particule *es* : *récurer* (de *escurer*), *réjouir* (anc. *resjouir*) ; mais, sous l'influence de la prononciation latine, *ré* a été substitué à *re* dans un certain nombre de mots (...) afin d'éviter l'élision : *réajourner, réappeler, réunir*, etc. De là parfois dans la langue de véritables doublets, comme *recréer, récréer* (...) l'un étant le composé français *re + créer* (...) l'autre le mot latin *recreare* (...)
A. DARMESTETER, Traité de la formation de la langue franç., p. 84, *in* HATZFELD.

REM. Le [ə] du préfixe *re-* se prononce toujours au début d'un groupe rythmique, dans la conversation soignée (ex. : remarquez bien [ʀəmaʀkebjɛ̃]). Il peut tomber dans la conversation familière (ex. : remarquez bien [ʀmaʀkebjɛ̃]) ou, même dans la conversation soignée, à l'intérieur d'un groupe rythmique (ex. : j'ai remarqué [ʒɛʀmaʀke]).

La productivité de ce préfixe pour exprimer la répétition est très grande :

ⓐ Pour former des verbes (classés ici par ordre alphabétique).

3   La vieille salle dorée avait supprimé ou réabsorbé ses sens nouveaux (...)
GIRAUDOUX, Siegfried et le Limousin, p. 277.

4   Jean qui était depuis quelque temps dans la plus complète prostration intellectuelle, sentit tout à coup au nom de Carlyle des idées réaffluer à sa pensée comme si on lui avait administré une dose énergique de café.
PROUST, Jean Santeuil, Pl., p. 442.

5   Je ne veux point réavaler ces couleuvres.   Léon BLOY, le Désespéré, p. 166.

6   (...) les syllabes familières et pleines de sens (*Camembert pour Cambremer*) venaient au secours du jeune employé quand il était embarrassé par ce nom difficile, et étaient immédiatement préférées et *réadoptées* par lui (...)
PROUST, Sodome et Gomorrhe, Pl., t. II, p. 857.

7   (...) faisant éclater ses bandages, se déchirant à nouveau, se *rebroyant* lui-même, dans des convulsions omnipotentes qu'aucun bras d'homme n'eût été capable de réprimer !   Léon BLOY, le Désespéré, p. 263.

8   Je la froisser le papier ; le rouler entre mes doigts.
(...) — Déchirez donc ça — lui dis-je d'une voix contractée. Mais, soudain, elle *redéplia* le papier, passa sa main dessus pour l'aplanir (...)
GIDE, Geneviève, Pl., p. 1354.

9   Parfois, d'un effort d'absence, Martin réussissait à réemboîter les deux silhouettes l'une dans l'autre, mais celle de Grandgil reprenait aussitôt sa place. Les deux têtes, puis les deux bustes, devinrent distincts.
M. AYMÉ, le Vin de Paris, «Traversée de Paris», p. 75.

10   Tu n'as pas besoin de m'envoyer les mémoires de Lafarge. Je les demanderai ici. Bouilhet t'a écrit hier et te ré-embrasse.
FLAUBERT, Correspondance, t. II, éd. Conard, p. 381, *in* D.D.L. (qui atteste le mot en 1831 chez Eugène Sue), II, 6.

11   Sous la XXIIᵉ dynastie, les momies des grands rois thébains avaient été réemmaillotées et rassemblées dans quelques tombes, par les soins des prêtres.
MALRAUX, Antimémoires, Folio, p. 58.

12   Pendant que vous parliez, je me sentais *réenvahi* des pieds à la tête par ma flamme d'autrefois.   J. ROMAINS, les Hommes de bonne volonté, t. XXII, p. 150.

13   La boîte est maintenant bien en sûreté — sur le marbre noir, fêlé, de la commode — renfermée, rempaquetée, *reficelée*. Mais le retour, pour la rapporter ici depuis chez eux, n'a pas été facile, au milieu des patrouilles. Le chemin n'était pas très long, heureusement.   A. ROBBE-GRILLET, Dans le labyrinthe, p. 213.

14   L'ivrogne croit n'avoir pas lancé la boulette, et en refait une qu'il lance de nouveau. Le chat la *regobe* et change de place (...)
Robert PINGET, Graal Flibuste, p. 6.

15   Quelle cambuse. «Je n'y *reficherai* jamais les pattes.»
A. GILL, la Muse à Bibi, p. 92, 1879, *in* D.D.L., II, 15.

16   L'homme, naturellement esclave, se *rattache* (...) avec délices, dans le cloaque cent fois maudit et relèche, avec un attendrissement canin, les semelles cloutées qui se posèrent si souvent sur sa figure (...)   Léon BLOY, le Désespéré, p. 121.

17   Jeannie m'a re-répété combien tu as remué ton monde, exécutant prestigieux de mes vers.
VALÉRY, *in* GIDE-VALÉRY, Correspondance, 1917, p. 454, *in* D.D.L., II, 15.

18   Je l'ai *replaqué* et j'ai été boire avec Brice Parain.
S. DE BEAUVOIR, la Force de l'âge, p. 307.

19   Mon escorte d'autrefois s'est *repelotonnée*, elle m'entoure. Mais je marche sans ralentir, les yeux à terre, j'ai peur. S'il y a un flic dans le lot, si...
A. SARRAZIN, l'Astragale, p. 154.

20   Le commandant *resanglait* son ceinturon. Le buste était puissant, probablement bardé de muscles de lutteur 1900, avec un soupçon de ventre en dessous, un torse de vieux forain.   Armand LANOUX, le Commandant Watrin, p. 46.

Associé à la forme simple du verbe :

21   Photographié et *rephotographié*, il se montra peu brillant et ne sut que répondre à la plupart des questions qui lui furent posées.
M. AYMÉ, le Vin de Paris, «La bonne peinture», p. 222.

22   À force de sulfater, *resulfater*, badigeonner à la nicotine et pulvériser à l'arsenic (...)   Jacques PERRET, Bâtons dans les roues, p. 273.

23   Montherlant, avec qui je suis brouillé et *rebrouillé* depuis des années, nous attendait à l'Élysée.   F. MAURIAC, le Nouveau Bloc-notes 1958-1960, p. 340.

On peut évidemment signaler d'autres formes attestées plus ou moins fréquentes : *réacclimater* (1892, *in* D.D.L.) ; *réafficher* (1892, *in* D.D.L.) ; *réaimanter* (*Année sc. et industr.*, 1883, p. 111) ; *réaimer* (Proust, *Jean Santeuil*, Pl., p. 749) ; *se réallier* (M. Perrein, *Entre chienne et louve*, p. 196) ; *réautoriser* (1890, *in* D.D.L.); *rebander* (érotique : Sade, *120 journées...*, I, p. 120); *reboxer* (*l'Auto, in* G.L.L.F.); *rechopper* («rattraper» : A. Sarrazin, *la Cavale*, p. 215); *recolorer* (Du Bellay, Gide, *in* G.L.L.F.); *recoordonner* (Queneau, *le Chiendent*, p. 123); *redégringoler* (1884, *in* Esnault); *réétalonner* (*la Recherche*, juin 1981, p. 754); *réempester* (1832, *in* D.D.L.); *réenchaîner* (1791, *in* D.D.L.); *(se) réemparer* (1877, Littré, *Suppl.*); *(se) réenkyster* (Ikor, *les Fils d'Avrom*, p. 656); *réétudier* (*Sciences et Avenir*, juin 1981, p. 21); *refourguer* (*Actuel*, févr. 1980, p. 38); *refranciser* (1792, *in* D.D.L.); *regalvaniser* (Gautier, *in* D.D.L.); *reméditer* (1513, puis 1875, Larousse; Flaubert, *in* G.L.L.F.); *remuscler* et *se remuscler* (*l'Express*, 21 mars 1981; *F Magazine*, févr. 1981); *renormaliser* (une théorie; *Sciences et Avenir*, avr. 1981, p. 71); *rentraîner* (*Petit Larousse* 1974); *rentrouvrir* (*Petit Larousse* 1974); *renvelopper* (*Petit Larousse* 1974); *réoxyder* (*Année sc. et industr.* 1869, p. 180); *réoxygéner* (*Science et Vie*, n° 106, p. 104); *rephotographier* (*Année sc. et industr.* 1898, p. 384); *resocialiser* (*la Clé des mots*, 1974); *resynthétiser* (*la Recherche*, juil. 1981, p. 832); *retrahir* (*l'Humanité* 1964, *in* Lochwitz); *revirginiser* (1958, *in* D.D.L.); *reviriliser* (1719, *in* D.D.L.).

[b] Avec des noms dérivés de verbes : *réaffichage* (A. Callet, *Lettre à Vallès, in* D.D.L., II, 6; *réaffranchissement* (Babeuf, 1795, *in* D.D.L.); *réassociation* (didact.; J. Monod, *le Hasard et la Nécessité*, p. 113); *recoloration* (1869, *in* Littré); *recivilisation* (1921, traduction de H. G. Wells, *in* D.D.L.); *recolonisation* (*Sciences et Avenir*, mai 1978, p. 42); *refloraison* (Willy, *in* D.D.L.); *réharmonisation* (*l'Année biol.*, 1897, p. 698); *renormalisation* (*la Recherche*, mars 1975, p. 286); *reprogrammation* (*Sciences et Avenir*, n° 415, p. 52).

REM. 1. Dans certains cas, le composé est induit par un autre composé (en *dé-*), et non pas par un verbe simple.

24   Quand je me sens trop étranger à mon époque, il n'est pour moi que de revenir à mes grenouilles. La nature me repayse.
      Jean ROSTAND, Inquiétudes d'un biologiste, p. 141, *in* D.D.L.

2. Dans l'usage familier, *re-* peut se combiner avec d'autres noms, avec la valeur de «encore» (→ *Belote** et rebelote); cet emploi est très naturel avec des noms à valeur verbale (exclamation, ordre...). *Zut et rezut! «Remerde»* (*F. Magazine*, mars 1981, p. 114). Avec des noms concrets, l'emploi est plus marqué.

25   Je crois que *Mauprat* peut avoir un *resuccès*.
      G. SAND, Lettre à Duquesnel, févr. 1875.

26   Donc, à demain jeudi, 8 h 1/2 sans faute.
Re-excuses et bien amicalement.
      A. JARRY, Correspondance, *in* Œ. compl., t. VII, p. 298 (1906).

27   (...) elle me dit : «Alors demain, *re-Verdurin*, vous n'oubliez pas que c'est vous qui venez me prendre.»   PROUST, Sodome et Gomorrhe, Pl., t. II, p. 1113.

28   Pied à terre! À cheval! *Repied* à terre!
      CÉLINE, Voyage au bout de la nuit, p. 28.

29   Je pourrais rengager, suggéra Valentin, il y aurait la prime. Que je *re-sois remilitaire* tout de suite ou dans trois mois (...)
      R. QUENEAU, le Dimanche de la vie, p. 249.

30   Elle avait un garçon d'un premier mari remarié et *re-père* par la suite.
      F MAGAZINE, juin 1981, p. 62.

31   Obonne, villas, villas et revillas.   R. QUENEAU, le Chiendent, p. 176.

Devant un syntagme adverbial :

32   Je chope le combiné, le cœur battant. Sans doute est-ce le Vieux qui m'appelle? Et re-sans doute va-t-il m'apprendre du nouveau?
      SAN-ANTONIO, le Secret de Polichinelle, p. 106.

3. La langue parlée familière emploie *re*, seul, dans un contexte clair, avec le sens de «on recommence, on remet ça» (cf. Simonin, Boudard, *in* D.D.L.).

RÉ [ʀe] n. m. — XIIIe; mot lat., première syllabe de *resonare* dans l'*Hymne de saint Jean-Baptiste* de Gui d'Arezzo, mort en 1050.

◆ Mus. Deuxième note de la gamme d'ut. *Ré dièse, ré bémol. Gamme, ton de ré majeur, ré mineur.* — Le signe qui représente cette note.

HOM. Rhé, rez.

1. RÉA [ʀea] n. m. — 1839; corruption de *rouet* par une forme *rua*.

◆ Techn., mar. Roue d'une poulie*. *Poulie à un, deux réas.*

2. RÉA [ʀea] n. f. — Mil. XXe; apocope de *réanimation*.

◆ Argot médical. Réanimation. *Travailler en réa*, dans le service de réanimation (d'un hôpital, etc.). *Passer la réa*, des épreuves d'examen portant sur les connaissances dans ce domaine.

RÉABONNEMENT [ʀeabɔnmɑ̃] n. m. — 1845; de *réabonner*.

◆ Action de réabonner (spécialt, de réabonner qqn, de se réabonner

à une publication); résultat de cette action. *Prendre un réabonnement à un journal. Le réabonnement coûtera tant de plus.*

CONTR. Désabonnement.

RÉABONNER [ʀeabɔne] v. tr. — 1786, pron. (*in* D.D.L.); trans., 1845; de *re-*, et *abonner*.

◆ Abonner de nouveau (qqn); spécialt, à une publication. *Le petit ne veut pas qu'on le réabonne à ce journal; il préfère changer.* — Surtout pron. *Se réabonner* : reprendre, renouveler un abonnement. *Se réabonner à un journal dont l'abonnement expire.*

Depuis quatre mois que je suis réabonné au *Courrier de la Presse* (...)
      GIDE, Journal, 29 nov. 1921.

CONTR. Désabonner.
DÉR. Réabonnement.

RÉABSORBER [ʀeapsɔʀbe] v. tr. — XVIIIe; de *re-*, et *absorber.*

◆ Absorber* de nouveau.

DÉR. Réabsorption.

RÉABSORPTION [ʀeapsɔʀpsjɔ̃] n. f. — 1795; de *réabsorber*, d'après *absorption*.

◆ Fait de réabsorber; nouvelle absorption.

RÉAC [ʀeak] adj. et n. — 1848; abrév. de *réactionnaire.*

◆ Fam. Réactionnaire. *Un groupe d'étudiants réacs.* — N. *C'est un réac, une sacrée réac. Des réacs notoires.*

Il paraît qu'il faut tomber sur les *calicots*, que les *calicots* sont des bourgeois et des *réacs*, — et je tombe dessus.   J. VALLÈS, le Bachelier, IV.   1

Elle s'entendait très bien avec quelques camarades que l'administration tenait pour de fortes têtes : elles sortaient ensemble, buvaient du vin rouge, jouaient de mauvais tours aux «talas» et aux «réacs» et défiaient les autorités.   2
      S. DE BEAUVOIR, Tout compte fait, p. 72.

RÉACCÉLÉRER [ʀeakseleʀe] v. tr. — 1973, *in* Petiot; de *ré-*, et *accélérer.*

◆ Accélérer de nouveau. *Il a réaccéléré après le tournant.*

RÉACCOUTUMER [ʀeakutyme] v. tr. — V. 1600, *reaccoustumer; raccoutumer*, 1538; de *re-*, et *accoutumer.*

◆ Accoutumer à ce dont on était désaccoutumé. ⇒ **Réadapter, refamiliariser, réhabituer.** — Pron. *Se réaccoutumer à son travail au retour des vacances.*

CONTR. Désaccoutumer.

RÉACTANCE [ʀeaktɑ̃s] n. f. — 1894, *l'Électricien, in* Höfler; mot angl. *reactance*; de *réaction*, et *-ance*; → Inductance, etc.

◆ Phys. (Électr.). Quantité qui, ajoutée à la résistance, permet de calculer l'impédance pour un courant alternatif dont on connaît la période. *Bobine de réactance* : bobine d'inductance élevée, utilisée pour faire varier l'intensité d'un courant alternatif.

RÉACTANT [ʀeaktɑ̃] n. m. — XXe; d'après *réaction.*

◆ Chim. Corps associé à une réaction chimique. ⇒ **Réactif** (n. m.). *«Nous savons qu'au cours d'une réaction les réactants sont consommés, alors que des produits nouveaux se forment»* (*la Recherche*, févr. 1980).

RÉACTEUR, TRICE [ʀeaktœʀ, tʀis] n. — 1794; d'après *réaction.*

★ **I.** ◆ **1.** Vx. ⇒ **Réactionnaire.**

(...) à cette époque, le parti réacteur était, plus que les anciens Jacobins, méfiant de l'armée et malveillant pour ses chefs (...)   1
      Louis MADELIN, Hist. du Consulat et de l'Empire, l'Ascension de Bonaparte, III.

◆ **2.** (1817, *cylindre réacteur*). Techn. Vx. Qui opère une réaction.

★ **II.** N. m. ◆ **1.** (V. 1940). Moteur, propulseur* à réaction*. — *Réacteur d'avion, de fusée. Avion à deux (biréacteur), à quatre (quadriréacteur) réacteurs. Entrée d'air, compresseur, chambre de combustion, tuyère*d'éjection d'un réacteur. Sortes de réacteurs* (avec ou sans postcombustion). ⇒ **Pulsoréacteur, statoréacteur, turboréacteur.** (Les propulseurs à réaction anaérobie sont dits *moteursfusées*.) *Poussée d'un réacteur*, sa force propulsive. *Carburant pour réacteurs.* ⇒ **Carburéacteur.** *Consommation spécifique d'un réacteur*, sa consommation par unité de temps et par unité de poussée.

(...) les *réacteurs*, dont le principe consiste à aspirer l'air ambiant, à le comprimer, à y injecter du combustible, qui y brûle et à transformer l'énergie thermique, ainsi obtenue, en énergie cinétique, par détente dans une tuyère orientée vers l'arrière.   2
      Georges LEHR, la Propulsion des avions, p. 105.

Il y avait quelques mouettes qui marchaient sur les galets, en faisant claquer leurs   3 becs. Dans le ciel, quelquefois, un avion passait lentement, il coupait l'atmosphère avec le bruit strident de ses quatre réacteurs. Tout cela on le savait bien. On n'en doutait pas. Tout cela était sûr. C'était *à cause* de la lumière.

J.-M. G. LE CLÉZIO, les Géants, p. 103.

♦ **2.** Chim. Récipient dans lequel est réalisée une réaction chimique. *Réacteur catalytique :* dispositif destiné à catalyser les rejets nocifs d'un tuyau d'échappement en produits inoffensifs.

♦ **3.** Chim. nucl. Dispositif à l'intérieur duquel se produisent et s'entretiennent des réactions de fission (réaction* en chaîne). Syn. : *pile atomique. Un réacteur est constitué : a) par le combustible nucléaire* (matière fissile : uranium naturel ou enrichi, plutonium, etc.) ; *b) par le modérateur* ou *ralentisseur* (eau, eau lourde, graphite...), assurant le ralentissement des neutrons issus d'une fission et généralement trop rapides pour assurer une nouvelle fission ; *c) par le fluide caloporteur,* ou *refroidisseur,* ou *réfrigérant* (eau, eau lourde, gaz carbonique...), destiné à extraire du réacteur l'énergie dégagée lors de la fission. *Le milieu multiplicateur du réacteur* (⇒ **Cœur**), *où se produisent les réactions de fission, est entouré par un réflecteur* (graphite, eau lourde, etc.), *dont le rôle est de diminuer le nombre de neutrons s'échappant de la zone active. Établissement de la réaction en chaine, dans un réacteur* (⇒ **Divergence**). *Barres de réglage, barres de sécurité, blindage de protection, bouclier thermique d'un réacteur. Réacteur de puissance,* destiné à la production d'énergie*. ⇒ **Centrale** (nucléaire). *Réacteur expérimental,* utilisé pour la recherche ; *maquette « critique » de réacteur. Réacteur naval,* utilisé pour la propulsion des sous-marins nucléaires. *Réacteur piscine*. Familles, types de réacteurs* (⇒ **Filière**). *Réacteurs à neutrons thermiques* (avec modérateur) : *réacteur modéré au graphite et refroidi au gaz* (à uranium naturel) ; *réacteur modéré et refroidi à l'eau* (à uranium enrichi) : *réacteur à eau bouillante* (ou *réacteur bouillant*), *réacteur à eau sous pression. Réacteurs à neutrons rapides* (sans modérateur) : *réacteur surconvertisseur*, surrégénérateur*.*

COMP. Carburéacteur ; pulsoréacteur, statoréacteur, turboréacteur.

RÉACTIF, IVE [ʀeaktif, iv] adj. et n. m. — 1740, adj. ; de *réaction.*

♦ **1.** Qui exerce une réaction, réagit. *Force réactive.* — Psychol. Qui est de l'ordre de la réaction. *L'impulsivité* (cit.) *est immédiate, réactive.*

♦ **2.** (1801, Fourcroy). N. m. Chim. Substances initiales (ou réagissantes) prenant part à une réaction chimique quelconque. ⇒ **Réactant, réactivité.** — Spécialt en chimie analytique. Substance déterminée qui, entrant en réaction avec une autre substance déterminée (ou avec une catégorie déterminée de substances), produit toujours, dans des conditions précises, les mêmes phénomènes ou réactions, et qui est utilisée pour déceler la présence de cette dernière substance (ou catégorie), ainsi que pour la doser et permet donc l'identification de celle-ci. *La teinture bleue de tournesol est un réactif des acides* (elle devient rouge à leur contact). *Dosage du réactif dans la précipitation* fractionnée. Boîte à réactifs* (→ aussi Chimiste, cit. 2).

Par métaphore et fig. *Les réactifs qui permettent d'analyser les passions* (cit. 17).

1 Quoique antipathique par bien des côtés à ma nature, cette éducation fut comme le réactif qui fit tout vivre et tout éclater.
RENAN, Souvenirs d'enfance..., III, Œ., t. II, p. 813.

2 L'image, pourtant, allait s'effacer, Edmond en était bien sûr, et il n'y avait pas de réactif pour virer dans sa mémoire l'instantané déjà ancien.
ARAGON, les Beaux Quartiers, I, XVIII.

3 Un homme amoureux est un réactif d'une extrême sensibilité pour les sentiments de la femme qu'il aime. A. MAUROIS, Climats, I, XI.

♦ **3.** Électr. Qui correspond à la réaction ou à la réactance. *Circuit réactif,* doué de réactance. *Puissance réactive. Courant réactif :* composante d'un courant alternatif qui se trouve en quadrature avec la tension.

DÉR. Réactivité.

RÉACTIMÈTRE [ʀeaktimɛtʀ] n. m. — V. 1970 ; de *réactivité,* et *-mètre.*

♦ Techn. Appareil de mesure de la réactivité d'un réacteur nucléaire.

RÉACTION [ʀeaksjɔ̃] n. f. — 1690, sc. phys. ; de *ré-,* et *action,* d'après *réagir*.*

★ **I.** Sc. ♦ **1.** Mécan. Force qu'un corps agissant sur un autre détermine en retour chez celui-ci. *Principe de l'égalité de l'action et de la réaction* (énoncé par Newton) : un corps qui exerce sur un autre une poussée ou une traction reçoit de celui-ci une poussée ou une traction égale et opposée. *L'aile a besoin de la réaction de l'air pour soulever le corps de l'oiseau* (cit. 2). — Spécialement :

a Techn. Secousse propagée de wagon en wagon au cours du freinage d'un train.

b Équit. Secousse imprimée au cavalier par le cheval.

c (1932). Cour. *Propulsion par réaction :* mode de propulsion dans laquelle des gaz chassés vers l'arrière de l'engin (action) projettent par réaction l'engin vers l'avant. *Propulseur, moteur à réaction.* ⇒ **Réacteur.** *Avion à réaction :* avion mû par un réacteur, et pouvant atteindre de très grandes vitesses. *Avion à réaction anaérobie* ou *avion-fusée.* ⇒ **Fusée.**

(...) l'avion classique à hélice, aussi bien que l'avion sans hélice à turbo-réacteur, recueillent vers l'avant de l'air ambiant ; par les procédés qui sont propres à chaque type, et aux dépens de l'énergie du bord, cet air est chassé vers l'arrière à une vitesse supérieure à celle de l'avion ; cet air est donc accéléré vers l'arrière, et l'inertie de sa masse, qui tend à s'opposer à l'accélération, lui permet de jouer le rôle de point d'appui. L'air ambiant derrière l'avion ne joue pas le rôle de point d'appui, comme on le pense parfois. Lionel LAMING, l'Astronautique, p. 13.

♦ **2.** (1610 ; le concept mod. en 1801, Fourcroy). Chim. et cour. Action réciproque de deux ou plusieurs substances, qui entraîne des transformations* chimiques. *La réaction chimique est un réarrangement à l'échelle moléculaire d'un ensemble de corps réagissant entre eux* (⇒ **Réactant, réactif**) *pour en former de nouveaux (produits de la réaction). Système initial, système final d'une réaction. L'atome, particule ultime susceptible d'entrer en réaction* (→ Molécule, cit. 4). *Réaction accompagnée d'un dégagement, d'une absorption de chaleur.* ⇒ **Exothermique ; endothermique.** *Réaction athermique. Chaleur* de réaction. Réaction rapide, « instantanée ». La cinétique chimique étudie les mécanismes réactionnels et les vitesses de réaction. Amorçage d'une réaction. Explosion due à une réaction chimique violente* (→ Exploser, cit. 2). *Corps qui provoque ou accélère une réaction sans subir de modification chimique.* ⇒ **Catalyseur ; catalyse.** *Réaction réversible, irréversible. Réaction totale,* au cours de laquelle un au moins des réactifs disparaît totalement. *Deux réactions inverses peuvent aboutir à un équilibre* chimique. Bilan global ; bilan chimique, thermique d'une réaction. Écrire l'équation d'une réaction (équation de réaction). Formulation des réactions chimiques, en fonction des proportions des réactants.* ⇒ **Stœchiométrie.** *Principe de la conservation de la masse, au cours d'une réaction chimique* (Loi de Lavoisier). *Réaction d'oxydoréduction. Réaction acide-base. Réaction d'oxygénation, de nitration, d'hydrolyse, d'estérification. Réaction de substitution, d'addition, de polymérisation* (en chimie organique). *Réactions photochimiques, déclenchées ou favorisées par l'action de la lumière.*

Réaction nucléaire : désintégration, partielle ou totale, du noyau d'un atome, lorsque ce dernier subit une interaction avec un rayonnement (proton, noyau, particule alpha). *Réaction thermonucléaire,* ainsi appelée à cause des températures très élevées mises en œuvre. *Réactions naturelles dans la radio-activité*. Réactions provoquées par bombardement de particules.*

(...) les transformations nucléaires libèrent des énergies énormes si on les compare à celles des réactions chimiques : si on savait les produire en aussi grand nombre que les combinaisons moléculaires de la Chimie ordinaire on pourrait obtenir de formidables résultats. La différence dans l'intensité des effets provient ici de ce qu'en Chimie ordinaire, une réaction, une fois déclenchée en un point, se propage en général dans toute la masse des corps en réaction (...)
L. DE BROGLIE, Physique et Microphysique, p. 281.

(1946). RÉACTION EN CHAÎNE : réaction se produisant par l'intermédiaire d'une série d'étapes pouvant se reproduire indéfiniment (mécanisme en chaîne : naissance, propagation, rupture des chaînes) ; les centres actifs (ou parfois les porteurs de chaînes) sont des atomes (ou radicaux libres). *Une réaction nucléaire en chaîne a lieu dans les réacteurs atomiques, grâce à l'émission de plus de deux neutrons à chaque fission.*

Par ext. Processus de propagation ; suite de répercussions provoquées par un fait initial.

♦ **3.** Modification de l'organisme produite par une cause morbide, un remède, une modification du milieu intérieur ou extérieur, et qui tend à en contrebalancer les effets. *Réaction locale, générale. Réaction congestive, inflammatoire* (→ Phagocytose, cit.). *La fièvre* (cit. 5), *réaction de défense de l'organisme contre les agents infectieux. Se laisser dévorer par l'infection* (cit. 4) *sans une réaction. Réaction immunitaire. Réactions propres à un individu.* ⇒ **Idiosyncrasie.** *Réaction provoquée, cuti-réaction*.* ⇒ aussi **Réactivité.** *Réaction de défense.* — *Réaction biologique :* mode de diagnostic par la biochimie ou la sérologie. *Réaction de Bordet-Wasserman* (ancienne méthode de sérodiagnostic de la syphilis).

(...) les oreilles bourdonnantes sous la réaction sanguine (...)
ZOLA, la Terre, II, I.

(1810). Réponse* d'un système excitable à un stimulus* externe ou interne. ⇒ **Réflexe.** *Réactions tactiles, visuelles, auditives. Temps de réaction,* entre l'excitation et une réaction volontaire, variable selon les individus et leur état physique, physiologique.

(...) le rôle du cerveau est tantôt de conduire le mouvement recueilli à un organe de réaction choisi, tantôt d'ouvrir à ce mouvement la totalité des voies motrices pour qu'il y dessine toutes les réactions possibles (...)
H. BERGSON, Matière et Mémoire, p. 26.

♦ **4.** Techn. Action en retour ; réponse à une modification (mécanique, physique). *Contrôle et régulation des réactions des machines.* ⇒ **Cybernétique.** *Réaction d'asservissement. Réaction stabilisatrice.* — *Barre de réaction :* dispositif empêchant la rotation d'un organe transmetteur autour de l'essieu auquel il transmet un couple. Électr., magnétisme. *Puissance de réaction.* ⇒ **Réactif.** *Réaction* *d'induit* : modification du flux causé par la force électromotrice engendrée par le courant d'induit. *Réactions électrochimiques : réaction réversible, irréversible.* — *Bobine de réaction,* capable d'absorber la puissance réactive.

♦ **5.** (xxᵉ). Réponse d'un être vivant à une excitation, «dans tout ce qui dépasse les fonctions régulières et relativement fixes qu'étudie le physiologiste» (Lalande). *Réaction affective; motrice* (⇒ **Réflexe**). *Psychologie de réaction* (ou *de comportement*) : étude du comportement*, des réactions d'un être vivant, et, spécialt, de l'homme (se dit surtout des théories analytiques : réflexologie de Pavlov, behaviorisme anglais). *Temps de réaction.*

5   La psychologie étudie les réactions de l'individu à son milieu de comportement. Celui-ci se définira précisément par la comparaison de ces réactions elles-mêmes (...) La description de ces réactions ne se limite pas à une analyse de leurs éléments; elle s'étend à leurs qualités structurales, qui permettront de parler non seulement de stimuli et de mouvements, mais d'objets et d'actes (...) Ce langage rapproche singulièrement la théorie de la Forme et le behaviorisme.
             P. GUILLAUME, Psychologie de la forme,
             in PICON, Panorama des idées contemporaines, p. 120.

★ **II.** Cour. ♦ **1.** (1734). Réponse à une action par une action contraire tendant à l'annuler. *Actions et réactions dans l'évolution des arts* (→ École, cit. 24), *des idées, de la politique... La Réforme, réaction contre l'absolutisme du catholicisme romain* (→ Individualiste, cit. 1). ⇒ **Opposition, résistance.** *Réaction philosophique contre l'excès de la philosophie des idées* (→ Existentialisme, cit. 1). *Réaction de la personnalité qui se forme, contre celles qui l'entourent* (→ Poser, cit. 40). ⇒ **Défense.** *Esprit de réaction des tempéraments vigoureux* (→ Légitimation, cit. 4), *esprit d'opposition, de contradiction.* — *En réaction contre... :* afin de réagir contre, de s'opposer à... (→ Illuminer, cit. 26).

6   Les gens qui se croient débarrassés de Wagner se sont réjouis beaucoup trop vite (...) Aujourd'hui la réaction est commencée (...) L'immensité de l'injustice a engendré mille sympathies, qui maintenant se montrent de tous côtés.
             BAUDELAIRE, l'Art romantique, XXI, IV.

7   À partir de quoi il a vécu en réaction et comme en protestation de ce geste. L'habitude qu'il a prise de la révolte et de l'opposition le pousse à se révolter contre sa révolte même.   GIDE, les Faux-monnayeurs, II, VII.

♦ **2.** Polit. **ⓐ** Vx. «Ensemble des actes d'un parti opprimé qui devient le plus fort» (Littré). On parle de nos jours d'*opposition*, de *prise de pouvoir.*

ⓑ (1795, Babeuf). Hist. *La réaction thermidorienne.* ⇒ **Thermidor.**

ⓒ Mod. (xixᵉ). Mouvement d'idées, action qui s'oppose au progrès social issu des principes de la Révolution, et vise à rétablir des institutions antérieures (⇒ **Réactionnaire**). *La réaction ou la révolution* (→ Extrapolation, cit. 1; nier, cit. 5). *Crises de réaction furieuse.* ⇒ **Contre-révolution** (cit.). *Les forces de la réaction.* — Par métonymie. Les réactionnaires. *Bataille livrée contre la réaction* (→ Épique, cit. 7).

8   (...) ce truc-là, ce n'était plus seulement des momeries, mais déjà une formation politique des curés, des patriotards, de toute la clique, enfin de la réaction.
             ARAGON, les Beaux Quartiers, I, XII.

9   (...) malgré ses millions de socialistes l'Allemagne pèse sur l'Europe comme une menace perpétuelle de guerre ou de réaction.
             J. ROMAINS, les Hommes de bonne volonté, t. IV, IX, p. 96.

9.1 (...) c'est sur le parti communiste que se fonde le pouvoir de la «Réaction».
             F. MAURIAC, Bloc-notes 1952-1957, p. 55.

♦ **3.** Attitude, comportement (d'une personne) qui répond à une action extérieure (des choses, des personnes). *Réaction de quelqu'un à une situation nouvelle, à une catastrophe, à une flatterie, une injure, etc. Réactions verbales* (⇒ **Réponse**). *Sa première réaction est de la joie* (⇒ Desserrement, cit.). *Réaction de peur, de colère... Réaction lente; vive, soudaine...* (⇒ **Réflexe, sursaut**). *Réactions pathologiques à des situations traumatisantes.* → Réactionnel. *État de moindre réaction* (→ Anesthésie, cit. 2). *Être sans réaction* : ne pouvoir ni manifester, ni dire, ni faire quoi que ce soit. — Fam. *A-t-il protesté? — Non, aucune réaction.* — *Réactions simples* (→ 2. Franc, cit. 6), *élémentaires* (→ Méconnaître, cit. 6), *naturelles. Réactions inattendues* (cit. 7), *anormales... Les réactions normales de l'homme d'honneur outragé* (→ Griser, cit. 16). *Les réactions d'un public, des foules* (→ Grégarisme, cit. 3). *Réactions à une propagande, une publicité... Réactions internationales au discours d'un chef d'État. Manœuvrer* (cit. 6) *les gens suivant leurs réactions. Provoquer des réactions.* ⇒ **Conséquence, contre-coup, effet.**

10   Tout en évitant de la regarder en face, il surveillait ses réactions du coin de l'œil.
             J. ROMAINS, Une femme singulière, XIV.

11   (...) avec des nuances, sa réaction fut celle de la plupart de nos concitoyens.
             CAMUS, la Peste, p. 49.

Psychan. *Réaction thérapeutique négative :* «Phénomène rencontré dans certaines cures psychanalytiques comme type de résistance à la guérison particulièrement difficile à surmonter» (Laplanche et Pontalis).

Par anal. Comportement (d'une machine, d'un véhicule) qui répond plus ou moins bien, plus ou moins vite aux commandes. *Cette voiture a de bonnes réactions.*

♦ **4.** Écologie. Ensemble des modifications induites dans un milieu

par une ou plusieurs des populations (végétales, notamment) qui y vivent.

DÉR. Réactionnaire, réactionnel.
COMP. Cuti-réaction.

RÉACTIONNAIRE [ʀeaksjɔnɛʀ] adj. et n. — 1796; de *réaction.*

♦ **1.** Qui concerne la réaction (II., 2.) en politique, qui agit en sa faveur (on a dit *réacteur**, vx). *Idées, opinions, mesures réactionnaires. Parti, gouvernement réactionnaires.*

♦ **2.** Qui a, exprime des idées réactionnaires. ⇒ **Réac.** *Conservateur* (cit. 3) *et presque réactionnaire. Écrivain, critique... réactionnaire* (⇒ **Démodé*** dans ses idées). *Livre, film réactionnaire.*

1   Le libéralisme fait désormais figure, auprès des avancés ou qualifiés tels, de doctrine démodée : c'est être réactionnaire que de défendre l'individu contre l'organisation, car l'organisation, c'est le progrès, et, d'un mot contre lequel il n'y a pas de recours, la Gauche!   André SIEGFRIED, l'Âme des peuples, I, II.

N. *Un, une réactionnaire* (→ Futur, cit. 13).

2   Ces pensées, et d'autres, pouvaient prêter à Strigelius, en maintes circonstances, le comportement du réactionnaire. À vrai dire, réactionnaire, il ne l'était point. Il n'avait aucune admiration ni aucun regret en bloc du passé.
             J. ROMAINS, les Hommes de bonne volonté, t. XII, XI, p. 115.

3   À force de discuter avec ce vieux réactionnaire de Loménie, il avait perdu la foi patriotique, comme il avait perdu la foi tout court.
             ARAGON, les Beaux Quartiers, I, XVIII.

Appellatif (hostile) :

4   Le vrai rôle et le vrai caractère de la femme me semblent méconnus. — Réactionnaire! s'écrièrent Barbe et Barbette.
             A. ROBIDA, le Vingtième Siècle, p. 277 (av. 1900).

♦ **3.** Vx. (1851, *mouvement réactionnaire,* en Bourse). Qui constitue une réaction; réactionnel.

CONTR. Novateur, progressiste, révolutionnaire.

RÉACTIONNEL, ELLE [ʀeaksjɔnɛl] adj. — 1869; de *réaction.*

♦ Didact. Relatif, propre à une réaction*; qui est provoqué par une réaction. *Milieu réactionnel, mécanismes réactionnels. Nature réactionnelle d'un accident psychique* (⇒ *infra*).

Psychol., psychiatrie. Qui apparaît en réaction contre une situation mal supportée psychiquement (choc émotif, traumatisme, ébranlement affectif, événement pénible ou impressionnant...). *Psychose, psychonévrose réactionnelle* (opposé à *psychose constitutionnelle*). ⇒ aussi **Névrose** (traumatique). *Psychoses réactionnelles de déportés, de témoins de cataclysmes... Manie, mélancolie réactionnelles. Symptômes dépressifs réactionnels. Syndrome réactionnel psychotique. L'élément réactionnel est généralement dominant dans les troubles psychiques de l'enfant. Les manifestations réactionnelles, d'un pronostic favorable, peuvent apparaître d'emblée ou après un temps de latence.*

Psychan. Qui constitue une réaction contre une pulsion refoulée. *Rôle du mécanisme de formation réactionnelle dans la genèse du surmoi*. Motions réactionnelles. Dans la névrose de caractère, les défenses réactionnelles prennent la forme de traits de caractère permanents. Sociabilité réactionnelle d'un sujet agressif.*

RÉACTIVATION [ʀeaktivasjɔ̃] n. f. — Déb. xxᵉ; de *réactiver.*

♦ **1.** Fait de redonner de l'activité, de la vigueur (à quelque chose). «*La réactivation de l'alliance atlantique*» (le Nouvel Obs., 9 sept. 1968). «*Réactivation de la Bourse, permettant de prendre les mesures nécessaires pour un meilleur fonctionnement du marché financier*» (l'Aurore, 23 oct. 1974, p. 5).

♦ **2.** Méd. Réapparition d'un phénomène disparu; son résultat. *Réactivation d'une maladie, d'un sérum.*

(...) Steinach essaya de démontrer que la stimulation de cette glande *(le testicule)* par la ligature de son canal déférent détermine sa réactivation.
             Alexis CARREL, l'Homme, cet inconnu, V, VI.

RÉACTIVER [ʀeaktive] v. tr. — 1798; de *re-*, et *activer.*

♦ **1.** Activer de nouveau. ⇒ **Ranimer.** *Réactiver le feu. Réactiver un catalyseur.* ⇒ **Régénérer.**

♦ **2.** (Mil. xxᵉ; abstrait). Remettre en activité; redonner une activité à. *Le comité (d'hygiène mentale) subit l'éclipse de la guerre et fut réactivé en 1949.*
             François CLOUTIER, la Santé mentale, p. 111.

DÉR. Réactivation.

RÉACTIVITÉ [ʀeaktivite] n. f. — 1798, «nouvelle activité», repris mil. xxᵉ; de *réactif.*

♦ **1.** Chim. Aptitude d'un corps à être réactif*. *La réactivité de l'aluminium.* — Chim. nucl. Mesure de l'efficacité d'un réacteur nucléaire (rapport entre le flux de neutrons émis et le flux absorbé par le combustible). *Réactivité négative, sous-critique; critique* (suffisante pour amorcer la réaction en chaîne) ; *positive, surcritique.*

◆ **2.** Psychol., physiol. «Capacité de répondre, avec plus ou moins de force et de vivacité, à des stimulations extérieures» (Piéron). — (1938). Méd. Capacité de réagir à une injection immunisante (vaccin). *Réactivité naturelle, acquise. Réactivité à un vaccin, à un allergène.*

RÉACTOGÈNE [ʀeaktɔʒɛn] adj. et n. m. — 1953, Quillet ; de *réaction,* et *-gène.*

◆ Didact. (Méd.). Se dit d'une substance allergène capable de déclencher un état d'hypersensibilité. ⇒ **Allergène.** *Qualité réactogène des poisons à doses non toxiques.* — N. m. *Un réactogène.*

Les étapes pathologiques d'un être humain apparaissent comme des crises de transformation successives de sa fonction, étapes de modifications physiologiques qui sont autant de témoignages des réponses d'adaptation de l'organisme, aux atteintes des réactogènes les plus divers, extérieurs ou intérieurs, inhérentes au déroulement même de la vie.   Pierre VANNIER, l'Homéopathie, p. 85.

RÉADAPTABLE [ʀeadaptabl] adj. — 1930, C. Mauclair, *in* D. D. L. ; de *réadapter.*

◆ Qui peut se réadapter ou être réadapté.

RÉADAPTATION [ʀeadaptasjɔ̃] n. f. — 1897 ; de *re-,* et *adaptation.*

◆ **1.** Adaptation nouvelle d'une personne qui n'est plus adaptée. ⇒ **Réinsertion.** *Réadaptation d'un soldat à la vie civile.*

(...) les problèmes de réadaptation scolaire pour les cas de retards ou de crises momentanées (...)   J. PIAGET, Épistémologie des sciences de l'homme, p. 238-239.

◆ **2.** (1933). *Réadaptation fonctionnelle :* réduction des séquelles d'un accident, d'une opération (massages, électrothérapie, etc.), destinée à réadapter l'accidenté, l'opéré à une vie normale (→ Rééducation), et, spécialt, à une activité professionnelle.

DÉR. Réadapter.

RÉADAPTER [ʀeadapte] v. tr. — 1899, pron., Bergson ; de *réadaptation.*

◆ Adapter de nouveau, adapter ce qui n'était plus adapté. *Réadapter un convalescent à sa vie professionnelle.* ⇒ **Réaccoutumer.** — Pron. *Esprit qui s'adapte et se réadapte en changeant d'objet* (→ Mobilité, cit. 4).

Agir, c'est se réadapter. Savoir, c'est-à-dire prévoir pour agir sera donc aller d'une situation à une situation, d'un arrangement à un arrangement.
                        H. BERGSON, l'Évolution créatrice, IV, p. 329 (1907).

▶ **RÉADAPTÉ, ÉE** p. p. adj. *Malade, infirme réadapté à son travail, à la vie normale.* — N. *Un, une réadapté(e). Les réadaptés.*

READER [ʀidœʀ] n. m. — V. 1960 ; mot angl., proprement «lecteur», de *to read* «lire».

◆ Anglicisme. Ouvrage constitué par un recueil collectif d'articles (souvent à caractère scientifique). *Un reader de biologie moléculaire.* « Mais c'est avec les " readers " que l'originalité de la collection s'est vraiment affirmée. Sous ce mot d'apparence barbare se cache une réalité courante dans le monde anglo-saxon : le recueil d'articles » (le Monde, 15 nov. 1974, p. 25).

RÉADMETTRE [ʀeadmɛtʀ] v. tr. — Conjug. *admettre ;* → Mettre. — 1818, Marguery, *in* D. D. L. ; de *re-,* et *admettre.*

◆ Admettre de nouveau.

RÉADMISSION [ʀeadmisjɔ̃] n. f. — 1808 ; de *re-,* et *admission.*

◆ Nouvelle admission. *Réadmission d'un sociétaire démissionnaire.*

READY-MADE [ʀedimɛd] n. m. invar. — 1913, Marcel Duchamp ; mots angl., de *ready* «prêt», et *made* «fait».

◆ Hist. de l'art. Objet d'art fait d'une réunion d'objets naturels sans aucune élaboration. *Les premiers ready-made ont été présentés par Marcel Duchamp.*

(...) *ready-made,* autrement dit : objets tout faits élevés au rang d'œuvres d'art.
                                        Maurice GIEURE, la Peinture moderne, p. 103.

RÉAFFECTER [ʀeafɛkte] v. tr. — xxᵉ ; de *ré-,* et *affecter.*

◆ Affecter de nouveau. — (Personnes). *Il a été réaffecté à son premier emploi.* — (Choses) :

Un jeu d'écritures antidatées masquerait l'irrégularité des opérations faites avec les fonds publics, et la subvention se trouverait réaffectée à sa destination première.   M. DRUON, Rendez-vous aux enfers, IV, VI, p. 317.

RÉAFFIRMATION [ʀeafiʀmasjɔ̃] n. f. — xxᵉ, → cit. ; de *réaffirmer.*

◆ Nouvelle affirmation. *La réaffirmation des buts poursuivis par notre assemblée.*

(...) m'écartant de la forêt dormante, je découvris (...) un peuple de petits crocus blancs, soyeux, délicats, qui n'en pouvaient plus d'impatience, ayant leur mot à dire (...). Et j'en aurais pleuré de tendresse, car cette réaffirmation de l'amour, de la vie, ne paraît jamais plus émouvante que lorsque la mort l'environne.
                    GIDE, Feuillets d'automne, *in* Souvenirs, Pl., p. 1084.

RÉAFFIRMER [ʀeafiʀme] v. tr. — 1870 ; de *re-,* et *affirmer.*

◆ Affirmer de nouveau, dans une autre occasion. *Réaffirmer un principe, une intention...* « Le peuple français... réaffirme solennellement les droits (3. Droit, cit. 8) et les libertés de l'homme et du citoyen... »

DÉR. Réaffirmation.

RÉAGGRAVE [ʀeagʀav] n. m. — V. 1670 ; *réaggravation,* 1436 ; *réaggravance,* av. 1444 ; de *ré-,* et *aggrave.*

◆ Relig. (Dr. canon). Dernière publication d'un monitoire, qui se fait après l'aggrave* (on a dit aussi *réaggravation*).

REM. L'usage a établi dès le xvIIIᵉ s. le genre masculin, alors que *aggrave* est donné comme féminin dans les dictionnaires modernes.

La première monition s'appelle *monitoire,* la seconde, *aggrave* (...) et la troisième, *réaggrave.* Avant que de fulminer l'excommunication fut un monitoire, on publie un *aggrave* et un *réaggrave.* Les *aggraves* et *réaggraves* se publioient autrefois au son des cloches, et avec des flambeaux allumés qu'on éteignoit ensuite, et qu'on jetait par terre.   Dict. de TRÉVOUX, 1771.

RÉAGINE [ʀeaʒin] n. f. — 1964 ; de *réagir,* et *-ine.*

◆ Biol. Anticorps (chez l'homme, globuline spécifique) responsable d'une réaction allergique immédiate.

RÉAGIR [ʀeaʒiʀ] v. tr. — xivᵉ, alchim. ; de *re-,* et *agir.*
Agir en retour.

★ **I.** ◆ **1.** Se dit d'un corps qui agit sur un autre dont il a éprouvé l'action. *Les parois d'un vase réagissent sur le fluide qui les presse.*

◆ **2.** (Mil. xviiiᵉ). Chim. Se dit de corps qui entrent en réaction* (⇒ **Réactif**). *Corps inerte*, qui ne réagit pas.*

◆ **3.** Avoir une réaction, des réactions en parlant du corps, des organes. *Organisme qui réagit contre les maladies infectieuses* (cit.). *L'organisme ne réagit déjà plus* (→ Hasarder, cit. 3). — (1935). Physiol. Répondre à un stimulus. ⇒ **Réaction.** *Protoplasme qui réagit contre l'excitation* (cit. 12). *Les organes des sens réagissent aux excitations.* — REM. La construction *réagir à...* provient d'un croisement avec *répondre, résister à...*

★ **II.** Fig. ◆ **1.** (1784). *Réagir sur :* agir sur l'agent, la cause de l'action qu'on subit, en s'y opposant. « *Les temps font les hommes, et les hommes ensuite réagissent sur leur temps* » (Lamennais, *in* P. Larousse).

◆ **2.** Agir en retour ou réciproquement (avec *sur*). ⇒ **Répercuter** (se). *Les troubles de conscience réagissent sur l'organisme* (cit. 2).

La grandeur de mes passions a réagi sur mes facultés, j'ai regardé les tourments que m'infligeait Monsieur de Mortsauf comme des expiations (...)   [1]
                    BALZAC, le Lys dans la vallée, Pl., t. VIII, p. 1020.

◆ **3.** (1788). *Réagir contre :* s'opposer à (une action) par une action contraire (employé avec *contre* ou absolt). *Réagir contre une mode, un usage, des idées... Réagir contre le découragement, le désespoir...* ⇒ **Défendre** (se défendre contre), **opposer** (s'), **résister.** Absolt. Agir en s'opposant. *Ils essayèrent de réagir et de rétablir l'autorité royale.* → Remonter le courant* (cit. 4). — Spécialt. Faire un effort de volonté pour sortir d'une situation pénible. ⇒ **Reprendre** (le dessus), **secouer** (se). → Avoir du ressort* . *Il faut réagir ! ne vous laissez pas abattre ! Si vous ne réagissez pas maintenant vous ne guérirez* (cit. 39) *jamais.*

Mais on réagit d'autant mieux qu'il faut lutter contre des puissances plus vives.   [2]
                    G. DUHAMEL, Chronique des Pasquier, I, Préface.

◆ **4.** *Réagir à :* répondre spontanément (à une action extérieure), avoir une réaction (II., 2.). *Réagir à l'événement* (→ Nerveux, cit. 1). *Il ne réagissait plus à ces propos* (→ Gond, cit. 5). — Absolt. *Il n'a même pas réagi* (⇒ **Impassible**). *Comment a-t-il réagi ?* ⇒ **Comporter** (se). *Réagir brutalement, violemment, vivement* (⇒ **Sursauter**), *mollement... Impulsivité* (cit.) *de celui qui réagit sans retard. Ils ont réagi de façon contradictoire* (→ Passer, cit. 37).

3   Au demeurant, puis-je savoir comment je réagirais, en face du danger réel?
                                                        GIDE, Journal, 15 août 1914.

4   *(Louise Colet)* put se donner la joie (...) d'accabler en même temps Flaubert, mis
    plus bas que terre dans ce livre abject (...) Comment Flaubert réagit-il à la lec-
    ture de ce pamphlet?   Émile HENRIOT, Portraits de femmes, p. 357.

REM. Le p. prés. adj. *réagissant, ante,* est attesté (R. Abellio, *les Militants,* p. 32).

CONTR. Abattre, aller (se laisser).

DÉR. Réagine.

COMP. Abréagir.

RÉAJUSTEMENT [Reaʒystəmɑ̃] n. m. — xxᵉ, *in* Larousse 1932; de *réajuster.*

♦ Action de réajuster. ⇒ **Rajustement** (2.). — REM. Cette forme
gagne du terrain sur *rajustement.*

La résistance doit varier non seulement avec l'amplitude et l'envergure du geste,
mais aussi avec les résistances qu'il peut lui-même rencontrer dans l'espace. L'ajustement de l'une aux autres est mis en évidence, quand celles-ci viennent à céder
brusquement, par le déséquilibre qui en résulte et dont la fréquence est d'autant
plus grande chez l'enfant qu'il reste moins capable d'un réajustement rapide.
                                    Henri WALLON, l'Évolution psychologique de l'enfant, p. 137.

RÉAJUSTER [Reaʒyste] v. tr. — xxᵉ; *in* Larousse 1932; de *ré-,*
et *ajuster.*

Ajuster de nouveau.

♦ **1.** ⇒ **Rajuster** (A., 1.).

REM. Cette forme gagne du terrain sur *rajuster.*

1   (...) c'est un peu comme si on essayait de recoller les débris dispersés, incom-
    plets, d'un miroir, s'efforçant maladroitement de les réajuster, n'obtenant qu'un
    résultat incohérent, dérisoire, idiot (...)   Claude SIMON, le Vent, p. 10.

2   Elle se leva, se leva avec lenteur, fut levée, réajusta une nouvelle fois sa veste.
                                                        M. DURAS, Moderato cantabile, p. 63.

♦ **2.** *Réajuster un prix, les salaires.* ⇒ **Rajuster** (A., 3.).

1. RÉAL, AUX [Real, o] n. m. ou RÉALE [Real] n. f. — 1363,
réal; 1580, *realle;* esp. *real* «royal».

♦ Hist. Ancienne monnaie espagnole valant un quart de peseta. *Cinq
millions de réaux* (→ Inaugurer, cit. 2).

2. RÉAL, ALE, AUX [Real, o] adj. et n. f. — xviᵉ, *réal* «royal»;
esp. *real.*

♦ Hist. *Galère réale :* principale galère, destinée au roi, à l'amiral.
N. f. *La réale :* cette galère. — Souvent écrit avec une majuscule à
l'initiale : *la Réale,* dans les contextes où le mot, employé comme un
nom propre, désigne un bâtiment déterminé (la galère réale de telle
époque, de telle flotte, etc.).

RÉALÉSAGE [Realezaʒ] n. m. — xxᵉ, *in* Larousse 1932; de *réalé-
ser.*

♦ Techn. Action de réaléser, de redonner leur forme primitive à des
cylindres ovalisés.

RÉALÉSER [Realeze] v. tr. — Conjug. *céder.* — 1921; de *re-,*
et *aléser.*

♦ Aléser de nouveau. Autom. *Réaléser des cylindres ovalisés.* — Au
p. p. *Cylindres réalésés.*

DÉR. Réalésage.

RÉALGAR [Realgar] n. m. — Fin xvᵉ; *riagal,* v. 1330; *reagal,* 1377;
altér. de l'arabe rǎhdj ǎl-fār «poudre de cave», «mort-aux-rats».

♦ Alchim. et hist. de la chim. Sulfure naturel d'arsenic* (As_2S_2), de
couleur rouge.

REALIA [Realja] n. f. pl. — Av. 1910, Saussure; mot lat., plur. de
realis; → Réalité.

♦ Didact. Les choses réelles (opposées aux idées, au sujet connaissant, au langage, etc.).

On a prétendu qu'il est absolument impossible de séparer toutes ces questions [1]
de l'étude de la langue proprement dite. C'est un point de vue qui a prévalu surtout depuis qu'on a tant insisté sur ces « Realia » (...) L'organisme grammatical ne
dépend-il pas constamment des facteurs externes du changement linguistique?
                            F. DE SAUSSURE, Cours de linguistique générale, Introd., v, p. 42.
1. Histoire, institutions, géographie, etc.

RÉALISABLE [Realizabl] adj. — 1780 aux sens 1 et 2; de *réaliser.*

♦ **1.** Transformable en argent. *Une fortune entièrement réalisable.*

♦ **2.** (1780, Mirabeau, *in* D.D.L. : *rêves réalisables*). Qui est susceptible d'être réalisé*, de se réaliser. ⇒ **Possible.** *Plan, projet**

réalisable. ⇒ **Exécutable, faisable, pratique, praticable.** *Un souhait encore réalisable* (→ Imparfait, cit. 13). *Aisément réalisable.*
⇒ **Facile.** — *Scénario difficilement réalisable.*

CONTR. Difficile, impossible, inexécutable, irréalisable.

RÉALISATEUR, TRICE [Realizatœr, tris] n. — 1842; de *réali-
ser.*

♦ **1.** Personne qui réalise, rend réel, effectif. ⇒ **Exécuteur.**

Tous les grands hommes d'action sont des preneurs d'occasions, des preneurs de   1
ce qui se présente. Les grands réalisateurs sont des réalistes.
                            J. ROMAINS, les Hommes de bonne volonté, t. II, XX, p. 236.

Dans cette mise au point de la première machine à calculer, Pascal a montré des   2
qualités de réalisateur que l'on n'aurait peut-être guère attendues d'un théoricien
et d'un philosophe tel que lui (...)
                            L. DE BROGLIE, Nouvelles perspectives en microphysique, p. 295.

Adj. *Il est plus réalisateur que concepteur.*

♦ **2.** N. (1918). Personne qui dirige toutes les opérations de préparation et de réalisation d'un film ou d'une émission. ⇒ **Metteur**
(cit. 2 : metteur en scène, en ondes). *Une remarquable réalisatrice.
Il est réalisateur de télévision* (→ Producteur, 3.). *L'assistant
du réalisateur.*

Le *réalisateur* (...) dirige en principe l'ensemble de la réalisation. Mais la tâche   3
du réalisateur est variable (...) Certains réalisateurs sont de véritables auteurs qui
impriment leur personnalité à l'œuvre depuis le découpage jusqu'au montage final.
Certains autres sont des exécutants qui reçoivent des mains du directeur de production un scénario tout préparé dont ils dirigent la réalisation matérielle (...)
                            René CLAIR, *in* Encycl. franç. (DE MONZIE), t. XVII, 88, 11.

Appos. *Assistant réalisateur.* ⇒ **Assistant.**

RÉALISATION [Realizasjɔ̃] n. f. — 1518, en dr.; extension de
sens fin xviiiᵉ; dér. de *réaliser.*

Action de réaliser; son résultat.

♦ **1.** [a] Action de faire passer dans les faits, de rendre réel, effectif. ⇒ **Acte, effectuation, effet, exécution.** *La réalisation d'un projet*, d'une intention, d'un plan...* (→ Importation, cit. 1; matérialiste, cit. 3; 1. pensée, cit. 8). *Poursuivre* la réalisation de quelque
chose. La réalisation complète d'une œuvre, d'un travail.* ⇒ **Achèvement; aboutissement** (→ Éclairer, cit. 11). *Réalisation d'une
théorie* (⇒ **Application**), *d'une entreprise** (⇒ **Création**). *Réalisation d'un idéal, d'un rêve...* (→ Ajourner, cit. 2; associer, cit. 13).
Le phantasme (cit. 2) *assimile le désir à sa réalisation.* — (Sans
compl.). *Il y a loin de l'intention à la réalisation* (→ De la coupe*
aux lèvres, du dire au faire*). — Le fait de devenir réel (→ Possible, cit. 13, Bergson). *La réalisation d'une hypothèse* (→ Faire,
cit. 221).

Pour moi, le progrès, c'est la réalisation de tout ce qui nous fut promis à la révo-   1
lution de juillet, c'est la réforme électorale (...)
                            BALZAC, le Député d'Arcis, Pl., t. VII, p. 664.

Pour qu'une invention se réalise il ne suffit pas en effet que la science fournisse   2
le principe de cette invention, il faut encore que le procédé soit susceptible d'une
réalisation effective; c'est même là souvent la condition la plus difficile à remplir
et pour en juger il faut être praticien.
                            L. DE BROGLIE, Physique et Microphysique, p. 273.

[b] Ce qui est réalisé ou s'est réalisé. *Les plus hautes réalisations humaines* (→ Dépasser, cit. 18). *Les inventions de la
science et les réalisations de l'art.* ⇒ **Création, œuvre, production**
(→ Fabulation, cit. 2; et aussi joujou, cit. 1).

[c] Psychan. *Réalisation symbolique :* «méthode de psychothérapie analytique de la schizophrénie» découverte par
M. A. Sechehaye et consistant à «réparer les frustrations subies par
le patient dans ses premières années en cherchant à satisfaire symboliquement ses besoins et à lui ouvrir par là l'accès à la réalité»
(Laplanche et Pontalis).

♦ **2.** Dr. *Réalisation d'un contrat, d'une offre. Réalisation d'une
condition.*

Après les angoisses de la vente, viennent toujours celles de sa réalisation.   3
                            BALZAC, Illusions perdues, Pl., t. IV, p. 477.

Clause de réalisation (ou d'immobilisation) : exclusion de la communauté conjugale d'objets mobiliers qui devraient normalement
tomber dans la masse commune (cf. Code civil, art. 1500).
(1765). Transformation, conversion d'un bien en argent, par la
vente*. ⇒ **Liquidation.** *Réalisation d'une Société, d'un
capital*, de valeurs.* — Fin. Transformation d'obligations financières en capitaux. — *Réalisation des recettes d'un budget* (→ Exercice, cit. 22).

♦ **3.** Mus. Mise en œuvre, exécution d'un enchaînement d'accords
(⇒ **Harmonie**), en partant d'une notation incomplète (basse chiffrée, etc.).

♦ **4.** Ensemble des opérations nécessaires pour passer d'un projet,
d'un scénario, à l'œuvre terminée, film, émission de radio ou de télévision. — Spécialt. Les opérations matérielles d'enregistrement du
son et de l'image, leur organisation (prises de vues, cadrages, photographie, direction d'acteurs, etc.). *Le réalisateur* assure, outre
la réalisation proprement dite, la préparation, le montage... Assis-

tant* à la réalisation. *Nouvelle réalisation d'un film à succès.* ⇒ **Remake** (anglic.). — *Réalisation d'une émission de radio* (cf. **Mise en ondes**), *d'un enregistrement.* — Mise en scène de théâtre.

4 J'assisterai à toutes ces répétitions, pour m'instruire ; mais l'écart est trop grand ; ils peuvent bien faire de la pièce ce qu'ils veulent ; sa représentation m'ennuie et je me désintéresse de cette *réalisation.*   GIDE, *Journal,* 11 mai 1920.

5 (...) tout ce que je considère comme spécifiquement théâtral dans le théâtre, tous ces éléments quand ils existent en dehors du texte, sont pour tout le monde la partie basse du théâtre, on les appelle négligemment « de l'art », et ils se confondent avec ce que l'on entend par mise en scène ou « réalisation », bien heureux quand on n'attribue pas au mot de mise en scène l'idée de cette somptuosité artistique et extérieure, qui appartient exclusivement aux costumes, aux éclairages, et au décor.   A. ARTAUD, le *Théâtre et son double,* Idées/Gallimard, p. 58.

(Journalisme). *Réalisation d'une enquête, d'un interview* (opposé à *préparation*).

CONTR. Amorce, considération, dessein, ébauche.

RÉALISER [Realize] v. tr. — 1495, en dr. ; sens étendu au déb. du XVII⁰ ; de *réel,* d'après le lat. *realis.*

A. ♦ **1.** (1611). Faire exister à titre de réalité* concrète (ce qui n'existait que dans l'esprit) ; faire correspondre une chose, un objet, à une possibilité, à une idée, à un mot. ⇒ **Accomplir, actualiser, concrétiser, effectuer, exécuter** (I.), **faire** (I.), **opérer...** *Réaliser qqch.* ⇒ **Agir ; acte, action** (→ Éclaircissement, cit. 4 ; procrastination, cit. 2). *Réaliser un plan, des projets* (cit. 3), *un objectif,* rendre effectif*. ⇒ **Corps** (donner), **exécution** (mettre en), **fin** (mener à) ; → Manifester, cit. 8 ; mécanisme, cit. 1. *Réaliser complètement, intégralement ses plans.* ⇒ **Achever.** *Réaliser une ambition* (→ Espérer, cit. 8), *un idéal* (→ Forger, cit. 11 ; humanisme, cit. 1). ⇒ **Atteindre.** *Désir impossible à réaliser* (→ Instrument, cit. 13). *Réaliser ses fantômes* (→ Enthousiasme, cit. 8), *son rêve, ses rêves* (→ Fascination, cit. 5 ; parvenir, cit. 8). *Réaliser un dessein* ; *un souhait*. Réaliser les vœux de qqn.* ⇒ **Combler, couronner, remplir.** — *Les promesses*. — Les moyens qui réalisent une fin* (cit. 33). *Qui peut* (⇒ **Possible**), *ne peut pas* (⇒ **Impossible**) *être réalisé. Facile* à réaliser. — Des conditions que la nature n'a pas réalisées* (→ Expérimenter, cit. 7).

1 Quant à la place que Théophile doit tenir parmi les poètes de son temps, elle est difficile à marquer. Il est mort très jeune et n'a pas eu le temps de réaliser ses idées, ou du moins il n'a pu le faire que d'une manière incomplète (...)   Th. GAUTIER, les *Grotesques,* III, p. 121.

2 Ne faites pas surtout un rêve sans le réaliser (...)   A. DE MUSSET, la *Nuit vénitienne,* 2.

Par ext. *Réaliser (en soi) un type, un modèle, une abstraction,* en présenter un exemple réel, concret. ⇒ **Personnifier** (→ Funeste, cit. 21 ; piètre, cit. 1).

3 L'un comme l'autre réalisait à mes yeux, sous une de ses formes les plus rares, la sainteté. Un ingénu besoin de révérence inclinait devant eux mon esprit.   GIDE, *Si le grain ne meurt,* I, IX, p. 238.

♦ **2.** Dr. (premier emploi attesté du mot). Faire. *Réaliser un contrat. Réaliser un achat* (→ Gérant, cit. 2), *une vente.*

REM. L'emploi de *réaliser* au sens de « donner l'être à (ce qui n'existait pas) » n'est admissible qu'en termes juridiques. On ne dit pas dire *réaliser un tableau, une maison...* Cependant l'usage a imposé des expressions telles que : *réaliser des bénéfices* (→ Dividende, cit. 2 ; kolkhoze, cit.), *des économies* (→ Préceptorat, cit.)...

4 (...) j'en ai à l'abus même de *réaliser* dans le jargon journalistique qui est devenu courant. *Réaliser* tend à remplacer, chez tous les écrivains sans conscience, *accomplir, atteindre, fabriquer, exécuter, exercer, pratiquer* et dix autres verbes excellents. On *réalise* une œuvre au lieu de l'*écrire* ! (...) On *réalise* n'importe quoi, même un but !   A. THÉRIVE, *Querelles de langage,* t. II, p. 11.

♦ **3.** Mus. Traduire en notes et en accords sur des portées (des indications abrégées d'harmonie). *Réaliser une basse chiffrée.*

♦ **4.** Faire (un film, une émission de radio, de télévision, etc.). *Réaliser un film* (cit. 1), en être le réalisateur. ⇒ **Réalisateur, réalisation.**

B. (Déb. XVIII⁰). Spécialt. Convertir*, transformer en argent. ⇒ **Liquider.** *Réaliser des biens* (→ 2. Frais, cit. 19), *un capital*, une propriété*. ⇒ **Vendre.**

5 Au printemps de 1816, Charles réalisa ses trente mille livres de rentes qui lui donnèrent environ quatre cent mille francs (...)   BALZAC, *Modeste Mignon,* Pl., t. I, p. 375.

6 La première condition pour être disciple parfait de Jésus était de réaliser sa fortune et d'en donner le prix aux pauvres.   RENAN, *Vie de Jésus,* Œ. compl., t. IV, p. 193.

Réaliser des bénéfices, des économies, en faire.

C. ♦ **1.** Philos. Faire exister à titre de réalité mentale (ce qui n'était qu'un signe), penser effectivement. *Réaliser sa pensée* (Cuvillier). *Les idées qu'on avait réalisées* ⇒ Nominalisme, cit. Michelet). — Considérer comme réel (une abstraction).

7 (...) quand on prend des idées simples, ou de pures abstractions, pour les principes des connaissances humaines, c'est-à-dire, quand on commence par réaliser de véritables abstractions, quel droit a-t-on de regarder comme illusoire la réalité attribuée ultérieurement à d'autres abstraits d'un ordre quelconque ?   MAINE DE BIRAN, *Du physique et du moral de l'homme,*
                                                                             Examen leçons philos., § III.

♦ **2.** (1895, P. Bourget, *Outre-mer ;* de l'angl. *to realize*). Emploi critiqué. Se rendre compte* avec précision, exactitude ; se faire une idée nette de..., éprouver* par une expérience personnelle... ⇒ aussi **Saisir.** — REM. Assez cour. dans la langue littér. (cf. Bloy, Bourget, Claudel, Montherlant, *in* Grevisse, § 135, et → Grain, cit. 37, Mauriac ; mesurer, cit. 9, Duhamel, qui le met entre guillemets.) Cet anglic. a été l'un des plus souvent condamnés (Souday, Léautaud...).

8 — Avez-vous vu tout à l'heure la duchesse de Guermantes ? demandai-je à Mᵐᵉ Swann (...) — Je ne sais pas, je n'ai pas *réalisé,* me répondit-elle d'un air désagréable, en employant un terme traduit de l'anglais.   PROUST, le *Côté de Guermantes,* Pl., t. II, p. 273.

REM. (Une correction de l'auteur ajoute « (...) de l'anglais qui s'était ajouté au vocabulaire mondain ».

9 (...) je ne puis tenir pour faute l'emploi de « réaliser » dans cette phrase *(de Proust)* : « Et d'ailleurs, n'était-ce pas pour m'occuper d'eux que je vivais loin de ceux qui se plaindraient de ne pas me voir, pour m'occuper d'eux plus à fond que je n'aurais pu le faire avec eux, pour chercher à les révéler à eux-mêmes, à les *réaliser* ». Il semble que Proust, en dessinant ainsi les contours du mot, ait eu souci de préparer un exemple pour un Littré futur.
Réaliser — rendre réel. En dépit de tous Souday, j'oserais écrire : « Oui, j'ai pris le deuil, il est vrai ; mais, ce deuil, je ne le réalise pas en mon cœur ». Le mot vivra ; il exprime, et fort bien, une idée dont il semble aussitôt qu'on ne puisse pas plus se passer que de ce mot qui la crée.
                                                          GIDE, *Journal,* Peira-Cava, août 1927.

REM. La phrase de Proust illustre plutôt le sens philosophique C., 1.

10 Une jeune fille est venue, l'an passé, dans son bureau (c'est lui — *Léautaud* — qui raconte), désireuse de consulter les anciennes collections du *Mercure.* Celles-ci sont rangées sur des rayons. Et quand elle les a vues : « Je ne réalisais pas, s'est-elle écriée, que cela prenait tant de place ! » Alors Léautaud : « Mademoiselle, nous avons l'habitude de ne recevoir ici que des gens qui parlent français ».
                                                          GIDE, *Journal,* 23 août 1938.

11 J'ajoute que si nous laissons aux Américains du Nord le temps de « réaliser » la situation, comme ils disent, nous pourrons venir ensuite avec nos 75 millions de francs Poincaré !   J. ROMAINS, *Donogoo,* I, 1.

12 Pour *réaliser,* au sens anglais de *to realize,* depuis Bourget, il est difficile de le refuser. Car le mot exprime une nuance particulière (...)
                                          Hervé BAZIN, *Lettre à R. Georgin, in Jeux de mots,* p. 315.

▶ **SE RÉALISER** v. pron.

♦ **1.** Devenir réel (en parlant d'une idée, d'un projet, d'un souhait...). ⇒ **Arriver.** → Ampleur, cit. 2 ; coopération, cit. 2. — Par ext. Se traduire. *Des fresques* (cit. 5) *où se réalisaient mes impressions.*

13 (...) l'harmonie miraculeuse qui unissait les exigences propres de la littérature à celles de la bourgeoisie opprimée s'est rompue dès que les unes et les autres se sont réalisées.   SARTRE, *Situations II,* p. 155.

♦ **2.** Devenir conforme à un certain type, à un certain modèle ; s'épanouir, devenir « soi-même »... *La France ne se réalise pleinement...* (→ Harmonieux, cit. 7).

14 Persuade-toi, au contraire, que la vie d'un homme est incroyablement courte, et que tu auras très peu de temps pour te réaliser.   MARTIN DU GARD, les *Thibault,* t. IX, p. 230.

▶ **RÉALISÉ, ÉE** p. p. adj. *Projets réalisés.* — *Film mal réalisé.* — *Fortune réalisée* (→ Fréter, cit. 4).

DÉR. Réalisable, réalisateur, réalisation.

RÉALISME [Realism] n. m. — 1801, de Villers, *in* D.D.L. ; de *réel,* d'après le lat. *realis.*

♦ **1.** Philos. Doctrine platonicienne de la réalité des idées* (I.), dont les êtres individuels ne sont que le reflet (⇒ **Idéalisme**). — Doctrine médiévale de la réalité des Universaux, des idées générales (opposé à *conceptualisme*° d'une part, et à *nominalisme*° d'autre part). *Le réalisme de saint Anselme, de saint Thomas.*

Théorie qui pose que l'être est indépendant de la connaissance d'un sujet. *Réalisme rationaliste. Réalisme matérialiste. Réalisme et idéalisme* (cit. 1). — *Indépendance de l'être à l'égard de la nécessité logique* » (Lachelier, *in* Lalande). *L'empirisme est un réalisme, dans ce sens.*

Philos., sc. Doctrine d'après laquelle les formes mathématiques existent en dehors de nous (opposé à *formalisme*).

♦ **2.** (1833). Conception de l'art, de la littérature, selon laquelle l'artiste ne doit pas chercher à idéaliser, à modifier le réel ou à en donner une image volontairement incomplète. — REM. Le mot peut être soit péj. (reproduction morne et plate du réel, faite sans choix), soit laudatif (fidélité à la richesse du monde extérieur, opposée aux conventions et au formalisme ; dévoilement du réel).

(En littérature). *Le réalisme d'un récit, d'une description, d'un personnage. Réalisme psychologique, social. Réalisme et vérité, réalisme et vraisemblance. Le réalisme de Flaubert.* — Spécialt. (Hist. littér.). École littéraire française (Champfleury, Duranty, les Goncourt...) qui, vers 1850, préconisa (surtout dans le roman) la description minutieuse et objective de faits et de personnages tirés du réel, la mise en œuvre d'une réalité banale et quotidienne (→ ci-dessous, cit. 1, Valéry). *Réalisme et naturalisme*° (cit. 2, Goncourt). → aussi Mission, cit. 10. — (En parlant d'autres écoles et tendances). *Le réalisme naturaliste.* ⇒ **Naturalisme.** *Le réalisme italien* (⇒ **Vérisme**), *anglais, russe, du XIX⁰ siècle. Réalisme critique, populiste.*

1 Cette opposition entre le dogme même du réalisme — l'attention au banal — et la volonté d'exister en tant qu'exception et personnalité précieuse eut pour effet

d'exciter les réalistes au soin et aux recherches du style. Ils créèrent le style artiste. Ils employèrent à décrire les objets les plus ordinaires, parfois les plus vils, des raffinements, des égards, un travail, une vertu assez admirables; mais sans s'apercevoir qu'ils entreprenaient par là hors de leur principe, et qu'ils inventaient un autre «vrai», une vérité de leur fabrication, toute fantastique.

VALÉRY, Variété, Œ., Pl., t. I, p. 614.

2 Le vrai réalisme consiste à montrer les choses surprenantes que l'habitude cache sous une housse et nous empêche de voir.

COCTEAU, Essai de critique indirecte, p. 56.

2.1 Au sens où tout réalisme pictural naît contre une idéalisation, le réalisme littéraire, le naturalisme plus encore, étaient nés contre le personnage théâtral. Pas seulement romantique ou classique; au cœur de l'homme, l'appel de tout réalisme était destructeur de celui du théâtre, aboutissait au roman. D'où le constant échec de ces réalismes au théâtre, à commencer par celui de Balzac et continuer par celui de Flaubert; alors que celui de Tchekhov, dépendance de la poésie, y réussit à merveille. Le théâtre contraignait à son réel le réalisme, qui vivait de son propre imaginaire. MALRAUX, l'Homme précaire et la Littérature, p. 125-126.

(En arts). Recherche d'une ressemblance entre l'œuvre plastique et l'apparence du modèle qu'elle entend représenter; cette ressemblance (→ Hyperréalisme). *Réalisme des contours, des couleurs, de la représentation spatiale* (perspective). *Le réalisme opposé à l'idéalisation, au formalisme* (cit. 3), *à l'abstraction (...) à l'expressionnisme.* — Spécialt. École de peinture qui, en France, s'est opposée au romantisme et a précédé l'impressionnisme. *Le réalisme de Courbet* (→ Réaliste, cit. 1, Courbet). — *Le réalisme au cinéma. Le réalisme dans le cinéma français (réalisme poétique des années trente), dans le cinéma italien* (⇒ **Néo-réalisme**)...

3 (...) les traits bien connus du ministre de Louis XIII, mais avec une intensité de vie, une affirmation de vérité, et, comme on dirait aujourd'hui, un réalisme bien rare dans les portraits de grands personnages, dont on reproduit plutôt le type officiel que l'expression intime.

Th. GAUTIER, Souvenirs de théâtre, Collection d'Espagnac.

4 Il semble que tout art commence par la lutte contre le chaos, par l'abstrait ou le divin, jamais par la représentation de l'individuel; or tout réalisme conséquent se fonde sur l'individuel, et sa relation avec l'art qui le précède n'est pas équivoque : en tant qu'art, *tout* réalisme est une *rectification.*

MALRAUX, les Voix du silence, p. 299.

(1933). *Réalisme socialiste :* doctrine artistique faisant de l'art un instrument d'éducation et de propagande, fondé sur des normes de représentation «fidèle» de la réalité et (notamment en peinture) sur des techniques académiques. *«En vérité, nous ne connaissons pas d'exemple historique de réussite artistique — je veux dire de chef-d'œuvre — née du seul impératif politique. Le réalisme socialiste soviétique est le dernier exemple de l'échec patent de la formule»* (*Arts*, juil. 1981).

(1960, P. Restany). *Nouveau réalisme :* mouvement artistique, influencé par les positions dadaïstes, qui préconise la manifestation de la réalité moderne par des moyens transposés — assemblages d'objets (⇒ **Pop'art**); art cinétique — et sans revenir à la représentation figurative.

♦ **3.** Tendance à dépeindre, à représenter les aspects grossiers, vulgaires... du réel. ⇒ **Crudité.** *Un réalisme brutal** (⇒ **Brutalisme**).

♦ **4.** (1902). Attitude de celui qui tient compte de la réalité, l'apprécie avec justesse (opposé à *irréalisme*). ⇒ **Réaliste** (4.). *Un homme à théories, sans bon sens, sans réalisme* (→ Croire, cit. 71). *Il a réagi avec réalisme, avec un certain réalisme. Réalisme politique.* ⇒ **Realpolitik** (→ Condamner, cit. 13). *Réalisme cynique, opportuniste* (opposé aux attitudes morales). ⇒ aussi **Pragmatisme.**

5 D'abord organiser, pour être une force (...) Chez nous, il n'y a pas seulement idéologie, il y a réalisme. Et c'est le meilleur! (...)

MARTIN DU GARD, les Thibault, t. V, p. 74.

6 Le mot réalisme est la plupart du temps une traduction polie du mot lâcheté. Nul doute que, pour les «réalistes», des actions comme celle qui coûta la vie au chevalier d'Assas soient des modèles de sottise. Dans le meilleur des cas, le réalisme conduit à la médiocrité; dans le pire (c'est le plus fréquent), il mène à la tombe (...) À peu près rien de ce qu'ont fait les grands hommes n'est réaliste. C'est par réalisme — par manque d'imagination — que les hommes acceptent l'esclavage.

J. DUTOURD, les Taxis de la Marne, II, IV.

CONTR. Idéalisme, immatérialisme, nominalisme. — Romantisme, symbolisme; fantastique, irréalisme.

COMP. Néo-réalisme; irréalisme, surréalisme.

RÉALISTE [realist] n. et adj. — 1587; de *réel*, lat. *realis.*

♦ **1.** N. Philosophe, adepte du réalisme (opposé à *conceptualiste, à nominaliste*).

Adj. (1869). Relatif au réalisme philosophique. *Conception réaliste ou idéaliste* (cit. 2) *de la matière.*

♦ **2.** (Mil. XIXe; → cit. 1). Partisan du réalisme*, en art, en littérature. *Un auteur, un écrivain, un peintre réaliste* (→ Motif, cit. 9). *Une école réaliste ou naturaliste** (cit. 7). ⇒ aussi **Vériste.**

1 Le titre de réaliste, m'a été imposé comme on a imposé aux hommes de 1830 le titre de romantiques (...) Être à même de traduire les mœurs, les idées, l'aspect de mon époque selon mon appréciation (...) en un mot, faire de l'art vivant, tel est mon but.

COURBET, Manifeste de 1855, cité par Pierre LAROUSSE, Dict., art. *Réalisme.*

N. Écrivain, artiste adepte du réalisme.

2 Eh! réaliste maudit, voudrais-tu, par hasard, me produire une illusion telle que je me figure que j'assiste en réalité au spectacle que tu prétends m'offrir? C'est la cruelle réalité des objets que je fuis, quand je me réfugie dans la sphère des créations de l'art. DELACROIX, Œuvres littéraires, I, 59, *in* René HUYGHE, Dialogue avec le visible, p. 95.

Faire vrai consiste donc à donner l'illusion complète du vrai... J'en conclus que les Réalistes de talent devraient s'appeler plutôt des Illusionnistes. 3

MAUPASSANT, Pierre et Jean, Préface.

(...) le propre du réaliste, c'est qu'il n'agit pas. Il contemple, puisqu'il veut peindre le réel tel qu'il est, c'est-à-dire tel qu'il apparaît à un témoin impartial. 4

SARTRE, Situations I, p. 311.

Relatif au réalisme en art; qui fait preuve de réalisme. *Conception réaliste de la peinture. Littérature* (cit. 14) *réaliste.* ⇒ aussi **Naturaliste, vériste.** *Dialogue, description, récit, roman* réaliste* (→ Génie, cit. 17). *Style réaliste et concret*. Tableau, portrait, décor réaliste* (→ aussi Éclairage, cit. 4). *L'art réaliste-socialiste.* ⇒ **Réalisme** (socialiste).

De sorte que la littérature qui se contente de «décrire les choses», d'en donner seulement un misérable relevé de lignes et de surfaces, est celle qui, tout en s'appelant réaliste, est la plus éloignée de la réalité, celle qui nous appauvrit et nous attriste le plus, car elle coupe brusquement toute communication de notre moi présent avec le passé, dont les choses gardaient l'essence, et l'avenir, où elles nous incitent à la goûter de nouveau. 4.1

PROUST, le Temps retrouvé, Pl., t. III, p. 885.

Après un quart d'heure, ce que l'on vend ici disparaît devant ce dont on rêve. D'autant mieux que si le loyal milicien et l'héroïque milicienne sont réalistes-socialistes, presque toutes les images de la Longue Marche sont de style chinois. 4.2

MALRAUX, Antimémoires, Folio, p. 485.

♦ **3.** Qui dépeint tous les aspects du réel, en insistant sur les côtés déplaisants ou vulgaires. *Éléments réalistes chez Rabelais* (→ Érotique, cit. 2). ⇒ **Cru; réalisme.**

Chanson réaliste : chanson, genre de chanson qui évoque les milieux populaires, les difficultés de l'existence des gens simples (adversité, amours malheureuses, humbles bonheurs).

Elle m'a dit qu'elle avait été chanteuse réaliste, comme ça s'appelait autrefois, quand on chantait autrement qu'aujourd'hui. La chanson réaliste est un genre qui demande beaucoup de malheurs, parce que c'est un genre populaire. C'était surtout à la mode au début du siècle, quand il n'y avait pas la sécurité sociale et qu'on mourait beaucoup de misère et de la poitrine, et l'amour avait beaucoup plus d'importance qu'aujourd'hui car il n'y avait ni la voiture, ni la télé, ni les vacances, et lorsqu'on était enfant du peuple, l'amour était tout ce qu'on pouvait avoir de bien. É. AJAR (R. GARY), l'Angoisse du roi Salomon, p. 48. 4.3

(Emploi stylistique; euphémisme pour *obscène, ordurier, pornographique*, etc.). *Des photographies extrêmement réalistes...*

♦ **4.** (1929). Cour. Qui a le sens des réalités*; qui témoigne du sens des réalités. ⇒ **Réalisme.** *Talleyrand était réaliste et opportuniste* (→ Changer, cit. 67). — N. *Un réaliste* (→ Inanité, cit. 5; opium, cit. 7), *une réaliste. Les grands réalisateurs* (cit. 1) *sont des réalistes. Le réaliste et l'utopiste.*

Le réaliste méprise l'utopiste (...) et l'idéaliste (...); il prétend, quant à lui, avoir des choses une connaissance exacte et répondre à leur appel sans hésiter sur le choix des moyens. Il y a plusieurs sortes de réalistes, mais tous se ressemblent en ce qu'ils veulent subordonner leurs activités à la seule réalité (...) 5

S. DE BEAUVOIR, Idéalisme moral et Réalisme politique, *in* les Temps modernes, no 2, p. 252.

Attitude, vision réaliste (→ Échiquier, cit. 5).

CONTR. Formaliste, idéaliste, idéologue, nominaliste. — Fantastique, romantique... — Éthéré, rêveur...

DÉR. Réalistement.

RÉALISTEMENT [realistəmɑ̃] adv. — Av. 1957; de *réaliste.*

♦ Avec réalisme. *Il faut traiter ce problème réalistement. — Traiter réalistement un sujet.*

(...) c'est un calculateur, il vise réalistement à *gagner.* 1

R. BARTHES, Mythologies, 1957, p. 119.

Je ne retrouve pas les statues hellénistiques qui représentaient «réalistement» les dieux et les monstres. MALRAUX, Antimémoires, Folio, p. 70. 2

RÉALITÉ [realite] n. f. — 1550; *reellité* «contrat rendu réel», v. 1290; bas lat. *realitas.*

♦ **1.** Philos. Caractère de ce qui est réel*, de ce qui ne constitue pas seulement un concept ou un nom, un signe *(réalité d'une définition, d'une distinction)*, de ce qui constitue une «chose». → ci-dessous, 2. *La réalité des choses* (opposée aux idées, aux conceptions de l'esprit). → Atome, cit. 9, Pascal. *La réalité des Idées* (cit. 2), *chez Platon.* ⇒ **Réalisme.** *Le problème de la réalité des idées générales* (→ Nom, cit. 43; nominalisme, cit.). *La perfection ou réalité objective** (1. Objectif, cit. 1, Descartes) *de l'idée de Dieu* (→ aussi 1. Entité, cit. 1, Descartes). *Réalité de la matière* (⇒ **Matérialisme**), *de l'esprit* (⇒ **Spiritualisme**). ⇒ aussi **Substance.**

LUDOVISI de n'importe quelle HÉRA d'Athènes, la FEMME VOILÉE la plus simple ou la plus ornée, de celles de Tanagra; et toutes les répliques romaines, de leurs modèles grecs. Nous appelons réalité une corrélation des éléments de l'apparence, imposée à l'homme. Tout art avait ordonné l'apparence selon les dieux ou le divin qu'il servait. Au nom de quels dieux Rome la mettrait-il en question? Pour la première fois, un art majeur reconnaît l'ordre de l'apparence comme ordre du monde; pour la première fois, l'apparence est devenue *le réel.* 0.1

MALRAUX, la Métamorphose des dieux, p. 106.

(...) le savant, qui admet toujours plus ou moins implicitement la réalité du monde extérieur, peut très bien penser, même s'il a l'esprit assez philosophique pour toujours se souvenir que toute science est à notre mesure, qu'il puisse exister une correspondance précise et univoque entre le monde extérieur et l'image que nous parvenons à nous en faire. L. DE BROGLIE, Physique et Microphysique, p. 130. 1

Cour. Caractère de ce qui existe en fait (et qui n'est pas seulement une invention, une illusion, une apparence). ⇒ **Vérité.** *Douter de la* *réalité d'un fait** (→ Mystifier, cit. 1). ⇒ **Matérialité.** *La réalité et l'apparence* (cit. 24) *de quelque chose* (cf. fam. L'air et la chanson).

2 La connaissance que nous avons des faits est l'unique raison qui nous porte à croire à leur réalité. FRANCE, *Histoire comique*, XIX.

Spécialt. Réalisme* d'une création littéraire ou artistique ; véracité, vraisemblance ; fidélité au réel.

3 Le monde où nous vivons est le lieu de la scène ; le fond de son drame est vrai ; ses personnages ont toute la réalité possible ; ses caractères sont pris du milieu de la société ; ses incidents sont dans les mœurs de toutes les nations policées ; les passions qu'il peint sont telles que je les éprouve en moi (...)
DIDEROT, *Éloge de Richardson*, in Œ. esthétiques, p. 30-31.

Théol. Présence réelle (du corps du Christ dans l'Eucharistie).

Dr. Caractère de ce qui est réel et non pas personnel. *Réalité de l'impôt.*

Psychan. *Épreuve de réalité,* dans laquelle un sujet établit une distinction entre lui et le monde.

♦ **2.** *La réalité :* ce qui est réel, actuel, donné à l'esprit, et constitue une « chose » (lat. *res*), un être défini, permanent et autonome *(une réalité)* ou l'ensemble de ces choses *(la réalité)*. ⇒ **Chose, fait, être.** *Le possible** (cit. 24) *et la réalité. La réalité absolue et l'apparence** (→ Objet, cit. 14). *La réalité est ordonnée* (→ Ordre, cit. 3). *L'unité de la réalité concrète* (→ Notion, cit. 7). *Pour Marx, la réalité est dialectique* (cit. 5). *La réalité extérieure* (objets, monde, nature, chose en soi) *et la réalité intérieure* (conscience, moi, pour-soi ; → Intuition, cit. 2). *La réalité vivante.* ⇒ **Existence.** — *Connaissance, description de la réalité par la science* (→ Indéterminisme, cit. 1). *Caractériser les aspects de la réalité à l'aide de nombres* (→ Mesure, cit. 2). *Les formes abstraites et la réalité expérimentale* (→ Mathématique, cit. 9). — *Connaissance de la réalité par la métaphysique* (1. Métaphysique, cit. 2), *l'ontologie...* (→ aussi 1. Pensée, cit. 15). *Réalité reconnue comme telle par l'esprit.* ⇒ **Évidence.** *Transformation de la réalité par la pratique*, l'action.*

4 (...) la philosophie est éminemment la science des réalités ; ce qu'elle a besoin de connaître, ce qu'elle cherche sans cesse, c'est ce qui est hors des phénomènes et sous les apparences sensibles, ce qui est conçu exister à titre de substance et de cause, notions universelles et nécessaires dont notre esprit et par suite nos langues ne peuvent se passer.
MAINE DE BIRAN, *Du physique et du moral de l'homme,* Examen leçons philos., § 1.

5 Nous rencontrons dans le réalisme cette flagrante contradiction : par respect de la réalité, il nie cette réalité en laquelle toutes les autres trouvent leur valeur et leur sens, la réalité humaine.
S. DE BEAUVOIR, *Idéalisme moral et Réalisme politique, in* les Temps modernes, n° 2, p. 260
N. B. Le mot *réalisme* est pris ici au sens 4.

6 (...) la découverte d'une réalité qui n'est pas *notre* réalité ne peut se faire que par le moyen d'une hypothèse et elle demeure toujours probable.
SARTRE, *Situations I,* p. 164.

REM. *Réalité* s'emploie surtout pour désigner ce qui est extérieur au sujet. → Monde, nature, objet.

7 (...) nous saisissons dans notre perception, tout à la fois, un état de notre conscience et une réalité indépendante de nous.
H. BERGSON, *Matière et Mémoire,* p. 229.

Littér. *La réalité, c'est l'âme* (cit. 25, Hugo). *Le songe, approche* (cit. 21) *d'une réalité invisible. Apparition d'une réalité cachée* (cit. 57).

8 Le bon sens nous dit que les choses de la terre n'existent que bien peu, et que la vraie réalité n'est que dans les rêves.
BAUDELAIRE, *les Paradis artificiels,* Préface.

9 J'eus soudain la sensation aiguë, la certitude presque physique qu'il existait un autre monde, une réalité dont nous ne connaissions que l'ombre (...)
F. MAURIAC, *le Nœud de vipères,* I, III.

Psychol. *La réalité :* les conditions imposées par le monde extérieur (opposées au désir, au rêve). → Fantasme, cit. 2. Psychan. *Le principe de réalité :* adaptation du principe de plaisir tenant compte des conditions imposées par le monde extérieur. — Log. *Jugement de réalité,* qui énonce un ou plusieurs faits (ou des rapports entre des faits), opposé à *jugement de valeur.*

Cour. La vie, l'existence réelle (en tant que distincte des désirs, des illusions, du rêve). → Candide, cit. 2 ; désaccord, cit. 4. *La réalité opposée à l'idéal*, à la morale... Le rêve et la réalité* (→ Freiner, cit. 4 ; imaginaire, cit. 3). *Illusions* (cit. 12) *et réalité. Le visage terrible de la réalité* (→ Envelopper, cit. 16). *Le contact* (→ Amoindrir, cit. 4), *l'expérience de la réalité* (→ Imagination, cit. 17). *Adaptation à la réalité* (→ Oubli, cit. 2). *L'humble* (cit. 40) *réalité quotidienne. S'insurger* (cit. 5) *contre la réalité. S'évader* (cit. 11) *de la réalité* (→ aussi Échappatoire, cit. 4). — *Tenir compte de la réalité.* ⇒ **Réel** (n. m.) ; **positif, réaliste.**

10 (...) en dehors de ses passions, dont l'extravagance avait été quelquefois sans limites, il avait le sentiment de la réalité qui distingue les hommes de race normande. BARBEY D'AUREVILLY, *les Diaboliques,* « Dîner d'athées ».

11 Incapable de voir la réalité comme elle est, elle savait seulement la supporter comme elle est, en humble et brave femme, qui n'a pas besoin de comprendre la vie, pour vivre. R. ROLLAND, *Jean-Christophe, L'adolescent,* I, p. 227.

Ce qui existe en fait, par rapport à l'imagination ou la représentation par l'art. *Réalité et merveilleux* (cit. 10). *Fiction et réalité* (→ Élever, cit. 35). *« La réalité dépasse la fiction »,* est encore plus extraordinaire que tout ce que l'on peut imaginer. *Copier, peindre*

---

la réalité (→ Illustrateur, cit. ; moralité, cit. 2). *Éléments empruntés à la réalité* (→ Fondre, cit. 7). *Transposition de la réalité* (→ Épouvante, cit. 7). *Exagérer* (→ Échantillon, cit. 7), *transcrire la réalité* (→ Hermétisme, cit. 3). *Stylisation et réalité* (→ État, cit. 45). *Convention et réalité* (→ Extirpation, cit.). *Le sceau de la réalité* (→ Observer, cit. 10). ⇒ **Exactitude, réalisme, vérité.**

12 En tout, comme peintre, Rousseau a le sentiment de la *réalité.* Il l'a toutes les fois qu'il nous parle de la beauté, laquelle, même lorsqu'elle est imaginaire comme sa *Julie,* prend avec lui un corps et des formes bien visibles, et n'est pas du tout une Iris en l'air et insaisissable. Il a le sentiment de cette réalité en ce qu'il veut que chaque scène dont il se souvient ou qu'il invente, que chaque personnage qu'il introduit, s'encadre et se meuve dans un lieu bien déterminé.
SAINTE-BEUVE, *Causeries du lundi,* 4 nov. 1850.

13 — Laissez-moi tranquille avec votre hideuse réalité ! Qu'est-ce que cela veut dire, la réalité ? Les uns voient noir, d'autres bleu, la multitude voit bête. Rien de moins naturel que Michel-Ange, rien de plus fort !
FLAUBERT, *l'Éducation sentimentale,* I, IV.

14 Je crois bien, quant à moi, que la réalité, toujours infiniment plus riche que le vrai, comprend sur tout sujet et en toute matière, la quantité de méprises, de mythes, de contes et de croyances puérils que produit nécessairement l'esprit des hommes.
VALÉRY, *Eupalinos, Dialogue de l'arbre,* p. 203.

Dans la réalité : dans la vie réelle (→ Assommant, cit. 2 ; magistrature, cit. 2). *Ce n'est pas ainsi dans la réalité.*

Loc. adv. (1762 ; *en réalité,* v. 1320). **EN RÉALITÉ.** ⇒ **Réellement ; effet** (en), **fait** (en), **fond** (au fond) ; → Apparent, cit. 7 ; cap, cit. 4, Valéry ; dot, cit. 1 ; 3. plan, cit. 2. *Par l'espérance* (cit. 5) *et en réalité. En réalité c'est tout différent.*

15 Ainsi, l'armée obéit en apparence, mais en réalité gouverne. Elle obéit dans le fait ; mais, comme institution, elle commande tout, comme au temps de Louis XIV, et par les mêmes moyens.
ALAIN, *Propos,* 8 avr. 1923, Politique extérieure et politique intérieure.

♦ **3.** *(Une, des réalités).* Chose réelle, fait réel. *Les prétentions* (cit. 6) *et les réalités. Une apparence et une réalité* (→ Fureter, cit. 6). *Se satisfaire d'une réalité* (→ Exigence, cit. 6). *Image qui correspond* (cit. 3) *à une réalité. Les réalités de tous les jours* (→ Idée, cit. 46). *Détaché des réalités vulgaires* (→ Céleste, cit. 13). *Ce brusque rappel aux réalités dérisoires* (cit. 1) *du lendemain. Les réalités de la vie. Réalités brutales*. Réalités qui se cachent derrière les apparences* (cit. 27). *Le dégoût des réalités* (→ 2. Idéal, cit. 17). *Regarder en face* (cit. 53) *les réalités. Avoir le sens des réalités* (⇒ **Réalisme**). *Promesses et réalités.* — Loc. *Prendre ses désirs* (cit. 5) *pour des réalités :* se faire des illusions.

16 Chacun tourne en réalités,
Autant qu'il peut, ses propres songes (...) LA FONTAINE, *Fables,* IX, 6.

17 Mon ami avait vingt ans ; j'en avais dix-huit : nous étions donc tous deux à cet âge où il est permis de confondre les rêves avec les réalités.
LAMARTINE, *Graziella,* Épisode III.

18 Ce que je sais, c'est l'action qui me l'a appris. Le corps à corps avec les réalités.
MARTIN DU GARD, *les Thibault,* t. IX, p. 249.

CONTR. Apparence, illusion. — Fausseté, idéalité (cit. 1). — Possibilité. — Forme, idéal, néant, non-être. — Possible. — Duperie, erreur, illusion, imagination, mensonge, ombre, rêve, songe, vision. — Allégorie, chimère, conte, fiction, figure, image, invention, littérature.
COMP. Surréalité.

REALPOLITIK [Realpolitik] n. f. — 1963, *le Monde ;* mot all., de *real* « réaliste », et *Politik,* déjà employé en angl. (1934, Webster).

♦ Didact. Politique internationale basée sur des considérations de rapports de force et de possibilités concrètes (sans influence idéologique).

RÉAMÉNAGEMENT [Reamenaʒmã] n. m. — 1966, *le Monde ;* de *réaménager.*

♦ Action de réaménager ; son résultat.

RÉAMÉNAGER [Reamenaʒe] v. tr. — Mil. xxᵉ ; de *ré-,* et *aménager.*

♦ Aménager de nouveau.

DÉR. Réaménagement.

RÉANIMATEUR, TRICE [Reanimatœʀ, tʀis] n. — Mil. xxᵉ ; de *réanimer.*

♦ **1.** Spécialiste de la réanimation* médicale. *« Un personnel de garde (...) comprenant au moins deux internes, un anesthésiste, un réanimateur »* (*Paris-Match,* 24 oct. 1964). — Appos. *« Le médecin réanimateur ne quittait pas le chevet de la malade »* (H. Troyat, *les Eygletière,* p. 292). *Anesthésiste-réanimateur.*

L'œil chaleureux, il a cherché à me faire imaginer l'ardeur avec laquelle travaillent les réanimateurs pendant des heures, des jours, luttent pour arracher à la mort ces petits êtres qu'ils condamnent par leurs efforts à un gâtisme définitif.
Cécil SAINT-LAURENT, *la Bourgeoise,* p. 59.

♦ **2.** Techn. Appareil employé pour la respiration artificielle. ⇒ **Respirateur.**

RÉANIMATION [ʀeanimɑsjɔ̃] n. f. — xxᵉ (*in* Larousse, 1932); de *réanimer*.

♦ Ensemble des moyens visant à rétablir les grandes fonctions vitales (surtout respiratoire et cardiaque) abolies ou fortement perturbées (à la suite d'accidents, de maladies, de complications opératoires). *Réanimation d'un asphyxié, d'un animal qui a subi l'hibernation. Service de réanimation d'un hôpital.* — Abrév. : *réa. Il a été transporté d'urgence en réa.*

RÉANIMER [ʀeanime] v. tr. — xvⁱᵉ, Du Bellay; repris mil. xixᵉ en méd., sous l'infl. de *réanimation* (1846, *réanimé*); de *ré-*, et *animer*.

♦ **1.** Procéder à la réanimation de.

♦ **2.** Fig. Faire revivre.
Il lui serait difficile *(à la France)* de faire davantage, car elle doit réanimer ses régions en déclin : Bretagne, Massif Central, Sud-Ouest et Corse (...)
Georges ELGOZY, l'Europe des Européens, III, ii.
DÉR. Réanimateur, réanimation.

RÉAPPARAÎTRE [ʀeapaʀɛtʀ] v. intr. — Conjug. *paraître.* → Connaître. — 1867; de *ré-*, et *apparaître.*

♦ Apparaître, paraître de nouveau. ⇒ **Reparaître.** *Personne* (→ Humaniste, cit. 3), *phénomène qui réapparaît* (→ Épouser, cit. 14). *Séries où le même motif réapparaît* (→ Impressionniste, cit. 1). *Le mal réapparaît.* ⇒ **Récidiver.**
La vieille fille réapparut soudain, et, en quelque sorte, à la façon de ces diables dont on ouvre brusquement le couvercle. P.-J. TOULET, la Jeune Fille verte, iii.
CONTR. Cacher (se), **éclipser** (s'). — **Disparaître.**
DÉR. V. Réapparition.

RÉAPPARITION [ʀeapaʀisjɔ̃] n. f. — 1771, astron.; de *ré-*, et *apparition.*

♦ Le fait de réapparaître. *Réapparition d'une comète, d'une étoile. Réapparition d'un auteur sur la scène* (→ Pièce, cit. 22). *Les réapparitions épisodiques* (cit. 3) *des personnages de Balzac. Les systèmes de socialisme agraire* (cit.) *qui ont fait leur réapparition au cours de l'histoire.*
C'était Suzanne, la fille aux Lengaigne, qui risquait brusquement une réapparition dans son village, après trois ans de folle expérience à Paris.
ZOLA, la Terre, IV, iv.
CONTR. Disparition, éclipse.

RÉAPPLAUDIR [ʀeaplodiʀ] v. tr. — 1845, Richard de Radonvilliers; de *ré-*, et *applaudir.*

♦ Applaudir une seconde fois, une autre fois (une personne, un spectacle qui avait déjà plu).
Nous avons reconnu l'arène, intime et proprette (...)
Nous avons réapplaudi Chocolat, d'une gaucherie si spirituelle.
A. JARRY, Gestes, «Juno Salmo au Nouveau-Cirque»,
in Œ. compl., t. VII, p. 50.

RÉAPPRENDRE [ʀeapʀɑ̃dʀ] v. tr. — 1843, *in* D.D.L.; de *ré-*, et *apprendre.*

♦ Apprendre de nouveau. ⇒ **Rapprendre** (la forme *réapprendre* tend à l'emporter).
DÉR. Réapprentissage.

RÉAPPRENTISSAGE [ʀeapʀɑ̃tisaʒ] n. m. — 1933; de *réapprendre*, et *apprentissage.*

♦ Le fait de réapprendre; nouvel apprentissage.
Cinq ans que je n'ai cohabité avec une femme! Réapprentissage.
MONTHERLANT, le Démon du bien, p. 218.

RÉAPPRÊTER [ʀeapʀete; ʀeapʀɛte] v. tr. — D. i.; de *ré-*, et *apprêter.*

♦ Apprêter de nouveau.

RÉAPPROVISIONNEMENT [ʀeapʀovizjɔnmɑ̃] n. m. — 1873; de *réapprovisionner.*

♦ Action de réapprovisionner, de se réapprovisionner. *Réapprovisionnement en vivres, en munitions. Réapprovisionnement d'un magasin.* ⇒ **Réassortiment.**

RÉAPPROVISIONNER [ʀeapʀovizjɔne] v. tr. — 1845; *rapprovisionner*, 1869; *reprovisionner*, xvⁱᵉ; de *ré-*, et *approvisionner.*

♦ Approvisionner de nouveau. *Réapprovisionner un magasin.* ⇒ **Réassortir.** — Pron. *Commerçant qui se réapprovisionne régulièrement.*

On mangea, et si bien, que la réserve de gibier et d'amandes fut totalement épuisée. Mais Pencroff ne fut nullement inquiet. On se réapprovisionnerait en route. Top, dont la portion avait été fort congrue, saurait bien trouver quelque nouveau gibier sous le couvert des taillis.
J. VERNE, l'Île mystérieuse, t. I, p. 147. | 1
Le marchand de perles venait de se réapprovisionner : Sérianne avait épuisé son stock de vénération mortuaire. ARAGON, les Beaux Quartiers, I, xix. | 2
DÉR. Réapprovisionnement.

RÉARGENTER [ʀeaʀʒɑ̃te] v. tr. — 1846; de *ré-*, et *argenter.*

♦ Argenter de nouveau. *Donner des couverts à réargenter.* — Pron. Fam. *Se réargenter :* disposer à nouveau d'argent.

RÉARMEMENT [ʀeaʀməmɑ̃] n. m. — 1771; de *réarmer.*

♦ **1.** Action de réarmer (une arme à feu).

♦ **2.** (1848). Action de réarmer (un pays, un groupe). *Réarmement d'une troupe, d'un vaisseau.* — *Réarmement d'un pays. Politique de réarmement.*
— Il a un travail fou avec le réarmement, dit Chantal. Il prétend que dans l'armée française il y aura bientôt deux fusils par soldat.
R. QUENEAU, le Dimanche de la vie, p. 272.

♦ **3.** Fig. *Réarmement moral :* mouvement chrétien fondé en 1921, préconisant «la réforme du monde par la réforme de la vie personnelle».
CONTR. Désarmement. — Démilitarisation.

RÉARMER [ʀeaʀme] v. — xvᵉ, puis 1771; *rarmer*, xiiiᵉ; de *ré-*, et *armer.*

★ **I.** V. tr. Armer de nouveau. ♦ **1.** Pourvoir de nouveau en armes. *«Réarmer la milice»* (Hatzfeld). *Réarmer un fort, une ligne de défenses.*

♦ **2.** Mettre de nouveau en état de fonctionner un dispositif (mécanisme à ressort, en particulier) que l'on arme. *Réarmer un revolver, un piège, un appareil photo.* — Absolt. *Il a tiré en ajustant posément la cible, réarmé, puis tiré une deuxième cartouche.*

♦ **3.** Remettre (un navire) en état de prendre la mer en l'équipant de nouveau. *Réarmer un pétrolier.*

★ **II.** V. intr. ♦ **1.** (1875). En parlant d'un État, d'un pays, d'un groupe. Recommencer à s'armer et s'équiper en prévision d'une guerre, après une période de détente.
(...) devant cette reprise de l'action révolutionnaire, l'Europe réarme (...) | 1
Louis MADELIN, Talleyrand, I, viii.
Si tu veux la paix, prépare la guerre. Nous réarmons. | 2
R. QUENEAU, le Dimanche de la vie, p. 177.

♦ **2.** (En parlant d'un navire). *Paquebot qui réarme,* que l'on réarme, que l'on remet en état de reprendre la mer.
CONTR. Désarmer, démilitariser.
DÉR. Réarmement.

RÉARRANGEMENT [ʀeaʀɑ̃ʒmɑ̃] n. m. — 1897, *réarrangement psychique;* de *réarranger.*

♦ Nouvel arrangement. — Spécialt. (Chim.). *Réaction de réarrangement,* qui conduit un atome ou un groupe d'atomes à changer de place dans la molécule. *Réarrangement moléculaire.* ⇒ **Isomérisation.**

RÉARRANGER [ʀeaʀɑ̃ʒe] v. tr. — Conjug. *arranger.* → Bouger. — xxᵉ; *rarranger*, 1821; de *ré-*, et *arranger.*

♦ Arranger de nouveau.
(...) elle avait séché ses yeux, réarrangé sa coiffure, et s'était mis un peu de poudre.
ARAGON, les Cloches de Bâle, I, viii (1934).
Pron. «*Pour permettre aux atomes de se réarranger*» (*Sciences et Avenir*, oct. 1981, p. 74).
DÉR. Réarrangement.

RÉASPIRER [ʀeaspiʀe] v. tr. — 1846; de *ré-*, et *aspirer.*

♦ Aspirer de nouveau.
(...) le bonhomme (...) tremblotait des extrémités en excrétant par la bouche une mousse morveuse réaspirée parfois, avec un bruit de siphon.
R. QUENEAU, Loin de Rueil, p. 54.

RÉASSIGNATION [ʀeasiɲasjɔ̃] n. f. — 1481; de *réassigner.*

♦ **1.** Dr. Seconde assignation du défendeur, ordonnée par le Président de l'audience, quand une partie seulement des personnes assignées a comparu.

♦ **2.** (1869). Fin. Assignation sur un autre fonds.

RÉASSIGNER [ʀeasiɲe] v. tr. — 1537 ; de *ré-*, et *assigner*.

♦ **1.** Dr. Assigner de nouveau. *Réassigner le défaillant.*

♦ **2.** (XIXᵉ). Fin. Assigner, gager sur un autre fonds (en garantie de paiement).

(...) la place était remplie de billets décriés qui provenaient de la banqueroute qu'avait faite quelques années auparavant le Maréchal de la Meilleraye (alors surintendant) : on achetait ces anciens billets pour rien, et, en faisant des affaires avec le roi, on obtenait de Fouquet, comme condition, qu'il réassignât ces billets pour les sommes entières (...)
SAINTE-BEUVE, Causeries du lundi, 12 janv. 1852.

♦ **3.** Attribuer de nouveau. *Réassigner un but à une association.*

DÉR. **Réassignation.**

RÉASSORTIMENT [ʀeasɔʀtimɑ̃] n. m. — 1894 ; de *réassortir, rassortir*.

♦ Comm. Action de réassortir, de se réassortir ; nouvel assortiment. ⇒ **Réapprovisionnement.** — Abrév. cour. : *réassort*, n. m. *Le réassort des libraires.*

REM. La forme *rassortiment* (1842) est archaïque :

La mercière, chez qui je suis allée tantôt pour un rassortiment de soie, m'a donné des renseignements sur la maison.
O. MIRBEAU, le Journal d'une femme de chambre, p. 39.

RÉASSORTIR [ʀeasɔʀtiʀ] ou (vieilli) **RASSORTIR** [ʀasɔʀtiʀ] v. tr. — 1894, *réassortir ; rassortir*, 1842 ; de *ré-*, et *assortir*.

♦ **1.** Reconstituer un assortiment de..., en remplaçant ce qui manque. ⇒ **Réapprovisionner.** *Réassortir un service de porcelaine.* — Pron. *Libraire qui va se réassortir chez l'éditeur,* qui va réassortir son stock.

♦ **2.** Retrouver (un type d'objet, un modèle) dans le commerce. *J'ai peur de ne pas pouvoir réassortir le tissu.*

DÉR. **Réassortiment.**

RÉASSUMER [ʀeasyme] v. tr. — 1875 ; de *ré-*, et *assumer*.

♦ Psychol. Assumer de nouveau (ce qu'on avait cessé d'assumer).

RÉASSURANCE [ʀeasyʀɑ̃s] n. f. — 1661 ; de *réassurer*.

♦ Dr. Opération par laquelle un assureur se fait garantir par d'autres assureurs une partie des risques qu'il a couverts au profit d'un client. *La réassurance est une application du principe de la division des risques.*

RÉASSURER [ʀeasyʀe] v. tr. — 1661 ; de *ré-*, et *assurer*.

♦ Dr. Garantir (un assureur) par une réassurance*. — Pron. *L'assureur qui se réassure reste seul responsable envers l'assuré.*

DÉR. **Réassurance, réassureur.**

RÉASSUREUR [ʀeasyʀœʀ] n. m. — 1762 ; de *réassurer*.

♦ Dr. Assureur qui réassure (un autre assureur).

RÉAVANCER [ʀeavɑ̃se] v. — XXᵉ ; de *ré-*, et *avancer*.

♦ V. intr. Avancer de nouveau. — V. tr. Avancer (ce qui avait été remis dans sa première position).

Elle écarta le genou. Maublanc (...) réavança la main, la reposa sur la robe.
M. DRUON, les Grandes Familles, II, v, p. 66.

REBAB [ʀəbab] ou **RABAB** [ʀabab] n. m. — 1850, Nerval, *in* D. D. L. ; arabe *rābāb* «violon à deux cordes». → Rebec.

♦ Mus. Violon à deux cordes, en usage dans certains pays d'Islam.

L'un tenait une guitare légère appelée târ ; l'autre une sorte de rebec, violon à long manche, ou kémantjêh ; le troisième avait un rebab, autre instrument à cordes (...)
J.-A. DE GOBINEAU, Nouvelles asiatiques, p. 50.

REBAIGNER [ʀ(ə)beɲe ; ʀ(ə)beɲe] v. tr. — XVIᵉ, Ronsard ; *rebaingnier*, XIIIᵉ ; de *re-*, et *baigner*.

♦ Baigner une nouvelle fois. — Pron. *Il n'est pas plutôt séché qu'il court se rebaigner.* ⇒ **Retremper.**

Par métaphore :

L'homme, naturellement esclave, se rebaigne (...), avec délices, dans le cloaque cent fois maudit (...)
Léon BLOY, le Désespéré, p. 121.

REBÂILLER [ʀ(ə)bɑje] v. intr. — 1846 ; de *re-*, et *bâiller*.

♦ Bâiller de nouveau.

« Z'ai bien sommeil !» dit-elle.
Elle bâilla (...).
« Le marçand de sable est passé !»
Elle rebâilla.
P. GUTH, le Mariage du naïf, XV, p. 152.

REBAISSER [ʀ(ə)bese ; ʀ(ə)bɛse] v. intr. — 1775 ; de *re-*, et *baisser*.

♦ Baisser de nouveau. *Les prix ont remonté puis rebaissé.*

REBAPTISANT [ʀ(ə)batizɑ̃] n. m. — 1762 ; de *rebaptiser*.

♦ Hist. relig. Catholique du IIIᵉ siècle qui considérait comme nul le baptême administré par des hérétiques et rebaptisait ceux qui l'avaient reçu.

REBAPTISER [ʀ(ə)batize] v. tr. — XIIIᵉ ; de *re-*, et *baptiser*.

♦ **1.** Baptiser (cit. 3) une seconde fois.

♦ **2.** Nommer d'un autre nom. *À la Libération, on a rebaptisé avenue de la Résistance l'ancienne rue des Marronniers.*

RÉBARBATIF, IVE [ʀebaʀbatif, iv] adj. — V. 1360, Froissart ; de l'anc. franç. *se rebarber* «faire face, tenir tête», proprt *barbe* contre *barbe*, ou encore (P. Guiraud) de *barbatus*, *re-* correspondant à *re(brousser)*, avec l'idée de «à contre-poil, revêche».

♦ **1.** Qui rebute par un aspect rude et comme hérissé. ⇒ **Brusque, dur, farouche** (cit. 13), **rebutant, repoussant, revêche, rude.** *Mine rébarbative.* ⇒ **Hargneux.** *Air rébarbatif* (→ Ex-voto, cit. 1). Par ext. *La disgrâce* (cit. 11) *rébarbative d'une certaine architecture.*

J'aime une sagesse gaie et civile, et fuis l'âpreté des mœurs et l'austérité, ayant pour suspecte toute mine rébarbative (...)   MONTAIGNE, Essais, III, v.   1

Clément, dont le nom peignait on ne saurait moins la figure, était un homme   1.1
de quarante-huit ans, d'une grosseur énorme, d'une taille gigantesque, le regard sombre et farouche, ne s'exprimant qu'avec des mots durs élancés par un organe rauque, une vraie figure de satyre ; l'extérieur d'un tyran ; il me fit trembler (...) Que voulez-vous, dit de Moine, avec l'air le plus rébarbatif, est-ce là l'heure de venir dans une église ?   SADE, Justine..., t. I, p. 138.

(...) deux ou trois vieilles moustaches grises boudant obstinément sous leur vernis   2
jaune, et gardant, malgré tout, les mines rébarbatives dont le peintre les avait dotées.   Th. GAUTIER, le Capitaine Fracasse, II.

♦ **2.** (Mil. XVIIᵉ). Difficile et ennuyeux. ⇒ **Aride.** *Études, sujets rébarbatifs.* ⇒ **Ingrat** (→ fam. Barbant).

Voilà des mots qui sont trop rébarbatifs. Cette logique-là ne me revient point.   3
Apprenons autre chose qui soit plus joli.
MOLIÈRE, le Bourgeois gentilhomme, II, 4.

Chose singulière, le dynamisme juif, transposé en protestation sociale, se retrouve   4
jusque dans la technique la plus rébarbative, qu'il semble parfois, comme dans le cas de Karl Marx, enflammer de sa passion.
André SIEGFRIED, l'Âme des peuples, Conclusion, I.

CONTR. **Accort, affable, aimable, cajoleur, engageant. — Attachant, attirant, attrayant, séduisant.**

REBARBE [ʀəbaʀb] n. f. — 1869 ; occitan *rebarbo*, de *re-*, et *barbo* «moisissure».

♦ Techn., régional. Secondes raclures du roquefort. *La rebarbe, moulée en pains cylindriques, est consommée localement.*

REBARDER [ʀ(ə)baʀde] v. tr. — 1549 ; de *re-*, et *barder*.

♦ **1.** Vx. Remettre l'armure à (un cheval).

♦ **2.** (1869). Agric. Nettoyer en partie de sa terre la racine de (une plante que l'on s'apprête à repiquer).

REBARRER [ʀ(ə)baʀe] v. tr. — Mil. XXᵉ ; de *re-*, *barre*, et suff. verbal.

♦ Techn. Remplacer la barre d'harmonie de (un instrument qui comporte cette pièce : violon, piano, etc.).

REBAT [ʀəba] n. m. — 1869 ; «reflet, image ''rabattue''», mil. XVIᵉ ; de *rebattre*.
Technique.

♦ **1.** (Fauconn.). Le fait de lancer l'oiseau une seconde fois.

♦ **2.** (Mil. XXᵉ). Tournée de surveillance de douaniers.

REBÂTIR [ʀ(ə)bɑtiʀ] v. tr. — XIIᵉ ; de *re-*, et *bâtir*.

♦ Bâtir de nouveau (ce qui était détruit). ⇒ **Reconstruire, réédifier, relever.** *Rebâtir une maison* (→ Abattre, cit. 1 ; matériau, cit. 1). *Rebâtir une ville détruite.*

Berlin est une grande ville, dont les rues sont très larges (...) et l'ensemble régu-   1
lier : mais (...) comme il n'y a pas longtemps qu'elle est rebâtie, on n'y voit rien

qui retrace les temps antérieurs. *Aucun monument gothique ne subsiste au milieu des habitations modernes (...)*　　　Mᵐᵉ DE STAËL, De l'Allemagne, I, XVII.

Par métaphore. *Rebâtir à neuf le grand édifice social* (→ Loger, cit. 13).

Fig. *Rebâtir un monde, la société* (→ Hors-la-loi, cit. 1).

2　On avait un peu plus de vingt ans, on rebâtissait le monde en une soirée de disputes.　　　M. VAN DER MEERSCH, l'Élu, p. 114.

CONTR. Abattre.

REBATTAGE [ʀ(ə)bataʒ] n. m. — 1904 ; « action de polir la surface d'un boulet », 1869, Littré ; de *rebattre.*

Technique.

♦ **1.** Opération par laquelle on lisse la surface des briques.

♦ **2.** Le fait de rebattre (1.) un tonneau.

♦ **3.** Opération qui consiste à battre le plâtre après le gâchage pour allonger son temps de prise (diminuant ainsi sa résistance ulté-rieure).

REBATTEMENT [ʀ(ə)batmã] n. m. — 1690 ; de *rebattre.*

♦ **1.** Blason. Répétition des pièces ou des partitions de l'écu.

♦ **2.** (xxᵉ). Techn. Autom. Défaut de fonctionnement de l'échappe-ment d'un moteur à explosion, entraînant un décalage du réglage dans le sens de l'avance. Syn. : *rebat* [ʀəba], n. m.

REBATTEUSE [ʀ(ə)batøz] n. f. — Mil. xxᵉ ; de *rebattre.*

♦ Techn. Machine qui donne leur forme définitive aux briques par un deuxième pressage.

REBATTOIR [ʀ(ə)batwaʀ] n. m. — 1818, Marguery, *in* D. D. L. ; de *rebattre.*

Technique.

♦ **1.** Instrument (⇒ **Battoir**) servant à rebattre les carreaux de céra-mique.

♦ **2.** (Mil. xxᵉ). Ciseau pour tailler les ardoises.

REBATTRE [ʀ(ə)batʀ] v. tr. — xivᵉ ; attestation isolée, xiiᵉ ; de *re-,* et *battre.*

♦ **1.** Rare ou techn. Battre de nouveau, battre à plusieurs reprises. *On l'a battu et rebattu. L'armet rebat son front* (→ 2. Page, cit. 1, Ronsard). *Rebattre les cartes,* les mêler de nouveau. *Rebattre un tonneau :* frapper sur les cerceaux de manière à resserrer les douves. *Rebattre un matelas,* en battre la laine pour le refaire. — *Les gen-darmes ont battu et rebattu la campagne.* ⇒ **Parcourir.** — Techn. *Rebattre les briques, les carreaux de céramique,* les soumettre au rebattage*. — Vén. *Chien qui rebat ses voies :* chien qui revient à plusieurs reprises sur les mêmes voies. *La route nationale* (cit. 4) *n° 7 battue et rebattue.* — Blason. *Rebattre une pièce de l'écu,* la reproduire, la répéter. ⇒ **Rebattement.**

V. intr. Techn. Présenter le défaut de rebattement*, en parlant d'un système d'horlogerie.

♦ **2.** (1713). Loc. cour. REBATTRE LES OREILLES À (qqn) DE (qqch.), le lui répéter à satiété (→ Perfectibilité, cit. 2). Cf. Battre, rom-pre... les oreilles. — P. p. adj. *Avoir les oreilles rebattues de quelque chose,* en entendre parler continuellement (→ Fanatique, cit. 4).

1　Ma mère avait demandé à connaître ce nouvel ami, des mérites duquel je lui rebat-
tais les oreilles.　　　GIDE, Si le grain ne meurt, I, VIII, p. 220.

Vieilli (dans le même sens). *Être rebattu de...* (→ Ficeler, cit. 3).

♦ **3.** (1559). Fig. (surtout p. p.). Répéter inlassablement et de façon fastidieuse. *On a pendant six cents ans rebattu ce conte* (→ Assas-sin, cit. 2) *Bel adage* (cit. 2) *si rebattu par les philosophes* (→ aussi Cabale, cit. 7).

▶ **REBATTU, UE** p. p. adj.
Usé, sans originalité. ⇒ **Banal, commun, connu, trivial, traîner** (qui traîne partout), **vulgaire.** *Sujet rebattu,* cent fois traité. *Les lieux communs* (cit. 25) *les plus rebattus.* ⇒ **Vieillerie.**

2　(...) ils *(certains hommes)* se plaisent infiniment dans la lecture des livres qui supposant les principes physiques et moraux rebattus par les anciens et les modernes
se jettent d'abord dans leur application aux mœurs du temps (...)
　　　LA BRUYÈRE, Discours sur Théophraste.

3　Le genre pastoral, le descriptif ont beaucoup d'expressions rebattues, dont
les moins tolérables, à mon avis, sont les figures employées quelques millions de
fois, et qui, dès la première, affaiblissaient l'objet qu'elles prétendaient agrandir.
L'émail des prés, l'azur des cieux, le cristal des eaux ; les lys et les roses de son
teint ; les gages de son amour (...)
　　　É. DE SENANCOUR, Oberman, Observ., t. I, p. XX.

(...) dites-moi, de grâce, un calembour usé, quelque chose de bien rebattu.
　　　A. DE MUSSET, Fantasio, I, 2.　　4

DÉR. Rebattage, rebattement, rebatteuse, rebattoir.

REBAUDIR [ʀ(ə)bodiʀ] v. tr. — xivᵉ ; de *re-,* et l'anc. franç. *baudir,* du francique **bold* « hardi ». → Ébaudir.

Vénerie.

♦ **1.** Vx. Exciter (un chien) à la poursuite, à la quête en le flattant, en le carressant, etc.

♦ **2.** Loc. *Rebaudir le fouet :* dresser la queue (le sujet désigne un chien de chasse qui se met sur la voie).

REBEC [ʀəbɛk] n. m. — 1379, *in* D. D. L. ; altér. d'après *bec,* à cause de la forme, de l'anc. franç. *rebebe ;* arabe *răbāb.* → Rebab.

♦ **1.** Instrument de musique à trois cordes, en usage au moyen âge, et dont on jouait avec un archet (→ Gai, cit. 4). *Ménestrel s'accom-pagnant du rebec.*

♦ **2.** Instrument à cordes frottées analogue au violon (le mot est vague et s'applique à divers instruments orientaux). → Rebab, cit.

Un Tzigane (...) soutenait le chant des femmes par les accords d'un gros
rebec placé entre ses jambes, et dont il jouait à la manière des musiciens
orientaux (...)
　　　Th. GAUTIER, Voyage en Russie, I, XIX.

RÉBÉCA [ʀebeka] n. f. — 1781, faire le *rébéca, in* D. D. L. ; de *rebé-quer,* avec calembour : *faire sa Rébecca* « être rebecqueuse » (1807), *rebec,* 1653, cf. Esnault.

♦ Argot. Bagarre. *Y a d'la rébéca.* — On écrit aussi *rébecca.*

T'as plus de souci à te faire pour moi et tu verras qu'avec le temps tout s'arrangera. Y aura pas de rébecca comme tu le crains.
　　　Jeanne CORDELIER, la Passagère, p. 63.

REBECQUER [ʀ(ə)beke] v. ⇒ **Rebéquer.**

REBECTANT, ANTE [ʀ(ə)bɛktã, ãt] adj. — Mil. xxᵉ ; de *rebecter.*

♦ Argot. Qui redonne de la santé, rétablit, retape (fam.). ⇒ **Forti-fiant, reconstituant, remontant.**

Le ciel s'éclaircissant du côté des forts, et la brise m'apportait une odeur d'herbe
fraîche, très rebectante.　　　Albert SIMONIN, Touchez pas au grisbi, p. 143.

REBECTER [ʀ(ə)bɛkte] v. tr. — 1910, *in* Esnault ; v. intr., « chanter un refrain » (redonner du *bec*), 1829 ; de *re-,* et *bec.* → Rebéquer.

♦ Argot. Redonner du courage, de la force, de la santé à (qqn).
— (Compl. n. de chose) :

Les mâles, nature ! qui se voyaient distancés dans le rally-bagatelle, ils essayaient
dans la pénombre de rebecter leur standing défaillant (...)
　　　Albert SIMONIN, Touchez pas au grisbi, p. 121.

▶ **SE REBECTER** v. pron.
Reconstituer ses forces, recouvrer la santé. — Rétablir sa situation de fortune après des revers financiers.

REBELLE [ʀəbɛl] adj. et n. — V. 1160 ; lat. *rebellis* « qui recom-mence la guerre », de *bellum* « guerre ».

♦ **1.** Qui ne reconnaît pas l'autorité du gouvernement légitime (ou de fait) et se révolte contre lui. ⇒ **Dissident, insoumis, factieux** (cit. 1), **insubordonné, insurgé, révolté, séditieux.** *Des sujets rebelles* (→ Indiscipline, cit. 3). *Rebelle à :* qui résiste farouche, à qui est en révolte ouverte contre. *Devenir rebelle et traître à la patrie* (→ Malfaiteur, cit. 1). *L'accusé sera déclaré rebelle à la loi...* (→ Contumace, cit. 1). — Spécialt. *Rebelle à Dieu* (→ Déraison-nable, cit. 2). — *Satan et les anges rebelles* (→ Géhenne, cit. 3). N. Spécialt. *Un rebelle, une rebelle :* un insurgé, une personne qui prend les armes contre un pouvoir politique. ⇒ **Mutin.** *« Allez contre un rebelle armer* (cit. 1) *toute la Grèce »* (Racine). *Xénophon s'enrôla* (cit. 2) *au service d'un rebelle. Armée de rebelles* (→ Mou-voir, cit. 9). *Négocier* (cit. 3) *avec les rebelles. Dompter des rebel-les.*

♦ **2.** Littér. Qui ne reconnaît pas l'autorité de certaines personnes ou de certains principes, qui est violemment non-conformiste. *Fils rebelle.* ⇒ **Désobéissant, indocile.** *Rimbaud, prophète d'une jeu-nesse fiévreuse et rebelle* (→ Messager, cit. 6). *Les plus rebel-les* (→ Flatter, cit. 59). *La religion discipline* (cit. 1) *les ins-tincts rebelles.*

♦ **3.** *Rebelle à :* qui n'obéit pas, ne cède pas, résiste, est réfractaire, hostile à (qqch.). *Rebelle aux conseils, à toute discipline, à tout effort...* ⇒ **Opposé.** *Une tête rebelle aux mathématiques.* ⇒ **Fermé.**

1 Rebelle à tous nos soins, sourde à tous nos discours,
Voulez-vous sans pitié laisser finir vos jours ?
RACINE, Phèdre, I, 3.

2 L'homme très jeune est un animal rebelle à la douleur.
R. RADIGUET, le Diable au corps, p. 185.

3 Les professions encore rebelles à la forme syndicale s'y soumettent une à une
(comme on le voit pour les fonctionnaires depuis le début du siècle).
J. ROMAINS, les Hommes de bonne volonté, t. V, XXIV, p. 229.

♦ **4.** Spécialt (dans le langage de la galanterie). Vieilli. Qui ne répond pas à (l'amour qu'on lui porte). *Femmes rebelles aux galants* (→ Aïeul, cit. Boileau ; et aussi plus, cit. 37). *« Rien ne faisait encor battre* (cit. 55) *son cœur rebelle »* (Hugo).

4 (...) la malheureuse, sous prétexte qu'«autre temps autres mœurs» et que le mariage ne se concluait plus à l'ancienne mode, faisait fuir les maris en ne se montrant pas assez rebelle.
R. RADIGUET, le Diable au corps, p. 163.

♦ **5.** (Choses). **ⓐ** (V. 1560). Qui résiste à une action thérapeutique. *Fièvre, tumeur rebelle.* — (V. 1360). Qui résiste à la mise en ordre. *Mèches, boucles* (cit. 5) *rebelles,* qui se coiffent mal (→ Huppe, cit. 3 ; nuque, cit. 1). ⇒ **Indiscipliné.**

ⓑ Fam. Dur, résistant. *Ouïe rebelle* (→ Isoler, cit. 5). *Viande, entrecôte rebelle* (→ Mastiquer, cit. 2). ⇒ **Récalcitrant.**

ⓒ (XVIIᵉ). **REBELLE À** (**qqch.**) : qui résiste à. — (Correspondant au sens a). *Fièvre rebelle à tous les traitements. Bacilles rebelles aux antibiotiques.* — (Correspondant au sens b). *Cheveux rebelles aux coiffures* (cit. 8). — Littér. (autres emplois) :

5 Mais ces chemins pierreux aux passants sont rebelles (...)
HUGO, la Légende des siècles, XV, «Petit roi de Galice», VII.
Sujet rebelle à la poésie. Langue rebelle à l'expression de certaines notions. — Absolt. *La rime devient rebelle* (→ Rattraper, cit. 11, Boileau).

6 Oui, l'œuvre sort plus belle
D'une forme au travail
Rebelle,
Vers, marbre, onyx, émail.
Th. GAUTIER, Émaux et Camées, « L'art ».

7 Mon rêve de sa lutte avec les mots rebelles
Ne sort jamais vainqueur !
SULLY-PRUDHOMME, Tendresses et Solitudes, «Je me croyais poète».

CONTR. Disciplinable, discipliné, docile, obéissant, soumis, souple. — Enclin.

REBELLER (SE) [R(ə)bele ; R(ə)bɛle] v. pron. — V. 1180 ; *reveler,* 1080, *Chanson de Roland ;* lat. *rebellare,* intr., d'où l'intr. *rebeller,* aussi en anc. et moy. français.

♦ **1.** Faire acte de rebelle (1.) en se révoltant. ⇒ **Insurger** (s'), **mutiner** (se), **révolter** (se), **soulever** (se). *Se rebeller contre le prince, les lois.* ⇒ **Dresser** (se). *Se rebeller contre l'autorité paternelle.* ⇒ **Braver, désobéir.**

♦ **2.** (Fin XIVᵉ). Fig. ⇒ **Protester, refuser, regimber.** *Elle ne songeait pas même à se rebeller* (→ Prendre, cit. 1). *Les passions se rebellent contre la raison* (Académie). Vieilli. *Se rebeller en faveur de quelqu'un, pour sa défense...*

1 Je dois vous avertir, en serviteur fidèle,
Qu'en sa faveur déjà la ville se rebelle (...)
CORNEILLE, Polyeucte, III, 5.

2 Je n'ai jamais écrit une lettre d'amour sans me rebeller, en écrivant, contre ce que j'écrivais.
Paul LÉAUTAUD, Propos d'un jour, p. 27.

CONTR. Soumettre (se).

RÉBELLION [Rebeljɔ̃ ; Rebɛljɔ̃] n. f. — V. 1212 ; lat. *rebellio.*

♦ **1.** Action de se rebeller, acte de rebelle (1.). ⇒ **Dissidence, insurrection, mutinerie, révolte, sédition, soulèvement** (→ Envelopper, cit. 29 ; manquement, cit. 3). *Rébellion et révolution*. Le flambeau* (cit. 9) *de la rébellion. La rébellion a éclaté en telle année. Réprimer la rébellion.* — Spécialt. (Dr.). «Fait de s'opposer à l'exécution des lois ou autres actes et ordres de l'autorité publique au moyen de violences et voies de fait exercées contre ceux qui ont officiellement charge de procéder à cette exécution» (Capitant). → Évasion, cit. 1.

1 Cet homme était composé de deux sentiments très simples, et relativement très bons, mais qu'il faisait presque mauvais à force de les exagérer ; le respect de l'autorité, la haine de la rébellion ; et à ses yeux le vol, le meurtre, tous les crimes, n'étaient que des formes de la rébellion.
HUGO, les Misérables, I, V, V.

2 Les événements de 1945 auraient dû être un signal d'alerte : l'impitoyable répression du Constantinois a accentué au contraire le mouvement anti-français. Les autorités françaises ont estimé que cette répression mettait un point final à la rébellion. En fait, ils lui donnaient un signal de départ.
CAMUS, Actuelles III, p. 201.

(V. 1370). Par ext. Tendance à se rebeller. ⇒ **Désobéissance, insoumission, insubordination, opposition, refus, résistance** (→ Force, cit. 25 ; impassibilité, cit. 2). *Mot qui exprime le courroux* (cit. 4), *la rébellion. Esprit de rébellion.* Fam. *Pas de rébellion, s'il vous plaît !*

3 L'enfant donc qui n'a qu'à vouloir pour obtenir se croit le propriétaire de l'univers ; il regarde tous les hommes comme ses esclaves : et quand enfin l'on est forcé de lui refuser quelque chose, lui, croyant tout possible quand il commande, prend ce refus pour un acte de rébellion (...)
ROUSSEAU, Émile, II.

4 La bourse ou la vie ! toute résistance est inutile ; au moindre signe de rébellion ma troupe va vous arquebuser !
Th. GAUTIER, le Capitaine Fracasse, IV.

Fig. *La rébellion humaine finit en révolution métaphysique* (→ Faire, cit. 223).

5 Pour celui-ci *(Camus),* la réponse de l'homme à l'absurdité de sa condition n'est pas dans une grande rébellion romantique, mais dans une application quotidienne. Voir clair, tenir sa parole, faire son métier, voilà notre vraie révolte.
SARTRE, Situations I, p. 243.

♦ **2.** (Déb. XVIIᵉ). L'ensemble des rebelles. *Frapper la rébellion dans ses chefs. Négocier avec la rébellion.*

6 Prends ta foudre, Louis, et va comme un lion
Donner le dernier coup à la dernière tête
De la rébellion.
F. DE MALHERBE, Poésies, «Ode pour le roi» (1628).

CONTR. Docilité, obéissance, soumission.

REBÉNIR [R(ə)beniR] v. tr. — D. i. ; de *re-,* et *bénir.*

♦ Rare. Bénir une deuxième fois.

REBÉQUER ou **REBECQUER (SE)** [R(ə)beke] v. pron. — 1587 ; v. intr., 1532 ; *rebechier,* 1316 ; de *re-,* et *bec.* → Rebecter.

♦ Pop. Protester, se rebiffer violemment.

DÉR. Rebéqueur ou rebecqueur.

REBÉQUETER [R(ə)bɛkte] v. ⇒ **Rebecter.**

REBÉQUEUR ou **REBECQUEUR, EUSE** [R(ə)bekœR, ∅z] adj. et n. — 1930 ; de *se rebéquer* ou *se rebecquer.*

♦ Régional. Insolent, impertinent.

Il lui prit envie de se venger de ces rebecqueuses et de faire rire d'elles à son tour.
J. GIONO, Naissance de l'Odyssée, p. 45.

REBIFFE [R(ə)bif] n. f. — 1836 ; déverbal de *se rebiffer.*

♦ Argot. Action de se rebiffer, de se venger.

J'ai rentré ma seringue, y avait plus de risques de rebiffe. Les-Gants-Blancs, il pouvait à peine arquer ; ses jambes le portaient plus.
Albert SIMONIN, Touchez pas au grisbi, p. 108.

REBIFFER (SE) [R(ə)bife] v. pron. — 1630 ; *rebiffer* «froncer le nez», XIIᵉ ; «rabrouer», XIIIᵉ ; orig. incert., se rattache p.-ê. à *biffer*.*

♦ Fam. Refuser avec vivacité de se laisser faire, de se laisser mener ou humilier. ⇒ **Protester, regimber** (se), **résister, révolter** (se). *Il a été humilié, et il s'est rebiffé* (→ Pardon, cit. 7). *Pourquoi ne se rebiffe-t-il pas davantage ?* (→ Chien, cit. 38). *Se rebiffer contre qqn* (→ Envieux, cit. 9). *Le Cave se rebiffe,* titre d'un roman d'Albert Simonin.

1 Ce qui m'a étonné, c'est la façon dont le jeune homme s'est rebiffé. Il avait pourtant pris, depuis quelque temps, en face du baron, des manières de séide (...)
PROUST, la Prisonnière, Pl., t. III, p. 330.

2 Une méthode, c'est là ce que je ne puis parvenir à m'imposer, par turbulence excessive, non point que je ne désire m'y soumettre, mais mon corps se rebiffe sans cesse contre ce que propose mon esprit.
GIDE, Journal, 3 mai 1906.

(Employé en intransitif) :

3 (...) je commençais à me dégoûter de moi-même, mais je rebiffais quand même sur les articles de Foi.
HUYSMANS, À rebours, Préface, p. XXIII.

CONTR. Céder, plier, résigner (se), soumettre (se).
DÉR. Rebiffe.

REBIQUER [R(ə)bike] v. intr. — Attesté XXᵉ, mais antérieur dans les dialectes ; de *re-,* et *bique,* au sens dial. de «corne».

♦ Fam. Se dresser, se retrousser en faisant un angle. *Mèche de cheveux qui rebique. Les pointes de son col rebiquent.*

1 Henri réalisa soudain qu'il était plutôt minable avec son complet de fibranne et ses souliers craquelés qui rebiquaient du bout (...)
S. DE BEAUVOIR, les Mandarins, p. 86.

2 Dans la lampée de bon vin, comme dans la prise de texte, il y a une torsion, un échelonnement de degrés : ça rebique, comme une chevelure.
R. BARTHES, Roland Barthes, p. 100.

Fig. (trans.). *Ça me rebique !* : ça me hérisse, ça m'énerve.

3 (...) c'est comme cette voix qu'il a, une voix coupante de monsieur qui ne se trompe jamais (...) j'avais un instituteur qui parlait comme lui, mais moi je ne suis plus à l'école, ça me rebique (...)
SARTRE, l'Âge de raison, p. 33.

REBLANCHIR [R(ə)blɑ̃ʃiR] v. — Déb. XIVᵉ ; de *re-,* et *blanchir.*

♦ V. tr. Blanchir de nouveau (ce qui s'est sali, ce qui a jauni). *Reblanchir un mur en le passant à la chaux.* — V. intr. Retrouver une couleur blanche, blanchir de nouveau. *Elle s'était teint les cheveux, mais ils ont reblanchi.*

REBLANDIR [Rəblɑ̃diR] v. intr. — 1690 ; de *re-,* et anc. franç. *blandir* (v. 1130), du lat. pop. **blandire,* lat. *blandiri,* de *blandus* «flatteur».

♦ **Hist.** Réclamer respectueusement auprès du suzerain, lors d'une saisie (le sujet désigne le vassal).

REBLOCHON [ʀəblɔʃɔ̃] n. m. — 1877; mot savoyard, de *reblocher* « faire qqch. pour la seconde fois », et spécialt « traire de nouveau une vache »; ce fromage, à l'origine, était fait avec le lait de la seconde traite; du v. dial. *blocher, blossi* « pincer »; d'un lat. pop. *blottiare*, d'orig. inconnue.

♦ Fromage à pâte grasse, de saveur douce, fabriqué en Savoie. — REM. On dit, on écrit aussi *rebrochon* [ʀəbʀɔʃɔ̃] et *rebléchon* [ʀəbleʃɔ̃], et abusivt *roblochon* [ʀɔblɔʃɔ̃].

REBOBINAGE [ʀ(ə)bɔbinaʒ] n. m. — Mil. xxᵉ; de *rebobiner*.

♦ **Techn.** Nouveau bobinage (en particulier, sur des bobines de diamètre différent).

REBOBINER [ʀ(ə)bɔbine] v. tr. — Mil. xxᵉ; cf. *rabobiner*, mot du Nord et de l'Est, au fig. « rabâcher »; de *re-*, et *bobiner*.

♦ **Techn.** Bobiner une nouvelle fois. — On dit aussi *rembobiner*.

DÉR. Rebobinage.

REBOIRE [ʀ(ə)bwaʀ] v. tr. — 1205, Doon de Mayence; de *re-*, et *boire.*

♦ Boire de nouveau, encore.

1　Le Bulgare buvait, sirotait, sommeillait, délirait, rebuvait.
　　　　　　　　　　　　　　B. CENDRARS, Bourlinguer, p. 179.

2　Nous allons boire d'abord pour le pari, puis nous reboirons avec le gagnant.
　　　　　　　　　　　　　　GIDE, les Faux-Monnayeurs, I, v, *in* Romans, Pl., p. 968.

　　Figuré :

3　(...) il lui fallait repasser toute sa vie et reboire tous les souvenirs amers.
　　　　　　　　　　　　　　Léon BLOY, le Désespéré, p. 224.

Spécialt. S'adonner de nouveau à la boisson. *Il s'était fait désintoxiquer, mais il reboit.*

REBOISEMENT [ʀ(ə)bwazmɑ̃] n. m. — 1838; de *reboiser.*

♦ Action de reboiser, de planter d'arbres de nouveau (un terrain déboisé). *Opération de reboisement.* ⇒ **Reforestation.** — Par ext. Transformation en forêt (d'une portion de rase campagne). ⇒ **Afforestation, boisement.** *Subventions accordées pour encourager le reboisement de certaines régions. Plan de reboisement.*

CONTR. Déboisement.

REBOISER [ʀ(ə)bwaze] v. tr. — 1846; de *re-*, et *boiser.*

♦ Planter d'arbres (un terrain qui a été déboisé), reconstituer un bois, une forêt dans... ⇒ **Reboisement.** *Reboiser les pentes d'une montagne.*

CONTR. Déboiser.
DÉR. Reboisement.

REBOLERA [ʀebɔleʀa] n. f. — 1935, cit.; mot espagnol.

♦ **Taurom.** Passe de cape* où le torero tourne sur lui-même.

Et Ricardo paracheva l'envoûtement par une rebolera qui fixa une seconde autour de sa taille, en un disque rigide, l'envol de la cape aveuglante.
　　　　　　　　　　　　　　Joseph PEYRÉ, Sang et Lumières, p. 424.

REBOND [ʀ(ə)bɔ̃] n. m. — 1676, « contrecoup »; de *rebondir.*

♦ **1.** Le fait de rebondir*; le mouvement d'un corps qui rebondit. ⇒ aussi **Bond, rebondissement, saut.** *Les rebonds. Frapper la balle après le premier rebond, au rebond.*

1　(...) le demi jette sa balle à ras, le rattrape au rebond d'un puissant coup de pied, suit la trajectoire modifiée par le vent. Les avants ne sont relevés que la balle descendante rase le dessus de la barre et passe entre les poteaux. Si les essais sont la conquête méritoire, le coup tombé est le miracle du jeu (...)
　　　　　　　　　　　　　　Jean PRÉVOST, Plaisir des Sports, p. 136.

　　Figuré :

2　Il y a trente-cinq ans que je suis tombé par terre et que je vais de rebonds en rebonds sur les cailloux de mon chemin des drames.
　　　　　　　　　　　　　　Geneviève DORMANN, le Chemin des Dames, p. 192.

♦ **2.** (xxᵉ). Forme de ce qui est rebondi. ⇒ **Bombement.**

3　Quand l'Adèle se penche pour poser les verres sur les tables, son corsage s'entrouvre agréablement, et cette posture de bonne hôtesse donne à sa croupe musclée un rebond du meilleur effet, sous la satinette tendue (...)
　　　　　　　　　　　　　　G. CHEVALLIER, Clochemerle, p. 156 (1934).

♦ **3.** (1974). Didact. *Rebond de rêve :* reprise transitoire d'un rêve après une interruption. « *On sait maintenant que les privations instrumentales s'accompagnent de quelques troubles non spécifiques*

du comportement et d'autre part du phénomène de rebond de rêve » (*la Recherche*, juin 1974).

REBONDI, IE [ʀ(ə)bɔ̃di] adj. — V. 1460; de *rebondir.*

♦ De forme arrondie*, évoquant un ventre rond. ⇒ **Bombé, renflé, ventru.** *Cruche rebondie. Navire aux flancs rebondis* (→ 2. Orque, cit.).

Spécialt (d'une partie du corps). ⇒ **Dodu, gras, plein, potelé** (cit. 1), **rond.** *Croupe* (cit. 4), *gorge* (→ Effronté, cit. 4), *panse rebondie. Formes* (→ Chair, cit. 23), *épaules* (cit. 5 et 6), *joues rebondies* (→ Friser, cit. 14). *Visage rebondi.* ⇒ **Joufflu, mafflu.**

(Personnes). Qui a des formes rebondies. ⇒ **Gras, grassouillet, rondelet, ventripotent ;** → Conclusion, cit. 9, La Fontaine. *Un petit bonhomme rebondi.*

CONTR. Aplati, creux, émacié, efflanqué, étique, fluet, maigre, menu, mince, plat, vide.

REBONDIR [ʀ(ə)bɔ̃diʀ] v. intr. — 1560; « retentir », v. 1160; de *re-*, et *bondir.*

♦ **1.** Se dit d'un corps qui est renvoyé après avoir touché un autre corps (le mouvement n'ayant pas été amorti). ⇒ **Bondir, rejaillir, sauter** (→ Pomme, cit. 17). *Balle, ballon qui rebondit sur le sol.* ⇒ **Bond, rebond.**

1　La balle, lancée à tour de bras, se met à voler, frappe le mur à grands coups secs, puis rebondit et traverse l'air avec la vitesse d'un boulet.
　　　　　　　　　　　　　　LOTI, Ramuntcho, I, IV.

2　(...) un danseur de corde tombe dans le filet, où il rebondit comme une balle (...)
　　　　　　　　　　　　　　ALAIN, Propos, 30 mai 1922, Art de vouloir.

Par ext. (Littér.). *Rayons, sons, ondes... qui rebondissent contre, sur qqch.* (→ Huile, cit. 18; poudroyant, cit. 2).

♦ **2.** Cour. (En parlant d'un événement, d'une affaire, d'une activité). Prendre un nouveau développement après un arrêt, une pause. ⇒ **Rebondissement.** *Les derniers témoignages recueillis pourraient faire rebondir le procès. La crise internationale qui risque de rebondir.* « *Dans cette comédie, l'action rebondit au troisième acte* » (Académie). *Faire rebondir la conversation.* ⇒ **Repartir, reprendre.**

DÉR. Rebond, rebondi, rebondissant, rebondissement.

REBONDISSANT, ANTE [ʀ(ə)bɔ̃disɑ̃, ɑ̃t] adj. — 1740, Col de Vilars, à propos du *pouls dicrote;* de *rebondir.*

♦ Qui rebondit. — Fig. *Une intrigue rebondissante.*

REBONDISSEMENT [ʀ(ə)bɔ̃dismɑ̃] n. m. — 1395; de *rebondir.*

♦ **1.** Le fait de rebondir*. ⇒ **Contrecoup, rebond.** *Le rebondissement d'une balle.*

♦ **2.** (xxᵉ). Développement nouveau survenant après un temps d'arrêt. ⇒ **Rebondir.** *Le rebondissement d'une affaire, d'une crise internationale, d'un scandale financier. Rebondissement d'une épidémie* (→ Histoire, cit. 12). *Les rebondissements de la conversation, de la pensée. Rebondissements imprévus. Une suite de rebondissements.*

1　La première scène du troisième acte (*de « Phèdre* »), si belle en soi pourtant, Racine ne l'invente sans doute que pour amorcer l'extraordinaire rebondissement du quatrième acte.
　　　　　　　　　　　　　　GIDE, Attendu que..., p. 206.

2　Ils se regardèrent quelques secondes, sans bien se voir. Chacun d'eux suivait les rebondissements de sa pensée.　　MARTIN DU GARD, les Thibault, t. I, p. 25.

REBONJOUR [ʀəbɔ̃ʒuʀ] interj. — xxᵉ; de *re-*, et *bonjour.*

♦ **Fam.** Bonjour (forme de salut adressé à une personne à qui on a dit bonjour peu de temps avant).

REBORD [ʀ(ə)bɔʀ] n. m. — 1642; de *re-*, et *bord*, ou subst. verbal de *reborder.*

♦ **1.** Bordure, pièce en saillie, souvent rapportée, qui forme le bord* d'un objet. ⇒ **Bordure.** *Rebord d'un puits* (⇒ **Margelle**), *d'une fenêtre, d'un plat* (⇒ **Ourlet**), *d'un pot de chambre. Les rebords d'une table de billard* (⇒ **Bande**).

(...) il fermait la porte, il s'asseyait dans un coin, sur une vieille malle, ou sur le rebord de la fenêtre (...)　　R. ROLLAND, Jean-Christophe, L'adolescent, I, p. 226.

Techn. *Rebord de jante d'une roue.*

Côté du palâtre d'une serrure entaillé dans l'épaisseur de la porte.

♦ **2.** Bord replié (d'une étoffe, d'un vêtement). ⇒ aussi **Revers.**

♦ **3.** Côté, bord, limite (d'un relief ou d'une dénivellation). *Rebord d'un fossé. Le rebord d'une colline, d'un plateau* (→ 1. Canon, cit. 8; kiosque, cit. 3).

REBORDÉ, ÉE [ʀ(ə)bɔʀde] adj. — 1869; p. p. de *reborder*.

♦ **1.** Techn. Garni d'un nouveau bord ou d'un rebord rapporté.

♦ **2.** Dont le bord est particulièrement net ou saillant. *Oreilles, lèvres rebordées.*

REBORDER [ʀ(ə)bɔʀde] v. tr. — 1476; de *re-*, et *border*.

♦ **1.** Garnir d'un nouveau bord ou d'un rebord rapporté. *Reborder un vêtement. Reborder un lit.*

♦ **2.** Border à nouveau. *Reborder un enfant dans son lit.*

DÉR. Rebordé.

REBOT [ʀəbo] n. m. — Repris XIXᵉ; 1875, *in* Petiot, titre d'un tableau; au fig. «fait de repousser qqn», XVᵉ; de l'anc. franç. *reboter, rebouter* «repousser». → Bouter.

♦ Régional. Pelote* basque. *Jeu de rebot. Partie de rebot. Le mur de rebot :* le fronton.

REBOTTER [ʀ(ə)bɔte] v. tr. — 1549; de *re-*, et *botter*.

♦ **1.** Rare. Remettre ses bottes à (qqn). — Pron. *Se rebotter.*

♦ **2.** Arbor. Greffer de nouveau (un arbre), quand la première greffe n'a pas réussi.

CONTR. (Du 1.) Débotter.

REBOUCHAGE [ʀ(ə)buʃaʒ] n. m. — 1836; de *reboucher*.

♦ Action de reboucher (qqch.). — Techn. Obturation d'un puits (par un bouchon de ciment, le plus souvent). — Obturation des cavités d'une surface à peindre. *Rebouchage d'un mur au plâtre, à l'enduit.*

REBOUCHER [ʀ(ə)buʃe] v. tr. — 1412; de *re-*, et *boucher*.

♦ **1.** Boucher, fermer, obstruer de nouveau. *Reboucher soigneusement le flacon après usage. Reboucher un trou.* — Pron. *Le siphon de l'évier s'est rebouché.*

1 Et, lorsqu'on eut rebouché le trou, au cimetière, le vieux Fouan rentra seul dans la maison où ils avaient vécu et souffert à deux, pendant cinquante ans.
ZOLA, la Terre, III, II.

♦ **2.** Techn. Remplir avec du mastic, avec une préparation spéciale les trous et les fentes de (une surface à peindre : planche, mur, etc.). — Absolt. *Couteau à reboucher,* qui sert à passer le mastic et à lisser la surface.

2 La plaque de propreté avait été enlevée et cela avait laissé dans le bois des trous, des traces minuscules qu'on avait rebouchées au mastic et qu'elle s'acharnait à frotter, à peindre (...)
N. SARRAUTE, le Planétarium, p. 30.

CONTR. Déboucher.
DÉR. Rebouchage.

REBOUCLAGE [ʀ(ə)buklaʒ] n. m. — 1875; de *re-*, et *bouclage*; cf. *reboucler*, 1669.

♦ Techn. (Industrie textile). Défaut de tension des fils dans la chaîne ou dans la trame.

REBOUILLEUR [ʀ(ə)bujœʀ] n. m. — Mil. XXᵉ; de *rebouillir*.

♦ Techn. Appareil réchauffant et vaporisant partiellement le liquide, au fond d'une colonne à plateaux.

REBOUILLIR [ʀ(ə)bujiʀ] v. tr. et intr. — XIVᵉ; de *re-*, et *bouillir*.

♦ Bouillir de nouveau, plus longtemps. *Faire bouillir et rebouillir une viande.*

DÉR. Rebouilleur.

REBOURS, OURSE [ʀ(ə)buʀ, uʀs] adj. et n. m. — V. 1220; *a reburs*, XIIᵉ; *rebors* «ébouriffé», v. 1160; bas lat. *reburrus* «hérissé (cheveu)», devenu *reburius* par croisement avec *reversus* «renversé».

★ **I.** Adj. (Vx). ⇒ **Brusque, hargneux, revêche.** *Humeur rebourse, intraitable.*

T. de manège. *Cheval rebours,* difficile à monter. — Techn. (charpente, menuiserie). *Bois rebours,* difficile à travailler, noueux.

★ **II.** N. m. (Vx). Contre-poil (d'une étoffe). *« Prendre le rebours d'une étoffe pour la mieux nettoyer »* (Académie). — Fig., rare. *« Tout ce qu'il fait est le rebours du bons sens »* (Académie).

★ **III.** (XIIIᵉ, au sens 2; *a rebors*, mil. XIIᵉ). Loc. adv. À **REBOURS**, ou, vieilli, **AU REBOURS** (→ Nettement, cit. 6; ostentation, cit. 1).

♦ **1.** (1611). À rebrousse-poil*. *Caresser un animal à rebours.*

♦ **2.** Dans le sens contraire au sens normal, habituel; à l'envers*. ⇒ aussi le préf. **Contre-.** *Marcher à rebours* (cf. En arrière). *Tourner les pages d'un livre à rebours. Travailler une pièce de bois à rebours* (cf. À contre-fil). ⇒ aussi **Rebrousse-poil** (à).

1 Tu ressembles au Lazare affolé par le jour
Les aiguilles de l'horloge du quartier juif vont à rebours
Et tu recules aussi dans ta vie lentement.   APOLLINAIRE, Alcools, p. 12-13.

Adj. (V. 1960, adapt. de l'angl. *count-down*). **COMPTE,** ou, plus rare, **COMPTAGE À REBOURS** : vérification successive des opérations de mise à feu d'un engin, d'une fusée, avec essai systématique des appareils, aboutissant au *zéro* du départ. *Recyclage d'un compte à rebours :* reprise du comptage à un stade antérieur, en cas d'incident. — Fig. Vérification systématique des étapes d'une opération à terme fixe. *Nous allons faire le compte à rebours de cette fabrication.*

♦ **3.** (Fin XIIIᵉ). Fig. D'une manière contraire à la nature, à la raison, à l'usage, etc. → À contre-pied, à contre-poil (fig., fam.), à contre-sens. *Faire tout à rebours. Un instinct appliqué à rebours* (→ Contrarier, cit. 8). — Adj. *Un esprit à rebours.* — *À rebours,* roman de Huysmans.

♦ **4.** (Mil. XIIIᵉ). Loc. prép. À **REBOURS DE** (→ Gourme, cit. 4), **AU REBOURS DE** : contrairement à (→ Au contraire* de, à l'encontre* de, à l'inverse* de, à l'opposé* de). *Aller à rebours de l'évolution générale.* ⇒ **Opposer** (s'); → Contre-courant (à). *Cela va à rebours du sens commun.*

2 Les sévérités de cette sorte, quand elles frappent un peuple né pour la liberté, agissent toujours à rebours de l'effet qu'elles se proposent, et la représaille maladroite apporte un titre de gloire.
G. DUHAMEL, Biographie de mes fantômes, III.

DÉR. Rebrousser.

REBOUTEMENT [ʀ(ə)butmɑ̃] n. m. — 1829; de *rebouter*.

♦ Rare. Action de rebouter; son résultat.

REBOUTER [ʀ(ə)bute] v. tr. — V. 1170; de *re-*, et *bouter*.

♦ **1.** Fam., vieilli. Remettre, replacer.

♦ **2.** Remettre par des moyens empiriques (un membre démis), réduire (une fracture, une foulure, etc.). ⇒ **Rebouteur** (cit.). — Fam. *Aller se faire rebouter.* — Figuré :

(...) on a reproduit des passages de quelques leçons — passages à mine ridicule. Le professeur a protesté, il a *rebouté* les citations, refait le nez de ses phrases.
J. VALLÈS, le Bachelier, VI.

DÉR. Reboutement, rebouteur ou rebouteux.

REBOUTEUR [ʀ(ə)butœʀ] ou **REBOUTEUX, EUSE** [ʀ(ə)butø, øz] n. — 1812, *rebouteur*; *rebouteux*, 1896; de *rebouter*.

♦ Fam. Personne qui fait métier de remettre les membres démis, de réduire, par des moyens empiriques, les luxations, les fractures, etc. ⇒ **Empirique, guérisseur** (cf. dial. Rhabilleur, renoueur, toucheur). *Il refuse d'aller à l'hôpital et veut voir le rebouteux, aller chez le rebouteux.*

Cet homme était l'espèce de sorcier que les paysans nomment encore, dans plusieurs endroits de la France, un *Rebouteur.* Ce nom appartenait à quelques génies bruts qui, sans étude apparente, mais par des connaissances héréditaires et souvent par l'effet d'une longue pratique dont les observations s'accumulaient dans une famille, *reboutaient,* c'est-à-dire remettaient les jambes et les bras cassés, guérissaient bêtes et gens de certaines maladies, et possédaient des secrets prétendus merveilleux pour le traitement des cas graves.
BALZAC, l'Enfant maudit, Pl., t. IX, p. 673.

REM. La forme *rebouteux,* attestée par écrit plus tardivement, est certainement ancienne oralement; c'est aujourd'hui la plus fréquente.

REBOUTONNER [ʀ(ə)butɔne] v. tr. — 1549; de *re-*, et *boutonner*.

♦ Boutonner de nouveau (un vêtement). *Reboutonner une chemise* (→ Piquer, cit. 6). *Reboutonner sa veste. Reboutonner sa braguette.* ⇒ **Rebraguetter** (se). — Pron. *Se reboutonner :* reboutonner ses vêtements.

CONTR. Déboutonner.

REBRAGUETTER [ʀ(ə)bʀagete; ʀ(ə)bʀagɛte] v. tr. — 1535; de *re-*, et *braguette*.

♦ Fam. Fermer, reboutonner la braguette de (un vêtement). *Rebraguetter son pantalon.* — Pron. *Se rebraguetter.*

(...) elle crut qu'il avait besoin d'un aparté car elle le conduisit vers une porte battante où on lisait *gents*[1]. Des hommes innombrables en sortaient en se rebraguettant.
Michel DÉON, le Jeune Homme vert, p. 108.

1. *Gentlemen :* hommes.

REM. L'emploi pronominal *(se rebraguetter)* est beaucoup plus courant que l'emploi transitif *(rebraguetter un vêtement).*

CONTR. **Débraguetter.**

REBRAS [ʀəbʀɑ] n. m. — xɪvᵉ; de l'anc. v. *rebrasser* «retrousser ses manches». → **Brasser.**
Technique.

♦ **1.** (Vx). Revers, parement d'un vêtement. ⇒ **Revers, retroussis.** *Rebras d'une manche.*

♦ **2.** (1820). Mod. Partie d'un gant qui s'étend jusque sur le bras.

REBRASSÉ, ÉE [ʀəbʀɑse] adj. — 1772; de l'anc. v. *rebrasser.* → **Rebras.**

♦ Blason. Qui a un repli d'un émail différent, en parlant d'une pièce de vêtement, de la coiffure.

REBROCHER [ʀ(ə)bʀɔʃe] v. tr. — xvɪɪᵉ; de *re-,* et *brocher.*

♦ **1.** Vx. Brocher*. — P. p. adj. *Vêtements rebrochés d'or* (→ aussi 1. Or, cit. 14).

♦ **2.** Techn. Brocher de nouveau un livre.

CONTR. **Débrocher.**

REBRODER [ʀ(ə)bʀɔde] v. tr. — xvɪɪᵉ; de *re-,* et *broder.*
Technique.

♦ **1.** Garnir (un vêtement) d'une seconde broderie qui se superpose à une première. — P. p. adj. *Étoffe brodée et rebrodée de nacre et d'or* (→ Brocart, cit. 3; et aussi 1. or, cit. 14).

♦ **2.** Broder (un tricot, une dentelle) après sa fabrication.

REBROSSER [ʀ(ə)bʀɔse] v. tr. — xxᵉ; de *re-,* et *brosser;* cf. anc. franç. *rebrosser,* var. de *rebrousser*, de même origine.

♦ Brosser de nouveau, une autre fois.
Il trouva ses chaussures mal cirées et alla les rebrosser lui-même.
M. DRUON, les Grandes Familles, III, X, p. 148.

REBROUSSAGE [ʀ(ə)bʀusaʒ] n. m. — Mil. xxᵉ; de *rebrousser.*

♦ Techn. Enfilage des mailles d'un tricot sur les aiguilles du métier, permettant un tricotage sur les mêmes mailles.

REBROUSSEMENT [ʀ(ə)bʀusmɑ̃] n. m. — 1670; de *rebrousser.*

♦ **1.** L'action, le fait de rebrousser qqch, état de ce qui est rebroussé. *Le rebroussement des poils d'une fourrure.*

♦ **2.** **ⓐ** (1749). Géom. *Point de rebroussement :* point double d'une courbe où les deux tangentes sont confondues. —*Arête de rebroussement d'une surface :* ligne sur laquelle viennent se former en arête deux nappes d'une surface.
Par ext. Changement de direction (d'une courbe).

ⓑ (1888, *in* D.D.L.). Géol. Changement de direction brusque et à angle fermé (d'un pli).

♦ **3.** Rare. Fait de rebrousser chemin. — Techn. *Triangle de rebroussement :* disposition triangulaire de trois voies courbes, permettant un changement de direction des trains.

REBROUSSE-POIL (À) [aʀbʀuspwal] loc. adv. — 1636, au sens 2, *lettres* de Péresc, *in* D.D.L.; de *rebrousser,* et *poil.*

♦ **1.** En rebroussant le poil, à contre-poil (→ À rebours*). *Brosser un chapeau* (→ Affubler, cit. 2), *caresser une fourrure* (cit. 3) *à rebrousse-poil.*

♦ **2.** Fig. À l'opposé* de ce qu'on fait d'ordinaire, d'une manière contraire au bon sens, à l'usage. ⇒ **Rebours** (à). *«Prendre une affaire à rebrousse-poil»* (Académie). — *Prendre qqn à rebrousse-poil,* maladroitement, de telle sorte qu'il se hérisse, se rebiffe.
REM. On trouve des formations analogiques : *«Voltaire nous prend (...) à rebrousse-pensée»* (le Nouvel Obs., 19 juin 1978, p. 68); et, au concret, *à rebrousse-plumes* (Pagnol, la Gloire de mon père, p. 295).

REBROUSSER [ʀ(ə)bʀuse] v. — xɪɪɪᵉ, v. tr.; *reborser* «manquer», v. intr., v. 1155; var. *rebourser,* fin xɪvᵉ; de *rebours.*

★ **I.** V. intr. ♦ **1.** Vieilli. Revenir en arrière, sur ses pas. *Rebrousser en arrière* (cit. 7, La Fontaine). ⇒ **Retourner.**

♦ **2.** Techn. Manquer à couper en marquant un recul, en parlant

d'un instrument tranchant. *Aubier dur qui fait rebrousser les meilleures haches* (cit. 2).

★ **II.** (xɪɪɪᵉ). V. tr. ♦ **1.** Relever (les cheveux, le poil) dans un sens contraire à leur direction naturelle (→ Manier à contre-poil*, à rebours*, à rebrousse-poil*). *Rebrousser les poils* (cit. 30) *d'un tapis.* — Par ext. *Le vent qui rebrousse les feuilles, les palmes* (→ Bruit, cit. 7). — Pron. *Se rebrousser* (→ Circonflexe, cit. 3). (1723). Techn. *Rebrousser le cuir :* passer un instrument sur la fleur de manière à en abattre le grain (⇒ Corroyage).

♦ **2.** (V. 1590). **REBROUSSER CHEMIN** (cit. 7) : se déplacer, diriger sa marche dans un sens opposé au sens antérieur. ⇒ **Aller** (en arrière).
(L'arche) força le Jourdain de rebrousser son cours.   ˙ RACINE, Athalie, v, 1. 1
Remonter (le cours d'un fleuve).
(...) des barques, traînées par de forts chevaux, rebroussaient le cours du fleuve. 2
CHATEAUBRIAND, les Natchez, VII.

♦ **3.** Vén. *Rebrousser une bête,* la faire rebrousser (I., 1.). — P. p. adj. :
(...) les cent frénétiques reculant pas à pas comme une bête rebroussée, gestes abattus, jusqu'à la limite de l'ombre où la foule s'ouvrit devant eux. 3
MALRAUX, Antimémoires, Folio, p. 178.

♦ **4.** Techn. *Rebrousser les mailles.* ⇒ **Rebroussage.**

DÉR. Rebroussage, rebroussement, rebrousseur, rebroussoir.
COMP. Rebrousse-poil (à).

REBROUSSEUR, EUSE [ʀ(ə)bʀusœʀ, øz] n. — Mil. xxᵉ; de *rebrousser,* II., 4.

♦ Techn. Ouvrier, ouvrière qui effectue le rebroussage*.

REBROUSSOIR [ʀ(ə)bʀuswaʀ] n. m. — 1628; *reboursoir,* 1606; de *rebrousser.*

♦ Techn. Peigne, brosse servant à relever le poil du drap. — On a dit aussi *rebrousse* [ʀ(ə)bʀus], n. f., et *rebroussette* [ʀ(ə)bʀusɛt], n. f.

REBUFFADE [ʀ(ə)byfad] n. f. — xvɪᵉ-xvɪɪᵉ; *rebuffe,* 1558; ital. *rebuffo,* ou provençal *rebufa, reboufa* «souffler de la fumée».

♦ Mauvais accueil, refus méprisant. ⇒ **Nasarde, rebut, refus, vexation** (→ 1. Élan, cit. 11). *Pour prix* (cit. 24) *de ses soins, il recevait moins de remerciements que de rebuffades. Essuyer les rebuffades de qqn.* ⇒ **Affront, mépris.**
(...) mais, s'il *(Talleyrand)* accepte, en apparence, les rebuffades, il en souffre, et 1
son orgueil meurtri le prédisposa à fortifier ses appréhensions à toutes ses rancunes.
Louis MADELIN, Hist. du Consulat et de l'Empire, Vers Empire Occident, III.
J'ai essayé d'être votre ami de toutes mes forces (...) Je n'ai jamais rien reçu de 2
vous, que des rebuffades.
— Je ne vous aimais pas.   J. ANOUILH, Pauvre Bitos, p. 52.

CONTR. **Avance.**

RÉBUS [ʀebys] n. m. — 1512; v. 1480, au sens 2; tiré de la formule latine *de rebus quæ geruntur* «au sujet des choses qui se passent», nom donné aux libelles que les clercs de Picardie composaient au temps du carnaval et qui comportaient des dessins énigmatiques; on a dit : *rébus de Picardie, rébus d'Arras.* P. Guiraud suggère une équivoque avec *rebous,* doublet de *rebours* «contrepied».

♦ **1.** Ensemble de dessins, de mots, de chiffres, de lettres utilisant des identités ou similitudes formelles et des différences de sens (homonymies) pour évoquer une phrase (ex. : nez rond, nez pointu, main = Néron n'est point humain). *Aimer les rébus, les charades et les devinettes. Composer des rébus* (→ Logographe, cit. 1). *Deviner, déchiffrer un rébus.* — Allus. littér. *«Comme un rébus autour d'un mirliton»* (cit. 1, Musset). — *Les rébus sont souvent utilisés dans les blasons, les enseignes.*
Les écritures dites idéographiques (hiéroglyphes, caractères chinois) utilisent le même procédé que les rébus.

♦ **2.** Vx. Mauvais jeu de mots. — Énigme; allusion plus ou moins obscure (→ Philosophique, cit. 2). — Loc. (Vx). *Parler rébus :* parler de manière énigmatique.

♦ **3.** Écriture difficile à lire.
Votre adresse au bas de la page est un rébus. Il m'a fallu près d'un quart d'heure pour la déchiffrer. Je crois que vous avez bien fait d'en tracer les mots d'une manière microscopique.   LAUTRÉAMONT, les Chants de Maldoror, VI.

REBUT [ʀəby] n. m. — 1549; de *rebuter.*

♦ **1.** Vx. Action de rebuter* (qqn), refus brutal et méprisant. *Essuyer un rebut.* ⇒ **Rebuffade.**

♦ **2.** Ce qu'on a rebuté*, rejeté (⇒ **Débris, déchet, détritus, ordure**); ce qu'il y a de plus mauvais dans un ensemble.
Des Bouddhas de jaspe, des dieux et des déesses en bois doré gisent près de la 1

porte, cassés, les jambes en l'air, sans tête ; on en a sans doute emporté beaucoup, et ceci semble le rebut d'un rapide triage.
LOTI, Figures et Choses..., Trois jours de guerre, III.

Fig. « *L'homme, gloire et rebut de l'Univers* » (→ Chaos, cit., Pascal). « *Un renégat, l'opprobre* (cit. 4) *et le rebut du monde* » (Hugo). *Le rebut de la société, du genre humain.* ⇒ **Balayure** (fig.), **écume, excrément** (vx ; *supra* cit. 7), **lie** (*supra* cit. 7). → Le fond* du panier, etc. *Le rebut de la société, la racaille.*

(Postes). *Les rebuts* : les lettres dont on n'a pu trouver les destinataires. *Service des rebuts. Détruire les rebuts.*

♦ **3.** (1690). AU REBUT. *Jeter, mettre qqch.,* et, par ext., *qqn* (→ Posséder, cit. 8) *au rebut,* parmi ce dont on ne veut pas, ou plus. ⇒ **Dédaigner, écarter.** → Mettre au rancart*.

2 Comment se résigner à ce qu'on sait être le moins parfait ? Comment se mettre soi-même au rebut, accepter un rôle de parade, quand la vie est si courte, quand rien ne peut réparer la perte des moments qu'on n'a point donnés aux délices de l'idéal ?
RENAN, l'Avenir de la science, VII, Œ. compl., t. III, p. 827.

(1549). Loc. adj. DE REBUT : de très mauvaise qualité, bon à jeter, qu'on a jeté. *Meubles, bois de rebut* (→ Croiser, cit. 4 ; goudronner, cit. 3). *Manger des choses de rebut.* ⇒ **Reste, rogaton, rognure** (→ Grappiller, cit. 5).

CONTR. Élite. — Valeur (de).

REBUTANT, ANTE [ʀ(ə)bytɑ̃, ɑ̃t] adj. — 1669 ; p. p. de *rebuter*.

♦ **1.** Qui rebute*, ennuie, choque... ⇒ **Décourageant, dégoûtant, désagréable, écœurant, rébarbatif, repoussant, répugnant, répulsif.** *Voilà une chose bien rebutante* (→ fam. C'est une vraie médecine*). *Travail rebutant. Démarches rebutantes. Mine rebutante.*

(...) prenant à sa charge, pour autant qu'il pouvait me paraître, toutes les corvées et les soins les plus rebutants du ménage.
GIDE, Si le grain ne meurt, I, VI, p. 177.

♦ **2.** (Personnes). Qui décourage la sympathie. « *Une jeune fille rebutante* » (Martin du Gard, *in* G. L. L. F.).

CONTR. Agréable, appétissant, attachant, attirant, attrayant, charmant, encourageant, séduisant.

REBUTER [ʀ(ə)byte] v. tr. — V. 1215 ; de re-, et *but*, proprt « repousser, écarter au but ».

♦ **1.** Vieilli ou littér. Repousser (qqn) avec dureté ou avec mépris (→ 1. Dire, cit. 46 ; factieux, cit. 2). ⇒ **Repousser** (→ Envoyer au diable* ; fermer* la porte au nez). *Femme qui rebute un soupirant.* — Par ext. *Rebuter les offres de qqn.* ⇒ **Rejeter.**

1 (...) il me rebuta rudement, et me dit que ce n'était pas là le point (...)
PASCAL, les Provinciales, I.

2 Le saint animé d'une ferveur céleste, répand sa charité sur des mendiants, des malades, des infirmes, des nécessiteux qui se pressent familièrement autour de lui, sûrs qu'aucun d'eux ne sera rebuté, quelque hideux que soit son ulcère, quelque sordide que soit son haillon.
Th. GAUTIER, Souvenirs de théâtre..., Collection d'Espagnac.

♦ **2.** Vx. Jeter*, mettre au rebut*, refuser (une chose qu'on juge sans valeur ou inutilisable). → Grès, cit. 1. *Rebuter de la nourriture. Rebuter une pièce de monnaie.*

3 La tanche rebutée, il trouva du goujon.
LA FONTAINE, Fables, VII, 4.

4 Ces gens, épineux dans les payements qu'on leur fait, rebutent un grand nombre de pièces qu'ils croient légères (...)
LA BRUYÈRE, les Caractères de Théophraste, De la rusticité.

♦ **3.** (Mil. XVᵉ). Dégoûter, détourner (qqn) d'une entreprise (par les difficultés, les obstacles, les dangers, les échecs, l'ennui...) ; choquer (qqn), inspirer de l'antipathie, de la répugnance à (qqn). *Les débuts arides* (cit. 10) *de cet enseignement le rebutèrent.* ⇒ **Arrêter, décourager, désespérer, fatiguer, lasser.** *Rien ne les rebute : ils sont intrépides, infatigables. Ce matérialisme* (cit. 4) *avait de quoi rebuter les âmes nobles.* ⇒ **Choquer, dégoûter, déplaire** (à), **écœurer, effaroucher, répugner** (à). — Vieilli. *Être rebuté de qqch.* (mod. *par qqch.*). ⇒ Promettre, cit. 3.

5 Pierre était un jeune homme de vingt-trois ans, faible de corps, mais infatigable de patience et de courage, qu'aucun soin ne rebutait pour adoucir nos ennuis et pour secourir nos misères.
Charles NODIER, Contes, Lidivine.

6 Quand il se comparait aux camarades moins heureux, que le concours avait définitivement rebutés, il se défendait mal de la fierté d'être Normalien.
J. ROMAINS, les Hommes de bonne volonté, t. III, I, p. 20.

Absolt. *Un travail qui rebute* (→ Fastidieux, rebutant). *L'érudition* (cit. 7) *rebutait, parce qu'elle est ennuyeuse et lourde.* « *Le fat lasse, ennuie* (cit. 8), *dégoûte, rebute* » (La Bruyère).

7 Il faut en prendre son parti avec ce prodigieux écrivain *(Suarès)* : il enthousiasme aussi naturellement qu'il rebute (...)
GIDE, Journal, 1911, Feuillets, Suarès.

♦ **4.** (XVIᵉ). Le sujet désigne une personne, son comportement. Inspirer de l'antipathie à (qqn), décourager la sympathie de (qqn). *Ses manières, son apparence me rebutent.* ⇒ **Rebutant.**

▶ SE REBUTER v. pron. (1559).

Se lasser, se dégoûter (→ Courage, cit. 6 ; obséder, cit. 1). — *Se rebuter de...,* suivi d'un infinitif (→ Futile, cit. 1), d'un substantif.

8 Cette fille si délicate ne se rebute ni de la malpropreté ni de la mauvaise odeur,

et sait faire disparaître l'une et l'autre sans mettre personne en œuvre, et sans que les malades soient tourmentés.
ROUSSEAU, Émile, V.

CONTR. Apprivoiser, attirer, charmer, encourager, séduire.
DÉR. Rebut, rebutant.

RECACHER [ʀ(ə)kaʃe] v. tr. — D. i. ; de re-, et *cacher.*

♦ Cacher de nouveau, une deuxième fois.

RECACHETER [ʀ(ə)kaʃte] v. tr. — Conjug. *jeter.* — 1549 ; de re-, et *cacheter.*

♦ Cacheter* de nouveau (Scarron, Mᵐᵉ de Sévigné, Rousseau, *in* Littré).

1 (...) la lettre avait été retournée comme un gant, repliée et recachetée.
BAUDELAIRE, Trad. E. POE, Histoires extraordinaires, « La lettre volée ».

2 Prêter de l'argent ? Merci. C'est un drôle de type, mon concierge, vous savez. Il lit toutes mes lettres ; il les décachette et les recachette.
R. QUENEAU, le Chiendent, p. 130.

CONTR. Décacheter.

RECADE [ʀəkad] ou RÉCADE [ʀekad] n. m. — D. i. ; port. *recado* « messager ».

♦ Franç. d'Afrique. Sceptre des rois, des chefs traditionnels dans quelques pays d'Afrique (Bénin, Togo, Côte-d'Ivoire). *Recades en bois sculpté, à décor (armoiries de cuivre, d'argent).* — Syn. : *bâton-messager, canne de chef.*

RECALAGE [ʀ(ə)kalaʒ] n. m. — 1923, Proust, au sens 2 ; de *recaler.*

♦ **1.** Action de recaler (I.). *Recalage d'un volant sur un arbre de machine.*

♦ **2.** Fam. Le fait d'être recalé, d'échouer à un examen. « *Ses recalages au bachot* » (Proust).

RECALCIFIANT, ANTE [ʀ(ə)kalsifjɑ̃, ɑ̃t] adj. et n. m. — 1926 ; de *recalcifier.*

♦ Méd. Qui permet la recalcification. *Médication recalcifiante.* — N. m. *Un recalcifiant.*

RECALCIFICATION [ʀ(ə)kalsifikasjɔ̃] n. f. — 1933 ; de re-, et *calcification.*

♦ Fixation de calcium en plus grande quantité dans des tissus qui l'ont perdu à la suite d'un processus pathologique.

CONTR. Décalcification.

RECALCIFIER [ʀ(ə)kalsifje] v. tr. — Mil. XXᵉ ; de re-, et *calcifier.*

♦ Produire la recalcification de. *Traitement aux ultraviolets prescrit aux enfants rachitiques pour recalcifier leurs os.* — Pron. *Organisme qui se recalcifie.*

RÉCALCITRANCE [ʀekalsitʀɑ̃s] n. f. — 1865 ; de *récalcitrant.* Didactique ou littéraire.

♦ **1.** (Personnes). Opiniâtreté dans la résistance ; attitude récalcitrante.

1 Relativement simple s'il s'agit de la récalcitrance d'un voyageur solitaire, la question se complique dans le cas d'un couple (...)
Michel LEIRIS, Frêle bruit, p. 243.

♦ **2.** (Choses). Résistance de ce qui n'obéit pas, ne se prête pas à l'usage que l'on veut en faire, au mouvement que l'on veut lui imprimer, etc.

2 Le sourire, impossible à cause de la récalcitrance des muscles (...)
BAUDELAIRE, Argument du Livre sur la Belgique, IV, *in* Œ. compl., Pl., t. I, p. 1281.

RÉCALCITRANT, ANTE [ʀekalsitʀɑ̃, ɑ̃t] adj. — 1696 ; attestation isolée, 1551 ; de *récalcitrer* (1120) encore employé au XIXᵉ (Sainte-Beuve, Rostand) par plais. ; lat. *recalcitrare* « ruer ; regimber ; résister avec opiniâtreté », rac. *calx, calcis* « talon ».

A. Adj. ♦ **1.** (Animaux). Qui résiste avec opiniâtreté*, entêtement. *Cheval, mulet récalcitrant.* ⇒ **Rétif.**

(Personnes). *Un prisonnier récalcitrant. Une recrue récalcitrante. Caractère, esprit récalcitrant.* ⇒ **Désobéissant, indiscipliné, indocile, rebelle, têtu.** *Être, se montrer récalcitrant.* — Littér. *Récalcitrant contre...* (Lesage), *à...* (D'Alembert).

1 Il protégeait, d'abord leur chers parents, puis plus efficacement, tous les jeunes gens qui montraient l'amour de l'étude. Il citait aux parents récalcitrants l'exemple de Vaucanson.
STENDHAL, Vie de Henry Brulard, 5.

♦ 2. (1840). Choses. Qu'on ne peut agencer, disposer, utiliser à son gré. *Boutons de manchettes récalcitrants.*

1.1 Vous ne la surprendrez jamais la femme comme il faut, comme une bourgeoise, à remonter une épaulette récalcitrante.
BALZAC, la Femme comme il faut, 1840, *in* D. D. L., II, 16.

2 Nul comme lui n'avait connu l'odieux colletage avec la phrase récalcitrante, le mot qui se défend et s'insurge, l'expression juste qui ne vient pas (...)
COURTELINE, le Train de 8 h 47, I, III.

B. N. *Convaincre, réduire les récalcitrants.* ⇒ **Factieux, insoumis, mutin, séditieux.** *Les récalcitrants à l'impôt.*

3 Charger les gendarmes et les cuirassiers de convaincre les récalcitrants.
J. ROMAINS, les Hommes de bonne volonté, t. IX, v, p. 57.

Le subst. semble rare au fém. *Il a fallu convaincre la récalcitrante.*

CONTR. Docile, obéissant, soumis, souple.
DÉR. Récalcitrance.

RECALER [ʀ(ə)kale] v. tr. — 1676, techn.; de *re-*, et *caler.*

★ **I.** Techn. Caler de nouveau (qqch.). ⇒ 2. **Caler.**

★ **II. ♦ 1.** Fam. et vx. Remettre (qqn) à sa place. *Je l'ai recalé dans son coin* (Flaubert, Correspondance, II, 125, 1852).

♦ 2. (1907). Mod. Refuser (qqn) à un examen (→ Retoquer, vieilli). *Recaler un candidat* à l'écrit, à l'oral d'un examen* (⇒ **Ajourner, coller**). *Il s'est fait recaler à son bachot.*

▶ **RECALÉ, ÉE** p. p. adj. *Il est recalé. Candidats reçus et candidats recalés.*

Recalé en juillet, je passai tant bien que mal, en octobre, la seconde partie de mon baccalauréat (...)   GIDE, Si le grain ne meurt, I, IX, p. 241.

N. (Déb. xxᵉ). *Un recalé, une recalée.* « *Les recalés de juillet* » (Circulaire du ministère de l'Instruction publique, 3 mars 1932).

CONTR. Admettre, recevoir. — (Du p. p.) **Admissible, reçu.**
DÉR. Recalage.

RECANNAGE [ʀ(ə)kanaʒ] n. m. — V. 1890, Goncourt; de *recanner.*

♦ Techn. Opération par laquelle on répare, on refait le cannage (des sièges).

RECANNER [ʀ(ə)kane] v. tr. — Fin xixᵉ, → le précéd.; de *re-*, et *canner.*

♦ Réparer, refaire le cannage de (un siège).

RÉCAPITULATIF, IVE [ʀekapitylatif, iv] adj. — 1831; de *récapituler.*

♦ Qui sert à récapituler. *Chapitre, état récapitulatif. Table récapitulative.*

RÉCAPITULATION [ʀekapitylasjɔ̃] n. f. — 1245; lat. *recapitulatio*, de *recapitulare.* → Récapituler.

♦ 1. Répétition*, reprise point par point (→ Déception, cit. 3). *Faire la récapitulation d'un compte.*

(...) suivant le fil des événements, elle fit une courte récapitulation de sa vie entière, pour montrer qu'à tout prendre elle avait été douce et fortunée (...)
ROUSSEAU, Julie ou la Nouvelle Héloïse, VI, XI.

♦ 2. Écrit qui récapitule. ⇒ **Abrégé, inventaire, sommaire** (n. m.).

♦ 3. Rhét. Figure de pensée par laquelle, dans une péroraison, on énumère les points principaux du discours.

♦ 4. Hist. des sc. *Loi de récapitulation,* d'après laquelle l'ontogénie (cit. 2) répète la philogénie (et l'embryologie correspond à l'anatomie comparée).

RÉCAPITULER [ʀekapityle] v. tr. — 1360; lat. *recapitulare,* de *re-,* et *capitulum* « chapitre ».

♦ 1. Rendre, répéter en énumérant les points principaux. ⇒ **Reprendre, résumer.** *Récapituler un compte, un discours.*

♦ 2. (Mil. xviᵉ). Reprendre, en se rappelant ou en redisant (des événements, des faits...). *Récapituler sa journée, son année* (→ Morceau, cit. 9). *Récapituler dans sa mémoire tous les crimes impunis...* (→ Désintéresser, cit. 2). — Pron. *Se récapituler (qqch.) :* récapituler pour soi.

1 Avant de dire l'effet que cet état, si nouveau pour moi, fit sur mon cœur, il convient d'en récapituler les affections secrètes, afin qu'on suive mieux dans ses causes les progrès de ces nouvelles modifications.
ROUSSEAU, les Confessions, IX.

2 Je voulais, ces derniers jours, aller causer avec vous, et récapituler les trente ans que nous venons de vivre en trois semaines.
CHAMFORT, cité par P.-J. STAHL, *in* CHAMFORT, Œuvres choisies, V.

C'était l'époque où je me récapitulais mon année, me félicitant de n'avoir pas mérité une seule punition (...)   3
Valery LARBAUD, Fermina Marquez, XIX.

DÉR. Récapitulatif.

RECAPTURE [ʀəkaptyʀ] n. f. — V. 1970; de *re-*, et *capture,* pour traduire l'angl. *uptake.*

♦ Biol. Récupération des neuromédiateurs par les terminaisons nerveuses.

RECARDAGE [ʀ(ə)kaʀdaʒ] n. m. — xxᵉ; de *recarder.*

♦ Techn. Action de recarder; son résultat. *Un bon recardage.*

RECARDER [ʀ(ə)kaʀde] v. tr. — 1549; de *re-,* et *carder.*

♦ Techn. Carder de nouveau. *Recarder des matelas.*

DÉR. Recardage.

RECARRELAGE [ʀ(ə)kaʀlaʒ] n. m. — 1875; de *recarreler.*

♦ Techn. Action de recarreler* (2.); son résultat. *Faire le recarrelage d'une cuisine.*

RECARRELER [ʀ(ə)kaʀle] v. tr. — Conjug. *appeler.* — 1488; de *re-,* et *carreler.*
Technique.

♦ 1. (Cordonnerie). *Recarreler des souliers,* les réparer après d'autres réparations.

Un dictionnaire de rimes m'est d'une grande utilité; vous n'en avez que faire pour recarreler une vieille paire de bottes (...)
Th. GAUTIER, Préface de Mˡˡᵉ de Maupin, p. 30.

♦ 2. (1690). Carreler de nouveau. *Recarreler une salle de bains.*

DÉR. Recarrelage.

RECASABLE [ʀ(ə)kazabl] adj. — xxᵉ; de *recaser* ou *se recaser.*

♦ Qui peut se recaser, être recasé.

Après tout, qui répute recasable une laissée pour compte, même en s'indignant du fait, ne la chagrine pas.   Hervé BAZIN, Madame Ex, p. 164.

RECASER [ʀ(ə)kaze] v. tr. — 1845; de *re-,* et *caser.*

♦ Caser de nouveau (qqch., qqn).

RECAUSER [ʀ(ə)koze] v. intr. — 1876; une fois en 1578, *in* Huguet; de *re-,* et *causer.*

♦ *Recauser de :* causer de nouveau de... *Nous en recauserons.* ⇒ **Reparler.**

Alors, ça reste entre nous (...) Faudra voir à en recauser.   1
ZOLA, la Terre, III, IV.

— Si vous connaissiez Montpaillard, vous ne parleriez pas ainsi. — Je réponds de   2
tout ! — Nous en recauserons (...)   A. ALLAIS, l'Affaire Blaireau, p. 67.

Il regretta de s'être engagé sur un terrain où il n'était pas sans reproche.   3
— On en recausera plus tard, dit-il.   M. AYMÉ, la Vouivre, p. 73.

RECÉDER [ʀ(ə)sede] v. tr. — Conjug. *céder.* — 1832; «reprendre une chose cédée», 1596; de *re-,* et *céder.*

♦ 1. Rendre ce qui avait été cédé *(rétrocéder);* céder ce qu'on avait acheté *(revendre).*

♦ 2. Céder de nouveau. ⇒ **Céder** (II.).

Comment expliquer ce besoin irrésistible (...) de citer de mes propres paroles? J'y recède à presque chaque coup (...)   GIDE, Journal, 1ᵉʳ avr. 1928.

RECEL [ʀəsɛl] n. m. — 1810, Code pénal; «secret», 1180; «cachette», v. 1460; de *receler.*

♦ 1. Dr. et cour. Action de receler; détention* de mauvaise foi, de choses obtenues par autrui au moyen d'un délit ou d'un crime (objets volés*, etc.). *Recel de bijoux.* — *Recel de malfaiteur :* fait de donner asile au coupable d'un crime ou d'un délit. *Recel de criminel, d'insoumis. Le recel de brigands* (Code pénal, art. 61), *d'espions est puni comme acte de complicité*.*
REM. On a dit aussi *recèlement* (vx).

♦ 2. Dr. civ. Le fait d'écarter frauduleusement une partie de la masse commune (délit civil). *Recel des effets d'une succession* (Code civil, art. 792). — *Recel de naissance,* sa dissimulation. *Recel d'enfant.* — *Recel de cadavre :* dissimulation du cadavre d'une personne morte de mort violente.

♦ 3. Dr. comm. *Recel des biens de faillite :* soustraction de biens d'un failli, sans connivence avec lui, aux poursuites de la masse des créanciers.

RECELÉ [ʀəsle; ʀəsəle; ʀəsele] ou **RECÉLÉ** [ʀ(ə)sele] n. m. — 1611; de *receler, recéler*.

Droit civil.

♦ **1.** Vieilli. Recel des effets d'une succession (Code civil, art. 801 : « *l'héritier qui s'est rendu coupable de recélé* »).

♦ **2.** Mod. Recel d'enfant.

RECÈLEMENT [ʀ(ə)sɛlmɑ̃] n. m. — V. 1190; «secret», v. 1130; de *receler, recéler*.

♦ Dr. (vx). ⇒ **Recel.**

RECELER [ʀəsle; ʀəsəle; ʀəsele] ou **RECÉLER** [ʀ(ə)sele] v. — Receler : conjug. *celer* → Geler (*je recèlerai*); recéler : conjug. *céder* (*je recélerai*). — REM. La forme *recéler* tend à l'emporter. — V. 1170; de re-, et *celer*.

★ **I.** V. tr. ♦ **1.** Vx ou littér. Tenir caché, secret. ⇒ **Cacher, celer, soustraire** (→ Arbre, cit. 14). *Receler un secret,* en être le dépositaire*.

♦ **2.** (1680). Garder, contenir* en soi (une chose, une qualité cachée, secrète). ⇒ **Renfermer.** *Receler un vice* (→ Intérieur, cit. 14). *Cela recèle un mystère.* ⇒ **Courrir, gros** (être gros de...). *Receler une vérité* (→ Hérésie, cit. 7), *des beautés ineffables* (→ Parole, cit. 29). « *Je sais qu'il est des yeux Qui ne recèlent point de secrets précieux* » (→ Plus, cit. 88, Baudelaire). *Tout ce que la musique recèle de plus mystérieux* (→ Palpable, cit. 5).

1 Les sens sont au nombre de cinq, rien que de cinq. Ils nous révèlent, en les interprétant, quelques propriétés de la matière environnante qui peut, qui doit receler un nombre illimité d'autres phénomènes que nous sommes incapables de percevoir.
                MAUPASSANT, la Vie errante, « La nuit ».

2 Michels riposta que Tognetti, qu'il estimait beaucoup, était lui-même une preuve que l'Italie recélait des révolutionnaires dignes de ce nom (...)
                J. ROMAINS, les Hommes de bonne volonté, t. IV, XVI, p. 175.

Absolument :

3 La vague est hypocrite; elle tue, recèle, ignore et sourit. Elle rugit, puis moutonne.
                HUGO, les Travailleurs de la mer, II, I, I.

♦ **3.** (1398). **a** Dr. et cour. Détenir, garder par un recel* (1.). ⇒ **Receleur.** *Receler des objets volés, le produit d'un vol, d'un cambriolage.* — *Receler un malfaiteur, des espions* (cit. 11), les soustraire à la justice.

4 Le premier est un joaillier accusé d'avoir recélé des pierreries dérobées.
                A.-R. LESAGE, le Diable boiteux, IX.

b Dr. civ. *Divertir* (cit. 3 et 4) *ou receler des effets d'une succession.* ⇒ **Recel** (2.).

c Dr. comm. *Receler des biens de faillite.* ⇒ **Recel** (3.).

★ **II.** V. intr. (Chasse). Se cacher, rester dans son enceinte sans en sortir. *Le cerf recèle.*

DÉR. Recélé ou recelé, recèlement, receleur ou recéleur.

RECELEUR, EUSE [ʀəslœʀ, øz; ʀəsəlœʀ, øz] ou **RECÉLEUR, EUSE** [ʀ(ə)selœʀ, øz] n. — 1324; de *receler, recéler*.

♦ Personne qui se rend coupable de recel*. — Dr. pén. *Le receleur, la receleuse d'un vol, d'objets volés.* ⇒ **Détenteur.** *Receleur associé à un cambrioleur et chargé par lui d'écouler la marchandise.* ⇒ **Fourgue** (argot). — Prov. (1893). *Les receleurs font les voleurs.* — *Le receleur d'un espion.* ⇒ **Complice.**

Par métaphore et vx. Ce qui cache, recèle, contient (qqch.).

1 Ces grands hauts-de-chausses sont propres à devenir les receleurs des choses qu'on dérobe (...)
                MOLIÈRE, l'Avare, I, 3.

2 Les jurisconsultes (...) ont regardé le recéleur comme plus odieux que le voleur; car, sans eux, disent-ils, le vol ne pourrait être caché longtemps.
                MONTESQUIEU, l'Esprit des lois, XXIX, XII.

Par métaphore :

3 (...) l'amour est le voleur, le printemps est le recéleur.
                HUGO, l'Homme qui rit, II, IV, I.

RÉCEMMENT [ʀesamɑ̃] adv. — 1646; *recentement*, 1544; de *récent*.

♦ À une époque récente, depuis peu* de temps. ⇒ **Dernièrement, naguère** (cit. 2). *Quelqu'un écrivait récemment...* (→ 2. Politique, cit. 15). *Tout récemment* (→ Jonc, cit. 3). *Phénomène récemment découvert* (→ Distiller, cit. 1). *Doctrine récemment acquise* (→ Hybride, cit. 7). ⇒ **Nouvellement.** *Une invention anglaise importée récemment* (→ Chantage, cit. 1). — *Récemment nommé,*

récemment promu... ⇒ **Fraîchement,** 1. **frais.** → Amphithéâtre, cit. 4; pairie, cit. — ⇒ aussi **Nouveau,** adv. (nouveau-né, etc.).

CONTR. Anciennement, autrefois, longtemps. — Haut, loin.

RÉCENCE [ʀesɑ̃s] n. f. — 1801; *en récence* «de nouveau» (déb. XVIᵉ); repris XXᵉ; de *récent*, et -*ence*. → Fréquence, etc.

♦ Didact. Caractère de ce qui est récent (en psychol. expérimental, notamment). *Effet de récence.*

RECENSEMENT [ʀ(ə)sɑ̃smɑ̃] n. m. — 1611; de *recenser*.

♦ **1.** *Le recensement de... :* compte* ou inventaire* détaillé. ⇒ **Énumération, évaluation, recension** (2.). *Le recensement général des ressources du globe* (→ Monde, cit. 21). *Le recensement des habitants* (→ ci-dessous sens 2). *Recensement général des votes :* centralisation des résultats d'élections.

♦ **2.** Absolt. Dénombrement détaillé des habitants d'une étendue de territoire, notamment d'un pays (→ Dénombrer, cit. 3; habitant, cit. 12). ⇒ **État.** *Les derniers recensements* (→ Numérique, cit. 2). *En France, le recensement qui est quinquennal, dénombre la population par catégories. Utilisation des recensements par la démographie.*

Les premiers véritables recensements nationaux furent faits en Islande (1703), en Finlande (1749), en Suède (1750), en Norvège et Danemark (1769), puis en France et en Angleterre (1801). En France avait eu lieu, au début du XVIIIᵉ siècle, un dénombrement approximatif (Vauban), dit des intendants (...) Au XVIIIᵉ siècle, les chiffres deviennent un besoin, les dénombrements ou recensements se généralisent.
                A. SAUVY, in Encycl. Pl., Histoire de la science, La démographie, p. 1608.

Spécialt. Opération par laquelle le maire de chaque commune dresse la liste des jeunes gens en âge d'être appelés. ⇒ **Appel, conscription.** *Le recensement de la classe quatre-vingt-huit.*

(1904). Inventaire des biens, des logements susceptibles d'être réquisitionnés; vérification des marchandises.

RECENSER [ʀ(ə)sɑ̃se] v. tr. — 1534; «énumérer», v. 1265; «exposer, raconter», 1230; lat. *recensere* «passer en revue». → Cens.

♦ **1.** Vx. Dénombrer, inventorier. ⇒ **Compter, énumérer, évaluer.** « *S'il veut ses péchés recenser* » (Roman de la Rose). — Mod. (Dans ce sens ou par métaphore de 2.). *On a recensé les électrons* (cit. 1) *et dépisté leurs effets individuels.*

À recenser ses amoureuses (...) on s'aperçoit d'ailleurs curieusement que de toutes ces créatures adorées Jean-Jacques n'a possédé qu'un petit nombre (...)
                Émile HENRIOT, Portraits de femmes, p. 184.

♦ **2.** (1534). Dénombrer par le détail (la population). *Recenser la population d'un pays.* ⇒ **Recensement.**

♦ **3.** (1845). Techn. Contrôler, vérifier de nouveau (des pièces de bijouterie, d'orfèvrerie) quand le fisc change de poinçon.

▶ **RECENSÉ, ÉE** p. p. adj. *Population recensée.* — N. « *Le total général des recensés le 18 déc. 1881...* » (*Année sc. et industr.* 1883, p. 410).

DÉR. Recensement, recenseur.

RECENSEUR [ʀ(ə)sɑ̃sœʀ] n. m. — 1789; «celui qui raconte», *Roman de la Rose,* 1230; de *recenser*.

♦ **1.** Vx. Celui qui compte les suffrages.

♦ **2.** (1869). Mod. Celui qui recense la population. — Adj. *Agent recenseur.*

RECENSION [ʀ(ə)sɑ̃sjɔ̃] n. f. — 1812; «énumération et examen critique des cartes géographiques d'un ouvrage», 1753; lat. *recensio.*

♦ **1.** Comparaison d'une édition d'un auteur ancien avec les manuscrits (Académie). — Par ext. Édition critique; examen critique d'un ouvrage littéraire.

1 En apparence, ces patients investigateurs perdent leur temps et leur peine. Il n'y a pas pour eux de public; ils seront lus de trois, quatre personnes, quelquefois de celui-là seul qui fera la recension de leur ouvrage dans une revue savante (...)
                RENAN, l'Avenir de la science, XIII, Œ. compl., t. III, p. 916.

♦ **2.** (XXᵉ). Fig. Examen, inventaire détaillé et critique. ⇒ **Recensement.**

2 (...) je transcrivais mes souvenirs d'un dimanche vieux de sept mois (...) C'était la première fois que je consacrais l'après-midi d'un samedi à cette recension de mes heures passées (...)
                Michel BUTOR, l'Emploi du temps, p. 83.

RÉCENT, ENTE [ʀesɑ̃, ɑ̃t] adj. — 1450; «nouveau, frais»; lat. *recens, entis.*

♦ Qui s'est produit ou qui existe depuis peu de temps; qui est proche dans le passé. *Livre récent qui vient de paraître. Cette affaire est récente, très récente, toute récente, assez récente. Événements récents* (→ Exode, cit. 4). *Acquisition, perte récente* (→ Nuance, cit. 4). « *D'un carnage* (cit. 1, La Fontaine) *récent sa gueule est toute peinte*». *Découverte récente* (→ Fluide, cit. 13). *Invention récente* (→ Panorama, cit. 1). *Nouvelle toute récente.* ⇒ **Dernier** (→ Toute chaude*). *Mot de formation récent* (→ Néologisme). *Distinction toute récente* (→ Anoblir, cit. 7). *Nos affections récentes* (⇒ **Nouveau**) *et anciens attachements* (→ Indigence, cit. 4). *Une cassure récente.* ⇒ **Frais.** *Montagnes récentes.* ⇒ **Jeune.** *Construction, architecture récente.* ⇒ **Moderne.** *La chose n'est pas récente, ne date pas d'hier.* ⇒ **Neuf.** *Les époques plus récentes* (→ Document, cit. 3). *Période la plus récente de l'Empire.* ⇒ **Bas.** *Passé* récent,* proche du présent. *Dans un passé récent.* ⇒ **Hier** (fig.); **autre** (l'autre fois). *Gramm. Formes verbales exprimant un passé récent.* → Ne faire (cit. 73) que de..., venir* de...

Par ext. (Personnes). *Bourgeois récent,* de fraîche date. ⇒ **Nouveau** (→ Loger, cit. 5). *Les femmes toutes récentes dans le monde* (→ Étoile, cit. 27).

Ces photos, en général, sont assez bonnes; mais beaucoup ne sont pas récentes. Le monsieur a pu changer.
J. ROMAINS, les Hommes de bonne volonté, t. II, XVI, p. 187.

Antéposé. (Moins cour.). *Une récente déclaration du gouvernement. La récente fortune de quelqu'un* (→ 1. Pistolet, cit. 1).

CONTR. Ancien, archaïque, éloigné, haut, lointain, primitif, suranné, vieux.
DÉR. Récemment.

RECENTRAGE [R(ə)sɑ̃tRaʒ] n. m. — 1924, *in* Petiot; on a employé (1904) l'anglicisme *middling;* de *recentrer.*

♦ **1.** Sports. Le fait de recentrer (le ballon).

♦ **2.** Polit. (par allus. au *centre* politique). *Le recentrage d'un parti, d'un syndicat.* « *Le recentrage n'est donc pas l'abandon des objectifs de transformation de la société* » (*l'Express,* 5 mai 1979, p. 95).

RECENTRER [R(ə)sɑ̃tRe] v. tr. — 1902, *recentrer le but;* de *re-,* et *centrer.*

♦ **1.** Sports. Centrer de nouveau; remettre au centre ou diriger vers le centre.
Envoyer (le ballon) vers l'avant-centre.

♦ **2.** Polit. Situer par un recentrage. « *Les métallos de Lille (...) étaient "recentrés" avant la lettre* » (*le Point,* mai 1982, p. 66).

RECÉPAGE [R(ə)sepaʒ] n. m. — 1762; *resepage,* 1690; de *recéper.*

♦ Agric. Action de recéper*. *Recépage de la vigne; de jeunes arbres.* — On a écrit *recepage* [Rəsepaʒ; Rəsəpaʒ].

RECÉPÉE [R(ə)sepe] n. f. — 1400; de *recéper.*

♦ Agric. Partie d'un bois qu'on a recépé. « *Le rendez-vous de chasse était à la recépée* » (Académie). — On a écrit *recepée* [Rəsepe].

RECÉPER [R(ə)sepe] v. tr. — Conjug. *céder.* — 1395; de *re-, cep,* et *-er.*

♦ **1.** Arbor. Couper, tailler (un cep) près de terre pour faire venir des pousses plus fortes. *Recéper la vigne tous les ans* (→ Moignon, cit. 2). — Par anal. *Recéper un jeune arbre. Le châtaignier, l'orme, le tilleul doivent être recépés à deux ou trois ans.* — Par ext. P. p. adj. *Bois recépé,* où les arbustes ont été recépés.

♦ **2.** (1869). Techn. Raccourcir (des pieux, des pilotis qui dépassent le niveau voulu).
(Déb. XVᵉ). Maçonn. *Recéper un mur,* refaire complètement ses fondations.
REM. On a écrit *receper* [Rəsepe; Rəsəpe].

DÉR. Recépage, recépée.

RÉCÉPISSÉ [Resepise] n. m. — 1380; lat. *recepisse,* de *recipere* «recevoir», dans *cognosco me recepisse* «je reconnais avoir reçu».

♦ Écrit par lequel quelqu'un reconnaît avoir reçu des pièces, des objets... en communication ou en dépôt. ⇒ **Reçu.** *Récépissé d'un dépôt* (→ **Bulletin, warrant**), *d'un envoi.* ⇒ **Accusé** (de réception), **lettre** (de voiture). *Garder le récépissé d'un colis qu'on a expédié.* — Par ext. Reçu donné pour un versement d'argent. ⇒ **Acquit, quittance, reconnaissance** (de dettes). *Des récépissés.* — *Récépissé d'un compte de tutelle.*

— Mais ce notaire s'en dessaisira-t-il, s'il ne voit son récépissé? — Je vais le remettre à monsieur (...)
BEAUMARCHAIS, la Mère coupable, II, 23.

RÉCEPTACLE [Reseptakl] n. m. — 1314; lat. *receptaculum,* de *receptare,* fréquentatif de *recipere* «recevoir».

♦ **1.** Lieu, emplacement, contenant qui reçoit son contenu de diverses provenances, qui reçoit des choses différentes. *La mer, récepta-*

---

cle des eaux fluviales. La veine cave (2, cit. 2) *qui est le principal réceptacle du sang.*

(1552). Par métaphore ou fig. (souvent péj.). Ce qui réunit, rassemble (des choses, des personnes méprisables). *Nos bibliothèques* (cit. 4)..., *commun réceptacle des productions de génie et des immondices des lettres.* ⇒ aussi **Récipient** (fig.), **réservoir.**

On dit que le démon qui agite la supérieure se nomme *Légion,* disait une troisième. — Que dites-vous, ma chère? interrompait une religieuse; il y a en a sept dans son pauvre corps, auquel sans doute elle avait attaché trop de soin à cause de sa grande beauté; à présent, il est le réceptacle de l'enfer (...) [1]
A. DE VIGNY, Cinq-Mars, II.
Le grenier de Système passait pour le réceptacle de toutes les impiétés. [2]
RENAN, Souvenirs d'enfance..., Œ. compl., t. II, p. 776.

♦ **2.** (1701). Hydraul. Bassin où se rassemblent les eaux.

♦ **3.** (1765). Bot. Prolongement du pédicelle de la fleur, qui supporte toutes les pièces florales. *La fraise, réceptacle globuleux, charnu et odorant* (→ Grain, cit. 14). — Extrémité élargie du pédoncule supportant un capitule de composée (ex. : le fond d'artichaut). — Partie des gros champignons qui porte les organes fructifères.

1. RÉCEPTEUR [ReseptœR] n. m. — XIVᵉ; *receteur* «receleur», v. 1265; lat. *receptor,* de *recipere* «recevoir». → Receveur.

♦ **1.** (XVᵉ). Vx. Personne qui reçoit. — Dr. *Récepteur d'un compte courant :* correspondant qui reçoit la remise et en est débité.

♦ **2.** (1846, *récepteur des eaux*). Techn. Appareil qui reçoit de l'énergie brute pour la transformer en énergie utilisable. *Les accumulateurs sont des récepteurs. Récepteur solaire.*

♦ **3.** (V. 1860). Cour. ⓐ Appareil destiné à recevoir des impulsions électriques ou ondes* électromagnétiques. *Récepteur d'ondes de T. S. F.* ⇒ **Cohéreur, détecteur, tuner, valve.** *Collecteur d'ondes d'un récepteur.* ⇒ **Antenne, cadre.** *Récepteur de télégraphe.* — Ensemble comprenant récepteur et amplificateur. ⇒ **3. Poste.** *Un récepteur de radio, radiophonique* (→ Fading, cit.). *Récepteur à transistors. Récepteur de poche. Récepteur à amplification directe, à changement de fréquence. Récepteur de télévision, de radar.*

ⓑ *Récepteur de téléphone :* dispositif qui transforme le courant alternatif reçu en ondes sonores reproduisant le son initial. — Par ext. (1879, cit. ci-dessous). Partie de l'appareil téléphonique où l'on écoute. ⇒ **Écouteur.** *Le microphone et le récepteur d'un téléphone.* — Se dit aussi du combiné microphone-récepteur formant la partie mobile d'un appareil. *Raccrocher le récepteur.*

Le récepteur est une petite boîte carrée qui est appliquée au mur, dans la partie [0.1] la plus fréquentée de l'habitation.
L. FIGUIER, l'Année sc. et industr. 1880, p. 57 (1879).
Quand j'arrivai au bureau de poste, ma grand'mère m'avait déjà demandé; j'entrai [1] dans la cabine, la ligne était prise (...) quand j'amenai à moi le récepteur, ce morceau de bois se mit à parler comme Polichinelle; je le fis taire, ainsi qu'au Guignol, en le remettant à sa place, mais comme Polichinelle, dès que je le ramenais près de moi, il recommençait son bavardage. Je finis (...) en raccrochant définitivement le récepteur, par étouffer les convulsions de ce tronçon sonore (...)
PROUST, le Côté de Guermantes, Pl., t. II, p. 134.
(...) Anne avait espéré en vain un message d'Antoine. Vingt fois, elle avait failli [2] décrocher le récepteur. Elle était à bout de nerfs (...)
MARTIN DU GARD, les Thibault, t. VII, p. 247.

♦ **4.** Physiol. Structure organique ayant pour fonction de recevoir des stimuli et de les traduire en messages sensoriels qu'elle transmet au système nerveux central (lequel excite ou non les organes correspondants). *Récepteur tactile, auditif, olfactif, gustatif; récepteur visuel* (⇒ **Bâtonnet, cône**). → 2. Récepteur (centre récepteur). *Les récepteurs sensibles aux actions du milieu extérieur* (⇒ **Extérocepteur**), *intérieur* (⇒ **Intérocepteur**), *aux actions du corps sur lui-même* (⇒ **Propriocepteur**). *Récepteur de tension, de pression* (artérielle), *d'étirement* (musculaire); *récepteur articulaire, de position, d'accélération, de chaud, de froid,* etc.

♦ **5.** Fig. et littér. Organisme vivant recevant des impressions.

N'importe quel vivant, par sa structure, est un récepteur admirable de toutes [3] ondes, sons, lumière, chaleur, effluves d'orages. Et s'il reste à écouter son corps, je ne vois point de raison pour qu'il ne devine pas et ne pressente que mille choses, car tout s'annonce partout. ALAIN, Propos, 3 mars 1914, Somnambules.

Spécialt. Personne qui reçoit un message envoyé par un émetteur*. ⇒ **Allocutaire.**

CONTR. Émetteur, générateur, opérateur.
DÉR. et COMP. 2. Récepteur; alpha-récepteur, barorécepteur, bêta-récepteur, chémorécepteur, chimiorécepteur, phonorécepteur, volorécepteur.

2. RÉCEPTEUR, TRICE [ReseptœR, tRis] adj. — 1859, *appareil récepteur, in* Année sc. et industr. 1860, p. 237; de *1. récepteur.*

♦ Qui reçoit, spécialt, qui reçoit des ondes. *Poste émetteur* (cit. 2) *et poste récepteur* (→ Étudier, cit. 26). ⇒ **1. Récepteur.** *La dynamo « devenait réceptrice »* (Jarry). *Machine réceptrice. Antenne réceptrice.* — Physiol. *Centre récepteur :* structure nerveuse centrale recevant des influx. *Organe récepteur de l'oreille interne* (→ Auditif, cit. 1).

CONTR. Émetteur, générateur.

RÉCEPTIBILITÉ [ʀesɛptibilite] n. f. — 1803; dér. du lat. *receptum*, de *recipere*. → Recevoir.

♦ Didact. et rare. Faculté de, aptitude à recevoir des impressions.

RÉCEPTIF, IVE [ʀesɛptif, iv] adj. — 1450, «qui reçoit»; repris 1824; de *receptus*, de *recipere* «recevoir».

♦ **1.** Susceptible de recevoir des impressions (⇒ aussi **Sensible**). *Les émotifs sont réceptifs. État à la fois réceptif et productif* (→ Poésie, cit. 1), *et créateur.*

(...) il n'en est pas des facultés actives, des volitions et des actes réfléchis de notre intelligence, comme des capacités purement réceptives des divers organes sensitifs auxquels se rattachent les impressions passives, les images ou autres distinctions spontanées (...)
MAINE DE BIRAN, *Du physique et du moral de l'homme,*
Examen leçons philos., § IV.

Réceptif à... (qqch.). L'enfant est particulièrement réceptif à la suggestion.

♦ **2.** Biol. Se dit d'un organisme exposé à contracter une infection.

CONTR. Réfractaire, résistant.
DÉR. Réceptivité.

RÉCEPTION [ʀesɛpsjɔ̃] n. f. — 1486; *receptiun* «accueil des voyageurs», v. 1200; lat. *receptio.*

Action de recevoir*.

★ **I.** *Réception (de qqch.).* **A.** (Concret). ♦ **1.** Le fait, pour un destinataire, de recevoir «matériellement, complètement et effectivement» une marchandise transportée. *La réception marque la fin du contrat de transport. Réception d'un paquet, d'une lettre* (→ Bride, cit. 13). *Envoi payable à réception. Accuser la réception, accuser réception d'une lettre.* ⇒ **Récépissé.** — (1826). *Accusé* (→ Échangiste, cit. 1), *avis de réception* (→ Exproprier, cit. 3).

1 (...) il était facile de faire joindre cette lettre aux autres. Je gagnais encore à cet expédient d'être témoin de la réception : car l'usage est ici de se rassembler pour déjeuner, et d'attendre l'arrivée des lettres avant de se séparer.
LACLOS, *les Liaisons dangereuses*, XXXIV.

2 La famille s'inquiétait. Pas tellement d'Armand. Mais on n'avait pas reçu d'accusé de réception de l'argent. ARAGON, *les Beaux Quartiers*, II, XXXVII.

♦ **2.** Sc. (XVIIᵉ, Descartes). Action de recevoir (des ondes); le fait d'en être un récepteur*. *Réception de la lumière, des sons... par l'organisme* (→ Organe, cit. 7). *Appareil collecteur et appareil de réception de l'oreille* (cit. 1). — *Réception des ondes dans un poste* (→ Parasite, cit. 16). *Réception perturbée par un brouillage, des parasites. Réception directe, indirecte, synchrone. Réception en Morse.*

3 Les procédés de réception aussi sont améliorés : on abandonne le procédé un peu barbare du cohéreur de Branly pour employer le détecteur à cristal de Galène, le détecteur électrolytique de Ferrié ou la valve de Fleming.
L. DE BROGLIE, *Physique et Microphysique*, p. 322.

♦ **3.** (1913, en rugby). Sports. Action de recevoir le ballon en le contrôlant.

(1939, en athlétisme). Manière dont le corps se reçoit au sol après un saut. *Réception d'un sauteur, d'un parachutiste.* — Loc. *Fosse de réception* (saut, haies). *Piste de réception* (saut à ski).

B. (Abstrait). Dr. et techn. (1690, *réception de caution*). Action d'accepter. *Réception de caution* : acceptation par le créancier de la caution présentée par le débiteur. — *Réception de travaux* : acceptation, approbation, par le maître de l'ouvrage, des travaux accomplis par l'entrepreneur. ⇒ **Admission, recette.** *Procès-verbal de réception. Réception qualitative, quantitative. Réception contradictoire* : constatation contradictoire effectuée par l'administration et l'entrepreneur afin de vérifier la bonne exécution des travaux, éventuellement d'en constater les imperfections. *Réception provisoire. Réception définitive*, mettant fin au contrat et constituant le point de départ de la garantie.

★ **II.** *Réception (de qqn).* ♦ **1.** (V. 1200). Action de recevoir (une personne), d'accueillir. *Réception d'un solliciteur qui demande audience.* — (Diplom.) *Réception d'un ambassadeur, d'un chef d'État.* — *Comment vous remercier de votre réception?* ⇒ **Hospitalité.** *Faire une bonne* (⇒ **Fêter**), *une mauvaise réception à quelqu'un.* ⇒ **Accueil.** *Faire une réception cordiale.* ⇒ **Bienvenue** (souhaiter la). *La réception qu'il vous fera* (→ Avantageusement, cit. 2).

♦ **2.** (xxᵉ). Action de recevoir les clients d'un hôtel. *Bureau de la réception.* — Par métonymie. Ce bureau, ses employés. *Adressez-vous à la réception.*

4 (...) des messieurs qui, peu versés peut-être dans l'art de «recevoir», portaient le titre de «chefs de réception».
PROUST, *À l'ombre des jeunes filles en fleurs*, Pl., t. I, p. 664.

Service chargé de recevoir les usagers (administration, entreprise, hôpital, etc.).

♦ **3.** (1830, Stendhal). Action de recevoir avec cérémonial; réunion mondaine organisée chez quelqu'un. ⇒ **Cocktail, soirée.** *Donner une réception* (→ Luxueux, cit. 3). *Les invités* d'une réception. Visites* et réceptions. Grande réception, réception fastueuse* (→ Effort, cit. 28), *à grand tralala* (fam.). *Réception intime. Réceptions officielles.* ⇒ **Cérémonie, gala.** *Réception à la Cour.* ⇒ **Appartement** (vx). *Réceptions de Napoléon aux Tuileries* (→ Édition, cit. 2). *Au milieu des fêtes* et des réceptions* (→ Dicter, cit. 13). *Collations, dîner, buffet..., bal, spectacle d'une réception...* (cf. Aller à un dîner, un thé, un vin d'honneur,... un bal, une soirée, etc.). *Jour* de réception* (→ Ordinaire, cit. 16). *Pour sa réception du mardi, elle commandait des crêpes* (cit. 1). *Salon, salle de réception, où l'on donne des réceptions.* — *Réception arabe.* ⇒ **Diffa.**

5 La fête à laquelle il avait assisté s'était donnée dans les grands appartements de réception, situés au rez-de-chaussée de l'hôtel de Beauséant.
BALZAC, *le Père Goriot*, Pl., t. II, p. 901.

6 (...) un deuil l'avait tenue éloignée des réceptions de l'hiver (...)
J. CHARDONNE, *les Destinées sentimentales*, p. 322.

Par métonymie. *La réception* : l'ensemble des pièces où l'on donne les réceptions (salons*, etc.).

7 Si j'offre un raout pour fêter le retour définitif de Xavier, tu imagines que les choses seront faites comme il se doit! Deux orchestres! (...) J'ouvre toute la réception du rez-de-chaussée, y compris la salle de billard (...)
Philippe HÉRIAT, *les Enfants gâtés*, IV, 2.

♦ **4.** (1475). Le fait de recevoir (qqn), d'être reçu dans un corps, un cercle, un club, etc., en tant que membre; cérémonie à laquelle cette admission donne lieu (⇒ **Récipiendaire**). *Réception d'une personne au Jockey-Club* (⇒ aussi **Parrain, parrainage**). *Réception à l'Académie française, sous la Coupole. Discours* de réception. Séance de réception.*

♦ **5.** Rare. Le fait de recevoir, d'être reçu à un examen. ⇒ **Admission.**

CONTR. Envoi, expédition. — Émission.
DÉR. Réceptionnaire, réceptionner, réceptionniste.

RÉCEPTIONNAIRE [ʀesɛpsjɔnɛʀ] n. — 1866; de *réception.*

♦ **1.** Dr. ou techn. Personne qui prend livraison de marchandises pour son propre compte ou pour le compte du destinataire. — (Nom de métiers). Personne qui assure la réception de marchandises et en vérifie la nature, la qualité, la quantité. *Réceptionnaire en construction mécanique,* qui vérifie les dimensions des pièces fabriquées.

♦ **2.** (xxᵉ). Chef de la réception dans un hôtel. ⇒ **Réceptionniste** (plus courant).

RÉCEPTIONNER [ʀesɛpsjɔne] v. tr. — 1923; de *réception.*

♦ **1.** Dr. ou techn. Recevoir, vérifier et enregistrer (une livraison). *Réceptionner des marchandises.*

♦ **2.** (1924). Sports. Recevoir et contrôler (le ballon).

(...) passant à proximité d'un champ qu'il croyait paisible, il avait réceptionné sur l'occiput la totalité d'un ballon de rugby, ce qui l'avait tenu au lit une semaine en compagnie de migraines atroces. René FALLET, *le Triporteur*, p. 19.

RÉCEPTIONNISTE [ʀesɛpsjɔnist] n. — Mil. xxᵉ (*in* Larousse 1964); de *réception.*

♦ Personne chargée de l'accueil de la clientèle (d'un hôtel, d'une entreprise, d'un organisme). *«Sur le registre de la réceptionniste, un nom a été biffé»* (*l'Express*, 6 mai 1968). *Réceptionniste-standardiste.*

Les parents de Nouche m'ont proposé une place de réceptionniste dans leur hôtel. JEAN-CHARLES, *Où est donc ma femme?*, p. 177.

RÉCEPTIVITÉ [ʀesɛptivite] n. f. — 1801, *in* D. D. L.; de *réceptif.*
Didactique ou littéraire.

♦ **1.** Caractère de ce qui est réceptif. Aptitude à recevoir des impressions. ⇒ **Sensibilité.** *Réceptivité d'un organe* (→ Excitation, cit. 13). *Réceptivité des nerveux. Être en état de réceptivité* (→ Démon, cit. 27).

1 Nous accordons que toutes ces sensations adventices peuvent se réduire aux diverses espèces de toucher, en tant que chacun de leurs organes est borné à la pure réceptivité des impressions faites par les corps solides ou fluides immédiatement appliqués sur ces organes (...)
MAINE DE BIRAN, *Du physique et du moral de l'homme*, II, § II.

2 Ce sont, son immense savoir et sa réceptivité délicate, les qualités les plus certaines qu'on lui voit (*à Paul de Musset*)...
Émile HENRIOT, *les Romantiques*, p. 182.

♦ **2.** (1836). Biol., méd. Aptitude à contracter une maladie, à se laisser envahir par l'infection. *La fatigue, la sous-alimentation augmentent la réceptivité de l'organisme. La réceptivité à certaines maladies fait partie des caractères raciaux.* — Par métaphore (→ Maladie, cit. 13).

3 *(L'étude de la flacherie)* lui avait révélé *(à Pasteur)* les variations de réceptivité ou de résistance aux germes (...)   Henri MONDOR, *Pasteur*, VII.

♦ **3.** (Mil. xxe). Qualité d'un récepteur de T. S. F. pouvant capter des ondes de longueurs très diverses et de faible amplitude.

CONTR. Insensibilité. — Immunité, résistance.

RÉCEPTRICE [ʀesɛptʀis] n. f. — Mil. xxe ; de *récepteur*.

♦ **Techn.** Aube de la roue d'une turbine recevant l'impulsion du fluide moteur des aubes directrices.

RECERCLAGE [ʀ(ə)sɛʀklaʒ] n. m. — 1869 ; de *recercler*.

♦ **Techn.** Action de recercler (un tonneau, en particulier).

RECERCLER [ʀ(ə)sɛʀkle] v. tr. — 1832 ; de *re-*, et *cercler*.

♦ **Techn.** Cercler de nouveau. *Recercler un tonneau, une futaille.* P. p. adj. *Tonneau recerclé.*
Blason. *Croix recerclée*, dont les bras se divisent et se recourbent en cercle. (On dit aussi *recercelée*, de *cerceau*.)

DÉR. Recerclage.

RECÈS ou RECEZ [ʀəsɛ] n. m. — xvie ; «relâche, repos», v. 1380 ; lat. *recessus*, action de se retirer.

♦ **1.** Vx ou littér. Lieu où l'on se retire ; asile, refuge.

1 J'avais voulu réchauffer d'un coup ce cœur glacé, porter la lumière au dernier recès d'une conscience que la pitié de Dieu voulait peut-être laisser encore dans de miséricordieuses ténèbres.
                    BERNANOS, *Journal d'un curé de campagne*, p. 186.

♦ **2.** Hist. Acte dans lequel les diètes de l'Empire germanique consignaient leurs délibérations avant de se retirer.

2 Ainsi se préparait, à Paris même, dans l'été et l'automne de 1802, cette liquidation qui allait aboutir au *Recès de l'Empire* du 23 février 1803, nouveau statut donné à l'Allemagne (...)
                    Louis MADELIN, *Hist. du Consulat et de l'Empire, Le Consulat*, XVIII.

♦ **3.** Diplom. Procès-verbal de conventions arrêtées entre deux puissances.

RÉCESSIF, IVE [ʀesesif, iv] adj. — 1907 ; de *récession*.

♦ **1.** Biol. *Gène récessif :* gène qui ne produit le caractère qui lui est lié que s'il se trouve le même sur les deux chromosomes appariés hérités des parents. *Le caractère des yeux bleus, celui des cheveux raides... est lié à un gène récessif*, par ext., *est récessif* (⇒ **Récessivité**). *Gène récessif dominé par un gène dominant chez un individu hétérozygote.*

1 Elles *(les nombreuses particularités mendéliennes récessives)* ne se manifestent que chez les homozygotes et seront *latentes* chez les hétérozygotes (...) là est le danger des mariages consanguins ; les conjoints peuvent être tous deux hétérozygotes, porteurs du gène et, par là, produire des enfants homozygotes récessifs, chez qui se révèle gravement la tare, autrement inopérante.
                    Maurice CAULLERY, *Génétique et Hérédité*, p. 115.

♦ **2.** Didact. Qui recule ; qui présente ou qui constitue une récession.

2 Quoiqu'il soit fait apparemment d'une suite d'«idées», ce livre n'est pas le livre de ses idées ; il est le livre du Moi, le livre de mes résistances à mes propres idées ; c'est un livre *récessif* (qui recule, mais aussi, peut-être, qui prend du recul).
                    R. BARTHES, *Roland Barthes*, p. 122.

CONTR. Processif.
DÉR. Récessivité.

RÉCESSION [ʀesesjɔ̃] n. f. — 1870 ; lat. *recessio*, à l'accusatif ; de *re-* «en arrière», et *cedere* «aller».

♦ **1.** Didact. Action de se retirer, mouvement* en arrière. ⇒ **Recul**. « *La récession graduelle et spontanée* (du renne) *par suite de changement dans les conditions climatériques* » (in Littré).
Astron. *Récession* (ou *fuite*) *des galaxies*, *des nébuleuses*, leur éloignement progressif, avec des vitesses radiales proportionnelles à leurs distances moyennes de notre galaxie.

1 Un mouvement de récession des galaxies, s'il existe, se traduit non seulement par un décalage relatif des raies spectrales, mais également par une diminution des magnitudes apparentes.   TARDI, *Cours d'astrophysique générale*.

♦ **2.** (1954 ; angl. *recession*). Écon. Recul, régression (des ventes, de la production, des investissements). ⇒ **Crise, dépression**.

2 L'expérience désastreuse de la crise qui a débuté par le krach financier de Wall Street en 1929 (...) a rendu les Américains ingénieux à veiller sur les symptômes (...) d'engorgement de l'économie, de dépression, désormais appelée récession.
                    P. GEORGE, *Précis de géographie économique*, p. 47.

3 *(L'emploi du mot)* récession (...) marque l'hypocrisie des hommes publics devant les termes de sens précis et grave, comme crise.
                    ÉTIEMBLE, *Poétique comparée, Cours de Sorbonne*, 1959-1960, p. 103.

♦ **3.** Didact. Recul.

CONTR. Avance, progrès.
DÉR. Récessif.

RÉCESSIVITÉ [ʀesesivite] n. f. — Mil. xxe ; de *récessif*.

♦ **Biol.** Caractère récessif ; état d'un sujet récessif. *Les phénomènes d'atavisme* sont liés à la récessivité.

CONTR. Dominance.

RECETTE [ʀ(ə)sɛt] n. f. — Déb. xive ; «lieu où l'on se retire», *Chanson de Roland*, 1080 ; *reçoite*, v. 1280 ; du lat. *recepta* «chose reçue».

★ **I. A.** ♦ **1.** Total de sommes d'argent reçues. *Le montant d'une recette. Recette provenant de ventes, de perceptions, de taxes, de libéralités, d'aumônes.* ⇒ **Produit.** *Recette brute. Recette nette*, et, absolt, *recette :* bénéfice. *Toucher un pourcentage* (cit. 1) *sur la recette.*
Comptab. (opposé à *dépense*). ⇒ **Rentrée** (d'argent). *Livre des recettes et des dépenses.* ⇒ **Compte** (livre de). → Ordre, cit. 20. *Carnet de recettes. Recettes et dépenses d'un budget*, du budget de l'État, des finances publiques* (⇒ Contrôle, cit. 1). *Les recettes couvrent les dépenses* (cf. Équilibre du budget). *La dépense excède* (cit. 2) *la recette. Déficit* (cit. 1 et 2) *entre la recette et la dépense. — Excédent de recettes.* ⇒ **Bénéfice, boni, gain** (→ Épargne, cit. 6).

1 Rarement un ministre des Finances proposera des dépenses auxquelles les recettes ne peuvent suffire, ou un système de perception par lequel l'impôt ne rentrera pas.   TAINE, *les Origines de la France contemporaine*, III, t. I, p. 206.

Recette des finances, du fisc : centralisation des impôts directs recouvrés par les percepteurs (⇒ **Receveur**) ; impôts produits par la perception (⇒ **Perception**). *Établissement du montant des recettes par les administrateurs. Les recettes sont effectuées par les comptables de la recette (trésoriers-payeurs généraux, receveurs particuliers des finances et percepteurs). — Recette des impôts indirects :* sommes reçues par les receveurs* buralistes.

Spécialt. *La recette journalière d'un théâtre. Pièce, succès... acteur qui a fait tant de recette* (→ aussi Mousser, cit. 5). — Vieilli. *Acteur à recette*, à succès commercial (→ aussi Gosier, cit. 5).

Loc. **FAIRE RECETTE** : avoir beaucoup de succès, en parlant d'un spectacle théâtral ou cinématographique, et, par ext., d'une manifestation artistique quelle qu'elle soit. *Cette comédie musicale a fait recette dans la capitale et en province. Une exposition annuelle de peinture qui continue à faire recette.* — Fig. *Cette théorie n'a pas fait recette.*

♦ **2.** Dr. Action de recevoir (de l'argent). ⇒ **Recouvrement.** *La recette de l'impôt* (cit. 6). *Faire la recette des contributions.*
(1893). Cour. *Garçon de recette :* employé de banque chargé d'encaisser les effets de commerce.

♦ **3.** (1845). Techn. Action de recevoir et de vérifier (des marchandises, des constructions, des fabrications) ; opération de contrôle par laquelle on vérifie qu'une fourniture ou un service est conforme aux spécifications de la commande. ⇒ **Admission, réception.** *Commission de recette des constructions navales.*

B. Par métonymie. ♦ **1.** Emploi de receveur des deniers publics. *Recette générale :* sous l'Ancien Régime, circonscription financière d'un receveur général.

2 Mais ce ne fut pas un homme estimable comme nous l'entendons aujourd'hui, demandant pour soi la croix d'officier de la Légion d'honneur et une *recette de ville* pour son fils.   STENDHAL, *Mémoires d'un touriste*, t. II, p. 221.

♦ **2.** Bureau d'un receveur des impôts directs ou indirects. *Recette des finances. — Recette des contributions indirectes, recette buraliste* (1848) : recette postale, recette des douanes, bureau* de tabac... ⇒ **Receveur** (cit. 1, Dalloz).

★ **II.** (1863). Techn. Large palier dans un puits de mine*, où sont reçus les produits d'exploitation (charbon, etc.). — *Recette du jour, du fond :* palier supérieur et inférieur où le produit extrait est reçu (mines).

2.1 Les transports au fond ont donc conduit le minerai jusqu'au puits, à ce qu'on appelle la recette du fond ; maintenant nous allons voir comment on remonte le minerai de la recette du fond à la recette du jour, où le problème minier proprement dit est terminé, pour se poursuivre dans un problème de préparation commerciale.   Michel CAZIN, *les Mines*, p. 105.

★ **III.** (Au sens de «indication reçue»). ♦ **1.** (1314, *recete*). Pharm. Formule* et manière de préparer (un remède). *Recette d'un médicament* (→ Mandragore, cit. 1). *Les recettes d'une pharmacopée, du codex* (→ Mercure, cit. 1). — *La recette de la pierre philosophale* (→ Mercure, cit. 1).

3 Jacques remplit un grand gobelet de tisane, y versa un peu de vin blanc et l'avala. C'était une recette qu'il tenait de son capitaine et que M. Tissot, qui la tenait de Jacques, recommande dans son traité des maladies populaires.
                    DIDEROT, *Jacques le fataliste*, Pl., p. 639.

♦ **2.** Cour. (Fin xive). *Recette de cuisine*, et, absolt, *recette :* explication sur la manière de préparer un mets (→ 1. Mode, cit. 10). *Faire des biscuits selon la recette de qqn* (→ Cuisinier, cit. 4). *Recette de ma grand-mère* (→ Gastronome, cit. 3). *Une bonne recette. Livre de recettes :* livre de cuisine (→ Mouvette, cit.).

4 Imbert nous estimait pour un *risotto* exécuté par nous en sa présence, d'après la plus pure recette milanaise (...) Th. GAUTIER, *Voyage en Russie*, I, XXI.

5 Que si l'on m'offre un mets très savoureux, je ne m'inquiète pas, en jouissant de cette viande délicate, si celui qui l'a préparée en a inventé la recette.
VALÉRY, *Variété*, in Œ., t. I, Pl., p. 732.

♦ **3.** Fig. ⇒ **Moyen, procédé.** *Les recettes par lesquelles les générations se divertissent* (→ Billard, cit. 3). *Recette de morale* (→ 1. Placer, cit. 8). *Ils croient que la vérité se communique en recette* (→ 2. Neuf, cit. 17). *Recette de bonne femme* : remède traditionnel (sens 1 ci-dessus), et, fig., procédé traditionnel, empirique, sans valeur scientifique. *Une recette de bonheur.* ⇒ aussi **Secret.** *Je vais vous donner la recette. Une recette infaillible* (cit. 4). → **Malheureux,** cit. 4. *Il n'y a pas de recettes.*

6 Tu parles d'avoir un enfant
Et tu n'as qu'à moitié la recette.   VERLAINE, *la Bonne Chanson*, Appendice, III.

7 Le capitaine Beltara et l'interprète Aurelle devinrent vite inséparables. Ils avaient des goûts communs et des métiers différents : c'est la recette même de l'amitié.
A. MAUROIS, *les Discours du Dr O'Grady*, XVI.

Péj. Manière de procéder stéréotypée, qui sent l'artifice. *Ce scénariste manque d'inspiration, ses dernières intrigues tournent à la recette.*

CONTR. **Débours, dépense, sortie** (d'argent).

RECEVABILITÉ [ʀəsvabilite ; ʀ(ə)səvabilite] n. f. — 1829 ; de *recevable.*

♦ Dr. «Caractère d'une action judiciaire à l'encontre de laquelle il n'existe aucun moyen de forme ou d'incapacité mettant obstacle à l'examen du fond du droit» (Capitant). *La recevabilité d'un appel, d'un pourvoi. Conditions d'exercice et de recevabilité des actions.*

CONTR. **Irrecevabilité.**

RECEVABLE [ʀəsvabl ; ʀ(ə)səvabl] adj. — 1260 ; de *recevoir.*

♦ **1.** (Choses). Qui peut être reçu, accepté. *Cette excuse n'est pas recevable.* ⇒ **Acceptable, admissible, valable.**

1 La sotte antiquité nous a laissé des fables
Qu'un homme de bon sens ne croit point recevables (...)
THÉOPHILE DE VIAU, À Monsieur du Fargis.

(Personnes). Que l'on peut accepter.

2 On ne prête un objet précieux et rare qu'avec les plus grandes réticences. Mais comment prêter son épouse à d'autres hommes? On ne peut s'y déterminer sans une démangeaison particulière. Ce terme vous choque? Celle-là aussi se partage entre le mari, l'épouse et les amis. L'amitié même risque d'y faire obstacle; l'étranger, l'inconnu, l'individu le moins recevable semblerait s'y prêter beaucoup mieux à l'occasion.   P. KLOSSOWSKI, *la Révocation de l'Édit de Nantes*, p. 28.

♦ **2.** Dr. En parlant d'une action en justice. Qui a un caractère de recevabilité*. *Action, demande, appel... recevable* (→ Inconduite, cit. 2 ; possessoire, cit. 2). *Être déclaré non recevable.* ⇒ **Fin** (de non-recevoir). — Par anal. *La motion* (cit. 3) *de censure n'est recevable que si...*

(1549). En parlant d'une personne. *Recevable à* : qui peut être admis à (une action en justice). *Tout parent est recevable à provoquer l'interdiction* (cit. 4) *de son parent.*

CONTR. **Inacceptable, inadmissible, irrecevable.**
DÉR. **Recevabilité.**

RECEVEUR, EUSE [ʀəsvœʀ, øz ; ʀ(ə)səvœʀ, øz] n. — XIIIe ; *recevur,* 1170 ; «celui qui soutient», v. 1120 ; de *recevoir.*

★ **I.** ♦ **1.** Vx. Personne qui est chargée de faire une recette, de gérer une recette. — (1416, in D.D.L.). Hist. *Receveurs généraux* : agents comptables placés à la tête des recettes générales. *Receveurs particuliers,* chargés de recevoir des élus les impôts perçus par eux, de recevoir les produits du domaine, et de verser le tout entre les mains d'un receveur général. *Receveur des tailles* (→ Avanie, cit. 3).
Mod. Comptable public chargé d'effectuer les recettes et certaines dépenses publiques. *Receveurs particuliers des finances* (dans chaque arrondissement autre que celui où réside le trésorier*-payeur général), chargés du recouvrement des recettes, du paiement des dépenses et de la surveillance des comptables qui leur sont subordonnés (→ Percepteur, cit. 1). *Receveur des contributions. Receveur municipal,* effectuant les recettes et les dépenses communales (fonction remplie par le *receveur-percepteur* pour les contributions directes, dans certains cas par des *receveurs spéciaux,* et enfin par le *receveur buraliste*,* qui est un préposé de la régie*). *Receveur de l'enregistrement* : agent de perception et de contrôle. *Receveur des douanes. Receveur des postes.*

1 Quant aux receveurs buralistes ils sont plus spécialement chargés de recevoir les déclarations des contribuables, de délivrer les titres de mouvement nécessaires à la régularité des transports de certaines marchandises imposables, notamment les cessions, et de percevoir les droits exigibles au comptant.
DALLOZ, *Petit dict. de droit,* art. *Contributions indirectes,* 3.

♦ **2.** (1869). Employé préposé à la recette dans les transports publics. *Receveur d'omnibus* (→ Quibus, cit. 2), *de tramway... Machiniste-receveur, machiniste-receveuse d'un autobus.*

2 (...) il regagna le tramway et alluma sa pipe. Il s'aperçut bientôt qu'il avait quitté

Créteil, car le receveur vint lui réclamer de l'argent. Édouard donna quelques sous et tendit la main pour recevoir son billet.   G. DUHAMEL, *Salavin*, III, XXXI.

(...) un homme jeune qui portait l'uniforme bleu des receveurs de métro.   3
M. AYMÉ, *le Passe-muraille*, p. 202.

♦ **3.** Méd. Personne qui reçoit le sang du donneur* (dans une transfusion du sang). *Receveur universel,* du groupe sanguin AB, pouvant recevoir le sang des autres groupes sanguins (A, B ou O).

(V. 1960). Malade à qui l'on implante un fragment de tissu ou un organe d'un donneur (dans une greffe ou une transplantation d'organe) (opposé à *donneur*).

★ **II.** (Déb. xxe). Techn. Ouvrier qui est à la recette* (II.) dans une mine.

★ **III.** Techn. Bassin ou récipient destiné à recevoir des eaux usées, avant leur évacuation.

RECEVOIR [ʀəsvwaʀ ; ʀ(ə)səvwaʀ] v. tr. — *Je reçois, tu reçois, il reçoit, nous recevons, vous recevez, ils reçoivent; je recevais, nous recevions; je reçus, nous reçûmes; je recevrai, nous recevrons; je recevrais, nous recevrions; reçois, recevons, recevez; que je reçoive, que tu reçoives, qu'il reçoive, que nous recevions, que vous receviez, qu'ils reçoivent; que je reçusse, que nous reçussions* (inus.) ; *recevant; reçu, ue.* — 1273 ; *receivre,* fin xe ; *recevoir,* 1080 ; *recivoir,* au sens II, v. 1200 ; sens I, v. 1050 ; du lat. *recipere,* de *re-,* et *capere* «prendre, saisir». — REM. L'infinitif du verbe a d'abord hésité entre *recevoir (-oir),* qui l'a emporté, et *receivre;* la forme moderne vient des formes du type *nous recevons,* sur le modèle de verbes comme *avoir, devoir.*

★ **I.** (Sens passif). Se voir adresser (qqch.).

♦ **1.** Être mis en possession de (qqch.) par suite d'un envoi, d'un don, d'un paiement, d'une communication, etc. *Recevoir une lettre* (→ Éperdu, cit. 2), *une réponse* (→ Expression, cit. 18). *Recevoir un colis, un paquet* (→ Messager, cit. 4), *un catalogue* (cit. 2), *un livre* (→ Moisson, cit. 5). *Recevoir un cadeau* (→ Maître, cit. 66). *Recevoir un don* (1. Don, cit. 7), *une aumône* (cit. 8, 13 et 14), *des étrennes* (cit. 7)... *Recevoir un héritage, une donation.* ⇒ **Acquérir.** *Recevoir de l'argent.* ⇒ **Encaisser** (cit. 1) ; **recette, rentrée.** *Recevoir des arrhes* (cit. 1), *un paiement* (→ Consignation, cit. 1), *des appointements, des gages* (→ Cuisinier, cit. 3), *un salaire* (→ Pourcentage, cit. 1), *une gratification* (cit. 1),... ⇒ **Percevoir, toucher.** *Déclarer avoir reçu une telle somme.* ⇒ **Récépissé, reconnaissance, reçu.** — *Recevoir une récompense, une décoration* (→ Légion, cit. 8), *un prix...* ⇒ **Avoir, obtenir.** — Absolt. *Donner* (cit. 11 et 12) *et recevoir.* «*Recevoir, prendre et demander, voilà le secret en trois mots*» (→ Courtisan, cit. 2). *Toutes personnes peuvent disposer et recevoir...* (Code civil, art. 902). — Loc. *Donner d'une main* et *recevoir de l'autre.*

1 (...) il aimait à enrichir les femmes les seuls êtres qui sachent bien recevoir parce qu'elles peuvent toujours rendre.   BALZAC, *la Vieille Fille*, Pl., t. IV, p. 219.

2 (...) mais Chardonneux était loin de Paris; le chevalier ne recevait pas la gazette, ou, s'il la recevait, ne la lisait pas (...)   A. DE MUSSET, *Pierre et Camille*, VIII.

Recevoir la communion, un sacrement (→ Fructifier, cit. 3 ; néophyte, cit. 2). *Recevoir l'absolution* (→ Offense, cit. 6), *l'extrême-onction. Recevoir les ordres* (→ Célibat, cit. 8). «*Qu'il nous faut du malheur recevoir le baptême*»... (→ 1. Loi, cit. 36, Musset, par métaphore).

3 *Que doit faire le chrétien qui doit recevoir ce sacrement, s'il se sent en péché mortel? Il doit se confesser avant que de le recevoir. Dans quel temps est-on plus obligé de recevoir la confirmation? Dans le temps que l'Église commande que cela se fasse...*   BOSSUET, *Catéchisme qui doit se faire...,* XVIII.

Recevoir une nouvelle (→ Heure, cit. 52), *des nouvelles de qqn* (→ Flamberge, cit. 1). *Recevoir un avis* (cit. 33), *un avertissement* (→ Malheur, cit. 39), *un appel* (→ Irrécusable, cit. 2). *Recevoir une commande* (→ Jaquette, cit. 6), *un ordre* (→ Obéissance, cit. 3 et 4). *Recevoir une mission* (→ Historiographe, cit. 7)... *Recevoir des compliments* (cit. 7), *des hommages* (→ Fadeur, cit. 6), *des honneurs* (cit. 100). *Recevoir des félicitations* (→ Blackbouler, cit. 2). *Recevoir un accueil* (cit. 1) *gracieux...* — (Formule épistolaire). *Recevez, Monsieur, mes salutations, l'assurance de mon dévouement.* ⇒ **Agréer** (→ Personne, cit. 8). — *Recevoir un aveu* (→ Flatteur, cit. 10), *des confidences* (→ Friand, cit. 6). *Recevoir un conseil. Recevoir la foi* (→ Engager, cit. 14), *la parole... de qqn. Recevoir un privilège* (→ Impalpable, cit. 1), *un droit* (3. Droit, cit. 14), *un héritage* (→ Nation, cit. 1). *Recevoir des soins* (→ Après, cit. 27), *des secours, de l'instruction* (→ Ignorance, cit. 4), *un certain genre* (cit. 31) *d'éducation.* «*N'osant rien demander* (cit. 9) *et n'ayant rien reçu*» (Arvers). *Recevoir un titre* (→ Allongement, cit. 3), *un nom* (→ Faculté, cit. 3).

4 Je sens que je me meurs. Approchez-vous, mon fils...
(...) Venez, et recevez l'âme de Mithridate.   RACINE, *Mithridate*, V, 5.

5 Horace était enfin un de ces amis qui ne s'inquiètent pas de ce qu'ils reçoivent en échange de ce qu'ils donnent, certains de recevoir à leur tour plus qu'ils ne donneront.   BALZAC, *la Messe de l'athée*, Pl., t. II, p. 1151.

6 Des connaissances, des conseils, mes trois fils en ont reçus.
G. DUHAMEL, *la Musique consolatrice*, III.

Recevoir qqch. de qqn. ⇒ **Tenir.** *Recevoir de la nature un sentiment*

(→ 3. Mal, cit. 43), *un certain caractère* (→ Prévoyance, cit. 3). *Les dons qu'il a reçus du ciel en partage*. Recevoir de ses ancêtres, de ses parents* (cit. 3) *certains traits physiques ou moraux* (→ Éternité, cit. 7; génération, cit. 25; humain, cit. 8). ⇒ **Hériter.** — *Recevoir l'être* (2. Être, cit. 4), *le jour* (→ 1. Augure, cit. 2), *la vie... Le plaisir qu'une créature aimée reçoit d'un autre* (→ Jalousie, cit. 28).

Recevoir des avantages, un agrément, un déplaisir... de qqch. ⇒ **Tirer.** *La récompense que l'on reçoit des choses que l'on fait* (→ Applaudissement, cit. 10). *Ne recevoir de leçons* (cit. 11) *que de l'expérience. Recevoir quelque plaisir de la diffamation* (cit. 1).

7 *Il a reçu du Ciel certaine bonté d'âme* (...)   MOLIÈRE, les Femmes savantes, I, 3.

8 *Quel fruit recevront-ils de leurs vaines amours?*   RACINE, Phèdre, IV, 6.

Turf. *Cheval qui reçoit d'un adversaire cinq livres, vingt-cinq mètres,* qui est avantagé par rapport à lui de cinq livres, de vingt-cinq mètres (par suite des conditions de la course ou d'un handicap*).

(Sujet n. de chose). *La pause* (cit. 5) *reçoit son sens des notes qui l'entourent. Recevoir sa valeur de...* (→ Figure, cit. 26). ⇒ **Emprunter.** *Verbe qui reçoit des acceptions différentes selon que son complément d'objet désigne une personne ou une chose.*

♦ **2.** (1080). Sujet n. de personne. Être atteint par..., être l'objet de... (qqch. que l'on subit, que l'on éprouve). — (Concret). *Recevoir des coups* (cit. 4 et 46), *des blessures* (→ Estomac, cit. 14). *Recevoir une gifle* (cit. 7), *un soufflet* (→ Joue, cit. 4), *une correction, une pile* (cit. 5). *Recevoir des balles* (→ Ou, cit. 19), *du plomb* (→ Guetter, cit. 4), *un boulet* (→ Honneur, cit. 54)... *Il a reçu une balle dans la jambe. Qu'est-ce qu'il a reçu!* ⇒ **Attraper, prendre.** *Recevoir des prunes sur la tête* (→ Prunier, cit. 1). *Recevoir quelques éclaboussures* (cit. 3) *de la bataille. Recevoir la pluie*, une averse, une douche* (cit. 2). *Recevoir le soleil de face* (→ Mi-temps, cit.). — Absolt. ⇒ **Écoper, trinquer.** *« Tout le secret des armes* (cit. 39) *consiste à donner et à ne point recevoir »* (Molière).

9 (...) *car d'entrer chez quelqu'un la nuit, de lui souffler sa femme, et d'y recevoir cent coups de fouet pour la peine, il n'est rien plus aisé* (...)
     BEAUMARCHAIS, le Mariage de Figaro, I, 1.

(Abstrait). *Recevoir un affront* (→ Hasard, cit. 9), *un camouflet, des injures* (→ Adoucir, cit. 1), *un châtiment, une leçon* (cit. 20)... ⇒ **Essuyer, subir.** *Il a reçu son compte*,* (fam.) *son paquet.* — *Recevoir des empreintes* (cit. 9); *une impression* (cit. 47; et → Frapper, cit. 42; ineffaçable, cit. 4). ⇒ **Éprouver; réceptif, susceptible.**

10 (...) *il n'y avait pas de raison pour que je ne reçusse des sensations de ce genre dans le monde aussi bien que dans la nature, puisqu'elles sont fournies par le hasard* (...)   PROUST, le Temps retrouvé, Pl., t. III, p. 918.

10.1 *Il est naturel que mes confrères socialistes aient été mécontents et qu'ils ne me l'aient pas caché* (...) *Mais trop c'est trop! Franc-Tireur, le Populaire, la République de Normandie, Demain... Il n'est pas de jour où je ne reçoive mon paquet.*
     F. MAURIAC, Bloc-notes 1952-1957, p. 214.

(Mil. XIIᵉ). Sujet n. de chose. *La lune* (cit. 1) *reçoit sa lumière du soleil* (→ Demi-cercle, cit. 1). *Corps qui reçoit un mouvement* (→ Expansif, cit. 1; machine, cit. 3). *Recevoir une excitation* (cit. 12), *une impulsion* (cit. 2), *une certaine vitesse* (→ Propulsion, cit.). *Les corps animés reçoivent et communiquent l'influence des astres* (→ Magnétiseur, cit. 1). *La matière qui a reçu telle ou telle forme* (→ Ouvrage, cit. 1). *Dans sa chute, sa jambe droite a reçu tout le poids du corps.*

(Chose abstraite). Être l'objet de. ⇒ **Prendre.** *Cet adage* (cit. 3) *reçut une nouvelle confirmation. Ces points pourraient recevoir leur élucidation* (cit.). *Mot qui reçoit une signification* (→ Galamment, cit. 3; liberté, cit. 19). *Les nominaux* (cit. 5) *ne peuvent recevoir toutes les caractérisations que reçoit le nom. Cette loi ne doit jamais recevoir d'atteinte* (→ Gardien, cit. 4).

11 (...) *avant trois mois l'affaire dont nous nous sommes entretenus recevra une heureuse solution.*   MAUPASSANT, Pierre et Jean, VII.

★ **II.** (Sens actif). Laisser entrer ou venir à soi, donner accès à.

♦ **1.** Laisser entrer (qqn qui se présente). *Prince, ministre qui reçoit qqn* (→ Appareil, cit. 10; atermoyer, cit. 2; évêque, cit. 3). *Dans l'ancien code civil, la femme était obligée d'habiter avec le mari et il était tenu de la recevoir.*

Spécialt. Faire venir chez soi pour un repas, une réunion. ⇒ **Inviter.** *Recevoir des amis* (→ ci-dessous, absolt, *recevoir*). *Recevoir qqn à dîner, à sa table* (→ Parasite, cit. 1). — *Être reçu entre deux portes** (cit. 9).

Faire entrer en allant chercher, en accompagnant. ⇒ **Introduire.** *Se déranger* (cit. 11) *pour recevoir qqn qui entre. Des garçons* (cit. 24) *habillés de noir nous reçurent et nous conduisirent...*

12 *Le domestique revint. Madame allait recevoir Monsieur* (...)
     FLAUBERT, l'Éducation sentimentale, III, VI.

13 (...) *ce vieux M. de Mesnilgrand, qui ne voyait pas un chat d'ordinaire, se mettait à inviter et à recevoir les anciens amis et camarades de régiment de son fils et à se gaver de ces somptueux dîners d'avare* (...)
     BARBEY D'AUREVILLY, les Diaboliques, « À un dîner d'athées ».

Spécialt. (En parlant de réceptions officielles, solennelles). *Recevoir un nouvel Académicien* (→ Doser, cit.; et aussi discours, cit. 15). ⇒ **Réceptionnaire, récipiendaire.** *Se faire recevoir solennellement en Sorbonne* (→ Grand, cit. 61).

13.1 *Vous savez, là où on est, c'est bien en attendant, mais c'est vraiment trop petit. On ne peut recevoir personne* (...)   N. SARRAUTE, le Planétarium, p. 140.

Réserver un accueil (bon ou mauvais) à (qqn). ⇒ **Accueillir, traiter; hospitalité.** *Recevoir qqn les bras* (cit. 24) *ouverts, avec empressement* (cit. 1). *Recevoir le client avec amabilité* (→ Guelte, cit. 1). *Recevoir mal qqn* (→ Œil, cit. 39), *avec une politesse glacée* (cit. 24). *Recevoir qqn comme un chien** (cit. 34) *dans un jeu de quilles.* — Par plais. *Recevoir l'ennemi à coups de canon.* Fam. *Se faire recevoir :* subir une réprimande.

14 *Quand nous arrivâmes, on nous reçut avec honneur; car les Crétois sont les peuples du monde qui exercent le plus noblement et avec le plus de religion l'hospitalité.*   FÉNELON, Télémaque, V.

15 *Reçois mes compliments pour la manière dont tu as reçu le sieur Villemain. Tu t'es bien conduite.*   FLAUBERT, Correspondance, 387, 30 avr.-1ᵉʳ mai 1853.

(Passif et p. p.). *Être bien reçu, en cérémonie, avec les honneurs* (→ Admettre, cit. 1; caïd, cit. 1; endurer, cit. 13). *Être mal reçu* (→ Face, cit. 61).

(1798). Absolt. Accueillir habituellement des amis, des invités; donner une réception*. *Une femme qui sait recevoir :* une parfaite maîtresse de maison. *Il recevait, donnait à dîner* (→ 1. Montre, cit. 5). *Le cénacle* (cit. 3), *entourage d'un poète qui reçoit. Avoir un jour* (cit. 52) *où l'on reçoit* (→ Maison, cit. 20). *Ils reçoivent très peu.* — Admin. Accueillir les visiteurs. *Monsieur le Directeur reçoit tel jour de telle heure à telle heure.*

16 *En 1820, la marquise sortit de sa léthargie, parut à la cour, dans les fêtes et reçut chez elle.*   BALZAC, l'Interdiction, Pl., t. III, p. 42.

17 *Les Loménie recevaient dans leur jardin, avec des chaises de paille autour d'une table verte, sous un grand figuier... Il y avait trois vieilles dames avec des rubans au cou, et Mˡˡᵉ Éva avec un jabot plissé qui préparait le thé et les petits fours* (...)
     ARAGON, les Beaux Quartiers, I, XIV.

Par ext. *Recevoir une visite, des visites, la visite de qqn...* (→ Militer, cit. 3; 1. prêt, cit. 9).

18 *Pasteur dîne tous les dimanches et reçoit chaque jour visite sur visite, quand Bobillard, si férié que soit le jour, ne va chez personne et ne reçoit chez lui âme qui vive.*   M. JOUHANDEAU, Chaminadour, III, XII.

♦ **2.** Fig. (Compl. n. de chose). ⇒ **Accueillir.** *Recevoir froidement* (cit. 1) *une proposition* (→ Esprit, cit. 166). *Je me demande comment il recevra mes conseils.* ⇒ **Prendre.** — P. p. adj. *Initiative mal, bien reçue.*

19 (...) *cette liberté ne pouvait pas être mal reçue.*   RACINE, Andromaque, 2ᵉ préface.

20 *Ce qu'on appelle une oraison funèbre n'est aujourd'hui bien reçue du plus grand nombre des auditeurs, qu'à mesure qu'elle s'éloigne davantage du discours chrétien* (...)   LA BRUYÈRE, les Caractères, XV, 20.

♦ **3.** (Déb. XIIIᵉ). Laisser entrer (qqn) à certaines conditions, après certaines épreuves. ⇒ **Admettre.** (Surtout au passif). *Se faire recevoir licencié* (cit.) *ès lettres, avocat* (→ Mon, cit. 10). *Être reçu à un examen, au concours d'entrée à... Être reçu à l'agrégation. Être reçu à une Grande École, à Normale supérieure.* ⇒ **Passer.** *Il n'a pas été reçu.* ⇒ **Recaler, refuser.** *Être reçu au rang des doctes* (cit. 5). *Société, club où l'on ne reçoit pas certaines personnes. Être reçu sur présentation de deux parrains.* — (Relig.). *On n'était reçu alors dans l'Église qu'après avoir abjuré* (cit. 2) *sa vie passée.*

21 *Il y avait bien cinq à six forts à l'École centrale qui furent reçus à l'École Polytechnique en 1797 ou 98* (...)   STENDHAL, Vie de Henry Brulard, 34.

22 *Il venait d'être reçu à son examen avec mention* (...)
     GIDE, les Faux-monnayeurs, III, XIII.

Vieilli ou littér. *Être reçu à...* (suivi de l'inf.) : être autorisé à..., avoir le droit de... (→ Assassiner, cit. 5). — Vx. *Recevoir qqn à...*

23 (...) *on n'est jamais reçu à dire que tout est perdu quand on n'a rien tenté.*   CHATEAUBRIAND, Mémoires d'outre-tombe, t. III, p. 347.

♦ **4.** (1538). Faire entrer (qqch.). ⇒ **Mettre, recueillir** (→ Jongler, cit. 1). *Recevoir un liquide dans un récipient. Tourner son fauteuil pour mieux recevoir le jour de la fenêtre* (→ Origine, cit. 8). — Par ext. (d'un récipient). *Les eaux de la source sont reçues dans un bassin.* ⇒ **Receveur** (III.). *Creuset qui reçoit le minerai en fusion* (→ Impureté, cit. 3). *Les os* (cit. 1) *se creusent de cavités pour recevoir les parties molles. Lacs* (cit. 4) *qui reçoivent des eaux. Les fleuves reçoivent des affluents. Le port reçoit de grands navires. Salle capable de recevoir deux mille personnes.* ⇒ **Contenir.** — Par métaphore. *Mon cœur est grand, il peut tout recevoir* (→ Percer, cit. 6; et aussi lumineux, cit. 7).

24 *Quand un cheval de bois par Minerve inventé,*
D'un rare et nouvel artifice
Dans ses énormes flancs reçut le sage Ulysse,   LA FONTAINE, Fables, II, 1.

♦ **5.** (1080). Littér. Admettre en son esprit (comme vrai, légitime). ⇒ **Admettre, reconnaître.** *« Ne recevoir jamais aucune chose pour vraie, que je ne la connusse évidemment* (cit. 1) *être telle »* (Descartes). *Recevoir toutes les opinions d'autrui* (→ Inconstance, cit. 1). *La version de la Bible que l'Église a reçue sous le nom de Vulgate* (→ Hébreu, cit. 8). *Recevoir la loi de Moïse* (→ Après, cit. 76).

25 *La nouvelle de M. de Beauvilliers* (...) *est une fausseté de cette année* (...) *M. de Lamoignon ne voulut point la recevoir.*   Mᵐᵉ DE SÉVIGNÉ, 1147, 9 mars 1689.

(Au passif). *Il est reçu que..., c'est reçu,* admis, considéré comme vrai.

26 *Il était reçu que le Messie en ferait beaucoup* (de miracles).
     RENAN, Vie de Jésus, Œ. compl., t. IV, p. 244.

27 (...) *on joue parce qu'il faut jouer, parce que c'est reçu; ce ne serait plus reçu*

que personne ne jouerait, absolument comme, à des époques successives, il est de bon goût de se battre et de bon goût de ne se battre pas.
J.-A. DE GOBINEAU, les Pléiades, I, VII.

Au p. p. → ci-dessous *reçu, ue.*

28 C'est une affaire très chanceuse que de démontrer scientifiquement la vérité morale la plus universellement reçue.   FRANCE, Pierre Nozière, II, p. 146.

♦ **6.** Accepter (qqch.) comme agréable. ⇒ **Agréer.** *Recevoir les suggestions de qqn* (→ Préalable, cit. 2). *Je reçois vos excuses.* — Dr. Accepter comme recevable*. *Aucune demande* (cit. 8)... *ne sera reçue dans les tribunaux... La Convention reçut et discuta un projet* (→ Instituteur, cit. 4). — Loc. **NON-RECEVOIR.** *Fin* de non-recevoir.*

♦ **7.** Vx. (Sujet n. de chose). Comporter. *Cette idée générale de la beauté* (cit. 4) *reçoit de très grandes différences. Recevoir des difficultés.* ⇒ **Souffrir.** *Cela ne reçoit point de contradiction* (cit. 1).

29 (...) d'une tendresse qui ne peut recevoir de comparaison.
Mᵐᵉ DE SÉVIGNÉ, 276, 16 mai 1672.

▶ **SE RECEVOIR** v. pron.

♦ **1.** (Récipr.). *Nos deux familles se reçoivent trois ou quatre fois par an.*

♦ **2.** (Réfl.). Vx. *Se recevoir sur :* se retenir par. « *Le perroquet se reçoit sur son bec* » (Littré).

(1872, turf ; puis sports, 1899, d'abord en lutte). Mod. Retomber d'une certaine façon après un saut. *Le cheval a bien franchi l'obstacle mais il s'est mal reçu. Sauteur qui se reçoit sur la jambe droite.* ⇒ **Réception.** — Fam. *Se recevoir sur le derrière :* tomber sur le derrière.

30 Dans la course, « l'instant de suspension et d'extension qui suit la détente de la jambe arrière » est un instant particulier, différent par sa valeur de l'instant où le corps se détend, différent par sa valeur de l'instant où le corps se reçoit.
MONTHERLANT, les Olympiques, p. 59.

31 (...) il fait un demi-saut périlleux et quitte les agrès il se reçoit sur le sable (...)
Tony DUVERT, Paysage de fantaisie, p. 150.

▶ **REÇU, UE** p. p. adj.

♦ **1.** (Au sens I). *Coups reçus. Les avanies reçues.* ⇒ **Subi.** *Le plaisir reçu et donné* (→ 1. Physique, cit. 6 ; mutuellement, cit. 1).

♦ **2.** (Au sens II). *Les amis reçus. Bien reçu, mal reçu.* — (Choses). → ci-dessus cit. 19, 20.

Spécialt. *Les candidats reçus et les candidats refusés.* — N. *Les admissibles et les reçus.*

Reçu à... → ci-dessus, cit. 28 et *supra.*

Vx (langue class.). Personnes. *Être reçu à* (et inf.) : être autorisé à...

♦ **3.** (Sens II, 5 ; → cit. 28, ci-dessus). Admis, reconnu. *Opinions, idées communément, généralement reçues* (→ Jugement, cit. 5). *Coutumes, usages reçus* (→ Attacher, cit. 108 ; équité, cit. 15). *Les idées reçues* (→ 1. Masse, cit. 28 ; miracle, cit. 3). *Le Dictionnaire* (cit. 13) *des idées reçues,* de Flaubert. *Théorie actuellement reçue* (→ Anoblir, cit. 7 ; 1. faux, cit. 58). *Mot reçu* (→ Fixer, cit. 9). *Employer un mot dans le sens le plus généralement reçu.*

CONTR. **Adresser, bailler, donner, émettre, envoyer, léguer, offrir, transmettre.** — (En parlant de l'argent) **Débourser, décaisser, payer, verser.** — **Esquiver** (un coup). — **Ajourner, dresser, éliminer, exclure, refuser. Déverser.**
DÉR. **Recevable, receveur, reçu.** — (Du rad. lat.) **Récépissé, réceptacle, récepteur, réceptif, réception, recette, récipiendaire, récipient.**

RECEZ [Rəse] n. m. ⇒ **Recès.**

RÉCHAMPIR [Reʃɑ̃piR] ou (vieilli) **RECHAMPIR** [Rəʃɑ̃piR] v. tr. — 1676 ; de ré-, et *échampir,* peu usité ; de 1. *champ.*

Technique.

♦ **1.** Détacher du fond (des moulures, des ornements) ; faire sortir du champ, soit en marquant les contours, soit en opposant les couleurs. — Par ext. Orner par ce procédé. *Réchampir les murs* (Balzac, *le Médecin de campagne,* Pl., t. VIII, p. 342). — P. p. adj. « *Portes mal réchampies* » (Balzac, *la Vieille Fille,* Pl., t. IV, p. 229).

1 Les boiseries, réchampies en grosse peinture à la colle et d'un blanc rouge qui empâte les moulures, les dessins, les figurines, loin d'être un ornement, attristaient le regard.   BALZAC, Un début dans la vie, Pl., t. I, p. 626.

2 La couleur du drojky varie peu. Elle est œil de corbeau, réchampie de filets bleu clair ou vert russe avec des filets vert pomme (...)
Th. GAUTIER, Voyage en Russie, I, VI.

N. m. *Un réchampi,* ornement réchampi, détaché du fond.

3 (*La maison*) était peinte en blanc, avec des réchampis de couleur jaune.
FLAUBERT, Bouvard et Pécuchet, II.

♦ **2.** Enlever les taches qui peuvent exister sur les fonds, avant de faire la dorure.

DÉR. **Réchampissage** ou **rechampissage.**

RÉCHAMPISSAGE [Reʃɑ̃pisaʒ] ou **RECHAMPISSAGE** [Rəʃɑ̃pisaʒ] n. m. — 1692 ; de *réchampir, rechampir.*

♦ Techn. Action de rechampir ; ouvrage réchampi.
Fig. (dans un sens voisin de *replâtrage*) :
Comme on le voit, le mot *progrès* peut aussi bien signifier : Non! que Oui! (...) C'était le rechampissage du mot *libéralisme,* un nouveau mot d'ordre pour des ambitions nouvelles.   BALZAC, le Député d'Arcis, Pl., t. VII, p. 660.

1. RECHANGE [R(ə)ʃɑ̃ʒ] n. m. — V. 1468 ; *rescange* « compensation », 1295 ; de *rechanger.*

♦ **1.** Vx. Remplacement d'une chose hors d'usage par une chose semblable. « *Ce que coûte l'armement, garniture et rechange d'un vaisseau...* » (Colbert, 21 juil. 1678, *in* Jal, cité par Littré).

♦ **2.** Loc. adj. (1732). *... DE RECHANGE :* destiné à remplacer un objet ou un élément identique, lorsqu'il est hors d'usage (→ Juge, cit. 5). *Des mâts de rechange* (→ Drome, cit. 2). *Pièces de rechange. Corps de rechange d'un instrument à vent. Vêtements de rechange.* — (1904). *Roue de rechange :* roue de secours. — *Remplacer par une pièce de rechange.* ⇒ **Changer** (→ Pièce* détachée). — Vieilli. *Chevaux de rechange* (d'une armée). → Haut, cit. 89.

1 Quand feu mon maître me disait de rester dans sa tente, et qu'il me voyait derrière lui dans la fumée du canon, il ne se plaignait pas, parce qu'il avait un cheval de rechange quand le sien était tué, et il ne me grondait qu'à la réflexion.
A. DE VIGNY, Cinq-Mars, VI.

2 (...) j'aurai soin de prendre des souliers de rechange que je mettrai sitôt que nous serons dans la voiture, car l'herbe du bas du jardin est trempée.   GIDE, Isabelle, V.

3 (...) lorsqu'une machine ou un appareil, que ce soit par exemple une automobile ou bien un poste récepteur de T.S.F., est mis entre les mains d'un grand nombre d'utilisateurs pour un usage courant, il est indispensable qu'on puisse leur fournir des pièces de rechange tout à fait identiques à celles qu'elles doivent pouvoir remplacer et il faut que cette substitution puisse être faite aisément en dehors de l'usine de fabrication.
L. DE BROGLIE, Nouvelles perspectives en microphysique, p. 268.

Par plais. « *Je n'ai pas de peau de rechange* » (→ Lanoline, cit.). — Fig. De remplacement. *Une solution de rechange.*

4 Que P. M.-F. (*Pierre Mendès-France*) n'a pas de politique de rechange, qu'il serait incapable de remplacer ce qu'il veut détruire, cela est dit, écrit, répété partout, chaque jour, à Paris et en province.
F. MAURIAC, Bloc-notes 1952-1957, p. 315.

♦ **3.** (1845). (*Un, des rechanges*). Pièce, objet de rechange. *Rechange complet de matelot :* habillement complet de réserve (pour les parades, etc.). *Rechange pour bébé.*

2. RECHANGE [R(ə)ʃɑ̃ʒ] n. m. — 1620 ; de re-, et *change.*

♦ Dr. comm. « Opération par laquelle le porteur d'une lettre de change impayée tire sur les obligés une nouvelle lettre de change, dite retraite*, pour se rembourser en la laissant escompter » (Capitant) ; prix de négociation de cette nouvelle lettre de change.

RECHANGER [R(ə)ʃɑ̃ʒe] v. tr. — Conjug. *changer.* → Bouger — XIIᵉ, *rechangier ;* v. intr., « se modifier », v. 1160 ; de re-, et *changer.*

♦ Changer de nouveau. *Encore crevés ! Il va falloir rechanger la roue. Rechanger d'appartement. Joueur qui rechange de maillot.*
DÉR. **1. Rechange.**

RECHANTER [R(ə)ʃɑ̃te] v. tr. — 1487 ; de re-, et *chanter.*

♦ **1.** Chanter de nouveau (cf. Molière, Sévigné, *in* Littré). *Rechantez-nous votre chanson.*

♦ **2.** (1573). Célébrer très souvent. *Rechanter les exploits d'un héros.*

RECHAPAGE [R(ə)ʃapaʒ] n. m. — 1928 ; de *rechaper.*

♦ Action de rechaper ; son résultat. *Rechapage d'un pneu.*

RECHAPER [R(ə)ʃape] v. tr. — 1928 ; de re-, et *chape.*

♦ Réparer (un pneu) en remplaçant la couche de caoutchouc usée de la chape*, par vulcanisation. — P. p. adj. *Pneu rechapé.*
DÉR. **Rechapage.**

RÉCHAPPER [Reʃape] v. — XVIIᵉ ; *reschapper,* v. 1220 ; *rescaper,* fin XIIᵉ (→ Rescapé) ; de re-, et *échapper.*

★ **I.** V. intr. Échapper à un péril pressant, menaçant. *Réchapper à un danger, d'une guerre, d'une maladie* (⇒ **Guérir**), *d'une épidémie...* ⇒ **Sortir** (s'en), **tirer** (s'en). — Plus cour. *En réchapper. J'ai* *failli y passer* (cit. 38),... *je crois que j'en réchapperai. Il a réchappé de l'accident* (action) ; *il en est réchappé* (état). — Absolt. Guérir (→ Forme, cit. 63) ; s'en sortir vivant. ⇒ **Sauf.** *Personne n'en réchappa.*

1 Il y a beaucoup de choses qu'il ne faut pas, mon pauvre Machetu ! Si je réchappe à cette crise, il faudra réviser toute notre vie tous les deux.
J. ANOUILH, Ornifle, III, p. 142.

★ **II.** V. tr. (Fin XIIIᵉ). Vx. Tirer (qqn) d'un danger.

2 Maître fou, lui dit Candide, je l'ai réchappé des galères. VOLTAIRE, Candide, 29.

▶ **RÉCHAPPÉ, ÉE** p. p. adj. (1588, *reschappez*). *Des blessés légers réchappés d'un accident.* — N. (Rare). *Les réchappés de ce grand naufrage* (cit. 3). ⇒ **Rescapé.**

RECHARGE [R(ə)ʃaRʒ] n. f. — 1587 ; «charge, mission», 1433 ; de *recharger.*

♦ **1.** Vx. Nouvelle attaque, action de revenir à la charge*.

♦ **2.** Action de recharger (une arme, un appareil, etc.). ⇒ **Rechargement.**

♦ **3.** (1611). *Une, des recharges.* Seconde charge* que l'on met dans une arme.
Par anal. *Recharge de stylo* (⇒ **Cartouche**). *Recharge de briquet. Bâton de recharge pour un tube de rouge à lèvres* (⇒ **Rechargeable**).

RECHARGEABLE [R(ə)ʃaRʒabl] adj. — 1964 ; de *recharger.*

♦ Susceptible de recevoir une recharge (3.). *Briquet, stylo rechargeable. Pile rechargeable. Vaporisateur non rechargeable.*

RECHARGEMENT [R(ə)ʃaRʒəmã] n. m. — 1835 ; *requierement*, XVᵉ ; wallon *rechairgement* «autorisation», XVᵉ ; de *recharger.*

♦ Action de recharger. — Dr. Action de recharger une marchandise déchargée, à la suite d'une erreur de destination...
Techn. *Rechargement d'une route* (⇒ **Recharger,** 3.).
Le rechargement d'une arme. — Syn. : *recharge* (2.).

RECHARGER [R(ə)ʃaRʒe] v. — Conjug. *charger.* → Bouger. — 1538 ; *rechargier*, v. 1160 ; de *re-*, et *charger.*

★ **I.** V. tr. ♦ **1.** Charger de nouveau ou davantage. *Recharger un camion.* — *Recharger du bois,* le charger de nouveau sur soi (→ Aider, cit. 1) ou sur un porteur, un véhicule.

1 On vida encore un litre, la malle fut rechargée dans la carriole, que les Charles suivirent à pied, jusque chez eux. ZOLA, la Terre, III, VI.

♦ **2.** (1564). Remettre une charge dans (une arme), approvisionner de nouveau. *Recharger son fusil. Des cow-boys de cinéma qui ne rechargent jamais leur arme.*

2 (...) les tireurs, combien étaient-ils ? devaient avoir des armes de rechange, ou quelqu'un pour eux rechargeait leurs fusils.
ARAGON, les Cloches de Bâle, II, X.
Par anal. *Recharger un appareil photographique, un briquet à gaz...* (⇒ **Recharge**). *Recharger un poêle.* — *Recharger une batterie d'accumulateurs, une pile.*

3 Ludovic la saturait de force comme un redresseur de courant recharge une batterie d'accumulateurs. P. MAC ORLAN, Quai des brumes, XI.

♦ **3.** (1875). Techn. Empierrer* (une voie) de façon à en relever le niveau. *Recharger une route, une voie de chemin de fer.* — Vx. Réparer en remplaçant la matière des parties usées.

♦ **4.** Rare. Charger de nouveau (qqn de qqch.). *« Je vous avais chargé et rechargé de l'avertir... »* (Académie).

★ **II.** V. intr. (1564). Vx. Revenir à la charge (contre un ennemi). — Fig. Faire une nouvelle démarche.

DÉR. Rechargeable, rechargement.

1. RECHASSER [R(ə)ʃase] v. — V. 1160 ; de *re-*, et *chasser.*

♦ **1.** V. tr. Chasser, expulser de nouveau (qqn). — Faire repartir en chassant devant soi. ⇒ **Repousser.** *Rechasser les barbares dans leur pays* (→ Invasion, cit. 2, Montesquieu).

♦ **2.** V. intr. Aller de nouveau à la chasse. *La date de l'ouverture approche, nous allons pouvoir rechasser.*

2. RECHASSER [R(ə)ʃase] v. tr. — 1880 ; de *re-*, et *châsse* «œil», d'après *regarder, reluquer...*

♦ Arg. vieilli. Regarder. ⇒ **Mater, viser.**

Tiens, enfant de malheur, tête de pied, rechasse ma veste. Ces deux poches-là, tu les as pas comptées ! H. BARBUSSE, le Feu, t. I, I, XIV, p. 74.
REM. L'orthographe *rechâsser* serait plus conforme à l'étymologie.

RÉCHAUD [Reʃo] n. m. — V. 1560, *rechaut ; reschauld*, 1549 ; de *réchauffer ;* d'après *chaud.*

★ **I.** ♦ **1.** Ustensile formé d'un récipient contenant un combustible, une matière incandescente, et qui sert à chauffer. ⇒ **Bassinoire, brasero, chaufferette, chauffe-plats, chauffe-pieds** (→ 1. Fumer, cit. 3 ; pot, cit. 16). *Réchaud où l'on brûle des aromates.* ⇒ **Brûle-parfum, cassolette** (→ Encens, cit. 4). — *Réchaud contenant des charbons ardents et où s'alimentent les encensoirs.* — *Réchaud à alcool, à gaz...* ⇒ **Brûleur, lampe.** — Anciennt. *Réchaud à repasser* (pour faire chauffer le fer). → Coin, cit. 13. — Techn. *Réchaud de graveur* (pour chauffer les planches métalliques). — Pêche. *Réchaud à feu pour attirer le poisson.* ⇒ **Pharillon.**

1 (...) son aide *(du zingueur)...* entretenait le feu du réchaud en manœuvrant un énorme soufflet, dont chaque haleine faisait envoler un pétillement d'étincelles. ZOLA, l'Assommoir, t. I, IV, p. 141.
Plat à double fond, support sous lequel se trouve un réchaud (électrique, à alcool...), et qui sert de chauffe-plats. On dit aussi *réchaud de table.*

♦ **2.** Ustensile de cuisine portatif, servant à chauffer ou à faire cuire les aliments. *Anciens réchauds à charbon. Réchauds à gaz, électriques, à pétrole...* (→ Plomb, cit. 15). *Réchaud à deux feux. Réchaud sans four, avec four.* ⇒ aussi **Fourneau.** — *Réchaud de camping, fonctionnant au gaz d'essence, au gaz butane.* ⇒ **Butagaz, Camping-gaz** (marques déposées).

2 Le matin, il apprêtait lui-même son café sur un réchaud de tôle, qui restait toujours dans l'angle noir de sa cheminée (...) BALZAC, Gobseck, Pl., t. II, p. 626.

★ **II.** (1869). Hortic. Fumier chaud et pressé destiné à réchauffer les couches (II., spécialt). — REM. Au XVIIIᵉ s., on disait *réchauf ;* cf. Brunot, H. L. F., t. VI, p. 266.

RÉCHAUFFAGE [Reʃofaʒ] n. m. — 1842 ; «plagiat», 1811 ; «vieil objet présenté comme neuf», 1800 ; de *réchauffer.*

♦ Action de réchauffer ; opération par laquelle on réchauffe. Agric. *Réchauffage des vergers* (au moyen de réchauds, de braseros). Techn. *Réchauffage de l'acier,* avant le laminage à chaud.

RÉCHAUFFANT, ANTE [Reʃofã, ãt] adj. — Fin XIXᵉ ; *réchauffante,* n. f., 1808 ; p. prés. de *réchauffer.*

♦ **1.** Qui réchauffe, donne une sensation de chaleur.

♦ **2.** Fig. Qui redonne courage, confiance. *« L'amour câlin et réchauffant »* (Verlaine).

RÉCHAUFFÉ, ÉE [Reʃofe] adj. ⇒ **Réchauffer.**

RÉCHAUFFEMENT [Reʃofmã] n. m. — 1687 ; «ce qui réchauffe», 1611 ; de *réchauffer.*

♦ **1.** Vx. Action de réchauffer (Mᵐᵉ de Sévigné, *in* Littré). — Mod. Action de se réchauffer, de s'échauffer une seconde fois. ⇒ **Attiédissement, échauffement.** *La météo a prévu un léger réchauffement pour le week-end.*

♦ **2.** (1690). Hortic. ⇒ **Réchaud** (II.).

CONTR. Congélation, refroidissement.

RECHAUFFER [R(ə)ʃofe] v. — XXᵉ ; sens 2, attesté v. 1190 sous la forme *reschalfer* (→ Réchauffer) ; de *re-*, et *chauffer.*

♦ **1.** V. tr. Chauffer (qqch.) de nouveau. *Tu n'as pas chauffé le moteur assez longtemps : rechauffe-le !*

♦ **2.** V. intr. Devenir chaud de nouveau. *J'avais laissé refroidir l'appareil, mais maintenant il rechauffe.*

RÉCHAUFFER [Reʃofe] v. tr. — Fin XVIᵉ ; *reschauffer*, XIIIᵉ ; *reschalfer, reschaufer* «redevenir chaud», v. intr., v. 1190 ; de *re-*, et *échauffer.*

♦ **1.** Chauffer (ce qui s'est refroidi). ⇒ **Chauffer, échauffer** (vieilli). *Réchauffer un potage, un plat. Le soleil réchauffera cette eau.* ⇒ **Attiédir.** *Prenez un petit verre, ça vous réchauffera. Réchauffer ses doigts en soufflant* dessus. ⇒ **Dégeler, déglacer.** — (Faux pron.). *Se réchauffer les doigts* (→ Haleine, cit. 1). — Intr. *La soupe réchauffe au coin du feu.*

1 (...) je pris ses deux mains glacées dans les miennes ; je les portai à mes lèvres pour les réchauffer sous mon haleine (...) LAMARTINE, Graziella, IV, XIX.

2 Elle était pâle, et ses dents claquaient de froid (...) Germain la prit dans ses bras pour la réchauffer. G. SAND, la Mare au diable, XI.

3 Il s'enferme dans sa chambre, le mieux qu'il le peut, tandis que les cendres de la vieille cheminée savent encore réchauffer la salle d'un reste de chaleur. LAUTRÉAMONT, les Chants de Maldoror, I.
(Sujet n. de personne ou de chose). *Une fourrure qui la réchauffait* (→ Boule, cit. 1). *Réchauffer un animal, un serpent engourdi par le*

froid (→ Étendre, cit. 10, La Fontaine). — Loc. fig. *Réchauffer un serpent dans son sein* : protéger un ingrat (→ Hypocrisie, cit. 17). Absolt. *Une marche, une bonne soupe, ça réchauffe !*

4 Laissez-moi votre petite main. Comme cela réchauffe, une belle main jeune, un brave sang jeune. La chaleur fait du bien.　　　J. ROMAINS, Volpone, III, 4.

◆ **2.** Fig. (ou par métaphore). Ranimer (les esprits, les cœurs, les sentiments...). ⇒ **Attiser, aviver, exalter, ranimer.** *Réchauffer le cœur.* ⇒ **Réconforter** (→ Paraître, cit. 4). — P. prés. adj. *Un garçon optimiste* (cit. 2) *et réchauffant.* ⇒ **Chaleureux.**

5 Il veut que d'un festin la pompe et l'allégresse
Confirment à leurs yeux la foi de nos serments,
Et réchauffent l'ardeur de nos embrassements (...)　　　RACINE, Britannicus, V, 1.

6 (...) ma tante perdait ainsi son fils et son mari presque en même temps. Ces pertes réchauffèrent un peu son amitié pour le plus proche parent qui lui restât et qui était moi.　　　ROUSSEAU, les Confessions, V.

7 — Toi, endoctriner les républicains ! toi, réchauffer, au nom des principes, des cœurs refroidis !　　　HUGO, les Misérables, IV, I, VI.

8 Alors, elle comprit que son devoir était de réchauffer le zèle de ce chrétien si tiède.　　　Valery LARBAUD, Fermina Marquez, XII.

◆ **3.** (1740). Hortic. *Réchauffer les couches* (⇒ 2. **Couche,** I.). ⇒ **Réchaud** (II.). *Réchauffer les vergers.*

▶ **SE RÉCHAUFFER** v. pron.
Redonner de la chaleur à son corps (→ Commodité, cit. 7 ; couverture, cit. 1). *Battre* la semelle, courir pour se réchauffer.* — (1661, Sévigné). *Ardeur, zèle qui se réchauffe.*

9 (...) si nous pouvons trouver un peu de bois mort à tâtons, nous réussirons à nous sécher et à nous réchauffer　　　G. SAND, la Mare au diable, VIII.

10 Hélas ! ce que la mort touche de ses mains froides
Ne se réchauffe plus aux foyers d'ici-bas !　　　HUGO, les Châtiments, II, III.

▶ **RÉCHAUFFÉ, ÉE** p. p. adj. (XIIIe, *reschauffé*).

◆ **1.** Qui a été chauffé après s'être refroidi. *Un plat, un dîner réchauffé.*

11 (...) rien n'étant pire qu'un dîner froid, si ce n'est un dîner réchauffé.　　　Th. GAUTIER, le Capitaine Fracasse, XI.

◆ **2.** (1671, Sévigné). Fig. et péj. Ranimé sans nécessité. — *« Une vieille querelle réchauffée »* (Diderot). *Une plaisanterie réchauffée,* servie trop souvent et qui a perdu tout son effet. ⇒ **Rebattu.**

◆ **3.** N. m. (1798). *Du réchauffé* : une chose vieille, artificiellement rajeunie, trop connue* (cf. Du recuit). *Ça sent le réchauffé, c'est du réchauffé.*

CONTR. Refroidir. — Amortir (au fig.).

DÉR. Réchauffage, réchauffement, réchauffeur, réchauffoir.

RÉCHAUFFEUR [ReʃofœR] n. m. — 1875 ; «personne qui réchauffe», 1855 ; de *réchauffer.*

◆ Techn. Appareil annexe de générateurs de vapeur (chaudières) permettant de récupérer une partie de la chaleur du foyer. *Réchauffeur d'eau. Réchauffeur par surfaces* (par tubes passant dans le milieu à échauffer), *par contact* (de la vapeur). *Réchauffeur d'air* (comburant), *d'huile, dans une machine de navire, dans une voiture de chemin de fer...* «*Un réchauffeur d'air* (dans une remorque d'autorail) *constitué d'un ensemble brûleur-échangeur...* » (*la Vie du rail,* 14 avr. 1963, p. 23).

RÉCHAUFFOIR [ReʃofwaR] n. m. — 1869 ; *rescauffoir,* 1455 ; de *réchauffer.*

◆ Vieilli. Fourneau (dans une cheminée, un poêle) qui servait de chauffe-plats.

RECHAULER [R(ə)ʃole] v. tr. — XXe ; de *re-,* et *chauler.*

◆ Techn. Chauler de nouveau (une surface salie, dégradée). — Fig. et régional :

(...) décidément condamné à «rechauler du sale» (comme dit si bien l'expression de ce pays où l'irrégulier se consacre mal, et se fait aussi vite écailler par la malice que, par l'ongle, un méchant badigeon).
　　　Hervé BAZIN, Qui j'ose aimer, p. 207.

RECHAUMER [R(ə)ʃome] v. tr. — 1922 ; de *re-,* et *chaume.*

◆ Agric. Cultiver (une terre) en blé à plusieurs reprises.

RECHAUSSAGE [R(ə)ʃosaʒ] n. m. — 1861 ; de *rechausser.*

◆ Agric. Opération par laquelle on rechausse (une plante). ⇒ **Rechaussement.**

RECHAUSSEMENT [R(ə)ʃosmã] n. m. — 1611 ; *recauchiement* «réparation», 1435 ; de *rechausser.*

◆ Arbor. Action de rechausser (un arbre, un arbuste...). — REM. Syn. :

rechaussage [R(ə)ʃosaʒ]. Pour les plantes de grande culture, on dit plutôt *buttage.*

RECHAUSSER [R(ə)ʃose] v. tr. — XVIe ; *recauchier,* fin XIIe ; de *re-,* et *chausser.*

◆ **1.** Chausser de nouveau. *Rechausser des enfants.* Pron. *Se rechausser.* — Par ext. Ferrer (un cheval) qui a perdu son fer.

(...) la jument vient de perdre un fer — Quand même elle serait déferrée, dit François, je n'ai là ni clous ni marteau pour la rechausser.
　　　G. SAND, François le Champi, VIII.

◆ **2.** Regarnir, consolider (ce qui constitue un appui, une assise, une base).

(1549). Arbor. Remettre de la terre au pied de (un arbre, un arbuste). ⇒ **Butter.**

(XIXe). Archit. Consolider le pied, la base de (un mur).

◆ **3.** (1690). Techn. *Rechausser une roue dentée, un pignon.*
Autom. Remettre des pneus neufs à (une voiture).

▶ **RECHAUSSÉ, ÉE** p. p. adj.

DÉR. Rechaussage, rechaussement.

RÊCHE [Rɛʃ] adj. — 1697 ; *resque,* 1244 ; *reech,* 1290 ; francique **rubisk,* par l'intermédiaire de formes *ruvisk, roesk, reesk* (cf. Wartburg) ; cette origine «hypothétique et approximative» (P. Guiraud) aurait pu se croiser avec une var. dialectale de *revêche.*

◆ **1.** Rare. Âpre au goût. *Une poire rêche* (→ 1. Goûter, cit 18).
Par anal. *Sons rêches, voix rêche. Résonances rêches* (→ Contralto, cit. 2).

1 (...) l'éclat subit de la voix de Gérard, bondissant au-dessus des autres, rêche et sans harmoniques.　　　GIDE, Journal, 8 août 1905.

◆ **2.** (XVIIIe, Rousseau). Cour. Rude au toucher, légèrement râpeux. — REM. *Rêche* ne se dit qu'en parlant de choses souples. — *Laine rêche* (→ Diligence, cit. 9). *Drap* (cit. 2), *tissu rêche.* ⇒ **Dur, rugueux.** *Poils rêches. Peau rêche.*

2 «(...) je lui trouve même l'esprit un peu rêche.» — *Note de Rousseau :* Terme du pays, pris ici métaphoriquement. Il signifie au propre une surface rude au toucher, et qui cause un frissonnement désagréable en y passant la main, comme celle d'une brosse fort serrée, ou du velours d'Utrecht.
　　　ROUSSEAU, Julie ou la Nouvelle Héloïse, I, XLIV.

3 Et la toile rêche des draps qui sentaient la buanderie.
　　　ARAGON, le Roman inachevé, p. 88.

Par extension :

4 Le velours grenat en était râpé à hauteur de la nuque. Aussi, pour adoucir le contact rêche de l'étoffe, y plaçait-on un linge de fil lisse, frais et blanc.
　　　H. BOSCO, Antonin, p. 256.

◆ **3.** (XVIIIe, *esprit rêche,* → ci-dessus cit. 2). Fig. Rude de caractère ; difficile à vivre. ⇒ **Rétif, revêche.**

5 — (...) Qu'est-ce que tu as dit à ta sœur ? — Rien, rien, soupira le jeune homme. Des douceurs, des gentillesses. Elle n'aime pas cela. Elle est rêche et dure comme une chèvre.　　　G. DUHAMEL, le Voyage de P. Périot, III.

CONTR. Doux, moelleux, soyeux.

RECHERCHE [R(ə)ʃɛRʃ] n. f. — 1508 ; de *rechercher.*

A. Action de chercher, de rechercher.

1 Rien ne nous plaît que le combat, mais non pas la victoire (...) Ainsi dans le jeu, ainsi dans la recherche de la vérité (...) De même, dans les passions (...) Nous ne cherchons jamais les choses, mais la recherche des choses.
　　　PASCAL, Pensées, II, 135.

◆ **1.** Effort pour trouver (qqch.). ⇒ **Quête** (vx). *La recherche d'un objet perdu. Jeux de recherche. Recherche de gîtes minéraux.* ⇒ **Prospection.** *Recherche d'objets enfouis.* ⇒ **Fouille.** *Recherche de documents, en histoire* (→ Heuristique, cit.). *Résultat de recherches.* ⇒ **Récolte** (fig.). — *La recherche d'une voie, d'un passage.* — *Recherche de renseignements.* ⇒ **Enquête.** — *Recherche de l'information* (dans un ordinateur). ⇒ **Accès.** — *Recherche du profit.* ⇒ **Lucre.**

2 (...) la recherche de la bourse et de la montre pourra devenir si longue et si compliquée, que de longtemps il ne rejoindra son maître (...)
　　　DIDEROT, Jacques le fataliste, Pl., p. 524.

Ski. *Position de recherche de vitesse* : position du skieur pouvant déterminer la plus grande vitesse sur une pente. *Les positions de recherche de vitesse sont dites position «fusée» et position «œuf». Se mettre en recherche de vitesse.*

Absolt. *Faire de vaines recherches. Recherches botaniques* (cit. 1). *Les recherches de la police, de la justice...* ⇒ **Inquisition** (vx), **perquisition ; visite** (domiciliaire). → Piller, cit. 4.

◆ **2.** Effort de l'esprit pour trouver (une connaissance, la vérité...). *L'exercice de la pensée ; la recherche des idées...* ⇒ **Étude** (cit. 6). *L'inutile recherche du vrai* (→ Lasser, cit. 5). *La recherche des principes* (cit. 1, Descartes). *La recherche de la vérité* (→ 2. Bourse, cit. 8 ; doute, cit. 11, Descartes). — *La Jeune Parque fut une recherche de ce qu'on pourrait tenter en poésie* (→ Passage, cit. 10).

⇒ **Tentative.** — *De la recherche de la vérité,* œuvre de Malebranche. *La Recherche de l'absolu,* roman de Balzac.

3 Différence entre repos et sûreté de conscience. Rien ne donne l'assurance que la vérité ; rien ne donne le repos que la recherche sincère de la vérité (...)
PASCAL, *Pensées,* XIV, 908.

4 (...) la seule attitude raisonnable, la seule qui ne déçoive pas, — c'est la *recherche de l'erreur,* et non pas la recherche de la vérité (...)
MARTIN DU GARD, *les Thibault,* t. IX, p. 127.

(Une, des recherches). Le travail, les travaux faits pour trouver des connaissances nouvelles, pour étudier une question... *Recherches systématiques sur un sujet.* ⇒ **Examen, investigation, revue...** *Recherches approfondies* (⇒ **Approfondissement**), *minutieuses* (⇒ **Disquisition,** vx). *Recherches abstraites, théoriques.* ⇒ **Spéculation.** — *Recherches scientifiques, d'érudition* (cit. 9). → aussi Archive, cit. 6. *Les brillantes recherches d'un savant.* ⇒ **Travail ; expérience, observation** (→ Antiseptique, cit. 1 ; et aussi intérêt, cit. 26). *Recherches sociologiques par enquêtes, sondages...* — *Faire des recherches.* ⇒ **Chercheur, investigateur.** *Méthode suivie dans une recherche* (→ Isoler, cit. 6). *Recherche par analyse des éléments de la question.* ⇒ **Dissection** (fig.). *Recherches hésitantes, infructueuses.* ⇒ **Tâtonnement.** — *Recherches philosophiques, littéraires... Recherches de forme* (→ Écriture, cit. 16). *Recherches plastiques* (cit. 4), *artistiques.*

5 Le propre d'une recherche, c'est d'être indéfinie. La nommer et la définir, c'est boucler la boucle : que reste-t-il ? Un mode fini et déjà périmé de la culture (...) en d'autres termes une *idée.*
SARTRE, *Critique de la raison dialectique,* Préface.

(Dans un titre d'ouvrage). Recherches physiologiques sur la vie et sur la mort, ouvrage de Bichat.

♦ **3.** (V. 1700). **LA RECHERCHE,** ensemble des travaux, des activités intellectuelles qui tendent à la découverte de connaissances nouvelles (sciences), de moyens d'expression (arts, lettres). ⇒ **Investigation.** *Goût pour la recherche* (→ Apostolat, cit. 1). *Recherche et découverte** (cit. 7). *Vie dévouée* (cit. 11) *au travail de l'esprit, à la recherche. Recherche scientifique* (→ Équipe, cit. 3). *Comité, société de recherche. Centre national de la recherche scientifique.* ⇒ **C.N.R.S.** *Budget de recherche. Ministère de la Recherche, ministre de la Recherche* (en France, 1981).

6 Le mot et l'idée de recherche sont désormais agréés, même par la multitude, quand il s'agit des entreprises scientifiques. Tout le monde trouve naturel qu'un savant chemine à tâtons parmi l'ombre et les obstacles (...)
(...) Il convient que ce mot de recherche soit plus fréquemment prononcé dans la vie des arts et des lettres (...) J'admire que l'esprit de recherche ne lâche point le bon ouvrier (...) Mais le meilleur de ma tendresse, le plus chaud de ma confiance, je le garde pour ces courageux qui ne peuvent pas s'empêcher de foncer, tête basse, dans les ténèbres et le silence (...) pour les prospecteurs des abîmes, les explorateurs polaires, les grimpeurs des Himalayas (...)
G. DUHAMEL, *le Temps de la recherche,* I.

7 La question qui se pose alors est de savoir comment peut être organisée dans de bonnes conditions cette collaboration de la recherche scientifique proprement dite avec la recherche dans le domaine industriel ou technique.
L. DE BROGLIE, *Physique et Microphysique,* p. 343.

8 Pour rester maîtres de certains secrets, pour contrôler le développement de certaines techniques, ils *(les États)* vont sans doute être amenés à s'intéresser davantage que par le passé à la recherche scientifique et ils seront tentés de la soumettre à des réglementations, à des surveillances auxquelles elle n'était pas habituée.
L. DE BROGLIE, *Physique et Microphysique,* p. 360.

Recherche pure, ou *fondamentale :* travaux destinés à faire avancer la connaissance sans viser des applications pratiques immédiates.
Recherche appliquée : travaux utilisant les découvertes de la *recherche fondamentale* dans un domaine, et visant à leur application pratique.
Attaché, chargé, maître, directeur de recherche (C.N.R.S.).
(1956 ; angl. *operational research*). Écon. *Recherche opérationnelle :* technique d'analyse scientifique (mathématique) des problèmes d'organisation, destinée à obtenir des résultats optimisés*. *Recherche opérationnelle et prévision, et calcul des probabilités.*
Recherche commerciale, visant à résoudre les problèmes de commercialisation des biens et des services.
Techn. *Recherche-développement,* qui a pour but la mise au point définitive de la fabrication d'un matériel ou d'un produit.

♦ **4.** Action de rechercher (qqn). *La recherche d'un absent, d'un fuyard...* (→ ci-dessous, *à la recherche de*). — Spécialt et vx. Poursuite, instruction judiciaire.
(Sans compl. ; souvent au plur.). Les recherches de la police, d'un détective, des plus fins limiers (cit. 5).
Vx. *La recherche d'une femme* (pour l'épouser). — Absolt (→ Passionné, cit. 10, Molière).

9 Si quelque intention le pressait pour Lucile,
La recherche en pouvait être honnête et civile (...)
MOLIÈRE, *le Dépit amoureux,* III, 8.

Vx. Enquête sur une personne, sa conduite...

♦ **5.** Dr. *Recherche de la maternité* (cit. 2), *recherche de la paternité* (cit. 2).

♦ **6.** Action de rechercher (I., 5.), de chercher à obtenir. *Recherche d'un avantage, d'un bien, du bonheur* (cit. 23), *de la gloire* (cit. 7), *de la joie* (→ Ennuyer, cit. 11), *du plaisir* (→ Mensonge,

cit. 12), *des plaisirs* (→ Épicurisme, cit. 3). ⇒ **Poursuite ; pourchas** (vx). *Recherche de la perfection* (→ Perfectionner, cit. 5).

10 Un esprit fatigué continue au fond de moi sa recherche de gourmet, veut un mot meilleur, et meilleur que meilleur.
COLETTE, *l'Étoile Vesper,* p. 218.

♦ **7.** Loc. prép. (1847, Balzac). **À LA RECHERCHE DE... :** en cherchant, en recherchant... ⇒ **Quête** (en). — *Il se mit à la recherche de son frère* (→ Détruire, cit. 39). *À la recherche de l'absent* (→ Instinct, cit. 21). *Patrouille à la recherche de l'ennemi.* ⇒ **Exploration** (en). *À la recherche des occasions* (cit. 12). *Les toxicomanes à la recherche de leur drogue* (cit. 6). *Courir, galoper à la recherche de qqch.* — *À la recherche de la vérité. À la recherche de soi-même* (→ Mélancolie, cit. 13). — Littér. *À la recherche du temps perdu,* œuvre majeure de Proust.

B. Effort, travail pour se distinguer par une délicatesse, un raffinement plus grand. ⇒ **Apprêt** (II.), **art, préciosité, raffinement...** *La recherche un peu exotique de sa mise* (→ Nonchalance, cit. 8). *Mettre de la recherche dans sa toilette* (→ Peur, cit. 30). ⇒ **Soin.** — *Recherche dans le style.* Spécial (littér.). ⇒ **Cultisme, gongorisme** (cit. 1), **préciosité...** *Un tour de recherche* (→ Facile, cit. 12).

11 Quelques têtes soigneusement poudrées, des queues assez bien tressées annonçaient cette espèce de recherche que nous inspire un commencement de fortune ou d'éducation.
BALZAC, *les Chouans,* Pl., t. VII, p. 767.

12 C'était un garçon de trente-huit ans à peine, les cheveux ras, la barbe taillée carrément, avec une mise correcte, sans recherche.
ZOLA, *la Terre,* IV, v.

Péj. Affectation, recherche (au sens précédent) excessive, visant trop à l'effet (→ Efféminer, cit. 2). ⇒ **Afféterie, maniérisme, mièvrerie, mignardise.** *Entacher de recherche.* ⇒ **Maniérer.** *Habiller, parer qqn avec une recherche ridicule.* ⇒ **Attifer.** *Recherche dans les manières.* ⇒ **Pose ; chiqué, esbroufe.** — *Œuvres d'une longueur* (cit. 9), *d'une recherche insupportables.*

CONTR. Abandon, facilité, familiarité, laisser-aller, négligence, négligé (n. m.), simplicité, sobriété.

RECHERCHÉ, ÉE [R(ə)ʃɛRʃe] adj. — 1580, au sens II ; sens I, 2, xviiᵉ ; de *rechercher.*

♦ **1.** Que l'on cherche à obtenir ; par ext., à quoi l'on attache du prix. *Les tableaux de ce peintre sont très recherchés des amateurs. Cet ouvrage a été très recherché* (→ Épuiser, cit. 31). *Édition recherchée.* ⇒ **Rare.**
(Personne). Que l'on cherche à voir, à connaître, à fréquenter, à recevoir. ⇒ **Demandé, mode** (à la). *Un chanteur, un acteur très recherché.* ⇒ **Couru.** *Un être recherché, adulé* (cit. 2). *Une femme très recherchée.* ⇒ **Entourer** (p. p. adj.).

1 Au lieu de cela, me voilà tout à coup jeté parmi le beau monde, admis, recherché dans les meilleures maisons (...)
ROUSSEAU, *les Confessions,* V.

♦ **2.** Qui a été obtenu par une recherche, un raffinement, a exigé un travail de recherche, du soin... ⇒ **Étudié, raffiné, soigné ; travaillé.** *La toilette la plus recherchée... Une arme d'un travail fort recherché* (→ Artistement, cit. 1). — Vx. *Une figure bien recherchée, des passages bien recherchés* (Académie, 1694). — *Paroles recherchées et choisies* (→ Illustrer, cit. 4). — *D'une délicatesse recherchée.* ⇒ **Délicat, exquis.**
Très soigné (d'une personne). *Recherché dans son ajustement* (cit. 5), *dans sa mise* (cit. 5).
Péj. Qui trahit une recherche excessive ; qui manque de naturel, de simplicité, de spontanéité. ⇒ **Affecté, apprêté, brillanté** (littér.), **compliqué, maniéré, musqué** (vx), **précieux.** *Une pensée fausse et recherchée* (→ Esprit, cit. 160). *Expressions recherchées* (→ Galimatias, cit. 2 ; impropre, cit. 2). *Un style recherché et prétentieux* (⇒ **Ambitieux**), *empesé*, raide... — Grâces recherchées.* ⇒ **Mignard.**

2 Du reste, ces deux morceaux sont, à mon sens, des chefs-d'œuvre de composition : point d'attitudes tourmentées ni recherchées ; les actions vraies qui conviennent à la peinture (...)
DIDEROT, *Salon de 1765,* Greuze (Le mauvais fils puni).

CONTR. Banal, commun, facile, familier, frugal, gros, grossier, naïf, naturel, négligé, ordinaire, simple, vulgaire.

RECHERCHER [R(ə)ʃɛRʃe] v. tr. — 1636 ; *recercer,* 1080 ; *recerchier* «parcourir en cherchant», v. 1160 ; *recherger,* xiiiᵉ ; de *re-,* et *chercher.*

★ **I.** ♦ **1.** Chercher de façon consciente, méthodique ou insistante... *Se mettre à rechercher* (qqn, qqch.), partir à sa recherche*. Cf. Se mettre en campagne. *Rechercher un objet, un livre égaré, perdu... Rechercher en fouillant, en fouinant. Rechercher dans des archives, des papiers.* ⇒ **Compulser.** *Rechercher une espèce botanique, une formation géologique.* ⇒ **Prospecter.** *Rechercher une hypothétique* (cit.) *émission de rayons X.*

1 Si de votre ennemi vous recherchez le sang,
Recherchez-en la source en ce malheureux flanc.
RACINE, *la Thébaïde,* IV, III.

2 Hier, on parlait de choses et d'autres,
Et mes yeux allaient recherchant les vôtres.
VERLAINE, *Bonne chanson,* XIII.

3 — Il marchait, s'arrêtait, repartait plus vite, comme quelqu'un qui, dans sa tête, recherche ou repasse des souvenirs (...)
ALAIN-FOURNIER, *le Grand Meaulnes,* p. 50.

Spécialt. *La police* (cit. 8) *judiciaire recherche les crimes, les délits...*

♦ **2.** Chercher à connaître, à découvrir. *Rechercher les forces sous les formes* (→ Métamorphose, cit. 7). *Rechercher l'origine de l'homme* (→ Histoire, cit. 11). *Rechercher ce que c'est que...* (→ Homme, cit. 18). *Rechercher la cause, les conditions, les effets d'un phénomène.* ⇒ **Déterminer, étudier, examiner.** *Rechercher d'une manière approfondie.* ⇒ **Approfondir.** *Rechercher par l'analyse.* ⇒ **Analyser.**

4   Il y a des choses que l'intelligence seule est capable de chercher, mais que, par elle-même, elle ne trouvera jamais. Ces choses, l'instinct seul les trouverait ; mais il ne les recherchera jamais.   H. BERGSON, l'Évolution créatrice, p. 152.

Rechercher si... (→ Griserie, cit. 7 ; incorruptible, cit. 3 ; préface, cit. 2). *Rechercher si une chose est exacte.* ⇒ **Vérifier.** — *Rechercher comment, de quelle manière, pourquoi...*

♦ **3.** (1636). Chercher à connaître, à découvrir (qqn). *On recherche les témoins de l'accident. Rechercher l'ennemi* (→ Fusiller, cit. 4).

Spécialt. Chercher à connaître et à retrouver (un coupable). *Un malfaiteur que la justice recherche* (→ Identité, cit. 13). *Les détectives qui le recherchent.* ⇒ **Poursuivre ; pourchasser** (→ Suivre à la piste*). *Des personnes qui avaient été recherchées en justice* (→ 1. Manche, cit. 12).

♦ **4.** (1580, Montaigne). Tenter d'obtenir, d'avoir... par une recherche. ⇒ **Chercher ; briguer, courir** (après), **poursuivre, viser...** (→ Odorat, cit. 1). *Désirer, souhaiter une chose sans vraiment la rechercher. Ce que l'homme recherche sous le nom de beauté* (→ Création, cit. 16). *Trouver la satiété où l'on recherchait le bonheur* (→ Obligeant, cit.). *« Pour mieux te résister, j'ai recherché ta haine »* (→ Haïr, cit. 6). *Rechercher avec ambition* (⇒ **Affecter** [vx], **ambitionner**), *avec avidité... Rechercher comme une faveur.* ⇒ **Quêter, solliciter.** — *Rechercher dans un ouvrage l'exactitude* (cit. 14), *la vraisemblance, la justesse* (cit. 3). — *Rechercher la finesse, la délicatesse, la perfection...* ⇒ **Raffiner ;** et aussi **recherche, recherché.**

5   Nous recherchons le bonheur, et ne trouvons que misère et mort.   PASCAL, Pensées, VII, 437.

6   La vie ordinaire des hommes est semblable à celle des saints. Ils recherchent tous leur satisfaction, et ne diffèrent qu'en l'objet où ils la placent (...)   PASCAL, Pensées, X, 643.

7   Mon esprit, qui est sans cesse occupé, me fait toujours rechercher l'instruction, qui peut justifier mes espérances (...)   STENDHAL, Journal, 12 juil. 1801.

8   La complication, je ne la recherche point ; elle est en moi. Tout geste me trahit, où je ne reconnais point toutes les contradictions qui m'habitent.   GIDE, Si le grain ne meurt, I, IX, p. 251.

Vieilli. *Rechercher de...* (et l'inf.). *Tous les hommes recherchent d'être heureux* (→ Exception, cit. 2).

♦ **5.** (XVIIIᵉ). Tenter, essayer de connaître, de fréquenter (qqn). *Rechercher qqn et le fêter* (→ Esprit, cit. 151 ; et aussi fat, cit. 5). *Rechercher et honorer les grands caractères* (cit. 62). — *Rechercher son contraire* (→Polarisation, cit. 2).

9   Les Français hommes d'esprits, lorsqu'ils voyagent, n'aiment point à rencontrer, parmi les étrangers, l'esprit français, et recherchent surtout les hommes qui réunissent l'originalité nationale à l'originalité individuelle.   Mᵐᵉ DE STAËL, De l'Allemagne, I, IX.

Spécialt (vieilli). *Rechercher en mariage* (cit. 16).

★ **II.** (XVIIᵉ, seul emploi correct au sens propre, selon Bouhours). Chercher une nouvelle fois. *Je l'ai cherché et recherché.*

9.1   Incertain de n'être pas fou, il contrôlait, il ne trouvait rien. Espérant contre l'évidence, il se résignait et s'allongeait sur son lit pour aussitôt se relever et rechercher aux endroits déjà vus.   Jean GENET, Journal du voleur, p. 49.

▶ **SE RECHERCHER** v. pron.

♦ **1.** (Récipr.). *Se rechercher les uns les autres* (→ Attraction, cit. 11). — Spécialt (vx). Chercher à se marier. ⇒ **Chercher** (se), **choisir** (se). *Ces deux jeunes gens se recherchent.*

♦ **2.** (Réfl.). Vx. Apporter de la recherche* à son habillement, à ses manières, à son langage, à son style (cf. La Bruyère, *les Caractères*, III). *« Se rechercher sur la propreté »* (Buffon).

Par ext. Faire effort, s'examiner, s'analyser.

10   (...) la vanité (...) ne se réveille et ne se recherche que dans les événements où il y a de quoi faire parler le monde (...)   LA BRUYÈRE, les Caractères, XI, 148.

♦ **3.** (Passif). *Des effets qui peuvent se rechercher* (→ Inquiéter, cit. 17). — Vieilli. Être poursuivi en justice (en parlant d'un délit).

CONTR. Craindre, éviter, fuir.
DÉR. Recherche.

RECHIGNEMENT [R(ə)ʃiɲmɑ̃] n. m. — XIIIᵉ ; de *rechigner*.

♦ Rare. Action de rechigner ; son résultat.

RECHIGNER [R(ə)ʃiɲe] v. intr. — 1462 ; *rechignier*, v. 1155 ; *denz rechignier* « montrer les dents, grincer des dents », XIIᵉ ; de *re-*, et francique **kînan* « tordre la bouche ».

Familier.

♦ **1.** Vieilli. Montrer, par l'expression de son visage, sa mauvaise humeur, sa répugnance. ⇒ **Bouder, chigner, grogner, résister, rouspéter, tiquer...** *Les valets servaient en rechignant* (→ Grognard, cit. 2).

1   Fortune, ne me regarderas-tu jamais qu'en rechignant ? Jamais ne riras-tu pour moi ?   CYRANO DE BERGERAC, le Pédant joué, II, 8.

1.1   Judith ne rechigne pas. Dans le couloir il y a beaucoup d'enfants dont quelques-uns dorment déjà. Maria ne déshabille pas Judith ce soir. Elle la roule dans une couverture, contre le mur, au milieu du couloir.   M. DURAS, Dix heures et demie du soir en été, p. 37.

♦ **2.** (XIXᵉ ; *in* Littré). Mod. **RECHIGNER À :** témoigner de la mauvaise volonté pour. *Rechigner à la besogne.* ⇒ **Renâcler.** *Rechigner à faire quelque chose.*

2   Il travaillait rue du Pas-de-la-Mule, chez un imprimeur. Dans ce temps-là (...) fallait pas rechigner à l'ouvrage.   Eugène DABIT, Hôtel du Nord, XII.

Par métaphore :

3   Là où l'eau suffit, la terre ne rechigne point à être cultivée.   DANIEL-ROPS, le Peuple de la Bible, II, II.

▶ **RECHIGNÉ, ÉE** p. p. adj. (V. 1175). ⇒ **Maussade.** *Il était rechigné, hargneux* (cit. 1) *et solitaire.* — *Air, visage rechigné.* ⇒ **Hargneux, renfrogné.** *Humeur rechignée.* ⇒ **Morose.**

4   Boileau lui-même en convient avec ce ton d'humeur chagrine et rechignée qui lui est ordinaire.   Th. GAUTIER, les Grotesques, IX.

5   Il faut que j'ose franchement le reconnaître : c'est mon enfance solitaire et rechignée qui m'a fait ce que je suis.   GIDE, Journal, 10 juin 1891.

6   Mais je m'aperçus un jour de sa désapprobation en le voyant sentir mon oreiller d'un nez un peu rechigné.   Henri FAUCONNIER, Malaisie, p. 68.

DÉR. Rechignement.

RECHRISTIANISER [RəkRistjanize] v. tr. — 1847 ; de *re-*, et *christianiser.*

♦ Ramener à la foi chrétienne (un pays, un milieu déchristianisé). *« Créé en 1927, le mouvement de la Jeunesse ouvrière chrétienne avait à l'origine pour but de rechristianiser le monde ouvrier »* (le *Nouvel Obs.*, 6 avr. 1981). — REM. Le dér. *rechristianisation*, n. f., est attesté.

CONTR. Déchristianiser.

RECHUTE [R(ə)ʃyt] n. f. — 1475 ; de l'anc. v. *recheoir* (v. 1160), de *re-*, et *choir.* → Chute.

♦ **1.** Méd. Nouvel accès d'une maladie, qui survient après le début de la convalescence, sans qu'il y ait eu de nouvelle infection. ⇒ aussi **Récidive.** *Faire, avoir une rechute.* ⇒ **Rechuter.** *Rechute due à une imprudence. Des rechutes, chaque fois plus sérieuses.* ⇒ **Aggravation** (cit.). *Une rechute lui serait fatale.*

1   Mais bon monsieur, faites attention de ne pas vous refroidir, au sortir du lit. Vous auriez une rechute.   J. ROMAINS, Volpone, III, 4.

♦ **2.** Relig. Le fait de retomber* dans le péché après s'être corrigé, après être revenu à Dieu. *Accumuler* (cit. 8) *péché sur péché, rechute sur rechute.* — (En parlant d'une faute, d'un défaut, d'un vice, d'une passion, etc.). → Intermittence, cit. 3.

2   Nous sommes consternés de nos rechutes et de voir que nos malheurs mêmes n'ont pu nous corriger de nos défauts.   VAUVENARGUES, Réflexions et maximes, 247.

DÉR. Rechuter.

RECHUTER [R(ə)ʃyte] v. intr. — 1846 ; « tomber à nouveau », 1611 ; « retomber dans le péché », 1840 ; de *rechute.*

♦ Faire une rechute, tomber malade de nouveau (⇒ **Récidiver**).

  Il était si solide (...) qu'il se sauva de la maladie plus vite qu'un autre et même-ment il se mit à travailler avant d'être guéri, ce qui ne le fit point rechuter.   G. SAND, François le Champi, XI.

CONTR. Guérir.

RÉCIDIVANT, ANTE [Residivɑ̃, ɑ̃t] adj. — 1598 ; p. prés. de *récidiver.*

♦ Méd. Se dit d'une maladie qui donne lieu à récidive, qui réapparaît après un temps de guérison plus ou moins long. *Cancer récidivant. Luxation récidivante d'une articulation.* ⇒ **Récurrent.**

RÉCIDIVE [Residiv] n. f. — 1422 ; lat. médiéval *recidiva*, class. *recidivus* « qui retombe, qui revient » ; de *recidere*, de *re-*, et *cadere* « tomber ».

♦ **1.** Méd. Réapparition d'une maladie (surtout infectieuse) après sa guérison, due à une nouvelle infection par les mêmes germes (à la différence de *rechute**).

1   (...) le Dr Lohr m'a affirmé qu'il me considérait, depuis un an déjà, comme tota-

lement guéri. Je l'ai cru. De fait, je n'ai jamais eu dans la suite le moindre accident, la plus légère menace de récidive.

MARTIN DU GARD, les Thibault, t. III, p. 186.

♦ **2.** (1593). Dr. et cour. Le fait de commettre une nouvelle infraction après avoir encouru antérieurement une condamnation définitive pour une infraction de même nature *(récidive spéciale)* ou de nature différente *(récidive générale)*; état d'une personne qui a commis dans ces conditions un nouveau crime ou un nouveau délit. *Récidive correctionnelle, criminelle, de contravention. La récidive doit être distinguée du cumul d'infractions. Il y a récidive. Escroquerie avec récidive. Aggravation de la peine en cas de récidive. Être en récidive.* ⇒ **Récidiver; récidiviste.**

2   Heureusement pour toi, je ne te dresserai pas de procès-verbal, tu serais en récidive, et tu n'as pas de port d'armes!

BALZAC, le Médecin de campagne, Pl., t. VIII, p. 427.

Cour. Le fait de retomber dans la même faute*, la même erreur. — Loc. (vx). *Faire la récidive* (d'une faute). Allus. littér. *« De pas* (2. Pas, cit. 15) *mis avec rien tu fais la récidive »* (Molière).

3   *(Le directeur de l'école)* me dit qu'il conservait la lettre, et qu'à la première récidive il ne pourrait plus cacher ma mauvaise conduite.

R. RADIGUET, le Diable au corps, p. 10.

DÉR. Récidiviste, récidivité; (du même rad.) **récidiver.**

RÉCIDIVER [ʀesidive] v. intr. — 1478, méd.; lat. médiéval *recidivare*, de *recidiva*. → Récidive.

♦ **1.** (Le sujet désigne une maladie). Réapparaître, recommencer. ⇒ **Récidive;** et aussi **rechuter.** *« La tumeur récidivera »* (Littré). — P. p. adj. *Un cancer récidivé.*

♦ **2.** (1513). Cour. Commettre une infraction avec récidive* (2.); retomber dans les mêmes crimes, les mêmes vices, les mêmes défauts, la même erreur.

DÉR. **Récidivant.**

RÉCIDIVISTE [ʀesidivist] n. — 1845; de *récidive.*

♦ Dr. et cour. Personne qui est en état de récidive (2.). → Cheval* de retour, repris* de justice. *Ce vol le faisait récidiviste* (→ Perpétuité, cit. 5). *Un, une récidiviste.* Par plais. *Vous vous êtes remis à fumer? Récidiviste, alors?* — Adj. *Un criminel, un condamné récidiviste* (→ Infraction, cit. 3).

RÉCIDIVITÉ [ʀesidivite] n. f. — 1845; de *récidive.*

♦ Méd. Tendance d'une maladie à revenir par récidive* (1.). *Récidivité d'une tumeur.* ⇒ **Récidivant.**

RÉCIF [ʀesif] n. m. — 1688; esp. *arrecife;* arabe *ăr-răsīf* « chaussée, levée, digue ».

♦ **1.** Rocher ou groupe de rochers à fleur d'eau, dans la mer. ⇒ **Brisant, écueil.** *Haut-fond semé de récifs* (→ Échouer, cit. 1). *Faire naufrage sur un récif, sur des récifs. Récif de corail.* ⇒ **Banc.**

Maintenant, il a très bien vu ces brisants et ce corail, et, en se penchant un peu dans le vide, il crie pour ceux qui sont en bas : « Des récifs par babord ! »

LOTI, Mon frère Yves, LXXXII.

(Déb. xxᵉ). Géogr. *Récif frangeant,* formé d'un banc corallien accolé à la côte. — (1869). *Récif-barrière,* qui s'allonge parallèlement à la terre, à une distance assez considérable de celle-ci.

♦ **2.** (Déb. xxᵉ). Par métaphore ou fig. Difficulté, obstacle, danger. *Le gouvernement saura maintenir ferme le cap, et éviter tous les récifs.*

DÉR. **Récifal.**

RÉCIFAL, ALE, AUX [ʀesifal, o] adj. — xxᵉ (*in* Larousse, 1932); de *récif.*

♦ Didact. Qui se rapporte aux récifs; formé de récifs. *Flore récifale. « Les phénomènes hydrothermaux et les complexes récifaux qui se sont relayés en Martinique »* (la Recherche, mai 1980, p. 554).

RÉCIPIENDAIRE [ʀesipjɑ̃dɛʀ] n. — 1674; dér. sav. du lat. *recipiendus* « qui doit être reçu ».

Droit ou littéraire.

♦ **1.** Personne qui vient d'être admise dans une société, dans un corps, et en l'honneur de qui a lieu la cérémonie de réception* (II., 3.). *Le récipiendaire et ses parrains*. Discours du récipiendaire à l'Académie française. Une, la récipiendaire.*

1   Vingt ans après (en 1693), le discours de réception de La Bruyère, qui fit bruit et même tapage, et qui parut excéder la mesure, amena un nouveau statut de l'Académie qui décida que le discours du récipiendaire serait lu désormais devant une commission avant d'être prononcé en séance publique.

SAINTE-BEUVE, Causeries du lundi, 29 déc. 1851.

2   (...) j'ai tremblé à l'idée de paraître devant vous. Tremblé d'émotion, certes, de gratitude aussi, comme fit assurément, devant la première académie, le premier

récipiendaire, qui par un témoignage spontané établit un long usage, celui de commencer un discours académique par un remerciement.

COLETTE, Belles saisons, Disc. réception Acad. royale belge.

Mᵐᵉ de Noailles lut son discours, sur Verhaeren (...).
Le discours achevé, le Roi *(des Belges)* vint féliciter la récipiendaire.

G. BAUER, les Billets de Guermantes, juil. 1936, p. 74.

♦ **2.** (xxᵉ). Personne qui reçoit un diplôme universitaire (⇒ **Impétrant**), qui est bénéficiaire d'une nomination, etc. *Signature du (de la) récipiendaire.*

RÉCIPIENT [ʀesipjɑ̃] n. m. — 1600; adj., *vaisseau récipient,* 1554; lat. *recipiens,* p. prés. de *recipere* « recevoir ».

♦ **1.** Techn. Partie des appareils (alambic, etc.) dans laquelle on recueille les produits d'une distillation, d'une opération chimique (→ Fourneau, cit. 7). — (1836). Spécialt. *Récipient florentin,* muni de deux tubulures, qui permet de séparer les produits de la distillation. ⇒ 2. **Matras.**

♦ **2.** (1690). Techn. Cloche qu'on place sur le plateau d'une machine (cit. 9) pneumatique et dans laquelle on enferme les corps qu'on veut soumettre au vide.

♦ **3.** (1875; on disait *vase, vaisseau*). Cour. Ustensile creux qui sert à recueillir, à conserver ou à transporter des substances granuleuses, pulvérulentes, liquides ou gazeuses. ⇒ **Vaisseau** (vx), **vase** (vieilli ou spécialt). *Récipient métallique* (→ Extincteur, cit.). *Parois* (→ Force, cit. 60), *capacité, contenance d'un récipient. Le fond d'un récipient. Remplir, vider un récipient. Changer un liquide de récipient.* ⇒ **Dépoter** (1.), **transvaser.** *Luter* un récipient.*

1   (...) les chefs-d'œuvre culinaires d'abord préparés dans des récipients de céramistes qui allaient des grandes cuves, marmites, chaudrons et poissonnières, aux terrines pour le gibier, moules à pâtisserie et petits pots de crème, en passant par une collection complète de casseroles de toutes dimensions.

PROUST, Du côté de chez Swann, Pl., t. I, p. 120.

2   Seul de tous les animaux, l'homme sait construire des récipients infiniment variés pour conserver des substances solides, liquides ou gazeuses. Le récipient permet non seulement de conserver ces substances, mais encore de les séparer du reste de l'univers matériel et en quelque sorte de les classer.
Le récipient, considéré sous un tel jour, devient en quelque sorte un symbole de la civilisation temporelle et même de la civilisation morale. À côté de l'arme et de l'outil, le récipient est au premier rang des objets qui nous permettent de juger le développement des anciennes sociétés humaines. Les fioles, les urnes, les amphores que nous découvrons parmi les ruines des cités disparues, nous prouvent que l'homme est, avant tout, un être capable de distinguer les objets, de les séparer et de les recueillir.

G. DUHAMEL, Chronique des saisons amères, Éloge du récipient, p. 123-124.

REM. Dans le langage courant, *récipient* implique un caractère utilitaire, à la différence de *vase*, qui s'applique plutôt aux objets artistiques ou à destination noble *(vase d'albâtre, vase sacré).* D'autre part, quand l'objet sert moins à conserver ou à transporter une substance qu'à lui faire subir une préparation particulière, on préfère souvent des termes tels que *instrument* ou *ustensile.*

Principaux récipients :

Aiguière	Camion	Flacon
Alcarazas	Canne	Fût
Amphore	Cannette	Futaille
Ampoule	Capsule	Gargoulette
Aquarium	Carafe	Gobelet
Arrosoir	Carafon	Godet
Assiette	Casserole	Gourde
Auge	Cendrier	Hanap
Bac	Chaponnière	Hotte
Baignoire	Chaudière	Huilier
Baille	Chaudron	Jale
Bain	Chocolatière	Jarre
Ballon	Chope	Jatte
Banne	Chopine	Lessiveuse
Banneau	Citerne	Macérateur
Banneton	Cocotte	Malle
Bannette	Coffre	Marmite
Baquet*	Coffret	Mélangeoir
Baril	Coquemar	Moque
Barrique	Coquetier	Mortier
Bassin*	Coquille	Moufle
Bassinoire	Cornet	Mouilloir
Benne	Cornue	Moutardier
Berthe	Couloire	Muid
Beurrier	Coupe	Œillère
Biberon	Crachoir	Outre
Bidon	Creuset	Palette
Bocal	Cristallisoir	Panier*
Bock	Cruche	Pichet
Boîte	Cruchon	Pipe
Bol	Cuve	Plat
Bonbonne	Cuveau	Plateau
Bouille	Cuvette	Poêle
Bouilloire	Cuvier	Poinçon
Bouillotte	Dame-jeanne	Poissonnière
Boujaron	Digesteur	Poivrière
Bourriche	Drageoir	Pot*
Bouteille	Échenal	Potiche
Brasero	Écuelle	Puisette
Brassin	Encrier	Pulvérisateur
Broc	Éprouvette	Rafraîchisseur
Buire	Estagnon	Réservoir
Burette	Étouffoir	Rinçoir
Cafetière	Faisselle	Sac
Caisse*	Fait-tout	Sachet
Calebasse	Fiasque	Salière

Saloir	Soucoupe	Tonne
Saucière	Soupière	Tonneau
Seau	Sucrier	Tonnelet
Sébile	Tasse	Tourie
Seille	Théière	Valise
Seillon	Timbale	Vaporisateur
Shaker	Tine	Verre
Sorbetière	Tirelire	

REM. On trouvera d'autres mots désignant des récipients à des articles tels que *cuisine* (ustensiles de cuisine), *vaisselle* (pièces de vaisselle), etc.

♦ **4.** Par métaphore. *Considérer le cerveau* (cit. 3) *comme un récipient de souvenirs.*

RÉCIPROCITÉ [ʀesipʀɔsite] n. f. — 1729 ; bas lat. *reciprocitas*, de *reciprocus.* → Réciproque.

♦ Caractère, état d'une action, d'une relation, d'un sentiment qui est réciproque* (I., 1.). ⇒ **Corrélation, correspondance, solidarité** (→ Partie, cit. 4). *La réciprocité d'un sentiment d'estime, d'antipathie. À charge, à titre de réciprocité* (→ À charge de revanche*). — Spécialt (ethnogr., préhist.). *Relations sociales de réciprocité. Réciprocité équilibrée.*

1   *(Lembach)* croyait aussi forcer la sympathie de Philippe, et il la revendiquait comme son dû, à titre de réciprocité.   A. HERMANT, l'Aube ardente, XI.

2   Je suis content que mon désir vous soit agréable, mais je souhaite qu'il ne vous le soit pas trop (...) vous me créeriez dans l'un et l'autre ordre des devoirs d'exacte réciprocité que je redoute (...)
MONTHERLANT, Pitié pour les femmes, p. 60.

Dr. internat. *Réciprocité diplomatique :* identité de traitement que deux ou plusieurs États accordent à leurs nationaux respectifs, en vertu d'un traité. — REM. Si cette réciprocité résulte des lois de chaque État, on dit *réciprocité législative.*

Math. Caractère d'une relation réciproque (2., c).

RÉCIPROQUE [ʀesipʀɔk] adj. et n. — 1380 ; lat. *reciprocus* « répercuté, réfléchi ».

★ **I.** Adj. ♦ **1.** Qui s'exerce à la fois d'un premier terme à un second et du second au premier (d'une même relation, d'un même rapport). « *Se dit de toute action ou de toute relation qui, étant donnés les deux termes A et B, s'exerce à la fois dans le sens de A à B et dans celui de B à A* » (Lalande). ⇒ **Réciprocité.** *Relations réciproques* (→ 1. Pays, cit. 6 ; 1. politique, cit. 9). *Attractions* (cit. 5) *réciproques des particules d'un même corps. Actions réciproques de deux circuits couplés magnétiquement* (→ Induction, cit. 8). *Relation logique réciproque.* ⇒ **Symétrique.**
Spécialt. Qui implique, entre deux personnes ou deux groupes, un échange de sentiments, d'obligations, de services, etc. ⇒ **Mutuel** (cit. 1), **partagé** (2.). *Confiance, tolérance réciproque* (→ Coude, cit. 7 ; paix, cit. 4). *Concessions, sentiments réciproques* (→ Antagonisme, cit. 2 ; débauche, cit. 4). *Se faire des concessions réciproques.* ⇒ **Passer,** *supra* cit. 107 : Passez-moi la rhubarbe, je vous passerai le séné. — *Il m'aime bien, et c'est (ce n'est pas) réciproque.* → J'en fais (je n'en fais pas) autant*.

La conférence a eu lieu. Elle a duré deux heures un quart dont une heure trois quarts en tête-à-tête ; *il y a eu, je crois, satisfaction réciproque.*
Louis MADELIN, Hist. du Consulat et de l'Empire, Vers l'Empire d'Occident, XXIV.

Dr. *Contrat, convention réciproque,* qui engage les parties contractantes les unes à l'égard des autres. ⇒ **Bilatéral, synallagmatique** (→ Assurance, cit. 21). *Achat réciproque.* ⇒ **Coemption.**

♦ **2.** (1690). Spécialt. [a] Log. *Propositions réciproques,* telles que le sujet de l'une peut devenir l'attribut de l'autre et inversement. ⇒ **Convers** (2.), **conversion** (4.) ; et aussi **inverse.** — N. f. → ci-dessous, II.

[b] Géom. *Figures réciproques,* telles que chacune est la transformée de l'autre selon une même loi. ⇒ **Inverse** (*supra* cit. 2).

Alg. *Raison réciproque :* raison inverse*.

[c] (1690). Math. *Théorème (proposition) réciproque,* qu'on obtient à partir d'un premier théorème ou *théorème direct* en permutant l'hypothèse et la conclusion. — N. f. → ci-dessous. — *Fonction réciproque d'une fonction f bijective,* (notée f^{-1}) : fonction faisant correspondre à toute valeur de cette fonction f la valeur prise par la variable. *Les fonctions $y = x^2$ et $y = \sqrt{x}$ sont réciproques dans le domaine où x est positif. La fonction réciproque d'une bijection est également bijective.* —*Application réciproque. Correspondance réciproque.* → aussi II., n. f.

♦ **3.** Gramm. (vx). *Pronom réciproque :* pronom réfléchi.

(1606). Mod. *Verbe (pronominal) réciproque :* verbe pronominal qui indique une action exercée par plusieurs sujets les uns sur les autres et dont « l'action est à la fois accomplie et reçue par chacun d'eux » (Grevisse). *Les verbes réciproques,* ou, n. m., *les réciproques. Réciproque direct* (ex. : séparer deux enfants qui *se battent*), *indirect* (ex. : ils passent leur temps à *se dire* des injures). *Verbe réciproque renforcé par l'un... l'autre ou par le préfixe* entre- (ex. : ils *s'encouragent* les uns les autres ; si on les laissait faire, ils finiraient par

s'entre-tuer). — REM. Les verbes réciproques s'emploient toujours au pluriel ou en relation avec un pluriel exprimé ou sous-entendu. *Emploi réciproque d'un verbe pronominal* (ici abrégé en *récipr.*).

★ **II.** N. f. ♦ **1.** (1800 ; n. m., xvᵉ). *La réciproque :* l'action inverse. ⇒ **Pareil** (II., 2.). *Vous m'avez joué un mauvais tour, mais je vous rendrai la réciproque :* je vous revaudrai* ça. (→ aussi User de représailles*, avoir sa revanche*).

♦ **2.** Affirmation réciproque (d'une autre). ⇒ **Réciproquement.** *La réciproque n'est pas vraie.*

♦ **3.** Log. Proposition réciproque. *Démontrer un théorème et sa réciproque.* — Math. Fonction réciproque. *La réciproque d'une bijection.*

DÉR. Réciprocité, réciproquement. — (Du même rad.) **Réciproquer.**

RÉCIPROQUEMENT [ʀesipʀɔkmɑ̃] adv. — 1489 ; de *réciproque.*

♦ **1.** D'une manière qui implique une action ou une relation réciproque (I., 1). ⇒ **Autre** (l'un... l'autre), 1. **entre** (III.), **mutuellement.** *S'admirer* (cit. 8), *se chérir* (cit. 13), *se complimenter réciproquement.*

♦ **2.** (1559). *(Et) réciproquement,* pour introduire une proposition, une affirmation réciproque* (I. 2.) de la première. « *Une femme regarde toujours un homme comme un homme ; et réciproquement un homme regarde une femme comme une femme* ». ⇒ **Retour** (en retour), **revanche** (en revanche) ; → Amitié, cit. 12, La Bruyère ; et aussi emparer, cit. 6. — Ellipt. *Dans une cour de justice, les idées de la foule pèsent sur les juges et réciproquement.* ⇒ **Vice versa** (→ Atmosphère, cit. 13 ; et aussi ordinaire, cit. 10 ; peccadille, cit. 2 ; 1. pensée, cit. 36.1).

(...) *tel acte humain s'appelle crime, ici, bonne action, là-bas, et réciproquement.*
VILLIERS DE L'ISLE-ADAM, Contes cruels, « Demoiselles de Bienfilâtre ».

RÉCIPROQUER [ʀesipʀɔke] v. — Fin xivᵉ ; du lat. *reciprocare.*

♦ Vx ou régional (Belgique). V. intr. Rendre la pareille. — V. tr. Adresser en retour (spécialt, des vœux). *Je vous adresse mes meilleurs vœux. Je vous les réciproque.* — Pron. Être dans un rapport de réciprocité.

RECIRCULATION [ʀəsiʀkylɑsjɔ̃] n. f. — Mil. xxᵉ ; de re-, et *circulation.*

♦ Techn. Recyclage, circulation selon le même circuit que précédemment. *Recirculation de l'eau de refroidissement.*

RÉCIT [ʀesi] n. m. — 1538 ; *resit,* xvᵉ ; déverbal de *réciter.*

♦ **1.** Relation* orale ou écrite (d'événements vrais ou imaginaires). ⇒ **Anecdote, compte** (compte rendu), **exposé, exposition, histoire, historiette, narration, nouvelle, rapport, roman, tableau** (fig.). *Relatif à un récit.* ⇒ **Narratif.** *Récit d'aventures merveilleuses, de faits imaginaires, fantastiques.* ⇒ **Apologue, conte, fable, légende, mythe** (1.), **odyssée.** *Un récit d'horreur, de science-fiction ; un récit d'aventures.* ⇒ **Nouvelle, roman.** *Récit historique.* ⇒ **Annales, chronique, historique,** 2. **mémoire** (5.). *Récit véridique, fidèle* (cit. 21), *détaillé* (→ Fur, cit. 1), *mensonger* (→ Incendier, cit. 5), *infidèle* (cit. 14), *succinct* (→ Intérêt, cit. 25)... *Écrire, faire un récit, le récit de...* ⇒ **Narrer, raconter, rapporter, réciter** (3.) ; → Anticiper, cit. 7 ; inventer, cit. 15 ; joue, cit. 3. — *Faire un récit* (hors contexte, s'agit plutôt d'un récit oral).

AU RÉCIT DE... *S'échauffer, verser des larmes au récit des exploits, des aventures de qqn* (→ aussi Attentif, cit. 3 ; héroïque, cit. 14). — Littér. *Récits des temps mérovingiens,* d'A. Thierry.

1   Vous la commencez gentiment par le récit, circonstancié et agrémenté de descriptions, d'une amourette à la turque.   LOTI, Aziyadé, III, XXIII.

2   Barral n'écrit ni bien ni mal mais, comme tous les hommes portés naturellement à l'action, quand il raconte, il larde son récit de considérations, et de commentaires qui, je l'avoue, m'intéressent peu.   H. BOSCO, le Sanglier, III.

♦ **2.** (1660). Didact. (Dans la tragédie classique). Exposé détaillé, fait par un personnage, d'un événement important pour le déroulement de l'action et qui n'est pas représenté sur la scène (→ Narration, cit. 2). « *Ce qu'on ne doit point voir, qu'un récit nous l'expose* » (cit. 8, Boileau). *Le récit du combat des Horaces et des Curiaces dans* Horace. *Le récit de Théramène dans* Phèdre.

3   Le modèle de toutes les sortes de descriptions est le récit de Théramène, lequel n'est pas utile à la tragédie, mais rend tous les jours de grands services à l'éloquence judiciaire.   HUGO, les Misérables, I, VII, IX.

♦ **3.** Ling. Énoncé, discours* de caractère objectif, renvoyant à des faits passés. *Le récit est caractérisé par l'effacement du sujet de l'énonciation, par les temps verbaux* (imparfait, passé simple, présent dit *historique*...).
Discours narratif*. *Les temps du récit.*

♦ **4.** Mus. [a] (1764). Vx. Récitatif*.

[b] Mod. Partie qui exécute le sujet principal dans une symphonie.

c (1671). Vx. Solo vocal ou instrumental. *Récit de soprano, de violon.*

d (Déb. xxᵉ). L'un des claviers de l'orgue, généralement placé au-dessus du positif.

4 S'il est un clavier auquel l'artiste *(Cavaillé-Coll)* donne tous ses soins, c'est ce dernier *(le récit).* Il le développe comme à plaisir (...) se faisant le créateur de ces puissants récits modernes, — source de multiples effets — en lesquels ronfle une triple batterie d'anches (...)   Norbert DUFOURCQ, l'Orgue, p. 58.

RÉCITAL, ALS [Resital] n. m. — 1884; comme mot angl., Mallarmé, 1872; angl. *recital*, du v. *to recite*, empr. lui-même du franç. *réciter.*

♦ Séance musicale au cours de laquelle un seul artiste se fait entendre. ⇒ aussi **Concert.** *Récital d'orgue, de piano, de violon. Chanteur qui donne un récital.*

Mais l'intérieur de cet Albert Hall? Du reps terne et de pâles détrempes : il faut considérer cet intérieur avec sa véritable décoration confuse de têtes humaines; et ce n'est pas l'heure du « Recital ».
          MALLARMÉ, Proses diverses, Exposition de Londres, 1872, Pl., p. 680.

Par ext. *Récital de danse. Récital poétique,* où un artiste dit des poèmes.

RÉCITANT, ANTE [Resitã, ãt] adj. et n. — 1768; p. prés. adjectivé de *réciter.*

♦ **1.** Mus. *Partie récitante,* qui est chantée par une seule voix ou exécutée par un seul instrument; partie qui exécute le sujet principal. *Voix récitantes :* les voix des solistes. — N. (V. 1900). *Le récitant, la récitante :* la personne qui, dans une œuvre lyrique, chante un récitatif, une mélodie parlée.

N. m. Chanteur chargé de la narration, dans une œuvre vocale ancienne (passion, oratorio, etc.).

♦ **2.** (V. 1920, Proust). Personne qui récite un texte. — Personne (ou personnage) qui lit un commentaire explicatif, les passages destinés à relier des morceaux isolés..., dans une œuvre dramatique, un film, une émission radiophonique, etc.

Musique. Nouvelle image (...) LE RÉCITANT : À présent, voici des rochers et voici un âne. Le tableau représente un défilé très sauvage.
          SARTRE, Bariona ou le Fils du tonnerre, *in* les Écrits de Sartre, p. 566.

RÉCITATEUR, TRICE [Resitatœʀ, tʀis] n. — 1611; *recitateur* « celui qui relate des événements », xvᵉ; du lat. *recitator* « auteur qui lit publiquement ses ouvrages », de *recitare.* → Réciter.

♦ Vx. Personne qui dit, récite un texte. ⇒ **Récitant** (2.).

RÉCITATIF [Resitatif] n. m. — 1690; « récit », 1680; adj., *recitatif* « qui relate qqch. », 1472; ital. *recitativo,* de *recitare,* même orig. que le franç. *réciter.*

♦ Mus. Dans la musique dramatique (opéras, cantates, oratorios), Déclamation notée, chant qui n'est pas assujetti à la mesure, mais qui est cadencé selon la coupe des phrases et les inflexions de la voix parlée. ⇒ **Chant, déclamation, mélopée, récit** (3., vx). *Chanter, déclamer un récitatif.* ⇒ **Réciter** (4); → Intonation, cit. 1. *Récitatif pur (recitativo secco* en ital.; *récitatif libre* ou *simple),* où la voix est accompagnée par une basse continue (accords de clavecin, de piano, etc.). *Le récitatif pur, proche de la parole, a disparu au XIXᵉ siècle. Récitatif accompagné,* où l'orchestre (spécialt les cordes) remplace la basse continue, et où la mesure est plus stricte. *Récitatif obligé* (en ital. *obligato*) : le récitatif accompagné quand la mélodie vocale est assujettie d'assez près à celle de l'accompagnement. — *Récitatif mesuré :* récitatif qui se change en chant proprement dit, soumis à la mesure. *L'arioso, forme intermédiaire entre le récitatif et l'air* (aria). *Récitatif et mélodie parlée. Les récitatifs et les airs d'un opéra de Mozart.*

1 Le récitatif solennel de Norma, dans la cérémonie druidique, est d'une beauté d'expression qui ne le cède à aucune œuvre des maîtres. En général, les récitatifs de Bellini accusent le travail réfléchi d'une remarquable intelligence, et ils sortent de cette mélopée conventionnelle si fatigante à entendre dans les œuvres des compositeurs de second ordre (...)   Th. GAUTIER, Souvenirs de théâtre..., Norma, V.

2 Les néo-raciniens et les néo-malherbiens professaient, sans parvenir une seule fois à l'articuler, qu'une pièce, un poème, étaient des opéras : le récitatif y était donc légitime; les paroles, non.
          MALRAUX, l'Homme précaire et la Littérature, p. 88-89.

RÉCITATION [Resitɑsjɔ̃] n. f. — 1530; « récit », fin xivᵉ; *recitation* « énumération », xivᵉ; lat. *recitatio,* de *recitare.* → Réciter.

♦ **1.** *La récitation de, une récitation,* action, manière de réciter (2.) des paroles, un texte. *La simple récitation machinale de formules* (→ Prière, cit. 3). *Récitation d'une leçon.*

1 La réponse de Sorel ne fut d'abord que la longue récitation de toutes les formules de respect qu'il savait par cœur.   STENDHAL, le Rouge et le Noir, I, IV.

2 (...) pendant quelques minutes, on n'entendit plus que la récitation confuse des acteurs. Ils indiquaient à peine les gestes. Ils gardaient une voix blanche pour ne pas se fatiguer.   ZOLA, Nana, IX.

♦ **2.** (Après 1850). Absolt. Exercice scolaire qui consiste à réciter un texte littéraire appris par cœur (→ Poseur, cit. 2). *Composition de récitation.* — Le texte qui est l'objet de cet exercice. (Dans l'enseignement secondaire, on disait *leçon de texte). Apprendre une, sa récitation* (poésie ou passage en prose). *Cahier de récitations.*

3 La leçon de récitation lui faisait apprendre le *Clairon* de Déroulède, des pages de *l'Année terrible.*   J. ROMAINS, les Hommes de bonne volonté, t. I, XV, p. 164.

RÉCITER [Resite] v. tr. — V. 1155; lat. *recitare,* de *re-,* et *citare* « appeler ». → Citer.

♦ **1.** Vx. Lire à haute voix. *Réciter un discours.*

♦ **2.** (V. 1265). Prononcer, dire à haute voix (un texte, une suite de formes linguistiques connues exactement). *Réciter des prières, sa prière* (→ Bout, cit. 26.1; dicter, cit. 2), *une oraison* (cit. 1). *Réciter le chapelet* (cit. 2); *le confiteor* (cit.), *le credo.* — *Réciter des vers.* ⇒ **Déclamer, lire, prononcer** (vx); → Inviter, cit. 14; lune, cit. 6; naturellement, cit. 4. *Réciter un poème à qqn.* — *Élève* (1. Élève, cit. 3) *qui récite sa leçon. Faire réciter les leçons* (→ Faute, cit. 34), *ses leçons à un enfant.* Spécialt. *Réciter une fable de La Fontaine, un passage de Racine.* ⇒ **Récitation** (2.). — (1688). Absolt. *Réciter en y mettant le ton. Réciter en avalant ses mots.* (→ fam. Bouler.)

1 (...) c'était avec un plaisir visible qu'il récitait à ses intimes, sans se faire beaucoup prier, quelque fragment d'élégie mystérieuse, quelque sonnet de langueur et d'amour qui n'avaient pu trouver place dans un de ses trois recueils de vers.
          Th. GAUTIER, Portraits contemporains, « Jules Janin », p. 208.

Fig. *Réciter sa leçon.* ⇒ **Débiter;** leçon (*infra* cit. 3).

♦ **3.** (V. 1265). Vx. Raconter*. *Réciter ses aventures.* « *Je sais de ses froideurs tout ce que l'on récite* » (Racine, *Phèdre,* II, 1).

♦ **4.** Mus. Chanter (un récitatif*). *Passage à réciter.*

▶ **SE RÉCITER** v. pron.

Sens passif. Être récité. *None se récite après sexte.* — Sens réfléchi. Dire à soi-même, pour soi-même ce qu'on sait par cœur.

2 Ses lèvres bougent visiblement. On perçoit un murmure, qui est celui d'une riche voix enfermée. Moréas se récite des vers, les siens.
          J. ROMAINS, les Hommes de bonne volonté, t. IV, XXII, p. 250.

DÉR. *Récit, récitant.* — (Du même rad.) **Récitateur, récitation.** — V. aussi **Récital, récitatif.**

RÉCLAMANT, ANTE [Reklamã, ãt; Reklɑmã, ãt] n. — 1775; de *réclamer.*

♦ Dr. Personne qui présente une réclamation.

RÉCLAMATEUR [Reklamatœʀ] n. m. — 1681; « personne qui réclame », 1672; de *réclamer.*

♦ Mar. Se dit, dans le transport maritime, du destinataire porteur du connaissement, qui, à l'arrivée du navire, demande la livraison des marchandises. — REM. Le fém. *réclamatrice* est virtuel.

RÉCLAMATION [Reklamɑsjɔ̃] n. f. — 1238; lat. *reclamatio,* de *reclamare.* → Réclamer.

♦ **1.** Action de réclamer, de s'adresser à une autorité pour faire reconnaître l'existence d'un droit. ⇒ **Demande, doléance, pétition, plainte, requête, revendication.** *Faire, déposer une réclamation. Les perpétuelles réclamations de son personnel* (→ Emballer, cit. 3). « *La réclamation n'est permise au subordonné que lorsqu'il a obéi* » (→ Obéissance, cit. 9). *Lettre de réclamation* (→ Particularité, cit. 5). *On a fait droit à sa réclamation :* on a reconnu le bien-fondé de sa réclamation. *Examiner les réclamations des clients. Service des réclamations,* ou, *les réclamations* (→ ci-dessous sens 4.). *Registre des réclamations.*

(...) la modération des souverains et la sagesse de leurs peuples ne donnaient presque jamais lieu à des réclamations (...)
          Mᵐᵉ DE STAËL, De l'Allemagne, I, II.

Spécialt. **a** (1804). Dr. *Réclamation d'état,* par laquelle une personne demande à établir le droit qu'elle a à un état (qu'elle prétend être le sien). — Dr. fisc. Plainte d'un contribuable qui se juge imposé sur des bases inexactes.

b Turf. Fait ou droit, pour un propriétaire, d'acheter avant ou après la course un cheval mis « à réclamer », à un prix fixé à l'avance. — Sports. Plainte déposée par un jockey, un concurrent, une équipe... contre un adversaire, soit pour gêne et obstruction dans la course, soit pour non-respect du règlement. *Réclamation contre le gagnant.*

♦ **2.** Protestation. *Les réclamations d'un parti politique.* ⇒ **Clameur, cri, récrimination** (→ Étouffer, cit. 22).

♦ **3.** Littér. Action, fait de réclamer qqch. *Dans le Mehr Licht de Goethe, faut-il entendre une réclamation de « plus de lumière »?* (cit. 27, Gide).

♦ **4.** *Les réclamations :* service, bureau qui reçoit les plaintes, les réclamations... dans une administration, etc.

1. RÉCLAME [ʀeklam ; ʀeklɑm] n. m. — 1560 ; *reclaim, reclam,* n. m., en anc. franç., subst. verb. de *réclamer.*

Anciennement.

♦ **1.** Fauconn. Cri ou signal pour rappeler l'oiseau, le faire revenir au leurre ou sur le poing. ⇒ **Faucon.**

♦ **2.** (1690). Instrument (appeau, sifflet, etc.) utilisé pour attirer les oiseaux.

2. RÉCLAME [ʀeklam ; ʀeklɑm] n. f. — 1625, typogr. ; déverbal de *réclamer.*

★ **I.** Techn. ♦ **1.** Typogr. Dans une édition ancienne (notamment non paginée), Mot imprimé isolément au bas d'un feuillet ou d'une page et reproduisant le premier mot du feuillet ou de la page suivante (qu'il «réclame»). *Chaque page du Dictionnaire de Furetière porte une réclame.* — REM. Cette notation était destinée à faciliter le travail du relieur, en l'absence de pagination.

(1835). Marque faite à la main sur une épreuve ou une copie pour indiquer l'endroit où il faut reprendre la composition ou la lecture. ⇒ **Imprimerie.**

(1813). Théâtre. Derniers mots d'un texte, d'une tirade, qui appellent la suite du dialogue et qui permettent à l'acteur qui donne la réplique d'enchaîner son texte.

♦ **2.** (1765). Hist. de la mus. Dans le plain-chant, «la partie du répons que l'on reprend après le verset» (Rousseau, *Dict. de mus.*). — Dans la psalmodie, la reprise*.

★ **II.** (1834 ; du sens I, 1). Cour. ♦ **1.** Vieilli. Texte élogieux présentant et recommandant un ouvrage, un spectacle, un produit, un artiste, etc., inséré dans un journal pour remplacer ou compléter une annonce publicitaire. *Glisser* (cit. 40, Flaubert) *dans les réclames une phrase poétique. «Une réclame monstre»* (cit. 12, Maupassant, en parlant d'un entrefilet paru dans les journaux). *Réclames pour crèmes de beauté* (→ Graisser, cit. 4).

1 Une annonce de quelques lignes insérée aux Faits-Paris se payait horriblement cher (...) les fortes maisons de librairie avaient à leur solde un homme de lettres pour rédiger ces petits articles (...) Ces journalistes obscurs (...) restaient souvent pendant la nuit aux imprimeries pour voir mettre sous presse, soit les grands articles obtenus, Dieu sait comme ! soit ces quelques lignes qui prirent depuis le nom de *réclames.*
BALZAC, Illusions perdues, 1839, Pl., t. IV, p. 781.

2 La réclame consiste en quelques lignes faites au profit de l'Annonce, et qui, combinées l'une par l'autre, ont tué la critique dans les grands journaux.
BALZAC, la Monographie de la presse parisienne, 1843, *in* Œ. diverses, t. III, p. 565.

♦ **2.** (1842). Mod. **LA RÉCLAME :** la publicité (3.). → Hyperbole, cit. 2. *Faire de la réclame. Imposer son nom par la réclame* (→ Concurrent, cit. 6). *Charlatanisme* (cit. 1) *qui cultive l'art de la réclame.* ⇒ **Battage.** — Spécialt (comm.). **EN RÉCLAME.** *Mettre en réclame :* mettre en vente, à prix réduits, à titre de réclame (→ En promotion). *Ces articles sont en réclame.* — *Réclames et soldes*.

3 La réclame pousse surtout au néologisme, la langue ordinaire ne suffit plus à ses besoins.
N. ROQUEPLAN, Nouvelles à la main, 5 avr. 1842, *in* MATORÉ, Voc. sous Louis-Philippe, p. 105.

4 La réclame, dont dépend en grande partie la vie industrielle et commerciale, affectionne les noms d'apparence savante, qui donnent à un produit, souvent quelconque, l'air d'une invention scientifique. De là la multiplication des mots à physionomie grecque en *ine, ol, ose, yl, ène.*
F. BRUNOT, la Pensée et la Langue, p. 61.

5 En gros, *publicité,* mot savant, apparaît comme plus noble, plus prestigieux que *réclame.* Ce dernier vocable (...) s'est peu à peu chargé d'une coloration vaguement, puis franchement péjorative (due de toute évidence aux exagérations des annonceurs) et semble supposer, de la part du vendeur, le recours à toutes sortes de manœuvres suspectes, et peut-être dolosives, pour faire acheter un produit de qualité médiocre (...)
D'autre part, il s'établit entre les deux mots une différence de degré : la *publicité* est, sinon une science, du moins un art, qui suppose un travail réfléchi (...) La *réclame,* au contraire, laisse deviner les procédés rudimentaires du camelot ou du commerçant qui, au petit bonheur, rédige ses annonces lui-même.
M. GALLIOT, Essai sur la langue de la réclame contemporaine, Introd., p. XXIII-XXIV.

6 La réclame aux balcons accroche ses panneaux
Salit la vue et l'autobus et le métro
ARAGON, le Roman inachevé, «Paris vingt ans après».

(1869). Publicité particulière ; tout moyen de faire de la réclame. *Annonces, réclames, prospectus, catalogues qui attirent le client* (→ Marchand, cit. 3).

7 En Amérique (...) du moins celle que je connais — vous n'êtes jamais seul dans la rue : les murs vous parlent. À droite, à gauche, ce sont des affiches, des réclames lumineuses, d'immenses vitrines qui contiennent simplement un grand panneau avec montage photographique ou des statistiques.
SARTRE, Situations III, p. 78.

7.1 (...) au-dessus, les violentes, opiniâtres et mercantiles réclames destinées à forcer ceux qui les regardaient à boire ou à aller voir (au-dessous du nègre il y avait, pour le compte d'une agence de voyage sans doute, un palmier bleu qui s'allumait et s'éteignait aussi, alternant avec un avion, une sorte de monument avec un dôme et un paquebot) des choses qu'ils n'avaient jamais eu le désir (ni le besoin) de boire ni de voir.
Claude SIMON, le Palace, p. 44.

Par appos. *Vente-réclame. Panneau* (cit. 10) *-réclame.*

Citons (...) les locutions : *vente-réclame, article-réclame, prix-réclame, vêtement-réclame,* etc., où *réclame* a acquis la valeur d'un adjectif : à bas prix, avantageux. 8
M. GALLIOT, Essai sur la langue de la réclame contemporaine, p. 417.

♦ **3.** (1843). Fig. Ce qui recommande, ce qui fait valoir, ce qui assure le succès. *Ce serait pour vous une bien mauvaise réclame. Faire sa propre réclame.* ⇒ **Éloge.**

C'est une gloire pareille à la célébrité d'une maison de commerce : elle ne se soutient que par une incessante réclame. Payée en services rendus à des gens influents, payée en dîners et en réceptions, payée en argent même, c'est la réclame qui est à la base de la célébrité de cet écrivain. Aussi, il sait ce que vaut la gloire ! 9
Valery LARBAUD, Fermina Marquez, XVII.

Il y a aussi les contre-indications, qui peuvent être des plus graves (...) Un artérioscléreux, pour quelques verres d'eau mal placés, vous claquera entre les mains... Vous voyez cette réclame pour les débuts d'une station ? 10
J. ROMAINS, les Hommes de bonne volonté, t. V, XIV, p. 106.

Si on faisait pour l'éther le dixième de la réclame qu'on fait à l'amour, le monde entier bientôt s'y adonnerait. Henri MICHAUX, La nuit remue, L'éther. 11

REM. L'ensemble du sens II tend à vieillir ou du moins à suggérer l'archaïsme, au profit du terme de *publicité,* soutenu par son abréviation familière *pub.*

DÉR. **Réclamer.**

RÉCLAMER [ʀeklame ; ʀeklɑme] v. — 1080, *Chanson de Roland,* «invoquer, implorer»; empr. lat. *reclamare,* de *re-,* et *clamare.* → Clamer.

★ **I.** V. tr. ♦ **1.** Vx. Implorer, invoquer (Dieu, un saint...).

Je serais comme un saint que pas un ne réclame ? 1
MOLIÈRE, l'École des femmes, I, 1.

Implorer (une aide divine). *Réclamer la miséricorde divine* (→ Dénoncer, cit. 15 ; humblement, cit. 3). Demander (comme une faveur) en priant humblement. *Réclamer l'indulgence de qqn* (→ Divertissement, cit. 3 ; excuse, cit. 4). *«Je réclame vos bontés»* (Académie).

♦ **2.** Mod. Demander (comme une chose indispensable) en insistant, de façon pressante. *Le misérable qui réclame du pain* (→ Dossier, cit. 5). *Chien qui réclame sa pitance* (→ Japper, cit. 1). *Les typographes réclament la copie* (cit. 5). *J'ose réclamer une petite place* (→ Gré, cit. 25). *Réclamer le secours, l'assistance de qqn ; réclamer main-forte* (cit. 4)... *Réclamer à cor* et à cri... Réclamer l'intervention de qqn.* ⇒ **Solliciter** (→ Hellénisation, cit. 2). *Réclamer le silence* (→ Indiscrétion, cit. 12), *la paix* (→ Précaire, cit. 3). *«Tu réclamais le soir ; il descend, le voici»* (→ Envelopper, cit. 8, Baudelaire). *Réclamer qqch. à qqn. Tu me réclames de leurs nouvelles* (→ Intérêt, cit. 23). *Réclamer qqch. (à qqn) pour qqn. — Réclamer qqn,* sa présence. *Le vieux réclamait tous les matins Victorine* (→ Faire, cit. 16). *Les hommes réclament et proclament des messies* (cit. 5).

Tout en conduisant ses bêtes, il se demandait pourquoi il n'irait pas carrément chez Buteau réclamer Françoise en mariage. ZOLA, la Terre, III, VI. 2

Richelieu mit des garnisons en Alsace dont les habitants avaient réclamé la protection de la France, craignant que leur pays ne servît de champ de bataille aux deux partis qui se disputaient l'Allemagne. J. BAINVILLE, Hist. de France, XI. 3

Cette présence d'Antoine, qu'il avait réclamée, dans sa frayeur, sans grand espoir de pouvoir être exaucé, lui fut un premier réconfort. 4
MARTIN DU GARD, les Thibault, t. III, p. 249.

♦ **3.** (1675). Sujet n. de chose. Requérir. ⇒ **Appeler, besoin** (avoir), **commander, demander, exiger, mériter, nécessiter, supposer, vouloir.** *La sculpture réclame une exécution* (cit. 13) *parfaite. La gaieté* (cit. 6) *légère que réclame le genre. Son sang réclame vengeance.* ⇒ **Crier.** *Ce que les circonstances réclament.* ⇒ **Prescrire.**

Réclamer enchérit sur **Demander** et marque un besoin pressant, **Requérir,** une nécessité, **Exiger** une nécessité impérative et insistante. **Appeler,** requérir comme une conséquence nécessaire dans l'avenir (...) **Supposer,** exiger idéalement, logiquement que quelque autre chose soit ou ait été (...) **Vouloir** indique plutôt un besoin permanent dû à la nature même de la chose (...) **Nécessiter,** rendre nécessaire qu'une chose ait lieu, soit faite, alors qu'elle n'existe pas encore (...)
M. BÉNAC, Dict. des synonymes, art. *Réclamer.*

La retraite, paisible et fière, 6
Réclame un cœur indépendant (...) HUGO, Odes et ballades, IV, IX, I.

Quand il s'agit d'une maison (...) Ils n'ont souvent aucune idée des frais moyens d'entretien que réclame des réclame, des contributions qu'elle supporte. 7
J. ROMAINS, les Hommes de bonne volonté, t. IV, IV, p. 28.

♦ **4.** (1219). Demander avec instance, comme dû, comme juste, ... ⇒ **Exiger, prétendre, répéter** (dr.), **revendiquer.** *Réclamer un droit* (→ Égal, cit. 14), *son dû* (→ Jour, cit. 53). *Réclamer de l'argent* (→ Facilité, cit. 5 ; grossir, cit. 7 ; journée, cit. 6 ; plus, cit. 81), *un dépôt* (→ Probabilité, cit. 1). *Réclamer une diminution du loyer* (→ Fort, cit. 39), *une succession, une compensation* (→ 2. Outre, cit. 2). *Réclamer sa part* (→ Nombre, cit. 26). *Le propriétaire d'une épave* (cit. 1) *peut rarement la réclamer. Réclamer qqch. à qqn.* ⇒ **Contester** (→ Palpable, cit. 4). *Se voir réclamer une provision* (→ Estimer, cit. 25). *Réclamer qqch. pour soi* (→ Nécessité, cit. 3), *pour qqn d'autre.* — Spécialt. Revendiquer. *Réclamer l'honneur d'une nomination* (→ Généralat, cit. ; et aussi institution, cit. 9).

Quant à l'argent, ma mémoire est courte, et j'aimerais mieux tout céder que de disputer sur le tien et le mien. Je craindrais de me tromper et de réclamer ce qui n'est pas mon dû. G. SAND, la Mare au diable, IV. 8

9 (...) le loueur de livres réclama trois ans d'abonnement ; la mère Rollet réclama le port d'une vingtaine de lettres (...)   FLAUBERT, Mme Bovary, III, XI.

RÉCLAMER QUE... (et subj.). *Cet appel réclamait que nous envoyions des secours au plus tôt.*

(Compl. n. de personne). *Il réclame son père.* Dr. *L'enfant qui réclamera sa mère...* (→ Maternité, cit. 2, Code civil). — (1690). Demander que qqn soit restitué. *Maîtres venant réclamer les esclaves fugitifs* (→ Incompétent, cit. 2). *L'accusé a été réclamé par la justice militaire.*

♦ **5.** (1835). Vén. *Réclamer les chiens,* les appeler à soi pour l'attaque, la retraite. — *Réclamer l'oiseau,* l'appeler pour le faire revenir sur le poing ou le leurre.

★ **II.** V. intr. ♦ **1.** (XVIIe). Faire une réclamation*. *Réclamer contre qqn* (→ Despote, cit. 2 ; prosterner, cit. 6). ⇒ **Plaindre** (se), **protester, récrier** (se), **récriminer.** — *Réclamer en faveur de qqn,* s'entremettre (→ Hérisser, cit. 26). ⇒ **Intercéder.** Absolt. *Réclamer faiblement* (cit. 1), *impérieusement* (→ Molester, cit. 2).

♦ **2.** (Sports). *Jockey, équipe qui réclame.* ⇒ **Réclamation.**

♦ **3.** Fam. *Mon estomac réclame.* ⇒ **Aboyer** (fig.), **protester, rouspéter** (fam.).

♦ **4.** Pop. (fautif). *Réclamer après quelqu'un* (même sens que 1. ci-dessus).

▶ **SE RÉCLAMER** v. pron. (V. 1175).
Se réclamer de... : invoquer en sa faveur le témoignage ou la caution de (qqn) ; se référer à (qqch.). ⇒ **Invoquer, recommander** (se). *Vous avez bien fait de vous réclamer de moi. Les poètes qui se réclamaient de Moréas* (→ Néo-, cit. 2). *Se réclamer de ses ancêtres, de ses origines, de son pays natal* (cit. 4). *Courants politiques qui se réclament d'un humanisme* (→ Humaniste, cit. 9).

10 Justice, ma mère, Droit, mon père (...) Car, de qui me réclamerai-je, moi, un de la foule, un de ceux (...) qui ne seraient jamais nés sans notre Révolution ? (...)   MICHELET, Hist. de la Révolution franç., Introduction.

11 Toutes les artistes, vouées au culte féminin de la parure, se réclament de Paris.   COLETTE, Belles saisons, p. 78.

CONTR. Donner.
DÉR. Réclamant, réclamateur.

RÉCLAMIER [Reklamje] n. m. — 1881, Daudet ; de 2. réclame.

♦ **1.** Vieilli. Personne qui rédigeait des réclames dans un journal. (⇒ **Réclame,** II., 1. ; et cit. 1, Balzac). Syn. mod. : *rédacteur publicitaire.*

♦ **2.** N. et adj. (Personne). Qui fait parler de soi. « *Un personnage vaniteux et réclamier* » (*Journal amusant,* 16 juil. 1892, *in* D. D. L.).

RECLASSEMENT [R(ə)klasmɑ̃] n. m. — Mil. XIXe, Proudhon, *in* P. Larousse ; de *reclasser.*

♦ **1.** Nouveau classement. Spécialt. Remise en ordre des traitements, des salaires, par l'établissement d'une nouvelle échelle, un alignement plus équitable sur d'autres catégories. *Reclassement de la fonction publique.* — Réajustement de la situation d'un fonctionnaire quant à son classement. *Bénéficier d'un reclassement avec rappel.*

♦ **2.** (XXe). Réaffectation (à un emploi, à une place dans la société) de personnes qui ne sont plus aptes à l'activité qu'elles exerçaient auparavant.

Au lieu de se borner à octroyer une rente, un peu comme une aumône, aux infirmes et de les abandonner ensuite à eux-mêmes, on admet actuellement qu'il faut les reclasser, c'est-à-dire leur permettre de recouvrer leur indépendance économique et sociale par l'exercice d'une activité professionnelle. Ce droit au Reclassement avait été établi dès 1919 pour les *victimes de la guerre.* En 1945, il fut étendu aux *Assurés sociaux* devenus déficients et aux victimes d'*accidents du travail* et de *maladies professionnelles.*   Henri DESOILLE, la Médecine du travail, p. 114.

RECLASSER [R(ə)klase] v. tr. — 1875, *in* P. Larousse ; de *re-,* et *classer.*

♦ **1.** Classer (2.) de nouveau. *Reclasser des fiches.* — Classer selon une nouvelle méthode. *Reclasser les pièces d'une collection d'un musée.*

♦ **2.** (XXe). Procéder au reclassement de (qqn). *Reclasser des fonctionnaires, des ouvriers licenciés.* — Pron. *Se reclasser.*

1 De plus, on n'a jamais vu un journaliste de qualité (...) ne pas parvenir à se reclasser rapidement dans un journal concurrent.   Guy DES CARS, l'Envoûteuse, p. 34-35.

♦ **3.** (Déb. XXe). Faire accéder (qqn) à une catégorie sociale estimée supérieure. — Pron. :

Avec un tel état d'esprit, jamais vous ne pourrez vous reclasser !   2
          Roger BORNICHE, le Gang, p. 279.

CONTR. Déclasser.
DÉR. Reclassement.

RÉCLINAISON [Reklinɛzɔ̃] n. f. — 1752 ; de *récliner,* d'après *déclinaison.*

♦ Didact. Obliquité d'un plan par rapport à la verticale, en gnomonique ; angle mesurant cette obliquité ; valeur de cet angle.

RÉCLINÉ, ÉE [Rekline] adj. — 1798 ; p. p. de *récliner.*

♦ Bot. Dont l'extrémité s'incline vers le sol, en parlant d'un organe végétal. *Préfoliation réclinée* : disposition des jeunes feuilles d'un bourgeon, dans laquelle la partie supérieure de celles-ci est appliquée contre la partie inférieure.

RÉCLINER [Rekline] v. — 1701 ; *recliner à* «revenir à», *recliner* «appuyer», XIIe-XIIIe ; lat. *reclinare.*
Technique.

♦ **1.** V. intr. S'écarter de la verticale.

♦ **2.** V. tr. (1845). Pencher en arrière.
DÉR. Réclinaison, récliné.

RECLORE [Rəklɔʀ] v. tr. — XIe ; disparu à la fin du XVIe et repris de nos jours dans la langue littéraire, à certains temps et modes seulement, comme *clore;* bas lat. *reclaudere,* du lat. class. *recludere.* → Reclure.

♦ Littér. Refermer, renfermer.

Peur des portes qui se referment, des traquenards. Cellules qui se reclosent sur de l'esprit.   GIDE, les Nourritures terrestres, VI.   1

▶ **RECLOS, OSE** p. p. adj.
Vous êtes un de ces hommes un peu secrets et reclos qui m'inspirent beaucoup d'intérêt. Vous êtes ce que j'appellerai un caractère.   2
          G. DUHAMEL, Cri des profondeurs, VI.

RECLOUER [R(ə)klue] v. tr. — 1559 ; XIIe, *recloer;* de *re-,* et *clouer.*

♦ Clouer de nouveau (→ Lame, cit. 2). *Reclouer une planche.*

RECLURE [Rəklyʀ] v. tr. et pron. — Xe ; du lat. *recludere* «ouvrir» en lat. class., et «fermer» en lat. impérial ; peu usité à l'actif. → Reclus, ci-après.

♦ **1.** Renfermer dans une clôture étroite et rigoureuse. ⇒ **Isoler.** *Reclure un moine.* « *Se reclure dans une cellule* » (Académie).

(...) de la même manière que les prétendus miracles n'ont déchaîné les fous que pour libérer les non-fous et reclure plus étroitement les insensés, de même on n'a défini la folie comme telle que pour la mieux recouvrir et la mieux ignorer.   Michel SERRES, Hermès I, la Communication, p. 184.

♦ **2.** Fig. Isoler du monde. — (1664). *Se reclure.*
DÉR. Reclus, réclusion.

RECLUS, USE [Rəkly, yz] adj. et n. — V. 1160 ; n. m., «lieu de retraite», fin Xe ; p. p. de *reclure.*

♦ **1.** Adj. Renfermé et isolé. *La mère de famille n'est guère* (cit. 8) *moins recluse dans sa maison que la religieuse dans son cloître. Rester reclus* : vivre dans la retraite. ⇒ **Enfermé, isolé, retiré** (→ Peine, cit. 36). — Par ext. *Existence recluse* (→ Indifférent, cit. 24). ⇒ **Renfermé, solitaire.**

Je suis obligé de vivre fort reclus ; sans quoi, je n'aurais pas une minute assurée pour le travail.   SAINTE-BEUVE, Correspondance, t. I, éd. Calmann-Lévy, p. 320.   1

♦ **2.** N. (1226). Personne qui vit étroitement enfermée dans une cellule monacale. *Une pauvre recluse* (→ Barreau, cit. 3). *Le jeune reclus* (→ Furtif, cit. 3). — (1755). Spécialt. Au moyen âge, Personne qui, par pénitence et piété, s'enfermait rigoureusement dans un local quelconque (→ ci-dessous, cit. 4, Hugo).

Mes amis, dit le solitaire,   2
Les choses d'ici-bas ne me regardent plus :
En quoi peut un pauvre reclus
Vous assister ? que peut-il faire.   LA FONTAINE, Fables, VII, 3.

Cependant la recluse dans sa cellule se sent élever dans les airs ; son âme se répand dans le sein de la Divinité ; son essence se mêle à l'essence divine ; elle se pâme ; elle se meurt (...)   DIDEROT, Sur les femmes.   3

Ce n'était pas du reste chose très rare dans les villes du moyen âge que cette espèce de tombeau. On rencontrait souvent, dans la rue la plus fréquentée, dans le marché le plus bariolé (...) un puits, un cabanon muré et grillé, au fond duquel priait nuit et jour un être humain, volontairement dévoué à quelque lamentation éternelle, à quelque grande expiation (...) Quand on questionnait sur le squelette à vivant cave qui pourrissait dans cette cave, les voisins répondaient simplement, si c'était un homme : — C'est le reclus ; si c'était une femme : — C'est la recluse.   4
          HUGO, Notre-Dame de Paris, I, VI, II.

Fig. Personne qui vit dans la retraite, en solitaire. *Il ne sort plus, il vit en reclus, comme un reclus,* en ermite.

5 (...) elles avaient dû, après des revers de fortune, s'enfermer là, au recoin le plus retiré de leur maison familiale. Le reste de la chère demeure (...) il avait fallu le louer à des étrangers (...) Une vente judiciaire les avait dépouillées des meubles plus luxueux d'autrefois, et elles avaient arrangé leur nouveau petit salon de recluses avec des objets un peu disparates (...)
LOTI, Figures et Choses..., Le mur d'en face.

RÉCLUSION [ʀeklyzjɔ̃] n. f. — 1270 ; de *reclure,* sur le modèle du lat. *reclusio,* qui signifie au contraire « ouverture ».

♦ **1.** État d'une personne recluse*, dans un cloître ou chez elle (→ Évasion, cit. 2 ; exil, cit. 11).

1 Pendant les dix premiers mois de ma réclusion, je menai la vie pauvre et solitaire que je t'ai dépeinte (...) BALZAC, la Peau de chagrin, Pl., t. IX, p. 93.

2 Les femmes russes, quoique rien ne les y oblige, semblent avoir conservé l'habitude orientale de la réclusion ; elles sortent peu.
Th. GAUTIER, Voyage en Russie, I, XIII.

3 La réclusion morale perpétuelle d'ailleurs dans laquelle vivaient les Tite-le-Long les maintenait dans un état d'ivresse qui était devenu leur état normal (...)
M. JOUHANDEAU, Tite-le-Long, XVIII.

♦ **2.** (1771). Dr. et cour. Peine afflictive (cit. 2) et infamante, privation de liberté, avec obligation de travailler. ⇒ **Cellulaire** (régime), **détention, emprisonnement, prison.** *Être puni de la réclusion, de la peine de (la) réclusion* (→ Attentat, cit. 8 ; concussion, cit. 1 ; enlever, cit. 27 ; interdiction, cit. 5). *La réclusion est une peine temporaire* (de cinq à dix ans), *qui pouvait être perpétuelle quand elle remplaçait les travaux forcés* (dans le cas des femmes et des condamnés âgés de plus de soixante ans).

4 Inculpé d'assassinat et de vol qualifié, Roger Boquillon, 23 ans, ouvrier agricole à Outrebois, a été condamné à la réclusion criminelle à perpétuité par la cour d'assises de la Somme. J.-M. G. LE CLÉZIO, la Fièvre, p. 17.

DÉR. Réclusionnaire.

RÉCLUSIONNAIRE [ʀeklyzjɔnɛʀ] n. — 1836 ; de *réclusion.*

♦ Didact. (dr., admin.). Personne condamnée à la réclusion. *Forçats* (cit. 5) *et réclusionnaires internés dans une maison centrale de force.*

RECOGNER [ʀ(ə)kɔɲe] v. tr. — V. 1462, var. de *recoigner,* XIIIᵉ ; de *re-,* et *cogner* « coincer », puis « taper ». → Rencoigner.

★ **I.** Vx. (langue class.). ♦ **1.** Enfoncer de nouveau (une cheville, etc.).

♦ **2.** (Mil. XVIIᵉ). Refouler, faire rentrer. ⇒ **Rencoigner.** « *Recogner ses larmes* » (Saint-Simon). — (XVᵉ). Fig. Faire reculer, repousser avec force.

♦ **3.** Faire éloigner (qqn) dans un lieu retiré.

★ **II.** Mod. Cogner de nouveau. *Il cognait et recognait comme un sourd.*

RECOGNITIF [ʀəkɔgnitif] ou RÉCOGNITIF [ʀekɔgnitif] adj. m. — 1804 ; dér. sav. du lat. *recognitus,* p. p. de *recognoscere.* → Reconnaître.

♦ Dr. *Acte recognitif :* acte par lequel on reconnaît l'existence d'une obligation ou d'un droit, en se référant à un acte antérieur.

RECOGNITION [ʀəkɔgnisjɔ̃] ou RÉCOGNITION [ʀekɔgnisjɔ̃] n. f. — 1842 ; *regognicion* « confession », 1430 ; empr. lat. *recognitio* « revue, inspection ».

♦ Philos. Acte de l'esprit qui reconnaît* (une chose comme étant telle ou telle). ⇒ **Reconnaissance.**

(...) Bergson a opposé une mémoire pure, qu'il croyait pouvoir atteindre par intuition directe, à la mémoire motrice ou habitude, alors que les travaux contemporains permettent de distinguer au moins dix niveaux de transition entre la recognition des indices (forme de mémoire liée aux conduites innées et aux habitudes sans se confondre avec elles tout en s'appuyant sur elles) et les conduites de reconstitution puis d'évocation.
J. PIAGET, Épistémologie des sciences de l'homme, p. 140-141.

RECOIFFER [ʀ(ə)kwafe] v. tr. — 1550 ; de *re-,* et *coiffer.*

♦ **1.** Coiffer (2.) de nouveau, réparer le désordre de la coiffure de (qqn). *Sa mise en plis ne tenait pas, elle a dû se faire recoiffer...* — Pron. *Se recoiffer avant de sortir* (→ Se donner un coup de peigne*).

♦ **2.** Coiffer de nouveau (qqn), remettre un couvre-chef à (qqn). — Pron. *Il salua et se recoiffa,* remit son chapeau.

RECOIN [ʀəkwɛ̃] n. m. — 1549 ; de *re-,* et *coin.*

♦ **1.** Coin*, endroit caché, retiré (→ Crasse, cit. 4 ; inspecter, cit. 4 ; obscur, cit. 3). *Les recoins d'un grenier, d'une salle* (→ Dic-

tion, cit. 4), *du territoire* (→ Gratter, cit. 4). *Un recoin inexploré* (cit. 2) *dans les bois. Enfermés dans ce recoin inconnu* (→ Nuée, cit. 3). *Ce recoin de restaurant est aussi intime* (cit. 13) *qu'un cabinet particulier. Explorer les coins et les recoins.* (→ Moustache, cit. 9). — Allus. littér. « *L'homme égaré* (cit. 23) *dans ce recoin de l'univers* » (Pascal).

1 — Dans un recoin du bois où nul ne se retire.
— Dans un lieu reculé du bois, voulez-vous dire,
Un endroit écarté (...) MOLIÈRE, le Dépit amoureux, II, 6.

2 Lorsque Buteau arriva enfin, il trouva le père Fouan étalé sur son lit, dans le recoin qu'il occupait derrière la cuisine, sous l'escalier du fenil.
ZOLA, la Terre, V, I.

♦ **2.** (1662). Fig. Partie cachée, secrète, intime. ⇒ **Compartiment, repli.** *Les recoins du cœur, de l'âme, de la conscience* (→ Enflammer, cit. 16 ; labyrinthe, cit. 5). *Dans tous les recoins de l'histoire* (→ Cas, cit. 13). *Les recoins de la vie privée.*

3 Dans l'entreprise que j'ai faite de me montrer tout entier au public, il faut que rien de moi ne lui reste obscur ou caché ; il faut que je me tienne incessamment sous ses yeux ; qu'il me suive dans tous les égarements de mon cœur, dans tous les recoins de ma vie (...) ROUSSEAU, les Confessions, II.

4 (...) tout là-bas, bien loin, bien à l'écart dans un de ces recoins de l'âme où l'on ne va jamais, veille un souvenir inexorable qui compare les plaisirs d'autrefois aux plaisirs d'aujourd'hui ! Th. GAUTIER, Mˡˡᵉ de Maupin, V.

5 (...) il n'eût voulu pour rien au monde laisser pénétrer personne dans les recoins de son existence personnelle, de sorte qu'il s'en tint uniquement à l'énumération des faits extérieurs. J.-A. DE GOBINEAU, les Pléiades, I, III.

RECOINCER [ʀ(ə)kwɛ̃se] v. tr. — XXᵉ ; de *re-,* et *coincer.*

♦ Coincer de nouveau.

Il écrasa sa cigarette à moitié fumée, et dont le bout était tout mâché et mouillé, en recoinça une autre entre ses grandes dents (...)
M. DRUON, les Grandes Familles, II, IV, p. 65.

RÉCOLEMENT [ʀekɔlmɑ̃] n. m. — Fin XVᵉ ; de *récoler.*

♦ **1.** « Dénombrement des meubles saisis, auquel l'huissier procède immédiatement avant la vente consécutive à une saisie-exécution, afin de vérifier s'il n'en a pas été détourné depuis la saisie » (Capitant). *Procès-verbal de récolement.*

(1690). Dr. forestier. Vérification contradictoire de l'exécution des clauses et conditions imposées, après l'exploitation d'une coupe.

Le 26 août, ce jugement fut signifié de manière à pouvoir saisir les presses et les accessoires de l'imprimerie le 28 août. On apposa les affiches ! (...) On inséra l'annonce de la vente dans les journaux, et Doublon se flatta de pouvoir procéder au récolement et à la vente le 2 septembre.
BALZAC, Illusions perdues, Pl., t. IV, p. 938.

(1690). Vérification contradictoire de constructions, d'ouvrages établis d'après les décisions administratives, pour déterminer si les conditions imposées ont été observées.

♦ **2.** (1690). Didact. Vérification et pointage sur inventaire. *Faire un récolement dans une bibliothèque.*

♦ **3.** Dr. Action de récoler (un témoin). — Déclaration ainsi obtenue.

RÉCOLER [ʀekɔle] v. tr. — 1538 ; « rappeler », 1370 ; *se recoler* « se souvenir », 1356 ; *recolé* « (acte) minuté », 1337 ; lat. *recolere,* au sens de « visiter de nouveau, passer en revue ».

Droit.

♦ **1.** *Récoler des témoins,* leur relire la déposition qu'ils ont faite pour vérifier s'ils en maintiennent les termes.

♦ **2.** (1690). Faire le récolement* (1.) de... *L'huissier a récolé les meubles saisis. Récoler une coupe de bois. Récoler un inventaire. Récoler les livres d'une bibliothèque.*

DÉR. Récolement.

RECOLLAGE [ʀ(ə)kɔlaʒ] n. m. — 1904 ; de *recoller.*

♦ Action de recoller ; résultat de cette action. *Recollage des pièces d'une marqueterie ancienne.*

CONTR. Décollement.

RÉCOLLECTION [ʀekɔlɛksjɔ̃] n. f. — 1553 ; « résumé », 1372 ; dér. sav. du p. p. *recollectus,* de *recolligere.* → Recueillir, récollet.

Religion.

♦ **1.** Action de se recueillir, par la méditation, la prière.

♦ **2.** Retraite spirituelle. *Se réunir pour une journée de récollection.*

RECOLLEMENT [ʀ(ə)kɔlmã] n. m. — 1834; de *recoller.*

♦ Le fait de se recoller, d'adhérer de nouveau. — Méd. *Recollement des tissus au cours d'une cicatrisation.* ⇒ **Agglutination.**

CONTR. **Décollement.**

RECOLLER [ʀ(ə)kɔle] v. — 1380; de *re-,* et *coller.*

♦ **1.** V. tr. Coller de nouveau.
(...) elle décolla l'enveloppe de la lettre qu'Adrienne lui avait confiée, en lut le contenu, haussa les épaules et recolla soigneusement l'enveloppe.
                    J. GREEN, Adrienne Mesurat, III, IV.
Raccommoder en collant. *Recoller un vase, une assiette cassée.*

♦ **2.** V. intr. (1902, *in* Petiot). Sports. Rejoindre le gros du peloton, après avoir été un moment distancé.

▶ **SE RECOLLER** v. pron. *Ça ne se recollera pas tout seul.* — Par ext. *La plaie se recolle,* se referme. ⇒ **Agglutiner** (s'), **cicatriser** (se).

CONTR. **Décoller. — Briser. — Élargir** (s'), **ouvrir** (s').
DÉR. **Recollage, recollement.**

RÉCOLLET [ʀekɔlɛ] n. m. — 1468; lat. *recollectus,* p. p. de *recolligere.* → Recueillir.

♦ Religieux appartenant à une branche réformée de l'Ordre de Saint-François (ainsi appelés pour leur esprit de récollection*). — REM. Au fém., *récollette* [ʀekɔlɛt] (1771; *recollecte,* 1690) se disait aussi des franciscaines de certaines communautés.

RECOLLIGER (SE) [ʀəkɔ(l)liʒe] v. pron. — Conjug. *Colliger.* → Bouger. — 1636, v. tr.; «recueillir», v. 1370; lat. *recolligere* «rassembler, réunir», fig. «ramener à de bons sentiments»; de *re-* intensif, et *colligere* «recueillir». → Colliger, cueillir.

♦ Relig. Vx. Se recueillir religieusement.

▶ **RECOLLIGÉ, ÉE** p. p. adj. (1656, Bossuet). Recueilli, en méditation.

RÉCOLTABLE [ʀekɔltabl] adj. — XVIIIᵉ; de *récolter.*

♦ Qu'on peut récolter. *Légumes, fruits récoltables dans un temps donné sur une surface donnée.*

RÉCOLTANT, ANTE [ʀekɔltã, ãt] adj. et n. — 1834; de *récolter.*

♦ Qui procède lui-même à la récolte. *Viticulteur, propriétaire récoltant. — N. Les récoltants. Une récoltante.*

RÉCOLTE [ʀekɔlt] n. f. — 1558; ital. *ricolta,* p. p. subst. de *ricogliere* «recueillir».

♦ **1.** Action de recueillir (les produits de la terre, notamment les produits cultivés). *La récolte des pommes, des légumes par un cultivateur. Propriétaire qui fait sa récolte. Travaux de récolte.* ⇒ **Arrachage, fenaison, levée, moisson, ramassage, vendange.** *Récolte des blés, des fruits* (→ 1. Gens, cit. 7). *Faire la récolte. Mécanisation de la récolte des céréales, des fourrages. Récolte des olives* (⇒ **Olivaison**), *des glands* (⇒ **Glandée**), *du caoutchouc. — (Une récolte, des récoltes).* Fait de récolter (un, des produits agricoles) à un moment donné. *Terre appauvrie par des récoltes successives* (→ Jachère, cit. 2). *Assurer la soudure jusqu'à la prochaine récolte. — Durée d'une récolte. C'était pendant la récolte.*
(1690). Par anal. *La récolte du miel* (cit. 2), *de la soie* (→ Magnanerie, cit. 1). *La récolte des perles.* ⇒ **Pêche.**

♦ **2.** (1558). Par métonymie. Les produits recueillis. *Mauvais temps qui compromet les récoltes* (→ Famine, cit. 2). *Abondance ou pénurie des récoltes* (→ Grain, cit. 3). *Les diverses récoltes* (→ Betterave, cit. 2; prairie, cit. 1). *Une part de la récolte* (→ Dixième, cit. 2; métayage, cit. 1). *Le figuier donne en général une double récolte* (→ Figue, cit. 2) *ou les glaneurs ne sont autorisés à entrer qu'après complet enlèvement des récoltes.* «*Les récoltes pendantes par les racines* (...) *sont immeubles*» (cit. 1, Code civil). ⇒ 2. **Bien.** *Vol, incendie de récoltes. Dévastation de récoltes sur pied**. *Déclaration des récoltes.*

Quand les récoltes sont abondantes, on se lamente : nous avons trop de pêches, nous avons trop de poires, nous avons trop de vin, nous avons trop de blé, trop de pommes de terre, trop de betteraves, trop de choux, trop d'artichauts, d'épinards, de fèves et de lentilles, de haricots (...) Que la rareté revienne ! Que la terre soit un désert, pour que je puisse vendre très cher ce petit mouton solitaire, cette petite pêche, à peine deux bouchées (...)
                    J. GIONO, les Vraies Richesses, Préface, p. 22-24.

♦ **3.** (1690). Ce qu'on recueille à la suite d'une quête, d'une recherche. ⇒ **Butin, collecte, gain, moisson, profit.** *Quêteurs remettant*

---

leur récolte à la dame patronnesse (cit. 2). — *Faire une ample récolte d'observations, de faits curieux, de documents.*

DÉR. **Récolter.**

RÉCOLTER [ʀekɔlte] v. tr. — 1751, *Encyclopédie,* art. *Agriculture;* mot blâmé par Voltaire, admis Académie, 1762; de *récolte.*

♦ **1.** Faire la récolte de (qqch.) par la cueillette, ou, plus souvent, par une opération agricole sur des produits cultivés. ⇒ **Recueillir.** *Récolter le blé* (⇒ **Moissonner**), *le raisin* (⇒ **Vendanger**), *les fruits* (⇒ **Cueillir, ramasser**). → Gratte-ciel, cit. 3; pourrir, cit. 2. — (1862). Par anal. *Récolter du miel. Récolter du guano* (→ Engrais, cit. 3).

Ils avaient dû s'y mettre depuis bien longtemps les uns et les autres pour récolter   1
tout ce caoutchouc-là (...) C'est long à suinter le caoutchouc dans les petits godets
qu'on accroche au tronc des arbres.
                    CÉLINE, Voyage au bout de la nuit, p. 129.

Les abeilles récoltent le pollen. ⇒ **Butiner.**
Prov. *Qui sème** *le vent récolte la tempête.*
Loc. fig. *Récolter ce qu'on a semé**. — *Récolter la gloire, de l'argent* (→ Brouter, cit. 3; gêne, cit. 8).

(La maison de Hohenzollern) a compris avant tous les autres hommes que, pour   2
récolter plus sûrement la victoire, il faut commencer par semer la haine.
                    FUSTEL DE COULANGES, Questions contemporaines, p. 69.
(...) avec un peu de chance, un lieutenant, même honoraire, peut récolter une Mili-   3
tary Cross si le canon sème à la bonne place.
                    A. MAUROIS, les Silences du colonel Bramble, X.

♦ **2.** (1788). Gagner, recueillir. *Récolter de petits gains, de petites sommes* (→ Margoulin, cit. 1; 2. outre, cit. 17). *Récolter de la gratitude* (→ Payer, cit. 34), *des lauriers. Je n'en ai récolté que des désagréments. — Récolter des renseignements de-ci de-là.* ⇒ **Glaner, grappiller.** Fam. *Récolter quelques horions.* — Pron. (sens passif) :

(...) trop d'occupations ont désordonné ma pensée. N'importe ; je m'obstine, con-   4
naissant bien que le profit de l'effort ne se récolte pas au moment même.
                    GIDE, Journal, 18 nov. 1912.

CONTR. (Du fig.) **Distribuer, semer.**
DÉR. **Récoltable, récoltant, récolteur.**

RÉCOLTEUR, EUSE [ʀekɔltœʀ, øz] n. — XXᵉ; de *récolter.*

♦ Personne employée à une récolte (se dit notamment pour le caoutchouc). *Récolteur de latex.* ⇒ **Saigneur.** «*Une famille de récolteurs*» (Céline, *Voyage au bout de la nuit,* p. 128; 1932).

RECOMBINAISON [ʀ(ə)kɔ̃binɛzɔ̃] n. f. — Mil. XXᵉ (1954); de *recombiner.*

♦ Phys., chim. Action de recombiner; fait de se recombiner (à propos d'éléments d'un ensemble précédemment décomposé). *Coefficient de recombinaison des ions d'un gaz circulant en chambre d'ionisation.*

(...) le nombre de générations *cellulaires,* donc de chances de mutations, dans la lignée germinale d'ovule à ovule ou de spermatozoïde à spermatozoïde est très grand.
C'est peut-être ce qui explique que le taux de certaines mutations chez l'homme paraisse relativement élevé : de l'ordre de 10^{-4} à 10^{-5} par exemple, pour un certain nombre de mutations provoquant des maladies génétiques aisément repérables. Encore faut-il noter que les chiffres avancés ici ne tiennent pas compte des mutations individuellement non décelables, mais qui, associées par recombinaison sexuelle, pourraient avoir des effets sensibles.
                    Jacques MONOD, le Hasard et la Nécessité, 1970, p. 157-158.

RECOMBINER [ʀ(ə)kɔ̃bine] v. tr. — 1875; de *re-,* et *combiner.*

♦ Combiner de nouveau (les éléments d'un ensemble antérieurement décomposé). ⇒ **Recomposer.** «*Couper les filaments de DNA extraits des cellules, coller les fragments ainsi obtenus selon des combinaisons quelconques* (on dit recombiner) *et introduire les molécules recombinées (hybrides ou chimères) dans des cellules vivantes*» (la Recherche, avr. 1980, p. 392). — Pron. *Molécule dont les éléments se scindent puis se recombinent au cours d'une réaction.*

DÉR. **Recombinaison.**

RECOMMANDABLE [ʀ(ə)kɔmãdabl] adj. — 1450; de *recommander.*

♦ **1.** Digne d'être recommandé, estimé, considéré. ⇒ **Estimable.** *Écrivain, personne recommandable par telle ou telle qualité* (→ Commencer, cit. 10; familiarité, cit. 15). *Des écrivains recommandables et distingués* (→ Ordre, cit. 34). — «*Une méditation* (...) *recommandable aux* (...) *ennuyés de la vie*» (Léon Bloy, le Désespéré, p. 66).

Il n'y a pas de petite ville qui ne renferme une assez bonne bibliothèque, et pres-   1
que partout on peut citer quelques hommes recommandables par leurs talents et
par leurs connaissances.   Mᵐᵉ DE STAËL, De l'Allemagne, I, XIV.
Je ne pourrai pas me maintenir ici. Non que mon travail ne me donne pas satisfaction   2

aux directeurs de la compagnie. Non, certes. Depuis la fin de mes... expériences, je crois être devenu un subordonné tout à fait recommandable.

G. DUHAMEL, Salavin, VI, XXV.

◆ **2.** Spécialt. Digne d'estime, moralement (surtout dans : *peu recommandable*). *Un individu peu recommandable, pas très recommandable.*

3 (...) le comte de Guiche (...) homme à bonnes fortunes de toutes sortes, cavalier séduisant, mais assez peu recommandable (...)

Émile HENRIOT, Portrait de femmes, p. 101.

CONTR. Condamnable, indésirable, répréhensible.

RECOMMANDANT [ʀ(ə)kɔmɑ̃dɑ̃] n. m. — XXᵉ (1936, Capitant); de *recommander*.

◆ Dr. ⇒ **Recommandataire.**

RECOMMANDATAIRE [ʀ(ə)kɔmɑ̃datɛʀ] n. m. — 1803; dér. de *recommander, recommandation.*

Droit.

◆ **1.** (En procédure civile). Auteur d'une recommandation (6.), en matière de contrainte par corps (on dit aussi *recommandant*).

◆ **2.** (XXᵉ, *in* Larousse, 1932). Dr. comm. Personne qui doit accepter une lettre de change à défaut du tiré ou la payer si le tiré ne le peut.

RECOMMANDATION [ʀ(ə)kɔmɑ̃dasjɔ̃] n. f. — 1150; de *recommander.*

◆ **1.** Action de recommander (qqn); paroles ou écrit par lequel on recommande. ⇒ **Appui, protection; piston** (fam. et péj.). — Rare. *La recommandation d'une personne par son ancien employeur.* — Plus cour. *Une recommandation de M. X.* — (Sans compl.). *Recommandation chaleureuse. Solliciter une recommandation. Hasarder* (cit. 8) *une recommandation auprès de qqn. Homme accessible aux recommandations* (→ Disparate, cit. 6). — *Mot* (→ Couler, cit. 29), *lettre de recommandation* (⇒ aussi **Apostille**). — *Des hommes sans recommandation et sans appui.* ⇒ **Appui, faveur; référence** (→ Mot, cit. 6). — *Portefeuille* (cit. 5) *plein de recommandations.*

1 (...) il y avait au Cercle des Ganaches non point sir Rufus Israël, mais un de ses employés. Mais comme il écrivait fort bien avec son patron, il avait à sa disposition des cartes du grand financier, et en donnait une à M. Bloch (...) ce qui faisait dire au père Bloch : «Je vais passer au cercle demander une recommandation de sir Rufus.» PROUST, À l'ombre des jeunes filles en fleurs, Pl., t. I, p. 773.

2 — Je sais, monsieur le Directeur, que cet employé bénéficie de chaudes recommandations et qu'il jouit d'une faveur particulière à l'Institut.

G. DUHAMEL, Chronique des Pasquier, VIII, VI.

3 Une *carte d'introduction* ne sert jamais à rien. Une *lettre de recommandation* sert rarement à quelque chose. Seule a quelque poids une *visite*, une démarche, et faite dans les termes les plus chauds et les plus pressants (...)

MONTHERLANT, les Célibataires, I, V.

Fig. Relig. cathol. *Recommandation de l'âme* : ensemble de prières pour les mourants. — (1690). Vx. *Recommandation au prône* : demande de prières en faveur de l'âme des défunts, faite en chaire.

◆ **2.** Action de désigner (qqch.) à l'attention favorable de qqn, en en soulignant les mérites, les avantages (→ Grammaire, cit. 6; mort, cit. 16). *La chaleureuse recommandation de ce restaurant par le guide X... nous avait déterminés à y faire halte.*

◆ **3.** (V. 1340). *Une, des recommandations.* Action de conseiller avec insistance (qqch.). ⇒ **Avis, conseil, exhortation.** *Faire des recommandations à qqn pour qu'il fasse qqch. afin qu'il se conduise mieux. Prodiguer ses recommandations et ses réprimandes.* ⇒ **Chapitrer.** *Recommandation pressante, impérieuse, d'avoir à faire qqch.* ⇒ **Avertissement, commandement, ordre.**

4 — Tu te maries dans trois jours, ma chère petite, me dit ma mère à l'oreille, je dois donc te faire maintenant, sans pleurnicheries bourgeoises, les recommandations sérieuses que toutes les mères font à leurs filles.

BALZAC, Mémoires de deux jeunes mariées, Pl., t. I, p. 229.

5 (...) puis il fit à Duroy une série de recommandations pour le journal, bien que tout fût réglé et convenu avec M. Walter. MAUPASSANT, Bel-Ami, I, VI.

Dr. internat. publ. Acte par lequel un Conseil, un organisme international (Société des Nations, puis Organisation des Nations Unies) invite les parties à donner une solution particulière à leur différend. *Les recommandations du Conseil de sécurité* (→ Paix, cit. 20).

◆ **4.** Vx. Considération*, estime que telle ou telle qualité emporte auprès d'autrui. *La recommandation de la vertu* (→ Frivole, cit. 2). *«J'ai l'honneur* (cit. 18) *en recommandation»* (Molière).

6 (...) un homme qui n'a que beaucoup de mérite pour toute recommandation (...)

LA BRUYÈRE, les Caractères, II, 4.

7 (...) et cette noblesse ne pouvait être une recommandation (...)

BALZAC, la Fausse Maîtresse, Pl., t. II, p. 12.

◆ **5.** (1904). Garantie par laquelle un expéditeur s'assure, en payant une taxe, du bon acheminement d'une lettre ou d'un colis. *Fiche de recommandation postale.* ⇒ **Recommander** (5.).

◆ **6.** (1690). Dr. pén. «Acte par lequel un créancier fait opposition

à la mise en liberté de son débiteur déjà incarcéré» (Code de procédure civile, art. 791).

8 Le débiteur pourra être recommandé par ceux qui auraient le droit d'exercer contre lui la contrainte par corps. Celui qui est arrêté comme prévenu d'un délit peut aussi être recommandé : et il sera retenu par l'effet de la recommandation, encore que son élargissement ait été prononcé (...)

Code de procédure civile, art. 792.

RECOMMANDÉ, ÉE [ʀ(ə)kɔmɑ̃de] adj. ⇒ **Recommander.**

RECOMMANDER [ʀ(ə)kɔmɑ̃de] v. tr. — V. 1265; fin Xᵉ, «livrer (une personne à qqn)»; de *re-*, et *commander.*

◆ **1.** Désigner (qqn) à l'attention bienveillante, à la protection d'une personne. ⇒ **Parler** (pour), **protéger** (→ 1. Mou, cit. 19; personne, cit. 44). *Recommander un ami à un employeur. Je vous le recommande. Il a été chaudement recommandé auprès du ministre.* ⇒ **Appuyer, épauler, patronner.** *Recommander qqn pour un poste.* ⇒ aussi **Présenter** (I., 2.).

1 (...) je l'assurai de ma bien vive reconnaissance si elle voulait bien me recommander à quelque employeur éventuel... parmi ses relations...

CÉLINE, Voyage au bout de la nuit, p. 196.

Par ext. *Recommander qqn aux prières des fidèles.* — Loc. (1690). Vx. *Recommander qqn au prône* (par antiphrase : calomnier, accabler).

2 Il reprit : «Je recommande à vos prières Désiré Vallin, qu'est bien malade et aussi la Paumelle qui ne se remet pas vite de ses couches.»

MAUPASSANT, les Contes de la Bécasse, «Les sabots».

(XIIIᵉ). Fig. *Recommander à Dieu...* ⇒ **Prier** (pour). *«Je vous recommande les âmes de mon père et de ma mère»* (→ Prière, cit. 6). *Recommander son âme à Dieu* (avant de mourir).

◆ **2.** (V. 1174). Indiquer, désigner (qqch.) à l'attention de qqn; vanter les mérites, les avantages de... ⇒ **Prêcher, préconiser** (→ Initiation, cit. 1; injuste, cit. 8). *Recommander l'exercice corporel* (cit. 4). *Recommander un restaurant, un vin. Recommander un film, un livre à des amis. Recommander la modération* (→ Haut, cit. 58). *Je recommande cette méthode à tous ceux...* (→ Éreintage, cit. 1). *On ne saurait trop recommander...* ⇒ **Insister** (sur).

3 Ma manière était bonne pour moi; elle ne vaudrait rien pour un autre. Je me garderais bien de la recommander à personne.

FRANCE, le Livre de mon ami, Livre de Pierre, II, X.

(Sujet n. de chose). *Un écriteau recommandait un hôtel* (→ 1. Flèche, cit. 15). — *Ce qu'un grand nom recommande* (→ Aveuglément, cit. 11).

◆ **3.** (V. 1080). Demander avec insistance (qqch.) à qqn. ⇒ **Commander, conseiller.** *Je vous recommande la discrétion, le secret...* (Suivi de *de* et l'inf.). Conseiller (d'agir de telle ou telle façon). ⇒ **Avertir, conseiller, dire, exhorter.** *Je vous recommande de lui faire le meilleur accueil* (cit. 5). → aussi Astre, cit. 3; carrefour, cit. 4; causeur, cit. 3; discret, cit. 10; 1. manger, cit. 17; négliger, cit. 2. (Impersonnel). *Il est recommandé aux chrétiens...* (→ Désir, cit. 23). *Il est recommandé de retenir sa place.*

4 (...) je sais que vous allez vous marier; ma mère me l'a dit, en me recommandant de n'en parler à personne (...) G. SAND, la Mare au diable, VI.

◆ **4.** (V. 1370). Sujet n. de chose. Rendre (qqn) digne d'estime, de considération...

5 (...) le Consul général avait voulu faire, avant l'arrivée de la Cour, les honneurs de Gênes à une personne que sa fortune, son nom et sa position recommandaient autant que son talent. BALZAC, Honorine, Pl., t. II, p. 249.

6 Ce qui les recommandait (*les aristocrates*) au respect les désigne à la malveillance, et le peuple, qui, tout en souffrant de leurs droits, n'avait point de haine pour leurs personnes, apprend à les considérer comme des ennemis.

TAINE, les Origines de la France contemporaine, III, t. I, p. 112.

◆ **5.** (1893). Soumettre à la formalité de la *recommandation* (5.), par laquelle l'expéditeur obtient de l'Administration des Postes, contre paiement, l'engagement de ne remettre la lettre ou le colis que contre reçu du destinataire, ainsi que le paiement d'une indemnité, en cas de perte. *L'Administration des Postes donne un récépissé à l'expéditeur qui recommande son envoi.*

7 «J'ai mis ma lettre à la poste de la rue Littré.» — «L'avez-vous recommandée?» — «Oh! patron! pas si poire. Et l'incognito?»

G. DUHAMEL, Salavin, Journal, 28 févr.

◆ **6.** Dr. (procéd. civ.). Exercer la recommandation* (6.) contre un débiteur emprisonné.

▶ **SE RECOMMANDER** v. pron. (V. 1280, sens 2).

◆ **1.** (1611). *Se recommander de qqn,* invoquer son appui, son témoignage. ⇒ **Réclamer** (III.). — *Se recommander de qqch. Cette personne, cette chose se recommande d'elle même* : elle n'a pas besoin d'être recommandée, vantée; sa valeur, son mérite plaide assez en sa faveur (→ Goût, cit. 48).

8 Je n'ai pas besoin de vous recommander de lui faire bon accueil; — il se recommande assez lui-même. Th. GAUTIER, Mˡˡᵉ de Maupin, XII.

◆ **2.** (V. 1280). *Se recommander à qqn,* demander, réclamer sa bienveillance, sa protection. *Se recommander à Dieu* (→ Attarder, cit. 6), *à la dame* (cit. 5) *de ses pensées.* — Loc. *Se recommander* *à tous les saints du paradis :* solliciter la protection de tout le monde. — Par ext. *Se recommander au bon souvenir, aux pensées de qqn.*

9   (...) il allait lui abattre la tête (...) La pauvre femme (...) le pria de lui donner un petit moment pour se recueillir. — Non, non, dit-il, et recommande-toi bien à Dieu (...)   Ch. PERRAULT, Contes, « Barbe-Bleue ».

♦ **3.** (1588). *Se recommander par ... :* montrer son mérite, sa valeur par (telle qualité). *Se recommander par la pureté du style* (→ Cuistre, cit.ᵗ 5), *la pondération* (cit.) *du raisonnement. Famille qui se recommande par l'antiquité de la race* (→ Proverbial, cit. 1). — Par ext. Être remarquable. *Se recommander par une personnalité singulière* (→ Canaille, cit. 12).

10   Vingt ans avant ce crime, devenu célèbre en Limousin, le canton de Montégnac se recommandait par ses mauvaises mœurs.   BALZAC, le Curé de village, Pl., t. VIII, p. 581.

▶ **RECOMMANDÉ, ÉE** p. p. adj. (V. 1360, « recommandable »).

♦ **1.** (Correspondant au sens 1). *Être très recommandé.* ⇒ **Pistonné** (→ Aborder, cit. 13). — N. (1930). *Des recommandés.*

♦ **2.** (Sens 2). Préconisé. Loc. *Ce n'est pas recommandé, pas très recommandé :* il vaut mieux éviter cela, ce n'est pas une chose à faire.

11   « Je ne m'étais pas fait beau, hier soir, comme le billet m'y invitait (tenue de soirée recommandée), pour aller à l'Opéra-Comique (...)   F. MAURIAC, Bloc-notes 1952-1957, p. 82.

♦ **3.** (Sens 3). Conseillé. *Films recommandés.*

♦ **4.** (Sens 5). *Pli recommandé* (→ Exproprier, cit. 3), *lettre recommandée* (→ Échangiste, cit. 1).

CONTR. Condamner, déconseiller, dénigrer.

DÉR. Recommandable, recommandant, recommandataire, recommandation.

RECOMMENÇANT, ANTE [ʀ(ə)kɔmɑ̃sɑ̃, ɑ̃t] adj. — xıxᵉ (av. 1848, Chateaubriand) ; p. prés. de *recommencer.*

♦ Littér. Qui recommence, se produit de nouveau.

À la clarté de cette faible lampe non encore éteinte, il avait cherché les âmes des anciens morts dans les cryptes les moins explorées de ces très vieux âges. À force d'amoureuse volonté et de force d'art, il les avait tirées à la lumière et leur avait donné des couleurs d'une recommençante vie.   Léon BLOY, le Désespéré, p. 96.

RECOMMENCEMENT [ʀ(ə)kɔmɑ̃smɑ̃] n. m. — 1546 ; de *recommencer.*

♦ Action de recommencer. *Le recommencement des massacres* (→ Main, cit. 31). ⇒ **Reprise, retour.** *Ce retour n'est pas un recommencement* (→ Bref, cit.). « *L'histoire, nous disent les vieillards, est un perpétuel recommencement* » (→ Contestable, cit. 2). *L'éternel recommencement du monde dans les générations* (cit. 17). ⇒ **Répétition.**

CONTR. Cessation.

RECOMMENCER [ʀ(ə)kɔmɑ̃se] v. tr. — Conjug. commencer. — 1080, Chanson de Roland, recomencer ; recommencier, xııᵉ ; recommencer, xıııᵉ ; comp. de re-, et *commencer.*

★ **I.** V. tr. ♦ **1.** (V. 1283). Commencer de nouveau (ce qu'on avait interrompu, abandonné, ou rejeté). ⇒ **Reprendre.** *Recommencer la lutte* (→ Griserie, cit. 4). *Recommencer l'existence commune avec qqn* (→ Frivolité, cit. 7). *Recommencer des cours en octobre. Recommencer un récit à partir de..., depuis le début. Recommencer sans fin* (cit. 21) *une œuvre avortée.* Absolt. Reprendre au commencement.

1   Je ne sais où j'en étais. J'ai été si souvent interrompu, que je ferais tout aussi bien de recommencer.   DIDEROT, Jacques le fataliste, Pl., p. 515.

Vx ou littér. **RECOMMENCER DE** (et inf.). *Recommencer de discourir* (cit. 5), *de parler* (→ Meneur, cit. 3). *On recommence de haïr* (→ Espérer, cit. 20).

Cour. **RECOMMENCER À...** ⇒ **Remettre** (se). *Il a recommencé à l'accabler d'injures* (cit. 8). *Recommencer à souffrir* (→ Hisser, cit. 6), *à s'impatienter* (→ 1. Foudre, cit. 4). *Il recommence à être ennuyeux* (→ **Redevenir**). *Ses idées recommencèrent à se mêler.* ⇒ **Nouveau** (de nouveau ; → cit. 37). *Désintoxiqué qui recommence à fumer...* ⇒ **Re-**, préf. (refumer, etc.).

2   (...) ses larmes recommencèrent à couler sans effort.   LACLOS, les Liaisons dangereuses, LXIII.

Impers. *Voilà qu'il recommence à pleuvoir !*

♦ **2.** Faire de nouveau depuis le début (ce qu'on a déjà fait). ⇒ **Refaire.** *Recommencer un travail, un exercice, une expérience.* ⇒ **Répéter** (→ Exercer, cit. 43). *Recommencer dix fois la même page* (→ Malheureux, cit. 13). *La Bruyère recommence et retouche ses portraits* (cit. 14). *Recommencer une classe.* ⇒ **Doubler, redoubler.** *Recommencer un numéro de spectacle.* ⇒ **Bisser.** *Recommencer un voyage d'exploration* (cit. 1). *Recommencer ses demandes.* ⇒ **Réitérer, renouveler, revenir** (à la charge). *Recommencer les mêmes erreurs* (→ Expérience, cit. 25). *Toujours recommencer les*

mêmes efforts ! (→ 1. Champ, cit. 8). *Tout est à recommencer !* (Se dit en particulier lorsqu'on échoue près du but).

Absolt. Refaire la même chose. *Recommencer toujours* (→ Démission, cit. 3), *infatigablement, inlassablement* (→ Fantasia, cit. 2). *Comme personne n'écoute* (cit. 14), *il faut recommencer toujours. Vous plairait-il de recommencer ?* (→ 1. Être, cit. 61). ⇒ **Répéter.**

Loc. *Recommencer sur (de) nouveaux frais* (cit. 7 et 8). — Fam. *Quand c'est fini on recommence. Tourner la page* (1. Page, cit. 5) *et recommencer. Si c'était à recommencer...* (sous-entendu : j'agirais tout autrement). *Avoir envie de recommencer.* ⇒ **Revenir** (revenezy) ; → fam. Remettre* ça. *Coupable qui recommence.* ⇒ **Récidiver.** *Si tu recommences, tu seras puni. Ôter à qqn l'envie de recommencer* (en menaçant, en punissant...). — Inclination, cit. 22.

3   Malheureusement pour moi, je me suis avisé d'abord de satiriser le monde, et je me suis mis tous les auteurs contre moi... Ha ! que si c'était à recommencer...   FURETIÈRE, le Roman bourgeois, ı, p. 83.

4   Il se méprisera lui-même, il se repentira ; mais, la nécessité revenant, il recommencerait ; car la volonté lui manque (...)   BALZAC, Illusions perdues, Pl., t. IV, p. 906.

5   Non, disait-elle, il ne faut pas qu'on fasse attention à moi, ce sera le mieux, et si tu me faisais danser une fois, tu voudrais recommencer tous les dimanches, et il n'en faudrait pas tant pour faire causer.   G. SAND, la Petite Fadette, XXVII.

(1823). *Recommencer sa vie :* faire tout autre chose que ce qu'on a déjà fait (→ Loisible, cit. 3).

6   Ainsi en va-t-il sans doute de notre vie. Si nous ne souhaitons pas de la recommencer telle quelle, c'est qu'une prévision du passé, s'étendant à toutes ses parts, la vide de ce qui faisait à nos yeux son prix : la fantaisie, la liberté, l'arbitraire.   J. PAULHAN, Entretien sur des faits divers, p. 68.

★ **II.** V. intr. ♦ **1.** (1670). Avoir de nouveau un commencement. *Que le jour recommence et que le jour finisse...* (cit. 13). *Les mois s'écoulent* (cit. 15) *et recommencent. Tout renaît et recommence* (→ Immuable, cit. 3). ⇒ **Renouveler** (se) ; **recommencement.**

7   La lune est par elle-même un signe de mort et de recommencement. Surtout dans les pays où le ciel est souvent clair, le retour de la lune fut célébré à grands cris comme le signe que rien n'est irrévocable et que tout recommence (...)   ALAIN, Propos, 2 avr. 1923, La lune pascale.

8   On assure que tout recommence... Oui, sauf ce que nous tenons pour trop aimable, ce que nous regrettons et rougissons de regretter.   COLETTE, l'Étoile Vesper, p. 49.

9   Le lendemain recommence la même journée, le surlendemain la même encore, le jour d'après l'interminable journée se poursuit (...)   Henri MICHAUX, La nuit remue, ı, L'éther.

♦ **2.** (1080). Exister, se produire de nouveau. Avoir une nouvelle activité, après une interruption. ⇒ **Reprendre, revenir.** *La guerre* (→ Animosité, cit. 11), *les hostilités* (cit. 2) *recommencèrent. Les cours recommencent le 1ᵉʳ octobre. Maladie qui recommence.* ⇒ **Récidiver.** *L'orage recommence* (→ Entortiller, cit. 4). *Les pleurs recommencèrent* (→ Étouffer, cit. 8). — (1690). Fam. *Voilà que ça recommence de plus belle* (supra cit. 120). ⇒ **Redoubler.**

10   Ici on recommencé les remerciements, mais ils n'avaient pas ce même degré de pathétique (...)   LACLOS, les Liaisons dangereuses, XXI.

11   Il y eut donc une noce, où vinrent quarante-trois personnes, où l'on resta seize heures à table, qui recommença le lendemain et quelque peu les jours suivants.   FLAUBERT, Mᵐᵉ Bovary, I, ıı.

▶ **RECOMMENCÉ, ÉE** p. p. adj. *Création* (cit. 6) *perpétuellement recommencée. Cheminement toujours recommencé* (→ Hisser, cit. 12). — « *La mer, la mer toujours recommencée* » (Valéry ; → 1. Comble, cit. 9). — *Travail dix fois recommencé et jamais fini.*

CONTR. Cesser.

DÉR. Recommençant, recommencement.

RÉCOMPENSANT, ANTE [ʀekɔ̃pɑ̃sɑ̃, ɑ̃t] adj. — xxᵉ (Gide, in G. L. L. F.) ; p. prés. de *récompenser.*

♦ Littér. Qui apporte une récompense morale. ⇒ **Fructueux, satisfaisant.**

RÉCOMPENSE [ʀekɔ̃pɑ̃s] n. f. — 1400 ; déverbal de *récompenser.*

♦ **1.** Vx. Don, faveur qui compense une perte, un dommage. ⇒ **Compensation, dédommagement.** *La récompense d'une perte.* — (1804). Mod. Dr. Sous le régime de la communauté de biens entre époux, « Indemnité* pécuniaire due par la communauté à l'un des époux ou par l'époux à la communauté et qui est réglée après la dissolution de la communauté » (Capitant).

Loc. (1580). Vx. **EN RÉCOMPENSE :** en compensation. → En revanche*, en retour*, par échange*. ⇒ **Équivalence,** cit. 1 ; entêter, cit. 5). « *Cette femme est fort belle, mais en récompense elle est fort coquette* » (Furetière).

♦ **2.** (1413). Mod. et cour. Bien matériel ou moral donné ou reçu pour une bonne action, un service rendu, des mérites particuliers. *La récompense de qqch., reçue en raison de qqch., pour qqch. La récompense de qqn, les récompenses reçue par lui. Voilà pour ta récompense. — Une, des récompenses* (sans compl.). *La récompense ou le châtiment* (cit. 6), *la punition, la peine* (→ Équité, cit. 17). *Peser les récompenses et les peines* (cit. 1). *Récompenses terrestres, dans une autre vie* (→ Immortalité, cit. 1). *Mériter une récom-*

pense (→ Aimer, cit. 3; offenser, cit. 19). *Juste récompense. Briguer* (cit. 3), *demander, réclamer, vouloir une récompense. L'appât* (cit. 5) *d'une récompense. Obtenir, recevoir sa récompense* (→ Eudémonisme, cit. 1). *Sans aucune récompense* (→ Grandeur, cit. 25). — *Promettre une récompense* (→ Entier, cit. 6; gâcher, cit. 2). *Accorder, donner, décerner, distribuer des récompenses* (→ Expédier, cit 2). *Distribution de récompenses* (→ Lauréat, cit. 1). — *Récompense d'un service* (→ Fief, cit. 2). *La récompense d'un effort* (⇒ **Bénéfice**; → Grâce, cit. 36), *de l'amour* (→ Oubli, cit. 14). *La récompense due au talent* (→ Dévolu, cit. 2). *Une récompense bien gagnée*. — *Récompense en argent*. ⇒ **Gratification** (cit. 4), **paiement, pourboire, prime, rémunération, rétribution.** *Récompense honorifique*. ⇒ **Décoration; prix** (II.; → Galon, cit. 5). *Récompense militaire* (cit. 1), *civile*. ⇒ **Médaille, citation, mention.** *Récompense scolaire, académique*. ⇒ **Accessit, couronne, diplôme** (d'honneur), **mention, prix, satisfecit.** *Liste des récompenses*. ⇒ **Palmarès.** *Concours doté de nombreuses récompenses. Décerner une récompense aux lauréats*. ⇒ **Couronner.**

1 Gardez-vous bien de lui parler d'aucune récompense; car c'est un homme (...) qui ne fait les choses que pour la gloire et pour la réputation.
MOLIÈRE, le Sicilien, 10.

2 Quel est donc cet instinct moral qui apprend à l'homme sans éducation que la récompense de ces actions est dans le cœur de celui qui les a faites? Il semble qu'en nous les payant on nous les ôte.
CHAMFORT, Maximes, Sur les sentiments, XLIII.

3 Une religion plus haute viendra quand les hommes seront capables de pratiquer la vertu pour elle-même et non par la crainte d'un châtiment ou par l'espoir d'une récompense ultra-terrestre (...) JAURÈS, Hist. socialiste, t. V, p. 79.

EN RÉCOMPENSE. *Ce qu'il a eu en récompense, en récompense des services qu'il avait rendus*. ⇒ **Peine** (pour sa).

(1636). Par antiphr. Punition (d'une mauvaise action). « *Ton impudence* (cit. 1), *Téméraire vieillard aura sa récompense* » (Corneille). — Iron. *Il est resté pauvre, c'est la récompense de l'honnêteté*. ⇒ **Fruit, loyer, salaire.** (→ aussi Consacrer, cit. 6).

4 Oserai-je, Seigneur, dire ce que je pense?
Vous-même de vos soins craignez la récompense,
Et que dans votre sein ce serpent élevé
Ne vous punisse un jour de l'avoir conservé. RACINE, Andromaque, I, 2.

REM. Le sens d'«action de récompenser» est resté virtuel ou du moins rare *(la récompense de qqn, d'un acte par qqn)*.

CONTR. **Châtiment, correction, peine, punition, sanction.**

RÉCOMPENSER [Rekɔ̃pɑ̃se] v. tr. — 1322; lat. *recompensare*, de *re-*, et *compensare*. → Compenser.

♦ **1.** (V. 1290). Vx. Dédommager. *Récompenser qqn pour une perte. La nature l'avait largement* (cit. 3) *récompensée*. — Pron. (V. 1460, Villon). *Se récompenser* : se dédommager.

Par ext. *Récompenser une chose*. ⇒ **Compenser.**

1 D'autres propos chez vous récompensent ce point,
Propos, agréables commerces,
Où le hasard fournit cent matières diverses (...) LA FONTAINE, Fables, IX, 20.

♦ **2.** (V. 1380, puis 1611). Mod. Gratifier (qqn) d'une récompense, accorder une récompense à (qqn). *Récompenser une personne d'un service qu'elle a rendu*. ⇒ **Payer** (de). *Récompenser qqn en lui donnant de l'argent* (⇒ **Primer, rémunérer**), *en l'intéressant* (cit. 5) *aux affaires... Récompenser qqn par des honneurs, en décernant* des prix...* ⇒ **Couronner, décorer.** *Dieu récompense les justes*. ⇒ **Bénir.** *Être récompensé de ses efforts, de sa sagesse* (→ Ici, cit. 3.), *d'avoir gardé l'espoir... Les méchants ont été punis et les bons récompensés* (→ Moral, cit. 3).

2 (...) ils avaient été justement récompensés de leur loyauté et de leur zèle par les plus magnifiques charges et par les fonctions les plus lucratives (...)
HUGO, l'Homme qui rit, II, I, I.

Pron. *Se récompenser* : se donner une récompense à soi-même.

3 La belle trouvaille!
Il s'en récompensa d'un hochement de tête louangeur (...)
COURTELINE, Messieurs les ronds-de-cuir, Vᵉ tableau, II.

(1580). Compl. n. de chose. *Récompenser des services* (→ Diminuer, cit. 7; et aussi encourager, cit. 11). *Récompenser les mérites, le mérite* (cit. 1) *de qqn* (→ Lui faire, lui rendre justice*). *Un talent qui n'est jamais récompensé* (→ Misanthrope, cit. 4). *Récompenser la vertu* (→ 1. Marque, cit. 10). *Il y a un jour* (cit. 32) *où la vertu est récompensée* (→ aussi Mélodrame, cit. 3).

4 Le monde récompense plus souvent les apparences du mérite que le mérite même.
LA ROCHEFOUCAULD, Maximes, 166.

5 Et voilà comme la vertu est toujours récompensée. Si elle était récompensée, elle ne serait pas la vertu. FLAUBERT, Correspondance, 1282, fin mars 1872.

6 (...) le voleur sait très bien dire que, dans un monde de voleurs, il est sot d'être honnête. Celui-là aussi aura ce qu'il mérite; méprisé s'il est faible, honoré s'il est fort (...) Ainsi toutes les fautes sont par elles-mêmes punies, et toutes les vertus sont par elles-mêmes récompensées; les unes et les autres en leur monnaie propre.
ALAIN, Propos, 3 janv. 1933, Le grand jugement.

(1835; *récompenser qqn* «le punir», 1690). Par antiphr. *Être récompensé, puni. Pas un mot de remerciement! Me voilà bien récompensé!*

▶ **RÉCOMPENSÉ, ÉE** p. p. adj. *Concurrents récompensés*. ⇒ **Lauréat** (→ Mellifu, cit. 2). — *Services récompensés, mal récompensés*.

CONTR. **Châtier, corriger, punir.**
DÉR. **Récompense.**

RECOMPOSABLE [R(ə)kɔ̃pozabl] adj. — 1838; de *recomposer*.

♦ Rare. Qui peut être recomposé.

RECOMPOSER [R(ə)kɔ̃poze] v. tr. — 1549; comp. de *re-*, et *composer*.

♦ **1.** Composer (ce qui est décomposé, défait); réunir* les éléments de (qqch.). — Chim. *Recomposer un corps*. — *Décomposer et recomposer l'étendue* (→ Espace, cit. 6). — Absolt. *L'intelligence* (cit. 6) *décompose et recompose*. ⇒ **Reconstruire, refaire.** — Pron. *Société qui se dissout* (cit. 6) *et se recompose*.

La vie ne se recompose pas. Elle se laisse regarder simplement. 1
H. BERGSON, le Rire, p. 128.

Toute sa vie se recomposa dans sa mémoire sous la forme d'une série de miniatures dont les personnages étaient animés d'une vie de marionnettes. 2
P. MAC ORLAN, Quai des brumes, IX.

♦ **2.** (1680). Techn. (imprim.). Composer* (I., 4.) de nouveau (un texte). *Recomposer une ligne, une page auxquelles ont été apportées des corrections*.

♦ **3.** (XVIIIᵉ). Littér. *Recomposer une œuvre*. ⇒ **Récrire, refondre.**

CONTR. **Analyser, décomposer.**
DÉR. **Recomposable, recomposition.**

RECOMPOSITION [R(ə)kɔ̃pozisjɔ̃] n. f. — 1762; de *recomposer*.

♦ **1.** Action de recomposer. *La recomposition d'un corps*. ⇒ **Synthèse.** *La recomposition de la propriété*. ⇒ **Réfection** (→ Émietter, cit. 3). *Décompositions et recompositions de l'espace* (cit. 6). ⇒ **Reconstitution.**
(1904, in *Rev. gén. des sc.*). *Recomposition du spectre*.

♦ **2.** (1839). Techn. (imprim.). Nouvelle composition. *Recomposition d'un texte, d'une page. Relire une recomposition sur épreuves*.

♦ **3.** Ling. Traitement par lequel, dans un mot composé, un élément est modifié pour lui restituer la forme qu'il avait en tant qu'élément libre (mot simple).

RECOMPTER [R(ə)kɔ̃te] v. tr. — 1426; de *re-*, et *compter*.

♦ Compter de nouveau. *Il compta et recompta le contenu de son porte-monnaie* (cit. 1). — Absolt. *Recompter pour vérifier. Recomptez, votre addition est fausse*.

Dans une armoire il les porta *(les pommes)*,
Les compta, rangea, recompta,
Ferma les doubles tours de sa double serrure (...) FLORIAN, Fables, IV, 10.

RÉCONCILIABLE [Rekɔ̃siljabl] adj. — V. 1587; de *réconcilier*.

♦ Rare. Qui peut être réconcilié. *Réconciliable à qqn* (Malherbe), *avec qqn* (Saint-Simon).

CONTR. **Irréconciliable** (plus cour.).

RÉCONCILIATEUR, TRICE [Rekɔ̃siljatœR, tRis] n. et adj. — V. 1350; du lat. *reconciliator*, de *reconciliare*. → Réconcilier.
Littéraire.

♦ **1.** N. Personne qui réconcilie des personnes brouillées. ⇒ **Médiateur.** — Fig. *La mort, la grande réconciliatrice* (→ Genou, cit. 16).

♦ **2.** Adj. Qui réconcilie. *Des instances, des influences réconciliatrices*.

RÉCONCILIATION [Rekɔ̃siljasjɔ̃] n. f. — XIIIᵉ, sens religieux; lat. *reconciliatio*, de *reconciliare*. → Réconcilier.

♦ **1.** Liturgie cathol. Cérémonie par laquelle une personne est réintégrée dans l'Église. *Réconciliation d'un clerc suspens*.
(XVIᵉ). Cérémonie par laquelle un lieu saint qui a été violé est béni de nouveau. *Réconciliation d'une église profanée, d'un cimetière violé, d'un autel « exécré »* (dont la consécration a été perdue)... ⇒ **Bénédiction.**

♦ **2.** (V. 1350). Cour. Action de rétablir l'amitié entre deux personnes brouillées; fait de se réconcilier. ⇒ **Accommodement, raccommodement, rapatriage** (vx), **rapprochement.** *La réconciliation de deux personnes* (par qqn). — *(Une, des réconciliations). Réconciliation sincère, solide; réconciliation fragile, feinte, normande, plâtrée* (⇒ **Replâtrage**). *Aider, travailler à la réconciliation de deux personnes. Prendre l'initiative d'une réconciliation*. ⇒ **Avance** (faire des avances). → Faire les premiers pas*, tendre la main. *Baiser* de*

paix donné en signe de réconciliation. Depuis leur réconciliation...
(→ Héroïque, cit. 3). *Rétablir, retrouver l'harmonie*, la paix par une réconciliation.*

1 La réconciliation avec nos ennemis n'est qu'un désir de rendre notre condition meilleure, une lassitude de la guerre, et une crainte de quelques mauvais événements.
LA ROCHEFOUCAULD, Maximes, 82.

2 (...) sur ces entrefaites, Racine ménagea entre les deux adversaires *(Boileau et Perrault)* une réconciliation qui, sans être jamais fort tendre, fut honnête du moins et suffisante.
SAINTE-BEUVE, Causeries du lundi, 29 déc. 1851.

3 La naissance d'un dernier fils avait scellé leur réconciliation.
GIDE, les Faux-monnayeurs, I, II.

(1804). Dr. *Réconciliation des époux en instance de séparation de corps ou de divorce.*

4 L'action en divorce s'éteint par la réconciliation des époux survenue, soit depuis les faits allégués dans la demande, soit depuis cette demande.
Dans l'un et l'autre cas, le demandeur est déclaré non recevable dans son action ; il peut néanmoins en intenter une nouvelle pour cause survenue ou découverte depuis la réconciliation, et se prévaloir des anciennes causes à l'appui de sa nouvelle demande.
Code civil, art. 244.

Par ext. La réconciliation nationale (→ Distinction, cit. 3), *des peuples :* l'oubli des querelles entre partis, entre nations hostiles. ⇒ **Fraternisation** (→ aussi Forme, cit. 36). — *Réconciliation de partis, d'Églises, de sectes...*

5 L'Église en son admirable tentative d'universelle réconciliation se fondait sur cette idée que les hommes, si différents qu'ils soient par l'aspect, la force, les aptitudes, et encore divisés par les passions et les intérêts, ont en commun, l'esprit, qui est justement ce qu'il y a de plus éminent en chacun d'eux, et qui soutient et porte tout le reste.
ALAIN, Propos, 22 avr. 1921, Le catéchisme.

CONTR. Brouille (cit. 1), **désaccord, désunion, différend, dispute, division, divorce, fâcherie.**

RÉCONCILIER [Rekõsilje] v. tr. — V. 1160, v. pron. ; relig., absolt «donner l'absolution», v. 1170 ; lat. *reconciliare* «remettre en état ; rétablir ; réconcilier», de *re-*, et *conciliare.* → Concilier.

♦ **1.** (V. 1190). Liturgie cathol. Réunir (une personne) à l'Église. *Réconcilier un hérétique et lui donner l'absolution.* — (V. 1188). Bénir de nouveau (un lieu saint) dans la cérémonie de réconciliation*. *Réconcilier une église profanée, un cimetière violé...*
Par ext. Réunir à Dieu. *Réconcilier le pécheur* (→ Intercession, cit.), *le réconcilier avec Dieu, à Dieu* (vx).

1 *(La religion)* a retiré les hommes de la corruption du péché, pour les réconcilier à Dieu en sa personne divine.
PASCAL, Pensées, VIII, 556.

♦ **2.** (Fin XIIIᵉ). Cour. Réunir par des liens d'amitié, remettre en accord*, en harmonie (des personnes qui étaient brouillées). ⇒ **Accorder, concilier, rabibocher** (fam.), **raccommoder, rapatrier** (vx)... *Le besoin rapproche et réconcilie les hommes* (→ Lier, cit. 14). ⇒ **Rapprocher, réunir.** *Essayer de réconcilier deux ennemis. Entremise destinée à réconcilier deux personnes.* ⇒ **Médiation.** « *On nous réconcilia (...) et depuis ce temps-là nous sommes ennemis* (cit. 3) *mortels.* » *Réconcilier deux ennemis contre une personne, pour une cause.* — (Compl. au sing.). *Réconcilier un groupe de personnes brouillées, un couple.* — Spécialt. Réunir contre un ennemi commun.

2 Ces barbaries réconcilièrent toute la Gaule contre César.
MICHELET, Hist. de France, I, II.

Réconcilier une personne avec une autre, une personne et une autre (→ Échanger, cit. 1 ; inter-, cit. 6). — (XVIIᵉ). Fig. *Un dialecticien* (cit. 3) *qui sait réconcilier Voltaire et Rousseau.* — Vx. *Réconcilier qqn'un à qqn'un.*

3 (...) une incivilité qui vient de ceux qui sont au-dessus de nous, nous les fait haïr ; mais un salut ou un sourire nous les réconcilie.
LA BRUYÈRE, les Caractères, IX, 16.

(Sujet n. de chose). *Le besoin d'argent a réconcilié la noblesse* (cit. 19) *avec la roture.*
Vx ou littér. Se réconcilier qqn, se le concilier* de nouveau.

♦ **3.** *Par ext. Réconcilier un désespéré avec la vie,* lui rendre l'amour de la vie. — (Compl. n. de chose). « *Réconcilier le théâtre avec la morale* (Académie), *la politique et la morale* » (Académie).

4 Ce serait peut-être un moyen de réconcilier la tragédie avec quantité de personnes (...)
RACINE, Phèdre, Préface.

▶ **SE RÉCONCILIER** v. pron. (V. 1160).
(Réfl.). Reprendre des relations normales après un différend. ⇒ **Raccommoder** (se), **renouer.** *Se réconcilier avec qqn* (→ Médiation, cit. 1). — Par ext. :

5 (...) quel homme n'a pas eu besoin d'un miracle pour se réconcilier avec la vie !
Charles NODIER, Contes, « Paul ou la Ressemblance ».

Se réconcilier avec Dieu (Massillon), et, absolt, *se réconcilier* (Voltaire) :* se faire absoudre. — *Se réconcilier avec soi-même :* se mettre en paix avec soi-même, avec sa conscience...
Récipr. Ils se sont réconciliés. ⇒ **Concilier** (se), **pardonner** (se), **rajuster** (se) ; → Renouer, reprendre des relations ; se remettre* bien ensemble (→ Bien, cit. 20). *Se brouiller* (cit. 24) *et se réconcilier* (→ Signer la paix [fig.]). « *Ils se sont réconciliés par mon entremise* » (Académie).

6 M... disait : On m'a dit du mal de M. de... ; j'aurais cru cela il y a six mois ; mais nous sommes réconciliés.
CHAMFORT, Caractères et anecdotes, Réconciliation utile.

Observez des amants qui se réconcilient après une querelle. Ce n'est pas une explication verbale qui apaise leur colère. Soudain un soupir engendre un sourire, deux regards se rencontrent, deux corps se rapprochent. Les voici dans les bras l'un de l'autre et beaucoup plus certains de leur accord que si de longues palabres avaient amené la paix. 7
A. MAUROIS, Un art de vivre, I, 2.

▶ **RÉCONCILIÉ, ÉE** p. p. adj.

♦ **1.** (V. 1190). Absous par l'Église par la réconciliation (1.). — N. *Les réconciliés.*

♦ **2.** Qu'on a réconcilié ou qui s'est réconcilié. *Ennemis réconciliés.* — N. *Des réconciliés* (rare). — *Réconcilié avec soi-même, avec la vie...*

Les magistrats de Milet ont déclaré que la première femme qui se tuera sera exposée nue sur la place publique ; et voilà les Milésiennes réconciliées avec la vie. 8
DIDEROT, Sur les femmes.

CONTR. Brouiller, désaccorder, désunir, diviser, opposer. — Fâcher (se).
DÉR. Réconciliable ; (du même rad.) réconciliateur, réconciliation.

RECONDAMNER [R(ə)kõdane] v. tr. — 1611 ; de *re-*, et *condamner.*

♦ Condamner de nouveau (quelqu'un).

RECONDITIONNEMENT [R(ə)kõdisjɔnmã] n. m. — V. 1970 ; de *reconditionner* «remettre en bonne condition», 1874 ; de *re-*, et *conditionner.*

♦ Techn. Ensemble des travaux d'entretien, de réparation et de rééquipement effectués au cours de l'exploitation d'un puits de pétrole. — REM. Ce terme est préconisé par l'administration pour éviter l'anglicisme *work over.*

RECONDUCTIBLE [R(ə)kõdyktibl] adj. — XXᵉ (1971, in *le Figaro*) ; de *reconduire,* d'après *reconduct(ion).*

♦ Qui peut être reconduit. *Contrat, bail reconductible.* ⇒ **Renouvelable.**

La scène est comme la Phrase : structuralement, rien n'oblige à l'arrêter ; aucune contrainte interne ne l'épuise, parce que, comme dans la Phrase, une fois le noyau donné (le fait, la décision), les expansions sont infiniment reconductibles.
R. BARTHES, Fragments d'un discours amoureux, 1977, p. 245.

RECONDUCTION [R(ə)kõdyksjõ] n. f. — XVIᵉ ; lat. *reconductio,* du lat. jurid. *reconducere.* → Reconduire, 3.
Droit.

♦ **1.** Acte par lequel on continue, on renouvelle une location, un bail à terme. ⇒ **Confirmation, renouvellement.** *Reconduction expresse :* renouvellement de bail par écrit ou verbalement.
(1690). Cour. *Tacite reconduction :* création d'un bail nouveau aux mêmes conditions que l'ancien, à l'expiration de ce dernier, et du consentement tacite du bailleur. *Bail renouvelable tous les trois ans par tacite reconduction.*

♦ **2.** *Reconduction du budget :* application du budget précédent, dans le cas où le budget n'est pas voté à la date voulue. — *Reconduction d'un comité, d'une commission,* maintien en fonction.

RECONDUIRE [R(ə)kõdɥiR] v. tr. — Conjug. *conduire.* — XIVᵉ ; de *re-*, et *conduire,* ou lat. jurid. *reconducere.*

♦ **1.** Accompagner (une personne qui s'en retourne, qui s'en va). ⇒ **Raccompagner.** *Reconduire qqn quelque part, à..., dans... Reconduire chacun chez soi* (→ Moyenner, cit.). *Reconduire des enfants chez leurs parents* (→ Oreille, cit. 33). ⇒ **Conduire, ramener.** — (Sans compl. de lieu). *Reconduire un ami après le spectacle. Reconduire qqn pour le protéger.* ⇒ **Escorter.**

Je mis ma rougeur subite et quelques larmes qui me vinrent aux yeux sur un redoublement de douleur, et la douce créature voulut me reconduire jusque chez moi, les stores du fiacre baissés. 1
BALZAC, Autre étude de femme, Pl., t. III, p. 216.

Clotilde revint chez elle à trois heures du matin, escortée de ses amis (...) qui avaient tenu à la reconduire jusqu'à sa porte, dans ce quartier (...) l'un des plus redoutables du Paris actuel. 2
Léon BLOY, la Femme pauvre, I, XXXIV.

(Av. 1660). Spécialt. Accompagner un visiteur jusqu'à la porte, par civilité (→ Conduire, cit. 4). *Reconduire à la porte* (→ 1. Lancer, cit. 38). — *Reconduire un importun* (pour l'inviter à sortir, à s'en aller).

♦ **2.** (Fin XVIIᵉ). Fig. et iron. Chasser (qqn) sans ménagement. ⇒ **Éconduire, expulser** (→ Faire une conduite* de Grenoble). *Reconduire des ennemis.*

♦ **3.** (XXᵉ ; lat. jurid. *reconducere* «reprendre à bail»). Dr. et admin. Renouveler par reconduction*. — Renouveler ou proroger. *Reconduire des mesures temporaires de sécurité.*

3 Durant cette période, au moindre signe que le péril pouvait reprendre, «le statu quo devait être maintenu et les mesures reconduites au delà».
CAMUS, la Peste, p. 294.

DÉR. Reconductible, reconduite; (du même rad.) **reconduction.**

RECONDUITE [ʀ(ə)kɔ̃dɥit] n. f. — Fin XVIIᵉ; «moyen de retrouver son chemin», 1582; de reconduire, d'après conduite.

♦ Rare. Action de reconduire (qqn). ⇒ **Conduite.** Faire la reconduite à quelqu'un.

RECONFIGURATION [ʀ(ə)kɔ̃figyʀasjɔ̃] n. f. — V. 1970; de re-, et configuration.

♦ Techn. Réorganisation des connexions entre les unités d'un système informatique, d'un système fonctionnel complexe, lorsque certaines sont supprimées et que de nouvelles unités apparaissent. ⇒ **Restructuration.**

RÉCONFORT [ʀekɔ̃fɔʀ] n. m. — V. 1175; de réconforter.

♦ Ce qui redonne des forces morales, ce qui ranime le courage, l'espoir; augmentation de force, de courage... qui en résulte. ⇒ **Aide, appui** (cit. 34), **confort** (vx), **consolation, fortifiant** (fig.), **secours, soutien.** Avoir besoin (cit. 36) de réconfort. Apporter, donner du réconfort, un grand réconfort à qqn. Apporter réconfort et joie aux jeunes hommes de demain (→ Durable, cit. 5). Ce sera pour lui un réconfort. — Les réconforts célestes (→ Homme, cit. 60).

1 Ghéon a repassé par Paris... J'attendais de ce revoir encouragement, appui, réconfort; il ne m'a apporté que tristesse (...) GIDE, Journal, Feuillets, 1918.

2 Sa pensée se redressait peu à peu. Ce fut un réconfort pour elle de se sentir plus ferme qu'elle n'avait cru. MARTIN DU GARD, les Thibault, t. I, p. 123.

CONTR. Découragement; affaiblissement.

RÉCONFORTANT, ANTE [ʀekɔ̃fɔʀtɑ̃, ɑ̃t] adj. — 1875; reconfortant «qui cherche un réconfort», 1430; de réconforter.

♦ **1.** Qui réconforte, console. ⇒ **Consolant.** Idée reposante et réconfortante (→ Naturel, cit. 27). Nouvelles réconfortantes. Le graphique (cit. 3) de la maladie paraissait tout à fait réconfortant au docteur.

Les capitaux n'ont pas boudé. Le rythme des souscriptions mérite les épithètes de réconfortant et de salubre. J. ROMAINS, Donogoo, II V.

♦ **2.** Qui réconforte, revigore. ⇒ **Confortant, cordial** (1.), **remontant, stimulant, tonique.** Aliment, médicament, remède réconfortant. Action réconfortante d'une boisson. — N. m. Prendre un réconfortant (on dit plus souvent remontant). — REM. Il existe entre réconfortant, fortifiant et reconstituant la même différence qu'entre les verbes (→ Réconforter, REM.). En outre, réconfortant se dit surtout d'un médicament liquide à effet rapide.

CONTR. Accablant, attristant, désespérant, navrant. — Affaiblissant, débilitant.

RÉCONFORTER [ʀekɔ̃fɔʀte] v. tr. — Déb. XVIIᵉ, Malherbe; reconforter, 1050; de re-, et conforter.

Donner ou redonner des forces, au moral comme au physique.

♦ **1.** Donner, redonner du courage, de la force, de l'énergie à (qqn), spécialt, pour supporter ou combattre l'adversité. ⇒ **Conforter, soutenir; ranimer, raviver, relever** (le courage...). Il réconforta le patient avec toutes sortes de bons mots (→ Caresse, cit. 19). Être réconforté dans le malheur par une obligation, une nécessité pressante (→ aussi Funérailles, cit. 5). Réconforter qqn par une aide, un soutien... ⇒ **Aider.** Rien ne peut le réconforter. ⇒ **Consoler.** Absolt. Rendre l'espoir, les forces, la vie*... L'amitié réconforte.

1 Denys s'avance et réconforte Jeanne,
Tremblante encor de l'attentat profane. VOLTAIRE, la Pucelle, II.

2 Le pauvre Jeanot pleurait et ne voulait point aller au lit, parce que sa Fanchon n'était point encore rentrée, disait-il, et que c'était à elle à lui faire dire ses prières et à le coucher. La mère Fanchette le réconfortait de son mieux, et Landry entendit avec plaisir qu'elle lui parlait avec beaucoup de douceur et d'amitié.
G. SAND, la Petite Fadette, XXX.

Pron. Se réconforter (→ Désintéresser, cit. 2).

3 Robespierre, aux heures de lutte triste et de lassitude, relisait Jean Jacques pour se réconforter. JAURÈS, Hist. socialiste, t. II, p. 423.

♦ **2.** (Fin XIIᵉ). Redonner des forces physiques, de la vigueur à (une personne affaiblie). ⇒ **Remonter, revigorer, stimuler.** — REM. Réconforter, comme ravigoter, revigorer*, remonter..., indique que l'on obtient assez rapidement un mieux-être subjectif, tandis que reconstituer, fortifier*, impliquent plutôt que l'organisme retrouve ou acquiert des forces neuves par une action plus profonde et plus lente. — Un bon verre de vin et un morceau de bœuf saignant l'ont réconforté.

Pron. Se réconforter (→ Pinard, cit. 1). Il est l'heure de se réconforter, de restaurer ses forces en mangeant, en buvant.

CONTR. Abattre, accabler, affliger, attrister, décourager, déprimer, désespérer, excéder, navrer. — Affaiblir, débiliter, fatiguer.
DÉR. Réconfort, réconfortant.

RECONNAISSABLE [ʀ(ə)kɔnɛsabl] adj. — 1080, Chanson de Roland, reconoisable; de reconnaître.

♦ Qui peut être reconnu* (→ Reconnaître I., 2.), discerné (cit. 2), distingué. Cette absence d'angles qui rendait les Sicambres si reconnaissables parmi les Romains (→ Douceur, cit. 22). Un individu (cit. 1) forme un tout reconnaissable. — Parfum miellé (cit. 2) reconnaissable entre tous. — Reconnaissable à tel caractère, à telle marque (→ Horloge, cit. 4; oxygène, cit. 2).

1 Saint Pierre et saint Paul sont reconnaissables, l'un aux clefs, l'autre à la grande épée sur laquelle il s'appuie. Th. GAUTIER, Voyage en Russie, I, XV.

2 C'est vous, chrétiens, que la liturgie de la Messe déclare participants à la divinité, c'est vous, hommes divins, qui depuis l'Ascension du Christ êtes ici-bas sa personne visible. Avouez que vous n'êtes pas toujours reconnaissables du premier coup. BERNANOS, les Grands Cimetières sous la lune, p. 262.

3 (...) je suis un peu déçue, j'imaginais que les bars de gangsters étaient reconnaissables à quelque signe (...)
S. DE BEAUVOIR, l'Amérique au jour le jour, p. 103.

(Rare). Dont on peut se souvenir. ⇒ **Reconnaître** I., 2. → Identité, cit. 8, Proust.

Par ext. Il n'est pas reconnaissable, tant il est changé. ⇒ **Connaissable.**

CONTR. Méconnaissable.

RECONNAISSANCE [ʀ(ə)kɔnɛsɑ̃s] n. f. — 1538, reconnoissance; reconoisance «gratitude», v. 1190; reconuisance «signe de ralliement», 1080, Chanson de Roland; reconisance «gratitude», au XIIᵉ; dér. de reconnaître.

★ **I.** Le fait de reconnaître* (I.); ce qui sert à reconnaître.

♦ **1.** Acte de reconnaître (I., 1.) de juger qu'un objet a déjà été connu. La reconnaissance d'une chose, d'un visage (par qqn).

Psychol. Processus par lequel une représentation mentale actuelle est reconnue comme trace du passé. On distingue la reproduction, la reconnaissance et la localisation des souvenirs. ⇒ **Mémoire** (1., cit. 28), **souvenir** (→ Imagination, cit. 4). Fausse reconnaissance. ⇒ **Paramnésie.**

1 (...) l'acte concret par lequel nous ressaisissons le passé dans le présent est la reconnaissance (...) H. BERGSON, Matière et Mémoire, p. 96.

♦ **2.** (1680). Le fait de se reconnaître (I., 1. et 2.), de s'identifier mutuellement, et, par ext., de se retrouver après une longue séparation.

2 Leurs adieux furent aussi tendres que l'avait été leur reconnaissance.
VOLTAIRE, Zadig, XVIII.

(1667). Théâtre, littér. Péripétie au cours de laquelle deux ou plusieurs personnes se reconnaissent ou se retrouvent. La reconnaissance finale, dans les comédies classiques (→ aussi Geôlier, cit. 5).

3 Le Pédant et le fermier qui haussait sa lampe pour éclairer le visage de l'homme qui le dérangeait ainsi se nurent (...) à gesticuler d'une manière bizarre et à se ruer en accolades comme cela se pratique au théâtre pour les reconnaissances.
Th. GAUTIER, le Capitaine Fracasse, VII.

SIGNE DE RECONNAISSANCE, par lequel des personnes qui ne se connaissent pas (ou qui ne se sont pas vues depuis longtemps) peuvent se reconnaître (I., 2.). — (Fin XVIᵉ). Mar. Signaux de reconnaissance, faits par un navire à la terre, par deux navires entre eux pour se reconnaître.

★ **II.** Action de reconnaître (II.), d'accepter, d'admettre (qqch., qqn).

♦ **1.** (V. 1190, reconisance). Vx ou littér. Aveu*, confession d'une faute. ⇒ **Confession** (2.). L'humble reconnaissance de ses fautes (→ Oublier, cit. 13).

♦ **2.** Le fait de reconnaître (qqn) pour chef, pour maître. Reconnaissance d'un souverain. ⇒ **Acception.** — Par ext. Imposer sa reconnaissance et son autorité à tous (→ Incliner, cit. 23). — Reconnaissance d'un Dieu, d'une foi.

♦ **3.** Rare. Le fait d'admettre (une chose) après l'avoir niée ou en avoir douté et l'avoir examinée (⇒ **Reconnaître**, II., 4. et 5.). La reconnaissance d'une qualité en qqn, chez qqn (→ aussi Adoration, cit. 1).

♦ **4.** (1587, milit.). Examen (d'un lieu), détermination (d'une position inconnue). ⇒ **Exploration, inspection, investigation, recherche.** La reconnaissance d'un pays inconnu. ⇒ **Découverte.** Reconnaissance du terrain avant une installation. ⇒ **Examen.** Reconnaissance du sol, du sous-sol, des terrains. ⇒ **Prospection, sondage.** — Mar. Reconnaissance d'une côte, d'une rade. — Reconnaissance sanitaire (d'un navire), par laquelle on vérifie la provenance du navire et la bonne observation des règlements sanitaires (patente de santé). ⇒ aussi **Arraisonnement.**

Milit. (dans quelques constructions). Action de recueillir des renseignements sur les conditions du combat (positions, mouvements de l'ennemi, etc.); opération de guerre organisée à cet effet. *Faire, effectuer une reconnaissance.* ⇒ **Éclairer.** — *Mission*, patrouille de reconnaissance.*

EN RECONNAISSANCE (→ Boue, cit. 3). *Envoyer en reconnaissance* (→ Détachement, cit. 8; motard, cit.). *Partir en reconnaissance* (→ Éclaireur, cit. 2). — Fig. et fam. *Aller, partir en reconnaissance, à la recherche* de qqn ou de qqch.* ⇒ **Chercher.**

4 (...) des officiers envoyés en reconnaissance lui avaient annoncé que l'ennemi ne faisait aucun mouvement. HUGO, les Misérables, II, I, VII.

(1875). Par métonymie. (Ce qui reconnaît). Troupe de soldats en reconnaissance, patrouille. *Envoyer une reconnaissance en direction de l'ennemi.*

Spécialt. *Aviation de reconnaissance.* ⇒ aussi **Observation.** Ellipt. *Choisir son affectation dans la chasse, le bombardement ou la reconnaissance.* — *Équipage de reconnaissance* (→ Escadre, cit. 2).

(1835). Par métonymie. (Ce qui sert à reconnaître). Mar. *Amers*, marque indiquant une passe, un danger.*

♦ **5.** (1771). Action de reconnaître formellement, juridiquement.

a Dr. internat. *Reconnaissance comme nation :* acte par lequel un État déclare son intention de reconnaître officiellement une collectivité incorporée dans un autre État, si elle conquiert ou recouvre son indépendance. *Reconnaissance comme État, d'État.*

(1835). Dr. et cour. *Reconnaissance de gouvernement* (cit. 31), par laquelle un État déclare qu'il entretiendra des relations avec un gouvernement issu d'une révolution, d'un coup d'État. *Reconnaissance de jure*, de facto*.*

Reconnaissance (d'individus qui étaient traités en rebelles) *comme insurgés, comme belligérants.*

5 (...) quelques jours avant la reconnaissance de l'indépendance des républiques américaines par l'Espagne, il avait annoncé son retour (...)
BALZAC, la Femme de trente ans, Pl., t. II, p. 812.

6 *(Les collaborationnistes)* ont, en vérité, opté pour cette suprématie allemande qu'ils prétendent avoir seulement reconnue; le mot de reconnaissance a d'ailleurs par lui-même un sens ambigu : reconnaître un gouvernement, c'est le faire exister comme tel.
S. DE BEAUVOIR, Idéalisme moral..., *in* les Temps modernes, n° 2, p. 255.

Reconnaissance de l'autorité d'une assemblée. Reconnaissance d'un droit. ⇒ **Justice.** — Dr. admin. *Reconnaissance d'utilité publique,* par laquelle une association, une fondation privée est déclarée d'utilité publique. — *Reconnaissance légale d'une congrégation* (→ Décret, cit. 3).

b Fait de reconnaître pour sien. (1804). Dr. civ. *Reconnaissance d'enfant :* acte par lequel une personne reconnaît être le père ou la mère d'un enfant (→ Adultérin, cit. 2). *Reconnaissance des enfants naturels simples; des enfants adultérins ou incestueux* (sous certaines réserves). *Reconnaissance volontaire; judiciaire d'un enfant. Acte de naissance portant reconnaissance de l'enfant.* ⇒ aussi **Filiation, légitimation** (cit. 2). — *Action d'un enfant naturel pour contraindre son père à une reconnaissance.* ⇒ **Paternité** (cit. 2).

7 Or, après une absence de treize mois, il arriva au foyer conjugal, au moment où sa femme, encore alitée, venait de lui donner un héritier, à la reconnaissance duquel il ne se reconnaissait aucun droit.
LAUTRÉAMONT, les Chants de Maldoror, V.

Cour. *Reconnaissance de dette :* acte écrit par lequel on se reconnaît débiteur* envers qqn (→ Assignation, cit.). Absolt. ⇒ **Reçu; billet** (2.). — *Reconnaissance du mont-de-piété** (cit.) : récépissé de l'objet remis en gage, énonçant le montant de son estimation, la date et le montant du prêt.

8 À cette lettre était jointe une reconnaissance de messieurs de Solis oncle et neveu, qui s'engageaient à remettre le dépôt fait entre leurs mains par madame Claës à la recherche de ses enfants qui leur représenterait cet écrit.
BALZAC, la Recherche de l'absolu, Pl., t. IX, p. 602.

(1606). Dr. *Reconnaissance d'écriture, de signature :* acte par lequel une personne reconnaît être l'auteur d'une pièce ou déclare en reconnaître l'auteur présumé. ⇒ **Vérification** (d'écriture).

★ **III. ♦ 1.** Le fait de reconnaître (III., 1.) un bienfait reçu, une obligation (cit. 11) morale. « *L'amour n'est peut-être que la reconnaissance du plaisir* » (→ Posséder, cit. 30, Balzac).
EN RECONNAISSANCE DE... *En reconnaissance du don de Dieu...* (→ Prier, cit. 6).

♦ **2.** (1538). LA RECONNAISSANCE (de qqn pour qqch.) : le sentiment qui pousse à éprouver vivement un bienfait reçu, à s'en souvenir et à se sentir redevable* envers le bienfaiteur. ⇒ **Gratitude** (cit. 1), **gré, obligation** (2.); → Contraindre, cit. 6; désintéresser, cit. 1; épancher, cit. 10; éternel, cit. 33; foi, cit. 3; prêter, cit. 8. *Enflammer* (cit. 8, Rousseau), *pénétrer* qqn de reconnaissance* (→ Bonté, cit. 5; fouler, cit. 9). *Être confondu, plein de reconnaissance. Touchante* (→ 2. Frais, cit. 11), *vive reconnaissance* (→ Engager, cit. 10). *Humble* (cit. 31) *reconnaissance. Reconnaissance pour un bienfait* (cit. 1), *un plaisir* (→ Imprescriptible, cit. 2; et aussi moitié, cit. 17). *Éprouver de la reconnaissance.* ⇒ **Reconnaissant.** *Accueillir avec reconnaissance...* (→ Placard, cit. 2). *Témoigner sa reconnaissance* (→ Procédé, cit. 1), *témoignages de reconnaissance.* ⇒ **Ex-voto, grâce** (action de), **récompense, récompenser, remerciement, remercier** (cf. Brûler un cierge, une chandelle à qqn; se confondre en remerciements). *Cri de reconnaissance* (→ Lumière,

cit. 27). *Rougir de reconnaissance* (→ Compliment, cit. 5; fierté, cit. 7). — *Mériter la reconnaissance de tous.* ⇒ **Bénédiction** (3.). — (Rare). *Avoir de la reconnaissance à qqn* (→ ci-dessous, cit. 15).

9 De ce devoir sacré la juste violence
Étouffe dans mon cœur toute reconnaissance. MOLIÈRE, Tartuffe, V, 7.

10 La reconnaissance de la plupart des hommes n'est qu'une secrète envie de recevoir de plus grands bienfaits. LA ROCHEFOUCAULD, Maximes, 298.

11 La reconnaissance est un fardeau, et tout fardeau est fait pour être secoué.
DIDEROT, le Neveu de Rameau, Pl., p. 453.

12 (...) la reconnaissance est bien un devoir qu'il faut rendre, mais non pas un droit qu'on puisse exiger. ROUSSEAU, De l'inégalité parmi les hommes, II.

13 En général, j'ai remarqué qu'il fallait remercier les hommes le moins possible, parce que la reconnaissance qu'on leur témoigne les persuade aisément qu'ils en font trop! B. CONSTANT, Journal intime, avr. 1804.

14 — N'auriez-vous donc fait le bien que pour en percevoir cet exorbitant intérêt appelé reconnaissance? dit en riant Benassis. Ce serait faire l'usure.
BALZAC, le Médecin de campagne, Pl., t. VIII, p. 398.

15 La reconnaissance que je vous ai, je ne saurais pas vous l'exprimer aujourd'hui plus que l'autre jour. Je vous la prouverai! Il s'agirait de faire quelque chose pour vous, que je mourrais pour le faire, — je vous en donne ma parole.
RIMBAUD, Correspondance, VIII, 2 nov. 1870.

16 Mais la reconnaissance des gens — voire des braves gens — est un fruit qu'il faut cueillir à temps. Si on le laisse vieillir sur l'arbre, il ne tarde pas à moisir.
R. ROLLAND, Jean-Christophe, Antoinette, p. 847.

(XXe). Fam. *La reconnaissance du ventre,* se dit des bonnes dispositions où l'on est à l'égard de celui qui vous fait manger, vous offre à manger, à boire.

17 (...) ce président d'assises au procès de l'empoisonneuse Sierri, il y a quelques jours, s'est permis un mot abominable, disant à l'accusée qui pourrait avoir tué son amant, il fallait qu'elle n'eût même pas « la reconnaissance du ventre *(Rires)* ».
A. BRETON, Nadja, p. 131.

Allus. litt. *Tendre sur Reconnaissance,* dans la carte de Tendre* (→ Inclination, cit. 11).

(Par un jeu de mots avec la *reconnaissance de dette*) :

18 — Si fait! je te donne mes honoraires dans cette affaire. — Ah! comptez sur ma reconnaissance. — C'est sur ton reçu que tu veux dire!
BALZAC, Paméla Giraud, V, 9.

CONTR. Oubli. — Dénégation, désaveu, méconnaissance, négation, refus. — Ingratitude.

RECONNAISSANT, ANTE [ʀ(ə)kɔnɛsɑ̃, ɑ̃t] adj. — V. 1350; *recunussant* «qui reconnaît, avoue», v. 1210; *reconoissant* «facile à reconnaître», v. 1175; p. prés. de *reconnaître.*

♦ Qui reconnaît (III., 1.) ce qu'on fait pour lui, qui ressent, témoigne de la reconnaissance (III.), de la gratitude (→ Acquitter, cit. 7; histoire, cit. 26; loyal, cit. 4). *Un cœur simple et reconnaissant* (→ Bénédiction, cit. 9). *La plus reconnaissante de vos servantes* (→ Humble, cit. 16). *Être reconnaissant à qqn de qqch. Être reconnaissant d'un bienfait* (→ Désormais, cit. 4), *d'une promesse* (→ Nôtre, cit. 8). *Être reconnaissant de...* (suivi d'un inf.). → Milicien, cit. — *Aux grands hommes, la patrie reconnaissante* (inscription du Panthéon). → Fronton, cit. 3.

Je suis reconnaissant à Flaubert de n'avoir pas eu de tics, dans un moment où la langue se préparait à subir une de ces crises périodiques (...)
DUHAMEL, Refuges de la lecture, VI.

Loc. (Formule de demande polie). *Je vous serai reconnaissant de bien vouloir me répondre au plus tôt.*

CONTR. Ingrat, oublieux.

RECONNAÎTRE [ʀ(ə)kɔnɛtʀ] v. tr. — Conjug. *connaître.* — 980, *reconnoistre;* du lat. *recognoscere* «reconnaître; inspecter; examiner», devenu *reconoistre, reconnaistre.* → Connaître.

★ **I.** Saisir (un objet) par l'esprit, par la pensée, en reliant entre elles des images, des perceptions qui le concernent; distinguer, identifier, connaître par la mémoire, le jugement ou l'action.

1 Reconnaître un homme consiste à le distinguer des autres hommes; mais reconnaître un animal est ordinairement se rendre compte de l'espèce à laquelle il appartient : tel est notre intérêt dans l'un et dans l'autre cas; il en résulte que notre perception saisit les traits individuels dans le premier, tandis qu'elle les laisse presque toujours échapper dans le second.
H. BERGSON, les Deux Sources de la morale et de la religion, p. 192.

♦ **1.** Penser (un objet présent) comme ayant déjà été saisi par la pensée. ⇒ **Rappeler** (se), **remettre, souvenir** (se); **recognition, reconnaissance.** *Reconnaître une chose qu'on a déjà vue* (→ Pencher, cit. 13). *Reconnaître un lieu.* Absolt. *Il lui semble reconnaître et se rappeler* (→ Ajonc, cit. 2). — *Reconnaître qqn* (→ Grand-mère, cit. 2; grossir, cit. 1; oubli, cit. 6). ⇒ aussi **Identifier** (cit. 5). *Malade qui ne reconnaît personne* (→ Effarement, cit. 3). *Chacun semblait me reconnaître* (→ Instantané, cit. 2). — *Le chien reconnaît son maître.* — *Reconnaître une phrase musicale* (→ Identifier, cit. 4), *une chanson* (→ Mûre, cit.). *Ne pas reconnaître sa propre voix enregistrée* (cit. 9).

2 À peine l'animal eut-il reconnu Jacques et son maître, qu'il se releva de lui-même, secoua sa crinière, hennit, se cabra, et approcha tendrement son mufle du mufle de son camarade. DIDEROT, Jacques le fataliste, Pl., p. 724.

3 Je reconnais la vieille salle, rien n'est changé.
Voici la cheminée, la table.
Voici le plafond aux poutres solides. CLAUDEL, l'Annonce faite à Marie, IV, 4.

4   Pour les uns, reconnaître une perception présente consisterait à l'insérer par la pensée dans un entourage ancien (...) Si je la retrouve *(une personne)*, je la reconnais, en ce sens que les circonstances concomitantes de la perception primitive, me revenant à l'esprit, dessinent autour de l'image actuelle un cadre qui n'est pas le cadre actuellement aperçu. Reconnaître serait donc associer à une perception présente les images données jadis en contiguïté avec elle (...)
Mais en réalité l'association d'une perception à un souvenir ne suffit pas du tout à rendre compte du processus de la reconnaissance.
Reconnaître un objet usuel consiste surtout à savoir s'en servir.
         H. BERGSON, *Matière et Mémoire*, p. 96, 98 et 101.

◆ **2.** Identifier (qqch.) en établissant une relation d'identité entre un objet, une perception, une image... et un autre (une autre), au moyen d'un caractère commun déjà identifié ; penser, juger (un objet, un concept) comme compris dans une catégorie (espèce, genre) ou comme inclus dans une idée générale. ⇒ **Connaître, identifier** (2. et 3.) ; et aussi **subsumer, trouver, vérifier.** — REM. Ce sens, à la différence du sens II, 5, implique l'activité de la mémoire*. — *Caractère, signe qui permet de reconnaître, fait reconnaître qqch.* ⇒ **Empreinte, enseigne, indice, marque, point** (de repère), **signe.** *Faire reconnaître qqch.* (à qqn). ⇒ **Marquer, signaler.** *Reconnaître un objet* (→ Cécité, cit. 1 ; esquisser, cit. 6, Bergson). *Reconnaître une chose sans pouvoir la nommer* (→ Palper, cit. 3). *Reconnaître un arbre, une plante, un animal* (→ Fuselé, cit. 2 ; papillon, cit. 4). *Dans ce bloc de verdure, il fallait faire un effort pour reconnaître une église* (cit. 13). *Il reconnut un visage de femme* (→ Forme, cit. 2). — *Reconnaître un air, un thème dès les premières notes* (→ Désolation, cit. 7). *Reconnaître un instrument, reconnaître les sons qu'il émet. Reconnaître une voix :* identifier la personne qui parle (→ Frapper, cit. 33). *Reconnaître le pas de qqn* (→ Dresser, cit. 22). — *Reconnaître une écriture* (→ Faire-part, cit. 1 ; lucidité, cit. 6 ; paquet, cit. 9). — *Reconnaître les traits d'un modèle* (cit. 7), *l'original d'un portrait* (cit. 12). — *Il est célèbre, on le reconnaît dans la rue, on le reconnaît partout. Reconnaître un malfaiteur grâce à son signalement*. *Reconnaître qqn sous un masque, sous un déguisement...* (→ aussi Gracieux, cit. 8 ; loque, cit. 2). *Cette histoire est si défigurée qu'il est impossible de la reconnaître* (→ Métamorphose, cit. 8). — *Reconnaître l'auteur d'une œuvre, reconnaître de quel artiste est une œuvre* (→ Connaisseur, cit. 2). *Des coupes de phrases où l'on reconnaît la main d'un auteur* (cit. 40).

5   Il le voyait pour la première fois ce baron Pontmercy, et, malgré son déguisement, ce baron Pontmercy le reconnaissait, et le reconnaissait à fond.
         HUGO, les *Misérables*, V, IV, IX.

6   (...) le cheval, abandonné, retournait à son écurie d'une allure flâneuse, en bête qui reconnaissait son chemin.   ZOLA, la *Terre*, II, II.

7   — Artiste peintre ! Ho ! Ho ! vous avez exposé ?
— Trois ans au Salon d'automne. Mais un jour on avait changé mes toiles de place, sans me le dire. J'ai cherché. Je n'ai jamais pu les reconnaître.
         J. ROMAINS, *Donogoo*, Prologue, II.

8   (...) pour identique qu'il soit physiquement, encore faudrait-il que je le *reconnaisse (ce mot)*, c'est-à-dire que je le découpe et le stabilise dans le flux des phénomènes, que je le rapporte à ses apparitions d'hier et d'avant-hier et que j'établisse entre ces différents moments un lien synthétique d'identification.
         SARTRE, *Situations I*, p. 233.

8.1   En effet, « reconnaître » quelqu'un, et plus encore, après n'avoir pas pu le reconnaître, l'identifier, c'est penser sous une seule dénomination deux choses contradictoires, c'est admettre que ce qui était ici, l'être qu'on se rappelle n'est plus, et que ce qui y est, c'est un être qu'on ne connaissait pas ; c'est avoir à penser un mystère presque aussi troublant que celui de la mort dont il est, du reste, comme la préface et l'annonciateur.
         PROUST, le *Temps retrouvé*, Pl., t. III, p. 939.

8.2   Ce moment approchant, l'église sentait bon, et Jean y respirait peut-être avec plus de plaisir que l'encens et les fleurs l'odeur du pain bénit que venait lui présenter Victor, le garçon de *(l'épicier)* déguisé en suisse et que Jean faisait semblant de ne pas reconnaître, comme au théâtre on ne salue pas sur la scène un acteur qu'on connaît dans la vie.   PROUST, *Jean Santeuil*, Pl., t. III, p. 338.

(Compl. au plur.). ⇒ **Distinguer.** *Des jumeaux impossibles à reconnaître* (cf. Faire la différence).

9   La médisance ou la calomnie, ces Ménechmes qui se ressemblent tant qu'on ne peut les reconnaître, et qui écrivent leur gazette à rebours, comme si c'était de l'hébreu (n'en est-ce pas souvent ?).
         BARBEY D'AUREVILLY, les *Diaboliques*, « Dessous de cartes... », p. 207.

Allus. hist. *Dieu reconnaîtra les siens* (paroles attribuées au légat du pape lors du massacre des « Albigeois », à Béziers, en 1209).

10   Tuez ! tuez ! Jésus reconnaîtra les siens.
         LECONTE DE LISLE, *Poèmes barbares*, « L'agonie d'un saint ».

(1671). Retrouver (une chose, une personne) sans changement ; avoir la même impression de... *Je le reconnais bien là, je reconnais bien là sa paresse. On ne le reconnaît plus :* il n'est plus le même. ⇒ **Méconnaissable.** — *J'ai revu ce film après dix ans, je ne l'ai pas reconnu.*

11   En vérité, Gil Blas, je ne te reconnais plus. Avant que tu fusses à la cour, tu avais toujours l'esprit tranquille. À présent, je te vois sans cesse agité.
         A. R. LESAGE, *Gil Blas*, VIII, XIII.

Reconnaître dans le pain (cit. 2) *une image, un symbole. « Et dans tout ce qu'il dit De vous et de Joad je reconnais l'esprit »* (→ Fidèle, cit. 25, Racine). — *Reconnaître en qqn un camarade d'enfance* (cit. 5).

12   (...) la nourrice fait souvent les plus ingénieuses suppositions concernant ce jeune caractère et ce qui lui plaît et déplaît ; appelant même l'hérédité au secours, elle reconnaît déjà le père dans le fils (...)   ALAIN, *Propos*, 8 déc. 1922, Bucéphale.

(V. 1170). *Reconnaître* (qqch., qqn) *à...,* l'identifier, pouvoir le nommer grâce à (un caractère, un signe). → Musique, cit. 5 ; phrase,

cit. 15 ; profil, cit. 1. *Reconnaître le cerf* (cit. 4), *une bête à ses fumées* (cit. 11). — *Je connais les hommes, et je les reconnais à leur conduite* (→ 2. Pratiquement, cit. 2). ⇒ **Juger ; deviner.** *Je reconnais le bourgeois* (cit. 12) *au niveau de ses pensées. On reconnaît à cela sa noblesse* (→ Épreuve, cit. 30 ; et aussi insoumis, cit. 1). — *« Je reconnais mon sang à ce noble courroux »* (→ Digne, cit. 11).

Le hibou repartit : « Mes petits sont mignons,   13
Beaux, bien faits, et jolis sur tous leurs compagnons.
Vous les reconnaîtrez sans peine à cette marque. »   LA FONTAINE, *Fables*, v, 18.

Anacréon dit quelque part qu'il y a un petit signe, un je ne sais quoi auquel on   14
reconnaît les amants (...)   SAINTE-BEUVE, *Causeries du lundi*, 1er oct. 1849.

Si je trouve mes yeux vers ces heures premières   15
Je ne reconnais plus à leurs gestes déments
Dans l'affolement des lumières
Ceux que nous fûmes un moment   ARAGON, le *Roman inachevé*, p. 85.

Reconnaître qqch. comme vrai (→ Douter, cit. 4). — *Reconnaître pour* (cit. 6)... *Reconnaître qqn pour une personne pieuse* (→ Hypocrisie, cit. 12). *Reconnaître un peintre pour un génie, pour un maître* (cit. 91).

Il s'arrêta devant un confrère, qu'il reconnut pour un ami.   16
         MAUPASSANT, *Deux amis*.

Absolt. *Un homme qui ne reconnaît pas, qui est hors de ce monde* (→ Penseur, cit. 5).

★ **II.** Accepter, tenir pour vrai (ou pour tel).

◆ **1.** (1080). Admettre, avouer qu'on a commis (un acte blâmable, une faute). ⇒ **Avouer, confesser, endosser.** *Reconnaître ses crimes, ses défauts, ses fautes* (cit. 19), *ses torts...* ⇒ **Accuser** (s'). → Exécuter, cit. 25 ; et aussi paraître, cit. 5. *Reconnaître ses péchés. Le coupable* a reconnu son acte, *l'accusé a reconnu les faits.* — (Suivi d'un inf.) *Je reconnais m'être trompé. Regardant et parcimonieux* (cit. 2)..., *je reconnais l'être à l'excès.* — Vx. *Reconnaître de...* (et l'inf.). *« Reconnaissant de l'avoir ruiné »* (Mme de Sévigné, *in* Littré).

C'est sans doute un mal que d'être plein de défauts ; mais c'est encore un plus   17
grand mal que d'en être plein et de ne les vouloir pas reconnaître, puisque c'est y
ajouter encore celui d'une illusion volontaire.   PASCAL, *Pensées*, II, 100.

◆ **2.** (1080). Vx ou littér. Admettre (une personne) pour chef, pour maître, etc. *Reconnaître son maître* (cit. 18), *un maître* (Bourdaloue), *son vainqueur* (Racine). *Reconnaître un seigneur, un suzerain.* — *Se faire reconnaître roi* (→ Inaugurer, cit. 1).
Reconnaître qqn pour maître, pour chef (→ Église, cit. 1).

Fig. *Reconnaître un joug* (cit. 5), *un frein* (→ Obéir, cit. 11), s'y soumettre*.

◆ **3.** Par ext. *Reconnaître un Dieu* (→ Athée, cit. 6 ; globe, cit. 1 ; 1. loi, cit. 52), *deux dieux* (→ Manichéen, cit.). ⇒ **Confesser** (4.). — *Reconnaître une religion, une foi, une croyance.*

◆ **4.** (XIVe). Admettre pour vrai après avoir nié, ou après avoir douté, accepter malgré des réticences. ⇒ **Admettre, avérer, déclarer...** *On a fini par reconnaître son innocence.* ⇒ **Croire** (à) ; → aussi Rendre hommage* à... *On est forcé de reconnaître des divergences* (cit. 1) *entre certains textes... Maintes fois, il le reconnaît lui-même, il manquait de bon sens* (→ Grain, cit. 26). *Reconnaître la supériorité de qqn.* ⇒ **Céder** (3. : le céder à) ; **proclamer...** *Amener qqn à reconnaître.* ⇒ **Convaincre.**

Reconnaître que. ⇒ **Admettre, avouer, convenir** (de) ; → Boiteux, cit. 7 ; démarche, cit. 4 ; Dieu, cit. 47 ; malheur, cit. 39 ; oracle, cit. 4. *Ils ont tous reconnu qu'il a fait ce qu'il a pu.* ⇒ **Tomber** (d'accord). *Vous n'hésiterez* (cit. 14) *pas à reconnaître que... Je reconnais que...* ⇒ **Accorder ; entendre** (j'entends bien). — *Quoi qu'on dise, on doit reconnaître que...* (→ Canaille, cit. 12). *Force* (cit. 58) *lui était de reconnaître que...* ⇒ Exciter, cit. 32). *Il faut bien, on doit reconnaître que...* ⇒ **Évidence** (se rendre à l'évidence) ; → Mélodique, cit. 1.

Reconnaître une aptitude (cit. 6), *une qualité à qqn,* considérer, admettre qu'il la possède. ⇒ **Attribuer, concéder** (→ Obstination, cit. 4).

◆ **5.** (XIIIe, « se rendre compte », sous la forme *reconnoisser*). Tenir pour vrai après une recherche ; être conduit à connaître, à savoir... ⇒ **Constater, découvrir.** *Reconnaître peu à peu les difficultés* (cit. 11) *d'un sujet.* ⇒ **Discerner, distinguer ; éprouver.** *Reconnaître le calibre d'un boulet* (→ Mesurer, cit. 1). *Reconnaître l'identité* (cit. 6) *de deux astres. Reconnaître après examen.* ⇒ **Examiner.** *Après l'examen du médecin, on reconnut que...* ⇒ **Diagnostiquer** (→ aussi Parole, cit. 20). *Il mouilla une sonde et reconnut que...* (→ Fond, cit. 38).

◆ **6.** (1587 ; milit.). Chercher à connaître, à déterminer. *Reconnaître l'ennemi, le terrain, les positions.* ⇒ **Reconnaissance ; éclairer, éclaireur.** *Reconnaître un poste d'écoute ennemi* (→ Patrouille, cit. 5). — Par ext. (Compl. n. de lieu). *Reconnaître des terres inconnues.* ⇒ **Explorer.** *Reconnaître les lieux, le terrain.* ⇒ **Battre** (la campagne) ; et, au fig. *Reconnaître* (le terrain). — Mar. *Reconnaître une côte,* s'en approcher et la longer. *Reconnaître un écueil, un fond* (⇒ **Sonder**). — *Reconnaître un navire.* ⇒ **Arraisonner** (cit.) ; **reconnaissance.** — (Vén.). *Reconnaître le pays :* s'assurer s'il y a des bêtes courables.

♦ 7. (1559). Admettre officiellement l'existence juridique de... — Dr. internat. publ. *Reconnaître un gouvernement** (cit. 31). ⇒ **Reconnaissance.** → aussi Péril, cit. 9. — *Reconnaître un droit* (→ Fixité, cit. 5). *Reconnaître l'autorité d'une assemblée, la compétence d'un tribunal... Reconnaître à qqn le droit de..., son droit* (→ Faire, rendre justice*). — Par ext. *Je me suis reconnu le droit de...* (→ Assumer, cit. 3 ; et aussi incliner, cit. 14).

18 (...) supposant des dangers imaginaires, il *(Fouché)* prétendait forcer la couronne à reconnaître les deux Chambres de Bonaparte (...)
CHATEAUBRIAND, Mémoires d'outre-tombe, t. IV, p. 42.

19 D'autre part, Clovis reconnut dans l'Église le droit le plus illimité d'asile et de protection. À une époque où la loi ne protégeait plus, c'était beaucoup de reconnaître le pouvoir d'un ordre qui prenait en main la tutelle et la garantie des vaincus.
MICHELET, Hist. de France, II, I.

Dr. civil. *Reconnaître qqn pour son héritier.* ⇒ **Nommer.** *Reconnaître un enfant pour légitime* (cit. 5). ⇒ **Légitimer.** — (Sans compl. second). *Reconnaître un enfant,* s'en déclarer le père ou la mère. ⇒ **Reconnaissance ; paternité.**

Reconnaître sa signature, une lettre, un billet, admettre qu'on en est l'auteur et en accepter les conséquences juridiques. ⇒ **Reconnaissance.** *Reconnaître par certificat.* ⇒ **Certifier.** — *Reconnaître une dette.*

★ III. ♦ 1. (XIIIᵉ). Témoigner par de la gratitude (⇒ **Reconnaissance,** III.) que l'on est redevable envers qqn de (qqch., une action). *Reconnaître un bienfait, un service* (→ 1. Lieu, cit. 22), *un soin* (→ Assez, cit. 22 ; aussi ingrat, cit. 1). *Reconnaître les bons offices* (cit. 13), *les travaux de qqn.* ⇒ **Récompenser** (→ Ordre, cit. 40).

20 Vous êtes bien payé de toutes vos caresses,
Et Monsieur d'un beau prix reconnaît vos tendresses.
MOLIÈRE, Tartuffe, III, 5.

Par antiphr. *Ne reconnaître la magnanimité* (cit. 5) *d'un souverain que par de nouveaux crimes.*

♦ 2. (1226). Vx (langue class.). *Reconnaître qqn,* témoigner de la reconnaissance (III.), de la gratitude à son égard. — *Reconnaître qqn de...* (un acte), lui en savoir gré*.

▶ SE RECONNAÎTRE v. pron. (980, au sens relig. ci-dessous).

♦ 1. (Fin XVIIᵉ). Réfl. Reconnaître, identifier sa propre image. *Ne plus se reconnaître en se regardant dans une glace.* — Par ext. Trouver de la ressemblance entre une personne (réelle ou imaginaire), une image... et soi-même. *Se reconnaître dans un héros, croire se reconnaître dans un personnage de roman...* (→ aussi Affubler, cit. 4 ; 1. héroïne, cit. 6). *Se reconnaître dans son fils.*

21 Elle-même ne m'a servi que de point de départ pour mon héroïne et je ne pense pas qu'elle s'y soit beaucoup reconnue. GIDE, Et nunc manet in te, p. 9.

Se reconnaître (et adj.). Avouer, admettre que l'on est... *Se reconnaître pessimiste* (→ Croire, cit. 57). *Cet animal* (l'homme) *qui se reconnaît si faible* (→ Miséricorde, cit. 5, Pascal). *Se reconnaître coupable* (→ Dénoncer, cit. 15), *pécheur.* — (V. 980). Absolt et vx. Reconnaître ses fautes et les déplorer. ⇒ **Confesser** (se).

(V. 1160). Être capable d'identifier, soit par la mémoire (ci-dessus, sens I), soit par une recherche, un examen (sens II, 5), les lieux où l'on se trouve, la position qu'on y occupe. ⇒ **Retrouver** (se) ; **orienter** (s'). *Ne plus se reconnaître quelque part.* ⇒ **Perdre** (se) ; → Calanque, cit. 1. *Sans avoir eu le temps de se reconnaître* (→ Fourrer, cit. 9). — Fig. *Se reconnaître dans un raisonnement. Ne plus s'y reconnaître.* ⇒ **Embrouiller** (s') ; → Embrouiller, cit. 4 ; labyrinthe, cit. 5.

22 Heureux qui sait se reconnaître au bord du précipice et s'empêcher d'y tomber !
ROUSSEAU, Lettre à d'Alembert.

Absolt et vx. Reprendre conscience de son état, de sa situation.

23 Mon amour m'entraînait ; et je venais peut-être
Pour me chercher moi-même et pour me reconnaître. RACINE, Bérénice, V, 6.

24 Il y a des gens à qui la faveur arrive comme un accident : ils en sont (...) surpris et consternés. Ils se reconnaissent enfin, et se trouvent dignes de leur étoile (...)
LA BRUYÈRE, les Caractères, VIII, 84.

♦ 2. (Récipr.). *Ils ne se sont pas reconnus, après dix ans de séparation.*

25 Chapelier propose d'exiger l'uniforme de la garde nationale (...) La riche Bordeaux (...) protesta que pour se reconnaître, on pouvait se contenter d'un ruban.
MICHELET, Hist. de la Révolution franç., IV, I.

♦ 3. *Se reconnaître à... :* être reconnu ou reconnaissable. *Le grand cuisinier se reconnaît à...* (→ Assaisonnement, cit. 1). — *La vraie patience se reconnaît à...* (→ Obstiner, cit. 3).

▶ RECONNU, UE p. p. adj. (Fin XVIᵉ).

♦ 1. (Sens I). *Aussitôt reconnu...* (→ Escorter, cit. 5).

♦ 2. (Sens II). *Fautes sincèrement reconnues* (→ Oublier, cit. 13). *Un fait reconnu* (→ Fortune, cit. 27). ⇒ **Indiscuté, notoire, public.** *Chose généralement* (cit. 4) *reconnue. Il est reconnu que...* ⇒ **Avéré** (cit. 8). *Vérité universellement reconnue* (→ Avoir, cit. 73). *Notions* (cit. 6) *reconnues* (→ Correspondre, cit. 6). — *Gloires reconnues* (→ Négliger, cit. 14). *Un leader* (cit. 1) *reconnu. Acte officiel émanant d'une autorité reconnue.*

(Suivi de *pour* et inf. ; d'un adj.). *Les êtres reconnus pour dire des*

choses tristes (→ Parti, cit. 22). *Biens reconnus pour imaginaires* (cit. 1). — *Une opération de rupture reconnue inévitable* (→ Aigu, cit. 13).

CONTR. Confondre ; oublier. — Contester, dénier, discuter, douter ; méconnaître, refuser ; protester. — (Du p. p.) Apocryphe, caché, clandestin, illégitime, incognito.
DÉR. Reconnaissable, reconnaissance, reconnaissant.

RECONQUÉRIR [ʀ(ə)kɔ̃keʀiʀ] v. tr. — Conjug. *acquérir.* — xvᵉ ; *reconquerre,* xiiᵉ ; de *re-,* et *conquérir.*

♦ 1. Reprendre par une conquête. *Le petit Dauphin, chassé de sa capitale, dut reconquérir son royaume* (→ Habileté, cit. 6).

♦ 2. (V. 1175). Fig. Conquérir (cit. 6) de nouveau. ⇒ **Recouvrer, regagner, reprendre.** *Reconquérir sa dignité* (→ Essor, cit. 7), *sa liberté* (→ Excéder, cit. 18). — *Reconquérir une femme, un homme,* faire de nouveau sa conquête, la (le) ramener à des sentiments amoureux (→ Entier, cit. 16 ; prédilection, cit. 2).

1 Le maire lui présentant les clefs, dit : «Ce sont les mêmes clefs qui ont été présentées à Henri IV ; il avait reconquis son peuple, ici le peuple a reconquis son roi.»
MICHELET, Hist. de la Révolution franç., II, I.

2 Lui, se trouvant reconquis, oubliait son départ de la ferme, son mariage, l'enfant qui allait naître. ZOLA, la Terre, V, III.

3 Tous les hommes qui ont travaillé avec suite ont ce sentiment que rien n'est jamais acquis, et que tout doit être conquis et reconquis.
ALAIN, Propos, 9 sept. 1921, Orgueil et vanité.

▶ RECONQUIS, ISE p. p. adj. (1273). *Village conquis, perdu et reconquis* (→ aussi 2. Marche, cit. 17). — (1690). Hist. *Les pays reconquis :* le Bourbonnais, le pays de Calais après la prise de Calais (1558).

CONTR. Reperdre.
DÉR. Reconquête.

RECONQUÊTE [ʀ(ə)kɔ̃kɛt] n. f. — xviiᵉ ; *reconqueste,* v. 1536 ; *reconquest,* n. m., v. 1360 ; de *reconquérir.*

♦ Action de reconquérir (au sens propre) ; nouvelle conquête. *Une reconquête par les moyens de la guerre totale* (→ Préconiser, cit. 3). — Hist. *La reconquête* (Reconquista), celle de l'Espagne par les royaumes chrétiens, du XIᵉ au XIIIᵉ siècle.

1 Au milieu du XIIᵉ siècle, la grande œuvre de la Reconquête apparaît presque achevée ; il faudra cependant plus de deux siècles encore pour que disparaisse du sol ibérique le dernier reste de domination musulmane.
M. DEFOURNEAUX, in Encycl. Pl., Hist. universelle, t. II, p. 319.

Fig. *La reconquête d'un droit.*

2 La reconquête des libertés locales dépend d'une véritable réforme administrative dont les premiers éléments apparaissent enfin dans de récents décrets.
Georges ELGOZY, l'Europe des Européens, III, III.

RECONQUIS, ISE [ʀ(ə)kɔ̃ki, iz] adj. ⇒ **Reconquérir.**

RECONQUISTA [ʀekɔ̃kwista ; ʀekɔ̃kista] n. f. (mot esp.). ⇒ **Reconquête** (histoire).

RECONSIDÉRER [ʀ(ə)kɔ̃sideʀe] v. tr. — Conjug. *considérer.* — 1549, répandu au xxᵉ dans le langage administratif ; de *re-,* et *considérer.*

♦ Considérer de nouveau (une question, un projet, etc.). *Il faut reconsidérer le problème.*

1 On ne s'étonne guère quand on entend dire ou quand on rencontre dans un texte : «*réexaminer* — ou : *réétudier* — ou : *reconsidérer* une question, une affaire, etc.» (...) Des trois, c'est certainement *reconsidérer* qui est le plus employé : la presse et la radio s'en servent à peu près tous les jours à propos des affaires politiques (...) *Reconsidérer,* venu par le biais de l'anglais, «introduit chez nous, dit André Thérive, au sens de *revenir sur, revoir une position,* est légitime tant qu'il ne signifie pas *reviser* (...)».
M. GREVISSE, Problèmes de langage, p. 316.

2 Il allume une nouvelle cigarette et reconsidère la chose avec le plus grand sérieux. Qu'il fût salement pincé, il n'en pouvait douter. Il ne lui fallait donc plus penser qu'à la réalisation, et en premier lieu à une nouvelle rencontre.
R. QUENEAU, Pierrot mon ami, éd. L. de Poche, p. 65.

RECONSOLIDER [ʀ(ə)kɔ̃sɔlide] v. tr. — Fin xvᵉ ; de *re-,* et *consolider.*

♦ Rare et techn. Consolider de nouveau.

RECONSTITUABLE [ʀ(ə)kɔ̃stituabl] adj. — Mil. xxᵉ (→ cit.) ; de *reconstituer.*

♦ Qu'on peut reconstituer.

La première tient à l'état des fossiles : seuls un crâne de Plésianthrope et celui du Zinjanthrope sont suffisamment reconstituables pour tenter de les étudier du point de vue mécanique (...) La construction fait ressortir un fait capital : le trou occipital se trouvant sous le crâne et non en oblique vers l'arrière (...)
A. LEROI-GOURHAN, le Geste et la Parole, t. I, p. 97 (1964).

RECONSTITUANT, ANTE [ʀ(ə)kɔ̃stityɑ̃, ɑ̃t] adj. et n. m. —
1845 ; de *reconstituer.*

◆ **1.** Adj. Qui est propre à reconstituer, à redonner des forces à un
organisme humain. *Aliment, régime ; médicament, remède reconstituant.* ⇒ **Analeptique, fortifiant.** — *Médicament cordial* et reconstituant.* ⇒ aussi **Réconfortant, stimulant, tonique.**

◆ **2.** N. m. Moyen thérapeutique ou substance fournissant des matériaux assimilables à la nutrition. *Un reconstituant.*

CONTR. **Débilitant.**

RECONSTITUER [ʀ(ə)kɔ̃stitye] v. tr. — 1790 ; attestation isolée,
1534 ; de *re-,* et *constituer.*

◆ **1.** Constituer, former de nouveau. *Reconstituer un régime*
(→ Abolir, cit. 10). *Reconstituer une armée, des forces navales*
(→ Liquider, cit. 3), *sa fortune* (→ Dette, cit. 5). *Reconstituer par
synthèse un corps analysé.* — Pron. *Le parti s'est reconstitué dans
la clandestinité.* — Fig. :

1   Quand on en vient à analyser les manifestations complexes d'un organisme, on doit
donc décomposer ces phénomènes complexes et les ramener à un certain nombre
de propriétés simples appartenant à des organismes élémentaires, et ensuite, par la
pensée, reconstituer synthétiquement l'organisme total par les réunions et l'agencement de ces organismes élémentaires considérés d'abord isolément puis dans leurs
rapports réciproques.
         Cl. BERNARD, Introd. à l'étude de la médecine expérimentale, II, I.

◆ **2.** (Av. 1895, Loti). Rétablir dans sa forme, dans son état d'origine
en réalité ou par la pensée (une chose disparue). *Reconstituer le
plan et l'élévation d'un monument, d'après des fouilles. Reconstituer le plan d'une ville disparue* (→ aussi Carte, cit. 20). *Reconstituer un monument disparu sous la forme d'une maquette. Reconstituer fidèlement un quartier ancien* (d'une ville détruite). *Reconstituer un crâne fossile d'après des éléments.* — *Reconstituer la vie
d'une personne d'après des indications fragmentaires* (→ Précision,
cit. 10). *Reconstituer les faits, après enquête.* — Par ext. *Reconstituer un crime.* ⇒ **Reconstitution.**

2   Rien ne prouve absolument que ces traces ne seront pas recueillies, que le fait ne
sera pas reconstitué.
         J. ROMAINS, les Hommes de bonne volonté, t. II, XII, p. 123.

Fig. Faire revivre en évoquant (→ Ennuyeux, cit. 12). *Historien qui
reconstitue le passé avec talent.* ⇒ aussi **Vivifier.**

3   Alors il chercha dans sa mémoire, avec une tension désespérée de toute sa pensée,
de toute sa puissance intellectuelle, à reconstituer, à revoir, à reconnaître, à pénétrer l'homme, cet homme qui avait passé devant lui, indifférent à son cœur, pendant toutes ses années de Paris.   MAUPASSANT, Pierre et Jean, IV.

◆ **3.** Méd. Rétablir dans son état antérieur (et normal). *Reconstituer un tissu, un organe.* ⇒ **Régénérer.** — *Reconstituer, réparer les
forces, au moyen d'aliments, de médicaments spéciaux.* ⇒ **Reconstituant.**

▶ **RECONSTITUÉ, ÉE** p. p. adj. *Parti reconstitué.* — *Figures*
(cit. 10) *de danse reconstituées d'après des vases antiques.*

CONTR. **Abolir, briser.**
DÉR. **Reconstituable, reconstituant, reconstitution.**

RECONSTITUTION [ʀ(ə)kɔ̃stitysjɔ̃] n. f. — 1734, fin. ; de *reconstituer,* d'après *constitution.*

◆ **1.** (1845). Action de reconstituer, de se reconstituer. — Méd.
Reconstitution des tissus (⇒ **Régénération**). — *Reconstitution d'un
parti. Être poursuivi pour reconstitution de ligue dissoute.*

◆ **2.** Action de reconstituer (2.) une chose disparue. *Reconstitution
d'un monument antique disparu, d'un texte mutilé.* ⇒ **Restitution.**
*Reconstitution d'un animal fossile d'après des restes, des osse-
ments. Reconstitutions épigraphiques* (cit.). — *La reconstitution
du passé par l'histoire.* — *La reconstitution de la vérité par une
enquête judiciaire.*

Dr. *Reconstitution d'un crime, d'un accident :* répétition des gestes
accomplis par le coupable, par les protagonistes sur les lieux mêmes
du crime, de l'accident. — *Reconstitution en partant d'éléments.*
⇒ **Synthèse.**

1   Il y avait là un triomphe pour le juge d'instruction Denizet, car on ne tarissait pas
d'éloges (...) sur la façon dont il venait de mener à bien cette affaire compliquée
et obscure : un chef-d'œuvre de fine analyse, disait-on, une reconstitution logique
de la vérité, une création véritable, en un mot.
         ZOLA, la Bête humaine, XII (1890).

2   Les textes de l'antiquité sont venus jusqu'à nous à travers mille accidents qui en
ont rendu la reconstitution, dans une foule de cas, douteuse et toujours pleine de
difficultés.   RENAN, l'Instruction supérieure en France, II, Œ. compl., t. I, p. 86.

Par métonymie. *Une reconstitution historique* (dans un spectacle, un
récit, un roman).

3   Le soldat, courbé sur l'eau, lavait son linge avec une obstination périmée ; un avion
anachronique ronronnait au-dessus d'eux. Le soldat leva la tête et regarda le ciel
à travers les feuillages avec une appréhension qui les fit rire : toute cette petite
scène avait le pittoresque des reconstitutions historiques.
         SARTRE, la Mort dans l'âme, p. 73.

◆ **3.** Admin. *Reconstitution de carrière :* dossier administratif dans
lequel on reconstitue la vie professionnelle d'une personne (pour

qu'elle puisse obtenir une retraite, pour l'homologation des titres de
travail obtenus à l'étranger, etc.).

CONTR. **Abolition, analyse.**

RECONSTRUCTEUR, TRICE [ʀ(ə)kɔ̃stryktœʀ, tʀis] adj. et n.
— 1868, Daudet ; de *reconstruire,* d'après *constructeur.*

◆ Qui reconstruit. *Activité reconstructrice.* — N. *Des reconstruc-
teurs de villes.*

RECONSTRUCTION [ʀ(ə)kɔ̃stryksjɔ̃] n. f. — 1728 ; de *reconstruire,* d'après *construction.*

◆ **1.** Action de reconstruire (qqch.). *La reconstruction par un
architecte d'un édifice détruit.* ⇒ **Construction** (1.). *Reconstruction
d'un mur* (→ Mitoyen, cit. 2), *d'un édifice.* — Spécialt. *Reconstruction des villes, des régions détruites par la guerre* (→ Fortune,
cit. 20). ⇒ aussi **Relèvement.** Anciennt. *Ministère de la Reconstruction et de l'Urbanisme* (en France).

◆ **2.** Fig. *La reconstruction des espèces fossiles,* leur reconstitution
(→ Ossement, cit. 1 ; et aussi empreinte, cit. 4). — *Les démolitions*
(cit. 2) *et les reconstructions qui se font dans le corps humain.*

N'est-il pas singulier qu'aujourd'hui encore on puisse parler comme des personnages de cartes postales, d'un peuple *(les Hollandais)* dont la résistance aux armées
hitlériennes fut exemplaire, et dont la reconstruction est la première du monde ?
         MALRAUX, les Voix du silence, p. 466.

◆ **3.** Par métonymie. Ce qui est reconstruit (plus rare que *construction). Une belle reconstruction.* — Fig. *Ce roman historique propose une reconstruction intéressante de la civilisation celtique.*
⇒ **Reconstitution.**

RECONSTRUIRE [ʀ(ə)kɔ̃stʀɥiʀ] v. tr. — Conjug. *construire.* —
1549 ; de *re-,* et *construire.*

◆ **1.** Construire de nouveau. *Reconstruire une maison, un
immeuble, un quartier, une ville.* ⇒ **Rebâtir.** *Cette église a été
détruite et reconstruite plusieurs fois.* ⇒ **Relever.** — Absolt. *Construire et reconstruire sans relâche* (→ Pierre, cit. 19).

1   Pour supprimer les taudis, les urbanistes fichent tout par terre, et reconstrui-
sent (...)   MARTIN DU GARD, les Thibault, t. V, p. 226.

2   Ce n'est pas avec les vieilles pierres que vous reconstruirez une maison solide ; ce
n'est pas avec ces pauvres pierres toutes fendues par l'incendie.
         G. DUHAMEL, Récits des temps de guerre, IV, XXVII.

◆ **2.** (V. 1790). Réédifier*. *Reconstruire sa fortune.* ⇒ **Refaire**
(→ Arriver, cit. 39 ; couci-couça, cit. 2).

◆ **3.** Fig. Reconstituer*. *Les monstres reconstruits par Cuvier*
(→ Diluvien, cit. 1 ; et aussi paléontologie, cit.). *L'observation*
(cit. 12) *scientifique reconstruit le réel.*

3   Encore sous l'impression du lugubre récit que je venais d'entendre, j'essayais de
reconstruire dans ma pensée le pauvre navire défunt et l'histoire de cette agonie
dont les goélands ont été seuls témoins.
         Alphonse DAUDET, Lettres de mon moulin, « Agonie de la Sémillante ».

4   (...) l'Europe entière lui apparaissait maintenant à reconstruire.
         Louis MADELIN, Hist. du Consulat et de l'Empire, L'ascension de Bonaparte, XIV.

5   Les doctrinaires de 1789 avaient voulu régénérer l'humanité et reconstruire le
monde.   Pierre GAXOTTE, la Révolution franç., in DUPRÉ, n° 4311.

Absolt. *Volonté de faire table rase et de reconstruire* (→ Jeu,
cit. 13 ; et aussi net, cit. 9).

6   Faire peau neuve, reconstruire, renaître, ça n'a jamais été au-dessus de mes forces.
         COLETTE, la Naissance du jour, p. 188.

▶ **RECONSTRUIT, UITE** p. p. adj. *Immeubles restaurés ou
reconstruits.* — *Fortune reconstruite à grand-peine.* — *Histoire
péniblement reconstruite* (→ Effondrer, cit. 9).

CONTR. **Détruire.**
DÉR. **Reconstructeur, reconstruction.**

RECONVENTION [ʀ(ə)kɔ̃vɑ̃sjɔ̃] n. f. — 1283, autre sens ; lat.
médiéval *reconventio,* du lat. class. *re-,* préfixe à valeur itérative, et
conventio « réunion ».

◆ Vx. Syn. de *demande reconventionnelle*.*

RECONVENTIONNEL, ELLE, ELS [ʀ(ə)kɔ̃vɑ̃sjɔnɛl] adj. —
1421 ; de *reconvention.*

◆ Dr. Qui tend à atténuer ou à annuler les effets d'une action judiciaire. *Demande* reconventionnelle* (→ aussi Incident, cit. 12). —
On a dit aussi *reconvention.*

DÉR. **Reconventionnellement.**

RECONVENTIONNELLEMENT [ʀ(ə)kɔ̃vɑ̃sjɔnɛlmɑ̃] adv. —
1829 ; de *reconventionnel.*

◆ Dr. Par une demande* reconventionnelle.

RECONVERSION [ʀ(ə)kɔ̃vɛʀsjɔ̃] n. f. — V. 1945 ; « seconde conversion (d'une rente) », 1877 ; « seconde conversion religieuse », 1874, in Littré, *Suppl.* ; de *reconvertir* (1611), d'après *conversion.*

♦ **1.** Écon. Conversion, transformation qui rétablit l'état primitif d'une organisation transformée. *Reconversion d'une fabrique de tanks en usine d'automobiles* (⇒ **Équiper**). — Par ext. *Reconversion économique, technique, politique* : adaptation à des conditions économiques, techniques, politiques nouvelles.

♦ **2.** (Personnes). Affectation à un nouvel emploi, changement de métier, d'activité professionnelle. ⇒ **Recyclage.** *« Il serait judicieux de prévoir une reconversion des chercheurs improductifs »* (*le Monde,* 7 janv. 1967).

♦ **3.** Adaptation d'une mentalité individuelle, collective à une situation nouvelle. *« Une complète reconversion culturelle est impraticable »* (*le Monde,* 29 oct. 1966). — REM. Ce mot, aux sens 2 et 3, a été critiqué ; il est souvent utilisé pour *conversion,* qui suffirait.

RECONVERTIR [ʀ(ə)kɔ̃vɛʀtiʀ] v. tr. — 1611, « convertir de nouveau à une religion » ; repris mil. xxᵉ ; de *re-,* et *convertir.*

♦ **1.** Écon. Procéder à la reconversion de. — Pron. *Les producteurs d'automobiles cherchent à se reconvertir vers d'autres fabrications.*

♦ **2.** (Compl. n. de personne). Affecter à un nouvel emploi supposant une formation différente et une adaptation. *Il est reconverti dans la publicité.* — Pron. Changer de métier. *Elle peut se reconvertir dans le journalisme.*

1   Ah, c'est vrai, vous ne saviez pas que je m'étais reconverti dans le dessin. Je signe un contrat avec une galerie de New-York.
         Cecil SAINT-LAURENT, la Mutante, p. 192.

Au p. p. :

2   « L'ami » demeurait fort discret au sujet des passeurs, ingénieux contrebandiers reconvertis dans le proscrit, mais il laissait entendre que tout leur était bon : depuis le camion-citerne truqué jusqu'à la double cale où l'homme remplaçait avantageusement le fret de cargaisons marronnes.
         Hervé BAZIN, Un feu dévore un autre feu, p. 174-175.

DÉR. Reconversion.

RECOPIAGE [ʀ(ə)kɔpjaʒ] n. m. — xxᵉ ; de *recopier.*

♦ Action de recopier ; son résultat. *Cet article n'est que le recopiage d'un ouvrage antérieur.*

RECOPIE [ʀ(ə)kɔpi] n. f. — Fin xixᵉ, cit. ; déverbal de *recopier.*

♦ Chose recopiée. ⇒ **Copie.** — Fig. :

     Rabâchage de séculaires rengaines, recopie sempiternelle de farces immémorialement décrépites, remâchement de salopes facéties (...)
         Léon BLOY, le Désespéré, p. 138.

RECOPIER [ʀ(ə)kɔpje] v. tr. — 1362 ; de *re-,* et *copier.*

♦ **1.** Copier (un texte déjà écrit). ⇒ **Transcrire** (→ Disposition, cit. 18). *Recopier un rapport en trois exemplaires* (2. Exemplaire, cit. 6). *Copier et recopier un mémoire* (→ Grattage, cit.). — (xixᵉ). Spécialt. Mettre au net, au propre (un brouillon). *Écrivain qui recopie un chapitre...* (→ Pousser, cit. 50).

Pron. :

     En composant (*Mme de Staël*) écrivait d'abord, elle jetait ses idées sur des chiffons, et ce premier brouillon, elle le montrait peu. Puis elle se recopiait, et dans ce second état, elle lisait quelquefois à ses amis. Un secrétaire lui recopiait cela ensuite, d'une belle écriture (...)   SAINTE-BEUVE, Chateaubriand..., t. I, p. 55.

♦ **2.** Copier, écrire plusieurs fois. *Tu me recopieras trois fois ta leçon* (→ 1. Piquet, cit. 7).

RECOQUILLEMENT [ʀ(ə)kɔkijmɑ̃] n. m. — 1557 ; de *recoquiller.*

♦ Vx. Action de recoquiller, fait de se recoquiller. — État de ce qui est recoquillé.

RECOQUILLER [ʀ(ə)kɔkije] v. tr. — V. 1330 ; de *re-,* et *coquille,* au figuré.

♦ Vx. Retrousser, rebrousser en forme de coquille (⇒ **Recroqueviller**).

▶ **SE RECOQUILLER** v. pron. (V. 1340).

♦ **1.** Vx. Se rouler en coquille. *Feuilles sèches qui se recoquillent* (⇒ **Friser**).

♦ **2.** (Fin xixᵉ). Fig. Rentrer en soi, se replier. ⇒ **Recroqueviller** (se).

DÉR. Recoquillement. — V. aussi recroqueviller.

1. RECORD [ʀ(ə)kɔʀ] n. m. — V. 1290 ; *recort,* v. 1165 ; de 1. *recorder.*

♦ **1.** Vx. Rappel.

♦ **2.** Dr. anc. Témoignage, enquête par témoins (⇒ aussi **Recors**).

HOM. 2. Record, recors.

2. RECORD [ʀ(ə)kɔʀ] n. m. — 1882 ; angl. *record,* dér. de *to record* « rappeler, enregistrer », lui-même du français 1. *recorder.*

♦ **1.** Exploit sportif qui dépasse ce qui a été fait avant dans le même genre et par la même catégorie de sportifs, que ce soit absolument (*record du monde*) ou dans un groupe donné (continent, pays, région, association...). *Record officieux ; record homologué ; homologuer* (cit. 3) *un record. Établir, améliorer, battre* un record* (→ Forme, cit. 76). — (1893). *Détenir un record.* — *Faire tomber un record, chute d'un record. Record masculin, féminin, par catégorie* (juniors, seniors...). *Champion détenteur d'un record.* ⇒ **Recordman.** — *Records d'athlétisme, de natation. Record du cent mètres, du saut à la perche* (2. Perche, cit. 3). *Record de vitesse, d'altitude* (cit. 2)... *Record de France, d'Europe, du monde.*

Par ext. *Battre son propre record, son record personnel :* faire sa meilleure performance.

     Sans doute son désir était-il peu fondé, puisque, si elle battait ce record, sa performance, accomplie sans témoins officiels, ne serait pas homologuée.   1
         MONTHERLANT, les Olympiques, p. 91.

(1902). Spécialt. Liste des performances d'un champion.

♦ **2.** (1893). Par ext. Résultat supérieur à tous ceux qui ont été obtenus dans le même domaine. — (1904). Iron. *Pour la maladresse, il bat tous les records. C'est un record d'idiotie !*

♦ **3.** (1916 ; 1884 en sports : *course-record,* in Höfler). Par appos. Jamais atteint. *La circulation* (cit. 7) *de billets qui atteint... un chiffre record. Niveau de vie record* (→ Bureaucratique, cit. 1). *En un temps record :* très vite. — *Des temps records.*

     Qu'il y ait dans le niveau de vie ple magnifique progrès, point de doute, mais   2
     ce niveau de vie record évoque désormais un tableau de travail collectif, de discipline, d'organisation bureaucratique monstre, où l'initiative et la fantaisie d'autrefois sont devenues difficiles, pour ne pas dire impossibles.
         André SIEGRIED, l'Âme des peuples, p. 177.

COMP. Recordman.
HOM. 1. Record, recors.

RECORDAGE [ʀ(ə)kɔʀdaʒ] n. m. — 1923 ; de 2. *recorder.*

♦ Opération consistant à pourvoir de nouveau de cordes ; résultat de cette opération. *Le recordage des pianos anciens est souvent assez coûteux. Recordage d'une raquette de tennis en boyau, en nylon.*

RECORDATION [ʀ(ə)kɔʀdasjɔ̃] n. f. — 1226 ; de 1. *recorder.*

♦ Vx et régional. Rappel, souvenir.

     Il n'est rien de si laid que la méconnaissance, rien de si beau que la recordation des services reçus.   G. SAND, François le Champi, XIII.

1. RECORDER [ʀ(ə)kɔʀde] v. tr. — V. 1050, pron., « se souvenir » ; du lat. *recordari,* rac. *cor, cordis* « cœur, esprit ».

Vieux.

♦ **1.** (V. 1120). Répéter pour apprendre par cœur.

     Ils font encore un tour d'un bout à l'autre de la rue, le chevalier recordant à son   1
     ami sa leçon.   DIDEROT, Jacques le fataliste, Pl., p. 714.

♦ **2.** (V. 1155). *Recorder qqn,* lui rafraîchir la mémoire. — Spécialt. *Recorder des acteurs, des actrices* (Voltaire), leur faire répéter leurs rôles.

▶ **SE RECORDER** v. pron. (V. 1050).

Vx. Se rappeler, se remettre en mémoire (qqch.).

     Et il se recordait des aventures de ce Franciscain que ses compagnons laissèrent,   2
     un jour, seul, dans le couvent, en lui recommandant de s'occuper du repas (...)
         HUYSMANS, En route, II, v.

DÉR. Recordation.
HOM. 2. Recorder.

2. RECORDER [ʀ(ə)kɔʀde] v. tr. — 1300 ; de *re-*, et *corder*.

♦ Techn. Corder de nouveau ; regarnir de cordes. *Recorder une raquette ; un instrument à cordes...*

DÉR. **Recordage.**
HOM. 1. **Recorder.**

3. RECORDER [ʀ(ə)kɔʀdœʀ] n. m. — 1653, au sens I ; mot angl. de *to record* «enregistrer», du franç. 1. *recorder*.

★ **I.** (1653 ; l'angl. vient du franç. *recordeur*, 1283). Hist. Officier de justice des bourgs anglais, qui avait rang après le maire et faisait fonction de juge.

★ **II.** Anglic. Dans la réalisation d'un film, Technicien de l'enregistrement du son (l'enregistrement lui-même est parfois dit *recording*, n. m.).

RECORDMAN [ʀ(ə)kɔʀdman] n. m. — 1883, in Höfler ; comp. de 2. *record*, et de l'angl. *man* «homme». → Rugbyman, tennisman. — REM. Ce composé n'existe pas en anglais.

♦ Faux anglicisme. Sports (vieilli). Détenteur d'un record. ⇒ **Champion.** *Des recordmen* [ʀ(ə)kɔʀdmɛn]. — Fig. et par plais. :

1 — Quel homme ! Saoul à sept heures du matin ! Ne serait-ce pas le recordman du monde ?   J. ROMAINS, les Copains, II.

REM. Cet anglicisme tend à vieillir, mais n'a pas reçu d'équivalent (on dit surtout *champion, championne*).

RECORDWOMAN [ʀ(ə)kɔʀdwuman] n. f. — 1896 ; des mots angl. *record* (→ 2. Record), et *woman* «femme».

♦ Faux anglicisme. Femme qui détient un record. Plur. *Des record-women* [ʀ(ə)kɔʀdwimɛn].

Elle parcourut son premier tour en trois secondes de plus que la recordwoman de France.   MONTHERLANT, les Olympiques, p. 95.

RECORRIGER [ʀ(ə)kɔʀiʒe] v. tr. — Conjug. *corriger.* → Bouger. — 1538 ; de *re-*, et *corriger.*

♦ Corriger une nouvelle fois.

RECORS [ʀəkɔʀ] n. m. — 1552 ; «témoin», 1240, anc. plur. de 1. *record*.

♦ Anciennt. Personne qui accompagne un huissier et lui sert de témoin dans les opérations d'exécution (leur assistance est devenue facultative). ⇒ **Praticien** (cit. 2, Balzac). *Les recors prêtaient main forte, en cas de contrainte par corps* (⇒ **Aide**). — (1769). Agent préposé à l'exécution des ordres de la justice.

1 Mes joues creusaient, mon terme était échu : je voyais de loin arriver l'affreux recors, la plume fichée dans sa perruque (...)
                                          BEAUMARCHAIS, le Mariage de Figaro, V, 3.

2 Je traversai la cour avec mes recors ; trois d'entre eux montèrent avec moi dans le fiacre, le reste de l'escouade accompagnait à pied la capture et nous arrivâmes sans encombre dans la cour de la préfecture de police.
                                          CHATEAUBRIAND, Mémoires d'outre-tombe, t. V, p. 353.

3 Vous êtes arrêté, monsieur, il faut nous suivre à la prison de Clichy (...) je n'ai point pris de garde municipal, il y a un fiacre en bas. — Vous êtes emballé proprement (...) dit un des recors ; aussi comptons-nous sur votre générosité.
                                          BALZAC, la Cousine Bette, Pl., t. VI, p. 246.

HOM. 1. **Record,** 2. **record.**

RECOUCHER [ʀ(ə)kuʃe] v. tr. et intr. — XIIᵉ ; de *re-*, et *coucher.*

♦ Coucher de nouveau. ⇒ **Coucher** (I., 1. et II.). — Fig. *Recoucher un instrument dans son étui* (→ Luthier, cit.).

▶ **SE RECOUCHER** v. pron.
Se coucher (III.) après s'être levé.

1 Le lendemain Jacques se leva de grand matin, mit la tête à la fenêtre pour voir quel temps il faisait, vit qu'il faisait un temps détestable, se recoucha, et nous laissa dormir, son maître et moi, tant qu'il nous plut.
                                          DIDEROT, Jacques le fataliste, Pl., p. 582.

2 — Un moment, je t'ouvre. Tu attendras que je me sois recouchée.
                                          MAUPASSANT, Pierre et Jean, V.

CONTR. **Lever, relever** (se).

RECOUDRE [ʀ(ə)kudʀ] v. tr. — XIIᵉ ; comp. de *re-*, et *coudre.*

♦ **1.** Coudre (ce qui est décousu). ⇒ **Réparer.** *La doublure avait été recousue* (→ Palper, cit. 1). *Se recoudre un bouton.* — *Cordonnier qui recoud une semelle.*

1 Il raccommodait ses joujoux (...) ou recousait le ventre déchiré de ses poupées.
                                          FLAUBERT, Mᵐᵉ Bovary, III, XI.

2 Ah ! pour les déchirures, elles ne manquent pas, un vrai massacre ; et, comme on ne peut toujours les recoudre, que ça finit par faire des épaisseurs et que ce n'est guère riche, on préfère les jeter au vieux linge (...)   ZOLA, la Terre, III, VI.

2.1 Les trois sœurs recousaient des franges à la bannière de Jeanne d'Arc, mettaient en état des robes d'enfants de chœur (...)   M. AYMÉ, la Vouivre, p. 242.

Coudre les lèvres de (une plaie, une incision). Par ext. *Recoudre la peau. Recoudre un opéré.*

3 Lorsque le médecin vous recoud la peau du visage, à la suite de quelque petit accident, il y a, parmi les accessoires, un verre de rhum propre à ranimer le courage défaillant.   ALAIN, Propos, 20 févr. 1923, De l'imagination.

♦ **2.** Fig. (Vx). Réunir, rassembler ; raccommoder (fig.). — Prov. *« Il ne suffit pas de couper, il faut recoudre »* (Académie).

CONTR. **Couper, découdre.**

RECOULAGE [ʀ(ə)kulaʒ] n. m. — xxᵉ ; de *recouler,* technique.

♦ Techn. (peausserie). Façonnage d'une peau au moyen d'un couteau spécial à lame mousse, sous un courant d'eau.

RECOULER [ʀ(ə)kule] v. tr. et intr. — 1803 ; de *re-*, et *couler.*

♦ **1.** Couler (I., II.) de nouveau. — Fig. :

(...) mais les sentiments gardés trop longtemps au dedans de nous semblent s'y coaguler, et on ne les fait plus recouler, même en les aspirant par la blessure qu'on a faite.   BARBEY D'AUREVILLY, Une histoire sans nom, p. 71.

♦ **2.** (1832). Techn. (peausserie). Nettoyer et donner une première façon à (une peau) par l'opération du recoulage.

DÉR. **Recoulage.**

RECOUPAGE [ʀ(ə)kupaʒ] n. m. — 1765 ; de *recouper.*

♦ **1.** Action de recouper (1., 2., 3. et 4.).

♦ **2.** (1845). Agric. Second labour. — Second labour donné perpendiculairement au premier.

RECOUPE [ʀ(ə)kup] n. f. — 1379 ; «morceau coupé», 1225 ; subst. verb. de *recouper.*
Technique.

♦ **1.** Morceau qui tombe lorsqu'on coupe ou taille une matière. *Recoupes de pierre* (⇒ **Éclat**), *de métal* (⇒ **Rognure**). — Cout. *Recoupes d'étoffe.* ⇒ **Chute, retaille.**

♦ **2.** (1832). Seconde coupe de foin. ⇒ **Regain.**

♦ **3.** (xvⁱᵉ ; *recoppe,* 1398). Farine grossière qu'on tire du son remis au moulin (seconde mouture). *Pain de recoupe. Son des recoupes* (⇒ **Recoupette**).

♦ **4.** (1869). Eau-de-vie issue d'un mélange d'alcool à un degré élevé avec de l'eau simple.

DÉR. **Recoupette.**

RECOUPÉ, ÉE [ʀ(ə)kupe] adj. ⇒ **Recouper.**

RECOUPEMENT [ʀ(ə)kupmɑ̃] n. m. — V. 1190, «action de retrancher (un membre)» ; de *recouper.*

♦ **1.** (1676). Techn. (constr.). Diminution de l'épaisseur d'un mur de la base au sommet obtenue par la pose en retrait de chaque assise par rapport à l'assise immédiatement inférieure.

♦ **2.** (1873). Fait de se recouper, pour des lignes, des tracés, etc. *Recoupement de lignes, de surfaces...* (→ aussi Dent, cit. 29). — (1873). *Point de recoupement,* d'intersection*. — Topographie. Détermination de la position d'un point inconnu situé sur la direction d'un point connu, en prenant de ce point une ou deux directions sur deux autres points connus.

♦ **3.** (Av. 1923). Fig. et cour. Rencontre de renseignements de sources différentes qui permettent d'établir un fait. *Le recoupement des témoignages. Savoir par recoupements.* — Vérification du fait par ce moyen. *Faire un recoupement.*

1 (...) Albertine, à l'aide de ce que Saint-Loup eût appelé des «recoupements», saura que nous lui mentons quand nous prétendrons indifférents à ses actes et moralement incapables de la faire surveiller.
                                          PROUST, Albertine disparue, Pl., t. III, p. 61.

2 On doit cette justice à sa mémoire : il (*Latouche*) n'a pas révélé son secret. C'est seulement par recoupement qu'on a pu donner son sens véritable à sa confidence à Duvernet, sur l'enfant qu'il croyait sien (...)
                                          Émile HENRIOT, Portraits de femmes, p. 323.

3 (...) ce que tout le monde en ville connaissait, ce que peu à peu les gens avaient reconstitué par bribes, fragments, recoupements mis bout à bout.
                                          Claude SIMON, le Vent, p. 26.

RECOUPER [ʀ(ə)kupe] v. tr. — 1549 ; «réduire», v. 1150 ; de *re-*, et *couper.*

♦ **1.** Couper de nouveau. *Recouper du pain. Je vais vous recouper une tranche de gigot.* — *Recouper les foins. Recouper les cheveux* (→ Rafraîchir). — (V. 1190). *Recouper un habit,* en modifier la coupe en ôtant de l'étoffe. ⇒ **Retoucher.**

♦ **2.** (1690). Absolt. (Jeu). Couper une seconde fois les cartes. *Couper et recouper. À toi de recouper.*

♦ **3.** (1832). Mélanger (un vin de cru) avec un coupage. — Au p. p. *Vin recoupé.*

♦ **4.** Techn. Croiser les traces du polissoir sur la surface de (une glace).

(xxᵉ). Fig. Coïncider avec, en confirmant. *Votre témoignage recoupe le sien.*

▶ **SE RECOUPER** v. pron.

♦ **1.** Se couper l'un l'autre. *Lignes, cercles qui se recoupent.*

♦ **2.** Se rencontrer, correspondre; coïncider en se confirmant mutuellement. *Les détails provenant de ces deux sources se recoupent. Leurs déclarations se recoupent parfaitement.*

▶ **RECOUPÉ, ÉE** p. p. adj.

(1690). Spécialt (blason). *Écu recoupé :* écu coupé dont l'une des parties est elle-même coupée (par une ligne horizontale). — (1877). Techn. *Diamant recoupé,* taillé à facettes doubles.

DÉR. Recoupage, recoupe, recoupement.

RECOUPETTE [ʀ(ə)kupɛt] n. f. — 1723; de *recoupe.*

♦ Techn. Farine tirée du son des recoupes, troisième mouture, utilisée dans la fabrication de l'amidon.

RECOUPONNER [ʀ(ə)kupɔne] v. tr. — 1923; de *re-, coupon,* et suff. *-er.*

♦ Bourse. Regarnir (une valeur mobilière) de coupons lorsqu'ils ont été tous utilisés.

RECOURBÉ, ÉE [ʀ(ə)kuʀbe] adj. ⇒ **Recourber.**

RECOURBEMENT [ʀ(ə)kuʀbəmɑ̃] n. m. — xvᵉ; de *recourber.*

♦ Rare. Action de recourber, de se recourber.

RECOURBER [ʀ(ə)kuʀbe] v. tr. — xIIIᵉ; *recorber,* v. 1155; comp. de *re-,* et *courber.*

♦ **1.** Rare. Courber de nouveau.

♦ **2.** Courber à son extrémité, ployer en forme de courbe. *Recourber une branche.* ⇒ **Fléchir, plier.** *Recourber une tige de métal.*

▶ **SE RECOURBER** v. pron. (V. 1560). *Se recourber en anse de panier, en forme de S* ⇒ aussi Frémir, cit. 5; monstre, cit. 5; nappe, cit. 4; palpe, cit.; proue, cit. 3). — (Avec ellipse du pron.). *Faire recourber :* faire se recourber.

1 (...) ces touffes étaient formées des arbres du bois le plus flexible, dont on avait fait recourber les branches, pendre en terre, et prendre racine (...)
ROUSSEAU, Julie ou la Nouvelle Héloïse, IV, XI.

▶ **RECOURBÉ, ÉE** p. p. adj. (V. 1130, *recorbé*).

Dont l'extrémité forme une courbe. *Bec recourbé* (→ 2. Autour, cit. 2). ⇒ **Crochu.** *Nez recourbé.* ⇒ **Aquilin.** *Cornes recourbées de la chèvre, de l'isard* (cit.)... *Ongles recourbés en griffes. Cils recourbés. Branche recourbée en arceau, en anse. Manche, lame recourbée* (⇒ Faucille, cit. 3). *Partie recourbée d'une agrafe, d'un crampon, d'un crochet; d'une canne, d'un bâton...* ⇒ **Crosse.** — Blason. *Croix à branches recourbées.* ⇒ **Recercler.**

2 On le figure velu *(le dieu Pan),* la face barbue et camuse, avec des cornes recourbées, les oreilles pointues (...) Émile HENRIOT, Mythologie légère, p. 179.

CONTR. Redresser. — (Du p. p.) Droit.

DÉR. Recourbement, recourbure.

RECOURBURE [ʀ(ə)kuʀbyʀ] n. f. — 1875; *recourbeure,* 1600; de *recourber.*

♦ Rare. État d'une chose recourbée; partie recourbée d'un objet.

RECOURIR [ʀ(ə)kuʀiʀ] v. — Conjug. *courir.* — xvIᵉ; v. 1160, *recourre,* homonyme d'un autre v., comp. de *escourre* «recueillir» et qui signifiait «récupérer» (xIIᵉ-xvIIᵉ); de *re-,* et *courir.*

★ **I. A.** V. intr. ♦ **1.** Courir de nouveau. *Se mettre à recourir après une pause.*

♦ **2.** (1880). Sports. Refaire une course, reprendre les courses. *Ce cheval va recourir dans quinze jours. Cet athlète n'a pas recouru depuis son accident.*

♦ **3.** Fam. Aller rapidement, une seconde fois. *Recourir au marché.*

B. Trans. dir. (xIIIᵉ). Courir une seconde fois. *Recourir une course.*

★ **II.** V. tr. ind. (1559; *soi recorre à,* xIIIᵉ). **RECOURIR À :** avoir recours* à...

♦ **1.** Demander (à qqn) une aide qu'on n'a pu trouver ailleurs ou dont on croyait pouvoir se passer. ⇒ **Appel** (faire). «*Penses-tu que je ne puisse pas recourir à mon père...?* » (Évangile; → Ange, cit. 5). *Recourir à qqn qu'on n'aime pas* (→ Ensorcellement, cit. 3; extrémité, cit. 18). *Recourir à l'autorité suprême. À qui recourir?* (→ Ne plus savoir à quel saint se vouer*). Par ext. *Recourir à une agence.* ⇒ **Adresser** (s'), **passer** (par).

Petits princes, videz vos débats entre vous :
De recourir aux rois vous seriez de grands fous. LA FONTAINE, Fables, IV, 4. 1

Employer, mettre en œuvre (un moyen). *Recourir à l'emprunt. Il ne savait plus à quels expédients recourir* (→ As, cit. 3). *Plutôt que de recourir à la violence, je préfère* (cit. 6) *mourir. L'orateur recourut à des figures violentes* (→ Exciter, cit. 24). *Recourir à un remède* (→ Plus, cit. 79). *Recourir à une solution de paresse* (cit. 7). *Recourir à un mensonge.* — Par ext. (Sujet n. de chose). *La force n'a pas besoin de recourir à l'imposture* (→ Fonder, cit. 2).

Vous me forcez enfin de recourir à la ruse, dans le moment même où mon unique but est de vous convaincre de ma bonne foi. La nécessité où vous m'avez mis de me défendre suffira sans doute pour en excuser les moyens. 2
LACLOS, les Liaisons dangereuses, XXXVI.

Je dors si peu. Et je ne veux pas encore recourir aux drogues, je n'en aurai que trop l'emploi, avant peu. MARTIN DU GARD, les Thibault, t. IX, p. 149. 3

♦ **2.** (1869). Absolt. Dr. Se pourvoir*, appeler* (3.), faire appel*. *Recourir contre qqn* (→ Garant, cit. 2).

RECOURS [ʀ(ə)kuʀ] n. m. — Fin xIIᵉ; du lat. jurid. *recursum* «retour en arrière», supin de *recurrere,* de *re-,* et *currere.* → Courir.

♦ **1.** RECOURS À... : action de recourir (à qqn, à qqch.). *Le recours à la violence* (→ Paix, cit. 19).

Loc. verb. AVOIR RECOURS À... ⇒ **Recourir.** *Avoir recours à qqn.* ⇒ **Adresser** (s'), **appel** (faire), **contribution** (mettre à). → Frapper* à la porte de... *Avoir recours à Dieu* (→ Athéisme, cit. 3). — Par ext. *Avoir recours à la justice* (→ Limier, cit. 4). — *Avoir recours à un moyen, un expédient, un procédé...* ⇒ **User** (de). *Avoir recours à un moyen plus direct* (→ Maltôte, cit.), *au truchement de qqn* (→ Indigène, cit. 6), *à l'avis* (cit. 22) *du Conseil d'État. Avoir recours à la ruse* (→ Détourner, cit. 25), *aux larmes* (→ Attendrir, cit. 5), *aux menaces, aux invectives* (cit. 1).

Toujours les scélérats ont recours au parjure. RACINE, Phèdre, IV, 2. 1

Il avait dans son tiroir quelques économies, qu'il dépensa rapidement. Au bout de quinze jours, il fut obligé d'avoir recours à un ami pour donner à souper à sa maîtresse. A. DE MUSSET, Nouvelles, « Frédéric et Bernerette », II. 2

♦ **2.** Ce à quoi on recourt, dernier moyen* efficace. ⇒ **Ressource.** *L'opération* (cit. 7) *chirurgicale considérée comme le suprême recours. C'est notre seul recours, notre dernier recours.* ⇒ **Sauvegarde** (→ Couvert, cit. 10). *Le mépris, recours des opprimés.* ⇒ **Refuge, secours, soutien.** *Recours contre l'oppression. Désespoir, tristesse sans recours* (→ Connaître, cit. 6; désespérance, cit. 2). *C'est sans recours :* c'est désespéré, irrémédiable.

Le maître ne trouva de recours qu'à crier
Contre ses gens, son chien : c'est l'ordinaire usage. LA FONTAINE, Fables, XI, 3. 3

Sans doute, ce genre de lecture lui convient. Mais peut-être y cherche-t-il en outre un recours contre lui-même. Plus il va, plus il évite de rester seul avec ses pensées. 4
J. ROMAINS, les Hommes de bonne volonté, t. II, I, p. 6.

Vous êtes notre seul recours.

♦ **3.** (1465). Dr. admin. Action de recourir à une autorité administrative ou juridictionnelle pour obtenir l'annulation, la réformation ou l'interprétation d'un acte administratif ou d'une décision de justice. *Recours gracieux (recours hiérarchique, recours de tutelle) dans lequel l'administré s'adresse à l'auteur de l'acte. Recours contentieux,* porté devant les tribunaux administratifs (⇒ **Requête**). *Recours de pleine juridiction,* porté devant le Conseil d'État et les conseils de préfecture. *Recours pour excès de pouvoir,* porté devant le Conseil d'État. *Recours en annulation, en appréciation de validité, en interprétation.* — Hist., dr. *Recours contre les abus de pouvoir des autorités ecclésiastiques* (appel contre abus*). — (1807). Dr. comm. *Recours (en garantie) :* action en garantie. *Recours de l'expéditeur* (cit. 1) *contre le commissionnaire et le voiturier.* — Dr., cour. «*Procédé destiné à obtenir d'une juridiction le nouvel examen d'une question litigieuse déjà tranchée par une décision contentieuse*» (Capitant). *Voies de recours.* ⇒ **Appel, pourvoi; récursoire.** *Recours en cassation. Débouté sans recours* (→ Bornage, cit. 2). — (1841). Dr. pén. *Recours en grâce :* demande de remise ou de commutation de peine adressée au chef de l'État. ⇒ **Grâce.** *Recueillir de nouvelles preuves pour le recours en grâce* (→ Intervalle, cit. 13). *Son recours en grâce fut rejeté* (→ Guillotine, cit. 3).

RECOUVRABLE [ʀ(ə)kuvʀabl] adj. — 1564; «réparable», 1450; de *recouvrer.*

♦ Qui peut être recouvré. *Sommes recouvrables.* ⇒ **Perceptible, percevable.**

CONTR. et **COMP. Irrécouvrable.**

RECOUVRAGE [ʀ(ə)kuvʀaʒ] n. m. — 1877 ; de *recouvrir.*

♦ Rare. Action de recouvrir. *Le recouvrage d'un parapluie.*

RECOUVRANCE [ʀ(ə)kuvʀɑ̃s] n. f. — xıᵉ ; de *recouvrer.*

♦ Vx. Action de recouvrer. *Notre-Dame de Recouvrance,* qu'on invoque pour recouvrer la santé.

1. RECOUVREMENT [ʀ(ə)kuvʀəmɑ̃] n. m. — V. 1155, *recuvrement* «secours, salut»; de *recouvrer.*

♦ **1.** Littér. Action de recouvrer, de retrouver. *Recouvrement (par qqn) d'un objet perdu, de titres, de richesses disparues* (→ Éventualité, cit. 1). ⇒ **Récupération.** — Vx. *Le recouvrement des forces, de la santé.* ⇒ **Rétablissement.**

1 (...) je n'ai pas moins pris de part à la paix de votre famille que Monsieur le Surintendant en prendrait au recouvrement de la bonne volonté du Roi (...)
RACINE, Lettres, 24, 21 mars 1662.

2 Les croisés, entre tous autres saint Louis, qui faisaient une guerre sainte, qui se battaient littéralement pour le corps de Dieu, pour le temporel de Dieu, puisqu'ils se battaient pour le recouvrement du tombeau de Jésus-Christ (...)
Ch. PÉGUY, la République..., p. 317.

♦ **2.** (Fin xıvᵉ). Fin., cour. Action de recouvrer (des sommes dues). ⇒ **Encaissement** (banque). *Recouvrement d'une créance* (⇒ **Rentrée**). *Faire des recouvrements. Agent de recouvrements.* — (1690). Dr. publ. *Recouvrement de l'impôt direct.* ⇒ **Perception, recette ; contributions** (→ Assiette, cit. 12 ; financier, cit. 1). — Par ext. (Au plur.). *Créances d'un avoué, d'un notaire.*

3 (...) afin de procéder (...) par la rigueur au recouvrement des deniers qui vous ont été pris.
MOLIÈRE, l'Avare, v, 1.

4 Necker demandait à l'Assemblée de rétablir l'ordre sans lequel le recouvrement des impôts était impossible (...)
J. BAINVILLE, Hist. de France, XV, p. 329.

2. RECOUVREMENT [ʀ(ə)kuvʀəmɑ̃] n. m. — 1627 ; de *recouvrir.*

♦ **1.** (Rare au sens général). Action de recouvrir. *Le recouvrement d'une région par l'inondation, par des cendres volcaniques...* — (1888, in D.D.L.). Géol. *Lambeaux de recouvrement :* terrain isolé, reste d'une nappe détruite par l'érosion, et qui recouvre le terrain sous-jacent.

Techn. (dans : *à recouvrement*). Le fait de se recouvrir en partie, de se chevaucher (en parlant d'éléments de couverture : tuiles, ardoises, plaques métalliques, etc.). *Assemblage* à recouvrement. Tuiles à recouvrement,* par oppos. à *tuiles à emboîtement. Le pureau, partie découverte d'une tuile à recouvrement.*

Inform. Technique qui consiste à faire se chevaucher dans le temps des opérations successives, pour que le temps d'exécution d'une suite d'opérations soit inférieur à la somme des temps d'exécution des opérations élémentaires.

♦ **2.** Techn. Ce qui recouvre.
Mar. Syn. de *bordage.*
(1869). Phys. Partie du tiroir d'une machine à vapeur qui règle l'introduction de la vapeur dans le cylindre.
(1869). Plaque de cuivre recouvrant l'optique d'une lunette d'approche.
(1797). *Montre à recouvrement,* pourvue d'un rebord qui la recouvre.
Techn. ⇒ **Couverture, revêtement.** «*Le recouvrement en plomb d'un toit*» (Hatzfeld). *Recouvrement de peinture.* — (1680). Saillie couvrant un joint, en menuiserie.

(les rats) parvenviennent parfois à passer en s'agrippant au recouvrement de la feuille de zinc. Bernard MOITESSIER, Cap Horn à la voile, p. 159.

♦ **3.** Partie d'un espace représenté, commune à plusieurs représentations (par ex. : photos). *Recouvrement photographique. Recouvrement transversal, longitudinal.*

♦ **4.** Sc. Surface de la projection verticale des formations végétales vivantes par rapport à la surface du sol.

RECOUVRER [ʀ(ə)kuvʀe] v. tr. — V. 1380 ; *recovrer,* v. 1175 ; *recuvrer* «acquérir qqch. qu'on n'a pas», v. 1050 ; du lat. *recuperare.* → le doublet *récupérer.*

♦ **1.** Littér. Rentrer en possession de... *Recouvrer son bien, son argent.* ⇒ **Ravoir, rattraper, récupérer, regagner, reprendre.** *Il m'a rendu* mon argent, je l'ai recouvré. Recouvrer une ville* (→ Inhabile, cit. 2). *Recouvrer la santé :* se guérir*, se remettre*, se rétablir*. Recouvrer ses forces, la vue, la parole, la raison.* ⇒ **Retrouver.** *Recouvrer l'intransigeance de la jeunesse* (→ Devenir, cit. 10). *Je recouvrais contenance* (→ Dépiter, cit. 2). *Recouvrer l'estime, l'amitié de qqn.* ⇒ **Reconquérir.**

1 — Voilà ma fille qui parle ! Ô grande vertu du remède !... — Oui, mon père, j'ai

recouvré la parole : mais je l'ai recouvrée pour vous dire que je n'aurai jamais d'autre époux que Léandre (...) MOLIÈRE, le Médecin malgré lui, III, 6.

2 (...) le premier sentiment que je goûtai fut celui de la liberté que j'avais recouvrée.
ROUSSEAU, les Confessions, II.

3 Les couvents suspendus aux coteaux semblaient avoir recouvré leurs solitaires.
CHATEAUBRIAND, Mémoires d'outre-tombe, t. II, p. 223.

4 Elle lui lança un regard égaré. Mais elle eut vite fait de recouvrer son calme.
Pierre BENOIT, Mˡˡᵉ de la Ferté, IV, p. 238.

♦ **2.** (1636). Cour. Recevoir le paiement (d'une somme due). ⇒ **Encaisser, toucher.** *Recouvrer une créance, un effet de commerce.* — Spécialt. Percevoir (les impôts). → Exercice, cit. 21 ; impôt, cit. 9.

DÉR. Recouvrable, recouvrance, 1. recouvrement.
HOM. Formes du v. *recouvrir* (présent, imparfait...).

RECOUVRIR [ʀ(ə)kuvʀiʀ] v. tr. — Conjug. *couvrir.* — xıiᵉ ; *recovrir,* v. 1130 ; de *re-,* et *couvrir.*

★ **I.** Rare. Couvrir de nouveau. Mettre une nouvelle couverture, un nouveau revêtement. *Recouvrir une maison. Recouvrir un parapluie, des fauteuils. Sièges recouverts à neuf* (2. Neuf, cit. 23). *Recouvrir un livre.* — Ramener une couverture sur (qqn). *Recouvrir un enfant qui s'est découvert dans son sommeil.*

★ **II.** ♦ **1.** (V. 1155). Couvrir entièrement. — REM. *Recouvrir* insiste sur la totalité de la surface de la chose recouverte et parfois sur l'aspect définitif de l'opération ; mais il est souvent employé pour *couvrir,* sans autre nuance. — *La neige recouvre le sol. Jardin recouvert de neige,* qui disparaît* sous la neige. *Dépôts* (cit. 16) *qui recouvrent les plaines. Temple recouvert par les eaux* (⇒ Émerger, cit. 2). *La terre qui recouvre les morts* (→ Enterrer, cit. 13 ; fosse, cit. 4). *Un tapis recouvrait le plancher.* ⇒ **Étendre** (s'). → Linoléum, cit. 1. *Taie qui recouvre un oreiller.* ⇒ **Envelopper** (→ Enfoncer, cit. 3). *Le couvercle qui recouvre une casserole. Lame, plaque qui en recouvre une autre.* ⇒ **Appliquer** (s'). — (Au p. p.). *Sol recouvert de carreaux de faïence* (cit. 3). *Toit recouvert de tuiles* (→ Pot, cit. 10). — Blason. *Pièce recouverte par une autre.* ⇒ **Chargé.** *Animal au corps recouvert d'écailles, de plumes...*

1 La neige ne cessait pas, tombait plus drue, par longues rafales. Et c'était un enlisement, où machine et voitures allaient disparaître, déjà recouvertes à moitié, sous le silence frissonnant de cette solitude blanche. Plus rien ne bougeait, la neige filait son linceul. ZOLA, la Bête humaine, VII.

2 (...) des tiroirs verts à poignées de cuivre qui recouvraient toute la surface d'une des parois. J. GREEN, Adrienne Mesurat, II, III.

(Sujet n. de personne). *Recouvrir de terre des plantations* (→ Arrosement, cit. 1). *Recouvrir une surface de peinture, d'enduit.* ⇒ **Appliquer, étendre, enduire.** *Recouvrir une cloison de papier peint* (⇒ **Tapisser**), *de boiserie, de faïence, de crépi,* etc. ⇒ **Revêtir ; revêtement.** *Recouvrir un mets de pâte, de chocolat.* ⇒ **Enrober.** *Recouvrir le dessus d'un objet.* ⇒ **Coiffer.** *Recouvrir un plat, une casserole d'un couvercle*.* — *Recouvrir un mort d'un drap, d'un suaire.* ⇒ **Ensevelir** (→ Indispensable, cit. 9).

Couvrir (de tissu) les parties rembourrées, capitonnées d'un siège, d'un bois de lit. — REM. En ce sens on n'emploie pas *couvrir. Faire recouvrir des bergères d'une soie d'époque.* — *Des chaises recouvertes de velours incarnadin* (cit. 1).

♦ **2.** (xıiiᵉ). Fig. Cacher, masquer. *Fougue qui recouvre une grande sagesse* (⇒ Apaiser, cit. 20). ⇒ **Dissimuler.** *Une égalité théorique qui recouvre de grandes inégalités* (cit. 9) *de fait.* — (Sujet n. de personne). Rare. «*Il a eu soin de recouvrir tout cela de beaux prétextes*» (Académie).

3 Il n'avait pas besoin de saisir dans leur détail les considérants scientifiques de Ducatelet pour atteindre les sentiments, d'une humanité rassurante, qu'ils recouvraient. J. ROMAINS, les Hommes de bonne volonté, t. V, XIV, p. 106.

♦ **3.** (xxᵉ). S'appliquer à, correspondre à... *Concept qui recouvre deux idées différentes.* ⇒ **Embrasser** (→ Personnalité, cit. 2). *Mot qui ne recouvre pas tous les emplois d'un autre* (→ Pis, cit. 1). *Une étude qui recouvre partiellement des domaines très divers.*

▶ **SE RECOUVRIR** v. pron.

(Sens passif). *Sommets qui se recouvrent de neige.*

(Sens récipr.). Se couvrir l'un l'autre. *Écailles..., tuiles qui se recouvrent partiellement.* ⇒ **Chevaucher, imbriquer** (s'), **superposer** (se).

▶ **RECOUVERT, ERTE** p. p. adj. Voir à l'article.

CONTR. Découvrir, dévoiler.
DÉR. Recouvrage, 2. recouvrement.
HOM. Formes du v. *recouvrer* (présent, imparfait...).

RECRACHER [ʀ(ə)kʀaʃe] v. — xvᵉ ; de *re-,* et *cracher.*

♦ **1.** V. tr. Rejeter de la bouche (ce qu'on y a mis). *Recracher un bonbon, une bouchée.*

♦ **2.** V. intr. Cracher de nouveau.

RECRAN [ʀəkʀɑ̃] n. m. — 1869, Littré ; orig. incert., p.-ê. de *cran*.

♦ Rare. Petite crique.

RÉCRÉ [ʀekʀe] n. f. ⇒ **Récréation** (2.).

RÉCRÉANCE [ʀekʀeɑ̃s] n. f. — 1283, «abandon provisoire à titre de caution» ; dér. de l'anc. v. *recroire* «rendre, remettre».

♦ **1.** (xvie). Ancien droit. Jouissance des revenus d'un bénéfice ecclésiastique en litige, accordée à titre provisionnel.

♦ **2.** (Fin xviie). Mod. (Dr. internat.). *Lettres de récréance.* ⇒ **Rappel.** *L'ambassadeur a reçu ses lettres de récréance.*

RÉCRÉATEUR, TRICE [ʀekʀeatœʀ, tʀis] adj. — Déb. xxe (→ cit., 1913) ; de *recréer*.

♦ Rare. Qui recrée. ⇒ **Régénérateur.**

(...) au bout de plusieurs mois cette vieille histoire le bouleversait toujours comme une révélation. Il admirait la terrible puissance recréatrice de sa mémoire.
PROUST, Du côté de chez Swann, Pl., t. I, p. 368.

RÉCRÉATIF, IVE [ʀekʀeatif, iv] adj. — 1487 ; du lat. *recreatio.* → Récréation.

♦ Qui est amusant, qui a pour objet de divertir. ⇒ **Amusant, délassant, divertissant.** *Ce jeu est à la fois récréatif et instructif. Lecture récréative. Séance, soirée récréative.*

CONTR. **Ennuyeux, fastidieux, fatigant, rebutant.**

RÉCRÉATION [ʀekʀeasjɔ̃] n. f. — Fin xixe ; de *recréer*, d'après *création.*

♦ Action de recréer, seconde création.

(...) la recréation par la mémoire d'impressions qu'il fallait ensuite approfondir, éclairer (...)
PROUST, A la recherche du temps perdu, t. XV, p. 227.

RÉCRÉATION [ʀekʀeasjɔ̃] n. f. — 1370 ; *recréation*, v. 1270 ; «réconfort», 1215 ; empr. lat. *recreatio*, de *recreare.* → Récréer.

♦ **1.** Délassement, divertissement après une occupation plus sérieuse. ⇒ **Amusement, délassement** (→ Embourber, cit. 4 ; étudiant, cit. 4). *S'accorder, prendre un peu de récréation.* ⇒ **Détente, repos.** *La lecture est ma seule récréation.* ⇒ **Passe-temps, plaisir.** *La peinture n'est pour lui qu'une récréation.* ⇒ **Jeu.**

1 Et sa belle ardeur de travail tranchée comme avec une faux, il jugea avoir bien gagné le droit à la récréation.
COURTELINE, Messieurs les ronds-de-cuir, 4e tableau, II.

2 (...) ils ne trouvent pas mauvais qu'il y ait des livres inutiles qui détournent l'esprit des préoccupations sérieuses et lui donnent la récréation dont il a besoin pour se refaire.
SARTRE, Situations II, p. 176.

♦ **2.** (V. 1482). Dans une communauté religieuse, un établissement scolaire, Temps de repos, de liberté accordé aux religieux, aux élèves pour qu'ils puissent se délasser. *Écoliers qui jouent pendant la récréation. Récréations et interclasses. Aller, être en récréation. Surveiller les élèves en récréation* (→ Gâteux, cit. 3). *Cour des récréations* (→ Improviser, cit. 5).

3 (...) je ne la connaissais pas, puisque je ne la voyais qu'au réfectoire, de loin, et dans la cour des récréations.
Valery LARBAUD, Enfantines, «Rose Lourdin».

Fam. (Argot scol., 1878). *Récré.*

4 En salle d'études, Macroy fit passer, de mains en mains, un billet à Baume. «(...) en récré, j'ai oublié de te dire : je serai consigné pour la promenade de jeudi. J'ai collé un marron au Cafard qui tournait autour de moi (...) et le préfet *(de discipline)* m'a chopé.» Pierre VÉRY, les Disparus de Saint-Agil, p. 57.

♦ **3.** (1653). Anciennt. Au plur. Titre donné parfois à des ouvrages où des matières didactiques sont traitées sous une forme récréative. *Récréations mathématiques, philosophiques, historiques.* — *Les Nouvelles Récréations et joyeux devis*, œuvre de Bonaventure Despériers, 1558.

CONTR. **Ennui.** — **Ouvrage, travail.**

RECRÉER [ʀ(ə)kʀee] v. tr. — 1457 ; de *re-*, et *créer.*

♦ **1.** Créer de nouveau. «*Dieu ne devant plus détruire le monde, non plus que le recréer*» (→ Établir, cit. 3, Pascal).

♦ **2.** Reconstituer (ce qui a été détruit, ce qui a disparu). ⇒ aussi **Régénérer** (→ Générosité, cit. 8 ; harmonique, cit. 8).

♦ **3.** Reconstruire artificiellement, réinventer (ce qui existe d'autre part à l'état naturel, ce qui est donné par la réalité).

1 Il *(le mort)* agit même plus qu'un vivant parce que, la véritable réalité n'étant dégagée que par l'esprit, n'étant l'objet d'une opération spirituelle, nous ne connaissons vraiment que ce que nous sommes obligés de recréer par la pensée, ce que nous cache la vie de tous les jours (...)
PROUST, Sodome et Gomorrhe, Pl., t. II, p. 770.

(...) un regard, une bouche, où la vie revenait comme si chaque matin et chaque 1.1 étreinte le recréaient plus beau que la veille (...)
COLETTE, Chéri, p. 48.

Pron. *Se recréer.*

Musique nègre ! que de fois, loin de l'Afrique, j'ai cru t'entendre, et subitement 2 se recréait autour de toi tout le Sud (...)
GIDE, Journal, Feuilles de route, Biskra, avr. 1896.

DÉR. Recréation.

RÉCRÉER [ʀekʀee] v. tr. — 1220 ; *recrier*, fin xiie ; lat. *recreare.*

♦ **1.** Vx. Ragaillardir, ranimer.

1 Le soleil dissipe la nue,
Récrée et puis pénètre enfin le cavalier (...)
LA FONTAINE, Fables, VI, 3.

♦ **2.** (1501). Littér. Délasser (qqn) par le repos, le jeu ; le distraire de ses soucis, rompre la monotonie de sa vie. ⇒ **Amuser, distraire, divertir.** — Pron. Se livrer à un divertissement. *Se récréer.*

2 Ce n'est pas tout, Baptiste ; il faut vous récréer un peu, car vous n'avez pas encore pris d'exercice aujourd'hui, bien que l'air fût si tiède et le soleil si riant !
Charles NODIER, Contes, «Baptiste Montauban».

3 Sa femme, pour le récréer, fit venir des jongleurs et des danseuses.
FLAUBERT, Trois contes, «La légende de saint Julien l'Hospitalier», II.

CONTR. **Ennuyer.**
DÉR. **Récréatif, récréation.**

RÉCRÉMENT [ʀekʀemɑ̃] n. m. — 1869 ; «impureté mêlée à une substance», 1553 ; empr. lat. *recrementum.*

♦ Physiol. Vx. Déchets de fonctionnement, produits de sécrétion demeurant à l'intérieur de l'organisme (salive, bile, etc.). *Récréments et excréments*.*

RECRÉPIR [ʀ(ə)kʀepiʀ] v. tr. — 1549 ; de *re-*, et *crépir.*

♦ **1.** Techn. Crépir de nouveau une surface. *Recrépir un mur, une façade.*

(...) des chaumières couvertes de paille, recrépies de la plus grossière glaise (...)
TAINE, Philosophie de l'art, t. I, p. 127.

♦ **2.** Vx. (Par métaphore, fam.). *Recrépir son visage*, le maquiller, y mettre du fard. — Restaurer, réparer, remanier (qqch.), lui redonner l'aspect de la nouveauté. *Recrépir une vieille légende.*

DÉR. **Recrépissage.**

RECRÉPISSAGE [ʀ(ə)kʀepisaʒ] n. m. — 1832 ; de *recrépir.*

♦ Techn. Opération qui consiste à recrépir (une surface). *Recrépissage d'un mur.*

RECREUSAGE [ʀ(ə)kʀøzaʒ] n. m. — Mil. xxe ; de *recreuser.*

♦ Techn. Opération par laquelle on recreuse (en particulier, ce qui comportait des creux, des renfoncements que l'usure a effacés). Syn. : *retaillage.*

RECREUSER [ʀ(ə)kʀøze] v. tr. — 1549 ; de *re-*, et *creuser.*

♦ **1.** Creuser de nouveau. *Recreuser une fosse obstruée par un éboulement.*

♦ **2.** Creuser davantage. *Recreuser un fossé qui n'était pas assez profond.*

Par métaphore :

À quoi sert de recreuser sa tristesse ? Il faut se poser vis-à-vis de soi-même en homme fort (...)
FLAUBERT, Correspondance, 1746, 15 août 1878.

Techn. Creuser (une surface) de creux plus accentués ou plus nombreux. ⇒ **Recreusage.**

DÉR. **Recreusage.**

RÉCRI [ʀekʀi] n. m. — 1831, Hugo ; de *se récrier* (1.), d'après *cri.*

♦ **1.** Rare. Le fait de se récrier ; exclamation par laquelle on se récrie.

♦ **2.** (Attesté xxe). Vén. Aboi des chiens qui se récrient*.

Il prêtait l'oreille aux récris de ses chiens ; un peu soulevé sur ses étriers, il saisissait sa trompe pour sonner le débucher (...)
M. DRUON, la Chute des corps, I, II, p. 26.

RÉCRIER (SE) [ʀekʀije] v. pron. — xiie, *se rescrier* «redoubler de cris», spécialisé ensuite comme terme de vénerie ; de *re-*, et *écrier.*

♦ **1.** (1835). Vén. Se dit des chiens quand ils redoublent de voix en relançant l'animal qui les a mis en défaut.

♦ **2.** (1663). Littér. Pousser une exclamation, un cri à propos d'une chose qui surprend, qui indigne, etc. ⇒ **Exclamer** (s'). *Se récrier d'admiration* (→ Grandeur, cit. 31). *Se récrier contre qqch. :* s'indigner. ⇒ **Protester, réclamer** (→ Brûler, cit. 56). *Se récrier à, sur* *qqch.* (→ Nouveau-né, cit. 3 ; préface, cit. 3). — Vx. *Se récrier que... Il n'y a pas de quoi se récrier.* — REM. Aux temps composés, l'accord se fait avec le sujet. *Ils se sont récriés.*

1 Au reste, il ne faut point se récrier contre la chimère de ma supposition ; je ne la donne que pour telle, et ne veux que rendre sensibles du plus au moins ses suites inévitables. ROUSSEAU, Lettre à d'Alembert.

2 La demande étant portée à deux cents louis, je me récriai sur la somme autant que sur la dure nécessité de payer des audiences.
BEAUMARCHAIS, Mémoires... dans l'affaire Goëzman, p. 8.

Absolt. Cour. *À ces mots, ils se sont récriés.* ⇒ **Protester, rouspéter** (familier).

3 Huit jours après son mariage, Camille déclara nettement à sa mère qu'il entendait quitter Vernon et aller vivre à Paris. Madame Raquin se récria : elle avait arrangé son existence, elle ne voulait point y changer un seul événement.
ZOLA, Thérèse Raquin, III.

RÉCRIMINATEUR, TRICE [ʀekʀiminatœʀ, tʀis] adj. et n. — 1845 ; de *récriminer.*

♦ Qui est porté à récriminer (2.). *Caractère récriminateur.*

(...) un petit trafiquant, très courageux, mais un peu maladroit et récriminateur.
G. DUHAMEL, Refuges de la lecture, VII.

REM. On trouve aussi la forme *récriminatoire* [ʀekʀiminatwaʀ] (1771). N. *Un récriminateur, une récriminatrice :* une personne qui récrimine, qui a l'habitude de récriminer.

REM. On trouve chez Céline le dérivé *récrimineuse* [ʀekʀiminøz] (adj.) pour *récriminatrice.*

RÉCRIMINATION [ʀekʀiminasjɔ̃] n. f. — 1550 ; lat. médiéval *recriminatio,* de *recriminare.* → Récriminer.

♦ **1.** Vx. Accusation qu'on oppose à celle de son adversaire. Rhét. Figure de rhétorique, procédé oratoire qui consiste à rejeter les griefs sur l'accusateur ou sur la victime.

♦ **2.** Mod. (Surtout au plur.). Le fait de récriminer (2.) ; plainte amère, réclamation, critique, etc. ⇒ **Cri, doléance, plainte, protestation, reproche, revendication.** *Des litanies de récriminations* (→ 1. Grief, cit. 4). *Il était excédé par les récriminations et les jérémiades de sa femme* (→ Désaccord, cit. 3).

Un cœur trop tendre (...) n'est satisfait d'aucune relation humaine ; sa sensibilité le condamne aux conflits perpétuels, aux récriminations, à cette comptabilité sentimentale d'où ressort toujours la faute d'autrui.
J. CHARDONNE, l'Amour du prochain, p. 159.

RÉCRIMINATOIRE [ʀekʀiminatwaʀ] adj. Rare. ⇒ **Récriminateur.**

RÉCRIMINER [ʀekʀimine] v. intr. — 1543 : lat. médiéval *recriminari,* de *crimen* « accusation ».

♦ **1.** Vx. Répondre par des accusations aux accusations de son adversaire.

1 Récriminer n'est pas se justifier : mais celui qui, pour toute défense, ne sait que récriminer à faux, a bien l'air d'être seul coupable.
ROUSSEAU, Lettre à Mgr de Beaumont.

♦ **2.** (XIXᵉ). Mod. Critiquer avec amertume et âpreté. *Récriminer contre qqn,* se plaindre de lui, exposer les griefs qu'on a contre lui. *Récriminer contre qqch.* ⇒ **Protester, réclamer, redire** (trouver à redire à...). — Absolt. *Rien ne sert de récriminer* (→ 1. Être, cit. 20).

2 Rien de plus triste que l'existence des rois tombés (...) on rappelle le passé ; on récrimine ; on s'adresse des reproches d'autant plus amers que l'expression cesse d'être renfermée dans le bon goût d'une belle naissance (...)
CHATEAUBRIAND, Mémoires d'outre-tombe, t. VI, p. 67.

3 Récriminer, faire de l'opposition, et même réclamer la justice, n'est-ce pas « s'emphilistiner » *(devenir philistin)* quelque peu ?
BAUDELAIRE, l'Art romantique, XX, I.

4 Il y a, dit encore l'autre, des gens ennuyeux qui se réunissent pour récriminer et geindre ; on les fuit en temps ordinaire (...)
ALAIN, Propos, 24 sept. 1911, Une cure.

DÉR. Récriminateur, récrimination, récriminatoire.

RÉCRIRE [ʀekʀiʀ] v. tr. — Conjug. *écrire.* — V. 1265, *rescrire ;* « rapporter par écrit », v. 1160 ; de *re-,* et *écrire.*

♦ **1.** (1754). Écrire de nouveau (et en modifiant, à la différence de *recopier). Claudel récrivit entièrement à soixante et onze ans l'Annonce faite à Marie.* ⇒ **Recomposer** (→ Et, cit. 30). *Textes récrits par un collaborateur* (→ Interpoler, cit. 3), arrangés, modifiés.

1 (...) Parseval-Grandmaison lui écrivait *(à Chênedollé)* une lettre qui a dû être récrite bien des fois presque dans les mêmes termes, et qui pourrait être stéréotypée en réponse à toutes les candidatures (...)
SAINTE-BEUVE, Chateaubriand..., t. II, p. 241.

2 (...) tout le troisième acte, qui reste complètement à reprendre, à récrire.
GIDE, Journal, 28 sept. 1930.

♦ **2.** (XIIIᵉ, *rescrire).* Écrire de nouveau (à qqn). *Il ne m'a pas répondu, je vais lui récrire.*

3 Est-ce que manque de dignité que vous récrire, après six mois de silence, puisque je ne vous demande plus rien ? MONTHERLANT, les Lépreuses, I, II.

♦ **3.** Vx (langue class.). Répondre (Boileau, *in* Littré).

(XXᵉ). *Récrire (réécrire) l'histoire :* raconter un événement à sa façon, sans tenir compte des faits tels qu'ils ont eu lieu. Spécialt. Travestir pour des raisons politiques la vérité historique, en donnant des événements, des faits, un récit falsifié. *Des historiens appointés qui ont pour mission de récrire l'histoire.*

REM. On rencontre souvent la forme *réécrire* [ʀeekʀiʀ] (p. p. *réécrit),* plus régulière et qui tend à l'emporter.

4 Vous n'avez qu'un arrangement, ce n'est pas Casanova que vous lisez, c'est un Casanova transcrit, corrigé, élagué, réécrit, châtié et rendu décent par un autre.
Émile HENRIOT, la Rose de Bratislava, V.

5 Si, souvent, il prévoit des livres à faire (qu'il ne fait pas), c'est qu'il remet à plus tard ce qui l'ennuie. Ou plutôt il veut écrire *tout de suite* ce qu'il lui plaît d'écrire, et pas autre chose. Dans Michelet, ce qui lui fait envie de réécrire, ce sont les thèmes charnels, le café, le sang, l'agave, le blé, etc. (...)
R. BARTHES, Roland Barthes, p. 176.

RECRISTALLISATION [ʀ(ə)kʀistalizasjɔ̃] n. f. — Mil. XXᵉ ; de *re-,* et *cristallisation.*

♦ Minér. Transformation des roches par dissolution des minerais cristallins et formation de cristaux différents.

RECRISTALLISER [ʀ(ə)kʀistalize] v. tr. ou intr. — 1906, v. pron. ; de *re-,* et *cristalliser.*

♦ Phys., minér. Cristalliser de nouveau. *Roche métamorphique qui recristallise.*

RECROISER [ʀ(ə)kʀwaze ; ʀ(ə)kʀwaze] v. tr. — 1549 ; « mettre de nouveau en forme de croix », 1445 ; de *re-,* et *croiser.*

♦ **1.** Croiser de nouveau. — Pron. *Rayons qui se croisent et se recroisent* (Descartes, *Dioptrique).*

Dhéry décroisa ses jambes et les recroisa, et cela prit un certain temps, parce que ses cuisses étaient très grosses (...)
Robert MERLE, Week-end à Zuydcoote, p. 47.

♦ **2.** (1869). Faire un nouveau croisement (ou métissage). *Recroiser des plantes, des races animales.*

RECROISETÉ, ÉE [ʀ(ə)kʀwazte ; ʀ(ə)kʀwazte] adj. — 1456 ; de *re-,* et *croisette,* dér. de *croix.*

♦ Blason. Dont les extrémités se terminent par de petites croix. *Croix recroisetée.*

RECROÎTRE [ʀəkʀwatʀ] v. intr. — XIIᵉ ; de *re-,* et *croître.*

♦ **1.** Se remettre à croître.

♦ **2.** Fig. Redevenir plus grand. *Durée qui décroît puis recroît.* — Au p. p. *Recrû, recrue, recrus.*

DÉR. Recrû, recrue.

RECROQUEVILLÉ, ÉE [ʀ(ə)kʀɔkvije] adj. ⇒ **Recroqueviller** (se).

RECROQUEVILLEMENT [ʀ(ə)kʀɔkvijmɑ̃] n. m. — 1557, *recoquillement ;* de *se recroqueviller.*

♦ Action de se recroqueviller ; résultat de cette action.

Elle perçoit, elle pressent tous les mouvements, recroquevillements, de la petite bête apeurée qui se terre du mieux qu'elle peut au fond de son trou.
N. SARRAUTE, Martereau, p. 19.

RECROQUEVILLER (SE) [ʀ(ə)kʀɔkvije] v. pron. et tr. — 1694 ; v. 1330, p. p. ; *recroqueviller,* 1627 ; *recroquiller,* 1332 ; altér. de *recoquiller**, avec influence de *croc**, et de l'anc. franç. *ville* « vis ».

♦ **1.** SE RECROQUEVILLER : se rétracter, se recourber, se tordre ou se plisser, en se desséchant. ⇒ **Racornir** (se), **ratatiner** (se), **replier** (se), **rétracter** (se). *Caoutchouc, cuir, papier, parchemin qui se recroqueville à la chaleur, au feu... La mèche de la bougie* (cit. 2) *se recroquevillait.* ⇒ **Vriller** (se). — Par ext. *Arbre qui s'étiole, se recroqueville de sécheresse.* ⇒ **Rabougrir** (se).

(XXᵉ). Par anal. Se replier, se ramasser sur soi-même. ⇒ **Blottir** (se), **ratatiner** (se), **tasser** (se).

1 L'atmosphère neigeuse arrête les sons. Tout vit au ralenti, se recroqueville.
MONTHERLANT, les Jeunes Filles, p. 70.

(Personnes) :

2 Il ne dit plus rien, il se recroqueville sur lui-même, les genoux au menton, d'un air frileux et perdu.
SARTRE, la Mort dans l'âme, p. 282.

♦ **2.** V. tr. Rendre recroquevillé. *La chaleur, le froid a recroquevillé ces feuilles. « Le froid me conterne et me recroqueville »* (Gide, *Journal*, 2 janv. 1928).

▶ **RECROQUEVILLÉ, ÉE** p. p. adj.

♦ **1.** Replié et racorni. *Cuirs recroquevillés* (→ In-folio, cit. 3). *Feuilles mortes toutes recroquevillées.*

♦ **2.** (Fin XIXᵉ). Par anal. Replié sur soi et crispé. *Une vieille femme recroquevillée.* ⇒ **Rabougri, ratatiné, tassé.** *Malade recroquevillé dans son lit.*

CONTR. Détirer, épanouir.
DÉR. Recroquevillement.

RECRU, UE [ʀ(ə)kʀy] adj. — XVIᵉ ; *recreü*, v. 1175 ; *recreüz* « qui s'avoue vaincu », 1080 ; dér. de l'anc. v. *se recroire* « se rendre », du bas lat. *se recredere* « se remettre à la merci », comp. de *credere* « croire ».

♦ **1.** Littér. Rendu, épuisé (par la fatigue). ⇒ **Épuisé, éreinté, fatigué, fourbu, harassé,** 1. **las, moulu, rompu, vanné** (cf. À bout de forces). *Bête recrue* (→ Endormir, cit. 18). — (Fin XVIIᵉ). *Recru de fatigue* (cit. 10 ; → Course, cit. 19).

♦ **2.** Vx ou littér. **RECRU DE...** : débordant, atteint par l'excès de. *« Recru d'amour »* (Ronsard, *Amours de Cassandre*, XLIII). *« Le monde est recru de souffrance »* (Duhamel, *Biographie de mes fantômes*, p. 76).

1 *(Staline)* champion rusé et implacable d'une Russie recrue de souffrance et de tyrannie, mais brûlant d'ambition nationale.
Ch. DE GAULLE, *Mémoires de guerre*, t. III, p. 60.

2 Il se tut, recru de l'énorme effort qu'il venait de faire.
A. DE CHATEAUBRIANT, la *Réponse du Seigneur*, p. 205.

3 Recrue de mouvement et de cris, la foule allait s'asseoir par grappes sous les futailles des brasseurs. G. DUHAMEL, le Temps de la recherche, VII.

4 Portes, mains, visages, esprits, cœurs *ouverts*. Heureux le voyageur recru, devant qui s'ouvre la porte. Mais plus heureux encore celui qui l'ouvre, qui dit : « Entrez. »
Claude ROY, Nous, p. 192.

HOM. Recrû, recrue.

RECRÛ [ʀ(ə)kʀy] n. m. — 1669 ; de *recroître.*

♦ Techn. (Sylv.). Ensemble des jeunes rameaux, des pousses qui se développent sur les souches après la coupe d'un taillis.

HOM. Recru, recrue.

RECRUDESCENCE [ʀ(ə)kʀydesɑ̃s] n. f. — 1810 ; dér. sav. du lat. *recrudescere* « devenir plus violent, plus saignant (en parlant d'une blessure) », dér. de *crudus* « saignant ».

♦ **1.** Méd. Aggravation d'une maladie, après une rémission temporaire. ⇒ **Reprendre.** *Recrudescence de fièvre,* intensité accrue. — (1875). *Recrudescence d'une épidémie* (→ Prêche, cit. 3), augmentation du nombre des cas. ⇒ **Progression.**

♦ **2.** (1832). Brusque réapparition (d'un phénomène) sous une forme plus violente. ⇒ **Accroissement, augmentation, regain, renforcement, reprise.** *Recrudescence d'un incendie, de l'activité volcanique.* — (1869). Fig. *Une recrudescence de classicisme* (cit. 1).

1 Rabourdin était si profondément occupé d'achever son grave et grand travail qu'il ne remarqua pas cette recrudescence de luxe au sein de son ménage.
BALZAC, les Employés, Pl., t. VI, p. 884.

2 Les jours où sa sœur avait repoussé une nouvelle attaque de son homme, elle le devinait à une recrudescence de méchante humeur (...) ZOLA, la Terre, IV, II.

CONTR. Accalmie, affaiblissement, dégression, déperdition.
DÉR. Recrudescent.

RECRUDESCENT, ENTE [ʀ(ə)kʀydesɑ̃, ɑ̃t] adj. — 1842 ; de *recrudescence.*

♦ Littér. Qui est en recrudescence. *Agitation recrudescente.*

RECRUE [ʀ(ə)kʀy] n. f. — 1550 ; *recreue* « supplément », 1501 ; dér. de *recroître* « ce qui a recrû, ce qui vient s'ajouter à une armée ».

A. (Action). ♦ **1.** Vx (langue class.). Accroissement. *« Cette recrue continuelle du genre humain, je veux dire les enfants qui naissent »* (Bossuet, *Sermon sur la mort*, 1).

♦ **2.** Vx. Nouvelle levée de soldats qui complète une troupe. — Par ext. *Une recrue de vieilles femmes* (→ Noble, cit. 4).
Vx. Recrutement de nouveaux soldats. *Faire la recrue. Troupes, soldats de recrue.*

B. Par métonymie. Mod. ♦ **1.** (1808). Soldat qui vient d'être levé, recruté. ⇒ **Bleu** (fam.), **conscrit.** *Recrues incorporées* (cit. 10). ⇒ **Incorporation.** *Les recrues d'une classe. Exercer les recrues, instruction des recrues.* ⇒ **Classe, école.** *Brimades infligées aux jeunes recrues. Les nouvelles recrues* (→ Dépôt, cit. 14).

1 (...) ces recrues toutes fraîches qui savaient à peine manier le mousquet tenant tête aux vieilles bandes d'Essling et de Rivoli (...)
HUGO, les Misérables, II, I, XVI.

2 Un vieux colonial à la barbe fauve, une main posée sur l'épaule d'une recrue, lui désignait, de l'autre main, la côte africaine. « Engagez-vous, rengagez-vous dans l'armée coloniale ». La jeune recrue avait l'air tout à fait stupide.
SARTRE, le Sursis, p. 312.

♦ **2.** (Déb. XVIIIᵉ). Par anal. Personne qui vient s'ajouter à un groupe (notamment dans : *nouvelle recrue*). *Les recrues d'un parti, d'une société...* ⇒ **Adepte, partisan.** *Nouvelle recrue* (d'un cercle mondain). → Ennuyeux, cit. 11. *Une recrue de grande valeur* (→ Exceptionnel, cit. 6).

DÉR. Recruter.
HOM. Recru, recrû.

RECRUTEMENT [ʀ(ə)kʀytmɑ̃] n. m. — 1790 ; de *recruter.*

♦ **1.** Action de recruter des soldats ; opérations qui fournissent son personnel à l'armée. ⇒ **Appel, conscription, engagement, enrôlement, racolage** (ancienni), **rengagement ; service** (militaire). *Bureau*, service de recrutement* (⇒ **Armée**). *Liste de recrutement.* Absolt. *Aller, passer au recrutement. Classes* de recrutement* (⇒ **Contingent**). — (1893). Fig. Action, manière de recruter du personnel. *Le recrutement d'une classe gouvernante* (cit. 1), *d'une clientèle* (→ Implacablement, cit. 3). *Recrutement de spécialistes, d'ingénieurs. Le recrutement d'une Assemblée,* la manière dont ses membres sont désignés. *Recrutement des fonctionnaires.*

— Vous pensez à entrer au Parti? demanda Darras. — Non. Je ne suis pas d'accord avec le parti communiste. — Laisse le recrutement cinq minutes, Darras ! dit Gardet. MALRAUX, l'Espoir, II, I, I, IV.

♦ **2.** Par ext. Ensemble de recrues. *Un cercle dont le recrutement était fort mondain* (→ Cotisation, cit.).

RECRUTER [ʀ(ə)kʀyte] v. tr. — 1691 ; dér. irrégulier de *recrue,* critiqué au XVIIᵉ : *« certains termes qui ne valent rien, comme celui de recruter »* (Racine, *Lettres*, 89, 24 sept. 1691).

♦ **1.** Compléter ou former (une troupe) en levant des hommes. *Recruter une armée, une troupe.* — Par ext. Engager (des hommes) pour former une troupe. ⇒ **Embaucher, engager, enrégimenter, enrôler, incorporer, lever, mobiliser, racoler.** *Soldats fraîchement recrutés.* ⇒ **Recrue.**

♦ **2.** (1835). Amener (qqn) à faire partie d'un groupe (association, parti...). *Recruter des adeptes* (cit. 3), *des prosélytes* (cit. 2), *des partisans* (⇒ **Attirer, embrigader,** [fig.]), *des travailleurs* (⇒ **Employer**), *des clients.* ⇒ **Procurer** (se). *Il a fini par recruter des collaborateurs.* ⇒ **Découvrir.** *Les porteurs recrutés par l'administration* (→ Portage, cit. 1).

1 En dépit des événements, elle ne perdait aucune occasion de recruter des adeptes, et, cramponnée au bras de Jacques, elle entreprit de le catéchiser (...)
MARTIN DU GARD, les Thibault, t. VI, p. 239.

2 L'assurance était pour lui la religion des temps modernes et il apportait à recruter ses clients un zèle agressif de jeune missionnaire.
G. DUHAMEL, Salavin, III, III.

Absolt :

3 Pendant l'hiver, où la société s'était ralliée, quelques salons (...) avaient recruté parmi les célébrités nouvelles de l'art, de la science, de la littérature et de la politique. BALZAC, Une fille d'Ève, Pl., t. II, p. 86.

▶ **SE RECRUTER** v. pron. (Mil. XVIIIᵉ).
Être recruté, se compléter ou se former en recevant des recrues. *L'armée* (cit. 11) *de terre se recrute...* Par ext. *Assemblée, corps qui se recrute par cooptation.* — Fig. *Se recruter dans, parmi... :* provenir de... (→ Clergé, cit. 3 ; croisement, cit. 6).

4 La règle de l'Adoration perpétuelle est d'une telle rigidité qu'elle épouvante ; les vocations reculent, l'ordre ne se recrute pas. HUGO, les Misérables, II, VI, XI.

5 (...) un public moyen, représentatif de celui où se recruteraient un jour ses lecteurs. PROUST, le Côté de Guermantes, Pl., t. II, p. 194.

6 (...) la noblesse n'a jamais pu se recruter que dans la roture, comme le militaire se recrute dans le civil. J. BAINVILLE, Hist. de France, VI, p. 100.

CONTR. Licencier, renvoyer.
DÉR. Recrutement, recruteur.

RECRUTEUR, EUSE [ʀ(ə)kʀytœʀ, øz] n. — 1771 ; de *recruter.*

♦ **1.** N. m. Celui qui est chargé de recruter des soldats, et, spécialt, de provoquer des engagements dans l'armée (ancient, en France : ⇒ **Enrôleur, racoleur**). — Par appos. *Sergent recruteur.*

1 Bonaparte, sa première visée de génie passée, n'apercevait plus que de l'argent et des soldats ; l'exacteur et le recruteur prenaient la place du grand homme.
CHATEAUBRIAND, Mémoires d'outre-tombe, t. III, p. 143.

2 Dans toutes les grandes villes de France tout homme valide allant par les rues à ses affaires était exposé à être poussé par des racoleurs dans une maison appelée *four*. Là, on l'enfermait pêle-mêle avec d'autres, on triait ceux qui étaient propres au service, et les recruteurs vendaient ces passants aux officiers.
HUGO, l'Homme qui rit, II, I, V, II.

♦ **2.** (1793). Fig. Personne qui recherche des adhérents, des clients, etc. (souvent péj.). *Les recruteurs, les agents recruteurs* *d'un parti*, etc. ⇒ aussi **Embaucheur.** — Au fém. (Rare). « *La protestante (...) convertisseuse, une recruteuse d'âmes* » (Sainte-Beuve, *Nouveaux lundis*, t. IX, Mlle de Guérin et Mme de Gasparin).

RECT-, RECTI-, RECTO- Premier élément de mots savants, tiré du latin *rectus* « droit ». Voir à l'ordre alphabétique.

RECTA [Rɛkta] adv. — 1718 ; adv. lat. « tout droit, directement ».

♦ **1.** Vx. En ligne droite.

♦ **2.** (1788). Ponctuellement, très exactement. *Payer, solder recta* (→ 2. Flanquer, cit. 3). *Réglé recta* (→ Pondre, cit. 4), régulièrement.

1   (...) la maison a fourni bien des uniformes au général Montcornet, il les noircissait promptement à la fumée des canons, celui-là ! Quel brave ! et il payait *recta* ! Un maréchal de France a pu sauver l'Empereur ou son pays, *il payait recta* sera toujours son plus bel éloge dans la bouche d'un commerçant.
                  BALZAC, la Cousine Bette, Pl., t. VI, p. 232.

1.1   Tout marche au doigt et à l'œil, et recta !
                  BALZAC, la Peau de chagrin, Pl., t. IX, p. 169.

♦ **3.** Adj. invar. Ponctuel, régulier.

2   Ce corps de louveterie est un drôle de corps. Il y a des lieutenants qui sont recta et font un gros travail, en accord d'ailleurs avec les égaux en grade du corps des forestiers.   J. GIONO, Un roi sans divertissement, p. 108.

RECTAL, ALE, AUX [Rɛktal, o] adj. — 1812 ; de *rectum*.

♦ Didact. Qui est relatif, appartient au rectum. ⇒ **Anal.** *Température rectale. Veines rectales. Prolapsus rectal. Ampoule rectale :* syn. de *rectum pelvien* (→ 1. Poche, cit. 4). *Alimenter un malade par injections rectales.*

HOM. (Du plur. masc.) **Recto.**

RECTANGLE [Rɛktãgl] adj. et n. m. — 1549 ; du lat. médiéval *rectangulus*, du bas lat. *rectiangulus*, du lat. class. *rectus* « droit », et *angulus* « angle ».

★ **I.** Adj. ♦ **1.** Didact. (géom.). Dont un angle est droit. *Triangle* rectangle.* Par ext. *Trièdre rectangle*, qui a un dièdre droit. — Dont tous les angles sont droits. *Parallélogramme rectangle. Parallélépipède rectangle :* prisme droit dont les bases sont rectangles (ex. : le cube).

♦ **2.** Didact. (math.). *Termes rectangles :* termes du second degré formés par le produit de deux variables. ⇒ **Quadratique.**

♦ **3.** Rare. Qui a la forme d'un rectangle. *Une couverture rectangle* (→ Poncho, cit. 1). — REM. On dit plutôt *rectangulaire**.

★ **II.** N. m. (Av. 1690, Furetière). ♦ **1.** Géom. Parallélogramme à un angle droit. *Le carré* est un rectangle.*

♦ **2.** Cour. (Opposé à *carré*). Figure à quatre angles droits dont les côtés sont égaux deux à deux. *Tissu écossais formant des carrés et des rectangles* (→ Phare, cit. 3 ; plein, cit. 72). — *Rectangle blanc*, ou *carré blanc*, qui, sur l'écran de la télévision française, signalait une émission (film ou pièce de théâtre) réservée aux adultes.

  Quant aux films venus de l'extérieur, on pouvait lui fourguer n'importe quoi, aussi bête, voire immoral que cela fût : il ne se sentait pas responsable, d'autant que le rectangle blanc, cette hypocrisie inepte, lui permettait de s'en laver les mains.
           Le Figaro littéraire, 18-24 sept. 1967.

DÉR. (Du lat. *rectangulus*) **Rectangulaire.**

RECTANGULAIRE [Rɛktãgylɛʀ] adj. — 1571 ; d'après le lat. médiéval *rectangulus*.

♦ **1.** (XIXe). Qui a la forme d'un rectangle. *Bâtisse, usine, place rectangulaire* (→ Corde, cit. 4 ; 2. ferme, cit. 3 ; infini, cit. 32). *Pièce rectangulaire* (→ Meuble, cit. 6).

♦ **2.** Didact. Qui forme un angle droit. *Axes rectangulaires*, formant un angle droit. *Coordonnées rectangulaires d'un point*, rapportées à des axes rectangulaires.

♦ **3.** (1834). Fig., littér. (Rare). Qui agit avec décision, droiture. ⇒ **Carré** (fig.).

  (...) à l'époque actuelle, où se rencontrent plus rarement que dans aucun temps ces hommes rectangulaires, ces belles volontés qui ne se plient jamais au mal, à qui la moindre déviation de la ligne droite semble être un crime (...)
           BALZAC, le Père Goriot, Pl., t. II, p. 954.

DÉR. **Rectangulairement.**

RECTANGULAIREMENT [Rɛktãgylɛʀmã] adv. — XXe ; de *rectangulaire.*

♦ Rare. En rectangle.

  Puis on plie chaque berlue en quatre, puis en huit, jusqu'à obtenir le format idéal, on fait de même pour les draps ; on empile le tout au pied du lit, rectangulairement, puis on se rejette sur la paillasse, pour resquiller encore quelque repos.
           A. SARRAZIN, la Cavale, p. 17.

RECTANGULARITÉ [Rɛktãgylaʀite] n. f. — 1819 ; de *rectangulaire.*

♦ Rare. Forme rectangulaire.

1. RECTEUR [Rɛktœʀ] n. m. — 1261 ; *rector* « capitaine d'un navire », 1213 ; lat. *rector* « celui qui dirige », dér. de *regere.* → Régir.

♦ **1.** Anciennt. « Le chef et le premier officier électif d'une Université » (Furetière). *Le recteur était choisi dans la faculté des Arts.* « *Comme un recteur suivi des quatre facultés** » (cit. 12, Boileau). — (1806). Universitaire qui est à la tête d'une Académie. *En France, les recteurs dirigent l'enseignement à tous ses degrés sur le territoire de l'Académie.* ⇒ **Académie.** *Épitoge violette de recteur. Recteur d'une université libre* (catholique...). *Monsieur le recteur* (en s'adressant à un recteur ou à un ancien recteur). — (Au Canada). Chef d'une université. ⇒ aussi **Chancelier.** — *Recteur magnifique :* titre, probablement d'origine allemande, que peuvent porter les recteurs d'universités catholiques (Constitution apostolique de 1931), et qui est en usage en Italie, aux Pays-Bas...

♦ **2.** Anciennt. Directeur, supérieur d'un collège de jésuites.

♦ **3.** (1283, « supérieur ecclésiastique »). Relig. Prêtre catholique à qui l'évêque confie la charge de certaines églises non paroissiales. Dans certaines régions, et, spécialt, en Bretagne, Curé* ou desservant (cf. Balzac, *la Peau de chagrin*, Œuvres, t. IX, p. 164). *Un recteur de l'île de Sein*, roman de H. Queffélec.

DÉR. (Du lat. *rector*) **Rectoral, rectorat.**
COMP. **Vice-recteur.**

2. RECTEUR, TRICE [Rɛktœʀ, tʀis] adj. et n. f. — XVIIIe (av. 1778, Voltaire) ; du lat. *rector* « qui dirige ».

♦ **1.** Anc. chim. *Esprit recteur :* esprit, fluide constituant le principe des odeurs.

♦ **2.** Zool. *Plumes rectrices, pennes rectrices :* pennes, grandes plumes de la queue, qui dirigent le vol des oiseaux. — N. f. (1803). *Une rectrice.*

RECTI- ⇒ **Rect-**

RECTIFIABLE [Rɛktifjabl] adj. — 1727 ; de *rectifier.*

♦ **1.** Qui peut être rectifié. ⇒ **Corrigible.** — Spécialt. (Math.). *Courbe rectifiable.* ⇒ **Rectification.**

♦ **2.** (1875). Chim. *Alcool rectifiable*, que l'on peut rendre plus pur par une seconde distillation.

RECTIFIANT, ANTE [Rɛktifjã, ãt] adj. — 1680 ; p. prés. de *rectifier.*

♦ **1.** Vx. Qui corrige, rectifie.

♦ **2.** (XXe, *in* Larousse 1932). Géom. *Plan rectifiant d'une courbe gauche*, ou, n. m., *le rectifiant :* plan perpendiculaire à la normale principale en un point de cette courbe.

♦ **3.** Techn. Qui opère le redressement d'un courant alternatif. *Contact rectifiant.*

RECTIFICATEUR, TRICE [Rɛktifikatœʀ, tʀis] n. et adj. — 1611 ; dér. sav. de *rectifier.*

♦ **1.** Littér. Personne qui rectifie.

  Je suis le rectificateur des erreurs populaires. J'entreprends le nettoyage de vos intelligences.   HUGO, l'Homme qui rit, II, III, II.

Adj. *Remarques rectificatrices.*

♦ **2.** N. m. (1829). Chim. Appareil (alambic, colonnes dites *rectificatrices*, etc.) servant à rectifier les liquides.

RECTIFICATIF, IVE [Rɛktifikatif, iv] adj. et n. m. — 1819 ; dér. sav. de *rectifier.*

♦ Qui a pour objet de rectifier (une chose inexacte). *Acte, état, compte rectificatif.* — N. m. (XXe). *Communiquer à la presse un rectificatif*, une note rectificative. *Voici un rectificatif à la circulaire n° 1.*

RECTIFICATION [Rɛktifikasjõ] n. f. — 1314, chir. ; dér. sav. de *rectifier*, par l'interm. du bas lat. *rectificatio* « redressement ».

♦ **1.** Action de rectifier (1.). *Rectification d'un alignement.* — (1708). Math. *Rectification d'une courbe* (étym. : sa réduction à une droite) : calcul de la longueur d'un arc de courbe, notamment par le calcul intégral.

♦ 2. Action de rectifier (2.), de rendre correct, conforme. *Rectification d'un tracé, d'un calcul, d'un compte.*

<u>a</u> (1835). Dr. *Rectification d'acte de l'état civil,* en cas d'erreur, omission, énonciation prohibée. *Rectification de jugement,* en cas d'erreur matérielle dans la rédaction d'un jugement. *Rectification de vote*.* — (Admin. fisc.). *Droit de rectification :* droit pour le fisc de corriger les insuffisances ou omissions dans les déclarations. *Rectification d'office.*

<u>b</u> Presse. Insertion de rectificatifs dans les journaux, obligatoire en certains cas.

<u>c</u> Techn. *Rectification d'une pièce mécanique.* ⇒ **Alésage, meulage,** etc.

<u>d</u> Chim. Méthode de séparation qui, en une seule opération, donne les mêmes résultats qu'une suite de condensations ou de séparations fractionnées. *La rectification consiste à faire barboter les vapeurs du mélange dans des liquides de plus en plus riches en constituant le plus volatil. Rectification de l'alcool*.* ⇒ **Rectifié.**

♦ 3. Action de faire disparaître en corrigeant. *Rectification d'une erreur,* opposé à *apurement* (comptab.). *Rectification d'erreurs au journal,* par insertion d'un article dit *de redressement* (les ratures, grattages, etc., étant interdits).

♦ 4. (1798). Correction, modification, note ou parole rectificative. *Rectification en marge* (→ Indispensable, cit. 13). *Adresser, faire une rectification,* un rectificatif. *Permettez-moi une rectification.* ⇒ **Point** (mise au), **réserve.**

RECTIFIER [ʀɛktifje] v. tr. — 1284 ; du bas lat. *rectificare* «redresser».

♦ 1. (1314). Rendre droit. *Rectifier un alignement.* — (1762). Math. *Rectifier une courbe,* en opérer la rectification*.

1 À ce moment, il entendit la voix de son grand-père derrière lui (...) — Bernard, remets cette caisse droite. M. Achille rectifiait un alignement.
A. MAUROIS, Bernard Quesnay, XV.

♦ 2. (V. 1370). Rendre matériellement correct, conforme. *Rectifier un tracé, une direction* (→ Fantaisie, cit. 7). *Rectifier la position*. Rectifier le tir*. Rectifier une image* (cit. 7) *sensible. Rectifier un assaisonnement.* — (1883). Mar. Vx. *Rectifier la voilure :* redonner aux voiles l'orientation correcte par rapport au vent (→ Larguer, cit. 1).
Techn. *Rectifier une pièce,* la mettre au point, la finir (par alésage, meulage, etc.). ⇒ **Finition.** *Machine à rectifier.* ⇒ **Rectifieuse.**
Chim. Traiter en séparant les éléments par distillation, par la rectification. ⇒ **Distiller, épurer.** — Par ext. Méd. anc. *Rectifier le sang,* le purifier (→ Médecine, cit. 2, Molière).

♦ 3. (1687). Rendre exact. ⇒ **Corriger.** *Rectifier un calcul, une numérotation. Rectifier les idées, l'opinion de qqn* (→ Malade, cit. 22). *Rectifier le sens d'un mot* (→ Étymologie, cit. 4). *Texte à rectifier.* ⇒ **Modifier, rétablir.**

2 Je ferais voir que partout où le Christianisme a dominé, il a changé l'idée, il a rectifié les notions du juste et de l'injuste (...)
CHATEAUBRIAND, Mémoires d'outre-tombe, t. II, p. 209.

3 (...) un tel flot de choses nécessaires à vous dire pour vous expliquer ceci et cela, rectifier l'idée que vous avez de moi (...)
MONTHERLANT, les Jeunes Filles, p. 151.

Fig. (dans un sens moral). Réformer. Vx. *Rectifier et adoucir les passions* (cit. 7) *des hommes.* ⇒ **Châtier.** *« Rectifier le mal de l'action* (cit. 5) *Avec la pureté de notre intention »* (Molière).

4 Si je la représente (Junie) plus retenue qu'elle n'était, je n'ai pas ouï dire qu'il nous fût défendu de rectifier les mœurs d'un personnage (...)
RACINE, Britannicus, 1re Préface.

♦ 4. Faire disparaître en corrigeant. ⇒ **Redresser.** *Rectifier une erreur* (→ Plébéien, cit. 7), *une faute, une inattention* (cit. 2). — Absolt. *Ce que vous dites est inexact, permettez-moi de rectifier.*

5 Nous répétons un nom tel que nous l'avons entendu jusqu'à ce que l'expérience ait rectifié notre erreur. PROUST, la Fugitive, Pl., t. III, p. 573.

♦ 5. (1940, «fusiller»). Argot. Tuer. ⇒ **Refroidir** (argot), **repasser** (fam.).

6 Y a plus qu'à tous les rectifier, si on veut être tranquilles.
Albert SIMONIN, Touchez pas au grisbi, p. 99.

7 Mais, avec les fusils, soyons raisonnables : le temps de faire deux mouches et la patrouille mettait en batterie et nous rectifiait en une giclée.
Jacques PERRET, Bande à part, p. 123.

▶ RECTIFIÉ, ÉE p. p. adj.
Spécialt. *Alcool rectifié,* épuré, traité par rectification.
CONTR. Altérer.
DÉR. Rectifiable, rectifiant, rectificateur, rectificatif, rectifieur, rectifieuse. — (Du même rad.) **Rectification.**

RECTIFIEUR, EUSE [ʀɛktifjœʀ, øz] n. — 1932, n. m. ; de *rectifier.*

♦ Techn. Ouvrier, ouvrière qui finit, rectifie les pièces mécaniques, notamment à l'aide de *rectifieuses.*

RECTIFIEUSE [ʀɛktifjøz] n. f. — 1932 ; de *rectifier.*

♦ Techn. Machine-outil servant à rectifier les pièces sorties des machines (travail confié à des *rectifieurs*). ⇒ **Aléseuse.**

RECTILIGNE [ʀɛktiliɲ] adj. — 1370, géom. ; bas lat. *rectilineus,* de *rectus* «droit», et *linea.*

♦ 1. Géom. Défini, limité par des droites ou des segments de droite. *Figure, angle rectiligne. Coordonnées* rectilignes. Triangle* rectiligne.* ⇒ **Trigonométrie.**
N. m. *Le rectiligne d'un dièdre :* l'«angle plan ayant pour côtés les perpendiculaires à l'arête d'un dièdre situées dans les faces de celui-ci» (Uvarov).

♦ 2. (1789). Qui est ou se fait en ligne droite*. ⇒ **Direct.** *Allées, avenues rectilignes* (→ Déambuler, cit. 1 ; ordonner, cit. 3). *Horizons rectilignes* (→ 1. Droit, cit. 16). *Hachures* (cit. 2) *rectilignes.* — (Phys.). *Mouvement rectiligne,* dont la propagation est en ligne droite (→ Force, cit. 63 ; inertie, cit. 1 ; magnétique, cit. 1). *Mouvement rectiligne et uniforme. Propagation rectiligne de la lumière* (→ Optique, cit. 2).

♦ 3. (1793). Fig., vx. *Conduite rectiligne,* qui ne dévie pas des principes. *« Un patriote rectiligne »* (C. Desmoulins, en parlant de Billaud-Varenne).
CONTR. Angulaire. — Biais, bossu, circonflexe, courbe, curviligne.
DÉR. Rectilignement. V. Rectilinéaire.

RECTILIGNEMENT [ʀɛktiliɲmɑ̃] adv. — 1898 ; de *rectiligne.*

♦ Didact. Selon une direction rectiligne, en ligne droite. *« La lumière (...) est polarisée circulairement ou rectilignement »* (Année sc. et industr. 1899, p. 54, 1898).

RECTILINÉAIRE [ʀɛktilineɛʀ] adj. — 1774, géom. ; *espaces rectilinéaires* «formés par des lignes droites», Diderot ; de *rectiligne,* d'après *linéaire.*

♦ (xxe). Photogr. *Objectifs rectilinéaires :* objectifs doubles symétriques.

RECTIMÈTRE [ʀɛktimɛtʀ] n. m. — Mil. xxe ; de *recti(tude),* et *-mètre.*

♦ Techn. Appareil optique qui permet de contrôler la rectitude d'une pièce mécanique.

RECTION [ʀɛksjɔ̃] n. f. — xxe ; *reccion* «direction, gouvernement», xvie ; du lat. *rectio* «action de gérer», de *rectum,* supin de *regere* «diriger».

♦ Ling. Propriété qu'ont un verbe, une préposition d'être accompagnés d'un complément dont le mode d'introduction (ou le cas) est déterminé grammaticalement.

RECTITE [ʀɛktit] n. f. — 1833 ; de *rectum.*

♦ Méd. Inflammation du rectum. ⇒ **Recto-colite.** (On dit aussi *proctite*).

RECTITUDE [ʀɛktityd] n. f. — 1370 ; lat. *rectitudo,* de *rectus* «droit».

♦ 1. Qualité de ce qui est droit* (→ 1. Droit), rigoureux (intellectuellement). ⇒ **Raison** (conformité à la). *Rectitude du jugement.* ⇒ **Fermeté.** *Rectitude d'un raisonnement.* ⇒ **Exactitude, justesse, rigueur.** *Règles, principes observés dans toute leur rectitude. Les délibérations du peuple* (→ 1. Peuple, cit. 11, Rousseau) *n'ont pas toujours la même rectitude.* — (Moralement). ⇒ **Droiture.** *« Cette rectitude Que vous voulez en tout... »* (→ Exactitude, cit. 4, Molière). *Rectitude d'intention.*

1 Au lieu de profiter du pardon et de rentrer dans les voies de la rectitude, Fouquet ne songea qu'à redoubler d'adresse ; il présentait au roi de faux états de situation, que Colbert contrôlait et réfutait en secret.
SAINTE-BEUVE, Causeries du lundi, 12 janv. 1852.

2 Sa mysticité tendue rappelait celle de M. Gottofrey ; mais il avait bien plus de rectitude de jugement.
RENAN, Souvenirs d'enfance..., Œ. compl., t. II, v, p. 858.

♦ 2. (V. 1560). Littér. Caractère de ce qui est en ligne droite.

3 Et Jean, de ses bras tendus, veillait à la rectitude parfaite du sillon, si droit, qu'on l'aurait dit tracé au cordeau (...) ZOLA, la Terre, V, III.

4 Son profil, un peu court, était très noble, le nez prolongeant la ligne du front avec une rectitude absolue, comme dans les visages grecs.
LOTI, Pêcheur d'Islande, I, III.

CONTR. Aberration, fausseté ; duplicité. — Sinuosité.
COMP. Rectimètre.

RECTO [ʀɛkto] n. m. — 1663; abrév. de la loc. lat. *folio recto* «sur le feuillet qui est à l'endroit», opposé à *folio verso*, pour différencier les deux pages d'un feuillet folioté.

♦ Première page d'un feuillet (dont l'envers est appelé *verso*). ⇒ **Côté** (bon), **endroit**. *Mettre ses initiales* (cit. 4) *au bas des rectos. Barrement* (cit.) *au moyen de deux barres apposées au recto. Le début est au recto.* — *Recto verso :* au recto et au verso. *Impression recto verso.* ⇒ **Opposé** (côtés opposés).

Fig. :
(...) dans l'homme il fera entrer non seulement le recto mais aussi le verso de l'esprit ; la réalité de l'imagination et des rêves y apparaîtra de plain-pied avec la vie.   A. ARTAUD, le Théâtre et son double, Idées/Gallimard, p. 186.

CONTR. **Derrière, envers, verso.**
HOM. **Rectaux** (plur. masc. de *rectal*).

1. RECTO- Premier élément de mots savants médicaux, tiré de *rectum*.

2. RECTO- ⇒ **Rect-**.

RECTOCÈLE [ʀɛktɔsɛl] n. f. — 1875; de 1. *recto-*, et *-cèle*.

♦ Pathol. Saillie du rectum dans le vagin. ⇒ **Prolapsus**.

RECTOCOLITE [ʀɛktokɔlit] n. f. — 1926; de 1. *recto-*, et *-colite*.

♦ Méd. Inflammation simultanée du rectum et du côlon. — Adj. : *rectocolique* [ʀɛktokɔlik] (*la Recherche*, oct. 1981).

RECTOCURVILIGNE [ʀɛktokyʀvilip] adj. — xxᵉ; de 2. *recto-*, et *curviligne*.

♦ Géom. Qui comprend des droites et des courbes. *Figure rectocurviligne*.

RECTORAL, ALE, AUX [ʀɛktɔʀal, o] adj. — 1588; du lat. *rector*.

♦ Qui appartient au recteur, qui provient du recteur. *L'autorité rectorale. Décision rectorale. Délégués rectoraux :* professeurs non titulaires délégués à un poste par le recteur. *Délégation rectorale*.

RECTORAT [ʀɛktɔʀa] n. m. — 1560; du lat. *rector*, → 1. *recteur*.

♦ **1.** Fonction, poste de recteur d'académie.

♦ **2.** (1636). Temps pendant lequel un recteur exerce ses fonctions.

♦ **3.** (xxᵉ). Bâtiment, bureaux où sont installés le recteur et ses services.

RECTORRAGIE [ʀɛktɔʀaʒi] n. f. — xxᵉ; de 1. *recto-*, et *-rragie*.

♦ Méd. Écoulement de sang rouge par l'anus (à distinguer du *méléna**, où il s'agit de sang noir).

RECTOSCOPE [ʀɛktɔskɔp] n. m. — 1903; de 1. *recto-*, et *-scope*.

♦ Méd. Variété d'endoscope servant à la rectoscopie*.

RECTOSCOPIE [ʀɛktɔskɔpi] n. f. — 1909; de 1. *recto-*, et *-scopie*.

♦ Méd. Examen visuel de la cavité rectale (et, le cas échéant, du côlon pelvien et du côlon iliaque).

RECTOSIGMOÏDITE [ʀɛktosigmɔidit] n. f. — xxᵉ; de 1. *recto-*, *sigmoïde*, et suff. *-ite*.

♦ Méd. Inflammation associée du rectum et de la partie terminale du côlon (côlon sigmoïde). — On écrit aussi *recto-sigmoïdite*.

RECTOSIGMOÏDOSCOPIE [ʀɛktosigmɔidɔskɔpi] n. f. — xxᵉ; de 1. *recto-*, *sigmoïde*, et *-scopie*.

♦ Méd. Examen visuel du côlon sigmoïde et du rectum.

RECTOTOMIE [ʀɛktotɔmi] n. f. — 1878; de 1. *recto-*, et *-tomie*.

♦ Chir. Incision de la paroi du rectum.

RECTO TONO [ʀɛktotono] adv. — Attesté mil. xxᵉ; loc. lat. «d'un ton (*tonus*) droit (*rectus*)».

♦ Didact. En parlant, en récitant sur une seule note. → Psalmodie.

RECTOVAGINAL, ALE, AUX [ʀɛktovaʒinal, o] adj. — 1869, Littré ; de 1. *recto-*, et *vaginal*.

♦ Méd. Du rectum et du vagin ; qui appartient, a trait au rectum et au vagin. *Cloison rectovaginale.* — (1875). *Fistule rectovaginale :* communication pathologique entre le rectum et le vagin. — On écrit aussi *recto-vaginal*.

RECTOVÉSICAL, ALE, AUX [ʀɛktovezikal, o] adj. — 1869; de 1. *recto-*, et *vésical*.

♦ Méd. Qui appartient au rectum et à la vessie. — (1875). *Fistule rectovésicale :* communication pathologique entre le rectum et la vessie. — On écrit aussi *recto-vésical*.

RECTRICE [ʀɛktʀis] adj. et n. f. ⇒ 2. **Recteur**.

RECTUM [ʀɛktɔm] n. m. — V. 1363; lat. médical *rectum*, pour *rectum intestinum* «intestin droit»; *intestin rectum* (encore *in* Voltaire; → Hémorroïde, cit. 2).

♦ Anat. Portion terminale du gros intestin, faisant suite au côlon (cit.) pelvien et s'étendant jusqu'à l'anus (→ Cæcum, cit.). *Rectum pelvien :* portion dilatée du rectum, faisant immédiatement suite au côlon pelvien. ⇒ **Rectal** (ampoule). *Rectum périnéal :* portion terminale du rectum. — Méd. *Cancer, polype, prolapsus du rectum.*

DÉR. **Rectal, rectite.**

1. REÇU, UE [ʀ(ə)sy] adj. ⇒ **Recevoir**.

2. REÇU [ʀ(ə)sy] n. m. — 1611; p. p. substantivé de *recevoir; cf.* en anc. franç. *reçut* «accueil», v. 1315.

♦ «Écrit sous seing privé dans lequel une personne reconnaît avoir reçu une somme d'argent ou un objet mobilier à titre de paiement, de dépôt, de prêt ou de mandat» (Capitant). ⇒ **Acquit, bulletin, état, décharge, quittance, récépissé, reconnaissance.** *Donner, remettre, faire tenir un reçu.* ⇒ **Débiteur** (→ Nier, cit. 11; notaire, cit. 2). *Reçu justificatif. Reçu d'une somme d'argent* (→ Destinataire, cit. 2; plaidoirie, cit. 2). *Reçus soumis à un droit de timbre*. Reçu pour solde de tout compte.*

Une lettre, qu'ils remettrait à ces messieurs, avec le reçu de la somme qu'ils lui auraient avancée, contiendrait en leur faveur (...) une promesse de bail et une promesse de vente.
          J. ROMAINS, les Hommes de bonne volonté, t. V, XVIII, p. 125.

RECUEIL [ʀ(ə)kœj] n. m. — 1534; «*Recueil des Œuvres Jehan Marot*», Lyon, Fr. Juste; «bon accueil», v. 1360; «action de recueillir, xvᵉ; déverbal de *recueillir*.

♦ Ouvrage ou volume réunissant des écrits, des documents. ⇒ **Collection; colliger.** *Recueil de vers, de poèmes* (→ Friand, cit. 7; naguère, cit. 2). *Recueil de poésies espagnoles.* ⇒ **Romancero.** *Recueil de morceaux choisis.* ⇒ **Anthologie, choix, chrestomathie, florilège.** *Recueil de lettres.* ⇒ **Correspondance** (→ Enjouement, cit. 7). *Recueil de fables.* ⇒ **Bestiaire, fablier, ysopet** (→ Briller, cit. 16). *Recueil de pensées, d'essais...* ⇒ **Mélange** (cit. 15). *Recueil d'extraits, de citations.* ⇒ **Compilation.** *Recueil de bons mots* (⇒ **Ana**), *de sottises* (⇒ **Sottisier**), *de clichés* (→ Dictionnaire, cit. 13)... *Recueil de documents, d'histoire et d'érudition.* ⇒ **Archives, cartulaire, chartrier, corps, corpus, mémoires, miscellanées, spicilège.** *Recueils de droit* (→ 3. Droit, cit. 59 et 63), *de jurisprudence.* ⇒ **Bulletin, code, coutumier, digeste, pandectes.** *Recueil de faits historiques.* ⇒ **Annales, chronique.** *Recueil de cartes géographiques, de plans.* ⇒ **Atlas.** *Recueil de documents diplomatiques.* ⇒ **Livre** (blanc, bleu...). *Recueil de relations, de voyages* (→ Inonder, cit. 11). *Recueil de renseignements.* ⇒ **Almanach, annuaire, catalogue, répertoire.** *Recueil bibliographique.* ⇒ **Bibliographie.** *Les dictionnaires, lexiques, glossaires sont des recueils de mots. Recueil de recettes, de formules.* ⇒ **Codex, formulaire, manuel.** *Recueil de textes et préceptes religieux.* ⇒ **Bible, bullaire, canon; sunna, soûtra.** — *Recueil de dessins, de gravures.* ⇒ **Album.** *Recueil d'armoiries.* ⇒ **Armorial.** *Recueil de musique. Recueil de chansons.* ⇒ **Chansonnier.**

Les recueils épistolaires, quand ils sont longs, offrent les vicissitudes des âges : il   1
n'y a peut-être rien de plus attachant que de longues correspondances de Voltaire, qui voit passer autour de lui un siècle presque entier.
          CHATEAUBRIAND, Vie de Rancé, p. 201.

(...) combien rares sont ceux qui savent rapporter ces saillies sans les déformer !   2
Je projetais d'en former un recueil; mais dont j'eusse banni nombre de mots célèbres (...)   GIDE, Ainsi soit-il, p. 30.

(1671). Fig. Collection. ⇒ **Assemblage, réunion.** *L'histoire* (cit. 23) *n'est pas un simple recueil de faits.*

RECUEILLEMENT [ʀ(ə)kœjmɑ̃] n. m. — 1660, Bossuet; → Adoration, cit. 1; de *recueillir*.

★ **I.** ♦ **1.** Action de concentrer ses pensées et ses sentiments sur un objet ou un événement de la vie spirituelle, par un détachement de toute préoccupation terrestre ; résultat de cette action. ⇒ **Contemplation, méditation, récollection** (→ Enténébrer, cit. 1 ; 1. geste, cit. 11 ; plénitude, cit. 4 ; prier, cit. 1). *Un air de recueillement.* ⇒ **Componction.**

1 (...) il faut un silence et une récollection parfaite, pour entendre intérieurement la voix de Dieu. Quand le Créateur parle, il faut que la créature cesse de parler, et qu'elle se taise par un grand recueillement. L'Esprit de Dieu, qui ne se plaît à demeurer que dans un cœur paisible et tranquille, ne vient jamais dans une âme toujours agitée (...) il n'habite point aussi dans une âme dissipée, distraite (...)
BOSSUET, Sermons, IIe exhortation aux Ursulines de Meaux.

2 Il vit une petite, agenouillée dans la chapelle de la sainte Vierge, et qui, tournant le dos, cachait sa figure dans ses mains pour prier avec recueillement.
G. SAND, la Petite Fadette, XXII.

♦ **2.** État de l'esprit qui s'isole du monde extérieur pour se concentrer sur la vie intérieure, pour se replier sur soi. ⇒ **Concentration, réflexion** (→ Enrouler, cit. 3). *Silence et recueillement* (→ Harangue, cit. 4). *Écouter* (cit. 8) *avec recueillement.* — Littér. *Les Recueillements poétiques,* poèmes de Lamartine (1839).

3 Une âme contemplative est à charge à tous les désœuvrés remuants qui couvrent la terre : l'imagination et le recueillement sont deux maladies dont personne n'a pitié.
A. DE VIGNY, Chatterton, I, 5.

4 (...) l'isolement un peu hautain où il *(Saint-Just)* se complaît semble, à cette date, du recueillement plus que de l'orgueil.
JAURÈS, Hist. socialiste..., t. VI, p. 163.

Par métaphore :

5 Une sonorité extrême dans l'air, surtout le soir et la nuit. Le chant d'un roitelet de muraille se prolongeait à l'infini dans des allées muettes et vides, sans obstacles au son, imbibées d'air humide et pénétrées de silence. Le recueillement qui descendait alors sur les Trembles était inexprimable (...)
E. FROMENTIN, Dominique, III.

♦ **3.** (1887). Fam. Respect quasi religieux. *Manger un bon plat avec recueillement* (→ aussi Godiveau, cit.).

★ **II.** (1762). Vx. Le fait de recueillir, de rassembler des choses éparpillées.

CONTR. Dissipation, divertissement.

---

1. RECUEILLIR [ʀ(ə)kœjiʀ] v. tr. — 1080, *Chanson de Roland* ; du lat. *recolligere*, de *colligere*. → Cueillir.

★ **I.** (Compl. n. de chose).

♦ **1.** Littér. ou vx (langue class.). Prendre, en cueillant ou en ramassant, de façon à ne pas laisser perdre et à conserver en vue d'une utilisation ultérieure. *Recueillir du blé* (vx). ⇒ **Récolter.** *Recueillir les fruits des arbres* (→ Immeuble, cit. 1). ⇒ **Cueillir ; levée, récolte.** *L'automne* (cit. 10), *saison où chacun recueille ce qu'il a semé. Comment l'apiculteur recueille l'essaim* (cit. 2). *Recueillir le sel* (→ Mulon, cit.), *des pépites* (cit. 1), *des fossiles* (cit. 1). — *Abeilles recueillant le pollen* (cit. 2). *Les oiseaux recueillent la soie sur un chardon* (→ Nid, cit. 1). — Absolt. (Vx). *Semer, labourer et recueillir* (→ Mériter, cit. 10).

1 La Suède ne recueille du froment qu'en Scanie ; le reste ne produit que du seigle (...)
VOLTAIRE, Dict. philosophique, Blé.

Par métaphore. Littér. Retirer un avantage moral ou matériel. *Recueillir d'amples* (cit. 5) *moissons de gloire* (⇒ **Moissonner**), *le grain des calomnies qu'on a semée* (→ Poignée, cit. 4). *Recueillir le fruit, les fruits d'une bonne action, de ses efforts,* en retirer un avantage. *En recueillir plus de fruits* (→ 1. Fruit, cit. 41). ⇒ **Retirer, tirer ;** et aussi **gagner.**

2 Puis, recueillant le fruit tel que de l'âme il sort,
Tout empreint du parfum dont elle s'est remplie,
Jetons l'œuvre à la mer, la mer des multitudes :
Dieu la prendra du doigt pour la conduire au port.
A. DE VIGNY, Poèmes philosophiques, « La bouteille à la mer », XXVI.

Cour. *Recueillir des fonds, de l'argent* (→ Patronnesse, cit. 2). *Recueillir des aumônes, des dons.* ⇒ **Collecte, quête, quêter.** *Recueillir des souscriptions.* ⇒ **Obtenir.** *Recueillir des taxes.* ⇒ **Lever, percevoir.**

3 Tel d'entre eux voyage pour vendre et acheter, mais tel autre est un mandataire de la communauté de Jérusalem. Il va recueillir et rapporter aux habitants de la cité sainte les aumônes des fidèles. Il pénètre partout pour recueillir sa moisson.
J.-A. DE GOBINEAU, Nouvelles asiatiques, p. 308.

♦ **2.** (XIIe). Faire ou laisser entrer et séjourner dans un récipient. ⇒ **Recevoir.** *Recueillir la gelée* (cit. 6) *dans des pots. Gouttières* (cit. 4), *citernes destinées à recueillir les eaux pluviales. L'eau qu'on découvre et qu'on recueille* (→ Irriguer, cit. 1). — *L'urine est recueillie par les calices* (→ 2. Calice, cit. 4 ; → aussi lymphatique, cit. 1). *Recueillir les restes, les cendres de qqn.* — Par anal. *Appareil qui recueille des sons, des rayons lumineux.* ⇒ **Capter** (1. Point, cit. 15). *Bateau à voiles recueillant de faibles brises* (→ Exhaler, cit. 8).

4 Un seul arbre, un peuplier à jeunes feuilles vernissées, recueillait la clarté lunaire et dégouttait d'autant de lueurs qu'une cascade.
COLETTE, la Chatte, p. 8.

5 Le débit actuel de l'unique source exploitée paraît être de 7 500 litres par jour environ, dont une faible partie seulement est perdue.
J. ROMAINS, les Hommes de bonne volonté, t. V, XXII, p. 176.

(XIIIe). Fig. Recevoir pour conserver. ⇒ **Enregistrer.** *Recueillir un*

---

bruit, un propos (→ Calomnie, cit. 5 ; concluant, cit. 2 ; espion, cit. 7). *Les paroles qu'il recueille avidement.* ⇒ **Boire.** *Recueillir quelques informations.* ⇒ **Glaner, grappiller.** *Greffier* (cit. 1) *chargé de recueillir les dépositions des témoins. Les ordres que recueille et répète le téléphoniste* (→ Hausse, cit. 1). *L'observateur* (cit. 7) *recueille les phénomènes tels que la nature les lui offre.* — Au p. p. *Faits recueillis sans précision.* ⇒ **Amasser** (→ Indéterminé, cit. 4). — *Le fragment d'expérience que recueille notre esprit* (→ Observation, cit. 14). — *Recueillir le dernier soupir de qqn, le dernier frisson* (cit. 5) *de cette vie.*

6 Comme elle disait ces mots,
Le loup, de fortune passe ;
Il les recueille à propos (...)
LA FONTAINE, Fables, IV, 15.

7 (...) c'est lui *(le chanvreur),* qui recueille et conserve dans sa mémoire les chansons les plus anciennes et qui les transmet à la postérité.
G. SAND, la Mare au diable, Appendice I.

♦ **3.** (V. 1180). Recevoir par voie d'héritage (→ Héritier, cit. 7 ; hoirie, cit. 2 ; instituer, cit. 2 ; légataire, cit. 2). ⇒ **Acquérir, hériter.** *Patrimoine* (cit. 3) *signifie ce qui a été recueilli par succession. Recueillir d'une grand-tante cent mille livres de rentes* (→ Espérance, cit. 48). *(Par transmission). Recueillir le flambeau olympique* (cit. 1). — *(Dans une élection). Recueillir des voix, des suffrages.* ⇒ **Avoir, obtenir.**

♦ **4.** (Fin XIIe). Rassembler*, réunir (des éléments dispersés en vue de l'utilisation de l'ensemble). ⇒ **Assembler.** *Recueillir les débris* (cit. 13) *d'une armée défaite. Recueillir des miettes* (cit. 4 et 5). *Recueillir des matériaux, des exemples, des mots pour un dictionnaire* (→ Dépouillement, cit. 3 ; embrasser, cit. 22 ; entrer, cit. 38). *Érudit* (cit. 6) *recueillant d'anciens textes. Recueillir des vers, des essais dans un recueil*.* ⇒ **Colliger.** — « *Recueillir en volume une galerie* (cit. 7) *de portraits littéraires* » (Sainte-Beuve).

8 Je résolus donc de consacrer mes loisirs à bien exécuter cette entreprise, et je me mis à recueillir les lettres et papiers qui pouvaient guider ou réveiller ma mémoire, regrettant fort tout ce que j'avais déchiré, brûlé, perdu jusqu'alors.
ROUSSEAU, les Confessions, X.

Fig., vx. « *Recueillir ses forces, ses esprits, ses idées* » (Académie). ⇒ **Rassembler** (et → Recueillement, se recueillir).

♦ **5.** (1660, Corneille). Vx (langue class.). Résumer en peu de mots.

★ **II.** (1174). Compl. n. de personne. Offrir chez soi un refuge à... (qqn dans le besoin, le malheur). ⇒ **Hospitalité.** *Recueillir des orphelins, des sinistrés. Hume s'offrit à recueillir Rousseau* (→ Plaider, cit. 8). ⇒ **Prendre** (chez soi).

9 Je recueille avec zèle un homme en sa misère,
Je le loge, et le tiens comme mon propre frère (...)
MOLIÈRE, Tartuffe, V, 3.

10 — Elle n'est donc pas à vous, cette enfant ? demanda l'homme. — Oh ! mon Dieu non, monsieur ! c'est une petite pauvre que nous avons recueillie comme cela, par charité (...) Nous faisons pour elle ce que nous pouvons, car nous ne sommes pas riches (...)
HUGO, les Misérables, II, III, VIII.

(Le compl. désigne un animal). *Recueillir des chats, des chiens.*

▶ **SE RECUEILLIR** v. pron.

♦ **1.** (1683). Relig. Pratiquer le recueillement ; être dans le recueillement (→ Humilier, cit. 16 ; lier, cit. 34 ; messe, cit. 3).

11 Les peintres d'icônes, autrefois, à Byzance, en Russie, devaient se recueillir, prier, jeûner, avant de se mettre au travail, comme pour aller recevoir la communion.
Brice PARAIN, De fil en aiguille, IV, p. 160.

♦ **2.** (1559). Par ext. Chercher ou trouver le recueillement. ⇒ **Absorber** (s'), **concentrer** (se), **méditer, penser, réfléchir, rentrer** (en soi), **replier** (se). *Avoir besoin de se recueillir. Chercher en vain à se recueillir* (→ Intervalle, cit. 14). *Se recueillir dans le silence de la nature* (cit. 64). *Ce calme pays qui aide ma pensée à se recueillir* (→ Dissoudre, cit. 8).

12 J'ai besoin de me recueillir pour aimer. J'engageai Maman à vivre à la campagne. Une maison isolée au penchant d'un vallon fut notre asile (...)
ROUSSEAU, Rêveries..., X^e promenade.

13 — Il se résigne, il prie ; il se recueille, il pense
À celui qui soutient les pôles et balance
L'équateur hérissé de longs méridiens.
A. DE VIGNY, Poèmes philosophiques, « La bouteille à la mer », IV.

14 (...) personnellement, je préférerais rester seul : il faut que je mette ma vie en ordre et j'ai besoin de me recueillir.
SARTRE, Huis clos, III.

(1820). Poét. En parlant de la nature. → Dais, cit. 6.

15 La plaine et les villages autour de la colline, se recueillent sous les longues averses qui flattent leur verdure.
M. BARRÈS, la Colline inspirée, XIV.

▶ **RECUEILLI, IE** p. p. adj. Voir à l'article.

Plus spécialement :

♦ **1.** (1588). Qui s'est recueilli, qui est dans le recueillement. *Âme chaste et recueillie* (→ Foudroiement, cit. ; et aussi coquetterie, cit. 8). *Une vie recueillie.* — Par ext. *Air, visage recueilli,* calme et méditatif. ⇒ **Réfléchi** (→ Composer, cit. 15).

♦ **2.** (1820). Littér. Favorable au recueillement. *Une pénombre* (cit. 4) *recueillie.*

CONTR. Distribuer, éparpiller. — (Du pron.) **Dissiper** (se).
DÉR. Recueillement.

2. RECUEILLIR [ʀ(ə)kœjiʀ] v. tr. — D. i. ; de *re-*, et *cueillir*.

♦ Franç. d'Afrique. Cueillir de nouveau. — REM. Le verbe est virtuel en franç. central, mais 1. *recueillir* en rend l'emploi difficile. Il en va de même pour *redouter, refouler,* employés au sens itératif.

RECUIRE [ʀ(ə)kɥiʀ] v. — Conjug. *cuire.* — V. 1130, *recuire un métal* ; de *re-,* et *cuire.*

♦ **1.** V. tr. (XIIIᵉ). Cuire* de nouveau. *Recuire des confitures qui étaient trop liquides. Recuire une poterie.* Spécialt (cristallerie, métall.). Soumettre à l'opération dite du recuit*. *Recuire des cristaux, des verreries... Recuire une lime.* — Pron. *L'acier se recuit à une température qui varie de 750° C à 900° C.*

1 Son concubinage avec Léonie l'a attendrifié *(sic).* Moi, je me suis recuit dans ma solitude. Ma mère prétend que je deviens sec, hargneux et malveillant.
FLAUBERT, Correspondance, 435, 25 oct. 1853.

♦ **2.** V. intr. (XIIIᵉ). Subir une nouvelle cuisson. ⇒ **Cuire.** *Faire recuire un gigot trop saignant. Poterie, verre qui recuit.* — Fig. *Des écrivains sédentaires qui recuisent dans leurs passions* (→ Isoler, cit. 12).

▶ **RECUIT, UITE** p. p. adj.

♦ **1.** *Peau recuite,* brûlée, desséchée (→ Brun, cit. 2). *Teint recuit.*

♦ **2.** (XVIᵉ). Méd. anc. Qui a subi l'action prolongée de la chaleur du corps. *Humeur, bile recuite.*

♦ **3.** (XIXᵉ). Fig. Entretenu depuis longtemps, enraciné. *Haine* (cit. 20) *recuite et renfermée.*

2 Je commençais à comprendre que je ne viendrais pas à bout d'un entêtement si bien recuit et peut-être confirmé par les conseils de personnes diligentes.
G. DUHAMEL, Cri des profondeurs, XI.

DÉR. Recuisson, recuit.

RECUISSON [ʀ(ə)kɥisɔ̃] n. f. — 1611 ; de *recuire,* d'après *cuisson.*

♦ **1.** Vx. Action de recuire.

♦ **2.** (1869). Techn. Opération de verrerie artisanale par laquelle on réchauffe les pièces pour éliminer des tensions. ⇒ **Recuit.**

RECUIT [ʀ(ə)kɥi] n. m. — 1676 ; de *recuire.*

♦ Techn. Action de remettre au feu. *Le recuit de l'émail.*

(1690). Opération thermique (chauffage à une température donnée, pendant un temps convenable) destinée à faire acquérir à un métal, un alliage, etc., la structure la plus stable correspondant à certaines propriétés physiques et mécaniques. *Le recuit permet dans certains cas de supprimer ou d'atténuer les effets de surchauffe, les tensions internes,* etc. *Recuit d'un alliage, d'un verre.* ⇒ **Revenu.**

RECUL [ʀ(ə)kyl] n. m. — 1580 ; «possibilité de reculer», XIIIᵉ ; subst. verb. de *reculer.*

♦ **1.** Fait de reculer, en parlant d'un mécanisme. ⇒ **Reculement, rétrogradation, rétrogression.** — Artill. *Recul d'un canon, d'une arme à feu :* mouvement vers l'arrière après le départ du coup. ⇒ **Repoussement** (→ Culasse, cit. 2). *Canon sans recul. Combiner au billard* (cit. 4) *un effet de recul.* ⇒ **Rétro.**
Techn. (Horlog.). *Échappement à recul,* qui fait reculer la roue de rencontre. — (1904). Mécan. *Recul d'une hélice :* différence entre l'avance par tour d'hélice et la longueur du pas. — (Mar.). *Vent de recul,* tournant de droite à gauche, c'est-à-dire du nord à l'ouest (hémisphère nord), de gauche à droite (hémisphère sud).

♦ **2.** (1803). Action de reculer, mouvement ou pas en arrière. *Avoir un mouvement de recul à l'approche* (cit. 7) *de qqn* (→ aussi Dérober, cit. 21). *Recul d'une armée.* ⇒ **Décrochage, repli, retraite ; reculade** (vx). *Mouvement de recul d'une foule.* ⇒ **Reflux.**

1 Il sembla à Laurent que le doigt de Thérèse lui trouait la gorge. Au contact de ce doigt, il eut un brusque mouvement de recul, en poussant un léger cri de douleur.
ZOLA, Thérèse Raquin, XXI.

2 Sa danse est plutôt une série de poses et d'expressions, une sorte de monologue mimé, avec ces continuelles alternatives d'approche et de recul, toujours s'avançant vers moi, dans le couloir humain, s'avançant tout près, les yeux dans mes yeux, se dérobant par une fuite, jusqu'au fond moins éclairé de la salle.
LOTI, l'Inde (sans les Anglais), IV, XII.

3 Je reculai encore, puis encore, doucement. Je m'éloignai avec prudence de la vitrine par cet insensible recul, ce retrait furtif de moi-même, et déjà dans le miroir flou, je n'étais plus qu'un être indécis, une sorte de fantôme (...)
H. BOSCO, Un rameau de la nuit, p. 118.

Par métaphore (⇒ aussi **Reculade,** 2.).

4 Peut-être que cette toile de Nocret eut quelque influence sur les idées de cette petite Infante laideronne et bougonne, qui, après bien des pourparlers, des avances et des reculs, finit par devenir Reine de France et de Navarre.
Louis BERTRAND, Louis XIV, I, 1.

(1801). Fig. (Choses). Régression (cf. Perdre du terrain). *Un recul de la civilisation. Le recul de la peste* (→ Optimisme, cit. 6).

♦ **3.** (1893). Position éloignée (dans l'espace ou dans le temps) permettant une vision ou une appréciation meilleure. ⇒ **Éloignement, reculée** (vx). *Objets qu'on ne distingue plus tard qu'avec le recul* (→ Papillotement, cit. 4). *Recul nécessaire à l'historien* (cit. 4), *permettant de goûter certaines particularités* (cit. 4).
Fig. *Avoir, prendre du recul :* se détacher par l'esprit d'une situation (personnelle ou non), pour en juger plus objectivement. ⇒ **Distanciation.**

5 Mes vices, mes vertus, j'ai le nez dessus, je ne puis les voir, ni prendre assez de recul pour me considérer d'ensemble.
SARTRE, le Sursis, p. 318.

6 Il doit prendre un peu de recul, il la voit de trop près, il la voit de trop près, il doit se mettre à une certaine distance pour retrouver — il l'avait perdu — le sens de la réalité, des justes proportions (...)
N. SARRAUTE, le Planétarium, p. 298.

♦ **4.** (1921). Sports. Espace libre, dégagé, permettant à un joueur (au tennis, au ping-pong,...) de reculer sans être gêné pour reprendre certaines balles. *Ce court n'a pas assez de recul.* — (V. 1967). Ski. *Position de recul,* dans laquelle le centre de gravité passe en arrière de la perpendiculaire d'équilibre (opposé à *avancé*).

♦ **5.** Phys. Ce qui résulte d'une action énergétique, à l'échelle corpusculaire. *Particule de recul,* dont le déplacement résulte d'une telle action. *Amas de recul :* groupe d'atomes (ou de noyaux) entraînés par le déplacement d'une particule de recul. *Électrons éjectés par recul (rayons δ).*

CONTR. Approche, avance, avancement, progrès, progression. — (Milit.) Percée.

RECULADE [ʀ(ə)kylad] n. f. — 1611 ; de *reculer.*

♦ **1.** Vx. ⇒ **Recul** (2.). *La reculade d'une armée, d'une voiture,* etc. (cf. Voltaire, Saint-Simon, *in* Littré).

♦ **2.** (1798). Mod., péj. Le fait de reculer, de céder, après s'être trop avancé, trop engagé ; concession peu honorable. ⇒ **Abandon, dérobade.** *Honteuse, lâche reculade.* ⇒ **Cacade** (vx). *Il a été obligé de faire une reculade.*

1 (...) Radowitz ne parvint qu'à procurer à la Prusse l'humiliation d'Ollmütz (...) C'est qu'il s'était heurté à l'Autriche et à la Russie, unies (...) pour barrer à la Prusse la voie qui l'eût conduite à la domination de l'Allemagne. Peut-être la Prusse eût-elle encore subi plus que cette reculade, déjà cruelle et humiliante, et l'Autriche aurait-elle profité de l'occasion pour lui reprendre la Silésie. Mais la Russie intervint dans un sens modérateur.
J. BAINVILLE, Hist. de deux peuples, V.

2 Et puis l'Allemagne peut s'offrir le luxe de reculer, qui oserait appeler ça une reculade? On dira que c'est de la générosité.
SARTRE, le Sursis, p. 106.

RECULAGE [ʀ(ə)kylaʒ] n. m. — XXᵉ ; de *reculer.*

♦ Techn. Action de transporter le produit abattu du point d'abattage au lieu où on l'évacue. *Reculage à la pelle.*

On appelait jadis *reculage,* l'opération qui consistait à déplacer du charbon (ou plus généralement du minerai) depuis le point d'abattage jusqu'à la *voie de desserte* (où se trouvent les berlines). Aujourd'hui, les minerais sont chargés à front de taille dans un *transporteur* qui les amène à la voie de desserte où ils tombent dans les *berlines.* Reculage et *transport en taille* sont devenus synonymes.
Michel CAZIN, les Mines, p. 87.

RECULÉ, ÉE [ʀ(ə)kyle] adj. ⇒ **Reculer.**

RECULÉE [ʀ(ə)kyle] n. f. — 1544 ; «coin retiré», XIIIᵉ ; «action de reculer», XIIᵉ ; de *reculer.*

♦ **1.** Espace permettant le recul.

♦ **2.** (XXᵉ). Géogr. ou régional (Jura). Fond d'une vallée jurassienne en cul-de-sac aux parois abruptes.

RECULEMENT [ʀ(ə)kylmɑ̃] n. m. — 1340 ; de *reculer.*

♦ **1.** Vx ou littér. Action de reculer. ⇒ **Recul** (1.). — (1877). Dr. *Servitude de reculement :* obligation pour le propriétaire d'effectuer sa nouvelle construction en arrière de l'ancienne qu'il a fait abattre, si celle-ci faisait saillie.

♦ **2.** (1680). Techn. (Sellerie). Courroie du harnais qui permet au cheval d'entraîner la voiture en reculant (et de la retenir dans une descente). ⇒ **Reculons** (à).

Un quart de lieue plus loin, il fallut s'arrêter pour raccommoder, avec de la corde, le reculement qui était rompu.
Mais Charles, donnant au harnais un dernier coup d'œil, vit quelque chose par terre, entre les jambes de son cheval (...)
FLAUBERT, Mᵐᵉ Bovary, I, VIII.

1. RECULER [ʀ(ə)kyle] v. — XIIᵉ ; de *re-,* et *cul.*

★ **I.** V. intr. ♦ **1.** Aller, faire mouvement en arrière. ⇒ **Rétrograder.** — (Personnes). *Reculer d'un pas* (→ Arrêter, cit. 2 ; dossier, cit. 1), *d'une semelle* (→ Plomb, cit. 3), *jusqu'au mur* (→ Dodeliner, cit. 3 ; fasciner, cit. 3). *Reculer en chancelant* (→ Pouls, cit. 5). *Il ne pouvait plus reculer* (→ Enfoncer, cit. 18). *Armée, soldats qui reculent.* ⇒ **Décrocher, fléchir, fuir, replier** (se), **retraite** (battre en). *Se faire tuer sur place plutôt que de reculer* (→ Conquérir, cit. 10). *Reculer de dix kilomètres* (→ Faire, cit. 156). *Sans* *reculer.* ⇒ **Ferme** (de pied). *Reculer devant l'ennemi, devant l'envahisseur* (→ Hardi, cit. 4; peupler, cit. 7). *Faire reculer, forcer à reculer.* ⇒ **Refouler, repousser** (→ Inébranlable, cit. 1). *La foule recula.* ⇒ **Refluer.** — (Animaux). *Cheval qui recule* (→ Broncher, cit. 2; mâcher, cit. 11). « *Le troupeau monstrueux* (cit. 1) *en renâclant recule* » (Heredia). *Les postillons poussent les chevaux pour les faire reculer* (→ Atteler, cit. 2). — (Véhicules). *Voiture qui recule pour mieux manœuvrer. Navire qui recule.* ⇒ **Culer** (mar.). — Avoir du recul. *Le canon, le fusil recule en tirant.* — *La caronade mal amarrée* (cit. 3) *avait reculé.* — (Choses animées d'un mouvement dont le principe est extérieur à elles). « *Le flot qui l'apporta recule épouvanté* » (cit. 11). *La falaise* (cit. 2) *recule sous l'action de l'érosion des vagues.* — Par ext. *L'horizon recule, par un jeu* (cit. 16) *de l'optique.*

1 Oui, c'est ainsi qu'elles s'y prennent toutes *(les femmes)* : elles feignent de reculer afin de se voir poursuivre.
A. DE MUSSET, la Confession d'un enfant du siècle, IV, II.

2 Ils allaient, l'arme au bras, front haut, graves, stoïques.
Pas un ne recula. Dormez, morts héroïques !   HUGO, les Châtiments, V, XIII, II.

3 Lorsque, au bout d'une heure, les gens de la sous-préfecture, inquiets de leur maître, sont entrés dans le petit bois, ils ont vu un spectacle qui les a fait reculer d'horreur (...)   DAUDET, Lettres de mon moulin, « Ballades en prose », II.

4 Entre les labours et les prairies artificielles, le sentier s'en allait à plat, sans un buisson, aboutissant à la ferme, qu'on aurait cru pouvoir toucher de la main, et qui reculait, sous le ciel de cendre.   ZOLA, la Terre, I, I.

Par métaphore :

5 Hélas, dans ce pugilat à outrance entre notre égoïsme et notre devoir, quand nous reculons ainsi pas à pas devant notre idéal incommutable, égarés, acharnés, exaspérés de céder, disputant le terrain, espérant une fuite possible, cherchant une issue, quelle brusque et sinistre résistance derrière nous que le pied du mur !
HUGO, les Misérables, IV, VI, IV.

Loc. prov. (1611). *Reculer pour mieux sauter* : proprt, reculer pour prendre son élan afin de mieux sauter. (1869). Fig. N'éviter un inconvénient présent que pour tomber plus tard dans un inconvénient plus grave (→ Idée, cit. 29); abandonner un avantage, faire des concessions afin de se trouver en meilleure position à l'avenir.

♦ **2.** (1656). Fig. Renoncer, en présence d'une difficulté, à poursuivre une entreprise; revenir à une position moins exposée, moins avancée. ⇒ **Abandonner, arrière** (faire machine, marche), **céder, dérober** (se), **retraite** (battre en), et les fam. **caler, caner, flancher, foirer.** *Le fait de reculer.* ⇒ **Reculade.** *On s'était trop avancé* (cit. 48) *pour reculer* (cf. Brûler ses vaisseaux). *Plus moyen de reculer !* (→ Entrave, cit. 4). ⇒ **Boire** (*supra* cit. 43 : le vin est tiré...). — **RECULER DEVANT** (qqch.) : craindre, fuir (un danger, une difficulté). *Ne pas reculer devant le danger* (cit. 8). *Rembrandt n'a reculé devant aucune des laideurs physiques* (→ Difformité, cit. 2). *L'auteur a reculé devant la crainte du scandale* (→ Malaisément, cit.). *Un vrai révolutionnaire ne reculant devant rien* (→ Maçonnerie, cit. 2).

6 Reculer devant les dangers, c'était bien plus qu'un danger; c'était la ruine, c'était la chute certaine, c'était s'asseoir dans l'abîme.
MICHELET, Hist. de la Révolution franç., VIII, VII.

Hésiter ou temporiser, quand on est soumis à une pression, à une exigence. *Aller au fait* (cit. 38) *sans reculer.* ⇒ **Fermeté.** *C'est de quoi faire reculer les plus intrépides* (→ 2. Exemplaire, cit. 4). *Reculer devant... : hésiter à faire, à employer... Il ne recule point devant une faute* (→ Gascon, cit. 2). *Hugo ne recule devant aucun moyen d'expression* (→ 1. Argot, cit. 2). *Ne pas reculer devant les pires mensonges* (→ Fomentation, cit.).

7 (...) qu'est donc une amitié qui recule devant la complicité?
BALZAC, Illusions perdues, Pl., t. IV, p. 664.

8 C'est le soir, quand j'ai repris le journal, que l'idée a surgi. Je vous répète que j'ai failli venir vous trouver séance tenante. J'ai reculé, un peu par répugnance pour ce genre de démarches (...)
J. ROMAINS, les Hommes de bonne volonté, t. II, XIII, p. 133.

(1559). Vx. *Reculer à qqch., à faire qqch.* (encore chez A. Hermant).

♦ **3.** (1690). Fig. (Choses). Revenir à un degré moins avancé de développement, de progrès. ⇒ **Rétrograder.** *Le vieil idiome* (cit. 7) *breton recule peu à peu. L'épidémie* (cit. 4), *le mal recule* (→ Ligne, cit. 40).

★ **II.** V. tr. ♦ **1.** (XIIᵉ). Faire aller, porter, ramener en arrière. ⇒ **Décaler, déplacer.** *Reculez un peu votre chaise. Reculer le buste.* ⇒ **Rejeter** (→ Hancher, cit. 3).

(1690). Par ext. Reporter plus loin. *Reculer un mur, une cloison* (→ par métaphore Place, cit. 21). *Reculer les bornes* (cit. 1), *les limites* (→ Inconnaissable, cit. 2). *Reculer les frontières d'un pays.* ⇒ **Accroître, agrandir, étendre.**

9 Notre siècle, par des prodiges d'induction scientifique, a réussi à reculer de beaucoup les bornes de l'histoire.
RENAN, Dialogues et fragments philosophiques, Œ. compl., t. I, p. 635.

Faire paraître plus lointain (→ Apprécier, cit. 5). — Éloigner :

10 Les faux René et les faux Werther ne doivent pas faire condamner les Werther et les René sincères. Combien d'âmes timides et pudiques la crainte de leur ressembler a reculées du beau !
RENAN, l'Avenir de la science, Œ. compl., XX, t. III, p. 1080.

10.1 Le viaduc franchi je me demandai même si tout ce que je viens de dire ne s'était pas ainsi accompli. Le train continua sur la voie ferrée. Le paysage de France reculait derrière moi la Belgique.   Jean GENET, Journal du voleur, p. 271.

♦ **2.** (Fin XIVᵉ). Fig. Éloigner dans le temps, reporter à plus tard. ⇒ **Ajourner, différer, retarder.** *Reculer l'heure des paroles décisives* (→ Fiançailles, cit. 3), *le temps où...* (→ 1. Parler, cit. 44). *Reculer un choix* (→ Presser, cit. 8), *une décision, une échéance.* ⇒ **Délai.**

11 Monsieur, un homme est là qui voudrait vous parler,
Pour affaire, dit-il, qu'on ne peut reculer.   MOLIÈRE, le Misanthrope, II, 5.

♦ **3.** (Mil. XVIIᵉ). Vx (langue class.). Repousser (qqn), empêcher de réussir. *Reculer ou congédier qqn.*

▶ **SE RECULER** v. pron.

♦ **1.** (V. 1265). *Elle se recula pour mieux voir* (→ Ordre, cit. 8 ; et aussi happer, cit. 2; polir, cit. 1).

♦ **2.** (1642). Vx. Être retardé. « *Et le désir s'accroît quand l'effet se recule* » (Corneille).

▶ **RECULÉ, ÉE** p. p. adj.

♦ **1.** (1549). Difficile d'accès. ⇒ **Écarté, éloigné, isolé, lointain.** *Montagnes, vallées reculées. Dans les coins les plus reculés* (→ Guetteur, cit. 1). *Partie reculée d'un édifice.* ⇒ **Recoin, renfoncement.**

12 (...) dans les petites villes reculées comme Lorges, la nuit ne subit pas cette espèce de profanation que lui infligent les capitales en l'éblouissant de leurs lumières (...)
J. GREEN, Léviathan, I, IV.

♦ **2.** (1549). Éloigné dans le temps. ⇒ **Ancien.** *Les siècles, les temps les plus reculés* (→ Antiquité, cit. 4; bénédictin, cit. 1). *Antiquité* (cit. 7) *reculée.* ⇒ **Haut** (→ Anciennement, cit. 2). *Époque prodigieusement reculée* (→ Archéologie, cit. 2). ⇒ **Nuit** (des temps).

13 Ils ne s'inquiétaient pas de ce qui s'était passé dans des temps reculés et loin d'eux : leur curiosité ne s'étendait pas au-delà de cette montagne (...)
BERNARDIN DE SAINT-PIERRE, Paul et Virginie, p. 24.

CONTR. Avancer, approcher, gagner (du terrain), progresser; déterminer (se), engager (s'), résister, tenir.
DÉR. Recul, reculade, reculage, reculée, reculement, reculons (à).

2. RECULER [ʀ(ə)kyle] n. m. — 1869; subst. verb. de *reculer.*

♦ Équit. Recul du cheval (mouvement de dressage constituant un assouplissement de l'arrière-main*). *Faire travailler le reculer à un poulain.*

RECULONS (À) [aʀ(ə)kylɔ̃] loc. adv. — XIIIᵉ ; de *reculer.*

♦ En reculant, en allant en arrière. *Marcher* (cit. 16) *à reculons* (→ Manteau, cit. 1).

— Va-t-en. Bobby s'éloigna à reculons, souriant toujours, puis il tourna sur lui-même et s'en fut.   SARTRE, l'Âge de raison, p. 143.

(1671). Par métaphore. *Aller, marcher à reculons, comme l'écrevisse* (cit. 3) : rétrograder au lieu de progresser. → Faire des progrès à l'envers*.

RECULOTTER [ʀ(ə)kylɔte] v. — XXᵉ (1953, P. Guth, *in* D. D. L.); de *re-*, et *culotter.*

♦ Remettre le pantalon, la culotte de (qqn).
La mère achevait de reculotter Catherine.
Christiane ROCHEFORT, les Petits Enfants du siècle, p. 61.

Pron. *Se reculotter.*

Baudouin fumait paisiblement, tandis que l'autre se reculottait *(sic)*, abandonnant par instant le vêtement pour relever ses cheveux fous du dos de la main.
Armand LANOUX, le Commandant Watrin, p. 142.

RECULTURATION [ʀ(ə)kyltyʀasjɔ̃] n. f. — Mil. XXᵉ; de *re-*, et *acculturation.*

♦ Ethnol. Acculturation seconde, différente.

RÉCUPÉRABLE [ʀekypeʀabl] adj. — XVᵉ, attestation isolée; fin XVIᵉ ; de *récupérer.*

♦ Qui peut être récupéré. *Créance récupérable. Ferraille récupérable. Heures récupérables* (différentes des heures supplémentaires en ce qu'elles ont un caractère obligatoire pour le salarié et qu'elles sont payées au tarif normal). *Jour chômé récupérable.*

N. m. Rare. *Le récupérable.*

N'oublions pas que le joueur vit sous ce signe : il perd, il gagne, perd à nouveau, gagne une fois de plus, tout se fond, se confond, se perd et se retrouve (...)   J. CAU, la Pitié de Dieu, p. 156.

(Personnes). Qui peut être de nouveau actif, rendu apte (notamment, dans un contexte militaire). *Réformés, blessés récupérables.*

RÉCUPÉRATEUR, TRICE [ʀekypeʀatœʀ, tʀis] n. m. et adj. — XVIᵉ, « celui qui récupère »; de *récupérer.*

♦ **1.** N. m. (1888). Ⓐ Techn. *Récupérateur de chaleur* : appareil destiné à récupérer une partie de la chaleur contenue dans des gaz résiduels pour élever la température d'un fluide (désigne divers appareils). *Récupérateurs à inversion, continus. Récupérateur de haut fourneau.*

b (1904). Artill. Pièce du frein hydropneumatique servant à emmagasiner et à convertir la force produite par le recul. *Récupérateur à ressort*, dans la mitrailleuse.

c Techn. *Récupérateur d'huile :* réservoir qui reçoit les remontées d'huile d'un moteur de voiture de course.

♦ **2.** N. m. (xxᵉ). Personne qui recueille des machines, des objets, etc., pour en réutiliser certains éléments. *Récupérateur de ferrailles.* — Appos. *Artisan récupérateur.*

♦ **3.** Adj. **a** (xxᵉ). Qui récupère. *Ressort récupérateur* (dans une arme à feu).

b (V. 1968). Fig. Qui favorise la récupération (4.).

c Qui aide à récupérer (1.) ses forces.

(...) Maurice Joffo aurait dû sombrer dans les délices d'un sommeil récupérateur.
Joseph JOFFO, Un sac de billes, p. 73.

RÉCUPÉRATION [ʀekypeʀɑsjɔ̃] n. f. — 1356 ; de *récupérer.*

♦ **1.** Action de récupérer (1.) qqch. *Récupération d'une créance.* Spécialt. Le fait de ramener au sol en bon état (un engin spatial, une fusée). *La récupération des satellites est constituée par une suite de freinages, puis par l'ouverture de parachutes. Récupération en vol.*

♦ **2.** (Mil. xxᵉ). Action de récupérer qqch. qui pourrait être inutilisé ou perdu. *Récupération des métaux non ferreux. Récupération des ordures* (cit. 4). *Récupération de la chaleur.* ⇒ **Récupérateur.** *Récupération d'énergie mécanique à l'aide d'un ressort.* — Milit. Fait de récupérer sur le terrain un matériel accidenté en vue de sa réparation à l'arrière. — Fam. Petit vol. *« Des révoltés oisifs (...) commettent de petits larcins qu'ils appellent "récupérations" »* (le Point, 9 juin 1980, p. 99. — C'est un commissaire de police qui parle).

♦ **3.** (xxᵉ). Action de récupérer (5.). *Récupération d'heures de cours, de journées de travail.*

♦ **4.** (V. 1965). Polit. Fait de récupérer (6.) ou d'être récupéré. *« Les capitalistes guettent tout ce qui a authentiquement de la valeur, mettent la main dessus, le transforment, par la télévision et tous les "supports" qu'ils gouvernent, en valeur-signe. C'est ce qu'on appelle la "récupération" : la révolte des jeunes, la libération des femmes, les progrès techniques, tout peut subir ce sort »* (le Nouvel Obs., 29 avr. 1972, in P. Gilbert).

RÉCUPÉRER [ʀekypeʀe] v. tr. — Conjug. *céder.* — 1495, absent des dict. jusqu'à celui de l'Académie, 1762, «se récupérer» (de ses pertes) ; lat. *recuperare.*

♦ **1.** Rentrer en possession de... (ce qu'on avait perdu, dépensé). ⇒ **Recouvrer.** *Récupérer ses avances, ses débours. Récupérer cette drachme* (cit. 2) *perdue.* — *Récupérer la santé.* — (1934). ⇒ **Retrouver** (→ Lucide, cit. 4). *Récupérer ses forces,* et, absolt, *récupérer. Athlète qui récupère très vite* (après un grand effort).

1 J'ai plusieurs mois de silence à récupérer (...)
Léon BLOY, la Femme pauvre, I, XVI.

2 Ce sont souvent les soirs où je me sens le plus exténué, où je me dis : je vais m'endormir aussitôt, où j'ai le plus impérieux besoin de récupérer, de me refaire, que le sommeil aussitôt m'échappe à tire-d'aile (...)
GIDE, Ainsi soit-il, p. 129.

3 Notre ami a terminé sa séance d'entraînement quotidien. La tête enveloppée dans une chemise, il s'est étendu sur sa paillasse pour *récupérer.*
J. CAU, la Pitié de Dieu, p. 16.

Spécialt. *Récupérer une cabine spatiale.* ⇒ **Récupération** (1.).

♦ **2.** (V. 1922). Fam. Retrouver, reprendre, rechercher (une chose prêtée, rangée ; une personne dont on est séparé). *Je vais récupérer le livre que je lui ai prêté. Il faut que je récupère le petit à la sortie de l'école.* ⇒ **Chercher.**

4 *Récupérer.* — Employé en temps normal pour les métaux non ferreux, s'applique, l'été, à la famille : *Je vais récupérer ma femme et mes enfants.*
Pierre DANINOS, le Jacassin, p. 161.

♦ **3.** (xxᵉ). Recueillir, par certains moyens (ce qui autrement serait perdu ou inutilisé). *Récupérer des matières, de l'énergie. Récupérer des calories, de la chaleur.* ⇒ **Récupérateur.** — *Récupérer la ferraille, du matériel.* — Au p. p. *Ammoniaque récupérée par le procédé Solvay.*

♦ **4.** (xxᵉ). Conserver, en trouvant à l'employer autrement (qqn qui n'est plus en état de poursuivre son activité passée). *Récupérer et reclasser des accidentés.* ⇒ ci-dessous **Récupéré.**

♦ **5.** (Mil. xxᵉ). (Législ. du travail). *Récupérer des heures, des journées de travail :* faire des heures, des journées en remplacement de celles qui ont été perdues pour diverses causes (accidents, jours chômés, intempéries, etc.).

♦ **6.** (V. 1965). Polit. Détourner à son profit (ce qui constituait une force d'opposition, de contestation) ; se concilier, s'assimiler (un individu, un groupe professant des idées opposées ou différen-

tes) pour lui faire servir ses propres desseins. *Récupérer un mouvement populaire. Récupérer les idées des écologistes. « Cet industriel s'attend à une offensive de charme. "Le gouvernement, dit-il, va sûrement essayer de me récupérer" »* (l'Express, 29 mars 1971).

▶ **RÉCUPÉRÉ, ÉE** p. p. adj. *Prêt récupéré.* — *Énergie récupérée.* — Milit. *Réformé récupéré,* ou, n. m. (av. 1921), *un récupéré :* un homme qui avait été réformé en temps de paix et qui est rappelé en temps de guerre.

CONTR. Perdre.
DÉR. Récupérable, récupérateur, récupération.

RÉCURAGE [ʀekyʀaʒ] n. m. — 1768 ; *rescurage,* 1509 ; de *récurer.*

♦ Action de récurer ; résultat de cette action. *Le récurage d'une casserole.* — Figuré :

Les hauts penseurs qui décrètent professionnellement le balayage de toute notion religieuse ont cette amusante contradiction d'exiger que les chrétiens dont la foi résiste à leurs récurages et à leur potasse soient, au moins, des saints.
Léon BLOY, le Désespéré, p. 40.

RÉCURER [ʀekyʀe] v. tr. — XVIᵉ ; *rescurer soi* «faire toilette», XIIIᵉ ; de *re-,* et *écurer.*

♦ **1.** (1762). Nettoyer en frottant énergiquement (un ustensile de cuisine, un carrelage, etc.). ⇒ **Curer, écurer** (→ Parterre, cit. 2). *Récurer les casseroles, un chaudron, un évier. Poudre à récurer.*

Ici, les habitants ont l'habitude non de laver en jetant simplement quelques seaux d'eau, mais de *récurer,* c'est le mot usité, le devant de leurs maisons.
NERVAL, Notes de voyage, Lettres des Flandres, II.

♦ **2.** (XVIᵉ). Agric. *Récurer une vigne :* lui donner un troisième labour.

DÉR. Récurage.

RÉCURRENCE [ʀekyʀɑ̃s] n. f. — 1842, anat. ; de *récurrent.*

♦ **1.** Math., littér. Retour, répétition. — Phénomène répétitif. Inform. Répétition d'un traitement.

1 (...) de fréquentes récurrences le ramènent (Baudelaire) des brouillards et des fanges de Paris vers ces contrées de lumière, d'azur et de parfums.
Th. GAUTIER, Préface aux «Fleurs du mal», p. 14.

2 J'en arrive à me réjouir qu'il soit mort, car je le verrais entrer dans ma prison, et qui sait ? peut-être subirais-je une récurrence des émotions de terreur que sa présence m'infligeait dans cette salle (...)
Paul BOURGET, le Disciple, IV, § II.

♦ **2.** (Déb. xxᵉ, cit.). Log., sc. *Raisonnement, démonstration par récurrence :* procédé de démonstration qui repose sur le principe suivant : si on admet qu'un théorème est vrai pour l'élément de rang $n-1$ d'un ensemble et qu'on démontre qu'il l'est aussi pour l'élément de rang n, il sera vrai pour l'élément de n'importe quel rang, à condition toutefois qu'il soit vrai pour l'élément de premier rang.

2.1 Le caractère essentiel du raisonnement par récurrence c'est qu'il contient, condensés pour ainsi dire en une formule unique, une infinité de syllogismes (...) un joueur d'échecs peut combiner quatre coups, cinq coups d'avance, mais, si extraordinaire qu'on le suppose, il n'en préparera jamais qu'un nombre fini ; s'il applique ses facultés à l'arithmétique, il ne pourra en apercevoir les vérités générales d'une seule intuition directe ; pour parvenir au plus petit théorème, il ne pourra s'affranchir de l'aide du raisonnement par récurrence parce que c'est un instrument qui permet de passer du fini à l'infini.
Henri POINCARÉ, la Science et l'Hypothèse, p. 20-21.

3 C'est une opération très semblable à lui, qui, sous le nom de raisonnement par récurrence, donne à ces analyses leur extension, et qui, depuis le type de l'addition jusqu'à la sommation infinitésimale, fait que loup d'épargner un nombre indéfini d'expériences inutiles : elle s'élève à des êtres plus complexes, parce que l'imitation consciente de mon acte est un nouvel acte qui enveloppe toutes les adaptations possibles du premier.
VALÉRY, Variété, Œ., t. I, Pl., p. 1163.

♦ **3.** Méd. Reprise d'une maladie infectieuse, due au réveil du pouvoir pathogène de germes déjà présents dans l'organisme (distinct de *rechute** et de *récidive**).

RÉCURRENT, ENTE [ʀekyʀɑ̃, ɑ̃t] adj. — 1541 ; lat. *recurrens* «qui revient en arrière», p. prés. de *recurrere,* de *re-,* et *currere* «courir».

♦ **1.** Anat. Se dit d'un rameau nerveux ou artériel qui revient en arrière au lieu de prolonger le tronc d'où il tire son origine. *Artères récurrentes.* — *Nerf récurrent :* nerf laryngé inférieur.

♦ **2.** (Déb. xxᵉ). Méd. *Fièvre récurrente :* maladie infectieuse provoquée par des micro-organismes en forme de spirale (⇒ **Spirochérose**) et caractérisée par une succession d'épisodes fébriles entrecoupés de périodes sans fièvre. *Fièvre récurrente à poux* (ou *typhus récurrent*), *à tiques* (transmise par ces animaux). — N. f. *La récurrente :* la fièvre récurrente.

1 C'est par les poux que se transmet la récurrente (...) et (...) les poux, nés de ces poux contaminés, peuvent transmettre la maladie (...)
GIDE, le Retour du Tchad, III, in Souvenirs, Pl., p. 913.

♦ **3.** (1713). Math. *Série récurrente :* série dont chaque terme est une fonction des termes immédiatement précédents. *Calculs récurrents,*

séquentiels*. — Sc. *Ensemble récurrent,* dont les éléments forment une série récurrente.
Par récurrence. *Raisonnement récurrent.*

♦ **4.** Mus. Qui procède à l'envers. ⇒ **Rétrograde.**

2   On distingue le canon par mouvement contraire, où tout mouvement mélodique ascendant devient descendant et vice-versa, du canon rétrograde ou récurrent (également appelé « canon à l'écrevisse ») dans lequel la dernière note de l'antécédent devient la première du conséquent, ainsi qu'il adviendrait si on lisait l'antécédent dans un miroir.   A. HODEIR, les Formes de la musique, p. 48.

♦ **5.** Par ext. Qui a trait au retour, à la répétition (d'un état, d'une situation). *Caractère récurrent des remémorations.* ⇒ **Retour.**

3   (...) une névrose végétative comme l'hypertension artérielle n'est pas une tentative pour exprimer une émotion ou pour résoudre un conflit; elle est l'accompagnement physiologique, constant ou périodique d'états émotionnels récurrents (...)
     Daniel LAGACHE, la Psychanalyse, p. 79.

DÉR. Récurrence.

RÉCURSIF, IVE [Rekyrsif, iv] adj. — V. 1968; angl. *recursive,* des dér. lat. de *recurrere.* → **Récurrent.**

♦ Didact. (Log., math., ling.). Qui peut être répété un nombre indéfini de fois par l'application de la même règle. *Processus récursif,* qui se répète. *Élément linguistique récursif,* qui peut être inclus comme constituant d'un élément de même nature *n* fois de suite.
Inform. *Programme récursif,* qui peut demander sa propre exécution au cours de son déroulement.

DÉR. Récursivité.

RÉCURSIVITÉ [Rekyrsivite] n. f. — V. 1968; de *récursif.*

♦ Didact. Caractère de ce qui est récursif. *Récursivité d'une règle, d'un programme.*

RÉCURSOIRE [Rekyrswar] adj. — 1769; dér. sav. du rad. du lat. *recursus,* au sens tardif de « recours ».

♦ Dr. *Action récursoire :* action qui donne, qui ouvre un recours* contre quelqu'un.

RÉCUSABLE [Rekyzabl] adj. — 1529; de *récuser.*

♦ **1.** Qu'on peut récuser. *Juré, témoin récusable.* ⇒ **Reprochable.**

♦ **2.** Auquel on n'accorde pas confiance. *Auteur, témoignage récusable.*
Le récit précédent suffit
Pour montrer que le peuple est juge récusable.   LA FONTAINE, Fables, VIII, 26.

CONTR. Irrécusable.

RÉCUSANT, ANTE [Rekyzã, ãt] adj. et n. — 1611; p. prés. de *récuser.*

♦ Dr. Qui exerce un droit de récusation.

RÉCUSATION [Rekyzasjõ] n. f. — 1332; lat. *recusatio,* de *recusare.*

♦ Dr. Fait de récuser (1.) un juge, un juré, un témoin, etc. *Cause de récusation* (→ Décider, cit. 4). *Droit de récusation.*

CONTR. Assentiment.

RÉCUSER [Rekyze] v. tr. — 1300; lat. *recusare.*

♦ **1.** Dr. Refuser, conformément aux dispositions légales, d'accepter (qqn) comme juge, arbitre, expert, juré ou témoin. ⇒ aussi **Reprocher** (→ Déporter, cit. 1). — Par ext. *Récuser la compétence d'un tribunal.* ⇒ **Contester.**

1   Nous récusons des juges pour les plus petits intérêts et nous voulons bien que notre réputation et notre gloire dépendent du jugement des hommes qui nous sont tous contraires (...)   LA ROCHEFOUCAULD, Maximes, 268.

♦ **2.** (Mil. XVIIᵉ; 1669, Racine). Cour. Repousser comme tel. *Récuser l'autorité d'un auteur.* ⇒ **Repousser.** *Ce témoignage ne peut être récusé.* ⇒ **Irrécusable, irréfragable.** — Par ext. Refuser, rejeter.

2   L'abrutissement du peuple, l'arbitraire et le caprice, les intrigues de cour et les lettres de cachet, la Bastille, la potence et les Grands Jours sont des pièces essentielles de cet édifice, de sorte que, si vous récusez les abus, récusez aussi l'édifice; car ils entrent comme parties intégrantes dans sa construction.
     RENAN, l'Avenir de la science, XVIII, Œ. compl., t. III, p. 1036.

3   Ce serait une plaisanterie, si la musique récusait l'opinion de tous ceux qui ne sont pas du métier.   R. ROLLAND, Musiciens d'autrefois, p. 210.

▶ **SE RÉCUSER** v. pron.

♦ **1.** Dr. *Le juge s'est récusé.* ⇒ **Abstenir** (s'), déporter (se).

♦ **2.** (1690). Affirmer son incompétence sur une question; refuser de donner son avis, d'assumer une responsabilité. ⇒ **Fuir** (*supra* cit. 7).

---

4   Plusieurs fois Louis Lumet et ses collaborateurs m'avaient demandé de guider l'une de ces visites. Mais comme il fallait y parler et comme je m'en croyais tout à fait incapable, je m'étais invariablement récusé.
     Georges LECOMTE, Ma traversée, p. 318.

CONTR. Accepter, agréer. — Attester.
DÉR. Récusable, récusant. — (Du même rad.) Récusation.
COMP. V. Irrécusable.

RECYCLAGE [R(ə)siklaʒ] n. m. — V. 1956; de *re-,* et *cycle.*

♦ **1.** Personnes. Changement de l'orientation scolaire (d'un enfant), vers un autre cycle d'études. — Par ext. Formation intellectuelle complémentaire destinée à adapter un adulte à de nouvelles fonctions ou à l'informer des nouvelles connaissances nécessaires à l'exercice de sa profession. « *L'Éducation nationale, à l'encontre de l'industrie privée, n'envisage pas le recyclage gratuit* » (*Revue du son,* nᵒ 160, p. 371). *Recyclage des techniciens, des cadres d'une entreprise. Suivre un cours, un stage de recyclage.* ⇒ **Recycler** (se).

1   (...) l'entreprise américaine consacre des sommes considérables au recyclage, presque permanent, de ses cadres.   l'Express, 24-30 juil. 1967.

♦ **2.** Choses. (Techn., écon.). Nouveau traitement, nouveau passage (dans un cycle d'opérations). *Recyclage d'un compte à rebours*.* — *Recyclage de l'eau d'un circuit,* en vue de sa réutilisation. « *De recyclage en recyclage, les "surrégénérateurs" transformeront en énergie la quasi-totalité de cet uranium 238 actuellement inutilisable* » (*Science et Vie,* nᵒ 595, p. 97).

2   Ni le recyclage ni moins encore le dessalement de l'eau de mer ne donnent la qualité de certaines eaux de source (...)   A. SAUVY, Croissance zéro?, p. 248.

RECYCLER [R(ə)sikle] v. tr. — 1960; de *re-,* et *cycle.* → Recyclage.

♦ **1.** Effectuer le recyclage de (un élève, qqn). *Recycler des enseignants.* — Pron. *Se recycler en suivant des cours du soir.*

1   Est-ce que cela ne vous plairait pas de vous recycler? — De me quoi? — D'apprendre un métier, dit Fantin, en regardant José droit dans les yeux. De vous libérer. D'accéder à un niveau.
     Geneviève DORMANN, Je t'apporterai des orages, p. 73.

Recycler qqn dans (une activité). — *Se recycler dans la publicité.*
Par ext. (Plaisant) :

2   Alors, ils ont décidé de se recycler dans le racket et les agressions à main armée.
     Roger BORNICHE, le Ricain, p. 168.

♦ **2.** Effectuer le recyclage de (qqch.). *Recycler des eaux usées, des déchets.*

3   (...) les eaux de fromageries sont plus polluées que celles d'une laiterie livrant du lait de consommation. D'autre part, les eaux ayant servi aux échanges thermiques ne sont que modifiées dans leur température. Et par conséquent, ces eaux peuvent être ou réutilisées (recyclées) ou évacuées sans précaution particulière, si leur température ne dépasse par 30ᵒC.   André ECK, le Lait et l'Industrie laitière, p. 71-72.

▶ **RECYCLÉ, ÉE** p. p. adj. *Technicien récemment recyclé.* — « *Un volet (...) permet de faire varier à volonté la proportion d'air recyclé* » (*la Vie du rail,* 14 avr. 1963, p. 23).

RÉDACTEUR, TRICE [Redaktœr, tris] n. — 1798; « compilateur de textes juridiques », 1752; dér. sav. de *redactus,* p. p. du v. lat. *redigere.* → **Rédiger.**

♦ **1.** Professionnel, professionnelle qui assure la rédaction d'un texte. *Les rédacteurs et rédactrices d'un dictionnaire, d'une encyclopédie* (⇒ aussi **Polygraphe**). *Rédacteur publicitaire. Rédacteur concepteur.* — (Mil. XIXᵉ). Spécialt. Personne qui rédige les articles d'un périodique, d'un journal. ⇒ **Journaliste** (→ Drolatique, cit. 2; houleux, cit. 2). *Rédacteur politique, criminaliste, hippique.* (→ Mercenaire, cit. 3). *Rédacteur parlementaire :* rédacteur politique spécialisé dans les commentaires des débats parlementaires.

(1830). *Rédacteur en chef :* directeur de la rédaction* d'un périodique, d'un journal (cit. 11). — *Rédacteur spécialisé. Société de rédacteurs.*

1   Après la condamnation du journal de Falcoz, quand son rédacteur en chef sortit de prison, je contribuai à lui faire perdre sa place de six cents francs. On dit que cet écrivailleur ose se remontrer dans Besançon, il peut me tympaniser avec adresse (...)   STENDHAL, le Rouge et le Noir, I, XXI.

1.1   (...) la rédactrice de ce journal a envoyé ses témoins à *l'Époque.*
     A. ROBIDA, le Vingtième Siècle, p. 298 (av. 1900).

1.2   Les sociétés de rédacteurs, qui se sont multipliées ces dernières années, ont pour but direct de faire participer les journalistes à la gestion des entreprises de presse. C'est une façon de garantir, dans une certaine mesure, le droit du public à l'information, et cela dans les structures et selon les tendances nouvelles des sociétés occidentales.   Philippe GAILLARD, Technique du journalisme, p. 9.

(1869). Fonctionnaire chargé de rédiger (les pièces administratives, etc.). *Rédacteur d'Administration centrale.*

2   — Tu vas voir, c'est très curieux. les uns (ce sont les rédacteurs) rédigent des lettres qui ne signifient rien; et les autres (ce sont les expéditionnaires) les recopient.
     COURTELINE, Messieurs les ronds-de-cuir, 4ᵉ tableau, II.

♦ **2.** Personne qui rédige un texte, même s'il n'est pas *rédacteur* de profession, au sens 1. *Le rédacteur d'une annonce, d'un « prière d'insérer », d'une notice.*

REM. En parlant d'une femme, on n'emploie pas toujours le fém., notamment dans le syntagme *rédacteur en chef. Mme N., rédacteur en chef du magazine mensuel X.*

RÉDACTION [Redaksjɔ̃] n. f. — 1690, surtout en dr. ; 1798, Académie, en parlant du journalisme ; « réduction », 1560 ; du bas lat. *redactio* (« réduction », en math., d'où « abrégé »), de *redactum*, supin de *redigere* « ramener, réduire ». → Rédiger.

♦ **1.** Action ou manière de rédiger* (un texte). *La rédaction d'un article de journal par un rédacteur. Je n'ai pas terminé la rédaction de ce passage. Rédaction d'un projet de contrat.* ⇒ **Établissement.** *Rédaction d'un acte juridique, d'un procès-verbal de séance, etc.* ⇒ **Formule, libellé.** *Rédaction imparfaite* (cit. 4), *de premier jet* (→ Nègre, cit. 7). ⇒ **Brouillon, composition** (II). — *Caractères de ce qui est rédigé. Cet article est bien conçu, mais la rédaction n'est pas fameuse.* — État d'un texte.

1 J'essayai de me persuader que mon dictionnaire, tout imparfait qu'il était en cette première rédaction, l'emportait par de véritables avantages sur les dictionnaires précédents, et que cela devait me suffire.
É. LITTRÉ, Comment j'ai fait mon dictionnaire, p. 13.

2 Tous les témoins causèrent quelques minutes, prenant rendez-vous dans le jour pour la rédaction du procès-verbal, puis on remonta dans la voiture (...)
MAUPASSANT, Bel-Ami, I, VII.

(Une, des rédactions). Texte rédigé.

Spécialt. Ensemble des activités nécessaires à la production des textes (d'un journal, d'un périodique). *Les métiers de la rédaction et du secrétariat de rédaction* (présentation matérielle des textes).

♦ **2.** (1845). Ensemble des rédacteurs d'un journal, d'un périodique, d'une œuvre collective ; ensemble des bureaux, des locaux où ils travaillent. — *Salle, bureaux de rédaction* (→ Guet-apens, cit. 4 ; 1. page, cit. 4). *Responsable de la rédaction.* — (Dans une agence de presse). *Rédaction centrale et correspondants.*

♦ **3.** (Fin XIXᵉ). Dans l'enseignement primaire et dans les petites classes de l'enseignement secondaire, Exercice scolaire qui consiste à développer un sujet, généralement de caractère narratif ou descriptif. ⇒ **Composition** (française), **narration.**

3 J'ai mal fait mon problème, ou j'ai dit des bêtises dans la rédaction, je ne sais plus au juste. Brice PARAIN, De fil en aiguille, II, p. 71.

DÉR. Rédactionnel.

RÉDACTIONNEL, ELLE [Redaksjɔnɛl] adj. — 1874 ; de *rédaction.*

♦ Relatif à la rédaction d'un texte. *La valeur rédactionnelle d'un journal.* — *Publicité* rédactionnelle.*

Pour les journaux, publicité rédactionnelle : la causerie de votre ami, reprise sous la forme d'un grand reportage : *Un Français au pays de l'or* ou *Le Brésil mystérieux.* J. ROMAINS, Donogoo, I, v, 3.

REDAN [Rədɑ̃] n. m. — 1677 ; altér. de *redent*, de *re-*, et *dent.*

Technique ou littéraire.

♦ **1.** Fortif. Ouvrage composé de deux faces qui forment un angle plus ou moins saillant.

1 (...) villes aux noms charmants, dont les enceintes rouges avec leur vieil appareil guerrier, leurs tours, leurs redans, leurs bastions qui se reflètent dans les eaux (...)
Jérôme et Jean THARAUD, Marrakech, I.

♦ **2.** (1743). Ressaut vertical que l'on ménage de distance en distance en construisant un mur sur un terrain en pente.
Ressaut sur une surface horizontale ou verticale. ⇒ aussi **Saillie** (→ Oursin, cit.).

2 Voilà un coin de mur qui gêne, on s'en éloigne ; voici un redan qui peut protéger, on s'y abrite. HUGO, les Misérables, IV, I, VII.

(Av. 1850). Fig., littéraire.

3 Tout ceci doit être considéré comme dit par un personnage de roman — ou plutôt par plusieurs. Car l'imaginaire, matière fatale du roman et labyrinthe des redans dans lesquels se fourvoie celui qui parle de lui-même, l'imaginaire est pris en charge par plusieurs masques. R. BARTHES, Roland Barthes, p. 123.

♦ **3.** Archit. ⇒ **Redent.**

♦ **4.** (Mil. XXᵉ). Décrochement vertical perpendiculaire à l'axe de la carène d'un canot, d'un hydravion, destiné à faciliter le glissement de la coque sur l'eau.

HOM. Redent.

REDDITION [Redisjɔ̃] n. f. — 1356 ; lat. tardif *redditio*, de *reddere* « rendre ».

♦ **1.** Fait de se rendre*, de capituler. ⇒ **Capitulation.** *Reddition d'une place, d'un fort, d'une armée. Ville qui fait sa reddition après un siège* (→ Ouvrir ses portes*). — Par ext. *Reddition d'un bandit cerné par la police.*

1 La « reddition sans conditions », si surprenante qu'elle puisse paraître, a été presque aussitôt acceptée. GIDE, Journal, 13 mai 1943.

♦ **2.** (1407). Dr. Fait de présenter l'état de la recette et de la dépense relatif aux biens d'autrui qu'on a administrés, afin qu'il soit vérifié, réglé et arrêté. *Le rendant compte présente la reddition de comptes à l'oyant* (cit.) *compte.*

2 Si elle était maîtresse de Paul tout seul, Paul, éclairé par son notaire, transigerait-il sur la reddition des comptes de tutelle ?
BALZAC, le Contrat de mariage, Pl., t. III, p. 108.

♦ **3.** (Mil. XXᵉ). Techn. (Ch. de f.). *Reddition de voie* : fait de rendre la voie libre.

REDÉCOUPAGE [R(ə)dekupaʒ] n. m. — V. 1960 ; de *re-*, et *découpage.*

♦ Action de découper à nouveau ; son résultat. *Redécoupage électoral* : nouvelle division d'une région administrative en circonscriptions électorales.

REDÉCOUVERTE [R(ə)dekuvɛrt] n. f. — 1873 ; de *redécouvrir*, d'après *découverte.*

♦ Action de redécouvrir. *Redécouverte d'un poète.*

Où était la réalité ? Avant la guerre ? Au camp ? Maintenant ? Ça n'a pas duré. Un souvenir précis, je me demande bien pourquoi, c'est ma redécouverte des boutons de manchette des hommes (...) Là-bas, nous avions le sentiment que si nous avions été des hommes, nous aurions eu au moins l'espoir de nous révolter (...)
MALRAUX, Antimémoires, Folio, p. 626.

REDÉCOUVRIR [R(ə)dekuvRiR] v. tr. — 1862, Sainte-Beuve ; de *re-*, et *découvrir.*

♦ **1.** Découvrir de nouveau.

1 Il a fallu que de nos jours M. Floquet, dans son zèle si méritoire, la redécouvrît *(la première période oratoire de Bossuet)* en quelque sorte, l'exhumât laborieusement avec les preuves, les témoignages sans nombre (...)
SAINTE-BEUVE, Nouveaux lundis, 20 mai 1862.

♦ **2.** Découvrir (ce qu'un autre avait découvert), découvrir pour son propre compte.

2 (...) les réflexions d'autrui ne nous semblent décisives qu'à l'instant où, les redécouvrant pour notre compte, nous les sentons, par une rencontre curieuse, à la fois très vraies, mais très nôtres ; universelles, mais particulières, et comme privées.
J. PAULHAN, Entretien sur des faits divers, p. 43.

Loc. *Redécouvrir l'Amérique* : donner une banalité pour une découverte. Cf. Enfoncer des portes ouvertes.

♦ **3.** Reprendre conscience (d'une chose oubliée). *Redécouvrir l'hypocrisie humaine. Il semble avoir redécouvert que les flatteurs sont intéressés.*

DÉR. Redécouverte.

REDÉFAIRE [R(ə)defɛR] v. tr. — Conjug. *faire.* — V. 1174 ; de *re-*, et *défaire.*

♦ Défaire de nouveau. *Redéfaire un ouvrage.* — *Redéfaire son lit, sa coiffure.*

CONTR. Faire, refaire.

REDÉFINIR [R(ə)definiR] v. tr. — V. 1798, *in* D.D.L. ; de *re-*, et *définir.*

♦ Donner une nouvelle définition de. *« Projet de loi permettant de redéfinir les droits civils des citoyens américains »* (le Figaro, 4 mars 1963).

DÉR. Redéfinition.

REDÉFINITION [R(ə)definisjɔ̃] n. f. — Attesté v. 1960, probablt antérieur (→ Redéfinir) ; de *redéfinir*, d'après *définition.*

♦ Didact. Action de redéfinir (qqch.). *La redéfinition de la politique économique. « Une redéfinition de toutes les frontières au Proche-Orient »* (le Nouvel Obs., 2 mars 1981, p. 39).

REDEMANDER [R(ə)dəmɑ̃de ; Rədmɑ̃de] v. tr. — V. 1283 ; « demander d'autre part », v. 1175 ; de *re-*, et *demander.*

♦ **1.** Demander de nouveau (→ Épice, cit. 2 ; inconscient, cit. 6 ; poésie, cit. 6). *Redemander d'un plat à table. Il m'a redemandé trois fois mon adresse.*

1 Alors arrive le beau duc (...) que le public ne se lasse pas de redemander, quoique *Norma* ait été la pièce la plus jouée de tout le répertoire des Bouffes.
Th. GAUTIER, Souvenirs de théâtre..., Beautés de l'Opéra, V.

♦ **2.** Demander (ce qu'on a laissé, ce qu'on a prêté à qqn) (→ Bon, cit. 54).

2 Sire, je ne viens pas redemander ma fille.
Quand on n'a plus d'honneur, on n'a plus de famille. HUGO, le Roi s'amuse, I, 5.

3 Je me suis laissé emmener ; malheureusement je n'ai pu y tenir ; j'avais fait porter mes pantoufles chez lui : je les ai envoyé redemander, et je me suis décidée à mourir. A. DE MUSSET, Nouvelles, « Frédéric et Bernerette », X.

Par antiphrase. *En redemander :* ne pas avoir assez (d'une chose désagréable). *On dirait qu'il en redemande !*

REDÉMARRAGE [ʀ(ə)demaʀaʒ] n. m. — V. 1963 ; de *redémarrer*.

♦ Action, fait de redémarrer ; son résultat. *Le redémarrage d'un moteur, d'une voiture. — Le redémarrage d'une activité économique.* « *L'indice manifeste un redémarrage de l'embauche dans les firmes* » (*l'Expansion*, févr. 1973, *in* P. Gilbert). « *Redémarrage à zéro* » (*Charlie-Hebdo,* 12 janv. 1978, p. 18).

REDÉMARRER [ʀ(ə)demaʀe] v. intr. — Mil. xxᵉ ; de *re-*, et *démarrer*.

♦ **1.** Repartir en voiture après s'être arrêté ; refaire démarrer un véhicule immobilisé.

1 (...) on conduit le car, assis dans l'espèce de cabine de verre teinté (...) On s'arrête aux arrêts, on redémarre. J.-M. G. LE CLÉZIO, le Déluge, XII, p. 236.

2 (...) le soldat était déjà en train de la suivre, quand le moteur à deux temps a redémarré, emplissant d'un seul coup les alentours de ses explosions. A. ROBBE-GRILLET, Dans le labyrinthe, p. 167.

♦ **2.** Fig. Retrouver de la vigueur ; reprendre son élan après un fléchissement. *L'économie est en train de redémarrer.*

DÉR. **Redémarrage.**

REDÉMOLIR [ʀ(ə)demɔliʀ] v. tr. — 1611, Cotgrave ; de *re-*, et *démolir*.

♦ Démolir une nouvelle fois (ce qui était reconstruit).

Après quoi, comme il est toujours arrivé dans l'Histoire au lendemain des grands règnes réparateurs, les Français redémoliront tout au nom des principes et « la triste et sauvage histoire des hommes », comme dit Michelet, reprendra son cours. F. MAURIAC, le Nouveau Bloc-notes 1958-1960, p. 194.

RÉDEMPTEUR, TRICE [ʀedãptœʀ, tʀis] n. et adj. — 980 ; lat. ecclés. *redemptor,* du lat. class. *redimere* « racheter ».

★ **I.** N. m. ♦ **1.** (Relig. chrét.). *Le Rédempteur :* le Christ, considéré en tant qu'il a racheté, sauvé le genre humain par sa mort. ⇒ **Sauveur** (→ Impie, cit. 1 ; 1. marbre, cit. 6 ; misère, cit. 8). — *Ordre du Très-Saint-Rédempteur.* ⇒ **Rédemptoriste.**

1 La mort du Rédempteur, qui a racheté le genre humain, est l'image de ce que nous devons faire pour nous-même : rachetons nos fautes ! BALZAC, le Curé de village, Pl., t. VIII, p. 652.

Par anal. *De nombreuses religions vénèrent un ou plusieurs rédempteurs.*

♦ **2.** (1553). Chez les Hébreux, Personne qui pouvait racheter la propriété d'un parent sans attendre le jubilé.

♦ **3.** (xixᵉ). Ce qui rachète qqn (au sens moral ou religieux). « *L'amour (...) rédempteur de toutes les races humaines* » (→ Pacificateur, cit. 1, Michelet).

★ **II.** Adj. (xixᵉ). Vx. *Le signe rédempteur :* le crucifix. — Littér. Qui assure la rédemption* (1.) ; qui rachète. *Souffrance rédemptrice.*

2 (...) un pécheur croit que la souffrance est rédemptrice ; or, l'amour, même heureux, n'est-il pas une source intarissable de douleurs ? F. MAURIAC, Souffrances et Bonheur du chrétien, p. 35.

DÉR. (Du même rad.) V. **Rédemptoriste.**

RÉDEMPTION [ʀedãpsjɔ̃] n. f. — 980 ; lat. ecclés. *redemptio,* de *redemptum,* supin de *redimere* « racheter ». → Rédimer ; rançon.

♦ **1.** Relig. chrét. Rachat du genre humain par le Christ, Rédempteur* des hommes. ⇒ **Rachat** (III.), **salut** (→ Balancer, cit. 23 ; denier, cit. 2). *Le mystère de la Rédemption.* — Par ext., cour. L'action, le fait de racheter (4.) qqn, de se racheter (au sens religieux ou moral). ⇒ **Réhabilitation** (→ Degré, cit. 20 ; peine, cit. 2). *La rédemption des péchés.*

Pour un Juif, l'idée de l'Incarnation était déjà scandaleuse, outrageant la transcendance de l'Unique, suspecte d'anthropomorphie. Mais la Rédemption l'était bien davantage. Le sacrifice auquel qqn rédime et qui rachète, c'était celui des bêtes sous le couteau des prêtres, c'était à la rigueur celui d'une chair humaine offerte, tel Isaac ou telle la fille de Jephté, à la puissance terrible de Yahweh : mais Dieu s'offrant à Dieu, Dieu se faisant victime, quel attentat à la notion de Dieu ! DANIEL-ROPS, Jésus en son temps, VIII, p. 435.

♦ **2.** (1660). *Rédemption des captifs :* rachat des chrétiens qui étaient tombés aux mains des infidèles (en Afrique et en Orient). *Ordres de la Rédemption des captifs :* l'ordre de la Trinité (fondé par Jean de Matha) et l'ordre de la Merci (fondé par Pierre Nolasque). *Père de la Rédemption* (→ Barbare, cit. 4).

♦ **3.** (1781). Anciennt. Nom de chacun des établissements fondés au Paraguay par les jésuites. ⇒ 1. **Réduction** (II., 1., par ext.).

♦ **4.** (1342, *redempcion*). Dr. Acte par lequel on rédime* (un droit, etc.). *La rédemption d'un droit, d'une rente.*

RÉDEMPTORISTE [ʀedãptɔʀist] n. m. — 1829 ; dér. sav. du lat. *redemptor* « rédempteur ».

♦ Religieux de l'ordre du Très-Saint-Rédempteur, fondé en 1732 par Alphonse de Liguori. (On dit aussi parfois *liguorien* ou *liguoriste*).
On trouve aussi le fém. *rédemptoristine* [ʀedãptɔʀistin], moniale de cet ordre.

REDÉNOUER [ʀ(ə)denwe] v. tr. — xxᵉ ; de *re-*, et *dénouer*.

♦ Rare. Dénouer de nouveau. ⇒ **Redéfaire.**

C'est *(Valéry)* le final ajusteur de toute la poésie française dans son complexe qu'il restitue, renoue et aussitôt redénoue. DRIEU LA ROCHELLE, Notes pour comprendre le siècle, V.

REDENT [ʀədã] n. m. — 1611 ; de *re-*, et *dent.*

♦ Archit. Ornement gothique formé d'une suite de découpures en forme de dents. (On écrit parfois *redan*). *Arc, rampant de pignon orné de redents. Redent composé.* ⇒ **Redenté.** — Constr. *Toiture à redents,* en dents de scie, constituée par des combles à pentes inégales. ⇒ **Shed** (anglicisme).

DÉR. **Redenté.**
HOM. **Redan.**

REDENTÉ, ÉE [ʀədãte] adj. — 1875 ; de *redent.*

♦ Archit. *Ornement redenté,* constitué de trois arcs de cercle qui se coupent deux à deux. *Redent redenté.*

REDÉPART [ʀ(ə)depaʀ] n. m. — Déb. xxᵉ ; de *re-*, et *départ,* pour correspondre à *repartir.*

♦ Rare. Action de repartir.

REDÉPLOIEMENT [ʀ(ə)deplwamã] n. m. — Répandu mil. xxᵉ ; de *re-*, et *déploiement.*

♦ **1.** Milit. Réorganisation (d'un dispositif). *Le redéploiement des forces alliées.* « *Le conseil de défense (...) a traité du redéploiement des forces navales de l'Atlantique à la Méditerranée* » (le Monde, 20 déc. 1974).

♦ **2.** (V. 1965). Écon. Réorganisation (d'une politique économique ou industrielle). *Une politique de redéploiement de la main-d'œuvre. Un important redéploiement industriel.*

Nous sommes au début d'un phénomène pour lequel on a même trouvé un nom : le redéploiement. Êtes-vous pour ou contre le redéploiement ? Cela ne sonne pas trop mal, et tout le monde sait bien ce que ça signifie. On ne dit pas repli, restrictions, diminution (...) Ce sont des mots malsonnants, tandis que redéploiement (qui ne figure pas encore dans le Robert) évoque la reprise, l'essor, l'envergure. Nous sommes experts en euphémismes. J. MADAULE, in le Monde, 2 sept. 1980.

REDÉPLOYER [ʀ(ə)deplwaje] v. tr. — Mil. xxᵉ ; de *re-*, et *déployer.*

♦ **1.** Milit. Opérer un redéploiement (1.) d'unités, d'effectifs, etc. *Redéployer une partie des forces navales.*

♦ **2.** (V. 1970). Écon. Procéder au redéploiement (2.) de (moyens). *Redéployer des effectifs.*

REDÉPOSER [ʀ(ə)depoze] v. tr. — 1901, Huysmans ; de *re-*, et *déposer.*

♦ Déposer de nouveau, ou en rapportant.

Tu peux me prêter une valise, je pense, pour emporter ce que j'ai à moi ici ? Le chauffeur te la redéposera demain. M. DRUON, Rendez-vous aux enfers, II, VI, p. 132.

REDESCENDRE [ʀ(ə)desãdʀ] v. — Conjug. *descendre.* — V. 1220 ; de *re-*, et *descendre.*

★ **I.** V. intr. ♦ **1.** Descendre (I.) de nouveau ; descendre après être monté en un lieu plus élevé. *Il monta dans sa chambre et redescendit* (→ Habiller, cit. 17). — (1671). Sens social ou moral :

1 (...) je m'étonne, Madame, que de tous ces grands noms, que je devine, vous ayez pu redescendre à un Monsieur Tibaudier (...) La chute est grande, je vous l'avoue. MOLIÈRE, la Comtesse d'Escarbagnas, 2.

2 Et le docteur, rappelé par le travail obscur de son esprit, redescendit dans sa pensée comme un mineur dans son puits. HUGO, l'Homme qui rit, I, II, VI.

(Sujet nom de chose). *Le chemin redescend. La mer redescend* (→ Plein, cit. 65).

♦ **2.** Théâtre. Gagner le fond de la scène.

★ **II.** V. tr. (xixᵉ ; 1869, Littré). ♦ **1.** Descendre (II.) de nouveau, parcourir de nouveau de haut en bas. *Redescendre un escalier* (→ 1.

Mater, cit. 5). *Redescendre la gamme, l'échelle des notes* (→ Cygne, cit. 2).

♦ **2.** Descendre de nouveau (ce qu'on a placé à un endroit élevé). *Redescendre un meuble, un vase.*

CONTR. Remonter.
DÉR. Redescente.

REDESCENTE [ʀ(ə)desɑ̃t] n. f. — 1796, *in* D.D.L.; de *redescendre.*

♦ Action, fait de redescendre. *Les remontées et les redescentes d'un groupe d'alpinistes. Montée et redescente du larynx pour l'émission d'un son aigu.*

CONTR. Remontée.

REDESSINER [ʀ(ə)desine] v. tr. — 1762, Rousseau; de *re-*, et *dessiner.*

♦ Dessiner de nouveau.
(...) les traits oubliés de la voix d'Albertine redessinaient pour moi le contour de sa personnalité (...) PROUST, le Côté de Guermantes, Pl., t. II, p. 354.

REDEVABLE [ʀ(ə)dəvabl; ʀədvabl] adj. — V. 1200; de *redevoir.*

♦ **1.** Qui est ou qui demeure débiteur envers qqn (de qqch.). ⇒ **Reste** (être en reste avec qqn). *Solder la somme dont on est redevable.* ⇒ **Débiteur** (→ Appoint, cit. 1). *Il m'est redevable de vingt mille francs qu'il m'a empruntés.* — N. (1869). *Les redevables de l'impôt.* ⇒ **Assujetti, imposable** (→ Contribuable, cit.) *« Ce n'est qu'après plusieurs passages infructueux chez le redevable que les agents-huissiers du Trésor recourent à l'assistance du commissaire de police et d'un serrurier »* (*le Nouvel Obs.*, 2 mars 1981, p. 9).

♦ **2.** (Fin XIIᵉ). *Être redevable de (qqch.) à (qqn, qqch.)* : bénéficier d'un avantage grâce à (qqn, qqch.). ⇒ **Devoir, obligation** (avoir obligation de...), **tenir** (qqch. de qqn). → Ailleurs, cit. 6; application, cit. 4. *Je vous suis redevable de cette gratification.* — Vx. *Être redevable à qqn de...,* suivi d'un inf. (cf. Molière, *l'Amour médecin,* III., 6). — Absolt. *Je ne veux point demeurer redevable à mon ennemi* (→ Obligation, cit. 11).

1 — Je lui suis redevable de la vie (...)
— (...) c'est ne devoir rien proprement que d'être redevable de la vie à qui nous a ôté l'honneur. MOLIÈRE, Dom Juan, III, 4.

2 Le Consul savait ménager et attendre. Il attendait que le peuple lui fût redevable d'un bienfait de plus — le plus désiré — : la paix avec l'Europe.
Louis MADELIN, Hist. du Consulat et de l'Empire, Le Consulat, IV.

N.m. Vx. *Être le redevable de qqn, son redevable.* ⇒ **Obligé.**

REDEVANCE [ʀ(ə)dəvɑ̃s; ʀədvɑ̃s] n. f. — 1239; de *redevoir.*

♦ **1.** Somme qui doit être payée à échéances déterminées (à titre de rente, de dette, etc.) ⇒ **Charge** (*supra* cit. 11), **dette, rente.** *Redevance payable en nature ou en argent. Redevance quérable. Encaisser* (cit. 1), *percevoir des redevances* (→ Perception, cit.). *Racheter une redevance.* ⇒ **Affranchissement.** *Redevances d'une ferme.* ⇒ aussi **Faisances** (vx).

1 Quant aux six fermes et métairies, elles avaient bien de la peine à produire, outre les redevances en nature, quinze mille francs d'argent liquide.
J. ROMAINS, les Hommes de bonne volonté, t. III, XI, p. 145.

♦ **2.** (V. 1268). Taxe due en contrepartie de l'utilisation d'un service public, d'une concession, etc. *Redevance téléphonique.* ⇒ aussi **Contribution, 3. droit** (I., 4.), **impôt.** — *Redevance radio, télé.*

2 Payée la redevance que réclame l'État pour la jouissance de l'appareil *(de radio),* l'usager ne devra compter qu'avec la dépense d'électricité, qui est faible, et avec les réparations. G. DUHAMEL, Manuel du protestataire, VI.

Hist. *Redevance due autrefois au Saint-Siège.* ⇒ **Annate.** *Redevance pour le four, le moulin banal*.* *Redevances féodales* : aide, capitation, cens, champart, corvée, dîme, fouage, fournage, geôlage, hallage, lods (et ventes), minage, péage, prestation, septain, sextellage, terrage, tonlieu, vingtain, etc.

♦ **3.** (V. 1970). Contribution due par le bénéficiaire d'une concession pétrolière pour la recherche et l'exploitation de gisements (terme recommandé pour remplacer l'anglicisme *royalty*). *La redevance est payable en espèces ou en nature.* — *Redevance tréfoncière,* due au propriétaire du sol sous lequel une mine est exploitée.

DÉR. Redevancier.

REDEVANCIER, IÈRE [ʀ(ə)dəvɑ̃sje, jɛʀ; ʀədvɑ̃sje, jɛʀ] n. — 1573; de *redevance.*

♦ Vx. Personne qui doit payer une redevance.

REDEVENIR [ʀədvəniʀ; ʀ(ə)dəvniʀ] v. intr. — Conjug. *venir.* — V. 1200; de *re-*, et *devenir.*

♦ **1.** Devenir de nouveau, recommencer à être (ce qu'on était aupa-

ravant et qu'on avait cessé d'être) (→ Échelon, cit. 2; moralement, cit. 2; prépondérant, cit. 1). — REM. Aux temps composés, *redevenir* se conjugue avec l'auxiliaire *être.*

1 Elle était redevenue enfant, elle passait des journées sans ennui, à regarder devant elle, à songer au passé. ZOLA, Thérèse Raquin, XXVI.

2 De l'autre côté de l'eau, aussitôt le pont franchi, dès qu'il se trouva dans l'ombre de la grande mosquée du seuil, il se sentit redevenir un autre lui-même, un André Lhéri qui serait resté mort pendant des années et à qui auraient été rendues tout à coup la conscience et la jeunesse. LOTI, les Désenchantées, II, V.

♦ **2.** Absolt. Didact. Apparaître, exister de nouveau.

REDEVOIR [ʀ(ə)dəvwaʀ; ʀədvwaʀ] v. tr. — V. 1130; de *re-*, et *devoir.*

♦ **1.** Dr., comm. Devoir comme reliquat de compte ou de dette. *Il me redoit cinq mille francs.* — Au p. p. *La somme redue.* ⇒ **Redû.**

♦ **2.** (1723). Fig., rare. Être redevable* (2.) de (qqch.) à qqn.
(...) ce prix (...) acquittera tout ce que mon cœur redoit au vôtre (...)
ROUSSEAU, Julie ou la Nouvelle Héloïse, VI, VI.

DÉR. Redevable, redevance, redû.

RÉDHIBITION [ʀedibisjɔ̃] n. f. — XIVᵉ; lat. jurid. *redhibitio* de *redhibitum,* supin de *redhibere,* de *re-*, et *habere* « avoir ».

♦ Dr. Résolution d'une vente que peut obtenir l'acheteur quand la chose achetée présente certains vices dits rédhibitoires*. ⇒ **Annulation, résiliation, résolution.**

RÉDHIBITOIRE [ʀedibitwaʀ] adj. — XIVᵉ; lat. jurid. *redhibitorius,* de *redhibitum.* → Rhédibition.

♦ **1.** (1765). Dr. *Vice rédhibitoire* : défaut de la chose vendue qui peut motiver la résolution légale d'une vente. ⇒ **Rédhibition** (→ Garantie, cit. 1). *Annuler une vente pour vice rédhibitoire. Cas, vices rédhibitoires pour la vente d'un cheval : cornage, farcin, morve,* etc.

Par ext. Qui suffit à annuler, à rendre caduc un engagement.

♦ **2.** (XXᵉ). Littér. ou style soutenu. Qui constitue un défaut, un empêchement absolu, radical.

1 (...) n'est-il pas surprenant que ces progrès *(de la connaissance)* hautement valables *en soi,* n'aboutissent qu'à augmenter l'impression d'insécurité et de trouble dans laquelle se trouve l'humanité? N'y aurait-il pas en eux un vice rédhibitoire qui rendrait vains leurs plus certains triomphes? DANIEL-ROPS, le Monde sans âme, VI.

2 J'ai une infirmité rédhibitoire *(la peur)* pour un homme d'action (...)
J. ROMAINS, les Hommes de bonne volonté, t. III, XVII, p. 234.

RÉDIE [ʀedi] n. f. — Fin XIXᵉ; du nom de *Redi,* naturaliste ital. du XVIIᵉ.

♦ Zool. Forme larvaire des vers parasites trématodes (douves) qui se développe dans le corps de certains mollusques et se transforme en cercaire*.

REDIFFUSER [ʀ(ə)difyze] v. tr. — V. 1965; de *re-*, et *diffuser.*

♦ Diffuser de nouveau (une nouvelle, une information; une émission de radio, de télévision). — Au p. p. *Film rediffusé.*

REDIFFUSION [ʀ(ə)difyzjɔ̃] n. f. — V. 1965; de *rediffuser,* d'après *diffusion.*

♦ Nouvelle diffusion (d'une information, d'une émission de radio ou de télévision...). *« Rediffusion du feuilleton en six épisodes (...) »* (*l'Express,* 21 mars 1981, p. 18).

RÉDIGER [ʀediʒe] v. tr. — Conjug. *bouger.* — 1379; «réduire» au XIVᵉ; lat. *redigere,* littéralt «ramener». → aussi Rédaction.

♦ **1.** Vx. Compiler. — (1541). Vieilli. Résumer; réduire en formules. ⇒ **Formuler.** *« Il y a un goût supérieur et absolu qui ne se rédige pas en formules »* (cit. 16).

1 Chaque génération littéraire a son théoricien qui rédige en lois de l'art les penchants et le goût des écrivains de son temps.
Émile FAGUET, Études littéraires, XVIIᵉ s., p. 345.

♦ **2.** (1538). Écrire (un texte) d'une certaine manière; l'écrire sous la forme définitive, selon la formule prescrite. ⇒ **Rédacteur, rédaction.** → Piocheur, cit. 1. *Rédiger un article de journal, de revue* (→ 1. Page, cit. 4). *Rédiger à la hâte un mot, une note, un projet de lettre.* ⇒ **Griffonner.** *Rédiger un acte authentique* (cit. 2), *un contrat, un procès-verbal* (cit. 4). ⇒ **Dresser** (*supra* cit. 15), **libeller.** — Absolt. *Il rédige bien. Sa manière de rédiger ne vaut rien* (⇒ Style).

2 — CECI EST MON TESTAMENT — «Aujourd'hui, quinze avril mil huit cent quarante-cinq, étant sain d'esprit, comme ce testament, rédigé de concert avec monsieur Trognon, notaire, le démontrera (...)»
BALZAC, le Cousin Pons, Pl., t. VI, p. 745.

3 Mais Raymond m'a dit qu'il ne se sentait pas capable de faire la lettre qu'il fallait et qu'il avait pensé à moi pour la rédiger. CAMUS, l'Étranger, I, III.
(1798). Vx. *Rédiger un journal :* «y faire les principaux articles, et aussi diriger le reste de la rédaction» (Littré; → aussi Impliquer, cit. 7, Baudelaire). — REM. De nos jours, *rédiger* ne s'emploie plus en parlant d'un journal, sinon au passif, accompagné d'un adverbe de manière : *ce journal était admirablement rédigé* (→ Premier-Paris, cit. 2). *Cette revue est rédigée d'une manière vraiment pratique* (→ 2. Pratique, cit. 6).

▶ **RÉDIGÉ, ÉE** p. p. adj. *Rapport rédigé en termes obscurs.* ⇒ **Concevoir.**

DÉR. (D'après le rad. du p. p. lat.) V. **Rédacteur, rédaction.**

RÉDIMER [Redime] v. tr. — XIVᵉ, Deschamps; lat. *redimere*, et réfection de l'anc. franç. *raembre.* → aussi Rédempteur, rédemption.

♦ **1.** Relig. Racheter le genre humain par son sacrifice (en parlant du Christ). *Rédimer les pécheurs.* — Absolt. → Rédemption, cit. 2.

1 (...) qu'un homme soit rédimé aux prix des plus grands malheurs, son rachat vaut mieux que tous ces malheurs (...) CHATEAUBRIAND, Vie de Rancé, p. 244.

2 Jésus venait pour rédimer les pécheurs, il avait pris sur lui tous les crimes du monde (...) HUYSMANS, la Cathédrale, XI, p. 248.

♦ **2.** (Déb. XVᵉ). Littér. Sauver.

3 Ce n'était pas le fils Rezeau — ou si peu —, c'était le fils tout court, devenu père de tant de façons, père de première, de seconde main et parâtre et beau-père qui, se croyant rédimé par ses propres enfants, s'est un moment demandé si son nouvel état n'était pas réversible. Hervé BAZIN, Cri de la chouette, p. 297.

▶ **SE RÉDIMER** v. pron. (Mil. XVIᵉ).
Se délivrer d'une obligation, à prix d'argent (⇒ **Acheter**) ou par quelque sacrifice. ⇒ **Racheter** (se). *Se rédimer du servage, du pillage...* ⇒ **Délivrer** (se), **libérer** (se); **rançon.** — Se racheter (par sa conduite, un sacrifice, etc.). *Se rédimer par le repentir.*

▶ **RÉDIMÉ, ÉE** p. p. adj. (1842; «racheté», 1690).
Hist. *Pays rédimés, villes rédimées,* qui s'étaient libérés de l'obligation de la gabelle*, moyennant le paiement d'un forfait.

REDINGOTE [R(ə)dɛ̃gɔt] n. f. — 1725, Barbier, *Journal;* adapt. de l'angl. *riding-coat,* «vêtement *(coat)* pour aller à cheval *(to ride)*».

♦ **1.** Ancienn. Vêtement d'homme, longue veste croisée, à basques*. ⇒ **Carrick; habit, houppelande** (cit. 2), **jaquette, lévite** (cit. 3), **polonaise, tunique** (→ 2. Cravate, cit. 1; harnais, cit. 4; pauvre, cit. 13). *En redingote* (→ Franquette, cit. 3; pavoiser, cit. 3). *Pans d'une redingote* (→ Écarter, cit. 26; froisser, cit. 19). *La redingote, vêtement de voyage au XVIIIᵉ siècle, de cérémonie à la fin du XIXᵉ siècle et au début du XXᵉ siècle, ne se porte plus.* — *La redingote grise de Napoléon.*

1 Mme Cambon me faisait compliment sur ma redingote à l'artiste, couleur olive avec revers en velours. STENDHAL, Vie de Henry Brulard, 39.

2 (...) un grand vieillard solennel, tous les jours vêtu d'une redingote noire à revers de soie, qu'il avait portée pour se marier et marier sa fille et qu'il usait (...) M. JOUHANDEAU, Chaminadour, contes brefs, I, «M. Sincère».

♦ **2.** (1786). Mod. Manteau de femme serré à la taille ou de forme ajustée. Par appos. *Forme redingote.*

RÉDINTÉGRATION [Redɛ̃tegRɑsjɔ̃] n. f. — 1869; mot angl. du lat. *redintegratio* (cf. anc. franç. *redintegration*), de *redintegratum,* supin de *redintegrere,* de re-, et *integrare.*

♦ **1.** Physiol. Régénération des tissus. «*La régénération* (d'un tissu) *est une rédintégration après traumatisme*» (*Rev. gén. des sc.,* 30 nov. 1904, p. 1031).

♦ **2.** (Repris de l'angl., Hamilton, 1836). Psychol. Phénomène mental par lequel un état de conscience passé se reproduit lorsque son élément central est rappelé. *Loi de rédintégration.*

REDIRE [R(ə)diR] v. — Conjug. *dire.* — V. 1130; de re-, et *dire.*

★ **I.** V. tr. Dire (cit. 6) de nouveau. ♦ **1.** Dire (qqch.) plusieurs fois. ⇒ **Répéter** (→ Dire, cit. 114; fuite, cit. 9). *Il redit toujours la même histoire.* ⇒ **Chanter** (la même antienne, la même chanson), **rabâcher, ressasser.** *Redire en abrégé.* ⇒ **Récapituler.** *Redire un poème.* ⇒ **Réciter.** *Redire que...* (→ 1. Mort, cit. 26). — *Il ne se le fait pas redire :* il obéit, il acquiesce aussitôt.

1 Dussiez-vous, je l'ai dit, et veux bien le redire (...) RACINE, Esther, III, 4.
Redire qqch. à qqn. Redis-le moi ! (par plais. : *redis-le me le*). — Pron. *Se redire une phrase...* (→ Drapeau, cit. 3). — (Récipr.). *Se redire un hymne* (cit. 8) *d'amour.*

♦ **2.** Dire (ce qu'un autre a déjà dit). ⇒ **Répéter.** *Redire les mots de qqn, en l'imitant* (→ Déniaiser, cit. 2). *Redites-le après moi.* — Au p. p. *Phrase musicale dite par un musicien et redite par un autre.* ⇒ **Reprendre** (→ Partition, cit. 2). — (V. 1160). Par ext. «*La rumeur approche* (cit. 34), *l'écho la redit*» (Hugo).

(1559). Spécialt. *N'allez pas tout lui redire !* ⇒ **Rapporter, révéler** (→ Discrétion, cit. 13). *Il lui a tout redit.*

2 (...) si vous n'étiez pas plus pressé de vous coucher que moi, je vous la raconterais tout comme leur domestique l'a dite à ma servante, qui s'est trouvée par hasard être sa payse, qui l'a redite à mon mari, qui me l'a redite. DIDEROT, Jacques le fataliste, Pl., p. 578.

3 Le récit du bonhomme m'a touché, et je vais essayer de vous le redire tel que je l'ai entendu. Alphonse DAUDET, Lettres de mon moulin, «Le secret de Maître Cornille».
(1728). Littér. (Vieilli). Raconter, célébrer. *Redire les exploits d'un héros.*

★ **II.** Loc. (XIIIᵉ). **AVOIR, TROUVER À REDIRE À** : trouver un motif de réflexion critique, de remontrance, de blâme, dans. ⇒ **Blâmer, censurer, condamner, critiquer, dire, épiloguer.** *Je ne vois rien à redire à cela. Trouver à redire à tout* (→ Difficile, cit. 25; et aussi exagérer, cit. 21; moi, cit. 29). — REM. Au XVIIᵉ, (trouver) *à redire* s'employait au sens de «à regretter».

4 C'est un parti où il n'y a rien à redire; et je gage que tout le monde approuvera mon choix. MOLIÈRE, l'Avare, I, 4.

5 (...) je ne me laisserai pas décontenancer par les gloussements cocasses et les beuglements originaux de ceux qui trouvent toujours quelque chose à redire dans un caractère qui ne ressemble pas au leur (...) LAUTRÉAMONT, les Chants de Maldoror, IV.

6 Et qu'est-ce qu'ils ont de mal, ses parents? Qu'est-ce que vous trouvez à leur redire? R. QUENEAU, Zazie dans le métro, Folio, p. 78.

DÉR. **Rediseur, redit, redite.**

REDISCUTER [R(ə)diskyte] v. tr. — 1875, Littré, *Suppl.;* de re-, et *discuter.*

♦ Remettre en discussion. *Rediscuter à la Chambre un projet modifié par le Sénat. On n'en a pas rediscuté depuis.*

REDISEUR, EUSE [R(ə)dizœR, øz] n. — 1689; de *redire.*

♦ Vx. Personne qui répète, redit. ⇒ **Rabâcheur.** Spécialt. Personne qui répète, rapporte (cf. La Fontaine, Mᵐᵉ de Sévigné, *in* Littré).

— Il y avait des jours où il était tenté de ne pas croire à la Bible. — Et pourquoi? — A cause des redites, qu'il regardait comme un bavardage indigne de l'Esprit-Saint. Il disait que les rediseurs sont des sots, qui prennent ceux qui les écoutent pour des sots. DIDEROT, Jacques le fataliste, Pl., p. 599.

REDISTRIBUER [R(ə)distRibɥe] v. tr. — 1690; de re-, et *distribuer.*

♦ **1.** Distribuer une seconde fois. *Il y a maldonne, il faut redistribuer les cartes.*

♦ **2.** Distribuer autrement; modifier la répartition de (revenus, capitaux, biens). *Redistribuer les terres après modification du régime de la propriété. Redistribuer les revenus.* ⇒ **Redistribution.** Par ext. (Emploi abusif avec un complément d'objet d'une autre nature). Modifier la répartition de.

(...) de redistribution en redistribution, on constate que, si l'État est bien servi, il peut l'être beaucoup mieux par ceux qu'il n'a pas encore employés — jusqu'au jour où tous ses ministères seront eux-mêmes redistribués. Pierre DANINOS, le Jacassin, p. 80.

DÉR. **Redistributeur, redistribution.**

REDISTRIBUTEUR, TRICE [R(ə)distRibytœR, tRis] adj. et n. — XXᵉ; de *redistribuer.*

♦ Didact. Qui fait une redistribution. «*La fonction redistributrice des prélèvements fiscaux et sociaux est manifeste*» (J.-P. Courthéoux, *la Politique des revenus,* p. 67). — N. Personne ou chose qui redistribue.

(...) la grande chance de l'Europe est d'avoir été un carrefour (...) d'avoir été le lieu géométrique de toutes les idées (...) le lieu d'accueil de tous les sentiments qui en a fait le meilleur redistributeur d'énergie. Aimé CÉSAIRE, Discours sur le colonialisme, p. 10.

REDISTRIBUTION [R(ə)distRibysjɔ̃] n. f. — 1690; de *redistribuer.*

♦ Nouvelle répartition. ⇒ **Transfert.** *La redistribution des revenus, des terres.* «*Divers mécanismes de redistribution (fiscalité, transferts sociaux)*» (J.-P. Courthéoux, *la Politique des revenus,* p. 47). Par ext. (Emplois abusifs, en t. d'admin.). ⇒ **Redistribuer** (cit. Daninos).

REDIT [R(ə)di] n. m. — Fin XVIIᵉ; «répétition de ce qu'on a dit», XVᵉ; p. p. substantivé de *redire.*

♦ Vx. Propos rapportés, commérage. «*Une fourmilière de dits, de redits*» (→ Grain, cit. 32, Mᵐᵉ de Sévigné). — Redite.

REDITE [R(ə)dit] n. f. — Fin XIVᵉ, *redicte, in* Littré, *Suppl.;* dér. de *redire.*

♦ **1.** Vx. ou littér. Action de redire, de répéter. ⇒ **Répétition.** *La* *redite est partout ennuyeuse* (cit. 4, Montaigne). *La « redite appro-fondie » (des arguments d'un adversaire).* → Controverse, cit. 1, Valéry.

1 Et c'est ainsi que se sont établies toutes les absurdités du monde ; jetées en avant par l'audace, répandues par l'oisiveté, adoptées par la paresse, accréditées par la redite, fortifiées par l'enthousiasme ; mais rendues au néant par le premier penseur qui se donne la peine de les examiner.
BEAUMARCHAIS, Mémoires... dans l'affaire Goëzman, p. 157.

♦ **2.** *(Une, des redites).* Chose répétée, et le plus souvent (péj.), répétition inutile, fastidieuse (par la même personne). ⇒ **Rabâchage** (→ Enfantillage, cit. 4). — (Dans le discours écrit). *Un livre, un texte plein de redites* (→ aussi Balbutiement, cit. 6). *Éviter, corriger les redites* (→ Bannir, cit. 20 ; épreuve, cit. 34). — Par ext. Formule déjà utilisée (par le locuteur ou par d'autres), lieu commun. ⇒ **Cliché.** *Une conversation, un style plein de redites.*

2 La plupart des bons mots sont des redites.
VOLTAIRE, Essai sur les mœurs, CXLV.

3 LES REDITES. Une idée qui se montre deux fois dans un ouvrage, surtout à peu de distance, disait M..., me fait l'effet de ces gens qui, après avoir pris congé, rentrent pour reprendre leur épée ou leur chapeau.
CHAMFORT, Caractères et Anecdotes, « Les redites ».

4 (...) énervante de lenteur et de redites, une voix de femme se reprenait, se répétait, au fil d'une conversation toujours sur le point de s'interrompre, coupée de silences.
ARAGON, les Beaux Quartiers, II, VIII.

Fig. *« L'univers (...) n'est qu'une perpétuelle redite »* (Gautier, *les Grotesques*, Préface, p. X).

REDIVORCER [ʀ(ə)divɔʀse] v. tr. — XXᵉ ; de re-, et divorcer.

♦ Divorcer de nouveau. *Il s'était remarié après son divorce, mais il vient de redivorcer.*

Si vos parents avaient divorcé, vous auriez tendance à divorcer vous-même (...) Et les divorcés tendent à redivorcer encore.
— Comment le sait-on ? (...)
— Les statistiques ! (...) P. GUTH, le Mariage du naïf, IV, p. 50 (1957).

REDONDANCE [ʀ(ə)dɔ̃dɑ̃s] n. f. — 1690 ; « surabondance d'humeur », 1352 ; (selon Wartburg, la forme signalée au XIVᵉ, par Bloch et Dauzat vient d'un autre radical) ; du lat. *redundantia* ; de *redundare*, (→ Redonder) « abonder, déborder », de *unda* ; → aussi Onde.

♦ **1.** Abondance excessive, superflue, dans le discours (développements, ornements, répétitions...). ⇒ **Amplification, excès, superfluité, surabondance, verbiage.** *La redondance du style, des termes...* ⇒ **Enflure.** — Par ext. Ornement ou développement excessif, inutile (→ Ampleur, cit. 3). *Couper* (cit. 14) *quelques redondances. Redites et redondances.* ⇒ aussi **Cheville** (cit. 6), **pléonasme.**

1 Un esprit tout critique et chagrin pourrait relever dans ces pages mêmes des redondances, et cette disposition d'Amyot à tout étendre et à tout allonger ; on nage avec lui dans les superfluités sans doute : là où Plutarque ne met que deux mots, il en met trois et quatre, et six (...)
SAINTE-BEUVE, Causeries du lundi, 25 août 1851.

2 Savet nous a fait entendre plusieurs *disques*, de Mozart, Beethoven et Bach (...) Beethoven m'a paru lourd de rhétorique et de redondance.
GIDE, Journal, 12 juil. 1934.

Excès d'ornements (dans les arts plastiques). *La redondance du baroque, du maniérisme.*

♦ **2.** (XXᵉ). Didact. Caractère de ce qui apporte une information* déjà donnée sous une autre forme. État d'un système redondant. (Inform.). Augmentation du nombre des caractères dans un message sans accroissement corrélatif de la quantité d'informations. *La redondance est utilisée comme moyen de contrôle, de sûreté dans la transmission. La redondance et le bruit.*

DÉR. (Du même rad.) **Redondant.**

REDONDANT, ANTE [ʀ(ə)dɔ̃dɑ̃, ɑ̃t] adj. — Mil. XVIᵉ ; attestation isolée, « surabondant », v. 1265 ; du lat. *redundans.*

♦ **1.** Qui a de la redondance, présente des redondances. *Style redondant.* ⇒ **Abondant, ampoulé, bavard, diffus, enflé, verbeux.**

♦ **2.** Qui est de trop, qui est inutile (dans l'expression de la pensée). *Mot, terme prétentieux et redondant. Épithètes redondantes.* ⇒ **Superflu.**

♦ **3.** Fig., littér. *L'emploi redondant du ciment* (cit. 3). ⇒ **Excessif, surabondant.** *Être redondant de...,* pourvu en excès de...

Les prodiges de Tilly avaient-ils les conditions de véracité divine exigées par la théologie ? — Ils en étaient redondants ! s'exclama péniblement le moribond.
M. BARRÈS, la Colline inspirée, XV.

♦ **4.** Didact. Qui apporte une information déjà donnée. *Dans « les journaux », la finale aux est redondante, le pluriel étant déjà exprimé par les. Trait redondant et trait distinctif, en phonologie.*

— Qui comprend des informations identiques dans plusieurs parties du même système d'information.
CONTR. **Concis, elliptique, laconique.**

REDONDER [ʀ(ə)dɔ̃de] v. intr. — 1226 ; lat. *redundare* « abonder, déborder », de re-, et *unda* « flot ». → Onde.

♦ **1.** Vx. Abonder.

♦ **2.** (1690). Vx ou didact. Constituer une redondance*.

Hugo (...) redonde et accable de clarté.
A. THIBAUDET, Hist de la littérature franç., p. 160.

REDONNER [ʀ(ə)dɔne] v. — V. 1240 ; *reduner,* v. 1160 ; « faire du bien (à) », v. 1130 ; de re-, et *donner.*

★ **I.** V. tr. ♦ **1.** Donner de nouveau (une même chose ou une chose semblable). *Redonner à qqn ce qu'on lui avait repris.* ⇒ **Rendre, restituer.** *Redonnez-moi cet objet, ce vêtement* (→ Aller, cit. 74). — (Sujet n. de chose). *Labours bons à redonner du blé* (→ 2. Fumer, cit. 1).

1 Il m'a flattée d'avoir pris plaisir à me redonner pour lui toute l'estime qu'on aurait pu m'ôter (...)
Mᵐᵉ de SÉVIGNÉ, 339, 27 oct. 1673.

2 En effet, ce serait une solution élégante, si elle était possible : redonner une structure à notre civilisation, en lui redonnant une morale.
Brice PARAIN, De fil en aiguille, II, p. 41.

Se redonner un coup de rasoir (→ Près, cit. 2).

♦ **2.** Donner (qqch.) à une personne qui a déjà eu la même chose ou une chose semblable. ⇒ **Rendre** (→ Mêlée, cit. 3). *Redonner la jeunesse* (cit. 18) *aux vieillards. Redonner du courage, redonner confiance.* ⇒ **Relever.** — (1588). Sujet n. de chose. *Médicament qui redonne des forces.*

3 L'état de joie dans lequel j'ai vécu plus d'un mois m'a fortifié sans doute et m'a redonné confiance.
GIDE, Journal, 23 sept. 1917.

4 La société industrielle n'ouvrira aucun chemin d'une civilisation qu'en redonnant au travailleur la dignité du créateur (...)
CAMUS, l'Homme révolté, p. 338.

Redonner la vie à qqn : lui redonner des forces, la santé, et, fig. (1663), lui redonner le goût de vivre (→ Écraser, cit. 7).

Vieilli. *Redonner une personne aux siens, à l'affection des siens.* — Pron. *Se redonner à qqn, à qqch.*

5 Cet amant se redonne aux soins de son amour (...) RACINE, Bérénice, I, 3.

Spécialt, vieilli. Répéter ou rappeler. *« Redonner d'anciennes erreurs des titres nouveaux »* (Voltaire).

(1875). Présenter à nouveau (qqch.) au public. *Redonner un opéra, dans une nouvelle mise en scène.*

★ **II.** V. intr. ♦ **1.** (1690). Milit. (Vieilli). Revenir à la charge. — *« Le soleil redonne de plus belle »* (Académie). ⇒ **Redoubler.**

♦ **2.** (1762). REDONNER DANS : donner de nouveau dans. ⇒ **Donner.** *Il redonne dans ses erreurs passées.* ⇒ **Retomber.**

CONTR. **Reprendre.**

REDORER [ʀ(ə)dɔʀe] v. tr. — 1322 ; comp. de re-, et *dorer.*

♦ **1.** Dorer de nouveau, dorer ce qui est dédoré. *Redorer la grille d'un château ; redorer un cadre de tableau.*

♦ **2.** (XIXᵉ). Redonner du lustre, de l'éclat à. *La gloire... redore leurs noms* (→ 3. Mort, cit. 1). — Par métaphore. *Redorer son blason.* ⇒ **Blason.**

Vous ne seriez pas fâché de redorer votre trône, comme on redore son blason, par une mésalliance. A. ROBIDA, le Vingtième Siècle, p. 314-315.

Pron. *Se redorer :* refaire sa fortune.

REDORMIR [ʀ(ə)dɔʀmiʀ] v. intr. — Conjug. dormir. — 1666, Duez ; de re-, et *dormir.*

♦ Dormir de nouveau. *Redormir dans le même lit.* — Recommencer à dormir. *Réveillé par le bruit, il n'a pu redormir.* ⇒ **Rendormir** (se).

REDORTE [ʀədɔʀt] n. f. — 1690 ; anc. provençal *redorta* « lien retordu, tressé », anc. franç. *redorte* (fin XIᵉ), *reorte,* lat. *retorta,* p. p. fém. de *retorquere* « retordre ».

♦ Blason. Branche tortillée ou tressée.

REDOUBLANT, ANTE [ʀ(ə)dublɑ̃, ɑ̃t] n. — 1875 ; de *redoubler.*

♦ Élève qui double*, redouble une classe. *Les redoublantes d'une première. Redoublant qui recommence une classe* (⇒ aussi **Cube**).
REM. Un synonyme péjoratif *redoublard* est attesté (Hervé Bazin, *Madame Ex,* p. 147).

REDOUBLÉ, ÉE [ʀ(ə)duble] adj. — XIIᵉ; p. p. de *redoubler*.

♦ **1.** Qui est répété; qui figure, est mentionné deux fois. *Lettre redoublée. Rimes redoublées.* — (1869). Mus. *Intervalle redoublé : intervalle simple augmenté d'une octave. La treizième est une sixte redoublée.*

Milit. *Pas* redoublé.* — Sports. (1904, Rugby). *Passe redoublée,* consistant à adresser la balle à un partenaire, puis à passer derrière lui pour en recevoir de nouveau la balle.

(1869). Ling. Qui présente le redoublement (1.). *Parfait redoublé.*

♦ **2.** Répété plusieurs fois. — (1691). *À coups** (cit. 33) *redoublés,* violents et précipités. — Accru considérablement. *Haine redoublée.*

REDOUBLEMENT [ʀ(ə)dubləmã] n. m. — 1539; attestation isolée XIVᵉ; dér. de *redoubler*.

Action de redoubler.

♦ **1.** Action de rendre double. — (1869). Ling. Répétition d'un ou de plusieurs éléments d'un mot. *En français, le redoublement a une valeur stylistique* (ex. : *Elle est fofolle, un peu folle*). *Redoublement hypocoristique* (ex. : *Mimi* pour Micheline, minet, mignon...). *Redoublement d'un mot entier* (⇒ **Réduplication**) *à valeur de superlatif* (ex. : *Ce n'est pas joli joli*). *Redoublement onomatopéique* (ex. : *Miam miam, Gnan gnan*). — Gramm. lat. et grecque. *Parfait à redoublement* (de la consonne initiale du radical, parfois modifiée).

(Attesté 1859, mais probablt antérieur, cf. *redoubler,* 1670). Spécialt. Escr. Action de porter une seconde attaque, après une reprise de garde, à l'adversaire qui a paré sans riposter ou rompu sur l'attaque. — (1905). Rugby. Action d'exécuter une passe redoublée.

♦ **2.** Action d'augmenter subitement, de reprendre avec plus de force. ⇒ **Accroissement, augmentation.** *Redoublement de douleurs* (→ Malice, cit. 9), *de la fièvre.* ⇒ **Aggravation, exacerbation, recrudescence, renforcement.** *Redoublement d'acharnement* (→ Intermittence, cit. 2), *de fureur, de colère, de rage* (→ Picador, cit. 1)..., *de joie, de gaieté* (→ Gaillardise, cit. 2), *de verve* (→ Bride, cit. 13), ... *d'amour* (→ Outrer, cit. 4). *Redoublement de la tempête.* ⇒ **Déchaînement.**

1 Ici, je réclame de votre part un redoublement d'attention : ce qu'il me reste à vous révéler est en effet du plus haut intérêt (...)
COURTELINE, Boubouroche, Nouvelle, II.

2 Mascha était la seule femme parmi nous, c'est pourquoi je l'observais avec un redoublement d'attention. Elle avait bien changé depuis quelque temps.
B. CENDRARS, Moravagine, *in* Œ. compl., t. IV, p. 128.

CONTR. Diminution.

REDOUBLER [ʀ(ə)duble] v. — Déb. XIIIᵉ; comp. de *re-,* et *doubler*.

★ **I.** V. tr. ♦ **1.** Rendre double. ⇒ **Doubler; deux.** — *Redoubler une syllabe.* ⇒ **Redoublement** (1.). *Redoubler une rime :* la faire rimer au moins deux fois (avec une autre). — Chasse. *Redoubler un animal :* tirer un second coup lorsqu'il est déjà blessé.

♦ **2.** Par ext. Recommencer. *Redoubler une classe :* y accomplir une nouvelle année de scolarité. ⇒ **Redoublant.** *Il a échoué à l'examen de passage et doit redoubler sa cinquième.*

1 (...) mes parents, prenant alors le parti de me faire redoubler, l'an suivant, une classe où j'avais si peu profité (...) GIDE, Si le grain ne meurt, I, III, p. 69.

♦ **3.** («Doubler de nouveau», 1811). Mettre une nouvelle doublure à. *Redoubler un manteau.* — Mar. Changer les tôles de doublage (d'un navire).

♦ **4.** (1512). Par ext. (Vieilli). Recommencer. *Redoubler un ordre, une prière.* ⇒ **Réitérer, renouveler.**

♦ **5.** (V. 1462). Renouveler en augmentant considérablement. «*Le vent redouble ses efforts*» (→ Arbre, cit. 7). *Chaque nouvelle atteinte* (cit. 11) *redouble sa résignation.* ⇒ **Accroître.** *L'espérance redouble l'angoisse* (→ Attente, cit. 21). *La joie* (cit. 27) *publique redoublait sa mélancolie.* ⇒ **Aggraver.** «*Et c'est ce qui redouble et nourrit ma fureur*» (Racine, *Athalie,* III, 3).

2 (*Les jésuites*) ne manquent ni d'ennemis, et d'ennemis jurés, dans l'Église même. Échappant seuls au désastre, ils eussent redoublé la haine qui les entoure.
J. ROMAINS, les Hommes de bonne volonté, t. V, VI, p. 52.

Pron. Vx. → ci-dessous, III.

3 La douleur trop contrainte aisément se redouble.
MOLIÈRE, le Dépit amoureux, III, 5.

★ **II.** V. tr. ind. (1728). **REDOUBLER DE...** (avec un complément qui exprime le comportement) : apporter, montrer encore plus* de... *Redoubler d'adresse* (→ État, cit. 63), *d'amabilité, de soins, d'attention* (→ Interroger, cit. 4), *de vigilance.*

4 Danceny (...) animé par les obstacles, va redoubler d'amour (...)
LACLOS, les Liaisons dangereuses, LXIII.

5 Ève redoubla de courage en voyant le malheur redoubler de furie.
BALZAC, Illusions perdues, Pl., t. IV, p. 931.

6 (...) je combinai mes coups comme si ma vie avait été au bout de mes combinai-

sons; je redoublai d'attention, de sang-froid, de patience; je perdis autant qu'Alfred de Mareuil. BARBEY D'AUREVILLY, Une vieille maîtresse, I, VII.

★ **III.** V. intr. ♦ **1.** (V. 1220). Recommencer de plus belle. *Les huées, les mugissements redoublaient* (→ Fracas, cit. 1; 2. mineur, cit. 1.).

À ces paroles touchantes, mes pleurs redoublèrent. 7
A. R. LESAGE, Gil Blas, I, XIV.

♦ **2.** Augmenter de beaucoup à la fois. *Le soin redouble et s'exagère* (→ Lessiver, cit. 1). *Mon courroux redouble* (→ Approche, cit. 2). *Timidité, angoisse qui redouble* (→ Examinateur, cit. 1; jury, cit. 2).

(...) c'est un bon signe quand l'amitié redouble par la présence. 8
Mᵐᵉ de SÉVIGNÉ, 662, 13 oct. 1677.

Cette démarche va vous paraître bien extraordinaire : mais que votre surprise va 9
redoubler encore, quand vous en saurez les raisons !
LACLOS, les Liaisons dangereuses, CII.

♦ **3.** (1670, cit.). Spécialt. Escr. Exécuter un redoublement (1.).

Remettez-vous. Redoublez de pied ferme. Un saut en arrière. Quand vous portez 10
la botte, Monsieur, il faut que l'épée parte la première, et que le corps soit bien effacé. Une, deux (...) Touchez-moi l'épée de quarte, et achevez de même (...) Remettez-vous. Redoublez. Un saut en arrière. En garde, Monsieur, en garde.
MOLIÈRE, le Bourgeois gentilhomme, II, 2.

DÉR. Redoublant, redoublé, redoublement.

REDOUL [ʀɛdul] ou ROUDOU [ʀudu] n. m. — 1671; occitan *redoul,* lat. pop. **rodeturium,* de **rorelurtum,* bas lat. *rorem tyrium,* de *ros, roris,* var. du n. f. *rhus* «sumac», et *tyrium,* accusatif de *tyrius* «de Phénicie».

♦ Régional. Arbrisseau (*Térébinthacées; n. sc. : Coriaria myrtifolia*) répandu en Provence, riche en tanin, appelé aussi *herbe aux tanneurs.* ⇒ **Sumac.**

REDOUTABLE [ʀ(ə)dutabl] adj. — XIIᵉ; de *redouter*.

♦ **1.** Qui est à redouter, à craindre. *Ennemi, adversaire redoutable* (→ Assurer, cit. 50; 1. parler, cit. 41). ⇒ **Puissant.** *Il a eu affaire à un adversaire redoutable.* → À forte partie*. *Mains redoutables* (→ Plaindre, cit. 8). *Redoutable infanterie* (→ Bataillon, cit. 3). *Animal redoutable.* ⇒ **Fier.** — *Un air* (→ Appareil, cit. 10), *un aspect* (cit. 13) *redoutable.* ⇒ **Effrayant.** — *Arme redoutable.* ⇒ **Dangereux, terrible** (→ Francisque, cit. 1). *Parole redoutable* (→ Juger, cit. 10). — *Sa puissance était redoutable* (→ Indien, cit. 6). ⇒ **Formidable.** *Concurrence* (cit. 6) *redoutable. Redoutables épreuves* (cit. 32). ⇒ **Rude.** — Vx. *Redoutable à...* (→ Plier, cit. 11).

Je reconnus Vénus et ses feux redoutables (...) RACINE, Phèdre, I, 3. 1

(...) Mme Térébinte découvrit qu'une méchanceté intelligente est plus proche de 2
la bonté qu'une grande force, quelle qu'elle soit, est toujours moins redoutable que la faiblesse. M. JOUHANDEAU, Chaminadour, II, XV.

♦ **2.** Par plais. Qui présente un défaut que l'on redoute. *Il est d'un pédantisme redoutable.* — *C'est une redoutable emmerdeuse.*

CONTR. Débonnaire, inoffensif, rassurant.
DÉR. Redoutablement.

REDOUTABLEMENT [ʀ(ə)dutabləmã] adv. — XXᵉ; cf. moy. franç. *redoublement; de redoutable.*

♦ **1.** D'une manière redoutable. ⇒ **Dangereusement, terriblement.** *Un système policier redoutablement efficace.*

♦ **2.** (Au sens plais.). ⇒ **Puissamment.**

Les amis d'Antoine étaient généralement intelligents mais redoutablement sérieux.
F. SAGAN, la Chamade, p. 234.

REDOUTE [ʀ(ə)dut] n. f. — 1569, Ph. de Mornay, *in* D.D.L.; var. *redote,* 1616, d'Aubigné, et aussi *ridotte*; de l'ital. *ridotto* «lieu où l'on se retire» (→ Réduit); rad. lat. *reducere,* devenu *redoute* par croisement avec *redouter.*

♦ **1.** Ancienn. Ouvrage de fortification détaché, petit fort de terre ou de maçonnerie. ⇒ **Place** (3., REM. : place forte), **nid** (de résistance). — aussi Flanc, cit. 12; gazon, cit. 1; giberne, cit. 2. *Défendre, prendre une redoute* (→ Espingole). *Les blockhaus ont remplacé les redoutes.*

(...) nous vîmes tous les avant-postes des Russes se replier et rentrer dans la 1
redoute. MÉRIMÉE, Mosaïque, Enlèvement de la redoute.

(XVIIᵉ). Anciennt, vx. Radeau armé utilisé pour franchir un cours d'eau.

♦ **2.** (XVIIIᵉ; repris à l'ital.). Vx. Lieu où l'on donne des fêtes, des bals. — (1752). Par ext. La fête, le bal. *Aller à une redoute. Redoute masquée.*

(...) Castanier eut le malheur de faire attention à une demoiselle avec laquelle il 2
avait passé une nuit aux fêtes nommées des *Redoutes,* qui souvent étaient offertes à la ville par les officiers de la garnison, et *vice versa.*
BALZAC, Melmoth réconcilié, Pl., t. IX, p. 279.

(...) il ficherait le camp à son dîner, à la soirée du prince, à la redoute où il serait 3 en Louis XI et où il avait le plus piquant rendez-vous avec une nouvelle maîtresse (...)   PROUST, le Côté de Guermantes, Pl., t. II, p. 578.

REDOUTER [R(ə)dute] v. tr. — xiᵉ ; comp. de re-, et douter au sens de «craindre» (vx).

♦ **1.** V. tr. Craindre comme très menaçant. ⇒ **Craindre, peur** (avoir). *Redouter qqn* (→ Musique, cit. 25). *Flatter* (cit. 39) *les gens qu'on redoute. Homme à redouter.* ⇒ **Redoutable** (→ 1. Porter, cit. 13). *Redouter le jugement de qqn* (→ Intransigeance, cit. 3). *«Il n'y a que les petits hommes qui redoutent les petits écrits»* (→ Blâmer, cit. 7, Beaumarchais). — Craindre, en attendant avec angoisse. *Redouter et souhaiter à la fois* (→ Bombardement, cit. 1). ⇒ **Appréhender.** *Redouter et désirer dans le même moment* (→ Contemplation, cit. 6). *Redouter l'avenir* (→ 1. Défier, cit. 12), *l'hiver* (→ Attente, cit. 24), *une éventualité fâcheuse* (→ Amulette, cit. 3), *le moment de..., où...* (→ Étrenne, cit. 8 ; palper, cit. 4).

1 Leur haine pour Hector n'est pas encore éteinte
   Ils redoutent son fils (...)   RACINE, Andromaque, I, 4.

2 Une femme qui passe son temps à redouter les grossesses n'est qu'une espèce d'impotente et n'ira jamais bien loin dans la réussite.
                    CÉLINE, Voyage au bout de la nuit, p. 71.

REDOUTER QUE... (appelant normalement le *ne* dit explétif. → Ne, III., 1., a). *Il redoute qu'on l'exploite* (cit. 12). *Je redoutais qu'à la longue elle perdît son indulgence* (→ Pharisien, cit. 5). *Redoutons qu'il ne se fâche.*

3 Chacun redoutait que l'autre ne lui posât des questions précises et ne l'obligeât d'expliquer ce que sa propre conscience ne lui expliquait pas.
                    A. HERMANT, les Épaves, II, II.

♦ **2.** V. tr. ind. **REDOUTER DE...** ⇒ **Appréhender, effrayer** (s'). *Redouter de voir qqn* (→ Crainte, cit. 11). *On redoutait de comprendre ces griefs mystérieux* (cit. 8).

4 Sa grande peur venait de ce qu'elle redoutait d'être sans force, s'il la surprenait un soir toute seule et s'il s'avisait de l'embrasser.
                    ZOLA, l'Assommoir, VIII, t. II, p. 6.

▶ **REDOUTÉ, ÉE** p. p. adj. *Un chef redouté* (→ Escadron, cit. 1). — *Une éventualité redoutée.* — *Cet âge tant redouté de trente ans* (→ Galbe, cit. 5).

CONTR. Mépriser, négliger, souhaiter.
DÉR. Redoutable.

REDOUX [Rədu] n. m. — *Radoux, redoux,* mots régionaux (Alpes, Jura), répandus au xxᵉ (1930) ; aussi *adoux ; de re-, et doux. → Radoucir.

♦ Régional, puis cour. Radoucissement, réchauffement de l'atmosphère. *Neige de redoux :* neige provoquée par les courants tièdes d'ouest succédant à une période anticyclonique froide d'hiver. *Redoux neigeux de décembre ou janvier.*

Les neiges de redoux. — (...) Un excellent exemple nous est fourni par le temps du 24 au 27 décembre 1906. Une dépression à la fois très creuse et presque stationnaire s'est établie sur le sud de la Norvège, entraînant des vents de secteur chaud sur toute l'Europe, sauf la façade atlantique déjà atteinte par le flux polaire (...) La température, qui était de − 13° à Besançon le 24 au matin, se relève à − 2,2° en vingt-quatre heures : la neige se met alors à tomber pour trois jours ; c'est une neige de *redoux.*   Charles-Pierre PÉGUY, la Neige, p. 11.

REDOWA [Rədɔva] n. f. — 1846 ; empr. all. *Redowa,* du tchèque *rejdovak,* danse de Bohême.

♦ Rare. Danse ancienne à trois temps rappelant la mazurka. — On écrit aussi *rédowa.*

RÈDRE [RɛdR] n. m. — 1869, Littré ; forme régionale issue du lat. *rete* «filet». → Rets.

♦ Régional. Filet en nappe, utilisé pour la pêche au hareng.

REDRESSAGE [R(ə)dRεsaʒ] n. m. — 1771 ; de *redresser.*

♦ Action de redresser ; son résultat.

REDRESSE [R(ə)dRεs] n. f. — 1869 ; de *redresser.*

♦ **1.** Mar. anc. *De redresse :* qui sert à redresser, à relever (un navire abattu en carène), en parlant d'un appareil de levage, d'un cordage. *Bigue, caliorne de redresse.*

♦ **2.** (xxᵉ). Techn. (Bourrellerie). *La redresse :* la partie du cuir qu'on enlève le long du rein pour obtenir des longueurs bien droites.

REDRESSE (À LA) [alaRdRεs] loc. adj. — 1920 ; «dégourdi», 1875 ; de *redresser.*

♦ Argot, puis fam. Énergique et qui impose le respect par la force physique, en parlant d'un homme. *Un mec à la redresse.* ⇒ **Dur** (n. m.).

(...) c'est après moi qu'il en a. Il ne veut pas que j'aille chez Maxim's, ni que je danse. C'est un homme à la redresse.   Paul MORAND, Ouvert la nuit, p. 136.

REDRESSE-DENTS [R(ə)dRεsdã] n. m. pl. — Mil. xxᵉ ; de *redresser,* et *dents.*

♦ Fam. Appareil de prothèse dentaire destiné à redresser les dents (notamment d'un enfant).

À sa surprise, une fillette dont il n'oublierait ni la robe rose, ni les nattes, ni le redresse-dents de métal, lui proposa : Tu joues avec nous ?
                    R. SABATIER, Trois sucettes à la menthe, p. 193.

REDRESSEMENT [R(ə)dRεsmã] n. m. — V. 1155, *redrecement ;* dér. de *redresser.*

Action de redresser ; résultat de cette action.

★ **I.** ♦ **1.** Action de remettre droit. *Redressement d'une tige courbée, tordue. Redressement de tôles, d'un châssis de voiture accidentée.* — Méd. *Redressement chirurgical d'un os, d'un organe.* — Mouvement par lequel on redresse, on se redresse. *Redressement du buste.* — Aviat. Manœuvre du pilote qui redresse un avion.

1 Puis, tout à coup, par une suite de saccades des reins, et après deux ou trois demi-soulèvements de son torse retombant, la *Talochée,* se trouvait par un redressement subit, droite sur ses pieds (...)   Ed. DE GONCOURT, les Frères Zemganno, IV.

Sports. *Redressement d'une attaque :* transformation d'actions latérales en une attaque frontale.

♦ **2.** (1963, *Rev. gén. des sc.,* nᵒ 2, p. 94). Phys. Transformation d'un courant alternatif en un courant de sens constant. ⇒ **Redresseur.**

♦ **3.** (1935). Fig. Action de reprendre son essor, en parlant d'un pays vaincu, appauvri. ⇒ **Relèvement.** *Le redressement de la France après la guerre de 1870.* — Par ext. *Redressement de l'économie, des finances...*

2 (...) au lendemain de Sedan, John Pierpont-Morgan et son père prêtaient à notre pays les deux cent cinquante millions qui permirent le redressement français.
                    ARAGON, les Beaux Quartiers, II, II.

♦ **4.** Sports. Première phase du saut à la perche.

★ **II.** Action de corriger. ♦ **1.** Comptab. Rectification (d'un compte erroné). — Dr. fisc. Rectification (de l'imposition) dans un sens ou dans l'autre. ⇒ **Dégrèvement ; majoration, rehaussement.**

♦ **2.** (xixᵉ). Rare. Réparation (d'un tort porté à autrui). «*Le redressement d'un tort, d'un grief»* (Académie).

♦ **3.** Correction, réforme (de la conduite). «*Le redressement des mauvais instincts»* (Académie).
Maison de redressement, où étaient détenus et «redressés» (⇒ **Redresser,** II., 2.) les enfants délinquants. ⇒ **Correction.**

CONTR. Courbure, déformation. — Apurement.

REDRESSER [R(ə)dRese ; R(ə)dRεse] v. tr. — xiᵉ, *redrecier ;* comp. de re-, et *dresser.*

Rendre droit.

★ **I.** Remettre dans une position droite. ♦ **1.** Replacer verticalement. ⇒ **Lever, relever.** *Redresser un tuteur, un poteau... un mât. Redresser le buste* (cit. 3). *Redresser la tête.* ⇒ **Hausser** (→ Jeunesse, cit. 29) ; au fig. Ne plus se soumettre. — Replacer en position correcte. *Redresser les dents mal plantées d'un enfant.*

1 (...) Buteau, aidé de Fouan et de Jésus-Christ, travaillait à remettre Gédéon *(l'âne)* debout (...) Dès qu'on l'avait redressé d'un bout, il croulait de l'autre.
                    ZOLA, la Terre, IV, IV.

♦ **2.** (1920). Hausser le nez de (un avion) soit pour lui faire prendre de la hauteur (cit. 9 ; ⇒ **Cabrer**), soit pour le ramener à l'horizontale lorsqu'il descend. *Redresser l'appareil avant d'atterrir* (les aviateurs disent *arrondir*).

♦ **3.** Remettre les roues droites au moyen du volant de direction (après un virage, au cours d'une manœuvre). *Redresser une voiture.* Absolt. *Redresser après un virage. Braquer et redresser.*

1.1 Aurélien d'un coup de volant contourna une charrette qui se refusait à se ranger, et redressa.   ARAGON, Aurélien, p. 71.

★ **II.** Redonner une forme droite à. ♦ **1.** (Sens propre). *Redresser une lame d'épée* (⇒ **Défausser**), *une poutre* (⇒ **Dégauchir**), *les rayons d'une roue, une roue... Redresser une tôle cabossée, tordue, déformée.* «*Quand l'eau courbe un bâton ma raison le redresse»* (La Fontaine). — Décider, cit. 7). — *Redresser la colonne cervicale par le port d'une minerve.*

2 (...) les lames trop molles se tordaient en frappant, et pendant qu'ils étaient à les redresser sous leurs talons, les Carthaginois, de droite et de gauche, les massacraient commodément.   FLAUBERT, Salammbô, XIV.

Phys. *Redresser un courant :* lui donner un sens constant. — Au p. p. (1905, *Rev. gén. des sc.* nᵒ 9, p. 407). *Courant redressé.*

♦ **2.** Fig. et vx. Remettre droit (un raisonnement, un jugement faux), donner plus de rectitude à l'esprit. *Redresser les opinions des hommes* (→ Épurer, cit. 2). *Redresser le jugement ; un esprit* *fourvoyé* (cit. 5), *un esprit de travers* (→ Folie, cit. 2). *Son argent redresse les jugements de son esprit* (→ Discernement, cit. 4). *Redresser qqn qui se trompe* (→ 1. Droit, cit. 22).

3 (...) si je me trompe (...) redressez mes pensées (...)
                                    Mme DE SÉVIGNÉ, 1348, 30 nov. 1692.

(Littér.). Corriger (qqn). ⇒ **Corriger, réprimander.** *Aimer, conseiller et redresser* (→ Morigéner, cit. 4) — Au p. p. *L'idéal* (2. Idéal, cit. 5), *c'est l'individu redressé par l'individu.*

4 Elle me tient pour ergoteur parce que je ne supporte pas l'illogisme ; mais, comme bien des femmes, elle ne supporte pas d'être redressée.
                                    GIDE, Journal, 8 nov. 1917.

♦ **3.** (V. 1280). Rectifier (une chose imparfaite, et, par ext., une faute). ⇒ **Rectifier, réformer.** *Raturer et redresser des projets* (→ Impératif, cit. 10). — Comptab. *Redresser un compte.* ⇒ **Redressement.** — *Redresser des abus, des erreurs.* — *Redresser la situation :* rattraper une situation compromise.

5 Rien n'est si fautif que ces lois qui redressent les fautes (...)
                                    PASCAL, Pensées, v, 294.
6 Je comprends les erreurs, je les redresse en les expliquant (...)
                                    ALAIN, Propos, 16 juil. 1912, Police et justice.

Compenser (un dommage). ⇒ **Réparer.** Féod. *Redresser les torts :* défendre ceux qui sont injustement lésés, opprimés. *Chevalier* errant qui redresse les torts.* ⇒ **Redresseur** (→ Lance, cit. 4).

▶ **SE REDRESSER** v. pron.

★ **I.** ♦ **1.** (1080). Se remettre droit, vertical, debout, revenir en haut. ⇒ **Relever** (se). → Agripper, cit. 4. *Il se couchait puis se redressait* (→ Effacer, cit. 27). *Se redresser dans son lit :* redresser le buste, s'asseoir (→ Haletant, cit. 4). *Le vaincu se redressa* (→ Estomac, cit. 15).

7 Quand j'étais baissé, mes battements redoublaient et le sang me montait à la tête avec tant de force, qu'il fallait bien vite me redresser.
                                    ROUSSEAU, les Confessions, VI.
8 Un jour qu'elle était au plus mal, on la vit avec étonnement se redresser tout à coup sur son séant (...)   A. DE MUSSET, Nouvelles, « Margot », I.
9 Sous son poids *(de l'écureuil)* les branches élastiques fléchissaient et se redressaient, giflant les prêles et les fougères (...)
                                    L. PERGAUD, De Goupil à Margot, p. 119.

Par métaphore. *Le vaincu se redresse* (cf. Relever la tête). *Pays qui se redresse après une guerre, un fléau.* Par ext. *L'économie s'est redressée.*

10 Le génie d'un peuple a beau plier sous une influence étrangère, il se redresse (...)   TAINE, Philosophie de l'art, t. II, p. 37.

♦ **2.** (1674). Se tenir très droit. *Il l'obligea à se redresser* (→ Flageolant, cit. 2). *Tiens-toi droit, redresse-toi, efface les épaules !* — Se tenir droit dans une attitude fière. ⇒ **Bomber** (le torse). *On se campe, on se redresse* (→ Figure, cit. 18). *Parler en se redressant* (→ Antécédent, cit. 1).

★ **II.** Vx. Se corriger, s'amender.

CONTR. Abattre, aplatir, 1. déverser, ébouler, incliner, renverser. — Arquer, cintrer, courber, fausser, fléchir, gauchir, infléchir. — Dévier, fourvoyer. — Apurer. — Affaisser (s'), crouler. — Écrouler (s').
DÉR. Redressage, redresse, redresse (à la), redressement, redresseur.

REDRESSEUR [ʀ(ə)dʀɛsœʀ ; ʀ(ə)dʀɛsœʀ] n. m. et adj. — 1556 ; de *redresser.*

Celui qui redresse.

♦ **1.** (1690). **REDRESSEUR DE TORTS.** Féod. Chevalier qui prenait la défense des opprimés. — Mod. (généralement avec une nuance ironique). Celui qui s'érige en justicier (→ 1. Errant, cit. 1 ; paladin, cit. 3). ⇒ **Don Quichotte ; défenseur** (des faibles et des opprimés, de la veuve et de l'orphelin) — REM. En ce sens, le mot est parfois employé au féminin : « (Calamity Jane), *mi-shérif, mi-redresseuse de torts* » (F Magazine, déc. 1979, p. 74).

1 Le peuple, jusqu'en 1789, verra en lui *(le roi)* le redresseur des torts, le gardien du droit, le protecteur des faibles (...)
                                    TAINE, les Origines de la France contemporaine, I, t. I, p. 18.
2 Il était de tempérament extraordinairement combatif ; par générosité, grand redresseur de torts ; au fond quelque peu puritain ; il s'accommodait mal de l'extrême licence, souvent affectée, du milieu littéraire qu'il fréquentait.
                                    GIDE, Si le grain ne meurt, I, X, p. 266.

♦ **2.** Techn. Ouvrier qui redresse (II., 1.). *Redresseur de cannes,* qui redresse les gaules pour faire des cannes à pêche. *Redresseur de corne :* ouvrier en coutellerie* qui apprête la corne (on dit aussi *cacheur*).

♦ **3.** (xxe). Phys. *Redresseur de courant électrique* :* appareil permettant de transformer un courant alternatif en un courant de sens constant. ⇒ **Diode ; valve.**

3 (...) historiquement, la diode de Fleming est plus proche de la triode de Lee de Forest que du redresseur à germanium, à cuproxyde ou à sélénium et fer qui sont pourtant indiqués par les mêmes symboles schématiques et remplissent dans certains cas les mêmes fonctions, au point d'être substituables à la diode de Fleming.
                                    Gilbert SIMONDON, Du mode d'existence des objets techniques, p. 43.

♦ **4.** Adj. (xxe). Qui redresse. *Valve redresseuse.* — Opt. *Prisme*

redresseur, utilisé dans les instruments d'optique pour redresser les images. — Anat. *Muscles redresseurs des poils,* qui provoquent l'horripilation.

RÉDUCTASE [ʀedyktaz] n. f. — 1902 ; du rad. de *réducteur, réduction,* et suff. *-ase.*

♦ Biochim. Enzyme qui active un processus organique d'oxydoréduction.

RÉDUCTEUR, TRICE [ʀedyktœʀ, tʀis] adj. et n. — xvie, « celui qui réduit une fracture » ; lat. *reductor,* dér. de *reducere.* → Réduire.

♦ **1.** Qui réduit, opère une réduction (rare sauf dans les emplois spéciaux).

1 *(Sainte-Beuve)* a noté lui-même (...) l'inconvénient où l'exposait l'esprit de minutie (...) *« J'ai voulu la nuance et j'ai gâté l'ardeur ».* Voilà le grand péché des analystes, réducteurs des choses.   Émile HENRIOT, les Romantiques, p. 253.

♦ **2.** (1835 ; on disait auparavant *réductif*). Chim. Susceptible de fournir des électrons (souvent en enlevant l'oxygène). ⇒ **Réduction.** *Pouvoir réducteur.* — N. m. Substance capable de diminuer de moitié au moins le degré d'oxydation. *Les éléments facilement oxydables* (H_2, C, Al), *leurs combinaisons, les oxydes sous-oxygénés et leurs sels... sont des réducteurs. Le charbon est le principal réducteur industriel.* — Photogr. Substance qui, par réduction, est l'agent du développement photographique.

♦ **3.** N. m. (1898, in *Année sc. et industr.* 1899, p. 37). Techn. (Mécan., électr.). Mécanisme qui réduit la vitesse de rotation d'un arbre. — *Réducteur de charge et de décharge* (par réglage du nombre d'éléments en circuit d'une batterie). — *Réducteur de potentiel :* résistance placée en dérivation et permettant de n'utiliser qu'une tension partielle. — *Réducteur de puissance* (d'un cylindre de compresseur). — Adj. *Engrenages réducteurs,* qui démultiplient.

♦ **4.** (1870). Psychol. Élément psychique qui empêche une image d'avoir la même force que la sensation réelle (image antagoniste, raisonnement...).

2 Ce n'est pas *(dans l'hallucination)* la raison qui manque (...) c'est le *réducteur spécial,* à savoir la sensation contradictoire, qui, dans ce conflit, subit elle-même l'effacement au lieu d'ôter à son adversaire l'extériorité.
                                    TAINE, De l'intelligence, t. I, II, I, IV, p. 101.

CONTR. Oxydant. — Amplificateur.

RÉDUCTIBILITÉ [ʀedyktibilite] n. f. — 1757 ; de *réductible.*

♦ Didact. Caractère de ce qui est réductible.

RÉDUCTIBLE [ʀedyktibl] adj. — xvie, au sens de « transformable », en dr. : « *toute rente... est réductible en argent* » (Loysel) ; du lat. *reductum,* supin de *reducere.* → Réduire.

Qui peut être réduit.

♦ **1.** Transformable en chose plus simple (⇒ **Simplifiable**), limitable à... *Une personnalité* (cit. 5) *qui n'est pas réductible à la nôtre... Les problèmes de philosophie* (cit. 9) *réductibles à des querelles linguistiques. Phénomènes qui ne sont pas réductibles à la physico-chimie* (→ Physiologique, cit.).

Henry Beyle est à mes yeux un type d'esprit bien plus qu'un homme de lettres. Il est trop particulièrement soi pour être réductible à un écrivain.
                                    VALÉRY, Variété, in Œ, t. I, Pl., p. 582.

(1717). Sc. Géom. *Polygone réductible en triangles.* — Math. *Équation réductible,* dont on peut abaisser le degré. *Fraction réductible.* — Mécan. « *Forces (...) réductibles à une résultante égale à leur somme* » (Laplace, *in* Littré).

♦ **2.** (1812 ; « susceptible d'être réduit en chaux », 1690). Chim. Qui peut subir une réduction, perdre son oxygène.

♦ **3.** (1804). Qui peut être diminué. *Quantité, somme réductible. Rente réductible. Organe réductible par contraction* (contractile), *rétraction,* etc.

♦ **4.** (1802). Chir. Qui est susceptible de réduction (1. Réduction, I.). *Hernie réductible. Fracture réductible.*

CONTR. Irréductible.
DÉR. Réductibilité.

1. RÉDUCTION [ʀedyksjɔ̃] n. f. — Fin xiiie, *rédution,* « rapprochement » ; « retour, rétablissement » en 1300 ; empr. lat. *reductio,* de *reducere.* → Réduire.

★ **I.** Vx. Action de ramener, de rapprocher. ⇒ **Réduire** (I.).

(xive). Chir. « Opération qui consiste à remettre en place soit un os luxé ou fracturé, soit un organe déplacé accidentellement (rein flottant, intestin hernié, etc.) » (Garnier). *Réduction d'une articulation luxée.* — Par ext. *Réduction d'une fracture, d'une luxation..., d'une hernie.*

0.1 Voyez, c'est très mauvais, commentait-il. Tête de l'humérus fendue par bles-

sure. Pas de recollement. La réduction avait été mal faite là-bas, et beaucoup trop tard.
Joseph PEYRÉ, Sang et Lumières, éd. L. de Poche, p. 218.

★ **II.** ♦ **1.** (1450). Vx. Action de réduire (II., 1.), de soumettre, de subjuguer. ⇒ **Soumission.** « *La réduction de l'Irlande* » (Racine, *le Siège de Namur*).

(1770; esp. *reducción*). Par ext. Village chrétien établi par les missionnaires au Paraguay. ⇒ **Rédemption.**

1 Chaque bourgade était gouvernée par deux missionnaires, qui dirigeaient les affaires spirituelles et temporelles des petites républiques (...) Dans chaque *réduction* il y avait deux écoles (...)
CHATEAUBRIAND, le Génie du christianisme, IV, IV, V.

♦ **2.** (⇒ **Réduire,** II., 3.). Mod. Le fait de résoudre, de réduire (une chose en une autre plus simple). — *Réduction à l'état de pénéplaine* (→ Cycle, cit. 5). — *Réduction à des éléments simples.* ⇒ **Analyse.**

(⇒ **Réduire,** II., 4.). Action de limiter, de borner.

2 Tout art qui prétend représenter implique un système de *réduction.* Le peintre réduit toute forme aux deux dimensions de sa toile, le sculpteur tout mouvement, virtuel ou représenté, à l'immobilité. L'art compte alors avec cette réduction.
MALRAUX, les Voix du silence, p. 273.

♦ **3.** (⇒ **Réduire,** II., 6.). (1680). Chim. Élimination, dans un composé, de l'oxygène (et, par ext., d'atomes ou de groupements d'atomes électronégatifs), ou phénomène dans lequel un atome ou un ion gagne des électrons périphériques ou devient moins électropositif. *La réduction est liée à l'oxydation; elle est la conséquence d'un échange électronique* (réaction d'oxydoréduction) *entre la forme oxydée et la forme réduite* (couple oxydant-réducteur). ⇒ **Désoxydation, désoxygénation, oxydoréduction.** *Réduction des oxydes métalliques pour obtenir le métal pur, en métallurgie*. Réduction d'un oxyde par le carbone* (qui s'oxyde en oxyde de carbone ou en gaz carbonique), *par l'aluminium* (qui s'oxyde en alumine). *Fours* où s'effectue la réduction.*

Géom. *Réduction d'une figure* (en une autre semblable ou équivalente). (1869). *Compas de réduction.* ⇒ **Compas.** *Réduction de deux cartes à la même échelle.*

Math. *Réduction de fractions au même dénominateur. Réduction à la plus simple expression.*

(1701). Log. *Réduction à l'absurde* : raisonnement par lequel on montre qu'une proposition que l'on veut rejeter implique des conséquences notoirement fausses.

Psychol. *Réduction des images.* ⇒ **Réducteur.**

Métrol. *Réduction d'une mesure en unités différentes.* ⇒ **Conversion.**

Correction d'une observation (par élimination d'éléments superflus); combinaison de plusieurs observations. Mar. *Réduction* (ou *résolution*) *des routes.*

Cuis. Action de faire réduire une préparation (sauce, sirop, etc.) pour qu'elle soit plus consistante.

★ **III.** (V. 1350, Wartburg, mais ce sens ne semble pas répandu avant le XVIIᵉ). Action de diminuer, de réduire* (III.); résultat de cette action.

♦ **1.** (1762). Action de changer en diminuant les dimensions, reproduction à petite échelle. *Réduction d'une carte, d'une gravure, d'une photographie, d'une statue, d'un tableau...* ⇒ **Copie** (réduite), et aussi **maquette, miniature, modèle.** — *Réduction de format. Échelle de réduction d'un dessin.*

2.1 Un de ses tours ordinaires avec les peintres était d'exiger comme pot-de-vin une réduction de leur tableau, sous prétexte d'en publier la gravure; il vendait toujours la réduction, et jamais la gravure ne paraissait.
FLAUBERT, l'Éducation sentimentale, I, IV.

Loc. adv. EN RÉDUCTION : en plus petit. ⇒ **Miniature.** *L'enfant n'est pas un adulte en réduction.*

♦ **2.** (Mil. XIVᵉ). Action de rendre plus petit, plus faible, moins nombreux. ⇒ **Diminution.** *Réduction d'une somme, des dépenses, des frais, des prix* (⇒ **Abaissement, abattement, baisse, décompte, dégrèvement, escompte, rabais, réfaction, remise, ristourne**). Absolt. *Faire, consentir une réduction. Billet, carte de réduction.* — *Réduction des heures* (cit. 13) *de travail.* — *Réduction de personnel* (⇒ **Compression;** → Licencier, cit.), *de la production, de la consommation* (⇒ **Raréfaction**), *de l'activité économique..., des revenus* (⇒ **Appauvrissement**)... — *Réduction d'importance, de force... Réduction des fonctions pendant le sommeil* (→ Hypnose, cit. 2). ⇒ aussi **Amoindrissement, atténuation.** — *Réduction d'une dose.*

3 (...) tous les amateurs d'opium savent qu'avant de parvenir à un certain degré, on peut réduire la dose sans difficulté (...) mais que, cette dose une fois dépassée, toute réduction cause des douleurs intenses.
BAUDELAIRE, les Paradis artificiels, « Mangeur d'opium », IV.

Dr. fisc. *Réduction en matière d'impôts* : dégrèvement* partiel sur réclamation du contribuable (réclamation en décharge * ou réduction); diminution du montant de l'impôt déjà calculé, du fait de l'existence de personnes à la charge du contribuable. — *Réduction de charges.* — *Réduction d'assurances,* « quand l'assureur n'est tenu de payer à l'assuré qu'une somme exigible à l'échéance du con-

trat (...) déterminée suivant le nombre de primes antérieurement acquittées » *(Petit dict. Dalloz).* — Dr. civ. *Réduction des libéralités,* excédant la quotité disponible (à la demande des héritiers réservataires). *Réduction d'hypothèque* : sa restriction à certains immeubles. — Dr. pén. *Réduction de peine* (⇒ **Modération**). — Dr. comm. *Réduction des tarifs douaniers, des droits de douane, réduction tarifaire.*

4 Depuis le 1ᵉʳ janvier 1958, date de l'entrée en vigueur du Traité *(instituant un marché commun),* deux réductions des tarifs douaniers de 10% sont intervenues sur les produits agricoles en même temps que sur les produits industriels. Une troisième réduction de 5% a été appliquée le 1ᵉʳ janvier 1961 sur les productions dont les marchés sont organisés (blé en France, viande en Allemagne).
Georges ELGOZY, l'Europe des Européens, II, II.

♦ **3.** (1897). Biol. *Réduction chromatique, méiotique* (⇒ **Méiose**) : mécanisme par lequel les gamètes perdent la moitié de leurs chromosomes pendant une de leurs divisions (passage de l'état diploïde* à l'état haploïde*).

♦ **4.** Action d'abréger, de raccourcir; son résultat. *La réduction d'un chapitre.* ⇒ **Abrègement, abréviation.** *Une réduction succincte.* ⇒ **Abrégé.**

♦ **5.** Mus. [a] Dans le plain-chant, suite de notes descendant diatoniquement (par oppos. à *déduction*).

[b] Fait d'arranger (un morceau) pour un nombre d'instruments ou de voix plus réduit. — Par métonymie. Cet arrangement.

5 Vous avez un beau talent de piano, donnez-moi des réductions de jazz, faites-moi du rythme, travaillez pour le saxophone.
Guy DE POURTALÈS, la Pêche miraculeuse, p. 394.

CONTR. Accroissement, addition, agrandissement, amplification, augmentation, hausse, relèvement.
COMP. Oxydoréduction.

2. RÉDUCTION [Redyksjɔ̃] n. f. — 1770; esp. *reducción,* cf. le sens II, 1 de 1. *réduction.*

♦ Hist. Village chrétien du Paraguay (→ ci-dessus 1. Réduction, cit. 1).

RÉDUCTIONNISME [Redyksjɔnism] n. m. — Mil. XXᵉ; de *réduction.*

♦ Didact. Réduction systématique d'un ordre de connaissance à un autre généralement plus formalisé, et, spécialt, des mathématiques à la logique formelle. ⇒ **Logicisme.**
Le réductionnisme consiste à affirmer que le couple formé par la logique et les mathématiques pures peut être réduit à l'unité simple de la logique mathématique, forme moderne, pure et pleinement rationnelle de la logique.
DUBARLE (Critique du réductionnisme), *in* Encycl. Pl., Logique et Connaissance scientifique, p. 334.

DÉR. Réductionniste.

RÉDUCTIONNISTE [Redyksjɔnist] adj. et n. — Mil. XXᵉ; de 1. *réduction* ou *réductionnisme.*

♦ Du réductionnisme. « *Sa visée réductionniste* (d'un biologiste de la molécule) *dégage mal la cohérence globale d'une cellule* » (la Recherche, nov. 1979, p. 1157). — Partisan du réductionnisme. *Un réductionniste.*

RÉDUCTONE [Redyktɔn] n. f. — XXᵉ; de *réduct(eur).*

♦ Chim. Substance chimique réductrice qui se forme quand on chauffe des sucres, particulièrement en milieu alcalin. *La réductone est utilisée en brasserie.*

RÉDUIRE [Redɥir] v. tr. — Conjug. *conduire.* — Fin XIIᵉ en provençal au sens I; lat. *reducere* « ramener », de *re-,* et *ducere* « conduire ».

★ **I.** (Sens principal du mot jusqu'au XVIᵉ). ♦ **1.** Vx. Ramener, rétablir (dans un lieu, dans un état), rapprocher.

(V. 1560). Mod. Chir. Ramener à sa situation normale, remettre en place (un os, un organe déplacé). — Par ext. *Réduire une fracture* (cit. 4), *une luxation, une hernie* (⇒ aussi **Rebouter**).

Techn. (Tissage). Rapprocher les fils (de la trame, de la chaîne).

♦ **2.** Régional. Ranger (cit. 3).

★ **II.** Mod. Ramener à un état inférieur, plus simple.

♦ **1.** (XIVᵉ). **RÉDUIRE À, EN :** amener à, dans (un état d'infériorité, de soumission). *Réduire qqn, un groupe en esclavage, en servitude.* ⇒ **Asservir, subjuguer.** *Réduire qqn à l'obéissance, à un rôle subalterne* (→ On, cit. 16). *Réduire à quia*.* — Allus. hist. « *Réduire tous les sujets en leur devoir* » (→ Rabaisser, cit. 3, Richelieu).

1 *(Il)* réduisit la muse aux règles du devoir.
BOILEAU, l'Art poétique, I.

2 D'abord, cet avare avait réduit sa femme, qui ne savait ni lire et écrire, ni compter, à une obéissance absolue.
BALZAC, les Paysans, Pl., t. VIII, p. 205.

Réduire à la misère*. ⇒ **Dépouiller** (→ aussi Calviniste, cit. 3).

Réduire qqn à l'extrémité (cit. 9), *à la dernière extrémité. En être réduit à cette extrémité* (cit. 10).

3 — Eh, mon Dieu! MM. les prédicateurs, que feriez-vous donc sans le vice? — Vous seriez réduits, dès demain, à la mendicité (...)
Th. GAUTIER, Préface de Mlle de Maupin, éd. critique MATORÉ, p. 5.

(Sans compl. indirect). *Réduire qqn, un ennemi, un pays.* ⇒ **Dompter, soumettre, subjuguer** (→ Fanatique, cit. 3 ; fier, cit. 1 ; irrémédiable, cit. 2). *Réduire des ennemis politiques.* ⇒ **Abattre.** *Réduire l'opposition.* ⇒ **Bâillonner.** — Par ext. Vaincre. *Réduire le cœur d'une jeune beauté* (→ Arme, cit. 34).

4 Elle était sûre de réduire par ruse et par audace cet homme étranger au monde, doux, timide, auquel elle se jugeait très supérieure.
FRANCE, le Mannequin d'osier, VII, Œ., t. XI, p. 316.

♦ **2.** (1538). **RÉDUIRE** (qqn) **à...** : amener à (un état, une situation), malgré une résistance, une opposition..., par la persuasion, ou, plus souvent, par la force. *Réduire qqn au désespoir* (cit. 13), *à la nécessité de faire qqch...* (→ Éprouver, cit. 6). *Sa maladie le réduit à l'inaction.* ⇒ **Astreindre, contraindre, forcer, obliger...** *Réduire qqn à la raison, à son devoir* (vieilli). — (Fin XVIIe). *Réduire au silence.* ⇒ **Confondre, museler, taire** (faire). Cf. En boucher un coin, couper la chique, river son clou, clouer le bec, fermer la bouche à... *Cette apostrophe me déconcerte et me réduit au silence* (→ Escalier, cit. 7). — REM. *Réduire à...* s'employait dans la langue classique avec d'autres compléments : *réduire qqn à l'oubli* (Corneille), *à la vérité* (Fléchier), etc.

5 (...) et, cédant à ma généreuse compassion, je paie noblement cinquante-six livres, pour lesquelles on réduisait cinq personnes à la paille et au désespoir.
LACLOS, les Liaisons dangereuses, XXI.

Réduire qqn à la portion congrue. Malade que son médecin réduit au bouillon. — Absolt. Rationner (→ ci-dessous, cit. Zola).

6 Les Pères démêlèrent la ruse du frère Jean et son objet : ils prirent la chose au grave, et frère Jean, au lieu d'être procureur comme il s'en était flatté, fut réduit au pain et à l'eau (...) DIDEROT, Jacques le fataliste, Pl., p. 538.
7 Aussi le réduisait-on, même on en profitait pour ne plus le nourrir assez, sous le prétexte qu'il en crèverait. ZOLA, la Terre, V, II.

Vx. *Réduire (qqn) en..., dans... :* l'amener à (un état, une position moins favorable, pire... que précédemment).

8 En quelle extrémité, Seigneur, suis-je réduite? RACINE, Mithridate, III, 5.

Réduire qqn à... et l'inf. (→ Crier, cit. 30 ; frustrer, cit. 6 ; honneur, cit. 27 ; 1. ombre, cit. 53). *Je serais réduit à boire l'eau de cette mare* (→ Cantine, cit. 1). *Des gens qui sont réduits à épargner* (cit. 1) *leur pain. J'en suis réduit à économiser sur la nourriture. En être réduit à...* (→ Divertissement, cit. 3 ; fascine, cit. 1). ⇒ **Venir** (en venir à).

9 D'un mal il tomba dans un pire
Et se vit réduit, à la fin,
À jeuner et mourir de faim. LA FONTAINE, Fables, XII, 6.

Vx. *Réduire qqn de...* (→ Applaudir, cit. 7).

♦ **3.** (XVIe). **RÉDUIRE** (qqch.) **à** : résoudre (une chose) en une autre plus simple, ramener à ses éléments, à un état plus simple. ⇒ **Transformer.** *Réduire des idées, une question à une notion simple* (→ 2. Plan, cit. 2), *à des termes simples* (→ Célébrité, cit. 5). *Réduire l'événement obscur à ses éléments clairs* (→ Détective, cit. 2). ⇒ **Analyser, décomposer** (fig). *Réduire à un type commun* (→ Caractère, cit. 61). *Réduire à sa plus simple expression**.

10 Nulle part, dans l'univers de la science, nous ne rencontrons de totalité organique : l'instrument du savant est l'analyse, son but est de réduire partout le complexe au simple (...) SARTRE, Situations III, p. 147.

(1370). Par ext. *Réduire à néant** (→ Expliquer, cit. 27), *à rien**. ⇒ **Anéantir, annihiler, détruire.** *Cet échec a réduit ses ambitions à rien.* ⇒ **Crouler** (faire).

(1538). **RÉDUIRE EN** (le compl. désigne une chose concrète). *Réduire en miettes, en morceaux**, *en pièces* (⇒ **Mettre**) ; *en bouillie* (cit. 5), *en poudre* (cit. 6)... ⇒ **Briser, broyer, concasser, piler, pulper** (vx), **pulvériser, râper, triturer...** — (1665). *Réduire en cendres* (cit. 7). ⇒ **Brûler, carboniser, incinérer.** *Réduire en charbon.* ⇒ **Charbonner, cuisage.** — Au p. p. *Ferrailles* (cit. 1) *réduites en plaques minces.*

11 Maintenant que vos corps sont réduits en poussière,
J'irai m'agenouiller pour vous sur vos tombeaux.
A. DE MUSSET, Poésies nouvelles, « Espoir en Dieu ».

♦ **4.** **RÉDUIRE À** : borner à..., limiter à..., renfermer dans... *Réduire une personne à sa plus simple valeur. Réduire ses pensées à un juste tempérament* (→ Estimer, cit. 27). *Réduire le monde à l'humain* (→ Comprendre, cit. 35).

12 Le roman américain prétend trouver son unité en réduisant l'homme, soit à l'élémentaire, soit à ses réactions extérieures et à son comportement.
CAMUS, l'Homme révolté, p. 327.

♦ **5.** Vx. Arranger de telle manière. *Réduire (une pièce)* « *à nos usages et dans nos règles* » (Corneille). *Réduire des connaissances en pratique* (Vauvenargues, *Introd. à la connaissance de l'esprit humain*, 28). *Réduire tout en paradoxe* (Montesquieu).
Réduire à l'effet, en effet (Corneille) : appliquer, exécuter.

♦ **6.** (1680). Spécialt (du sens II., 3.). Chim. Éliminer l'oxygène de (un corps). ⇒ 1. **Réduction** (II., 3.). *Réduire un minerai* (oxyde) *pour en tirer le métal.* — Par ext. Extraire (le métal) de son oxyde par réduction.

Cuis. Faire épaissir par évaporation. ⇒ **Concentrer.** *Réduire un jus, une sauce.* (Cet emploi est compris au sens III., à cause de la diminution de volume). — Pron. *Se réduire.* — Avec ellipse du pronom. *Faire réduire, laisser réduire.* — REM. Dans ces tournures factitives, *réduire* peut également être analysé comme un intrans., par ailleurs attesté : *sauce, jus qui réduit. Le bouillon a réduit.*

Arith. *Réduire deux fractions au même dénominateur**. *Réduire une fraction à sa plus simple expression** (au fig. ⇒ Expression, cit. 18).

Métrol. ⇒ **Convertir.** *Réduire des francs en lires.*

Log. Transformer (une donnée, un énoncé) pour l'amener à une forme plus simple ou plus utilisable *(réduire à l'absurde).* ⇒ **Réduction.**

13 Lorsqu'on parle de *réduire* un fait à certains éléments, il s'y mêle tantôt l'idée d'une restriction et d'un appauvrissement regrettables (...) tantôt au contraire l'idée d'une simplification utile et légitime, qui dégage ce qu'il y a en lui de plus important. LALANDE, Voc. de la philosophie, art. Réduire.

REM. Les sens II, 4, « limiter », et II, 2, « contraindre », se mêlent en effet à celui de « simplifier », dans les emplois ci-dessus.

★ **III.** (1538 ; *redurre*, attestation isolée, XVe). Ramener à une quantité plus faible, à un nombre plus petit. — REM. Ce sens, issu de II., 2., 3. et 5. (géom., dessin...), est devenu le plus courant de nos jours.

♦ **1.** Changer en diminuant la dimension. *Réduire une figure, une carte, un plan...* (en augmentant l'échelle). *Mettre un dessin au carreau pour le réduire.* — *Réduire un tableau, une photographie :* reproduire en un format inférieur.

♦ **2.** Rendre plus petit, plus faible, moins nombreux..., changer en moins... ⇒ **Abaisser, amoindrir, atténuer, baisser, changer, diminuer, écorner** (fig.), **rabaisser, rabattre, restreindre.** *Réduire le nombre de...* (→ Diocèse, cit. 2 ; prolétaire, cit. 1). *Réduire qqch. à* (un nombre inférieur). ⇒ **Distraire,** cit. 1 ; **élément,** cit. 11. *Réduire un salaire* (⇒ Prix, cit. 5), *des frais* (⇒ Léthargique, cit. 4). *Réduire ses dépenses.* ⇒ **Économiser.** *Réduire les taxes, les droits...* (⇒ **Défalquer, dégrever**), *les impôts...* (⇒ **Réduction**). — *Réduire les dimensions, la hauteur* (⇒ **Abaisser, baisser**), *l'épaisseur* (⇒ **Amincir**), *la longueur* (⇒ **Raccourcir**), *le volume* (⇒ **Comprimer, contracter..., tasser**). *Réduire un retard,* le rattraper.

14 (Charles Fourier) se propose de réduire le nombre des habitants du monde de façon que chacun y soit à son aise (...)
Th. GAUTIER, Préface de Mlle de Maupin, éd. critique MATORÉ, p. 37.

Réduire la tâche de l'écrivain. ⇒ **Limiter ; borner ; borne** (→ Je, cit. 8). *Réduire les illusions* (cit. 18) *de l'esprit. Réduire ses prétentions.* — *Réduire la force* (⇒ **Amortir**), *l'importance* (⇒ **Minimiser**)... — *Réduire le régime d'une machine, d'un moteur.* Par ext. *Réduire le moteur* (→ Palonnier, cit. 3). — *Réduire la vitesse, l'altitude.*

Spécialt. Rendre plus court*. ⇒ **Abréger, accourcir, condenser, raccourcir, rapetisser.** *Réduire un texte.*

15 Ce volume (« L'Observateur », de Francis Levasseur) est bien petit ; nous conseillons à l'auteur de le réduire encore. Moins il en restera, mieux il vaudra.
BALZAC, le Feuilleton des journaux politiques, XXVII,
in Œ. diverses, t. I, p. 636.

▶ **SE RÉDUIRE** v. pron.

♦ **1.** (XVIIe). V. réfl. Se ramener soi-même (à une situation inférieure ou moins bonne). — Se restreindre, diminuer sa propre importance (→ Amplifier, cit. 5).

Absolt. Se restreindre (→ Passer, cit. 146).

♦ **2.** (XVIIe). **SE RÉDUIRE EN** : se transformer en (éléments très petits), être réduit à... *Se réduire en poudre, en cendres...* ⇒ **Brésiller, consumer** (se). *Nuages qui se réduisent en pluie.* ⇒ **Résoudre** (se).

(1662). **SE RÉDUIRE À** : consister seulement en..., se limiter ou se simplifier en... *Hypothèses* (cit. 4) *qui se réduisent à des définitions déguisées* (→ aussi Exécution, cit. 3). *Le marxisme* (cit. 2) *ne se réduit pas à l'œuvre de Marx.* — *La question se réduit à savoir si...* (→ Modalité, cit. 1).

16 La multitude qui ne se réduit pas à l'unité est confusion ; l'unité qui ne dépend pas de la multitude est tyrannie. PASCAL, Pensées, XIV, 871.

▶ **RÉDUIT, ITE** p. p. adj. (1631). Employé absolt.

♦ **1.** *Fracture réduite.*

♦ **2.** Adj. et n. (1651). Vx. Soumis. « *Un cœur vraiment réduit* » (Corneille). — Qui est rangé, qui a une vie régulière.

♦ **3.** Diminué, restreint, et, par ext., petit. *Maigre, défait, la taille réduite* (→ Emplir, cit. 9). *Corps noueux* (cit. 3), *réduit.*

(XXe). *Prix réduit :* prix inférieur à la normale, consenti à une personne ou à une catégorie de personnes. *Billet de faveur à prix réduit. Tarif réduit. Une cotisation* (cit.) *très réduite.* ⇒ **Minime.** *Ressources réduites.* ⇒ **Maigre.**

17 Dans les agences on nous annonçait des billets d'aller et retour à prix réduits pour l'Angleterre (...) CÉLINE, Voyage au bout de la nuit, p. 391.

Diminué, restreint (en nombre, en importance). *Activité réduite* (cf. En veilleuse, fig.). ⇒ **Ralenti.** *À vitesse réduite.* — *Débouchés très réduits.* ⇒ **Limité, restreint.**

18 Tu ne m'en voudras pas de rappeler que sa conversation était plate, qu'elle habitait un univers si borné et usait d'un vocabulaire si réduit qu'au bout de trois minutes je désespérais de soutenir la conversation.
F. MAURIAC, le Nœud de vipères, I, III.

Plus petit*. *Modèle* réduit* (→ Microcosme, cit. 1). *Format réduit.*

CONTR. (Du sens III). **Accentuer, accroître, additionner, agrandir, allonger, amplifier, arrondir, augmenter, compléter, élargir, élever, exagérer, fortifier, grandir, hausser.** — (Du p. p.). **Complet, étendu, grand.**
DÉR. (Du lat.). V. **Réducteur, réductible, réduit.**

1. RÉDUIT, ITE [Redɥi, it] adj. ⇒ Réduire.

2. RÉDUIT [Redɥi] n. m. — Mil. XIIᵉ, *reduiz*; du lat. pop. *reductum*, p. p. de *reducere*, au sens de « qui est à l'écart »; *réduit*, d'après *réduire*.

♦ **1.** Vx. Petit logement retiré. ⇒ **Cabane, cahute, maison; retraite.**

1 Une étroite chaumière, antique et délabrée,
D'un pauvre tisserand était l'humble réduit. FLORIAN, Fables, I, 8.

(V. 1240). Vx. Lieu de réunion; cercle, salon (Mᵐᵉ de Sévigné, Boileau, *in* Littré). *« La ruelle de cette dame, son alcôve, est un agréable réduit, où beaucoup d'honnêtes gens se rendent »* (Furetière, 1690).

♦ **2.** (1690). Mod. Local* exigu, généralement sombre et pauvre, petite pièce servant d'habitation, de lieu de travail... ⇒ **Cabine, cabinet, cagibi, chambrette;** et, péj., **bouge, galetas** (cit. 3), **souillarde, soupente...** *Un réduit qualifié laboratoire* (cit. 5).

2 (...) car je donnai aussi dans les esquisses. Et ce fut ainsi que le réduit édifiant du philosophe se transforma dans le cabinet scandaleux du publicain.
DIDEROT, Regrets sur ma vieille robe de chambre.

3 La chambre où il dormait était un réduit sans fenêtres et sans porte; un vieux rideau, accroché par une tringle au-dessus de l'entrée, le séparait seulement de la chambre des parents. R. ROLLAND, Jean-Christophe, L'aube, II, p. 51.

♦ **3.** (1580). Recoin, enfoncement* dans une pièce. *« Dans le réduit obscur d'une alcôve* (cit. 2) *enfoncée ».* ⇒ **Niche.** *Réduit servant de placard...* (→ aussi Caban, cit. 1).

4 (...) je puis vous cacher dans un petit réduit noir qui donne dans la salle des mortes, où je mets mes outils d'enterrement, et dont j'ai la garde et la clef.
HUGO, les Misérables, II, VIII, IV.

5 Ils passèrent en silence dans un réduit qui tenait à la salle d'auberge, bas de plafond, écrasé encore par moitié sous la caisse d'un escalier.
M. GENEVOIX, Raboliot, I, II.

♦ **4.** (1671). Fortif. Petit ouvrage construit à l'intérieur d'un plus grand ou en arrière, pour assurer une retraite. ⇒ **Redoute.** *Réduit d'un château fort* (donjon). — Mar. (⇒ **Navire**). *Réduits blindés, réduit central des anciens cuirassés.*

6 J'habitais, tout au fond du *Prince-Of-Wales*, un réduit blindé, confinant avec la soute aux poudres. LOTI, Aziyadé, I, XXIII.

Par métaphore. ⇒ **Retraite.** *Un réduit contre la tyrannie.* ⇒ **Défense.**

7 Mes souvenirs véritables, forcés dans leur réduit, vont se rendre et paraître au jour. A. MAUROIS, Climats, I, I.

RÉDUPLICATIF, IVE [Redyplikatif, iv] adj. — 1670; du lat. *reduplicatum*, de *reduplicare*.

♦ Didact. Propre à redoubler. Qui exprime la répétition. *Particule réduplicative.* ⇒ **Itératif.** — N. m. « Recharger *est le réduplicatif de* charger » (Académie).

RÉDUPLICATION [Redyplikɑsjɔ̃] n. f. — V. 1363 « repli d'un organe »; du bas lat. *reduplicatio*, dér. de *reduplicare* « redoubler », comp. de *duplus* « double ».

♦ **1.** Didact. Redoublement, répétition. — Spécialt. Stylistique. Figure de rhétorique par laquelle on répète certains mots ou groupes de mots. — (Déb. XVIᵉ, *in* D.D.L.). Ling. Redoublement d'un mot entier dans certains tours (ex. : *faire ami ami; passe-passe...*).

♦ **2.** (1875). Bot. Mode de dédoublement de certaines algues.

♦ **3.** Littér. Répétition, recommencement.

Pour nous, le problème n'est pas d'une *utopique* et stérile tentative de réduplication, mais d'un dépassement. Ce n'est pas une société morte que nous voulons faire revivre. Aimé CÉSAIRE, Discours sur le colonialisme, p. 34.

RÉDUPLIQUÉ, ÉE [Redyplike] adj. — 1842, bot.; de *réduplication*.

♦ Didact. Qui a subi une réduplication. — Bot. *Feuille rédupliquée,* dont les bords s'appliquent l'un contre l'autre par la face inférieure.

RÉDUVE [Redyv] n. m. — 1808, *réduves*; du lat. zool. *reduvius*, de *reduviae* « débris, dépouilles ».

♦ Zool. Insecte hémiptère *(Réduviidés)* à rostre court et saillant, carnassier. *Réduve masqué,* dont la larve se cache dans la poussière.

RÉÉCRIRE [Reekʀiʀ] v. ⇒ Récrire.

RÉÉCRITURE [Reekʀityʀ] n. f. — 1964, *récriture*; de *réécrire*, d'après *écriture*.

♦ **1.** Action de réécrire (un texte) pour en améliorer la forme ou pour l'adapter à d'autres textes, à certains lecteurs, etc. ⇒ **Rewriting; rewriter** (anglic.). *La réécriture est un des métiers de l'édition.*

♦ **2.** Ling. *Règles de réécriture :* règles de la théorie permettant de substituer une suite de signes à une autre suite, ou à un signe. — Spécialt. *Les règles de réécriture précèdent les transformations, dans le modèle classique de la grammaire générative.*

RÉÉDIFICATION [Reedifikɑsjɔ̃] n. f. — 1296; de *réédifier.*
Littéraire.

♦ **1.** Action de réédifier. ⇒ **Reconstruction.** *La réédification de la ville, détruite par un séisme, s'est faite en moins de trois ans.*

♦ **2.** (1802). Fig. Action de rétablir (qqch.). ⇒ **Relèvement.** *La réédification d'une économie.*

RÉÉDIFIER [Reedifje] v. tr. — XIIIᵉ; comp. de *ré-*, et *édifier*.

♦ **1.** Littér. Édifier de nouveau (ce qui a été détruit, renversé). ⇒ **Rebâtir, reconstruire, relever, rétablir.** *La nouvelle église a été réédifiée sur l'emplacement de l'ancienne.*

1 (...) ils *(les célibataires qui font nettoyer leur ménage par un concierge)* apprennent enfin qu'il faut se résigner à toujours nettoyer son verre si l'on a soif, à toujours réédifier son feu, si l'on a froid. HUYSMANS, Là-bas, III.

♦ **2.** (XIXᵉ). Fig. et littér. Rétablir (une chose disparue). *Réédifier sa fortune.*

1.1 Elle se prit de passion pour Descartes, parce qu'il faisait table rase de tout et réédifiait le monde dans l'évidence.
S. DE BEAUVOIR, la Force de l'âge, p. 475.

Absolument :

2 Jamais il ne détruit pour détruire, mais pour réédifier.
R. ROLLAND, Vie de Tolstoï, p. 115.

DÉR. Réédification.

RÉÉDITER [Reedite] v. tr. — 1845; comp. de *ré-*, et *éditer.*

♦ **1.** Éditer de nouveau, donner une nouvelle édition de... *Rééditer un ouvrage ancien, épuisé* (→ Préfacer, cit. 2).

♦ **2.** (Déb. XXᵉ). Fig. et fam. Reprendre, refaire (→ Ligue, cit. 3). *Il a réédité les alliances de son prédécesseur. Il a réédité la scène qu'il nous avait faite l'an dernier.*

DÉR. (Du même rad.) **Réédition.**

RÉÉDITION [Reedisjɔ̃] n. f. — 1725; de *ré-*, et *édition.*

♦ **1.** Édition nouvelle; action de rééditer. *La réédition d'une œuvre ancienne, épuisée. Réédition par recomposition. Réédition par reproduction photographique, anastatique.* ⇒ **Reprint.** *Rééditions et retirages*.*

♦ **2.** (1788). Ouvrage réédité. *Une réédition fautive.*

♦ **3.** (XXᵉ). Fig. et fam. Répétition, réplique. *La situation actuelle est une réédition de celle de l'année dernière.*

RÉÉDUCATEUR, TRICE [Reedykatœʀ, tʀis] n. — Attesté 1980; de *rééduquer*, et *éducateur.*

♦ Personne chargée d'une rééducation, de rééduquer (qqn). *« (X), psychologue clinicienne, rééducatrice et chercheur, offre des réponses élaborées à partir d'expériences originales portant sur des enfants de quatre à sept ans »* (la Recherche, juil. 1981, p. 899). *Rééducateurs, psychologues et pédagogues.*

RÉÉDUCATION [Reedykɑsjɔ̃] n. f. — 1899, in *Année sc. et industr.* 1900, p. 206-207; de *ré-*, et *éducation.*

♦ **1.** Méd. « Action de refaire l'éducation d'une fonction lésée par accident » (Académie); résultat de cette action. *Rééducation des mouvements, de la parole...* Par ext. *Rééducation de la main. Rééducation d'un blessé dans un centre de rééducation.*

Ai peut-être eu tort de renoncer à la rééducation du larynx, d'écourter les exercices respiratoires. MARTIN DU GARD, les Thibault, t. IX, p. 231.

Par ext. Ensemble des moyens utilisés pour parvenir à ce résultat. *Rééducation motrice.*

♦ **2.** (1907). Éducation (morale, idéologique) nouvelle.

DÉR. Rééduquer.

RÉÉDUQUER [Reedyke] v. tr. — Fin XIXᵉ ; de *rééducation,* d'après *éduquer.*

♦ **1.** Procéder à la rééducation de... *Rééduquer un mutilé, un paralysé* (en lui faisant exécuter certains mouvements*...).

1 (...) un hôpital de vétérans qui est à lui seul tout un village. Ici, on rééduque les blessés, les mutilés, les désadaptés, on abrite les infirmes, les incurables (...)
S. DE BEAUVOIR, l'Amérique au jour le jour, p. 115.

Pron. *Se rééduquer.*

2 Avec des chaussures spéciales je pourrai marcher ; tu verras, je vais me rééduquer (...) R. FRISON-ROCHE, Premier de cordée, p. 170.

♦ **2.** Éduquer (moralement) une seconde fois, différemment.

▶ **RÉÉDUQUÉ, ÉE** p. p. adj.

RÉEL, ELLE, ELS [Reɛl] adj. et n. m. — 1283, dr. ; *real* «qui existe effectivement», en 1380 ; lat. médiéval *realis,* dér. de *res* «chose». → Rien.

★ **I.** Adj. Qui consiste en une chose ou concerne une chose, les choses. — Placé après le n., sauf 5., b.

♦ **1.** Philos. Qui ne constitue ou ne concerne pas seulement une idée, un mot, un signe ; qui est présent ou présenté à l'esprit et constitue la matière de la connaissance, à titre de contenu positif... ou de donnée empirique (Lalande). ⇒ **Réalité** (1.). *Les noms* (cit. 39) *opposés aux choses réelles. L'infini* (cit. 1) *désignant une chose réelle. Les faits* (cit. 36) *seuls sont réels. Le présent idéal et le présent* (1. Présent, cit. 14, Bergson) *réel, concret, vécu. — Analyse réelle. Définition réelle* (ou «de chose»).

1 On y verra des discussions *réelles,* et non plus convenues d'avance (...)
STENDHAL, Mémoires d'un touriste, t. I, p. 218.

Théol. *Présence réelle,* effective (du Christ dans l'Eucharistie). ⇒ **Présence** (cit. 6, et *supra*).

Sc. *Gaz* parfaits et gaz réels.* — Opt. *Foyer virtuel et foyer réel.* (1875). *Image réelle* (opposé à *image virtuelle*). → Image, *infra* cit. 6. — Math. *Nombres* (cit. 6) *réels :* ceux des nombres complexes qui n'ont pas de partie imaginaire. *Nombre réel positif, négatif.* (1875). *Les nombres réels* (opposé à *imaginaire**) comprennent *les nombres algébriques* (rationnels, irrationnels...) *et les nombres transcendants*. ⇒ aussi **Incommensurable.** — Géom. Dont les coordonnées sont des nombres réels. *Points réels. Courbe réelle.*

Dr. *Offres* (cit. 7 et 8) *réelles.*

♦ **2.** Philos. Qui constitue une «chose», un être autonome, défini. ⇒ **Chose, réalité** (2.). — Qui produit des effets, qui agit (opposé à *apparent, fictif*) ; qui existe actuellement (opposé à *possible*), concrètement (opposé à *abstrait ; intelligible*). ⇒ **Actuel** (I.), **concret** (2.), **effectif** (1. Effectif, cit. 2). *Le monde des possibles et celui de la contingence* (cit. 2) *réelle. Le mode réel ou pratique* (2. Pratique, cit. 2) *de l'existence. La liberté* (cit. 32, Descartes), *puissance réelle et positive de se déterminer.*

♦ **3.** Dr. (Premier emploi attesté). Qui concerne les choses (opposé à *personnel*). *Droits réels* (→ Détenteur, cit. 2 ; hypothèque, cit. 1). *Le droit de propriété est un droit réel. Impôt* (cit. 4 et 10) *réel et impôt personnel. Corvée* (cit. 1) *réelle et corvée personnelle. — Action réelle. Contrat réel.* — (1680). Spécialt. Immobilier (Code de procédure civile, art. 59).

♦ **4.** (1380). Cour. Qui existe* en fait. ⇒ **Existant.** *Êtres allégoriques* (cit. 1) *et réels. Personnage imaginaire et personnage réel* (→ Appropriation, cit. 1). *Un lecteur fictif* (cit. 1) *ou réel. Le fait réel et l'illusion* → Disparaître, cit. 18). *Les maux réels et les fantômes de notre esprit* (→ Imputation, cit. 4). «*Mes yeux plongeaient* (cit. 22) *plus loin que le monde réel».* — *Un fait* (cit. 20) *réel et incontestable.* ⇒ **Authentique, certain, exact, indubitable** ; et aussi **historique** (2.). *Rendre réel ce qui n'était qu'un projet.* ⇒ **Réalisation, réaliser ; exécuter.** *Effet réel, œuvre réelle. Ce qu'il y a de réel dans qqch.* ⇒ **Fond.** *Tenir pour réel.* ⇒ **Croire, reconnaître.** *Des avantages réels, bien réels.* ⇒ **Palpable, patent, positif, tangible, visible.** *Qui a un fondement réel.* ⇒ **Sérieux, solide.**

2 (...) mais ce compte-là n'est-ce pas quelque chose de réel, que de vous apporter en mariage une grande sobriété (...)
MOLIÈRE, l'Avare, II, 5.

3 (...) il est certain que j'écrivis ce roman dans les plus brûlantes extases : mais on se trompait en pensant qu'il eût fallu des objets réels pour les produire ; on était loin de concevoir à quel point je puis m'enflammer pour des êtres imaginaires.
ROUSSEAU, les Confessions, XI.

4 C'était un homme tout entier aux faits réels, et pour qui les choses seulement imaginées ou possibles n'existaient pas (...)
STENDHAL, Romans et nouvelles, « Féder », IV.

4.1 Dans ce livre où il n'y a pas un seul fait qui ne soit fictif, où il n'y a pas un seul personnage «à clefs», où tout a été inventé par moi selon les besoins de ma démonstration, je dois dire à la louange de mon pays que seuls les parents mil-

lionnaires de Françoise ayant quitté leur retraite pour aider leur nièce sans appui, que seuls ceux-là sont des gens réels, qui existent.
PROUST, le Temps retrouvé, Pl., t. III, p. 846.

Opposé à *apparent* (cit. 6 ; → aussi Honneur, cit. 30). *Sujet réel et sujet apparent* (en grammaire traditionnelle).

Temps réel et temps compensé, en sports. Temps réel et temps partagé, en informatique.* → Temps, I., A., 5.

REM. Comme *réalité, réel* s'applique surtout au monde extérieur, à la nature (II., 5.). ⇒ **Physique** (I., 1.).

♦ **5.** (XVIIᵉ). **a** (Après le nom). Qui correspond bien à sa définition, qui est tel qu'il doit être. ⇒ **Véritable, vrai.** *Le courage réel* (→ Pénible, cit. 2). *Le chef réel de la maison* (→ 1. Général, cit. 23). *Des difficultés réelles* (→ Favoriser, cit. 6). *Son originalité réelle* (→ 1. Grave, cit. 6). — *La signification réelle d'un mot.* ⇒ **Exact** (→ Domesticité, cit. 1). *Valeur réelle.* ⇒ **Juste** (I., 3.). — *Salaire réel* (comprenant les primes, suppléments, etc., et compte tenu des sommes retenues) *et salaire nominal. Valeur réelle et valeur extrinsèque* (⇒ **Intrinsèque**). *Revenu national réel.*

b (Avant le nom). Évident, notable. *Éprouver un réel bien-être* (→ Excéder, cit. 8). *Un réel effort* (→ Intégrant, cit. 3). *Prendre un réel plaisir à...* (→ Préparation, cit. 2).

★ **II.** N. m. (Mil. XVIIᵉ, Pascal). Ce qui existe en fait, indépendamment des idées et des signes ; les choses ; les faits réels, la vie réelle (→ 2. Être, cit. 3). ⇒ **Réalité** (2. ; → Chair, cit. 39 ; 1. froid, cit. 24 ; probable, cit. 4). *Le maquis du réel* (→ Avenue, cit. 9). *Les abstractions* (cit. 6), *le réel* (cit. 2 et 3), *l'idéal* (→ Drame, cit. 8). *Son originalité réelle l'imaginaire* (cit. 9), *le possible*... et le réel. Le drame* (cit. 5) *vit du réel. — L'observation* (cit. 12) *scientifique reconstruit le réel. — Le névrosé reconnaît l'existence du réel* (→ Psychose, cit. 1). *Le sens du réel.* ⇒ **Réalisme.**

5 Sa vie fut-elle un faux calcul ? Son bonheur avait duré huit mois. C'était une âme trop ardente pour se contenter du réel de la vie.
STENDHAL, Romans et nouvelles, «Mina de Vanghel», p. 1174.

6 Le réel nous sert à fabriquer tant bien que mal un peu d'idéal.
FRANCE, le Jardin d'Épicure, p. 145.

7 Lorsqu'on a déchiffré les significations des choses (...) il demeure un résidu inassimilable, qui est l'altérité, l'irrationalité, l'opacité dddu' reel et (...) c'est ce' residu qui finalement étouffe, écrase. SARTRE, Situations III, p. 211.

Spécialt. Place que tient le rapport à la réalité dans la structuration du sujet (à côté du symbolique et de l'imaginaire). *Le fantasme protège le sujet du réel, qui, selon Lacan, occupe la place de l'impossible et de la menace.*

L'art, la littérature et le réel (→ Formalisme, cit. 2). ⇒ **Naturalisme, réalisme** (I., 2.). *Peintres qui copient le réel* (→ Minutieux, cit. 4). *Glisser entre le réel et le fictif* (cit. 2).

8 On n'arrive pas au vrai encore. Il n'est pas plus dans le réel enlaidi que dans l'idéal pomponné (...) G. SAND, François le Champi, Avant-propos.

9 Le seul réel dans l'art, c'est l'art.
VALÉRY, Variété, Études littéraires, Œ., t. I, Pl., p. 613.

10 Il faut beaucoup de réel pour faire un conte de fées, mais il faut que ce réel y perde son poids. MALRAUX, les Voix du silence, p. 442.

CONTR. Abstrait, allégorique, apparent, artificiel, chimérique, emprunté, erroné, fabuleux, factice, fantastique, fautif, faux, feint, fictif, idéal, illusoire, imaginaire, inventé, inexistant, irréel, négatif (II., 2.), nominal, nul, possible, vain, virtuel. — Personnel. — Abstraction, apparence, chimère, idéal (n.), illusion, rêve.

DÉR. Réellement.

COMP. Surréel.

RÉÉLECTION [Reelɛksjɔ̃] n. f. — 1784 ; de *ré-,* et *élection.*

♦ Action de réélire ; fait d'être réélu. *Il a fêté avec ses amis sa réélection.*

RÉÉLIGIBILITÉ [Reeliʒibilite] n. f. — 1791 ; de *ré-,* et *éligibilité.*

♦ Dr. et cour. Capacité, légale, réglementaire ou statutaire à être réélu.

RÉÉLIGIBLE [Reeliʒibl] adj. — 1791 ; de *ré-,* et *éligible.*

♦ Dr. et cour. Qui est légalement, réglementairement ou statutairement apte à être réélu. *Le Président de la République n'est rééligible qu'une fois* (→ Élire, cit. 7, Constitution de 1946).

RÉÉLIRE [ReeliR] v. tr. — Conjug. *élire.* — 1570, puis 1789 ; v. 1175, *reslire* «choisir» ; de *ré-,* et *élire.*

♦ Élire de nouveau, élire (qqn) à une fonction pour laquelle il avait déjà été désigné par voie d'élection. *Réélire un député. Le président sortant a été réélu. La prieure* (cit. 2) *ne peut être réélue que deux fois.*

Or, justement, le lendemain, M. de Chédeville, député sortant, déjeunait à la Borderie, chez Hourdequin. Il faisait sa tournée électorale et il ménageait ce dernier, très puissant sur les paysans du canton, quoi qu'il fût certain d'être réélu, grâce à son titre de candidat officiel. ZOLA, la Terre, II, v.

RÉELLEMENT [Reεlmᾶ] adv. — 1611 ; *réallement*, xvᵉ ; *reelment*, v. 1170 ; de *réel*.
D'une manière réelle.

♦ **1.** Au sens fort (⇒ **Réel**, I., 1. et 2.). *Considérer l'infini* (cit. 22) *comme réellement existant. Réellement ou fictivement, symboliquement.* — Efficacement (→ Déterminer, cit. 10). — *Un portrait qui représente réellement qqn* (et non pas conventionnellement). → 1. Lis, cit. 8. — *Voir qqn tel qu'il est réellement.* ⇒ **Objectivement** (→ Interposer, cit. 4 ; et aussi place, cit. 27).

♦ **2.** En fait*, en réalité*. ⇒ **Effectivement, effet** (en), **véritablement, vraiment ; bonnement** (tout). *Être très réellement fou* (1. Fou, cit. 27), *au sens propre du terme. Il était réellement un jeune homme fort singulier.* ⇒ **Beau** (bel et bien), **bon** (tout de bon), **certainement** (→ Bizarrerie, cit. 5). *On ne possède* (cit. 14) *réellement que ce qu'on désire.* — *Vie réellement fatigante* (cit. 5). *Une seule action réellement bonne* (→ 1. Goûter, cit. 5). — (En tête de phrase, → Jaloux, cit. 27 ; 2. port, cit. 7).

CONTR. **Apparemment, faussement, fictivement.**

RÉEMBALLER [Reᾱbale] v. tr. — 1876, cit. ; de *ré-*, et *emballer*.

♦ Emballer de nouveau. ⇒ **Remballer.** — Cette forme l'emporte sur *remballer*, au sens concret.

(...) l'ordre d'expulsion qu'il contenait était aussi sans réplique. Il ne concernait point d'autres étrangers que ceux qui étaient d'origine asiatique, mais ceux-ci n'avaient plus qu'à réemballer leurs marchandises et à reprendre la route qu'ils venaient de parcourir. J. VERNE, Michel Strogoff, 1876, p. 81.

RÉEMBARQUEMENT [Reᾱbaʀkəmᾶ] n. m., **RÉEMBARQUER** [Reᾱbaʀke] v. tr. ⇒ **Rembarquement, rembarquer.**

RÉEMBAUCHAGE [Reᾱboʃaʒ], **REMBAUCHAGE** [Rᾱboʃaʒ] n. m. ou **RÉEMBAUCHE** [Reᾱboʃ] n. f. — Mil. xxᵉ ; de *réembaucher*.

♦ Action de réembaucher qqn ; résultat de cette action. *Réembauche d'un délégué syndical licencié.*

RÉEMBAUCHER [Reᾱboʃe] ou **REMBAUCHER** [Rᾱboʃe] v. tr. — 1904, *réembaucher ; rembaucher*, v. 1940 ; de *r(é)-*, et *embaucher*.

♦ Embaucher de nouveau (une personne qui était partie, qu'on avait renvoyée, etc.). ⇒ **Reprendre, réemployer.**

Le lendemain, malgré l'insistance de Paradis (...), Tortose, redoutant Pradonet, refusait de rembaucher Pierrot. R. QUENEAU, Pierrot mon ami, éd. L. de Poche, p. 27.

DÉR. **Réembauchage, rembauchage ou réembauche.**

RÉÉMETTEUR [Reemetœʀ ; Reemεtœʀ] n. m. — V. 1960 ; de *ré-*, et *émetteur*.

♦ Techn. et cour. Émetteur de faible puissance utilisé pour transmettre les programmes de télévision que diffuse un émetteur principal.

RÉEMPLOI [Reᾱplwa] n. m., **RÉEMPLOYER** [Reᾱplwaje] v. tr. ⇒ **Remploi, 1. remployer.** — REM. Les formes en *ré-* tendent à devenir plus courantes.

RÉEMPOISSONNEMENT [Reᾱpwasɔnmᾶ] n. m. — 1892, *Année sc. et industr.* 1893, p. 301 ; de *réempoissonner* ou de *ré-*, et *empoissonnement*.

♦ Repeuplement en poissons. *Le réempoissonnement du lac a été pris en charge par les sociétés de pêche locales.*

RÉEMPOISSONNER [Reᾱpwasɔne] v. tr. — Fin xıxᵉ (→ Réempoissonnement) ; de *ré-*, et *empoissonner*.

♦ Repeupler en poissons (des eaux : lac, étang, etc.).

DÉR. **Réempoissonnement.**

RÉEMPTION [Reᾱpsjɔ̃] n. f. — 1556 ; du lat. *redemptio*.

♦ Dr. (Suisse). Droit de rachat des objets saisis par l'ancien possesseur.

RÉENCADRER [Reᾱkadʀe] v. tr. — xxᵉ ; de *ré-*, et *encadrer*.

♦ Donner un nouveau cadre à (un tableau).

Ta toile (...) figure-toi qu'elle est chez l'encadreur. Elle n'avait pas un cadre digne d'elle. Alors nous l'avons fait réencadrer. J. DUTOURD, Pluche, XIII, p. 219.

RÉENDOSSER [Reᾱdose] v. tr. — Fin xıxᵉ, → cit. ; *rendosser*, xvıııᵉ ; de *ré-*, et *endosser*.

♦ Endosser de nouveau. ⇒ **Remettre.** *Le vainqueur de l'étape a réendossé le maillot jaune.*

Il n'a plus sa belle redingote de cérémonie, il a réendossé ses habits de travail, et, coiffé de son antique bonnet de police (...) O. MIRBEAU, le Journal d'une femme de chambre, 1900, p. 286.

RÉENFILER [Reᾱfile] v. tr. — xxᵉ ; *renfiler*, 1580, Montaigne, II, 37 ; de *ré-*, et *enfiler*.

♦ Enfiler de nouveau. *Il fait plus frais, réenfilons nos pulls.* — REM. La forme *renfiler* [Rᾱfile] tend à vieillir.

RÉENFOURCHER [Reᾱfuʀʃe] v. tr. — xxᵉ ; de *ré-*, et *enfourcher*.

♦ Enfourcher de nouveau (après être descendu). ⇒ **Remonter** (sur).

(...) c'était le sifflotement du facteur réenfourchant son vélo. Hervé BAZIN, Qui j'ose aimer, 1, p. 13.

RÉENGAGEMENT [Reᾱɡaʒmᾶ] n. m., **RÉENGAGER** [Reᾱɡaʒe] v. tr. ⇒ **Rengagement, rengager.**

RÉENREGISTREMENT [Reᾱʀʒistʀəmᾶ] n. m. — V. 1943 ; de *réenregistrer*.

♦ Nouvel enregistrement (parfois écrit *ré-enregistrement*). — Spécialt :
Nous négligeons tous les bruits ajoutés après coup, au moment du montage, par le mélange dit ré-enregistrement *(re-recording)*. Lo DUCA, Technique du cinéma, p. 44.

RÉENREGISTRER [Reᾱʀʒistʀe] v. tr. — xxᵉ ; de *ré-*, et *enregistrer*.

♦ Enregistrer de nouveau. — Au p. p. *Musique réenregistrée.*

DÉR. **Réenregistrement.**

RÉENSEMENCEMENT [Reᾱsmᾱsmᾶ] n. m. — 1845 ; de *réensemencer*.

♦ Agric. Action de réensemencer.

RÉENSEMENCER [Reᾱsmᾱse] v. tr. — 1845 ; de *ré-*, et *ensemencer*.

♦ Agric. Ensemencer de nouveau. *Réensemencer un champ de blé en cas de destruction des premières semences à l'époque de la levée* (par les parasites, les oiseaux, etc.).

DÉR. **Réensemencement.**

RÉENTENDRE [Reᾱtᾱdʀ] v. tr. — Conjug. *entendre*. — 1869 ; de *ré-*, et *entendre*.

♦ Entendre de nouveau. *Réentendre un disque* (→ Réécouter).

Ce n'est pas que je méprise *Lakmé* (...) J'aurais même ressenti un plaisir inavouable à réentendre «Fantaisie, ô divin mensonge !». F. MAURIAC, *in* le Figaro littéraire, 25 nov. 1961.

RÉENTRAÎNEMENT [Reᾱtʀεnmᾶ] n. m. — xxᵉ ; de *réentraîner*.

♦ Nouvel entraînement (pour une activité sportive ou autre).

RÉENTRAÎNER [Reᾱtʀene ; Reᾱtʀεne] v. tr. — xxᵉ ; *rentraîner*, 1549 ; de *ré-*, et *entraîner*.

♦ Entraîner de nouveau. — Pron. *Se réentraîner :* reprendre un entraînement, sportif ou autre.
Va falloir que je me réentraîne, car j'ai les jambes en flanelle ; en route ! R. FRISON-ROCHE, Premier de cordée, 1941, p. 213.

DÉR. **Réentraînement.**

RÉENVAHIR [Reᾱvaiʀ] v. tr. — 1877, Littré, *Suppl. ;* réfection de *renvahir* (1549), *renvaïr* (xııᵉ) ; de *ré-*, et *envahir*.

♦ Envahir de nouveau.

(...) notre ami, quoique toujours très faible, s'est laissé réenvahir par l'optimisme. J. ROMAINS, les Hommes de bonne volonté, t. XXIV, p. 304.

Mais si une *(parole)* atteignant sa mère ou son père, semblait leur faire mal et qu'ils la souffrissent en silence, avec une légère pâleur seulement chez sa mère, chez son père l'air d'abattement que prenait parfois sa figure, alors, comme à la vue du sang dans la blessure, son cœur défaillit sous les flots subits de sa tendresse comprimée qui le réenvahissait. PROUST, Jean Santeuil, Pl., p. 860.

RÉENVISAGER [Reᾱvizaʒe] v. tr. — xxᵉ ; de *ré-*, et *envisager*.

♦ Envisager de nouveau. *«Il n'est pas dans mon dessein de*

réenvisager l'ensemble des écrits de Freud » (J. Gillibert, in *la Nef*, n° 31, p. 84).

RÉENVOLER (SE) [ʀeɑ̃vɔle] v. pr. — xxᵉ; *se renvoler*, Goncourt, 1862; de *ré-*, et *s'envoler*.

♦ S'envoler de nouveau (après s'être posé).

(...) l'air est si raréfié *(à La Paz)* que l'avion qui m'y a déposé la première fois, un *Morane*, n'y trouvant plus d'appui, n'a jamais pu décoller ni se renvoler et qu'il a fallu le démonter et le descendre en pièces détachées (...)
    B. CENDRARS, Bourlinguer, p. 380.

RÉÉQUILIBRAGE [ʀeekilibʀaʒ] n. m. — V. 1965; de *rééquilibrer*.

♦ Fait de retrouver un équilibre ou de redonner un équilibre. *Le rééquilibrage de la balance des paiements.* ⇒ aussi **Rééquilibre.**

RÉÉQUILIBRANT, ANTE [ʀeekilibʀɑ̃, ɑ̃t] adj. et n. m. — Attesté xxᵉ; p. prés. de *rééquilibrer*.

♦ **1.** Adj. Qui rééquilibre (qqn).

♦ **2.** N. m. Médicament qui rééquilibre, qui redonne un équilibre psychophysiologique perdu ou compromis.

Ce magnésium qu'il lui fait absorber à haute dose est un puissant rééquilibrant psychique. Denyse VAUTRIN, le Reste de l'âge, p. 361.

RÉÉQUILIBRE [ʀeekilibʀ] n. m. — Av. 1972, Piaget; de *rééquilibrer*, d'après *déséquilibre*.

♦ Didact. Nouvel équilibre; équilibre succédant à un déséquilibre. ⇒ **Rééquilibrage.**

(...) tout processus génétique menant à des structures consiste sans doute en équilibrations alternant avec des déséquilibres suivis de rééquilibres (qui peuvent réussir ou échouer), car les êtres humains ne demeurent jamais passifs mais poursuivent constamment des buts ou réagissent aux perturbations par des compensations actives consistant en régulations.
  J. PIAGET, Épistémologie des sciences de l'homme, 1972, p. 313.

RÉÉQUILIBRER [ʀeekilibʀe] v. tr. — 1942, pron.; trans. attesté v. 1961; de *ré-*, et *équilibrer*.

♦ Redonner un équilibre à (ce qui l'avait perdu). *Rééquilibrer le budget.* — REM. Parfois écrit *ré-équilibrer*.

Je mis longtemps à ré-équilibrer mon érotisme follement ébranlé.
  J. CAU, la Pitié de Dieu, p. 268.

(Emploi pronominal). «... *mouvements spontanés par lesquels un ensemble mythique passe, sans se briser mais en se rééquilibrant, d'une organisation, d'une orientation à une autre*». (G. Dumézil, *Horace et les Curiaces*, in D.D.L.).

DÉR. Rééquilibrage, rééquilibre.

RÉÉQUIPEMENT [ʀeekipmɑ̃] n. m. — 1936, in D.D.L.; de *rééquiper*.

♦ Le fait de rééquiper, de se rééquiper. *Le rééquipement d'une armée, d'une industrie.*

RÉÉQUIPER [ʀeekipe] v. tr. — D. i. (probablt v. 1936, → Rééquipement); de *ré-* et *équiper*.

♦ Équiper de nouveau; équiper en remplaçant le matériel ancien par du neuf. *Rééquiper un pays éprouvé par la guerre. Rééquiper une unité de production dont les machines sont frappées d'obsolescence.* — Pron. *Se rééquiper. J'ai vendu mes skis et mes chaussures, il faut que je me rééquipe.*

RÉER [ʀee] v. tr. — V. 1387; var. de *raire*.

♦ Vén. Bramer, en parlant du cerf. ⇒ **Raire.**

RÉESCOMPTE [ʀeeskɔ̃t] n. m. — 1863; de *ré-*, et *escompte*.

♦ Fin. Achat ou vente d'effets de commerce ou de valeurs du Trésor précédemment escomptés à la clientèle ou souscrits au ministère des Finances. *Crédits à 9, 18... mois admis au réescompte de la Banque de France.*

Le réescompte de la Banque de France est le moyen de mobiliser le papier que les Banques n'ont pu absorber. N'étant pas une banque comme les autres, mais un réservoir de crédit, la Banque de France peut accepter de mobiliser ces crédits.
  G. PASQUALAGGI, in ROMEUF, Dict. des sciences économiques, art. *Réescompte*.

DÉR. Réescompter.

RÉESCOMPTER [ʀeeskɔ̃te] v. tr. — 1867; de *réescompte*.

♦ Opérer le réescompte de... *Réescompter une traite.* « *Le papier déjà escompté est réescompté soit par la Banque de France,*

soit par les autres banques » (Romeuf, *Dict. des sciences économiques*).

RÉESSAYAGE [ʀeesɛjaʒ] n. m. — 1902; de *réessayer*.

♦ Action de réessayer (1.), de faire un nouvel essayage.

Le tailleur restait perplexe, lissant, sans penser à mal, l'endroit insolite avec son pouce.
Réessayage le lendemain, après retouche, et sur nouvelles mesures, qui ne s'ajustèrent pas mieux.
  A. JARRY, le Surmâle, II, *in* Œ compl., t. III, p. 133 (1902).

REM. La forme *ressayage* a vieilli.

RÉESSAYER [ʀeeseje; ʀeesɛje] v. tr. — xiiiᵉ, *resayer*; de *ré-*, et *essayer*.

♦ **1.** Essayer de nouveau (un vêtement retouché). ⇒ **Réessayage.**

♦ **2.** Tenter de nouveau. Absolt. *Ne vous découragez pas, il faut réessayer* (cf. Faire un nouvel essai).

REM. La forme *ressayer* a vieilli.

DÉR. Réessayage.

RÉÉVALUATION [ʀeevalɥasjɔ̃] n. f. — 1929, in D.D.L.; de *ré-*, et *évaluation*.

♦ Nouvelle évaluation sur de nouvelles bases. *Réévaluation de l'encaisse de la Banque de France en cas de dévaluation du franc* (3. Franc, cit. 3). — *Réévaluation des bilans :* opération destinée à accorder les divers postes des bilans avec la nouvelle valeur de la monnaie pour les rendre plus conformes à la réalité économique. *Réévaluation des amortissements.* — Revalorisation. *Réévaluation du franc suisse.*

Du point de vue budgétaire, une dévaluation paraissait avantageuse *(après les élections de 1936)*. La réévaluation de l'encaisse de la Banque de France ferait apparaître une plus-value d'un nombre important de milliards de francs qui reviendraient à l'État (...)
  REBOUT et GUITTON, Précis d'économie politique, t. I, p. 672.

CONTR. Dévaluation.
DÉR. Réévaluer.

RÉÉVALUER [ʀeevalɥe] v. tr. — Mil. xxᵉ; de *réévaluation*.

♦ Procéder à la réévaluation de. *Réévaluer une monnaie.*

RÉEXAMEN [ʀeɛgzamɛ̃] n. m. — V. 1963; de *réexaminer*.

♦ Fait de réexaminer. *Le réexamen d'un problème.*

RÉEXAMINER [ʀeɛgzamine] v. tr. — 1625, in D.D.L.; de *ré-*, et *examiner*.

♦ Faire un nouvel examen de... *Il faut réexaminer la question. Nous allons réexaminer votre candidature.* ⇒ **Reconsidérer** (cit. 1).

DÉR. Réexamen.

RÉEXPÉDIER [ʀeɛkspedje] n. f. — Fin xviiiᵉ, Mirabeau; → fret, cit. 3; de *ré-*, et *expédier*.

♦ Expédier à une nouvelle destination. Spécialt. Renvoyer (une chose) d'où elle vient. *Réexpédier une lettre* (→ Échafauder, cit. 3). *Expédier une marchandise dans un pays pour la réexpédier dans un autre.* ⇒ **Réexportation.** — (V. 1922). Avec un compl. de personne. Renvoyer, faire repartir.

(...) si cela vous amuse d'être seul avec moi, je n'ai qu'à réexpédier Andrée chez elle, elle viendra une autre fois. PROUST, la Prisonnière, Pl., t. III, p. 23.

DÉR. Réexpédition.

RÉEXPÉDITION [ʀeɛkspedisjɔ̃] n. f. — xviiiᵉ, Mirabeau; de *réexpédier*.

♦ Action de réexpédier. *Réexpédition d'une lettre dont le destinataire a changé d'adresse. Ordre de réexpédition du courrier.*

RÉEXPLOITER [ʀeɛksplwate] v. tr. — Av. 1850, Balzac; de *ré-*, et *exploiter*.

♦ Exploiter de nouveau, tirer une nouvelle fois profit de. — Spécialt. Remettre en exploitation. *On parle de réexploiter la carrière de gypse voisine.*

RÉEXPORTATION [ʀeɛkspɔʀtasjɔ̃] n. f. — 1755; de *réexporter*.

♦ Action de réexporter (→ Drawback, cit.).

RÉEXPORTER [ʀeɛkspɔʀte] v. tr. — 1734 ; de *ré-*, et *exporter*.

♦ Exporter à destination d'un autre pays des marchandises qu'on avait précédemment importées (spécialt, en France, en parlant de marchandises qui y ont séjourné sous un régime suspensif de droits).

DÉR. Réexportation.

RÉEXPOSER [ʀeɛkspoze] v. tr. — 1834 ; de *ré-*, et *exposer*.

♦ Exposer de nouveau. *Réexposer un thème musical.* ⇒ **Réexposition.** — Pron. *Se réexposer au soleil.*

DÉR. Réexposition.

RÉEXPOSITION [ʀeɛkspozisjɔ̃] n. f. — 1834 ; de *réexposer*, d'après *exposition*.

♦ Mus. Nouvelle exposition (d'un thème).

(...) Corelli, qui, le premier, aurait imposé le retour du dessin initial dans le ton principal.
Sans vouloir diminuer la portée de cette innovation, qui, en introduisant la notion de réexposition, a déterminé la coupe ternaire de la future sonate classique, on peut penser que d'Indy met en avant une question de structure qui n'est pas l'essence même de la forme. A. HODEIR, les Formes de la musique, p. 101.

RÉEXTRADITION [ʀeɛkstʀadisjɔ̃] n. f. — Mil. xxᵉ ; de *ré-*, et *extradition*.

♦ Dr. Acte par lequel un État fait remise d'un délinquant extradé à un autre État. — On emploie aussi le v. *réextrader* [ʀeɛkstʀade].

REFABRIQUER [ʀ(ə)fabʀike] v. tr. — xxᵉ ; de *re-*, et *fabriquer*.

♦ Fabriquer, faire de nouveau. ⇒ **Refaire.**

(...) les symboles (...), je m'étais mis à penser que c'étaient des mots désaffectés, dont l'ancien contenu avait disparu comme d'une église où on ne prie plus, mais les savants qui passent par là, plus tard, se refabriquent une religion (...)
ARAGON, Blanche..., I, IV, p. 67.

REFAÇON [ʀ(ə)fasɔ̃] n. f. — 1611 ; de *refaçonner*.

♦ Littér. ou techn. Façon nouvelle, remaniement. — Archit. Reconstruction partielle.

(...) en regard du texte d'Oxford nous possédons la rédaction assonancée du manuscrit de Venise, et la rédaction rimée du manuscrit de Paris, et le remaniement en vers allemands du Prêtre Conrad, etc., au total jusqu'à sept versions de la *Chanson de Roland*. Sans doute (...) ces refaçons, ces malfaçons, font toutes, comparées au texte d'Oxford, piètre figure.
J. BÉDIER, la Chanson de Roland, Avant-propos.

REFAÇONNER [ʀ(ə)fasɔne] v. tr. — 1752 ; «refaire, tailler à nouveau», xviᵉ ; de *re-*, et *façonner*.

♦ Donner une nouvelle façon* à (qqch.) ; façonner de nouveau.

DÉR. Refaçon.

RÉFACTION [ʀefaksjɔ̃] n. f. — 1723 ; «réfection, remise en état», xviiᵉ (in Mᵐᵉ de Sévigné) ; var. de *réfection*.

♦ Comm. Réduction consentie au moment de la livraison sur le prix des marchandises, lorsque celles-ci ne présentent pas la qualité ou les conditions convenues. — Douane. Remise, réduction des droits, en cas de dépréciation de marchandises avariées en cours de route. — Édition. Déduction, sur le prix par exemplaire servant de base au calcul des droits d'auteur, du coût de certaines opérations de fabrication (reliure, en particulier). *Réfaction pour cartonnage.*

REFAIRE [ʀ(ə)fɛʀ] v. tr. — Conjug. *faire.* — V. 1112 ; de *re-*, et *faire*.

♦ **1.** (V. 1155). Faire de nouveau (ce qu'on a déjà fait, ou ce qui a déjà été fait). *Cent* (cit. 6) *fois j'avais fait, défait et refait la même page* (→ aussi 1. Être, cit. 13 ; main, cit. 76). *Refaire entièrement un ouvrage.* ⇒ **Refondre.** *Refaire un pansement* (→ Opérer, cit. 5). *Abattre* (cit. 1), *détruire* (cit. 1) *une maison pour la refaire. Des choses admirables qu'on ne refera plus* (→ Fabrication, cit. 1). *Je ne prétendais pas refaire les Mille et Une Nuits* (cit. 43). *Refaire à neuf* (2. Neuf, cit. 21), *dans un autre matériau* (cit. 4). *Refaire un voyage, le même chemin. Faire et refaire des tours* (→ Pétulance, cit. 3). *Refaire une promesse.* ⇒ **Renouveler.** *Il a refait sa fortune, après avoir été ruiné. Élève qui a un devoir à refaire. C'est raté, c'est à refaire.* ⇒ **Recommencer.** *Il faut tout refaire derrière lui, il ne fait rien comme il le faut.* — Absolt. *Il passe son temps à faire, à défaire et à refaire. À refaire,* se dit aux cartes quand il y a eu maldonne ou une erreur quelconque.

1 (...) mécontent du reste des fermages qui baissaient, pris sur le tard de l'idée pratique de refaire sa fortune dans les affaires. ZOLA, la Terre, II, V.

2 On peut même dire que le *naturel* est le résultat de l'*effort.* La Fontaine, par exemple, n'a atteint l'inimitable naturel de son style que par un labeur obstiné. Il raturait sans cesse et refaisait jusqu'à dix ou douze fois la même fable.
Antoine ALBALAT, l'Art d'écrire, p. 85.

3 Se peut-il que tout cela lui ait échappé? N'importe! C'est manqué. Donc, c'est à refaire. Une autre fois, je serai moins maladroit.
G. DUHAMEL, Salavin, Journal, 20 nov.

3.1 (...) le fait d'être vivant, de devoir manger pour rester vivant, de se coucher, de se lever, de se recoucher de changer de linge, de refaire les mêmes gestes tous les matins et tous les soirs au milieu d'autres gens qui répétaient aussi les mêmes gestes (...) Claude SIMON, le Vent, p. 177.

(1870). *Refaire sa tête* (du cerf, du chevreuil) : pousser de nouveaux bois.

♦ **2.** (1611). Faire tout autrement, en apportant de profondes transformations. *Des programmes* (cit. 6) *où il est question de refaire le pays. Refaire la nation* (→ Individualisme, cit. 1). *Ton éducation est à refaire* (→ Incartade, cit. 7). *On peut refaire son caractère* (cit. 45). *Il pense à refaire sa vie avec une autre femme.*

3.2 (...) Tu as l'intention formelle, tu viens de le dire, de divorcer, et même de divorcer le plus rapidement possible, n'est-ce pas? — (...) Tu le penses bien. — (...) Donc, c'est bien ce que je disais, il faut que sans tarder je refasse ma vie.
Sacha GUITRY, N'écoutez pas, Mesdames! p. 55.

♦ **3.** (V. 1160). Remettre en état. ⇒ **Rajuster, réparer, restaurer.** *Donner des fauteuils à refaire. Refaire à neuf. Refaire son maquillage* (cit. 4). *Refaire un mur* (→ Moellon, cit. 1). — Par ext. Fig. *On a de la peine à refaire sa situation quand on l'a gâtée* (cit. 15). ⇒ **Reconstituer.** *Refaire ses forces, sa santé.* ⇒ **Reprendre, rétablir.** — (Avec un compl. de personne) *«Rien n'est capable de refaire un malade comme le bon air»* (Académie). — Par plais. *Refaire à une fille une virginité.*

4 Après un mois ou deux, consacrés à lui refaire l'estomac par le régime du laitage (...) BALZAC, le Médecin de campagne, Pl., t. VIII, p. 518.

(1903). Spécialt (sport). Regagner du terrain, combler un retard sur les concurrents.

♦ **4.** (1846 ; «duper», 1700). Fam. Attraper (qqn). ⇒ **Duper, rouler.** *Vous tentez de nous refaire sur la commission* (→ Marcher, cit. 30). *«Il était dindonné* (cit. 1), *ce que nous appelons refait au même»* (Balzac). *Je suis refait! :* on m'a eu. ⇒ **Compromis.**

5 On la volait beaucoup, disait-elle (...) — Tenez, mes enfants, je vas vous montrer comment l'on nous *refait!* BALZAC, les Comédiens sans le savoir, Pl., t. VII, p. 30.

(V. 1880). Fam. Voler (qqch.). *Refaire un portefeuille.* — Voler (qqn) *Le garçon m'a refait de quinze francs sur l'addition. Je me suis fait refaire de quinze francs* (→ ci-dessous *refait*).

5.1 Une autre en aurait peut-être profité pour se dire : «Quel ballot!» et me refaire ma montre. J. ROMAINS, les Hommes de bonne volonté, t. V, p. 62.

▶ **SE REFAIRE** v. pron.

★ I. Réfl. dir. ♦ **1.** [a] (V. 1175). Réparer ses forces. ⇒ **Manger, restaurer** (se) ; **recouvrer** (la santé). → Cadet, cit. 3 ; récupérer, cit. 2.

[b] Réparer sa fortune, notamment après des pertes au jeu (→ Perte, cit. 1).

6 Mais Napoléon cède néanmoins aux instances du prince, et à divers titres, lui fournit et lui fournira de quoi se refaire. Le 31 janvier 1812, il lui fera verser 1 280 000 francs pour prix de l'hôtel Monaco (...)
Louis MADELIN, Talleyrand, III, XXIV.

[c] *Se refaire à qqch. :* en prendre à nouveau l'habitude. *Il faudra qu'il se refasse au travail après cette longue interruption.*

♦ **2.** (xviiiᵉ). En tournure négative. Se faire autre qu'on est, se transformer complètement. *Que voulez-vous! je suis comme ça, je ne peux pas me refaire. On ne se refait pas!*

★ II. Réfl. indir. *Se refaire des amis. Depuis qu'elle vit à la campagne, elle s'est refait une santé. Se refaire une beauté*.

7 Mais il était trop tard pour me refaire une jeunesse. J'y croyais plus!
CÉLINE, Voyage au bout de la nuit, p. 210.

▶ **REFAIT, AITE** p. p. adj. Voir à l'article les sens correspondants de l'actif.

(Sens 1.). Dr. *Acte refait.* ⇒ **Réfection.**

(Sens 3.) Vx. (Personnes). En bonne santé. *«Bien gras et bien refait»* (→ Nain, cit. 1, Ronsard).

(Sens 4.; personnes). Fam. Volé, trompé. — *Refait de... :* volé frustré de (qqch., un bien).

8 Eh bien, les jeunes européens des années de grandes guerres, même à l'arrière des lignes, se sentaient tous frustrés, refaits de leur jeunesse.
Claude ROY, Nous, p. 27.

REFAIT [ʀ(ə)fɛ] n. m. — xviᵉ ; p. p. subst. de *refaire*.

♦ Vén. Bois récemment repoussés (du cerf, du chevreuil, du daim).

REFAMILIARISER [ʀ(ə)familjaʀize] v. tr. — 1876 ; de *re-*, et *familiariser*.

♦ Rendre de nouveau familier avec. ⇒ **Réaccoutumer.** — Pron. *Se refamiliariser avec un milieu après une longue absence.*

RÉFECTION [ʀefɛksjɔ̃] n. f. — xiie ; *refectiun*, v. 1120 ; empr. lat. *refectio*, de *reficere*, comp. de *facere*. → Faire.

♦ **1.** Vx. Action de se refaire, de réparer ses forces.

(V. 1380). Encore usité dans les communautés religieuses. Collation, repas. *« Prendre sa réfection »* (Bossuet). → Réfectoire.

♦ **2.** (V. 1290). Cour. Action de refaire, de réparer, de remettre à neuf, de reconstruire. *Réfection d'un mur, d'une route. — Travaux de réfection.* — Chir. *Réfection d'un organe.* ⇒ **Plastie.**

Dans le cimetière, là-bas, devant les murailles de Stamboul, la réfection de l'humble tombe était achevée, grâce à des complicités d'amis turcs.
LOTI, les Désenchantées, III, xvii.

Ling. Modification d'une forme linguistique populaire, issue de l'évolution normale, d'après l'étymologie. *Le xvie siècle a procédé à de nombreuses réfections de mots d'après le latin ou le grec.*

♦ **3.** Dr. *Réfection d'un acte :* remplacement d'un acte antérieur, généralement nul pour vice de forme, par un autre acte qui ne modifie pas la nature ni l'objet des conventions.

RÉFECTOIRE [ʀefɛktwaʀ] n. m. — xiiie ; *réfectoir* (d'un couvent), xiie ; *refraitur*, v. 1112 ; lat. ecclés. *refectorium*, neutre subst. de l'adj. bas lat. *refectorius* « qui refait, restaure ». → Réfection.

♦ Salle à manger réservée aux membres d'une communauté. *Réfectoire d'un couvent* (→ 2. Louer, cit. 2), *d'un hôpital, d'un lycée. Réfectoire régimentaire* (→ Gamelle, cit. 2). ⇒ **Cantine** (→ aussi Mess, popote).

1   Un grand crucifix accroché au mur complétait la décoration de ce réfectoire, dont la porte unique (...) s'ouvrait sur le jardin. Deux tables étroites, côtoyées chacune de deux bancs de bois, faisaient deux longues lignes parallèles d'un bout à l'autre du réfectoire. Les murs étaient blancs, les tables étaient noires ; ces deux couleurs du deuil sont le seul rechange des couvents. Les repas étaient revêches et la nourriture des enfants eux-mêmes sévère.   HUGO, les Misérables, II, vi, v.

2   Il y a une odeur de réfectoire, que l'on retrouve la même dans tous les réfectoires. Que ce soient des Chartreux qui y mangent, ou des séminaristes, ou des lycéens, ou de tendres jeunes filles, un réfectoire a toujours son odeur de réfectoire.
ALAIN, Propos, 11 oct. 1907, Odeur de réfectoire.

Lieu où mangent de nombreuses personnes (grand restaurant, etc.) → Net, cit. 3.

DÉR. Réfectorier.

RÉFECTORIER, IÈRE [ʀefɛktɔʀje, jɛʀ] n. — 1180 ; de *réfectoire.*

♦ Religieux, religieuse ou domestique qui prépare les repas (⇒ **Cuisinier**) ou entretient le réfectoire, dans une communauté religieuse, un couvent.

REFEND [ʀ(ə)fɑ̃] n. m. — 1423, *refens* « cloison » ; subst. verbal de *refendre.*

♦ **1.** Techn. Action de refendre*, de partager (seulement dans : *de refend*). — (1690). Maçonn. *Mur de refend :* mur (cit. 9) de fondation formant séparation dans l'intérieur d'un bâtiment (→ Proscenium, cit.). — (1741). *Ligne de refend :* ligne horizontale ou verticale creusée sur le parement d'un mur pour marquer ou simuler les joints des assises de pierre. ⇒ **Bossage** (cit. 1). — Archit. *Feuilles de refend :* feuilles à découpures profondes (comme les feuilles d'acanthe). — (1743) Charpenterie. *Bois de refend :* bois refendu, scié en long (opposé à *bois de brin*).

1   Quant à l'étage inférieur, il avait bien, en dépit des fenêtres, les caractères d'un sous-sol. Il était divisé par deux murs de refend en trois parties à peu près égales qui correspondaient aux trois fenêtres.
J. ROMAINS, les Hommes de bonne volonté, t. IX, xxiii, p. 200.

♦ **2.** Ce qui est refendu ; entaille, fente.

2   Le temps a creusé dans les chambranles et les cintres des refends profonds (...) où il n'est point rare de trouver des chauves-souris endormies.
HUGO, l'Archipel de la Manche, vii.

Spécialt. **[a]** (1863). *Un refend :* un mur de refend (→ ci-dessus). — Par ext. Mur, cloison de séparation. *« Il abattit le refend pour agrandir le salon »* (Flaubert).

[b] (1693). *Un refend :* une ligne de refend. *Les refends d'un mur.*

[c] (1904). Mur d'espalier, parallèle ou perpendiculaire à une clôture, destiné à abriter les plantes.

[d] (Mil. xxe). Publicité. Emplacement d'affichage situé sur un mur perpendiculaire au sens de la circulation.

REFENDAGE [ʀ(ə)fɑ̃daʒ] n. m. — xxe ; de *refendre.*

♦ Techn. Opération consistant à diviser un cuir en plusieurs épaisseurs.

REFENDRE [ʀ(ə)fɑ̃dʀ] v. tr. — Conjug. *fendre.* — V. 1268 ; de *re-*, et *fendre.*

♦ **1.** Vx. Fendre à nouveau. — (xive). Fig. Dr. anc. *Refendre un héritage :* procéder à un nouveau partage.

♦ **2.** (1600). Mod. Techn. Fendre ou scier dans le sens de la longueur. *Refendre du bois.* ⇒ **Planche.** *Refendre l'ardoise.* — Par ext. Recouper (→ Perpendiculaire, cit. 2).

(1870). Techn. Diviser (une peau) en plusieurs épaisseurs.

DÉR. Refend, refendage, refente.

REFENTE [ʀ(ə)fɑ̃t] n. f. — 1549 ; de *refendre,* 2.

♦ Techn. Opération par laquelle on scie ou on fend dans le sens de la longueur.

(...) baguettes obtenues par refente des frises rabotées.
J.-C. REGGIANI, Industries et Commerce du bois, p. 92.

RÉFÉRÉ [ʀefeʀe] n. m. — 1690 ; p. p. subst. de *référer.*

♦ Dr. « Procédure rapide et simplifiée tendant à obtenir du président du tribunal civil ou du tribunal de commerce une ordonnance qui règle provisoirement, et sans porter atteinte au fond du droit, une contestation en cas d'urgence ou en cas de difficulté sur l'exécution forcée d'un titre exécutoire » (Capitant). ⇒ **Recours** (3.). — Arrêt rendu selon cette procédure. *Plaider en référé, un référé* (→ Fort, cit. 10). *Le Président fut saisi d'un référé intenté par...* (→ 1. Mineur, cit. 7). *Ordonnance de référé. Chambre, juge des référés. Référé sur placet, sur procès-verbal, sur scellés ou inventaire.* — *Référé administratif :* « procédure qui permet au président du conseil de préfecture de désigner un expert pour constater des faits qui seraient de nature à motiver une réclamation devant le conseil » (Capitant). *Référé de la Cour des Comptes :* observations qu'elle adresse aux ministres. *Référé législatif :* demande d'interprétation de la loi, adressée par un juge au législateur.

1   — Je vais vous assigner en référé, reprit Villemot, pour voir dire que nous sommes locataires par moitié de cet appartement, et vous ne nous en chasserez pas (...)
BALZAC, le Cousin Pons, Pl., t. VI, p. 786.

2   Mais, tout de suite, la Grande avait emmené Jean à Châteaudun, chez l'avoué. Celui-ci leur expliqua qu'il fallait au moins cinq jours, avant d'en arriver à l'expulsion : le référé introduit, l'ordonnance rendue par le président, la levée au greffe de cette ordonnance, enfin l'expulsion, pour laquelle l'huissier se ferait aider des gendarmes, s'il le fallait.
ZOLA, la Terre, IV, vi.

RÉFÉRENCE [ʀefeʀɑ̃s] n. f. — V. 1820 ; angl. *reference,* employé notamment (v. 1820) dans les trad. de Bentham par Dumont (cf. Bescherelle et P. Larousse), rapidement senti comme dér. de *référer* (lat. *referre,* d'où le mot angl. provient).

★ **I.** ♦ **1.** Action ou moyen de se référer, de situer par rapport à... *« L'égotisme* (cit. 3) *est une incessante référence à soi ». Indemnité* (cit. 4) *fixée par référence au traitement.* — Géom. *Système de référence :* système d'axes et de points par rapport auquel on définit la position d'un point (grâce à ses coordonnées). ⇒ **Référentiel ; repère.** *Triangle, trièdre de référence. Surface de référence* (→ Planimétrique, cit.).

1   À côté des grandeurs scalaires, il existe aussi des grandeurs (...) dont les valeurs dépendent du trièdre de référence employé pour repérer les points de l'espace. De telles grandeurs définissent un être mathématique unique ayant une signification « intrinsèque » c'est-à-dire indépendant du système de référence employé : mais dans chaque système de référence l'être en question se décompose en « composantes » qui, elles, dépendent du système employé (...) Si l'on change le système de référence, les composantes subissent des transformations linéaires dépendant du déplacement de l'origine et du changement d'orientation des axes lors du passage du premier système au second. Ici le choix du référentiel comporte, en plus du choix de l'origine, celui de l'orientation des axes.
L. DE BROGLIE, Physique et Microphysique, p. 95.

2   La géodésie a pour objet d'une part de déterminer la forme de ce système physique de référence, par rapport auquel sont décrits en chaque point les éléments de la surface de la Terre d'autre part de fixer sur cette surface, en les matérialisant sur le terrain, un certain nombre de points dont les positions relatives soient bien connues (...)
J. GOGUEL et J. SEGONS, Formes et dimensions de la Terre, in Encycl. Pl., la Terre, p. 74.

♦ **2.** Fait de se référer ou de renvoyer un lecteur à un texte, une autorité, un document ; (1845) note, indication précise qui en résulte. ⇒ **Renvoi.** *Références au bas des pages. Notes, commentaires et références* (→ Citation, cit. 5 ; citer, cit. 3 ; éclairer, cit. 12 ; glose, cit. 4). *L'auteur n'indique malheureusement pas ses références. Référence exacte, fausse. Référence à un texte cité plus haut.* ⇒ **Reporter** (se). — (1870). *Ouvrages de référence :* ouvrages faits pour être consultés et où l'information, fractionnée, est généralement classée de manière systématique (dictionnaires, bibliographies, encyclopédies, anthologies).

3   Tout Hugo est là-dedans. Qu'il ne me donne pas de références (j'aime mieux ça), ou qu'il me les donne exactes. Comme tout le monde. Mais non il m'abrutit, moi public (...) il m'abrutit des références les plus extraordinaires, qui ne me laissent aucun doute sur son érudition. Des noms qu'on n'a jamais ni vus ni connus.
Ch. PÉGUY, Victor-Marie, comte Hugo, p. 71.

4   Cette biographie *(Byron)* scella ma réconciliation avec les érudits. Retranché derrière les parapets de notes et de références, je pouvais désormais les attendre sans crainte. Ils vinrent, non en adversaires, mais en amis.
A. MAUROIS, Mémoires, t. I, xvii.

(xxᵉ). Comm., admin. Indication en tête et à gauche d'une lettre (initiales, numéro, etc.) que le correspondant est prié de rappeler dans sa réponse. *Numéro de référence,* attribué à un client, un dossier. — *Numéro de référence d'une marchandise,* renvoyant à un échantillon* ou un spécimen. — (1877). *Album de références :* album classant ces numéros.

♦ **3.** (1870). Au plur. Attestation de personnes auxquelles on peut s'en rapporter pour avoir des renseignements sur qqn (qui cherche un emploi, propose une affaire, etc.). *Fournir de bonnes références, de sérieuses références.* ⇒ **Certificat, recommandation.**

5   Parfois le « principal clerc » me demandait les références fournies par mes derniers patrons. Je promettais de les apporter le lendemain (...)
G. Duhamel, Salavin, I, VIII.

Fig. (au sing.). Fait permettant de reconnaître la valeur de qqn. *Être loué par un tel critique, ce n'est pas une référence !*

★ **II.** (Après 1960, repris à l'angl. employé en ce sens par les logiciens et sémanticiens). Philos, ling. Fonction par laquelle un signe renvoie à ce dont il parle, à ce qu'il désigne (référent*). ⇒ **Dénotation.** *Théorie de la référence.* ⇒ **Désignation.** *Référence et signification*.* — Par ext. Référent.

DÉR. Référencer, 1. référentiel, 2. référentiel.

RÉFÉRENCEMENT [ʀeferɑ̃smɑ̃] n. m. — 1974, in *la Clé des Mots*; de *référencer.*

♦ Fait de référencer. *Référencement d'une citation, d'un échantillon* (comm.). — Élément référencé ; (comm.) échantillon référencé.

RÉFÉRENCER [ʀeferɑ̃se] v. tr. — 1877 ; de *référence.*

♦ **1.** Comm. Joindre une référence à (un échantillon). *Référencer un échantillon.* — Au p. p. *Marque référencée.* — *Citation référencée,* dont on indique la source. — REM. On trouve aussi la forme *référencié* [ʀeferɑ̃sje] (1967).

♦ **2.** Pourvoir d'une référence (I., 2.) *Référencer une citation, un élément bibliographique.*

DÉR. Référencement.

RÉFÉRENDAIRE [ʀeferɑ̃dɛʀ] n. m. et adj. — XIVᵉ ; *referendare,* v. 1310 ; bas lat. *referendarius,* dér. de l'adj. verb. de *referre* « faire un rapport ».

♦ **1.** Hist. Nom de divers officiers de chancellerie. *Grand référendaire* (du Sénat impérial, de la Chambre des Pairs), ayant la garde du sceau et des archives (→ Honneur, cit. 87).

1   Celui-là écrivait toujours, à M. le garde des sceaux, à M. le procureur général, à M. le chancelier, à M. le grand référendaire (...)
Hugo, Choses vues, I, 1847, Prison des condamnés à mort.

Mod. (1835). *Conseiller référendaire,* ou, absolt (1844 ; → Passer, cit. 52) *référendaire :* magistrat de la cour des Comptes, chargé de vérifier les comptes des justiciables, et placé dans la hiérarchie au-dessus des conseillers-maîtres et au-dessus des auditeurs.

2   (...) nous invitions tous les locataires distingués de l'impasse, et nous avions une collection d'attachés d'ambassades, en habits bleus à boutons d'or, de jeunes conseillers d'État, de référendaires en herbe (...)
Nerval, Petits châteaux de Bohême, Premier château, III.

Régional (en Belgique). Magistrat, greffier auprès d'un tribunal de commerce.

♦ **2.** Adj. (V. 1969). Relatif à un référendum. *Campagne référendaire. Projet de loi référendaire.*

REFERENDUM ou RÉFÉRENDUM [ʀeferɑ̃dɔm ; ʀeferɛ̃dɔm] n. m. — 1781, « demande de consultation » ; repris 1874 ; de l'expr. lat. *ad* referendum,* attestée dès 1750, de *referre* « faire un rapport, soumettre à une assemblée ».

♦ **1.** « Institution du gouvernement semi-direct dans laquelle les assemblées élues, ne statuant que *ad referendum,* doivent soumettre leurs décisions à l'approbation expresse du corps des citoyens » (Capitant). — REM. Le mot, désignant une pratique courante en Suisse, n'apparaît dans aucune des constitutions de la France avant celle de 1946 ; il est remplacé par diverses expressions telles que *consultation* ou *appel au peuple.* ⇒ **Appel** (au peuple), **consultation, plébiscite, vote.** — *Referendum constituant, législatif. Referendum obligatoire* (dans lequel le vote du peuple lie juridiquement l'assemblée), *consultatif* (où le vote du peuple n'a que la valeur d'un avis), *facultatif* (l'assemblée étant maîtresse de décider d'y avoir recours). *Referendum et plébiscite*. Des referendums.*

1   Le référendum se distingue très nettement du plébiscite. Le référendum est une part faite au gouvernement direct ; le plébiscite tend au contraire à établir un gouvernement représentatif (...) Le vote du 20 décembre 1851, chargeant le prince Louis-Napoléon de faire une constitution sur les cinq bases de proclamation du 2 décembre, était un plébiscite et non un référendum. Du référendum doit aussi être distingué le veto populaire (...)
L. Duguit, Traité de droit constitutionnel, t. II, p. 619.

Par ext. Consultation de tous les membres d'un groupe, d'un

ensemble de gens associés par telle ou telle activité commune. *Organiser un referendum auprès des lecteurs d'un journal.*

2   Je suis sûr que si on organisait un referendum dans notre jeunesse à lunettes pour lui demander de désigner le plus grand poète français, Baudelaire l'emporterait à une forte majorité.
M. Aymé, le Confort intellectuel, p. 37.

♦ **2.** (1859). Diplom. Demande d'un agent diplomatique à son gouvernement en vue de recevoir de nouvelles instructions.

♦ **3.** Régional (Suisse). Droit en vertu duquel un nombre déterminé de citoyens peuvent demander que soit soumis à un vote populaire un texte législatif émanant du Parlement communal, cantonal ou fédéral.

RÉFÉRENT [ʀeferɑ̃] n. m. — Mil. xxᵉ ; de *se référer, référence ;* cf. *référant,* adj., « qui réfère, renvoie », 1618 ; repris à l'angl. *referent,* de *to refer,* même origine.

♦ Didact. (ling.). Ce à quoi renvoie un signe ; élément du monde qui est désigné par un signe. ⇒ **Référence,** II. *Mots dont les référents sont extérieurs au langage ; intérieurs au langage* (ce sont des signes du langage). ⇒ **Autonyme, métalinguistique.** *Référent imaginaire* (ex. : celui du mot *licorne*).

(...) l'enseignement philosophique était comparable à celui d'une histoire de l'art qui proclamerait le gothique nécessairement supérieur au roman, et, dans l'ordre du premier, le flamboyant plus parfait que le primitif, mais où personne ne se demanderait ce qui est beau et ce qui ne l'est pas. Le signifiant ne se rapportait à aucun signifié, il n'y avait plus de référent.
Claude Lévi-Strauss, Tristes tropiques, p. 38.

(En psycholinguistique). Terme extralinguistique à l'origine d'un stimulus produisant une impression sémantique, puis une réaction verbale.

1. RÉFÉRENTIEL [ʀeferɑ̃sjɛl] n. m. — xxᵉ ; de *référence.*

♦ **1.** Math., mécan. Système de référence. ⇒ **Référence** (cit. 1 et supra). *En mécanique céleste, les accélérations sont mesurées par rapport au référentiel de Copernic.*

Math. Ensemble servant de référence, dans une étude faisant intervenir des parties (sous-ensembles) de cet ensemble.

♦ **2.** Didact. Système de référence servant de « médiation entre les horizons de la subjectivité et ceux de l'objectivité » (Gonseth).

Je l'ai déjà dit, l'usage du mot référentiel a commencé par être extrêmement réduit et spécialisé : faisant partie du vocabulaire de la géométrie analytique, il désignait simplement un système d'axes de coordonnées. L'usage devait tout naturellement s'en élargir, par sa participation à la conception d'espace à plus de trois dimensions : tels sont, par exemple, l'espace-temps — l'univers à quatre dimensions — de la théorie de la relativité ou l'espace de Hilbert à une infinité de dimensions. Dans ces deux cas, bien que de façon très différente, l'idée du référentiel se trouve prise dans un mouvement généralisateur qui en modifie profondément les capacités d'application (...). En somme, par un entraînement qui n'a rien de forcé, le mot référentiel en vient à signifier l'ensemble (explicite ou implicite) des préalables faute desquels telle ou telle activité systématique ne pourrait pas avoir lieu. Le référentiel peut alors s'offrir comme un cadre où cette activité prendra place. C'est ainsi que tout ce qui fait pour nous, en telle ou telle circonstance, la « réalité » d'un terrain de jeu peut servir de référentiel commun au joueur et au spectateur.
F. Gonseth, le Référentiel, univers obligé de médiatisation, p. 21-22.

2. RÉFÉRENTIEL, IELLE [ʀeferɑ̃sjɛl] adj. — V. 1960 ; de *référence* ou angl. *referential.*

♦ Ling. Qui concerne une référence. *Fonction référentielle du signe. Sens référentiel* (⇒ **Dénotatif**) *et sens connotatif.*

(...) ce que Freud a admirablement saisi, c'est avec la puissance de l'œuvre à naître, ici lablement saisi, c'est avec l'œuvre une voie que nous, modernes, avons oubliée comme signe référentiel : La voie « moyenne » (...) la voie intermédiaire (fantasme inconscient).
J. Gillibert, la Création littéraire, in la Nef, n° 31, p. 98.

COMP. Autoréférentiel.

RÉFÉRER [ʀefere] v. — Conjug. *céder.* — 1559 ; « rapporter (une chose à une autre) », 1370 ; lat. *referre* « rapporter ».

★ **I.** ♦ **1.** V. tr. (Vx). ⇒ **Attribuer, rapporter** (II.). *Je vous en réfère tout l'honneur* (Académie). *Référer un cataclysme* (cit. 2) *aux conjonctions des planètes maléfiques.*

La critique littéraire classique entrave cet essor divergent. Dans ses prétentions à une connaissance psychologique instinctive, à une intuition psychologique native, qui ne s'apprend pas, elle réfère les œuvres littéraires à une expérience psychologique désuète, à une expérience ressassée, à une *expérience fermée.*
G. Bachelard, l'Eau et les Rêves, p. 81.

Dr. *Référer un serment :* le déférer (cit. 5) en retour à la partie qui l'avait elle-même déféré.

♦ **2.** V. pron. (Fin xvᵉ). SE RÉFÉRER À... : s'en rapporter, recourir à... (comme à une autorité). ⇒ **Attester, consulter.** *Se référer à qqn, à ses paroles, à son avis. Se référer à une définition, à un texte :* s'y reporter en s'y appuyant, les invoquer, les prendre comme référence (→ Essentialiste, cit. ; expressionnisme, cit. 1). — (Sujet n. de chose). *Notes qui se référaient au passé.* ⇒ **Rapporter** (se), **viser.**

2 Si les hommes ne peuvent pas se référer à une valeur commune, reconnue par tous en chacun, alors l'homme est incompréhensible à l'homme.
CAMUS, l'Homme révolté, p. 39.

Math. Prendre pour système de référence*. — Ling. Avoir pour référent*.

♦ **3.** V. tr. indir. EN RÉFÉRER À : faire rapport, en appeler à. ⇒ **Compromettre.** *En référer au juge. Il en sera référé.* — *En référer à son chef, à un supérieur,* lui rapporter et lui soumettre la chose, en lui laissant le soin de décider. — Ling. *Référer à :* avoir pour référent*.

3 (...) en aucun tribunal, à cette époque, le Parquet n'eût accueilli sans un long examen, et sans peut-être en référer au Procureur-Général, une plainte en faux contre le fils aîné de l'une des plus nobles familles du royaume.
BALZAC, le Cabinet des antiques, Pl., t. IV, p. 438.

4 (...) j'ai longuement hésité si je n'en référerais pas à l'Autorité directoriale de ce cas tout particulier (...) COURTELINE, Messieurs les ronds-de-cuir, 3e tableau, I.

★ **II.** (Angl. *to refer*). **RÉFÉRER À...** : renvoyer à (la réalité)..., en tant que signe. ⇒ **Référence** II., **référent.** — La forme *se référer à...* est plus normale.

REFERMER [ʀ(ə)fɛʀme] v. tr. — V. 1175; «réparer», v. 1130; de re-, et *fermer.*

♦ **Fermer*** (ce qu'on avait ouvert, ce qui se trouvait ouvert). *Refermer la porte* (→ Appliquer, cit. 17; entrebâiller, cit. 4), *la croisée* (→ 2. Augure cit. 11), *la vitre* (→ Jeter, cit. 16), *les contrevents* (cit. 2), *les battants d'une armoire* (cit. 7). — *Refermer une boîte* (→ Meurtrir, cit. 4), *sa valise.* — *Refermer les yeux* (→ Inconscient, cit. 1). *Refermer un dossier* (→ Nerveux, cit. 11), *un livre* (→ Ligne, cit. 47). *Le piège referma ses mâchoires* (→ Os, cit. 2).

1 Un voyageur, qui croyait le compartiment vide, ouvrit brusquement la portière et la referma en maugréant. MARTIN DU GARD, les Thibault, t. IV, p. 303.

▶ **SE REFERMER** v. pron. (V. 1673, fig.; «se raffermir», xvᵉ). Se fermer après s'être ouvert. *La porte se refermait* (→ Famille, cit. 25). *Le panneau* (cit. 7) *se referma sur eux. Ses paupières se sont à jamais refermées* (→ 1. Masque, cit. 28). *Sa plaie se referme. Fleur qui se referme* (→ Frelon, cit. 2; parasol, cit. 4). *Sentir sur ses bras se refermer des poignes* (cit. 5) *redoutables. Gouffres* (cit. 3) *d'eau, qui s'ouvrent et se referment.* — Fig. Se replier sur soi-même. *Son visage se referma* (→ Méditatif, cit. 2).

2 Il sentit que par derrière on le tenait. Il se retourna; c'était la main ouverte qui s'était refermée et qui avait saisi le pan de sa capote.
HUGO, les Misérables, II, I, XIX.

CONTR. **Rouvrir.** — **Épanouir.**

REFERRER [ʀ(ə)feʀe; ʀ(ə)fɛʀe] v. tr. — xiiᵉ; de re-, et *ferrer.*

♦ Techn. Remettre un fer (des fers) à (un cheval déferré).

Nous allons chercher un village (...) où un maréchal remettra le fer de votre cheval (...) le cheval referré était depuis longtemps accroché à l'anneau, près de la porte (...) M. DRUON, la Chute des corps, II, X, p. 183.

REFIL ou **REFILE** [ʀ(ə)fil] n. m. — 1883; déverbal de *refiler* «rendre».

♦ **1.** Loc. pop. (argot). *Aller au refile* ou *au refil :* vomir.

1 Et Simone fouille et refouille ses chicots, faisant claquer sa langue en aspirant : manège qui fait, selon l'accoutumance, pouffer ou se détourner pour ne pas aller au refil. A. SARRAZIN, la Cavale, p. 259.

2 Je gamberge, malgré les nausées qui me nouent les tripes. À chaque minute, j'ai une contraction de l'estomac qui me fait aller au refile (...)
SAN-ANTONIO, Au suivant de ces messieurs, p. 47-48.

♦ **2.** (1902). Argot, vx. Marchandise refusée. ⇒ **Rendu.**

REFILER [ʀ(ə)file] v. tr. — 1790; «filer de nouveau (la laine)», mil. xviᵉ; *rafiler,* 1740; de re-, et *filer.*

♦ Fam. Donner, remettre à un autre, en le trompant, en surprenant sa bonne foi, en profitant de son inattention. *On lui avait refilé une pièce fausse* (⇒ Grogner, cit. 6). *Le marchand m'a refilé des poires trop mûres. On va lui refiler nos rossignols.* ⇒ **Fourrer.** — Par ext. Donner (en général). *Il m'a refilé sa grippe.* ⇒ **Passer.**

1 « Il *(le général)* s'est enfui, leur refilant, ayant laissé derrière lui avec sa défroque comme une malédiction, un legs empoisonné, un persistant potentiel de violence et de meurtre... », pensa-t-il. Claude SIMON, le Palace, p. 26.

2 Hier, j'ai fait deux cent soixante et un francs, plus une pièce fausse de cinq francs. C'est rare que je m'en fasse refiler une.
R. QUENEAU, le Dimanche de la vie, p. 172.

3 (...) je lui refilai une de mes anciennes copines dont il m'a dit, depuis, qu'il était satisfait. Robert PINGET, Graal flibuste, p. 124.

RÉFLÉCHI, IE [ʀefleʃi] adj. ⇒ **Réfléchir.**

RÉFLÉCHIR [ʀefleʃiʀ] v. — V. 1300, tr. et pron. au sens phys.; du lat. *reflectere,* sur le modèle de *fléchir.* → Fléchir.

★ **I.** ♦ **1.** V. tr. Renvoyer par réflexion* dans une direction différente ou dans la direction d'origine. *La Lune* (cit. 1) *réfléchit une partie de la lumière qu'elle reçoit du Soleil. Glace* (cit. 27), *miroir qui réfléchit une image*.* ⇒ **Refléter, répéter** (→ par métaphore, Poésie, cit. 3). — *Mer, nappe* (cit. 3) *d'eau qui réfléchit les objets, le paysage* (→ Abri, cit. 7). *Son poignard nu* (1. Nu, cit. 11) *réfléchissait les rayons.* ⇒ **Briller, luire, lumineux, miroiter.** — Poét. *Des yeux qui réfléchissent l'azur, la pâleur du ciel* (cit. 31; et → Gris, cit. 3). Par métaphore (en parlant de l'âme). → Infini, cit. 26; limpide, cit. 2.

1 Les lueurs du couchant diversement réfléchies par les masses de différents verts produisaient un magnifique mélange de tons pleins de mélancolie.
BALZAC, le Curé de village, Pl., t. VIII, p. 595.

2 Si vous regardez du bord, l'autre rive semble suspendue en l'air, tant l'eau réfléchit fidèlement le ciel (...) MICHELET, Hist. de France, III.

Par anal. (vieilli). *Réfléchir le son, la voix.* ⇒ **Répercuter.** — (Improprement). *Réfléchir la chaleur.* ⇒ **Réverbérer.**

♦ **2.** (1637). Pron. (passif). *Se réfléchir :* être réfléchi, envoyé. *L'optique* (cit. 1) *enseigne comment la lumière se réfléchit.* — *Les étoiles se réfléchissaient au sein de la mer.* ⇒ **Mirer** (se). → Image, cit. 3. *Des yeux où se réfléchit le ciel* (→ Éclat, cit. 26). — Par métaphore (→ Donner, cit. 73).

3 Cette petite scène, fort bien racontée par madame de Maintenon (...) va frapper à son tour l'imagination émue de madame des Ursins et s'y réfléchir avec une réverbération qui la rendra plus vive : vu dans ce miroir, l'objet prendra plus de mouvement et de relief que dans la réalité même.
SAINTE-BEUVE, Causeries du lundi, 23 févr. 1852.

4 L'Olympe avait des teintes de braise ou de métal en fusion, et se réfléchissait dans une mer couleur de glace. LOTI, Aziyadé, I, XVI.

5 (...) il leur semble *(aux Girondins)* que la richesse générale de la Nation se réfléchira d'elle-même sur les ouvriers comme une lumière abondante éclaire tout, et, par ses reflets, pénètre là où ne frappait pas son rayon direct.
JAURÈS, Hist. socialiste..., t. I, p. 1011.

(1701). Gramm. (⇒ **Réfléchi,** I., 2., ci-dessous).

6 Si, au lieu de porter sur un être, une chose, une idée extérieure à lui, l'action faite par un sujet se retourne sur lui-même, on dit qu'elle *se réfléchit.* Cette réflexion peut se produire quand l'action est dans un nom : *l'amour de soi,* quand elle est dans un adjectif : *sûr de soi,* quand elle est dans un verbe : *madame s'habille...* L'acte d'habiller est fait par elle. La personne habillée est elle-même. Il y a identité entre le sujet et l'objet.
F. BRUNOT, la Pensée et la Langue, p. 327.

★ **II.** V. intr. (1672; fig. de I., 1.; proprt «par un retour de la pensée sur elle-même»; *se réfléchir sur soi* «se recueillir», xvᵉ). Faire usage de la réflexion*. ⇒ **Penser; calculer, chercher, cogiter, concentrer** (se), **consulter** (vx), **délibérer, méditer, observer, recueillir** (se), **rentrer** (en soi-même), **replier** (se), **rêver** (vx), **ruminer, songer.** *Vous rêvez au lieu de réfléchir* (→ Boutade, cit. 5). *Allons, soyez sérieux, réfléchissez* (→ Événement, cit. 12). *Prendre la peine de réfléchir un moment* (→ Imagination, cit. 3; imprudence, cit. 3). *Observer et réfléchir* (→ Dévier, cit. 1; inaction, cit. 3). *Laisser* (cit. 29) *le temps de réfléchir. Les gars éveillés qui comparent et réfléchissent* (→ Meneur, cit. 4). *Réfléchir longuement* (→ 2. Patron, cit. 2) *avant d'agir. Réfléchir avant de parler* (→ Tourner sept fois sa langue* dans sa bouche). *Réfléchir avant d'agir,* ou, absolt, *réfléchir.* ⇒ **Regarder** (y regarder à deux fois). *Chose qui fait réfléchir, donne à réfléchir* (→ Négociation, cit. 1; discrédit, cit. 1), qui suscite des réflexions propres à inciter à la prudence, à la sagesse. *Laissez-moi réfléchir, je réfléchirai, je demande à réfléchir,* se dit quand on ne veut pas prendre une décision sur-le-champ.

7 D'ailleurs, comment une femme qui n'a nulle habitude de réfléchir élèvera-t-elle ses enfants? Comment discernera-t-elle ce qui leur convient?
ROUSSEAU, Émile, V.

8 Dès que l'homme réfléchit, dès qu'il n'est plus entraîné par le premier désir et par les lois inaperçues de l'instinct, toute équité, toute moralité devient en un sens une affaire de calcul, et sa prudence est dans l'estimation du plus ou du moins. É. DE SENANCOUR, Oberman, I.

9 Il est vrai que, jusqu'à présent, je n'ai pas beaucoup réfléchi. Il faut, pour réfléchir, s'arrêter. En ce temps, j'étais pressé d'agir (...) GIDE, Œdipe, II.

10 Nous reparlerons de cette affaire dans quelques jours. Laissez-moi souffler un peu, voulez-vous? Je réfléchirai. G. DUHAMEL, la Défense des lettres, II, VII.

★ **III** V. tr. indir. (1675). **RÉFLÉCHIR SUR.** *Réfléchir sur un sujet, une question.* ⇒ **Arrêter** (s'), **demander** (se). → Honneur, cit. 19; interruption, cit. 1; incomparable, cit. 1; folie, cit. 3. *Réfléchir sur soi-même* (→ Corps, cit. 16), *sur qqch.* (⇒ **Contempler**).

11 Quand on est ennuyé, il faut éviter de réfléchir sur soi.
STENDHAL, Lettres, in Souvenirs d'égotisme (éd. Charpentier).

(1701). **RÉFLÉCHIR À QQCH.** ⇒ **Considérer, envisager, étudier, examiner, mûrir, pénétrer, penser, peser, ruminer, songer** → Étourdir, cit. 14, Dancourt [1701]; et aussi après, cit. 80, Rousseau; art, cit. 25; éviter, cit. 46; extrémité, cit. 16).

RÉFLÉCHIR QUE (suivi d'une complétive). — REM. Cette construction s'emploie en deux sens légèrement différents :

a S'aviser, au cours de ses réflexions, du fait que (→ 1. Point, cit. 63; et ci-dessous, cit. Mérimée, Romains);

b Juger, après réflexion, que... (→ Poursuite, cit. 3; et ci-dessous, cit. 13, France).

12 Ledoux réfléchit que les enfants ne payent et n'occupent que demi-place dans les voitures publiques. Il prit donc trois enfants (...) MÉRIMÉE, Mosaïque, IV.

13 Madame Cornouiller, qui, prévenue contre lui, l'avait tout de suite soupçonné

d'être un fainéant (...) réfléchit que puisque sa mère l'employait, elle qui n'était pas riche, c'était qu'il se contentait de peu, et elle se demanda si elle n'aurait pas avantage à le faire travailler préférablement à son jardinier (...)
FRANCE, Putois, II.

14 Mais Haverkamp réfléchit qu'un adolescent a moins de chance d'être tenté par l'argent qu'un adulte, se laisse plus naïvement prendre par l'amour-propre (...)
J. ROMAINS, les Hommes de bonne volonté, t. V, XXVII, p. 279.

REM. On a employé parfois transitivement *réfléchir* au XVIIIᵉ s. De cette construction, aujourd'hui incorrecte, il reste quelques expressions (→ Réfléchi, II., 2.).

15 On agit dans mille occasions en conséquence d'idées confuses qui viennent je ne sais comment, qui vous mènent et qu'on ne réfléchit point.
MARIVAUX, le Paysan parvenu, III, (cité *in* BRUNOT, d'après l'éd. des Œ. compl. de 1781 ; corrigé, dans les éd. modernes, par « sur lesquelles on ne réfléchit point »).

▶ **RÉFLÉCHI, IE** p. p. adj.

★ **I.** ♦ **1.** (1812). Renvoyé. *Lumière réfléchie* (→ Émaner, cit. 1).
— Phys. *Radiations réfléchies, ondes réfléchies,* provenant d'une réflexion* (⇒ **Réflecteur).**

♦ **2.** (1701). *Verbe pronominal réfléchi,* exprimant que l'action émanant du sujet fait retour à lui-même *(je me lave).* — REM. On appelle parfois, abusivement, *verbes réfléchis* des verbes qui se construisent nécessairement avec un pronom secondaire (ni objet direct ni objet indirect), par ex. : *se souvenir, s'enfuir, s'écrier...* ⇒ **Pronominal** (cit. 2). — (1771). *Pronom réfléchi :* pronom personnel représentant en fonction de complément (direct ou indirect) la personne qui est sujet du verbe *(je me suis trouvé un appartement ; il ne pense qu'à lui).* ⇒ **Me** (I., 4.); **nous** (I., 6.); **se, soi.** — (Dans certaines langues, par ex. en latin). *Adjectif possessif réfléchi,* déterminant un substantif qui désigne une chose qui appartient au sujet du verbe. — N. m. *Un réfléchi :* un verbe réfléchi, un pronom réfléchi.

★ **II.** ♦ **1.** (1734). Qui porte la marque de la réflexion. *Suppression de l'action réfléchie* (→ Aboulie, cit. 1). *Liaison logique et réfléchie entre deux idées* (→ Association, cit. 18). *Élaboration* (cit. 5) *réfléchie. Indications* (cit. 6) *toujours justes et réfléchies. D'une manière réfléchie* (→ Désir, cit. 1; posément, cit. 2). *Une étude bien réfléchie* (→ Art, cit. 19). ⇒ **Calculé, délibéré.** *Haine* (cit. 15) *réfléchie.* ⇒ **Raisonné.** *La dissimulation est une imposture* (cit. 1) *réfléchie. Pessimisme réfléchi* (→ Mélange, cit. 14). — N. m. *Le spontané et le réfléchi* (→ Engagement, cit. 12).

16 Les talents militaires du duc sont universellement estimés, et sa conversation piquante et réfléchie rappelle sans cesse qu'il a été formé par le grand Frédéric (...)
Mᵐᵉ DE STAËL, De l'Allemagne, I, XV.

♦ **2.** (Personnes). Qui a l'habitude de la réflexion. *Homme, esprit, caractère réfléchi* (→ Complexion, cit. 2; laconique, cit. 2). ⇒ **Avisé, calme, circonspect, concentré, grave, mûr, pondéré, posé, prudent, raisonnable, rassis, sage, sérieux.** Par ext. *Air réfléchi* (→ Figurer, cit. 3), *ton réfléchi* (→ Hésitation, cit. 12).

17 (...) cet intérêt merveilleux que représente, pour l'amateur d'humanité pensante et réfléchie, l'expérience intellectuelle de l'homme supérieur.
Émile HENRIOT, les Romantiques, p. 262.

Philos. *Conscience réflexive** et *conscience réfléchie.* — Qui est capable de réflexion :

18 « L'homme un animal raisonnable », disait Aristote. « L'Homme un animal réfléchi », précisons-nous aujourd'hui (...) L'Homme non plus seulement « un être qui sait » mais un être « qui sait qu'il sait ».
TEILHARD DE CHARDIN, l'Apparition de l'homme, p. 313.

♦ **3.** (XXᵉ). Qui a été l'objet de réflexion (seulement dans des expr.). (→ ci-dessus II., 2., REM.). *Tout bien réfléchi.* ⇒ **Pesé** (Tout bien pesé). *C'est tout réfléchi.*

19 — Écoute, réfléchis au moins, avant de te décider. — C'est tout réfléchi.
Robert MERLE, Week-end à Zuydcoote, p. 187.

CONTR. (De réfléchi) Automatique, direct, inconsidéré, indélibéré, instinctif, irréfléchi, machinal. — Aventureux, dissipé, distrait, étourdi, évaporé, fou, frivole, impertinent, impulsif, inconséquent, naïf, primesautier.

DÉR. **Réfléchissant.** — V. aussi **Réflecteur, reflet, réflexe, réflexion, réflexible.**

RÉFLÉCHISSANT, ANTE [Refleʃisɑ̃, ɑ̃t] adj. — 1720; «qui se recueille», 1380; p. prés. de *réfléchir.*

♦ **1.** (1754). Vx. Recueilli, réfléchi (II.).

♦ **2.** Phys. Qui réfléchit (la lumière, une onde). *Surface réfléchissante. Pouvoir réfléchissant.*

Les silhouettes des arbres se reflétaient nettes et pures sur cette neige d'or bleuté, avec la délicatesse qu'elles ont dans certaines peintures japonaises ou dans certains fonds de Raphaël ; elles étaient allongées à terre au pied de l'arbre lui-même, comme on les voit souvent dans la nature au soleil couchant, quand celui-ci inonde et rend réfléchissantes les prairies où des arbres s'élèvent à intervalles réguliers.
PROUST, le Temps retrouvé, Pl., t. III, p. 736.

RÉFLECTANCE [Reflɛktɑ̃s] n. f. — Mil. XXᵉ; de *reflect(eur).*

♦ Didact. Pouvoir réflecteur (d'une surface).

RÉFLECTEUR [Reflɛktœʀ] n. m. et adj. — 1804; dér. sav. du lat. *reflectere.* → Réfléchir.

♦ Appareil destiné à réfléchir les ondes lumineuses, calorifiques..., à obtenir leur réflexion au moyen de miroirs (métalliques polis, en verre métallisé, etc.), de surfaces prismatiques. *Le principe du réflecteur n'agit que lorsque les défauts de la surface restent petits par rapport à la longueur d'onde de la radiation. Réflecteurs d'appareils d'éclairage,* destinés à distribuer les radiations réfléchies. *Indicatrice d'un réflecteur :* courbe de distribution de la luminance du réflecteur. *Réflecteurs plan, concave, convexe, parabolique, elliptique..., translucide, opaque... Réflecteur d'un projecteur, d'une lampe, d'un réverbère* (→ Détendre, cit. 3; escalier, cit. 4). *Petit réflecteur à l'arrière d'un véhicule.* ⇒ **Cataphote.** *Casque muni d'un réflecteur.* ⇒ **Réflectorisé.** *Réflecteur à éclairage direct* (plus de la moitié de la lumière émise est renvoyée en dessous de l'horizontale), *à éclairage indirect* (toute la lumière va au-dessus de l'horizontale). *Les réflecteurs courants, à cause des irrégularités de leur surface, donnent une distribution non contrôlable des radiations réfléchies.* — *Réflecteurs à ondes hertziennes,* constitués de parties métalliques d'autant plus espacées que la longueur d'onde des radiations est plus grande. *Réflecteur d'antenne.* — *Réflecteur d'une antenne de radar,* ou *réflecteur radar,* renvoyant les signaux radar dans la direction de l'émetteur. — Phys. nucl. *Réflecteur de neutrons :* dispositif fait d'un matériau diffusant (souvent du graphite), entourant le cœur d'un réacteur nucléaire, et servant à limiter les fuites de neutrons.

1 Sous le réflecteur sale, attachées au coin des maisons, les petites ampoules jaunâtres de l'électricité municipale s'espaçaient en montant.
ARAGON, les Beaux Quartiers, I, XXVI.

2 On déplaça un réflecteur. Le faisceau invisible accrocha un arbre mouillé. Il miroita à peine, comme du cristal. SAINT-EXUPÉRY, Courrier Sud, p. 157.

3 Quelquefois le soir avant dîner, on jouait dans la chambre de Jean à la lanterne magique. On repoussait contre la porte le bureau encombré de livres, on tirait par la porte communicante deux chaises de la chambre de Mme Santeuil, on fermait bien les rideaux et, ayant ôté de la vieille lampe de travail son abat-jour de carton vert, on appliquait à son verre un réflecteur : et déjà, la lumière, tout à l'heure paisiblement étalée sur la table, dans la chambre soudain obscurcie éclairait mystérieusement une place du mur. PROUST, Jean Santeuil, Pl., t. III, p. 316.

Par ext. *Un mur nu qui faisait réflecteur* (→ Mouvement, cit. 12). — Par métaphore. *Les poètes ont en eux un réflecteur, l'observation* (→ Condensateur, cit. 2, Hugo).

Adj. (1835). *Miroir réflecteur.* — (Phys.). *Pouvoir réflecteur.* ⇒ **Réflectance, réflexion** (facteur de).

DÉR. **Réflectance.**

RÉFLECTIF, IVE [Reflɛktif, iv] adj. — 1803, Boiste; dér. sav. du lat. *reflectere* «tourner (son esprit) vers».

♦ **1.** Philos. Qui résulte de la réflexion, de la méditation. *Dispositions réflectives. Idées réflectives.* — REM. *Réflectif* «tourné vers» s'entend de ce qui est issu de la réflexion et va produire ses effets en tant que tel, alors que *réflexif** «réfléchi sur» s'entend de la réflexion elle-même en tant que moyen d'investigation de la pensée. — Psychol. *Facultés réflectives,* «se dit dans le système phrénologique de Spurzheim, de la comparaison et de la causalité» (Bescherelle, *Dict.*).

♦ **2.** (1855). Physiol. Qui se rapporte aux réflexes. — *Mouvement réflectif.* ⇒ **Involontaire, réflexe.**

DÉR. 2. **Réflectivité.** — (Du même rad.) 1. **Réflectivité.**

1. RÉFLECTIVITÉ [Reflɛktivite] n. f. — 1875, Littré, *Suppl.;* de *réflectif.*

♦ Physiol. Caractère des actions réflexes. *Avoir une bonne réflectivité,* de bons réflexes. — Propriété qu'ont certaines parties du corps de réagir par un acte réflexe à une excitation. *Réflectivité rotulienne.*

(...) L'examen des différentes fonctions du système nerveux demeure complètement négatif et aussi bien la réflectivité que la sensibilité, la motricité, la trophicité sont indemnes. B. CENDRARS, Moravagine, *in* Œ. compl., t. IV, p. 257.

CONTR. et COMP. **Irréflectivité.**

2. RÉFLECTIVITÉ [Reflɛktivite] n. f. — 1907; dér. sav. de *réflexion.*

♦ Phys. Rapport de l'énergie réfléchie (généralement d'une manière diffuse) à l'énergie incidente totale.

RÉFLECTOGRAPHIE [Reflɛktɔgʀafi] n. f. — Mil. XXᵉ; de *réflecto-,* tiré de *réflexion,* et *-graphie.*

♦ Techn. Procédé de reproduction photographique, par contact de documents opaques, dans lequel la lumière traverse le support et la couche sensible avant d'être réfléchie sur la surface du document.

RÉFLECTOMÈTRE [Reflɛktɔmɛtʀ] n. m. — V. 1960; de *réflecto-,* tiré de *réflexion,* et *-mètre.*

♦ Sc., techn. Appareil de mesure des pouvoirs réflecteurs.

RÉFLECTORISÉ, ÉE [ʀeflɛktɔʀize] adj. — V. 1960 ; de *réflecteur*.

♦ Techn. Muni d'un dispositif (cataphote, peinture spéciale, etc.) qui, réfléchissant la lumière, rend un obstacle, un véhicule, etc., visibles la nuit. *Casque réflectorisé pour les motocyclistes. Plaque d'immatriculation réflectorisée.*

REFLET [ʀ(ə)flɛ] n. m. — 1651, Freart de Chambray, trad. du *Trattato della Pittura* de L. de Vinci ; ital. *riflesso*, du bas lat. *reflexus* ; var. orth. *reflex, reflès*, fin XVIIᵉ et déb. XVIIIᵉ.

♦ **1.** En peinture, « Ce qui est éclairé dans les ombres par la lumière que renvoient les objets voisins et éclairés » (Richelet, qui renvoie au *Traité de la Peinture* de R. de Piles, 1677). *Les couleurs et les reflets* (→ Peinture, cit. 2, Diderot).

1   Le difficile, c'est la dispensation juste de la lumière et des ombres, et sur chacun de ces plans, et sur chaque tranche infiniment petite des objets qui les occupent ; ce sont les échos, les reflets de toutes ces lumières les unes sur les autres.
DIDEROT, Essai sur la peinture, III.

REM. De nos jours, cet emploi est senti comme une spécialisation du sens général 2. *Les reflets en peinture* (cit. 11 ; → aussi Impressionnisme, cit. 1 ; noir, cit. 44).

♦ **2.** Lumière réfléchie par un corps, accompagnée ou non d'une sensation de couleur, et généralement d'intensité moyenne. ⇒ **Réflexion.** *Illuminé de reflets.* ⇒ **Briller, éclat, luire, luisant, miroitement, miroiter, rayon, scintiller.** *Reflet indéfinissable* (→ Lueur, cit. 7 ; et aussi clair, cit. 6). *Vases à reflets métalliques* (→ Curiosité, cit. 21). *Reflet errant* (→ Empreinte, cit. 10), *changeant* (cit. 9). *Des reflets de chose mouillée* (→ Fendillement, cit.). *Corps de cheval aux reflets luisants* (→ Harnachement, cit. 1). *Reflets huileux* (cit. 2) *à la surface de la mer. Reflets irisés* (cit. 2 et 3). ⇒ **Irisation, nacre, nacré, opale, opalescent, opalin.** *Reflets qui bougent sur la gorge des pigeons* (→ Métier, cit. 27). *Reflets verts des plumes du faisan* (1. Faisan, cit. 1). *Coq* (1. Coq, cit. 11) *royal chatoyant de fugaces reflets mauves. Cheveux noirs à reflets bleus* (cit. 5). *Mèche* (1. Mèche, cit. 9) *à reflets dorés. Les seigles avaient des reflets violâtres* (→ Moire, cit. 3). *Des yeux* (cit. 4) *noirs qu'éclairent de riches reflets d'or. Reflets blancs.* ⇒ **Blanchoyer.** *Étoffe à reflet de satin.* ⇒ **Satiné.** *Couleur, étoffe à reflets changeants.* ⇒ **Caméléon, chatoiement, chatoyer, gorge-de-pigeon, moire, moiré.** *Chapeau à reflets.* ⇒ **Huit-reflets.**

2   Le grand autel est orné de lames d'argent et de soleils de cristal, dont les reflets miroitants forment les jeux de lumière d'un éclat singulier.
Th. GAUTIER, Voyage en Espagne, p. 28.

3   (...) l'étang obscur où brillait par moments, à la pointe d'une vaguelette soulevée, un reflet vif aussitôt éteint, une écaille de clarté nacrée.
M. GENEVOIX, Raboliot, III, VI.

4   Cette fois, le monsieur tenait à la main un chapeau haut de forme. Le reflet de la soie joint à celui du col de loutre éveillait des idées sociales imposantes.
J. ROMAINS, les Hommes de bonne volonté, t. V, VI, p. 42.

Reflet de... (le compl. désignant la source lumineuse qui produit le reflet). *Le reflet du feu* (→ Boucaner, cit. 2), *de la bougie* (→ Détruit, cit. 29), *du ciel* (→ Extraordinaire, cit. 12), *du soleil* (→ Fidélité, cit. 12), *d'une lanterne* (→ Pied, cit. 45). *Le reflet des neiges* (→ Nitescence, cit. 1). *Les premiers reflets du jour* (→ Lustrer, cit. 4). *Reflets de lune* (→ Clarté, cit. 7 ; exhaler, cit. 22), *lunaires* (→ Hélice, cit. 3), *d'incendie* (→ Faïence, cit. 2). *Le soleil... « Répandant largement ses beaux reflets de cierge »* (→ Frugal, cit. 3, Baudelaire ; en parlant du soleil couchant). *Jeter, projeter son reflet* (→ Allumer, cit. 17 ; fard, cit. 5).

5   Des employés couraient dans la nuit, agitant des falots dont les reflets miroitaient sur le trottoir mouillé.
MARTIN DU GARD, les Thibault, t. III, p. 86.

♦ **3.** (XVIIᵉ). Image réfléchie. *Glace où glissent et s'effacent* (cit. 19) *les reflets. Reflet d'un visage dans la vitre* (→ Métro, cit. 7). *« Reflets dans l'eau »*, de Debussy (pièce pour piano du recueil *Images*).

6   (...) le clown arrivait à n'avoir plus que le reflet de sa blanche figure renvoyée par les glaces (...)
Ed. DE GONCOURT, les Frères Zemganno, XLII.

7   (...) au bord d'un vaste miroir d'eau, où le reflet des cimes neigeuses de l'Atlas se mêle au reflet des oliviers.
Jérôme et Jean THARAUD, Marrakech, IV.

7.1   Puis vinrent les lacs. Selon que les nuages étaient blanc gris, ou blanc blanc, l'eau en devenait bleu clair ou encre de Chine. Sur les bords, des châteaux construits par Louis II pour imiter Versailles, renonçant à remplir leur mission par leurs bâtiments, y arrivaient presque, aujourd'hui, par leurs reflets.
GIRAUDOUX, Siegfried et le Limousin, p. 186.

Fig. Philos. Représentation entièrement déterminée par le représenté. *La théorie marxiste du reflet.*

8   (...) les tentatives que font les marxistes pour étudier les « superstructures ». En un sens, ce sont pour eux les « reflets » du mode de production (...) L'emploi du terme « reflet », celui du verbe « déterminer », comme l'allure générale de ce passage, nous renseignent assez : (...) nous sommes sur le terrain du déterminisme (...)
SARTRE, Situations III, p. 157-158.

♦ **4.** (Fin XVIIIᵉ). Par métaphore ou fig. Éclat qui rejaillit. *Tout s'ornait des reflets de sa grâce* (→ Beauté, cit. 30). *Sa beauté était le reflet de son intelligence* (→ Intelligent, cit. 4). *Le reflet de la souveraineté populaire* (cit. 3).

9   Chaque littérature semble répondre à quelque moment du jour. Hérodote, Homère, ont partout comme un reflet du matin, et il en reste dans tous les souvenirs de la Grèce.
MICHELET, la Femme, I, X.

(1803). Image, représentation affaiblie. ⇒ **Écho, imitation, reproduction.** *L'homme, ce reflet de Dieu* (→ Dignité, cit. 5). *Un écho* (cit. 17) *de mes paroles, un reflet de ma propre pensée. L'écriture, reflet de la personnalité* (→ Graphologie, cit. 4). *Un reflet lointain de l'amour* (→ Pauvre, cit. 5). *Un pâle reflet.*

10   (...) la langue, qui est toujours le reflet et l'image de l'esprit de chaque génération (...)
FUSTEL DE COULANGES, Leçons à l'Impératrice, p. 114.

11   Le crime capital pour un écrivain c'est le conformisme, l'imitativité, la soumission aux règles et aux enseignements. L'œuvre d'un écrivain doit être non seulement le reflet, mais le reflet grossi de sa personnalité.
R. DE GOURMONT, le Livre des masques, p. 13.

12   On cherche à retrouver dans les choses, devenues par là précieuses, le reflet que notre être a projeté sur elles (...)
PROUST, Du côté de chez Swann, Pl., t. I, p. 87.

♦ **5.** (1748, Voltaire). Vx. Réflecteur.

DÉR. Refléter.
COMP. Antireflet.

REFLÈTEMENT [ʀ(ə)flɛtmã] n. m. — 1870 ; de *refléter*.

♦ Littér. et rare. Le fait de refléter, de se refléter (réflexion).

Voitures et gens, en la transparence froide d'un coin de jour, sans soleil, et en le reflètement gris du pavé, n'ont pas de couleur (...)
Ed. et J. de GONCOURT, Journal, 2 oct. 1870, t. IV, p. 72.

REFLÉTER [ʀ(ə)flete] v. — Conjug. *céder*. — 1762, t. de peint. ; de *reflet*.

♦ **1.** V. intr. Peint. Vx. « Renvoyer la lumière et la couleur sur l'objet et le corps voisin » (Académie, 1762). ⇒ **Reflet** (1.).

1   L'ombre d'un corps avec la chair et le sang de la peau, forme une faible teinte jaunâtre. L'ombre d'un corps bleu prend une nuance de bleu ; et les ombres et les corps reflètent les uns sur les autres.
DIDEROT, Essai sur la peinture, III.

♦ **2.** V. tr. Mod. Réfléchir* (1.) de façon affaiblie et plus ou moins déformée, ou vague. *Glace* (cit. 28), *miroir, surface polie, eau... reflétant la lumière, des images, des objets* (→ Baiser, cit. 16 ; crépuscule, cit. 2 ; déployer, cit. 5 ; écaille, cit. 10 ; étang, cit. 3). — (1791). Pron. Être reflété. *Le château se reflétait dans la rivière.* ⇒ **Mirer** (se). *Se refléter dans...* (→ Canal, cit. 6 et 7), *sur...* (→ Ondoiement, cit.). *Une mare* (cit. 2) *où se reflétait le ciel.* ⇒ **Briller.** *« Ses yeux, où le ciel se reflète... »* (→ Glauque, cit. 1, Gautier).

2   Les silhouettes des arbres se reflétaient nettes et pures sur cette neige d'or bleuté (...)
PROUST, le Temps retrouvé, Pl., t. III, p. 736.

Au participe passé :

2.1   Voyez comme, ce soir, tout se répète en reflets bleus rêveurs dans les eaux unies, voyez le ciel reflété dans l'eau, voyez les bois reflétés sur les bords, voyez les nuages reflétés par places, bois bleus, nuages cendrés, ciel bleu, eaux bleues.
PROUST, Jean Santeuil, Pl., p. 893.

♦ **3.** V. tr. (1784). Par métaphore et fig. Être un reflet de..., présenter un reflet de... ⇒ **Indiquer, représenter, reproduire, traduire.** *Le sentiment individuel* (cit. 8) *reflète la pensée du milieu social. Art qui ne reflète aucune idéologie* (→ Littérature, cit. 17). *Périodique reflétant les préoccupations d'une époque* (→ Attentif, cit. 17). (XIXᵉ). Pron. *Se refléter dans... :* avoir, trouver son reflet dans... (→ Amertume, cit. 12 ; Dieu, cit. 10 ; microcosme, cit. 1). *Se refléter sur* (vieilli). → Martial, cit. 1 ; particulier, cit. 12.

3   Mes paroles ne reflétaient donc nullement mes sentiments.
PROUST, la Prisonnière, Pl., t. III, p. 348.

4   (...) ceux qui produisent des œuvres géniales sont (...) ceux qui ont eu le pouvoir, cessant brusquement de vivre pour eux-mêmes, de rendre leur personnalité pareille à un miroir, de telle sorte que leur vie, si médiocre d'ailleurs qu'elle pouvait être mondainement et même, dans un certain sens, intellectuellement parlant, s'y reflète, le génie consistant dans le pouvoir réfléchissant et non dans la qualité intrinsèque du spectacle reflété.
PROUST, À l'ombre des jeunes filles en fleurs, Pl., t. I, p. 555.

5   Son visage ne reflétait rien de la folie, de la fiévreuse attente qui le rendait un peu haletant.
F. MAURIAC, la Robe prétexte, XI.

▶ **REFLÉTÉ, ÉE** p. p. adj. V. à l'article.

DÉR. Reflètement.

REFLEURIR [ʀ(ə)flœʀiʀ] v. — V. 1120, *reflorir* ; de *re-*, et *fleurir*.

♦ **1.** V. intr. Fleurir de nouveau. *Le rosier a refleuri* (→ Pousse, cit. 1).

Fig. Se ranimer. *Une amitié ancienne prête à refleurir.*

Redevenir florissant. *Le XVIᵉ siècle vit refleurir les lettres et les arts.*

Ô malheureux ! crois-en ta muette détresse :
Rien ne refleurira, ton cœur ni ta jeunesse,
Au souvenir cruel de tes félicités.

LECONTE DE LISLE, Poèmes barbares, « Requies. »

♦ 2. V. tr. (xxᵉ). Regarnir de fleurs. *Refleurir une tombe* (→ Printemps, cit. 4).

(xıxᵉ). Fig. Redonner des couleurs, de l'éclat à (qqch.).

DÉR. Refleurissement.

REFLEURISSEMENT [ʀ(ə)flœʀismɑ̃] n. m. — 1842 ; de *refleurir*.

♦ Littér. Action de refleurir, seconde floraison. *Refleurissement d'un rosier.* ⇒ **Remontant.**

REFLEX [ʀeflɛks] adj. et n. m. — 1922, Coustet *in* Höfler ; mot anglais.

♦ Se dit d'un appareil de photo où la visée s'effectue par un objectif (si c'est le même objectif que pour la prise de vue, l'image est renvoyée par un système de prismes). *Appareil reflex ; un reflex à un, à deux objectifs.*

Il respirait très fort et grondait presque il crispait les deux mains sur l'appareil plaqué contre sa poitrine un grand reflex qui coûte des mille.
            Tony DUVERT, Paysage de fantaisie, p. 83.

HOM. Réflexe.

RÉFLEXE [ʀeflɛks] adj. et n. m. — xvıᵉ ; attestation isolée 1372, phys. ; empr. lat. *reflexus*, p. p. de *reflectere*. → Réfléchir.

♦ 1. Opt. (vx). Qui résulte d'une réflexion. ⇒ **Réfléchi.** *« Vision réflexe »* (Trévoux).

♦ 2. (1841, Longet, *« action réflexe »*, le mouvement de réponse à la stimulation étant considéré comme dû à une sorte de « réflexion » de l'onde nerveuse sur un centre nerveux ; *reflexio* et *motus reflexus* sont attestés en lat. méd. chez le physiologiste Th. Willis av. 1675). Physiol. *Acte, activité, réaction, mouvement réflexe* (⇒ **Involontaire ;** → Curare, cit. 1, Bernard). *Arc réflexe :* trajet suivi par l'influx nerveux du lieu de stimulation à celui de la réaction (en passant par le centre moteur de la moelle).

1   La mise en jeu réflexe est le résultat d'une excitation sensible ou sensorielle qui, après être remontée vers un centre nerveux, détermine l'activité de celui-ci qui se traduit par une réponse au niveau des organes que commande le centre sollicité. Le schéma le plus simple du réflexe est donc, théoriquement, constitué par « l'arc réflexe simple », c'est-à-dire un neurone sensible collecteur de l'impression périphérique qui s'articule avec un neurone effecteur se rendant vers l'organe de réponse.
(...) La découverte de l'activité réflexe remonte en fait à DESCARTES (1640) (...)
            R. FABRE et G. ROUGIER, Physiologie médicale, p. 585-586.

1.1   (...) à moins que les jambes se fussent tendues toutes seules, se fussent chargées sous leur propre responsabilité de le soulever, comme s'il était déjà mort, comme ces mouvements ou contractions réflexes qui se produisent alors qu'il n'y a déjà plus aucun cerveau ni aucune volonté pour décider et ordonner (...) les cuisses heurtant le bord de la table, celle-ci partant en avant mais le poids de sa masse, la force d'inertie, se transmettant par contrecoup, communiquant au corps une poussée en sens inverse (...)
            Claude SIMON, le Palace, p. 62.

N. m. (1855). Réaction automatique, involontaire et immédiate d'une structure ou d'un organisme vivants à une stimulation déterminée. « Toute activité ou variation d'activité d'un *effecteur* (muscle, glande, etc.) pouvant être provoquée d'une façon régulière par la stimulation naturelle ou expérimentale d'un *récepteur* ou d'un groupe de *récepteurs* déterminés ou encore par celles des *fibres nerveuses afférentes* (⇒ **Nerf**) qui leur correspondent » (Piéron). ⇒ **Automatisme.** *Réflexes pupillaire, rotulien, plantaire, pharyngé... Réflexes d'attitude, de défense. Réflexe d'agrippement, réflexes archaïques* du nouveau-né. *Réflexe pilomoteur* (syn. cour. : *chair de poule*). — *Réflexe paradoxal :* mouvement réflexe inverse de celui habituellement déclenché par la percussion d'un tendon ou la stimulation mécanique des téguments. — *Réflexe élémentaire,* faisant intervenir le minimum d'éléments nerveux (*arc réflexe simple*). — (1904, trad. du russe, Pavlov). **RÉFLEXE CONDITIONNÉ** ou *réflexe d'association, conjonctif, psychique :* réflexe acquis, provoqué par un excitant conditionnel (par ex. un son, dans l'expérience de Pavlov) après que celui-ci a été associé assez souvent à l'excitant normal ou inconditionnel (la viande) pour devenir efficace à lui seul (salivation du chien). *Réflexe conditionnel,* qui ne peut se manifester qu'après un « conditionnement » (mise en œuvre de conditions expérimentales précises). *Réflexe inconditionnel :* réflexe inné ordinaire. — *Relatif aux réflexes.* ⇒ **Réflectif** ; 1. **réflectivité.** *Absence de réflexes.* ⇒ **Aréflexie ; irréflectivité.** *Étude, théorie des réflexes.* ⇒ **Réflexologie ;** et aussi **Réflexo-.**

2   C'est dans l'écorce cérébrale que se produisent les réflexes, que Pavlov a étudiés sous le nom de réflexes conditionnels. Un chien sécrète de la salive quand un aliment est placé dans sa bouche. C'est un réflexe inné. Mais il sécrète aussi de la salive quand il voit la personne qui, d'habitude, lui apporte sa nourriture ou voit un réflexe conditionnel, ou acquis. Grâce à cette propriété du système nerveux, l'homme et les animaux sont éducables. Si l'écorce cérébrale est enlevée, l'acquisition de nouveaux réflexes devient impossible.
            Alexis CARREL, l'Homme, cet inconnu, III, x.

♦ 3. N. m. (V. 1930). Cour. (et souvent abusivt). Réaction immédiate et mécanique à une impression donnée, précédant toute réflexion et indépendante de la volonté. ⇒ **Automatisme ; automatique, instinctif, involontaire, machinal.** *Réflexe inconscient. Automobiliste qui a de bons réflexes. Avoir un mauvais réflexe. Les réflexes du public pendant un match* (→ Déchaîner, cit. 4). *Réflexe professionnel*

(→ Faire, cit. 183). *Réflexes sociaux* (→ Psychose, cit. 1) — *Les réflexes des sociétés, des peuples* (→ Histoire, cit. 24). *Réflexes dans le langage* (→ Exclamation, cit. 2 ; interjection, cit. 2).

3   La droite a laissé ainsi l'exclusivité du réflexe moral à la gauche qui lui a cédé l'exclusivité du réflexe patriotique.   CAMUS, Actuelles III, Avant-propos, p. 19.

4   Il est calme, maître de lui, fier de ses « réflexes », — c'est son mot — sans inquiétudes sur son hérédité, soutenu par sa caste.
            Paul MORAND, l'Europe galante, p. 12.

CONTR. (De l'adj., 2.) **Volontaire.**
COMP. Aréflexie.
HOM. Reflex.

RÉFLEXIBILITÉ [ʀeflɛksibilite] n. f. — 1706 ; angl. *reflexibility,* 1370, didact. ; du lat. sav. *reflexibilis.*

♦ Sc. Propriété de ce qui est réflexible. *Réflexibilité de la lumière.*

La réflexibilité des rayons est leur disposition à être réfléchis ou renvoyés dans le milieu d'où ils sont partis, de tout autre milieu sur la surface duquel ils viennent à tomber. Et les rayons sont plus ou moins réflexibles, selon qu'ils sont renvoyés avec plus ou moins de facilité.
            COSTE, Trad. NEWTON, Traité d'optique, 1720, p. 4.

RÉFLEXIBLE [ʀeflɛksibl] adj. — 1706 ; angl. *reflexible,* mot tiré par Newton du lat. *reflexum,* supin de *reflectere.* → Réfléchir.

♦ Sc. Qui peut être réfléchi. *Rayon réflexible.*

RÉFLEXIF, IVE [ʀeflɛksif, iv] adj. — 1611 ; lat. sc. *reflexivus,* dér. sav. de *reflectere.* → Réfléchir.

♦ 1. Phys. Vx. Qui se réfléchit, fait réflexion sur...

♦ 2. (1612). Philos. Propre à la réflexion, au retour de la pensée, de la conscience sur elle-même. *Psychologie, méthode réflexive* (→ Introspection). *Acte réflexif, « par lequel le sujet se connaît et se dit moi »* (Maine de Biran). *Conscience réflexive :* celle qui est conscience (ou, pour certains, connaissance) de la conscience. *Analyse réflexive* (en psychologie).

1   (...) une méthode toute réflexive, au moyen de laquelle l'âme pensante, qui se dit moi, devient à la fois le sujet et l'objet de sa vue intérieure, de son apperception *(sic)* immédiate.   MAINE DE BIRAN, Du physique et du moral de l'homme, I, § 3.

2   (...) la conscience réflexive pose la conscience réfléchie comme son objet : je porte, dans l'acte de réflexion, des jugements sur la conscience réfléchie, j'en ai honte, j'en suis fier, je la veux, je la refuse, etc.   SARTRE, l'Être et le Néant, p. 19.

♦ 3. (xxᵉ). Math. *Relation réflexive :* relation binaire dans un ensemble, telle que tout élément de cet ensemble est en relation avec lui-même.

♦ 4. Ling. *Transformation réflexive* (ou *réflexivisation*), remplaçant un complément nominal identique au sujet par un pronom (pour donner un pronominal réfléchi*).

DÉR. Réflexivement, réflexivité.

RÉFLEXION [ʀeflɛksjɔ̃] n. f. — V. 1370 ; bas lat. *reflexio,* de *reflexum,* supin de *reflectere* « ramener en arrière ».

★ I. Phys. Phénomène se produisant à la surface de séparation de deux milieux dans lesquels une onde électromagnétique possède des vitesses de propagation différentes (une partie de l'onde est renvoyée dans le premier milieu — *réflexion* — ; une autre pénètre dans le second milieu ⇒ **Réfraction**). Changement de direction des ondes (lumineuses, sonores, etc.) qui rencontrent un corps interposé. *Le rayon incident et le rayon réfléchi sont dans le même plan que la normale à la surface réfléchissante ; l'angle d'incidence est égal à l'angle de réflexion. Réflexion sous l'incidence normale, sous une incidence oblique.* — *Réflexion totale,* lorsqu'un rayon passe d'un milieu plus réfringent à un milieu moins réfringent et que l'angle d'incidence dépasse une valeur limite, le rayon sera réfléchi sur la surface de séparation et restera dans le milieu le plus réfringent. *Prisme à réflexion totale. Réflexion multiple. Réflexion régulière,* lorsque la surface de séparation présente des irrégularités faibles par rapport à la longueur d'onde de la radiation considérée (elle peut seule fournir une image de la source). *Réflexion diffuse,* lorsqu'une surface rugueuse peut être décomposée en facettes, dont chacune renvoie les rayons incidents suivant les lois de la réflexion régulière. — *Polarisation par réflexion* (le degré de polarisation des radiations réfléchies, pour les milieux « vitreux », peut être calculé par les formules de Fresnel, en fonction de l'angle d'incidence). *Polarisation complète par réflexion* (incidence brewstérienne). — *Réflexion des ondes sonores.* ⇒ **Écho.** *Réflexion non spéculaire d'ondes sonores,* avec des phénomènes de diffraction et de diffusion. — *Facteur, coefficient de réflexion,* mesurant le rapport de l'intensité de l'onde incidente à celle de l'onde réfléchie ; par ext. rapport d'une quantité, dans une onde incidente, à la même quantité, dans l'onde réfléchie. *Coefficient de réflexion du voltage :* rapport de l'intensité du champ réfléchi, avant et après réflexion. *Pertes dues à la réflexion.* — *Réflexions ionosphériques des ondes hertziennes ; réflexion anormale, sporadique* (quand les ondes ont une fréquence supérieure à la fréquence critique de la couche ionosphérique considérée). *Le fading est dû aux interférences des ondes propagées au sol avec les ondes ayant subi la réflexion ionosphérique.*

1 Et ainsi vous voyez facilement comment se fait la réflexion, à savoir selon un angle toujours égal à celui qu'on nomme l'angle d'incidence.
DESCARTES, *Dioptrique*, II.

2 L'angle de réflexion ou de réfraction est l'angle que la ligne décrite par le rayon réfléchi ou rompu, et la ligne perpendiculaire à la surface réfléchissante ou réfringente, forment au point d'incidence.
COSTE, Trad. NEWTON, *Traité d'optique*, p. 5.

3 Quoique j'eusse traversé peu de neiges, comme je n'avais pris aucunes précautions contre elles, mes yeux, fatigués de leur éclat et brûlés par la réflexion du soleil de midi sur leur surface glacée, ne purent bien discerner les objets.
É. DE SENANCOUR, *Oberman*, VII.

Abusivt. *Réflexion de la chaleur.* ⇒ **Diffusion, rayonnement, réverbération, réflecteur.**

★ **II.** Psychol. et cour. ♦ **1.** (Av. 1650 — 1637, Descartes —, d'abord dans l'expr. *faire réflexion, faire une réflexion*). Retour de la pensée sur elle-même en vue d'examiner et d'approfondir telle ou telle donnée de la conscience spontanée, tel ou tel de ses actes spontanés. ⇒ **Approfondissement, délibération, méditation, pensée.** *Faire réflexion que...* ⇒ **Réfléchir** (→ Enterrer, cit. 9 ; ombre, cit. 49 ; pousser, cit. 61). *«Après y avoir fait assez de réflexion...»* (Descartes, *Discours de la méthode,* 5). ⇒ **Aviser, méditer, penser.** *Réflexion sur qqch.* (→ Fantaisie, cit. 2 ; homme, cit. 12 ; incompréhensible, cit. 12 ; 1. logique, cit. 2), *sur soi-même* (⇒ **Introspection**). *Lente, longue réflexion* (→ Conscience, cit. 8 ; essentiel, cit. 21). *S'absorber* dans ses réflexions. Le fruit* (1. Fruit, cit. 46) *de profondes réflexions* (→ Exemple, cit. 31). *Donner matière à réflexion.* ⇒ **Penser** (laisser à). *Des années* (→ Œuvre, cit. 18), *une minute de réflexion* (→ Ordonner, cit. 10). *Se donner le temps de la réflexion* (→ Négateur, cit. 1). *J'en étais* (1. Être, cit. 84) *là de mes réflexions. À ce point de mes réflexions* (→ Empoisonner, cit. 10). — Allus. littér. *«L'état de réflexion est un état contre nature...»* (→ Animal, cit. 7, Rousseau).

4 J'ai fait, en la voyant ici, réflexion sur mon âge (...)
MOLIÈRE, *l'Avare*, IV, 3.

5 Notre imagination nous grossit si fort le temps présent, à force d'y faire des réflexions continuelles, et amoindrit tellement l'éternité, manque d'y faire réflexion, que nous faisons de l'éternité un néant, et du néant une éternité (...)
PASCAL, *Pensées*, III, 195 bis.

6 On n'est guère malheureux que par réflexion.   Joseph JOUBERT, *Pensées*, V, XXI.

7 En se jouant dans le labyrinthe de ses réflexions qui se croisaient et se détruisaient l'une par l'autre, le baron arriva près de la rue Pagevin (...)
BALZAC, *Ferragus*, Pl., t. V, p. 43.

RÉFLEXION FAITE : après y avoir réfléchi (la réflexion conduisant généralement à changer d'avis). *Réflexion faite, je ne partirai pas aujourd'hui.* — **À LA RÉFLEXION :** en y réfléchissant, quand on y réfléchit bien. ⇒ **Peser** (tout bien pesé). [→ Parti, cit. 12]. *Au premier abord cela semble vrai, mais à la réflexion cela ne tient pas debout. Sans réflexion.* ⇒ **Aventure** (à l'), **aveugle** (en), **aveuglément, hasard** (au), **inconsciemment.** *Par réflexion :* par l'effet de la réflexion.

(1669). **LA RÉFLEXION :** la capacité de réfléchir, la qualité d'un esprit qui sait réfléchir. ⇒ **Application, attention, circonspection, concentration, discernement, intelligence, prudence** (→ Imagination, cit. 22 ; 1. pensée, cit. 2, Condillac ; hasard, cit. 1 ; idée, cit. 60 ; parole, cit. 25). *Réflexion et passion* (cit. 8 et 13, Vauvenargues). *Association* (cit. 15) *d'idées que produit la réflexion. Manquer* (cit. 8) *de réflexion et de tact. Esprit mûr qui fait preuve de réflexion. Affaire menée avec réflexion, à tête reposée.* ⇒ **Mijoter, mûrir, mûrement, préméditer, sciemment.**

8 Par la réflexion l'esprit juge des objets, des sensations, enfin de lui-même et de ses propres jugements qu'il redresse ou qu'il confirme.
BOSSUET, *Traité de la connaissance de Dieu...*, I, XII.

9 La réflexion est la puissance de se replier sur ses idées, de les examiner, de les modifier ou de les combiner de diverses manières. Elle est le grand principe du raisonnement, du jugement, etc.
VAUVENARGUES, *Introd. à la connaissance de l'esprit humain*, I, II.

10 En admettant deux sources de nos idées, la *sensation* et la *réflexion,* Locke suppose qu'il y a un premier ordre de connaissances tout fondé sur la sensation même passive, et auquel la réflexion ou l'activité du sujet pensant ne prennent aucune part.
MAINE DE BIRAN, *Examen des leçons de philosophie*, § III.

11 (...) c'est, non par la réflexion et l'intelligence, mais bien par le sentiment qu'on atteint les vérités les plus hautes et les plus pures.
FRANCE, *Thaïs*, p. 146.

♦ **2.** (XVIIᵉ). *Une, des réflexions.* Pensée exprimée (orale ou écrite) d'une personne qui a réfléchi. *Récit entremêlé de réflexions judicieuses* (cit. 3), *pénétrantes.* ⇒ **Considération, observation.** *Carnets de notes où l'auteur a consigné ses réflexions.* ⇒ **Annotation, aphorisme ; adage, maxime, note, pensée** (→ Esquisse, cit. 3). *Des réflexions enfantines* (cit. 7). — Par ext. Remarque adressée à qqn qui le concerne personnellement (→ Mécréant, cit. 5). — Absolt, fam. Remarque désobligeante. — *Réflexions,* titre de nombreux ouvrages : *Réflexions ou sentences et maximes morales,* de La Rochefoucauld (1664). ⇒ **Moraliser, moralité, moraliste.** *Réflexions sur la formation et la distribution des richesses,* de Turgot, *sur la puissance motrice du feu,* de Carnot (1824), etc.

12 C'est bien la première fois qu'on a des réclamations (...) On pose ces poignées-là

partout, personne ne nous a fait de réflexions ... c'est le modèle courant, les clients ne se plaignent jamais (...)   N. SARRAUTE, *le Planétarium*, p. 15.

CONTR. (Du sens II.) **Dissipation, étourderie, irréflexion, légèreté.**

RÉFLEXIONNER [Reflɛksjɔne] v. intr. — 1884, *in* D.D.L. ; de *réflexion.*

♦ Rare et fam. Exercer sa réflexion sur qqch. (Daudet, Gide, *in* G.L.L.F.).

RÉFLEXIVEMENT [Reflɛksivmɑ̃] adv. — 1846 ; attestation isolée, 1551 ; de *réflexion,* et *réflexif.*

♦ Didact. Par la réflexion, d'une manière réflexive.

Ce qui, réflexivement, m'indique de la manière la plus décisive le nombre de mes années, c'est la transformation qu'a subie pour moi l'échelle des âges.
S. DE BEAUVOIR, *Tout compte fait*, p. 43.

RÉFLEXIVITÉ [Reflɛksivite] n. f. — Mil. XXᵉ ; de *réflexif.*

♦ Math. Propriété d'une relation réflexive.

RÉFLEXO- Élément tiré de *réflexe* (v. 1920), servant à former des mots scientifiques.

RÉFLEXOGÈNE [Reflɛksɔʒɛn] adj. — 1887, *in* D.D.L. ; de *réflexo-,* et *-gène.*

♦ Méd. Qui provoque un réflexe. *Zone réflexogène. Nausées dues à l'excitation de la zone pharyngée réflexogène.*

RÉFLEXOGRAMME [Reflɛksɔgram] n. m. — 1924, Chaney ; de *réflexo-,* et *-gramme.*

♦ Méd. Enregistrement graphique de l'excitation par percussion du tendon d'Achille.

RÉFLEXOLOGIE [Reflɛksɔlɔʒi] n. f. — Déb. XXᵉ ; t. créé en russe par Bechterew, 1921 ; d'abord *psychoréflexologie,* 1913 ; de *réflexo-,* et *-logie.*

Didactique.

♦ **1.** Étude des réflexes conditionnés, et de l'activité psychique en tant que résultante de tels réflexes, visant à l'établissement d'une psychologie objective. *Issue des travaux de Pavlov et développée par l'École soviétique, la réflexologie conçoit le cerveau comme un ensemble d'analyseurs corticaux et de connecteurs «permettant la réception, la transformation et l'orientation de l'énergie nerveuse»* (Lafon, art. *Réflexe conditionné*). *Réflexologie et behaviorisme*.*

Les travaux américains de l'école, qui se caractérise elle-même plaisamment par un new look en perception, insistent surtout sur la dimension fonctionnaliste (rôle de l'affectivité et même de facteurs sociaux), mais les travaux soviétiques insèrent ces mêmes préoccupations dans un contexte de réflexologie pavlovienne avec les nouvelles interprétations cybernétiques du conditionnement.
J. PIAGET, *Épistémologie des sciences de l'homme*, p. 167.

♦ **2.** Science et étude des réflexes.

DÉR. Réflexologique, réflexologiste.

RÉFLEXOLOGIQUE [Reflɛksɔlɔʒik] adj. — Mil. XXᵉ ; de *réflexologie.*

♦ Didact. (psychol., physiol.). Relatif à la réflexologie. *Explication «réflexologique des psychoses et des névroses»* (Porot, 1952, art. *Conditionnel*).

Par la méthode réflexologique, on peut produire chez l'animal des névroses expérimentales génératrices d'un état permanent d'anxiété aboutissant à des désordres neuro-végétatifs, comme l'hypertension artérielle ou les ulcères digestifs.
Jean DELAY, *Introd. à la médecine psychosomatique*, p. 22.

RÉFLEXOLOGISTE [Reflɛksɔlɔʒist] n. — Mil. XXᵉ ; de *réflexologie.*

♦ Physiol. Physiologiste spécialisé dans les recherches réflexologiques.

Les réflexologistes de l'École de Pavlov qui interprètent essentiellement les névroses par rapport au «facteur nerveux» n'en sont pas moins obligés de reconnaître, par exemple Bykov, l'importance des *facteurs sociaux.*
Jean DELAY, *Introd. à la médecine psychosomatique,*
Notes et observations, p. 47.

RÉFLEXOPATHIE [Reflɛksɔpati] n. f. — XXᵉ ; de *réflexo-,* et *-pathie.*

♦ Méd. Manifestation pathologique d'une maladie, déclenchée par voie réflexe.

RÉFLEXOTHÉRAPIE [ʀeflɛksoteʀapi] n. f. — 1911 ; de *réflexo-*, et *thérapie*.

♦ Méd. « Méthode thérapeutique consistant à utiliser les effets obtenus en agissant sur les centres nerveux, soit par la suppression d'une cause pathologique d'irritation, soit au moyen d'une excitation artificielle provoquant à son tour des réflexes utiles » (Garnier).

REFLUANT, ANTE [ʀ(ə)flyɑ̃, ɑ̃t] adj. — Mil. XIXᵉ ; p. prés. de *refluer*.

♦ Qui reflue. — Fig. Qui revient, resurgit à la conscience.

Où était-ce dans ce crépuscule, à eux laissé par Maria, tout à l'heure, à quel endroit de l'hôtel se sont-ils étonnés d'abord et ensuite émerveillés de s'être connus si peu jusque-là, de cette adorable convenance qui entre eux cheminait pour se découvrir enfin derrière cette fenêtre ? sur ce balcon ? dans ce couloir ? dans cette tiédeur refluante des rues après les ondées, derrière le ciel si sombre, Claire, que tes yeux, en ce moment même ont la couleur même de la pluie.
    M. DURAS, *Dix heures et demie du soir en été*, p. 36.

REFLUEMENT [ʀ(ə)flymɑ̃] n. m. — 1877 ; de *refluer*.

♦ Le fait de refluer. ⇒ **Reflux** (fig.).

REFLUER [ʀ(ə)flye] v. intr. — 1450 ; *refluir*, 1380 ; du lat. *refluere* « couler en arrière ».

♦ **1.** Couler soudain en sens contraire, en parlant des fluides. *L'eau reflue à marée descendante.* ⇒ **Baisser, retirer** (se) ; **reflux**. *Le mascaret* (cit.1), *masse d'eau qui reflue contre la descente du fleuve. Le sang refluait, a reflué vers son cœur* (→ 1. Point, cit. 3).

♦ **2.** (1757). Par métaphore ou fig. (En parlant d'un flot, d'un ensemble de personnes qui retourne d'où il vient ou qui, trop pressé en un endroit, se porte dans un autre). *La foule refluait dans le vestibule d'entrée* (→ Haie, cit. 10). *Les enfants qui refluaient vers le collège* (→ Aspirer, cit. 23). ⇒ **Revenir, retourner.** *Faire refluer :* faire aller* en arrière, faire reculer*. ⇒ **Refouler.** *Faire refluer les manifestants.* — (XIXᵉ). En parlant de choses abstraites. Resurgir à la conscience. *La rage en elle refluait* (→ Exaspération, cit. 5).

Les assaillants, laissant leurs morts et leurs blessés, refluaient pêle-mêle et en désordre vers l'extrémité de la rue et s'y perdaient de nouveau dans la nuit. Ce fut un sauve-qui-peut. La barricade était dégagée.
    HUGO, *les Misérables*, IV, XIV, IV.

CONTR. **Déferler.**
DÉR. **Refluant, refluement.**

REFLUX [ʀ(ə)fly] n. m. — 1532 ; comp. de *re-*, et *flux*.

♦ **1.** Mouvement des eaux marines qui se retirent à marée* descendante (→ Étale, cit. 1). ⇒ **Baisse** (des eaux), **baissant, jusant, perdant.** *Le flux et le reflux de la mer.* ⇒ **Agitation, balancement** (cit. 1). → Dénuder, cit. 2 ; écouler, cit. 15 ; 1. port, cit. 3. *Le flux les apporta* (cit. 3) ; *le reflux les remporte.* — REM. On a dit [ʀ(ə)flo] et écrit *reflot* (vx) dans le même sens.

1 (...) ces intervalles de tranquillité n'ont lieu qu'entre le reflux et le flux, par un temps calme, et ne durent qu'un quart d'heure (...)
    BAUDELAIRE, Trad. E. POE, *Histoires extraordinaires*, « Descente dans le Maelstrom. »

♦ **2.** (1573). Mouvement en arrière (de gens, etc.) qui succède à un mouvement en avant. ⇒ **Recul, refluement.** *Le reflux de la foule.* ⇒ **Refluer.** *Reflux d'une armée* (→ 2. Déboucher, cit. 4). — Fig. *Le reflux du catholicisme* (cit. 3). — Phys. *Appareil à reflux,* qui permet de ramener les vapeurs d'un liquide volatil par la présence d'un liquide en ébullition.

2 Quand les premiers rangs abordèrent les gendarmes, il y eut une hésitation et un reflux, puis l'avance reprit.
    P. NIZAN, *le Cheval de Troie*, II, IX.

(Déb. XVIIᵉ). Fig. *Le flux* (cit. 7, 8 et 9) *et le reflux :* le va-et-vient, la fluctuation*. *Flux et reflux d'incertitudes* (→ Hébéter, cit. 2). *Le flux et le reflux des motions* (cit. 1). — Vx. → Flux, cit. 7.

CONTR. **Flux, déferlement. — Afflux, avance.**

REFONDRE [ʀ(ə)fɔ̃dʀ] v. — Conjug. *fondre*. — V. 1130 ; comp. de *re-*, et *fondre*.

★ **I.** V. tr. ♦ **1.** Fondre une seconde fois. *Refondre un métal.* — Au p. p. *Fonte refondue* (→ Creuset, cit. 7).

♦ **2.** Reformer (un objet de métal) en le fondant une seconde fois. *Faire refondre les plaques d'airain* (→ Garnir, cit. 3). *Refondre des monnaies.*

♦ **3.** (1679). Fig. Refaire* en fondant* des parties les unes avec les autres, en donnant une meilleure forme. *Refondre un texte.* ⇒ **Changer, corriger, modifier, transformer.** *Des livres qu'on a repris, remaniés, refondus* (→ Minotaure, cit. 2). *Refondre un texte de loi.*

Une démocratie ne vaut et ne dure que si elle sait refondre constamment dans la communauté nationale l'individualisme qu'elle fait naître.
    Jacques DE LACRETELLE, *Idées dans un chapeau*, Londres en 1945.

♦ **4.** (1549). Fig. et vieilli. Changer les caractères de... (généralt pour améliorer). ⇒ **Réformer.** *Refondre l'homme* (→ Élan, cit. 7).

★ **II.** V. intr. Fondre, devenir liquide pour la seconde fois. *La glace refond.*

DÉR. **Refonte.**

REFONTE [ʀ(ə)fɔ̃t] n. f. — 1594 ; de *refondre*.

♦ **1.** Action de refondre. *La refonte des monnaies* (cf. Remettre à la fonte).

♦ **2.** (XVIIIᵉ). Action de modifier pour améliorer. *La refonte d'un ouvrage, d'un texte.* ⇒ **Changement, correction, modification.**

♦ **3.** Mar. Transformation et modernisation (d'un navire).

REFORAGE [ʀ(ə)fɔʀaʒ] n. m. — XXᵉ ; de *re-*, et *forage* ; cf. *reforer*, 1494, à Tournai.

♦ Techn. Nouveau forage (d'un puits).

REFORESTATION [ʀ(ə)fɔʀɛstasjɔ̃] n. f. — 1922 ; de *re-*, et *(af)forestation*.

♦ Techn. Reconstitution d'une forêt. ⇒ **Reboisement.**

CONTR. **Déforestation.**

REFORGER [ʀ(ə)fɔʀʒe] v. tr. — 1416, *reforgier* ; de *re-*, et *forger*.

♦ Forger de nouveau.

Son œil suivait le sillon bouillonnant des navires. Son rêve reforgeait le soc de proue à la mode ithaquienne avec lequel il avait tant labouré l'eau stérile.
    J. GIONO, *Naissance de l'Odyssée*, p. 23.

RÉFORMABLE [ʀefɔʀmabl] adj. — 1762 ; jurid., 1483 ; de *réformer*.

♦ Qui peut ou doit être réformé.

CONTR. **Irréformable.**

REFORMAGE [ʀəfɔʀmaʒ] n. m. — 1793, *Journ. off.* ; de *reformer*. ⇒ **Reforming,** n. m. (anglicisme).

RÉFORMATEUR, TRICE [ʀefɔʀmatœʀ, tʀis] n. et adj. — 1327, « magistrat réformant les abus » ; du lat. *reformator, trix*, de *reformare*. → Réformer.

♦ **1.** N. Personne qui réforme, fait des réformes. *Le, un réformateur des mœurs d'un corps, d'une société. Réformateur moral, religieux* (→ aussi 1. Air, cit. 27). *Une réformatrice hardie. Nos modernes réformateurs* (→ Matérialisme, cit. 1). *Réformateurs politiques et sociaux* (→ Augurer, cit. 2 ; peser, cit. 5). *Réformateurs utopistes.*

1 À l'origine d'une réforme il y a toujours un malaise ; le malaise dont souffre le réformateur est celui d'un déséquilibre intérieur.   GIDE, *Journal, Feuillets*, 1918, I.

Psychiatrie. Personne qui, par exaltation ou délire, veut transformer la société et la réédifier selon ses plans. *Réformateurs anarchistes, magnicides, utopistes, mystiques, persécutés-persécuteurs*, pacifiques.* — Adj. ou appos. *Les paranoïaques réformateurs.*

(Av. 1622). Spécialt. (hist. relig.). Se dit des fondateurs, des premiers adeptes de l'Église réformée (→ Calviniste, luthérien...). *Luther et les autres réformateurs* (→ Baptême, cit. 8).

♦ **2.** Adj. (1580). Qui réforme. *Sectes réformatrices* (→ Hindouiste, cit. 2). *Révolution réformatrice* (→ Innover, cit. 4).

Il est téméraire de poser des bornes au pouvoir réformateur de la raison et de rejeter quelque tentative que ce soit, parce qu'elle est sans antécédent.
    RENAN, *l'Avenir de la science*, III, Œ, compl, II, p. 756.   2

Psychiatrie. *Idées délirantes réformatrices :* idées délirantes de réforme (rencontrées dans de nombreuses psychoses).

CONTR. **Corrupteur. Conservateur.**

RÉFORMATION [ʀefɔʀmasjɔ̃] n. f. — 1213 ; empr. lat. *reformatio.*

Action de réformer ; résultat de cette action.

♦ **1.** Vx. Changement de forme, remise en ordre qui constitue une amélioration. ⇒ **Réforme.** *La réformation du calendrier*, de l'orthographe* (→ Écrire, cit. 11). *Réformation d'un ordre religieux,... de la noblesse* (cit. 14). ⇒ **Amélioration, régénération.** *Réformation des mœurs, de la conduite... La réformation de Racine* (→ Lorgnette, cit. 4). — (Déb. XVIᵉ). Hist. des relig. ⇒ **Réforme** (I., 2.).

1 Les jansénistes ressemblent aux hérétiques par la réformation des mœurs ; mais vous leur ressemblez en mal.   PASCAL, *Pensées*, XIV, 887.

2 Le terme classique de Réforme, ou de Réformation, a le tort d'être nécessaire-

ment traduit par réforme de l'Église. Ce fut tout autre chose, ce que le théologien Alexandre Vinet traduisait par « un réveil », une « conversion en grand ».
E.-G. LÉONARD, la Réforme et la Naissance de l'Europe moderne, in Encycl. Pl., Hist. universelle, t. III, p. 19.

♦ **2.** (xxᵉ). Mod. Dr. Modification d'un acte par une autorité supérieure. — (Procéd.) *L'appel est une voie de réformation.* — (Dr. admin.) *Réformation par recours hiérarchique.*

CONTR. Corruption.

RÉFORMATOIRE [ʀefɔʀmatwaʀ] adj. — Déb. xvıᵉ ; dér. sav. de *réformer, réformation.*

♦ Didact. Relatif à la réformation (des habitudes, des mœurs...).

RÉFORME [ʀefɔʀm] n. f. — 1625 ; déverbal de *réformer.* → aussi Réformation.

Action de réformer ; résultat de cette action.

★ **I.** Amélioration apportée dans les choses non matérielles, abstraites, morales.

♦ **1.** Rétablissement de la discipline primitive dans un ordre religieux. *Introduire* (cit. 10) *la réforme dans une abbaye* (→ aussi Monastique, cit. 1).

♦ **2.** (xvııᵉ). Absolt. Relig., hist. **LA RÉFORME :** le mouvement religieux du xvıᵉ siècle qui fonda le protestantisme et voulait ramener la religion chrétienne à sa forme primitive. ⇒ **Réformation** (cit. 2) ; **protestant, protestantisme ; calvinisme, luthéranisme** (→ aussi Laïque, cit. 1). *La Réforme provoqua un schisme* dans le christianisme*. La Ligue* (cit. 3) *combattit la Réforme* (⇒ **Contre-réforme**). *La Renaissance et la Réforme* (→ Éclat, cit. 36). *Luther et Calvin, artisans de la Réforme.* ⇒ **Réformateur.**

1 Sans vouloir toucher au christianisme (au contraire, en faisant effort pour le replacer sur le dogme qui en est l'essence), Luther l'a transformé (...) Il a transposé la religion du miracle à la nature, du fictif à la vérité (...) Ainsi le mot de la *Renaissance :* « Revenez à la nature » s'est accompli par l'homme qui ne voulait que rappeler le christianisme et le salut surnaturel. Luther, fervent chrétien, a, sans le vouloir, servi l'esprit nouveau. Son cœur, profondément humain, a chanté les deux chants, donné en partie double le concert harmonique de la Réforme et de la Renaissance. MICHELET, Hist. de France, t. X, vı.

♦ **3.** (1690). Absolt et vx. Retour (de qqn) au devoir, à la piété, et, par ext. Vie, conduite vertueuse. *« Je me suis jeté dans la réforme »* (Regnard, *Sérénade,* 13).

2 Un homme de talent (...) s'il est chagrin et austère, effarouche les jeunes gens, les fait penser mal de la vertu, et la leur rend suspecte d'une trop grande réforme et d'une pratique trop ennuyeuse. LA BRUYÈRE, les Caractères, XII, 30.

♦ **4.** (1640). Changement apporté dans la forme d'une institution afin de l'améliorer, d'en obtenir de meilleurs résultats (⇒ **Amélioration**). *La réforme du calendrier. Réforme de l'orthographe, orthographique* (→ Partisan, cit. 2). *Réforme de l'enseignement, d'une école* (→ 1. Général, cit. 23). *Réformes sociales et réformes politiques* (→ Compression, cit. 2 ; germe, cit. 12). *Une réforme agraire* (→ Morceler, cit. 2), *financière ; les réformes de Calonne* (→ Patriote, cit. 2). *Réforme judiciaire..., électorale, constitutionnelle* (⇒ **Révision**). *Réforme d'une loi.* ⇒ **Amendement.** *Proposer, exiger... la réforme de...* (→ Économiste, cit. 4). *Réformes difficiles à accomplir* (→ Exécution, cit. 7). *Réformes improvisées* (cit. 9). *Le bien, le progrès* qui résulte des réformes.*

3 Vivien nous conta que le roi avait jeté dans son tiroir un projet de réforme électorale, en disant : — Voilà pour mon successeur ! — C'est le mot de Louis XV, ajoutait Vivien, en supposant que la réforme soit le déluge. HUGO, Choses vues, II, XI, ı.

4 Il y avait, dans la structure de l'ancienne société, deux vices fondamentaux qui appelaient deux réformes principales. En premier lieu, les privilégiés ayant cessé de rendre les services dont leurs avantages étaient le salaire, leur privilège n'était plus qu'une charge gratuite mise sur une partie de la nation au profit de l'autre : il fallait donc le supprimer. En second lieu, le gouvernement étant absolu, usait de la chose publique comme de sa chose privée, avec arbitraire et gaspillage : il fallait donc lui imposer un contrôle efficace et régulier. TAINE, les Origines de la France contemporaine, t. I, III, p. 213.

5 Pour un Français, dénoncer un abus, c'est dire du mal de la France, parce qu'il la voit au passé, et l'homme inchangeable. Pour un Américain, c'est préparer une réforme, car il voit son pays au futur. SARTRE, Situations III, p. 132.

Spécialt. (polit.). Amélioration partielle et progressive de l'ordre social (opposé à *révolution*). ⇒ **Réformisme, réformiste.** *Partisans des réformes en Russie.* ⇒ **Menchevik.**

6 On ne peut pas demander au capitalisme de se détruire lui-même en sapant ses propres assises ! Quand il se trouve par trop acculé aux désordres qu'il a créés, il emprunte aux idées socialistes quelques réformes devenues indispensables. MARTIN DU GARD, les Thibault, t. V, p. 225 (→ Cause, cit. 23).

★ **II.** ♦ **1.** Milit. Mise hors de service de ce qui y est devenu impropre ; situation qui en résulte. — (1762). « Position du militaire sous les drapeaux et libéré temporairement ou définitivement des obligations militaires pour inaptitude physique » (Capitant). *Conseil de réforme. Réforme temporaire, définitive.* — Se dit aussi de la position des chevaux de l'armée déclarés inaptes, du matériel réformé. *Mettre à la réforme.*

7 Nicolas doit passer dans quelques jours au conseil de révision ; au lieu de solli-

ter sa réforme, mon général, sur la protection de qui les Tonsard comptent, n'a qu'à bien le recommander au prône. BALZAC, les Paysans, Pl., t. VIII, p. 181.

♦ **2.** Fig. *Mettre à la réforme,* au rebut.

Quand il s'était meublé à neuf, il n'avait pas eu le cœur de mettre à la réforme quelques vieux meubles hollandais qu'il possédait par héritage (...) A. HERMANT, les Épaves, II, ıı.

CONTR. Corruption, dérèglement.
COMP. Contre-réforme.

RÉFORMÉ, ÉE [ʀefɔʀme] adj. ⇒ **Réformer.**

REFORMER [ʀ(ə)fɔʀme] v. tr. — xııᵉ ; comp. de *re-,* et *former.*

♦ Former de nouveau, refaire (ce qui était défait.) *Reformer une armée en déroute.* ⇒ **Regrouper.**

(...) Gomorrhe, dispersée, tend, dans chaque ville, dans chaque village, à rejoindre ses membres séparés, à reformer la cité biblique (...) PROUST, Sodome et Gomorrhe, Pl., t. II, p. 852.

▶ **SE REFORMER** v. pron. (1723).

Reprendre sa forme, se former de nouveau. *Des nuages qui se défont et se reforment. Armée qui se reforme.* ⇒ **Rallier.** *Groupe qui se disperse pour se reformer plus loin.* ⇒ **Reconstituer.** *L'opposition se reformait dans les assemblées* (→ Derechef, cit. 2). Impers. *Il s'est reformé du pus dans la plaie. Il se reforme de grands silences* (→ Brillant, cit. 21).

(...) si, dans ces périodes de vingt ans les conglomérats de coteries se défaisaient et se reformaient selon l'attraction d'astres nouveaux destinés d'ailleurs eux aussi à s'éloigner, puis à reparaître, des cristallisations puis des émiettements suivis de cristallisations nouvelles avaient lieu dans l'âme des êtres. PROUST, le Temps retrouvé, Pl., t. III, p. 992.

Les Arabes s'accoutument à vous, on leur paraît moins étranger, et leur habitude, d'abord troublée, se reforme. GIDE, Journal, Feuilles de route, 7 mars 1896.

CONTR. Disperser.

RÉFORMER [ʀefɔʀme] v. tr. — 1174 ; lat. *reformare* «rendre à sa forme initiale», d'où «corriger, restaurer» ; de *re-,* et *formare.* → Former.

♦ **1.** (1690). Rétablir dans sa forme primitive (une règle, une discipline qui s'est corrompue). *Réformer un ordre religieux* (→ Habit, cit. 18). *Réformer un culte* (→ Réformé, p. p.).

♦ **2.** Mor., relig. (vieilli). Corriger*, ramener à la vertu (la conduite, les mœurs..., une personne). *Réformer son cœur et renoncer* à ses passions* (→ Étroit, cit. 6). *On ne saurait réformer le naturel* (→ Changer, cit. 42). Absolt. *Passion de réformer, de moraliser, d'évangéliser* (cit. 3). ⇒ **Redresser.** — Pron. *Se réformer :* rentrer dans le droit chemin, revenir à la vertu. ⇒ **Amender** (s'). Cf. fam. Acheter une conduite.

1 Les prêtres qui l'avaient formé *(Saint Louis)* firent plus qu'ils ne voulaient ; leur élève se trouva plus prêtre qu'eux et, dans son intraitable vertu, il commença par réformer ses maîtres. MICHELET, Hist. de France, II, ııı.

2 Le texte de la loi c'est bien, mais ce n'est rien si le cœur de l'homme ne se réforme. DANIEL-ROPS, le Peuple de la Bible, III, ııı.

♦ **3.** (Déb. xvᵉ). Changer* en mieux*, ramener à une forme* meilleure (une institution). ⇒ **Améliorer, corriger, modifier.** *Réformer les coutumes* (cit. 3). *Réformer une méthode* (cit. 8). *Réformer les ordres et les corps de la société* (→ Préalable, cit. 6). *Système à démolir* (cit. 5) *et non à réformer. Réformer une loi.* ⇒ **Amender.** *Réformer la constitution.*

3 Nous parlerons contre les lois insensées jusqu'à ce qu'on les réforme ; et, en attendant, nous nous y soumettrons. DIDEROT, Suppl. au voyage de Bougainville, ıv.

4 Son premier soin fut de réformer la Légion. Ces beaux jeunes hommes qui se considéraient comme la majesté militaire de la République, se gouvernaient eux-mêmes. Il cassa leurs officiers ; il les traitait rudement, les faisait courir, sauter, monter tout d'une haleine la pente de Byrsa, lancer des javelots, lutter corps à corps, coucher la nuit sur les places. FLAUBERT, Salammbô, VIII.

5 Le service de santé de l'armée réformait ses méthodes, éprouvait son personnel et révisait son outillage. G. DUHAMEL, la Pesée des âmes, v.

(1657). Dr. *Réformer un jugement.* ⇒ **Annuler.** *Appel* (cit. 18) *pour réformer un jugement.* ⇒ **Réformation.** *Réformer un procès* (→ Poursuivre, cit. 13). ⇒ aussi **Réviser.**

♦ **4.** (1636). Supprimer* pour améliorer. *Réformer les abus* (→ Plumeau, cit.). *Réformer ce qu'il y a de mondain dans ses habits* (cit. 7).

♦ **5.** (1671). Milit. Retirer du service (ce qui y est devenu impropre). ⇒ **Réforme ; radier, rayer.** *Réformer un soldat. Il fut réformé comme impropre* (cit. 4) *au service militaire. Être réformé pour myopie* (→ Chauvin, cit. 2). — *Réformer des chevaux* (→ Mettre au rebut*), *du matériel.* ⇒ **Service** (mettre hors service).

6 J'en ai vu qui refusaient de faire état de leur santé précaire au conseil de révision, de crainte d'être réformés. « J'aurais bonne mine, disaient-ils, à la prochaine ». SARTRE, Situations III, p. 67.

▶ **RÉFORMÉ, ÉE** p. p., adj. et n. (*Église réformée,* 1546).

♦ **1.** Relig. ⓐ *Religieux réformé,* d'un ordre réformé.

ⓑ Issu de la Réforme. *Religion réformée,* et, pour les catholiques du XVIIᵉ siècle, (1680) *religion prétendue réformée* (par abrév. : *R. P. R.*). ⇒ **Protestantisme.** Spécialt. *Église réformée :* église protestante synodale (presbytérienne) d'inspiration calviniste. *Les Églises réformées. L'Église réformée de France, de Hollande, d'Amérique.*

ⓒ N. (1653). Protestant. *Un Réformé, une Réformée ; les Réformés* (→ Érudition, cit. 2; œcuménique, cit.). *Les réformés de France* (→ Huguenot, cit. 3).

♦ **2.** Vx. Qui s'est amendé, qui est revenu à une vertu plus rigoureuse. *Pécheur réformé.* — Par ext. *Un air réformé, une modestie outrée* (→ 1. Farder, cit. 2).

♦ **3.** (1832). Reconnu impropre* pour le service. *Soldat réformé. On fendait* l'oreille aux chevaux réformés.* — N. *Un réformé temporaire* (⇒ **Ajourné**), *définitif.* — (1875). En parlant du matériel, d'un équipement, etc. *Canon réformé.*

7 Omphale, le Couvent vous réforme, je viendrai vous prendre ce soir. Puis il continue sa besogne. Mais à l'examen vous ne vous offrez plus à lui, ensuite il sort ; la réformée embrasse ses compagnes, elle leur promet mille et mille fois de les servir, de porter des plaintes, d'ébruiter ce qui se passe, l'heure sonne, le Moine paraît, la fille part, et l'on n'entend plus parler d'elle.
                            SADE, Justine..., t. I, p. 175.

CONTR. Corrompre, détériorer. — Confirmer, maintenir.

RÉFORMETTE [ʀefɔʀmɛt] n. f. — V. 1960 ; de *réforme.*

♦ Fam. (plais.). Réforme jugée superficielle, peu sérieuse (par ses adversaires). « *Ce n'est pas une " réformette ", mais un changement qui sort de la gestion courante, touche tout l'appareil éducatif, apporte des transformations non négligeables* » (*le Monde,* 7 mars 1974). « *Des lois vétustes (...) ou trompeuses* (*la réformette des régions*) » (*l'Express,* 4 juin 1973, p. 79).

REFORMING [ʀifɔʀmiŋ ; ʀəfɔʀmiŋ] n. m. — Mil. xxᵉ (1946, *in* Höfler) ; mot anglais.

♦ Techn. Anglic. Opération chimique de raffinage qui modifie la nature d'une catégorie de constituants du pétrole sous l'effet de la température et de la pression. *Reforming catalytique.* — REM. L'administration a proposé *reformage* (pour l'industrie du pétrole) et *conversion* (pour l'industrie du gaz).

Le reforming est encore un procédé classique de la chimie organique. Il consiste, moyennant certaines conditions, à reformer deux composés d'autres composés. Par exemple, à haute température, l'oxyde de carbone et l'eau se reforment pour donner du gaz carbonique et de l'hydrogène.
                    R. DE LA TAILLE, Le moteur à eau ne peut pas exister, *in* Science et Vie, déc. 1974, p. 63.

RÉFORMISME [ʀefɔʀmism] n. m. — Déb. xxᵉ ; «tendance aux réformes», fin xıxᵉ ; de *réformiste.*

♦ Doctrine politique* des réformistes. *Le réformisme opposé à l'action révolutionnaire. Réformisme socialiste.* ⇒ **Révisionnisme.**

Tout ce qu'il (*le capitaliste*) pourra faire, c'est entraîner, dans sa chute, le réformisme dans la continuité, celle-ci étant devenue la grande indésirable.
                    A. SAUVY, Croissance zéro ?, p. 306.

RÉFORMISTE [ʀefɔʀmist] n. et adj. — 1834 ; repris à l'angl. *reformist* (1611). → Réforme.

♦ **1.** Partisan d'une réforme politique. — Adj. (1844). *Un ministre réformiste.*

♦ **2.** (1841). Personne qui veut améliorer la société capitaliste par des réformes politiques légales et progressives (opposé à *révolutionnaire*). → Dynamisme, cit. — REM. Le mot est souvent péjoratif (employé par ceux qui se disent *révolutionnaires*). — Adj. *Néomarxiste* réformiste.*

1 Ce qui est terrible, c'est l'injustice, c'est l'infériorité, c'est l'inégalité (...) C'est pour ça qu'Edmond est révolutionnaire, et qu'il n'aime pas les réformistes. Beaucoup de patrons sont réformistes.
                    J. ROMAINS, les Hommes de bonne volonté, IX, XVII, p. 134.

2 Mais vos « réformistes » s'imaginent que les réformes sont le seul moyen d'atteindre le but. Ce n'est qu'un moyen parmi beaucoup d'autres ! Vos réformistes s'imaginent que les lois sociales, les conquêtes économiques augmentent nécessairement le dynamisme du prolétariat en même temps que son mieux-être ... C'est à voir !
                    MARTIN DU GARD, les Thibault, t. V, p. 61.

CONTR. Révolutionnaire. — Conservateur, réactionnaire.
DÉR. Réformisme.

REFORMULATION [ʀ(ə)fɔʀmylasjɔ̃] n. f. — Mil. xxᵉ ; de *reformuler,* d'après *formulation.*

♦ Didact. Nouvelle formulation (d'un même contenu).

REFORMULER [ʀ(ə)fɔʀmyle] v. tr. — xxᵉ ; de *re-,* et *formuler.*

♦ Didact. Donner une nouvelle formulation à.

REFOUILLEMENT [ʀ(ə)fujmɑ̃] n. m. — 1834 ; de *refouiller.*
Technique.

♦ **1.** Évidement pratiqué de part en part dans une pierre.

♦ **2.** (Sculpt.). Action de refouiller. *Refouillement d'un chapiteau.*

REFOUILLER [ʀ(ə)fuje] v. tr. — xvıᵉ ; comp. de *re-,* et *fouiller.*

♦ **1.** Fouiller de nouveau. *J'ai cherché partout, fouillé et refouillé sans rien trouver.*

♦ **2.** (1834). Techn., art. Évider, creuser*. *Refouiller une pierre de taille.* — Sculpt. Accentuer les saillies en évidant les parties creuses. *Refouiller un chapiteau.*
CONTR. Bomber.

1. REFOULÉ, ÉE [ʀ(ə)fule] p. p. adj. ⇒ **Refouler.**

2. REFOULÉ, ÉE [ʀ(ə)fule] adj. et n. — 1906, *in* D.D.L. ; de *refouler,* II., 4., spécialt.

♦ **1.** Psychan. (Spécialisation du sens II., 4. de *refouler,* → Refoulé, p. p., 3.). Qui a fait l'objet du refoulement* (3., spécialt) ; qui a été éliminé du psychisme conscient. *Pulsions refoulées et sublimées*.*

N. m. LE REFOULÉ : ce qui est refoulé (⇒ **Refouler,** II., 4.). *Retour du refoulé :* « Processus par lequel les éléments refoulés, n'étant jamais anéantis par le refoulement, tendent à réapparaître et y parviennent de manière déformée sous forme de compromis » (J. Laplanche et J.-B. Pontalis, *Voc. de la psychanalyse,* p. 424).

♦ **2.** Fam., cour. Se dit d'une personne qui a refoulé ses instincts, et notamment ses pulsions sexuelles. *Un moraliste, un vieux garçon refoulé.* ⇒ **Inhibé ;** fam. **bloqué, complexé.**

N. m. *Un refoulé, une refoulée* (souvent péjoratif).

(...) ça t'amuserait de t'habiller, de sortir, si seulement tu étais sincère. On dit : ça ne m'amuse pas ; mais on ment. Nous sommes tous des refoulés et des hypocrites.
                  S. DE BEAUVOIR, les Mandarins, p. 348.

CONTR. Défoulé.

REFOULEMENT [ʀ(ə)fulmɑ̃] n. m. — 1802 ; «action d'émousser», 1538 ; de *refouler.*
Action de refouler.

♦ **1.** (1802). Vx. Action de refouler (une charge d'artillerie) dans le canon d'une pièce.

(1875). Techn. (ch. de f.). Action de refouler (un wagon, un convoi en formation, etc.).

Déplacement d'un fluide dans une tuyauterie par l'action d'un compresseur, d'une pompe.

Action de refouler* (le métal). *Refoulement d'un rivet à la bouterolle.*

♦ **2.** Action de refouler (des personnes). — Milit. *Refoulement des envahisseurs.* — *Refoulement des immigrants étrangers ; des résidents étrangers* (⇒ **Expulsion**).

♦ **3.** (1857). Action de repousser, d'enfouir (des désirs, des sentiments que l'on ne peut pas ou ne veut pas satisfaire). *Refoulement des instincts, des ambitions* (→ Inassouvi, cit. 5).

(...) ce prêtre étudiait sans cesse, ce qui l'aidait à porter sa chasteté, mais rien de plus dangereux qu'un tel refoulement (...) on lui avait refusé une femme, il avait épousé l'humanité. Cette plénitude énorme, au fond, c'est le vide.
                  HUGO, Quatre-vingt-treize, II, I, II.

Hélas vous ne faites donc pas la part de cette habitude effroyable de la solitude, de la misère, de la nécessité de m'imposer sans cesse le refoulement de toute expression ?
                BAUDELAIRE, Correspondance générale, t. VI, p. 19-20, 20 janv. 1858.

(1906, *in* D.D.L.). Psychan. Mécanisme inconscient de défense* par lequel sont repoussées et maintenues hors de la conscience des représentations liées à une pulsion dont la satisfaction provoquerait un déplaisir insupportable à l'égard d'autres exigences (celles, par ex., du surmoi*). *Le refoulement est* « à *l'origine de la constitution de l'inconscient comme domaine séparé du psychisme* » (Laplanche et Pontalis). *Agent du refoulement.* ⇒ **Censure, moi.** *Refoulement et répression*. L'oubli* (cit. 3), *selon Freud, a pour cause le refoulement. Liquidation ou refoulement d'un complexe. Refoulement originaire,* constituant les premiers noyaux inconscients qui exerceront ensuite une attraction sur d'autres contenus à refouler. ⇒ aussi **Fixation.** *Refoulement après coup.*

(...) l'appareil psychique a pour fonction la réduction des tensions instinctuelles déplaisantes, soit par leur décharge, soit par un processus (...) de défense et de refoulement (...) les tendances refoulées dans l'inconscient cherchant à se frayer un chemin, par exemple dans les rêves et les symptômes des névroses.
                Daniel LAGACHE, la Psychanalyse, p. 12.

Cour. Refus des pulsions sexuelles ; comportement qui en résulte.

CONTR. Aspiration. — Effusion. — Assouvissement, défoulement. — V. comp. de fouler.

REFOULER [ʀ(ə)fule] v. — Fin xiᵉ; comp. de *re-*, et *fouler*.

★ **I.** V. tr. Fouler de nouveau. *Refouler une étoffe, du drap.* — (Surtout à la forme pron.). *Il s'est refoulé la cheville.*

★ **II.** V. tr. Fouler, pousser en arrière. ♦ **1.** Techn. Comprimer, repousser (le plus souvent, avec un outil percutant : marteau rivoir, bouterolle, etc.). ⇒ **Mater.** *Refouler le fer d'un rivet.*

♦ **2.** Pousser en arrière, faire reculer — (Fin xixᵉ). Ch. de fer. *Refouler un train :* le faire reculer en le poussant avec la locomotive.

1 (...) il y eut un choc, le train recula de quelques mètres : c'était la machine qui refoulait les premiers wagons sur celui qu'on venait d'ajouter, le 293, pour avoir un coupé réservé.   ZOLA, la Bête humaine, I.

(xviiiᵉ). *Refouler un fluide. Pomper et refouler un liquide* (→ aussi Générateur, cit. 5). *Un vertige qui refoula le sang vers son cœur* (→ Évanouir, cit. 26). ⇒ **Refluer** (faire). — (1680). Mar. (vx). *Refouler le courant, la marée,* se dit d'un navire qui s'avance contre le courant.

♦ **3.** (1824). Faire reculer, refluer (des personnes). *Refouler des envahisseurs, l'armée ennemie.* ⇒ **Battre, chasser, repousser** (→ Culbuter, cit. 3). *La cavalerie fut refoulée dans le bois* (→ Assaillant, cit. 1). *Refouler des immigrants, des réfugiés, des indésirables.* ⇒ **Bannir.** *Ils ont été refoulés à la frontière.* — *L'air glacé* (cit. 8) *les refoula dans le hall. À l'heure où Paris refoule le peuple des banlieues* (→ Bouche, cit. 27).

2 (...) la Gaule, de concert avec Rome, avait dû refouler de nombreuses invasions : annonce des luttes que la France de l'avenir aurait à soutenir contre l'Allemagne.   J. BAINVILLE, Hist. de France, I, p. 17.

(Plus rarement, en parlant d'une seule personne). Faire reculer, et, fig., rejeter, repousser.

3 Il avait pour concurrent un fabricant fort riche, qu'il fallait absolument refouler à la place de second adjoint.   STENDHAL, le Rouge et le Noir, I, XVII.

♦ **4.** (Fin xviiiᵉ). Faire rentrer en soi ce qui veut s'extérioriser, s'exprimer. ⇒ **Comprimer, concentrer** (vx), **contenir, contraindre, dissimuler, étouffer, refréner, rentrer, réprimer, retenir...** *Refouler sa colère, son désir, la nature* (→ Habiter, cit. 8).

4 Les nobles sentiments refoulés au fond des cœurs se réveillèrent.   CHATEAUBRIAND, Mémoires d'outre-tombe, t. III, p. 2.

Psychan. et cour. Rejeter, éliminer inconsciemment (un désir, une idée...). ⇒ **Refoulement.** *Refouler son agressivité.*

5 Il ne lui suffisait pas, sans doute, que nos secrets fussent refoulés dans l'inconscient : il *(Faulkner)* rêve d'une obscurité totale au cœur même de la conscience, d'une obscurité totale que nous ferions nous-même, en nous-même.   SARTRE, Situations I, p. 13.

6 (...) il *(Joseph de Maistre)* aura manifesté une autre part de lui-même que celle qui éclate dans ses écrits et qui est horrible. Ce n'est pas toujours le pire que nous refoulons.   F. MAURIAC, Bloc-notes 1952-1957, p. 312.

★ **III.** V. intr. ♦ **1.** Vx. Reculer sous l'effort d'une pression. ⇒ **Refluer.**

♦ **2.** Refouler (II., 2.) les liquides. *Tuyauterie qui refoule* — Fig. et pop. *Refouler, refouler du goulot :* avoir mauvaise haleine. → **Puer** (du bec).

▶ **REFOULÉ, ÉE** p. p. adj.

♦ **1.** (V. 1268). Vx. (De *refouler,* I.). *Drap refoulé.*

♦ **2.** (De *refouler,* II.). *Fer refoulé.* — *Émigrants refoulés* (à la frontière).

♦ **3.** (De *refouler,* II., 4.). *Passion refoulée depuis des années* (→ Assouvir, cit. 11). *Révolte refoulée* (→ Étouffer, cit. 34; inassouvi, cit. 5). — Spécialt. → 2. **Refoulé.**

CONTR. Aspirer, attirer. — Admettre. — Assouvir, exciter, exprimer. — Défouler.
DÉR. 2. Refoulé, refoulement, refouleur, refouloir.

REFOULEUR [ʀ(ə)fulœʀ] n. m. — 1870; de *refouler*.

♦ **1.** Techn. Appareil, instrument servant à refouler (qqch.).

♦ **2.** Mar. Navire à pompes qui drague les déblais sous-marins ou fluviaux, et les refoule à terre. ⇒ 1. **Drague.**

REFOULOIR [ʀ(ə)fulwaʀ] n. m. — 1575; de *refouler*.

♦ **1.** Anciennt. Cylindre muni d'une hampe qui sert à refouler la charge dans les canons se chargeant par la bouche (→ Écouvillon, cit. 2).

♦ **2.** (1870). Dispositif (ressort) pour la fermeture automatique des portes.

REFOURRER [ʀ(ə)fuʀe] v. tr. — 1765; de *re-*, et *fourrer*; homonyme *refourrer* «garnir de fourrure», fin xivᵉ.

♦ Fam. Remettre. *Je vous défends de refourrer les pieds ici.* ⇒ **Refoutre.**

Par quelle étrange maxime veut-il que je m'aille refourrer tout exprès sous la direction d'un autre consistoire (...)?   ROUSSEAU, Lettre à M. du Peyrou, 6 avr. 1765, *in* Correspondance, t. III, p. 53.   1

(...) j'arrive avec le plateau : je suis attrapée et refourrée au lit (...)   Christiane ROCHEFORT, le Repos du guerrier, II, II, p. 157.   2

Pron. *Il a vite bu son café et s'est refourré dans ses draps.*

REFOUTRE [ʀ(ə)futʀ] v. tr. — 1790, «ennuyer»; «remettre», 1791, *in* D.D.L.; de *re-*, et *foutre*.

♦ Très fam. Remettre. *Et tâche de ne pas refoutre mes outils n'importe où, et de les ranger!*

Loc. *Refoutre les pieds quelque part :* y revenir.

Eh bien, je t'interdirai de refoutre les pieds dans aucun de mes bureaux (...)   M. DRUON, les Grandes Familles, VI, II, p. 357.   1

L'autre, dans le fond de son cœur envieux, ricane de la mésaventure arrivée à son adversaire. Celui-ci déclare qu'il ne refoutera *(sic)* plus les pieds dans un pareil boui-boui.   R. QUENEAU, le Chiendent, p. 248-249.   2

▶ **SE REFOUTRE** v. pron. (1790).
Vx. Se remettre.

RÉFRACTAIRE [ʀefʀaktɛʀ] adj. — 1539; lat. *refractarius* «indocile, rebelle»; de *refringere* «briser».

♦ **1.** Qui résiste, refuse d'obéir, de se soumettre. ⇒ **Désobéissant, rebelle, résistant.** *Réfractaire aux ordres, aux volontés d'un chef, à l'autorité, à la loi...* — Qui résiste à, est insensible à. *Réfractaire à l'émotion, au sentiment, aux influences...* ⇒ **Insensible** (→ aussi Demander, cit. 16). — Absolt. Insoumis, rebelle. *Un être réfractaire et inutile* (→ Illuminer, cit. 16).

Marie n'était pas réfractaire à toute émotion esthétique; mais chez elle, comme chez beaucoup de Suisses, le sentiment de la beauté se confondait avec celui de l'altitude (...)   GIDE, Si le grain ne meurt, I, VI, p. 159.   1

Un homme aux muscles puissants et un peu noués, qui pensait par courtes vérités sévères, un homme droit, fermé, sûr de soi, terrestre, réfractaire aux tentations angéliques de l'art, de la psychologie, de la politique, tout un homme, rien qu'un homme.   SARTRE, l'Âge de raison p. 126.   2

N. *Un, une réfractaire :* une personne qui refuse d'obéir, de se soumettre. ⇒ **Irréductible, rebelle, résistant.**

♦ **2.** (1792). *Prêtre réfractaire,* qui avait refusé de prêter serment à la constitution civile du clergé (1790). ⇒ **Insermenté** (par oppos. à *assermenté, constitutionnel*). — N. m. *Un réfractaire.*

(1805). *Conscrit réfractaire,* qui refuse de se soumettre à la loi du recrutement. ⇒ **Insoumis** (→ Bonapartisme, cit. 1). *Être porté réfractaire* (→ Fascicule, cit. 1). — N. m. *Les réfractaires et les déserteurs** (cit. 2) *de l'armée de l'an VIII.*

(...) en 1793, âgé de seize ans, on l'avait mis au bagne comme réfractaire, et ferré avec un octogénaire, l'évêque de Mirepoix, réfractaire aussi, mais comme prêtre, tandis que lui l'était comme soldat.   HUGO, les Misérables, III, III, III.   3

Quand le sous-préfet l'a demandé en 1811, il s'est enfui dans les bois; réfractaire, quoi, comme on les appelait.   BALZAC, le Curé de village, Pl., t. VIII, p. 662.   4

Résistant (1941-1944) qui refusait le travail en Allemagne pendant l'occupation allemande. *Réfractaires au service du travail obligatoire* (→ Maquis, cit. 3).

♦ **3.** (1762). Sc., techn. Qui résiste à..., n'est pas ou n'est que peu modifié par une action physique ou chimique. *Argile* (cit. 1) *réfractaire au feu.* ⇒ **Apyre.**

Spécialt. Se dit des substances fondant aux températures les plus élevées. *Métaux réfractaires* (tungstène, tantale). *Oxydes réfractaires* (alumine, magnésie). *Argile réfractaire; brique* réfractaire. *Chemise, massif d'un four, en matériaux réfractaires* (⇒ aussi **Fourneau**). *Terre réfractaire.*

Fig., par plais. *Des haricots réfractaires,* qui restent durs malgré la cuisson. (→ Dur* à cuire; et cuire, cit. 7).

♦ **4.** Physiol. Qui ne réagit pas à un stimulus. — Méd. *Maladie réfractaire,* qui ne réagit pas aux traitements essayés. *Rendre réfractaire à une maladie* (→ Innoculation, cit. 3). ⇒ **Immunisé; immunité.**

CONTR. Docile, enclin, obéissant, sensible. — Fusible.

RÉFRACTER [ʀefʀakte] v. tr. — 1734, Voltaire; angl. *to refract* (1611) employé par Newton; du lat. *refractum,* de *refringere* «briser».

♦ **1.** Faire dévier (un rayon lumineux ou une onde électromagnétique invisible) par le phénomène de la réfraction*. *Propriété de réfracter la lumière.* ⇒ **Réfringence; biréfringence.** — (1771). Pron. *La lumière se réfracte en passant d'un milieu dans un autre* (→ Dense, cit. 4).

♦ **2.** Fig. *Donner une image modifiée et comme réfractée* (cf. Voir, montrer à travers un prisme, fig.).

(...) j'expliquais à Albertine que les grands littérateurs n'ont jamais fait qu'une seule œuvre, ou plutôt réfracté à travers des milieux divers une même beauté qu'ils apportent au monde.   PROUST, la Prisonnière, Pl., t. III, p. 376.   1

Il semble qu'ils n'aient jamais dit leur dernier mot et que la critique ne soit jamais quitte envers eux. Que dis-je? Il semble que leur œuvre même, que leur figure,   2

s'augmentent et s'enrichissent des commentaires qu'elles suscitent, des interprétations qui les réfractent et des injures qu'elles essuyent.
GIDE, Attendu que..., p. 103.

▶ **REFRACTÉ, ÉE** p. p. adj. (1738, Voltaire). *Conditions d'émergence* d'un rayon réfracté. ⇒ **Réfraction.**

DÉR. Réfracteur, réfractif.

RÉFRACTEUR, TRICE [ʀefʀaktœʀ, tʀis] adj. — 1907 ; sens 2., 1866 ; de *réfracter.*

Sciences, technique.

♦ **1.** Adj. Qui sert à réfracter la lumière. *Appareil réfracteur.*

♦ **2.** N. m. (1866, *réfracteur différentiel*, F. Renard, in *Année sc. et industr.* 1867, p. 452). Vx. Lunette astronomique (opposé à *réflecteur :* télescope).

RÉFRACTIF, IVE [ʀefʀaktif, iv] adj. — 1706 ; de *réfracter.*

♦ Vx. Qui produit la réfraction. *Pouvoir réfractif,* exprimé par l'indice de réfraction. *Milieu réfractif.* ⇒ **Réfringent.**

DÉR. Réfractivité.

RÉFRACTION [ʀefʀaksjõ] n. f. — V. 1270 ; lat. *refractio,* dér. de *refringere* « briser », répandu déb. XVIIIᵉ sous l'infl. de l'angl. *refraction,* chez Newton.

♦ **Phys., cour.** Déviation d'un rayon lumineux ou d'une onde électromagnétique, qui franchit la surface de séparation de deux milieux dans lesquels les vitesses de propagation sont différentes, le rayon *réfracté* restant dans le plan formé par le rayon incident et la normale à la surface de séparation (⇒ **Réfringent, réfringence**). *Angle de réfraction,* formé par cette normale et le rayon réfracté. *Réfraction et réflexion*. *L'angle de réfraction est lié à l'angle d'incidence par les lois de Descartes ; pour les corps anisotropes, les lois s'appliquent également, en remplaçant le* rayon lumineux *par la* normale à l'onde *(ces deux notions ne coïncident que dans le cas d'un milieu isotrope). Indice* de réfraction. (→ Réfringent, cit.). *En milieu non isotrope, l'indice de réfraction dépend de la nature du milieu et de l'orientation du rayon ; il possède deux valeurs, pour les deux vibrations privilégiées contenues dans ce plan* (dans le cas d'un cristal uniaxe, elles représentent le rayon ordinaire et le rayon extraordinaire). — *Double réfraction* ou, vx, *réfraction attractive :* séparation en deux rayons, dans un milieu non isotrope. ⇒ **Biréfringence** (→ Cristal, cit. 1). *Réfraction conique intérieure,* où un rayon incident unique peut correspondre, dans l'intérieur d'un cristal, à une infinité de rayons réfractés formant un cône creux. *Réfraction conique extérieure,* à l'extérieur du cristal. — *Étude de la réfraction et de la réflexion par l'optique* (cit. 2). ⇒ **Catadioptrique, dioptrique.** *Caustique par réfraction* (diacaustique), dans le cas d'un système optique présentant une aberration sphérique. *Foyer par réfraction. Polarisation par réfraction. Réfraction ou réfractivité spécifique :* relation entre l'indice de réfraction pour une longueur d'onde déterminée et la densité du milieu. *Réfraction ou réfractivité atomique :* produit de la réfraction spécifique par le poids atomique. *Indice de réfraction relatif* (de deux milieux). *Indice de réfraction complexe,* comprenant à la fois l'indice de réfraction et l'indice d'absorption, pour les métaux, les diélectriques... *Dispersion de réfraction :* dérivée de l'indice de réfraction par rapport à la longueur d'onde ou à la fréquence. *Les indices de réfraction des substances varient avec la longueur d'onde dans les milieux dispersifs, produisant, par exemple, la décomposition de la lumière* (ou de radiations invisibles) *au moyen d'un prisme, d'une lentille... Phénomènes naturels dus à la réfraction.* ⇒ **Arc-en-ciel, mirage, parhélie...** *Réfraction astronomique :* déviation du rayon provenant d'un astre par les couches atmosphériques.

Méd. *Réfraction oculaire,* subie par un rayon lumineux qui pénètre dans les milieux réfringents de l'œil et impressionne la rétine.

> 1   Enfin, considérez que les rayons se détournent aussi, en même façon qu'il a été dit d'une balle quand ils rencontrent obliquement la superficie d'un corps transparent, par lequel ils pénètrent plus ou moins facilement que par celui d'où ils viennent, et cette façon de se détourner s'appelle en eux Réfraction.
> DESCARTES, la Dioptrique, I.

> 2   Les mathématiciens supposent ordinairement que les rayons de lumière sont des lignes qui, du corps lumineux, s'étendent jusqu'au corps illuminé, et que la réfraction de ces rayons est l'inflexion ou la rupture de ces lignes, lorsqu'elles viennent à passer d'un milieu dans un autre. On peut fort bien considérer sous cette idée les rayons et leurs réfractions, si la lumière se propage en un instant.
> COSTE, Trad. NEWTON, Traité d'optique..., t. I, p. 3.

Réfraction du son, produite par les variations des conditions physiques (température, hygrométrie, vitesse de déplacement : vent) entre les différentes couches d'air traversées par la vibration sonore.

DÉR. Réfractionniste.

RÉFRACTIONNISTE [ʀefʀaksjɔnist] n. — V. 1960 ; de *réfraction,* et -*iste.*

♦ **Méd.** Spécialiste de la correction des troubles de la réfraction ocu-

laire. *Cet opticien, cet ophtalmologue est un excellent réfractionniste.*

RÉFRACTIVITÉ [ʀefʀaktivite] n. f. — XVIIIᵉ ; de *réfractif.*

♦ **Sc.** Propriété des rayons, des ondes quant à la réfraction ; relation mathématique dans laquelle entre en particulier l'indice de réfraction, diminué du nombre un. ⇒ **Réfrangibilité.**

RÉFRACTOMÈTRE [ʀefʀaktɔmetʀ] n. m. — XIXᵉ (1875, P. Larousse) ; de *réfract(ion),* et -*mètre.*

♦ **Techn.** Appareil, instrument destiné à mesurer les indices de réfraction des solides, des liquides et des gaz. — Appareil servant à mesurer objectivement la réfraction oculaire, les amétropies.

DÉR. Réfractométrie.

RÉFRACTOMÉTRIE [ʀefʀaktɔmetʀi] n. f. — XXᵉ ; cf. *réfractométrique,* 1904, in *Rev. gén. des sc.* nº 4, p. 213 ; de *réfract(ion)* et -*métrie.*

♦ **Techn.** Mesure des amétropies. ⇒ **Optométrie.**

REFRAIN [ʀ(ə)fʀɛ̃] n. m. — 1260 ; altér. de *refrait,* p. p. subst. du v. *refraindre* (du lat. pop. **refrangere,* pour *refringere*) « briser », et, par ext., « réprimer, contenir ; moduler (la voix) ».

♦ **1.** Suite de mots ou de phrases répétés à la fin de chaque couplet d'une chanson*, d'un poème à forme fixe. *Le refrain d'une ballade* (cit. 1), *d'une chanson* (→ Chorus, cit. 1), *d'une romance* (→ Ocarina, cit. 1) *d'un rondeau... Reprenons le refrain en chœur.* — (V. 1830). Par ext. Chanson à refrain (→ Littérature, cit. 15). — *Refrain de foire* (→ Éructer, cit. 2). *Mots figurant dans des refrains populaires* (→ Flonflon [vx], 2. gué, lanlaire, larifla, larigot, mironton-mirontaine, tire-lire, tralala, tradéridéra, turlurette...).

> 1   Elle *(Gervaise)* avait leur idée dans la tête comme on a dans la bouche un refrain embêtant, qui ne veut pas vous lâcher.
> ZOLA, l'Assommoir, VI, t. I. P. 229.

> 2   Ce refrain peut paraître un tradéridéra
> Mais peut-être qu'un jour les mots que murmura
> Ce cœur usé ce cœur banal seront l'aura
> D'un monde merveilleux où toi seule sauras
> Que si le soleil brille et si l'amour frissonne
> C'est que sans croire même au printemps dès l'automne
> J'aurai dit tradéridéra comme personne.
> ARAGON, le Crève-cœur, p. 26.

Par métaphore. Bruit, chant répété, monotone. *Le refrain de la bouilloire* (→ Évoquer, cit. 9).

♦ **2.** (1580). Fig. Paroles, idées qui reviennent sans cesse. ⇒ **Leitmotiv, rengaine, répétition ; antienne, chanson.** *Avec lui, c'est toujours le même refrain. Changez de refrain !* (→ Changez de disque*) : *parlez d'autre chose !* — Loc. *Le refrain de la ballade* (cit. 6).

> 3   Cette fois-ci ce fut le maître qui parla le premier et qui débuta par le refrain accoutumé. Eh bien ! Jacques, l'histoire de tes amours ?
> DIDEROT, Jacques le fataliste, Pl., p. 515.

♦ **3.** Vx. Rejaillissement des vagues qui se brisent (premier sens du verbe *refraindre*).

> 4   Là, je m'amusais à voir voler les pingouins et les mouettes, à béer aux lointains bleuâtres, à ramasser des coquillages, à écouter le refrain des vagues parmi les écueils.
> CHATEAUBRIAND, Mémoires d'outre-tombe. t. I, p. 50.

RÉFRANGIBILITÉ [ʀefʀɑ̃ʒibilite] n. f. — 1706 ; angl. *refrangibility ;* → Réfrangible.

♦ **Phys.** Propriété d'être dévié par réfraction*.

> 1   La réfrangibilité des rayons de lumière est leur disposition à être rompus ou détournés de leur chemin, en passant d'un corps ou milieu transparent dans un autre. Et la plus grande ou la moins grande réfrangibilité des rayons est leur disposition à être détournés plus ou moins de leur chemin à égales incidences sur le même milieu (...)
> COSTE, Trad. NEWTON, Traité d'optique, t. I.

> 2   La théorie mécanique de la lumière, telle qu'elle est actuellement, ne peut pas servir au classement des espèces visuelles. En effet, cette théorie n'admet entre les couleurs que des différences, croissant d'une manière continue, de longueurs d'ondes et de vitesses de vibrations (...) les physiciens n'ont représenté dans leurs formules que les *réfrangibilités ;* je vais essayer de représenter les couleurs (...)
> Charles CROS, Principes de mécanique cérébrale, Pl., p. 540-541.

RÉFRANGIBLE [ʀefʀɑ̃ʒibl] adj. — 1706 ; angl. *refrangible* (Newton, 1673), du lat. pop. **refrangere,* pour *refringere* (→ Refrain), de *frangere* « briser ».

♦ **Phys.** Capable d'être réfracté, avec une mesure possible de la déviation produite par la réfraction.

> Le rayon le plus réfrangible est le violet, ensuite l'indigo, le bleu, le vert, le jaune, l'orange et le rouge (...)
> LAPLACE, Exposition du système du monde, I, 16, in LITTRÉ.

REFRAPPER [ʀ(ə)fʀape] v. tr. — XIIᵉ ; de *re-,* et *frapper.*

♦ Frapper (I. et II.) de nouveau. *Refrapper à la porte.* — Figuré :

Quelques mots frustes ont été refrappés au coin de leurs étymologies. D'autres, tombés en banalité, et détournés de leur vraie signification, ont été ramassés sur le pavé et soigneusement replacés dans leur sens propre.

HUGO, Littérature et Philosophie mêlées, But de cette publication.

REFRÈNEMENT [ʀ(ə)fʀɛnmɑ̃ ; ʀefʀɛnmɑ̃] n. m. — XIIIᵉ ; de *refréner.*

♦ Vx ou littér. Le fait de refréner.

Il faut une religion, il faut une éducation, il faut un jeu de freins puissants pour les meneurs du peuple, pour ses conseillers, pour ses chefs, en raison même du rôle de direction et de refrènement qu'ils sont appelés à tenir auprès de lui (...)

Ch. MAURRAS, Mes idées politiques, II, p. 47.

REM. On emploie parfois (rare) *refrénation* [ʀ(ə)fʀenɑsjɔ̃] ou *réfréna- tion* [ʀefʀenɑsjɔ̃] n. f. (XIIᵉ) ; du lat. *refrenatio,* de *refrenatum,* supin de *refrenare.* → Refréner.

REFRÉNER [ʀ(ə)fʀene] vieilli ; cour. [ʀefʀene] v. tr. — Conjug. *céder.* — XIIᵉ ; lat. *refrenare,* «retenir par un frein» *(frenum).*

♦ Diminuer, réprimer par une contrainte ; mettre un frein*, mettre obstacle* à. ⇒ **Brider, contenir, contraindre, enrayer, freiner, répri- mer, retenir.** *Refréner une envie* (cit. 29), *un mouvement agressif* (→ Mordant, cit. 4), *ses passions...* (cf. Faire la guerre à...).

REM. On écrit parfois *réfréner.*

1 Dans le même temps qu'il refrène les violents, il stimule les hésitants.
R. ROLLAND, Mahatma Gandhi, p. 77.

2 Elle riait un peu douloureusement, en refrénant son envie.
COLETTE, la Chatte, p. 83.

3 Au coin de la rue Monsieur-le-Prince et du Boulevard Saint-Michel, il fit une pause ; il voulait refréner son impatience, il n'eût pas été prudent de s'amener les joues rougies par l'espoir, avec des yeux de loup.
SARTRE, l'Âge de raison, p. 149.

CONTR. Animer ; aiguillonner, exciter.
DÉR. Refrènement.

RÉFRIGÉRANT, ANTE [ʀefʀiʒeʀɑ̃, ɑ̃t] adj. et n. m. — XIVᵉ, en méd., rare jusqu'au XVIᵉ ; de *réfrigérer.*

♦ **1.** Adj. (1779). Qui sert à produire du froid, à abaisser la tempéra- ture. *Fluides réfrigérants* (ex. : air, azote, hélium liquides). ⇒ **Fri- gorifique ; rafraîchissant.** *Mélange réfrigérant,* constitué par un sel dissous dans l'eau (absorption de chaleur lors de la dissolution), par un mélange de sel et de glace pilée (abaissement du point de fusion de la glace), par un mélange de neige carbonique et d'acétone... *Appareil réfrigérant.*

Lazare brûlait les algues dans une fosse, puis traitait par le froid la lessive des cendres, à l'aide d'un système réfrigérant, basé sur l'évaporation rapide de l'ammo- niaque.
ZOLA, la Joie de vivre, III.

♦ **2.** N. m. (1690). *Un réfrigérant.* [a] Appareil destiné à la conden- sation de la vapeur ; condenseur de machine à vapeur... ⇒ **Refroi- disseur** (on emploie aussi le mot *rafraîchisseur*).

[b] Méd. Remède servant à abaisser la température du corps ou d'une région du corps.

♦ **3.** Adj. (1923). Fig. Qui refroidit, glace ; qui témoigne de la froi- deur. *Un accueil réfrigérant.* ⇒ **Désagréable, froid, glacial.** *Une per- sonne réfrigérante.*

CONTR. Calorifique, réchauffant.

RÉFRIGÉRATEUR [ʀefʀiʒeʀatœʀ] n. m. — 1857 (cf. REM. et cit.), répandu XXᵉ ; 1611, «ce qui rafraîchit» ; du lat. *refrigeratorius.* → Réfri- gérer.

★ **I.** N. m. ♦ **1.** Appareil constitué par un meuble calorifugé (armoire frigorifique) muni d'un organe producteur de froid et des- tiné à conserver certaines denrées, sans toutefois les congeler, dans son compartiment principal. ⇒ **Frigidaire** (nom d'une marque) ; fam. **frigo.** *Réfrigérateurs ménagers, commerciaux. Réfrigérateur à compression,* où le froid est produit par l'évaporation d'un fluide réfrigérant (le gaz d'évaporation est mis sous pression par un com- presseur, liquéfié par un condenseur, puis renvoyé à l'évaporateur). *Réfrigérateur à absorption,* dans lequel le fluide réfrigérant (ammo- niac, par ex.), une fois vaporisé, est dissous dans l'eau. *La glacière* et *le réfrigérateur, appareils frigorifiques de conservation.* ⇒ **Réfri- gération ; glace.** *Compartiment à glace d'un réfrigérateur, aménagé dans l'évaporateur. Les clayettes, le bac à glace, le bac à légu- mes d'un réfrigérateur. Dégivrer périodiquement un réfrigérateur. Réfrigérateur-congélateur.* ⇒ **Congélateur, conservateur.**

REM. Le premier emploi attesté concerne l'élément qui réfrigère la vapeur condensée, et non l'ensemble du dispositif :

0.1 Ce nouveau moyen de produire artificiellement de la glace a été importé à Paris, par M. Harrisson, ancien membre du conseil législatif du Victoria (Australie). L'appareil qui a fonctionné à Paris, pendant l'été de 1857, se compose (...). La pompe aspire de nouveau la vapeur d'éther et la refoule dans un condenseur d'où elle revient, à l'état liquide, dans le réfrigérateur.
L. FIGUIER, l'Année scientifique et industrielle 1858, p. 416 (1857).

1 (...) des réserves gâtées par le soleil qui, surtout à l'arrêt, chauffait rudement les

camions, si rudement que Vincent murmurait : Nous devrions demander au patron un réfrigérateur.
G. DUHAMEL, les Compagnons de l'Apocalypse, XI.

♦ **2.** Loc. *Mettre au réfrigérateur :* laisser de côté, en attente. ⇒ **Frigidaire** (3., loc.). *Sortir, faire sortir du réfrigérateur.*

(...) la pensée que ma patrie, si riche en hommes de génie et de talent, les lais- sait froidement tomber dans l'oubli, à compter du jour où ils n'étaient plus là pour se défendre, cette pensée m'a donné du malaise (...) quand un homme de mérite vient à disparaître, nous le mettons au réfrigérateur pour une trentaine d'années, même s'il s'appelle Anatole France, Barrès ou Loti.
G. DUHAMEL, Problèmes de civilisation, p. 203.

★ **II.** Adj. fém. (1908). RÉFRIGÉRATRICE : qui produit la réfrigéra- tion. *« Une très curieuse installation réfrigératrice »...* (1908 ; *Année sc. et industr.* 1909, p. 326).

RÉFRIGÉRATION [ʀefʀiʒeʀɑsjɔ̃] n. f. — 1520, «tout abaisse- ment de température» ; méd., 1478 ; du lat. *refrigeratio,* de *refrigerare.* → Réfrigérer.

♦ Refroidissement provoqué, abaissement de la température par un moyen artificiel. ⇒ **Congélation, frigorifique, frigorigène, froid, réfrigérant...** *Cycle de réfrigération. Réfrigération par injection d'un frigorigène, par évaporation, par détente, dissolution... Appa- reils de réfrigération.* ⇒ **Armoire** (frigorifique), **chambre** (froide), **glacière, réfrigérateur.** *Les techniques de réfrigération sont utili- sées pour la conservation des denrées alimentaires, la climatisa- tion, dans de nombreux processus industriels* (notamment l'indus- trie des gaz liquéfiés : air liquide, etc.), *en médecine* (cryothérapie, frigothérapie), *en biologie* (hibernation). *Réfrigération de la viande, des fruits...*

CONTR. Chauffage.

RÉFRIGÉRER [ʀefʀiʒeʀe] v. tr. — Conjug. *céder.* — 1380 ; lat. *refrigerare* «refroidir», de *re-,* et *frigus, oris,* «froid».

♦ **1.** Refroidir par une technique appropriée. ⇒ **Réfrigération** (dér.) ; **congeler, frigorifier.** *Réfrigérer un local dans un pays tropical.* ⇒ **Rafraîchir.** *Réfrigérer des fruits. Réfrigérer un organisme en laboratoire.* ⇒ **Hiberner.**

♦ **2.** Fam. Refroidir (naturellement).

♦ **3.** (Fin XIXᵉ). Fig. Mettre mal à l'aise par un accueil, un compor- tement froid. ⇒ **Glacer, refroidir.** *Ses remarques désagréables nous ont un peu réfrigérés.*

▶ **RÉFRIGÉRÉ, ÉE** p. p. adj.

♦ **1.** *Fruits réfrigérés.* — *Wagon réfrigéré,* comportant des bacs à glace et muni de parois isolantes, utilisé pour le transport de den- rées périssables (poisson, viande, etc.). — *Cargo réfrigéré.*

♦ **2.** Refroidi. ⇒ **Gelé.** *Il est sorti sans manteau, il est complète- ment réfrigéré.*

♦ **3.** Fig. Mal à l'aise.

CONTR. Chauffer.

RÉFRINGENCE [ʀefʀɛ̃ʒɑ̃s] n. f. — 1799 ; de *réfringent.*

♦ Phys. Propriété de réfracter la lumière. *La réfringence d'un milieu optique est mesurée par l'indice de réfraction.*

COMP. Biréfringence.

RÉFRINGENT, ENTE [ʀefʀɛ̃ʒɑ̃, ɑ̃t] adj. — 1720 ; empr. lat. *refringens,* p. prés. de *refringere* «briser». → Réfracter, réfraction, réfrangible.

♦ Phys. Qui produit la réfraction, fait dévier les rayons lumineux, les ondes électromagnétiques. *Corps réfringent* (→ Optique, cit. 3). *La cornée* (cit.), *milieu réfringent.*

La région où règnent les champs *(dans un microscope électronique)* est analogue à une région possédant un indice de réfraction, à un milieu réfringent de l'optique : dans le cas du champ électrique ce pseudo-milieu réfringent est isotrope, dans le cas du champ magnétique il est anisotrope : dans un cas comme dans l'autre l'indice y varie d'une façon continue.
L. DE BROGLIE, Physique et Microphysique, p. 105.

DÉR. Réfringence.
COMP. Biréfringent.

REFRISER [ʀ(ə)fʀize] v. tr. — 1690 ; pron. «s'épanouir de nouveau» (en parlant d'une feuille), mil. XVIᵉ ; de *re-* et *friser.*

♦ Friser de nouveau.

REFROGNER [ʀ(ə)fʀɔɲe] v. tr. Vx. ⇒ **Renfrogner.**

REFROIDIR [ʀ(ə)fʀwadiʀ] v. — XIIᵉ ; *refreidier* «se reposer», 1080 ; comp. de *re-, froid,* et suff. *-ir.*

★ **I. V. tr. ♦ 1.** Rendre plus froid* ou moins chaud; faire baisser la température de (qqch.). ⇒ **Froidir** (vx). *Refroidir légèrement* (⇒ **Attiédir, rafraîchir, tiédir**), *beaucoup qqch.* (⇒ **Congeler, frigorifier, glacer, réfrigérer**). *Refroidir du vin chaud* (→ Frigide, cit. 2). *La bise a refroidi l'atmosphère.* — *Refroidir un moteur.*

Pron. *Se refroidir :* devenir froid, plus froid. *Le dîner* (→ 2. Dîner, cit. 2) *se refroidit* (→ aussi 1. Fumer, cit. 16). *L'air se refroidit.* — Par ext. *Le temps, la température se refroidit* (→ Geler, cit. 13).

1 La pièce se refroidissait, on grelottait sans même songer à remettre du bois au feu (...)   ZOLA, la Bête humaine, VII.

Prendre froid. *N'attends pas dehors, tu vas te refroidir.* (⇒ **Refroidissement**).

♦ **2.** (V. 1355). Par métaphore ou fig. Diminuer l'intensité, la force de... *Refroidir l'ardeur* (cit. 30), *l'audace, l'enthousiasme* (cit. 21), *la passion, le zèle de qqn* (→ aussi Désordre, cit. 14). ⇒ **Attiédir, décourager.** *Refroidir la jeunesse du cœur* (→ Affection, cit. 14). *Cette scène refroidit l'intérêt de la pièce.* ⇒ **Affadir.** — Pron. (1640). Perdre de son intensité. *Leur zèle risquait de se refroidir* (→ 2. Objectif, cit. 9).

(Déb. XVIIᵉ). *Refroidir qqn, le cœur, l'âme de qqn :* diminuer son ardeur, sa bonne volonté, son zèle, le décourager. *Son accueil nous a refroidis.* ⇒ **Fâcher, geler, glacer.**

2 — Je ne sais vraiment pas ce qui peut refroidir le Saint-Père à notre égard; qu'avons-nous fait qui ne fût pour la gloire de notre sainte mère l'Église catholique?   A. DE VIGNY, Cinq-Mars, VII.

Pron. *Se refroidir.* Devenir plus froid (II.; → Ardent, cit. 39; et aussi jeunesse cit. 24).

♦ **3.** (1828). Fam. Tuer. *On l'a refroidi. Il s'est fait refroidir.*

3 (...) j'ai vu hier la Pouraille (...) il a refroidi un ménage et il a dix mille thunes de cinq balles ... en or!
   — On l'arrêtera, dit Jacques Collin (...)
                    BALZAC, Splendeurs et Misères des courtisanes (1834), Pl., t. V, p. 768 (cf. aussi p. 1076, où le mot est en italique).

3.1 Tu lui demanderas (...) si la balle qui a refroidi l'encaisseur n'a pas les mêmes rayures que celle de Brignon.
                    H.-G. CLOUZOT et J. FERRY, Quai des orfèvres, in l'Avant-Scène, nᵒ 29, p. 54.

★ **II. V. intr. ♦ 1.** Devenir plus froid, moins chaud (au propre et au fig.). *Eau chaude qui a eu le temps de refroidir* (→ Inconfort, cit. 1). *Faire, laisser refroidir un plat.*

♦ **2.** (V. 1265). Diminuer d'intensité. *Sa colère, son zèle refroidit, a refroidi.* — (XVIIᵉ). Fam. *Laisser refroidir qqch. :* attendre que les sentiments, les passions, etc. soient apaisés.

▶ **SE REFROIDIR** v. pron. → ci-dessus I., 1. et 2.

▶ **REFROIDI, IE** p. p. adj.

♦ **1.** Adj. *Bouillie, pâtée* (cit. 1) *refroidie. Métal refroidi* (→ Pailleter, cit. 2). *Cendres* (cit. 13) *éteintes et refroidies.* ⇒ **Froid.** — Fig. *« Des intérêts émoussés, refroidis par leur répétition et leur multitude »* (cit. 4). ⇒ **Éteint, usé.**

4 (...) mon imagination refroidie ne me fournit rien qui vaille.
                    P.-L. COURIER, Correspondance, XXII, 12 mars 1803.

♦ **2.** N. (1836). Argot. Mort, cadavre.

CONTR. **Brûler, chauffer, consumer, échauffer, enflammer, réchauffer, tiédir; bouillir, bouillonner, brûler, chauffer** (intr.). — **Animer, émoustiller, émouvoir, enflammer, enivrer, enthousiasmer, exalter, exciter...** — (Du p. p.) **Chaud; brûlant, réchauffé.**
DÉR. **Refroidissant, refroidissement, refroidisseur.**

REFROIDISSANT, ANTE [ʀ(ə)fʀwadisɑ̃, ɑ̃t] adj. — 1611, Cotgrave; de *refroidir.*

♦ Qui refroidit, au propre et au figuré.
(...) ces gentillesses n'obtenaient qu'un regard apitoyé de M. de Saint-Papoul, ou qu'une remarque refroidissante de Mˡˡᵉ Bernardine, qui, pour avoir un peu de bêlement dans la voix, n'en restait pas moins naturelle.
                    J. ROMAINS, les Hommes de bonne volonté, t. III, VII, p. 108.

CONTR. **Brûlant; capiteux.**

REFROIDISSEMENT [ʀ(ə)fʀwadismɑ̃] n. m. — 1314; *refroidement* au XIIIᵉ; dér. de *refroidir.*

♦ **1.** Abaissement de la température. ⇒ **Froid.** *Refroidissement brusque, rapide; lent; léger* (⇒ **Attiédissement**). *Solidification des liquides par refroidissement.* ⇒ **Congélation.** *Refroidissement de l'air, de l'atmosphère* (→ Béatifier, cit. 1). *Le refroidissement du globe* (→ Envahir, cit. 11). *Cristallisation due à un refroidissement* (givre). — Phys. *Loi du refroidissement de Newton* (loi valable pour les faibles différences de température). *Vitesse de refroidissement :* temps pendant lequel un corps perd une même quantité de chaleur au profit du milieu extérieur. *La vitesse de refroidissement est proportionnelle à la différence de température entre un corps et le milieu extérieur. Courbe de refroidissement* (en fonction du temps). — Sc., techn. *Refroidissement par détente. Refroidissement adiabatique. Refroidissement provoqué d'une denrée* (pour la conserver, la transporter). ⇒ **Congélation, réfrigération.** *Refroidisse-*

ment d'une matière qui a été chauffée (au cours d'un processus de fabrication, par ex. : chocolat). — *Refroidissement d'un organe de moteur, de machine.* — (V. 1900). *Refroidissement par eau* (d'un moteur d'automobile), au moyen d'un radiateur et d'un ventilateur. *Refroidissement par air. « Refroidissement liquide » d'un moteur de moto* (Moto-Revue, 6 mai 1981, p. 20). — *Refroidissement nucléaire :* procédé d'obtention de températures très basses par désaimantation de substances paramagnétiques (syn. : *refroidissement magnétique*). — Biol., méd. *Refroidissement d'un organisme, d'un cadavre. Refroidissement provoqué* (hibernation).

♦ **2.** (1762). Indisposition, malaise causé par un abaissement de la température. ⇒ **Grippe, rhume.** *Prendre un refroidissement, un chaud et froid.*

1 Elle eut du mal à s'en remettre, ou plutôt ne s'en remit jamais. Par suite d'un refroidissement, il lui vint une angine; peu de temps après, un mal d'oreilles.
                    FLAUBERT, Trois contes, « Un cœur simple », IV.

♦ **3.** (1636). Par métaphore ou fig. Diminution de la chaleur (des sentiments). *Refroidissement de l'amitié, de l'amour, de la tendresse, du zèle. Un refroidissement entre deux personnes* (→ Froissement, cit. 8). *Un refroidissement graduel* (cit. 2) *dans ses lettres.*

2 Mais qu'est-ce que cette sagesse, sinon l'usure de nos sentiments, et le refroidissement de notre ferveur?   Valery LARBAUD, Barnabooth, Journal, I, 22 avr.

CONTR. **Bouillonnement, chauffage, ébullition, échauffement, embrasement, réchauffement.** — **Adoucissement.**
COMP. **Sous-refroidissement.**

REFROIDISSEUR [ʀ(ə)fʀwadisœʀ] n. m. et adj. — 1827, Chateaubriand, *Voyage en Amérique;* de *refroidir.*

♦ Appareil ou organe d'appareil destiné à refroidir, à éviter ou à limiter les échauffements. ⇒ **Réfrigérant; rafraîchisseur.** — Adj. *Système refroidisseur d'un réacteur atomique.*

REFUGE [ʀ(ə)fyʒ] n. m. — 1120; lat. *refugium;* de *refugere* « reculer en fuyant », de *re-*, et *fugere.*

♦ **1.** Vx ou littér. (Personnes). Personne à qui on fait appel pour avoir une protection dans une situation critique. ⇒ **Soutien, sauveur.** *« Vous êtes mon seul refuge »* (Académie). *« Ce Dieu, depuis longtemps votre unique refuge »* (Racine, Athalie, II, 7).

♦ **2.** (V. 1160). Mod. Lieu où l'on se retire pour échapper à un danger ou à un désagrément, pour se mettre en sûreté. ⇒ **Abri, asile** (cit. 19; et REM.), **retraite** (→ Bouger, cit. 6; colombier, cit. 2). *Lieu de refuge* (→ Inviolable, cit. 5). *Demander refuge à qqn* (⇒ aussi **Hospitalité**). *Chercher, trouver refuge quelque part* (→ Grenier, cit. 10). *S'échapper pour gagner un refuge.* ⇒ **Réfugier** (se).

1 Là, depuis trente hivers, un hibou retiré
   Trouvait contre le jour un refuge assuré.   BOILEAU, le Lutrin, III.

2 Ces îles, autrefois redoutables, se sont adoucies. Elles étaient écueils, elles sont refuges. Ces lieux de détresse sont devenus des points de sauvetage. Qui sort du désastre, émerge là. Tous les naufragés y viennent, celui-ci des tempêtes, celui-là des révolutions.   HUGO, l'Archipel de la Manche, XVIII.

3 Sur le quai de la gare d'embranchement, ils étaient les seuls à attendre le train de Paris. Ils cherchèrent refuge sous un auvent.
                    MARTIN DU GARD, les Thibault, t. III, p. 86.

4 Enfin l'hôtel! Enfin, mon gîte à moi, mon terrier, mon refuge contre cette ville folle.   G. DUHAMEL, Scènes de la vie future, VIII.

(1718). Vx. Établissement, asile où l'on recueillait les indigents, les filles repenties. ⇒ **Hôpital, hospice.**
Port de refuge, dans lequel un navire trouve un abri lors d'une tempête.

♦ **3.** Vén. Lieu où le gibier se met à l'abri quand il est poursuivi. ⇒ **Gîte.**

♦ **4.** (1663). Lieu où se rassemblent des personnes qui ne peuvent ou ne veulent pas aller ailleurs (→ Jeunesse, cit. 25).

5 Son salon était, d'ailleurs, le refuge de l'aristocratie non ralliée (...)
                    Th. GAUTIER, Portraits contemporains, Sophie Gay.

♦ **5.** (1877). Petit édifice, chalet installé en haute montagne, où les alpinistes peuvent passer la nuit, s'abriter en cas de mauvais temps, etc. *Le refuge Vallot, sur les pentes du mont Blanc.*

♦ **6.** (1875). Petit trottoir ou emplacement délimité et protégé par des bornes qui, disposé au milieu de la chaussée, permet aux piétons de se mettre à l'abri des voitures quand ils traversent une rue. *Refuge installé à un passage clouté. Bornes d'un refuge.*

5.1 Place de la Concorde, comme nous attendions sur un refuge que s'écoulât le flot des voitures, Juliette me montra du doigt l'hôtel Crillon et l'hôtel de la Marine.
                    M. AYMÉ, le Passe-muraille, p. 102.

♦ **7.** Fig. ou par métaphore. ⇒ **Asile** (supra cit. 26), **havre** (fig.), **recours, ressource, sauvegarde, secours** (→ Anxieux, cit. 3).

6 Par ce mot : « Rendez à César ce qui est à César et à Dieu ce qui est à Dieu », il a créé quelque chose d'étranger à la politique, un refuge pour les âmes au milieu de l'empire de la force brutale.   RENAN, Vie de Jésus, Œ. compl.— t. IV, p. 161.

7 (...) peut-être cherchait-elle moins dans le mariage une domination, une possession, qu'un refuge.   F. MAURIAC, Thérèse Desqueyroux, III.

(1663). Excuse, prétexte, échappatoire. *Le mot impossible* (cit. 16) *est le refuge des poltrons.*

En appos. *Des valeurs refuges,* sûres, qui n'entraînent aucun risque.

DÉR. Réfugier.

RÉFUGIER [ʀefyʒje] v. — 1473, *refuger; réfugié,* comme adj., en 1432; de *refuge,* d'après la forme lat. *refugium.*

★ **I.** V. tr. Vx. Protéger (qqn) en lui donnant un refuge. *« Ceux qui (...) réfugiaient un esclave pour le sauver »* (Montesquieu).

★ **II.** V. pron. (1597; *se refuger,* 1480). **SE RÉFUGIER :** se retirer (en un lieu) pour trouver un refuge. ⇒ **Sauver** (se). → aussi Se mettre à couvert*, se dérober* (aux regards, aux poursuites...), s'isoler, chercher, trouver asile*, refuge*. *Se réfugier dans un monastère.* ⇒ **Retirer** (se). → Prévenir, cit. 3. *Sous le second Empire, de nombreux républicains durent se réfugier à l'étranger.* ⇒ **Émigrer, enfuir** (s'), **expatrier** (s'), **fuir.** — *La pluie m'a surpris, je me suis réfugié sous un hêtre* (→ Dépouiller, cit. 20). *Enfant qui court se réfugier dans les bras de sa mère.* ⇒ **Blottir** (se), **jeter** (se). *Elle s'est réfugiée chez cette dame* (→ Expulser, cit. 3).

1 Saint-Évremond, averti à temps, quitta la France, se réfugia en Hollande, puis en Angleterre, et vécut quarante-deux ans encore d'une vie de curieux et de philosophe (...) SAINTE-BEUVE, Causeries du lundi, 26 mai 1851.

(1764). Fig. ou par métaphore. *L'exagération* (cit. 1) *s'est réfugiée dans les oraisons funèbres.*

2 Je me réfugie dans le sommeil comme un enfant bouder qui se retire du jeu. GIDE, Journal, 3 juil. 1927.

▶ **RÉFUGIÉ, ÉE** p. p. adj. et n.

♦ **1.** Se dit d'une personne qui a dû fuir le lieu, le pays qu'elle habitait afin d'échapper à un danger (guerre, persécutions politiques ou religieuses, etc.). ⇒ aussi **Émigré, étranger, expatrié.** *Des révolutionnaires italiens réfugiés en France* (→ Aposter, cit. 2).

♦ **2.** N. (1573). *Aide aux réfugiés. Quêter* (cit. 3) *pour les petits réfugiés. Une réfugiée.* — *Réfugié politique* (→ Proscrit, cit. 9). *Droit d'asile* accordé aux réfugiés politiques. Obtenir le statut de réfugié.* ⇒ aussi **Asilé, apatride, déplacé.** — (1740). Vx. *Les réfugiés :* les protestants français obligés de s'exiler après la révocation de l'Édit de Nantes.

3 Nous avons pour maître un pauvre réfugié forcé de se cacher à cause de sa participation à la révolution que le duc d'Angoulême est allé vaincre (...) BALZAC, Mémoires de deux jeunes mariées, Pl., t. I, p. 165.

REFUIR [ʀ(ə)fɥiʀ] v. — V. 1050, *s'en refuir* « fuir »; lat. *refugere,* de *re-,* et *fugere.* → Fuir.

★ **I.** V. intr. (Fin XIIIe). Vx. Fuir, s'enfuir. — (Fin XIIIe). Vén. Se dit d'un animal qui revient sur ses pas afin de donner le change. ⇒ **Refuite** (1.).

★ **II.** V. tr. (1651; « mettre en sûreté », 1406). Vx. Fuir (qqch.), l'éviter, s'en détourner. *« Tout ce qu'obstinément la volonté refuit »* (Corneille).

DÉR. Refuite.

REFUITE [ʀ(ə)fɥit] n. f. — XIIe, « moyen de se garantir, lieu de retraite »; de *refuir,* d'après *fuite.*

♦ **1.** (1690). Vén. Ruse de l'animal qui consiste à revenir sur ses pas afin de donner le change au cours d'une chasse à courre. ⇒ **Refuir** (→ Meute, cit. 2). — (1655). Lieu où un animal a l'habitude de passer lorsqu'il est poursuivi.

♦ **2.** (V. 1360). Fig. Vx ou littér. Prétexte, échappatoire, ruse. *« Mais cessez de chercher ces refuites frivoles »* (Corneille, *Mélite,* 1, 2).

♦ **3.** (1694). Techn. Excès de profondeur qu'on ménage dans l'ouverture d'une mortaise* de manière que l'on puisse retirer facilement la pièce emboîtée. — Jeu laissé dans un assemblage pour permettre le retrait des planches qui se dessèchent.

RÉFULGENT, ENTE [ʀefylʒɑ̃, ɑ̃t] adj. — Fin XVe; lat. *refulgens, entis,* de *refulgere* « resplendir », de *re-,* et *fulgere.*

♦ Littér., rare. Très brillant; étincelant.

REFUMER [ʀ(ə)fyme] v. tr. — Fin XIXe; de *re-,* et *fumer.*

♦ Fumer de nouveau. *Elle a voulu s'arrêter de fumer, mais elle refume. Refumer la pipe.*

REFUS [ʀ(ə)fy] n. m. — 1226; « action de fuir qqn, de s'en détourner », à la fin du XIIe; de *refuser.*

♦ **1.** Action, fait de refuser* (I., 1., 3., 5. et 6.) ce qui est demandé, exigé. ⇒ **Fin** (de non-recevoir), **inacceptation, protestation, résis-**

tance, veto. *Refus d'obéissance. Refus de se soumettre.* ⇒ **Défi.** *Refus de reconnaître un fait.* ⇒ **Dénégation, déni.** *Refus catégorique* (→ Héritage, cit. 3), *irrévocable* (→ Importunité, cit. 3). *Refus poli* (→ Débat, cit.). *Refus humiliant.* ⇒ **Rebuffade** (→ Humiliation, cit. 14). *Opposer* un refus à qqn (→ Inébranlable, cit. 8), *à sa demande.* — Vx. *Faire refus :* refuser. — *Persister* (cit. 1) *dans son refus. Essuyer un refus. Se heurter à un refus* (→ Boniment, cit. 2). *Sur le refus de..., sur son refus* (→ Itérativement, cit.). — *Secouer* la tête en signe de refus.*

1 Deux fois incarcéré pour deux refus de serment, deux fois, selon son expression, il avait dit son *In manus.* BALZAC, Ursule Mirouët, Pl., t. III, p. 289.

Dr. *Refus de comparaître.* ⇒ **Contumace, défaut.** *Refus d'informer,* déclaré par un magistrat instructeur lorsque les conditions de recevabilité d'une action en justice ou de sa compétence à l'égard de cette action ne sont pas remplies.

Didact. (philos., psychol., psychopath., ethnol.). Attitude psychologique consistant à ne pas admettre l'existence ou la possibilité de certains aspects de la réalité. *Refus du temps, du risque, du contact social, de l'autre, du sexe. Refus d'activité biologique, psychologique. Refus du réel, de la condition humaine. Conduites de refus* (opposé à *conduites d'acceptation*). ⇒ **Négativisme, opposition, refoulement, reniement, réticence; mensonge.** — *Refus d'aliments :* comportement adopté par certains malades mentaux, pour des raisons différentes selon la nature de leurs troubles (mélancolie, délire de persécution, négativisme, etc.). Syn. : *sitiophobie.* (À distinguer de : *anorexie*).

Jeu de cartes. *Point de refus :* à l'écarté, Point supplémentaire marqué par le gagnant d'un coup quand son adversaire a refusé de lui donner des cartes.

Équit. Arrêt du cheval qui refuse de sauter un obstacle. *Le refus et le dérobé.*

♦ **2.** Action, fait de refuser* ce qui est offert ou proposé. *Formule de politesse exprimant le refus.* ⇒ **Merci** (*supra* cit. 21).

(1659). Loc. fam. *N'être pas de refus* (vieilli) : être très acceptable et accepté. — Mod. *Ce n'est (c'est) pas de refus :* je veux bien, j'accepte bien volontiers ce que vous m'offrez.

2 (...) en tout cas, mon bâton est au service de votre rapière. — Merci, brave Hérode, répondit Sigognac, l'offre n'est pas de refus (...) Th. GAUTIER, le Capitaine Fracasse, IX.

3 — Un verre de champagne en passant, n'oublia pas Blaireau. — Ce n'est pas de refus. A. ALLAIS, l'Affaire Blaireau, p. 102.

4 Allons prendre un verre. — C'est pas de refus, dit Bourrelier. R. QUENEAU, le Dimanche de la vie, p. 184.

(1644). Vx. *Au refus de :* par suite du refus de.

♦ **3.** (V. 1268). Vx. Objet d'un refus; ce qu'une autre personne a refusé, repoussé. *« Je ne veux point du refus d'un autre »* (Académie, 1694). — Agric. Plantes non consommées par les animaux, dans un pâturage.

♦ **4.** Techn. ⓐ Moment où un pilotis, un pieu qu'on enfonce de force rencontre une résistance qui l'empêche de pénétrer plus profondément. ⇒ **Refuser.** *Battre un pieu jusqu'à refus de mouton, jusqu'à refus.*

ⓑ (1951, *in* D. D. L.). Ce qui est retenu par un tamis, un crible (granulat trop gros pour passer à travers les mailles).

CONTR. Acceptation, accord, acquiescement, admission, agrément, approbation, assentiment, autorisation, aveu, concession. — Adhésion, adoption, capitulation, consentement, engagement. — Demande.

REFUSABLE [ʀ(ə)fyzabl] adj. — V. 1200; de *refuser.*

♦ Qu'on peut refuser (surtout en tournure négative). *Une telle offre n'est pas refusable.*

REFUSER [ʀ(ə)fyze] v. — Fin XIe, « rejeter »; du lat. pop. *refusare,* forme due sans doute au croisement de *recusare* « refuser », avec *refutare* « réfuter », puis, en lat. tardif « refuser ».

★ **I.** V. tr. ♦ **1.** (V. 1555). Trans. dir. Ne pas consentir à donner, à accorder, à accomplir (ce qui est demandé, ordonné ou désiré par autrui). *Refuser qqch. à qqn* (→ Enlever, cit. 17). *Refuser une augmentation à des ouvriers. Refuser une permission* (→ Consentir, cit. 7), *une grâce* (→ Léger, cit. 16). *Refuser son agrément, son accord.* ⇒ **Non** (dire non), **refus** (opposer son refus). *Refuser la main de sa fille à un prétendant.* — (Fin XVe). *Refuser sa porte à qqn.* ⇒ **Consigner, défendre.** — *Un air de grandeur que la nature leur a refusé.* ⇒ aussi **Nier** (*supra* cit. 18, vx); → Prévention, cit. 2.

1 (...) ils furent aussi outrés que moi de me voir donner refuser ta porte, quoiqu'on ne dissimulât pas que madame et monsieur étaient au logis. BEAUMARCHAIS, Mémoires... dans l'affaire Goëzman, p. 16.

2 Plus vieillie que vieille, elle se faisait âpre et sèche comme une brosse pour obtenir, par la crainte, tout ce que le monde se sentait disposé à lui refuser. BALZAC, le Cousin Pons, Pl., t. VI, p. 551.

3 Le chêne au bûcheron ne refuse pas l'ombre. HUGO, la Légende des siècles, XVIII, « l'Aigle du casque ».

♦ **2.** Trans. ind. **REFUSER DE** (suivi de l'inf.) : ne pas consentir à (faire qqch.). → Article, cit. 7 ; présenter, cit. 8. *Refuser d'obéir, d'obtempérer* (cit. 2). ⇒ **Rebeller** (se), **rebiffer** (se), **regimber, révolter** (se). *Refuser de prendre en considération les doléances de qqn* (cf. Fermer l'oreille à..., ne rien vouloir savoir).

Absolt. *Refuser honnêtement* (cit. 4), *poliment. Refuser rudement, sèchement, sans ménagement.* ⇒ **Éconduire** (→ Malgracieusement, cit.). *Celui qui a promis* (cit. 1) *ne peut guère refuser.*

4   (...) il ne faut point refuser pour refuser, mais pour faire valoir ce qu'on accorde.
                               ROUSSEAU, Émile, v.

♦ **3.** (XVIIIe). Trans. dir. Ne pas vouloir reconnaître (une qualité) à qqn. *On ne peut lui refuser la justesse et la profondeur du coup d'œil.* ⇒ **Contester, dénier** ; et aussi **récuser** (→ Hors, cit. 18).

5   Hugo n'aimait pas Stendhal ; il lui refusait le style.
                   ALAIN, Propos, 26 août 1911, Hugo et Stendhal.

♦ **4.** (V. 1265). Trans. dir. Ne pas consentir à faire, à subir, à croire, à penser (qqch.). *Refuser le combat* (→ Céder, cit. 22). *Refuser l'aventure, le risque.*

♦ **5.** Trans. ind. **REFUSER DE** (et inf.). *Refuser de croire, d'admettre que...* ⇒ **Dissimuler** (se), **doute** (mettre en doute). — (Dans la langue philos. ou didact.). Ne pas consentir à s'engager dans une situation, à assumer une condition, à reconnaître la réalité ou la valeur de qqch. *Refuser le réel* (→ Formalisme, cit. 2), *la condition humaine.*

6   En même temps qu'il refuse sa condition mortelle, le révolté refuse de reconnaître la puissance qui le fait vivre dans cette condition.
                   CAMUS, l'Homme révolté, p. 40.

♦ **6.** (V. 1130). Trans. dir. Ne pas accepter (ce qui est offert). *Refuser de l'argent, un cadeau, un pourboire. Refuser une offre.* ⇒ **Décliner, rejeter, repousser.** *Refuser une invitation.* ⇒ aussi **Remercier.** *Refuser une place* (cit. 41) *lucrative. Il a refusé ce poste par peur des responsabilités* (→ Se dérober). — *Refuser un bon parti* (1690), *une jeune fille en mariage.* — (T. de manège). *Refuser un obstacle,* ou, absolt, *refuser :* ne pas obéir à son cavalier, s'arrêter devant un obstacle (contr. : *franchir).*

7   (...) d'Alembert est pauvre, et (...) il n'est pauvre que parce qu'il a refusé cinquante mille livres de rente en Russie.
                   VOLTAIRE, Correspondance, 3870, 6 avr. 1772.

♦ **7.** (1751). Trans. dir. Ne pas accepter (une chose que l'on considère comme défectueuse ou insuffisante, qui ne satisfait pas à certaines conditions). *Refuser une marchandise.* ⇒ **Compte** (laisser pour compte). *Refuser une pièce de monnaie qu'on croit fausse.* ⇒ **Rebuter.** *Refuser une pièce de théâtre* (→ Ours, cit. 11), *un manuscrit. Le jury a refusé son tableau au Salon. — Sa candidature est refusée.* ⇒ **Écarter.**

8   Le jury *(du Salon)* avait beau s'accorder deux journées de repos (...) il éprouvait un frisson, l'après-midi où il tombait au milieu de l'étalage des trois mille tableaux refusés, parmi lesquels il devait repêcher un appoint, pour compléter le chiffre réglementaire de deux mille cinq cents œuvres reçues.
                   ZOLA, l'Œuvre, X.

9   J'ai vu les articles de France, déjà célèbre pourtant, et dont le génie limpide semblait sourire, indifférent, à tout lecteur, refusés au *Temps* comme illisibles, remplacés à la dernière heure par n'importe quoi (...)
            PROUST, Lettre citée, *in* A. MAUROIS, À la recherche de Marcel Proust, IX, I.

♦ **8.** (XIIIe). Trans. dir. (Compl. n. de personne). Ne pas laisser entrer. *On refuse du monde à la porte. Ils jouent à bureaux fermés : ils refusent du monde tous les soirs.*
(1694). Vx. *Refuser qqn :* ne pas l'admettre dans un milieu, un groupe (⇒ **Exclure**) ; ne pas donner suite à sa demande.

10   Il y a des endroits où il faut se faire voir : un galon d'or plus large ou plus étroit qui vous fait entrer ou refuser.
                   LA BRUYÈRE, les Caractères, XI, 71.

Mod. Ne pas recevoir à un examen. *Refuser un candidat* (→ Examen, cit. 15). ⇒ **Ajourner** ; fam. **blackbouler, coller, recaler.**

★ **II.** V. intr. ♦ **1.** (1870). Techn. Se dit d'un pilotis, d'un pieu qui cesse de s'enfoncer parce qu'il rencontre une résistance trop forte. ⇒ **Refus** (4.).

♦ **2.** (1718). Mar. *Le vent refuse :* il change de direction de sorte qu'il se rapproche de l'avant et oblige à modifier la route en laissant porter par rapport au cap précédent. *La brise refuse* (contr. : *adonner).*

▶ **SE REFUSER** v. pron.

♦ **1.** (Sens passif ; dans des tournures négatives). Être refusé (→ ci-dessus, I., 6.). *Un apéritif ne se refuse pas* (→ Prendre, cit. 24). *Une offre semblable ne s'est jamais refusée.*

♦ **2.** (Sens réfl.). Refuser à soi-même. ⇒ **Priver** (se priver de). (1721). *Il ne se refuse rien :* il dépense beaucoup pour lui-même, il satisfait tous ses caprices. *Se refuser jusqu'aux plaisirs les plus innocents.* ⇒ **Abstenir** (s'). — *Les joies qu'il s'est refusées.*

11   Quand vous serez à manger la terre avec les taupes, est-ce que ça vous avancera de vous être refusé un fin morceau ?   ZOLA, la Terre, IV, III.

♦ **3.** (V. 1228). **SE REFUSER À...** : ne pas consentir à faire ou à subir qqch. *Se refuser à une solution de facilité.* ⇒ **Interdire** (s'). *Se refuser à l'évidence. Se refuser à éprouver de la pitié* (→ Fermer* son cœur à...). — *Ses doigts* (cit. 3), *gonflés d'œdème, se refusaient*

à tout service. ⇒ **Dérober** (se). *Nous nous sommes refusés à cette concession.*

12   Mon cœur se refuse aux joies communes comme à la douleur ordinaire.
       BONAPARTE, *in* CHATEAUBRIAND, Mémoires d'outre-tombe, t. IV, p. 57.

♦ **4.** Échapper à la possession de qqn. ⇒ **Fuir.** *Les sceptiques pensent que la vérité se refuse à l'esprit humain.* — (Fin XIXe). Le sujet désigne une femme. Refuser de se donner.

13   Séverine, elle aussi, s'abandonnait, bien heureuse, délivrée d'une lutte dont elle ne comprenait plus la raison. Pourquoi s'était-elle donc refusée si longtemps ? Elle s'était promise, elle aurait dû se donner, puisqu'il ne devait y avoir que plaisir et douceur.   ZOLA, la Bête humaine, VI.

▶ **REFUSÉ, ÉE** p. p. adj. *Augmentation refusée. — Candidat refusé.* — N. m. (Hist. de l'Art). *Salon des Refusés :* salon fondé en 1863 par les artistes dont les œuvres avaient été refusées par les Salons (Manet, Pissarro...). *Le salon des Refusés fut à l'origine du Salon des Indépendants.*

CONTR. Accorder ; accéder, acquiescer, agréer, allouer, appuyer (une demande), attribuer, autoriser, concéder, entendre, fournir, impartir, offrir, reconnaître. — Vouloir ; adhérer, adopter, approuver, assumer, consentir, convoiter, endosser, entériner. — Accepter. — Accueillir, élire, recevoir. — Demander, escompter. — Arroger (s'). — Accommoder (s'), aller (se laisser aller), conformer (se).
DÉR. Refus.

RÉFUTABILITÉ [Refytabilite] n. f. — Attesté xxe ; de *réfutable.*

♦ Didact. Caractère de ce qui peut être réfuté. — REM. Le mot s'emploie parfois pour remplacer le calque de l'anglais *falsifiabilité*. *« L'économie est-elle une science? Si vous utilisez les critères poppériens de réfutabilité, il ne paraît pas du tout évident que la réponse soit oui »* (Fr. Jacob, interview in *l'Express,* 20 nov. 1981, p. 153).

RÉFUTABLE [Refytabl] adj. — 1552 ; rare avant le xixe ; de *réfuter.*

♦ Que l'on peut réfuter. *Argument, raisonnement réfutable.* ⇒ **Attaquable, faible.**
CONTR. Irréfutable.

RÉFUTATEUR, TRICE [Refytatœr, tris] n. — xviie ; empr. lat. tardif *refutator.*

♦ Rare. Personne qui réfute. *Le réfutateur de cette doctrine.*
CONTR. Approbateur.

RÉFUTATION [Refytɑsjɔ̃] n. f. — 1284 ; empr. lat. *refutatio.*

♦ **1.** Action de réfuter une opinion, une proposition, etc. (⇒ **Contradiction**) ; écrit, discours, raisonnement par lequel on la réfute (⇒ **Objection**). *Réfutation d'une erreur* (→ Investigation, cit. 2), *d'un argument.* — (1835). Fig., littér. Démenti non exprimé, implicite. *« Sa conduite est la meilleure réfutation de cette calomnie »* (Académie).

Là sont exposées avec honnêteté les objections contre la proposition qu'il s'agit d'établir ; ces objections sont ensuite résolues, souvent d'une manière qui laisse toute leur force aux idées hétérodoxes qu'on prétend réduire à néant. Ainsi, sous le couvert de réfutations faibles, tout l'ensemble des idées modernes venait à nous.
       RENAN, Souvenirs d'enfance..., IV, Œ. compl. t. II, p. 844.

♦ **2.** (1521). Rhét. Partie du discours dans laquelle on répond aux objections, qu'elles soient déjà exprimées ou seulement prévues. ⇒ aussi **Figure ; preuve ; réponse.** *Réfutation anticipée.* ⇒ **Anticipation, prolepse.**
CONTR. Approbation, confirmation.

RÉFUTER [Refyte] v. tr. — V. 1330 ; *refuder* « rejeter, repousser », 980 ; empr. lat. *refutare.*

♦ Repousser (un raisonnement, une proposition, une opinion, etc.) en démontrant sa fausseté. *Réfuter une thèse par des arguments, des preuves* (⇒ **Dialectique, réfutation**). *Pour réfuter cette théorie il avança que...* ⇒ **Objecter.** *Réfuter des hérésies* (cit. 1 ; ⇒ **Combattre**), *des mythes* (cit. 7 ; ⇒ **Détruire**), *des objections* (cit. 4 ; ⇒ **Répondre** [à], **repousser**), *une thèse* (⇒ **Contredire, opposer** [s']). *Réfuter une calomnie.* ⇒ **Défendre.** — Absolt. *Il veut instruire, prouver, réfuter, convaincre* (→ Chaire, cit. 5). — Pron. (passif). *Cela se réfute facilement* (⇒ **Réfutable**). *Cet argument ne peut pas se réfuter* (⇒ **Indéniable, irréfutable**). — Au p. p. *Une théorie entièrement réfutée.*

1   Ce n'est pas réfuter loyalement un système que de ne pas réfuter en même temps tous les systèmes *infiniment voisins.*   VALÉRY, Analecta, LI.

Par ext. *Réfuter un auteur, un adversaire, un livre.*

2   Dans sa chambre à coucher j'ai vu des volumes de Fourier : « Il est bon (disait-il) de lire tout. Il faut tout admettre, ne fût-ce que pour réfuter ces garçons-là ! »
       FLAUBERT, Correspondance, 418, 22 août 1853.

CONTR. Appuyer, approuver, confirmer, soutenir.
DÉR. Réfutable. — (Du même rad. lat.) Réfutateur, réfutation.

REG [ʀɛg] n. m. — 1933; mot arabe.

♦ Géogr. Forme particulière de désert rocheux, vaste surface plane parsemée de cailloux.

COMP. Régosol.
HOM. Règue.

REGAGNER [ʀ(ə)gaɲe] v. tr. — 1549; regaaignier, v. 1175; de re-, et gagner.

Gagner* de nouveau.

♦ **1.** Obtenir de nouveau, reprendre ou retrouver (ce qu'on avait perdu). *Regagner l'argent qu'on a perdu.* ⇒ **Racquitter** (se), **recouvrer.** *Regagner le temps perdu.* ⇒ **Rattraper** (→ Ignorant, cit. 17). — *Regagner la faveur, l'amitié, le cœur de qqn.* — *Regagner du terrain, le terrain perdu.* ⇒ **Reconquérir, reprendre.** — Pron. (au sens passif). Être regagné (→ ci-dessous, cit. 1, Racine).

1   Des cœurs comme le sien, vous le savez assez,
    Ne se regagnent plus quand ils sont offensés (...)   RACINE, Bajazet, IV, 5.

2   Thénardier jeta à Marius le coup d'œil souverain d'un homme battu qui remet la
    main sur la victoire et qui vient de regagner en une minute tout le terrain qu'il
    avait perdu.   HUGO, les Misérables, V, IX, IV.

♦ **2.** (1559). Revenir, retourner à un endroit. *Regagner la ville* (→ Faire, cit. 93), *sa maison* (→ 1. Mémoire, cit. 9), *sa place* (→ Monde, cit. 56). *Regagner la rive* (→ Efforcer, cit. 1), *le port* (→ Nettoyer, cit. 9), *la terre, le continent.*

3   Le lendemain (...) miss Nevil, revenant d'une promenade au bord de la mer, rega-
    gnait l'auberge (...) lorsqu'elle remarqua une jeune femme vêtue de noir (...)
                                                          MÉRIMÉE, Colomba, V.

CONTR. Perdre, reperdre.

REGAIN [ʀ(ə)gɛ̃] n. m. — XIIe; regaïn, de re-, et anc. franç. gain; du lat. pop. *waidimen, tiré du francique *waida, «prairie». Cf. all. Weide. → Gagner, étym., et son dér. gagnage.

★ **I.** Herbe qui repousse dans une prairie naturelle ou artificielle après la première coupe. ⇒ **Foin, herbe, recoupe** (→ Provin, cit. 1). *Faucher le regain d'un pré. Rentrer les regains.* — Littér. *Regain,* roman de Giono.

1   Un temps gris, silencieux, humide, enveloppe les vergers, les prairies où sèchent
    les regains (...)   M. BARRÈS, la Colline inspirée, VII.

★ **II.** (1665). Fig. (plus cour.). *Regain de... :* retour de (ce qui était compromis, avait disparu). ⇒ **Recrudescence, renouvellement, retour.** *Regain de vie, de jeunesse, de santé, d'activité.*

2   (...) c'était ce qu'elle voulait (...) un regain de sa tendresse d'autrefois, le mauvais
    plaisir aussi de le reprendre à une autre femme, une femme légitime.
                                                          ZOLA, la Terre, V, III.

RÉGAL [ʀegal] n. m. — XVIIe; rigale «bruit joyeux», 1314; de l'anc. franç. gale «réjouissance» (→ Galant), avec infl. probable de rigoler «se divertir», p.-ê. par l'ital.; la forme en re- pourrait impliquer un croisement avec l'adj. regal, doublet de royal (P. Guiraud).

REM. Au XVIIe s., on écrivait le plus souvent régale. → Brutal, cit. 5, Molière.

♦ **1.** (Mil. XVIIe; rigalle, 1458). Vx. Fête, partie de plaisir, collation, repas somptueux qu'on offrait à qqn. ⇒ **Festin** (cit. 1), **réjouissance** (cf. Molière, le Bourgeois gentilhomme, IV, 2). *Donner un régal à qqn.* ⇒ 2. **Régaler** (1.). — (1690; régale, n. m. et n. f., XVIIe). Par ext. Cadeau, présent, gratification. *Envoyer un régal à qqn.*

♦ **2.** (1666). Fig. Ce qui cause un grand plaisir. ⇒ aussi **Joie, plaisir.** *C'est un régal pour les yeux.*

1   (...) ses nobles façades dont la pierre a une couleur si vibrante qu'elle est un régal
    pour les yeux (...)   Émile HENRIOT, le Diable à l'hôtel, VI.

♦ **3.** (1690). Cour. Le mets préféré de qqn; ce qui est délicieux à manger. *Son grand régal était un certain potage* (→ Potage, cit. 2). *Ce rôti est un vrai régal.* ⇒ **Délice.**

2   Nous emportions chacun une tartine de pain noir bien beurré et un grand cou-
    teau pour prendre des berniques. Un régal de son enfance qu'il voulait renouveler
    avec moi, des coquillages tout crus avec du pain et du beurre.
                                                          LOTI, Mon frère Yves, XXI.

DÉR. 2. Régaler.
HOM. 1. Régale, 2. régale, 3. régale.

1. RÉGALADE [ʀegalad] n. f. — 1719; p.-ê. du mot régional galade, et galet «gosier» (lat. galla), boire au galet, d'après 2. régaler.

♦ **1.** *Boire* (→ 1. Boire, cit. 11) *à la régalade,* en renversant la tête en arrière et en faisant couler le liquide dans la bouche sans que le récipient touche les lèvres.

♦ **2.** (1823). Vx. Action de se régaler (2. régaler) d'une boisson, d'un mets.

2. RÉGALADE [ʀegalad] n. f. — 1835; p.-ê. régional galas «branchages».

♦ Régional. Feu vif et clair de bruyère, de bourrées, etc. — (1837). ⇒ 1. **Bourrée.**

Un petit feu de bourrées, nommées des régalades.
                                          BALZAC, la Vieille Fille, Pl., t. IV, p. 312.

RÉGALAGE [ʀegalaʒ] n. m. — 1870; de 1. régaler.

♦ **1.** ⇒ **Régalement** (2.).

♦ **2.** Techn. Réparation des défauts de la dentelle.

RÉGALANT, ANTE [ʀegalɑ̃, ɑ̃t] adj. — V. 1780; p. prés. adj. de 2. régaler (2.).

♦ Vx ou régional. Agréable, divertissant, plaisant. — (Surtout dans des phrases négatives, pour exprimer la déception, l'ennui, etc.). *Ce n'est pas une nouvelle très régalante que vous nous apportez là!*

C'est ma fille (...) La pauvre petite n'a pas la vie gaie auprès de moi depuis la
mort de sa mère. Je ne suis pas d'une société bien régalante.
                                          J.-R. BLOCH, ... et Cie, p. 156.

1. RÉGALE [ʀegal] n. f. — Fin XIIe; regaille, v. 1160; regaile, 1147; lat. médiéval regalia (jura) «(droits) royaux».

♦ Dr. anc. Droit considéré comme inhérent à la monarchie. ⇒ **Régalien** (droit). *Régale monétaire :* droit pour le roi de battre monnaie. Hist. En France, sous l'ancienne monarchie, Droit qu'avait le roi de percevoir les revenus des évêchés vacants *(régale temporelle),* de pourvoir, pendant le temps de la vacance, aux bénéfices qui en dépendaient *(régale spirituelle).* «La régale était ouverte par la mort ou la démission de l'évêque» (Académie). *Bénéfice en régale. La régale spirituelle donna lieu à un différend entre Louis XIV et le Pape* (affaire de la Régale).

Comme protecteur des églises, il *(le roi de France)* touchait la régale pendant les
vacances (...)   MICHELET, Hist. de France, IV, V.

DÉR. Régaliste. — (Du même rad.) **Régalien.**
HOM. **Régal,** 2. régale, 3. régale.

2. RÉGALE [ʀegal] n. m. — XVIe; orig. incert.; un rapport avec le lat. regalis «royal», ou avec 1. régaler, est douteux.

♦ L'un des jeux à anches de l'orgue. *Le régale est à l'unisson de la trompette; on l'appelle aussi* voix humaine.

HOM. **Régal,** 1., régale, 3. régale.

3. RÉGALE [ʀegal] adj. f. — 1680; fém. de l'anc. adj. regiel, regal, «royal», l'or étant considéré par les alchimistes comme le «roi des métaux»; empr. lat. regalis.

♦ Chim. *Eau régale :* mélange d'acide chlorhydrique et d'acide nitrique, qui a la propriété de dissoudre les métaux «nobles» (or, platine). → 1. Or, cit. 9.

HOM. **Régal,** 1. régale, 2. régale.

RÉGALEC [ʀegalɛk] n. m. — 1808, Boiste; étym. incert., → citation.

♦ Poisson au corps rubané. «*Les poissons-rubans qui, comme le régalec, sont à la fois très allongés (...) et comprimés latéralement*» (R. et M.-L. Bauchot, les Poissons, p. 14).

Régalec. C'est un nom barbare qui veut dire roi des harengs *(rex Halecorum),* et
qui est la traduction du nom norvégien que les pêcheurs des environs de Bergen
donnèrent à un de ces poissons pris dans un rideau *(banc)* de harengs.
                                          VALENCIENNES, in Dict. d'hist. naturelle, 1847.

RÉGALEMENT [ʀegalmɑ̃] n. m. — Fin XVIe; de 1. régaler.

♦ **1.** Vx. Action de répartir qqch. également ou proportionnellement. *Régalement d'une taxe.*

♦ **2.** Mod. Techn. Travail qui consiste à niveler un terrain, à étendre la terre d'un remblai de manière à obtenir la pente et le profil convenables. — REM. On dit aussi *régalage.*

1. RÉGALER [ʀegale] v. tr. — XVIe, «modifier, retoucher»; de re-, et égaler.

♦ **1.** (1690). Vx. Répartir également ou proportionnellement. *Régaler une taxe.*

♦ **2.** (1740). Mod. (Trav. publ.). Niveler un terrain, en faire le régalement. ⇒ **Aplanir, égaliser, niveau** (mettre de niveau). *Régaler un remblai.*

♦ **3.** (1875). *Régaler la dentelle :* en réparer les défauts.

DÉR. Régalage, régalement.
HOM. 2. Régaler.

2. RÉGALER [ʀegale] v. tr. — 1507 ; *regalir* «festoyer», v. 1370 ; de *régal*.

♦ **1.** Vx. Donner un régal (1. Régal), un divertissement à (qqn), faire des cadeaux. *« Cet époux prétendu doit aujourd'hui régaler sa maîtresse d'une promenade sur mer »* (Molière, *Dom Juan*, I, 2). *Régaler qqn de présents.* — Par ext. *« Je vous recommande surtout de régaler d'un bon visage cette personne-là »* (Molière, *l'Avare*, III, 1). — (Sujet n. de chose). Être un plaisir pour qqn. *Cette musique régalait son cœur.* ⇒ **Délecter** (vieilli). — (1648). Iron. *Régaler qqn de coups de bâton.*

♦ **2.** (1671). Mod., cour. Offrir un festin, un bon repas à (qqn), lui faire manger ce qui est pour lui un régal* (3.). *Régaler ses amis.* ⇒ **Traiter.** *Régaler qqn de qqch.* (→ Croupion, cit. 1), *avec qqch.* (→ Fromage, cit. 2).

1 (...) les clercs soussignés consignent ici leur gratitude pour leur excellent patron, qui les a régalés chez le sieur Rolland, restaurateur, rue du Hasard, de vins exquis de trois pays, de Bordeaux, de Champagne et de Bourgogne, de mets particulièrement soignés, depuis quatre heures de relevée jusqu'à sept heures et demie. Il y a eu café, glaces, liqueurs en abondance.
BALZAC, Un début dans la vie, Pl., t. I, p. 715.

(1709). Fam. Payer à boire ou à manger. *C'est moi qui régale.*

1.1 — Un bock et un sandwich jambon avec de la moutarde, dit Pierrot.
— Amenez-lui la choucroute et un demi, dit Paradis (...) C'est moi qui régale.
R. QUENEAU, Pierrot mon ami, éd. L. de Poche, p. 65.

▶ **SE RÉGALER** v. pron.

♦ **1.** (1611). Faire un bon repas, manger un mets qu'on aime, qu'on apprécie*. ⇒ **Festiner** (vx), **festoyer, fricoter** (peu usité). *Se régaler de... Se régaler avec...* ⇒ **Déguster** (*supra* cit. 3).

(1820). Fig. Se donner un grand plaisir.

2 Mon regard se régalait en glissant sur la belle parleuse, il pressait sa taille, baisait ses pieds, et se jouait dans les boucles de sa chevelure.
BALZAC, le Lys dans la vallée, Pl., t. VIII, p. 796.

♦ **2.** (xxᵉ). Fam. Faire une excellente affaire, un important bénéfice. *J'en connais qui se sont régalés dans cette opération.*

DÉR. Régalade, régalant.
HOM. 1. Régaler.

RÉGALEUR, EUSE [ʀegalœʀ, øz] n. — 1738, d'Aviler ; de 1. *régaler.*

Technique.

♦ **1.** Ouvrier, ouvrière qui régale, effectue le régalage.

♦ **2.** N. f. (1870, littér.). **RÉGALEUSE** : ouvrière qui est chargée du régalage des dentelles.

RÉGALIEN, IENNE [ʀegaljɛ̃, jɛn] adj. — 1413 ; dér. sav. du lat. *regalis* «royal».

♦ **1.** Dr. anc. Qui est propre à la royauté, qui appartient au roi. ⇒ **Royal.** *Droits régaliens* (battre monnaie, faire des lois, etc.). ⇒ 1. **Régale.** *Le droit de grâce conféré par la Constitution au président de la République est une survivance des droits régaliens, est un droit régalien. Fief régalien,* qui relevait du roi.

♦ **2.** Mod. Polit. *Pouvoir régalien,* absolu, sans contrôle démocratique.

Au cours des dernières années, l'État a fait bien souvent appel, et sous des formes diverses, parfois même assez régaliennes, à l'aide financière des sociétés de courses.
P. ARNOULT, les Courses de chevaux, p. 125.

RÉGALISTE [ʀegalist] n. m. — 1567 ; de 1. *régale.*

♦ Dr. anc. Celui qui avait un bénéfice en régale*.

REGARD [ʀ(ə)gaʀ] n. m. — V. 980, *regart* ; de *regarder.*

★ **I.** ♦ **1.** Action, manière de diriger les yeux vers un objet, afin de le voir ; l'expression des yeux, quant aux sentiments, aux états d'âme de la personne qui regarde. ⇒ **Œil, prunelle ; vision, vue.** *Le geste, l'attitude et le regard. L'œil* (cit. 9) *est regard. La direction du regard.* ⇒ **Visée.** *L'expression du regard. Le regard des bêtes* (cit. 8), *le regard humain. « Un enfant sans couleur, sans regard et sans voix »* (→ Naître, cit. 3, Hugo). — *Force attractive du regard.* ⇒ **Magnétisme ; fascination, fasciner.** *Le basilic, animal mythique dont le regard était considéré comme mortel.* ⇒ *Parcourir* (cit. 7), *caresser, fouiller, suivre... du regard* (→ Curiosité, cit. 14). ⇒ **Examen, examiner, explorer, scruter.** *Chercher qqn, qqch. du regard. Percer, transpercer, dévorer du regard, des yeux. Désigner, montrer* (cit. 7), *conduire du regard. Menacer, foudroyer qqn du regard. Le regard du roi,* roman de Camara Laye. — *Attirer le regard, s'offrir au regard, appeler tous les regards* (⇒ **Spectacle, vue**). *Offrir au regard un certain aspect* (→ Flexible, cit. 1). *Être le point de mire des regards. Frapper le regard.* ⇒ **Évidence** (être en). *Offenser* (cit. 23), *réjouir le regard. Soustraire, dérober au regard.* ⇒ **Cacher, couvrir.**

1 Les voleurs, les espions, les amants, les diplomates, enfin tous les esclaves connaissent seuls les ressources et les réjouissances du regard. Eux seuls savent tout ce qu'il tient d'intelligence, de douceur, d'esprit, de colère et de scélératesse dans les modifications de cette lumière chargée d'âme.
BALZAC, Une fille d'Ève, Pl., t. II, p. 115.

2 (...) ô merveilleuse indépendance des regards humains, retenus au visage par une corde si lâche, si longue, si extensible qu'ils peuvent se promener seuls loin de lui (...)
PROUST, Du côté de chez Swann, Pl., t. I, p. 176.

3 L'œil est organe de la vision, mais le regard est acte de *prévision,* et il est commandé par ce qui *doit* être vu, *veut* être vu, et les négations correspondantes. *Ces verbes sont le futur psychologique.*
VALÉRY, Suite, Regard, p. 51.

4 Chaque regard nous fait éprouver concrètement (...) *que nous existons pour tous les hommes vivants* (...)
SARTRE, l'Être et le Néant, III, I, IV.

LE REGARD (de qqn) : l'expression habituelle de ses yeux. ⇒ **Œil** (*infra* cit. 10, et *infra* cit. 12). *Les sentiments, les passions... qui animent* (cit. 28 et 30) *un regard. Son regard assez doux d'ordinaire se fixa sur moi d'une façon haineuse* (cit. 4). *Un air d'audace dans le regard* (→ Apparence, cit. 2). — *L'éclair, l'éclat, le feu, la flamme* (cit. 12) *du regard* (→ Cabrer, cit. 13). *La joie brille dans son regard, illumine son regard.* ⇒ **Lueur.** *Le feu intérieur qui éclatait* (cit. 29) *dans son regard. Une joie éclaira* (cit. 9) *son regard.* — *Avoir le regard, un regard assuré, direct, droit, franc, hardi ; calme, indolent... Regard louche* (1. Louche, cit. 4 et 6), *oblique, torve ; faux, sournois ; en dessous* (cit. 10). *Un regard brillant, clair, limpide. Regard expressif, mobile, vif. Acuité, animation, vivacité du regard. Regard atone, éteint, hébété, inexpressif, morne. Avoir le regard agressif, dominateur* (cit. 4). *La hauteur* (cit. 27 et 28) *du regard. Fard qui rend le regard plus profond* (→ Fenêtre, cit. 7).

5 (...) un charmant regard bleu, enveloppé d'une mantille, scintilla devant lui et disparut comme un feu follet (...)
Th. GAUTIER, la Toison d'or, II, in Fortunio, p. 188.

6 (...) ce regard lourd et vague qui semblait vous laisser quelque chose sur la peau, une sorte de glu, comme s'il eût projeté sur les gens un de ces liquides épais dont se servent les pieuvres pour obscurcir l'eau et endormir leurs proies.
MAUPASSANT, M. Parent, «L'inconnue», p. 127.

7 Son regard est pareil au regard des statues.
VERLAINE, Poèmes saturniens, «Melancholia», VI.

8 Je n'aime pas beaucoup (...) son regard qui va partout, saute d'un coin à l'autre de la pièce avec une agilité surprenante, et revient se planter droit dans mes yeux.
BERNANOS, Journal d'un curé de campagne, p. 136.

(Un, des regards). Manière dont qqn regarde une personne ou une chose ; les sentiments que les yeux laissent paraître. *Un regard rapide ; distrait, furtif* (cit. 10)... ⇒ **Clin** (d'œil), **coup** (d'œil). *Au premier regard :* du premier coup d'œil, au premier aspect*. — *Regards assurés* (cit. 69), *droits, francs, regards en coin, en coulisse, à la dérobée. Un regard de travers* (→ Froncer, cit. 10). *Un regard ardent, brûlant, flamboyant, foudroyant, fulgurant* (cit. 2), *illuminé* (de joie)... *Un regard de braise, de feu..., qui brûle, flambe, flamboie. Regard pétillant* (de malice,...). *La chaleur d'un regard. Regard fixe* (cit. 6), *hagard, mourant, vide... Un regard mouillé, humide...* — *Un regard affolé* (cit. 3), *angoissé* (cit. 3), *anxieux, craintif, égaré, éperdu, étonné, inquiet, mélancolique, nostalgique, perdu, peureux, pitoyable, suppliant, triste. Regard confiant* (cit. 1), *compréhensif, indulgent* (cit. 11), *offensé* (→ Éclair, cit. 13). *Des regards agaçants* (cit. 1 ; → **Agacerie**), *assassins, câlins, caressants* (cit. 6 et 7), *concupiscents, coquins, impudiques* (cit. 3), *indiscrets* (cit. 5), *lascifs, polissons... Regards avides* (cit. 17 et 20), *cupides. Un regard bestial. Jeter un regard de convoitise sur qqch.* ⇒ **Loucher** (sur). *Regards ingénus, purs, angéliques, célestes. Regards effrontés, impertinents, provocants. Doux regards, regards langoureux, languissants, tendres. Regards amoureux, incendiaires, passionnés.* — Absolt. *Un regard :* un regard amoureux. ⇒ **Œillade** (cit. 4 et 7). *Un soupir, un regard...* (→ Ambition, cit. 18). — *Regard courroucé, farouche* (cit. 16), *féroce, furibond, hostile* (cit. 8), *méchant, sinistre. Un regard haineux, mauvais, un regard noir* (cit. 24), *mécontent, furieux. Regard dédaigneux, dur, hautain, méprisant, sévère..., inspiré, pensif, profond. Regard éloquent. Regard bizarre, étrange, indéfinissable* (cit. 4), *ensorcelant, fascinant, fascinateur, magnétique ; inquisiteur* (cit. 5), *pénétrant, perçant* (→ Marchand, cit. 13), *scrutateur... Regard fin, ironique, malicieux, malin, moqueur* (cit. 4). *Darder* (cit. 5), *décocher* (→ 1. Flèche, cit. 4), *lancer, jeter un regard, des regards sur* (qqn, qqch.), *vers* (qqn, qqch.). *Braquer* (cit. 5) *sur qqn un regard inflexible. Diriger, gouverner, porter son regard, ses regards sur... « Ces regards inquiets et curieux qui se portaient sur nous à la dérobée »* (cit. 30). *Couler* (cit. 30) *un regard vers qqn. « Je promène au hasard mes regards sur la plaine »* (→ Changeant, cit. 7, Lamartine). *Arrêter, attacher* (cit. 27 à 29), *poser* (cit. 5 et 6) *son regard, ses regards sur qqn, sur un lieu...* ⇒ **Aviser.** *Tourner ses regards vers* (→ Exil, cit. 14). *Détourner ses regards. « Des regards peureux se détournaient de nous,... d'âpres regards se fixaient sur les nôtres »* (→ Effrayer, cit. 11). *Regards qui fouillent* (cit. 21 et 22) *les ténèbres, un lieu... Regard qui glisse* (→ Chair, cit. 32), *passe, suit un objet, se colle à lui. Embrasser d'un regard* (→ Côte, cit. 9). *« L'élégie* (cit. 2) *à la voix gémissante... Belle, levant au ciel ses humides regards »* (Chénier). — *Échanger* (1. Échanger, cit. 8) *un regard, des regards d'intelligence* (cit. 22). *Échange de regards* (→ Froissement, cit. 2). *Poser sur le regard de qqn un regard corrosif* (→ Corrosif, cit. 2). *Plonger* (cit. 9) *son regard dans les yeux de qqn. Regards qui se cherchent, se*

heurtent (→ Dilater, cit. 2), *se rencontrent* (→ aussi Dérober, cit. 11). — *Interpréter, comprendre un regard.* « *J'entendrai des regards que vous croirez muets* » (cit. 11, Racine).

9 D'un regard enchanteur connaît-il le poison ?
                            RACINE, *Britannicus*, II, 2.

10 Comme l'aigle régnant dans un ciel solitaire,
Tu n'avais qu'un regard pour mesurer la terre,
Et des serres pour l'embrasser.
           LAMARTINE, *Nouvelles méditations*, « Bonaparte ».

11 Quand la bouche dit oui, le regard dit peut-être.   HUGO, *Ruy Blas*, I, 2.

12 Le trouble des regards, grâce de la décence,
Accompagnait ces mots, forts comme l'innocence (...)
              A. DE VIGNY, *Livre mystique*, « Éloa », III.

13 Je le regardais, d'abord de ce regard qui n'est pas que le porte-parole des yeux, mais à la fenêtre duquel se penchent tous les sens, anxieux et pétrifiés, le regard qui voudrait toucher, capturer, emmener le corps qu'il regarde et l'âme avec lui (...)   PROUST, *Du côté de chez Swann*, Pl., t. I, p. 141.

Loc. Vx. *Avoir un regard,* se dit d'une femme enceinte dont l'enfant est marqué par l'action magique d'un regard (→ Macaque, cit. 1, Balzac). — (V. 1196). Vx. *Mauvais regard :* regard qui jette un sort. → Mauvais œil*.

Par ext. *Le regard intérieur :* l'introspection, l'examen de conscience.

Par métaphore. *(Le regard de qqch.) Tout dormait* (cit. 29) *sous le paisible regard des étoiles. Attirer* (cit. 16) *les regards de la postérité. Les premiers regards de la gloire* (→ Aurore, cit. 7).

♦ **2.** (V. 1120). Fig., vx. Action de considérer un objet par l'attention, par l'esprit. ⇒ **Attention; œil, regarder** (2.). *Avoir un regard au monde* (Bossuet), *à Dieu* (Mᵐᵉ de Sévigné) : considérer, porter attention à... *Avoir des regards pour qqn* (Saint-Simon, Hugo, *in* Littré). — *Aux regards de... :* au jugement de... — *Pour le regard de... :* à l'égard de...

Loc. (1721). Mod. *Avoir droit de regard sur... :* avoir le droit de surveiller, de contrôler. ⇒ **Contrôler.**

Loc. prép. (V. 1370). AU REGARD DE... : en ce qui concerne, par rapport à... ⇒ **Égard** (→ Agent, cit. 4 ; impie, cit. 4). *Au regard de Dieu :* par rapport à Dieu, au jugement de Dieu (→ Expier, cit. 7). *Au regard de la loi, de la morale...*

14 Il n'y a, dans le monde, aucun avenir pour la modération. Cette vérité loyale a pris, à mon regard, la vigueur et l'efficacité d'un axiome alors que j'avais à peine trente ans.   G. DUHAMEL, *Cri des profondeurs*, IV.

Littér. *Regards sur le monde actuel,* œuvre de Valéry.

♦ **3.** Vx. Orientation. — (1273). Astrol. Aspect situation. ⇒ **Regarder** (5.).

Loc. adv. (1811). Mod. EN REGARD : en face, vis-à-vis. *Texte latin, anglais, avec la traduction en regard.* ⇒ **Ci-contre.** *Mettre des listes en regard,* les comparer. Loc. prép. (1834). EN REGARD DE : en face de... (→ Espérance, cit. 36). — REM. *En regard de cela,* peut aussi exprimer une opposition (⇒ **Cependant**).

15 (...) il a fait quatre fois le tour du monde, mais ce qu'il a vu lui paraît peu en regard de ce qu'il veut voir encore.   GIDE, *Nouveaux prétextes*, p. 151.

★ **II.** Par métonymie. ♦ **1.** (Fin XVIᵉ). Ouverture destinée à faciliter les visites, les réparations (dans la maçonnerie d'un aqueduc*, d'une canalisation, d'un égout*, dans une machine à vapeur, un four, une cave). *Regard fermé par une plaque.* ⇒ aussi **Lucarne, soupirail.**

16 Ce qu'on appelait boyau, on l'appelle galerie : ce qu'on appelait trou, on l'appelle regard.   HUGO, *les Misérables*, V, II, V.

17 Il finit par s'accroupir devant un des regards donnant sur les caves des Halles, où le gaz brûle éternellement.   ZOLA, *le Ventre de Paris*, t. I, p. 124.

♦ **2.** (Déb. XXᵉ). Géol. *Regard d'une faille.* ⇒ **Faille** (2. Faille, cit.).

REGARDABLE [ʀ(ə)gaʀdabl] adj. — XIVᵉ ; de *regarder.*

♦ Que l'on peut regarder (surtout en emploi négatif). *Ce n'est pas regardable.* ⇒ **Visible.**

Elles étaient neuf autour de lui ... ses meilleures gagneuses, ses championnes de charme, pas regardables.   CÉLINE, *Guignol's band*, p. 57.

REGARDANT, ANTE [ʀ(ə)gaʀdɑ̃, ɑ̃t] adj. — XVᵉ, n. m. ; de *regarder.*

♦ **1.** (Fin XVIIᵉ). Vx. Qui regarde (cf. Saint-Simon, *in* Littré).

(1690). Blason. *Animal regardant,* qui tourne la tête et regarde en arrière.

N. m. (Vx). Personne qui regarde (cf. La Fontaine, *Fables*, X, 2). *Les regardants et les regardés.* ⇒ **Spectateur.**

♦ **2.** Fig. Qui regarde (4.), observe ; attentif. (Le plus souvent en tournure négative).

1 (...) le pauvre homme était si peu regardant qu'on pouvait lui faire manger des choux pour des perdrix (...)   BALZAC, *le Médecin de campagne*, Pl., t. VIII, p. 342.

(1694). Mod. Qui regarde à la dépense, qui est méticuleux en ce qui concerne les dépenses. ⇒ **Avare, économe.**

Même les parents riches, s'ils ne sont pas regardants sur l'argent de poche, passent leur temps à vous faire peur par la façon dont ils parlent de l'avenir.   J. ROMAINS, *les Hommes de bonne volonté*, t. XIX, p. 15.   2

CONTR. (Du sens 2.) **Dépensier.**

REGARDER [ʀ(ə)gaʀde] v. tr. — 1080 ; VIIIᵉ, *rewardant ;* de *re-,* et *garder,* au sens de « veiller, prendre garde à... ».

REM. Au moyen âge, *garder* et *regarder* s'emploient concurremment dans de nombreux sens.

★ **I.** V. tr. dir. ♦ **1.** Faire en sorte de voir, s'appliquer à voir, en dirigeant, en accommodant sa vue. ⇒ **Œil, vision, vue.** *Regarder une chose, une personne.* ⇒ **Aviser** (cit. 6) ; **regard** (attacher, poser... son regard sur...) ; fam. **azimuter,** 3. **mater, piger, reluquer, viser, zieuter.** *Regarder avec attention.* ⇒ **Attacher, coller** (son regard, ses yeux), **considérer, contempler, examiner, inspecter, mirer** (vx), **observer, scruter.** *Regarder rapidement, successivement...* ⇒ **Jeter** (un coup d'œil), **parcourir, promener** (ses regards). *Regarder un livre pour y chercher un renseignement.* ⇒ **Consulter.** *Regarder le paysage, le ciel* (→ Forme, cit. 4). *Regarder sa montre,* et, par ext., *regarder l'heure* (cit. 34). *Regarder une émission de télévision, un film à la télé. Tu as fini de regarder le match? Regarder une chose sous toutes ses faces* (cit. 30). *Regarder de près* (→ Drogue, cit. 1), *de loin... Regarder une chose au loin* (cit. 16). *Regarder les étoiles dans une lunette, au télescope. Regarder qqn par la fenêtre, par la fente d'une persienne, par le trou de la serrure.* — Par ext. « *Regarder la nature par les yeux des autres* » (→ Artiste, cit. 10). « *Monsieur de Cambremer vous regardait avec son nez* » (cit. 7).

Regarder qqn. ⇒ **Dévisager, fixer, examiner** (cit. 15) ; → Agacerie, cit. 3 ; attacher, cit. 106 ; détourner, cit. 18 ; marché, cit. 19. — *Regarder (qqch., qqn) de telle ou telle manière, au physique ou au moral* (avec telle expression...). ⇒ **Regard.** *Regarder en fermant un œil* (⇒ **Bornoyer, cligner**), *les yeux mi-clos. Regarder qqn, qqch. d'un œil rond* (→ Grimace, cit. 4), *en écarquillant les yeux. Regarder en louchant* (⇒ **Bigler, loucher**). *Regarder qqn en face, bien en face* (cit. 50 et 51), *de face.* — Fig. *Il peut le regarder en face :* il n'a rien à se reprocher. — *Regarder qqn dans le blanc* (cit. 24) *des yeux, entre les deux yeux,* (1690) *sous le nez* (au fig. ⇒ **Braver, narguer**). *Regarder qqn au visage :* lui regarder le visage. *Se regarder le bras, la main. Regarder qqn, qqch. de côté* (infra cit. 44), *du coin de l'œil* (→ Étoupe, cit. 2), *de biais, à la dérobée* (cit. 32), *par en dessous* (cit. 12), *en dessous, d'un air sournois...* (⇒ **Guigner, lorgner**). *Regarder avidement, avec avidité.* ⇒ **Avaler, boire** (1. Boire, cit. 33), *dévorer, manger...* (des yeux). *Regarder avec insistance, intensément* (cit. 2), *longuement* (cit. 2). ⇒ **Appuyer.** *Regarder distraitement, avec indifférence* (cit. 15 et 17). *Regarder fixement* (cit. 2). ⇒ **Fixer** (cit. 9), **quitter** (ne pas quitter des yeux) ; → Imposer, cit. 46. *Regarder avec convoitise* ⇒ **Convoiter, loucher** (sur). *Regarder avec cupidité, envie ; étonnement, stupéfaction... ; avec complaisance, d'un œil complaisant ; avec émotion, sympathie* (→ Malgracieux, cit. 3), *passion, tendresse* ⇒ **Couver** (des yeux). *Regarder avec plaisir* ⇒ **Reposer** (ses yeux sur...), repaître (ses yeux de...). *Regarder qqn en prenant des airs avantageux.* ⇒ **Prunelle** (jouer de la). *Regarder niaisement, bouche bée* (⇒ **Bayer, béer**), *d'un air ahuri, avec des yeux de merlan frit... Regarder qqn de haut* (cit. 127) *en bas, de haut, avec mépris* (⇒ **Toiser.** → Crâner, cit. 2). *Regarder qqn de travers** (1671), *avec colère, hostilité...* (→ 1. Frais, cit. 23). — (Fin XVᵉ). Vx. *Regarder qqn en pitié, avec compassion ;* ou *avec mépris, dédain* (→ Dessus, cit. 23 ; dévôt, cit. 7). — *Regarder d'un œil sec, sans émotion.* — (XIXᵉ). *Regarder d'un bon œil,* favorablement.

1 C'est une chose étrange (...) qu'un mari et un galant regardent la même personne avec des yeux si différents.   MOLIÈRE, *l'Impromptu de Versailles*, 1.

2 Il regardait au-dessus de lui, cette face que lui regardait d'autant plus qu'elle n'avait pas d'yeux. C'était du regard répandu, une fixité indicible (...)   HUGO, *l'Homme qui rit*, I, I, VI.

3 — (...) Alors, tu n'as pas vu la reine ?
— Un peu, si ; mais je ne l'ai pas regardée.
— Alors c'est que tu ne l'as pas vue...
On ne peut pas ne pas la regarder quand on la voit.   GIDE, *le Roi Candaule*, II, 1.

4 Elle le regarda, rencontra des yeux qui s'éloignaient, qui s'enfonçaient, où une curiosité mystérieuse remplaçait la haine.
     COCTEAU, *les Enfants terribles*, p. 223.

Regarder qqn, oser le regarder. Il n'ose plus le regarder en face. — Prov. *Un chien* regarde bien un évêque. — Je ne veux pas seulement le regarder* (Académie), se dit d'une personne que l'on refuse de voir (par mépris...). — (1661). Vieilli. *Se faire regarder :* attirer l'attention.

5 (...) l'on s'aperçoit que, de quelque manière qu'on soit mise, il y a un art de se faire regarder.   ROUSSEAU, *Émile*, V.

Loc. fam. *Regardez voir ! — Regardez-moi cet idiot ! :* constatez qu'il est idiot. *Non mais, regardez-moi ce travail !* (→ aussi Non, cit. 28).

(1920). *Vous ne m'avez pas regardé,* se dit par manière de défi, de menace, ou de refus ironique.

(Avec le mot *œil* pour sujet). « *L'œil* (cit. 53) *était dans la tombe et regardait Caïn* ». *Ses yeux regardaient son nez* (→ Loucherie, cit. 1.). — Absolt. *Des yeux qui regardent bien en face* (→ Bon, cit. 43), *sans gêne* (cit. 13), *tout droit*.

6 Ils regardaient, ces yeux, comme les sirènes chantent. Qui passait dans leur lumière était invinciblement pris.   Pierre LOUŸS, *Aphrodite*, I, v.

REM. Avec *regarder* (comme avec les autres verbes de perception) le compl. dir. peut être le sujet d'une proposition (infinitive, etc.). → Caravelle, cit. Hérédia. *Regarder souffrir qqn* (→ Ange, cit. 9). *Regardez-moi faire. Regarder la pluie tomber, tomber la pluie. Il le regarde travailler, scier du bois. Elle le regarde croquer une tartine* (→ Dévisager, cit. 8). *Il la regarda passer. Il la regarda qui passait.*

7 Et le docteur, subitement assombri, la regardait qui tirait sur les lacets.
FRANCE, *Histoire comique*, I.

Absolt. *Regarder dans telle direction**. ⇒ **Diriger** (son regard). *Regarder en l'air* ⇒ **Lever** (les yeux), *dans l'espace, dans le vague... droit devant soi. Partir sans regarder derrière soi*, sans se retourner. *Regarder autour de soi* (→ Attache, cit. 11), *de tous les côtés* (→ Marmonner, cit. 2). *Regarder en bas, à ses pieds, à terre.* ⇒ **Baisser** (les yeux, la tête). → Marelle, cit. — *Regarder à l'œil nu, dans une lunette* (cit. 7). *Mettre des lunettes pour regarder.* — *Regarder partout, dans tous les coins, pour retrouver un objet égaré.* ⇒ **Chercher.**

8 La campagne n'est pas faite pour vous, ni l'isolement, qui vous tuerait. Vous regardez toujours ou trop haut ou trop bas. Trop haut, mon cher, c'est l'impossible; trop bas, ce sont les feuilles mortes. La vie n'est pas là; regardez directement devant vous à hauteur d'homme, et vous la verrez. E. FROMENTIN, *Dominique*, III.

9 Ces yeux me regardaient. L'homme ne disait mot; mais son regard ne bougeait pas. Il s'était arrêté sur ma figure et il y restait. Il n'examinait pas mes traits; il n'était échauffé par nulle sympathie; mais il regardait. Cela semblait une vocation surnaturelle : il regardait. Il regardait au-delà de ma forme, de mes craintes, de mes désirs (...)   H. BOSCO, *Hyacinthe*, p. 73.

♦ **2.** Absolt. Observer. *Savoir regarder, apprendre à regarder. Plus enclin* (cit. 6) *à regarder qu'à juger. «Regarde bien, écoute beaucoup, parle peu »* (→ 1. Garde, cit. 32; et aussi garder, cit. 43). *Se contenter de regarder* : assister en observateur*. — « *Regarde! je viens seul m'asseoir* (cit. 26) *sur cette pierre... »*

10 Regardez tous! voilà l'homme rouge qui passe!   HUGO, *Marion de Lorme*, V, 7.

♦ **3.** Envisager (de telle ou telle façon). Par métaphore. (Cf. aussi le sens fig., ci-dessous). *Regarder le danger, le péril en face* : en approcher sans crainte, l'affronter fermement. *Regarder les choses, la vie... en face* (cit. 52, 53 et 56). *Regarder par telle ou telle face* (cit. 39), *par les bons, les mauvais côtés* (cit. 22). — *Regarder droit devant soi* (→ Aller, cit. 67), *en arrière* (cit. 16). — *Regarder son âme au microscope* (cit. 4). *Regarder par le petit, le gros bout de la lorgnette*, de la lunette.*

11 Liés à nos frères par un but commun et qui se situe en dehors de nous, alors seulement nous respirons et l'expérience nous montre qu'aimer ce n'est point nous regarder l'un l'autre mais regarder ensemble dans la même direction.
SAINT-EXUPÉRY, *Terre des hommes*, VIII, III.

♦ **4.** (V. 1250). Fig. Considérer, examiner par l'esprit, l'attention... *Regarder la vie avec folie, avec raison* (→ Monotone, cit. 6). *Il faut bien regarder les conséquences.* ⇒ **Envisager.** *Regarder avec prévention* (cit. 2).

12 En chaque action, il faut regarder, outre l'action, notre état présent, passé, futur, et des autres à qui elle importe, et voir les liaisons de toutes ces choses.
PASCAL, *Pensées*, VII, 505.

Avoir en vue, envisager, rechercher. *Il ne regarde que son intérêt. Vous ne regardez que le plaisir* (→ Hameçon, cit. 3).

Vx. Avoir en considération ou en estime; se préoccuper (d'une chose).

Loc. (1642). *Regarder comme...* (suivi d'un adj.). ⇒ **Avoir** (I., 6. : avoir pour...), **envisager** (comme), **estimer, juger, prendre, réputer** (pour), **trouver.** *Des idées* (cit. 56) *que j'ai vu regarder comme dangereuses. Regarder comme vrai* (⇒ **Croire**). *Être regardé comme...* ⇒ **Censé, considéré; passer** (pour). *Regarder comme un, le...* (suivi d'un subst.). → Amitié, cit. 12; analogie, cit. 8; famille, cit. 16; monstre, cit. 9.

13 Et je ne regarde Pauline
Que comme un obstacle à mon bien.
CORNEILLE, *Polyeucte*, IV, 2.

♦ **5.** (V. 1190). Sujet n. de chose; compl. n. de personne ou pron. Avoir rapport à... ⇒ **Affaire** (cit. 14; avoir affaire à...), **concerner, intéresser, toucher...** (→ Grognard, cit. 2; maxime, cit. 5). *Ce qui regarde qqn* : ce dont il peut s'occuper, se mêler à bon droit. *Des gens habiles* (cit. 7) *dans tout ce qui ne les regarde pas. Cela ne regarde personne* (→ Conversion, cit. 4). *Cela ne vous regarde pas* (→ Interviewer, cit. 1). *Se mêler* (cit. 27 et 32), *s'occuper* (cit. 12) *de ce qui vous regarde* (→ aussi Immiscer, cit. 3). *Mêle-toi de ce qui te regarde! — Un mensonge* (cit. 1) *qui regarde le passé, l'avenir.* ⇒ **Concerner.**

14 Dis-moi tout ce qui te regarde! Confie-moi tes peines! Fais que je sois au courant de tes travaux, de tes affaires, de tes soucis!
J.-A. DE GOBINEAU, *les Pléiades*, III, III.

15 Les autres soins regardaient Thérèse; elle habillait l'impotente, elle la faisait manger, elle cherchait à comprendre ses moindres désirs.
ZOLA, *Thérèse Raquin*, XXVI.

♦ **6.** (Déb. XIVe). Sujet n. de chose. Être tourné* vers... *Façade qui regarde la rue. La cave regardait la rivière par deux soupiraux*

grillagés (cit. 1). — Intrans. *Pays qui regarde vers la mer* (→ aussi Attraction, cit. 13; fascination, cit. 5).

16 Les deux cavaliers arrivèrent en peu de temps à une habitation située dans la partie du bourg qui regardait les montagnes de la Grande-Chartreuse.
BALZAC, *le Médecin de campagne*, Pl., t. VIII, p. 376.

17 Les deux façades principales de la maison regardaient l'une au nord, vers la rivière, l'autre au sud, vers le village et la forêt.
G. DUHAMEL, *Chronique des Pasquier*, IV, X.

★ **II.** V. tr. indir. (Déb. XIIe). Fig. **REGARDER À... :** considérer attentivement; tenir compte de... *Si l'on regarde trop aux principes...* (→ Croyance, cit. 12). — Loc. (1559). *Regarder à la dépense* : hésiter, réfléchir longuement avant de dépenser. ⇒ **Compter, plaindre** (la dépense); **économie** (faire des); **regardant.** — (1578, *in* D.D.L.). *Regarder de près à qqch. Y regarder de près* : considérer qqch. avec attention avant de juger, de se décider (→ Discerner, cit. 2). *Sans y regarder de trop près* (→ Distance, cit. 7; et aussi fabriquer, cit. 15). *Il ne faut pas y regarder de trop près, de si près.* — *Y regarder à deux fois avant de se décider* : se garder, se méfier. — *Regarder au prix* (Dorgelès, *le Cabaret de la belle femme*, p. 179). — Absolt. *«Quand elle achète, elle n'y regarde pas »* (Benjamin, *Justice de paix*, p. 89).

Rare (au sens 5.). *Dans un sens qui regarde à l'étymologie* (→ 2. Poétique, cit. 3).

▶ **SE REGARDER** v. pron.

♦ **1.** (1611). Réfl. *Se regarder dans une glace* (cit. 23, 25 et 26), *un miroir**. *Se regarder au miroir* (→ Légion, cit. 8). *Passer son temps à se regarder.* — (XXe). *Il ne s'est pas regardé* : il ne voit pas ses propres travers, ses défauts, ses ridicules (en jugeant autrui). — Fig. *Se considérer soi-même* (→ Mépriser, cit. 19).

18 Je ne puis sans horreur me regarder moi-même.   RACINE, *Phèdre*, II, 6.

19 (...) il se regarda d'abord dans une glace pour voir s'il avait bonne mine (...)
A. DE MUSSET, *Nouvelles*, « Fils du Titien », III.

20 Mais si Dieu près de lui t'a voulu mettre, ô femme! (...)
C'est pour qu'il se regarde au miroir d'une autre âme (...)
A. DE VIGNY, *Poèmes philosophiques*, « Maison du berger », III.

21 Elle faisait tomber jusqu'à sa chemise; puis, toute nue, elle s'oubliait, elle se regardait longuement. C'était une passion de son corps, un ravissement du satin de sa peau et de la ligne souple de sa taille, qui la tenait sérieuse, attentive, absorbée dans un amour d'elle-même.   ZOLA, *Nana*, VII.

(1675). *Se regarder comme le centre* (cit. 22) *de l'univers* : se considérer comme...

♦ **2.** (1690). Récipr. *Se regarder l'un l'autre, les uns les autres. Se regarder au visage* (→ Désapprouver, cit. 2), *en face, dans les yeux* (→ Montrer, cit. 33). *Deux augures* (1. Augure, cit. 3) *ne peuvent se regarder sans rire.* — Loc. prov. *Se regarder en chiens* (infra cit. 33) *de faïence.*

(1690). Fig. Être l'un en face de l'autre. *Nos deux maisons se regardaient.*

♦ **3.** Passif. Être regardé. *« Le soleil ni la mort ne se peuvent regarder fixement »* (cit. 1; → aussi 1. mort, cit. 12). *Dans quel sens cela se regarde-t-il?*

DÉR. Regard, regardable, regardant, regardeur.
COMP. Entre-regarder (s').

REGARDEUR, EUSE [ʀ(ə)gardœʀ, øz] n. — XIVe, repris au XIXe; *regardeeur*, v. 1265; de *regarder*.

♦ Personne qui regarde. *« Il existerait des œuvres que l'on ne pourrait interpréter que d'une seule manière; elles se replieraient sur elles-mêmes, et l'esprit du lecteur, du regardeur, de l'auditeur ou du spectateur ne serait pas libre, devant elles, de les faire éclater dans plusieurs sens »* (*l'Express*, p. 69, 17 janv. 1966).

Je suis le regardeur infini.   HUGO, *la Légende des siècles*, III.

REGARNIR [ʀ(ə)garniʀ] v. tr. — XIIIe; «fortifier à nouveau», XIIe; de re-, et garnir.

♦ Garnir de nouveau, garnir ce qui est dégarni. *Regarnir une trousse, un rayon... Regarnir une maison de meubles* (⇒ **Remeubler**). — *Regarnir une robe*, la pourvoir d'une nouvelle garniture.
DÉR. Regarnis.

REGARNIS [ʀ(ə)garni] n. m. — 1875; de *regarnir*.

♦ Techn. Action de planter des arbres dans une forêt. — (Déb. XXe). Endroit où l'on a replanté des arbres.
REM. On trouve aussi la forme *regarni* (1869).

RÉGATE [ʀegat] n. f. — 1679; empr. du vénitien *regata*, proprt «défi», du v. *regatar* «rivaliser», d'orig. incert., p.-ê. d'un **recaptare*, de *captare*, doublet de *captiare* «poursuivre, chasser» (P. Guiraud).

♦ **1.** Course de bateaux, à la voile ou à l'aviron. *Régate de monotypes. Régate sur triangle olympique. Régate en trois manches. Aller* *au départ de la régate. Régates sur mer, sur lac, en rivière... Les régates d'un dimanche d'été.*

1 Et l'on partit pour Maisons-Laffitte, où étaient annoncées des régates et une grande fête vénitienne.
MAUPASSANT, les Dimanches d'un bourgeois de Paris, « Essai d'amour ».

REM. Le mot, souvent au pluriel, tend au xxᵉ s. à se restreindre aux compétitions de yachts (à voile ou à moteur).

◆ **2.** (1900). Cravate (rappelant celle des marins) dont le nœud laisse échapper deux pans verticaux et superposés. — REM. La *régate* étant la cravate la plus portée de nos jours, le mot est devenu rare ; on dit simplement : *cravate.*

2 Au xviiᵉ siècle il eût été abbé de cour ; il portait des lunettes d'or, des faux cols largement ouverts autour desquels était nouée une régate un peu lâche.
Edmonde CHARLES-ROUX, l'Irrégulière, p. 486.

DÉR. Régater, régatier.

RÉGATER [Regate] v. intr. — V. 1964 ; de *régate.*

◆ Disputer une épreuve de régates. *Monotypes qui régatent sur un plan d'eau. Il est excellent barreur, il régate souvent.*

RÉGATIER [Regatje] n. m. — 1855 ; de *régate.*

◆ Personne qui participe à une épreuve de régates.

(...) bien des régatiers ne pensent pas qu'un bateau puisse servir pour autre chose qu'une course autour de trois bouées (...) En fait, le régatier le plus exclusif ne refuse jamais la sortie à la voile dans des parages inconnus et le plus paisible des promeneurs ne manque jamais de fignoler un réglage pour essayer de semer le bateau qui le suit. Jean GIORDAN, le Yachting, p. 121.

REGAYER [Regeje ; Regɛje] v. tr. — xviiᵉ ; de *re-*, et *gai*, dial., « en bon état ».

◆ Techn. Peigner (le chanvre) pour le débarrasser de ses impuretés.
DÉR. Regayoir.

REGAYOIR [Regɛjwaʀ] n. m. — 1680 ; de *regayer.*

◆ Techn. Peigne à regayer le chanvre.

REGAZÉIFICATEUR [ʀ(ə)gazeifikatœʀ] n. m. — xxᵉ ; de *regazéifier.*

◆ Techn. Installation dans laquelle on regazéifie un produit pétrolier.

REGAZÉIFICATION [ʀ(ə)gazeifikasjɔ̃] n. f. — xxᵉ ; de *regazéifier.*

◆ Techn. Opération par laquelle on regazéifie (un produit pétrolier). *Regazéification du gaz naturel liquéfié pour le transport.*
Opération par laquelle on réinjecte du gaz dans une eau gazeuse décantée.

REGAZÉIFIER [ʀ(ə)gazeifje] v. tr. — xxᵉ ; de *re-*, et *gazéifier.*

◆ Techn. Rendre de nouveau gazeux (un liquide pétrolier provenant de la liquéfaction d'hydrocarbures gazeux), par vaporisation.
Réinjecter du gaz, son propre gaz dans (une eau gazeuse décantée).
DÉR. Regazéificateur, regazéification.

REGAZONNER [ʀ(ə)gazɔne] v. tr. — 1328, *rewasonner* ; de *re-*, et *gazon.*

◆ Regarnir de gazon.

REGEL [ʀ(ə)ʒɛl] n. m. — 1777 ; subst. verb. de *regeler.*

◆ Gel, gelée qui survient après un dégel. — Géogr. *Formation des glaciers par fonte de la neige et regel.*
Phys. *Phénomène du regel*, se dit de la glace qui, ayant fondu sous l'action d'une pression (sans changement de la température ambiante), se reforme aussitôt que cette pression est supprimée. — REM. On dit aussi *recongélation.*

REGELER [ʀəʒle ; ʀ(ə)ʒəle] v. tr. — Conjug. *geler.* — 1447 ; de *re-*, et *geler.*

◆ Geler de nouveau. — Au p. p. *Névé* (cit.) *gelé, regelé chaque nuit.* — Impers. *Il regèle.*
DÉR. Regel.

RÉGENCE [Reʒɑ̃s] n. f. et adj. — 1549 ; « gouvernement », 1403 ; de *régent.* → Régime.

Vx (au sens général). Action de régir, de gouverner. « *La régence de Rome* » (Rotrou).

★ **I.** (1549). ◆ **1.** Gouvernement d'une monarchie par un régent. ⇒ **Régent.** *Exercer la régence pendant la minorité du roi. Conseil de régence* (→ Comité, cit. 1). — Fonction, dignité de régent, durée de cette fonction. *La régence d'Anne d'Autriche. Pendant sa régence* (→ Indiscipline, cit. 3).

1 Il laissa la Régence du Royaume à la Reine sa mère, et lui recommanda fort sa femme et ses enfants : il devait être à la guerre tout l'été (...)
Ch. PERRAULT, Contes, « La belle au bois dormant ».

◆ **2.** Absolt (avec une majuscule). *La Régence* : la régence du duc d'Orléans (1715-1723), en France, après la mort de Louis XIV, époque célèbre par ses plaisirs raffinés et son libertinage. *Les roués* de la Régence.*

2 Ce qu'on faisait la nuit, dans des échappées hypocrites de Versailles à Paris, aux orgies effrénées des *petites maisons*, on le fait en plein jour, chez soi. Le scandale, le bruit, l'ostentation et la fatuité du vice, souvent bien plus que le vice même, c'est la Régence (...) Au total, les mœurs valaient mieux sous cette Régence que sous les deux régences du xviiᵉ siècle.
MICHELET, Hist. de France, t. XVII, iii.

◆ **3.** (1768, *commode à la Régence*). Appos. Arts décor. **a** Qui appartient à l'époque de la Régence ou en rappelle le style. *Le style Régence* « *conserve... l'équilibre et la majesté de l'âge précédent ; mais il s'en distingue par plus de liberté et de souplesse* » (Réau). → aussi Ligne, cit. 14. *Amours joufflus* (cit. 2) *d'un lit Régence.*

b Qui appartient à l'époque de la régence de George, prince de Galles (1810-1820), en Angleterre, ou en rappelle le style. — On dit aussi *Régence anglaise,* ou *Regency* [ʀeʒɛnsi] (1960, *in* Höfler), pour éviter toute confusion. *Table, fauteuils, bibliothèques Régence.*

◆ **4.** Adj. (1841). Fig., fam. (Vx). « Digne des roueries galantes de la cour du Régent » (Littré). — (xxᵉ). Mod. Se dit d'une personne qui a une politesse raffinée, des manières élégantes rappelant celles de l'Ancien Régime. *Il est un peu régence.*

2.1 Tout à fait régence, mamouchka, avec un je ne sais quoi d'un peu sec, d'un peu gourmé, très dans la note anglaise.
M. AYMÉ, Travelingue, p. 192.

★ **II.** ◆ **1.** (Fin xviiᵉ). S'est dit de l'administration municipale de certaines villes d'Europe. *La régence d'Amsterdam.*

◆ **2.** (1835). Hist. Nom des trois petits États musulmans d'Afrique qui dépendaient du sultan de Turquie, avant la colonisation (Tunis, Alger, Tripoli). *Les régences barbaresques. La régence d'Alger ; la Régence.*

3 (...) en dehors de la clause qui prévoyait l'intervention de la France dans les affaires financières de la Régence (...) le traité du Bardo ne concernait que la *souveraineté extérieure* de la Tunisie dont il était fait abandon partiel à la France.
André RAYMOND, la Tunisie, p. 31.

★ **III.** Anciennt. Fonction d'un régent de collège.

REGENCY [Reʒɛnsi] adj. ⇒ **Régence** (I., 3., b).

RÉGÉNÉRANT, ANTE [Reʒeneʀɑ̃, ɑ̃t] adj. — Déb. xxᵉ (1904, L. Frapié) ; de *régénérer.*

◆ Qui régénère.

RÉGÉNÉRATEUR, TRICE [Reʒeneʀatœʀ, tʀis] n. et adj. — 1495 ; de *régénérer.*

◆ **1.** N. Littér. Personne qui régénère.
Adj. (1560). Qui régénère (1.), reconstitue. *Crème régénératrice de l'épiderme. Principe régénérateur.* — *Réacteur régénérateur,* dont les produits de fission sont eux-mêmes fissibles et utilisables dans une nouvelle combustion nucléaire. ⇒ aussi **Surrégénérateur.**

◆ **2.** N. m. (Techn.). *Régénérateur de prairie :* instrument utilisé pour briser la couche superficielle du sol d'une prairie.
(xxᵉ). Appareil servant à régénérer un catalyseur. — (1874, trad. de l'all. ; Siemens, *in Année sc. et industr.* 1875, p. 307). Récupérateur* de chaleur.

1 Les régénérateurs ont été imaginés par Siemens et appliqués d'abord aux fours Martin, destinés à produire l'acier. Ce sont des chambres placées sous le four et garnies de briques réfractaires disposées en chicane (...)
F. MEYER et P. GRIVET, le Verre, p. 45.

◆ **3.** Adj. Qui régénère (2.). — Relig. *Eau régénératrice :* eau du baptême. — Par métaphore :

2 (Vigny) célébrait le jeune romantisme, et avec lui le groupe des écrivains nouveaux « qui les premiers avaient ouvert les écluses à des eaux régénératrices (...) »
Émile HENRIOT, les Romantiques, p. 142.

COMP. Surrégénérateur.

RÉGÉNÉRATIF, IVE [Reʒeneʀatif, iv] adj. — 1903, *Rev. gén. des sc.,* nᵒ 11, p. 615 ; de *régénération.*

◆ Didact. Qui régénère, contribue à une régénération. *Phénomènes régénératifs.*

RÉGÉNÉRATION [ʀeʒeneʀɑsjõ] n. f. — V. 1160, relig.; lat. *regeneratio*, de *regenerare*. → Régénérer.

♦ **1.** (1314). Histol. Reproduction naturelle d'une partie vivante qui a été détruite. ⇒ **Reconstitution, restauration.** *Régénération des chairs d'une plaie, du tissu osseux d'un os fracturé* (→ Chirurgie, cit. 1). *Régénération de la queue d'un lézard.* — (xxᵉ). Mode de multiplication des végétaux dans un espace où ils avaient en partie disparu. *Régénération naturelle et régénération artificielle* (par semis, plantation). — *Régénération d'une prairie.*

♦ **2.** (1687). Fig. et littér. Renaissance de ce qui était corrompu, altéré. — (Morale et relig.). *Régénération de l'âme par le baptême*, la pénitence*... Régénération d'un ordre religieux.* ⇒ **Réformation, réforme.** *Régénération des mœurs, de l'homme, de l'humanité.* ⇒ **Rénovation, résurrection;** et aussi **palingénésie.** *Régénération intellectuelle* (→ Potentiel, cit. 4).

1 Je croirais volontiers que cette hypothèse d'une dégradation fortuite, et d'une lente régénération; d'une force qui vivifie, qui élève, qui subtilise, et d'une autre qui corrompt et qui dégrade, n'est pas le moins plausible de nos rêves sur la nature des choses. É. DE SENANCOUR, Oberman, LXXXV.

2 Un éloquent philosophe, Fichte, a dit *qu'il attendait la régénération de la nation allemande de l'institut de Pestalozzi :* il faut convenir de même qu'une révolution fondée sur de pareils moyens ne serait ni violente ni rapide (...) Mᵐᵉ DE STAËL, De l'Allemagne, I, XIX.

♦ **3.** Techn. Opération par laquelle on régénère une substance. *Régénération d'un catalyseur.* — Récupération de chaleur dans un régénérateur. *Four à régénération.* — Épuration du combustible d'un réacteur nucléaire par élimination des résidus de fission.

CONTR. Dégénérescence, détérioration. — Aveulissement, corruption, décadence.
DÉR. Régénératif.
COMP. Surrégénération.

RÉGÉNÉRÉ, ÉE [ʀeʒeneʀe] adj. — Mil. xxᵉ; sens abstrait, xviiᵉ (→ Régénérer); p. p. de *régénérer.*

♦ Sc., techn. Reconstitué ou remis dans son état premier. *Glacier régénéré. Caoutchouc régénéré.*

RÉGÉNÉRER [ʀeʒeneʀe] v. tr. — Conjug. *céder.* — 1050, relig.; empr. du lat. eccls. *regenerare,* proprt «faire renaître».

♦ **1.** (1377). Rare. Reproduire une partie détruite (d'un être vivant). *« Le procédé vital qui régénère les chairs »* (Littré). — Au p. p. *Tissus régénérés d'une plaie.*

♦ **2.** Relig. Faire renaître (fig.) à la pureté, à la vérité, au bien. — Au p. p. *Apôtres régénérés par le baptême* (→ Laisser, cit. 70). — Par métaphore. (→ Baptême, cit. 16). *Miraculé* (cit.) *régénéré.*

♦ **3.** (xivᵉ). Par ext. Renouveler en redonnant les qualités perdues. *Régénérer le monde* (→ Aller, cit. 45), *les mœurs.* ⇒ **Améliorer, corriger, réformer.** — Peint. *Régénérer les couleurs,* leur rendre leur fraîcheur, leur vitalité. — Rénover* (une institution). — Pron. (xviiiᵉ; «se reconstituer», en parlant d'une partie du corps, v. 1560). *L'ardeur* (cit. 36) *des citoyens à se régénérer.*

1 Ce curé, saisi pour ce pauvre pays d'une tendresse religieuse, tenta de le régénérer, et parvint à son but. BALZAC, le Curé de village, Pl., t. VIII, p. 604.

2 Il exprimait les idées courantes : la petite propriété créée en 89, favorisée par le code, appelée à régénérer l'agriculture; enfin, tout le monde propriétaire, chacun mettant son intelligence et sa force à cultiver sa parcelle. ZOLA, la Terre, II, V.

Techn. *Régénérer un catalyseur,* en éliminer les impuretés. ⇒ **Réactiver.**

CONTR. Détruire. — Corrompre, souiller. — Abâtardir, aveulir, détériorer. — V. aussi Dégénérer.
DÉR. Régénérant, régénérateur, régénéré, régénérescence.

RÉGÉNÉRESCENCE [ʀeʒeneʀesɑ̃s] n. f. — 1801; de *régénérer.*

♦ Didact. Transformation de ce qui se régénère. *« La régénérescence des tissus »* (Académie). *Régénérescence des mœurs.*

CONTR. Dégénérescence.

RÉGENT, ENTE [ʀeʒɑ̃, ɑ̃t] n. — 1261, *régent d'université;* lat. *regens,* p. prés. de *regere* «diriger».

★ **I.** N. m. et f. ♦ **1.** (1316). Personne qui gouverne une monarchie pendant la minorité ou l'absence du roi*, du souverain. *Le régent était choisi parmi les membres de la famille royale. Régent et conseil de régence* (→ Comité, cit. 1). — Adj. *La reine régente, le prince régent.*

Absolt (avec la majuscule). *Le Régent :* Philippe, duc d'Orléans, qui porta ce titre de 1715 à 1723 (→ Manège, cit. 6). ⇒ **Régence** (I., 2.). — (1842). Par ext. *Le Régent :* diamant de la couronne acheté par le Régent, d'un poids de 136 carats.

♦ **2.** Au fém. Fig. Nom donné à la Vierge au moyen âge (→ Indulgent, cit. 1; infernal, cit. 1).

★ **II.** N. m. (1532; «professeur d'université», 1261). Vx. Celui qui

dirigeait une classe, un élève. ⇒ **Gouverneur, pédagogue.** *Les régents de collège, d'école* (→ Drame, cit. 2; et aussi jeu, cit. 4; lecture, cit. 10). ⇒ **Maître, professeur.**

1 (...) ses régents se louaient toujours à moi de son assiduité (...) MOLIÈRE, le Malade imaginaire, II, 5.

2 On dit un *Régent* de Rhétorique, et des basses classes; ceux de Philosophie s'appellent plutôt *Professeurs.* FURETIÈRE, Dict., art. *Régent.*

N. Mod. (Belgique). Personne qui enseigne aux élèves des trois années du «secondaire inférieur».

★ **III.** Personne qui régit, administre. — (1835). *Régent de la Banque de France :* chacun des quinze membres du conseil général de cet établissement. — Vx. Régisseur d'un hôpital, d'un hospice... *Les Régents, les Régentes,* portraits célèbres de Frans Hals.

DÉR. Régence, régenter.

RÉGENTER [ʀeʒɑ̃te] v. — xivᵉ, v. intr., «gouverner»; de *régent.* → Régir.

★ **I.** V. intr. (1580). Vx. Être régent, enseigner.

★ **II.** V. tr. ♦ **1.** (1580; «diriger [des brebis]», 1420). Vx. Diriger (une classe).

♦ **2.** Diriger, gouverner, commander à. *La grammaire, qui sait régenter jusqu'aux rois* (→ Haut, cit. 15).

♦ **3.** (Fin xvᵉ). Mod. Diriger indûment en imposant ses vues, sa volonté. *Il veut tout régenter. Régenter la vie privée d'autrui.* ⇒ **Pédagogue** (A., 3.). — Absolt. *Son goût de dominer, de régenter* (→ Pharisien, cit. 4). ⇒ **Gouverner.**

1 Habitués à régenter, à faire des observations, à commander (...) BALZAC, Pierrette, Pl., t. III, p. 702.

2 (...) Mᵐᵉ Hortense, personne vigilante, exigeante, terriblement attentive et triste et qui, depuis vingt ans, régentait la maison des Périot. G. DUHAMEL, le Voyage de P. Périot, I.

REGESTE [ʀ(ə)ʒɛst] n. m. — 1870; «récit», v. 1155; du bas lat. *regesta* «registre».

♦ **1.** Hist. Au moyen âge, Répertoire chronologique où l'on enregistrait les actes issus des pouvoirs publics ou intervenus entre des particuliers, durant une période déterminée.

♦ **2.** Mod. (Terme de documentation). Résumé du contenu (d'un acte, d'une lettre) avec mention des éléments d'identification indispensables pour l'archivage du document.

REGGAE [ʀege] n. m. et adj. — V. 1977; mot angl. de la Jamaïque.

♦ Musique des Noirs jamaïquains, à rythme marqué, à structure répétitive. *« Cette musique lascive et martelante qui fascine aujourd'hui le monde entier : le reggae »* (*l'Express,* 3 nov. 1979). *« Un haut-parleur diffuse un air de reggae »* (*l'Express,* 5 janv. 1980, p. 77).

Adj. *Groupe reggae. Musique reggae.* «*Sa version reggae de la Marseillaise* » (*la République du Centre,* 4 janv. 1982). *Les «rastas »* (⇒ **Rastafari**) *et la musique reggae.*

Un reggae : une musique reggae, un air de reggae. *« Entre un reggae et un rock, des attractions de cirque prendront le relais des danseurs »* (*l'Express,* 14 juil. 1979, p. 26).

RÉGI, IE [ʀeʒi] adj. ⇒ Régir.

RÉGICIDE [ʀeʒisid] n. et adj. — 1594; lat. scolast. *regicida, regicidum,* de *rex, regis* «roi», et *-cide,* par anal. avec *homicide,* etc.

★ **I.** ♦ **1.** N. m. et f. Assassin d'un roi, d'un monarque. *Le régicide Ravaillac.* — Hist. Se dit de ceux qui condamnèrent à mort Charles Iᵉʳ en Angleterre, Louis XVI en France.

1 Et pardonnez aux régicides comme Louis XVI leur a pardonné lui-même. BALZAC, Un épisode sous la Terreur, Pl., t. VII, p. 441.

♦ **2.** Adj. (1770). Qui tue le roi, le monarque. *Féal* (cit. 2) *régicide. Les révolutions régicides* (→ Libération, cit. 1).

★ **II.** N. m. Meurtre ou condamnation à mort d'un roi. ⇒ aussi **Magnicide.** *Anniversaire d'un régicide* (→ Gibet, cit. 2). — REM. On disait aussi *parricide.*

2 La riposte des Jacobins fut la mise en jugement de Louis XVI. Le régicide serait l'épreuve de toutes les sincérités républicaines. Tombés dans ce piège, les Girondins ne sortirent pas. Ils avaient condamné les effusions de sang; ils étaient mis en demeure de faire tomber la tête du roi ou de se rendre suspects. J. BAINVILLE, Hist. de France, XVI, p. 366.

3 On a tué des rois bien avant le 21 janvier 1793, et avant les régicides du xixᵉ siècle. Mais Ravaillac, Damiens, et leurs émules, voulaient atteindre la personne du roi, non le principe (...) Ils n'imaginaient pas que le trône pût rester toujours vide. CAMUS, l'Homme révolté, p. 143.

RÉGIE [ʀeʒi] n. f. — 1670; «palais royal», 1512; p. p. subst. du v. *régir*.

♦ **1.** Administration des biens d'autrui, à la charge d'en rendre compte. — Vx. *Mettre une succession, des biens en régie. Hospice en régie.* ⇒ aussi **Économat.** — Mod. Dr., admin. Mode de gestion d'une entreprise publique (travaux ou services publics) par les fonctionnaires d'une collectivité publique (commune, département, État*). *Régie d'État, régie communale. Régie simple* ou *directe,* entièrement dirigée et organisée par les fonctionnaires (→ Exploitation, cit. 5). — (1835). *Régie intéressée,* dirigée par une personne ou une société (⇒ **Régisseur**) intéressée aux recettes et aux bénéfices. *Travaux à la régie* (opposé à *travaux à forfait**) : travaux traités au prix couvrant les dépenses réelles.

Entreprise publique ainsi gérée. *Régies d'État avec monopole** (Tabacs et Allumettes, Poudres et Salpêtres, P. T. T.), *sans monopole* (Imprimerie nationale, manufacture de Sèvres, des Gobelins). *Régie française des tabacs; cigarettes de la Régie.* — (V. 1945). Abusivt. Nom courant de certaines entreprises nationalisées (quoiqu'elles présentent les caractères d'entreprises capitalistes — recherche du profit, notamment). *Régie autonome des transports parisiens* (R. A. T. P.). *La régie Renault.*

1   L'exécution ou l'exploitation directe de travaux ou services publics est toujours possible, mais il n'est fait pratiquement appel à la régie que lorsque la passation d'un marché présenterait des difficultés ou des inconvénients (travaux ayant un caractère particulier; travaux de défense nationale; travaux comportant des aléas excessifs; travaux urgents; certains travaux d'entretien).
            DALLOZ, Petit dict. de droit, art. *Régie,* 3.

(Canada). *La Régie de la langue française du Québec* (remplacée par un Office et un Conseil).

♦ **2.** [a] (1924). Administration chargée (dans un théâtre, un studio de cinéma, de télévision) de l'organisation matérielle d'un spectacle. *Adressez-vous à la régie.* ⇒ **Régisseur.** — Spécialt. Mise en scène. ⇒ **Régisseur** (2.).

[b] *Régie de radiotélévision :* local technique où sont effectués la sélection des images, leur réglage, le mélange des sons et des images, etc. *Travailler à la régie. Le réalisateur et les techniciens sont en régie.*

♦ **3.** (1748). Dr. fiscal. Sous l'Ancien Régime, Perception des impôts par des fonctionnaires du roi (⇒ **Régisseur**), par oppos. au système des impôts à ferme*.

2   Par la régie, l'argent levé passe par peu de mains; il va directement au prince, et par conséquent revient plus promptement au peuple (...) J'avoue qu'il est quelquefois utile de commencer par donner à ferme un droit nouvellement établi. Il y a un art des inventions pour prévenir les fraudes que l'intérêt des fermiers leur suggère, et que les régisseurs n'auraient su imaginer : or, le système de la levée étant une fois fait par le fermier, on peut avec succès établir la régie.
            MONTESQUIEU, l'Esprit des lois, XIII, XIX.

♦ **4.** En comptabilité publique, Règlement d'une dépense future par le moyen d'une avance, contrairement à la procédure régulière de la dépense publique... (Capitant). *Les régies de dépenses utilisent des avances remises à des régisseurs d'avances.*

♦ **5.** *Régie de publicité :* agence chargée de la vente d'espaces publicitaires (d'une publication) aux annonceurs.

REGIMBEMENT [ʀ(ə)ʒɛ̃bmɑ̃] n. m. — 1538; de *regimber.*

♦ Littér. Action de regimber. *Le regimbement du cheval**. — Fig. Résistance.

(...) du moins j'aime à sentir que cette résignation même ne va pas sans quelque amertume et sans quelque regimbement.   GIDE, Journal, 7 avr. 1929.

REGIMBER [ʀ(ə)ʒɛ̃be] v. intr. — xvᵉ; var. *regiber* «ruer», xiiᵉ, et aussi «résister», xiiiᵉ; de *re-,* et d'un rad. *gib-* «sauter», vx; cf. dial. *gibe* «ruade» mais aussi «cuisse», p.-ê. de *gibbus* «bosse» (selon P. Guiraud).

♦ **1.** (En parlant des bêtes de monture). Résister en ruant*. *Cheval qui regimbe.* ⇒ aussi **Rejinguer.**

♦ **2.** Fig. et cour. (Sujet n. de personne). Résister en refusant. ⇒ **Cabrer** (se), **mutiner** (se; vx), **protester, rebiffer** (se), **résister, révolter** (se). *Regimber contre son mauvais sort* (→ Empirer, cit. 2), *contre l'insistance des gens* (→ Entêter, cit. 12). *Inutile de regimber* (→ Hilarité, cit. 4).

1   Sentant enfin tous mes efforts inutiles, et me tourmentant à pure perte, j'ai pris le seul parti qui me restait à prendre, celui de me soumettre à ma destinée, sans plus regimber contre la nécessité.   ROUSSEAU, Rêveries..., 1ʳᵉ promenade.

2   Il a donc les charges du gouvernement dont il a les profits, et, sous la lourde main qui les courbe, mais qui les soutient, on ne voit pas que les sujets regimbent.
            TAINE, les Origines de la France contemporaine, I, t. I, p. 45.

3   (...) je proteste et regimbe devant cette aventure que rien en moi ne peut approuver et qui, de pas en pas, m'apparaît plus ruineuse.
            GIDE, Journal, 14 mai 1905.

Pron. (xviiiᵉ). *Se regimber* (même sens). — REM. Cette forme redondante, que Littré ne mentionne pas, est courante et semble provenir d'un rapprochement avec *se rebiffer. L'humiliation* (cit. 10) *le fait se regimber* (Gide).

Son bon cœur s'était regimbé, et elle était vraiment en colère contre la Zabelle.   4
            G. SAND, François le Champi, III.

CONTR. Céder, consentir.
DÉR. Regimbement, regimbeur.

REGIMBEUR, EUSE [ʀ(ə)ʒɛ̃bœʀ, øz] n. et adj. — 1538; de *regimber.*

♦ Rare. Personne qui regimbe. — Adj. *Cheval regimbeur.* ⇒ **Récalcitrant.**

1. RÉGIME [ʀeʒim] n. m. — Déb. xvᵉ; *regisme* «royaume», 1190; lat. *regimen* «action de diriger». → Régir.

★ **I.** (Déb. xvᵉ; *regimen,* xiiiᵉ). Vx. Action de diriger, d'administrer. — (1654). Fig. Direction morale. «*Le régime des âmes*» (Retz, *Lettre à Mazarin,* 12 déc. 1654).

★ **II.** ♦ **1.** (1408). Vx. Façon d'administrer, de gouverner une communauté. — (1789; → ci-dessous, *Ancien Régime*). Mod. Organisation d'une société humaine (spécialt, d'un État) dans le domaine politique, économique, social. ⇒ **Structure, système**; 2. **pouvoir.** *Les peuples et les régimes* (→ Faiblesse, cit. 12). *Établissement, chute, déclin d'un régime. Changement* (cit. 7) *de régime. Changer de régime par des réformes, par une nouvelle constitution, par la révolution, par la violence. Régimes politiques : autocratique, démocratique* (cit. 3), *dictatorial, monarchique* (royauté, empire), *oligarchique, ploutocratique, républicain, etc.* ⇒ 1. **Politique; constitution, gouvernement, institution**(s). *Régime représentatif, parlementaire* (→ 1. Parlementaire, cit. 2), *présidentiel**. *Régime libéral, de liberté...* ⇒ **Libéralisme.** *Régime d'autorité, autoritaire* (cit. 1), *de contrainte, de pouvoir absolu, totalitaire...* ⇒ **Absolutisme, autoritarisme, totalitarisme.** *Régime de terreur.* ⇒ **Terrorisme.** *Un régime fort, un régime d'ordre. Un régime à poigne* (cit. 6). *Régime policier. Régime d'exception** (cit. 9). — *Les vices* (→ Œil, cit. 25), *les défauts d'un régime. Un régime où règne le favoritisme, la corruption, la tyrannie. Un régime de liberté et de justice.* — *Régime féodal* (cit. 2), *capitaliste, socialiste.* ⇒ **Féodalité; capitalisme; collectivisme, communisme, socialisme.** *Régime égalitaire. Régime de castes**. — *Régime économique libéral, étatiste, dirigiste. Régime d'économie planifiée.*

1   Le gouvernement constitutionnel s'occupe principalement de la liberté civile; et le gouvernement révolutionnaire, de la liberté publique. Sous le régime constitutionnel, il suffit presque de protéger les individus contre l'abus de la puissance publique : sous le régime révolutionnaire, la puissance publique elle-même est obligée de se défendre contre toutes les factions qui l'attaquent.
            ROBESPIERRE, Disc. sur les principes du gouvernement révolutionnaire, 25 déc. 1793, *in* Textes choisis, t. III, p. 99.

1.1   Et, enfin, elle s'amplifia quand les régimes totalitaires firent refluer sur nous leurs exilés et leurs ennemis, et organisèrent eux-mêmes l'expulsion de leurs populations israélites.   GIRAUDOUX, De pleins pouvoirs à sans pouvoirs, p. 42.

(En parlant d'un régime particulier dans l'histoire). *Le régime du Consulat, du Directoire, du Premier Empire, de la IIIᵉ République. Le régime fasciste.*

Hist. *L'Ancien Régime,* expression par laquelle on désigna, en 1789, le régime de monarchie absolue qui venait d'être renversé (→ Corps, cit. 44; mâcher, cit. 6; militer, cit. 1; monarchie, cit. 4). — REM. L'expression *nouveau régime* ne s'est pas imposée.

2   Un *régime,* c'était un ordre, une règle, par exemple une règle de santé, c'était aussi un mode d'administration, par exemple en jurisprudence : *régime des biens saisis* (...)
Que le nom s'appliquât au système séculaire du gouvernement de la France, rien que de naturel. La hardiesse était de lui accoler l'épithète d'*ancien* (...) On tâtonnait. Les décrets de la Constituante disent souvent : le «régime précédent» (...) On trouve aussi «régime ancien», «vieux régime», mais bientôt «ancien régime» prévalut et devint une expression toute faite.
            BRUNOT, Hist. de la langue franç., t. IX, p. 621.

♦ **2.** (Déb. xvᵉ). Ensemble de dispositions légales ou administratives qui organisent une institution; cette organisation. *Le régime des libertés publiques, de la presse... Régime fiscal, douanier. Le régime d'émission de la monnaie. Régime électoral; régime censitaire, capacitaire.* — *Régime des prisons, de la réclusion* (→ Forçat, cit. 5); *régime pénitentiaire. Être au régime du droit commun, au régime de prisonnier politique.* — Dr. civ. *Régimes matrimoniaux.* ⇒ **Mariage; communauté** (2.), **dotal** (régime dotal). *Régime hypothécaire.* — *Régimes de propriété* (cit. 8). — *Régime général de la Sécurité sociale.*

♦ **3.** (1438, «règle, manière de vivre, conduite»; «traitement des maladies», 1314). Conduite à suivre en matière d'hygiène, de nourriture, etc. — *Imposer, ordonner un régime à un malade. Observer, suivre; enfreindre un régime. Un régime d'immobilité* (→ Préjudiciable, cit. 1), *d'activité mesurée... Le régime d'entraînement d'un sportif.* — Loc. *Être au régime.*

3   Comme le régime des gens sains n'est pas propre aux malades, il ne faut pas vouloir gouverner un peuple corrompu par les mêmes lois qui conviennent à un bon peuple.   ROUSSEAU, Du contrat social, IV, IV.

4   M... me disait, à propos des fautes de régime qu'il commet sans cesse, des plaisirs qu'il se permet et qui l'empêchent seuls de recouvrer la santé : «Sans moi, je me porterais à merveille.»
            CHAMFORT, Caractères et anecdotes, «Fautes de régime».

5
La douche, le lit, trois repas,
Furent le régime sévère
Que nous suivîmes pas à pas,
L'arthrite et moi, dans cette affaire (...) VERLAINE, Dédicaces, XXIII.

(XVIᵉ). Absolt. (Mod. et cour.; régime employé absolument n'est plus compris au sens large traité ci-dessus). Alimentation* raisonnée. *Régime alimentaire, diététique** (→ Gueule, cit. 13). *Suivre un régime.* ⇒ **Diète** (I., 1.). → Entraînement, cit. 7. *Femme qui suit un régime pour maigrir, pour garder la ligne*. Régime amaigrissant.* — *Régime d'un malade.* ⇒ aussi **Maladie.** — (1825). *Régime lacté*, comportant beaucoup de lait ou seulement du lait. ⇒ **Cure.** *Régime déchloruré, régime sans sel. Régime végétarien*. Régime sec*, comportant une sévère restriction des boissons (spécialt, restriction des boissons alcoolisées). ⇒ aussi **Prohibition.** — *Un régime sévère, strict, comportant des interdictions, des restrictions...*

6
Je vois bien que la crainte nous conduit à combattre la maladie par le régime et les remèdes; mais quel régime et quels remèdes nous guériront de craindre ? ALAIN, Propos, 5 mars 1922, Fin des oracles.

(1559, *régime de vivre*). Loc. *Un régime de vie.* ⇒ **Conduite, règle.** *À ce régime, il ne tiendra pas longtemps.* — REM. Cette acception, plus ancienne, est comprise, de nos jours, comme une extension du sens médical.

7
(Des malaises moraux) dont on peut guérir, si l'on en a la volonté, par un régime psychique approprié, comme on peut guérir du diabète par un régime alimentaire. Léon DAUDET, la Femme et l'Amour, XIII.

8
Il se taisait pendant des jours entiers, accomplissant sa tâche monotone et harassante, avec une sorte de rage silencieuse. Un tel régime était dangereux, pour un enfant (...) R. ROLLAND, Jean-Christophe, Le matin, I, p. 145.

♦ **4.** Vx. « Ménagement, tempérament » (Littré). « *Il faut au bonheur du régime* » (Florian, *Fables*, II, 10).

(1678). Vx. *Vivre de régime*, d'une manière très réglée. *Il vivait de régime...* (→ Heure, cit. 56, La Fontaine).

♦ **5.** Sc. **a** Manière dont se produisent certains phénomènes physiques (mouvements). *Régimes d'écoulement d'un fluide en mouvement. Régime laminaire* ou de Poseuille. Régime turbulent*.* — Phase d'un phénomène. *Régime transitoire, régime permanent.* — *Régime thermique.* — Mécan. (autom., aviat.). *Régime d'un moteur*, nombre de tours en un temps donné; allure de fonctionnement. ⇒ **Marche.** *Régime normal, ralenti. Plein régime* (→ 1. Point, cit. 14). *Régime de croisière* : régime présentant un bon rendement et une consommation économique. — Loc. fig. *Marcher à plein régime* : aller le plus vite possible, mettre en jeu le maximum de moyens. ⇒ **Vitesse.**

9
(...) la locomotive démarre à pleine charge, avec toute l'inertie de son train; c'est quand elle fonctionne à sa vitesse de régime (si toutefois on peut parler en toute rigueur d'une vitesse de régime pour une locomotive) qu'elle a le moins d'énergie à fournir; le moteur d'une locomotive doit fournir le maximum d'énergie dans les régimes transitoires, soit à l'accélération, soit à la décélération, pour le freinage par contre-courant. Cet usage riche en adaptations fréquentes des variations de régime s'oppose à la réduction de l'étendue des régimes d'utilisation qui caractérise l'adaptation au milieu technique (...) Gilbert SIMONDON, Du mode d'existence des objets techniques, p. 52.

b Géogr. Ensemble des conditions générales définissant le processus de certains phénomènes météorologiques ou hydrographiques. *Le régime d'un fleuve dépend de son alimentation, des conditions de son apparition et de son écoulement* (pente, nature du sol, amplitude du bassin, régime des précipitations, etc.). *Régime glaciaire, fluvial* (océanique ou tropical), *nival* (de plaine ou de montagne). ⇒ aussi **Débit; étiage, crue...** — *Régime des précipitations, des pluies.* ⇒ aussi **Climat.** *Régime océanique, régime d'Ouest. Régime thermique* (→ Hiver, cit. 6).

★ **III.** Ce qui est régi, ordonné. (1680). Gramm. Terme régi ou gouverné par un autre terme (verbe ou préposition). ⇒ **Complément, objet.**
Régime direct. Régime indirect, rattaché au verbe par une préposition. — *Le régime d'une préposition* (cit. 2), le mot ou le groupe de mots qu'elle introduit. — Par appos. *Nom régime. Cas régime* : un des deux cas de l'ancien français (object direct).

COMP. **Surrégime.**
HOM. **2. Régime.**

---

2. RÉGIME [ʀeʒim] n. m. — 1640; mot des Antilles, p.-ê. esp. *racimo*, d'après **1. régime.**

♦ Ensemble des fruits, réunis en grappe, de certaines plantes monocotylédones : scitaminées ou bananiers* (cit. 1) et palmiers dattiers (⇒ **Spadice**). *Un régime de bananes. Régimes de dattes* (→ 1. Manne, cit. 3). *La fructification en régimes succède à une floraison en grappes.*

HOM. **1. Régime.**

RÉGIMENT [ʀeʒimɑ̃] n. m. — 1553; « régime médical, traitement d'une maladie », 1314; *regement*, 1250, « gouvernement » (→ 1. Régime) et aussi « régime alimentaire »; empr. du lat. *regimentum* « action de régir ».

♦ **1.** Corps de troupe placé sous la direction d'un colonel (ou,

---

sous l'Ancien Régime, et pour la cavalerie, d'un mestre de camp). ⇒ **Corps** (III.), **unité; armée** (cit. 13). *Sous l'Ancien Régime, les régiments comprenaient un nombre variable de compagnies; ils étaient désignés par un nom de province ou par le nom de leur colonel; sous la Révolution, ils furent remplacés par les demi-brigades*. Divisions d'un régiment moderne.* ⇒ **Bataillon, compagnie, section.** *Les escadrons* d'un régiment de cavalerie, de chars. Le commandant* (⇒ **Colonel**), *l'état-major* d'un régiment. Les deux régiments d'une brigade* (ancient); *les trois régiments d'une division*. Régiment d'infanterie, de ligne* (vx), *de cavalerie, de chars, de parachutistes...* — *Le 27ᵉ régiment de lanciers* (cit.). *Régiments étrangers*, de la Légion* (cit. 7) étrangère. — *Drapeau, enseigne, étendards* (cit. 3) *d'un régiment. La clique, la musique des régiments.* ⇒ **Militaire** (→ Gratifier, cit. 3). — Par métonymie. Les hommes d'un régiment. *Tout le régiment connaît Lucie* (→ Guigner, cit. 2). *Régiment en marche* (→ 2. Défiler, cit. 3). *Régiment qui se bat* (cit. 81), *prend la fuite* (→ Panique, cit. 6), *se fait décimer...* (→ aussi Épi, cit. 2; fondre, cit. 13, Hugo).

1
Un régiment passait pour aller au camp devant Fontenoy; de dépit je m'enrôle. Nous arrivons; la bataille se donne. DIDEROT, Jacques le fataliste, Pl., p. 505.

2
Les régiments sont des couvents d'hommes, mais des couvents nomades; partout ils portent leurs usages empreints de gravité, de silence, de retenue. On y remplit bien les vœux de pauvreté et d'obéissance. Le caractère de ces reclus est indélébile comme celui des moines, et jamais je n'ai revu l'uniforme d'un de mes régiments sans un battement de cœur. A. DE VIGNY, Servitude et Grandeur militaires, II, I.

♦ **2.** (1759). Fam. *Le régiment* : l'armée. *Nouveaux arrivants au régiment.* ⇒ **Bleu** (cit. 13). *Mener* (→ Exercice, cit. 8), *amener au régiment. Aller au régiment* : être incorporé. ⇒ aussi **Enrégimenter.** — Pop. Temps passé à l'armée, service militaire. *C'était juste après son régiment.*

3
(...) lui se raidissait pour conserver cet air crâne qui sied aux conscrits en partance pour le régiment (...) LOTI, Ramuntcho, I, XXVI.

♦ **3.** (1623). Grand nombre (de personnes, d'animaux, de choses). ⇒ **Quantité.** *Des régiments d'arbres à fruits* (→ Pépinière, cit. 1). *Un régiment d'invités.* ⇒ **Affluence.** — Fam. *Il y en a pour un régiment*, comme pour un régiment*, pour beaucoup de personnes.

4
(...) il me semblait voir bientôt entrer dans ma chambre un régiment de bulletins et de places retenues, tous et toutes sautant, dansant, tourbillonnant en nues épaisses autour de mon chevet, sur mes tables et dans mes rideaux. FLAUBERT, Correspondance, 20, 24 juin 1837.

5
Elle commanda un déjeuner à n'en plus finir, une succession de plats comme pour nourrir un régiment. MAUPASSANT, les Dimanches d'un bourgeois de Paris, Essai d'amour, Pl., t. I, p. 160.

DÉR. **Régimentaire.**

RÉGIMENTAIRE [ʀeʒimɑ̃tɛʀ] adj. — 1791; de *régiment.*

♦ **1.** D'un régiment. *Infirmerie* (→ Optimum, cit. 1), *réfectoire* (→ Gamelle, cit. 2), *voiture régimentaire* (→ Contrebas, cit. 2). *Train régimentaire.*

♦ **2.** Rare. Militaire. *Habitudes* (cit. 13) *régimentaires.*

REGINGLARD [ʀ(ə)ʒɛ̃glaʀ] n. m. — 1860; de *re-*, et *ginglard, ginguet*; du rad. germanique *giga*. → Gigue, ginguer.

♦ Vieilli ou régional. Vin aigrelet, légèrement acide. ⇒ **Ginguet, piquette.**

Le gardien but et exprima d'un clappement de la langue (...) l'excellence du vin (...) — Pas mauvais, le reginglard ! A. ARNOUX, Suite variée, « Le fauteuil », p. 222.

REGINGLETTE [ʀ(ə)ʒɛ̃glɛt] n. f. — 1668, La Fontaine (→ Attraper, cit. 2); de *re-*, et rad. germanique *giga*, en raison de la détente brusque du piège. → Reginglard.

♦ Régional. Petit piège à oiseaux, sorte de trébuchet.

RÉGION [ʀeʒjɔ̃] n. f. — V. 1380; « pays », v. 1119; lat. *regio* « direction; frontière, contrée », de *regere* (→ Régir); a éliminé les formes pop. *reion, roion.*

♦ **1.** Territoire relativement étendu, possédant des caractères (géographiques, sociologiques...) particuliers qui en font une unité (par rapport aux régions voisines ou à un ensemble qui l'englobe). ⇒ **Canton, contrée, district, partie** (I., absolt et vx), **pays, province, territoire, zone...** *Régions géographiques.* — (1908). *Régions naturelles*, qui forment des unités au point de vue géologique, morphologique, climatique... *Région où domine l'érosion* (cit. 1), *l'accumulation. Région formant une bande* (1. Bande, cit. 2) *de terre, un bassin, un massif. Région désolée* (→ Désert, cit. 5), *sauvage* (→ Méditer, cit. 9). *Région polaire* (→ Pôle, cit. 9), *tempérée, tropicale... Régions cultivées* (→ Parcellaire, cit. 1). *Région à population dense, clairsemée, nomade, sédentaire* (→ Économie, cit. 4). *Région économique, historique. Carte d'une région.*

1
Il faut pourtant bien chercher dans les grandes unités politiques le principe de quelques subdivisions réelles. C'est alors que la « région naturelle » est apparue comme étant autant la conséquence de « faits d'humanité » que de faits

géologiques ou climatiques. C'est un « résultat », ce n'est pas une « donnée ». Ce n'est pas « une condition originelle », c'est une *combinaison.*
                              Jean BRUNHES, la Géographie humaine, t. II, p. 745.
(Dans un sens plus général). Zone, partie. *Les diverses régions du globe* (→ Équilibre, cit. 20). *La petite région européenne* (cit. 1). *Dans nos régions :* dans nos climats*, nos pays. *Les régions marines.* ⇒ **Bord** (poét.).

(1559). Unité de géographie humaine ; unité territoriale administrative. ⇒ **Canton, circonscription, province.** *Régions autonomes d'un État fédéral* (cit. 2). *État, pays divisé en régions.*

Régions militaires (→ Armée, cit. 11). *Régions de défense.* — Absolt. *Le général, le gouverneur* (I., 2.) *commandant la région. L'état-major de la région.* — *Régions maritimes, aériennes.* — (Av. 1965). Ancienn. *Régions économiques :* en France, Groupements régionaux de chambres de commerce. — (1971). Chacune des divisions territoriales de la S. N. C. F.

Région linguistique : zone géographique qui, à l'intérieur d'un ensemble plus vaste où une langue est parlée, se distingue par un ensemble cohérent de spécificités au sein de la variation linguistique. ⇒ **Régional ; régionalisme.** *Les régions occitanes, franco-provençales, wallone de l'ensemble francophone européen.*

(1972). En France, Établissement public disposant d'une assemblée délibérative *(conseil régional),* d'une assemblée consultative et qui correspond à une circonscription géographique groupant plusieurs départements. *Préfet de région.* — REM. En France, le mot est ambigu et recouvre deux réalités : l'une historique, l'autre administrative (dépendant du découpage en départements).

♦ **2.** (XIIᵉ ; dans un sens vague). **a** *La région de...* (suivi d'un nom de lieu). Étendue de pays où s'étend autour de. *J'aime beaucoup la région de Nantes.* ⇒ **Espace, étendue.** *Aller en vacances dans la région de Royan, de Nice.* ⇒ **Côté** (du côté). — Absolt. *Parcourir, sillonner la région.*

b Par métaphore, poét. (Myth.). *Les régions de la mort* (→ Cerbère, cit. 1). *La région des sépulcres* (→ Néant, cit. 7).

2   *(Un cygne) magnifique mais qui sans espoir se délivre*
    Pour n'avoir pas chanté la région où vivre (...)
                              MALLARMÉ, Poésies, « Plusieurs sonnets », II.

c (1675). *Les régions du ciel, du zodiaque.*

♦ **3.** Espace, surface ou volume délimité(e). **a** Vx. Couche atmosphérique. *La basse, la moyenne, la haute région. Les hautes régions* (→ Brise, cit. 1), *les régions éthérées* (cit. 2). — Par ext. *Les régions lumineuses de l'horizon* (→ Campanile, cit. 1).

b Anc. philos. *La région du feu, la région éthérée.*

c Aviat. Zone de l'espace. *Région de contrôle. Région d'information de vol, de navigation.*

d (V. 1560). Partie, zone déterminée (d'un organisme). *La région pectorale, la région du cœur, etc.* (→ Diffus, cit. 2 ; dorsal, cit. 1 ; magnétique, cit. 5 ; 1. mort, cit. 22). *Région antérieure, postérieure, région dorsale d'un organe. Région lombaire, plantaire, palmaire.* — Bot. *Les régions des racines : région lisse, pileuse, rugueuse.*

e Math. Partie d'un plan limitée par des droites, des courbes. Partie d'un espace limitée par des plans, des surfaces.

♦ **4.** (Abstrait). **a** (Mil. XVIIᵉ). Littér. *Les hautes régions de la pensée* (→ Prêtre, cit. 3), *de la philosophie* (→ Essor, cit. 8, Molière). *Une région supérieure où la joie et la douleur n'existent plus* (→ Balancer, cit. 28). *Une région de rêve* (→ Haut, cit. 23). — Vieilli. *Les hautes régions :* les hauts rangs, les hautes sphères (de la politique, etc.).

3   Racine ne mériterait pas tant d'honneurs s'il n'avait pas compris, tout aussi bien que Baudelaire, l'ineffable ressource qu'offrent à l'artiste les régions basses, sauvages, fiévreuses et non nettoyées d'un Oreste ou d'une Hermione, d'une Phèdre ou d'un Bajazet — et que les hautes régions sont les pauvres.
                              GIDE, Nouveaux prétextes, p. 82.

b (Parfois métaphore du sens 3., d). Fig. *La région pensante* (cit. 2) *de son être. Les régions de la sensibilité* (→ Excitation, cit. 3). *L'intelligence et le cœur* (cit. 165) *sont deux régions sympathiques.*

4   (...) il y a en l'homme bien des régions plus fécondes, plus profondes et plus intéressantes que celles de la raison ou de l'intelligence (...)
                              MAETERLINCK, le Trésor des humbles, IX.

DÉR. Régional.
COMP. Sous-région.

RÉGIONAL, ALE, AUX [ʀeʒjɔnal, o] adj. et n. m. — 1638, rare av. 1848 ; de *région.*

A. Adjectif. ♦ **1.** Relatif à une région (1., 2.), à une province (notamment en parlant de la France). ⇒ **Provincial.** *Caractéristiques, traits régionaux. Coutumes, histoires, traditions régionales. Les folklores* régionaux. *Cuisines régionales ; plats régionaux. Littératures régionales.* — *Les cultures régionales sont plus vivantes en Italie qu'en France.*

Ling. Propre à une région ou à plusieurs régions (ou zones géographiques) à l'intérieur d'un ensemble linguistique plus vaste. Usa-

ges *régionaux d'une langue,* distingués d'un usage général considéré comme central ou comme une norme (usage « standard »). *Importance des variantes régionales en allemand, en italien. Mot, emploi régional dans une langue.* ⇒ **Régionalisme.** *Français régional :* usage de la langue française propre à une région ou une zone (grande ville, etc.) déterminée, par rapport à un usage général et sans préjudice de l'emploi de dialectes (⇒ **Dialectal**) ou d'une langue en contact. *Un français régional. Le français régional de Bretagne, de Wallonie, de Lyon, de Toulouse ; les français régionaux de la zone franco-provençale* (Lyonnais, Savoie, Dauphiné, Suisse romande), *d'Occitanie, d'Amérique du Nord* (québécois, acadien, louisianais). — REM. On peut, dans ce sens, parler de *français régional parisien.*

(Domaines politique, économique). *Les cadres régionaux* (→ Géographie, cit. 5). *Programmes d'action régionale ; comités régionaux d'expansion économique. Autonomies régionales.* ⇒ **Régionalisation, régionalisme.** — *Émetteurs régionaux de radio.* — REM. Le mot a des connotations différentes selon que les institutions sont centralisées ou non, unitaires ou fédérales.

Qui concerne, étudie une région, des régions. *Histoire régionale. Une monographie régionale concernant le Morvan.*

Admin. (Dans des désignations). *Commission de développement économique régional* (C. O. D. E. R.). *Société de développement régional* (S. D. R.). — Ancienn. *Circonscription d'action régionale.*

♦ **2.** (Dans le vocabulaire des organisations internationales). Qui groupe plusieurs nations voisines (opposé à *mondial*). *Les accords régionaux de l'Europe des Six, des Dix.*

♦ **3.** Méd. Relatif à une région déterminée du corps (souvent par oppos. à *général*). *Anesthésie régionale.* ⇒ **Local.**

♦ **4.** Didact. Qui concerne un espace géographique précis. *Ethnologie générale et ethnologie régionale.*

♦ **5.** (1949, Bachelard). Didact. Qui concerne un domaine particulier.

♦ **6.** N. m. (1927). Sports (cyclisme). Coureur qui ne dispute que des épreuves régionales.

B. N. m. Vx. *Le régional :* le réseau téléphonique desservant les alentours d'un grand centre (opposé à *interurbain*).

DÉR. Régionalement, régionaliser, régionalisme.

RÉGIONALEMENT [ʀeʒjɔnalmɑ̃] adv. — Mil. XXᵉ ; de *régional.*

♦ Du point de vue de la région ; sur le plan régional. « *Localement, à l'échelon d'une ville, il sera possible* (...) *d'emprunter un réseau de câbles* (de télévision). *Régionalement et nationalement, c'est au gouvernement qu'il appartiendra d'autoriser les chaînes supplémentaires* » (*l'Express,* 23 avr. 1982, p. 92).

RÉGIONALISATION [ʀeʒjɔnalizasjɔ̃] n. f. — V. 1960 (1964, in *le Monde*) ; de *régionaliser.*

♦ **1.** Action de régionaliser ; décentralisation (politique, administrative, économique, etc.) sur la base de la région (opposé au sens administratif français). *Le référendum d'avril 1969 sur la régionalisation. Régionalisation et centralisation.* « *Une authentique régionalisation basée sur le transfert des compétences au profit d'organes provinciaux* » (*le Monde,* 15 juin 1966).

♦ **2.** Fig. Spécialisation par région, par zone. « *Le principe même d'une régionalisation des fonctions du cerveau* (chez Gall) » (Pierre Grapin, *l'Anthropologie criminelle,* p. 15).

CONTR. Centralisation.

RÉGIONALISER [ʀeʒjɔnalize] v. tr. — V. 1960 ; de *régional.*

♦ Donner un caractère régional à ; adapter au cadre de la région (opposé à *centraliser*). « *Régionaliser la France, c'est lutter contre la tendance naturelle à la concentration politique et économique* » (*Entreprise,* 5 avr. 1969).

Au p. p. *Un plan régionalisé* (1964, in D. D. L.). *Un « investissement régionalisé* » (F. Perroux, 1964, in D. D. L.).

Une France enfin décentralisée, régionalisée, avec des préfets au pouvoir élargi.
                              Christine ARNOTHY, Toutes les chances plus une, p. 285.

CONTR. Centraliser.
DÉR. Régionalisation.

RÉGIONALISME [ʀeʒjɔnalism] n. m. — 1875, J. de Reinach, in Littré, *Suppl.* ; de *régional.*

A. *(Le régionalisme).* ♦ **1.** Tendance à conserver ou à favoriser certains traits particuliers (coutumes, traditions) d'une région, d'une province. — Littér. Intérêt particulier porté à une région, dans une œuvre littéraire.

(...) l'Amérique est présente tout entière en chacune de ses parties : mais celles-ci   1

sont plus ou moins étrangères, les unes aux autres (...) De là, provient un mélange d'uniformité et de régionalisme qui déconcerte souvent.
S. DE BEAUVOIR, L'Amérique au jour le jour, p. 115.

2 Le mouvement de régionalisme littéraire a conduit les écrivains (...) à prendre, beaucoup plus qu'on ne le faisait au XIXe siècle, cadres et sujets dans leur province. Il est (...) devenu banal de dresser une sorte de carte géographique (...) On note comme un fait presque nouveau que certains auteurs, Francis JAMMES et Jean GIONO par exemple, conservent ou accroissent toute leur considération en habitant fidèlement la province de leurs livres.
A. THIBAUDET, in Encycl. franç. (DE MONZIE), t. XVII, 38, 4.

♦ **2.** Didact. Attitude privilégiant un domaine particulier du savoir, par rapport à un ensemble.

♦ **3.** Admin., écon. Tendance, système donnant aux régions, aux provinces, une certaine autonomie. ⇒ **Décentralisation, régionalisation.**

B. *(Un, des régionalismes).* Fait d'usage langagier propre à une région, lorsqu'il diffère de l'usage général (de la norme commune) ou qu'il est senti comme propre à une région (alors même qu'il a pu se généraliser). *Régionalismes phonétiques, syntaxiques. Régionalismes lexicaux* (mots, expressions). *Les régionalismes du français, de l'arabe, du chinois.* — Spécialt (en parlant de la langue française). *Régionalismes de France, de Suisse romande, de Belgique, du Canada* (Québec, Acadie...). *Régionalismes du français du Maghreb, d'Afrique* (où le français est langue étrangère).

DÉR. Régionaliste.

RÉGIONALISTE [ʀeʒjɔnalist] adj. et n. — 1907 ; de *régionalisme.*

♦ **1.** Qui est favorable au régionalisme. *Fédération régionaliste de France.*

♦ **2.** Qui est partisan de la régionalisation ; de l'autonomie d'une région (sans contenu politique précis, à la différence de *fédéraliste, autonomiste,* etc.). — N. *Un régionaliste breton, occitan.*

♦ **3.** Qui fait du régionalisme littéraire. *Écrivain régionaliste.*

RÉGIR [ʀeʒiʀ] v. tr. — 1234 ; lat. *regere* « diriger, guider ».
→ Régence, régent, régime, régiment, région... ; corriger, diriger.

★ **I.** ♦ **1.** Vx. Diriger. *Régir un État.* ⇒ **Gouverner ; policer** (1. ; vx). *« Les parties d'administration que le roi ne régissait pas lui-même ».* ⇒ **Administrer** (→ Employé, cit. 2). — Absolt, vx. *Le « grand art de régir »* (Corneille).

1 Montrez-lui comme il faut régir une province (...)   CORNEILLE, le Cid, I, 3.

2 Il y aura toujours une grande différence entre soumettre une multitude et régir une société.   ROUSSEAU, Du contrat social, I, V.

Pronominal :

3 Les habitants se renfermèrent dans les villes ; là ils continuèrent à se régir à peu près comme ils l'avaient fait jadis, avec les mêmes droits, par les mêmes institutions.   MICHELET, Hist. de France, II, I.

Par métaphore ou fig. *Régir ses passions.* ⇒ **Asservir, dominer** (II., 1.). *« L'âme par la parole* (cit. 21) *est conduite et régie »* (Ronsard). ⇒ **Conduire.** *La Providence qui régit le monde* (→ Mérite, cit. 5).

4 (...) la volonté qui régit le corps (...)   PASCAL, Pensées, VII, 476.

Pron. *Se régir :* s'imposer une discipline.

5 (...) être homme, c'est se régir soi-même.
MICHELET, Hist. de la Révolution franç., III, Méthode et esprit de ce livre.

(1466). Vieilli. Administrer, gérer. *Régir des affaires, des propriétés,* en assurer l'administration, la gestion. ⇒ **Intendant, régisseur.** *Régir un hospice* (→ Comité, cit. 2).

♦ **2.** (1580). Didact. ou littér. (Sujet n. de chose : *loi, règle...*). *Déterminer, régler. Les institutions* (cit. 14), *les lois qui régissent les hommes* (→ aussi Assimiler, cit. 3). *Les règles juridiques qui régissent les relations entre les États* (→ 3. Droit, cit. 67). — *Les lois qui régissent les mouvements des astres..., l'association* (cit. 16) *des idées...* ⇒ **Déterminer, gouverner** (fig.).

6 (...) les lois qui régissent éternellement tous les arts, c'est-à-dire l'expression dans la juste mesure, le naturel et l'élévation tout ensemble (...)
E. DELACROIX, Écrits, p. 91, in Revue des Deux Mondes, 15 juin 1854.

7 La loi qui régit les sentiments de nos cœurs est plus cruelle que la loi qui régit les choses.   BARBEY D'AUREVILLY, Une histoire sans nom, p. 71.

★ **II.** (1350). Gramm. Imposer à (un autre mot) une fonction grammaticale dépendante. *Le verbe transitif régit un complément.* ⇒ **1. Régime.** — Au p. p. *Le terme régi* (opposé à *régissant*).

8 L'ancien appareil grammatical (...) est partiellement dépouillé de sa valeur originaire au profit d'un ordre nouveau *(celui de la « force transitive »).* La phrase, en cette nouvelle période du langage, se compose de mots qui sont les uns régissants, les autres régis. La syntaxe confisque à son profit la signification individuelle des flexions.   Michel BRÉAL, Essai de sémantique, p. 203.

Déterminer, entraîner (un mode verbal, un cas). ⇒ **Gouverner**

(cit. 27). *En latin, le verbe transitif régit l'accusatif. Conjonction qui régit le subjonctif.*

DÉR. Régie, régissant, régisseur.

RÉGISSANT, ANTE [ʀeʒisɑ̃, ɑ̃t] adj. — Fin XVe ; p. prés. de *régir.*

★ **I.** Vx. Qui gouverne.

★ **II.** (1775). Gramm. Qui régit un mot, un terme (opposé à *régi*).

RÉGISSEUR, EUSE [ʀeʒisœʀ, øz] n. — 1732 ; « contrôleur », 1724 ; de *régir.*

♦ **1.** Personne qui administre, qui gère (une propriété). ⇒ **Gestionnaire.** — Spécialt. *Le régisseur d'un domaine, d'une propriété, d'une terre.* ⇒ **Administrateur** (de biens privés), **agent** (II.), **gérant, homme** (d'affaires), **intendant** (3.). → Faire, cit. 244. — N. f. (Rare). **RÉGISSEUSE :** femme d'un régisseur (→ Princesse, cit. 1, Balzac). — REM. En parlant d'une femme qui a les fonctions de *régisseur,* on emploiera plutôt le masc. *Elle est régisseur. Mme X, régisseur du domaine.*

1 — Nous avons, disait-il, trois sortes de régisseurs : celui qui ne pense qu'à lui, celui qui pense à nous et à lui ; quant à celui qui ne penserait qu'à nous, il ne s'est jamais rencontré. Heureux le propriétaire qui met la main sur le second !
BALZAC, les Paysans, Pl., t. VIII, p. 106.

Hist. Celui qui était à la tête d'une régie (2.). *Régisseur des Poudres et Salpêtres.*

♦ **2.** ⓐ (1835). *Régisseur d'un théâtre :* celui qui organise matériellement les représentations. — Par anal. *Régisseur de plateau,* dans un studio de cinéma, de télévision. ⇒ aussi **Régie.**

2 — Une !... deux !... trois !... cria Prosper, à intervalles égaux, en frappant dans ses mains. J'avais la tête tellement troublée que je crus entendre les trois coups du régisseur.   VILLIERS DE L'ISLE-ADAM, Contes cruels, « Sombre récit... ».

3 *(Elle)* appliqua l'œil à un endroit où la peluche rouge (...) était déchirée. De cette façon elle pouvait voir qui était dans le restaurant, tout de même que le régisseur d'un théâtre étudie par le trou du rideau la composition d'un parterre.
J. GREEN, Léviathan, I, III.

ⓑ (1912 ; empr. de l'allemand). Metteur (cit. 2) en scène.

ⓒ Audiovisuel (cinéma, télévision, publicité). *Régisseur de distribution :* personne responsable de la recherche des comédiens et de la distribution des rôles.

♦ **3.** Dr. Personne physique ou morale qui dirige une régie intéressée. — *Régisseur d'avances.* ⇒ **Régie** (3. ; régie de dépenses). *Régisseur comptable du budget d'un service.*

REGISTRATION [ʀ(ə)ʒistʀɑsjɔ̃] n. f. — XXe ; « inscription sur un registre, enregistrement », 1435 ; de *registrer.*

♦ Mus. Choix des jeux, des registres (II., 1.) d'un orgue, d'un clavecin (⇒ **Registrer,** 2.) ; technique, esthétique qui préside à ce choix, en tant que composante de l'art de l'organiste, du claveciniste.

REGISTRE [ʀ(ə)ʒistʀ] n. m. — XIIIe ; bas lat. *regesta,* plur. neutre substantivé de *regestus* « rapporté, inscrit », de *regerere* « porter en arrière », de *re-,* et *gerere* « porter » (cf. anc. franç. *regeste,* v. 1155), d'où « transcrire, reporter » ; finale en *-istre* sous l'infl. de *épistre, épître.*

★ **I.** ♦ **1.** Cahier sur lequel on peut noter des faits, des noms, des chiffres pour en garder le souvenir. ⇒ **Agenda, album, cahier, calepin, carnet, journal** (cit. 5), 1. **livre, répertoire.** *Registre relié. Épais registre. Registre coté.* ⇒ **Cote.** *Registre à souches*.* — *Inscrire, noter ; coucher, mettre sur un registre* (ou, parfois, *dans un registre*). ⇒ **Enregistrement, enregistrer, immatriculation, immatriculer...** *Tenir un registre* (→ Fur, cit. 6 ; laborantine, cit.). *Transcrire qqch. sur un registre.* ⇒ **Transcription.** *Registre tenu en double.* ⇒ **Contrepartie, contrôle** (1.), **double.** — Spécialt. Registre contenant des renseignements administratifs, juridiques, comptables... présentés d'une manière déterminée, réglée. — *Registres d'audience* (d'un tribunal de première instance, d'une cour d'appel). *Anciens registres du Parlement de Paris.* ⇒ **Olim** (cit.). *Registre portant les résolutions d'une assemblée.* ⇒ **Protocole** (3.). — Hist. *Registre où l'on notait des événements mémorables.* ⇒ 1. **Faste** (2.). *Registre des bénéfices ecclésiastiques.* ⇒ **Pouillé.** — Mod. Dr. comm. *Registre du commerce,* où doivent s'inscrire toutes les personnes (physiques ou morales) qui effectuent d'une manière habituelle des actes de commerce. *Registre des métiers,* où sont immatriculés les artisans. — *Registre des contributions.* ⇒ **Matrice** (4.), **rôle ; sommier.** *Registre des marchandises assujetties aux droits.* ⇒ **Portatif** (n.). *Registre cadastral.* ⇒ **Cadastre.** — *Registre matricule** (d'une collectivité, de l'Inscription maritime. *Registre maritime,* où sont inscrits les navires. — *Registres des naissances ; registres mortuaires* (cit. 3). ⇒ **Nécrologie, obituaire** (cit. 1). *Les registres des paroisses* (→ Ascendance, cit. 1). — (1804). *Registres publics d'état civil ; registres de l'état civil, d'état civil.* ⇒ **État** (cit. 71 et supra cit. 3). → Filiation, cit. 1. *Extrait* du registre des naissances, des mariages.* — *Registre des emprisonnements.* ⇒ **Écrou ; écrouer** (→ 1. Greffe, cit. 2). — *Registre de comptabilité** (cit.) : livres de commerce, de caisse*... ⇒ 2. **Brouillard** (2.); **main** (main courante), **journal**. *Registre de sommes à payer.* ⇒ **Échéancier.** *Case, colonnes d'un registre de comptabilité...* — *Registre d'un officier public. Registre d'avoué,* sur lequel l'avoué inscrit toutes les sommes reçues de ses clients. *Registre d'un notaire.* ⇒ **Minutier.** *Prendre connaissance des registres, compulser* un registre. — *Numéro d'inscription sur un registre d'imprimerie.* ⇒ **Grébiche.** — *Registre d'un hôtel* (→ Logeur, cit. 2; poète, cit. 7). *Registre des réclamations.* — *Registre des races.* ⇒ **Herd-book, stud-book.**

1 Ils avaient des comptoirs, des facteurs, des agents,
Non moins soigneux qu'intelligents,
Des registres exacts de mise et de recette. LA FONTAINE, *Fables*, XII, 7.

2 Sur la table, il y avait des chemises cartonnées à dos vert et plat noir, et le registre des membres du *Passage-Club*. Registre alphabétique où l'ongle carré de Pedro se promenait : Monsieur Harry? C'est par un H? ou un A?
ARAGON, *les Beaux Quartiers*, III, I.

3 Votre nom, que j'ai lu dans les registres de ma paroisse (...)
J. GREEN, *Mont-Cinère*, XIX.

(1875). Fig. et littér. *Être sur les registres de qqn,* se dit de celui dont on se souvient (pour se venger de lui, pour le récompenser...). — Loc. (1636). Vx. *Tenir registre de qqch.,* le noter régulièrement.

♦ **2.** Compte rendu, recueil. *« Un registre des essais* (cit. 21) *de ma vie »* (Montaigne). *L'histoire qui tient un registre des variations morales...* (→ Bloc, cit. 9).

4 C'est le danger terrible, c'est le commandement terrible du passé. Lui seul peut tenir des registres. Et comme tout le monde a besoin de registres, c'est toujours à lui qu'on s'adresse. Lui seul est fabricant de registres.
Ch. PÉGUY, *Note conjointe*, « Sur Descartes », p. 234.

♦ **3.** (V. 1965). Techn. Support d'informations en cours de traitement dans un ordinateur.

★ **II.** (Lat. médiéval *registrum campanæ* « corde de cloche », du sens propre de *regerere* « tirer »). **A. ♦ 1.** (1559). Mus. Commande de chacun des jeux* de l'orgue (de l'harmonium...), pièce mobile percée de trous qui peuvent faire communiquer les trous de la chape (partie supérieure du sommier) avec ceux de la table (étage inférieur du sommier). ⇒ **Registration.** — *Faux registres :* pièces entre lesquelles sont les registres.

♦ **2.** (1835). Vx. « Changement dans l'étendue de la voix d'un chanteur » (Littré). — Par ext. Chacun des étages de la voix d'un chanteur, quant à la hauteur des sons. *Le registre aigu, haut, moyen* (médium), *grave, bas.* — (1835). Étendue totale de la voix d'un chanteur. ⇒ **Diapason, tessiture.** *Le registre d'un haute-contre* (cit. 2). — (1904). Étendue des sons qu'un instrument peut émettre. — Chacun des étages de la tessiture d'un instrument. *Clavecin un peu aigre dans le registre médium.*

♦ **3.** (1559; en parlant de la parole). → Diction, cit. 3. — Fig. Caractères particuliers, « tonalité » propre (à une œuvre, un genre, un style). → Comédie, cit. 12.

4.1 Ayant une grande admiration pour Jeanne d'Arc, elle choisissait volontiers ses métaphores dans le registre guerrier. R. QUENEAU, *le Dimanche de la vie*, p. 25.

Ling. Caractère des discours, par rapport à la communication et à ses variations sociales. *Registres de langue.* ⇒ **Niveau.** *Un registre familier, soutenu.* Les marques fam., pop., style soutenu, didact., techn., *etc.* correspondent en général à des *registres d'usage.*

♦ **4.** Ensemble de caractéristiques (d'un domaine). ⇒ **Gamme** (cit. 10).

5 Ils ne sont pas séparés seulement par du verre. Ils vivent dans deux registres complètement différents de la vie, où ce qui est spectre pour l'un est chair pour l'autre, et inversement. GIRAUDOUX, *Intermezzo*, II, 5.

6 Le registre des perceptions est assez étroit et la plupart des animaux, comme l'homme, distinguent plus ou moins clairement l'acide, le salé, l'amer et le sucré. On peut y ajouter le piquant qui est moins une épreuve gustative qu'une agression directe contre les muqueuses.
A. LEROI-GOURHAN, *le Geste et la Parole*, t. II, p. 107-108.

B. ♦ 1. (1676). Techn. Plaque mobile servant à régler le tirage dans un conduit. *Registre d'un fourneau, d'un foyer. Registre de vapeur :* valve d'admission (dans une machine à vapeur).

♦ **2.** (1680). Typogr. Correspondance exacte des lignes dans les deux pages d'un feuillet.

♦ **3.** (1875). Arts. Ensemble des motifs placés au même niveau horizontal (bande), dans une œuvre peinte ou sculptée. *Tympan gothique à registres. Les registres d'un vase grec.*

DÉR. Registrer.

REGISTRER [R(ə)ʒistRe] v. tr. — V. 1283; de *registre.*

♦ **1.** Vx. Inscrire sur un registre. *Au XVIIe siècle, « regîtrer... se dit à Paris; enregitrer est de province »* (Ménage). ⇒ **Enregistrer.**

♦ **2.** (XXe). Mus. (En parlant de l'orgue, du clavecin). *Registrer une œuvre,* l'interpréter en effectuant la registration*.

DÉR. Registration.

RÉGLABLE [Reglabl] adj. — 1842; de *régler.*

♦ Se dit d'un appareil, d'un dispositif, d'un mouvement, etc., qu'on peut régler* (II., 5.). *Radiateur électrique réglable. Sièges réglables d'une voiture.* — *Appareil à vitesse réglable.* — *Bretelles réglables,* dont on peut faire varier la longueur. *Briquet à flamme réglable.*

RÉGLAGE [Reglaʒ] n. m. — 1508; de *régler.*

♦ **1.** Action ou manière de régler* (I.) du papier; l'ensemble des lignes ainsi tracées.

♦ **2.** (1870). Opération qui consiste à régler* (II., 5.) un appareil, un mécanisme, etc., à régulariser un mouvement. *Réglage d'une horloge, d'une machine. Bouton, manette, papillon de réglage.* ⇒ **Régulateur.** *Réglage du régime d'un moteur. Ce moteur est d'un réglage aisé, difficile. Procéder à un réglage.* ⇒ 1. **Point** (mise au point). — *Réglage du tir*. Tir de réglage. Éléments, point de réglage.*

— Pour les Fritz, dit Pierson, c'est un tir de réglage, et comme réglage, c'est même pas mal fait. Robert MERLE, *Week-end à Zuydcoote*, p. 57.

Manière dont un appareil, un mécanisme est réglé. *Mauvais réglage du carburateur, du ralenti. Réglage parfait des tiroirs d'une machine à vapeur* (→ Imperfection, cit. 5).

Techn. Opération par laquelle on règle selon des normes la maille d'un tissu. — Opération finale dans la fabrication du savon de sodium (correction de la concentration). — Superposition exacte des couleurs, en impression. ⇒ **Repérage.**

Opération (tracé, indications) par laquelle, après essayage, un vêtement à couper ou à rectifier est mis au point.

♦ **3.** Par métonymie. **a** Dispositif servant à régler. *Le réglage d'air d'un poêle. Agir sur le réglage.*

b Grandeur correspondant aux marges d'un réglage. Grandeur, position déterminée correspondant au réglage optimal, à une mise au point.

COMP. Autoréglage.

RÈGLE [Rɛgl] n. f. — V. 1265; *regule,* XIIe, adapt. du lat.; *reille,* 1105; du lat. *regula;* var. en anc. franç. *ruile, rieule.*

★ **I.** (1317). Instrument constitué par une planchette allongée ou par une tige à arêtes rectilignes et qui sert à guider le crayon ou la plume quand on trace une ligne, à mesurer une longueur, etc. ⇒ aussi **Carrelet, décimètre.** *Règle de bois, de métal. Règle plate. Tracer des lignes avec une règle, à la règle.* ⇒ **Rayer, régler** (I.). *Règles spéciales employées dans certains métiers.* ⇒ **Composteur, lignomètre, lustror, picamètre, réglet, réglette, typomètre.** *Règle de jauge,* utilisée par les charpentiers, etc. *Règle graduée. Règle à curseur*. Règle à coulisse. Instruments formés d'une ou de plusieurs règles.* ⇒ **Alidade, comparateur, compas** (de proportion), **équerre, sauterelle, té, vernier.**

(1845). *Règle à calcul :* instrument composé de deux règles à graduation logarithmique coulissant l'une sur l'autre, et qui permet d'effectuer rapidement certaines opérations (multiplication, division, extraction des racines carrées...).

Loc. fig. *Faire tout par règle et par compas*.*

★ **II.** (V. 1265; *reille,* 1105). ♦ **1.** Ce qui est imposé ou ce qu'on adopte comme guide, comme ligne directrice de sa conduite. ⇒ **Coutume, habitude, ordre** (I., 6.), **usage.** *Formule qui indique ce qui doit être fait dans un cas déterminé.* ⇒ **Commandement, convention, formule, institution,** 1. **loi** (cit. 58), **maxime, norme, précepte, prescription, principe** (cit. 19). *Ensemble de règles.* ⇒ **Code, discipline, méthode** (supra cit. 8), 1. **régime, règlement, réglementation, théorie.** *Science, art qui enseigne des règles.* ⇒ **Normatif.** *Les règles de l'honneur* (cit. 35), *de la morale, de la vertu.* ⇒ **Morale** (→ Assujettir, cit. 22; empirisme, cit. 3). *Les règles essentielles d'un système moral ou philosophique.* ⇒ **Credo** (fig.), **dogme, évangile.** *Règle religieuse.* ⇒ **Observance.** — *Règle de conduite* (cit. 23). ⇒ **Ligne.** *Règles de la civilité, de la politesse.* ⇒ **Bienséance, cérémonial, décorum, étiquette, protocole.** *Les règles fondamentales de la comptabilité, de la gestion des entreprises.* ⇒ **Base.** *Règle légale* (→ Équité, cit. 20). *Règles de la procédure.* ⇒ **Formalité.** *Règle du droit, règles juridiques.* ⇒ 3. **Droit** (III.); → Amiable, cit. 2; guerre, cit. 1.

Les règles des mathématiques. Définitions et règles. Les règles de la logique (→ Formellement, cit. 2). *Les quatre règles de la méthode selon Descartes* (Discours de la méthode, II). — *Règles grammaticales, orthographiques.* ⇒ **Grammaire** (cit. 7), **orthographe.** *La règle des participes* (→ Long, cit. 34). *Exceptions* (cit. 15) *à la règle.* — *Les règles d'un art*. — Les règles du métier, de l'art*

(→ 2. Adresse, cit. 1). — Spécialt. *Les règles de l'art :* les principes de la bonne construction, en architecture. — Loc. fig. (1627). *Selon, dans les règles de l'art** (cit. 46). *Les règles de l'harmonie, de l'art musical* (→ Intonation, cit. 2). *Les règles de la sculpture* (⇒ aussi 2. **Canon**), *de la rhétorique* (→ Éloquence, cit. 5).

1 De tout temps, les hommes, pour quelque morceau de terre de plus ou de moins, sont convenus entre eux de se dépouiller, se brûler, se tuer, s'égorger les uns les autres; et pour le faire plus ingénieusement et avec plus de sûreté, ils ont inventé de belles règles qu'on appelle l'art militaire (...)
　　　　　　　　　　　　LA BRUYÈRE, les Caractères, X, 9.

Hist. littér. (→ Goût, cit. 24; plaire, cit. 22, Molière; 2. poétique, cit. 2, Hugo). *Importance des règles dans les théories littéraires aux XVIIe et XVIIIe siècles. Les règles des anciens* (→ Conduite, cit. 11). *Les règles tirées d'Aristote. Les règles d'un genre.* ⇒ 1. **Loi** (II., 3.). *Les règles de la tragédie* (→ Façon, cit. 1), *de la comédie, de l'élégie* (→ Genre, cit. 14), *de la poésie épique... La règle des trois unités*, des vingt-quatre heures* (→ Précepte, cit. 1).

2 Je crois que jamais les «règles» ne génèrent aucun génie, non plus celle des *unités* en France, que celle des trois acteurs en Grèce, et que ceux-ci l'ont bien prouvé, autant Racine et Corneille qu'Eschyle (...)
En général, l'insubordination contre les règles vient d'une subordination inintelligente au réalisme, d'une incompréhension des fins de l'art, de cette spécieuse insinuation de l'empirisme qui veut, par une scandaleuse généralisation, fronder l'art en ne l'attaquant que là où il est devenu artifice, et appeler factice toute surnaturelle beauté.　　　　　GIDE, Journal, Feuillets, 1911.

(1538; avec le mot *jeu* ou un n. de jeu). *La règle, les règles d'un jeu :* les conventions qui régissent un jeu. *La règle, les règles du bridge.* — *Les règles du football* (→ 2. Passe, cit. 5). — (XXe). Fig. *La règle, les règles du jeu* (cit. 24) : les usages imposés, les conditions auxquelles on doit se soumettre quand on est dans une certaine situation, quand on se livre à une certaine activité (→ aussi Marché, cit. 1; ministrable, cit.). *La Règle du jeu,* film de Jean Renoir.

3 Une cour, c'est ridicule, disait la comtesse à la marquise, mais c'est amusant; c'est un jeu qui intéresse, mais dont il faut accepter les règles. Qui s'est jamais avisé de se récrier contre le ridicule des règles du whist? Et pourtant une fois qu'on s'est accoutumé aux règles, il est agréable de battre l'adversaire chlemm.
　　　　　　　　STENDHAL, la Chartreuse de Parme, I, VI.

Établir, fixer, imposer, prescrire une règle. Donner des règles précises à ses subordonnées. ⇒ aussi **Instruction** (II.). *Soumettre un État à des règles.* ⇒ **Organiser, régler** (II., 1.). *Règles qui gouvernent, régissent qqch., qui président à une activité* (→ Impérieusement, cit. 2). *Règle fixe, précise* (→ Diplomate, cit. 1). *Règle tyrannique* (→ Bravade, cit. 2). *Les règles sévères de la discipline.* ⇒ **Contrainte.** *Accepter, appliquer, observer, suivre les règles, une règle* (→ Gouvernement, cit. 5; race, cit. 17). *S'assujettir, se plier à une règle. Observance* (cit. 4) *d'une règle. Observation scrupuleuse des règles.* ⇒ **Correction, exactitude, régularité.** *Être esclave des règles.* ⇒ **Formaliste** (cit. 3). *Conforme aux règles.* ⇒ **Classique, convenable, correct,** 1. **droit** (I., 3.), **exact, régulier.** *Enfreindre* (→ Euphonie, cit. 2), *offenser, violer les règles. Déroger, désobéir à une règle. Pécher contre une règle* (→ Épisode, cit. 1; posséder, cit. 19). *Sortir des règles prescrites* (→ Art, cit. 49). *Manquement à une règle.* ⇒ **Défaut, dérèglement, désordre, écart, faute, irrégularité.** *Contraire aux règles.* ⇒ **Aberrant, désordonné, indu, irrégulier.** *Pouvoir qui n'est pas lié par des règles fixes.* ⇒ **Arbitraire.** *Se déterminer selon des règles qu'on s'est données à soi-même.* ⇒ **Autonome; autonomie.**

4 Toute règle a sa raison, qui en est l'esprit, et quand, en observant la règle, on doit s'écarter de sa raison, c'est à celle-ci qu'il faut se conformer. En toutes choses donc, suis la règle, ou mieux encore la raison de la règle, si tu la connais.
　　　　　　　　　　Joseph JOUBERT, Pensées, IX, LV.

Avoir pour règle, se faire une règle de... (suivi d'un infinitif). → Intérieur, cit. 11. *J'ai pour règle de ne jamais renoncer.*
SELON LES RÈGLES, DANS LES RÈGLES. *Demande présentée dans les règles.* «*Il vaut mieux mourir selon les règles que de réchapper contre les règles*» (→ Forme, cit. 63, Molière). — Loc. adj. *Un siège, un combat dans les règles. Une escroquerie dans les règles* (→ ci-dessous, En règle).

En bonne règle : conformément à ce qui est la règle, la méthode correcte.

En règle générale : dans la majorité des cas. ⇒ **Généralement** (→ Gestation, cit. 5).

Absolt. **LA RÈGLE.** *La rigueur de la règle* (→ Capable, cit. 3). *Assouplir la règle* (→ Infléchir, cit. 1). *Se révolter contre la règle. La règle est de...* (→ Pédagogie, cit. 1). — *La règle et l'exception; l'exception confirme la règle; pas de règle sans exception...* ⇒ **Exception** (cit. 12 et 16).

(1707). *C'est la règle :* c'est ainsi que les choses se passent d'habitude, qu'elles doivent se passer (→ Généreux, cit. 7).

(1780). **DE RÈGLE.** — Vx. Régulièrement, habituellement. — Mod. Conforme à l'usage, à l'habitude, aux convenances; qui se produit toujours ou presque toujours (→ Machinique, cit.; opinion, cit. 20). *Il est de règle que...* (suivi du subjonctif). → Périphérie, cit. 2. *Il est de règle que vous fassiez vous-même la demande.*

5 La camaraderie mène à l'amitié : deux garçons découvrent entre eux une ressemblance : «Moi aussi... C'est comme moi...» Tels sont les mots qui, d'abord, les lient. Le coup de foudre est de règle en amitié.
　　　　　　　　　　F. MAURIAC, le Jeune Homme, V.

♦ **2. EN RÈGLE,** loc. adj. [a] Qui est conforme aux règles d'un art,

aux usages; qui est fait d'une manière méthodique, systématique (→ ci-dessus, Dans les règles). *Une bataille en règle.* ⇒ **Forme** (en forme). *Faire une cour en règle à une femme* (→ Préliminaire, cit. 4). *Un défi en règle* (→ Garder, cit. 75). — Par plais. *C'est du vol en règle.* ⇒ **Organisé** (3.).

[b] (1740, *être en règle*). Qui est établi, fait conformément aux prescriptions légales; qui est en situation régulière (au regard de la loi, etc.). ⇒ **Régulier** (I., 1.). *Comptes, testament, pièces, quittances* (cit.) *en règle* (→ Homologuer, cit. 2; légalisation, cit. 1). *Avoir sa comptabilité en règle. Se mettre en règle avec ses créanciers :* payer ses dettes. *Ses papiers sont en règle.* — *Se mettre en règle avec Dieu :* se confesser avant de mourir.

6 (...) il s'est procuré des passeports, des papiers, des actes parfaitement en règle, enfin ce qu'il lui faut.　　　J.-A. DE GOBINEAU, Nouvelles asiatiques, p. 36.

7 Le désir de payer ses dettes peut provenir soit de l'honnêteté, soit d'un état pathologique. Ce dernier cas était celui de notre comte. Il n'avait de paix intérieure que lorsqu'il se sentait en règle avec tous.
　　　　　　　　　　MONTHERLANT, les Célibataires, I, IV.

♦ **3.** (Mil. XVIIe). Vx. Loi naturelle. ⇒ 1. **Loi** (III., REM.; et cit. 56; → aussi Inverse, cit. 2; mouvant, cit. 5).

♦ **4.** (1636; attestation isolée, *rigle,* XIVe). Relig. cathol. Ensemble des préceptes disciplinaires auxquels sont soumis les membres d'un ordre religieux. ⇒ **Constitution, institut, observance, statut.** *Règle d'une communauté*, d'un couvent*. La règle austère du Carmel* (→ Nonne, cit. 2). *La règle des Franciscains. Clergé soumis à la règle* (⇒ **Moine, régulier, religieux**), *vivant hors de la règle* (⇒ **Séculier**). *Observance rigoureuse de la règle. Faire sortir un couvent de la règle.* ⇒ **Dérégler.**

8 Après la règle des carmélites, lesquelles vont pieds nus, portent une pièce d'osier sur la gorge et ne s'asseyent jamais, la règle la plus dure est celle des bernardines-bénédictines de Martin Verga.　　HUGO, les Misérables, II, VI, II.

♦ **5.** (1671). Vx. Bon ordre, organisation, mesure, discipline... *Mettre la règle dans une maison. La règle de sa vie.* ⇒ **Régularité** (→ Gageure, cit. 4, Mme de Sévigné).

♦ **6.** Vx. ⇒ **Exemple, modèle.** *Donner qqn pour règle.*

♦ **7.** Arithm. Formule, opération, procédé qui permet de résoudre certains problèmes, d'effectuer certains calculs. *Règle d'escompte, de fausse position* (II.), *de société.* — (1538). *Règle de trois** (ou *de proportion*). — (1690). Vieilli. *Les quatre règles :* les quatre opérations fondamentales (addition, soustraction, multiplication, division). ⇒ **Calcul** (→ Calculer, cit. 1).

9 (...) l'enfant suivit les cours d'une école de commerce de Vernon. Il y apprit l'orthographe et l'arithmétique. Sa science se borna aux quatre règles et à une connaissance très superficielle de la grammaire.　　ZOLA, Thérèse Raquin, II.

♦ **8.** Psychan. *Règle fondamentale, règle de libre association :* règle selon laquelle l'analysé doit parler librement sans rien exclure volontairement de ce qui lui vient à l'esprit.

★ **III.** N. f. pl. (1690, Furetière, art. *Menstrues*). **RÈGLES :** écoulement menstruel. ⇒ **Menstrues.** *Elle a eu ses règles.* ⇒ **Indisposé.** *Règles douloureuses.* ⇒ **Dysménorrhée.** *Absence de règles.* ⇒ **Aménorrhée.** *Règles irrégulières, normales. Interruption des règles.* — *Flux menstruel. Règles abondantes.*

En franç. d'Afrique. Loc. *Être en règles :* avoir ses règles.

DÉR. Régler, réglette, régló-. — (Du même rad. lat.) V. **Régulier** (et dér.).

RÉGLÉ, ÉE [ʀegle] adj. ⇒ **Régler.**

RÈGLEMENT [ʀɛgləmã] n. m. — 1538, *reiglement* «ordonnance, statut»; de *régler.*

♦ **1.** (Déb. XVIIe). Vx. Action de régler (II., 1.), de discipliner, de modérer, de gouverner (qqch.); son résultat. ⇒ aussi **Organisation.** *Mettre sa dignité dans le règlement de ses mœurs, de sa pensée.* — Ordre, commandement. «*Ne troublons pas du ciel les justes règlements*» (→ Instinct, cit. 17, Molière).

♦ **2.** Mod. [a] Dr. Acte législatif qui émane d'une autorité autre que le Parlement; décision administrative qui pose une règle générale, valable pour un nombre indéterminé de personnes ou de situations. ⇒ aussi **Arrêté, décret.** *Règlement administratif :* décision administrative qui règle les points non prévus par la loi ou qui complète la loi de manière à en permettre l'application. — (1836). *Règlement d'administration publique* (abrév. : R. A. P.) : décret rendu, après avis du Conseil d'État, afin d'assurer l'exécution d'une loi (→ Loterie, cit. 2). *Règlement de police.* ⇒ **Ordonnance** (→ 2. Bourse, cit. 3). *Règlement de police municipale,* concernant l'hygiène, la circulation, l'ordre public, etc. *Règlement sanitaire,* relatif à la protection de la santé publique. *Les lois et les règlements* (→ Maire, cit. 2; propriété, cit. 4). — *Règlement d'application, d'exécution d'un traité.*

Vx. ⇒ **Édit,** 1. **loi.**

1 Il y a un ordre dans notre Société, par lequel il est défendu à toutes sortes de libraires d'imprimer aucun ouvrage de nos Pères sans l'approbation des Théologiens de notre Compagnie, et sans la permission de nos Supérieurs. C'est un règlement fait par Henri III, le 10 mai 1583 (...)
　　　　　　　　　　PASCAL, les Provinciales, IX.

b (1538). Cour. Ensemble ordonné de règles*, de dispositions à caractère impératif ou répressif qui définit la discipline à observer à l'intérieur d'un groupe, qui préside au fonctionnement d'un organisme, etc. ⇒ **Code, discipline, réglementation.** *Règlement intérieur d'une assemblée. Règlement d'une association, d'une société.* ⇒ **Statut.** *Règlement d'atelier*. Règlement d'une école, d'un lycée. Règlement de l'infanterie. Règlement du service en campagne.*

2 Ils *(les vieux officiers)* me faisaient de vieilles histoires d'Égypte, d'Italie et de Russie, qui m'en apprenaient plus sur la guerre que l'ordonnance de 1789, les règlements de service et les interminables instructions, à commencer par celle du grand Frédéric à ses généraux.
A. DE VIGNY, Servitude et Grandeur militaires, I, III.

3 Le règlement (...) est semblable aux rites d'une religion qui semblent absurdes mais façonnent les hommes. SAINT-EXUPÉRY, Vol de nuit, IV.

Assujettir, soumettre à un règlement. ⇒ **Réglementer.** *Agir en vertu d'un règlement.* ⇒ **Réglementairement.** *Conforme au règlement.* ⇒ **Réglementaire.** *Il faut obéir, c'est le règlement.* ⇒ **Consigne.** *Observation du règlement* (→ Inspection, cit. 3). *Enfreindre, tourner les règlements* (→ Côtoyer, cit. 3). *Contrevenir au règlement* (→ Être en contravention*). *Inobservation des règlements* (→ 2. Homicide, cit. 3). *Règlement précis* (→ 2. Montre, cit. 6). *Règlement strict qui préside à l'ordre des travaux, des opérations. Le règlement dispose, prévoit que..., prescrit de... Le cahier* (cit. 3) *du règlement.*

Écrit, texte qui contient ces prescriptions. *Afficher, lire le règlement.*

♦ **3.** (XVIIe). Rare. L'action de régler (II., 2.), de décider, de déterminer qqch. définitivement ou exactement. ⇒ **Décision.** *Le règlement de son sort.* — (1688). Spécialt. (Dr.). *Règlement de juges :* jugement qui détermine lequel de plusieurs tribunaux devra connaître d'une affaire, lorsqu'ils en sont simultanément saisis (→ Affaire, cit. 56). *Règlement de qualités :* détermination du texte définitif des qualités* par le président d'un tribunal.

(1835). Le fait, l'action de régler (II., 3.) une affaire, un différend. *Le règlement de cette affaire semble proche.* ⇒ **Conclusion.** *Règlement d'un conflit.* ⇒ aussi **Accord, arbitrage, arrangement.** *Règlement amiable.*

♦ **4.** (1834). **a** Action de régler (II., 4.) un compte, une note, un mémoire... *Le règlement d'une dette, d'une somme due, d'un compte... par qqn. Le règlement d'un compte, des comptes.* ⇒ **Arrêté, solde** (→ Fond, cit. 17 ; prétendre, cit. 28). *Elle attendait le règlement d'une pension* (cit. 2). ⇒ **Acquittement, paiement.** *En votre aimable règlement* (formule de courtoisie en bas d'une facture, d'une note d'honoraires).

4 Enfin, après la vente, le notaire procéderait aux divers règlements de compte, entre les cohéritières. ZOLA, la Terre, IV, VI.

b Somme réglée. *Le règlement de M. X ne m'est pas parvenu. Un règlement important. Règlement par chèque, en liquide.*

(XXe). Dr. *Règlement judiciaire :* procédure réservée à certains commerçants en état de cessation de paiement lorsqu'ils sont de bonne foi et qu'ils en demandent le bénéfice dans les conditions prévues par la loi. *Le règlement judiciaire a remplacé la liquidation* judiciaire. *Administrateur au règlement judiciaire.* ⇒ **Liquidateur.**

c Loc. (XXe). **RÈGLEMENT DE COMPTE OU DE COMPTES :** action de se venger, de se faire justice soi-même, de régler un différend par la violence (→ Épuration, cit. 2 ; massacre, cit. 3). *Le double meurtre de N*** : crime passionnel ou règlement de compte?*

CONTR. Dérèglement ; dérangement.
DÉR. Réglementaire, réglementer.

RÉGLÉMENT [Reglemã] adv. — Fin XIVe, *regleement ; réglément,* déb. XVIIe ; de *réglé.*

Vx (langue classique).

♦ **1.** De façon régulière, à dates fixes. ⇒ **Périodiquement.** « *Le Parlement s'assemblait réglément tous les matins* » (Retz, *Mémoires*).

♦ **2.** (Déb. XVe, *reglement*). Conformément à une règle.

RÉGLEMENTAIRE [Reglǝmãtɛʀ ; ʀeglǝmãtɛʀ] adj. — 1780 ; péj., « qui multiplie à l'excès les règlements », 1768 ; de *règlement.*

♦ **1.** Conforme au règlement ; imposé, fixé par un règlement. *Ce certificat n'est pas réglementaire.* ⇒ **Régulier ;** et aussi **valable, valide.** *Heures réglementaires* (→ Horloge, cit. 11). — (Dans l'armée). *Manteau, capote, tenue réglementaire d'un soldat* (→ Écussonner, cit. 2). *Position réglementaire du garde-à-vous. Salut réglementaire* (→ Pivoter, cit. 3).

1 Ce garçon, charmant et superficiel, et qui ne songeait qu'à ce que son uniforme ne fût pas réglementaire, parut ravi de cet amour.
R. RADIGUET, le Diable au corps, p. 151.

2 Il remarqua aussi, dans sa chambre, une notice affichée au-dessus de la pendule. C'était le programme du service quotidien. Il comprenait — depuis huit heures du matin, heure réglementaire à laquelle se levait Phileas Fogg, jusqu'à onze heures et demie, heure à laquelle il quittait sa maison pour aller déjeuner au Reform-Club — tous les détails du service (...)
J. VERNE, le Tour du monde en 80 jours, p. 13.

♦ **2.** (1844, *in* D.D.L.). Qui est de la nature d'un règlement* (2., a), qui est relatif à un règlement. ⇒ aussi **Administratif.** *Prescriptions, dispositions légales* (qui émanent du Parlement) *et dispositions réglementaires* (qui émanent du gouvernement* [II., 2. et 3.], des préfets, des maires...). *Décret réglementaire. Pouvoir réglementaire, qui permet de faire des règlements. Pouvoir réglementaire d'un préfet.*

DÉR. Réglementairement, réglementarisme, réglementariste.
COMP. Antiréglementaire.

RÉGLEMENTAIREMENT [ʀeglǝmãtɛʀmã ; ʀeglǝmãtɛʀmã] adv. — 1845 ; de *réglementaire.*

♦ En vertu d'un règlement, conformément à un règlement. *Initiative prise réglementairement. Réglementairement, il n'avait pas le droit de sortir.*

Le rire stupide des femmes déjà ivres perçait la fumée lourde, lourde comme cette vie que chaque soldat portait sur ses épaules dans un sac chargé réglementairement.
P. MAC ORLAN, la Bandera, XVI.

RÉGLEMENTARISME [ʀeglǝmãtaʀism ; ʀeglǝmãtaʀism] n. m. — 1870 ; de *réglementaire.*

♦ Didact. Tendance abusive à tout réglementer ; obéissance bornée au règlement.

RÉGLEMENTARISTE [ʀeglǝmãtaʀist ; ʀeglǝmãtaʀist] n. et adj. — Mil. XXe (1969, *la Croix*) ; de *réglementaire.*

♦ Didact. Qui abuse de la réglementation ; qui souhaite l'introduction ou le maintien d'une réglementation.

RÉGLEMENTATION [ʀeglǝmãtasjɔ̃ ; ʀeglǝmãtasjɔ̃] n. f. — 1845 ; de *réglementer.*

♦ **1.** Action de fixer, de déterminer qqch. de manière autoritaire et précise, de faire des règlements. *Réglementation des coupes dans une forêt.* ⇒ **Aménagement.** *Réglementation des prix.* ⇒ **Fixation, taxation.** *Régime de réglementation.* — Spécialt. *Droit de réglementation :* droit de faire des règlements* (2., a), appelé aussi *pouvoir réglementaire. Le droit de réglementation du président de la République, des préfets, des maires...*

♦ **2.** (1875). Ensemble de règles, de règlements, de prescriptions qui concernent un domaine particulier. *Se documenter sur la réglementation du travail. Réglementation du commerce, de l'industrie. Infraction à la réglementation.*

(...) personne, parmi ceux qui ont vu les résultats déplorables auxquels a abouti la génération spontanée des premiers quartiers de Casablanca et d'Oudja, ne méconnaîtra l'urgence qu'il y avait à introduire une réglementation, à prévenir ailleurs les mêmes inconvénients (...) L.-H. LYAUTEY, Paroles d'action, p. 116.

REM. Bien que ce dérivé de *réglementer* se prononcent avec un [ɛ], la graphie illogique avec accent aigu *(é)* était la seule admise jusqu'en 1957 (où l'Académie a admis le *è*).

CONTR. Liberté.

RÉGLEMENTER [ʀeglǝmãte ; ʀeglǝmãte] v. tr. — 1768 ; de *règlement.*

♦ Assujettir à un règlement ; organiser, déterminer au moyen d'un règlement. ⇒ aussi **Administrer.** *Réglementer la constitution et le fonctionnement d'une association culturelle* (cit.). *Réglementer le droit de grève* (cit. 16). *Réglementer le taux de l'escompte.* ⇒ **Fixer.** — *Réglementer l'étendue des coupes dans un bois.* ⇒ **Aménager.** — Absolt. Édicter des règlements (→ Monarque, cit. 2). *Gouvernement qui a la manie de réglementer.*

Ce n'est pas seulement le travail de l'homme qu'il importe de réglementer, c'est aussi, c'est surtout son loisir. GIDE, Journal, 27 janv. 1932.

▶ **RÉGLEMENTÉ, ÉE** p. p. adj.

Soumis à un règlement. *Acte juridique établi selon une forme réglementée. Commerce réglementé.*

CONTR. (Du p. p.) **Libre.**
DÉR. Réglementation.

RÉGLER [ʀegle] v. tr. — Conjug. *céder.* — 1288 ; de *règle.*

★ **I.** Tracer ou imprimer des lignes droites parallèles, verticales ou horizontales (⇒ **Réglure**) sur (une surface). *Régler du papier avec une règle, un régloir*.* ⇒ **Tirer** (des lignes). *Régler du papier à musique.* — Absolt. *Machine à régler* ou *régleuse.*

★ **II.** ♦ **1.** (1538, *reigler sa vie* ; intrans., « gouverner », XIVe). Vx ou littér. Assujettir à des règles, à une discipline. ⇒ **Conduire, diriger, commander.** *Régler un État.* ⇒ **Organiser.** *Régler sa vie* (→ Connaître, cit. 35). — Spécialt. Disposer avec mesure, ne pas laisser dépasser un certain niveau. ⇒ **Modérer.** *Régler son ambition*

(→ Aveugler, cit. 4), *ses désirs* (→ Heureux, cit. 45). *Régler sa dépense.*

1 Deux lois suffisent pour régler toute la République chrétienne, mieux que toutes les lois politiques. PASCAL, Pensées, VII, 484.

2 (...) il est moins facile de régler le cœur que de le troubler.
CHATEAUBRIAND, Mémoires d'outre-tombe, t. II, p. 141.

(1640). Mod. **RÉGLER... SUR.** *Régler sa conduite sur qqn, sur qqch.* : agir en prenant qqn pour modèle, qqch. pour règle, pour principe directeur (→ Fuir, cit. 24 ; leçon, cit. 13). *Régler sa conduite sur les circonstances.* ⇒ **Accorder** (à), **conformer** (à), **harmoniser** (avec). *Régler son goût sur celui de qqn.* ⇒ **Modeler** (sur). — Vx. *Régler sa conduite, sa volonté à... — Régler sa marche, la cadence de ses pas sur un air de musique.* ⇒ aussi **Cadencer** (→ Exécuter, cit. 15).

3 Elle obéit, posa sa tête soudain rafraîchie sur le cœur du jeune homme, qui réglant son pas sur le sien, douce et attentive conformité, la mena vers une place (...)
BALZAC, Séraphîta, Pl., t. X, p. 471.

4 (...) il résolut enfin d'imiter ces grands hommes, de régler sa vie sur leurs et d'égaler leurs vertus par les siennes.
COURTELINE, Messieurs les ronds-de-cuir, 5e tableau, I.

Régler ses dépenses d'après ses ressources. ⇒ **Mesurer** (→ Épargne, cit. 6).

(1538 ; sujet n. de chose). Servir de règle, de principe directeur, régir une activité. ⇒ **Gouverner** (*supra* cit. 14), **présider** (à). *C'est la mode qui règle leurs goûts.* ⇒ **Dicter** (*supra* cit. 7). → Donner le ton* (2. Ton).

♦ **2.** (1629). Décider*, fixer, déterminer* définitivement ou exactement. *Régler le destin, la destinée, le sort de qqn* (→ Fluxion, cit. 3). — Vx. *Régler que...* ⇒ **Décréter, disposer** (II., 1.) ; → Lieutenant, cit. 4. — *Régler les prix des denrées.* ⇒ **Taxer.** *Régler le détail d'un programme.* ⇒ **Calculer, disposer** (*supra* cit. 5), **établir, ménager.** *Régler les termes d'un accord.* ⇒ **Arrêter** (*supra* cit. 45). *Régler la date, le lieu d'une entrevue.* ⇒ **Convenir** (de). *Régler un ordre de succession. Régler l'ordre d'une hiérarchie.* ⇒ **Hiérarchiser.** *Régler les rangs, l'étiquette, les préséances, un cérémonial* (cit. 2). *Le protocole règle l'ordre du cortège.* ⇒ **Dicter** (3.), **fixer.** *Régler l'étendue des coupes annuelles dans un bois.* ⇒ **Aménager.** *Régler les proportions d'un mélange.* ⇒ **Doser.**

5 Il avait demandé de régler lui-même le programme de cette dernière journée, et se renfermait pour l'instant dans un deuil silencieux. LOTI, Aziyadé, IV, XVII.

♦ **3.** (1654). Résoudre, terminer. *Régler un problème* (→ Achoppement, cit. 4), *une question* (→ Légat, cit. 1 ; préambule, cit. 6). *Régler une affaire.* ⇒ **Arranger, conclure, finir** (en finir avec). *Régler une affaire rapidement, sans attendre,* (fam.) *en cinq sec*.* ⇒ **Terminer.** *Régler un débat, un différend* (cit. 4), *un litige* (cit. 3), *un conflit. Arbitre chargé de régler un litige.* ⇒ **Arbitrer, statuer** (sur). *Régler une querelle.* ⇒ **Vider.**

6 Le camarade était chez lui. La question fut réglée sur-le-champ.
MARTIN DU GARD, les Thibault, t. VI, p. 138.

♦ **4.** (1690). *Régler un compte, un mémoire,* l'arrêter et le payer. *Apurer, régler et solder un compte.* ⇒ **Liquidation ; liquider, solder.** — Fig., cour. *Régler son compte à qqn,* se venger de lui, le punir par la violence. ⇒ **Compte** (cit. 5, 6 et 7). *Avoir un compte à régler avec qqn.*

Payer (une addition, une note, etc.). ⇒ **Payer.** *Régler le prix de sa pension, sa note d'hôtel, ses factures, sa cotisation.* ⇒ **Acquitter.** — Absolt. *Laissez, c'est moi qui vais régler.*

7 (...) comme il regardait les murs d'un œil vague, sans parler de payer, bien que l'invitation vînt de lui, Jean régla la note. ZOLA, la Terre, II, VI.

7.1 — Jamais M. Darteau ne s'est trouvé dans l'impossibilité de régler une facture ou une somme importante ?
— Monsieur le juge, les factures ou les sommes importantes étaient réglées par chèque.
— Je vous parle des sommes qu'il réglait au comptant ?
René FLORIOT, La vérité tient à un fil, p. 49.

Payer (un fournisseur, etc.). *Régler le boucher, le boulanger. Régler son médecin.* ⇒ **Honorer** (*supra* cit. 28). *Régler par chèque.* ⇒ **Couvrir** (*supra* cit. 35). *Régler un fournisseur* (cit. 3).

♦ **5.** (1674). Amener (un mouvement) à la vitesse ou au rythme convenable, un phénomène au degré d'intensité voulu. Mettre au point* (1. Point) ou remettre (un dispositif, un mécanisme, un appareil) en état de fonctionner correctement. ⇒ **Réglable, réglage, régleur, régulateur, régulation.** *Régler la marche* (→ Heure, cit. 1), *les mouvements d'une horloge* (cit. 9). *Régler la flamme* (1. Flamme, cit. 6) *d'une lampe, le débit d'un robinet, le régime d'une machine, le jeu d'un appareil. Régler sa montre,* la mettre à l'heure exacte. *Régler le thermostat d'un chauffe-eau à 80°. Régler un récepteur sur telle longueur d'onde. Régler la hausse à 2 000 mètres. — Régler le tir*.*

8 Elle prenait évidemment beaucoup de plaisir à tirer de l'eau en évitant de s'éclabousser, à régler une flamme de gaz (...)
J. ROMAINS, les Hommes de bonne volonté, t. V, IV, p. 30.

▶ **SE RÉGLER** v. pron. (XIVe, *se rieugler* « se gouverner », en parlant d'une ville).

♦ **1.** (Réfl.). Vx. Se conduire avec mesure, se modérer, se discipliner.
(1640). Mod. *Se régler sur... :* agir en prenant qqch. ou qqn pour

règle, pour exemple, pour guide (→ vx, Se mouler* sur). *Se régler sur un modèle.* ⇒ **Conformer** (se) ; → Naturel, cit. 20. *Se régler sur l'expérience* (→ Opportunisme, cit. 2). *Se régler sur son cœur, sur sa raison.* ⇒ **Consulter** (*supra* cit. 8), **suivre.** *Se régler sur quelqu'un* (→ Côté, cit. 21).

♦ **2.** (1662 ; passif). Être réglé. *Il se demanda sur quels principes* (cit. 13) *se réglait sa vie quotidienne. — L'affaire s'est réglée sans difficulté. — Cet appareil se règle au moyen d'une vis moletée.*

▶ **RÉGLÉ, ÉE** p. p. adj. (1220, *riglé*).

★ **I.** ♦ **1.** (1640). Qui porte des réglures*, des lignes parallèles. *Papier, cahier, registre réglé.*

9 Sur un gros registre de comptes, vierge de comptabilité, réglé de bleu en lignes horizontales, de rouge en colonnes verticales (...)
COLETTE, l'Étoile Vesper, p. 95.

♦ **2.** (1875). Géom. *Surface réglée,* engendrée par une droite qui se déplace selon une loi posée a priori.

★ **II.** ♦ **1.** (1559). Qui est soumis à des règles, à une discipline, qui se déroule dans l'ordre, avec régularité. *État bien réglé* (→ 1. Loi, cit. 5). *Maison bien réglée.* ⇒ **Ordonné, organisé** (→ Défaut, cit. 39). *Une liberté, une hardiesse sage et réglée.* ⇒ **Mesuré** (→ Chaîne, cit. 15 ; impossible, cit. 2). *Imagination* (cit. 16) *réglée. Mouvement réglé.* ⇒ **Régulier** (→ Imprimer, cit. 15). *Marche réglée. Pouls réglé.* ⇒ **Uniforme.** *Vie réglée.* ⇒ **Régulier** (→ Bien-être, cit. 1). *Heures réglées.* ⇒ 1. **Fixe** (→ Fièvre, cit. 2). — Fam. *C'est réglé :* cela arrive avec une régularité mathématique. — (Par jeu de mots). *C'est réglé comme (du) papier à musique*** (*supra* cit. 28).

10 À des heures réglées je quittais mon ouvrage (...)
FLAUBERT, la Tentation de Saint Antoine, I.

11 Observez qu'un groupe d'enfants, faute d'un jeu réglé, en vient bientôt à la brutalité informe. ALAIN, Propos, 27 déc. 1921, Dénouer.

(1654). Vx. *Troupes réglées,* permanentes, régulières* (I., 4.). *Compagnies réglées* (→ Gendarme, cit. 2).

♦ **2.** (1559). Vx ou littér. Qui mène une vie sage et ordonnée ; qui est régulier* (II., 2.) dans ses habitudes, exact, méthodique. *Un homme réglé.* ⇒ **Rangé, sage** (→ Fantasque, cit. 3 ; immodéré, cit. 6). *La bourgeoisie réglée d'autrefois* (→ Induire, cit. 3). — (Par jeu de mots). *Être réglé comme une horloge, comme du papier à musique* (cf. Avoir des habitudes régulières). *Il est réglé comme un chronomètre.* ⇒ **Exact.**

♦ **3.** Qui a été décidé, fixé, déterminé définitivement ou exactement. *C'est une chose réglée. Tout est réglé.* ⇒ **Décidé.** *Procéder selon un ordre réglé d'avance.* ⇒ **Calculé, déterminé, fixé,** et aussi **systématique.** *Coupe réglée.* ⇒ 1. **Coupe.**

♦ **4.** Terminé, résolu. *Voilà un problème réglé. L'affaire est réglée.* ⇒ aussi 1. **Dire** (tout est dit).

12 Je considère donc mon affaire des trois mille francs comme une affaire réglée.
G. DUHAMEL, Chronique des Pasquier, III, I.

♦ **5.** (1676 ; en parlant d'un mécanisme, d'un appareil...). Qui a été disposé de manière à fonctionner correctement, à se maintenir à un certain régime, etc. *« La perfection d'une pendule est d'être réglée »* (→ Juste, cit. 29, Vauvenargues). *Carburateur mal réglé.*

13 Sa montre était toujours réglée avec une extrême exactitude. Il s'arrangeait même pour mettre l'aiguille des minutes en accord avec celle des secondes.
J. ROMAINS, les Hommes de bonne volonté, t. I, XIX, p. 211.

★ **III.** (1658). Qui a ses règles*. *Cette fillette n'est pas encore réglée,* menstruée. ⇒ **Former** (p. p. adj), **nubile.** — (1718). *Femme mal, bien réglée.*

CONTR. Dérégler ; déranger. — (Du p. p.) Déréglé, fou ; bohème, dévergondé... ; libre.
DÉR. Réglable, réglage, règlement, régleur, régloir, réglure. — (Du p. p.) Réglément. — (Du même rad. lat.) V. aussi Régulateur, régulation.

RÈGLES [ʀɛgl] n. f. pl. ⇒ **Règle** (III.).

RÉGLET [ʀɛglɛ] n. m. — 1669 ; *rieulet,* XIIe « petite doloire », puis « petite règle ».
Technique.

♦ **1.** (1611, *rieglet*). Vx. Typogr. Caractère constitué par un trait, une ligne horizontale. *Séparer deux articles par un réglet.* — REM. De nos jours, on dit *filet.*

♦ **2.** (XXe). Règle plate, en général graduée, et constituée le plus souvent d'une lame de métal souple (acier, etc.). *Réglet de précision pour mécaniciens.*

♦ **3.** (1688). Moulure étroite et plate qui sépare les compartiments d'un panneau.

RÉGLETTE [ʀɛglɛt] n. f. — 1680 ; *reglete,* 1415, « aiguille d'un cadran » ; *rieulette,* XVe ; de règle.

♦ **1.** Petite règle* (I.). *Calibre* à réglette graduée. Réglette graduée de la hausse* d'une arme à feu. Réglette de pointage.* — Typogr. *Réglette servant à assembler les caractères.* ⇒ **Composteur.**

♦ **2.** Techn. Petite lame de bois ou de métal utilisée pour former une garniture.

♦ **3.** Techn. *Réglette-bloc :* support d'une lampe fluorescente. *Des réglettes-blocs.*

RÉGLEUR, EUSE [ʀeglœʀ, øz] n. — 1704 ; « ouvrier qui règle les feuillets d'un livre », 1527 ; de *régler.*

★ **I.** Anciennt. Ouvrier qui était employé à régler* (I.) le papier (au moyen de tire-lignes, etc.). — Mod. Ouvrier qui conduit une régleuse.

★ **II.** ♦ **1.** (1877). Ouvrier spécialisé, ouvrière spécialisée dans le réglage d'appareils, de machines. ⇒ **Régler** (II., 5.). *Régleur de machines, de tours automatiques. Régleur en balances, en horlogerie. Régleur de précision.* — (XXᵉ). Étalonneur d'appareils de mesure. Horloger qui effectue le réglage des instruments horaires.

♦ **2.** N. m. (XXᵉ). Techn. Vanne qui permet de régler la production du froid, dans l'industrie frigorifique.

♦ **3.** N. f. (1852). **RÉGLEUSE :** machine qui sert à régler (I.) le papier.

RÉGLISSE [ʀeglis] n. — 1393 ; requelice, régulisse, XIIIᵉ, sens 1. et 2. ; déformation, sous l'influence de *règle,* de *ricolice* (XIIᵉ), issu lui-même, par métathèse, de *licorice, licorece ;* empr. du bas lat. *liquiritia,* adapt., avec influence de *liquor,* du grec *glukurrhiza,* proprt « racine douce ».

♦ **1.** N. f. Plante dicotylédone *(Légumineuses, Papilionacées),* herbacée, vivace, dont le rhizome très développé (bois de réglisse), brun en dehors et jaune en dedans, fournit le bois de réglisse. *Réglisse officinale* ou *glabre. Réglisse hérissée.*

Bois de réglisse : racine et rhizome de cette plante tels qu'on les livre au commerce.

♦ **2.** N. f. ou, plus cour., n. m. *Sucer, mâcher* (cit. 10) *un bâton de réglisse.* « *Mettre de la réglisse dans une tisane* » (Académie). — *Poudre de réglisse,* tirée de la racine et des tiges souterraines de la plante. *Boisson à base de réglisse.* ⇒ 1. **Coco** (2.). — *Jus* (cit. 1) *de réglisse* ou *suc de réglisse* (syn. : *sucre noir). Pâte de réglisse,* utilisée en pharmacie comme remède ou comme excipient, et en confiserie. *Pastille, bâton, rouleau de réglisse.* — Ellipt. *Acheter, sucer du réglisse.* — REM. Dans les emplois elliptiques *(boire du réglisse...),* malgré les puristes, le masculin prévaut dans l'usage courant, et il est même recommandé par quelques auteurs (cf. Damourette et Pichon, *Essai de grammaire de la langue franç.,* I, § 335).

> (...) il hésita, tira des sous de sa poche, les posa sur le rebord et prit en échange un de ces rouleaux de réglisse qui ressemblent à des lacets de bottine et que sucent les collégiens.   COCTEAU, les Enfants terribles, p. 18.

♦ **3.** N. f. (1850, *in* D.D.L.). *Réglisse de...* (noms de plantes comparées à la réglisse). *Réglisse d'Amérique :* arbre ou arbrisseau des Caraïbes, à rhizome analogue. *Réglisse des montagnes :* trèfle aux racines sucrées (Alpes). — (1870). *Réglisse sauvage.* ⇒ 2. **Astragale.** *Réglisse des bois :* polypode vulgaire.

REGLISSER [ʀ(ə)glise] v. tr. — 1760, Voltaire ; « glisser en sens inverse », XVIᵉ ; de *re-,* et *glisser.*

♦ Glisser à nouveau, une autre fois.

> *(L'opéré)* s'agita un peu, posa des questions inarticulées, eut quelques vomissements, reglissa dans le sommeil noir.
>   M. DRUON, la Chute des corps, IV, XI, p. 359.

RÉGLO [ʀeglo] adj. invar. et adv. — 1917 ; de *règle, régulier.*
Populaire.

♦ **1.** Adj. Conforme à la règle, à une loi. ⇒ **Correct, régulier.** *C'est réglo :* c'est régulier. — En règle, réglementaire. *Des faffes réglo :* des papiers en règle. — (Personnes). Qui respecte la règle en vigueur. ⇒ **Loyal, régulier.** *Un type réglo.*

> 1   (...) et maintenant, il disait ses prières. Ou peut-être ne les disait-il pas, ce soir ? Non, pensa Maillat, il doit les dire. Il est très réglo, Pierson. Acheter n'est pas lui qui tricherait avec le Bon Dieu.   Robert MERLE, Week-end à Zuydcoote, p. 177.

♦ **2.** Adv. Sans fantaisie, conformément au règlement, à la loi (du milieu). — Régulièrement.

> 2   (...) Suzanne était tirée depuis un bout de temps avec un habitué, un sujet d'élite qu'elle faisait toutes les semaines, réglo, au Welcome-Normandy, à deux pas de là (...)   Albert SIMONIN, Touchez pas au grisbi, p. 63.

RÉGLOIR [ʀeglwaʀ] n. m. — 1723 ; *rigleoir,* XIIIᵉ ; de *régler.*
Technique.

♦ **1.** Instrument qui sert à régler* (I.) le papier.

♦ **2.** (1771, Trévoux). Petit instrument de bois ou d'os, dont se servent les cordonniers.

RÉGLURE [ʀeglyʀ] n. f. — 1636 ; *reiglure,* 1549 ; de *régler.*

♦ Techn. Opération qui consiste à régler* (I.) du papier (spécialt, du papier à musique). — (1674). Manière dont le papier est réglé, ensemble des lignes* horizontales ou verticales qui y sont ainsi tracées. *Une réglure fine, égale et bien marquée* (→ Note, cit. 1).

RÉGNANT, ANTE [ʀeɲɑ̃, ɑ̃t] adj. — V. 1350 ; n. m., « règne », 1138 ; p. prés. de *régner.*

♦ **1.** Qui règne, exerce le pouvoir royal, souverain. *Le roi, le souverain, le prince régnant. Famille régnante,* dont le chef règne, ou dont les descendants règnent successivement (→ Plébéien, cit. 6).

♦ **2.** (V. 1460). Fig., littér. Qui domine, qui a cours. *Les idées régnantes. L'opinion, la religion régnante.* ⇒ **Dominant** (→ Prosélyte, cit. 2). *Les tribunaux condamnent au nom de la morale* (cit. 13) *régnante.*

RÈGNE [ʀɛɲ] n. m. — Fin Xᵉ, « royaume » ; empr. du lat. *regnum.*

★ **I.** ♦ **1.** Vx. Royaume.

♦ **2.** (1762). Fig. *Règne minéral, règne végétal* (→ Drogue, cit. 1), *règne animal* (→ Bête, cit. 1 ; généalogique, cit. 2 ; prototype, cit. 1) : les trois grandes divisions de la nature sensible selon la classification de Linné. — REM. On ne dit plus *règne minéral* et la limite entre les règnes *animal* et *végétal* est incertaine. — *Étude du règne végétal* (⇒ **Botanique**), *animal* (⇒ **Zoologique**). *Règne bactérien. Division d'un règne en embranchements* et en classes*. Le Règne animal distribué d'après son organisation,* œuvre de Cuvier.

> Je prévois qu'on pourra nous faire deux objections, la première, c'est que ces grandes divisions que nous regardons comme réelles, ne sont peut-être pas exactes, que, par exemple, nous ne sommes pas sûrs qu'on puisse tirer une ligne de séparation entre le règne animal et le règne végétal, ou bien entre le règne végétal et le minéral (...)   BUFFON, Hist. nat., 1ᵉʳ discours.   1

> Aux yeux du naturaliste, zoologie et botanique sont inséparables (...) Toutefois le monde vivant est si vaste que s'est maintenue pour les hommes de science, en dépit de l'identité foncière des deux règnes, l'habitude de conserver les distinctions admises par les profanes (...)
>   F. MOREAU, *in* Encycl. Pl., Botanique, Introd., p. 12.   2

♦ **3.** [a] Philos. anc. Vaste ensemble d'êtres unis et gouvernés par un principe commun (Lalande). « *Le règne physique de la nature et le règne moral de la grâce* » (Leibniz). ⇒ **Monde.** *Correspondances, harmonies entre les règnes.*

[b] Relig. *Le règne de Dieu.* ⇒ **Royaume** (→ Instaurer, cit. 3). « *Notre Père qui êtes aux cieux, Que Votre règne arrive...* » (Évangile selon saint Luc, XI, 2).

> *Que votre règne arrive.* Quoi ? si vous ne le demandiez pas, le règne de Dieu ne viendrait pas ? Il parle de ce règne qui arrivera à la fin des siècles ; car Dieu règne toujours, et n'est jamais sans régner, lui à qui toute créature obéit. Mais quel règne désirez-vous, sinon celui dont il est écrit : Venez, vous qui avez été bénis par mon Père, et recevez le royaume. Voilà ce qui nous fait dire : *Que votre royaume arrive.* Nous prions que ce royaume soit en nous : nous demandons d'être unis dans ce royaume (...)
>   BOSSUET, Instructions sur les états d'oraison, 1ᵉʳ traité, Add. et Correct., II.   3

★ **II.** (V. 1155). Exercice du pouvoir royal, et, par ext., du pouvoir souverain dans une monarchie (au sens large). ♦ **1.** Vieilli. Le fait de régner (sans notion de durée). ⇒ **Gouvernement** (*infra* cit. 16), 2. **pouvoir.** *Thèbes... craint le règne d'un prince* (→ Province, cit. 2). *Soumettre des provinces à son règne* (→ Baigner, cit. 1).

♦ **2.** Exercice du pouvoir souverain considéré dans sa durée, ses modalités ; période de l'histoire d'un pays pendant laquelle s'exerce ce pouvoir. *Le règne de Louis XIV. Le règne du tsar Pierre le Grand* (→ Despote, cit. 5), *de Napoléon* (→ Anneau, cit. 4). *Sous le règne de...* ⇒ **Époque** (→ Inerte, cit. 6). *Un long règne, les dernières années de son règne. Les faits de son règne* (→ Annales, cit. 1). *Règne paisible* (→ 1. Dire, cit. 87), *glorieux* (cit. 7), *éclatant* (→ Fastueux, cit. 3). *Période entre deux règnes.* ⇒ **Interrègne, régence.**

> Ce règne dont nous voulons peindre quelques années, règne de faiblesse qui fut comme une éclipse de la couronne entre les splendeurs de Henri IV et de Louis-le-Grand, afflige les yeux qui le contemplent, par quelques souillures sanglantes.
>   A. DE VIGNY, Cinq-Mars, II.   4

> 1817 est l'année que Louis XVIII, avec un certain aplomb royal qui ne manquait pas de fierté, qualifiait la vingt-deuxième de son règne.
>   HUGO, les Misérables, I, III I.   5

Par ext. (1636). Période d'exercice d'un pouvoir politique absolu. *Le règne de Robespierre* (→ 2. Outre, cit. 18), *de la Terreur* (→ Anachronisme, cit. 4). — Par anal. *Sous le règne de la Montespan* (→ Luxure, cit. 5).

Régional (au Canada). La vie. *Finir son règne :* mourir.

♦ **3.** (V. 1660). Fig. (De II., 1.). Domination, pouvoir absolu d'une personne, d'une catégorie de personnes. *Le règne des banquiers.* ⇒ **Empire,** 2. **pouvoir.** *C'est le règne du mufle* (→ Foncer, cit. 6).

6 Enfin, dans ces temps où l'on prétendait que l'amour régnait en France, il me semble que la galanterie mettait les femmes, pour ainsi dire, hors la loi. Quand leur règne d'un moment était passé, il n'y avait pour elles ni générosité, ni reconnaissance, ni même pitié.   Mᵐᵉ DE STAËL, De l'Allemagne, I, IV.

♦ **4.** (1670). Influence prédominante (⇒ **Prédominance**), pouvoir absolu d'une chose. *Le règne de la vérité absolue* (→ Fanatique, cit. 5), *de la justice et de la fraternité* (→ Non-sens, cit. 2). *Fonder* (cit. 9 et 23) *le règne de la raison, de la vertu. Nous aspirons au règne du cœur* (cit. 169). — Par ext. Mode ou règle absolue. *Le règne des trois unités* (→ Forme, cit. 47), *de l'hyperbole* (cit. 2).

7 Dans le règne de l'égalité, et il approche, on écorchera vif tout ce qui ne sera pas couvert de verrues.   FLAUBERT, Correspondance, 401, 20 juin 1853.

(Mil. XVᵉ). Vx. *En règne :* en cours, à la mode. ⇒ **Régnant** (Cf. Rousseau, *les Confessions*, VII).

(XXᵉ). Dr. *Règne de la loi :* « régime juridique dans lequel les gouvernants et leurs agents sont assujettis, pour leurs décisions particulières, à l'observation des règles de droit posées par la loi ou le règlement » (Capitant).

★ **III.** (1690). Didact. Couronne suspendue au-dessus du maître-autel, dans certaines églises. — (1652). Chacune des trois couronnes superposées de la tiare pontificale (dite *trirègne*).

RÉGNER [ʀeɲe] v. intr. — Conjug. *céder.* — 980 ; lat. *regnare,* de *regnum.* → Règne.

★ **I.** Exercer le pouvoir monarchique. *Roi, prince qui règne.* ⇒ **Régnant.** *Être en âge de régner* (→ S'asseoir, monter sur le trône*). « *Je chante* (cit. 18) *ce héros qui régna sur la France* ». *Régner pendant vingt ans, régner vingt ans ; les vingt ans que ce prince a régné. Qui ne sait pas dissimuler* (*supra* cit. 1) *ne sait pas régner. Régner par soi-même* (→ Gouverner, cit. 31). « *Le roi n'administre pas, ne gouverne pas, il règne* » (Thiers). ⇒ **Gouverner** (cit. 42 et 43).

1 Moi régner ! Moi ranger un État sous ma loi,
Quand ma faible raison ne règne plus sur moi !   RACINE, Phèdre, III, 1.

2 Les rois ne possèdent pas. Ils « règnent » sur. C'est très différent.
                    SAINT-EXUPÉRY, le Petit Prince, XIII.

(En parlant de Dieu). « *Celui qui règne dans les cieux* » (→ Appartenir, cit. 20 ; et aussi exister, cit. 2).

★ **II.** Par ext. ♦ **1.** (Personnes). Exercer un pouvoir absolu (d'ordre moral, sentimental, etc.). *Régner sur qqn* (→ Effroi, cit. 3 ; esclave, cit. 15). *Régner sur l'esprit d'un homme, d'une femme, avoir une influence absolue* (notamment sentimentale, amoureuse) *sur lui, sur elle* (→ Jalousie, cit. 27). *L'amour* (cit. 11), *passion de régner.* ⇒ **Dominer.** *Elle règne dans la maison* (→ Divinateur, cit. 2 ; espionnage, cit. 2). ⇒ **Reine, roi** (de). — *Régner sur ses passions, sur ses instincts.* ⇒ **Asservir, dominer, maîtriser.** — (Animaux). *La jungle où règnent les fauves.*

3 Il ne dépend pas de nous d'avoir ou de n'avoir pas des passions, mais il dépend de nous de régner sur elles. Tous les sentiments que nous dominons sont légitimes ; tous ceux qui nous dominent sont criminels.   ROUSSEAU, Émile, V.

4 *(Le prêtre)* ne règne que par le dénûment et il succombe par l'opulence.
                    BALZAC, le Médecin de campagne, Pl., t. VIII, p. 438.

♦ **2.** (Mil. XIIᵉ ; choses). Avoir une influence prédominante. *Cette justice et cette fraternité que nous voulons faire régner sur le monde* (→ Non-sionné, cit. 2). *L'amour passionné* (cit. 11) *dévaste les âmes où il règne. Faire régner l'erreur dans le cœur des fidèles* (→ Arracher, cit. 10).

5 Dieu doit régner sur tout, et tout se rapporter à lui. Dans les choses de la chair, règne proprement la concupiscence ; dans les spirituelles, la curiosité proprement ; dans la sagesse, l'orgueil proprement.   PASCAL, Pensées, VII, 460.

6 Une tristesse paisible, un calme désespéré régnaient sur le cœur de Jean-Paul.
                    F. MAURIAC, l'Enfant chargé de chaînes, XV.

(1669). Avoir cours, être en crédit* ou en vogue. *Au temps où régnait l'amour courtois* (cit. 4). *Les opinions qui règnent en France* (→ 1. Penser, cit. 7). ⇒ **Prédominer.** — Impers. *Chez les Turcs, il règne un affreux despotisme* (→ 2. Pouvoir, cit. 16).

7 (...) l'esprit de recherche qui règne aujourd'hui (...)
                    BUFFON, Hist. nat., 1ᵉʳ discours.

(1731). Vx. Sévir* (en parlant de maladies). *Le choléra régnait dans la ville* (→ Quarantaine, cit. 1 ; et aussi pestilentiel, cit. 1).

★ **III.** Dans un sens très affaibli. (Sujet n. de chose). ♦ **1.** (1533). S'être établi (quelque part), exister (en parlant des choses abstraites, non matérielles). *L'horrible confusion qui régnait en Allemagne* (→ Captif, cit. 2). *Le bon accord* (cit. 1) *qui règne entre nous. Faire régner la paix entre...* (⇒ **Accorder**), *faire régner l'ordre* (⇒ **Établir**). *La confiance règne* (→ Maniable, cit. 4). — Iron. (Forme exclamative). *Vous vérifiez tous les comptes ? Eh bien, la confiance règne !* — *L'odeur* (→ Offensant, cit. 4), *la pénombre* (cit. 4), *le silence* (→ Horrible, cit. 7) *qui règne dans un lieu. La température qui règne à 5 000 mètres de profondeur* (→ Fusion, cit. 1).

Aristote (...) estimait en celui-ci *(Théophraste)* un caractère de douceur qui régnait également dans ses mœurs et dans son style.   8
                    LA BRUYÈRE, Discours sur Théophraste.

La propreté qui régnait dans ces différents établissements et leur bon état de réparation attestaient la vigilance du maître.   9
                    BALZAC, le Médecin de campagne, Pl., t. VIII, p. 403.

♦ **2.** (1611). Techn. (archit.). Se dit d'un membre d'architecture ou de décoration qui s'étend* tout au long de (qqch.). → Corridor, cit. 1 ; 1. frise, cit. 1 ; galerie, cit. 1 et 12 ; plinthe, cit. 1.

La maison du Gouverneur (...) est défendue par quelques ouvrages de terre, autour   10
desquels règne un large fossé.   Abbé PRÉVOST, Manon Lescaut, II, p. 210.

DÉR. Régnant.

RÉGNICOLE [ʀeɲikɔl] n. — 1509 ; bas lat. *regnicola,* proprt « qui habite » *(colere),* « le royaume » *(regnum).*

♦ Admin. (terme de chancellerie). Personne qui possède la nationalité (2.) du pays qu'elle habite. *Les régnicoles et les étrangers.*

(Le seigneur) hérite du régnicole, enfant légitime, décédé chez lui sans testament ni héritiers apparents (...)
                    TAINE, les Origines de la France contemporaine, I, t. I, p. 33.

CONTR. Étranger.

RÉGOLITE [ʀegɔlit] n. m. — V. 1970 ; de *reg,* et *-lite,* du grec *lithos* « pierre ».

♦ Géol. Couverture de débris provenant de la fragmentation des roches sous-jacentes. « *La présence de régolite et de glace dans la croûte martienne* » (*la Recherche,* sept. 1979, p. 856).

REGONFLEMENT [ʀ(ə)ɡɔ̃fləmɑ̃] ou (plus cour.) **REGONFLAGE** [ʀ(ə)ɡɔ̃flaʒ] n. m. — 1542, *regonflement ; regonflage,* XXᵉ ; de *regonfler.*

♦ Action de regonfler ; résultat de cette action. *Regonflage d'un pneu.* — (1740). *Regonflement d'une rivière.* ⇒ **Regonfler.**

REGONFLER [ʀ(ə)ɡɔ̃fle] v. — 1555 ; *reconfler,* 1530, intrans. ; de *re-,* et *gonfler.*

♦ **1.** V. intr. Gonfler de nouveau. *Cours d'eau qui regonfle,* dont le niveau s'élève à cause d'un obstacle. *La rivière regonfle.* — (1835). Enfler de nouveau. *Son bras a regonflé.*

♦ **2.** V. tr. Gonfler (qqch.) de nouveau. *Regonfler un ballon, des pneus.* — Redonner un aspect gonflé à. *Regonfler un oreiller* (→ Couverture, cit. 2). — (1927 ; Esnault, art. Gonflé). Fig. et fam. *Regonfler qqn, le moral de qqn,* lui redonner du courage. — Au p. p. *Il est regonflé à bloc !* — Pron. *Se regonfler :* reprendre du courage.

Le livre de Jean Hytier sur moi (...) m'avait un peu regonflé. Je pense qu'on n'a rien écrit de meilleur sur mon œuvre (...) Oui, ce livre m'a réconforté (...) m'aurait réconforté : car que me reste-t-il aujourd'hui de ce qui faisait ma valeur ?
                    GIDE, Journal, 25 août 1938, Pl., p. 1314.

DÉR. Regonflement ou regonflage.

REGORGEANT, ANTE [ʀ(ə)ɡɔʀʒɑ̃, ɑ̃t] adj. — 1635 ; p. prés. de *regorger.*

♦ Vx. Rempli, débordant. *Une lettre regorgeante de vérité* (→ Détailler, cit. 4).

Le vin fumeux de la santé et de la joie coule impétueusement dans leurs corps trop nourris ; il déborde, comme une sève regorgeante, en carnations splendides, en gestes abandonnés, en gaietés colossales, en fureurs superbes (...)
                    TAINE, Philosophie de l'art, t. II, p. 308.

REGORGEMENT [ʀ(ə)ɡɔʀʒəmɑ̃] n. m. — 1538 ; de *regorger.*

♦ Rare. Action de regorger (2.), débordement. — (1560). Pathol. Écoulement de l'urine qui s'échappe par trop-plein de la vessie, lorsque celle-ci ne se contracte plus.

REGORGER [ʀ(ə)ɡɔʀʒe] v. — Conjug. *bouger.* — 1360 ; de *re-,* et *gorge.*

★ **I.** V. intr. Vx. ♦ **1.** (1580). Rendre par la gorge. ⇒ **Dégorger, vomir.** *Manger jusqu'à regorger, jusqu'à crever* (cit. 12).

♦ **2.** S'épancher* hors d'un contenant trop plein. ⇒ **Déborder.** *Liquide qui regorge.* — Fig. *Sous son menton regorgeaient trois plis* (cit. 11) *de chair.*

(On verra) dans ce palais même (...)   1
Le sang de vos sujets regorger jusqu'à vous.   RACINE, Esther, III, 4.

♦ **3.** « *Être fort abondant... L'argent regorge sur la place* » (Académie).

★ **II.** V. tr. ind. (XVᵉ). **REGORGER DE :** avoir en surabondance. — (Choses). *Région qui regorge de richesses.* ⇒ **Abonder, foisonner ; abon-**

dance, pléthore. *Gâteau de cire qui regorge de miel* (→ Essaimage, cit.). — (1672; personnes). *Personne qui regorge d'argent.* ⇒ **Crever** (cf. Être plein de...). *Une poignée de gens qui regorgent de super-fluités* (→ Nature, cit. 42). — *Regorger de santé.*

2   Cet appartement (...) qui regorgeait de toutes les belles choses vulgaires que pro-cure l'argent, prenait le premier étage d'un ancien hôtel, entre cour et jardin.
BALZAC, la Cousine Bette, Pl., t. VI, p. 236.

CONTR. Manquer.
DÉR. Regorgeant, regorgement.

RÉGOSOL [Regosɔl] n. m. — V. 1960; de *reg*, et 2. *sol.*

♦ Géol. Sol constitué principalement de matière minérale.

REGOÛTER [R(ə)gute] v. tr. — xvᵉ, intrans.; de *re-*, et *goûter.*

♦ **1.** Vieilli. Goûter (II., 2.) de nouveau, faire un second goûter.

♦ **2.** (1549). Goûter (I., 1.) une seconde fois. *Regoûter un mets après l'avoir assaisonné.* — Fig. *Regoûter un plaisir ancien.*

REGRADATION [R(ə)gradɑsjɔ̃] n. f. — V. 1965; de *re-*, et *(dé)gra-dation (de l'énergie).*

♦ Didact. Processus (inverse de la dégradation) par lequel un système accroît son potentiel d'énergie.

Le fonctionnement même du système entraîne nécessairement des dégradations énergétiques et structurales (...). Chacune de ces dégradations se trouve compen-sée, plus ou moins rapidement, par une ou plusieurs régulations. Mais la regrada-tion d'un organe ou d'une fonction n'est possible que par le travail fourni par un autre organe ou une autre fonction.
F. MEYER, Biologie, *in* Encycl. Pl., Logique et Connaissance scientifique, p. 787.

REGRADER [R(ə)grade] v. tr. — V. 1965; de *re-*, et *(dé)grader.*

♦ Didact. Causer la regradation de (un système fonctionnel).

Des régulations entrent (...) en jeu pour regrader cette nouvelle dégradation locale, et ainsi de suite en une constante cascade de chutes entropiques (...)
F. MEYER, Biologie, *in* Encycl. Pl., Logique et Connaissance scientifique, p. 787.

REGRAT [R(ə)gra] n. m. — 1219; subst. verb. de *regratter.*
Vieux.

♦ **1.** Comm. Vente de menues denrées au détail et de seconde main. *Regrat du sel, sous l'Ancien Régime* (→ Ligue, cit. 6).

♦ **2.** Vente des restes d'un restaurant.

Vous étiez nourri à bouche que veux-tu, et vous retournerez au regrat (...)
DIDEROT, le Neveu de Rameau, Pl., p. 437.

REGRATTAGE [R(ə)grataʒ] n. m. — 1680; de *regratter.*
Rare.

♦ **1.** Action de regratter.

♦ **2.** Vx. Charge de regrattier (1.).

REGRATTER [R(ə)grate] v. — xiiiᵉ; de *re-*, et *gratter.*

★ **I.** V. tr. ♦ **1.** (1611; «remettre à neuf [qqch.]», 1538). Fig., vx. Repolir (une œuvre littéraire). «*(...) regratter un mot douteux au jugement*» (Régnier, *Satires*, IX).

♦ **2.** (1675). Gratter de nouveau. — Gratter la pierre de (un bâti-ment) pour ravaler. *Regratter un mur, une façade.*

★ **II.** V. intr. Fig., vx. Faire de petits bénéfices en revendant de seconde main. ⇒ **Regrat, regrattier.** — (1694). Faire des réductions, de petites économies en épluchant les comptes. «*C'est un homme qui regratte sur tout*» (Académie). ⇒ **Racler.**

DÉR. Regrat, regrattage, regratterie, regrattier.

REGRATTERIE [R(ə)gratri] n. f. — V. 1268; de *regratter.*

♦ Vx. Commerce du regrattier. — (V. 1534). Boutique de regrattier.

REGRATTIER, IÈRE [R(ə)gratje, jɛR] n. et adj. — 1180; de *regratter.*

♦ **1.** Anciennt. Personne qui faisait le commerce de regrat*, et, en particulier, le regrat du sel.

(Le) vieux regrattier napolitain qui vendait aux filles de la rue Froidmanteau les débris des repas les plus somptueux faits en ville (...)
BALZAC, Gambara, Pl., t. IX, p. 470.

♦ **2.** (1694). Vx. Personne avare, d'une mesquinerie sordide.

REGRÉER [R(ə)gree] v. tr. — 1666; de *re-*, et *gréer.*

♦ Mar. *Regréer un navire,* en remplacer le gréement.

REGREFFER [R(ə)gRefe] v. tr. — 1680; de *re-*, et *greffer.*

♦ Greffer une seconde fois. *Regreffer un arbre.* — Par métaphore :

Il faudrait, pour le rendre tel qu'il doit être, un Homme, le regreffer à la cam-pagne, pour ainsi dire, en l'y élevant depuis sa naissance, jusqu'à quinze à vingt ans, selon qu'il serait ou tardif ou précoce.
RESTIF DE LA BRETONNE, la Vie de mon père, p. 90.

REGRÈS [R(ə)gRɛ] n. m. — 1907; «retour», 1210; «faculté de reve-nir sur la cession d'un bénéfice», xiiᵉ; lat. *regressus* «action de reve-nir en arrière».

♦ *Évolution régressive.* ⇒ **Régression.** *Progrès et regrès.*

REM. L'homonymie rend cette forme peu utilisable. La variante *régrès* [RegRɛ] est conforme à la prononciation de *régresser.*

Ce mouvement, qui est de pure forme, rend compte des progrès et des régrès de l'œuvre : c'est une pure tactique langagière, qui se déploie *en l'air,* hors de tout horizon stratégique.
R. BARTHES, Roland Barthes, p. 166.

HOM. Regret.

RÉGRESSER [Regrese] v. intr. — Av. 1949; de *régression,* d'après *progresser.*

♦ **1.** Subir une régression, revenir à un état moins évolué. *Organe qui s'hypertrophie* (cit. 3) *et organe qui régresse. Art qui progresse, fleurit* et régresse.*

♦ **2.** Diminuer, devenir moins vif.

1   Il a devant lui — je sais ce que je dis — un tout petit avenir et il devra s'en con-tenter (...) la douleur maintenant, encore vive, est en train de régresser (...) Un petit avenir bien modeste, une petite sécurité, une retraite, un traitement.
N. SARRAUTE, le Planétarium, p. 273-274.

♦ **3.** Psychiatrie. Être l'objet d'une régression*. *Malade qui régresse au stade infantile.*

2   À la suite d'une frustration subie dans la réalité, le patient a régressé à un point de fixation qui correspond aux problèmes les plus significatifs de son enfance (...)
Daniel LAGACHE, la Psychanalyse, p. 90.

REM. Bien que le verbe soit intransitif, on rencontre dans la langue scientifique le p. p. *régressé, ée.*

3   D'assez nombreux zoologistes considèrent même la vessie natatoire comme un poumon régressé et il est certain qu'en tout cas des rapports de fonction existent entre les deux organes.
A. LEROI-GOURHAN, le Geste et la Parole, t. I, p. 61.

CONTR. Développer (se), **progresser.**

RÉGRESSIF, IVE [Regresif, iv] adj. — 1842; de *régression.*

♦ **1.** Philos. Qui va des conséquences aux principes. *Raisonne-ment régressif.*

♦ **2.** (1870). Qui va en arrière. *Marche régressive.*

1   Le ballet des revolvers fait le temps plus labile, disposant dans l'itinéraire du récit, des retours à zéro, des bonds régressifs analogues à ceux du jeu de l'oie.
R. BARTHES, Mythologies, p. 73.

♦ **3.** (1855). Biol., psychol. Qui constitue une régression, résulte d'une régression. *Évolution régressive. Formes régressives.*

2   Passé une quarantaine d'années, l'organisme humain, dans son ensemble, com-mence à subir des transformations régressives. Certains tissus s'atrophient ou se sclérosent.
Jean ROSTAND, l'Homme, II.

♦ **4.** Géol. *Érosion régressive :* érosion fluviale par laquelle le pro-fil d'une chute d'eau recule vers l'amont.

CONTR. Progressif.
DÉR. Régressivement.

RÉGRESSION [Regresjɔ̃] n. f. — 1374, «retour»; repris xviiiᵉ (sens I.), puis xixᵉ (sens II.); lat. *regressio.*

★ **I.** (1765). Didact. Figure de style qui consiste à reprendre une phrase en mettant les mots ou les groupes de mots en ordre inverse*.

★ **II.** ♦ **1.** (1877). Évolution vers un point de départ. ⇒ **Recul, regrès.** *L'histoire est faite de progressions* (cit. 2) *et de régressions* (→ Période, cit. 3). *Régression de la production.* ⇒ **Récession.** — *La mortalité infantile est en régression, en voie de régression.*

1   La vérité est que la mémoire ne consiste pas du tout dans une régression du pré-sent au passé, mais au contraire dans un progrès du passé au présent.
H. BERGSON, Matière et Mémoire, p. 269.

2   Un art vit de ce qu'il apporte, et non de ce qu'il abandonne. L'idée de sa régres-sion est claire par rapport à lui, non à l'art en soi : un style qui se décompose en idéogrammes est régressé, un art qui va vers un autre style (et ces deux mouve-ments sont souvent mêlés) ne l'est pas; il est clair que l'art roman n'est pas un art antique régressé.
MALRAUX, les Voix du silence, p. 130.

♦ **2.** Spécialt. [a] Géol. *Régression marine :* recul de la mer qui aban-donne définitivement du terrain.

[b] Biol. Retour (d'un tissu, d'un organe) à une forme antérieure de son développement chez un même individu. *Régression de la queue du têtard jusqu'à sa disparition.* — Atrophie (de ce tissu, de cet organe) au cours des générations ou d'un processus phy-

siologique normal. ⇒ **Involution ; orthogénèse.** *Organes rudimentaires provenant d'une régression* (ex. : membres de certains reptiles, doigts du cheval).

3 À considérer l'anatomie des quatre doigts sacrifiés *(du cheval actuel),* il est difficile de dire que ce n'est pas une régression, mais elle est corrélative d'une progression de l'un des doigts, et il ne faut jamais perdre de vue que l'on ne saurait juger du progrès ou de la régression du seul point de vue anatomique, mais il est nécessaire de se placer à celui de la fonction (...)
Jean CARLES, le Transformisme, p. 43.

☐c☐ Psychol., psychan. et cour. Retour à un mode antérieur de comportement, de pensée, de satisfaction. *La régression est la forme la plus précoce de défense psychique (contre la frustration...). Faire une régression ; être en pleine régression.* — (1914, *régression à l'enfance, in* D.D.L.). Didact. (psychan.). Retour à un point du développement psychique, antérieur dans une succession temporelle, ou inférieur quant au niveau d'organisation, au point déjà atteint par le sujet. *Régression temporelle (régression objectale :* retour à un ancien objet de satisfaction ; *libidinale :* retour à un stade libidinal antérieur). ⇒ aussi **Fixation.** *Régression topique :* retour à des représentations proches de la perception, selon l'ordonnance des systèmes de l'appareil psychique. *Régression formelle :* retour à une pensée de structure moins complexe, moins abstraite. *Régression orale :* dans une cure analytique, Fait pour l'analysé de retrouver le langage de la pulsion orale.

4 Certains états psychopathologiques frappants incitent à entendre la régression sur un mode réaliste : le schizophrène, dit-on parfois, redeviendrait un nourrisson, le catatonique retournerait à l'état fœtal. Ce n'est évidemment pas dans le même sens qu'on peut dire de l'obsessionnel qu'il a régressé au stade anal. C'est dans un sens encore plus limitatif eu égard à l'ensemble du comportement qu'on peut parler de régression dans le transfert.
J. LAPLANCHE et J.-B. PONTALIS, Voc. de la psychanalyse, art. *Régression.*

☐d☐ Math. Réduction des données d'un phénomène complexe en vue de le représenter par une loi simplificatrice. *Droite, courbe de régression :* droite, courbe représentative d'une telle loi.

CONTR. Avance, développement, progrès, progression.
DÉR. Régresser, régressif.

RÉGRESSIVEMENT [ʀeɡʀesivmɑ̃] adv. — 1870 ; de *régressif.*

♦ Didact. D'une manière régressive.

REGRET [ʀ(ə)ɡʀɛ] n. m. — 1530 en emploi libre ; *faire regret de* «manifester sa douleur à propos de», v. 1160 ; *avoir regret,* 1373 ; de *regretter.*

Action de regretter*.

★ **I.** État de conscience pénible causé par la perte d'un bien. *Le regret de ce qu'on a perdu** (→ Image, cit. 55). *Regret du pays natal.* ⇒ **Nostalgie** (cit. 12 ; → aussi 3. Mal, cit. 22 et 23 : mal du pays). *Regret pour nos morts* (→ Idolâtrie, cit. 6). — REM. On n'emploie pas *de* avec les n. de personnes. — Vx.*Avoir regret à (qqn, qqch.) :* regretter. — *Chose qui mérite un regret, donne des regrets. Regrets et craintes* (→ 1. Passé, cit. 14), *et espérance* (→ 1. Pratique, cit. 6). *S'attarder* (cit. 4) *aux vains regrets du passé. Les regrets et les remords, représentation du passé** (1. Passé, cit. 15). *Le passé ne m'a laissé que des remords et pas un regret* (→ Arracher, cit. 49). *Regrets nostalgiques. Regrets éternels* (cit. 32), formule d'inscription funéraire. *Regret qui se dissipe, s'éteint* (cit. 40). *« De regrets consumé »* (Racine ; → Brûler, cit. 58). *Expression de regrets douloureux.* ⇒ **Doléance, lamentation, plainte, soupir.** *Quitter un lieu, une personne avec regret* (→ Désirer, cit. 5 ; hospitalier, cit. 1). *Je te quitte sans regret* (→ Maître, cit. 65). *Les Regrets,* poème de Du Bellay. *Les Regrets de la belle heaumière,* ballade de Villon. — REM. En ce sens, *regret* est souvent opposé à *remords.*

1 Je vieillis malheureux en étrange province,
Fuyant la pauvreté : mais las ne fuyant pas
Les regrets, les ennuis, le travail, et la peine,
Le tardif repentir d'une espérance vaine,
Et l'importun souci, qui me suit pas à pas.   DU BELLAY, les Regrets, XXIV.

2 Enfin, du bien passé vient le regret, qui est une espèce de tristesse (...)
DESCARTES, les Passions de l'âme, II, art. 67.

3 (...) qui peut vouloir d'un bonheur acheté au prix de la raison, et dont les plaisirs peu durables sont au moins suivis des regrets, quand ils ne le sont pas des remords ?   LACLOS, les Liaisons dangereuses, L.

4 (...) tous les ans (...) Fabrice obtenait la permission d'aller passer huit jours à Milan. Il vivait toute l'année dans l'espérance ou le regret de ces huit jours.
STENDHAL, la Chartreuse de Parme, I, II.

5 (...) l'image de l'être aimé, contemplée dans le calme mélancolique du regret (...)
PROUST, À l'ombre des jeunes filles en fleurs, Pl., t. I, p. 627.

Vx. *Faire des regrets,* des lamentations, des condoléances (cf. Molière, *les Fourberies de Scapin,* I, 2).

★ **II.** (Mil. XVIᵉ). ♦ **1.** Mécontentement ou chagrin (d'avoir fait..., de n'avoir pas fait dans le passé). — REM. En ce sens, la chose regrettée est considérée comme une action volontaire. ⇒ **Remords, repentir** (→ Avancer, cit. 73 ; licite, cit. 1). — *Le regret de qqch., d'avoir fait qqch. Montrer du regret de s'être mêlé d'une chose* (→ Bavardage, cit. 2), *de n'avoir pas pris parti.* — *(Un, des regrets). Les regrets d'avoir négligé une occasion* (→ Mollesse, cit. 4). *Regret d'avoir offensé qqn..., Dieu.* ⇒ **Attrition, componction, contrition,**

---

pénitence, résipiscence. *Un regret mortel d'être cause* (cit. 27) *que... Je n'ai qu'un regret, c'est de...* (→ Jamais, cit. 10). — Vx ou littér.*Avoir regret. Les regrets d'un esprit scrupuleux* (→ Distraire, cit. 18). *Regrets amers, tardifs. Être rongé de regrets* (→ Si j'avais su*!). — Fam. *C'est votre dernier mot ? Sans regret ?* — (Avec un nom). *Le regret d'une faute* (peu usité, à cause de l'ambiguïté avec le sens 1.). — REM. En ce sens, le *regret* peut être un *remords.*

6 Nos ans sans retourner s'envolent comme trait,
Et ne nous laissent rien sinon que le regret,
Qui nous ronge le cœur de n'avoir osé prendre
Les jeux et les plaisirs de la jeunesse tendre.   RONSARD, Élégies, II, Iᵉʳ discours.

7 Notre repentir n'est pas tant un regret du mal que nous avons fait, qu'une crainte de celui qui nous en peut arriver.   LA ROCHEFOUCAULD, Maximes, 180.

8 Ce n'est pas ce que l'on a fait que l'on regrette ici ; mais bien ce que l'on n'a pas fait et que l'on aurait pu faire. Et, même, le regret prend alors la couleur sombre du repentir.   GIDE, Journal, 21 janv. 1929.

Loc. Vx ou régional.*Avoir regret de quelque chose.*

9 — Il y a des moments, répondit Jean, où l'on perd la tête et ensuite, je ne te dis pas qu'on n'en ait pas regret.   Ch.-L. PHILIPPE, Père Perdrix, II, I.

♦ **2.** Déplaisir causé par une réalité qui contrarie une attente, un désir, un souhait. ⇒ **Déception.** *Le regret de ne pouvoir être ce qu'on voudrait, de n'avoir pas réussi. Mon regret d'arriver si vite à Turin* (→ Figure, cit. 16). *Il exprimait le regret qu'un compositeur aussi bien doué se fourvoyât* (cit. 7) *dans le métier.* ⇒ **Déplorer.**

Loc. Vx.*Avoir regret à :* regretter, déplorer.

10 (...) les pluies nous empêchent de faire les foins, et nous avons grand regret à cette perte.   Mᵐᵉ DE SÉVIGNÉ, 837, 31 juil. 1680.

11 Je ne suis pas de ceux qui, tournant le dos à leur siècle, désolés de venir si tard, se rongent dans le vain regret de n'avoir point vécu sous un autre millésime (...) et pleurent les temps disparus.   Émile HENRIOT, le Diable à l'hôtel, VI.

Loc. adv. (V. 1460). À REGRET : contre son désir. ⇒ **Cœur** (à contrecœur). Cf. De mauvaise grâce ; avec peine, répugnance. *Accepter qqch. à regret* (→ Dirigisme, cit. 1). *Laisser à regret une lecture* (→ Naturalisme, cit. 4). *Dépenser, donner à regret.* ⇒ **Plaindre, pleurer.** — Littér. (En parlant des choses). *La terre « but* (→ 1. Boire, cit. 23) *à regret le sang des neveux d'Erechthée »* (→ aussi Diamant, cit. 11).

12 Le plus semblable aux morts meurt le plus à regret.
LA FONTAINE, Fables, VIII, 1.

13 Va chez elle : dis-lui qu'importun à regret
J'ose lui demander un entretien secret.   RACINE, Bérénice, I, 1.

14 Un toit que la fumée quitte à regret.   J. RENARD, Journal, 21 mars 1904.

Argot (vx). *L'abbaye de Monte-à-regret :* l'échafaud.

♦ **3.** Déplaisir qu'on exprime d'être dans la nécessité de..., d'être responsable de (la situation présente). Cf. Être désolé, fâché, navré (cit. 9) de... ⇒ **Regretter.** *J'ai le regret de ne pouvoir satisfaire votre curiosité* (→ Attention, cit. 23 ; et aussi coopérer, cit.). — Vx. *Avoir regret. J'ai regret de troubler vos fiançailles* (→ Mystère, cit. 6). — *Tous mes regrets.* ⇒ **Excuse.** *Mille regrets. Être au regret d'annoncer que... Je suis au regret de vous annoncer...*

15 Quinette reprit en ricanant :
— Je vois bien que vous préféreriez un restaurant de luxe avec des tziganes ? Tous mes regrets.   J. ROMAINS, les Hommes de bonne volonté, t. II, XVII, p. 196.

CONTR. Consolation, satisfaction.
HOM. Regrès.

REGRETTABLE [ʀ(ə)ɡʀɛtabl] adj. — 1478, *regretable* ; de *regretter.*

♦ **1.** Vx. Digne d'être regretté. ⇒ **Regretter** (I.). *Une personne, un avantage regrettable.*

1 C'était un mauvais camarade
Un fort méchant sujet, qui, dans ces derniers temps
Se gâtait tous les jours (...)
Il était quinteux, menteur, ingrat
Peu regrettable au fond (...)   HUGO, Marion Delorme, III, 3.

2 (...) mes meilleures heures, celles qui seront un jour pour moi les plus regrettables.
E. FROMENTIN, Un été dans le Sahara, p. 185.

3 (...) des trois bouteilles que je pris soin d'emporter, l'une se brisa malheureusement sur la tête (...) l'autre se cassa dans ma poche pendant ma fuite. Elles sont toutes deux regrettables.
FRANCE, la Rôtisserie de la reine Pédauque, XVII, Œ., t. VIII, p. 179.

♦ **2.** (1870). Mod. Qui est à regretter pour avoir causé un inconvénient, un dommage. ⇒ **Malheureux.** *Un incident, une faute, une erreur regrettable.* ⇒ **Fâcheux.** *Conséquences regrettables.* ⇒ **Désagréable, funeste.** *Une regrettable manie* (→ Inversion, cit. 4). *Une distraction regrettable* (→ Diminuer, cit. 17). *Voilà qui est regrettable, ce qu'il y eut de plus regrettable* (→ Corseter, cit. 2 ; établir, cit. 42). ⇒ **Déplorable, désespérant, misérable.** — Impers. *Il est regrettable que...* (et subj.). ⇒ **Dommage ; malheureux** (→ 1. Penser, cit. 38 ; quel, cit. 26).

CONTR. Désirable, souhaitable.
DÉR. Regrettablement.

REGRETTABLEMENT [ʀ(ə)ɡʀɛtabləmɑ̃] adv. — 1838 ; de *regrettable.*

♦ Littér. D'une manière regrettable (2.). *Il s'est regrettablement immiscé dans cette affaire.*

REGRETTER [ʀ(ə)gʀete ; ʀ(ə)gʀɛte] v. tr. — V. 1460 ; « se lamenter sur la perte de qqn », v. 1050 ; p.-ê. de l'anc. scandinave *grâta* « pleurer », étym. écartée par Guiraud, qui évoque un dér. de la famille du lat. *crepitare* « bruire » et, fig., « parler sans cesse de... », *recrepitare* signifiant « faire éclater sa douleur (en cris et lamentations) » (Guiraud).

★ **I.** ♦ **1.** Éprouver le désir douloureux de (un bien qu'on n'a plus, un bonheur passé) ; être fâché de ne plus avoir (ce qu'on a eu). *Regretter le temps passé* (→ Devancier, cit. 2), *sa jeunesse..., son bonheur perdu.* ⇒ **Pleurer ; lamenter** (se). *Il regrettait ses montagnes depuis qu'il vivait dans la plate Beauce* (→ Incident, cit. 3). *Je ne regrette rien de cette Babylone* (→ Entendre, cit. 73).

Par ext. Rare. (En parlant d'un bien imaginaire, qu'on aurait pu avoir). → ci-dessous, cit. 4, Valéry.

1 Ainsi le bon temps regrettons
Entre nous, pauvres vieilles sottes (...) VILLON, le Testament, LVI.

2 Vous serez au foyer une vieille accroupie,
Regrettant mon amour et votre fier dédain.
RONSARD, Sonnets pour Hélène, II, XLIII.

3 Et il était comme le jardinier devenu roi qui, obligé à chausser des sandales de pourpre, regrette ses sabots lourds de glaise et de pauvreté.
Francis JAMMES, le Roman du lièvre, p. 47.

Absolt. *Regretter est vain. Tu regardes en arrière, ton lot* (cit. 9) *est de regretter toujours.*

Par ext. Rare. Être fâché de ne pas avoir, de ne pas connaître.

4 Il est naturel et absurde de regretter les belles choses qui ne sont pas faites, et qui nous semblent encore avoir été possibles, bien après que l'événement a démontré qu'il n'y avait pas de place pour elles dans le monde.
VALÉRY, Variété, in Œ., t. I, Pl., p. 493 (cf. Beau, cit. 57).

(1801). *Regretter son argent :* être fâché d'avoir fait une dépense.

♦ **2.** (1538). Ressentir péniblement l'absence, le départ de (qqn). *Je vous regretterai longtemps* (→ Éteindre, cit. 40). — Ressentir la mort de (qqn). → Mourir, cit. 6. *J'eus un maître autrefois que je regrette fort* (→ Attendre, cit. 118). *Personnes qu'on regrette plus qu'on n'en est affligé* (cit. 14). *Elle la regretta et la pleura* beaucoup* (→ Consoler, cit. 4). *Mourir regretté ou mourir exécré* (cit. 1).

5 Eh! qu'ai-je fait pourtant?... Que du bien. Les ingrats,
Ils me regretteront, mais après mon trépas. FLORIAN, Fables, V, 14.

6 Ne me regrettez pas : mon mépris pour vous était égal à mon admiration.
BALZAC, Splendeurs et Misères des courtisanes, Pl., t. V, p. 1036.

Pron. (Récipr.). *Personnes séparées qui se regrettent* (→ Monde, cit. 40). — (Réfléchi) :

7 La vicomtesse d'Houdetot, encore jeune, se mourait d'une affection de poitrine ; elle parut forcer rêveuse quelques jours avant sa mort. À quoi rêvez-vous, lui demanda-t-on? *Je me regrette,* répondit-elle. P. LAROUSSE, Dict., art. *Regretter.*

★ **II.** (1668). ♦ **1.** Être mécontent (d'avoir fait ou de n'avoir pas fait). *Il commence à regretter son attitude, sa confiance, son indulgence. Vous me feriez regretter ma patience!* — (Le complément est un pronom). *Je ne regrette rien.* Cf. *Je le referais ; « je le ferais* (cit. 56) *encor si c'était à refaire ». Vous le regretterez!* — (En encouragement à agir). *Vous ne le regretterez pas! Elle n'a rien à regretter, la chose n'en valait pas la peine* (cf. Elle n'a rien perdu).

8 Revenons à notre sujet : accompagnez-moi chez Legrain, vous ne le regretterez pas. G. DUHAMEL, Salavin, V, IV.

Trans. ind. **REGRETTER DE...** (et inf.). ⇒ **Repentir** (se). *Elle regrette d'être venue* (→ Calculateur, cit. 3 ; ennui, cit. 18). *Il regrettait amèrement* (cit. 3) *de n'y être pas allé. Je ne regrette pas d'avoir fait cette expérience* (→ Cachot, cit. 4).

9 Et autant que je peux me représenter le sens dans lequel s'oriente l'activité de votre agence, vous n'auriez pas à regretter de vous être mis en rapport avec eux.
J. ROMAINS, les Hommes de bonne volonté, t. V, VI, p. 50.

Être mécontent de (ce qu'on a fait), désavouer (une conduite passée). *Regretter une faute, ses péchés*. Regretter des paroles dures* (→ Échapper, cit. 19). *Je regrette mon geste et présente* (cit. 10) *mes excuses. Regretter un don. Il regrettait les dîners qu'il lui avait offerts* (→ 1. Livre, cit. 42). *« Ce qu'on donne* (cit. 25) *aux méchants, toujours on le regrette ».*

10 Regretter ses fautes, c'est bien ; les réparer en exerçant la vertu contraire, c'est mieux. Max JACOB, Conseils à un jeune poète, p. 104.

11 (...) je crains que tu ne cèdes encore une fois, un peu légèrement, à un mouvement généreux que tu regretteras quand il sera trop tard.
J. CHARDONNE, les Destinées sentimentales, p. 293.

♦ **2.** Désapprouver, être mécontent de (ce qui contrarie une attente, un désir, un souhait). ⇒ **Déplorer, désapprouver.** *Regretter la perte, la suppression, le retrait de...* (→ Épigrammatique, cit.). *Je regrette cette décision* (→ Honorable, cit. 12). *Une inaptitude que j'ai vivement regrettée* (→ Gouverner, cit. 46). — *Regretter d'être trop vieux pour..., d'être ignare* (cit. 2) *dans un domaine.*

12 On regrette de vivre encore, quand on apprend de pareilles horreurs (...)
LACLOS, les Liaisons dangereuses, CLXXI.

REGRETTER QUE... (et subj.). *Je regrette qu'il soit sorti, que vous ne l'ayez pas vu.* ⇒ **Dommage** (que). *Il regrettait qu'il n'y ait pas un*

uniforme de l'École (→ Habit, cit. 15). — *Il est à regretter que...* ⇒ **Regrettable** (→ Gaulois, cit. 7).

13 Ils vécurent longtemps comme deux époux, et il est à regretter que l'orgueil des Lorédans, blessé de cette liaison publique, ait détruit le portrait de Béatrice (...)
A. DE MUSSET, Nouvelles, « Fils du Titien », VIII.

14 Comme lui *(Polyeucte)* regrette que Sévère ne soit pas chrétien, il faut, il veut *(Corneille)* que Sévère aussi regrette que Polyeucte ne soit pas demeuré païen.
Ch. PÉGUY, Note conjointe, Sur Descartes, p. 187.

♦ **3.** Trans. ind. **REGRETTER DE...** (et inf.). Se montrer fâché auprès de qqn (d'une action, d'une situation dont on est responsable). ⇒ **Excuser** (s') ; → Être désolé*, navré*, au désespoir* de, au regret* de. *Je regrette de vous avoir fait attendre. Je regrette d'avoir été aussi vif* (→ Fâcher, cit. 19). — Absolt. *Je regrette,* formule pour contredire ou s'excuser. *« Tu l'as ratée. — Je regrette* (⇒ **Pardon**), *je ne l'ai pas ratée »* (→ Ping-pong, cit.). *« La rue X, s'il vous plaît? — Je regrette, je ne suis pas du quartier ».*

15 Il fut charmant au demeurant, confus d'être si mal tombé : — Combien je regrette, vraiment (...) je ne sais comment me faire excuser!
COURTELINE, Messieurs les ronds-de-cuir, 2ᵉ tableau, II.

▶ **REGRETTÉ, ÉE** p. p. adj. *Un passé regretté.* — (1683). Antéposé à un nom de personne. Défunt, décédé. *Notre regretté président. Le regretté X...*

CONTR. Féliciter (se), réjouir (se réjouir de...). — (De II., 2.) Désirer, souhaiter.
DÉR. Regret, regrettable, regretteur.

REGRETTEUR, EUSE [ʀ(ə)gʀetœʀ, øz] n. — 1866 ; de *regretter.*

♦ Rare. Personne qui regrette (qqch., qqn). *Les regretteurs du passé.*

REGRÈVEMENT [ʀ(ə)gʀɛvmɑ̃] n. m. — xvᵉ, *ragrevement, regrevance* « aggravation d'une peine » ; de *re-,* et *grever.*

♦ Fin. Augmentation de l'impôt. ⇒ **Surimposition.**

CONTR. Dégrèvement, remise.

REGRIMPER [ʀ(ə)gʀɛpe] v. — 1549 ; de *re-,* et *grimper.*

♦ **1.** V. intr. Grimper de nouveau. ⇒ **Remonter.** — Fig., fam. *Courbe de température qui regrimpe.*

Ils poussèrent jusqu'à la place Saint-Michel, prirent une absinthe, « la dernière », et regrimpèrent sur un omnibus en partance.
A. ALLAIS, Contes et Chroniques, p. 263.

♦ **2.** V. tr. *Regrimper la pente.*

REGROS [ʀəgʀo] n. m. — 1808 ; de *re-,* et *gros.*

♦ Techn. Grosse écorce de chêne utilisée pour faire le tan*.

REGROSSIR [ʀ(ə)gʀosiʀ] v. intr. — 1831 ; v. tr., « élargir les hachures (d'une gravure) », 1829 ; de *re-,* et *grossir.*

♦ Grossir de nouveau, grossir après avoir maigri (cf. Reprendre du poids). *Le malade a un peu regrossi.*

REGROUPEMENT [ʀ(ə)gʀupmɑ̃] n. m. — Fin xixᵉ ; de *regrouper.*

♦ **1.** Action de regrouper, de se regrouper ; son résultat. *Regroupement d'hommes, de forces. Regroupement de populations en temps de guerre* (pour la surveillance, la protection...). — *Regroupement de parcelles* (remembrement). — *De regroupement.*

1 Dans les traits du malade s'opérait un travail de regroupement, un effort laborieux, mais sans colère. G. DUHAMEL, Salavin, VI, XXIII.

2 Nous n'imaginions donc rien moins qu'une organisation qui nous permettrait à la fois d'éclairer les opérations alliées grâce à nos renseignements sur l'ennemi, de susciter sur le territoire la résistance dans tous les domaines (...) enfin de préparer le regroupement national qui, après la victoire, remettrait le pays en marche.
Ch. DE GAULLE, Mémoires de guerre, t. I, p. 128.

3 (...) l'abomination des camps de regroupement où plus d'un million d'êtres humains sont parqués (...) F. MAURIAC, le Nouveau Bloc-notes 1958-1960, p. 205.

♦ **2.** Sports. Mouvement par lequel le corps se rassemble en équilibre.

REGROUPER [ʀ(ə)gʀupe] v. tr. — Fin xixᵉ ; de *re-,* et *grouper.*

♦ **1.** Grouper, unir de nouveau (ce qui était dispersé). *Regrouper les hommes d'une armée, d'un parti ; regrouper des forces.* — Par ext. *Regrouper une armée.* ⇒ **Reformer.** *Regrouper des pièces de collection.*

♦ **2.** Grouper (des éléments nombreux, dispersés...). ⇒ **Rallier, réunir.** *Regrouper les populations, les industries...*

1 Il restera la troisième équipe de prospection à regrouper (...)
CAMUS, la Peste, p. 226.

▶ **SE REGROUPER** v. pron.

♦ **1.** (1926). Sujet au plur. *Se regrouper :* se remettre en groupe. *Se* *regrouper autour de, derrière qqn. Oiseaux* (cit. 14) *qui s'émiettent en compagnies puis se regroupent.*

♦ **2.** (1924). Sports. «Se dit de l'athlète qui rassemble son corps en équilibre, retrouve le rythme normal de l'effort» (Petiot).

▶ **REGROUPÉ, ÉE** p. p. adj. *Populations regroupées.*

Toute la petite tribu, regroupée, silencieuse, de l'autre côté de l'avenue Faidherbe, sous le magnolier, nous regarda finir notre apéritif.
CÉLINE, *Voyage au bout de la nuit*, p. 130.

CONTR. Développer, disperser, disséminer, morceler.

DÉR. Regroupement.

RÈGUE [ʀɛg] n. f. — 1875; anc. provençal *rega*, gaulois **rica.*

♦ Régional (Midi). Sillon.

HOM. Reg.

RÉGUL [ʀegyl] adj. — 1927; abrév. de *régulier.*

♦ Pop. Juste, légitime. ⇒ **Réglo.** *C'est régul :* c'est régulier. «*Le PC est "régul", estime le député socialiste*» (*le Point,* janv. 1982, p. 36).

Imagine que cet empapaouté fasse le têtu : moi, je le chatouille un peu, c'est régul!... Imagine qu'y me canne dans les pognes? c'est des choses qui peuvent arriver!...
Albert SIMONIN, *Touchez pas au grisbi*, p. 152.

HOM. 1. Régule, 2. régule, formes du v. réguler.

RÉGULARISATION [ʀegylaʀizasjɔ̃] n. f. — 1819; de *régulariser.*

♦ **1.** Action de régulariser qqch.; son effet, son résultat.

♦ **2.** (1870). Le fait de régulariser sa situation par un mariage.

♦ **3.** L'action de régulariser; le fait d'être régularisé. *Régularisation du mouvement d'une horloge par un pendule*.* — Géogr. Réduction des irrégularités du relief. — *Régularisation d'un littoral, d'une côte :* réduction des saillants et des creux de la ligne littorale, par l'action des eaux marines.

RÉGULARISER [ʀegylaʀize] v. tr. — 1794; du lat. *regularis.*

★ **I.** ♦ **1.** Rendre régulier (I., 1.), conforme aux lois, aux règlements; mettre en règle*. *Régulariser un compte.*

♦ **2.** (1904). *Régulariser sa situation,* ou, absolt, *régulariser :* épouser une personne avec qui on a une liaison.

En juillet 1884, Jeanne se vit offrir ce qu'elle n'espérait plus : le mariage. Encore qu'il ne songeât ni à se ranger ni à s'assagir, Albert se résignait à régulariser. Il le fallait bien. Jeanne était à nouveau enceinte.
Edmonde CHARLES-ROUX, *l'Irrégulière*, p. 65.

★ **II.** Rendre régulier (ce qui est désordonné, inégal, intermittent, etc.). *Régulariser le fonctionnement d'un appareil.* ⇒ **Régler;** réglage, régularisation, **régulation; balancier, modérateur, régulateur.** *Régulariser le trafic sur une voie ferrée.* — *Régulariser un fleuve.* — Pron. *Mécanisme qui se régularise automatiquement.*

DÉR. Régularisation.

RÉGULARITÉ [ʀegylaʀite] n. f. — 1370; var. *régulaireté;* du lat. *regularis* «régulier».

★ **I.** (Choses). ♦ **1.** Caractère, qualité d'une chose ou d'une personne qui est régulière* (I., 1.); conformité aux règles. *Régularité d'une élection* (→ Inéligibilité, cit.).

♦ **2.** (1680). Fait de présenter des proportions* régulières. *Régularité d'une façade* (⇒ **Symétrie, unité),** *du plan d'une ville. Régularité du visage, des traits.* ⇒ **Harmonie** (→ Idée, cit. 26).

(...) le visage tout jeune, d'une finesse et d'une régularité exquises (...)
LOTI, *les Désenchantées*, IV, XXI.

♦ **3.** Caractère de ce qui est égal, uniforme, régulier (I., 3.). *La régularité de son pas, de son allure. Régularité de la qualité, des résultats.* ⇒ **Égalité, homogénéité.** — *Régularité des habitudes, de la vie, des mœurs.* ⇒ **Règle** (II., 5.). — Loc. *Une régularité d'horloge*, de chronomètre...*

C'est une coutume italienne que cette promenade de tous les jours à la même heure. Une telle régularité serait impossible dans un pays où les plaisirs sont aussi variés qu'à Paris (...)
Mme DE STAËL, *De l'Allemagne*, I, VII.

♦ **4.** (Mil. XVIIe). Vx (langue class.). Règle (d'un art, d'une pratique). ⇒ 1. **Loi.** *Connaître les régularités d'un art.* — Conformité aux règles littéraires (d'une œuvre; d'un auteur).

★ **II.** (Personnes). ♦ **1.** Vx. Exacte observation des devoirs de la morale et de la religion. *Régularité, piété édifiante.* — Relig. Exacte observation de la règle* d'un ordre, d'un couvent (→ Esprit, cit. 174).

♦ **2.** Vieilli. Respect de la norme; conformité aux habitudes réglées. *Faire preuve de régularité dans son travail, dans ses mœurs, dans*

son service. ⇒ **Discipline, rigueur.** — REM. De nos jours, le mot est compris comme «conformité dans l'utilisation régulière du temps» (cf. ci-dessus, I., 3.). ⇒ **Assiduité, exactitude, ponctualité.** — *Régularité à faire qqch.* ⇒ **Constance.**

CONTR. Irrégularité. — Anomalie, écart. — Bizarrerie. — Difformité. — Inégalité. — Intermittence. — Excentricité.

RÉGULATEUR, TRICE [ʀegylatœʀ, tʀis] adj. et n. — Après 1750; «qui dirige», 1508; dér. sav. du bas lat. *regulare* «régler».

★ **I.** Qui règle, qui régularise. *Action, force régulatrice.* — Physiol. *Hormones régulatrices.* — Embryol. *Induction régulatrice.* ⇒ **Régulation.** — *Gare** (1. Gare, cit. 5) *régulatrice,* ou, ellipt., *une régulatrice.* — Mécan. *Mécanisme régulateur d'une horloge :* balancier, compensateur, échappement. *Dispositifs régulateurs en cybernétique* (cf. ci-dessous, II., 2.).

L'analyse et le perfectionnement des dispositifs régulateurs, des servo-mécanismes, des procédés de contre-réaction dans les appareils radio-électriques, etc., forment un domaine immense (...) qui vient aussi s'incorporer tout entier au royaume de la Cybernétique.
L. DE BROGLIE, *Nouvelles perspectives en microphysique*, p. 77.

(...) des protéines dites «régulatrices» qui jouent en somme le rôle de détecteurs de signaux chimiques.
Jacques MONOD, *le Hasard et la Nécessité*, p. 68.

Lac régulateur, qui règle le débit et les crues d'un cours d'eau.

Tracé régulateur : tracé qui met en proportion les plans, en architecture, urbanisme.

★ **II.** N. m. **A.** (Choses). ♦ **1.** (1770). Littér. Ce qui discipline, ce qui modère, ce qui rend régulier, ordonné. *Le travail était le meilleur régulateur de son existence* (→ Expérimenter, cit. 4).

(...) la nécessité du devoir, correctif et régulateur de l'instinct démocratique.
CHATEAUBRIAND, *Mémoires d'outre-tombe*, t. II, p. 209.

♦ **2.** (1728, *régulateur de montre*). Techn. Système de commande destiné à maintenir constante la valeur d'une certaine grandeur, quelles que soient les perturbations qui pourraient la faire varier. ⇒ **Réguler.** *Régulateur à boules* (ou *régulateur de Watt*) *d'une machine à vapeur. Régulateur d'une locomotive* (→ Insensible, cit. 17). *Régulateur d'une chaudière. Régulateur de vitesse, de pression, de température* (ex. : thermostat), *d'intensité, de tension, d'écoulement, d'alimentation, d'admission d'air, de vapeur. Le volant** (2. Volant) *est un régulateur.*

En tant que systèmes de commande, tous les systèmes asservis à retour unitaire ont pour but de réaliser l'égalité de la commande et de la sortie. Mais suivant les conditions dans lesquelles ils sont appelés à travailler, on distingue généralement : 1° *Les régulateurs,* dans lesquels la commande est constante ou varie par paliers, ont pour but de réaliser l'égalité de la commande et de la sortie quelles que soient les perturbations. 2° *Les systèmes asservis proprement dits.*
GILLE, DECAULNE, PELLEGRIN, *Théorie et calcul des asservissements*, p. 14.

(1870). Agric. *Régulateur d'une charrue :* dispositif qui permet de régler la position des socs et des versoirs.

♦ **3.** (1870). Horlog. Pendule* sans sonnerie, de marche très régulière, qui sert aux horlogers à régler les montres et les pendules. — On dit aussi *résonateur.*

B. (Personnes). ♦ **1.** (xxe). Techn. Personne qui s'occupe de la régulation du trafic. ⇒ **Dispatcher.**

♦ **2.** (Mil. xxe). Milit. *Régulateur général :* officier chargé des transports dans une zone déterminée.

DÉR. (Du même rad.) Régulation.

COMP. Autorégulateur.

RÉGULATION [ʀegylasjɔ̃] n. f. — 1836, Landais, répandu xxe; «domination», v. 1460; du bas lat. *regulare* «régler». → Régulateur.

♦ **1.** Vieilli. Action de régler*, de mettre au point un appareil. — (Déb. xxe). *Régulation des compas d'un navire :* calcul de la déviation du compas aux différents caps. *Courbe de régulation,* formée par la suite des déviations aux différents caps.

♦ **2.** Fait d'agir sur un système complexe et d'en coordonner les actions en vue d'obtenir un fonctionnement correct et régulier; processus par lequel un mécanisme ou un organisme se maintient dans un certain équilibre, conserve un régime déterminé ou modifie son fonctionnement de manière à s'adapter aux circonstances. *Régulation du trafic* (chemin de fer, etc.). *Poste de régulation.* ⇒ **Dispatching.** — *Importance des notions de régulation et d'autorégulation en cybernétique*. Commande, système de régulation. Régulation des phénomènes économiques. Régulation des naissances.* ⇒ **Contrôle** (des naissances), **planning** (familial). — Physiol. *Fonction assurant un bon équilibre physiologique. Régulation thermique,* qui maintient la chaleur à un degré uniforme chez les animaux à température constante ou homéothermes (mammifères, oiseaux). «*Une régulation des rapports du protoplasme et du noyau*» (*Rev. gén. des sc.,* 1904, n° 12, p. 603).

♦ **3.** Fait de régler, de rendre conforme à une norme, à des régularités. «*La régulation des formes* (par l'esprit)» (Valéry).

♦ **4.** Embryol. Caractère que présentent les premières cellules de l'embryon de réparer, dans une certaine mesure, les lacunes qui auraient dû résulter de l'absence de certaines d'entre elles. — Spécialt. Reconstitution par une des toutes premières cellules d'un organisme entier.

DÉR. Réguler.
COMP. Autorégulation.

1. RÉGULE [Regyl] n. m. — 1611 ; lat. *regulus* «petit roi», de *rex, regis* «roi» ; les alchimistes croyaient que le *régule d'antimoine* pouvait devenir de l'or, «le roi des métaux» ; cf. *eau régale.*

♦ **1.** Chim. anc. Nom qu'on donnait à quelques métaux purs, non ductiles, extraits des minéraux (→ Creuset, cit. 7). *Régule d'antimoine :* antimoine métallique pur. *Régule jovial :* antimoine et étain. *Régule de Vénus :* antimoine et cuivre.

♦ **2.** Mod. Techn. Alliage à base d'antimoine utilisé comme métal antifriction.

HOM. Régul, 2. régule, formes du v. **réguler.**

2. RÉGULE [Regyl] n. f. — 1802 ; «règle à suivre par un fonctionnaire», 1377 ; lat. *regula.*

♦ Techn. anc. Dispositif formé de deux poids, servant à faire avancer ou retarder une horloge.

HOM. Régul, 1. régule, formes du v. **réguler.**

RÉGULER [Regyle] v. tr. — 1932 ; de *régulation ;* l'anc. franç. *réguler* (1368) «décider», doublet de *régler,* vient du bas lat. *regulare.*

♦ Didact. Soumettre à une régulation* (2.) ; maintenir constante la valeur de (une grandeur) quelles que soient les perturbations qui pourraient (la) faire varier.

Pron. *« Durant l'exploitation, l'ordinateur " se régule" sur les demandes des utilisateurs qui accèdent plus facilement au système »* (Publicité, in *l'Express,* 11 sept. 1972).

▶ **RÉGULÉ, ÉE** p. p. adj. *« (...) entre l'alimentation régulée et les oscillateurs il y aurait alors* (en cas de variation de la tension d'alimentation) *un échange par causalité réciproque ; ce serait l'ensemble des structures techniques qui serait auto-stabilisé »* (G. Simondon, *Du mode d'existence des objets techniques,* p. 62, 1969).

COMP. (Du p. p.) **Autorégulé.**

RÉGULIER, IÈRE [Regylje, jɛʀ] adj. et n. m. — 1308 ; *jurs regulers,* 1119, «nombre qui, ajouté à l'épacte de l'année, permet de savoir quel jour de la semaine tombe le premier jour de chaque mois» ; var. *reglier,* v. 1265 ; du lat. *regularis,* de *regula* «règle».

★ **I.** (Choses). ♦ **1.** Qui est conforme aux règles* (II.), qui ne fait pas exception à la norme*. ⇒ **Normal.** *Syllogisme régulier.* — (1690). Gramm. *Verbes réguliers,* qui suivent les règles ordinaires de la conjugaison. *Conjugaison, déclinaison régulière. Construction syntaxique régulière,* correcte, habituelle. — Littér. (surtout au xviiᵉ). *Tragédie régulière. Poème régulier. Vers réguliers* (opposé à *libres*).

(1332). Spécialt. Établi ou accompli conformément aux dispositions constitutionnelles, légales ou réglementaires. *Gouvernement, tribunal régulier. Jugement régulier* (→ Coupable, cit. 3). *Acte régulier.* ⇒ aussi **Authentique** (cit. 5). *Attestation régulière.* ⇒ **Réglementaire.** — Qui ne comporte aucune infraction. *Situation régulière.* ⇒ **Règle** (en règle). — Permis (par la loi). *Opération commerciale parfaitement régulière.*

(Jeux, sports). Permis par les règles. *Coup régulier.* — Fam. Loyal, correct. ⇒ **Réglo** (fam.) ; → 2. Moche, cit. 3. *Le coup est vache, mais régulier* (→ C'est le jeu*). — Loc. argotique (1926 ; sports). *À la régulière :* dans le respect des règles. *Battre une équipe à la régulière.*

¹ Quand ils apprenaient qu'un des leurs avait été condamné, ils protestaient, mais ils pensaient, parfois même ils disaient : le coup est régulier.
P. NIZAN, le Cheval de Troie, I, IV.

♦ **2.** (1666, «bien proportionné»). Qui présente un caractère de simplicité ou de netteté géométrique, de symétrie, d'ordre, d'harmonie. *Forme régulière.* ⇒ **Géométrique** (→ Cristalliser, cit. 9). *Disposition régulière. Façade régulière.* ⇒ **Symétrique.** *Intervalles réguliers,* sur une surface. ⇒ **Égal** (→ Coquille, cit. 4). *Coupure, cassure régulière.* ⇒ **Net.** *Rues droites et régulières* (→ Tiré au cordeau*). *Ville régulière, au plan régulier* (→ Grandiose, cit. 1). — *Écriture régulière,* bien formée, nette.

² Le monde est irrégulièrement semé de dispositions régulières. Les cristaux en sont ; les fleurs, les feuilles ; maints ornements de stries, de taches sur les fourrures, les ailes, les coquilles des animaux, les traces du vent sur les sables et sur les eaux, etc.
VALÉRY, Variété, Œ., t. I, Pl., p. 1172.

Géom. *Polygone régulier,* aux côtés et aux angles égaux. *Polyèdre régulier,* dont les faces sont toutes des polygones réguliers. *Prisme**

régulier. — Math. *Élément régulier :* élément *a* d'un ensemble tel que les égalités $ax = ay$ et $xa = ya$ entraînent toujours $x = y$.

(En parlant des traits du visage). Dont les proportions sont harmonieuses, équilibrées ; qui est bien proportionné. *Traits nobles* (cit. 8) *et réguliers. Visage régulier* (→ Glabre, cit. 3). *Figure régulière* (→ Inanimé, cit. 5).

♦ **3.** (xiiᵉ-xiiiᵉ ; en parlant d'un mouvement, d'un phénomène, d'un processus). Caractérisé par une vitesse, une période, un rythme, une amplitude, une intensité uniforme ; qui se fait sans à-coups, sans interruption. ⇒ **Égal** (*supra* cit. 29), **mesuré, uniforme.** *Vitesse, accélération régulière. Freinage régulier et progressif. Régulateur qui maintient un moteur, un mécanisme... à un régime régulier. Mouvement, rythme régulier* (→ Cadran, cit. 3 ; 2. marche, cit. 19). *Pouls régulier,* dont les battements sont uniformes (→ 1. Mou, cit. 15). *Le bruit régulier d'un pilon* (cit. 1) *dans un mortier.* ⇒ **Cadencé.** *Le bruissement* (cit. 3) *régulier des palmes.* ⇒ aussi **Monotone.** — *Efforts, résultats réguliers. Qualité régulière.* ⇒ **Homogène, suivi.** *Progrès régulier* (→ Grandeur, cit. 9). *Ces institutions* (cit. 14) *s'étaient formées d'une manière lente, graduelle, régulière.* ⇒ **Régulièrement.**

Géogr. *Vents réguliers* ou *constants,* dont la direction et la force varient peu, qui soufflent sans interruption (ex. : les alizés). — *Cours* (cit. 4) *d'eau régulier,* dont le régime ne subit pas de variations importantes, dont le courant est égal. *Rendre plus régulier le cours d'un fleuve.* ⇒ **Régulariser.** — *Pente régulière,* dont l'inclinaison est constante.

♦ **4.** (1835). Qui se renouvelle à des dates fixes, à des intervalles égaux. *Intervalles réguliers,* égaux dans la durée (→ 1. Masse, cit. 3). *À intervalles réguliers.* ⇒ **Régulièrement.** *Coups réguliers. Migrations régulières.* ⇒ **Périodique** (→ Nomadisme, cit. 1). *Visites, inspections, vérifications régulières.* ⇒ aussi **Fréquent.** *Revenus réguliers.* ⇒ 1. **Fixe** (*supra* cit. 10).

♦ **5.** Qui n'est pas occasionnel, qui présente le caractère d'une habitude ou d'une institution, qui constitue une activité durable, codifiée, organisée. ⇒ **Constant.** *Être en correspondance régulière avec qqn. Activité, profession régulière* (→ Exorciste, cit. 2).

³ (...) un paresseux et un ivrogne, qui, à son retour du service (...) s'était mis à battre les champs, refusant tout travail régulier, vivant de braconnage et de maraude (...)
ZOLA, la Terre, I, II.

(xxᵉ). Transports. *Ligne régulière :* ligne permanente dont les trajets, les points d'arrêt, les horaires, les dates de départ sont fixes. *Navire affecté à une ligne régulière. Service régulier d'autocars.* — Par ext. *L'autocar, l'avion, le train régulier.*

♦ **6.** (1200, *reiguleir ;* en parlant des mœurs, de la vie...). Soumis à des habitudes conformes à la morale. ⇒ **Régler** (p. p. adj.) ; → Domestique, cit. 2. *Conduite régulière et vertueuse.* ⇒ **Rangé** (→ Marital, cit. 2). *Vie pure et régulière* (→ Nécessaire, cit. 20). *Avoir des habitudes très régulières.*

³·¹ Qu'a-t-il besoin d'une troisième femme, me disais-je, et pourquoi les veut-il jolies ? Assurément, continuai-je, il y a quelque chose dans tout cela de peu conforme aux mœurs régulières dont je ne veux jamais m'écarter ; examinons.
SADE, Justine..., t. I, p. 104.

♦ **7.** (Opposé à *séculier*). Relatif à la vie religieuse, aux ordres religieux, aux *réguliers* (→ ci-dessous, II., 3.). *Bénéfices réguliers. La vie, l'observance régulière. L'habit régulier. Lieux réguliers d'un couvent,* le cloître, le chapitre, le réfectoire et le dortoir).

★ **II.** (Personnes). ♦ **1.** (xviiᵉ). Vx. Qui observe les devoirs, les règles de la religion et de la morale. *« Des âmes régulières (...) ennemies de tout désordre »* (Bourdaloue).

♦ **2.** Mod. Qui respecte les usages, les règles en vigueur dans un milieu, une profession, une activité. *Régulier en affaires.* ⇒ **Correct, fair-play, réglo.**

⁴ Il y a dans l'argot un mot qui fait penser à la «dignité» bourgeoise. C'est le mot «régulier» qui est magnifique. Il a été inventé pour signaler à leur entourage que certains êtres sont absolument incapables soit de se mal conduire, soit de se soustraire à la parole donnée (...)
L.-P. FARGUE, la Lanterne magique, «Un poète d'avenir».

♦ **3.** (Par oppos. aux troupes improvisées, aux milices, aux auxiliaires, aux unités, aux francs-tireurs, etc.). *Troupes régulières, armée régulière :* armée permanente dépendant du pouvoir central et soumise à des règles strictes quant à son recrutement et à son organisation. ⇒ **Régler** (p. p. adj. ; vx) ; → Aucun, cit. 28. — N. m. (1870). *Les réguliers,* soldats appartenant aux unités de certaines armées. *Les réguliers d'Abd-el-Kader. Les réguliers chinois* (de l'ancienne Chine), *espagnols* («regulares»). *Les réguliers et les suplétifs.*

♦ **4.** (Mil. xviiᵉ). Qui a des habitudes constantes et conformes à une norme sociale, notamment dans l'utilisation du temps. ⇒ **Assidu, exact, ponctuel.** *Il est régulier dans ses habitudes, son travail.* ⇒ **Constant.** — Vx. *Être régulier à...* (suivi de l'infinitif). — Spécialt. Qui obtient des résultats d'un niveau constant. *Élève régulier.*

(Avec un contenu moral, reprenant le sens archaïque) :

⁵ Il rentre régulièrement vers sept heures et demie, monte dans sa chambre, dont il ne sort, le soir, qu'une ou deux fois par semaine. Il paraît que c'est le garçon le

plus régulier de la terre, qu'il ne reçoit personne, ne voit pas de femmes, ne fume pas, ne boit pas, passe ses soirées et parfois une partie de ses nuits à lire.
G. SIMENON, *Maigret chez le ministre*, p. 67-68.

En franç. d'Afrique. Assidu (notamment à l'école).

♦ **5.** Relig. Qui appartient à un ordre religieux au sens strict (⇒ **Ordre,** *infra* cit. 41), et, par ext., qui appartient à une religion* quelle qu'elle soit (opposé à *séculier*).*Abbé, chanoine, clerc régulier. Clergé* régulier et clergé séculier.* — N. m. (1596). *Un régulier, les réguliers.* ⇒ aussi **Moine, religieux.** *Les réguliers sont soumis à la règle* (II., 4.).

♦ **6.** Vx (langue class.). Partisan des règles et de leur stricte observation, en matière littéraire (au XVIIᵉ siècle). — N. m. Classique, puriste. « *Cette rigoureuse unité de lieu qu'exigent les grands réguliers* » (Corneille).

CONTR. Irrégulier. — Aberrant, anomal, anormal. — Baroque, bizarre. — Illégal, illégitime. — Asymétrique, dissymétrique ; difforme. — Inégal. — Accidentel, exceptionnel, intermittent. — Bohème.
DÉR. Réglo, régulière, régulièrement.

RÉGULIÈRE [ʀegyljɛʀ] n. f. — 1930, sans doute antérieur ; de régulier.

♦ (D'abord, argot, « Lcelle des protégees d'un souteneur qui est considérée comme sa compagne attitrée, sa "femme" »). Fam. Maîtresse en titre. — Épouse légitime.

1 Derrière le moraliste et sa régulière venait un autre couple de même nature.
R. QUENEAU, *Pierrot mon ami*, éd. L. de Poche, p. 15.
2 Depuis deux piges qu'elle tenait le lavabo au Mystific, elle avait pris une mentalité de régulière. Pas pute pour un rond, quand des clients (...) essayaient de l'embaler à la décarrade, aussi sec elle les renvoyait aux entraîneuses.
ALBERT SIMONIN, *Touchez pas au grisbi*, p. 35.

RÉGULIÈREMENT [ʀegyljɛʀmɑ̃] adv. — 1426 ; *regulerement,* v. 1170 ; *régulairement,* 1377 ; de *régulier.*

♦ **1.** D'une manière régulière*. *Fonctionnaire régulièrement nommé.*

♦ **2.** (1680 ; *regulairement,* 1377). Avec régularité, uniformité. *Couche de terre répartie bien régulièrement.* ⇒ **Uniformément.** *Planter régulièrement, au cordeau*, des graines. Courir, marcher, nager régulièrement* (→ Écume, cit. 4). *Coups frappés régulièrement.* ⇒ **Cadence** (en cadence). *S'approvisionner régulièrement chez le même fournisseur.* ⇒ **Constamment.** *Poursuivre régulièrement son œuvre.* ⇒ **Assidûment** (→ Détourner, cit. 11). *Payer régulièrement.* ⇒ **Exactement** (→ 1. Gens, cit. 17).

Il n'est pas régulièrement beau, si vous voulez, mais il est chic : ce toupet, ce monocle, ce sourire !
PROUST, *Du côté de chez Swann*, Pl., t. I, p. 320.

♦ **3.** (Déb. xxᵉ ; employé en tête de proposition). Normalement. *Régulièrement : si les choses se passent, se passaient régulièrement, normalement. Régulièrement, il ne devrait pas être battu.*

CONTR. Irrégulièrement. — Accidentellement.

RÉGURGITATION [ʀegyʀʒitasjɔ̃] n. f. — 1560 ; de *régurgiter.* Didactique.

♦ **1.** Retour des aliments de l'estomac ou de l'œsophage dans la bouche, sans effort de vomissement. ⇒ aussi **Mérycisme, rumination.** — Fig. *Régurgitation mentale* (→ Propagande, cit. 1).

♦ **2.** Méd. Reflux du sang de l'aorte, de l'artère pulmonaire vers le cœur, ou du ventricule gauche vers l'oreillette gauche, dû à une insuffisance des valvules correspondantes.

CONTR. Ingurgitation.

RÉGURGITER [ʀegyʀʒite] v. tr. — 1560 ; de *re-,* et lat. *gurges.* → Gorge.

♦ Didact. Rendre ; faire revenir de l'estomac (ou de l'œsophage) dans la bouche. ⇒ **Dégorger, vomir.** *Régurgiter des aliments.*

CONTR. Ingurgiter.
DÉR. Régurgitation.

RÉHABILITABLE [ʀeabilitabl] adj. — 1845 ; de *réhabiliter.*

♦ Qui peut être réhabilité.

RÉHABILITANT, ANTE [ʀeabilitɑ̃, ɑ̃t] adj. — 1875 ; de *réhabiliter.*

♦ Qui réhabilite, qui est propre à réhabiliter.

RÉHABILITATION [ʀeabilitasjɔ̃] n. f. — 1401 ; de *réhabiliter.*

★ **I.** ♦ **1.** Vx. *Lettre de réhabilitation,* d'anoblissement.

♦ **2.** Dr. Fait de rétablir dans une situation juridique antérieure, en

relevant de déchéances, d'incapacités. — (1673). Dr. comm. *Réhabilitation du failli :* relèvement des déchéances résultant de la faillite (→ **Irrécusable,** cit. 1). — Dr. pén. Cessation des effets (incapacités, déchéances) d'une condamnation* pénale. *Réhabilitation judiciaire,* accordée sous conditions par la chambre des mises en accusation de la cour d'appel, après un certain délai à compter de l'expiration (ou de la prescription) de la peine. *Réhabilitation légale,* obtenue de plein droit, en cas d'amende. — Cour. Cessation des effets d'une condamnation à la suite de la révision d'un procès.

♦ **3.** (1762, Voltaire). Cour. Fait de restituer ou de regagner l'estime, la considération perdue. ⇒ **Rédemption.** *Réhabilitation d'une personne compromise.* ⇒ **Dédouanement** (fam.). *La réhabilitation des passions dans l'œuvre de Vauvenargues.*

1 Et sans système, sans parti pris, mais par la seule considération de l'homme complet, il *(Vauvenargues)* mit le premier la main à l'œuvre de cette réhabilitation *(de l'homme).*
SAINTE-BEUVE, *Causeries du lundi*, 18 nov. 1850.
2 De vulgaires études d'atelier, auxquelles le maître *(Delacroix)* n'attachait aucune importance, ont été vendues vingt fois plus cher qu'il ne vendait, lui vivant, ses meilleures œuvres (...) M. Alfred Stevens me disait (...) : *Si Eugène Delacroix peut, d'un lieu surnaturel, assister à cette réhabilitation de son génie, il doit être consolé de quarante ans d'injustice.*
BAUDELAIRE, *Curiosités esthétiques*, XIV.

★ **II.** (Av. 1968 ; d'après l'angl. *rehabilitation,* av. 1966 en ce sens). *Réhabilitation d'un quartier, d'immeubles vétustes,* leur remise en état d'habitation. ⇒ **Réfection, rénovation, restauration.**

CONTR. Avilissement, dégradation, flétrissure.

RÉHABILITATOIRE [ʀeabilitatwaʀ] adj. — 1845 ; de *réhabiliter.*

♦ Dr. Qui réhabilite. *Acte réhabilitatoire.*

RÉHABILITER [ʀeabilite] v. tr. — 1460 ; *réabiliter une ville à maire* « lui rendre le droit d'avoir un maire », 1234 ; de *ré-,* et *habiliter.*

★ **I.** ♦ **1.** Vx. Rétablir dans un état, dans des droits, des privilèges... perdus (→ Déroger, cit. 4, La Bruyère). *Réhabiliter un empereur* (déchu), lui redonner la couronne (cf. Voltaire, *in* Littré).

Dr. Relever de déchéances, d'incapacités consécutives à une faillite, à une condamnation. ⇒ **Réhabilitation.**

(1823). Mod. Rendre à (un condamné) à la fois ses droits perdus et l'estime publique, en reconnaissant son innocence. ⇒ **Blanchir, innocenter, laver.** — *Réhabiliter la mémoire de la victime d'une erreur judiciaire.*

1 (...) j'avoue que ce serait bien agaçant de mourir avant la fin de l'affaire Dreyfus (...) Je voudrais bien vivre assez pour voir Dreyfus réhabilité et Picquart colonel.
PROUST, *Sodome et Gomorrhe*, Pl., t. II, p. 714.

♦ **2.** Rétablir dans l'estime, dans la considération d'autrui. ⇒ **Absoudre, excuser, pardonner.** *Sa belle conduite, son repentir l'ont réhabilité.*

Pron. *Se réhabiliter.* ⇒ **Racheter** (se), **recouvrer** (l'estime) ; → Héros, cit. 20 ; lâche, cit. 8. *Se réhabiliter dans l'opinion publique, aux yeux de tous...*

2 Ces gens que Mirabeau nommait si bien « le rebut du mépris public », sont comme réhabilités par le supplice. La potence est pour eux l'apothéose. Les voilà devenus d'intéressantes victimes, les martyrs de la monarchie ; leur légende ira s'augmentant de fictions pathétiques.
MICHELET, *Hist. de la Révolution franç.*, I, III.

(Compl. n. de chose) :

3 Il a fallu le dénûment métaphysique particulier au XIXᵉ siècle et l'énergie surprenante de sa déraison, pour réhabiliter cet art *(celui du comédien)* que dix-sept cents ans de raison chrétienne avaient condamné.
Léon BLOY, *le Désespéré*, p. 219.

★ **II.** (Av. 1968 ; d'après l'angl. *to rehabilitate,* av. 1966 en ce sens). Remettre en état, rénover (un quartier, un immeuble). « *Réhabiliter un paysage urbain et industriel dégradé* » (*le Monde,* 2 nov. 1969).

▶ **RÉHABILITÉ, ÉE** p. p. adj. *Condamné réhabilité.* — Dr. *Failli réhabilité.* — N. *Un réhabilité, une réhabilitée.*

CONTR. Avilir, condamner, entacher, flétrir. — Exclure. — Déchoir.
DÉR. Réhabilitable, réhabilitant, réhabilitation, réhabilitatoire.

RÉHABITUER [ʀeabitɥe] v. tr. — 1549, *rabituer* ; de *ré-,* et *habituer.*

♦ Faire reprendre une habitude perdue à (qqn). *Réhabituer qqn à qqch., à faire qqch. Réhabituer un convalescent à l'exercice.* — Pron. *Se réhabituer à...* (→ Échange, cit. 14). *Il va falloir se réhabituer à vivre ensemble. — Il n'a jamais pu se réhabituer.*

CONTR. Déshabituer.

REHAUSSAGE [ʀəosaʒ] n. m. — 1871 ; de *rehausser.*

♦ Techn. (peint.). Mise en relief par des rehauts*.

REHAUSSE [ʀəos] n. f. — xvɪᵉ; *rehauce*, 1371; de *rehausser*.

★ **I.** Vx. ⇒ **Rehaussement.**

★ **II.** (Mil. xxᵉ). Techn. Élément d'un châssis servant à maintenir le sable lors du serrage du moule, en fonderie.

REHAUSSEMENT [ʀəosmɑ̃] n. m. — 1600; attestation isolée, 1552; de *rehausser*.

♦ Vx. Action de rehausser. *Le rehaussement des monnaies.* ⇒ **Augmentation, hausse** (cf. Mᵐᵉ de Sévigné, 1245, 21 déc. 1699). — On trouve aussi *rehausse*.

CONTR. Abaissement.

REHAUSSER [ʀəose] v. tr. — xɪvᵉ; *reaucier*, v. 1185; de *re-*, et *hausser*.

♦ **1.** Hausser* davantage; remettre à un certain niveau, en haussant. ⇒ **Élever, monter, relever, remonter.** — Pron. (Réfl.). *Se rehausser :* se redresser (→ Imperceptible, cit. 11).

1   Il était assis face à la fenêtre, contre la lourde table encastrée dans l'embrasure, deux gros livres rehaussant sa chaise, afin qu'il pût écrire commodément.
A. ROBBE-GRILLET, le Voyeur, p. 18.

Fig., vx. Faire valoir davantage. ⇒ **Augmenter.** *Rehausser les prix, les monnaies* (leur valeur). — (Au moral). Donner plus de force, d'intensité. ⇒ **Augmenter, ranimer, relever.** *Rehausser le courage* de qqn.

♦ **2.** (1580). Sujet n. de chose. Littér. Faire paraître, faire valoir davantage, avec plus de force (en illustrant, en mettant en évidence, en valeur*). *Rehausser la vieille versification française.* ⇒ **Illustrer** (→ Novateur, cit. 5). *« Cette pourpre, cet or, que rehaussait sa gloire »* (→ 1. Ce, cit. 1). — *Rehausser l'éclat, le mérite d'une action, le prestige de qqn* (→ Directeur, cit. 2). ⇒ **Ressortir** (faire), **ennoblir, relever.** *Parure qui rehausse la beauté.* ⇒ **Embellir.** *Rehausser un récit par des détails savoureux.* ⇒ **Assaisonner** (figuré).

2   Ce mariage légitime, aujourd'hui connu, rehausse l'éclat d'une fin tragique; il substitue la gloire du ciel au mystère du ciel.
CHATEAUBRIAND, Mémoires d'outre-tombe, t. II, p. 318.

3   Le portail cintré, tout en granit, a un caractère de grandeur que rehaussent encore la vétusté de cette construction, l'antiquité des arbres qui l'accompagnent et les plantes qui croissent sur ses arêtes.
BALZAC, le Médecin de campagne, Pl., t. VIII, p. 381.

4   Mais la soutane convenait à sa sveltesse et rehaussait son grand air épiscopal.
F. MAURIAC, la Robe prétexte, XI.

Pron. *Se rehausser :* se mettre en valeur. *Se rehausser de... :* augmenter son prestige par...

5   Au fond nous avons toujours besoin, nous femmes, de nous rehausser de quelque chose ou de quelqu'un (...) Il nous faut des pierres brillantes ou des hommes brillants.
A. MAUROIS, les Roses de septembre, III, ɪɪ.

6   (...) Alain est humilié, diminué, et pour une fois qu'il a l'occasion devant mes parents de se rehausser un peu, d'apporter quelque chose de son côté, vous ne voulez pas bouger (...) vous n'avez jamais levé le petit doigt (...) vous vous en êtes lavé les mains depuis le début (...)
N. SARRAUTE, le Planétarium, p. 141.

♦ **3.** Faire paraître davantage (une chose concrète) par un contraste, en soulignant. *Mouche qui rehausse la blancheur de la peau. Lèvres rehaussées par les sinuosités d'une moustache* (→ Inévitable, cit. 10). — Peint. *Rehausser les lumières.* ⇒ **Aviver** (→ ci-dessous, 5.).

♦ **4.** **REHAUSSER DE** : mettre en valeur par, orner de. ⇒ **Embellir, orner** (→ Linge, cit. 2). — P. p. adj. *Habit rehaussé de broderies.* ⇒ **Chamarré.** *Boiserie rehaussée d'arabesques* (→ Lambrisser, cit. 2).

♦ **5.** (1690). Techn. (peint., dessin). Donner plus de relief en soulignant les contrastes, en accentuant certains éléments d'une œuvre, d'une décoration. *Rehausser un dessin par des touches de gouache* (⇒ **Gouacher**), *d'aquarelle* (⇒ **Aquareller**). ⇒ **Rehaut.** — P. p. adj. *Portrait* (cit. 7) *rehaussé de couleur et d'aquarelle.*

♦ **6.** Cuis. Donner plus de goût. ⇒ **Relever.**

CONTR. Descendre, rabaisser. — **Atténuer.** — **Déprécier, ternir.**
DÉR. Rehaussage, rehausse, rehaussement, rehaut.

REHAUT [ʀəo] n. m. — 1552; de *rehausser*.
Technique.

♦ **1.** (Peint.). Touche, hachures claires, destinées à accuser les clairs, les lumières (→ Grisaille, cit. 2). *Dessin avec des rehauts de craie, de gouache, d'aquarelle.* ⇒ **Rehaussage.** — Par ext. Touche indiquant un contraste, rehaussant un tableau. — Fig. *« Le visage du grand homme s'est (...) enrichi de rehauts sanguins »* (Colette, *Belles saisons*, p. 178).

1   Les *rehauts* sont des effets nécessaires du reflet, ou ils sont faux.
DIDEROT, Pensées détachées sur la peinture, *in* Œ. esthétiques, p. 809.

2   Regarde la lumière du sein, et vois comme, par une suite de touches et de *rehauts*

---

fortement empâtés, je suis parvenu à accrocher la véritable lumière et à la combiner avec la blancheur luisante des tons éclairés (...)
BALZAC, le Chef-d'œuvre inconnu, Pl., t. IX, p. 413.

♦ **2.** Partie (d'une montre, d'une horloge) recouvrant le bord du cadran.

RÉHYDRATATION [ʀeidʀatasjɔ̃] n. f. — xxᵉ; de *ré-*, et *hydratation*.

♦ Techn. Hydratation d'un produit, d'un organisme déshydraté. *Les « produits instantanés, c'est-à-dire* (les) *produits séchés à réhydratation rapide »* (L.-V. Vasseur, J.-J. Bimbenet et M. Hillairet, *les Industries de l'alimentation,* p. 27).

REICH [ʀajʃ] n. m. — Attesté xxᵉ; mot all., « empire ».

♦ Ensemble des États allemands soumis à une même autorité centrale. *Le IIIᵉ Reich nazi* (→ Partie, cit. 24), et, absolt, *le Reich.*
COMP. (En allemand). V. **Reichsmark, reichstag, reichswehr.**

REICHSMARK [ʀajʃmaʀk] n. m. — V. 1940; mot all., de *Reich* « empire », et *mark**.

♦ Unité monétaire allemande (100 pfennigs), entre 1924 et 1948. ⇒ **Mark.**

REICHSTAG [ʀajʃtag] n. m. — 1874, *in* D. D. L.; mot all., de *Reich* « empire », et *Tag* « jour; diète ». → 2. Diète.

♦ Assemblée législative allemande, élue par tous les citoyens du Reich (constitutions de 1871 et de 1919).

REICHSWEHR [ʀajʃveʀ] n. f. — V. 1920; mot all., de *Reich* « empire », et *Wehr* « défense ».

♦ Hist. L'armée allemande concédée par le traité de Versailles (1919). *La Reichswehr.*

RÉIFIANT, ANTE [ʀeifjɑ̃, ɑ̃t] adj. — Mil. xxᵉ; de *réifier*.

♦ Didact. Qui transforme en chose.

1   (...) cette voix de speaker est mystifiante : elle se fonde sur la réciprocité du discours, donc sur la relation humaine et c'est réellement une relation réifiante dans laquelle la voix (...) constitue l'auditeur comme objet.
SARTRE, Critique de la raison dialectique, p. 321.

2   (...) on traite l'œuvre de création comme l'aboutissement d'une visée où la technique et la forme ont eu raison des conflits du créateur (...) objet esthétique, l'œuvre est rendue aux critères objectifs et réifiants des significations, des systèmes, des interprétations closes.
J. GILLIBERT, la Création littéraire, *in* la Nef, nº 31, p. 86.

RÉIFICATION [ʀeifikasjɔ̃] n. f. — Mil. xxᵉ; de *réifier*.
Philosophie.

♦ **1.** Tendance à transformer, à se transformer en chose, en objet. ⇒ **Chosification.** *La réification du travail humain considérée comme une cause de l'aliénation.*
Dans la litanie amoureuse d'Aragon, la réduction de soi, l'écrasement de soi, la *réification* de soi descendent sans relâche vers la *mortification* volontaire, tous les degrés de la vie.
Claude ROY, Nous, p. 458-459.

♦ **2.** Tendance à considérer comme statique, figé (ce qui est mouvant, dynamique).

RÉIFIER [ʀeifje] v. tr. — Mil. xxᵉ; du lat. *res* « chose ».
Philosophie.

♦ **1.** Transformer en chose; donner le caractère d'une chose à. ⇒ **Chosifier.**
P. p. adj. :
L'homme trop puissant est séparé de la psychologie, introduit dans un monde de robots; on sait que dans les romans d'anticipation, les surhommes ont toujours quelque chose de réifié.
R. BARTHES, Mythologies, p. 91.

♦ **2.** Rendre statique, figer.

DÉR. Réifiant, réification.

REILLÈRE [ʀejɛʀ] n. f. — 1272, *rahiere; reillère,* 1803; du rad. lat. *radius.*

♦ Techn. anc. Conduit amenant l'eau sur la route d'un moulin.

RÉIMAGINER [ʀeimaʒine] v. tr. — xxᵉ; de *ré-*, et *imaginer.*

♦ Rare. Imaginer de nouveau.

1   (...) la seule lumineuse apparition qui rattache le promeneur rapide obsédé par la nuit à la vie calme se mouvant dans les flots de la lumière humaine, qui lui fasse réimaginer, autrement que comme un rêve dans la mémoire, un intérieur éclairé

et chaud au milieu de la nuit, que cette petite construction XVIIIᵉ siècle qui semblait un petit palais illuminé, et son reflet calmement projeté dans l'eau.
PROUST, Jean Santeuil, Pl., p. 309.

2 (...) le temps de Java réimaginé par Marie-Noire en fonction des données de ma mémoire (...)   ARAGON, Blanche..., II, IX, p. 322.

RÉIMBIBER [ʀeɛ̃bibe] v. tr. — XXᵉ ; de ré-, et imbiber.

♦ Imbiber de nouveau. Se réimbiber : s'imbiber de nouveau. — Fig. Reboire, s'adonner de nouveau à la boisson. — Au p. p. :

Gabriel n'allait pas mal, ce jour-là ; il était dessoûlé de la veille, et pas encore réimbibé.   M. DRUON, la Chute des corps, V, II, p. 370.

RÉIMPERMÉABILISATION [ʀeɛ̃pɛʀmeabilizɑsjɔ̃] n. f. — 1879 ; de réimperméabiliser.

♦ Techn. Opération par laquelle on rend de nouveau imperméable. — Abrév. fam. : réimper [ʀeɛ̃pɛʀ].

RÉIMPERMÉABILISER [ʀeɛ̃pɛʀmeabilize] v. tr. — Mil. XXᵉ ; de ré-, et imperméabiliser.

♦ Techn. Imperméabiliser de nouveau (un vêtement qui a perdu son imperméabilité).

DÉR. Réimperméabilisation.

RÉIMPLANTATION [ʀeɛ̃plɑ̃tɑsjɔ̃] n. f. — 1879, in Année sc. et industr. 1880, p. 392 ; de ré-, et implantation.

♦ 1. Chir. Intervention par laquelle on réimplante un organe. — Spécialt. Nouvelle anastomose entre l'uretère et la vessie.

♦ 2. Réinsertion d'une dent luxée dans son alvéole.

RÉIMPLANTER [ʀeɛ̃plɑ̃te] v. tr. — 1879, in Année sc. et industr. 1880, p. 393 ; de ré-, et implanter.

♦ Didact. (chir.). Implanter (un organe, un élément d'organe) dans une position ou à une place différente.

RÉIMPORTATION [ʀeɛ̃pɔʀtɑsjɔ̃] n. f. — 1835 ; de réimporter.

♦ Techn. (comm.). Action de réimporter (spécialt, dans le cas d'une exportation temporaire). Réimportation en franchise des objets réimportés en l'état, pour le compte de l'exportateur.

RÉIMPORTER [ʀeɛ̃pɔʀte] v. tr. — 1792 ; de ré-, et importer.

♦ Techn. (comm.). Faire rentrer dans leur pays d'origine (des marchandises qui ont été exportées). Le passavant de sortie permet de réimporter certaines marchandises sans payer de droits. — Au p. p. Réimportation en franchise des objets réimportés en l'état.

DÉR. Réimportation.

RÉIMPOSER [ʀeɛ̃poze] v. tr. — 1549 ; de ré-, et imposer.

♦ 1. Imposer de nouveau (pour compléter le paiement d'un impôt ; en frappant d'un nouvel impôt...).

♦ 2. Typogr., imprim. Procéder à une nouvelle disposition sur châssis (des pages composées d'une feuille d'impression).

DÉR. Réimposition.

RÉIMPOSITION [ʀeɛ̃pozisjɔ̃] n. f. — 1683 ; de réimposer.

♦ Action de réimposer (1. et 2.).

RÉIMPRESSION [ʀeɛ̃pʀɛsjɔ̃ ; ʀeɛ̃pʀesjɔ̃] n. f. — 1630 ; de ré-, et impression.

♦ 1. Action de réimprimer (→ Porteur, cit. 3). Réimpression d'un ouvrage épuisé, d'un timbre.

1 Je recommande à mes amis la protection des premiers (livres) et la réimpression de mes Tragiques, et autres s'ils le trouvent à propos.
D'AUBIGNÉ, Mémoires, 1630, in D. D. L., II, 15.

2 Ce n'est pas sans quelque hésitation que j'ai consenti à la réimpression de ce petit ouvrage, publié il y a dix ans. Sans la presque certitude qu'on voulait en faire une contrefaçon en Belgique, et que cette contrefaçon (...) serait grossie d'additions et d'interpolations auxquelles je n'aurais point eu de part, je ne me serais jamais occupé de cette anecdote (...)
B. CONSTANT, Adolphe, Préface de la 3ᵉ édition.

♦ 2. Par métonymie. Livre réimprimé (en général par le même éditeur et sans changement, à la différence de réédition). ⇒ Impression.

RÉIMPRIMER [ʀeɛ̃pʀime] v. tr. — 1538 ; de ré-, et imprimer.

♦ Imprimer* de nouveau (généralement sous la même forme et par

le même éditeur). → Encyclopédie, cit. 3. — Pron. Œuvres, livres qui se réimpriment (→ aussi Gourmet, cit. 5).

REIN [ʀɛ̃] n. m. — 1538 ; rain, XIVᵉ ; au plur., «lombes», v. 1120 ; le rein «les lombes», mil. XIIIᵉ ; lat. renes, inus. au sing. ren.

♦ 1. LES REINS : la partie inférieure du dos, au niveau des vertèbres lombaires. ⇒ Lombes. Cambrure (cit. 1 et 2) des reins. ⇒ Ensellure. Reins cambrés (→ Incliner, cit. 6). La chute (cit. 16) des reins. Les reins cassés, pliés... d'un vieillard (→ Fosse, cit. 7). — Une gibecière (cit. 1) lui battait les reins. — Loc. Mettre l'épée* dans les reins à qqn (→ Nettoyer, cit. 15). — Coup de reins : violent effort des muscles de la région lombaire (→ Hisser, cit. 7 ; incommode, cit. 5 ; poids, cit. 4). — Douleur, maux de reins : douleur lombaire (→ État, cit. 6). Se sentir les reins brisés (→ Fatigue, cit. 10). ⇒ Éreinté. — Loc. (1870). Tour de reins. ⇒ Lumbago. Attraper un tour de reins. — (Animaux). Chien court de reins (→ Levretté, cit.). ⇒ aussi 2. Râble.

Et, comme l'odalisque d'Ingres,
De ses reins cambrant les rondeurs (...)
Th. GAUTIER, Émaux et Camées, «Poème de la femme».   1

Leurs reins féconds sont pleins d'étincelles magiques (...)
BAUDELAIRE, les Fleurs du mal, «Spleen et idéal», LXVI, Les chats.   2

La taille. Avoir une corde autour des reins (→ Même, cit. 5). Sangler ses reins d'une corde. — Loc. bibl. Ceindre (cit. 2 et 3) ses reins.

La force des reins, les reins : la force du dos, de la colonne vertébrale et des muscles de la région lombaire. Être faible des reins (→ Enlever, cit. 1).

Loc. Avoir les reins solides : être assez puissant, assez riche pour ne pas souffrir d'un danger, pour sortir vainqueur d'une épreuve, d'une lutte... Cette banque a les reins solides. — Casser les reins à qqn (au fig. ; déb. XXᵉ), le ruiner, briser sa carrière. Il s'est cassé les reins dans cette entreprise.

Le patron se savait les reins solides. Premièrement, sa fabrique fermée, il avait de quoi vivre, de l'argent placé.   ARAGON, les Cloches de Bâle, II, XI.   3

Loc. bibl. Scruter, sonder les reins et les cœurs (cit. 118), l'inconscient, l'instinct et les sentiments.

REM. «Les reins sont le siège des passions et des impulsions inconscientes, le cœur celui de l'activité consciente (...) cœur et reins sont souvent associés (...) pour désigner l'ensemble des puissances intérieures de l'homme» (Bible de Jérusalem, Sages, I, 1, 6, note h).

♦ 2. (XVIᵉ ; attestation isolée, XIVᵉ). L'un des deux organes sécréteurs, glandulaires, situés dans les fosses lombaires et qui élaborent l'urine. ⇒ Excrétion. — REM. La partie supérieure des reins est en rapport avec la région thoracique et ne correspond pas à la région des lombes, communément appelée reins (→ ci-dessus, 1.). — Relatif au rein. ⇒ Néphrétique, rénal. Qui a la forme d'un rein. ⇒ Réniforme. Hile, sinus du rein. Capsule fibroadipeuse entourant le rein (loge fibreuse du rein). Le rein est coiffé par la capsule surrénale. — Zone corticale, médullaire du rein ; lobes du rein. Tubes urinifères, glomérules du rein... ⇒ aussi Pyramide (de Malpighi) ; papille. Appareil excréteur du rein. ⇒ Bassinet, 2. calice (cit. 4), uretère, vessie ; urée, urine. Artères, veines du rein. Les vaisseaux émulgents portent le sang dans le rein. Le rein expulse les déchets provenant du métabolisme azoté, régularise la pression osmotique et l'équilibre acido-basique de l'organisme. — Maladies du rein. ⇒ 2. Calcul, gravelle (cit. 3), lithiase, pierre ; endonéphrite, néphrite, néphrocèle, pyélite. Cancer, tuberculose ; kyste, lésion du rein. — Chir. Ablation d'un rein. ⇒ Néphrectomie (→ Illusionner, cit. 4). — (1964). Rein artificiel : appareil permettant l'épuration extra-rénale par hémodialyse*.

C'est en passant dans les reins qu'il (le sang) achève de se purifier. Les reins séparent du sang les produits qui doivent être éliminés et règlent la quantité des sels qui sont indispensables au plasma pour que sa tension osmotique reste constante.
Alexis CARREL, l'Homme, cet inconnu, III, VII.   4

Rein flottant, rein mobile : ptose rénale.

Appareils excréteurs correspondant aux reins, chez les animaux inférieurs. ⇒ Néphridie. Reins «primordiaux» (⇒ Pronéphros) et reins «primitifs» (⇒ Mésonéphros) des embryons des vertébrés. Reins lobulés de certains mammifères. — Reins comestibles de certains animaux. ⇒ Rognon.

♦ 3. (1491 ; par anal. du sens 1.). Archit. Partie d'une voûte comprise entre la tangente menée au sommet de l'extrados et les prolongements des pieds-droits.

DÉR. Reinté.
HOM. Rain.

RÉINCARCÉRATION [ʀeɛ̃kaʀseʀɑsjɔ̃] n. f. — 1792 ; de réincarcérer.

♦ Dr. Nouvelle incarcération (de qqn qui a déjà été détenu).

RÉINCARCÉRER [ʀeɛ̃kaʀseʀe] v. tr. — Conjug. *incarcérer*
(→ Céder). — 1794 ; de *ré-*, et *incarcérer*.

♦ Dr. Incarcérer de nouveau.

DÉR. Réincarcération.

RÉINCARNATION [ʀeɛ̃kaʀnɑsjɔ̃] n. f. — 1875 ; de *réincarner*.

♦ **1.** Relig. Incarnation dans un nouveau corps (d'une âme qui avait été unie à un autre corps). ⇒ **Métempsycose, palingénésie, renaissance, transmigration.**

1   (...) ce bienheureux *(le yogi)* qui, par ses mérites et son détachement de ce monde, est sans doute affranchi à jamais du cycle des réincarnations, délivré de l'abîme de la vie et de la mort.   LOTI, l'Inde (sans les Anglais), VI, VII.

2   D'autre part, toute religion à réincarnation impose une éternité du monde terrestre, ou, si nous l'entendons moins métaphysiquement mais plus couramment, une éternité de l'être humain. C'est bien à cette éternité-là que le Bouddha veut échapper, mon cher Méry. Le plus profond conflit de la pensée est peut-être celui qui oppose les réincarnations à la vraie mort : les réincarnations impliquent une éternité de la condition de créature tout à fait différente du ciel ou de l'enfer, des champs Élysées ou du schéol... Quel jour étonnant, que le jour où l'homme s'est mis à se croire éternel !   MALRAUX, Antimémoires, p. 461.

♦ **2.** Fig. *Ce grand sadique est la réincarnation de Gilles de Rais. « Mario Lanza, qui se croyait lui-même la réincarnation de Caruso »* (*l'Express*, 19 mai 1979, p. 11).

RÉINCARNER (SE) [ʀeɛ̃kaʀne] v. pron. — Déb. XXᵉ ; de *ré-*, et *incarner*.

♦ Relig. S'incarner de nouveau. — Figuré :

1   Tant que ma jalousie ne s'était pas réincarnée en des êtres nouveaux, j'avais eu après mes souffrances passées un intervalle de calme.   PROUST, la Prisonnière, Pl., t. III, p. 22.

2   (...) dans cet hôtel d'Aligre construit sur un ancien cimetière aux Juifs, de tels lieux engendrent des fantômes qui (...) s'agitent entre des glaces, des tapis, des velours, des dorures et qui, sans se douter qu'on y enfouit jadis vivantes les filles qui se livraient au commerce de leurs charmes, se sont réincarnés en celles qu'on y trouve aujourd'hui.   Francis CARCO, Nostalgie de Paris, p. 143.

▶ **RÉINCARNÉ, ÉE** p. p. adj. *Les âmes réincarnées.* — N. (Rare) :

3   Et d'abord, qu'est-ce que c'est que tous ces réincarnés ? S'ils n'avaient pas péché, ils ne seraient pas chiens.   Henri MICHAUX, Un barbare en Asie, p. 18.

DÉR. Réincarnation.

RÉINCORPORER [ʀeɛ̃kɔʀpɔʀe] v. tr. — 1600, « réincarner » ; *rancorporer*, 1319 ; de *ré-*, et *incorporer*.

♦ Incorporer de nouveau. — (1875). Milit. *« Il fut réincorporé dans le même régiment »* (Académie). — Pron. :

Antoine se rangea dans un caniveau et mit un genou en terre (...) Il se releva aussitôt, se réincorpora au groupe formé par ses compagnons de combat.
René FALLET, le Triporteur, p. 354.

REINE [ʀɛn] n. f. — 1149 ; *reïne*, 1080, Chanson de Roland ; *roïne*, XIIᵉ ; lat. *regina*.

♦ **1.** Épouse d'un roi, quand le mariage a été contracté publiquement et solennellement. *Reines et favorites* (cit. 13). *Sacre, couronnement d'une reine. Maison de la reine. Douaire de la reine, après la mort du roi.* ⇒ **Douairière.** *Notre dame, la reine.* ⇒ **Dame.**

1   (...) on peut dire que la discipline des mœurs et le succès de la piété dans la cour est en la personne des Reines. C'est autour d'elles que se range et que se réunit ordinairement tout l'esprit du siècle, le désir de plaire, l'envie de paraître, le plaisir de voir et d'être vue.   FLÉCHIER, Oraison funèbre de Marie-Thérèse d'Autriche.

2   (...) elle pouvait jouer à la reine de bergère ou de femme à la mode, il lui suffisait de se lever, de reprendre en un rien son air de tête : elle était reine.
SAINTE-BEUVE, Causeries du lundi, 14 juil. 1851.

(1657 ; *royne mère*, 1559, in D.D.L.). *Reine mère :* mère du souverain régnant. — Fig., fam. La belle-mère ou la mère (la détentrice de l'autorité maternelle). *Pas un mot à la reine mère !*

♦ **2.** (XIIIᵉ, *roigne*). Femme qui détient l'autorité souveraine dans un royaume. ⇒ **Souveraine** (→ Drapeau, cit. 6 ; impératrice, cit. 1). *La reine d'Angleterre, des Pays-Bas. Le mari de la reine.* ⇒ **Consort.** — Hist. *La reine de Saba.* — *La Reine morte,* drame de H. de Montherlant (1942). *(Dans les légendes, les contes de fées...). La reine Pédauque* (aux pieds d'oie*). *La reine fantasque* (cit. 2). *La reine Mab* (→ Léger, cit. 14).

Par compar. (En parlant d'une femme imposante, majestueuse ou très belle). *Elle ressemble à une reine, elle est comme une reine.* — *C'est une vraie reine.* — **DE REINE.** *Un port* (2. Port, cit. 7) *de reine.* ⇒ **Déesse** (→ Gracieux, cit. 8). *Gestes de reine* (→ Hauteur, cit. 27). *Dignité de reine offensée* (→ Prendre, cit. 41). — *Du linge de reine,* très riche, magnifique (→ Pantalon, cit. 6). — **À LA REINE.** *Fauteuils, chaises à la reine,* droits à dossier ovale (mis en vogue par Marie Leszczyńska).

(1845). Cuis. *Bouchée à la reine :* petit vol-au-vent. — (1680). *Pain à la reine :* petit pain au lait.

Reine de la fève (VX), *reine :* celle qui tire la fève, dans la galette des rois*, ou celle à qui le détenteur de la fève (le « roi ») offre une couronne.

♦ **3.** (XIIᵉ-XIIIᵉ). *La Reine du ciel, des anges... :* la Sainte Vierge, dans la religion catholique (→ Indulgent, cit. 1). *Reine des douleurs* (→ Pietà, cit.).

Myth. *Proserpine, reine des Enfers.*

♦ **4.** Jeux. Aux échecs (pour *vierge,* altér. de l'anc. franç. *fierge, fierce,* de l'arabe *firz* « vizir »). La plus forte des pièces du jeu d'échecs, combinant la marche du fou et celle de la tour. — REM. On dit mieux *dame**. — Aux cartes (rare). ⇒ **Dame** (→ Dix, cit. 4).

♦ **5.** (1531). **LA, UNE REINE DE...,** femme qui l'emporte sur les autres par une éminente qualité. *La reine du bal* (cit. 5), *de la fête* (→ Gras, cit. 5). *Les reines du chic* (→ Étoile, cit. 27). *Reine de beauté.* ⇒ **Miss.**

2.1   Elle entra, cavalière, avec sa chaîne d'or sonnant sur son tablier, ses cheveux nus peignés à la mode, son nœud de gorge, un nœud de dentelle qui faisait d'elle une des reines coquettes des Halles.   ZOLA, le Ventre de Paris, t. I, p. 114.

La reine de... : celle qui règne sur... (→ Conquête, cit. 3). *La reine de mes pensées* (→ Introniser, cit. 3), *de votre cœur* (→ Heureux, cit. 39).

3   Mais ni la danse, ni le désir de plaire à l'un des plus jolis hommes de la cour, rien ne put distraire Mathilde. Il était impossible d'avoir plus de succès. Elle était la reine du bal (...)   STENDHAL, le Rouge et le Noir, II, VIII.

Par métaphore des sens 1. et 2. :

4   Dans une femme complète, il doit y avoir une reine et une servante.
HUGO, Post-scriptum de ma vie, L'âme, Tas de pierres, VI.

♦ **6.** **LA REINE DE... :** celle qui, parmi d'autres, règne, domine. ⇒ **Roi.** *La reine des cités* (→ Détruire, cit. 2). *L'imagination* (cit. 23) *est la reine du vrai. La force, l'opinion* (cit. 26, 29 et 37), *reines du monde.* — *La lune* (cit. 8), *reine des nuits. « Et le char* (cit. 2) *vaporeux de la reine des ombres (...) »* (Lamartine). — *Chez Wagner, la musique est reine absolue* (→ Attractif, cit. 3). — *L'infanterie*, reine des batailles.*

5   J'achève souvent le tour des murs de Rome à pied ; en parcourant ce chemin de ronde, je lis l'histoire de la reine de l'univers païen et chrétien écrite dans les constructions, les architectures et les âges divers de ces murs.
CHATEAUBRIAND, Mémoires d'outre-tombe, t. V, p. 146.

Fam. *C'est la reine des idiotes, des connes.*

Loc. *La reine des fleurs :* la rose. — *Reine des bois.* ⇒ **Aspérule.** — *Reine des reinettes* (pomme). ⇒ aussi **Reine-des-prés.** *« Les reines des étangs, grenouilles* (cit. 2), *veux-je dire ».*

(1911, in D.D.L. ; *la Reine bicyclette,* 1890). Vieilli mais réactualisé. *La petite reine :* la bicyclette.

5.1   (...) l'un des membres fondateurs de l'U.V.F., Union Vélocipédique Française, lui-même pratiquant de la petite reine et vainqueur en 1898 de la course Saint-Ampoire-Bercy Ceinture. C'était un fanatique absolu de la bicyclette (...)
René FALLET, le Triporteur, p. 151.

♦ **7.** (1751). Femelle féconde d'abeille, unique dans la colonie (ruche ou essaim) et dont la vie, après la fécondation (vol nuptial), est presque exclusivement consacrée à la ponte (→ Essaim, cit. 2 ; prolifique, cit.).

6   Pour résumer le rôle et la situation de la reine, on peut dire qu'elle est le cœur-esclave de la cité dont l'intelligence l'environne. Elle est la souveraine unique, mais aussi la servante royale, la dépositaire captive et la déléguée responsable de l'amour. Son peuple la sert et la vénère tout en n'oubliant point que ce n'est pas à sa personne qu'il se soumet mais à la mission qu'elle remplit et aux destinées qu'elle représente.   MAETERLINCK, la Vie des abeilles, II, XXVIII.

HOM. Rêne, renne.

DÉR. Reinette.

COMP. Reine-claude, reine-des-prés, reine-marguerite, vice-reine.

REINE-CLAUDE [ʀɛnklod] n. f. — 1690 ; abrév. de *prune de la reine Claude* (femme de François Iᵉʳ), 1628.

♦ Variété de prune sphérique, verte, à chair fondante, sucrée et parfumée. — Au plur. *Des reines-claudes* (→ Bourdonner, cit. 1), orthographe préconisée par Littré et adoptée par Académie, 8ᵉ éd. — REM. Flaubert (Mᵐᵉ *Bovary,* I, 7) écrit des *reines-Claude,* Colette des *reine-claudes* (→ ci-dessous, cit.), et Zola fait le mot invariable (→ Prune, cit. 1).

Le bleu des aconits a certainement pâli depuis ce matin, mais les reine-claudes, vertes hier sous leur poudre d'argent, ont toutes, ce soir, une joue d'ambre.
COLETTE, la Paix chez les bêtes, « Nonoche ».

REINE-DES-PRÉS [ʀɛndepʀe] n. f. — 1655 ; de *reine, des,* et *prés*.

♦ Spirée* ulmaire (plante à fleurs). → Linaigrette, cit. *Des reines-des-prés.*

1   Soleil de la fougère et des reines-des-prés,
De la bardane d'or et des mûriers pourprés (...)
Csse DE NOAILLES, Choix de poésies, « Les éblouissements »,
La prière devant le Soleil.

2   (...) le coquelicot tremblant au vent en haut de sa tige verte comme une flamme rouge en haut d'un mât au milieu des vieilles avoines déjà blanches, le long des chemins le petit clocher du réséda, les innombrables architraves de la reine-des-prés (...)   PROUST, Jean Santeuil, Pl., p. 461.

REINE-MARGUERITE [ʀɛnmaʀgəʀit] n. f. — 1715; de *reine,* et *marguerite.*

♦ Plante de la famille des Composées, appelée scientifiquement *Callistephus* (⇒ **Callistèphe**) et autrefois rangée dans le genre Aster, herbe annuelle, originaire de Chine, cultivée pour sa fleur blanche, rose ou mauve. *Reines-marguerites pyramidales, pivoines, pompons...*

REINETTE [ʀɛnɛt] n. f. — 1535, *pomme de renette*; *reinette,* 1680; de *reine.*

♦ Variété de pomme (cit. 1) à couteau. *Reinette franche,* jaune pâle. *Reinette grise,* à peau rude. *Reinette du Canada,* très grosse et verte. *Reine des reinettes,* jaune et rouge, à la chair croquante et ferme.

(...) un homme aussi distingué que tu l'es ne doit pas prendre une reinette de février pour une petite pomme d'api qui sourit sur sa branche et demande un coup de dent. BALZAC, l'Interdiction, Pl., t. III, p. 12.
REM. L'orthographe *rainette* vient plutôt d'une confusion que d'une comparaison entre la peau de la grenouille et celle du fruit.

HOM. Rainette.

RÉINFECTER [ʀeɛ̃fɛkte] v. tr. — 1549; de *ré-,* et *infecter.*

♦ Infecter de nouveau. — Pron. *La plaie s'est réinfectée.*

DÉR. Réinfection.

RÉINFECTION [ʀeɛ̃fɛksjɔ̃] n. f. — 1907; de *réinfecter.*

♦ Nouvelle infection. ⇒ **Récidive, récurrence.**

RÉINJECTER [ʀeɛ̃ʒɛkte] v. tr. — xxᵉ; de *ré-,* et *injecter.*

♦ Injecter de nouveau. — (1973). Fin. Réintroduire (des capitaux) dans un circuit économique.
Techn. Renvoyer (un signal) vers un système d'où il émane.
Astron. Injecter, placer de nouveau (sur une orbite). *« Le véhicule est réinjecté sur une orbite solaire »* (*Sciences et Avenir,* nov. 1979, p. 19).

RÉINJECTION [ʀeɛ̃ʒɛksjɔ̃] n. f. — Mil. xxᵉ; de *ré-,* et *injection.*

♦ Action de réinjecter; son résultat. *Réinjection des éléments figurés du sang dans la plasmaphérèse. La réinjection de capitaux. — Réinjection d'un signal. — Réinjection d'un satellite.*

RÉINSCRIPTION [ʀeɛ̃skʀipsjɔ̃] n. f. — 1877; de *réinscrire.*

♦ Nouvelle inscription.

RÉINSCRIRE [ʀeɛ̃skʀiʀ] v. tr. — Conjug. *inscrire.* — 1876; de *ré-,* et *inscrire.*

♦ Inscrire de nouveau. — Pron. *Se réinscrire en faculté.*

CONTR. Exclure, rayer.
DÉR. Réinscription.

RÉINSÉRER [ʀeɛ̃seʀe] v. tr. — 1846, Bescherelle; de *ré-,* et *insérer.*

♦ **1.** Insérer de nouveau. ⇒ **Réintroduire.**

♦ **2.** Donner à (qqn : délinquant, handicapé physique, etc.) les moyens de se réadapter à la vie sociale. *Réinsérer d'anciens détenus dans la société.*

DÉR. Réinsertion.

RÉINSERTION [ʀeɛ̃sɛʀsjɔ̃] n. f. — xxᵉ (1966, in *le Monde*); de ré(insérer), et *insertion.*

♦ **1.** Action de réinsérer; son résultat.

♦ **2.** Réinsertion de qqn dans la société, un groupe. *« Réinsertion professionnelle active des adultes handicapés »* (*le Monde,* 10 oct. 1969). ⇒ **Réadaptation.**

RÉINSTALLATION [ʀeɛ̃stalasjɔ̃] n. f. — 1775; de *réinstaller.*

♦ Action de réinstaller. *La réinstallation d'un fonctionnaire à son poste.*

RÉINSTALLER [ʀeɛ̃stale] v. tr. — 1581; de *ré-,* et *installer.*

♦ Installer de nouveau. *« On l'a réinstallé dans ses fonctions »* (Académie).

L'hôtesse, après avoir apaisé cette querelle (...) et réinstallé Jacques à sa place, s'en alla à ses affaires (...) DIDEROT, Jacques le fataliste, Pl., p. 645. [1]

(Il) était parvenu à rattraper ses deux chevaux. Il jeta tout d'abord un œil de regret sur le magnifique animal, gisant sur le sol, qu'il allait être obligé d'abandonner aux oiseaux de proie, et il s'occupa de réinstaller son attelage. J. VERNE, Michel Strogoff, p. 160. [2]

Pron. *Se réinstaller chez soi* (→ 2. Froid, cit. 23).

Il est temps d'y mettre bon ordre et que M. Bidault rentre au Quai d'Orsay, que M. Martinaud-Déplat se réinstalle place Beauvau, M. Laniel à Matignon, et la France dans son cauchemar. F. MAURIAC, Bloc-notes 1952-1957, p. 137. [3]

DÉR. Réinstallation.

REINTÉ, ÉE [ʀɛ̃te] adj. — 1680, *chien reinté*; extension de l'emploi au xviiiᵉ; de *rein.*

♦ Rare (précédé d'un adv.). Qui a des reins (1.), des lombes.
Vigoureusement reintée et pétant d'embonpoint, Mélie ressentait une certaine compassion pour la maigreur délicate du peintre. HUYSMANS, En ménage, 1881, p. 290.

Spécialt. *Chien reinté,* qui a les reins larges et arqués.

RÉINTÉGRABLE [ʀeɛ̃tegʀabl] adj. — 1845; de *réintégrer.*

♦ Qui peut être réintégré (2.).

RÉINTÉGRANDE [ʀeɛ̃tegʀɑ̃d] n. f. — 1411; de *réintégrer* (2.).

♦ Dr. « Action possessoire* par laquelle le détenteur d'un immeuble dépossédé par violence réclame sa remise en possession » (Capitant).

RÉINTÉGRATION [ʀeɛ̃tegʀasjɔ̃] n. f. — 1367; « remise en état », 1326; de *réintégrer.*

♦ **1.** Action de réintégrer (2.); résultat de cette action. *Fonctionnaire révoqué qui obtient sa réintégration.*

(...) après les élections, le triomphe de la liste où figurait l'un des fils du patron, celui-ci avait licencié les réfractaires; sept ouvriers se sont mis en grève, demandant leur réintégration (...) ARAGON, les Cloches de Bâle, II, XI.

♦ **2.** Dr. *Réintégration dans la nationalité française, dans la qualité de Français,* d'une personne qui a possédé cette nationalité (procédure plus simple que la naturalisation).

♦ **3.** Biol. Processus par lesquels l'organisme individuel devient une unité fonctionnelle adaptée au milieu.

RÉINTÉGRER [ʀeɛ̃tegʀe] v. tr. — 1352; lat. médiéval *reintegrare,* class. *redintegrare* « rétablir, remettre en l'état », de *re-,* et *integer* « intact ». → Intégrer.

♦ **1.** Vx. (Compl. n. de chose). Rétablir, reprendre possession de. — (1873). Mod. Reprendre possession de (un lieu). *Réintégrer le domicile conjugal :* s'établir de nouveau au domicile du ménage. — (1875). Revenir dans (un lieu qu'on avait quitté). *Réintégrer son logis. La Garonne a réintégré son lit* (→ Plage, cit. 5).

Ce fut avec la conviction de venger ses ancêtres que le marquis réintégra leur domaine. R. RADIGUET, le Bal du comte d'Orgel, p. 20. [1]

Figuré (→ Immémorial, cit. 2).

Débraillé, humilié, il semblait à l'aise, comme un homme qui, après une longue contrainte, vient enfin de réintégrer son personnage, comme un proscrit qui a reçu ses lettres de grâce et retrouve sa terre natale. G. DUHAMEL, Salavin, III, XVIII. [2]

♦ **2.** (1690). Dr. (Compl. n. de personne). Rétablir dans... (la possession, la jouissance d'un bien, d'un droit...). *Réintégrer qqn dans ses droits, dans ses fonctions* (→ Prestation, cit. 4). *Réintégrer qqn dans la nationalité française.* ⇒ **Réintégration.** *Réintégrer dans les cadres métropolitains un fonctionnaire détaché à l'étranger.* ⇒ **Renommer, replacer.**

Après le baptême de M. le duc de Bordeaux, on me réintégra enfin dans mon ministère d'État : M. de Richelieu me l'avait ôté, M. de Richelieu me le rendit (...) CHATEAUBRIAND, Mémoires d'outre-tombe, t. IV, p. 161. [3]

♦ **3.** Rare. Remettre (qqn, qqch.) dans un lieu qui avait été quitté. *Réintégrer un prisonnier évadé dans sa prison.*

CONTR. Exclure.
DÉR. Réintégrable, réintégrande, réintégration.

RÉINTERPRÉTATION [ʀeɛ̃tɛʀpʀetasjɔ̃] n. f. — xxᵉ; de *réinterpréter.*

♦ Nouvelle interprétation. *La réinterprétation d'une théorie à la lumière de données nouvelles.*

RÉINTERPRÉTER [ʀeɛ̃tɛʀpʀete] v. tr. — 1549; de *ré-,* et *interpréter.*

♦ Interpréter de nouveau, d'une manière nouvelle.

1 Dans une perspective révolutionnaire, il *(Keita Fodeba)* a réinterprété toutes les images rythmiques de son pays.
Frantz FANON, in É. ELIET, Panorama de la littérature négro-africaine, p. 94.

2 Réinterpréter les philosophies qui interprètent le monde, en tirer les instruments théoriques de changement, mener à bien la révolution théorique, c'est l'horizon de la pensée révolutionnaire renouvelée.
Henri LEFEBVRE, la Vie quotidienne dans le monde moderne, p. 366.

DÉR. Réinterprétation.

RÉINTRODUCTEUR, TRICE [ʀeɛ̃tʀɔdyktœʀ, tʀis] n. — 1905, Péguy, in D. D. L.; de *réintroduire*, d'après *introducteur*.

♦ Personne qui réintroduit (qqch., quelqu'un).

RÉINTRODUCTION [ʀeɛ̃tʀɔdyksjɔ̃] n. f. — 1873; de *réintroduire*.

♦ Nouvelle introduction.

RÉINTRODUIRE [ʀeɛ̃tʀɔdɥiʀ] v. tr. — Conjug. *introduire* (→ Conduire). — 1846; de *ré-*, et *introduire*.

♦ Introduire de nouveau (→ Photon, cit. 2; préposition, cit. 3). *Réintroduire dans un texte ce qu'on en avait écarté.*

Mais si je me résigne sans effort à réintroduire mon corps et ma pensée dans la mécanique parisienne, c'est sans doute pour une part que j'ai pris le pli très tôt de m'accorder aux exigences des autres.
F. MAURIAC, Bloc-notes 1952-1957, p. 171.

▶ **SE RÉINTRODUIRE** v. pron. *Se réintroduire avec peine dans un milieu professionnel.* ⇒ **Réinsérer** (→ Où, cit. 28).

CONTR. Éliminer.
DÉR. Réintroducteur, réintroduction.

RÉINVENTER [ʀeɛ̃vɑ̃te] v. tr. — 1850, Sainte-Beuve (→ Fable, cit. 14); de *ré-*, et *inventer*.

♦ Inventer de nouveau, en retrouvant une chose oubliée ou perdue, en lui redonnant une valeur nouvelle... *Un mot que je voudrais réinventer* (→ Glorifier, cit. 3).

1 (...) les poètes du dix-neuvième siècle cherchant du nouveau ne feront, de Hugo à Verlaine, que réinventer les trouvailles du douzième (...)
ARAGON, les Yeux d'Elsa, Appendice, I.

2 Et puis la Gauche est à réinventer, qui le nie?
F. MAURIAC, le Nouveau Bloc-notes 1958-1960, p. 65.

DÉR. Réinvention.

RÉINVENTION [ʀeɛ̃vɑ̃sjɔ̃] n. f. — Av. 1869, Lamartine, in P. Larousse; de *réinventer*.

♦ Action de réinventer. *La réinvention du plaisir de vivre. — Une, des réinventions.*

(...) il n'y a poésie qu'autant qu'il y a méditation sur le langage, et à chaque pas réinvention de ce langage. ARAGON, les Yeux d'Elsa, Préface.

RÉINVITER [ʀeɛ̃vite] v. tr. — 1549; de *ré-*, et *inviter*.

♦ Inviter de nouveau. *Il a été si ennuyeux que nous ne l'avons jamais réinvité.*

1. REIS [ʀɛjs] n. m. — 1598; *reys*, mil. xvie; turc *reis*, arabe *raïs* « chef ». → Raïs.

♦ **1.** Capitaine de corsaires barbaresques.

♦ **2.** (1740). Titre de dignitaires de l'empire turc.

♦ **3.** Patron, capitaine d'un bateau turc (cf. Nerval, *Voyage en Orient, la Femme du Caire*, V, 2).
Mar. Régional. *Reis de madrague :* patron pêcheur qui commande la manœuvre d'une madrague. *Reis d'embarcation.*

HOM. 2. Reis.

2. REIS [ʀɛjs ; ʀɛis] n. m. — 1740, Trévoux; mot portugais.

♦ Ancienne monnaie de compte portugaise de très petite valeur (avant 1913).

HOM. 1. Reis.

RÉITÉRABLE [ʀeiteʀabl] adj. — xvie, repris 1846; de *réitérer*.

♦ Rare. Qui peut être réitéré.

RÉITÉRATIF, IVE [ʀeiteʀatif, iv] adj. — 1414; de *réitérer*.

♦ **1.** Dr. Qui réitère, est propre à réitérer. *Sommation réitérative.*

♦ **2.** Didact. Qui constitue une réitération.

RÉITÉRATION [ʀeiteʀasjɔ̃] n. f. — 1501; *reiteracion*, 1419, terme de droit; de *réitérer*.

♦ Action de réitérer; fait d'être réitéré. ⇒ **Fréquence, redoublement, répétition.** « *La réitération de ces menaces le fit changer de conduite* » (Académie).
Sc. Mesure d'un angle par une moyenne de mesures. — Opération, mesure, vérification par une répétition d'opérations.

RÉITÉRER [ʀeiteʀe] v. tr. — Conjug. *céder.* — 1314; bas lat. *reiterare*, de *re-*, et *iterare*, de *iterum* « derechef ».

♦ Faire de nouveau, faire plusieurs fois*. ⇒ **Itérer, recommencer, refaire, renouveler, répéter.** *Réitérer sa demande* (→ 2. Point, cit. 15), *sa promesse* (→ Possible, cit. 22). *Réitérer un ordre, une défense.*

1 (...) nous en viendrons à la purgation, et à la saignée, que nous réitérerons, s'il en est besoin. MOLIÈRE, l'Amour médecin, II, 5.

2 M. le conseiller, appuyant contre sa poitrine son petit tricorne noir, réitérait ses salutations (...) FLAUBERT, Mme Bovary, II, VIII.

2.1 Elle lève la main, comme il lui fut appris, pour réitérer son refus.
M. DURAS, Moderato cantabile, p. 135.

▶ **RÉITÉRÉ, ÉE** p. p. adj. (1314). *Attaques* (cit. 1), *agressions réitérées* (→ Opérer, cit. 3). *Efforts réitérés* (→ Hanneton, cit. 1). *Hommages* (cit. 17) *réitérés.* ⇒ **Fréquent** (cit. 1), **itératif, redoublé, répété.**

3 Ses accusations persévérantes, réitérées sous plusieurs formes, préparent l'échafaud de Lavoisier. MICHELET, Hist. de la Révolution franç., IV, VIII.

4 Ni la cuisinière, ni Gratien ne m'aimaient ; mes avances réitérées n'avaient pu leur arracher trois paroles. GIDE, Isabelle, V.

DÉR. Réitérable, réitératif, réitération.

REÎTRE [ʀɛtʀ] n. m. — 1563, *reistre*, Ronsard, *Réponse aux injures...*, t. II, p. 608; all. *Reiter* « cavalier ».

♦ **1.** Ancienn. Cavalier allemand servant en France. — Par ext. (Péj.). Cavalier, guerrier allemand.

♦ **2.** (1875). Littér. Guerrier brutal, homme qui ne se complaît que dans la guerre et la violence. ⇒ **Soudard.**

Nous qui, pendant près de cinq ans, avons vécu en soldats, parmi les soldats, nous devons reconnaître que nous n'avons pas vu énormément de reîtres. Mais il y en a (...) C'est une variété humaine bien à part, bien caractérisée (...) tu as connu Roque et Fontaine (...) C'étaient des hommes bien portants, à petit cerveau, à gros muscles, des hommes incapables de devenir autre chose que des soldats.
G. DUHAMEL, Récits des temps de guerre, IV, XXXIX.

♦ **3.** (1904; de *manteau fait à la reître*, fin xvie). Capote (vêtement).

REJAILLIR [ʀ(ə)ʒajiʀ] v. intr. — 1539; de *re-*, et *jaillir*.

A. ♦ **1.** Vx. Être renvoyé par une surface, un obstacle. ⇒ **Rebondir, ricocher** (cf. Descartes, *les Dioptriques*, 2).

♦ **2.** Mod. Jaillir, en étant renvoyé (en parlant de liquides). *Liquide qui rejaillit sur qqn.* ⇒ **Éclabousser.** — Vieilli. Se réfléchir (en parlant de la lumière).

♦ **3.** (1671). Fig. *Rejaillir sur qqn*, revenir à..., retomber, être reporté sur... (par une extension, un prolongement de l'effet). *Persuadés qu'il en rejaillirait quelque éclat sur eux* (→ Philosophie, cit. 5).

1 Faut-il que sur mon front sa honte rejaillisse ? RACINE, Iphigénie, III, 2.

2 Le pianiste, pour se faire aimer, joue du Chopin. Le génie du maître rejaillit sur ses interprètes et ses admirateurs. A. MAUROIS, Un art de vivre, II, 4.

B. ♦ **1.** Jaillir, par l'effet d'une pression, d'un mouvement, d'un choc. ⇒ **Couler, gicler, jaillir.** *La boue rejaillit sous les roues de la voiture. La bave du taureau lui rejaillissait à la figure* (→ Éventrer, cit. 4).

3 De mille coups mortels son audace est punie ;
Son infidèle sang rejaillit sur Junie. RACINE, Britannicus, V, 8.

♦ **2.** Ressortir vivement, comme par un jaillissement. *Plongeur qui rejaillit à la surface.*

4 Courons à l'onde en rejaillir vivant ! VALÉRY, Poésies, « Charmes », le Cimetière marin.

DÉR. Rejaillissant, rejaillissement.

REJAILLISSANT, ANTE [ʀ(ə)ʒajisɑ̃, ɑ̃t] adj. — V. Rejaillir.

♦ **1.** Qui rejaillit. *Eaux, cascades rejaillissantes.*

♦ **2.** Fig., rare. (Personnes).

5 Quand j'arrivais chez elle, jusqu'à ses quatre-vingts ans, je me disais : « Jamais Maman ne m'est apparue si rejaillissante ». Claude ROY, Nous, p. 380.

REJAILLISSEMENT [ʀ(ə)ʒajismɑ̃] n. m. — 1557; de *rejaillir*.
Littéraire.

♦ **1.** Action de rejaillir, mouvement de ce qui rejaillit. *Rejaillissement d'un jet d'eau.* — Vx. *Rejaillissement de la lumière.*

♦ **2.** Fig. *Le rejaillissement de sa gloire sur toute sa famille.*
⇒ **Conséquence, effet.**

REJET [ʀ(ə)ʒɛ] n. m. — XVIᵉ ; *regiet*, 1241 ; de *rejeter*.

★ **I.** (De *rejeter*, II.). ♦ **1.** (Mil. XIVᵉ). Pousse qui se dresse en surface du sol, qui naît* de la souche des plantes vivaces ou ligneuses dont la tige a été détruite. ⇒ **Bourgeon, cépée, drageon, jet, pousse, rejeton.** *Couper au sécateur un rejet inutile* (→ Émonder, cit. 3). *Prélever des rejets pour la multiplication.* ⇒ aussi **Accrue** (2.). — Par ext. Rejeton, branche* nouvelle d'un arbre. — Collectivt. *Du rejet.*

1 (...) des *racicots*, qui sont de grosses racines sortant de terre et donnant du rejet.
    G. SAND, la Petite Fadette, VIII.

♦ **2.** (1870). Jeune essaim qui part de la ruche.

★ **II.** ♦ **1.** (Av. 1870). Action de rejeter* (I. et II.); résultat de cette action. ⇒ **Éjection, évacuation, excrétion.** — Spécialt. *Le rejet de la terre d'un fossé* (cit. 2), la terre rejetée. — Géol. *Rejet d'une faille* (2. Faille, cit.).

2 Rieux savait qu'on avait prévu alors des solutions désespérées, comme le rejet des cadavres à la mer (...) CAMUS, la Peste, p. 197.

♦ **2.** (Av. 1870). Fait de déplacer un élément du discours. — Spécialt. ⇒ **Enjambement.** ⓐ *Rejet d'un mot au vers suivant.*

3 Il y a *enjambement* quand la phrase « enjambe » sur le vers, de sorte que la voix ne peut marquer un temps d'arrêt à la rime (...) L'enjambement *atténue l'importance du mot placé à la rime* et diminue la valeur de la rime elle-même.
Le *rejet* est un procédé tout différent. Un élément de phrase de faible étendue, placé au début d'un vers, se rattache étroitement par la construction au vers précédent : « C'est bien à l'escalier‖Dérobé » (V. HUGO). Le rejet détache et met en valeur un ou plusieurs mots : « La foudre du Capitolin‖Tombe » (HEREDIA).
  BRUNOT et BRUNEAU, Grammaire historique de la langue franç., §§ 761-762.

ⓑ « Procédé rythmique consistant à rejeter un mot par-dessus la césure, afin de le mettre en valeur (...) *Tu glissas le mensonge atroce entre ses dents,* VERHAEREN » (H. Morier, *Dict. de poétique*, p. 344).

ⓒ Fait de rejeter à la fin de la proposition ou de la phrase un élément important et significatif, l'ordre* normal étant abandonné dans un souci d'expressivité (cf. *le Français moderne*, oct. 1958). — Fait de rejeter le verbe à la fin de la proposition.

4 Le rejet est de règle dans les langues germaniques, spécialement en allemand, pour l'infinitif et le participe, ainsi qu'à un mode personnel dans les subordonnées. A. DAUZAT, Grammaire raisonnée de la langue franç., p. 436.

♦ **3.** (XVIᵉ). Action de rejeter; résultat de cette action. ⇒ **Abandon, enterrement** (fig.), **refus.** *Rejet d'une proposition, d'une requête, d'un projet, d'un amendement...* (→ Lecture, cit. 14). *Décision de rejet. L'admission d'un travail, d'un article...* (→ Imputer, cit. 12 ; 1. page, cit. 4). *Prononcer le rejet d'une fourniture défectueuse.*

5 Le roi (*Louis-Philippe*) le reçut bien, mais il lui dit (...) Vous savez que je déteste la peine de mort. Chaque fois qu'il faut signer un rejet de grâce, le supplice commence par moi. HUGO, Choses vues, 8 juin 1846.

(Mil. XXᵉ). Spécialt. Log. Opérateur (connectif binaire) qui est la négation de la disjonction (symb. ∧).

Physiol., méd. Intolérance de l'organisme à l'assimilation d'un organe greffé. ⇒ **Cœur** (greffe du cœur). *Phénomène de rejet.*

Psychol., sociol. Attitude de refus vis-à-vis de qqn, d'un groupe ou de qqch. d'abstrait.

(Personnes). *Le rejet des membres indisciplinés d'une assemblée.* ⇒ **Exclusion, expulsion ; éviction.**

CONTR. Assimilation. — Adoption. — Adhésion, admission, approbation, concession.

REJETABLE [ʀəʒtabl] adj. — 1548, *rejettable* ; de *rejeter.*

♦ Littér. Qui est à rejeter.

(...) pour eux aussi le mépris et l'ennui ont été les passions les plus difficilement rejetables, les plus fatales (...) BAUDELAIRE, Curiosités esthétiques, IX, x.

REJETER [ʀəʒte] v. tr. — Conjug. *jeter.* — V. 1200 aux sens I., 1. et 3. ; lat. *rejectare.* → Jeter.

★ **I.** V. tr. **A.** Jeter en sens inverse (ce qu'on a reçu, ce qu'on a pris). ♦ **1.** (En lançant). ⇒ **Relancer, renvoyer.** *Rejeter un poisson dans l'eau. Rejeter des déchets à la mer* (→ aussi Entrailles, cit. 2).

1 (...) des sagettes si longues qu'à les reprendre à la main on les pouvait rejeter (*sic*) à la mode d'un dard (...) MONTAIGNE, Essais, I, XLVIII.

♦ **2.** (1538). Fig. Faire retomber sur un autre, faire éprouver ou supporter à un autre ce qu'on éprouvait. *Rejeter un tort, une faute, une responsabilité sur qqn* (→ Désolidariser, cit. 1). ⇒ **Accuser, dos** (mettre sur le). — *L'individu rejetant sa bassesse sur la société* (→ Humiliation, cit. 14). ⇒ **Attribuer.**

2 Elle n'essayait pas de rejeter sur Sammécaud le ridicule de l'aventure.
  J. ROMAINS, les Hommes de bonne volonté, t. V, I, p. 7.

♦ **3.** (En poussant loin de soi ou hors de soi). ⇒ **Éjecter, repous-**

ser. *La mer rejette une épave* (→ Cabrer, cit. 6 ; et aussi écume, cit. 10). — Spécialt. ⇒ **Cracher, évacuer, expulser.** *Rejeter un caillot* (cit. 1) *de sang. Son estomac rejette toute nourriture.* ⇒ **Rendre, vomir.** — Par métaphore. « *L'esprit rassasié le rejette à l'instant* » (→ Fade, cit. 12, Boileau).

3 Les bras tendus au ciel, il sauta dans la mer
Qui ne rejeta point ses os sur le rivage.
  LECONTE DE LISLE, Poèmes barbares, « Jugement de Komor ».

(Compl. n. de personne). *Rejeter l'ennemi sur ses positions. La poussée* (cit. 3) *des arrivants les avait rejetés à mi-pente.*

B. (1256). Jeter, porter ou mettre ailleurs. ♦ **1.** (En ôtant d'un lieu). *Rejeter de la terre, des pierres.* Par métaphore. (→ Irrésolu, cit. 1, Descartes). — Fig. *Rejeter les notes à la fin du volume, un terme parmi les archaïsmes* (cit.). — Gramm. ⇒ **Rejet.**

3.1 (...) on peut mettre l'adverbe en relief en le rejetant à la fin de la phrase... : « Une femme, près de sa fenêtre, ravaudait des nippes, *interminablement* » DUHAMEL, *Not. du Havre*, VIII (...) « Il dogmatisa sur Phidias et Winckelmann, *éloquemment* » FLAUBERT, *Éduc. sent.*, I, IV, p. 55 (....).
  G. et R. LE BIDOIS, Syntaxe du franç. moderne, § 977.

♦ **2.** (En changeant la position). *Rejeter la tête, le buste en arrière* (→ Infléchir, cit. 5). ⇒ **Reculer.** *Rejeter en arrière les pans de sa pèlerine* (→ Protubérance, cit. 3). *Le mouvement du fiacre les rejetait l'un vers l'autre* (→ Nouer, cit. 12).

4 Elle (*Mᵐᵉ Cazenave*) avançant, le buste rejeté, les mains sur le ventre (...)
  F. MAURIAC, Génitrix, VII.

♦ **3.** (Pour se débarrasser* d'une chose inutile ou encombrante). ⇒ **Abandonner, défaire** (se), **écart** (à l'écart), **jeter, rebuter** (vx). Cf. fam. Ficher en l'air, balancer. *Rejeter sa cigarette* (→ 3. Air, cit. 3 ; 3. mort, cit. 18). *Tout ce que perd* (cit. 31), *rejette, élimine, oublie l'homme le plus pratique. Cribler* (cit. 1) *le froment et rejeter l'ivraie.*

5 La quiétude (...) C'est bien de ceux qui ont à jamais choisi une part de leur destin, et rejeté l'autre. COLETTE, la Paix chez les bêtes, « Jardin zoologique ».

C. (1530). Fig. Ne pas admettre, se refuser à accepter. ⇒ **Refuser.** ♦ **1.** (Compl. n. de chose). *Rejeter une offre* (cit. 3), *une proposition* (cit. 1). ⇒ **Décliner.** *Rejeter un conseil, un ordre, une obligation...* (→ Brèche, cit. 5 ; humeur, cit. 20 ; humiliant, cit. 7). *Rejeter une idée, une méthode, une morale, une loi, un principe, une tradition...* ⇒ **Répudier ; nier** (→ Coutume, cit. 5 ; doute, cit. 11 ; personnel, cit. 9). *Rejeter certains faits* (→ Admettre, cit. 12 ; évidence, cit. 11). *Rejeter certains mots, certaines expressions* (→ 2. Cru, cit. 8 ; engoulevent, cit. ; liaison, cit. 5). *Rejeter la domination* (cit. 3) *de qqn.* ⇒ **Affranchir** (s'). *Un bonheur qu'il rejetait* (contr. : *envier ; rechercher*). — *Rejeter un pourvoi. Rejeter un recours en grâce* (→ Guillotine, cit. 3), *une opposition* (→ Opposant, cit. 1). ⇒ **Débouter.** *Rejeter un témoignage* ⇒ **Récuser.** — *L'Assemblée a rejeté ce projet de loi.* ⇒ **Repousser.**

6 Telle est la loi des Dieux à mon père dictée.
En vain, sauf à Calchas, il l'avait rejetée (...) RACINE, Iphigénie, V, 2.

7 On se défend difficilement de croire ce qu'on désire avec tant d'ardeur, et qui peut douter que l'intérêt d'admettre ou de rejeter les jugements de l'autre vie ne détermine la foi de la plupart des hommes sur leur espérance ou leur crainte ?
  ROUSSEAU, Rêveries, IIIᵉ promenade.

8 Et longtemps il médita, immobile sur les coussins, imaginant et rejetant des combinaisons sans trouver rien qui pût le satisfaire.
  MAUPASSANT, Pierre et Jean, VIII.

Rejeter qqch. de... : ne pas admettre dans... ⇒ **Bannir, chasser, écarter, éliminer, exclure.** *Rejeter de l'art tout ce qui ne se rapporte pas à un certain type du beau* (→ Face, cit. 41 ; et aussi grotesque, cit. 14).

9 Pourquoi cette idée, qu'il rejetait de lui lorsqu'il se trouvait seul, qu'il repoussait par crainte du trouble apporté dans son âme, lui vint-elle aux lèvres en cet instant... ? MAUPASSANT, Pierre et Jean, III.

♦ **2.** (Compl. n. de personne). ⇒ **Condamner, éloigner, épurer, excommunier, exécrer, prescrire, reléguer, réprouver.**

10 Faut-il trois ou quatre mille écus de plus (...) lui fassent rejeter un amant qui vous agrée ? MOLIÈRE, Monsieur de Pourceaugnac, I, 1.

11 Les évêques (...) lui déclarèrent que, s'il était pour la nation, il était contre l'Église, — hors de l'unité catholique, hors de la communion des évêques et du Saint-Siège, membre pourri, rejeté, renégat et apostat.
  MICHELET, Hist. de la Révolution franç., III, IX.

12 La vie rejette ceux qui ne s'adaptent pas. F. MAURIAC, le Jeune Homme, IX.

★ **II.** V. intr. et tr. (Fin XIVᵉ). Rare. Pousser, produire à nouveau. *Les taillis ont bien rejeté.* — Trans. *Cet arbre a rejeté beaucoup de branches* (Littré). ⇒ **Rejet, rejeton.**

▶ **SE REJETER** v. pron. (1559).

Se jeter de nouveau. *Se rejeter à l'eau.* — (Au sens B., 2.). *Se rejeter en arrière* (→ 2. Mangouste, cit.).

▶ **REJETÉ, ÉE** p. p. adj.

♦ **1.** *Poissons rejetés à l'eau.* — *Matières rejetées par l'explosion des volcans* (→ Dénaturer, cit. 1).

♦ **2.** *Terres rejetées sur le bord d'une excavation* (cit.). — *Tête rejetée. Buste rejeté* (→ ci-dessus, cit. 4).

♦ **3.** *Offre rejetée.* — *Pourvoi* (cit.) *rejeté par la Cour suprême.*

♦ **4.** *Femmes rejetées par leur milieu* (→ Abreuver, cit. 9). *Solidaire de tous et rejeté par chacun* (→ Indulgent, cit. 9). *Rejeté par une société tout entière* (→ Ostracisme, cit. 5 ; et aussi ci-dessus, cit. 11).

CONTR. **Accepter, assumer. — Absorber, assimiler, boire, digérer. — Maintenir. — Choisir, élire, garder, prendre. — Accéder (à), accepter, accorder, adhérer (à), admettre, adopter, agréer, approuver, appuyer, concéder, entériner. — Accueillir.**
DÉR. **Rejet, rejetable, rejeton.**

REJETON [Rəʒ(ə)tɔ̃] n. m. — 1539 ; de *rejeter* (vx) « pousser de nouveau ».

♦ **1.** Nouveau jet* qui pousse sur la souche (⇒ Rejet), le tronc ou la tige d'une plante, d'un arbre. ⇒ **Bouture, bourgeon, branche, coulant, drageon, jet, œilleton, pousse, scion, talle** ; et aussi **brocoli, tendron.** *Rejeton qui pousse sur la racine.* ⇒ **Accru, boulure.**

1   (...) de nouvelles curiosités naissent dans mon âme comme on voit des rejetons s'élancer du tronc creux d'un vieux saule.
        FRANCE, le Crime de S. Bonnard, V, Œ., t. II, p. 418.

Par métaphore (→ Chandelle, cit. 5 ; drageon, cit.).

2   (...) l'événement a démontré que la langue latine étant la vieille souche, c'était un de ses rejetons qui devait fleurir en Europe.
        RIVAROL, De l'universalité de la langue franç.

3   Autour du héros immortel, sur un puissant arbre généalogique, se groupent de vivaces rejetons animés par une sève généreuse, le sang des Bonaparte (...)
        Th. GAUTIER, Souvenirs de théâtre..., « Les Bonaparte ».

♦ **2.** (1564). Vx. Descendant, enfant. ⇒ **Génération.** *Un digne rejeton de la Maison de Sottenville* (→ Montrer, cit. 37).

4   Venez, cher rejeton d'une vaillante race (...)   RACINE, Athalie, IV, 5.

5   Nous sommes les rejetons de la Grèce immortelle, nous sommes tes enfants, Orphée, homme divin! Car nous sommes tes fils, ô Provence comtale (...)
        F. MISTRAL, les Îles d'or, « Enfance d'Orphée », p. 33.

(1935, Académie). Mod. (Fam. ou iron.). Enfant, fils. *Rejetons de bonne famille* (cit. 11). *Envoyer son unique rejeton au lycée* (→ Poids, cit. 8).

REM. Dans cet emploi (2.), le fém. *rejetonne* (fam.) se rencontre.

6   Ils tentèrent d'expliquer à leur rejetonne que, la finale terminée, son fiancé volage reviendrait (...)   René FALLET, le Triporteur, p. 348.

REJINGUER [R(ə)ʒɛ̃ge] v. intr. — Probablt antérieur au XIXᵉ ; de *re-*, préfixe intensif, et *jinguer* « ruer », var. de *guinguer,* lui-même var. d'après *regiber/regimber*, de *giguer* « ruer, danser, remuer des jambes », de *gigue* « instrument de musique à trois cordes » (→ Gigot), vieil haut all. *gîga.*

♦ Régional. Ruer, regimber*.

— Il me semble d'avoir entendu rejinguer le cheval dans l'écurie, répondit-elle à une question de sa mère.   M. AYMÉ, la Vouivre, p. 151.

REJOIGNEMENT [R(ə)ʒwaɲmɑ̃] n. m. — Mil. XXᵉ ; de *rejoindre.*

♦ Didact. Action de joindre ; son résultat. Fait de se joindre.

1   (...) Même si mon présent est rigoureusement identique mais son contenu au futur vers quoi je me projetais par-delà l'être, ce n'est pas ce présent vers quoi je me projetais car je me projetais vers ce futur en tant que futur, c'est-à-dire en tant que point de rejoignement de mon être.
        SARTRE, l'Être et le Néant, cité par S. DE BEAUVOIR, *in* Tout compte fait, p. 134.

2   (...) le point d'incohérence suprême où la réalité va basculer, le véritable rejoignement avec la matière, où les sensations n'ont plus à être interprétées, où le monde n'apparaît plus, mais où tout est, où l'on est tout, indissolublement, indiciblement.
        J.-M. G. LE CLÉZIO, la Fièvre, p. 130.

REJOINDRE [R(ə)ʒwɛ̃dR] v. tr. — Conjug. *joindre.* — V. 1175 ; intrans., v. 1050, « arriver à (au terme d'un voyage) » ; de *re-,* et *joindre.*

♦ **1.** Vx. Joindre de nouveau (des choses, des personnes qui se sont trouvées séparées, écartées). ⇒ **Réunir.** — REM. Le verbe s'emploie peu en parlant de choses concrètes. *«Rejoindre les deux lèvres d'une plaie »* (Académie). — (Compl. n. de personne). *«S'il vous a désunis* (cit. 2), *sa mort va vous rejoindre »* (Corneille).

1   Et déjà ton courroux semble s'être adouci,
    Depuis qu'elle a pris soin de nous rejoindre ici.
        RACINE, Andromaque, I, 1.

2   Aucun ne doit périr, mais tous (...)
    En retournant aux cieux en globes de lumière,
    Vont *rejoindre* leur être *à* la masse première.
    Remarquable emploi de ce mot, que sans doute eût cité Littré, s'il avait cru pouvoir le trouver dans Delille (qui me paraît assez indifférent pour le sien). Traduction des *Géorgiques,* IV.
        DELILLE, cité par GIDE, Journal, 12 févr. 1945.

Pron. *Se rejoindre.* — Mod. *Cimes* (cit. 2), *arceaux* (→ Côte, cit. 6), *nervures* (→ Ogival, cit. 1) *qui se rejoignent. Les deux moitiés de l'être humain cherchent à se rejoindre* (→ Mythe, cit. 2). *Les cours d'eau se rejoignent à tel endroit.* ⇒ **Confluer.**

3   (...) une route d'une lieue en ligne droite qui était terminée au point où ses deux parallèles allaient se rejoindre, en vertu de la perspective et en dépit de la géométrie (...)   Charles NODIER, Contes, « La fée aux miettes », XI.

REM. Même dans des emplois métaphoriques, l'emploi transitif de *rejoindre,* dans ce sens, est assez littéraire.

4   (...) Gomorrhe, dispersée, tend, dans chaque ville, dans chaque village, à rejoindre ses membres séparés, à reformer la cité biblique (...)
        PROUST, Sodome et Gomorrhe, Pl., t. II, p. 852.

♦ **2.** (1671). Se joindre de nouveau à... (un groupe), aller retrouver (qqn) ; → Chacun, cit. 1. *Réfractaires qui refusent de rejoindre l'armée.* ⇒ **Rallier, retourner** (→ Déserteur, cit. 2). *Rejoindre son corps.* — Absolt. *Il a reçu l'ordre de rejoindre.* — (Sujet et compl. n. de personne). *Il nous a rejoints ici* (→ 3. Capot, cit. 3). *Rejoindre qqn* (→ Greluchon, cit. 2 ; et aussi imaginer, cit. 18 ; parier, cit. 6). — *Rejoindre qqn dans la tombe, au ciel, etc.*

5   Le petit homme s'en va rejoindre ses pairs et des conversations graves, passionnées, s'engagent autour du tas de sable.
        G. DUHAMEL, les Plaisirs et les Jeux, p. 33.

6   (...) je songeais à m'échapper au plus vite pour tâcher de rejoindre Jahel, à qui j'avais hâte d'apprendre mes malheurs.
        FRANCE, la Rôtisserie de la reine Pédauque, XVIII, Œ., t. VIII, p. 188.

(Compl. n. de chose). Regagner (un lieu). ⇒ **Gagner, regagner.** *Rejoindre sa goélette* (→ Paquebot, cit. 1), *son carrosse* (→ Huer, cit. 2). *Rejoindre la grand-route* (→ Piquer, cit. 19), *le terrain du jeu* (cit. 29). *Aller sur le quai rejoindre ses bagages* (cit. 8). — Par métaphore (→ Heure, cit. 66).

7   Après avoir hésité un instant, Haverkamp décide de couper par la rive gauche. Il rejoint le boulevard Saint-Germain (...)
        J. ROMAINS, les Hommes de bonne volonté, t. V, XVIII, p. 134.

En franç. d'Afrique. Absolt ou intrans. Rejoindre un poste ; se rendre où l'on doit aller. *Il faut que je rejoigne.*

(Sujet et compl. n. de chose). Venir en contact. *La rue rejoint le boulevard à cet endroit.* ⇒ **Tomber** (dans). *Les coins de ses lèvres rejoignaient ses favoris* (→ Franchise, cit. 15). *Chaque année quelques pièces allaient rejoindre son tas d'écus,* s'y ajouter (→ Paysan, cit. 5). — Fig. *Ta vocation rejoignait la mienne* (→ Appeler, cit. 49).

(Abstrait). ⇒ **Retrouver.** *Nous rejoignons finalement l'éternel* (cit. 15). — Avoir une grande ressemblance avec. *L'art de Rodin rejoignait celui des imagiers* (cit. 3) *de nos cathédrales.*

♦ **3.** Atteindre (qqn) qui a de l'avance, parvenir à sa hauteur, à son niveau. ⇒ **Rattraper.** *Courir après qqn et le rejoindre.* ⇒ **Atteindre,** cit. 43, Littré (qui pourtant ne signale pas ce sens à l'article *Rejoindre*). — *« Le vent lointain finit toujours par le rejoindre »* (→ 2. Hâte, cit. 6, Hugo).

8   « Ces hommes-là furent rejoignis,
    Par des escholiers de Paris (...) »
    Matoussaint sait bien que rejoindre fait « rejoints » au participe passé : « rejoints » et non pas « rejoignis ». Mais « rejoignis » a l'air pâtre (...)
        J. VALLÈS, le Bachelier, VIII.

9   Une fraction de seconde avant que mes jambes n'attaquassent, les siennes avaient attaqué. J'ai lutté pour le rejoindre, et je n'ai pas pu le rejoindre.
        MONTHERLANT, les Olympiques, p. 69.

Fig. *La bourgeoisie a monté dans l'échelle* (cit. 13) *sociale et rejoint les plus haut placés. Ses élèves auraient le temps de rejoindre ceux du lycée* (→ Handicaper, cit. 1). — *Rejoindre qqn dans ses opinions.*

CONTR. **Disjoindre, séparer. — Déserter ; distancer. — (Du pron.) Bifurquer.**
DÉR. **Rejoignement.**

REJOINTOIEMENT [R(ə)ʒwɛ̃twamɑ̃] n. m. — 1842 ; de *rejointoyer.*

♦ Techn. Nouveau jointoiement.

Figuré, littéraire :

(...) si les dialogues, les lettres et le journal d'Alissa m'en paraissent excellents (...) par contre les morceaux de rejointoiement ne sont pas exempts de préciosité.
        GIDE, Journal, mars 1913.

REJOINTOYER [R(ə)ʒwɛ̃twaje] v. tr. — Conjug. *jointoyer* (→ Noyer). — 1392 ; de *re-,* et *jointoyer.*

♦ Techn. Jointoyer* à nouveau, procéder à un nouveau jointoiement de... *Muraille correctement rejointoyée* (→ Cassure, cit. 1). — Au p. p. :

L'architecte a bâti ce cottage en briques du plus beau rouge rejointoyées en blanc.
        BALZAC, Modeste Mignon, Pl., t. I, p. 364.

DÉR. **Rejointoiement.**

REJOUER [R(ə)ʒwe] v. — XIIᵉ ; de *re-,* et *jouer.*

♦ **1.** V. intr. Jouer de nouveau, se remettre à jouer* (I. et II.) après avoir cessé.

♦ **2.** V. tr. Jouer* (III.) une nouvelle fois, plusieurs fois. *Rejouer un air, un morceau. Rejouer une pièce* (→ Honnêtement, cit. 6).

1   Je n'ai jamais joué une partie d'échecs (...) sans l'avoir rejouée seul quatre ou cinq fois la nuit, dans mon lit (...)   TAINE, De l'intelligence, t. I, II, I, I, p. 81.

2   Bloquée par la maladie, cette troupe s'était vue contrainte, après accord avec notre Opéra, de rejouer son spectacle, une fois par semaine.
        CAMUS, la Peste, p. 217.

RÉJOUIR [ReʒwiR] v. tr. — XVᵉ ; *resjoïr,* XIIᵉ ; de *re-,* et anc. franç. *esjouir (esjoïr,* v. 1120) « rendre joyeux », encore dans La Fontaine, *Fables,* IV, 21. → Jouir.

♦ **1.** Mettre en joie*, rendre joyeux*. ⇒ **Ébaudir** (vx), **plaire ; plai-**

sir (faire) ; → Abattre, cit. 10 ; mieux, cit. 37. *Il n'y a pas de plus grande joie que de réjouir un autre être* (→ Nature, cit. 25). — *Feu qui réjouit les voyageurs* (→ Pétillement, cit. 4). *Des attitudes à réjouir un peintre* (→ Gésir, cit. 4). *La vue du sang doit vous réjouir* (→ Larder, cit. 1). *Choses qui réjouissent le cœur* (cit. 90), *la vue, le regard* (→ Offenser, cit. 23). « *Le tabac réjouit et purge* (cit. 6) *les cerveaux humains* » (Molière). « *Le vin qui réjouit le cœur de l'homme* » (Bible, Psaumes, 104, 15). Cf. lat. Bonum vinum lætificat cor hominis.

1   Tout ce qui réjouit nos cœurs mortels les choque.
                   BAUDELAIRE, Amœnitates Belgicæ, VI.

♦ **2.** Mettre en belle humeur, en gaieté, par qqch. de comique, de plaisant. ⇒ **Amuser, dérider, divertir, égayer, épanouir.** *Un bon mot qui a fort réjoui le parterre* (cit. 12). *Je réjouirais toute la ville à ses dépens* (→ Payer, cit. 23).

2   La sagesse de ce malheureux vous réjouit outre mesure, son sang-froid vous pousse aux dernières limites de l'ironie ; il vous paraît le plus fou et le plus ridicule de tous les hommes.   BAUDELAIRE, Du vin et du haschisch, IV.

▶ **SE RÉJOUIR** v. pron.

♦ **1.** (V. 1175). Vieilli. S'amuser (→ Argent, cit. 55 ; auparavant, cit. 3 ; nœud, cit. 32).

♦ **2.** (1559). Éprouver de la joie, de la satisfaction (→ 2. Être, cit. 14). « *Réjouissez-vous avec moi, parce que j'ai retrouvé la drachme* (cit. 1) *que j'avais perdue* ».

3   — Monsieur, allégresse ! allégresse ! (...) Réjouissez-vous (...) — Dis-moi donc ce que c'est, et puis je me réjouirai peut-être.   MOLIÈRE, l'Amour médecin, III, 4.

♦ **3.** Éprouver de la joie, du plaisir, de la satisfaction (à qqch., de qqch.).
SE RÉJOUIR À... ⇒ **Frotter** (se frotter les mains), **jubiler.** *Il se réjouissait à l'odeur de la viande* (→ Friand, cit. 8). *Se réjouir à la pensée que...* (→ Dirigisme, cit. 1), *à voir, à trouver...* (→ Meurtrir, cit. 5).
SE RÉJOUIR DE (→ Corde, cit. 18 ; expiation, cit. 8 ; généreux, cit. 11). ⇒ **Applaudir, délecter (se), féliciter (se), gaudir** (se ; vx), **heureux** (être). *Se réjouir d'une flatterie* (→ Boire* du petit lait). *Nous nous réjouissons de te voir parmi nous* (→ Propos, cit. 7). *Il se réjouissait de voir son élève réussir.* ⇒ **Fierté** (avoir la). *Se réjouir que...* (suivi du subjonctif). → Frère, cit. 10 ; ombrage, cit. 12. *Se réjouir de ce que...* (suivi de l'indicatif). → Objection, cit. 1.

4   (...) c'était un de ces fidèles serviteurs dont les modèles sont devenus trop rares en France, qui souffrent des malheurs de la famille et se réjouissent de ses joies (...)   A. DE VIGNY, Cinq-Mars, I.

5   Le mal. Défiez-vous de ceux qui s'en réjouissent encore plus peut-être que de ceux qui le font.   HUGO, Post-scriptum de ma vie, L'esprit, Tas de pierres, II.

Spécialt. S'amuser devant qqch. de comique. *Beaux esprits facétieux* (cit. 2) *qui se réjouissent aux dépens de qqn. Il s'en réjouit fort avec eux* (→ Géographie, cit. 7).

6   Le rire est divers. On ne se réjouit pas toujours d'un malheur, d'une faiblesse, d'une infériorité. Bien des spectacles qui excitent en nous le rire sont fort innocents (...)   BAUDELAIRE, Curiosités esthétiques, VI, v.

▶ **RÉJOUI, IE** p. p. adj. (Déb. XIIIᵉ).
Qui éprouve et manifeste de la joie, de la gaieté. ⇒ **Content, gai, heureux, joyeux.** *Se sentir tout réjoui* (→ Fragile, cit. 6). *Tout réjoui de voir...* (cit. 30). *Réjoui de cet aspect* (→ Ordonnance, cit. 7). — *Mine, figure réjouie. Air, visage réjoui.* ⇒ **Épanoui, guilleret, hilare.**

7   Il fut séduit par le candidat : quel homme simple, tout rond, tout réjoui !   ARAGON, les Beaux Quartiers, II, v.

N. Rare. *Un réjoui, une réjouie.* — Spécialt. Régional (Provence). *Le réjoui* : celui des santons de la crèche provençale traditionnelle auquel est donnée une expression de joie profonde et intense (on dit aussi : *le ravi*).

CONTR. Affliger, attrister, chagriner, consterner, contrarier, contrister, désespérer, désoler, ennuyer, excéder, fâcher ; dépiter (se), déplorer, lamenter (se). — (Du p. p.) Chagrin, sombre, triste.
DÉR. Réjouissance, réjouissant.

RÉJOUISSANCE [ʀeʒwisɑ̃s] n. f. — 1535, « vif plaisir, joie » ; *resjouissement,* XIVᵉ ; de *réjouir.*

★ **I.** Joie collective, considérée surtout dans ses manifestations publiques. *Les fêtes* (cit. 1) *sont des occasions de réjouissance.* ⇒ **Amusement, divertissement, ébaudissement** (vx), **jubilation, liesse, plaisir.** *Illuminations, feux de joie en signe de réjouissance.* — Au plur. *Réjouissances publiques, officielles.* ⇒ **Festivité, fête** (→ Illuminer, cit. 21 ; et aussi carême-prenant, carnaval, gala). *Festins à l'occasion des réjouissances familiales.* ⇒ **Agape, noce** (→ Tuer le veau* gras).

1   Il n'y a personne qui ne sache pour quelle réjouissance la pièce fut composée, et cette fête a fait un tel éclat, qu'il n'est pas nécessaire d'en parler (...)
             MOLIÈRE, les Fâcheux, Avertissement.

2   À force de prier Dieu, il lui vint un fils. Alors il y eut de grandes réjouissances,

---

et un repas qui dura trois jours et quatre nuits, dans l'illumination des flambeaux, au son des harpes, sur des jonchées de feuillages.
      FLAUBERT, Trois contes, « La légende de saint Julien l'Hospitalier », I.

Loc. fam. *Le programme* des réjouissances.*

★ **II.** (1783 ; en souvenir des *réjouissances* qui auraient suivi une ordonnance d'Henri IV supprimant l'usage d'ajouter et de peser les os pour les bas morceaux vendus au peuple). Vx. Os que le boucher ajoute à la viande pesée au client.

3   L'étalier (...) me flanque dans sa balance un gros os qu'ils appellent de la réjouissance.   Henri MONNIER, Scènes populaires, t. I, p. 159.

CONTR. Deuil, tristesse.

RÉJOUISSANT, ANTE [ʀeʒwisɑ̃, ɑ̃t] adj. — 1425 ; de *réjouir.*

♦ **1.** Qui réjouit, est propre à réjouir. — (Au sens général de *réjouir*). ⇒ **Agréable, jouissant, jouissif** (fam.). *Une nouvelle qui n'a rien de réjouissant.* ⇒ **Gai.** — (S'emploie surtout, en ce sens, en tournure négative). *Le temps n'est pas très réjouissant. Airs réjouissants ou tristes* (→ Orgue, cit. 4). — Iron. *Eh bien, c'est réjouissant !*

1   (...) cette rêverie qui n'avait rien de fort réjouissant. Il chassa du mieux qu'il put ces mélancolies intempestives (...)   Th. GAUTIER, le Capitaine Fracasse, V.

♦ **2.** Qui amuse. ⇒ **Amusant, divertissant, drôle.** *Des mines* (1. Mine, cit. 19) *bien réjouissantes à voir. D'une bêtise* (cit. 6), *d'une insanité réjouissante* (→ Lobe, cit. 1). *Mot réjouissant.* ⇒ **Facétieux.**

2   Si je ne me trompe, leur figure sera réjouissante, ils nous donneront la comédie.   BOILEAU, Fragments d'un dialogue contre les modernes...

3   La plupart des novices, au premier degré d'initiation, se plaignent de la lenteur des effets (...) et la drogue n'agissant pas assez vite à leur gré, ils se livrent à des fanfaronnades d'incrédulité qui seront fort réjouissantes pour les vieux initiés qui savent comment le haschisch se gouverne.
      BAUDELAIRE, les Paradis artificiels, « Le poème du haschisch », III.

CONTR. Accablant, attristant, déplaisant, déplorable, désespérant, désolant, lamentable, lugubre. — Assommant.

RELÂCHANT, ANTE [ʀ(ə)lɑʃɑ̃, ɑ̃t] adj. et n. — XIVᵉ, *relaschant* ; de *relâcher.*

♦ **1.** Méd. Laxatif*. *Médicament, remède relâchant.* — N. m. *Le pruneau est un relâchant.*

♦ **2.** (1758). Vx. Propre à relâcher, à détendre. « *Des distractions relâchantes* » (Rousseau).

CONTR. Astrictif, astringent. — Constipant.

RELÂCHE [ʀ(ə)lɑʃ] n. m. et f. — 1538, *relasche* ; attestation isolée, 1175 ; de *relâcher.*

★ **I.** N. m. ou f. ♦ **1.** (XIIᵉ). Vx. Interruption d'une activité fatigante, ou désagréable ; détente* qui en résulte. ⇒ **Pause, répit** (vx). — REM. Le mot s'emploie en général dans des contextes où le genre n'est pas marqué : *un relâche est aussi rare que une relâche. Donner des relâches* (→ Incommodité, cit. 5). *Prendre un peu de relâche.* ⇒ **Repos ; reposer** (se), **respirer, souffler.** *Un moment de relâche* (→ Prude, cit. 3). *Relâche d'un mal.* ⇒ **Ralentissement** (→ Guérison, cit. 8). *Relâche de la douleur* (⇒ Cessation), *de la maladie* (⇒ Intermittence). *Point de relâche.* ⇒ **Cesse** (cit. 2). — (Sans article). *Se donner relâche. La fatigue fait faire relâche à leur vigilance* (→ Baisser, cit. 28).

1   S'il se donnait, en étude, une demi-heure de relâche, il passait cette demi-heure à montrer à tous son oisiveté, se levant vingt fois de place, se faisant constamment rappeler à l'ordre par le surveillant.   Valery LARBAUD, Fermina Marquez, VIII.

2   Il va feindre d'être en convalescence de quelque sérieuse maladie, pneumonie ou autre, et se donner ainsi relâche.   MONTHERLANT, les Lépreuses, II, XXII.

   Il faut cette éternelle course du voyage et ce terrible roulement pour que je m'apaise et me retrouve (...) Le lieu du relâche ; où s'asseoir, où récupérer.
      Émile HENRIOT, On n'est pas perdu..., p. 10.

3.1   Il se donnait un peu de relâche, s'était envoyé un whisky, avait commandé un cassoulet.   F. MAURIAC, Bloc-notes 1952-1957, p. 73.

Loc. adv. **SANS RELÂCHE** : sans répit, constamment, continuellement. ⇒ **Arrêt, cesse, interruption, trêve** (→ Calculer, cit. 3 ; étude, cit. 6 ; obligeant, cit.). *Mener une affaire sans relâche jusqu'à sa conclusion* (→ Tambour* battant, d'un trait*).

♦ **2.** (1798). Fermeture momentanée d'un théâtre, d'une salle de spectacle. ⇒ **Suspension.** *Jour de relâche. Demain : relâche. Faire relâche.* ⇒ **Fermer.** — Par anal. Arrêt dans l'activité d'une entreprise, d'un organisme.

4   En temps ordinaire, ces deux événements eussent fait à Carentan le même effet que produit à Paris un relâche à tous les théâtres.
      BALZAC, le Réquisitionnaire, Pl., t. IX, p. 850.

REM. Le vieillissement du mot (sauf dans les expressions *sans relâche, faire relâche...*) et l'influence du sens II. font qu'il y a hésitation sur son genre ; le fém. paraît l'emporter. « *Nul* (cit. 4) *répit, nulle relâche* » (R. Rolland). « (...) *cette insipide relâche où on n'attend plus que la mort* » (Céline, Voyage au bout de la nuit, p. 294).

5   (...) ces gens qui, voyant tout à coup sur l'affiche du théâtre où ils allaient acheter du rire l'annonce lamentable d'une relâche (...)   HUYSMANS, En ménage, III.

★ **II.** N. f. (1691). ♦ **1.** Mar. Lieu où un navire fait escale. ⇒ **Échelle, escale,** 1. **port.** *Brûler* (cit. 10) *les relâches.*

♦ **2.** (1716). Action de relâcher*, de s'arrêter dans un port. ⇒ **Escale.** *Faire relâche. Relâche d'hiver* (hivernage). *Relâche forcée,* imposée par les circonstances.

6 Une relâche là-bas, dans ces îles, pour des avaries peut-être ; c'était une chose possible en effet.   LOTI, *Pêcheur d'Islande,* V, X.

CONTR. Assiduité, continuité. — Reprise.

RELÂCHÉ, ÉE [ʀ(ə)lɑʃe] adj. ⇒ **Relâcher.**

RELÂCHEMENT [ʀ(ə)lɑʃmɑ̃] n. m. — Déb. XVIIᵉ ; *relaschement* « interruption », v. 1160 ; de *relâcher.*

★ **I. ♦ 1.** Vx. Interruption (⇒ **Relâche,** I., 1.), diminution momentanée. *Relâchement de la douleur* (→ Intermission, cit.). *Travailler... « sans nul relâchement »* (La Bruyère, *les Caractères,* II, 477).

♦ **2.** (XVIᵉ). État de ce qui est relâché, plus lâche. *Le relâchement d'une corde détendue.*
Méd. Diminution de la tonicité ou de l'élasticité de certains tissus. *Relâchement de la musculature abdominale.* ⇒ **Éventration.** *Relâchement musculaire, après une contraction musculaire ou sous l'effet de médicaments.* ⇒ **Relaxation** (→ Expiration, cit. 1). *Période de contraction et de relâchement du cœur.* ⇒ **Décontraction** (→ Diastole, cit. 1). *Relâchement des attaches.* ⇒ **Prolapsus.** — *Relâchement de l'intestin. Les laxatifs* entraînent *un relâchement* (opposé à *constipation*).

♦ **3.** (XVIIᵉ). Fig. Diminution d'activité, d'effort. ⇒ **Abandon, affaiblissement, alanguissement, avachissement, laisser-aller...** *Avoir besoin de relâchement, de repos.* ⇒ **Délassement.** *Le relâchement de la discipline, de la règle. Relâchement du zèle.* ⇒ **Ralentissement ; négligence.** — Spécialt. *Le relâchement des mœurs* (→ Hypocrisie, cit. 13). ⇒ **Débauche, dévergondage.** *« Les relâchements du siècle »* (Fléchier, *in* Littré). ⇒ aussi **Écart** (de conduite).

1 (...) la règle de l'Évangile ne va pas si avant : ce serait une autre erreur, dont Vasquez est bien éloigné. Pour couvrir son Relâchement, vous lui attribuez un excès de sévérité qui le rendrait répréhensible (...)
                                                   PASCAL, *les Provinciales,* XII.

2 J'avais perdu l'habitude — je le reprends — d'exiger plus de moi-même (...) Le mauvais état de santé, au surplus, amena un grand relâchement de contrainte.
                                                   GIDE, *Journal,* 21 mars 1930.

3 (...) son éducation fut naturellement influencée par le relâchement qui, pendant la révolution, dénoua les liens religieux en France.
                                                   BALZAC, *la Femme de trente ans,* Pl., t. II, p. 743.

♦ **4.** Vieilli. Action de relâcher (un détenu). ⇒ **Élargissement,** 1. **relaxe.**

♦ **5.** (1538). Vx (langue class.). Divertissement, plaisir.

★ **II.** Mar. Vx. ⇒ **Relâche** (II.).

CONTR. Contraction, distension, serrage, tension. — Ardeur, effort.

RELÂCHER [ʀ(ə)lɑʃe] v. — V. 1155, *relaschier* « renoncer à » ; XIIIᵉ, « pardonner (une faute), remettre (une peine) » ; du lat. *relaxare.* → **Lâcher ; relaxer.**

★ **I.** V. tr. ♦ **1.** (1545). Rendre moins tendu ou moins serré. ⇒ **Détendre, desserrer, lâcher.** *Relâcher un ressort, un lien.* — Par anal. *Relâcher une tension, une étreinte.*

1 Une seconde, le savetier relâcha l'étreinte de ses genoux sur la bigorne (...)
                                                   G. DUHAMEL, *Salavin,* V, v.

Relâcher les muscles. ⇒ **Décontracter** (→ aussi Esthétique, cit. 6). *Remède émollient, qui relâche les tissus.* — (1835). *Relâcher l'intestin :* faciliter l'évacuation. — Absolt. *Ce remède relâche* (Académie), purge légèrement.

2 (...) il s'arrête en route et s'attarde, car la cuisine à l'huile a quelque peu relâché ses intestins.   GIDE, *Nouveaux prétextes,* p. 235.

Par métaphore. *L'absence* (cit. 10) *relâche certains liens.*
Cuis. Rendre plus liquide. *Relâcher une sauce.*

♦ **2.** Fig. Donner du relâche* à..., reposer et détendre. *Relâcher l'esprit. L'attention* (cit. 7) *veut être relâchée de temps en temps.* — Laisser perdre de sa force, de son action, de sa rigueur*, rendre plus mou, plus lâche... *Relâcher la discipline.* ⇒ **Adoucir, diminuer, ramollir.** — (1651). Vx. *Relâcher une chose à...,* la laisser aller à..., par un relâchement. — (1647). *Relâcher qqch. de...,* en ôter qqch., renoncer en partie à... (→ Attention, cit. 2 ; indulgence, cit. 13). — Ôter l'énergie à. ⇒ **Aveulir.** *L'expectative* (cit. 2) *avait relâché ces âmes.*

♦ **3.** Laisser aller ; remettre en liberté (qqn). ⇒ **Élargir, lâcher, libérer,** 1. **relaxer.** *Relâcher un captif, un prisonnier** (→ Détention, cit. 1).

★ **II.** V. intr. ♦ **1.** Vx ou littér. Perdre de sa force, de son action, de sa rigueur. *Gens « capables de relâcher pour la paix »* (Bossuet),

de se relâcher. — Par ext. *Relâcher de ses prétentions* (⇒ **Rabattre**), *de ses droits et de ses obligations* (Fléchier, *in* Littré), *de son devoir* (Racine), *des règles* (Massillon).

3 J'étais, en tout cas, bien résolu à ne pas relâcher de ma vigilance.
                                                   G. DUHAMEL, *Manuel du protestataire,* VI.

♦ **2.** (1580). Mar. Faire relâche (II.), faire escale ; interrompre la navigation pour une courte durée (→ Équipage, cit. 2 ; humer, cit. 1). *Navire qui relâche dans un port.* ⇒ **Toucher** (au port).

4 Par malheur, Ariane fut malade en mer et on dut relâcher dans l'île de Naxos, où, ne pouvant continuer sa route, elle s'arrêta.
                                                   Émile HENRIOT, *Mythologie légère,* p. 124.

▶ **SE RELÂCHER** v. pron.

♦ **1.** (XVIIᵉ). Devenir plus lâche. ⇒ **Détendre** (se). — Fig. *« Plus le lien social s'étend, plus il se relâche »* (Rousseau).

♦ **2.** (Déb. XVIIᵉ). Devenir plus faible, moins actif, moins rigoureux. ⇒ **Diminuer, faiblir.** *Courage, discipline, zèle qui se relâche. Sa haine s'est relâchée* (→ Attacher, cit. 92). *Son autorité se relâche peu à peu.* ⇒ **Perdre** (se). — (Personnes). Montrer moins d'ardeur, de force, d'exactitude. ⇒ **Négliger** (se)... *Se relâcher dans son travail. La garnison se relâche* (→ Insinuer, cit. 5). *Se relâcher de ses devoirs* (→ Abandonner, cit. 21).

5 Il en est des religions comme des constitutions monastiques, qui toutes se relâchent avec le temps.
                                                   DIDEROT, *Entretien d'un philosophe avec la maréchale de* ***.
Se relâcher de : céder, rabattre de (ses droits, ses prétentions). *Se relâcher sur...* — Contr. : *entêter (s'), opiniâtrer (s').*

▶ **RELÂCHÉ, ÉE** p. p. adj.

♦ **1.** *Élastique relâché. Guides relâchés* (→ Galop, cit. 3). — *Intestin relâché.* — *Tension relâchée.*

♦ **2.** (Attesté 1662, Pascal). Qui a perdu sa force. *Autorité, discipline relâchée.* ⇒ **Affaibli.** *Zèle relâché.* ⇒ **Mitigé.** — Spécialt. *Conduite, morale relâchée, mœurs relâchées* (→ Janséniste, cit. 2 ; jésuite, cit. 1). ⇒ **Dissolu.**

♦ **3.** (Personnes). Vx. Dont le zèle, la discipline, la morale, sont lâches et ouvrent la voie à tous les excès. *Des religieux relâchés* (→ Casuiste, cit. 1).

6 (...) la foule des Casuistes relâchés s'offre à la foule de ceux qui cherchent le relâchement.   PASCAL, *les Provinciales,* V.

♦ **4.** Qui manque de rigueur. *Style relâché.*

♦ **5.** Phonologie. Lâche*.

CONTR. Bander, contracter, raidir, resserrer, serrer, tendre. — Distendre, tirer. — Ceinturer, étreindre. — Constiper. — Durcir, renforcer. — Arrêter, attraper, appréhender, capturer, écrouer, incarcérer. — Détenir, retenir. — (Du p. p. adj.) Ardent, assidu, étroit, sévère, strict.
DÉR. Relâchant, relâche, relâchement.

1. RELAIS [ʀ(ə)lɛ] n. m. — 1100, « arriéré » ; de *relaisser.*

♦ Vx. Ce qui est laissé en arrière ; reste. — Spécialt. [a] Fortif. Espace laissé entre le pied d'un rempart et le fossé. ⇒ **Berme.**

[b] Techn. Ouverture laissée dans une tapisserie lorsqu'on change de couleur.

[c] Terrain laissé à découvert par l'eau (en parlant d'un cours d'eau, de la mer). *Lais et relais de la mer.* ⇒ **Lais** (cit. 2) ; **accrue, alluvion.** *Relais à marée basse.*

HOM. 2. **Relais** ou **relai,** formes du v. **relayer.**

2. RELAIS ou RELAI (Académie, 1982) [ʀ(ə)lɛ] n. m. — XIIIᵉ, *relai* « repos des chiens », de *relayer*, et altéré en *relais*, d'après *relaisser*.

♦ **1.** (1549). Chasse. Chiens postés sur le parcours d'une chasse, pour remplacer les chiens fatigués (cf. Molière, *les Fâcheux,* II, 6). — Par ext. *Mettre, poster des chiens en relais. Donner le relais :* lancer ces chiens.

♦ **2.** (1573). Ancient. Cheval (ou chevaux) frais posté(s) pour remplacer ou renforcer les chevaux qui ont servi ; lieu, poste où ces chevaux sont préparés. *Mettre, placer tant de relais sur la route. Chevaux, équipages de relais.* — *Relais de poste.* ⇒ **Mansion.** *Arrêt des chevaux aux relais.* ⇒ **Halte,** 2. **poste.**

1 Nous sommes à un chemin de traverse. Les relais sont mal servis, les chevaux sont aux champs. C'est la saison des grandes charrues qui commence, il faut de forts attelages, et l'on prend les chevaux partout, à la poste comme ailleurs. Monsieur attendra au moins trois ou quatre heures à chaque relais.
                                                   HUGO, *les Misérables,* I, VII, v.

Par anal. *Un palanquin* (cit. 1)... *avec deux relais de coolies.*

Par métaphore. Ce qui permet de continuer qqch. sans fatigue. — Fig. Étape (→ Hâter, cit. 12).

2 Dans la calèche, Peltier m'énuméra ses espérances ; il en avait des relais ; une cre-

vée sous lui, il en enfourchait une autre, et en avant, jambe de ci, jambe de çà, jusqu'au bout de la journée.

CHATEAUBRIAND, Mémoires d'outre-tombe, t. II, p. 155.

Loc. *Prendre le relais de qqn*, le relayer*, continuer sa tâche.

Fig. Assurer la continuité d'un processus déjà commencé. « *La défiance envers le franc a pris le relais pour pousser les Français à l'achat* » (*l'Express*, 16 juin 1969).

♦ **3.** (1905). Sports. *Course de relais* : épreuve de course disputée entre plusieurs équipes de quatre coureurs qui se relayent à des distances déterminées (généralement égales entre elles). — *Relais* : course de relais. *Le relais 4 × 100 mètres ; le quatre cents mètres relais. Coureur de relais qui prend, qui passe le témoin*.*

3   Demain, nous travaillerons les reprises (...) Le travail en commun les avait fondus en un seul bloc moteur à huit bielles (...) ils étaient l'équipe qui, si elle améliorait de dix secondes son temps, serait désignée pour le championnat intercollèges 2 400 yards relais.   Paul MORAND, Champions du monde, p. 12.

Natation. *Relais 4 × 100 mètres nage libre.*

Cyclisme. Course à l'américaine.

♦ **4.** Mode d'organisation du travail où les ouvriers se remplacent par roulement pour assurer un travail continu. *Ouvriers, équipes de relais. Travail par relais.*

♦ **5.** Étape (entre deux points de l'espace). — En appos. « *Berlin, ville relais sur la voie Moscou-Londres* » (*Paris-Match*, 28 déc. 1968). — Intermédiaire (entre deux personnes). « *J'aimerais que vous serviez de relais auprès de vos camarades* » (*le Monde*, 24 déc. 1963).

Alpin. Emplacement où un alpiniste assure ses compagnons de cordée.

♦ **6.** (1860, *Année sc. et industr.*, 1861, p. 493). Sc., techn. Dispositif servant d'intermédiaire pour déclencher, par la mise en œuvre d'une énergie relativement faible, une énergie plus forte. — Dispositif servant à retransmettre un signal radio-électrique, en l'amplifiant. *Relais hertzien. Relais de télévision.* ⇒ **Retransmetteur.** — Dispositif permettant la commutation* d'un circuit à l'aide d'un signal de commande. — *Relais électrique, électromagnétique, à semi-conducteur. Relais commandant un circuit de force motrice* (on dit plutôt *contacteur*), *un circuit de commande. Relais de téléphonie.* ⇒ **Répéteur.** — Par anal. *Les relais d'un raisonnement logique...*

HOM. 1. **Relais,** formes du v. relayer.

RELAISSER (SE) [ʀ(ə)lese ; ʀ(ə)lɛse] v. pron. — 1559 ; *relaissier*, trans., «quitter, abandonner», v. 1160 ; de re-, et *laisser*.

♦ Chasse. S'arrêter après avoir longtemps couru (en parlant d'un animal poursuivi). *Lièvre qui se relaisse, lièvre relaissé.*

DÉR. (Du sens primitif) 1. **Relais.** — V. aussi 2. **Relais.**

RELANCE [ʀ(ə)lɑ̃s] n. f. — 1894, sports ; de *relancer.*

♦ **1.** Sports. Action de relancer (une balle) ; nouvelle attaque, nouvelle impulsion donnée. *Amorcer une relance dans le jeu.*

♦ **2.** (1923). Jeux. Action de relancer (5.), de mettre un enjeu supérieur. *Limiter la relance dans une partie de poker.*

♦ **3.** (V. 1950 ; lang. du journalisme). Cour. Reprise (d'une idée, d'un projet, d'une activité en sommeil), nouvelle impulsion. « *La relance du terrorisme et de la répression* » (Camus, *Actuelles III*, p. 28). *La relance de l'économie. Mesures de relance. Alternance de mesures de freinage de l'économie et de relance.* ⇒ **Stop-and-go** (anglicisme). — REM. Le mot a été critiqué par les puristes.

RELANCER [ʀ(ə)lɑ̃se] v. tr. — Conjug. *lancer* (→ Placer). — XIVᵉ ; *relancier*, v. 1160 ; de re-, et *lancer.*

♦ **1.** Lancer de nouveau, lancer à son tour (une chose reçue). *Relancer la balle.* ⇒ **Renvoyer.** — Lancer dans sa position première.

1   *(Il)* m'accompagnait à distance, vers la porte, dont il relança le battant sur moi, violemment, d'un grand coup de pied.   CÉLINE, Voyage au bout de la nuit, p. 250.

♦ **2.** (1611). Chasse. Lancer de nouveau (une bête qui se repose, s'est arrêtée). *Relancer le cerf.*

Relancer un moteur (→ 1. Point, cit. 14).

Cour. Remettre en marche, en route, lancer de nouveau (une idée, un projet qui avait été abandonné) ; donner une nouvelle impulsion à. *Relancer l'économie du pays...* ⇒ **Relance.**

2   (...) des réformes nécessaires et décisives qui relanceront la communauté franco-arabe d'Algérie sur la route de l'avenir.   CAMUS, Actuelles III, p. 129.

♦ **3.** (1653). Par ext. Poursuivre (qqn) avec insistance pour obtenir de lui qqch. ⇒ **Importuner, poursuivre** (→ Garden-party, cit.). *Un importun qui relance ses amis pour se faire inviter, se faire prêter de l'argent...* — Par métaphore (→ ci-dessous, cit. 3, Gautier).

3   (...) il ne répondait aux avances de la gloire qu'avec une extrême réserve. Il a fallu

---

que la réputation vînt autrement à lui et le relançât jusqu'au fond de sa retraite, autrement il ne serait pas allé à elle.

Th. GAUTIER, Souvenirs de théâtre, «Benjamin de Francesco».

— Il me semble que c'est tout. Ah ! encore ceci, de peur qu'elle vienne à *me relancer* :
« Je serai loin quand vous lirez ces tristes lignes (...) »   4

FLAUBERT, Mᵐᵉ Bovary, II, XIII.

Définition : « La femme ? Un "être qui racole et un être qui relance". Une femme   5
qui ne relance pas est un objet si rare que je voudrais que toutes les femmes de cette espèce fussent — après enquête et témoignages — décorées de la Légion d'honneur».   MONTHERLANT, les Lépreuses, II, XXIII.

♦ **4.** (XVIIᵉ). Fig., vx. Gourmander, tancer. *Relancer qqn sur qqch.* (cf. Voltaire, Rousseau, *in* Littré).

♦ **5.** (1765). Jeux. Proposer plus que l'adversaire ; mettre un enjeu supérieur. ⇒ **Relance.**

♦ **6.** (1906). Sports. Renvoyer (une balle).

DÉR. **Relance, relanceur, relancis.**

RELANCEUR, EUSE [ʀ(ə)lɑ̃sœʀ, øz] n. — 1893 ; de *relancer.*

♦ **1.** Tennis, ping-pong. Joueur qui reçoit la balle du serveur.

Pour la mise en jeu, le serveur doit frapper la balle de façon qu'elle touche la   1
table de son côté avant de franchir le filet pour retomber du côté du relanceur qui doit, à son tour, la renvoyer par-dessus le filet et sur la table.

Jean DAUVEN, Technique du sport, Le ping-pong, p. 80-81.

Les joueurs se tiendront opposés l'un à l'autre de chaque côté du filet. Celui qui,   2
le premier, lance la balle en l'air est dénommé «serveur» (ou servant) et son adversaire *relanceur*.   Henri COCHET, le Tennis, p. 82.

♦ **2.** Dans certains jeux de cartes. Celui qui relance, qui fait une relance*. *Relanceur à une table de poker.*

RELANCIS [ʀ(ə)lɑ̃si] n. m. — 1907 ; de *relancer.*

♦ Techn. (constr.). Remplacement de matériaux détériorés, usés, par de nouveaux. *Faire un relancis à un mur.*

RELAPS, APSE [ʀəlaps] adj. et n. — 1431, *Procès de Jeanne d'Arc* ; «qui est retombé dans le péché», 1384, encore chez Bourdaloue ; lat. *relapsus* «retombé», de *relabi*, de *labi* «tomber».

♦ **1.** Qui est retombé dans l'hérésie, après l'avoir abjurée. ⇒ **Hérétique.** *Laps* et relaps. Jeanne d'Arc fut condamnée et brûlée comme relapse. Apostat et relaps* (→ Excommunication, cit. 3). — N. *Un relaps, une relapse.*

♦ **2.** Fig. Qui réitère (une faute, un crime). ⇒ **Récidiviste.**

Nous ne tenons pas seulement un voleur de fruits, un maraudeur ; nous tenons là,   1
dans notre main, un bandit, un relaps en rupture de ban, un ancien forçat, un scélérat des plus dangereux (...)   HUGO, les Misérables, I, VII, IX.

Comment appelle-t-on ce sujet-là, qui s'entête dans une «erreur», envers et contre   2
tout le monde, comme s'il avait devant lui l'éternité pour « se tromper »? — On l'appelle un *relaps*. Que ce soit d'un amour à l'autre ou à l'intérieur d'un même amour, je ne cesse de «retomber» dans une doctrine intérieure que personne ne partage avec moi.   R. BARTHES, Fragments d'un discours amoureux, p. 249.

RELARGAGE [ʀ(ə)laʀgaʒ] n. m. — 1846 ; mot provençal, de *relargar* ; cf. anc. franç. *relargir* «étendre».

♦ Techn. (savonnerie). Dans la fabrication artisanale, Action de verser la lessive dans l'huile. — Dans la fabrication industrielle, Addition de sel à la solution résultant de l'empâtage.

DÉR. **Relarguer.**

RÉLARGIR [ʀelaʀʒiʀ] v. tr. — 1680 ; *reslargi*, p. p., 1470 ; «étendre à son tour», XIIIᵉ ; de *élargir.*

♦ Rare. Rendre encore plus large*.

CONTR. Rétrécir.
DÉR. **Rélargissement.**

RÉLARGISSEMENT [ʀelaʀʒismɑ̃] n. m. — 1834 ; de *rélargir.*

♦ Rare. Action de rélargir. *Rélargissement d'une voie.*

CONTR. Rétrécissement.

RELARGUER [ʀ(ə)laʀge] v. tr. — Mil. XXᵉ ; de *relargage.*

♦ Techn. Traiter (ancient, l'huile ; mod., la solution) par le relargage*. — REM. Un homonyme, de re-, et *larguer* («larguer à nouveau») est virtuel.

RELATER [ʀ(ə)late] v. tr. — 1342 ; du lat. *relatum*, supin de *referre* «rapporter».

♦ **1.** (XVIᵉ). Dr. Rapporter. *Relater une pièce dans un inventaire, un procès-verbal...*, la mentionner. *Relater un fait.* ⇒ **Consigner.**

♦ **2.** Raconter d'une manière précise et détaillée. ⇒ **Conter, 1. dire,**

narrer ; raconter, rapporter, retracer. *Les historiens relatent ce fait.*
— *Écrit, journal qui relate les événements de l'actualité.*

Du reste, le narrateur (...) n'aurait guère de titre à faire valoir dans une entreprise de ce genre si le hasard ne l'avait mis à même de recueillir un certain nombre de dépositions et si la force des choses ne l'avait mêlé à tout ce qu'il prétend relater.
CAMUS, la Peste, p. 16.

1. RELATEUR [ʀ(ə)latœʀ] n. m. — Fin xive ; bas lat. *relator,* de *relatum.* → Relater.

♦ Vx. Personne qui a fait la relation (orale ou écrite) de faits. ⇒ **Chroniqueur, narrateur.** — REM. Le fém. *relatrice* est virtuel.

HOM. 2. Relateur.

2. RELATEUR [ʀ(ə)latœʀ] n. m. — Mil. xxe ; de *relation.*

♦ Didact. (ling.). Élément de relation.

RELATIF, IVE [ʀ(ə)latif, iv] adj. et n. — 1256, philos. ; du lat. *relativus,* de *relatum,* supin de *referre* «rapporter».

★ **I.** Qui constitue, qui concerne ou qui implique une relation* (II.). ♦ **1.** Qui présente une relation logique (avec une chose du même genre), qui a un rapport (avec autre chose) ; au plur. : qui ont une relation mutuelle. ⇒ **Corrélatif.** *Positions relatives :* considérées l'une par rapport à l'autre. *Dimensions relatives des parties.* ⇒ **Proportion, proportionnel.** *Majorité relative et majorité absolue.* — Mus. *Tons relatifs, gammes, tonalités relatives,* se dit des deux tonalités ayant la même armature*, dont l'une est majeure, et l'autre mineure. — N. *Fa majeur est son relatif (ré mineur).* — *Durées, hauteurs relatives des sons :* durées, hauteurs par rapport aux autres sons d'un même ensemble (→ Note, cit. 4).

Nombres relatifs.*

(En parlant de termes). Qui pose, qui implique, qui désigne une relation. Hier, demain ; oncle, neveu *sont des termes relatifs.* — N. m. *Les deux relatifs :* les deux termes de la relation. *Le relatif et son corrélatif* (cit. 2).

♦ **2.** Qui n'est tel que par rapport à une autre chose (l'esprit posant les deux choses en une relation) ; qui vient de..., dépend de..., ou est déterminé par une relation, et, par ext., qui ne suffit pas à soi-même, n'est ni absolu, ni indépendant. *Tenir toute connaissance pour relative* (→ Fond, cit. 30). *Valeur relative,* évaluée par comparaison. *Chose relative et variable, contingente.* — Loc. *Tout est relatif :* on ne peut juger de rien en soi.

1 La première *(manière de connaître une chose)* dépend du point de vue où l'on se place et des symboles par lesquels on s'exprime (...) De la première connaissance on dira qu'elle s'arrête au *relatif* (...) Soit, par exemple, le mouvement d'un objet dans l'espace. Je le perçois différemment selon le point de vue, mobile ou immobile, d'où je le rapporte. Je l'exprime différemment, selon le système d'axes ou de points de repère auquel je le rapporte, c'est-à-dire selon les symboles par lesquels je le traduis. Et je l'appelle *relatif* pour cette double raison (...)
H. BERGSON, la Pensée et le Mouvant, p. 178.

N. m. *Avoir le sens du relatif.* ⇒ **Relativité.**

♦ **3.** Cour. Incomplet, imparfait. ⇒ **Partiel** (→ 1. Fort, cit. 19). *Il est d'une honnêteté relative, assez relative, toute relative. Un isolement relatif* (→ Ostracisme, cit. 4). *Bonheur imparfait, pauvre et relatif* (→ Heureux, cit. 36).

2 Mais la pauvre petite n'avait pas d'argent ; elle vivait dans une large aisance, dans un luxe relatif (...)
LOTI, Aziyadé, III, LXV.

♦ **4.** Didact. Qui est constitué par une relation, un rapport.

3 (...) les beautés relatives, celles qui tiennent à la connaissance des rapports et à la rapidité des moyens, ne sont pas de l'ordinaire du ressort de leurs facultés *(des auteurs dramatiques allemands).*
Mme DE STAËL, De l'Allemagne, II, XV.

♦ **5.** (1380). RELATIF À... : se rapportant à..., concernant*. *Affirmations* (→ Effronté, cit. 8), *discussions relatives à...* (→ Authenticité, cit. 6). *Connaissances relatives à un sujet, à une question.* — (Dans une définition d'adjectif). *Relatif à la France* (français), à Dieu (divin)... → Qui concerne*.

4 Je ne pouvais me figurer qu'un conseiller au parlement, sur des objets relatifs à un procès jugé au parlement, invoquât une autre autorité que celle du parlement (...)
BEAUMARCHAIS, Mémoires... dans l'affaire Goëzman, p. 23.

★ **II.** Gramm. Qui est rapporté à un autre élément «pris comme point de comparaison ou point de départ» (Marouzeau). *Comparatif, superlatif relatif. Possessif relatif,* n'exprimant qu'une relation. ⇒ **Possession.** *Temps relatif.* — Se dit des mots servant à établir une relation, un lien entre un nom ou un pronom qu'ils représentent (⇒ **Antécédent**) et une subordonnée. — (1677). *Pronoms relatifs* (appelés aussi *pronoms conjonctifs*). ⇒ **Dont, lequel, où, 2. que, qui, quiconque** *(relatif indéfini),* **quoi.** — N. m. *Un relatif.*

REM. 1. *Où* (et *dont*) sont parfois considérés comme des *adverbes relatifs.*
2. Tous les *relatifs* (sauf *dont*) sont aussi interrogatifs*.

5 Comment a-t-on pu laisser perdre la distinction maintenue encore au siècle dernier entre pronoms *conjonctifs* et pronoms *relatifs*? (...) *Relatif* (mot d'ailleurs mau-

---

vais, parce que trop vague et sans valeur définissante) aussi bien que *conjonctif* étant des qualifications fonctionnelles, il fallait respecter leur dualité (...)
G. ANTOINE, la Coordination en français, t. I, p. 326.

(1835). *Adjectifs relatifs.* ⇒ **Lequel, quel.**

Proposition relative, ou, n. f., *une relative :* proposition introduite par un pronom (ou adverbe) relatif (ex. : *n'oubliez pas ceux qui restent*). — *Classification des relatives en* substantives *et* adjectives (déterminatives* et explicatives*), par Ayer, Nyrop ; *en relatives* indépendantes *et* dépendantes (attributs ou «adjointes»), par Sandfeld. *Relatives prédicatives* (les dépendantes attributs, de Sandfeld). — *Relatives indépendantes avec ou sans antécédent.* ⇒ **Qui.** *Relatives dépendantes : en valeur d'apposition* (dont l'antécédent peut être une proposition ou le démonstratif *ce*), *équivalentes à une coordonnée* («accidentelles, incidentes»), *intégrantes ou essentielles* (Le Bidois). — *Relative exprimant la cause, le but, l'opposition et la concession, l'hypothèse...* — *Emploi du mode* (subjonctif, indicatif, infinitif) *dans les relatives.*

★ **III.** Vx. Qui concerne les relations entre les hommes : collectif, social (opposé à *individuel, naturel*). → Amour, cit. 50, Rousseau.

CONTR. Absolu, idéal, parfait.
DÉR. Relativement, relativiser, relativisme, relativité.

RELATION [ʀ(ə)lasjɔ̃] n. f. — 1268, au sens II. ; lat. *relatio* «récit, narration». → Relater.

★ **I.** Didact. (d'abord en dr.). Le fait de relater, de rapporter en détails ; paroles par lesquelles on relate. ⇒ **Compte** (rendu), **histoire, narration, procès-verbal, rapport, récit.** *Relation orale, écrite. Relation régulière, quotidienne.* ⇒ **Journal, mémoire.** *Relation d'un témoin.* ⇒ **Témoignage.** *Faire la relation, une relation de...* (→ Intention, cit. 11). *Ample relation* (→ Informer, cit. 12), *relation en détail* (cit. 16).

(1400). Récit fait par un voyageur, un explorateur... (→ Inonder, cit. 11). — Loc. (Vieilli). *Ouvrage de relation :* récit décrivant les circonstances d'un voyage dans des contrées peu connues. *Terme de relation :* mot observé dans une langue étrangère, au cours d'un voyage, et rapporté par un voyageur.

1 L'orthographe propre des sites écossais, qui doit être inviolable dans un ouvrage de relation, me paraissant fort indifférente dans un ouvrage d'imagination qui n'est pas plus destiné à fournir des autorités en cosmographie qu'en littérature, je me suis permis de l'altérer en quelques endroits (...)
Charles NODIER, Contes, «Trilby», Préface.

★ **II.** (Lat. philos. *relatio*). ♦ **1.** Philos., log. Ce qui caractérise deux ou plusieurs objets de pensée, lorsqu'ils sont, peuvent être ou doivent être englobés dans un acte intellectuel unique de nature déterminée, et dans la mesure où ils le sont. ⇒ **Jugement.** — REM. Dans leur emploi le plus général, *rapport* et *relation* ne se distinguent que par les usages, le second étant plutôt du langage didactique, et impliquant la possibilité d'une mise en forme *(relations logiques).* — ⇒ **Rapport ; connexion, corrélation, liaison, lien** (logique). *Qui a une relation avec...* ⇒ **Relatif.** *Établissement d'une relation par l'esprit.* ⇒ **Comparaison, rapprochement ; rapporter.** *L'essence* (cit. 4) *des choses et leurs relations. Relations intelligibles entre une pluralité de termes* (ensemble, série...). ⇒ **Ordre, organisation, structure.** *Principaux types de relations.* ⇒ **Analogie, appartenance, causalité ;** et aussi *coexistence, correspondance, dépendance, fonction, harmonie, identité, rapport... Relation causale, relation de cause à effet* (→ Déterminisme, cit. 4). — *Les mathématiques* (cit. 7) *étudient des relations* (→ aussi 2. Ensemble, cit. 18). — Hist. de la philos. *La relation est l'une des dix catégories* d'Aristote.

2 Sur toute chose, autant nous savons de ses relations, soit de celles qui déterminent sa constitution interne, soit de celles qui la lient à d'autres choses, autant nous savons de son existence ; et il semble que, tous rapports ôtés, de même qu'il ne resterait rien de la *relation,* il ne resterait rien de l'*existence...*
RENOUVIER, Dilemmes de la métaphysique pure, Introd., V.

♦ **2.** [a] Log. Lien existant entre plusieurs termes d'une expression (proposition* ou fonction propositionnelle*). *Relations binaires (relation univoque, biunivoque ; relation inverse, converse, relation «produit»..., ternaires, etc.* — Math. *Relation entre deux variables. Relation d'un ensemble vers un autre ensemble.* ⇒ **Application, correspondance, fonction** (cit. 17). *Relations binaires dans un ensemble : relation réflexive, symétrique, transitive ; relation antiréflexive, antisymétrique, asymétrique. Relation d'équivalence*, relation d'ordre.*

[b] Sc., log. Caractère de deux objets qui sont tels qu'une modification de l'un entraîne une modification de l'autre. ⇒ **Dépendance.** *Sans relation avec...* ⇒ **Indépendant.** — Géom. *Relations métriques :* dans un polygone, dans le triangle rectangle, Rapports entre les mesures des côtés. — *Les relations d'incertitude*̦ (cit. 6), en mécanique ondulatoire.

[c] Cour. *Il y a une étroite relation entre ces deux faits, entre ceci et cela.* ⇒ **Connexité** (→ Exemple, cit. 33). *Faire la relation avec..., entre...* — REM. On emploie plus souvent *rapport*.

♦ **3.** Philos. [a] Chez Kant, L'une des quatre catégories*, comprenant le rapport de substance à accident (jugement catégorique*), de cause à effet (jugement hypothétique), et d'action réciproque (jugement disjonctif*).

b Caractère de deux objets de pensée, tel que le fait de poser le premier implique la pensée du second, mais en exclut l'affirmation (thèse, antithèse ; posé, opposé). Cf. Hamelin (*in* Lalande).

♦ **4.** Log. class. Lien qui unit les termes des propositions* où le prédicat n'est pas pensé comme une manière d'être du sujet (opposé à *jugement, proposition d'inhérence ;* ⇒ **Inhérent**) ; énoncé de ce lien.

♦ **5.** Gramm. Rapport, lien entre deux éléments de langage, et, spécialt, entre une proposition dite relative* et une principale.

Mise en rapport des unités dans le discours, créant une syntagmatique. *Les éléments de relation.* ⇒ **Grammatical, syntaxique.**

♦ **6.** Vieilli ou littér. (On emploie plutôt *rapport*). Ressemblance ou rapport de convenance ⇒ **Accord.** *Avoir une relation avec...* (→ Avoir qqch. en commun*). *Il y a peu de relation de nos actions avec les lois fixes et immobiles* (cit. 15).

3   Maints auteurs écrivent aujourd'hui d'assez bons livres, qui pourraient aussi bien en écrire d'autres tout aussi bons. Je ne sens point entre eux et leur œuvre de relation secrète (...)   GIDE, Journal, 31 déc. 1929.

♦ **7.** (1753, *in* D.D.L.). Mus. Rapport entre (sons, intervalles, accords). *Relation enharmonique.*

4   Relation (...) Rapport qu'ont entre eux les deux sons qui forment un intervalle, considéré par le genre de cet intervalle. La *relation* est *juste* quand l'intervalle est juste, majeur ou mineur ; elle est *fausse* quand il est superflu ou diminué.   ROUSSEAU, Dict. de musique, Relation.

Par ext. Rapport entre deux tonalités relatives*.

♦ **8.** Zootechn. *Relation nutritive :* rapport entre les matières azotées et non azotées, dans une ration alimentaire.

★ **III.** (XVIᵉ). ♦ **1.** Activité ou situation dans laquelle plusieurs personnes sont susceptibles d'agir mutuellement les unes sur les autres ; lien de dépendance ou d'influence réciproque. ⇒ **Commerce, communication, contact, correspondance** (vx), **liaison, rapport** (cit. 21) ; **attache, lien.** *Les relations entre les hommes, les relations humaines* (→ Grandeur, cit. 30), *sociales* (→ aussi Artificiel, cit. 5). ⇒ **Société ; solidarité...** — *Relations d'amitié, de sentiment. « Ces douces relations de vie et de cœur »* (→ Cimenter, cit. 5, Lamartine). *Relations superficielles* (→ Homme, cit. 47), *professionnelles, mondaines* (cit. 4). *Relations de voisinage* (→ Fréquent, cit. 2), *de vacances. — Nouer une relation, des relations avec qqn.* ⇒ **Accointance, connaissance.** *Briser des relations.* ⇒ **Rompre ; rupture, séparation.** — *Bonnes, cordiales relations ; mauvaises relations, relations tendues.* ⇒ **Terme** (être en bons, en mauvais termes) ; cf. Être bien, au mieux... ; mal... avec quelqu'un.

5   (...) si nous restons ensemble dans les relations de père à fille, vous aurez un plaisir faible, mais durable (...)   BALZAC, Splendeurs et Misères des courtisanes, Pl., t. V, p. 824.

6   (...) il y a chez l'homme moyen plus de ressources que nous ne pensons. La plus banale relation renferme, à l'état de bourgeon imperceptible, une amitié complète.   J. ROMAINS, Quand le navire..., I.

7   L'Histoire détermine le contenu des relations humaines dans sa totalité et ces relations — quelles qu'elles soient, si intimes ou si brèves qu'elles puissent être — renvoient à tout. Mais ce n'est pas elle *qui fait* qu'il y ait des relations humaines en général (...) si la constitution d'un groupe ou d'une société (...) doit être possible, c'est que la relation humaine (quel qu'en soit le contenu) est une réalité de fait permanente (...)   SARTRE, Critique de la raison dialectique, p. 179.

(1857). Sociol. *Vie de relation.*

7.1   Nous sommes encore en pleine survivance et l'ouvrier des villes sort encore de son itinéraire vital pour assister à un match, pêcher à la ligne, voir un défilé ; il possède encore une vie de relation, restreinte, mais qui peut aller jusqu'à participer à l'activité d'une société, pourtant de plus en plus ses activités de relation directe, hors du circuit vital, sont localisées dans l'adolescence et la période préconjugale, où la participation directe est nécessaire à la survie collective.   A. LEROI-GOURHAN, le Geste et la Parole, t. II, p. 200-201.

(Plur.). *Les relations :* les modalités pratiques, concrètes par lesquelles deux ou plusieurs personnes communiquent ou se fréquentent. ⇒ **Fréquentation ; frayer** (avec qqn). *Avoir des relations suivies, espacées..., de loin en loin* (→ Connaissance, cit. 32). *Cesser, interrompre ses relations* (→ Perdre* de vue). *Ils n'ont plus de relations. — Relations épistolaires.* ⇒ **Correspondance ; correspondre.**

8   Je t'engage toujours à fréquenter Alfred ; les relations que tu auras avec lui te seront agréables et utiles (...)   FLAUBERT, Correspondance, 25, 19 nov. 1838.

Absolt. Le fait de connaître, de fréquenter des gens influents. *Avoir des relations* (→ Fortune, cit. 37), *de nombreuses relations. Cultiver, utiliser ses relations. Obtenir un emploi par relations.* ⇒ 1. **Piston.**

9   La maxime qui veut que les mariages se fassent par relations garde sa valeur. L'idée de «relations» s'est seulement étendue et assouplie pour chacun, à mesure que sa famille accédait à des nouvelles couches sociales, ou que la Société même admettait dans son sein des rapports plus variés, un jeu plus libre (...)   J. ROMAINS, les Hommes de bonne volonté, t. XII, IV, p. 56.

Loc. EN RELATION ou EN RELATIONS. *Être, se mettre en relation avec qqn.* ⇒ **Accointer** (s'), **rapprocher** (se), **voir...** *Rester en relation* (→ Patron, cit. 15).

10   Il l'avait mis en relations avec un quincaillier de la rue de Passy, qui acceptait de participer à l'affaire pour deux cent mille francs.   J. ROMAINS, les Hommes de bonne volonté, t. V, XVIII, p. 130.

Spécialt. *Relations amoureuses* ⇒ **Amour, flirt, intrigue, liaison...** — Spécialt. *Relations charnelles, sexuelles...* ⇒ **Commerce, rapport, union** (→ Préventif, cit. 2). *Relations homosexuelles.* — (1875). Absolt. Rapports sexuels. *Vaginisme entraînant des relations douloureuses. Ils ont eu des relations ensemble.*

♦ **2.** (1829). Personne avec laquelle on est en relation, on a des relations d'habitude, d'intérêt (professionnelles, mondaines, etc.). ⇒ **Connaissance**(s) ; → Conduire, cit. 3. *Ce n'est pas un ami, seulement une relation. Il a rencontré une ancienne relation.*

11   Le mercredi soir, le préfet Cattan recevait. Il donnait à dîner à quelques relations personnelles qu'il avait dans la ville.   P. NIZAN, le Cheval de Troie, I, V.

♦ **3.** (XVIIIᵉ). Lien entre groupes (peuples, nations, États). → 3. Droit, cit. 62 et 67 ; 1. peuple, cit. 15. *Bonnes, mauvaises relations entre deux communautés. Tension, détente dans les relations internationales. Relations commerciales.* — Spécialt. *Relations diplomatiques*. *Rupture des relations diplomatiques. — Relations culturelles, universitaires, entre pays.* — *Ministère des Relations extérieures,* remplaçant le ministère des Affaires étrangères en 1981.

12   La guerre n'est donc point une relation d'homme à homme, mais une relation d'État à État, dans laquelle les particuliers ne sont ennemis qu'accidentellement (...)   ROUSSEAU, Du contrat social, I, IV (1762).

13   (...) l'ambassadeur autrichien à Belgrade, aurait d'ores et déjà reçu, en même temps que l'ordre de remettre la note, l'instruction formelle de rompre les relations diplomatiques et de quitter immédiatement la Serbie, au cas probable où, le lendemain, samedi, à six heures du soir, le gouvernement serbe n'aurait pas accepté, sans discussion, les exigences autrichiennes.   MARTIN DU GARD, les Thibault, t. VI, p. 101.

♦ **4.** (1957 ; d'après l'angl. *public relations,* la forme normale serait «relations avec le public».) RELATIONS PUBLIQUES : ensemble des méthodes et des techniques utilisées par des groupements (entreprises, syndicats, partis, États...), et, spécialt, par des groupements d'intérêt, pour «créer un climat de confiance dans leur personnel (...) et dans le public*, en vue de soutenir leur activité et d'en favoriser le développement» (C. Salleron). — REM. On emploie aussi abusivement, dans la langue du commerce, la forme anglaise *public-relations.*

♦ **5.** Sc., philos. Ce qui, dans l'activité d'un être vivant (et surtout d'un être conscient), implique une interdépendance, une interaction avec un milieu. *Les relations de l'homme avec ses semblables, avec le monde, les choses...* (→ Musée, cit. 5). — Philos. *La relation du sujet et de l'objet.* — Absolt. *«Le pour-soi est fondement (...) de toute relation, il est la relation»* (Sartre, l'Être et le Néant, p. 429).

Physiol. *Fonctions de relation* (→ Homme, cit. 86), qui ont pour effet de mettre l'organisme animal en relation avec le milieu extérieur ou intérieur. *Les fonctions de relation comprennent l'activité nerveuse* (sensation, réponse musculaire, etc.), *les diverses régulations...*

14   (...) la vie de relation, terme si sagement employé par les physiologistes, pour exprimer les sensations purement animales (...)   MAINE DE BIRAN, Du physique et du moral de l'homme, II, I.

Psychan. *Relation d'objet* : rapport du sujet avec les éléments du monde extérieur qu'il appréhende de façon plus ou moins fantasmatique. *Relation d'objet orale, génitale. Relation d'objet paranoïde.*

DÉR. 2. **Relateur, relationné, relationnel.**

RELATIONNÉ, ÉE [ʀ(ə)lɑsjɔne] adj. — 1922, Proust ; de *relation.*

♦ Qui a des relations (III., 2.).

Si j'avais compris jadis que ce n'est pas le plus spirituel, le plus instruit, le mieux relationné des hommes, mais celui qui sait devenir miroir et peut refléter ainsi sa vie, fût-elle médiocre, qui devient un Bergotte (les contemporains le tinssent-ils pour moins homme d'esprit que Swann et moins savant que Bréauté), on pouvait à plus forte raison en dire autant des modèles de l'artiste.   PROUST, le Temps retrouvé, Pl., t. III, p. 722.

RELATIONNEL, ELLE [ʀ(ə)lɑsjɔnɛl] adj. — 1914 ; de *relation.*

♦ Didact. Qui concerne la relation, une relation. — *Théorie relationnelle de l'espace,* de Whitehead. *Le caractère relationnel,* de relation. *Conception relationnelle de la réalité.* — *Le droit public relationnel* (→ 3. Droit, cit. 66).

RELATIVEMENT [ʀ(ə)lativmã] adv. — XIVᵉ ; de *relatif.*
D'une manière relative.

♦ **1.** Par une relation, un rapport, une comparaison. ⇒ **Comparaison** (en), **fonction** (en), **rapport** (par). *Connaître une réalité relativement ou d'une manière absolue* (→ 1. Métaphysique, cit. 2). *Grandeur démesurée relativement à...* (→ Lièvre, cit. 2). *Mesurer deux grandeurs relativement à une troisième.* ⇒ **Proportionnellement.** *Détermination d'un effet relativement à une cause* (→ Mesure, cit. 1). *On ne peut en juger que relativement.*

♦ **2.** D'une manière relative (I., 2.). *Une valeur relativement fixe* (→ Raison, cit. 8). *Considérer comme anormal ce qui est relativement rare* (→ Maladie, cit. 1). — (1875). Par ext., fam. *Il est relativement honnête*, assez, jusqu'à un certain point* (1. Point).

♦ **3.** (1718). **RELATIVEMENT À :** en ce qui concerne ⇒ **Concernant**, côté (du côté de), **quant** (à) ; **égard** (à l'égard de...), **sujet** (au sujet de) ; → Inoculer, cit. 1. *La meilleure philosophie, relativement au monde* (→ Mépris, cit. 7).

RELATIVISATION [ʀ(ə)lativizɑsjɔ̃] n. f. — V. 1970 ; de *relativiser*.
Didactique.

♦ **1.** Fait de relativiser, d'être relativisé.

♦ **2.** Ling. Transformation créant une phrase complexe comportant une ou plusieurs propositions relatives.

RELATIVISER [ʀ(ə)lativize] v. tr. — V. 1965 ; de *relatif*.
Didactique.

♦ **1.** Considérer par rapport à qqch. d'analogue, de comparable, ou à un ensemble.

1   Chaque période de l'histoire est un absolu qu'aucun critère universel ne permet de confronter à d'autres. Les diverses destinées humaines ne se contestent pas les unes les autres. Les richesses du futur ne m'appauvrissent pas. Non ; mais elles relativisent ma situation.   S. DE BEAUVOIR, Tout compte fait, p. 50.

2   J'ai relativisé en moi, depuis longtemps, tous les « événements ». Pourtant, s'il en est un qui me hante, c'est bien cette guerre de 1914 qui fut érigée comme un dernier signal à l'orée de ce siècle au moment où deux mille ans d'histoire chaviraient (...)   Raymond ABELLIO, Ma dernière mémoire, t. I, p. 98.

♦ **2.** Ling. Transformer en proposition relative.

DÉR. Relativisation.

RELATIVISME [ʀ(ə)lativism] n. m. — 1898 ; de *relatif*.
Philosophie.

♦ **1.** Doctrine qui admet la relativité* de la connaissance humaine. ⇒ **Agnosticisme, positivisme.** *Le relativisme de Kant* (criticisme), *de Hamilton.*

♦ **2.** Doctrine d'après laquelle les valeurs (morales, esthétiques...) sont relatives aux circonstances (sociales, etc.) et variables. — Croyance à la relativité (des circonstances, des événements...). *Relativisme historique.*

(...) pour nous, le relativisme historique, en posant l'équivalence *a priori* de toutes les subjectivités, rendait à l'événement vivant toute sa valeur (...)
SARTRE, Situations II, p. 256.

DÉR. Relativiste.

RELATIVISTE [ʀ(ə)lativist] adj. et n. — 1898 ; de *relativisme*.

♦ **1.** Qui admet, professe le relativisme. *Chateaubriand, « esprit naturellement relativiste »* (Maurois, *Chateaubriand*, p. 75). — N. *Un, une relativiste.*

♦ **2.** (xxᵉ). Qui concerne la relativité*, est conforme à ses théories. *Lois relativistes.* « *Le principe relativiste de l'inertie de l'énergie* » (de Broglie).

(...) en Physique relativiste, il ne faut plus considérer l'espace et le temps isolément, ni donner au temps un caractère universel : il faut, en quelque sorte, fondre l'espace et le temps en un continu à 4 dimensions, espace-temps d'Einstein ou Univers de Minkowski, où chaque observateur découpe à sa manière son espace et son temps.   L. DE BROGLIE, Physique et Microphysique, p. 136.

RELATIVITÉ [ʀ(ə)lativite] n. f. — 1805 ; de *relatif*.

★ **I.** Caractère de ce qui est relatif (I.). ♦ **1.** Philos. Caractère que présente la connaissance (ou le savoir, la science...) de ne pouvoir saisir que des relations, des phénomènes... ou encore de dépendre de la structure de l'esprit humain. *Relativité de la connaissance, de la science.*

1   (...) la relativité dont nous parlons ici *(la relativité de la science)*... n'a rien à voir avec celle d'Einstein. La méthode einsteinienne consiste essentiellement à chercher une représentation mathématique des choses qui soit indépendante du point de vue de l'observateur (...) et constitue, par conséquent, un ensemble de *relations absolues*. Rien de plus contraire à la relativité telle que l'entendent les philosophes quand ils tiennent pour relative notre connaissance du monde extérieur. L'expression « théorie de la Relativité » a l'inconvénient de suggérer aux philosophes l'inverse de ce qu'on veut ici exprimer.
H. BERGSON, la Pensée et le Mouvant, p. 37 (note 1).

2   *(D'après le principe de la relativité)* la nature de l'esprit est telle, que nulle connaissance ne peut être atteinte et formulée, et par conséquent nulle existence réelle conçue, autrement qu'à l'aide de ses relations, et, en elle-même, comme un système de relations.
RENOUVIER, Dilemmes de la métaphysique pure, Introd., v.

♦ **2.** Caractère de ce qui dépend d'autre chose. ⇒ **Relatif.** *La relativité des choses humaines,* « *du fait historique* » (Sartre, *Situations II*, p. 251). *Le sens de la relativité* (→ Pénétration, cit. 7).

★ **II.** (1915, *in* D.D.L. ; d'après les mouvements *relatifs* des systèmes

de référence ; sur le choix du mot, → ci-dessus, cit. 1, Bergson). Sc. Ensemble des théories, fondées sur les travaux d'Einstein depuis 1905, pour lesquelles certaines lois se conservent dans des systèmes en mouvement relatif les uns par rapport aux autres mais non dans tous.

REM. 1. On a considéré la *relativité* du *lieu*, du *mouvement uniforme*, puis de *tout mouvement*, et recherché les systèmes de référence absolus, privilégiés ou simplement commodes ; ces théories ont modifié profondément les conceptions sur l'espace et le temps, la matière et l'inertie, la gravitation et l'électrodynamique.
2. Avant la théorie de la *relativité einsteinienne* (*relativité* suivant Galilée ou Newton), la vitesse de la lumière était considérée comme infinie dans tous les systèmes de référence doués d'inertie (fixes ou se déplaçant avec des vitesses constantes) ; les lois de la mécanique se conservaient dans tous les systèmes non accélérés, la marche d'une horloge ou la longueur d'une barre étaient indépendantes du système de référence (transformations de Galilée) ; l'éther représentait un milieu continu, de même nature que les milieux matériels. — Jusqu'au début du xxᵉ s., les conceptions de Newton ne trouvaient aucune difficulté d'application, parce que les vitesses considérées restaient faibles et que l'univers espace-temps apparaissait ainsi plat et le même pour tous les systèmes de référence doués d'inertie.

2.1   (...) considérons un système matériel quelconque ; nous aurons à envisager d'une part « l'état » des divers corps de ce système (par exemple leur température, leur potentiel électrique, etc.), et d'autre part leur position dans l'espace ; et parmi les données qui permettent de définir cette position, nous distinguerons encore les distances mutuelles de ces corps qui définissent leurs positions relatives, et les conditions qui définissent la position absolue du système et son orientation absolue dans l'espace.
Les lois des phénomènes qui se produiront dans ce système pourront dépendre de l'état de ce corps et de leurs distances mutuelles ; mais, à cause de la relativité et de la passivité de l'espace, elles ne dépendront pas de la position et de l'orientation absolues du système.
En d'autres termes, l'état des corps et leurs distances mutuelles à un instant quelconque dépendront seulement de l'état de ces mêmes corps et de leurs distances mutuelles à l'instant initial, mais ne dépendront nullement de la position absolue initiale du système et de son orientation absolue initiale. C'est ce que je pourrai appeler, pour abréger le langage, *la loi de relativité.*
(...) pour qu'on puisse appliquer la loi de relativité en toute rigueur, il faut l'appliquer à l'univers entier. Car si on considérait seulement une partie de cet univers, et si la position absolue de cette partie venait à varier, les distances aux autres corps de l'univers varieraient également, leur influence sur la partie de l'univers envisagée pourrait par conséquent augmenter ou diminuer, ce qui pourrait modifier les lois des phénomènes qui s'y passent.
H. POINCARÉ, la Science et l'Hypothèse, p. 96-97.

3   Il est naturel que le développement de la théorie de la relativité nous oblige à remanier notre conception de la mécanique, qui dépend des notions de temps et d'espace. Le remplacement du temps absolu par le temps optique doit la modifier profondément.
La mécanique de Newton satisfait déjà au principe de relativité ; ses lois, invariantes vis-à-vis de la transformation de Galilée, sont les mêmes dans deux référentiels d'inertie animés l'un par rapport à l'autre d'une translation uniforme. Mais l'extension du principe de relativité aux phénomènes lumineux exige que les lois de la mécanique nouvelle, pour y satisfaire, soient invariantes par rapport à la transformation de Lorentz-Einstein.
P. LANGEVIN et F. PERRIN, la Dynamique relativiste et l'Inertie de l'énergie, p. 3.

Relativité restreinte, postulant que la vitesse de la lumière reste identique et finie dans les systèmes de référence doués d'inertie, qui se déplacent avec une vitesse constante les uns par rapport aux autres, et que le temps ne s'écoule pas de la même manière, selon que l'on reste au repos ou que l'on se déplace avec des vitesses assez proches de celle de la lumière (la simultanéité ou la succession de deux événements dépendra de la vitesse propre à l'observateur ; si l'on mesure successivement un même phénomène dans deux systèmes de référence, avec des variables correspondantes, le passage de l'un à l'autre s'effectuera au moyen de la transformation de Lorentz). *La nature électromagnétique de la lumière* (équations de Maxwell) *découle d'une théorie en accord avec la relativité restreinte. Dans la relativité restreinte, l'univers espace-temps reste « plat », la transformation de Lorentz remplace celle de Galilée ; les lois de l'électromagnétisme se conservent dans tous les systèmes non accélérés.*

4   Les lois de la mécanique classique sont (...) identiques pour des observateurs en mouvement de translation uniforme les uns par rapport aux autres, et ceci se traduit par le fait que les équations se conservent quand on leur applique la transformation de Galilée. Au contraire, Lorentz a observé que les équations de l'électromagnétisme se conservent pour un changement de variables différent (groupe de Lorentz). Ce seul fait aurait pu suffire à montrer la contradiction profonde existant entre la mécanique classique et l'électromagnétisme (...)
Le grand mérite d'Einstein a été de montrer que la conciliation des deux points de vue exigeait qu'on constatât la répercussion profonde de l'idée d'action propagée à distance sur la notion de temps. Il a su montrer que, de la correspondance des temps à distance, une définition expérimentale, on aboutissait au groupe de Lorentz exigé par la théorie électromagnétique.
Quand on a compris que l'idée qu'on se fait de la causalité se répercute sur la notion de temps, on a été justement conduit à abandonner la conception absolue de la simultanéité et à accepter ce résultat, en apparence paradoxal, que deux observateurs en mouvement peuvent voir deux événements se succéder dans un ordre ou dans l'ordre inverse ; au contraire, deux événements en liaison causale ne peuvent voir leur ordre de succession interverti. D'ailleurs il était convenu, dans les notions anciennes, que la coïncidence des événements dans l'espace sans coïncidence dans le temps n'avait qu'un caractère relatif, alors qu'on attribuait un caractère absolu à la coïncidence dans le temps sans coïncidence dans l'espace. L'unification par la théorie de la relativité des notions de temps et d'espace a introduit une harmonie qui n'existait pas.   P. LANGEVIN, la Relativité, p. 6-8.

Relativité généralisée, incluant le cas d'observateurs qui possèdent une accélération relative les uns par rapport aux autres, dans un système non euclidien où l'on ne fait pas intervenir les forces d'inertie, mais la notion de courbure de l'espace liée à la présence de masses de gravitation. *La théorie de la relativité généralisée permet d'interpréter tous les phénomènes de la gravitation et s'insère dans une idée générale* (principe de la relativité) *qui englobe toutes les lois physiques ; elle permet d'expliquer le déplacement vers de plus grandes longueurs d'ondes* (déplacement vers le rouge) *de radiations émises par le même élément, mais dans un champ de gravitation plus intense que celui de la Terre, sans rapporter ce phénomène à un effet Doppler ou à une influence de la pression ; de montrer la possibilité de la déviation d'un rayon lumineux par un champ de gravitation ; de rendre un compte exact du mouvement de périhélie de Mercure, etc. — Dans l'hypothèse de la relativité généralisée, l'univers espace-temps est courbe et fini* (il représente, en trois dimensions, la même figure que la Terre en deux dimensions) ; *la courbure locale y est proportionnelle au contenu de l'énergie locale ; le temps et la longueur y sont fonctions de la courbure ; l'« éther » devient une propriété de l'espace, qui dépend de la matière présente en chaque point. — Extension de la relativité, dans la nouvelle mécanique d'Einstein :* tentative pour obtenir une théorie unifiée de la gravitation et de l'électrodynamique *(l'interprétation de l'électrodynamique par la relativité généralisée constitue un champ d'expérimentation fécond, les effets relativistes se produisaient alors dès les faibles vitesses). La théorie de la relativité fait souvent usage de notions mathématiques qui correspondent aux géométries non euclidiennes* (Lobatchevsky, Riemann, Hilbert...).

5 La possibilité d'une relativité généralisée est apparue à Einstein quand il s'est rendu compte que toutes les lois de la physique ne font que coordonner nos sensations et que celles-ci résultent toutes de coïncidences absolues. Toutes nos lois ne sont que l'affirmation d'enchaînements de coïncidences absolues, et, comme ces enchaînements sont indépendants des systèmes de référence, il doit être possible d'énoncer les lois de la physique indépendamment de ces systèmes.
En créant la géométrie analytique, Descartes avait vu tout l'intérêt que présentait l'introduction des coordonnées, mais avant lui les géomètres raisonnaient directement sur les figures, et avaient construit une géométrie intrinsèque, où les propriétés des figures étaient énoncées indépendamment de tout moyen de repérage des points ou des lignes. Dans le langage de la géométrie analytique de Descartes, les coordonnées employées pour décrire la figure changent avec le système d'axes, bien que les lois ou propriétés qu'elles servent à démontrer soient indépendantes du choix de ce système. On doit pouvoir, en sens inverse, créer une géométrie de la physique. Une physique intrinsèque énoncerait les chaînes causales de coïncidences absolues et ne ferait appel à aucun système de coordonnées.
P. LANGEVIN, la Relativité, p. 9.

RELAVAGE [ʀ(ə)lavaʒ] n. m. — 1878, Goncourt, sens techn. (mines) ; de *relaver.*

♦ Action de relaver. — Techn. *Relavage d'un minerai, du charbon* (pour améliorer son épuration).

RELAVER [ʀ(ə)lave] v. tr. — V. 1175 ; de re-, et *laver.*

♦ **1.** Laver* de nouveau.

♦ **2.** (1670). Régional (Suisse). Laver. *Relaver la vaisselle.* — Intrans. Faire la vaisselle. *Patte* à relaver.*

Elle baisse son épaisse nuque au-dessus de l'écuelle à relaver.
A.-L. GROBÉTY, Zéro, positif, p. 311.

DÉR. Relavage.

RELAX, AXE ou **RELAXE** [ʀ(ə)laks] adj., adv., n. et interj. — 1955 ; de l'angl. *to relax* « se détendre ».
Anglicisme familier.

♦ **1.** Adj. et n. m. (Choses). Qui favorise la détente, un repos détendu. ⇒ **Décontracté.** *Une petite balade très relax* (ou *très relaxe*). — Appos. *Fauteuil relax* (ou *relaxe*) : fauteuil ou chaise longue très confortable.

1 Près de la porte d'Orléans, j'ai remarqué (...) un *Sauna-relaxe* où le mot finlandais *sauna* (...) est accouplé au mot *relaxe,* terme de droit, qui signifie que la justice renonce à poursuivre un accusé prisonnier, mais que nos anglomanes contaminent du sens du verbe *to relax,* et du substantif *relaxation* (...)
R. ÉTIEMBLE, Poétique comparée, Cours de Sorbonne, 1959-60, p. 31.
2 Elles s'asseyent dans le coin « relaxe-silence » du grand salon aux tons feutrés (...)
S. DE BEAUVOIR, les Belles Images, p. 67.

(Personnes). Fam. Décontracté, à l'aise. *Il est un peu trop relax. Avoir un air relax. Eux, on peut dire qu'ils sont relaxes* (ou, invar., *qu'ils sont relax*). — Par ext. (Choses) :

2.1 Nicolas m'a invitée à une bouffe chez lui avec son harem, tu ne peux pas imaginer le côté décontracté et relax.
Jean-Louis CURTIS, l'Horizon dérobé, t. II, p. 141.

♦ **2.** Adv. D'une manière décontractée. *Conduisez relax.*

♦ **3.** N. m. Repos, décontraction.

3 (...) il avait dit (...) en s'affalant à la renverse dans les coussins : « Ah, dites-donc, ce truc-là, pour du relax, alors, c'est vachement relax ! »
ARAGON, Blanche.., III, IV, p. 511.

♦ **4.** N. f. ⇒ **Relaxation.** *« Cure de relaxe »* (le Monde, 30 août 1955).

♦ **5.** Interj. *Relax !* (→ Du calme*). — On trouve aussi la var. *rilax* [ʀilaks], d'après la phonétique de l'anglais.

Stop ! Repos ! Couche-toi sur l'herbe, bras en croix jambes écartées... Rilax ! 4
J. CAU, la Pitié de Dieu, 1961, p. 63.

REM. Dans tous ses emplois, le mot, ainsi que le verbe *relaxer* et ses dérivés, a été condamné par les puristes.

HOM. 1. **Relaxe,** formes des v. 1. **relaxer,** 2. **relaxer** (se).

RELAXANT, ANTE [ʀ(ə)laksɑ̃, ɑ̃t] adj. et n. m. — Mil. xxᵉ ; *médicamens relaxans,* xvıᵉ, Paré ; de 1. *relaxer,* repris sous l'influence de 2. *relaxer* et 2. *relaxation.*
Médecine.

★ **I.** *Médicaments relaxants,* capables de conférer un état de détente (physique ou psychique). — N. m. *Relaxant musculaire :* médicament qui diminue le tonus musculaire des muscles du squelette. *Relaxants à action anxiolytique.*

Bien différentes des hypnotiques est l'action des médicaments relaxants comme la chlorpromazine et la réserpine (...) Ce mot était employé par Ambroise Paré qui parlait de médicaments « relaxans ». C'est donc un vieux mot français, venu du verbe latin *relaxare* qui signifie relâcher, et non, comme on le croit souvent, un terme médical importé des pays anglo-saxons.
J. DELAY, Introd. à la médecine psychosomatique, Notes et observations, p. 68 (1961).
N. B. Le latinisme d'Ambroise Paré n'exclut pas que les emplois modernes soient empruntés à l'anglais.

★ **II.** Cour. (De 2. *relaxer*). Qui favorise la relaxation, permet de se relaxer. *Atmosphère relaxante.*

RELAXATEUR [ʀəlaksatœʀ] n. m. — Mil. xxᵉ ; de 2. *relaxation.*

♦ Techn. Oscillateur de relaxation (cit. 2).

1. RELAXATION [ʀ(ə)laksɑsjɔ̃] n. f. — 1382, « action de délier d'un serment » ; *relanssacion,* 1314 ; lat. *relaxatio* « détente, relâche », de *relaxare.* → 1. Relaxer.

♦ **1.** Méd. (Rare). Diminution ou suppression de la tension (d'une partie du corps). — Syn. : *relâchement.* — *Relaxation des fibres musculaires.* ⇒ **Décontraction.** *Surdité due à la relaxation de l'étrier de l'oreille.* — REM. Comparer à 2. *relaxation* (1.).

♦ **2.** (xvıᵉ). Dr. (Vx). Mise en liberté (d'un détenu). ⇒ **Élargissement,** 1. **relaxe.**

HOM. 2. **Relaxation.**

2. RELAXATION [ʀ(ə)laksɑsjɔ̃] n. f. — 1954 ; angl. *relaxation,* du lat. *relaxatio* « détente, relâche, repos ». → 1. Relaxation.
Anglicisme.

♦ **1.** État global de relâchement musculaire, de détente physique et mentale obtenu par des procédés psychologiques actifs ou plus rarement passifs de la part du sujet, ou par l'apprentissage de la régulation du tonus musculaire. *Fin prophylactique, thérapeutique de la relaxation. Techniques de relaxation.* ⇒ **Eutonie, training** (autogène). *Relaxation par autosuggestion.* — Par ext. Méthode thérapeutique de relaxation. ⇒ aussi **Relaxothérapie.** *Relaxation progressive, analytique. Sophrologie et relaxation.*

Les méthodes de relaxation sont des procédés thérapeutiques bien définis, visant 1 à obtenir chez l'individu une « décontraction musculaire et psychique » à l'aide d'exercices appropriés ; la décontraction neuro-musculaire aboutit à un « tonus de repos », base d'une détente physique et psychique.
R. DURAND de BOUSINGEN, la Relaxation, p. 6.

Cour. Repos, détente. ⇒ **Relax.** *Se ménager des moments de relaxation.* ⇒ **Pause.**

♦ **2.** (V. 1960). Sc., techn. Ensemble des phénomènes par lesquels un système dont l'équilibre a été rompu revient à son état d'équilibre. *Oscillations de relaxation. Oscillateur de relaxation* (ou *relaxateur,* n. m.). *Temps de relaxation. Relaxation thermique :* retour à un équilibre thermique. — *Relaxation des aciers :* perte de tension des aciers lorsqu'ils sont soumis constamment à un allongement.

Si une machine présente un fonctionnement ayant des phases critiques, comme 2 celles d'un oscillateur de relaxation, elle peut émettre de l'information aussi bien qu'en recevoir ; ainsi, un oscillateur de relaxation émet des impulsions, en raison de son fonctionnement discontinu, qui peuvent servir à synchroniser un autre relaxateur.
Gilbert SIMONDON, Du mode d'existence des objets techniques, p. 141.

DÉR. Relaxateur.
COMP. Autorelaxation, relaxothérapie.
HOM. 1. Relaxation.

1. RELAXE [ʀ(ə)laks] n. f. — 1671, *sentence de relaxe ;* repris 1823 ; de 1. *relaxer.*

♦ Dr. pén. « Décision par laquelle un tribunal correctionnel ou de simple police renvoie des fins de la poursuite (...) celui qui en était l'objet» (Capitant). ⇒ **Élargissement, liberté** (mise en).

CONTR. Arrestation, détention.

HOM. Relax, formes des v. 1. relaxer, 2. relaxer (se).

2. RELAXE [ʀ(ə)laks] adj., adv., n. et interj. ⇒ **Relax.**

1. RELAXER [ʀ(ə)lakse] v. tr. — xvᵉ ; attestation isolée, xIIᵉ, «pardonner» ; «remettre à plus tard», v. 1360 ; lat. *relaxare* «desserrer, relâcher». → aussi Relâcher.

♦ **1.** Dr. Remettre en liberté. ⇒ **Élargir, libérer, relâcher ;** 1. relaxe. *Relaxer un prisonnier.*

1   (...) les inculpés sont traduits par-devant le commissaire de police, qui procède à un commencement d'instruction et qui peut les relaxer, s'il y a erreur (...)
BALZAC, Splendeurs et Misères des courtisanes, Pl., t. V, p. 919.

2   Mais, reconnu innocent après un long interrogatoire, il fut relaxé.
FRANCE, Jocaste, XII, *in* Œ., t. II, p. 112.

♦ **2.** (xvIᵉ, Paré). Mod. Vx. Relâcher, détendre (les muscles). *Friction qui relaxe.* — P. p. « *Muscles relaxés* » (Académie).

CONTR. (Du 1.) Arrêter, condamner, écrouer. — (Du 2.) Contracter (se), rétracter (se).

DÉR. Relaxant, 1. relaxe. — (Du lat. *relaxatio*) Relaxation.

HOM. 2. Relaxer (se).

2. RELAXER (SE) [ʀ(ə)lakse] v. pron. et tr. — Mil. xxᵉ ; angl. *to relax* «détendre l'esprit», de même orig. que *relâcher.*

♦ **1.** V. pron. **SE RELAXER :** se détendre (physiquement et mentalement), se défaire d'un état de tension nerveuse. ⇒ **Décontracter** (se), **délasser** (se). — Didact. Se mettre, se tenir en état de relaxation. ⇒ 2. **Relaxation.** *Apprendre à se relaxer.* — REM. Un emploi intransitif a existé, avant que l'usage ait fixé la forme pronominale : «*J'ai connu des Américains qui "relaxaient" en se crispant d'une volonté tendue de relaxation !*» (Siegfried, *Surmenage, relaxation, vacances, in le Figaro,* 2 juil. 1957).

Roger devait venir à neuf heures ; il en était sept ; elle avait tout le temps. Le temps de s'allonger sur son lit, les yeux fermés, de ne penser à rien. De se détendre. De se relaxer. Mais à quoi pensait-elle de si passionnant, de si exténuant dans la journée pour devoir s'en reposer le soir ? Et cette nonchalance inquiète qui la menait d'une pièce à l'autre, d'une fenêtre à l'autre, elle la reconnaissait bien. C'était celle de son enfance, les jours de pluie.
F. SAGAN, Aimez-vous Brahms ?, 1939, p. 10.

♦ **2.** (Non réfléchi ; 1969, *in* Gilbert). Détendre, faire se détendre (qqn). *Ce spectacle, ce film m'a relaxé.*

DÉR. Relaxant (II.). — V. aussi 2. Relaxation.

HOM. 1. Relaxer.

RELAXOTHÉRAPIE [ʀ(ə)laksoteʀapi] n. f. — 1969 ; de 2. *relax(ation),* et *thérapie.*

♦ Didact. Thérapeutique de relaxation* (2. Relaxation, 1.). «*Pour répondre au souci actuel : être en forme, une salle de relaxothérapie*» (Publicité, *le Monde,* 15 avr. 1969).

RELAYER [ʀ(ə)leje ; ʀ(ə)lɛje] v. — Conjug. *payer.* — 1573 ; *relaier* (chasse), 1260 ; de *re-,* et *laier* «laisser» ; *laier* représente le lat. pop. **lacare,* de *lacus* (P. Guiraud) «être stagnant» d'où «immobiliser».

★ **I.** V. intr. (1573). Vx. Changer de chevaux. ⇒ 2. **Relais** (2.).

1   (...) par des routes au sol détrempé, dans une petite voiture qui relayait environ toutes les cinq lieues, nous allions au gré de nos chevaux (...)
LOTI, l'Inde (sans les Anglais), II, I.

1.1   Le lendemain, 25 juillet, à trois heures du matin, le tarentass arrivait au relais de poste de Tioukalinsk, après avoir franchi une distance de cent vingt verstes depuis le passage de l'Ichim.
On relaya rapidement. Cependant, et pour la première fois, l'iemschik *(le conducteur)* fit quelques difficultés pour repartir, affirmant que les détachements tartares battaient la steppe (...)
J. VERNE, Michel Strogoff, p. 191.

★ **II.** V. tr. ♦ **1.** Vx. Chasse. Laisser (les chiens fatigués) pour en prendre de frais.

♦ **2.** (1636). Remplacer (qqn) pour continuer un travail, une tâche. *Relayer des travailleurs fatigués. Le fardeau* (cit. 3) *n'était pas lourd, ils n'avaient guère besoin d'être relayés.*

2   (...) des travailleurs dont la moitié dort pour pouvoir, plus tard, « relayer l'autre ».
NERVAL, Nuit d'octobre, III.

3   Ceux *(les cyclistes)* que leur équipier venait de relayer, descendaient de machine pour dormir deux heures.
Paul MORAND, Ouvert la nuit, p. 134.

(1869). Sports. *Relayer un équipier.*

Fig. « *Relayant ainsi l'esprit et le corps l'un par l'autre* » (Rousseau, *in* Littré).

Techn. (satellites, relais). Retransmettre (une émission de radio ou de télévision) à partir d'un émetteur principal. *Relayer une émission,* et, par métonymie, *une pièce, un match...*

▶ **SE RELAYER** v. pron. réfl. (1680).

Se remplacer l'un l'autre, alternativement. *Les deux équipes* (cit. 2) *se relayèrent sans relâche...* ⇒ **Alterner.** *Coureurs qui se relaient pour mener.*

4   Aussi le chef de gare organisa-t-il un service de garde, près du mort : pendant toute la nuit, on se relayerait, un homme serait là constamment, à veiller avec la lanterne.
ZOLA, la Bête humaine, II.

▶ **RELAYÉ, ÉE** p. p. adj. *Équipe relayée. Émission relayée par satellite.* — Sports. *Coureur relayé.* — N. m. *Le relayé et le relayeur.*

DÉR. 2. Relais ou relai, relayeur.

RELAYEUR, EUSE [ʀ(ə)lɛjœʀ, øz] n. — 1855 ; de *relayer.*

♦ **1.** Vx. Personne qui entretenait un relais de chevaux.

♦ **2.** (1924). Sports. Participant, participante d'une course de relais ; athlète spécialiste de cette course. *Passer le témoin au relayeur* (opposé à *relayé*).

RELECTURE [ʀ(ə)lɛktyʀ] n. f. — Fin xvIᵉ, repris 1801 ; de *re-,* et *lecture,* d'après *relire.*

♦ Action de relire. *Relecture des épreuves ; première, deuxième relecture.* — Seconde lecture. *La relecture de cette œuvre m'a fait porter d'autres jugements.*

1   Cette re-lecture du manuscrit me donne mal aux nerfs. Quel entêtement à garder des monstruosités !
FLAUBERT, Correspondance, 372, 11 mars 1853.

2   Je m'occupe à revoir et mettre au point le brouillon de mes *Mémoires* (...) Je ne suis pas très satisfait de cette relecture : les phrases sont molles (...)
GIDE, Et nunc manet in te, p. 89.

Relecture d'une bande, d'une cassette (par un magnétophone, un magnétoscope).

RELÉGABLE [ʀ(ə)legabl] adj. — 1890, *in* P. Larousse, *Deuxième Suppl.* ; de *reléguer.*

♦ Dr. Passible de la relégation.

RELÉGATION [ʀ(ə)legɑsjɔ̃] n. f. — 1370, *relegacion* ; de *reléguer.* Condamnation par laquelle on relègue (qqn).

♦ **1.** Dr. rom. Exil n'entraînant pas la perte des droits civils et politiques.

♦ **2.** Dr. pén. Peine criminelle ou correctionnelle complémentaire d'une série de condamnations, par laquelle un délinquant est obligé de résider *(relégation individuelle)* ou est interné *(relégation collective)* hors du territoire métropolitain (dans ce dernier cas, le délinquant peut être maintenu en métropole — «peine métropolitaine» — et détenu dans un établissement pénitentiaire). *La relégation était en principe perpétuelle et facultative. Relégation et déportation*, *et interdiction de séjour. Relégation des condamnés aux travaux forcés.* ⇒ **Transportation.**

J'ai éprouvé comme lui le choc et le son funèbre de la formule «instruction de la Relégation perpétuelle». Quand on est arrivé à son quatrième sapement pour vol, avec peines dans la loi, c'est-à-dire au-dessus de trois mois de prison, on est condamné à «la relègue». C'est tout le reste de la vie qu'il faudra passer en Centrale maintenant que la déportation est abolie.
Jean GENET, le Miracle de la rose, Œ. compl., t. II, p. 215.

REM. En termes de droit, on dit depuis 1970 *tutelle légale.*

RELÉGUER [ʀ(ə)lege] v. tr. — Conjug. *céder.* — 1370, antiq. rom. ; lat. *relegare.*

♦ **1.** Dr. rom. Exiler dans un lieu déterminé, sans privation des droits civils et politiques. ⇒ **Bannir** (cit. 2), **exiler.**

1   L'empereur ne le fit point *(Ovide)* condamner par un arrêt du sénat, et il se servit du terme de reléguer, qui, dans le droit romain, était plus doux que le terme bannir.
ROLLIN, Histoire ancienne, XXV, 1, *in* Littré.

(Fin xIxᵉ). Mod. Dr. pén. Condamner à la relégation ; bannir* en obligeant à résider ou en internant* hors de la métropole.

♦ **2.** (Fin xvIIᵉ). Cour. Envoyer, placer, maintenir en un lieu écarté ou un endroit médiocre. ⇒ **Confiner, exiler.** «*Pourquoi... M'avez-vous sans pitié relégué dans ma cour ?*» (→ Exclure, cit. 4). *On l'a relégué au fond de l'appartement.* — Par ext. *Un grabat où ses malheurs l'avaient relégué* (→ Expier, cit. 4). — (Choses). *Reléguer un objet dans un coin, au grenier.* ⇒ **Colloquer ;** fam. **ficher, foutre.**

2   À gauche se trouvent les archives et la pièce où, parmi des débris de toutes sortes, est relégué, il faut le dire à la honte des Grenadins, le magnifique vase de l'Alhambra (...)
Th. GAUTIER, Voyage en Espagne, p. 166.

3   (...) Talleyrand la reléguait *(sa femme)* le plus souvent en quelque maison de campagne où, rarement, il lui rendait visite.
Louis MADELIN, Talleyrand, V, XXXIV.

(1694). Fig. Mettre, maintenir dans une situation médiocre. *Vigny se sentait relégué au second plan** (→ Précurseur, cit. 1). *Le prolétariat* (cit. 1) *jusque-là relégué dans son impuissance. Reléguer qqn au nombre des ratés. — Reléguer une idée.* ⇒ **Abandonner,**

écarter. *Reléguer un rêve «parmi les chimères»* (George Sand, *la Mare au diable*, p. 17).

4 Vous savez, mon ami, qu'on a relégué dans la classe des peintres de genre les artistes qui s'en tiennent à l'imitation de la nature subalterne et aux scènes champêtres (...) DIDEROT, Salon de 1769.

▶ **RELÉGUÉ, ÉE** p. p. adj. *Condamné relégué.* ⇒ **Banni, exilé.** — Mod. Condamné à la relégation (2.). — N. *Un relégué.*

5 — Où avez-vous trouvé celui-là ?
— Oh, monsieur le Ministre, au bagne, évidemment c'est un relégué. D'ailleurs, un simple passionnel (...) MALRAUX, Antimémoires, p. 179.

DÉR. Relégable, relégation.

RELENT [ʀ(ə)lɑ̃] n. m. — XIVᵉ, *relans* «odeur de renfermé»; *relent, relente,* adj., «qui a un goût écœurant», 1200, et jusqu'au XVIIᵉ; «mauvais goût que contracte une viande dans un lieu humide», 1870; de *re-,* intensif, et lat. *lentus* «tenace, humide».

♦ **1.** Mauvaise odeur qui persiste. ⇒ **Effluve, émanation, odeur.** *Relents d'alcool* (cit. 3), *de nourriture* (→ Foule, cit. 7), *de friture* (cit. 2), *de marée* (→ Passage, cit. 14), *de mâchefer* (→ Chaufferie, cit. 1). *Relent âcre* (→ Puanteur, cit. 2), *fétide* (→ Exhaler, cit. 5) *d'une ruelle. Des relents.*

1 C'était une tiédeur complexe, intraduisible, défiant l'analyse; un méli-mélo de tous les relents, le fond de bock, le fond de culotte, le fond de pipe (...) COURTELINE, le Train de 8 h 47, II, VII.

2 J'approchai de mon visage ce papier (...) Je ne reconnus que les relents des vêtements de grand'mère : naphtaline, vinaigre de Bully. F. MAURIAC, la Robe prétexte, XVII.

♦ **2.** (Fin XVIIᵉ). Abstrait. Trace, soupçon. *On flaire dans cette histoire un relent d'escroquerie. Il y a encore des relents de racisme.* ⇒ **Reste.** — (Rare; le compl. ayant une valeur positive). *« Un dernier relent de délicatesse... »* (Céline, *in* G. L. L. F.).

RELEVABLE [ʀəlvabl; ʀ(ə)ləvabl] adj. — XXᵉ; de *relever.*

♦ Qu'on peut relever; qui se relève. *Sièges, volets relevables.* ⇒ **Escamotable.**

RELEVAGE [ʀəlvaʒ; ʀ(ə)ləvaʒ] n. m. — 1845; «droit de relief» (→ 1. Relief, II.), 1348; de *relever.*

♦ Rare. Action de relever. ⇒ **Relèvement; levée.**

Techn. (Ch. de fer). Redressement et remise sur rails (du matériel roulant déraillé). *Relevage d'une motrice. Les relevages des wagons-citernes sont parmi les plus difficiles.* — (Mar.). *Relevage d'un navire échoué,* sa remise à flot. *Appareil de relevage,* de renflouage. — (Aviat.). *Relevage du train d'atterrissage d'un avion :* escamotage en vol du train.

RELEVAILLES [ʀ(ə)ləvaj; ʀəlvaj] n. f. pl. — 1180; de *relever.*

♦ **1.** Relig. Rite chrétien facultatif par lequel une accouchée vient remercier Dieu. ⇒ aussi **Purification.** *Messe, bénédiction, réjouissances de relevailles.*

1 Je suis allée à la paroisse entendre une messe de relevailles, en grande pompe, comme cela se fait dans nos vieilles familles de Provence. BALZAC, Mémoires de deux jeunes mariées, Pl., t. I, p. 245.

♦ **2.** (V. 1360). Vieilli ou régional. Le fait de se lever, de relever de couches.

2 Des accouchées masquées fêtaient leurs relevailles (...) APOLLINAIRE, Alcools, p. 139.

Par ext. *Relevailles de maladie.*

3 Me voici enfin à Versailles, mais en relevailles de grippe. J.-R. BLOCH, Deux hommes se rencontrent, p. 82.

Littér. Retour à la santé morale (après s'être rendu coupable d'un ou de plusieurs actes condamnables).

4 Vous n'ignorez pas les pièges de la basse luxure, des bals, des cinémas; vous savez mes relevailles laborieuses, ma volonté paresseuse (...) A. SARRAZIN, la Traversière, p. 91.

RELÈVE [ʀ(ə)lɛv] n. f. — 1872; déverbal de *relever.*

♦ **1.** Action de relever (I., 1.); remplacement d'une personne, d'une équipe par une autre dans un travail continu. *La relève de l'équipe de nuit par l'équipe de jour. La relève de la garde* (1. Garde, cit. 80; → aussi Combler, cit. 13). *Assurer, prendre la relève. Aller à la relève* (→ Parement, cit. 1). *La Relève du matin,* œuvre de Montherlant.

Par métonymie. Les personnes qui assurent ce remplacement. *La relève tardait à arriver.*

Nous poussons avec douleur une sape difficile, dans le chaos et les ténèbres, vers un plein jour ignoré que connaîtra seule la relève du matin. MONTHERLANT, la Relève du matin, p. 141.

♦ **2.** Fig. Remplacement (dans une action, une tâche collective). *La jeunesse prendra la relève.* ⇒ **Relayer, remplacer.**

♦ **3.** Spécialt. (Hist.). Remplacement des travailleurs français en Allemagne, en 1942-44, par d'autres travailleurs (mot utilisé d'abord par la propagande collaborationniste).

RELEVÉ, ÉE [ʀəlvé; ʀ(ə)ləve] adj. et n. ⇒ **Relever.**

RELEVÉE [ʀəlve; ʀ(ə)ləve] n. f. — D. i.; de *relever.*

♦ Mouvement (d'une aile d'oiseau) vers le haut. *Les relevées et les abaissées alternatives des ailes composent le vol ramé. Relevée d'ailes du mâle dans la parade nuptiale, chez certaines espèces.*

HOM. Relever.

RELÈVEMENT [ʀ(ə)lɛvmɑ̃] n. m. — Fin XIIᵉ, « soulagement, fait de se relever»; «résurrection», 1190; de *relever.*

♦ **1.** (1611). Action de relever (I.), de remettre debout. ⇒ **Redressement.** *Le relèvement d'un pylône. Le relèvement du pied dans la marche, après l'appui**. — *Relèvement d'un volet, d'une pièce mobile, articulée...*

(1559). Fig. (plus cour.). *Le relèvement d'un pays, d'une économie.* ⇒ **Redressement, rétablissement** (→ Paperasserie, cit. 2).

1 Rien n'est aussi poignant, je le sais, que le spectacle de tout un peuple qui se relève et veut son relèvement et poursuit son relèvement. Ch. PÉGUY, la République..., p. 327.

Vx ou littér. *Relèvement d'une personne,* son retour à la dignité, à la vertu.

2 Que cette petite eût, sinon touché le fond de l'abîme, du moins qu'elle l'eût si jeune approché, c'était un malheur, certes, mais qui rendrait possibles les mesures décisives pour son relèvement. F. MAURIAC, la Pharisienne, VI.

♦ **2.** (XXᵉ). Action de relever (II.), de hausser, d'augmenter. *Relèvement d'un niveau, d'un sol. Relèvement des cours, des cotisations sociales, des salaires.* ⇒ **Hausse, majoration.** *Relèvement du taux des barrières douanières.*

3 Nous avons maintenant un système de relèvement automatique des salaires quand le coefficient du prix de la vie augmente. C'est fait très honnêtement. A. MAUROIS, Bernard Quesnay, XXXVI.

♦ **3.** (1465). Action de prendre, de réunir les renseignements (concernant qqch.). ⇒ **Relever** (p. p.; 4.). — Mar. Détermination de l'azimut d'un amer à l'aide du compas de relèvement ou du taximètre; nombre mesurant la valeur angulaire de l'azimut. *Annoncer les relèvements à voix haute. Relèvements croisés,* déterminant la position d'un navire par rapport à deux repères au moins d'une carte. — Topographie. Détermination de la position d'un objet. — Géom. Mouvement de rotation, inverse du rabattement*.

CONTR. Abaissement, aplatissement, baisse, chute, rabattement. — Abrutissement, avilissement, chute, effondrement. — Diminution, réduction.

RELEVER [ʀəlve; ʀ(ə)ləve] v. — Conjug. *lever.* — 1080, Chanson de Roland; de *re-,* et *lever.*

★ **I.** V. tr. **A.** ♦ **1.** Remettre debout. *Relever qqn qui est tombé* (→ Compagnon, cit. 1). — Par métaphore. *Relevez-moi du bourbier* (cit. 3) *où j'étais tombé.* — *Relever un drapeau* (→ Lui, cit. 29). ⇒ **Redresser.** *Relever un meuble, un véhicule renversé. Relever des ruines, un mur démoli.* ⇒ **Rebâtir, reconstruire.** — Par métaphore. *Napoléon a « relevé les autels »* (cit. 29).

1 Elle (...) se jeta le front dans la poussière, les bras allongés. Son esclave la releva lestement, car il fallait, d'après les rites, que quelqu'un vînt arracher le suppliant à sa prosternation (...) FLAUBERT, Salammbô, III.

♦ **2.** Remettre en bon état, en bonne position (ce qui est abattu, ce qui est au plus bas). *Relever un pays affaibli, vaincu* (→ Abattre, cit. 14; culte, cit. 12; et aussi radouber, cit. 5), y ramener la prospérité. *Relever l'économie, les finances. Relever la monarchie.* ⇒ **Rétablir** (→ Culbuter, cit. 2). — (1564). *Relever le courage de qqn,* lui redonner du courage, de l'énergie. ⇒ **Exciter, ranimer** (→ Estime, cit. 27). *Relever le moral.* ⇒ **Conforter, consoler, exalter, réconforter, remonter;** fam. **regonfler.**

2 Mille fois elle *(la religion)* a été à la veille d'une destruction universelle; et toutes les fois qu'elle a été en cet état, Dieu l'a relevée par des coups extraordinaires de sa puissance. PASCAL, Pensées, IX, 613.

3 Comme si ce n'était pas assez d'avoir relevé l'ordre, la religion, la famille, la propriété, etc., sans vouloir relever les Français! Quelle nécessité? Mais quelle rage de restauration! Laisse donc crever ce qui a envie de mourir. Un peu de ruines, de grâce (...)! FLAUBERT, Correspondance, 448, 28 déc. 1853.

Vieilli. Remettre (qqn) au rang d'où il était tombé. *La grâce* (cit. 31) *relève les plus misérables pécheurs.* — Spécialt. Rendre la dignité à (qqn). *Consoler, relever, racheter* un homme* (→ Dévouer, cit. 7).

4 J'admirais les coups de la fortune, qui relève tout à coup ceux qu'elle a le plus abaissés. FÉNELON, Télémaque, II.

Techn. *Relever une maille :* reprendre dans un tricot une maille glissée ou mise en attente. ⇒ **Rattraper** (→ Laine, cit. 9).

♦ **3.** (V. 1155). Vx. Prendre à terre, en bas. ⇒ **Ramasser.** *Relever un mouchoir, une épingle* (→ Piquer, cit. 24), *des gerbes* (cit. 3). — Mod. *Professeur, surveillant qui relève les cahiers, les copies,* qui les ramasse, les collecte. — Loc. *Relever le gant**. — *Relevons le défi**.

5 — (...) Et ces restes de paille qui sont encore sur la grange, qu'attends-tu pour les relever? — On les relèvera demain.
DIDEROT, Jacques le fataliste, Pl., p. 515.

6 (...) j'ai toujours été persuadée que celui qui sait, d'aussi bonne grâce, relever un éventail, sait aussi, au besoin, relever le gant; et nous aimons assez cela, nous autres.
A. DE MUSSET, Contes, « La mouche », V.

7 Quand l'homme relevé de la plus vieille tombe
Écartera la ronce et les fleurs du hallier (...)
Ch. PÉGUY, Poésies, « Ève », Pl., p. 751.

7.1 Enfin, Roubaud plie le *Moniteur du Fresnois* sur lequel il s'est un peu assoupi, et tire sa montre : « Il est l'heure, Mesdemoiselles, je relève les feuilles ».
WILLY (COLETTE), Claudine à l'école, p. 211 (1900), *in* D.D.L., II, 16.

♦ **4.** (1465, « enregistrer »). Fig. **ⓐ** Faire remarquer; mettre en relief. ⇒ **Noter, souligner.** — (S'emploie surtout à propos d'une faute). *Relever des fautes* (→ Fourmiller, cit. 11), *des défauts. Relever certains mots, signaler l'abus de certains tours* (→ Disséquer, cit. 4). *Impossible de relever aucune contradiction* (→ Hypothèse, cit. 1). *Relever un caractère commun à plusieurs formes* (→ Dialectique, cit. 4). *On ne put relever aucune charge contre lui* (→ Préventif, cit. 3).

8 La Cour ou ne connaît pas la ville, ou par le mépris qu'elle a pour elle néglige d'en relever le ridicule (...)
LA BRUYÈRE, les Caractères, Discours sur Théophraste.

9 Christophe voyait mieux que quiconque les ridicules de la pièce, et même certaines erreurs de la musique (...) Mais (...) Il était de ces gens qui veulent bien relever les fautes de ceux qu'ils aiment, mais qui ne le permettent pas aux autres.
R. ROLLAND, Jean-Christophe, Dans la maison, II, p. 1015.

ⓑ Montrer qu'on a remarqué (un mot, une allusion); (1660) répondre vivement à (une parole). *Relever une allusion perfide, une offense. Une accusation gratuite qui ne mérite pas d'être relevée.*

10 C'est souvent hasarder un bon mot et vouloir le perdre que de le donner pour sien : il n'est pas relevé, il tombe (...)
LA BRUYÈRE, les Caractères, XII, 65.

11 (...) il n'eut pas le temps d'examiner si elle avait employé cette expression proverbialement ou avec intention; mais dans tous les cas, il prit le parti de ne pas la relever (...)
A. DE VIGNY, Cinq-Mars, XVII.

ⓒ (Déb. XIXe). Prendre par écrit (en copiant, en représentant un modèle). *Relever un passage, une citation d'auteur. Relever une adresse, une date, des comptes.* ⇒ **Copier, noter.** *Relever un plan* (⇒ **Dresser, lever**), *un dessin.*

12 Demain, j'irai faire une visite adroite à Mme de Vaize. Il ne faudrait pas qu'elle se doutât que je viens relever l'état de sa maison (...)
STENDHAL, Lucien Leuwen, II, LXI.

13 M. Hachette mit à ma disposition des personnes instruites qui lurent pour moi les auteurs, et inscrivirent, sur de petits papiers portant en tête le mot de l'exemple, les phrases relevées.
LITTRÉ, Comment j'ai fait mon dictionnaire..., p. 6.

14 J'ai relevé tout au long du volume les passages où il est fait allusion à cette opération politique. Je vais les citer tous. Je copierai également d'autres passages de ce livre trop peu connu (...)
GIDE, Nouveaux prétextes, p. 155.

14.1 (...) ce même œil inexpressif (...) de la même façon, je suppose, dont elle regardait indifféremment l'employé du gaz venant relever le compteur ou son dentiste, c'est-à-dire sans les voir (...)
Claude SIMON, le Vent, p. 212.

Mar. *Relever un amer*, en déterminer le relèvement*, l'azimut (au moyen du *compas de relèvement*, du taximètre).

♦ **5.** (XVIIe). Vx. (Compl. n. de personne). *Relever qqn.* ⇒ **Corriger, redresser, reprendre, réprimander.**

B. (1573). Remettre plus haut. ♦ **1.** Diriger, orienter vers le haut (une partie du corps, un vêtement). ⇒ **Lever.** *Relever la tête*, le front* (→ Brouiller, cit. 30). *Sourire qui relève le coin de la bouche* (cit. 5). *Relever une mèche* (1. Mèche, cit. 9), *ses cheveux avec des peignes. Relever son col par grand froid.* ⇒ **Remonter.** *Relever ses jupes.* ⇒ **Retrousser, trousser** (→ 1. Cotte, cit. 2 ; genou, cit. 2). *Relever ses manches.* ⇒ **Retrousser.** *Relever un voile.* ⇒ **Soulever** (→ Bravade, cit. 2). *Relever des rideaux* (→ Pour, cit. 55), *le capot d'une voiture...*

15 Un capitaine de la garde, Kaumann, reçoit un coup de barre de fer sur la tête : étourdi et les yeux sanglants, il relève avec son épée les baïonnettes de ses soldats qui mettaient en joue l'ouvrier.
CHATEAUBRIAND, Mémoires d'outre-tombe, t. V, p. 197.

16 Un faible sourire relevait à peine et bien mollement un coin de sa bouche comme on essaye de relever un rideau pour laisser entrer la gaieté du jour.
PROUST, les Plaisirs et les Jours, p. 51.

17 Camille avait choisi une place sèche et s'était assis en relevant les pans de sa redingote.
ZOLA, Thérèse Raquin, XI.

♦ **2.** Donner plus de hauteur à. *Relever le niveau de l'eau* (→ Écluse, cit. 2). ⇒ **Élever, monter.** *Relever un ouvrage en bosse,* lui donner du relief. *« Le bourbier de Vincennes est (...) relevé »* (La Bruyère), comblé.
Élever le chiffre de (qqch.) au niveau souhaitable. ⇒ **Augmenter, hausser, majorer.** — Écon. polit. *Relever le niveau de vie, les salaires, les impôts. Relever le salaire d'une catégorie professionnelle, d'une fonction.* ⇒ **Revaloriser.** *Relever un taux d'intérêt, le taux des barrières douanières.*

♦ **3.** Donner une valeur plus haute à (qqch., qqn). ⇒ **Rehausser.** *Relever le nom du roi dans les nations étrangères.* ⇒ **Porter** (plus loin). — Rabaisser, cit. 3. *Les manières ne relèvent pas le mérite* (→ Farder, cit. 2). *Cela le relevait à ses propres yeux.* ⇒ **Grandir** (→ Hors, cit. 9). — Spécialt. Rendre plus noble. *Locution qui relève le sens d'un mot* (→ Métier, cit. 1). ⇒ **Ennoblir, exhausser.**

18 Si un homme avait manqué de quelque manière aux lois de la morale, dix duels par jour ne l'auraient relevé dans l'estime de personne.
Mme DE STAËL, De l'Allemagne, I, IV.

♦ **4.** (1690). Donner plus de goût à (un mets) en ajoutant un assaisonnement*. ⇒ **Assaisonner, épicer.** *Relever une sauce avec des câpres.* — (Le sujet désigne l'assaisonnement). *Les fines herbes qui relèvent une sauce.* — Par ext. *Relever le goût, la fadeur d'un mets avec des aromates, un condiment.*

19 Nous avions besoin de ces tranches rafraîchissantes *(de cantaloups)* pour modérer l'ardeur des piments et des épices dont sont relevés tous les mets espagnols.
Th. GAUTIER, Voyage en Espagne, p. 199.

♦ **5.** (V. 1265). RELEVER (qqch.) DE, PAR (qqch.) : donner du relief, de l'attrait à..., par... ⇒ **Agrémenter.** *Des réflexions sérieuses qu'elle relevait de citations agréables* (→ Moraliser, cit. 2). *Bon sens relevé d'esprit* (→ Convenir, cit. 6). *Relever un récit de détails licencieux.* ⇒ **Pimenter;** et aussi **piment, piquant, sel.**
Mettre en valeur, faire valoir. ⇒ **Exalter, souligner.** *Relever sa beauté par un riche ajustement* (→ Galant, cit. 11), *par une parure*.* — (Le sujet désigne la chose utilisée). *Mouche* (cit. 13) *qui relève la blancheur du teint.*
Arts. (Passif et p. p.). Rehausser. *Lame* (cit. 7) *relevée de filets d'or. Des plafonds pistache* (cit. 2) *relevés de stuc blanc.*

C. Enlever. ♦ **1.** (Mil. XVIIe). Remplacer (qqn, un groupe) dans un travail continu, qui ne souffre pas d'interruptions. ⇒ aussi **Relayer.** *Compagnies* (cit. 14) *qui doivent en relever d'autres. Factionnaire* (cit.) *qu'on relève de deux heures en deux heures. Relever une sentinelle* (→ 3. Poste, cit. 1). ⇒ **Relève.**

20 Pendant ce temps, ceux du village continuaient à relever le poste ; comme le poste était de quatre hommes, et qu'on le relevait toutes les quatre heures, c'était pour eux un grand dérangement. Quatre hommes, six fois par jour, ça en faisait vingt-quatre par jour (...)
C.-F. RAMUZ, la Grande Peur..., X.

Vx. Remplacer (un plat) dans le service de la table. ⇒ 1. **Relief.** (→ ci-dessous, *relevé*).

♦ **2.** (1549). RELEVER (qqn) DE, le libérer de (une obligation). *Relever qqn d'une promesse, d'un vœu* (⇒ **Délier,** 1. **détacher**), *d'une interdiction* (→ Interdire, cit. 15).

21 Norma, attendrie, promet à la pauvre fille de la relever de ses vœux et de la rendre au bonheur.
Th. GAUTIER, Souvenirs de théâtre..., Beautés de l'Opéra, V.

22 (...) les soldats ayant refusé d'exécuter les ordres de leurs officiers après avoir entendu les haut-parleurs du gouvernement légal d'Espagne annoncer qu'ils étaient relevés de toute obéissance à l'égard des officiers factieux.
MALRAUX, l'Espoir, I, I, I, III.

(1875). *Relever une personne de ses fonctions.* ⇒ **Destituer, limoger, révoquer.**

★ **II.** V. intr. (et trans. ind. : RELEVER DE...). **A.** V. intr. ♦ **1.** (V. 1155). Vx. Se remettre sur pieds.
(XIIIe). Mod. RELEVER DE : se rétablir, commencer à guérir de... *Relever de maladie :* quitter le lit et se rétablir. ⇒ **Convalescence.** *Relever de couches.* — REM. *Relever* s'est dit absolt, en parlant d'une accouchée*. *« Mme de Soubise (...) relève trop grasse... »* (Mme de Sévigné, 235, 6 janv. 1672). ⇒ **Relevailles.** — Par ext. ⇒ **Guérir.** *Je n'en relèverai plus* (→ Atonie, cit. 3).

23 (...) vous avez dû rencontrer plusieurs figures semblables à celle de Monsieur Rabourdin (...) une bouche sérieuse, une taille élevée, maigre ou plutôt maigrie comme celle d'un homme qui relève de maladie (...)
BALZAC, les Employés, Pl., t. VI, p. 864.

♦ **2.** (Fin XIXe). Remonter. *Sa jupe relève.*

B. V. tr. ind. RELEVER DE... ♦ **1.** (1573). Être dans la dépendance (d'une autorité supérieure). ⇒ **Dépendre.** *Seigneur qui relève immédiatement de la couronne* (→ Médiatement, cit.), *qui ne relève que de Dieu* (→ Hommage, cit. 25). *Fief qui relève d'un seigneur.* ⇒ **Mouvance; mouvant.** — Dépendre administrativement, politiquement. *La Gaule relevait de la préfecture de Trèves* (→ Diocèse, cit. 1). *Territoire relevant de l'influence britannique* (cit. 1). — Par métaphore. *Dieu... « de qui relèvent tous les empires »* (→ Appartenir, cit. 20). *Relever d'un évêché, d'un tribunal..., d'un évêque, d'un magistrat* (→ Employé, cit. 2). — *Ne relever de personne,* être indépendant*.

24 Le génie ne relevait que de lui-même ; il était seul juge de ses moyens, car lui seul connaissait la fin : il devait donc se mettre au-dessus des lois, appelé qu'il était à les refaire (...)
BALZAC, Illusions perdues, Pl., t. IV, p. 514.

25 Le poète primitif, en communication intime avec l'homme et la nature, ne relève de personne.
HUGO, Post-scriptum de ma vie, L'esprit, Le goût.

26 Les fiefs, les métairies, les fermes et les terres qui relevaient du château s'étaient envolés pièce à pièce (...)
Th. GAUTIER, le Capitaine Fracasse, I.

(Choses). Être du ressort de... ⇒ **Ressortir**, dépendre de... (en parlant d'un fait). *Activité qui relève des autorités* (→ Politicien, cit. 2). *Affaire qui relève de la compétence de...* ⇒ **Justiciable.** — *Mon christianisme ne relève que du Christ* (→ Écran, cit. 2).

♦ **2.** (Mil. XIXe). Fig. Être du domaine de... *Ce qui relève du cœur ou de l'esprit* (→ Ingénieux, cit. 3). ⇒ **Appartenir (à), concerner.** *Étude qui relève de la philosophie* (→ Existence, cit. 9). *Tout ce qui est traditionnel relève du poncif* (cit. 3).

▶ **SE RELEVER** v. pron. (Déb. XIIe).

♦ **1.** Se remettre debout ; reprendre la position verticale. *Enfant qui tombe et se relève* (→ Patinette, cit.). ⇒ Fam. **Ramasser** (se). *Je lui tendis la main pour l'aider* (cit. 11) *à se relever. Se prosterner à plat ventre et se relever* (→ Coulpe, cit. 2). ⇒ **Redresser** (se). *Faire se relever,* et, ellipt., *faire relever (quelqu'un).*

27 Ce cheval, jeune et vigoureux, s'était couché sur le sillon, et le laboureur avait beau le secouer par la bride, le prier, le caresser, le menacer, jurer, frapper, l'animal restait immobile et refusait opiniâtrement de se relever.
DIDEROT, Jacques le fataliste, Pl., p. 724.

28 Isabelle (...) s'agenouillant près du prince, lui prit la main et la baisa en reconnaissance de cette délicatesse.
« Relevez-vous, ma fille, reprit le prince d'un air attendri, et reprenez votre place. Ce que je fais est juste. »
Th. GAUTIER, le Capitaine Fracasse, XVIII.

(1859, *in* Petiot). Sports. Se remettre en garde après un coup, en escrime. — (1901, *in* Petiot). Relever son buste en ralentissant son effort (en parlant d'un cycliste).

(En parlant d'un pays). *La France se relève* (→ Chanceler, cit. 6), *elle s'est hardiment relevée* (→ Plaie, cit. 9). *Se relever de ses ruines, de ses cendres.* ⇒ **Ressusciter, résurrection.** — (Personnes). *Se relever d'un malheur, d'un chagrin.* ⇒ **Remettre** (se). — *Reprendre le dessus*, s'en sortir*. Jamais tu ne te relèveras de cette honte* (cit. 5). *Terrassé sous le coup d'une épigramme dont on ne se relevait pas* (→ Interlocuteur, cit. 1).

29 (...) ils ne sont pas tombés, eux ! ils sont nés de plain-pied avec le crime ; mais moi, j'avais tenté de m'élever, et si l'homme peut se relever aux yeux de Dieu, jamais il ne se relève aux yeux du monde.
BALZAC, Vautrin, III, 4.

30 Si je n'avais pas pour père l'homme d'esprit le plus redouté de Paris (...) jamais je ne me relevais de la profonde disgrâce où nous a jetés notre républicanisme (...)
STENDHAL, Lucien Leuwen, II, LV.

31 Cependant, avec l'étonnante faculté que possède la France de se relever de ses ruines dès que l'ordre est rétabli, les richesses se reformaient, le commerce et l'industrie étaient florissants, les finances elles-mêmes revenaient à la santé (...)
J. BAINVILLE, Hist. de France, XVII, p. 399.

♦ **2.** (Choses). Se diriger vers le haut. *Bouche dont les coins se relèvent. Mèche qui se relève en pointe.* — (Passif). Être ou pouvoir être dirigé vers le haut. *Volet, dossier..., col qui se relève.*

32 Le nez, déprimé depuis sa racine, se relevait brusquement en pied de marmite.
BALZAC, Ursule Mirouët, Pl., t. III, p. 266 (1841).

33 (...) les strapontins baissés se relevaient avec bruit (...)
Paul LÉAUTAUD, le Théâtre de M. Boissard, XLVI.

Prendre plus de hauteur. *La pente de la rue se relevait* (→ Raidillon, cit. 2).

♦ **3.** (Récipr.). Se remplacer dans un travail. ⇒ **Relayer** (se).

34 Je demeurai quatre mois entre la vie et la mort. Mon oncle, sa femme, son fils et ses trois filles se relevaient à mon chevet.
CHATEAUBRIAND, Mémoires d'outre-tombe, t. II, p. 68.

▶ **RELEVÉ, ÉE** p. p. adj. et n.

♦ **1.** (1559). Dirigé, ramené vers le haut. *Moustache relevée en pointe. Porter les cheveux relevés* (→ Grec, cit. 15). *Chapeau à bords relevés. Col relevé* (→ Pardessus, cit.). *Manches relevées.* ⇒ **Retroussé.** *Avoir sa jupe relevée.* ⇒ **Troussé.** — Équit. *Pas* (1. Pas, cit. 44) *relevé :* pas d'une monture qui lève haut le pied.

35 La tragédienne, la tête soulevée sur deux oreillers (...) avait les genoux relevés en façon de pupitre pour sa lecture.
Ed. DE GONCOURT, la Faustin, VII.

36 Edmond, sans veston, avec une chemise bleue, les manches relevées (...)
ARAGON, les Beaux Quartiers, I, XXIII.

Virage relevé, dans lequel la voie est plus haute vers l'extérieur de la courbe.

♦ **2.** (1608). Vx. Qui a de l'élévation, de la noblesse. ⇒ **Élevé, haut, noble, sublime.** *Style noble et relevé* (→ Dithyrambe, cit.). — (En tournure négative). Littér. *Les passions les moins relevées* (→ Norme, cit.).

37 Mais, dans le fond, il est toute science, et bien souvent il dit des choses tout à fait relevées.
MOLIÈRE, le Médecin malgré lui, II, 1.

38 En somme les strophes de Baudelaire, devant lesquelles il avait fait la petite bouche, avaient fini par dessiner dans sa tête la fresque des jeunes amours (...) Murger y était peut-être aussi pour quelque chose, et d'autres lectures moins relevées.
J. ROMAINS, les Hommes de bonne volonté, t. IV, XXI, p. 227.

D'un haut rang social, digne d'un haut rang. *Une condition relevée. Une noblesse* (cit. 15) *plus relevée.* — (Vx, en parlant des personnes) :

39 Elle n'a pas toujours été si relevée que la voilà, et ses deux grands-pères vendaient du drap (...)
MOLIÈRE, le Bourgeois gentilhomme, III, 12.

♦ **3.** Rendu fort par un assaisonnement. ⇒ **Épicé,** 1. **fort, piquant.** *Un mets très relevé.*

♦ **4. N. m.** [a] (1740). Action de prendre par écrit (en copiant, collationnant, représentant...) ; la chose ainsi copiée, représentée. ⇒ **Relèvement.** *Relevé de compte*, relevé des dépenses.* ⇒ **Détail ;** et aussi **attachement, facture.** *Relevé des condamnations.* ⇒ **Casier** (judiciaire). *Relevé de citations, d'adresses... Relevé d'une construction, d'un objet.* ⇒ **Dessin,** 3. **plan.** *Relevé topographique. Relevé de plan.* ⇒ aussi **Arpentage.** — Techn. *Relevé de diagramme* (d'une antenne).

40 Le notaire donna lecture du relevé des comptes.   ZOLA, la Terre, IV, VI.

41 (...) la littérature qui se contente de « décrire les choses », d'en donner seulement un

misérable relevé de lignes et de surfaces, est celle qui, tout en s'appelant réaliste, est la plus éloignée de la réalité (...)
PROUST, le Temps retrouvé, Pl., t. III, p. 885.

41.1 (...) des vieilles rentières avares que guettent dans les escaliers silencieux les assassins sournois, faux camelots venant leur proposer des brosses, des machines à laver, faux inspecteurs venant faire le relevé de leurs compteurs à gaz (...)
N. SARRAUTE, le Planétarium, p. 171.

[b] Pli* fait au bas d'une robe pour la relever. — (1835). Cuis. Plat qui en « relève », en remplace un autre. *Un relevé de potage,* et, absolt, *un relevé.* — Mod. ⇒ **Entrée.**

42 On servait des relevés, une carpe du Rhin à la Chambord et une selle de chevreuil à l'anglaise (...)
ZOLA, Nana, IV.

♦ **5. N. f.** (XIIᵉ, « temps après lequel on s'est relevé de la sieste »). Vx ou dr. **RELEVÉE.** ⇒ **Après-midi.** *À trois heures de relevée.*

CONTR. Affaisser, crouler, étaler, renverser ; abattre, abrutir, accabler, affaiblir, anéantir, avilir, dégrader, déprimer, étioler. — Abaisser, appuyer, baisser, descendre, rabattre ; déprécier, diminuer, rabaisser ; humilier. — Affadir. — Astreindre, obliger (à). — Descendre (intrans.), tomber. — Baissé, 1. bas, plat, rabattu. — Commun, familier, ignoble, vulgaire. — Doux, fade, insipide.
DÉR. Relevable, relevage, relevailles, relève, relevée, relèvement, releveur, 1. relief.
HOM. Relevée.

RELEVEUR, EUSE [ʀəlvœʀ, øz ; ʀ(ə)ləvœʀ, øz] adj. et n. — V. 1560 ; *releveres* « celui qui relève, soutient l'Église », v. 1250 ; de *relever.*

♦ **1.** Qui relève. — Anat. *Muscle* releveur,* qui relève une partie du corps quand elle est abaissée. — N. m. *Le releveur de la paupière, de la lèvre supérieure.*

♦ **2. N. m.** Techn. (Méd.). Instrument chirurgical destiné à relever. (Agric.). Mécanisme d'une moissonneuse qui relève les épis versés pour permettre de les couper.

♦ **3. N. m.** Mar. *Releveur de... :* navire qui relève (ce qu'indique le complément). *Releveur de mines, de bouées hydrographiques.*

♦ **4.** Techn. Professionnel qui relève, ramasse, ou enregistre. ⇒ **Relever** (I., A., 4., c). — (1920). *Releveur de lait dans les campagnes. Releveur de compteurs :* employé qui prend note des chiffres des compteurs ménagers.

RELIAGE [ʀəljaʒ] n. m. — 1328 ; de *relier* (I., A., 2.).

♦ Techn. (Tonnellerie). Opération par laquelle on relie les douves (d'un tonneau, d'une cuve).

1. RELIEF [ʀəljɛf] n. m. — 1050 ; de *relever* « enlever, relever », d'après l'anc. forme tonique (*je relief,* etc.).

★ **I.** Vx. Ce qu'on enlève d'une table servie. ⇒ **Desserte.** — Par ext. ⇒ **Reste ; bribe, débris.** *Le relief d'un repas.* — (Mod. ; au plur.). *Les reliefs de la table* (→ Patienter, cit. 2). *Des reliefs de poulet* (→ Persillade, cit.). « *À des reliefs d'ortolan* » (→ Civil, cit. 13, La Fontaine ; et aussi os, cit. 9).

1 (...) elle en était réduite aux rogatons (...) Chaque matin, de petites voitures fermées s'arrêtent aux portes des grandes cuisines, rapportent pêle-mêle la desserte des restaurants, des ambassades, des ministères (...) Mademoiselle Soyer se glissa devant une boutique, dont la marchande affichait la prétention de ne revendre que les reliefs sortis des Tuileries.
ZOLA, le Ventre de Paris, t. II, p. 116-119.

Fig. *Les reliefs d'une splendeur passée,* ce qu'il en reste.

★ **II.** Dr. féod. Action de relever un fief. *Droit de relief* (ou *rachat, relevaison*) : droit de mutation dû au seigneur lors de la transmission d'un fief ou d'une censive. — Hist. *Lettres de relief* ou de *réhabilitation de noblesse.*

2 (...) le droit de rachat ou relief, équivalent à une année de revenu et qu'il reçoit des héritiers collatéraux, parfois des héritiers directs (...)
TAINE, les Origines de la France contemporaine, I, t. I, p. 34.

2. RELIEF [ʀəljɛf] n. m. — 1571, en sculpture ; ital. *rilievo,* de *rilevare,* de *ri-,* et *levare* « lever ».

★ **I.** (*Un, des reliefs.*) ♦ **1.** Ce qui est relevé, ce qui fait saillie sur une surface appelée fonds*. ⇒ **Bosse** (et ronde-bosse), **proéminence, saillie** (→ Église, cit. 13). *La pierre ne présentait aucun relief* (→ Long, cit. 39). *La pénombre accusait* (cit. 18) *les reliefs* (d'un visage).

3 Les reliefs y étaient à la fois plus apparents que dans l'air et plus irréels, se signalant aux regards par des ombres accentuées — exagérées peut-être — sans toutefois donner l'impression de véritables saillies, comme si les choses avaient été figurées là en trompe-l'œil.
A. ROBBE-GRILLET, le Voyeur, p. 254.

Ornement saillant. *Coupoles décorées de reliefs* (→ Colonnette, cit. 1). *Les reliefs d'une sculpture.* ⇒ **Enlevure.**

♦ **2.** Arts. [a] Ouvrage comportant des éléments qui se détachent plus ou moins sur un fond plan. *Relief décoratif. Camaïeu imitant un relief. Relief sculpté.* ⇒ **Sculpture ; bas-relief, haut-relief.** *Façade ornée de reliefs. Reliefs et ronde-bosse** (→ Frontalité, cit. 1).

b Œuvre d'art formée de parties en relief sur un fond de couleur différente. *Les reliefs de Hans Arp.*

c *Faux relief, relief en trompe-l'œil,* peint en grisaille (cit. 3).

★ **II.** (V. 1630, au sens 5). *Le relief.* ♦ **1.** (1577 en art, *in* D. D. L.). Caractère d'une image (visuelle, et, par ext., tactile) comportant des différences de profondeur, des plans différents (en apparence); perception qui y correspond. *Le relief d'un dessin, d'une peinture. Sensation de relief. Le relief, la sensation de relief est due à la différence des deux images rétiniennes.*

4 Et comme le Japonais, insoucieux du relief, ne peint que par le contour et la tache, l'élément de son dessin est un trait schématique.
CLAUDEL, Connaissance de l'Est, Çà et là.

Par anal. Relief acoustique : perception auditive de l'espace. *Restitution du relief sonore par la stéréophonie.*

♦ **2.** (Mil. XIXᵉ). Forme d'une surface qui comporte des saillies et des creux. *Le relief tourmenté du sol, d'une surface...*

Absolt. Forme de la surface terrestre; cette surface, dans ses variations par rapport à un volume de référence. ⇒ **Orographie.** *Étude du relief.* ⇒ **Géographie** (cit. 5), *géomorphologie*; **altimétrie, hypsométrie, topographie.** *Figuration du relief sur les cartes,* au moyen de cotes d'altitude, de courbes de niveau, de zones d'altitude coloriées... ⇒ **Altimétrie.** *Description du relief.* ⇒ **Modelé** (dépressions, plaines; plateaux; montagnes*, massifs; vallées...). — *Vigueur du relief. Relief accidenté, vigoureux; faible.* — *Le relief, facteur du climat.* — (En parlant de formes caractéristiques). *Relief calcaire* (→ Gouffre, cit. 8), *glaciaire. Relief primaire, tertiaire.* — *Relief sous-marin,* étudié par l'hydrographie (⇒ **Bathymétrie**).

♦ **3.** (XIXᵉ). **EN RELIEF** : qui forme un relief; qui est constitué, façonné de manière à former un relief. *Être, paraître en relief.* ⇒ **Détacher** (se). *Motifs en relief, travaillés en relief* (⇒ **Bosselé, estampé, gaufré, repoussé...**). *Pierre sculptée en relief.* ⇒ **Camée.** *Estampe* (cit. 4) *gravée en relief. Plaque, cliché* en relief. *Caractères en relief du braille*.* *Motifs de broderie en relief.* ⇒ **Brillanté, broché...** — *Carte en relief. Photographie, cinéma, télévision en relief* (⇒ **Anaglyphe, stéréoscopie**).

5 (...) enveloppé dans une vaste robe de chambre de soie couverte de dessins d'or brodés en relief (...) A. DE VIGNY, Cinq-Mars, XIV.

6 (...) on n'a qu'à regarder un tableau d'avant eux *(les Carrache),* et (...) on verra toutes les lumières en creux, tandis que dans la peinture moderne, toutes les lumières sont en relief.
Ed. et J. DE GONCOURT, Journal, 29 avr. 1863, t. II, p. 89.

♦ **4.** (1658). *Fig.* Apparence plus nette, plus vive d'une chose qui est opposée à d'autres, présente un contraste avec elles; contraste qui oppose plusieurs choses. ⇒ **Opposition.** *Relief du style, de l'expression. Cette concentration* (cit. 4) *qui donne vigueur à la pensée et relief au mot. Donner du relief.* ⇒ **Accentuer, ressortir** (faire). *Prendre du relief* (→ Fond, cit. 43). — *Mettre en relief,* en évidence* (→ Prestance, cit. 1). — *Mots sans relief* (→ Boulon, cit. 2). *L'effigie* (cit. 4) *monotone et sans relief de la servilité.*

7 Lessing était toujours animé dans ses écrits par un mouvement hostile contre les opinions qu'il attaquait, et l'humeur donne du relief aux idées.
Mᵐᵉ DE STAËL, De l'Allemagne, II, VI.

8 (...) il savait injecter à ses conceptions, et à l'exposé qu'il en faisait, une dose si massive de réalité, y introduire une telle précision de détails, une telle vigueur de creux et de reliefs, que tout cela se touchait comme avec la main.
J. ROMAINS, les Hommes de bonne volonté, t. V, XVIII, p. 124.

Vx (langue class.). ⇒ **Considération, éclat, lustre.** *Donner du relief à quelqu'un.*

9 Dans tout l'état de sa gloire, soupçonnée déjà de quelques légèretés, mais sans preuve, elle obtenait alors le relief que prête à une femme comme à un homme la calomnie parisienne (...)
BALZAC, le Cabinet des Antiques, Pl., t. IV, p. 382.

CONTR. Creux; fuite. — **Banalité.**

RELIER [Rəlje] *v. tr.* — V. 1185; de *re-,* et *lier.*

★ **I. A.** ♦ **1.** Unir, rendre solidaire au moyen d'un élément matériel qui attache, joint, fait tenir ensemble, etc. ⇒ **Assembler, attacher, lier.** *Relier une chose à une autre; relier deux choses. « Il relia ses boutons de plastron par un fil... »* (Giraudoux, *in* G. L. L. F.). *Relier deux maillons d'une chaîne.* ⇒ **Mailler.** *Relier deux murs, deux piliers par un chaînage.* ⇒ **Chaîner.** — *Par ext. Tracer une figure en reliant des points* (→ Géométrique, cit. 2).

(Le sujet désigne l'élément de liaison). *Pièce, lien, boucle qui relie une chose à une autre, qui relie plusieurs éléments.* ⇒ **Liaison;** → Fléau, cit. 1.

♦ **2.** (1347). *Techn.* Assembler (les douves d'un tonneau, d'une cuve...) au moyen de cercles. ⇒ **Cercler; reliage.**

1 Je lui demandai qui était son père; il me le montra qui reliait des tonneaux.
J.-J. ROUSSEAU, Rêveries..., 9ᵉ promenade.

♦ **3.** (1834, Boiste). Mettre en rapport avec... *Relier des idées, des indices* (cit. 8)... ⇒ **Enchaîner, lier, rassembler, réunir, unir** (→ Dextérité, cit. 5). — *Gramm. La préposition* (cit. 2) *relie et subordonne deux mots ou groupes de mots.* — *Par métaphore. Être*

comme relié à qqn par un fil secret. ⇒ **Attacher, unir** (→ Hypnotiser, cit. 3). — *Vx. Relier qqn avec qqn.*

2 C'était elle *(Madame de Fontaines)* qui m'avait relié avec le duc d'Orléans.
SAINT-SIMON, 271, 172, *in* Littré.

3 Les Esprits angéliques connaissent donc essentiellement les Correspondances qui relient au ciel chaque chose de la terre (...)
BALZAC, Séraphîta, Pl., t. X, p. 508 (1835).

4 Ils commencent à être rares les survivants de cette phalange autrefois si serrée qui s'était formée vers 1830, et que reliaient autour du drapeau romantique les mêmes sympathies, les mêmes admirations, les mêmes rêves de rénovation littéraire.
Th. GAUTIER, Portraits contemporains, « Léon Gozlan ».

♦ **4.** (1842). Mettre en communication* avec. ⇒ **Communiquer, correspondre** (faire); **joindre, raccorder.** — (Sujet n. de chose). *Route qui relie deux villes. Ligne de transports qui relie deux pays.* ⇒ **Desservir** (→ Mainmise, cit. 1). — *Passif. Être relié par téléphone à...*

5 Une route bordée d'acacias (...) reliait à l'avenue la petite porte d'entrée, percée dans le mur du jardin. MARTIN DU GARD, les Thibault, t. II, p. 201.

B. (Fin XIIᵉ). Assembler, attacher ensemble (des feuillets) et les couvrir* avec une matière rigide (à la différence de *brocher**); former (un livre) en assemblant des feuillets et en les couvrant d'une matière rigide. — REM. *Relier* ne désigne parfois que la dernière opération. *Faire relier un livre broché.* — *Relier en carton* (⇒ **Cartonner**), *en toile, en cuir* (⇒ **Reliure**). *Battre, coudre, encoller des cahiers avant de les relier avec des feuilles blanches intercalées.* ⇒ **Interfolier.** — *Par plais.* (Pron.). *« Le scandale est de mode, il se relie en veau »* (→ Fortune, cit. 27, Musset). → ci-dessous Relié.

★ **II.** (1564). *Rare.* Lier de nouveau; lier (ce qui est délié). *Délier et relier une gerbe, des cordes.*

▶ **RELIÉ, ÉE** *p. p. adj. Anneaux reliés d'une chaîne.* ⇒ **Maille.** — *Villes reliées par route, par chemin de fer.* — *Livre relié* (opposé à *broché*). *Épreuves* (cit. 35) *reliées en un volume. Livre relié en basane, relié plein chagrin, relié (en) demi-maroquin à coins.* ⇒ **Reliure.**

6 (...) je volai des volumes de Voltaire dans l'édition en quarante volumes *encadrés* que mon père avait à Claix (son domaine) et qui était parfaitement reliée en veau imitant le marbre. STENDHAL, Vie de Henry Brulard, 9.

Par plais. (D'un auteur). *Être « relié en veau »,* publié sous forme de livres reliés (→ Gredin, cit. 1, Molière).

DÉR. (De I., B.) **Reliage, relieur, reliure.**
COMP. (De I., B.) **Dérelier.**

RELIEUR, EUSE [Rəljœr, øz] *n.* — XIVᵉ; *relierres,* XIIIᵉ; de *relier.*

♦ Personne dont le métier est de relier des livres ou d'effectuer une opération de reliure* ou de brochage *(relieur industriel).* ⇒ **Brocheur.** *Relieur d'art. Outils de relieur.* ⇒ **Bouquet, cisaille, comète, couteau, fer, galope, gaufroir, grecque, massicot, presse, roulette.** — *Appos. Ouvrier relieur. Maître relieur.*

Elle se sentit tout à coup très mal à l'aise chez ce relieur trop distingué (...) Elle vit nettement la boutique, les lanières de cuir, sur les deux tables, qui ressemblaient à des vestiges de cruautés; les livres mis en pièces, dont sortaient tordus en divers sens, des arrachements de fils (...)
J. ROMAINS, les Hommes de bonne volonté, t. I, VII, p. 72.

REM. Le fém. est rare. On dit plutôt : *Mᵐᵉ X est un excellent relieur. Elle est relieur, relieur d'art.*

RELIGIEUSEMENT [R(ə)liʒjøzmɑ̃] *adv.* — V. 1335; *religiousement,* fin XIIᵉ; de *religieux.*

♦ **1.** D'une manière religieuse, avec religion. ⇒ **Pieusement.** *« Vivre très religieusement »* (Académie). — Selon les rites de la religion.

1 Je n'osai pas dire aux gardiens le nom d'une morte sur laquelle je n'avais religieusement aucun droit (...) NERVAL, Aurélia, II, II.

2 (...) Élodie, qu'on avait mise à son tour au pensionnat de Châteaudun, chez les sœurs de la Visitation, pour y être élevée religieusement, selon les principes les plus stricts de la morale. ZOLA, la Terre, I, III.

3 J'ai déjà dit que Mathilde Stangerson avait été très religieusement élevée, non point par son père qui était assez indifférent sur ce chapitre, mais par les femmes et surtout par sa vieille tante de Cincinnati.
G. LEROUX, le Parfum de la dame en noir, p. 126.

♦ **2.** (Fin XVIᵉ). Avec un scrupule, une exactitude religieuse. ⇒ **Consciencieusement, exactement, minutieusement, scrupuleusement** (→ Quêter, cit. 4). *Tenir religieusement sa parole, ses promesses. Répéter religieusement...* (→ Origine, cit. 13). *Des cuivres* (cit. 7) *religieusement polis.*

♦ **3.** Avec une attention admirative, recueillie. *Écouter religieusement un orateur* (→ 1. Noyer, cit. 7).

RELIGIEUX, EUSE [R(ə)liʒjø, øz] *adj. et n.* — XIIᵉ; *religios,* sens I, 4; *religius,* v. 1112; du lat. ecclés. *religiosus,* de *religio.* → Religion.

★ **I.** *Adj.* Relatif à la religion. **A.** ♦ **1.** (V. 1283). Qui concerne les rapports entre l'homme et un pouvoir supérieur reconnu et révéré (pouvoir supra-naturel personnel ou non); qui présente le caractère réservé (⇒ **Sacré**) et obligatoire d'une religion. *Le phénomène religieux :* la religion, les religions. *Sociétés religieuses. Le mana,* *principe sacré, force religieuse* (→ Dieu, cit. 13). *Secte religieuse* (→ Attendre, cit. 114). — *Coutumes* (cit. 4), *pratiques* (→ 1. Pratique, cit. 11) *religieuses. Édifices religieux. Service* religieux. Cérémonies, fêtes religieuses* (→ Calendrier, cit. 1). *Mariage* religieux et mariage civil. Enterrement religieux.* — *Institutions religieuses. Écoles religieuses.* ⇒ **Libre.** *Chef religieux* (→ Ottoman, cit. 1). *Dans la pensée des anciens, toute autorité devait être religieuse* (→ Attribution, cit. 2). ⇒ aussi **Théocratie.** — *Art religieux. Littérature, musique religieuse.* ⇒ **Sacré.** *Chants religieux* (cantiques, chorals). — *Persécutions* (cit. 3) *religieuses,* faites au nom d'une religion ou contre elle. *Guerre religieuse* (→ Fanatiser, cit. 1). *Propagande religieuse.* ⇒ **Mission.**

1   Les pratiques religieuses sont des manières d'agir définies et obligatoires, comme les pratiques morales et juridiques; elles ne s'en différencient que par leur objet (...) Nous savons maintenant ce que sont les choses religieuses. Ce qui les distingue (...) c'est la manière dont elles sont représentées dans les esprits : nous ne sommes pas libres d'y croire ou de n'y pas croire; les états mentaux qui nous les donnent s'imposent à nous obligatoirement.
DURKHEIM, Année sociologique, t. II,
in BOUGLÉ et RAFFAULT, Éléments de sociologie, p. 436.

Idées, conceptions religieuses (→ Homme, cit. 58 et 59). ⇒ **Mythe; dogme, théologie.** *Opinions religieuses. L'adoration* (cit. 1) *religieuse. Foi religieuse* (→ Chrétien, cit. 4). *La connaissance* (cit. 2), *l'expérience religieuse, mystique... Sentiment religieux* (→ Entendement, cit. 10; laïciser, cit. 1). ⇒ **Religiosité.** *La morale religieuse* (→ Ascèse, cit. 3; moraliser, cit. 3). *Fanatisme religieux. Indifférence* (cit. 10) *religieuse.*

2   La force religieuse d'un esprit marque son envergure.
André SUARÈS, Trois hommes, « Ibsen », V.

♦ **2.** (1174, *religious*). Personnes, groupes. Qui croit en une religion, pratique une religion; qui a de la religion. ⇒ **Croyant, pieux.** *Dans les pays religieux* (→ Plus, cit. 76). *Religieux par nature, politicien par nécessité* (→ 1. Pensée, cit. 22). *Religieux, sans être dévote** (→ Pâques, cit. 4).

3   Pour lui, il était religieux sans être absorbé par la dévotion : il était religieux par devoir, mais sans fanatisme, et sans faiblesses comme sans momerie; pour réprimer ses passions, et non pas pour en suivre une plus particulière.
É. DE SENANCOUR, Oberman, XLV.

4   L'homme, dès qu'il se distingua de l'animal, fut religieux, c'est-à-dire qu'il vit dans la nature quelque chose au delà de la réalité, et pour lui-même quelque chose au delà de la mort.
RENAN, Vie de Jésus, Œ. compl., t. IV, I, p. 85.

♦ **3.** (XVIe, Montaigne, « scrupuleux, ponctuel »). Personnes, sentiments, attitudes. Qui présente les caractères (d'adoration, de soumission, de vénération, etc.) du sentiment ou du comportement religieux. *Respect religieux* (→ Irrévérencieux, cit. 2). *Vénération religieuse* (→ Chérir, cit. 4). *Une religieuse gravité* (cit. 10). *Un silence religieux* (→ Humblement, cit. 6), respectueux et attentif.

5   Les Lacédémoniens mêmes, tant religieux observateurs des ordonnances de leur pays (...)
MONTAIGNE, Essais, I, XXIII.

♦ **4.** (XIIe). Consacré à la religion, à Dieu, par des vœux (⇒ **Religion,** II.). *L'état* (cit. 83) *religieux. La vie religieuse.* ⇒ **Claustral, conventuel, monastique.** — *Communautés* (cit. 7), *congrégations* (cit. 1) *religieuses; ordres religieux. L'institution* (cit. 1) *de la chevalerie religieuse.* — Par ext. Qui concerne les personnes qui se sont consacrées à la religion. *Habits religieux* (→ Irréligieux, cit. 1). *Règle religieuse.* ⇒ **Observance.** *Vœux religieux :* chasteté, obéissance ou obéissance, pauvreté. *Le pouvoir religieux.*

♦ **5.** Vx. Qui respecte exactement une règle.

B. (1845). Par allusion à l'attitude de prière de l'insecte. *Mante religieuse,* et, absolt, *religieuse.* ⇒ **Mante.**

★ **II.** N. (1240). Personne qui a fait profession*, a prononcé des vœux* dans une « religion » (II.), ordre ou congrégation chrétienne. ⇒ **Profès** (→ Instituer, cit. 4; intégrité, cit. 4). *Religieuses et postulantes* (cit. 1). ⇒ **Nonne.** *Devenir religieux, religieuse :* entrer dans les ordres, en religion, prendre le voile, l'habit. ⇒ **Prise** (d'habit), vêture. *Religieux défroqué*; relevé de ses vœux... Religieux solitaire* (⇒ **Anachorète, ermite**), *vivant en communauté* (⇒ **Cénobite**). *Religieux appartenant à un ordre* (⇒ **Moine** [cit. 2], *régulier), une congrégation* (« religieux de vœux simples »), *un « institut » religieux ou séculier...* ⇒ aussi **Chanoine, clerc** (régulier). *Religieux cloîtré*. Le religieux dans son cloître* (→ Guère, cit. 8), *son couvent. Les religieux peuvent être clercs** (⇒ **Clergé** [régulier], **ecclésiastique**), *ou demeurer dans l'état laïque* (⇒ **Convers, lai, servant** [frère]). *Religieux et oblats*.* — REM. Dans le langage courant, *religieux* s'étend à ceux qui vivent en communauté et n'ont pas encore prononcé de vœux (→ Novice; alumnat, juvénat, noviciat). — *Religieux contemplatifs, enseignants, hospitaliers* (ancienn; ⇒ **Hospice**), *mendiants*, missionnaires*, prêcheurs. — Religieux qui suit telle ou telle règle.* ⇒ **Observance, règle.** *Noms, titres désignant des religieux* (⇒ **Frère, père; dom, révérend**), *des religieuses* (⇒ **Dame, mère, sœur**). *Religieux ayant une fonction ou une position hiérarchique particulière.* ⇒ **Abbé, abbesse, archimandrite, coadjuteur, coadjutrice, custode, définiteur, élisante, général, prieur, procureur, provincial, supérieur, visiteur, visitatrice; cellérier, économe, hebdomadier, lecteur, obédiencier, officiant, portier, tourière...** *Communautés de religieux.* ⇒ **Abbaye, communauté, congrégation, couvent, monastère, ordre.** *Religieux formant le conseil du supérieur.* ⇒ **Dis-**

crétoire. *Chapitre* de religieux.* ⇒ **Capitulaire, capitulant.** — *Vêtements, ornements... portés par certains religieux* (⇒ **Cagoule, capuce, capuchon, chape, corde, cordelière,** 1. **coule, croix, froc, habit, robe, sandale, scapulaire...**), *certaines religieuses* (⇒ **Barbette, cornette, fronteau, guimpe, velet, voile...**). — Littér. *La Religieuse,* œuvre de Diderot.

Principaux noms de religieux :

Annonciade	Cordelier	Observantin
Augustin	Déchaux (Carmes...)	Olivétain
Barnabite	Doctrinaire	Oratorien
Béguine	Dominicain	Passionniste
Bénédictin	Feuillant	Pénitent
Bernardin	Fille	Père
Blanc-manteau	Franciscain	Prémontré
Caloyer	Frère	Récollet
Camaldule	Hiéronymite	Rédemptoriste
Capucin	Hospitalier	Salésien
Carme	Ignorantin	Servite
Carmélite	Jacobin	Sœur
Célestin	Jésuite	Templier
Chartreux	Lazariste	Théatin
Charité	Mariste	Trappiste
Chevalier	Mineur	Trinitaire
Cistercien	Minime	Ursuline
Clarisse	Oblat	Visitandine

Par anal. (dans d'autres religions). ⇒ **Moine** (par ext.). *Religieux bouddhistes* (bonzes), *lamaïstes* (lamas), *musulmans* (derviches santons, vx).

★ **III.** N. f. ♦ **1.** (Mil. XVIe). Vx. Oiseau (nom courant commun à diverses espèces).

♦ **2.** (1904, *in* Larousse). Gâteau fait de pâte à choux fourrée de crème pâtissière, ayant la forme d'une grosse boule surmontée d'une plus petite, avec garniture de crème au beurre. *Une religieuse au café, au chocolat.*

CONTR. (Du I.) **Mondain, profane, temporel; civil, laïc.** — **Areligieux, athée, irréligieux, païen.**
DÉR. **Religieusement.** — V. **Religiosité.**
COMP. **Antireligieux, areligieux, irréligieux.**

RELIGION [R(ə)liʒjɔ̃] n. f. — 1085, « monastère »; lat. *religio* « attention scrupuleuse », d'où « respect religieux, vénération », dér., selon Cicéron, de *relegere* « recueillir, rassembler » (de *legere* « ramasser », et, fig., « lire »), ou, selon Lucrèce, de *religare* « relier », étymologie contestable, mais fréquemment reprise pour son intérêt sémantique.

★ **I.** (1170).

1   *Religio* paraît être d'une manière générale, en latin, le sentiment avec crainte et scrupule, d'une obligation envers les Dieux. Il n'y avait pour les anciens que des *religiones* (...) Quand on parle aujourd'hui de plusieurs religions, c'est bien entendu dans un sens tout autre (...) chaque religion étant pour nous un système complet, qui se donne pour le seul véritable. Le mot, à partir de ce moment, a exprimé trois idées : 1° celle d'une affirmation ou d'un ensemble d'affirmations spéculatives; 2° celle d'un ensemble d'actes rituels; 3° celle d'un rapport direct et moral de l'âme humaine à Dieu (...)
J. LACHELIER, in LALANDE, Voc. de la philosophie, art. *Religion.*

♦ **1.** LA RELIGION. Reconnaissance par l'homme d'un pouvoir ou d'un principe supérieur de qui dépend sa destinée et à qui obéissance et respect sont dus; attitude intellectuelle et morale qui résulte de cette croyance, en conformité avec un modèle social (→ ci-dessous, 3.), et qui peut constituer une règle de vie. ⇒ **Dieu, divinité, sacré** (n.). → Art, cit. 82; exister, cit. 2; indéfini, cit. 4. *Relatif à la religion.* ⇒ **Religieux; spirituel; sacré, saint.** *Étranger à la religion.* ⇒ **Laïc, profane.** *La religion et l'État* (⇒ **Autel,** fig.). — *Morale et religion* (→ Devoir, cit. 2; fait, cit. 12; fondement, cit. 7). *Philosophie, métaphysique... et religion. Magie, sorcellerie, spiritisme et religion* (⇒ **Magie,** cit. 4 et 5). *Aspects intellectuels, affectifs, moraux...; individuels, collectifs, sociaux de la religion.* « *La religion est devenue chose individuelle* » (cit. 5). *Le grand et le sublime de la religion...* (→ Esprit, cit. 119). *Les hauteurs de la religion* (→ Escalader, cit. 8). « *Un peu de philosophie éloigne de la religion, beaucoup* (cit. 5) *y ramène* ». — *Indifférence* (cit. 11), *intolérance, tolérance en matière de religion. Éclectisme en religion* (⇒ **Gnose, syncrétisme**). *Préjugés de religion* (⇒ Caste, cit. 1). — *Guerre* de religion.* — *Point de religion :* question particulière concernant le dogme ou le culte. *Instruction, mandement; homélie, sermon sur un point de religion.*

2   De toutes les opinions humaines et anciennes touchant la religion, celle-là me semble avoir eu plus de vraisemblance et plus d'excuse, qui reconnaissait Dieu comme une puissance incompréhensible, origine et conservatrice de toutes choses, toute bonté, toute perfection, recevant et prenant en bonne part l'honneur et la révérence que les humains lui rendaient sous quelque visage, sous quelque nom et en quelque manière que ce fût (...)
MONTAIGNE, Essais, II, XII.

3   La religion est une chose si grande, qu'il est juste que ceux qui ne voudraient pas prendre la peine de la chercher, si elle est obscure, en soient privés.
PASCAL, Pensées, VIII, 574.

3.1   (...) pendant ces délais, j'instruisais cette jeune personne; en lui donnant le goût des vertus, je lui inspirais celui de la Religion, je lui en dévoilais les saints dogmes et les sublimes mystères, je liais tellement ces deux sentiments dans son jeune cœur que je les rendais indispensables au bonheur de sa vie.
SADE, Justine..., t. I, p. 120-121.

4 La religion n'est ni une théologie, ni une théosophie; elle est plus que tout cela : une discipline, une loi, un joug, un indissoluble engagement.
Joseph JOUBERT, Pensées, I, LXII.

5 Religion veut dire *lien*, et certes le culte, ou autrement dit la religion exprimée, constitue la seule force qui puisse relier les espèces sociales et leur donner une forme durable. BALZAC, le Médecin de campagne, Pl., t. VIII, p. 379.

6 Quant à la religion, plus j'y pense, plus je vois que c'est une chose de l'âme, de l'homme individu à Dieu. Qu'elle ait ses pompes, son culte extérieur, sa protection publique; voilà tout ce à quoi elle doit prétendre; c'est aux âmes qu'elle s'adresse, et c'est la seule conquête qui l'intéresse; et on ne gagne pas sincèrement les âmes par les choses du monde, qui ne sont pas de l'âme, mais de la matière.
SAINTE-BEUVE, Correspondance, 60, 3 janv. 1829.

7 Faut-il que la religion s'écroule du même coup? Non, non. La religion est nécessaire. Le jour où elle disparaîtrait, ce serait le cœur même de l'humanité qui se dessécherait.
RENAN, Questions contemporaines, Chaire d'Hébreu, Œ. compl., t. I, p. 169.

8 Le mot religion ne signifiait pas ce qu'il signifie pour nous; sous ce mot, nous entendons un corps de dogmes, une doctrine sur Dieu, un symbole de foi sur les mystères qui sont en nous et autour de nous; ce même mot, chez les anciens, signifiait rites, cérémonies, actes de culte extérieur.
FUSTEL DE COULANGES, la Cité antique, III, VIII.

9 La religion est le soupir de la créature accablée par le malheur, l'âme d'un monde sans cœur, de même qu'elle est l'esprit d'une époque sans esprit. *C'est l'opium du peuple.* J. MOLITOR, Trad. K. MARX, Contribution à la critique de la philosophie du droit de Hegel, p. 84.

10 La recherche de la vie a fait la religion, et non pas la crainte de la mort. Il n'est pas un seul homme qui n'ait besoin de Dieu pour vivre.
André SUARÈS, Trois hommes, « Ibsen », III.

11 La religion est l'élan de l'âme qui (...) conçoit un idéal transcendant et acquiert, pour y tendre, des forces dépassant la nature (...) Elle se reconnaît à ce signe qu'elle va du devoir au pouvoir (...)
Émile BOUTROUX, Morale et Religion, II, p. 71.

Littér. *De la religion,* de Lamennais (1841). *De la religion considérée dans sa source, ses formes et son développement,* de B. Constant (1824-1831).

♦ **2.** (XIIe, *estre de grant religion* « très pieux »). Attitude particulière (individuelle ou collective) dans les relations avec Dieu, avec le principe suprême, dans le domaine de la religion (1.). — REM. Dans ce sens, *religion* peut s'appliquer à des attitudes philosophiques plus vagues, ou simplement morales, sentimentales..., pourvu qu'elles concernent la notion de sacré. ⇒ **Déisme, panthéisme, théisme; mysticisme** (cit. 3), **mystique; morale, principe.** — *La religion de qqn* (→ Fête, cit. 3). *Sa religion est profonde, sincère* (→ Filial, cit.). ⇒ **Ferveur** (cit. 1), **piété; dévotion.** *Une religion sentimentale, vague* (⇒ **Religiosité**); *grossière, superstitieuse* (superstition); *affectée, formaliste.* ⇒ **Pharisaïsme.** *Jésus dédaignait tout ce qui n'était pas la religion du cœur* (→ Dévot, cit. 8). — Par ext. « *Votre religion est donc l'arithmétique?* ». — Par plais. *Ma religion m'interdit de boire de l'eau, ma religion me l'interdit.*

12 Je n'avais jamais été tout à fait sans religion; mais peut-être, vaudrait-il mieux n'en point avoir du tout que d'en avoir une extérieure et maniérée, qui sans toucher le cœur rassure la conscience; de se borner à des formules, et de croire exactement en Dieu à certaines heures pour n'y plus penser le reste du temps.
ROUSSEAU, Julie ou la Nouvelle Héloïse, III, XVIII.

13 Le curé s'émerveillait de ces dispositions, bien que la religion d'Emma, trouvait-il, pût, à force de ferveur, finir par friser l'hérésie et même l'extravagance.
FLAUBERT, Mme Bovary, II, XIV.

13.1 — Ma femme, reprit M. Dandillot, ma femme a la religion du Français moyen : elle ne pratique pas, ne prend pas les sacrements, et va à la messe du dimanche.
MONTHERLANT, Pitié pour les femmes, p. 203.

Absolt. *Avoir de la religion.* ⇒ **Croyant, pieux.** *Un germe de vertu et de religion* (→ Fructifier, cit. 4). *Absence de religion.* ⇒ **Irréligion, irréligiosité.**

14 Chaque jour, la religion le reprenait davantage. Il pratiquait de nouveau, se confessait et communiait, sans cesse combattu, doublant de ses remords les joies du péché et de la pénitence. ZOLA, Nana, XIII.

♦ **3.** (XVIe). UNE RELIGION. Système de croyances et de pratiques, impliquant des relations avec un principe supérieur (le plus souvent un ou plusieurs dieux...), et propre à un groupe social. ⇒ **Communion, confession, credo** (cit. 1), **croyance, culte** (5.), **doctrine, dogme, foi** (II., B., 3.).

REM. Le mot *religion* n'était employé au moyen âge qu'au sens II ou pour désigner le système religieux reçu en terre d'expression française (le catholicisme romain); en 1690 le dict. de Furetière porte encore : « Tous les cultes des faux Dieux ne sont que superstition, ne s'appellent *Religion* qu'abusivement. En ce sens abusif, on dit la *Religion* mahométane, la *Religion* des Gaures et des Brahmins, des Bonzes ». — Au XVIIe s., *la religion* s'emploie absolument pour la religion catholique (→ Ennemi, cit. 10, Pascal; histoire, cit. 1, Bossuet).

Les religions et la religion (→ Croyance, cit. 8; détourner cit. 12). *Des foisons* (cit. 1, Pascal) *de religions. La vraie religion* (→ Enseigner, cit. 15). *L'origine* (cit. 11) *des religions. Les premières religions* (→ Homme, cit. 59). *Histoire d'une religion* (→ Embrasser, cit. 25). *L'histoire des religions. Historien des religions. Sociologie des religions. Religion qui se répand, s'étend, se divise* (⇒ **Hérésie, schisme, secte**), *disparaît. L'orthodoxie* d'une religion. Établir* (cit. 10) *une religion nouvelle. Les religions s'apaisent* (cit. 23) *en vieillissant. La religion régnante* (→ Prosélyte, cit. 2), *dominante. Religion d'État. Neutralité de l'État en matière de religion.* ⇒ **Laïcité** (cit. 1). — *Professer, pratiquer... une religion* (⇒ **Croire, croyant; pratiquant; juste** [spécialt]). *Observance* (cit. 1) *d'une religion. Embrasser* (cit. 14) *une religion. Adeptes* d'une religion* (⇒ **Fidèle,** 3.; et aussi **catéchumène, converti, néophyte, prosélyte**), *d'une même religion* (⇒ **Coreligionnaire**), *d'une autre religion* (⇒ **Infidèle, mécréant**). *Sectateurs* d'une religion. N'accepter aucune religion* (⇒ **Athée,** cit. 4 et 5; **athéisme; impie, incrédule, incrédulité, irréligieux, libertin, mécréant**). *Attaques, insultes... contre une religion* (⇒ **Blasphème, profanation...**). *Religion persécutée, proscrite.* ⇒ **Persécution.** *Souffrir, mourir pour une religion* (⇒ **Martyr,** cit. 4; **martyre**). — *Abjurer, renier une religion* (⇒ **Abjuration, apostasie; renégat;** et aussi [catholicisme] **laps, relaps**). *Changer de religion.* ⇒ **Conversion, convertir** (→ 1. Pratique, cit. 11). —*Apologie*, défense d'une religion* (⇒ **Apologétique**). *Enseigner, répandre... une religion* (⇒ **Prosélytisme;** et aussi [relig. chrét.] **catéchiser, catéchisme**). *Zèle aveugle, fanatique... pour une religion* (⇒ **Fanatisme, intolérance, sectarisme**).

Les autres religions, comme les païennes, sont plus populaires, car elles sont en extérieur : mais elles ne sont pas pour les gens habiles. Une religion purement intellectuelle serait plus proportionnée aux habiles; mais elle ne servirait pas au peuple. La seule religion chrétienne est proportionnée à tous (...) 15
PASCAL, Pensées, IV, 251.

Les hommes sont extrêmement portés à espérer et à craindre, et une religion qui n'aurait ni enfer, ni paradis, ne saurait guère leur plaire (...) 16
Pour qu'une religion attache, il faut qu'elle ait une morale pure. Les hommes, fripons en détail, sont en gros de très honnêtes gens; ils aiment la morale... Lorsque le culte extérieur a une grande magnificence, cela nous flatte, et nous donne beaucoup d'attachement pour la religion.
MONTESQUIEU, l'Esprit des lois, XXV, II.

Comme les philosophies, les religions répondent aux besoins spéculatifs de l'humanité. Comme les mythologies, elles renferment une large part d'exercice spontané et irréfléchi des facultés humaines. 17
RENAN, l'Avenir de la science, XV, Œ. compl., t. III, p. 945.

(...) une religion est un système solidaire de croyances et de pratiques relatives à des choses sacrées, c'est-à-dire séparées, interdites, croyances et pratiques qui unissent en une même communauté morale, appelée Église, tous ceux qui y adhèrent (...) en montrant que l'idée de la religion est inséparable de l'idée d'Église, *(ceci)* fait pressentir que la religion doit être une chose éminemment collective. 18
DURKHEIM, les Formes élémentaires de la vie religieuse, p. 65, *in* BOUGLÉ et RAFFAULT, Éléments de sociologie, p. 438.

(...) l'origine des religions se confond avec les origines mêmes de la pensée et de l'activité intellectuelle des hommes; leur décadence et leur limitation est l'histoire des progrès qu'elles ont seules rendus possibles. Les religions ne sont pas, comme le croyait Voltaire (...) des chancres greffés par l'avidité et la fraude sur l'organisme social, mais la vie des sociétés elles-mêmes à leur début. Avec le temps, la religion a donné naissance à des branches spéciales des connaissances humaines, aux sciences exactes, à la morale, au droit (...) S. REINACH, Orpheus, p. 34, *in* BOUGLÉ et RAFFAULT, Éléments de sociologie, p. 458. 19

(...) il se demanda si (...) il n'aurait pas une idée personnelle sur la question et précisément il en avait une, à savoir qu'une religion à, et pour, soi tout seul devait avoir son charme. R. QUENEAU, le Dimanche de la vie, p. 270. 19.1

Par ext. La société religieuse elle-même.

Les religions constituent des sociétés, analogues à toutes les sociétés humaines : elles se perpétuent par une incorporation réglée, répartissent en catégories leurs membres, qui se coordonnent par obéissance nécessaire ou par volontaire association. G. LE BRAS, *in* GURVITCH, Traité de sociologie, t. II, p. 81. 20

Contenu, connaissance d'une religion. ⇒ **Article** (de foi), **catéchèse, credo, croyance, doctrine, dogme, dogmatique, théologie, tradition;** et aussi **âme, delà** (au-delà, *supra* cit. 15), **dieu, esprit, grâce** (et **prédestination**), **illumination; ciel, enfer, jugement, paradis, punition, salut; métempsycose, transmigration.** *Légendes, mythes, symboles* d'une religion.* ⇒ **Mythologie, symbolique, théogonie.** — *Pratiques, prescriptions des religions.* ⇒ **Cérémonial, cérémonie, culte, liturgie, pratique, rite, rituel, service** (divin)...; **commandement,** 1. **devoir,** 2. **loi** (I., 6.), **observance, précepte; ablution, abstinence, adoration, ascèse, ascétisme, bénédiction, cortège, formule, holocauste, jeûne, mortification, offrande, pénitence, prière, procession, purification, recueillement, retraite, sacrement, sacrifice.** — REM. Les termes concernant la liturgie catholique sont développés à *liturgie, messe, sacrement.* — *Lieux consacrés à une religion.* ⇒ **Sanctuaire, temple; chapelle, église, mosquée, pagode, synagogue.** — *Ministres, prêtres, fonctionnaires... des diverses religions.* ⇒ **Ministre; clerc, pasteur, prêtre, prêtrise, sacerdoce;** et aussi **asiarque, bonze, brahmane, iman,** 2. **lama, lévite, mage, muezzin, mufti, pontife, pope, prélat, prêtresse, rabbin, sorcier, vestale...** — REM. Le vocabulaire chrétien se trouve à *prêtre* et à *cardinal, diacre, évêque, pape;* celui des autres religions à *prêtre* (2.) et aux noms de religions, de peuples... ⇒ aussi **Ascète, moine, religieux; ordre.**

Religions polythéistes (⇒ **Polythéisme; dieu,** II.; **panthéon**), *monothéistes* (⇒ **Monothéisme; dieu**). *Religions « fermées », ésotériques, occultes; religions à mystères.* ⇒ **Mystère** (cit. 4), **théosophie.** *Religions initiatiques.* ⇒ **Initiation; mystagogue; mystagogie.** — *Religions révélées.* ⇒ **Révélation** (→ Christianisme, cit. 11). — *Religion de salut.* ⇒ **Rédemption, salut.** — *Religions positives,* par oppos. à la *religion « naturelle ».* — *Religion éthique* (cit. 5) *plus que métaphysique. Religion à tendance intellectualiste; sentimentale, mystique.* — *Religions rudimentaires* (→ Croyance, cit. 13), *inorganisées. La religion domestique* (→ Parenté, cit. 2; et aussi famille, cit. 3 et 4). *Religions dogmatiques, organisées. Les grandes religions. Religion universelle.*

La religion, considérée par rapport à la société, qui est ou générale ou particulière, peut aussi se diviser en deux espèces : savoir, la religion de l'homme, et celle du citoyen. La première sans temples, sans autels, sans rites, bornée au culte purement intérieur du Dieu suprême et aux devoirs éternels de la morale, est la pure et simple religion de l'Évangile, le vrai théisme, et ce qu'on peut appeler le droit divin naturel. L'autre, inscrite dans un seul pays, lui donne ses dieux, ses patrons propres et tutélaires. Elle a ses dogmes, ses rites, son culte extérieur prescrit par 21 des lois : hors la seule nation qui la suit, tout pour elle est infidèle, étranger, barbare ; elle n'étend les devoirs et les droits de l'homme qu'aussi loin que ses autels. Telles furent toutes les religions des premiers peuples, auxquelles on peut donner le nom de droit divin civil ou positif. ROUSSEAU, Du contrat social, IV, VIII.

22 (...) religions organisées, ayant des livres sacrés, des dogmes précis ; religions non organisées (...) n'étant que des formes plus ou moins pures du culte de la nature (...) Dans la première classe rentrent les grandes religions asiatiques : judaïsme, christianisme, islamisme, parsisme, brahmanisme, bouddhisme, auxquels on peut ajouter le manichéisme (...) Dans la seconde devraient être rangés les polythéismes mythologiques de la Grèce, des Scandinaves, des Gaulois (...)
RENAN, l'Avenir de la science, XV, Œ. compl., t. III, p. 953.

Religions particulières. Religions préhistoriques. Religions « primitives ». ⇒ **Animisme, chamanisme, fétichisme, totémisme...** *Religions de l'Antiquité égyptienne*, mésopotamienne, grecque** (*infra* cit. 1 ; ⇒ aussi **Orphique, orphisme**), *étrusque, romaine...* (⇒ **Mythologie, paganisme, païen ; gentil**). *Religions germanique, nordique, celte...* (⇒ **Druide, druidisme**). — *Religions d'Orient : hindoues, iraniennes, chinoises, japonaises...* ⇒ **Bouddhisme** (et aussi **véhicule**), **brahmanisme, caodaïsme, hindouisme, jaïnisme, tântrisme, védisme ; magisme, manichéisme** (cit.), **mazdéisme** (et **guèbre, parsisme**), **mendaïte, mithriacisme, sabéisme, zoroastrisme ; confucianisme, shintoïsme, taoïsme.** — *Religion juive* (→ Baptême, cit. 5), *des Juifs** (cit. 1). ⇒ **Hébraïque, hébraïsme, judaïsme** (cit.), **mosaïque, mosaïsme ; cabale, judéo-christianisme.** — *Religion musulmane** (cit. 1). ⇒ **Islam, islamisme, mahométan, mahométisme.** — *Religion des Mormons*.* ⇒ **Mormonisme.**
Religion chrétienne. ⇒ **Chrétien, christianisme** (cit. 3 et 4), **judéochristianisme.** *Hérésies, schismes, sectes et tendances chrétiennes* (qui n'ont pas vécu en tant que religions constituées, et qui, pour la plupart, ont été condamnées). ⇒ **Hérésie, schisme ; adamisme, albigeois, anabaptisme, anthropomorphite, arianisme, arien, arminien, baptisme, donatisme, fidéisme, gnosticisme, gnostique, hussite, iconoclasme, jacobite, jansénisme, molinisme, molinosisme, monothélisme, montanisme, néo-catholicisme, nestorien, nestorianisme,** 2. **ophite, particularisme, pélagianisme, quiétisme, sabbathien, sacramentaire, socinien, socinianisme, tertullianisme, universalisme, valentinien.** — *Églises, tendances et dissidences chrétiennes.* ⇒ **Église** (I., 3.) ; **catholique, catholicisme ; orthodoxe, uniate ; protestant** (cit. 1 et 2), **protestantisme, réforme, réformé ;** et aussi **anglicanisme, calvinisme, conformisme, évangélisme, luthéranisme** (cit.), **mandéisme, méthodisme, piétisme, presbytérianisme, puritanisme, puseyisme, quakerisme, zwinglianisme ; intégrisme.** *La religion catholique, apostolique et romaine. La religion réformée,* appelée officiellement au XVIIᵉ siècle « prétendue réformée » (R. P. R.), et, absolt, *la religion.* « *Un officier de cette ville qui est de la religion* » (Racine, *Lettres*), qui est protestant.

23 (...) la religion chrétienne est la plus poétique, la plus humaine, la plus favorable à la liberté, aux arts (...) CHATEAUBRIAND, le Génie du christianisme, I, I, I.

(Religion de...). Doctrine, philosophie comparée à une religion, ou qui se présente comme une religion. *Une religion de l'homme et de l'espèce* (→ Dieu, cit. 10), *de l'humanité* (→ Humanisme, cit. 3, Renan), *du progrès, de la raison...*

♦ **4.** (Déb. XVIIᵉ). Sentiment de respect, de vénération (⇒ **Adoration**), ou sentiment du devoir à accomplir (⇒ **Zèle**), comparés au sentiment religieux ; objet d'un tel sentiment (⇒ **Devoir, obligation**). — Vx. *Se faire une religion de...,* un point d'honneur (→ aussi Fonder, cit. 9). *Point de religion :* cas* de conscience, scrupule. — *L'honneur* (cit. 22) *militaire, cette religion de loyauté. La peinture* (cit. 10) *était une religion pour les artistes...*

24 (Mirabeau) démêlait finement, mais avec l'indulgence et la bonté du génie, l'orgueil profond de Robespierre, la religion qu'il avait pour lui-même, pour sa personne et ses paroles. MICHELET, Hist. de la Révolution franç., IV, v.

Surprendre la religion du prince, des juges, surprendre « leur bonté » (Académie, 1696), « leur justice » (Furetière), les tromper. — (1797, *in* D.D.L.). *Éclairer la religion de qqn,* éclairer ses idées sur quelque chose.

25 Sa manière de procéder était si connue, que les plaideurs ne le venaient plus voir que pour lui remettre des pièces qui pouvaient éclairer sa religion ; personne ne cherchait à le tromper. BALZAC, le Cabinet des Antiques, Pl., t. IV, p. 435.

Loc. *Ma religion est faite sur ceci :* ma conviction est entière, bien établie.

♦ **5.** (Fig. du 3.). Activité ou organisation comparée à une doctrine religieuse, à un culte... *Le parti communiste* (cit. 3) *est à la fois une religion, une communauté...* — *La religion de la maladie* (→ Ordonnance, cit. 15), *du camping...* (→ Iconoclaste, cit. 4).

★ **II.** (1170 ; mais le sens de « couvent, monastère », encore utilisé au XVIIᵉ, est la première acception de *religion*). Dans le christianisme, Vie consacrée à la religion, par des vœux ; état de religieux*, de religieuse. *Entrer en religion :* faire sa profession, prononcer ses vœux (→ 1. Port, cit. 12 ; et aussi Se consacrer* à Dieu, prendre l'habit*, le voile*...). — *Nom de religion,* que prend un religieux et qui sert à le désigner, son nom laïc n'étant jamais employé.

Liturgie cathol. Société reconnue par l'autorité ecclésiastique, et dont les membres prononcent des vœux. ⇒ **Congrégation, ordre.**

CONTR. Doute, irréligion.
DÉR. Religionnaire.

RELIGIONNAIRE [ʀ(ə)liʒjɔnɛʀ] n. — 1562 ; du sens absolu de *religion* (I., 3., *in fine*), pour *religion réformée.*

♦ Hist. Membre de la religion réformée. ⇒ **Calviniste, protestant** (cour.).

Élevée dans la religion calviniste, cette enfant avait été nommée Dinah, suivant l'usage en vertu duquel les religionnaires prenaient leurs noms dans la Bible pour n'avoir rien de commun avec les saints de l'Église romaine.
BALZAC, la Muse du département, Pl., t. IV, p. 54.

RELIGIOSITÉ [ʀ(ə)liʒjozite] n. f. — XIIIᵉ ; du lat. *religiosus.* → Religieux.

♦ **1.** Vx. Scrupule religieux extrême. ⇒ **Dévotion.**

La jeune fille, conservant de son séjour à l'Assomption un fond de religiosité, trouvait cela très bien (...) Alphonse DAUDET, Rose et Ninette, v. 1

♦ **2.** (1803). Mod. Aspect sentimental de la religion chez une personne ; attirance pour la religion en général, avec ou sans adhésion formelle à une religion précise (→ Niable, cit.).

C'est surtout sous la forme religieuse que l'État a veillé jusqu'ici aux intérêts suprasensibles de l'humanité. Mais du moment où la *religiosité* de l'homme en sera venue à s'exercer sous la forme, purement scientifique et rationnelle, tout ce que l'État accordait autrefois à l'exercice religieux reviendra de droit à la science, seule religion définitive. RENAN, l'Avenir de la science, XIV, Œ. compl., t. III, p. 929. 2

La religion, pendant des siècles, tenta de s'ériger en système et en essence : la théologie, la théocratie ; elle a échoué ; en tant que système, elle a éclaté. Les débris des religions jalonnent l'histoire. Veut-on constituer en essence la « religiosité »? Beaucoup s'y efforcent.
Henri LEFEBVRE, la Vie quotidienne dans le monde moderne, p. 308. 3

Je ne suis pas contre le principe de la religion, parce qu'il est le seul qui organise le sentiment de religiosité. Mais je pense que dans la plupart des cas, l'esprit religieux passe avant l'organisation en religion.
J.-M. G. LE CLÉZIO, la Fièvre, p. 147. 4

RELIQUAIRE [ʀ(ə)likɛʀ] n. m. — 1328 ; de *relique.*

♦ Boîte ou coffret précieux renfermant une relique, des reliques. REM. Quand le *reliquaire* contient l'intégralité des restes d'un saint, d'un bienheureux, on parle plutôt de *châsse*.* ⇒ aussi **Monstrance** (→ Orfèvrerie, cit. 2).

Ces os, aujourd'hui incrustés de pierreries, et ces vieilles étoffes qui remplissent les reliquaires, sont les débris de la personne et des vêtements du grand saint.
LOTI, Figures et choses..., À Loyola, II.

Par appos. *Buste reliquaire de sainte Valérie.*

RELIQUAT [ʀ(ə)lika] n. m. — XVIᵉ ; *reliqua,* XIVᵉ ; lat. *reliqua* « ce qui reste à payer, arréages », plur. neutre substantivé de *reliquus* « qui reste » ; sous l'infl. du bas lat. *reliquatum* « reliquat de compte ».

♦ **1.** Dr., comptab. Ce qui reste dû après la clôture et l'arrêté d'un compte. *Reliquat d'un compte de tutelle.*

(XIXᵉ). Cour. Ce qui reste d'une somme (à payer, à percevoir). ⇒ **Reste.**

Grâce à la courtoisie de ses créanciers, il resta en possession d'un petit reliquat de son patrimoine (...)
BAUDELAIRE, Trad. E. POE, Histoires extraordinaires, « Double assassinat rue Morgue ».

♦ **2.** Méd. (Vx). *Reliquat d'une maladie.* ⇒ **Séquelle.**

DÉR. Reliquataire.

RELIQUATAIRE [ʀ(ə)likatɛʀ] n. — 1566 ; de *reliquat.*

♦ Dr. Personne qui est redevable d'un reliquat. ⇒ **Débiteur.**

RELIQUE [ʀəlik] n. f. — 1080, *Chanson de Roland ;* lat. *reliquiæ* « restes », spécialisé dans un sens relig. en lat. ecclés. → Reliquat.

♦ **1.** (Dans la religion catholique). « Corps entier, ou partie ou fragment de corps d'un Saint ou d'un Bienheureux, dont le culte est autorisé par l'Église » (⇒ **Cadavre, ossement... ; chef**), et, par ext., (« reliques improprement dites »), se dit des « objets qui ont été à leur usage, comme les vêtements, ou qui ont servi à leur martyre, ou exécution, ou le liquide parfumé qui a coulé de leur dépouille mortelle » (Lesage). *La vénération des reliques appartient au culte de dulie** (mais culte *relatif,* s'adressant à la personne et non à l'objet). *Les reliques de la sainte patronne de l'Alsace* (→ Encan, cit. 3). *L'attouchement d'une sainte relique* (→ Démoniaque, cit. 8). — Spécial. *Reliques de la vraie Croix,* se dit du bois de la Croix du Christ et des autres instruments de sa Passion, objets d'un culte de latrie* relatif. *Une relique sacrée, une épine* (cit. 2) *de la couronne du Sauveur* (Pascal). — *Vénérer, baiser, exposer, enchâsser... des reliques. Porter une relique.* ⇒ **Amulette.** *Reliques conservées dans le trésor* d'une église* (⇒ aussi **Châsse**). *Le vassal jurait fidélité, la main sur des reliques* (→ Hommage, cit. 3). — Allus. littér. *L'âne chargé de reliques* (La Fontaine, v, 14 ; → Adorer, cit. 5).

Nous avons prouvé, dit-il *(Jurieu),* que dans ces siècles la superstition des reliques et de l'invocation des Saints n'était pas encore montée au degré d'idolâtrie où elle est arrivée depuis, et que Dieu a toléré quelques sortes de superstitions dans ces grands hommes (...) Quelle misère de gauchir toujours (...)! « Cette supersti- 1 tion des reliques » (...) qui selon vous était pratiquée « par les saint Augustin, par les saint Ambroise (...) », était-ce une idolâtrie, ou n'en était-ce pas une ? Si c'en était une, ils sont damnés ; si ce n'en était pas une, nous sommes absous.

BOSSUET, *Avertissements aux protestants*, III, IX.

2 (...) ce passage du chapitre VI *(de l'Apocalypse)* : Je vis sous les autels les âmes de ceux qui avaient été tués pour « la parole de Dieu », autorisa la coutume d'avoir des reliques de martyrs sous les autels (...) saint Ambroise (...) ne voulut pas consacrer une église où il n'y en avait point (...)

VOLTAIRE, *Dict. philosophique*, Reliques.

3 (...) le maire eut à s'occuper d'une grande cérémonie religieuse, le roi de*** ne voulait pas passer à Verrières sans visiter la fameuse relique de saint Clément que l'on conserve à Bray-le-Haut, à une petite lieue de la ville.

STENDHAL, *le Rouge et le Noir*, I, XVIII.

Par anal. (autres religions). Restes, ossements de héros, de saints, ou objets leur ayant appartenu, auxquels s'attache un caractère sacré et auxquels les fidèles rendent un culte. *La guerre des reliques*, après la mort du Bouddha.

4 C'était un grand bonheur pour une cité de posséder des morts quelque peu marquants. Mantinée parlait avec orgueil des ossements d'Arcas, Thèbes de ceux de Géryon (...) Pour se procurer ces reliques précieuses on usait quelquefois de ruse. Hérodote raconte par quelle supercherie les Spartiates dérobèrent les ossements d'Oreste. Il est vrai que ces ossements, auxquels était attachée l'âme du héros, donnèrent immédiatement une victoire aux Spartiates.

FUSTEL DE COULANGES, *la Cité antique*, III, VI.

5 Il s'agenouille devant le Bouddha et devant les autres saints. Il multiplie leurs images et leur rend un culte (...) On bâtit des pyramides et des châsses pour conserver leurs os, leurs dents, leur manteau, leur pot à aumônes. Les rois achètent ces reliques à des prix énormes.

TAINE, *Nouveaux essais de critique et d'histoire*, Le bouddhisme, IV.

Par compar. Loc. *Garder (une chose) comme une relique*, la garder soigneusement, précieusement (→ Ligne, cit. 46 ; et aussi flanc, cit. 2). — *Ne pas en faire des reliques* : se servir d'une chose au maximum.

6 Il les conservait *(les lettres d'Antibes)* comme des reliques sacrées, dans une boîte au fond de sa très petite armoire humide.   LOTI, *Matelot*, IX.

♦ **2.** Objet auquel on attache moralement le plus grand prix, comme à un vestige ou un témoin d'un passé cher. *Tiroir où elle conservait* (cit. 14) *des reliques de son passé, une relique de sa galante jeunesse* (→ Écaille, cit. 13 ; et aussi bravement, cit. 2 ; écrouler, cit. 11).

7 Chacun d'eux avait apporté, enveloppé dans un mouchoir rose, son paquet de souvenirs : reliques de village, de famille ou d'amour (...)

A. MAUROIS, *les Discours du D^r O'Grady*, VI.

♦ **3.** (Fin XIVe). Littér. Vx. Au plur. Ce qui reste de quelque chose. ⇒ **Débris, restes** (→ Glaneur, cit. 1, Du Bellay). *Quelques reliques d'un grand mouvement.*

8 Déjà, sur un vaisseau dans le port préparé
Chargeant de mon débris les reliques plus chères (...)

RACINE, *Bajazet*, III, 2.

Figuré :

9 Tous ces chefs-d'œuvre antiques
Ont à peine leurs reliques (...)   MALHERBE, *Grandes odes*, VII (1607).

10 Les morts dorment en paix dans le sein de la terre :
Ainsi doivent dormir nos sentiments éteints.
Ces reliques du cœur ont aussi leur poussière,
Sur leurs restes sacrés ne portons pas les mains.

A. DE MUSSET, *Poésies nouvelles*, « Nuit d'octobre ».

♦ **4.** Individu vivant, espèce vivante appartenant à un ensemble classificatoire (genre, famille, ordre, classe, etc.) principalement représenté aujourd'hui par des fossiles. — Syn. : *fossile vivant.*

DÉR. **Reliquaire.**

RELIRE [ʀ(ə)liʀ] v. tr. — Conjug. *lire.* — XIIe ; de *re-*, et *lire.*

♦ **1.** Lire une nouvelle fois (ce qu'on a déjà lu). → Entraînement, cit. 6 ; épars, cit. 7 ; étendre, cit. 57. *Lire* (1. Lire, cit. 11) *et relire certaines pages* (→ Floral, cit. ; immersion, cit. 4 ; néophyte, cit. 3). *« Je suis dans un âge où l'on ne lit* (→ 1. Lire, cit. 18) *plus, mais où l'on relit les anciens ouvrages ». Relire cent fois une lettre d'amour. L'instituteur relit la dictée.*

0.1 (...) et comme Mme de Cambremer disait : « Relisez ce que Schopenhauer dit de la musique », elle nous fit remarquer cette phrase en disant avec violence : « Relisez est un chef-d'œuvre ! Ah ! non, çà, par exemple, il ne faut pas nous la faire. »

PROUST, *le Temps retrouvé*, Pl., t. III, p. 992.

Pron. *Se relire* : relire ce qu'on a écrit (→ Ignorer, cit. 11). *Il écrit si mal qu'il n'arrive pas à se relire.*

0.2 Chaque fois c'était à recommencer et quand il s'efforçait de relire pour la dixième fois une même phrase, il ne la comprenait pas plus qu'un homme qui, lisant dans son lit, à la lampe, sent le sommeil le gagner et effacer son eau aveugle et montante un mot dépourvu de son sens avec le sens d'un mot déjà englouti.

PROUST, *Jean Santeuil*, Pl., p. 418.

♦ **2.** (XVIIe). Lire en vue de corriger, de vérifier (ce qu'on vient d'écrire). *Relire une lettre* (cit. 22 ; et → 2. brouillon, cit. 1 ; encre, cit. 3 ; faute, cit. 33). *Écrivain qui relit son manuscrit.* ⇒ **Relecture.** *Relire et corriger des épreuves d'imprimerie* (→ Écrire, cit. 29 ; fugitif, cit. 4). — Pron. *Dactylographe* (cit. 1) *qui se relit avec attention. Balzac se fécondait lui-même en se relisant* (→ Lui, cit. 71).

1 Il faut que je relise toutes les lettres que j'ai faites ce matin ; Dieu sait les mots sautés et les balourdises que j'y trouverai.

STENDHAL, *le Rouge et le Noir*, II, IX.

Je pense que tous les gens de lettres sont comme moi, que jamais ils ne relisent leurs œuvres lorsqu'elles ont paru. Rien n'est, en effet, plus désenchantant, plus pénible, que de regarder, après des années, ses phrases. 2

HUYSMANS, *À rebours*, Préface (1903).

Au p. p. *Lu et relu. Texte mal relu.*

RELIURE [ʀəljyʀ] n. f. — 1548, *relieure*, Rabelais ; de *relier.*

♦ **1.** Action ou art de relier (les feuillets d'un livre). ⇒ **Relier,** I., B. *Donner un livre à la reliure. Reliure artisanale et reliure industrielle.* ⇒ **Assembler, brocher, cambrer, compasser, ébarber, emboîter, encarter, endosser, glairer, jasper, lavure, marbrer, nerver, onglet, rogner, tranche, tranchefile.** *Reliure d'art. Apprendre la reliure. Atelier-école de reliure. Histoire de la reliure.*

Il brandit le bouquin avec un rire amer (...) il me cria : « Allez donc (...) Ça m'connaît, moi, la r'liure ». Et maniant, retournant, ouvrant et fermant le volume, voilà cet ivrogne (...) qui entame toute une démonstration savante (...) On eût dit que le contact du livre avait changé cette chose humaine errante en Docteur de la Reliure.   VALÉRY, *Regards sur le monde actuel*, p. 270. 1

♦ **2.** (1680). Manière dont un livre est relié ; couverture* d'un livre relié. ⇒ **Enveloppe.** — REM. Techniquement, *reliure* désigne les ouvrages en cuir, *cartonnage* et *entoilage* ceux qui sont en carton et en toile ; dans la langue courante, *reliure* inclut les entoilages, etc. — *Plats*, dos*, nerfs*, coins*, gardes* d'une reliure. Reliure pleine*, entièrement en cuir. Demi-reliure*, dont le dos seul est en cuir (et parfois aussi les coins). Reliure à dos plein ou fixe* (où la peau qui recouvre le dos tient aux cahiers), à dos brisé (où la peau ne tient pas aux cahiers, et où le dos n'adhère pas au volume). Reliure à la Bradel : variété de reliure à dos brisé. Reliure en basane, en chagrin, en veau, en vélin, en parchemin, en maroquin. Reliure janséniste*, ornée. Reliure à la cathédrale*.* ⇒ **Dentelle, fer, filet, listel, plaque, roulette.** *Reliure mosaïque*, dont le décor est fait d'une mosaïque de peaux de diverses couleurs. Reliure originale* : reliure dont le décor a été dessiné par un artiste et dont l'exécution est réalisée par lui-même ou sous sa direction. Reliure manuelle, industrielle. Reliures anciennes d'orfèvrerie, d'ivoire, d'étoffes précieuses. Reliures monastiques sur ais de bois. Reliures des Aldes. Reliure de luxe des premiers bibliophiles (Grolier, Maïoli). Reliures à la fanfare*. Reliures du XVIIe siècle (Le Gascon), du XVIIIe siècle (Padeloup)..., à dentelle, aux armes... Reliures romantiques (Thouvenin, Simier...), à la cathédrale... Reliures de Trautz-Bauzonnet, Marius-Michel, Legrain, Paul Bonet... Reliure de l'époque (→ Hollande, cit. 2), reliure de style (→ Placard, cit. 4). Reliures d'éditeur.*

(...) d'irréprochables reliures en soie antique, en peau de bœuf estampée, en peau de bouc du Cap, des reliures pleines, à compartiments et à mosaïques, doublées de tabis ou de moire, ecclésiastiquement ornées de fermoirs et de coins, parfois même émaillées (...) d'argent oxydé et d'émaux lucides. 2

HUYSMANS, *À rebours*, XII.

Beaucoup de bibliophiles aiment les livres dans de médiocres reliures (...) J'aime les livres dont la reliure coûte très cher. Les belles choses ne sont belles pour moi qu'à la condition d'être bien habillées. 3

Ed. et J. DE GONCOURT, *Journal*, 9 févr. 1872, t. V, p. 18.

Par ext. Volume relié (→ 1. Garde, cit. 21 ; planchette, cit.).

RELOGEMENT [ʀ(ə)lɔʒmɑ̃] n. m. — 1952 ; de *reloger.*

♦ Action de reloger ; fait d'être relogé. *Un relogement de droit. Relogement de sinistrés.*

RELOGER [ʀ(ə)lɔʒe] v. tr. — Conjug. *loger.* → Bouger. — Mil. XVIe ; *soi relogier*, XIIe ; « rétablir dans son ancien logement », XVe ; de *re-*, et *loger.*

♦ Procurer un nouveau logement à... (qqn qui a perdu le sien). *La commune a relogé les locataires de cet immeuble déclaré insalubre. Obligation, pour un propriétaire, de reloger dans certains cas un locataire expulsé. Reloger des sinistrés, des réfugiés.* — Pron. *Se reloger.*

DÉR. **Relogement.**

RELOUAGE [ʀəlwaʒ] n. m. — 1723 ; de *relouer*, au sens régional « donner ses filets en location ».

★ **I.** Rare. Action de relouer. *Le relouage d'une maison.*

★ **II.** Techn. (Pêche). ♦ **1.** *Le relouage des filets.* ⇒ **Location.**

♦ **2.** Temps où le hareng fraye ; frai de harengs.

RELOUER [ʀəlwe] v. tr. — 1267 ; de *re-*, et *2. louer.*

♦ **1.** Vx. Sous-louer.

♦ **2.** (1431). Louer (2. Louer) de nouveau. *Il a reloué la villa*

deux étés de suite. J'ai reloué mon appartement à mes anciens locataires.
DÉR. Relouage.

RÉLUCTANCE [Relyktãs] n. f. — 1904; angl. *reluctance*, spécialisation d'un anc. mot franç; du lat. *reluctare*, ou *reluctari* «résister».

◆ Phys. Vx. Phénomène correspondant, pour le magnétisme, à la résistance* électrique. *« Les variations brusques de la réluctance d'un barreau d'acier aimanté »* (*Rev. gén. des sc.*, 29 févr. 1904, p. 208).

RELUIRE [R(ə)lɥiR] v. intr. — Conjug. *luire.* — 1080, *Chanson de Roland*; du lat. *relucere.* → Luire.

◆ **1.** Luire * (cit. 1) en réfléchissant la lumière, en produisant des reflets. ⇒ **Briller.** *Or, métal, meuble qui reluit* (→ Armoire, cit. 6; axe, cit. 4; bahut, cit. 2; bosse, cit. 6; parfum, cit. 14). — Par métaphore. *«... tout rayon... Fait reluire et vibrer mon âme de cristal »* (→ Écho, cit. 15, Hugo). Prov. *Tout ce qui brille, tout ce qui reluit n'est pas or* (1. Or, cit. 28).

1   La cathédrale était déjà obscure et déserte (...) la grande rose de la façade, dont les mille couleurs étaient trempées d'un rayon de soleil horizontal, reluisait dans l'ombre comme un fouillis de diamants et répercutait à l'autre bout de la nef son spectre éblouissant.   Hugo, Notre-Dame de Paris, II, VII, II.

2   La robe d'or, perdue un instant dans les ténèbres de ce trou noir (...) reluisit au loin (...)
                        Barbey d'Aurevilly, les Diaboliques, « Vengeance d'une femme », p. 376.

(En parlant d'une chose soigneusement nettoyée et frottée). *Le bouton de cuivre écuré* (cit. 2) *au tripoli reluit. Faire reluire les ferrures* (→ Observance, cit. 2; polir, cit. 1). *« Plus on met de l'huile* (cit. 34) *de coude, plus ça reluit ». Brosse à reluire.* — Loc. fam. *Manier la brosse à reluire :* flatter avec ostentation et lourdement.

3   (...) elle se tuait de travail, dans cette maison froide d'avare, où tout devait reluire naturellement, sans qu'on dépensât ni savon ni brosse : de l'eau pure et des bras, ça suffisait.   Zola, la Terre, IV, VI.

3.1 Les cuivres, les meubles, le parquet, les portes astiqués à fond, cirés, vernis, reluisaient ainsi que des glaces.
                        O. Mirbeau, le Journal d'une femme de chambre, p. 16.

◆ **2.** (Fin XIIe). Fig. Littér. vx. Se manifester avec éclat.

4   Besenval était, je le sais, peu capable d'écrire; mais, sans ses confidences, l'aimable chansonnier n'eût jamais fait ce livre si fort, tellement historique sous la légèreté des formes; la vérité y éclate, y reluit, souvent d'une lumière terrible; il ne reste qu'à baisser les yeux.   Michelet, Hist. de la Révolution franç., I, I.

DÉR. Reluisant.

RELUISANT, ANTE [R(ə)lɥizã, ãt] adj. — XIIe; de *reluire*.

◆ **1.** Qui reluit. *Reluisant de :* qui reluit par... ⇒ **Luisant.**

1   La dernière de ces baraques, établie précisément en face de la porte des Thénardier, était une boutique de bimbeloterie, toute reluisante de clinquants, de verroteries et de choses magnifiques en fer blanc.
                        Hugo, les Misérables, II, III, IV.

2   (...) les toits, tout reluisants de pluie, miroitaient (...)
                        Flaubert, Mme Bovary, III, V.

Qui reluit de propreté. *Parquet reluisant.*

◆ **2.** Fig. (En tournure négative, XIXe). ⇒ **Brillant.** *Une situation pas très reluisante. Ce parent si peu reluisant* (→ 1. Mou, cit. 19). *Tout ça n'est pas très reluisant !* ⇒ **Fameux.**

3   Il n'y était peut-être que sous la défroque du bagnard. C'est moins reluisant, mais le fait est là : il y était.   Émile Henriot, la Rose de Bratislava, V.

4   (...) finalement après maints métiers de moins en moins reluisants celui de concierge (...)   R. Queneau, Loin de Rueil, p. 55.

5   Les beaux-parents ne leur laisseront à peu près rien, ce n'est que de la frime, tout ça, ce luxe, de la poudre aux yeux (...) et il n'est pas reluisant, son avenir, si tu veux tout savoir (...)   N. Sarraute, le Planétarium, p. 273.

6   Je conviendrai avec vous, malgré votre courtois silence, que cette aventure n'est pas très reluisante.   A. Camus, la Chute, p. 76.

RELUQUER [R(ə)lyke] v. tr. — 1750, Moncrif, mot poissard; selon Bloch-Wartburg, mot picard empr. au wallon *rilouki*, de *louki*, moyen néerl. *loeken*. Cf. l'angl. *to look*, mais le mot, comme *luquer* «loucher», appartient à l'ensemble du domaine gallo-roman et Guiraud y voit un dér. du lat. *lucere* «faire luire», par une forme* *lucicare*.

Familier.

◆ **1.** Regarder du coin de l'œil, avec intérêt et curiosité. ⇒ **Lorgner.** *Reluquer une femme, les filles.*

1   — Je vas te dire ce que c'est (*la foire à Soulanges*), en deux mots, reprit Catherine. On y est reluquée quand on est belle. À quoi cela sert-il d'être jolie comme tu l'es, si ce n'est pour être admirée par les hommes ?
                        Balzac, les Paysans, Pl., t. VIII, p. 172.

2   Il la reluqua :
    — Vous êtes bien nippée.
    Ce compliment lui redonnait confiance.   Eugène Dabit, Hôtel du Nord, XXXI.

2.1 — Vous vous appelez comment ? demanda Pierrot à la fille qui demeurait là stupide à reluquer le trio.   R. Queneau, Pierrot mon ami, éd. L. de Poche, p. 136.

◆ **2.** Fig. Considérer (une chose) avec convoitise; guigner. *Reluquer un héritage.*

3   (...) mon oncle couche sur plus de cent mille francs en or! (...) et je suis certaine que les Perrache, sous couleur de le soigner, ont *reluqué* le magot.
                        Balzac, les Petits Bourgeois, Pl., t. VII, p. 223.

RELUSTRER [R(ə)lystRe] v. tr. — 1743, Trévoux; de *re-*, et *lustrer*. Rare.

◆ **1.** Lustrer de nouveau.

◆ **2.** Fig., littér. Rétablir dans son lustre, dans son prestige.

REM [Rεm] n. m. — 1952; sigle de l'angl. *Röntgen Equivalent Man* «équivalent-homme de Röntgen».

◆ Phys., biol. Unité de mesure de l'effet biologique des radiations, correspondant à une dose de radiation de 10^{-5} joules dans un gramme de matière.

REMÂCHEMENT [R(ə)maʃmã] n. m. — 1538, «action de ruminer»; de *remâcher*.

◆ **1.** Action de remâcher.

◆ **2.** Fig. Chose remâchée. ⇒ **Rabâchage.**

Rabâchage de séculaires rengaines, recopie sempiternelle de farces (...), remâchement de salopes facéties (...) parodies éculées depuis deux mille ans (...)
                        Léon Bloy, le Désespéré, p. 138.

La var. *remâchage* [R(ə)maʃaʒ] est attestée (1943, *in* D.D.L.).

REMÂCHER [R(ə)maʃe] v. tr. — 1538; de *re-*, et *mâcher*.

◆ **1.** Rare. Mâcher une seconde fois, en parlant des ruminants. ⇒ **Ruminer.** — Mâcher sans arrêt. *Remâcher du chewing-gum, du bétel, une chique.*

1   (...) les parties les plus sèches remontent dans l'œsophage (...) l'animal les remâche, les macère, les imbibe de nouveau de sa salive, et rend ainsi peu à peu l'aliment plus coulant (...)   Buffon, Hist. nat. des animaux, Le bœuf.

◆ **2.** (Mil. XVIe). Abstrait. Revenir sans cesse en esprit sur... ⇒ **Réfléchir, repasser, ressasser, ruminer.** *Remâcher le passé* (1. Passé, cit. 8), *ses souvenirs, ses soucis..., sa douleur.*

2   Mauvais sommeil, cette nuit; je remâche sans fin ces considérations, comme un bétel dont l'amertume ne sera jamais épuisée.   Gide, Journal, 9 janv. 1907.

3   Ces années qui viennent, ces années de bachot, d'examens (...) où il faut recommencer ce qu'on rate, où on remâche deux fois ce qu'on n'a pas digéré, si on échoue (...)   Colette, le Blé en herbe, III, p. 26.

4   Durant ces années, nous avons tous deux remâché ensemble notre honte, à ce souvenir.   F. Mauriac, la Pharisienne, XII.

5   C'est en fonction de l'avenir qu'il faut poser les problèmes sans remâcher interminablement les fautes du passé.
                        Camus, Actuelles III, Avant-propos, p. 23.

DÉR. Remâchement.

1. REMAILLAGE [R(ə)majaʒ] n. m. — 1753, *remaillage*; de 1. *remailler*.

◆ Techn. L'une des opérations de préparation des peaux chamoisées (→ cit. définitionnelle *infra*). ⇒ **Chamoisage.**

Le remaillage est l'opération la plus difficile du *Chamoiseur*; elle consiste à remettre les peaux (...) sur le chevalet; à y passer le fer à écharner; à enlever l'arrière-fleur; et à faire par ce moyen cotonner la peau du côté de la fleur.
                        Encycl. (Diderot), art. Chamoiseur.

2. REMAILLAGE [R(ə)majaʒ] n. m. ⇒ **Remmaillage.**

1. REMAILLER [R(ə)maje] v. tr. — XIXe; altér. par confusion avec 2. *remailler*, de *ramailler*, 1753, *Encyclopédie*; orig. incert., p.-ê. anc. franç. *ramaille* «branchages», lat. *ramalia*, rad. *ramus* «branche»; → Palissonner, employé dans le même métier.

◆ Techn. Soumettre à l'opération du remaillage (→ 1. Remaillage).
DÉR. 1. Remaillage.

2. REMAILLER [R(ə)maje] v. tr. — 1660; de *re-*, et *mailler*.

◆ Réparer en reconstituant, en remontant les mailles. *Remailler un tricot, un filet.* ⇒ **Remmailler.**
DÉR. 2. Remaillage.

REMAKE [Rimεk] n. m. — 1946; mot angl., de *to remake* «refaire».

◆ Anglic. Réalisation d'une nouvelle version d'un film. — Film reproduisant, avec de nouveaux acteurs, la première version d'un film à succès, en apportant peu de changement dans la mise en scène.

(1954). Nouvelle version (d'une œuvre, d'un texte).

Mais n'est-ce pas, après tout, seulement à travers des «remake» grecs ou latins de dixième main que nous avons accès à certains textes fondamentaux de l'antiquité hébraïque ou orientale qui sont à la base de notre civilisation?
André BAZIN, in France-Obs., 13 mai 1954, p. 22.

RÉMANENCE [Remanɑ̃s] n. f. — V. 1175; «résidence», v. 1112; de *remanoir, remaneir* «rester» (v. 1050); lat. *remanere*, de *re-*, et *manere* «attendre, rester»; de *rémanent*.

★ **I.** Vx. Permanence, persistance.

★ **II.** (V. 1870). Mod. ♦ **1.** Sc. Persistance partielle d'un phénomène après disparition de sa cause (spécialt, de l'aimantation après la disparition de l'influence magnétique. ⇒ **Hystérésis**). — *Rémanence* (ou persistance) *des images visuelles :* phénomène par lequel la sensation visuelle subsiste pendant un court instant après la disparition de l'excitation objective (par ex., l'impression de mouvement donnée par les images successives du cinéma). — Par analogie :

(...) mais leurs deux sourires jumeaux ne s'effacent pas sur-le-champ : ils demeurent quelques instants sur leurs lèvres, par une sorte de rémanence.
SARTRE, la Nausée, p. 65.

Écologie, éthologie. *Rémanence d'un signal :* temps pendant lequel ce signal reste perceptible dans le milieu de communication après son émission. *Rémanence des signaux chimiques de marquage du territoire. Rémanence nulle des signaux acoustiques* (chants d'oiseaux, par exemple).

♦ **2.** (xxᵉ; au plur.). Fin. Taxes sur la consommation qui ne sont pas payées directement par les ménages, mais perçues au niveau de la consommation intermédiaire.

RÉMANENT, ENTE [Remanɑ̃, ɑ̃t] adj. et n. m. — V. 1119, n. m.; p. prés. de *remanoir* «rester»; repris v. 1840; lat. *remaneus*, de *remanere*. → Rémanence.

★ **I.** ♦ **1.** Adj. Vx ou littér. Qui reste, subsiste. ⇒ **Permanent, persistant.**

♦ **2.** N. m. *Le rémanent :* le reste.

(1825, *rémanant*). Techn. Petit bois restant dans les coupes après l'exploitation.

★ **II.** (V. 1840). Sc. Qui subsiste après la disparition de la cause (⇒ **Rémanence**). *Magnétisme rémanent,* qui subsiste après la disparition du champ inducteur. — *Image rémanente.* — Écol., éthol. Qui présente le caractère de rémanence. *Odeur rémanente.*

REMANGER [R(ə)mɑ̃ʒe] v. tr. — Conjug. *manger.* → Bouger. — V. 1200, *remangier*; de *re-*, et *manger.*

♦ Manger une autre fois (le même mets, le même genre de mets). *On ne va pas encore remanger de la purée!*

REMANIABLE [R(ə)manjabl] adj. — 1870; de *remanier.*

♦ Qui peut être remanié. *Le plan est tout à fait remaniable.*

REMANIEMENT [R(ə)manimɑ̃] n. m. — 1690, typogr.; de *remanier.*

♦ Action de remanier; résultat de cette action. ⇒ **Changement, correction, modification.** *Apporter de nombreux, d'importants remaniements à un ouvrage, un plan, un programme... Remaniement d'une page à la composition. Le remaniement du Saint-Empire en 1803* (→ Concentration, cit. 1; curée, cit. 4). ⇒ **Organisation, réorganisation.**

1 Il y a le remaniement incessant des programmes, savamment conduit, savamment dosé, savamment administré.   Ch. PÉGUY, la République..., p. 214.

Avec un complément désignant des personnes, des groupes de personnes :

2 Un remaniement des équipes les rassembla dans la même partie (...)
MARTIN DU GARD, les Thibault, t. II, p. 213.

Remaniement ministériel : modification partielle de la composition d'un gouvernement.

REMANIER [R(ə)manje] v. tr. — V. 1250; de *re-*, et *manier.*

♦ **1.** Modifier ou refaire (un ouvrage de l'esprit) par un nouveau maniement ou un nouveau travail, en utilisant les matériaux (ou une partie des matériaux) primitifs. ⇒ **Arranger, changer, corriger, modifier, répéter, retoucher, transformer.** — REM. Le mot ne se dit plus guère de travaux d'ordre matériel : «*remanier le pavage, la couverture d'une maison*» (Académie). ⇒ **Réparer.** — *Balzac remaniait sans cesse ses romans* (→ Minotaure, cit. 2), *ses épreuves* (cit. 35). *Le peintre remanie son tableau, sa couleur* (→ 2. Franc, cit. 12). *Remanier quelques scènes d'une pièce.*

1 La Constitution de l'an VIII, ainsi remaniée par le Premier Consul, fut approuvée par trois millions de voix.   J. BAINVILLE, Hist. de France, XVII, p. 393.

Je tins un carnet de route. Quelques pages de ce journal ont paru dans la *Wallonie;* considérablement remaniées, car j'éprouvais déjà le plus grand mal à désembrouiller ma pensée.   2
GIDE, Si le grain ne meurt, I, IX, in Souvenirs, Pl., p. 520.

(1690). Typogr. «Reprendre une composition déjà faite pour la mettre sur une plus grande ou une plus petite justification» (Leduc), ou pour tenir compte de corrections, additions ou suppressions dans le texte.

(En parlant de groupes dont la composition est modifiée). *Remanier le cabinet, le ministère,* modifier sa composition sans qu'il y ait démission collective des ministres et formation d'un nouveau cabinet (→ 2. Garde, cit. 1). *Remanier une équipe de football.*

♦ **2.** (1552). Manier à nouveau, plusieurs fois. *Il manie* (cit. 2) *les viandes, les remanie, démembre... «Maniez, remaniez le texte»* (→ Érudition, cit. 3).

DÉR. Remaniable, remaniement, remanieur.

REMANIEUR, EUSE [R(ə)manjœR, øz] n. — 1832, *in* D.D.L.; de *remanier.*

♦ Personne qui remanie (qqch.). *Flaubert était un remanieur obstiné de ses propres textes.*

REMAQUILLER [R(ə)makije] v. tr. — 1901; de *re-*, et *maquiller.*

♦ Maquiller, farder de nouveau; refaire le maquillage de. *Remaquiller un acteur.* — Pron. *Acteur qui se remaquille dans sa loge. Les femmes se remaquillent avant de sortir en soirée. Se remaquiller par-dessus un maquillage* (→ Faire un raccord*).

1 Comme ce sont des artistes pauvres et que leur théâtre est tout petit, la coulisse où ils rentrent après chaque scène est à la fois loge où ils se remaquillent, leur salle à manger et leur chambre à coucher.
A. JARRY, Gestes, Liane de Pougy aux Folies-Bergère, in Œ. compl., t. VII, p. 52 (1901).

2 Comme je me remaquillais dans les toilettes d'un café, la tenancière m'interpella avec colère : «Pas de rouge à lèvres, c'est mal.»
S. DE BEAUVOIR, la Force de l'âge, p. 200.

REMARCHER [R(ə)maRʃe] v. intr. — 1549; de *re-*, et *marcher.*

♦ **1.** (Personnes). Marcher de nouveau (en particulier, après la guérison d'une infirmité qui empêchait ou gênait la marche). *Il remarche avec difficulté. Le blessé ne remarche pas encore, remarche avec des béquilles.*

♦ **2.** (Choses). Fonctionner de nouveau (après une panne, une grève, etc.).

Ça y est (...) le métro remarche. Toi, Gridoux, prends la direction Étoile.
R. QUENEAU, Zazie dans le métro, Folio, p. 186.

REMARIAGE [R(ə)maRjaʒ] n. m. — 1278; de *remarier,* et *mariage.*

♦ Nouveau mariage (→ Écrivailleur, cit. 1). ⇒ **Noces** (secondes). *Un remariage de raison* (cit. 26).

Son remariage avec son ex-femme manifeste la collusion entre la bourgeoisie traditionnelle et la nouvelle : c'est une seule et même classe.
S. DE BEAUVOIR, Tout compte fait, p. 141.

REMARIER [R(ə)maRje] v. tr. — Fin XIIIᵉ; «marier à son tour», XIIᵉ; de *re-*, et *marier.*

♦ Marier de nouveau.

1 (...) elle aurait voulu une affection chaude autour d'elle (...) Ces désirs inconscients lui firent accepter le projet de remarier Thérèse (...) Elle cherchait un mari pour sa nièce (...) elle voulait la marier de façon à être heureuse elle-même, car elle craignait vivement que le nouvel époux de la jeune femme ne vînt troubler les dernières heures de sa vieillesse.   ZOLA, Thérèse Raquin, XIX.

▶ **SE REMARIER** v. pron. (1280). → Divorcer, cit. 3; faute, cit. 7; libelle, cit. 1. ⇒ **Convoler.**

2 — Moi, veuf depuis cinq ans, reprit Crevel (...) ne voulant pas me remarier, dans l'intérêt de ma fille que j'idolâtre (...)
BALZAC, la Cousine Bette, Pl., t. VI, p. 143.

3 C'était alors un charivari, pareil à celui que l'on fait, le soir de leurs noces, aux veuves qui se remarient (...)   M. BARRÈS, la Colline inspirée, XII.

DÉR. Remariage.

REMARQUABLE [R(ə)maRkabl] adj. — 1547; de *remarquer.*

♦ **1.** Digne d'être remarqué, d'attirer l'attention. ⇒ **Étonnant, marquant, notable, particulier, saillant.** *Être remarquable par un caractère, un trait, une qualité... ⇒ **Signaler** (se); → Attacher, cit. 90; façon, cit. 8; hasard, cit. 29. Ce qu'il y a de remarquable, de plus remarquable chez..., dans... ⇒ Blasphémateur, cit.). — Il est remarquable que...,* suivi du subj. (→ Dictature, cit. 4; incomparablement, cit.). *Propriété, particularité remarquable* (→ Icône, cit. 1; imparfait, cit. 10; normal, cit. 2). *Peu, pas très remarquable.*

(...) un gros garçon d'une douzaine d'années, fort comme un bœuf, dévoué comme   1

un chien, bête comme une oie et remarquable surtout par une chevelure rouge, à laquelle il devait son surnom de Rouget (...)
                                        Alphonse DAUDET, le Petit Chose, I, I.

2   Il est remarquable que l'espèce ait pu se maintenir jusqu'à nos jours dans des conditions aussi défavorables à son développement.
                                        MAETERLINCK, la Vie des abeilles, II, IX.

3   C'est un fait remarquable qu'entre la carrière surprenante et simple de Valéry, et celle du grand écrivain qu'il rappelle le plus, je veux dire Descartes, il y ait tant de traits de ressemblance. Tous deux sont venus à la prose par le double chemin de la poésie et de la science.   A. MAUROIS, Études littéraires, Valéry, I.

4   Un des traits que le paysage avait de remarquables (...)
                                        J. ROMAINS, les Hommes de bonne volonté, t. VIII, XVII, p. 201.

♦ **2.** (Mil. XVIIe). Digne d'être remarqué par son mérite, sa qualité... ⇒ **Brillant, considérable, distingué, éminent, insigne, rare**; fam. **épatant, formidable.** *Un remarquable entraîneur* (cit. 2) *d'hommes. Clinicien remarquable.* ⇒ **Émérite** (→ Médecine, cit. 6). *Homme remarquable* (→ Forme, cit. 62; illustration, cit. 2), *très remarquable* (→ Garçon, cit. 11). *Un des hommes les plus remarquables de ce temps.* ⇒ **Premier** (→ Nuance, cit. 4). *Intelligence* (cit. 17), *justesse* (cit. 6) *remarquable. Force remarquable* (→ Poids, cit. 12). *Remarquables réussites* (→ Fresque, cit. 8). *Exploit, tour de force remarquable.* ⇒ **Extraordinaire.** *De remarquables photographies* (→ Médailler, cit. 2). — *Iron. C'est un imbécile tout à fait remarquable* (→ Crétin, cit. 4).

N. m. *Le remarquable* : ce qui est remarquable.

5   L'égalité engendre l'uniformité, et c'est en sacrifiant l'excellent, le remarquable, l'extraordinaire, que l'on se débarrasse du mauvais.
                                        RENAN, Souvenirs d'enfance..., Préface, Œ. compl., t. II, p. 721.

CONTR. **Banal, insignifiant, négligeable.** — **Déplorable, ignoble, inférieur, misérable.**
DÉR. **Remarquablement.**

REMARQUABLEMENT [R(ə)maRkabləmã] adv. — 1616; de *remarquable.*

♦ **1.** (Avec un adjectif). D'une manière remarquable. *Personne remarquablement belle* (→ Noble, cit. 8). ⇒ **Très; étonnamment, notablement,** fam. **formidablement.** *Remarquablement expressif* (cit. 5), *subtil* (→ Finasser, cit. 2), *ferme* (→ Forme, cit. 55). *Remarquablement dépourvu de ressources* (→ Impécuniosité, cit. 2).

J'étais alors un fort bel homme (...)
— Mais vous êtes encore remarquablement bien (...)
                                        STENDHAL, Romans et nouvelles, « Le Juif ».

(Plais., avec un qualificatif péjoratif). *Il est remarquablement idiot. Un film remarquablement dénué d'intérêt.* ⇒ **Totalement.**

♦ **2.** (Avec un verbe). Très bien, d'une manière remarquable (2.). *Elle chante remarquablement. Il a remarquablement réussi.*

REMARQUE [R(ə)maRk] n. f. — 1579; *remerche,* 1505; *remarque,* XVIe; de *remarquer.*

♦ **1.** Vx ou littér. Action de remarquer* (qqch.). *C'est une chose digne de remarque,* remarquable (→ Infusion, cit. 3; monastique, cit. 1). *Une de mes remarques fut que...* (→ 1. Point, cit. 64). *C'est une remarque digne des sages, que...* (→ 1. Augure, cit. 1). *La remarque n'avait pas échappé aux épilogueurs* (cit. 1). *Remarque qui conduit à...* (→ Exercice, cit. 11; 1. masse, cit. 34). *Il en a déjà fait la remarque :* il l'a déjà constaté, remarqué. *J'ai fait bien des remarques depuis* (→ Quel, cit. 6).

1   (...) elle avait l'esprit qui observe, qui fait des comparaisons, des remarques, des essais, et cela c'est un don de la nature, on ne peut pas le nier.
                                        G. SAND, la Petite Fadette, XXVI.

(XVIe). Vx. *De remarque* : digne de remarque, remarquable.

♦ **2.** Énoncé exprimant cette opération de l'esprit, qui a notamment pour but de souligner quelque particularité à l'attention de l'intéressé (interlocuteur, auditeur ou lecteur). *Les remarques qu'il a hasardées* (cit. 11). *Comme si ma remarque était d'une telle évidence...* (→ 1. Penser, cit. 41). *J'en fais la remarque à ma fille* (→ Fleur, cit. 14).

2   Même à une ou deux remarques particulières que fit Swann sur sa phrase préférée : — Tiens, c'est amusant, je n'avais jamais fait attention (...)
                                        PROUST, Du côté de chez Swann, Pl., t. I, p. 213.

(1577). Spécialt. **a** Remarque désobligeante. *Il m'a fait une remarque, et je n'ai pas apprécié. Faire des remarques.* ⇒ **Critique, observation, réflexion.** *Ma remarque subsiste.* ⇒ **Objection.**

b Notation écrite qui attire l'attention du lecteur. *Édition accompagnée de remarques* (→ 2. Critique, cit. 36; éplucher, cit. 5; instructif, cit. 1). ⇒ **Annotation, commentaire, note.** *Remarques sur...* (→ Dessein, cit. 5; examen, cit. 1). — Littér. *Remarques sur la langue française,* de Vaugelas (1647). *Remarques sur les Pensées de Pascal,* lettre philosophique de Voltaire (1734). *Livre plein de remarques profondes, pénétrantes...* ⇒ **Aperçu** (cit. 2), **considération, pensée, réflexion.** *La remarque n'est pas nouvelle* (→ Abréger, cit. 3). *Remarque pertinente* (cit. 1).

3   Moins peintre que La Bruyère, Vauvenargues a (...) un dessein plus philosophique : il ne veut pas simplement observer les hommes de la société dans leurs variétés,

en donner des portraits (...) en faire le sujet d'une suite de remarques profondes et vives; il envisage l'homme même (...)
                                        SAINTE-BEUVE, Causeries du lundi, 18 nov. 1850.

♦ **3.** (XXe; d'abord dans l'expr. *épreuve avec la remarque,* 1864, *in* Littré, art. *Épreuve,* «celle qui a été tirée avant que l'artiste eût fait disparaître quelque accident, tel qu'une fausse taille»). Arts. Petite gravure dans la marge d'une planche gravée. *Suite de gravures en trois états, dont un avec remarques.*

REMARQUER [R(ə)maRke] v. tr. — 1549; *remerchier, remerquier,* XIVe; de *re-,* et *marquer.*

★ **I.** ♦ **1.** Avoir la vue, l'attention* attirée ou frappée par (qqch., qqn). ⇒ **Apercevoir, aviser, constater, découvrir, marquer** (vx), **observer, voir.** *Il remarqua des taches qu'il lava avec soin* (→ Minutieusement, cit.). *Il omettait de regarder tant de choses que les autres remarquent* (→ Distraction, cit. 5). *Remarquer du premier coup d'œil... Remarquer l'air étonné* (→ Anomalie, cit.), *glacé* (cit. 25) *de qqn. «Nous changeons* (cit. 59) *imperceptiblement sans remarquer notre changement»* (La Rochefoucauld). *Il faut être bien* (1. Bien, cit. 75) *fin pour remarquer cette différence.* ⇒ **Trouver.** *Remarquer la présence, l'absence de qqn* (→ Libre, cit. 31; paraître, cit. 41). *Je n'y remarquais aucune contradiction* (→ Incohérence, cit. 2). *Avez-vous remarqué ceci?* (→ Moteur, cit. 3). *Remarque donc l'orchestre* (cit. 10). — *Faire remarquer à qqn un anachronisme* (cit. 4). ⇒ **Relever.** *Faire remarquer qqch. à qqn* (→ Flache, cit.; grisou, cit. 1; instrument, cit. 8). ⇒ **Avertir, signaler.**

1   (...) ce qui est échappé aux spectateurs pourra être remarqué par les lecteurs.
                                        RACINE, Britannicus, 1re préface.

2   (...) quand il entra dans le salon, il y remarqua de vieux meubles du temps de l'Empire, mais passés.   BALZAC, Un début dans la vie, Pl., t. I, p. 626.

3   Nous ne remarquons, chacun, que ce qui nous intéresse.
                                        GIDE, Corydon, IIIe dialogue, III.

Remarquer que... (→ Blesser, cit. 5; 1. détacher, cit. 17; église, cit. 14). *Remarquer combien...* (→ Exemple, cit. 34). *Remarquer quelle méthode* (cit. 3) *on a suivie... Avez-vous remarqué s'ils procèdent à un filtrage?* (cit.). — *Remarque que..., remarquez que...* (pour attirer l'attention de qqn sur une chose qu'il risquerait de ne pas prendre en considération). ⇒ **Noter** (→ Discrétion, cit. 3; 1. fin, cit. 39; frauder, cit. 5; fusionner, cit. 3). *Remarquez bien que...* Ellipt. *Il n'est pas incapable, remarque.* → Note bien. — *La petite ne va pas bien, tout le monde le remarque* (→ Caisse, cit. 8). *Non, je n'avais pas remarqué ça.* ⇒ **Garde** (prendre). *Je le remarque assez...* (→ Envi, cit. 7). ⇒ **Compte** (se rendre). — *Faire remarquer à qqn que...* (→ 1. Pas, cit. 3), *combien...* (→ Figure, cit. 20). *Il lui faisait remarquer que...* (→ Intéressant, cit. 5). *Je vous ferai remarquer, humblement que...* (→ Discret, cit. 5). — (Dans le même sens). *Permettez-moi de vous faire remarquer que...*
— REM. En phrase négative ou interrogative, *remarquer que* se construit généralement avec le subjonctif : «*Je n'ai pas remarqué qu'il s'occupât moins de moi que de mes condisciples*» France, *Petit Pierre,* p. 255 (*in* G. et R. Le Bidois, *Syntaxe du franç. mod.,* § 1287).

4   (...) M. de Saint-Yves, qui était grand physionomiste, compara les deux portraits avec le visage de l'Ingénu; il fit très habilement remarquer qu'il avait les yeux de sa mère, le front et le nez de feu monsieur le capitaine (...)
                                        VOLTAIRE, l'Ingénu, II.

5   Je vous ferai remarquer, reprit Bart en pesant sur chaque mot, que, personnellement, je me serais abstenu de vous proposer une corvée désagréable.
                                        G. DUHAMEL, Salavin, V, XVI.

6   — (...) J'ajoute qu'il faut se méfier aussi des purs illuminés. Pas de fous, ni de demi-fous.
— C'est malheureusement ceux-là que vous auriez le plus de chance de recruter.
— Remarque qu'ils sont utilisables. Les illuminés, les demi-fous, c'est le matériel pour les attentats.   J. ROMAINS, les Hommes de bonne volonté, t. IV, X, p. 102.

Remarquer que : exprimer, par une remarque, que... *Un ancien commentateur remarque fort bien que...* (→ Fable, cit. 1; impartial, cit. 3). *Chénier a remarqué spirituellement que...* (→ Flagorner, cit. 3). *Voltaire remarque ailleurs que...* (→ 1. Livre, cit. 32). *Elle remarqua, comme elle le faisait tous les soirs, qu'on mangeait trop de pain* (→ Gaspillage, cit. 2). — (En incise). *Et pourtant, remarque M. Bazin...* (→ Arriver, cit. 59; jongleur, cit. 2). *Toi non plus, remarqua son voisin* (→ Botter, cit. 2).

♦ **2.** Distinguer particulièrement (une personne parmi d'autres). *Je remarquai d'abord un homme dont la simplicité me plut* (→ Attacher, cit. 58). *Je remarquai, dans la rue Montmartre, un individu...* (→ Obtempérer, cit. 2). *Il entra sans être remarqué.* — (Dans une chronique des mondanités). *Remarqué Madame X...* — Par ext. (Choses). *Si ces œuvres paraissaient de nos jours, elles mériteraient à être remarquées* (→ Historique, cit. 2). *Remarquer une robe dans une vitrine, un magasin.*

7   Pour le Prince, entre tous sans peine on le remarque (...)
                                        MOLIÈRE, Mélicerte, I, 3.

8   Il s'arrêta tristement à la porte d'un cabaret. Deux hommes habillés de bleu le remarquèrent : Camarade, dit l'un, voilà un jeune homme très bien fait, et qui a la taille requise (...)   VOLTAIRE, Candide, II.

9   Harlequin ne sait plus où il en est; c'est la première fois qu'il s'est promené dans les rues sans être remarqué; on n'a pas fait plus d'attention à lui que s'il eût été un bourgeois (...)   Th. GAUTIER, les Grotesques, IX, p. 324.

9.1 Si je suis remarquée dans un endroit public par un homme ou par une femme, il leur fait porter par le chasseur un mot dans ce goût-ci : « Pearl vous plaît ? elle est à vous », et, sur sa carte de visite il rédige un bon. « Bon pour une séance de... (cela varie)... avec Pearl. »   Paul MORAND, l'Europe galante, p. 8.

(Sujet n. de chose). FAIRE REMARQUER : être cause qu'on distingue. *Une grande naissance annonce* (cit. 11) *le mérite et le fait plus tôt remarquer* (→ aussi Ère, cit. 3). *D'une distinction qui l'eût fait remarquer partout* (→ Partenaire, cit. 1). — *Se faire remarquer des hommes* (→ Pharisien, cit. 1). *Se faire remarquer par son austérité* (→ Phylactère, cit. 2), *par son négligé* (cit. 4). ⇒ **Connaître** (se faire), **signaler** (se). Absolt. (Péj.). *Cette femme se fait remarquer,* elle manque de tenue (Académie). ⇒ **Singulariser** (se). — (En parlant de choses). *Il ne se voit rien où le goût attique* (cit. 4) *se fasse mieux remarquer* (→ aussi Inconstant, cit. 3). — (1892). Péj. *Un galurin qui se faisait un peu remarquer* (→ Immettable, cit.).

10 Et ses coquetteries, dès que paraissait quelqu'un, — n'importe qui, — sur le chemin ! Aussitôt elle parlait avec animation, riait, faisait du bruit, faisait des grimaces, se faisait remarquer ; elle prenait une démarche factice et saccadée.   R. ROLLAND, Jean-Christophe, L'adolescent, III, p. 335.

11 (...) le mal seul fait remarquer et apprendre et permet de décomposer les mécanismes que sans cela on ne connaîtrait pas.   PROUST, Sodome et Gomorrhe, Pl., t. II, p. 651.

Se laisser remarquer.

★ **II.** Marquer* de nouveau. *Remarquer du linge dont la marque s'est effacée.*

▶ **SE REMARQUER** v. pron. (Passif). *La moindre ombre se remarque* (→ Accuser, cit. 17). *Détails qui se remarquent à peine* (→ Arrière-fond, cit. 3). *Soyez tranquille, cela ne se remarquera pas.*

▶ **REMARQUÉ, ÉE** p. p. adj.
Qui est l'objet de la curiosité, de l'attention, des commentaires des gens. *Une finesse d'autant plus remarquée que...* (→ Extérieur, cit. 14). *Différence essentielle et si peu remarquée* (→ Injuste, cit. 4). *Il a prononcé un discours très remarqué. Une absence fort remarquée.*

CONTR. (Du p. p.) Inaperçu.
DÉR. Remarquable, remarque.

REMASTICAGE [R(ə)mastika3] n. m. — 1836 ; de *remastiquer.*

♦ Techn. Nouveau masticage. *Remasticage d'une vitre dans son châssis.*

REMASTIQUER [R(ə)mastike] v. tr. — 1722 ; de *re-*, et *mastiquer.*

♦ Mastiquer à nouveau. *Remastiquer un carreau.* (⇒ 2. **Mastiquer**).
DÉR. Remasticage.

REMBALLAGE [Rɑ̃bala3] n. m. — 1842 ; de *remballer.*

♦ Action de remballer. — On trouve aussi *réemballage,* 1820. Nouvel emballage.

REMBALLER [Rɑ̃bale] v. tr. — 1549 ; de *re-*, et *emballer.*

♦ **1.** Emballer de nouveau (ce qu'on a déballé). *Représentant qui remballe ses échantillons* (cit. 3). ⇒ **Réemballer.** — Absolt. *Allez les ménagères, trois francs les salades, avant que je remballe !* — Loc. fam. *Remballer sa marchandise,* renoncer à la proposer, à la faire valoir. — Fig. et fam. *Remballer son discours. Il faut remballer ses compliments,* les garder, ne pas les dire.

♦ **2.** Fam. Rembarrer. *Se faire remballer.*
(...) j'ai encore pris sur moi de venir parler à Janet. C'était pas de bon gré, je vous assure, il m'avait déjà salement remballé.   J. GIONO, Colline, in Œ. roman., Pl., t. I, p. 208.

CONTR. Déballer, étaler.
DÉR. Remballage.

REMBARQUEMENT [Rɑ̃baRkəmɑ̃] n. m. — V. 1500 ; de *rembarquer.*

♦ Action de rembarquer, de se rembarquer. *Le rembarquement de l'armée anglaise à Dunkerque en 1940.* (On dit aussi *réembarquement,* XXe).

Ils arrivaient aux files de tommies (...) — « Dans une demi-heure, dit Gabet, ce sera notre tour d'entrer dans une de ces petites barques » (...) — « Pourquoi y a-t-il si peu de barques ? » Gabet sourit. — « On n'avait pas prévu le rembarquement, vous savez » (...)   Robert MERLE, Week-end à Zuydcoote, p. 126.

CONTR. Embarquement.

REMBARQUER [Rɑ̃baRke] v. — V. 1500 ; de *re-*, et *embarquer.*

♦ Embarquer de nouveau (ce qu'on avait débarqué). *Rembarquer*

des troupes après un raid sur les côtes. Rembarquer des marchandises. (On dit aussi *réembarquer*).

▶ **SE REMBARQUER** v. pron. (1690) ou **REMBARQUER** v. intr. S'embarquer de nouveau. *Le commando a pu se rembarquer une fois sa mission accomplie.*

L'ordre arrive du quartier général, de faire rembarquer les marins demain matin à la première heure (...) C'est fini, ce petit rêve de conquête.   LOTI, Figures et choses..., Trois journées de guerre, v. 1

(Mil. XVIIe). Fig. *Se rembarquer dans une affaire,* s'y engager de nouveau.

Je ne suis point contente de l'humeur et de la conduite de la Maison *(un fermier)* ; je crains de me rembarquer avec lui (...)   Mme de SÉVIGNÉ, 910, 30 mars 1683. 2

CONTR. Débarquer.
DÉR. Rembarquement.

REMBARRER [Rɑ̃baRe] v. tr. — Fin XVe ; de *re-*, et *embarrer.*

♦ **1.** Vx. Repousser vigoureusement.
Ce monde barbare, que Rome avait rembarré dans le Nord d'une si rude main, il existait pourtant.   MICHELET, Hist. de France, I, I. 1

♦ **2.** (1559). Mod. S'opposer vivement à (qqn) par un refus, une réponse désobligeante. ⇒ **Diable** (envoyer au), **moucher, moulin** (envoyer au), **place** (remettre à sa), **promener** (envoyer), **reprendre.** *Rembarrer qqn* (→ Diablesse, cit. 1). *Il s'est fait rembarrer et a dû se taire.* ⇒ **Remballer** (2.).

Le greffier voulut dire quelque chose ; il fut rembarré d'importance.   BEAUMARCHAIS, Mémoires... dans l'affaire Goëzman, p. 76. 2
Jamais elle n'en finissait avec son ouvrage. Et lorsqu'elle avait le malheur de se plaindre, Trimault la rembarrait !   Eugène DABIT, Hôtel du Nord, X. 3
Je n'ai pas pris cette demande au sérieux. Et puis, je n'avais pas la somme. Je n'ai ni fortune, ni économies, mon pauvre Thierry. Alors, je l'ai rembarré. Oui, j'ai refusé, peut-être rudement.   G. DUHAMEL, le Voyage de P. Périot, XIV. 4

CONTR. Accueillir, câliner.

REMBAUCHAGE [Rɑ̃boʃa3] n. m., REMBAUCHER [Rɑ̃boʃe] v. tr. ⇒ Réembauchage, réembaucher.

REMBIN [Rɑ̃bɛ̃] n. m., REMBINER [Rɑ̃bine] v. tr., REMBINEUR [Rɑ̃binœR] n. ⇒ Rambin, rambiner, rambineur.

REMBLAI [Rɑ̃blɛ] n. m. — 1694 ; déverbal de *remblayer.*

♦ **1.** Techn. Action de remblayer, opération de terrassement* consistant à rapporter des terres, pour faire une levée ou pour combler une cavité. *Travaux de remblai. Exécuter un remblai. Volumes de remblai et de déblai.*

♦ **2.** (1749). Techn., cour. Terres rapportées à cet effet ; ouvrage ou levée de terre rapportée. *Remblai disposé en talus*. Chaussée en remblai. Mur de soutènement d'un remblai. Route flanquée* (1. Flanquer, cit. 5) *de remblais. Poteaux* (cit. 3) *télégraphiques sur le flanc du remblai. Remblais d'une voie ferrée* (→ Montée, cit. 9). ⇒ **Chemin de fer** (infrastructure, voie). *Remblai constituant une banquette de sûreté.*

(...) ils aperçurent tout à coup, à quelques pas, les fanaux de la voie ferrée sur le faîte d'un remblai. Ils grimpèrent le talus.   R. ROLLAND, Jean-Christophe, La révolte, III, p. 626. 1
Le sanctuaire était aussi semblable que possible à celui de Salomon, mais les bâtiments extérieurs dépassaient de beaucoup les siens ; par des murs de soutènement et des remblais, on obtint une surface double.   DANIEL-ROPS, le Peuple de la Bible, IV, II. 2

CONTR. Déblai.

REMBLAIEMENT [Rɑ̃blɛmɑ̃] n. m. — 1924 ; de *remblayer.*

♦ Géol. Colmatage par alluvionnement (⇒ **Accumulation**). *Remblaiement d'une vallée fluviale par les matériaux de charriage.*

REMBLAVER [Rɑ̃blave] v. tr. — 1690 ; de *re-*, et *emblaver.*

♦ Agric. Emblaver à nouveau, quand le premier emblavage n'a pas réussi. ⇒ **Réensemencer.**

REMBLAYAGE [Rɑ̃blɛja3] n. m. — 1845 ; de *remblayer.*

♦ **1.** Action de remblayer ; résultat de cette action. ⇒ **Remblai** (→ Extraire, cit. 1).

♦ **2.** (Fin XIXe). Matières servant à remblayer.
CONTR. Déblaiement.

REMBLAYER [Rɑ̃blɛje ; Rɑ̃bleje] v. tr. — Conjug. *payer.* — 1241, *remblaer ; remblayer,* 1798 ; de *re-*, et *emblayer,* de l'anc. franç. *emblayer* « ensemencer de blé », de *en-* et *blé,* par une évolution du sens parallèle à celle de *déblayer*.

♦ Soumettre (une chaussée, un fossé, etc.) à des travaux de remblai. *Remblayer une route* (⇒ **Hausser**), *un fossé* (⇒ **Combler**).

L'après-midi, les ouvriers de la coupe à terre prenaient les déblais laissés au fond de la galerie par les haveurs, et remblayaient les tranches exploitées de la veine (...)   ZOLA, Germinal, I, IV.

CONTR. **Déblayer.**

DÉR. **Remblaiement, remblayage, remblayeur, remblayeuse.**

REMBLAYEUR, EUSE [ʀɑ̃blɛjœʀ, ɸz] n. — 1840 ; de *remblayer*.

♦ Personne (en particulier : mineur) qui remblaye.

REMBLAYEUSE [ʀɑ̃blɛjɸz] n. f. — Mil. XXᵉ ; de *remblayer*.

♦ Techn. Machine qui fait le remblayage. — Adjectif :

(...) les compagnies ont généralement remplacé le remblayage à la main, qui s'avérait d'ailleurs trop lent dans les grandes et moyennes tailles, par le remblayage hydraulique qui, quoique onéreux, donne d'excellents résultats. Il existe également des machines remblayeuses, mécaniques ou pneumatiques.
                                                                    Jean ROMEUF, le Charbon, p. 43.

REMBOBINAGE [ʀɑ̃bɔbinaʒ] n. m. — XXᵉ ; cin., v. 1923 ; de *rembobiner*.

♦ Action de bobiner de nouveau, de rembobiner. *Rembobinage d'un film. Mécanisme de rembobinage. Rembobinage rapide* (sur un magnétophone, un lecteur de cassettes).

CONTR. **Débobinage.**

REMBOBINER [ʀɑ̃bɔbine] v. tr. — XXᵉ ; de *re-*, et *embobiner*.

♦ Bobiner, embobiner de nouveau. *Rembobiner du fil. Opérateur qui rembobine un film.*

CONTR. **Débobiner.**

DÉR. **Rembobinage.**

REMBOÎTAGE [ʀɑ̃bwataʒ] n. m. — 1874, de *remboîter*.

♦ Techn. (reliure). Opération par laquelle on remet un volume soit dans sa reliure d'origine après l'avoir réparé, soit dans une reliure d'époque en bon état dont on a seulement changé l'étiquette au dos.

REMBOÎTEMENT [ʀɑ̃bwatmɑ̃] n. m. — 1636 ; de *remboîter*.

♦ Action de remboîter ; son résultat. *Remboîtement d'une articulation.*

CONTR. **Déboîtement, dislocation.**

DÉR. **Remboîtage.**

REMBOÎTER [ʀɑ̃bwate] v. tr. — V. 1300, *remboister* ; de *re-*, et *emboîter*.

♦ **1.** Remettre en place (ce qui était déboîté*). *Remboîter un os. Bras de fauteuil à remboîter.*

♦ **2.** (1874, reliure). Remettre dans sa reliure. — P. p. adj. *Exemplaire remboîté.* ⇒ **Remboîtage.**

CONTR. **Déboîter, disloquer.**

DÉR. **Remboîtage, remboîtement.**

REMBOUGER [ʀɑ̃buʒe] v. tr. — Conjug. *bouger*. — 1808 ; de *re-*, et *embouger*, de *bouge*, anciennt «futaille».

♦ Techn. Remplir (un tonneau) en ajoutant à son contenu un liquide de même nature (pour compenser l'évaporation, en particulier).

REMBOUR [ʀɑ̃buʀ] n. m. ⇒ 2. **Rambour.**

REMBOURRAGE [ʀɑ̃buʀaʒ] n. m. — 1765 ; de *rembourrer*.

♦ **1.** Action de rembourrer ; son résultat.

♦ **2.** Matière servant à rembourrer. ⇒ **Matelassure, rembourrure.** *Fauteuil usé qui laisse voir le rembourrage.* — Partie rembourrée. *Regarnir les rembourrages.*

REMBOURRER [ʀɑ̃buʀe] v. tr. — XIVᵉ ; «obséder» (en parlant de Satan), v. 1200 ; de *re-*, et *embourrer*.

♦ **1.** Garnir de bourre* (laine, crin, kapok, etc.). ⇒ **Bourrer, capitonner, matelasser.** *Rembourrer un siège, le dossier et les manchettes d'un fauteuil. Rembourrer les épaules d'un veston.*

♦ **2.** Plais. Garnir abondamment. *Il rembourre sa serviette de journaux pour faire sérieux.*

▶ **REMBOURRÉ, ÉE** p. p. adj.

♦ **1.** Garni de bourre ou d'une matière molle, en parlant d'un objet sur lequel on peut s'asseoir. *Coussin, matelas, berceau* (cit. 1) *bien, très rembourré.* — Par plais. *Rembourré avec des noyaux de pêches, d'abricots : très dur. Divan rembourré de noix* (cit. 5).

Absolt. Confortable par son garnissage. *Banquette rembourrée.*

(En parlant d'autres objets). *Épaulettes rembourrées.*

♦ **2.** Garni.

Certains jours, à Sainte-Foix, on étalait une certaine tête de veau marinée pendant cinq nuits, cuite dans du vin de Madère et rembourrée de choses exquises (...)
                                                CHATEAUBRIAND, Mémoires d'outre-tombe, t. II, p. 350.

Ventre rembourré, bien rembourré. ⇒ **Grassouillet, replet.** — (Personnes). *Il est bien rembourré.*

DÉR. **Rembourrage, rembourrure.**

REMBOURRURE [ʀɑ̃buʀyʀ] n. f. — 1765 ; de *rembourrer*.

♦ Techn. Bourre, matière servant à rembourrer. ⇒ **Rembourrage.**

REMBOURS [ʀɑ̃buʀ] n. m. — 1981 ; de *rembourser, remboursement.*

♦ Écon. Régime douanier applicable à des marchandises étrangères destinées à être réexportées et qui autorise le remboursement au moins partiel des droits de douane (terme proposé pour remplacer l'anglicisme *drawback.* Cf. *Médias et langage,* mai 1981, p. 35).

HOM. 1. **Rambour,** 2. **rambour.**

REMBOURSABLE [ʀɑ̃buʀsabl] adj. — 1432 ; de *rembourser.*

♦ Qui peut ou qui doit être remboursé. *Billet à vue remboursable. Titre, emprunt remboursable dans cinq ans, à telle échéance. Dette* remboursable. *Prêt remboursable en quinze ans.*

REMBOURSEMENT [ʀɑ̃buʀsəmɑ̃] n. m. — 1432 ; de *rembourser.*

♦ **1.** Action de rembourser (qqch.). ⇒ **Paiement.** *Remboursement d'une dette*. ⇒ **Acquittement.** *Remboursement d'une rente.* ⇒ **Rachat.** *Billet portant remboursement avec intérêts* (→ 2. Prêt, cit. 2). *Remboursement du capital souscrit, d'un emprunt*. ⇒ **Amortissement.** *Remboursement d'un titre par tirage au sort. Remboursement au pair.*

À Jersey, émet des billets de banque qui veut ; si ces billets résistent à l'afflux du remboursement, la banque est fondée.   HUGO, l'Archipel de la Manche, XIII.   1

Envoi contre remboursement, contre paiement à la livraison.

(...) il lui arrivait aussi quelquefois de prendre des commandes et d'expédier ensuite les articles contre remboursement.   2
                                                A. ROBBE-GRILLET, le Voyeur, p. 24.

♦ **2.** Action de rembourser (qqn). *Le remboursement de ses créditeurs n'est pas terminé.*

CONTR. **Débours, déboursement.**

REMBOURSER [ʀɑ̃buʀse] v. tr. — 1444 ; «remettre dans sa bourse», XIIIᵉ ; de *re-*, et *embourser* «mettre dans une bourse», de *bourse.*

♦ **1.** Payer (qqch., de l'argent) pour faire rentrer qqn dans ses débours, pour le dédommager, pour s'acquitter... *Rembourser une somme d'argent à un prêteur.* ⇒ **Rendre** (→ Entrée, cit. 23 ; libérer, cit. 5 ; nantissement, cit. 2). *Rembourser une avance* (cit. 21), *un emprunt* (→ Affaire, cit. 16), *une dette (à qqn).* ⇒ Non, cit. 54. *Rembourser une rente,* en acquitter le principal (→ Lequel, cit. 2). — Spécialt (banque). *Cas où la banque est obligée de rembourser les billets qu'elle a émis* (→ Cours, cit. 20). — (Loterie). *Les billets se terminant par tel chiffre sont remboursés.*

Charles se demanda plusieurs fois par quel moyen, l'année prochaine, pouvoir rembourser tant d'argent ; et il cherchait, imaginait des expédients, comme de recourir à son père ou de vendre quelque chose.   1
                                                FLAUBERT, Mᵐᵉ Bovary, II, XIV.

Je ne vous demande donc ni de me racheter mes options, ni de me payer des commissions, ni même de me rembourser mes frais.   2
                                                J. ROMAINS, les Hommes de bonne volonté, t. V, XXII, p. 190.

Remboursez ! (Remboursez le prix des places), cri de mécontentement à un mauvais spectacle.

♦ **2.** (1559). Rendre à (qqn) par un remboursement. ⇒ **Couvrir, indemniser.** *Rembourser qqn de ses dépenses, de ses frais, de ses avances...* (→ Financer, cit. 3). *Rembourser tous ses créanciers, les désintéresser*. — Pron. *Se rembourser :* rentrer dans ses débours, dans ses frais. *Se rembourser par ses mains :* se payer.

À propos, paye donc aussi pour moi, veux-tu ? Je suis sorti sans argent, figure-toi.   3
Je te rembourserai demain soir.   COURTELINE, Boubouroche, I, I.

En effet, depuis que M. Lescaa, las de prêter à ses concitoyens un argent dont ils   4 ne le remboursaient jamais que de gratitude, à un taux assez bas, s'était résolu à « réaliser » ; cela n'allait pas sans faire bien des blessures.

P.-J. TOULET, la Jeune Fille verte, v.

▶ **REMBOURSÉ, ÉE** p. p. adj.

♦ **1.** *Places remboursées après l'annulation d'un spectacle. Obligations à lots* (cit. 6) *remboursées par tirage au sort.*

♦ **2.** *Spectateurs remboursés.* — *Satisfait ou remboursé* (formule employée dans le commerce).

CONTR. Avancer, débourser, emprunter, encaisser.
DÉR. Remboursable, remboursement. — V. Rembours.

REMBRANESQUE [ʀɑ̃bʀanɛsk] adj. — Av. 1841 ; var. *rembrand-tesque* (1917), *rembrandesque* (1929) ; de *Rembrandt*, d'après la prononc. [ʀɑ̃bʀɑ̃].

♦ Arts. Propre à Rembrandt. *Un clair-obscur rembranesque.*

— Rembranesque ! Raphélique !
— Manet et Courbet au milieu —
(...) Ils donnent des noms de fabrique
A la pochade du bon Dieu !

Tristan CORBIÈRE, les Amours jaunes, 1873, p. 777.

REMBRUNIR [ʀɑ̃bʀyniʀ] v. tr. — 1690 ; de *re-*, et *embrunir*, de *em-*, *brun*, et suff. verbal, du sens ancien de *brun* « d'une couleur sombre et obscure » (Furetière).

♦ **1.** Vx. Rendre plus sombre, plus foncé. Pron. *Couleurs qui se sont rembrunies.* — Par ext. (Vieilli) *Le ciel, le temps se rembrunit*, se couvre de nuages, s'assombrit. — P. p. adj. :

1   Candide (...) demanda de quel maître étaient les deux premiers *(tableaux)*. Ils sont de Raphaël, dit le sénateur (...) ils ne me plaisent point du tout ; la couleur en est toute rembrunie (...)   VOLTAIRE, Candide, XXV.

2   (...) le coloris est plus clair et le modelé obtenu par des demi-teintes moins rembrunies.

Th. GAUTIER, Souvenirs de théâtre..., Collection d'Espagnac.

♦ **2.** (1762, au p. p.). Sujet n. de chose ou de personne. Rendre triste. ⇒ **Assombrir, peiner.** *Ses soucis ne l'ont pas trop rembruni.*

▶ **SE REMBRUNIR** v. pron. (1768).
Prendre un air sombre, chagrin ; s'attrister (→ Mariage, cit. 7). *Son front, sa mine, son visage se rembrunit*, perd sa sérénité.

3   Le baron, qui se promenait à grands pas, vint s'asseoir ; une sévérité glacée rembrunissait son visage, il regarda fixement sa fille (...)
BALZAC, la Vendetta, Pl., t. I, p. 896.

4   (...) le sourire de connivence qu'il apprêtait se figea sur ses lèvres, ses traits se rembrunirent. Il était mécontent du tour que Jacques avait donné à la discussion (...)   MARTIN DU GARD, les Thibault, t. V, p. 106.

▶ **REMBRUNI, IE** p. p. adj. *Mine rembrunie. Air rembruni, tout rembruni.* ⇒ **Contrarié, triste.**

CONTR. Éclaircir, égayer, épanouir, illuminer.
DÉR. Rembrunissement.

REMBRUNISSEMENT [ʀɑ̃bʀynismɑ̃] n. m. — 1690 ; de *rembrunir*.

♦ Littér. Action de rembrunir, de se rembrunir.
(...) il interprétait mes silences, observait le rembrunissement de mon front.
GIDE, Si le grain ne meurt, II, II, *in* Souvenirs, Pl., p. 602.

REMBUCHEMENT [ʀɑ̃byʃmɑ̃] n. m. — Mil. XVIᵉ ; de *rembucher*.

♦ Vén. Rentrée de la bête dans le bois. (On dit aussi *rembucher*, n. m.).

REMBUCHER [ʀɑ̃byʃe] v. tr. — 1549 ; de *re-*, et anc. franç. *embuschier* (v. 1155), *embucher* (1636). → Embûche.

♦ Vén. Faire rentrer (la bête) dans le bois en la poursuivant. — Pron. (XIIIᵉ). Rentrer dans le bois (en parlant de la bête). *Cerf qui se rembuche.* ⇒ **Embûcher.**

CONTR. Débucher, débusquer.
DÉR. Rembuchement.

-RÈME Élément, du lat. *remus* « rame » (⇒ 1. **Rame**) ; suffixe qui entre dans la composition de noms de bateaux de l'Antiquité : *birème, quinquérème, trirème*, et signifie « rang de rames ».

REMÈDE [ʀ(ə)mɛd] n. m. — 1181 ; lat. *remedium* ; doublet *remire* en anc. franç.

★ **I.** ♦ **1.** Vieilli. Substance, opération, appareil employé à un traitement*. — (Substances). ⇒ **Médecine, médication ; drogue ; sérum, vaccin ;** et aussi **bouillon, grog, infusion, potion, tisane.** — (Soins et interventions). ⇒ **Chirurgie, orthopédie, prothèse ; thérapeutique, traitement ;** et aussi **acupuncture, bain, cataplasme, compresse, cure,**

diète, douche, emplâtre, enveloppement, friction, fumigation, gargarisme, implantation, inhalation, injection, instillation, insufflation, lavage, lavement, massage, pansement (gastrique), **perfusion, piqûre, ponction, purgation, purge, rayon(s), rééducation, régime, relaxation, respiration** (artificielle), **saignée, scarification, sinapisme, suralimentation, transfusion, ventouse ;** suff. **-thérapie.**

Mod. **Médicament*** ; substance médicamenteuse. *Remède curatif, préservatif. Remède symptomatique. Remède allopathique, homéopathique. Remède spécifique ; spécificité d'un remède.*

1   Le traitement, objet de la thérapeutique, a pour but définitif plus ou moins prochain de guérir ou de pallier une maladie (...) Est un remède tout ce qui est employé au traitement d'une maladie : un bain, un massage, une application d'ondes courtes sont des remèdes au même titre que les substances administrées à l'intérieur ou à l'extérieur du corps et qu'on dénomme plus spécialement *médicaments.*   H. HARANT, Médicaments et Médications, p. 20.

Remède qui combat une maladie. Remède qui agit, opère (cit. 2), *apporte un soulagement, guérit** (→ Gale, cit. 1). « *Presque tous les hommes meurent de leurs remèdes, et non pas de leurs maladies* » (cit. 4, Molière). *Remède agissant, efficace, énergique, infaillible, souverain...* — Loc. *Remède de cheval*, très énergique, brutal. — *Remède anodin* (cit. 2), *bénin. Remède inefficace, inopérant, inutile* (→ Onguent miton mitaine*, cautère* sur une jambe de bois). — Loc. *Remède de bonne femme :* remède empirique traditionnel (→ Bourrache, cit. 1). — *Remède de charlatan.* ⇒ **Drogue, orviétan.** *Remède universel.* ⇒ **Panacée.** — *Remède magistral, extemporané* (⇒ **Préparation**), *officinal.* ⇒ **Pharmacie ; codex, pharmacopée** (cit.). *Formule, recette d'un remède. Les remèdes des médecins* (→ Guérir, cit. 3 ; et aussi capable, cit. 9, Molière). *Donner, essayer, préconiser, prescrire, administrer un remède. Prendre un remède* (→ Difficulté, cit. 16). *La malade* (cit. 16) *refuse toute espèce de remède.*

2   (...) je voudrais bien leur demander quel mal vous avez, pour vous faire tant de remèdes.   MOLIÈRE, le Malade imaginaire, I, 2.

3   Combien l'impatience, la crainte, l'inquiétude, et surtout les remèdes, ont tué de gens que leur maladie aurait épargnés et que le temps seul aurait guéris !
ROUSSEAU, Émile, I.

4   (...) elle ressemblait à ces malades arrivés à un état désespéré qui essaient de toutes les recettes et se confient même aux remèdes de bonne femme.
BALZAC, la Maison du Chat-qui-pelote, Pl., t. I, p. 57.

5   Tout est de mode en médecine, dit-il *(M. de Meilhan)*, comme pour les objets les plus frivoles. Il est d'usage pendant dix ans de saigner dans une maladie ; ensuite on prend une autre méthode. Tantôt les remèdes chauds sont de mode, et tantôt les froids (...)
SAINTE-BEUVE, Causeries du lundi, 24 avr. 1854 (→ aussi Guérir, cit. 6).

6   (...) les deux femmes continuèrent longtemps, se communiquèrent des remèdes, du persil sous la paillasse contre les maux de reins, trois glands de chêne dans la poche pour guérir l'enflure, un verre d'eau blanchie par la lune et bue à jeun pour chasser les vents.   ZOLA, la Terre, V, IV.

(XVIIᵉ ; par euphémisme). Vx. Lavement*.

Principaux remèdes qualifiés par leur action :

Abluant	Cholérétique	Nervin
Abortif	Cicatrisant	Odontalgique
Absorbant	Coagulant	Paralysant
Abstergent	Confortant	Prolifique
Adhésif	Corroboratif	Purgatif
Adjuvant	Décongestionnant	Rafraîchissant
Adoucissant	Dépuratif	Ramollissant
Agglutinatif	Dérivatif	Recalcifiant
Analeptique	Désobstruant	Réconfortant
Analgésique	Desséchant	Reconstituant
Anesthésique	Détergent	Relâchant
Anthelminthique	Détersif	Remontant
Antibiotique	Dissolutif	Réparateur
Antidiarrhéique	Diurétique	Résolutif
Antidote	Dormitif	Restringent
Antidysentérique	Drastique	Révulsif
Antihémorragique	Échauffant	Sédatif
Antihistaminique	Emménagogue	Sialagogue
Antimicrobien	Émollient	Somnifère
Antinévralgique	Épithème	Sternutatoire
Antiphlogistique	Épulotique	Stimulant
Antipyrétique	Errhin	Stomachique
Antirabique	Eupeptique	Stomatique
Antiscorbutique	Excitant	Stupéfiant
Antiseptique	Expectorant	Sudorifique
Antispasmodique	Fébrifuge	Suppuratif
Antithermique	Fortifiant	Sympatholytique
Antituberculeux	Galactagogue	Sympathomimétique
Antiurique	Helminthique	(et Parasympatho-)
Aphrodisiaque	Hémostatique	Ténifuge
Astrictif	Humectant	Tonique
Astringent	Hypnotique	Topique
Balsamique	Immunisant	Tranquillisant
Barbiturique	Laxatif	Vaso-constricteur
Béchique	Lénitif	Vaso-dilatateur
Calmant	Lubrifiant	Vermifuge
Cardiotonique	Maturatif	Vésicant
Carminatif	Minoratif	Vomitif
Caustique	Modérateur	Vulnéraire...
Cholagogue	Narcotique	

Substances et compositions servant de remèdes :

Acotinine	Ammoniaque	Arsenic
Adrénaline	Antipyrine	Arsénobenzol
Alcool	Apiol	Aspirine
Alun	Argent	Atropine
Amidon	Arnica	Bézoard

Bicarbonate de soude	Goménol	Permanganate (de potasse)
Bismuth	Gomme	Phosphate
Bleu de méthylène	Goudron	Phosphore
Bromure	Héparine	Pilocarpine
Cachou	Héroïne	Populéum
Cacodylate	Hordéine	Protargol
Cade	Hormone	Protoxyde d'azote
Caféine	Huile* de...	Pyramidon
Calcium	Hydrastine	Pyridine
Calomel	Insuline	Quassine
Camphre	Iode	Quinine
Cantharidine	Ipécacuana	Radium
Carbonate	Kamala	Résorcine
Catholicon	Lactucarium	Ricin
Cérat	Lanoline	Salol
Charbon	Laudanum	Salycilate de soude
Chaux	Lécithine	Salycilique (acide)
Chloroforme	Levure	Scopolamine
Coaltar	Liqueur* de...	Sel*
Cobalt	Lithine	Séné
Cocaïne	Magnésie	Soufre
Codéine	Malt	Spartéine
Copahu	Menthol	Stovaïne
Cortisone	Mercurochrome	Streptomycine
Créosote	Miel	Strophantine
Curare	Morphine	Strychnine
Diascordium	Morue (huile de foie* de...)	Sulfamides
Digitaline	Mucilage	Sulfate de soude
Eau (minérale, thermale)	Musc	Tanin
Émétine	Myrrhe	Térébenthine
Ergotine	Naphtol	Théobromine
Ésérine	Novocaïne	Thiomine
Éther	Opium	Thridace
Eucalyptol	Papaïne	Thymol
Farine* de...	Papavérine	Tyrothricine
Fer	Paraffine	Valériane
Folliculine	Pénicilline	Véronal
Gaïacol	Penthiobarbital (penthotal)	Vitamine
Glycérine	Pepsine	Zinc...

Forme des remèdes. ⇒ **Médicament.**

Plantes utilisées comme remèdes (⇒ **Simple ; médicinal** [cit.] ; et aussi **plante**) :

Ache	Digitale	Myrtille
Aconit	Ellébore	Nafé
Ail	Eucalyptus	Nerprun
Aloès	Fenouil	Noix (vomique*)
Amande	Fumeterre	Oranger
Anis	Galéga	Orpin
Armoise	Genêt	Passerage
Bardane	Genévrier	Patience
Belladone	Gentiane	Peuplier
Benjoin	Gui	Potentille
Boldo	Guimauve	Quinquina
Bourdaine	Hamamélis	Réglisse
Bourrache	Jaborandi	Rhubarbe
Bryone	Jalap	Romarin
Calament	Jujube	Rose
Camomille	Jusquiame	Sabline
Cannelle	Kermès	Salsepareille
Capillaire	Kramerie	Sanguisorbe
Casse	Laurier	Santal
Cerise (queue de)	Lavande	Sarriette
Chélidoine	Lierre	Scille
Chiendent	Lin (graine)	Seigle (ergot)
Citron	Lobélie	Simaruba
Coca	Lycopode	Sureau
Coloquinte	Mauve	Thym
Consoude	Mélilot	Tilleul
Coquelicot	Mélisse	Tussilage
Cresson	Menthe	Verveine
Cubèbe	Millefeuille	Violette...
Datura	Mûre	

♦ **2.** (Fin XIIe, *remedie*). Fig. Ce qui est employé pour supprimer ou guérir un mal, une souffrance morale (→ Esprit, cit. 73). *Un mal qui porte son remède* (→ 1. Flèche, cit. 8). *Chercher, trouver un remède.* ⇒ **Expédient, moyen, palliatif.** *Il envisage aussitôt le mal et le remède* (→ Déployer, cit. 10). — Loc. prov. *Le remède est pire que le mal* (→ Fâcheux, cit. 6). — *Les remèdes de la religion* (→ Homme, cit. 66 ; humilité, cit. 12 ; impuissance, cit. 2). *Il n'y a pas de remèdes pour eux que la résignation* (→ Faim, cit. 12). ⇒ **Ressource.** *Le remède, c'est de n'y pas penser* (→ 1. Mort, cit. 2). ⇒ **Solution.**

REMÈDE À... *Le remède à nos maux* (→ 2. Bien, cit. 73), *à l'ennui* (→ Impérieusement, cit. 1), *à la haine* (→ Absence, cit. 4). *Apporter un remède, porter remède à une situation, à un mal. On peut y porter remède.* ⇒ **Remédier, remédiable.** — Loc. prov. *Il y a remède à tout.*

REMÈDE DE : ce qui guérit. ⇒ **Contrepoison** (fig.). *Le remède de la jalousie* (→ Doute, cit. 19). « *D'un incurable* (cit. 6) *amour remèdes impuissants !* » (Racine). *Les Remèdes d'amour,* œuvre d'Ovide.

REMÈDE CONTRE (sens plus fort). ⇒ **Antidote.** *Un remède contre la souffrance. L'épreuve* (cit. 1) *est le remède contre l'erreur. L'étude* (cit. 5), *souverain remède contre les dégoûts de la vie.*

SANS REMÈDE. ⇒ **Irrémédiable** (→ Sans recours*). *Un mal sans remède* (→ Échapper, cit. 10). *Des inconvénients qui ne sont pas sans remèdes* (→ Célibat, cit. 7).

[7] Quelle religion enfin nous enseignera notre bien, nos devoirs, les faiblesses qui

nous en détournent, la cause de ces faiblesses, les remèdes qui les peuvent guérir, et le moyen d'obtenir ces remèdes ? PASCAL, Pensées, VII, 430.

(...) votre compassion ne peut pas porter remède à mes ennuis : la fille que je [8] voudrais ne veut point de moi. G. SAND, la Mare au diable, XVI.

Allons, il y a remède à tout quand on a pour bonne amie une Flamande de [9] Rome *(une bohémienne).* MÉRIMÉE, Carmen, III.

— Soyez béni, mon Dieu, qui donnez la souffrance [10]
Comme un divin remède à nos impuretés.
BAUDELAIRE, les Fleurs du mal, « Spleen et idéal », I.

Prov. *Aux grands maux* (3. Mal, cit. 20) *les grands remèdes :* il ne faut pas hésiter à utiliser les grands moyens dans les cas graves.

Loc. péj. (1690). *Remède d'amour* (vx), *contre l'amour* (mod.), *remède à l'amour :* personne laide ou vieille. *Remède à la concupiscence* (même sens).

S'il le faut, j'attendrai que vos scrupules se soient dissipés d'eux-mêmes jusqu'à ce [11] que vos beaux cheveux d'or se soient mués en cheveux d'argent. — Oh ! fit Isabelle, alors je serai un vrai *remède d'amour* et laide à épouvanter le plus fier courage (...) Th. GAUTIER, le Capitaine Fracasse, XV.

★ **II.** (XVIe ; bas lat. *remedium ligæ, remedium ponderis*). T. d'orfèvr. Écart autorisé entre le titre légal et le titre réel de l'argenterie. *Grains de remède,* les deux points ronds de chaque côté du poinçon qui indiquent cet écart.

REMÉDIABLE [ʀ(ə)medjabl] adj. — Fin XIVe ; de *remédier.*

♦ Rare. À quoi l'on peut remédier. ⇒ **Curable, guérissable.** — Fig. *Un désordre remédiable.* ⇒ **Réparable.**

CONTR. **Irrémédiable** (plus cour.).

REMÉDIER [ʀ(ə)medje] v. tr. ind. — 1282 ; lat. *remediare.*

REMÉDIER À. ♦ **1.** Vx. Porter remède* à. *Remédier au mal de dent* (→ Plomber, cit. 5). ⇒ **Calmer, guérir, soulager.** *Un mal inguérissable, incurable, auquel on ne peut remédier.*

On lui voit aux mains des poireaux (...) s'il pense à y remédier, c'est lorsque le [1] mal, aigri par le temps, est devenu incurable.
LA BRUYÈRE, les Caractères de Théophraste, XIX.

♦ **2.** (V. 1355). Fig. et mod. Apporter un remède à ; atténuer ou supprimer les effets néfastes de. *Remédier à des abus, des famines* (→ Grain, cit. 2)... *Pour remédier à cette situation, pour y remédier.* ⇒ **Obvier, parer ;** et aussi **pallier, suppléer.** *Les embarras d'argent auxquels l'assemblée s'était flattée de remédier* (→ Monnayer, cit. 2). — Par ext. *Un expédient* (2. Expédient, cit. 8) *ne remédie jamais à rien.* ⇒ **Arranger, réparer.** *Impossibilité* (cit. 6) *de remédier au mal, d'y remédier.* ⇒ **Irrémédiable.**

(...) à tout instant l'insubordination ouvrière pouvait mettre en péril les affaires de [2] la chocolaterie. Il y avait là un vice de la structure sociale, un défaut de la législation auquel il aurait fallu remédier. ARAGON, les Beaux Quartiers, I, VII.

DÉR. **Remédiable.**

REMÊLER [ʀ(ə)mele] v. tr. — 1549, *remesler ;* de *re-,* et *mêler.*

♦ Mêler de nouveau. *Remêler les cartes, au jeu.*

Figuré :

Je l'ai poussée *(Mme Commanville)* à reprendre cette fin, et à l'étoffer un peu, surtout dans les années malheureuses où la vie de l'écrivain *(Flaubert)* est complètement *remêlée* à la sienne.
Ed. et J. DE GONCOURT, Journal, 23 avr. 1885, t. VII, p. 29.

REMEMBRANCE [ʀəmãbʀɑ̃s] n. f. — 1119 ; « conscience », Chanson de Roland, 1080 ; de l'anc. v. *remembrer,* doublet de *remémorer.*

♦ Vx ou effet stylistique d'archaïsme. ⇒ **Évocation, souvenir.** *De vagues remembrances.* « *La remembrance de Madame de Polastron* » (Chateaubriand, *Mémoires d'outre-tombe,* t. VI, p. 68), le souvenir qu'on avait d'elle. *Remembrances d'un vieillard idiot,* poème de Rimbaud *(Album zutique).*

(...) le feu du conteur en ses remembrances pressées qui lui venaient plus vite, en foisonnant à son esprit, que la main ne pouvait les suivre à les transcrire (...)
Émile HENRIOT, la Rose de Bratislava, XII.

REMEMBREMENT [ʀ(ə)mãbʀəmã] n. m. — 1907 ; de *re-,* et *membre,* d'après *démembrement.*

♦ Reconstitution de domaines (agricoles,...) « dont on estime l'exploitation plus aisée que celle des parcelles morcelées à l'excès » (Capitant). → Parcellement, cit. 2. *Remembrement obligatoire* (par arrêté préfectoral). *On procède au remembrement par échanges et redistribution. Le remembrement des terres. Remembrement rural. Remembrement et arasement des talus.*

CONTR. **Démembrement, morcellement.**
DÉR. **Remembrer.**

REMEMBRER [ʀ(ə)mãbʀe] v. tr. — 1933, « réunir (des parties dispersées) » ; de *remembrement,* d'après *démembrer.*

◆ Rassembler (des parcelles) en un seul domaine. *Remembrer des terres.* — Au p. p. *Biens remembrés.*

CONTR. Démembrer, morceler.

REMÉMORATEUR, TRICE [ʀ(ə)memɔʀatœʀ, tʀis] adj. — Av. 1841, Chateaubriand ; de *remémorer.*

◆ Rare, littér. Qui rappelle un souvenir. ⇒ **Remémoratif.**

REMÉMORATIF, IVE [ʀ(ə)memɔʀatif, iv] adj. — Déb. xvᵉ ; de *remémorer.*

◆ Rare, littér. Qui suscite le souvenir, perpétue la mémoire de qqch. ⇒ **Remémorateur.**

REMÉMORATION [ʀ(ə)memɔʀasjɔ̃] n. f. — 1370 ; bas lat. *rememoratio* « commémoration », de *rememorari.* → **Remémorer.**

◆ Rare. Action de remémorer, de se remémorer. *Remémoration d'amis belges,* sonnet de Mallarmé.
Psychol. Rappel volontaire du souvenir.

REMÉMORER [ʀ(ə)memɔʀe] v. tr. — Fin xvᵉ ; intr. « faire une commémoration », 1374 ; a éliminé *remembrer* (→ Remembrance) ; bas lat. *rememorari,* de *re-,* et, sur le modèle de *commemorari,* var. de *commemorare.*

◆ Littér. Remettre en mémoire*, faire se souvenir précisément de... ⇒ **Évoquer, rappeler.**

1 Dans les situations diverses où je me suis trouvé, quelques-uns ont été marqués par un tel sentiment de bien-être, qu'en les remémorant j'en suis affecté comme si j'y étais encore. ROUSSEAU, les Confessions, III.
2 J'ai dessein de rapporter les rencontres singulières de ma vie (...) En les remémorant, je doute moi-même si je n'ai pas rêvé. FRANCE, la Rôtisserie de la reine Pédauque, I, Œ., t. VIII, p. 3.
3 (...) cet instant même où je les remémorais (...) GIDE, Et nunc manet in te, p. 8.

▶ **SE REMÉMORER** v. pron. (1579).
Plus cour. que l'emploi transitif. Rappeler volontairement (un souvenir), reconstituer avec une certaine précision, un certain détail, en sa mémoire. ⇒ **Rappeler** (se). *Se remémorer dans le détail un discours* (cit. 14). *En se remémorant les diverses phases* (cit. 2) *de l'opération.* ⇒ **Récapituler.**

4 Pepys savoure son bonheur. La nuit, sur l'oreiller, il se remémore ces délicieuses soirées (...) R. ROLLAND, Voyage musical au pays du passé, p. 44.
5 Il se remémora du même coup divers traits de sa conduite qui ne l'avaient pas encore frappé (...) J. ROMAINS, les Hommes de bonne volonté, t. I, IX, p. 82.

DÉR. Remémorateur, remémoratif, remémoration.

REMENER [ʀ(ə)məne ; ʀəmne] v. tr. — V. 1165 ; de *re-,* et *mener.*

◆ **1.** Vx. Mener où l'on était auparavant. ⇒ **Ramener, remmener.** *« Remenez-moi chez nous »* (Molière, *le Dépit amoureux,* IV, 3).

◆ **2.** (1587). Rare. Mener de nouveau. *Remener des bêtes au pré.*

◆ **3.** Faire aller, faire avancer une nouvelle fois, à nouveau. *Il remène la vie qu'il a menée.*

REMÉRAGE [ʀ(ə)meʀaʒ] n. m. — Mil. xxᵉ ; de *re-, mère,* et *-age.*

◆ Techn. Remplacement de la reine dans une ruche.

REMERCIEMENT [ʀ(ə)mɛʀsimã] n. m. — Fin xivᵉ ; de *remercier.*

◆ Action de remercier, témoignage de reconnaissance ; paroles prononcées pour remercier qqn. *Faire un, des remerciements.* ⇒ **Action** (de grâces). → Bonté, cit. 11. *Avec tous mes remerciements. Se confondre* en remerciements (→ Larmoiement, cit. 1). *Lettre, discours de remerciement.*

1 (...) il était serviable, empressé même, mais pas très adroit, de sorte que, pour prix de ses soins, il recevait moins de remerciements que de rebuffades. GIDE, Si le grain ne meurt, I, v, *in* Souvenirs, Pl., p. 451.
(1690). Spécialt. Discours du récipiendaire à l'Académie française. — REM. La forme *remercîment* (cit.) n'est plus usitée.
2 Le jour de sa réception (23 novembre 1671), il fit un remercîment qui fut très goûté de la Compagnie ; mais ces remercîments, bien que déjà oratoires, se prononçaient jusqu'alors à huit clos (...) SAINTE-BEUVE, Causeries du lundi, 29 déc. 1851.
Par antiphr. *Voilà tout le remerciement que j'en ai eu !* ⇒ **Reconnaissance.**

REMERCIER [ʀ(ə)mɛʀsje] v. tr. — V. 1174 ; de *re-,* et anc. v. *mercier,* de *merci.*

◆ **1.** Témoigner à (qqn) qu'on apprécie ce qu'il a fait. ⇒ **Grâce** (rendre grâce), **gré** (savoir), **merci** (dire). *Remercier un bienfaiteur,*

un ami qui a rendu service. *Remercier Dieu, le ciel.* ⇒ **Bénir, louer** (→ Exaucer, cit. 8). — *Remercier qqn verbalement, par lettre, par un cadeau.... Remercier qqn par..., (vx) de... Elle le remercia d'un copieux* (cit. 3) *pourboire. Je ne sais comment vous remercier...* ⇒ **Dédommager** (→ Gratitude, cit. 4). — *Nous vous remercions de votre aimable hospitalité* (→ Glisser, cit. 38 ; et aussi effusion, cit. 9 ; grâce, cit. 6 ; peine, cit. 18). — (Avec l'inf.). *Je vous remercie d'avoir rappelé que...* (→ Possédant, cit. 2). *Il l'a remercié d'être venu.*

Remercier qqn pour (surtout, des choses concrètes). *Je vous remercie vivement pour le paquet. Remercier un écrivain pour un article* (→ Froisser, cit. 25). — (1690). Spécialt. (À la première personne). Rendre grâce d'une offre en refusant. *« Voulez-vous que je vous accompagne ? — Je vous remercie »* (cf. Non, merci).

1 En général, j'ai remarqué qu'il fallait remercier les hommes le moins possible, parce que la reconnaissance qu'on leur témoigne les persuade aisément qu'ils en font trop ! J'ai vu plus d'une fois des gens reculer au milieu d'une bonne action, parce que, dans leurs transports, ceux pour qui ils la faisaient leur en exagéraient l'étendue. B. CONSTANT, Journal intime, 1ᵉʳ avr. 1804.
2 Et cinq centimes qui font trente-trois et deux trente-cinq et quinze cinquante, c'est moi qui vous remercie. R. QUENEAU, le Dimanche de la vie, p. 159.
(1690). Par antiphr. *C'est comme cela que vous me remerciez ? Les méchancetés dont il le remercia.* ⇒ **Gratifier.**

◆ **2.** (1687). Renvoyer, licencier (un employé). ⇒ **Chasser, congédier, destituer, révoquer, séparer** (se). *Remercier son secrétaire. Elle a été remerciée.* — Au p. p. *Les employés remerciés.*

CONTR. (Du sens 2) **Engager, garder.**
DÉR. Remerciement, remercieur.

REMERCIEUR, EUSE [ʀ(ə)mɛʀsjœʀ, øz] n. — 1903, cit. ; de *remercier.*

◆ Personne qui remercie (beaucoup, de manière appuyée).

Henri. — C'est le rêve. Merci, Monsieur Vernet.
M. Vernet. — Ne me remerciez donc pas comme ça ! Quel remercieur vous faites !
J. RENARD, Monsieur Vernet, I, 6, Œ., Pl., t. II, p. 748.

RÉMÉRÉ [ʀemeʀe] n. m. — 1470 ; lat. médiéval *reemere,* lat. class. *redimere* « racheter ».

◆ Dr. Rachat* possible par le vendeur, moyennant la restitution du prix principal et le remboursement de certains accessoires. *Faculté de réméré. Pacte, clause de réméré. Reprise faite en vertu d'un pacte de réméré. — Vente à réméré,* faite sous condition de rachat dans un délai déterminé. *Vendre un immeuble à réméré.*

Ceci, dis-je en continuant, constitue un acte que nous appelons vente à réméré, convention qui consiste à céder et à transporter une propriété mobilière ou immobilière pour un temps déterminé, à l'expiration duquel on peut rentrer dans l'objet en litige, moyennant une somme fixée. BALZAC, Gobseck, Pl., t. II, p. 647.

DÉR. Rémérer.

RÉMÉRER [ʀemeʀe] v. tr. — 1583 ; de *réméré.*

◆ Dr. Racheter en vertu d'un pacte de réméré.

REMETTAGE [ʀ(ə)metaʒ ; ʀ(ə)mɛtaʒ] n. m. — 1765 ; *remaitage à point* « réparation d'une tapisserie », 1501 ; de *remettre.*

◆ Techn. Rentrage*.

REMETTANT [ʀ(ə)metã ; ʀ(ə)mɛtã] n. m. — xxᵉ ; *remetteur, euse,* 1616 ; de *remettre.*

◆ Dr. comm. Personne qui remet une valeur en compte courant (⇒ **Remise**).

REMETTRE [ʀ(ə)mɛtʀ] v. tr. — V. 1155, *remetre ;* du lat. *remittere* « renvoyer ; relâcher, abandonner, concéder, laisser », de *re-,* et *mittere ;* le sens I a suivi l'évolution de *mettre.*

★ **I.** Mettre de nouveau. ◆ **1.** (⇒ **Mettre,** I.). Mettre à sa place antérieure ; replacer dans le même lieu. *Remettre une chose à une place, à un endroit.* ⇒ **Ramener, rapporter, replacer.** *Remettre qqch. dans sa poche, dans une gaine, un étui* (rempocher, rengainer), *dans son portefeuille* (→ Épingle, cit. 4). *Remettre qqch. à sa place, remettre en place** (supra et infra cit. 22) ; → Gage, cit. 2 ; ordonnateur, cit. 4 ; ranger, cit. 3. *Déplacer, puis remettre qqch.* (→ 1. Frise, cit. 2). *Remets ça où tu l'as trouvé.* — *Remettre qqch. sur..., sous... dans...* ⇒ aussi **Réintégrer.** *« Vingt fois sur le métier* remettez votre ouvrage » (→ Polir, cit. 4, Boileau). *Remettre sur l'enclume* (cit. 5). ⇒ **Corriger, reprendre.**

Loc. *Ne plus remettre les pieds* quelque part, ne plus y retourner. — *Remettre une chose devant les yeux, sous les yeux de qqn,* la lui montrer de nouveau. — Fig. *Remettre qqch. dans l'esprit de qqn ; lui remettre qqch. en esprit, en mémoire* : rappeler une chose oubliée. — Pron. *Se remettre une chose en esprit, en tête,* se la représenter, se la remettre en mémoire.

1 (...) il tâchait de se remettre en mémoire toutes les fractures qu'il savait.
FLAUBERT, Mme Bovary, I, I.

Par ext. (Vieilli). *Se remettre qqn, qqch.* ⇒ **Rappeler** (se), **reconnaître, ressouvenir** (se), **souvenir** (se). *Se remettre le visage de qqn* (→ Envisager, cit. 1).

2 (...) il me sembla que je l'avais vu quelque part. Je me le remis enfin, et le reconnus pour ce Melchior (...)
A.-R. LESAGE, Gil Blas, VII, VIII.

(Par ellipse du pron. réfl.). *Remettre qqn, qqch.* ⇒ **Reconnaître.** *Excusez-moi, mais je ne vous remets pas.*

3 Ah! bonjour, monsieur! Je vous remets, ajouta le bonhomme après un moment de silence. Vous êtes un ami de défunt monsieur notre maire.
BALZAC, le Médecin de campagne, Pl., t. VIII, p. 533.

4 — (...) Je m'appelle Giocanto Castriconi (...) Ah! vous me remettez!...»
MÉRIMÉE, Colomba, XV.

(Compl. n. de personne. → Mettre, I., 3.). Vx. ⇒ **Ramener, reconduire.** *Remettre qqn quelque part.* — Mod. Placer, faire aller de nouveau, renvoyer. *On l'a remis en prison. Remettre un enfant à l'école, chez les jésuites...* (→ aussi Opprimer, cit. 8).

Remettre qqn avec une autre personne, les remettre ensemble (au fig. ⇒ **Réconcilier**). — Par métaphore, fig. *Remettre qqn sur la bonne voie, sur la voie, dans la bonne direction* (contr. : *déporter, dévier, dévoyer, fourvoyer*). *Remettre qqn à sa place** (cit. 36, et *supra*). ⇒ **Rabrouer, rembarrer.**

5 S'il échappe à quelqu'un de dire : «Je m'en vais», celui-ci se met à le suivre, et il ne l'abandonne point qu'il ne l'ait remis jusque dans sa maison.
LA BRUYÈRE, les Caractères de Théophraste, VII.

Remettre qqn à l'abri, au travail, en prison... (→ Affranchir, cit. 2). *Remettre à flot.* ⇒ **Renflouer.**

(⇒ **Mettre,** I., 6.). Porter de nouveau sur soi. *Remettre son chapeau, ses gants...* (→ Préposé, cit. 4). *Remettre des frusques* (cit. 3).

6 Combien de fois l'a-t-elle remis, quitté, remis courageusement, son long corset, avant de l'abandonner tout à fait? (...)
COLETTE, la Fin de Chéri, p. 101.

(⇒ **Mettre,** I., 7.). Mettre plus de, mettre de nouveau une quantité de. *Remettre du sel dans un plat, de l'eau dans le radiateur.* ⇒ **Rajouter.** — Fig. *Remettre du cœur* au ventre à qqn.* — (*Larousse universel,* 1923). Fam. *Il en remet :* il exagère, il en fait trop.

Allusion littéraire :

7 Un jour, qu'on parlait devant lui de ces politiciens qui veulent tout réformer (...) il laissa tomber ces paroles dédaigneuses : « Ils entrent dans les écuries d'Augias (...) mais c'est pour en remettre.»
Phrase attribuée à BARBEY D'AUREVILLY, par Ch. BUET *in* GUERLAC, p. 235.
N. B. Cette phrase a été appliquée à Zola par A. France.

8 La fille dansait, affolée par l'envie de plaire (...) elle lançait ses jambes en avant, l'une après l'autre, avec énergie (...) — Elle en remet, dit Boris, elle va se claquer.
SARTRE, l'Âge de raison, p. 178.

(⇒ **Mettre,** I., 1.). Apporter de nouveau, rétablir. *Remettre de l'ordre, bon ordre* (→ Pion, cit. 4). — *Remettre les gaz* (cit. 8), *le contact.*

◆ **2.** Replacer (dans la position antérieure). ⇒ **Mettre,** II. *Remettre debout, remettre sur pied* (cit. 24), *d'aplomb* (cit. 14)... ⇒ **Redresser, relever.**

9 (...) je t'aurais fait passer ce goût-là, d'une telle façon, qu'il aurait fallu plus d'un médecin pour te remettre sur pied.
MAUPASSANT, l'Inutile Beauté, « L'épreuve », I.

(V. 1560). *Remettre un os luxé, démis.* ⇒ **Réduire, remboîter, replacer.**

◆ **3.** REMETTRE À..., EN... : faire passer de nouveau dans un autre état ou faire passer à l'état antérieur. (⇒ **Mettre,** III.). *Remettre au net* (cit. 20). *Remettre une pendule à l'heure. Remettre à neuf*, remettre en état** (arranger, raccommoder, raffermir, rajuster, refaire, remonter, réparer, retaper, rétablir...). *Remettre en ordre*. Remettre les idées en place* :* éclaircir les idées. — *Remettre en cause* (→ Chambardement, cit. 1), *en question** (*supra* cit. 22). ⇒ **Reconsidérer.** *Remettre en honneur* (cit. 56). *Remettre en circulation.*

Remettre qqn en confiance (rassurer), *en colère...* — *Remettre bien deux personnes qui s'étaient brouillées* (réconcilier).

Remettre en marche, en mouvement, en branle (cit. 3). — Contr. : *arrêter, bloquer. Remettre un cheval au trot* (→ Galop, cit. 3). — *Remettre en jeu le ballon.* — Fig. *Remettre au pas** (1. Pas, cit. 41).

(XIIe). Vx. *Remettre qqn,* lui redonner la santé (Mme de Sévigné, Mme de Maintenon, *in* Littré), le calme, l'équilibre moral (→ ci-dessous Se remettre, 1.). *Remettre les esprits, ses esprits* (Corneille), *le cœur* (Malherbe), *les sens* (Bossuet)...

★ **II.** (1325, *remettre par devers quelqu'un*). ◆ **1.** Mettre (qqch.) en la possession ou dans le pouvoir de qqn, souvent pour laisser en don, en garde, en gage... ⇒ **Commettre, confier, délivrer, donner, laisser, livrer, passer, tenir** (faire); **redonner, rendre, restituer.** *Remettre qqch. en mains propres, au destinataire* (cit. 1). *Remettre un objet, une lettre entre les mains* (→ Important, cit. 6), *aux mains..., à la garde* de qqn. Remettre de la part de...* (→ Maîtresse, cit. 6). *Remettre une lettre à la poste* (⇒ **Poster**). *Remettre sa carte à*

qqn. Remettre un cahier (cit. 3), *des copies* (au professeur ; → Net, cit. 19). *Remettre un mémoire* (→ Diplôme, cit. 3), *un manuscrit. Remettre le prix de qqch.* ⇒ **Payer.** *Remettre un legs* (cit. 4), *un don... un paquet* (cit. 4). — *Remettre comme un gage* (→ Introduire, cit. 7) ; *en gage ; en dépôt.* ⇒ **Déposer.**

10 Allons, la mère, dépêchons, dit Vimeux triomphant. Nous ne partirons que lorsque vous aurez remis les clefs aux nouveaux propriétaires. ZOLA, la Terre, IV, VI.

Remettre un coupable à la justice, entre les mains de la justice. ⇒ **Livrer.**

(Abstrait). *Remettre sa démission. — Remettre son âme, son sort*... entre les mains de Dieu, du destin...* (→ Moment, cit. 12). *Remettre sa volonté en d'autres mains* (→ Obéir, cit. 8).

11 Les choses pieusement conservées nous gardent leur reconnaissance et sont prêtes à nous remettre leur âme dès que nous la rafraîchissons.
Francis JAMMES, le Roman du lièvre, p. 181.

(Belgique). Absolt. Rendre la monnaie. *Remettre sur 100 francs.*

Vieilli. Renoncer à..., abandonner (qqch., un poste).

12 En 1756, lorsque Louis XV, fatigué des querelles entre la magistrature et le grand conseil à propos de l'impôt des deux sous, prit le parti de tenir un lit de justice, les membres du parlement remirent leurs offices. Seize de ces démissions furent acceptées, sur quoi il y eut autant d'exils.
A. DE MUSSET, Contes, « La mouche », I.

◆ **2.** (XIIe, «épargner» [la vie] ; «pardonner» [les péchés]). Ne pas exiger ce à quoi on a droit ; faire grâce d'une obligation. *Remettre une dette, une obligation à qqn.* ⇒ **Grâce** (faire grâce). *Remettre une peine à un condamné.* ⇒ **Gracier.**

Spécialt. *Remettre les péchés.* ⇒ **Absoudre, pardonner ; rémission** (→ Expier, cit. 8 ; facilité, cit. 19 ; 1. lever, cit. 27).

◆ **3.** (Belgique). Vendre, céder. *Maison à remettre.*

★ **III.** (1380 ; «assigner comme délai», 1180). ◆ **1.** Renvoyer* à plus tard. ⇒ **Ajourner, différer, reporter, retarder, surseoir, suspendre.** *Remettre qqch. au lendemain* (cit. 1), *à plus tard* (→ Faiblesse, cit. 36), *à un temps ultérieur.* ⇒ **Attendre** (cit. 35), **délai** (se donner un délai), **réserver** (se réserver de...). *Remettre qqch. aux calendes* (grecques). Tendance à remettre les décisions à plus tard.* ⇒ **Procrastination** (cit. 2) ; **atermoyer.** — (Sans compl. de temps). *Remettre une chose de jour en jour* (→ Éclaircissement, cit. 4). — Dr. *Remettre une cause, un jugement.* ⇒ **Renvoyer.** — Cour. *Remettre la partie** (→ Contretemps, cit. 2). — (Avec un inf.). *Remettre à plus tard de faire qqch.* — Vx. *Remettre à faire* (→ Chaîne, cit. 31, Mme de Sévigné).

13 Chaque jour, je remets au lendemain de t'écrire (...)
FLAUBERT, Correspondance, 25, 19 nov. 1838.

14 Combien j'aimerais mieux cette maxime de M. Benda, qu'il ne faut jamais remettre au jour même ce que l'on peut faire le lendemain. Comme cette formule est exacte (...)
Ch. PÉGUY, Note conjointe, Sur Descartes, p. 238.

15 Le mauvais temps m'empêchait de sortir avec Casimir ; nous dûmes remettre au lendemain la partie de pêche projetée (...)
GIDE, Isabelle, IV.

◆ **2.** Vx. (Compl. n. de personne). Renvoyer. *Remettre ses créanciers* (La Bruyère).

★ **IV.** (1914 ; d'abord t. de jeu : *remettre la partie*). Fam. REMETTRE ÇA : recommencer. *Il a remis ça* (→ Paître, cit. 10). — Resservir ou reprendre à boire. *On remet ça :* on boit une autre tournée. *Tu nous remets la même chose.*

16 Fernande n'insista pas. Ernest «remit» une tournée de vieux marc pour fignoler l'affaire (...)
Francis CARCO, Jésus-la-Caille, III, IV.

17 (...) j'en ai plein le cul de la guerre et mon frère, il a fait celle de 14, tu voudrais peut-être qu'il remette ça ?
SARTRE, le Sursis, p. 133.

17.1 Quand tu es entré, j'allais me coucher... Toute la journée, j'ai gratté... et demain matin, je remets ça... Oh! c'est pas compliqué... On prend le réveil... on le remonte... on dort... il sonne... on se lève... T'as compris?... Je suis fatigué...
J. PRÉVERT, le Jour se lève, *in* l'Avant-Scène, n° 53, p. 37.

▶ **SE REMETTRE** v. pron.

◆ **1.** (Au sens I). Se replacer. *Se remettre à table. Se remettre en selle*.* — Chasse. *Perdrix qui se remettent,* se posent (⇒ **Remise**). — Escr. *Se remettre en garde.* — Absolt :

18 — (Le maître d'armes) achevez (...) Une, deux. Remettez-vous (...) Partez de là. Une, deux. Remettez-vous. MOLIÈRE, le Bourgeois gentilhomme, II, 2.

Se remettre debout. Se remettre dans tel état. Le temps s'est remis au beau. — Se remettre en colère. — Se remettre en marche* (cit. 31), *en route...*

Spécialt. (→ ci-dessus, I., 1., spécialt, les emplois pronominaux indirects). *Se remettre :* se souvenir (cf. Marivaux, *in* Littré). — Récipr. Se reconnaître mutuellement.

(V. 1360, Froissart). *Se remettre à...* (suivi d'un substantif ou d'un infinitif). ⇒ **Recommencer.** *Se remettre à la manœuvre* (→ Rampe, cit. 3), *à l'équitation* (cit. 2). *Se remettre à fuir* (→ Couvert, cit. 11). *Il s'est remis à fumer.*

19 Il fallait encore gagner de l'argent, se remettre au commerce, trouver une occupation lucrative pour Thérèse. ZOLA, Thérèse Raquin, III.

20 Beethoven, sur la fin de sa carrière, savait encore se remettre au métier, décrivant des harmonies modernes sous d'anciennes chansons; ainsi il refit son génie, et devint capable, par cette imitation écolière, d'inventer encore.
ALAIN, Propos, 9 sept. 1921, Orgueil et vanité.

(XVIIᵉ). Se remettre dans un état antérieur plus favorable. *Se remettre de la fatigue* (cit. 7), *d'une frayeur...*

Absolt. **SE REMETTRE.** **ⓐ** Retrouver la santé*. ⇒ **Recouvrer** (la santé), **rétablir** (se); **guérir.** *Il se remet très vite :* il va mieux*.

ⓑ Retrouver une conscience claire, reprendre ses esprits. ⇒ **Ranimer** (se).

ⓒ Retrouver le calme, l'équilibre (après une émotion, un trouble...). → Impression, cit. 21. ⇒ **Calmer** (se), **tranquilliser** (se). *Il ne s'en remettra pas.* ⇒ **Relever** (s'en).

ⓓ Régional. Se mettre à l'aise. *Remettez-vous.*

21 Le poème tragique (...) vous laisse à peine dans tout son progrès la liberté de respirer et le temps de vous remettre (...)   LA BRUYÈRE, les Caractères, I, 51.
22 Point de désespoir, point de cris; remettez-vous de votre trouble. Écoutez-moi, faites ce que je vous dirai, faites-le bien, je me charge du reste.
          DIDEROT, Jacques le fataliste, Pl., p. 656.

Chasse. (En parlant des animaux). Se reposer, s'arrêter pour reprendre des forces. ⇒ **Remise** (II., 1.).

Se remettre bien avec qqn; se remettre avec..., se remettre ensemble. ⇒ **Réconcilier** (se). — Absolt. (→ ci-dessous, cit. 24, Zola).

23 (...) je devais commencer par écrire à mon père et me remettre bien avec lui (...)   Abbé PRÉVOST, Manon Lescaut, I, p. 125.
24 (...) Flore et Cœlina, qui ne se parlaient plus depuis six mois, se remirent, grâce à la circonstance.   ZOLA, la Terre, IV, IV.

♦ **2.** (Au sens II). *Se remettre à la police.* ⇒ **Livrer** (se). — *Se remettre entre les mains de Dieu, à Dieu.*

(1585). Vx. *Se remettre sur qqn de qqch.,* lui confier le soin de s'en occuper (→ Fignoler, cit.). *S'en remettre sur qqn* (cit. 63).

25 Soit donc que malgré vous le sort vous ait servie,
    Soit qu'instruit des complots qui menaçaient sa vie,
    Sur ma fidélité César s'en soit remis.   RACINE, Britannicus, V, 6.

(XVIᵉ, Amyot). Vx. *Se remettre à qqn de...* — Mod. *S'en remettre à qqn.* ⇒ **Confiance** (faire), **confier** (se), **fier** (se); **reposer** (se). *S'en remettre à un mandataire* (⇒ **Mandat, procuration**). *S'en remettre totalement à qqn.* ⇒ **Abandonner** (s'). — *S'en remettre à la discrétion* (cit. 1), *aux décisions* (→ Multitude, cit. 11), *au jugement de...* ⇒ **Appeler** (en); **déférer, rapporter** (s'en).

26 (...) incapable d'une résolution, il avait adopté ce modus vivendi qui consiste à se laisser aller au petit bonheur de l'existence et à s'en remettre au bon Dieu du soin de trancher les questions dès l'instant qu'elles se présentent avec quelque nuance d'embarras.   COURTELINE, Messieurs les ronds-de-cuir, IIᵉ tableau, II.
27 Accepter, s'en remettre, faire confiance à Dieu, tel est le mot d'ordre unique du grand prophète (*Isaïe*).   DANIEL-ROPS, le Peuple de la Bible, III, III.

♦ **3.** (Au sens III). Pron. passif. Être remis à plus tard.

28 — Mille regrets, me répondit-il, mais il s'agit d'un devoir qui ne peut se remettre et qui, désormais, ne souffre aucun retard.
          VILLIERS DE L'ISLE-ADAM, Contes cruels, « Le convive des dernières fêtes ».

▶ **REMIS, ISE** p. p. adj. (XVIIᵉ; « liquéfié, fondu », v. 1112). *Remis à sa place, en place. Remis en mémoire.* — *Os remis; fracture remise* (réduite). — *Brouillon remis au net.*

(1645). Spécialt. Qui a retrouvé la santé, l'équilibre... *Le malade est tout à fait remis.* — Vx. Calme, tranquille. *Un esprit remis* (Corneille, *Imitation de J.-C.*). *Une contenance remise et posée* (Bossuet). — Mod. *Bien remis :* réconcilié.

Lettre remise en mains propres. Coupable remis à la justice. Dette, peine remise.

Décision remise à plus tard. — Loc. *Ce n'est que partie* (cit. 32) remise.*

CONTR. Déplacer, démettre, emporter, enlever, ôter, remporter... — Confisquer, dépouiller (de), enlever, priver (de). — Garder. — Hâter, presser...
DÉR. Remettage, remettant; (du p. p.) remise, remisse, rémisse.

REMEUBLER [ʀ(ə)mœble] v. tr. — 1549; *remuebler,* au fig., v. 1280; de *re-,* et *meubler.*

♦ **1.** Garnir de nouveaux meubles (une pièce, un lieu habitable).

♦ **2.** Garnir de nouveau de ses meubles (une pièce préalablement vidée...). ⇒ **Regarnir.** — Pron. *Se remeubler.*

On ne découvrit rien, on ne trouva ni le plus petit de mes bibelots, ni la plus légère trace des voleurs (...) Mais je ne remeublai pas ma maison. C'était bien inutile.   MAUPASSANT, l'Inutile Beauté, « Qui sait ? », I.

RÉMIGE [ʀemiʒ] n. f. — 1823; adj., 1789, *plumes rémiges;* lat. *remex, remigis* « rameur », d'après la métaphore de Virgile *remigium alarum* « mouvement de ramer des ailes ».

♦ Grande plume (de l'aile des oiseaux). ⇒ **Penne** (→ Geai, cit. 3). *Rémiges primaires, secondaires.*

(...) un frisson de feuilles et de tiges
Qui se prolonge jusqu'au bout de mes rémiges (...)
          Edmond ROSTAND, Chantecler, II, 3.

REMILITARISATION [ʀ(ə)militaʀizasjɔ̃] n. f. — 1938, J. Benda, *in* D.D.L.; de *remilitariser.*

♦ Action de remilitariser. ⇒ **Réarmement.**

Notre grande erreur, voyez-vous, nous l'avons faite en 36, lors de la remilitarisation de la zone rhénane. Il fallait envoyer dix divisions là-bas. Si nous avions montré les dents, les officiers allemands avaient leur ordre de repli dans leur poche.
          SARTRE, le Sursis, p. 180.

CONTR. Démilitarisation.

REMILITARISER [ʀ(ə)militaʀize] v. tr. — Av. 1945; de *re-,* et *militariser.*

♦ Militariser de nouveau. ⇒ **Réarmer.**

CONTR. Démilitariser.
DÉR. Remilitarisation.

REMINÉRALISATION [ʀ(ə)mineʀalizasjɔ̃] n. f. — Mil. XXᵉ; de *re-,* et *minéralisation,* d'après *déminéralisation.*

♦ Sc. Processus par lequel des minéraux sont fournis de nouveau (à une substance).

REMINÉRALISER [ʀ(ə)mineʀalize] v. tr. — Mil. XXᵉ; de *re-,* et *minéraliser,* d'après *déminéraliser.*

♦ Sc. Apporter les minéraux qui manquent ou qui ont disparu, à (qqch., un organisme). « *La salive* (...) *apporte des minéraux qui peuvent s'échanger avec ceux de l'émail et contribuer ainsi à le reminéraliser* » (*la Recherche,* juil. 1981, p. 204). — Pron. *Se reminéraliser.*

RÉMINISCENCE [ʀeminisɑ̃s] n. f. — XIIIᵉ; lat. philos. *reminiscentia,* de *reminisci* « se souvenir ».

♦ **1.** Psychol. Retour à l'esprit d'une image dont l'origine (perception antérieure) n'est pas reconnue. ⇒ **Mémoire, souvenir.**

Nous n'employons, dans la plupart de nos raisonnements, que des réminiscences : c'est sur elles que nous bâtissons; elles sont le fondement et la matière de tous nos discours.   VAUVENARGUES, Introd. à la connaissance de l'esprit humain, I, II.   1

La réminiscence est comme l'ombre du souvenir.   Joseph JOUBERT, Pensées, III, XXXVI.   2

À l'aspect de ce quai, de ce bassin, de ces maisons, nous éprouvons une sensation indéfinissable. Il nous semble les connaître déjà. Un souvenir confus s'ébauche au fond de notre mémoire ; serions-nous venus à Hambourg sans le savoir? (...) Pendant que nous cherchions la raison philosophique de cette réminiscence de l'inconnu, l'idée de Henri Heine se présenta subitement à nous, et nous comprîmes. Souvent le grand poète nous avait parlé de Hambourg avec ces mots plastiques dont il possédait le secret et qui équivalent à la réalité.   Th. GAUTIER, Voyage en Russie, p. 13.   3

(1767, Diderot). Spécialt. Élément d'une création artistique, littéraire, inspiré par une influence, généralement inconsciente; cette influence.

Il s'installait devant le grand piano de Cécile et se livrait à des improvisations frénétiques, nourries de réminiscences qui n'étaient pas toujours inconscientes ni même involontaires.   G. DUHAMEL, Chronique des Pasquier, III, VIII.   4

♦ **2.** (1651). Philos. Chez Platon, Souvenir d'un état antérieur où l'âme possédait une vue directe des Idées, et qui fonde le pouvoir de connaissance des hommes. *Théorie platonicienne de la réminiscence.*

Chez Aristote, Faculté de rappeler volontairement les souvenirs (par oppos. à *mémoire,* retour spontané à l'esprit).

Ce n'était pas une nouvelle qui se communiquât de bouche en bouche (...) elle se répandait de l'un à l'autre comme une contagion de vie intérieure, de connaissance intérieure, de reconnaissance, presque de réminiscence platonicienne, de certitude antérieure (...)   Ch. PÉGUY, la République..., p. 150.   5

♦ **3.** (1651). Cour. Souvenir ancien, vague, imprécis, à forte tonalité affective. ⇒ **Ressouvenir.** *Vagues réminiscences* (→ Conjurer, cit. 4). *Évoquer des réminiscences* (→ Humeur, cit. 14). *Réminiscences d'un passé lointain.* — *Fait ou se souvenir. Faire, sentir qqch. par réminiscence* (vieilli).

Ce n'est point le présent que je crains, c'est le passé qui me tourmente. Il est des souvenirs aussi redoutables que le sentiment actuel; on s'attendrit par réminiscence; on a honte de se sentir pleurer, et l'on n'en pleure que davantage.   ROUSSEAU, Julie ou la Nouvelle Héloïse, IV, I.   6

Qui dit réminiscences, en effet, dit ressouvenirs confus, vagues, flottants, incertains, involontaires. Un poète qui, en faisant des vers, imite un autre poète sans bien s'en rendre compte, et qui refait des hémistiches déjà faits, est dit avoir des réminiscences. On dirait bien de quelqu'un dont la tête faiblit et qui ne gouverne plus bien sa mémoire : « Il n'a que des réminiscences, il n'a plus de souvenirs ». La réminiscence est, en un mot, un réveil fortuit de traces anciennes dont l'esprit n'a pas la conscience nette et distincte.   SAINTE-BEUVE, Nouveaux lundis, 28 nov. 1864.   7

REMIS, ISE [ʀ(ə)mi, iz] adj. ⇒ **Remettre.**

REMISAGE [ʀ(ə)mizaʒ] n. m. — 1867; de *remiser.*

♦ **1.** Rare. Action de remiser (une voiture, etc.). ⇒ **Garage.** *Le remisage d'instruments aratoires.*

♦ **2.** Techn. (ch. de fer). Vx. Garage.

(...) la machine de manœuvre (...) qui commençait le débranchement du train (...) emmenant, refoulant les wagons sur les voies de remisage.
ZOLA, la Bête humaine, I.

Mod. Garage des autobus en dehors des heures d'exploitation.

REMISE [ʀ(ə)miz] n. f. — V. 1500 ; dr., 1311 ; de *remettre*.

★ **I.** Action de remettre. ♦ **1.** (⇒ **Remettre**, I.). **REMISE EN..., À... :** action de mettre de nouveau ou à sa place antérieure, dans son état antérieur (ne s'emploie que dans quelques expressions). *Remise en place, en état, en marche, en ordre, en question... Remise en cause* (→ Cause, cit. 53.1). *Remise en jeu. Remise en jeu* (de la balle) *à la touche* (rugby). *Remise en touche. Achever la remise à neuf de son appartement.*

1   *(D'après les Anglais)* les seules solutions auxquelles il soit possible de parvenir restent temporaires, précaires, nécessitant de constantes remises au point. Au temps de la navigation à voiles, on réglait la voiture, la position, la direction du navire selon des vents et des courants qui se modifiaient sans cesse : c'était une perpétuelle adaptation.   André SIEGFRIED, l'Âme des peuples, IV, II.

(V. 1770). Vx. *La remise d'une pièce* (sur le théâtre). ⇒ **Reprise.**

♦ **2.** (1611). ⇒ **Remettre**, II., 1. Action de mettre dans les mains, en la possession de... ⇒ **Délivrance, dépôt**, 1. **don** (cit. 2), **livraison.** *Remise d'une lettre, d'un colis au destinataire. Remise des prix aux lauréats. Remise d'un étendard à un régiment* (→ Caserner, cit. 2). *Remise de matériel à un service.* ⇒ **Attribution.** *Remise des clés* (à l'acheteur d'une maison). — Fin. *Remise d'un titre* (→ Cédant, cit.). *Remise anticipée de parts* (→ Hoirie, cit. 2). *Remise de fonds** (→ Extorquer, cit. 1). — *Remise en compte* courant :* remise d'une valeur (lettre de change, etc.) à une banque, pour que le montant en soit versé au compte courant du remettant (cette valeur devient la propriété du banquier) ; la lettre de change ainsi remise. — *Remise du titre de créance au débiteur* (→ ci-dessous, Remise de dette).

Fin. Papier commercial, accompagné de documents, devant être délivré contre paiement, acceptation. *Remise nette. Remise documentaire.*

Absolt et vx. Somme ou valeur remise, versée (→ Correspondant, cit. 4, La Fontaine). — Rémunération d'un banquier ; intérêt de l'argent.

♦ **3.** (1611). **REMISE DE... :** renonciation à (une créance), à titre gratuit. *Remise de dette**. ⇒ **Remettre**, II., 2.

(1690). Commission* d'un placier, d'un commissionnaire. *« Le receveur a cinq centimes par franc de remise »* (Académie).

Dr. fisc. Fait d'accorder un dégrèvement*. ⇒ **Modération.** *Demande de remise. Remise de droits et amendes.*

(1793). Diminution* de prix, accordée à certaines personnes. ⇒ **Bonification, déduction, escompte, guelte** (cit. 1), **prime, rabais, réduction, ristourne, sou** (du franc). *Remise consentie aux intermédiaires, à une collectivité, aux membres d'une coopérative de consommation. Faire une remise.* ⇒ **Diminuer.**

♦ **4.** (1482). *Remise de peine :* réduction de peine. ⇒ **Grâce, rémission.**

1.1   Un an de préventive, le reste en cellule, parce que, grâce à la longueur de l'instruction, j'ai eu tout juste l'âge qu'il fallait pour être considéré comme un homme. En cellule et hors cellule : remise du quart de la peine ; c'est régulier ? Tu peux vérifier, le compte y est.   J. ANOUILH, Pauvre Bitos, p. 60.

*Remise des péchés par l'absolution** : pardon.

♦ **5.** (1513). ⇒ **Remettre**, III. Renvoi (à un moment ultérieur). ⇒ **Ajournement, atermoiement, délai, retardement, sursis.** *La remise à plus tard de ce qu'on a à faire.* — Vx. *La remise d'une chose, de faire qqch.* — Absolt. (Vx). *« Sans délai ni remise »* (Molière, *Tartuffe*, v, 4). *Partir sans remise* (Retz). — (1936). Dr. *Remise de cause :* renvoi des débats à une autre audience (⇒ aussi **Suspension**).

2   Il se précautionne et s'endurcit contre les lenteurs et les remises (...)
LA BRUYÈRE, les Caractères, X, 12.

3   (...) cette quotidienne remise au lendemain d'une confidence dont elle avait pourtant éprouvé le quotidien besoin.   Paul BOURGET, Un divorce, IV.

♦ **6** (Mil. XIXᵉ). Sports. En escrime, Coup droit sans reprise de garde, constituant une action offensive ou contre-offensive. — Boxe. Riposte instantanée.

★ **II.** (Lieu). ♦ **1.** (1390). Chasse. (Vx). Lieu où le gibier s'arrête après qu'on l'a fait lever. — (1694). Par ext. Taillis planté pour servir de retraite au gibier ; cette retraite. *La Remise des chevreuils,* tableau de Courbet.

4   Courcuisse acheta pour deux mille francs un petit domaine enclavé sur des terres des Aigues à un débouché des remises par où passait le gibier.
BALZAC, les Paysans, Pl., t. VIII, p. 137.

♦ **2.** (1659). Local où l'on peut abriter des voitures. ⇒ **Abri, chartil, garage.** *Remise en appentis*. Hangar servant de remise. Garer* (cit. 4) *une auto dans une remise.* — Ancienn. *Remise d'une gare* (→ Marquise, cit. 2). — Par ext. Tout local, abri, hangar sans aménagement spécial où l'on met des objets, des instruments... ⇒ **Débarras, resserre.** *Les remises d'une ferme.*

5   Si j'étais riche, j'achèterais cette voiture-là et je la mettrais dans ma remise, sans jamais plus m'en servir.   FLAUBERT, Correspondance, 115, 9 août 1846.

5.1   Bientôt la «Vallée d'Oo», paysage vert et profond, fut suivie du «Boléro dans la Remise», où l'on voyait Nina et son ami dansant fiévreusement au sein d'un local primitif encombré de charrettes et de harnais.
Raymond ROUSSEL, Impressions d'Afrique, p. 150.

(1762 ; *remise*, av. 1747). Ancienn. **DE REMISE.** *Carrosse, voiture de remise :* voiture de louage plus luxueuse que les fiacres, qui, «au lieu de stationner sur les places, se *(tenait)* sous les remises» (Littré). *Les voitures de remise se louaient à la journée, au mois...* — Mod. *Voiture de grande remise* (de grande location) : automobile avec chauffeur, louée à forfait. — Vx. (Au masc.). *Un remise.*

6   Avant que Castanier connût la somme de ses dépenses, il en était venu à donner à sa maîtresse une remise chaque fois qu'elle sortait, au lieu de la laisser monter en fiacre.   BALZAC, Melmoth réconcilié, Pl., t. IX, p. 282.

CONTR. Addition, augmentation, supplément, taxe...
DÉR. 1. **Remiser, remisier.**

1. REMISER [ʀ(ə)mize] v. tr. — 1761 ; de *remise*.

♦ **1.** (⇒ **Remise**, II., 2.). Placer, ranger (une voiture à cheval ou à bras ; un véhicule utilitaire) sous une remise, un abri. ⇒ **Garer.** *Remiser une carriole. Remiser le tracteur, la moissonneuse sous le hangar.* Absolt. *Cocher, marchande des quatre saisons qui remise dans un hangar.* — Pron. *Se remiser.*

1   Vers cinq heures, le char-catafalque, vide maintenant, remonte l'avenue des Champs-Élysées, afin d'aller se remiser sous l'arc de l'Étoile.
HUGO, Choses vues, I, 1840.

2   (...) il débouchait au carrefour de la rue Grande et de la rue Grouaise, pour remiser à l'auberge du Bon Laboureur (...)   ZOLA, la Terre, II, VI.

3   (...) je ne savais où remiser ma carriole. Par ce froid, je ne pouvais guère laisser mon cheval en plein air.   H. BOSCO, le Jardin d'Hyacinthe, p. 58.

♦ **2.** Fam. (Absolt). *Remiser :* s'arrêter, «dételer» (on employait aussi, dans ce sens, *être sous la remise*).

4   — Faudrait pas croire, la môme, que j'ai remisé. Regarde voir. Si je veux, je boulonne et j'me tiens.   Francis CARCO, Jésus-la-Caille, II, IV.

♦ **3.** Mettre à l'abri (une chose dont on ne se sert pas pendant un certain temps). *Remiser sa valise n'importe où* (→ Pochade, cit.).

5   C'est un homme ça qui travaille dur dans la journée. Tout le monde le connaît bien au Marché et à la Gare surtout où il remise des sacs pour les maraîchers (...)
CÉLINE, Voyage au bout de la nuit, p. 276.

6   Pierrot rejoignit sa place, remisa ses bésicles et attendit.
R. QUENEAU, Pierrot mon ami, éd. L. de poche, p. 11.

(1893). Mettre (qqch.) à l'écart, pour se débarrasser.

♦ **4.** (1888). Rembarrer, rabrouer. *Je l'ai proprement remisé. Il s'est fait remiser.*

7   (...) il avait surtout une manière de regarder les femmes qui m'aurait fait le remiser, si je n'avais été une policière dans l'exercice de ses fonctions.
Pierre NORD, Miss Péril jaune, p. 95.

♦ **5.** Escrime, boxe. Faire, exécuter une remise (I., 6.).

♦ **6.** V. pron. (1834). Chasse. (⇒ **Remise**, II., 1.). *Se remiser :* se réfugier dans un taillis. *Perdrix qui se remisent.*

DÉR. Remisage.

2. REMISER [ʀ(ə)mize] v. tr. — 1907 ; de *re-*, et *miser*.

♦ Faire une nouvelle mise* (au jeu).

REMISIER [ʀ(ə)mizje] n. m. — 1860 ; de *remise*.

♦ Bourse. Intermédiaire entre un agent de change, un courtier (⇒ **Coulissier**) et un client, moyennant une remise consentie par l'agent de change.

A Paris, dans ce moment, il existe des femmes du monde jouant à la Bourse, et qui, tous les matins, reçoivent la visite de quatre remisiers, venant prendre leurs ordres.   Ed. et J. de GONCOURT, Journal, 3 févr. 1881, t. VI, p. 97.

REMISSE [ʀəmis] n. m. — 1904 ; «fils réunis par une lisière», 1765 ; du p. p. de *remettre*.

♦ Techn. Ensemble des lames montées sur un métier à tisser en vue de fabriquer un tissu.

RÉMISSE [ʀemis] adj. f. — 1767 ; «(voyelle) affaiblie», XVIᵉ ; *remis,* adj. m., «affaibli», v. 1240 ; du p. p. de *remettre*.

♦ Vx. (En parlant d'une voix). Faible, peu audible.

RÉMISSIBILITÉ [ʀemisibilite] n. f. — 1875 ; de *rémissible*.

♦ Didact. Caractère de ce qui est rémissible, pardonnable.

RÉMISSIBLE [ʀemisibl] adj. — XIVe; bas lat. *remissibilis.*

♦ Didact. Digne de rémission*, de pardon. ⇒ **Pardonnable.** *Péché véniel* rémissible.*

Sa faute a trop d'excès pour être rémissible. CORNEILLE, la Place royale, II, 4.

CONTR. Impardonnable, irrémissible.
DÉR. Rémissibilité.

RÉMISSIF, IVE [ʀemisif, iv] adj. — 1904; bas lat. *remissivus* «émollient», du lat. class. *remittere.*

♦ Rare, littér. Qui dispose du pouvoir de pardonner.

RÉMISSION [ʀemisjɔ̃] n. f. — 1120; lat. ecclés. *remissio,* de *remittere.* → Remettre.

A. ♦ **1.** Action de remettre, de pardonner (les péchés). ⇒ **Absolution, pardon.** *Demander à Dieu la rémission de ses fautes, de ses péchés* (→ Prier, cit. 5). — Spécialt. Pouvoir conféré par le Christ aux apôtres (Évangile selon saint Jean, XX, 23), et qui est exercé par le prêtre dans le sacrement de la pénitence*. ⇒ aussi **Confession, indulgence.**

1 (...) réparer (...) le scandale de mes actions passées, et m'efforcer d'en obtenir du Ciel une pleine rémission. MOLIÈRE, Dom Juan, v, 1.

♦ **2.** (XVIIe). Remise de peine accordée à un coupable. ⇒ **Grâce; amnistie.** *Une rémission entière pour tous les coupables* (→ Détenir, cit. 7). *Accorder une rémission.* — (1549). *Lettres de rémission :* lettres patentes adressées au juge, par lesquelles le roi accordait la *rémission* à un criminel.

♦ **3.** Indulgence, miséricorde dont on use envers qqn (un débiteur, un obligé...). *User de rémission.*

♦ **4.** (V. 1138). Cour. SANS RÉMISSION : sans indulgence, sans possibilité de pardon. *Punir sans rémission.* — Fig. *Une déchéance sans rémission,* implacable, définitive.

2 Sur ces entrefaites, l'hiver était venu, sans rémission. Pierre BENOIT, Mlle de la Ferté, IV, p. 229.

B. Affaiblissement, diminution* temporaire des symptômes d'un mal. ⇒ **Accalmie, apaisement, arrêt, atténuation, calme, cessation, détente, intermittence** (cit. 3), **interruption, intervalle, pause, répit; rémittent** (→ Apyrexie, cit., Paré). *Les rémissions du mal, de la maladie, de la douleur, de la souffrance. Les crises successives, les rémissions de plus en plus brèves* (→ Aggravation, cit.). *Rémission matinale* (cit. 2) *de la fièvre.*

(1746). Fig. et littér. Moment de calme, d'apaisement. ⇒ **Rémittence.**

3 Je sais que si j'étais fou, et depuis quelques jours interné, je profiterais d'une *rémission* que me laisserait mon délire pour assassiner avec froideur un de ceux, le médecin de préférence, qui me tomberaient sous la main. J'y gagnerais au moins de prendre place, comme les agités, dans un compartiment seul. On me ficherait peut-être la paix. A. BRETON, Nadja, p. 185.

CONTR. Châtiment, punition. — Aggravation, crise.

RÉMITTENCE [ʀemitɑ̃s] n. f. — 1776; du lat. *remittens.* → Rémittent.

♦ Méd. Caractère d'une affection rémittente. — Par ext. Rémission. ⇒ **Accalmie, calme.**

1 Pourtant, des rémittences se produisaient. Lazare restait parfois des deux et trois soirs, sans être visité par la mort. ZOLA, la Joie de vivre, VII, t. II, p. 22.
2 Mais après la furie des cris et des interrogations, il y eut une rémittence (...) R. DE GOURMONT, le Livre des masques, p. 20.

RÉMITTENT, ENTE [ʀemitɑ̃, ɑ̃t] adj. — 1795, Cullen; lat. *remittens,* de *remittere* «remettre».

♦ Méd. Qui présente des rémissions*. ⇒ **Intermittent.** *Maladie rémittente. Psychose rémittente. Fièvre rémittente,* comportant des variations.

Mon enfance a ainsi vécu dans le mythe d'un oncle d'Amérique riche à millions, nommé Laporte, du nom de ma grand-mère, parti là-bas vers le milieu du XIXe siècle et dont une légion d'héritiers, dans une fièvre rémittente, au creux des hautes vallées, ont attendu en vain la glorieuse parousie. Raymond ABELLIO, Ma dernière mémoire, t. I, p. 93.

DÉR. V. Rémittence.

RÉMIZ [ʀemiz] n. m. — 1778, Buffon; probablt du polonais *remiz* «oiseau romain».

♦ Petit oiseau *(Passereaux),* de la famille des mésanges*. *Des rémiz.*

REMMAILLAGE [ʀɑ̃majaʒ] ou **REMAILLAGE** [ʀ(ə)majaʒ] n. m. — 1829, *remmaillage,* au sens 1; de *remmailler.* 1836, *remaillage*; de 2. *remailler.*

♦ **1.** Réparation qui consiste à reconstituer, à remonter les mailles. *Remaillage d'un tricot, des bas. Remaillage sur trame, sur chaîne.*

♦ **2.** (1694). REMMAILLAGE : opération industrielle par laquelle on monte les pieds de bas, les parties d'un tricot.

REMMAILLER [ʀɑ̃maje] v. tr. — 1829; de *re-,* et *mailler,* par l'intermédiaire de *emmailler.*

♦ Réparer en reconstituant, en remontant les mailles. *Remmailler un tricot, un filet.* ⇒ **Remailler.**

(...) une grande corbeille (...) où s'entassent les chaussettes et les bas de la famille, qu'elle remmaille avec patience. J. CHARDONNE, les Destinées sentimentales, p. 40.

DÉR. Remmaillage, remmailleuse.

REMMAILLEUSE [ʀɑ̃majøz] n. f. — 1932; de *remmailler.*

♦ Ouvrière qui effectue le remmaillage. *Remmailleuse au crochet, à la machine.*

(...) ces jeunes remmailleuses de bas travaillant en vitrine sous les yeux des passants (...) Pierre DANINOS, Un certain Monsieur Blot, p. 26.
(1964). Machine qui effectue le remmaillage (2.). — Appos. *Machine remmailleuse.*

REMMAILLOTER [ʀɑ̃majɔte] v. tr. — 1549; de *re-,* et *emmailloter.*

♦ Emmailloter de nouveau.

(...) voilà Nicole *(une chienne)* sur le carreau (...) se débattant dans son maillot (...) — Ma pauvre Nicole est morte (...) Démaillotez-la (...) — Taisez-vous, remmaillotez-là (...) et songez qu'au moindre cri qu'elle fera, je m'en prends à vous. DIDEROT, Jacques le fataliste, Pl., p. 590.

REMMANCHER [ʀɑ̃mɑ̃ʃe] v. tr. — 1549; de *re-,* et *emmancher.*

♦ **1.** Emmancher de nouveau. *Remmancher un outil.*

♦ **2.** (1587, v. pron.). Fig. et fam. Raccommoder (des personnes, une union).

(...) le mariage de Lucien avec Clotilde est si bien rompu, que rien ne peut le remmancher, dit tout bas la duchesse à Léontine. BALZAC, Splendeurs et Misères des courtisanes, Pl., t. V, p. 963.

REMMARGEMENT [ʀɑ̃maʀʒəmɑ̃] n. m. — XXe; de *re-, marge* ou *marger,* et suff. *-ment.*

♦ Techn. Remplacement des marges abîmées (d'un folio de livre, d'une gravure, etc.) par découpe de la partie imprimée et collage de celle-ci dans un cadre de papier neuf.

REMMENER [ʀɑ̃mne] v. tr. — V. 1360; de *re-,* et *emmener.*

♦ Mener avec soi (⇒ **Emmener**) au lieu d'où l'on a amené. *Amener un enfant à l'école, puis le remmener chez lui.* ⇒ **Ramener, reconduire.**

La petite jeune fille qui s'est bien pomponnée pour son premier bal. Un danseur l'invite. Elle se met à pleurnicher : — Maman, je ne veux pas. Maman, remmenez-moi. J. ROMAINS, les Hommes de bonne volonté, t. V, I, p. 7.

REMMOULAGE [ʀɑ̃mulaʒ] ou **REMOULAGE** [ʀ(ə)mulaʒ] n. m. — 1932; de *remmouler, remouler.*

♦ Techn. Assemblage des parties d'un moule avant la coulée du métal.

HOM. (De *remoulage*) 1. Remoulage. — V. aussi 2. Remoulage.

REMMOULER [ʀɑ̃mule] ou **REMOULER** [ʀ(ə)mule] v. tr. — 1932, *remmouler*; *remouler* «former à nouveau», v. 1220; de *re-, en-,* et *mouler.*

♦ Techn. Procéder au remoulage de (un moule).

DÉR. Remmoulage.

REMOBILISER [ʀ(ə)mɔbilize] v. tr. — 1908; de *re-,* et *mobiliser.*

♦ Mobiliser de nouveau (⇒ **Rappeler**).

Je citerai Bernaudat, par exemple, qui n'a pas eu de cesse jusqu'à ce que je le remobilise, malgré son âge, malgré les instances de la société pour que je le replace ici. L.-H. LYAUTEY, Paroles d'action, p. 259.
Fig. *Remobiliser l'électorat.* ⇒ **Mobiliser** (II., 1., b).

REMODELAGE [ʀ(ə)mɔdlaʒ] n. m. — 1957, in *le Monde*; de *re-,* et *modelage.*

♦ **1.** Action de remodeler. *Remodelage d'une ébauche en glaise. Remodelage du nez par la chirurgie esthétique.* Par ext. Rénovation (d'un ensemble urbain vétuste). *Le remodelage des vieux quartiers.*

♦ **2.** Réorganisation, restructuration. *Le remodelage de l'université* *française. « Le remodelage des structures de la métallurgie » (le Figaro,* 12 nov. 1966). ⇒ **Remaniement.**

REMODELER [ʀ(ə)mɔdle] v. tr. — Conjug. *modeler.* — 1834, Landais, repris mil. xxᵉ ; de *re-,* et *modeler.*

♦ **1.** Refaçonner, modifier en la perfectionnant la forme de (qqch.). *Remodeler une poterie abîmée par le temps, d'après son type d'origine. Remodeler les traits d'un visage d'après les canons de l'esthétique. — Remodeler un ensemble urbain.*

(Sens abstrait) :

1 Une enfant, une jeune fille, c'est dur comme un garçon. Une femme, c'est mou, c'est malléable, cela a besoin d'une main qui la modèle et la remodèle sans arrêt.
                                             J. DUTOURD, Pluche, VIII, p. 82.

♦ **2.** Donner une structure nouvelle à, pour répondre à une évolution. *Remodeler l'administration de la région parisienne. « Remodeler l'ensemble des études du second cycle »* (le Monde, 20 févr. 1966).

2 « Que cent fleurs différentes s'épanouissent, que cent écoles rivalisent ! » Mao lança ce mot d'ordre qui semblait une proclamation de libéralisme, en un temps où il croyait la Chine « remodelée » (...) Le retour à Sparte ne traîna pas ; on envoya les intellectuels se faire remodeler dans les communes populaires.
                                        MALRAUX, Antimémoires, Folio, p. 546.

RÉMOLINITE [ʀemolinit] n. f. — Après 1850 ; angl. *remolinite,* 1852 ; de *Los Remolinos,* localité chilienne.

♦ Minér. Vx. ⇒ **Atacamite.**

REMONTAGE [ʀ(ə)mɔ̃taʒ] n. m. — 1543 ; de *remonter.*

★ **I.** ♦ **1.** Action de remonter. ⇒ **Remonte** (1.). *Remontage des bateaux.* — Rare. *Le remontage d'un cours d'eau.*

(...) plus tard, le jusant rendrait difficile le remontage de la rivière.
                                        J. VERNE, l'Île mystérieuse, t. I, p. 329.

♦ **2.** Action de remonter (un mécanisme). *Remontage d'une horloge, d'un mécanisme d'horlogerie, d'un ressort, d'un jouet mécanique.*

★ **II.** (De *re-,* et *montage*). Nouveau montage. *Remontage d'un assemblage, d'un moteur d'une machine.*

(1660). Techn. *Remontage d'une chaussure :* réparation qui consiste à changer l'empeigne et la semelle.

CONTR. Démontage.

REMONTANT, ANTE [ʀ(ə)mɔ̃tɑ̃, ɑ̃t] adj. et n. m. — 1680 ; de *remonter.*

♦ **1.** Hortic. *Plante remontante,* qui fleurit plus d'une fois dans l'année. *Rosier, framboisier remontant.*

♦ **2.** (1904). Cour. Qui remonte (II., 5.), redonne de la vigueur, de l'énergie. *Boisson remontante. Vin remontant.* ⇒ **Fortifiant, réconfortant, reconstituant.**

1 Thérèse rouvre les yeux : Bernard est devant elle ; il tient un verre et dit : « Avalez ça ; c'est du vin d'Espagne ; c'est très remontant. »
                                        F. MAURIAC, Thérèse Desqueyroux, XII.

N. m. Médicament, remède qui redonne des forces (⇒ **Cordial, excitant, fortifiant, reconstituant, tonique**). *Le médecin lui a donné un remontant.*

2 (...) Tu veux du vrai scotch ? — Fameux ! dit Henri ; il avala une large rasade : « J'avais besoin d'un petit remontant : j'ai eu une journée si bien remplie, c'est fou ! ».
                                        S. DE BEAUVOIR, les Mandarins, p. 158.

CONTR. Déprimant, fatigant.

REMONTE [ʀ(ə)mɔ̃t] n. f. — 1424 ; de *remonter.*
Techn. Action de remonter.

♦ **1.** Action d'aller d'aval en amont. ⇒ **Remontage.** *La descente et la remonte des bateaux. Fret* (cit. 1) *de remonte.*

Fait, pour les poissons, de remonter une rivière pour frayer*. — Par ext. Ensemble des poissons qui remontent un cours d'eau pour frayer. *Une grosse remonte de saumons.*

♦ **2.** (1680). ⇒ **Remonter,** II., 7. Action de fournir de nouvelles montures. — Services de l'armée chargés de fournir des chevaux aux régiments de cavalerie. ⇒ **Haras.**

♦ **3.** (1835). Vx. Accouplement des chevaux. ⇒ **Monte.** — Loc. mod. *Cheval de remonte :* étalon des haras de l'armée.

♦ **4.** (1932). Sports. Action de regagner des places dans un classement sportif, une course. ⇒ **Remontée.** *Faire une belle remonte. La remonte spectaculaire des tricolores.*

REMONTÉE [ʀ(ə)mɔ̃te] n. f. — xɪɪɪᵉ, « action de reprendre l'avantage sur qqn » ; « après-midi », v. 1119, et jusqu'au xɪxᵉ dans la langue pop. ; de *remonter.*

♦ **1.** Action, fait de remonter (I., 1. à 3.). *« La remontée des mineurs »* (Académie). — Élévation de niveau. *La remontée de l'eau dans un siphon.*

1 Ma remontée des profondeurs, lente d'abord, ne devenait sensible que par l'apparition en moi d'une température plus douce. Je ne subissais aucune impulsion ; rien ne me soulevait, car je m'élevais en moi-même. J'y traversais des nappes fluides, et de plus en plus tièdes, à mesure que je remontais.
                                        H. BOSCO, Hyacinthe, p. 30.

Fait de remonter (II.) une pente, une côte, une rivière. *Remontée d'une rivière en bateau.*

2 On nous a dit et répété que cette remontée du Congo, interminable, était indiciblement monotone.   GIDE, Voyage au Congo, II.

(1909, in Petiot). Action de remonter* du terrain perdu, des places dans un classement sportif. *Il paraissait lâché, mais il a fait une belle remontée.* ⇒ **Remonte.** *La remontée inattendue du quinze de France.*

♦ **2.** (Mil. xxᵉ). Dispositif servant à remonter les skieurs. *Remontées mécaniques d'une station de sports d'hiver :* funiculaires, téléphériques, remonte-pentes, télésièges, (fam.) tire-fesses. *Les employés des remontées mécaniques. Forfait de remontées.*

REMONTE-PENTE [ʀ(ə)mɔ̃tpɑ̃t] n. m. — 1941, *monte-pente* ; 1939, in G. Petiot ; de *remonter,* et *pente.*

♦ Dispositif servant à hisser les skieurs en haut d'une pente, au moyen d'amarres tirées par un câble (→ Tire-fesses, fam.). *Des remonte-pente* ou *des remonte-pentes.*

REMONTER [ʀ(ə)mɔ̃te] v. intr. et tr. — xɪɪᵉ ; de *re-,* et *monter.*

★ **I.** V. intr. ♦ **1.** Monter de nouveau ; revenir, retourner en haut. *Remonter au premier étage, au grenier, dans sa chambre, chez soi... Remonter par l'escalier, par l'ascenseur. — Oiseau qui descend puis remonte* (→ Mouette, cit. 3 ; pinson, cit.). *L'avion, le planeur a remonté. — Remonter sur une vergue* (→ Haler, cit. 1). *Remonter sur un cheval* (→ Écuyer, cit. 3), *remonter à cheval*, en voiture.*

1 (...) il descendait de cheval et marchait à pied ; il remontait sur sa bête, faisait un quart de lieue, redescendait et s'asseyait à terre (...)
                                        DIDEROT, Jacques le fataliste, Pl., p. 524.

Par ext. Retourner dans la direction du Nord. *Le régiment remontait du côté de Lille. Remonter au front.*

2 Et Maurice fut alors stupéfié, en constatant que cette cohue d'hommes, de bêtes, de canons, sortait de Rémilly et remontait du côté de Sedan, par la route de la rive gauche. Quoi donc ? Qu'arrivait-il ? on ne passait plus la Meuse, on battait en retraite vers le Nord !   ZOLA, la Débâcle, I, VII.

3 Il sut qu'il remonterait au front, par sa volonté, comme l'autre fois !
                                        MONTHERLANT, le Songe, II, XV.

Par métaphore ou fig. *Remonter sur le trône. Élève qui remonte à la seconde place. Son équipe remonte au classement général.*

(Choses). Aller de nouveau en haut (→ Panier, cit. 2). *Remonter à la surface* (→ 2. Farce, cit. 10). *Sous-marin qui remonte en surface.*

4 Souvent, d'un trait de feu cherchant en vain la terre,
L'éclair remonte au ciel sans avoir foudroyé !   HUGO, Odes et Ballades, II, X.

5 Les ânons donnaient des coups de nez dans leur mousseron pour faire remonter le maigre picotin.   G. DUHAMEL, Salavin, VI, IX.

Par métaphore. *Les souvenirs remontent à fleur* (cit. 40) *de mémoire. Le baromètre remonte.*

Par ext. *Le vent est remonté au Noroît,* a viré du Sud au Nord-Ouest par l'Ouest. — Spécialt. Ne pas rester en place et tendre à un mouvement vers le haut. (Vêtements). *Gaine, corset qui remonte.*

Hortic. Pousser de nouveau en parlant des fleurs, après une première floraison normale. ⇒ **Refleurir ; remontant** (adj.).

Fig. Augmenter, s'accroître de nouveau. *La vie remonte, les prix remontent. Le cours du franc a remonté. L'épidémie* (cit. 4) *a remonté en flèche.*

6 (...) le Roi lui demanda des nouvelles de Paris : « La rente est tombée. — De combien ? dit le Dauphin. — De trois francs, répondit le maréchal. — Elle remontera », repartit le Dauphin : Chacun s'en alla.
                                        CHATEAUBRIAND, Mémoires d'outre-tombe, t. V, p. 188.

Spécialt (en parlant des sons). Monter de nouveau.

7 Votre voix tragique et superbe
Plonge en bas et remonte en haut.   HUGO, l'Année terrible, Mars, I.

♦ **2.** S'élever de nouveau en pente. *La route descend, puis remonte.* — (Sans idée de répétition). S'étendre, aller vers le haut. *Jupe* (cit. 3) *qui remonte en épanouissant des fronces. Ses yeux semblaient remonter vers les tempes* (→ Bouffissure, cit. 1). — Par anal. (→ Duvet, cit. 7).

♦ **3.** Aller vers la source*, en amont, à contre-courant. *Remonter le long d'une rivière. Remonter (à, vers, jusqu'à... la source, etc.) à la nage, contre le courant.* — Par métaphore. *Remonter jusqu'à la source, vers la source* (→ Abondance, cit. 3).

8   L'homme se plaît à remonter à sa source : le fleuve n'y remonte pas.
                              LAMARTINE, Premières méditations, Préface.

Mar. *Remonter le vent, au vent, dans le vent* : progresser dans la
direction d'où vient le vent en naviguant au plus près*. ⇒ **Bouliner**
(vx), **louvoyer**.

♦ **4.** Fig. (Avec un compl. prépositionnel ou un adv.). Aller vers l'origine, vers la source (fig. ⇒ **Reprendre**). *Remonter de l'effet à la
cause* (→ Deviner, cit. 4 ; haut, cit. 67), *à l'origine, au principe.
La pénétration* (cit. 2) *est une facilité à remonter au principe des
choses. On ne saurait remonter au delà* (→ Principe, cit. 2).
Remonter dans le temps (par l'esprit). *Remonter haut* (cit. 100 et
101), *loin... Remontons au début de l'année* (→ Fuite, cit. 14).
Aussi loin que remontent les souvenirs de l'homme (→ De
mémoire* d'homme).

9   Ce lieu est propre à la réflexion et à la rêverie ; je remonte dans ma vie passée ;
    je sens le poids du présent ; je cherche à pénétrer mon avenir (...)
                              CHATEAUBRIAND, Mémoires d'outre-tombe, t. V, p. 40.

10 (...) au moyen de règles sûres, on est remonté au plus ancien texte qu'il soit possi-
    ble d'atteindre : on a fait justice des corrections maladroites des éditeurs moder-
    nes.
                              RENAN, Questions contemporaines, L'instruction supérieure en France, II,
                              Œ. compl., t. I, p. 87.

♦ **5. REMONTER À** : avoir sa source dans, tirer son origine* de ; être
localisé dans le passé, se rapporter à telle origine, la date, à. ⇒ **Dater**.
Sa noblesse remonte à cette époque... (→ Généalogiste, cit. 3).
Remonter aux siècles les plus reculés (→ Antiquité, cit. 4). *Cela
remonte au déluge**, est très vieux, très ancien...

11 *(Un roi)* Qui voit jusqu'à Cyrus remonter ses aïeux ?   RACINE, Mithridate, III, 1.

★ **II. V. tr. ♦ 1.** Parcourir de nouveau, vers le haut. *Remonter
une pente, une rampe. Remonter un escalier* (→ Chance, cit. 4).
Remonter un chemin (→ Désorienter, cit. 1), *un boulevard*
(→ Faire, cit. 38).

12 Ma voiture descendit la rampe. Je traversai le pont d'Iéna, et je remontai l'ave-
    nue pavée qui longe le Champ-de-Mars.
                              CHATEAUBRIAND, Mémoires d'outre-tombe, t. V, p. 185.

Fig. *Remonter la pente* : se ressaisir, ne plus se laisser aller ; vaincre les difficultés (→ Reprendre du poil de la bête*).

Par anal. (Sports). *Remonter le peloton* : se rapprocher de ceux qui
sont en tête de la course, les rejoindre ou les dépasser. *Coureur
qui remonte un adversaire*, qui diminue l'écart qui le sépare
de celui-ci.

12.1 L'autre *(bateau)* avait pris de l'avance, mais bientôt la *Grèbe* commença de
      le remonter, de le gagner au près.
                              GUY DE POURTALÈS, la Pêche miraculeuse, p. 341.

Par ext., appliqué à d'autres formes de compétition que la course.
Combler un retard sur ; regagner des points, des places par rapport
à. *En première division, N*** a remonté B*** de manière spectaculaire.* — Dans d'autres domaines que le sport. *Ce groupe industriel est en train de remonter tous ses concurrents.*

♦ **2.** Parcourir dans le sens inverse du cours, en allant vers le
haut, vers la source. *Remonter une rivière* (→ Dévaster, cit. 1), *un
fleuve* (→ Contre-courant, cit. 1). *Remonter et descendre* (cit. 36)
un canal. Remonter le courant (2. Courant, cit. 4) ; au fig., avancer
avec difficulté vers le succès, redresser une situation compromise...
— *Remonter le cours* (cit. 3) *d'un fleuve*.

13 (...) par instants (...) le courant devient brusquement si rapide que tout l'effort des
    pagayeurs a du mal à le remonter.   GIDE, Voyage au Congo, II.

Par anal. *Remonter une vallée.* — *Remonter un flot humain,
une foule...*

Machine à remonter le temps : machine imaginaire qui permet de
retourner dans le passé.

13.1 En ce sens l'évolution sélective, fondée sur le choix de rares et précieux incidents
      que contient aussi, parmi une infinité d'autres, l'immense réservoir du hasard
      microscopique, constitue une sorte de machine à remonter le temps.
                              Jacques MONOD, le Hasard et la Nécessité, p. 160-161.

♦ **3.** Fig. *Remonter le cours des ans. Remonter les filiations*
(→ Parenté, cit. 1). — *Remonter la chaîne des associations*
(cit. 21) *d'idées*.

14 Leurs esprits, en ce rendez-vous d'agonie, qui serait peut-être le dernier, remon-
    taient à travers les ans toute l'histoire de leur passion ; et on n'entendait plus dans
    la chambre que le crépitement du feu.
                              MAUPASSANT, Fort comme la mort, II, VI.

15 Il remontait leur vie commune, cherchant dans leurs relations anciennes si elle
    avait jamais paru montrer à quelqu'un plus de confiance et d'abandon qu'à lui-
    même. Il n'avait jamais suspecté personne, tant il était tranquille, tant il était con-
    fiant.   MAUPASSANT, l'Inutile Beauté, « L'épreuve », II.

♦ **4.** Porter de nouveau en haut ou plus haut. *Remonter une malle
au grenier.*
Augmenter la hauteur de... ; mettre à un niveau plus élevé. ⇒ **Élever, hausser.** *Remonter un tableau sur un mur.*
Remonter un mur. ⇒ **Exhausser.** — *Remonter la mèche d'une
lampe* (→ Éteindre, cit. 35). Ellipt. *Remonter une lampe* (→ ci-
dessous, cit. 16.1). — *Remonter une antenne* (→ 1. Radio, cit. 2).
Remonter son sac d'un coup de reins (→ Incommode, cit. 5). —
Remonter son col. ⇒ **Relever.**

Un grand, gros, fort garçon, occupé à remonter à toute minute (...) une paire de   16
lunettes qui lui dévale du nez (...)
                              Ed. et J. DE GONCOURT, Journal, Fin janv. 1852, t. I, p. 23.

Et la lampe, envoyée certainement de Paris par une famille élégante et tendre,   16.1
était de celles qui éclairent une chambre pendant bien des heures avant d'avoir
besoin d'être remontées.   PROUST, Jean Santeuil, Pl., p. 561.

Cout. *Remonter la taille d'une robe.* — Par ext. Diminuer par le
haut. *Remonter une jupe, une manche.*

Spécialt. *Remonter les poids d'une horloge.* Par ext. *Remonter une
horloge à poids*, en remonter les poids pour assurer la continuation
du mouvement (→ Fonctionner, cit. 5). — Tendre* de nouveau
le ressort d'un mécanisme. *Remonter une pendule, un réveil, une
montre...* (⇒ **Remontoir**). *Remonter un mouvement d'horlogerie, un
phono* (→ Plateau, cit. 2). *Remonter un ressort.* — *Piano* (1. Piano,
cit. 4) *qui se remonte à la manivelle.*

♦ **5.** Fig. Relever*, rendre plus fort, plus actif (ce qui avait perdu
de sa force). *Remonter le courage, les forces de qqn. Remonter le
moral de qqn.* ⇒ **Raffermir** (cit. 3), **réconforter.**

Pronominal :

J'ai envie d'aller me remonter l'imagination avec quelques verres de vin d'Espagne.   17
                              NERVAL, les Filles du feu, « Corilla ».

Je me remonte le moral, comme on dit, et j'ai besoin de me le remonter à cha-   18
que minute.   FLAUBERT, Correspondance, 78, 11 mai 1843.

Après le départ du baron, Joseph avait tâché de remonter son moral, et, comme   18.1
le vicomte demeurait froid :
— Pourtant, mon brave, si tu préfères en rester là, j'irais le dire.
                              FLAUBERT, l'Éducation sentimentale, II, IV.

Par ext. Redonner à (qqn) de la force, de la vigueur, et, fig., du courage, de l'énergie, du cœur. *Ce cordial vous remontera.* ⇒ **Remontant ; ranimer.** *Il est très déprimé, il a besoin d'être remonté.*
⇒ **Consoler, électriser, exalter, réconforter, soutenir ; retaper** (fam.).
→ 2. Hypocondre, cit. 1.

Je ne pouvais pas le guérir, moi, tant qu'il travaillerait dans les acides (...)   19
J'essayais de le remonter quand même.   CÉLINE, Voyage au bout de la nuit, p. 270.

Spécialt. *Remonter un vin, un alcool*, en augmenter le degré d'alcool.

♦ **6.** Monter de nouveau, remettre en état ce qui était démonté.
(⇒ aussi **Réparer**). *Remonter une armoire, une charpente.* ⇒ **Rassembler.** *Remonter une machine, un moteur.* — Par ext. Rassembler (les pièces qui étaient démontées). — Fig. *Démonter* (cit. 4) *et
remonter les idées.*

Toutes les montres que votre père a faites et vendues depuis quelques années   19.1
s'arrêtent subitement. On lui en a rapporté un grand nombre. Il les a démontées
avec soin ; les ressorts étaient en bon état et les rouages parfaitement établis. Il les
a remontées avec plus de soin encore ; mais, en dépit de son habileté, elles n'ont
plus marché.   J. VERNE, Maître Zacharius, p. 119-120.

Techn. *Remonter des bottes, des chaussures*, en changer les semelles (ressemeler) et l'empeigne. — Cout. *Remonter des poignets de
chemise. Remonter un patron après des retouches.* — *Remonter un
instrument à cordes*, en changer les cordes. — Bijout. *Remonter
un diamant.*

Remonter une pièce de théâtre.

Je reçois aujourd'hui une lettre de l'Odéon, m'annonçant qu'on va prochainement   20
y remonter *Henriette Maréchal.*
                              Ed. et J. DE GONCOURT, Journal, 14 oct. 1884, t. VI, p. 237.

♦ **7.** Pourvoir (qqn) d'une autre monture. *Remonter un cavalier.*
— Par ext. *Remonter un régiment.* ⇒ **Remonte.**

Par anal. Pourvoir à nouveau (qqch.) de ce qui est nécessaire.
⇒ **Monter.** *Remonter un ménage, une maison...* (→ aussi Petit,
cit. 22). *Remonter la garde-robe, l'équipement de qqn.* — *Remonter une ferme, une exploitation, une usine. Remonter une affaire,
une entreprise.*

▶ **SE REMONTER** v. pron.
Spécialt. (→ ci-dessus, II., 5.). Reprendre des forces.

(...) lorsqu'elle n'en pouvait plus elle buvait une gorgée pour « se remonter ». Enfin,   21
le soir arrivait.   Eugène DABIT, Hôtel du Nord, XXI.

(Au sens II., 7.). Se fournir à nouveau de choses nécessaires (qui
manquaient). *Se remonter en linge.*

▶ **REMONTÉ, ÉE** p. p. adj.
Spécialt. (→ ci-dessus, II., 5.). Qui a repris, retrouvé des forces, de
la vigueur, du courage. ⇒ **Regonflé** (fam.). *Il est tout remonté.*

CONTR. Descendre, dévaler, redescendre. — Enfoncer, immerger, rabattre.
— Ravaler. — Consumer, démoraliser, déprimer ; affaiblir. — Démonter, disloquer.
DÉR. et COMP. Remontage, remontant, remonte, remontée, remonte-pente, remon-
teur, remontoir.

REMONTEUR [ʀ(ə)mɔ̃tœʀ] n. m. — 1861, in *Année sc. et industr.*
1862, p. 384 ; de *remonter*.

♦ Techn. Ouvrier qui effectue certains montages (armurerie, horlogerie).

REMONTOIR [ʀ(ə)mɔ̃twaʀ] n. m. — 1642 ; de *remonter*.

♦ Appareil, dispositif servant à remonter un mécanisme. *Montre*
(2. Montre, cit. 3) *à remontoir. Le remontoir d'un jouet mécanique.*

Par métaphore :

(...) je voudrais au moins n'être qu'un de ces remontoirs de la conversation qui, tout en restant le plus souvent silencieux, sont maîtres dans l'art de faire parler les autres.   Pierre DANINOS, Un certain Monsieur Blot, p. 229.

REMONTRANCE [ʀ(ə)mɔ̃tʀɑ̃s] n. f. — 1194 ; de *remontrer*.

♦ **1.** Critique motivée et raisonnée adressée directement à qqn pour lui reprocher son attitude. ⇒ **Admonestation, avertissement, blâme, critique, harangue, homélie,** 2. **mercuriale** (2.)**, objurgation, observation, représentation, réprimande, reproche, semonce, sermon** (→ Penaud, cit. 1). — (Surtout au plur.). *Faiseur* (cit. 12) *de remontrances.* ⇒ **Prêcheur.** *Ne pas épargner, ne pas ménager* (cit. 5) *les remontrances à qqn* (→ Haranguer, cit. 9). *Faire des remontrances à un enfant pour lui faire honte*, l'engager à se corriger* (⇒ **Chapitrer**). — Par métaphore. *Les remontrances de la conscience, de la raison...* (→ Cœur, cit. 160). — REM. Dans la langue ancienne et classique, *remontrance* n'implique pas forcément de reproche. — *Remonstrance du peuple de France,* discours en vers de Ronsard (1563).

1   Dans ce récit je prétends faire voir
D'un certain sot la remontrance vaine.   LA FONTAINE, Fables, I, 19.

2   (...) un pourceau d'Épicure, un vrai Sardanapale, qui ferme l'oreille à toutes les remontrances qu'on lui peut faire, et traite de billevesées tout ce que nous croyons.
                    MOLIÈRE, Dom Juan, I, 1.

3   L'orgueil a plus de part que la bonté aux remontrances que nous faisons à ceux qui commettent des fautes, et nous ne les reprenons pas tant pour les en corriger, que pour leur persuader que nous en sommes exempts.
                    LA ROCHEFOUCAULD, Maximes, 37.

4   (...) ce qui l'importunait, c'est seulement mes remontrances, me laissait-elle entendre (car jamais il n'y eut la moindre *explication* entre nous).
                    GIDE, Et nunc manet in te, p. 62.

(Par ext.). Récrimination. *Pointes* (cit. 25), *allusions et remontrances à l'adresse des gouvernants.*

♦ **2.** (1636). Hist. (Au sing.). Discours par lequel le parlement représentait au roi les inconvénients d'un édit, d'une loi ; faculté d'adresser au roi de tels discours. ⇒ **Supplication.** *Droit de remontrance du Parlement* (cit. 2). *Remontrances parlementaires.* — *Remontrances et doléances des États généraux.* ⇒ **Cahier.**

REMONTRANT [ʀ(ə)mɔ̃tʀɑ̃] n. m. — XVIIᵉ ; de *remontrer*.

♦ **1.** Vx. Personne qui fait des remontrances (cf. Saint-Simon, *in* Littré).

♦ **2.** (À cause de remontrances qu'ils firent contre le Synode de Dordrecht, qui les avaient condamnés). Hist. *Les remontrants :* les arminiens*.

REMONTRER [ʀ(ə)mɔ̃tʀe] v. tr. — XIVᵉ, *se remonstrer* « se montrer, se signaler avec éclat » ; de *re-,* et *montrer.*

★ **I.** (XVᵉ). ♦ **1.** Vx ou littér. REMONTRER **(qqch., que...)** À **(qqn) :** exposer, montrer avec force à qqn (ce qu'on lui reproche). ⇒ **Représenter ; remontrance.** *Remontrer à qqn ses fautes, ses torts.* ⇒ **Admonester, critiquer, prêcher.** — *Remontrer que... :* faire remarquer avec blâme, avec reproche (→ Exemple, cit. 12).

1   Mademoiselle de Saint-Yves se rajusta en rougissant. On emmena l'Ingénu dans un autre appartement. L'abbé lui remontra l'énormité du procédé. L'Ingénu se défendit sur les privilèges de la loi naturelle (...)   VOLTAIRE, l'Ingénu, VI.

2   Mais il entendit en lui-même comme une parole qui lui déconseillait de faire cette offrande, et qui lui remontrait qu'un homme ne doit point agir comme ces jeunes filles qui veulent qu'on les aime, qu'on pense à elles et qu'on les regrette quand bien même elles ne se soucient pas d'y correspondre.
                    G. SAND, François le Champi, XV.

3   Dans l'entrain de ses calculs, Sammécaud faillit remontrer à la comtesse que sa réputation, son repos, lui commandaient de se rapprocher d'urgence de son mari.
                    J. ROMAINS, les Hommes de bonne volonté, t. V, XXVIII, p. 311.

REM. Comme pour *remontrance,* la nuance de blâme était beaucoup moins nette dans la langue classique. *« Remontrer à quelqu'un son devoir »* (Voltaire).

4   (...) je suis bien aise de lui remontrer que j'ai fait humainement tout ce que j'ai pu pour bien soutenir le pesant fardeau dont j'étais chargé (...)
                    A.-R. LESAGE, Gil Blas, XII, IX.

Absolt. (Hist.). Faire des remontrances. *Le parlement voulut remontrer* (→ Exiler, cit. 3).

♦ **2.** V. tr. ind. Vx. REMONTRER À, ou, mod., cour., EN REMONTRER À **(qqn) :** se montrer supérieur à...; donner des leçons* à (→ Musicien, cit. 6). *Il prétend en remontrer à son maître.* Prov. *C'est Gros-Jean qui en remontre à son curé*.*

5   (...) un ingénieur ne m'en remontrerait pas en matière de calculs (...)
                    J. ROMAINS, Lucienne, IX.

★ **II.** (XIVᵉ ; *remoutrer,* XIIIᵉ). Montrer de nouveau (→ Pignocher, cit. 2) *Remontrez-moi ce modèle.* — Pron. *Il n'ose plus se remontrer,* se représenter.

6   Nous les avons *portraiturés,* ces hommes, ces femmes, dans leurs ressemblances

du jour et de l'heure, les reprenant au cours de notre journal, les remontrant plus tard sous des aspects différents (...)
                    Ed. DE GONCOURT, Préface au « Journal des Goncourt ».

DÉR. Remontrance, remontrant, remontreur.

REMONTREUR, EUSE [ʀ(ə)mɔ̃tʀœʀ, øz] adj. — Mil. XVᵉ, Chastellain, « personne qui montre » ; de *remontrer.*

♦ Rare. Qui en remontre (à qqn), exprime des remontrances.

Sa voix, petit à petit, prenait un accent pénétré, remontreur et sentencieux.
                    G. DUHAMEL, le Jardin des bêtes sauvages, p. 213.

RÉMORA [ʀemɔʀa] n. m. — 1562 ; mot lat., « retardement », de *remorari* « retarder, arrêter », à cause d'une croyance superstitieuse (→ cit. 1, Montaigne).

♦ **1.** Zool. Poisson téléostéen *(Scombridés),* dont la tête est pourvue d'un disque adhésif qui lui permet de s'attacher à de gros poissons. Syn. : **échénéide.**

1   (...) ce petit poisson que les Latins nomment *remora,* à cause de cette sienne propriété d'arrêter toute sorte de vaisseaux auxquels il s'attache.
                    MONTAIGNE, Essais, II, XII.

2   (...) elle a beau ouvrir ses voiles au vent des plus hautes idées, le vaisseau reste immobile, comme si tous les rémoras de l'Océan se fussent suspendus à sa quille.
                    Th. GAUTIER, Mˡˡᵉ de Maupin, X.

Poisson pilote*.

♦ **2.** (1694, *rémora ; rémore,* 1610). RÉMORA OU RÉMORE [ʀemɔʀ]. Vx. Empêchement, difficulté, obstacle.

C'est *(la paresse)* la rémore qui a la force d'arrêter les plus grands vaisseaux (...)   LA ROCHEFOUCAULD, Maximes, 630.

L'usure, ce rémora mis sur l'ambition des paysans, dévore les campagnes.
                    BALZAC, la Rabouilleuse, Pl., t. III, p. 978.

REMORDRE [ʀ(ə)mɔʀdʀ] v. tr. — 1170 ; de *re-,* et *mordre.*

★ **I.** V. tr. Vx. Faire souffrir par un vif reproche de conscience, causer du remords à.

Songe à souffrir pour moi, si rien ne te remord.
                    CORNEILLE, Imitation de J.-C., III, 4622.

★ **II.** (V. 1530). ♦ **1.** V. tr. Mordre de nouveau.

Hydre absolue, ivre de ta chair bleue,
Qui te remords l'étincelante queue.   VALÉRY, Poésies, « Charmes », Cimet. marin.

Gravure. Faire subir de nouveau l'action de l'acide à, pour accentuer les tailles. *Remordre une planche.*

♦ **2.** V. tr. ind. (1538). *Remordre à l'hameçon.* Fig. *Il ne veut plus remordre au travail,* s'y remettre.

Comme un petit enfant (...) l'homme qui dort avec un grand soupir remord à la terre profonde (...) c'est l'heure où la terre donne à boire et nul de ses enfants en vain ne s'est repris à son sein libéral (..) CLAUDEL, Connaissance de l'Est, p. 72.

DÉR. Remords.

REMORDS [ʀ(ə)mɔʀ] n. m. — XIIIᵉ, *remors ;* p. p. substantivé de *remordre.*

♦ Sentiment douloureux, angoisse accompagnée de honte*, que cause la conscience d'avoir fait le mal, d'avoir agi contre la morale. ⇒ **Chagrin, regret, repentir** (→ Endormir, cit. 23 ; enfer, cit. 19 ; entier, cit. 16 ; esclave, cit. 22). *Avoir le remords au cœur, dans le cœur, dans l'âme. Les remords de notre conscience* (→ Faute, cit. 23). ⇒ **Reproche.** *La voix* du remords, de la conscience. Concevoir des remords* (→ Expiatoire, cit. 6). *Un remords le harcelait* (→ 1. Parler, cit. 23). *Celui que le remords déchire* (cit. 17). *Le poids du remords. Être bourrelé** (cit. 3) *de remords, la proie* (cit. 8) *des remords. Remords cuisants* (cit. 3), *torturants. « La fureur* (cit. 26) *de mes feux, l'horreur de mes remords ». « Tes remords te suivront comme autant de furies »* (cit. 2). — *Étouffer ses remords. Plaisir mêlé de remords. Jouir sans remords de qqch.* (→ Dilettantisme, cit.). *Voler, tuer sans remords* (→ Guerre, cit. 8). *Mourir* (cit. 27) *sans remords, sans rien avoir à se reprocher. Le remords, les remords de :* le remords, les remords causés par... *Remords d'une faute, d'un crime. Remords d'avoir offensé Dieu, avec le propos de ne pas recommencer.* ⇒ **Contrition, pénitence, résipiscence.**

1   Le regret consiste dans le sentiment de quelque perte ; le repentir, dans celui d'une faute ; le remords, dans celui d'un crime et la crainte du châtiment.
                    VAUVENARGUES, De l'esprit humain, XL.

2   Sage par raison, libertine par tempérament, se désolant le lendemain de la sottise de la veille, elle a passé toute sa vie en allant du plaisir au remords et du remords au plaisir, sans que l'habitude du plaisir ait étouffé le remords, sans que l'habitude du remords ait étouffé le goût du plaisir. DIDEROT, Jacques le fataliste, Pl., p. 715.

2.1 Les passions, je le sais, vous aveuglent à présent, mais aussitôt qu'elles se tairont, à quel point vous déchireront les remords ? Plus est grande votre sensibilité, plus leur aiguillon vous tourmentera (...)   SADE, Justine..., t. I, p. 88.

3   Il avait fui la vie sociale par nécessité, comme le grand coupable cherche le cloître. Le Remords, cette vertu des faibles, ne l'atteignait pas. Le Remords est une impuissance, il recommence sa faute.   BALZAC, Séraphîta, Pl., t. X, p. 524.

4 Si vous avez failli, rappelez les remords,
Versez-les dans le sein de Dieu qui vous écoute.
A. DE VIGNY, Livre moderne, « La prison ».

5 Pouvons-nous étouffer le vieux, le long Remords,
Qui vit, s'agite et se tortille,
Et se nourrit de nous comme le ver des morts,
Comme du chêne la chenille ?
Pouvons-nous étouffer l'implacable Remords ?
BAUDELAIRE, les Fleurs du mal, « Spleen et idéal », LIV.

6 L'action dévore la pensée. C'est pourquoi le remords risque d'être une invention des poètes. Peut-être a-t-on remords d'un mauvais désir ; mais d'une action, non pas. Hamlet a le remords de crime qu'il n'a point commis ; mais ce coup d'épée dans la tapisserie, il n'en aura point même de regret.
ALAIN, Propos, 25 mars 1922, Le remords.

7 Le remords est la douleur cuisante et comme l'indique le mot, la *morsure* qui torture le cœur après une action coupable (...) Le repentir est une tristesse de l'âme ; le remords est une torture et une angoisse. Le repentir est déjà presque une vertu ; le remords est un châtiment.
P. JANET, Traité de psychologie, p. 655.

REM. On rencontre en poésie l'orthographe *remord*.

8 Comme le souvenir est voisin du remord !   HUGO, les Contemplations, V, XIII.

REMORQUAGE [ʀ(ə)mɔʀkaʒ] n. m. — 1834 ; de *remorquer*.

♦ Action de remorquer. « *Le remorquage consiste dans la traction opérée par un véhicule ou bateau, d'un autre véhicule ou bateau, privé de moyens de propulsion, d'une manière permanente ou accidentelle* » (Dalloz, *Petit dict. de droit*). *Remorquage en mer d'un navire en détresse. Remorquage d'un pétrolier en cale sèche, par un remorqueur*. — *Remorquage fluvial des péniches et des chalands.* ⇒ **Touage**. — *Remorquage d'une voiture en panne ou accidentée, par une dépanneuse. Zone de remorquage (de touage),* où les voitures en stationnement illicite sont remorquées et conduites en fourrière. — *Remorquage d'un planeur.*

Le capitaine de l'*Alexandros* (...) avait poliment demandé qu'on lui filât du spring pour moins fatiguer. Renaud avait filé trois cent soixante mètres, ce qui, avec les trois maillons de chaîne du cargo, faisait plus de quatre cent cinquante mètres à la traîne. Maintenant le remorquage se poursuivait normalement (...)
Roger VERCEL, Remorques, VI.

REMORQUE [ʀ(ə)mɔʀk] n. f. — 1694 ; de *remorquer*.

♦ **1.** (Dans des loc.). Action de remorquer ; opération par laquelle un bateau, un véhicule en tire un autre. ⇒ **Traction**. *Arceau, tambour de remorque. Corde, câble de remorque. — Prendre un bateau à la remorque, en remorque. — Prendre en remorque une automobile,* la tirer (notamment, si elle ne fonctionne plus). *Se faire prendre en remorque par une dépanneuse.*

♦ **2.** (1773). Câble* de remorque. *Frapper, raidir, filer, larguer, la remorque.*

1 Pendant le voyage, la remorque levée sur le pont, un énorme cylindre de chanvre et d'acier avait fait des siennes. Elle avait sauté sur la lisse et brisé les saisines. Il fallait maintenant la dérouler, la présenter (...) Il y en avait cinq comme elle dans la cale et une de rechange sur le pont. Celle qui allait servir était déjà engagée sur le tambour de remorque.   Roger VERCEL, Remorques, IV.

♦ **3.** Loc. fig. (1842). À LA REMORQUE. *Être, se mettre à la remorque de qqn,* se laisser mener, diriger par lui, le suivre ou l'imiter aveuglément*. *Prendre à sa remorque* : se charger de... *À la remorque* : à la suite. *Il est toujours à la remorque* : il traîne, reste en arrière.

2 (...) entre les Ministres c'est la lutte continuelle, à qui ne l'aura pas (...) l'Intérieur qui ne veut rien savoir et la rejette sur les Finances, et ainsi jusqu'au jour où une âme charitable veut bien la prendre à sa remorque et se l'adjoindre par pitié.
COURTELINE, Messieurs les ronds-de-cuir, 1er tableau, I.

3 (...) elle est toujours par les chemins, toute la classe de philosophie à sa remorque, transportant ses hardes d'un faubourg à l'autre (...)
M. JOUHANDEAU, Chaminadour, II, V.

♦ **4.** (1900). Véhicule sans moteur, destiné à être traîné, tiré par un autre. ⇒ aussi **Baladeuse, roulotte...** *Le véhicule tracteur et sa remorque. Remorque de camion* (⇒ **Semi-remorque**). *Remorque de camping.* ⇒ **Caravane**. *Remorque pour bateaux. Remorque pliante.*

3.1 Il m'a semblé entendre vers quatre heures des pas sur le gravier, puis un grincement de porte dans le fond du jardin où nous remisons la remorque-camping.
Hervé BAZIN, Cri de la chouette, p. 121.

Techn. Voiture de chemin de fer sans moteur.

4 Sur les routes convergentes, les bicyclettes 1941, les légères remorques d'aluminium accomplissent un retour silencieux.   COLETTE, Belles saisons, p. 99.

COMP. Semi-remorque.

REMORQUER [ʀ(ə)mɔʀke] v. tr. — 1530 ; var. *remolquer, remorguer* ; ital. *remorchiare,* du bas lat. *remulcare* ; de *remulcum* « corde de halage ».

♦ **1.** Tirer (un navire) au moyen d'un câble, d'une chaîne (ou remorque*). *Vapeur qui remorque des chalands, des péniches...* ⇒ **Remorqueur**. *Remorquer en flèche ; à couple* (le remorqueur et le remorqué bord à bord). *Remorquer un navire du rivage* (⇒ **Haler**), *au cabestan* (⇒ **Touer**). — *Remorquer un paquebot à l'entrée d'un port. Remorquer au port un navire en détresse.*

1 Ils reprirent leurs rames, ils remorquèrent le canot et conduisirent Thérèse et Laurent au restaurant, où le dîner était prêt.   ZOLA, Thérèse Raquin, XI.

♦ **2.** Tirer, traîner (un véhicule sans moteur ou en panne). *Dépanneuse, camion, tracteur qui remorque une voiture en panne. Il remorque une énorme caravane.*

Fig. Tirer, traîner derrière soi. *Il faut remorquer toute la famille !*

La main sèche et chaude qui tenait la sienne resserra son étreinte. Une force indifférente sinon ennemie le remorquait.   F. MAURIAC, le Sagouin, III.

♦ **3.** En franç. d'Afrique. Prendre (qqn) sur le siège arrière, le porte-bagages (d'un deux-roues).

▶ REMORQUÉ, ÉE p. p. adj. *Navire remorqué.* — N. m. *Le remorqué et le remorqueur.*

DÉR. Remorquage, remorque, remorqueur.

REMORQUEUR [ʀ(ə)mɔʀkœʀ] n. m. — 1817, *bateau à vapeur remorqueur, in* D.D.L. ; s'est dit, vers 1830-1850, des locomotives ; de *remorquer*.

♦ **1.** Navire à machines puissantes relativement au tonnage, et muni de dispositifs de remorquage. *Remorqueur fluvial* (⇒ **Toueur** ; → Canal, cit. 5) ; *de port ; de haute mer ; de sauvetage. Grands voiliers « traînés par d'imperceptibles remorqueurs »* (→ Mâture, cit. 1).

1 L'immense paquebot, traîné par un puissant remorqueur qui avait l'air, devant lui, d'une chenille, sortait lentement et royalement du port.
MAUPASSANT, Pierre et Jean, IX.

2 Sur le quai Conti, accoudé au parapet, il regarda venir un train de péniches, derrière un remorqueur qui abattait sa cheminée pour saluer le pont. La remorque, aussi rigide qu'une barre, lui parut absurde (...)   Roger VERCEL, Remorques, VII.

Mar., admin. Navire qui en remorque un autre (sans être par nature un remorqueur au sens défini ci-dessus).

♦ **2.** (1823). Techn. Marin embarqué sur un remorqueur.

REMOTE-BATCH [ʀimotbatʃ] n. m. — 1975 ; mot angl., de *remote* « lointain, éloigné », et *batch* « lot ».

♦ Inform. Anglic. Télétraitement par lot*.

REMOUCHER [ʀ(ə)muʃe] v. tr. — 1549 ; de re-, et *moucher*.

♦ **1.** Moucher de nouveau. — Pron. *Se remoucher.*

♦ **2.** (1803). Fam., vieilli. Remettre vertement (qqn) à sa place. ⇒ **Moucher** (*supra* cit. 3).

(...) je lui ai demandé incidemment s'il accepterait de lire avec moi les manuscrits ; c'est ce qu'il a tout de suite appelé : être rédacteur en chef (...) C'est bien de lui, trouvez pas ? quel type ! Il a besoin qu'on le remouche un peu (...)
GIDE, les Faux-monnayeurs, I, *in* Romans, Pl., p. 1041.

REMOUDRE [ʀ(ə)mudʀ] v. tr. — 1549 ; de re-, et *moudre*.

♦ Moudre de nouveau. *Remoudre du café qu'on a moulu trop gros. Remoudre du grain.*

DÉR. 1. Remoulage.

REMOUILLAGE [ʀ(ə)mujaʒ] n. m. — 1875 ; de *remouiller*.

♦ Techn. Opération qui consiste à mouiller de nouveau (une étoffe, etc.).

REMOUILLER [ʀ(ə)muje] v. — 1549 ; de re-, et *mouiller*.

♦ **1.** V. tr. Mouiller de nouveau (qqch.). *Remouiller du linge à repasser.*

♦ **2.** V. intr. Mar. Remouiller : mouiller de nouveau. *Le cargo n'était pas assez abrité en grand'rade, il a dérapé pour aller remouiller dans l'avant-port.*

DÉR. Remouillage.

RÉMOULADE [ʀemulad] n. f. — 1693, *ramolade* ; p.-ê. du picard *rémola, ramolas* « radis noir », avec suff. *-ade* de mots comme *salade* ; cf. lat. *armoracia* « raifort sauvage » ; infl. possible de *remolade*, 1640, « onguent de vétérinaire » ; cependant, selon P. Guiraud, le mot viendrait de *remouler*, intensif de *mouler* « écraser à la meule », orig. plus plausible.

♦ Sauce piquante, émulsion d'huile avec de la moutarde, de l'ail, du jus de citron, etc., qui sert à assaisonner la viande froide, le poisson... *Faire une rémoulade. Céleri rémoulade* : céleri-rave coupé en minces lanières et accommodé avec cette sauce.

Il me tend la carte : j'ai droit à un hors-d'œuvre au choix ; cinq rondelles de saucisson ou des radis ou des crevettes grises ou un ravier de céleri rémoulade.
SARTRE, la Nausée, p. 135.

1. REMOULAGE [ʀ(ə)mulaʒ] n. m. — 1808 ; de *remoudre*, d'après les formes en *moul-* ; → 1. Moulage.

♦ 1. Techn. Opération qui consiste à remoudre une substance ; son résultat.

♦ 2. Techn. Farine blanchâtre ou jaunâtre qui adhère encore au son et qu'on extrait par une deuxième mouture.

HOM. 2. Remoulage, 3. remoulage.

2. REMOULAGE [ʀ(ə)mulaʒ] n. m. — 1875 ; de remouler.

♦ Techn. Opération qui consiste à remouler (un objet qui se fabrique par moulage) ; nouveau moulage ainsi obtenu. ⇒ **Surmoulage** (⇒ aussi **Remmoulage**). *Remoulage d'une statue. Les défauts du premier essai sont invisibles sur le remoulage.*

HOM. 1. Remoulage.

3. REMOULAGE [ʀ(ə)mulaʒ] n. m. ⇒ **Remmoulage**.

REMOULER [ʀ(ə)mule] v. tr. — 1739 ; de re-, et mouler.

♦ Mouler de nouveau (un objet qui se fabrique par moulage). ⇒ aussi **Remmoulage**.

DÉR. 2. Remoulage.

RÉMOULEUR [ʀemulœʀ] n. m. — 1334 ; de l'anc. verbe rémoudre, de re-, et émoudre*.

♦ Artisan, ouvrier, généralement ambulant, qui aiguise, repasse les instruments tranchants. ⇒ **Aiguiseur, gagne-petit** (vieilli), **repasseur.** *Petite voiture de rémouleur.*

Toutes les deux attendaient, plantées devant l'échoppe roulante d'un rémouleur, à qui la vieille avait donné ses ciseaux. Depuis trente ans, il les repassait.
ZOLA, la Terre, II, VI.

REMOUS [ʀ(ə)mu] n. m. — 1687, remoux ; anc. provençal remou, réfection de revou (cf. lat. revolvere «retourner»), d'après remoulina «tourner comme un moulin, tournoyer» ; cf. remole «tourbillon», in Furetière.

♦ 1. Mar. Retour de l'eau sur elle-même, tourbillon qui se produit à l'arrière d'un navire en marche ; vagues produites par un navire en marche. — Cour. Mouvement, tourbillon provoqué par le refoulement de l'eau au contact d'un obstacle ; contrecourant qui se forme le long des bords d'un cours d'eau. ⇒ **Agitation** (supra cit. 1), **tourbillon, tournoiement** (→ Naviguer, cit. 2 ; rapide, cit. 8). *Remous d'une rivière. Remous provoqués par les courants dans un raz.*

1 Tous deux ils regardèrent, à leurs pieds, la mare d'un jaune brunâtre qui entourait la bonde (de l'étang). Les mêmes remous s'y tourmentaient, tantôt torpides et profonds, tantôt exaspérés, agitant violemment la surface, y déroulant d'épaisses volutes floconneuses. M. GENEVOIX, Raboliot, I, I.

Agitation, tourbillon dans un fluide quelconque. *L'air, agité de puissants remous* (→ Fureur, cit. 24). *Un remous fit plonger* (cit. 18) *l'avion.*

♦ 2. Mouvement confus et massif d'une foule. ⇒ aussi **Agitation** (supra cit. 3) ; → Mouvement, cit. 22. *Être pris, entraîné par les remous de la foule. Il y eut des remous dans l'assistance.*

2 Ils restaient debout tous les trois, arrêtés, arrêtant le mouvement du promenoir, formant un remous autour d'eux. MAUPASSANT, Bel-Ami, I, I.

♦ 3. Par métaphore ou fig. ⇒ **Agitation** (supra cit. 17), **convulsion** (supra cit. 7) ; → Bouillonnement, cit. 2. *Les grands remous sociaux* (→ Mêler, cit. 25). *Un remous d'idées, de sentiments contraires* (→ Apaiser, cit. 28).

3 Les révolutions à peine terminées, ce qui ne va jamais sans douleur, sans ruines, sans remous, sans désordres peu réparables (...) G. DUHAMEL, Manuel du protestataire, II.

REMPAILLAGE [ʀɑ̃pajaʒ] n. m. — 1775 ; de rempailler.

♦ Travail qui consiste à rempailler (un siège) ; son résultat. (→ Cannage, empaillage). *Le rempaillage d'une banquette rustique.*

REMPAILLER [ʀɑ̃paje] v. tr. — 1700 ; de re-, et empailler.

♦ Garnir (un siège) d'une nouvelle paille*. ⇒ **Canner, empailler, pailler.** *Rempailler un fauteuil.*

J'ai vu toute mon enfance rempailler des chaises exactement du même esprit et du même cœur, et de la même main, que ce même peuple avait taillé ses cathédrales. Ch. PÉGUY, la République..., p. 285.

CONTR. Dépailler.
DÉR. Rempaillage, rempailleur.

REMPAILLEUR, EUSE [ʀɑ̃pajœʀ, øz] n. — 1723 ; de rempailler.

♦ Personne qui rempaille des sièges. ⇒ **Canneur, empailleur.** *Une rempailleuse de chaises.*

Son père était rempailleur et sa mère rempailleuse (...) On s'arrêtait à l'entrée des villages, le long des fossés (...) et la petite se roulait dans l'herbe pendant que

père et la mère rafistolaient, à l'ombre des ormes du chemin, tous les vieux sièges de la commune (...) Après les quelques mots nécessaires pour décider qui ferait le tour des maisons en poussant le cri bien connu : «Remmmpailleur de chaises!», on se mettait à tortiller la paille (...)
MAUPASSANT, Contes de la Bécasse, « La rempailleuse ».

REMPAQUETER [ʀɑ̃pakte] v. tr. — 1549 ; de re-, et empaqueter.

♦ Empaqueter de nouveau (une marchandise, un objet). *Rempaqueter ses affaires après les avoir déballées.* ⇒ **Remballer.**

(...) en train de rempaqueter maladroitement dans son emballage de vieux journaux le coffret de fer, puis attrapant la ficelle, se mettant en devoir de défaire le nœud (...) Claude SIMON, le Vent, p. 190. 1

La boîte est maintenant bien en sûreté — sur le marbre noir, fêlé, de la commode — refermée, rempaquetée, ficelée. 2
A. ROBBE-GRILLET, Dans le labyrinthe, p. 213.

CONTR. Dépaqueter.

REMPARER [ʀɑ̃paʀe] v. tr. — V. 1360 ; de re-, et emparer.

Vieux ou littéraire.

♦ 1. Entourer d'un rempart, protéger par une fortification. *Remparer une ville de murailles.*

(En parlant du rempart lui-même) :

Sur un plateau nu surgira par exemple un rempart altier, qui ne rempare rien, 1
qu'une herbe rare et quelques genêts. Henri MICHAUX, Ailleurs, p. 216.

Au p. p. *Remparé de... : protégé par.*

(...) vingt peuples entourés de leur seul courage ont gardé leur indépendance, et 2
l'Italie, remparée des Alpes, est tombée sous le joug de quiconque les a voulu franchir. CHATEAUBRIAND, Mémoires d'outre-tombe, t. III, p. 191.

♦ 2. V. pron. Fig. SE REMPARER : s'abriter, se retirer dans un lieu protégé.

DÉR. Rempart.

REMPART [ʀɑ̃paʀ] n. m. — 1370, rampart ; de remparer, avec t final dû à l'anc. forme boulevart. → Boulevard.

♦ 1. Forte muraille, levée de terre, etc., qui forme l'enceinte d'une forteresse, d'une ville fortifiée. ⇒ **Enceinte, mur, muraille ;** et aussi **épaulement, fraise.** *Parties d'un rempart, ouvrages qui complètent et renforcent un rempart.* ⇒ **Fortification** (cit. 1) ; et aussi **banquette, berme, boulevard, crête** (cit. 4), **créneau, échiffe, escarpe, escarpement, fossé, glacis, mâchicoulis, parapet, plongée, talus, terreplein.** *Rempart crénelé* (→ Guérite, cit. 2 ; panorama, cit. 5). *Remparts d'un château-fort, d'une forteresse. Protéger une ville par des remparts.* ⇒ **Remparer.** *Brèche dans un rempart. Sentinelles placées sur un rempart* (→ Garnison, cit. 3).

Cependant les machines ne démolissaient point le rempart (de Carthage). Il était 1
formé par deux murailles et tout rempli de terre ; elles abattaient leurs parties supérieures. Mais les assiégés, chaque fois, les relevaient.
FLAUBERT, Salammbô, XIII.

Les marchandises de tous les magasins s'ingénient à se convertir en *objets de rem-* 2
part ; il n'y a plus que des couvertures de rempart, des fourrures de rempart, des lits de rempart (...) Ed. et J. DE GONCOURT, Journal, 20 oct. 1870, t. IV, p. 71.

♦ 2. (Presque toujours au plur.). Dans une ville, Zone comprise entre les remparts (au sens 1.) et les habitations les plus proches ; voie publique établie sur l'emplacement des anciens remparts. ⇒ **Boulevard.** *Se promener sur les remparts.*

♦ 3. (Par métonymie et toujours au plur.). Vx et poét. Ville*. *« La Judée asservie* (cit. 8) *et ses remparts fumants »* (Racine). *Au sein de nos remparts* (→ Art, cit. 66).

♦ 4. Ce qui sert de défense*, de protection (dans quelques emplois).

a Concret. *Faire rempart de son corps à qqn.* ⇒ **Couvrir.**

Des Libyens les rangèrent tout au bord du fossé, et, postés derrière eux, ils 3
envoyaient des javelots en se faisant un rempart de leur corps.
FLAUBERT, Salammbô, IX.

J'ai une colline, un rempart de cyprès qui m'abritent du mistral et de la tramon- 4
tane (...) COLETTE, Belles saisons, p. 33.

b Abstrait. *Cette province qui fut pendant des siècles le rempart du royaume.* ⇒ **Bastion, bouclier, boulevard** (fig.). — *« Contre la médisance il n'est point de remparts ».* ⇒ **Cuirasse** (fig.) ; → Égard, cit. 1, Molière. *Le rempart de la foi, de la vertu.*

REMPIÈTEMENT [ʀɑ̃pjɛtmɑ̃] n. m. — XVIᵉ, rempietrement, dialectal ; de rempiéter.

♦ Techn. Opération qui consiste à rempiéter une construction. *Le rempiètement d'un mur.*

REMPIÉTER [ʀɑ̃pjete] v. tr. — Conjug. céder. — 1395 ; de re-, en-, et pied.

Technique.

◆ **1.** Réparer, refaire le pied de (une construction). *Rempiéter un mur.*

◆ **2.** *Rempiéter des bas (des chaussettes,* etc.*),* en refaire le pied.

DÉR. Rempiètement.

REMPILER [Rᾶpile] v. tr. et intr. — 1875; *soi rempiler* «se joindre à un groupe», 1310; de *re-,* et *empiler.*

★ **I.** V. tr. Empiler de nouveau. *Rempiler des livres.*

★ **II.** V. intr. (1894). Argot milit. Contracter un nouvel engagement à l'expiration du précédent; se rengager à la fin de la durée légale du service militaire (⇒ **Rengager**).

1 Il va être démobilisé dans un mois. Et j'ai ajouté : Mais ça se pourrait bien qu'il rempile.   R. QUENEAU, le Dimanche de la vie, p. 40.

▶ **REMPILÉ, ÉE** p. p. adj.
Qui a «rempilé»; qui a fait carrière dans l'armée par une suite de rengagements successifs. *Sous-officier rempilé.* — Subst. *Un rempilé.*

2 (...) elles embauchèrent des hommes sûrs, rempilés de la coloniale, retraités, anciens sergents de ville (...)   ARAGON, les Cloches de Bâle, III, VI.

REMPLAÇABLE [Rᾶplasabl] adj. — 1846; de *remplacer.*

◆ Qui peut être remplacé. ⇒ aussi **Fongible.** *Un objet aisément remplaçable. Il n'est pas facilement remplaçable à ce poste.*

CONTR. Irremplaçable.

REMPLAÇANT, ANTE [Rᾶplasᾶ, ᾶt] n. — 1792; de *remplacer.*

◆ **1.** Anciennt. Celui qui faisait le service militaire à la place d'un autre (notamment en se faisant payer par ceux qui avaient été désignés par le tirage au sort).

1 (...) enfin, il résolut de se vendre, de s'offrir comme remplaçant pour le service militaire en espérant que ce sacrifice sauverait Ginevra (...)
                                    BALZAC, la Vendetta, Pl., t. I, p. 921.

◆ **2.** (1802). Mod. Personne qui en remplace momentanément une autre dans son travail, à son poste, à une fonction. ⇒ **Intérimaire, substitut, suppléant;** et aussi **adjoint, agent, doublure, lieutenant, représentant;** préf. **vice-.** *Se chercher un remplaçant* (→ 1. Patron, cit. 6). *Médecin qui prend un remplaçant pendant les vacances. — Ce joueur fait partie de l'équipe de France à titre de remplaçant.*

2 Les habitants d'un village briard, après avoir vu à l'œuvre le «remplaçant» du Dr X... étaient venus en cortège le supplier de rester sur place et d'y fonder un cabinet (...)   G. DUHAMEL, Inventaire de l'abîme, X.
Personne qui vient prendre définitivement la relève d'une autre dans ses fonctions. ⇒ **Successeur.** *Son remplaçant a déjà été nommé* (→ Remplacer, cit. 1).

REMPLACEMENT [Rᾶplasmᾶ] n. m. — 1535; de *remplacer.*

◆ Action, fait de remplacer, de changer ou d'occuper momentanément la place de qqn ou qqch.; son résultat. ⇒ **Relève, substitution.** *Remplacement d'un pneu usé, d'un carreau cassé.* ⇒ **Changement.** *En remplacement de qqch. :* à la place de. *Produit de remplacement* (⇒ **Ersatz, succédané**). *Remplacement des biens dotaux.* ⇒ **Remploi.**

(Personnes). *Faire un remplacement, des remplacements :* occuper momentanément les fonctions de qqn. ⇒ **Intérim, suppléance.** *Jeune institutrice, professeur délégué, médecin, dactylo qui fait des remplacements.*

(1794). Anc. Substitution d'un remplaçant à un conscrit pour le service militaire. *Le remplacement se pratiqua jusqu'en 1872.*

REMPLACER [Rᾶplase] v. tr. — 1549; de *re-,* et anc. v. *emplacer* «mettre en place»; → Emplacement.

◆ **1.** *Remplacer une chose (par une autre),* mettre une autre chose à sa place; faire jouer à une autre chose le rôle que la première jouait auparavant ou qu'elle joue habituellement. ⇒ **Substituer.** *Remplacer des mots par des points* (1. Point, cit. 78). *Remplacer le mot propre* (cit. 11) *par une périphrase. La nécessité de remplacer le parchemin, dont le prix était excessif* (→ Papier, cit. 1). *Remplacer les fours au feu de bois par des fours au mazout* (→ Cuire, cit. 5). *Remplacer les pratiques religieuses par des superstitions* (→ Médaille, cit. 9). *On ne supprime que ce que l'on remplace* (→ Proposition, cit. 3). — Vx. *Remplacer de... :* remplacer par.
Mettre à la place de (qqch.) une chose semblable et en bon état. *Remplacer le papier de tenture de son appartement.* ⇒ **Changer, renouveler.** *Remplacer un carreau cassé. Remplacer une pièce d'un moteur, d'un appareil* (⇒ 1. **Rechange**). — Fam. *Remplacer qqch. à qqn,* lui donner, lui acheter un objet identique à celui qui lui

appartenait et qu'on a cassé ou perdu. *Il a perdu mon parapluie, j'espère qu'il me le remplacera.*

Loc. prov. *On ne détruit que ce qu'on remplace.*

(Compl. n. de personne). *Remplacer qqn,* lui donner un remplaçant, un successeur.

1 Il travaillait chez un dentiste du bas de la rue de Belleville. Quand il a su qu'il allait partir, son patron l'a remplacé. Et après, naturellement, il n'a pas voulu le reprendre. La place était occupée. Ou plutôt il aurait bien voulu, parce qu'il paraît que le remplaçant était loin de faire l'affaire comme lui.
                                    J. ROMAINS, les Hommes de bonne volonté, t. IV, v, p. 41.

◆ **2.** Se mettre à la place de (qqn, qqch.). ⇒ **Succéder** (à). *La mode d'aujourd'hui remplace celle d'hier et sera remplacée par celle de demain.* ⇒ **Changer.** — (Compl. n. de personne). *Aller remplacer une sentinelle.* ⇒ **Relever.**

2 Espérons que tant de sublimes harmonies seront complétées par la construction d'un palais épiscopal dans le genre gothique, qui remplacera les masures sans caractère assises entre le Terrain, la rue d'Arcole, la cathédrale et le quai de la Cité.   BALZAC, Mᵐᵉ de la Chanterie, Pl., t. VII, p. 233.

3 (...) la jeunesse sérieuse qui arrive sur la scène, et qui va nous remplacer.
                      SAINTE-BEUVE, Correspondance, t. II, éd. Calmann-Lévy, p. 300.

◆ **3.** Jouer le rôle qu'une autre personne ou une autre chose jouait auparavant ou qu'elle joue habituellement. ⇒ **Suppléer** (→ Faire fonction* de, tenir lieu* de, faire office* de, tenir la place* de). *Produit, objet qui sert à en remplacer un autre.* ⇒ **Ersatz, postiche, succédané.** *La traction électrique a remplacé la traction à vapeur.*

4 Édouard est content. Le parfum du café lui pénètre l'âme. Le café fut donné aux peuples du Nord pour remplacer le soleil matinal.   G. DUHAMEL, Salavin, III, II.

◆ **4.** Exercer, à titre temporaire ou dans des circonstances déterminées, les fonctions qu'une autre personne exerce habituellement ou qu'elle devrait, en principe, exercer elle-même; se substituer à elle pour faire un certain travail. ⇒ **Fonction** (faire fonction de); **intérim, remplacement.** *Remplacer qqn à une cérémonie, à la signature d'un acte.* ⇒ **Représenter;** — (Agir pour*, à la place* de (qqn). *Personne qui en remplace une autre.* ⇒ **Remplaçant; lieutenant** (vx), **régent, représentant, subrogé...** *Acteur qui se fait remplacer pour jouer un rôle.* ⇒ **Doubler.**

5 Un d'eux, qui avait pris place dans le plus réputé des quadrilles pour remplacer une célébrité absente (...)   MAUPASSANT, l'Inutile Beauté, «Le masque».

Spécialt. (À l'époque où le système du tirage au sort était encore en vigueur). Faire le service militaire à la place d'un autre. *Il a vendu tout son bien* (2. Bien, cit. 52) *pour acheter un homme et se faire remplacer.*

▶ **SE REMPLACER** v. pron. (Récipr.). *Se remplacer à tour de rôle.* ⇒ **Alterner, relayer** (se); **roulement.** *Ces deux choses peuvent se remplacer l'une par l'autre.* — (Passif). *Cela peut se remplacer facilement.* ⇒ **Remplaçable.** *Un homme comme toi ne se remplace pas facilement.* ⇒ **Irremplaçable.** (→ Peste, cit. 10; et aussi fort, cit. 39).

6 — Tu as trouvé quelqu'un d'autre pour te tenir compagnie.
— Ça remplace pas une sœur.
— Eh non. Eh non. Une sœur, ça ne se remplace pas.
                                    R. QUENEAU, le Dimanche de la vie, p. 21.

▶ **REMPLACÉ, ÉE** p. p. adj. *Pièce de moteur remplacée. Les éléments anciens et les éléments remplacés.* — N. *Un remplaceur* et *un remplacé.*

DÉR. Remplaçable, remplaçant, remplacement, remplaceur.

REMPLACEUR, EUSE [RᾶplasœR, øz] n. — D. i.; de *remplacer.*

◆ Rare. Personne qui en remplace une autre. «*Se rendre crédible à la fois comme remplaceur et comme remplacé (...)*» (J.-F. Revel, in *l'Express,* 16 oct. 1972).

REMPLAGE [Rᾶplaʒ] n. m. — 1409; «surcharge», 1372; de *remplir.*

◆ **1.** Vx. Remplissage.

◆ **2.** (1467). Techn. Blocage* fait d'un mélange de moellons ou briques et de mortier dont on remplit l'espace compris entre les deux parements d'un mur. ⇒ **Remplissage** (2.). — (1908, Encycl. du XXᵉ s.). Archéol. Réseau de pierre garnissant l'intérieur d'une fenêtre ou d'une rose, dans le style gothique; chaque élément de ce réseau.

Le style flamboyant tire son nom de certains effets particulièrement remarquables dans les remplages et qui donnent au réseau des nervures l'apparence onduleuse de la flamme.   Henri FOCILLON, l'Art d'Occident, III, I, 2.

1. REMPLI [Rᾶpli] p. p. adj. ⇒ **Remplir.**

2. REMPLI [Rᾶpli] n. m. — 1640; de *remplier.*
Technique.

◆ **1.** Pli fait à une étoffe afin de la raccourcir, de la border. ⇒ **Ourlet, pli.** *Rempli d'une jupe, d'un rideau. Faire un rempli.* ⇒ **Remplier.**

Par anal. Partie d'une couverture de livre repliée à l'intérieur du carton. — Partie d'un revêtement de sol repliée en dessous.

♦ **2.** (1868, *in* D.D.L.). Dépassant (sens 2), à l'intérieur d'une couture. *Remplis d'une couture rabattue.*

HOM. 3. Rempli, formes du v. **remplir.**

3. REMPLI [ʀɑ̃pli] n. m. — 1870; p. p. substantivé de *remplir.*

♦ Techn. Garniture qui remplit l'intérieur des motifs de certaines dentelles (on dit aussi *remplissage**).

HOM. 2. Rempli, formes du v. **remplir.**

REMPLIER [ʀɑ̃plije] v. tr. — 1661; à propos d'un fil de métal, v. 1560; de *re-, en-,* et *pli.*

♦ Techn. Faire un rempli à. ⇒ 2. **Rempli.** *Remplier une étoffe. Remplier la couverture d'un livre.*

La soie de l'ombrelle était solide; mais les branches étaient fermées, et la partie supérieure, là où l'étoffe était double et rempliée, étant toute pénétrée de moisissure et pourrie, se déchira aussitôt qu'on l'ouvrit.
BAUDELAIRE, Trad. E. POE, Histoires grotesques..., «Mystère Marie Roget».

Pron., vx. *Se remplier :* se replier (au sens général).

DÉR. 2. **Rempli.**

REMPLIR [ʀɑ̃pliʀ] v. tr. — V. 1130, au p. p., *raanpliz;* de *re-,* et *emplir.*

★ **I.** ♦ **1.** Rendre plein* (I., sens fort) un réceptacle, utiliser entièrement un espace disponible (en y mettant quelque chose d'autre que soi); rendre un réceptacle, un lieu, un espace plein* (II., sens faible) de ce qu'on y met en grande quantité. *Remplir qqch. de, avec qqch.;* (sans compl. second) *remplir qqch.* ⇒ **Emplir, pénétrer** (faire pénétrer dans), **verser** (dans). *Remplir un tonneau* (⇒ **Bonder, ouiller, rembouger**), *une cruche, un chaudron. Remplir une casserole d'eau. Remplir le chargeur d'une arme (de balles).* ⇒ **Approvisionner.** *Remplir un poêle.* ⇒ **Charger.** *Remplir une paillasse* (cit. 1). ⇒ aussi **Embourrer, garnir** (*supra* cit. 4). *Remplir d'air un ballon.* ⇒ **Enfler, gonfler.** *Remplir un sac à le crever*.* ⇒ **Bourrer.** *Remplir un récipient à moitié, jusqu'au bord, à ras bord. — Remplir des interstices avec du mastic.* ⇒ **Combler.**

1 La coupe dans ses mains par Narcisse est remplie (...)   RACINE, Britannicus, v, 5.
2 Il déboucha la première bouteille, la renifla, remplit le verre que la patronne avait préparé (...)   J. ROMAINS, les Hommes de bonne volonté, t. V, X, p. 80.

Fam. *Remplir ses poches.* ⇒ **Emplir** (*supra* cit. 2), **poche** (*supra* cit. 9). *Remplir son ventre aux dépens de qqn.* → Parasite, cit. 2 (→ ci-dessous, v. pron. réfl. indir., plus courant).

Cout. *Remplir de la dentelle,* la réparer ou en faire le rempli (3. Rempli). *Remplir un canevas,* le couvrir par des points à l'aiguille. *Remplir une tapisserie.*

3 Les jours ordinaires, elle demeurait chez elle, occupée à remplir de la tapisserie (...)   BALZAC, le Curé de village, Pl., t. VIII, p. 545.

Il remplissait des pages et des pages de son écriture serrée (⇒ **Écrire**). *— Remplir un discours de citations.* ⇒ **Farcir, semer, truffer.**

(Sujet n. de personne ou de chose). *Remplir (un lieu) de monde,* y faire affluer la foule, des spectateurs... *Comédie qui remplit un théâtre pendant des mois* (cf. Faire salle comble). *Directeur de théâtre qui n'arrive pas à remplir sa salle. — «Cependant mon amour pour notre nation A rempli ce palais de filles de Sion».* ⇒ **Peupler;** → Étude, cit. 37, Racine.

Littér., vieilli. *Remplir l'air* (1. Air, cit. 15) *de cris* (cit. 24). ⇒ **Retentir** (faire retentir). *« Je remplis de ton nom les antres* (cit. 1) *et les bois »* (Du Bellay). *Remplir l'univers du bruit de ses exploits.*

Par anal. (le temps étant assimilé à l'espace). *Il ne sait comment remplir son temps libre.* ⇒ **Employer.**

4 En marchant nous disions que la journée avait tort de finir, mais loin de nous plaindre qu'elle eût été courte, nous trouvâmes que nous avions eu le secret de la faire longue, par tous les amusements dont nous avions su la remplir.
ROUSSEAU, les Confessions, IV.

Fig. (En parlant du cœur, de la tête). *« Nous ne travaillons qu'à remplir la mémoire, et laissons l'entendement et la conscience vide »* (→ Pédant, cit. 1, Montaigne). *Remplir sa tête de grec, de latin.* ⇒ **Apprendre, charger** (*supra* cit. 13). *— Remplir qqn de joie, de plaisir.* ⇒ **Gorger.** *Remplir quelqu'un de fureur* (→ Imprimer, cit. 18), *d'ardeur, d'orgueil.* ⇒ **Animer, enflammer, enfler, enivrer, gonfler.** *Remplir de tristesse l'âme de qqn.* ⇒ **Abreuver, inonder.**

♦ **2.** Couvrir entièrement (un espace). *Remplir une page d'écriture. Remplir un canevas,* le couvrir de points à l'aiguille.

Par ext. Faire en sorte qu'une chose contienne beaucoup de. *Remplir un discours de citations.* ⇒ **Farcir, semer, truffer.**

♦ **3.** (Sans compl. second). Compléter (un document qui comporte des espaces laissés en blanc). *Remplir une fiche* (cit. 6), *un formulaire* (cit. 3), *une formule, un questionnaire* (1. Questionnaire, cit.), *un mandat, un blanc-seing.*

★ **II.** (Sans compl. second). Rendre plein par sa présence (une portion d'espace); être en grande quantité, en grand nombre dans (un lieu, un espace). ⇒ **Emplir.** *Des ornières* (cit. 1) *que l'eau remplissait entièrement. — Il remplit bien ses vêtements. Son corps fluet* (cit. 2) *remplissait mal les plis de sa soutane.*

5 La sécurité, la trêve de pluie sur les têtes, la flamme qui danse et réchauffe, le cidre et l'eau-de-vie qui remplissent les verres, ramènent chez ces hommes la joie bruyante, après le silence obligé.   LOTI, Ramuntcho, II, IX.

Remplir un espace (→ Durée, cit. 2). *Une grande armoire remplissait le fond de la chambre.* ⇒ **Garnir** (*supra* cit. 11), **occuper.** *La lumière dorée du soir remplissait la campagne.* ⇒ **Baigner.** *L'odeur de rose qui remplit cette salle.* ⇒ **Parfumer.** *— Les estivants qui remplissent chaque année les stations à la mode.* ⇒ **Envahir, peupler.**

6 (...) elle se mit à parler (...) du procès mi-politique, mi-passionnel, dont les détails remplissaient depuis plusieurs jours les colonnes de tous les journaux (...)
MARTIN DU GARD, les Thibault, t. VI, p. 20.

Vx. *Vers, alexandrin qui remplit bien l'oreille,* qui est bien cadencé, harmonieux, plein. *Voix qui remplit l'oreille* (→ Étoffer, cit. 5).

Fig., littér. Occuper entièrement, être le seul souci de. *La colère qui remplit son âme, son cœur.* ⇒ **Animer.** *Cet amour qui exerce le cœur plus qu'il ne le remplit* (→ Platoniquement, cit. 2).

7 Un bien-aimé serait-il le bien-aimé s'il ne remplissait pas le cœur?
BALZAC, Séraphîta, Pl., t. X, p. 571.

Remplir une lacune, un vide. Quand l'amour a duré (cit. 9), *une douce habitude en remplit le vide.* ⇒ **Meubler.**

Par anal. (le temps étant assimilé à l'espace). *Toutes les occupations futiles qui remplissent sa vie.* ⇒ aussi **Dévorer.**

8 Chacun est occupé consciencieusement à ne rien faire : la galanterie, la cigarette, la fabrication des quatrains et des octaves, et surtout les cartes, suffisent à remplir agréablement l'existence.   Th. GAUTIER, Voyage en Espagne, p. 184.

Vx. Compléter (un nombre fixé). *« Seigneur, j'irai remplir le nombre des vestales »* (Racine, *Britannicus,* III, 8).

(Abstrait). *Remplir une place* (→ Ministre, cit. 5); et aussi ci-dessous, III. : *remplir une fonction,* etc.). *Remplir la place de qqn.* ⇒ **Suppléer.** *Place qui n'est pas remplie.* ⇒ **Vacant.**

★ **III.** (Sans compl. second). Exercer, réaliser, satisfaire effectivement. *Remplir une fonction, des fonctions.* ⇒ **Accomplir, exercer.** *Remplir son emploi, un rôle.* ⇒ **Tenir.** *Organe qui remplit son office* (cit. 3). ⇒ **Fonctionner.** *Remplir une tâche, un mandat* (cit. 7), *une mission* (cit. 7). *Remplir un projet, un programme.* ⇒ **Exécuter, réaliser** (→ Dénouement, cit. 3). *Remplir un but** (cit. 22). *Remplir une formalité. Remplir ses devoirs* (cit. 22). ⇒ **Acquitter** (s'acquitter de). *Remplir ses engagements, ses obligations.* ⇒ **Honneur** (faire honneur à), **observer.** *Remplir une promesse.* ⇒ **Tenir** (→ Rameau, cit. 1). *Remplir l'attente* (cit. 26), *les espérances* (cit. 36), *les vœux de qqn.* ⇒ **Couronner, répondre** (à). *Remplir une condition.* ⇒ **Satisfaire** (à); → Échelle, cit. 12; multiplicité, cit. 4.

9 Glatigny obtint d'y jouer et il remplit, à la satisfaction générale, le rôle du second sénateur dans la grande scène où le More de Venise, accusé par Brabantio, se justifie d'avoir enlevé Desdemona.
Th. GAUTIER, Portraits contemporains, «Albert Glatigny».

10 Pour remplir son programme de ce matin, le jeune homme n'a plus que deux ou trois rues à visiter.   J. ROMAINS, les Hommes de bonne volonté, t. IV, II, p. 12.

Vx. *Remplir un nom, sa naissance, son mérite, etc. :* répondre à ce qu'on peut attendre de l'illustration du nom, etc. *— Remplir l'idée qu'on a de qqn ou de qqch.,* la réaliser pleinement, en présenter l'accomplissement.

11 Vous avez hérité ce nom de vos aïeux;
Mais s'il vous était cher, vous le rempliriez mieux.
— Je crois le bien remplir quand tout mon cœur s'applique
aux soins de rétablir un jour la République (...)   CORNEILLE, Sertorius, III, 1.

▶ **SE REMPLIR** v. pron.

♦ **1.** (Passif ou réfl. dir.). Devenir plein. *Se remplir d'habitants.* ⇒ **Peupler** (se). *Le ciel se remplit de nuages.* ⇒ **Couvrir** (se). — Fig. *Son âme se remplissait d'une joie extatique.* ⇒ **Boire.** — Absolt, fam. *Se remplir* (de nourriture) : manger abondamment (→ Goinfre, cit. 3).

12 La rue déserte se remplissait paisiblement de cette ombre poudreuse et de couleur rousse, ombre palpable, chargée de chaleur, d'odeurs confuses (...)
E. FROMENTIN, Un été dans le Sahara, p. 261.

♦ **2.** (Réfl. ind.). Fam. *Se remplir les poches**. *Se remplir l'estomac, le jabot, la panse.* ⇒ **Gorger** (se), **manger.** — Fig. *Il s'était rempli la tête de notions hermétiques* (1. Hermétique, cit. 3).

▶ **REMPLI, IE** p. p. adj.

Qui a été rempli, rendu plein (de qqch.).

A. (Sens fort). ♦ **1.** Plein* (I., A., 1.). *Jatte remplie de lait* (→ Passoire, cit.). *Un verre bien rempli* (→ pop. Bien tassé*). *Interstices remplis de torchis.* ⇒ **Comblé** (→ Plafonner, cit. 1). *Roche poreuse remplie d'eau.* ⇒ **Saturé.**

Spécialt. Plein* d'assistants). ⇒ **Comble, complet, plein.** *« Qu'en un lieu, qu'en un jour, un seul fait* (cit. 6) *accompli Tienne jusqu'à la fin le théâtre rempli »* (Boileau).

Par anal. (Temps). Plein* (I., A., 5.). *Journée, vie bien remplie.*

13 Ma mère s'habille, elle n'est jamais visible de deux heures à quatre : à quatre heures, elle sort pour une promenade d'une heure ; elle reçoit de six à sept quand elle ne dîne pas en ville ; puis la soirée est employée par les plaisirs, le spectacle, le bal, les concerts, les visites. Enfin sa vie est si remplie que je ne crois pas qu'elle ait un quart d'heure à elle.
BALZAC, *Mémoires de deux jeunes mariées*, Pl., t. I, p. 141.

Fig. (Vieilli ou littér.). **Plein***. *« Mon cœur est trop rempli pour ne pas déborder »* (cit. 2, Lamartine). *Il est tout rempli de son importance, de ses mérites.* ⇒ **Bouffi, enflé, enivré, gonflé, imbu, pétri.**

Littér. *Être rempli de qqn, de la pensée de qqn.* ⇒ **Plein** (*supra* cit. 15). — *Un homme tout rempli de lui-même,* infatué de sa personne.

14 Il y a des gens si remplis d'eux-mêmes, que, lorsqu'ils sont amoureux, ils trouvent moyen d'être occupés de leur passion sans être de la personne qu'ils aiment.
LA ROCHEFOUCAULD, *Maximes*, 500.

◆ **2.** Rare. **Plein*** (I., B., 1.). *Fruits bien remplis.* ⇒ **Nourri** (vx).

B. (Sens faible). *Rempli de... :* qui contient (telle chose) en grande quantité, qui a beaucoup* de... ⇒ **Abondant, débordant, plein.** *Être rempli de...* ⇒ **Abonder** (en), **déborder** (de). *Bosquet, parc rempli d'oiseaux.* ⇒ **Peuplé.** *Situation remplie de dangers, de menaces.* ⇒ **Lourd.** *Il est rempli de colère, de fureur* (⇒ **Enflammé**), *d'admiration, de tristesse.* ⇒ **Pénétré.**

15 (...) je me précipitai rempli de crainte et d'émotion vers d'autres aventures.
CÉLINE, *Voyage au bout de la nuit*, p. 176.

C. Accompli ; terminé (→ ci-dessus, III.) Vx. *« Hé bien ! je meurs content, et mon sort est rempli »* (Racine, *Andromaque*, V, 5). Moderne :

16 Que vous n'en croyiez pas un mot, c'est votre droit. Pour moi, ma mission est remplie, et je me retire le cœur léger, en homme qui a fait son devoir, sans faiblesse, sans haine et sans crainte.
COURTELINE, *Boubouroche, Nouvelle*, II.

CONTR. Vider ; dépeupler, désemplir, épuiser, nettoyer ; effacer ; creuser, évider. — Évacuer. — Désappointer. — (Du p. p.). Vide, vidé.
DÉR. Remplage, 3. rempli, remplissage, remplisseur.
HOM. Formes du v. remplier.

REMPLISSAGE [ʀɑ̃plisaʒ] n. m. — 1508, au sens 2. ; de *remplir.*

◆ **1.** (1538). Opération qui consiste à remplir un récipient, un bassin, etc. ; le fait de se remplir. ⇒ **Empli, emplissage.** *Le remplissage d'un tonneau, d'une écluse.* — (Dans une mine). *Fosse de remplissage,* creusée dans la chambre d'accrochage et destinée à faciliter le versage des wagonnets dans les bennes.

Par anal. *Le remplissage d'une salle de spectacle. Coefficient de remplissage des avions d'une ligne régulière.*

◆ **2.** Techn. Blocage, remplage* d'un mur. — Ce qui sert à garnir les vides d'une charpente, d'un bâti, d'une ossature. ⇒ **Garniture.** — (1680). Rempli (3. Rempli) ou réparation d'une dentelle.

◆ **3.** (1588). Ce qui allonge un texte sans rien exprimer d'important. *C'est du remplissage.* ⇒ **Bourre, délayage.** *Remplissage en poésie.* ⇒ **Cheville.** *Faire du remplissage.* ⇒ **Broder** (*supra* cit. 8). *Scène, chapitre de remplissage* (⇒ **Inutile, superflu**). — Peint. *Figure de remplissage.* — *Un remplissage :* un passage qui constitue du remplissage.

Je passe les neuf ou dix pages qui suivent, parce qu'elles ne contiennent qu'un remplissage rebutant sur ma prétendue subornation de le-Jay (...)
BEAUMARCHAIS, *Mémoires... dans l'affaire Goëzman*, p. 183.

◆ **4.** (1718). Hist. de la mus. *Parties de remplissage,* entre la basse et le dessus.

REMPLISSEUR, EUSE [ʀɑ̃plisœʀ, øz] n. et adj. — 1680, fém. ; de *remplir.*

★ **I.** N. ◆ **1.** Techn. [a] *Remplisseur sur faïence, sur porcelaine, sur verre :* ouvrier qui peint, qui colore des dessins dont le contour a été préalablement tracé.

[b] *Remplisseuse :* ouvrière qui remplit les vides entre les motifs des dentelles, ou qui les répare.

◆ **2.** N. f. (1904). **REMPLISSEUSE :** machine qui sert à remplir mécaniquement un récipient, et, spécialt, plusieurs bouteilles à la fois. *Remplisseuse-doseuse.*

★ **II.** Adj. (1878, *infra*). Techn. Qui sert à remplir (un récipient, etc.).

(...) l'air comprimé (...) pénètre dans le réseau, dans un petit réservoir remplisseur, lequel consiste en un cylindre contenant du mercure dans sa partie inférieure.
L. FIGUIER, *l'Année scientifique et industrielle*, 1879, p. 143 (1878).

REMPLOI [ʀɑ̃plwa] n. m. — 1577 ; de 1. *remployer.*

◆ **1.** Le fait d'employer ou d'être employé de nouveau.

(...) un retour sur Saint-Just et les hommes de la Révolution fait dire que les désastres de 1870 et 1871 viennent du remploi des hommes de 1848, au lieu de la mise aux affaires et aux armées de jeunes hommes.
Ed. et J. DE GONCOURT, *Journal*, 17 avr. 1892, t. IX, p. 27.

Spécialt (archit.). *Remploi dans une construction d'un élément architectural qui a appartenu à un édifice antérieur. Colonnes, chapiteaux de remploi.*

◆ **2.** Fin. **REMPLOI :** emploi des fonds provenant de la vente d'un bien ou d'une indemnité à l'acquisition de biens d'égale valeur. Syn. : *remplacement.* « *Le remploi des biens dotaux est stipulé dans les contrats de mariage* » (Académie). *Remploi d'une indemnité de dommages de guerre.*

REM. La forme *remploi* est normale dans tous les emplois spécialisés ; l'usage général préfère *réemploi* [ʀeɑ̃plwa] (1938, in D. D. L.).

REMPLOYABLE [ʀɑ̃plwajablə] adj. — xvɪᵉ ; de 1. *remployer.*

◆ Didact. (dr.). Qui peut ou doit être employé, faire l'objet d'un remploi*. *Biens remployables.*

1. REMPLOYER [ʀɑ̃plwaje] v. tr. — Conjug. *employer.* → Noyer. — 1320 ; de *re-,* et *employer.*

◆ **1.** Employer de nouveau. *Remployer des matériaux de démolition.*

◆ **2.** Fin. Faire le remploi de. *Remployer l'argent de la vente d'un immeuble.*

REM. *Réemployer* est plus normal dans l'usage courant général. → Remploi.

DÉR. Remploi, remployable.
HOM. 2. Remployer.

2. REMPLOYER [ʀɑ̃plwaje] v. tr. — 1660 ; *remploier* « mettre dans un étui », fin xɪɪᵉ ; var. de *remplier* → Plier, ployer.

◆ Vieux. Remplier. — Pron. *Se remployer :* se replier.
HOM. 1. Remployer.

REMPLUMER [ʀɑ̃plyme] v. tr. et pron. — xɪɪɪᵉ ; de *re-,* et *emplumer.*

◆ **1.** Recouvrir de plumes. *Remplumer un oiseau empaillé.* — Pron. (1587). *Se remplumer :* se couvrir de nouvelles plumes.

◆ **2.** (1400). Fam. Rétablir la situation financière de (qqn). *Si une bonne affaire ne le remplume pas sous peu, il va sûrement faire faillite.*

◆ **3.** (1611). Fam. Redonner de l'embonpoint à (qqn). *Ses deux semaines de congé l'ont bien remplumé. Profitez bien de vos vacances, vous avez besoin de vous remplumer.*

CONTR. Déplumer (se). — Maigrir.

REMPOCHER [ʀɑ̃pɔʃe] v. tr. — 1743 ; de *re-,* et *empocher.*

◆ Empocher de nouveau, remettre dans sa poche. *Rempocher son argent.*

REMPOISSONNEMENT [ʀɑ̃pwasɔnmɑ̃] n. m. — 1664 ; de *rempoissonner.*

◆ Techn. Repeuplement en poissons.

REMPOISSONNER [ʀɑ̃pwasɔne] v. tr. — 1405, *rempissenier* ; de *re-,* et *empoissonner.*

◆ Techn. Repeupler de poissons. *Rempoissonner une rivière, un étang.*

DÉR. Rempoissonnement.

REMPORTER [ʀɑ̃pɔʀte] v. tr. — 1461 ; de *re-,* et *emporter.*

★ **I.** Emporter (ce qu'on avait apporté*). ⇒ **Reprendre.** *Livreur qui remporte une marchandise refusée. Le serveur a remporté les plats sans qu'on y ait touché* ⇒ **Hausser,** cit. 1). « *Le flux les apporta* (cit. 3) ; *le reflux les remporte* » (Corneille).

★ **II.** (1538). Emporter (ce qui est disputé). ⇒ **Gagner.** *Remporter une victoire* (→ Esprit, cit. 31 ; inexpert, cit. 2). ⇒ **Vaincre.** *Remporter une victoire, un avantage* (cit. 22 et 23) *sur qqn. Remporter un prix* (cit. 27). ⇒ **Avoir** (→ Effort, cit. 21 ; exploit, cit. 4 ; honneur, cit. 89). *Remporter la palme, la coupe Davis, un prix littéraire.* ⇒ **Conquérir, décrocher.** *Les athlètes qui ont remporté ce championnat.*

C'est peu qu'il ait sur moi remporté la victoire ;
Malheureux, j'ai servi de héraut à sa gloire.   RACINE, *Esther*, III, 1. [1]

Vx ou archaïsme littér. Remporter (ce qui est difficile à obtenir ; sans idée de compétition). *Remporter la gloire* (→ 2. Outre, cit. 16) ; *remporter un succès. Remporter l'assentiment de qqn.* ⇒ **Emporter** (→ Fort, cit. 42).

(Le seul peuple) A remporté l'honneur de cet acte héroïque.
MOLIÈRE, *Dom Garcie*, V, 5. [2]

3 Ce que je lui reprochais plutôt c'était de n'avoir pas confiance que mes soins pussent remporter quelques succès.   GIDE, la Symphonie pastorale, p. 39.

REMPOTAGE [ʀɑ̃pɔtaʒ] n. m. — 1803 ; de *rempoter*.

♦ Hortic. Action de rempoter. *Le rempotage permet d'adapter la taille des pots au développement des racines. Des rempotages successifs.*

REMPOTER [ʀɑ̃pɔte] v. tr. — Av. 1835 ; de *re-*, et *empoter*.

♦ Remettre (une plante) en pot, transplanter d'un pot dans un autre. *Dépoter* des géraniums pour les rempoter.*

DÉR. Rempotage.

REMPRUNTER [ʀɑ̃pʀœ̃te] v. tr. — 1549 ; de *re-*, et *emprunter*.

♦ Emprunter de nouveau ; emprunter encore plus. *Il me faut lui remprunter de l'argent.*

Quand de malheureuses lettres me forçaient de prendre la plume pour y répondre, j'empruntais en murmurant l'écritoire du receveur, et je me hâtais de la rendre, dans la vaine espérance de n'avoir plus besoin de la remprunter.
        ROUSSEAU, Rêveries..., Vᵉ promenade.

REM. La tendance est à employer *réemprunter* [ʀeɑ̃pʀœ̃te].

REMUABLE [ʀəmɥabl] adj. — 1596 ; « changement », v. 1265 ; de *remuer*.

♦ (Le plus souvent en tournure négative). Qu'on peut remuer, mobile. *Une gigantesque armoire à peine remuable. Ce garçon est complètement apathique, il est difficilement remuable.*

REMUAGE [ʀəmɥaʒ] n. m. — 1314 ; de *remuer*.

♦ **1.** Vx. Transport. — Hist. *Droit de remuage*, perçu par le seigneur (→ ci-dessous 2., a).

♦ **2.** Techn. Opération qui consiste à remuer un produit, au cours de son élaboration, de sa conservation. ⇒ aussi **Remuement.** — Spécialement :

a Opération consistant à remuer le blé pour l'éventer. (⇒ **Pelletage**).

b *Remuage de naissain* (→ Bouchoteur, cit.).

c Traitement des vins blancs par la méthode champenoise, mouvement de vibration et de rotation imprimé à chaque bouteille, tous les jours pendant plusieurs années. ⇒ **Remueur**, I., 3.

d Métallurgie :

(...) les bois verts utilisés pour le remuage et l'affinage du métal en fusion, avant la coulée.   Gilbert SIMONDON, Du mode d'existence des objets techniques, p. 72.

REMUANT, ANTE [ʀəmɥɑ̃, ɑ̃t] adj. — V. 1175 ; aussi « changeant », XIIᵉ ; de *remuer*.

♦ **1.** Rare. Qui remue, est en mouvement (→ Petiot, cit. 1). ⇒ **Mouvant.**

♦ **2.** (Personnes). Qui a pour habitude de s'agiter, de se dépenser beaucoup. *Un enfant remuant.* ⇒ **Turbulent, vif** (→ Rabouillère, cit. 1).
Qui se dépense, qui a des activités multiples et quelque peu brouillonnes. ⇒ **Actif, dynamique.** *Un homme remuant condamné à l'inaction* (cit. 2). *Politicien remuant* (→ Double, cit. 7). *Cromwell, esprit remuant et audacieux* (cit. 1).

(...) le boiteux Lepître, homme aventurier, d'énergie brutale, d'autant plus remuant qu'il avait peine à remuer.
      MICHELET, Hist. de la Révolution franç., XIII, III.

CONTR. Calme, endormi, inerte, languissant ; casanier.

REMUE [ʀ(ə)my] n. f. — Attesté xxᵉ ; « action de changer », 1621 ; de *remuer* (vx) « changer de lieu ».
Régional.

♦ **1.** Changement de pâturage selon les saisons, dans une exploitation de montagne (⇒ **Transhumance**).

♦ **2.** Lieu de pâturage temporaire. — Abri simple des pâturages supérieurs.

REMUE-MÉNAGE [ʀ(ə)mymenaʒ] n. m. invar. — 1585 ; de *remuer* « transporter », et *ménage*.

♦ **1.** (De *remuer*, vx, « changer de lieu »). Vx. ⇒ **Déménagement.**

♦ **2.** Déplacement bruyant et confus de meubles, d'objets. Par ext. Mouvements, déplacements bruyants et désordonnés. *Faire du remue-ménage, un beau, un grand remue-ménage* (→ Faire le diable* à quatre). *Remue-ménage dans une maison, dans la rue.*

⇒ **Agitation, branlebas, chahut, confusion, désordre** (→ Enquête, cit. 4 ; lapider, cit. 3). *Arrêtez ce remue-ménage : on ne s'entend plus !*

Puis il se fit un grand remue-ménage ; un grand mouvement de pieds et de têtes ; une grande détonation générale de toux et de mouchoirs (...) 1
      HUGO, Notre-Dame de Paris, I, I.

Cette nuit, violente bourrasque, avec remue-ménage céleste, éclairs, tonnerre et coups de vent qui font, à deux reprises, un vacarme de bombardement. 2
      GIDE, Journal, 13 janv. 1943.

Nous avons attendu, assis près d'une porte derrière laquelle on entendait des voix, des appels, des bruits de chaises et tout un remue-ménage qui m'a fait penser à ces fêtes de quartier où, après le concert, on range la salle pour pouvoir danser. 3
      CAMUS, l'Étranger, II, III.

♦ **3.** (XVIIᵉ, aussi *remuménage*). Fig. Mouvement, agitation. ⇒ **Chambardement, changement, dérangement, trouble.** « *La gloire (...) aime le remue-ménage* » (La Bruyère, II, 130). *Un grand remue-ménage politique.*

La querelle de Monsieur de Cambray est cause de tout ce remuménage. 4
      RACINE, Lettres, 178, 5 juin 1698.

Ah ! ces diables d'artistes ! tous les mêmes, il leur faut le remue-ménage de Paris, les cafés, le bal, la vie à grand orchestre. HUYSMANS, En ménage, VII. 5

REMUE-MÉNINGES [ʀ(ə)mymenɛ̃ʒ] n. m. — V. 1965, cit. 1973-1974 *in* P. Gilbert ; de *remuer*, et *méninges*, par analogie paronymique avec *remue-ménage* ; mot proposé par Louis Armand pour traduire l'angl. *brain-storming**, et officiellement recommandé par arrêté du 24 janvier 1983.

♦ Plais. Réunion où tous les participants émettent des idées, formulent des propositions. ⇒ **Brain-storming.** — REM. En dépit des recommandations pressantes des puristes contempteurs du franglais, ce mot-boutade n'est pas réellement parvenu à supplanter dans l'usage l'anglicisme *brain-storming* (du moins en France).

REMUEMENT [ʀ(ə)mymɑ̃] n. m. — V. 1170 ; « changement », v. 1155 ; de *remuer*.

♦ **1.** Action de remuer (I.). « *Ce remuement des cœurs par le fil secret des passions (...)* ». → Inexplicable, cit. 2.

♦ **2.** Action de remuer (II.) ; mouvement* de ce qui remue. ⇒ aussi **Remuage.** *Remuement d'un muscle* (→ Imbriquer, cit. 2), *des paillons* (cit. 3), *d'une jupe.* « *La symphonie fait son remuement* » (→ Éclosion, cit. 3).

Il prend la feuille en mains ; se met à lire, avec un petit remuement des lèvres, et parfois des murmures qui lui échappent (...) 1
      J. ROMAINS, les Hommes de bonne volonté, t. V, XIII, p. 95.

♦ **3.** Bruit provoqué par le fait de remuer (I. ou II.).

Et quand, à la fin du dernier office, le remuement des chaises la tirait de cet engourdissement, elle en sortait comme une personne brusquement éveillée sort d'un rêve. Ed. et J. DE GONCOURT, Sœur Philomène, II. 2

♦ **4.** (V. 1265). Vx. Agitation*, mouvement de révolte (Corneille, *Pompée*, IV, 1). ⇒ **Soulèvement, trouble.**

REMUER [ʀəmɥe] v. — V. 1175 ; aussi « transporter, muter, changer », en anc. franç. (→ Remue-ménage) ; de *re-*, et *muer*.

★ **I.** V. tr. ♦ **1.** Faire changer de position*, faire bouger*, déplacer sur une très courte distance. *Remuer un fardeau, un gros paquet. Il n'arrive même pas à remuer le piano. Remuer une fourche* (→ Niais, cit. 1). — Loc. *Remuer le couteau*, le fer dans la plaie.* ⇒ **Retourner.** — *Objet lourd* à remuer.* ⇒ **Pousser, soulever, tirer.** *Remuer violemment qqn par le bras* (→ Foudroyer, cit. 9). *Remuer dans un sens puis dans un autre.* ⇒ **Balancer, ballotter, bercer, secouer.** — (Au passif). *Être remué en avion, en voiture* (→ Ballotté, cahoté, secoué).

Comptab. *Remuer un compte*, le faire passer d'un folio à un autre.

Vx. *Remuer un enfant*, le changer. ⇒ **Remueur**, cit.

Mouvoir (une partie du corps), imprimer un mouvement à... *Remuer la tête en signe de protestation* (cit. 4), *de dénégation* (cit. 2). ⇒ **Bouger, branler** (vx ; supra cit. 2), **dodeliner, hocher.** *Remuer les lèvres* (→ Langage, cit. 8 ; monter, cit. 15), *les paupières* (⇒ **Battre, cligner**). *Bête qui remue les oreilles* (→ Lièvre, cit. 2), *la queue* (→ Asseoir, cit. 19). *Remuer les hanches* (⇒ **Tortiller**), *les épaules* (⇒ **Rouler**)... *Ils le garrottèrent* (→ Garrotter, cit. 1) *de manière qu'il ne pût remuer que les jambes.* — Loc. *Rester planté* (cit. 22) *comme un piquet sans remuer ni pied ni patte*.* — *Ne pas remuer le petit doigt*.*

♦ **2.** (V. 1398). Déplacer dans ses parties, ses éléments. *Remuer la terre.* ⇒ **Effondrer, fouiller, mouver, retourner.** *Remuer son champ* (→ Bêcher, cit. 1). *Remuer qqch. à la pelle* (pelleter). *Remuer du grain pour l'aérer. Remuer des braises, des cendres*. Remuer des objets dans un tiroir pour chercher quelque chose.* ⇒ **Bouleverser, fouiller**, et, fam., **trifouiller** (→ Mettre sens* dessus dessous). *Remuer une substance pour mélanger, donner une consistance uniforme.* ⇒ **Agiter, battre, brasser, brouiller, malaxer, pétrir, touiller, tourner, travailler.** *Remuer une vinaigrette, remuer une bois-*

son dans laquelle on a mis du sucre. Mouvette, cuiller (cit. 3) *en bois pour remuer. Remuer la salade, pour répartir l'assaisonnement* (→ Hareng, cit. 3). ⇒ **Fatiguer; retourner, touiller** (fam.). *Remuer le rata* (→ Frigo, cit. 1).

1   Et ce tas d'orge qui se gâte sur le grenier, je gage que tu n'as pas songé à le remuer.   DIDEROT, Jacques le fataliste, Pl., p. 515.

   Fig. *Nous remuerons tout pour connaître l'auteur* (→ Diffamatoire, cit. 1).

   Loc. fig. *Remuer l'or à la pelle** (cit. 4), *remuer de l'argent, des millions :* faire, brasser de grosses affaires. (→ Maquillage, cit. 2). *Remuer l'ordure, la boue :* parler, s'occuper de scandales. — Loc. prov. *Plus on remue l'ordure, la merde, plus elle pue.* — *Remuer ciel* et terre* (→ aussi Escalade, cit. 1).

2   Tout ce qui a déjà remué beaucoup d'argent commande le respect.
         J. ROMAINS, les Hommes de bonne volonté, t. V, XIV, p. 101.

♦ **3.** Fig. Agiter moralement, faire bouger, faire agir. ⇒ **Agiter.** « *Ce je ne sais quoi (...) remue toute la terre* » (→ Amour, cit. 10, Pascal). *Remuer le fond d'une nation* (→ Populace, cit. 3), *de la société humaine* (→ Inaperçu, cit. 2). — *Remuer de vieux souvenirs.* — (Sujet n. de chose). *Lettre qui remue des sentiments* (→ Jeune, cit. 13) ; *évocation qui remue des émotions* (→ Papotage, cit. 1).

3   En Bretagne, le clergé remua sans peine la sombre imagination des paysans.
         MICHELET, Hist. de la Révolution franç., IV, XII.

4   (...) ne croyons pas qu'avec les simples idées de bonheur ou de moralité individuelle on remue le monde.
         RENAN, Vie de Jésus, Œ. compl., t. IV, VII, p. 163.

5   L'amour a remué ma vie comme on remue la terre dans la zone des armées.
         APOLLINAIRE, Calligrammes, p. 149.

   Vieilli. *Remuer des hommes,* les pousser à la révolte. ⇒ **Soulever.**

6   Les nobles de Bretagne avaient donné l'exemple de troubler les opérations légales des États provinciaux, en remuant les paysans, en lançant contre le peuple une populace mêlée de laquais.   MICHELET, Hist. de la Révolution franç., I, I.

   (1662). Spécialt. (Sujet n. de personne, ou, plus souvent, de chose). *Remuer le cœur, l'âme de (qqn),* et, par ext., *remuer (qqn) :* provoquer, faire naître des émotions profondes chez (qqn). ⇒ **Émouvoir ;** et aussi **atteindre, attendrir, bouleverser, ébranler, évertuer** (vx), **exciter, pénétrer, toucher, troubler** (→ Passion, cit. 30 ; pathétique, cit. 1). *Remuer les âmes jusqu'au fond* (→ Intrigue, cit. 11). *Voix, mots qui remuent le cœur, les cœurs* (→ Onction, cit. 4 ; peindre, cit. 21). *Un accent* (cit. 4) *qui remuait jusqu'au fond du cœur. Cette souffrance le remuait* (→ Indifférent, cit. 14).

7   (Hugo) développe presque toujours une idée commune, mais émouvante, justice, charité, loyauté, courage, fraternité ; il la développe sans l'expliquer ; il n'y ajoute jamais rien ; seulement il nous remue (...)
         ALAIN, Propos, 26 août 1911, Hugo et Stendhal.

★ **II.** V. intr. ♦ **1.** (V. 1175). Faire un ou plusieurs mouvements, changer de position. ⇒ **Bouger** (êtres vivants). *Il s'abattit la face* (cit. 3) *contre terre et ne remua plus. Il ne remue pas plus qu'une souche. Il ne remue plus, il dort. Courbatue* (cit. 2), *souffrante dès qu'elle remuait. Femme enceinte qui sent son enfant remuer. Un oiseau blessé qui remue encore.* ⇒ **Palpiter.** — Par ext. *Il ne peut rester sans remuer.* ⇒ **Agiter** (s'), **dandiner** (se), **gesticuler, gigoter, tortiller** (se), **trémousser** (se). *Remuer d'impatience, d'émotion.* ⇒ **Broncher, ciller, sourciller, sursauter.** — Fam. *Ton nez* remue !* — (Choses). *Remuer par un mouvement alternatif.* ⇒ **Balancer** (se), **flotter, ondoyer, onduler ; frémir, frétiller, frissonner, trembler, trépider.** *Le feuillage, les blés remuent au vent* (→ Bruissement, cit. 5 ; habitude, cit. 34). *Le bateau remue.* ⇒ **Rouler, tanguer.** — Être instable. ⇒ **Chanceler, osciller, vaciller.** *Avoir une dent qui remue* (quand on l'ébranle). *Une pierre remue dans le mur.*

8   (...) Onde sans cesse émue
Où l'on ne jette rien que tout ne remue !   HUGO, Hernani, IV, 2.

9   (...) les *picadores,* désarçonnés, alourdis par la garniture de fer de leurs bottes, ne peuvent guère plus remuer que les anciens chevaliers emboîtés dans leurs armures.   Th. GAUTIER, Voyage en Espagne, p. 57.

10   Puis les jeunes gens, ça remue, il faut toujours que ça soit en l'air, que ça danse, que ça soit à cheval.
         Ed. et J. DE GONCOURT, Journal, 16 janv. 1867, t. III, p. 77.

♦ **2.** Fig. (D'un groupe d'opposants). Passer à l'action, commencer à se révolter. ⇒ **Bouger, soulever** (se).

11   L'Italie ne remua pas seule ; toutes les nations tributaires avaient pris les armes.
         MICHELET, Hist. de France, II, III.

▶ **SE REMUER** v. pron.

♦ **1.** (V. 1130). Vx. (Choses). Être agité d'un mouvement. ⇒ **Remuer** (II.). « *Dont l'ombrage* (cit. 1) *incertain lentement se remue* ».

♦ **2.** Se mouvoir, faire des mouvements. *Danseuse qui se remue en cadence* (→ Ondulation, cit. 4). *Avoir de la peine à se remuer.* ⇒ **Bouger** (→ I. Grave, cit. 2). *Oiseau qui ne cesse de se remuer* (→ Frétiller, cit. 1).

12   Quelquefois ces trois enfants crient, se remuent dans la maison, et font un tapage à fendre la tête.   BALZAC, Mémoires de deux jeunes mariées, Pl., t. I, p. 300.

♦ **3.** (V. 1460). Fig. Agir en se dépensant physiquement, en faisant un effort, en se donnant de la peine. ⇒ **Agiter** (s'), **démener** (se), **grouiller** (vx). *Donnez-nous un roi qui se remue* (→ Donner, cit. 58).

Allons, remue-toi ! ⇒ **Bouger** (se) ; **démancher** (se) ; **décarcasser** (se) ; **évertuer** (s'), **grouiller** (se), **manier** (se).

   Il ne sera pas dit qu'en un fait qui me touche,
   Je ne me sois non plus remué qu'une souche.   MOLIÈRE, l'Étourdi, II, 6.   13

   Allons, qu'ils bougent, comme ils sont drôles — craintifs, timorés, un peu honteux   13.1
et alléchés. Que quelqu'un décide enfin, qu'on se remue un peu, il est grand
temps (...)   N. SARRAUTE, le Planétarium, p. 233.

▶ **REMUÉ, ÉE** p. p. adj.

♦ **1.** Changé de position. Dont les parties ont été déplacées. *Terre fraîchement remuée* (→ Explorer, cit. 3 ; guéret, cit. 3).

   (..) au-delà, des carrés de verdure et de terres remuées, bornés à gauche par les   14
collines bleuâtres de Montmorency, d'Écouen, de Luzarches.
         NERVAL, les Filles du feu, « Sylvie », III.

♦ **2.** Profondément ému. *Il semble très remué.*

   Le petit Chose, remué jusqu'au fond des entrailles, regarda autour de lui comme   15
un enfant craintif (...)
         Alphonse DAUDET, le Petit Chose, II, XIII.

CONTR. **Arrêter, consolider, fixer, immobiliser.** — **Immobile** (rester) ; **dormir.**
DÉR. **Remuable, remuage, remuant, remue, remuement, remueur.**
COMP. **Remue-ménage, remue-méninges.**

REMUEUR, EUSE [ʀəmɥœʀ, øz] n. et adj. — 1500 ; de *remuer.*

★ **I.** N. m. ♦ **1.** Vx. Pelleteur de grain.

♦ **2.** (V. 1570). Vx. Fauteur de troubles, agitateur.

♦ **3.** (XXᵉ). Mod. Ouvrier, ouvrière qui effectue le remuage* (2., c) des bouteilles de Champagne.

★ **II.** N. f. (Fin XVIᵉ). Vx. Femme chargée de remuer (au sens anc. de « changer, remplacer les langes ») un enfant de haute naissance. — REM. *Remuer* n'étant plus compris en ce sens au XIXᵉ s., *remueuse* a été défini par un contresens comme « celle qui remue, berce* ».

   Remuer, se dit aussi des enfants en maillot, quand on les change de linge (...)
   REMUEUSE. *s. f.* Femme qu'on joint et qu'on donne pour aide à une nourrice d'un
prince pour servir à le remuer, à le tenir proprement.
         FURETIÈRE, Dict., art. *Remuer.*

★ **III.** N. *Remueur de :* personne qui remue beaucoup de. *Un grand remueur d'idées, d'affaires.* ⇒ **Brasseur.**

★ **IV.** Adj. (Av. 1850). Rare. ♦ **1.** Qui remue, s'agite beaucoup. ⇒ **Remuant.** *Un enfant remueur.*

♦ **2.** (Av. 1896). Qui cause des troubles.

REMUGLE [ʀ(ə)myɡl] n. m. — 1514, *remeugle ;* adj., 1507, « qui sent le moisi » ; de l'anc. nordique *mygla* « moisissure ».

♦ Vx ou littér. Odeur désagréable due au renfermé. ⇒ **Relent** (vx). *Sentir le remugle. Un remugle de moisi*.*

   Une odeur indéfinissable, tenant le milieu entre le remugle d'un souterrain appro   1
visionné de charognes et la touffeur alcaline d'une fosse d'aisances (...)
         Léon BLOY, la Femme pauvre, II, X.

   Un fort remugle de cigare froid.   G. DUHAMEL, Chronique des Pasquier, IV, I.   2

RÉMUNÉRATEUR, TRICE [ʀemyneʀatœʀ, tʀis] n. et adj. — XIIIᵉ, n. m., théol. ; lat. *remunerator, -trix,* de *remunerare.* → Rémunérer.

♦ **1.** N. Littér. Personne qui récompense. « *Dieu est le souverain rémunérateur* » (Académie). Adj. *Un dieu rémunérateur.*

   (...) la justice des hommes ne l'atteindra ni pour la récompense ni pour le châtiment (...) À l'époque où vous lui promettez la rémunération et la vengeance, les
hommes ne pourront plus être pour le Grand Homme ni rémunérateurs ni vengeurs.   Léon BLOY, la Femme pauvre, II, XIV.

♦ **2.** (1870 ; aussi *rémunérant,* 1870, et *rémunératif,* 1770). Cour. Qui rémunère, paye bien. Vx. *Prix rémunérateur.* ⇒ **Avantageux.** — Mod. *Travail, occupation rémunérateurs.* ⇒ **Lucratif.** *Tâche ingrate, peu rémunératrice.*

RÉMUNÉRATION [ʀemyneʀasjɔ̃] n. f. — 1300, au sens 2. ; lat. *remuneratio,* de *remunerare.* → Rémunérer.

♦ **1.** (1541). Vieilli ou littér. ⇒ **Récompense** (→ Rémunérateur, cit. 1).

   Si les rémunérations et les châtiments futurs ont quelque réalité, il est clair que   1
ces rémunérations et ces châtiments doivent être proportionnés à une vie entière
de vertu ou de vice.   RENAN, Souvenirs d'enfance..., Œ. compl., t. II, II, p. 802.

♦ **2.** Mod. Argent* reçu en récompense, pour prix d'un service. ⇒ **Avantage, commission, émolument, gain, prime, rétribution.** *Rémunération versée par le fermier au propriétaire* (→ Exploitation, cit. 4). *La rémunération d'un travail.* Mar. *Rémunération d'assistance :* somme due à un navire qui a prêté assistance à un navire en péril.

   Cour. Salaire, rétribution pour un travail régulier. *La rémunération du personnel,* salaires* et charges sociales. *Forte rémunération. Rémunération demandée, accordée.*

   Il ne voulut rien recevoir en rémunération de ses soins, bien qu'elle insistât vive   2
ment pour le payer.   MAUPASSANT, Contes de la Bécasse, « La rempailleuse ».

3 L'auteur établit rarement une liaison entre ses œuvres et leur rémunération en espèces. D'un côté, il écrit, il chante, il soupire ; d'un autre côté, on lui donne de l'argent. SARTRE, Situations II, p. 9.

CONTR. Châtiment.

RÉMUNÉRATOIRE [ʀemyneʀatwaʀ] adj. — 1514 ; de *rémunérer*.

♦ Dr. Qui a un caractère de récompense. *Legs rémunératoire.*

RÉMUNÉRER [ʀemyneʀe] v. tr. — 1346 ; lat. *remunerare*, rac. *munus, muneris* «cadeau, présent».

♦ **1.** Vieilli. Récompenser* (une action, une qualité..., une personne). *Punir le crime et rémunérer la vertu. Le succès vous rémunérera de vos efforts.* ⇒ **Dédommager.**

♦ **2.** Mod. Récompenser en argent, payer (un service, un travail). ⇒ **Payer.** *Rémunérer le travail, le concours* (cit. 9), *les bons offices de quelqu'un. Rémunérer le capital* (→ Mutuel, cit. 3). *Il y a incompatibilité* (cit. 7) *entre la fonction publique rémunérée et le mandat parlementaire.* — Payer (qqn) pour un travail. ⇒ **Rétribuer** (→ Greffier, cit. 3).

Quant à la promesse de vente, le prix n'en serait pas chiffré ; on le définirait en ajoutant au prix de l'adjudication les frais, et un bénéfice de quinze mille francs, destiné à rémunérer les soins de l'agence.
J. ROMAINS, les Hommes de bonne volonté, t. V, XVIII, p. 125.

▸ **RÉMUNÉRÉ, ÉE** p. p. adj. *Travail rémunéré ; bien, mal rémunéré. Collaborateur rémunéré* (opposé à *bénévole*). ⇒ aussi **Salarié.**

DÉR. Rémunératoire.
COMP. Sous-rémunérer.

RENÂCLANT, ANTE [ʀ(ə)nɑklɑ̃, ɑ̃t] adj. — 1902 ; *le renâclant* «le nez», 1859 ; de *renâcler.*

♦ **1.** Qui renâcle (1.), renifle en signe de mécontentement.

Par métaphore :

William Elson et sa fille, avec les Gough, s'éloignaient sur une fantastique machine *(une auto),* écarlate et renâclante, qui, en un petit nombre de grands bonds glissés, disparut. A. JARRY, le Surmâle, III, *in* Œ. compl., t. III, p. 136 (1902).

♦ **2.** Qui renâcle (2.), ronchonne, proteste. ⇒ **Râleur, renâcleur.**

RENÂCLER [ʀ(ə)nɑkle] v. intr. — 1725, «crier après qqn» ; altér., par croisement avec *renifler,* de *renaquer* (XIVᵉ), var. *renasquer* encore *in* Littré, Hatzfeld ; anc. franç. *naquer* «flairer», d'un lat. **nasicare*, rac. *nasus* «nez».

♦ **1.** (1875 ; «ronfler», 1803). Renifler* en signe de mécontentement (se dit surtout des animaux). *Cochons qui grognent* (cit. 2) *et renâclent. «Le troupeau monstrueux* (cit. 1, Heredia) *en renâclant recule»* (→ aussi 1. Harde, cit. 2).

♦ **2.** (1762). Témoigner de la répugnance (devant une chose imposée, une obligation). *Renâcler à la besogne.* ⇒ **Rechigner** (→ aussi Glande, cit. 1). *Il accepte en renâclant. Renâcler sur qqch.* (→ Renauder, cit. 1, Zola).

1 Il s'ennuya et ressentit la lassitude d'un homme qui renâcle, mené au musée, devant des rangs pressés de chefs-d'œuvre. COLETTE, la Fin de Chéri, p. 43.
2 (...) la mère et le fils, d'un commun accord, renâclaient devant chaque plat. F. MAURIAC, Genitrix, VII.

DÉR. Renâclant, renâcleur.

RENÂCLEUR, EUSE [ʀ(ə)nɑklœʀ, øz] adj. — 1881 ; de *renâcler.*

♦ Rare. Qui renâcle, proteste. ⇒ **Renâclant.** *Cheval renâcleur.* — (Au sens 2.). ⇒ **Râleur.**

RENAISSANCE [ʀ(ə)nɛsɑ̃s] n. f. — 1380 ; de *renaître,* d'après *naissance.*

★ **I.** ♦ **1.** Relig. Régénération* de l'âme, de l'homme. *Renaissance en Jésus-Christ* (par le baptême, la pénitence...).

(Av. 1563). Cour. Le fait de renaître ; nouvelle naissance. *Les renaissances successives des êtres, dans les religions de l'Inde.* (⇒ **Réincarnation**).

1 Que mon amour à la semblance
Du beau Phénix s'il meurt un soir
Le matin voit sa renaissance APOLLINAIRE, Alcools, p. 18.

Par ext. Le fait de revivre, de ne plus être en danger de mort.

2 Une femme qui revit sous les regards de l'aimé donne peut-être une plus grande preuve de sentiment que celle qui meurt tuée par un doute (...) La renaissance de Madame de Mortsauf naturelle, comme les effets du mois de mai sur les prairies, comme ceux du soleil et de l'onde sur les fleurs abattues. BALZAC, le Lys dans la vallée, Pl., t. VIII, p. 903.

♦ **2.** (1674). Fig. Réapparition ou nouvel essor (de qqch. : société, institution, activité intellectuelle, artistique, etc.). ⇒ **Palingénésie** (cit. 1), **renouveau, renouvellement, retour** ; et aussi **progrès.** *Renais-*

sance des arts, des lettres... (→ Gravure, cit. 3 ; haut, cit. 101). *La renaissance de la civilisation latine* (→ Croûte, cit. 8).

★ **II.** ♦ **1.** (1825, Hugo ; ital. *Rinascita*, 1568, Vasari ; attesté au XIXᵉ en franç.). Absolt. Hist. LA RENAISSANCE (souvent écrit avec un R majuscule) : mouvement de retour aux idées, à l'art antique (gréco-latin), qui se développa en Italie au XVᵉ siècle ; tendance à l'humanisme individualiste qui y correspond, en Europe. Période historique allant du XIVᵉ ou du XVᵉ siècle à la fin du XVIᵉ (période des «grandes découvertes» [cit. 11], des débuts du capitalisme, du nouvel esprit scientifique, de la réformation religieuse...). → Italien, cit. 2 ; moyen âge, cit. 3 ; place, cit. 34. *Causes historiques* (par ex. : prise de Constantinople par les Turcs, en 1453), *sociales, économiques... de la Renaissance. La Renaissance correspond aux débuts des «temps modernes». De la Renaissance.* ⇒ **Renaissant.**

Spécialt (arts). *La Renaissance :* courant esthétique et intellectuel issu d'Italie, marquant la fin de l'esthétique médiévale (⇒ **Gothique**) et caractérisée par un retour aux canons et aux thèmes gréco-latins, par le développement de la perspective en peinture, etc. *Tableau, fresque, édifice de la Renaissance* (⇒ aussi Élancement, cit. 1). — (1870). Par appos. *L'architecture, le mobilier Renaissance. Les châteaux Renaissance des bords de la Loire.* — Littér. *La poésie de la Renaissance, en France* (poètes de la Pléiade*, etc.).

3 L'aimable mot de Renaissance ne rappelle aux amis du beau que l'avènement d'un art nouveau et le libre essor de la fantaisie. Pour l'érudit, c'est la rénovation des études de l'antiquité ; pour les légistes, le jour qui commence à luire sur le discordant chaos de nos vieilles coutumes. Est-ce tout ? (...) Trois esprits fort différents, l'artiste, le prêtre et le sceptique, s'accorderaient volontiers à croire que tel est le résultat définitif de ce grand siècle (...) Ces esprits trop prévenus ont seulement oublié deux choses, petites en effet, qui appartiennent à cet âge (...) la découverte du monde, la découverte de l'homme.
MICHELET, Hist. de France, t. IX, Introd., § 1ᵉʳ.

4 (...) si l'on considère un mot comme *Renaissance,* on discerne bien qu'il suppose mépris pour la période antérieure. Les Humanistes de la Renaissance ont nourri la certitude qu'ils affirmaient des valeurs authentiques *contre* des hommes et des périodes qui les avaient méconnues (...) On se persuadait qu'on monde naissait à nouveau. DANIEL-ROPS, Ce qui meurt..., p. 52.

5 La notion de Renaissance, même rendue plus historique par l'analyse des phénomènes de transition, pèse encore sur nous avec sa valeur absolue (...)
Si le moyen âge italien est déjà touché par ce qu'on appelle l'esprit de la Renaissance, la Renaissance italienne à ses débuts est essentiellement un fait médiéval.
Henri FOCILLON, l'Art d'Occident, III, 3, 1.

Point Renaissance : point de dentelle.

♦ **2.** Par anal. *La renaissance américaine :* période de l'histoire des États-Unis qui va de 1840 à la guerre de Sécession. — *La renaissance carolingienne :* le mouvement intellectuel et artistique de l'époque de Charlemagne. — *La renaissance du XIIIᵉ siècle,* dans les domaines artistique (architecture, sculpture...), intellectuel (philosophie, théologie, logique...), etc.

CONTR. (De I., 1.) **Agonie, mort.**

RENAISSANT, ANTE [ʀ(ə)nɛsɑ̃, ɑ̃t] adj. — 1550 ; de *renaître.*

♦ **1.** Qui renaît. — (Choses abstraites). *Un espoir toujours renaissant* (→ Quoique, cit. 5 ; et aussi phrase, cit. 20). *Les forces renaissantes d'un convalescent. Un fond d'ennui sans cesse renaissant* (→ Croix, cit. 18). — *Conversations, divisions sans cesse renaissantes* (→ Discussion, cit. 4 ; 3. mal, cit. 11).

1 (...) un pâle fantôme qu'on nomme Raison (...) qui (...) pour étancher la soif renaissante de passion qui le prend de temps en temps, lui verse le poison de l'ennui.
BAUDELAIRE, la Fanfarlo.

Poét. *La nature renaissante. «Des gazons toujours renaissants et fleuris»* (Fénelon, *Télémaque,* XIV). → aussi Provençal, cit. 2.

♦ **2.** (1886 ; de *Renaissance,* II.). Arts. De la Renaissance. *L'Art renaissant,* ouvrage d'Élie Faure (1914).

2 Au temps de la Réforme (...) dans ce siècle *renaissant,* d'une si prodigieuse poussée esthétique. Léon BLOY, le Désespéré, p. 79.

RENAÎTRE [ʀ(ə)nɛtʀ] v. intr. — Conjug. *naître.* — XIIᵉ, «ressusciter ; revenir à l'état de grâce» ; de *re-,* et *naître.* — REM. Le p. p. *rené, ée* et les temps composés sont très rarement employés ; → néanmoins ci-dessous, cit. 4, 6.1, et cf. Pascal *in* Grevisse, Michelet *in* P. Larousse.

♦ **1.** Naître de nouveau ; recommencer de vivre. ⇒ **Naître.** *«On a vu des brames se brûler pour renaître bienheureux»* (Voltaire). *Le phénix,* oiseau mythique, *renaît de ses cendres.* Fig. *Renaître de ses cendres :* revivre, se ranimer, réapparaître (→ ci-dessous, 5.). ⇒ **Cendre** (cit. 10).

1 Nicodème lui dit : «Comment un homme, quand il est âgé, peut-il renaître ? Peut-il entrer une seconde fois dans le sein de sa mère pour renaître ?» Jésus répondit : «En vérité, en vérité je te le dis, nul, s'il ne renaît de l'eau et de l'esprit, ne peut entrer dans le royaume de Dieu.»
BIBLE (CRAMPON), Évangile selon saint Jean, III, 4 et 5.

2 Trelawny recueillit les cendres et les ossements blanchis *(de Shelley)* dans une urne (...) Les enfants du village (...) se racontaient les uns aux autres qu'en portant ces débris en Angleterre, les morts renaissaient de leurs cendres.
A. MAUROIS, Ariel..., II, XIX.

Par métaphore (premier emploi attesté). Théol. chrét. Revenir à l'état de grâce, sortir du péché, mort de l'âme. *Renaître par le baptême, la pénitence. Renaître en Jésus-Christ.*

3 Renaître sans savoir et sans se reconnaître,
Ce serait remourir, Seigneur, et non renaître !
LAMARTINE, Jocelyn, v, 15 août 1795.

Fig. **Renaître** *dans son enfant* (cit. 26). — En parlant des états d'âme :

4 L'être qui était rené en moi quand, avec un tel frémissement de bonheur, j'avais entendu le bruit commun à la fois à la cuiller qui touche l'assiette et au marteau qui frappe sur la roue (...) cet être-là ne se nourrit que de l'essence des choses (...)
PROUST, le Temps retrouvé, Pl., t. III, p. 872.

♦ **2.** (V. 1790). *Littér.* **RENAÎTRE À** : retourner, revenir à (un état comparé à la vie même, ou participant de sa nature : bonheur, santé ; grâce divine) après avoir connu une situation, une condition comparable à la mort ou faisant risquer la mort (malheur, maladie ; péché, déréliction, etc.). ⇒ **Naître** (fig.). *Renaître à la vie* (par exagér.) : retrouver un état de santé, après une maladie (⇒ **Convalescence, guérir, guérison**). — *Renaître à l'espoir, au bonheur.* ⇒ **Retrouver ; rendre** (être rendu à...). — *Relig. Mourir au péché pour renaître à la grâce.*

♦ **3.** (Mil. xviᵉ). Revivre (fig.), reprendre des forces (au physique ou au moral). *Je renaquis avec un être neuf* (2. Neuf, cit. 16). *Se sentir renaître* (→ Porche, cit. 4).

5 Nous renaissons, ma Julie ; tous les vrais sentiments de nos âmes reprennent leur cours. La nature nous a conservé l'être, et l'amour nous rend à la vie.
ROUSSEAU, Julie ou la Nouvelle Héloïse, III, XVI.

6 Laurent se sentait renaître dans l'air frais ; il respirait largement ces souffles de vie jeune qui descendent des cieux d'avril et de mai (...)
ZOLA, Thérèse Raquin, XXIV.

♦ **4.** Naître, vivre, pousser, à la place de ce qui est mort ou disparu. *Les têtes de l'hydre de Lerne renaissaient après avoir été coupées. Les plumes renaissent après la mue* (→ Muer, cit. 4).

(V. 1265). Recommencer à croître*. ⇒ **Repousser.** *Tout renaît au printemps.*

7 Et les hautes forêts, qu'un vent du ciel agite,
Joyeuses de renaître au départ des hivers,
Secouaient follement leurs grands panaches verts !
HUGO, les Rayons et les Ombres, XXXV, v.

Figuré :

8 Et voici qu'au contact glacé du doigt de fer
Un cœur me renaissait, tout un cœur pur et fier.
VERLAINE, Sagesse, I, I.

♦ **5.** (xiiiᵉ). En parlant de choses. Recommencer à vivre. ⇒ **Reparaître, revivre** ; et aussi **naître** (II.). *Tout meurt, renaît et recommence* (→ Immuable, cit. 3). *La nature, le printemps renaît* (→ Engourdir, cit. 7 ; grain, cit. 12). — *Sentiment, curiosité* (cit. 12), *désir* (cit. 13), *espoir qui renaît en nous. L'amour vit et renaît de lui-même* (→ Épancher, cit. 17). — *Le feu qui renaît dans le cœur,* reprend (→ Falloir, cit. 6). — *Faire renaître qqch.* ⇒ **Ramener, rappeler, rétablir** (→ Fraternité, cit. 4). *Faire renaître le passé,* le ranimer, le faire revivre (en l'évoquant, en recommençant qqch...). *Les institutions, les sociétés peuvent mourir et renaître* (⇒ **Retour**). *Les arts, la culture renaissent.* ⇒ **Renaissance.**

9 L'ennemi des romains, l'héritier et l'appui
D'un empire et d'un nom qui va renaître en lui (...)
RACINE, Mithridate, III, 5.

10 S'il peut renaître, ce monde presque anéanti au nom de l'amour, meurtri par la charité, navré par la Grâce, il renaîtra par la Loi, la Justice et l'équité.
MICHELET, Hist. de la Révolution franç., Introd., II, v.

11 Ma jeunesse renaît sous le baiser des heures(...)
HUGO, la Légende des siècles, XII, IV.

12 Le cor éclate et meurt, renaît et se prolonge.
A. DE VIGNY, Livre moderne, « Le cor », III.

12.1 (...) comme j'avais pu trouver le monde et la vie ennuyeuse parce que je les jugeais d'après des souvenirs sans vérité, alors que j'avais un tel appétit de vivre maintenant que venait de renaître en moi (...) un véritable moment du passé.
PROUST, le Temps retrouvé, Pl., t. III, p. 871-872.

13 (...) ce terrible appétit de la jeunesse, qui renaît à peine comblé (...)
COLETTE, Belles saisons, p. 106.

14 Mourir pour renaître, telle est la loi des sociétés comme des personnes.
DANIEL-ROPS, Ce qui meurt..., p. 45.

CONTR. Mourir ; agoniser, effacer (s').
DÉR. Renaissance, renaissant.

RÉNAL, ALE, AUX [renal, o] adj. — 1314 ; lat. *renalis,* de *renes* plur. de *rên.* → Rein.

♦ *Anat.* Relatif au rein et à sa région. ⇒ **Néphrétique.** *Artère rénale,* qui va de l'aorte abdominale au hile du rein. *Veines rénales. Pédicule rénal. Plexus rénaux. Loge rénale* : espace contenant le rein, enveloppé par une gaine fibreuse. — *Le tissu rénal. Perméabilité rénale. La fonction rénale.* — *Tuberculose rénale. Points rénaux,* sensibles à la pression, dans certaines affections.

COMP. Surrénal.

RENANTHERA [renɑ̃tera] n. f. ou m. — 1875, P. Larousse, *rénanthère* ; lat. bot., du lat. *rên, renis* « rein », et *anthère.*

♦ *Bot.* Plante épiphyte, orchidée recherchée pour ses fleurs roses ou rouges.

RENARD [R(ə)naR] n. m. — 1240, *Renart,* n. propre, du francique *Reginhart,* de **ragin* « conseil » et **hart* « fort », cf. angl. *hard,* nom donné à l'animal dans le *roman de Renart, Reinardus* en lat., dès 1150, poème dont le succès accrédita le nom et élimina *goupil*.

★ **I. A.** ♦ **1.** Mammifère carnivore *(Canidés)* de la taille de certains chiens, au corps allongé, aux oreilles droites, à la tête triangulaire assez effilée, à la queue touffue, au pelage fourni. *Renard commun,* à pelage jaune roux. *Renard charbonnier,* à pelage parsemé de poils noirs. *Renard fauve,* roux, doré ; *renard argenté. Le renard est carnassier, il a une réputation d'adresse et de ruse* (→ Fameux, cit. 2) ; *il vit en terrier.* ⇒ **Renardière.** *Chasse, battue au renard. L'extermination des renards, par crainte de la rage. Le renard est classé parmi les « bêtes fauves rousses », les « bêtes puantes ». Faire bouquer* le renard.* — *Cri du renard.* ⇒ **Glapir** (cit. 1 et 2), **glapissement** (cit. 2) ; **jappement, japper.** — *Élevage du renard* (pour sa fourrure). *Peau* (cit. 22) *de renard.*

REM. Dans la langue courante, *renard* s'applique aussi à la femelle, sauf lorsqu'il est nécessaire d'indiquer le sexe de l'animal (→ Renarde).

Par ext. Renard bleu, renard polaire (⇒ **Isatis**). *Renard de Virginie,* à fourrure mouchetée. — *Renard des sables :* fennec* (canidé appartenant à une autre espèce). — *Renard phalanger*.*
Se dit de chiens sauvages, comme le *culpeu** (cit.).

Renard volant, nom donné à un mammifère analogue au galéopithèque.

0.1 (...) des arbres chauves dont les feuilles sont remplacées par les renards-volants suspendus, qui s'envolent en ouvrant leurs ailes transparentes.
MALRAUX, Antimémoires, Folio, p. 401.

Le renard, dans la littérature (Roman de Renart, fables de La Fontaine, II, 15, III, 5, IV, 14, etc.). *Le chat et le renard* (→ Archipatelin, cit. 1). *Le renard et la cigogne* (→ 1. Dîner, cit. 2). *Le corbeau* et le renard* (→ Dupe, cit. 12). *Maître* (cit. 81) *renard. Le renard et les raisins** (→ Faim, cit. 1). *« Honteux comme un renard qu'une poule aurait pris »* (→ 1. Bas, cit. 63).

Prov. Un bon renard ne mange pas les poules* de son voisin.

♦ **2.** (1690). Peau, fourrure du renard, apprêtée. *Une cravate en imitation* (cit. 21) *de renard. Manteau à col de renard.* — *Porter un renard argenté, un renard bleu.*

♦ **3.** **a** (xiiiᵉ). Par compar. *Ruser, tromper comme un renard. Fourbe comme un renard. Un flair* (cit. 2) *de vieux renard.*

1 Combien y a-t-il d'hommes qui vivent du sang et de la vie des innocents (...) d'autres, comme les renards, qui vivent d'industrie, et dont le métier est de tromper !
LA ROCHEFOUCAULD, Réflexions diverses, II.

b (xiiiᵉ). *Fig.* Personne fine et rusée*, subtile* (l'accent étant mis soit sur la subtilité, l'astuce, soit sur la malfaisance). ⇒ aussi **Chacal, loup.** *Un fin renard. La souplesse et la ruse de ces vieux renards* (→ Manœuvrer, cit. 11).

♦ **4.** *Loc. fam.* (Fin xvᵉ ; fréquente chez Rabelais). *Vieilli. Écorcher le renard :* rendre, vomir (à cause, soit du bruit que fait le renard qui se gratte la gorge, soit de la coutume qui consistait à passer la queue du renard par sa gueule, en retournant sa peau, soit encore de la nausée que donne l'odeur du renard qu'on écorche. Cf. Sainéan, *la Langue de Rabelais*).

1.1 Bataille, en effet [1], où les navrés de Bacchus gagnaient en chancelant quelque angle obscur, et la tête appuyée à la muraille, écorchaient piteusement le renard, moqués de leurs compagnons plus robustes d'estomac et versaient du vin au lieu de sang.
1. *(Il s'agit d'une beuverie).*
Th. GAUTIER, le Capitaine Fracasse, XII, p. 103.

On a dit aussi *tirer au renard, piquer un renard.*

2 (...) j'ai été un des plus gaillards, si ce n'est le plus gaillard des passagers. Il n'en est pas de même de Maxime *(du Camp)* ni de Sasetti qui ont piqué une assez grande quantité de renards !
FLAUBERT, Correspondance, 234, 7-8 nov. 1849.

♦ **5.** *Renard de mer.* ⇒ **Alopias.**

(Dans des noms de plantes). *Raisin-de-renard.* ⇒ **Parisette.** *Queue de renard,* ou, ellipt., *renard.* ⇒ **Queue-de-renard.**

B. (xviiiᵉ). *Fig., vx.* Compagnon charpentier.

(xixᵉ). Mouchard, espion. ⇒ **Mouton** (cit. 19). — Ouvrier qui refuse de faire grève. ⇒ **Jaune.**

3 L'unanimité ne régnait pas parmi les grévistes sur les méthodes à suivre avec les renards.
ARAGON, les Cloches de Bâle, III, IX.

★ **II.** (Par compar. avec la queue du renard). ♦ **1.** Crochet pour haler le bois.

♦ **2.** Loupe (2. Loupe) de métal qui se détache (Buffon, *in* Littré).

♦ **3.** *Mar., navig.* Plateau qui portait une rose des vents et des trous où l'on fichait des chevilles (ou « poules ») pour indiquer les routes à suivre pendant le quart.

♦ **4.** (1690). Fente, trou par où se perd l'eau d'un canal, d'un bassin. — Mar. Légère rentrée d'eau (au niveau des rivets de la coque, par exemple).

DÉR. Renarde, renardé, renardeau, renarder, renardière.

RENARDE [ʀ(ə)naʀd] n. f. — xIIIᵉ, fém. de *renard*.

♦ Littér., zool., chasse. Renard femelle. *Une renarde et ses renardeaux**.

RENARDÉ, ÉE [ʀ(ə)naʀde] adj. — 1761 ; de *renard*.

♦ Techn. *Ambre renardé*, de couleur gris foncé à noir.

RENARDEAU [ʀ(ə)naʀdo] n. m. — 1288, *renardiaus*, au plur. ; de *renard*.

♦ Petit du renard. *Une portée de renardeaux*.

RENARDER [ʀ(ə)naʀde] v. intr. — 1288 ; de *renard*.

♦ **1.** Fig., rare. Ruser.

♦ **2.** Trans. (1576). Pop. Vomir (⇒ **Renard**, I., A., 4.). Fig. *« Un journal fameux où il renardait sa prose »* (Bloy, *le Désespéré*, p. 196).

RENARDIÈRE [ʀ(ə)naʀdjɛʀ] n. f. — 1512 ; nom de lieu, 1463 ; de *renard*.

♦ **1.** Chasse. Terrier du renard.

♦ **2.** (Mil. xxᵉ, Canada). Élevage de renards.

RENAUD [ʀ(ə)no] n. m. — 1844 ; déverbal de *renauder* ; *regnaud*, 1673. → Renauder.

♦ **1.** Argot. Colère, mauvaise humeur. Loc. *Être, mettre à* (ou *au*, ou *en*) *renaud* : être, mettre en colère. ⇒ **Ressaut.**

1 Le respect des morts c'est une belle chansonnette ! Seulement, quand ils vous ont filé dans une bonne vape avant de canner, ou peut quand même venir au renaud, prendre quelques libertés avec leur mémoire, les traiter un peu d'empafés.
Albert SIMONIN, Touchez pas au grisbi, p. 178.

2 J'ai beau savoir que son message arrivera à nos services, je suis en renaud de m'être laissé feinter !
SAN-ANTONIO, le Secret de Polichinelle, p. 101.

♦ **2.** (1798). Violente protestation, tapage. *Ya du renaud.* Loc. *Chercher du renaud (à qqn)*, lui chercher querelle. — *Venir au renaud* : protester.

RENAUDER [ʀ(ə)node] v. intr. — 1808 ; selon Dauzat, pourrait être dérivé de *Renaud*, comme l'anc. v. *arnauder* « chercher noise », du prénom *Arnaud* ; selon Wartburg, dér. de *renard*, d'après le cri de l'animal, par la loc. *parler renaud* (xvIᵉ) « parler du nez », cf. *regnaut* « cri du renard » (1611).

♦ Pop., vieilli. Protester avec mauvaise humeur. ⇒ **Râler, rouspéter.**

1 Lantier prétendait maigrir, faisait un nez qui s'allongeait chaque jour. Il renaudait à propos de tout, renâclait sur les potées de pommes de terre (...)
ZOLA, l'Assommoir, IX, t. II, p. 74.

2 Quand le gros l'avait affranchie, au lieu de renauder comme beaucoup l'auraient fait (...), elle avait juste fait un signe de croix (...)
Albert SIMONIN, Touchez pas au grisbi, p. 172.

DÉR. Renaud, renaudeur.

RENAUDEUR, EUSE [ʀ(ə)nodœʀ, øz] n. — 1904 ; de *renauder*.

♦ Argot. Qui renaude, rouspète. ⇒ **Rouspéteur.**

RENCAISSAGE [ʀɑ̃kɛsaʒ] n. m. — 1835 ; de *rencaisser*.

♦ Hortic. Action de rencaisser.

RENCAISSEMENT [ʀɑ̃kɛsmɑ̃] n. m. — 1765 ; de *rencaisser*.

♦ Fin. Action de remettre en caisse (une somme recouvrée).

RENCAISSER [ʀɑ̃kɛse ; ʀɑ̃kɛse] v. tr. — 1704 ; de *re-*, et *encaisser*. Remettre en caisse*.

♦ **1.** Hortic. *Rencaisser des arbustes, des orangers* (⇒ **Rempoter**).

♦ **2.** Fin. Encaisser de nouveau (une somme).

DÉR. Rencaissage, rencaissement.

1. RENCARD, RENCART [ʀɑ̃kaʀ] n. m. ⇒ 1. **Rancard.**

2. RENCARD, RENCART [ʀɑ̃kaʀ] n. m. ⇒ 2. **Rancard.**

1. RENCARDER [ʀɑ̃kaʀde] v. ⇒ 1. **Rancarder.**

2. RENCARDER [ʀɑ̃kaʀde] v. ⇒ 2. **Rancarder.**

RENCHAÎNER [ʀɑ̃ʃene ; ʀɑ̃ʃene] v. tr. — xvᵉ ; de *re-*, et *enchaîner*.

♦ Rattacher avec une chaîne.

RENCHAUSSER [ʀɑ̃ʃose] v. tr. — 1860, cit. 1 ; de *re-*, et *enchausser*, de *chausser*.

♦ Agric. Recouvrir (une plante) au pied par de la terre.

1 Après avoir été débarrassées des mauvaises herbes qui en gênent la croissance, les plantes cultivées en ligne ont souvent besoin d'être renchaussées, c'est-à-dire recouvertes au pied par une botte de terre.
VILLERMÉ, les Salaires et les Machines agricoles, in Revue des Deux Mondes, 1ᵉʳ juil. 1860, p. 232.

2 Juin : semer, mettre en terre les plants des couches chaudes, arroser, sarcler, renchausser, entretenir propreté et beauté (...)
J. P. FILION, le Premier Côté du monde, p. 63.

RENCHÉRIR [ʀɑ̃ʃeʀiʀ] v. tr. et intr. — 1175 ; de *re-*, et *enchérir*, qu'il tend à remplacer.

★ **I.** V. tr. Rendre encore plus cher. ⇒ **Enchérir ; augmenter** (le prix). *Une main-d'œuvre qui renchérit le papier* (cit. 3).

★ **II.** V. intr. (1400). ♦ **1.** Devenir encore plus cher. ⇒ **Enchérir.**

1 Votre main-d'œuvre augmente, les produits manufacturés renchérissent, mes outils, mes vêtements, les cent choses dont j'ai besoin (...)
ZOLA, la Terre, IV, v.

♦ **2.** (Déb. xvIIᵉ). **RENCHÉRIR SUR** : aller encore plus loin, en action ou en paroles (⇒ **Amplifier**). *Renchérir sur tous* (→ Laconique, cit. 1). — *Renchérir sur qqch.* (→ Cruauté, cit. 8 ; fuir, cit. 29 ; poésie, cit. 8). *Renchérir sur le ridicule* : être plus ridicule que les autres, pousser trop loin le ridicule (→ Quatrain, cit. 1). *Renchérir sur un mensonge.*

2 (...) ma fille, vous avez renchéri sur ce que je vous ai enseigné. Vous outrez ma morale ; je trouve votre vertu un peu trop sauvage.
A.-R. LESAGE, le Diable boiteux, IV.

3 Au peu de questions qu'elle hasarda, il vit combien elle était novice, et, renchérissant sur lui-même, il fit de la capitale un portrait si extravagant et si ampoulé (...)
A. DE MUSSET, Nouvelles, « Margot », III.

▶ **RENCHÉRI, IE** p. p. adj.

Fig. (vx ou littér.). Difficile, dédaigneux ; qui renchérit sur les autres.

4 Il se dit que c'était bien là qu'on reconnaissait la différence entre une bourgeoise, même opulente et renchérie, et une femme de naissance distinguée (...)
J. ROMAINS, les Hommes de bonne volonté, t. V, xx, p. 150.

N. (xvᵉ, au fém.). *Faire le renchéri, la renchérie* (→ Pecque, cit. 1).

5 Inutile d'essayer de la convaincre : elle avait des prétentions et des susceptibilités pour tout ; elle faisait la renchérie, elle était têtue, vaniteuse ; elle ne voulait ou ne pouvait rien comprendre.
R. ROLLAND, Jean-Christophe, L'adolescent, III, p. 333.

CONTR. Avilir, baisser.
DÉR. Renchérissement, renchérisseur.

RENCHÉRISSEMENT [ʀɑ̃ʃeʀismɑ̃] n. m. — 1283 ; de *renchérir*.

♦ Hausse, augmentation de prix (→ Famine, cit. 2).

Dans la rue Saint-Jacques, les femmes, par groupes de deux ou trois, causent, avec des voix plaintives, du renchérissement des denrées.
Ed. et J. DE GONCOURT, Journal, 25 sept. 1870, t. IV, p. 46.

CONTR. Avilissement ; baisse.

RENCHÉRISSEUR, EUSE [ʀɑ̃ʃeʀisœʀ, øz] n. — Mil. xvIᵉ, *renchierisseur* ; de *renchérir*.

♦ Rare. Personne qui renchérit.

RENCOGNER [ʀɑ̃kɔɲe] v. tr. — 1586, *rencoignier* ; de *re-*, *en-*, et *cogner*. → Coin.

♦ Fam. Pousser, repousser dans un coin. ⇒ **Coincer, recogner**, I., 2. et 3. (vx) ; **serrer.**

1 Le scélérat nous met en sang ; il nous rencogne à la fin toutes deux dans la ruelle du lit ; les coups redoublent.   SADE, Justine... t. I, p. 186.

Fig. *Rencogner qqn dans sa timidité* (→ Délure, cit. 2). — Pron. (1736). *Se rencogner.* ⇒ **Blottir** (se).

▶ **RENCOGNÉ, ÉE** p. p. adj.

2 Le caractère des heures de découragement, c'est de vivre rencogné dans l'heure présente, la pensée comme ramenée sur elle-même (...)
                    Ed. et J. DE GONCOURT, Journal, 17 août 1874, t. V, p. 103.

RENCONTRE [Rãkõtʀ] n. f. — XIIᵉ, «coup de dés», et «combat» (→ ci-dessous II.) ; comp. de *encontre*, et dér. de *rencontrer* pour le sens II. — Le mot est employé aussi au masc. jusqu'au XVIIᵉ ; cet usage subsiste en héraldique → ci-dessous II., 3.

★ **I.** (XIVᵉ). Littér. Hasard, événement fortuit par lequel on se trouve dans telle ou telle situation, on rencontre telles circonstances... ⇒ **Coïncidence, conjonction, conjoncture, occasion, occurence** (→ Prédiction, cit. 4). Vx. *Fâcheuse, mauvaise rencontre :* aventure. ⇒ **Malencontre.**

1 (...) j'employais le reste de ma jeunesse (...) à m'éprouver moi-même dans les rencontres que la fortune me proposait (...)   DESCARTES, Discours de la méthode, I.

2 Mais par quelle rencontre vous êtes-vous trouvé entre ses mains ?
                    MOLIÈRE, Dom Juan, III, 3.

3 (...) l'autre *(la femme sage)* est dans les diverses rencontres précisément ce qu'il faut qu'elle soit.   LA BRUYÈRE, les Caractères, III, 48.

4 Il y a un genre de bonheur qui ne tient pas plus à nous qu'un manteau. Ainsi le bonheur d'hériter ou de gagner à la loterie ; aussi la gloire, car elle dépend des rencontres.   ALAIN, Propos, 6 nov. 1922, Bonheur est vertu.

Loc. *Selon la rencontre,* l'occasion. — *En, dans une rencontre. En toute rencontre :* en toute occasion, à tout moment (→ Doigt, cit. 14 ; homme, cit. 33). — (Mil. XVIIᵉ). **Par RENCONTRE :** par hasard, à l'occasion. «*Tout existant* (cit. 27) *naît sans raison et meurt par rencontre*», sans raison logique. — **DE RENCONTRE :** fortuit, qui arrive par hasard. *Bonheur* (cit. 30) *de rencontre* (→ Raccroc, cit. 1). *Affection* (cit. 6) *de rencontre. Auditeurs de rencontre* (→ Miette, cit. 8). *Marchandise de rencontre,* se dit spécialement d'une chose achetée d'occasion. — *Bataille de rencontre :* choc imprévu de deux armées adverses.

5 (...) je n'aime plus que les joies de rencontre, et celles que ma voix fait jaillir du rocher (...)   GIDE, les Nourritures terrestres, II.

★ **II.** (De *rencontrer*). ♦ **1.** (1538). Le fait, pour deux personnes, de se trouver en contact*, d'être rapprochées, d'abord par hasard, puis, par ext., d'une manière concertée ou prévue (⇒ **Entrevue, rendez-vous**). *Rencontre agréable* (→ Beau, cit. 113). «*Rencontre incommode* (cit. 2) *et fâcheuse». Mauvaise rencontre :* spécial, rencontre d'un malfaiteur, d'une personne dangereuse. *Faire une bonne, une mauvaise rencontre.* ⇒ **Tomber** (bien, mal...). *Rencontre habituelle, prévue ; fortuite* (cit. 4), *inattendue* (→ Gîte, cit. 8), *de hasard... Faire la rencontre de qqn* (→ Offrande, cit. 4). — Vx. *Avoir rencontre* (Corneille), *se rencontrer. — Le hasard d'une rencontre. Au hasard des rencontres. Rencontre de plusieurs personnes.* ⇒ **Concours, réunion.** *Arranger, ménager une rencontre entre deux personnes.*

6 Elle n'allait pas s'amuser ; elle était sérieuse de nature, économe, et elle avait la crainte des mauvaises rencontres.
                    R. ROLLAND, Jean-Christophe, La foire sur la place, II, p. 810.

7 C'est un lieu remarquablement fécond en romanesque et en rencontres qu'un hôtel. Comment se fait-il que les romanciers aient si rarement usé de ce décor où le hasard amène et réunit tant de figures différentes, met en présence, au gré de ses lois mal étudiées, tant d'intérêts, de passions, de curiosités contraires, qui s'ignorent (...)   Émile HENRIOT, le Diable à l'hôtel, V.

8 Tout ce qui crée des rencontres mérite encouragement, même quand il s'agit de rencontres la plus sentimentale, et malgré tout ce qu'elles supposent de niaiserie et de médiocrité.   MONTHERLANT, les Jeunes Filles, p. 28.

Vx. *À la rencontre :* quand on se rencontre (Bossuet, *in* Littré).

(XVIIᵉ ; *aller au rencontre,* 1636). **À LA RENCONTRE DE... :** en se trouvant face à face avec qqn qu'on rencontre (vieilli), et, de nos jours, en allant vers qqn, au-devant* de lui, pour le rencontrer, le rejoindre. ⇒ **Abord, approche.** *Aller, marcher, venir à la rencontre de qqn, à sa rencontre* (→ Arrêter, cit. 2 ; escalier, cit. 5 ; étranger, cit. 44 ; 2. hâte, cit. 7 ; proposer, cit. 2).

9 (...) se trouver tête pour tête à la rencontre d'un prince (...)
                    LA BRUYÈRE, les Caractères, XI, 7.

10 Aujourd'hui, encore je n'attends rien que de ma seule disponibilité, que de cette soif d'errer *à la rencontre* de tout, dont je m'assure qu'elle me maintient en communication mystérieuse avec les autres êtres disponibles, comme si nous étions appelés à nous réunir soudain.   A. BRETON, l'Amour fou, III.

♦ **2.** Vieilli. (En parlant d'une personne et d'une chose). Le fait de trouver. ⇒ **Rencontrer** (A., I., 2.). «*Les ouvriers... Avaient fait par hasard rencontre d'un trésor*» (Molière, l'Étourdi, II, 1). *Faire rencontre d'un navire* (cit. 10). — Figuré :

11 Pour Carpeaux comme pour tous les gens de talent et d'avenir de ce temps-ci, il n'y a pas d'idéalisation plus ou moins haute, il n'y a que sa rencontre avec la perception.
                    Ed. et J. DE GONCOURT, Journal, 3 sept. 1865, t. II, p. 237.

11.1 Or, dans mon esprit (...) il est des idées dont la rencontre est aussi présente que

celle des êtres. J'emploie à dessein ce mot rencontre, parce que la réflexion s'élaborera plus tard, se développera plus tard.
                    MALRAUX, Antimémoires, Folio, p. 55.

♦ **3.** (1671). Par métonymie. Ce qu'on rencontre. — Blason (traditionnellement au masc.). Tête d'animal vue de face. *Une rencontre, un rencontre de bélier, de cerf* (⇒ aussi **Massacre**).

♦ **4.** (XIIᵉ ; attesté avant les autres sens modernes). **ⓐ** Engagement de deux forces ennemies peu importantes et qui se sont trouvées en présence par hasard. ⇒ **Bataille, combat, échauffourée.** — Par ext. Tout engagement ou combat.

12 On semblait les chercher, mais on s'en allait plus loin dès qu'on les apercevait. À chaque rencontre, deux ou trois cavaliers y restaient, tantôt à eux, tantôt à nous.
                    CÉLINE, Voyage au bout de la nuit, p. 35.

Combat singulier non prémédité. *Les édits contre les duels, au XVIIᵉ siècle, ne s'appliquaient pas aux rencontres.* — Par ext. Duel prémédité.

13 (...) il fut convenu que ses témoins le prendraient chez lui en landau, le lendemain à sept heures du matin, pour se rendre au bois du Vésinet où la rencontre aurait lieu.   MAUPASSANT, Bel-Ami, I, VII.

ⓑ (1869). Compétition sportive opposant deux ou plusieurs adversaires. ⇒ **Épreuve, match.** *Rencontre de boxe.*

13.1 Jamais comme dans ces rencontres, où une foule immense soutient de ses cris les joueurs de sa nation, je n'ai mieux compris ce que Nietzsche appelle «le prurit nationaliste».   F. MAURIAC, le Nouveau Bloc-notes, p. 178.

ⓒ Réunion en vue d'une discussion, d'un débat. *Rencontre interprofessionnelle. Organiser une rencontre. Rencontre débat.* ⇒ **Table** (ronde).

♦ **5.** (1580). Choses. Le fait de se trouver en contact. ⇒ **Contact, jonction, réunion.** *Rencontre de deux cours d'eau* (confluent), *de deux lignes* (coin, angle, intersection). *Rencontre brutale.* ⇒ **Choc, collision.** — *Rencontre de voyelles* (⇒ Hiatus, cit. 1), *de mots...* — Astron., astrol. Conjonction ou opposition d'astres.

14 Tu éviteras, autant que le contraire de ton vers le permettra, les rencontres de voyelles et diftongues *(diphtongues)* qui ne se mangent point ; car telles concurrences de voyelles font les vers merveilleusement rudes en notre langue.
                    RONSARD, l'Art poétique, de l'H.

15 Il considérait ces magnifiques rencontres des atomes qui donnent des aspects à la matière (...)   HUGO, les Misérables, I, I, XIII.

Techn. *Roue de rencontre :* roue dentée qui meut le pivot du balancier (dans l'échappement à recul*).
Phase de survol où la distance entre l'engin spatial et l'astre est minimale. — Manœuvre de rapprochement de deux ou plusieurs engins spatiaux. ⇒ **Rendez-vous.**
Littér. *La rencontre de leurs regards* (→ Coudoiement, cit. 1).
Fig. *Le point de rencontre des pensées* (→ Mystérieux, cit. 9). ⇒ aussi **Interférence** (fig.).

♦ **6.** (1538). Vx. Expression heureuse, juste ; trait d'esprit. ⇒ **Rencontrer** (II., 1., absolt).

16 Et ceux qui trouvent ces belles rencontres, n'ont-ils pas lieu de s'en glorifier ?
                    MOLIÈRE, Critique de l'École des femmes, 1.

♦ **7.** En cartomancie, Réunion de cartes particulières.

♦ **8.** Au billard, Choc de boules venant en directions opposées. *Jouer la rencontre.*

RENCONTRER [Rãkõtʀe] v. tr. — XIVᵉ ; de *re-,* et de l'anc. v. *encontrer* «venir en face», dér. de *encontre** (à l').

★ **I.** V. tr. ♦ **1.** Être mis, se trouver en présence de (qqn) par hasard. ⇒ **Apercevoir, voir** (→ Étourdi, cit. 12 ; montrer, cit. 31). *Rencontrer un ami, un parent. Aborder, accoster, approcher ; fuir une personne quand on la rencontre. Rencontrer qqn sur son chemin, dans la rue.* ⇒ **Croiser.** *Rencontrer une colonne de manifestants* (cit.), *un cortège.* — *Rencontrer à l'improviste, au coin d'une rue :* se trouver face à face, nez* à nez avec... ⇒ **Tomber** (sur).

1 (...) si jamais je le rencontre au coin d'un bois, il passera un mauvais quart d'heure.
                    A. JARRY, Ubu roi, I, 1.

Par ext. Se trouver avec, dans la compagnie de (qqn), par une rencontre voulue, ménagée. *Rencontrer un émissaire, un négociateur...* ⇒ **Aboucher** (s'), **contacter.** *Je lui ai téléphoné pour le rencontrer à son bureau.* ⇒ **Joindre, toucher, voir ; rendez-vous.** — (1936 ; sports). Être opposé en compétition à (un adversaire).
Spécialt. Se trouver pour la première fois avec, en la compagnie de (qqn). ⇒ **Connaissance** (faire la) ; → Apprendre, cit. 9 ; imaginer, cit. 6. *Elle a rencontré son futur fiancé chez des amis. Il a rencontré celle qu'il lui fallait* (→ Trouver chaussure* à son pied).

2 Ma vie en vérité commence
Le jour que je t'ai rencontrée (...)   ARAGON, le Roman inachevé, p. 172.

Trouver parmi d'autres (une personne dont on a besoin). *Un collaborateur comme on n'en rencontre guère,* exceptionnel, remarquable. «*Est-il besoin d'exécuter, On ne rencontre plus personne*» (→ Délibérer, cit. 2).

♦ **2.** Se trouver près de, en présence de (qqch.). → 1. Passé, cit. 12. *Rencontrer ce qu'on cherchait.* ⇒ **Atteindre, trouver ; trouvaille.** «*Chacun s'arme* (cit. 9) *au hasard du livre qu'il rencontre*», qui lui tombe sous la main. — *Un des sites les plus mélancoliques qu'il m'ait été donné de rencontrer* (→ Contredit, cit. 4).

Spécialt. Trouver par hasard dans un texte. *Rencontrer un mot, un nom dans un livre* (→ Épithète, cit. 3 ; gazette, cit. 1). Fig. *Si l'on examine l'âme moderne, on y rencontre...* (→ Hypertrophie, cit.).

3 On ne trouve point dans Montaigne ce que l'on cherche, on rencontre ce qui se trouve. Il faut l'ouvrir au hasard et c'est rendre une sorte d'hommage à sa manière.
                                    É. DE SENANCOUR, Oberman, XXXVIII.

(1690). Se trouver en présence de (un obstacle, une résistance). ⇒ **Heurter.** *Elle recula et rencontra le mur* (→ Fasciner, cit. 3 ; et aussi 1. écarter, cit. 6 ; et, au fig., homme, cit. 58).

(Sujet n. de chose). *Le vent ne rencontra aucun obstacle* (cit. 2). *La sonde rencontra le fond* (→ aussi Dévider, cit. 3). *Son bras, sa main... rencontra le mur* (→ Errer, cit. 19). — **Spécialt.** *Son regard, ses yeux rencontrèrent...* (→ Dérober, cit. 11 ; désaccord, cit. 2).

♦ **3. Fig.** Se trouver en présence de (le compl. désigne des événements, des circonstances fortuites). *Rencontrer sa destinée* (cit. 7), *sa fin* (→ Embuscade, cit. 1). *Rencontrer une occasion* (→ Empoigner, cit. 5).

(1588, Montaigne). **Spécialt.** Se trouver en présence de (un sentiment, une réaction qu'on a soi-même suscitée chez autrui). *Rencontrer la faveur* (cit. 6) *qui récompense... Rencontrer une incompréhension* (cit. 2) *totale, une violente opposition* (→ Prosélyte, cit. 3). *Ne rencontrer que l'injustice* (cit. 8), *la méchanceté...*

4 Un écrivain de grand talent, auquel je me plaignais du peu de sympathie que je rencontre (...)   ZOLA, Thérèse Raquin, Préface 2e éd.

5 (...) aujourd'hui, une déclaration en ce sens n'eût pas rencontré dans l'opinion publique anglaise la même réprobation que la semaine précédente (...)
                          MARTIN DU GARD, les Thibault, t. VII, p. 34.

Vieilli. Avoir, obtenir par une chance. *Rencontrer la réussite, le succès.* « *Prodigue et rencontrant la générosité... bavard et rencontrant l'éloquence* » (→ Hardi, cit. 12, Hugo).

6 Il est peut-être moins difficile aux rares génies de rencontrer le grand et le sublime, que d'éviter toute sorte de fautes.   LA BRUYÈRE, les Caractères, I, 30.

♦ **4. Vx** (langue class.). *Rencontrer que... :* s'apercevoir par hasard que...

★ **II. V. intr.** ♦ **1.** (1538). **Vx.** Réussir à trouver la meilleure expression. « *Rencontrer heureusement sur les plus petits sujets* » (La Bruyère, v, 4). — Réussir (plus ou moins) dans une conjecture, une supposition. *Rencontrer juste.* ⇒ **Deviner** (cit. 3).

7 Vous ne pensiez pas que personne eût la curiosité de savoir qui nous sommes ; cependant il y a des gens qui essaient de le deviner, mais ils rencontrent mal.
                                    PASCAL, les Provinciales, VIII.

♦ **2.** (1740). **Absolt. Chasse.** Trouver une piste, en parlant du chien (→ Piste, cit. 2).

▶ **SE RENCONTRER** v. pron.

♦ **1.** (1559). **Récipr.** (Personnes). **ⓐ** Se trouver en même temps au même endroit. *Se rencontrer dans une assemblée* (cit. 5), *une réunion, chez des amis...* (→ aussi Concours, cit. 6). *Se rencontrer dans la rue.* « *Tous deux se rencontrent en un tournant* » (→ Cas, cit. 2). ⇒ aussi **Coudoyer, croiser** (se). *Se chercher sans pouvoir se rencontrer.* Prov. *Il n'y a que les montagnes qui ne se rencontrent pas :* le hasard finit par mettre en présence les gens les plus éloignés...

8 Se rencontrant un jour tout seuls et sans témoins.   LA FONTAINE, Fables, III, 1.

9 L'enfant avait de l'intelligence, et savait que trois femmes ne doivent pas se rencontrer dans un appartement de garçon.
                        BALZAC, la Muse du département, Pl., t. IV, p. 161.

Faire connaissance (→ Ménage, cit. 10).

Avoir une rencontre, une entrevue... Faire se rencontrer plusieurs personnes. ⇒ **Assembler.** — Sports. *Les deux équipes ne se sont pas encore rencontrées.*

(1640). Fig. Avoir les mêmes idées, les mêmes sentiments ; se trouver dans la même situation. « *Les beaux esprits* (cit. 117), *les grands esprits se rencontrent* ». *Ils se rencontraient sur le terrain de l'érudition* (→ Éloignement, cit. 7). *Se rencontrer pour penser, pour dire...* (→ Logistique, cit. 1). *Se rencontrer dans la même certitude.*

ⓑ *Se rencontrer avec :* se trouver avec (qqn) par une rencontre (→ Fendre, cit. 8).

10 Tu me présenteras pendant un entracte, finit-il pas dire. Je me suis déjà rencontré avec le comte, mais je voudrais aller à leurs mardis.   ZOLA, Nana, I.

Fig., littér. Être du même avis que... ⇒ **Partisan** (cit. 2). *Je me rencontre avec vous pour estimer qu'il faut intervenir rapidement.*

♦ **2. Récipr.** (Choses). Se heurter*, se choquer* ou entrer en contact, se toucher (→ Infini, cit. 23 ; prestidigitateur, cit. 2). *Rivières qui se rencontrent.* ⇒ **Confluer.** — *Leurs lèvres se rencontrèrent.* ⇒ **Toucher** (se) ; → Fondre, cit. 28. — Par ext. *Leurs regards, leurs yeux se rencontrèrent* (→ Mêler, cit. 4).

♦ **3.** (Passif). Se trouver*, être constaté, vu... ⇒ **Être, exister.** *Les petitesses qui se rencontrent dans presque tous les grands caractères.* ⇒ **Habiter, loger** (se). → Emparer, cit. 14. *Se rencontrer en...* (→ Héroïque, cit. 16). — *Un homme s'est rencontré, qui...* (→ Rallier, cit. 2).

(...) puis, cherchant à cacheter la lettre, le cachet Amor nel Cor se rencontra.   11
                                    FLAUBERT, Mme Bovary, II, XIII.

Vx. Se trouver être.

Ainsi je trouve étrange que la première loi du monde se rencontre aussi la plus   12
parfaite (...)   PASCAL, Pensées, IX, 619.

♦ **4. Impersonnel.** *Il se rencontre des gens qui...* (→ Grappiller, cit. 3). — *Une de ces haines* (cit. 24) *comme il s'en rencontre en province. Il se rencontre parfois entre deux ennemis la même lucidité...* (→ 1. Lire, cit. 29). *S'il se rencontrait des obstacles imprévus* (→ Génie, cit. 47). ⇒ **Trouver** (se).

Supposez un grand talent de moins, supposez le moule ou mieux le miroir magi-   13
que d'un seul vrai poète brisé dans le berceau à sa naissance, il ne s'en rencontrera plus jamais un autre qui soit exactement le même ni qui en tienne lieu.
                        SAINTE-BEUVE, Nouveaux lundis, 30 mai 1864.

▶ **RENCONTRÉ, ÉE** p. p. adj.

♦ **1.** *Des modèles rencontrés dans la vie* (→ 1. Héroïne, cit. 6).

♦ **2. Fig., vx.** Bien trouvé, heureux. « *Un terme... qui est rencontré* » (La Bruyère, I, 123).

CONTR. Éviter, manquer.
DÉR. Rencontre.

RENDEMENT [Rãdmã] n. m. — 1190, *rendement de grâces* «action de rendre»; «le fait de se rendre, reddition», v. 1213; le sens général «action de rendre» survit jusqu'au XVIe; 1842, Académie, *Compl., rendement du sucre* «produit de raffinage du sucre» (une loi de 1826 prévoyait l'estimation de ce rendement); de *rendre.*

★ **I.** ♦ **1.** Produit (I., 3.) défini par rapport à une unité de mesure. — **Spécialt.** **ⓐ** Agric. Produit de la terre, évalué soit par rapport au poids de la semence employée, soit, plus généralement, par rapport à l'unité de surface cultivée. *Rendement à l'hectare* (→ Intensif, cit. 1). *Rendement plus ou moins grand* (→ Cultiver, cit. 7 ; exploitation, cit. 7). ⇒ **Fertilité.**

ⓑ Techn. Rapport entre le poids vif des animaux abattus et le poids de la viande qu'ils fournissent *(rendement brut). Rendement net,* calculé par rapport au poids de la viande comestible (défalcation faite des déchets).

ⓒ Écon. Production* (II., 5.) évaluée par rapport à certaines données de base (matériel, hommes ; capital, travail, etc.). ⇒ **Productivité.** *Rendement industriel* (→ Hétérogène, cit. 2). *Diminuer* (cit. 1), *augmenter le rendement. Loi dite du rendement non proportionnel,* ou *des rendements décroissants* (d'abord appliquée à l'industrie agricole ou extractive, puis considérée comme une loi générale de la production), d'après laquelle « *tout accroissement de rendement exige un accroissement plus que proportionnel de force* » (Ch. Gide). → aussi Population, cit. 4. *Rendement et rentabilité.*

ⓓ (Mil. XIXe, *in* Littré). Phys. Rapport de l'énergie ou de la puissance utilisable à l'énergie ou à la puissance mise en œuvre (soit au cours d'un transport, soit à la suite d'une transformation). — REM. Par analogie, on parle du *rendement* d'un «transducteur», qui transmet l'énergie d'un ou de plusieurs systèmes à un ou plusieurs autres systèmes, l'énergie pouvant être mécanique, électrique, acoustique... à l'entrée, et de nature quelconque ou différente à la sortie. *Rendement d'un circuit oscillant pour une fréquence déterminée ; rendement d'un tube électronique... ; rendement électronique relativement à la puissance fournie. Rendement d'une antenne :* rapport entre l'énergie rayonnée par l'antenne et la puissance fournie. *Rendement de transmission, rendement directionnel.* — *Rendement lumineux, d'une source lumineuse,* exprimé en bougies, en lumens par watt de puissance électrique. — *Rendement thermodynamique d'une machine thermique.*

Carnot considéra ce le rapport du travail produit à la quantité de chaleur four-   1
nie par la source chaude. Il montra que le rendement est maximum quand le cycle d'opérations décrites par la machine est réversible en son entier... En appliquant à ce cycle le principe général qu'il ne peut y avoir de travail sans chute de température, il démontra que *le rendement maximum dans une machine réversible est indépendant de la nature du corps qui effectue la transformation de la chaleur en travail* (....) Il arrêtait ainsi ceux qui pensaient obtenir un rendement indéfiniment croissant.   Grande Encycl. (BERTHELOT), Carnot (Sadi).

Cour. (Spécialt). *Rendement d'une machine thermique.*

Par anal. *Le rendement de la «machine humaine»* (→ Énergie, cit. 15 ; maximum, cit. 2).

Chim. Rapport du nombre de molécules-grammes obtenu au nombre théorique (pour une réaction totale).

Techn. Pourcentage (en poids, en volume) du produit obtenu par rapport à la matière première traitée (dans une distillation). *Rendement volumétrique :* nombre de m³ de gaz produit pour 100 kg de charbon.

♦ **2. Cour. Gain.** ⇒ **Produit ; donner, rendre.** *Rendement d'un placement :* montant des intérêts ou dividendes perçus dans un espace de temps donné. ⇒ **Fructifier ; gain, profit.** *Rendement d'une vente. Rendement des impôts.* — Fig. *Coter* (cit. 3) *l'art d'après son rendement moral.* ⇒ **Effet, efficacité.** *Il s'applique beaucoup, mais il n'a aucun rendement.*

2   Ali et Jo achèvent leur coffrage. Pas de temps à perdre, ils sont au rendement.
            Claude COURCHAY, La vie finira bien par commencer, p. 9.

♦ **3.** (xxᵉ). Produit effectif du travail. ⇒ **Efficacité.**

★ **II.** Sports. Action de rendre (de la distance); distance ainsi rendue. ⇒ **Handicap.**

RENDETTER [Rɑ̃dete] v. tr. — 1669, *se rendetter; de re, et endetter.*

♦ Rare. Endetter de nouveau.

RENDEUR, EUSE [Rɑ̃dœʀ, øz] n. — V. 1190, *rendeor* «garant»; *rendeur,* v. 1530; *de rendre.*

♦ Rare. Personne qui rend (qqch.).

RENDEZ-MOI [Rɑ̃dəmwa] n. m. — 1836, Vidocq; *de rendre* à l'impér., *et moi.*

♦ *Vol* au rendez-moi,* consistant à payer avec un billet sur lequel le commerçant rend la monnaie et à empocher le billet avec la monnaie.

RENDEZ-VOUS [Rɑ̃devu] n. m. — 1578; impér. plur. substantivé de *se rendre.*

♦ **1.** Rencontre prévue entre deux ou plusieurs personnes qui conviennent d'aller, de se trouver à tel endroit, à tel moment. ⇒ **Rendre** (se). *Avoir un rendez-vous, des rendez-vous (avec qqn).* ⇒ 2. **Rancard** (fam.); 2. **rambour,** 2. (argot). — *Avoir rendez-vous avec qqn* (→ Confidentiel, cit.). *Donner rendez-vous à qqn.* ⇒ 2. **Rancarder** (fam.). *Assigner* (vx), *donner un rendez-vous à qqn* (→ Itinérant, cit. 2). *Prendre* (cit. 54) *un rendez-vous avec qqn.* ⇒ **Jour** (prendre). *Lieu, jour, heure d'un rendez-vous* (→ Étendre, cit. 38; faisable, cit. 4; 1. parage, cit. 3). *Aller à son rendez-vous. Rendez-vous manqué* (cit. 82). *Manque* (cit. 2) *de parole au rendez-vous.* ⇒ **Faux-bond; lapin** (fam.). *Rendez-vous d'affaires. Visite sur rendez-vous. Médecin qui reçoit sur rendez-vous. Ministre accordant un rendez-vous.* ⇒ **Audience.** *Carnet de rendez-vous.*

1   Prenez la plume, dit-il à la jeune fille, et donnez-leur rendez-vous dans l'endroit que je vais vous indiquer. Ce rendez-vous leur conviendra, j'en suis sûr. La maison est honnête, et la femme qui l'occupe jouit, dans son voisinage et parmi les locataires de la meilleure réputation.   DIDEROT, Jacques le fataliste, Pl., p. 657.

2   (...) il s'amusa de m'observer une heure durant, qui faisais les cent pas sous la pluie, près de la fontaine, exact au rendez-vous qu'il m'avait donné, le farceur! et où du reste je pressentais qu'il ne viendrait pas.
       GIDE, Si le grain ne meurt, I, X, *in* Souvenirs, Pl., p. 531.

Spécialt. En parlant de *rendez-vous* amoureux, galants (cit. 8). → Appeler, cit. 21; espacer, cit. 4; 1. frais, cit. 5; honnête, cit. 27; juger, cit. 17. *Rendez-vous clandestins* (cit. 2).

3   Est-il dans la vie de l'homme une plus délicieuse que celle du premier rendez-vous donné? Renaissent-elles jamais les sensations cachées au fond du cœur et qui s'épanouissent alors?   BALZAC, Modeste Mignon, Pl., t. I, p. 462.

4   Maurice donna un rendez-vous à Berthe pour le surlendemain. Elle y vint, mais elle ne pouvait rester longtemps, par crainte de son père. Ils se promenèrent en causant et s'embrassèrent deux fois dans une rue sombre. Au second rendez-vous, Maurice lui offrit une bague en doublé avec un brillant rose. Au troisième rendez-vous, ils se promenèrent bras dessus-dessous, et elle consentit à entrer avec lui dans un café de l'avenue du Maine.
       Ch.-L. PHILIPPE, Bubu de Montparnasse, I, II.

Maison de rendez-vous : maison qui accueille des couples de rencontre et qui, parfois, procure des rendez-vous galants (→ Indicateur, cit. 3).

5   Les autres (...) ont glissé vers la maison de rendez-vous. Celles-ci sont devenues fort nombreuses, les unes rarissimes, absolument clandestines (...) les autres semi-clandestines, c'est-à-dire classées et tarifées.
       Léon DAUDET, la Femme et l'Amour, III.

Par métaphore. *Hôpital* (cit. 3) *où la maladie, la vieillesse et la misère se donnent rendez-vous,* se trouvent réunies (→ aussi Carrefour, cit. 5).

Fig. *Des rendez-vous d'héroïsmes* (cit. 10). *Rendez-vous avec la mort, avec la gloire... Avoir rendez-vous avec la chance,* la rencontrer.

(1969). *Rendez-vous social* : rencontre ménagée entre les représentants du gouvernement (ou du patronat) et ceux des syndicats ouvriers, pour négocier sur les questions de salaire, de conditions de travail.

(1966). *Rendez-vous spatial* : manœuvre de rapprochement et de rencontre de deux ou plusieurs engins spatiaux. *Rendez-vous orbital.* ⇒ **Rencontre.**

♦ **2.** (Fin xvIIᵉ, La Bruyère). Lieu fixé pour le rendez-vous. *Arriver le premier au rendez-vous. Rendez-vous de chasse* : emplacement, et, par métonymie, pavillon où les chasseurs se donnent rendez-vous.

6   Ce rond-point était jadis le rendez-vous de chasse du Grand Marquis.
       BALZAC, Une ténébreuse affaire, Pl., t. VII, p. 450.

Le rendez-vous de... : lieu où certaines personnes se rencontrent habituellement. *Maison servant de rendez-vous aux marchands* (→ 2. Bourse, cit. 1). *La chaumière est le rendez-vous des étu-*

---

diants (cit. 3) *et des grisettes* (→ aussi Illuminer, cit. 24; jongleur, cit. 3; promenade, cit. 5).

Les Ruines, depuis plusieurs années, étaient le rendez-vous, le gymnase en plein   7
air de tous les acrobates, gymnastes, *trapézistes* (...)
       Ed. DE GONCOURT, les Frères Zemganno, XXVIII.

Dans la désignation d'un lieu public (café, etc.) :

Moi je vis seul (...) Il y a bien Françoise, la patronne du «Rendez-vous des cheminots» (...) Quelquefois, après-dîner, quand elle me sert un bock, je lui demande (...)   8
       SARTRE, la Nausée, p. 18.

RENDORMIR [Rɑ̃dɔʀmiʀ] v. tr. — 1170; *de re-, et endormir.*

♦ Endormir de nouveau. *Elle a eu beaucoup de mal à rendormir le bébé. Il a fallu rendormir le patient.*

▶ **SE RENDORMIR** v. pron.

Recommencer à dormir. ⇒ **Redormir** (→ Enfoncer, cit. 25; paresser, cit. 2). *Elles se sont rendormies.*

En se réveillant, Edmond éprouva comme un poids sur la poitrine. Il pouvait être   1
six heures et demie : il faisait grand jour. Il se retourna et ne parvint pas à se
rendormir.   ARAGON, les Beaux Quartiers, II, XXXV.
Fig. ⇒ **Endormir** (s').

(...) tous ces esprits dépités et désappointés de l'inutilité de leurs observations, et   2
qui ne cherchaient qu'une raison pour se rendormir.
       BARBEY D'AUREVILLY, les Diaboliques, «Dessous de cartes...», p. 237.

RENDOSSER [Rɑ̃dose] v. tr. ⇒ **Réendosser.**

RENDOUBLER [Rɑ̃duble] v. tr. — 1640; *de re-, en, et doubler.* → Remplier.

▶ **RENDOUBLÉ, ÉE** p. p. adj.

(1790). Fig., vx. Redoublé, fieffé*.

RENDRE [Rɑ̃dʀ] v. tr. — Conjug. *fendre.* — V. 980, au sens I, 3; d'un lat. pop. **rendere,* tiré, par anal. avec *prendre,* du lat. class. *reddere,* de *red- (re-), et dare* «donner».

★ **I.** Donner en retour (une chose qu'on a reçue ou prise; son équivalent ou ce qui est dû en retour). — REM. Dans des expressions figurées comme *rendre hommage, rendre témoignage, rendre* perd sa valeur et ne signifie plus que «donner, apporter».

♦ **1.** (Fin xᵉ). Donner en retour (ce qui est dû). *Rendre à qqn de l'argent, l'argent que l'on a emprunté* (⇒ **Rembourser;** → Dette, cit. 1; faillir, cit. 10). *Rendre à qqn un objet confié, remis en dépôt* (cit. 7). Par métaphore. *«Je rends au public ce qu'il m'a prêté»* (→ Matière, cit. 14, La Bruyère). *L'esprit emprunte à la matière les perceptions... et les lui rend.* (→ Nourriture, cit. 9). — Absolt. *On leur prête, pour qu'ils rendent* (→ Exact, cit. 9).

Tous les dimanches il va à la messe avec sa mère, il lui emprunte deux sous pour   1
payer sa chaise à l'église et je suis sûr qu'il ne les lui rend jamais.
       STENDHAL, Romans et nouvelles, «Le rose et le vert», IV.

Au p. p. Fig. *Un prêté rendu.* — N. m. *Un rendu.* Loc. prov. *Un prêté* pour un rendu.*

Je ne sais ce que j'ai, dit-il à Coutu, je n'ai jamais tant bâillé. Mon révérend père,   2
répondit frère Coutu, ce n'est qu'un rendu. Comment! Que voulez-vous dire avec
votre rendu? dit Frère Bertier. C'est, dit frère Coutu, que je bâille aussi (...)
       VOLTAIRE, Facéties, Maladie du jésuite Bertier.

(Abstrait). S'acquitter* de (dettes morales, obligations, devoirs). *Rendre à qqn ce qu'on lui doit* (→ 2. Quant, cit. 2), *un devoir* (cit. 27). *Rendre à qqn ses devoirs* (cit. 26), *ses respects* (→ Marchander, cit. 11). *Rendre hommage** (cit. 20), *un, des hommages* (cit. 22 et 26). *Rendre des soins à...* (→ Apercevoir, cit. 21). *Rendre honneur** (cit. 63), *des, les honneurs* (cit. 101 et 103). *L'adoration* (cit. 2), *le culte* (cit. 6) *qu'on rend à... Rendre grâce** (cit. 56), *grâces* (cit. 54 et 55) *à qqn. Rendre gloire* (cit. 51) *à qqn. Rendre quelques bons offices* (cit. 14), *des services, rendre service** à (qqn qui le demande). *Rendre des comptes à qqn. Rendre compte** (cit. 25). Fig. *Rendre compte, se rendre compte.* — Au p. p. *Compte* rendu.* — *Rendre raison. Rendre raison** (cit. 63) *de.* : expliquer. *Rendre justice** à qqn. *Rendre une justice* (cit. 31). *Rendre la justice* (cit. 24). *Rendre un jugement** (cit. 1), *un arrêt** (cit. 9; → Cassation, cit. 2), *un verdict** (→ Arbitrer, cit. 3). *Rendre une ordonnance* (→ Célérité, cit. 1), *un décret* (→ Mesure, cit. 18). ⇒ **Prononcer.** *Rendre témoignage*. Rendre des oracles. Rendre réponse*.*

(...) ils lui présentèrent un denier. Et Jésus leur dit : De qui est cette image et cette   3
inscription? Ils lui dirent : De César. Jésus leur répondit : Rendez donc à César
ce qui est à César, et à Dieu ce qui est de Dieu.
       BIBLE (SACY), Évangile selon saint Matthieu, XXII, 19-21.

(Je sais qu'Abner) rend à la fois   4
Ce qu'il doit à son Dieu, ce qu'il doit à ses rois.   RACINE, Athalie, II, 4.

(...) les hommes ne s'attachent point à nous en raison des services que nous leur   5
rendons, mais en raison de ceux qu'ils nous rendent!
       E. LABICHE, le Voyage de M. Perrichon, IV, 8.

Répondant à une question spécieuse, il a dit : «Rendez à César (...)» On a tant   6
rendu à César qu'il n'y en a plus que pour lui. Mais les pauvres savent que tout ce

qu'ils cèdent en ce bas monde leur sera « rendu plus tard au centuple ». On n'imagine pas meilleur placement !   GIDE, Journal, 9 janv. 1933.

7 Sans doute Hitler saurait-il prolonger de plusieurs mois encore la résistance d'un grand peuple et d'une grande armée. Mais l'arrêt du destin était, désormais, rendu (...)   Ch. DE GAULLE, Mémoires de guerre, t. III, p. 150.

Spécialt (jeux, sports). Concéder (à un adversaire inférieur) un avantage de poids, de distance, etc., égalisant les chances. *Rendre des points* à un adversaire. Rendre une pièce, aux échecs. Cheval qui rend du poids, de la distance à ses concurrents.* ⇒ **Handicap.**

8 — Viens jeter le poids, je te lance un défi (...) — Entendu ! je te rends un mètre cinquante. Et tu vas voir ça !   MONTHERLANT, les Olympiques, p. 77.

8.1 — Il te rend bien six kilos. L'autre alors se hâte de répondre :
— Pas tout à fait. Et puis, en ce moment, je ne suis pas très en forme.
                          Jean PRÉVOST, Plaisir des sports, p. 82.

♦ **2.** Donner en retour (ce qui a été pris ou reçu). ⇒ **Restituer, rétrocéder.** *Rendre à qqn ce qu'on lui a volé* (→ Fouiller, cit. 16 ; piper, cit. 4). *Rendre un territoire envahi* (→ Dépendance, cit. 4). *Pourquoi l'État prend des impôts* (cit. 1) *et comment il les rend. Rendre un prisonnier, un otage, un esclave* (→ Libre, cit. 2 ; père, cit. 19). *Rendre un cadeau.* — Fig. *« Parlez : un tendrez-vous ces extases* (cit. 5) *sublimes, Que vous nous ravissez ? »* (Lamartine). *Rendre la liberté* à qqn* (→ Arrestation, cit. 1). *Ôter et rendre sa confiance à qqn. Rendre à qqn sa parole*, le délier* d'un engagement, d'une promesse.*

9 Me rendra-t-il, Pylade, un bien qu'il m'a ravi ?   RACINE, Andromaque, I, 1.

10 (...) le temps a rendu à l'église *(Notre-Dame)* plus peut-être qu'il ne lui a ôté, car c'est le temps qui a répandu sur la façade cette sombre couleur des siècles qui fait de la vieillesse des monuments l'âge de leur beauté.
                          HUGO, Notre-Dame de Paris, III, I.

(XXᵉ). Comm. Rapporter au vendeur (un article acheté en magasin) pour remboursement ou échange. *Un article acheté en solde ne peut être rendu, ni échangé.* — Au p. p. *Articles rendus.* N. m. *Un rendu* : un article rendu.

11 (...) il venait d'imaginer les rendus, un chef-d'œuvre de séduction jésuitique. Prenez toujours, Madame, vous nous rendrez l'article, s'il cesse de vous plaire. Et la femme, qui résistait, trouvait là une dernière excuse, la possibilité de revenir sur sa folie : elle prenait, la conscience en règle.
                          ZOLA, Au Bonheur des dames, IX, t. II, p. 34.

♦ **3.** (Abstrait). Donner (à celui qui a perdu). ⇒ **Recouvrer** (faire), **redonner.** *L'art de rendre la vue aux vieillards* (→ Inventer, cit. 2). *La belle saison ne me rendit pas mes forces* (cit. 10 ; → aussi Fatigue, cit. 7). *Rendre la vie à qqn, le ressusciter, le guérir* (→ Galvanisme, cit. 1). *Rendre le sommeil à qqn.* (→ Insomnie, cit. 2). *La liberté restaurée rendit à la France la parole* (→ Mutisme, cit. 2). *Rendre à la langue la netteté première* (→ Pathos, cit. 2). *Rendre du relief à une image usée* (→ Poilu, cit. 2). *« Si vous voulez que j'aime encore, Rendez-moi l'âge* (cit. 24) *des amours »* (Voltaire).

12 L'humanité avait perdu ses titres. M. de Montesquieu les a retrouvés et les lui a rendus.   VOLTAIRE, Commentaires sur l'Esprit des lois, in GUERLAC.

13 — Monsieur, vous êtes un insolent, et vous me rendrez raison.
— Vous auriez bon besoin, monsieur, que je vous rendisse la raison.
                          STENDHAL, Lucien Leuwen, II, LII.

14 La présence de la jeune fille lui rendait son entrain des meilleurs jours.
                          MARTIN DU GARD, les Thibault, t. VII, p. 85.

(Compl. n. de personne). *Le père que Dieu leur avait rendu* (→ Messe, cit. 5). *La police a retrouvé l'enfant et l'a rendu à ses parents. Par métaphore. Être rendu à soi-même, se retrouver* (→ Méduser, cit.). *L'être qui m'avait rendu à moi-même* (→ Plus, cit. 50).

15 Qui l'eût dit (...)
(...) Qu'après plus de six mois que je t'avais perdu,
À la cour de Pyrrhus tu me serais rendu ?   RACINE, Andromaque, I, 1.

(Le compl. dir. désigne une personne, le compl. ind. une chose avec laquelle la personne avait perdu contact). ⇒ **Ramener** (→ Étreindre, cit. 7, Rimbaud). *L'heure bénie qui allait les rendre au repos* (→ Lassitude, cit. 7). — Au p. p. *Condamnés rendus à la liberté* (→ Désœuvrer, cit. 2). *Cette lettre me rendit à la pureté* (cit. 7) *de mon tourment* (→ aussi 2. Idéal, cit. 5). — *Rendre un bâtiment à sa primitive destination* (→ Maison, cit. 12).

16 (...) quel est celui d'entre nous qui, condamné par la Faculté à la chère des Pères du désert, n'a pas souri à l'aile du poulet proprement coupée, qui lui annonçait qu'enfin il allait être rendu à la vie sociale ?
                          A. BRILLAT-SAVARIN, Physiologie du goût, t. I, p. 97.

♦ **4.** Donner (une chose semblable en échange de ce qu'on a reçu). *Rendre (à qqn) le mal pour le mal* (→ 3. Mal, cit. 1), *meurtre pour* (cit. 1) *meurtre, projectile pour* (cit. 2) *projectile... Rendre amour pour* (cit. 3) *amour... Rendre la monnaie** (cit. 12) *à qqn. Vol au rendez-moi.* ⇒ **Rendez-moi.** Fig. *Rendre à qqn la monnaie* de sa pièce. Rendre la pareille* à qqn.* — *La joie* (cit. 23) *que chacun donne lui est rendue. Dieu vous le rendra, vous le rendra avec usure* (vx), *au centuple... Rendre à qqn le salut* (→ Inconvénient, cit. 3), *son salut* (→ Gaiement, cit. 1). *Rendre un baiser* (→ Ébauche, cit. 10 ; passif, cit. 6). *Persuadé que je ne lui rends pas sa tendresse* (→ Image, cit. 26). *Rendre une politesse* à qqn. Rendre à qqn sa visite,* lui faire une visite en échange de celle qu'il nous a faite. Par ext. *Rendre visite* à qqn, rendre une visite à qqn.* — *Rendre un coup à qqn. (Sans compl. en à). Recevoir un coup* (cit. 4, 45) *et le rendre.* — Loc., vx. *Rendre le combat, un combat* : résister, combattre.

Ce cœur si généreux rend si peu le combat,
Et du premier revers la fortune l'abat !   CORNEILLE, Cinna, IV, 5.

17

Jacques, après avoir ajouté à ses démonstrations de gratitude, force révérences, que son bienfaiteur ne lui rendait pas, et force souhaits qu'on recevait froidement, remonte sur son cheval (...)   DIDEROT, Jacques le fataliste, Pl., p. 563.

18

Ce fut ainsi que Pippo trouva moyen de se débarrasser de la Bianchina, et de lui rendre avec usure le mauvais tour qu'elle lui avait joué.
                          A. DE MUSSET, Nouvelles, « Fils du Titien », III.

19

Mieux valait se battre (...)
Rendre coup pour coup et deux coups pour un (...)
                          GUILLEVIC, Terraqué, in Œ. choisies, p. 130.

20

Il me le rend bien, il me l'a bien rendu. ⇒ **Pareille** (rendre la), **retour** (payer de). *« Si Dieu nous a faits à son image* (cit. 31), *nous le lui avons bien rendu »* (Voltaire). *L'homme idéalise* (cit. 5) *la femme, mais elle ne le lui rend pas.*

Un homme fort épris d'une coquine, qui le lui rendait (...)
                          Paul LÉAUTAUD, Propos d'un jour, p. 105.

21

Les fonctionnaires présents accusaient sans ambages les militaires de se vautrer dans la concussion et l'abus d'autorité, mais les militaires le leur rendaient bien.
                          CÉLINE, Voyage au bout de la nuit, p. 137.

22

♦ **5.** (V. 1175). Vieilli. Produire (un revenu) ⇒ **Rapporter.** *Mettre les terres en état de rendre tout ce qu'on en peut attendre* (cit. 78). Vx. *« Sa ferme lui rend dix mille francs par an »* (Littré). ⇒ **Revenu.** — Mod. Donner, produire. *Rendre peu, rendre beaucoup. La pêche* (2. Pêche, cit. 2) *n'avait jamais autant rendu. Jamais chef n'a su faire rendre autant à ses hommes* (→ Exploiter, cit. 11). ⇒ **Rendement.**

Intrans. *« Ce commerce ne rend pas »* (Académie). Fam. *Ça n'a pas rendu :* ça n'a pas marché, ça n'a rien donné*.

Mais les terres rendent peu (...) Le ménage devait soutenir son rang avec moins de trente mille francs de revenus (...)
                          J. ROMAINS, les Hommes de bonne volonté, t. III, XIII, p. 177.

23

♦ **6.** V. intr. Répondre à l'effort, à la pression exercée. *Cordage qui rend,* qui s'allonge quand on le tend (avec l'idée d'un résultat produit, comme au sens 5.). *Les bandes de ce billard rendent mal,* renvoient mal les billes, amortissent leur mouvement. *Une raquette qui rend bien. Il appuya sur l'accélérateur, la voiture rendait admirablement.*

★ **II.** Remettre à destination. ♦ **1.** (Fin XIIᵉ). Compl. n. de chose. Vx (sauf dans quelques locutions). ⇒ **Remettre.** *Expressément* (cit. 1) *chargé de vous rendre ceci. Une lettre que vous m'avez rendue hier décachetée* (→ Déplaire, cit. 12, Beaumarchais) Mar. *Rendre le quart*.*

Une fille d'honneur doit toujours se défendre
De lire les billets qu'un homme lui fait rendre.   MOLIÈRE, l'École des maris, II, 3.

24

♦ **2.** (Compl. n. de personne). Vx (sauf au passif et p. p.). Transporter, faire parvenir qqn à sa destination. *En prenant le rapide, nous serons rendus à Bordeaux en cinq heures. Me voici rendu,* arrivé* à destination.

Je vous rends dans trois mois au pied du Capitole.   RACINE, Mithridate, III, 1.

25

Monseigneur veut-il quelque chose : il n'a qu'à tinter du sien *(de son côté)* ; crac, en trois sauts, me voilà rendu.   BEAUMARCHAIS, le Mariage de Figaro, I, 1.

26

Par l'autobus on est plus vite rendu que par le métro.
                          CÉLINE, Voyage au bout de la nuit, p. 251.

27

Absolt (vx). Mener, conduire. *Une grande lice* (1. Lice, cit. 1) *qui venait du château des Tournelles et qui allait rendre aux écuries royales.*

★ **III.** (Le compl. désigne ce qu'on ne peut garder, retenir). ♦ **1.** (Fin XIᵉ). Laisser échapper. *Rendre le sang par la bouche* (cit. 9) *et par les oreilles. Rendre la fumée par le nez.* ⇒ **Rejeter.** *J'ai rendu tout ce que j'avais dans l'estomac* (→ Glaire, cit. 3). *Rendre tripes et boyaux.* — Absolt (par euphémisme). *Avoir envie de rendre.* ⇒ **Vomir.**

(...) il demande du pain, se jette dessus, fait des efforts pour en mâcher une bouchée, qu'il ne saurait avaler, et qu'il rend dans sa serviette (...)
                          DIDEROT, Jacques le fataliste, Pl., p. 666.

28

Loc. fig. *Rendre gorge** (cit. 29, au fig.). *Rendre l'âme** (cit. 34), *rendre l'esprit** (cit. 8 et 9), *le dernier soupir*, le dernier cri* (→ Hoquet, cit. 10) : mourir.

(...) comme s'il avait vraiment rendu sa vie dans ce dernier hoquet.
                          R. DORGELÈS, les Croix de bois, XV.

29

(Sujet n. de chose). *Le rôti a rendu tout son jus* (→ par métaphore Lardoire, cit.). *Ces tomates ont rendu beaucoup d'eau à la cuisson. Les noisettes rendront toute leur huile* (cit. 7).

Devant un feu vif et brillant tournait une broche admirablement garnie de cailles (...) Ce gibier de choix rendait ses dernières gouttes sur une immense rôtie dont la facture annonçait la main d'un chasseur (...)
                          A. BRILLAT-SAVARIN, Physiologie du goût, t. II, p. 227.

30

♦ **2.** (XVᵉ). Faire entendre. *Rendre un son*.* ⇒ **Émettre** (→ Éolien, cit. 1 ; fond, cit. 4 ; lyre, cit. 8). *Rendre des sonorités* (→ 1. Flûte, cit. 4), *une incessante vibration de cristal* (→ Bruissement, cit. 2), *un perpétuel murmure* (cit. 10). *Rendre les accents de la joie...* (→ Corde, cit. 17).

Vx. *Rendre une odeur, un parfum.* ⇒ **Exhaler.**

♦ **3.** (1080). Céder, livrer. *Rends-moi les armes* (cit. 14). — Loc. *Rendre les armes** (cit. 34 et 35). ⇒ **Poser.** — *Acculé, il rendit son* *épée à un hussard* (→ Prisonnier, cit. 3). — *Le commandant a dû rendre la place**.

31 Quels que soient les partis celui qui ne rend pas une place française est le droit héritier de tous ceux qui n'ont pas rendu des places françaises. Rochereau dans Belfort (et Masséna dans Gênes) sont les droits héritiers de celle qui fit lever le siège d'Orléans. Ch. PÉGUY, la République..., p. 317.

♦ **4.** (Manège). ⇒ **Lâcher**. *Rendre la bride**, *les rênes** (dans le même sens, *rendre la main à un cheval*). Absolt. *Rendez ! :* ordre de rendre la bride.

★ **IV.** (1080 ; du lat. *reddere* « remettre dans l'état antérieur », puis, par ext., « faire passer d'un état à un autre »). Verbe d'état avec un compl. d'objet et un attribut du compl. Faire devenir, être cause qu'une personne ou qu'une chose devient... ; mettre dans (un état). « *Ni l'or, ni la grandeur ne nous rendent heureux* » (→ Divinité, cit. 6, La Fontaine). « *Te mesurer* (cit. 23) *à moi ! qui t'a rendu si vain...?* » (Corneille). « *Qui te rend si hardi de troubler mon breuvage?* » (cit. 1, La Fontaine). « *Rien ne nous rend si grands qu'une grande douleur* » (cit. 14, Musset). *La colère* (cit. 11) *me rend malade. Il me rend fou* (→ Coucou, cit. 1 ; et aussi poursuivre, cit. 6). *Rendre une femme heureuse* (→ Hanter, cit. 14). *Rendre qqn amoureux...* (→ Posséder, cit. 24). *Rendre qqn ridicule* (→ Attaquer, cit. 25), *apte* (cit. 5) *à...* — (Avec ellipse du compl. : l'homme, nous...). *Tout cela rend si fier !* (cit. 10). *Rien ne rend si aimable* (cit. 6) *que de se croire aimé. L'injustice* (cit. 9) *rend injuste.* — Spécialt. *Rendre qqn coupable* (vx ; cf. Molière, *le Misanthrope*, II, 1), *responsable de qqch.*

32 Non, non, mon intérêt ne me rend pas injuste (...) RACINE, Britannicus, I, 1.
33 Nous n'avons pas droit de rendre misérables ceux que nous ne pouvons rendre bons. VAUVENARGUES, Réflexions et maximes, XXVII.

Rendre une chose possible, supportable (→ Abîme, cit. 20 ; absorbant, cit. 1). *L'accoutumance* (cit. 1) *ainsi nous rend tout familier. Il rendait sensible, évidente l'aggravation* (cit.) *du mal. Rendre plus grand* (agrandir), *meilleur* (→ 2. Bonifier, cit.), *etc.* « *Le vrai philosophe* (cit. 3) *sait rendre la terre plus fertile* » (Voltaire). — (Au p. p.). *Sentence rendue publique* (→ Contumace, cit. 2).

34 La plupart des hommes emploient la meilleure partie de leur vie à rendre l'autre misérable. LA BRUYÈRE, les Caractères, XI, 102.
35 Je veux bien que l'insuffisance d'instruction et de culture leur rende certaines opérations mentales plus difficiles ou plus hasardeuses (...) J. ROMAINS, les Hommes de bonne volonté, t. XVIII, XIII, p. 185.

(Avec un adj. possessif). « *Tâchant de rendre mien* (cit. 9) *cet air d'antiquité* » (La Fontaine). — (Avec un subst. comme attribut du compl.). *L'amour-propre* (cit. 1) *les rendrait les tyrans des autres. Les grandes choses qui rendront notre siècle l'admiration des siècles à venir* (→ Merveille, cit. 2). « *De combien de remords n'ont-ils rendu la proie !* » (cit. 8, Racine).

(Avec un p. p. pour attribut de compl.). Vx. *Rendre mort* (*Chanson de Roland*, v. 2733). — REM. Ce tour est condamné par les grammairiens dès le XVIIᵉ siècle.

36 On comprend que, faute d'une « voix » passive authentique, le français ait recours (...) à la combinaison du verbe *être* avec un participe de caractère nettement passif ; et l'on comprend aussi qu'il ait traité ce participe en véritable attribut, disant : *je suis aimé,* exactement comme il dit : *je suis bon.* Mais à s'exprimer de la sorte notre langue (...) ne distingue pas entre l'attribut ordinaire (ou simple qualificatif) et celui qui énonce un *état résultant d'une action antérieure* (ou attribut passif). Note. C'est cet attribut que marquait si nettement autrefois un tour tel que *rendre terminé (apaisé, averti, etc.)* G. et R. LE BIDOIS, Syntaxe du franç. moderne, § 705.

37 Madame, on me trahit, et la main qui me tue Rend sous mes déplaisirs ma constance abattue. CORNEILLE, Cinna, IV, 3.
38 Pour rendre aux yeux de tous ce mystère éclairci. MOLIÈRE, l'École des femmes, V, 9.
39 Elle rend pour jamais vos desseins avortés. RACINE, la Thébaïde, I, 5
(texte de l'éd. originale de 1664, supprimé dans l'éd. définitive).

★ **V.** (Dans le domaine intellectuel et esthétique). Livrer, présenter après interprétation. ♦ **1.** (1538 ; seule acception signalée par Furetière, Richelet et Académie 1694). Présenter en traduisant*. *Ne croyez pas que j'ai rendu ici mot* (cit. 37) *pour mot. Des morceaux de Spencer que j'avais tâché de rendre avec exactitude* (cit. 10). → aussi Délicatesse, cit. 8. — Pron. (passif). *Ces mots se rendent en français par...* (→ Mouvement, cit. 29).

40 (...) j'alléguerai seulement un Pétrarque, lequel j'ose bien dire, que si Homère et Virgile renaissants avaient entrepris de le traduire, ils ne le pourraient rendre avec-ques la même grâce et naïveté qu'il est en son vulgaire Toscan. DU BELLAY, Défense et Illustration de la langue franç. (1549), I, V.
41 En dehors de son sens matériel et littéral, tout morceau de littérature a, comme tout morceau de musique, un sens moins apparent, et qui seul crée en nous l'impression esthétique voulue par le poète. Eh bien, c'est ce sens-là qu'il s'agit de rendre, et c'est en cela surtout que consiste la tâche du traducteur. Valery LARBAUD, Sous l'invocation de saint Jérôme, II, II.

♦ **2.** (1681). Présenter en exprimant*. *Rendre une image en la captant* (cit. 3, Valéry) *dans une phrase, sur une toile ou sur une portée. Une fantaisie* (cit. 34) *que rien ne peut rendre.*

42 Je reconnus (...) que (...) par l'union intime de ces deux arts *(musique et poésie),* on exprimerait avec la clarté la plus satisfaisante ce que ne pouvait exprimer chacun d'eux isolément ; que, par contraire, toute tentative de rendre avec les moyens de l'un d'eux ce qui ne saurait être rendu que par les deux ensemble, devait fatalement conduire à l'obscurité (...) Richard WAGNER, Lettre à Berlioz, citée par BAUDELAIRE, l'Art romantique, XXI, II.

Tandis que le caractère du visage, l'expression du regard, même le ton de la voix, j'ai tout ça on ne peut mieux présent à l'esprit. Mais comment rendre ça ? Il faudrait être, à la fois, dessinateur, écrivain, et même acteur. J. ROMAINS, les Hommes de bonne volonté, t. I, XIX, p. 215. 43

a Par le langage, la littérature. « *Entre toutes les différentes expressions* (cit. 9) *qui peuvent rendre une seule de nos pensées...* » (La Bruyère). *Mot créé pour rendre une idée nouvelle* (→ Doublet, cit. 1). *Mots trop faibles pour rendre des sensations divines* (→ Exprimer, cit. 6). *J'appelle imagination* (cit. 6) *le don de rendre ses pensées par des images.* — (Au p. p.). *La nature fidèlement rendue* (→ Objectivité, cit. 4). — Absolt. « *Bien écrire* (cit. 50) *c'est à la fois bien penser, bien sentir et bien rendre* » (Buffon).

Ce n'est point un personnage qu'il soit facile de rendre ni d'exprimer par de belles paroles ou par de riches figures (...) LA BRUYÈRE, Disc. de réception à l'Acad., 15 juin 1693. 44
Ne vous ai-je pas dit, en vous peignant cette femme, que le langage terrestre serait impuissant à rendre ses traits et son génie ! BALZAC, le Lys dans la vallée, Pl., t. VIII, p. 864. 45
Elle disait, en effet, qu'on ne joue bien qu'en jouant avec son cœur ; elle professait que, pour exprimer fortement une passion, il faut l'éprouver, et qu'il est nécessaire de sentir les impressions qu'on doit rendre. FRANCE, Histoire comique, II. 46

b Par un moyen plastique ou graphique. ⇒ **Représenter, reproduire** (→ Dessin, cit. 1). *Rendre avec vérité les veines, les méplats* (cit. 1, Diderot). → aussi Fossette, cit. 1. *Saisir et rendre ce qu'il y a dans un visage...* (→ Apparence, cit. 4). *Rendre fidèlement le modelé du modèle* (→ Naturaliste, cit. 6). *Rendre la nature* (→ Création, cit. 12). *Couleurs employées pour rendre la lumière* (cit. 19). *Aussi habiles* (cit. 20) *à rendre la beauté sur la toile que dans le marbre.*

Jamais la magie de la peinture n'a été poussée plus loin. Le saint en extase est à genoux au milieu de la cellule, dont tous les pauvres détails sont rendus avec cette réalité vigoureuse qui caractérise l'école espagnole. Th. GAUTIER, Voyage en Espagne, p. 253. 47

Au p. p. *Détails bien, mal rendus.* — N. m. (XVIIIᵉ). *Le rendu :* l'exécution en tant que restituant fidèlement l'impression donnée par la réalité. *Le rendu des étoffes dans un tableau, un dessin ; du relief dans une gravure* (→ Hachure, cit. 2). — Techn. *Un rendu :* réalisation graphique d'un projet de construction, de décoration, de publicité. *Un rendu d'architecture.*

La lumière est alors le moindre de ses soucis *(de l'art moderne)* Ce qu'on appelait « le faire », dans le langage d'atelier d'alors, y prend la place du « rendu ». On a dit que Manet ne savait pas peindre un centimètre de peau (...) on oubliait seulement qu'avant de vouloir (...) peindre de la chair, il voulait peindre des tableaux. MALRAUX, les Voix du silence, p. 114. 48
Ce qui est très singulier dans l'art paléolithique, c'est que, sauf pour les styles I et II, les figures atteignent un rendu optique qui n'est connu que tard dans les grandes civilisations agricoles de la Méditerranée et de l'Asie, alors que l'organisation collective des figures reste à un niveau étonnamment élémentaire A. LEROI-GOURHAN, le Geste et la Parole, t. II, p. 245. 48.1

▶ **SE RENDRE** v. pron.

♦ **1.** XIIᵉ. **a** *Se rendre à...* Se soumettre, céder à. « *Toute autre* (cit. 70) *se serait rendue à leurs discours* » (Racine). *Elle s'était rendue à l'évidence** (cit. 7). *Se rendre aux prières de qqn.* ⇒ **Accéder, condescendre.** *Se rendre aux ordres de...* ⇒ **Obéir.** *Se rendre aux raisons, à l'avis de qqn.* ⇒ **Déférer** (→ Empirer, cit. 5). Vx. *Se rendre sur une chose :* céder sur un point. Absolt. *Je me rends.*

(...) voilà une raison tout à fait convaincante ; il se faut rendre à cela. MOLIÈRE, l'Avare, I, 5. 49
J'ai promis à Burrhus, il a fallu me rendre. RACINE, Britannicus, IV, 4. 50

Vx. *Rendu :* qui s'est laissé convaincre, qui ne résiste plus. ⇒ **Acquiescer.**

Spécialt. *Se rendre à l'ennemi, au vainqueur.*

b Absolt. Se soumettre à une force supérieure en abandonnant* le combat et en *rendant* ses armes. ⇒ **Capitulation, chamade, drapeau, pavillon, reddition, soumission** (cf. Crier grâce, merci ; s'avouer vaincu). Loc. *Se rendre avec armes et bagages** (infra cit. 2). « *La garde* (1. Garde, cit. 72) *meurt et ne se rend pas* ». « *Braves Français, rendez-vous !* Cambronne répondit : *Merde* » (cit. 4). *Mourir plutôt que de se rendre. Forcés par la disette* (cit. 2) *des vivres à se rendre. Se rendre sans combattre en rase campagne.* ⇒ **Capituler** (→ Héros, cit. 17). *La place s'est rendue.* ⇒ **Tomber.** *Se rendre à discrétion** (→ Heureux, cit. 8), *sans conditions*.* — En parlant d'un coupable. ⇒ **Dénoncer** (se), **livrer** (se).

Cinq-Mars sourit avec tristesse et sans amertume, parce qu'il n'appartenait déjà plus à la terre. Ensuite, regardant Richelieu avec mépris : — Je me rends, parce que je veux mourir, dit-il ; mais je ne suis pas vaincu. A. DE VIGNY, Cinq-Mars, XXIV. 51
En temps de guerre celui qui ne se rend pas est mon homme, quel qu'il soit, d'où qu'il vienne, et quel que soit son parti. Il ne se rend point. C'est tout ce qu'on lui demande. Et celui qui se rend est mon ennemi, quel qu'il soit, d'où qu'il vienne et quel que soit son parti. Ch. PÉGUY, la République..., p. 316. 52

Vx ou littér. S'abandonner (en amour). ⇒ **Donner** (se). « *La plupart des femmes* (cit. 61) *se rendent plutôt par faiblesse que par passion* » (La Rochefoucauld). *Disposées à se rendre* (→ Agacerie, cit. 2).

Enfin, après une longue résistance, après des sanglots, des cris, des larmes, affaiblie du combat, éperdue, languissante, il fallut se rendre. VOLTAIRE, l'Ingénu, XVII. 53

54 Le sein charmant qui joue avec le feu,
Le sang qui brille aux lèvres qui se rendent,
Les derniers dons, les doigts qui se défendent (...)
VALÉRY, Poésies, « Charmes », Cimetière marin.

Vx. Céder à la fatigue, n'en pouvoir plus.
Mod. (Passif et p. p.). *Être rendu :* être extrêmement fatigué*. « *L'attelage* (cit. 3) *suait, soufflait, était rendu* » (La Fontaine).

55 Les arbres de la route, toujours élagués, à la mode du pays, ne donnaient presque aucune ombre, et souvent, rendu de chaleur et de fatigue, je m'étendais par terre n'en pouvant plus.
ROUSSEAU, les Confessions, VIII.

56 — Arrêtons-nous un moment, propose le maquignon (...) Ne vous gênez pas : c'est la fatigue, vous êtes rendu. Je connais ça : d'une manière ou d'une autre, il faut que ça crève.
BERNANOS, Sous le soleil de Satan, I, III.

Pron. Rare. *Se rendre à la fatigue* (même sens).

56.1 La ville est calme. Des policiers se sont rendus à la fatigue et dorment sur le plat des balustrades.
M. DURAS, Dix heures et demie du soir en été, p. 135.

♦ **2.** (1415). Se transporter, aller. ⇒ **Aller, venir ; porter** (ses pas*). *Se rendre en un lieu* (→ Cependant, cit. 3 ; 1. présent, cit. 13). *Se rendre dans un pays, une région. Se rendre à...* (et n. de ville). (→ Buveur, cit. 2)... *Je m'étais rendu ici* (→ Attendre, cit. 21). *Se rendre à l'étranger.* ⇒ **Passer.** *Se rendre au spectacle* (→ 1. Dîner, cit. 3), *à la prière* (→ Dignitaire, cit.)... *Se rendre sur place*. — *Les bateaux se rendent de Strasbourg à Bâle* (→ Canal, cit. 5). — (En parlant de cours d'eau). ⇒ **Jeter** (se). *Des ruisseaux vont se rendre à l'étang* (→ Indolemment, cit. 2).

57 (...) c'est de bien faire attention que quand vous êtes avec moi c'est que vous avez en réalité fait le même voyage. C'est que vous êtes rendu au même point. C'est que vous êtes en réalité rendu au point d'aboutissement du même voyage. Vous avez effectué le même déplacement.
Ch. PÉGUY, Victor-Marie, comte Hugo, p. 37.

♦ **3.** (V. 1175). Suivi d'un attribut. Se faire tel, devenir par son propre fait. *Se rendre maître** (cit. 54 et 56) *de...* « *L'honnête homme cherche à se rendre utile, l'intrigant à se rendre nécessaire* » (cit. 11, Hugo). *Se rendre agréable* (cit. 3), *insupportable...* ⇒ **Montrer** (se). *Se rendre célèbre* (→ Anévrisme, cit. 2 ; canular, cit.). *Vous allez vous rendre malade* (→ Lampée, cit. 2). — Vx (avec un subst. pour attribut). *Se rendre l'avocat* (1. Avocat, cit. 14) *de ma flamme.*

58 (...) avec une ostentation de générosité qui n'en impose à personne, vous faites remarquer à la cour que vous ne voulez pas vous rendre mon accusateur (...)
BEAUMARCHAIS, Mémoires... dans l'affaire Goëzman, p. 129.

♦ **4.** Techn. Perdre son élasticité. *Ce ressort se rend* (syn. : *est rendu*).

▶ **RENDU, UE** p. p. adj. et n. m.
Voir ci-dessus (cit. 2 et *supra* ; II., 2. et V., 2., b ; cit. 48 et 48.1).

CONTR. **Emprunter, prêter ; confisquer, garder ; dépouiller** (de) ; **encaisser. — Absorber, digérer.**
DÉR. **Rendement, rendez-moi, rendez-vous.**

RENDURCIR [Rãdyrsir] v. tr. — 1530 ; de *re-,* et *endurcir.*

♦ Rendre encore plus dur*.
DÉR. **Rendurcissement.**

RENDURCISSEMENT [Rãdyrsismã] n. m. — 1834, de *rendurcir.*

♦ Action de rendurcir ; son résultat.

RENDZINE [Rãdzin] n. f. — Mil. XXe ; mot polonais.

♦ Géol., géogr. Sol peu lessivé, fréquent sur les pentes calcaires.

RÊNE [Rɛn] n. f. — 1080, *resne ;* du lat. pop. **retina,* du v. *retinere* « retenir », lat. class. *retinaculum* « lien ».

♦ **1.** Chacune des courroies, des lanières fixées aux harnais* de tête d'une bête de selle (⇒ **Bride, mors**), et servant à diriger l'animal. ⇒ **Bride** (spécialt), **guide.** — REM. Selon Littré, « un cheval de selle a des *rênes*, un cheval de voiture a des *guides* » : en fait, *rêne* s'emploie aussi en parlant des bêtes attelées (→ Quadrige, cit.). — *Rêne de bride, rêne de mors* ou *de filet. Les rênes,* et, collectivt, *la rêne. Ajuster les rênes, partager les rênes* (en tenir une dans chaque main). *Lâcher la rêne, les rênes* (→ Cheval, cit. 14 ; éperon, cit. 4). *Laisser flotter* (cit. 9) *les rênes.* « *Sans frein d'acier ni rênes d'or* » (→ Cavale, cit. 3).

1 Le suffète sauta dans son char, prit les rênes ; les deux bêtes (...) montèrent au grand galop toute la voie des mappales (...)
FLAUBERT, Salammbô, VII.

Techn. *Fausse rêne :* longe utilisée pour faire plier l'encolure au cheval. — *Longues rênes,* semblables à celles qu'on emploie pour diriger un cheval attelé.

(1842). Loc. fam. en équit. *Prendre la cinquième rêne :* se raccrocher à la crinière de la monture, ou au pommeau de la selle.

♦ **2.** (V. 1240). Littér. (« dans le style soutenu », Académie). Direction, gouvernement. *Les rênes de l'État* (→ Assurer, cit. 65 ; indépendance, cit. 14). *Tenir, prendre les rênes d'une affaire.* ⇒ **Diriger, gouverner.**

(...) il s'anime, et néanmoins il tient toujours en mains les rênes de son esprit pour le conduire sûrement et rapidement (...) Mme DE STAËL, De l'Allemagne, I, XI. 2

Cette jeunesse incertaine en tout, aveugle et clairvoyante, ne fut comptée pour rien par des vieillards jaloux de garder les rênes de l'État dans leurs mains débiles (...) BALZAC, Ferragus, Pl., t. V, p. 25. 3

COMP. **Enrêner.**
HOM. **Reine, renne.**

RENÉGAT, ATE [R(ə)nega, at] n. — 1575 ; anc. provençal *renegat* « apostat » ; empr. ital. *rinnegato,* de *rinegare* « renier » ; en anc. franç. *renié, renoïé.*

♦ **1.** Personne qui a renié sa religion. — Spécialt (hist.). Personne ayant renié le christianisme pour se convertir à l'islam (→ cit. Diderot ci-dessous : au judaïsme). Cf. Scarron, Lesage, Voltaire, in Littré. ⇒ **Apostat, hérétique.**

Un traître nous a déférés à la sainte Inquisition, vous comme Juif, moi comme renégat, comme un infâme renégat. DIDEROT, le Neveu de Rameau, Pl., p. 478. 1

♦ **2.** Personne qui a abandonné, trahi* ses opinions, son parti, sa patrie, etc. ⇒ **Apostat, déserteur, traître** (à...) ; → Nationaliste, cit. 2. *Un renégat, déloyal* à ses compagnons, à son parti...

On aurait bien voulu le faire passer pour un renégat *(Proudhon),* pour quelqu'un qui a chanté la palinodie. SAINTE-BEUVE, P.-J. Proudhon..., p. 22. 2

♦ **3.** (1705). Vx. (Apostrophe). *Rénégat ! :* traître ! — Adj. Littér. De traître. *Des « coupe-jarrets à faces renégates »* (Hugo, in G. L. L. F.).

CONTR. **Fidèle.**

RENÉGOCIATION [R(ə)negɔsjasjɔ̃] n. f. — V. 1960 ; de *re-,* et *négociation.*

♦ Polit. Négociation nouvelle qui reprend les clauses, les termes d'un accord antérieur, ou tente de parvenir à des résultats qu'une négociation antérieure a échoué à obtenir.

RENEIGER [R(ə)neʒe ; R(ə)nɛʒe] v. intr. — 1549 ; de *re-,* et *neiger.*

♦ Neiger de nouveau, encore.

— Je peux l'affirmer à votre Altesse Royale, il ne peut reneiger, c'est matériellement impossible. — Mais pourquoi ? — Il ne peut plus neiger, on a fait le nécessaire pour cela : on a jeté du sel.
PROUST, le Côté de Guermantes, Pl., t. II, p. 547.

RÉNETTE [Renɛt] n. f. — 1660 ; *royenette,* XIIIe ; de *roisne* [Rwɛn], anc. forme de *rouanne.*
Technique.

♦ **1.** Artisanat, vétér. Outil de maréchal-ferrant, de vétérinaire, couteau tranchant du bout, à lame recourbée en crochet, qui sert à tailler la corne des sabots (avant de ferrer, en particulier).

♦ **2.** Métiers du cuir, charpenterie. ⇒ **Rainette.**

DÉR. **Rénetter.**

RÉNETTER [Renete] v. tr. — 1762 ; de *rénette.*

♦ Tailler, parer (un sabot) au moyen de la rénette.

RENFAÎTAGE [Rãfɛtaʒ] n. m. — 1835 ; de *renfaîter.*

♦ Techn. Opération consistant à renfaîter (un toit) ; son résultat.

RENFAÎTER [Rãfete ; Rãfɛte] v. tr. — 1549, *renfester ;* de *re-, en-,* et *faîte.*

♦ Techn. Réparer (un toit) en en refaisant le faîte.

DÉR. **Renfaîtage.**

RENFERMÉ, ÉE [Rãfɛrme] p. p. adj. et n. m. ⇒ **Renfermer.**

RENFERMER [Rãfɛrme] v. tr. — V. 1130 ; de *re-,* et *enfermer.*

♦ **1.** Vieilli. Enfermer (qqn) complètement, étroitement ; mettre en un lieu fermé*. (⇒ **Enfermer,** I., 1.). *Renfermer un prisonnier. Renfermer qqn dans un cachot, une chambre.* ⇒ **Claustrer, confiner, emprisonner, parquer, reclure** (vx), **séquestrer.**

Le Turc qui renferme sa femme, lui prouve au moins par là qu'elle est nécessaire à son bonheur : l'homme à bonnes fortunes, tel que le dernier siècle nous en a fourni tant d'exemples, choisit les femmes pour victimes de sa vanité ; et cette vanité ne consiste pas seulement à les séduire, mais à les abandonner.
Mme DE STAËL, De l'Allemagne, I, IV. 1

(⇒ **Enfermer,** I., 2.). Vieilli. Ranger, serrer (qqch.). → Mettre sous clé*. *Renfermer des objets dans un tiroir* (→ Fouiller, cit. 24). *Renfermer une harpe dans son étui* (cit. 2). *Renfermer qqch. dans un endroit caché.* ⇒ **Cacher.**

♦ **2.** (XVIIe). Vieilli. Tenir caché (un sentiment) ; ne pas exprimer

⇒ **Concentrer, dissimuler.** *Renfermer un sentiment dans son cœur* (cit. 121)... *Renfermer son chagrin.* ⇒ **Dévorer.** *Renfermer en soi les émotions* (→ Étudier, cit. 23).

2   L'amour n'est pas un feu qu'on renferme en une âme (...)
RACINE, Andromaque, II, 2.

3   (...) celui qui a le courage de renfermer sa peine est plus fort contre elle que celui qui s'en plaint.   G. SAND, la Petite Fadette, XXVII.

♦ **3.** (XVIIᵉ). Vieilli. Tenir dans des limites*, des bornes* (rare au sens propre). ⇒ **Borner, circonscrire, limiter, localiser.** *Le premier qui « dans les bornes d'un vers renferma la pensée »* (→ Enchaîner, cit. 8). *« Il renferme toujours son conte en quatre vers »* (→ Laconique, cit. 1). ⇒ **Réduire, restreindre.**

(Sujet n. de la chose qui limite). *Ce mur renferme un parc, un domaine.* ⇒ **Enclore, entourer.**

♦ **4.** Mod. (Sujet n. de chose). Avoir, tenir contenu dans un espace, dans un lieu (fermé ou non), en soi... ⇒ **Enfermer** (II., 4.); **contenir, receler.** *Ce double fond* (cit. 2) *renferme des papiers. La première lettre en renfermait une seconde* (→ Cachet, cit. 3). *On dit que Moscou renferme plus de trois cents églises.* ⇒ **Posséder** (→ Hyperbolique, cit. 5). — *Substance qui renferme un élément nouveau* (→ Radium, cit.).

(Abstrait). Comprendre, convenir. ⇒ **Comporter, enserrer...** *L'optique* (cit. 1) *renferme la théorie de la lumière... Système qui renferme le secret de la philosophie* (→ Gnose, cit. 2). *Le mot honneur* (cit. 8) *renferme des idées complexes...* ⇒ **Impliquer, inclure.** *Le sens que renferme le mystère de l'Incarnation* (→ Authenticité, cit. 8). *Les conséquences que renferme une affirmation, une conclusion* (→ Raisonnable, cit. 3).

4   Chaque homme renferme en soi un monde à part, étranger aux lois et aux destinées générales des siècles.
CHATEAUBRIAND, Mémoires d'outre-tombe, t. II, p. 272.

5   (...) tout ce que la nature renferme dans son sein est conforme à ses lois ou connues ou mystérieuses.   FRANCE, le Jardin d'Épicure, p. 202.

♦ **5.** (1740). Techn. *Renfermer son cheval,* le maintenir trop serré.

▶ **SE RENFERMER** v. pron.

♦ **1.** Vieilli. S'enfermer complètement. *Se renfermer dans une maison* (→ Attendre, cit. 53), *dans sa chambre, dans sa tour d'ivoire.* ⇒ **Claquemurer** (se).

6   En cas d'accident, je puis sauter de son lit et me renfermer dans la garde-robe (...)
DIDEROT, Jacques le fataliste, Pl., p. 712.

Absolt, vx. Rentrer chez soi (cf. Molière, *le Dépit amoureux*, V, 3).

♦ **2.** Fig. *Se renfermer dans sa coque, sa coquille. Se renfermer en soi-même :* ne rien exprimer de ses sentiments, rester replié sur soi-même. ⇒ **Recueillir** (se). — *Se renfermer dans le mutisme, le silence...* ⇒ **Murer** (se).

7   Madame Lorilleux n'ajouta rien, se renfermant dans sa dignité, horriblement vexée de s'appeler Queue-de-vache.   ZOLA, l'Assommoir, III, t. I, p. 118.

♦ **3.** Vieilli. *Se renfermer dans les bornes* (cit. 16), *les limites* (cit. 10). ⇒ **Borner, cantonner, limiter** (se).

8   Jean-François se renferma tout d'abord dans un système de dénégation qui, en présence du Jury, devait tomber devant les preuves (...)
BALZAC, le Curé de village, Pl., t. VIII, p. 582.

▶ **RENFERMÉ, ÉE** p. p. adj.

♦ **1.** *Les vrais savants renfermés dans leur cabinet* (→ Lettré, cit. 3). ⇒ **Reclus.** *Les corps renfermés dans les tombeaux* (→ Poudre, cit. 6). — Fig. *Idée renfermée dans un mot.* ⇒ **Enclos.**

♦ **2.** Spécialt. *Air renfermé* (→ Cachot, cit. 1), *atmosphère renfermée.* ⇒ **Confiné.**

N. m. (1818, *in* D.D.L.). *Le renfermé :* la mauvaise odeur d'un lieu mal aéré, dont les ouvertures (fenêtres, porte, etc.) sont restées fermées. *Une odeur de renfermé.* ⇒ **Enfermer, remugle.** *Sentir le renfermé* (→ Moisi, cit. 6). — REM. *Renfermé* ne s'emploie guère qu'en parlant d'une odeur (cf. cependant G. Sand : *« Une coiffe toute jaunie par le renfermé »,* la Petite Fadette, p. 105).

9   (...) la meilleure part de notre mémoire est hors de nous, dans un souffle pluvieux, dans l'odeur de renfermé d'une chambre ou dans l'odeur d'une première flambée (...)   PROUST, À l'ombre des jeunes filles en fleurs, Pl., t. I, p. 643.

10 Dans l'appartement, une affreuse odeur de renfermé, et de tabac ranci (Picard a dû y fumer, puis oublier d'ouvrir les fenêtres).
MONTHERLANT, les Lépreuses, II, XX.

Fig. → Factice, cit. 9.

♦ **3.** Borné, cantonné. *Un raisonnement étroitement renfermé dans les limites d'une intelligence bornée.*

♦ **4.** Caché, qui ne s'extériorise pas... ⇒ **Concentré, secret.** *Une haine* (cit. 20) *recuite et renfermée.*

11 (...) aussi étaient-ils animés contre le père Hudson d'une fureur renfermée qui n'en était que plus violente et plus dangereuse (...)
DIDEROT, Jacques le fataliste, Pl., p. 654.

12 Ses sentiments sont renfermés, bien qu'il les montre, sans égard aux préjugés de la foule, quand il s'agit de ses devoirs (...)
CHATEAUBRIAND, Mémoires d'outre-tombe, t. V, p. 150.

♦ **5.** (1747). Personnes, caractères. Qui ne montre pas ses senti-

ments. ⇒ **Concentré, dedans** (en), **dissimulé, secret** (→ Nature, cit. 27). *Il est très renfermé, c'est un enfant renfermé. Un caractère renfermé. Une nature renfermée.*

13 Il m'a d'abord dit qu'on me dépeignait comme étant d'un caractère taciturne et renfermé et il a voulu savoir ce que j'en pensais.   CAMUS, l'Étranger, II, I.

CONTR. Libérer. — Exposer, montrer, ouvrir. — Exclure. — Échanger (s'). — (Du p. p.) Communicatif, démonstratif, expansif, franc, ouvert.

RENFILER [ʀɑ̃file] v. tr. ⇒ **Réenfiler.**

RENFLAMMER [ʀɑ̃flame] v. tr. — 1549; de *re-,* et *enflammer.*

♦ Enflammer de nouveau. Fig. *« Ah ! si mon cœur osait encor se renflammer ! »* (→ Aimer, cit. 40, La Fontaine).

RENFLÉ, ÉE [ʀɑ̃fle] adj. ⇒ **Renfler.**

RENFLEMENT [ʀɑ̃fləmɑ̃] n. m. — 1547; de *renfler.*

♦ **1.** Rare. Augmentation de volume, gonflement.

♦ **2.** État, forme de ce qui est bombé, renflé. ⇒ **Bombement, convexité, rondeur.** *Le renflement de la panse d'un vase, d'une amphore.* Spécialt. *Renflement d'une colonne* (grec *entasis*), opposé à *contracture.*

♦ **3.** (1690). Ce qui est renflé, partie renflée. ⇒ **Bouge, bourrelet, collet, gibbosité, nœud** (II.), **proéminence, ventre...** *Un renflement de tissu spongieux.* (→ Diaphyse, cit.). *Les renflements d'une racine, d'une tige, d'un bourgeon* (→ Rameau, cit. 3). ⇒ aussi **Bulbe.** — Spécialt. Soulèvement d'une surface, du sol. ⇒ **Bosse, croupe** (3.), **mamelon** (2.).

Le verre de ma lampe qui est piqué, dans son renflement, à la hauteur de la mèche, de points de caramel (...)   HUYSMANS, Là-bas, X.   1

La plaine était bosselée : c'était une suite de renflements et de creux, où l'on risquait de tomber.   R. ROLLAND, Jean-Christophe, La révolte, II, p. 625.   2

CONTR. (Du sens 3.) Concavité, creux, dépression.

RENFLER [ʀɑ̃fle] v. intr. et tr. — V. 1160; de *re-,* et *enfler.*

♦ **1.** V. intr. (Rare). Augmenter encore de volume (on emploie plutôt *se renfler*).

♦ **2.** V. tr. (1549). Rare. Enfler, augmenter le volume de... ⇒ **Enfler.** Fig. *On* (cit. 1) *se nourrit des anciens (...) on en renfle ses ouvrages.* (V. 1870). Cour. Rendre convexe, bombé. ⇒ **Bomber.**

Là-bas, la ferme de la Borderie disparaissait, renflant à peine d'une légère bosse la nappe blanche (...)   ZOLA, la Terre, I, V.

▶ **SE RENFLER** v. pron.

Devenir plus gros, plus rond... *Jument dont le cou se renverse en arrière et se renfle...* (→ Enlever, cit. 33). — Être renflé.

▶ **RENFLÉ** p. p. adj. (1701 ; → Renfler).

Qui présente une augmentation de volume, une partie plus grosse*, plus épaisse, un soulèvement, un bombement de sa surface... ⇒ **Arrondi, bombé, courbé, enflé, épais, gibbeux, gonflé, rond.** *Forme renflée d'un bulbe, d'un oignon... Des appareils de cuivre* (cit. 4), *renflés en bulbes. Vases à panses renflées.* ⇒ **Pansu** (→ Dressoir, cit.). — Archit. *Colonne renflée,* dont le diamètre est plus grand à certains endroits (généralt à la partie médiane). ⇒ **Galbé.**

(XVIIIᵉ). Vx. Plus intense, en parlant d'un son.

CONTR. Aplatir, creuser. — (Du p. p.) Aplati, creux, plat.
DÉR. Renflement.

RENFLOUAGE [ʀɑ̃fluaʒ] n. m. — 1865, cit. ; de *renflouer.*

♦ **1.** Remise à flot (d'un navire coulé, échoué). *Renflouage par grue flottante, par ponton, par chaland de relevage, par flotteurs. Renflouage par vidange des compartiments du navire* (pompage, insufflation d'air). *Les frais de renflouage constituent des avaries communes.*

(...) soulager le bateau de l'eau et du sable qu'il a pris pendant sa submersion, et le renflouage est terminé.
L. FIGUIER, l'Année scientifique et industrielle, 1866, p. 169 (1865).

♦ **2.** Action de renflouer (2.).

RENFLOUEMENT [ʀɑ̃flumɑ̃] n. m. — 1870; de *renflouer.*

♦ **1.** Mar. (vx). Renflouage.

♦ **2.** Fig. Action de renflouer (2.). *Le renflouement d'une affaire en difficulté, d'un banquier.*

RENFLOUER [ʀɑ̃flue] v. tr. — 1529; comp. irrégulièrement de *re-, en-,* et *flouée,* var. normande de *flot.*

♦ **1.** Mar. Remettre (un navire) à flot. ⇒ **Afflouer, déséchouer.** *Renflouer un navire coulé, naufragé.*

♦ **2.** (xxᵉ). Fig. Sauver de difficultés financières, en fournissant des fonds. *Renflouer une affaire, une entreprise.* Par ext. *Renflouer qqn* (→ Pension, cit. 3).

Non, mon vieux, je te demande bien pardon, ils n'ont pas déposé leur bilan; il avait été question qu'ils le déposent, mais la Banque de France les a renfloués.
                 SARTRE, la Mort dans l'âme, 1949, p. 236.

▶ **RENFLOUÉ, ÉE** p. p. adj. *Navire renfloué.* — *Entreprise renflouée.*

DÉR. Renflouage, renflouement, renfloueur.

RENFLOUEUR [Rãflucœʀ] n. m. — V. 1970; de *renflouer.*

♦ Personne, entreprise qui renfloue. — (Au sens 2.). « *L'affaire pourrait être renflouée avec 25 millions de Francs (...) Aujourd'hui, il en faudrait 50. Ce qui peut expliquer le manque d'ardeur des "renfloueurs"* » (*l'Express,* 2 juil. 1973, p. 32). — REM. Le fém. *renfloueuse* est virtuel.

RENFONCEMENT [Rãfõsmã] n. m. — 1611, Peint.; de *renfoncer.*

A. ♦ **1.** Rare. Action de renfoncer (I.).

♦ **2.** Fam., vx. Coup* sur la tête (qui renfonce le chapeau).

1   Pierrot, hors de lui, quitte sa fiancée, s'élance sur le spectre, et lui donne ce qu'on appelle en style populaire un bon renfoncement (...)
             Th. GAUTIER, Souvenirs de théâtre..., Shakespeare aux Funambules.

Fig. Coup; ce qu'on subit. « *Ces petites mortifications* (cit. 6) *et renfoncements pour l'amour-propre* » (Gide).

♦ **3.** Typogr. Le fait de renfoncer une ligne.

B. ♦ **1.** État, forme de ce qui est renfoncé. *Le renfoncement d'un mur...* (→ aussi 1. Ramage, cit. 3).

♦ **2.** Techn. Effet de perspective, profondeur donné à un décor, etc. ⇒ **Fond** (II.).

♦ **3.** Ce qui est enfoncé, renfoncé; ce qui forme un creux. ⇒ **Anfractuosité, creux, enfoncement, retrait;** et, spécialt, **alcôve, coin, niche...** *Le renfoncement d'une porte* (→ 1. Poster, cit. 2). — Par ext. Recoin, partie reculée ou en retrait.

2   Ce soir-là, il n'osait sonner, il se disait qu'il y avait peut-être, dans un certain renfoncement formé par l'entrée de la cave, des assassins qui lui sauteraient brusquement à la gorge quand il passerait.   ZOLA, Thérèse Raquin, XVII.

CONTR. Avancée, avancement, saillie.

RENFONCER [Rãfõse] v. tr. — Conjug. *placer.* — 1549; de *re-,* et *enfoncer.*

★ **I.** Enfoncer encore plus, enfoncer plus avant, plus fort. *Renfoncer son chapeau.* Par métaphore. *Il lui renfonçait ses paroles dans la gorge* (cit. 22). *Renfoncer ses larmes.* — Fig. *Je renfonçais ce souci dans les obscures profondeurs* (cit. 13) *de mon âme.*

1   Je mets cinq balles de suite dans un as de pique en renfonçant chaque nouvelle balle sur l'autre, et à trente-cinq pas encore !
             BALZAC, le Père Goriot, Pl., t. II, p. 932.

2   (...) un moment, je ne voulais pas donner ce morceau, il y avait des mots, des phrases qui me déchiraient le cœur (...) mais renfonçant toute sensibilité, j'ai pensé qu'il était utile pour l'histoire des lettres, de donner l'étude féroce de l'agonie et de la mort d'un mourant de la littérature.
      Ed. et J. DE GONCOURT, Journal, févr. 1870, t. III, p. 244, Note.

Typogr. *Renfoncer une ligne,* la faire commencer en retrait.

Pronominal :

2.1   Nous rejoignîmes le groupe de prisonniers qui nous attendaient sous la farde d'Otto et nous nous renfonçâmes dans la forêt.
          Pierre GASCAR, le Temps des morts, p. 243.

★ **II.** (1600; « regarnir le fond d'une huche », 1335). Techn. Regarnir d'un fond (un tonneau).

▶ **RENFONCÉ, ÉE** p. p. adj. (1572, « accentué »).
Très enfoncé. *Avoir les yeux renfoncés.*

3   Jacques s'étala nonchalamment dans un coin, les yeux fermés, son bonnet renfoncé sur ses oreilles et le dos à demi tourné à l'hôtesse.
           DIDEROT, Jacques le fataliste, Pl., p. 591.

DÉR. Renfoncement, renfonçures.

RENFONÇURES [Rãfõsyʀ] n. f. pl. — Mil. xxᵉ; de *renfoncer.*

♦ Techn. Parties rembourrées d'un collier de cheval.

RENFORÇAGE [Rãfɔʀsaʒ] n. m. — 1865; de *renforcer.*

♦ Techn. Opération par laquelle on renforce (en particulier : un élément de construction; une partie d'un vêtement). — Photogr. Renforcement.

1. RENFORÇATEUR [Rãfɔʀsatœʀ] n. m. et adj. — 1898, *Année sc. et industr.* 1899, p. 40; de *renforcer.*

♦ **1.** Techn. (Photogr.). Solution dont l'effet est d'augmenter les contrastes, l'intensité des noirs. Par appos. *Bain renforçateur.*

♦ **2.** Psychol. Événement qui suit une réaction et peut en modifier la force, la rapidité ou la fréquence, lors d'un conditionnement. — Appos. *Agent renforçateur.* ⇒ **Renforcement.**

♦ **3.** *Écran renforçateur :* écran augmentant l'activité des rayons X sur un film.

2. RENFORÇATEUR, TRICE [Rãfɔʀsatœʀ, tʀis] adj. — 1906; cf. *renforceur* « enchérisseur », 1380; de *renforcer.*

♦ Rare. Qui renforce.

Je me formai même à cette conviction bien agréable et renforçatrice qu'un pays apte à produire des corps aussi audacieux dans leur grâce et d'une envolée spirituelle aussi tentante devait offrir bien d'autres révélations capitales (...)
         CÉLINE, Voyage au bout de la nuit, p. 55.

RENFORCEMENT [Rãfɔʀsəmã] n. m. — 1388; de *renforcer.*

A. Action de renforcer. ♦ **1.** Le fait de renforcer ou d'être renforcé; augmentation* de force. *Renforcement d'un mur, d'une poutre..., d'une chaussée* (→ Goudronnage, cit.). *Renforcement d'une troupe* (par l'envoi de renforts*). *Le renforcement de l'État* (cit. 116), *d'un régime* (→ Écrasement, cit. 4). *Le renforcement de l'orgueil* (→ Humiliation, cit. 11). ⇒ **Durcissement.**

♦ **2.** Fait de renforcer (2.). — Photogr. Opération corrective par laquelle on renforce les contrastes d'une épreuve.

♦ **3.** Gramm. *Renforcement de l'expression* (→ Pléonasme, cit. 3), *de la négation...* (→ Ne, cit. 15). ⇒ **Accentuation.** *Renforcement du pronom personnel. Renforcement d'un son* (⇒ **Crescendo, rinforzando**).

♦ **4.** Psychol. Le fait de rendre plus vive, plus rapide ou plus fréquente une réaction, dans un processus de conditionnement *(renforcement positif). Renforcement verbal, gestuel :* énoncé ou geste qui intervient à chaque réaction désirée et doit renforcer cette réaction (ex. : « bravo ! », « très bien », hochement de tête, etc.). — *Renforcement négatif,* destiné à inhiber la réaction.

B. *(Un, des renforcements).* Ce qui renforce. Fig. *Ce mot constitue un renforcement de l'expression* (→ Brave, cit. 14).

CONTR. Adoucissement, affaiblissement, désagrégation, diminution, écroulement... — V. **Renfort.**

RENFORCER [Rãfɔʀse] v. tr. — Conjug. *forcer* → Placer. — 1160, *renforcier;* de *re-,* et de l'anc. v. *enforcier.* → Enforcir; de *force.*

♦ **1.** Rendre plus fort, augmenter la force, le degré, l'intensité de (qqch.). — REM. Au sens propre, *renforcer* ne s'emploie guère en parlant de la force physique (→ Fortifier); au fig., il donne surtout l'idée d'un accroissement de solidité, d'intensité, tandis que *fortifier* est plutôt senti comme actif (par métaphore du sens physiol.). — Rendre plus solide, plus résistant. *Renforcer un mur, un support, une poutre...* ⇒ **Armer, épaissir, étayer, jumeler.** — (Le sujet désignant ce qui renforce). *Étais, frettes servant à renforcer un élément de construction* (→ aussi Arc-doubleau, cit.). *Renforcer un pied de bas, de chaussette* (⇒ **Garnir**), *les bas d'un pantalon...* Rendre plus fort, plus puissant par des renforts*, en augmentant le nombre (→ Liaison, cit. 15). *Troupes de réserve qui renforcent une armée.* ⇒ **Ajouter** (s'), **grossir.** *Joueur nouveau qui vient renforcer une équipe.*

♦ **2.** Rendre plus intense. *Renforcer une couleur. Renforcer les noirs d'un dessin. Renforcer un cliché photographique.* ⇒ **Renforçateur.** — *Renforcer les sons.* ⇒ **Enfler** (→ Éclater, cit. 6; porte-voix, cit. 1). — Mus. *Renforcer un son. En renforçant.* ⇒ **Rinforzando.**

♦ **3.** Rendre plus vigoureux; donner plus d'intensité (à l'expression). *Mot, tournure qui renforce.* ⇒ **Intensif.** Même sert à renforcer les pronoms personnels. *Renforcer le mot ne* (cit. 15) *par une autre particule négative.*

♦ **4.** (Abstrait). Rendre plus ferme, plus certain, plus solide. ⇒ **Affermir, consolider, fortifier.** *Élever* (cit. 24) *et renforcer l'âme. Exercices* (cit. 3) *qui renforcent le tempérament et la santé. Renforcer la paix.* ⇒ **Confirmer, consolider.** — *Renforcer un sentiment, une passion.* ⇒ **Accentuer, agrandir, exalter.** *Renforcer l'angoisse* (→ Amalgamer, cit. 4), *la colère... de qqn.* ⇒ **Aggraver.** *Son désœuvrement* (cit. 3) *renforçait sa tristesse.* ⇒ **Empressement,** cit. 4). *Renforcer une opinion* (→ Opposition, cit. 4). *Figures* (cit. 25) *qui illustrent ou renforcent une intention. Renforcer son avis, ses dires par des preuves.* ⇒ **Appuyer, autoriser, corroborer.** *Les événements ont brusquement renforcé l'éventualité, la menace d'un conflit.* ⇒ **Cristalliser.** *Renforcer sa certitude, sa foi en qqch.* — Par ext. *Renforcer qqn dans une opi-*

nion, le confirmer dans cette opinion, lui fournir des raisons nouvelles de s'y tenir.

1　La longue habitude de vivre ensemble et d'y vivre innocemment, loin d'affaiblir
mes sentiments pour elle, les avait renforcés, mais leur avait en même temps donné
une autre tournure qui les rendait plus affectueux, plus tendres peut-être, mais
moins sensuels.　　　　　　　　　　　　　　　　　　ROUSSEAU, les Confessions, V.

2　Le sentiment que j'éprouvais ici m'expliquait en le renforçant le sentiment que
j'éprouvais pour Emmanuèle ; il n'en différait point ; on eût dit qu'il l'approfondis-
sait simplement (...)　　　　　　　　　GIDE, Si le grain ne meurt, I, VIII, p. 213.

▶ **SE RENFORCER** v. pron.
Devenir plus fort. *Se rajeunir* (cit. 1) *et se renforcer jusqu'au
tombeau* (au sens propre, la langue moderne emploie *se fortifier*). —
Objections qui se renforcent.

3　J'ai certes éprouvé par mainte expérience
Que l'amour se renforce et s'augmente en l'absence (...)
　　　　　　　　　　　　　　　　　　RONSARD, Élégies, « Second discours ».

4　Quand il *(l'enfant)* commence à se fortifier, laissez-le ramper par la chambre ; lais-
sez-lui développer, étendre ses petits membres : vous les verrez se renforcer de
jour en jour.　　　　　　　　　　　　　　　　　　　　　　ROUSSEAU, Émile, I.

▶ **RENFORCÉ, ÉE** p. p. adj. (XIIIᵉ).
Rendu plus fort, plus résistant. *Vêtement renforcé* (par une double
épaisseur de tissu...). *Chaussettes, bas à talons, à bouts renforcés.*
Fig. *Arguments renforcés* (→ Illustrer, cit. 4). *Sa gloire* (→ cit. 23)
renforcée de nouveaux rayons.
Fam., vieilli. Qui présente à un haut degré les caractères propres
à sa catégorie. *Un bourgeois renforcé. Un âne* (cit. 8) *renforcé.*
⇒ **Achevé.**

CONTR. Affaiblir, aplanir (les difficultés), attiédir, corrompre, détruire, désagréger, édulcorer, effacer, endormir, étioler, évaporer, faiblir, saper.
DÉR. Renforçage, 1. renforçateur, 2. renforçateur, renforcement.

RENFORCIR [ʀɑ̃fɔʀsiʀ] v. intr. — XVIᵉ, « rendre plus fort » ; 1808, v.
intr. ; de *re-*, et *enforcir.*

♦ Rare. Devenir plus fort. ⇒ **Forcir.**

RENFORMIR [ʀɑ̃fɔʀmiʀ] v. tr. — 1690 ; de l'anc. v. *renformer* (v.
1175) « remettre en forme », d'après son dér. *renformis.*

♦ Techn. (maçonn.). Réparer (un mur) en remplaçant les pierres
manquantes ou détériorées et en le crépissant (l'opération s'appelle
le *renformis* [ʀɑ̃fɔʀmi], n. m.).

RENFORT [ʀɑ̃fɔʀ] n. m. — 1340 ; pour *renforc,* subst. verb. de *renforcer.*
Augmentation de force, de solidité (⇒ **Renforcer, renforcement**) ; ce
qui sert à renforcer.

♦ **1.** (XVᵉ). Augmentation de la force, du nombre d'une armée, d'une
troupe ; effectifs ou matériel qui viennent s'y ajouter. *Une brigade
de renfort* (→ Ligne, cit. 39). — *L'arrivée du renfort* (→ Dépêche, cit. 5). *Envoyer des renforts.* — Fig. Supplément. ⇒ **Aide**
(→ 1. Général, cit. 20). *Un renfort de domestiques pour une réception.*

Il lui fallait, au moins, le renfort d'une division complètement équipée et qui ne
pouvait être prélevée que sur notre armée du Rhin.
　　　　　　　　　　　　　Ch. DE GAULLE, Mémoires de guerre, t. III, p. 159.

♦ **2.** Techn. Le fait de consolider, de renforcer. ⇒ **Consolidation.**
L'ogive (cit. 1), *organe de renfort.* — Par ext. *Un renfort :* pièce de
renfort, étai... — Techn. *Épaulement** ménagé au collet d'un tenon.
— Pièce soudée pour renforcer un ouvrage métallique. — Partie
renforcée, à la culasse d'une pièce d'artillerie. — Mar. Bande de
toile renforçant une voile. *Renfort de proue :* doublage en tôle disposé au voisinage de la ligne de flottaison.

♦ **3.** Fig. Ce qui s'ajoute. Vx. *Renfort de potage.* Fig. *Pour renfort de
potage* (Molière, *le Bourgeois gentilhomme,* III, 3) : pour comble.
(1534). Cour. **À GRAND RENFORT DE...** : à l'aide d'une grande quan-
tité* de... *À grand renfort de besicles* (cit. 3), *d'épingles* (cit. 3).
Laver à grand renfort d'eau (→ Ordure, cit. 2). *À grand renfort de
poudre, de mouches, de fard* (→ Futilité, cit. 5).

RENFOUIR [ʀɑ̃fwiʀ] v. tr. — XIVᵉ ; de *re-*, et *enfouir.*

♦ Rare. Enfouir de nouveau.

Cordonat découvrit encore trois autres morts. Nous étions tombés au milieu d'un
charnier (...). On n'en finirait jamais de les renfouir.
　　　　　　　　　　　　　　Pierre GASCAR, le Temps des morts, p. 259.

RENFOURCHER [ʀɑ̃fuʀʃe] v. tr. — XIVᵉ ; de *re-*, et *enfourcher.*

♦ Enfourcher de nouveau.

(Il) bondit au sac d'avoine, versa dans la mangeoire une bouteille de cidre doux,
et renfourcha son bidet, qui faisait feu des quatre fers.
　　　　　　　　　　　　　　　　　　　FLAUBERT, Mᵐᵉ Bovary, III, X.

RENFOURNER [ʀɑ̃fuʀne] v. tr. — XVIᵉ ; au fig. « renvoyer qqn à
son métier », 1387 ; de *re-*, et *enfourner.*

♦ Enfourner de nouveau. — Par ext. Renfoncer.

(...) renfournant alors sa main devenue libre dans la poche de la robe de chambre
et, les deux bras maintenant collés au corps (...).　　Claude SIMON, le Vent, p. 141.

RENFROGNÉ, ÉE [ʀɑ̃fʀɔɲe] adj. — XVIᵉ (1580, Montaigne) ; p. p.
de *renfrogner,* var. anc. *refrogné.* Cf. cit. 2.

♦ **1.** Contracté par le mécontentement. *Visage renfrogné*
(→ Enjoué, cit. 1). ⇒ **Froncé, rechigné.** *Air renfrogné, mine renfro-
gnée.* ⇒ **Boudeur, maussade.**

Il est blême, transi, solitaire, rêveur (...)
Un front tout renfrogné, tout le visage have.　　　　　　　　　　　　　　　　　1
　　　　　　　THÉOPHILE DE VIAU, Œuvres poétiques « Élégie à une dame ».

♦ **2.** (Personnes). Qui a un air, une mine triste, maussade ou fâchée.
⇒ **Acariâtre, bourru, chagrin, rabat-joie, rechigné.** *Un laquais renfrogné* (→ Dépouille, cit. 8). « *Un autre, renfrogné, rêveur, mélancolique...* » (→ Grimacer, cit. 4 ; et aussi farouchement, cit. 2).

Les habitants de ce pays paraissent tristes et refrognés.　　　　　　　　　　　2
　　　　　　　　　　　STENDHAL, Mémoires d'un touriste, t. II, p. 14.

N. *Un vieux renfrogné.* (→ Farouchement, cit. 2).

CONTR. Détendu, enjoué, épanoui.

RENFROGNEMENT [ʀɑ̃fʀɔɲmɑ̃] n. m. — 1553 ; *refrognement,*
1539 ; de *renfrogner.*

♦ Rare. Le fait de se renfrogner, d'être renfrogné.

RENFROGNER [ʀɑ̃fʀɔɲe] v. tr. — XVIᵉ, intr. ; var. de *refrogner*
attesté au XVᵉ, encore au XIXᵉ (Gautier, *le Capitaine Fracasse,* VII) et
même au XXᵉ, par archaïsme (Gide, *Si le grain ne meurt,* I., 2.) ; comp.
de *re-*, et de l'anc. v. *froigner, frogner* « froncer le nez », d'un gaulois
*frogna « nez ».

♦ **1.** Vx. Contracter* (une partie du visage) en signe de mécontentement.

♦ **2.** Vx. Rendre mécontent, faire se renfrogner qqn. (→ Égayer,
cit. 1, Montaigne).

▶ **SE RENFROGNER** v. pron.
Mod. Témoigner son mécontentement par une expression contractée,
maussade... du visage. ⇒ **Assombrir** (s'), **chagriner** (se), **grimace**
(faire la), **rechigner.** *Son visage s'est renfrogné ; il s'est brusquement renfrogné.*

▶ **RENFROGNÉ, ÉE** p. p. adj. ⇒ **Renfrogné.**

CONTR. Détendre (se), épanouir, illuminer (s').
DÉR. Renfrogné, renfrognement.

RENGAGEMENT [ʀɑ̃gaʒmɑ̃] ou **RÉENGAGEMENT**
[ʀeɑ̃gaʒmɑ̃] n. m. — 1718, *rengagement ; réengagement,* 1870 ; de
r(é)engager.

♦ Action de rengager ; fait de se rengager (⇒ **Remploi** ; et aussi
recrutement) dans l'armée. *Signer, contracter un rengagement. Rengagement d'un an renouvelable.*

RENGAGER [ʀɑ̃gaʒe] ou **RÉENGAGER** [ʀeɑ̃gaʒe] v. tr. et intr.
— Conjug. *bouger.* — V. 1450, *rengager ; réengager,* 1870 ; de *re-*,
et *-engager.*
REM. Les formes *rengager* et *réengager* peuvent être utilisées l'une et
l'autre dans les sens I., 1., I. 2 et I. 4. *Rengager* paraît plus fréquent
dans le sens I. 5., notablement plus fréquent dans les sens I. 3, a. et I.
3. b. La forme *réengager,* rare dans les emplois pronominaux, est inusitée en tournure intransitive.

★ **I.** V. tr. Engager de nouveau. ♦ **1.** (1471). Mettre de nouveau en
gage (⇒ **Engager,** I., 1.). *Elle a réengagé l'immeuble dont elle avait
levé l'hypothèque l'an dernier.* — Sans complément :

Tout le saint-frusquin y passait, le linge, les habits, jusqu'aux outils et aux meu-　1
bles. Dans les commencements, elle profitait des bonnes semaines, pour dégager,
quitte à rengager la semaine suivante. Puis, elle se moqua de ses affaires, les laissa
perdre, vendit les reconnaissances.　　　　　ZOLA, l'Assommoir, t. II, IX, p. 69.

♦ **2.** Donner de nouveau pour caution (⇒ **Engager,** I., 2.). *Réengager sa parole, sa foi.*

♦ **3.** (⇒ **Engager,** I., 4.). [a] Recruter de nouveau par engagement.
Rengager des mercenaires. — V. pron. (réfl.). *À la fin de son service
dans les paras, il s'est rengagé dans la gendarmerie* (→ ci-dessous
II., intr.). « *Engagez-vous, rengagez-vous* » (→ Engager, cit. 38).

[b] (1875). Renouveler l'engagement de (qqn, en tant que professionnel rémunéré) ; embaucher de nouveau. *Le ballet a rengagé
cette danseuse pour une tournée à l'étranger.*

♦ **4.** (*Rengager* « attacher de nouveau par l'amour », av. 1654, Guez de Balzac, *in* G. L. L. F.). Lier de nouveau par une obligation morale, juridique, etc. *Rengager sa responsabilité.*

♦ **5.** (1835). Prendre de nouveau l'initiative de ; recommencer, reprendre (⇒ **Engager**, II., 2.). *Rengager le combat, les hostilités.*

★ **II.** V. intr. (xxᵉ, *in* Larousse, 1932). **RENGAGER** : se rengager, reprendre volontairement du service dans l'armée. ⇒ **Rempiler** (argot milit.). « *Ce soldat a rengagé* » (Académie).

2 J'ai fait mon temps en Algérie, jeune homme, et dans les zouaves encore (...) un fier régiment. Je faillis même rengager.
R. QUENEAU, *Pierrot mon ami*, éd. L. de Poche, p. 55.

Par plaisanterie :

3 (...) si Sartre se plaisait à ces rencontres, pour ce qui est de la passion, il n'avait aucune envie de rengager.   S. DE BEAUVOIR, *la Force de l'âge*, p. 75.

▶ **RENGAGÉ** p. p. adj.

Qui a signé un nouvel engagement à l'issue de son temps d'engagement. *Un sous-officier rengagé.* — Subst. *Un rengagé.* ⇒ **Rempilé.**

DÉR. Rengagement.

RENGAINE [ʀᾶgɛn] n. f. — 1838 ; n. m., « refus », 1680 ; de rengainer.

♦ **1.** Formule, banalité que l'on répète fréquemment, à tout propos. ⇒ **Rebâchage, répétition, scie** (→ Éculé, cit. 3 ; 1. quarteron, cit. 2). *C'est toujours la même rengaine.*

1 Nos idées les plus avancées sembleront bien ridicules et bien arriérées quand on les regardera par-dessus l'épaule. Je parie que dans cinquante ans seulement, les mots : « Problème social, moralisation des masses, progrès et démocratie » seront passés à l'état de « rengaine » et apparaîtront aussi grotesques que ceux de : « sensibilité, nature, préjugés et doux liens du cœur » si fort à la mode vers la fin du XIXᵉ siècle.   FLAUBERT, *Correspondance*, 534, 18 mai 1857.

1.1 Il fallait bien, après tout, qu'il y eût quelque chose de vrai dans l'éternelle rengaine platonique d'un exil terrestre.   Léon BLOY, *le Désespéré*, p. 78.

♦ **2.** Refrain banal ; chanson ressassée (→ Gargouillis, cit. 2). — Adjectif :

2 Rien ne me délivre mieux que de chanter éperdument une rengaine comme cela, et de la façon la plus rengaine possible (...)   MONTHERLANT, *les Lépreuses*, II, XIX.

RENGAINER [ʀᾶgene] v. tr. — 1526 ; de re-, et engainer.

♦ **1.** Remettre (qqch.) dans la gaine, le fourreau, l'étui (cit. 1).

♦ **2.** (1664). Fam. Interrompre, rentrer, supprimer (ce qu'on avait l'intention de manifester). *Rengainer son compliment, son discours.* ⇒ **Renquiller.**

1 (...) je pensais faire bien de vous venir dire que (...) mais, puisque cela vous incommode, je rengaine ma nouvelle, et m'en retourne (...)
MOLIÈRE, *les Amants magnifiques*, V, 1.

2 Après tout, c'était à prendre ou à laisser : bon, puisque les sentiments n'y faisaient rien, rengainons-les, mais le marché était bien net.
ARAGON, *les Beaux Quartiers*, II, XI.

CONTR. Dégainer.
DÉR. Rengaine (au sens ancien de « refus »).

RENGORGEMENT [ʀᾶgɔʀʒəmᾶ] n. m. — 1688 ; de rengorger (se).

♦ Vx. Le fait de se rengorger, d'avoir un air vaniteux, plein de morgue. « *Le dédain et le rengorgement...* » (La Bruyère, V, 60).

RENGORGER (SE) [ʀᾶgɔʀʒe] v. pron. — Conjug. *bouger.* — 1482 selon Bloch ; de re-, en-, et gorge ; cf. l'anc. franç. *engorgié* « qui se pavane », XIIIᵉ.

♦ **1.** Vieilli. « Approcher son menton auprès de sa gorge pour la faire paraître plus belle. *Cet homme se rengorge, et fait paraître un double menton* » (Furetière, 1690). *Les femmes se rengorgeaient pour paraître plus droites* (→ aussi Épaule, cit. 21). — Mod. Gonfler la gorge, en parlant d'un oiseau. *Un gros pigeon qui se rengorgeait au soleil* (→ Crête, cit. 4).

1 Elle se rengorgea, répandant son second menton sur son col (...)
COLETTE, *la Fin de Chéri*, p. 91.

♦ **2.** (1660). Prendre une attitude avantageuse (cf. Bomber le torse, etc.) par affectation d'importance, par fierté, par orgueil*. ⇒ **Beau, important** (faire le beau, l'important), **poser.** *Se rengorger comme un paon* (par métaphore). ⇒ **Pavaner** (se), **roue** (faire la). *Se rengorger et marcher fièrement* (→ Merle, cit. 2). — Fig. *Se rengorger de...* (suivi de l'inf.). → Canevas, cit. 2.

2 Il porte beau, se rengorge, est familier avec les autorités du pays (...)
GIDE, *Journal*, 9 mai 1914.

▶ **RENGORGÉ, ÉE** p. p. adj. *Un oiseau rengorgé.* Par ext. « *Un* *petit rire rengorgé* » (Colette, *la Chatte*, p. 100). — *Une personne rengorgée* (→ Morgue, cit. 4 ; et aussi marquis, cit. 5).

N. (Vx). *Faire le rengorgé.*

DÉR. Rengorgement.

RENGRACIER [ʀᾶgʀɑsje] v. intr. — 1821 ; ital. *ringraziare*, proprt « rendre grâce à (qqn) ».

Argot.

♦ **1.** Se soumettre. — Renoncer.
Le lieutenant l'a foutu par dessus la rampe et il a rengrâcié.
R. DORGELÈS, *Tout est à vendre*, p. 461.

♦ **2.** Vx. Déserter (cf. Mac Orlan, *in* Cellard et Rey).

RENGRAISSER [ʀᾶgʀese ; ʀᾶgʀɛse] v. intr. — 1160 ; de re-, et *engraisser.*

♦ Engraisser après avoir maigri. — Pronominal :
Reste jusqu'au mois de janvier si tu veux te rétablir, te panser, te rengraisser, mais pour Dieu viens fumer le calumet de la paix.
FLAUBERT, *Correspondance*, Pl., t. I, p. 52.

RENGRÉGEMENT [ʀᾶgʀeʒmᾶ] n. m. — XVᵉ ; de rengréger.

♦ Vx. Aggravation. « *Rengrégement de mal* » (Molière, *l'Avare*, V, 3).

RENGRÉGER [ʀᾶgʀeʒe] v. — 1458 ; de re-, et anc. franç. *engregier* (v. 1050), du lat. *ingreviare* « aggraver », de *gravis.*

♦ V. intr. Vx. Augmenter, en parlant d'un mal. — V. tr. ind. *Rengréger sur...*
(...) ce même esprit caustique envers soi-même, envers les siens, envers tout ce qu'il aimait, le poussait à rengréger sur la misère (...)
GIDE, *Si le grain ne meurt*, I, VI, p. 181.

DÉR. Rengrégement.

1. RENGRÈNEMENT [ʀᾶgʀɛnmᾶ] n. m. — 1611, Cotgrave ; de 1. rengréner.

♦ Techn. Regarnissage en grain. *Le meunier procédait au rengrènement de la meule gisante.*

HOM. 2. Rengrènement.

2. RENGRÈNEMENT [ʀᾶgʀɛnmᾶ] n. m. — 1680, Richelet ; de 2. rengréner.

♦ **1.** Techn. Opération qui consiste à rengréner (un mécanisme) ; fait (pour un mécanisme) de se rengréner. *Dans ce type d'embrayage, le rengrènement du pignon se fait par translation de l'arbre porteur.*

♦ **2.** (1870). *Rengrènement d'une médaille, d'une monnaie.* ⇒ 2. **Rengréner** (1.).

HOM. 1. Rengrènement.

1. RENGRÉNER [ʀᾶgʀene] v. tr. — Conjug. *geler.* — 1549 ; de re- et 1. engrener.

♦ Techn. Regarnir de grain. « *Rengréner la trémie* » (R. Estienne).

REM. L'orthographe *rengrainer*, plus conforme à l'étymologie, ne semble pas attestée (à la différence du verbe simple, qui est usité sous les deux formes *engrener*, courante, et *engrainer*, plus rare).

DÉR. 1. Rengrènement.
HOM. 2. Rengréner.

2. RENGRÉNER [ʀᾶgʀene] v. tr. — Conjug. *geler.* — 1680, Furetière ; de re- et 2. engrener.

Technique.

♦ **1.** *Rengréner une médaille* (ou, anc., *une monnaie*), faire coïncider ses reliefs avec les creux des coins en la remettant à la frappe, lorsqu'elle a mal reçu l'empreinte. — REM. En ce sens, on dit aussi *réengréner.*

♦ **2.** (1690, intr., Furetière ; trans., 1845, Bescherelle). Engager de nouveau entre les dents d'un pignon, d'une roue d'engrenage, les dents de (une autre roue d'engrenage, un autre pignon) ; engrener de nouveau (un engrenage ; ses parties : roues, etc.). *Après avoir débrayé, tu passes au point mort et tu rengrènes la vitesse supérieure.* — Intr. et pron. *Pignon qui rengrène mal, qui se rengrène mal.*

DÉR. 2. Rengrènement.
HOM. 1. Rengréner.

RENI [ʀəni] n. m. — V. 1160; déverbal de *renier*.

♦ Vx. Action de renier.

RENIABLE [ʀənjabl] adj. — xvɪᵉ; de *renier*.

♦ Vx. Qui peut être renié, qui mérite d'être renié. — Dr. anc. (Adage). *Tous mauvais cas sont reniables.*

RENIEMENT [ʀənimɑ̃] n. m. — 1170; de *renier*.

♦ **1.** *Reniement de sa foi, de sa religion par qqn.* ⇒ **Abjuration, apostasie, conversion.** *Reniement de ses opinions par qqn.* ⇒ **Abandon, désaveu, désertion, répudiation, trahison.** (→ Efficacité, cit. 3). *Certains reniements de notre passé* (→ Amputer, cit. 4).

1 Et je sais bien que cet excès de renoncement, ce reniement de la vertu par amour de la vertu même, ne paraîtra qu'un sophisme abominable à l'âme pieuse qui me lira. GIDE, Journal, Feuillets, 1923.

2 Que de reniements! que de trahisons! et quels reniements sans excuse, quelles trahisons, j'ose le dire, sans grandeur, quand, dans la plupart des cas, reniements et trahisons sont en quelque sorte encore déshonorés par les gains réalisés, l'argent conquis par millions! Louis MADELIN, Talleyrand, IV, XXVIII.

♦ **2.** Attitude, action d'une personne qui renie qqch. *Les reniements de qqn, d'un opportuniste; une suite de reniements.* ⇒ **Retournement, volte-face.** *Reniement de Dieu,* et, absolt, *reniement* (vx) : blasphème. — *Le reniement de saint Pierre,* celui de Jésus par saint Pierre (thème iconographique). Psychol., psychopathol., ethnol. *Reniement systématique :* conduite de refus* plus ou moins consciente consistant à nier les phénomènes tenus pour contraires à l'ordre normal des choses (⇒ **Transgression**), par exemple, les manifestations d'un épisode pathologique. *Reniement s'exprimant par la réticence, le mensonge. Reniement et oubli permettant la liquidation des chocs affectifs.*

CONTR. Engagement (1.), fidélité.

RENIER [ʀənje] v. tr. — 880; du lat. tardif *renegare, de re-, et negare. → Nier.

♦ **1.** *Renier Dieu,* déclarer qu'on ne croit plus en lui. ⇒ **Nier, renoncer** (II., 1.). — Par ext. (sens fréquent au xvɪɪᵉ). *Renier Dieu :* blasphémer. ⇒ aussi **Jarnidieu.**

(1689). Loc. fig. (vx). *Renier chrême et baptême :* perdre patience. Absolt. *Renier :* abjurer sa foi (→ Douter, cit. 20).

♦ **2.** (V. 1240). Renoncer, par faiblesse ou par intérêt (à ce qui doit inspirer de l'attachement, de la fidélité). *Renier sa foi, sa religion.* ⇒ **Abandonner, abjurer** (cit. 2), **apostasier, rétracter.** *Renier son état* (en parlant d'un prêtre, d'un religieux). → Jeter le froc* aux orties. *Renier une cause, un parti.* ⇒ **Déserter.** — *Renier ses opinions, ses idées,* ne plus les reconnaître pour siennes, en changer, au mépris du devoir, de la fidélité... ⇒ **Retourner** (sa veste); → Pratiquer, cit. 4. *Renier sa signature, son œuvre.* ⇒ **Désavouer** (→ Honorer, cit. 27). *Renier ses engagements, ses promesses,* s'y dérober. — *Renier une longue réputation de probité par une escroquerie.* ⇒ **Mentir** (à).

1 Il a tout renié, l'honneur et le serment Du Chevalier, le nom et la foi des ancêtres; Il règne par l'embûche et par l'égorgement. LECONTE DE LISLE, Poèmes tragiques, « Le lévrier de Magnus. »

2 (...) quand il nous avait fait aimer l'objet de son engouement, alors il le vomissait, le déchirait, le reniait, tâchait à nous convaincre d'ignorance et de mauvais goût. G. DUHAMEL, Chronique des Pasquier, III, VIII.

♦ **3.** Déclarer faussement et au mépris de son devoir, de l'honneur, qu'on ne connaît ou qu'on ne reconnaît pas (qqn). *Saint Pierre renia trois fois Jésus* (→ 1. Coq, cit. 1). *Renier ses parents, sa famille, un ami par fausse honte.* — Vx. *Renier qqn pour son ami,* ne plus le reconnaître comme son ami. (De nos jours). *Renier son fils, son père :* ne plus considérer comme son fils, son père...

3 Puissé-je user du glaive et périr par le glaive! Saint Pierre a renié Jésus... Il a bien fait! BAUDELAIRE, les Fleurs du mal, « Révolte », CXVIII.

4 Celui qui a tout renié, père, mère, Providence, amour, idéal, afin de ne penser qu'à lui seul (...). LAUTRÉAMONT, les Chants de Maldoror, VI.

4.1 Croyez-vous que pour rien au monde je renierais un fils comme celui que Dieu m'a donné. J. VERNE, Michel Strogoff, p. 212.

5 (...) Philippe vit venir Pierre lui-même, les yeux troublés par les larmes, qui ne tarissaient plus depuis que, par trois fois, il avait renié son divin Maître. APOLLINAIRE, l'Hérésiarque..., p. 96.

(xɪɪᵉ). Par anal. Rejeter, répudier; abandonner (→ Opprobre, cit. 2; prosterner, cit. 6). *La foi* (cit. 26) *ne méconnaît ni ne renie le savoir.*

▶ **SE RENIER** v. pron.

Désavouer (cit. 9) ses opinions, son attitude passée, mentir à sa réputation, refuser les conséquences de ses actes. — Récipr. *Ils se renient entre eux.*

6 (...) il y avait cette différence que la libérale Angleterre, la philosophique Prusse, avaient besoin d'un peu de temps pour passer d'un pôle à l'autre, pour se décider à se démentir, s'abjurer, se renier, avouer ce qu'elles étaient, les ennemies de la liberté. MICHELET, Hist. de la Révolution franç., III, VI.

7 (...) la jalousie la dévore, elle est à cent lieues de sa sœur; sa sœur n'est plus sa sœur; ces deux femmes se renient entre elles comme elles renient leur père BALZAC, le Père Goriot, Pl., t. II, p. 913.

▶ **RENIÉ, ÉE** p. p. adj. Vx. *Chrétien renié; moine renié.* ⇒ **Renégat.** — Mod. *Opinions reniées.*

CONTR. Embrasser, professer, reconnaître.
DÉR. Reni, reniable, reniement.

RENIFLAGE [ʀ(ə)niflaʒ] n. m. — xxᵉ; de *renifler*.

♦ Action de renifler (qqch.). Aspiration bruyante par le nez. *Des reniflages continuels.* (Syn. régional : *reniflade* [ʀ(ə)niflad] n. f.).

RENIFLARD [ʀ(ə)niflaʀ] n. m. — 1821; de *renifler*.

♦ Techn. Soupape de chaudière à vapeur, qui aspire l'air quand la tension devient inférieure à la pression atmosphérique. — Robinet de vidange d'un condensateur. — Dispositif pour évacuer les vapeurs d'huile (d'un carter de moteur). ⇒ **Purgeur.**

RENIFLE [ʀ(ə)nifl] n. f. — 1871; déverbal de *renifler*. Argot.

♦ **1.** Police.

♦ **2.** Recherche policière, prise (de la drogue).

On s'est tellement spécialisé dans la renifle, chez nous, qu'aux douanes on dépiaute nos passeports pour vérifier qu'il n'y a pas de sachets suspects à l'intérieur. SAN-ANTONIO, T'es beau, tu sais!, p. 119.

RENIFLEMENT [ʀ(ə)nifləmɑ̃] n. m. — 1596; de *renifler*.

♦ Action de renifler (I.); aspiration d'une personne, d'un animal qui renifle; bruit fait en reniflant.

(...) un grand reniflement qui est celui des sangliers surpris, un avalement d'air qui siffle dans sa narine large ouverte. J. GIONO, Regain, I, IV.

RENIFLER [ʀ(ə)nifle] v. intr. et tr. — 1530; de *re-,* et anc. franç. *nifler,* encore vivant dans des patois, et d'orig. onomatopéique; cf. all. *niffeln* « flairer ».

★ **I.** V. intr. ♦ **1.** Aspirer* bruyamment par le nez (→ Couler, cit. 19; moucher, cit. 1; peste, cit. 9). *Animal, cheval... qui renifle.* ⇒ **Ébrouer** (s'); **renâcler** (→ Galop, cit. 3; grogner, cit. 2; porc, cit. 1). *Arrête de renifler, prends un mouchoir!*

1 Pour ne pas perdre de temps, sans doute, elle évitait de se moucher, en sorte qu'elle respirait par la bouche et reniflait fréquemment, avec légèreté. G. DUHAMEL, Salavin, I, XIV.

2 Les soupirs et les sanglots de la femme se faisaient plus rares. Elle reniflait beaucoup. CAMUS, l'Étranger, I, I.

♦ **2.** (Fin xvɪɪᵉ). Fig., vx. Marquer de la répugnance pour qqch. *Renifler sur...* ⇒ **Renâcler.**

★ **II.** V. tr. ♦ **1.** (xvɪɪɪᵉ). Aspirer par le nez. ⇒ **Flairer.** *Renifler du tabac.* ⇒ **Priser.** *Renifler une odeur.* ⇒ **Sentir** (→ Graillon, cit. 2; poule, cit. 6). — Par ext. Sentir (qqch.) avec insistance; explorer, estimer au moyen de l'odorat. *Renifler une bouteille* (→ 1. Déboucher, cit. 4; et aussi gris, cit. 6). — Absolument :

3 Mlle Dumoliers renifla, augurant du dîner, d'après les odeurs de sauce qui soudain nous envahirent. F. MAURIAC, la Robe prétexte, XI.

♦ **2.** *Renifler ses larmes,* les retenir, les aspirer en reniflant (→ Exhumer, cit. 5).

♦ **3.** (1855). Fig. *Renifler quelque chose de louche.* ⇒ **Flairer.** *Il a reniflé un mauvais coup. Il a reniflé que...*

♦ **4.** (Choses). Sentir.

3.1 La nuit descend par l'échelle de secours (...) Il fait un temps superbe et ça renifle bon les feuilles (...) SAN-ANTONIO, le Secret de polichinelle, p. 170.

4 Il descendait de la haute maison et il s'en allait renifler le vent de l'affaire (...) J. GIONO, le Chant du monde, II, I.

★ **III.** N. m. Rare. *Le renifler :* le fait de renifler, de sentir en reniflant, en humant.

5 Les uns (*camemberts*) étaient moelleux, mais au renifler, d'autres semblaient mieux à point. M. AYMÉ, la Maison basse, p. 44.

DÉR. Reniflage, reniflard, renifle, reniflement, reniflerie, reniflette, renifleur.

RENIFLERIE [ʀ(ə)nifləʀi] n. f. — 1652; de *renifler*.

♦ Rare. « Habitude de renifler » (Académie).

RENIFLETTE [ʀ(ə)niflɛt] n. f. — V. 1960-1970; de *renifler*.

♦ **1.** Fam. Drogue, stupéfiant à priser. ⇒ **Schnouffe.**

♦ **2.** Action de renifler, de sentir (quelque chose).

L'insulaire moyen trouverait plutôt mes menus copieux. Il n'y a que mon poisson qui fasse l'objet de curieuses reniflettes. — Désolé, fait Don, qui se déride. Mais je confirme (...) le poisson de Tristan est une merveille qui ne s'oublie pas.
Hervé BAZIN, les Bienheureux de la désolation, p. 86.

RENIFLEUR, EUSE [ʀ(ə)niflœʀ, øz] n. et adj. — 1642 ; de *renifler*.

♦ **1.** Personne qui a l'habitude de renifler. — Adj. :

Par le chemin de ronde (...) des femmes au nez rouge sous leurs voiles, traînant des enfants renifleurs (...)
Ed. et J. DE GONCOURT, Journal, 4 déc. 1870, t. IV, p. 119.

N. Psychiatrie. Personne (pervers* sexuel) qui trouve une satisfaction érotique en respirant des matières fécales ou de l'urine. *Renifleurs et stercoraires.* — Toxicomane qui inhale des substances volatiles (telles que hydrocarbures, solvants, éther, etc.). *On a dénombré 101 décès de renifleurs en 1970 aux États-Unis.*

♦ **2.** Techn. Appareil placé sur un navire ou un avion et destiné à détecter sous l'eau des émanations de gaz (prospection pétrolière).

RÉNIFORME [ʀenifɔʀm] adj. — 1797 ; du lat. *ren, renis* « rein », et *-forme.*

♦ Didact. Qui a la forme du rein (convexe d'un côté, creusée d'une dépression du côté opposé). *La graine de haricot est réniforme.*

RÉNINE [ʀenin] n. f. — Mil. XXᵉ (1898, Tigerstedt et Bergmann) ; du lat. *ren, renis* « rein », et suff. *-ine.*

♦ Méd. Enzyme sécrétée par le rein en hypotension. « *Une mauvaise irrigation du rein (...) déclenche une sécrétion de rénine dans le tissu rénal, à proximité du glomérule* » (*la Recherche*, nov. 1979, p. 1070). *Rôle du système rénine-angiotensine sur le métabolisme de l'eau, etc.*

RÉNITENCE [ʀenitãs] n. f. — 1538 ; de *rénitent.*

♦ Vx ou méd. État de ce qui est rénitent. *Rénitence d'un organe, des téguments.*

Amateur patenté de douces rénitences. VALÉRY, l'Idée fixe, p. 102.

RÉNITENT, ENTE [ʀenitã, ãt] adj. — 1555 ; lat. *renitens*, p. prés. de *reniti* « résister ».

♦ **1.** Méd. Qui offre une certaine résistance à la pression, « en cédant cependant un peu sans fluctuation proprement dite » (Garnier). *Tumeur rénitente.*

♦ **2.** (Mil. XVIᵉ). Fig., vx. Qui résiste (cf. Voltaire, *in* Littré).

DÉR. Rénitence.

RENNE [ʀɛn] n. m. — 1552, *reen*, dans une trad. de l'all. ; *renne*, 1680 ; fém. aux XVIIᵉ et XVIIIᵉ ; all. *Reen*, empr. au scandinave.

♦ **1.** Mammifère ongulé *(Cervidés)* de grande taille, au museau velu, aux bois aplatis. *Renne sauvage du Nord de l'Europe* (Laponie, Sibérie...). *Renne domestique. Troupeaux de rennes. La femelle du renne porte aussi des bois.* — Préhist. *Âge du renne*, désignation ancienne du paléolithique* supérieur.

1 Le renne est plus grand que le cerf ; la tête est assez semblable, mais le bois est tout différent. J.-F. REGNARD, Voyage en Laponie, p. 111.

2 (...) le grand arbre vénéneux du ciel, portant son sceptre de ramures comme un vieux renne de Saga (...) SAINT-JOHN PERSE, Vents, I, 6.

♦ **2.** Peau de renne apprêtée. *Main gantée* (cit. 2) *de renne souple.*

♦ **3.** Viande de renne.

♦ **4.** *Renne d'Amérique* : caribou.

HOM. Reine, rêne.

RÉNO- Premier élément de mots composés de médecine, du lat. *ren* « rein ». Ex. : *réno-urétéral.*

1. RENOM [ʀ(ə)nɔ̃] n. m. — XIIᵉ ; de *renommer.* → Renommée.

♦ **1.** Littér. Opinion répandue dans le public, sur qqn ou qqch. ⇒ **Réputation.** *Un bon, un mauvais renom* (→ Attacher, cit. 50). *Un grand renom de sévérité et de sagesse* (→ Imposer, cit. 46).

1 Dès qu'on est malhonnête on est corrigé tout vif
Par son mauvais renom et par sa perfidie.
HUGO, la Légende des siècles, XX, I.

2 (...) c'est que l'ancien marquis, ne vous déplaise, a fait des siennes dans ce pavillon. Il a mauvais renom dans le quartier ; quand on y entend du tapage, on dit : C'est le pavillon de Parnes (...)
A. DE MUSSET, Nouvelles, « Les deux maîtresses », V.

♦ **2.** (V. 1240). Spécialt, cour. Opinion favorable et largement répandue. ⇒ **Célébrité, gloire** (cit. 1), **notoriété, renommée, vogue.** *Le renom de l'École polytechnique* (cit. 3). *Un homme de renom.*

⇒ **Illustre** (→ Étage, cit. 12). *Les cafés, les glaciers en renom.*
⇒ **Réputé.** *Avoir, acquérir du renom. Songer à son renom futur,* à la postérité*.

3 Je trouve un soin bien ridicule
De travailler à son renom.
(...) Après nous, il ne faut attendre
Que la pourriture et la cendre (...)
THÉOPHILE DE VIAU, Ode à M. de Liancourt.

4 Et pourtant l'évêque d'Avranches a encore du renom dans son pays de basse Normandie ; il en a jusque parmi le peuple, parmi les paysans ; son souvenir a fait dicton et proverbe. SAINTE-BEUVE, Causeries du lundi, 3 juin 1850.

5 (...) un scandale qui pourrait porter atteinte au renom de notre maison.
G. DUHAMEL, Salavin, Journal, 28 mai.

Vieilli (qualifié). *Un renom éclatant.*

CONTR. Obscurité, ombre, oubli.
HOM. Renon.

2. RENOM [ʀ(ə)nɔ̃] n. m. ⇒ **Renon.**

RENOMMÉ, ÉE [ʀ(ə)nɔme] adj. ⇒ **Renommer.**

RENOMMÉE [ʀ(ə)nɔme] n. f. — 1125, *renumée* ; de *renommer.* → Renom.

♦ **1.** Littér. Opinion publique exprimée et répandue sur qqn, sur qqch. ⇒ **Bruit** (*infra* cit. 24), **voix** (publique). « *La vérité s'accorde avec la renommée* » (Racine, *Bajazet*, I, 2). *La vérité passe* (cit. 112) *la renommée. Croire la renommée ; apprendre, être instruit de quelque chose par la renommée, Le bruit* (→ Bonheur, cit. 15), *les récits de la renommée* (→ Étonnant, cit. 2). *Succès grossis par la renommée* (→ Essaim, cit. 6).

1 — Votre précepteur, soit ! — Voilà pas un compagnon dédommageant, — et qui doit être gai, les soirs d'hiver, si j'en crois la renommée !
VILLIERS DE L'ISLE-ADAM, Axël, II, 10.

La Renommée : personnage allégorique, divinité mythologique (femme ailée, représentée souvent à cheval [→ Poil, cit. 4], embouchant une trompette* ou décrite avec cent bouches...). *Le temple de la Renommée, à Athènes.* — Poét. *Les ailes, le vol de la renommée. Les trompettes, les cent voix de la renommée* (→ Clabauderie, cit. 1 ; emboucher, cit. 3).

2 Se plante à son tombeau la vive Renommée
Ayant la trompe en bouche et l'échine emplumée,
Cent oreilles, cent yeux, cent langues et cent voix
Pour chanter tous les jours, tous les ans, tous les mois,
De la morte au passant la gloire et le mérite (...)
RONSARD, Épitaphes, « Tombeau de Marguerite de France ».

3 M. le duc de Chabot ayant fait peindre une Renommée sur son carrosse, on lui appliqua ces vers :
Votre prudence est endormie
De loger magnifiquement
Et de traiter superbement
Votre plus cruelle ennemie.
CHAMFORT, Caractères et anecdotes, La Renommée et le duc de Chabot.

REM. Il s'agit du sonnet de l'abbé Cotin (sonnet à Mlle de Longueville... sur sa fièvre quarte), repris par Molière, qui le prête à son Trissotin (*les Femmes savantes*, III, 2).

Dr. *Preuve par commune renommée* : preuve testimoniale, dans laquelle les témoins déposent sur l'opinion commune (de voisins, du milieu...).

4 Si nous avons une liquidation précédée d'un bout d'inventaire fait par commune renommée, remerciez-en notre subrogé-tuteur, qui nous a forcé d'établir une situation (...) BALZAC, le Contrat de mariage, Pl., t. III, p. 118.

♦ **2.** Cour. Connaissance (d'un nom, d'une personne) parmi un public étendu. ⇒ **Célébrité, considération, gloire, nom** (spécialt), **notoriété, popularité, publicité, renom, réputation** (→ Atteindre, cit. 26 ; devoir, cit. 4., Corneille ; fumée, cit. 16 ; idée, cit. 19). — REM. *Renommée* insiste surtout sur l'étendue de la connaissance publique, à la différence de *considération* (cit. 6), de *réputation* ; le mot peut être péjoratif, mais, dans l'usage, *mauvaise renommée* est plus rare que *mauvais renom* ou *mauvaise réputation* ; en outre *renommée* est moins fort que *célébrité* et *gloire* (cit. 22). — *La renommée de qqn, sa renommée. Édifier, étendre* (cit. 7) *sa renommée.* « *Et sur de grands exploits bâtir* (cit. 27) *sa renommée.* » *Faire* (cit. 19) *les renommées, détruire les renommées. La renommée dont il jouit*. *Sa renommée lui avait valu le surnom d'illustre* (cit. 5). — *Ma renommée de bienfaisance* (→ Manteau, cit. 13). — *Renommée posthume.* ⇒ **Mémoire** (*infra* cit. 34) ; **postérité.** — Prov. *Bonne renommée vaut mieux que ceinture* dorée. — Absolt. (→ cit. 6).

5 On a dit que *bonne renommée valait mieux que ceinture dorée* ; cependant qui a bonne renommée n'a pas ceinture dorée, et si vous qu'aujourd'hui, qui a ceinture dorée ne manque guère de renommée. Il faut, autant qu'il est possible, avoir le renom et la ceinture (...) DIDEROT, le Neveu de Rameau, Pl., p. 450.

6 (...) il y a beaucoup de songes dans le premier enivrement de la renommée, et les yeux se remplissent d'abord avec délices de la lumière qui se lève ; mais que cette lumière s'éteigne, elle vous laisse dans l'obscurité ; si elle dure, l'habitude de la voir vous y rend bientôt insensible.
CHATEAUBRIAND, Mémoires d'outre-tombe, t. II, p. 222.

7 La plus immense des renommées est un bien que nulle puissance autre que celle du génie ne saurait créer. BALZAC, Louis Lambert, Pl., t. X, p. 428.

8 Cent victoires jetaient au vent cent renommées.
On voyait surgir les géants ! HUGO, les Châtiments, I, II, I.

9   (...) luttes obscures, travaux dans l'ombre, souffrances courageusement dévorées, renommée discutée d'abord, reconnue enfin, plus ou moins récompensée (...)
Th. GAUTIER, Portraits contemporains, « Ingres ».

10   — De quoi est faite très souvent la renommée d'un homme politique ? — de grandes fautes sur un grand théâtre !
Ed et J. DE GONCOURT, Journal, 1er janv. 1862, t. II, p. 5.

La renommée de quelque chose.

11   Rien ne me gêne autant que la renommée d'un paysage (pour l'œuvre d'art, il n'en va pas de même : l'admiration l'étoffe et l'épaissit...)
GIDE, Journal, 21 janv. 1946.

RENOMMER [ʀ(ə)nɔme] v. tr. — 1080, *renumer; de re-, et nommer.*

♦ **1.** Vx. Nommer souvent et avec éloges, entourer de célébrité, de renom. *Se faire renommer par (son) éloquence* (Bossuet).

1   Ce sont fiefs qu'à bon titre au pays on renomme (...)
MOLIÈRE, Tartuffe, II, 2.

2   N'écris pas. Si tu publies un livre trop faible pour être remarqué (...) rends grâce aux dieux (...) Mais si, par impossible, tu as assez de talent pour être remarqué, pour acquérir la célébrité (je ne parle pas de la gloire), si on se renomme, adieu tranquillité, quiétude, paix, adieu repos (...)   FRANCE, la Vie en fleur, XXVIII.

Pron. Acquérir du renom. *Se renommer de qqn,* s'en recommander (cf. Bossuet, Voltaire, *in* Littré).

♦ **2.** (1669). Mod. Nommer, et, par ext., élire une seconde fois, une autre fois. ⇒ **Réélire.**

▶ **RENOMMÉ, ÉE** p. p. adj.

Vx. (Personnes). Qui a du renom, de la renommée. ⇒ **Célèbre, fameux, réputé** (→ Capitaine, cit. 2 ; conquérant, cit. 1 ; précieux, cit. 10). *Ce Grec si renommé...* (→ 1. Faux, cit. 42). — Mod. (Choses). *« La Charpenterie maritime de Guernesey est renommée »* (Hugo). → Radoub, cit. 1

3   Celui qui se distingue par le nombre et la bravoure des siens, devient glorieux et renommé, non seulement dans sa patrie, mais encore dans les cités voisines.
MICHELET, Hist. de France, II, I.

Mod. *Être renommé pour...* (un caractère, une qualité). → Implacabilité, cit. 1.

4   (...) la femme renommée pour sa haute vertu.
STENDHAL, Mémoires d'un touriste, t. I, p. 45.

5   Elle passait son temps à élever des poules (...) et elle était renommée pour la façon dont elle savait engraisser les volailles. MAUPASSANT, Toine, I.

DÉR. 1. Renom, renommée.

RENON ou RENOM [ʀ(ə)nɔ̃] n. m. — Anc. franc. *renonc* « réponse négative », lat. *renuntiare.*

♦ Régional (Belgique). Résiliation d'un bail. *Donner, recevoir son renon.* ⇒ **Renoncer** (II., 3.).

HOM. Renom.

RENONÇANT, ANTE [ʀ(ə)nɔ̃sɑ̃, ɑ̃t] adj. et n. — XVIIe ; de *renoncer.*

♦ **1.** Vx. Qui renonce à qqch. Dr. *Héritier renonçant.* — N. (1804). *La part du renonçant accroît à ses cohéritiers* (→ Dévolu, cit. 1).

,N. m. Mod., didact. *Un renonçant :* un homme qui a renoncé au monde, dans l'Inde brahmanique. ⇒ **Sannyâsin.**

♦ **2.** Techn. (Jeu). Joueur qui renonce.

RENONCE [ʀ(ə)nɔ̃s] n. f. — XVIIe, Boursault, *in* Littré ; de *renoncer.*

♦ **1.** Vx. Le fait de ne pas fournir la couleur demandée, aux cartes (faire une renonce). *Au bridge, la renonce est une faute de jeu.*

♦ **2.** Absence de cette couleur chez un joueur. *Avoir une renonce à cœur. Se faire une renonce* (pour pouvoir couper). ⇒ **Défausser** (se).

RENONCEMENT [ʀ(ə)nɔ̃smɑ̃] n. m. — 1267 ; de *renoncer.*

♦ **1.** Le fait de renoncer (à une chose), de cesser de poursuivre, de laisser, d'abandonner, par un effort de volonté et généralement au profit d'une valeur jugée plus haute. ⇒ **Abandon, désistement, renonciation** (2.). — REM. Ne se dit plus guère que des choses morales, ou dans un contexte moral, religieux. — *Le renoncement de qqn à qqch., son renoncement à qqch. Renoncement au monde* (→ Possession, cit. 6), *aux plaisirs de la vie* (⇒ **Abstinence ;** → Jovialité, cit. 1), *à tout ce qui est terrestre.* ⇒ **Détachement** (cit. 5). *Renoncement à la joie* (→ Abdication, cit. 2), *à l'orgueil* (→ Humiliation, cit. 11). — *Le renoncement à soi-même*, l'abnégation. ⇒ **Abandon, oubli** (de soi), **sacrifice.**

1   C'est de cette époque que je puis dater mon entier renoncement au monde, et ce goût vif pour la solitude, qui ne m'a plus quitté depuis ce temps-là.
ROUSSEAU, Rêveries..., IIIe promenade.

(Sans objet ind.). → Reniement, cit. 1, Gide.

2   Sans doute est-il plus facile de renoncer à ce que l'on a connu qu'à ce que l'on

imagine (...) Il me semble qu'ici encore, ce qui m'induit le plus au renoncement, ce sont des raisons d'esthétique. GIDE, Journal, 21 janv. 1929.

Littér. (Suivi d'un inf.). *Le renoncement de l'intelligence à raisonner le concret* (cit. 6).

3   Mais il ne se résigne pas aux renoncements qu'il imposerait en contre-partie : non pas renoncements à jouir, mais renoncements à découvrir.
J. ROMAINS, Les Hommes de bonne volonté, t. XX, XVI, p. 175.

Vieilli. *Le renoncement (de qqn) à une idée, à une opinion* (⇒ **Concession, conversion**), *à un projet.*

♦ **2.** (XIVe). Absolt. Le fait de se détacher, dans une intention religieuse ou morale, des biens ou des attachements jugés trop bas ; attitude, vertu de celui qui abandonne les biens, les intérêts auxquels il est attaché, au profit de valeurs morales. ⇒ **Abnégation, dépouillement, détachement, sacrifice** (→ Comprendre, cit. 20 ; creux, cit. 6 ; injuste, cit. 8). *Vivre dans les privations et le renoncement. Humilité et renoncement.* ⇒ **Abaissement** (fig.).

4   (...) chacun se trouvait soulevé sans effort, transporté au-delà de lui-même, grisé de sublime, prêt au renoncement des martyrs.
MARTIN DU GARD, les Thibault, t. VII, p. 287.

5   Le renoncement est, sans doute, la vertu pour laquelle j'ai les plus nettes dispositions. Dirai-je que, par leur vivacité, ces dispositions me pourraient donner de l'inquiétude ? Je renonce très vite, très aisément. À tel point que le renoncement qui devrait être la vertu suprême paraît le plus souvent, chez moi, comme un défaut de courage. G. DUHAMEL, Salavin, Journal, 27 janv.

♦ **3.** Vx. Le fait de renoncer (II.), de renier. *Le renoncement de saint Pierre.*

CONTR. Attachement, avidité, égoïsme...

RENONCER [ʀ(ə)nɔ̃se] v. tr. ind. et dir. — Conjug. *placer.* — Déb. XIIIe, en dr. ; sens mod., 1264 ; lat. *renuntiare* « annoncer en réponse », en emploi juridique.

★ **I.** V. (tr. ind.). RENONCER À. ♦ **1.** Cesser, par une décision volontaire, de prétendre à qqch., de le vouloir et d'agir pour l'obtenir ; abandonner* un droit sur qqch. ⇒ **Délaisser, dépouiller, désister** (se). *Renoncer à un droit* (→ 3. Droit, cit. 5), *à un don, à une succession...* (→ Divertir, cit. 4 ; incontestable, cit. 2 ; indivis, cit. 1). — Absolt. Se dessaisir d'un droit. ⇒ **Renonciation.** — *Renoncer à une dignité, à la prélature* (→ Évêché, cit. 1). — *Renoncer à qqch... :* se résigner à ne pas faire (ce qu'on projetait ou qu'on désirait faire). *Renoncer à un projet, à un programme* (→ Cours, cit. 18 ; idéologue, cit. 5). *Renoncer à un voyage* (→ Mandat, cit. 7), *à une enquête* (→ Papier, cit. 19). *Renoncer momentanément à...* (⇒ **Remettre**). *Renoncer aux effets de persuasion facile* (cit. 14). ⇒ **Abstenir** (s').

1   (...) l'artiste qui renonce à une heure de travail pour une heure de causerie avec un ami sait qu'il sacrifie une réalité pour quelque chose qui n'existe pas (...)
PROUST, le Temps retrouvé, Pl., t. III, p. 875.

2   Je renonce avec une facilité déconcertante. Je renonce à tout et à n'importe quoi : plaisirs, voyages, gourmandises, et sans efforts, sans regrets. J'ai eu mon suffisant.
GIDE, Journal, 1er déc. 1946.

Ne plus espérer, ne plus compter sur... *Renoncer à une espérance* (cit. 38), *à un rêve.* ⇒ **Laisser, enterrer.** *Choisir, prendre un parti et renoncer aux autres* (→ Artiste, cit. 11). *Il faudra y renoncer.* ⇒ fam. **Brosser** (se), **ceinture** (faire).

3   — Et tous tes beaux projets de réussite, que deviennent-ils ? Pierre murmura : — Il y a des jours où il faut savoir tout sacrifier, et renoncer aux meilleurs espoirs.
MAUPASSANT, Pierre et Jean, VIII.

(XIIIe). *Renoncer à...* (suivi d'un inf.) : cesser de prétendre à, ne plus compter sur, ne plus espérer... *Renoncer à comprendre* (→ Désaffection, cit. 2), *à chercher... Renoncer à deviner* (cf. Donner sa langue au chat). *Renoncer à faire qqch..., à passer un examen, à se marier* (cit. 6) → Faire, cit. 68. *En renonçant à résister, à lutter.* (→ De guerre* lasse). *Renoncer à agir, à poursuivre une action.* ⇒ **Abandonner ; reculer** (→ Jeter le manche après la cognée* ; prendre son congé* ; baisser les bras* ; fam. laisser tomber*). *J'y renonce !, c'est impossible.*

Vx. *Renoncer de...* (et infinitif).

4   L'homme n'emporte dans la mort que ce qu'il renonça de posséder dans la vie. En vérité, nous ne laissons ici qu'une écorce vide.
VILLIERS DE L'ISLE-ADAM, Axël, IV, 2.

♦ **2.** Abandonner volontairement ce qu'on a... ⇒ **Abandonner, adieu** (dire), **défaire** (se), **départir** (se), **dépouiller** (se), **dessaisir** (se), **laisser, quitter, priver** (se) ; → Acquérir, cit. 13. — REM. Dans certains emplois, il peut y avoir croisement entre le sens 1. et le sens 2. *Renoncer à une chose et la donner à qqn. Renoncer à une grande fortune* (→ Délivrer, cit. 12). *Renoncer à un bien tangible pour une illusion :* lâcher la proie pour l'ombre. — *Renoncer à une dignité, à un état..., au pouvoir.* ⇒ **Abdiquer** (→ Amour, cit. 18). — *Renoncer à la prêtrise* (→ Instituteur, cit. 4). *Renoncer à l'habit religieux, à ses vœux...* ⇒ **Apostasier** (cf. Jeter le froc aux orties). — *Renoncer aux habits simples* (→ Avilissement, cit. 2), *un déguisement, à l'incognito* (→ Ici, cit. 27).

5   — Il faut renoncer à ton pays et me suivre aux régions inconnues à travers le désert (...)
Th. GAUTIER, le Roman de la momie, XII.

Renoncer à une opinion, à une croyance, à ses idées... (⇒ **Abjurer**), *à ses prétentions* (⇒ **Déposer**), *à un contrat* (⇒ **Délier**) ; et aussi

détourner (se), **écarter** (s'), **renier, répudier.** *Il ne veut pas renoncer à son idée.* ⇒ **Démordre** (en).

6 On renonce plus aisément à son intérêt qu'à son goût.
LA ROCHEFOUCAULD, Maximes, 390.

Renoncer à l'amitié (cit. 24), *à l'amour de qqn...* — *Renoncer à un agrément, à un plaisir, à une joie* (cjt. 11)... ⇒ **Passer** (se). *Sans renoncer à notre indépendance* (→ Épauler, cit. 3). — *Renoncer au bonheur, à la vie* (→ Contraindre, cit. 9; et aussi apprêt, cit. 4; habituer, cit. 8; jour, cit. 12). *« Les uns ont voulu renoncer aux passions »* (Pascal). — *Renoncer à tout pour...* ⇒ **Immoler** (à). *Il faut avoir renoncé au sens commun pour...* (→ Expérience, cit. 29).

7 Renoncer à sa liberté, c'est renoncer à sa qualité d'homme, aux droits de l'humanité, même à ses devoirs.
ROUSSEAU, Du contrat social, I, IV.

Cesser* volontairement de pratiquer, d'exercer... *Renoncer à un métier, à un travail, à une occupation.* ⇒ **Quitter** (→ Fracas, cit. 6). *Renoncer à ses fonctions.* ⇒ **Résigner ; démettre** (se). — Cesser d'avoir, d'employer. *Renoncer à une manière d'agir* (→ Inconvénient, cit. 10), *aux manières frustes* (cit. 5) *et sauvages..., à un air, à un ton* (→ Gourmander, cit. 3). ⇒ **Changer, perdre...** *Renoncer à une habitude, à une existence* (cit. 27)... — *Renoncer aux voyages,* à l'habitude de voyager. *« Il renonce aux courses ingrates »* (cit. 8). *Renoncer au tabac, au vin* (⇒ **Désaccoutumer**), *aux plaisirs* (⇒ **Dételer**). — *« Quiconque aime vraiment renonce à la sincérité »* (⇒ **Façonner**, cit. 17). *Renoncer au bien, au mal, au crime* (→ Naturel, cit. 27).

8 Détournons nos regards de ces tristes exemples, qui feraient renoncer au bien et douter même de la vertu.
P.-L. COURIER, Pamphlets politiques, Pétition aux deux chambres.

9 (...) il n'est point d'indépendant. Pour l'être, il faudrait renoncer à la vie de société, et aux amitiés mêmes.
R. ROLLAND, Jean-Christophe, Foire sur la place, I, p. 723.

Renoncer à la lutte, au combat : mettre bas* les armes.
(Pronominalisé). *Désormais* (cit. 2), *j'y renonce.*
(Dans un contexte moral ou religieux). Cesser d'être attaché (aux choses de ce monde). ⇒ **Renoncement.** *Renoncer au monde pour entrer en religion* (→ Moine, cit. 4). *Renoncer aux biens de ce monde, aux choses vaines* (→ Abstenir, cit. 2), *à tous les plaisirs* (→ Consacrer, cit. 3). ⇒ **Détacher** (se), **divorcer** (fig.), **mourir** (mourir à...). — Loc. *Renoncer à Satan, à ses pompes et à ses œuvres,* au péché et aux occasions de pécher (allus. à la formule du baptême).

10 (...) il me fit naître, dès cette première visite, une forte envie de renoncer comme lui à tous les plaisirs du siècle pour entrer dans l'état ecclésiastique.
Abbé PRÉVOST, Manon Lescaut, I, p. 39.

11 Un de ces pieux solitaires
Qui, détachant leurs cœurs des choses d'ici-bas,
Font vœu de renoncer à des biens qu'ils n'ont pas (...)
FLORIAN, Fables, III, 11.

12 Ils parlent bas ; ils baissent les yeux ; ils travaillent. Ils renoncent au monde, aux villes, aux sensualités, aux plaisirs, aux vanités, aux orgueils, aux intérêts.
HUGO, les Misérables, II, VII, IV.

(Suivi d'un inf.). Cesser volontairement de... *Renoncer à fréquenter* (cit. 13) *qqn.*

13 Il est temps que les cœurs renoncent à douter (...)
HUGO, la Légende des siècles, VI, I, « Détroit de l'Euripe ».

♦ **3.** (1663, Molière). *Renoncer à qqn,* l'abandonner (→ Lier, cit. 32), cesser de fréquenter, de voir. — *Renoncer à celui, à celle qu'on aime, à un fiancé...* (→ aussi Flotter, cit. 16; oui, cit. 7).

14 Si la naissance de monsieur de Frescas est obscure, je saurai, ma mère, renoncer à lui ; mais de votre côté, soyez assez bonne pour ne plus insister sur mon mariage avec le marquis de Montsorel.
BALZAC, Vautrin, IV, 1.

15 Je songeais combien elle était plus belle qu'Albertine et comme il était plus sage de renoncer à l'autre.
PROUST, Sodome et Gomorrhe, Pl., t. II, p. 851.

Cesser de fréquenter (un type, un genre de personnes).

16 C'en est fait, je renonce à tous les gens de bien (...)
MOLIÈRE, Tartuffe, V, 1.

(1541, Calvin). Fig. *Renoncer à soi-même,* à son nom, à sa personnalité ; à tout égoïsme.

♦ **4.** Absolt. (ou intrans.). Abandonner un projet ; cesser une activité..., par impossibilité ou difficulté de réussir. ⇒ **Abdiquer** (cit. 4), **céder, démissionner, quitter** (la partie). *Les meilleurs renoncent et s'inclinent devant ce mythe* (→ Fatalité, cit. 1). *Avoir le courage de renoncer, d'accepter l'échec* (→ 1. Page, cit. 5).

17 Il ne m'est pas arrivé souvent de renoncer ; un délai, c'est tout ce qu'obtient de moi la traverse (...)
GIDE, Si le grain ne meurt, II, II.

18 — Si je renonce, si je renonce maintenant, disait le petit visage contracté d'obstination, j'aurai toujours le sentiment d'une défaite, d'un échec.
G. DUHAMEL, Chronique des Pasquier, VIII, XII.

Fig. *Où l'olivier* (cit. 3) *renonce, finit la Méditerranée.*

♦ **5.** (1680). Vx. (Aux jeux de cartes). Jouer dans une autre couleur que celle qui est jouée. *Renoncer à pique.* ⇒ **Renonce.**

★ **II.** V. tr. dir. (V. 1320). ♦ **1.** Vx. Cesser, refuser de reconnaître. ⇒ **Renier.** — *Renoncer qqn pour* (suivi d'un nom exprimant une relation personnelle). *Renoncer qqn pour son fils* (→ Déshériter, cit. 1), *pour son frère* (→ Fraternité, cit. 1).

19 Je l'abandonne (...) Je la déteste (...) Et la renonce pour ma fille.
MOLIÈRE, l'Amour médecin, I, 3.

(Sans compl. second). Littér. Renier.

20 (...) un grossier marinier du lac de Tibériade (...) un rustre et un couard, qui renonça son maître et sa foi (...)
FRANCE, la Rôtisserie de la reine Pédauque, XVI, in Œ., t. VIII, p. 145.

Refuser de croire à..., d'admettre... *Renoncer un dieu, son dieu* (abjurer, renier).

21 Que pouvaient faire les Juifs, ses ennemis ? S'ils le reçoivent, ils le prouvent par leur réception, car les dépositaires de l'attente du Messie le reçoivent ; s'ils le renoncent, ils le prouvent par leur renonciation.
PASCAL, Pensées, XII, 762.

♦ **2.** Littér. Abandonner matériellement (vx) ou moralement. *« Ces lépreux qui, renoncés de leurs proches... »* (→ Horreur, cit. 29, Chateaubriand).

Abandonner, laisser (ce qu'on désavoue). *« Je n'ai jamais rien su renoncer »* (→ Écarteler, cit. 8, Gide).

22 C'est un des nombreux cas où ces humains veulent des profits contradictoires et n'admettent pas que s'ils choisissent l'un, ils doivent renoncer l'autre.
Julien BENDA, le Rapport d'Uriel, p. 67.

23 Tout ce que j'ai renoncé pour mon compte, je le réclame à présent pour ces petits hommes (...)
G. DUHAMEL, les Plaisirs et les Jeux, p. 90.

24 Dominique, dans sa campagne perdue, doit étouffer chaque jour le cri de l'homme qui a connu le bonheur, et qui l'a renoncé : « C'est fini ! c'est à jamais fini ! »
F. MAURIAC, la Province, p. 38.

♦ **3.** (Belgique). Résilier (un bail) ; donner congé (à un locataire). ⇒ **Renon.**

▶ **SE RENONCER** v. pron. (Fin XVIIe).

Se sacrifier, laisser tout intérêt personnel (→ Holocauste, cit. 8, Bossuet). *L'âme se donne et se renonce dans l'extase* (cit. 2). *La personnalité s'affirme* (cit. 10) *en se renonçant.*

25 — Marthe, j'ai essayé de me délivrer de moi-même — j'ai voulu me renoncer (...) Mais que peut un tel effort, sinon nous révéler notre impuissance ?
F. MAURIAC, l'Enfant chargé de chaînes, XVII.

26 Pour mettre en œuvre les vertus que la foi fait germer dans l'âme, l'homme doit se renoncer. Tout ce qui l'attache à la terre, aux servitudes de sa condition, doit être rompu.
DANIEL-ROPS, Jésus en son temps, VIII, p. 402.

CONTR. Aspirer, attacher (s'), **attribuer** (s'), **disputer, efforcer** (s'). — **Conserver, continuer, garder, persévérer, persister, tenir** (à). — **Accepter, consentir, vouloir.**
DÉR. Renonçant, renonce, renoncement, renonciataire, renonciateur.

RENONCIATAIRE [ʀ(ə)nɔ̃sjatɛʀ] n. — 1823 ; de *renoncer.*

♦ Dr. Personne en faveur de laquelle on a renoncé à un droit, à un bien (opposé à *renonciateur*). ⇒ **Renonciation.**

RENONCIATEUR, TRICE [ʀ(ə)nɔ̃sjatœʀ, tʀis] n. — 1839, Boiste ; de *renoncer.*

♦ Dr. Personne qui renonce à un bien, à un droit en faveur d'un ou d'une renonciataire.

RENONCIATION [ʀ(ə)nɔ̃sjasjɔ̃] n. f. — 1247 ; lat. *renuntiatio,* de *renuntiare.* → Renoncer.

♦ **1.** Dr. Le fait de renoncer (à un droit, à une charge...) ; acte par lequel on renonce. ⇒ **Abandon, délaissement** (spécialt). *La renonciation par qqn à qqch. ; la renonciation de qqn* (à qqch.). *Renonciation à un droit sur des biens : à un usufruit, à une servitude, à une hypothèque, à une succession ; renonciation à la communauté conjugale.* — (Sans compl. en à). *La renonciation d'un héritier* (⇒ **Héritage**). *Renonciation à un acte de procédure ; à la prescription, à une exception... Renonciation à une charge, à une fonction, à la puissance paternelle, à la tutelle. Renonciation au trône* (d'un prétendant, d'un souverain régnant). ⇒ **Abdication** (→ Malintentionné, cit. 1). *Clauses de renonciation.*

1 (...) Charles fut emmené par Grandet au Tribunal de Première Instance avec la solennité que les gens de province attachent à de tels actes, pour y signer une renonciation à la succession de son père.
BALZAC, Eugénie Grandet, Pl., t. III, p. 588.

2 Des magistrats religieux et fiscaux commencèrent une visitation des monastères. La loi, toujours respectée en ce pays, exigeait que l'on obtînt des moines une *renonciation volontaire.*
A. MAUROIS, la Vie de Byron, I, I.

♦ **2.** Cour. Le fait de renoncer à qqch. (spécialt, à un bien moral). *Une renonciation absolue à toute idée de plaire* (→ Négligemment, cit. 1). ⇒ **Abdication, démission.** *Renonciation aux espérances.* ⇒ **Enterrement** (fig.). *Renonciation à une opinion, à sa foi* (⇒ **Abjuration, apostasie**), *à un projet.* ⇒ **Abstention, démission, inaction.**

3 L'abnégation complète de soi-même, dont je viens de parler, l'attente continuelle et indifférente de la mort, la renonciation entière à la liberté de penser et d'agir, les lenteurs imposées à une ambition bornée et l'impossibilité d'accumuler des richesses, produisent des vertus qui sont plus rares dans les classes libres et actives.
A. DE VIGNY, Servitude et Grandeur militaires, I, III.

REM. *Renonciation et renoncement.* Dans la langue moderne, *renonciation* s'emploie surtout dans le domaine juridique (→ ci-dessus, 1.), et *renoncement* en matière de morale et de religion. Il n'en allait pas toujours de même dans la langue classique. Dans la phrase du *Mémorial* de Pascal (« *Renonciation totale et douce* »), on attendrait plutôt *renoncement* (→ aussi Renoncer, cit. 21).

CONTR. Appropriation, aspiration... — Acceptation.

RENONCULACÉES [ʀ(ə)nɔ̃kylase] n. f. pl. — 1798 ; dér. sav. de *renoncule*, et suff. *-acées.*

♦ Bot. Famille de plantes phanérogames angiospermes, classe des dicotylédones dialypétales, comprenant des herbes (et quelques arbrisseaux) à feuilles alternes, à fleurs généralement régulières, à nombreuses étamines, et dont les fruits sont des akènes (renoncules), des follicules (ellébores, pivoines) ou des baies (actées). *Principales renonculacées.* ⇒ **Aconit, actée, ancolie, anémone, clématite, dauphinelle, ellébore, ficaire, hépatique, nigelle, pivoine, populage, renoncule.** — Au sing. *Une renonculacée.* « *La rose de Naïl (...) cette renonculacée fait partie des quarante espèces végétales (...) disparues (...)* » (*Sciences et Avenir*, nov. 1979, p. 89).

RENONCULE [ʀ(ə)nɔ̃kyl] n. f. — 1660 ; 1549, *ranuncule* ; lat. *ranunculus* « petite grenouille », nom donné à la *renoncule* aquatique.

♦ Plante dicotylédone (*Renonculacées*) herbacée, à variétés vivaces, aquatiques ou terrestres. *Renoncule aquatique, des marais.* ⇒ **Douve, grenouillette.** *Renoncule terrestre, renoncule des champs, à fleurs jaune d'or.* ⇒ **Bassinet, bouton d'or** *(renoncule âcre). Renoncule à feuilles d'aconit, renoncule des Alpes, à fleurs d'un beau blanc.* ⇒ **Bouton d'argent.** *Renoncule des fleuristes, renoncule pivoine, à fleurs durables et décoratives. Une variété de renoncule est appelée « pied de corbin ».*

1 Les traînées jaunes de renoncules décelaient de secrètes eaux à travers les prairies crépitantes.   F. MAURIAC, le Fleuve de feu, p. 71.

2 Sur nos prairies mal soignées la renoncule sauvage, dite bouton d'or, règne, coule en rivière, stagne en nappes (...)   COLETTE, l'Étoile Vesper, p. 21.

3 Approchez-vous, cher Monsieur, et regardez dans l'eau ces plantes aux feuilles très allongées, parfois transformées en organes filiformes submergés. Ce sont la renoncule flottante, la renoncule hétérophile, la renoncule aquatique, les nénuphars (...)   A. BILLY, Sur les bords de la Veule, p. 179.

Fausse renoncule. ⇒ **Ficaire.**

DÉR. Renonculacées.

RENOPER [ʀənɔpe] v. tr. — 1802 ; *nopper*, XIVᵉ ; de *re-*, et *nope*.

♦ Techn. Débarrasser (le drap) des bourres.

RENOUÉE [ʀənwe] n. f. — 1545 ; p. p. de *renouer.*

♦ Plante dicotylédone (*Polygonacées* ; n. sc. : *Polygonum*) herbacée, à tige noueuse, qui pousse sur tout le globe. ⇒ **Crépinette.** *Renouée lisern* ou *faux liseron* ; *renouée serpentaire* (⇒ **Bistorte**) ; *renoueé des oiseaux* (appelée aussi *traînasse*) ou *herbe* à *cochon, herbe aux panaris* ; *renouée sarrasin* ou *blé rouge* ; *renouée des buissons* (⇒ **Vrillée**) ; *renouée poivre d'eau* ou *herbe* de *Saint-Innocent* ; *renouée ornementale* ou *pied rouge* (⇒ **Persicaire**). *La renouée est un astringent.*

(Elle) tomba assise, parmi la sauge et les renouées roses (...)   COLETTE, le Blé en herbe, X.

RENOUEMENT ou (vx) **RENOÛMENT** [ʀənumɑ̃] n. m. — XVᵉ, d'abord « réconciliation » ; de *renouer.*

♦ Vieilli. Action de renouer (Corneille, *Agésilas*, IV, 5).

RENOUER [ʀənwe] v. tr. — 1140 ; de *re-*, et *nouer.*

A. ♦ **1.** Refaire un nœud à (qqch.), rattacher par un nœud. — Nouer (ce qui est dénoué, détaché, rompu). ⇒ **Rattacher.** *Renouer sa cravate, ses lacets de chaussures. Renouer un lien, un fil,* faire un nœud pour le raccorder lorsqu'il s'est rompu.

1 (...) pour se donner une contenance, elle mit ses mains derrière le dos, sous prétexte de renouer les cordons défaits de son tablier.   A. ROBBE-GRILLET, le Voyeur, p. 59.

♦ **2.** Vx. Remettre (un membre) ; réduire (une fracture). ⇒ **Rebouter.**

♦ **3.** Nouer une seconde fois. *Nouer une corde devant et la renouer par derrière.* — Au p. p. *Ficelle nouée et renouée. Renouer ses cheveux.*

B. ♦ **1.** Par métaphore. *Renouer le fil de la conversation. Le lien qui unissait les deux sœurs, toujours près de se rompre, renoué toujours.* Pron. *Liens* (cit. 3) *qui se renouent entre le passé et le présent.*

2 Renouons le fil de sa narration, que cet éclaircissement a coupé.   BEAUMARCHAIS, Mémoires... dans l'affaire Goëzman, p. 10.

3 C'était un devoir pour tous deux de renouer pour toujours une chaîne qui n'avait jamais été complètement brisée (...)   G. SAND, Elle et Lui, XII.

Au p. p. *La chaîne renouée des générations* (cit. 17).

♦ **2.** (Fin XVᵉ). Fig. Rétablir sa continuité en reprenant après

une interruption*. *Renouer la conversation.* ⇒ **Reprendre.** *Renouer amitié avec qqn. Renouer une liaison.* — Au p. p. *Des amitiés* (cit. 21) *renouées.*

4 Je regrette souvent que cet assujettissement de ma vie (dont je ne vois pas le terme) m'empêche de m'asseoir un peu pour regarder en arrière, et pour aller aussi renouer l'entretien avec des amis du bon temps.   SAINTE-BEUVE, Correspondance, t. I, éd. Calmann-Lévy, p. 349.

5 M. Thibault n'était jamais revenu sur l'interdiction qu'il avait jadis signifiée à Jacques, de renouer la moindre relation avec les Fontanin.   MARTIN DU GARD, les Thibault, t. II, p. 195.

♦ **3.** (Fin XVᵉ). Absolt. Rétablir des liens brisés, reprendre des relations interrompues. — (Avec qqn). *Renouer avec un ami, une maîtresse après une rupture.* ⇒ **Réconcilier (se).** *C'est fini, pourquoi renouer?* → Amarre, cit. 4. (Avec qqch.). *Poètes qui renouent avec les traditions populaires* (→ Folklorique, cit. 1).

6 Après tout, je n'ai pas été si folle de l'aimer.
Dans cet instant, s'il se fût présenté quelque moyen honnête de renouer, elle l'eût saisi avec plaisir.   STENDHAL, le Rouge et le Noir, II, XVIII.

7 La nation, en s'unissant, échappe à ce péril et renoue avec la grande tradition de Moïse.   DANIEL-ROPS, le Peuple de la Bible, III, II.

CONTR. Dénouer, interrompre.

DÉR. Renouée, renouement ou **renoûment, renoueur.**

RENOUEUR [ʀənwœʀ] n. m. — 1549 ; de *renouer.*

♦ Vx. ou dial. ⇒ **Rebouteur** (→ Faculté, cit. 15).

RENOUVEAU [ʀ(ə)nuvo] n. m. — V. 1200 ; déverbal de *renouveler*, d'après *nouveau.*

♦ **1.** Poét. Retour du printemps où la nature se renouvelle. ⇒ **Printemps** (→ Caressant, cit. 12, envelopper, cit. 27 ; rajeunissement, cit.).

1 (...) c'était une des premières journées d'avril (...) le moment de la grande gaîté du soleil, les jardins qui environnaient les fenêtres (...) avaient l'émotion du réveil (...) le vent, ce ménétrier de la noce éternelle, essayait dans les arbres les premières notes de cette grande symphonie aurorale que les vieux poètes appelaient le renouveau (...)   HUGO, les Misérables, V, VIII, III.

(Déb. XIIIᵉ). Vx. Nouvelle année.

♦ **2.** (Fin XVᵉ). Par métaphore. Retour, nouvel épanouissement de (qqch.). ⇒ **Retour.** *Un renouveau de succès.*

2 Et, devant beaucoup de ces feux, les veillées devaient être douces, car le renouveau d'amour était commencé avec l'hiver dans tout ce pays des Islandais (...)   LOTI, Pêcheur d'Islande, V, X.

Apparition de formes entièrement nouvelles. *Toute mort est l'occasion* (cit. 16) *d'un renouveau.* ⇒ **Recommencement, renaissance.** *Le renouveau des sciences et des arts* (→ Hybride, cit. 7). *Renouveau dramatique* (→ Assoiffer, cit. 3), *lyrique* (→ Friand, cit. 7). ⇒ **Renouvellement.** Absolt. Nouveauté. *Prendre un attrait de renouveau* (→ Espacer, cit. 4).

3 Contrairement à l'apparence, c'est peut-être précisément dans des temps difficiles comme le nôtre que les grands efforts de coordination et de réorganisation doivent être tentés. Dans la vie des peuples comme des individus, les périodes d'épreuves sont souvent celles qui précèdent et préparent les grands renouveaux.   L. DE BROGLIE, Physique et Microphysique, p. 349.

CONTR. Arrière-saison. — Déclin.

RENOUVELABLE [ʀ(ə)nuvlabl] adj. — XVIᵉ ; de *renouveler.*

♦ **1.** Qui peut être renouvelé. — (Au sens I. 1. de *renouveler*). *Accessoires renouvelables. Le Directoire* (cit. 2) *était renouvelable tous les ans par cinquième.* — (Au sens I. 4.). *Passeport, permis..., congé renouvelable. Bail renouvelable par tacite reconduction.*

Vous serez bien gentil de remettre à ma séduisante commissionnaire une ordonnance, si possible *renouvelable*, pour que je puisse me procurer immédiatement cinq ou six douzaines d'ampoules *(de morphine)* d'un centimètre cube.   MARTIN DU GARD, les Thibault, t. III, p. 178.

♦ **2.** Qu'on peut répéter. ⇒ **Répétable.** *Expérience, observation renouvelable, non renouvelable.*

RENOUVELANT, ANTE [ʀ(ə)nuvlɑ̃, ɑ̃t] n. — 1907 ; de *renouveler.*

♦ Relig. cathol. Jeune catholique qui renouvelle* (II., 2.).

RENOUVELER [ʀ(ə)nuvle] v. tr. — Conjug. *appeler.* — 1080, *renuveler* « répéter » ; « remplacer », XIIIᵉ ; de *re-*, et anc. franç. *noveler,* de *novel* « nouveau ».

★ **I.** ♦ **1.** Rétablir dans un état nouveau en remplaçant par une chose nouvelle et semblable (ce qui a servi, subi une altération, une déperdition). ⇒ **Changer.** *Renouveler l'air d'une pièce en l'aérant, en ventilant* (→ Fouetter, cit. 18). *Ventilateur pour renouveler l'air* (→ Hélice, cit. 5). *Renouveler l'eau d'un bénitier* (→ Pâques, cit. 3). *Notre corps s'épuise, il a besoin d'être renouvelé* (→ Nourriture, cit. 1). *Renouveler une provision* (cit. 2), *son stock. Renouveler ses vêtements, sa garde-robe* (→ Harde, cit. 3). *Renouveler son jeu* (cit. 65) *de cravates. Renouveler le mobilier d'une mai-*

son, l'outillage, le matériel (→ Amortir, cit. 9), *la peinture d'une inscription* (→ Lettre, cit. 7). *Renouveler des cataplasmes* (cit. 2), *des pansements* (→ Itératif, cit. 2). *À renouveler*, mention portée par le médecin sur une ordonnance, à l'intention du pharmacien et du malade.

1 (...) la littérature, qui dépend des mœurs, renouvelle ses formules avec une rapidité décourageante.   FRANCE, le Jardin d'Épicure, p. 105.

2 Il rentra dans son cabinet, ouvrit la fenêtre pour renouveler l'air, et s'approcha d'une table basse où s'empilaient des livres (...)
                                           MARTIN DU GARD, les Thibault, t. III, p. 191.

Rendre nouveau (un groupe) en remplaçant ses membres. *Les admissions* (cit. 1) *qui ont renouvelé le club des Jacobins. Renouveler le personnel, les cadres d'une entreprise. Recrues qui renouvellent les armées* (→ Immigration, cit. 1). — (Passif). *Être renouvelé.*

3 Les villes sont le gouffre de l'espèce humaine. Au bout de quelques générations les races périssent ou dégénèrent ; il faut les renouveler, et c'est toujours la campagne qui fournit à ce renouvellement.   ROUSSEAU, Émile, I.

4 Ces marches et ces contre-marches fatiguaient encore plus les Carthaginois ; et les forces d'Hamilcar, n'étant pas renouvelées, de jour en jour diminuaient.
                                                           FLAUBERT, Salammbô, IX.

5 L'Institution renouvelle son personnel, comme si elle craignait pour lui la moisissure.   J. RENARD, Poil de Carotte, Les joues rouges, IV.

♦ **2.** Changer (qqch.) en donnant une forme nouvelle. ⇒ **Rénover, transformer.** *L'homme a renouvelé la surface de la terre* (→ Nature, cit. 62). *La face* (cit. 40) *du monde a été renouvelée* (par le christianisme). *Renouveler un usage, une mode, un genre...* ⇒ **Rajeunir, rhabiller.** *Renouveler le drame biblique* (→ Embourgeoiser, cit. 1). — *Cette découverte a complètement renouvelé la question.* — Relig. *La grâce renouvelle l'homme.* ⇒ **Régénérer.** — Absolt. *Ne jamais détruire, c'est ne jamais renouveler* (→ Défaire, cit. 2).

6 (...) devant cette ruine générale de toutes mes opinions, je résolus de me mettre à voyager, afin de renouveler mon entendement, de me pourvoir, s'il était possible, de connaissances plus solides que les anciennes (...)
                                           J.-A. DE GOBINEAU, Nouvelles asiatiques, p. 299.

7 Les amants, le père, l'avare, tous les grands types peuvent donc toujours être renouvelés ; ils l'ont été incessamment ; ils le seront encore, et c'est justement la marque propre, la gloire unique, l'obligation héréditaire des vrais génies que d'inventer en dehors de la convention et de la tradition.
                                           TAINE, Philosophie de l'art, t. II, p. 226.

8 On ne travaille guère, depuis longtemps, que sur des sujets cent fois traités. C'est la sensibilité de l'écrivain qui les renouvelle.
                                           Paul LÉAUTAUD, le Théâtre de M. Boissard, XLII.

♦ **3.** Littér. Faire renaître, donner une vigueur nouvelle à... *L'exercice de ma pensée renouvelle mes forces physiques* (→ Application, cit. 8). ⇒ **Régénérer.** *Les aliments renouvellent la vie du corps. Renouveler une douleur.* ⇒ **Ranimer, raviver, réveiller.** *L'espérance renouvelle l'angoisse.* ⇒ **Redoubler.**

9 Les obstacles semblaient renouveler ma flamme.
                                           RACINE, Bérénice, IV, 5.

10 Il semble qu'une grâce d'état ait pris soin de renouveler sans cesse et d'accroître sa misère, pour que son génie ne manquât point d'aliments.
                                           R. ROLLAND, Vie de Beethoven, p. 55.

Vx. Rappeler (un souvenir).

♦ **4.** Donner une validité nouvelle à (ce qui expire). *Renouveler un bail* (cit. 4). ⇒ **Proroger, reconduire.** *Renouveler un contrat, une obligation.* ⇒ **Nover.** *Le passeport* (cit. 4) *n'est plus valable, il aurait fallu le renouveler.*

Littér. Remettre en vigueur (un usage ancien), faire revivre, généralement sous une forme nouvelle (rare à l'actif). — *Renouvelé de...* (1668, Molière) : emprunté, repris à... *Les jeux olympiques modernes renouvelés des jeux grecs. Le rôle de bourru, renouvelé de Jean-Jacques* (Rousseau). → Ours, cit. 7.

11 (Il) ne prenait qu'un intérêt médiocre aux odelettes et aux sonnets amoureux de Ronsard, malgré leurs belles rimes et leurs doctes inventions renouvelées des Grecs.   Th. GAUTIER, le Capitaine Fracasse, I.

♦ **5.** Faire de nouveau. ⇒ **Recommencer, refaire, réitérer, répéter.** *Renouveler une demande, une offre, des instances* (cit. 2), *des vœux, des promesses. Renouveler une interdiction* (cit. 1). *Renouveler un exploit ; ses victoires* (→ Après, cit. 26), *ses apparitions* (→ Démone, cit. 1). *L'effort sans cesse renouvelé d'une réflexion* (→ 1. Pensée, cit. 11). — Relig. *Renouveler ses vœux.* ⇒ **Renouvellement.** *Renouveler les vœux du baptême.*

12 Tous les ans, elle renouvelait solennellement ses vœux, et au moment de faire serment, elle disait au prêtre (...)   HUGO, les Misérables, II, VI, IX.

13 À force de renouveler impunément cette imprudence sans nom, je devins tranquille dans cette imprudence. À force de vivre dans ce danger d'être surpris, je me blasai.   BARBEY D'AUREVILLY, les Diaboliques, « Rideau cramoisi », p. 64.

★ **II.** V. intr. (V. 1119, « se transformer »). Vx (langue classique).

♦ **1.** Renaître.

13.1 (...) et ma confusion. Qui renouvelle et croît à chaque occasion.
                                           CORNEILLE, Nicomède, II, 1.

♦ **2.** Absolt. (Relig. cathol.). Refaire sa communion solennelle un an après la cérémonie. ⇒ **Renouvelant.**

Vêtue en première communiante, Camille « renouvelait ». Elle me semblait bien jolie, quoique grand-mère la comparât à une mouche noyée dans du lait.   14
                                           F. MAURIAC, la Robe prétexte, IV.

▶ **SE RENOUVELER** v. pron. (V. 1360).

♦ **1.** Être remplacé par des éléments nouveaux et semblables ; être rendu nouveau par ce remplacement. *Les assaillants* (cit. 2) *se renouvelaient sans cesse. Le monde de Paris se renouvelle vite* (→ Éliminer, cit. 1). *L'Académie ne se renouvelait pas vite* (→ Longévité, cit. 2).

15 À Paris, on s'entretient assez généralement de littérature ; et les spectacles, qui se renouvellent sans cesse, donnent lieu à des observations ingénieuses et spirituelles.
                                           Mme DE STAËL, De l'Allemagne, I, IX.

16 Je plains votre nation. — Ne la plaignez pas, s'écria vivement Corneille ; un homme passe, mais un peuple se renouvelle. Celui-ci, monsieur, est doué d'une immortelle énergie que rien ne peut éteindre (...)
                                           A. DE VIGNY, Cinq-Mars, XXVII.

♦ **2.** (xxe). Prendre une forme, des formes nouvelles, changer. *Le mode d'expression de l'humanité se renouvela totalement après la découverte de l'imprimerie* (cit. 2). Relig. *Les temps se renouvellent* (avec la venue du Messie). — *Le lied* (cit. 2) *se renouvela avec Schumann.*

(Sujet n. de personne). Apporter des changements dans une activité créatrice, se montrer inventif*. *Peintre, écrivain qui se renouvelle au cours de sa carrière. Les amuseurs publics doivent sans cesse se renouveler.*

17 Mais qui aime avec plus de force apprend, s'il le faut, à se renouveler. On épuise tous les jours les manières de plaire ; pourtant il faut plaire et l'on plaît.
                                           A. MAUROIS, Un art de vivre, II, 5 (cf. Plaire, cit. 15, Pascal).

♦ **3.** Renaître, se réformer, réparer ses pertes. *La nature sait se renouveler* (→ Épuiser, cit. 3). *La fourrure, le poil se renouvelle tous les ans.* ⇒ **Repousser** (→ 1. Mue, cit. 1). *Le bois des cervidés se renouvelle chaque année. Des grâces* (cit. 83) *qui se renouvellent sans cesse.*

♦ **4.** Recommencer. ⇒ **Reproduire** (se). *La scène se renouvelle chaque année. Ses lamentations, ses récriminations se renouvellent à toute occasion*, sont perpétuelles, sans fin. *Que ça ne se renouvelle pas !*

18 Les jours suivants, la même scène se renouvela (...)
                                           CAMUS, la Peste, p. 130.

▶ **RENOUVELÉ, ÉE** p. p. adj.

♦ **1.** *Magistrats renouvelés tous les ans* (→ Haut, cit. 38). — *Mode renouvelée. Théorie complètement renouvelée. — Angoisse, espérance renouvelée.*

♦ **2.** Littér. *Renouvelé de...* : repris à... (→ ci-dessus, cit. 11 et *supra*).

♦ **3.** *Vœux renouvelés. Promesses renouvelées et non tenues.*

CONTR. Garder, maintenir. — Continuer.
DÉR. Renouveau, renouvelable, renouvelant, renouvellement.

RENOUVELLEMENT [R(ə)nuvɛlmã] n. m. — xiiie ; *renovelement* « recrudescence », xiie ; de *renouveler*.

Action de renouveler, de se renouveler ; résultat de cette action.

♦ **1.** (xiiie). Remplacement (de choses, de gens par d'autres qui leur sont semblables). *Renouvellement d'un stock, d'une provision.* ⇒ **Réapprovisionnement.** *Renouvellement de l'eau, du combustible d'une machine.* ⇒ **Alimentation.** *Renouvellement du linge usé. Renouvellement des tissus.* ⇒ **Régénération.** *Le renouvellement du conseil des prud'hommes* (cit.) *se fait par moitié tous les trois ans. Constitution qui prévoit le renouvellement du corps législatif.*

1 Le renouvellement des générations est une suite de l'existence des êtres organisés.
                                           É. DE SENANCOUR, De l'amour, p. 10.

2 La galerie sera ravissante. Nous y mettrons des fleurs. Tu verras. Je me chargerai de leur entretien et de leur renouvellement.   MAUPASSANT, Pierre et Jean, IV.

3 (...) il baissait progressivement les articles non vendus, préférant les vendre à perte, fidèle au principe du renouvellement rapide des marchandises.
                                           ZOLA, Au Bonheur des dames, t. II., IX, p. 34.

4 (...) la vie est faite du perpétuel renouvellement des cellules.
                                           PROUST, la Fugitive, Pl., t. III, p. 593.

♦ **2.** (V. 1175). Fait de se reproduire, de se renouveler. *Il faut éviter le renouvellement de ces abus.*

♦ **3.** Changement* complet qui crée un état nouveau. ⇒ **Renouveau, rénovation, transformation.** *Le renouvellement des sciences et des arts.* ⇒ **Renaissance** (→ Église, cit. 5). *Le besoin de renouvellement en littérature.* ⇒ **Nouveauté** (→ Attirance, cit. 3). *Don de renouvellement par des moyens nouveaux* (→ Mesure, cit. 10). *Un état* (cit. 1) *de renouvellement perpétuel.*

5 (...) j'admirais la force de renouvellement original du Temps qui, tout en respectant l'unité de l'être et les lois de la vie, sait changer ainsi le décor et introduire de hardis contrastes dans deux aspects successifs d'un même personnage (...)
                                           PROUST, le Temps retrouvé, Pl., t. III, p. 935.

6 Elle ne savait pas qu'il n'est peut-être pas arrivé une seule fois, qu'un homme ait, de son plein gré, refusé le renouvellement de sa joie.
                                           F. MAURIAC, le Fleuve de feu, III, p. 163.

7 — Vous vouliez donc aller très loin, Monsieur Chavegrand ? reprit Louis. Oh ! je comprends, je comprends : le besoin de renouvellement, d'aventures, n'est-ce pas ?
G. DUHAMEL, Salavin, VI, III.

♦ **4.** Remise en vigueur dans les mêmes conditions. Dr. *Renouvellement d'effet* : prorogation d'échéance d'un effet de commerce. *Renouvellement des baux* (cit. 6) *à loyer.* ⇒ **Prorogation, reconduction** (→ Continuer* un bail). *Renouvellement d'un emprunt* (→ Emprunteur, cit. 2). *Demande de renouvellement de passeport.*

8 Cérizet espéra gagner une dizaine de mille francs au moins par an, pendant douze ans, sans compter les éventualités, ni les pots-de-vin donnés à chaque renouvellement de bail par les fonds de commerce qui s'y établiraient (...)
BALZAC, les Petits Bourgeois, Pl., t. VII, p. 219.

♦ **5.** Relig. Confirmation des vœux, prononcés de nouveau. *Renouvellement des vœux d'une religieuse. Renouvellement des vœux du baptême* (⇒ **Confirmation, rénovation**), *de la communion solennelle.* En ce sens (absolt). *Faire son renouvellement après une année de catéchisme de persévérance.* ⇒ **Renouvelant, renouveler** (I., 5.).

RÉNOVATEUR, TRICE [Renɔvatœʀ, tʀis] n. — 1555, fém. ; masc., 1787 ; du bas lat. *renovator, -trix,* de *renovare.* → Rénover.

♦ **1.** Personne qui rénove, donne une forme nouvelle (à qqch.). *Rénovateur d'une science ; de la morale.* ⇒ **Réformateur.**

1 (...) il n'était pas seulement un enlumineur, il était le rénovateur de l'enluminure et l'un des plus incontestables artistes modernes.
Léon BLOY, la Femme pauvre, I, XXIV.

Adj. « *Doctrine rénovatrice* » (Académie).

2 Tout doit rentrer dans le creuset rénovateur où la mort verse continuellement de la matière pour la continuelle floraison de la vie.
J.-H. FABRE, Souvenirs entomologiques, t. VIII, p. 302.

Personne qui fait renaître une coutume, un art... anciens.

♦ **2.** N. m. (Mil. xxᵉ). Nom donné à certains produits d'entretien qui « remettent à neuf ». *Rénovateur universel.*

RÉNOVATION [Renɔvasjɔ̃] n. f. — xiiiᵉ ; lat. *renovatio* « renouvellement », de *renovare.* → Rénover.

Rétablissement* d'une chose dans l'état où elle était auparavant.

♦ **1.** Didact. Transformation aboutissant à un meilleur état. *Rénovation morale, spirituelle de l'homme.* ⇒ **Amélioration, réforme, régénération, résurrection** (→ Humanisme, cit. 2). *La rénovation des études de l'antiquité* (→ Érudit, cit. 5). — Par ext. ⇒ **Renouvellement** (3.).

1 Il est clair qu'il y a ici une révolution complète des mœurs et de la morale ; au plus profond de l'homme (...) on voit se lever (...) une nouvelle puissance d'action. Cinq siècles plus tard, parmi les frères occidentaux des conquérants de l'Inde, parut, après une élaboration presque semblable, une rénovation presque semblable (...)
TAINE, Nouveaux essais de critique et d'histoire, Le bouddhisme, p. 283.

2 (...) il faut tout de même discerner et dire ce qu'il avait de beau *(le romantisme)* — cette générosité magnifique, ce désir sublime de rénovation et de libération de l'homme (...)
Émile HENRIOT, les Romantiques, p. 448.

3 Le sacrifice de soi-même n'est pas difficile lorsqu'on est brûlé par la passion d'une grande aventure. Et il n'y a pas d'aventure plus belle et plus dangereuse que la rénovation de l'homme moderne.
Alexis CARREL, l'Homme, cet inconnu, VIII, III.

Relig. *La rénovation des promesses du baptême,* à l'occasion de la communion solennelle.

♦ **2.** (Concret). Action de rénover, remise à neuf. ⇒ **Restauration, transformation.** *La rénovation d'une salle de spectacles. Travaux de rénovation.*

CONTR. Décadence. — Déprédation.
DÉR. Rénovateur.

RÉNOVER [Renɔve] v. tr. — V. 1119 ; lat. *renovare* « renouveler », de *re-,* et *novare,* de *novus* « nouveau ».

★ **I.** Vx. Rendre meilleur par conformité à un modèle antérieur à une dégradation. *Renouveler qqn, une âme par le baptême.*

★ **II.** (Mil. xixᵉ, Balzac ; absent de Littré). ♦ **1.** Renouveler (I., 2.) en donnant une forme nouvelle. ⇒ **Améliorer, transformer.** « *Rénover un enseignement* » (Académie). — Faire renaître (→ 2. Matras, cit.).

♦ **2.** (Mil. xxᵉ). Concret. Remettre (qqch.) à neuf*. *Rénover un meuble, une décoration.*

C'est Charles Haviland qui avait rénové cette industrie *(de la porcelaine)...* et changé le rythme de la vie limousine.
J. CHARDONNE, l'Amour du prochain, p. 97.

▶ **RÉNOVÉ, ÉE** p. p. adj. *Salle rénovée. Café entièrement rénové,* modernisé.

RENQUILLER [Rɑ̃kije] v. tr. — 1902 ; « rentrer (dans un lieu) », 1836, Vidocq ; de *enquiller* « entrer », argot, de *quille* « jambe ». Familier.

♦ **1.** Rempocher, rentrer. *Renquille ton argent, c'est moi qui paie.*

♦ **2.** Fig. Rengainer. *Elle a vite renquillé ses compliments.*

RENRAILLEUR [Rɑ̃Rajœʀ] n. m. — Mil. xxᵉ ; de *re-, en-, rail,* et *-eur.*

♦ Techn. Appareil pour remettre sur les rails les roues d'un wagon.

RENSEIGNEMENT [Rɑ̃sɛɲmɑ̃] n. m. — 1762 ; « mention, libellé dans un compte », 1429 ; de *renseigner.*

♦ **1.** Ce par quoi on fait connaître qqch. à qqn (exposé, relation, document, etc.) ; la chose, le fait que l'on porte à la connaissance de qqn. ⇒ **Avis, communication, indication, information, tuyau** (fam.) ; **donnée, éclaircissement, indice, lumière.** *Renseignement vague ; précis* (⇒ **Précision**). *Renseignement faux* (1. Faux, cit. 8). *Renseignement confidentiel.* ⇒ argot 1. **Rancard,** 2. **rambour,** 1. *Communiquer, donner, fournir un, des renseignements.* ⇒ **Informer** (→ Paperasserie, cit. 2), **renseigner** (3.). *Les renseignements qu'on m'avait adressés indiquaient...* (→ Édition, cit. 4). *Obtenir des renseignements précis...* (→ Assurance, cit. 14). *Bons, mauvais renseignements. — Avoir des renseignements sur qqch.* (→ Espace, cit. 18). *Renseignements sur un sujet d'études* (⇒ **Documentation**), *sur la situation de qqn.* ⇒ **Nouvelle**(s). *Renseignements relatifs à qqch., à qqn* (→ Habillement, cit. 1), *concernant qqch., qqn. — Recherche de renseignements.* ⇒ **Enquête.** *Aller aux renseignements, à leur recherche. Chercher un renseignement dans une encyclopédie.* ⇒ **Consulter.** *Puiser, trouver un renseignement. Demander à titre de renseignement,* à titre documentaire*, pour mémoire*. — *Cahier* (→ Quinzaine, cit. 1), *carnet, fiche, recueil de renseignements.* ⇒ **Almanach, annuaire, calepin** (vx) ; **livret ; document, dossier, fiche, fichier.** *Les sources de renseignements d'un journaliste.* — Spécialt. *Renseignements sur le compte d'une personne, d'une entreprise...,* qui doivent servir à l'appréciation de sa valeur. *Prendre ses renseignements* (→ Étranger, cit. 42). *Renseignements pris :* après avoir obtenu des renseignements. *Renseignements pris, je n'achèterai pas cette maison. Fournir de bons renseignements,* des références. — (Dans le contexte administratif, commercial). *Renseignements fournis au public. Entrez ! un renseignement ne coûte rien. Pour tout renseignement, pour plus amples renseignements, adressez-vous à... Guichet, bureau des renseignements.*

1 La petite fiole de verre que jette aux vagues un navire en perdition contient un renseignement suprême, précieux à tous les points de vue. Renseignement sur le bâtiment, renseignement sur l'équipage, renseignement sur le lieu, l'époque et le mode du naufrage, renseignement sur les vents qui ont brisé le vaisseau, renseignement sur les courants qui ont porté la fiole flottante à la côte.
HUGO, l'Homme qui rit, II, I, VII.

2 Le pharmacien lui apprit que le bateau de Victor était arrivé à La Havane. Il avait lu ce renseignement dans une gazette.
FLAUBERT, Trois contes, « Un cœur simple », III.

♦ **2.** (Fin xixᵉ). Spécialt. (Au plur.). Information, plus ou moins difficile à obtenir, concernant l'ennemi, ce qui met en danger l'ordre public, la sécurité... ; recherche de telles informations. *Agent de renseignements* (→ Agent* secret, espion). *Agence, bureau, service de renseignement* (abrév. : *S. R.*). *Organe de renseignements et de sécurité* (→ Obsidional, cit. 3). *Aviation de renseignement.* — *Renseignements généraux* (services de la préfecture de Police et de la direction de la Sûreté). *Division du renseignement,* à l'état-major de la Défense nationale. *Officier de renseignements* (→ aussi Deuxième bureau*). — *Renseignements aériens, terrestres.*

3 Cet homme *(Fouché)* qui possédait les secrets des Montagnards (...) et ceux des royalistes (...) avait lentement et silencieusement étudié les hommes, les choses, les intérêts de la scène politique ; il pénétra les secrets de Bonaparte, lui donna d'utiles conseils et des renseignements précieux.
BALZAC, Une ténébreuse affaire, Pl., t. VII, p. 498.

4 Ces jours-ci, à Itzer, j'étais mis en possession d'un paquet de lettres interceptées par nos agents de renseignements venant les unes du Nord, les autres du Sud.
L.-H. LYAUTEY, Paroles d'actions, p. 254.

(V. 1920). Service de recherche des renseignements. ⇒ **Espionnage.** *Être dans le renseignement.*

RENSEIGNER [Rɑ̃sɛɲe] v. tr. — 1358, « mentionner, indiquer dans un compte », rare jusqu'au xviiiᵉ ; *renseigner à qqn* (1732, dial.) ; sens mod., av. 1850 ; de *re-,* et *enseigner,* et — pour le sens mod. — de *renseignement.*

♦ **1.** (1798). Vx. Enseigner de nouveau à (quelqu'un).

♦ **2.** (1835). Mod. Éclairer*, instruire (qqn) sur un point précis (le renseignement fourni correspondant à un besoin ou à une demande). ⇒ **Avertir, informer, instruire ;** fam. **affranchir, brancher,** 1. **rancarder, tuyauter ;** cf. Porter à la connaissance de, faire connaître à, mettre au courant, mettre au parfum (fam.). *Renseigner qqn en lui apprenant*, en lui indiquant*... ⇒ **Dire** (→ aussi Fournisseur, cit. 2). *Renseigner un passant* (→ Obligeance, cit.). *Je vais vous* *renseigner sur son compte.* ⇒ **Édifier, fixer.** *Renseigner son gouvernement* (→ Diplomatie, cit. 1). *On vous a mal renseigné.* — Par ext. (Sujet n. de chose). *Indices* (cit. 4) *capables de renseigner le médecin. L'expérience* (cit. 27) *qui devrait nous renseigner. La valeur marchande* (cit. 14) *d'une œuvre ne saurait renseigner sur sa valeur réelle. Document qui renseigne utilement* (→ Informer, cit. 17).

1 (...) l'âme de l'homme imagine plus facilement et plus volontiers la beauté, l'aisance et l'harmonie que le désordre et le péché qui partout ternissent, avilissent, tachent et déchirent ce monde et sur quoi nous renseignent et tout à la fois nous aident à contribuer nos cinq sens.
GIDE, la Symphonie pastorale, p. 36.

2 C'est une dame avec son auto, qui se trompait de route. Un peu plus, l'auto s'enlisait ici. Je l'ai renseignée.
COLETTE, le Blé en herbe, IV.

3 Venez quand il vous plaira. Il y aura toujours quelqu'un pour vous recevoir et vous renseigner sur n'importe quelle question.
J. ROMAINS, les Hommes de bonne volonté, t. V, V, p. 41.

Pron. (1829). Prendre, obtenir des informations, des renseignements. ⇒ **Instruire** (s') ; → Forme, cit. 62 ; poireauter, cit. 1. *Se renseigner auprès de qqn.* ⇒ **Demander, enquérir** (s'), **enquêter, interroger.**

4 Selon une habitude assez inconvenante, mais très commode quand on ne connaît rien d'une ville, je me renseignai auprès de plusieurs passants.
APOLLINAIRE, l'Hérésiarque..., p. 12.

P. p. adj. Éclairé, instruit par un, par des renseignements. *Être bien, mal renseigné sur...* (→ Homme, cit. 47). Absolt. *La police est renseignée* (→ Dossier, cit. 3), est au courant, est au fait* (*infra* cit. 39). *Un monsieur renseigné, bien renseigné.* Cf. Au parfum (fam.).

5 Le seul point qui lui soit donné est celui-ci : nous n'avons aucune envie de reprendre notre vie passée, mais nous commençons volontiers notre vie à venir. Or il ne peut en tirer sa conclusion pessimiste qu'à la condition d'admettre que nous sommes parfaitement bien renseignés sur le passé, parfaitement mal sur le présent et l'avenir.
J. PAULHAN, Entretien sur des faits divers, p. 47.

N. (rare au fém.). *Un renseigné* (→ Détenir, cit. 2). *Les bien renseignés.*

6 Certains de mes « amis » (...) s'attristent de me voir, dans mes écrits, dans mes propos, tourner contre moi-même cette arme essentielle ; ils parlent, ces renseignés, de masochisme, de haine de soi-même, ou même, lorsque je mêle à ces jeux libérateurs ceux qui me sont proches, d'exhibitionnisme et de muflerie.
R. GARY, la Promesse de l'aube, p. 160.

♦ **3.** Régional (Belgique) et fam. Indiquer (qqch.) par un renseignement. *Renseigner un livre à qqn,* lui indiquer, lui en recommander la lecture.

DÉR. Renseignement.

RENTABILISATION [Rᾶtabilizasjɔ̃] n. f. — 1969 ; de *rentabiliser.*

♦ Écon. Le fait de rentabiliser ; son résultat. *La restructuration et la rentabilisation d'une entreprise industrielle.*

RENTABILISER [Rᾶtabilize] v. tr. — 1962 ; de *rentable.*

♦ Comm. Rendre rentable, faire en sorte que (une opération) soit financièrement bénéficiaire. *Rentabiliser une publicité, une étude de marché.* — Par ext. Rendre rentable l'exploitation de.
Rentabiliser des garages au fin fond de la brousse, au détriment du renseignement.
Philippe BERNERT, S. D. E. C. E. Service 7, p. 236.

DÉR. Rentabilisation.

RENTABILITÉ [Rᾶtabilite] n. f. — 1926, Ch. Gide ; de *rentable.*
Économie.

♦ **1.** Caractère que présente le capital de procurer à son propriétaire le droit de prélever une part des richesses déjà créées (opposé à *productivité*). Cf. Charles Gide, *Économie politique,* t. I, p. 189-190. *Taux de rentabilité.*

♦ **2.** Caractère d'une entreprise rentable.

RENTABLE [Rᾶtabl] adj. — Fin XIXᵉ, selon Dauzat, de *rente* ; XIIIᵉ en picard, *terre rentable* « chargée d'une redevance ».

♦ **1.** Qui produit une rente (4.), un revenu supplémentaire, un bénéfice. *Entreprise, exploitation plus ou moins rentable.*

♦ **2.** Cour. Qui rapporte, est fructueux. ⇒ **Payant** (fam.). *Un travail rentable.*

1 Il (...) dit volontiers qu'il est sûr de ce qu'il fait, au point de vue financier, que l'idée de papa lui paraît excellente, que c'est un placement rentable — son propre mot.
G. DUHAMEL, Chronique des Pasquier, VIII, IV.

Par extension :

2 Vendre son âme pour six mois de rigolade, ce n'est guère *rentable,* comme disent les jeunes patrons d'aujourd'hui.
J. DUTOURD, les Horreurs de l'amour, p. 716.

DÉR. Rentabiliser, rentabilité.

RENTAMER [Rᾶtame] v. tr. — 1320 ; de *re-,* et *entamer.*
Rare.

♦ **1.** Entamer, commencer de nouveau (après une interruption). *Rentamer du pain.*

♦ **2.** Recommencer. *Rentamer son discours.*

RENTE [Rᾶt] n. f. — XIIᵉ, fém. d'un anc. p. p. de *rendre,* lat. pop. **rendita,* p. p. fém. du lat. pop. **rendere.* → Rendre ; lat. class. *reddita* « somme rendue » (par un placement).

♦ **1.** Revenu périodique, à l'exclusion de celui du travail. ⇒ **Produit, revenu.** *Avoir des rentes ; vivre de ses rentes* (→ Diable, cit. 18). — Par ext. Source de revenu (→ Fureur, cit. 15).
Fig. (Vieilli). *Des personnes à qui le ciel n'a donné d'autres rentes que l'intrigue et l'industrie* (cit. 7).

♦ **2.** (XVIᵉ). Produit périodique (en général redevance annuelle) qu'une personne (⇒ **Débirentier**) est tenue de servir à une autre personne (⇒ **Crédirentier**), en raison d'un contrat, d'un jugement, d'une disposition testamentaire ; ensemble des redevances ainsi versées. ⇒ **Arrérages** (cit. 2 et 3), **intérêt, produit.** — *Constitution de rente :* contrat par lequel une des parties s'engage, gratuitement ou en échange d'un capital, à payer une redevance (Code civil, art. 1910 à 1914). *Dans la rente, à la différence du prêt* à intérêt, la restitution du capital ou du bien n'est pas exigible. Rente foncière,* constituée moyennant une aliénation immobilière. *Rente perpétuelle,* constituée en perpétuel. *Rente viagère,* payable pendant la vie du crédirentier ou d'un tiers. ⇒ **Viager** (Code civil, art. 1968 à 1983). *Mettre une rente viagère sur la tête d'une personne, payer des rentes viagères à qqn* (→ Enrager, cit. 8). *Rente viagère perçue sur une tontine*.* — *Rente quérable*, portable.* — *Rapport de la rente* (annuelle) *et du capital. Rente à cinq pour cent ; au denier* dix* (vx). — *Servir une rente à qqn. Jouissance d'une rente. Rachat, remboursement d'une rente. Transfert d'une rente. Une rente léguée* (cit. 2) *par... Avoir une petite rente* (→ Marcher, cit. 39). *Mille livres** (cit. 5) *de rente.* — *Donner, prendre une terre à rente,* en convenant de recevoir ou de servir une rente. ⇒ **Arrentement, arrenter** (cit.). *Bail à rente.*

1 (...) elle a fait ses partages de son vivant et s'était réservé une pension que lui paye sa nièce, madame de Soulanges, à laquelle elle a donné sa terre de Guébriant à rente viagère.
BALZAC, la Duchesse de Langeais, Pl., t. V, p. 231.

2 — Maintenant que le partage est résolu, reprit le notaire, il s'agit de régler les conditions. Êtes-vous d'accord sur la rente à servir ?
ZOLA, la Terre, I, II.

Fam. Dépense à renouveler régulièrement (comme on sert une *rente*). Par antiphr. Chose désagréable que l'on subit périodiquement (comme on touche une *rente*).

3 Maman Coupeau, qui avait toussé et étouffé tout décembre, dut se coller dans le lit après les Rois. C'était sa rente ; chaque hiver, elle attendait ça.
ZOLA, l'Assommoir, IX, t. II., p. 78.

Loc. (1971). *Rente de situation :* avantage acquis depuis longtemps, que le bénéficiaire, de ce fait, considère comme un droit irréversible.

♦ **3.** Spécialt. *Rentes sur l'État :* rentes émises par l'État, à la suite de souscriptions publiques, dont sont représentées par des titres* (au porteur ou nominatifs). ⇒ **Dette.** *Rentes et bons du Trésor. Les rentes s'amortissent par le rachat des titres. Rentes à 5 pour cent,* et, ellipt., *du cinq pour cent*. Capitaliser* une rente. Coupons* de rente. Conversion* de rentes.* — *Rapport de la rente* (⇒ **Consolidation**) ; *rentes perpétuelles.* — Vieilli. *Acheter, vendre de la rente. Le cours* (cit. 22) *de la rente. Rente au pair,* dont la valeur d'échange est égale à la valeur nominale.

♦ **4.** (V. 1750 ; angl. *rent* « loyer qu'un fermier paye à son propriétaire »). Écon. Le revenu de la productivité naturelle d'une terre, distincte de celle du travail et du capital investis sur cette terre (dans le cas d'une location nue de la terre à un fermier, le prix du fermage* tend à coïncider avec la *rente ;* → aussi Métayage, cit. 1). *Théorie de la rente* (Ricardo, Malthus). *Rente différentielle ; absolue. Rente marginale.*

CONTR. Capital.
DÉR. Rentable, renter, 1. rentier, 2. rentier.

RENTÉ, ÉE [Rᾶte] p. p. adj. — 1549 ; p. p. de *renter.*

♦ Vieilli. Qui a des rentes. *Un de ces hommes rentés, qui ont de grosses prébendes* (cit. 1). *Être né bien renté,* riche (→ Quelqu'un, cit. 15).

RENTER [Rᾶte] v. tr. — XIIIᵉ ; de *rente.*

♦ **1.** Vieilli. Doter (qqn) d'une rente (1. ou 2.). *On l'a renté de mille écus.*

♦ **2.** Rare. Pourvoir d'argent, de revenus.

1. RENTIER, IÈRE [Rᾶtje, jɛR] n. — 1356 ; « celui qui doit une rente », 1200 ; de *rente.*

♦ **1.** Personne qui a des rentes (spécialt, des rentes sur l'État).

⇒ **Débirentier** (→ Arriéré, cit. 6; assaut, cit. 13; coupon, cit. 2; expatrier, cit. 2).

Cour. Personne qui vit de ses rentes. *Les petits rentiers* (→ Médiocrité, cit. 9).

1 Je suis pauvre, tu sais, tu sais aussi comment,
De quelle ardeur je trime et fais, vaille que vaille,
Puisqu'on n'est pas rentier et qu'il sied qu'on travaille,
Des besognes pour tel journal (...) VERLAINE, Élégies, VIII.

2 Ils *(les rentiers)* répondent (...) Nous vivons *sur le produit d'un travail passé* (...) quand le rentier est un fonctionnaire qui touche sa pension de retraite (...) personne n'a rien à objecter (...) Mais quand ce travail passé est celui *d'autrui* (...) la question devient plus embarrassante.
Charles GIDE, Cours d'économie politique, t. II, p. 277.

♦ **2.** Fig. Personne qui a des revenus suffisants pour vivre sans travailler. *Mener une vie, une existence de rentier. Tenir table comme une rentière* (→ Étaler, cit. 30).

3 Certains, en France, gardent une idéologie de rentiers et considèrent avec condescendance le travail, surtout le travail manuel.
Henri LEFEBVRE, la Vie quotidienne dans le monde moderne, p. 67.

2. RENTIER [ʀɑ̃tje] n. m. — 1463; de *rente*.

♦ Hist. Liste des rentes (sommes dues au seigneur), en Bretagne.

RENTOILAGE [ʀɑ̃twalaʒ] n. m. — 1752; de *rentoiler*.

♦ Opération par laquelle on substitue une toile neuve à la toile usée d'un tableau.
Les chevaux du maître, objets des plus coûteuses assurances, restaurations et rentoilages, auront reçu plus de soins que n'importe quel bipède de la famille.
Pierre DANINOS, Un certain Monsieur Blot, p. 266.

RENTOILER [ʀɑ̃twale] v. tr. — 1690; de *re-*, et *entoiler*.

♦ Remplacer par une toile nouvelle la toile usée de. *Rentoiler une chaise longue, un pliant. Rentoiler l'aile d'un planeur.* Spécialt. Fixer sur une toile neuve (une peinture). *Rentoiler un tableau* (⇒ **Réparer, restaurer**).

DÉR. Rentoilage, rentoileur.

RENTOILEUR, EUSE [ʀɑ̃twalœʀ, øz] n. — 1856, *in* D.D.L.; de *rentoiler*.

♦ Spécialiste qui rentoile les tableaux.

1. RENTRAGE [ʀɑ̃tʀaʒ] n. m. — 1846, Bescherelle; de 1. *rentrer*.

♦ Techn. Action de rentrer. *Le rentrage du bois.*

2. RENTRAGE [ʀɑ̃tʀaʒ] n. m. — 1875; de 2. *rentrer*.

♦ Techn. Opération qui consiste à passer dans un ordre déterminé tous les fils de chaîne dans les maillons des lices. — On dit aussi *remettage*. — REM. Le terme traditionnel de *rentraiture* est généralement considéré comme plus correct que *rentrage*.

RENTRAIRE [ʀɑ̃tʀɛʀ] v. tr. — Conjug. *traire*. — 1404; de *re-*, et anc. franç. *entraire* « tirer », du lat. *intrahere*. → Traire.

♦ **1.** Vx. Coudre, joindre les bords d'une déchirure, de façon que la couture ne soit pas visible. ⇒ **Stopper**.

♦ **2.** Réparer les défauts du drap, du tissu, après foulage, tonte et apprêt. — Syn : *rentrayer*. ⇒ **Rentrayage**.

♦ **3.** Masquer les défauts du cuir (éraillures...).

♦ **4.** Réparer (une tapisserie) en refaisant la trame, la chaîne endommagée. ⇒ **Rentraiture**.

DÉR. Rentraiture.

RENTRAITURE [ʀɑ̃tʀɛtyʀ; ʀɑ̃tʀetyʀ] n. f. — 1530; de *rentraire*. Technique.

♦ **1.** Vx. Stoppage, couture invisible. Réparation d'une partie usée, détruite, par réfection de la tapisserie. — Assemblage de deux bandes de moquette par couture.

♦ **2.** Techn. Syn. plus ancien de 2. *rentrage*.

♦ **3.** Arts. Opération par laquelle on masque les défauts (du cuir, d'une gravure, etc.). ⇒ **Rentraire**.
(...) cette spirituelle eau-forte de Liotard, avec seulement quelques rentraitures de burin (...) Ed. et J. DE GONCOURT, Journal, 14 déc. 1894, t. IX, p. 207.

RENTRANT, ANTE [ʀɑ̃tʀɑ̃, ɑ̃t] adj. et n. — 1652; de 1. *rentrer*.

A. Adj. ♦ **1.** Géom. *Angle rentrant*, dont le sommet est à l'intérieur de la figure dont il fait partie (opposé à *saillant*). Par ext. Angle supérieur à 180°.

Hist. nat. Techn. *Surface rentrante*, qui forme un creux*, une concavité accentuée, se replie sur elle-même.
Le doux murmure d'une ville de province à demi cachée dans l'arc rentrant de la rivière (...) BALZAC, le Curé de village, Pl., t. VIII, p. 595. 1

♦ **2.** Qui peut être rentré. *Train d'atterrissage rentrant*, escamotable.

♦ **3.** Vén. Qui entre (dans une enceinte : bois, forêt). *Voie rentrante*.
Il est *(un cerf)* rentrant à la grande allée, expliqua le second piqueux*, sortant au Rond-du-Seigneur, rentrant encore dans l'enceinte de gauche, où il fait sa reposée. M. DRUON, la Chute des corps, II, IX, p. 174. 2

B. N. ♦ **1.** (1834). Joueur qui prend la place d'un perdant.
On demande un rentrant à la bouillotte. E. LABICHE, Un gros mot, 13. 3

Élève qui rentre, revient après une période d'interruption (vacances). *Les rentrants et les nouveaux.*

♦ **2.** N. m. (1875). Partie, élément qui « rentre », forme une concavité.
(...) une « ligne » qui, pour suivre le contour de la femme, avait abandonné les chemins accidentés, les rentrants et les sortants factices (...)
PROUST, À l'ombre des jeunes filles en fleurs, Pl., t. I, p. 618. 4

CONTR. Saillant.

RENTRAYAGE [ʀɑ̃tʀɛjaʒ] n. m. — 1802; de *rentrayer*.

♦ **1.** Techn. Le fait de rentraire*. — Vx. Stoppage.

♦ **2.** Opération de réparation (à l'aiguille) des défauts du drap, d'un tissu.
(...) j'aimais l'odeur de la laine grasse dans les triages, les longues pièces tordues qui, à la teinture, plongeaient dans les bains de couleur, le silence surprenant des ateliers de rentrayage (...) A. MAUROIS, Mémoires, t. I, II.

RENTRAYER [ʀɑ̃tʀeje] v. tr. — Mil. XVIIIᵉ, Voltaire; de *rentraire*, par modification de finale.

♦ Rentraire.

DÉR. Rentrayage, rentrayeur.

RENTRAYEUR, EUSE [ʀɑ̃tʀɛjœʀ, øz] n. — Fin XVᵉ; au fém. en 1834; de *rentrayer*.
Technique.

♦ **1.** Ouvrier, ouvrière qui répare par rentraiture ou rentrayage. ⇒ **2. Rentrage**. *Rentrayeur de drap, de tapis* (stoppeur), *de tapisserie* (tapissier à l'aiguille).

♦ **2.** Dans une fabrique de drap, Celui, celle qui répare les défauts, les déchirures causés par l'apprêt. *Rentrayeuses et épinceteuses* (→ Fileur, cit. 2).

RENTRÉ [ʀɑ̃tʀe] n. m., **RENTRÉ, ÉE** [ʀɑ̃tʀe] adj. ⇒ 1. **Rentrer**.

RENTRE-DEDANS [ʀɑ̃tʀədədɑ̃; cour. ʀɑ̃tdədɑ̃] n. m. — 1925; de *rentrer dedans*, par métaphore « et, si l'on ose dire, anticipation » (Cellard et Rey).

♦ Fam. Attitude de séduction insistante, indiscrète. Surtout dans la loc. : *faire du rentre-dedans à (qqn, une femme). Elle lui a fait un rentre-dedans pas possible.*
Je suis gonflé dans mon genre, non? Comme séance de rentre-dedans, on ne peut faire mieux. Voilà que tout tranquillement je décide, sans consulter la gosse, de passer la noye *(la nuit)* avec elle. SAN-ANTONIO, Œ. compl., t. I, p. 143.

RENTRÉE [ʀɑ̃tʀe] n. f. — 1510, « retraite »; 1538, *rentrée en grâce*; de 1. *rentrer*.

★ **I.** (Êtres vivants). Retour en un lieu d'où l'on était sorti.

♦ **1.** (Seulement dans quelques emplois). Le fait de rentrer. *Une rentrée au bercail* (→ Fugue, cit. 5). *La rentrée des voitures à Paris, à la fin du week-end, des vacances.*

Spécialt. Moment où des personnes doivent rentrer (à leur travail, etc.). *Heure de rentrée* (→ Pointage, cit. 2).

♦ **2.** (1718). Reprise des fonctions, des activités de certaines institutions (justice, enseignement...) après une interruption. *La rentrée des tribunaux. La rentrée des classes** (→ Pion, cit. 1).
(...) le cœur plein de la rentrée prochaine, des préaux funèbres où l'accueilleraient bientôt le noir hiver, des classes puantes, des réfectoires à la grasse haleine, des interminables grand'messes à fanfare où une petite âme harassée ne saurait rien partager avec Dieu que l'ennui (...)
BERNANOS, les Grands cimetières sous la lune, p. 79. 1

Vx. La réouverture des théâtres.

Absolt. L'époque de la *rentrée* des classes (qui est aussi celle du retour des vacances annuelles pour la plupart des Français), la reprise des activités normales après les vacances. « Vivent les vacances, À bas la rentrée... » (chanson).
La rentrée sociale, reprise de l'activité syndicale après les vacances d'été. *La rentrée politique, parlementaire.*

♦ 3. (1835). Retour d'un acteur à la scène, après une interruption. *« Cet acteur a fait sa rentrée par tel rôle »* (Littré). — Par anal. *La rentrée d'un écrivain, d'un homme politique.*

2　Aux Italiens, l'entrée dans sa loge de Mˡˡᵉ Haudancourt amenait dans la salle ce mouvement de curiosité qu'accueille la rentrée en scène des personnalités parisiennes un moment disparues, et qui se remontrent tout à coup, inopinément.
　　　　　　　　　Ed. et J. DE GONCOURT, *Chérie*, p. 324.

3　M. Marin, lui, profitait de ce raout pour préparer sa *rentrée politique.*
　　　　　　　　　R. RADIGUET, le *Diable au corps*, p. 109.

♦ 4. Chasse. Retour des animaux dans les bois, au point du jour. *Rentrée (des chiens) au chenil* (sonnerie).

♦ 5. (1904, in Petiot; de 1. *rentrer* B., 1.). Série de coups, attaque* violente (en boxe).

★ II. (Choses). Action de mettre ou de remettre à l'intérieur (ce qui était dehors); son résultat.

♦ 1. (1798). Mise à l'abri. *La rentrée des foins, du fourrage...*

♦ 2. (1771). *Rentrée d'argent* : somme d'argent qui est perçue, recouvrée, qui entre en caisse. ⇒ **Encaissement, perception, recette, recouvrement** (→ Faciliter, cit. 5). — Absolt. *Les rentrées* (→ Élever, cit. 66; 2. expédient, cit. 12). *Les rentrées de l'impôt*. Effets mis en liasses, après paiement.

♦ 3. (1694). *La rentrée* : la carte ou les cartes que l'on prend dans le talon après avoir écarté.

♦ 4. Sports. *Rentrée (du ballon) en touche*. — Rugby. *Rentrée en mêlée*.

♦ 5. Mus. Retour du motif principal au cours d'un morceau.

♦ 6. Phase du vol (d'un engin) pendant laquelle il pénètre dans les couches atmosphériques pour revenir vers la Terre. *Rentrée atmosphérique* : rentrée dans l'atmosphère. *Déclencher les opérations de rentrée d'un satellite habité. Rentrée balistique*, sans propulsion. *Angle de rentrée.*

★ III. Forme de ce qui rentre (1. Rentrer, II., 2.), constitue un creux en retrait. — Mar. Rétrécissement de la largeur du navire en montant vers les gaillards (navire « frégaté »), forme courante au XVIIIᵉ siècle.

CONTR. Sortie, vacances. — Dépense.

1. RENTRER [Rɑ̃tRe] v. — Déb. XIIᵉ; de *re-*, et *entrer*.

★ I. V. intr. **A.** Entrer de nouveau. — REM. *Rentrer* ne se conjugue plus avec l'auxiliaire *avoir*, mais avec l'auxiliaire *être*, même pour exprimer l'action. On n'écrirait plus : *« J'ai (...) rentré par l'autre porte »* (Molière, les *Fâcheux*); *« Par sa mort il a rentré dans l'ordre »* (Faguet, in Grevisse).

♦ 1. Entrer de nouveau dans un lieu d'où l'on est sorti, où l'on a déjà été. *Des gens ahuris* (cit. 3) *qui sortaient des maisons, qui y rentraient. Rentrer dans sa chambre.* — Par ext. *Rentrer dans une ville, dans un camp...* — Fig. *« Rentre dans le néant* (cit. 22) *dont je t'ai fait sortir ».* — Loc. *Rentrer dans sa coquille*.

1　L'honneur est comme une île escarpée et sans bords;
　On n'y peut plus rentrer dès qu'on est dehors.
　　　　　　　　　BOILEAU, Satires, X.

2　(...) il fraternise avec l'ennemi sans se nuire, il rentre dans son camp de plus belle, et le revoilà tout chamarré de royalisme (...)
　　　　　　　　　SAINTE-BEUVE, *Chateaubriand...*, t. I, p. 237.

3　Mˡˡᵉ de Plémeur prit congé. Déjà sur le seuil, elle rentra dans l'anti-chambre (...)
　　　　　　　　　MONTHERLANT, les *Olympiques*, p. 93.

Absolt. *On le chasse par la porte, il rentre par la fenêtre*. *Il sortait, il rentrait, sans qu'on le sût* (→ Pavillon, cit. 4).

Par ext. *Rentrer en scène après une fausse sortie. Rentrer dans l'alignement, dans les rangs.* — Par métaphore. *Rentrer au bercail*. *Rentrer dans le giron* (cit. 6), *dans le sein de l'Église.*

♦ 2. Entrer (dans un lieu d'où l'on était parti, que l'on avait quitté). ⇒ **Retourner, revenir.** *Rentrer au logis* (→ Motiver, cit. 2), *chez soi* (→ Camper, cit. 8; fournée, cit. 1). *Il vient juste de rentrer chez lui. Rentrer à bord* (cit. 5) *d'un navire.* ⇒ **Rallier.** — Par ext. *Rentrer à Paris* (→ Goûter, cit. 19). *Avion qui rentre à sa base.*

4　— (...) À quelle heure nous disais-tu donc qu'il rentre chez lui? — Mais à une heure, deux heures (...) Les deux époux se regardèrent dans un profond étonnement.
　　— Il joue donc? dit Monsieur Guillaume. Il n'y avait que les joueurs qui, de mon temps, rentrassent si tard. BALZAC, la *Maison du Chat-qui-pelote*, Pl. t. I, p. 59.

5　(...) et quand, fatigués par la houle et gorgés des produits de l'Orient, ils *(ces navires)* rentrent au port natal (...) BAUDELAIRE, le *Spleen de Paris*, XVIII.

6　Rentre. Je ne vois plus ton visage.
　Il est trop tard déjà pour s'asseoir au perron (...)
　　　　　　　　　H. DE RÉGNIER, *Poèmes, Médailles d'argile*, « Le feu ».

7　Pourquoi étais-je rentré? Pourquoi ne pas avoir fui, droit devant moi, sans retourner la tête? F. MAURIAC, la *Robe prétexte*, XIII.

Absolt. (Opposé à *partir* et à *sortir*). Revenir. *Quand vous rentrerez ce soir* (→ Aversion, cit. 9). *Il dut rentrer avant la fin de la soirée.* ⇒ **Retirer** (se). *Sortir le soir et rentrer au petit jour* (→ Horreur, cit. 23). *Rentrer fatigué* (→ Novice, cit. 6). *Rentrer après une*

promenade, d'une promenade (cit. 2). *Rentrer du bal* (→ 1. Bouquet, cit. 4)... *Rentrer de la chasse. Rentrer bredouille*. — *Rentrer pour dîner, rentrer dîner* (→ Devant, cit. 3; flâner, cit. 2).

8　Les passants deviennent plus rares. On rentre. Les uns pensent à la chambre tranquille, au lit à rideaux (bon endroit pour mourir); les autres regrettent l'agitation interrompue (...) Charles CROS, l'*Heure froide*, Pl., p. 160.

♦ 3. (XVIᵉ). Fig. Entrer (I. A. 3.) de nouveau (dans une situation, dans un état antérieur). *Rentrer dans l'Administration* (→ Position, cit. 14). *Soldat qui rentre dans la vie domestique* (→ Habitude, cit. 13). — Par métaphore. *Rentrer dans le repos* (→ 2. Carrière, cit. 13), *dans sa solitude* (→ Indépendance, cit. 5), *dans son élément* (cit. 17)... *Rentrer dans le devoir*, *dans le rang*. — REM. Cet emploi était plus étendu dans la langue classique (cf. Racine, *Athalie*, I, 2 : «Dans quel péril encore est-il prêt de rentrer!»).

9　Par quel charme, oubliant tant de tourments soufferts,
　Pouvez-vous consentir à rentrer dans ses fers? RACINE, *Andromaque*, I, 1.

♦ 4. Vx. *Rentrer dans, en...* Retrouver (une situation favorable, un état heureux que l'on avait perdu). *« Rentre dans ton crédit et dans ta renommée »* (Corneille, *Cinna*, V, 3). — Loc. mod. *Rentrer dans les bonnes grâces* (cit. 11) *de qqn, rentrer en grâce.* ⇒ **Grâce** (cit. 13 et 14).

Par ext. *Rentrer dans ses droits.* ⇒ **Recouvrer.** *Rentrer dans son bien, dans ses débours, ses déboursés, ses dépenses, ses frais*, les récupérer ou en retrouver l'équivalent.

10　(...) était-ce donc un si grand tort de rentrer dans son droit, dans son patrimoine, dans son héritage, dans sa maison, et, patricien, dans le rang de ses aïeux, et, orphelin, dans le nom de son père? HUGO, l'*Homme qui rit*, II, IX, II.

11　(...) Françoise dit sa volonté d'épouser Jean, en expliquant qu'il lui fallait un homme pour la faire rentrer dans son bien (...) ZOLA, la *Terre*, IV, VI.

12　— Personnellement, je ne désire aucun salaire (...)
　Tout au plus souhaiterais-je de rentrer dans une partie des dépenses que nécessite l'opération. J. ROMAINS, les *Copains*, I.

Recommencer (une activité, etc.). ⇒ **Entrer** (I., A., 4.). *Rentrer dans la danse* (→ Frénésie, cit. 5). *Rentrer dans une affaire* : rentrer en fonction.

♦ 5. (1835). Absolt. Reprendre ses activités, ses fonctions... *Les tribunaux, les lycées, les classes rentrent à telle date.* — Effectuer sa rentrée, en parlant d'un acteur.

♦ 6. (1749). Le sujet désigne une chose qui entre (I., A., 2.), pénètre de nouveau. *Les pipes rentrent dans leurs étuis* (→ Guilloché, cit. 2).

Par ext. *Faire rentrer une nation dans ses bornes naturelles*, l'y remettre, l'y faire revenir (→ Domination, cit. 2).

13　Encore quelque instant trente ans de recul, il rentrera dans le XVIIIᵉ siècle, comme on voit, en voyage, une montagne isolée rentrer, à mesure qu'on s'en éloigne, dans la chaîne qui l'adosse, et s'y confondre. GIDE, *Nouveaux prétextes*, p. 154.

Fig. *Tout est rentré dans l'ordre* (cit. 31). — Vieilli. *Sentiments qui rentrent dans l'âme, dans l'esprit*, s'en emparent de nouveau.

14　On lui fait respirer du vinaigre. Au bout de quelques instants, la vie commence à rentrer dans la jeune fille. Ed. et J. DE GONCOURT, *Chérie*, p. 317.

♦ 7. (Fin XVIᵉ, d'Aubigné). Fig. et littér. *Rentrer en soi-même* : faire réflexion, retour sur soi-même (pour méditer, réfléchir...). ⇒ **Recueillement; recueillir** (se); → Examiner, cit. 13; habituer, cit. 4. *Faire rentrer en soi-même* (→ Désarmer, cit. 3; musique, cit. 2). *« Rentre en toi-même, Octave... »* (→ Plaindre, cit. 19, Corneille). *Rentrer au dedans de soi* (→ Confession, cit. 8). *Rentrer dans son âme* (Molière), *dans son cœur* (Massillon).

15　Quelque accident fait-il que je rentre en moi-même,
　Je suis Gros-Jean comme devant. LA FONTAINE, *Fables*, VII, 10.

♦ 8. (1870). Spécialt. (T. de jeu). En parlant de cartes prises, reçues au cours d'une seconde distribution faite avec le talon. *Il m'est rentré deux rois.*

B. (Sans idée de répétition ni de retour). — REM. De nombreux auteurs ont noté la tendance de *rentrer* à remplacer *entrer*, surtout dans la langue familière; cette évolution phonétique (→ Alentir-ralentir, étrécir-rétrécir), entraîne, dans le cas de ces deux verbes, des emplois abusifs. Il convient de distinguer trois cas : a) *rentrer* apporte une nuance de renforcement, que comporte normalement le préf. *re-* (→ ci-dessous, 1., sens «intensif»); b) lorsqu'il n'apporte pas de nuance nouvelle, *rentrer* est admis dans certains emplois particuliers (→ ci-dessous); c) dans les autres cas, *rentrer* est considéré comme fautif, bien que d'emploi courant.

16　Ce n'est, hélas! pas seulement dans la langue parlée que *rentrer* se substitue abusivement à *entrer*. On rentre dans la cathédrale (CLAUDEL, *Contacts et circonstances*). *Nous rentrâmes dans une salle terreuse où deux lits misérables étaient dressés* (GIDE, l'*Immoraliste*). *Le dompteur ne rentra pas dans la cage* (J. PERRET, le *Caporal épinglé*). Le contexte montre qu'il n'en était pas sorti précédemment.
　　　　　　　　　René GEORGIN, la *Prose d'aujourd'hui*, p. 21.

♦ 1. (Emploi «intensif»). Entrer avec force ou malgré une résistance, entrer complètement dans... *« Je voudrai rentrer dans le mur... »* (cit. 16). — Loc. *Rentrer sous terre.*

17　De honte, je serais rentré sous terre, si Cassius n'y eût été. Car je prenais l'expression à la lettre, et désirais me fondre au sol, pour échapper à ce Barnabé malveillant et sarcastique dont la présence et le mutisme me paralysaient la langue.
　　　　　　　　　H. BOSCO, *Antonin*, p. 61.

(XXᵉ). Fam. (avec une idée de violence). *Rentrer; dedans* (cit. 8 et *supra*), *rentrer dans le chou* (de qqn)* : attaquer*, se jeter sur (→ Peinard, cit. 1). *Sa voiture est rentrée dans un arbre.*

Absolt. Attaquer violemment, en corps à corps (boxe).

◆ **2.** (Av. 1870, Littré). S'emboîter, s'enfoncer (choses). « *Les tubes de cette lunette d'approche rentrent les uns dans les autres* » (Académie). — Par exagér. et fig. *Le cou lui rentre dans les épaules. Les jambes lui rentraient dans le corps* (de fatigue).

Être enfoncé dans..., caché, dissimulé sous... *Ses lèvres rentraient sous ses gencives* (→ Pinceau, cit. 4). *Ses mains rentraient dans ses manches* (→ Plonger, cit. 24).

18   (...) ses joues creuses rentraient dans ses mâchoires.
                         FRANCE, la Rôtisserie de la reine Pédauque, v, *in* Œ., t. VIII, p. 41.

◆ **3.** (XVIIᵉ). Fig. Être compris, contenu, enfermé, inséré dans... ⇒ **Entrer** (II.). *Faire rentrer le détail dans l'ensemble* (2. Ensemble, cit. 8). *Rentrer dans une catégorie* (→ Phénomène, cit. 1). *L'événement rentre de lui-même dans l'ordre universel,* s'y insère (→ Fantastique, cit. 11). *Les idées, les choses... qui rentrent dans votre tempérament, dans vos habitudes d'esprit* (→ Intelligent, cit. 6). *Cela ne rentre pas dans mes attributions.* — REM. Cet emploi redouble inutilement *entrer* (II.); mais on le trouve depuis La Bruyère chez de nombreux auteurs.

19   (...) elle a emporté ses diamants, objet très considérable, et qui devait rentrer dans la succession de son mari (...)   LACLOS, les Liaisons dangereuses, CLXXV.

◆ **4.** (1798). Être touché, perçu, en parlant de l'argent. ⇒ **Paiement, rentrée.** *Faire rentrer l'argent* (→ Maltôtier, cit.).

◆ **5.** Pop. Entrer (dans tous les autres emplois).

19.1   À propos de Balbec, te rappelles-tu l'ancien liftier de l'hôtel ? » me dit en me quittant Saint-Loup sur le ton de quelqu'un qui n'avait pas trop l'air de savoir qui c'était et qui comptait sur moi pour l'éclairer. « Il s'engage et m'a écrit pour le faire rentrer dans l'aviation. »   PROUST, le Temps retrouvé, Pl., t. III, p. 747.

★ **II.** V. tr. (1820). — REM. *Entrer* (III.), relativement rare en emploi transitif, a cédé la place à *rentrer.*

◆ **1.** Mettre ou remettre à l'intérieur, dedans... — *Rentrer les foins. Lorsque les gerbes sont rentrées* (→ Fertiliser, cit. 1). *Rentrer des outils* (→ Pelle, cit. 2). *Rentrer sa voiture* (au garage). *Rentrer les avions* (→ Hangar, cit. 4). — *Avion qui rentre son train d'atterrissage* (⇒ **Escamoter; rentrant**). *Rentrer une épée dans son fourreau...* ⇒ **Introduire, rengainer.**

20   Pol avait sorti les roues et les rentrait maintenant : la coque de l'avion glissa comme celle d'un hydro (...)   MALRAUX, l'Espoir, III, I.

Par exagér. Enfoncer (*infra* cit. 6). *Rentrer les coudes dans les côtes de ses voisins.*

Fig. *Faire rentrer qqch. dans la tête de qqn* : faire comprendre avec peine à qqn. ⇒ **Enfoncer.**

Sports. Faire entrer (la balle), spécialt, dans la mêlée, au rugby. — *Rentrer un but*,* la balle dans les buts.

◆ **2.** Par ext. *Rentrer le ventre, l'estomac.* ⇒ **Creuser.** *Rentrer la tête dans les épaules.*

21   (...) les douleurs, qui avaient été assez aiguës pour creuser ce visage, pour en dessécher les tempes, en rentrer les joues (...)
                    BALZAC, la Femme de trente ans, Pl., t. II, p. 838.

◆ **3.** (Après 1850). Dissimuler, faire disparaître sous (ou dans) un endroit caché. *Rentrer sa tignasse sous un chapeau* (→ Notre, cit. 9). — *Rentrer ses griffes** (cit. 11).

22   — Dis, rentre ta chemise, c'est dégoûtant.   ZOLA, la Terre, III, I.

Fig. *Rentrer ses larmes*.* ⇒ **Cacher, dévorer, refouler.** — *Rentrer sa colère, sa haine, sa rage...* ⇒ **Avaler** (fig.), **dissimuler; concentrer.**

23   Landry se releva, et comme il s'était juré de ne point pleurer devant son père, il rentra ses larmes qui lui venaient dans les yeux grosses comme des pois.
                       G. SAND, la Petite Fadette, III.

▶ **RENTRÉ, ÉE** p. p. adj. (Mil. XIXᵉ; au sens II. 2.). *Tête rentrée,* enfoncée* dans les épaules (→ Poids, cit. 10). *Des joues rentrées,* creuses (→ Pommette, cit. 3). ⇒ **Cave, creux.** *Yeux rentrés,* enfoncés, en dedans*.

24   (...) sa barbe épaisse où la bouche est rentrée comme honteuse d'avoir trop parlé (...)   J. RENARD, Poil de Carotte, Le mot de la fin.

25   Peyrony (...) s'élance. Il arrête le ballon dans la cavité du ventre rentré, tout le corps se creusant pour envelopper, maîtriser l'objet.
                  MONTHERLANT, les Olympiques, p. 107.

(1670; au sens II. 3.). *Colère rentrée,* cachée, contenue sans perdre de sa force. ⇒ **Comprimé.** *Un air rentré,* dissimulé.

26   (...) il semblait que la pauvre mademoiselle Cormon, n'ayant point d'enfant à qui sa maternité rentrée pût se prendre, la reportât sur ce bienheureux animal *(une jument).*   BALZAC, la Vieille Fille, Pl., t. IV, p. 263.

27   On voudrait crever, puisqu'on ne peut faire crever les autres, et tout suicide est peut-être un assassinat rentré.   FLAUBERT, Correspondance, 401, 20 juin 1853.

28   Allons, un petit effort. Tout sera si simple après. Si lisse, si net. Plus de rages rentrées qui suintent par gouttelettes brûlantes (...) plus rien à craindre.
                   N. SARRAUTE, le Planétarium, p. 56.

N. m. UN **RENTRÉ.** ⒜ Mouvement, forme de ce qui est rentré, enfoncé.

29   (...) la blondeur des poils, le rentré des joues, le modelé des hanches.
                R. QUENEAU, Pierrot mon ami, éd. L. de Poche, p. 64.

ⓑ Cout. Bord du tissu replié vers l'intérieur, ou couture refaite plus loin des bords.

ⓒ Cartes qui rentrent (à un joueur, à une personne qui fait des réussites, tire les cartes).

— Ce rentré de piques annonce entre vous des difficultés.   30
                     Paul MORAND, l'Europe galante, p. 8.

CONTR. Échapper, ressortir, sortir. — (Du p. p.) Relief (en), **saillant.**
DÉR. 1. **Rentrage, rentrant, rentrée, rentrure.**

2. RENTRER [ʀɑ̃tʀe] v. tr. — 1611; altér. de *rentraire.*

◆ Techn. ⇒ **Rentraire.** *Rentrer la chaîne.* ⇒ **Remettre;** 2. **rentrage.**

DÉR. 2. **Rentrage.**

RENTRURE [ʀɑ̃tʀyʀ] n. f. — 1837; de 1. *rentrer.*
Technique.

◆ **1.** Endroit où les parties d'un dessin reproduit doivent se rencontrer.

◆ **2.** (1838). Fait d'apporter successivement toutes les teintes, dans l'impression des papiers, des toiles.

RENVERS [ʀɑ̃vɛʀ] n. m. — 1782; «revers (de la main)», fin XVIᵉ; *ramvers,* adj., mil. XIVᵉ; de *renverser.*

◆ Techn. Faîte d'une couverture d'ardoise.

RENVERSABLE [ʀɑ̃vɛʀsabl] adj. — 1838; de *renverser.*

◆ Qui peut être renversé.

RENVERSANT, ANTE [ʀɑ̃vɛʀsɑ̃, ɑ̃t] adj. — 1830, Balzac; de *renverser.*

◆ **1.** Qui renverse (A., 5.), déconcerte au plus haut point, frappe de stupeur (admirative ou non). ⇒ **Étonnant, formidable.** *Une nouvelle renversante. Il est renversant.*

(...) un long cri d'admiration (...) et puis (...) passent et brillent comme des éclairs 1
à travers la tempête : « Ravissant! — Miraculeux! — Immense! — prodigieux! » Un certain soir, j'avais préparé avec adresse : *Renversant!* Le mot fut accueilli, mais je fus détrôné par *Étourdissant!* qui fut mieux lancé et plus goûté.
       BALZAC, Des salons littéraires et mots élogieux, *in* Œ. diverses, t. II, p. 203.

Andrée cita ces deux titres sans parvenir à cacher un sentiment de bienveillante 2
supériorité (...) Albertine n'y tint plus : « Andrée, tu es renversante, s'écria-t-elle. Tu vas m'écrire ces deux titres-là. »
       PROUST, À l'ombre des jeunes filles en fleurs Pl., t. I, p. 913.

◆ **2.** Qui se renverse (inus. en emploi général). — Astron. *Couche renversante,* se disait d'une couche de l'atmosphère solaire, située immédiatement au-dessus de la photosphère, et à laquelle on attribuait l'origine des raies d'absorption du spectre solaire (renversement des raies spectrales).

Nous avons déjà dit (...) que la hauteur de la couche renversante était de l'ordre 3
de 700 kilomètres; mais il faut bien se rendre compte qu'il n'y a aucune discontinuité entre la couche renversante et la chromosphère.
       Georges BRUHAT, le Soleil, p. 119-120.

RENVERSE [ʀɑ̃vɛʀs] n. f. — XVᵉ; déverbal de *renverser.*

◆ **1.** Vx. Renversement.
Mod. (Mar.). *La renverse du courant,* changement de direction cap pour cap. — REM. *Renverse* se dit aussi du vent.

◆ **2.** Loc. adv. (1433). Cour. *À la renverse* : sur le dos (après une chute, etc.). *Couché, étendu à la renverse.* ⇒ **Envers** (à l'envers, vx) ; → Évanouissement, cit. 2. *Tomber à la renverse* (→ Chacun cit. 3; raide, cit. 11). ⇒ **Arrière** (en), **fer** (les quatre fers en l'air). Fig. *J'ai failli en tomber à la renverse,* de surprise, de saisissement (cf. Tomber de son haut). *C'est à vous faire tomber à la renverse.* ⇒ **Renversant.**

Camille parla de son bureau, lui conta des histoires niaises ; puis, fatigué, il se laissa 1
aller à la renverse et s'endormit (...)   ZOLA, Thérèse Raquin, XI.

(...) quand elle les voit, un chapelet à la main, s'approcher de la Table Sainte, 2
(elle) est si émue qu'elle croit tomber à la renverse.
       M. JOUHANDEAU, Chaminadour, Contes brefs, III.

RENVERSÉ, ÉE [ʀɑ̃vɛʀse] adj. ⇒ **Renverser.**

RENVERSEMENT [ʀɑ̃vɛʀsəmɑ̃] n. m. — 1478; de *renverser.*
Action de renverser; le fait de se renverser, d'être renversé.

A. Action de mettre à l'envers; état de ce qui est renversé.

◆ **1.** (⇒ **Renverser,** A., 1.). Méd. Exstrophie. *Renversement de la vessie.* — Inversion. *Renversement de l'utérus.*

◆ **2.** Passage en bas de la partie haute. ⇒ **Renverser,** A., 2. Techn. *Appareil à renversement,* qui fonctionne quand on le renverse, ce qui met en contact des substances placées dans des compartiments séparés. *Extincteur à renversement. Mines* (2. Mine, cit. 10) *flottantes à renversement.* — Opt. *Renversement des images.* — Mus. *Renversement des intervalles*. Renversement des accords* : état d'un accord dont la fondamentale ne se trouve pas à la base (ex. : sol do mi).

♦ **3.** Passage à un mouvement de sens inverse. ⇒ **Renverser**, A., 3. *Renversement de courant, de la marée, du vent,* changement qui les fait passer dans la direction opposée. *Renversement des moussons** (cit. 2). *Renversement de la marche d'une hélice, d'un cylindre lamineur.* ⇒ **Mouvement.** *Renversement de la vapeur*.*

♦ **4.** Passage à un ordre inverse. — (1903, in *Rev. gén. des sc.* n° 5, p. 244). Phys. *Renversement des raies spectrales,* s'est dit du phénomène par lequel des raies sombres remplacent les raies brillantes d'un spectre d'émission lorsqu'il y a absorption des radiations. — (Math. et log.). *Renversement des termes d'un rapport, d'une proposition.* ⇒ **Interversion, transposition.**

♦ **5.** (Mil. XVIIᵉ). Cour. Changement complet, bouleversement de l'ordre normal, phénomène de «monde renversé». ⇒ **Révolution** (→ Futur, cit. 9). *Le renversement de la hiérarchie* (cit. 6). *Le renversement des valeurs. Par un étrange renversement* (→ Justification, cit. 3).

Renversement de la situation. ⇒ **Retournement.** *«Renversement continuel du pour au contre»,* principe de la dialectique de Pascal (*Pensées,* 328).

Hist. *Renversement des alliances* : changement dans les alliances au XVIIIᵉ siècle entre les quatre grandes puissances (en 1748, France et Prusse unies contre Angleterre et Autriche; en 1756, France et Autriche contre Prusse et Angleterre).

1 (...) il paraîtra au dernier jour, avec un tel éclat de foudres et un tel renversement de la nature, que les morts ressusciteront, et les plus aveugles le verront.
PASCAL, *Pensées,* VII, 430.

2 Chacun imaginait, dans ce silence trompeur, quelque renversement, où les tyrans seraient humiliés à leur tour, quelque état social, d'ailleurs indéterminé, où les puissants baiseraient la terre.
ALAIN, *Propos,* 28 avr. 1922, L'esprit de révolution.

♦ **6.** En aviation, Figure de voltige où l'avion bascule sur le côté pour virer à la verticale.

B. Action de renverser, de jeter bas.

♦ **1.** Le fait de renverser (B., 2.). ⇒ **Anéantissement, bouleversement, chambardement, chute, écroulement, ruine.** *Renversement des lois, des institutions, de la morale, d'un ordre* (→ Abus, cit. 6), *des valeurs. Renversement du régime. Le renversement de tous nos projets.*

3 (...) l'atroce commotion causée par le renversement de toutes ses espérances.
BALZAC, la Bourse, Pl., t. I, p. 351.

4 (...) le ministère girondin n'avait aucun plan précis, et s'en faut qu'il ait travaillé systématiquement au renversement de la monarchie et à l'avénement de la République.
JAURÈS, Hist. socialiste, t. IV, p. 5.

♦ **2.** Rejet en arrière (d'une partie du corps). ⇒ **Renverser**, C. *Renversement du buste, de la tête* (dans un exercice, une danse, etc.). En gymnastique, Mouvement où le corps se renverse. *Piqué-renversement, aux agrès. Grand renversement, au sol.*

CONTR. Redressement. — Remise (en ordre, sur pied...). — Construction, établissement, relèvement.

RENVERSER [ʀɑ̃vɛʀse] v. tr. — 1280, au sens 1.; de *re-*, et anc. franç. *enverser,* de *envers* «à la renverse».

A. ♦ **1.** Retourner de façon que la face interne devienne externe. ⇒ **Renversement.** *Œil éraillé* (cit. 3), *dont la paupière inférieure se renverse.*

♦ **2.** Mettre, disposer (qqch.) de façon que la partie supérieure devienne inférieure. ⇒ **Envers** (à l'). *Renverser la main* (→ Grain, cit. 1). *Renverser un seau pour grimper* (cit. 10) *dessus. Renverser son bateau.* ⇒ **Chavirer, dessaler.**

1 (...) si on éloigne ces verres à certaines distances les uns des autres, le second pourra redresser l'image que le premier aura renversée, et le troisième la renverser derechef, et ainsi de suite.
DESCARTES, la Dioptrique, V.

2 La Bidassoa, à mes pieds, inerte et lisse, reflète et renverse avec une précision de miroir le vieux Fontarabie d'en face, son église, son château fort (...)
LOTI, Figures et choses..., Instant de recueillement.

♦ **3.** Disposer ou faire mouvoir en sens inverse, en mettant avant ce qui était après. ⇒ **Inverser.** *Renverser le courant. Renverser l'ordre.* ⇒ **Intervertir, transposer.** *Renverser les termes d'une proposition, d'un rapport. Renversez la métaphore* (cit. 2) *et vous la trouverez également juste. La logique* (1. Logique, cit. 7) *des passions renverse l'ordre traditionnel du raisonnement.*

3 La facilité de renverser à son gré la construction de la phrase est aussi très favorable à la poésie, et permet d'exciter, par les moyens variés de la versification, des impressions analogues à celle de la peinture et de la musique.
Mme DE STAËL, De l'Allemagne, II, IX.

On doit donc renverser les méthodes ordinaires et se figurer la nation avant de rédiger la constitution. 4
TAINE, les Origines de la France contemporaine, I, t. I, Préface.

«Le socialisme de classe n'est pas le socialisme», continua-t-il. «Renverser l'ordre 5 des classes, c'est seulement substituer un mal à un autre, une oppression à une oppression.» MARTIN DU GARD, les Thibault, t. V, p. 30.

Spécialt (hist.). *Renverser les alliances.* ⇒ **Renversement.**

♦ **4.** Vx. Mettre sens dessus dessous, en désordre; changer en altérant gravement l'ordre ou la position des choses ou de leurs éléments. ⇒ **Bouleverser.** — REM. Vx, en parlant de choses concrètes : «*il a renversé tous mes papiers*» (Littré, Académie), cit. 7, La Bruyère. «*Ce mage* (1. Mage, cit. 4, Corneille) *qui d'un mot renverse la matière*». *Renverser les intentions* (cit. 17)... *Ils* (cit. 15) *auront tout renversé, tout gâté. Cela renverse mes idées, mes projets.* — REM. Ces expressions sont comprises aujourd'hui plutôt comme un figuré du sens B. 1. «abattre».

— Ha! Pierre Paquier, le monde s'en va renverser. 6
— Tant mieux, car autrefois j'entendais dire la même chose, que tout était renversé. Or si l'on renverse aujourd'hui ce qui était renversé, c'est le remettre en son sens. CYRANO DE BERGERAC, le Pédant joué, I, 2.

(...) si leurs femmes ont perdu seulement un denier, il faut alors renverser toute 7 une maison, déranger les lits (...)
LA BRUYÈRE, les Caractères de Théophraste, IX.

♦ **5.** (Dans le domaine psychologique). Déconcerter, troubler au plus haut point (de nos jours, par l'effet d'une extrême surprise, et par rapprochement avec le sens B.). Vieilli. *Renverser l'esprit, la tête, la cervelle de qqn.* — *Cette nouvelle me renverse.* ⇒ **Renversant.** *Ce qui est pathétique* (cit. 1) *remue, renverse, enlève...*

(...) demandez (...) ce que c'est que d'avoir affaire avec des bas Bretons; il n'y a 8 point de tête qui n'en soit renversée (...)
Mme DE SÉVIGNÉ, 925, 1ᵉʳ mars 1684.

Vous me paraissez avoir une bonne tête; je veux vous la renverser. 9
VOLTAIRE, Dialogues, I, VIII.

♦ **6.** (1807). Intrans. (au sens 3. ci-dessus). Mar. Vx. S'inverser, en parlant du courant de marée, de la marée. *La marée renverse à telle heure* (⇒ **Renverse**).

B. (XIVᵉ). ♦ **1.** Faire tomber (qqn) à la renverse, jeter à terre. ⇒ **Abattre** (cit. 2 et 3). *Renverser qqn d'un croc-en-jambe* (cit. 1). ⇒ **Étendre.** *Renverser qqn d'un coup de poing* (→ Horion, cit. 1; lourd, cit. 20). *Renverser son adversaire* (→ Esquiver, cit. 5). ⇒ **Envoyer** (au tapis), **terrasser.** *Piéton que renverse une voiture.* ⇒ **Écraser.** *Cheval qui renverse son cavalier.* ⇒ **Démonter, désarçonner, verser.**

Miss me fait des yeux à renverser un portefaix. 10
BALZAC, le Contrat de mariage, Pl., t. III, p. 203.

(...) il lança son assiette contre le mur, puis s'en alla, en renversant Lise d'une 11 gifle à tuer un bœuf. ZOLA, la Terre, IV, II.

L'air très remué. Il me dit : «je viens d'être renversé et... Permettez- 12 moi de me laver.» J. ROMAINS, les Hommes de bonne volonté, t. II, XIII, p. 132.

Vx. *Renverser l'ennemi* (→ Berger, cit. 5). ⇒ **Bousculer.**

Fam. (Le compl. désigne une femme). Posséder sexuellement (⇒ **Bousculer, culbuter**).

Faire tomber (qqch.). *Renverser un objet, un guéridon en courant* (cit. 4), *une file* (cit. 1) *de sièges, les quilles d'un jeu. Renverser les statues des dieux* (→ Émouvoir, cit. 18), *les images* (cit. 18) *de Jésus-Christ. Renverser une boîte par terre* (→ Ramasser, cit. 13). *Renverser un mur* (cit. 21), *une maison* (→ Détruire, cit. 1). ⇒ **Démolir, enfoncer.** *Le flot renverse les digues* (cit. 3, fig.). — Spécialt. *Renverser un récipient qui contient un liquide* (→ Gâchis, cit. 2; nerf, cit. 10; patte-mouille, cit. 3).

Comme il sortait à reculons et que la salle à manger était sombre, il renversa une 13 chaise. — Idiot! Idiot! répétait la petite fille. Il ne ramassez pas une ren-verserai une autre. COCTEAU, les Enfants terribles, p. 34.

Répandre (un liquide) en renversant le récipient. *Renverser du vin, son café.* ⇒ **Répandre** (→ Raffut, cit. 2).

Se renverser, v. pron. *La chaise ne s'est pas renversée toute seule!* ⇒ **Basculer, culbuter, tomber.**

♦ **2.** Faire tomber, démolir. Par métaphore et fig. ⇒ **Abattre, briser, broyer, défaire, détruire, foudroyer, jeter** (bas), **saper.** *Renverser tous les obstacles.* ⇒ **Vaincre** (→ Éveiller, cit. 7). «*Renverser en un jour l'ouvrage d'une année*» (cit. 4, Racine). *Renverser l'ordre établi* (cit. 42). *Renverser des trônes* (→ Humble, cit. 18), *une république* (→ Insurrection, cit. 1; 1. pensée, cit. 8). *Renverser une tradition* (→ Expatrier, cit. 2). *Renverser une thèse, une hypothèse... Les thèses, les théories... qui ont été renversées.* ⇒ **Écrouler** (s'), **ruiner** (→ Connaître, cit. 12; élection, cit. 8; 1. feu, cit. 7). — Spécialt. (Polit.). *Renverser un ministère, un cabinet,* le mettant en minorité sur la question de confiance, par le vote d'une motion de censure, etc. (→ Discours, cit. 18). ⇒ **Air** (en l').

Si la vanité ne renverse pas entièrement les vertus, du moins elle les ébranle toutes. 14
LA ROCHEFOUCAULD, Maximes, 388.

Un journal, composé dans le but avoué de renverser l'ancienne dynastie, vint 15 échauffer les esprits. CHATEAUBRIAND, Mémoires d'outre-tombe, t. I, p. 173.

(...) Jésus, qui aime à provoquer, à narguer l'hypocrisie, et qui, par la parabole de 16 l'Enfant prodigue, a posé la morale sur sa vraie base, la bonté du cœur, en ayant l'air d'en renverser les fondements.
RENAN, Souvenirs d'enfance..., III, Œ. compl., t. II, p. 797.

17 La question n'était pas de renverser le ministère. Elle était de renverser la sympathie.   J. ROMAINS, les Hommes de bonne volonté, t. V, XXIV, p. 218.

♦ **3.** (Compl. n. de personne). *« Il renverse l'audacieux, il prend l'humble* (cit. 8) *sous sa défense »* (Racine). *Renverser un roi.* ⇒ **Détrôner** (→ aussi Déboulonner).

18 Ce Macqueron dut nourrir dès lors l'idée de renverser le maire, pour prendre sa place (...)   ZOLA, la Terre, IV, IV.

19 La défaite et l'invasion avaient renversé Napoléon III comme elles avaient renversé Napoléon Ier.   J. BAINVILLE, Hist. de France, XXI, p. 506.

♦ **4.** (Attesté xxe). Intrans. (Au sens 1. ci-dessus). Se renverser. Fam. *Le lait va renverser.* ⇒ **Déborder, verser.**

C. (1559). Mettre dans une position inclinée en arrière. ⇒ **Coucher, pencher.** *Renverser sa tête, sa face en arrière* (→ Effort, cit. 4; franger, cit. 6). *Il lui renversa la tête en arrière* (→ Frapper, cit. 4). *Renverser la nuque* (→ Écraser, cit. 15). *Renverser la tête vers l'azur* (→ Planter, cit. 11). — Pron. *Danseuse qui se renverse* (→ Pointe, cit. 10). *Il se renversait un peu sur sa chaise* (→ Quatre, cit. 10; et aussi plonger, cit. 16).

20 Adieu, vénérable fauteuil où je me suis renversé tant de fois gorgé de mets succulents!   A. DE MUSSET, On ne badine pas avec l'amour, II, 5.

21 Alors, ce poids d'eau qu'elle a sur les épaules et qui est le bras de l'homme se fait lourd. Elle se renverse dans ce bras comme une gerbe de foin et elle se couche dans l'herbe.   J. GIONO, Regain, I, IV.

▶ **SE RENVERSER** v. pron. (Voir à l'article).

▶ **RENVERSÉ, ÉE** p. p. adj. (1316).

(Au sens A. 1.). *Organe renversé par exstrophie*.*

(Au sens A. 2.). À l'envers. *Table renversée* (→ Lingot, cit.). *Barque renversée.* ⇒ **Cabaner, capoter, chavirer.** *L'appareil optique de l'œil donne sur la rétine une image* (cit. 12) *renversée. La silhouette renversée des arbres dans l'eau.* Cône, pyramide renversés. — Blason. *Chevron renversé,* dont la pointe est en bas. — (1855). *Crème renversée,* qui a pris et qu'on peut renverser sur un plat pour la servir. — Mus. *Accord, intervalle renversé.* ⇒ **Renversement.**

(Au sens A. 3.). Math. Vx. *Dans la raison renversée* (→ Attractif, cit. 1) : en raison inverse*. — (1690). Fig. *C'est le monde** (cit. 33) *renversé* : c'est contraire au bon sens. ⇒ **Rebours** (à).

22 (...) tout est renversé aujourd'hui, et le monde est tombé dans une corruption générale (...)   MOLIÈRE, le Mariage forcé, 4.

23 Il était mortellement dégoûté de toutes ses bonnes qualités, de toutes les choses qu'il avait aimées avec enthousiasme; et dans cet état d'*imagination renversée,* il entreprenait de juger la vie avec son imagination.   STENDHAL, le Rouge et le Noir, II, XIX.

(Au sens B., 1.). Qu'on a fait tomber. *Chaises renversées. Du vin renversé sur la table,* répandu.

Fig. Stupéfait. *Je suis renversé, absolument renversé.* ⇒ **Déconcerté, étonné.** — (1731). Bouleversé. *Visage renversé.*

(Au sens B., 2.). *Loi ébranlée* (cit. 30), *presque renversée.*

(1559; au sens C.). Incliné en arrière. *Boire à tête renversée* (→ Goulot, cit. 1). *La tête renversée sur..., contre...* (→ Halètement, cit. 2; 1. panne, cit.). *Leur buste un peu renversé sur le bras des danseurs* (→ 2. Marche, cit. 9). *Casquette renversée sur la nuque.* ⇒ **Rejeter** (→ Gris, cit. 18). — Graphologie. *Écriture renversée* (dont la partie supérieure est penchée vers la gauche).

CONTR. Redresser, remettre, rétablir. — Élever, hisser, relever. — Asseoir, constituer, construire, édifier, établir, fonder, instaurer. — Couronner, introniser. — (Du p. p.) Debout, droit, haut.
DÉR. Renvers, renversable, renversant, renverse, renversement, renverseur, renversoir, renversure.

RENVERSEUR, EUSE [ʀɑ̃vɛʀsœʀ, øz] n. — Attesté 1973, in D.D.L.; de renverser.

♦ Personne qui renverse (qqch.). *Des renverseurs de préjugés, d'idoles.*

RENVERSOIR [ʀɑ̃vɛʀswaʀ] n. m. — 1838; de renverser.
Technique.

♦ **1.** Support soutenant les poteries plates ou à grands rebords (qui risqueraient de se casser).

♦ **2.** (1875). Récipient dans lequel les pâtes céramiques liquides s'épaississent.

RENVERSURE [ʀɑ̃vɛʀsyʀ] n. f. — 1875; « action de renverser (qqch.) », 1542; de renverser.

♦ Techn. Coude d'un rouet de serrure; entaille du panneton de la clé où s'engage ce coude.

RENVIDAGE [ʀɑ̃vidaʒ] n. m. — 1845; de renvider.

♦ Techn. Opération de bobinage, préalable à l'ourdissage. *Bobines à renvidage parallèle, à renvidage croisé.*

RENVIDER [ʀɑ̃vide] v. tr. — 1765, *Encyclopédie*; de re-, et envider.

♦ Techn. Bobiner* le fil de manière à en faciliter le dévidage au moment de l'ourdissage. ⇒ **Filer.**

CONTR. Dévider.
DÉR. Renvidage, renvideur.

RENVIDEUR, EUSE [ʀɑ̃vidœʀ, øz] n. — 1860, *Revue des deux-mondes,* 1er août, p. 567; de renvider.
Technique.

♦ **1.** Ouvrier, ouvrière qui procède au renvidage.

♦ **2.** Adj. *Métier renvideur,* ou, n. m., *un renvideur :* métier à renvider. ⇒ **Mule-jenney.** *Fileur sur renvideur.*

La filature, où tournaient doucement les blancs et doux matelas des cardes, où les renvideurs entraînaient de tremblantes nappes de fils que tordaient les broches (...)   A. MAUROIS, Mémoires, t. I, VI.

RENVIER [ʀɑ̃vje] v. intr. — V. 1160; de re-, et anc. v. envier. → Envi.
Vieux.

♦ **1.** Au jeu, Miser au-dessus de l'enjeu*. — REM. On dit aujourd'hui monter, ou relancer, faire une relance.

♦ **2.** Fig. *Renvier sur...* (Mme de Sévigné, Bossuet) : renchérir sur.

Mais lui, renviant sur ma colère (...)   CYRANO DE BERGERAC, les États et Empires de la Lune, *in* DUBOIS et LAGANE, Dict. de la langue franç. classique.

RENVOI [ʀɑ̃vwa] n. m. — 1396, *faire renvoy* « avoir recours »; déverbal de renvoyer.
Action de renvoyer; son résultat.

A. ♦ **1.** Dr. Le fait de porter une affaire devant un autre juge (que celui qui en était saisi) [correspond à *renvoyer,* 4.]. *Demande en renvoi.* ⇒ **Déclinatoire; décliner, déférer.** *Renvoi pour incompétence* (→ Incompétent, cit. 1), *litispendance, connexité* (→ Connexe, cit. 3), *pour cause de parenté, de suspicion légitime, de sûreté publique... Renvoi à l'audience du tribunal :* décision d'avant faire droit rendue par le juge des référés. *Renvoi après cassation ou révision,* généralement à une juridiction de même ordre et de même degré que la première. *Renvoi au principal,* par lequel le juge des référés ordonne au demandeur de joindre au fond de l'affaire la demande qu'il avait présentée en référé (et, par suite, de la porter à la juridiction compétente). — En procédure pénale, Fait de mettre un prévenu à la disposition d'une juridiction. ⇒ **Instruction.** *Arrêt, ordonnance de renvoi aux assises* (→ Crime, cit. 11; justice, cit. 22). — En droit international privé, Mesure par laquelle la législation d'un État renvoie la solution d'une question à un droit étranger (en cas de « conflit de systèmes »). — Dr. constit. Procédure qui consiste à soumettre un texte à l'examen d'une commission ou d'un bureau d'assemblée, d'un ministre ou du Conseil d'État. *Renvoi d'un projet de loi à l'examen de la commission compétente.*

♦ **2.** Marque invitant le lecteur à se reporter (à tel ou tel mot ou passage). ⇒ **Astérisque, lettrine, référence.** *Guidon* de renvoi. Utilisation des renvois dans un dictionnaire. Renvois croisés.*

On a tâché que l'exactitude et la fréquence des renvois ne laissât là-dessus rien à désirer; car les renvois dans ce Dictionnaire ont cela de particulier qu'ils servent principalement à indiquer la liaison des matières; au lieu que dans les autres ouvrages de cette espèce, ils ne sont destinés qu'à expliquer un article par un autre.   DIDEROT et D'ALEMBERT, Encycl., Disc. préliminaire, p. XVIII. 1

(1690). Dr. Modification, addition, annotation faite en marge ou au bas d'une page, ou à la fin d'un acte écrit, faisant corps avec cet acte et devant être paraphée (cit. 1) par les signataires (→ Initial, cit. 4). ⇒ **Apostille.** — Mus. Signe de reprise d'un passage.

♦ **3.** (1636). Le fait de renvoyer* (1.) qqn. ⇒ **Congé, congédiement, exclusion, expulsion, licenciement** (cit.), **mise** (à pied), **révocation.** *Renvoi d'un ouvrier* (→ Chômage, cit. 1), *d'un employé* (→ Fièvre, cit. 10). *Renvoi d'un ministre.* ⇒ **Destitution, exil** (→ Préalable, cit. 2). *Décider le renvoi d'un élève.* — Dr. ⇒ **Relaxe.**

L'année scolaire touchait à sa fin, et je voyais avec terreur que ma paresse allait rester impunie, alors que je souhaitais le renvoi du collège, un drame, enfin, qui clôturât cette période.   R. RADIGUET, le Diable au corps, p. 48. 2

♦ **4.** (V. 1460). Le fait de retourner (qqch.). *Le renvoi d'une lettre, d'une marchandise à son expéditeur (par qqn).* ⇒ **Retour.**

♦ **5.** (XVIe). Action de renvoyer (3.). *Le renvoi de la balle.* — (1870). Spécialt. Mécan. Changement de la direction d'un mouvement par un mécanisme de transmission. *Levier, poulie de renvoi. Renvoi d'équerre à poulies.*

♦ **6.** Ajournement, remise (⇒ **Renvoyer,** 5.). *Tribunal prononçant le renvoi à huitaine. Renvoi après vacation. Renvoi d'une interpellation, d'une discussion à une date ultérieure, au lendemain...*

B. (Av. 1835, Académie). Expulsion de gaz de l'estomac par la bouche. ⇒ **Éructation, régurgitation;** (fam.) **rot.** *Avoir des renvois.* — Loc. fam. *Des renvois de nougat.*

3 Colombey n'a qu'un bout de rôle, qu'il joue d'une manière merveilleuse. C'est la fin d'une ivresse, dans laquelle remontent des renvois de vin mal cuvé.
Ed. et J. DE GONCOURT, Journal, 3 déc. 1888, t. VII, p. 226.

3.1 De temps à autre elles laissaient échapper par leur bouche, largement ouverte, de formidables renvois qui, bientôt, se multiplièrent avec une prodigieuse rapidité. Au lieu de dissimuler ces bruits répugnants, elles les faisaient épanouir avec force, paraissant rivaliser par l'éclat et la sonorité à obtenir.
Raymond ROUSSEL, Impressions d'Afrique, p. 24.

4 Il eut trois ou quatre renvois, dont l'un, très mauvais, qui lui passa par le nez (...)
SARTRE, le Sursis, p. 129.

Par métaphore. → Éructer (cit. 2).

CONTR. Adoption, convocation, engagement, introduction, rappel. — Envoi.

RENVOYER [ʀɑ̃vwaje] v. tr. — Conjug. envoyer. — 1130 ; de re-, et envoyer.

♦ **1.** [a] Faire retourner (qqn) là où il était ou avait été précédemment. *Je le renverrais bien d'où il est venu. Renvoyer les soldats dans leurs foyers* (cit. 17). ⇒ **Démobiliser.** *Titus renvoya Bérénice de Rome malgré* (cit. 2) *lui et malgré elle. Renvoyer qqn à l'école, à ses (chères) études. Chaque fois que l'art languit* (cit. 5), *on le renvoie à la nature.*

1 (...) un jour où je constatai que, malgré mes nombreux avertissements, il avait encore commis un nouveau larcin de ce genre, je le menaçai de le renvoyer à ses parents. BAUDELAIRE, le Spleen de Paris, XXX.

2 Ainsi la maladie (...) brisait en même temps les associations traditionnelles et renvoyait les individus à leur solitude. CAMUS, la Peste, p. 189.

Faire repartir (qqn), se débarrasser de (qqn dont on n'a plus besoin, dont on ne souhaite plus la présence). *Renvoyer un hôte. Renvoyer qqn avec une pièce d'or* (→ Humilier, cit. 37). *Renvoyer ses créanciers* (→ Payer, cit. 6), *un importun.* ⇒ **Défaire** (se), **éconduire, envoyer** (promener, etc.) ; → Passez* votre chemin.

3 Quand elle fut remise et bien établie dans sa chambre, elle renvoya tout le monde. STENDHAL, le Rouge et le Noir, I, VIII.

4 Mais on fut surpris qu'elle ne renvoyât pas le valet qui l'avait amenée, après qu'on l'eut aidé à remiser la voiture. ZOLA, la Terre, II, VII.

5 Je n'étais pas avec ma tante depuis cinq minutes, qu'elle me renvoyait par peur que je la fatigue. PROUST, Du côté de chez Swann, Pl., t. I, p. 52.

[b] (1480). Spécialt. Faire partir qqn, en faisant cesser une fonction, une situation. ⇒ **Chasser, congédier, écarter ; dehors** (mettre dehors), **porte** (1. Porte, cit. 11 : mettre à la). *Renvoyer un domestique* (→ Dû, cit. 1). *Renvoyer un élève d'un établissement.* ⇒ **Exclure, expulser.** *Souverain qui renvoie ses ministres.* ⇒ **Destituer, disgracier** (→ Majorité, cit. 3). *Renvoyer des employés.* ⇒ **Licencier ; pied** (mettre à) ; et fam. **balayer, bourlinguer, vider** (→ Industrieux, cit. 2). *Renvoyer une épouse.* ⇒ **Répudier** (→ Parti, cit. 9). — Dr. *Renvoyer un accusé absous, le renvoyer d'accusation*. ⇒ **Décharger.** *Renvoyer deux plaideurs dos à dos.*

6 (...) elle était un de ces serviteurs qui, dans une maison, sont à la fois ceux qui déplaisent le plus au premier abord à un étranger, peut-être parce qu'ils ne prennent pas la peine de faire sa conquête et n'ont pas pour lui de prévenance, sachant très bien qu'ils n'ont aucun besoin de lui, qu'on cesserait de le recevoir plutôt que de les renvoyer (...) PROUST, Du côté de chez Swann, Pl., t. I, p. 54.

7 C'est peu de temps ensuite que je fus renvoyé de l'École, pour des motifs tout différents que je vais tâcher d'oser dire (...) GIDE, Si le grain ne meurt, I, II, p. 66.

7.1 Ce qui est injuste, Monsieur Borne, c'est de renvoyer dos à dos les auteurs des catastrophes nationales et ceux qui s'efforcent de les réparer. F. MAURIAC, Bloc-notes 1952-1957, p. 156.

♦ **2.** Faire reporter (qqch.) à qqn. *Je vous renvoie votre lettre* (→ Gageure, cit. 5 ; et aussi laisser, cit. 53). *Marius renvoya les trente louis à sa tante* (→ 2. Moyen, cit. 21). *Renvoyer ses décorations. Renvoyer un cadeau.* ⇒ **Refuser, rendre.**

8 Si un croquant vient un matin acheter trois mètres de drap bleu, il les renvoie le soir, sous prétexte qu'il les avait cru jaunes (...) A. MAUROIS, B. Quesnay, XXI.

9 (...) il (Pasteur) renvoyait, au doyen de la Faculté allemande de Bonn, le diplôme qu'elle avait jadis conféré. « La vue de ce parchemin m'est odieuse », s'écriait-il. Henri MONDOR, Pasteur, VI.

♦ **3.** Relancer (un objet qu'on a reçu). *Renvoyer le ballon dans l'autre camp. Renvoyer une balle, un volant* (→ Bombe, cit. 2 ; peloter, cit. 1 ; pointe, cit. 21). Loc. fig. *Renvoyer la balle*.* — Spécialt (jeu de cartes). *Renvoyer une couleur* : rejouer dans la couleur (→ 1. Pique, cit. 5). — (En parlant de surfaces qui réfléchissent les objets ou les ondes). ⇒ **Réfléchir, répercuter.** *L'image qu'une glace nous renvoie* (→ par métaphore Home, cit. 2 ; personnage, cit. 5). Pron. *Se renvoyer des grimaces* (cit. 5) *dans la glace.* — *Renvoyer la chaleur, un parfum* (→ Excitant, cit. 1). *Renvoyer le son.* ⇒ **Écho.**

10 Les cris que les rochers renvoyaient plus affreux (...) RACINE, Mithridate, II, 3.

11 Au milieu du chantier se dressaient trois tas de charbon (...) tous trois renvoyaient avec force la lumière qui les inondait (...) les facettes diamantées du minerai brillaient comme une eau qui s'agite et chatoie. J. GREEN, Léviathan, I, XII.

Loc. fig. *Renvoyer l'ascenseur*.*

Fig. (Vieilli). Faire rejaillir*. *« Il renvoyait la gloire au ministre »* (Bossuet).

♦ **4.** (XVe, en dr.). Compl. n. de personne. Adresser (qqn) à une autre destination plus appropriée, à une personne plus compétente. Dr.

Renvoyer le prévenu à la cour d'assises (cit. 7 ; et → Accusation, cit. 2). *Renvoyer qqn devant la Haute* (cit. 39) *Cour de justice.* — Loc. (Vx). *Renvoyer qqn de Caïphe à Pilate,* par allus. à Jésus envoyé d'un juge à l'autre. — *Visiteur qu'on se renvoie de service en service* (→ Ministère, cit. 11). *Malherbe renvoyait ordinairement aux crocheteurs du Port-au-Foin, en matière de langage* (cit. 20). — (Compl. n. de chose). *Renvoyer un projet à la commission.*

Par ext. Faire se reporter, obliger à se reporter. *Les extraits ne peuvent servir qu'à nous renvoyer à l'œuvre* (→ Note, cit. 19). *Chiffres, notes qui renvoient le lecteur à certains passages* (cit. 19 ; → aussi Note, cit. 3). ⇒ **Renvoi.** *Renvoyer par un astérisque, par la lettre V.* (Voir), *l'abréviation Cf.* (⇒ **Conférer**), *par une flèche...*

12 — Ma gloire est établie ; en vain tu la déchires.
— Oui, oui, je te renvoie à l'auteur des Satires.
MOLIÈRE, les Femmes savantes, III, 3.

♦ **5.** (1690). Remettre* à une date ultérieure. ⇒ **Ajourner, délai, différer.** *Renvoyer l'affaire à huitaine. Renvoyer le débat. Renvoyer à plus tard un plaisir* (→ 1. Lire, cit. 10). *Renvoyer qqch. aux calendes*. Renvoyer sine* die.* — (Compl. n. de personne). *« Il m'a renvoyé à Noël pour le paiement »* (Académie).

13 (...) au lieu d'expédier sur-le-champ des marchands ou des ouvriers, il ne feint point de les renvoyer au lendemain matin (...) LA BRUYÈRE, les Caractères de Théophraste XXIV.

14 (...) l'on convint de renvoyer au dimanche suivant le tirage des lots, qui aurait lieu chez le père, à dix heures. ZOLA, la Terre, I, III.

Absolument :

15 Les invitations étaient faites bien avant, et on avait déjà renvoyé deux fois, à cause de la maladie de cœur de mon cousin. P.-J. TOULET, la Jeune Fille verte, V.

▶ **RENVOYÉ, ÉE** p. p. adj. *Élèves renvoyés du lycée* (→ Cours, cit. 25 ; instituteur, cit. 2).

Lueur renvoyée par des miroirs (→ Crépusculaire, cit. 1). *Lumière renvoyée par un plafond* (cit. 3).

CONTR. Asseoir (faire), entrer (faire), introduire ; convoquer, embaucher, employer, engager, garder, prendre, recruter ; admettre, adopter.
DÉR. Renvoi.

RÉOCCUPATION [ʀeɔkypasjɔ̃] n. f. — 1830 ; de réoccuper.

♦ Action de réoccuper ; résultat de cette action. *Réoccupation et remilitarisation de la Rhénanie par l'Allemagne en 1936.*

RÉOCCUPER [ʀeɔkype] v. tr. — 1808 ; de ré-, et occuper.

♦ Occuper* de nouveau. *Réoccuper une position, un territoire, un local... Réoccuper un siège, une fonction.*

(La France) eût-elle commis la faute (...) d'évacuer prématurément la rive gauche du Rhin, la laissant réoccuper par les armées de Hitler, si nos gouvernants d'alors, dans le fameux conseil du 9 mars 1936, avaient seulement lu au cours de leur discussion Le lion amoureux? André SIEGFRIED, La Fontaine..., p. 23.

DÉR. Réoccupation.

RÉOPÉRER [ʀeɔpeʀe] v. tr. — 1845, Richard de Radonvilliers ; de ré-, et opérer.

♦ Faire subir une deuxième opération chirurgicale à (quelqu'un).

Évidemment, Folcoche ne mourut point. Elle fut seulement réopérée. La nature de cette nouvelle intervention ne devait nous être révélée que dix ans plus tard (...) Hervé BAZIN, Vipère au poing, p. 113.

RÉORCHESTRATION [ʀeɔʀkɛstʀasjɔ̃] n. f. — XXe ; de réorchestrer.

♦ Mus. Nouvelle orchestration.

RÉORCHESTRER [ʀeɔʀkɛstʀe] v. tr. — 1850 ; de ré-, et orchestrer.

♦ Mus. Faire une nouvelle orchestration de... (une œuvre déjà orchestrée).

DÉR. Réorchestration.

RÉORDINATION [ʀeɔʀdinasjɔ̃] n. f. — 1575 ; de ré-, et ordination.

♦ Liturgie. Seconde ordination (dans le cas où la première a été reconnue nulle). ⇒ **Réordonner, 1.**

RÉORDONNER [ʀeɔʀdɔne] v. tr. — 1568, « remettre en ordre » ; sens relig., XVIIe ; de ré-, et ordonner.

♦ **1.** Liturgie. Ordonner* de nouveau. ⇒ **Réordination.**

Pourquoi donc plusieurs prêtres se firent-ils réordonner après la mort du fameux Lavardin, évêque du Mans ? Ce singulier prélat (...) était connu par un de ces violents esprits forts du siècle de Louis XIV (...) il déclara (en mourant) qu'aucun de ceux qu'il avait ordonnés n'était prêtre en effet (...) et qu'il n'avait jamais eu l'intention de donner aucun sacrement (...) La plupart de ceux qui avaient été ordonnés par l'évêque Lavardin ne se crurent point prêtres, et se firent ordonner une seconde fois. VOLTAIRE, Dict. philosophique, Ordination.

♦ **2.** Rare. Réitérer un ordre.

♦ **3.** Didact. Remettre en ordre. *Réordonner une série.*

RÉORGANISATEUR, TRICE [ʀeɔʀganizatœʀ, tʀis] n. et adj. — 1838 ; de *réorganiser.*

♦ N. Personne qui réorganise. ⇒ **Organisateur.** Adj. *L'action réorganisatrice du gouvernement.*

RÉORGANISATION [ʀeɔʀganizɑsjɔ̃] n. f. — 1791 ; de *réorganiser.*

♦ Action de réorganiser ; résultat de cette action. *Réorganisation d'une administration, d'une société... Entreprise de réorganisation sociale* (→ Négativité, cit. 3). *Tenter un grand effort de réorganisation* (→ Renouveau, cit. 3).

On comprenait pour la première fois que la réorganisation des finances et le retour à la prospérité dépendaient d'une réorganisation politique et d'un gouvernement fort. J. BAINVILLE, Hist. de France, XVII, p. 391.

CONTR. Désorganisation.

RÉORGANISER [ʀeɔʀganize] v. tr. — 1791 ; de *ré-*, et *organiser.*

♦ Organiser* de nouveau ce qui avait été désorganisé ; organiser d'une autre manière. *Réorganiser un pays* (→ Démanteler, cit. 3 ; expansion, cit. 5). *Réorganiser l'armée, un service public.* — Pron. *Le parti s'est entièrement réorganisé.*

(...) il lui fallait bien admettre qu'une société ne se réorganise pas aussi vite qu'un État, que c'est œuvre de longue haleine (...) Louis MADELIN, Hist. du Consulat et de l'Empire, Le Consulat, XII.

CONTR. Désorganiser.

RÉORIENTATION [ʀeɔʀjɑ̃tɑsjɔ̃] n. f. — 1952 ; de *ré-*, et *orientation*, ou de *réorienter.*

♦ Nouvelle orientation (sens propre et sens figuré).

(...) une réorientation des attitudes vis-à-vis des maladies mentales et une évaluation plus juste (...) François CLOUTIER, la Santé mentale, p. 106.

RÉORIENTER [ʀeɔʀjɑ̃te] v. tr. — 1901 ; de *ré-*, et *orienter.*

♦ Orienter dans une nouvelle direction. — Au p. p. « *L'alimentation doit être contrôlée, voire ré-orientée* » (*la Recherche*, juil. 1981, p. 809).

DÉR. Réorientation.

RÉOUVERTURE [ʀeuvɛʀtyʀ] n. f. — 1823 ; « nettoyage d'un fossé », 1600 ; de *ré-*, et *ouverture.*

♦ **1.** Le fait de rouvrir*, en parlant d'un établissement qui a été quelque temps fermé. *Réouverture d'un théâtre, d'un casino, d'un magasin... Le jour de la réouverture.* — Action de rouvrir.

1 Il en était de même de presque toutes les boutiques de commerçants, lesquels, faute d'employés ou eux-mêmes pris de peur, avaient fui à la campagne et laissé sur la porte un avertissement habituel écrit à la main et annonçant leur réouverture pour une époque éloignée, et d'ailleurs problématique. PROUST, le Temps retrouvé, Pl., t. III, p. 810.

2 Chez Maistre, comme chez Marx, la fin des temps satisfait le grand rêve de Vigny, la réconciliation du loup et de l'agneau, la marche du criminel et de la victime au même autel, la réouverture, ou l'ouverture, d'un paradis terrestre. CAMUS, l'Homme révolté, p. 239.

♦ **2.** (xxᵉ). Dr. *Réouverture des débats :* mesure consistant à rouvrir, pour instruction complémentaire, des débats qu'on avait déclarés clos. — Comm. *Réouverture des comptes du grand livre,* au commencement d'un autre exercice.

REP [ʀɛp] n. m. — V. 1960 (*in* Larousse, 1968) ; de *r(öntgen) é(quivalent) p(hysique).*

♦ Phys. nucl. Unité de dose de radiations à définition énergétique.

REPAIRE [ʀ(ə)pɛʀ] n. m. — 1080, *Chanson de Roland ;* déverbal de *repairer.* → aussi Repère.

★ **I.** Vx. Retour (chez soi, dans sa patrie). ⇒ **Repairer** (1.).

★ **II.** ♦ **1.** (V. 1119). Lieu qui sert de refuge à une bête sauvage. ⇒ **Antre, bauge, breuil, fort** (*supra* cit. 71), **gîte, ressui, retraite, tanière, terrier.** *L'animal s'est réfugié dans son repaire.* ⇒ **Repairer** (2.). *Litée de fauves dans leur repaire.*
Lieu où vivent en abondance certains animaux malfaisants ou répugnants. *Ce ravin est un repaire de serpents.*

♦ **2.** (Mil. XVIIᵉ). Endroit qui sert de refuge, de lieu de réunion à des individus dangereux. ⇒ **Abri, asile, nid** (fig.), **refuge.** *Un repaire*

de brigands, de malfaiteurs, de rebelles. La cour* des Miracles, repaire des truands du moyen âge.

Les rapports de la police présentaient le club de la rue des Lyonnais comme un repaire, trop longtemps toléré, d'agitateurs dangereux (...) G. DUHAMEL, Salavin, V, XXII.

★ **III.** Vén. Fiente (de quelques animaux : lapin, lièvre, renard, etc.) ; → Étron, cit. 1, Rabelais.

HOM. Repère. — Formes du v. **reperdre.**

REPAIRER [ʀ(ə)peʀe] v. intr. — 1450 ; *repadred* « il retourne », 980 ; généralt sous la forme *repairier*, en anc. franç. ; du bas lat. *repatriare* « rentrer chez soi », de *patria* « patrie ». → aussi Repérer.

♦ **1.** Vx. Retourner, rentrer chez soi. — Revenir à son point de départ. — Pron. *Se repairer.*

♦ **2.** (Mil. XVᵉ ; pron., v. 1119). Vén. Être au gîte, au repaire* (2.).

DÉR. Repaire. — V. aussi **Repère, repérer.**

REPAÎTRE [ʀ(ə)pɛtʀ] v. intr. et tr. — 1180, v. tr. ; de *re-*, et *paître.* — REM. Ce verbe se conjugue comme *connaître ;* à la différence de *paître,* il n'est pas défectif.

★ **I.** V. intr. (1395). ♦ **1.** Vx. (Le sujet désigne des hommes, des chevaux). Prendre de la nourriture (au cours d'un déplacement, d'un voyage). *S'arrêter pour repaître.* « *Il faut faire repaître nos chevaux, ils ne peuvent aller plus loin sans repaître* » (Furetière).

♦ **2.** Vx. (Animaux). Trouver, prendre sa nourriture. « *Charniers où les corbeaux et les loups vont repaître* » (Th. de Viau, in *Dict. du franç. class.*).

★ **II.** V. tr. ♦ **1.** Vx. Nourrir, restaurer par un repas. *Repaître qqn de* (une nourriture). « *Jésus-Christ bénit cinq pains et deux poissons et en repaît cinq mille hommes* » (Corneille, *l'Imitation de J.-C.*, IV, 3, note).

♦ **2.** Vx ou littér. Nourrir, rassasier. *Repaître qqn de fausses espérances.* ⇒ **Flatter.** — *Repaître ses yeux d'un spectacle. Repaître son esprit de lectures.*

1 Elle n'avait pas le bonheur d'être la dupe d'une illusion si grossière ; mais elle feignait de s'y prêter pour avoir un prétexte d'être incessamment dans la chambre, d'y navrer son cœur à plaisir, de l'y repaître de ce mortel spectacle, de s'y rassasier de douleur. ROUSSEAU, Julie ou la Nouvelle Héloïse, VI, XI.

2 De tels spectacles, dont j'allais repaissant mes yeux (...) SAINTE-BEUVE, Volupté, XX.

♦ **3.** (XIIIᵉ). Littér. Alimenter, entretenir (un sentiment, une passion...).

▶ **SE REPAÎTRE** v. pron. (XIIᵉ).

♦ **1.** (En parlant des animaux). Assouvir sa faim, manger*. ⇒ **Assouvir** (s'), **dévorer, manger, nourrir** (se), **rassasier** (se). « *Les animaux se repaissent ; l'homme mange* » (cit. 16, Brillat-Savarin). — *Se repaître de...*

♦ **2.** (XVIIᵉ). Fig. (Vieilli ou littér.). *Ce tyran ne se repaît que de sang et de carnage.* ⇒ **Délecter** (se) ; et aussi **cruel, sanguinaire.**
Se repaître de vaine gloire. Se repaître d'espoirs décevants (→ Quinze, cit. 3), *de chimères, d'illusions.*

3 (...) elle jette un regard à ce monde de soupirs, de songes, de vaines craintes, dont se repaît la passion (...) MICHELET, la Femme, II, VI.

▶ **REPU, UE** p. p. adj.

♦ **1.** (En parlant d'une personne ou d'un animal). Qui a mangé à satiété, qui a satisfait sa faim. ⇒ **Gavé, rassasié** — **Avoir le ventre plein*.** *Il s'empiffrait* (cit. 2) *de nourriture et, repu, s'endormait sur place. Couleuvre* (cit. 1) *repue.*

4 Nulle vie et nul bruit. Tous les lions repus
Dorment au fond de l'antre éloigné de cent lieues (...) LECONTE DE LISLE, Poèmes barbares, « Les éléphants ».

♦ **2.** Fig., par métaphore. Assouvir*. ⇒ **Soûl** (fig.) ; → Gâteux, cit. 6 ; jupon, cit. 4. « *La haine inassouvie* (cit. 2) *et repue à la fois* » (Verlaine).

5 Qu'est ceci ? répliqua enfin un archer, n'êtes-vous pas las de cette vie oisive ? Avez-vous pillé assez de châteaux, assez de monastères ? Moi je ne suis ni soûl, ni repu. Aloysius BERTRAND, Gaspard de la nuit, Les grandes compagnies.

N. *Les riches, les repus.*

CONTR. Affamer. — (Du p. p.) **Affamé, famélique, jeun** (à jeun). — **Inassouvi.**
DÉR. V. Repas, repue.

RÉPANDAGE [ʀepɑ̃daʒ] n. m. — 1865, cit. ; de *répandre.*

♦ Agric. Opération qui consiste à répandre (du limon, de l'engrais) sur le sol.

À part sa valeur comme amendement minéral, le répandage d'une couche limoneuse à la surface des Landes aurait une très grande importance au point de vue de l'amélioration physique du sol. L. FIGUIER, l'Année scientifique et industrielle 1865, p. 433 (1864).

Techn. *Répandage du goudron, d'un revêtement de chaussée.*
⇒ **Épandage.**

RÉPANDEUR, EUSE [ʀepɑ̃dœʀ, øz] n. m. et f. — Mil. xxᵉ ;
de *répandre.*

◆ Techn. Dispositif servant à répandre quelque chose.

RÉPANDRE [ʀepɑ̃dʀ] v. tr. — Conjug. *rendre.* — xiiᵉ, *respandre* ;
de *re-,* et *épandre.*

★ **I.** (Sens concret). ◆ **1.** Verser (un liquide) ou laisser tomber (une
substance) hors d'un récipient ; disperser (des objets entassés, rassemblés) ; étaler (qqch.) sur une surface. *Répandre du vin, du lait
en hommage à une divinité* (⇒ **Libation**). *Répandre de l'eau sur*
(⇒ **Arroser**), *dans qqch.* (⇒ **Déverser, verser**). *Répandre son potage
sur ses habits.* ⇒ **Renverser, tomber** (laisser tomber) ; → **Linge**,
cit. 3. — *Répandre des miettes çà et là.* ⇒ **Disperser, disséminer, éparpiller, épartir** (vx), **parsemer, semer.** *Répandre des graines.*
⇒ **Ensemencer** (cit. 5). *Arbre, plante qui répand ses graines alentour.* ⇒ **Essaimer** (*supra* cit. 3). — *Le fleuve répand ses eaux
dans la plaine.* ⇒ **Épandre.** *Répandre une couche de goudron, de
graisse... sur qqch.* ⇒ **Couvrir, passer.** *Répandre du sable sur une
allée.* ⇒ **Étendre.**

1   (...) *s'il enlève un ragoût de dessus un plat, il le répand en chemin dans un autre
plat et sur la nappe* (...)   LA BRUYÈRE, *les Caractères*, XI, 121.

2   *C'est comme le rire d'une petite fille qui, dans sa chambre, a été chercher tous
ses jouets et les répand devant son ami* (...)
       ALAIN-FOURNIER, *le Grand Meaulnes*, III, VII.

Répandre le sang, le faire couler. — Répandre des pleurs, des lar-
mes : pleurer.* ⇒ **Jeter.**

◆ **2.** (Mil. xviiᵉ). Produire et envoyer hors de soi, autour de soi (de
la lumière, de la chaleur, des rayons, une odeur, de la fumée, etc.).
⇒ **Diffuser, émettre** (→ Frugal, cit. 3 ; jour, cit. 14 ; naturellement,
cit. 1). *Répandre sa chaleur* (→ 2. Poêle, cit. 2). *Répandre la
lumière sur...* ⇒ **Éclairer, jeter.** *Répandre une odeur.* ⇒ **Dégager, développer** (*supra* cit. 8), **exhaler** (→ Mouffette, cit. ; pommade, cit. 3). *Répandre une odeur exquise, délicieuse, fine, suave.*
⇒ **Embaumer, fleurer** (bon), **parfumer** (→ Contenir, cit. 3). —
Répandre une épaisse fumée, des torrents de fumée (→ Dépôt,
cit. 10 ; mazout, cit.).

3   *Tu contiens dans ton œil le couchant et l'aurore ;
Tu répands des parfums comme un soir orageux* (...)
       BAUDELAIRE, *les Fleurs du mal*, «Spleen et idéal», XXI.

★ **II.** (xviiᵉ ; sens 1 à 4). Avec une valeur métaphorique ou abstraite.

◆ **1.** Accorder, donner avec profusion (une chose immatérielle).
⇒ **Dispenser, distribuer, épancher, prodiguer.** *Répandre des bienfaits*
(cit. 7). — Vx. *Répandre de l'argent.*

◆ **2.** Provoquer (une émotion), faire régner (un sentiment...) autour
de soi, dans un groupe, dans l'âme d'une personne. *Répandre
l'alarme* (cit. 6), *la panique, l'effroi, l'épouvante, la consternation.*
⇒ **Jeter, semer.** *«Un mal qui répand la terreur»* (→ Peste, cit. 1,
La Fontaine). *Répandre la joie, l'allégresse* (→ Bienfait, cit. 7). *Il
répand l'ennui autour de lui.* ⇒ **Distiller** (*supra* cit. 3).

◆ **3.** Faire pénétrer, diffuser dans un milieu, une société ; rendre
commun* à tous ou à un grand nombre (⇒ **Diffusion**). *Répandre
une doctrine, l'Évangile. Répandre un usage, une mode.* ⇒ **Étendre,
lancer, populariser, propager, vulgariser.**

◆ **4.** Faire connaître, rendre public. *Répandre une nouvelle, un
bruit.* ⇒ **Colporter** (→ Démanger, cit. 4 ; 1. griller, cit. 11 ; naturel,
cit. 9). *Répandre des bruits calomnieux sur qqn, le calomnier.* —
Vx. *Répandre un secret.* ⇒ **Dire, divulguer, ébruiter, éventer, publier**
(→ Plein, cit. 14 ; et aussi crier* sur les toits, publier à son
de trompe*). *Indiscret qui répand un secret en bavardant.* —
Répandre que..., suivi de l'indicatif :

4   *On avait déjà répandu au palais que le sieur Dairolles* (...) *était dans l'intention
de se rétracter de tout ce qu'il avait dit.*
       BEAUMARCHAIS, *Mémoires... dans l'affaire Goëzman*, p. 38.

◆ **5.** (xxᵉ). Manifester, produire au dehors (un sentiment, une pensée). *Répandre en paroles son dédain et son animadversion.*
⇒ **Déverser** (2. Déverser, *supra* cit. 2). → Priver, cit. 6. *Répandre
sa bile.* ⇒ **Évaporer** (fig. ; *supra* cit. 1).

▶ **SE RÉPANDRE** v. pron. (xiiiᵉ).

◆ **1.** Sens concret. (En parlant des choses). Couler, s'étaler. *L'eau de
cette bassine s'est répandue partout.* ⇒ **Déborder.** *Se répandre en
giclant*. Sang qui se répand dans les tissus.* ⇒ **Extravaser** (s'). *La
lave se répand.* ⇒ **Couler, écouler** (s') ; → Dévastation, cit. 2.
Une pâleur mortelle se répandit sur son visage. ⇒ **Paraître** (→ Évanouissement, cit. 3). — Par ext. *La consternation* (cit. 1) *se répandit sur tous les visages.* ⇒ **Manifester** (se).

(1690). *Odeur, fumée qui se répand.* ⇒ **Dégager** (se) ; → Cèdre,
cit. 1 ; encens, cit. 4 ; lampe, cit. 6. *L'odeur se répandait dans les*

chambres. ⇒ **Emplir** (→ Insidieux, cit. 4). — Impersonnellement. *Il
se répandit une forte odeur d'encens* (→ Garnir, cit. 7).

5   *Cependant, s'élançant de la flèche gothique,
Un son religieux se répand dans les airs* (...)
       LAMARTINE, *Premières méditations*, « L'isolement ».

6   *Le son de la bonne voix cordiale se répandit dans la pièce en même temps qu'un
arôme de tartines grillées et de cacao.*   COLETTE, *Chéri*, p. 175.

(En parlant des personnes). *La foule se répandit dans les rues.*
⇒ **Envahir** (*supra* cit. 9). *Groupes qui se répandent en s'éparpillant,
en s'espaçant... — Les pays où les enfants de Noé se sont répandus en se multipliant* (cit. 12). ⇒ aussi **Abonder, pulluler, reproduire** (se).

◆ **2.** Fig., par métaphore. Se propager. *«Mes fureurs* (cit. 30) *au
dehors ont osé se répandre»* (Racine).

7   *Ô besoin de l'âme de se répandre, de se verser au dehors !*
       FRANCE, *le Mannequin d'osier*, XII, Œ., t. XI, p. 369.

*Le goût du luxe s'est répandu en Grèce au contact des civilisa-
tions orientales.* ⇒ **Propager** (se) ; → Hellénistique, cit. 4. *Pratique, usage qui se répand peu à peu* (→ Fuser ; Gagner de pro-
che* en proche ; faire tache d'huile*). *«L'air* (1. Air, cit. 25) *précieux s'est aussi répandu dans les provinces»* (Molière). ⇒ **Étendre**
(s'étendre à), **gagner.**

8   (...) *la liberté de la presse* (...) *la connaissance de la littérature et de la langue
allemande, qui s'était généralement répandue dans les derniers temps, faisaient de
Berlin la vraie capitale de l'Allemagne nouvelle, de l'Allemagne éclairée.*
       Mᵐᵉ DE STAËL, *De l'Allemagne*, I, XVII.

Le bruit se répandit que... ⇒ **Circuler, courir** (*supra* cit. 37) ;
→ Horizon, cit. 22. *Bruit qui se répand comme une traînée* de
poudre. En peu de jours cette histoire se répandit dans Paris*
(→ Voler de bouche* en bouche).

9   *Longtemps entre nos coqs le combat se maintint.
Le bruit s'en répandit par tout le voisinage.*   LA FONTAINE, *Fables*, VII, 13.

◆ **3.** (Mil. xviiᵉ). Personnes. SE RÉPANDRE EN... : exprimer, extérioriser ses sentiments, son émotion par une abondance de paroles, etc.
Se répandre en injures, en invectives, en menaces (cit. 3). ⇒ **Déborder** (fig.), **éclater** (*supra* cit. 21).

10   (...) *Pons raconta ses déboires et ses chagrins à madame Cibot, qui se répandit
en invectives contre les parents* (...)   BALZAC, *le Cousin Pons*, Pl., t. VI, p. 649.

◆ **4.** (Se *répandre,* absolt, fin xviiᵉ). Personnes. *Se répandre dans le
monde, dans la société,* ou, absolt, *se répandre :* se montrer beaucoup dans la société, avoir une vie mondaine très active (→ ci-dessous, *Être répandu*).

11   *Au bout de quelques années, le marquis commença à trouver la vie de Mᵐᵉ de la
Pommeraye trop unie. Il lui proposa de se répandre dans la société* (...)
       DIDEROT, *Jacques le fataliste*, Pl., p. 592.

◆ **5.** Fam. (Personnes). S'étendre en s'avachissant. — S'effondrer,
s'étaler. *Il a glissé dans l'escalier et il s'est répandu sur le tapis
du salon.*

11.1   *Ah, ça fait du bien d'être chez soi ! soupira Lafrezique en se répandant sur les
lattes d'un banc* (...)   René FALLET, *le Triporteur*, p. 62.

▶ **RÉPANDU, UE** p. p. adj. (1170, *espandu* «épanché»).

◆ **1.** Sens concret. Qui a été versé, renversé, qui a débordé (liquides). *Du vin répandu sur une nappe.* — Qui est étalé sans ordre,
dispersé (choses). *Papiers, livres répandus.* ⇒ **Épars.**
Être répandu sur... ⇒ **Joncher.** *Douleur répandue dans toute une
région du corps.* ⇒ **Diffus, profus.** *La paix répandue sur la campagne endormie* (⇒ **Étendu**).

◆ **2.** (Mil. xviiᵉ). Sens abstrait. Qui est commun à un grand nombre
de personnes (pensées, opinions). *Principe répandu naturellement
dans votre esprit.* ⇒ **Infus.** *Une opinion très répandue.* ⇒ **Commun** (→ Passer, cit. 25). *Le préjugé le plus répandu à cette époque.* ⇒ **Dominant.** *La méthode la plus répandue est de...* ⇒ **Connu**
(→ Futaie, cit. 2). *Lutter contre l'irréligion et l'indifférence* (cit. 9)
répandue en France (⇒ **Public**).

◆ **3.** (V. 1700). Littér. (Personnes). *Être répandu dans le monde :*
fréquenter le monde, y avoir beaucoup de relations (→ 1. Patron,
cit. 4).

12   *À Paris, il n'y a de hasard que pour les gens extrêmement répandus ; le nombre
des relations y augmente les chances de succès en tout genre* (...)
       BALZAC, *Illusions perdues*, Pl., t. IV, p. 637.

13   *Très répandus dans la société parisienne, Robert de Bonnières et sa charmante
femme étaient assidus aux samedis du boulevard Saint-Michel* (...)
       H. DE RÉGNIER, *Proses datées*, « Leconte de Lisle ».

CONTR. **Accumuler, amasser, ramasser ; capter.** — **Accaparer.** — **Comprimer.** —
Confiner (se).
DÉR. **Répandage, répandeur.**

REPAPILLOTER [ʀ(ə)papijɔte] v. tr. — 1842 ; de *re-,* et *papillo-
ter,* de *papillote.*

◆ **1.** Rare. Enrouler de nouveau dans des papillotes.

◆ **2.** (1842 ; d'après *raccommoder*). Fig., fam. (Vx). Arranger (une
affaire) ; remettre bien ensemble (des personnes). ⇒ **Raccommoder.**

— Pron. « *Maintenant (...) repapillotons-nous* » (J. Vallès, *le Proscrit*, p. 240, *in* D.D.L.).

RÉPARABLE [ReparabI] adj. — V. 1470; de *réparer.*

♦ **1.** (Sens concret). Qu'on peut réparer. *Cette pendule est détraquée, mais elle est réparable.* ⇒ **Arrangeable.**

♦ **2.** Qu'on peut corriger, compenser, etc. (sens abstrait). *Erreur, maladresse réparable.* ⇒ **Corrigible, rachetable** (→ Battre, cit. 11). *C'est une perte facilement réparable* (→ fam. Pour un perdu*, deux retrouvés). *Dommage réparable.*

CONTR. Irrémédiable, irréparable.

RÉPARAGE [Reparaʒ] n. m. — Déb. XIVᵉ; de *réparer.*

♦ Vx. Action de réparer. ⇒ **Réparation.** — (1842). Spécialt. Réparation (d'un objet d'art).

REPARAÎTRE [R(ə)paRɛtR] v. intr. — Se conjugue avec l'auxil. *avoir.* — 1611, *reparoistre*; anc. franç. *reparaistre, repareistre* « apparaître ». 1208; de *re-*, et *paraître.*

♦ **1.** Se montrer de nouveau à la vue. ⇒ **Apparaître** (de nouveau), **réapparaître.** *Il disparaissait, reparaissait, se sauvait* (→ Effacer, cit. 27).

1 (...) il avait regardé la lune courir dans les nuages, pendant une heure, il l'avait vue se voiler et reparaître. FRANCE, le Lys rouge, XXXIV.

Spécialt. Paraître de nouveau devant qqn; revenir* dans un lieu. *Ne reparais jamais* (cit. 20) *ici.*

2 (...) attends cinq minutes, qu'on ne te voie pas reparaître en même temps que moi. ZOLA, la Terre, III, IV.

♦ **2.** (XVIIIᵉ). Fig. Redevenir sensible; se produire, se manifester de nouveau. ⇒ **Renaître** (→ aussi Revenir* sur l'eau, à la surface). *Quand un souvenir reparaît à la conscience* (→ Apparition, cit. 13). *Tel trait d'un ancêtre reparaît soudain à la quinzième génération* (→ Hérédité, cit. 11).

CONTR. Disparaître, éclipser (s'), **effacer** (s').

RÉPARATEUR, TRICE [Reparatœr, tris] n. et adj. — 1380; *réparateur de l'humaine lignée,* pour désigner le Christ, 1350; → aussi Partie, cit. 14, Pascal; lat. tardif *reparator,* de *reparare.* → Réparer.

♦ **1.** N. Ouvrier, artisan qui répare (1.) des objets détériorés, cassés, déréglés... *Réparateur d'appareils de radio, de cycles, de stylos. Réparateur de tapis. Réparateur de porcelaine.* ⇒ **Raccommodeur.** — REM. Dans l'usage courant, les ouvriers chargés des travaux de réparation sont plutôt désignés par le nom de leur spécialité : *mécanicien, électricien, plombier, menuisier, serrurier,* etc.

♦ **2.** Adj. (1834). Qui répare les forces, qui reconstitue. ⇒ aussi **Réparer** (2.). *Action réparatrice* (→ Nourriture, cit. 2). *Sommeil réparateur.* — Vx. *Remède réparateur.* ⇒ **Analeptique, fortifiant, tonique.**

Qui répare (3.) une faute, etc. *Douleur réparatrice* (→ Piaculaire, cit.).

(...) et nous connaissons alors, nos inquiétudes dissipées, un repos aussi complet, aussi réparateur que celui qu'on goûte parfois dans ce sommeil profond qui suit les longues marches. PROUST, la Prisonnière, Pl., t. III, p. 96.

RÉPARATION [Reparasjɔ̃] n. f. — 1310, *reparacion*; lat. tardif *reparatio,* de *reparare.* → Réparer.

♦ **1.** Opération, travail qui consiste à réparer* (1.) qqch. ⇒ **Raccommodage** (vx), **replâtrage** (fam.), **restauration...** *La réparation d'un appareil par un spécialiste. Réparation d'un objet d'art.* ⇒ **Réparage.** *Réparation d'un mur.* ⇒ **Bouchement, consolidation.** *Faire des réparations à un immeuble.* ⇒ **Amélioration** (cit. 5). *Grosses réparations* (gros murs, couverture, etc.) *à la charge du bailleur. Menues, petites réparations; réparations locatives*. Réparation d'un navire.* ⇒ **Radoub.** *Réparation d'une montre.* ⇒ **Rhabillage.** *Réparation d'un vêtement.* ⇒ **Raccommodage, reprise...** *Réparation d'une paire de chaussures.* ⇒ **Remontage, ressemelage.**

1 Il (mon père) faisait faire de grandes *réparations,* amendements, par exemple *miner* le terrain, le défoncer à deux pieds et demi de profondeur (...) STENDHAL, Vie de Henry Brulard, 17.

2 La maison appartenait à l'un de ces propriétaires chez lesquels préexiste une horreur profonde pour les réparations et pour les embellissements (...) BALZAC, la Bourse, Pl., t. I, p. 335.

En réparation : qu'on est en train de réparer. *Immeuble en réparation. L'ascenseur est en réparation.*

♦ **2.** (V. 1370). Le fait de réparer ses forces, etc. ⇒ aussi **Réparer** (2.). « *La halte* (cit. 7), *c'est la réparation des forces* » (Hugo). — Méd., physiol. Le fait de se réparer, de se reformer, de se régénérer. *Réparation des tissus après une blessure.* ⇒ **Cicatrisation.**

♦ **3.** (1690). L'action de réparer (une avarie, etc.). *Réparation des*

dégâts causés par un accident. — Physiol. *Réparation des pertes de l'organisme.*

Fig. Action de réparer (une faute, une offense, etc.). ⇒ aussi **Expiation** (→ Haire, cit. 2). *Réparation d'un tort.* ⇒ **Redressement.** *Demander à qqn réparation d'un affront, d'une offense.* ⇒ **Raison** (demander raison). *Obtenir réparation. Faire, offrir une éclatante réparation à qqn.* ⇒ **Satisfaction.** *Réparation d'honneur :* le fait de retirer une parole calomnieuse ou injurieuse. ⇒ **Excuse, rétractation.** *Réparation par les armes.* ⇒ **Duel.** *Réparation publique, solennelle.* ⇒ **Amende** (honorable). — *En réparation de...*

3 Est-ce que je ne dois pas aussi quelque chose à cette femme, en réparation du mal que je lui ai fait? HUGO, les Misérables, I, VII, III.

4 (...) je vous avertis d'avoir à ne plus porter à l'avenir des accusations aussi légères contre des personnes honorables, accusations dont il serait loisible à l'intéressé de vous demander réparation. J. ROMAINS, Volpone, IV, 2.

Spécialt. ⇒ **Compensation, dédommagement, désintéressement, dommage** (dommages-intérêts), **indemnité.** *Poursuites en réparation* (→ Forestier, cit. 3). — (Toujours au plur.). *Réparations imposées à l'Allemagne après la guerre de 1914-1918* (→ aussi Désarmer, cit. 11; évacuation, cit. 3).

(1906, *in* Petiot). Sports. Au football, *Coup de pied de réparation,* accordé à une équipe en compensation d'une faute commise par un joueur de l'équipe adverse. ⇒ **Penalty** (→ Coup franc*). *Point de réparation :* point d'où est tiré le coup de réparation. *Surfaces de réparation :* surfaces rectangulaires aux extrémités du terrain, dans lesquelles se trouvent les *points de réparation* (elles comprennent les « surfaces de but »). — (Hockey). *Coin de réparation.*

CONTR. Dégât, dommage.

RÉPARATOIRE [Reparatwar] adj. — XVIᵉ; dér. sav. de *réparer,* ou du lat. *reparare.*

♦ **1.** Dr. anc. (Régional : Bretagne). *Droit réparatoire :* droit des fermiers au remboursement des réparations par le propriétaire, reconnu par la coutume.

♦ **2.** (1842). Didact. Qui a pour objet de réparer. *Mesures réparatoires.*

REPARCOURIR [R(ə)parkurir] v. tr. — Av. 1869, Sainte-Beuve; de *re-*, et *parcourir.*

♦ Parcourir (sens propre et fig.) de nouveau.

RÉPARER [Repare] v. tr. — V. 1130; lat. *reparare.*

♦ **1.** Remettre en bon état (ce qui a été endommagé, ce qui s'est détérioré). ⇒ **Raccommoder** (vieilli); et aussi **améliorer, rafraîchir, refaire, remanier** (vx). *Réparer sommairement qqch.* ⇒ fam. **Rabibocher, rafistoler, replâtrer, retaper.** *Artisan, ouvrier qui répare les postes de radio, les bicyclettes...* ⇒ **Réparateur.** *Réparer un vieux mur.* ⇒ **Consolider, recrépir, relever, rempiéter.** *Réparer une vieille ferme pour la transformer en villa.* ⇒ **Moderniser, neuf** (remettre à neuf). *Réparer un bateau, un navire, la coque d'un paquebot* (cit. 3). ⇒ **Caréner, raccastiller, radouber** (→ Échouer, cit. 11). *Réparer une montre, une horloge, un appareil.* ⇒ **Arranger, rhabiller** (→ Ingénieux, cit. 2). *Réparer une voiture en panne.* ⇒ **Dépanner** (→ Garagiste, cit. 2). *Réparer une dentelle.* ⇒ **Remplir** (supra cit. 3). *Réparer des chaussures.* ⇒ **Recarreler, remonter, ressemeler.** *Spécialiste qui répare des objets d'art, des tableaux.* ⇒ **Restaurateur, restaurer.** — *Réparer les plombs (sautés) :* changer les fusibles.

1 Il passe beaucoup de temps à (...) réparer les serrures des meubles et des portes. G. DUHAMEL, Salavin, Journal, 4 févr.

♦ **2.** Fig. (Vx). Restaurer, régénérer, sauver. « *Par ce sage écrivain la langue réparée* » (→ Épurer, cit. 7, Boileau). *Réparer sa fortune* (→ Office, cit. 14).

Mod. *Réparer ses forces, sa santé.* ⇒ **Refaire** (se), **rétablir** (se); → Fatiguer, cit. 2. — Pron. *Nous épuiserions* (cit. 3) *la nature si elle ne savait se réparer elle-même et se renouveler.*

2 Plus d'engrais. La culture des céréales, étendue au XVIIᵉ siècle par d'immenses défrichements, se restreint au XVIIIᵉ siècle. La terre ne peut plus réparer ses forces génératrices, elle jeûne, elle s'épuise; comme le bétail a fini, la terre semble finir elle-même. MICHELET, Hist. de la Révolution franç., Introd., II, II.

♦ **3.** (Déb. XIVᵉ). ⓐ Faire disparaître (un défaut, les dégâts causés à un objet, à une chose); compenser (une perte); supprimer ou compenser (les conséquences d'un accident, d'une erreur, d'une faute). *Réparer une brèche, une avarie. Réparer une déchirure faite à un vêtement.* ⇒ **Raccommoder, rapetasser** (fam.), **rapiécer, ravauder, recoudre, repriser, stopper.** *Réparer les défauts d'un article de bonneterie.* ⇒ **Raccoutrer** (techn.).

Littér. *Réparer le désordre* (cit. 2) *de sa toilette.* « *Pour réparer des ans l'irréparable* (cit. 1) *outrage* » (Racine). — *Réparer des pertes, une perte* (→ Attaque, cit. 3). *Réparer des erreurs* (cit. 34 et 37), *une gaffe* (cit. 6), *une négligence* (cit. 15), *un oubli, une sottise.* ⇒ **Corriger, remédier** (à). *Réparer une faute.* ⇒ **Couvrir** (supra cit. 28), **effacer, expier.** *Faute qui ne peut être réparée.* ⇒ **Irrépara-**

ble. *Réparer ses fautes passées.* ⇒ **Racheter** (se). *Réparer les dommages* (cit. 1 et 6) *causés à autrui.* ⇒ **Dédommager** (→ loc. fam. Qui casse* les verres les paie ; payer les pots* cassés). *Réparer une offense. Réparer un tort.* ⇒ **Redresser** ; → Faire justice* (*supra* cit. 30) à qqn. *Qu'on peut, qu'on ne peut pas réparer.* ⇒ **Réparable ; irréparable.**

3   Il pouvait réparer par une seule démarche toutes les folies de sa jeunesse et conquérir en un moment une position superbe dans la société de Paris (...)
STENDHAL, Romans et nouvelles, « Mina de Vanghel ».

Vx. Venger. *Réparer une injure* (→ Pointe, cit. 2).

b   Absolument (→ 1. Faux, cit. 43).

4   En politique, du reste, on n'expie rien. On répare et on fait justice.
CAMUS, Actuelles III, p. 143.

Spécialt. Épouser une jeune fille qu'on a séduite.

♦ **4.** (1538). Vx. ⇒ **Compenser, suppléer** (à) ; → Éloignement, cit. 3 ; inégalité, cit. 1. *« Le glorieux* (cit. 18) *veut réparer par les dehors ce qui lui manque en effet »* (Voltaire). — Vx. Donner, procurer en compensation d'une perte ; remplacer. *« La mort de ces hommes uniques, et qui ne se réparent point »* (La Bruyère, IX, 11).

CONTR. Abîmer, briser, casser, détériorer, détraquer détruire, esquinter. — Blesser. — Dépouiller.
DÉR. Réparable, réparage, réparateur, réparatoire. V. aussi (du lat.). Réparation.

REPARLER [ʀ(ə)paʀle] v. intr. et tr. ind. — 1160 ; de *re-*, et *parler*.

♦ **1.** Tr. ind. REPARLER (DE...) : parler de nouveau (de qqch., de qqn). → Bercail, cit. 5 ; 1. dire, cit. 11. *Nous reparlerons de cette affaire un autre jour.* ⇒ **Recauser.**

1   D'ailleurs, nous aurons le temps d'en reparler. Ce mariage-là ne va pas se faire tout de suite. J. ROMAINS, Volpone, II, 1, 3.

♦ **2.** Tr. ind. REPARLER À... : parler de nouveau à (qqn avec qui on s'était fâché). *Il ne lui reparle pas.* — Pron. *Ils étaient en froid, mais ils commencent à se reparler.*

2   Fanny, lorsqu'elle le rencontrait, passait raide, ayant juré de ne jamais lui reparler la première. ZOLA, la Terre, V, II.

♦ **3.** (V. 1160). V. intr. *Reparler après une crise d'aphasie.*

REPARTAGER [ʀ(ə)paʀtaʒe] v. tr. — Conjug. *partager.* — 1559 ; de *re-*, et *partager.*

♦ Partager une nouvelle fois.

RÉPARTEMENT [ʀepaʀtəmɑ̃] n. m. — XVIᵉ, « répartition » ; de *répartir.*

♦ Dr. fisc. Ensemble des opérations par lesquelles l'Administration répartit entre les circonscriptions inférieures la part de l'impôt* fixée globalement pour la circonscription supérieure à laquelle elles appartiennent. ⇒ **Répartition.**

REPARTIE [ʀəpaʀti ; cour. ʀepaʀti] n. f. — 1606, *in* D.D.L. ; « compagnie », attestation isolée, XIIIᵉ ; de 1. *repartir* ; l'orth. *répartie* se rencontre quelquefois.

♦ **1.** Réponse (surtout s'il s'agit d'une réponse vive et spirituelle). ⇒ **Réplique, riposte.** *Repartie adroite* (cit. 5), *piquante, drôle.* — Plus. cour. (collectif : *la repartie*). *Avoir de la repartie, la repartie facile, l'esprit de repartie.*

1   Aussi personne n'eut la repartie plus heureuse et plus prompte, le bon mot plus spontané. Th. GAUTIER, Portraits contemporains, « Sophie Gray ».

2   C'était bien le Whistler légendaire, l'artiste au pinceau subtil, aux reparties cruelles (...) le mondain impertinent qui mettait au service de son art admirable du dessin et de la couleur un savoir-faire tout américain (...)
H. DE RÉGNIER, Proses datées, « Mallarmé ».

♦ **2.** Loc. (1656, Molière). Vx. *Sans repartie* : sans conteste, sans discussion.

HOM. Formes des v. 1. Repartir, 2. repartir.

1. REPARTIR [ʀ(ə)paʀtiʀ] v. tr. et intr. — Conjug. 1. *partir* aux temps simples et avec l'auxiliaire *avoir* aux temps composés. — 1580, Montaigne ; de *re-*, et 1. *partir.* → 2. Repartir.

Vieilli ou littéraire.

♦ **1.** V. intr. Répliquer, répondre (⇒ **Repartie**) ; → 1. Maroufle, cit. ; raison, cit. 73. — (En incise). → Possible, cit. 3.

1   Je ne t'ai jamais fait de mal.
L'oiseleur repartit : « Ce petit animal
T'en avait-il fait davantage ? » LA FONTAINE, Fables, VI, 15.

♦ **2.** V. tr. *« Il repartit de mauvaises raisons »* (Littré). *Repartir que...*

À ce discours plein de sagesse,
Le hérisson repart qu'il sera trop heureux
De passer ses jours avec eux. FLORIAN, Fables, V, 16.

DÉR. Repartie.

2. REPARTIR [ʀ(ə)paʀtiʀ] v. intr. — Conjug. 1. *partir*, avec l'auxiliaire *être* : *je repars, nous sommes repartis*, etc. — 1273, au sens 3 ; t. de manège, 1611 ; de *re-*, et 1. *partir.* → 1. Repartir.

♦ **1.** Partir de nouveau (après un temps d'arrêt). *Automobiliste qui repart après une halte.* ⇒ **Redémarrer.**

1   Partis le 12, à six heures du matin — arrivés à Thysville à six heures et demie du soir. Nous repartons vers sept heures du matin pour n'arriver à Kinchassa qu'à la nuit close (...) GIDE, Voyage au Congo, *in* Souvenirs, Pl., p. 690.

♦ **2.** Recommencer. *Au loin, une bande de mitrailleuse* (cit. 2) *part, s'arrête, repart. Repartir à zéro* (→ Effacer, cit. 12). *Au mois de mars, la végétation est prête à repartir.* — Reprendre. *L'affaire repart bien.* — Loc. *Repartir sur nouveaux frais*.*

Loc. fam. *Repartir comme en quatorze*.*

♦ **3.** Partir pour l'endroit d'où l'on vient ; s'en aller, s'en retourner*. *Repartir pour... Vous repartirez chez vous, dans votre patelin* (→ Bourrer, cit. 2). *Je tournai bride et repartis* (→ Dissuasion, cit. 1).

2   (*La préfecture*) précisa que les rapatriés ne pourraient, en aucun cas, ressortir de la ville et que, s'ils étaient libres de venir, ils ne le seraient pas de repartir. CAMUS, la Peste, p. 84.

CONTR. Bloquer (se).

RÉPARTIR [ʀepaʀtiʀ] v. tr. — *Je répartis ; nous répartissons. Je répartissais. Je répartis. Je répartirai. Répartis ; répartissez. Que je répartisse. Répartissant. Réparti.* — 1559 ; *repartir*, v. 1155 ; de *re-*, et 2. *partir*, avec substitution de *ré-* à *re-* (XVIᵉ) pour éviter la confusion avec *repartir*.

♦ **1.** Partager, diviser selon des conventions précises (une quantité ou un ensemble), afin de distribuer les parts. ⇒ **Dispenser** (vx), **distribuer, diviser, partager** ; et aussi **allotir, lotir, rationner.** *Répartir également, équitablement qqch. entre plusieurs personnes. Répartir qqch. au prorata de...* ⇒ **Proportionner** (à). *Répartir une somme entre plusieurs personnes* (⇒ **Attribuer, donner**). *Répartir l'impôt* (cit. 6). ⇒ **Répartement, répartition.** *Répartir les charges, les sacrifices. Le contremaître a réparti le travail entre les ouvriers.*

♦ **2.** (Mil. XVIIIᵉ). Distribuer sur une surface, dans un espace. ⇒ **Disposer.** *Répartir ses troupes dans divers villages.* ⇒ aussi **Disperser, disséminer.** *Répartir la pression sur toute la surface* (→ aussi Ballast, cit. 1).

♦ **3.** (En parlant du temps). *Répartir un programme sur plusieurs années.* ⇒ **Échelonner, étaler.**

♦ **4.** (Abstrait). Classer. *Il est classique de répartir les peuples de l'Europe en Latins, Germains et Slaves* (→ Racial, cit. 2).

▶ **SE RÉPARTIR** v. pron. Sens passif ou réfléchi direct. (→ Monétaire, cit. ; noyau, cit. 7).

(...) avec les années, l'embonpoint élaboré par une vie tranquille et sage, s'était insensiblement si mal réparti sur ce corps, qu'il en avait détruit les primitives proportions. BALZAC, la Vieille Fille, Pl., t. IV, p. 255.

(Sens réfléchi indirect ou réciproque). *Se répartir entre soi les avantages d'une tâche commune* (→ Coopératif, cit. 1).

▶ **RÉPARTI, IE** p. p. adj. *Somme également, inégalement répartie.* — (Sens 2). *Chargement mal réparti. Dans ce tableau, les masses sont harmonieusement réparties.*

CONTR. Ramasser.
DÉR. Répartement, répartissable, répartiteur, répartition.

RÉPARTISSABLE [ʀepaʀtisabl] adj. — 1596, repris 1845 ; de *répartir.*

♦ Rare. Qui peut être réparti. ⇒ **Divisable, partageable.**

RÉPARTITEUR [ʀepaʀtitœʀ] n. m. — 1749 ; de *répartir.*

♦ **1.** Littér. Personne qui a pour rôle de répartir* (1.) qqch. ⇒ **Dispensateur, distributeur** (→ Entrepreneur, cit. 9).

(...) La Hourmerie, de son côté, appelait son collègue « Monsieur l'Épicier », par allusion à la ficelle et aux bougies dont le chef du matériel était le grand répartiteur (...) COURTELINE, Messieurs les ronds-de-cuir, IIIᵉ tableau, I.

♦ **2.** Admin. Membre d'une commission chargée, dans une commune, de répartir certains impôts entre les contribuables. — Adj. *Commissaire répartiteur.*

♦ **3.** (1973). Techn. Responsable du mouvement des produits pétroliers dans les oléoducs (recomm. off. pour remplacer *dispatcher**).

RÉPARTITION [ʀepaʀtisjɔ̃] n. f. — 1389, « distribution » ; sens mod. au XVIIᵉ ; de *répartir.*

♦ **1.** Opération qui consiste à répartir* (qqch.) ; manière dont une chose est répartie. ⇒ **Distribution, partage.** *La répartition des vivres par l'administration, en période de pénurie.* ⇒ **Contingentement, rationnement.** *Répartition proportionnelle, égale, équitable. Répartition en proportion, au prorata de..., au marc** (→ 1. Marc, cit.) *le franc. Ce qui revient à chacun dans une répartition.* ⇒ **Quote-part, ration.** *Répartition des dépens entre deux plaideurs.* ⇒ **Compensation.** *Répartition de l'impôt.* ⇒ **Coéquation, contingent, contribution, péréquation, répartement ; répartiteur** (→ Arrondissement, cit. 5). *Impôt** (cit. 9) *de répartition.* — Écon. *Répartition de la richesse nationale* (→ Impôt, cit. 2), ou, absolt., *répartition :* manière dont le revenu national se trouve réparti entre les individus *(répartition personnelle)* ou entre les facteurs de production *(répartition fonctionnelle).* ⇒ aussi **Distribution** (*supra* cit. 2). *Consommation* (cit. 7), *production, circulation et répartition.*

Ainsi l'inégale répartition des biens a par-dessus tout cet inconvénient qu'elle condamne à l'ennui un grand nombre d'hommes bien nourris (...)
ALAIN, Propos, 1er nov. 1913, Le jeu.

♦ **2.** Distribution sur une surface, dans un espace, à l'intérieur d'un volume. ⇒ **Disposition ; dispatching** (anglic.) ; → Dépeuplement, cit. 2 ; développement, cit. 4 ; malaxage, cit. *Répartition des matériaux qui constituent le globe terrestre* (⇒ **Iso-, isostasie**). *Répartition géographique des animaux, des plantes.* — *Répartition des masses dans un tableau.*

♦ **3.** (En parlant du temps). *La répartition du temps entre ces différentes tâches.* ⇒ aussi **Emploi.**

♦ **4.** Classement. ⇒ **Répartir.** *La répartition des unités en classes, des classes en genres, etc., dans une taxinomie* (→ Genre, cit. 26 ; racial, cit. 2).

COMP. **Sous-répartition.**

REPAS [ʀ(ə)pɑ] n. m. — 1534, Rabelais ; *repast* « nourriture » en général, 1160 ; de l'anc. franç. *past* « pâtée, pâture », rac. *pascere* « paître », d'après *repaître**.

♦ **1.** Nourriture, ensemble d'aliments, de mets et de boissons pris en une fois à heures réglées. ⇒ **Nourriture.** *Un gros repas* (→ Même, cit. 28). *Un repas abondant, substantiel, copieux, plantureux, somptueux ; gargantuesque* (cit. 1), *pantagruélique.* ⇒ **Bâfrée** (fam.), **bombance, gueuleton, lippée** (vx), **mangeaille, mangerie, repue** (vx), **ripaille.** *Repas léger, frugal* (cit. 2), *modeste* (cit. 2) ; *maigre repas.* ⇒ **Casse-croûte, collation, croustille** (vx), **dînette, pitance.** Vx. *Repas à la légère* (cit. 31). *Repas gras, maigre. Bon repas.* ⇒ **Chère** (bonne), **festin, gueuleton** (fam.), **régal.** *Repas fin, délicat, recherché, corsé, gastronomique, bien arrosé...* — REM. Ces expressions peuvent aussi s'entendre au sens 2. *Éléments d'un repas.* ⇒ **Menu ; pièce ; mets ; potage, hors-d'œuvre, entrée, relevé, rôti, entremets, dessert, fruit** (*supra* cit. 26) et aussi **viande, légume, plat** (de résistance), **salade, fromage.** *Repas chaud, froid* (⇒ **Ambigu,** vx ; et aussi **buffet**), *préparé à l'avance* (⇒ **En-cas**), *qu'on emporte avec soi* (⇒ **Casse-croûte, sandwich**). *Léger repas sur le pouce** (→ Coltiner, cit. 2). *Panier-repas.* ⇒ **Panier.** *Restes d'un repas.* ⇒ **Bribe, desserte, graillon, relief, reste, rogaton.** — *S'occuper du repas, préparer le repas.* ⇒ **Cuisine ;** fam. 2. **bouffe, croûte, frichti, mangeaille.** *Repas préparé pour une grande tablée*. Repas qui mijote* (→ Foyer, cit. 4). *Servir* le repas. Faire manger son repas à un enfant* (→ 1. Manger, cit. 4). *Prendre un repas, son repas.* — REM. *Prendre un repas* est syn. de *faire un (bon) repas,* où *repas* a le sens 2. *Expédier* (cit. 4) *un repas. Avoir pour tout repas...* (→ Abstinence, cit. 1). *Prendre ses repas au dehors* (⇒ **Cantine, mess, réfectoire, restaurant**), *chez soi, dans sa chambre* (→ Frugalité, cit. 3), *à son hôtel ; seul* (→ 1. Loi, cit. 33), *en commun. Partager son repas* (→ Hospitalité, cit. 1). *Commander un repas à un traiteur*. Participation aux frais d'un repas.* ⇒ **Écot.** *Repas à la carte*, à prix fixe. Repas offert aux indigents.* ⇒ **Soupe** (populaire). — *Repas d'anachorète ; de chartreux.* ⇒ **Miséricorde.**

1 Elle venait, suivant la coutume, porter le repas funèbre à quelqu'un de ses parents décédé depuis trois jours. Ce repas, c'est la dernière aumône que le mort fait aux vivants.
Jérôme et Jean THARAUD, Rabat, V.

2 On servit à Haverkamp un repas relativement copieux : des filets de hareng, qui n'avaient rien de particulier ; du saucisson, qui ressemblait un peu plus au carton qu'à la chair ; des petits pois, qui étaient naturellement de conserve, mais qui avaient bon goût ; un lapin chasseur longtemps mijoté, savoureux, parfait de tous points ; un brie de qualité moyenne ; des gaufrettes ramollies qui sentaient le fond de tiroir et un rien aussi le pétrole.
J. ROMAINS, les Hommes de bonne volonté, t. V, X, p. 78.

Méd. *Repas d'épreuves :* repas de composition déterminée, que l'on donne avant de pratiquer l'analyse chimique du contenu gastrique prélevé par tubage.

Nourriture dont se repaissent les animaux (par métaphore ou en parlant de nourriture donnée dans des conditions précises). *Le repas des lions est composé de viande crue. Repas d'un chat* (→ 1. Maigre, cit. 6). *Des cadavres qui venaient de fournir aux corbeaux leur repas du soir* (→ Potence, cit. 3).

Par métaphore. *Épicer* (cit. 1) *le fade repas de la vie. Défauts qui font d'une lecture un repas assez indigeste* (cit. 3). ⇒ **Plat.**

3 Ce sont repas friands qu'on donne à mon oreille.
MOLIÈRE, les Femmes savantes, III, 1.

♦ **2.** (1534). Action de se nourrir, répétée quotidiennement à heures réglées, et plus ou moins conformes aux usages imposés par la société. ⇒ **Réfection.** *Faire un bon, un excellent, un mauvais repas :* bien, mal manger. *Repas du matin* (→ Journal, cit. 10). ⇒ **Déjeuner** (petit), **breakfast** (anglic.). *Repas de midi* (→ Gamelle, cit. 1 ; huile, cit. 15). ⇒ **Déjeuner, dîner** (régional), **lunch.** *Repas de l'après-midi.* ⇒ **Collation, goûter, thé.** *Repas du soir.* ⇒ **Dîner, souper.** *Repas de nuit.* ⇒ **Médianoche, réveillon.** *Repas dînatoire*. Faire quatre repas par jour.* — Spécialt. *Les repas :* les deux principaux repas, le déjeuner et le dîner. *Aux heures des repas* (→ Gong, cit. 5). *Mettre la table pour le repas.* ⇒ **Couvert, table.** *Ordonnance d'un repas.* ⇒ **Plat, service ; ordonnateur ; hôtel** (maître d'hôtel), **sommelier.** *Repas simple* (⇒ **Ordinaire**), *sans façon, à la fortune* du pot, à la bonne franquette* ; repas familial, de famille ; repas intime* (cit. 14). *Repas de fête* (⇒ **Gala ; festin**), *d'apparat* (⇒ **Banquet**). *Repas d'affaires. Repas de fiançailles, de noces, de première communion...* (→ Hécatombe, cit. 8 ; mangeoire, cit. 3). *Repas d'installation.* ⇒ **Crémaillère.** *Repas champêtre.* ⇒ **Pique-nique.** *La diffa** (cit.), *repas d'hospitalité chez les Arabes. Cérémonial des grands repas.* — Hist. *Les célèbres repas romains* (→ Goinfre, cit. 3 ; et aussi aquamanile, triclinium, vomitorium...). — Relig. *Le dernier repas des apôtres et de Jésus.* ⇒ **Cène.** *Repas des premiers chrétiens.* ⇒ **Agape.** — *Faire un repas* (→ Assaisonner, cit. 10). ⇒ **Manger.** *Manger, boire quelque chose au repas* (→ Parrain, cit.), *en dehors des repas, entre les repas. Médicament à prendre avant les repas. Les moments du repas. Le commencement, le début du repas* (→ Muet, cit. 14 ; pamplemousse, cit.). *La fin du repas* (→ Au dessert*). *Commencer le repas* (→ Se mettre à table*). *Pendant les repas. Repas qui se prolonge* (cit. 5). *Repas gai* (→ Animer, cit. 42), *joyeux, bruyant* (→ Plaisir, cit. 36). ⇒ **Balthazar** (vx), **frairie** (vx), **gaudeamus** (vx), **godaille** (fam.), **ribote, ripaille.** *Repas expédié, silencieux. Repas dans un grand restaurant* (→ Hôtelier, cit. 2). *Prendre l'apéritif*, grignoter des amuse-gueule avant le repas ; le café*, le pousse-café, les liqueurs après le repas. Partir aussitôt après le repas* (→ Dès la dernière bouchée*). *Convier, inviter qqn à un repas* (⇒ **Amphitryon, architriclin** [vx], **hôte ; convive**). *Se faire inviter à des repas* (⇒ **Parasite, pique-assiette**). *Donner un repas, un grand repas. Un repas de vingt couverts.* — *Le Repas ridicule,* satire de Boileau (III).

Ne fais-je pas vigoureusement mes quatre repas par jour (...) 4
MOLIÈRE, le Mariage forcé, 1.

Les repas, dans le sens que nous donnons à ce mot, ont commencé avec le second âge de l'espèce humaine, c'est-à-dire au moment où elle a cessé de se nourrir de fruits. Les apprêts et la distribution des viandes ont nécessité le rassemblement de la famille (...) Plus tard, et quand le genre humain se fut étendu, le voyageur fatigué vint s'asseoir à ces repas primitifs, et raconta ce qui se passait dans les contrées lointaines. Ainsi naquit l'hospitalité (...) C'est pendant le repas que durent naître ou se perfectionner les langues (...) 5
A. BRILLAT-SAVARIN, Physiologie du goût, t. I, p. 213.

À midi, il dînait. Le dîner ressemblait au déjeuner (...) Le soir à huit heures et demie il soupait avec sa sœur, madame Magloire debout derrière eux et les servant à table. Rien de plus frugal que ce repas. Si pourtant l'évêque avait un de ses curés à souper, madame Magloire en profitait pour servir à Monseigneur quelque excellent poisson des lacs ou quelque fin gibier de la montagne. Tout curé était un prétexte à bon repas (...) Hors de là, son ordinaire ne se composait guère que de légumes cuits dans l'eau et de soupe à l'huile. 6
HUGO, les Misérables, I, I, V.

Il y eut beaucoup de monde au déjeuner. 7
Le repas dura dix minutes ; on ne servit aucune liqueur, ce qui étonna le médecin.
FLAUBERT, Mme Bovary, I, VIII.

Le repas était l'acte religieux par excellence. 8
FUSTEL DE COULANGES, la Cité antique, I, III.

Quel ancêtre me légua (...) cette sorte de religion du lapin sauté, du gigot à l'ail, de l'œuf mollet au vin rouge, le tout servi entre des murs de grange (...) Je n'ai que treize ans et le menu familier de ces repas de quatre heures ne m'effraye pas (...) Chansons, mangeaille, beuverie, la noce d'Adrienne est une bien jolie noce. Cinq plats de viande, trois entremets ; et le nougat monté où tremble une rose en plâtre. 9
COLETTE, la Maison de Claudine, p. 84.

Le repas cependant se déroule avec style. À ne considérer que les mets, les vins, la table et la façon dont le service se fait, on se croirait dans la société la plus délicate (...) O repas familiaux, réunions biquotidiennes que l'on ne peut écourter ! Tables de famille ! (...) C'est dans les salles à manger que les enfants écoutent, observent, jugent. 10
Philippe HÉRIAT, les Enfants gâtés, II, 3.

(En parlant des animaux). *Oiseaux* (cit. 7) *de proie qui commencent leur repas. Assister au repas des fauves.* — Fig. *Faire un repas de brebis**.

(En appos., pour former des composés). *Plateau*-repas, chèque* ou *ticket-repas* (ou ticket-restaurant).

REPASSAGE [ʀ(ə)pɑsaʒ] n. m. — 1340, « le fait de traverser de nouveau » ; de *repasser.*

★ **I.** Action de repasser (II., A., 3.). ♦ **1.** (1753, *Encyclopédie,* en parlant du *repassage des chapeaux*). Opération par laquelle on repasse le linge*, les vêtements. *Le repassage d'une chemise. Apprendre le repassage* (→ Ménagère, cit. 10). ⇒ **Blanchissage, blanchisseuse.** *Repassage rapide d'un pli de pantalon* (→ Coup de fer*). — *Table de repassage* (→ 1. Fer, cit. 10).

Quand ils *(les chapeaux)* sont secs, on les abat avec un fer à repasser (...) qui a environ deux pouces d'épaisseur (...) avec une poignée, comme celui des blanchisseuses. On fait chauffer ce fer sur un fourneau (...) on met le chapeau en forme, on prend la brosse à lustrer, on la mouille d'eau froide, on la passe sur un endroit du bord, et sur le champ on repasse cet endroit avec le fer (...) ce qui forme une nouvelle buée qui achève d'adoucir l'étoffe. Après avoir repassé, on détire, on abat, 1 et on continue la buée, le repassage, le détirage, et l'abattage sur les bords jusqu'à ce qu'ils soient tout à fait plats.   Encycl. (DIDEROT), art. *Chapeau.*

♦ **2.** (1835). Action d'aiguiser, d'affûter une lame. *Le repassage d'un couteau, d'un rasoir.* ⇒ **Affilage, affûtage, aiguisage.**

♦ **3.** Techn. Vérification des pièces d'un mécanisme d'horlogerie.

♦ **4.** (Déb. xxᵉ). Techn. Opération par laquelle on soumet la repasse à une nouvelle chauffe.

♦ **5.** (1953). Argot. Meurtre.

★ **II.** Rare. Action de repasser (II., B., 1.).

2   Et la comédie du «repassage des leçons» commence : à chaque table, une élève prend son livre, sa voisine ferme le sien et doit réciter la leçon ou répondre aux questions que lui pose sa camarade.
    WILLY (COLETTE), Claudine à l'école, p. 111, *in* D.D.L. II, 16.

REPASSE [ʀ(ə)pɑs] n. f. — 1777 ; de *repasser.*

♦ **1.** Grosse farine mêlée de son (qu'il faut repasser au tamis).

♦ **2.** (1803). [a] Opération de redistillation (d'eau-de-vie faible) ; chacune des distillations successives (du cognac). Par ext. Mélange des distillations successives du cognac.

[b] Fam. Mauvais café (comparable à celui que l'on obtient en *repassant* de l'eau sur le marc).

♦ **3.** (1867). Boisson *de repasse,* deux fois infusée. *Du café, du thé de repasse.*

REPASSER [ʀ(ə)pɑse] v. — V. 1160, v. tr. ; *repasser outre la mer,* au xiiiᵉ ; de *re-,* et *passer.*

★ **I.** V. intr. ♦ **1.** Passer de nouveau. *Les coureurs repassaient toutes les vingt secondes* (→ Peloton, cit. 3). *Repasser à..., dans..., en..., chez... Voulez-vous repasser lundi prochain?* ⇒ **Revenir.** Fig., fam. *Tu repasseras demain! Il peut toujours repasser :* il n'aura rien, quoi qu'il fasse. — (Sujet n. de chose). *Travail où le crayon repasse sur un trait* (→ Illustrateur, cit.). *Faire repasser les plats, les rafraîchissements* (cit. 2). — Fig. *Des souvenirs, impatients de repasser dans sa mémoire...* (→ Fantôme, cit. 14).

1   Je regagnai mon lit et je ne pus y trouver le repos. Plongé dans une demi-somnolence, toute ma jeunesse repassait en mes souvenirs.
    NERVAL, les Filles du feu, «Sylvie», II.

(Avec le verbe *passer*). *Passer et repasser* (→ Gradé, cit. 1). *Passer et repasser devant une maison,* aller et venir (→ Désarroi, cit. 4 ; haut, cit. 24). *Dans le ciel passaient et repassaient des tourbillons d'hirondelles* → Cri, cit. 28). *Des ombres passaient et repassaient* (→ Percer, cit. 17). *«Il a passé par ici, il repassera par là...»* (chanson du jeu du furet*). *«Ne laissez nulle place Où la main ne passe et repasse»* (→ Creuser, cit. 1).

2   Le caissier ne sortait pas sans entendre sa confirmation au poste d'où il voyait passer, repasser et trépasser les ministres depuis vingt-cinq ans.
    BALZAC, les Employés, Pl., t. VI, p. 896.

3   Seul, le flux et reflux va, vient, passe et repasse.
    HUGO, la Légende des siècles, LVIII, I.

♦ **2.** Passer en arrière, retourner à l'endroit d'où l'on est venu. ⇒ **Retourner, revenir.** *Repasser dans son pays.* — Figuré et vieux :

4   Du courroux à l'amour si le retour est doux,
On repasse aisément de l'amour au courroux.   CORNEILLE, Othon, IV, 7.

REM. *Repasser par...* peut s'entendre au sens 1, passer de nouveau *(il repasse tous les jours par le même chemin pour aller à son travail),* ou au sens 2, retourner par *(il n'aime pas repasser au retour par le chemin de l'aller).*

5   Et d'indicibles désespoirs le déchiraient tout à coup, à la pensée (...) de ne repasser jamais, jamais plus, par certain tournant du sentier, où il s'était assis avec sa mère, sous les pins, un soir de dimanche, au printemps (...)
    LOTI, Matelot, XLVIII.

(1668, Molière). Fig., vieilli. Revenir sur qqch. en esprit. *Repasser sur tous les sujets de tristesse* (Mᵐᵉ de Sévigné), *sur tous nos faux pas* (Bossuet), *sur tout le cours (des) années* (La Bruyère).

★ **II.** V. tr. **A.** ♦ **1.** (V. 1310). Franchir, traverser* de nouveau ou en retournant. *Repasser les monts* (→ Campagne, cit. 3), *les eaux* (→ 1. Devoir, cit. 34), *les mers* (→ Fugitif, cit. 5). *Repasser une rivière.* — *Repasser un examen,* en subir de nouveau les épreuves (peut être ambigu par rapport au sens B, 1, a).

♦ **2.** (1200). Passer, faire traverser, transporter* de nouveau ou en arrière. *Le bac a repassé les voyageurs.* — Par ext. *Repasser la main sur son front.*

♦ **3.** Faire passer de nouveau ou à plusieurs reprises (un objet, un instrument) pour le faire agir (sur quelque chose).

[a] (Emploi général). *Repasser la lime sur un ouvrage de métal pour le polir.* — Faire passer de nouveau ou à plusieurs reprises (une chose) pour la soumettre à une nouvelle action. *«Repasser des étoffes par la teinture, à la teinture»* (Académie). Absolt. *Repasser des cuirs,* leur donner un nouvel apprêt. Vx. *Repasser une planche* (finir de la raboter), *une allée* (ratisser) ; *repasser du pain* (au

four), *repasser une montre* (retoucher les rouages) ; *repasser du vin* (⇒ **Repasse**). — REM. Ces emplois spéciaux ont disparu en raison de la fréquence des deux emplois ci-dessous.

[b] (1680). Affiler une lame. *Repasser une lame sur une meule, une pierre... pour l'aiguiser,* et, absolt, *repasser des ciseaux, un couteau*, un rasoir, le fil* (cit. 40) *d'une épée.* ⇒ **Affiler, affûter, aiguiser, émoudre ; rémouleur, repasseur.**

6   (...) sans discontinuer son opération commencée qui consistait à repasser la lame de son rasoir sur un cuir.   BALZAC, la Vieille Fille, Pl., t. IV, p. 218.

7   Mon père cracha sur sa pierre puis il se mit à repasser le couteau ; il soigna doucement le fil du bout courbé. Il essaya le pointu sur son pouce.
    J. GIONO, Jean le Bleu, VIII.

[c] (1669 ; *repasser le point* [les coutures] *au fer,* Richelet ; *repasser du linge sur la platine,* Furetière). Rendre lisse et net (du linge, du tissu, etc.), donner la forme et l'aspect voulu à un vêtement, au moyen d'un instrument approprié (fer, cylindre...). ⇒ **Défriper, lisser.** *Repasser du linge*. Mouiller du linge à repasser. Rideaux fraîchement repassés* (→ Confortable, cit. 1). *Repasser une chemise, un pantalon.* — Absolt. REPASSER (→ Brider, cit. 1 ; lingerie, cit. 2). *Faire des plis* (plisser, tuyauter...) *en repassant. Repasser à l'envers. Repasser avec la pattemouille ; à la vapeur.* ⇒ **Pressing.** *Faire repasser un costume* → Teinturier, cit. 2. Loc. *Fer à repasser.* ⇒ **Fer.** *Planche* à repasser, table à repasser* (⇒ **Jeannette**). — Pron. (passif). *Le nylon ne se repasse pas.*

8   Clémence prenait un fer à la mécanique, avec sa poignée de cuir garnie de tôle, et s'approchait de sa joue, pour s'assurer s'il était assez chaud. Elle (...) attaqua sa trente-cinquième chemise, en repassant d'abord l'empiècement et les deux manches.   ZOLA, l'Assommoir, v, t. I, p. 185.

[d] *Repasser un film, une bande magnétique,* projeter, faire entendre de nouveau.

♦ **4.** [a] Passer de nouveau (qqch.) à qqn. ⇒ **Remettre.** *Repasser une lettre de change à celui de qui on l'a reçue* (⇒ **Contrepasser**). *Repasser les plats,* les servir de nouveau aux convives (→ aussi Pannequet, cit.).

[b] (1805, *in* D.D.L.). Fig., fam. Passer ce qu'on a reçu de quelqu'un d'autre (pour s'en débarrasser). *Repasser un objet,* et, fig., *une affaire, un travail à qqn. Repasser un élève à un autre professeur.* ⇒ **Refiler.** Fam. *Se faire repasser des croûtes* (cit. 9) *par les marchands.*

9   — Zut! Zut! cria-t-il ; y en a trop ; je ne pourrai jamais en sortir. Je vais repasser tout ça à Sainthomme.   COURTELINE, Messieurs les ronds-de-cuir, IIᵉ tableau, II.

10   Après m'être entendu avec vous sur un prix limite, j'achète (...) Ou je vous repasse l'affaire, si cela reste dans vos vues. Ou j'essaye de la revendre (...)
    J. ROMAINS, les Hommes de bonne volonté, t. V, XII, p. 89.

♦ **5.** Remettre (un vêtement, un bijou) sur soi ou sur quelqu'un d'autre. *Repasser sa veste, une robe, une bague.*

♦ **6.** Faire passer, faire infuser de nouveau. *Café obtenu en repassant de l'eau sur le marc.* ⇒ **Repasse.** — (1904). Distiller une seconde fois. ⇒ **Repasse.**

Loc. fam. (Vx). *Se la repasser douce :* se la couler* douce.

10.1   (...) dès qu'ils furent seuls, Deslauriers s'écria :
— Ah! saprelotte, nous allons nous la repasser douce, maintenant !
Frédéric n'aima point cette manière de s'associer, tout de suite, à sa fortune. Son ami témoignait trop de joie pour eux deux, et pas assez pour lui seul.
    FLAUBERT, l'Éducation sentimentale, II, I.

B. ♦ **1.** (1636). [a] Remettre, faire passer de nouveau dans son esprit, sa mémoire. ⇒ **Évoquer, remettre** (se remettre en mémoire), **remémorer, retracer** (se). — *Repasser des événements dans son esprit, dans son souvenir... Repasser sa vie.*

11   Comme le soldat qui revient de la parade, Julien fut attentivement occupé à repasser tous les détails de sa conduite. — N'ai-je manqué à rien de ce que je me dois à moi-même? Ai-je bien joué mon rôle?
    STENDHAL, le Rouge et le Noir, I, XV.

12   Elle repassait seulement dans son esprit, mais avec une rapidité et une netteté surhumaine, les déceptions capitales de sa courte vie, comme si la pitié de ce prêtre, en était le terme et le couronnement (...)
    BERNANOS, Sous le soleil de Satan, I, III.

[b] Étudier, travailler en revenant plusieurs fois sur le même sujet. ⇒ **Apprendre, potasser** (cit. 2). *Repasser ses leçons*￼* (→ Quitte, cit. 13), *ses cahiers d'histoire* (→ Ou, cit. 35). — Par ext. ⇒ **Répéter.** *Repasser son rôle, un pas de danse...* (→ aussi Feinte, cit. 5 ; plié, cit. 1).

13   Repasser l'arithmétique, la géométrie, la trigonométrie, l'algèbre, les sections coniques, la statique, de façon à subir un nouvel examen, était une atroce corvée.
    STENDHAL, Vie de Henry Brulard, 35.

14   On le soupçonnait même d'employer les récréations à repasser mentalement ses leçons, tout en faisant semblant de dormir, étendu sur un banc.
    Valery LARBAUD, Fermina Marquez, VIII.

♦ **2.** Argot. (Vx). Duper, voler. *Se faire repasser.*

(1921). Fam. Assassiner. ⇒ **Rectifier.**

15   (...) en aucune manière je ne veux savoir où tu as pu planquer ton grisbi (...) Que tu tombes, ou que tu te fasses repasser (...) il restera où il est. Arrange-toi !
    Albert SIMONIN, Touchez pas au grisbi, p. 205.

CONTR. (De II., A., 3., c). **Chiffonner, froisser.**
DÉR. Repassage, repasse, repasseur, repasseuse.

REPASSEUR, EUSE [ʀ(ə)pɑsœʀ, øz] n. — 1755, *Encyclopédie*, *repasseur d'épingles*; de *repasser*.

♦ **1.** Ouvrier qui repasse (II., 3.). *Repasseur de puits de mine*, qui contrôle et entretient le revêtement. — Spécialt. ⇒ **Affûteur, aiguiseur, émouleur, rémouleur.** *Repasseur de couteaux et ciseaux* (→ Larbin, cit.).

Mais aux airs pyrénéens de ce bienfaisant pasteur se mêlait déjà la cloche du repasseur, lequel criait : « Couteaux, ciseaux, rasoirs ». Avec lui ne pouvait lutter le repasseur de scies, car, dépourvu d'instrument, il se contentait d'appeler : « Avez-vous des scies à repasser, v'là le repasseur (...) »
PROUST, la Prisonnière, Pl., t. III, p. 119.

♦ **2.** Spécialiste du repassage, de la vérification des pièces (dans l'industrie horlogère, en particulier).

REPASSEUSE [ʀ(ə)pɑsøz] n. f. — 1753, *Encyclopédie*, « ouvrière qui repasse des chapeaux »; de *repasser*.

A. ♦ 1. Ouvrière qui repasse le linge, les vêtements. ⇒ **Blanchisseuse.** *Repasseuse qui travaille dans une maison de couture* (couturière). — REM. Dans cet emploi, le masculin *repasseur* est virtuel.

REPASSEUSE. Ce mot n'est pas français quoique fort généralement usité, de sorte qu'un homme qui se pique de bien parler, ne sait comment désigner l'ouvrière qui *repasse* son linge, ce qui est extrêmement embarrassant pour les gens de lettres qui ont des chemises.
Charles NODIER, Examen critique des dict. de la langue franç. (1829).

♦ **2.** Machine à repasser le linge (cylindre chauffé). *La repasseuse comporte un ou deux cylindres, la calandre* en compte au moins trois.*

♦ **3.** Techn. Carde placée entre la briseuse (cit. 2) et la fileuse.

B. ⇒ aussi **Repasseur.**

REPAVAGE [ʀ(ə)pavaʒ] n. m. — 1632; de *repaver*.

♦ Opération par laquelle on repave.

(...) elle s'élança dans son récit. Une misérable aventure de point d'arrêt déplacé en raison du repavage de la rue de Courcelles.
Philippe HÉRIAT, les Enfants gâtés, II, 3.

REPAVEMENT [ʀ(ə)pavmɑ̃] n. m. — 1487; de *repaver*.

♦ Vx. ⇒ **Repavage.**

REPAVER [ʀ(ə)pave] v. tr. — 1335; de *re-*, et *paver*.

♦ Paver de nouveau; remplacer les pavés de. ⇒ aussi **Recarreler.**

DÉR. Repavage, repavement.

REPAYER [ʀ(ə)peje; ʀ(ə)pɛje] v. tr. — Conjug. *payer.* — 1690; *repaier* « rendre », XIIᵉ; de *re-*, et *payer*.

♦ Payer une seconde fois.

REPÊCHAGE [ʀ(ə)pɛʃaʒ] n. m. — 1870; de *repêcher*.

♦ **1.** Action de repêcher.

♦ **2.** Fam. Aide accordée à quelqu'un dans l'embarras. — REM. Alors que *renflouage* se dit surtout de difficultés financières, *repêchage* est spécialisé au XXᵉ dans le sens suivant : le fait d'accorder l'admission à un candidat qui serait normalement éliminé; épreuve, examen supplémentaire qui a lieu à cet effet.

Les conséquences, ce furent deux échecs successifs au P.C.N. en juin et en octobre 1935, puis une année de repêchage que — de leur point de vue — elle gâcha radicalement.
S. DE BEAUVOIR, la Force de l'âge, p. 273.

(1924). Sports. *Course, épreuve de repêchage.*

REPÊCHER [ʀ(ə)peʃe] v. tr. — 1680; *rapesquier*, 1288; *repescher*, 1549; de *re-*, et *pêcher*.

♦ **1.** Pêcher de nouveau. « *Laissez-moi carpe devenir : Je serai par vous repêchée* » (→ Plat, cit. 27). — Retirer* de l'eau (ce qui y était tombé). *Repêcher un noyé.*

1 (...) il souleva la valise et la jeta, très loin, là sans doute où la rivière devait être profonde. Un jour les dragueurs la repêcheraient.
G. DUHAMEL, les Compagnons de l'Apocalypse, XXI.

♦ **2.** (1875). Fam. *Repêcher qqn*, l'aider* à sortir d'une mauvaise passe. ⇒ **Sauver.** Spécialt. *Repêcher un candidat*, l'accepter alors que le total de ses points ne permet normalement pas de le recevoir. — (Passif). *Être repêché à deux points* : être reçu avec un total inférieur de deux points au total exigé.

P. p. *Candidats repêchés.* — N. *Les repêchés.*

2 Les jurés avaient droit à une « charité », chacun d'eux pouvait choisir dans le tas une toile (...) qui, dès lors, se trouvait reçue sans examen. D'ordinaire, on faisait

l'aumône de cette admission à des pauvres. Ces quarante repêchés de la dernière heure étaient les mendiants de la porte (...)
ZOLA, l'Œuvre, X, p. 377.

DÉR. Repêchage.

REPEIGNER [ʀ(ə)peɲe; ʀ(ə)pɛɲe] v. tr. — 1538; de *re-*, et *peigner*.

♦ Peigner une seconde fois.

▶ **SE REPEIGNER** v. pron.

Se peigner de nouveau lorsque les cheveux ont été mis en désordre. ⇒ **Recoiffer** (se). Cf. Se redonner un coup de peigne.

Leste comme un jeune homme, il a sauté à bas du divan et il a été se repeigner devant le miroir.
J. DUTOURD, les Horreurs de l'amour, p. 595.

REPEINDRE [ʀ(ə)pɛ̃dʀ] v. tr. — Conjug. *peindre.* — 1290; de *re-*, et *peindre*.

♦ **1.** Peindre de nouveau, peindre à neuf. *Repeindre un appartement, une voiture* (→ Promener, cit. 1).

Jamais avec lui une pièce nouvelle. Tous les deux ou trois ans, il reprend le PIED DE MOUTON. Il fait repeindre un décor rouge en bleu ou un décor bleu en rouge (...)
Ed. et J. DE GONCOURT, Journal, 1ᵉʳ mars 1862, t. II, p. 10.

♦ **2.** (1798). Redonner des touches de peinture à (une partie d'un tableau). — Au p. p. *Parties repeintes.* ⇒ **Repeint.**

DÉR. Repeint.

REPEINT [ʀ(ə)pɛ̃] n. m. — 1803; de *repeindre*.

♦ Techn. Partie d'un tableau qui a été repeinte (soit par l'auteur, soit par un restaurateur...).

(...) l'accord des ocres avec les bleus sombres dont tant de repeints n'ont pas altéré la nuit biblique, donnent à l'œuvre un accent de psalmiste.
MALRAUX, les Voix du silence, p. 324.

REPENDRE [ʀ(ə)pɑ̃dʀ] v. tr. — XIIᵉ; de *re-*, et *pendre*.

♦ Pendre de nouveau. *Rependre un manteau à une patère.*

CONTR. 2. Dépendre.

REPENSER [ʀ(ə)pɑ̃se] v. tr. — 1183; de *re-*, et *penser*.

♦ **1.** V. tr. ind. REPENSER (à...) : penser de nouveau à...; réfléchir encore plus à... (→ Pondre, cit. 2). *J'y repenserai.*

♦ **2.** V. tr. dir. (XVIIIᵉ; admis par l'Académie 1935). Considérer de nouveau et plus à fond. ⇒ **Penser.** *Repenser une doctrine philosophique, un projet d'ouvrage.*

(...) il prend l'idée, et la repense de façon à lui rendre l'âme une seconde fois (...)
TAINE, La Fontaine, I, IV, I, in LITTRÉ, Suppl.

Réviser, reconsidérer. *Il faut repenser la question.*

REPENTANCE [ʀ(ə)pɑ̃tɑ̃s] n. f. — V. 1112; dér. de *se repentir*.

♦ Vx. ou littér. Souvenir douloureux, regret de ses fautes, de ses péchés. ⇒ **Repentir.** *La repentance de ses fautes.*

Le vice laisse, comme un ulcère en la chair, une repentance en l'âme, qui toujours   1
s'égratigne et s'ensanglante elle-même. Car la raison efface les autres tristesses et douleurs; mais elle engendre celle de la repentance (...)
MONTAIGNE, Essais, III, II.

Que Racine ait donné à son héroïne la conscience de sa faute, et disons s'il vous   2
plaît : du péché, il va sans dire; mais gardez de l'incliner trop du côté de la *repentance* (les « remords » dont elle parle en sont loin) et de la christianiser à plaisir. Ce qu'elle regrette, ce n'est point tant sa passion funeste, que de ne l'avoir pas assouvie (...)
GIDE, Attendu que..., p. 209.

REPENTANT, ANTE [ʀ(ə)pɑ̃tɑ̃, ɑ̃t] adj. et n. — V. 1190; dér. de *se repentir*.

♦ **1.** Adj. Qui se repent de ses fautes, de ses péchés. ⇒ **Contrit, marri** (cit. 2), **pénitent.**

(...) je me suis présenté chez elle en esclave timide et repentant, pour en sortir en   1
vainqueur couronné.
LACLOS, les Liaisons dangereuses, CXXV.

Abbadona (...) ce démon repentant qui cherche à faire du bien aux hommes : un   2
remords dévorant s'attache à sa nature immortelle; ses regrets ont le ciel même pour objet, le ciel qu'il a connu (...)
Mᵐᵉ DE STAËL, De l'Allemagne, II, XII.

♦ **2.** N. Pénitent.

La plupart des repentants du XVIᵉ siècle et du commencement du XVIIᵉ avaient été   3
des bandits (...) Ces meurtriers étaient des déserteurs des armées du temps (...) Un monde si plein de crimes se remplit de pénitents comme au temps de la Thébaïde.
CHATEAUBRIAND, Vie de Rancé, p. 141.

REPENTIR (SE) [ʀ(ə)pɑ̃tiʀ] v. pron. — Conjug. *dormir.* — 1080; du bas lat. *repœnitere*, IXᵉ; du lat. *pænitere*, déformé en *pœnitire*.

♦ **1.** Ressentir le regret (d'une faute), accompagné du désir de ne pas recommencer, de réparer. ⇒ **Regretter, reprocher** (se), **vouloir** (s'en). *Se repentir d'une faute** (→ Oublier, cit. 13), *d'un péché** (cit. 3). ⇒ **Pleurer** (ses péchés). *Les péchés dont il s'est repenti.* — *Se repentir d'avoir commis une faute* (cit. 17), *d'avoir offensé*

Dieu... (→ Libérer sa conscience*, battre sa coulpe*, se frapper la poitrine*, faire son mea-culpa*, demander pardon* à Dieu, faire pénitence*).

Absolt. (→ Ici, cit. 23 ; jeûner, cit. 6). *Pardonner* (cit. 2) *à celui qui se repent.*

1 (...) je vous le dis, qu'il y aura plus de joie dans le ciel pour un seul pécheur qui se repent que pour quatre-vingt-dix-neuf justes, qui n'ont pas besoin de repentir.
BIBLE (Jérusalem), l'Évangile selon saint Luc, XV, 7.

2 (...) au fond, je ne me repens point. Je commettrais de nouveau ma faute si elle était à commettre.   STENDHAL, le Rouge et le Noir, I, XIX.

3 Ah ! je me repens, Seigneur, si vous saviez comme je me repens, et ma fille aussi se repent, et mon gendre sacrifie une vache tous les ans, et mon petit-fils, qui va sur ses sept ans, nous l'avons élevé dans la repentance : il est sage comme une image, tout blond et déjà pénétré par le sentiment de sa faute originelle.
SARTRE, les Mouches, I, 1.

♦ **2.** Regretter (une action), souhaiter ne pas avoir fait (qqch.) ; subir les conséquences désagréables (d'un acte). *Se repentir d'un acte* (→ Asphyxie, cit. 3), *d'avoir ri* (→ Exciter, cit. 4). *Se repentir amèrement de... d'avoir fait...* (→ Innombrable, cit. 4). *Se repentir d'avoir une femme* (cit. 113). *Se repentir d'avoir trop parlé* (cf. Se mordre les doigts, la langue, les lèvres, les pouces). — Vx. *Se repentir que...* (avec le subj. → ci-dessous, cit. 5, Molière).

4 Donc inhabile au service de Dieu,
J'abandonnai de bonne heure le lieu :
Et retournant d'où je m'étais partie,
Me repentis de m'être repentie.
DU BELLAY, Jeux rustiques, « La vieille courtisane ».

5 Coquin ! je me repens que ma main t'ait fait grâce (...)
MOLIÈRE, Tartuffe, III, 7.

6 Dans un temps plus heureux ma juste impatience
Vous ferait repentir de votre défiance.   RACINE, Britannicus, III, 7.

7 Cependant des humains presque les quatre parts
S'exposent hardiment au plus grand des hasards *(le mariage)* ;
Les quatre parts aussi des humains se repentent.
LA FONTAINE, Fables, VII, 2.

Je l'en ferai repentir, il s'en repentira, se dit par menace (→ Il lui en cuira*, il le paiera* cher, il s'en souviendra*).

▶ **REPENTI, IE** p. p. adj. (XIIIᵉ).
Qui s'est repenti de ses fautes, qui a commencé à réparer. *Pêcheur* (cit. 2) *repenti. Fille repentie* (→ Pénitence, cit. 7), et, n. f., *une repentie* (vieilli), se disait d'une fille repentie de sa conduite et retirée dans une maison religieuse. *Couvent de filles repenties* ⇒ **Madelonnette.** — Ellipt. *On l'a mise, elle s'est retirée aux Filles repenties, aux Repenties.* — Allus. bibl. *La Madeleine repentie.* — *La Courtisane repentie, la Contre-repentie,* poèmes de Du Bellay.

8 Les contours sévères de la sainteté s'amollissaient en lignes ondoyantes et souples ; la pécheresse reparaissait à travers la repentie (...) La grande sainte devenait courtisane et se faisait tentatrice.
Th. GAUTIER, la Toison d'or, VI, *in* Fortunio..., p. 227.

CONTR. Obstiner (s').
DÉR. Repentance, repentant.

REPENTIR [ʀ(ə)pᾱtiʀ] n. m. — 1170 ; infinitif substantivé du v. *repentir.*

♦ **1.** Regret (d'une faute), sentiment de douleur morale accompagné d'un désir d'expiation*, de réparation. ⇒ **Regret, remords** (cit. 7, Janet), **repentance ; componction, contrition.** *Aveu et repentir des fautes.* ⇒ **Confession** (cit. 2). *Repentir d'un crime, d'une offense... Un repentir sincère* (→ Déraciner, cit. 5), *fervent* (→ Orgueil, cit. 8). « *Nos péchés sont têtus, nos repentirs sont lâches* » (→ Bourbeux, cit. 3). *Le repentir au cœur* (cit. 93). *Être pénétré de repentir.* — *Un esprit de pénitence et de repentir* (→ Douleur, cit. 21). *Une vie de repentir* (→ Expier, cit. 5). *Pleurer par repentir* (→ Attendrissement, cit. 8). *Marques de repentir* (→ Frapper, cit. 52). *Les bonnes œuvres du repentir* (→ Dieu, cit. 44). — *Formules du repentir dans la liturgie catholique.* ⇒ **Confiteor, mea-culpa, peccavi.**

1 Notre repentir n'est pas tant un regret du mal que nous avons fait, qu'une crainte de celui qui nous en peut arriver.   LA ROCHEFOUCAULD, Maximes, 180.

2 Votre repentir n'est encore que le sentiment d'une défaite essuyée, ce qui est horrible, c'est le désespoir de Satan, et tel était peut-être le repentir des hommes avant Jésus-Christ ; mais notre repentir à nous autres catholiques, et l'effroi d'une âme qui se heurte dans la mauvaise voie, et à qui, dans ce choc, Dieu s'est révélé !
BALZAC, le Curé de village, Pl., t. VIII, p. 655.

3 (...) Heureux qui s'humilie,
Car le vrai repentir nous lave et nous délie,
Et réjouit le cœur des Anges dans les cieux !
LECONTE DE LISLE, Poèmes barbares, « Le corbeau ».

4 Bref, cette tristesse qui naît de la contemplation du passé ne sert à rien et est même très nuisible, parce qu'elle nous fait réfléchir vainement et chercher vainement. Spinoza dit que le repentir est une seconde faute.
ALAIN, Propos, 31 oct. 1911, « Du désespoir ».

♦ **2.** (Fin XIIᵉ). Regret (d'une action). « *Un lâche repentir d'une bonne action* » (→ 1. Car, cit. 1).

5 Voici dix années bientôt qu'elle avait fait ce beau coup, et pas une heure ne s'était écoulée sans qu'elle en eût le repentir : une existence de misère, un exil dans ce coin glacé du Nord, où elle grelottait, un ennui à périr, de n'avoir jamais personne à qui causer, par même une voisine.   ZOLA, la Bête humaine, II.

---

6 Ici j'ai un remords, ou un scrupule, mettons un repentir, enfin ce qu'il ne faut jamais avoir ; je ne me rappelle pas si exactement il a dit (...)
Ch. PÉGUY, la République..., p. 189.

♦ **3.** (1798, Académie). Art. Changement apporté, correction faite en cours d'exécution (d'un tableau, etc.), à la différence du repeint*, fait après coup. — *Les repentirs d'un dessin, d'un manuscrit* (→ Imparfait, cit. 4).

7 (...) il avait le travail si douloureux, que la moindre lettre, la plus banale, une invitation, un envoi d'argent, lui coûtait deux ou trois heures d'une méditation excédante, sans compter les ratures et les repentirs.
BAUDELAIRE, l'Art romantique, XXII, v.

8 (...) toutes les bribes de crayonnage, tous les ratages, tous les repentirs, tous les essuie-pinceaux du peintre *(Delacroix)* sont là, exposés en grande pompe (...)
Ed. et J. DE GONCOURT, Journal, 21 févr. 1864, t. II, p. 144.

♦ **4.** N. m. pl. (1836, Gautier). Anciennt. **REPENTIRS :** sorte de longues boucles (⇒ **Anglaise**) pendant de chaque côté du cou.

9 (...) il aperçut le cou de vautour d'une vieille dame anglaise dont les grands repentirs époussetaient la nappe.   Alphonse DAUDET, Tartarin sur les Alpes, III.

REPÉRABLE [ʀ(ə)peʀabl] adj. — 1949, Larousse ; de *repérer.*

♦ Qui peut être repéré. — Sc. *Grandeurs repérables et non mesurables :* grandeurs dont on peut définir l'égalité, mais sur lesquelles on ne peut faire d'opérations (ex. : les températures centésimales).

REPÉRAGE [ʀ(ə)peʀaʒ] n. m. — 1845, techn. ; milit., 1915 ; de *repérer.*

♦ Opération par laquelle on repère (1. et 2.). *Repérage et guidage des avions par le radar* (cit. 1). *Moyens de détection et de repérage. Repérage des positions, des batteries ennemies,* par les lueurs, le son, par la photographie aérienne... *Repérage d'un émetteur clandestin.* — *Repérage des dessins,* pour la reproduction en couleurs. — (Cin.). *Repérage des extérieurs.*

(...) dans le souvenir ce vague peut être sinon approfondi, du moins précisé, grâce à un repérage de circonstances qui expliquent pourquoi une certaine saveur a pu vous rappeler des sensations lumineuses (...)
PROUST, la Prisonnière, Pl., t. III, p. 375.

REPERÇAGE [ʀ(ə)peʀsaʒ] n. m. — 1875 ; de *repercer.*

♦ Techn. Le fait de repercer (2.).

REPERCER [ʀ(ə)peʀse] v. tr. — Conjug. *percer* → Placer. — 1549 ; de *re-,* et *percer.*

♦ **1.** Percer de nouveau. Fig. (→ Gamin, cit. 11).

♦ **2.** (1755). Techn. Découper à jour suivant un tracé. *Ouvrage d'orfèvrerie repercé.*

DÉR. Reperçage, reperceur.

REPERCEUR, EUSE [ʀ(ə)peʀsœʀ, øz] n. — 1803 ; de *repercer.*

♦ Techn. Ouvrier, ouvrière qui effectue le reperçage.

RÉPERCUSSIF, IVE [ʀepeʀkysif, iv] adj. — 1314, méd. ; du lat. *repercussus* ou de *répercussion.*

♦ **1.** Qui produit une répercussion.

♦ **2.** (1377). Méd. Vx. Médicament qui fait refluer les humeurs. ⇒ **Astringent.** — N. m. *Un répercussif.*

DÉR. Répercussivité.

RÉPERCUSSION [ʀepeʀkysjɔ̃] n. f. — 1314, sens 2 ; du lat. *repercussio,* de *repercussum,* supin de *repercutere,* de *ré-,* et *percutere.* → Répercuter, percuter.

♦ **1.** (1348). Le fait d'être renvoyé, répercuté. ⇒ **Réflexion, renvoi.** *La répercussion d'un son par l'écho. La répercussion d'un choc.* ⇒ **Contrecoup.**

♦ **2.** Méd. Vx. Reflument des humeurs. Par ext. Disparition d'un symptôme extérieur ; état qui en résulte.

♦ **3.** Fig. (du 1.). Effet indirect ou effet en retour. ⇒ **Choc, contrecoup, incidence, retentissement.** *Les répercussions d'une décision, d'une crise économique... Fin. publ. Répercussion de l'impôt,* quand le contribuable légal en fait supporter la charge à un tiers.

1 (...) la mémoire d'un être vivant, paraît bien mesurer avant tout la puissance de son action sur les choses, et n'en être que la répercussion intellectuelle (...)
H. BERGSON, Matière et Mémoire, p. 256 (1896).

2   (...) rien ne se passe en une des parties du corps qui n'ait sa répercussion dans toutes les autres.   ALAIN, Propos, 17 janv. 1923, La tête sans l'homme.

DÉR. V. Répercussif.

RÉPERCUSSIVITÉ [RepɛRkysivite] n. f. — 1921 ; de *répercussif*.

♦ Physiol. Capacité d'un organe ou d'une fonction physiologique d'influencer à distance un autre organe ou une autre activité.

RÉPERCUTER [RepɛRkyte] v. tr. — V. 1370 ; lat. *repercutere*, de *ré-*, et *percuter*. → Percuter.

♦ **1.** Renvoyer* dans une direction nouvelle (spécialt un son, une image). *Mur, surface qui répercute le son.* ⇒ **Réfléchir ; écho.** — En parlant d'une lueur (→ Reluire, cit. 1).

Spécialt. (Écon.) Faire supporter (une charge financière). *« Répercuter la charge sur les prix »* (*Entreprise,* 8 févr. 1969).

♦ **2.** Méd. Vx. Faire rentrer les humeurs au dedans (cf. Trévoux).

♦ **3.** Fig., fam. (D'après le pronominal). Faire que (quelque chose) se transmette. *Répercuter un ordre, une consigne autour de soi.* — REM. Cet emploi est critiqué.

▶ **SE RÉPERCUTER** v. pron.

♦ **1.** (1823). Être renvoyé. *Bruit, son qui se répercute après avoir frappé un obstacle. Reflet, lueur... qui se répercute* (→ Flamboiement, cit. 3).

1   S'éteindre. Éteindre le regard intérieur. Il pensa « éteindre ». Le mot roula comme un tonnerre et se répercuta dans d'immenses salles vides.   SARTRE, le Sursis, p. 108.

♦ **2.** (XVIIIᵉ ; cf. Brunot, *Hist. de la langue franç.,* t. VI, p. 89). Se transmettre, se propager par une suite de réactions. ⇒ **Réagir ;** → Optimisme, cit. 6. *Majoration qui se répercute sur les marchandises similaires* (→ 1. Importer, cit. 1).

▶ **RÉPERCUTÉ, ÉE** p. p. adj. *Échos répercutés* (→ Consonance, cit. 3). *Les clairons et les tambours..., répercutés par les échos* (cit. 5). *Reflet répercuté* (→ Apercevoir, cit. 17).

2   (...) j'étais la glace, et elle était le feu. En le réflétant, je croyais le produire. N'importe ; ce rayonnement, répercuté de l'un à l'autre, semblait appartenir à tous les deux et nous envelopper de l'atmosphère du même sentiment.   LAMARTINE, Graziella, IV, XXII.

3   Je ne l'ai jamais publié avant aujourd'hui ; et des milliers de lecteurs inconnus en ont cependant perçu l'écho, répercuté au long des murailles de mon œuvre.   R. ROLLAND, Jean-Christophe, Introd., p. 12.

REPERDRE [R(ə)pɛRdR] v. tr. et intr. — 1170 ; de *re-*, et *perdre*.

♦ Perdre (ce qu'on a gagné) ; perdre de nouveau. *L'homme, reperdant par la vieillesse tout ce que sa perfectibilité* (cit. 1) *lui avait fait acquérir. Le temps gagné est reperdu* (→ Formalité, cit. 6).

Une grande faiblesse du régime capitaliste est la vente. Les économies féroces et bénéfiques faites, goutte à goutte, sur la production sont reperdues allègrement dans la vente.   A. SAUVY, Croissance zéro ?, p. 245.

REPÈRE [R(ə)pɛR] n. m. — 1578, *repaire ; repère* en 1676, Félibien ; altér. de *repaire** sous l'infl. du lat. *reperire* « trouver ». → Répertoire.

REM. Dans les sens de *repère,* l'orth. *repaire* est abandonnée depuis le XVIIᵉ (sauf en vénerie ; → Repaire, III.).

♦ **1.** Marque* servant à retrouver un emplacement, un endroit (pour faire un travail avec précision, ajuster des pièces, localiser un phénomène...). *Choisir, trouver un repère.* ⇒ **Repérer.** *Faire voir par un repère.* ⇒ **Indiquer.** *Signe, objet matériel servant de repère. Repères* (signes, entailles) *des tailleurs de pierre, des charpentiers.* — Spécial. Repères matérialisant un alignement, un niveau (en construction, topographie...). ⇒ **Piquet, piquetage ; jalon, taquet.** Par appos. *Borne repère. Direction repère* (t. d'artill.). — *Repères pour noter le niveau des eaux.* ⇒ **Échelle** (des eaux). *Repères de niveau,* mentionnant l'altitude d'un lieu. ⇒ **Nivellement.** — (Dans un instrument de mesure). *Amener un index en face d'un repère, la bulle d'un niveau entre les deux repères.* — *Repères d'une carte* (points cardinaux... ⇒ **Orienter**).

1   Les états-majors d'armée (...) calculaient des angles, des distances ; fixaient des repères ; mettaient à jour des canevas de tir et des plans directeurs.   J. ROMAINS, les Hommes de bonne volonté, t. XV, II, p. 38.

2   Mathias finit par arrêter son choix sur un signe en forme de huit, gravé avec assez de précision pour qu'il pût servir de repère. Cette marque se trouvait exactement en face de lui, c'est-à-dire à quatre ou cinq mètres sur la gauche du point d'émergence de la cale. Une brusque montée du niveau la fit disparaître. Quand il revit, trois secondes plus tard, l'emplacement qu'il s'était efforcé de ne pas quitter des yeux, il ne fut plus tout à fait sûr d'y reconnaître le dessin repéré (...)   A. ROBBE-GRILLET, le Voyeur, p. 16.

Signe, marque (dans un écrit). → Hiéroglyphe, cit. 5 ; 1. livre, cit. 7.

♦ **2.** (Mil. XIXᵉ). POINT DE REPÈRE, REPÈRE : objet ou endroit précis reconnu et choisi pour se reconnaître. *Point de repère pour les navigateurs* (cit. 1 ; → Cap, cit. 3). ⇒ **Amer.** — Mar. *Prendre ses repères* (→ par métaphore 1. Point, cit. 6).

---

3   (...) elle se sentait plus dépaysée dans ce décor transformé où elle cherchait en vain des points de repère, qu'elle ne l'eût été dans un immeuble tout à fait inconnu.   MARTIN DU GARD, les Thibault, t. VIII, p. 28.

4   Le voilà (*l'arbre sous lequel est enterrée Bella*) qui devenait aussi le repère dans cette dure carte du Tendre qu'était le cœur de Fontranges.   GIRAUDOUX, Bella, IX.

Tout ce qui permet de reconnaître*, de retrouver* une chose dans un ensemble. ⇒ **Jalon.** *Points de repère qui jalonnent* (cit. 5) *le temps.*

5   Il m'arrive parfois d'entrouvrir un des ouvrages de mon jeune temps pour y chercher quelque repère, pour y prendre, selon les cas, des mesures ou des témoignages.   G. DUHAMEL, Refuges de la lecture, VI.

♦ **3.** Ensemble de vecteurs ayant une origine commune et formant un système de référence. *Repère orthonormé**.

Repère cartésien ; repère affine, défini par la donnée d'un point (*l'origine du repère*) et d'une base* de l'espace vectoriel auquel l'espace affine est associé. ⇒ **Référentiel.**

DÉR. Repérer.
HOM. Repaire.

REPÉRER [R(ə)peRe] v. tr. — Conjug. *céder.* — 1676, au p. p. ; à l'actif, 1823 « marquer d'un repère » ; de *repère*.

♦ **1.** Marquer*, signaler par un repère, par des repères. *Repérer le niveau, l'alignement.* ⇒ **Borner, jalonner.** *Châssis à repérer des lithographes.*— Utiliser comme repère. *Repérer une marque.*

♦ **2.** Trouver, reconnaître, et, spécialt, situer avec précision, en se servant de repères ou par rapport à des repères. ⇒ **Situer.** *Repérer l'ennemi.* ⇒ **Découvrir.**

1   Nous repérons leurs emplacements (*des batteries ennemies*) à loisir en multipliant les photographies aériennes. Nous les prendrons aussi comme objectif de notre tir d'écrasement (...)   J. ROMAINS, les Hommes de bonne volonté, t. XV, II, p. 27.

Pron. (1870). SE REPÉRER (fam.) : reconnaître où l'on est (concrètement ou abstraitement), grâce à des repères. *Je me repère facilement dans cette ville. Je n'arrive pas à me repérer dans cette histoire.*

♦ **3.** (1881). Fam. Découvrir (qqch.) ; reconnaître ou retrouver (qqn). *Repérer qqn dans la foule.* ⇒ **Apercevoir, remarquer** (→ aussi Filer, cit. 14 ; filet, cit. 9). *J'ai repéré qqch. de louche.* ⇒ **Flairer.** — *Se faire repérer :* attirer sur ses activités, être découvert en parlant de quelqu'un qui a quelque chose à cacher et que l'on surveille). Cf. fam. Se faire azimuter.

2   — Tu vas nous faire repérer avec tes allumettes (...)   MONTHERLANT, le Songe, I, X.

3   On essaye de pas se faire trop remarquer à l'hôtel. Ça ne vaut rien. Déjà dès qu'on s'engueule un peu fort ou trop souvent, ça va mal, on est repéré.   CÉLINE, Voyage au bout de la nuit, p. 323.

4   Il essayait de repérer un type avec lequel il pourrait engager une querelle et échanger des coups.   R. QUENEAU, Pierrot mon ami, éd. L. de Poche, p. 99.

▶ **REPÉRÉ, ÉE** p. p. adj. *Pièce d'artillerie repérée* (→ Arrosement, cit. 3).

DÉR. Repérable, repérage, repéreur.

REPÉREUR, EUSE [R(ə)peRœR, øz] n. — XXᵉ (1954, P. Guth, *in* D.D.L.) ; de *repérer*.

♦ Personne qui repère (quelque chose, quelqu'un).

RÉPERTOIRE [RepɛRtwaR] n. m. — Fin XIVᵉ, *Répertoire de Science,* nom d'une allégorie ; lat. *repertorium,* de *repertum,* supin de *reperire* « trouver ».

♦ **1.** (1468). Inventaire méthodique (liste, table, recueil...) où les matières sont classées dans un ordre qui permet de les retrouver facilement ; (XIXᵉ) cahier contenant un tel inventaire. *Répertoire alphabétique, logique, méthodique* (⇒ **Catalogue, classement, énumération, état, fichier, index, inventaire, nomenclature, sommaire, table ; dictionnaire, lexique, mémento, vade-mecum**). *Répertoire d'adresses* (⇒ **Agenda, carnet**), *de livres* (⇒ **Bibliographie**), *de conventions, de formules* (⇒ **Dictionnaire, formulaire**)... *Consulter un répertoire.* — Dr. *Répertoire des officiers ministériels* (notaires, huissiers...), registre coté et paraphé par le juge. Comm. *Répertoire des opérations de bourse,* tenu par l'agent de change (livre-journal). *Répertoire des opérations de change, des transitaires...* Douanes. *Répertoire général du tarif.* — Par ext. Recueil méthodique. *Répertoire de jurisprudence, de droit... Les Répertoires Dalloz.*

1   (...) ce qu'il consultait à main gauche, ce long carnet noir à étiquette rouge, c'était un répertoire des écritures employées, avec la référence qui lui permettait de s'y retrouver.   ARAGON, les Beaux Quartiers, III, I.

Fig., fam. *C'est un répertoire vivant, un répertoire d'anecdotes...*

2   Un aubergiste est le répertoire vivant de toutes les aventures, il fait la police sans s'en douter.   BALZAC, Splendeurs et Misères des courtisanes, Pl., t. V, p. 885.

♦ **2.** (1769, Voltaire). Liste des pièces, des œuvres qui forment le fonds d'un théâtre et sont susceptibles d'être reprises. *Le répertoire de la Comédie-Française.* — Par ext. Pièces d'une certaine catégorie. *Le répertoire classique, l'ancien répertoire* (→ Immoralité, cit. 7).

3   M. de Ximenès m'a mandé que M. le maréchal de Richelieu avait mis les *Guèbres* sur le répertoire de Fontainebleau (...)
VOLTAIRE, Correspondance, 3535, 16 sept. 1769 (N. B. Dans une lettre du 30 août 1769, VOLTAIRE écrit « *La liste de Fontainebleau* »).

Absolt. *Acteur* (cit. 7) *du répertoire* (classique). *Jouer le répertoire.*

4   Ursus tolérait, non sans quelque impatience, ces altérations du texte. Il eût volontiers dit à Dea, comme de nos jours Moëssard à Vissot : « *Tu manques de respect au répertoire.* »
HUGO, l'Homme qui rit, II, II, XII.

(XIXᵉ). L'ensemble des œuvres qu'un acteur, qu'un musicien a l'habitude d'interpréter. Par ext. *Le répertoire d'un acrobate, d'un clown.* — Fig. *Répertoire de scies, d'injures...* (→ Divertir, cit. 15). *Un répertoire de malices...* (→ Damner, cit. 7).

5   (...) il eut l'idée d'assurer son triomphe, en usant près de la tragédienne d'une *ficelle* qu'il avait inventée pour le gouvernement et l'assujettissement de la femme (...)
Ed. et J. DE GONCOURT, la Faustin, XVII, p. 142.

6   — Je chante ce que je sais.
— Vrai, alors, tu as un répertoire restreint.
COURTELINE, Boubouroche, Comédie, I, 1.

7   Celui-là, il était inscrit sur l'affiche pour être : L'illustre Tony dans son répertoire. Pour le moment, son répertoire c'étaient toutes les saloperies qu'il criait à son carcan de mule butée des quatre fers contre l'ombre du lavoir.
J. GIONO, Regain, I, III.

DÉR. Répertorier.

RÉPERTORIER [ʀepɛʀtɔʀje] v. tr. — 1907, Larousse, *Suppl.*; de *répertoire.*

♦ **1.** Inscrire dans un répertoire. *Répertorier des informations, des ouvrages, des références.* — Au p. p. *Informations classées et répertoriées.*

♦ **2.** (Déb. xxᵉ). Identifier, dénombrer et classer (plusieurs objets) de manière systématique. *Il s'est amusé à répertorier tous les cas, toutes les variétés.*

RÉPÉTABLE [ʀepetabl] adj. — xvIᵉ, Montaigne; de *répéter.*

♦ **1.** Qui peut être répété, recommencé (→ Miracle, cit. 6). *Opération répétable.*

♦ **2.** Qui peut être répété, redit. *Ça n'est pas répétable à tout le monde.*
REM. Valéry emploie la var. *répétible.*

RÉPÉTER [ʀepete] v. tr. — Conjug. *céder.* — Déb. XIIIᵉ; lat. *repetere* «chercher pour reprendre»; cf. le sens II; de *re-*, et *petere* «chercher à obtenir».

★ **I.** Recommencer à dire, à faire. ♦ **1.** Dire, exprimer de nouveau (ce qu'on a déjà exprimé). ⇒ **Itérer** (vx), **recorder** (vx), **redire, réitérer.** *Répéter un mot, une phrase... plusieurs fois* (→ Froidement, cit. 4; interminablement, cit. 1; niaiserie, cit. 6). *Répéter sans arrêt, sans cesse* (cit. 6) *qqch. Répéter un argument, une explication.* ⇒ **Inculquer** (cf. Enfoncer le clou, faire entrer dans la tête). *Répéter qqch. d'une manière fastidieuse.* ⇒ **Prêcher, rabâcher** (cit. 3 et 5), **radoter, rebattre** (les oreilles), **ressasser, seriner; bourdonner** (vx). *Répéter, chanter qqch. sur tous les tons* (→ Chanter la même antienne*). *Répéter un cri, un slogan sur l'air des lampions* (→ Hurleur, cit. 1). — *Répéter une formule* (cit. 19), *une phrase...* (⇒ **Refrain, ritournelle**). — *Répétez ce que vous venez de dire.* Par menace : « *Ose répéter ce que tu viens de dire* » (→ Marmonner, cit. 4). — *Il ne se l'est pas fait répéter.* ⇒ **Dire** (deux fois). *Inutile de me le répéter :* inutile d'insister*, de revenir* là-dessus. *Il nous l'a répété cent fois, à satiété.* — (Avec une complétive). *Répéter à qqn que...* (→ Expérience, cit. 24). — (Dans l'écriture). *Répéter un mot, certains mots dans une page* (→ Boulon, cit. 2). *Choses qui méritent d'être répétées* (⇒ **Bis repetita placent**).

1   — Je ne saurais empêcher qu'il ne l'aime, mais je ne veux pas qu'il le le dise.
— Il ne me le dit plus; il ne fait que me le répéter.
MARIVAUX, le Jeu de l'amour et du hasard, III, 3.

2   Si je ne t'avais pas averti! Mais te l'ai-je assez répété qu'il fallait être bête et lâche pour renoncer à la terre.
ZOLA, la Terre, V, II.

3   — Te respecter... toi... qui nous as tous déshonorés, par ta cupidité? — Tu dis? Répète... répète?
MAUPASSANT, Pierre et Jean, VII.

4   Le besoin qu'il éprouvait, ce soir, de retremper sa confiance en répétant, comme une litanie, ces déclarations réconfortantes, était visible et émouvant.
MARTIN DU GARD, les Thibault, t. VI, p. 260.

Répéter la pensée sous diverses formes. Répéter une idée (→ Dialectique, cit. 3). — (Sujet n. de chose). *Phrases qui répètent la même idée.* ⇒ **Exprimer** (→ 1. Grêle, cit. 5).

(En incise). *Il est perdu! il est perdu! répétaient les caudataires* (cit.). → aussi Accusation, cit. 5; fléchir, cit. 10; nul, cit. 20).

REM. Le pléonasme « *répéter la même chose* » est admis par l'Académie.

♦ **2.** Exprimer, dire (ce qu'un autre a dit). ⇒ **Redire** (→ 1. Quête, cit. 4). *Répéter mot à mot ce que quelqu'un dicte* (cit. 2). *Répéter qqch. fidèlement, mot pour mot, par cœur* (→ 1. Mémoire, cit. 8).

Ordres que recueille et répète un téléphoniste (→ Hausse, cit. 1). *Répéter qqch. sans comprendre, comme un perroquet** (cit. 6). *Répéter une nouvelle, un bruit.* ⇒ **Raconter, rapporter; écho** (se faire l'écho). — *Répéter en chœur.* ⇒ **Chorus** (faire). — *Je vous confie le secret, ne le répétez pas.*

Exprimer en empruntant à quelqu'un d'autre (ce qu'on prétend dire ou ce qu'on devrait dire pour son compte). ⇒ **Imiter; emprunter.** → Intervention, cit. 2. « *Il ne parle pas, il ne sent pas, il répète des sentiments et des discours...* » (→ Écho, cit. 13).

5   Il me semblait que je n'avais fait jusqu'à présent que répéter sans les vraiment entendre les sons d'une langue divine, que tout à coup je devenais apte à parler. Chaque note prenait sa signification particulière, se faisait mot.
GIDE, Si le grain ne meurt, I, IX, p. 236.

(Sujet n. de chose). Reproduire (un bruit, un son). *Voûte qui répète les paroles* (→ Pardon, cit. 6). ⇒ **Écho** (cit. 2 et 7). *Fanfare* (cit. 4) *répétée par l'écho.*

6   Qu'il soit dans le zéphyr qui frémit et qui passe,
Dans les bruits de tes bords par tes bords répétés (...)
LAMARTINE, Premières méditations, XIV, « Le lac ».

♦ **3.** (XVIIᵉ). Recommencer (une action, un geste...). *Répéter les essais, les expériences, les tentatives* (⇒ **Multiplier, recommencer, renouveler**). *Répéter un geste.* ⇒ **Refaire.** — *Demander aux musiciens de répéter un morceau.* ⇒ **Bis, bisser.** — *Répéter une figure* (cit. 9) *de danse* (exécutée par un autre). — Mar. *Répéter les signaux.* ⇒ **Répétiteur.**

7   Une fillette qui veut apprendre le piano commence par répéter des centaines de fois les mêmes mouvements sous la surveillance d'une maîtresse dont la principale vertu est la sévérité.
ALAIN, Propos, 25 juin 1921, Le maître de chapelle.

♦ **4.** (1690). Reproduire (une image, une chose). *Glaces, miroirs qui répètent une image.* ⇒ **Réfléchir, reproduire** (→ Glace, cit. 20; image, cit. 3). — Reproduire dans un ordre déterminé, symétrique... *Répéter un motif* (cit. 10) *décoratif.*

♦ **5.** (1530). Redire ou refaire pour s'exercer, pour fixer dans sa mémoire. (⇒ **Apprendre**). *Répéter une leçon, un texte...* ⇒ **Repasser.** *Professeur qui fait répéter une leçon.* ⇒ **Répétiteur.** *Le renard... « répétant les leçons que lui donnait son maître »* (→ Prendre, cit. 111).

8   (...) il partageait son temps entre Cadet Caillaud et le petit Jeanet, qu'il emmenait promener avec lui, à qui il faisait répéter son catéchisme (...)
G. SAND, la Petite Fadette, XXXI.

(Au théâtre, etc.). *Répéter son rôle. Troupe qui répète une pièce.* ⇒ **Répétition.** — *Répéter un concerto, un quatuor. Répéter une pantomime* (→ Hamadryade, cit. 3), *un pas de danse.* — Absolt. *Les comédiens sont en train de répéter* (⇒ **Répétition**).

9   Tâchez donc de bien prendre, tous, le caractère de vos rôles, et de vous figurer que vous êtes ce que vous représentez (...) Commençons maintenant à répéter, et voyons comme cela ira.
MOLIÈRE, l'Impromptu de Versailles, 1.

10 Assise aux fauteuils d'orchestre sur un pan de housse grise, j'attends dans la salle noire qu'on ait fini de répéter la revue (...) Il nous restera trois quarts d'heure pour répéter notre pantomime.
COLETTE, l'Envers du music-hall, p. 116 (Voir aussi, p. 15 : « —(...) tu es sûr qu'on répète? — On répète. »).

★ **II.** (Déb. xvᵉ). Vx ou dr. Redemander, réclamer. *Répéter des prisonniers* (Retz, Saint-Simon), *des biens* (Gresset, *in* Littré). — « *Le créancier peut seulement répéter les dommages et intérêts... contre les débiteurs...* » (Code civil, art. 1205).

▶ **SE RÉPÉTER** v. pron. (XVIIᵉ).

♦ **1.** (Personnes). Réfl. indir. Répéter, redire à soi-même. *Se répéter un mot* (→ Éblouir, cit. 8). *Se répéter que...* (→ Forcer, cit. 32).

11 « Mais c'est mon enfant, c'est ma fille (...) » Cette phrase qui s'était prononcée toute seule dans son cœur devant la terrassante, l'invincible évidence de l'hérédité, Francis se la répéta soudain à voix haute et à plusieurs reprises.
Paul BOURGET, la Terre promise, V.

Absolt. Recommencer les mêmes histoires, redire les mêmes choses. *Un vieillard qui se répète.* ⇒ **Radoter.** — Employer les mêmes moyens, traiter les mêmes sujets (⇒ **Redite**). *Un écrivain qui se répète. Ça va, tu te répètes!*

12 — Laissez-moi aussi vous rapporter le mot d'un ami, septuagénaire lui aussi. Comme on lui reprochait de radoter : À notre âge, ripostait-il, on doit consentir à se répéter, si l'on ne veut pas dire des bêtises. GIDE, Attendu que..., p. 36.

13 Les vieux se répètent et les jeunes n'ont rien à dire. L'ennui est réciproque (...)
J. BAINVILLE, Lectures, p. 78.

♦ **2.** (Choses). Passif. *Formule qui se répète partout. Le refrain se répète après chaque couplet.* Se reproduire. *La vie ne se répète jamais* (→ Progrès, cit. 3). *L'histoire ne se répète pas. Passe pour une fois, mais que cela ne se répète pas! Architecture qui se répète* (→ Bout, cit. 25).

14 Nous achevâmes de visiter les églises que nous n'avions pu voir la veille, et dont il est inutile de faire une description détaillée, car à l'intérieur, elles se répètent à peu de chose près les unes les autres comme une formule liturgique.
Th. GAUTIER, Voyage en Russie, I, XVIII.

15 (...) l'Histoire est la science des choses qui ne se répètent pas. Les choses qui se répètent, les expériences que l'on peut refaire, les observations qui se superposent, appartiennent à la Physique, et dans quelque mesure à la Biologie.
VALÉRY, Variété, « Essais quasi politiques », in Œ., t. I, Pl., p. 1135.

16 L'histoire comme une idiote, mécaniquement se répète.
Paul MORAND, Fermé la nuit, p. 156.

(Théâtre). « *Hernani se répétait...* » (Gautier, *le Bien public,* 3 mars 1872).

♦ **3.** (Récipr.). *Se répéter une nouvelle,* se la passer de bouche en bouche.

▶ **RÉPÉTÉ, ÉE** p. p. adj. *Quand dans un discours se trouvent des mots répétés* (→ Corriger, cit. 7).
Recommencé, reproduit. *Génuflexions* (cit. 3) *répétées. Des coups répétés* (⇒ **Redoublé**)*, des secousses répétées* (→ 1. Foudre, cit. 5). *Des injections* (cit. 1) *répétées de morphine.*

DÉR. **Répétable, répéteur.**

RÉPÉTEUR [Repetœʀ] n. m. — 1677, «celui qui récite»; sens mod. au xxᵉ; de *répéter.*

♦ Techn. Organe qui amplifie le courant passant sur une ligne téléphonique (relais amplificateur). — REM. L'emploi de *répétiteur* (3.) serait préférable dans tous les cas.

RÉPÉTITEUR, TRICE [Repetitœʀ, tʀis] n. — 1671; lat. *repetitor,* de *repetere.* → Répéter.

♦ **1.** Personne qui explique à des élèves la leçon d'un professeur, qui leur fait répéter la leçon, les fait travailler... Vx. Professeur* adjoint (→ Écolier, cit. 5). Anciennt. Dans l'enseignement public (écoles, collèges, lycées), s'est dit des maîtres d'études... (⇒ **Maître** [d'internat], **surveillant**), et, spécialt, des surveillants d'études. ⇒ aussi **Moniteur.** — Personne qui donne des leçons particulières ou supplémentaires, aide un enfant dans son travail.

1   On imagine difficilement l'inquiétude et l'énervement d'un jeune répétiteur à ses débuts; on ne peut pas concevoir l'espèce de vertige qui le prend à se voir, tout seul, adossé au mur, dans une chaire, en face et un peu au-dessus de quarante gamins de quinze à dix-sept ans.   Valery LARBAUD, Fermina Marquez, IX.

2   On commençait par faire semblant d'étudier : Suzanne servirait de répétitrice au candidat bachelier. Bientôt les livres dinguaient, et l'élève et la répétitrice passaient à d'autres études.   ARAGON, les Beaux Quartiers, I, XV.

♦ **2.** Mar. Navire qui répète, transmet les signaux du navire amiral.

♦ **3.** (1878, adj., *phonographe répétiteur,* in *Année sc. et industr.* 1879, p. 119). Techn. Appareil qui répète, reproduit les indications d'un autre appareil. *Répétiteur de signaux.* — Aviat. *Répétiteur de cap.* — Par appos. *Cercle répétiteur,* grâce auquel on répète les observations de mesure d'un angle, pour mesurer un angle multiple et ainsi diminuer les erreurs dans les mesures d'angles.
Répéteur. Répétiteurs de câbles sous-marins.*

DÉR. **Répétitorat.**

RÉPÉTITIF, IVE [Repetitif, iv] adj. — 1962, in P. Gilbert; de *répétition.*

♦ Qui se répète. *Un discours répétitif. Une tâche répétitive et monotone.* ⇒ **Itératif.** « *Le caractère répétitif du travail* » (*Planète,* 4 févr. 1969, p. 46). *Un geste répétitif.*

1   Le langage gris, anonyme toujours méticuleux et répétitif.   Michel FOUCAULT, les Mots et les Choses, p. 25.

2   Le saut dans le raisonnement qui, à chaque fois, mène Freud au-delà de toutes les explications dont la théorie, perfectionnée par des années de pratique, lui fournit l'arsenal, cette sorte d'incohérence délibérée et répétitive (...)
         J. LAPLANCHE, la Défense et l'Interdit, *in* la Nef, nᵒ 31, p. 50.

Nom masculin —

3   Il s'agit par exemple d'explorer le répétitif. Le quotidien dans sa trivialité se compose de répétitions; gestes dans le travail et hors du travail, mouvements mécaniques (ceux des mains et du corps et aussi ceux des pièces et des dispositifs, rotation ou allers-retours), heures, jours, semaines, mois, années; répétitions linéaires et répétitions cycliques, temps de la nature et temps de la rationalité, etc.
         Henri LEFEBVRE, la Vie quotidienne dans le monde moderne, p. 40.

DÉR. **Répétitivité.**

RÉPÉTITION [Repetisjɔ̃] n. f. — 1295, « copie »; sens mod., 1377; lat. *repetitio,* de *repetere.* → Répéter.
L'action, le fait de répéter, de se répéter.

★ **I.** ♦ **1.** Le fait d'être dit, exprimé plusieurs fois. ⇒ **Redite.** *La répétition d'une phrase par qqn. Répétition d'un mot. Répétitions continuelles, lassantes...* ⇒ **Rabâcherie, radotage; refrain, rengaine, scie.** *Répétition de certaines syllabes dans le bégaiement*.* — Spécialt (dans un texte écrit). *Emploi répété d'un élément. Répétition de sons, de syllabes* (⇒ **Allitération, assonance, homéotéleute, paronomase, réduplication**)*, de mots* (⇒ **Accumulation, anaphore, antanaclase, cadence, métabole** (figures de rhétorique); **redoublement** (gramm.). — *Répétition de mots, d'expressions ou d'idées inutile ou fautive.* ⇒ **Battologie, doublon, périssologie, pléonasme, tautologie.** *Éviter la répétition d'un terme par une formule spéciale* (⇒ **Dito, idem, item, susdit**)*. Répétition point par point.* ⇒ **Récapitulation.** — *Répétition d'un vers dans un poème* (→ Obsession, cit. 1). ⇒ aussi **Écho.** *Les répétitions d'une antienne, d'une litanie, d'un refrain...*

1   Quel sera le prétexte pour l'usage continu du mot unique *jamais plus (never-*

more)? Observant la difficulté que j'éprouvais à trouver une raison plausible et suffisante pour cette répétition continue, je ne manquai pas d'apercevoir que cette difficulté surgissait uniquement de l'idée préconçue que ce mot, si opiniâtrement et monotonément répété, devait être proféré par un être *humain* (...)
         BAUDELAIRE, Trad. E. POE, Histoires grotesques et sérieuses, « Genèse d'un poème ».

2   Si le génie français se montre vétilleux sur la répétition des termes, c'est d'abord qu'il redoute beaucoup l'inutile répétition des idées.
         G. DUHAMEL, Discours aux nuages, I.

3   J'admirais, dans *Andromaque,* combien Racine se laisse peu gêner par la répétition des mêmes mots (...) ces mêmes répétitions je les retrouve également dans *Phèdre.*   GIDE, Journal, 19 sept. 1939.

Une musique (cit. 21) *monotone, aux répétitions obstinées. Répétition d'un son, d'un rythme, d'un motif, d'un thème...* ⇒ **Écho, cadence, imitation, marche, variation; leitmotiv.**

♦ **2.** Rare. Le fait de répéter les paroles d'un autre (Mᵐᵉ de Sévigné, *in* Littré). *Répétition mécanique de phrases entendues.* ⇒ **Psittacisme.**

♦ **3.** Le fait de recommencer, de réitérer (une action, un processus). ⇒ **Recommencement, réitération.** *La répétition fréquente du même geste. Répétition et habitude*. Le quotidien se compose de répétitions* (→ Répétitif, cit. 2). *La répétition d'une faute, d'un mal...* ⇒ **Rechute, récidive.** *Répétition monotone, fastidieuse.* « *Des intérêts émoussés, refroidis par leur répétition* » (→ Multitude, cit. 4). ⇒ aussi **Routinier, usé.** *Répétitions périodiques, régulières de qqch.* ⇒ **Cycle, fréquence, période, retour; palingénésie.** — *Préfixes* (⇒ **Bi-, re-**)*, formes, tours exprimant la répétition* (⇒ **Fréquentatif, itératif; fois** (plusieurs fois), **souvent.**

4   « Les gestes d'un orateur, dont aucun n'est risible en particulier, font rire par leur répétition ». C'est que la vie bien vivante ne devrait pas se répéter. Là où il y a répétition, similitude complète, nous soupçonnons du mécanisme fonctionnant derrière la vivant.   H. BERGSON, le Rire, p. 26.

5   Deux locutions sont en possession de marquer excellemment l'aspect de répétition : *chaque fois que* et *toutes les fois que.* La première souligne le caractère distributif (et donc itératif) de la circonstance temporelle, la seconde marque la constance absolue du fait (...)
         G. et R. LE BIDOIS, Syntaxe du franç. moderne, § 1407.

(1886, *fusil à répétition,* in *Année sc. et industr.* 1887, p. 166). À RÉPÉTITION (en parlant d'un mécanisme). *Armes à répétition,* pouvant tirer plusieurs coups sans être rechargées. *Fusil* (cit. 2) *à répétition.* — *Pompes à répétition* (pompes à exhaure). — *Horloges, chronomètres à répétition. Montre à répétition,* qui sonne quand on actionne un ressort. — Ellipt., vx. *Une répétition :* une montre à répétition.

6   (...) lorsque vous avez bien voulu me faire remettre mes deux rouleaux de louis, et la répétition enrichie de diamants qui y était jointe (...)
         BEAUMARCHAIS, Mémoires... dans l'affaire Goëzman, p. 21.

Astron., géod. *Répétition d'un signal. Répétition des angles, méthode de répétition* (⇒ **Répétiteur**).

Psychan. *Principe de répétition :* tendance à répéter certains types d'expérience, et qui peut l'emporter sur le principe de plaisir.

♦ **4.** Action de reproduire; ce qui est reproduit. ⇒ **Copie, imitation, reproduction.** — Arts. Copie exacte exécutée dans les dimensions et par l'auteur même de l'original. ⇒ **Réplique.** — Décoration. Succession des mêmes motifs dans un ordre déterminé.

♦ **5.** (1663, Molière). Le fait de répéter, de travailler à plusieurs reprises pour s'exercer. *Répétition d'un rôle, d'un numéro de music-hall...* ⇒ **Étude.**

(Sans compl.). Séance de travail ayant pour but de mettre au point les divers éléments d'un spectacle (→ Axiome, cit. 7; impresario, cit. 2). *Mettre une pièce en répétition. Répétition de travail. Répétition à l'italienne,* sans mouvements de mise en scène. *Répétition des couturières* (ellipt., la couturière*), pour la mise au point des costumes, etc. *Répétition générale.* ⇒ **1. Général** (*infra* cit. 21).

7   Monsieur, ces demoiselles ont peine à vous dire qu'elles souhaiteraient fort que personne ne fût ici pendant cette répétition.
         MOLIÈRE, l'Impromptu de Versailles, 2.

8   La répétition marquée pour deux heures; donc on peut compter sur quatre heures et demie (...) Une heure et demie ou deux heures de répétition avec l'orchestre, ça nous met à sept heures à l'hôtel (...)
         COLETTE, l'Envers du music-hall, p. 13.

Abrév. fam. **RÉPÈTE** n. f.

♦ **6.** (1680). Le fait d'expliquer, de faire répéter une leçon, d'aider un élève à faire un travail (⇒ **Répétiteur; précepteur**)*. Donner des répétitions à un enfant,* des leçons* particulières (→ Honteusement, cit. 2).

9   (...) je décidai de ne suivre bientôt plus aucun cours; mais bien de préparer mes examens tout seul, avec le secours de quelques répétitions.
         GIDE, Si le grain ne meurt, I, VIII, p. 224.

10 Il avait seize ans l'année qu'il passa le bachot latin-grec. Comme on redoutait l'échec, on l'avait retiré du collège pour lui faire prendre des répétitions à Sérianne même avec M. Delobelle, un homme sérieux et sévère.
         ARAGON, les Beaux Quartiers, I, XI.

★ **II.** (1312). Dr. Action de répéter (II.), de redemander en justice.

Répétition de frais, de dot. Action en répétition, par laquelle on peut réclamer le payement de l'indu* (droit fiscal).

DÉR. Répétitif.

RÉPÉTITIVITÉ [ʀepetitivite] n. f. — 1970 ; de *répétitif.*

♦ Didact. Caractère de ce qui se répète. *La répétitivité des tâches industrielles.* « *L'utilisation de la répétitivité des cellules identiques* » (*la Recherche,* nov. 1980, p. 1254).

RÉPÉTITORAT [ʀepetitɔʀa] n. m. — 1891 ; de *répétiteur,* d'après *doctorat, etc.*

♦ Admin. Fonction, charge de répétiteur ; sa durée.

REPÉTRIR [ʀ(ə)petʀiʀ] v. tr. — 1549 ; de *re-,* et *pétrir.*

♦ Pétrir (cit. 9) de nouveau ; reformer. ⇒ **Remanier.**

(...) les meuglements rythmés accomplissent ce miracle de redresser les têtes maigres, de repétrir les visages défaits (...)
       Roger VERCEL, Capitaine Conan, I, p. 17.

REPEUPLÉE [ʀ(ə)pœple] n. f. — 1671 ; de *repeupler.*

♦ *Arbres de repeuplée,* qui assurent le repeuplement d'un terrain boisé.

REPEUPLEMENT [ʀ(ə)pœpləmɑ̃] n. m. — 1559 ; de *repeupler.*

♦ **1.** L'action, le fait de repeupler. *Le repeuplement d'une région dévastée, désertée.*

♦ **2.** (En animaux). *Repeuplement d'un étang* (empoissonnement), *d'une chasse* (en gibier), *d'une basse-cour.*

♦ **3.** (En plantes). *Repeuplement d'un terrain boisé, d'une forêt.* ⇒ **Reboisement.** *Repeuplement artificiel, par semis ou plantation. Repeuplement naturel, par les graines tombées des arbres. Repeuplement en chênes, en résineux...*

CONTR. Dépeuplement, dépopulation.

REPEUPLER [ʀ(ə)pœple] v. tr. — xivᵉ ; *repuepler,* 1210 ; de *re-,* et *peupler.*

♦ **1.** Peupler de nouveau. *Les immigrants, les envahisseurs qui repeuplèrent ce pays* (→ aussi Dévastation, cit. 1). — Pron. *La ville s'est repeuplée.*

(...) nous sommes des femmes du monde civilisé, monsieur. Nous ne sommes plus et nous refusons d'être de simples femelles qui repeuplent la terre.
       MAUPASSANT, l'Inutile Beauté, IV.

Par métaphore. *Repeupler de souvenirs sa solitude.*

♦ **2.** Regarnir d'animaux. *Repeupler un étang* (de poissons). ⇒ **Aleviner, empoissonner.** « *Repeupler une garenne, un colombier* » (Académie).

♦ **3.** Agric. Regarnir de plantes, de végétation. *Repeupler une forêt, un bois. Repeupler de plantes un jardin* (→ Botaniste, cit.). — *Se repeupler* (→ par métaphore Drageon, cit.).

CONTR. Dépeupler.
DÉR. Repeuplée, repeuplement.

REPIC [ʀəpik] n. m. — 1621, *repique* ; de *re-,* et 4. *pic.*

♦ Dans le jeu de piquet, Coup où l'un des joueurs, ayant plus de trente points « en main » (avant même de jouer) sans que l'adversaire ait rien compté, gagne le droit d'en compter 90. *Faire (un) repic.* Adj. *Être repic* (se dit du perdant). — Fig. (Mil. xvᵉ). *Faire qqn repic,* le battre, le surpasser. *Faire (qqn) pic, repic et capot* (→ 3. Capot, cit. 1).

Je crois que je suis capot (...) — Je fais repic seulement. Cent dix-sept de reste.
       A. DE MUSSET, Il ne faut jurer de rien, II, 12.

REPINCER [ʀ(ə)pɛ̃se] v. tr. — Conjug. *pincer* ; → Placer. — 1549 ; *repincier* « lésiner », v. intr., xiiiᵉ ; de *re-,* et *pincer.*

♦ **1.** Pincer de nouveau.

♦ **2.** (Av. 1850). Fig. Attraper, prendre de nouveau. ⇒ **Pincer** (fig.), **rattraper** (→ Mastroquet, cit. 1). *Il s'est fait repincer.*

1 — Il était fin, répondit-il, mais je l'ai repincé.
       BALZAC, Gobseck, Pl., t. II, p. 628.

2 Quant à ce salop *(sic)* de Laroche, en voilà un que je repincerai. Oh ! le gredin ! qu'il prenne garde à lui ! (...)   MAUPASSANT, Bel-Ami, II, v.

REPIQUAGE [ʀ(ə)pika3] n. m. — 1801, techn. ; de *repiquer.*

♦ **1.** (1842). Action de repiquer (1., 2.). — (1842). Agric. *Repiquage*

---

de plants, de salades... ; *repiquage au plantoir.* ⇒ **Plantation, transplantation.** — *Repiquage bactériologique.*

Maintenant les semis étaient déjà hauts et d'un vert éclatant, prêts à être dépiqués. Déjà, de loin en loin on commençait à les arracher et à les mettre en bottes en vue du repiquage qui se ferait dans une quinzaine de jours.
       M. DURAS, Un barrage contre le Pacifique, p. 328.

♦ **2.** Techn. Action de repiquer (3.). *Repiquage d'une chaussée, des pavés* (remplacement par des pavés neufs ou retaillés). — *Repiquage d'une photo,* action de la retoucher ; son résultat. Typogr. Impression supplémentaire sur un imprimé déjà fait. — *Repiquage d'un enregistrement ancien* (pour en améliorer la qualité technique...). Cour. Le disque ainsi enregistré. *Un repiquage d'Armstrong. Ce disque est un repiquage d'un cylindre enregistré en 1900.*

REPIQUER [ʀ(ə)pike] v. tr. — 1508, sens 2 ; de *re-,* et *piquer.*

★ **I.** ♦ **1.** (1538). Piquer de nouveau.

(...) elle avait tiré de sa poche une aiguille, des ciseaux et du fil ; elle défaisait et repiquait tranquillement les plumes de son chapeau (...)   1
       R. ROLLAND, Jean-Christophe, L'adolescent, III, p. 360.

♦ **2.** Agric. Mettre en terre, planter (de jeunes plants provenant de semis, de pépinière). ⇒ **Replanter, transplanter** (→ Plant, cit. 3). *Repiquer des salades, des choux..., des arbustes.* — Fig. (au p. p.) :

Dumay, croyez-le, est un Breton repiqué par le sort en Normandie.   2
       BALZAC, Modeste Mignon, Pl., t. I, p. 365.

Biol. Transporter (une culture bactériologique) sur un nouveau milieu.

♦ **3.** (1842). Techn. *Repiquer une chaussée, des pavés :* remettre de niveau en remplaçant les pavés usés, disjoints. — Photogr. Faire des retouches pour supprimer de petits défauts. — Typogr. Faire une impression supplémentaire (d'une lettre, d'un mot) sur un imprimé déjà fait. — Journalisme. Reprendre un article en modifiant sa forme.

(...) j'avais écrit un manuscrit de 700 pages, impubliable et impublié ... (Plus tard,   2.1 des morceaux en ont été repiqués dans un roman).
       R. QUENEAU, Bâtons, chiffres et lettres, p. 261.

Faire un nouvel enregistrement. *Repiquer un disque, une cassette.* ⇒ **Repiquage.**

♦ **4.** Fam. Prendre, piquer (fig.) de nouveau. *Il s'est fait repiquer.* ⇒ **Repincer.**

★ **II.** V. tr. ind. (1867, intrans.). Fam. Revenir à quelque chose, recommencer. Loc. *Repiquer au truc.*

Toi, évidemment, qui aurais repiqué comme simple soldat (...)   3
       J. ROMAINS, les Hommes de bonne volonté, t. X, XVI, p. 179.

Il arrive des fois, bien sûr, qu'elles soient pour plusieurs Clochemerlins à guère   4 d'intervalle, et qu'elles repiquent au truc, mais c'est toujours des trucs de Clochemerlins (...)   G. CHEVALLIER, Clochemerle, p. 153.

DÉR. Repiquage, repiqueur.

REPIQUEUR, EUSE [ʀ(ə)pikœʀ, øz] n. — xxᵉ (*in* Larousse, 1932) ; de *repiquer.*

Technique.

♦ **1.** Personne qui repique (des plants).

♦ **2.** N. f. REPIQUEUSE : machine agricole pour repiquer les plants.

Certaines repiqueuses sont en outre équipées d'un réservoir d'eau, avec distribution automatique de petites doses à chaque emplacement de plant.
       Tony BALLU, le Machinisme agricole, 1951, p. 67.

RÉPIT [ʀepi] n. m. — 1530 ; *respit* « proverbe, sentence », mil. xiiᵉ ; du lat. *respectum* « regard en arrière », fig., « égard » (→ Respect) ; puis « recours, délai, répit ».

REM. Au xviiᵉ, le mot est considéré comme familier ou bas (langage de la chicane). Cf. Brunot, H. L. F., t. VI).

♦ Arrêt d'une chose pénible ; temps pendant lequel on cesse d'être menacé ou accablé par elle. *Accorder un répit à ses débiteurs.* ⇒ **Délai, sursis.** *Lettres de répit,* accordées par le roi à un débiteur, et suspendant les poursuites des créanciers. — *Répit dans le travail* (⇒ **Détente, halte, pause, relâche, repos**), *la douleur, la peine* (⇒ **Cessation, interruption, trêve**). *Répit entre des crises.* ⇒ **Intervalle** (→ Interner, cit. 2). *Moment de répit dans de mauvaises relations.* ⇒ **Éclaircie** (fig.). *Court répit.* — *Pas un instant de répit* (→ Chaîne, cit. 12) ; *nul répit* ⇒ Diversion, cit. 4).

(...) le bonheur n'est jamais immobile — avait dit Solange ; — le bonheur c'est le répit dans l'inquiétude.   A. MAUROIS, Climats, II, XI.

(V. 1155). SANS RÉPIT : sans arrêt, sans cesse. ⇒ **Trêve** (sans). *Cette petite guerre* (cit. 42) *qui harcelait sans répit les soldats. Les obus se suivaient sans répit* (→ Pilonnage, cit.). — (En parlant d'une chose qui n'est ni menaçante ni pénible). *Les hélices des ventilateurs bourdonnaient sans répit* (→ Balancer, cit. 6). ⇒ **Continuellement.**

REPLACEMENT [ʀ(ə)plasmɑ̃] n. m. — 1771 ; de *replacer.*

♦ Action de replacer.

REPLACER [ʀ(ə)plase] v. tr. — Conjug. *placer.* — 1669 ; de *re-,* et *placer.* → aussi Remplacer.

♦ **1.** Remettre en place, à sa place. ⇒ **Placer, remettre ; rasseoir.** *Replacer verticalement* (redresser), *horizontalement. Replacer une pipe* (cit. 1) *dans son étui, un objet sur une planche* (→ Poussière, cit. 2). — *Replacer un roi sur le trône* (→ Faiseur, cit. 13). — Fig. *Replacer qqch. dans un (son) contexte. Replacer les Croisades* (cit. 1) *dans l'histoire de la question d'Orient.*

1 (...) je procédai à l'inventaire avec la prudence que vous me connaissez : car il était important de remettre tout en place. Je tombai d'abord sur deux lettres du mari (...) que j'eus la patience de lire en entier (...) Je les replaçai avec humeur (...)
LACLOS, les Liaisons dangereuses, XLIV.

2 D'autres *(mots),* tombés en banalité, et détournés de leur vraie signification, ont été ramassés sur le pavé et soigneusement replacés dans leur sens propre.
HUGO, Littérature et Philosophie mêlées, «But de cette publication».

Pron. *Se replacer dans les mêmes conditions.*

♦ **2.** (1679). Mettre à, dans une nouvelle place. *Replacer ses employés.*

CONTR. **Déplacer.**
DÉR. **Replacement.**

REPLAIN [ʀəplɛ̃] n. m. — 1804 ; de *re-,* et *plain.*

♦ Régional. Partie relativement plane et cultivée, sur une pente de montagne. *Construire sur un replain.* ⇒ **Replat.**

REPLANIR [ʀ(ə)planiʀ] v. tr. — 1870, Littré ; de, *re-,* et de l'anc. v. *planir,* v. 1460, de *plain.*

♦ Techn. Finir au rabot, au racloir (un ouvrage de menuiserie, un parquet).

DÉR. **Replanissage, replanisseur.**

REPLANISSAGE [ʀ(ə)planisaʒ] n. m. — 1904 ; de *replanir.*

♦ Techn. Opération par laquelle on replanit (un ouvrage de menuiserie).

REPLANISSEUR, EUSE [ʀ(ə)planisœʀ, øz] n. — 1875, P. Larousse ; de *replanir.*

♦ Techn. Ouvrier, ouvrière qui replanit les ouvrages de menuiserie.

REPLANTATION [ʀ(ə)plɑ̃tasjɔ̃] n. f. — 1790 ; de *replanter.*

♦ Rare. Action de replanter. *Droit de replantation* (d'un vignoble).

REPLANTER [ʀ(ə)plɑ̃te] v. tr. — 1190 ; de *re-,* et *planter.*

♦ **1.** Planter de nouveau, dans une autre terre. ⇒ **Repiquer, transplanter** (→ Arrosable, cit.). *Dépoter une plante et la replanter,* la rempoter, etc. — Pron. *Les mangliers* (cit.) *dont les branches se replantent...*

1 Les premières semaines furent très dures, car il s'agissait de réparer les dégâts de la grêle, de bêcher, de replanter des légumes (...)
ZOLA, la Terre, II, III.

Absolument :

2 On ne refait pas une forêt avec des arbres abattus. On bazarde le bois, ou on le scie, puis, avec l'argent, on redéfriche et on replante.
Brice PARAIN, De fil en aiguille, «Contre l'esprit de neutralité», p. 297.

♦ **2.** (De *planter quelqu'un là*). Fig. *Il l'a replanté là.*

3 Pendant les années 1804 et 1805 les deux tiers des familles émigrées revinrent en France, et presque toutes celles de la province où demeurait monsieur le marquis d'Esgrignon se replantèrent dans le sol paternel.
BALZAC, le Cabinet des Antiques, Pl., t. IV, p. 342.

♦ **3.** (1835). Repeupler*. *Replanter un bois, une forêt en chênes, en résineux.*

CONTR. **Arracher, déplanter.**
DÉR. **Replantation.**

REPLAT [ʀəpla] n. m. — 1300, «lieu plat et élevé», repris au franç. de Suisse (XVIIIe) ; de *re-,* et *plat,* adjectif.

♦ Régional, géogr. Partie plate en épaulement. ⇒ **Épaule, plate-forme, replain.** (On dit aussi *banquette.*)

1 Après une chute presque verticale venait une paroi irrégulière, où saillaient par endroit des becs aigus, des replats, des arêtes.
A. ROBBE-GRILLET, le Voyeur, p. 204.

2 (...) un sentier uni (...) qu'ils suivirent jusqu'au second replat d'en haut (...)
C.-F. RAMUZ, Jean-Luc persécuté, p. 308.

REPLÂTRAGE [ʀ(ə)platʀaʒ] n. m. — XVIe ; de *replâtrer.*

♦ **1.** Réparation faite avec du plâtre. *Le replâtrage d'un mur.*

♦ **2.** (Mil. XVIIIe). Fig. Arrangement fragile, maladroit ; subterfuge pour déguiser une faute.
(1823). Spécialt. Réconciliation feinte, hypocrite.

1 Il se fit alors, entre les deux époux, de ces replâtrages qui ne tiennent pas (...)
BALZAC, la Muse du département, Pl., t. IV, p. 70.

2 Je ne vois partout que formules vieillies, replâtrages, compromis sans bonne foi, mythes périmés et repeints à la hâte. SARTRE, Situations II, p. 310.

3 (...) la porte a un air étrange, un air déplacé (...) du replâtrage, une pièce rapportée (...) un air de camelote prétentieuse au milieu de ces murs minces d'appartements construits en série (...) N. SARRAUTE, le Planétarium, p. 19.

REPLÂTRER [ʀ(ə)platʀe] v. tr. — 1549 ; *replastrir,* XVe ; de *re-,* et *plâtrer.*

♦ **1.** Plâtrer de nouveau. *Replâtrer un mur, une cloison.* — Reboucher avec du plâtre. *Replâtrer une fissure en faisant un raccord.*
Par métaphore :

1 (...) voilà ce que ne replâtrera point le ciment puéril et déshonnête dont vous avez voulu lier tant de contradictions.
BEAUMARCHAIS, Mémoires... dans l'affaire Goëzman, p. 84.

♦ **2.** (Fin XVIIe, Saint-Simon). Fig. Arranger, réparer d'une manière sommaire, imparfaite, fragile ; déguiser par un subterfuge maladroit. — Pron. *Se replâtrer avec qqn ;* (récipr., 1902 in D.D.L.) *se replâtrer ensemble.* P. p. adj. *Couples mal replâtrés.*

2 (...) les retours en arrière, les religions mortes, les religions replâtrées, aménagées selon les besoins nouveaux, sont un leurre (...) ZOLA, le Dr Pascal, IV.

3 — Alors, pourquoi Grey s'épuise-t-il, depuis dix jours, à vouloir replâtrer les choses par des trucs diplomatiques (...)
MARTIN DU GARD, les Thibault, t. VII, p. 153.

DÉR. **Replâtrage.**

REPLET, ÈTE [ʀəplɛ, ɛt] adj. — 1370 ; «rempli», v. 1180 ; «rassasié», 1314 ; lat. *repletus* «rempli».

♦ Qui est bien en chair, qui a assez d'embonpoint*. ⇒ **Dodu, gras, grassouillet, plein, rondelet.** — REM. *Replet* doit sans doute à sa terminaison de n'être pas péjoratif, comme le sont «pansu, ventru», etc. (→ Gros). *Bas sur pattes* (cit. 7), *court, replet. Une petite vieille blanche, grasse, replète, toujours haletante* (cit. 2). — *Visage replet, mine replète.*

1 (...) c'était une femme grande, replète, ingambe, de bonne mine, pleine d'embonpoint (...) DIDEROT, Jacques le fataliste, Pl., p. 602.

2 Sous les réduits de mousse où les cailles replètes
De la chaude savane évitent les ardeurs (...)
LECONTE DE LISLE, Poèmes barbares, «Ravine Saint-Gilles.»

CONTR. **Maigre, maigrichon.**

RÉPLÉTIF, IVE [ʀepletif, iv] adj. — 1611 ; lat. *repletus.*

♦ Méd. Qui sert à remplir. *Injection réplétive.*

RÉPLÉTION [ʀeplesjɔ̃] n. f. — XIIIe (Bloch) ; bas lat. *repletio,* de *repletus.* → Replet.

♦ **1.** Vx. Surabondance, plénitude (cit. 4, Huysmans). ⇒ **Abondance, pléthore.** — (XVIIe). Excès d'embonpoint.

♦ **2.** (1314). Didact. État de l'organisme (humain) dont l'estomac est surchargé d'aliments. ⇒ **Satiété, surcharge.** *Sensation de réplétion. Réplétion stomacale. Réplétion de la vessie.*

Le bonheur de la mangeaille chez les Anglais, a quelque chose de matériellement dégoûtant (...) C'est chez tous, hommes, femmes et enfants, un gaudissement bestial, une réplétion muette, stupidement extatique.
Ed. et J. DE GONCOURT, Journal, 1er mai 1875, t. V, p. 156.

Anc. méd. Surabondance de sang, d'humeurs (cf. Molière, *l'Amour médecin,* II, 4 ; La Bruyère, *les Caractères,* XI, 121).

REPLEUVOIR [ʀ(ə)plœvwaʀ] v. impers. — Conjug. *pleuvoir.* — 1549 ; de *re-,* et *pleuvoir.*

♦ Pleuvoir de nouveau. *Voilà qu'il repleut !*

REPLI [ʀ(ə)pli] n. m. — 1539 ; *reploi,* v. 1250 ; de *replier.*

★ I. ♦ **1.** Pli double. ⇒ **Ourlet, rempli** (2.). *Faire des replis en repassant.* ⇒ **Replisser.** — Bord plié une fois ou deux fois ; ourlet. *Repli en haut d'une botte.* ⇒ **Revers.**

♦ **2.** Pli (2.), ondulation profonde ou qui se répète. *Les replis d'une écharpe, d'un voile. Les replis d'un vieux vêtement fripé. Les replis des draps* (→ Frileux, cit. 2).

Spécialt. Pli profond. — Anat. *Les replis de l'intestin, du péritoine* (ligaments, mésentère). *Repli semi-lunaire de l'oreillette gauche. Repli cutané.*

Ondulation profonde (du terrain).

1 Si le paysage pénitentiel décrit par l'auteur des *Martyrs* a jamais existé, c'est ici, sans doute, dans ce repli de la vallée du Jourdain (...)
Louis BERTRAND, le Livre de la Méditerranée, p. 201.

Techn. Dans un pneumatique, partie d'un pli remontant sur le flanc.

♦ **3.** Vx ou littér. Mouvements sinueux (des reptiles). ⇒ **Nœud, sinuosité.** *« Sa croupe se recourbe en replis tortueux »* (→ Monstre, cit. 5).

(1564). Vx (langue class.). Sinuosité. *Les replis d'une route* (La Fontaine), *d'une rivière...*

♦ **4.** Fig. Partie dissimulée, secrète... (par compar. avec un pli profond qui peut dissimuler, cacher qqch.). ⇒ **Recoin.** *Les replis de l'âme, du cœur, de l'être,* la partie cachée, intime, secrète (→ Fibre, cit. 2; fouiller, cit. 18; passion, cit. 16). *Un repli obscur et inexploré* (cit. 4) *de la conscience.*

2 C'est une épineuse entreprise (...) de suivre une allure si vagabonde que celle de notre esprit ; de pénétrer les profondeurs opaques de ses replis internes (...) Il n'est description pareille en difficulté à la description de soi-même, ni certes en utilité.
MONTAIGNE, Essais, II, VI.

3 (...) une femme accoutumée comme elle à examiner de près ce qui se passe dans les replis les plus secrets de son âme n'a pu se n'en imposer sur rien, ne peut se cacher que l'amour en est sorti. DIDEROT, Jacques le fataliste, Pl., p. 594.

4 Hélas ! tout ce que les hommes se disent entre eux se ressemble ; les idées qu'ils échangent sont presque toujours les mêmes dans toutes leurs conversations ; mais, dans l'intérieur de toutes ces machines isolées, quels replis, quels compartiments secrets ! A. DE MUSSET, Fantasio, I, 2.

5 L'âme, même la plus transparente, laisse ignorer d'elle bien des replis, même à celui qui l'aime. GIDE, Et nunc manet in te, p. 19.

★ **II.** ♦ **1.** Action de se replier. ⇒ **Repliement.** *Le repli d'un organe, d'un tissu.* ⇒ **Contraction.**

♦ **2.** Fig. (Plus cour.). *La pitié* (cit. 7) *n'est qu'un secret repli sur nous-mêmes. Une attitude de repli et de retraite* (→ Isolement, cit. 5).

♦ **3.** (1916). Milit. Retraite volontaire, sur des positions prévues (→ Ligne, cit. 36). *Mouvement, manœuvre de repli.* ⇒ aussi **Défense** (élastique), **recul, retraite.** *Repli stratégique. Ordre de repli* (→ Remilitarisation, cit.). — Fig. *Procéder à un repli stratégique.* — Bourse. *Repli des valeurs.*

CONTR. (Du sens II) Avance.

REPLIABLE [ʀ(ə)plijabl] adj. — 1842 ; de *replier.*

♦ Qui peut être replié. ⇒ **Rabattable.** *Ailes repliables d'un avion. Couteau à lame repliable.*

RÉPLICATIF, IVE [ʀeplikatif, iv] adj. — Mil. xxᵉ ; angl. *replicative,* de to *replicate* « reproduire ».

♦ Biol. Qui concerne la réplication. *Reproduction réplicative. Invariance réplicative.*

L'invariant biologique fondamental est l'ADN. C'est pourquoi la définition, par Mendel, du gène comme porteur invariant des traits héréditaires, son identification chimique par Avery (confirmée par Hershey) et l'élucidation, par Watson et Crick, des bases structurales de son invariance réplicative, constituent sans aucun doute les découvertes les plus fondamentales qui aient jamais été faites en biologie.
Jacques MONOD, le Hasard et la Nécessité, p. 138-139.

RÉPLICATION [ʀeplikasjɔ̃] n. f. — Mil. xxᵉ ; angl. *replication,* spécialisation de sens, de to *replicate,* cf. anc. franç. *replication* « réponse », lat. *replicatio,* de *replicare.* → Répliquer.

♦ Biol. Mécanisme par lequel le matériel génétique (en particulier les acides nucléiques) se reproduit continuellement sous la même forme. ⇒ **Duplication, réduplication.**

Le mécanisme de la *traduction* de la séquence de nucléotides en séquence d'acides aminés est beaucoup plus compliqué, dans son principe même, que celui de la *réplication.* Ce dernier processus s'explique en définitive, comme on vient de le voir, par les interactions stéréospécifiques *directes* entre une séquence polynucléotidique servant de matrice et les nucléotides qui viennent s'y associer.
Jacques MONOD, le Hasard et la Nécessité, p. 142.

REPLIÉ, ÉE [ʀ(ə)plije] adj. ⇒ **Replier.**

REPLIEMENT [ʀ(ə)plimɑ̃] n. m. — 1611 ; de *replier.*

♦ **1.** Action de replier (rare). — Forme, mouvement de ce qui se replie, semble se replier. ⇒ **Repli.**

1 (...) les épaules, les omoplates, qui, par la pose un peu renversée de la femme, fuient et s'enfoncent dans la robe, avec des repliements pareils à des courbes d'ailes (...) Ed. et J. DE GONCOURT, Journal, 14 mai 1864, t. II, p. 157.

♦ **2.** (Abstrait). Le fait de se replier sur soi-même. *L'habitude du retrait, certaine habitude de repliement* (→ Accoutumance, cit. 4). *Le repliement sur soi-même* (→ Fort, cit. 19 ; intérieur, cit. 2). *Repliement sur un monde intérieur dans les délires schizophréniques, dans l'autisme*.

2 C'est l'hiver plus en rapport avec sa défaite, avec la monotonie de son âme, avec le repliement de son génie monocorde. M. BARRÈS, la Colline inspirée, XVIII.

♦ **3.** Le fait de se replier. *Le repliement d'une troupe.* ⇒ **Repli.** — (Abstrait). *Repliement sur des positions...*

3 Même Carco (...) chante le retour à la terre. C'est ce que Barrès eût appelé « le repliement sur ses *minima* ». GIDE, Journal, 22 sept. 1940.

CONTR. Déploiement, développement, expansion.

REPLIER [ʀ(ə)plije] v. tr. — 1538 ; au p. p., attestation isolée 1213 ; de *re-,* et *plier.* → aussi Reployer.

♦ **1.** Plier* de nouveau (ce qui avait été déplié). *Replier des habits* (→ Noce, cit. 2), *une pièce* (cit. 13) *de drap, un journal* (→ Fait, cit. 24).
Plier plusieurs fois. *Replier une nappe, sur elle-même* (⇒ **Doublier,** n. m.). *Replier une étoffe pour faire un plissé, un tuyautage... Replier sa manche sur son avant-bras.* ⇒ **Retrousser.**

♦ **2.** (1770, Buffon). Ramener en pliant (ce qui a été étendu, déployé), ou plier de manière à cacher... *Replier sa patte* (→ Héron, cit. 3), *ses ailes. Replier une jambe, un pied sous l'autre.* — Ramasser comme par des replis. *Replier son corps.* ⇒ **Recroqueviller.** *Serpent qui replie ses anneaux.* — Figuré :

1 Nous sommes la forteresse la plus assaillie. C'est contre nous que le Parti intellectuel déploie, et replie, sa plus virulente haine (...)
Ch. PÉGUY, la République..., p. 276.

♦ **3.** Fig. Rare. Faire rentrer en soi. *Replier qqn sur lui-même* (→ ci-dessous Se replier).

2 Cette voix forcée de convalescente la replia sur elle-même, elle prit l'habitude de parler à voix basse, de marcher sans faire de bruit, de rester muette et immobile sur une chaise, les yeux ouverts et vides de regards. ZOLA, Thérèse Raquin, II.

♦ **4.** (1718). Ramener en arrière, en bon ordre. *Replier ses troupes, son armée* (cit. 8). *Replier des civils loin du front.*

▶ **SE REPLIER** v. pron. réfl.

♦ **1.** Être replié (1.). *Le drap se replie difficilement.*

♦ **2.** Se ramener en étant plié. *La lame se replie sur la virole* (→ Couteau, cit. 13). *Jambe qui se replie. Son corps se replie sur lui-même.* ⇒ **Blottir** (se), **ramasser** (se), **recroqueviller** (se) ; **courber.** — *Se replier comme un serpent.* ⇒ **Tordre, tortiller** (se).

♦ **3.** (V. 1660). *Se replier* : se refuser aux impressions extérieures. ⇒ **Renfermer** (se) ; → rentrer* en soi-même (⇒ **Recueillir** : se recueillir, **réfléchir**). *Se replier sur soi-même* (→ Courber, cit. 3 ; et aussi me, cit. 32). *L'âme se replie et se recèle en elle-même* (→ Pudeur, cit. 6). *La réflexion* (cit. 9) *est la puissance de se replier sur ses idées...*

3 Margot baissait alors la tête, ne répondait que par monosyllabes, et se repliait, pour ainsi dire, sur elle-même, comme une sensitive.
A. DE MUSSET, Nouvelles, « Margot », VII.

3.1 (...) il faut (...) qu'il ne la force pas à se replier sur elle-même, à s'écarter de lui et à scruter en elle-même toute seule (...) N. SARRAUTE, le Planétarium, p. 82.

♦ **4.** (1718). Se retirer, reculer en bon ordre. ⇒ **Décrocher, reculer ; repli, retraite ; abandonner** (le terrain). *Se replier sur ses arrières, sur ses bases, sur ses lignes, sur des positions préparées à l'avance, sur ses retranchements. La première ligne se repliait sur la deuxième* (→ Déroute, cit. 2).

4 Au tomber de la nuit, un sous-officier déguisé vint apporter l'ordre aux troupes de l'Hôtel de Ville de se replier sur les Tuileries.
CHATEAUBRIAND, Mémoires d'outre-tombe, t. V, p. 198.

5 (...) les régiments, chassés par les obus et les boulets français, se replièrent dans le fond (...) un mouvement rétrograde se fit, le front de bataille anglais se déroba, Wellington recula. — Commencement de retraite ! cria Napoléon.
HUGO, les Misérables, II, I, VI.

6 Vers les monts, sans tourner le dos, lents, résolus,
Ils se sont repliés, rois, barons chevelus,
Soudards bardés de cuir, serfs et moines velus.
LECONTE DE LISLE, Poèmes tragiques, « Le suaire de Mohammed ».

▶ **REPLIÉ, ÉE** p. p. adj. (V. 1213, « recourbé »).

♦ **1.** *Vêtements repliés. Ruban plié* (cit. 1) *et replié. Papier replié.* ⇒ **Double.**

♦ **2.** *Jambe* (cit. 11) *un peu repliée. Jarret* (cit. 4) *replié. Les doigts de pied repliés* (→ Frileux, cit. 4). *Corps replié sur soi-même* (→ Arrondir, cit. 12). — *Membrane repliée sur elle-même.* ⇒ **Duplicature.**

♦ **3.** *Enfant replié sur lui-même.* ⇒ **Concentré, introverti, renfermé.**

♦ **4.** *Troupes repliées,* qui se sont repliées ou qu'on a repliées.

7 (...) les vestiges de notre division qui n'étaient que vingt pour cent des hommes entrés en Belgique, de petites unités mystérieusement égarées, des groupes d'ouvriers en bleus, « repliés » là sur des ordres inexplicables (...)
ARAGON, les Yeux d'Elsa, Appendice, I.

8 On racontait que les Allemands voulaient enlever les étudiants ; ma mère fut sensible à ce danger, se montra crédule parce que mes conversations l'avaient ébranlée et qu'elle s'était habituée sans le savoir à envisager mon départ. Elle donna son consentement quand je lui appris qu'un de mes professeurs « replié » à Clermont-Ferrand me proposait de devenir son adjoint à la direction d'un cours par correspondance. Jacques LAURENT, les Bêtises, p. 70.

CONTR. Déplier, déployer, dérouler, développer ; allonger, étendre, évaser ; détendre. — Avancer. — (Du pron.) Épancher (s'). — Avancer.

DÉR. Repli, repliable, repliement.

RÉPLIQUE [Replik] n. f. — V. 1310, «réponse»; de *répliquer*.

★ **I.** Action de répondre; réponse à ce qui a été dit ou écrit.

♦ **1.** (XVᵉ). Réponse à ce qui a été répondu, dans une discussion opposant des opinions. *Il a répondu aux objections, mais il s'est attiré une réplique embarrassante. Sa réponse était sans réplique.* Dr. Conclusions du demandeur (réponses aux conclusions du défendeur). Plaidoirie complémentaire de l'avocat du demandeur (réponse à la plaidoirie de l'avocat du défendeur).

♦ **2.** (XVIᵉ-XVIIᵉ). Réponse vive, faite avec humeur et marquant une opposition (⇒ **Objection; critique**). *Réplique brusque, prompte, vive.* ⇒ **Repartie, riposte.** *Réplique lapidaire* (2. Lapidaire, cit. 1). *Réplique désagréable, disgracieuse, malveillante. Réplique habile, bien envoyée. Cingler* (2. Cingler, cit. 9) *qqn d'une réplique. Injures qui appellent* (cit. 31) *une réplique. Matrones* (cit. 3) *fortes en bec, promptes à la réplique.* — SANS RÉPLIQUE. *Argument* (cit. 14), *objection* (cit. 2) *sans réplique.* ⇒ **Péremptoire.** *Prouver qqch. sans réplique* (→ Initiative, cit. 1), sans qu'il y ait de réplique possible.

1   — Sans dot. — Ah! il n'y a pas de réplique à cela : on le sait bien; qui diantre peut aller là contre?   MOLIÈRE, l'Avare, I, 5 (cf. Dot, cit. 3).

Objection, protestation à un ordre. *Obéissez sans réplique. Pas de réplique!* ⇒ **Discussion, observation.**

♦ **3.** (1646). Chaque élément (du dialogue) dit par un acteur; ce qu'un acteur doit dire, quand le personnage qui parle avant lui a fini de parler. *Il a oublié, manqué sa réplique. Dire une réplique.*

2   (...) Bosc se leva avec l'instinct du vieux brûleur de planches qui sent venir sa réplique.   ZOLA, Nana, V.

3   — (...) ma réponse? Je n'ai pas ma réponse... L'avez-vous vraiment vu, ce qui s'appelle vu? Comment est-il *(le Diable)?* — Mais il est ce qu'on veut. Vous entendez : ce qu'on veut... — Je n'ai pas ma réponse. Maître... je n'ai pas des répliques.   VALÉRY, Mon Faust, I, 1.

(1798). Spécialt. Les derniers mots que prononce un acteur, un personnage, et qui indiquent qu'un autre doit parler. — DONNER LA RÉPLIQUE : indiquer à l'interlocuteur d'avoir à prendre ou à reprendre la parole. Par métaphore. *«Des confidents de tragédie destinés à lui donner la réplique»,* à lui donner l'occasion de parler, de pérorer (cit. 1).

4   Bonjour, Crispin, bonjour; allons donc, à vous, puisque je vous donne la réplique (...)   PICARD, le Vieux Comédien, 21, *in* LITTRÉ.

Donner la réplique à un acteur, lui permettre de dire son rôle en lisant, en récitant les répliques (les parties de rôle qui précèdent son texte). Ellipt. (par métonymie). *Demander une réplique pour passer une audition, pour une répétition,* une personne qui donne la réplique. *Donner, se donner la réplique :* répondre, se répondre, discuter, en parlant d'interlocuteurs* (⇒ **Répliquer**), et aussi «répondre dans le même ton; agir de la même façon» (→ Loin, cit. 35).

5   Il était d'ailleurs aussi facile de lui donner la réplique que de l'écouter. La réponse venait aux lèvres d'elle-même, dès qu'il avait fini de parler (...)   MAUPASSANT, l'Inutile Beauté, «Un portrait».

6   Le malheur avec Armand était que, quand il donnait la réplique à quelqu'un, il se forgeait un personnage, il se jetait dans la contradiction avec une telle force, qu'il se convainquait lui-même.   ARAGON, les Beaux Quartiers, I, XVIII.

Mus. Dans une partition, Fragment de phrase servant à indiquer le moment où un instrumentiste doit rentrer, après un long silence.

★ **II.** (1840, «simulacre»). ♦ **1.** Chose qui en répète une autre. — Spécialt. Chacune des œuvres d'un artiste reprenant exactement le même sujet.

(1690). Mus. Répétition d'une note à l'octave. — Répétition d'une phrase musicale. — (1703). Réponse, dans une fugue.

♦ **2.** Œuvre semblable à un original. ⇒ **Copie, double, reproduction.**

♦ **3.** Chose qui semble être le double, l'image d'une autre; qui est semblable. ⇒ **Jumeau, sosie.** *Une variante réplique de son frère* (→ Épannelage, cit.).

7   — Regardez-les donc tous les deux. L'un n'est-il pas la réplique de l'autre? Voyons! C'est hallucinant!   F. MAURIAC, le Sagouin, p. 138.

Didact. Objet qui constitue la réalisation invariante d'un modèle.

RÉPLIQUER [Replike] v. tr. — V. 1220, «répondre»; lat. *replicare* «replier, plier en arrière», fig. «renvoyer».

★ **I.** ♦ **1.** (Sans compl. dir.). Répondre vivement en s'opposant (à ce qui a été dit ou écrit). → Humoriste, cit. 1. *Répliquer à une critique, une objection. Répliquer à qqn. Il n'aime pas qu'on lui réplique.* ⇒ **Répondre.** Absolt. Dr. *L'avocat de la défense a répondu, l'avocat du demandeur va répliquer.*

♦ **2.** RÉPLIQUER qqch. À qqn (objet direct neutre) : répondre à qqn par une réplique. *Que pouvais-je lui répliquer?* ⇒ **Répondre.** *Il lui répliqua des duretés* (→ Fâcher, cit. 6). *Répliquer qqch. à un argument* (⇒ **Objecter, raisonner**), *à une injure* (→ Insolence, cit. 4). — Absolt. *Il réplique sans cesse.* (En incise). → Blanc, cit. 27; leçon, cit. 6; lumineux, cit. 2.

---

1   (...) il est malaisé de devenir brillant dans une conversation où l'interlocuteur réplique à peine.   J. ROMAINS, les Hommes de bonne volonté, t. II, I, p. 7.

2   Quelques mots durs lui échappaient... Il s'aigrit, et elle lui répliqua juste assez pour qu'il devînt injurieux, puis honteux de sa violence.   COLETTE, le Blé en herbe, XV.

3   Il y avait tant de douleur dans ces simples paroles que je n'osai répliquer, pas plus qu'on n'a le front de contredire un agonisant.   A. ARNOUX, Suite variée, «Voyages de Marco Polo», p. 167.

Pron. (Réfl.). *Ils se répliquent :* ils se renvoient des arguments. ⇒ **Balle** (renvoyer la).

♦ **3.** (1393). Répondre avec vivacité, en s'opposant. *Il n'admet pas qu'on lui réplique.* — Protester contre un ordre. *Qu'on ne me réplique pas!* (→ Heure, cit. 91).

4   C'était un de ces regards auxquels on ne réplique pas.   HUGO, Notre-Dame de Paris, II, X, V.

♦ **4.** Fig. Répondre en action à une attaque. ⇒ **Riposter.** Absolt. *Leurs canons répliquèrent* (→ Artillerie, cit. 2).

★ **II.** V. tr. (Angl. *to replicate;* → Réplication). Biol. Reproduire par réplication*.

5   (...) une fois inscrit dans la structure de l'ADN, l'accident singulier et comme tel essentiellement imprévisible va être mécaniquement et fidèlement répliqué et traduit, c'est-à-dire à la fois multiplié et transposé à des millions ou milliards d'exemplaires.   Jacques MONOD, le Hasard et la Nécessité, p. 155.

DÉR. Réplique. — (De I.) Répliqueur.

RÉPLIQUEUR, EUSE [Replikœʀ, øz] n. — 1907; de *répliquer*.

♦ Rare. Qui réplique, qui aime à répliquer. ⇒ **Répondeur.**

REPLISSER [ʀ(ə)plise] v. tr. — 1640; «former des replis», XVIᵉ; de *re-,* et *plisser*.

♦ Plisser à plusieurs reprises.

REPLOIEMENT [ʀ(ə)plwamɑ̃] n. m. — 1611; «action de se replier sur soi-même», 1190; de *reployer*.

Littéraire.

♦ **1.** Repliement*. *Le reploiement des bras...* (→ Incurvation, cit. 1).

♦ **2.** Fig. Recueillement, retour sur soi-même.

Bientôt ces reploiements intimes, ce regard jeté à la loupe sur mes moindres détours de pensée, cette scrutation continue de mon être le plus caché m'intéressèrent à un degré tel que l'attrait de n'importe quel jeu devint nul à côté.   Paul BOURGET, le Disciple, IV, II.

CONTR. Déploiement.

REPLONGÉE [ʀ(ə)plɔ̃ʒe] n. f. — XXᵉ; cf. *replongement*, 1845; de *replonger,* et *plongée*.

♦ (Choses). Le fait de replonger.

Renaud, qui avait déjà écouté le propulseur ronfler subitement lorsqu'il émergeait, et qui avait entendu les chocs violents frappés dans la machine, aux replongées de l'hélice (...)   Roger VERCEL, Remorques, p. 40.

REPLONGER [ʀ(ə)plɔ̃ʒe] v. — Conjug. *plonger.* — 1549; *replonkier*, 1302; de *re-,* et *plonger*.

Plonger de nouveau.

♦ **1.** V. tr. *Replonger son bras, ses bras dans...* (→ Pince, cit. 4; poudrer, cit. 1). — Pron. *Se replonger dans l'eau. Se replonger dans l'abîme* (→ Démon, cit. 29).

1   (...) il se leva sans même boire son verre de groseillette, serra la main du pharmacien stupéfait et se replongea dans le brouillard de la rue.   MAUPASSANT, Pierre et Jean, IV.

2   (...) tournant les avirons et les replongeant ensemble (...)   J. CHARDONNE, les Destinées sentimentales, p. 111.

Fig. *Replonger un pays dans le désordre, dans l'anarchie.* ⇒ **Enfoncer.** *Replonger qqn dans le désespoir.* — Pron. *Se replonger dans une lecture, dans un livre, dans le travail.*

3   Tout concourut à me replonger dans cette mollesse trop séduisante, pour laquelle j'étais né, mais dont le tour dur et sévère, où venait de me monter une longue effervescence, m'aurait dû délivrer pour toujours.   ROUSSEAU, les Confessions, IX.

4   (...) on reprend sa propre histoire comme un roman noir que l'on a laissé ouvert sur sa table. On se replonge ainsi dans son chagrin; on s'en régale; on revient sur ce que l'on craint d'en oublier; on passe en revue les maux possibles que l'on peut prévoir.   ALAIN, Propos, 31 déc. 1911, Gribouille.

4.1   (...) Mᵐᵉ Pigeonnier a quarante-cinq ans, mais on lui sait un passé. Théo soupçonne bien des choses au sujet de Mᵐᵉ Pigeonnier. Mais Mᵐᵉ Pigeonnier rentre, fièrement drapée. Théo se replonge dans les Misérables.   R. QUENEAU, le Chiendent, p. 53.

♦ **2.** V. intr. (1816; *replongier* «se retirer», v. 1200). *Il replongea dans la piscine.* — Figuré :

5   Il vivait complètement retiré dans son appartement (...) Le soir seulement, il fai-

sait des sorties furtives (...) Puis, sans transition, on le retrouvait sociable (...) et replongeant chaque soir avec complaisance dans le flot de la foule.
CAMUS, la Peste, p. 299.

DÉR. Replongée.

REPLOYER [ʀ(ə)plwaje] v. tr. — Conjug. *ployer*; → Noyer. — 1200, *reploier*; de *re-*, et *ployer*.

♦ Vx. Replier (→ Brigantine, cit. 1, Duhamel). — Fig. et littér. « *La France était encore reployée sur sa douleur et frappée de consternation* » (cit. 3).

Mais, cette fois, ce sont des armes de goujats,
Lassos plombés, couteaux catalans, navajas,
Qui frappent le héros, sur qui cette famille
De monstres se reploie et se tord et fourmille (...)
HUGO, la Légende des siècles, XV, « Petit roi de Galice », IX.

CONTR. Déployer.
DÉR. Reploiement.

REPOLARISATION [ʀ(ə)pɔlaʀizasjɔ̃] n. f. — XXᵉ; de *re-*, et *polarisation*.

♦ Physiol. Retour d'une structure vivante polarisable (membrane cellulaire, fibre nerveuse) à son potentiel de repos, après avoir subi une perturbation de ses charges électriques (⇒ aussi **Dépolarisation**).

REPOLIR [ʀ(ə)pɔliʀ] v. tr. — 1389; de *re-*, et *polir*.
Rare.

♦ **1.** Polir de nouveau, polir (ce qui est dépoli).

♦ **2.** Fig., vx. Corriger de nouveau (un ouvrage). « *Polissez-le sans cesse* (cit. 5) *et le repolissez* » (Boileau).

DÉR. Repolissage.

REPOLISSAGE [ʀ(ə)pɔlisaʒ] n. m. — 1835, d'après *polissage*; *repolissement*, 1669; de *repolir*.

♦ Techn. Action de repolir.

RÉPONDANT, ANTE [ʀepɔ̃dɑ̃, ɑ̃t] n. — 1255; de *répondre*.

★ **I.** ♦ **1.** Personne qui se rend caution, garant pour qqn (→ Nouveau, cit. 15). *Être le répondant de qqn.* ⇒ **Responsable.** *Répondant d'un traité.* ⇒ **Otage.** « *Il y a quatre ordonnances du Roy, qui défendent aux bourgeois de prendre des valets, sans avoir des répondants par écrit* » (Furetière, *Dictionnaire*).

1   Je veux te présenter moi-même, et te servir de répondant.
A.-R. LESAGE, Gil Blas, I, XVII.

Par analogie :

2   (...) de Gaulle ne se heurte pas seulement aux saboteurs de l'intérieur, il a en face de lui un adversaire fort habile qui a partout dans le monde des répondants et des alliés.   F. MAURIAC, le Nouveau Bloc-notes 1958-1960, p. 271.

3   La légende implicite de ce genre de produit repose sur l'idée d'une modification violente, abrasive de la matière : les répondants sont le monde des répondants ou mutilant : le produit « tue » la saleté.   R. BARTHES, Mythologies, p. 38.

♦ **2.** (Av. 1922, Proust; « argent »). Fam. *Du répondant*, quelque chose qui « répond » pour qqn (spécialt, de l'argent). *Il y a du répondant.*

4   (...) elle est sage et le père a du répondant.
H. TROYAT, les Héritiers de l'avenir, t. II, p. 125.

★ **II.** ♦ **1.** N. m. (1690). Anciennt. Celui qui soutient une thèse, ainsi nommé parce qu'il doit répondre aux objections. *L'argumentant et le répondant.*

♦ **2.** N. m. (1731). Relig. cathol. Servant* qui répond la messe, fait les réponses aux demandes du célébrant.

♦ **3.** N. m. Didact. Dans l'ancienne Égypte, Figurine représentant le défunt, et destinée à répondre de lui dans l'au-delà.

RÉPONDEUR, EUSE [ʀepɔ̃dœʀ, φz] adj. et n. m. — 1877; « celui qui répond », XIIᵉ; « défenseur », 1277; de *répondre*.

★ **I.** Adj. Qui a l'habitude de répondre, de répliquer aux ordres et aux remontrances. ⇒ **Répliqueur.**

1   Vous devez avoir un détestable caractère... — Mais non, Madame... Je ne suis pas du tout répondeuse (...)
O. MIRBEAU, le Journal d'une femme de chambre, p. 322.

2   Je crois que l'apparence tendre de Michel couvre une nature insoumise, répondeuse, et toujours prompte à se rebeller.   GIDE, Journal, 21 août 1917.

★ **II.** N. m. ♦ **1.** (1963). Appareil capable de répondre, au moyen d'un enregistrement sur disque ou sur bande, à un appel téléphonique en l'absence du destinataire. *Répondeur simple*, émettant une annonce enregistrée en réponse à un appel. *Répondeur-enregistreur*, auquel le demandeur peut dicter un message qui est enregistré. Les

répondeurs téléphoniques peuvent être branchés sur les lignes du réseau public ou sur les lignes privées.

3   Le néologisme « répondeur » a été lancé le 8 juin 1963 lors d'une émission de télévision; M. Jacques H. Burlisson y présentait différents modèles d'appareils « répondant » au téléphone et proposa qu'on appelât (...) des répondeurs, en distinguant les répondeurs *simples* des répondeurs-*enregistreurs*.
Depuis, le mot (pas plus laid que beaucoup d'autres) s'est peu à peu imposé et a été adopté par plusieurs fabricants (...)
Il serait souhaitable que ce terme de « répondeur » soit généralisé afin d'éviter toute confusion avec les « capteurs » et « enregistreurs de conversation », les « diffuseurs d'attente », etc.   le Monde, 26 oct. 1967.

4   Je compulse rapidement l'annuaire, je trouve le numéro, j'appelle Lagny. Mais comme je m'en doutais, c'est un répondeur automatique qui intervient (...)
Hervé BAZIN, Cri de la chouette, p. 124.

♦ **2.** Dispositif automatique placé sur un satellite, une sonde spatiale, qui réagit aux impulsions qui leur sont envoyées de la Terre.

RÉPONDRE [ʀepɔ̃dʀ] v. — Conjug. *pondre*; → Rendre. — 980, *responre*; lat. *respondere*, d'abord « s'engager en retour ».

★ **I.** V. tr. ind. **A.** (Sans objet direct).

♦ **1.** RÉPONDRE À (qqn) : faire connaître en retour sa pensée, son sentiment (à celui qui s'est adressé à la personne représentée par le sujet). — Par le langage. *Répondre oralement à qqn. Il répond à tous ceux qui lui parlent, qui l'interrogent. Répondre à un interlocuteur, à un orateur, à un examinateur, à un journaliste... Je vous demande* (cit. 27), *je vous prie de me répondre. Vous refusez toujours de me répondre!* (→ Fléchir, cit. 9). *Faut-il vous répondre net* (cit. 31), *franchement? Il me répondait avec une grande patience* (→ Insistant, cit. 1). « *Voici comme ce Dieu vous répond par ma bouche* » (cit. 14, Racine). — Absolt. *Quand on vous parle* *il faut répondre* (→ Obligation, cit. 5). *Le vieux ne répondit point* (→ Lenteur, cit. 9). *Ouvrir la bouche pour répondre* (→ 1. Court, cit. 24). *Il ne répondait que par monosyllabes* (cit. 2), *laconiquement. Répondre par oui ou par non. Le candidat a bien répondu. Répondre en Normand* (cit. 3). *Répondre sèchement, durement, du bout des lèvres*. *Répondre de travers*. *Répondre par des lieux communs* (→ Mesurer, cit. 15), *par un flot d'ordures* (cit. 10), *par des plaisanteries, des pirouettes.*

1   L'abbé avait pour principe de ne jamais diriger la conversation, c'était en répondant qu'il avait de l'esprit et arrivait à ses fins.
STENDHAL, Romans et nouvelles, « Le rose et le vert », VII.

(Par écrit). *Répondre par écrit.* ⇒ **Récrire** (vx). *Répondre à qqn par retour du courrier, par retour. Il a tardé à lui répondre* (→ Houspiller, cit. 4). *Répondez s'il vous plaît* (abrév. : *R. S. V. P.*), mention portée sur une invitation.

(Par d'autres moyens d'expression, gestes, mimiques, etc.). *Répondre en hochant la tête; répondre de la tête* (→ 1. Grave, cit. 10), *par des signes* (→ Muet, cit. 19), *par un signe affirmatif* (cit. 2), *par un sourire, en levant les bras au ciel* (→ Désemparer, cit. 5), *en haussant les épaules... Elle ne me répondit que par de longues étreintes* (→ Pourquoi, cit. 28). — Par ext. « *Après* (cit. 71) *ne me réponds qu'avecque cette épée* » (Corneille).

Spécial. Se défendre* verbalement, s'opposer en retour (⇒ **Répliquer, riposter**). *Je saurai lui répondre. Avoir l'art de répondre vite et durement* (→ Dialecticien, cit. 3). *Répondre du tac au tac*, répondre vertement à qqn.* ⇒ **Rembarrer, river** (son clou). *Il faudrait répondre dans les journaux* (→ Polémique, cit. 3). Par ext. Raisonner (cit. 5), se justifier lorsque le respect commande le silence. ⇒ **Récriminer.** *Enfant qui répond à son père, à son professeur. Vous répondez, petit insolent!*

♦ **2.** RÉPONDRE À (qqch.) : réponse verbale (à qqch.). *Répondre à une demande, à une question* (cit. 4). → Figurer, cit. 3; grève, cit. 13. *Je répondais de mon mieux à toutes leurs questions* (→ Effrontément, cit. 2). *Répondre à côté, de travers* (à une question). *Répondre à des interrogatoires* (→ Dossier, cit. 2). *Répondre à un éloge, un compliment. Répondre à une lettre* (→ Fissure, cit. 2; 2. poste, cit. 6).

2   Mes lettres mêmes sont le sujet d'une petite guerre : non contente de n'y pas répondre, elle refuse de les recevoir.
LACLOS, les Liaisons dangereuses, XXXIV.

3   Il (...) alla répondre avec calme à l'interrogatoire du commandant (...)
LOTI, Mon frère Yves, XXXII.

4   L'un d'entre eux s'apprêtait à répondre au compliment qu'on lui faisait (...)
J. GREEN, Léviathan, I, VII.

5   (...) il s'était tu et n'avait plus répondu qu'évasivement aux questions de Grand.
CAMUS, la Peste, p. 209.

Spécialt. Opposer une réponse, une défense, contre-attaquer. *Répondre à des critiques* (→ Impulsion, cit. 1), *des attaques, des réprimandes* (→ Ingrat, cit. 11), *des accusations* (⇒ **Récriminer**, vx). *Répondre à des objections, des arguments.* ⇒ **Réfuter** (→ Manichéen, cit.).

♦ **3.** (Sujet n. de chose). Se faire entendre tout de suite après, en parlant d'un bruit, d'un son semblable à un autre qui le précède. *Leurs lamentations répondaient aux miaulements des hyènes* (→ Hurler, cit. 8). *La flûte répond au violon* (à l'orchestre).

Bruit auquel l'écho répond, que l'écho répète* (→ aussi le sens II, A, 2).

REM. Un emploi transitif direct *(répondre un bruit)* est attesté, ici au passif :

5.1 Frappait-il à la porte le coup de heurtoir était répondu par un cri de joie de toute la Maison.   RESTIF DE LA BRETONNE, la Vie de mon père, p. 243.

♦ **4.** (Personnes, animaux). Se manifester à l'appel de qqn; réagir (à un appel, un stimulus). *Nous avons sonné, personne ne nous a répondu. Ils m'appelleront* (cit. 5) *et je ne répondrai pas. Rien ne répondait plus* (à la radio). → Indicatif, cit. 4. — Fam. *J'ai fait le numéro, ça ne répond pas* (au téléphone). *Paris ne répond pas.* — *Répondre à l'appel nominal* (→ Député, cit. 3). — *Répondre au nom de,* se dit d'un chien qui connaît son nom. Fig., parfois plais. *Avoir pour nom,* porter un nom. *Le drôle qui répond au nom de Maxime Du Camp* (→ 1. Insigne, cit. 6, Flaubert). *Répondre à l'appel* (fig.) *de qqn,* faire ce qu'il attend de vous (une action, une aide, un don, etc.). *Nous vous remercions d'avoir si généreusement répondu à notre appel.* — Absolt. Dr. *L'intimé* (cit.) *répondra dans la huitaine suivante. Assigné* (cit. 15 et 19) *qui répond.*

B. (Avec un objet direct). **RÉPONDRE** (qqch.) À (qqn), À (qqch.). (1080). *Dire** (sa pensée, son opinion) à celui qui la sollicite ou s'adresse à vous. *Répondre oui* (→ 1. Point, cit. 63), *non* (→ Fatalité, cit. 14), *ni oui ni non* (cit. 22) *à qqn. Répondre non à une question. Ne pouvoir répondre que oui ou non* (→ Instruction, cit. 10). *Répondre amen* (cit. 2). *Répondre d'accord* (→ Minute, cit. 6). Fam. *Bien répondu !* : voilà une bonne réponse. — (Suivi de deux points et d'une proposition). *Il répondit prudemment : qu'est-ce que c'est ?* (→ Haut-le-corps, cit. 4; et aussi aimer, cit. 8). — *Ne rien trouver, n'avoir rien à répondre* (cf. Rester coi, être réduit au silence). *Nous ne savons que lui répondre* (→ Insister, cit. 7). — *Écrire** en retour. *Il m'a répondu une longue lettre. Les lettres que je reçois et celles que je réponds* (→ Intervalle, cit. 11, Voltaire). — Dire ou écrire en réponse (à qqch.). *Que répondrais-je à ces critiques ?* (→ Jusque, cit. 39). *Il n'y a rien à répondre à cela.* ⇒ **Objecter.** *Tout ce que je peux répondre à votre lettre, c'est que...* (→ Intimider, cit. 2). — *Lors de l'appel nominal, le soldat ou l'élève répond présent* (1. Présent, cit. 15).

6 Mais que répondra-t-on à ce que je vais dire ?
          LA FONTAINE, Fables, IX, 20.

7 J'étais si troublée, que quand elle me demanda ce que c'était, je ne sus lui répondre autre chose, sinon que ce n'était rien (...)
          LACLOS, les Liaisons dangereuses, LXI.

8 Que répondrez-vous à cette enfant, Perdican, lorsqu'elle vous demandera compte de vos paroles ?   A. DE MUSSET, On ne badine pas avec l'amour, III, 6.

9 De grâce, répondez oui ou non à ma demande.
          É. ESTAUNIÉ, l'Ascension de M. Baslèvre, II, 2.

(En incise). « *Sire, répond l'agneau, que Votre Majesté ne se mette pas en colère* » (→ Plutôt, cit. 14). *Ce n'est pas ma faute, répondit-elle un peu blessée* (cit. 2).

10 « On ne prend que les orphelins », lui est-il répondu.
          G. DUHAMEL, les Plaisirs et les Jeux, p. 93.

RÉPONDRE DE... (avec l'inf.). *Il m'a répondu de rester où j'étais.*
RÉPONDRE QUE... (avec l'ind.). ⇒ 1. **Dire,** 1. **repartir, répliquer, rétorquer.** *Il répondit que sa bienveillance m'était acquise* (cit. 24). *Si vous demandez comment... je réponds que...* (→ Analogie, cit. 1). *Répondez-lui que je ne peux le recevoir. Si vous répondez que non* (→ Négliger, cit. 8). *Je répondrai à votre remarque que...* — Impers. *Il me fut répondu que...* (→ Militaire, cit. 8).

11 (...) il lui demandait si elle n'avait pas faim; — et, comme elle répondit qu'oui, il sortit pour donner des ordres.
          FRANCE, la Rôtisserie de la reine Pédauque, XIX, Œ., t. VIII, p. 230.

12 On répondit au télégramme de Rieux que le stock de sécurité était épuisé (...)
          CAMUS, la Peste, p. 76.

13 Il répondit avec un peu d'aigreur que Mademoiselle de Plailly était d'âge à se défendre seule.   F. MAURIAC, le Fleuve de feu, II, p. 113.

C. V. tr. (Avec un compl. dir. autre que ceux du sens B). ♦ **1.** (Fin XVIᵉ). *Donner une réponse à* (qqch.). — Vx. *Répondre une lettre* : répondre à une lettre.

♦ **2.** (1549 ; seulement dans quelques emplois). Dr. *Répondre une requête,* se dit du juge qui délivre une ordonnance au bas d'une requête.

14 (...) les jésuites (...) avaient empêché toutes les requêtes d'être répondues.
          RACINE, Port-Royal, I.

♦ **3.** (1718). Relig. *Répondre la messe,* se dit du servant de la messe qui prononce tout haut les réponses aux paroles du célébrant. — REM. Ne pas confondre avec *répons*.* ⇒ **Répondant.**

★ **II.** V. tr. ind. (Sujet n. de chose ou de personne).

A. RÉPONDRE À. ♦ **1.** (Fin XIIᵉ). Être en accord* avec, conforme à (une chose). ⇒ **Correspondre.** *Cette politique ne répond pas à la volonté du pays* (→ Dissoudre, cit. 5). ⇒ **Concorder** (avec). *Répondre à une attente,* se dit d'une personne, d'une chose qui est conforme à ce qu'on voulait qu'elle fût (contr. : *décevoir*). *Répondre à un signalement, à une description. Sa condition* (cit. 12) *répond mieux à la vôtre.* ⇒ **Accorder** (s'). *Le résultat ne répond pas à l'effort* (⇒ **Proportion**). *Sentiment qui répond à un besoin*

(→ Altruisme, cit. 3). ⇒ **Satisfaire.** *Ni sa voix ni son regard ne répondaient à l'idée* (cit. 55) *qu'elle s'en faisait.*

15 (...) j'avoue que le succès ne répondit pas d'abord à mes espérances.
          RACINE, Britannicus, 2ᵉ préface.

16 Ah! si la partie technique de cette composition répondait à la partie idéale !
          DIDEROT, Salon de 1765, « Casanove ».

17 Les auteurs qu'elle avait lus le matin répondaient à ses plus hauts sentiments, leur esprit lui plaisait (...)   BALZAC, le Curé de village, Pl., t. VIII, p. 564.

18 — Je suis de votre avis (...) l'armée actuelle répond aux nécessités supérieures de la défense nationale.   FRANCE, le Lys rouge, XXXII.

19 — Enfin, dit le vieux prêtre impatient, de votre propre aveu, le bonhomme répond au signalement qu'on vous en avait donné ?
          BERNANOS, Sous le soleil de Satan, I, I.

20 Sa voix répondait exactement à sa physionomie. C'était la voix d'un homme de bonne éducation (...)
          J. ROMAINS, les Hommes de bonne volonté, t. I, VII, p. 72.

♦ **2.** (XVIIᵉ, Retz). Dans les relations d'échange ou d'opposition, se dit de la personne dont le comportement se règle sur le comportement de l'autre et lui succède. *Répondre par un crochet du gauche à un direct du droit.* ⇒ **Riposter** (→ Allonger, cit. 4). *Répondre à la violence par la violence, à la force par la force.* ⇒ **Opposer.** « *Il ne répond plus que par un froid* (1. Froid, cit. 16) *silence Au silence éternel de la divinité* » (Vigny). *Rouerie à laquelle il faut répondre par de l'habileté* (cit. 13). *Les patrons répondent à la grève par le lock-out* (cit. 1). ⇒ **Face** (faire face).

21 Avant de s'asseoir, le jeune étranger salua très gracieusement l'assemblée. Les hommes se levèrent pour répondre par une inclination polie (...)
          BALZAC, Eugénie Grandet, Pl., t. III, p. 507.

(Sans compl. de manière). Payer de retour, par un comportement semblable, ou une attitude marquant la compréhension, l'accord. *Répondre à un salut* (→ Imperceptible, cit. 11). ⇒ **Rendre.** *Répondre au sourire de qqn* (→ Mi-chemin, cit.). *Répondre à des avances* (cit. 34), *à des œillades* (cit. 4), *des mines* (1. Mine, cit. 25), *des minauderies* (⇒ Agacer, cit. 5), *des agaceries. Répondre à l'affection de quelqu'un.*

22 (...) je pris sa main que je serrai dans une des miennes, pendant que de l'autre je parcourais son bras frais et potelé ; la malicieuse personne me répondit, mais ce qui me fit dire, en me retirant : « Il n'y a pas même la plus légère émotion ».
          LACLOS, les Liaisons dangereuses, XXV.

♦ **3.** (Sujet n. de chose). Produire les effets attendus, en parlant d'un mécanisme actionné, d'un organisme excité. ⇒ **Réagir.** *L'organisme répond aux excitations du milieu extérieur* (→ Nerveux, cit. 4). *Le navire répond à l'action de la barre.* ⇒ **Obéir.** *Des freins qui répondent bien. Les commandes ne répondent plus* (→ Piquer, cit. 39).

23 Tout tissu est capable, à un moment quelconque de l'imprévisible futur, de répondre, comme il convient dans l'intérêt du corps, à des conditions physico-chimiques nouvelles de son milieu.
          Alexis CARREL, l'Homme, cet inconnu, VI, IV.

24 Impossible de remonter : le gouvernail de profondeur, sans doute déchiré par les balles explosives, ne répondait qu'à peine.   MALRAUX, l'Espoir, III, I.

Sports. Réagir de la manière attendue (personnes, choses).

♦ **4.** (1663 ; « aboutir à », 1234 ; « être contigu », 1420). Concret. Correspondre symétriquement. *Courbe qui répond à une autre* (→ Balancement, cit. 6). *Les deux ailes du bâtiment se répondent.*

B. (1157, en provençal). **RÉPONDRE DE....** ♦ **1.** S'engager en faveur de (qqn ; envers un tiers). → Se porter fort*, garant*, caution* ; prêter son crédit* (⇒ **Responsabilité**). *Vous pouvez avoir confiance en mon ami, je réponds de lui. Je réponds des miens* (→ Indiscrétion, cit. 12). *Les associés répondent les uns des autres, sont solidaires*. Répondre de soi* : s'engager pour l'avenir auprès des autres ou de soi-même. — Se porter garant*. *Répondre de la bonne foi, de l'innocence de qqn.* ⇒ **Garantir** (⇒ Donner des gages* de...). *Madame X, par contrat de mariage, ne répond pas des dettes de son mari,* n'est pas engagée par ces dettes, à les payer. *Je ne pourrais répondre ni de l'ordre ni de la discipline* (→ 1. Partir, cit. 27). « *Vous répondre d'un cœur si peu maître* (cit. 38) *de lui* » (Racine).

RÉPONDRE POUR (qqn) [même sens]. → cit. 26, 28 ci-dessous. *Je réponds pour lui auprès de ses créanciers.*

25 Je réponds de ma femme, et prends sur moi l'affaire.
          MOLIÈRE, les Femmes savantes, II, 4.

26 Un importun est celui (...) qui voyant que quelqu'un vient d'être condamné en justice de payer pour un autre pour qui il s'est obligé, le prie néanmoins de répondre pour lui (...)   LA BRUYÈRE, les Caractères de Théophraste, XII.

27 On ne peut répondre de son courage quand on n'a jamais été dans le péril.
          LA ROCHEFOUCAULD, Maximes supprimées, 616.

28 Il faudra que vous répondiez pour monsieur, qui peut-être, qui sans doute est un honnête homme ; que je réponde de vous à Fourgeot, et que Fourgeot réponde pour moi à Merval (...)   DIDEROT, Jacques le fataliste, Pl., p. 691.

29 M. Trouveau, cependant, raconta la vérité et demanda qu'on relâchât immédiatement Mˡˡᵉ Clarisse, dont il répondait sur sa tête.
          MAUPASSANT, Toine, « La chambre 11 ».

30 Très peu de femmes, je pense, peuvent, dans certaines circonstances, répondre d'elles, même si elles sont naturellement fidèles (...)
          Léon DAUDET, la Femme et l'Amour, II.

Absolt. Prov. *Qui répond paie* : qui s'engage au nom de qqn doit payer pour lui.

Répondre de la vie d'un malade, et, par ext., *d'un malade,* se dit du médecin qui affirme que le malade est hors de danger.

31 Le neuvième jour, le soir où le médecin répondit enfin du malade, elle tomba sur une chaise, les jambes molles, l'échine brisée, tout en larmes.
ZOLA, l'Assommoir, IV, t. I, p. 148.

(Avec l'infinitif) :

32 (...) je vous réponds de renverser tout cet obstacle (...)
MOLIÈRE, les Fourberies de Scapin, II, 1.

33 Depuis plusieurs années, Edmond, dans ses rapports du vendredi, leur disait : « Si nous persistons à ne pas fabriquer de fantaisie, je ne réponds plus de maintenir le chiffre (...) »
A. MAUROIS, Mémoires I, VIII.

(Sujet n. de chose). Constituer une garantie. *Mon intérêt vous répond de moi* (→ Dévouement, cit. 5). *Mes soins vous répondront toujours de ma reconnaissance* (→ Foi, cit. 3). *Son sang-froid répondait du salut de l'équipe* (→ 1. Placer, cit. 5). — Employé avec *que...* et l'indic. (vieilli) :

34 La Judée asservie, et ses remparts fumants (...)
Me répondaient assez que votre grand courage
Ne voudrait pas, Seigneur, détruire son ouvrage (...)   RACINE, Bérénice, II, 2.

35 (...) jusque sur les granits de Mezraïm, Champollion a déchiffré ces hiéroglyphes qui semblaient être un sceau mis sur les lèvres du désert, et qui répondait de leur éternelle discrétion.   CHATEAUBRIAND, Mémoires d'outre-tombe, t. VI, p. 336.

36 Les Allemands ont cependant, il faut en convenir, plus d'imagination que de sensibilité ; et leur loyauté seule répond de leur constance.
Mᵐᵉ DE STAËL, De l'Allemagne, I, IV.

♦ **2.** (XVIᵉ). S'engager en affirmant (qqch.). ⇒ **Assurer, garantir.** *Je réponds du succès* (→ Contre-temps, cit. 1) ; *j'en réponds* (→ J'en fais mon affaire*). *Je ne réponds de rien* : je ne vous garantis rien, c'est sans garantie. *Je t'en réponds, je vous en réponds,* s'emploie pour renforcer une affirmation. ⇒ **Affirmer** (→ Languir, cit. 21). *Ce fut bien assené* (cit. 2), *je vous en réponds. Je vous en réponds, c'est moi qui vous le dis* (→ Assertion, cit. 6). — (Avec *que* et l'indic.). *Je vous réponds que ça ne se passera pas comme cela !*

37 Ce sera fait sans mentir et ça paraîtra en mars, je crois pouvoir vous en répondre.
SAINTE-BEUVE, Correspondance, 330, 17 nov. 1833.

38 — Je n'ai besoin de personne, dit Orso, et je te réponds que je ne me laisserai pas couper l'oreille.   MÉRIMÉE, Colomba, XVI.

39 Jan ne dormit pas, lui. Cadet a raconté depuis que toute la nuit il avait sangloté (...) Ah ! je vous réponds qu'il était bien mordu, celui-là (...)
Alphonse DAUDET, Lettres de mon moulin, « L'Arlésienne ».

♦ **3.** Être garant par un engagement volontaire ou responsable* devant la loi, la société, la morale. *Répondre de soi seul* (→ Accablement, cit. 2). *Tout citoyen peut donc parler, écrire, imprimer librement, sauf à répondre de l'abus* (cit. 3) *de cette liberté. Le mandataire répond du dol* (→ Gestion, cit. 4).

40 Je n'épargnerai rien dans ma juste colère ;
Le fils me répondra des mépris de la mère (...)   RACINE, Andromaque, I, 4.

Répondre pour... (même sens). *La justice* (cit. 14) *veut que chacun réponde pour ses œuvres.* ⇒ **Compte** (rendre compte de...).

▶ **SE RÉPONDRE** v. pron.

♦ **1.** (Réfl.). Se faire une réponse orale. *Non seulement elle parlait seule, mais aussi elle se répondait* (→ Diseur, cit. 4).

♦ **2.** (Récipr.). Faire entendre un bruit semblable alternativement. *Instruments qui se répondent à l'orchestre* (→ Dialogue, dialoguer). *Les rossignols se répondaient de l'un à l'autre* (→ Promenade, cit. 1). *Les sonneries de l'angélus* (cit. 2) *se répondant de paroisse en paroisse.*

41 (...) des rimes qui se répondent comme des échos intelligents que la pensée modifie (...)   Mᵐᵉ DE STAËL, De l'Allemagne, II, XIII.

41.1 Mais tout à coup, sur la place ensoleillée, les cloches secouées répandaient un premier appel puis un second, puis peu à peu se répondaient rapidement, la première à la deuxième, la deuxième à la troisième, ou si l'on les entendait autrement, la troisième à la quatrième, la quatrième à la cinquième, la dernière ayant l'air de répondre à l'avant-dernière ou d'appeler la suivante selon le rythme selon lequel on les percevait et semblant abattre à immenses coups magnifiques et réguliers, portés de toutes leurs forces, les frémissantes cloisons du silence.
PROUST, Jean Santeuil, Pl., p. 346-347.

Par métaphore :

42 Qu'importe de quoi parlent les lèvres, lorsqu'on écoute les cœurs se répondre ?
A. DE MUSSET, la Confession d'un enfant du siècle, III, VI.

♦ **3.** (Récipr. ; sujet n. de chose). ⇒ **Correspondre.** Être dans un rapport* de symétrie. *Les deux ailes du bâtiment se répondent.* Être en accord. *Nos âmes se répondent.* Spécialt. Correspondre d'un règne à l'autre. ⇒ **Correspondance.**

43 Comme de longs échos qui de loin se confondent
Dans une ténébreuse et profonde unité,
Vaste comme la nuit et comme la clarté,
Les parfums, les couleurs et les sons se répondent.
BAUDELAIRE, les Fleurs du mal, « Spleen et idéal », IV.

♦ **4.** (1580, Montaigne). Vx. (Réfl.). Être assuré, se faire fort de. *Se répondre de qqch., de faire quelque chose.*

44 Et sur des bruits si favorables
Je me répondais de l'aimer.   CORNEILLE, Agésilas, I, 3.

CONTR. Demander, interroger, questionner ; opposer (s') ; **désappointer, désavouer, désolidariser** (se).
DÉR. Répondant, répondeur.

RÉPONS [Repɔ̃] n. m. — 1220 ; *respuns*, v. 1150 ; lat. ecclés. *responsum,* de *respondere,* ainsi appelé parce que ce chant répond à la lecture qui le précède, ou parce que le chœur lui répond.

♦ **1.** Liturgie. Chant sur des paroles empruntées aux Écritures, exécuté par un soliste et répété en entier ou en partie par le chœur (→ Leçon, cit. 1). *Répons bref, après le capitule ; répons prolixe, après une leçon de l'office ; répons graduel* (⇒ **Graduel**), *après une leçon de la messe*. *Répons qui suit le verset.* ⇒ **Réclame** (II.). *Les enfants de chœur débitaient les répons latins* (→ Cristallin, cit. 2).
— REM. On confond parfois les *répons* et les *réponses* du répondant* au célébrant (→ 1. Officier, cit. 2).

1 (...) ces prélats chambardèrent de fond en comble le psautier, n'admirent plus que des antiennes et des répons extraits des Écritures ; ils biffèrent les légendes des saints, amoindrirent le culte de la sainte Vierge (...)   HUYSMANS, l'Oblat, XIII.

2 Et de temps à autre, une clameur partait, comme un bruit d'orage, des tribunes d'en haut où les hommes se tenaient, un répons formidable animait les vieilles voûtes, les vieilles boiseries sonores qui, durant des siècles, ont vibré des mêmes chants (...)   LOTI, Ramuntcho, I, III.

♦ **2.** (1803). Signe qui marque les répons sur les livres d'église (R̶).

RÉPONSE [Repɔ̃s] n. f. — XIIᵉ, *response ; respuns,* n. m., v. 1050 ; lat. *responsum.*

♦ **1.** **a** Énoncé qui répond à un autre énoncé (adresse, demande, question...) émis par un interlocuteur ; ce qui annule une question (complément, confirmation, dénégation) en complétant la partie sémantiquement incomplète. *La, une réponse à une question. Faire* (→ Hasardeux, cit. 4), *donner une réponse à une demande, à qqn. Telle fut sa réponse* (→ Perle, cit. 9). *Attendre* (→ Partager, cit. 25), *demander, obtenir une réponse* (→ Foudroyer, cit. 9 ; litanie, cit. 3). *Notre demande est restée sans réponse, n'a pas eu d'écho*. *Les réponses d'une personne interviewée ; publier une réponse* (→ Papier, cit. 19). *Réponse d'une divinité.* ⇒ **Oracle.** *Réponse d'un jury.* ⇒ **Verdict.** *Réponse à un ultimatum* (→ Optimisme, cit. 5). — *Réponse affirmative* (Affirmatif, cit. 1 ; jury, cit. 1), *négative* (Négatif, cit. 2) ; *réponse par oui ou par non. Réponse nette, catégorique ; réponse dilatoire* (cit. 3), *équivoque* (cit. 6), *évasive* (cit. 1). Loc. *Réponse de Normand*. *La réponse du berger* à la bergère. — *Réponse sincère* (→ Hérisser, cit. 16), *dictée* (cit. 6) ; *réponse laconique, sèche, mordante.* ⇒ **Réplique, riposte.** *Être brusque dans ses réponses* (→ Incivil, cit. 3). *Les réponses célèbres* (cit. 7) *de Mirabeau, de Danton* (→ Emporter, cit. 9). — Psychopath. *Réponses absurdes* ou *à côté* : réponses en disconvenance systématique avec les questions posées, qui font partie d'un syndrome négativiste (dit *de Ganser*) observé dans la schizophrénie et dans certaines névroses (→ Bouderie, *supra* cit. 1).

1 Plus au nord paraît le peuple de Normandie, gens fins, rusés, ne faisant jamais de réponse directe à la question qu'on leur adresse.
STENDHAL, Mémoires d'un touriste, t. I, p. 78.

1.1 On ne se lassait point de l'interroger
Il y eut des questions si extravagantes
Et des réponses tellement pleines d'à-propos
Que c'était à mourir de rire.
APOLLINAIRE, Alcools « La maison des morts »

Par ext. (À l'aide d'une mimique, d'un geste). *La meilleure réponse que tu puisses faire c'est de hausser les épaules* (cit. 25) ; *de lui rire au nez. Un enfant qui crie et bave pour toute réponse* (→ Haranguer, cit. 3). Prov. *À sotte demande, sotte réponse, pas de réponse.*

Loc. *Avoir réponse à tout* : ne rester court à aucune question, avoir de la repartie*. Par ext. Faire face à toutes les situations. Loc. fam. *Faire la demande et la réponse,* se dit de celui qui monologue en prêtant à son interlocuteur une demande ou une réponse qu'il n'a pas faite.

2 L'orthodoxie a réponse à tout et n'avoue pas une bataille perdue.
RENAN, Souvenirs d'enfance..., V, II, Œ. compl., t. II, p. 862.

b Bourse. *Réponse de primes* : dans les opérations à primes (marchés à terme), réponse que doit faire l'acheteur la veille de la liquidation, et par laquelle il consolide le marché ou l'abandonne en payant la prime. ⇒ **2. Prime.**

c (1648, Pascal). *Réponse écrite, par écrit ;* absolt, *réponse. Réponse à une requête. Le roi mettait sa réponse à côté* (→ Marge, cit. 1). *Réponse du ministre à une question écrite d'un parlementaire. Réponse d'un empereur aux questions des gouverneurs.* ⇒ **Rescrit.** *Faire une réponse à une lettre. Faire réponse* (vieilli) *à une lettre, un billet* (cit. 4). → Différer, cit. 5. *Réponse ponctuelle* (→ Dire, cit. 89), *prompte* (→ Épancher, cit. 20). *Réponse par retour du courrier. En réponse à votre lettre du... Joindre un timbre pour la réponse. Faire porter une lettre pour avoir la réponse, rapporter une réponse* (→ Coureur, cit. 2 ; messager, cit. 3). — La lettre elle-même. *La réponse ne se fit pas attendre. Recevoir une réponse* (→ Expression, cit. 18). — *Réponse par pneumatique* (cit. 5), *par télégramme. Réponse payée* : télégramme de réponse payé à l'avance par son destinataire. *Réponse imprimée.* ⇒ **Carte-réponse.** — En appos. *Coupon-réponse* (dans l'Union postale), en échange duquel on reçoit le timbre nécessaire à l'affranchissement d'une lettre de réponse à destination de l'étranger. *Bulletin-réponse, enveloppe*-réponse.*

3   Je lui fis deux réponses courtes, sèches, dures dans le sens, mais sans malhonnê-
     teté dans les termes, et dont il ne se fâcha point.
                                                    ROUSSEAU, les Confessions, XII.

♦ **2.** (1768, Rousseau). Mus. Dans la fugue, Reprise du sujet (généralement à la quinte). *Sujet et réponse de l'exposition, de la contre-
exposition*.*

♦ **3.** Solution, explication apportée (à une question) par le raisonnement, par un dogme ou une science. *Discuter par demandes et
par réponses.* ⇒ **Dialectique.** *Manuel* (2. Manuel, cit. 1), *catéchisme
par demandes et par réponses* (→ Pensionnat, cit. 1). *Il n'y a point
de réponse à ces questions* (→ Nécessité, cit. 8). *Les réponses que
l'homme tire de l'observation des faits* (→ Expérience, cit. 42).
Réponse aux questions qu'on se pose (→ Accréditer, cit. 2).

4   La métaphysique *(dans le monde sacré)* est remplacée par le mythe. Il n'y a plus
     d'interrogations, il n'y a que des réponses et des commentaires éternels (...)
                                                    CAMUS, l'Homme révolté, p. 34.

5   (...) dans la vie scientifique, les problèmes ne se posent pas d'eux-mêmes. C'est
     précisément ce *sens du problème* qui donne la marque du véritable esprit scienti-
     fique. Pour un esprit scientifique, toute connaissance est une réponse à une ques-
     tion. S'il n'y a pas eu de question, il ne peut y avoir de connaissance scientifique.
     Rien ne va de soi. Rien n'est donné. Tout est construit. Une connaissance acquise
     par un effort scientifique peut elle-même décliner. La question abstraite et fran-
     che s'use : la réponse concrète reste. Dès lors, l'activité spirituelle s'invertit et se
     bloque.   G. BACHELARD, la Formation de l'esprit scientifique, p. 14.

(En pédagogie). Ce que l'on doit répondre à une question posée pour
être jugé compétent. *Énoncé, solution et réponse d'un problème.
Réponse fausse, juste. Réponses d'un élève aux questions du professeur. Coter, noter des réponses* (→ Niveau, cit. 8).

♦ **4.** (xvᵉ, «réplique»). Justification, réfutation qu'on oppose aux
attaques, aux critiques de quelqu'un. ⇒ **Justification, réfutation.**
*Réponse d'un orateur dans une réunion contradictoire. Réponse
en faveur d'un tiers* (⇒ **Apologie**), *à l'encontre d'un tiers* (⇒ **Critique**).

6   (...) De là je refuse toutes les autres religions.
     Par là je trouve réponse à toutes les objections.
                                                    PASCAL, Pensées, XII, 737.

7   — Que pensez-vous de Marat battant des mains à la guillotine ?
     — Que pensez-vous de Bossuet chantant le *Te Deum* sur les dragonnades ?
     La réponse était dure, mais elle allait au but avec la rigidité d'une pointe d'acier.
                                                    HUGO, les Misérables, I, I, X.

(1923). *Droit de réponse :* droit pour toute personne nommée ou
désignée dans un journal* ou un périodique de faire insérer gratuitement sa réponse dans le même journal. *Le problème du droit
de réponse à la radio ou à la télévision. L'insertion** (cit. 2) *de
la réponse est obligatoire pour le gérant du journal.* — Spécialt.
«Déclaration faite au greffe par le juge ou par l'expert récusé, dans
laquelle il s'explique sur les faits allégués par le demandeur en récusation» (Capitant).

Attitude qu'on adopte, qu'on oppose à celle qu'une personne a
envers vous ; fait qui constitue une justification, une réfutation. *Je
suis accusé de séduction : pour toute réponse... je demande que
mon portrait soit mis au greffe* (1. Greffe, cit. 1). *Cet achat est
une réponse à ceux qui vous donnaient* (cit. 54) *des dettes.*

8   (...) la grande réponse qu'on doit faire aux outrages, c'est la modération et la
     patience.   MOLIÈRE, le Bourgeois gentilhomme, II, 3.

♦ **5.** (xixᵉ). Réaction de qqn à un appel. *Insister* (cit. 8) *pour une
réponse, en frappant à la porte. J'ai sonné, mais pas de réponse.*

♦ **6.** (xxᵉ). Techn. Réaction (d'un mécanisme) aux commandes.
Évolution d'un système à la suite d'une excitation. *Courbe de
réponse :* variation d'une réponse représentant le signal de sortie
comparé au signal d'entrée en fonction d'une variable indépendante.
Temps de réponse : temps que prend la réponse ; ou : temps entre
l'excitation et le début de la réponse (emploi critiqué pour *temps de
latence*). ⇒ **Retard.**

Propriété d'une chaîne électro-acoustique, caractérisée par la bande
des fréquences reproduites. *Réponse d'un amplificateur, d'un
récepteur de radio.*

Psychophysiol. Réaction* transitoire d'un système organique excitable (organe, organisme, tissu...) provoquée par un agent physique
ou physiologique étranger à ce système. *Réponse réflexe, réponse
volontaire. Réponse glandulaire, musculaire... Réponse verbale
(par oui, non, etc.), par laquelle on apprécie une sensation.*

9   Une des fonctions principales des centres nerveux est de donner une réponse appro-
     priée aux excitations qui viennent du milieu extérieur. En d'autres termes, de pro-
     duire des mouvements réflexes.
                                        Alexis CARREL, l'Homme, cet inconnu, III, X.

CONTR. Demande, question.

REPOPULATION [ʀ(ə)pɔpylasjɔ̃] n. f. — 1424 ; de re-, et *population* (1.).

♦ Vx. Action de repeupler. ⇒ **Repeuplement.**

Mod. Augmentation de la population, après une période de dépopulation.

Sans compter que ce nouveau système n'irait pas sans activer étrangement cette
repopulation chère à M. Piot.   A. ALLAIS, Contes et Chroniques, p. 232.

CONTR. Dépopulation.

REPORT [ʀ(ə)pɔʀ] n. m. — 1826, *in* D. D. L., au sens 1 ; «récit, rapport qu'on fait d'un événement», v. 1200 ; de 1. *reporter.*

♦ **1.** Bourse. Opération par laquelle un spéculateur (le *reporté*)
vend au comptant à un capitaliste (le *reporteur*) des titres, des devises ou des marchandises qu'il lui rachète en même temps à terme
pour la liquidation suivante. — Rémunération du reporteur dans
cette opération. *Taux de report.*

Somme payée par les acheteurs à terme qui prorogent leur position
aux capitalistes qui réalisent l'opération précédente, dans le cas où
le nombre des titres à faire reporter est supérieur au nombre des
titres reportés. *Employer des fonds en report. Le report d'un titre
est généralement positif* (terme plus élevé que le comptant) ; *dans
le cas inverse, la différence s'appelle le déport*.*

♦ **2.** Le fait de reporter (1. Reporter, II., 3.), de renvoyer à plus
tard. *Report de la date d'ouverture d'une conférence internationale.*
⇒ **Renvoi.**

♦ **3.** Dr. comm. Fixation de l'ouverture d'une liquidation à une
date antérieure à celle qu'une décision précédente avait déjà fixée
(«Souvent cette date est reportée par les tribunaux à l'époque où
ont commencé les embarras financiers du débiteur», L. Lacour,
Précis de droit commercial, § 816, Dalloz). *Report de faillite.
Jugement de report.*

♦ **4.** Le fait de reporter (1. Reporter, II., 1.) ailleurs, sur un autre
document. ⇒ **Transcription.** — *Report d'écritures comptables du
journal sur le grand livre.* — *Report de crédits :* passage du budget d'une année à celle qui suit.

Fin. *Report à nouveau :* reliquat des résultats d'un exercice, sans
affectation, et reporté au bilan de l'année suivante.

(Dans un compte*). Opération qui consiste à reporter un nombre en
tête d'une colonne. — Le nombre ainsi reporté.

♦ **5.** (1867). Techn. Transport d'un dessin sur un autre support.
*Papier à report. Impression en report. Report à la même échelle.
Report sur zinc de typons.*

♦ **6.** (Jeu). Mode de pari où l'on reporte (1. Reporter, II., 4.) la
somme gagnée sur un autre numéro, un autre cheval.

♦ **7.** Polit. *Report des voix* (des électeurs sur le candidat d'un parti
proche ou allié qui a obtenu un meilleur score au premier tour
d'une élection).

CONTR. (De 1.) **Déport.**

REPORTAGE [ʀ(ə)pɔʀtaʒ] n. m. — 1865 ; de 2. *reporter.*

♦ **1.** Article, ou ensemble d'articles, dans lequel un journaliste
(⇒ 2. **Reporter**) relate de manière vivante ce qu'il a vu et entendu
(⇒ aussi **Interview**). *Reportage sensationnel, intéressant* (cit. 5).
Faire des reportages (→ Ordre, cit. 24). *Reportages spécialisés.* ⇒ **Chronique.** *Reportages parlementaires, politiques, judiciaires, sportifs. Reportage de séance d'audience, de match. Faire une
série de reportages sur un événement* (⇒ **Couvrir**).

0.1   D'ailleurs, leurs journaux ne leur ménageaient pas l'argent, — le plus sûr, le plus
       rapide, le plus parfait élément d'information connu jusqu'à ce jour. Il faut ajou-
       ter aussi, et à leur honneur, que ni l'un ni l'autre ne regardaient n'écoutaient
       jamais par-dessus les murs de la vie privée, et qu'ils n'opéraient que lorsque des
       intérêts politiques ou sociaux étaient en jeu. En un mot, ils faisaient ce qu'on
       appelle depuis quelques années «le grand reportage politique et militaire».
                                        J. VERNE, Michel Strogoff, 1876, p. 9.

Reportage photographique (ou *photo*), constitué par une série de
photographies accompagnées de brefs commentaires. ⇒ **Photoreportage.** — *Reportage filmé. Reportage radiophonique, en direct
ou différé.* ⇒ **Radioreportage** (→ Radiodiffusion, cit.). — *Reportage télévisé.* ⇒ **Téléreportage** (→ Kinescope, cit.). *Reportage sportif transmis en direct, en différé.* — *Reportage vidéo.*

(Dans des mots comp.). *Des films-reportages, des romans-reportages.*

♦ **2.** Le métier de reporter. *Il a débuté dans le reportage.* — Le
genre journalistique ou littéraire qui consiste à faire des *reportages*
(au sens 1). *Le grand reportage. Cinéma de reportage.* — *Service
de reportage d'un journal.*

1   Répétons-le, le jour où n'existera plus chez le lettré l'effort d'écrire, et l'effort
       d'écrire personnellement, on peut être sûr d'avance que le reportage aura succédé
       en France à la littérature.   Ed. DE GONCOURT, Chérie, Préface, p. 7 (1884).

1.1   Nos journaux, avouons-le, sont crevants d'ennui. Les délectations américaines du
       reportage et de la réclame ne sont pas infinies.
                                        Léon BLOY, le Désespéré, p. 188.

2   Mais le reportage est loin d'avoir purgé la littérature autant que la photographie
       put désencombrer la peinture de certaines valeurs adventices.
                                        GIDE, Journal, 10 avr. 1943.

3   Il nous paraît, en effet, que le reportage fait partie des genres littéraires et qu'il
       peut devenir un des plus importants d'entre eux. La capacité de saisir intuitive-
       ment et instantanément les significations, l'habileté à regrouper celles-ci pour offrir

au lecteur des ensembles synthétiques immédiatement déchiffrables sont les qualités les plus nécessaires au reporter (...)   SARTRE, Situations II, p. 30.

COMP. Photoreportage, radioreportage, téléreportage.

1. REPORTER [ʀ(ə)pɔʀte] v. tr. — V. 1050, au sens I, 3 ; de re-, et porter.

★ **I.** Remettre, ramener à l'endroit initial ; redire. ⇒ **Rapporter.**

♦ **1.** (1660). Vx. Faire un rapport à qqn. — Rapporter à qqn (les propos qui ont été tenus sur son compte). — Absolt. « *Les gens qui reportent sont causes de plusieurs querelles* » (Furetière).

♦ **2.** Vx. Rapporter avec soi. « *Il reportait dans son pays quatre volumes de chansons* » (La Fontaine).

♦ **3.** Porter* (une chose [→ Pièce, cit. 13], un être sans mouvement [→ Cadavre, cit. 5 ; évanouir, cit. 29]) à l'endroit où ils se trouvaient auparavant. *Reporter qqch. à qqn.* ⇒ **Rapporter, remporter.**

1 Je me rappelle, dans un roman de Pestalozzi, la restitution de quelques pommes de terre par un enfant qui les avait volées : sa grand-mère mourante lui ordonne de les reporter au propriétaire du jardin où il les a prises, et cette scène attendrit jusqu'au fond du cœur.   Mᵐᵉ DE STAËL, De l'Allemagne, I, XIX.

♦ **4.** *Reporter son regard, sa vue sur...* (⇒ 1. **Porter,** supra cit. 12) ; → Douceur, cit. 33 ; rajeunir, cit. 3.

2 Et elle reporta doucement ses regards sur le médecin.   BALZAC, le Médecin de campagne, Pl., t. VIII, p. 416.

♦ **5.** Faire revenir (qqn) en esprit à une époque antérieure. *Le présent* (1. Présent, cit. 18) *nous reporte par la pensée au moment où l'action s'est déroulée* (→ aussi Imparfait, cit. 7).

★ **II.** Porter plus loin ou ailleurs (dans l'espace ou dans le temps).

♦ **1.** Transcrire sur un autre document, un autre registre. *Reporter des écritures comptables sur le grand livre.*

(Dans un compte*). Inscrire en tête d'une colonne le nombre qui figure comme total au bas de la colonne correspondante de la page précédente. ⇒ **Report.**

Techn. Transporter (un dessin, etc.) sur un autre support. ⇒ **Décalquer** (→ Héliogravure, cit.).

♦ **2.** Bourse. Être le reporteur dans une opération de report. ⇒ **Report.** *Reporter des titres. Reporter un emprunteur.* — Absolt (→ Boursicoter, cit. 1).

♦ **3.** (1878). Renvoyer* à plus tard. ⇒ **Remettre** (III., 1.). *Reporter une décision à un moment plus favorable.* ⇒ **Attendre** (supra cit. 34). *Reporter une échéance* (→ Donner un délai*). — Au passif. *La cérémonie a été reportée.*

♦ **4.** **REPORTER SUR...** : appliquer à une chose ou à une personne (ce qui revenait à une autre). *Reporter sur qqn le mérite d'une trouvaille.* ⇒ **Attribuer** (→ 1. Penser, cit. 41). *Reporter un sentiment sur une autre personne.* ⇒ **Rapporter, retourner, reverser** (→ aussi Insatisfait, cit. 1). — *Reporter ses voix sur un autre candidat* (→ aussi Postiche, cit. 2).

3 Dans l'isolement de sa vie, elle reporta sur cette tête d'enfant toutes ses vanités éparses, brisées.   FLAUBERT, Mᵐᵉ Bovary, I, I.

(Jeux). Faire que la somme gagnée dans un premier pari se trouve automatiquement misée sur un nouveau numéro, un nouveau cheval. *Reporter la moitié, le tout sur tel numéro.*

★ **III.** (1690). Porter une seconde fois ; porter de nouveau. *Reporter un vieux pardessus.* ⇒ **Remettre.**

▶ **SE REPORTER** v. pron. (V. 1225, « se transporter ailleurs » ; sens mod., 1752). *Se reporter par la pensée à l'époque où...* ⇒ **Transporter** (se) ; **revenir** (→ aussi Rappeler à la mémoire*). — *Se reporter à un livre, à un ouvrage.* ⇒ **Référer** (se). → Mener, cit. 27. *Se reporter au texte d'une loi, d'un décret.*

Sentiment qui se reporte sur... (→ Maternité, cit. 4).

4 (...) quand, dans un couple de bessons, un meurt d'accident, la force qu'ils avaient à deux, le mal qu'ils avaient à deux, ce qu'ils étaient à deux dans le monde, tout se reporte sur le vivant, il devient tout à lui tout seul.   J. GIONO, le Chant du monde, I, IX.

▶ **REPORTÉ, ÉE** p. p. adj.

(Au sens I). *Cadeau reporté,* rendu. *Marchandises reportées.*

(Au sens II). *Écriture, somme reportée, dans un compte.* ⇒ **Report.** Techn. *Dessin reporté.*

Remis à plus tard. *Cérémonie reportée.*

Voix reportées (sur une autre candidature).

(Au sens III). *De vieux habits plusieurs fois reportés.*

DÉR. Report, reporteur, reporteuse.

2. REPORTER [ʀ(ə)pɔʀtɛʀ] n. m. — 1829, Stendhal, *Promenades dans Rome,* t. I, p. 356 ; répandu fin XIXᵉ ; de l'angl. reporter (1813), du v. to report « relater », du franç. reporter.

♦ Journaliste* spécialisé dans le reportage, qui fait un reportage. ⇒ **Correspondant, envoyé** (spécial) ; → Ficelle, cit. 5 ; interviewer,

cit. 1). Recomm. offic. : *reporteur. Reporter d'informations générales. Reporter judiciaire, politique, sportif* (⇒ **Chroniqueur**). *Grand reporter* : journaliste chargé de reportages de grande ampleur qui ne sont pas nécessairement liés à l'actualité immédiate. — *Une nuée de reporters.*

1 (...) à la lueur d'une lampe placée derrière lui, un *reporter* écrivait, au crayon, une chronique de la soirée sur les feuilles d'un cahier de papier à cigarette.   Ed. DE GONCOURT, la Faustin, XVII.

2 Il devint en peu de temps un remarquable reporter, sûr de ses informations, rusé, rapide, subtil, une vraie valeur pour le journal, comme disait le père Walter, qui s'y connaissait en rédacteurs.   MAUPASSANT, Bel-Ami, I, IV.

2.1 En même temps que Cyrus Smith, et le même jour, un autre personnage important avait pu avoir au pouvoir des sudistes. Ce n'était rien moins que l'honorable Gédéon Spilett, « reporter » du *New York Herald,* qui avait été chargé de suivre les péripéties de la guerre au milieu des armées du Nord.
  J. VERNE, l'Île mystérieuse, t. I, p. 14 (1874).

(1905). Par ext. *Reporter photographe* (⇒ **Photoreporter**). — *Reporter de (la) radio.* ⇒ **Radioreporter.** *Reporter-cameraman.* Recomm. off. : *reporteur* (II.) *d'images.*

2.2 (...) un radio-reporter, encombré de valises et de sacoches, de tout un matériel d'enregistrement et d'émission, un abruti, un damné pochard, bon enfant et sympathique comme il y en a, et qui connaissait son métier (...)
  B. CENDRARS, Bourlinguer, XI, p. 385.

(En parlant d'un écrivain dont le style, la manière de voir rappellent le *reportage*).

3 (...) ses *Choses vues* (et tous les écrits de lui qui pourraient être rangés sous ce titre) où il (*Hugo*) se montre un prodigieux reporter (...) « Ses yeux plongent plus loin que le monde réel » mais ce monde réel il sait, quand il veut bien, le voir et le peindre admirablement.   GIDE, Attendu que..., p. 57.

REM. Le féminin, *une reporter,* n'est pas en usage. On dira : *elle est reporter, c'est une femme reporter* ou *elle est grand reporter.* Jarry a employé la forme *reporteresse* (in *Spéculations,* 1898), rarement réemployée (1926, *in* D.D.L.).

DÉR. Reportage.
COMP. Photoreporter, radioreporter, téléreporter.

REPORTEUR [ʀ(ə)pɔʀtœʀ] n. m. — 1855 ; « mouchard », XVᵉ ; de 1. reporter.

★ **I.** ♦ **1.** Bourse. Celui qui, dans une opération de report* (1.), achète au comptant des titres et les revend à terme.

♦ **2.** Techn. Ouvrier qui reporte (1. Reporter, II., 1.) les dessins. *Reporteur lithographe.*

★ **II.** Recomm. off. pour *reporter* (2. Reporter, n. m.).

(1973). Télév. *Reporteur d'images* : journaliste chargé de recueillir des éléments d'information visuels. (Recomm. off. pour *reporter-cameraman,* qui ne semble pas en usage).

REPORTEUSE [ʀ(ə)pɔʀtøz] n. f. — XXᵉ ; de 1. reporter.

♦ Techn. Machine à cartes perforées qui reporte les données contenues dans un fichier sur les cartes d'un autre fichier.

REPOS [ʀ(ə)po] n. m. — 1080, Chanson de Roland ; déverbal de reposer.

A. ♦ **1.** Le fait de se reposer (1. Reposer, II., 2.) ; interruption de l'activité, du travail.

ⓐ *Prendre du repos* : se reposer. *Accorder, donner un peu de repos à qqn* (⇒ **Campos**). — *Temps de repos,* passé à se reposer. *Se donner un moment de repos* (→ Reprendre haleine* ; et aussi courber, cit. 30). *Une heure, un moment de repos.* ⇒ **Délassement, entracte, récréation** (→ Harceler, cit. 7). *Un jour de repos. Repos au cours d'une marche.* ⇒ **Halte, pause** (supra cit. 1). *Repos du milieu du jour* (⇒ **Sieste**), *chez les Turcs.* ⇒ 1. **Kief.** — Spécialt (par rapport à l'activité réglée, au travail dans la société). *Repos dominical, hebdomadaire* (1907, *in* D.D.L.). *Le repos du dimanche, du sabbat. Repos du samedi soir.* ⇒ **Semaine** (anglaise). *Repos annuel.* ⇒ **Congé, vacance**(s). *Utilisation du repos.* ⇒ **Loisir.** *Prendre un repos bien gagné après une vie de labeur.* ⇒ **Retraite.** — Fam. *Être de repos* : ne pas travailler. *Je suis de repos, aujourd'hui. Jour férié, chômé où l'on est de repos.* — (Par rapport aux activités individuelles). *Sa convalescence exigeait un repos complet* (→ Propice, cit. 3). — *... DE REPOS.* *Cure de repos* (→ Cadet, cit. 3). *Maison de repos* : lieu (clinique, etc.) où des malades, des personnes surmenées se reposent. *Jour de repos. Prendre un temps de repos à la campagne* (→ Se mettre au vert*). — *Lit de repos.* ⇒ **Lit** (cit. 23) ; et aussi **canapé, divan, sofa.** — Spécialt. *Le repos du sommeil.* ⇒ **Sommeil** ; et ci-dessous 5.

1 Il choisit une nuit libérale en pavots :
Chacun était plongé dans un profond repos ;
Le maître du logis, les valets, le chien même,
Poules, poulets, chapons, tout dormait.   LA FONTAINE, Fables, XI, 3.

2 Je ne prends jamais ce qu'il est convenu d'appeler des « vacances ». Mon vrai repos consiste à changer de travail. Quand je pense qu'un homme bien portant, s'il parvient à vivre jusqu'à sa quatre-vingt-dixième année, aura passé trente années pour le moins dans son lit, je ne pense pas au congé, mais à mes tâches infinies.
  G. DUHAMEL, Travail, ô mon seul repos, XXIV.

2.1 Une minute de repos, impatiemment supportée, puis les deux hommes se rejoignent, et l'adversaire cherche Pierre avidement.
Jean PRÉVOST, Plaisir des sports, p. 73.

N'avoir ni repos ni cesse, ni trêve* ni repos. Sans repos ni trêve.
⇒ **Arrêt, relâche, répit** (→ Parallèle, cit. 7).

b Durée, temps où l'on se repose. *Un long, un bref repos.*

c (1690). Congé, arrêt des activités, du travail ; durée de cet arrêt. *Le repos hebdomadaire. Repos des femmes en couches, des femmes allaitant leur enfant. La législation sur le repos des femmes, des enfants, des travailleurs des industries insalubres, etc. Repos compensateur*.*

d Milit. Séjour d'une unité à l'arrière des lignes, après une période de combat. — Surtout dans : *au repos. Ramener, mettre un régiment au repos.*

3 C'est dans un nouveau cantonnement que le grand troupeau régulier va, cette fois, au repos. Quel sera ce pays où l'on doit vivre huit jours ?
H. BARBUSSE, le Feu, I, V.

4 Après une pause d'une heure pour la soupe, ils s'en allèrent par la route (...) et arrivèrent au village où notre régiment était au repos, tout près des lignes.
R. DORGELÈS, les Croix de bois, I.

e L'une des positions réglementaires, moins rigide que le garde-à-vous (la jambe gauche légèrement en avant, la main gauche appuyée sur la boucle du ceinturon). *Faire mettre sa section au repos.* — Interj. (1812). Commandement militaire ordonnant cette position. *À mon commandement... Garde à vous !... Repos !*

5 Et je reste debout, face au grand bureau Empire, ne sachant trop s'il vaut mieux garder les talons réunis, le corps bien droit, ou me hancher dans la position du soldat au repos.
G. DUHAMEL, Salavin, I, I.

♦ **2.** (V. 1175). **a** Arrêt du mouvement, de l'activité extérieure (d'un organisme vivant ; spécialt, d'un être humain ; d'un organe...). ⇒ **Immuabilité, inaction.** *Période de repos d'une plante* (→ Herbe, cit. 9). *Le repos des muscles, du corps.* — « *La vertu de mon bras se perd dans le repos* » (→ Haleine, cit. 24, Molière).

6 Les Indiens croient que le repos et le néant sont le fondement de toutes choses, et la fin où elles aboutissent. Ils regardent donc l'entière inaction comme l'état le plus parfait et l'objet de leurs désirs. Ils donnent au souverain Être le surnom d'immobile. Les Siamois croient que la félicité suprême consiste à n'être point obligé d'animer une machine et de faire agir un corps.
Dans ces pays où la chaleur excessive énerve et accable, le repos est si délicieux et le mouvement si pénible, que ce système de métaphysique paraît naturel (...)
MONTESQUIEU, l'Esprit des lois, XIV, V.
REM. Montesquieu évoque ce passage le Nirvâna.

À l'état de repos. Muscles, corps à l'état de repos (→ Expiration, cit. 1 ; métabolisme, cit. 2).

AU REPOS. *Animal au repos* (→ Puissance, cit. 13), opposé à *en action.*

EN REPOS. *Tenir un enfant* (cit. 3) *en repos* (⇒ **Immobile, tranquille**). *Demeurer* (cit. 2) *en repos dans une chambre.* — Fig. *L'entendement une fois exercé à la réflexion ne peut plus rester en repos* (⇒ **Inactif**) ; → 1. Penser, cit. 1.

b Arrêt du fonctionnement (d'une machine, d'un système). — Surtout dans : *au repos.*

Spécialt. État d'une arme à feu dont le chien n'est pas abattu ni bandé mais maintenu. *Cran de repos :* cran qui maintient le chien dans cet état. — *Mettre un fusil au repos.*

Phys. *État de repos ; repos :* état d'un corps immobile par rapport à un système de référence (→ Indifférent, cit. 2 ; mouvement, cit. 28).

MASSE AU REPOS : masse d'un corps au repos. *Selon la théorie de la relativité, une masse additionnelle, qui dépend de la vitesse du corps, s'ajoute à la masse au repos. En raison de l'équivalence entre la masse et l'énergie, l'annihilation d'une particule fournit une quantité d'énergie qui dépend de la masse au repos* (son produit par le carré de la vitesse de la lumière).

c Période pendant laquelle la terre ne produit pas. ⇒ **Friche, jachère** (cit. 2). *Repos hivernal.* — Dans : **AU REPOS.** *Terres au repos.* — **EN REPOS.** *Mettre périodiquement la terre en repos.* ⇒ 1. **Reposer** (se ; 2.) ; → Extensif, cit. 1

♦ **3.** (V. 1155). **a** État (d'une personne) caractérisé par l'absence d'inquiétude, de trouble. ⇒ **Assurance** (vieilli), **paix** (III.), **quiétude, tranquillité.** *Chercher, trouver le repos. C'est un inquiet*, il ne peut trouver le repos. Assurer* (cit. 10), *troubler le repos de qqn.* — **EN REPOS.** Vx. *Être en repos. Être en repos de..., sur... (qqn ou qqch.) :* n'avoir aucune inquiétude à son sujet (→ Maman, cit. 1). « *Connaissant votre fidélité, je dormirai en repos de ce côté-là* » (→ Courir, cit. 37, Mme de Sévigné). — *Avoir la conscience en repos* (→ aussi Associer, cit. 21). — *Laisser, ne pas laisser (qqn, qqch.) en repos,* laisser en paix, laisser tranquille.

6.1 Laissez donc votre portefeuille en repos.
E. LABICHE, le Baron de Fourchevif, 7.

b (1080). État, mouvement de calme. — (Dans la maladie, la douleur). *Avoir un moment de repos après une crise aiguë.* ⇒ 1. **Calme, répit ; rémission.**

(Dans les événements). *Période de repos qui succède à une série de*

crises politiques ou sociales. ⇒ **Accalmie, détente** (5.). → Garantie, cit. 4.

c (Dans la nature). *Repos de la nature, des éléments. Repos de la mer.* ⇒ **Bonasse.**

7 L'irradiation des étoiles illuminait la surface limpide du bassin. Il dormait dans son lit de pierre (...) Ce repos des eaux et de la maison, cette singulière tranquillité des arbres, me donnaient l'impression que rien à Loselée n'était troublé par ma présence.
H. BOSCO, Un rameau de la nuit, p. 222.

♦ **4.** (1867). **DE TOUT REPOS.** (Banque). *Valeur à couverture de tout repos :* valeur intégralement garantie. ⇒ **Sûr.** *Ce ne sont pas des titres de tout repos* (⇒ **Aléatoire**). — Cour. *C'est une situation, une affaire de tout repos,* sûre, qui ne donne aucun souci (⇒ **Tranquille ; sinécure**).

8 Que je me reporte en esprit vers mes jeunes années, voilà que je souris d'étonnement en songeant à ce que représentaient, alors, le louis d'or, le « trois-pour-cent », les valeurs dites de tout repos.
G. DUHAMEL, Manuel du protestataire, III.

♦ **5.** (1530). Vx. Sommeil. — Fig., littér. *Le repos de la mort, de la tombe.* ⇒ **Sommeil** (fig.). *Troubler le repos des morts,* violer leur tombe ; insulter à leur mémoire. — Vx, poét. *Le champ du repos.* ⇒ **Cimetière.** — (Relig.). *Le repos éternel :* l'état de béatitude des âmes qui sont au ciel. « *Donnez-leur, Seigneur, le repos éternel* » (⇒ **Requiem**). *Prier pour le repos de l'âme des défunts.* — Allus. littér. « *Par les ombres myrteux, je prendrai mon repos* » (→ Fantôme, cit. 1, Ronsard).

B. Par métonymie. ♦ **1.** (XIIe). Vx. Lieu de repos.

♦ **2.** (1534). Petit palier entre deux marches d'escalier. — Par analogie :

9 Heureusement qu'il y a des paliers, il y a des repos par moment dans ces pentes ; et un de ces paliers était venu dont Munier profita pour laisser souffler sa bête et pour souffler soi-même un peu.
C.-F. RAMUZ, la Grande Peur..., VI.

♦ **3.** Mus. Endroit d'une mélodie où se termine une phrase musicale (→ Ponctuer, cit. 3).

(1690). Pause rythmique ou syntaxique dans un texte. ⇒ 2. **Coupe** (c). — Vx. *Repos dans un vers.* ⇒ **Césure** (→ Hémistiche, cit. 1 et 2).

♦ **4.** (1677). Peint. Chacune des parties d'un tableau où les détails sont moins marqués, où les lumières sont moins vives et qui mettent en valeur par contraste le sujet principal. *Les accents et les repos.* — (1765). Archit. Surface sans ornement entre des parties ornées.

CONTR. Travail. — Ouvrage. — Concentration, contention, effort. — Fatigue, lassitude. — Activité, exercice, mouvement. — Agitation, alarme, animation, inquiétude, trouble.

REPOSANT, ANTE [R(ə)pozɑ̃, ɑ̃t] adj. — 1551, *in* D.D.L. ; de *reposer.*

♦ Qui repose (physiquement, intellectuellement ou moralement). ⇒ **Apaisant** (cit. 1), **délassant, distrayant.** *Vacances reposantes. Conversation, lecture reposante. Lumière reposante pour la vue.*

Sa conversation était plutôt reposante et n'allumait point en nous soit un vif désir de répondre et de contredire, soit une approbation ravie.
MAUPASSANT, l'Inutile Beauté, « Un portrait ».

CONTR. Crevant (fam.), **énervant, éreintant, étourdissant, fatigant.**

REPOSE [R(ə)poz] n. f. — 1611, mus. ; *repouse* « repos », v. 1380 ; de *re-*, et *pose.*

♦ Techn. Pose (d'un élément, d'un appareil) précédemment enlevé. *Le plombier a facturé la dépose et la repose du chauffe-eau.*

REPOSE- Premier élément de composés, tiré du verbe *reposer* et désignant des objets où l'on peut poser, placer qqch. ⇒ **Repose-bras, repose-pied, repose-tête.**

(Dans les trains indiens). Il y avait des repose-verres, des tablettes, des petits volets de fer donnant sur le couloir et suffisamment de place pour tenir à cinq sur les trois places de chaque banquette.
Daniel ODIER, l'Année du lièvre, p. 189.

REPOSE-BRAS [R(ə)pozbRa] n. m. invar. — 1974 ; de *repose-*, et *bras.*

♦ Accoudoir de la banquette d'une automobile. ⇒ **Appui-bras.** *Repose-bras central, séparant les deux places arrière.*

REPOSÉE [R(ə)poze] n. f. — V. 1354 ; « halte, repos », 1170 ; de 1. *reposer.*

♦ **1.** Vén. Lieu où un animal se retire et se repose pendant le jour (⇒ **Chambre, demeure**). « *Ils ont trouvé le cerf à la reposée* » (Académie, 1694).

♦ **2.** (XIIIe). Loc. adv. Vx. *À reposées :* en se reposant de temps en temps.

REPOSE-PIED ou **REPOSE-PIEDS** [ʀ(ə)pozpje] n. m. invar.
— 1896; de *repose-*, et *pied*; → Cale-pied.

♦ Appui fixé au cadre d'une motocyclette, où l'on peut poser le pied. Appui pour les pieds, dans certains fauteuils de repos, dans certains transports. *« Offrir au voyageur (...) un bon emplacement pour le repose-pieds »* (*la Vie du rail*, 14 avr. 1963, p. 20).

(Dans un cinéma) Il mit de la pâte aux bras du fauteuil. En se penchant, il en mit aussi au repose-pieds d'acajou.   René MASSON, Drugstore, p. 221.

1. REPOSER [ʀ(ə)poze] v. — V. 1050, au sens I, 2; *repauser*, xᵉ; bas lat. *repausare*. → Poser.

★ **I.** V. intr. ♦ **1.** Littér. Rester immobile ou allongé de manière à se délasser. *Il ne dort pas, il repose.* — Par ext. Dormir (→ Paroxysme, cit. 1; pose, cit. 2). — (Sujet n. de chose). *Toute la nature repose ensevelie dans les ombres* (1. Ombre, cit. 17). *Tout repose.*

1   Tout reposait dans Ur et dans Jérimadeth (...)
         HUGO, la Légende des siècles, II, « Booz endormi ».

2   Tout reposait dans un silence et dans un accablement extraordinaires. Parmi ses soldats, au bord des tentes, des hommes presque nus dormaient sur le dos, ou le front contre leur bras que soutenait leur cuirasse.   FLAUBERT, Salammbô, VIII.

♦ **2.** (V. 1050). D'un mort. Être étendu. *Le lit sur lequel il reposait était entouré de six grands cierges.* — Être enterré (à tel endroit). *Ici repose...* ⇒ **Ci-gît.** *Reposer dans la même tombe que qqn* (→ Ligne, cit. 10). — Littér. ou poét. *Que ses cendres reposent en paix !* ⇒ **Dormir ; repos.**

3   Nous serons encore à Sceaux cette fois : Florian y habitait volontiers ; il y est mort et il y repose.   SAINTE-BEUVE, Causeries du lundi, 30 déc. 1850.

4   Rentre au tombeau muet où l'homme enfin s'abrite,
   Et là, sans nul souci de la terre et du ciel,
   Repose, ô malheureux, pour le temps éternel !
       LECONTE DE LISLE, Poèmes barbares, « Requies ».

4.1   Qu'il se repose enfin, le cher Père Maydieu, qu'il repose enfin. Plus je vieillis, et moins je m'attriste d'une mort chrétienne lorsqu'elle couronne une vie aussi donnée que fut celle-là.   F. MAURIAC, Bloc-notes 1952-1957, p. 175.

♦ **3.** (D'une épave...). Se trouver placé (à tel endroit) au fond de l'eau. *Le navire torpillé reposait par cinquante mètres de fond. L'épave reposait sur un fond rocheux.*

♦ **4.** **REPOSER SUR...** : être établi, fondé sur... ⓐ (Concret). ⇒ **Appuyer** (s'appuyer sur), **porter, poser.** *Architraves* (cit. 3) *qui reposent sur des piliers. Terrain qui repose sur un ciel* (cit. 28) *de carrière.*

ⓑ (Abstrait). *« Le monde matériel repose sur l'équilibre, le monde moral sur l'équité »* (cit. 10, Hugo). *Raisonnement qui repose sur une hypothèse.* ⇒ **Base** (avoir pour base). *Cette affirmation ne repose sur rien. Faire reposer qqch. sur...* ⇒ **Baser, établir, fonder** (→ Ethnographique, cit. 2). *Son sort repose sur...* ⇒ **Dépendre** (de).

5   Il dit que le sort de la prochaine guerre reposerait sur l'artillerie.
     J. ROMAINS, les Hommes de bonne volonté, t. III, XIV, p. 188.

♦ **5.** (Le sujet désigne un liquide). Rester immobile, afin que les matières en suspension se déposent au fond du récipient. *Laisser reposer du suc de betterave* (cit. 1), *du vin.* ⇒ **Déposer** (*supra* cit. 7), **rasseoir.** *« Alors, retiré du feu, il* (le sirop d'érable) *repose pendant douze heures »* (Chateaubriand, *Voyage en Amérique,* Récolte du sucre d'érable).

Cuis. Se dit d'une pâte qu'on cesse de travailler. *Laisser reposer pendant une demi-heure.*

★ **II.** V. tr. ♦ **1.** (V. 1112). Mettre dans une position qui délasse; appuyer sur. *Reposer sa jambe sur un tabouret, sa tête sur un oreiller.* ⇒ **Repose-bras, repose-pied, repose-tête.** *Cheval qui repose sa tête sur le col de son voisin d'attelage* (→ Guibre, cit. 1). — Fig. *N'avoir pas une pierre* où reposer sa tête* — *« Oh ! que c'est un doux et mol chevet (...) que l'ignorance* (cit. 9) *et l'incuriosité, à reposer une tête bien faite »* (Montaigne).

6   J'ai reposé mon front sur mon fusil sans poudre,
   Me prenant à penser (...)
     A. DE VIGNY, Poèmes philosophiques, « La mort du loup », II.

Reposer sa vue, ses yeux, ses regards sur... : regarder* avec plaisir.

♦ **2.** (Fin xvᵉ). Délasser* (par l'arrêt d'une activité fatigante ou par un changement d'activité); remettre dans un état de fraîcheur (→ Apporter du calme*, du soulagement* à). *Il avait besoin de reposer ses pieds endoloris* (⇒ aussi Marcher, cit. 12). *Cette lumière douce repose la vue.* — (Au moral). *Cette lecture repose l'esprit* (⇒ **Reposant**). — Absolt. *L'erreur* (cit. 15) *agite, la vérité repose.* — Pron. (Réfl. ind.). *Se reposer la vue, l'esprit.*

7   La conversation, dès lors, loin d'être une contention et une acrobatie, repose et l'on s'y laisse aller comme à un mouvement naturel.
     GIDE, Journal, 30 oct. 1927.

8   Ce que j'appelle « fatigue », c'est la vieillesse, dont rien ne peut reposer, que la mort.   GIDE, Journal, 21 janv. 1929.

9   Elle me parle un peu de sa vie, avec une simplicité très française, qui me repose

du sempiternel romanesque des histoires que vous racontez sur elles-mêmes les vierges allemandes.   MONTHERLANT, les Jeunes Filles, p. 197.

▶ **SE REPOSER** v. pron. (xiiᵉ). Plus cour. que l'intransitif.

♦ **1.** Rester sans travailler, cesser de se livrer à une activité fatigante, afin de reprendre des forces, de se délasser le corps ou l'esprit; abandonner une position pénible de manière à faire disparaître une sensation de fatigue. ⇒ **Délasser** (se), **détendre** (se); → Reprendre haleine*; prendre du relâche* (vx), du repos*; souffler*. *« Paresse* (cit. 3) : *habitude prise de se reposer avant la fatigue »* (J. Renard). — (D'un animal). → Fil, cit. 25; poulain, cit. 1. *Lieu où le gibier se repose pendant le jour.* ⇒ **Reposée.**

REM. Après *envoyer, faire, laisser,* etc., le pronom personnel objet est parfois omis. → Faire (cit. 196), laisser (cit. 10).

   Dieu (...) se reposa le septième jour, après avoir achevé tous ses ouvrages.   10
         BIBLE (SACY), Genèse, II, 2.

   Femmes et qui causent   10.1
   Les épaules nues,
   Ou bien se reposent
   En long étendues (...)   MAX ELSKAMP, la Rue Saint-Paul.

   Enfin, j'ai mon club. C'est là que je traite mes amis, que je lis les journaux et les   11
magazines, que je fume et me repose. J'y ai ma table, mon coin, mes habitudes et, si vous voulez, mon home.   G. DUHAMEL, Scènes de la vie future, IX.

Se reposer de... (→ Abattement, cit. 4; mélange, cit. 10). *Se reposer d'un travail, d'une fatigue.* — (Et l'inf.). *Se reposer de marcher.*

   Se reposer d'un travail en s'abîmant dans un autre? Cette formule, qui sera la   12
formule de ma vie, je viens de la découvrir. Je m'y tiens (...) je m'y tiendrai.
     G. DUHAMEL, la Pesée des âmes, VII.

Fig., par métaphore. *Son âme, courbatue* (cit. 3) *d'orgueil, se reposait dans l'humilité chrétienne.*

Loc. fam. *Se reposer, s'endormir sur ses lauriers, à l'ombre de ses lauriers* (cit. 7).

♦ **2.** Se dit de la terre qu'on s'abstient de cultiver afin de lui rendre sa fertilité. *Dans la culture intensive* (cit. 1) *et continue, la terre ne se repose jamais.* — (Sans pronom). *Laisser reposer la terre* (⇒ **Friche, jachère**).

♦ **3.** Être, vivre dans l'inaction (⇒ **Inactif; repos**). *Ceux qui travaillent font vivre ceux qui se reposent.*

   Sitôt donc qu'une partie des hommes se repose, il faut que le concours des bras   13
de ceux qui travaillent supplée à l'oisiveté de ceux qui ne font rien.
     ROUSSEAU, Émile, III.

♦ **4.** Vx. S'arrêter, se poser (→ Amour-propre, cit. 1, La Rochefoucauld; différent, cit. 13, La Fontaine).

♦ **5.** (1538). **SE REPOSER SUR...** : faire confiance* à (qqn, qqch.); se décharger sur (qqn) d'un soin, d'un travail. ⇒ **Abandonner** (s'abandonner à), **assurer** (vx, s'assurer dans), **fier** (se fier à), **rapporter** (se rapporter à); → Dire, cit. 28; endormir, cit. 39; espérance, cit. 4. — Vx. *Se reposer dans...*

   Nous sommes plaisants de nous reposer dans la société de nos semblables, misé-   14
rables comme nous, impuissants comme nous : ils ne nous aideront pas (...)
     PASCAL, Pensées, III, 211.

Se reposer sur qqn de... (→ Dragon, cit. 4; fatigue, cit. 1; livrer, cit. 21).

   Quoi? votre âme à l'amour en esclave asservie   15
   Se repose sur lui du soin de votre vie?   RACINE, Andromaque, I, 1.

▶ **REPOSÉ, ÉE** p. p. adj.

♦ **1.** (V. 1138). Qui s'est reposé; qui ne présente plus de traces de fatigue. ⇒ **Délassé, frais** (1. Frais, *supra* cit. 31). *Teint, visage reposé* (→ Bonasse, cit. 3).

♦ **2.** (1671). Qui est dans un état de calme, de tranquillité, de repos; qui ne porte pas de trace de fatigue. *Avoir l'esprit libre* (cit. 4) *et reposé.* — Loc. adv. *À tête reposée :* à loisir, en prenant le temps de réfléchir.

   Il faut réfléchir à tête reposée sur une semblable cause, elle est tout exceptionnelle.   16
     BALZAC, le Père Goriot, Pl., t. II, p. 1108.

♦ **3.** (1694). En parlant d'un liquide (→ ci-dessus, I., 5.). *Vin reposé. Eau reposée,* calme et transparente (→ 2. Pêche, cit. 3).

CONTR. Fatiguer, lasser. — Crever (fam.), éreinter, esquinter (fam.), courbaturer, énerver, excéder. — (De se reposer) Travailler. — Agiter (s'); besogner, efforcer (s'), peiner. — (Du p. p.) Fatigué, las; défait. — Agité.
DÉR. Repos, reposant, reposée, reposoir.
COMP. V. Repose-.

2. REPOSER [ʀ(ə)poze] v. tr. — xixᵉ (1838, Gautier); *repoisier* « poser », xvᵉ; « mettre une marchandise en dépôt », 1636; de *re-*, et *poser.*

♦ **1.** Poser* (1. Poser, I., 1.) de nouveau ce qu'on a soulevé. *Il reposa l'écouteur* (cit. 3) *du téléphone sur la table. Reposer sa timbale, sa tasse, son verre* (→ Claquer, cit. 2; creux, cit. 23; flamber, cit. 4). *Reposer un enfant à terre* (→ Gigoter, cit. 2).

   Pardieu! répondit George en reposant le verre, puisqu'elle ne veut ni boire ni
parler (...) je m'en vais l'embrasser.   Th. GAUTIER, Fortunio, I.

Milit. *Reposez arme !,* commandement militaire ; le mouvement que prescrit ce commandement. *Le premier temps du « reposez arme ».*

♦ **2.** Poser* (1. Poser, I., 2.) de nouveau ce qu'on a enlevé. ⇒ **Remettre** (en place). *Faire reposer une moquette, une serrure, une glace.* ⇒ **Repose.**

♦ **3.** Poser de nouveau (une question, un problème). *Il faudrait reposer ce problème en termes différents. Reposer la question de confiance.* — Pron. *Le problème se repose dans les mêmes termes.*

DÉR. **Reposure.**

REPOSE-TÊTE [ʀ(ə)poztɛt] n. m. — 1965 ; de repose-, et tête.

♦ Appui-tête*.

Le vieux Chinois, après avoir échangé quelques mots avec Mai dans leur langue, les pria de prendre place sur les nattes. Les repose-têtes étaient formés d'une planchette de bois inclinée clouée sur quatre pieds, ils étaient parfaitement ajustés à la hauteur de la lampe.   Daniel ODIER, l'Année du lièvre, p. 178.

REPOSOIR [ʀ(ə)pozwaʀ] n. m. — 1549 ; reposouer, XIVᵉ ; de 1. reposer.

♦ **1.** Vx. Lieu où l'on peut se reposer. — Archéol. Édicule construit au bord d'une route et dans lequel les voyageurs, au moyen âge, pouvaient trouver refuge et se reposer.

Par métaphore (vx ou littér.). *« On a dit que des comparaisons qu'on met dans un poème épique sont des reposoirs pour délasser le lecteur »* (Furetière) ; → aussi Compensation, cit. 6, Duhamel.

♦ **2.** Miséricorde de stalle.

♦ **3.** (1680). Liturgie cathol. Support en forme d'autel*, dressé généralement en plein air et orné de fleurs, de feuillages, etc., sur lequel le prêtre dépose le Saint-Sacrement pendant une halte, au cours d'une procession. *Les reposoirs du jour de Fête-Dieu* (cit.). *Les Reposoirs de la procession,* poème de Saint-Pol Roux.

1   Le ciel est triste et beau comme un grand reposoir (...)
     BAUDELAIRE, les Fleurs du mal, « Spleen et idéal », XLVII.
2   La Simonne grimpa sur une chaise pour atteindre à l'œil-de-bœuf, et de cette manière dominait le reposoir. Des guirlandes vertes pendaient sur l'autel, orné d'un falbala en point d'Angleterre. Il y avait au milieu un petit cadre enfermant des reliques, deux orangers dans les angles, et, tout le long, des flambeaux d'argent et des vases en porcelaine, d'où s'élançaient des tournesols, des lis, des pivoines, des digitales, des touffes d'hortensias.
     FLAUBERT, Trois contes, « Un cœur simple », v.

Meuble sur lequel on place, le Jeudi saint, l'hostie consacrée avec laquelle le prêtre communie le lendemain, au cours de la messe des présanctifiés. — Table recouverte d'un linge blanc qu'on installe dans la chambre d'un malade auquel le prêtre va administrer les sacrements.

♦ **4.** Argot. *Les reposoirs :* les pieds.

3   Ben quoi, vas-tu avancer ? On va être coupés !
— J'peux pas décoller mes reposoirs ! répond une voix piteuse.
     H. BARBUSSE, le Feu, t. I, I, XII.

REPOSURE [ʀ(ə)pozyʀ] n. f. — 1875 ; de 2. reposer.

♦ Position des poils du velours lorsqu'ils ne se redressent pas (défaut de fabrication).

REPOTENCÉ, ÉE [ʀ(ə)pɔtãse] adj. — 1777 ; de re-, et potencé.

♦ Blason. Qui se termine par des potences elles-mêmes potencées. *Croix repotencée.*

REPOUDRER [ʀ(ə)pudʀe] v. tr. — 1771 ; de re-, et poudrer.

♦ Remettre de la poudre à.

▶ **SE REPOUDRER** v. pron.
La jeune femme vint s'asseoir (...), se repoudra, se donna un coup de peigne rapide.   M. DRUON, la Chute des corps, I, 1, p. 18.

REPOURVOIR [ʀ(ə)puʀvwaʀ] v. tr. — Mil. XIXᵉ ; de re-, et pourvoir.

♦ Régional (Suisse). Pourvoir à nouveau. *Repourvoir un siège, un poste. À repourvoir :* vacant.

REPOUSSAGE [ʀ(ə)pusaʒ] n. m. — 1866, in D.D.L. ; de 1. repousser.

♦ **1.** Techn. Procédé manuel de modelage à froid, employé pour obtenir, en relief sur le métal, des ornements ou des formes, à l'aide d'un marteau choquant un outil qui, par contrecoup, emboutit la tôle. *Le repoussage se distingue de l'estampage*, qui est un procédé mécanique. Repoussage artistique* (→ 1. Repousser, cit. 7 et supra). Repoussage industriel* (en chaudronnerie).* ⇒ **Métallurgie.**

♦ **2.** Emboutissage mécanique. *Repoussage au tour.*

REPOUSSANT, ANTE [ʀ(ə)pusɑ̃, ɑ̃t] adj. — 1611 ; de 1. repousser.

♦ **1.** Vx. Peu accueillant, peu engageant. ⇒ **Rébarbatif, rebutant.** *« Une sorte de réserve qui n'était pas repoussante, mais qui m'intimidait »* (→ Avance, cit. 35, Rousseau).

1   C'était un jeune homme de haute taille, assez mal fait, avec de grands traits durs, un nez infini, et beaucoup de bonhomie cachée sous cet aspect repoussant.
     STENDHAL, le Rouge et le Noir, I, XII.

♦ **2.** (1788). Mod. Qui inspire la répulsion, le dégoût ou l'aversion*. ⇒ **Antipathique, désagréable, répulsif.** *Grotesque et repoussant* (→ Écumant, cit. 3). *Masque* (cit. 22) *repoussant. D'une laideur repoussante.* ⇒ **Affreux, difforme, effrayant, effroyable, hideux, horrible, laid, monstrueux.** *Quelque chose d'ignoble et de repoussant* (→ Gourmand, cit. 4). ⇒ **Abject, atroce, dégoûtant, exécrable, répugnant.** *Saleté repoussante.* ⇒ **Ord** (vx). *Odeur repoussante.* ⇒ **Fétide, infect.**

2   Elle trouvait tout en lui repoussant. Sa manière de manger, de prendre du café, de parler, lui donnait des crispations nerveuses. Ils ne se voyaient et ne se parlaient guère qu'à table ; mais ils dînaient ensemble plusieurs fois par semaine, et c'en était assez pour entretenir l'aversion de Julie.
     MÉRIMÉE, la Double Méprise, I.
3   Étrange race (...) belle et repoussante à la fois (...) joviale avec un visage aussi funèbre que celui de la nuit ; rieuse, mais avec la bouche fendue comme le masque antique, et donnant ainsi je ne sais quoi de difforme à la plus aimable expression du visage humain !   E. FROMENTIN, Une année dans le Sahel, p. 190.

CONTR. **Affriolant, alléchant, appétissant, attachant, attirant, attrayant, beau, brillant, captivant, charmant, désirable, enchanteur, engageant, enveloppant...**

REPOUSSE [ʀ(ə)pus] n. f. — XVIᵉ, attestation isolée, puis 1790 ; de 2. repousser.

♦ Action de repousser*. *La repousse du gazon. Traitement en vue de la repousse des cheveux.*

Spécialt. Nouveau développement (d'une plante), après une récolte, une destruction incomplète, etc.

REPOUSSÉ, ÉE [ʀ(ə)puse] adj. et n. m. ⇒ 1. **Repousser.**

REPOUSSEMENT [ʀ(ə)pusmã] n. m. — 1538 ; de 1. repousser.

♦ **1.** Vx ou littér. Action de repousser.

1   Déchet, fait déchet par leur repoussement, transformé en déjection de la race des seigneurs (...)   Claude ROY, Nous, p. 106.

♦ **2.** (1690). Techn. Recul* d'une arme à feu.

2   (...) d'abord le repoussement par moments d'idées religieuses avec les terreurs d'un enfer de feu et de soufre (...)
     Ed. et J. DE GONCOURT, Journal, 21 août 1862, t. II, p. 41.

REPOUSSE-PEAUX [ʀ(ə)puspo] n. m. — V. 1960 ; de 1. repousser, et peau.

♦ Instrument de manucure pour repousser les petites peaux autour des ongles. ⇒ **Repoussoir** (1.).

Mireille, rêvant aux propriétés qui ne faisaient rien en Touraine, laissa un instant en suspens la main dodue de Mme Pontet-Massène. Puis elle reprit son repousse-peaux.   Pierre DANINOS, Un certain Monsieur Blot, p. 211.

1. REPOUSSER [ʀ(ə)puse] v. tr. — V. 1382, « obliger à reculer » ; de re- « en arrière », et pousser.

♦ **1.** Pousser (qqn) en arrière, faire reculer. ⇒ **Écarter, éloigner, rechasser ;** → Horreur, cit. 7. *Il se jeta sur elle, elle le repoussa* (→ Effroi, cit. 4). *Repousser l'ennemi, l'envahisseur...* (→ Dépeupler, cit. 10 ; francique, cit. 1 ; négociateur, cit.). ⇒ **Culbuter, refouler, résister, riposter.** *Par ext. Repousser les invasions* (cit. 3), *les assauts, les attaques, un coup* (→ Plonger, cit. 19). — *Être repoussé par quelqu'un.*

1   Je me dégageai de ses bras, et, loin de répondre à ses caresses, je la repoussai avec dédain, et je fis deux ou trois pas en arrière pour m'éloigner d'elle.
     Abbé PRÉVOST, Manon Lescaut, II, p. 157.
2   (...) il osa serrer dans ses bras cette fille si belle, et qui lui inspirait tant de respect. Il ne fut repoussé qu'à demi.   STENDHAL, le Rouge et le Noir, II, XVI.
3   Ses paumes ouvertes me repoussaient, ses ongles me griffaient, et ces vaines défenses irritaient mes désirs.
     FRANCE, la Rôtisserie de la reine Pédauque, XV, Œ., t. VIII, p. 136.

Ne pas accueillir, ou accueillir (cit. 3) mal. ⇒ **Bannir, chasser, dédaigner, éconduire, évincer, rabrouer, rebuter, rembarrer.** *Dieu ne m'a pas repoussé* (⇒ Exaucer, cit. 1 ; face, cit. 11). *Son obstination à me séduire et à me repousser* (⇒ Manège, cit. 9). *Il m'a repoussé avec brusquerie* (⇒ Brusque), *sans ménagement.* ⇒ **Éjecter.** → fam. Envoyer* balader, bouler, paître, promener... *Repousser un candidat.* ⇒ **Refuser ; blackbouler.**

4   (...) il est toujours en souffrance, le pauvre gars ! Et tout le monde le tracasse, le repousse et l'avilit, mon pauvre sauteriot !   G. SAND, la Petite Fadette, XIX.

Provoquer de l'aversion. *Il n'y a rien en lui qui me repousse ou qui m'attire* (cit. 21 ; → Polytechnicien, cit. 1). ⇒ **Dégoûter, déplaire, exécrer ; repoussant, répulsif, répulsion.**

♦ **2.** (V. 1580). **a** Pousser (qqch.) en arrière ou en sens contraire, écarter brusquement de soi (qqch. qui gêne). *Une chaise qu'il avait repoussée du pied* (→ Pendre, cit. 13). *Repousser en arrière la queue* (1. Queue, cit. 15) *de sa robe...* — (Sujet n. de chose). *Le cristallin* (cit. 4) *repousse l'iris en avant* (→ aussi Iris, cit. 1). *Matière électrisée qui attire ou repousse les corps légers* (→ Électricité, cit. 4). — Par métaphore. (Abstrait). → cit. 5.

5 Notre tête-à-tête n'avait guère cessé d'être un corps à corps, entrecoupé de trêves incertaines où Maurice perdait l'avantage, ne savait plus se défendre de mes remords qu'en les repoussant de nouveau dans le plaisir.
Hervé BAZIN, *Qui j'ose aimer*, XVII.

6 Il semblait considérer du haut d'un pont Gurau et Germaine comme deux malheureux qui vont se noyer dans un tourbillon, et qui repoussent la bouée qu'on leur jette. J. ROMAINS, les Hommes de bonne volonté, t. II, XI, p. 118.

Pron. *Les électrons* (cit. 1) *se repoussent* (→ aussi par métaphore Fusionner, cit. 3). ⇒ aussi **Renvoyer.**

Absolt. (Vx). *Ressort qui repousse. Le fusil repousse.* ⇒ **Recul, repoussement.**

7 Ce fusil ne vaut rien, il repousse trop. Il faut tenir bien ferme ce pistolet pour empêcher qu'il ne repousse. FURETIÈRE, Dict. (1690).

b (Mil. XIXᵉ). Techn. Façonner par repoussage*. ⇒ **Gravure.** *Repousser au marteau, au repoussoir une feuille de métal.* ⇒ **Modelage.**

♦ **3.** (Mil. XVIIᵉ). Fig. Refuser d'accepter, de céder à... ⇒ **Rejeter.** *Un bon esprit repousse tout ce qui est contraire* (cit. 4) *à la raison. Repousser une opinion* (→ Dénuer, cit. 3), *une idée* (→ Fourchu, cit. 3), *une théorie, un système* (→ Magnétisme, cit. 2 ; œuvre, cit. 13),... ⇒ **Objecter, objection, réfuter ; détruire.** *Repousser les conseils* (→ Poursuivre, cit. 3), *les offres* (→ Fermer l'oreille*, demeurer sourd* à...). *Repousser une demande en mariage*. *Repousser l'aide de qqn, la main qu'on nous tend* (→ Encourir, cit. 5). ⇒ **Décliner, mépriser.** *Repousser un mot, une expression.* ⇒ **Éliminer, exclure** (→ Archaïsme, cit. 1 ; atticisme, cit. 4). *Repousser l'autorité du pape* (cit. 3). *Repousser l'autorité d'un auteur.* ⇒ **Récuser.** *« Je repousserai jusqu'à la mort le drapeau* (cit. 2) *de sang »* (Lamartine). *Repousser un projet, une proposition* (→ Grever, cit. 5). ⇒ **Abandonner, non** (dire), **répudier ; veto.** *Repousser la tentation.* — *Repousser un désir, une tendance* (⇒ **Refoulement, refouler**).

8 L'avare prononce en secret : Suis-je chargé de la fortune des misérables? et il repousse la pitié qui l'importune. VAUVENARGUES, Réflexions et maximes, LXXXII.

9 Pourquoi cette idée, qu'il rejetait de lui lorsqu'il se trouvait seul, qu'il repoussait par crainte du trouble apporté dans son âme, lui vint-elle aux lèvres en cet instant (...)? MAUPASSANT, Pierre et Jean, III.

10 — Ah ! j'oubliais, dit Hourdequin à Lequeu, qui attendait toujours, votre demande d'augmentation est repoussée (...) Le conseil trouve qu'on dépense déjà trop pour l'école. ZOLA, la Terre, II, V.

♦ **4.** (Emploi critiqué). Remettre à plus tard. ⇒ **Différer.**

▶ **REPOUSSÉ, ÉE** p. p. adj. (1559). *Désavoué* (cit. 6) *par les siens, réprouvé, repoussé...* ⇒ **Paria.**
(Mil. XIXᵉ). *Ciselure* repoussée. *Plaques d'or* (1. Or, cit. 10) *repoussées et ciselées. Cuir repoussé.* — N. m. *Un repoussé :* un ouvrage ainsi façonné. *Le repoussé :* le relief obtenu par repoussage ; le repoussage lui-même. *Travail au repoussé.*

11 Figurez-vous (...) le plus bizarre (...) entassement de cabines, de logettes, d'escaliers perchés en dehors, de galeries à arcades, de retraits et de saillies inattendues (...) de formes indescriptibles, relief des dispositions intérieures, comme si l'architecte, assis au centre de son œuvre, avait fait un édifice au *repoussé*. Th. GAUTIER, Voyage en Russie, XVI.

CONTR. Attaquer. — Céder. — Accueillir, affriander, affrioler, allécher, appâter, appéter (vx), **apprivoiser, attirer, engager. — Approcher. — Accéder, accepter, accorder, adhérer, admettre, agréer, approuver, assumer, attribuer** (s'), **comporter, concéder, convoiter, cueillir** (fig.), **élire, embrasser, entériner, exaucer, implorer, ratifier.**
DÉR. Repoussage, repoussant, repoussement, repousseur.
COMP. Repousse-peaux.

2. REPOUSSER [R(ə)puse] v. — 1600 ; de *re-* « de nouveau », et *pousser.*

★ **I.** ♦ **1.** V. tr. Rare. Produire de nouveau. ⇒ **Pousser** (I., 4.). *Cet arbre a repoussé de plus belles branches* (Littré, Académie). — Par anal.*Un feu mal éteint qui repousse de vives étincelles* (cit. 1).

♦ **2.** V. intr. Cour. Pousser (III.) de nouveau. *L'herbe, les feuilles repoussent.* ⇒ **Regain ; remonter.** *Arbuste qui semblait mort et qui repousse.* — *Son ongle a été long à repousser. Laisser repousser sa barbe* (→ Poilu, cit. 3). *Ses cheveux ont repoussé.* ⇒ **Revenir.**

Par métaphore (→ ci-dessous, cit. 11, 13).

1 (...) espérances vivaces qui repoussent sans cesse au fond du cœur de l'homme (...) CHATEAUBRIAND, Mémoires d'outre-tombe, t. VI, p. 97.

2 Les contemporains nous ont laissé un portrait de lui (*Attila*). Ils lui prêtent des mots : « Je suis le fléau de Dieu, le marteau de l'univers » ; « où mon cheval a passé, l'herbe ne repousse pas. »
A. BERTHELOT, l'Invasion, in LAVISSE et RAMBAUD, Hist. générale du IVᵉ s. à nos jours, t. I, p. 70.

3 Oui, j'espère, ce soir, j'espère. Ô indéracinable espérance ! Bonne herbe qui repousses toujours !
F. MAURIAC, Bloc-notes, in le Figaro littéraire, 24 févr. 1962.

★ **II.** (XIXᵉ). Arts. Réapparaître par dessous. *« Lorsque les dessous ne sont pas suffisamment secs, ils* (les repentirs) *" repoussent " sous la nouvelle couche de couleur »* (Réau).

DÉR. Repousse.

REPOUSSEUR [R(ə)pusœR] n. m. — 1611, «personne qui repousse» ; de 1. *repousser.*

★ **I.** (1870). Ouvrier qui effectue le repoussage.

★ **II.** (V. 1970). Techn. Produit capable de s'opposer à l'expansion d'une nappe d'hydrocarbures en les rassemblant (opposé à *dispersant*).

REPOUSSOIR [R(ə)puswaR] n. m. — 1429 ; de 1. *repousser.*

♦ **1.** Techn. Outil servant à extraire des chevilles, des clous. — Ciseau qui sert dans le travail du repoussage et permet d'obtenir de fines dénivellations dans la feuille de métal. *Repoussoir de bijoutier.* — Ciselet de sculpteur servant à pousser des moulures. — Petit instrument en forme de spatule, qui sert à repousser la peau sur les ongles. ⇒ **Repousse-peaux** (→ 1. Manucure, cit. 1).

♦ **2.** **a** (1762, Académie). Arts. «Les peintres nomment *repoussoirs* des objets vigoureux de couleur ou très ombrés, qu'on place sur le devant d'un tableau, pour faire paraître les autres objets plus éloignés ».

1 Teniers a fait la satire la plus forte des repoussoirs. Il y en a sans doute dans ses tableaux ; mais on ne sait où ils sont (...) le spectateur cherche ce qui donne de la profondeur à la scène, ce qui sépare cette profondeur en une infinité de plans, ce qui fait avancer et reculer ses figures (...) C'est qu'il en doit être d'un tableau comme d'un arbre ou de tout autre objet isolé dans la nature, où tout se sert réciproquement de repoussoir. DIDEROT, Pensées détachées sur la peinture, p. 790.

b Élément du tableau au ton plus vigoureux placé et traité de façon à mettre en valeur par contraste un autre élément ou à produire par contraste un effet de profondeur.

2 Madame Marneffe, la figure radieuse de bonheur, fit son entrée dans le salon avec une grâce modeste, suivie de Bette, qui, mise tout en noir et jaune, lui servait de repoussoir, en terme d'atelier. BALZAC, la Cousine Bette, Pl., t. VI, p. 330.

3 M. B. de Francesco possède le don indispensable pour peindre ce radieux climat, le don de la lumière (...) Sans avoir besoin de repoussoirs et d'ombres exagérées dans leur vigueur, il obtient d'étonnants effets de clarté (...)
Th. GAUTIER, Souvenirs de théâtre, B. de Francesco.

c (1765). Fig., cour. Chose, personne qui en fait valoir une autre par opposition, par contraste. *Servir de repoussoir à quelqu'un.* — Absolt. *C'est un repoussoir, un vrai repoussoir,* une personne laide, disgracieuse.

4 Contrairement à l'usage des femmes qui se choisissent, comme repoussoir, des amies d'une laideur rassurante, madame Sophie Gay s'entourait bravement de jolies femmes sans craindre d'éteindre sa beauté par la comparaison.
Th. GAUTIER, Portraits contemporains, «Sophie Gay».

5 (...) les grands artistes (...) ont couvert par deux artifices la médiocrité et la laideur des caractères qu'ils figuraient. Ou bien ils en font des accessoires et des repoussoirs qui servent à mettre en relief quelque figure principale : c'est le procédé le plus fréquent des romanciers, et vous pouvez l'étudier dans le *Don Quichotte* de Cervantès, dans *Eugénie Grandet* de Balzac, dans *Madame Bovary* de Gustave Flaubert. TAINE, Philosophie de l'art, t. II, p. 290.

RÉPRÉHENSIBLE [RepReɑ̃sibl] adj. — 1314 ; bas lat. *reprehensibilis*, de *reprehendere* «blâmer».

♦ Qui mérite d'être blâmé, réprimandé. — Personnes. (Rare). *« Il est très répréhensible »* (Académie). ⇒ **Coupable.** — Cour. *Un acte, un penchant répréhensible* (→ Coupelle, cit. 3). ⇒ **Accusable, blâmable, condamnable, punissable, reprochable.** *L'amour n'a rien de répréhensible* (→ Montagne, cit. 5).

1 (...) les actes les plus répréhensibles dans l'opinion des hommes peuvent conduire à une bonne fin (...) FRANCE, la Rôtisserie de la reine Pédauque, XV, Œ., t. VIII, p. 128.

2 Vous vous méprenez étrangement si vous pensez qu'il entre quoi que ce soit de répréhensible, je ne dis pas seulement dans ma conduite, mais dans mon dessein et dans le secret de mon cœur. GIDE, la Symphonie pastorale, p. 72.

CONTR. Innocent, irrépréhensible, irréprochable, louable.
DÉR. Répréhensiblement.

RÉPRÉHENSIBLEMENT [RepReɑ̃sibləmɑ̃] adv. — Fin XVᵉ ; de *répréhensible.*

♦ Rare. D'une manière répréhensible.

(...) malgré la rareté des amateurs de cassate, je faisais tout mon possible pour déborder d'activité (...) même maladroitement, même répréhensiblement, il importe d'être occupée. A. SARRAZIN, la Traversière, p. 111 (1966).

RÉPRÉHENSIF, IVE [ʀepʀeɑ̃sif, iv] adj. — xvᵉ ; de *répréhension.*

♦ Rare. Qui reprend, qui blâme.

CONTR. Approbatif, laudatif.

RÉPRÉHENSION [ʀepʀeɑ̃sjɔ̃] n. f. — xvᵉ ; « hésitation », xiiᵉ ; lat. *reprehensio,* de *reprehendere* « blâmer ».

♦ Vx. Action de reprendre*. ⇒ **Blâme, réprimande** (cf. Molière, *Tartuffe,* Préface).

CONTR. Adulation, approbation.
DÉR. Répréhensif.

REPRENDRE [ʀ(ə)pʀɑ̃dʀ] v. — Conjug. *prendre.* — V. 1132, au sens I, A, 2, « rattraper (qqn) » ; lat. *reprehendere,* ou composé de *re-,* et *prendre,* pour certains sens.

★ **I.** V. tr. **A.** (Aux sens de *prendre).* ♦ **1.** (1150). Prendre de nouveau (ce qu'on a cessé d'avoir ou d'utiliser pour une raison ou pour une autre). *Prendre un objet, le poser, puis le reprendre* (→ 1. Coupe, cit. 1 ; hisser, cit. 5 ; jeu, cit. 63). *Reprendre la plume* (pour se remettre à écrire). *Reprendre ses vêtements d'hiver.* ⇒ **Remettre, revêtir.** *« Reprenons au plus tôt le brodequin* (cit. 2) *comique ». Reprendre le collier* (cit. 16), *le harnais* (cit. 10). *Reprendre les armes*. Reprendre sa place* (→ Judas, cit. 1), *la place qu'on vient de quitter* (→ Langage, cit. 8). ⇒ **Regagner, retrouver.** *Il reprend la direction* (cit. 4) *de la rive gauche, le chemin de la France* (→ Pèlerinage, cit. 4). — *Reprendre son chemin* (cit. 9), *sa route* (→ Moins, cit. 41). — (1843). *Reprendre la mer.* — *Reprendre une ville, une position militaire. Reprendre son bien.* ⇒ **Recouvrer.**

1 Le plateau de Mont-Saint-Jean fut pris, repris, pris encore (...) Cette lutte dura deux heures.
HUGO, les Misérables, II, I, X.

2 Chaque élément retourne où tout doit redescendre.
L'air reprend la fumée, et la terre la cendre.
L'oubli reprend le nom.
HUGO, les Chants du crépuscule, V, V.

Reprendre qqch. en main.
Reprendre son air flambant (cit. 15), *méditatif* (cit. 2), *sa mine doucereuse* (cit. 8). — (Syntagmes verbaux où le compl. est sans déterminant). *Reprendre contenance* (→ Abattement, cit. 6). *Reprendre connaissance*. Reprendre haleine*, reprendre souffle* (→ Anhéler, cit. 1) : *se reposer* un instant. *Reprendre cœur, courage et force* (→ Briser, cit. 32). *Reprendre vie. Reprendre confiance en quelqu'un. Reprendre contact. Reprendre pied. Reprendre ses coudées* (cit. 3) *franches. Reprendre son sang-froid* (→ Croire, cit. 35), *la maîtrise* (cit. 2) *de soi, son pouvoir... Reprendre ses esprits* (cit. 25), *ses sens.* ⇒ **Revenir** (à soi). *Il reprenait tant de joie* (cit. 25) *à l'existence. Reprendre des forces, de la force.* ⇒ **Remonter** (se), **revivre** (fig.). *Reprendre possession* (cit. 16) *de soi-même. Reprendre le dessus*, l'avantage*.*

3 Tant, à nous voir marcher avec un tel effort,
Les plus épouvantés reprenaient de courage !
CORNEILLE, le Cid, IV, 3.

4 Signée *(la paix d'Amiens)* le 25 mars 1802, elle n'avait jamais paru, nous le savons, à la plupart des dirigeants anglais, qu'une trêve permettant à leur pays de reprendre son souffle en vue d'une nouvelle et formidable lutte.
Louis MADELIN, Hist. du Consulat et de l'Empire, Avèn. de l'Empire, I.

5 Malgré tout, cette lecture l'avait lentement tiré de sa torpeur, l'avait aidé à reprendre contact avec le monde.
MARTIN DU GARD, les Thibault, t. VII, p. 136.

Prendre (ce qu'on avait donné). *« L'impassible* (cit. 6) *nature a déjà tout repris »* (Hugo). *Donner sa vie et juger indigne* (cit. 13) *de la vouloir reprendre. Donner, puis reprendre sa parole* (cit. 16), *sa promesse.* ⇒ **Annuler, délier** (se), **détacher** (se). *Reprendre ses engagements. Reprendre sa liberté.*

6 Rendez-moi, lui dit-il, mes chansons et mon somme,
Et reprenez vos cent écus.
LA FONTAINE, Fables, VIII, 2.

7 Laisse dire la calomnie
Qui ment, dément, nie et renie
Et la médisance bien pire
Qui ne donne que pour reprendre
Et n'emprunte que pour revendre (...)
VERLAINE, Odes en son honneur, II.

Spécialt. Comm. Prendre (ce qui a été vendu) pour l'échanger, le rembourser. *La maison accepte de reprendre la marchandise. Article en solde qui ne peut être ni échangé, ni repris.*

8 Je vois, messieurs, leur dit-il, que ce cheval vous a appartenu ; mais je ne l'en possède pas moins légitimement ; je l'ai acheté à la dernière foire. Si vous vouliez le reprendre pour les deux tiers de ce qu'il m'a coûté, vous me rendriez un grand service, car je n'en puis rien faire.
DIDEROT, Jacques le fataliste, Pl., p. 725.

8.1 Cet objet est légèrement abîmé. C'est pour vous rendre service que je le reprendrais (...)
R. QUENEAU, le Dimanche de la vie, p. 158.

Reprendre de (qqch.), en prendre une seconde fois. *Reprendre du pain, du vin, d'un plat. Reprendre un morceau, une bouchée, une gorgée* (cit. 4) *de (qqch.).*

9 Mais quand je vais voir mon frère, sur les bords du Rhône, aux vacances, nous allons manger dans un petit bistrot de mariniers dont j'aime bien le vin. C'est toujours le même quand on aime bien quelque chose, il me semble qu'on n'a qu'une idée : c'est d'en reprendre.
J. ANOUILH, Ornifle, III.

Loc. *Reprendre du poil de la bête :* reprendre le dessus, retrouver de l'énergie. ⇒ **Bête** (cit. 22), **poil** (cit. 19).

Les Italiens disent *del can che morde el pelo sana,* « du chien qui mord le poil guérit » (...) les Anglais *to take a hair of the same dog that bit you,* « prendre un poil du chien qui vous a mordu », c'est-à-dire « guérir le mal par le mal » (...) « Prendre du poil de la même bête », est devenu en français *reprendre du poil,* ce qui est un contresens, et un contresens particulièrement ambigu dans notre langue où *reprendre* signifie à la fois « prendre encore, de nouveau » et « se rétablir, retrouver de la vigueur » ; confusion encore impossible en anglais (...) *Prendre du poil* est senti comme « prendre de la vigueur », image renforcée dans *reprendre du poil* (...)
Pierre GUIRAUD, les Locutions françaises, p. 82.

♦ **2.** (V. 1132, *reprendre quelqu'un).* Prendre (qqn qu'on avait abandonné ou laissé échapper). ⇒ **Rattraper.** *Reprendre un prisonnier après son évasion* (cit. 1), *un évadé. Esclaves fugitifs* (cit. 1) *qu'il faut aller reprendre, par force. Reprendre un ancien domestique. Rompre avec une femme, puis s'acharner à la reprendre* (→ Galant, cit. 6). — *Reprendre qqn au même leurre* (cit. 4). — Loc. *On ne m'y reprendra plus.* ⇒ **Prendre, tromper.**

11 — Il travaillait chez un dentiste du bas de la rue de Belleville. Quand il a su qu'il allait partir, son patron l'a repris. Et après naturellement, il n'a pas voulu le reprendre.
J. ROMAINS, les Hommes de bonne volonté, t. IV, V, p. 41.

Par ext. Rattraper (ce qui risque d'échapper). *Il faut du recul pour reprendre certaines balles, au tennis.*

(Sujet n. de chose). Avoir de nouveau une influence, une emprise, un effet sur (qqn). *La fièvre, la faim* (cit. 4) *les reprit. Mon rhumatisme m'a repris* (→ Manchot, cit. 1). *La terreur de l'enfer le reprenait* (→ Pratiquer, cit. 3). — Au passif. *Être repris par un goût funeste* (cit. 12), *par son orgueil* (→ Humain, cit. 7), *par une manie... — Voilà que ça le reprend !*

12 Hélas ! toutes les irrésolutions l'avaient repris. Il n'était pas plus avancé qu'au commencement.
HUGO, les Misérables, I, VII, III.

13 (...) et moi, repris par mon vieil enthousiasme, je lui parlais sans me lasser, avec une amitié profonde, de celui qui nous avait abandonnés (...)
ALAIN-FOURNIER, le Grand Meaulnes, III, XI.

♦ **3.** (xiiᵉ, *reprendre un sentiment).* Se livrer de nouveau, après une interruption, à... (une occupation, un état). ⇒ **Recommencer, remettre** (se remettre à). *Reprendre un travail* (→ Fredonner, cit. 4), *sa besogne, sa lecture* (→ Marque, cit. 9), *sa marche* (cit. 12), *son va-et-vient* (→ Poireau, cit. 4)... — *Reprendre le cours de ses idées, de ses pensées. Reprendre ses habitudes d'avant* (→ Pardonner, cit. 3), *ses études* (→ Passionner, cit. 1). *Reprendre sa vie passée* (cit. 157). *Reprendre ses fonctions.* ⇒ **Rentrer** (en). *Reprendre la lutte* (→ Exploiter, cit. 7), *l'offensive* (cit. 1). *Ils reprenaient leur entretien* (→ Partenaire, cit. 3). ⇒ **Renouer.** *Reprendre la parole, son discours...*

14 (...) reprenez son récit où il l'a laissé, et continuez-le à votre fantaisie (...)
DIDEROT, Jacques le fataliste, Pl., p. 738.

15 — Ah, vous allez me demander sans doute, mon pauvre ami, quand il sera à même de reprendre son métier (...) s'il n'y avait que la fracture de la jambe gauche (...)
Ed. DE GONCOURT, les Frères Zemganno, LXXII.

15.1 (...) cette soirée si cruelle où il avait quelque chose de bien plus dur à reprendre que des travaux ou des devoirs, des habitudes (...)
PROUST, Jean Santeuil, Pl., p. 502.

16 J'appelai Jasmin et nous allâmes reprendre notre faction.
ALAIN-FOURNIER, le Grand Meaulnes, III, VIII.

(Sujet n. de chose). *Le collège avait repris son va-et-vient habituel* (→ Fonctionner, cit. 5). *La Beauce reprenait son activité* (→ Infini, cit. 31). *La mer reprit son hurlement* (cit. 7). *Les joncs reprirent leur friselis* (cit. 2). *Les moqueries* (cit. 2) *reprenaient leur train. Mes pensées ont repris leur course* (cit. 16). — *Reprendre son cours*.*

Spécialt. Reprendre la parole pour dire (qqch.). *Charles reprit d'une voix éteinte... : Non, je ne vous en veux plus !* (→ Fatalité, cit. 5). — (En incise). *« Ami, reprit le coq, ... »* (→ Apprendre, cit. 30). *Non, laissez-moi ! reprenait l'apothicaire* (→ Autant, cit. 34). *Vous verrez, reprit-il, ...* (→ Autodafé, cit. 1 ; intime, cit. 11).

17 — (...) Je ne puis troubler sa boisson.
— Tu la troubles, reprit cette bête cruelle (...)
LA FONTAINE, Fables, I, 10.

18 Après une courte pause, l'abbé reprit : « — Tournez maintenant les yeux vers le Ciel (...) »
MARTIN DU GARD, les Thibault, t. IV, p. 137.

♦ **4.** (1694, mar.). Remettre la main à (qqch.) pour améliorer. *Reprendre un mur.* ⇒ **Réparer.** — Par métaphore. *Un ouvrage qu'il faut reprendre presque à neuf* (→ Matériau, cit. 5). *Reprendre un mur en sous-œuvre.* — Cout. *Reprendre une jupe, une veste,* y faire une retouche (généralement pour rétrécir). — Mar. *Reprendre un hauban,* le raidir lorsqu'il a pris du mou. *Reprendre un palan,* « le frapper plus haut ou plus loin lorsque les deux poulies sont à bloc » (Gruss). — Peint. *Reprendre un tableau, un fond...* ⇒ **Retoucher.** (xviiiᵉ). *Reprendre une pièce de théâtre,* la rejouer, avec une mise en scène, une interprétation nouvelle.

19 Le besoin de reprendre une chose incomplète à son gré ne le quitta jamais et, chez lui *(Degas),* nombreuses étaient les toiles qu'il avait l'intention de retoucher (...)
VALÉRY, Degas, Danse, Dessin, p. 146.

Adopter de nouveau (ce qui avait été conçu par d'autres ou en d'autres temps), en adaptant et en renouvelant par un apport personnel. *Reprendre une politique, un programme.* ⇒ **Continuer.** *Reprendre ostensiblement* (cit. 2) *d'anciens plans. Reprendre qqch. à son compte* (→ 1. Lieu, cit. 55). *Reprendre les arguments* (→ Controverse, cit. 1 ; optimisme, cit. 2). *Reprendre, en la modifiant, la formule antique...* (→ Pauvre, cit. 16 ; et aussi 1. peuple, cit. 14). *Reprendre le mot* poétique (2. Poétique, cit. 3) *dans un* *sens voisin de l'étymologie. Reprendre le vieux problème de l'origine* (cit. 11) *des religions. Notre analyse sera reprise par un écrivain* (→ Naturalisme, cit. 2). *Reprendre les idées de qqn* (→ Immoler, cit. 5). *Reprendre un texte en abrégeant, en résumant.*

20 (...) l'idée mère, c'était de reprendre ou de paraître reprendre la politique de Marat.   JAURÈS, Hist. socialiste..., t. VIII, p. 341.

Par ext. Redire, répéter, revenir (à). *Reprendre en chœur un refrain, une strophe* (→ Invectiver, cit. 2), *un verset* (→ 1. Mue, cit. 3), *une vieille rengaine* (→ 1. Quarteron, cit. 2).

21 L'orchestre joue un refrain d'opérette viennoise, que reprennent en sourdine toutes les lèvres, et qu'accompagnent, ici et là, d'invisibles siffleurs.
                                        MARTIN DU GARD, les Thibault, t. IV, p. 21.

Spécialt. (Vx). Récapituler. — **Mod.** *Reprendre l'histoire, les choses de plus haut, de plus loin, par le détail.* ⇒ **Épiloguer, remonter.**

22 (...) reprendre un fait dès ses commencements (...)
                                        LA BRUYÈRE, les Caractères de Théophraste, XII.

B. (1174; lat. *reprehendere*). **a** (Compl. n. de personne). Faire à qqn une observation sur une erreur, ou une faute qu'il a commise. ⇒ **Désapprobation** (cit. 1); **blâmer, gourmander, réprimander.** *Qu'on peut* (⇒ **Répréhensible**), *qu'on ne peut reprendre* (⇒ **Irrépréhensible**). *Reprendre qqn doucement, avec douceur.* ⇒ **Moraliser, morigéner** (→ Blasphème, cit. 3; éclat, cit. 14). *Le professeur reprend un élève qui se trompe.* ⇒ **Corriger.** *«Si votre frère pèche contre vous, reprenez-le, et s'il se repent, pardonnez-* (cit. 2) *lui».* — *Reprendre qqn de, pour qqch., d'avoir fait qqch. Il l'a repris vertement.* ⇒ **Place** (remettre à sa), **rembarrer.** *Reprendre des enfants de leurs fautes* (→ Grognon, cit. 4; et aussi docilité, cit. 1). *Vous me reprendrez peut-être sur ce mot* (→ Capharnaüm, cit. 2).

23 L'orgueil a plus de part que la bonté aux remontrances que nous faisons à ceux qui commettent des fautes, et nous ne les reprenons pas tant pour les en corriger, que pour leur persuader que nous en sommes exempts.
                                        LA ROCHEFOUCAULD, Maximes, 37.

24 Quand il m'arrive de ne pas faire les choses à sa fantaisie, elle me reprend sans colère, et jamais il ne lui échappe de ces épithètes dont les dames violentes sont si libérales.   A.-R. LESAGE, Gil Blas, IV, VII.

25 Habitués à régenter, à faire des observations, à commander, à reprendre vertement leurs commis, Rogron et sa sœur périssaient faute de victimes.
                                        BALZAC, Pierrette, Pl., t. III, p. 702.

26 Elle reprenait ma mère sur un grain de sel, une goutte de vinaigre, un atome de saindoux, un soupçon de farine. Ma mère souffrait en silence et supportait avec résignation les conférences diététiques de cette personne impossible.
                                        G. DUHAMEL, Chronique des Pasquier, I, XIV.

(Sujet n. de chose). Servir d'instruction, corriger.

27 (...) rien ne reprend mieux la plupart des hommes que la peinture de leurs défauts.
                                        MOLIÈRE, Tartuffe, Préface.

b (Compl. n. de chose). ⇒ **Blâmer, censurer, condamner, critiquer.** *«Ce que ces beaux censeurs* (cit. 2) *en moi peuvent reprendre»* (Molière). — *«Que je ne dise rien qui doive être repris!»* (→ Langue, cit. 6, La Fontaine). *N'avoir rien à reprendre à...* (→ Miss, cit. 1). *Trouver à reprendre à qqch.* (→ Dessus, cit. 23; 1. friper, cit. 2). ⇒ **Dire, redire.**

28 Et laissant la fierté des paroles aux autres,
    C'est par leurs actions qu'ils reprennent les nôtres.
                                        MOLIÈRE, Tartuffe, I, 5.

★ **II.** V. intr. (V. 1175). ♦ **1.** Reprendre vie, vigueur (après un temps d'arrêt, de faiblesse, de stagnation). Vx. *Le convalescent a bien repris.* ⇒ **Refaire** (se), **rétablir** (se). — *Cet arbre a été long à reprendre. Reprendre de bouture* (cit. 2, par métaphore). ⇒ **Repousser.** *Cette pièce de théâtre a repris,* après être tombée d'abord, elle s'est relevée (Académie). *Le commerce reprend.*

29 Sur sa base agricole, sa terre qui récompense toujours le labeur, la France refit de la richesse. Comme on dit, les affaires reprirent. Des industries, encouragées par le gouvernement, se fondèrent. L'esprit d'entreprise se ranima (...)
                                        J. BAINVILLE, Hist. de France, X, p. 191.

♦ **2.** (V. 1200). Recommencer (intrans.). *Les cours reprendront à telle date* (⇒ **Rentrée, reprise**). *La guerre, la fusillade reprend* (→ Dépôt, cit. 13; individuellement, cit. 3). *Au cas où la fièvre reprendrait* (→ Prescrire, cit. 6). ⇒ **Recrudescence.** *La sonnerie reprenait aux quatre coins de la caserne* (cit. 3). *La vie normale allait reprendre* (→ Léthargie, cit. 3). *Reprendre de plus belle* (→ Cours, cit. 21). *Cesser pour* (cit. 31) *reprendre ensuite. Mode qui reprend.* ⇒ **Revenir** (→ Partisan, cit. 4).

30 Il voulut appeler, mais la crise reprenait avec une violence nouvelle. Il saisit la sonnette et sonna désespérément.
                                        MARTIN DU GARD, les Thibault, t. III, p. 248.

▶ **SE REPRENDRE** v. pron. (XIII⁰, «se cacher»).

♦ **1.** (1785, *in* D.D.L.). Réfl. Se ressaisir* en retrouvant la maîtrise* de soi en corrigeant ses fautes passées (→ Démission, cit. 4; dérive, cit. 2). ⇒ **Réagir.** *Se reprendre en rachetant sa conduite* passée.*

31 Il fallait que Thérèse eût le temps de se reprendre; c'était la surprise qui avait eu raison d'elle. Demain soir, elle serait prête, la main dans la main.
                                        F. MAURIAC, la Fin de la nuit, VI.

Corriger, dans ses propos, ce qui a été dit par erreur ou imprudemment (→ Gueule, cit. 17). ⇒ **Corriger** (se), **rétracter** (se). — (D'un musicien qui corrige une fausse note). → Dissonant, cit. — *Le malade se reprenait à la vie,* se remettait à vivre.

S'y reprendre à deux fois, à plusieurs fois : recommencer (→ Précision, cit. 6).

Se reprendre à..., et l'inf. : se remettre à... (→ Dérailler, cit. 2).

Se reprendre à faire qqch. : recommencer.

Là-dessus, il se reprit à penser à son père, à sa mère, aux Rinaldi de la plaine :   32
qu'est-ce qu'il avait à faire avec tous ces gens?
                                        ARAGON, les Beaux Quartiers, I, XIX.

Mon père se reprit à parler. Sa voix, petit à petit, prenait un accent pénétré,   33
remontreur et sentencieux.   G. DUHAMEL, Chronique des Pasquier, II, XIX.

♦ **2.** Récipr. (En parlant d'époux, d'amoureux). *On avait pris l'habitude de se prendre, de se quitter, parfois pour se reprendre et se requitter* (→ Incompatibilité, cit. 5; et aussi assombrir, cit. 12).

— Vos époux se reprennent-ils quelquefois?   34
— Très souvent; cependant la durée la plus courte d'un mariage est d'une lune à l'autre.   DIDEROT, Suppl. au voyage de Bougainville, III.

♦ **3.** Passif. Être repris, recommencer. *Le dialogue* (cit. 3) *qui venait de se terminer se reprenait en moi.*

▶ **REPRIS, ISE** p. p. adj.

♦ **1.** (Sens I, 1). *Livres repris, remaniés, refondus* (→ Minotaure, cit. 2). ⇒ **Raccommoder** (vx). *Productions élaborées, reprises, consolidées* (→ Note, cit. 26). *Phrase* (cit. 9) *prise, reprise, pétrie, martelée.* ⇒ **Écrire.**

(Sens I, 3). *Lamentations reprises en cadence* (cit. 7). *Mots repris et ressassés chez Péguy* (→ Insistance, cit. 4). *Phrase reprise interminablement* (cit. 2).

♦ **2.** (1549). Loc. *Être repris de justice,* condamné, «repris» par la justice. ⇒ **Repris de justice.**

CONTR. Redonner. — Laisser, quitter; attribuer; engager; arrêter, bloquer, cesser, interrompre; approuver. — (De l'intrans.) Mourir.
DÉR. Repris de justice. — Reprise.

REPRÉSAILLE [R(ə)pRezaj] n. f. (rare au sing.). — 1401; lat. médiéval *represalia,* p.-ê. d'après l'ital. *rappresaglia,* de *ripresaglia,* de *riprendere* «reprendre» ce qui a été pris.

♦ **1.** (Rare au sing.). Mesure de violence, illicite en soi, que prend un État pour répondre à un acte également illicite (violation du droit des gens) accompli par un autre État (→ Fortune, cit. 30; guerre, cit. 36). *Ce maniaque* (cit. 2) *de la représaille* (→ aussi Rebours, cit. 2, Duhamel). — **REPRÉSAILLES,** n. f. pl. *User de représailles. Par droit de représailles, par représailles* (→ Pogrom, cit. 2). *Par crainte des représailles* (→ Asphyxiant, cit. 2). — (Anc. Dr.). *Droit de représailles,* en vertu duquel des marchands pouvaient être arrêtés, ou leurs marchandises saisies, en cas de dettes de leurs compatriotes. Syn. : *droit de marque.*

Les Français parlaient aussi de représailles, mais le meurtre dont les républicains   1
voulaient tirer vengeance sur moi ne s'était pas commis dans l'Électorat.
                                        BALZAC, l'Auberge rouge, Pl., t. IX, p. 973.

(...) Napoléon arrêta tous les Anglais en représailles de l'attentat commis envers   2
le droit des gens par le cabinet de Saint-James lors de la rupture du traité
d'Amiens.   BALZAC, la Femme de trente ans, Pl., t. II, p. 689.

Les représailles, après un attentat pareil, seraient formidables. Donc il fallait pré-   3
venir la vengeance de Carthage.   FLAUBERT, Salammbô, IV.

Ils avaient instauré leur système de représailles par un avis diffusé le 22 août :   3.1
pour chaque membre de la Reichswehr abattu, ils fusilleraient un certain nombre
d'otages.   S. DE BEAUVOIR, la Force de l'âge, p. 512.

EN REPRÉSAILLES (DE...). → Inspirer, cit. 8.

♦ **2.** (1718). Riposte individuelle à un mauvais procédé. ⇒ **Dédommagement, satisfaction, vendetta, vengeance.** *User de représailles, exercer des représailles.* ⇒ **Rendre** (le mal pour le mal, la monnaie* de sa pièce, la pareille, la réciproque* [→ Œil* pour œil, dent pour dent; un prêté pour un rendu]), **venger** [se]. — (Au sing.) Rare. *Un goût morose de représaille* (→ Pardonner, cit. 11).

Ces plaisanteries eussent été même plus cruelles, elles n'étaient après tout que des   4
représailles exercées sur lui par ses amis.
                                        BALZAC, la Maison du Chat-qui-pelote, Pl., t. I, p. 53.

Jean-Jacques Rousseau continuera après lui *(Vauvenargues),* et renchérira dans   5
l'éloge et la revendication des vertus naturelles; mais quelle différence dans le procédé et dans le ton! Chez Vauvenargues, il n'y a aucun désir de faire effet, aucune
arrière-pensée de représailles contre la société mise en opposition avec la nature,
aucun parti pris d'aucun genre.
                                        SAINTE-BEUVE, Causeries du lundi, 18 nov. 1850.

Il n'avait de paix intérieure que lorsqu'il se sentait en règle avec tous. Et puis, il   6
craignait les représailles des créanciers, comme il craignait tout en cet ordre de
choses.   MONTHERLANT, les Célibataires, I, IV.

CONTR. Pardon.

REPRÉSENTABLE [R(ə)pRezɑ̃tabl] adj. — 1754; «qui représente, symbolise», XIII⁰; de *représenter.*

♦ **1.** Qui peut être représenté, reproduit ou évoqué. *Cette pièce de théâtre n'est pas représentable.* ⇒ **Jouable.** *L'évolution d'un phénomène est représentable par une courbe, un graphique, un schéma.*

♦ **2.** Argot scol. Autorisé à se représenter, en parlant d'un candidat.

REPRÉSENTANT, ANTE [ʀ(ə)pʀezɑ̃tɑ̃, ɑ̃t] n. — xvᵉ, adj., «qui représente (I., E.), a de la prestance»; de *représenter*, II.

★ **I.** (1508). Personne qui représente* (II.) quelqu'un. ♦ **1.** Personne qui représente, qui a reçu pouvoir d'agir au nom* de qqn. ⇒ **Agent, délégué, envoyé, mandataire, missionnaire** (vx), **prête-nom; correspondant.** *Le mandat, la mission d'un représentant. Représentant qui parle au nom de qqn.* ⇒ **Porte-parole, truchement.** *Désigner, déléguer, députer, envoyer, mandater un représentant.*

Dr. Personne qui exerce la représentation (II., 1.) au nom d'autrui ou pour son compte. *Représentants en justice,* chargés d'agir en justice pour une personne, ou ayant le droit de se présenter devant les tribunaux au nom des parties plaidantes. ⇒ **Avoué, avocat.** *Représentant agréé par un tribunal de commerce.* — Spécialt. Se dit des descendants d'un héritier en ligne directe, qui viennent à la succession au rang et à la place de cet héritier (dans une succession *ab intestat*).

♦ **2.** (1680). Dr. Personne qui est désignée par un groupe, une société, une personne morale, etc. pour agir en son nom. *Le représentant d'une société anonyme, d'un groupement professionnel, d'un syndicat, d'un parti politique...*

1 Une certaine politique s'impose. Et si à ma place se trouvait un fonctionnaire, représentant de l'État ou de telle collectivité, il ne penserait pas autrement. Mais il y a une différence (...) : un délégué est obligé de ménager les intérêts actuels des membres de la confrérie.
J. CHARDONNE, les Destinées sentimentales, p. 310.

(1748, Montesquieu). Personne à laquelle un groupe social confie le pouvoir politique, pour l'exercer en son nom. *«La constitution française est représentative; les représentants sont le corps législatif et le roi»* (Constitution de 1791, II, 2). — Hist. *Les représentants en mission,* sous la Convention. — Mod. Personne qui a été élue, a reçu par élection la délégation d'un pouvoir (surtout du pouvoir législatif). ⇒ **Député** (2.), **élu** (élire, p. p. adj., 3.). → Proportionnel, cit. 3. *Les représentants des citoyens* (→ Concourir, cit. 3), *du peuple* (1. Peuple, cit. 8 et 16). — Absolt. *La Chambre des Représentants et le Sénat forment le Congrès, aux États-Unis* (→ Fédération, cit. 3). *Assemblée de représentants.*

2 Il ne faut (...) pas que les membres du corps législatif soient tirés en général du corps de la nation, mais il convient que dans chaque lieu principal, les habitants se choisissent un représentant. Le grand avantage des représentants, c'est qu'ils sont capables de discuter les affaires. Le peuple n'y est point du tout propre; ce qui forme un des grands inconvénients de la démocratie. Il n'est pas nécessaire que les représentants, qui ont reçu de ceux qui les ont choisis une instruction générale, en reçoivent une particulière sur chaque affaire (...)
MONTESQUIEU, l'Esprit des lois, XI, VI.

3 L'idée des représentants est moderne : elle nous vient du gouvernement féodal (...) Dans les anciennes républiques (...) jamais le peuple n'eut des représentants; on ne connaissait pas ce mot-là (...) à l'instant qu'un peuple se donne des représentants, il n'est plus libre; il n'est plus.
ROUSSEAU, Du contrat social, III, XV.

4 (...) le président propose, d'une part, que les élections ne se fassent plus au scrutin de liste, mais que chaque village élise ses représentants. La réunion de ces représentants formera le conseil municipal (...) CAMUS, Actuelles III, p. 69.

♦ **3.** (xxᵉ). Personne désignée pour représenter un État, un gouvernement, auprès d'un autre. ⇒ **Diplomatie; ambassadeur, chargé** (d'affaires), **commissaire** (haut-commissaire), **consul, député** (1.), **ministre** (II., 3.), **résident.** *Représentant accrédité*. ⇒ aussi **Persona grata.** — *Représentant du Saint-Siège.* ⇒ **Légat, nonce.**

Par anal. Personne faisant partie d'une délégation, d'une équipe nationale, dans une rencontre internationale.

♦ **4.** (1875). «Personne qui fait profession de passer ou de proposer des contrats pour une ou plusieurs maisons de commerce» (Capitant). ⇒ **Commis, courtier, intermédiaire** (→ Intéresser, cit. 4). *Représentant de fabrique* (vx), *de commerce. Représentant de commerce qui voyage.* ⇒ **Voyageur** (de commerce). *Voyageur, représentant, placier* (⇒ **V.R.P.**). *Représentant exclusif* (employé par une seule firme) ou *multicarte, à cartes multiples* (employé par plusieurs firmes). *Une représentante en produits de beauté.*

5 — D'ailleurs, s'il survenait quelque importun, il est entendu que je suis le représentant d'une grosse maison belge de papeterie qui vient vous faire ses offres de service. J. ROMAINS, les Hommes de bonne volonté, t. II, VIII, p. 83.

♦ **5.** Par ext. *Les représentants de Dieu, de la divinité sur la terre* (⇒ **Prêtre**).

6 — Le droit de grâce (...) était un des attributs du droit divin. Le roi ne l'exerçait que parce qu'il était au-dessus de la justice humaine comme représentant de Dieu sur la terre. FRANCE, le Mannequin d'osier, XI, Œ., t. XI, p. 360.

7 (...) c'est un dada romantique que le poète est, par droit de naissance, un représentant de Dieu sur la terre et, comme tel, appelé à conduire les hommes.
Émile HENRIOT, les Romantiques, p. 131.

♦ **6.** (1764, Rousseau). Hist. *Les représentants* : citoyens genevois de tendance libérale.

★ **II.** (xviiiᵉ, Buffon, «espèce analogue à d'autres»). ♦ **1.** Personne, animal, chose que l'on considère comme type (d'une classe, d'une catégorie). ⇒ **Modèle, type; échantillon.** *Chacun des représentants de l'espèce.* ⇒ **Individu** (cit. 8). *Les représentants de deux espèces animales* (→ Indifférence, cit. 15). — *L'un des derniers représentants de cette belle et grande domesticité* (cit. 1, Balzac). *Des repré-*

sentants d'une humanité médiocre (cit. 5). *Le représentant le plus illustre d'une école* (→ Naturaliste, cit. 5).

8 (...) Célestin Crevel est le représentant si naïf et si vrai du parvenu parisien, qu'il est difficile d'entrer sans cérémonie chez cet heureux successeur de César Birotteau. BALZAC, la Cousine Bette, Pl., t. VI, p. 234.

9 Déclarer que l'on se considère soi-même comme le plus parfait représentant de nos jours, du classicisme, quoi de plus immodeste !
GIDE, Journal, 11 févr. 1941.

♦ **2.** Gramm. Mot qui en représente un autre (pronom, etc.), opposé à *nominaux* (cf. Brunot, *la Pensée et la Langue,* VI, p. 170-173). ⇒ **Substitut.**

♦ **3.** Math. *Représentant d'une classe d'équivalence,* élément de cette classe. *Représentant d'un vecteur* : classe d'équivalence de la relation d'équipollence sur l'ensemble des bipoints d'un espace affine.

♦ **4.** Psychan. (Chez Freud). *Représentant de la pulsion* : ensemble des éléments dans lesquels la pulsion trouve son expression psychique. — *Représentant psychique,* se dit de l'expression psychique des excitations endosomatiques.

CONTR. Client, commettant, mandant. — Électeur.

REPRÉSENTATIF, IVE [ʀ(ə)pʀezɑ̃tatif, iv] adj. — V. 1380; de *représenter*.

♦ **1.** Qui représente (quelque chose d'autre); qui tient lieu de ou a pour but de rendre sensible. *Emblème, symbole représentatif d'une abstraction. Signe, idéogramme représentatif d'une idée. L'argent, représentatif des richesses, des biens.* Math. *Courbe représentative d'une fonction.* — N. m. Vx. *«L'or est parmi les hommes le représentatif des nécessités de la vie»* (Mirabeau, in Brunot, *Hist. de la langue franç.,* t. VI, p. 148).

♦ **2.** (1764). Qui concerne la représentation du peuple par des personnes désignées (généralement élues), pour l'exercice du pouvoir. ⇒ **Représentant.** *Gouvernement* (→ Garantie, cit. 8), *système représentatif. Monarchie représentative* (→ Homogène, cit. 8). — *Mandat* (cit. 2) *représentatif. —Assemblée représentative.* ⇒ **Parlementaire, parlementarisme.** Par ext. *«L'idée d'assister à une ou deux séances de la Chambre..., et de regarder un peu l'humanité représentative»* (Goncourt, *Journal,* 15 févr. 1887).

1 Ne perdez pas de vue que, dans le gouvernement représentatif, il n'est pas de lois constitutives aussi importantes que celles qui garantissent la pureté des élections. ROBESPIERRE, Disc. du 10 mai 1793.

2 Par *gouvernement représentatif,* j'entends la monarchie telle qu'elle existe aujourd'hui en France, en Angleterre et dans les Pays-Bas (...)
CHATEAUBRIAND, De la monarchie selon la charte, Préface, 1ʳᵉ éd.

3 (...) je préférerais un système plus représentatif encore, et où la femme, l'enfant fussent comptés. RENAN, Réforme intellectuelle et morale de la France, II, III, in Œ. compl., t. I, p. 387.

♦ **3.** Philos. (1644, Descartes). *Idées représentatives* : signes des objets réels (dans la théorie cartésienne, pour laquelle l'esprit ne connaît directement que les idées).

Psychol. Qui représente à l'esprit un objet dont il prend connaissance. ⇒ **Intellectuel;** et aussi **pensée.** *Perception, imagination représentative. Faits représentatifs et faits affectifs.* — Par ext. *Contenu représentatif* (→ Pur, cit. 3). *L'espace* (cit. 5) *représentatif et l'espace géométrique.*

4 Le départ de ces deux éléments combinés de la sensation s'opère en quelque sorte de lui-même, la partie *affective* allant toujours en s'affaiblissant par suite de la répétition des mêmes impressions, pendant que la partie intuitive ou *représentative* acquiert progressivement par l'habitude plus de netteté et de distinction.
MAINE DE BIRAN, Du physique et du moral de l'homme, II, I.

4.1 Les jeunes gens laborieux espèrent toujours qu'à leur examen on leur demandera tout ce qu'ils ont si bien appris, et qu'ainsi, en réponses brèves mais exactement représentatives, toutes leurs connaissances apparaîtront aux yeux de l'examinateur pour l'estime de qui aucune heure de leur long travail n'aura été ainsi perdue.
PROUST, Jean Santeuil, Pl., p. 589.

♦ **4.** (xxᵉ). Propre à représenter une classe, qui la représente bien. ⇒ **Caractéristique, typique.** *Un garçon représentatif de la jeune génération.* — Par ext. Remarquable dans son genre. *Une figure représentative* (→ 1. Mannequin, cit. 8).

5 Plus tard, on croira découvrir partout son influence *(de Bergson)* sur notre époque, simplement parce que lui-même est de son époque et qu'il cède sans cesse au mouvement. D'où son importance représentative.
GIDE, Journal, 1ᵉʳ mars 1924.

DÉR. Représentativement, représentativité.

REPRÉSENTATION [ʀ(ə)pʀezɑ̃tasjɔ̃] n. f. — 1250, t. d'affaires; 1393, dr.; lat. *repræsentatio,* de *repræsentare.* → Représenter.

★ **I. A.** Action de mettre devant les yeux ou devant l'esprit de qqn.

♦ **1.** Vx ou dr. Production. ⇒ **Présentation.** *Représentation d'acte* (pouvant servir de titre ou de preuve). *Représentation de livres de commerce,* leur production en justice ou devant arbitres. ⇒ aussi **Exhibition.** — *Délit de non-représentation d'enfant.*

♦ **2.** (1370). Le fait de rendre sensible (un objet absent ou un concept) au moyen d'une image, d'une figure, d'un signe*... (⇒ **Repré-**

senter) ; ce qui représente. ⇒ **Signe.** *Représentation matérielle d'une chose abstraite* (⇒ **Symbole** ; **allégorie, emblème**). *L'étalon, représentation concrète d'une unité* (de longueur, de poids). *Représentation d'un objet par une figure* (cit. 5), *d'un phénomène par un tracé.* ⇒ **Diagramme, graphique, schéma, tableau.** *Système de représentation des sons musicaux.* ⇒ **Notation.** — *Représentation linéaire, plane, en plan, perspective, en perspective. Représentation de la surface terrestre par projection* (stéréographie, topographie...). ⇒ **Carte, plan.**
Processus par lequel l'art renvoie à une réalité extérieure absente. ⇒ **Mimesis, imitation** (au sens classique). *Les arts de la représentation.* ⇒ **Figuratif, figuration** ; **effigie, idéographie, illustration, image.** *La représentation fidèle, servile du réel.* ⇒ **Copie, imitation, reproduction.** *Représentation conforme* (→ **Dessin,** cit. 5), *exacte ; déformée, simplifiée...* ⇒ **Caricature, parodie.** *La représentation du visage humain dans le portrait.* — Par ext. *Représentation des passions, des sentiments* (→ Expressionnisme, cit. 1). ⇒ **Traduction.**

1   Personne, à son gré, ne l'égalait (...) comment ! ne l'égalait, ne l'approchait dans la représentation vivante des oiseaux ; on eût pu cueillir ses iris et ses roses, manger ses noisettes, et quand il se mêlait de représenter des figures, il se surpassait lui-même !   J.-A. DE GOBINEAU, Nouvelles asiatiques, p. 127.

2   Depuis que la représentation ne nous aveugle plus (...) nous commençons à deviner que la représentation est un moyen de style, non le style un moyen de la représentation.   MALRAUX, les Voix du silence, p. 331.

Le théâtre, art de représentation (→ ci-dessous cit. 4.1).

♦ **3.** *Le fait de représenter* (I., 3.) *par le discours.* ⇒ **Description, évocation** (→ Ellipse, cit. 3 ; objectivité, cit. 3 ; passer, cit. 156). *Représentation réaliste, affaiblie* (⇒ **Reflet**), *idéalisée...* — *Une représentation vive des passions* (→ Purger, cit. 3).

♦ **4.** Ling. *Le fait de tenir lieu de* (un autre élément). *Représentation des éléments du langage* (noms...) *par d'autres* (pronoms...). ⇒ aussi **Anaphore.** — REM. Selon la terminologie de Ferdinand Brunot (*la Pensée et la Langue*, VI, p. 171), il y a en grammaire : *représentations simple, conjonctive, possessive, démonstrative, déterminative* ou *qualificative, numérale* et *distributive.*

B. (1538). *Le fait de représenter une pièce au public, en la jouant sur la scène** (→ Effectuer, cit. 4). ⇒ **Comédie** (I., A.), **spectacle.** *Donner une, des représentation(s).* → Front, cit. 32. *Couper une représentation par des intermèdes* (cit. 2), *des entractes. Première représentation d'une pièce.* ⇒ **Première** (cit. 3). *Représentation de gala*. Représentation donnée l'après-midi* (matinée), *en soirée*. Acteur qui donne des représentations.* ⇒ **Produire** (se).

3   Il est évident que ce drame *(Cromwell),* dans ses proportions actuelles, ne pourrait s'encadrer dans nos représentations scéniques.   HUGO, Cromwell, Préface.

4   On dirait une de ces représentations à bénéfice dans lesquelles on voit défiler l'une après l'autre les meilleures scènes de pièces connues.
    Paul LÉAUTAUD, le Théâtre de M. Boissard, XIV.

4.1 Tant que la mise en scène demeurera, même dans l'esprit des metteurs en scène les plus libres, un simple moyen de présentation, une façon accessoire de révéler des œuvres, une sorte de spectaculaire sans signification propre, elle ne vaudra qu'autant qu'elle parviendra à se dissimuler derrière les œuvres qu'elle prétend servir. Et cela durera aussi longtemps que l'intérêt majeur d'une œuvre représentée résidera dans son texte, aussi longtemps qu'au théâtre — art de représentation, la littérature prendra le pas sur la représentation appelée improprement spectacle, avec tout ce que cette dénomination entraîne de péjoratif, d'accessoire, d'éphémère et d'extérieur.
    A. ARTAUD, le Théâtre et son double, « Lettres sur le langage », p. 160.
Par métaphore. → Raout, cit. Proust.

C. ♦ **1.** *Processus par lequel une image* est présentée au sens ; image ou combinaison d'images. Représentations auditives* (cit. 2), *visuelles* (⇒ **Vision**). *La représentation des choses* (→ Aveugle, cit. 38) ; *notre représentation de la matière* (→ Élimination, cit. 2). — *La perception, représentation d'un objet par le moyen d'une impression* (cit. 46). ⇒ **Perception.** *Représentation sensible. Idées et représentations* (→ Association, cit. 18). *Connaissance* et représentation. La suite des représentations dans la pensée.* — *Faculté de la représentation spatiale :* aptitude à prévoir les transformations ou à se représenter un objet réel dans l'espace à trois dimensions. — Philos. *Le monde comme volonté et comme représentation,* de Schopenhauer.

♦ **2.** *Image d'une chose irréelle, absente.* ⇒ **Évocation, image, imagination.** *L'idée, représentation intellectuelle. Les représentations fantomatiques* (→ Fabulation, cit. 2). *La représentation du passé* (1. Passé, cit. 15), *d'un mal futur* (→ Peur, cit. 4).

5   La réalité n'appartient pas primitivement et essentiellement au monde de nos *représentations.* Les sens et l'imagination trompent à chaque instant et peuvent tromper toujours.   MAINE DE BIRAN, Examen des leçons de philosophie, I.

Psychan. « Ce que l'on se représente, ce qui forme le contenu concret d'un acte de pensée » et « en particulier la reproduction d'une perception antérieure (...) Freud oppose la représentation à l'affect, chacun de ces deux éléments subissant, dans les processus psychiques, un sort distinct » (Laplanche et Pontalis). *Représentation-but,* ce qui oriente les pensées.

♦ **3.** Math. *Relation entre certains éléments appartenant à deux ensembles, entre deux domaines. Représentation conforme, paramétrique. Représentation cartésienne, du produit cartésien.* — *Représentation d'un ensemble par un diagramme* de Venn, de Carroll. Représentation du graphe d'une relation.* ⇒ **Graphe.** *Représentation*

graphique d'une fonction. Représentation de vecteurs. ⇒ **Représentant.**

♦ **4.** Inform. *Le fait de représenter une donnée par une grandeur. Représentation analogique ; discrète.*

D. (1718). Vieilli. *Le fait de présenter à quelqu'un les inconvénients de ses actes ou de ses projets, en manière de reproche, de « remontrance respectueuse »* (Trévoux, 1771). ⇒ **Admonestation, avertissement, blâme, doléance, objection, objurgation, observation, remontrance, reproche, semonce, sermon...**

6   (...) quand le conseil tire avantage du mot de *représentation* qui marque infériorité, en disant une chose que personne ne dispute, il oublie cependant que ce mot employé dans le règlement n'est pas dans l'édit auquel il renvoie, mais bien celui de *remontrances* qui présente un tout autre sens (...)
    ROUSSEAU, Lettre de la montagne, II, VIII.

Le fait de présenter des arguments (pour une requête, etc.).

7   Le caissier, sur ses représentations pressantes, avait fini par lui avancer quatre cents francs.   MAUPASSANT, Bel-Ami, I, VI.

E. ♦ **1.** (Fin XVIIe). Vx. *Le fait de montrer, de présenter aux yeux de tous son état, sa condition sociale, par le train de vie, la tenue, le comportement. La représentation d'un grand seigneur.* — Loc. mod. *Être en représentation* (avec influence du sens B).

8   Presque tous ceux que je connais sont en représentation, soit que la dame ait des vêtements d'apparat, une coiffure seyante, un air de bien savoir qu'elle pose devant le peintre d'abord, et ensuite devant tous ceux qui la regarderont, soit qu'elle ait pris une attitude abandonnée dans un négligé bien choisi.
    MAUPASSANT, l'Inutile Beauté, « Un portrait ».

9   Dès qu'ils étaient épris d'elle, et qu'ils abandonnaient, dans le désarroi de leur cœur, leurs poses de représentation et leurs habitudes de bon ton, elle les voyait tous pareils, pauvres êtres qu'elle dominait de son pouvoir séducteur.
    MAUPASSANT, Notre cœur, I, II.

♦ **2.** *Train de vie auquel certaines personnes sont tenues, en raison de leurs fonctions, de leur situation.* Loc. *Allocation pour frais* de représentation.*

10   (...) il s'installait à sa façon — en grand seigneur fastueux qui n'entend être dépassé par personne dans le domaine de la *représentation.*
    Louis MADELIN, Talleyrand, IV, XXXI.

★ **II.** ♦ **1.** (1611). Dr. *Le fait de remplacer* (qqn), *d'agir à sa place dans l'exercice d'un droit. Représentation du mandant par le mandataire. Actes faits en représentation de qqn* (→ Habiliter, cit. 1). *Représentation en justice :* charge d'agir en justice (en demande ou en défense) pour une autre personne. *Représentation du failli et des créanciers par le syndic de faillite, d'une société par son gérant, de l'État par le préfet, pour certains litiges.* — *Droit de représentation des avoués.*
Dans une succession, *le fait de prendre le rang et la place d'un héritier en ligne directe décédé.*

♦ **2.** *Action de représenter à l'étranger. Représentation diplomatique.* ⇒ **Diplomatie.** — Par ext. *Ensemble des services qui sont chargés de cette représentation* (ambassade, légation...). *La représentation américaine à Paris.*

♦ **3.** (XIVe, à propos des bourgeois de Calais, qui représentaient la ville ; sens mod., 1772). *Le fait de représenter* (le peuple, la nation) *dans l'exercice du pouvoir.* ⇒ **Délégation, élection, mandat, suffrage.** *La représentation du peuple, du pays, des minorités* (cit. 6). *Le Parlement* (cit. 5) *assure la représentation des collectivités territoriales.* — *Représentation proportionnelle* (R. P.). ⇒ **Proportionnel.**
(V. 1360, Froissart, repris XVIIIe). Par métonymie. *Ceux qui représentent le peuple.* ⇒ **Représentant.** *La représentation communale* (conseil municipal), *nationale, syndicale ; la représentation du pays* (assemblée, chambre, parlement). → aussi Malentendu, cit. 5.

11   (...) tous les agents et tous les sicaires des rois étrangers veillent et s'agitent pour (...) anéantir (...) la représentation nationale tout entière ; mais le peuple est présent ; il entoure la Convention de son bras puissant (...)
    ROBESPIERRE, Projet de rapport sur l'affaire Chabot.

♦ **4.** (Fin XIXe). Comm. *Le fait de passer des contrats pour le compte d'une maison de commerce ; métier de représentant* de commerce. Faire de la représentation.*

★ **III.** (1530). Rare. *Le fait de présenter de nouveau, une seconde fois. Exiger la représentation d'un document.*

COMP. Sous-représentation, surreprésentation.

REPRÉSENTATIVEMENT [R(ə)pRezãtativmã] adv. — V. 1330 ; de *représentatif.*

♦ Didact. *D'une manière représentative.*

REPRÉSENTATIVITÉ [R(ə)pRezãtativite] n. f. — 1954 ; de *représentatif.*

Didactique.

♦ **1.** *Caractère d'un organe politique qui représente le peuple, la nation. La représentativité d'une assemblée. Représentativité populaire d'une organisation.*

♦ **2.** Caractère d'une personne qui a qualité pour parler ou agir au nom d'une autre. *Cette délégation n'a aucune représentativité.*

♦ **3.** Caractère représentatif (4.). *Représentativité d'un échantillon statistique.*

REPRÉSENTER [ʀ(ə)pʀezɑ̃te] v. tr. — V. 1175 ; lat. *repræsentare* «rendre présent», de *re-*, et *præsens* «présent».

★ **I.** Rendre présent, rendre sensible. — REM. Le sens de «présenter de nouveau», attesté dès le XIIIᵉ s., est surtout usité au pronominal. → ci-dessous, Se représenter.

A. ♦ **1.** Vx ou dr. Exposer, mettre devant les yeux, montrer d'une manière concrète. ⇒ **Exhiber.**

♦ **2.** (1270). Soumettre, présenter à l'esprit, rendre sensible (un objet absent, un concept) en provoquant l'apparition de son image* (II.) au moyen d'un autre objet qui lui ressemble ou qui lui correspond (signe au sens le plus général : image, signe, symbole). ⇒ **Désigner, évoquer, exprimer.** *Représenter une abstraction par un emblème, un symbole* (⇒ **Symboliser**). *Représenter un objet, un concept par un mot, par un terme, un nom* (⇒ **Nommer ; appeler**), *un signe graphique, un idéogramme. Représenter un phénomène par une courbe, un diagramme, un graphique* (→ aussi Pyramide, cit. 7). *Représenter les sons musicaux par une notation*, le langage par l'écriture.* — *Symphonie descriptive* (cit. 3) *qui veut représenter un orage.*

(Le sujet désigne le signe). Être la représentation, le signe de... (→ Fraction, cit. 2 ; pâquerette, cit. 1). *Idéogramme* (cit. 1), *hiéroglyphe qui représente une chose concrète ou un concept. Ce que représentent les mots*.* — *L'argent* (cit. 15) *représente les richesses, la valeur* (→ Monnaie, cit. 3 et 4). Linguistique :

1 (...) on ne peut pas dire que le pronom remplace le nom, il le représente.
F. BRUNOT, la Pensée et la Langue, p. 173.

(V. 1265). Évoquer ou indiquer (qqch.), par un procédé graphique, plastique (dessin, peinture, photographie, sculpture...). ⇒ **Dessiner, exprimer, figurer, peindre, photographier, rendre.** *Objet, scène qu'on représente.* ⇒ **Motif, sujet.** *Représenter exactement, fidèlement, scrupuleusement qqch.* ⇒ **Copier, imiter, reproduire.** *Représenter en interprétant, en modifiant, en déformant* (⇒ **Caricaturer, contrefaire, simuler, singer**). — *Représenter un paysage, la nature* (→ Peindre, cit. 6), *la mer* (→ 1. Marine, cit. 4). *Par ext. Représenter la vie, le réel* (⇒ **Réalisme** ; → Maître, cit. 90). — *Représenter des allégories* (⇒ **Iconologie**), *des scènes historiques, religieuses... L'iconographie* (cit. 2) *étudie les sujets représentés dans les œuvres d'art. Représenter une personne, un visage.* ⇒ **Portraire** (vx), **portrait** (→ Portraitiste, cit.). *Représenter dans un tableau les faces* (cit. 34) *d'un corps solide.*

(En parlant de l'image). *Tableau, portrait* (cit. 1) *qui représente qqn, qqch.* (→ 1. Lis, cit. 8). *Image qui représente une divinité.* ⇒ **Idole.** *Album* (cit. 2) *qui représente des vues de Suisse. La médaille représente un combat* (→ Culminer, cit. 1). *L'original et non pas le papier qui le représente* (→ Imitation, cit. 13). *Qu'est-ce que ça représente ? Ça ne représente rien, c'est de l'abstrait.* — Théâtre. *La scène représente un salon, une rue...* (→ ci-dessous, B.).

2 (...) son *Christ présenté*, sa *Danse de la Madeleine (de Lucas de Leyde)*, n'ont de religieux que le nom ; le personnage évangélique y est perdu dans les accessoires ; ce que le tableau représente véritablement, c'est une fête flamande à la campagne (...)
TAINE, Philosophie de l'art, t. II, p. 27.

♦ **3.** (V. 1175). Faire apparaître à l'esprit, évoquer par le moyen du langage, du discours. ⇒ **Décrire, dépeindre, évoquer, exposer, tracer ; description.** *Représenter naïvement* (cit. 2) *et nettement les choses. Quand le poète veut représenter le monde qu'il a conçu* (→ Historique, cit. 6). *Représenter les côtés pénibles de la vie* (→ Pessimisme, cit. 2). *L'historien représente les faits* (→ Mutiler, cit. 6). *Représenter l'amour et ses caprices* (→ Mer, cit. 10). *Les poètes représentent l'amour comme un enfant, sous les traits d'un enfant.* ⇒ **Personnifier.**

3 On a souvent représenté la vie (...) comme une montagne que l'on gravit d'un côté et que l'on dévale de l'autre (...)
CHATEAUBRIAND, Mémoires d'outre-tombe, t. II, p. 106.

Vx (langue class.). Rappeler le souvenir de (une chose passée). *Par ext. On le représente souvent comme un aventurier :* on en parle comme, on prétend qu'il est, on fait de lui un aventurier. → Faire (*supra* cit. 140).

♦ **4.** Vx (langue class.). Donner par son apparence, l'impression de...

B. (Fin XIIᵉ ; «incarner un personnage», XVIᵉ). Montrer une action à un public, par les moyens scéniques. ⇒ **Scène ; représentation** (I., B.). *Représenter une pièce, un spectacle* ⇒ **Donner** (I., B., 2.), **interpréter, jouer ;** → Aviser, cit. 35. *Représenter une action sans paroles.* ⇒ **Mimer.** — *Par ext. Représenter un auteur. Se faire représenter* (→ Imprimer, cit. 35).

4 Avec quelque succès que l'on ait représenté mon Alexandre (...)
RACINE, Alexandre, 1ʳᵉ Préface (1666).

5 (...) le *Misanthrope*, l'une des meilleures comédies de Molière, fameux auteur français. Il l'a fait représenter aujourd'hui sur le théâtre de Madrid, et elle a été très mal reçue.
A.-R. LESAGE, le Diable boiteux, IX.

Représenter certaines catégories de personnes, les mettre en scène, les dépeindre dans une pièce (→ Effaroucher, cit. 6).

Représenter un personnage. ⇒ **Incarner, interpréter.**

C. ♦ **1.** Rendre présent à l'esprit, à la conscience (un objet qui n'est pas perçu directement). *Certains moments que l'imagination* (cit. 8) *ne peut se lasser de représenter et d'embellir.* — *Représenter qqch. à qqn* (→ Examen, cit. 12). *Ce mot ne lui représentait que l'idée de...* (→ Libertinage, cit. 5).

♦ **2.** V. pron. (Déb. XVIIᵉ). SE REPRÉSENTER (qqch.) : former dans son esprit l'image de... (l'image évoquée correspond à une réalité absente, comme pour s'*imaginer*, tandis que *imaginer* suppose une élaboration par l'imagination créatrice). ⇒ **Concevoir** (II.), **figurer** (se), **imaginer** (s'), **voir** (fig.) ; *idée* (cit. 3, Descartes), *imagination* (cit. 3) ; → Entendement, cit. 4 ; 1. point, cit. 63. *Se représenter un accident, une maladie* (→ Émouvoir, cit. 29). *Se représenter exactement, avec précision* (cit. 4), *vivement..., se représenter en idéalisant... Se représenter le passé.* ⇒ **Souvenir** (se). *Je me représentais amèrement la vie que j'avais menée* (→ Facile, cit. 31). — *Se représenter comme...* (→ Graphique, cit. 2), *comment..., pourquoi...* (→ Mieux, cit. 10). *Se représenter que...* (⇒ **Penser**). *Représentez-vous ma surprise...* ⇒ **Juger** (de).

6 (...) lorsque nous nous représentons les objets dans l'espace intérieur, nous savons qu'ils y étaient avant que la perception actuelle que nous en avons ; car l'âme sait bien qu'elle ne crée pas ces objets comme elle crée, par exemple, les actes libres ou les mouvements du corps que la volonté détermine.
MAINE DE BIRAN, Du physique et du moral de l'homme, II, v.

7 Pour se représenter une situation inconnue l'imagination emprunte des éléments connus et, à cause de cela, ne se la représente pas.
PROUST, la Fugitive, Pl., t. III, p. 424.

8 — On se représente jusqu'à douze ans, vous savez. Passé douze ans, on ne se représente plus rien. Passé douze ans on n'est plus poète.
Tout ce que je ne me représentais pas le matin de ma première communion, je ne me le représenterai jamais.
Ch. PÉGUY, Note conjointe, Sur Descartes, p. 303.

9 L'intelligence ne se représente clairement que le discontinu (...) Notre intelligence ne se représente clairement que l'immobilité.
H. BERGSON, l'Évolution créatrice, p. 155.

10 Je me représentais mon père, ma mère et ma bonne comme des géants très doux (...)
FRANCE, le Livre de mon ami, « Livre de Pierre», I, v.

11 Ma pensée s'attachait à Camille si obstinément que je ne pouvais plus me représenter son visage.
F. MAURIAC, la Robe Prétexte, XXVIII.

12 — Tu ne te représentes certainement pas ce que c'est que ce type-là. C'est la seule explication.
— C'est toi au contraire qui te fais des idées.
J. ROMAINS, les Hommes de bonne volonté, t. IV, v, p. 40.

♦ **3.** Présenter (une chose) à l'esprit, par association d'idées (le sujet désigne une chose qui n'est pas un signe choisi, convenu, à la différence du sens I, A, 2). ⇒ **Évoquer, rappeler.** «*Toute sa personne velue représentait un ours*» (→ Cacher, cit. 52). *Représenter toute l'histoire d'un pays.* ⇒ **Refléter.** → Capitale, cit. 3. *Tout ce qu'elle représente pour moi de grâce* (→ Nom, cit. 19). — *Par ext. Présenter à l'esprit en incarnant* (avec influence du sens II). *Personne qui représente une tendance, un genre* (→ Honnête, cit. 26 ; et aussi généralité, cit. 6 ; moyenne, cit. 3). *Ils représentent l'élément intelligent et actif* (→ Meneur, cit. 4).

13 Tous avaient conscience de représenter une fraction de la grande force prolétarienne.
MARTIN DU GARD, les Thibault, t. VII, p. 62.

14 (...) mais l'un débile et l'autre sexagénaire ne représentaient-ils pas ce qu'elle pouvait imaginer de plus méprisable et de plus triste ?
J. GREEN, Léviathan, I, IX.

♦ **4.** Par ext. (En parlant de choses identiques, équivalentes). ⇒ **Constituer** (3.), **correspondre** (à), **être** (→ Muraille, cit. 7), **ressembler** (à). *Une niche* (2. Niche, cit. 3) *vitrée représentant la loge du concierge.* — *L'épargne* (cit. 9) *représente une privation, un effort et même un sacrifice. L'or* (1. Or, cit. 20 et 23) *représente la force, la puissance...*

Équivaloir à... *Cela représente plus d'un million* (→ 2. Exemplaire, cit. 4 ; et aussi impôt, cit. 8 ; jeter, cit. 33). *Frais qui représentent la moitié* (cit. 1) *du prix de revient.*

Représenter qqch. pour... : constituer, être pour... *Cela ne représente pas grand-chose pour un homme si riche. Le drame que représente pour lui ce bouleversement* (cit. 3).

D. (1611 ; «exposer», XIIIᵉ). Vieilli ou littér. Faire observer à qqn, en mettant en garde ou en reprochant. ⇒ **Remontrer.** *Il lui représenta les suites de son action* (→ Noirceur, cit. 8). *Représenter à qqn que...* ⇒ **Avertir** (→ Argumenter, cit. 2 ; grimaud, cit. 1). *Représenter comme..., combien..., pourquoi...*

15 (...) on lui représenta que sa qualité de femme mariée ne permettait pas de la recevoir sans une permission particulière.
LACLOS, les Liaisons dangereuses, CXLVII.

16 (...) j'engageai même le sieur Marin, auteur de la *Gazette de France*, et ami de M. Goëzman, de représenter à ce magistrat combien un pareil acte d'hostilité tournerait désagréablement pour lui.
BEAUMARCHAIS, Mémoires... dans l'affaire Goëzman, p. 25.

17 Il représenta au maréchal la nécessité de mettre un terme aux malheurs de la capitale.
CHATEAUBRIAND, Mémoires d'outre-tombe, t. V, p. 201.

18 Il déclara qu'il se battrait au pistolet et à cinq pas (...) Goncourt eut beau lui représenter que cette solution n'avait pas le sens commun, il tint bon !
A. BILLY, les Frères Goncourt, p. 343.

Ce qui nous représente que... ⇒ **Montrer** (→ Espérance, cit. 1, Descartes).

E. V. intr. (1694). Donner à autrui une impression d'importance, de respectabilité, par son attitude, son maintien, son comportement social. ⇒ **Imposer** (en). *Il représentait avec magnificence* (→ 1. Montre, cit. 5).

19 D'après un manuscrit relié aux armes de Mansart, le palais *(de Versailles)* a coûté 153 millions (...) quand un roi veut représenter, c'est à ce prix qu'il se loge.
TAINE, les Origines de la France contemporaine, t. I, p. 139.

19.1 Vous représentez... vous avez une jolie figure... une jolie taille... des mains charmantes, pas du tout abîmées par le travail (...) des yeux qui ne sont pas dans vos poches (...)   O. MIRBEAU, le Journal d'une femme de chambre, p. 339.

20 Nathalie Rabbe était une de ces femmes qui partout et toujours représentent. Ses peignoirs même, ses saut-de-lit étaient des manières de toilettes pour drawing-room ; et j'imagine (car je n'en sais rien) que nue elle représentait encore : car elle devait avoir l'air d'un objet d'exposition ou de musée.
A. HERMANT, Souvenirs du vicomte de Courpière, VIII.

★ **II.** (1283). ♦ **1.** Tenir la place de (qqn), agir* en son nom, en vertu d'un droit, d'une charge qu'on a reçu(e). ⇒ **Remplacer.** *Représenter qqn en justice.* ⇒ **Postuler** ; → Habiliter, cit. 1. *Représenter les absents* (cit. 9). *Le ministre s'était fait représenter par son chef de cabinet. — Représenter un groupe. Représenter ses électeurs, la population d'une ville... Le Sénat américain représente les États de l'Union* (→ Fédération, cit. 3). *— Représenter un gouvernement, un pays...* (→ Diplomatie, cit. 1 ; main, cit. 97).

21 Vous y représentez tous les Grecs et son père (...)   RACINE, Andromaque, II, 4.

22 Avant de lever les scellés et de procéder à l'inventaire, il fallut le temps au procureur du roi, tuteur légal des orphelins, de commettre Bongrand pour le représenter.
BALZAC, Ursule Mirouët, Pl., t. III, p. 415.

23 Mes enfants, s'il vous fallait recevoir un ministre, vous vous empresseriez de lui faire les honneurs de votre logis, comme à un représentant du souverain. Eh bien, quels hommages ne devez-vous pas rendre aux prêtres qui représentent Dieu sur la terre ?   FRANCE, le Livre de mon ami, « Livre de Pierre », II, VII.

♦ **2.** Être le représentant de.

24 En dehors de ses grandes affaires, il représentait diverses compagnies d'assurances.   G. DUHAMEL, Salavin, III, III.
Ne représenter que soi-même : ne pas avoir autorité pour parler au nom d'autres personnes (→ Produit, cit. 4).

♦ **3.** Être représentant* (I., 4.). *Représenter une marque de voiture.*

★ **III.** (XIIIᵉ). Présenter de nouveau. — Pron. (→ Diableteau, cit.). *Se représenter à un examen. — Idée qui se représente à l'esprit.*
Être représenté :

25 La couleur des gants qui moulaient les mains du gentilhomme, tout, jusqu'au bruit des pas sur les dalles, tout se représente à mon souvenir avec tant de fidélité que, dans soixante ans, je reverrai les moindres choses de cette fête, telles que la couleur particulière de l'air, le reflet du soleil qui miroitait sur un pilier (...)
BALZAC, Modeste Mignon, Pl., t. I, p. 470.

▶ **SE REPRÉSENTER** v. pron. → ci-dessus I., B. et III.

▶ **REPRÉSENTÉ, ÉE** p. p. adj. *Objet, phénomène représenté, exactement représenté. Personnage bien représenté.* ⇒ **Campé.**
Les citoyens représentés et leurs représentants.
N. m. *Le représenté :* ce qui est représenté (I.), rendu présent à l'esprit.

CONTR. (Du sens II.) Déléguer.
DÉR. Représentable, représentant, représentatif.
COMP. (Du p. p.) Sous-représenté, surreprésenté.

REPRESSER [R(ə)pRese] v. tr. — 1549 ; de re-, et *presser.*

♦ **1.** Presser de nouveau.

♦ **2.** (Mil. xxᵉ). Techn. Donner à (une ébauche) sa forme définitive, à la presse (opération du *repressage, n. m.*).

RÉPRESSEUR [RepRescer ; RepRescœR] adj. m. et n. m. — 1840 ; du rad. de *répression.*

♦ **1.** Adj. m. Littér. Qui réprime. ⇒ **Répressif.**

♦ **2.** Biol. Organisme cellulaire qui bloque la fabrication des enzymes lorsque ceux-ci ne sont pas nécessaires. *« Sa capacité* (d'une protéine) *à cliver certaines protéines, appelées répresseurs, qui sont habituellement fixées sur le D.N.A. (A.D.N) afin d'en interdire l'expression »* (la Recherche, mars 1981).

RÉPRESSIBLE [RepResibl] adj. — 1793 ; dér. sav. du lat. *repri-mere.* → Réprimer.

♦ Didact. Qui peut être réprimé.

CONTR. Irrépressible.

RÉPRESSIF, IVE [RepResif, iv] adj. — 1795, *Journal des Arts et manufactures,* nº 2 (an III), p. 176 ; attestation isolée, xIVᵉ, méd. ; du rad. de *répression.*

♦ **1.** Qui sert à réprimer. *Loi répressive* (→ Neutraliser, cit. 2). *Déférer un coupable à la juridiction répressive.*

♦ **2.** Qui réprime. ⇒ **Répresseur.** *Action répressive.*

1 Aux regards de Félicité, Béatrix devina l'adoration intérieure qu'elle inspirait à son voisin et qu'il était indigne d'elle d'encourager, elle jeta donc sur Calyste en temps opportun un ou deux regards répressifs qui tombèrent sur lui comme des avalanches de neige.   BALZAC, Béatrix, Pl., t. II, p. 425.

1.1 Pour pacifier un pays, il semble qu'il faille recourir aux moyens pacifiques. Cette énonciation paraît naïve ; cependant, il n'y a pas longtemps qu'elle est acceptée des Gouvernements. Ils ont eu longtemps, et peut-être gardent-ils encore, une secrète tendresse pour les moyens répressifs.
L.-H. LYAUTEY, Paroles d'action, p. 460.

2 (...) l'action répressive que la collectivité exerce sur le faible, le malade, l'inadapté (...)   SARTRE, Situations II, p. 141.

3 Toute société de classes (et l'on n'en connaît pas encore d'autres) est une *société répressive.*
Nous savons avec quelle magnificence et comment le catholicisme joua son rôle dans la société répressive en Europe occidentale. État elle-même et rivale de l'État politique, l'Église offrait des possibilités de carrières «spirituelles».
Henri LEFEBVRE, la Vie quotidienne dans le monde moderne, p. 268.

♦ **3.** (Personnes). Autoritaire. *Ce surveillant est tout à fait répressif. — N. « Une régression historique, fulmine un président de tribunal coté parmi les répressifs pourtant »* (l'Express, 2 oct. 1978).

DÉR. Répressivement.

RÉPRESSION [RepResjɔ̃ ; RepResjɔ̃] n. f. — 1482 (1372, selon G. L. L. F.), *répression d'un sentiment ;* lat. médiéval *repressio,* de *repri-mere.* → Réprimer.

★ **I.** ♦ **1.** (1802). Action de réprimer (2.). ⇒ **Châtiment, expiation, punition** (cit. 1). — REM. La *répression* suppose que l'on empêche, de quelque manière que ce soit, une action jugée condamnable de se continuer. Le mot ne s'applique en fait qu'à une mesure postérieure à l'action jugée (à la différence de *prévention*) et ne concerne le plus souvent qu'une mesure punitive. — *Répression d'un crime* (cit. 16), *d'un délit*, d'un acte séditieux* (→ Destructif, cit. 3). — Absolt. *Le droit criminel* (cit. 12) *traite de la répression. Moyens de répression dans les prisons* (cit. 2). *Répression pénale et répression disciplinaire.*

1 L'étude des fondements de la société répressive mène très loin. Seule une interprétation simpliste, anarchisante du marxisme limite à la police et aux législations de classe le contenu du concept de *répression.* Le côté répressif de toute société jusqu'à nouvel ordre a des fondements incomparablement plus profonds. Groupes, castes, classes, sociétés ont toujours érigé leurs conditions de survie (comprises à travers des interprétations idéologiques) en vérités, en « valeurs ».
Henri LEFEBVRE, la Vie quotidienne dans le monde moderne, p. 269.

♦ **2.** Le fait d'arrêter par la violence un mouvement collectif (révolte, sédition, soulèvement). ⇒ **Étouffement** (→ Intérieur, cit. 13). *Mesures de répression* (→ Dos, cit. 21). *Répression implacable* (→ Indépendance, cit. 16), *rigoureuse, sévère, sanglante* (→ aussi Poigne, cit. 6).

2 L'insurrection et la répression ne luttent point à armes égales (...) Une giberne vidée, un homme tué, ne se remplacent pas. La répression, ayant l'armée, ne compte pas les hommes et, ayant Vincennes, ne compte pas les coups. La répression a autant de régiments que la barricade d'hommes, autant d'arsenaux que la barricade a de cartouchières.   HUGO, les Misérables, V, I, XII.

3 Cette chaîne sans fin des deux terreurs qui s'enfantent l'une l'autre, qui fait naître la répression de l'attentat, l'attentat de la répression (...)
F. MAURIAC, Bloc-notes 1952-1957, p. 88.

★ **II.** Psychol. (repris du sens primitif de *répression*). Rejet conscient et volontaire d'une motivation (le *refoulement** est involontaire).

DÉR. Répressionnaire. — (Du même rad.) Répresseur, répressif ; répressible.

RÉPRESSIONNAIRE [RepResjɔnɛR ; RepResjɔnɛR] n. — xxᵉ ; de *(formation de) répression ;* → Bataillonnaire.

♦ Personne faisant partie d'une unité dite « de répression ».

Nous n'avions pas le droit de fumer, nous les répressionnaires. Et ce n'était pas facile de faire entrer du tabac dans le camp. J'étais maintenant un des seuls à pouvoir le faire, puisque j'étais en contact permanent avec les cuisiniers qui, eux, étaient de simples disciplinaires et avaient par conséquent le droit de fumer.
Francis GUILLO, le P'tit Francis, p. 101.

RÉPRESSIVEMENT [RepResivmɑ̃] adv. — Attesté 1968, cit. ; de *répressif.*

♦ De manière répressive.

(...) la quotidienneté organisée répressivement selon des contraintes (...)
Henri LEFEBVRE, la Vie quotidienne dans le monde moderne, p. 152.

RÉPRIMABLE [RepRimabl] adj. — Fin xIVᵉ ; de *réprimer.*

♦ Rare. Qui peut être réprimé.

RÉPRIMANDABLE [RepRimɑ̃dabl] adj. — 1836 ; de *réprimander.*

♦ Rare. Qui peut ou doit être réprimandé.

RÉPRIMANDE [ʀepʀimɑ̃d] n. f. — 1549, *reprimende* ; de *réprimer*.

♦ Blâme destiné à amender, et qui est adressé avec autorité, sévérité, à un inférieur. ⇒ **Admonestation** (cit. 1), **attrapade** (fam.), **attrapage** (fam.), **avertissement, blâme, correction** (I., 7.), **critique, engueulade** (fam.), **gronderie, homélie** (fig.), **leçon, mercuriale, objurgation, observation** (*supra* cit. 9), **remontrance, répréhension, représentation, reproche, semonce, sermon** (→ fam. Douche, engueulade, lavage de tête, savon, scène). *Donner, prononcer une réprimande* (→ Faire la morale*). *Cruelle* (→ Fondre, cit. 11), *sévère, verte réprimande. Recevoir, subir une réprimande* (cf. Recevoir son paquet).

> Un propos vicieux dans leur bouche est une herbe étrangère dont le vent apporta la graine : si je la coupe par une réprimande, bientôt elle repoussera (...)
> ROUSSEAU, Julie ou la Nouvelle Héloïse, V, III.

La réprimande. Un air de réprimande (→ Gourmander, cit. 5). *Voix durcie* (cit. 5) *pour la réprimande.*

(1936). Dr. pén. Blâme infligé par le tribunal au mineur qui a commis une contravention. — Peine disciplinaire d'ordre moral. *Réprimande prononcée par un conseil de discipline.*

Milit. Sanction disciplinaire visant un officier ou un sous-officier mais n'entraînant pas l'interdiction de sortir (à la différence des *arrêts*).

(1802). Dr. admin. Sanction disciplinaire sans effets autres que moraux.

CONTR. Compliment, louange.
DÉR. Réprimander.

RÉPRIMANDER [ʀepʀimɑ̃de] v. tr. — 1615, *resprimender* ; de *réprimande.*

♦ Blâmer avec autorité, d'une manière formelle, pour amender et corriger*. ⇒ **Admonester, attraper, avertir, blâmer, chapitrer, condamner, critiquer, gourmander, gronder, houspiller, moraliser, morigéner, redresser, reprendre, semoncer, sermonner, tancer.** → fam. Assaisonner, sonner les cloches*, disputer, donner sur les doigts, sur les ongles, emballer, engueuler, moucher, remettre à sa place*, chanter pouilles*, secouer les puces*, savonner, secouer, laver la tête*, tirer les oreilles (fig.). *Réprimander qqn, un enfant, le réprimander doucement, sévèrement. Il s'est fait vertement réprimander.* → aussi Désapprobation, cit. 1.

> Comme on ne veut pas faire d'un enfant un enfant, mais un docteur, les pères et les maîtres n'ont jamais assez tôt tancé, corrigé, réprimandé, flatté, menacé, promis, instruit, parlé raison.
> ROUSSEAU, Émile, II.

Infliger une réprimande (spécialt). ⇒ **Blâmer, censurer ;** → Déontologie, cit. 2.

CONTR. Complimenter, féliciter, louer.
DÉR. Réprimandable.

RÉPRIMANT, ANTE [ʀepʀimɑ̃, ɑ̃t] adj. — 1748 ; n. m. « remède qui arrête la maladie », 1645 ; de *réprimer.*

♦ Vx. Qui réprime. ⇒ **Répressif** (cf. Montesquieu, Rousseau, *in* Littré ; Mirabeau, *in* Brunot).

RÉPRIMER [ʀepʀime] v. tr. — 1314 ; *repremer*, XIIIe ; lat. *reprimere.*

♦ **1.** Méd. Arrêter l'effet, l'action de. « *La tisane réprime la grande ardeur de la fièvre* » (Furetière). *Quand les massages* (cit.) *ne suffisent plus à réprimer l'envahissement de la graisse...*

♦ **2.** (XVIe). Cour. Empêcher (un sentiment, une tendance) de se développer, de s'exprimer. ⇒ **Arrêter, brider, calmer, commander, comprimer, contenir** (cit. 10), **contraindre, étouffer, modérer, refouler, refréner** (cf. Imposer silence). *Réprimer ses désirs, sa répugnance* (→ Davantage, cit. 7). → Se faire violence*. *Un instinct que nous ne pouvons réprimer* (→ Élever, cit. 22). ⇒ **Incoercible, irrépressible.** — Par ext. *Réprimer ses larmes* (→ Humecter, cit. 2). *Réprimer un geste de contrariété* (cit. 3). ⇒ **Retenir.**

> 1   (...) il n'est pas question de réprimer les passions irritées, mais de les empêcher de naître.
> ROUSSEAU, Julie ou la Nouvelle Héloïse, VI, VI.

> 2   Mais monsieur Goriot était son pensionnaire, la veuve fut donc obligée de réprimer les explosions de son amour-propre blessé, d'enterrer les soupirs que lui causa cette déception, et de dévorer ses désirs de vengeance (...)
> BALZAC, le Père Goriot, Pl., t. II, p. 865.

> 3   (...) une idée qui s'exprime, qu'on réprime, et qui s'exprime encore, un flot de paroles qui s'élance, qu'on arrête et qui repart toujours.
> H. BERGSON, le Rire, p. 54.

> 4   Les sourcils de Jacques se crispèrent ; il essaya en vain de se raidir ; sa bouche, contractée, parvint à réprimer un sanglot (...)
> MARTIN DU GARD, les Thibault, t. IV, p. 50.

> 5   Elle réprima un petit mouvement des coins de la bouche, mais ne pleura pas.
> COLETTE, le Blé en herbe, XVI.

♦ **3.** Empêcher (une chose jugée condamnable ou dangereuse pour la société) de se manifester, de se développer. ⇒ **Châtier, punir ; sévir** (→ Justice, cit. 21). — REM. *Réprimer* n'est synonyme de *punir* que si l'expiation par la souffrance n'est destinée qu'à enrayer le mal. → Punition (cit. 1). *Réprimer les excès des forts* (→ 2. Justicier, cit. 2), *les abus* (→ Puissant, cit. 5). *Réprimer la révolte, la sédi-*

tion (⇒ **Étouffer**) ; *réprimer avec dureté, cruauté* (cf. Noyer dans le sang).

> 6   Ce qui est désordre, violence, attentat au droit d'autrui, doit être réprimé sans pitié.
> RENAN, Questions contemporaines, Œ. compl., t. I, p. 55.

> 7   Il fallait, coûte que coûte, réprimer impitoyablement l'insurrection des troupes avant qu'elle ne gagne toute l'armée ! Question de vie ou de mort pour le pays (...)
> MARTIN DU GARD, les Thibault, t. VIII, p. 262.

♦ **4.** Vx. (Compl. n. de personne). Empêcher (qqn) de nuire, d'agir. *Réprimer les méchants* (→ Pauvreté, cit. 2).

▶ **RÉPRIMÉ, ÉE** p. p. adj. *Passions réprimées, désirs réprimés.* ⇒ **Comprimé, contenu, refoulé.** — *Révolte réprimée.* ⇒ **Étouffé.**

> 8   (...) et soit que je vive selon moi-même, soit que je vive selon les hommes, je n'aurai dans l'oppression extérieure, ou dans ma propre contrainte, que l'éternel tourment d'une vie toujours réprimée et toujours misérable.
> É. DE SENANCOUR, Oberman, IV.

CONTR. Ameuter, encourager, exciter. — Permettre, tolérer.
DÉR. Réprimable, réprimant.

REPRINT [ʀepʀint] n. m. — V. 1960 ; mot angl. de *re-*, et *to print* « imprimer ».

♦ Anglic. Réédition* (d'un ouvrage imprimé, d'un article de revue) par procédé photographique, reproduction anastatique, etc. ; cet ouvrage. « *Un sire de Gourberville*» (Mouton, *réédition 1972*), *que l'on vient de rééditer en reprint* » (le Nouvel Obs., 11 nov. 1972). ⇒ **Republication.**

REPRISAGE [ʀ(ə)pʀizaʒ] n. m. — 1870 ; de *repriser.*

♦ Raccommodage* par reprise. ⇒ **Stoppage.** *Le reprisage des chaussettes.*

REPRIS DE JUSTICE [ʀ(ə)pʀidʒystis] n. m. — 1835 ; adj., XVIe ; de *reprendre*, et *justice.*

♦ Individu qui a été précédemment l'objet d'une ou de plusieurs condamnations pour infraction à la loi pénale. ⇒ **Condamné, récidiviste.** *Un repris de justice en rupture de ban* (→ 3. Poste, cit. 3). *Des repris de justice.*

> 1   (...) le repris de justice errant entre deux prisons et qui ne sait plus guère parler que le langage mystérieux des bagnes.
> MAUPASSANT, l'Inutile Beauté, «Champ d'oliviers», II.

> 2   Rue de Rivoli, on avait arrêté un dangereux repris de justice (...) Mais l'on ne disait pas que le repris de justice eût commis le matin même un forfait quelconque.
> J. ROMAINS, les Hommes de bonne volonté, t. I, XIX, p. 212.

> 3   Un jour que je l'attendais dans un bar du Parallelo (ce bar était alors le lieu de rendez-vous de tous les repris de justice français : barbeaux, voleurs, escrocs, évadés du bagne ou des prisons de France...)
> Jean GENET, Journal du voleur, p. 63.

1. REPRISE [ʀ(ə)pʀiz] n. f. — V. 1213 ; p. p. f. de *reprendre.*

★ **I.** Action de reprendre (I., A.) ; son résultat.

♦ **1.** [a] Action de reprendre (ce qu'on avait laissé, donné, ce qui avait été pris). *La reprise de qqch. par qqn. Reprise d'une ville. La reprise d'un cadeau, d'un objet volé, d'un butin.* — REM. *Reprise* correspond rarement à une possibilité de nominalisation par rapport à *reprendre* I., A. ; le mot s'est surtout spécialisé (→ ci-dessous).

> 1   (...) ce héros obscur qui avait assisté à deux cents prises et reprises de villes, villages, redoutes (...)
> Ed. et J. DE GONCOURT, Journal, 31 mars 1893, t. IX, p. 91.

(En parlant de ce qui est considéré comme pris, volé). *Théorie anarchiste de la reprise individuelle.*

> 2   Le vol du pauvre devient une malicieuse reprise individuelle, me comprenez-vous (...)
> CÉLINE, Voyage au bout de la nuit, p. 67.

Loc. *Reprise d'haleine* (→ Grattement, cit. 5 ; halte, cit. 8). *Reprise en main. Reprise de contact.*

(1694). Dr. *Droit de reprise* : droit pour chaque époux de reprendre certains biens à la dissolution de la communauté* ou à la cessation du régime matrimonial. *Reprise des apports* (cit. 3) *et capitaux tombés dans la communauté. Reprises en nature, en valeurs.*

(Comm.). *Reprise d'une marchandise vendue.* — (1945). Objets mobiliers, équipements et embellissements divers qu'un locataire rétrocède, pour un prix convenu, au locataire qui lui succède et qui doit les lui «reprendre». — Par ext. La somme elle-même. *Payer un million de reprise en louant un appartement* (cit. 6). *Reprise fictive* (→ Pas* de porte).

> 3   C'est parce que j'avais l'ancien *(appartement)* à offrir en échange que j'ai pu m'en procurer un nouveau, encore assez avantageux, et sans avoir une reprise à payer (...) J. ROMAINS, les Hommes de bonne volonté, t. XVII, XXI, p. 208.

> 3.1   — Les courses, les démarches, les agences... dire qu'il va falloir recommencer ! (...) — Sans compter que c'est extrêmement coûteux... des commissions, des pourboires, des reprises... M. AYMÉ, Maison basse, p. 251.

(Compl. n. de personne ; → Reprendre I., A., 2.). *La reprise d'un prisonnier évadé.*

b Sports. Le fait de reprendre (la balle). *Reprise de volée, au football.*

c Dr. Fait de prendre (ce qui n'a pas été pris). — Dr. fisc. *Droit de reprise,* par lequel l'administration peut, pendant un délai *(délai de reprise)* déterminé, réparer les omissions et les erreurs dans l'assiette et le recouvrement de l'impôt.

(1694). *Reprises matrimoniales :* biens prélevés avant partage, en cas de dissolution de la communauté, par l'un des époux ou un héritier.

d Techn. Fait de reprendre (une substance) à quelque chose. — (1801). Séparation de l'argent et de l'or, dans un alliage. — (XXᵉ). Quantité d'humidité retenue (« reprise ») par une matière textile dans l'atmosphère de conditionnement normale.

♦ **2.** (1310). **a** Le fait de reprendre (I., A., 3.); action de recommencer après une interruption. ⇒ **Continuation, recommencement.** *Reprise d'une activité interrompue. Reprise des cours. La reprise du travail, après une grève. La reprise des combats, des hostilités; des négociations. Reprise de la politique d'expansionnisme* (cit.). Dr. *Reprise d'instance* (→ Incident, cit. 12). *La reprise des débats, dans un procès.*

Sports. *Reprise de nage :* reprise du mouvement de propulsion, après la coulée (en crawl).

b (1760). Le fait de remettre (un spectacle) à la scène, de représenter au public.

c Chaque partie d'un processus, d'une activité subdivisée en plusieurs temps séparés par des intervalles.

(1680). Chacune des parties d'une séance de dressage, d'une leçon d'équitation, après laquelle le cavalier et le cheval se reposent. — Par métonymie. Ensemble des cavaliers qui travaillent ensemble. Ensemble de figures de dressage.

Chacune des parties (d'un duel, d'un assaut d'escrime, d'un combat de boxe). ⇒ **Round.** *Combat en trois reprises* (amateurs), *en quatre à dix reprises* (professionnels). *Les reprises sont de 3 minutes, coupées d'un repos de 1 minute.*

4   Les cinq minutes passées, la reprise se fit. Le combat, qui était une agonie pour Phelem-ghe-madone, était un jeu pour Helmsgail.
                     HUGO, l'Homme qui rit, II, I, XII.

5   Pendant trois reprises encore, trois reprises de trois minutes qui tinrent la foule haletante, fascinée, les yeux rivés sur les deux corps presque nus qui dansaient sous la lumière crue des lampes à arc (...)   Louis HÉMON, Battling Malone, II.

Spécialt. (Escrime). Action offensive ou contre-offensive qui consiste à reprendre l'attaque.

(1900). Seconde partie d'un match, après la mi-temps.

Billard. Chaque nouveau coup, dans une partie. Au cirque, Interruption d'un exercice d'équitation, utilisé pour un intermède de comique. — Partie d'un exercice de trapéziste.

d Le fait de reprendre (I., A., 3.), en parlant d'un processus matériel. Spécialt. (1906, *in* Petiot). Passage d'un moteur d'un régime peu élevé à un régime supérieur; facilité d'accélération à bas régime (notamment en prise directe). *Cette voiture a de bonnes reprises. Reprises foudroyantes.* Accélération après un ralentissement.

6   (...) l'auto roule uniment, sans arrêts ni reprises, au milieu du silence.
                 S. DE BEAUVOIR, l'Amérique au jour le jour, p. 173.

Géol. *Reprise d'érosion,* d'un cours d'eau.

Techn. Interruption, discontinuité (dans un processus de coulée, de laminage). — REM. Lorsque le fait de reprendre après une interruption entraîne une répétition. → ci-dessous 3., c et f *(à... reprises).*

♦ **3.** (1611, « réparation »; de *reprendre* I., A., 4.). **a** Techn. Réfection d'un mur, d'un pilier... Réfection en sous-œuvre; réparation de la partie inférieure d'un mur, etc. *Faire des reprises.* ⇒ **Réparation.**

b (1762). Raccommodage d'un tissu dont on cherche à reprendre les fils, à reconstituer le tissage. ⇒ **Passefilure, raccommodage, stoppage.** *Reprise à l'aiguille*. Faire des reprises à un pantalon, à des chaussettes. Reprise perdue,* qui ne se voit pas, se confond avec l'étoffe (→ 2. Neuf, cit. 20, Balzac). *Quatre ou cinq vilaines reprises* (→ Harde, cit. 7).

7   Des reprises assez visibles, et faites par une main plus habituée à tenir l'épée que l'aiguille, fortifiaient les endroits faibles, et témoignaient du soin qu'apportait le possesseur de ce vêtement à en pousser la longévité jusqu'aux dernières limites.
                 Th. GAUTIER, le Capitaine Fracasse, I.

c Répétition. *Les rappels, les reprises de mots* (→ Offenser, cit. 8). *Reprise d'un texte auquel on apporte des modifications.* ⇒ **Correction.** *Reprise oratoire d'un terme, d'une liaison.*

d (1690). Mus. Seconde exécution d'un fragment de morceau de musique. *À la reprise victorieuse des clairons* (cit. 2). Ce fragment lui-même, noté comme devant être répété par des *signes de reprise* (doubles barres). *Reprises de menuet* (cit. 2), *de fugue.* — Dans une chanson. ⇒ **Refrain.** Dans un rondeau, une ballade, les vers répétés.

8   Et puis à propos de PSYCHÉ, dont il *(Gautier)* a donné l'idée de la reprise (...) reprise qu'il voulait tourner vers la résurrection du côté inconnu de Molière (...)
           Ed. et J. DE GONCOURT, Journal, 23 août 1862, t. II, p. 44.

e Gramm. *Reprise d'un nom par un pronom personnel.* ⇒ **Anaphore.** *Faits de reprise, dans le discours.*

9   Il sera bon (...) de distinguer entre deux types principaux de répétition (...) Par convention, nous nommerons l'un *reprise* et l'autre *anaphore :* la première consiste à faire repartir la phrase, à n'importe quel point de son développement, sur un mot figurant déjà dans ce qui précède et qu'on reprend (...) L'anaphore, au sens restreint où nous l'entendons, est une reprise telle qu'elle engendre un rythme (...)
          G. ANTOINE, la Coordination en français, t. I, p. 590.

f (Fin XVIIᵉ, avec un nombre). Loc. adv. (avec *à* marquant la répétition). ⇒ aussi **Coup** (VI.), **fois.** *À deux, trois, quatre... reprises :* deux, trois, quatre fois (→ Essor, cit. 2; étourdi, cit. 13; main, cit. 52; obliger, cit. 15). (1559). *À plusieurs reprises* (→ Espada, cit.; griffe, cit. 6; hésitation, cit. 12). ⇒ **Souvent.** *À maintes reprises* (→ Libéral, cit. 10), *à diverses reprises* (→ Indigène, cit. 5), *à différentes reprises.*

10   (...) et elle répétait cette phrase, à vingt reprises, d'une voix monotone : — Ah! si vous n'étiez pas là, mes pauvres petits! (...) Si vous n'étiez pas là! (...) Si vous n'étiez pas là! (...)
          ZOLA, l'Assommoir, I, t. I, p. 11.

★ **II.** Le fait de reprendre (II., 1.). ♦ **1.** (1598). Le fait de reprendre vie, vigueur (d'une plante). *La reprise d'un jeune plant.* — (1875). Le fait de prendre un nouvel essor après un moment d'arrêt, de crise. *La reprise des affaires, des valeurs en Bourse. Reprise d'une doctrine, d'une théorie... La reprise du thomisme* (→ Écorcher, cit. 8). — Absolt. *La reprise :* le réveil de l'économie. *La crise se prolonge, la reprise se fait attendre.*

(...) reste l'emprunt, en attendant la reprise des affaires qui ramènera l'abondance   11 au Trésor si elle ne se produit pas trop tard.
          J. BAINVILLE, la Fortune de la France, p. 253.

♦ **2.** Le fait de recommencer, de reprendre. *La reprise des cours d'université.* — REM. Cette valeur, qui vient de l'emploi intrans. du verbe *reprendre,* se confond avec I., 2., a.

CONTR. Apport, attribution, don. — **Arrêt, cessation, halte, interruption** (des hostilités); **armistice.**

DÉR. (De *reprise,* I., 3., cour.) **Reprisage, repriser, repriseuse.**

2. REPRISE [ʀ(ə)pʀiz] n. f. — 1537; de *reprendre* II., en parlant des végétaux.

♦ Régional. Variété d'orpin*.

REPRISER [ʀ(ə)pʀize] v. tr. — 1835; de *reprise,* I., 3.

♦ Raccommoder en faisant une ou plusieurs reprises. ⇒ **Coudre, raccommoder, passefiler, ravauder, stopper.** *Repriser des bas, des chaussettes* (→ Exténuer, cit. 7). *Aiguille, coton à repriser. Œuf* à repriser.*

C'est un compte, où le grand dépensier, Napoléon III, fait repriser ses chaussettes, à raison de vingt-cinq centimes le reprisage.
         Ed. et J. DE GONCOURT, Journal, 14 oct. 1870, t. IV, p. 64.

▶ **REPRISÉ, ÉE** p. p. adj. *Vêtements cent fois reprisés* (→ Corde, cit. 13). *Vieilles chaussettes reprisées.*

REPRISEUSE [ʀ(ə)pʀizøz] n. f. — 1840; de *repriser.*

♦ **1.** Vx. Ouvrière qui reprise (des bas, des dentelles). ⇒ **Ravaudeuse.**

♦ **2.** (1892). Appareil à repriser.

RÉPROBATEUR, TRICE [ʀepʀɔbatœʀ, tʀis] adj. — 1787; lat. *reprobator,* de *reprobare.* → Réprouver.

♦ Qui marque, exprime la réprobation* (→ Insalubre, cit. 1). *Ton réprobateur. Regard sévère, réprobateur.* ⇒ **Désapprobateur, improbateur.** *Attitude réprobatrice.*

CONTR. Approbateur, approbatif, élogieux, flatteur, laudatif.

RÉPROBATION [ʀepʀɔbasjɔ̃] n. f. — 1496; lat. *reprobatio,* de *reprobare.* → Réprouver.

♦ **1.** Relig. Jugement par lequel quelqu'un est réprouvé*, exclu du nombre des élus; spécialt, jugement de Dieu à l'encontre des pécheurs impénitents. ⇒ **Malédiction.** *L'arrêt de votre réprobation* (Bourdaloue, *in* Hatzfeld).

♦ **2.** (1835). Blâme sévère contre (ce qu'on rejette). ⇒ **Anathème, blâme, clameur.**

1   Puisqu'il citait Joinville sur Saint Louis, il aurait bien dû rapporter la réprobation judicieuse que ce fidèle historien ne craint pas de faire des cas de la dernière croisade.
          SAINTE-BEUVE, Chateaubriand..., t. II, p. 72.

Cour. Désapprobation* vive, sévère. ⇒ **Animadversion, condamnation, critique; censure, désapprobation, improbation.** *Qui mérite la réprobation* (⇒ **Condamnable**). *Englober* (cit. 2) *plusieurs personnes dans une même réprobation. Une secrète réprobation entoure celui qui...* (→ Esquiver, cit. 9).

Salavin s'éloigne avec dégoût. Il jette aux passants un regard chargé de réproba-   2 tjon ; il reporte sur tous les passants la colère qui gronde en son cœur pour Édouard.   G. DUHAMEL, Salavin, III, XVI.

CONTR. Salut. — Justification. — Apologie, approbation.

REPROCHABLE [ʀ(ə)pʀɔʃabl] adj. — V. 1200 ; de *reprocher.*

♦ **1.** Vx (langue class.). Qui mérite, encourt des reproches. *L'ingratitude* (cit. 4) *des enfants n'est pas une chose aussi reprochable qu'on le croit.* ⇒ **Blâmable, critiquable.**

(...) *mon intérêt ne m'a fait méconnaître ni les qualités louables en nos adversaires, ni celles qui sont reprochables en ceux que j'ai suivi(s).*
                                                      MONTAIGNE, Essais, III, X.

♦ **2.** (1636). Dr. *Témoin reprochable.* ⇒ **Récusable.**

CONTR. Irréprochable ; irrécusable.

REPROCHE [ʀ(ə)pʀɔʃ] n. m. — V. 1160 ; « honte », 1080, *Chanson de Roland* ; de *reprocher.* — REM. Souvent fém. du XVᵉ au XVIIᵉ ; encore chez B. Constant *« d'amères reproches »,* Lettre du 11 mars 1788.

♦ **1.** Blâme formulé à l'encontre de quelqu'un ; paroles ou écrits par lesquels on exprime un jugement défavorable sur un point particulier, pour inspirer la honte ou le regret (⇒ **Blâme**), pour amender, corriger (⇒ **Admonestation, objurgation, remontrance, réprimande, semonce**). *Paroles, discours, lettres de reproche* (⇒ Mordant, cit. 4). *Reproches publics. Reproches sévères, vifs, violents. Les reproches les plus amers* (→ Hurler, cit. 18). *Témoigner sa désapprobation*, son mécontentement* par des reproches. Reproches affectueux.* ⇒ **Observation, remarque, représentation.** *Reproches justifiés* (→ Imitation, cit. 2), *injustes. Reproches d'une personne lésée.* ⇒ **Grief, plainte.** *Suite de reproches graves.* ⇒ **Réquisitoire.** *Reproches perpétuels.* ⇒ **Récrimination.** — *Faire des reproches à qqn.* ⇒ **Reprocher ;** fam. **attraper, engueuler.** — *Le reproche d'immoralité.* ⇒ **Accusation.** *Le juste reproche qu'il osait lui faire qu'elle prodiguait le bien d'autrui...* (→ Dissipation, cit. 1). *Faire reproche à qqn de... Accabler* (cit. 18), *assassiner* (cit. 20) *qqn de reproches* (cf. Chanter pouilles). *Éclater, se répandre en reproches. Litanie, avalanche, torrent... de reproches.* — (Sans idée de blâme moral). *On a fait à cet écrivain le reproche de...* ⇒ **Critique, objection.** — *Encourir* (→ 1. Encourir, cit. 4) *un reproche, les reproches de qqn* (⇒ 1. **Foudre**). *Recevoir, essuyer des reproches.* ⇒ fam. **Écoper.** *Échapper à un reproche* (→ Étaler, cit. 41). *Répondre aux reproches* (→ Éclairer, cit. 13). *Se justifier* (cit. 20) *d'un reproche.* — Allus. littér. *« Il y a des reproches qui louent... »* (→ Louange, cit. 4, La Rochefoucauld).

1   *En reproches honteux j'éclate contre vous.*   RACINE, Alexandre, IV, 2.
2   *Orsini revint à cette époque. Il vint trouver votre père, l'accabla de reproches, l'accusa d'avoir trahi sa confiance (...)*
                                    A. DE MUSSET, les Caprices de Marianne, I, 12.
3   *Le reproche d'immoralité, en matière de science, ne prouve absolument rien.*
                                    ZOLA, Thérèse Raquin, Préface 2ᵉ éd.

Par ext. *Un ton, un air, une expression de reproche.*

4   *Il la vit lever vers lui ses beaux yeux pleins de surprise, de tristesse et de reproche, comme une chienne regarde sa brute de maître qui vient de la frapper sans raison.*   MONTHERLANT, Pitié pour les femmes, p. 47.

(Reproche fait à soi-même). *Se faire de grands reproches* (→ Exigeant, cit. 5). ⇒ **Reprocher** (se). *Reproches de la conscience.* ⇒ **Remords.** *« Vous ne sentiez au cœur ni remords ni reproche »* (→ Agitation, cit. 7).

(1527). SANS REPROCHE OU SANS REPROCHES : à qui on ne peut adresser de reproches, qui n'a pas de torts. ⇒ **Parfait ; irréprochable.** *Une vie sans reproches* (→ Couronner, cit. 12). *Créatures sans reproche* (→ Expiation, cit. 7). *Le chevalier sans peur et sans reproche :* surnom de Bayard. — Loc. adv. (1597). *Sans prétendre faire de reproches. Soit dit sans reproche* (→ 2. Fonte, cit. 8).

5   *Bientôt la grande figure du marquis apparut. Il regarda le sang de ses enfants, se tourna vers les spectateurs muets et immobiles, étendit les mains vers Juanito, et dit d'une voix forte : « Espagnols, je donne à mon fils ma bénédiction paternelle ! Maintenant, marquis, frappe sans peur, tu es sans reproche. »*
                                    BALZAC, El Verdugo, Pl., t. IX, p. 875.

♦ **2.** Littér. Événement, chose qui constitue un reproche. *Être un vivant reproche pour quelqu'un.*

6   (...) *je m'en repentirai, mais Mᵐᵉ de Staël se dresse comme un reproche entre moi et tous mes projets.*   B. CONSTANT, Journal intime, Fin juin 1805.
7   (...) *elles rentraient et allaient prier à la chapelle afin de ne pas les rencontrer. C'était moins pour s'épargner à elles-mêmes un regret sur des biens dont elles avaient fait le sacrifice à Dieu, que par délicatesse, de peur que leur présence ne parût un reproche à ces parvenus.*
                                    RENAN, Souvenirs d'enfance..., I, Œ. compl., t. II, p. 735.

♦ **3.** (V. 1160). Vx. Motif de reproche.

8   (...) *au moins suis-je d'une race où il n'y a point de reproche (...)*
                                    MOLIÈRE, George Dandin, II, 2.

♦ **4.** (1549). Dr. *Reproche de témoin :* le fait de reprocher* (2.) le témoin.

9   *Nous en avons pourtant (des témoins), et qui sont sans reproche.*
                                    RACINE, les Plaideurs, III, 3.
10 *Madame Goëzman, sommée ensuite d'articuler ses reproches, si elle en avait à fournir contre moi, répondit : « Écrivez que je reproche et récuse monsieur, parce*

---

qu'il est mon ennemi capital, et parce qu'il a une âme atroce connue pour telle dans tout Paris, etc. ».
                                    BEAUMARCHAIS, Mémoires... dans l'affaire Goëzman, p. 60.

CONTR. Compliment, excuse, félicitation.

REPROCHER [ʀ(ə)pʀɔʃe] v. tr. — XIIᵉ ; *reprochier* « rappeler une chose désagréable », 1132 ; lat. pop. *repropriare* « rapprocher, mettre devant les yeux », et par ext., « remontrer, représenter ».

♦ **1.** **a** *Reprocher qqch. à qqn :* représenter (à qqn), en le blâmant, une chose condamnable ou fâcheuse dont on le tient pour responsable. ⇒ **Grief** (faire), **honte** (faire), **imputer** (à faute) ; et aussi **accuser, blâmer, critiquer.** — *Reprocher à qqn une faute, un crime, ses péchés* (→ Corriger, cit. 6), *ses torts, un défaut, son humeur* (→ Gronder, cit. 20). *Reprocher à qqn sa trahison* (→ Indigne, cit. 19), *ses indulgences* (cit. 8) *et ses complaisances... Il lui reprocha la noirceur* (cit. 8) *de son action. On lui reprocha cette réponse comme une insolence* (→ Jeter* au nez, à la tête). *On lui reproche sa richesse, ses biens* (→ aussi Manquer, cit. 25 ; monastère, cit. 2). *Reprocher à un écrivain son style,* le critiquer* sur son style. — *Reprocher à qqn de...,* et l'inf. (→ Allouer, cit. ; homme, cit. 128 ; perdre, cit. 37). — Vx. *Reprocher à qqn que...* (et l'indic.), *de ce que...* (et l'indic.) → 2. Bien, cit. 50 ; garrulité, cit. 1. — *Reprocher âprement* (cit. 4)..., *plus ou moins ouvertement* (cit.) *qqch. à qqn.* — *Je ne vous le reproche pas* (→ Mériter, cit. 8), *je ne vous reproche rien* (→ Impérieux, cit. 9), se dit pour atténuer une observation, une remarque qui pourrait être interprétée comme un reproche. *Personne ne le lui reprochera* (cf. Trouver à dire à...). — *Sa conscience ne lui reproche rien* (→ aussi Aridité, cit. 4).

1   (...) *des personnes m'ont reproché que je faisais ce prince plus grand qu'Alexandre.*   RACINE, Alexandre, 2ᵉ préface.
2   *Le péché originel est folie devant les hommes, mais on le donne pour tel ; vous ne me devez donc pas reprocher le défaut de raison en cette doctrine, puisque je la donne pour être sans raison.*   PASCAL, Pensées, VII, 445.
3   (...) *il ne suffit pas de reprocher aux autres des fautes de langage ou de goût pour n'en point faire soi-même ; nos critiques le prouvent tous les jours.*
                Th. GAUTIER, Préface de Mˡˡᵉ de Maupin, éd. critique MATORÉ, p. 48.
4   (...) *cette soif de l'argent qu'il (Sainte-Beuve) reproche si amèrement au romancier (Balzac).*   André BILLY, Sainte-Beuve, p. 236.
5   *Il chargeait toujours ses poches de livres qu'il était seul à connaître et au nom desquels il reprochait à ses camarades leur ignorance et leur sottise.*
                                    G. DUHAMEL, Salavin, III, III.

Absolument :

6   — *Ne t'en va pas, Phil ! Je n'ai pas été méchante, je n'ai ni pleuré, ni reproché (...)*
                                    COLETTE, le Blé en herbe, p. 193.

b *Reprocher (qqn) à (qqn),* lui reprocher de favoriser, d'employer cette personne (Littré). Cf. Racine, *Phèdre,* III, 3 ; *Mithridate,* I, 3.

c (XIIIᵉ, spécialisation du premier sens attesté). *Reprocher un bienfait, un service à qqn,* le lui rappeler en l'accusant d'ingratitude.

7   *Si l'on a reçu de lui le moindre bienfait (...) il le reprochera en pleine rue, à la vue de tout le monde.*   LA BRUYÈRE, les Caractères de Théophraste, XXIV.

d Fam. *Reprocher la nourriture à qqn,* la lui mesurer chichement. ⇒ **Plaindre.**

(Compl. ind. n. de chose). *Ce qu'il reproche à la république... Reprocher à une doctrine ses incohérences.*

8   *Ce qu'Isaïe reproche à son temps : l'idolâtrie, l'orgie, la guerre, la prostitution, l'ignorance, dure encore ; Israël est l'éternel contemporain des vices qui se font valets et des crimes qui se font rois.*   HUGO, Shakespeare, I, II, II, § IV.
8.1 (...) *ce que je reproche au naturalisme (...) c'est l'immondice de ses idées ; ce que je lui reproche, c'est d'avoir incarné le matérialisme dans la littérature, d'avoir glorifié la démocratie de l'art !*   HUYSMANS, Là-bas, I.

e En franç. d'Afrique. *Reprocher qqn,* lui faire des reproches. ⇒ **Blâmer.** → ci-dessus l'emploi classique b.

♦ **2.** (1339, emploi général ; XVIᵉ en dr.). Dr. Demander que l'on écarte (un témoin) en invoquant une cause précise. ⇒ **Récuser.** *Reprocher un témoin pour cause de parenté.*

9   *À mesure qu'il se présentait un témoin, madame Goëzman commençait par le reprocher, le récuser, l'injurier avant même qu'il eût parlé, puis le laissait dire.*
                                    BEAUMARCHAIS, Mémoires... dans l'affaire Goëzman, p. 56.

▶ SE REPROCHER (qqch.) v. pron. (1686).

♦ **1.** (Réfl.). S'imputer à faute, se considérer comme responsable de... (→ Dépiter, cit. 4 ; lésiner, cit.). *Je me reprochais de manquer de courage* (→ 2. Exprès, cit. 5). *Avoir à se reprocher...* (→ Berner, cit. 3 ; entrain, cit. 1). *N'avoir rien à se reprocher :* avoir fait son devoir. *Je me le reprocherai toute ma vie.*

10 *Dans les premiers jours qui suivirent le bal, se reprochant avec amertume d'avoir manqué à ce qu'une femme se doit à soi-même (...) elle s'était imposé l'ennui de se dire malade et de sortir fort rarement.*   STENDHAL, Lucien Leuwen, I, XXII.
11 *Un jour de courage, enfin, j'avisai au grenier une vieille petite malle longue et basse (...) que je reconnus pour être la malle d'écolier d'Augustin. Je me reprochai de n'avoir point commencé par là mes recherches.*
                                    ALAIN-FOURNIER, le Grand Meaulnes, III, XIII.

♦ **2.** (Réciproque) :

12 *C'est un tenancier de maison publique, c'est un avocat qui a sur la conscience la condamnation intéressée d'un innocent, c'est un spéculateur en blés qui s'est enri-*

chi dans les famines, tous individus qui ne s'aiment guère, se reprochent mutuellement leurs vilenies et vont même jusqu'à se colleter.

Paul LÉAUTAUD, le Théâtre de M. Boissard, IV.

▶ **REPROCHÉ, ÉE** p. p. adj. *Faute reprochée.* — (Au sens 1, c). «*Un bienfait* (cit. 8) *reproché tient toujours lieu d'offense*».

CONTR. Excuser; complimenter, féliciter.
DÉR. Reprochable.

REPRODUCTEUR, TRICE [ʀ(ə)pʀɔdyktœʀ, tʀis] adj. et n. — 1762; du rad. de *reproduction.*

♦ **1.** Qui sert à la reproduction, concerne la reproduction animale ou végétale. *Cellules reproductrices :* les gamètes* (cit. 1 et 2). *Éléments reproducteurs mâle et femelle. Organes reproducteurs.* ⇒ **Génital.** *Glandes reproductrices :* les gonades.

♦ **2.** (Animaux). Qui est employé à la reproduction. *Coq reproducteur. Cheval reproducteur* (⇒ **Étalon**). *Vache reproductrice.* N. m. (1870). *Les reproducteurs* (→ Herdbook, cit.). ⇒ **Géniteur.** *Reproducteur mâle, femelle.*

(...) il fit venir à prix d'or d'Algérie douze étalons arabes. On ne sut jamais au juste ce que devinrent ces coûteux reproducteurs. Ils disparurent.

Pierre BENOIT, Mlle de la Ferté, p. 17.

♦ **3.** Didact. Qui reproduit. *Imagination** (cit. 4) *reproductrice.*

♦ **4.** (1889, *Année sc. et industr.* 1890, p. 96). Techn. Adj. Stylet reproducteur (du son). — N. m. (1889, *Année sc. et industr.*, p. 99). *Reproducteur de son :* haut-parleur.

N. f. (1957, *in* D.D.L.). Machine à cartes perforées, permettant de reproduire sur des cartes vierges les données de cartes perforées; servant aussi à perforer en série, à compléter un fichier, etc.

COMP. Autoreproducteur.

REPRODUCTIBILITÉ [ʀ(ə)pʀɔdyktibilite] n. f. — 1798; de *reproductible.*

♦ Didact. Faculté d'être reproduit; caractère de ce qui peut être reproduit. *La reproductibilité des êtres vivants. Bonne reproductibilité d'un document.*

On désigne quelquefois cette aptitude *(la fabricabilité)* par le terme reproductibilité, ce qui sous-entend qu'on s'intéresse essentiellement à la copie d'un original.

Pierre CHAPOUILLE, la Fiabilité, p. 91.

REPRODUCTIBLE [ʀ(ə)pʀɔdyktibl] adj. — 1798; du rad. de *reproduction.*

♦ Didact. Qui peut être reproduit.

DÉR. Reproductibilité.

REPRODUCTIF, IVE [ʀ(ə)pʀɔdyktif, iv] adj. — 1760; du rad. de *reproduction.*
Didactique.

♦ **1.** De la reproduction (I.). *La force reproductive d'un animal* (Bonnet, *in* Littré).

♦ **2.** (Fin XVIIIe). Écon. Vieilli. Qui engendre un nouveau produit. *La finance reproductive* (Mirabeau, *in* Brunot). *Dépenses reproductives.*

CONTR. Improductif.
DÉR. Reproductivité.

REPRODUCTION [ʀ(ə)pʀɔdyksjɔ̃] n. f. — 1690, «action par laquelle une chose renaît, est produite de nouveau»; de *reproduire,* d'après *production.*
Action de reproduire, de se reproduire.

★ **I.** ♦ **1.** Fonction par laquelle les êtres vivants d'une espèce produisent d'autres êtres vivants semblables à eux-mêmes (⇒ **Espèce**); exercice de cette fonction : production d'êtres vivants selon l'espèce, par la génération. ⇒ **Génération** (cit. 2). *Conservation, accroissement de l'espèce par la reproduction.* ⇒ **Perpétuer, propager, propagation.** *Transmission des caractères propres par la reproduction.* ⇒ **Hérédité, héréditaire.** *Reproduction sexuée* (⇒ **Sexe, sexualité, sexuel; gamète, œuf**). *Reproduction des végétaux :* bactéries, algues, champignons*, fougères*, mousses*, végétaux supérieurs (⇒ **Anthérozoïde, oosphère**). *Reproduction des animaux* (⇒ **Spermatozoïde; oocyte, ovule**). *Modes de reproduction sexuée des animaux.* ⇒ **Ovipare, ovovivipare, vivipare.** *Organes de reproduction des végétaux supérieurs* (⇒ **Fleur; étamine,** 1. graine, ovaire), *des animaux* (⇒ **Génital**). *Rôle de l'élément femelle* (⇒ **Ovulation, ponte**), *de l'élément mâle* (⇒ **Fécondation**) *dans la reproduction. Reproduction sans mâle.* ⇒ **Parthénogenèse** (cit. 2). *Aptitude* (⇒ **Fécond, fécondité**), *inaptitude* (⇒ **Stérilité**) *à la reproduction.* — *Reproduction asexuée.* ⇒ **Bourgeonnement, fissiparité, gemmation, scissiparité** (ou **bipartition**); **spore, sporulation.** — REM. En physiologie végé-

tale on parle plutôt de *reproduction* pour la sporulation et la reproduction sexuée (ou sexuelle), et de *multiplication** *végétative.*

Démogr. *Taux de reproduction :* taux mesurant le remplacement d'une génération par la suivante. *Taux brut, taux net de reproduction.*

Action de se reproduire ou de faire se reproduire (des animaux). ⇒ **Accouplement, coït; appareillement, monte, saillie.** *Reproduction par insémination** *artificielle. Jument poulinière, destinée à la reproduction. Méthode de reproduction,* en zootechnie. ⇒ **Croisement, hybridation, métissage, sélection.** *Reproduction du bétail, de l'espèce chevaline* (⇒ **Haras**). *La reproduction des plus aptes.* ⇒ **Eugénique** (cit. 1).

C'est toute la jeunesse, toute la beauté, toute l'espérance de succès, tout l'idéal politique de vie brillante, qu'un sacrifice à cette abominable loi de la reproduction qui fait de la femme normale une simple machine à pondre des êtres.   [1]

MAUPASSANT, l'Inutile Beauté, III (→ Reproduire, cit. 6).

Bot., hortic. *Reproduction des plantes par semis.* ⇒ **Semence, semer.** REM. Il s'agit alors de développement d'individus nouveaux, et non de leur reproduction biologique. — *Reproduction (végétative) par bouture, greffage, marcottage,* etc.

♦ **2.** Vx. Reconstitution naturelle d'une partie d'un organisme. ⇒ **Régénération.** *Reproduction de la queue d'un lézard.*

★ **II.** (1758, Voltaire, «action de recréer, de reconstruire»). Action de reproduire par imitation, par répétition; ce qui est ainsi reproduit.

♦ **1.** Action de créer, de faire exister des choses semblables ou identiques (à un modèle). *La reproduction de la nature par l'art* (réalisme, naturalisme). *Reproduction et représentation*. Reproduction artificielle d'un objet naturel.* ⇒ **Imitation.** — *Reproduction inversée d'un objet dans un miroir.* ⇒ **Image, reflet.**

Psychol. *Reproduction mentale :* réapparition d'une image dans l'esprit. ⇒ **Image** (6.).

Spécialt. *Reproduction des sons par le phonographe.*

♦ **2.** (1850). Nouvelle publication, nouvelle impression d'un texte (⇒ **Édition**). *Reproduction d'un texte dans un journal, une revue. Autoriser, interdire la reproduction. Reproduction interdite, réservée* (⇒ **Copyright**). — On dit plutôt *droits d'édition,* pour les écrits, *droit de reproduction,* pour les œuvres d'art et la musique, sauf en droit.

Dr. *Le délit de contrefaçon suppose la reproduction matérielle et la mauvaise foi.* ⇒ **Auteur** (droit d'). *Reproduction des œuvres littéraires* (distinguée du plagiat, des citations, des parodies), *des œuvres musicales* (distinguée des adaptations, arrangements...), *des modèles de robes. Procédés de reproduction :* imprimerie, dactylographie, lithographie; phonographie, instruments mécaniques...; décalquage, pochoir, etc. *Reproduction manuelle.*

(...) ces longues œuvres littéraires de notre temps, au fronton desquelles on lit :   [2]
La reproduction en est interdite.   BALZAC, la Cousine Bette, Pl., t. VI, p. 471.

♦ **3.** Le fait de reproduire (une image, un texte, un matériel), de multiplier les exemplaires par un procédé technique. ⇒ **Duplication.** *Reproduction d'un dessin, d'un tableau.* Absolt. *Procédés de reproduction.* ⇒ **Autocopie, chromolithographie, gravure (3.), héliochromie, impression, imprimerie, lithographie, offset, photographie** (et préf. **photo- : photochromie, photocopie, phototypie**); **polycopie, reprographie, xérographie.** *Reproduction au stencil*, au duplicateur*, au moyen d'un cliché*.* — *Reproduction des sculptures par moulage...*

La reproduction a créé des arts fictifs (ainsi le roman met-il la réalité au service   [3]
de l'imagination), en faussant systématiquement l'échelle des objets, en présentant des empreintes de sceaux orientaux et de monnaies comme des estampages de colonnes, des amulettes comme des statues (...)

MALRAUX, les Voix du silence, p. 22.

Par ext. Image obtenue, en partant d'un original, au moyen d'un procédé de reproduction. ⇒ **Copie, épreuve, gravure, fac-similé, réplique.** *Reproduction calquée.* ⇒ **Calque.** *Découper une reproduction dans une revue. Reproductions en noir et en couleurs.* — *Reproduction d'un texte.* ⇒ **Double, duplicata.**

Une petite veilleuse, à lueur rose, était suspendue au devant du grand crucifix pâle   [4]
et une autre semblable, mais un peu plus grande, teignait vaguement d'incarnat une haïssable reproduction lithographique de la Sainte Face (...)

Léon BLOY, le Désespéré, p. 172.

♦ **4.** (1893). Didact. Le fait de se répéter, de se perpétuer par une production analogue, semblable (processus sociaux, etc.). *La reproduction des processus sociaux; des modèles idéologiques; du savoir par l'institution pédagogique* (cf. *la Reproduction,* par C. Bourdieu et J.-Cl. Passeron).

(...) la production de *rapports sociaux.* Enfin, pris dans toute son ampleur, le terme   [5]
enveloppe la *reproduction.* Non seulement il y a reproduction biologique (relevant de la démographie) mais reproduction matérielle des outillages nécessaires à la production, instruments et techniques, et de plus reproduction des rapports sociaux. Jusqu'à ce qu'une destruction les brise, les rapports sociaux inhérents à une société se maintiennent; mais ce n'est pas par inertie, passivement. Ils sont re-produits dans un mouvement complexe.

Henri LEFEBVRE, la Vie quotidienne dans le monde moderne, p. 63.

L'étude de l'activité créatrice (de la *production* dans le sens le plus ample) mène   [6]
vers l'analyse de la re-production, c'est-à-dire des conditions dans lesquelles les activités productrices d'objets ou d'œuvres se re-produisent elles-mêmes, re-com-

mencent, re-prennent leurs rapports constitutifs ou bien au contraire se transforment par modifications graduelles ou par bonds.

Henri LEFEBVRE, la Vie quotidienne dans le monde moderne, p. 40.

★ **III.** (1758). ♦ **1.** Écon. Vx. Production nouvelle de ce qui a été consommé (cf. Raynal, *in* Littré). — Mod. *Reproduction simple :* reconstitution du capital (les plus-values étant consommées). *Taux de reproduction :* taux d'accroissement du capital.

DÉR. Reproductible, reproductif.

REPRODUCTIVITÉ [ʀ(ə)pʀɔdyktivite] n. f. — 1835 ; dér. sav. de *reproductif.*

♦ Didact. Caractère de ce qui est reproductif.

REPRODUCTRICE [ʀ(ə)pʀɔdyktʀis] adj. et n. f. ⇒ **Reproducteur.**

REPRODUIRE [ʀ(ə)pʀɔdɥiʀ] v. tr. — Conjug. *produire.* → Conduire. — 1539, Marot *in* D.D.L. ; de *re-,* et *produire.*

♦ **1.** Produire de nouveau, produire encore (d'abord en parlant des productions naturelles). *La nature reproduit avec constance* (cit. 9) *ses plus infimes détails.*

(1690). Spécialt. Régénérer (Voltaire, *in* Littré).

♦ **2.** (Au sens I de *reproduction*). Produire (un individu de la même espèce). → ci-dessous Se reproduire. *Les gamètes* (cit. 1) *ont la capacité de reproduire le corps tout entier.*

♦ **3.** (XVIIIᵉ). **a** Présenter, montrer de nouveau (⇒ **Produire,** I.). *Reproduire des histoires* (Voltaire, *in* Littré), les raconter de nouveau. *Reproduire continuellement les mêmes opinions* (Condillac, *in* Littré). *Reproduire ses motifs, les mêmes arguments. Le Code reproduit cette disposition.* ⇒ **Répéter, reprendre.**

b Répéter, rendre fidèlement, donner l'équivalent de... *Reproduire la nature, la réalité par l'art, la littérature.* ⇒ **Imiter, représenter ; refléter, rendre.** *Ce que veut reproduire l'art* (→ Imitation, cit. 12). *La nuit* (cit. 3) *a été rarement reproduite* (dans la peinture). *Reproduire des sujets poussant aux actions vertueuses* (→ Moralisation, cit. 1). ⇒ **Emprunter, répéter.**

1   (...) j'eus à recueillir et à rapprocher dans leur ordre primitif les fragments dont ils se composent, à reconstruire les êtres antiques auxquels ces fragments appartenaient ; à les reproduire avec leurs proportions et leurs caractères (...)
CUVIER, Disc. sur les révolutions..., p. 2.

2   (...) il examinait ce visage entièrement blanc, digne d'une de ces Hollandaises graves et froides que le pinceau de l'école flamande a si bien reproduites, et chez lesquelles les rides sont impossibles.
BALZAC, Mᵐᵉ de la Chanterie, Pl., t. VII, p. 251.

c *Reproduire un son, de la musique* (→ Faux, cit. 38 ; phonographe, cit. 1). *Reproduire un dessin mélodique* (→ Imitation, cit. 22). *L'écho reproduit les sons. L'orthographe* (cit. 5) *ne reproduit pas exactement le langage parlé.*

d Imiter l'apparence, le comportement, les gestes de (qqn). ⇒ **Attraper, contrefaire** (cit. 4), **copier** (fig.), **imiter, mimer, parodier, singer.** *Reproduire les poses et les inflexions de voix d'un comédien* (→ Inspiration, cit. 3).

3   On sait, en effet, que tout élève du Conservatoire n'a d'autre but que d'être le sosie de son professeur, de le reproduire des pieds à la tête, au moral et au physique.
Paul LÉAUTAUD, le Théâtre de M. Boissard, IV.

♦ **4.** (Après 1850). Faire qu'une chose déjà produite (au sens II) paraisse de nouveau ; créer, faire exister des choses semblables ou identiques à un modèle. ⇒ **Copier, imiter.** *Reproduire à la main, par le dessin... une image, une figure.* ⇒ **Croquer, dessiner, peindre.** *Reproduire un dessin, un texte, par un procédé technique* (⇒ **Reproduction** ; **autocopier, autographier, clicher, fac-similer, imprimer, lithographier, photocopier, photographier, polycopier**). *Machine à reproduire. Reproduire au duplicateur, à la chambre claire* (diagraphe), *au pantographe, avec un poncif* (poncer). — *Reproduire des motifs décoratifs par moulage* (→ Mouler, cit. 11). *Orfèvres qui reproduisent de l'argenterie* (cit. 3) *d'après un dessin. Reproduire un texte par l'impression.* ⇒ **Éditer, publier.** *Reproduire un article de journal* (⇒ **Reproduction**).

4   (...) ça n'a pas été reproduit, on faisait tout *unique* pour madame de Pompadour (...)
BALZAC, le Cousin Pons, Pl., t. VI, p. 554.

(Sujet n. de chose). Constituer une réplique, une image. *L'empreinte* (cit. 1) *du cachet reproduit le creux de l'intaille. Objets qui reproduisent un modèle.* ⇒ **Exemplaire.**

▶ **SE REPRODUIRE** v. pron. (1712).

♦ **1.** Produire des êtres vivants semblables à soi-même, par la génération (⇒ **Reproduction,** I.). *Se reproduire par scissiparité, par génération asexuée, sexuée.* ⇒ **Engendrer, multiplier** (se), **perpétuer** (se). *Faculté de se reproduire.* ⇒ **Fécondité.** *Espèce qui se reproduit abondamment.* ⇒ **Proliférer, propager** (se). *Poissons qui se reproduisent et repeuplent un étang* (⇒ **Aleviner**). *Plantes qui se reproduisent par graines* (→ Hybride, cit. 3). *Faire* (se) *reproduire une plante par bouture* (bouturer), *greffe* (greffer), *marcotte* (marcot-

ter, provigner), *graines* (semer). — Fam. (En parlant des animaux supérieurs et spécialt de l'homme). Accomplir l'acte de la génération.

5   Enfonce-toi, si tu veux, dans la forêt obscure avec la compagne perverse de tes plaisirs ; mais accorde aux bons et simples Taïtiens de se reproduire sans honte, à la face du ciel et au grand jour.
DIDEROT, Suppl. au Voyage de Bougainville, II.

6   J'ai dit «pour se reproduire salement» ; j'insiste. Qu'y a-t-il, en effet, de plus ignoble, de plus répugnant que cet acte ordurier et ridicule de la reproduction des êtres, contre lequel toutes les âmes délicates sont et seront éternellement révoltées ?
MAUPASSANT, l'Inutile Beauté, III.

Fig. *La société se décomposera afin de se reproduire* (→ Mourir, cit. 45).

♦ **2.** Se produire de nouveau. ⇒ **Recommencer, répéter** (se) ; → Amnistie, cit. 1 ; 3. mal, cit. 11. *Faits qui se reproduisent régulièrement, périodiquement* (⇒ **Cycle, période**), *souvent* (⇒ **Fréquent**). *Veillez à ce que cela ne se reproduise plus.*

7   (...) quoiqu'on eût évidemment cherché à varier le style, les mêmes fautes d'orthographe s'y reproduisaient avec une tranquillité profonde (...)
HUGO, les Misérables, III, VIII, III.

8   La scène qui avait suivi la demande des cinq mille francs, se reproduisit bientôt matin et soir.
ZOLA, Thérèse Raquin, XXXI.

▶ **REPRODUIT, ITE** p. p. adj. *Le réel reproduit par l'art.* ⇒ **Artificiel.** — *Dessin, tableau reproduit à des milliers d'exemplaires. Modèle reproduit en grande série* (contr. : *original ; exclusif, unique*).

REPROGRAMMER [ʀ(ə)pʀɔgʀame] v. tr. — 1975 ; de *re-,* et *programmer.*

♦ **1.** Inform. Élaborer de nouveau le programme* de... — (En parlant du code génétique). «*Il devrait être possible de "reprogrammer" le système génétique*» (la Recherche, oct. 1981, p. 1065).

♦ **2.** Inclure à nouveau dans un programme de cinéma, de radio. *Reprogrammer une émission.*

▶ **REPROGRAMMÉ, ÉE** p. p. adj. *Émission reprogrammée.* — (Au sens 1, par ext.). Programmé par un second programme. *Des «bactéries génétiquement "reprogrammées" pour produire des hormones»* (la Recherche, avr. 1981, p. 482). — REM. Dans ce sens on trouve aussi le dér. *reprogrammation,* n. f.

REPROGRAPHIE [ʀ(ə)pʀɔgʀafi] n. f. — 1963 ; de *repro(duction),* et *-graphie.*

♦ Techn. Ensemble des procédés de reproduction des documents écrits. ⇒ **Duplication, photocopie.**

DÉR. Reprographier, reprographique.

REPROGRAPHIER [ʀ(ə)pʀɔgʀafje] v. tr. — 1969, *in* P. Gilbert ; de *reprographie.*

♦ Techn. Reproduire (un document) par reprographie. *Reprographier une circulaire.* ⇒ **Photocopier, reproduire.** — Au p. p. *Documents reprographiés.*

DÉR. Reprographieur.

REPROGRAPHIEUR [ʀ(ə)pʀɔgʀafjœʀ] n. m. — 1974 ; de *reprographier.*

♦ Techn. Appareil à reprographier. ⇒ **Duplicateur, photocopieur** (plus courant).

REPROGRAPHIQUE [ʀ(ə)pʀɔgʀafik] adj. — 1974 ; de *reprographie.*

♦ Techn. De la reprographie. *Procédés reprographiques.*

RÉPROUVABLE [ʀepʀuvabl] adj. — 1370 ; de *réprouver.*

♦ Rare. Qui peut être, qui mérite d'être réprouvé. ⇒ **Blâmable.**

REPROUVER [ʀ(ə)pʀuve] v. tr. — 1690 ; de *re-,* et *prouver.*

♦ Prouver de nouveau.

RÉPROUVER [ʀepʀuve] v. tr. — V. 1120 ; *repruver* «reprocher», 1080 ; lat. *reprobare* «rejeter, condamner», de *re-,* et *probare.*

♦ **1.** Rejeter en condamnant (ce qui paraît odieux, criminel). — REM. *Réprouver* est plus fort que *désapprouver* (cit. 4) et *improuver.* ⇒ **Anathématiser, blâmer, condamner, détester, frapper** (d'anathème), **maudire, rejeter ; ennemi** (être ennemi de...). *Les protestants* (cit. 1) *réprouvent toutes ces nouveautés scandaleuses et funestes. Des actes que la morale réprouve.* — *Réprouver qqn, en témoignant du mépris* à son égard. *Ceux que la société réprouve* (→ Asile, cit. 14).

1 Aurais-je pour vainqueur dû choisir Aricie? (...)
Mon père la réprouve ; et par des lois sévères
Il défend de donner des neveux à ses frères (...) RACINE, Phèdre, I, 1.

2 À cette époque *(de Louis XIV),* l'ambition de s'agrandir par la conquête n'était pas réprouvée par la morale publique.
FUSTEL DE COULANGES, Questions contemporaines, p. 38.

Par exagér. *Réprouver l'attitude, la conduite de qqn.* ⇒ **Critiquer, désavouer.** *Réprouver une entreprise* (→ Glisser, cit. 24), *un projet...*

♦ **2.** (V. 1265). Relig. Rejeter et destiner aux peines* éternelles. ⇒ **Maudire ; damner.**

3 *Prophéties.* — Que les juifs réprouveraient Jésus-Christ, et qu'ils seraient réprouvés de Dieu, par cette raison. PASCAL, Pensées, XI, 735.

▶ **RÉPROUVÉ, ÉE** p. p. adj. et n.
(V. 1170, sens obscur ; puis mil. XIVe, relig.). *Désavoué* (cit. 6), *réprouvé, repoussé...* — Loc. Vx. *Abandonner qqn à son sens réprouvé,* le laisser dans l'erreur où il s'obstine (cf. Retz, Bossuet, Voltaire, *in* Littré).

4 C'est pour avoir aimé, c'est pour avoir sauvé,
Que je suis malheureux, que je suis réprouvé.
A. DE VIGNY, Livre mystique, « Éloa », II.

N. (1821). Personne qui est rejetée par les hommes, par la société. ⇒ **Hors-la-loi, paria** (→ Où, cit. 52). *Vivre en réprouvé.*

5 (...) il était comme les réprouvés qui n'ont plus permission de se mêler aux autres hommes ou seulement de s'approcher d'eux.
C.-F. RAMUZ, la Grande Peur..., p. 203.

6 Quelle que soit la raison qui rend un homme différent des normes sociales : couleur, race, naissance, bâtardise, infirmité, il se sent le frère de tous les réprouvés.
A. MAUROIS, les Trois Dumas, III, I.

N. (1608). Relig. Rejeté par Dieu. ⇒ **Damné, déchu, maudit** (→ Damnation, cit. 2 ; maudire, cit. 2 ; obscurité, cit. 10). — Loc. (Vx). *Visage, figure de réprouvé,* sinistre.

7 J'ai vu les visions que les réprouvés font,
Les engloutissements de l'abîme sans fond (...)
HUGO, les Contemplations, VI, IV.

CONTR. Approuver ; désirer. — Élu, juste.
DÉR. Réprouvable.

REPS [ʀɛps] n. m. — 1812, *Journal des Dames ;* l'angl. *rep* (1860), *reps* (1867), semble venir du franç. ; orig. incert. ; on a évoqué l'angl. *reb* « côte », et, plus vraisemblable, la forme picarde et wallonne *réper* « racler, râper » (Guiraud).

♦ Tissu d'ameublement d'armure toile, à côtes perpendiculaires aux lisières (⇒ **Cannelé**), qui se fait en soie (ou rayonne) et laine, laine et coton ou en coton (→ 1. Manger, cit. 27).

1 Et ils se trouvèrent assis, séparés par une table, dans la chambre de reps rouge (...)
ARAGON, les Beaux Quartiers, II, XXXI.

2 Rue Madame, une pension de famille semblait dater de cette époque avec ses vieux rideaux de reps décoloré, les plantes vertes du vestibule et son mobilier d'acajou. Francis CARCO, Nostalgie de Paris, p. 176.

REPTATION [ʀɛptɑsjɔ̃] n. f. — 1834 ; lat. *reptatio,* de *reptatum,* supin de *reptare* « ramper », de *reptum,* supin de *repere.*
Action de ramper.

★ **I.** ♦ **1.** Mode de locomotion dans lequel le corps progresse sur sa face ventrale, par des mouvements d'ensemble. *La reptation est le mode de locomotion des serpents* (⇒ **Reptile**).
Par ext. *Exercices de reptation.*

1 Son compère l'avait ligotée, enveloppée (...) d'un câble qui s'enroulait je ne sais combien de fois autour d'elle et dont, par une sorte de reptation, elle devait parvenir à se dégager. GIDE, Journal, 3 août 1935.

2 Mme Lhomme, qui se déplace par reptation, à la façon de certains mollusques, traverse l'antichambre. Elle annonce, laconiquement : « C'est servi ».
G. DUHAMEL, Salavin, III, II.

♦ **2.** Par métaphore et fig. Le fait de ramper (2.). Attitude, manœuvre servile.

3 À l'époque de Jésus, le pontificat était occupé par les membres d'une famille sacerdotale dont le principal mérite était une suprême habileté dans la reptation politique : elle réussit à garder le titre cinquante ans !
DANIEL-ROPS, la Vie quotidienne en Palestine..., I, III, II.

4 L'intuition qu'elle était encore plus habile que lui, plus huileuse dans ses reptations et ses faufilements (...) J. ROMAINS, Une femme singulière, XL.

♦ **3.** Techn. Oscillations d'un aéronef autour de l'axe de lacet. (Recomm. off. pour rendre l'angl. *snaking*).

★ **II.** (1963). Déplacement d'un talus dû aux mouvements de particules meubles en fonction des cycles dessèchement-humidification.

REPTILE [ʀɛptil] adj. et n. m. — 1304, *bestes reptiles, vermines reptiles* (Arveiller) ; *reptilles,* n. f. pl., 1314 ; lat. ecclés. *reptile,* neutre de *reptilis* « rampant ».

★ **I.** Adj. Vx. Qui rampe*, qui se traîne sur le ventre. *Les animaux reptiles,* rampants (→ Fabrique, cit. 2). « *Dieu a fait le serpent*

reptile par punition » (Trévoux, 1732). — Par métaphore. *La cour* (cit. 5) *des Miracles, monde difforme, reptile, fourmillant.*

Figuré :

1 De sorte que Barkilphedro se trouva entre deux religions l'âme par terre. Ce n'est point une posture mauvaise pour de certaines âmes reptiles. De certains chemins ne sont faisables qu'à plat ventre. HUGO, l'Homme qui rit, II, I, VI.

★ **II.** N. m. ♦ **1.** Vx. Animal rampant, « insecte qui rampe » (Richelet, 1680) ; « insecte » est employé ici au °sens ancien. ⇒ **Insecte**, REM.). *On appelait reptiles les chenilles, les vers, les serpents, les lézards...* — REM. La distinction entre vertébrés et invertébrés (encore appelés *insectes* chez Buffon) a fait que, dès le XVIIIe s. et surtout au XIXe s., *reptile* ne désigne plus que les serpents, ce qui est conforme à l'usage du langage courant moderne (où les concepts de *reptile* et de *reptation* sont sentis comme liés). — *De même que le reptile s'insinue et se coule subtilement...* (→ Glisser, cit. 48). *L'horreur* (cit. 19) *du reptile.*

2 (...) de hideux reptiles serpentaient, s'élargissaient ou s'arrondissaient au milieu de l'inextricable réseau d'une végétation sauvage. NERVAL, Aurélia, I, VII.

3 Du reptile tranché, les deux tronçons se tordent (...)
VALÉRY, Eupalinos, « Dialogue de l'arbre », p. 199.

Par métaphore :

4 On entend dans les pins que l'âge use et mutile
Lutter le rocher hydre et le torrent reptile (...)
HUGO, la Légende des siècles, XV, « Petit roi de Galice », III.

5 Au centre de cette voie lactée, ce reptile ondulant, que des buées d'argent cachent par endroits, c'est la rivière. MARTIN DU GARD, les Thibault, t. VIII, p. 149.

♦ **2.** N. m. pl. (Déb. XIXe ; 1809, Lamarck). Zool. et cour. LES REPTILES, classe d'animaux vertébrés tétrapodes (mais dont les membres, dans les espèces représentées de nos jours, sont souvent atrophiés ou absents), généralement ovipares, à température variable (à « sang froid »), à respiration pulmonaire, à peau couverte d'écailles, et dont certains sont venimeux. — Au sing. *Un reptile :* un représentant de cette classe. *Le crocodile est un reptile. Étude des reptiles.* ⇒ **Herpétologie.** *Classification des Reptiles* (d'après Osborn, 1903, Williston, 1925, et Romer, 1956) *selon la disposition des fosses temporales.* — *Anapsides* (pas de fosses temporales) : ordre des Cotylosauriens (fossiles) ; ordre des Chéloniens (⇒ **Tortue**). — *Synapsides* (une paire de fosses temporales en position basse ; syn. : *théromorphes*) : ordre des Pélycosauriens ; ordre des Thérapsidés (tous fossiles ; les derniers conduisent aux mammifères). — *Euryapsides* (une paire de fosses temporales en position haute) : deux ordres, les Sauroptérygiens (fossiles ⇒ **Plésiosaure**) et les Ichtyosauriens (fossiles ⇒ **Ichtyosaure**). — *Diapsides* (deux paires de fosses temporales) : deux super-ordres, les *Lépidosauriens* et les *Archosauriens :* les Lépidosauriens (auxquels on rattache l'ordre des Rhynchocéphales, fossiles sauf une espèce ⇒ **Hattéria** ou **Sphénodon**) comprennent surtout les Squamates, englobant les Sauriens (⇒ **Lézard ; saurien**) et les Ophidiens (⇒ **Serpent ; ophidien**) ; les Archosauriens comprennent les Thécodontes et Crocodiliens (⇒ **Crocodile**) et des ordres fossiles, les Sauripelviens (⇒ **Dinosaurien**), les Ornithischiens ou Avipelviens (par ex., les Stégosaures) et les Ptérosauriens, qui conduisent aux oiseaux (⇒ **Ptérodactyle**).

Noms de reptiles vivants :

Alligator	Crocodile	Nasique
Amblyrhynque	Crotale	Orvet
Amphisbène	Dragon (volant)	Pélamyde ou pélamide
Anaconda	Élaphys	Python
Aspic	Élaps	Scincque
Basilic	Émyde	Seps
Boa	Eunecte	Serpent*
Caïman	Gavial	Sphargis
Caméléon	Gecko	Sphénodon (Hattéria)
2. Caret	Haje	Tortue*
Céraste	Iguane	Trionyx
Cistude	Lézard*	Varan
Cobra	Luth	Vipère
Coronelle	Moloch	Zonure
Couleuvre	Naja	

6 En continuant de consulter les possibilités sur l'origine des différents animaux, on ne peut douter que les *reptiles* (...) n'aient donné lieu, d'un côté, à la formation des *oiseaux,* et de l'autre, à celle des *mammifères amphibies* (...)
LAMARCK, Philosophie zoologique, I (1809), *in* Pages choisies, p. 88.

7 C'est parmi ces innombrables quadrupèdes ovipares (...) au milieu de ces crocodiles, de ces reptiles volants, de ces reptiles nageurs, de ces immenses mégalosaurus, de ces monstrueux plesiosaurus, que se seraient montrés, dit-on, pour la première fois, quelques petits mammifères (...) Quoi qu'il en soit, pendant longtemps encore on trouve que la classe de reptiles dominait exclusivement (...) Dans la craie même il n'y a que des reptiles ; on y voit des restes de tortues, de crocodiles.
CUVIER, Disc. sur les révolutions..., p. 318.

8 Les reptiles actuels sont le reliquat bien appauvri d'un monde disparu. Brusquement apparus avec une extraordinaire abondance de formes dès la fin du Paléozoïque, ils n'ont pas tardé à gagner le triple domaine des continents, de l'eau et de l'air, où ils ont régné sans rivaux pendant toute la durée du Secondaire, y jouant le rôle des Mammifères dans la nature actuelle.
C. ARAMBOURG, *in* Encycl. franç. (DE MONZIE), t. V, 5-32-7.

♦ **3.** Fig. Personne de caractère bas et rampant.

Spécialt. S'est dit des journalistes payés sur des fonds secrets (*fonds des reptiles* ou *fonds reptilien* — cette locution est attestée en 1874, *in* D. D. L.), que Bismarck employait (d'après une métaphore d'un discours de Bismarck en 1869).

DÉR. Reptilien.

REPTILIEN, IENNE [ʀɛptiljɛ̃, jɛn] adj. — 1890, au sens 3; de *reptile.*

♦ 1. Relatif aux reptiles.

1 La classe des oiseaux est l'aboutissement d'une lignée reptilienne. Le développement des plumes montre qu'elles ont des écailles très différenciées. Le plus ancien oiseau connu, l'Archéoptérix (...) avait des plumes, mais aussi des dents, un squelette presque purement reptilien, et notamment une queue longue et à vertèbres nombreuses. M. PRENANT, *in* Encycl. franc. (DE MONZIE), t. V, 5-16-5.

♦ 2. Qui rappelle un reptile, son mouvement. *Démarche reptilienne.*

2 (...) la froide et mortelle haleine de l'eau, même quand elle est parfaitement calme, sans courant ni remous, noire dans le noir, perfide, plate, reptilienne, à tel point insupportable (...) Claude SIMON, le Palace, p. 132.

♦ 3. (1888, *in* D. D. L.; all. *Reptilien Fonds, Reptilien Presse*). Fig. et vx. *Fonds reptiliens :* fonds secrets (→ Caisse noire). ⇒ **Reptile,** 3.

REPU [ʀəpy] adj. ⇒ **Repaître ;** ⇒ et aussi **repue,** n. f.

1. RÉPUBLICAIN, AINE [ʀepyblikɛ̃, ɛn] adj. et n. — 1658; subst. «habitant d'une république (II., 3.)», 1586 (encore chez Voltaire); de *république.*

★ I. ♦ 1. Qui est partisan de la république (II., 1.), lui est favorable. *L'esprit républicain et démocrate*. *Parti royaliste et parti républicain. Journal républicain* (→ Corroborer, cit. 2). *Convictions républicaines* (→ Démenti, cit. 4). Loc. fam. *Avoir la tripe républicaine. — Partis républicains. Le parti républicain radical.* ⇒ **Radical.** — Ancienn. *Le mouvement républicain populaire* (M. R. P.). — (Personnes). *Être républicain* (→ Électeur, cit. 1).

1 L'idée, la volonté nationale, à ce moment, dans l'indignation qu'inspira la désertion du Roi, fut, pour parler avec précision, *antiroyaliste;* elle fut *républicaine,* en prenant la république comme simple négation de la monarchie. MICHELET, Hist. de la Révolution franc., V, I.

2 Goujet (...) s'occupait de politique, était républicain, sagement, au nom de la justice et du bonheur de tous. ZOLA, l'Assommoir, IV, t. I, p. 136.

N. (Av. 1630). *Un républicain, une républicaine :* un partisan de la république (→ Farceur, cit. 4; jacobin, cit. 2). *Les vrais républicains* (→ Multitude, cit. 14).

3 Que demande un républicain?
La liberté du genre humain
Le pic dans les cachots,
La torche dans les châteaux,
Et la paix aux chaumières ! La Carmagnole, Chant révolutionnaire de 1792.

4 (...) elle s'emporta contre les républicains. Que voulaient-ils donc, ces sales gens qui ne se lavaient jamais? Est-ce qu'on n'était pas heureux, est-ce que l'empereur n'avait pas tout fait pour le peuple? ZOLA, Nana, X.

Suivi d'un terme qui le qualifie dans une dénomination. *Républicain progressiste, indépendant.*

4.1 Les républicains populaires *(membres du M. R. P.)* l'attendent *(le Président du Conseil)* au premier échec, mais chacune de ses réussites redoublera leur haine. F. MAURIAC, Bloc-notes 1952-1957, p. 106.

♦ 2. (1740; choses). Relatif à la république, à une république; de la république*. *Constitution républicaine* (→ Ostracisme, cit. 2). *Gouvernement républicain* (→ Égal, cit. 9; liberté, cit. 19, Montesquieu). *Les principes républicains de 1789* (→ Dresser, cit. 9). — Vieilli. *La monarchie dite républicaine,* constitutionnelle (→ Prostituer, cit. 1, Chateaubriand). — Allus. hist. *«Dans cinquante ans, l'Europe sera républicaine ou cosaque»* (version abrégée d'une remarque de Napoléon à Las Cases, *in* Guerlac, p. 273).

5 Le baiser républicain de La Fayette fit un roi. CHATEAUBRIAND, Mémoires d'outre-tombe, t. V, p. 237.

Hist. (⇒ **République,** II., 2.). *L'armée républicaine. Le calendrier républicain,* divisé en mois, décades, jours (on dit aussi *révolutionnaire*). ⇒ **Calendrier.** *Les soldats républicains,* et, subst., *les Républicains.* ⇒ **Bleu** (4.). — *La garde républicaine.* ⇒ 1. **Garde** (*supra* cit. 72). *Un garde républicain.* ⇒ 2. **Garde** (cit. 15). *Compagnies républicaines de sécurité* (C. R. S.).

♦ 3. (Aux États-Unis; amér. *republican*). *Le parti républicain,* désignation appliquée d'abord à un parti anti-fédéraliste (correspondant au parti démocrate d'aujourd'hui), puis (1854) à un parti de tendance fédéraliste, libéral et conservateur.

6 Le parti républicain est, par essence, celui de la richesse organisée, de la grande production capitaliste (...) André SIEGFRIED, les États-Unis d'aujourd'hui, III, XX.

Subst. Membre, électeur de ce parti. *Les Républicains et les Démocrates.*

★ II. N. m. Zool. Tisserin. ⇒ 2. **Républicain.**

CONTR. Aristocratique, autocratique, monarchique ; antirépublicain ; monarchiste, royaliste.
DÉR. Républicaniser, républicanisme.
COMP. Antirépublicain.
HOM. 2. Républicain.

2. RÉPUBLICAIN [ʀepyblikɛ̃] n. m. — 1828; de *république* I.

♦ Oiseau qui édifie des nids sous un abri commun. ⇒ **Tisserin.**
HOM. 1. Républicain.

RÉPUBLICANISER [ʀepyblikanize] v. tr. — 1792; de *républicain.*

♦ Vx. Rendre républicain; donner un caractère républicain à. Ériger en république. — Pron. *Se républicaniser.*

RÉPUBLICANISME [ʀepyblikanism] n. m. — 1750; de *républicain.*

♦ Vieilli. Doctrine, opinions des partisans de la république (→ Indiscret, cit. 14; ministérialisme, cit.). — (1791). Variante (vx) : *républicisme.*

Je ne veux pas répondre à certains reproches de républicanisme qu'on voudrait attacher à la cause de la justice et de la vérité (...) ROBESPIERRE, Disc. du 14 juillet 1791.

DÉR. Républicaniste.

RÉPUBLICANISTE [ʀepyblikanist] n. et adj. — 1832; de *républicanisme.*

♦ Vieilli. Partisan de la république; favorable à la république. ⇒ **Républicain.**

Sur l'échafaud des Girondins ils *(les Décemvirs)* avaient abattu les idées d'*amour pur de la liberté;* sur celui des Hébertistes, les idées du *culte de la raison* unies à l'*obscénité* montagnarde et *républicaniste* (...) A. DE VIGNY, Stello, XX.

REPUBLICATION [ʀ(ə)pyblikasjɔ̃] n. f. — V. 1970; de *re-,* et *publication.*

♦ Nouvelle publication (de ce qui a déjà été publié). ⇒ **Reprint** (anglic.). *«La republication en volume des dix livraisons de la revue»* (*le Point,* 23 mars 1981, p. 33).

REPUBLIER [ʀ(ə)pyblije] v. tr. — V. 1970; de *re-,* et *publier.*

♦ Publier de nouveau. ⇒ **Republication.**
DÉR. Republieur.

REPUBLIEUR, EUSE [ʀ(ə)pyblijœʀ, øz] n. — 1974, cit.; de *republier.*

♦ Personne, firme qui republie (un livre, un album, un article...). *«Les republieurs de classiques* (de la bande dessinée)*»* (*Revue littéraire,* déc. 1974, p. 18).

RÉPUBLIQUE [ʀepyblik] n. f. — V. 1410, au sens II, 1; lat. *res publica* «chose *(res)* publique».

★ I. (1520). Au sens du latin *res publica.*

♦ 1. Vx. L'organisation politique de la société, la chose publique. ⇒ **Chose** (*infra* cit. 11), **cité** (n. f.). → Diligent, cit. 3, La Bruyère; entretien, cit. 3, Rousseau. *Jouer* (cit. 32) *sur le mot république* (sur les sens I et II). *Du Souverain ou de la République,* titre du chap. X des *Caractères* de La Bruyère.
La République (Politeia), dialogues de Platon sur une Constitution politique idéale identifiée à la justice. — *De la République* (De republica), traité de Cicéron sur l'idéal politique. — *Les Six Livres de la République,* traité politique de Jean Bodin (1576).

♦ 2. (XVIIIᵉ). État, gouvernement légitime, où le pouvoir exécutif est le «ministre du souverain» (opposé à *dictature, tyrannie*).

J'appelle donc république tout État régi par des lois (...) car alors seulement l'intérêt public gouverne, et la chose publique est quelque chose. Tout gouvernement légitime est républicain (...) *(En note) :* Je n'entends pas seulement par ce mot une aristocratie ou une démocratie, mais en général tout gouvernement guidé par la volonté générale, qui est la loi (...) alors la monarchie elle-même est république. ROUSSEAU, Du contrat social, II, VI.

♦ 3. (Vx ou didact.). Société organisée; corps* politique (→ Divers, cit. 10). *La république humaine* (→ Engeance, cit. 2). — *La république de Platon :* la société fondée sur le projet politique décrit par Platon dans sa *République* (ci-dessus, 1.). → Amphibie, cit. 1.
(XVIIᵉ). Vx. Ensemble d'États ayant un caractère commun. *La république chrétienne* (cf. Pascal, Voltaire, Rousseau, *in* Littré) : la chrétienté.

♦ 4. (1680). Fig. et littér. Groupe social. *La république des lettres :* les gens de lettres considérés comme formant un groupe à part (→ Bannissable, cit., Molière; proconsul, cit., Balzac).

2 (...) la république des lettres était celle des loups, toujours armés les uns contre les autres (...) BEAUMARCHAIS, le Barbier de Séville, I, 2.

3 L'allocution du curé fut comme celle des autres prêtres dans la même circonstance. Après avoir tonné contre les rois, il glorifia la République. Ne dit-on pas la république des lettres, la république chrétienne? Quoi de plus innocent que l'une, de plus beau que l'autre? FLAUBERT, Bouvard et Pécuchet, VI.
N. B. Dans cette citation il y a un jeu de mots entre les sens I et II.

Vx. Communauté. *« C'est une petite république »* (Mᵐᵉ de Sévigné, 29 sept. 1680).

4 Dans le fait, ces gens sages y exercent le plus ennuyeux *despotisme;* c'est à cause de ce vilain mot que le séjour des petites villes est insupportable pour qui a vécu dans cette grande république qu'on appelle Paris.
STENDHAL, le Rouge et le Noir, I, I.

★ **II.** Forme de gouvernement où le pouvoir et la puissance ne sont pas détenus par un seul, et dans lequel la charge de chef de l'État (⇒ **Président**) n'est pas héréditaire; État ainsi gouverné.

♦ **1.** (V. 1410). En parlant du régime. — REM. Ce sens est le premier attesté; jusqu'à la Révolution française, le mot n'a pas un sens juridique précis : les dictionnaires du XVIIᵉ et du XVIIIᵉ s. le définissent comme «État ou gouvernement populaire», comprenant la démocratie (cit. 1 et 2) et l'aristocratie, mais excluant parfois leurs déformations (démagogie, oligarchie : *«Les Vénitiens, les Génois appellent leurs États républiques quoique leurs gouvernements soient oligarchiques »* (Furetière, 1690). — *Monarchie, république et despotisme* (→ Éducation, cit. 4 Montesquieu). *L'esprit* (cit. 170) *de la république. La république et les partis* (cit. 34). *République démocratique* (⇒ **Démocratie**), *libérale, populaire, sociale, socialiste.* ⇒ **Démocratie** (démocratie populaire, etc.).

5 Elle *(la population de Paris)* se passait de roi à merveille. Le départ du Roi avait révélé la vérité de la situation, à savoir, que depuis longtemps la royauté n'existait que comme obstacle. Elle n'agissait plus, elle ne pouvait rien, elle embarrassait seulement. Plusieurs avaient peur de tomber en république; mais l'on y était.
MICHELET, Hist. de la Révolution franç., V, I.

6 Michelet appelait la République « une grande amitié ». Michelet était un poète et les temps sont changés : la République n'est plus qu'une grande camaraderie.
H. DE JOUVENEL, la République des camarades, Avant-propos.

Fam. *On est en république!,* se dit pour protester contre une interdiction, une contrainte.

6.1 — Tu répondras : merde. On est en République, il me semble.
R. QUENEAU, le Dimanche de la vie, p. 251.

♦ **2.** Hist. (En parlant à la fois du régime et de l'État ainsi gouverné). *La république romaine,* et, absolt, *la République :* le régime de la Rome antique depuis la fin des Tarquins (509 av. J.-C.) jusqu'à l'Empire (mort de Marc-Antoine). → Grandeur, cit. 6.

7 — De quoi se mêle Rome, et d'où prend le sénat,
Vous vivant, vous régnant, ce droit sur votre État? (...)
— Ah! ne me brouillez point avec la République. CORNEILLE, Nicomède, II, 3.

8 *Dominatio* et *servitus* disparaissent en -509 et l'État, passé aux mains et au pouvoir du peuple romain, devient la *res publica populi romani Quiritium.* Le pouvoir est exercé dorénavant par son légitime détenteur et tel est le fondement de la *libertas* romaine (...) symbole de la République romaine.
R. BLOCH, Rome et l'Italie, *in* Encycl. Pl., Histoire universelle, t. I, p. 875.

LA RÉPUBLIQUE FRANÇAISE, se dit du régime politique français ou de la France sous ce régime. — a) *Première République :* depuis 1793 (acte constitutionnel du 24 juin) jusqu'à 1804 (sénatus-consulte du 18 mai : *« Le gouvernement de la République est confié à un empereur »).* — b) *Deuxième* ou *Seconde République :* après l'Empire et la Restauration (Constitution du 4 nov. : *« La France s'est constituée en République »)* à 1852 (sénatus-consulte du 7 nov.). — c) *Troisième République :* de 1870-71 et de la Constitution de 1875 à 1940 (acte constitutionnel du 10 juillet). — d) Après le régime de Vichy *(État français),* et le *Gouvernement provisoire de la République française* (1944, depuis la Constitution de 1946 *(Quatrième République)* et celle de 1958 *(Cinquième République). Les gouvernements, les présidents de la Cinquième République* (ellipt., *de la Cinquième).*

9 Cette République *(en 1875),* encore provisoire puisque la révision des lois constitutionnelles y était prévue, cette République en quelque sorte monarchique, c'était toujours la République sans les républicains.
J. BAINVILLE, Hist. de France, XXI, p. 522.

10 Comme on l'a vu, l'existence de la République *(en 1875)* résulte seulement du titre donné au Chef de l'État. C'est autour de l'amendement Wallon qu'a eu lieu la bataille décisive sur la confirmation du régime déjà établi le 4 septembre 1871. Quant au fond, à la différence de 1791 et de 1830, de l'an XII et de 1852, mais comme en 1795 et 1848, la constitution n'attribue que des pouvoirs temporaires et électifs (...) Ainsi, aucune république *(en 1875)* n'est dévolue héréditairement. Marcel PRÉLOT, Précis de droit constitutionnel p. 215.

Absolt (souvent avec la majuscule). *La République française. La République une et indivisible* (cit. 4). *Liberté*, égalité*, fraternité*, devise de la République. Marianne, buste de femme coiffée du bonnet phrygien*, emblème de la République. La place de la République à Paris. Défense de la République. Rassemblement pour la République* (R. P. R.). — Loc. *Président de la République. Conseil de la République* (qui a remplacé un temps le Sénat). *Procureur de la République.* — Hist. (En parlant de la 1ʳᵉ République). *Les armées, les victoires de la République* (→ Frontière, cit. 4). *« La République nous appelle »* (→ Mourir, cit. 29). *L'an I, II... de la République.*

Allus. hist. *« La République n'a pas besoin de savants »* : mot qui aurait été prononcé (par Fouquier-Tinville ou Coffinhal) à la con-

---

damnation de Lavoisier. — *«Ah! que la République était belle sous l'Empire »,* mot du journaliste E. Durranc, souvent cité pour exprimer la désillusion après un changement de régime. — *« La République sera conservatrice* (cit. 2), *ou elle ne sera pas... »* (Thiers). — *« La République une et indivisible, c'est notre royaume de France »* (Péguy, *l'Argent* (Suite), avr. 1913, p. 179). — REM. Cette phrase abrégée a servi de titre à un choix de textes politiques de Péguy *(La République... notre royaume de France).* — *La République des professeurs,* ouvrage de Thibaudet (1928).

11 (...) je ne suis pas (...) un ennemi de la République aujourd'hui. Elle a un titre à mes yeux : elle est, de tous les gouvernements, celui qui nous divise le moins.
THIERS, Disc. à l'Assemblée législative, 13 févr. 1850.

♦ **3.** État qui est en république. *Une république.* — Hist. *Les républiques de la Grèce antique* (Athènes, Sparte...) : les cités gouvernées aristocratiquement ou démocratiquement. — *Les républiques italiennes :* les grandes communes de l'Italie médiévale (aristocraties ou oligarchies). *La république de Gênes, de Venise* (→ 2. Port, cit. 4). — *La république de Genève* (au XVIIIᵉ siècle). → Exciter, cit. 38. — Mod. *La République argentine. L'Union des Républiques socialistes soviétiques* (U. R. S. S.). → aussi Fédéral, cit. 2. — *Le rêve d'une république universelle.*

12 Ce palais est une de ces fameuses villas où les nobles Génois ont dépensé des millions au temps de la puissance de cette république aristocratique.
BALZAC, Honorine, Pl., t. II, p. 248.

13 Ô République universelle,
Tu n'es encor que l'étincelle,
Demain tu seras le soleil ! HUGO, les Châtiments, « Lux », I.

Rare. *République populaire :* démocratie* populaire.

14 Les Républiques populaires sont des spectres que la démocratie française, cette fois encore, n'a pas su conjurer. Rien ne peut faire que les songes de Paris ne soient hantés par Budapest et par Prague.
F. MAURIAC, le Nouveau Bloc-notes 1958-1960, p. 61.

CONTR. Despotisme (cit. 3 et 4), **monarchie.**
DÉR. Républicain.

RÉPUDIATION [ʀepydjɑsjɔ̃] n. f. — V. 1330; lat. *repudiatio,* de *repudiatum,* supin de *repudiare.* → Répudier.

♦ **1.** Acte par lequel l'un des conjoints répudie (1.) l'autre. ⇒ aussi **Séparation** (de corps). *Différence entre le divorce et la répudiation.* ⇒ **Divorce** (cit. 1, Montesquieu).

♦ **2.** (Mil. XIXᵉ). Fig. Action de rejeter (un sentiment, une opinion, etc.); son résultat. ⇒ **Rejet.** *«Sa conduite dans cette occasion parut la répudiation de ses principes »* (Académie).

♦ **3.** Dr. Acte par lequel on répudie* (3.) un droit. ⇒ **Renonciation.** *Répudiation d'une succession, d'un legs.*

DÉR. **Répudiatoire.**

RÉPUDIATOIRE [ʀepydjatwaʀ] adj. — 1925, cit.; de *répudiation.*

♦ Littér. Propre à la répudiation.
Adultère. Répudiation. Pompe répudiatoire. Marche répudiatoire.
A. ARNOUX, Suite variée, 1925, p. 10.

RÉPUDIER [ʀepydje] v. tr. — 1260; lat. *repudiare;* cf. aussi anc. franç. *repuier* (v. 1190).

♦ **1.** Dans certaines civilisations. (Le sujet désigne un homme). Renvoyer (une épouse) en rompant le mariage selon les formes légales et par une décision unilatérale. ⇒ **Répudiation** (1.). → Difficile, cit. 24. — (Le sujet désigne une femme). *Répudier son mari* (→ Consommer, cit. 1).

1 C'était aux troupes du roi des Arabes, dont il avait répudié la fille pour prendre Hérodias (...) FLAUBERT, Trois contes, « Hérodias », I.

♦ **2.** (V. 1360). Rejeter* (un sentiment, une idée, etc.). ⇒ **Récuser, renoncer** (à), **repousser** (→ Drapeau, cit. 2; encanailler, cit. 3). *Il répudiait tout ce qu'il avait tenu pour indubitable* (→ Écarteler, cit. 2). *Répudier sa foi, ses engagements, ses devoirs.* ⇒ **Abandonner, renier.**

2 Ainsi, au milieu du pathos prétentieux qui a envahi, de nos jours, l'apologétique chrétienne, s'est conservée une école de solide doctrine, répudiant l'éclat, abhorrant le succès.
RENAN, Souvenirs d'enfance..., IV, II, Œ. compl., t. II, p. 829.

3 (...) convaincu que je ne pouvais aspirer à la disposition de tout qu'à condition de ne posséder rien en propre, je répudiai toute opinion personnelle (...)
GIDE, Journal, Feuillets 1923, III.

♦ **3.** Dr. Renoncer volontairement à... ⇒ **Répudiation** (3.). *Répudier une succession* (→ Accepter, cit. 2), *un legs, la nationalité française.*

CONTR. Épouser. — Accepter.

REPUE [ʀəpy] n. f. — 1342, *repehue* «nourriture des chevaux au cours d'une halte»; p. p. de *repaître,* substantivé au féminin.

♦ Vx. Le fait de se repaître, de manger. ⇒ **Repas.** — Vx. *Fran-*

che repue, repue franche : repas qu'on se procure par ruse et sans bourse délier. ⇒ **Lippée** (franche lippée).

HOM. Repu (p. p. de *repaître*).

RÉPUGNANCE [Repyɲɑ̃s] n. f. — XIIIᵉ ; lat *repugnantia*, de *repugnare*. → Répugner.

A. Vx. Opposition logique. ⇒ **Contradiction, désaccord**. *« Ces deux propositions se détruisent, il y a entre elles de la répugnance, de la contradiction »* (Furetière).

B. (Mil. XVIIᵉ). ♦ **1.** Mod. Vive sensation d'écœurement, d'horreur, mouvement de recul que provoque une chose qu'on ne peut supporter ; éloignement, phobie à l'égard de certains objets ou de certains actes physiques. ⇒ **Répulsion.** *Causer de la répugnance à qqn.* ⇒ **Affadir** (1., vx), répugner (I., 3.) ; → Soulever le cœur*. *Qui inspire de la répugnance.* ⇒ **Répugnant** (B., 1.). *Avoir de la répugnance pour un aliment.* ⇒ **Dégoût** (→ Appétit, cit. 6). *Répugnance invincible.*

1 J'ai vu une femme honnête frissonner d'horreur à l'approche de son époux ; je l'ai vue se plonger dans le bain, et ne se croire jamais assez lavée de la souillure du devoir. Cette sorte de répugnance nous est presque inconnue.
DIDEROT, Sur les femmes, Pl., p. 980.

2 Malgré les répugnances qui lui soulevaient le cœur, malgré les frissons qui le secouaient parfois, il alla pendant plus de huit jours, régulièrement, examiner le visage de tous les noyés étendus sur les dalles. ZOLA, Thérèse Raquin, XIII.

♦ **2.** (Av. 1680). Vif sentiment de mépris, de dégoût qui fait qu'on évite (qqn, qqch.). *Éprouver, avoir de la répugnance à l'égard de, pour...* ⇒ **Dégoût, écœurement, horreur.** *Avoir une grande répugnance pour le mensonge, la trahison, la débauche.* ⇒ **Abhorrer.** *Répugnance envers, à l'égard de qqn.* ⇒ **Aversion, dégoût, éloignement** (*supra* cit. 10), **exécration, haine.**

3 Entre le paysan et le lettré, l'inimitié d'instinct, la répugnance de classe et d'éducation étaient comme un malaise physique. Le premier pourtant en éprouvait une honte, une tristesse au fond, se faisant petit, tâchant d'échapper à ce mépris hostile qu'il devinait là. ZOLA, la Débâcle, I, I.

♦ **3.** (1651). Hésitation, mauvaise volonté, manque d'enthousiasme à l'égard d'une action ou d'une entreprise ; impossibilité ou difficulté psychologique de faire qqch. *La répugnance de qqn pour un travail, une activité. Répugnance à...* (subst. ou inf.). *Avoir de la répugnance, éprouver une invincible répugnance à...,* suivi de l'inf. ⇒ **Répugner** (I., 2.) ; → Avoir toutes les peines* du monde à... ; et aussi avis, cit. 27 ; durer, cit. 3. *Sa répugnance à...,* suivi d'un nom. — Rare. *Répugnance pour* (et inf.). *Sa répugnance pour faire ce travail.* — *Faire qqch. avec répugnance.* ⇒ **Contrecœur** (à), **grâce** (de mauvaise), **regret** (à) ; **rechigner, renâcler.** *Faire qqch. sans répugnance ni enthousiasme.*

4 (...) si vous auriez de la répugnance à me voir votre belle-mère, je n'en aurais pas moins sans doute à vous voir mon beau-fils. MOLIÈRE, l'Avare, III, 7.

5 (...) malgré la respectueuse répugnance qu'on témoignait pour déranger un si important personnage (...) Alphonse DAUDET, Tartarin sur les Alpes, IV.

6 *(Ils)* lui rendaient son dédain, en disant leur répugnance vaniteuse à laisser leur enfant épouser un ouvrier. ZOLA, Travail, III, II.

7 Quelle que fût la prudence du gouvernement français, sa répugnance à la guerre, il finirait par être forcé d'intervenir. J. BAINVILLE, Hist. de France, XI, p. 198.

CONTR. **Appétit, besoin, désir, envie, goût ; adoration, attirance, séduction, sympathie.**

RÉPUGNANT, ANTE [Repyɲɑ̃, ɑ̃t] adj. — 1213 ; de *répugner*.

A. Vx. Contradictoire (→ Hérésie, cit. 1) ; contraire. *« Il ne faut point admettre cette proposition, qui est répugnante à la foi, ou à la raison »* (Furetière).

B. ♦ **1.** (XVIIᵉ ; «qui répugne à faire qqch.», 1540). Qui inspire de la répugnance (2.) physique ; spécialt, extrêmement sale (→ Adhérence, cit. 1 ; appas, cit. 12 ; mission, cit. 10). *Taudis d'une saleté répugnante.* ⇒ **Dégoûtant, ignoble, infâme.** *Odeur répugnante.* ⇒ **Écœurant, fétide, infect.** *Laideur répugnante.* ⇒ **Repoussant ; laid, rebutant, répulsif.** *Travail, métier répugnant* (→ Égoutier, cit. 1). *Ivrognerie répugnante* (→ Excès, cit. 17).

1 Christophe ne faisait aucun mouvement pour se dégager ; il était glacé d'horreur. Étouffé contre la poitrine de son père, sentant sur sa figure l'haleine chargée de vin et les hoquets de l'ivrogne, mouillé par les baisers et les pleurs répugnants, il agonisait de dégoût et de peur.
R. ROLLAND, Jean-Christophe, L'aube, II, p. 45.

2 Oh ! vous êtes donc tout à fait lâche, Ferdinand ! Vous êtes répugnant comme un rat (...) CÉLINE, Voyage au bout de la nuit, p. 64.

♦ **2.** (XXᵉ). Qui inspire de la répugnance, du dégoût sur le plan intellectuel, moral ; extrêmement déplaisant*, désagréable* jusqu'au dégoût (selon les normes sociales). ⇒ **Abject, ignoble, infâme ; infect ;** (fam.). **dégueulasse.** *Des actions répugnantes.* ⇒ **Détestable, exécrable, hideux.** *Un individu répugnant, abject.* ⇒ fam. **Salaud, salopard.** *Il est antipathique, mais tout de même pas répugnant.* — *Ce livre, cet article, ce film est absolument répugnant ; c'est une ordure*. *Des obscénités répugnantes.*

3 Je n'osais interroger mes frères, aussi tardifs que moi sur ce chapitre et victimes

---

de cette éducation qui considérait comme « répugnante » toute confidence sexuelle, toute phrase trop précise (...) Hervé BAZIN, Vipère au poing, XXII.

CONTR. **Adorable, alléchant, désirable, réjouissant, séduisant, sympathique.**

RÉPUGNER [Repyɲe] v. — 1213, «résister à» ; lat *repugnare* «lutter contre, s'opposer à, être en contradiction avec».

★ **I.** V. intr. **RÉPUGNER À. A.** Vx. Être opposé à... ; être en contradiction avec... *« Cette proposition répugne à la première »* (Académie, 1694).

B. ♦ **1.** (XVIᵉ-XVIIᵉ). Éprouver de la répugnance (B.) pour (qqch.). *Son estomac répugne aux nourritures nouvelles* (→ aussi 1. Prime, cit. 2). *Personnellement il ne répugnait pas à la perspective d'une guerre* (→ Civil, cit. 12). — *Répugner à...,* suivi de l'inf. (⇒ **Haïr,** vx ; → aussi fonds, cit. 16 ; forme, cit. 81 ; 1. or, cit. 15). — Rare. *Répugner de...* *« Ils répugnent de montrer leurs corps sans vêtement »* (Raucat, *l'Honorable Partie de campagne,* in Sandfeld).

0.1 Tâchons de nous vaincre, et nous conviendrons bientôt de leur saveur ; nous répugnons aux médicaments, quoiqu'ils nous soient pourtant salutaires ; accoutumons-nous de même au mal, nous n'y trouverons bientôt plus que des charmes (...)
SADE, Justine..., t. I, p. 200.

1 L'auteur de ce livre connaît autant que personne les nombreux et grossiers défauts de ses ouvrages. S'il lui arrive trop rarement de les corriger, c'est qu'il répugne à revenir après coup sur une œuvre refroidie. HUGO, Cromwell, Préface.

2 Sa jeune fierté répugnait à paraître parmi la noblesse de la province aux fêtes et aux chasses sans l'équipage convenable à sa qualité.
Th. GAUTIER, le Capitaine Fracasse, I.

3 Fils d'un ouvrier maçon, venu du Limousin, né à Paris et répugnant à l'état de son père, il s'était engagé dès l'âge de dix-huit ans. ZOLA, la Débâcle, I, I.

4 (...) le peuple répugne toujours à admettre la mort naturelle des grands personnages. M. BARRÈS, Leurs figures, p. 149.

♦ **2.** (1718). Inspirer de la répugnance* physique ou morale à (qqn). *Cette nourriture lui répugne.* ⇒ **Dégoûter** (1.), **déplaire.** *L'odeur de la musaraigne* (cit.) *répugne aux chats. Des procédés qui nous répugnent.* ⇒ **Abominer, dégoûter, horreur** (faire horreur à). → 1. Politique, cit. 16.

5 (...) ils se gênent toute leur vie à faire ce qui leur répugne, et n'omettent rien de servile pour commander. ROUSSEAU, Rêveries..., VIᵉ promenade.

6 — La maîtresse du Prussien... Ah ! non, par exemple ! Il est affreux, il me répugne (...) Non, non, jamais ; j'aimerais mieux mourir !
ZOLA, la Débâcle, III, VI.

Absolt. *Cela répugne.* — Impers. *Il me répugne de...,* suivi d'un infinitif.

7 Le catholicisme, pour l'immense majorité de ceux qui le professent, n'est plus le catholicisme ; c'est la *religion.* Il répugne de passer sa vie comme la brute, de naître, de contracter mariage, de mourir sans que quelque cérémonie religieuse vienne consacrer ces actes saints.
RENAN, l'Avenir de la science, XXIII, Œ. compl., t. III, p. 1115.

★ **II.** V. tr. (1882, cit.). Dégoûter, rebuter (qqn). → Inappétence, cit. 4. *Elle était... sale à répugner une paroisse* (→ Pot, cit. 5).

8 Le chat faisait le gros dos ; puis, après avoir flairé longuement la grande patte blanche, répugné sans doute par l'odeur de colle, il retourna dormir en rond sur la banquette. ZOLA, Nana, V.

9 (...) Labre, dont la vermine et la puanteur répugnaient les hôtes mêmes des étables (...) HUYSMANS, Là-bas, XII.

▶ **RÉPUGNÉ, ÉE** p. p. adj.

♦ **1.** (1880). Vx. Qui exprime la répugnance. *Des regards répugnés.*

♦ **2.** (1885, Zola). Personnes. Qui éprouve de la répugnance.

CONTR. (Du sens I, 3) **Charmer.**
DÉR. **Répugnant.**

RÉPULSIF, IVE [Repylsif, iv] adj. et n. m. — XIVᵉ, rare av. 1705 ; dér. du lat *repulsus*, p. p. du lat. *repellere* «repousser». → Répulsion.

★ **I.** Adj. ♦ **1.** Phys. Qui repousse ; qui est relatif à la répulsion* (1.). *Forces répulsives,* qui s'exercent entre deux corps pour les écarter l'un de l'autre. *Potentiel répulsif.*

♦ **2.** (V. 1770, Rousseau). Littér. Qui inspire de la répulsion (2.). *Visage répulsif.* ⇒ **Rebutant, repoussant, répugnant** (B.). *Physionomie répulsive.*

1 (...) une froideur et une viscosité répulsives se répandirent rapidement sur toute la surface du corps, et la complète rigidité cadavérique survint immédiatement.
BAUDELAIRE, Trad. E. POE, Histoires extraordinaires, « Ligeia ».

2 Ces lièvres de vase sont assez répulsifs, tant par leur couleur grisâtre et la laideur de leurs formes que par l'odeur qu'ils dégagent.
Robert PINGET, Graal flibuste, p. 95.

★ **II.** (V. 1960). N. m. ♦ **1.** Agric. Substance qui protège les cultures en tenant les insectes à l'écart. *Traiter des semences, des plants, des échalas, des châssis au répulsif.*

♦ **2.** Techn. Appareil qui repousse (les insectes) sans les détruire. *« Répulsif à moustiques (...) Appareil électronique émetteur d'ultra-sons qui chasse les moustiques en toutes circonstances »* (Publicité, in *le Monde,* sept. 1973).

CONTR. **Attirant, attractif.**
DÉR. **Répulsivement.**

RÉPULSION [ʀepylsjɔ̃] n. f. — 1746 ; « action de repousser l'ennemi », 1450 ; lat. tardif *repulsio*, de *repulsum*, supin de *repellere* « repousser », de *re-*, et *pellere* « pousser ». → Répulsif.

★ **I.** ♦ **1.** Phys. Phénomène par lequel deux corps se repoussent mutuellement. *Répulsion électrique*, qui se produit entre deux corps électrisés avec de l'électricité de même signe. *Répulsion de l'aimant*.

♦ **2.** (1911). Sports. Exercice individuel au sol, par lequel on repousse le corps après avoir fléchi les bras (⇒ **Traction**). — *Luttes de traction et de répulsion*.

★ **II.** (V. 1772). Cour. *(La répulsion)*. Répugnance physique ou morale à l'égard d'une chose ou d'un être. ⇒ **Dégoût, écœurement, exécration, haut-le-cœur, horreur, peur, phobie, répugnance** (B.). *La répulsion de qqn*, qu'éprouve qqn. *Répulsion instinctive, violente* (de qqn) *à l'égard de..., pour...* (qqn, qqch.). Rare. *La répulsion de qqch.*, pour qqch. — *Drogue qui soulève une certaine répulsion et des velléités de nausées* (→ Soulever le cœur*). *Inspirer de la répulsion* (→ Fourmi, cit. 5). *Éprouver un sentiment de répulsion* (→ 1. Flétrir, cit. 11). *(Une, des répulsions). Chacun a ses idées, ses répulsions et ses manies* (→ Grouper, cit. 6).

1 Pendant quelque temps, il se conduit envers elle en époux plein de soins et de tendresse ; puis il la néglige, la rudoie, semble éprouver pour elle une répulsion insurmontable, un dégoût irrésistible.
MAUPASSANT, l'Inutile Beauté, « Un cas de divorce ».

1.1 Il savait trop bien monter et ses témoins étaient de trop excellents cavaliers pour qu'il pût craindre de retomber encore, mais il avait gardé du cheval une répulsion instinctive si pénible qu'aussitôt il regretta que l'affaire ne se fût pas arrangée et se demanda si l'on ne pourrait plus rien faire dans ce sens.
PROUST, Jean Santeuil, Pl., p. 731.

2 J'attribue aux profondes influences de la discipline catholique cette répulsion à l'égard de la chair qui a survécu en moi aux dogmes de la spiritualité.
Paul BOURGET, le Disciple, IV, III.

Littér. (dans un sens moins fort). Éloignement, forte antipathie (sans idée de dégoût physique). ⇒ **Aversion**. *Inclinations et répulsions politiques*.

CONTR. Amitié, appât, appétit, attirance, attraction, attrait, besoin, convoitise, désir, envie, faible (n. m., *supra* cit. 48), faiblesse, goût, séduction, sympathie.

RÉPULSIVEMENT [ʀepylsivmɑ̃] adv. — D. i. ; de *répulsif*.

♦ D'une manière répulsive, avec répulsion.

(...) vous refuseriez répulsivement d'être les complices de l'application d'un tel châtiment.
H. CHARRIÈRE, Papillon, p. 243.

RÉPUTATION [ʀepytɑsjɔ̃] n. f. — 1370 ; du lat. *reputatio*, littéralt « compte, évaluation », de *reputare*. → Réputer.

♦ **1.** (En bonne part). ⓐ Le fait d'être honorablement connu du point de vue moral. ⇒ **Estime** (vx), **gloire** (vx), **honneur**. *La réputation de qqn. Sa réputation est intacte, vierge. Commettre, compromettre, entacher, exposer, ternir sa réputation. Perdre sa réputation à la suite d'une imprudence* (→ Se brûler les ailes*). *Perte de la réputation*. ⇒ **Ruine** (fig.).*Action qui ternit la réputation* (⇒ **Infamant**). *Un individu sans réputation et sans honneur*. ⇒ **Infâme** (1.). *Retrouver sa réputation perdue* (→ Se refaire une virginité*). *Attaquer, flétrir, noircir, salir la réputation d'un homme*. ⇒ **Décrier, déshonorer, diffamer** (→ Couvrir de boue*, traîner dans la boue* ; entamer* quelqu'un). *Porter atteinte, porter un coup, nuire à la réputation de qqn* (→ Infamant, cit. 4). — (1648). *Perdre* (cit. 40) *qqn de réputation*, le déshonorer, le diffamer (→ Perdre dans l'opinion*).

1 Quelque honte que nous ayons méritée, il est presque toujours en notre pouvoir de rétablir notre réputation.
LA ROCHEFOUCAULD, Maximes, 412.

Spécialt. *La réputation d'une femme*, son honneur (→ Amour, cit. 48 ; 1. défier, cit. 9). *La réputation, seule dot* (cit. 6) *d'une fille pauvre et honnête. Une femme perdue de réputation* (→ Pernicieux, cit. 4).

ⓑ Le fait d'être avantageusement connu pour sa valeur intellectuelle ou professionnelle, etc. ⇒ **Considération, notoriété**. — REM. *Célébrité, gloire* (cit. 10, 22), *popularité* et même *renommée* sont plus forts que *réputation*. — *En imposer* (cit. 39) *aux autres par sa réputation ou sa fortune. Qui a beaucoup de réputation*. ⇒ **Accrédité** (vx), **réputé**. *Acquérir de la réputation* (→ Se faire connaître* ; faire parler* de soi). *Faire la réputation de qqn. Asseoir, soutenir sa réputation* (→ Ajuster, cit. 8). *Sa réputation est grande, faible. Réputation surfaite, exagérée, usurpée* (→ Agacement, cit. 2). *Vivre sur sa réputation*. ⇒ aussi **Crédit**.

2 Rien n'est si utile que la réputation et rien ne donne la réputation si sûrement que le mérite.
VAUVENARGUES, Réflexions et maximes, 403.

3 On ne parlait enfin *(sous Louis XIV)* que de l'esprit et des grâces françaises : tout se faisait au nom de la France, et notre réputation s'accroissait de notre réputation.
RIVAROL, De l'universalité de la langue franç.

(Une, des réputations). Fronder (cit. 7) *les réputations de la ville. Des réputations toutes faites* (→ Former, cit. 9).

4 Comme les critiques, qui font les réputations sans jamais pouvoir s'en faire une, il fait les députés sans pouvoir jamais le devenir.
BALZAC, Albert Savarus, Pl., t. I, p. 817.

(En parlant d'une chose). *La réputation d'une maison de commerce* (⇒ **Renom**), *d'une station touristique* (⇒ **Vogue**). *Produit de réputation européenne, mondiale*. ⇒ **Renommée**.

5 Nous ne connaissons M. Debauve que par ses préparations (...) mais nous savons (...) qu'il fournit à Paris et aux provinces un chocolat dont la réputation croît sans cesse.
A. BRILLAT-SAVARIN, Physiologie du goût, t. I, p. 149.

(En parlant d'un ouvrage de l'esprit). ⇒ aussi **Lustre** (2. Lustre, I., 3.) ; → Célèbre, cit. 6 ; conserver, cit. 4.

Loc. Vx. *Être en réputation* : être réputé, être en vogue (→ Épiloguer, cit. 6). *Se mettre en réputation auprès du public* (→ Accréditer, cit. 1 ; imposant, cit. 3).

(XVIIᵉ). Loc. *Connaître une personne ou une chose de réputation*, la connaître pour en avoir entendu parler (→ Honorable, cit. 7 ; pantomimer, cit.).

♦ **2.** 1530. (En bonne ou en mauvaise part ; souvent qualifié). Le fait d'être connu honorablement ou fâcheusement. *Jouir d'une excellente réputation. Un personnage de la plus fâcheuse* (cit. 10) *réputation. N'avoir pas bonne réputation auprès de qqn* (→ N'être pas en odeur* de sainteté). *Laisser* (cit. 6) *une belle, une glorieuse réputation*. ⇒ **Mémoire** (1. Mémoire, *supra* cit. 35). *Une réputation exécrable. Il vaut mieux que sa réputation*.

6 (...) Mirabeau était l'homme du monde qui ressemblait le plus à sa réputation : il était affreux.
RIVAROL, Rivaroliana, I.

7 À partir d'une certaine année on ne la rencontra plus seule, mais avec une amie plus âgée, qui avait mauvaise réputation dans le pays (...)
PROUST, Du côté de chez Swann, Pl., t. I, p. 147.

(En parlant d'une chose). *Maison, rue qui a une mauvaise réputation* (→ Mal famé*).

RÉPUTATION DE : le fait d'être considéré comme..., de passer* pour... *Une réputation d'homme spirituel* (→ Esprit, cit. 99), *de poseur* (cit. 2). *Faire à qqn une réputation de menteur* (→ aussi Midi, cit. 16). — *Avoir la réputation de...*, suivi de l'inf. (→ Escrime, cit. 2 ; notoriété, cit. 3). — *Une réputation de probité, d'intelligence* (→ Demander, cit. 39 ; persévérer, cit. 3). *Se faire une réputation de couardise* (→ Hardiesse, cit. 16).

8 L'aménité de ses manières, toutes les habitudes de sa vie, le soin qu'il prenait de sa personne, son ancienne réputation de force et d'adresse, d'homme d'épée et de cheval, avaient fait un cortège de petites notoriétés à sa célébrité croissante.
MAUPASSANT, Fort comme la mort, I, 1.

9 (...) une cousine germaine, qui avait la réputation d'avoir bon cœur, et s'occupait d'œuvres.
MONTHERLANT, les Célibataires, I, V.

CONTR. Décri. — Obscurité.

RÉPUTÉ, ÉE [ʀepyte] adj. ⇒ **Réputer**.

RÉPUTER [ʀepyte] v. tr. — 1261 ; du lat. *reputare* « compter, évaluer ». → Réputation.

♦ Rare. Suivi d'un attribut construit sans prép. : *réputer qqn honnête*, ou *pour* (littér.), *réputer qqn pour...* Tenir* pour. ⇒ **Compter** (pour), **considérer** (comme), **croire, regarder** (comme). *On le répute bon musicien*. « *Je réputais presque pour faux* (1. Faux, cit. 2) *ce qui n'était que vraisemblable.* » (Descartes). — Vx. *Réputer à...* « *Les plus ambitieux réputent à malheur De n'avoir des sujets de servir sa valeur* » (Rotrou, *in* Brunot, Hist. de la langue franç., t. IV, p. 832).

1 Un homme aussi sérieux, du reste, doit être calomnié. S'il est chaste, on le répute pédéraste ; c'est la règle.
FLAUBERT, Correspondance, 340, 1ᵉʳ sept. 1852.

Pron. (Vx) :

2 Ils *(les grands)* viendront en leur temps, quand tout sera accompli (...) quand ils se réputeront les derniers de tous (...)
BOSSUET, Panégyrique de saint André, 1ᵉʳ point.

▶ **RÉPUTÉ, ÉE** p. p. adj. (1694 ; « compté », fin XIIIᵉ).

♦ **1.** Cour. Qui est tenu pour. ⇒ **Considéré** (comme), **estimé**. *Il est réputé intelligent. Être réputé pour* (→ 3. Fronde, cit. 1, Michelet), *comme...* (→ Inanité, cit. 1, Bossuet). *Les contrées réputées les plus dangereuses de l'Espagne* (→ Pérégrination, cit. 2). — (Avec un nom attribut). *Un artiste, s'il n'est point original, n'est point réputé génie* (→ Genre, cit. 36).

3 (...) les enfants nés de l'union d'un citoyen avec une étrangère étaient réputés bâtards.
FUSTEL DE COULANGES, la Cité antique, III, XII.

Dr. *Être réputé...*, suivi d'un inf. (être censé* (avoir fait telle chose, être dans telle situation, etc.). — Cour. *Il est réputé bien écrire*, il passe pour... ⇒ **Passer**. *Être réputé pour...* (→ ci-dessous, cit. 5, Romains), on considère que...

4 En moins d'une année, Mᵐᵉ Jacques de Saint-Selve avait fait la conquête de cette portion de la bonne société londonienne, qui est réputée de la plus grande mélancolie.
Pierre BENOIT, Mˡˡᵉ de la Ferté, p. 85.

5 J'ai vu de gentils camarades, réputés pour n'être dupes de rien (...) et qu'une secousse médiocre, dont pour ma part je me serais tiré intact, désorganisait à plein.
J. ROMAINS, le Dieu des corps, I.

♦ **2.** (1875). Absolt. (En parlant d'une personne ou d'une chose). Qui jouit d'une grande réputation*. ⇒ **Célèbre, connu, fameux, prestigieux, renommé** ; **vogue** (en vogue). *Vin, cru réputé. Un des restaurants les plus réputés de la capitale.* — *Il est réputé parce que...*, *pour son intelligence. Ce vin est réputé pour son bouquet,* à cause de son bouquet.

6 (...) Françoise, voyant qu'il n'y avait toujours rien, se décida à courir chercher leur voisine, la Frimat. Celle-ci était réputée pour ses connaissances, elle avait aidé tant de vaches, qu'on recourait volontiers à elle dans les cas difficiles, afin de s'éviter la visite du vétérinaire. ZOLA, la Terre, III, V.

REQUALIFICATION [ʀ(ə)kalifikasjõ] n. f. — 1908, *in* Petiot ; de *requalifier,* d'après *qualification.*
Action de requalifier ; son résultat.

♦ **1.** Sports. *Requalification d'un joueur suspendu.*

♦ **2.** Action de requalifier (2.) ; de se requalifier. *Requalification et reconversion professionnelle.*

REQUALIFIER [ʀ(ə)kalifje] v. tr. — 1905, *in* Petiot ; de *re-,* et *qua-lifier.*
Qualifier de nouveau.

♦ **1.** Sports. Rendre à (un concurrent suspendu) le droit de disputer les épreuves sportives officielles ; réintégrer (un concurrent disqualifié) dans le classement d'une compétition.

♦ **2.** Donner une nouvelle qualification à... — Pron. « *Le travailleur peut ainsi se re-qualifier* (sic) *sur des machines plus modernes* » (*Libération,* 16 sept. 1981, p. 8).

CONTR. Disqualifier ; suspendre.
DÉR. Requalification.

REQUÉRABLE [ʀəkeʀabl] adj. — 1275 ; de *requérir.*
♦ Dr. Vieilli. Qu'on doit requérir, réclamer en personne (opposé à *portable*). *Rente requérable.*

REQUÉRANT, ANTE [ʀəkeʀɑ̃, ɑ̃t] adj. — 1342 ; « soupirant », 1265 ; de *requérir.*
♦ Dr. Qui demande au nom de la loi, et, spécialt, qui réclame en justice. *La partie requérante dans un procès* (⇒ **Demandeur**). — N. *Les greffiers délivreront copie ou extrait* (cit. 3) *à tous requérants. La requérante.*

REQUÉRIR [ʀəkeʀiʀ] v. tr. — Conjug. *acquérir.* — 1200 ; réfection de *requerre* «prier qqn», 980, d'après *quérir** ; du lat. pop. *requaerere,* lat. class. *requirere.*

★ **I.** (1080). Vx. Chercher de nouveau. — Par ext. Chercher. ⇒ **Chercher.** « *Va, va vite requérir mon fils* » (Molière, *les Fourberies de Scapin,* II, 7).

★ **II.** ♦ **1.** Prier instamment (qqn). *Requérir un tiers* (vx). — *Requérir qqn de...,* le prier instamment de... (vx, avec un nom). — (Avec un inf.). *Il fut requis d'accompagner le chanteur* (→ Massacrer, cit. 8). *Qui vous en a requis ?* — Spécialt. ⇒ **Contraindre** (à), **sommer** (de). *Je vous requiers d'insérer ma rectification.*

1 Mes amis m'importunent étrangement quand ils me requièrent de requérir un tiers. MONTAIGNE, Essais, III, IX.

2 Je te dis adieu ici, et n'oublie point que je ne te réclamerai rien jusqu'au jour où je me serai décidée à t'aller trouver pour te requérir d'une chose qui sera à mon commandement et que tu feras sans retard ni regret. G. SAND, la Petite Fadette, IX.

♦ **2.** Littér. Demander (une chose abstraite). ⇒ **Solliciter.** *Requérir l'aide de qqn.* « *Très humblement* (cit. 1) *requerrant votre grâce* » (Marot).

3 *(une affection)* qui ne vous engage tant à l'un qu'il puisse tout requérir de vous (...) MONTAIGNE, Essais, III, I.

4 — « Pas faim ! Veux pas qu'on me force ! » cria-t-il, tourné vers son fils comme s'il requérait protection. MARTIN DU GARD, les Thibault, t. III, p. 123.

(1231). Dr. Réclamer au nom de la loi. ⇒ **Demander, exiger ; requête.** *Que peut requérir la demanderesse ?* (→ Impliquer, cit. 6). *Requérir qqch. en justice. Droit de requérir la levée du scellé* (→ Inventaire, cit. 1). *Requérir la représentation d'une pièce.* ⇒ **Réquisition.** — *Requérir que...* (suivi du subj.). — Spécialt. *Requérir l'application de la loi,* se dit du procureur qui fait sa réquisition (1.) après que l'accusé a été déclaré coupable. *Le procureur requiert la peine de mort pour l'accusé.*

5 (...) nous requérons qu'il vous plaise et qu'il plaise à la cour appeler de nouveau dans cette enceinte les condamnés Brevet, Coche-paille et Chenildieu (...) HUGO, les Misérables, I, VII, X.

6 L'accusé ni son conseil ne pourront plus plaider que le fait est faux *(après la délibération du jurry),* mais seulement qu'il n'est pas défendu ou qualifié délit par la loi, ou qu'il ne mérite pas la peine dont le procureur général a requis l'application (...) Code d'instruction criminelle, art. 363.

Absolt. Prononcer le réquisitoire*, accuser, en parlant du procureur (avant la délibération du jury). *Le procureur requiert contre X. C'était le procureur Un tel qui requérait.*

♦ **3.** (1792). Réclamer pour utiliser, en vertu d'un droit légal. *La loi martiale* (cit. 2) *donnait aux municipalités le droit de requérir*

des troupes. Requérir des civils. ⇒ **Requis.** *Le préfet dut requérir la force publique. Requérir des chevaux, des voitures* (vx). ⇒ **Réquisitionner.** — Au passif :

6.1 Un certain nombre de juifs avaient été requis par les Allemands afin d'aménager le camp avant notre arrivée. Pierre GASCAR, les Bêtes, « Le temps des morts », p. 214.

♦ **4.** Littér. (Sujet n. de chose). Solliciter, occuper, prendre, mobiliser. « *L'étude des mathématiques requiert un homme tout entier* » (Furetière, art. *Requérir*). *L'attention* (cit. 31) *requise par la route, en voiture. Le chirurgien qui, toutes ses facultés requises, tranche à même la chair* (cit. 11) *vive.*

7 Jacques aurait voulu questionner son frère, mais des soins continuels requéraient leur double attention. MARTIN DU GARD, les Thibault, t. IV, p. 159.

8 Ce métier *(de comédien)* qui, depuis le jour où revêtu de la livrée d'un domestique de Volpone je tremblais sur la scène de cet inoubliable « Atelier » (...) a requis mon cœur et mon âme tous les jours de l'année, et plus voluptueusement encore, un assez grand nombre de nuits. J.-L. BARRAULT, *in* le Figaro littéraire, 12 déc. 1961.

♦ **5.** (Sujet n. de chose). Constituer une nécessité pratique ou logique. ⇒ **Exiger, nécessiter, réclamer** (cit. 5). *Les cas qui requerront célérité* (cit. 1). *L'idée de Dieu requiert une cause* (→ 1. Objectif, cit. 1). *L'éducation requiert deux conditions* (→ Instruire, cit. 8). — Impers. « *Diviser les difficultés* (cit. 4) *en autant de parcelles qu'il serait requis pour les mieux résoudre* » (Descartes).

9 (...) en toute police, il y a des offices nécessaires, non seulement abjects, mais encore vicieux (...) Le bien public requiert qu'on trahisse et qu'on mente et qu'on massacre (...) MONTAIGNE, Essais, III, I.

▶ **REQUIS, ISE** p. p. adj. (1534 ; *combat requis* «acharné», v. 1160).
♦ **1.** Demandé, exigé comme nécessaire. ⇒ **Compétent** (vx), **nécessaire, obligé, prescrit.** *Qualité requise pour l'exercice d'un art* (→ Augurer, cit. 4). *La fermeté requise en telle occasion* (→ Indisciplinable, cit. 1). *De toutes les vertus requises pour le gouvernement...* (cit. 16). *Avec les solennités requises* (→ Authentique, cit. 2). *Satisfaire aux conditions requises.*

10 Dans les formalités en pareil cas requises. MOLIÈRE, le Dépit amoureux, V, 6.
11 (...) je rôdais autour du musée Dupuytren où j'avais juste l'âge requis pour pénétrer (les enfants au-dessous de quinze ans n'étaient pas admis). F. MAURIAC, la Robe prétexte, XIV.

♦ **2.** Se dit d'un civil mobilisé pour un travail, par réquisition (3.). *Travailleur requis.* — N. m. *Les requis :* les travailleurs requis par l'armée d'occupation allemande en France pendant la guerre de 1939-1945.

12 Viennent de mourir (...) 75 000 décédés comme prisonniers de guerre ou comme requis du travail. Ch. DE GAULLE, Mémoires de guerre, t. III, p. 235.

DÉR. Requérable, requérant. — (De *requerre*) Requête.

REQUÊTE [ʀəkɛt] n. f. — 1291 ; *requeste,* au sens mod. (II., 1.), 1155 ; de l'anc. franç. *requerre.* → Requérir.

★ **I.** (XIIIᵉ). Vx. Recherche. — Vén. Nouvelle quête de la bête. ⇒ 1. Quête (I., 1.).

★ **II.** Mod. ♦ **1.** Demande* instante, verbale ou écrite. ⇒ **Prière, quête, sollicitation.** *Requête pour obtenir une faveur, une grâce.* ⇒ **Démarche, placet, supplique.** *Une vaine et superstitieuse requête* (→ Prière, cit. 5). *Faire, adresser* (→ Hasarder, cit. 19), *présenter* (cit. 6) *une requête, sa requête à qqn. Donner suite, satisfaire à une requête. Accorder une requête, céder aux requêtes de qqn.* ⇒ **Instance.** — Dr. *À, sur la requête de :* à la demande de. *Citations* (cit. 1) *faites à la requête du ministère public. Sur la requête de la partie la plus diligente...* ⇒ **Réquisition** (1.). → Descente, cit. 7.

1 Nous fatiguons le Ciel à force de placets.
Qu'à chacun Jupiter accorde sa requête,
Nous lui romprons encor la tête. LA FONTAINE, Fables, VI, 11.

2 Emprisonné sous l'Ancien Régime à la requête de sa femme, jolie, galante, et qui avait du crédit, Saint-Hururge, on le comprend, était d'avance un ennemi furieux de l'Ancien Régime, un champion ardent de la Révolution. MICHELET, Hist. de la Révolution franç., II, VII.

3 J'ai dans votre maison une cousine, et j'irai la voir un de ces jours, le plus tôt possible, venez m'y présenter votre requête. BALZAC, la Cousine Bette, Pl., t. VI, p. 204.

♦ **2.** (V. 1280). Dr. Acte motivé adressé par écrit à un magistrat, pour solliciter une autorisation ou faire ordonner une mesure de procédure. ⇒ **Demande, pétition.** — REM. La *requête* est adressée à une juridiction, la *réclamation* à l'administration. *Le juge répond à la requête par l'ordonnance** (→ Célérité, cit. 1). *Requête du demandeur dans la procédure de divorce. Rejet d'une requête* (→ Interjeter, cit. 1).

Spécialt. Mémoire produit par un avocat (ou la partie elle-même) pour introduire certaines voies de recours devant le Conseil d'État ou la Cour de cassation. *La requête introductive d'instance contient les moyens* (2. Moyen, cit. 17) *et les conclusions de la partie. La requête en cassation** *est soumise à la Chambre des requêtes* (⇒ **Pourvoi**) *et, après admission, à la chambre civile. Chambre** *des requêtes. Requête devant le Conseil d'État, communiquée à un rapporteur. Maître des requêtes au Conseil d'État :* membre du Conseil chargé de présenter avec voix délibérative des rapports sur les affaires qui lui sont soumises. *Les maîtres des requêtes, au nombre de 49, sont, dans la hiérarchie, après les conseillers et avant les auditeurs.*

Dr. admin. et fisc. Acte par lequel un particulier ou une personne administrative autre que l'État introduit une voie de recours* devant les Conseils de préfecture. ⇒ **Pourvoi.**
Mode d'introduction en justice de certaines procédures principales ou incidentes, de certaines voies de recours, caractérisé par la remise d'une *requête* (aux sens ci-dessus). — Dr. admin. Recours* contentieux ou gracieux (d'un particulier ou d'une personne administrative autre que l'État).

♦ **3.** *Requête civile :* voie de recours extraordinaire et de rétractation, par laquelle on demande à la juridiction qui a statué de revenir sur une décision que l'on prétend rendue par erreur. *La requête civile est adressée aux juges mêmes qui ont statué* (et non à une juridiction supérieure). *Le rescindant et le rescisoire de la requête civile.*

4 Arrêt enfin. Je perds ma cause avec dépens,
Estimés environ cinq à six mille francs (...)
(...) Il me reste un refuge :
La requête civile est ouverte pour moi.   RACINE, les Plaideurs, I, 7.

5 Si la requête civile est admise, le jugement sera rétracté, et les parties seront remises au même état où elles étaient avant ce jugement (...)
Code de procédure civile, art. 501.

DÉR. (Du sens I.) **Requêter.**

REQUÊTER [ʀəkete] v. tr. — 1570 ; de *requête* (I.).

♦ Chasse. Quêter de nouveau (la bête).

REQUIEM [ʀekɥijɛm] n. m. invar. — 1223, premier mot lat. de la prière *requiem æternam dona eis* «donnez-leur le repos éternel».

♦ **1.** Liturgie cathol. Prière, chant pour les morts. *Chanter un requiem, des requiem. Messe de requiem,* pour le repos de l'âme d'un mort. *Requiem pour une nonne,* roman de W. Faulkner (1951) adapté au théâtre par A. Camus (1962).

♦ **2.** Mus. Partie de la messe des morts mise en musique ; messe de requiem (prend généralement une majuscule). *Le* Requiem *de Mozart, de Berlioz, de Verdi.*

(...) il peut, en cas d'une cérémonie importante, laisser sa place à un surnuméraire, et aller chanter un *requiem* au lutrin de l'église, dont il est, le dimanche et les jours de fête, le plus bel ornement (...)
BALZAC, la Fille aux yeux d'or, Pl., t. V, p. 259.

♦ **3.** (Mil. XVIᵉ). Loc. fam. *Avoir une face de requiem,* une tête d'enterrement.

REQUIESCAT IN PACE [ʀekwijɛskatinpatʃe] — Mots lat. signifiant «qu'il repose en paix».

♦ Paroles chantées à l'office des morts ; gravées sur les pierres tumulaires (abrév. : *R. I. P.*).

REQUILLER [ʀ(ə)kije] v. tr. — 1880 ; de *re-*, et *quille.*

★ **I.** Fam. et vx. Refuser à un examen.

★ **II.** (1932, *in* Larousse). Remettre debout (les quilles abattues).

REQUIMPETTE [ʀ(ə)kɛ̃pɛt] n. f. — 1897 ; une des var., avec déformation pop., de *redingote ;* cf. aussi *reguingote, reguimpette,* etc., en diverses provinces.

♦ Régional (fam.). Veste, manteau court.

REQUIN [ʀəkɛ̃] n. m. — 1539 ; *requien,* 1578 ; *requiem,* XVIIᵉ, d'après Huet : «quand il a saisi un homme (...) il ne reste plus qu'à faire chanter le requiem pour le repos de l'âme de cet homme-là» ; orig. incert., p.-ê. de *quien,* forme normande de *chien* (de mer) ou *orquin,* par fausse coupe d'un mot italien *orchino* (supposé) dimin. d'*orca* «orque» (→ 1. Orque) ; P. Guiraud évoque une forme normanno-picarde de *rechigner,* d'où l'adj. *rechin* «grincheux», l'animal «montrant les dents», cette dernière hypothèse paraît la plus plausible.

♦ **1.** Poisson sélacien, squale *(Carchariidés),* scientifiquement appelé *carcharias,* à corps allongé, de grande taille et très puissant, à nageoire caudale hétérocerque, à bouche largement fendue en arc à la face inférieure de la tête et munie de nombreuses dents pointues, qui offre la particularité d'être vivipare et placentaire. *Le requin habite les mers chaudes ou tempérées ; sa voracité en fait l'ennemi redouté des marins* (→ Gueule, cit. 3). *Requin commun* ou *requin bleu. — Potage aux ailerons de requin* (cuisine chinoise).

1 (...) nous guettâmes avec anxiété l'occasion de nous baigner, mais vainement ; car notre ponton était littéralement assiégé de tous côtés par les requins, — les mêmes monstres, sans aucun doute, qui avaient dévoré notre pauvre camarade dans la soirée précédente, et qui attendaient à chaque instant un nouveau régal de même nature.   BAUDELAIRE, Trad. E. POE, les Aventures d'A. Gordon Pym, XIII.

À propos, j'ai lu, dans le dictionnaire de Littré, que ce mot de requin venait de 2
requiem, parce que, tu le comprends sans peine, celui qui voit le requin n'a plus qu'à dire son *requiem.* Cela m'avait paru très simple et très beau. Malheureusement les spécialistes les plus calés disent que c'est une explication fantaisiste.
G. DUHAMEL, Chronique des Pasquier, VIII, XI.

L'organisme d'un requin est comme un ventre toujours prêt à digérer, qu'entourent et qu'assistent des muscles et une bouche dentée. Nulle part ailleurs, même 3
chez les plus forts carnivores terrestres, Tigres et Lions, l'allure prédatrice n'est aussi marquée.   Louis ROULE, les Poissons..., t. VI, p. 261.

Squale de grande taille. ⇒ **Aiguillat, griset, lamie, rochier, roussette** (ou chien de mer), etc. *Requin-baleine* (rhineodon). *Requin blanc* (carcharodon Carcharias), un des plus voraces parmi les requins. *Requin épineux* (squalus acanthias). *Requin marteau.* ⇒ **Maillet, marteau.** *Requin pèlerin. Requin-raie* (ange de mer). *Requin-tapis* (orectolobus barbatus). *Requin-taureau* (cétorhinidés). *Requin-tigre.*

(le) Requin épineux (...) dont chacune des deux dorsales est précédée d'une forte 3.1
épine (...) le Requin-Tapis (...) chasse à l'affût dans les herbes où il passe inaperçu grâce à sa coloration et aux houppes dont sa tête est ornée (...) le Requin de sable (...) écume le fond des mers à la recherche des Crustacés dont il est friand ; le Requin-Renard (...) dont la caudale est aussi longue que le reste du corps, sait fort bien, par ses violents coups de queue, réunir les poissons en amas compacts sur lesquels il s'élance gueule ouverte (...) le Pèlerin (...) et le Requin-Baleine (...) qui peuvent atteindre jusqu'à 12 et 18 m sont absolument inoffensifs pour l'homme (...)
(...) le Requin-Bleu ou Peau-Bleue, long de 7 à 8 m, qui suit les navires et avale tout ce qui en tombe (...) enfin, le seigneur et maître Requin-Blanc (...) long de 10 m, dont la voracité est légendaire.   R. et M.-L. BAUCHOT, les Poissons, p. 62.

(...) toi, si la mâchoire d'un requin-tigre te happait le plus mignon de tes bras, tu 3.2
serais une pauvre infirme qui viendrait mendier sa nourriture (...)
Jean CAYROL, Histoire de la mer, p. 119-120.

Hameçon, émerillon à pêcher le requin. Cuir de requin. ⇒ **Galuchat.**

♦ **2.** (1790, *in* D.D.L.). Fig. Personne cupide et impitoyable en affaires. ⇒ **Bandit, forban, pirate, rapace.** *Les requins de la finance.*

(Ils) avaient l'un et l'autre ces vastes magasins pour y serrer, l'un, des parties de 4
papier achetées à des fabricants nécessiteux ; l'autre, des éditions d'ouvrages données en gage de ses prêts. Le requin de la librairie et le brochet de la papeterie vivaient en très bonne intelligence (...)
BALZAC, les Petits Bourgeois, Pl., t. VII, p. 71.

Un chef de gouvernement aurait pu essayer de tenir tête aux grands requins (...) 5
F. MAURIAC, le Nouveau Bloc-notes 1958-1960, p. 19.

DÉR. (De 2.) **Requinisme.**

REQUINISME [ʀəkinism] n. m. — xxᵉ ; de *requin,* 2.

♦ Rare. Caractère d'un requin, d'une personne avide et impitoyable. ⇒ **Rapacité.**

L'homme épatant, expliquait-il à Testevel, auditeur béant, c'est celui qui, lorsqu'il a trouvé quelque chose de bon à prendre, referme sa patte dessus (...) mais la referme avec élégance, la referme sans que cela se voie. C'est ce qu'on peut appeler le requinisme inapparent, le requinisme mondain.
G. DUHAMEL, le Désert de Bièvres, p. 301.

REQUINQUAGE [ʀ(ə)kɛ̃kaʒ] n. m. — 1904 ; de *requinquer.*

♦ Fam. Action de requinquer ; son résultat.

REQUINQUANT, ANTE [ʀ(ə)kɛ̃kɑ̃, ɑ̃t] adj. — Mil. xxᵉ ; de *requinquer.*

♦ Fam. Qui requinque, redonne des forces, du courage. ⇒ **Remontant.**

TRÈS JUSTE ! On ne saurait croire combien la valeur de ces deux mots, qui peuvent être trois *(très, très juste !),* est requinquante. Ils emplissent le parleur d'une légitime fierté et l'incitent à poursuivre tandis que vous vous reposez.
Pierre DANINOS, Un certain Monsieur Blot, p. 237 (1960).

REQUINQUER [ʀ(ə)kɛ̃ke] v. tr. — 1578, p. p. ; v. pron., 1611 ; altér. de *reclinquer* «redonner du clinquant», selon Bloch-Wartburg, rad. onomat. *klink-,* et aussi *reclinquer* «réparer une barque», 1382, du hollandais *Klink ;* pour Guiraud, de *re-,* et *clinquer, clincher,* du lat. *clinicare* «faire pencher, incliner», antonyme de *déclinquer.* → Déglinguer.

Familier.

♦ **1.** Vx. Rajuster dans sa toilette, redonner une belle apparence. *Requinquer qqn,* l'habiller de neuf. — Pron. *Il, elle essaye de se requinquer avant de sortir.* — Au p. p. :

(...) des bidets (...) peu dignes d'un officier bien *ficelé* et requinqué comme 1
vous (...)   STENDHAL, Lucien Leuwen, I, IV.

Mais toi, depuis que ces gens du pavillon t'ont requinquée, tu as l'air d'une impé- 2
ratrice.   BALZAC, les Paysans, Pl., t. VIII, p. 174.

Il portait des vêtements luisants, pochés aux genoux et aux coudes, une cravate 2.1
mal ficelée sur un col douteux, mais le chapeau, presque neuf, le requinquait un peu lui donnant des airs de demi-solde.   M. AYMÉ, Travelingue, p. 38.

♦ **2.** V. pron. Vx. *Se requinquer :* prendre un air pimpant et des manières coquettes... ; devenir orgueilleux et vain (Le Roux, *Dict. comique,* 1752). — *Être requinqué.*

Le goût que je suppose à mon élève pour la campagne est un fruit naturel de son 3
éducation. D'ailleurs, n'ayant rien de cet air fat et rococo requinqué qui plaît tant aux femmes, il en est moins fêté que d'autres enfants ; par conséquent, il se plaît moins avec elles, et se gâte moins dans leur société dont il n'est pas encore en état de sentir le charme.   ROUSSEAU, Émile, III (note).

◆ **3.** Mod. (Sujet n. de chose). Redonner des forces, de l'entrain à (qqn). *Ce steak saignant m'a requinqué.* Absolt. *Un verre de vin, ça requinque* (→ Ragaillardir, remonter, retaper).

4   — Ça, ça me requinque un peu, cette idée qu'elle *(la morte)* se desséchera petit à petit, qu'elle finira par de la poudre.   R. QUENEAU, Loin de Rueil, III, X.

▶ **SE REQUINQUER** v. pron. (1611).

Retrouver la santé (⇒ **Convalescence**), reprendre des forces, retrouver sa forme, sa bonne humeur. *Il s'est bien requinqué.*

▶ **REQUINQUÉ, ÉE** p. p. adj. *La voilà toute requinquée.*

5   Parfois (...) je doute à nouveau. Mais, vite, j'accable toutes choses, créatures et création, sous le poids de ma propre infirmité, et me voilà requinqué.
        CAMUS, la Chute, p. 164.

DÉR. Requinquage, requinquant.

REQUIS, ISE [ʀəki, iz] adj. ⇒ **Requérir.**

RÉQUISIT [ʀekwizit] n. m. — Fin XVIIᵉ ; du lat. *requisitum* « chose requise ». → Requérir, réquisition.

◆ Didact. (philos.). Ce qui est requis, exigé par l'esprit pour obtenir un résultat, une fin, « cette fin pouvant être soit la conformité à une définition, soit la possibilité d'une hypothèse, soit la solution d'un problème, soit la production d'un effet, etc. » (Lalande).

1   Pour connaître une chose, il faut considérer tous les réquisits de cette chose, c'est-à-dire tout ce qui suffit à la distinguer de toute autre chose ; et c'est ce qu'on appelle Définition, Nature, Propriété réciproque.
        LEIBNIZ, De la sagesse, VII, 83, *in* LALANDE, Voc. de philosophie.

2   Sans l'imagination, il n'y aurait pas de ressemblance entre les choses *(dans la philosophie du XVIIᵉ s.).*
On voit le double réquisit. Il faut qu'il y ait, dans les choses représentées, le murmure insistant de la ressemblance ; il faut qu'il y ait, dans la représentation, le repli toujours possible de l'imagination. Et ni l'un ni l'autre de ces réquisits ne peut se dispenser de celui qui le complète et lui fait face.
        Michel FOUCAULT, les Mots et les Choses, p. 83.

RÉQUISITION [ʀekizisjɔ̃] n. f. — 1180, « requête » ; du lat. *requisitio*, de *requirere.* → Requérir.

◆ **1.** Vx. ⇒ **Requête** (II., 1.). — Mod. Dr. Requête à un tribunal, demande incidente à l'audience. *Sur la réquisition, les réquisitions de la partie civile, du président, de l'accusé... À la première réquisition.*

1   Cette précaution devient d'autant plus nécessaire, qu'il m'est revenu qu'une Mᵐᵉ de Rosemonde (...) voulait rendre plainte contre vous, et qu'alors la partie publique ne pourrait pas se refuser à sa réquisition.
        LACLOS, les Liaisons dangereuses, CLXVII.

2   Laquelle somme je payerai à sa première réquisition (...)
        BEAUMARCHAIS, le Mariage de Figaro, III, 15.

◆ **2.** Dr. pén. Acte par lequel le ministère public (procureur, etc.) demande au juge l'application de la loi pour un prévenu déféré devant la justice. ⇒ **Réquisitoire ; plaidoirie.** *Le procureur général fait sa réquisition à la cour pour l'application* (cit. 1) *de la loi.* — Au plur. *Les réquisitions du ministère public* (dans le même sens).

3   Le procureur général, après avoir déposé sur le bureau sa réquisition écrite et signée, se retirera ainsi que le greffier.   Code d'instruction criminelle, art. 224.

◆ **3.** (1793). Dr. admin. « Opération unilatérale de puissance publique par laquelle l'Administration exige d'une personne une prestation d'activité, la fourniture d'objets mobiliers et quelquefois l'abandon de la jouissance d'immeubles en vue d'assurer le fonctionnement de certains services publics » (Capitant). *Réquisitions civiles,* opérées par les fonctionnaires civils ; *militaires,* opérées par l'armée ou des agents militaires. *Réquisitions d'hommes.* ⇒ **Requérir, requis.** *Réquisition de troupes en 1793,* dite *réquisition permanente. Réquisition de main-d'œuvre imposée par l'état de guerre* (→ Embauchage, cit. 1). *Échapper aux réquisitions* (→ Myopie, cit.). — Dr. public. *Réquisition de la force armée,* par laquelle les autorités civiles (maires, préfets, etc.) mettent en mouvement la force armée pour le maintien de l'ordre ou du fonctionnement d'un service public. — Cour. *Réquisition de choses,* et, absolt, *réquisition.* ⇒ **Réquisitionner.** *En temps de guerre l'État* peut faire la réquisition *de véhicules, de chevaux, de locaux.* ⇒ **Billet** (de logement), **cantonnement.** — Dr. *Réquisition des navires étrangers.* ⇒ **Angarie ; embargo** (cit. 2) ; *réquisitions en territoire occupé.*

4   C'était la Convention qui avait, par le décret du 24 février 1793, imposé la « *réquisition* » de tous les jeunes gens de dix-neuf à vingt-cinq ans pour suppléer aux enrôlements volontaires (...)
        Louis MADELIN, Hist. du Consulat et de l'Empire, Avèn. de l'Empire, XXI.

5   (...) derrière lui sous le portrait d'Azaña, un amoncellement d'argenterie d'un mètre : plats, assiettes, théières, aiguières et plateaux musulmans, pendules, couverts, vases saisis pendant les réquisitions.   MALRAUX, l'Espoir, I, II, I, II.

6   Le maire mit ses lunettes et déroula les affiches. Il lut à mi-voix « Mobilisation

---

générale »... Il regarda le lieutenant avec inquiétude, il dit : « Ils ne parlent pas de réquisition. »   SARTRE, le Sursis, p. 62.

DÉR. Réquisitionnaire, réquisitionner.

RÉQUISITIONNABLE [ʀekizisjɔnabl] adj. — 1922, Hamp ; de *réquisitionner.*

◆ Qui peut être réquisitionné.

RÉQUISITIONNAIRE [ʀekizisjɔnɛʀ] adj. et n. m. — 1793 ; de *réquisition.*

◆ Hist. Soldat appelé par une réquisition pendant la Révolution.

Ce mot de conscrit, devenu plus tard si célèbre, avait remplacé pour la première fois, dans les lois, le nom de réquisitionnaires, primitivement donné aux recrues républicaines.   BALZAC, les Chouans, Pl., t. VII, p. 771.

RÉQUISITIONNER [ʀekizisjɔne] v. tr. — 1796 ; de *réquisition.*

◆ **1.** (Le sujet désigne l'État, l'administration). Se procurer (une chose) par voie de réquisition ; absolt, faire une réquisition. *Réquisitionner des voitures* (→ aussi Fortuitement, cit. 2). *Le maire a réquisitionné des locaux pour les réfugiés.*

1   — En somme, petit père, reprit le premier interlocuteur, ces marchands ont raison d'être inquiets pour leur commerce et leurs transactions. Après avoir réquisitionné les chevaux, on réquisitionnera les bateaux, les voitures, tous les moyens de transport, jusqu'au moment où il ne sera plus permis de faire un pas sur toute l'étendue de l'empire.   J. VERNE, Michel Strogoff, p. 49-50.

2   Il me faut pour cinq heures un terrain convenable et un petit bâtiment pour les bergers. Si le propriétaire refuse de vous louer, vous réquisitionnerez.
        A. MAUROIS, les Silences du colonel Bramble, XXIII.

3   (...) si on parle de réquisitionner un bâtiment, on doit dire qu'un homme a été requis.   René GEORGIN, Pour un meilleur français, p. 32.

P. p. adj. (1935). *Marchandises réquisitionnées.*

4   (...) l'on voit, à toute heure, s'en aller de lourds camions allemands chargés de caisses, dernières réserves alimentaires réquisitionnées.
        GIDE, Journal, 24 janvier 1943.

◆ **2.** Utiliser par réquisition les services d'une personne. *La main-d'œuvre fut réquisitionnée sur place.* « *Tous les citoyens valides furent réquisitionnés* » (Académie).

5   Des affiches blanches, du reste, posées par les autorités prussiennes, réquisitionnaient les habitants pour le lendemain, ordonnant à tous, quels qu'ils fussent, ouvriers, marchands, bourgeois, magistrats, de se mettre à la besogne, armés de balais et de pelles, sous la menace des peines les plus sévères, si la ville n'était pas propre le soir.   ZOLA, la Débâcle, III, I.

◆ **3.** Fig. et fam. Utiliser d'office, d'autorité (une personne). *Je vous réquisitionne pour m'aider à préparer les sandwiches !* (→ Mobiliser, II., 1., fam.).

▶ **RÉQUISITIONNÉ, ÉE** p. p. adj. → ci-dessus.

DÉR. Réquisitionnable.

RÉQUISITOIRE [ʀekizitwaʀ] n. m. — 1539 ; adj., 1379 ; du lat. *requisitus,* p. p. de *requirere.* → Requérir.

◆ **1.** Dr. criminel. ⇒ **Réquisition** (2.). *Le réquisitoire sera signé du procureur et remis au tribunal. Réquisitoire de non-lieu.*

◆ **2.** Développement oral, par le représentant du ministère public (procureur, avocat général...), des moyens de l'accusation. ⇒ **Accusation ; grief** (d'accusation). *Préparer son réquisitoire* (→ Irritable, cit. 3). *Réquisitoire modéré suivi d'une éloquente plaidoirie* (cit. 1). *Violent réquisitoire, épithètes flétrissantes d'un réquisitoire* (→ Éloquence, cit. 10). *Répondre à un réquisitoire.*

1   La discussion s'ouvre sur la valeur des preuves ainsi produites. On entend l'avocat de la partie civile, s'il y a une partie civile en cause ; — le réquisitoire du ministère public ; — enfin le plaidoyer du défenseur.
        DONNEDIEU DE VABRES, Précis de droit criminel, § 1090.

2   Justement, vous étiez en train de terminer votre réquisitoire. Quelle péroraison ! D'une concision, d'une violence, d'une aigreur ! Vous faisiez mouche à chaque mot. Les jurés ne respiraient plus. L'assassin en était ratatiné à son banc.
        M. AYMÉ, la Tête des autres, I, 5.

◆ **3.** Discours (ou écrit) par lequel on accuse quelqu'un en énumérant ses fautes, ses torts, en accumulant de graves reproches* contre lui (→ Accusation, cit. 7). *La critique qu'il a faite de ses prédécesseurs est un véritable réquisitoire.* — (S'applique aussi aux choses : œuvres, institutions, etc.). *Réquisitoire contre les grands journaux* (→ Bref, cit. 5), *contre une théorie, une politique,* etc.

3   Elle meurt de chagrin, et ses enfants vont bien ! elle mourait donc par moi ! Ma conscience menaçante prononça un de ces réquisitoires qui retentissent dans toute la vie et quelquefois au-delà.   BALZAC, le Lys dans la vallée, Pl., t. VIII, p. 995.

4   Ces paroles annoncent indifféremment un réquisitoire ou un dithyrambe, et le ton seul me laisse pressentir si elle va l'exalter, le couvrir de boue. Mais qu'elle le glorifie ou le salisse (...)   F. MAURIAC, le Nœud de vipères, II, XX.

CONTR. Plaidoirie. — Dithyrambe, panégyrique, plaidoyer.
DÉR. Réquisitorial.

RÉQUISITORIAL, IALE, IAUX [ʀekizitɔʀjal, jo] adj. — 1743; de *réquisitoire*.

Droit.

♦ **1.** Vx. Qui tient de la requête. *Lettre réquisitoriale.*

♦ **2.** Mod. Qui tient du réquisitoire. *Plaidoyer réquisitorial.*

REQUITTER [ʀ(ə)kite] v. tr. — Fin xvⁱᵉ; de *re-*, et *quitter*.

♦ Quitter de nouveau (surtout au pron.). *Divorcés qui se quittent pour se reprendre et se requitter* (→ Incompatibilité, cit. 5).

R. E. R. [ɛʀøɛʀ] n. m. — V. 1970.

♦ Sigle de *Réseau Express Régional* (région parisienne). *Ligne, station du R. E. R.*

RES- (verbes en *re-*, + s). ⇒ **Re-**.

RESALER [ʀ(ə)sale] v. tr. — 1314; de *re-*, et *saler*.

♦ Saler de nouveau, saler ce qui n'est pas assez salé. *Cuisinier qui goûte un potage et le resale.*

RESALIR [ʀ(ə)saliʀ] v. tr. — 1875; de *re-*, et *salir*.

♦ Salir de nouveau, et, spécialt, salir ce qui vient d'être nettoyé. — Pron. *Enfant qui s'est resali après son bain.*

RESALUER [ʀ(ə)salɥe] v. tr. — xiiⁱᵉ; de *re-*, et *saluer*.

♦ Saluer de nouveau; rendre le salut de (qqn).

(un petit homme) qui, m'adressant de grands saluts, ne voulut jamais descendre avant que je fusse passé. Le duc lui cria de la bibliothèque quelque chose que je ne compris pas, et l'autre répondit avec de nouveaux saluts adressés à la muraille, car le duc ne pouvait le voir (...) il avait une voix de fausset, et me resalua avec une humilité d'homme d'affaires.
PROUST, le Côté de Guermantes, Pl., t. II, p. 573-574.

RESARCELÉ, ÉE [ʀəsaʀsəle] adj. — 1690; orig. inconnue.

♦ Blason. Se dit d'une pièce honorable dont le bord présente un filet d'un émail particulier placé à une distance du bord égale à sa propre largeur. — REM. Ne pas confondre avec *recercelé, ée*. → Recercler.

RESARCIR [ʀəsaʀsiʀ] v. tr. — 1281; de *re-*, et l'anc. franç. *sarcir* «recoudre», fin xⁱᵉ; du lat. *sarcire* «raccommoder».

♦ Régional. Raccommoder. — Techn. Réparer les défauts de fabrication du velours.

DÉR. **Resarcissage.**

RESARCISSAGE [ʀəsaʀsisaʒ] n. m. — 1877, Littré, *Suppl.*; de *resarcir*.

♦ Techn. Opération par laquelle des ouvrières (les *resarcisseuses*) resarcissent le velours.

RESCAPÉ, ÉE [ʀɛskape] adj. et n. — xiiⁱᵉ, *rescaper*, dialectal; adj. et n., répandu 1906; forme du Hainaut pour *réchappé*, entendue sur les lieux de la catastrophe de Courrières et passée en français central par les comptes rendus de la presse.

♦ Qui est réchappé d'un accident, d'un sinistre. *Les passagers rescapés.* ⇒ **Indemne, sauf, sauvé.**

1   Il y a eu un tremblement de terre, et nous sommes ceux qui, rescapés, sortent de leurs abris après la catastrophe : certains traits du paysage sont encore reconnaissables, mais ce n'est plus le même pays et l'on ne peut plus s'y comporter de la même façon. André SIEGFRIED, l'Âme des peuples, I, IV.

N. (1913). Personne qui a échappé* à un accident, un sinistre (cf. fam. Qui s'en est sorti, s'en est tiré). *Les rescapés d'un naufrage, d'un incendie, d'une collision..., d'une bataille* (→ 2. Kaki, cit. 1). *Il n'y a aucun rescapé.*

2   (...) à moins qu'il ne dorme pas, ne se couche pas, promène toute la nuit dans les rues cette dégaine de rescapé de Buchenwald (...)
Claude SIMON, le Vent, p. 13.

CONTR. **Victime.**
DÉR. **Rescaper.**

RESCAPER [ʀɛskape] v. tr. — 1933, Marc Chadourne, *in* D.D.L.; de *rescapé*.

♦ Sauver (qqn), faire réchapper à un danger. *Une équipe de secours est parvenue à les rescaper.*

RESCIF [ʀesif] n. m.

♦ Vx. ⇒ **Récif.**

RESCINDABLE [ʀəsɛ̃dabl; ʀesɛ̃dabl] adj. — 1588; de *rescinder*.

♦ Dr. Qui peut être rescindé. *Contrat rescindable.* ⇒ **Annulable.**

RESCINDANT, ANTE [ʀəsɛ̃dɑ̃, ɑ̃t; ʀesɛ̃dɑ̃, ɑ̃t] adj. et n. m. — 1579; *rescindent*, 1551; de *rescinder*.

Droit.

♦ **1.** Adj. Qui donne lieu à la rescision, qui rescinde. — On dit aussi : *rescisoire*.

♦ **2.** N. m. (xvⁱᵉ). *Le rescindant* : l'instance qui a pour but la rétraction de la décision attaquée. *Le rescindant et le rescisoire de la requête* civile.

RESCINDER [ʀəsɛ̃de; ʀesɛ̃de] v. tr. — 1422, en dr.; du lat. jurid. *rescindere* «annuler», de *re-*, et *scindere* «couper». → Scinder.

♦ Dr. Déclarer de nul effet (un jugement, une convention). ⇒ **Annuler, casser.** — Au p. p. *Jugement rescindé.* ⇒ **Rescision.**

DÉR. **Rescindable, rescindant.**

RESCISIBLE [ʀesizibl; ʀəsizibl] adj. — 1877, Littré; de *rescision*, et *-ible*.

♦ Dr. (rare). Qui peut être rescindé. *Action rescisible.*

RESCISION [ʀesizjɔ̃; ʀəsizjɔ̃] n. f. — 1465; du bas lat. *rescisio*, lat. class. *rescissio*, de *rescindere*. → Rescinder.

★ **I.** Dr. Annulation* d'un acte pour cause de lésion. ⇒ **Lésion.** *Demander la rescision d'une vente* (→ Léser, cit.).

Était-ce juger que l'acte est *véritable*, mais qu'il y a erreur ou dol, double emploi, ou faux emploi? Mais dans ce cas, on ne pouvait *l'annuler sans qu'il fût besoin de lettres de rescision.*
BEAUMARCHAIS, Mémoires... dans l'affaire Goëzman, p. 154.

Par ext. Abusivt. Annulation pour nullité relative.

★ **II.** (1800, Sabatier; du lat. *rescisio*). Chir. Ablation d'une partie molle. «*Rescision des amygdales*» (Littré).

DÉR. **Rescisible.** — (Du lat. *rescissorius*) **Rescisoire.**

RESCISOIRE [ʀesizwaʀ; ʀəsizwaʀ] adj. et n. m. — xiiⁱᵉ; du lat. *rescissorius*, de *rescissio*. → Rescision.

♦ Dr. Syn. de *rescindant*. — N. m. (Déb. xviiⁱᵉ). *Le rescisoire* : l'instance qui suit le rescindant, et qui a pour objet de faire juger à nouveau la contestation tranchée par le jugement rétracté.

RESCOUSSE [ʀɛskus] ou (vx) **RECOUSSE** [ʀəkus] n. f. — xiiⁱᵉ, dr.; *rescusse*, 1165; *s* prononcé d'après *rescourre* (vx) «délivrer qqn», de *escourre* «recourre», du lat. *excutere* (Wartburg); ou du lat. *recursus* «retour en courant», de *recurrere*, avec assimilation du *r* dans *sr* (Guiraud).

♦ **1.** Vx. Reprise (d'une personne ou d'une chose enlevée par force). — Mod. (Dr. mar.). Fait de reprendre à l'ennemi le navire ou les biens qu'il a pris.

1   (...) nous avons été averti de l'emprisonnement de notre cher et bien-aimé valet de chambre ordinaire Clément Marot, et dûment informé de la cause dudit emprisonnement, qui est pour raison de la rescousse de certains prisonniers (...) nous voulons (...) que (...) ayez à le délivrer et mettre hors desdites prisons.
FRANÇOIS Iᵉʳ, Ordonnance du 1ᵉʳ nov. 1527, cité in MAROT, Œ., t. I, Botice, p. XX, note.

♦ **2.** (1831, Hugo). Cour. À LA RESCOUSSE : au secours, à l'aide. *Armée qui vient à la rescousse d'une troupe encerclée* (cit. 4). ⇒ **Défendre; défense.** *Arriver, venir à la rescousse* (→ Exercer, cit. 27). *Appeler un ami à la rescousse.* ⇒ **Renfort** (en). *À la rescousse!* — (Abstrait). → *infra*, cit. 4.

2   (...) ces bruits furieux débouchèrent sur la place comme un ouragan : — France! France! Taillez les manants! Châteaupers à la rescousse! Prévôté! Prévôté! Les truands effarés firent volte-face (...) C'étaient en effet les troupes du roi qui survenaient. HUGO, Notre-Dame de Paris, II, X, VII.

3   À terre, dans les milieux étrangers où, quelquefois, nous rencontrions la nuit nos gabiers, il nous arrivait de les appeler à la rescousse quand il y avait péril ou mauvaise aventure (...) LOTI, Mon frère Yves, VIII.

4   (...) vous autres, vous partez d'une croyance ferme et, pour défendre cette croyance, vous appelez des raisonnements à la rescousse (...)
MARTIN DU GARD, les Thibault, t. IV, p. 306.

5   Les mitrailleuses boches se mirent à bégayer. Wanturton, enchanté, riposta à coups de grenades. L'ennemi appela l'artillerie à la rescousse.
A. MAUROIS, les Silences du colonel Bramble, VIII.

RESCRIPTION [ʀɛskʀipsjɔ̃] n. f. — XIVᵉ ; du lat. *rescriptio*, de *rescribere* « récrire ».

♦ **1.** (1283, *rescrission*). Vx. Action de récrire, d'ajouter par écrit.

♦ **2.** (XVIᵉ). Vx. Mandement par écrit, ordre écrit que l'on donne pour toucher une somme sur quelque fonds, quelque personne.

♦ **3.** (1795). Hist. Billet d'État substitué à l'assignat en 1795.

RESCRIT [ʀɛskʀi] n. m. — V. 1265 ; du lat. *rescriptum* désignant la réponse de l'empereur, de *re-*, et *scriptum*, p. p. subst. de *scribere* « écrire ».

♦ **1.** Dr. rom. Réponse de l'empereur aux questions adressées par les gouverneurs des provinces, les magistrats, etc., sur certaines difficultés à résoudre.

♦ **2.** Anciennt. Ordonnance, décret du roi, de l'empereur, dans certains pays.

1 Trois semaines après, Milord lui envoya le rescrit qu'il avait demandé, expédié par le ministre et signé du Roi *(de Prusse)* (...)   ROUSSEAU, les Confessions, XII.

2 Mon burg fut la clef militaire d'une marche de l'Allemagne. Un rescrit impérial investit le suzerain de ce lieu du droit de justice basse et haute, même en temps de paix.   VILLIERS DE L'ISLE-ADAM, Axël, II, 13.

♦ **3.** (1690). Dr. canon. Lettre du pape (⇒ **Bref, bulle**) portant décision d'un procès, d'un point de droit. *Rescrit de justice, rescrit de grâce.*

RÉSEAU [ʀezo] n. m. — XIIIᵉ ; *resel*, v. 1180 ; de *rets*, ou, par substitution de suff., de l'anc. franç. *reseuil* ; du lat. *retiolus*, dimin. de *retis*. → **Rets**.

A. ♦ **1.** Vx. Ouvrage formé d'un entrelacement régulier de fils, de ficelles, etc., et qui sert à capturer certains animaux. ⇒ **Filet** (II., 1.), **rets** (→ Attraper, cit. 2). *Mailles* d'un réseau. Poser des réseaux.*

1 Tout cormoran se sert de pourvoyeur lui-même.
Le nôtre, un peu trop vieux pour voir au fond des eaux,
N'ayant ni filets ni réseaux,
Souffrait une disette extrême.   LA FONTAINE, Fables, X, 3.

♦ **2.** Vieilli. Tissu* à mailles très larges ; filet. ⇒ aussi **Lacis**. *Du réseau, un réseau de fils d'argent, d'or. « Ses cheveux étaient enveloppés d'un réseau de soie »* (Académie). ⇒ **Résille.** — Petit filet sur lequel les perruquiers montent les perruques.

♦ **3.** Fond d'une dentelle à mailles de forme géométrique. ⇒ aussi **Filet** (II., 3.). *Dentelle à fond de réseau. Dentelle réseau.*

B. Par anal. ♦ **1.** Ensemble permanent ou accidentel de lignes, de bandes, etc., entrelacées ou entrecroisées plus ou moins régulièrement. ⇒ **Entrelacement**; et **réticulaire, réticulé**. *Le réseau d'une toile d'araignée. La muraille de cette salle disparaissait sous un réseau d'ornements serrés.* ⇒ **Entrelacs** (→ Enlacer, cit. 14). — *Un réseau dédaléen, inextricable de ruelles.* ⇒ **Complication, confusion, enchevêtrement, labyrinthe** (2.), **lacis.**

2 (...) les reflets du soleil sur la surface remuée venaient danser au plafond de bois et y dessiner comme les réseaux changeants d'une moire, chaque fois qu'un nouveau caïque avait troublé le miroir de l'eau.
    LOTI, les Désenchantées, III, XI.

3 (...) l'inextricable réseau de sentiers qui sillonnait en tous sens les ajoncs nains de la falaise.   A. ROBBE-GRILLET, le Voyeur, p. 120.

Réseau hydrographique : ensemble des cours d'eau (constitué par un fleuve, ses affluents et sous-affluents) drainant une région (⇒ **Bassin**, I., 4.). *Densité de drainage* d'un réseau. Réseau ramifié* (⇒ **Dendritique**), *réseau parallèle, radial, en éventail. Influence des phénomènes karstiques* (soutirage, etc.) *sur les réseaux hydrographiques. Région dont le réseau hydrographique est raccordé au niveau des mers.* ⇒ **Exoréique** (et aussi **endoréique**). *Région sans réseau permanent* (⇒ **Aréique**).

Ensemble de vaisseaux, de nerfs, etc., qui se ramifient ou s'entrecroisent. ⇒ **Lacis, plexus.** *Réseau de veines. Réseau des bronches.* — *Réseau admirable,* formé par un vaisseau qui se ramifie en petites branches disposées en étoile. — En parlant des vaisseaux sanguins qui transparaissent sous la peau. → Chair, cit. 23 ; fasciner, cit. 3.

4 (...) sous ses tempes pleines et luisantes s'entrecroisait un réseau de veines azurées (...)   Th. GAUTIER, Mˡˡᵉ de Maupin, VI.

♦ **2.** Spécialt. **ⓐ** Blason. Meuble de l'écu formé d'une série de mailles en losanges.

ⓑ (XIXᵉ). Archéol. Entrelacement de nervures qui garnit une fenêtre ou une rose gothique. ⇒ **Remplage** (cit.). — Ensemble des filets de plomb qui maintiennent les verres d'un vitrail. ⇒ **Résille.**

ⓒ Géod. Ensemble des triangles géodésiques qui couvrent un pays.

ⓓ Techn. Écran, plaque portant un carroyage, qui équipe certains instruments de précision. *Réseau de microscope, utilisé pour la numération globulaire.*

♦ **3.** Zool. Deuxième poche de l'estomac des ruminants. ⇒ **Bonnet.**

♦ **4.** Phys. *Réseau de diffraction :* dispositif (qui diffracte les ondes électromagnétiques) constitué par une plaque transparente, généralement en verre *(réseau par transmission),* ou par une surface métallique rayée de traits parallèles *(réseau par réflexion)* régulièrement espacés, ou encore par des fils tendus parallèlement à des intervalles égaux (dans le cas, beaucoup plus rare, où les traits sont disposés suivant des circonférences concentriques, le réseau est dit *réseau zoné*). *Les réseaux de diffraction servent en optique et dans l'étude des ondes électromagnétiques, depuis les rayons X jusqu'aux ondes hertziennes ; suivant le rapport entre la longueur d'onde des radiations et l'espacement des traits ou des fils, on obtient un spectre ou une réflexion globale des ondes considérées.* — *Utilisation du réseau cristallin* (→ ci-dessous) *pour produire ces effets de diffraction avec les rayons X.* — *Réseau plan, concave. Réseau échelette* (avec une surface striée semblable aux marches d'un escalier). *Pouvoir séparateur d'un réseau. Un réseau peut aussi se produire dans un milieu au moyen d'ondes ultrasonores.*

Réseau cristallin : disposition régulière des ions ou des atomes à l'intérieur de la matière cristallisée (cristaux*). *Les atomes d'un métal à l'état solide sont disposés en réseaux cristallins. Réseau cubique* (centré ou à faces centrées), *hexagonal, quadratique, rhomboédrique, orthorhombique, monoclinique, triclinique.* — *Réseau réciproque.* — *Réseau vitreux :* structure caractéristique de l'état vitreux.

Électr. Combinaison de générateurs et d'éléments possédant une résistance, une inductance, une capacitance, ou bien la combinaison abstraite de ces différentes propriétés, avec, dans les deux cas, leur répartition dans un ou plusieurs circuits. *Élément de réseau,* permettant un couplage d'importance entre certains circuits et l'isolement d'autres circuits. *Réseau équilibré, différentiateur, intégrateur, linéaire, plan, symétrique, bilatéral, unilatéral, à mailles, en étoile,* etc. *Bras d'un réseau. Paramètre d'un réseau.*

(1904, *Rev. gén. des sc.*, nᵒ 5, p. 272). Math. (dans quelques syntagmes). Treillis. *Réseau de Boole. Réseau ordonné.*

4.1 Il *(Fessard)* construit alors un schéma de « réseau » (lattice) dont tous les éléments ont des propriétés identiques (d'où le rôle d'une détermination historique dans le choix des éléments préférentiels) mais avec possibilité d'introduire une certaine stabilité homéostatique malgré les substitutions d'itinéraires. Le pourquoi de ceux-ci s'explique alors par le caractère stochastique du système, le réseau envisagé étant présenté comme un « réseau stochastique subordonné » (...)
    J. PIAGET, Épistémologie des sciences de l'homme, p. 157.

♦ **5.** **ⓐ** Milit. Ensemble de moyens de défense (ou de communication) selon un plan complexe. *Un réseau de tranchées. Réseau de chevaux de frise, de barbelés. Le réseau des défenses ennemies. « Un réseau de forteresses »* (Sainte-Beuve). ⇒ aussi **Fortification.**

ⓑ (1849). Ensemble des lignes, des voies de communication, des conducteurs électriques, des canalisations, etc., qui desservent une même unité géographique, dépendent de la même compagnie. *Réseau de chemins de fer. Réseau ferroviaire. Anciens réseaux du Nord, du P. L. M.,* etc. (maintenant *régions* de la S. N. C. F.). *Réseau routier de la R. A. T. P. :* ensemble des lignes d'autobus. *Réseau express régional* (⇒ **R. E. R.**) *du métro de Paris. Réseau miniature,* sur lequel on fait circuler des modèles réduits. — *Réseau routier :* ensemble des routes d'un pays, d'une région. *Construire un réseau d'autoroutes. — Réseau de canaux de navigation. — Réseau de lignes d'autocars, de lignes aériennes. — Réseau électrique. Réseau d'assainissement, de distribution d'eau, de gaz. Les abonnés d'un réseau* (→ Fréquence, cit. 4).

5 Le tapis du salon était sillonné de petits rails, avec des aiguillages, des disques (...) On laissait les portes ouvertes et les trains pouvaient circuler dans tout l'appartement. « Voici mon réseau de chemins de fer », expliquait Dolly (...)
    Valery LARBAUD, Enfantines, p. 92.

(1879, cit.). *Réseau téléphonique, télégraphique* (1849). → Analogue, cit. 1. *Réseau d'égouts, de canaux de dessèchement* (cit. 2), *d'irrigation. Réseau d'assainissement, de distribution. — Réseau maillé, ramifié. — Réseau de télécommunications. Réseau de télévision, réseau radiophonique* (stations émettrices et relais). *Discours diffusé sur l'ensemble du réseau radiophonique. — Réseau radar.*

5.1 La *Western Union* consent en outre à donner à cette dernière une part des produits de son exploitation télégraphique et à l'aider pour le développement du réseau téléphonique.
    L. FIGUIER, l'Année scientifique et industrielle, 1880, p. 59 (1879).

Réseau informatique. Réseau commuté.

ⓒ Disposition des pièces, aux échecs. *Réseau de mat.*

♦ **6.** Répartition des éléments d'une organisation en différents points ; les éléments ainsi répartis (→ ci-dessous, cit. 6, Hugo ; et aussi toile d'araignée*, *supra* cit. 13).

6 Comme ces membranes qui naissent de certaines inflammations et se forment dans le corps humain, le réseau des sociétés secrètes commençait à s'étendre sur le pays.
    HUGO, les Misérables, IV, I, V.

Spécialt. Organisation clandestine formée par un certain nombre de personnes en relation directe ou indirecte les unes avec les autres et obéissant aux mêmes directives. *Réseau d'espionnage, de renseignements, de résistance. Réseau de surveillance. Démantèlement d'un réseau. Agent de liaison d'un réseau.*

7 Rien de ce qui concerne l'occupant n'échappe à nos réseaux (...) En fait, le jour où

commence la bataille, tous les emplacements de troupes, de bases, de dépôts, de terrains d'aviation, de postes de commandement allemands sont connus avec précision, les effectifs et le matériel décomptés, les ouvrages de défense photographiés, les champs de mines repérés. Les échanges de demandes et d'informations entre l'état-major de Kœnig et les réseaux sont transmis immédiatement par un système-radio bien agencé.
Ch. DE GAULLE, *Mémoires de guerre*, t. II, p. 280.

Réseau commercial. Réseau de concessionnaires. Réseau de courtage. Réseau de distribution, de prospection. Agence de presse qui dispose d'un vaste réseau de correspondants.

Psychol., sociol. *Réseau de communication :* ensemble des moyens dont disposent les membres d'une communauté, d'un groupe, pour communiquer entre eux.

♦ **7.** (V. 1240, *roisiau*). Abstrait. *Un vaste réseau d'intrigues* (→ Épisodique, cit. 3). ⇒ **Entrelacement** (fig.). — *Les mailles* (1. Maille, cit. 7) *de ce réseau tressé par la logique* (→ aussi Logicien, cit. 3 ; physiologique, cit.).

8 La nature forme un réseau sans commencement ni fin, une suite ininterrompue de chaînons qu'on ne sait dans quel sens saisir ; et rien ne reste plus problématique que de savoir si chacune des mailles trouve sa raison d'être dans celle qui précède ou dans celle qui suit (...) GIDE, Corydon, IIe dialogue, v.

9 Ce réseau d'habitudes pieuses enserrait Fabien au point que, même au collège, où il entra environ sa treizième année *(sic)*, aucune révélation charnelle ne le troubla. F. MAURIAC, le Mal, I.

DÉR. V. Résille.

RÉSÉCABLE [Resekabl] adj. — 1878, *in* Larousse, *Suppl. ;* de *réséquer.*

♦ Chir. Qui peut être réséqué.

RÉSECTEUR [Resɛktœr] n. m. — Mil. xxe ; de *résection,* et *-eur.*

♦ Chir. Instrument chirurgical utilisé pour la résection de certains tissus (prostate, col de la vessie).

RÉSECTION [Resɛksjɔ̃] n. f. — 1799 ; «action de couper», 1549 ; lat. *resectio* «taille de la vigne».

♦ Chir. Opération qui consiste à couper, à retrancher (vx : un os ; mod. : un vaisseau, un muscle, un tendon, etc.). ⇒ **Ablation, amputation, décapsulation, excision, exérèse, ostéotomie.** *Faire la résection de...* ⇒ **Réséquer.** *Résection articulaire.*

Il a subi l'amputation de l'avant-bras droit et la résection du genou gauche.
G. DUHAMEL, *Récits des temps de guerre*, III, I.

DÉR. Résecteur.

RÉSÉDA [Rezeda] n. m. — 1562 ; rare av. 1659 ; lat. *reseda,* impér. de *resedare* «calmer», en raison des propriétés médicinales qu'on attribuait à cette plante.

♦ **1.** Plante herbacée *(Résédacées),* à fleurs blanches ou jaunâtres disposées en grappes, aux nombreuses variétés répandues en Europe et dans le Bassin méditerranéen. *Principales variétés de réséda : réséda des teinturiers* ou *herbe-aux-juifs* (⇒ **Gaude**), cultivée autrefois comme plante tinctoriale ; *réséda odorant* ou *mignonnette* ou *herbe d'amour,* cultivée comme plante d'ornement pour son parfum agréable. *La Rose et le Réséda,* poème d'Aragon.

1 Même j'ai retrouvé debout la Velléda,
Dont le plâtre s'écaille au bout de l'avenue,
— Grêle, parmi l'odeur fade du réséda.
VERLAINE, Poèmes saturniens, « Melancholia », III.

1.1 (...) le long des chemins le petit clocher du réséda (...)
PROUST, Jean Santeuil, Pl., p. 461.

♦ **2.** Couleur d'un vert jaunâtre. — Adj. (invar.). *Capote réséda. Des uniformes réséda.*

2 Suivant les divers états de son âme, les yeux de l'incroyable fille (...) s'injectaient passionnément d'écarlate, de rouge de cuivre, de points d'or, passaient ensuite au réséda de l'espérance (...) Léon BLOY, le Désespéré, p. 154.

DÉR. Résédacées.

RÉSÉDACÉES [Rezedase] n. f. plur. — V. 1815 ; de *réséda.*

♦ Bot. Famille de plantes phanérogames angiospermes proche des crucifères (classe des Dicotylédones dialypétales). ⇒ **Réséda.** — Au sing. *Une résédacée.*

RESEMER [R(ə)səme ; Rəsme] v. tr. — xvie, Ronsard ; *ressemer,* 1334 ; de *re-,* et *semer.*

♦ Semer de nouveau.

Pas grand'chose de bon, la Vieille Vaîvre. C'est de la lèche et des joncs.
— Il faudrait labourer et resemer du foin (...) M. AYMÉ, la Vouivre, p. 17.

RÉSÉQUER [Reseke] v. tr. — Conjug. *céder.* — 1834 ; chir., «extirper», 1478 ; «biffer, trancher», 1352 ; du lat. *resecare* «enlever en coupant» ; de *re-,* et *secare.*

♦ Chir. Enlever par résection, soumettre à une résection*. ⇒ **Amputer.**

(...) au terme d'une opération dans laquelle il m'avait été nécessaire de réséquer de considérables parties d'un ou de plusieurs os (...)
G. DUHAMEL, la Pesée des âmes, IX.

DÉR. Résécable.

RÉSERPINE [Rezɛrpin] n. f. — Mil. xxe ; du lat. sav. *rauwolfia serpentina.*

♦ Pharm. Alcaloïde extrait de la racine de la rauwolfia*, utilisé comme régulateur du système nerveux central (états d'hypertension, d'anxiété, de manie).

En 1951, une étude systématique d'une plante utilisée depuis fort longtemps aux Indes, la Rauwolfia, permet d'isoler un alcaloïde d'action remarquable sur la tension artérielle, la réserpine.
A. GALLI et R. LELUC, les Thérapeutiques modernes, p. 8 (1961).

RÉSERVATAIRE [Rezɛrvater] adj. et n. m. — 1846 ; du lat. *reservatus,* p. p. de *reservare.*

♦ Dr. *Héritier réservataire,* ou, n. m., *le réservataire :* la personne qui a droit à la réserve* (I., 2.) légale. ⇒ **Légitimaire** (→ Exhérédation, cit. 2).

Comme il y a trois réservataires, la part de Mlle Forut se trouve seulement réduite à la quotité disponible, c'est-à-dire au quart.
Hervé BAZIN, Cri de la chouette, p. 285.

1. RÉSERVATION [Rezɛrvasjɔ̃] n. f. — 1330 ; lat. jurid. médiéval *reservatio,* de *reservare.* → Réserver.

♦ **1.** Dr. Le fait de réserver (1.) un droit dans un contrat ; le droit qu'on a ainsi réservé. ⇒ **Réserve** (I., 1.). *Sans préjudice de ses autres demandes et réservations.*

♦ **2.** (1690). Dr. canon. Droit en vertu duquel le pape se réservait la collation de certains bénéfices devenus vacants (on disait aussi : *réservat, réserve*).

2. RÉSERVATION [Rezɛrvasjɔ̃] n. f. — V. 1930-1935 ; angl. *reservation,* 1907, aux États-Unis ; de *to reserve* «réserver», de même orig. que le franç. *réserver.*

♦ Anglic. Le fait de réserver* (4.) une place (à bord d'un paquebot ou d'un avion, dans un train, au théâtre, etc.), de retenir une chambre (dans un hôtel), une table (dans un restaurant). *Bureau de réservation. Réservation des places.*

COMP. Surréservation.

RÉSERVE [Rezɛrv] n. f. — 1342 ; de *réserver.*

★ **I.** Le fait de garder pour l'avenir (abstrait).

♦ **1.** Dr. Clause restrictive qu'on ajoute afin de ne pas se trouver lié par une obligation. *Faire ses réserves :* se prémunir contre l'interprétation qui pourrait être donnée d'un acte (⇒ aussi **Protestation**). (1628). Cour. Se réserver d'exprimer son désaccord, de faire valoir ses objections plus tard. — *Faire des réserves sur* (une opinion, un projet) : ne pas donner son adhésion, son approbation pleine et entière, émettre des doutes sur... *Les spécialistes font de sérieuses réserves sur la valeur de sa théorie.* ⇒ **Critique.** *Il n'épousait* (cit. 13) *jamais une opinion qu'avec toutes sortes de réserves.* ⇒ aussi **Rectification, restriction.**

1 (...) on ne parlait que de Lamartine, de Victor Hugo. Le supérieur s'y mêlait, et, pendant près d'un an, aux lectures spirituelles, il ne fut pas question d'autre chose. L'autorité faisait ses réserves ; mais les concessions allaient bien au delà des réserves. RENAN, Souvenirs d'enfance..., III, III, Œ. compl., t. II, p. 812.

Réserve faite de ses droits, de ses intérêts, sans préjudice* de ses droits, de ses intérêts.

(1838). Dr. SOUS TOUTES RÉSERVES. Formule placée à la fin d'un acte de procédure pour garantir ce qui n'est pas stipulé de manière expresse. — (1580). Cour. Sans garantie, sans engagement. *Nouvelle donnée sous toutes réserves.* — Au sing. *Sous (toute) réserve. Il a donné son accord, mais sous réserve,* sous condition.

2 Je vous ai communiqué à ce moment-là quelques premières impressions, sous réserve. J. ROMAINS, les Hommes de bonne volonté, t. V, XXII, p. 175.

Dr. SOUS RÉSERVE DE... : en réservant tel recours, telle possibilité (→ Adultérin, cit. 2 ; excuse, cit. 10). *Sous réserve de vérification :* en se réservant le droit de n'accepter définitivement qu'après vérification (→ Sous bénéfice* d'inventaire) ; (cour.) en mettant à part (telle éventualité). *Sous réserve d'erreur* (→ Sauf erreur* ; si je ne me trompe*). *C'est fort bien en gros* (cit. 34) *et sous réserve de quelques objections. Sous réserve que...,* suivi du subj. *J'ai accepté sous réserve qu'on attende quelques jours.*

♦ **2.** Dr. Ce qui est réservé à qqn ; ce qu'une personne s'est réservé. (1636). *Réserve héréditaire, réserve légale,* ou simplement, *réserve :* portion d'une succession que la loi réserve à certains héritiers (⇒ **Réservataire**) et dont on ne peut disposer à titre gratuit au détriment de ces héritiers. ⇒ **Légitime** (II.) ; → Exhérédation, cit. 2. *Réserve héréditaire et quotité* disponible.* — (Sous l'Ancien Régime). *Réserves coutumières :* part (fixée par la coutume) que prélevait le seigneur ou l'Église sur un héritage privé.

Partie d'une chasse réservée au propriétaire (→ Chasse réservée*).

♦ **3.** (Dans des loc.). Exception, restriction.

Vieilli. *À la réserve de :* à l'exception* de. ⇒ **Excepté, sauf.** *Il toucha tout le monde, à la réserve de la Reine, qui demeura inflexible* (cit. 2). — Vx. *À la réserve que..* (et l'indic.) : si* ce n'est que... «*Je suis hors d'affaire, à la réserve que j'ai les bras, les mains, les jarrets, les pieds gros et enflés*» (Mᵐᵉ de Sévigné, 498, 31 janv. 1676).

Loc. adv. et adj. (1580). Mod. SANS RÉSERVE : entièrement, sans restriction, sans réticence. *Il lui est dévoué sans réserve* (→ Corps et âme*). *Il croit sans réserve tout ce qu'il entend dire* (→ Sans défiance*). *Une philosophie qui peut, sans réserve et sans équivoque, être appelée rationnelle* (→ Criterium, cit. 3). *Franchement* (cit. 3), *loyalement, sans réserve* (→ Sans arrière-pensée*). — *Une admiration sans réserve.* ⇒ **Entier.** *Une amitié sans réserve* (→ Sans* partage). *Acceptation sans réserve* (→ Pur* et simple).

3   Il a fait trop de canailleries pour que je puisse lui exprimer une admiration sans réserve (...)   FLAUBERT, Correspondance, 394, 1ᵉʳ juin 1853.

4   Ici encore, si je m'abandonnai sans réserve à son charme, ce fut par vanité.
    Edmond JALOUX, Fumées dans la campagne, VIII.

★ **II.** (1664 ; correspond à *réservé, ée,* adj.). ♦ **1.** Attitude, qualité qui consiste à ne pas se livrer indiscrètement, à ne pas s'engager imprudemment, à se garder de tout excès dans les propos, les jugements. ⇒ **Circonspection** (cit. 4), **dignité** (cit. 13), **discrétion** (cit. 9), **ménagement, modération, modestie, prudence, quant-à-soi, retenue.** *Il y a, dans l'humour* (cit. 7) *véritable, une pudeur, une réserve, une contention que n'observe pas le franc comique. Une réserve absolue, allant jusqu'à la froideur*. Garder* (cit. 74) *une certaine réserve. Plein de réserve, de retenue.* ⇒ **Pudique, réservé.** — Au plur. *Ces craintes, ces réserves, ces pudeurs* (→ Interposer, cit. 2). Spécialt. ⇒ **Décence, pudeur.** *Mes tantes, modèles de décence, d'honnêteté, de réserve* (→ Prêt, cit. 4). *La race gauloise* (cit. 4) *manque de réserve et de chasteté.* — (1762). *Être, se tenir, demeurer sur la réserve :* garder une attitude réservée (→ Cordial, cit. 5 ; gauchir, cit. 2).

5   M. d'Ormesson m'a priée de ne le plus voir que l'affaire ne soit jugée ; il est dans le conclave, et ne veut plus avoir de commerce avec le monde. Il affecte une grande réserve ; il ne parle point, mais il écoute (...)
    Mᵐᵉ DE SÉVIGNÉ, 60, 4-5 déc. 1664.

6   Il savait, lui, par sa propre expérience, combien une espèce de compagnonnage presque masculin est le plus sûr moyen d'empêcher la familiarité. Il semble supprimer la différence des sexes, tandis que la réserve trop effarouchée l'exagère.
    Paul BOURGET, Un divorce, III.

7   Jacques, interrogé sur ses occupations, parla de travaux personnels, de journalisme. Il était résolu à demeurer sur la réserve et, dans ce milieu, à ne pas afficher inutilement ses opinions.   MARTIN DU GARD, les Thibault, t. VI, p. 184.

8   Mais j'admire à présent tout ce que je suis arrivé à *n'y pas dire*, à RÉSERVER. (Je songe longuement à cette vertu que peut devenir chez un écrivain «la réserve». Mais qui sait comprendre cela ? de nos jours).
    GIDE, Journal, 31 juil. 1905.

8.1   Très sensible à la tendre amitié que lui témoignait la pauvre femme, Rouletabille n'en conservait pas moins une extrême réserve et affectait, dans ses rapports avec elle, une politesse émue (...)   G. LEROUX, le Parfum de la dame en noir, p. 26.

♦ **2.** (V. 1970). *Obligation de réserve,* imposant aux agents de la fonction publique la discrétion dans l'expression de leurs opinions politiques, ou dans la diffusion des informations concernant leurs fonctions.

★ **III.** (1541). ♦ **1.** Concret. Quantité accumulée de manière qu'on puisse en disposer et la dépenser au moment le plus opportun. ⇒ **Provision** (I.). *Constituer une réserve, disposer d'importantes réserves de... Ses réserves sont épuisées. Réserve d'argent.* ⇒ **Économie** (*supra* cit. 24), **épargne** (*supra* cit. 12) ; → aussi Caser, cit. 2 ; impécuniosité, cit. 2.

Fin. publiques. RÉSERVES DE CHANGE, ou RÉSERVES MONÉTAIRES : moyens de paiement d'un pays pour combler les déficits de sa balance des paiements vis-à-vis des pays étrangers. *Disposer d'une réserve qui permette de faire face aux besoins imprévus.* ⇒ **Volant** (de sécurité). — (1936). Fin. Bénéfice qui est conservé à la disposition de l'entreprise et n'est pas incorporé au capital. *Fonds* de réserve. Réserve de renouvellement des immobilisations, de renouvellement des stocks. Réserve de garantie d'une compagnie d'assurances.* — *Réserve mathématique :* valeur de rachat de certains contrats d'assurance (assurance vie-capitalisation), lors d'un remboursement anticipé. — *Réserves de vivres.* ⇒ **Approvisionnement, stock.** — *Réserve de puissance d'un moteur.*

(1904). Physiol. Substances accumulées dans les tissus et utilisées pour la nutrition en cas de besoin. *Les tissus contiennent des réserves d'eau, de sels, de graisse, de protéines, de sucre* (→ Oxygène, cit. 4). — *Réserve alcaline :* ensemble des substances contenues dans le sang (bicarbonate de sodium, etc.) qui peuvent neutraliser les acides. *La réserve alcaline contribue à maintenir l'alcalinité sanguine à un taux constant.* ⇒ **Tampon.** *Perturbation de la réserve alcaline dans certaines maladies* (acidose, alcalose).

(1964). Quantité non encore exploitée (d'une substance minérale). *Les réserves mondiales de pétrole. Réserves prouvées et réserves estimées. Les réserves françaises de charbon se montent à X millions de tonnes.*

(1870). Liturgie cathol. Ensemble des hosties consacrées que l'on garde, après la messe, pour la communion des malades et l'exposition du saint sacrement. *La Sainte Réserve.* Par ext. Le vase où l'on conserve ces hosties. *Réserve en forme de colombe.*

(1893). Fig. et par métaphore. *Il amassait* (cit. 9) *en lui toute une réserve d'énergie égale à la hardiesse de son dessein* (→ aussi Potentiel, cit. 3). *Il a toute une réserve d'anecdotes* (→ fig. et fam. Cargaison). *Toute une réserve de souvenirs...* (⇒ **Trésor**).

9   M. Pascal le père avait nourri son fils d'un aliment si fort et si chrétien, que Pascal y a toujours trouvé une réserve et de quoi souffrir la famine dans les temps où il put craindre disette de foi.   André SUARÈS, Trois hommes, «Pascal», II.

10   (...) cette vie, les souvenirs de ses tristesses, de ses joies, formaient une réserve pareille à cet albumen qui est logé dans l'ovule des plantes et dans lequel celui-ci puise sa nourriture pour se transformer en graine (...)
    PROUST, le Temps retrouvé, Pl., t. III, p. 898.

11   Grains emmagasinés, poisson ou viandes, séchés ou fumés, — des réserves matérielles, productrices de temps libre, diminuent aussi l'accidentel de la subsistance, excitent à la prévision.   VALÉRY, Regards sur le monde actuel, p. 285.

12   (...) la découverte de la bombe atomique nous a montré que l'homme va désormais pouvoir utiliser à son gré les formidables réserves d'énergie qui se cachent dans les noyaux des atomes, au cœur même de la matière.
    L. DE BROGLIE, Physique et Microphysique, p. 354.

♦ **2.** (V. 1460). EN RÉSERVE. *Avoir garder, mettre, tenir qqch. en réserve.* ⇒ **Accumuler, amasser, garder** (III.), **serrer** (→ Munitionnaire, cit. 2).

13   C'est le moment, dit mon père, de déboucher une de ces bouteilles, que je tiens en réserve pour les grandes fêtes, qui sont le Noël, les Rois et la Saint-Laurent.
    FRANCE, la Rôtisserie de la reine Pédauque, v, Œ., t. VIII, p. 38.

Fig. *Un argument qu'on garde en réserve* (⇒ **Subsidiaire**).

(1690)... DE RÉSERVE : qui est mis de côté, constitue une réserve. *Vivres de réserve* (→ État, cit. 61). — Eaux et Forêts. *Bois de réserve.* ⇒ **Bois** (*supra* cit. 21).

♦ **3.** (1669). LES RÉSERVES, troupe non engagée, gardée disponible pour intervenir au moment voulu. *Acheminement des réserves vers le front. «Réserves générales»,* à la disposition du commandant en chef (→ Armée, cit. 13).

14   À cette somme de soldats qu'on laisse filtrer vers l'arrière, on substitue donc des réserves neuves qui ont caractère d'organisme. Ce sont elles qui bloquent l'ennemi. Quant aux fuyards, on les récolte pour les repétrir en forme d'armée. S'il n'est point de réserves à jeter dans l'action, le premier recul est irréparable.
    SAINT-EXUPÉRY, Pilote de guerre, XVII.

REM. Dans ce sens, *réserve* s'emploie toujours au pluriel, sauf dans les expressions comme «armée, corps de réserve» (→ Armée, cit. 6), «rester en réserve» où *réserve* a la valeur de «action de réserver».

15   — (...) Dis-nous voir... C'est vrai que le troisième bataillon restera en réserve ?... Pourquoi celui-là plutôt qu'un autre (...)   R. DORGELÈS, les Croix de bois, v.

(1791, *réserve nationale*). LA RÉSERVE (par oppos. à *l'armée active* ou *l'active,* n. f.) : la portion des forces militaires d'un pays qui n'est pas maintenue sous les drapeaux mais peut y être rappelée. Temps pendant lequel les citoyens mobilisables d'un pays font partie de cette réserve. *Période de réserve. Réserve et disponibilité*. Première, deuxième réserve. Officiers, sous-officiers et hommes de troupes des réserves.* ⇒ **Réserviste** (→ Mobilisation, cit. 2). *Officier, sous-officier de réserve,* qui appartient à la réserve, par oppos. à *officier, sous-officier de carrière* (cf. (vx), Officier de complément). *Capitaine, lieutenant* (cit. 6) *de réserve. Peloton d'élèves officiers de réserve* (E. O. R.). — *Cadre* de réserve.*

16   On portait à la connaissance qu'un départ important se produirait le lendemain dans deux directions, pour le régiment d'active et pour le régiment de réserve.   J. CHARDONNE, les Destinées sentimentales, p. 341.

16.1   (...) j'accomplis sur les grandes routes bretonnes une période de réserve (...) je suis à Brest.   J.-R. BLOCH, Deux hommes se rencontrent, p. 73.

Mar. *Escadre de réserve :* escadre partiellement désarmée, à effectifs incomplets.

★ **IV.** Ce qui est gardé ou partagé.

A. ♦ **1.** Choses, êtres vivants mis à part, gardés ou protégés ; lieu spécialement affecté à leur conservation.

(1765). Spécialt. Partie d'une forêt, ensemble des arbres d'une coupe qu'on laisse croître en haute futaie. — (1964). *Réserve naturelle :* territoire soumis à un régime spécial pour la protection de sa flore et de sa faune. *Les grandes réserves du Kenya, de Tanzanie. Réserve zoologique. La réserve nationale de Camargue. Réserves naturelles.* ⇒ **Parc.** *Réserve biologique. Réserves de faune, de flore. Réserve ornithologique.*

(1845). Canton de chasse, de pêche, réservé au repeuplement.

♦ **2.** (1935). Dans une bibliothèque publique, Ensemble des livres qui sont classés à part et que l'on communique aux lecteurs sous certaines conditions. *La réserve de la Bibliothèque nationale.*

♦ **3.** (1885). Local (cit. 7), construction qui sert à entreposer, à garder en réserve. ⇒ **Entrepôt, magasin ; dépôt.**

17 (...) une grande maison blanche sans caractère, à laquelle sont accolés un tas de petits communs, de réserves, d'appentis de guingois (...)
Ed. et J. DE GONCOURT, Journal, 27 juil. 1885, t. VII, p. 44.

Dans un musée, Dépôt des œuvres d'art non exposées. ⇒ **Magasin** (*supra* cit. 3). *Présenter au public par roulement les tableaux des réserves. Les dessins des réserves du Louvre.* Par ext. *Les collections en réserve. Exposer les réserves.*

B. (1867, cit.; adapt. de l'anglo-amér. *reservation*, aux États-Unis, 1830). Aux États-Unis et au Canada, Territoire réservé aux Indiens et soumis à un régime spécial. *Réserve indienne.*

17.1 (...) les Comanches, les Apaches, les Kayoways, les Cheyennes et les Arrapahoes (...) ont consenti à se rendre dans les cantonnements ou réserves que leur ont indiqués les commissaires (...) De nomades ils sont devenus sédentaires (...)
L. SIMONIN, le Far-West américain, *in* le Tour du monde, 1867, t. XVII, p. 280.

Par anal. Territoire réservé à des indigènes, dans un pays du Commonwealth.

17.2 « Reserve for the blacks », la réserve pour les noirs. C'est là que les indigènes ont été brutalement repoussés par les colons (...) Tout homme blanc (...) peut franchir les limites de ces réserves. Le noir seul n'en doit jamais sortir.
J. VERNE, les Enfants du capitaine Grant, 1867, p. 320.

18 Il nous explique rapidement la situation des Indiens des réserves (...) ils peuvent végéter à peu près paisiblement à l'intérieur des territoires qui leur sont assignés : ils n'ont ni le titre de citoyen américain, ni les droits que ce titre implique; ils n'ont aussi qu'une partie des charges correspondantes et sous le protectorat paternaliste des blancs ils jouissent d'un simulacre d'autonomie.
S. DE BEAUVOIR, l'Amérique au jour le jour, p. 185.

C. ♦ 1. (1870). Arts. Partie, espace laissé intact (sans ornement, ou en blanc) dans un ouvrage, une aquarelle, etc.

♦ 2. (1860, cit.). Techn. Surface qu'une couche de substance protectrice soustrait à l'action d'un acide, d'un colorant, etc., et qui peut ainsi rester en relief ou en blanc.

19 (*Oberkampf*) était un ouvrier habile, qui, dès sa jeunesse (...) avait appris à imprimer la réserve, c'est-à-dire à teindre des toiles en fond bleu dont le dessin était conservé en blanc.
U. FAGE, Industriels et Inventeurs, 1860, *in* D. D. L., II, 5.

♦ 3. (1870). Substance protectrice utilisée pour faire une réserve (→ ci-dessus, 2.).

CONTR. (Du sens II) **Audace, familiarité, hardiesse, impudence.**
DÉR. Réserviste.

1. RÉSERVÉ, ÉE adj. ⇒ Réserver, p. p.

2. RÉSERVÉ, ÉE [RᴇᴢᴇʀVᴇ] adj. — 1559; spécialisation de sens du p. p. de *réserver* sans doute par le pron. *se réserver*; correspond à *réserve*, II.

♦ (Personnes). Qui fait preuve de retenue, de réserve* (II., 1.). ⇒ **Circonspect, discret, distant, modeste, sage** (→ Humeur, cit. 58; peser, cit. 25). *Il est réservé dans ses propos, ses éloges.* ⇒ **Sobre.** *Un homme grave et réservé, d'aspect sérieux, froid. Réservé et silencieux, presque triste.* — Vx. *Être réservé à..., suivi de l'inf.*

1 Nous étions si peu réservés dans nos caresses que nous n'avions pas la patience d'attendre que nous fussions seuls.   Abbé PRÉVOST, Manon Lescaut, I, p. 21.

2 Frédéric Mongenod, beau jeune homme de trente-cinq ans environ, d'un abord froid, silencieux, réservé comme un Genevois, propret comme un Anglais, avait acquis auprès de son père toutes les qualités nécessaires à sa difficile profession.
BALZAC, Mᵐᵉ de la Chanterie, Pl., t. VII, p. 247.

N. *Les niais, les tièdes, les fades, les réservés* (→ Empoté, cit.). — (1665). Vieilli. *Faire le réservé. Elle fait la réservée.* ⇒ **Sucré.**

Caractère réservé (⇒ aussi **Contenu, secret**). *Façons* (cit. 44), *manières réservées* (→ Prévenir, cit. 11). *Garder une attitude réservée. Des dehors réservés et froids* (→ Pruderie, cit. 4). *Ton réservé et correct, décent.*

3 Le marquis fut de la plus grande attention pour la mère, et de la politesse la plus réservée pour la fille.   DIDEROT, Jacques le fataliste, Pl., p. 621.

4 (...) cet ecclésiastique est un saint homme; il n'a même rien de l'allure tout à la fois pateline et réservée des autres prêtres.   HUYSMANS, En route, II, I.

CONTR. **Audacieux, effronté, expansif, familier, hardi; impudent, outrecuidant.**

RÉSERVER [RᴇᴢᴇʀVᴇ] v. tr. — 1190; du lat. *reservare*.

♦ 1. Dr. RÉSERVER (qqch.) À (qqn) : mettre à part, dans un contrat, une convention, etc. (un droit qu'on ne veut pas exercer immédiatement, mais qu'on pourra invoquer et exercer plus tard). — Attribuer par avance (qqch., une part à qqn). *Clause réservant au donateur la faculté de révocation* (→ Donner, cit. 15).

♦ 2. Cour. Attribuer, destiner* (2.) exclusivement ou spécialement (qqch. à une personne, à un groupe). *On vous a réservé ce bureau, cette place. On réserve cet honneur au lauréat.* — Passif et p. p. *Les places qui sont réservées à, pour qqn. Avoir sa place* (cit. 16) *réservée à l'église. Places réservées aux mutilés, aux invalides, dans les transports publics.*

1 (...) ce petit crevé de sous-préfet s'était obstiné à monter avec son chien dans une voiture de première, lorsqu'il y avait une voiture de seconde, réservée pour les chasseurs et leurs bêtes (...)   ZOLA, la Bête humaine, I.

2 (...) les noirs (...) attendent dehors, parfois sur des bancs, ordinairement debout,

que la race supérieure se soit installée dans le bus : quatre ou huit places leur sont réservées sur la banquette du fond (...)
S. DE BEAUVOIR, l'Amérique au jour le jour, p. 214.

Consacré, destiné particulièrement (à un usage). *Salle réservée aux réunions.*

♦ 3. RÉSERVER À, POUR... : s'abstenir d'utiliser, de dépenser immédiatement (ce qu'on veut garder à sa disposition en vue d'une occasion plus favorable). ⇒ **Garder** (III.); → Mettre en réserve* (III.). « *Il est bon de réserver quelque argent pour les besoins imprévus* » (Académie). ⇒ **Économiser, épargner.** *Réserver le meilleur pour la fin* (→ Garder* pour la bonne bouche). — (Plus rarement). *Réserver à...* « *Vous pouviez réserver cet avis à un autre temps* » (Pascal, les Provinciales, VI).

3 Le bien n'est bien qu'en tant que l'on s'en peut défaire.
Sans cela c'est un mal. Veux-tu le réserver
Pour un âge et des temps qui n'en ont plus que faire?
LA FONTAINE, Fables, X, 4.

4 Si vous avez de l'argent, n'est-ce pas? vous n'allez pas bien sûr accepter le nôtre. Il regardait son père fixement, ayant réservé ce coup pour la fin.
ZOLA, la Terre, I, II.

Vx. (Sans complément de destination). Mettre à part; conserver, sauver. ⇒ aussi **Excepter** (cf. Corneille, *Héraclius*, I, 1).

5 (...) défaites-vous de vos meubles, vendez tout, ne réservez pas même vos robes, si vous en avez de voyantes : cela ne cadrerait point à mes vues.
DIDEROT, Jacques le fataliste, Pl., p. 606.

Par ext. *Réserver l'avenir* : faire en sorte de garder sa liberté d'action, de conserver pour l'avenir toutes ses possibilités (→ Ménager* l'avenir).

♦ 4. (1893). Mettre à part pour qqn, mettre de côté (une marchandise, une place) pour la tenir à la disposition de qqn. *Pouvez-vous me réserver deux mètres de cette étoffe? Une agence réserve les places pour les voyageurs* (⇒ **Réservation**).

(xxᵉ). Spécialt. Faire mettre à part (ce qu'on veut trouver disponible). *Étant donné l'affluence, il est prudent de réserver ses places dans le train.* ⇒ **Louer.** *Réserver une place d'avion. Avez-vous pensé à réserver une table au restaurant?* ⇒ **Retenir.**

♦ 5. (1829; abstrait). Destiner à (qqn). *Le sort qui nous est réservé.* ⇒ **Attendre.** — (V. 1587). Avec un nom de personne pour complément direct. ⇒ aussi **Prédestiner** (2.). *Mais les dieux nous réservaient à d'autres dangers* (→ Jouer, cit. 51).

6 Ney (...) s'offrait à tous les coups dans cette tourmente (...) Mais en vain; il ne mourut pas (...) — Tu étais réservé à des balles françaises, infortuné!
HUGO, les Misérables, II, I, XII.

(V. 1742). *Il lui était réservé de...* (suivi d'un inf.) : son destin, son lot était de... (→ Inconséquence, cit. 11). *Il lui était réservé de mourir jeune.*

(Sujet n. de chose). Être destiné à procurer, à donner; faire que (une chose) arrive à qqn. ⇒ **Préparer** (*supra* cit. 6); → Inavouable, cit. 2; 2. offensif, cit. — *Cette soirée me réservait des surprises infinies* (→ Posséder, cit. 35). — *Les châtiments que la loi réserve aux criminels.* ⇒ **Prévoir** (2.).

7 Ce pays, par endroits, me réservait donc la surprise de ressembler au mien, de me rendre, en plein hiver, le charme de nos fins d'été (...)
LOTI, l'Inde (sans les Anglais), III, I.

(Emploi critiqué). *Réserver un bon accueil à qqn.* ⇒ **Ménager** (*supra* cit. 17).

♦ 6. (xxᵉ). Épargner (II., 6.) certaines parties du fond d'une aquarelle ou d'une planche gravée. ⇒ **Réserve** (IV., C.). *Réserver les lumières dans une aquarelle.*

▶ SE RÉSERVER v. pron.

♦ 1. (Réfl. dir.). S'abstenir d'agir, de prendre parti, de s'engager de manière à conserver les possibilités pour plus tard. *Se réserver pour un plus grand dessein.* ⇒ **Consacrer** (se). *Je n'ai pas accepté ces offres, je préfère me réserver pour une meilleure occasion.* ⇒ **Attendre.** — Absolt. *L'avenir est trop incertain pour prendre une décision, il vaut mieux se réserver.*

Sports. Ne pas se livrer, ne pas employer toutes ses forces dès le début d'une compétition.

Cour. Ne pas manger, manger peu afin de garder son appétit pour un autre plat, un autre repas. *Se réserver pour le rôti.*

8 On mangea peu, pour éviter l'afflux de sang à la tête quand on aurait les pieds dans l'eau. On voulait d'ailleurs se réserver pour le dîner, qui fut commandé magnifique (...)   MAUPASSANT, Pierre et Jean, VI.

8.1 — Je me réserve pour le poulet. — Y a pas de poulet. Y a du bœuf miroton.
R. QUENEAU, le Dimanche de la vie, p. 133.

♦ 2. (1553; réfl. indir.). Réserver à soi-même, pour soi-même (qqch.). *Se réserver la jouissance, l'usufruit d'un bien* (→ Enter, cit. 2). *Se réserver le droit, la faculté, la possibilité de... Se réserver une poire* pour la soif. *Se réserver une besogne* (→ Liage, cit. 1), *la tâche de... Se réserver une pièce dans une habitation* (→ Large, cit. 2).

9 Paraître encore l'ami d'un homme dont on a cessé de l'être, se réserver des moyens de lui nuire, en surprenant les honnêtes gens.
ROUSSEAU, les Confessions, X.

10 Antoine voulut protester une dernière fois de sa gratitude. Mais Jalicourt semblait se réserver comme une manifestation de politesse. Il coupa court, allongea le bras et tendit cavalièrement sa main grande ouverte (...)
MARTIN DU GARD, les Thibault, t. III, p. 285.

(V. 1534). *Se réserver à* (vx)..., *de*... (suivi de l'inf.) : conserver pour l'avenir le droit ou la possibilité* de (faire qqch.), remettre à plus tard (→ Identité, cit. 13 ; intime, cit. 8). — S'attribuer exclusivement le droit ou la charge de faire qqch. (→ Dictatorial, cit. ; peur, cit. 37).

11 Elles gardaient de même leur demi-arpent de potager, que l'aînée se réservait d'entretenir, tandis que la cadette prenait soin des bêtes.
ZOLA, la Terre, II, III.

▶ **RÉSERVÉ, ÉE** p. p. adj. (1559 ; prép. «excepté», 1409 ; *réservé que* «sous la réserve que», v. 1290).

A. (Choses). ♦ **1.** Dr. Qui a été réservé, mis à part, dans un contrat. — Qui a été attribué à qqn exclusivement. — Cour. *Tous droits de reproduction, de traduction et d'adaptation réservés pour tous pays* (⇒ **Copyright**). — *Biens réservés.* ⇒ **Réserve** (I., 2.). *Ouvrages réservés*, qui ne sont pas à mettre entre toutes les mains.
(1870). Dr. canon. *Cas réservés* : péchés que seul l'évêque, le pape ou un prêtre qui a reçu des pouvoirs spéciaux peut absoudre.

♦ **2.** (1651). Cour. Dont l'usage ou l'accès est réservé (à une personne déterminée, à un groupe). — REM. Pour les emplois verbaux ou participiaux, voir sens 2 du transitif. Emplois adjectifs :
Chasse réservée. → Chasse gardée* (1923). *Emplois* réservés. — Fig. *Domaine réservé* (au chef de l'État).
Quartier réservé, où sont les maisons de prostitution, dans certains pays.

♦ **3.** (1894). Que l'on a retenu, que l'on a fait mettre de côté. *Avoir une place réservée dans le train, une table réservée au restaurant.*

12 Il montra un compartiment de première classe, où était attachée une pancarte, portant : *M. l'abbé Judaine, réservé.* ZOLA, Lourdes, 1re journée, III.

B. (Personnes). ⇒ 2. **Réservé.**

CONTR. Libérer ; garder, laisser (libre). — (Du p. p.) Commun. — Libre.
DÉR. Réservoir.

RÉSERVISTE [ʀezɛʀvist] n. m. — 1872 ; de *réserve* (III., 3.).

♦ Homme de l'armée de réserve*. *Rappel de certaines catégories de réservistes* (→ Engager, cit. 38). *Les appelés et les réservistes.*

RÉSERVOIR [ʀezɛʀvwaʀ] n. m. — 1547 ; de *réserver* «mettre en réserve».

♦ **1.** Bassin, cavité où un liquide peut s'accumuler, être gardé en réserve. ⇒ **Étang, lac** (artificiel). *Réservoir d'irrigation. Réservoir alimentant des canaux. Barrage-réservoir.* ⇒ **Barrage ; retenue.** *Réservoir creusé dans le sol ; réservoir d'eau en tôle, en maçonnerie.* ⇒ **Accumulateur, bâche, caisse** (techn.), **citerne, cuve...** (1892). *Éjecteur, robinet d'un réservoir* (→ Lâcher, cit. 21). *Réservoir cylindrique en tôle, en ciment armé, monté sur un socle de maçonnerie.* ⇒ **Château** (d'eau) ; → Minium, cit. *Réservoir d'alimentation en eau* (cit. 16), *d'une ville.* — (Mil. XXe). *Réservoirs d'une usine à gaz* (⇒ **Gazomètre**), *d'une raffinerie de pétrole. Wagon-réservoir. Réservoir à grains.* ⇒ **Silo.**
(1892, *Année sc. et industr.*, 1893, p. 141). Récipient de métal, de matière plastique..., contenant la réserve de carburant ou de lubrifiant nécessaire au fonctionnement d'un véhicule à moteur. *Le réservoir d'essence d'une automobile.* ⇒ aussi **Nourrice** (II.). *Réservoirs d'un avion. Réservoir largable.* — *Réservoir d'un poêle à mazout, d'une lampe à pétrole, d'un briquet.* — Vx. *Porte-plume à réservoir* ou *porte-plume réservoir.* ⇒ **Stylo.**

1 Réservoirs d'huile, réservoirs d'essence, tout est crevé.
SAINT-EXUPÉRY, Pilote de guerre, XXI.

2 La lampe est en cuivre jaune et verre incolore. Sur son socle carré s'élève une tige cylindrique à cannelures, supportant le réservoir — demi-sphère à convexité dirigée vers le bas. Ce réservoir est à moitié plein d'un liquide brunâtre, qui ne ressemble guère au pétrole du commerce.
A. ROBBE-GRILLET, le Voyeur, p. 226.

Anat. *Réservoir de Pecquet.* ⇒ **Citerne.**
Spécialt. Caisse immergée qui sert à conserver des poissons vivants (on dit aussi *boutique**). — (1549). Bassin où l'on conserve vivants des poissons, des crustacés. ⇒ **Réserve, vivier.**

3 Il n'était point d'étang dans tout le voisinage
Qu'un cormoran n'eût mis à contribution :
Viviers et réservoirs lui payaient pension (...) LA FONTAINE, Fables, X, 3.

♦ **2.** (1713). Fig. *Réservoir de...* : réserve de (ce qui est comparé à un liquide). ⇒ **Réceptacle.** *Le grand poète est celui qui peut puiser* (cit. 7) *à pleines mains dans son réservoir d'images et de mots. Ce pays est un inépuisable réservoir d'hommes.*

4 (...) la vertu populaire, ce grand réservoir de dévouement, de sacrifice, de force morale instinctive, que les races nobles portent en elles, comme un héritage de leurs ancêtres (...)
RENAN, Questions contemporaines, Préface, Œ. compl., t. I, p. 23.

(...) la province est, chez nous, le réservoir inépuisable de talent et de génie. Paris n'est que le brasier où viennent se consumer ces forces lentement conçues.
G. DUHAMEL, Biographie de mes fantômes, VI.

Pathol. *Réservoir d'infection :* organisme vivant ou milieu hébergeant des micro-organismes infectieux. *Réservoir de virus.*

RÉSIDANT, ANTE [ʀezidɑ̃, ɑ̃t] adj. — 1283, *résident* ; n. m., «habitant», 1415 ; de *résider.*

♦ Qui réside (en un lieu). ⇒ **Habitant.** — (1846). Spécialt. *Membre résidant d'une académie, d'une société savante* (opposé à *correspondant*).

HOM. Résident.

RÉSIDENCE [ʀezidɑ̃s] n. f. — 1271 ; du lat. *residentia*, de *residere.* → Résider.

♦ **1.** Séjour* effectif et obligatoire (en un lieu) ; obligation de résider. *Emploi, charge qui demande résidence, oblige à* (la) *résidence. La résidence d'un magistrat, d'un évêque, d'un curé.* — Hist. *Bénéfice à charge de résidence.* — Par ext. Durée de ce séjour (→ Racontage, cit. 2).
Spécialt. *Assignation* à résidence. Assigner qqn à résidence. Résidence forcée, surveillée* (d'une personne astreinte par décision de justice à rester dans un lieu). — Anciennt. *Résidence du forçat après sa peine.* ⇒ **Doublage.**

♦ **2.** (1283). Le fait de demeurer habituellement en un lieu ; ce lieu. ⇒ **Demeure, habitation, séjour.** *La résidence de qqn quelque part. Durant les cinq ans de ma résidence* (→ Localité, cit. 2). — (1689). Vx. *Faire résidence en un lieu, à la cour. Faire «fort peu de résidence»* (Molière, le Misanthrope, III, 5) : y résider* fort peu. — *Avoir, établir, fixer sa résidence quelque part. Changer sa résidence :* se transporter* ailleurs (⇒ aussi **Siège**).

1 Les maisons semblaient être de résidence bourgeoise. Leur architecture, sans présenter rien de bien saisissant, donnait un sentiment d'aisance et de solidité.
J. ROMAINS, les Hommes de bonne volonté, t. VIII, IX, p. 96.

Ethnol. Localisation de l'habitat d'un couple de nouveaux mariés, déterminée par le système en vigueur dans la société considérée. *La règle de résidence se définit en fonction du lien parental qui unit l'un des deux époux avec la personne ou le groupe familial près duquel s'établira le couple. Résidence amitalocale, avunculocale ; matrilocale, patrilocale ; uxorilocale, virilocale ; résidence alternée ; résidence bilocale, néolocale. La résidence néolocale est le type de résidence le plus courant dans les sociétés occidentales. Relation entre règle de résidence et règle de filiation*.* ⇒ **Parenté ; dysharmonique, harmonique.**

(1804). Lieu où une personne habite effectivement durant un certain temps (ou a un centre d'affaires, d'activités), sans y avoir nécessairement son domicile* (→ Absence, cit. 13 ; femme, cit. 118). — Certificat de résidence. — La résidence principale ; résidence secondaire de qqn* (→ ci-dessous 4. : *une résidence secondaire*).

2 Il y avait des journalistes socialistes, mais le candidat rouge n'était pas encore arrivé de Marseille. La plupart d'ailleurs n'avaient pas le temps de résidence nécessaire pour voter. ARAGON, les Beaux Quartiers, I, XV.

♦ **3.** (1690). Lieu où réside officiellement un prince (ville, État...). — (1846). *Résidences royales :* châteaux de la Couronne. ⇒ **Château, palais.** *Résidences princières* (→ Gazon, cit. 4). *L'Élysée, résidence du président de la République. Résidence d'été, d'hiver* (→ 1. Noyer, cit. 13).

♦ **4.** (1840). Lieu construit, généralement luxueux ou se prétendant tel, où l'on réside. ⇒ **Demeure, logement, maison.** *Une somptueuse résidence.* ⇒ **Résidentiel.**

3 (...) Montcornet (...) est devenu (...) le propriétaire d'un magnifique château dans le Morvan. Il reçoit dans cette résidence princière le feuilletoniste d'un de nos grands journaux (...)
Moniteur de l'Armée, 13 déc. 1844, *in* BALZAC, les Paysans, Pl., t. VIII, p. 314.

(XXe). Cour. *Résidence secondaire :* maison de campagne, de vacances ou de week-end. *Il possède une résidence secondaire. «En France, on recense aujourd'hui* [x] *résidences secondaires :* (...) *la maison de campagne, l'appartement à la neige ou la résidence d'été dans le Midi»* (le Nouvel Obs., 26 juin 1978).
(V. 1955). Groupe d'immeubles résidentiels assez luxueux. *La Résidence X... «Dans la résidence se construisent une piscine, des courts de tennis, un club-house avec une garderie»* (Vie et Langage, janv. 1970).
(V. 1970). *Résidence-hôtel :* immeuble se composant d'appartements (avec cuisine et équipements complets), mais disposant de services hôteliers : bar, restauration, boutiques, etc. (d'après l'Express, 21 mars 1981, p. 191).

♦ **5.** (Déb. XXe ; autre sens, 1690). Hist. Charge de résident (1.) ; lieu (ville, bâtiments) où habite un résident, où se tiennent ses services. *La Résidence de Rabat* (à l'époque du protectorat). ⇒ **Résident** (2.).

DÉR. Résidentiel.
COMP. Non-résidence.

RÉSIDENT, ENTE [ʀezidɑ̃, ɑ̃t] n. — 1260, «habitant»; du lat. *residens*, de *residere*. → Résider.

♦ **1.** (Fin XVIᵉ). Diplomate envoyé par un État auprès d'un gouvernement étranger (→ Diplomatiquement, cit. 1; qualification, cit. 1). — (Mᵐᵉ de Sévigné). Fig. Envoyé représentant. — Par appos. *Ministre résident.*

♦ **2.** (1893). Hist. Haut fonctionnaire placé par l'État protecteur auprès du souverain de l'État sous protectorat. *Résident général en Tunisie, au Maroc.*

♦ **3.** (XXᵉ). Personne établie dans un autre pays que son pays d'origine. ⇒ **Étranger.** *Les résidents espagnols en France.*

HOM. Résidant.

RÉSIDENTIEL, ELLE [ʀezidɑ̃sjɛl] adj. — 1944, J. Romains; de *résidence*.

♦ **1.** Propre à l'habitation, à la résidence (4.) (seulement en parlant des beaux quartiers). *Immeubles, quartiers résidentiels d'une ville. Quartiers résidentiels et quartiers administratifs, commerçants, industriels.*
La construction des établissements industriels s'accompagne souvent de celle de nouvelles agglomérations résidentielles (les cités minières, par exemple) ...
Pierre GEORGE, Précis de géographie économique, p. 90.

♦ **2.** Spécialt. Qui offre un haut niveau de confort, voire de luxe. *Un immeuble résidentiel.* — (1966). *Un urbanisme à caractère résidentiel.*

RÉSIDER [ʀezide] v. intr. — V. 1380; du lat. *residere*, de *re-*, et *sedere* «rester (assis)».

♦ **1.** Être établi d'une manière habituelle (dans un lieu); y avoir sa résidence. ⇒ **Demeurer, habiter.** — REM. À la différence de ces deux verbes, *résider* est surtout d'usage dans la langue administrative, juridique ou didactique et littéraire, dans des emplois métaphoriques et il implique l'idée de stabilité. — *Le somptueux palais où résident nos rois* (→ Obstruer, cit. 1). ⇒ **Résidence** (3.). *Les ambassadeurs finissent par prendre les mœurs des pays où ils résident* (→ Honneur, cit. 102). ⇒ **Résident** (1.). *Les personnes, les étrangers qui résidaient aux États-Unis.* ⇒ **Résident** (3.); → Quota, cit. 1.
(1549). Absolt. Remplir l'obligation de la résidence (1.). *Les évêques résidaient le moins qu'ils pouvaient* (→ Enterrer, cit. 20).

♦ **2.** (XIVᵉ). Avoir son siège, exister habituellement, se trouver* (à, dans tel lieu, en telle personne ou telle chose). ⇒ (Vx) **Gésir, gîter.** *Le principe de toute souveraineté réside dans la Nation* (→ Autorité, cit. 15), *dans le peuple* (1. Peuple, cit. 12). *« La justice* (cit. 7) *réside dans les lois naturelles »* (Pascal).
Le sourire réside sur les lèvres; mais le rire a son siège et sa bonne grâce sur les dents.   Joseph JOUBERT, Pensées, III, VIII.
(Av. 1662). *L'ordre idéal des peuples réside dans leur bonheur* (→ Ordre, cit. 25). ⇒ **Consister.** *La difficulté réside en ceci...*

♦ **3.** (1690). Vx. *Résider sur...* : reposer sur... — REM. Ce tour, illustré par une cit. de Mᵐᵉ de Sévigné dans Littré, est encore attesté en 1793 (cf. Brunot, *Hist. de la langue franç.*, t. X, p. 277).

RÉSIDU [ʀezidy] n. m. — 1331, «reliquat d'un compte»; du lat. *residuum*.

♦ **1.** Vx. Reliquat d'un compte. ⇒ **Excédent.** — (1718). Math. Reste de la division de deux nombres entiers.

♦ **2.** (V. 1360; répandu XXᵉ). Concret. Ce qui reste. *Mendier des « résidus de tabac »* (Céline, *Voyage au bout de la nuit*, p. 85).
1 (...) le passé (...) ne se manifeste chez nous, par des *monuments*, mais par des *résidus*. C'est un résidu le pont de bois qui, à Chicago, enjambe un canal à deux pas des gratte-ciel les plus hauts du monde.
SARTRE, Situations III, p. 105.

Cour. (Péj.). ⇒ **Déchet, détritus, rebut ; ordure.**
2 J'ai beau patauger, depuis vingt ans, dans les immondices de Paris, je n'arrive pas à découvrir de quels amalgames de résidus sébacés, de quelles balayures excrémentielles (...) purent être formés les sales enfants de bourgeois (...)
Léon BLOY, la Femme pauvre, I, XIII.

♦ **3.** (Av. 1824). Abstrait. (Didact.). Sans valeur péj. Ce qui subsiste en dernière analyse. *Derrière les nuances individuelles, il subsiste une sorte de résidu psychologique stable* (→ Mentalité, cit. 2; et aussi percevoir, cit. 5, Bergson).
3 Le résidu de la sagesse humaine, épuré par la vieillesse, est peut-être ce que nous avons de meilleur.   Joseph JOUBERT, Pensées, VII, XXXIX.
4 (*L'absurde*) est seulement un résidu de l'expérience de ce monde.
CAMUS, le Mythe de Sisyphe, p. 57.

♦ **4.** Cour. Reste inutilisable, sans valeur, plus ou moins répugnant. *Un résidu, une lie,... un fond* (cit. 6) *de cuve.*
5 Les autres clapotaient en troupe dans les bas-fonds. C'était la racaille des estaminets, le résidu des brasseries.   HUYSMANS, Là-bas, II.

♦ **5.** (Attestation isolée, XIVᵉ, «dépôt»). Chim., techn. (1740). Ce qui

reste après une opération physique ou chimique. *Résidu qui se détache, se dépose, tombe...* ⇒ **Boue, copeau, débris, déchet, dépôt, fond, lie, limaille, tartre.** *Résidus de combustion.* ⇒ **Cadmie, calamine, cendre, cretons, culot, mâchefer, scorie** (→ Grille, cit. 18). *Résidus de distillation :* produits de queue (brai, goudron; drêche). *Résidu d'une substance pressée, infusée.* ⇒ **Marc** (2. Marc). *Résidu de criblage* (criblure), *de la mouture des grains* (son). *Résidu des cannes à sucre, après extraction du jus* (bagasse). *Résidu des analyses d'alchimistes.* ⇒ **Caput mortuum.** — *Récupération, traitement, utilisation des résidus par l'industrie.* — (1964). Phys. *Résidus de fission :* produits directs de fission ou de leur désintégration. *Les résidus de fission agissent comme des poisons dans un réacteur en affectant l'économie des neutrons.*
Physiol. *Résidus de la digestion.* ⇒ **Excrément, fèces** (→ Digestif, cit. 1).
Géol. Reste, résultat matériel d'un processus géologique (→ Dolomitique, cit. 1). *Résidus argileux* (→ Glissement, cit. 6).
Chim. générale. Radical* (II. A. 2.). On dit aussi *reste, groupe, groupement.*

♦ **6.** (1875). Log. *Méthode des résidus,* par laquelle on retranche d'un effet ce qui résulte de lois ou d'éléments connus, pour réduire le phénomène à un reste (Herschel), ou pour prouver un rapport de causalité entre deux phénomènes (J. Stuart Mill).
(1903, in *Rev. gén. des sc.*). Math. *Théorie des résidus.*

DÉR. Résiduaire, résiduel.

RÉSIDUAIRE [ʀezidɥɛʀ] adj. — 1877; de *résidu*.

♦ Didact. ou littér. Qui constitue un résidu, un dépôt.
(...) il avait visité le cloaque qu'avaient si longuement alimenté les eaux résiduaires échappées des abattoirs de Tiffauges et de Machecoul.
HUYSMANS, Là-bas, XVII.

RÉSIDUEL, ELLE [ʀezidɥɛl] adj. — 1870; de *résidu*.

♦ **1.** Didact. Qui forme un reste, un résidu. — Spécialt. Qui constitue le résidu d'une opération industrielle, d'une transformation. *Huile résiduelle.* — Électr. *Résistance résiduelle,* celle qui subsiste aux basses températures.

♦ **2.** (V. 1960). Géol. *Relief résiduel :* relief dominant une surface d'érosion, et qui a été préservé de la destruction. *Les buttes-témoins en avant des cuestas, les mesas volcaniques, les inselbergs sont des reliefs résiduels.*

♦ **3.** (V. 1970). Fig. Qui forme un résidu (dans la conscience, dans un raisonnement...).
(...) aucun signe de vie n'y tremble *(aux fenêtres)* ni même ce trouble résiduel, ou précurseur, des embrasures béantes où l'on devine qu'un buste penché vient de disparaître, ou qu'un buste apparu soudain va se pencher.
A. ROBBE-GRILLET, le Voyeur, p. 97.
Se dit de ce qui persiste malgré tous les efforts entrepris pour l'éliminer. *Fatigue résiduelle.* — *Chômage résiduel,* qui subsiste même dans les périodes de plein emploi.

RESIFFLER [ʀ(ə)sifle] v. tr. — 1738; de *re-*, et *siffler*.

♦ Siffler une seconde fois.
(...) un article du *Gaulois,* qui imprime en tête de journal, un appel aux républicains à *resiffler* ce soir, notre pièce (...)
Ed. et J. DE GONCOURT, Journal, t. VII, p. 16.

RÉSIGNABLE [ʀeziɲabl] adj. — XVIᵉ, Loisel; de *résigner*.

♦ Dr. Qui peut être résigné, de quoi l'on peut se démettre. *Fonctions, charges résignables.*

RÉSIGNANT [ʀeziɲɑ̃] n. m. — 1467; de *résigner*.

♦ Dr. (Vx). Celui qui résigne un office, un bénéfice en faveur de qqn.

RÉSIGNATAIRE [ʀeziɲatɛʀ] n. m. — 1539; de *résigner*.

♦ Dr. Celui à qui on a résigné un office, un bénéfice. ⇒ **Bénéficiaire.**

RÉSIGNATION [ʀeziɲasjõ] n. f. — 1278; *résination* «démission», 1265; de *résigner*.

♦ **1.** Anc. dr. Abandon volontaire (d'un droit) en faveur de qqn. Spécialt. Démission d'une charge, d'un office. Dr. canon. *Résignation d'un bénéfice* (dans les mains du collateur, du pape).

♦ **2.** Vx. *La résignation de... :* l'abandon de... *La résignation de soi-même, de sa volonté...* ⇒ **Abandon, abdication, renonciation** (à).
1 De la pure et entière résignation de soi-même, pour obtenir la liberté du cœur.
CORNEILLE, Imitation de J.-C., III.
2 La résignation qui nous est la plus difficile est celle de notre ignorance.
A. DE VIGNY, Journal d'un poète, 1832.

♦ **3.** (1690). Mod. *Résignation à...,* et, absolt, *résignation :* fait d'accepter sans protester (la volonté d'un supérieur, de Dieu, le sort...) ; tendance à se soumettre, à subir sans réagir, soit par faiblesse (⇒ **Apathie, démission, désespérance, fatalisme**), soit par un effort de volonté (⇒ **Constance, patience, sacrifice**). ⇒ **Acceptation, consentement, renoncement, soumission** (→ Atteinte, cit. 11 ; évangile, cit. 6 ; faim, cit. 12 ; humilier, cit. 40). *La résignation de qqn à qqch. Résignation à l'injustice* (→ Immortel, cit. 8), *à la cruauté du sort...* (→ aussi Pauvre, cit. 11). *«(...) tourner les regards de l'armée vers cette grandeur* (cit. 26) *passive, qui repose dans l'abnégation et la résignation»* (Vigny). *Résignation courageuse, patiente, philosophique.* — *Endurer, subir, tolérer qqch. avec résignation* (→ Ignorer, cit. 49 ; et aussi se faire une raison* ; faire contre mauvaise fortune* bon cœur). *Renoncer à qqch. avec résignation* (→ Faire son deuil* de...). *Supporter les événements avec résignation* (→ À la guerre* comme à la guerre). *Pousser un soupir de résignation* (→ Manifester, cit. 3). *L'âge de raison* (cit. 18) *et l'âge de résignation.* — (Au plur.). Rare. *Les résignations de qqn* (→ Plumer, cit. 5).

3   La résignation est souvent bonne aux individus ; elle ne peut être que fatale à l'espèce. C'est ainsi que va le monde, est le mot d'un bourgeois quand il le dit des misères publiques ; ce n'est celui du sage que dans les cas particuliers.
                                                    É. DE SENANCOUR, Oberman, XLVI.

4   Ce courage ridicule qu'on appelle résignation, le courage d'un sot qui se laisse pendre sans mot dire (...)   STENDHAL, la Chartreuse de Parme, I, II.

5   La résignation, mon ange, est un suicide quotidien (...)
                                        BALZAC, Illusions perdues, Pl., t. IV, p. 1012.

6   Chacun s'enveloppe dans le manteau de la résignation, et remet son sort entre les mains de Dieu.   LAUTRÉAMONT, les Chants de Maldoror, II.

7   Oui, la résignation est bonne et nécessaire dans les faits généraux et inévitables de la vie, mais sur tous les points où la lutte est possible, la résignation n'est que de l'ignorance, de l'impuissance ou de la paresse déguisée.
                                        MAETERLINCK, Sagesse et Destinée, LXV.

CONTR. Lutte, protestation, révolte.

RÉSIGNÉ, ÉE [Reziɲe] adj. ⇒ **Résigner,** p. p.

RÉSIGNER [Reziɲe] v. — V. 1225 ; lat. *resignare* « décacheter » ; de *re-,* et *signum* « sceau », en lat. médiéval « annuler, rendre ».

★ **I.** V. tr. Littér. ♦ **1.** Abandonner (un bénéfice, un office) en faveur de qqn. ⇒ **Démettre** (se). *Résigner sa charge, son emploi, ses fonctions.* ⇒ **Démissionner, quitter ; déposer.** — (Au sens étym.). *Résigner un sceau :* annuler le contenu d'un message scellé (→ cit. 2).

1   (...) monsieur de Sérisy, dont la santé délabrée exigeait du repos, résigna tous ses emplois, quitta le gouvernement à la tête duquel l'Empereur l'avait mis (...)
                                        BALZAC, Un début dans la vie, Pl., t. I, p. 614.

2   Th. Becket (...) s'entoura des Saxons, des pauvres, des mendiants, revêtit leur habit grossier, mangea avec eux et comme eux. Désormais, il s'éloigna du roi, et résigna le sceau.   MICHELET, Hist. de France, IV, V.

3   Depuis un an, il avait dû résigner ses fonctions à l'Université : sa santé de plus en plus précaire ne lui permettait plus de professer.
                                        R. ROLLAND, Jean-Christophe, La révolte, III, p. 555.

Absolt. Vx. Abandonner sa charge, son office, etc.

Par ext. (archaïsme) :

4   Son ambition (...) C'est seulement lorsqu'il la résigne, que peut naître ma sympathie.   GIDE, Journal, 13 juil. 1931.

♦ **2.** (1541, Calvin). Vieilli. Abandonner (qqch.) à (qqn). *Résigner son âme à Dieu.*

5   Je ne dois point en autre lieu
    Rendre mon corps à la nature,
    Ni résigner mon âme à Dieu.   THÉOPHILE DE VIAU, Lettre à mon frère.

★ **II.** V. pron. (1541, au sens I, 2 ; cf. Calvin : *«quand il s'est tellement résigné à Dieu»*). Courant.

♦ **1.** *Se résigner (à).* ⓐ Vx. S'abandonner à... *Se résigner à Dieu, à sa volonté, «à la fatalité aveugle»* (Voltaire, *in* Littré).

ⓑ (1690). Mod. Accepter sans résister (une chose) malgré son caractère désagréable. ⇒ **Accepter, accommoder** (s'accommoder de...), **consentir** (à), **incliner** (s'incliner devant...), **passer** (par), **plier** (se), **résoudre** (se), **soumettre** (se) ; → Prendre son parti* de... *«Se résigner à ce qu'on sait être le moins parfait»* (→ Rebut, cit. 2). *Se résigner à l'inévitable. Connaître ses limites et s'y résigner* (→ Automatisme, cit. 4). *Ceux qui ne se résignent pas à perdre* (cit. 36) *la partie.*

6   Résigne-toi à n'être pas du monde, à ce que le monde ne te connaisse pas (...)
                                        F. MAURIAC, l'Enfant chargé de chaînes, XXVII.

♦ **2.** (Av. 1673). Absolt. Adopter une attitude d'acceptation ; se soumettre. ⇒ **Abdiquer, céder, incliner** (s'), **plier** (se). *Il s'est longtemps révolté, mais il a fini par se résigner* (→ Baisser, courber la tête, plier les épaules, le dos). *Il faut se résigner, c'est la vie*! *Cette idée m'aide à me résigner.*

7   (...) ce n'est pas la résignation qui nous console, nous purifie et nous élève, mais les pensées et les vertus au nom desquelles on se résigne, et c'est ici que la sagesse récompense ses fidèles en proportion de leurs mérites.
                                        MAETERLINCK, Sagesse et Destinée, XVI.

— Mais lentement on se résigne. On ne demandait pourtant pas beaucoup de la vie. On apprend à en demander moins encore... toujours moins.   8
                                        GIDE, les Faux-monnayeurs, III, VI.

▶ **RÉSIGNÉ, ÉE** p. p. adj.

♦ **1.** (Après 1650). Qui accepte avec résignation, qui se soumet. *Résigné par courage, fermeté d'âme...* (⇒ **Constant, philosophe**), *par indifférence, fatigue, lâcheté* (⇒ **Indifférent, soumis**). *Victime résignée* (→ Parapher, cit. 1). *D'immenses troupeaux résignés* (→ Guerre, cit. 39). *Âmes résignées* (→ Frein, cit. 11). — *Se montrer résigné* (→ Raisonnable, cit. 5).

L'homme du peuple est nécessairement l'un ou l'autre, ou résigné ou révolté.   9
                                        A. DE VIGNY, Journal d'un poète, 1847.

L'angoisse dans mon âme est toujours la plus forte.   10
Et mon cœur est soumis, mais n'est pas résigné.
                                        HUGO, les Contemplations, IV, XV.

« — Enfin, dit Jacques, tu ne vas pas me faire croire que tu pars résigné, comme   11
un mouton que l'on mène à l'abattoir ? »   SARTRE, le Sursis, p. 87.

♦ **2.** (Mil. XIXᵉ ; 1857, Flaubert). Empreint de résignation. *«L'accent résigné des douleurs infinies»* (→ Fatalité, cit. 5). *Une attitude de consternation résignée* (→ Main-forte, cit. 3). *Courage résigné et tranquille* (→ Opposer, cit. 6). *Patience résignée* (→ Précipiter, cit. 11).

♦ **3.** N. *Un résigné, une résignée.*

Vous me direz que ces gens-là étaient des saints (...) C'étaient des résignés. Il y a   12
dans tout homme une énorme capacité de résignation, l'homme est naturellement résigné. Car vous pensez bien qu'autrement l'animal logicien n'aurait pu supporter d'être le jouet des choses (...) Les saints ne se résignent pas, du moins au sens où l'entend le monde. S'ils souffrent en silence les injustices dont s'émeuvent les médiocres, c'est pour mieux retourner contre l'Injustice, contre son visage d'airain, toutes les forces de leur grande âme.
                                        BERNANOS, les Grands Cimetières sous la lune, p. 13.

CONTR. Insurger (s'), **lutter, opposer** (s'), **révolter** (se). — (Du p. p.) **Révolté.**
DÉR. Résignable, résignant, résignataire, résignation.

RÉSILIABLE [Reziljabl] adj. — 1836 ; de *résilier.*

♦ Dr. Qui peut être résilié.

RÉSILIATION [Reziljasjɔ̃] n. f. — 1429, repris 1740 ; de *résilier.*

♦ Dr. et cour. Dissolution (d'un contrat). ⇒ **Annulation, résolution.** *Résiliation d'un bail, d'un marché.*

(...) elle vit un avocat-défenseur, homme très sûr qui se chargea de traiter avec la Compagnie N. T. M. une résiliation de contrat et de préparer une liquidation à l'amiable.   G. DUHAMEL, Salavin, VI, XXIX.

RÉSILIEMENT [Rezilimɑ̃] n. m. — 1722 ; *résiliment,* 1800 ; de *résilier.*

♦ Vx. ⇒ **Résiliation.**

RÉSILIENCE [Reziljɑ̃s] n. f. — 1911 ; angl. *resilience,* 1824, dans ce sens ; «fait de rebondir», 1626 ; du lat. *resilientia,* de *resiliens.* → **Résilient.**

♦ Phys. Rapport de l'énergie cinétique absorbée nécessaire pour provoquer la rupture d'un métal, à la surface de la section brisée. *La résilience* (en kgm par cm²) *caractérise la résistance au choc ; elle indique jusqu'à quel point de l'énergie peut être emmagasinée par un corps sous l'effet d'une déformation élastique.*

REM. Un emploi au sens «ressort moral, qualité de qqn qui ne se décourage pas, qui ne se laisse pas abattre» (calque de l'anglais) est attesté chez Maurois (1952, *in* D. D. L.).

RÉSILIENT, ENTE [Reziljɑ̃, ɑ̃t] adj. — 1932 ; angl. *resilient,* 1674 ; du lat. *resiliens.*

♦ Phys. Qui résiste (plus ou moins) au choc, qui est caractérisé par une résilience plus ou moins grande.

RÉSILIER [Rezilje] v. tr. — 1718 ; *résiler,* t. sc., 1501 ; *resilir de* « se dédire », 1583 ; du lat. *resilire* « sauter en arrière », et, fig., « se rétracter ».

♦ Dr. et cour. Dissoudre (un contrat) soit par l'accord des volontés des parties, soit, pour les contrats successifs, par la volonté d'un seul. *Résilier, faire résilier un contrat, un bail* (→ Métairie, cit. 1). *Résilier et annuler un acte, un marché. Résilier un engagement.*

▶ **RÉSILIÉ, ÉE** p. p. adj. *Contrat résilié.*

DÉR. Résiliable, résiliation, résiliement.

RÉSILLE [Rezij] n. f. — 1826 ; *rescille,* coiffure portée par les Espagnoles, 1775 ; de *réseau,* d'après l'esp. *redecilla.*

♦ **1.** Tissu de mailles formant une poche, dans laquelle on serre les cheveux (coiffure). ⇒ **Filet**. *Nattes roulées dans une résille* (→ Grâce, cit. 87).

1 Telle découvre, la première, cette cocarde de rubans, au centre de laquelle on met un diamant (...) telle autre ressuscite la résille (...)
BALZAC, la Cousine Bette, Pl., t. VI, p. 328.

1.1 *(Camille Maupin) avait sur sa tête une de ces résilles en velours rouge alors à la mode et de laquelle s'échappaient (ses) luisantes grappes de cheveux noirs.*
BALZAC, Béatrix, II, v, *in* D.D.L., II, 16.

2 (...) de beaux cheveux blonds contenus dans une résille (...)
G. DUHAMEL, Récits des temps de guerre, III, XLV.

Ouvrage de passementerie, filet à mailles serrées, servant à divers usages.

Appos. *Des bas résille.*

3 (...) des résilles à perles d'acier étalées sur des ronds de papier bleuâtre (...)
ZOLA, Thérèse Raquin, I.

♦ **2.** (1880). Techn. Réseau* des plombs d'un vitrail (→ Obscur, cit. 2).

♦ **3.** (1911). Fig. Ensemble de lignes similaires aux mailles d'un réseau. *Les résilles des toiles d'araignées* (→ Envelopper, cit. 19).

RÉSINAGE [ʀezinaʒ] n. m. — 1870, Littré ; de *résiner*, et *-age*.

♦ Techn. Ensemble des opérations d'exploitation de la résine des conifères (récolte, épuration).

RÉSINE [ʀezin] n. f. — 1330 ; *rasinne*, 1250 ; lat. *resina*.

♦ **1.** a Produit collant et visqueux, à cassure vitreuse, de couleur jaune ou brune ; sécrétion de cicatrisation qui exsude de certains végétaux (arbres et arbustes), notamment des conifères. ⇒ **Résineux** (ex. : *balsamodendron, cèdre, cyprès, dammara, épicéa, euphorbe, gaïac, jalap, lentisque, mélèze, opopanax, pin, pistachier, sapin, térébinthe, thuya...*). *La résine protège le liber là où l'écorce a été accidentellement enlevée. Résines brutes, naturelles.* — *Résine calamite* (vx), *commune* ou *jaune* (térébenthine ; arcanson, colophane), *résine* ou *baume de copahu, résines copal, dammar, élémi, mastic, sandaraque, sang-dragon, sarcocolle, storax, tacamaque... La laque* (abusivt *gomme laque*) *est une résine.* ⇒ **Cire** (végétale). — *Les baumes, les gommes et les résines exsudent souvent en mélanges.* ⇒ **Gomme-résine ; baume.**

b *Résine du pin.* ⇒ **Galipot, gemme** (→ Provençal, cit. 1). *La récolte de la résine* (⇒ **Amasse**) *se fait par incision des troncs.* ⇒ **Gemmage** (cit.), **gemmer ; surlé.** — *Chandelle* (⇒ **Oribus**, cit.), *cierge, torche de résine* (→ Enraciner, cit. 5). *Dissolution de résine dans un dissolvant.* ⇒ **Vernis.** *Huile de résine* : liquide siccatif provenant de la distillation sèche des brais et colophanes. *Gaz de résine,* provenant du chauffage, dans certaines conditions, de la gomme laque. *Noir de résine. Savon de résine :* sel de sodium (ou de potassium), d'acides résiniques.

La résine qui rend amer le vin de Chypre.
APOLLINAIRE, Alcools, p. 36.

(1850, *in* D.D.L.). *Résine fossile.* ⇒ **Ambre** (jaune), **succin.** — *Résine jaune* ou *poix résine.* ⇒ **Poix.**

Par anal. *Résine animale.* ⇒ **Propolis** (cit.).

♦ **2.** Chim. Corps extrait de la résine brute par distillation (et élimination de l'essence). *La résine est formée surtout d'acides (acides résiniques*).

♦ **3.** Matière plastique ayant des propriétés communes avec les résines. *Résines « naturelles »* (ex. : *galalithe*). *Résines synthétiques, de condensation* (phénoplastes : *Bakélite, Nylon*), *de polymérisation.* ⇒ **Plastique.** *Résines thermoplastiques :* polyacryliques, polyamides, polystyrènes... ; *résines thermodurcissables :* aminoplastes, phénoplastes, polyesters, alkydes.

(1964). *Résines de pétrole :* corps semi-solides qui doivent être éliminés des matières premières à lubrifiants.

DÉR. **Résiné, résiner, résinerie, résinier, résinique, résinite.**
COMP. **Résinifère, résinifier, résinocyste, résinographie, résinoïde, résorcine.**

RÉSINÉ, ÉE [ʀezine] adj. et n. m. — 1562 ; de *résine.*

♦ *Vin résiné,* contenant de la résine. — N. m. (1948). *Les résinés grecs sont des vins blancs.*

(...) des bouteilles de « résiné », un vin apéritif à la tisane de bourgeons de pin (...)
B. CENDRARS, Bourlinguer, p. 179.

REM. Ne pas confondre avec le paronyme *raisiné.*

HOM. **Résiner.**

RÉSINER [ʀezine] v. tr. — 1553 ; *raisinner*, 1382 ; de *résine.*

Technique.

♦ **1.** Enduire de résine.

♦ **2.** (1820). Récolter la résine de (un arbre). ⇒ **Gemmer ; résinage.** *Résiner un pin. Ouvrier qui résine les hévéas.* ⇒ **Saigneur.**

DÉR. **Résinage.**
HOM. **Résiné.**

RÉSINERIE [ʀezinʀi] n. f. — Mil. XXᵉ ; de *résine.*

♦ Techn. Production des résines. — Usine où est traitée une résine naturelle, où est produite une résine de synthèse.

RÉSINEUX, EUSE [ʀeziˈnø, øz] adj. et n. m. — 1538 ; *rezinos,* XIVᵉ ; lat. *resinosus,* de *resina.* → Résine.

♦ **1.** Qui produit de la résine, une résine. *Arbres résineux,* résinifères (→ ci-dessous 2.). — *Bois résineux,* provenant d'un arbre résineux, ou qui contient de la résine. — *Sève résineuse, suc résineux* (→ Genêt, cit. 1).

1 (...) les arbres résineux, comme le sapin, sont rarement endommagés par les grandes gelées, ce qui peut venir de ce que leur sève est résineuse ; car on sait que les huiles ne gèlent pas parfaitement (...)
DU HAMEL et BUFFON, *in* BUFFON, Hist. nat. des végétaux, Expériences sur les végétaux, 4ᵉ mémoire.

♦ **2.** N. m. pl. (1923). *Les résineux :* les arbres qui produisent en abondance des résines terpéniques. ⇒ **Conifères.** — Au sing. *Un résineux.*

2 Un trait important de la structure des Pins est la présence de canaux sécréteurs dans leurs tissus. Ce sont des cavités allongées, entourées de cellules sécrétrices à parois minces, qui laissent exsuder dans la cavité qu'elles bordent les essences et résines qu'elles ont élaborées (...) Par les blessures accidentelles des tiges et des feuilles ou la mutilation intentionnelle des troncs, le contenu des canaux sécréteurs lésés s'écoule (...) Les Coniférales forestières reçoivent souvent le nom de Résineux.
F. MOREAU, *in* Encycl., Pl., Botanique, p. 823.

♦ **3.** (1538). Propre à la résine ; qui rappelle la résine. *Goût résineux. Aspect résineux. Odeur résineuse.*

♦ **4.** (1811). Vx. *Électricité résineuse :* ancien nom de l'électricité négative, mise en évidence en frottant un corps (par ex., un tissu de laine...) avec de la résine. — REM. On croyait que l'électricité, fluide unique, était en défaut dans les corps résineux. ⇒ 1. **Positif** (III., 4.).

RÉSINGLE [ʀezɛ̃gl] n. f. — 1870 ; *resingue*, 1765, Encyclopédie ; p.-ê. du lat. *cingula* « sangle » ; cf. dial. *ceingle, single.*

♦ Techn. Outil d'orfèvre, levier courbe, dont l'extrémité libre est arrondie, et qui sert à redresser des objets métalliques bosselés.

RÉSINIER, IÈRE [ʀezinje, jɛʀ] n. et adj. — 1827 ; nom d'un arbuste, 1767 ; de *résine.*

♦ **1.** Ouvrier professionnel, ouvrière professionnelle qui récolte la résine des pins ou gemme (cit. 3, Mauriac).

♦ **2.** Adj. (1923). Relatif à la résine. *L'industrie résinière.*

RÉSINIFÈRE [ʀezinifɛʀ] adj. — 1812 ; de *résin(e),* et *-(i)fère.*

♦ Didact. Qui produit de la résine, une résine. *Plante résinifère.* ⇒ **Résineux.**

RÉSINIFICATION [ʀezinifikɑsjɔ̃] n. f. — 1801 ; de *résinifier.*

♦ Didact. Transformation en résine.

RÉSINIFIER [ʀezinifje] v. tr. — 1836, probablt antérieur (→ Résinification) ; de *résin(e),* et *-(i)fier.*

♦ Techn. Transformer en résine. *Substance résinifiée sous l'action de la chaleur, d'un réactif chimique.*

DÉR. **Résinification.**

RÉSINIQUE [ʀezinik] adj. — Mil. XXᵉ ; de *résine.*

♦ Chim. *Acides résiniques :* acides de la famille des terpènes qui forment, avec leurs esters, la majeure partie des résines (2.) et qui sont les constituants acides des résines de conifères.

RÉSINITE [ʀezinit] n. f. — 1812 ; de *résine.*

♦ Minér. Variété d'opale colorée par des hydrocarbures.

RÉSINOCYSTE [ʀezinɔsist] n. m. — 1897 ; de *résin(e),* et *-cyste,* grec *kustis* « poche gonflée, vessie ». → Cyst-, cysti-, cysto-.

♦ Bot. Vésicule contenant de la résine, chez certaines plantes (surtout au pluriel).

RÉSINOGRAPHIE [ʀezinɔgʀafi] n. f. — V. 1970; de *résin(e)*, *-o-*, et *-graphie*, d'après *métallographie*.

♦ Techn. Technique d'étude de la structure physique des résines (3.), matières plastiques, caoutchoucs.

RÉSINOÏDE [ʀezinɔid] adj. et n. m. — 1875; de *résin(e)*, et *-oïde*.

♦ Didact. Qui ressemble à une résine. — N. m. (xxe). *Un résinoïde :* un produit résineux qui résulte du traitement par un solvant volatil d'une matière aromatique végétale. *Les résinoïdes sont employés en parfumerie.*

RÉSIPISCENCE [ʀesipisɑ̃s] n. f. — 1542; « retour à la raison », 1405; lat. ecclés. *resipiscentia*, de *resipiscere* « revenir à la raison », rac. *sapere*. → Savoir.

♦ Relig. ou littér. Reconnaissance de sa faute avec amendement. ⇒ **Regret, repentir; pénitence.** « *Des moments de résipiscence* » (Fléchier). *Amener qqn à résipiscence* (→ Pension, cit. 3). *Venir*, et, par pléonasme, *revenir à résipiscence.*

1   Il les exhortait (...) à revenir à résipiscence (...)   RACINE, Port-Royal, II.

2   Je n'ai jamais pu repousser le pécheur qui venait à résipiscence, quoique je n'aie pas la moindre foi aux conversions (...) Mais il est doux de pardonner.
     DIDEROT, *in* BILLY, Vie de Diderot, p. 287.

3   (...) je vous ai trouvé un peu sévère pour Boileau, sur lequel, vous le savez, je suis revenu à résipiscence.
     SAINTE-BEUVE, Correspondance, t. I, éd. Calmann-Lévy, p. 337.

4   (...) par conséquent, n'est voué à la géhenne continuelle, que celui qui, délibérément, ne veut pas, quand il en est temps encore, revenir à résipiscence, que celui qui se refuse à renier ses fautes.   HUYSMANS, En route, II, v.

RÉSISTANCE [ʀezistɑ̃s] n. f. — 1270, *resistence*; dér. de *résister*.

★ **I.** Phénomène physique s'opposant à une action ou à un mouvement.

♦ **1.** *Résistance à...* Action de résister, d'opposer une force à une autre, de ne pas subir les effets d'une action. *Résistance d'un corps au choc, d'une pierre à l'érosion. Résistance de l'amiante au feu; d'un textile à l'usure.*

♦ **2.** Force qui s'oppose à une autre et qu'elle tend à annuler. ⇒ **Effort.** *La résistance de l'air,* qui freine le déplacement d'un corps. *Le frottement* (cit. 8) *est une force antagoniste, une résistance passive. Résistance de frottement* (1932, *in* D.D.L.). — *La chair céda* (cit. 24) *avec une résistance élastique* (⇒ **Rénitence**). *Il essayait de vaincre cette dernière résistance* (→ Épaule, cit. 20). ⇒ **Obstacle, frein.**

1   Un soufflet, dont toutes les ouvertures sont bien bouchées, est difficile à ouvrir; et si on essaye de le faire, on y sent de la résistance, comme si ses ailes étaient collées.   PASCAL, Traité de la pesanteur de la masse de l'air, II.

2   Lorsqu'une racine arrêtait le soc (...) les bœufs, irrités par cette brusque résistance, bondissaient, creusaient la terre de leurs larges pieds fourchus (...)
     G. SAND, la Mare au diable, II.

Opposer une résistance à qqch. (→ Immatérialisme, cit. 1). *La résistance qu'oppose un mobile à ce qui modifie son mouvement.* ⇒ **Inertie** (force d').

♦ **3.** (V. 1370). Sc. **a** Capacité variable de résister, d'annuler ou de diminuer l'effet d'une force, d'une action subie. *Résistance faible, nulle; grande résistance.* — Phys. *Résistance mécanique,* due à l'action des forces de frottement et exprimée en ohms (mécaniques). *Résistance à l'abrasion, à la compression, à l'éclatement, à la pression, à la torsion, à la traction, à la flexion...* ⇒ aussi **Rupture** (charges de). *Résistance d'un papier au clivage, au déchirement; à la perforation, au pliage, à la rupture par traction. Essai de résistance* (⇒ **Fatigue**). *Dans l'ordre de résistance aux déformations* (→ Corps, cit. 2). — *Résistance des matériaux.* — Par ext. Partie de la mécanique appliquée qui étudie le comportement des matériaux soumis à des forces, à des contraintes. — *Le dessèchement* (cit. 1) *du bois fait beaucoup à la résistance. Résistance des roches* (→ Épigénie, cit.), *des fibres animales, végétales.* ⇒ **Force.** — *Résistance acoustique,* définie (pour un écoulement acoustique continu) par le quotient de la différence de pression entre les deux surfaces du matériau absorbant le son, par le volume du courant traversant ce matériau. — *Résistance d'un fluide,* représentant l'opposition des gaz ou des liquides au passage de corps à travers eux (⇒ **Viscosité**).

b Biol. *La résistance vitale :* la capacité pour un organisme de se maintenir en vie (→ Mutation, cit. 2). *Résistance physiologique :* capacité de résister à la maladie en dehors de tout processus d'immunisation. *Résistance globulaire,* des globules rouges aux substances hémolysantes. *Variations de réceptivité* (cit. 2) *ou de résistance aux germes.* — *Résistance capillaire :* propriété des vaisseaux capillaires qui leur permet de résister à la pression sanguine. — *Résistance d'un organisme, d'un tissu à... Résistance d'un micro-organisme à un agent thérapeutique, aux antibiotiques. Résistance d'une souche* (dite *résistante*). *Résistance d'une population d'insectes à un insecticide.*

c (1890, P. Larousse, *Deuxième Suppl.*). Électr. *Résistance électrique :* rapport de la puissance perdue dans un circuit sous forme de chaleur ou de rayonnement (par l'effet de restrictions au mouvement des électrons libres produisant la conduction), au carré de l'intensité du courant instantané de conduction. *Unité de résistance.* ⇒ **Ohm.** — *Couplage par résistance. Boîte* de résistance.* — *Résistance de fuite, de perte.* — *Résistance différentielle, intrinsèque, résiduelle, apparente* (⇒ **Impédance**), *spécifique* (⇒ **Résistivité**)... *Résistance équivalente au bruit; bruit de résistance. Résistance dans les circuits alternatifs* (effet d'inductance, de capacitance). *Résistance anti-parasite... Résistance de rayonnement* (d'une antenne). *Résistance des électrodes.*

(1890, *in Année sc. et industr.*, 1891, p. 16). Par ext. Cour. *Une résistance :* un conducteur conçu pour dégager une puissance thermique déterminée (cordon* chauffant, boudin*...). *Résistance variable.* ⇒ **Rhéostat.** *Résistance en constantan*. Boîte de résistances. Les résistances d'un fer à repasser. La résistance a sauté. Changer une résistance.*

3   — Vous avez de la compétence en matière de poêles électriques?
— Assez pour m'apercevoir que le mal venait d'une résistance qui était à peu près mangée.
     J. ROMAINS, le Besoin de voir clair, Carnet personnel d'Antonelli, XII.

Magnétisme. *La réluctance*, analogie mathématique de la résistance* (électrique) *dans un circuit magnétique* (mais dépourvue de signification physique réelle).

♦ **4.** **a** (Choses). Qualité de ce qui résiste, caractère résistant* (2. et 3.) de qqch. *La résistance de la pierre* (→ Plâtre, cit. 4), *de l'acier, du crin* (→ Pêcher, cit. 5). ⇒ **Force, solidité.** *Résistance d'une plante,* son aptitude à supporter les intempéries. ⇒ **Rusticité.**

4   (...) il faut que la matière dont le vaisseau est fait, ait assez de résistance en toutes ses parties pour soutenir tous ces efforts : si sa résistance est moindre en quelqu'une, elle crève (...)   PASCAL, Traité de l'équilibre des liqueurs, II.

b (Personnes). Qualité physique dépendant de la constitution, de l'entraînement*, par laquelle on supporte aisément la fatigue, les privations et qui permet de soutenir un effort intense et prolongé. *Avoir de la résistance.* ⇒ **Endurance, force** (→ Avoir l'âme* chevillée au corps; tenir le coup*). *Baisse de la résistance chez les vieillards* (→ 1. Mort, cit. 22). *Manquer de résistance, n'avoir aucune résistance.* — *Résistance à la fatigue, aux excès, au manque de sommeil.*

5   En voyage, il était d'une sobriété admirable, savait se passer de tout, et offrait une résistance étonnante à la fatigue, bien qu'il fût d'une nature délicate en apparence et habitué à la vie la plus confortable.
     Th. GAUTIER, Voyage en Russie, XXI.

6   Or, un jour, l'intombable Rabastens était jeté sur les deux épaules par un meunier de la Bresse, un homme d'une *résistance*, aux yeux de tous, inférieure à celle d'Alcide.   Ed et J. DE GONCOURT, les Frères Zemganno, XIX.

c (1798)... *DE RÉSISTANCE. Plat, pièce de résistance :* plat principal d'un repas (proprt : dont on ne vient pas à bout aisément, très substantiel).

★ **II.** (Action humaine). ♦ **1.** (Fin xive). **a** *Résistance (à...).* Action par laquelle on essaie de rendre sans effet (une action dirigée contre soi). *La résistance à l'oppression est un des droits* (3. Droit, cit. 7) *de l'homme* (→ Arbitraire, cit. 7). (1793). Polit. *Droit de résistance à l'oppression :* droit reconnu à l'individu de résister aux actes illégaux du pouvoir politique, dans certaines doctrines. *Modes de résistance aux actes d'oppression* (cit. 3). — *Résistance passive,* par laquelle on refuse de faire qqch., sans exercer aucune violence, sans agir autrement. ⇒ **Non-exécution, refus.** *Politique de résistance passive.* ⇒ **Non-violence.** *Résistance active :* action de s'opposer activement par une action contraire. ⇒ **Désobéissance, insurrection, lutte, mutinerie, regimbement, rébellion, sédition...** *Résistance aux autorités, aux volontés des généraux* (→ Levée* de boucliers), *aux lois. Tout citoyen doit obéir* (cit. 7) *à l'instant : il se rend coupable par la résistance. Opposer, offrir une résistance à qqn, qqch.* (→ Tenir bon). ⇒ **Défensif.** *Il ne fit pas de résistance* (→ Fugace, cit. 4; mouton, cit. 12). *Céder sans résistance* (→ Abdiquer, cit. 3). *Toute résistance est inutile!* (→ Rébellion, cit. 4). *Résistance obstinée* (cit. 3), *opiniâtre, farouche.*

7   Javert jouissait. Les mailles de son filet étaient solidement attachées. Il était sûr du succès; il n'avait plus maintenant qu'à fermer la main. Accompagné comme il l'était, l'idée même de la résistance était impossible, si énergique, si vigoureux, et si désespéré que fût Jean Valjean.   HUGO, les Misérables, II, v, x.

8   D'ailleurs, il n'était pas un homme de résistance. Il n'aimait lutter contre personne et encore moins contre lui-même; il se résigna donc, et par un penchant instinctif, par un amour inné du repos, de la vie douce et tranquille (...)
     MAUPASSANT, Pierre et Jean, VIII.

9   (...) Rondino brisa la crosse de son fusil, et fut emmené sans résistance par les soldats, qui le traitèrent avec beaucoup d'égards.   MÉRIMÉE, Hist. de Rondino.

10   — Les instructions du syndicat sont formelles : résistance passive; éviter soigneusement tout conflit.   GIDE, Robert, IV, 4.

(1842). Hist. *Parti de la Résistance :* sous la monarchie de Juillet, Parti des orléanistes conservateurs.

b *(Une, des résistances).* Psychan. Ce qui s'oppose, dans le comportement d'un sujet analysé, à la libre association des idées et au progrès de la cure. *Les résistances du malade sont des défenses inconscientes. Levée, lever des résistances.* (⇒ **Levée, lever**). ⇒ **Résistanciel.**

11 Freud développa alors sa théorie de la résistance et crut que les symptômes ne disparaissaient que si *toutes* les expériences traumatisantes étaient rappelées.
Jean DELAY, Introd. à la médecine psychosomatique, Notes, 64.

c Absolt. (Souvent avec le partitif : *de la résistance*). Ce qui s'oppose à notre volonté. ⇒ **Obstacle, opposition.** *Cela ne se fera pas sans résistance, il y aura de la résistance.* ⇒ **Accroc, difficulté, réaction, refus.** *Je peux aller où je veux, je ne rencontre pas de résistance* (→ Barreau, cit. 5). *Trouver de la résistance dans les choses et dans les volontés* (→ Mutin, cit. 1). *Des tempéraments ennemis de toute résistance* (→ Cabrer, cit. 8). — *(Une, des résistances). Vaincre une résistance, venir à bout d'une résistance. La Révolution désagrégeait* (cit. 2) *les résistances. Culbuter* (→ Obstacle, cit. 5), *mater les résistances* (→ Bonhomie, cit. 3).

12 L'art commence à la résistance; à la résistance vaincue. Aucun chef-d'œuvre humain, qui ne soit laborieusement obtenu.
GIDE, Poétique.

13 Nicole eût désiré ramener le corps en France (...) Elle se heurta à une résistance générale et formelle; on lui exposa le prix exorbitant de toutes sortes de transports, les formalités sans nombre auxquelles il eût fallu se soumettre (...)
MARTIN DU GARD, les Thibault, t. II, p. 241.

14 (...) le projet le mieux conçu se heurte à des résistances qui le font souvent échouer.
SARTRE, Situations III, p. 211.

♦ **2.** (V. 1400). Action de s'opposer à une attaque par les moyens de la guerre. *Résistance armée d'une place assiégée, d'un territoire envahi par l'ennemi.* ⇒ **Défense.** *Résistance d'une citadelle* (cit. 1). *Masséna attaqué offrait la même résistance* (→ Infrangible, cit. 2). *Se heurter* (cit. 27) *à une résistance. La résistance des Hollandais aux armées allemandes* (→ Reconstruction, cit.). *Ils succombèrent après une résistance héroïque. Noyau de résistance. Résistance des civils, des francs-tireurs dans une guerre* de libération.*

15 Leur résistance fut vaine :
Il fallut céder au sort.
LA FONTAINE, Fables, IV, 6.

16 (...) généralement leur courage *(des Ibères)* a été celui de la résistance, comme le courage des Gaulois celui de l'attaque.
MICHELET, Hist. de France, I, I.

♦ **3.** (V. 1942). Opposition armée à une situation d'occupation, d'envahissement (en dehors des cas de belligérance, de guerre déclarée). *La résistance yougoslave* (aux nazis). *La résistance palestinienne, afghane.*

Spécialt (pendant la Seconde Guerre mondiale). Opposition des Français à l'action de l'occupant allemand et du gouvernement de Vichy. *« La flamme de la résistance française ne doit pas s'éteindre »* (→ Lutte, cit. 10, De Gaulle). *La résistance française a fini par triompher* (→ Non, cit. 20). *Comité National de la Résistance* (C. N. R., 1943). *Médaille de la Résistance :* décoration pour faits de résistance.

17 Nous n'imaginions donc rien moins qu'une organisation qui nous permettrait à la fois d'éclairer les opérations alliées grâce à nos renseignements sur l'ennemi, de susciter sur le territoire la résistance dans tous les domaines, d'y équiper des forces qui, le moment venu, participeraient sur les arrières allemands à la bataille pour la libération, enfin, de préparer le regroupement national qui, après la victoire, remettrait le pays en marche.
Ch. DE GAULLE, Mémoires de guerre, t. I, p. 128.

Par ext. (Toujours avec une majuscule). L'organisation par laquelle la résistance française agissait. *Entrer dans la Résistance* (→ Prendre le maquis*). *Les combattants de la Résistance.* ⇒ **Résistant.** (→ L'armée* des ombres).

18 (...) la Résistance fut une démocratie véritable : pour le soldat comme pour le chef, même danger, même responsabilité, même absolue liberté dans la discipline.
SARTRE, Situations III, p. 14.

♦ **4.** Action de résister moralement (aux maux que l'on subit).

19 (...) le secret d'un homme, ce n'est pas son complexe d'Œdipe ou d'infériorité, c'est la limite même de sa liberté, c'est son pouvoir de résistance aux supplices et à la mort.
SARTRE, Situations III, p. 13.

(XVIᵉ). Absolt. Qualité d'une personne qui supporte sans faiblir les souffrances, les soucis, l'adversité. *Épreuves surmontées par une grande résistance.* ⇒ **Fermeté, force** (morale), **ténacité.**

20 Chaque fois qu'un manifestant était assommé, un agent l'emmenait au commissariat en lui tordant les poignets et il y en avait pas de résistance et qui se mettaient à pleurer.
P. NIZAN, le Cheval de Troie, II, X.

♦ **5.** (XVIᵉ). Action de résister à qqn en se refusant à ses entreprises amoureuses (se dit surtout des femmes). *Triompher de la résistance d'une belle personne* (→ Conquérant, cit. 2). *Le ragoût* (cit. 1) *d'une demi-résistance ajoute au plaisir. Une molle résistance.* — Au plur. *Vaincre, forcer les résistances* (→ Arme, cit. 34; dévolu, cit. 3). ⇒ **Hésitation.**

21 L'amour est le règne des femmes. Ce sont elles qui nécessairement y donnent la loi; parce que, selon l'ordre de la nature, la résistance leur appartient, et que les hommes ne peuvent vaincre cette résistance qu'aux dépens de leur liberté.
ROUSSEAU, Lettre à d'Alembert.

22 (...) je ne conçois pas trop ces belles résistances mathématiquement graduées qui abandonnent une main aujourd'hui, demain l'autre, puis le pied, puis la jambe et le genou jusqu'à la jarretière exclusivement (...)
Th. GAUTIER, Mˡˡᵉ de Maupin, XV.

(XVIᵉ). Action de s'opposer à ses passions, à ce que la raison réprouve. *« Puisqu'après tant d'efforts ma résistance est vaine »* (→ Entraîner, cit. 14, Racine).

23 C'est une arête étroite, sur laquelle mon esprit se promène. Cette ligne de démarcation entre l'être et le non-être, je m'applique à la tracer partout. La limite de résistance... tiens, par exemple, à ce que mon père appellerait : la tentation. L'on

tient encore; la corde est tendue jusqu'à se rompre, sur laquelle le démon tire... Un tout petit peu plus, la corde claque : on est damné.
GIDE, les Faux-monnayeurs, III, VII.

♦ **6.** (1870). Comportement d'un cheval qui n'obéit pas au cavalier.

CONTR. Faiblesse, fléchissement, fragilité; conductance. — Acceptation, acquiescement, assentiment, composition, consentement, coopération, obéissance, passivité, réceptivité, soumission. — Abandon, abdication, capitulation, fuite; attaque. — Collaboration.
DÉR. Résistanciel. — V. Résistibilité.

RÉSISTANCIEL, IELLE [ʀezistɑ̃sjɛl] adj. — 1967, cit.; de *résistance* (II., 1., b).

♦ **Psychan.** Relatif aux résistances; du caractère, de la nature des résistances. *Barrage, blocage résistanciel.*

(...) il n'y a pas à se préoccuper de synthèse, celle-ci ne présentant pas de difficulté, s'effectuant spontanément une fois l'analyse achevée, c'est-à-dire les obstacles résistanciels à la libre association levés.
J. MYNARD, Freud et la thérapeutique, *in* la Nef, nº 31, p. 62 (1967).

RÉSISTANT, ANTE [ʀezistɑ̃, ɑ̃t] adj. et n. — XIVᵉ; « qui supporte la peine », 1530, Wartburg; « solide », 1587; rare av. le XVIIIᵉ; adj. verb., de *résister.*

♦ **1.** Qui résiste (I., 1.), oppose une force annulant ou diminuant la force subie. *La matière* (cit. 2) *est « étendue, solide, résistante (...) »* (Voltaire). *L'espace* (cit. 6) *est perçu comme une étendue colorée et résistante. L'air, milieu résistant. L'herbe* (cit. 14) *résistante* (sous la faux). *Chaque pédale* (cit. 1) *semblait aussi résistante qu'une marche.* — Spécialt. *Qui a de la dureté, ne cède pas, ne plie pas. Matière résistante. Se heurter* (cit. 26) *à qqch. de résistant. Chairs résistantes.* ⇒ **Ferme, rénitent.** — Par métaphore. *La foule était un bloc résistant* (→ Marcher, cit. 2).

♦ **2.** (Mil. XVIIIᵉ). Qui résiste bien à l'effort, à l'usure. ⇒ **Solide.** *Les os* (cit. 1) *sont durs et résistants. Matière résistante et souple.* ⇒ **Nerveux.** *L'acier est plus résistant que le fer.* ⇒ **Tenace** (→ aussi Gneiss, cit. 1). *Lien, textile résistant* (→ À toute épreuve*). *Vêtements très résistants* (→ De fatigue). — Par métaphore. *Un alliage résistant d'entêtement et de crainte* (→ Incliner, cit. 25).

1 (...) des attitudes inouïes, qui ont une apparence de grandeur et qui sont très tenaces... tenaces parce que rien n'est plus résistant qu'une position factice (...)
J. CHARDONNE, les Destinées sentimentales, III, IV.

♦ **3.** (Déb. XVIᵉ). Êtres vivants. Qui supporte sans dommage l'effort, la fatigue, les privations, les maladies... *Un homme résistant.* ⇒ **Endurant, fort, robuste** (→ Avoir une santé de fer*; fam. être increvable*). *Ces plantes supportent bien les intempéries, elles sont très résistantes.* ⇒ **Rustique, vivace.**

2 Il était vigoureux et résistant. Et, en fait, il n'était pas encore fatigué.
CAMUS, la Peste, p. 104.

♦ **4.** Rare. Qui résiste (II., 2.), s'oppose aux volontés d'autrui. ⇒ **Désobéissant, rebelle.** *Le petit clergé gallican* (cit. 3) *s'est montré farouchement résistant. La volonté résistante* (→ Apothéose, cit. 5). — N. (1480). *Gandhi, type héroïque du résistant* (→ Passivité, cit. 3).

♦ **5.** N. (V. 1942). *Un résistant, une résistante :* une personne qui appartenait à un mouvement de résistance (II., 3.), pendant la Seconde Guerre mondiale. *Les résistants du maquis.* ⇒ **Franc-tireur, maquisard** (→ F. F. I. « forces françaises de l'intérieur »). *Un grand résistant. Résistants morts pour la France.* — *Résistant palestinien.* ⇒ **Feddayin.**

3 (...) battus, brûlés, aveuglés, rompus, la plupart des résistants n'ont pas parlé; ils ont brisé le cercle du Mal et réaffirmé l'humain, pour eux, pour nous, pour leurs tortionnaires mêmes.
SARTRE, Situations II, p. 248.

CONTR. Fragile. — Faible. — Réceptif, soumis. — Capitulard, collaborateur.
COMP. Acido-résistant, alcoolo-résistant.

RÉSISTER [ʀeziste] v. tr. ind. — V. 1240; lat. *resistere*, de *re-*, et *sistere* « s'arrêter ».

★ **I.** (En parlant de ce qui est matériel ou de ce qui est passif).

♦ **1.** (1559). Choses. Ne pas céder sous l'effet d'une force. ⇒ **Tenir.** *La fonte* (cit. 3) *résiste mieux à la compression qu'au choc. Murailles épaisses qui résistent aux coups de bélier* (→ Forteresse, cit. 1). *Je tirai la branche* (cit. 4), *elle résista, plia, craqua mais tint bon. Quelque chose résistait, elle tira violemment* (→ Poignée, cit. 7). *Plantes qui résistent aux ouragans* (→ Entrelacer, cit. 1). *Vous avez... « résisté sans courber* (cit. 4) *le dos »* (La Fontaine). — Spécialt. *Ne pas se laisser pénétrer. La peau du rhinocéros résiste aux balles de mousquet* (→ Entamer, cit. 2).

1 (...) le piston d'une seringue bouchée résiste quand on essaie de le tirer, comme s'il tenait au fond.
PASCAL, Traité de la pesanteur de la masse de l'air, II.

2 La porte résista battue avec fureur.
HUGO, l'Année terrible, Mai, V.

(1559). Ne pas s'altérer sous l'effet d'une action. *Ce vase, ce récipient résiste au feu* (cit. 22). *Le grès* (cit. 4) *résiste bien à l'érosion. Choses non consomptibles* (cit.), *instruments* (cit. 1) *qui résistent à l'usage. Les couleurs ont résisté aux siècles et gardé leur éclat*

(→ Inaltérable, cit. 2). Par métaphore. *Cette glace qui avait résisté aux ardeurs de l'amour* (→ Alors, cit. 8).

3 (...) *il chercha une peinture qui pût résister au soleil, à la pluie, au vent, à la gelée, à la neige, qui alternent si aimablement dans les pays tempérés.*
Th. GAUTIER, *Souvenirs de théâtre*, La vente Jollivet.

4 *Ce bois (le cèdre), au dire des Orientaux qui l'emploient pour faire des piles de ponts, résiste à l'action de l'eau pendant cent ans et plus.*
A. JARRY, *Gestes*, Œ. compl., t. VII, p. 106.

♦ **2.** (1559). Êtres vivants. Ne pas être détruit, ne pas être affaibli (par ce qui menace l'organisme). *C'est un homme qui résiste à la fatigue, aux privations.* ⇒ **Souffrir, supporter** (→ Être dur* au mal). *La force de sa constitution* (cit. 2) *résista jusqu'à la fin. Il a bien résisté.* ⇒ **Tenir** (le coup). *Résister à un poison* (→ Excitant, cit. 9). *Une plante qui résiste et se propage malgré les privations d'eau* (→ Germer, cit. 4). *Nulle vie n'y résiste* (à l'eau de la mer Morte; → Asphalte, cit. 1).

5 *Il faut que j'aie un tempérament herculéen pour résister aux atroces tortures où mon travail me condamne.* FLAUBERT, Correspondance, 562, 4 nov. 1857.

Supporter sans faiblir (ce qui est moralement pénible, dangereux). *«Quoiqu'à peine à mes maux je puisse résister»* (→ Aimer, cit. 61). *Résister aux grands chagrins* (→ Glisser, cit. 33). *On résiste à l'adversité* (cit. 4) *mieux qu'à la prospérité. Qui diable y résisterait?* (→ Calomnie, cit. 5).

♦ **3.** (1538, en parlant de choses abstraites menacées de destruction). Se maintenir, survivre. *L'amitié, lien qui résiste à tout* (→ Frère, cit. 5). *La douleur résiste au temps* (→ Effacer, cit. 25). ⇒ **Durer.** *L'amour ne résiste pas toujours au calme de la fidélité* (cit. 3). *Lorsque l'amour résiste à l'habitude* (cit. 33).

6 *André se dit alors que, pour lui, le charme de ce pays et de son mystère résisterait à tout, même à la déception causée par Djénane, même aux désenchantements du déclin de la vie* (...) LOTI, les Désenchantées, VI, XLII.

7 *Ça n'est pas grand-chose, la confiance, quand ça ne résiste pas à huit jours d'attente.* SARTRE, les Mains sales, V, 2.

(xxᵉ). En parlant d'une idée, d'une affirmation mise à l'épreuve (le plus souvent en phrase négative). *Cet argument, cette preuve ne résiste pas à une analyse sérieuse, approfondie* (→ Être faux*, sans fondement*, sans valeur*; et aussi intuition, cit. 7). *Aucune de ces découvertes n'a résisté jusqu'à présent à l'examen scientifique* (→ Homme, cit. 9).

8 *C'est que l'illusion de l'esprit puisse durer, résister à l'expérience, engendrer à l'infini des systèmes et des œuvres — quand l'illusion d'optique au contraire se voit réduite sitôt apparue.* J. PAULHAN, les Fleurs de Tarbes, p. 123.

★ **II.** (En parlant de ce qui est actif, volontaire).

♦ **1.** (V. 1327). Faire effort contre l'usage de la force (physiquement, dans la lutte). *Résister à un agresseur.* Absolt. *Il le poussa vers la porte, Philippe voulut résister* (→ Fort, cit. 4). — Spécialt. Se débattre* lors d'une prise de corps. *Il résista aux agents qui le saisirent* (→ Évasion, cit. 1). — (Dans la lutte amoureuse). *Biche qui résiste au cerf* (cit. 3).

S'opposer (à une attaque ennemie) par les moyens de la guerre. ⇒ **Défendre** (se). → Faire front, tenir ferme. *Résister aux assauts, au feu de l'ennemi.* ⇒ **Soutenir; tenir** (contre). — (V. 1360). Absolt. *Les divisions résistaient pied à pied* (→ Paniquard, cit.). *Soldats qui veulent continuer à résister* (→ Tenir bon*, continuer* à se battre). *Les Allemands s'apprêtent à résister tout le temps qu'il faudra* (→ Ligne, cit. 33). — *Citadelle qui résiste à tous les assauts.* ⇒ **Inexpugnable.** *Rien ne leur résistait* (→ Arme, cit. 11). — Absolt. *Place, ville qui résiste, ferme ses portes à l'ennemi* (→ Camp, cit. 9).

9 *Les Cambriens ont résisté deux cents ans par les armes, et plus de mille ans par l'espérance.* MICHELET, Hist. de France, I, IV.

♦ **2.** (1370). S'opposer à la volonté d'autrui (quand elle est contraire à nos désirs, porte atteinte à notre liberté). *Résister à la volonté de qqn, à qqn.* ⇒ **Dresser** (se dresser contre), **lutter** (contre), **obstacle** (mettre obstacle). → fam. Ne pas se laisser* faire. *Il n'aime pas qu'on lui résiste.* ⇒ **Désobéir.** *Elle est habituée à ce qu'on ne lui résiste pas* (→ Grandiloquence, cit. 1). *Personne n'ose leur résister* (aux enfants). ⇒ **Contrarier, contrecarrer** (→ impérieux, cit. 3). *Résister à une demande, à une prière.* ⇒ **Refuser; entêté, inexorable, inflexible, récalcitrant** (→ Se faire prier*, se faire tirer l'oreille*). *Résister à l'autorité.* ⇒ **Mutiner** (vx), **rebeller** (se), **révolter** (se); **indiscipline, insoumission, insubordination, rébellion, révolte; insoumis, rebelle, réfractaire.** *Citoyens qui résistent au pouvoir* (2. Pouvoir, cit. 19). *Volonté de corps qui résiste à celle du prince* (→ Équilibre, cit. 21). *Résister à l'oppression.* ⇒ **Résistance.** *Rien ne lui résistait* (→ Niveler, cit. 4). — Absolt. *Résister en protestant.* ⇒ **Contester, protester, rebiffer** (se), **rechigner, regimber, renâcler, répondre, rouspéter** (→ Faire le raisonneur). *Fallait-il résister ou louvoyer?* (cit. 4). ⇒ **Obstiner** (s').

10 *Souffrez que je résiste à votre volonté.* MOLIÈRE, les Femmes savantes, V, 4.

11 *Oui, morte! Elle me résistait, je l'ai assassinée.* DUMAS, Antony, V, 4.

12 *Certes il est des cas où le gouvernement a le droit et le devoir de résister à l'opinion, même quand il n'est pas douteux que cette opinion est celle de la majorité.*
RENAN, Questions contemporaines, Œ. compl., t. I, p. 56.

13 *(...) quand Mᵐᵉ Stevens avait décidé quelque chose, il n'y avait plus qu'à se rési-*

gner : *nul ne pouvait lui résister. Elle était la forte tête de la famille; et, dans sa maison de Paris, elle dirigeait tout (...)*
R. ROLLAND, Jean-Christophe, Foire sur la place, II, p. 783.

Vx. (Choses). S'opposer, aller contre. *«La coutume y résiste»* (Molière, le Malade imaginaire, I, 7).
Lutter contre ce qui constitue une menace, un danger moral. ⇒ **Face** (faire face), **réagir** (contre). *La peur* (cit. 2) *ôte le pouvoir de résister aux maux.*

14 *(...) il faut résister à la tristesse, non pas seulement parce que la joie est bonne, ce qui serait déjà une espèce de raison, mais parce qu'il faut être juste, et que la tristesse, éloquente toujours, impérieuse toujours, ne veut jamais qu'on soit juste.*
ALAIN, Propos sur le bonheur, p. 166.

♦ **3.** (1669). Repousser les sollicitations de (qqn), en matière amoureuse, érotique, lutter contre (le pouvoir de la personne qui sollicite, attire, plaît). *Résister à des prétendants* (→ Lui, cit. 37). ⇒ **Repousser.** *On ne peut demander à un homme de résister aux femmes qui se jettent à son cou* (→ Coq, cit. 9). *«Pour mieux te résister, j'ai recherché ta haine»* (→ Haïr, cit. 6, Racine).

15 *Ah! qu'elle se rende, mais qu'elle combatte; que sans avoir la force de vaincre, elle ait celle de résister; qu'elle savoure à loisir le sentiment de sa faiblesse, et soit contrainte d'avouer sa défaite.* LACLOS, les Liaisons dangereuses, XXIII.

16 *La femme qui aime un peu et qui résiste n'aime pas assez, et celle qui aime assez et qui résiste sait qu'elle est moins aimée.* A. DE MUSSET, les Confessions, III, X.

♦ **4.** S'opposer (à ce qui plaît, séduit naturellement). *Qui peut résister aux séductions de la grâce?* (cit. 67). *Ne pouvoir résister à un ascendant* (→ Inflexible, cit. 4). *Un appât* (cit. 8) *auquel un malade ne résiste pas. «Le moyen de résister à une raison comme celle-là?»* (→ Dot, cit. 3, Molière). — *On ne peut lui résister :* il, elle est irrésistible. *Personne ne lui résiste.*

17 *Quel homme barbare pourrait résister à la voix de l'honneur et de la raison dans la bouche d'une tendre épouse?*
ROUSSEAU, De l'inégalité parmi les hommes, À la république de Genève.

18 *Il professait que la femme est sans force contre la réclame (...) Il avait découvert qu'elle résistait pas au bon marché, qu'elle achetait sans besoin, quand elle croyait conclure une affaire avantageuse (...)* ZOLA, Au Bonheur des dames, IX.

(1690). Lutter contre (un sentiment, un désir que la raison réprouve). *Résister à nos passions* (→ Force, cit. 19), *à nos appétits* (cit. 5) *déréglés, grossiers* (→ Matériel, cit. 10). *Résister à un sentiment impérieux* (cit. 9). *Ne pouvoir résister à des désirs impulsifs* (→ Inconscient, cit. 4). *Elle résistait à son amour* (→ Fermeté, cit. 5). *Résister à ses penchants* (→ Cruel, cit. 14). *Résister à la tentation* de... ⇒ **Éviter** (de). — Pron. (Rare). *Il ne se résistait jamais à lui-même»* (→ Irresponsable, cit.). — (En emploi négatif, avec un sens affaibli, et souvent en manière d'excuse). *Je n'ai pu résister à l'envie*, au plaisir de vous annoncer la nouvelle* (→ S'empêcher de).

19 *La même fermeté qui sert à résister à l'amour sert aussi à le rendre violent et durable, et les personnes faibles, qui sont toujours agitées des passions, n'en sont presque jamais véritablement remplies.* LA ROCHEFOUCAULD, Maximes, 477.

20 *(...) l'image de Marianne s'offrait à moi, et une tentation commençait, d'abord lointaine et vague, qui allait grandissant, grandissant. J'y résistais, en sachant que j'y succomberais, comme si de lutter contre mon obscur désir m'en faisait davantage sentir la force et l'acuité.* Paul BOURGET, le Disciple, IV, II.

21 *Le Dr Barbentane n'avait pas résisté, passant dans le voisinage, à l'envie de contrôler l'absence de son fils.* ARAGON, les Beaux Quartiers, II, III.

Vx ou littér. (Suivi de l'inf.). Se refuser à..., s'empêcher de... *Je résiste à croire à ces attractions mystérieuses* (→ Prémonition, cit. 1, Valéry).

22 *Puis, songeant aux hommes moqueurs, je ne pouvais, malgré le froid indicible, résister à sourire (...)* VILLIERS DE L'ISLE-ADAM, Axël, IV, 1.

CONTR. Briser (se), **céder, crouler, effondrer** (s'), **fléchir, ployer; altérer** (s'), **effacer** (s') — **Crever, succomber.** — **Capituler, enfuir** (s'), **fuir, rendre** (se); **assaillir, attaquer.** — **Abandonner, accéder, accepter, accorder, acquiescer, aller** (se laisser), **composer, consentir, faiblir, flancher, fléchir, laisser** (faire), **obéir, succomber.**
DÉR. Résistance, résistant, résistible. — (Du même rad.) **Résisteur, résistivité.**
COMP. V. **Irrésistible.**

RÉSISTEUR [Rezistœʀ] n. m. — xxᵉ; angl. *resistor*, de *to resist* «résister», empr. au français.

♦ Électr. Ensemble des parties résistantes d'un circuit.
REM. On emploie parfois l'anglic. *resistor.*

RÉSISTIBILITÉ [Rezistibilite] n. f. — 1903, *Rev. gén. des sc.*, nᵒ 2, p. 93; de *résist(ance)*, *-i-*, et *-bilité*. → Résistible.

♦ Didact. Caractère de ce qui est capable de résister (à une action). *La résistibilité d'un alliage à une température élevée.*

RÉSISTIBLE [Rezistibl] adj. — 1688, Bossuet; de *résister*.

♦ Rare. À qui, à quoi l'on peut résister. *La Résistible Ascension d'Arturo Ui* (titre français d'une pièce de B. Brecht).

CONTR. Irrésistible (courant).

RÉSISTIF, IVE [Rezistif, iv] adj. — Attesté 1981; de *résistivité*.

♦ Sc. Doué de résistivité. *«Lorsqu'une région de l'enroulement devient résistive, le courant est ainsi dérivé dans le cuivre jusqu'à ce que le régime supraconducteur se rétablisse* (*la Recherche*, oct. 1981, p. 1106).

RÉSISTIVIMÈTRE [Rezistivimɛtr] n. m. — V. 1970; de *résistivi(té)*, et *-mètre*.

♦ Électr. Appareil qui permet de mesurer la résistivité d'un conducteur.

RÉSISTIVITÉ [Rezistivite] n. f. — 1904, Larousse; angl. *resistivity*, 1890, de *resistive*, adj. «résistant».

♦ Électr. Résistance spécifique d'une substance (le courant étant perpendiculaire à deux faces parallèles d'un centimètre cube de cette substance). *La résistivité caractérise une substance dans le cas d'un degré de pureté bien choisi et d'une température également fixée; des traces infimes d'impuretés modifient considérablement la résistivité, en particulier celle des semi-conducteurs* (germanium, silicium, etc.).
(...) *la notion de résistance suppose les notions de longueur, de section et de résistivité, ce qui revient à avancer que pour évaluer la résistance d'un conducteur il faut en connaître le coefficient de nature ou résistivité et les dimensions* (...)
ARAGON, Anicet, p. 51.

CONTR. Conductibilité.
DÉR. Résistif, résistivimètre.

RÉSOLU, UE [Rezɔly] adj. ⇒ Résoudre.

DÉR. Résolument.

RÉSOLUBILITÉ [Rezɔlybilite] n. f. — V. 1840; dér. sav. de *résoluble*.

♦ Didact. Qualité de ce qui est résoluble.

RÉSOLUBLE [Rezɔlybl] adj. — 1390, chim., «soluble»; lat. *resolubilis*, de *resolvere*. → Résoudre.

Didactique.

♦ **1.** (1842, *in* D. D. L.). Qu'on peut décomposer en ses éléments constituants. Spécialt (astron). *Nébuleuses* résolubles*.

♦ **2.** (1715). Qui peut recevoir une solution. *Problème, question résoluble*. — Log. ⇒ **Décidable**.

♦ **3.** (1804). Dr. Sujet à résolution* (3.). *Droit, contrat résoluble*. ⇒ **Annulable**.

DÉR. Résolubilité.

RÉSOLUMENT [Rezɔlymã] adv. — V. 1400, puis déb. XVIᵉ; de *résolu*. → Résoudre.

♦ **1.** D'une manière résolue, décidée; sans hésitation. ⇒ **Délibérément, franchement**. *Abandonner résolument les lettres pour les sciences* (→ Bifurquer, cit. 2). *Nous sommes résolument contre...* (→ Impôt, cit. 18). *Prendre résolument les ordres* (→ Irrévocable, cit. 2). — (1530). Vx. À tout prix. «*Et tout résolument je veux que tu te taises*» (→ 1. Peser, cit. 35, Molière). ⇒ **Décidément**.

♦ **2.** Avec une résolution qui dénote du courage, de l'intrépidité. ⇒ **Courageusement, énergiquement**. *S'avancer* (cit. 44) *résolument contre l'ennemi. Résister, s'opposer résolument* (→ Louvoyer, cit. 4). *Je les attendais résolument* (→ Fort, cit. 39). ⇒ **Ferme** (de pied).

RÉSOLUTIF, IVE [Rezɔlytif, iv] adj. — 1314; dér. sav. du lat. *resolutum*, supin de *resolvere*. → Résoudre.

♦ **1.** Méd. Se dit d'un médicament, d'un remède qui détermine la résolution (I., 2.) d'un engorgement, qui calme une inflammation. *Cataplasme résolutif. Propriétés résolutives de la graine de lin**. N. m. *Un résolutif*. ⇒ **Fondant** (vx); → aussi Émollient.

1 On l'emploie (*la mandragore*) utilement contre la mélancolie, les convulsions et la goutte, et je l'ai vue héroïquement résolutive en cataplasme dans les engorgements, les squirres et les scrofules.
Charles NODIER, Contes, «La fée aux miettes», Conclusion.

♦ **2.** (1484). Vx. Qui résout, décide. «*La justice est résolutive, et ensuite elle est inflexible*» (Bossuet, *Sermon sur le devoir des rois*, 2, cité *in* Cayrou).

♦ **3.** Didact. Qui détermine la résolution. ⇒ **Actif, décisif**.

2 L'incubation vient d'entrer dans sa phase résolutive. Les premiers symptômes de la maladie apparaissent.
Denyse VAUTRIN, le Reste de l'âge, p. 121.

RÉSOLUTION [Rezɔlysjɔ̃] n. f. — 1314; *resolucion* «dissolution, désagrégation», v. 1270; lat. *resolutio*, de *resolvere*. → Résoudre.

★ **I.** Action de résoudre; résultat de cette action (⇒ **Résoudre**, I.).

♦ **1.** Phys. (Vieilli). «Se dit de la réduction d'un corps en son état originaire et primordial, par la division et séparation de ses parties» (*Encyclopédie*, 1765). ⇒ **Décomposition**. — (1680). Rare. Transformation physique. *Résolution de l'eau en vapeur, de la neige en eau*.

♦ **2.** (1314). Méd. Disparition progressive et sans suppuration d'un engorgement ou d'une inflammation, par le retour des parties malades à leur état physiologique. *Résolution d'une tumeur, d'un abcès, à l'aide d'un résolutif*. ⇒ **Résorption**.
(V. 1560). Abolition ou diminution de la contractilité musculaire (au cours de maladies graves, dans les paralysies partielles, dans l'asphyxie, etc.). *Résolutions musculaires* (→ Hystérie, cit. 2). — Dans un sens affaibli. ⇒ **Relâchement** (→ ci-dessous, cit. Duhamel).

1 Patrice Périot s'assit donc, respira lentement, à sa manière, pour se reposer, pour obtenir la résolution des muscles.
G. DUHAMEL, le Voyage de P. Périot, IV.

♦ **3.** (1549). Dr. «Mode de dissolution d'un contrat pour inexécution* des conditions ou des charges, et qui en détruit rétroactivement les effets» (Capitant). *Résolution d'un contrat* (en vertu d'une clause du contrat lui-même, d'une décision de justice, etc.), *d'un bail...* ⇒ **Annulation, destruction, rédhibition, rescision, résiliation, révocation** (→ 1. Grief, cit. 8). *Résolution d'un bail, d'une vente* (cf. Code civil, art. 1654).

♦ **4.** Log. Opération intellectuelle consistant à décomposer un tout en parties, ou une proposition en propositions plus simples. ⇒ **Analyse** (cit. 5, Descartes). — (1532). Cour. Opération par laquelle l'esprit résout* (une difficulté, un problème). ⇒ **Solution**. *Résolution d'une difficulté, d'un doute, d'un cas de conscience*. — Math. *Résolution des équations** (cit. 2). — (1870). Géom. *Résolution d'un triangle* : détermination de ses éléments inconnus à l'aide des éléments connus. ⇒ **Triangulation, trigonométrie**.

2 (...) il y a de certains cas dont la résolution serait encore difficile, quoique fort nécessaire pour les gentilshommes. Proposez-les pour voir, dit le père.
PASCAL, les Provinciales, VII.

♦ **5.** (1842). Mus. Procédé harmonique qui consiste à résoudre (une dissonance). *Résolution de la septième sur la quinte*.

3 (...) la *dissonance* doit absolument, pour satisfaire aux lois de l'harmonie, *se résoudre* en descendant d'un degré sur une note de l'accord suivant. C'est ce qu'on appelle la *résolution naturelle* (...) Il existe enfin un troisième mode d'enchaînement des accords dissonants, c'est la *résolution exceptionnelle*. Dans celle-là, la note qui normalement devrait monter (la note sensible) se résout *exceptionnellement* en descendant d'un demi-ton chromatique.
Albert LAVIGNAC, la Musique et les Musiciens, p. 206-208.

♦ **6.** Phys. Aptitude à mesurer une petite valeur d'une grandeur physique; cette valeur. *Pouvoir de résolution d'un microscope*, du plus petit diamètre visible (⇒ **Distinction, discrimination; séparateur**). — REM. On dit aussi *résolvance*.

★ **II.** État d'esprit, attitude d'une personne qui prend une détermination (⇒ **Résoudre**, II.).

♦ **1.** (1536). *Une, des résolutions. La résolution de qqn*, décision* volontaire arrêtée après délibération et avec intention de s'y tenir fermement. ⇒ **Conseil** (vx), **dessein, détermination, disposition, intention, pacte, parti, projet, propos, volonté**. *Prendre, former la résolution de...*, suivi de l'inf. (→ Destin, cit. 16; enterrer, cit. 9; étape, cit. 5; irrésolu, cit. 2). ⇒ **Décider, promettre** (se), **résoudre**. *Prendre une ferme et constante résolution de...* (→ Générosité, cit. 3; observer, cit. 3). *Être détourné de sa résolution*. ⇒ **Dissuader**. *Ma résolution était prise*. ⇒ **Choix** (→ Changer, cit. 45). — *Résolutions arrêtées, définitives* (cit. 1), *fermes* (→ Mouvement, cit. 37), *inébranlables* (cit. 3), *irrévocables* (→ Dubitatif, cit. 1), *opiniâtres* (→ Paresse, cit. 1)... *Être, se montrer, rester... ferme* (cit. 12), *inébranlable* (cit. 6), *affermi, confirmé, fortifié... dans sa résolution, fidèle à ses résolutions* (→ Frein, cit. 4). ⇒ **But**. *Prendre de bonnes résolutions* (→ Différer, cit. 4; évanouir, cit. 11). *Grande et belle résolution* (→ Détresse, cit. 9). *Résolutions extrêmes* (→ Planche, cit. 10).

4 Il consulte dans sa tête, agite, raisonne, balance, prend sa résolution (...)
MOLIÈRE, les Fourberies de Scapin, I, 2.

5 Le Roi, en réponse à l'adresse, déclara que sa résolution était immuable, c'est-à-dire qu'il ne renverrait pas M. de Polignac. La dissolution de la Chambre fut résolue (...)
CHATEAUBRIAND, Mémoires d'outre-tombe, t. V, p. 178.

6 (...) je résolus de me retirer dès le lendemain dans un ermitage. Je choisis pour m'y cacher le labyrinthe du jardin des Plantes (...) Ma résolution paraîtra moins étrange quand on saura que, depuis longtemps, le jardin des Plantes était pour moi un lieu saint, assez semblable au Paradis terrestre (...) je m'endormis dans la résolution d'aller vivre au milieu de ce jardin pour acquérir des mérites et devenir l'égal des grands saints (...) Le lendemain matin, ma résolution était ferme encore.
FRANCE, le Livre de mon ami, «Livre de Pierre», II, I.

7 (...) cette fuite activait son désir, le poussait aux résolutions décisives que prennent brusquement les hésitants et les timides.
MAUPASSANT, Pierre et Jean, IV.

(1875; *ordonnance concernant la police, la politique et le commerce*,

1723). Dr. Décision qui résulte du vote d'une seule Chambre, et n'a pas valeur de loi, et, par ext., dispositions réglementant les travaux des Chambres. — Cour. *Résolutions prises par le congrès d'un parti.* ⇒ **Programme.** *Résolution de l'Assemblée générale des Nations Unies* (⇒ aussi **Vœu**).

(1746, Montesquieu). Hist. *Résolutions publiques* (→ 2. Pouvoir, cit. 16). — (1793, *Constitution girondine*). « *Résolutions qui n'auront aucun rapport à la législation et à l'administration générale de la République* », par oppos. aux *lois, décrets* et *arrêtés.*

♦ **2.** (xvıᵉ). *La résolution,* attitude, comportement, caractère d'une personne résolue. ⇒ **Audace, caractère, constance, courage, décision, énergie, fermeté, obstination, opiniâtreté.** *Avec énergie et résolution.* ⇒ **Résolument** (→ Grand, cit. 18). *Sa résolution l'abandonne* (→ Faiblir, cit. 4.1). *Un accent de résolution indomptable* (→ Grandiloquent, cit. 1). *Visage, menton* (cit. 2) *plein de résolution. Tout dans ses gestes respirait la résolution* (→ Ordre, cit. 49).

8 Il *(Napoléon)* pouvait encore s'embarquer sur deux lougres qui devaient joindre en mer un navire danois (...) mais la résolution lui faillit en regardant le rivage de France. CHATEAUBRIAND, Mémoires d'outre-tombe, t. IV, p. 49.

9 Cet homme *(Turenne)* de si grande résolution était hésitant de parole, trivial, ennuyeux, filandreux. MICHELET, Hist. de France, t. XIV, xxv.

10 Flamme superbe, la volonté visible (...) Celui qui aime veut, et celui qui veut éclaire et éclate. La résolution met le feu au regard (...) HUGO, les Travailleurs de la mer, II, II, IV.

CONTR. (Du sens II) **Crainte, doute, hésitation, incertitude, indécision, indétermination, irrésolution, perplexité, tergiversation.**

RÉSOLUTOIRE [Rezɔlytwaʀ] adj. — 1370; bas lat. *resolutorius,* de *resolutum,* supin de *resolvere.* → Résoudre.

♦ Dr. Qui entraîne la résolution (d'un acte, d'une obligation). *Clause, condition, convention résolutoire.*

RÉSOLVANCE [Rezɔlvɑ̃s] n. f. — V. 1970; de *résolvant.*

♦ Phys. ⇒ **Résolution** (I., 6.).

RÉSOLVANT [Rezɔlvɑ̃] adj. — 1314, méd.; p. prés. adjectivé de *résoudre.*

♦ **1.** Méd. (Vx). Résolutif*.
♦ **2.** Fluidifiant.

DÉR. **Résolvance, résolvante.**

RÉSOLVANTE [Rezɔlvɑ̃t] n. f. — 1932, de *forme résolvante,* 1904, in *Rev. gén. des sc.,* nᵒ 21, p. 1000; de *résolvant.*

♦ Math. *Résolvante d'une équation :* nouvelle équation typique qui en permet la résolution.

RÉSONANCE [Rezɔnɑ̃s] n. f. — 1372, en parlant des sons; le concept scientifique mod. est défini en 1862 par Helmholtz; de *résonner.*

REM. On a écrit aussi *résonnance* (→ cit. 1).

♦ **1.** (1862). Sc. Phénomène par lequel un système physique étant mis en vibration avec une fréquence très éloignée de sa (ou ses) fréquence naturelle, l'effet, d'abord faible, croît à mesure que la fréquence excitatrice se rapproche d'une fréquence naturelle, jusqu'à atteindre, par continuité, une très grande amplitude de vibration *(amplitude de résonance),* lorsqu'on se place exactement à l'une des fréquences naturelles *(fréquence de résonance) :* le système (acoustique, optique, vibratoire...) est dit alors « *en résonance* ». *Corps qui entre en résonance. Il y a résonance mécanique dans le cas de la cloche mue par le sonneur, d'un pont à tablier suspendu...* (auquel on communique un mouvement oscillatoire, d'une certaine amplitude).

Acoustique. *La résonance par réflexion du son* (prolongeant le son incident) *forme d'écho multiple. Dispositifs qui atténuent ou suppriment les effets de résonance dans une enceinte acoustique.* ⇒ aussi **Réverbération** (et → Insonoriser). *Caisse, boîte de résonance :* enceinte fermée où se produisent des phénomènes de résonance. — (1765). Spécialt (méd.). *Résonance de la voix,* son renforcement par la cage thoracique. *Auscultation* (de l'appareil respiratoire) *par résonance.*

1 Ce son ainsi formé passe dans la cavité de la bouche et des narines, où il est réfléchi et où il résonne; et où M. Dodart fait voir que c'est de cette résonance que dépend entièrement le charme de la *voix.* Les différentes conformations, consistances et sinuosités des parties de la bouche, contribuent chacune de leurs côtés à la résonance; et c'est du mélange de tant de résonances différentes, bien proportionnées les unes aux autres, que naît dans la *voix* humaine une harmonie inimitable à tous les musiciens (...) Encycl. (DIDEROT), art. *Voix.*

♦ **2.** (1372). Cour. Prolongement ou amplification des sons dans certains milieux sonores (⇒ **Résonner**). *Des résonances étranges* (→ Grignotement, cit.).

Par ext. ⇒ **Son, sonorité** (→ Contralto, cit. 2). — REM. Le son est ici considéré dans son effet sur l'homme.

♦ **3.** Littér. Effet de ce qui se répercute dans l'esprit. ⇒ **Écho, harmonique, retentissement.** *Ce thème éveillait* (cit. 15) *en moi des résonances profondes* (→ aussi Interprétation, cit. 4). *Garder la même résonance* (→ Échec, cit. 11). *Donner à un terme une résonance nouvelle* (→ Logos, cit.).

2 Pour le lecteur subtil, tel mot change de timbre, de résonance et presque de signification selon qu'il est employé par un poète ou par un prosateur, par un maître ou par un apprenti, par un timide ou par un violent, par un tendre ou par un sévère. G. DUHAMEL, Défense des lettres, II, XVIII.

3 Ainsi pouvions-nous mesurer quelle résonance trouvait, dans les profondeurs du peuple, notre refus d'accepter la défaite. Ch. DE GAULLE, Mémoires de guerre, t. I, p. 86.

♦ **4.** Spécialt. Phénomène tendant à produire des courants électriques relativement importants dans des circuits qui réagissent mutuellement. *Le circuit d'accord d'un récepteur de radio, exemple de résonance électrique. Résonance en parallèle, en série. Résonance multiple. Potentiel* de résonance. — *Résonance piézo-électrique.* — *Résonance des ondes* électromagnétiques dans une cavité résonante, un circuit oscillant. Résonance magnétique,* à certaines fréquences, de corpuscules ayant un moment magnétique et excités par un champ magnétique.

Résonance optique. Spectre de résonance : ensemble de radiations émises par des atomes revenant à l'état fondamental, après avoir été portés à des états de plus grande énergie par un rayonnement composé d'une ou plusieurs fréquences. *Les vibrations propres des oscillateurs que contient la molécule excitée ont une période différente de celle des vibrations extérieures, dans le cas de la fluorescence de résonance; cette période est la même dans le cas de la radiation de résonance, et le rayonnement réémis dans toutes les directions est alors identique au rayonnement excitateur* (série spectrale). *Phase de résonance. Potentiel de résonance :* tension susceptible de provoquer un atome à émettre une radiation.

4 La résonance optique présente ainsi une certaine analogie avec la diffusion moléculaire (...) et que l'on interprète en même temps d'ailleurs que la dispersion en supposant que la lumière incidente produit, dans les oscillateurs intramoléculaires, des *vibrations forcées,* ayant même période qu'elle et rayonnant dans toutes les directions l'énergie, qui constitue la lumière diffusée. Georges BRUHAT, Cours de physique générale, Optique, p. 782.

(1934). Phys. *Niveau de résonance nucléaire :* niveau d'énergie d'excitation d'un neutron en collision avec un noyau (ce niveau étant commun aux deux éléments au moment du choc). *Énergie de résonance, relative à un niveau de résonance.*

5 La particule α doit pénétrer dans le noyau, ce qui peut avoir lieu à travers la barrière de potentiel du noyau. Selon les idées de Gamow, la probabilité de pénétrer à travers la barrière d'énergie potentielle décroît rapidement quand l'énergie du rayon α décroît; pour les éléments plus lourds que l'aluminium, la barrière de potentiel est trop élevée par rapport à l'énergie des rayonnements dont on dispose, ce qui explique que l'on n'observe pas de transmutations. Parfois des « niveaux de résonance » favorisent la pénétration de particules α d'énergie bien déterminée inférieure à la barrière de potentiel.
F. JOLIOT et I. JOLIOT-CURIE in Revue générale des sciences, t. 45, p. 231 (1934).

Résonance neutronique : phénomène par lequel des neutrons d'énergie trop faible, libérés au cours d'une réaction, ne peuvent sortir du métal où ils sont libres. — *Résonance paramagnétique nucléaire protonique. Résonance magnétique nucléaire* (abrév. : R. M. N.). « *La R. M. N. est couramment utilisée en physique et en chimie, en tant qu'instrument d'analyse extrêmement précis* » (*Sciences et Avenir,* mars 1978, p. 7). *Applications médicales de la R. M. N.*

Chim. *Résonance entre formules :* relation qui existe entre plusieurs formules qui peuvent représenter les mêmes molécules. *Énergie de résonance. Intégrale de résonance,* s'applique généralement à une intégrale mixte entre deux orbitales différentes. — *Importance des phénomènes de résonance dans l'étude des structures moléculaires.*

RÉSONANT, ANTE ou RÉSONNANT, ANTE [Rezɔnɑ̃, ɑ̃t] adj. — 1538; de *résonner.*

♦ **1.** Vieilli ou poét. Qui résonne. ⇒ **Retentissant, sonore.** « *Voix claire et résonnante* » (Littré). « *Salon trop résonnant* » (Académie). *Palais résonnant de fanfares* (→ Fond, cit. 19, Hugo). *L'aire résonnante et vide d'un matin...* (cit. 8, Proust).

La gare était noire et résonnante, les rues pleines d'ouvriers qui se pressaient à pied ou à bicyclette, leur musette sur le flanc.
Jacques LAURENT, les Bêtises, p. 37.

♦ **2.** Phys. Qui est le siège d'un phénomène de résonance*. — REM. Dans ce sens scientifique, on trouve le plus souvent *résonant. Système résonant. Circuit électrique résonant. Cavité, chambre résonante. Fréquence résonante d'une antenne. Fenêtre résonante* (guide d'ondes).

RÉSONATEUR, TRICE [Rezɔnatœʀ, tʀis] adj. et n. m. — 1862, cit.; *résonnateur,* 1868; de *résonner.*

♦ **1.** Adj. (Rare). Qui produit un phénomène de résonance.

0.1 Aucun écho de forêt, de grotte ou de cathédrale n'aurait pu lutter avec cette combinaison artificielle, qui réalisait un véritable miracle d'acoustique. Obtenu par la famille Alcott au prix de longs mois d'études et de tâtonnements, le tracé géométrique de la ligne brisée devait ses savantes irrégularités à la forme

spéciale de chaque poitrine, dont la structure anatomique offrait un pouvoir réso-nateur d'une portée plus ou moins grande.
  Raymond ROUSSEL, Impressions d'Afrique, p. 121.

♦ **2.** Appareil (imaginé par Helmholtz) où peut se produire un phé-nomène de résonance ; milieu matériel capable d'entrer en vibra-tion sous l'influence d'un excitateur. *Résonateur acoustique* (com-posé de deux ou plusieurs *résonateurs* couplés). — Phonét. Cavité du chenal phonatoire où la voix résonne (ne se dit que de la bouche — *résonateur buccal* — et des fosses nasales — *résonateur nasal*). — Spécialt. *Résonateur électrique. Résonateur de hertz :* dispositif qui met en évidence les ondes électriques produites par un oscilla-teur. *Résonateur à quartz piézo-électrique.* — *Résonateur nucléaire.*

1 Ces résonateurs ou globes analyseurs renforcent chacun une seule note ; en les pres-sant contre une oreille après avoir fermé l'autre, on arrive sans peine à isoler et à distinguer la note correspondante, pourvu qu'elle existe dans un son formé d'un mélange de notes qu'il s'agit de connaître.
  L. FIGUIER, l'Année scientifique et industrielle 1863, p. 57 (1862).
2 Toute cavité accordée sur une fréquence (ayant un partiel de cette fréquence) est un résonateur pour les ondes extérieures de cette fréquence.
  Mais le mot *résonateur* est employé par les acousticiens dans un sens restreint ; *lorsqu'il reçoit un son musical (fondamental + harmoniques), le résonateur ne doit renforcer qu'un des harmoniques,* pour préciser, celui qui coïncide, ou à peu près, avec son fondamental. Il faut que ses partiels ne forment pas une série har-monique et que les partiels, 2, 3... soient très éloignés du fondamental (partiel 1).
  H. BOUASSE, Tuyaux et Résonateurs, p. 410.

♦ **3.** N. (V. 1940, Valéry). Littér. Personne qui amplifie (des sensa-tions, des idées, des théories). *Le juriste italien Beccaria fut à la fin du XVIIIᵉ siècle le résonateur des idées de progrès en matière de justice pénale.*

RESONGER [ʀ(ə)sɔ̃ʒe] v. tr. ind. — 1549, aussi au sens de «faire de nouveaux songes» ; de re-, et *songer.*

♦ Songer de nouveau. ⇒ **Repenser.** *Je n'ai pas eu le temps d'y resonger.*

1 (...) le nom me revient tout à coup d'un jeune homme qui s'y était donné la mort *(sur les marches de la Salute à Venise)* en 1910, peu de temps avant mon arri-vée. Je n'y avais jamais resongé.   F. MAURIAC, Bloc-notes 1952-1957, p. 183.
2 Je resonge à cette folle espérance de l'écrivain qui prétend que ses livres se déta-cheront de cette marée d'imprimés, grossie, d'année en année.
  F. MAURIAC, le Nouveau Bloc-notes 1958-1960, p. 80.

RÉSONNANT, ANTE [ʀezɔnɑ̃, ɑ̃t] ⇒ Résonant.

RÉSONNEMENT [ʀezɔnmɑ̃] n. m. — xvᵉ ; *resonement* «rebon-dissement», xiiᵉ ; de *résonner.*

♦ Vx. Résonance.
REM. Le mot est paronyme de *raisonnement* [ʀɛzɔnmɑ̃].

RÉSONNER [ʀezɔne] v. intr. — V. 1130 ; lat. *resonare,* de re-, et *sonare* «rendre un son, retentir».

♦ **1.** Produire un son accompagné de résonances* relativement importantes. *Les cymbales* (cit.), *les tambours, les cordes de piano* (cit. 3) *résonnent* (→ Écho, cit. 5). *La cloche* (→ Garde-chasse, cit.), *la sonnette* (→ Olive, cit. 3) *résonne.* ⇒ **Tinter.** *Des pas* (cit. 11) *résonnaient sur la chaussée... Faire résonner l'or d'une bourse* (cit. 1).

1 (...) celui qui touchait le *pandero* était un virtuose dans son genre ; il faisait réson-ner la peau d'âne avec ses genoux, ses coudes, ses pieds (...)
  Th. GAUTIER, Voyage en Espagne, p. 206.

♦ **2.** (Le sujet désigne un son). Retentir en s'accompagnant de réso-nances. ⇒ **Bondir** (1. Bondir, vx), **retentir.** *Sons, voix qui réson-nent* (→ Harmonie, cit. 6). «*...Résonnait de Schubert la plaintive musique* » (→ Plaintif, cit. 3, Musset). *Faire résonner des accords* (cit. 19), *un hymne* (cit. 3). *Noms, mots qui résonnent* (→ Évangile, cit. 8 ; peste, cit. 5). *Son rire résona* (→ Là, cit. 5). — Par anal. *La lumière fait résonner de nouveaux tons* (→ Éteindre, cit. 5).

2 Au pied de la montagne, le matin, les voix résonnent comme dans un corridor.
  Max JACOB, le Cornet à dés, I, «Le coq et la perle».
3 Les battements de son cœur résonnaient jusque dans ses tempes, l'étourdissaient.
  MARTIN DU GARD, les Thibault, t. VII, p. 257.

♦ **3.** (Le sujet désigne un lieu, un milieu). S'emplir de bruit, d'échos, de résonances ; être très (trop) sonore. ⇒ **Retentir.** *Faire insonori-ser une salle qui résonne trop. Les montagnes résonnaient de bruis-sements* (cit. 2) *innombrables. L'air résonne de cris* (→ Angoisse, cit. 8). — (1640). Par métaphore. «*Tout résonne du bruit de ses exploits* » (Académie).

4 Il monta sans hâte l'unique étage qui conduisait à l'appartement de Léa. La rue Raynouard à six heures, après la pluie, résonnait de cris d'oiseaux et d'appels d'enfants comme un jardin de pensionnat.   COLETTE, la Fin de Chéri, p. 77.

♦ **4.** V. tr. (1553). Vx ou littér. Faire entendre, faire résonner.

Et maintenant, triomphe ! Il n'est plus dans mon cœur   5
Une fibre qui n'ait résonné sa douleur (...)
  LAMARTINE, Harmonies poétiques et religieuses, II, XVII.

DÉR. Résonant (ou résonnant), résonateur, résonnement.

RÉSORBABLE [ʀezɔʀbabl] adj. — xxᵉ, *in* Larousse 1932 ; de *résorber.*

♦ Qui peut être résorbé. *Épanchement résorbable.*

RÉSORBANT, ANTE [ʀezɔʀbɑ̃, ɑ̃t] adj. et n. m. — 1764 ; de *résorber.*

♦ Méd. (Vx). Qui résorbe, opère une résorption.

RÉSORBER [ʀezɔʀbe] v. tr. — 1761 ; lat. *resorbere* «avaler de nou-veau, ravaler». → Absorber.

♦ **1.** Méd. Opérer la résorption* de... (une sérosité, une tumeur...). ⇒ **Résorption, résoudre** (I., 2.). *On a pu résorber rapidement l'épan-chement.* — Pron. *Se résorber :* disparaître par résorption. *Sang extravasé qui finit par se résorber. Abcès qui se résorbe.* ⇒ **Fondre.**

♦ **2.** (xIXᵉ, Hugo, Gautier, etc.). Faire disparaître par une action interne (un élément ; un phénomène mauvais, dangereux). *Incidents fâcheux promptement résorbés. Résorber l'inflation, le déficit, le chômage...* — Pron. *Il faudra des années pour que la tempête se résorbe* (→ Épuiser, cit. 9).

1 Je voulais résorber le bagne par l'école (...)
  HUGO, les Contemplations, V, III, V.
2 Ce n'est pas en distribuant du grain qu'on sauvera la Kabylie de la faim, mais en résorbant le chômage et en contrôlant les salaires.
  CAMUS, Actuelles III, p. 56.

♦ **3.** (xIXᵉ). Sans idée de mal à faire disparaître. ⇒ **Absorber, avaler** (→ Analyse, cit. 8 ; essorer, cit. 3).

3 Il arrive qu'à midi les courtes ombres, que résorbent les murs et le pied des arbres, soient le seul azur pur du paysage (...)
  COLETTE, la Naissance du jour, p. 119.

DÉR. Résorbable, résorbant. — (Du même rad.) Résorption.

RÉSORCINE [ʀezɔʀsin] n. f. — 1875, P. Larousse ; all. *Resorcine,* Hlassivetz et Barth qui découvrirent la *résorcine* en 1860 ; comp. sav. de *résine,* et *orcine* (1829, Robiquet) ; de *orcinx,* nom sav. de l'*orseille*.

♦ Chim. Diphénol de formule $C_6H_4(OH)_2$, employé en médecine comme antiseptique et dans l'industrie pour la préparation de cer-tains colorants (éosines, fluorescéines, *bleu de résorcine, vert de résorcine,* ou encore *vert solide* ou *vert d'Alsace*). Syn. : résorcinol (n. m., xxᵉ) ; *métadioxybenzol* (n. m.).

DÉR. Résorcylique.

RÉSORCYLIQUE [ʀezɔʀsilik] adj. — 1890, P. Larousse, *Deuxième Suppl.* ; de *résorcine.*

♦ Chim. *Acides aldéhydes résorcyliques,* dérivés de la résorcine par substitution du groupement fonctionnel CO_2H ou CHO.

RÉSORPTION [ʀezɔʀpsjɔ̃] n. f. — 1746 ; dér. sav. du lat. *resor-bere,* d'après *absorption.*

♦ **1.** Physiol. Ⓐ Passage (de substances) à travers une membrane muqueuse. *Résorption intestinale d'un médicament pris par la bou-che.* — Méd. «Disparition partielle ou totale d'un organe ou d'un produit pathologique solide, liquide ou gazeux, dont les éléments sont peu à peu repris par la circulation sanguine ou lymphatique» (Garnier). *Résorption d'un épanchement pleurétique.*

(1855). Disparition progressive (d'un tissu ayant subi une dégénéres-cence). *Résorption physiologique des dents temporaires.*

Ⓑ (xxᵉ). Phys. Absorption par un corps ou un système de particu-les qui avaient été libérées (d'une absorption antérieure). Phys. nucl. Diffusion en arrière de particules chargées ou de neutrons.

♦ **2.** (xxᵉ). Cour. Suppression (de ce qui est résorbé [2.]). *Résorption du chômage, de l'inflation.*

RÉSOUDRE [ʀezudʀ] v. tr. — *Je résous, tu résous, il résout, nous résolvons, vous résolvez, ils résolvent ; je résolvais ; je résolus ; j'ai résolu ; je résoudrai ; je résoudrais ; résous, résolvons, résolvez ; que je résolve, que nous résolvions ; que je résolusse (rare) ; résolvant ; résolu, résolue, et, au sens I, résous, résoute* (le fém. est très rare). — 1330 ; p. p. *ressous,* xiiᵉ ; empr. lat. *resolvare,* d'après l'anc. franç. *soudre.*

★ **I.** Transformer en ses éléments ou faire disparaître. ⇒ **Résolu-tion** (I.).

♦ 1. (Au sens de *résolution*, 1.). Transformer, dissoudre. ⇒ **Décomposer.** — (Rare à l'actif). « *Le feu résout le bois en cendre et en fumée* » (Littré). — Pron. *Se résoudre* (sens passif). *Je vis cette matière épaisse se résoudre en filaments* (cit.). *Pour que les nuages de grêle* (cit. 3) *se résolvent en eau. Eaux se résolvant par l'évaporation* (→ Miasme, cit. 1). — Au p. p. *Brouillard résous, vapeur résoute en pluie* (Hatzfeld). — REM. La langue moderne tend à remplacer ce p. p. par la forme *résolu, ue* :

1 (...) des bandeaux finalement résolus en deux tresses vigoureuses (...)
G. DUHAMEL, Chronique des Pasquier, II, II.

Fig. *Se résoudre en* : aboutir (par une suite de transformations et un enchaînement de conséquences) à... *Cette estime* (cit. 8) *qui se résout en places et en dignités. Toute propriété* (cit. 5) *se résout en un système de jouissances.* — REM. Ce sens doit être distingué de l'acception 4., ci-dessous, en dépit de certains cas ambigus (→ Ligne, cit. 2, Valéry).

2 (...) l'excès d'émotion se résout en stupeur.
HUGO, les Travailleurs de la mer, III, III, IV.

♦ 2. (V. 1560). Méd. Résorber, faire disparaître. *Résoudre une tumeur, un engorgement.* ⇒ **Fondre** (→ Résolution, I., 2.).

♦ 3. (1668). Dr. Annuler (une convention, une vente). ⇒ **Délier** (se). « *Le contrat n'est point résolu de plein droit* »... (cf. Code civil, art. 1184). → Résolution, I., 3.

3 Le marché ne tint pas, il fallut le résoudre (...) LA FONTAINE, Fables, V, 20.

♦ 4. **a** Log. Décomposer, réduire par voie d'analyse. ⇒ **Analyser** (→ Résolution, I., 4.). « *Diviser chacune des difficultés* (cit. 4) *(...) en autant de parcelles (...) qu'il serait requis pour les mieux résoudre* » (Descartes). Pron. *La magie* (cit. 4, Bergson) *se résout en deux éléments.*

b (XVᵉ). Cour. (La fameuse « règle » de Descartes, citée plus haut, marque bien le passage du sens logique au sens général). Découvrir la solution de... ⇒ **Dénouer** (cit. 11), **trancher, vider** (→ Résolution, I., 4.). *Résoudre un problème mathématique* (→ Approximation, cit. 1 ; géomètre, cit. 2), *une équation par le calcul, en calculant. Résoudre des questions, des problèmes* (cit. 4 et 5) *philosophiques, métaphysiques* (cit. 3), *politiques, religieux, moraux...* (→ Accréditer, cit. 2 ; avocat, cit. 17 ; buter, cit. 3 ; étrangler, cit. 11). *Résoudre des difficultés* (→ Croyance, cit. 9), *un cas* (cit. 13), *un embarras* (cit. 14). ⇒ **Disparaître** (faire), **finir** (en). *Résoudre une énigme* (→ Passage, cit. 11), *un mystère* (→ Hystérie, cit. 1). ⇒ **Deviner, trouver.** *Résoudre un conflit* (→ Médiation, cit. 2), *une contradiction* (→ Pensée, cit. 11), *un antagonisme* (cit. 2), *un dualisme* (→ Esthétique, cit. 5). *Qu'on peut, qu'on ne peut résoudre.* ⇒ **Soluble ; insoluble.**

4 (...) qu'on ne croie pas que j'invente ici des objections oiseuses pour m'amuser à les résoudre : elles m'ont toutes été faites à l'interrogatoire.
BEAUMARCHAIS, Mémoires... dans l'affaire Goëzman, p. 41.

5 Je voyais bien ma supériorité intellectuelle ; mais, dès lors, je sentais que la femme très belle ou très bonne résout complètement, pour son compte, le problème qu'avec toute notre force de tête nous ne faisons que gâcher.
RENAN, Souvenirs d'enfance..., II, VI, Œ. compl., t. III, p. 779.

♦ 5. (1752). Mus. Opérer une résolution (→ Résolution, I., 5.). *Résoudre une dissonance** (→ par métaphore, Inévitable, cit. 9).

★ II. Par l'intermédiaire du p. p. *résolu*, qui a signifié d'abord « décidé, assuré » en parlant des choses, et « certain, instruit » en parlant des personnes (→ Heure, cit. 67, Montaigne).

♦ 1. (Fin XVIᵉ). *Résoudre* (qqn) *à qqch., à faire qqch.* : déterminer *(qqn)* à prendre (une résolution*, au sens II., 1.). *C'est à vous de l'y résoudre* (→ Avaler, cit. 25). « *Mais non pas me me résoudre à vivre sans honneurs* » (cit. 2, Corneille).

6 Résolvez-le vous-même à me désobéir (...) CORNEILLE, Suréna, IV, 2.

7 (...) peut-être pourrait-on le gagner, et la résoudre à transporter au fils le don qu'elle veut faire au père. MOLIÈRE, l'Avare, IV, 1.

(Passif). Vx. *Résolu de... Être résolu de faire qqch.* (→ Déniaiser, cit. 1 ; naturaliser, cit. 6, Mérimée). — Mod. *Résolu à... Être résolu à faire qqch.* (→ Esclandre, cit. 3 ; gouffre, cit. 2). ⇒ **Déterminer.** *Bien résolu à...* (→ Bloc, cit. 10 ; jeu, cit. 44). *J'y suis résolu* (→ Apporter, cit. 34 ; entêtement, cit. 3). *Résolu à tout* : prêt à prendre sans crainte toute résolution convenable (quels qu'en soient les inconvénients).

8 (...) il s'était attendu à trouver Landry bien penaud, et il le trouvait tranquille et comme résolu à tout. G. SAND, la Petite Fadette, XXVIII.

(Fin XVᵉ). Pron. (Sens réfl.). Vx. *Se résoudre de faire qqch.* (→ Appartenir, cit. 31, Molière ; étude, cit. 9, Descartes). — REM. Ce tour est vieilli dès le XVIIᵉ s. — (Déb. XVIIᵉ). Mod. SE RÉSOUDRE À... *Se résoudre à faire qqch.* (→ Ampoule, cit. 2 ; lâche, cit. 1 ; 3. ras, cit. 6). ⇒ **Décider** (se), **parti** (prendre son). *Ne pouvoir se résoudre à faire...* ⇒ **Borner,** cit. 5 ; **fausser,** cit. 1). *Ainsi, tu te résoudrais à...?* ⇒ **Résigner** (se) ; **pouvoir.** « *Je ne me résoudrai jamais à l'hyménée...* » (→ 2. Franc, cit. 2, Corneille). *Se résoudre à la donation* (→ Héritage, cit. 2). ⇒ **Venir** (en venir à).

9 Que nous sert cette queue ? Il faut qu'on se la coupe.
Si l'on m'en croit, chacun s'y résoudra. LA FONTAINE, Fables, V, 5.

Il faut partir, Seigneur. Sortons de ce palais,
Ou bien résolvons-nous de n'en sortir jamais. RACINE, Andromaque, V, 5. 10

Absolt. (→ Incertain, cit. 16). ⇒ **Conclure, exécuter** (s').

♦ 2. (1544). Décider par une résolution (qqch. à exécuter). ⇒ **Décider, délibérer.** *Ils ont résolu sa mort, sa perte. Sa perte est résolue* (→ Ici, cit. 23). *Ma retraite est résolue* (→ Pénitence, cit. 5). — (Avec un compl. d'objet neutre). *On ne peut rien résoudre* (→ Dépendance, cit. 10). *Accomplir* (cit. 8) *ce qu'il avait résolu* (→ aussi Absolu, cit. 1 et 6). — Absolt. *Ce n'est pas votre affaire de résoudre* (→ Incertitude, cit. 16). — Vx. *Résoudre d'une chose* : prendre une résolution à ce sujet. ⇒ **Statuer.**

Mais en même temps grondait en elle cette juste fureur contre laquelle il lui était si malaisé de se défendre, lorsqu'on osait braver ses ordres, et se soustraire à ce qu'elle avait résolu et prescrit. F. MAURIAC, la Pharisienne, XV. 11

(XIVᵉ). *Résoudre de...* (suivi de l'inf.) : prendre la résolution de... (→ Dépiter, cit. 3 ; industrie, cit. 4 ; matin, cit. 16 ; 1. part, cit. 12). — (Déb. XVIIᵉ). Vx. *Résoudre que...* : décider que (→ Cabinet, cit. 9). — REM. Il y a entre *résoudre de* et *se résoudre à* la même différence qu'entre *décider de* et *se décider à.*

Je ressentis une telle admiration que je résolus de visiter cette île (...)
FRANCE, le Crime de S. Bonnard, II, Œ. t. II, p. 308. 12

▶ **RÉSOLU, UE** p. p. adj. (1549 ; « brisé, décomposé », 1370).
Qui sait prendre hardiment une résolution et s'y tenir fermement. ⇒ **Assuré, audacieux, brave, constant, courageux, décidé, délibéré** (vx), **déterminé, énergique, ferme, hardi, opiniâtre ;** → Froid (N'avoir pas froid aux yeux), sang (Avoir du sang dans les veines). *Hommes résolus* (→ Faucher, cit. 6). *Âme résolue* (→ Démonter, cit. 7). *Adversaire résolu de...* (→ Guet-apens, cit. 4). — Par ext. *Air résolu* (→ Mollir, cit. 2). *Mine* (→ Assurer, cit. 69), *voix* (→ Pacifiste, cit. 3), *attitude résolue* (→ Imposant, cit. 10). — *Optimisme résolu* (→ Mélange, cit. 14).

La garnison n'avait pour elle ni la bonté ni le nombre des armes ; mais elle était résolue. Personne n'y tremblait. 13
J.-A. DE GOBINEAU, Nouvelles asiatiques, p. 239.

▶ **RÉSOUS, RÉSOUTE** p. p. adj. ⇒ ci-dessus I.

CONTR. (De *se résoudre*) Douter. — (De *résolu*) Craintif, embarrassé, flottant, hésitant, incertain, indécis, indéterminé, irrésolu, perplexe.

DÉR. Résolument, résolvant. — V. aussi Résoluble, résolutif, résolution, résolutoire.

RÉSOUS, OUTE [Rezu, ut] adj. ⇒ **Résoudre,** I. (au p. p.).

RESPECT [RƐspƐ] pas de liaison sauf dans la prononc. puriste de *respect humain* [RƐspƐkymɛ̃] ; on dit plutôt [RƐspƐymɛ̃] n. m. — 1287 ; lat. *respectus* « regard en arrière » ; au fig., « considération » ; dér. de *respicere.* → Répit.

♦ 1. Vx ou régional. Le fait de prendre en considération. — LOC. *Pour le respect de..., pour ce respect* : pour ce motif (cf. Malherbe, in Dubois-Lagane). — *Au respect de...* : à l'égard de..., par rapport à...

(...) Cardan, tout savant homme qu'il est, n'étant qu'un ver de terre au respect de Galien. HUGO, l'Homme qui rit, I, I, Chap. préliminaire, I. 1

♦ 2. (1455). Cour. Sentiment qui porte à accorder à qqn une considération admirative, en raison de la valeur qu'on lui reconnaît, et à se conduire envers lui avec réserve et retenue, par une contrainte* acceptée. ⇒ **Considération** (cit. 7), **déférence, estime, vénération ; honneur, pudeur.** *S'attirer, commander, imposer* (cit. 14), *inspirer le respect.* ⇒ **Imposer** (en). → Autre, cit. 93 ; grimace, cit. 15 ; majesté, cit. 3. *Autorité* (cit. 48) *basée sur le respect. Digne* (cit. 3) *de respect.* ⇒ **Dignité.** — *Les enfants doivent le respect à leurs parents, à leurs maîtres. Respect mêlé d'amour, de tendresse.* ⇒ **Affection, piété.** *Obéissance* et respect. *Avoir, ressentir ; montrer, témoigner du respect à, envers, pour qqn, à l'égard de qqn* (→ Obséquieux, cit. 1). — Vx. *Porter respect à...* (Molière, le Bourgeois gentilhomme, V, 1). — *Traiter qqn avec respect* (→ Cheville, cit. 5 ; noble, cit. 24). « *Mon âge* (cit. 35) *qu'avec respect toute l'Espagne admire ». Se découvrir*, se lever par respect (→ Édifier, cit. 13), *s'incliner, saluer par respect.* ⇒ aussi **Politesse.** — *Attitude, tenue pleine de modestie et de respect.* ⇒ **Révérence, réserve ; honte** (3.). *Formules* (→ Récitation, cit. 1), *marques, signes extérieurs* (cit. 6) *du respect. Les démonstrations* (cit. 10) *d'un profond respect. Respect sincère ; affecté* (→ Humble, cit. 23). *Respect exagéré, bas, obséquieux, servile* (→ aussi Fantaisiste, cit. 4). — *Manquer de respect envers qqn* : être irrespectueux à son égard.

(...) prépare-toi désormais à vivre dans un grand respect avec un homme de ma conséquence. MOLIÈRE, le Médecin malgré lui, III, 11. 2

Le respect est une barrière qui protège autant un père et une mère que les enfants, en évitant à ceux-là des chagrins, à ceux-ci des remords. 3
BALZAC, la Vendetta, Pl., t. I, p. 903.

Il nous donnait à cet égard des règles excellentes, que j'avais du reste toujours pratiquées, comme de ne jamais tutoyer ma mère et de ne jamais finir une lettre à elle adressée sans y mettre le mot *respect.* 4
RENAN, Souvenirs d'enfance..., III, Œ. compl., t. II, p. 809.

Ce vol, après tout, on l'excuserait ; l'insolence, jamais ; l'éducation devant être l'école du respect. FLAUBERT, Bouvard et Pécuchet, IX. 5

Le respect de... : « le respect porté à... » (*L'ennemi sentit le respect de la France ;* → Grenadier, cit. 4, Hugo. *Le respect des cheveux blancs ;* → Ravaler, cit. 8), ou, plus souvent, « le respect porté par... » (*Le respect des enfants pour leurs parents...*).

6　(...) deux femmes, chacune escortée du respect et de la tendresse d'un homme, chacune exerçant une douce puissance sur la vie d'un homme (...)
　　　　　　　　　　　　　Valery LARBAUD, Amants, heureux amants, I, p. 27.

Loc. (Vx). *Sans votre respect ;* (mod.) *sauf votre respect* (1636), *sauf le respect que je vous dois,* se dit pour s'excuser d'une parole trop libre, un peu choquante.

7　— Et, sauf votre respect, vous avez quel âge ?
　　— Sauf mon respect, j'ai eu soixante-dix ans en février.
　　　　　　　　　　　　　　　　　　MONTHERLANT, Don Juan, II, 9.

7.1　Le marin, un instant effaré, s'équilibra : « Ça pour une brute, c'était une brute. Un jour, pour rien, il m'a foutu son poing en pleine gueule, sauf votre respect. Et Le Touchec, ah là, là, toujours des coups de pied au cul qu'il lui donnait, sauf votre respect. »　　　　　　　　　　　R. QUENEAU, le Chiendent, p. 32.

Le respect pour une femme : le fait de la respecter* (→ Garant, cit. 10 ; grandeur, cit. 3). *Un empressement plein de respect.* ⇒ **Galanterie.**

(1671). *Manquer de respect à une femme :* se permettre des privautés avec elle (→ Hidalgo, cit.).

Sentiment de vénération, dû au sacré*, à Dieu... ⇒ **Crainte** (2. Crainte, cit. 9, Racine), **culte ; adoration.** *S'agenouiller, se prosterner avec respect.* — *Le respect pour les morts. Le respect dû aux cendres, à la mémoire de quelqu'un.*

(Appliqué à une chose abstraite). *Respect d'un idéal, d'une valeur morale, intellectuelle..., de la majesté d'un lieu. Par respect pour le passé.* ⇒ **Culte, piété** (→ Pèlerinage, cit. 4).

8　À traiter les productions de l'esprit avec un respect qui ne s'adressait autrefois qu'aux grands morts, on risque de les tuer.　　SARTRE, Situations II, p. 43.

Par ext. (des sens 2 et 4). *Respect de soi-même.* ⇒ **Dignité, honneur** (cit. 32) ; **amour-propre** (→ Obliger, cit. 3).

♦ **3.** (XVIIᵉ). Vx. (Au plur.). Témoignage de respect (par la parole ou par les actes). → Chaîne, cit. 7 ; embûche, cit. 2. ⇒ **Devoir** (3.), **égard** (2.) ; → Leurrer, cit. 2. ⇒ *Exiger* (cit. 10) *d'un mari les respects d'un amant.* — Mod. (Dans le langage de la politesse). *Présenter* (cit. 9) *ses respects, ses devoirs*, ses hommages*. Mes respects,* formule de politesse adressée à un officier par son inférieur. *Bonjour, mon colonel, mes respects !*

♦ **4.** (1588). Considération que l'on porte à une chose jugée bonne, précieuse, avec la résolution de n'y pas porter atteinte, de ne pas l'enfreindre. *Imposer le respect d'une décision, d'un arrêt* (→ Arbitre, cit. 9). *La fidélité n'est qu'un respect pour nos engagements* (→ Perfidie, cit. 5). ⇒ **Loyauté.** *Le respect de l'étiquette* (→ Mépris, cit. 3), *de la forme. Un respect effroyable pour les convenances* (→ Falloir, cit. 35). — REM. Ces emplois affaiblis rejoignent le sens 1.

9　Ce qui est une nouveauté, c'est le respect du droit. Ceci est l'honneur de la civilisation du dix-neuvième siècle de vouloir que le faible soit respecté par le fort, et que la morale éternelle soit au-dessus des piques et des mousquets.
　　　　　　　　　　　HUGO, Choses vues, I, 1846, Soirée chez M. Guizot.

10　J'ai, des livres, un respect superstitieux, même quand ils sont médiocres, même quand ils sont odieux.　　　　　　　　G. DUHAMEL, Salavin, V, IV.

♦ **5.** (XVIIᵉ). **RESPECT HUMAIN** : crainte du jugement des hommes, sorte de pudeur qui conduit à se garder de certains actes, de certaines attitudes. ⇒ **Honte** (fausse honte) ; → Contrainte, cit. 4 ; dispenser, cit. 9.

11　À ce dernier moment la conscience presse ;
　　Pour rendre compte aux Dieux tout respect humain cesse (...)
　　　　　　　　　　　　　　　　　　CORNEILLE, Nicomède, IV, 2.

12　(...) c'est qu'il ne se cachait plus, c'est qu'il ne cachait plus rien maintenant de lui, à lui ni à personne ; c'est qu'il n'y avait plus aucune fausse honte, aucun respect humain, aucun mensonge, aucune feinte en lui, aucun effort pour tromper personne ni lui sur lui.　　　　　M. JOUHANDEAU, Tite-le-Long, VII.

♦ **6.** (1675). Soumission forcée par considération de la force, de la supériorité. ⇒ **Maintenir** (→ Égal, cit. 1), *tenir, garder,* etc., *en respect.* ⇒ **Contenir, soumettre...** (au propre et au fig.) ; → Dévorer, cit. 26 ; évangile, cit. 9 ; faucher, cit. 6 ; obliger, cit. 4.

13　Avec des mots et de la fermeté on tient beaucoup de gens en respect.
　　　　　　　　　　　G. DUHAMEL, Chronique des Pasquier, I, IX.

14　Nous n'avons pas osé bouger. Ils ont reculé lentement, sans cesser de nous regarder et de nous tenir en respect avec le couteau.　　CAMUS, l'Étranger, I, VI.

CONTR. Arrogance, audace, cynisme, désinvolture, désobéissance, hardiesse, insolence, irrévérence, mépris, moquerie ; blasphème, profanation. — Abandon, adultère, dédain, infraction.
DÉR. Respecter, respectueux. V. Respectif.
COMP. Irrespect, porte-respect.

RESPECTABILITÉ [ʀɛspɛktabilite] n. f. — 1784, Beaumarchais, puis au XIXᵉ, Balzac, Musset ; d'abord sous la forme anglaise *respectability,* et longtemps senti comme un anglic. ; d'après *respectable.*

♦ **1.** Caractère d'une personne ou d'une chose respectable (⇒ **Estime**).

1　Si jamais, par son port, sa dignité, son air noble et fier, vieille dame au monde a mieux donné que Mrs Paterson l'idée même de la respectabilité, je consens à être pendu.　　　　　　　　　　Émile HENRIOT, le Diable à l'hôtel, XV.

♦ **2.** Apparence d'honorabilité* (parfois péj.). *Engoncé* (cit. 3) *dans la respectabilité.*

2　Le pharisaïsme avait mis le salut au prix d'observances sans fin et d'une sorte de « respectabilité » extérieure.
　　　　　　　RENAN, la Vie de Jésus, IX, Œ., compl., t. IV, p. 187.

RESPECTABLE [ʀɛspɛktabl] adj. — V. 1460 ; de *respecter.*
REM. Ce mot était considéré comme nouveau au XVIIᵉ s., (Caillères, Bouhours) ; au XIXᵉ s., sans être considéré comme un anglicisme à l'égal de *respectabilité*,* il est souvent employé dans le contexte anglo-saxon.

♦ **1.** Qui mérite du respect (2. et 3.), est digne d'être respecté (→ Profession, cit. 5). « *Un homme de bien est respectable par lui-même* » (→ Indépendamment, cit. 4). ⇒ **Estimable, honorable.** *Ce respectable vieillard* (→ Affabilité, cit. 3). *Ce vieillard, un vieillard respectable, très respectable.* ⇒ 1. **Auguste** (2.). *Ce respectable abbé X...* ⇒ **Digne** (→ Indemniser, cit. 1). — (Avec une nuance ironique). *Deux ou trois respectables matrones* (cit. 3). — Par ext. (toujours postposé). *Air, allure respectable* (→ Comme* il faut ; et aussi converser, cit. 3).

1　Ce qui est vieux doit rester vieux ; comme tel, il est respectable ; rien de plus choquant que de voir l'homme d'un autre âge dissimuler ses allures et prendre les modes des jeunes gens.
　　　　　　　RENAN, Souvenirs d'enfance..., IV, Œ. compl., t. II, p. 829.

Les choses les plus respectables, les plus sacrées (→ Équivoque, cit. 19). *Vos scrupules sont très respectables.* — *Ce qui a fait d'un pays méprisé une puissance respectable* (→ Hareng, cit. 1). — Iron. *Ce respectable établissement* (→ Pension, cit. 6). ⇒ **Vénérable.**

2　(...) ayant eu joint à vous du saint nœud de mariage, qui est l'un des plus respectables et inviolables que Dieu nous ait ordonné ça *(ici-bas)* pour l'entretien de la société humaine (...)　　MONTAIGNE, Lettres, I, Disc. sur la mort de La Boétie.

3　Nous nous assîmes au pied de ces vieux arbres respectables et pleins de conseils.
　　　　　　　　　E. FROMENTIN, Une année dans le Sahel, p. 295.

Vx. *Respectable à... :* qui mérite d'être respecté, qui est respecté par... (→ Imposer, cit. 41 ; naturellement, cit. 2).

4　« (...) faisons au moins que les scènes révolutionnaires soient les moins tragiques... *Rendons l'homme respectable à l'homme !* » Grave parole *(de Duport)* qui malheureusement n'avait que trop d'à-propos. L'homme, la vie de l'homme, n'étaient déjà plus respectés.　　MICHELET, Hist. de la Révolution franç., IV, XI.

♦ **2.** (Déb. XIXᵉ ; toujours postposé). Assez important, digne de considération. *Quantité, somme respectable et rondelette. Patrimoine respectable* (→ Accroître, cit. 5).

5　Ce n'est qu'un grand cirque, a-t-on dit, soit : mais, imaginez une arène dans laquelle vous en versez trois autres de dimensions respectables. Une fois posées, vous vous apercevez qu'elles tiennent juste autant de place que trois assiettes sur une nappe de banquet.　　A. JARRY, Gestes, « Barnum », Œ. compl., t. VII, p. 47.

CONTR. Bas, méprisable ; insignifiant.

RESPECTER [ʀɛspɛkte] v. tr. — 1554, « considérer, tenir compte de... » → Respect, 1. ; l'anc. franç. *respitier, respiter* signifiait « épargner, sauver » ; dér. de *respect.*

♦ **1.** (1560). Compl. n. de personne. Considérer avec respect (2.), honorer d'une déférence profonde, marquée. ⇒ **Honorer, révérer, vénérer ; égard** (avoir des égards). *Respecter ses parents, ses chefs. On le craint* et on le respecte. *Se faire aimer et respecter.* — *Respecter Dieu.* ⇒ **Adorer.** *Respecter Dieu en l'homme* (→ Dignité, cit. 5). — Spécialt. Traiter avec respect, en évitant de choquer. « *Mais le lecteur français veut être respecté* » (→ Honnêteté, cit. 10, Boileau). — *Respecter une femme,* s'abstenir de toute privauté (et, spécial., de relations charnelles) avec elle. *Ce jeune homme* (cit. 154) *aime les femmes et les respecte comme s'il en avait peur.* — (Compl. n. de chose). *Respecter l'honneur d'une femme* (→ ci-dessous, cit. 2.1).

1　(...) je vous respecte trop, et vous et Messieurs vos parents, pour avoir la pensée d'être amoureux de vous.　　MOLIÈRE, George Dandin, I, 6.

2　Respectez l'enfance, et ne vous pressez point de la juger, soit en bien, soit en mal.
　　　　　　　　　　　　　　　　ROUSSEAU, Émile, II.

2.1　Voilà ce que je souffris, Madame, mais mon honneur au moins se trouva respecté si ma pudeur ne le fut point.　　SADE, Justine..., t. I, p. 42.

3　Nous respectons malgré nous ceux que nous voyons respectés.
　　　　　　　　　　　　Joseph JOUBERT, Pensées, V, CVII.

4　(...) tout ce qui est fort se fait respecter ou craindre.
　　　　　　　　　　　B. CONSTANT, Journal intime, 1ᵉʳ avril 1804.

5　(...) le jeune duc aimait les femmes, mais il les mettait trop haut, il les respectait trop, il les adorait, et il n'était à son aise qu'avec celles qu'on ne respecte pas.
　　　　　　　　　　BALZAC, Modeste Mignon, Pl., t. I, p. 503.

6　Je respecte très bien, quand il faut ; quand je veux, quand je sais qu'il faut, quand je suis averti, quand je me méfie ; les compartiments sociaux, les catégories sociales. Je respecte très bien. Je sais très bien ; respecter.
　　　　　　　　　Ch. PÉGUY, Victor-Marie, comte Hugo, p. 32.

7　Je vous estimais un garçon sérieux. J'avais confiance en vous. Je n'aurais jamais pensé que vous en abuseriez, pour essayer de tourner la tête à ma fille. Elle était sous votre garde. Vous deviez la respecter, vous devez vous respecter vous-même.　　R. ROLLAND, Jean-Christophe, « Le matin », III, p. 215.

Respecter une valeur morale, un idéal. Respecter le passé (cit. 1). « *Tuez les hommes, mais respectez les œuvres* » (→ Patrimoine, cit. 5).

Ne pas s'immiscer dans. *Respecter la vie intime* (cit. 9) *de ses voisins.*

♦ **2.** (xvii⁰). Compl. n. de chose. Ne pas porter atteinte à..., considérer comme digne d'être conservé, préservé. *Respecter une promesse, un accord, une clause, un contrat.* ⇒ **Garder, observer** (I.). *Respecter les convenances, les bienséances.* ⇒ **Épargner, obéir** (à). *Respecter l'intégrité territoriale de la France* (→ Outrecuidant, cit.). *Respecter les formes* (cit. 65), *les pratiques* (→ Harmoniser, cit. 11), les conserver, ne pas les modifier. *Respecter une tradition,* la maintenir, la perpétuer (→ Fève, cit. 2). — *Respecter la grammaire, la syntaxe.* — Rapporter fidèlement. *Respecter chaque circonstance, dans un rapport* (cit. 6).

8   Ici l'histoire nous offre une comédie sérieuse, la plus propre à nous faire comprendre combien les Romains respectaient la lettre aux dépens de l'esprit.
MICHELET, Extraits historiques, «Histoire romaine», p. 28.

9   (...) les chartes, les traités, les constitutions, tous les serments en un mot, ne sont bons à respecter que tant qu'on n'est pas assez fort pour les violer.
RENAN, Questions contemporaines, t. I, p. 54.

10   (...)Jupien respectait aussi naturellement la syntaxe que M. de Guermantes, malgré bien des efforts, la violait.   PROUST, le Côté de Guermantes, Pl., t. II, p. 308.

(Avec un compl. désignant un objet concret). Ne pas détruire, ne pas modifier (→ Endroit, cit. 6; poirier, cit. 1).

11   La maladie ne respecta que ce qu'elle ne pouvait atteindre, les yeux et les dents.
BALZAC, le Curé de village, Pl., t. VIII, p. 544.

Loc. *Ne rien respecter.*

12   — Un fragment d'armée étrusque a pénétré jusqu'à Deuf Omécourt. Il a saccagé le bureau des douanes et le bureau du télégraphe.
— Quelles vaches! I n'respectent rien! De vrais vandales!
R. QUENEAU, le Chiendent, p. 396.

(1672). Avoir égard à. *Respecter le sommeil de ses voisins :* ne pas le troubler. *Respecter une grande douleur :* montrer devant elle de la pitié, de la compassion, de la discrétion... (→ Indifférence, cit. 14).

▶ **SE RESPECTER** v. pron. (1740).

«Agir de manière à conserver l'estime de soi-même» (Littré).

Fam. QUI SE RESPECTE : qui est fidèle à son métier, à sa réputation, etc. *L'artiste qui se respecte* (→ Galvauder, cit. 5).

(1875). Par plais. Digne de ce nom. *Ce besoin de hâblerie* (cit. 3), *propre à tout soldat qui se respecte.*

▶ **RESPECTÉ, ÉE** p. p. adj. *Un homme respecté* (→ Lépreux, cit. 3; passe, cit. 10). *Le chef* (cit. 12) *doit être digne d'être respecté. Un nom respecté* (→ Frasque, cit. 5). *Un habit respecté* (→ Hypocrisie, cit. 10).

CONTR. Dédaigner, insulter, manquer, mépriser, moquer; blasphémer, fouler (aux pieds), profaner. — Attenter, blesser, braver, commettre, compromettre, contrevenir, corrompre, dérober, déroger, désobéir, détourner, dévaster, empiéter, endommager, enfreindre, forcer, franchir, violer.
DÉR. Respectable.

RESPECTIF, IVE [ʀɛspɛktif, iv] adj. — 1680, Richelet; déjà v. 1350 en provençal, sous la forme *respectiu;* «attentif, respectueux», xvi⁰; lat. scolast. *respectivus,* dér. de *respectus.* → Respect.

♦ Qui concerne chaque chose, chaque personne (parmi plusieurs). → Faculté, cit. 11; fjord, cit. 1. *Ils eurent à troquer leurs places* (cit. 38) *respectives. Sentiments respectifs* (→ Interrogatoire, cit. 4), *vanités respectives* (→ Ostracisme, cit. 2). *La situation respective des êtres* (→ Intelligence, cit. 15). — aussi *Réciproque.* — (Au sing. collectif). *Les deux coalitions préparèrent leur assaut respectif* (→ Arrondissement, cit. 6). *La position respective de ces astres* (cf. Laplace, *Exposition du système du monde,* I, 1, in Littré).

Bientôt le père et la mère Maurice, Germain et la petite Marie, suivis de Jacques et de sa femme, des principaux parents respectifs et des parrains et marraines des fiancés, firent leur entrée dans la cour.
G. SAND, la Mare au diable, Appendice, I.
DÉR. Respectivement.

RESPECTIVEMENT [ʀɛspɛktivmɑ̃] adv. — 1415; de *respectif.*

♦ **1.** Chacun en ce qui le concerne (→ Contribuer, cit. 4; œuf, cit. 17). *Les parents veillent respectivement à l'éducation des enfants.*

♦ **2.** À l'égard de chacun.

Il avait cessé toutes relations avec ces personnes respectivement depuis vingt, quinze et dix ans (...)   MONTHERLANT, les Célibataires, I, IV.

RESPECTUEUSEMENT [ʀɛspɛktɥøzmɑ̃] adv. — 1636; de *respectueux.*

♦ Avec respect, en témoignant du respect (2.). *Parler, écrire respectueusement à qqn. Saluer* (→ Haie, cit. 7), *s'écarter respectueusement* (→ On, cit. 12). — *Il l'aimait respectueusement* (→ Prose, cit. 11).

(Dans le lang. de la politesse). *Je vous ferai respectueusement remarquer que...*

RESPECTUEUX, EUSE [ʀɛspɛktɥφ, φz] adj. et n. f. — 1450; de *respect.*

♦ **1.** Qui éprouve ou témoigne du respect (2.), de la déférence. ⇒ **Déférent, humble, soumis.** *Des fils tendres et respectueux* (→ Gâter, cit. 34). *Une foule respectueuse et consternée* (→ Enterrement, cit. 6). ⇒ **Pieux.** — *Respectueux envers ses chefs, ses maîtres, ses parents,* à l'égard d'eux. *Attentif*, poli* et respectueux. Respectueux pour qqn* (→ Question, cit. 15). — *Respectueux à l'égard d'une valeur morale ou intellectuelle. Respectueux des autres comme de lui-même* (→ Démocratie, cit. 8).

1   (...) un soldat marocain qui montait la garde, s'arrêta brusquement, et sans mot dire, croisant la baïonnette, il m'ordonna par signe de m'éloigner (...) Respectueux de la chose militaire, je quittai docilement cette dangereuse région.
Émile HENRIOT, le Diable à l'hôtel, IV.

N. f. (Aux sens 1 et 2 de *respect*). Fam. *Une respectueuse :* une prostituée (de *la Putain respectueuse,* titre d'une pièce de Sartre, 1946).

2   Grâce à Jean-Paul Sartre, les putains sont devenues célèbres sous le nom de respectueuses. Alors qu'à l'époque élisabéthaine on n'hésitait pas à mettre *whore* en toutes lettres aux affiches du théâtre, une insigne pudeur exigea chez nous que le titre de la pièce se libellât la P... respectueuse. À la suite de quoi, le sens du mot putain s'étant reporté sur respectueuse, j'eus l'extrême satisfaction de lire un jour, je ne me rappelle plus où, une allusion à la pièce de Sartre, mais rédigée de la façon suivante : la Putain r...
ÉTIEMBLE, Poétique comparée, Cours de Sorbonne, 1959-1960, p. 21.

♦ **2.** (1572). Qui marque du respect (2.). *Air* (→ Hypocrite, cit. 26), *ton, silence respectueux. Terreur respectueuse* (→ Caprice, cit. 8). *Adresse, demande, lettre respectueuse* (→ 2. Moyen, cit. 21). *Politesse respectueuse.* — Impersonnel. *Il n'est pas respectueux d'appeler* (cit. 39) *les gens par leur nom.* — Spécialt. *Amitié* (cit. 15) *amoureuse, attentive mais respectueuse. Des hommages* (cit. 14) *qui n'avaient rien de respectueux.* — (Dans le lang. de la politesse). *Respectueuses salutations. Veuillez agréer mes sentiments respectueux. Hommages respectueux.* ⇒ **Hommage** (*supra* cit. 18).

3   Bel-Ami avait jeté cette épître à la poste au moment de quitter Paris (...) Il y disait, en termes respectueux, qu'il aimait depuis longtemps la jeune fille (...)
MAUPASSANT, Bel Ami, II, IX.

(1835). Loc. *Rester à distance respectueuse,* à une distance assez grande (soit par respect, soit par crainte).

4   Je marchais à une distance respectueuse de mon guide, en veillant sur ses moindres mouvements avec la plus grande attention.
BALZAC, la Muse du département, Pl., t. IV, p. 111.

Dr. Se dit d'une sommation, d'un acte juridique qui s'adresse à des ascendants, dans les formes légales (→ 2. Outre, cit. 8; perruque, cit. 6).

5   — Mais, s'il y a protestation? dit le maire.
— Les actes respectueux ont été légalement faits, répliqua l'employé en se levant pour transmettre au fonctionnaire des pièces annexées à l'acte de mariage.
BALZAC, la Vendetta, Pl., t. I, p. 911.

♦ **3.** RESPECTUEUX DE... : qui éprouve le désir de ne pas porter atteinte à... ⇒ **Respect** (4.), **respecter.** *Probes et respectueux du bien d'autrui* (→ Fesser, cit. 3). — *Respectueux des choses établies* (→ Pensant, cit. 8). *Respectueux des formes, des pratiques extérieures* (→ Irréligion, cit. 2). ⇒ **Attaché** (à).

6   Et puis les Anglais, même à cet âge-là, sont plus tolérants, plus respectueux des singularités d'autrui.
J. ROMAINS, les Hommes de bonne volonté, t. V, XXIII, p. 213.

CONTR. Arrogant, dédaigneux, dérisoire, désobéissant, familier, impoli, impertinent, injurieux, insolent, irrespectueux, irrévérent, irrévérencieux, méprisant; audacieux, leste...
DÉR. Respectueusement.
COMP. Irrespectueux.

RESPIR ou RESPIRE [ʀɛspiʀ] n. m. — 1530, *respir; respire,* xix⁰; de *respirer.*

♦ Vx ou régional. Respiration. «*Le trot (...) coupait le respire à la grosse Sévère*» (Sand, *François le Champi,* VIII).

REM. On trouve ce mot dans des textes québécois contemporains.

Bouche cousue jusqu'au désert où, chaque automne, nous venions en famille cueillir des pleines poches de noix. Enfin, je me décidai à prendre un bon respir.
J.-P. FILION, le Premier Côté du monde, p. 68.

RESPIRABILITÉ [ʀɛspiʀabilite] n. f. — 1873, in *Année sc. et industr.,* 1874; de *respirable.*

♦ Didact. Caractère plus ou moins respirable (d'un gaz). «*La respirabilité du protoxyde d'azote*» (*Année sc. et industr.,* 1874, p. 405).

RESPIRABLE [ʀɛspiʀabl] adj. — 1743; «qui respire», v. 1380; «grâce à quoi on respire», mil. xvi⁰; du bas lat. *respirabilis,* du lat class. *respirare.* → Respirer.

♦ **1.** Que l'on peut respirer, qui est propre au fonctionnement normal de la respiration (chez les animaux, et, spécialt, chez l'homme). *Lavoisier avait d'abord appelé l'oxygène* (cit. 1) «*air éminemment respirable*». *Air raréfié, peu respirable.*

♦ **2.** Fig. *L'atmosphère n'est pas respirable.* ⇒ **Supportable.** *« Il faut que l'idéal* (cit. 12) *soit respirable, potable et mangeable à l'esprit humain »* (Hugo). → aussi Enseignement, cit. 4.

COMP. et CONTR. **Irrespirable.**
DÉR. **Respirabilité.**

RESPIRATEUR [ʀɛspiʀatœʀ] n. m. et adj. — 1802 ; de *respirer*.

♦ **1.** Appareil, masque qui permet de respirer dans une atmosphère toxique ou raréfiée.

(xxᵉ). Appareil pour la respiration artificielle.

♦ **2.** Adj. m. (1875). Qui sert à la respiration. — Vx. *Muscles respirateurs :* muscles respiratoires du thorax et de l'abdomen (surcostaux, grand droit de l'abdomen, etc.).

RESPIRATION [ʀɛspiʀasjɔ̃] n. f. — xvᵉ ; *respiracio* en provençal au xivᵉ ; du lat. *respiratio,* de *respirare* « exhaler, respirer ».

♦ **1.** [a] Le fait d'absorber et de rejeter l'air par les voies respiratoires (en parlant de l'homme et de certains animaux). ⇒ **Aspiration, expiration, inspiration, souffle.** *Les besoins de la respiration* (→ Raréfier, cit. 1). *Le rythme, le mouvement alternatif de la respiration. Arrêt de la respiration, par asphyxie, syncope* (⇒ **Apnée**). — (Avec un compl.). *Le fait de respirer. Respiration de vapeurs, d'un air vicié.* ⇒ **Inhalation ; respirer** (III.).

[b] Manière de respirer. ⇒ **Haleine, souffle.** *Respiration aisée, facile ; difficile* (→ Contraction, cit. 3 ; et aussi bronche, cit. 2). *Respiration angoissée, courte, sèche* (→ Embraser, cit. 3), *intermittente* (cit. 1), *rauque* (→ Incurable, cit. 4). ⇒ aussi **Râle** (cit. 3), **râler.** *Respiration haletante* (→ Horriblement, cit. 5), *entrecoupée, pantelante, précipitée...* ⇒ **Anhélation, essoufflement, halètement, haleter, pantelant, panteler, suffocation, suffoquer ; dyspnée.** *Respiration bruyante ; respiration amphorique, sibilante**, *sifflante, singultueuse, stertoreuse, striduleuse... Respiration oppressée des asthmatiques.* ⇒ **Asthme.** — Méd. *Respiration expiratrice* (expiration brusque ; inspiration ; repos). *Respiration syncopale* (1916, *in* D.D.L.). *Respiration bruyante des chevaux.* ⇒ **Cornage.** — *Arrêter, empêcher la respiration normale de qqn en l'étouffant, en l'étranglant.* ⇒ **Étouffement, étranglement, strangulation.**

1   Il écouta son souffle ; elle respirait ; mais d'une respiration qui lui paraissait faible et prête à s'éteindre.   HUGO, les Misérables, II, v, VIII.

2   Mais un homme que l'on ne connaissait pas entra, mouillé de sueur, effaré, les pieds saignants, la ceinture dénouée ; sa respiration secouait ses flancs maigres à les faire éclater (...)   FLAUBERT, Salammbô, VIII.

3   Mais une seule respiration endormie dans une chambre éloignée émeut l'atmosphère au point qu'à notre insu, une petite vague de chaleur humaine vient battre notre cœur.   F. MAURIAC, Genitrix, XVIII.

4   Couchée en travers de cette poitrine, elle sent la respiration de l'homme monter et descendre comme une vague et c'est l'angoisse d'une traversée.   SAINT-EXUPÉRY, Courrier Sud, II, XIII.

(Au plur). Rare. *Une voix suffoquée par des respirations haletantes* (→ Ouvrir, cit. 5).

[c] Spécialt. *Respiration aisée, normale. Perdre la respiration* (→ Oppresser, cit. 2). *Ôter la respiration* (cf. Mᵐᵉ de Sévigné, Fénelon, *in* Littré). — *Contenir* (→ Empoisonner, cit. 3), *retenir sa respiration.* ⇒ **Souffle.**

[d] Façon particulière de respirer, dans certaines activités (chant, sports...). *La respiration et l'appui* (cit. 6), *dans le chant** (cit. 6).

[e] Loc. (1834). *Respiration artificielle :* ensemble de manœuvres (insufflations, mouvements communiqués à la cage thoracique, tractions de la langue, bouche-à-bouche, etc.) pratiquées pour rétablir les fonctions respiratoires, chez les asphyxiés, etc. (cf. Garnier). Syn. : *ventilation artificielle.*

5   J'ai pratiqué maintes fois la « respiration artificielle manuelle » sur les grands blessés des deux guerres, sur des malades qui supportaient mal l'anesthésie, etc.   G. DUHAMEL, Problèmes de civilisation, p. 97.

Respiration assistée. ⇒ **Ventilation** (assistée).

♦ **2.** Par métaphore et fig. Souffle, bruit, rythme. *La respiration de la mer* (→ Grondement, cit. 3 ; huileux, cit. 2). *La respiration des locomotives* (cit. 13).

♦ **3.** Didact. (physiol.). Ensemble des fonctions (absorption d'oxygène, rejet de gaz carbonique et d'eau) assurant les processus d'oxydation d'un organisme vivant. *Respiration externe* ou *pulmonaire* (2. Pulmonaire, sens 1) : fixation et transport des gaz respiratoires par le sang ; *respiration interne* (cellulaire ou tissulaire), au cours de laquelle le carbone et l'hydrogène sont retirés aux substances organiques et combinés à l'oxygène. *La respiration fait partie des fonctions de nutrition**. *Respiration cutanée* (à travers les téguments, la peau), *propre aux organismes sans appareil respiratoire.* ⇒ **Perspiration.** *Respiration branchiale* (Poissons, Crustacés. ⇒ **Branchie**), *trachéale* (Insectes, Arachnides. ⇒ **Trachée ; stigmate**), *pulmonaire* (Reptiles, Oiseaux, Mammifères. ⇒ **Poumon**). *Chez l'homme, la respiration externe se fait par un appareil complexe.* ⇒ **Respiratoire ; bouche, larynx, nez ; bronche, trachée-artère, poumon.**
(1797). Physiol. de la végétation. Ensemble de phénomènes d'échan-

---

ges gazeux. *Chez les végétaux supérieurs, la respiration se fait surtout par la feuille**. ⇒ aussi **Chlorophyllien** (assimilation).

♦ **4.** Mus. Ponctuation d'un discours musical (musique vocale ou instrumentale). ⇒ **Phrasé.**

RESPIRATOIRE [ʀɛspiʀatwaʀ] adj. — 1566, rare av. le déb. du xixᵉ ; bas lat. *respiratorius,* du lat. class. *respiratum,* supin de *respirare.* → Respirer.

♦ **1.** Relatif à la respiration* (au sens scientifique, 2.) ; qui sert à la respiration. *Appareil, système respiratoire :* ensemble des organes différenciés qui apportent l'oxygène à l'organisme et en éliminent le gaz carbonique et l'eau. *Voies respiratoires* (→ Bronche, cit. 1). *Membrane respiratoire* (→ Poumon, cit. 1).

♦ **2.** (1835). De la respiration. *Mécanisme respiratoire* (de la respiration* externe). *Échanges respiratoires de la cellule, de la plante, de l'animal. Mesurer la capacité respiratoire au spiromètre. Quotient respiratoire.* ⇒ **Quotient.** *Murmure respiratoire :* bruit léger que l'on entend en auscultant, lorsque les poumons sont sains. *Troubles respiratoires* (→ Émotion, cit. 11). *Défaillance respiratoire ; insuffisance respiratoire. Maladies de l'appareil respiratoire :* rhume, pharyngite, bronchite, congestion, pneumonie... *Assistance** *respiratoire.*

COMP. **Cardio-respiratoire.**

RESPIRE [ʀɛspiʀ] ⇒ **Respir.**

RESPIRER [ʀɛspiʀe] v. — 1298 ; v. intr., « revenir à la vie », 1190 ; lat. *respirare,* dér. de *spirare* ; le plus ancien emploi du franç. *respirer* témoigne de l'attraction d'*esprit* « souffle ; vie » (P. Zumthor, *in* F.E.W.).

★ **I.** ♦ **1.** V. intr. Absorber* l'air dans la cage thoracique, puis l'en rejeter. ⇒ **Aspirer** (II.), **expirer, inspirer, souffler.** *Respirer par le nez* (cit. 1), *par la bouche* (→ Effort, cit. 4). *Empêcher qqn de respirer.* ⇒ **Asphyxier, étrangler.** *Respirer doucement* (→ Haleine, cit. 7), *régulièrement. Respirer avec difficulté, avec peine, avec effort, d'une haleine courte...* ⇒ **Anhéler, haleter** (cit. 2) ; **poussif** (→ Dilater, cit. 6 ; enthousiasme, cit. 12 ; entreprendre, cit. 19). *Respirer bruyamment, en reniflant, en sifflant, en soufflant.* ⇒ aussi **Ronfler.** *Respirer bien, à l'aise.* — (En parlant d'un malade, d'un moribond). *Il respirait encore, d'un petit souffle pénible* (→ Passer, cit. 74 ; et ci-dessous le sens 2).

1   (...) on finit par respirer librement dans un spectacle encombré par la foule, tandis qu'en entrant, on n'y respirait qu'avec effort.   B. CONSTANT, Adolphe, I.

2   Il respira librement et à pleine poitrine pour la première fois depuis la visite de Javert. Il lui semblait que le poignet de fer qui lui serrait le cœur depuis vingt heures venait de le lâcher.   HUGO, les Misérables, I, VII, V.

Loc. *Faire qqch. comme on respire,* avec naturel, avec facilité. *On devrait écrire* (cit. 52) *comme on respire. Il ment* (cit. 6) *comme il respire,* avec un parfait naturel et sans cesse. — Par exagér. *Craindre* (→ Peur, cit. 38), *oublier de respirer* (→ Piaffer, cit. 2) : retenir son souffle.

3   Je chantais, mes amis, comme l'homme respire,
      Comme l'oiseau gémit, comme le vent soupire (...)
      LAMARTINE, Nouvelles méditations, V.

Fig. *Respirer bien, à l'aise... quelque part :* s'y sentir bien (→ ci-dessous 3.).

4   Toutes les fois que j'entre à Paris, j'y respire à l'aise, comme si je rentrais dans mon royaume (...)   FLAUBERT, Correspondance, 98, Fin juin-début juil. 1845.

Exercer la fonction de la respiration. *Les cellules, les plantes respirent.*

5   Aussi faut-il donner à l'animal un point
      Que la plante après tout n'a point.
      Cependant la plante respire.   LA FONTAINE, Fables, IX, 20.

Avoir les mouvements rythmés de la respiration. *Une poitrine, un sein qui respire* (→ Descendre, cit. 25).

♦ **2.** (1636). Littér. Être en vie. ⇒ **Vivre** (→ Foi, cit. 1 ; lion, cit. 5). *« Jusqu'à quand souffre-t-on que ce peuple respire... ? »* (→ Profane, cit. 13). *« Que tout ce qui respire... »* (→ Grandeur, cit. 13). *« Ceux par qui je respire »* (Racine, *Mithridate,* II, 4) : mes parents. — *Respirer pour qqn :* vivre pour lui. — *Respirer en qqn* (Racine, *Phèdre,* II, 5) : revivre en lui.

♦ **3.** (Déb. xiiiᵉ ; p.-ê. avec l'infl. de *respit, répit*). Avoir un moment de calme, de relâche*, de répit (après ou avant un travail, une peine, un danger). *Je commence à respirer* (→ Large, cit. 20). *Ouf, on respire !* (→ On se sent revivre). *« Respirons, maintenant... » :* reposons-nous (→ Mouche, cit. 7, La Fontaine). *« Si l'on mettait cette racaille* (cit. 3) *en prison (...) les honnêtes gens pourraient respirer »* (Camus).

6   Oui, je respire, Arsace, et tu me rends la vie (...)   RACINE, Bérénice, III, 2.

★ **II.** (Fin xiiiᵉ, dér. du premier emploi « répandre un souffle »).

♦ **1.** V. tr. Vx. Exhaler, répandre (une odeur, un souffle...). *« Respirer une haleine de roses »* (cf. Chénier, *in* Littré). — Figuré :

7 Je respire à la fois l'inceste et l'imposture.   RACINE, Phèdre, IV, 6.

(XVIᵉ). Mod. Avoir un air de..., dégager une impression de... ⇒ **Exprimer** (*infra*, cit. 16), **manifester, marquer.** *Tout respirait la joie et l'amour partagé* (→ Imprégner, cit. 7). *Figure qui respire un sentiment de paix* (cit. 35) *sereine. Respirer la santé. Respirer la franchise* (cit. 15), *la bonté* (→ Mansuétude, cit. 1). *Tout, dans ses paroles, respirait la résolution* (→ Ordre, cit. 49).

8 C'était un homme à cheveux gris, dont le visage respirait la courtoisie, la bénignité.
   G. DUHAMEL, le Temps de la recherche, VII.

♦ **2.** V. intr. Se manifester. *Cet air de défi qui respirait en toute sa personne* (→ Importer, cit. 29).

9 Ces yeux si beaux, où respirait l'ennui le plus profond, et, pis encore, le désespoir de trouver le plaisir, s'arrêtèrent sur Julien.
   STENDHAL, le Rouge et le Noir, II, VIII.

10 La mélancolie et la passion respiraient dans cette figure caractérisée par un teint olivâtre et mâle.   BALZAC, le Bal de Sceaux, Pl., t. I, p. 98.

★ **III.** V. tr. (Fin XVIᵉ, avec infl. d'*aspirer*).

♦ **1.** Aspirer, attirer par les voies respiratoires. ⇒ **Absorber, humer, inhaler.** *Respirer l'air, le bon, le grand air, un air...* ⇒ **Air** (cit. 1, 2 et 7); → Goulée, cit. 2; promener, cit. 11. *Respirer le frais.* ⇒ **Prendre** (→ Grelotter, cit. 1). — *Respirer une vapeur, un gaz. Respirer de l'éther* (→ Capiteux, cit. 2; flacon, cit. 2). ⇒ **Renifler.** *Respirer une odeur, un parfum...* ⇒ **Sentir** (→ Effleurer, cit. 3; punition, cit. 7). *Respirer un poison* (→ Perdre, cit. 4). *Respirer une fleur, une rose* (→ Bruyamment, cit.). — *purpurin, cit.). — Au p. p. Une odeur respirée jadis* (→ Essence, cit. 5).

11 Il eut tant de serviettes mouillées sur le front, on lui fit respirer tant de sels et de vinaigres, qu'il ouvrit les yeux.   BALZAC, le Cousin Pons, Pl., t. VI, p. 776.

12 *(Il)* allait passer deux heures chez Thérèse, heureux de la voir, de respirer l'air qu'elle respirait (...)   G. SAND, Elle et Lui, II.

13 (...) j'appuyais ma figure entre ton épaule et ton cou, je respirais cette petite fille en larmes. L'humide et tiède nuit pyrénéenne, qui sentait les herbages mouillés et la menthe, avait pris aussi de ton odeur.
   F. MAURIAC, le Nœud de vipères, I, III.

Par métaphore ou fig. *Respirer une atmosphère* (cit. 14) *étrange... Respirer l'air natal.*

14 — La grâce de votre pensée, votre courage élégant, votre fierté spirituelle, je les respire comme les parfums de votre chair.   FRANCE, le Lys rouge, XVI.

15 *(En France)* l'enfant ne respire pas la musique autour de lui, comme il respire, en quelque sorte, le sentiment littéraire et oratoire.
   R. ROLLAND, Musiciens d'aujourd'hui, p. 86.

Fig. et vx. *Respirer le jour* : vivre (→ Appeler, cit. 16).

♦ **2.** (1671). Fig. et vx. *Ne respirer que... :* désirer ardemment. *Respirer qqch.* — Trans. ind. *Respirer de...,* suivi de l'inf. (cf. Mᵐᵉ de Sévigné, *in* Littré). — (1694). *Respirer après qqch.* (Selon Littré, *«respirer marque un désir plus ardent, une passion plus violente, que ne fait soupirer après»*).

16 Ton ardeur criminelle à la vengeance aspire !
   Ta bouche la demande, et ton cœur la respire !   CORNEILLE, Horace, IV, 5.

♦ **3.** Absolt. ⇒ **Aspirer.** *Respirer longuement, profondément* (→ Boire, cit. 28).

CONTR. Étouffer, suffoquer. — Mourir.
DÉR. Respir ou respire, respirateur. — (Du même rad. lat.) Respirable, respiration, respiratoire.

RESPLENDIR [ʀɛsplãdiʀ] v. intr. — 1120; var. *resplendre,* au moyen âge; lat. *resplendere* «renvoyer la clarté».

♦ **1.** Briller d'un vif éclat, en produisant ou en renvoyant (sens étym.) la lumière. ⇒ **Étinceler, flamboyer, luire** (cit. 2); → Brillanter, cit. 2; changeant, cit. 9; lampadaire, cit. 2; perle, cit. 5. *Le métal resplendit au soleil.* — REM. *Resplendir* est plus littéraire et sa valeur affective est plus forte que *réverbérer, réfléchir...;* il doit au radical *splendor* (→ Splendeur, splendide) sa valeur superlative.

1 Au bout d'une longue prairie, le lac d'Hippo-Zaryte resplendissait sous le soleil couchant.   FLAUBERT, Salammbô, XII.

2 Le bleu nocturne du manteau, le ton crème de la robe, la laque noire du paravent, faisaient resplendir d'un éclat sourd sa peau de brune.
   MARTIN DU GARD, les Thibault, t. VI, p. 11.

Resplendir de... par (qqch.). *Des champs de genêts et d'ajoncs resplendissent de leurs fleurs* (→ Fougère, cit. 1).

♦ **2.** (Abstrait). ⇒ **Briller, illuminer** (cit. 10). → Aboutissement, cit. 2; génie, cit. 28, Hugo. *La bonne humeur... resplendissait dans ses yeux bleus et sur ses joues lustrées* (→ Mâle, cit. 6). ⇒ **Rayonner.** — Fig. *L'amour, la confiance resplendissait sur son visage.* ⇒ **Resplendissant** (fig.).

3 Elle vit dans mes yeux resplendir son image (...)
   A. DE MUSSET, Poésies nouvelles, « Lucie ».

Resplendir de..., à cause de...

(...) son visage resplendissait de foi.
   MARTIN DU GARD, les Thibault, t. II, p. 203.
DÉR. Resplendissant, resplendissement.

RESPLENDISSANT, ANTE [ʀɛsplãdisã, ãt] adj. — V. 1160; de *resplendir.*

♦ **1.** Qui resplendit, brille, étincelle. ⇒ **Éclatant, étincelant.** *La mer «resplendissante et sombre»* (→ 2. Dôme, cit. 4, Hugo). *Yeux resplendissants* (→ Poussière, cit. 9). — Par métaphore et fig. *Discours* (cit. 16) *éblouissant, resplendissant* (→ aussi 1. Idéal, cit. 2).

Sur cette phosphorescence mystérieuse se dessinent des ruines d'une architecture fine et admirable, le tout rendu plus resplendissant encore par je ne sais quelle autre clarté des Muses.
   CHATEAUBRIAND, Mémoires d'outre-tombe, t. II, p. 366.

♦ **2.** (Abstrait). *Visage resplendissant de bonheur.* ⇒ **Radieux.** *Mine resplendissante* (teint et traits dénotant la pleine santé et la joie de vivre).

CONTR. Pâle, terne.

RESPLENDISSEMENT [ʀɛsplãdismã] n. m. — 1120; de *resplendir.*

Littéraire.

♦ **1.** Éclat, lumière de ce qui resplendit.

Par extension :

(...) un visage hautain et impassible, mêlant le refus à l'attrait, et se résumant en un resplendissement, des cheveux colorés comme d'un reflet d'incendie (...)
   HUGO, l'Homme qui rit, II, III, VIII.

♦ **2.** (Abstrait). *« Le resplendissement de sa gloire »* (Académie).

RESPONSABILISATION [ʀɛspõsabilizasjõ] n. f. — V. 1970; de *responsabiliser.*

♦ Fait de responsabiliser (qqn), de le rendre responsable. *« L'autosurveillance ne nous intéresse que si elle entraîne une responsabilisation du public* (déclare un conseiller technique au ministère de la Santé)» (*le Point,* 13 avr. 1981, p. 105).

RESPONSABILISER [ʀɛspõsabilize] v. tr. — 1963, Boudard, v. pron.; de *responsable.*

♦ Rendre responsable (qqn); donner à (qqn) le sens des responsabilités. — Pron. *Se responsabiliser.*

DÉR. Responsabilisation.

RESPONSABILITÉ [ʀɛspõsabilite] n. f. — 1783-1784 dans des traductions de discours de Fox (*Courrier de l'Europe,* cité par von Proschwitz); de *responsable,* angl. *responsibility* (1733), en dr. constit., de *responsable* «responsable»; les sens 2 et 3 apparaissent au XIXᵉ. REM. La forme *responsabiliteit,* dér. de l'anc. franç. *responsible,* est attestée au XIVᵉ.

♦ **1.** Dr. constit. Obligation pour les ministres de quitter le pouvoir lorsque le corps législatif leur retire sa confiance (→ Motion, cit. 3). *La responsabilité politique des ministres définit le parlementarisme* (cit. 3).

Avez-vous jamais pu vous dissimuler à vous-mêmes que l'inviolabilité du roi était intimement liée à la responsabilité des ministres; que vous aviez transféré du roi aux ministres l'exercice réel de la puissance exécutive, et que, les ministres étant les véritables coupables (...)
   MIRABEAU, Disc. du 14 juillet 1791, in Œ., t. I, p. 84.

♦ **2.** (XIXᵉ). Dr. En droit civil, Obligation de réparer le dommage que l'on a causé par sa faute ou dans certains cas déterminés par la loi. → **Faute** (II., 2.); **imputabilité.** *Responsabilité civile,* de l'auteur d'une faute qui résulte d'une infraction à la loi pénale. *Responsabilité contractuelle,* du débiteur qui n'a pas ou qui a mal exécuté une obligation. *Responsabilité délictuelle. Responsabilité légale,* imposée par la loi dans des cas déterminés *(responsabilité de l'employeur pour les accidents du travail, ...). Responsabilité du fait d'autrui* (du père, d'un commettant pour les dommages causés par un enfant mineur...), *du fait des animaux* (du propriétaire, du gardien; → Incomber, cit. 1), *du fait des choses inanimées.* — *Responsabilité en matière d'accidents d'automobile...*

Responsabilité collective : fait de considérer que tout un groupe est solidairement responsable d'un acte commis par l'un de ses membres.

(Déb. XXᵉ). Dr. pénal. Obligation de supporter le châtiment. *Responsabilité pleine et entière. Responsabilité atténuée* en cas d'anomalies physio- ou psychologiques. *Les circonstances* (atténuantes ou aggravantes) *influent sur le degré de responsabilité.* ⇒ aussi **Irresponsabilité.** *Appréciation de la responsabilité pénale d'un prévenu par le tribunal, après expertise psychiatrique. Responsabilité pénale possible du mineur, de 13 à 18 ans (avec excuse atténuante* *de minorité).* — Spécialt. *Responsabilité pénale des ministres* (à distinguer du sens 1).

Dr. comm. *Société à responsabilité limitée* (S. A. R. L.), dans laquelle la responsabilité des associés est limitée au montant de leur apport.

♦ **3.** Cour. Obligation ou nécessité morale, intellectuelle de réparer une faute, de remplir un devoir, une charge, un engagement. Par ext. Le fait, pour certains actes, d'entraîner — suivant certains critères moraux, sociaux — des conséquences pour leur auteur (⇒ **Sanction**); le fait d'accepter, de supporter ces conséquences. ⇒ **Répondre** (de ses actes). *Responsabilité disciplinaire d'un médecin devant le conseil de l'Ordre.* — *L'idée de responsabilité est liée à celle de liberté, de conscience. Responsabilité directe* (cit. 3) *ou indirecte. De lourdes responsabilités* (→ Absent, cit. 7). *Le fardeau des responsabilités. Le sentiment des responsabilités, de responsabilité* (→ Ouvrier, cit. 13). — *La responsabilité de chacun est engagée* (→ Fuite, cit. 7). — *Accepter, assumer* (cit. 6) *une responsabilité* (→ Entrave, cit. 4). *Prendre la responsabilité de...,* accepter d'en être tenu pour responsable. ⇒ **Endosser, prendre** (sur soi); → Prendre sous son bonnet*, sur son compte*, sur sa tête*...; faire qqch. à ses risques et périls* (→ 1. Faux, cit. 8). *Revendiquer, prendre, assumer ses responsabilités* (→ Contemporain, cit. 3). — *Porter la responsabilité de ses fautes.* ⇒ **Endosser. Imputer** (cit. 8) *à qqn la responsabilité d'un acte. Rejeter sur qqn une responsabilité* (→ Désolidariser, cit. 1). *Décliner toute responsabilité et se laver les mains de qqch. Faire peser la responsabilité sur...* (→ Cause, cit. 29). — *Avoir la responsabilité de qqn,* en être responsable (→ Avoir charge d'âme). *Soulager qqn d'une responsabilité trop lourde.* ⇒ **Décharger** (3.). *Les responsabilités du chef, du pouvoir.*

2 L'idée exprimée est une responsabilité acceptée. C'est pourquoi l'écrivain est intime avec le style. Il ne livre rien au hasard. Responsabilité entraîne solidarité.
HUGO, Post-Scriptum de ma vie, « L'esprit », Les grands hommes, I.

3 Leurs continuels efforts tendaient à rejeter à tour de rôle la responsabilité du crime, à se défendre comme devant un tribunal, en faisant mutuellement peser sur eux les charges les plus graves. ZOLA, Thérèse Raquin, XXVIII.

4 La responsabilité est la solidarité de la personne humaine avec ses actes, condition préalable de toute obligation réelle ou juridique.
M. BLONDEL, in LALANDE, Voc. de la philosophie, art. *Responsabilité.*

5 (Ponce Pilate) cédait à la pression populaire, mais entendait signifier qu'il n'assumait point la responsabilité de la décision. Il prit de l'eau et se lava les mains devant le peuple. DANIEL-ROPS, Jésus en son temps, X, p. 533.

6 (...) l'homme (...) est responsable du monde et de lui-même en tant que manière d'être. Nous prenons le mot de « responsabilité » en son sens banal de « conscience d'(être) l'auteur incontestable d'un évènement ou d'un objet » (...) Cette responsabilité absolue n'est pas acceptation d'ailleurs : elle est simple revendication logique des conséquences de notre liberté. SARTRE, l'Être et le Néant, p. 639.

(xxᵉ). Charge, poste, situation qui entraîne des responsabilités. *Promouvoir qqn à une haute responsabilité* (→ État-Major, cit. 3).

Fig. *Avoir la responsabilité de... :* être l'agent, la cause de... ⇒ **Responsable.**

CONTR. **Irresponsabilité** (REM. La forme *non-responsabilité* apparaît dès 1784).

RESPONSABLE [ʀɛspɔ̃sabl] adj. — XIVᵉ; *responsaule,* n. m., en 1284; *responsable,* adj., en 1304 (t. de dr.); «admissible en justice», 1309; dér. sav. du lat. *responsus,* p. p. de *respondere* «se porter garant». → **Répondre.**

Qui doit accepter et subir les conséquences de ses actes, en répondre.

♦ **1.** Dr. Qui doit (de par la loi) réparer les dommages qu'il a causés. ⇒ **Responsabilité** (2.); → Architecte, cit. 5; avarie, cit. 5; fait, cit. 10, Code civil. *Être civilement*, pénalement responsable* (→ Crouler, cit. 8). — *Qui doit subir le châtiment prévu par la loi. Les experts pensent que l'accusé n'est pas responsable.* — *Éditeur, gérant responsable,* qui doit répondre des délits de presse.

(XVIIIᵉ). *Qui doit rendre compte de sa politique.* ⇒ **Responsabilité** (1.). *Les ministres, responsables envers l'Empereur seul* (→ Département, cit. 1). (— *Dans le gouvernement parlementaire.* ⇒ **Responsabilité,** 1.). *En monarchie parlementaire, le roi n'est pas responsable* (→ Esprit, cit. 83, par jeu de mots avec le sens 2).

♦ **2.** Qui doit, en vertu de la morale admise, rendre compte de ses actes ou de ceux d'autrui. ⇒ **Responsabilité** (3.); **comptable, garant.** — REM. *Répondant*, caution* ont un sens plus étroit et plus juridique. — *Être responsable de sa conduite devant qqn* (→ Justiciable, cit. 2). *Être responsable de qqn,* de sa vie, de sa santé, de sa conduite... *Dans ce groupe, chacun est responsable des actes de tous.* ⇒ **Solidaire.** — (1669). Vx. *Être responsable à qqn de qqch,* lui en devoir des comptes (→ ci-dessous, cit. 1, Molière). — *Rendre qqn responsable de qqch* (→ Gaspillage, cit. 2), *le considérer comme responsable...* ⇒ **Imputer** (cit. 1). → aussi Bouc* émissaire. — Par ext. Être l'auteur, la cause volontaire et consciente de qqch. (et par suite en porter la responsabilité morale). *L'homme est responsable de ce qu'il est* (→ Existentialisme, cit. 2, Sartre), *responsable de son destin* (cit. 27). ⇒ **Engagé.**

1 Et qui donne à sa fille un homme qu'elle hait
Est responsable au Ciel des fautes qu'elle fait. MOLIÈRE, Tartuffe, II, 2.

2 Chacun est responsable de tous. Chacun est seul responsable. Chacun est seul res-

ponsable de tous. Je comprends pour la première fois l'un des mystères de la religion dont est sortie la civilisation que je revendique comme mienne : *Porter les péchés des hommes* (...) SAINT-EXUPÉRY, Pilote de guerre, XXIV.

Il faut, en effet, qu'il *(l'écrivain)* se pénètre de sa responsabilité. Il est responsable de tout : des guerres perdues ou gagnées, des révoltes et des répressions ; il est complice des oppresseurs s'il n'est pas l'allié naturel des opprimés. Mais non point seulement parce qu'il est écrivain : parce qu'il est homme.
SARTRE, Situations II, p. 51. 3

Fam. ⇒ **Auteur, coupable** (fam.). *Les auteurs responsables de tableaux* (→ Bitume, cit. 2). — N. m. *Qui est le responsable de cet article, de cette plaisanterie?*

Spécialt. *Ne pas être responsable de ses actes, ne pas être responsable :* ne pas jouir de toutes ses facultés (→ 1. Fou, cit. 28).

(...) George III, ayant perdu dans sa vieillesse l'esprit qu'il n'avait jamais eu dans sa jeunesse, n'est point responsable des calamités de son règne.
HUGO, l'Homme qui rit, I, III, IV. 4

♦ **3.** Chargé de..., en tant que chef qui prend des décisions. *Le Premier ministre* (cit. 8) *est responsable de la défense nationale.* — N. (xxᵉ; *in* Académie, 1935). *Un, une responsable :* une personne qui décide, dans une organisation (par oppos. aux subalternes chargés d'appliquer les décisions). ⇒ **Chef, dirigeant** (→ Dossier, cit. 5.). *Les responsables d'un parti* (cet emploi est fréquent dans la langue administrative et journalistique : *les responsables syndicaux,* etc.).

— Un chef, dit M. Pascal, n'est ni aimé, ni détesté (...) Il est un chef, c'est-à-dire un responsable. A. MAUROIS, B. Quesnay, XVI. 5

(...) le ruban de moire rouge sang portant en lettres d'or cette inscription « A notre responsable, les jeunesses communistes ». Jean GENET, Pompes funèbres, in Œ. compl., t. III, p. 49. 5.1

♦ **4.** (Appliqué à une chose). Cause, raison suffisante. — REM. Cet emploi n'est acceptable que lorsqu'il s'agit d'une chose abstraite, que l'on juge (et que l'on accuse) sur le plan moral; il est abusif de parler des « *forces responsables du tracé de la côte* » (→ Littoral, cit.), — *Rendre la propriété responsable des distinctions sociales* (→ Égalitaire, cit. 1). *L'émiettement* (cit.) *d'énergies, dont la Révolution française est en partie responsable.*

Qui dira de combien d'arrêts, de réticences et de détours est responsable la sympathie, la tendresse? GIDE, Corydon, Préface. 6

♦ **5.** (Après 1965; infl. de l'angl. *responsible*). Raisonnable, réfléchi, sérieux. *Agir de façon responsable.* « *Les plus responsables des étudiants sont loin de sombrer dans l'aventure romantique* » (*le Nouvel Obs.,* 26 juin 1968). — (Dans des tours impersonnels, surtout négatifs). « *(...) attiser les fanatismes, ce n'est guère responsable pour un chef d'État* » (*le Nouvel Obs.,* 20 janv. 1969).

CONTR. **Irresponsable.**
DÉR. **Responsabilité.**

RESPONSORIAL [ʀɛspɔ̃sɔʀjal] n. m. — Déb. xxᵉ; fin xviᵉ, *responsoriale;* dér. sav. du bas lat. *responsorium,* lat. class. *responsum.*

♦ Liturgie. Recueil de l'office de nuit (matines). *Les répons chantés après les leçons se trouvent dans le responsorial.*

RESQUILLE [ʀɛskij] n. f. ou **RESQUILLAGE** [ʀɛskijaʒ] n. m. — V. 1924, *resquille; resquillage,* xxᵉ; de *resquiller.*

♦ Action de resquiller. ⇒ **Fraude, grivèlerie.** *C'est le roi de la resquille, du resquillage. Un resquillage éhonté. Un V. I. P. peu porté à la resquille.*

RESQUILLER [ʀɛskije] v. — 1910, v. tr.; Dauzat le signale, en 1915-1916, à Salonique, dans l'argot des marins, au sens de « s'esquiver du bord » (*Argot de la guerre*) et « outrepasser son droit », 1910; provençal *resquilia* « glisser », nombreuses variantes dans les dial. méridionaux, rattaché au rad. germanique *kegil* « quille », par une évolution obscure (Wartburg), ou de *s'esquiller* « s'enfuir », en provençal « glisser », comp. de *quilles* « jambes » (Guiraud).

♦ **1.** V. intr. (1927). Entrer, se faufiler sans payer (dans un spectacle, un moyen de transport, etc.). — Par ext. Obtenir une chose sans y avoir droit, sans rien débourser*. ⇒ **Écornifler.**

Les femmes sont plus râleuses encore que des moutards. Pour un billet en resquille, elles feraient stopper toute la ligne *(de tramway).*
CÉLINE, Voyage au bout de la nuit, p. 219.

♦ **2.** V. tr. Obtenir (qqch.) en resquillant. *Resquiller une place de cinéma.*

CONTR. **Payer.**
DÉR. **Resquille** ou **resquillage.** — (Du même rad.) **Resquilleur.**

RESQUILLEUR, EUSE [ʀɛskijœʀ, øz] n. et adj. — V. 1924; du provençal *resquihaire,* de *resquilia* (→ Resquiller), puis de *resquiller.*

♦ **1.** Qui resquille, a l'habitude de resquiller. ⇒ **Écornifleur, fraudeur, passe-volant** (vx). *Resquilleur qui se faufile, passe avant son tour.* Adj. *il est très resquilleur.* — REM. *Resquilleur* est beaucoup plus faible que *fraudeur;* comme adj. il signifie « qui est débrouillard* et peu scrupuleux ». → **Combinard.**

Il faut que l'ordre règne, que le bien triomphe, que l'effort, le travail soient récompensés, que tous les resquilleurs soient punis (...)
N. SARRAUTE, le Planétarium, p. 274.

♦ **2.** Adj. Qui est débrouillard* et peu scrupuleux. ⇒ **Combinard.** *Il est très resquilleur.*

RESSAC [Rəsak] n. m. — 1513; esp. *resaca,* de *resacar* «tirer en arrière», de *re-,* et *sacar* «tirer», de *saco* «sac»; du lat. *saccus,* cf. anc. franç. *sachier* «secouer, bousculer».

♦ Retour violent des vagues sur elles-mêmes, après un choc*, lorsqu'elles ont frappé un obstacle (côte, haut-fond, etc.). → Mouton, cit. 20. *Le ressac de la mer dans les anfractuosités.* — REM. «Ce mot est pris, même par des marins et des océanographes au sens vague d'agitation due au déferlement» (Baulig, *Vocab... de géomorphologie*).

À droite et à gauche (...) s'allongeaient, comme les remparts du monde, les lignes d'une falaise horriblement noire et surplombante, dont le caractère sombre était puissamment renforcé par le ressac qui montait jusque sur sa crête blanche et lugubre, hurlant et mugissant éternellement.
BAUDELAIRE, Trad. E. POE, Histoires extraordinaires,
«Une descente dans le Maelstrom».

RESSAIGNER [R(ə)seɲe; R(ə)sɛɲe] v. — 1549; comp. de *re-,* et *saigner.*

♦ **1.** V. tr. Anc. Saigner de nouveau (un malade).

♦ **2.** V. intr. Mod. Saigner de nouveau. *La fièvre se ranime, les plaies ressaignent* (→ Aggraver, cit. 7).

RESSAISIR [R(ə)sezir; R(ə)sɛzir] v. — 1207; de *re-,* et *saisir.*

♦ **1.** V. tr. (1642, fig.). Saisir de nouveau, saisir (ce qui a échappé). *Ressaisir un fuyard* (→ Atteindre, cit. 34). ⇒ **Raccrocher, rattraper, reprendre.** *Ressaisir le fil* (cit. 38) *de son sommeil. Ressaisir le passé* (→ Reconnaissance, cit. 1). *Ressaisir les détails d'un souvenir* (→ Imperceptible, cit. 12). *Des paroles qui m'échappent et que je voudrais ressaisir aussitôt* (→ Désavouer, cit. 2).

1 Bonaparte aurait voulu ressaisir à lui seul l'autorité, mais cela ne lui était pas possible (...) CHATEAUBRIAND, Mémoires d'outre-tombe, t. IV, p. 3.

2 (...) en cette saison de la vie où l'on aime à regarder en arrière et à ressaisir ce qu'il y a de meilleur dans le passé.
SAINTE-BEUVE, Correspondance, t. II, éd. Calmann-Lévy, p. 338.

3 Il y a certaine façon de portraiturer les grands hommes, par quoi le peintre semble soucieux de ressaisir quelque avantage sur son modèle.
GIDE, Si le grain ne meurt, II, II, p. 335.

♦ **2.** (Sujet n. de chose). Saisir de nouveau (qqn). Reprendre. *La peur le ressaisit.* — Au p. p. *Ressaisi par le rythme endiablé, il repart de plus belle* (→ Frénésie, cit. 5).

4 J'ai besoin de peu de sommeil; la sieste (...) me suffit. Quand l'envie de dormir me ressaisira, je dormirai d'une manière véhémente et saoulée (...)
COLETTE, Naissance du jour, p. 243.

5 Ce sentiment de victoire menacée, de joie nuageuse, il devait vingt fois m'abandonner et me ressaisir pendant les orages de juin.
G. DUHAMEL, Chronique des Pasquier, II, XII.

▶ **SE RESSAISIR** v. pron.

♦ **1.** (1642). Vx ou dr. *Se ressaisir de... :* rentrer en possession de, reprendre possession de... *Se ressaisir de ses biens.*

♦ **2.** (Av. 1893). Cour. *Se ressaisir :* rentrer en possession de son calme, de son sang-froid, redevenir maître de soi. ⇒ **Maîtriser** (se). *Il faillit éclater en sanglots mais se ressaisit* (→ Hoqueter, cit. 2). *Comme s'il se ressaisissait* (→ Décider, cit. 33). *Faire de vains efforts pour se ressaisir* (→ Imposer, cit. 25). *Ressaisissez-vous !* — Se rendre de nouveau maître de la situation par une attitude plus ferme. *Il se laissait aller après ces épreuves, mais il s'est bien ressaisi* (→ Reprendre du poil de la bête*). *Nous nous sommes ressaisis au bord du gouffre* (cit. 18).

6 (...) Philippe s'avisa des complaisances qu'il avait lui-même pour Lembach, se ressaisit, désormais se surveilla, et répondit aux grâces de l'Allemand par quelques dures rebuffades. A. HERMANT, l'Aube ardente, XI.

7 Peu à peu, elle s'était déprise de tout (...) Mais parfois quelque chose d'indéfinissable se produisait en elle, une sorte de halte dans le cours du temps, comme si on eût voulu lui donner une occasion de se ressaisir, de se voir telle qu'elle était, de voir sa vie. J. GREEN, Léviathan, II, II.

CONTR. **Abandonner.**
DÉR. **Ressaisissement.**

RESSAISISSEMENT [R(ə)sezismã; R(ə)sɛzismã] n. m. — 1510, dr.; rare jusqu'au XXᵉ; de *ressaisir.*

♦ Littér. Action de ressaisir, de se ressaisir.

1 *Booz endormi* (...) un texte, une œuvre du ressaisissement du génie sur le talent, hors du temps. Ch. PÉGUY, Victor-Marie, comte Hugo, p. 125.

2 (...) jamais il n'avait rencontré ainsi chez une femme à la fois cette faculté de défaillir, de tomber dans la volupté comme une pierre dans un puits, tout droit, et en même temps ce ressaisissement immédiat de soi-même, cette légèreté, ce retour à comme si de rien n'était, cette aliénation soudaine dans ses bras d'une statue, ce ton détaché, cet oubli de l'abîme.
ARAGON, les Beaux Quartiers, II, XXXVI.

RESSASSAGE [R(ə)sasaʒ] n. m. — 1877, Daudet; de *ressasser.*

♦ Le fait de ressasser. ⇒ **Ressassement.**

RESSASSANT, ANTE [R(ə)sasã, ãt] adj. — Néol.; de *ressasser.*

♦ Rare. Qui ressasse, prend un caractère obsessionnel.

Nerval, dit-on, erre ans les rues avant de se pendre, mais erre est déjà la mort, l'égarement mortel qu'il lui faut enfin interrompre en se fixant. De là la hantise ressassante des gestes de suicide. M. BLANCHOT, l'Espace littéraire, p. 124.

RESSASSEMENT [R(ə)sasmã] n. m. — 1777; de *ressasser.*

♦ Le fait de ressasser; répétition inlassable. ⇒ **Ressassage.**

1 L'obsession sexuelle (quel qu'en soit l'objet), le ressassement empêche l'œuvre de naître (...) F. MAURIAC, Bloc-notes 1952-1957, p. 24.

2 (...) la dissociation immédiate de tout langage que dédouble *(dans le savoir du XVIᵉ siècle),* sans jamais aucun terme assignable, le ressassement du commentaire.
Michel FOUCAULT, les Mots et les Choses, p. 54.

3 Je ne suis que parole intentée à l'absence
L'absence détruira tout mon ressassement.
Yves BONNEFOY, Poèmes, «Une voix», p. 67.

RESSASSER [R(ə)sase] v. tr. — 1549, *resasser;* comp. de *re-,* et du v. *sasser,* de *sas* «tamis».

♦ **1.** Vx. Repasser au sas, au tamis. *Ressasser du plâtre.*

♦ **2.** (1671). Par ext. Vx. Remuer, agiter de nouveau.

♦ **3.** Fig. Vx. Examiner* avec soin à plusieurs reprises. *Ressasser une affaire* (Mᵐᵉ de Sévigné, 1150, 16 mars 1689).

♦ **4.** Mod. **ⓐ** (1721). Revenir sur (les mêmes choses), faire repasser dans son esprit. ⇒ **Remâcher.** *Ressasser des regrets.*

1 Pendant ce mois — où je ressassai comme une mélodie, sans pouvoir m'en rassasier, ces images de Florence, de Venise et de Pise (...)
PROUST, Du côté de chez Swann, Pl., t. I, p. 391.

2 Réflexions qu'il ressassait quotidiennement, même dans le silence du travail, mais qui ne tournaient pas au radotage, parce qu'il les nourrissait de nouvelles raisons, et ne craignait pas de se contredire.
J. ROMAINS, les Hommes de bonne volonté, t. I, XXIV, p. 290.

ⓑ Répéter de façon lassante, ce qui a été dit, exprimé. ⇒ **Répéter.** *Ressasser des recommandations, des griefs.* ⇒ **Rabâcher.** — Au p. p. *Péguy, spécialiste du mot ressassé* (→ Insistance, cit. 4). *Des phrases ressassées mille fois* (→ Ramasser, cit. 10).

3 (...) je retombe dans les thèmes déjà ressassés, dont il ne me paraît pas que je puisse encore tirer parti. GIDE, Ainsi soit-il, p. 35.

4 *(Salavin)* en parlait avec une obstination indiscrète, tels ces maris qui se plaisent, dans l'intimité conjugale, à ressasser leur vie de garçon.
G. DUHAMEL, Salavin, III, XXII.

DÉR. **Ressassage, ressassement, ressasseur.**

RESSASSEUR, EUSE [R(ə)sasœr, øz] n. et adj. — 1764, Voltaire; de *ressasser.*

♦ Rare. Personne qui ressasse, qui répète toujours la même chose. ⇒ **Rabâcheur.** *Des compilateurs, des ressasseurs et des plagiaires* (cit.).

1. RESSAUT [R(ə)so] n. m. — 1651; ital. *risalto,* de *risaltare,* de *ri-* (lat. *re-*), et *saltare* «sauter»; cf. l'anc. v. *ressaillir.*

♦ **1.** Archit. Saillie qui interrompt un plan vertical; avancée d'un membre d'architecture. ⇒ **Redan** (ou **redent**). *Le ressaut que fait une corniche, une moulure.* — (1676). *Escalier qui fait ressaut,* qui ne se développe pas d'une façon continue.

♦ **2.** (1811). Cour. Saillie, dénivellation. *À chaque ressaut, les garde-boue* (cit.) *raclaient les pneus. Le ressaut des hanches* (→ Fuseler, cit.).

1 Les hautes plaines nues de la pointe de Portland ressemblent à de grandes dalles à demi engagées les unes sous les autres; le côté sud semble entrer sous la plaine précédente, et le côté nord se relève sur la suivante. HUGO, l'Homme qui rit, I, I, V.

2 (...) ces ombres, qui semblent se casser au ressaut de chaque marche (...)
LOTI, Mᵐᵉ Chrysanthème, XLVI.

♦ **3.** (1875). Techn., didact. Petit palier qui interrompt un plan vertical, une pente (→ Rupture* de pente). *Ressauts utilisés par l'alpiniste* (⇒ aussi **Replat**). — Petite élévation entre deux plans horizontaux, qui ne sont pas de niveau. *Ressaut de faille; ressaut séismique. Ressaut d'une plage à la laisse de haute mer.*

DÉR. **1. Ressauter.**

2. RESSAUT [R(ə)so] n. m. — 1888; de 2. *ressauter,* 3.

♦ Loc. pop. *Faire du ressaut :* se révolter. *Mettre, foutre, flanquer à ressaut,* en colère, en rogne. ⇒ **Renaud.**

(...) ils vont te la raconter, leur guerre dans les Salons : (...) «Si vous nous aviez vus, à Salonique, téléphoner des ordres et contre-ordres! (...)». Ça me fout à ressaut, comprends-tu ? Roger VERCEL, Capitaine Conan, II, p. 37.

1. RESSAUTER [ʀ(ə)sote] v. intr. — 1691 ; de 1. *ressaut.*

♦ Archit. (Rare). Former un ressaut.

DÉR. **Ressautoir.**

2. RESSAUTER [ʀ(ə)sote] v. — XIVᵉ ; comp. de *re-*, et *sauter.*

♦ **1.** V. tr. (1765). Franchir de nouveau en sautant. *Le cavalier a fait ressauter le fossé à son cheval.*

♦ **2.** V. intr. Sauter de nouveau, faire un nouveau saut. *Champion qui ressaute au deuxième essai. L'acrobate va ressauter sans filet.*

♦ **3.** V. intr. (1887 ; d'un sens régional « sursauter »). Pop. Regimber, se mettre en colère. ⇒ **Renauder.**

DÉR. 2. **Ressaut, ressauteur, ressautoir.**

RESSAUTEUR [ʀ(ə)sotœʀ] adj. et n. m. — 1892 ; de 2. *ressauter.*

♦ Pop. Qui proteste, s'insurge volontiers. ⇒ **Rouspéteur.**

La pensée révolutionnaire (...) répondait à leurs aspirations *(des terrassiers).* Ils sont toujours ressauteurs. On ne touche pas à la fierté de l'un sans que l'équipe se détende comme un ressort.   Georges NAVEL, Travaux, p. 166.

RESSAUTOIR [ʀ(ə)sotwaʀ] n. m. — Mil. XXᵉ ; de 2. *ressauter.*

♦ Techn. (pyrotechnie). Saillie hémicylindrique fixée à l'intérieur d'une tonne.

RESSAYAGE [ʀɛsɛjaʒ] n. m. — → Réessayage ; de *re-*, et *essayer.*

♦ Vieilli. ⇒ **Réesseyage.**

RESSAYER [ʀeseje ; ʀɛsɛje] v. tr. — Conjug. *essayer.* — Attestation isolée, XIIIᵉ (*in* Littré), repris au XIXᵉ ; comp. de *re-*, et *essayer.*

♦ Essayer de nouveau, faire un nouvel essai. *Ressayer une recette.* — Procéder à un nouvel essayage de... *Il faut ressayer cette robe avant de la coudre.*

Ressaye à soixante ans ton harnais de bataille !   HUGO, Hernani, III, 5.

REM. *Réessayer* devient la forme usuelle.

DÉR. **Ressayage.**

RESSE [ʀɛs] n. f. ⇒ **Rasse.**

RESSEMBLANCE [ʀ(ə)sɑ̃blɑ̃s] n. f. — XVᵉ, attestation isolée v. 1265 ; dér. de *ressembler.*

★ **I. A.** Sens général. Rapport (II.) entre des objets présentant des éléments identiques suffisamment nombreux et apparents ; entre des objets présentant des éléments identiques qui n'appartiennent pas à la totalité de l'ensemble dans lequel un point de vue particulier les a placés. *Grande ressemblance, ressemblance parfaite.* ⇒ **Similitude ;** et aussi **même, semblable.** *Ressemblance et identité*. Ressemblance profonde, superficielle. Ressemblance de forme. Ressemblance peu apparente, entre objets peu comparables.* ⇒ **Analogie, correspondance, rapport, relation.** *Ressemblance par origine commune.* ⇒ **Parenté.** *Ressemblance de deux objets, entre deux objets, d'un objet avec un autre, et d'un autre* (→ Analogie, cit. 4 ; avoir, cit. 84 ; 2. finale, cit. 4). ⇒ aussi **Parité, symétrie.** *Ressemblance des individus* (cit. 4) *de la même espèce. Ressemblance entre deux oiseaux* (→ 2. Guignette, cit.). *Ressemblance dans la forme des mots.* ⇒ **Homonymie, paronymie.** *Ressemblance dans les goûts.* ⇒ **Accord, affinité, concordance, conformité, correspondance, harmonie.** *Ressemblance volontaire avec qqn, qqch.* ⇒ **Imitation, mimétisme.**

1   À parler rigoureusement, deux objets de pensée quelconques ont toujours quelque chose de commun : une goutte d'huile ressemble à une feuille de papier en ce que toutes deux sont matérielles, translucides, combustibles, d'origine végétale, etc. Aussi ne reconnaît-on usuellement une ressemblance entre deux choses que si les traits homologues qu'elles présentent sont nombreux ou intéressants. La notion de ressemblance, dans ce dernier cas, est donc toujours relative à une certaine orientation de l'activité intellectuelle.
            LALANDE, Voc. de la philosophie, art. *Ressemblance.*

Au plur. Traits communs. *Comparaison par laquelle on établit les ressemblances (et les différences).* ⇒ **Comparer** (cit. 7), **rapprocher.** *Les esprits synthétiques sont plus attentifs* (cit. 20) *aux ressemblances qu'aux différences. Ressemblances qui provoquent des associations* d'idées. L'intelligence* (cit. 7) *établit des concepts par identification des ressemblances.*

B. ♦ 1. Le fait, pour une personne, de présenter un ensemble de traits physiques individuels communs avec d'autres personnes (surtout ceux du visage) ; ces traits. *La ressemblance d'un frère jumeau avec son frère, la ressemblance de deux jumeaux. Ressemblan-*

ces des enfants avec les ascendants (→ Hérédité, cit. 12). *Ressemblance du père et du fils* (→ C'est le portrait* de son père, c'est tout lui, c'est lui tout craché*), *des frères et des sœurs. Une ressemblance parfaite, étonnante, frappante* (→ À s'y méprendre, à s'y tromper). ⇒ **Jumeau** (cit. 3), **ménechme** (cit. 2), **sosie.** *On lui a trouvé une grande ressemblance avec...* (→ Paraître, cit. 55). *Ressemblance lointaine* (→ Air* de famille, faux air).

2   Ah ! si une ressemblance, même légère, pouvait exister entre son père et Jean, de ces ressemblances mystérieuses qui vont de l'aïeul aux arrières-petits-fils, montrant que toute une race descend directement du même baiser.
            MAUPASSANT, Pierre et Jean, V.

♦ **2.** (1676). Dans les arts et les techniques de représentation, d'imitation, de reproduction. Rapport entre un signe et ce à quoi il renvoie, entre un objet artistique et son modèle, tel que la chose donne l'image fidèle, l'illusion du modèle. *La ressemblance d'un portrait* (→ Étonnement, cit. 4). ⇒ **Ressemblant ; vérité.** *Dessinateur qui attrape* (cit. 22) *la ressemblance. Artiste qui recherche la ressemblance.* ⇒ **Réalisme** (arts). *La musique concrète est affranchie de toute ressemblance* (→ Objet, cit. 11). *Vérifier la ressemblance de la photo d'identité* (→ Examiner, cit. 10). *Ressemblance parfaite d'un faux avec l'original.* — *Toute ressemblance avec des personnages réels ne peut être que fortuite,* formule par laquelle l'auteur d'un livre, d'un film se défend d'avoir dépeint, montré une personne réelle dans son œuvre.

3   Banville, peint à l'huile par Rochegrosse (1890), sur un exemplaire de : *Mes Souvenirs,* un portrait d'une ressemblance à crier.
            Ed. et J. DE GONCOURT, Journal, 14 déc. 1894, t. IX, p. 217.

4   Ils jugeraient plus sainement la peinture, et, même ne s'y connaissant pas, sauraient du moins que l'exactitude ou, pour un portrait, la ressemblance, n'entre que faiblement en ligne de compte dans le mérite d'un tableau.
            GIDE, Journal, 10 avr. 1943.

REM. Le mot s'emploie peu à propos des arts du langage qui évoquent une réalité. → Mimesis ; imitation, représentation.

★ **II.** Vx ou littér. ⇒ **Apparence, image, semblance** (vx). *Dieu a fait l'homme à sa ressemblance* (→ Avantager, cit. 1 ; homme, cit. 62). *Le péché* (cit. 12) *repétrit le corps à sa ressemblance. « (...) la ressemblance des choses dont on n'admire point les originaux »* (→ 1. Original, cit. 4, Pascal).

5   (...) c'est le grand maître des Dieux
    Que, sous les traits chéris de cette ressemblance,
    Alcmène a fait du ciel descendre dans ces lieux (...)   MOLIÈRE, Amphitryon, III, 9.

CONTR. **Contraste, différence, disparate, disparité, disproportion, dissemblance, dissimilitude, distance, divergence, diversité, opposition, variété.**

RESSEMBLANT, ANTE [ʀ(ə)sɑ̃blɑ̃, ɑ̃t] adj. — 1503 ; de *ressembler.*

♦ **1.** (Rare). Qui ressemble, qui est semblable à... ⇒ **Analogue, approchant, semblable, voisin.** *Le singe eût-il été plus ressemblant à l'homme* (→ Homoncule, cit. 4). *Je retrouve Degas vieilli mais toujours ressemblant* (→ Enfoncer, cit. 46).

♦ **2.** Cour. Qui a de la ressemblance (I., 2.) avec son modèle. *Photo très ressemblante. Caricatures* (cit. 1) *plus ressemblantes que des portraits. Il est très ressemblant* (→ C'est lui tout craché*). *La peinture hollandaise* (cit.), *image ressemblante de la Hollande* (→ aussi Image, cit. 15). ⇒ **Parlant, vivant** (→ D'une grande vérité*). *Description, portrait* (cit. 13) *plus ressemblant que vraisemblable.*

1   Faire ressemblant, c'est là tout le devoir de l'historien.
            HUGO, l'Homme qui rit, II, VIII, I.

2   Ce portrait qui n'est pas ressemblant,
    Qui fait roux tes cheveux noirs plutôt,
    Qui fait rose ton teint brun plutôt,
    Ce pastel, comme il est ressemblant !
    Car il peint la beauté de ton âme (...)   VERLAINE, Amour, « Lucien Létinois », XVII.

3   (...) le sculpteur avait copié toutes les rides, ce qui fit dire peut-être, à la famille et aux amis, que c'était bien ressemblant.
            ALAIN, Propos, 21 nov. 1910, « L'éternel portrait ».

CONTR. **Contraire, contrastant, différent, dissemblable, divergent.**

RESSEMBLER [ʀ(ə)sɑ̃ble] v. — XVᵉ ; v. tr., 1080, *Chanson de Roland,* « sembler » ; comp. de *re-*, et *sembler.*

★ **I.** V. tr. *Ressembler qqch., qqn.* Vx ou archaïque, dans le même sens que II. ci-dessous. → Accident, cit. 6. « (Ses pleurs) *ressemblent un torrent »* (Malherbe, *in* Dubois et Lagane).

★ **II.** V. tr. ind. ♦ **1.** *Ressembler à...* Avoir des traits communs avec..., présenter des caractères identiques à (ceux d'un autre objet, II. 2.) — REM. *Ressembler* a des emplois plus larges que *ressemblance.* ⇒ **Comme, pareil, semblable** (être comme, pareil à, semblable à). *Ressembler à qqn.*

ⓐ (Au physique [→ Ressemblance], par l'extérieur, les manières). *Ressembler à sa mère. Tu trouves que je ressemble à ta grand-mère* (cit. 2). *De petites figures qui me ressembleront comme deux gouttes* (cit. 27) *d'eau. « Un orphelin* (cit. 2) *vêtu de noir Qui me ressemblait comme un frère »* (Musset). *Je ressemblais à un petit Espagnol* (→ Olivâtre, cit. 1). — Fam. *À quoi ressemble-t-il ? :* comment est-il, au physique? *Tu es sale, regarde un peu à quoi tu ressembles!*

1 Un passant, un vulgaire passant de la rue, qui me ressemble de façon révoltante.
G. DUHAMEL, Salavin, Journal, 20 juin.

b (Au moral, dans la conduite). *Enfants qui ressemblent à leurs parents* (→ Croire, cit. 38; encouragement, cit. 3). ⇒ **Tenir** (de). *« Le royaume de Dieu est pour ceux qui leur ressemblent »* (aux petits enfants, cit. 1, Évangile). *C'est par les beaux côtés* (cit. 21) *qu'il lui faut ressembler. « Est-ce que j'écris mal et leur ressemble- rais-je? »* (→ 1. Dire, cit. 39). *Ressembler à qqn comme un frère*. Chercher à ressembler à qqn.* ⇒ **Copier, imiter.**

2 Les jeunes parlementaires, trop flattés de cette camaraderie, de ces alliances avec des gens de haute volée, tâchaient de leur ressembler, d'être, à leur image, d'aima- bles mauvais sujets, et, comme les copistes maladroits, dépassaient leurs maîtres.
MICHELET, Hist. de la Révolution franç., III, III.

3 (...) aucun de nos amis, de ceux que nous aimons, n'est tel que nous le voyons; souvent, il ne ressemble en rien à l'image que nous en avons : nous marchons au milieu des fantômes de notre cœur. R. ROLLAND, Musiciens d'aujourd'hui, p. 118.

3.1 Je cédai seulement, un soir où, tremblant de fièvre, de jeunesse, de nostalgie pour ce pays qu'il n'avait jamais quitté, il ressemblait comme il n'a jamais été ressem- blé à un petit Allemand, bon, naïf et fidèle, le dernier et minuscule district fron- tière au sud de Landau (...) GIRAUDOUX, Siegfried et le Limousin, p. 32.

c (En parlant d'animaux, de choses). *Le crocodile* (cit. 1) *ressemble au lézard. Une armoire qui ressemblait à un buffet de cui- sine* (→ Meubler, cit. 1). *Chemin* (cit. 17) *qui ressemble à un ruban; parterres* (cit. 4) *qui ressemblent à de grands tapis.* ⇒ **Imi- ter.** *Ressembler à qqch. en plus..., en moins... (et adj.). Cette pièce ressemble en plus* (cit. 5) *luxueux à ma chambre. — Ce qui res- semble au sujet étudié et ce qui en diffère* (→ Nomenclature, cit. 1). *Il n'a jamais pu faire un livre ou quoi que ce soit qui y ressemblât* (→ Pion, cit. 2). ⇒ **Approcher** (de). *L'amour ressemble à la haine* (→ Assombrir, cit. 12; juger, cit. 13). *Sa vaillance res- semblait plus à l'impétuosité qu'au courage* (→ Fureur, cit. 2). *Le ramage ressemble au plumage* (cit. 4). ⇒ **Correspondre.** *Rien ne ressemble mieux à aujourd'hui* (cit. 8) *que demain. Faites que pas un jour ne ressemble au suivant* (→ Échapper, cit. 4).

4 (...) rien ne ressemble moins aux choses elles-mêmes que ce qui en est tout près. Un homme qui a failli mourir croit connaître la mort. Le jour où elle se présente enfin à lui, il ne la reconnaît pas : *Ce n'est pas elle,* dit-il, en mourant.
R. RADIGUET, le Diable au corps, p. 186.

5 Ce qui ne ressemble à rien n'existe pas.
VALÉRY, Mauvaises pensées et autres, p. 169.

Littér. (Introduisant une comparaison poétique, une métaphore). *Notre vie ressemble à ces bâtisses fragiles...* (→ Arc-boutant, cit. 1). ⇒ **Rappeler** (→ aussi Fil, cit. 31; loisir, cit. 10).

Ressembler à qqch. sur tel plan, de tel point de vue, en qqch. — (Négatif). *Ne ressembler en rien à...* (→ Impasse, cit. 1).

Ne ressembler à rien (en bonne part) : avoir de l'originalité, être peu banal. *Une lumière* (cit. 6) *pâle qui ne ressemblait à rien.* — (Plus souvent, en mauvaise part). Être informe, être dépourvu de sens, de style. *Une décoration, une mode..., un roman qui ne ressemble à rien. Agit-on de la sorte? cela ne ressemble à rien. Je vous demande un peu à quoi ça ressemble!*

6 Absurde, détestable, monstrueux; cela ne ressemble à rien; cela ressemble à tout.
Th. GAUTIER, Préface de Mlle de Maupin, éd. critique MATORÉ, p. 47.

Fam. *J'aimerais bien aller à New York, pour voir à quoi ça res- semble,* pour voir comment est la ville.

♦ **2.** Spécialt. Avoir de la ressemblance (I. 2.) avec (un modèle). *Statue qui ressemble au modèle.* ⇒ **Ressemblant** (2.). *Un portrait qui ne me ressemblera pas* (→ Flatter, cit. 43). — Absolt (vieilli). *« Des portraits* (cit. 12) *qui ressemblent peu »* (Diderot).

♦ **3.** Par ext. Être digne de son auteur, en parlant d'une produc- tion, d'un comportement. *Le style ressemble à l'homme* (→ Cachet, cit. 5). *Cela lui ressemble tout à fait* (→ C'est bien de lui, il n'en fait pas d'autres, on le reconnaît bien là). *Cela ne lui ressemble pas :* il n'a pas l'habitude de se comporter ainsi, on ne le recon- naît plus. *Hurler* (cit. 7) *avec les loups? Rien qui me ressemble moins.*

▶ **SE RESSEMBLER** v. pr. (p. p. invar.).

♦ **1.** (Mil. XVIe). Récipr. Ressembler l'un à l'autre. *Se ressembler comme deux jumeaux*, comme deux gouttes* d'eau. Deux ménechmes* (cit. 1) *ne se seraient pas mieux ressemblé. Nous nous ressemblons fort* (→ Gémeau, cit.). *En quoi ils se ressemblent et en quoi ils diffèrent* (cit. 10). — Prov. *Qui se ressemble s'assemble :* les personnes qui aiment à être ensemble ont de grandes affinités de caractère (souvent péj.). *Les jours se suivent et ne se ressemblent pas,* se dit à propos d'une situation qui change d'un jour, à l'autre (en bien ou en mal). — *La frontière* (cit. 3) *sépare des contrées qui se ressemblent. Les rues de New York se ressemblent tant, qu'on ne leur a pas donné de nom* (→ Matricule, cit. 2).

7 Les révolutions se succèdent et ne se ressemblent pas. BALZAC, Vautrin, IV, 2.

8 (...) qui n'a remarqué combien les couples les plus normaux finissent par se res- sembler, quelquefois même par interchanger leurs qualités?
PROUST, Sodome et Gomorrhe, Pl. t. II, p. 646.

9 — Vous ressemblez, monsieur, à quelqu'un que je connais (...)
— C'est bien possible, répondit le voyageur. Tous les gros hommes se ressemblent (...)
P. MAC ORLAN, la Bandera, XI.

REM. *Se ressembler* (récipr.) s'emploie parfois avec un indéfini collec- tif pour sujet : *Tout le monde se ressemblerait* (→ Individu, cit. 7). *Tout se ressemble. Rien ne se ressemblait dans cette collection.*

9.1 (...) je ne parviens pas à croire à une différence fondamentale entre les gens (...) Je crois toujours — c'est peut-être idiot — que quelque part, plus loin, tout le monde est pareil, tout le monde se ressemble (...)
N. SARRAUTE, le Planétarium, p. 34.

L'emploi avec un indéfini négatif désignant l'unité (aucun, pas un...) est dû à une confusion avec le tour collectif : *aucune maison ne se res- semble dans cette rue* (aucune maison ne ressemble à une autre, les maisons ne se ressemblent pas, il n'y a pas deux maisons qui se ressemblent).

10 Notre soleil tire sur le rouge, dit le Sirien, et nous avons trente-neuf couleurs pri- mitives. Il n'y a pas un soleil parmi tous ceux dont j'ai approché, qui se ressemble, comme chez vous il n'y a pas un visage qui ne soit différent de tous les autres.
VOLTAIRE, Micromégas, II.

11 Où trouver de l'énergie à Paris? (...) Femmes, idées, sentiments, tout se ressemble.
BALZAC, la Femme de trente ans, Pl., t. II, p. 756 (→ Individualité, cit. 9).

♦ **2.** (1669). Réfl. Être le même, agir comme on l'a toujours fait. *Il ne se ressemble plus depuis qu'il est marié.*

12 Pour bien faire, Néron n'a qu'à se ressembler (...) RACINE, Britannicus, I, 2.

CONTR. Contraster, différer, diverger, opposer (s').
DÉR. Ressemblance, ressemblant.

RESSEMELAGE [ʀ(ə)səmlaʒ] n. m. — 1782; de *ressemeler.*

♦ Action de ressemeler. *Ressemelage rapide.* — Manière dont une chaussure est ressemelée. *Un ressemelage soigné, solide.*

RESSEMELER [ʀ(ə)səmle] v. tr. — Conjug. *appeler.* — 1617; *rasameler,* 1423; comp. de *re-,* et *semelle.*

♦ Garnir de semelles neuves. *Le cordonnier* ressemelle des chaus- sures. Sandales à ressemeler* (⇒ aussi **Recarreler, réparer**).

CONTR. Dessemeler.
DÉR. Ressemelage, ressemeleur.

RESSEMELEUR, EUSE [ʀ(ə)səmlœʀ, øz] n. — 1797, n. m.; de *ressemeler.*

♦ Rare. Personne qui ressemelle (des souliers). ⇒ **Cordonnier.**

RESSEMER [ʀ(ə)səme; ʀəsme] v. tr. — 1334; comp. de *re-,* et *semer.*

♦ **1.** Semer une seconde fois. *Ressemer des orges* (cit. 1) *après une gelée.*

♦ **2.** Ensemencer de nouveau. *Ressemer un champ.*

♦ **3.** Pron. *Se ressemer :* être ressemé; semer ses propres graines, en parlant d'une plante cultivée. *Le cerfeuil se ressème et produit des plants nouveaux.*

RESSEMIS [ʀ(ə)səmi; ʀəsmi] n. m. — xxe; de *re-,* et *semis.* → Ressemer.

♦ Techn. Nouveau semis. *Ressemis spontané,* provenant de graines tombées naturellement sur le sol, sans intervention humaine.

RESSENTI, IE [ʀ(ə)sɑ̃ti] adj. ⇒ **Ressentir.**

RESSENTIMENT [ʀ(ə)sɑ̃timɑ̃] n. m. — 1558; *ressentement,* xive; de *ressentir.*

♦ **1.** Vx. Le fait d'éprouver, de ressentir, spécialt (fin xvie), une dou- leur, (1640) un chagrin. ⇒ **Ressentir.**

1 De nos parents perdus le vif ressentiment
Nous apprit nos devoirs en un même moment (...) CORNEILLE, Cinna, V, 2.

♦ **2.** (xvie). Mod. *« C'était (...) offenser un homme sans sentiment, plutôt que d'encourir le hasard de son ressentiment »* (Montaigne, *Essais,* II, XXVII). Le fait d'éprouver encore, de se souvenir avec animosité des maux, des torts qu'on a subis. ⇒ **Rancœur, rancune** (cit. 3). *Le ressentiment de l'injure** (→ Obligation, cit. 11). *Éprou- ver, garder du ressentiment de...* ⇒ **Aigreur** (II.). — Garder sur le cœur*, en vouloir* à... ⇒ **Ulcéré.** *Un ressentiment féroce* (→ Rater, cit. 3). *Ressentiment attristé, mêlé de dépit*.* — *S'attirer, soule- ver... le ressentiment de qqn.* ⇒ **Animosité, colère, haine, hostilité** (2.). *Les excuses* (cit. 17) *provoquent le ressentiment.* — *Le ressen- timent conduit à la vengeance.* ⇒ **Venger, vindicte.** — Allus. littér. *« Digne* (cit. 11) *ressentiment à ma douleur bien doux! ». « Rome, l'unique objet de mon ressentiment »* (→ Anaphore, cit.).

2 Justes cieux, qui voyez l'outrage
Que je souffre peu justement,
Donnez à mon ressentiment
Moins de mal ou plus de courage!
THÉOPHILE DE VIAU, Au Roy, « Sur son exil ».
REM. Le mot a ici les sens 1 et 2.

3 (...) un ressentiment des injures qui n'était pas le désir de la vengeance, mais bien la souffrance délicate et fière de la dignité blessée.
SAINTE-BEUVE, Causeries du lundi, 14 juil. 1851.

4 (...) la jeunesse est l'âge du ressentiment. Non point de la grande colère des hommes qui souffrent (...)   SARTRE, Situations I, p. 28.

♦ **3.** (Fin XVIᵉ, encore chez Delile, in Littré). Vx. Souvenir reconnaissant (cf. Scarron, Chapelain, in Dubois et Lagane).

5 Souffrez, mon père (...) que je vous embrasse, pour vous témoigner mon ressentiment.   MOLIÈRE, le Malade imaginaire, III, 14.

CONTR. (Du sens 2) **Amitié, amour, oubli, pardon.**

RESSENTIR [ʀ(ə)sãtiʀ] v. tr. — V. 1190, *soi resentir*, v. pron. ; a signifié au moyen âge «sentir les odeurs ; avoir de l'odorat» ; comp. de *re-*, et *sentir*.

♦ **1.** Éprouver vivement, sentir (l'effet moral d'une cause extérieure). ⇒ **Éprouver, sentir** (→ Avoir conscience* de...). *Ressentir très profondément* (cit. 2) *les choses* (→ aussi Absorber, cit. 2), en tirer une vive impression. *Ressentir les événements non comme des accidents* (cit. 4), *mais comme des faits significatifs. Ressentir une obligation, un devoir* (→ Cela lui tient* à cœur). — *Ressentir une injure, un outrage* (cit. 1), en être affecté (→ ci-dessous le sens 3). — *Ressentir que...* (→ On, cit. 38).

1 Nous ne ressentons nos biens et nos maux qu'à proportion de notre amour-propre.   LA ROCHEFOUCAULD, Maximes, 339.

(En parlant d'un phénomène concret). Éprouver les conséquences pénibles de... *Ressentir les effets d'une chute* (→ État, cit. 6), *les ardeurs* (cit. 3) *de la canicule. Ressentir les privations.* ⇒ **Connaître, endurer, souffrir.**

2 (...) vers la fin du mois de décembre, à l'époque où le pain était le plus cher, et où l'on ressentait déjà le commencement de cette cherté des grains qui rendit l'année 1816 si cruelle aux pauvres gens (...)
BALZAC, Une double famille, Pl., t. I, p. 934.

Par ext. « *Tout ressent de ses yeux les charmes innocents* » (Racine, *Esther*, III, 9). ⇒ **Éprouver.**

(1644). Être sensible* à (ce qui arrive à autrui), en être touché (→ Entrer, cit. 48). *Ressentir la peine d'un ami.*

3 Il ressent mes douleurs beaucoup plus que moi-même.   RACINE, Iphigénie, II, 5.

4 Jésus est seul dans la terre, non seulement qui ressente et partage sa peine, mais qui la sache : le ciel et lui sont seuls dans cette connaissance.
PASCAL, Pensées, VII, 553.

5 (...) plusieurs de nos terroristes furent des hommes d'une sensibilité exaltée, maladive, qui ressentirent cruellement les maux du peuple, et dont la pitié tourna en fureur.   MICHELET, Hist. de la Révolution franç. II, II.

♦ **2.** (1680). Être pleinement conscient de (un état subjectif : sentiment, tendance...). ⇒ **Avoir** (infra cit. 26), **éprouver, sentir.** *Les passions présupposent une âme capable de les ressentir* (→ Nature, cit. 47). *Ressentir de l'amitié* (→ Âge, cit. 15), *de l'amour, de la sympathie pour qqn* (→ Malgré, cit. 14 ; paraître, cit. 25). *Ressentir un désir* (cit. 13), *une ivresse* (cit. 17), *de la joie* (→ Consterner, cit. 4). ⇒ **Goûter.** *Ressentir un grand bonheur. Ressentir de la piété* (cit. 3). *Ressentir de l'émoi, de l'embarras* (→ Haranguer, cit. 5). *Ressentir de la colère* (→ Monstrueux, cit. 5), *de l'orgueil* (→ Étancher, cit. 5). *Ne ressentir aucun intérêt pour qqn* (→ Certain, cit. 9). — *Ne pas montrer* (cit. 23), *dire* (→ Raconter, cit. 12), *révéler ce qu'on ressent* (→ Poésie, cit. 17).

6 (...) notre nature nous porte à ressentir plus de douleur d'une dissonance dans la félicité, que nous n'éprouvons de plaisir à rencontrer une jouissance dans le malheur.   BALZAC, la Recherche de l'absolu, Pl., t. IX, p. 491.

7 Restée froide et pure, et n'ayant jamais aimé jusqu'alors, elle ressentit pour la première fois l'amour avec une extrême jeunesse (...)
SAINTE-BEUVE, Causeries du lundi, 24 mars 1851.

8 Il arrivait ce que j'avais prévu : quelle déception ! J'en ressentis une sorte de dépit.
FRANCE, la Rôtisserie de la reine Pédauque, XV, in Œ., t. VIII, p. 134.

Éprouver, subir (une douleur physique). *Ressentir des souffrances* (→ Coup, cit. 3), *la soif* (→ Dévorant, cit. 4).

♦ **3.** Vx. Se souvenir avec ressentiment (2.) ou avec reconnaissance (→ Ressentiment, 3., vx). — *Ressentir une offense, une injure, une insulte.* — *Ressentir un bienfait, une faveur* (Voiture, in Littré). — REM. De nos jours ces exemples seraient compris au sens 1.

9 Le fils de Claudius commence à ressentir
Des crimes dont je n'ai que le seul repentir.   RACINE, Britannicus, III, 3.

♦ **4.** Vx. Avoir le caractère de..., produire l'impression de... « *Le style même* (des Sacramentaires) *ressent l'antiquité* » (Bossuet, in Littré). → ci-dessous *Se ressentir de...* (2.).

▶ **SE RESSENTIR** v. pron.

♦ **1.** Vx. Se souvenir, continuer d'éprouver, avec ressentiment (2.) ou reconnaissance. *Se ressentir d'une offense* (→ Hommage, cit. 12), *d'un bienfait.*

10 (...) un homme qui a reçu un soufflet sans s'en ressentir est accablé d'injures (...)
PASCAL, Pensées, V, 324.

♦ **2.** (Mil. XVIᵉ). Mod. Éprouver une influence, subir (les suites fâcheuses ou favorables). « *S'il a quelque besoin, tout le corps s'en ressent* » (→ Gaster, cit.). *Mes sentiments ne se ressentent point de ma décrépitude* (cit. 1). *Ces pages se ressentent de l'effort*

(→ Guinder, cit. 12). — *Se ressentir de circonstances favorables* (→ Germe, cit. 15).

11 L'absence d'émulation a sans doute un avantage, c'est qu'elle apaise la vanité ; mais souvent aussi la fierté même s'en ressent et l'on finit par n'avoir plus qu'un orgueil commode, auquel l'extérieur seul suffit en tout.
Mᵐᵉ DE STAËL, De l'Allemagne, I, VI.

♦ **3.** (1690). Continuer à éprouver les effets (d'une maladie, d'une douleur, d'une peine). ⇒ **Ressentiment** (1., spécial). *Se ressentir d'une chute, d'une maladie mal soignée, d'une opération.* ⇒ **Suite(s).**

♦ **4.** (1919). Fam. *S'en ressentir pour...* (suivi d'un compl. ou d'un inf.) : se sentir en bonnes dispositions pour... *On ne s'en ressent pas pour défiler devant les péquenots* (→ 2. Marre, cit. 1).

12 — Alors, dit Albert, tu t'en ressens pour le championnat de France amateurs (...)
— Moi, je veux bien, dit Jacques.   R. QUENEAU, Loin de Rueil, I, III.

▶ **RESSENTI, IE** p. p. adj. *Plaisir ressenti par soi-même* (→ Observation, cit. 3). *Douleur ressentie.*

13 Ses traits amaigris, sa face allongée, la pâleur de ses joues, la transparence maladive de ses mains, tout cela me faisait une peine déjà ressentie.
Alphonse DAUDET, le Petit Chose, II, XIV.

(1694). Arts. (Du sens 4). Rendu avec force, vivacité. *Une musculature ressentie.*

DÉR. Ressentiment.

RESSERRABLE [ʀ(ə)sɛʀabl] adj. — XXᵉ ; de *resserrer.*

♦ Qui peut être resserré. ⇒ **Contractile, serrable.**

RESSERRE [ʀ(ə)sɛʀ] n. f. — 1835, Balzac ; «paroi qui sépare la bûcherie du four», 1629, mot normand ; de *resserrer.*

♦ **1.** Endroit où l'on range, où l'on resserre certaines choses (provisions, outils, etc.). *Resserre dans un atelier, un magasin, un jardin.* ⇒ **Réserve ; remise.**

1 Sous la maison se trouvent des remises, des écuries, des resserres, des cuisines dont les diverses ouvertures dessinent des arcades.
BALZAC, le Lys dans la vallée, Pl., t. VIII, p. 792.

2 Dans une ruelle la porte s'ouvrait sur une grande resserre où Philippe accrochait ses bicyclettes, mettait ses outils, son bois, son vin.
P. NIZAN, le Cheval de Troie, I, II.

3 (...) si l'excellente femme y avait mis quelque empressement, elle eût trouvé dans sa resserre un siège plus digne (...)   Francis CARCO, les Belles Manières, p. 7.

♦ **2.** Techn. (comm.). Marchandises invendues et stockées, dans un marché de gros.

RESSERRÉ, ÉE [ʀ(ə)sɛʀe ; ʀ(ə)seʀe] adj. ⇒ **Resserrer.**

RESSERREMENT [ʀ(ə)sɛʀmã] n. m. — 1550, le mot était discuté au XVIIᵉ (cf. Brunot, H.L.F., t. IV) ; de *resserrer.*

♦ **1.** Action de resserrer ; de se resserrer ; état de ce qui est resserré. — Spécialt. Contraction. *Sensation de resserrement à l'épigastre.* ⇒ **Angoisse.** *Resserrement des tissus.* ⇒ **Astriction, constriction, étranglement,** et aussi **phimosis** (étym.).

C'est curieux, chez ce jeune méchant, le resserrement des deux lèvres, ressemblant à la contraction de la mâchoire d'un féroce, prêt à sauter sur sa proie.
Ed. et J. DE GONCOURT, Journal, 5 mai 1894, t. IX, p. 170.

Vx. *Le resserrement de l'argent, en période de déflation, de thésaurisation.* — Fig. *Resserrement du cœur, de l'esprit. Des resserrements frileux* (→ Nervosité, cit. 1).

♦ **2.** (Après 1850). *Resserrement d'un nœud, des liens. Le resserrement des mâchoires.* — Fig. *Resserrement d'une amitié, « de la fraternité »* (Goncourt, les Frères Zemganno, p. 235).

CONTR. Dilatation, épanouissement.

RESSERRER [ʀ(ə)sɛʀe ; ʀ(ə)seʀe] v. tr. — Fin XIIᵉ, Ogier ; de *re-*, et *serrer.*

Serrer de nouveau ou encore plus.

★ **I.** ♦ **1.** (XVIᵉ). Vx. Enfermer de nouveau, remettre à sa place. ⇒ **Serrer** (régional). *Resserrer son argent*, le garder, le retirer de la circulation.

♦ **2.** Vieilli. Enfermer dans un espace plus étroit. (Au sens propre). *Resserrer un prisonnier* (vx). *Les montagnes resserrent la vallée.* ⇒ **Encaisser, étrangler** (2.), **étrécir** (→ ci-dessous le p. p.). — Par ext. Borner, limiter. *Quelques allées qui resserrent entre elles un parterre.*

♦ **3.** (1538). Mod. Diminuer le volume, la surface d'une chose, en en serrant davantage les parties, les éléments. ⇒ **Contracter** (2. ; et ci-dessous, II.). *Resserrer le cercle des curieux.*

Spécialt et vieilli. *Resserrer les tissus, la chair* (⇒ **Astringent, restringent**). *Muscles qui resserrent un orifice* (constricteur, sphincter). *Resserrer le ventre,* et, absolt, *resserrer.* ⇒ **Constiper.**

♦ 4. Fig. et littér. Diminuer* l'étendue de (qqch.) en enfermant dans des limites étroites (sens 1) et en rapprochant les parties (sens 3). ⇒ **Comprimer, condenser...** *Resserrer un récit, un texte.* ⇒ **Abréger.**
Spécialt. *Resserrer le cœur, l'âme, les sentiments* (→ Bruit, cit. 4) : empêcher de s'épanouir, ou, encore, maintenir sans exprimer, retenir.

1 Déjà le sentiment de sa misère lui resserrait le cœur et lui rétrécissait l'esprit.
ROUSSEAU, les Confessions, VII.

2 La vie en commun, la pensée à deux, resserraient chaque jour l'innocente et douce familiarité entre nous, elle aussi pure dans son abandon que j'étais calme dans mon insouciance.
LAMARTINE, Graziella, IV, II.

★ II. (1580). **♦ 1.** Rapprocher de nouveau ou davantage (des parties disjointes, les éléments d'un lien); serrer de nouveau ou serrer davantage. ⇒ **Serrer; refermer.** *Resserrer les cordons, les liens.* — Par ext. *Resserrer les rangs.* ⇒ **Presser, tasser.** — *Resserrer un nœud. Resserrer un boulon desserré, resserrer une vis.*

3 (...) le maréchal du pays cherchait à dégager adroitement quelque vis de son écrou, pour avoir un prétexte à le resserrer (...)
Charles NODIER, Contes, «Paul ou la ressemblance».

♦ 2. (1718). Fig. *Resserrer les chaînes, les liens entre deux êtres.*

4 En effet, ces liens réciproquement donnés et reçus, pour parler le jargon de l'amour, vous seul pouvez, à votre choix, les resserrer ou les rompre (...)
LACLOS, les Liaisons dangereuses, LXXXI.

5 (...) qu'elles *(ces puissances)* souffrent donc aujourd'hui que nous resserrions les liens formés entre nous et cette même Russie pour reprendre des limites convenables et rétablir la véritable balance de l'Europe!
CHATEAUBRIAND, Mémoires d'outre-tombe, t. V, p. 57.

Resserrer un étau. Fig. *Resserrer l'étreinte* (→ Encerclement, cit.).

▶ **SE RESSERRER** v. pron.

♦ 1. (XVIᵉ). Passif. Devenir plus étroit, être borné, maintenu dans ses limites. *« Le terrain se resserre »* (Académie). — Fig. *Tout se resserre et se rapetisse* (cit. 4). — Par ext. Devenir plus dense. *Bruine* (cit. 1) *qui se resserre pour former une pluie.*
(Réfl.). Se contracter. *Animal qui se resserre en boule* (→ Hérisson, cit. 1). — *Le mortier se resserre* (⇒ **Retrait**).
Se mettre dans les limites étroites. *Se resserrer «dans le cadre étroit d'une petite société»* (Voltaire, *in* Littré).
(XVIIᵉ). Fig. (au sens moral). *« Mon cœur de crainte et d'horreur se resserre »* (Racine, *Esther,* III, 3.).
Vieilli. Réduire ses dépenses, devenir plus économe. — Par ext. *L'argent se resserre.*

♦ 2. Se rapprocher, se serrer de nouveau ou encore plus. *Liens, nœuds qui se resserrent.* — Par métaphore, fig. *Une liaison* (cit. 8) *qui se resserra. Leurs relations se sont resserrées.*

6 Au mot de goujat les mâchoires entr'ouvertes du vieux se resserrèrent puis se rentr'ouvrirent puis se resserrèrent encore une fois (...)
COURTELINE, Messieurs les ronds-de-cuir, IIᵉ Tableau, I.

7 (...) cette liaison qui, d'abord restreinte et longtemps demeurée sur la défensive, venait enfin de se resserrer dans le tutoiement et de s'affermir (...)
HUYSMANS, Là-bas, II.

Par ext. *L'étau, l'étreinte se resserre.* — Par métaphore et fig. *Souffrance dont l'étau se resserre* (→ Atteindre, cit. 24). *La prison* (cit. 10) *des soucis se resserrait autour de lui.*
Sujet n. de personne :

8 On s'installa pour le repas du soir. Ils se resserraient sous l'abat-jour comme les paysans autour du feu et nous apprîmes qu'ils étaient faibles.
SAINT-EXUPÉRY, Courrier Sud, I, III.

▶ **RESSERRÉ, ÉE** p. p. adj. (1538).

♦ 1. **ⓐ** Enfermé dans des limites étroites. *Jardin resserré entre un mur et une rivière* (→ Exiguïté, cit. 3). *Plage* (cit. 4) *resserrée entre des rochers.* — Absolt et vx. *Lieu resserré,* de peu d'étendue. — Par métaphore. *Plus l'arène* (cit. 11) *est resserrée, plus les combats sont furieux.* Fig. et vx. *Un sens plus particulier et plus resserré* (→ Image, cit. 42).
Mod. (En parlant d'un espace long et étroit). ⇒ **Encaissé, étroit, étranglé.** *Vallon resserré* (→ Faufiler, cit. 9). *Route resserrée entre des bouquets d'arbres* (→ Épouser, cit. 16). *Un escalier* (cit. 3) *resserré entre deux murs. Corridor* (cit. 3) *resserré. Sortir d'un passage resserré.* ⇒ **Déboucher.**

ⓑ Contracté. — Spécialt. *Ventre resserré.* Absolt. *Être resserré* (Saint-Simon, *in* Littré), constipé. — *Physionomie resserrée,* fermée, sans expression.

ⓒ Vx. (En parlant des personnes). Retenu, enfermé dans un lieu étroit. *Resserré dans une prison.*

9 Si le vaisseau n'est qu'une maison flottante, et si vous considérez le navigateur qui traverse des espaces immenses, resserré et immobile dans une enceinte assez étroite, vous le verrez faisant le tour du globe sur une planche, comme vous et moi le tour de l'univers sur votre parquet.
DIDEROT, Suppl. au voyage de Bougainville, I.

ⓓ Fig. Retenu, borné, limité... *Esprit resserré par les préjugés, les convenances.* Absolt et vx. *Esprits bornés* (cit. 23) *et resserrés.* — Par ext. *« Cœurs étroits* (cit. 8) *et entrailles resserrées »* (Bossuet). *Sentiments resserrés...*

Ainsi, Marat, si resserré d'habitude en farouche défiance, s'ouvre à l'espérance. 10
JAURÈS, Hist. socialiste, t. VII, p. 127.

♦ 2. Serré davantage; serré de nouveau. *Liens resserrés, nœuds resserrés. Vêtement resserré à la taille.* — *Mâchoires* (cit. 2) *resserrées.*

CONTR. Desserrer, dilater, élargir, épanouir, ouvrir, relâcher, rélargir. — Allonger. — (Du p. p.) Ample, large, spacieux.
DÉR. Resserrable, resserre, resserrement.

RESSERVIR [R(ə)SERVIR] v. — Conjug. *servir.* — 1549, intr.; tr., «rendre service en retour», XIIIᵉ; de *re-*, et *servir.*

★ I. V. tr. (XIXᵉ). Servir de nouveau. *Resservir un plat.* — Fig. *Les déclarations que les petits copains vous resservent pendant dix ans* (→ Incendiaire, cit. 6).

(...) les voyageurs, emmenés dans la montagne, n'avaient pu consommer le repas préparé pour eux par l'hôtelier de Jaën. Celui-ci pour ne pas perdre ses frais, avait gardé les mets, et nous les avait fait resservir (...)
Th. GAUTIER, Voyage en Espagne, p. 147.

★ II. V. intr. **♦ 1.** (Choses). Être encore utilisé. *Cette ficelle peut resservir, ne la jette pas.*

♦ 2. (Personnes). Servir une nouvelle fois dans l'armée. *Engagé qui décide de resservir.* ⇒ **Rempiler** (argot militaire).

★ III. V. pron. *Se resservir de qqch., de qqn :* utiliser de nouveau (qqch.); faire de nouveau servir à ses desseins (qqn).

1. RESSORT [R(ə)SƆR] n. m. — 1220, «action de rebondir; mouvement fait par contrecoup», encore chez Voltaire; *une balle fait ressort...,* «rebondit»; «refuge, protection», v. 1160; de 1. *ressortir.*

♦ 1. (1376). Organe, pièce d'un mécanisme qui utilise les propriétés élastiques de certains corps (métaux notamment), pour absorber du travail ou pour produire un mouvement. *Bander, comprimer, tendre un ressort.* — *Ressort qui se débande, ressort détendu. Force, raideur d'un ressort. Ressort d'acier* (→ Fer, cit. 6). *Déclencher au moyen d'un ressort* (⇒ **Déclic**). *Ressort à boudin* (⇒ **Boudin**), *ressort spiral, hélicoïdal. Ressort conique, formé d'une lame enroulée sur elle-même. Ressort à lame, de flexion ou de torsion.* — *Appui, boulon, bride, gaine, lame... de ressort. Ressorts de lancement. Ressorts servant à envoyer des projectiles. Ressort de baliste* (cit. 2), *d'arbalète... Ressort d'un diablotin.* — *Ressort d'appui, d'attache, de contact, de fixation, de poussée, de rappel, de réglage, de retenue, de tension. Ressorts de serrure. Ressorts de soupapes d'un moteur d'automobile.* — *Ressort d'armement, de batterie, de chargeur, de détente, de gâchette, de goupille, de percuteur.*

Spécialt. **ⓐ** *Ressorts d'un mouvement d'horlogerie* (→ Image, cit. 3), La Bruyère; intelligence, cit. 1, Voltaire). *Ressort moteur d'une horloge. Ressort de montre* (→ Hélice, cit. 1). *Tendre le ressort d'un mécanisme à l'aide d'une clé, d'un remontoir.* ⇒ **Remonter.** — *Ressort d'un jouet mécanique, d'un automate.*

ⓑ *Ressorts servant à amortir les chocs. Ressorts de sommier** (→ Plainte, cit. 9). *Ressorts d'une voiture à cheval. Se laisser aller au mouvement des ressorts* (→ Engourdir, cit. 3). *Le gémissement* (cit. 6) *des ressorts d'une charrette.* — *Ressorts de suspension d'une voiture.* ⇒ **Amortisseur, suspension.** *Jumelles* (1.) *de ressorts.* — *Ressorts de selle* (d'une bicyclette).

Une vieille banquette de peluche verte éventrée montrait son crin et ses ressorts. 1
COCTEAU, les Enfants terribles, p. 28.

ⓒ Loc. techn. *Ressort-bague,* en forme de bague ouverte, employé dans les couples à déformations opposées. *Les ressorts-bagues sont employés par piles.* — *Ressort-friction* (roues d'horlogerie), *ressort-timbre* (servant de timbre dans les montres à répétition).

ⓓ *À ressort :* qui fonctionne au moyen d'un ressort. *Fusil, pistolet à ressort* (jouets). *Articulation à ressort* (→ Jambe, cit. 26). *Poussoir à ressort.* — Vx. *Horloge à ressort.* — Ancienult. *Cravate à ressort.*

♦ 2. Par métaphore (en parlant d'un mouvement brusque, d'une apparition soudaine). Loc. *Mû* (cit. 4) *comme par un ressort.*

Les assemblées sont comme les enfants; les incidents sont leur boîte à surprises, et elles en ont la peur, et le goût. Il semble parfois qu'un ressort se détend, et l'on voit jaillir du trou un diable. 2
HUGO, l'Homme qui rit, II, VIII, VII.

— Insolent, s'écria Milady, et, comme mue par un ressort, elle bondit sur le baron. 3
DUMAS, les Trois Mousquetaires, L.

Vx. *Aller, marcher par ressorts* (→ Hanche, cit. 5).

♦ 3. (1690, Furetière). Vx. Propriété de reprendre sa position première. ⇒ **Élasticité** (mot attesté en 1732, et qui a remplacé *ressort*). *Le ressort «du fluide atmosphérique», de l'air* (Laplace, *in* Littré). *Le ressort des fibres de votre corps* (→ 1. Froid, cit. 2, Montesquieu).

(...) comme l'impulsion ne peut s'exercer qu'au moyen du ressort, et que le ressort n'agit qu'en vertu de la force qui rapproche les parties éloignées, il est clair que l'impulsion a besoin, pour opérer, du concours de l'attraction (...) 4
BUFFON, Hist. nat. des minéraux, Introd., Des éléments, I.

Loc. *Faire ressort* (vx) *:* agir par élasticité. — **Mod.** Agir comme un ressort (1.). → **Hernie**, cit. 1. *Le bois de l'arc* fait ressort.*

♦ **4.** (V. 1570). Par allusion aux *ressorts* d'une horloge, d'un automate (→ **Gouverner**, cit. 7). **Littér.** Cause agissante ; énergie, force (généralement occulte) qui fait agir, se mouvoir... qqch. ⇒ **Énergie, force, moteur ; agent** (cit. 3). *Ressorts cachés, secrets, inexplicables* (cit. 2). *Les ressorts secrets de la mode* (→ **Corset**, cit. 2). *L'honneur* (cit. 40), *ressort de la puissance.*

5   Je ne suis pas bon naturaliste (qu'ils disent) et ne sais guère par quels ressorts la peur agit en nous (...)   MONTAIGNE, Essais, I, XVIII.

6   (...) les ressorts de notre machine *(du corps de l'homme)* sont des mystères, jusques ici, où les hommes ne voient goutte (...)
           MOLIÈRE, le Malade imaginaire, III, 3.

7   Par quels secrets ressorts, par quel enchaînement
Le ciel a-t-il conduit ce grand événement ?   RACINE, Esther, I, 1.

8   C'est un grand malheur que d'avoir découvert en soi les ressorts de l'âme ; on craint toujours d'être dupe de soi-même ; on est en suspicion de ses sentiments, de ses joies, de ses instincts.
           RENAN, l'Avenir de la science, *in* Œ. compl., t. III, p. 975.

9   L'honneur est ainsi le véritable ressort des guerres ; ce qui ne laisse qu'un faible espoir aux amis de la paix.
           ALAIN, Propos, 2 avr. 1921, La guerre est la messe de l'homme.

Vieilli. En parlant d'êtres vivants comparés à des automates (cit. 4), à des machines... *Un aveugle ressort :* une force vitale instinctive (opposée à la *raison*). → **Animal**, cit. 18, La Fontaine. — **Loc.** *Par ressorts. Faire tout sans choix et par ressorts* (→ **Bête**, cit. 6). *Les bêtes «agissent naturellement et par ressorts, ainsi qu'une horloge»* (cit. 12, Descartes).

Vieilli. Moyen plus ou moins secret, qui sert à faire réussir un dessein, une intrigue. ⇒ **Machination, moyen** (2.). *Faire jouer* (cit. 9) *un ressort. Un petit ressort venant à manquer...* (→ **Nouer**, cit. 9).

10   — Dis-nous donc quels ressorts il faut mettre en usage.
— Nous en ferons agir de toutes les façons.   MOLIÈRE, Tartuffe, II, 4.

11   (...) Mme de La Pommeraye crut qu'il était temps de mettre en jeu ses grands ressorts.   DIDEROT, Jacques le fataliste, Pl., p. 611.

♦ **5.** (XVIe). **Vieilli.** Énergie, force, résistance. *Le ressort de la volonté* (→ **Agir**, cit. 14) ; *détruire le ressort des âmes* (→ **Assujettir**, cit. 14). *L'âme perd son ressort* (→ **Épuiser**, cit. 22). Au plur. (Vx). *« Les ressorts s'affaiblissent visiblement »* (en parlant d'une malade) (Mme de Sévigné, 798, 6 avril 1680). — **Mod.** (littér. et lorsque la métaphore du sens 1 est sentie ; avec les verbes *tendre, détendre, briser...*). *« Tous les ressorts de mon être sont détendus »* (Gide, *Journal*, 27 mars 1924).

12   Le ressort de la volonté étant moins tendu, reviennent avec force la nature et le cœur, ce qui fut primitif en l'homme.
           MICHELET, Hist. de la Révolution franç., VIII, VIII.

13   (...) il semblait que quelque chose avait cassé, le grand ressort de la famille, la mécanique qui, chez les gens heureux, fait battre les cœurs ensemble.
           ZOLA, l'Assommoir, X, t. II, p. 123.

Absolt. (Mod.). *Avoir du ressort,* de la force morale, une grande capacité de résistance ou de réaction. ⇒ **Réagir.** *Manque de ressort.* ⇒ **Atonie, inertie.** *Il, elle manque de ressort. Demeurer inerte*, sans ressort. Faible, sans aucun ressort :* sans force morale (→ **Mauvais**, cit. 17). *Donner du ressort* (⇒ **Activité, volonté**).

14   Jean de Gourmont était bien l'être le plus apathique, mou, affaissé, atone, sans ressort en vitalité.   Paul LÉAUTAUD, Propos d'un jour, p. 52.

---

2. RESSORT [ʀ(ə)sɔʀ] n. m. — V. 1210, «recours, compétence» ; dér. de 1. *ressortir* au sens figuré.

♦ **1. Dr.** (Vx). Recours* à une juridiction supérieure. *Justice de ressort* (Voltaire), devant laquelle on peut faire appel*. **Dr. féod.** *Droit de ressort du seigneur possédant deux degrés de juridiction.*

Loc. mod. *Juger en premier ressort* (1636) : juger une cause susceptible d'appel (1549), sans qu'on puisse faire appel (→ **1. Palatin**, cit. 1 ; **parlement**, cit. 1). *Jugement en premier, en dernier ressort* (→ **Appel**, cit. 20). *Vider un procès en dernier ressort* (→ **Commettre**, cit. 7). — *Le juge de paix statue en premier et parfois en dernier ressort.*

Cour. *En dernier ressort :* après que les autres moyens sont épuisés ; en dernière instance, sans possibilité de recours, d'appel. *Nous avons décidé en dernier ressort que... En dernier ressort, il décide de partir.* ⇒ **Finalement, ressource** (1.).

♦ **2.** (1335). **Dr.** Compétence* (d'une juridiction). *Le ressort de la juridiction.* — **Loc. cour.** *Du ressort de. Cette affaire est du ressort de la cour d'appel, du tribunal de commerce, du Conseil d'État...* ⇒ **2. Ressortir.**

(...) il y avait encore les conditions à débattre, mais elles étaient du ressort de la Municipalité (...)   C.-F. RAMUZ, la Grande Peur..., II.

Du ressort de... : de la compétence de..., et, par ext., qui concerne*... (→ **Appartenir**, cit. 26). *Cela n'est pas de mon ressort.* ⇒ **Domaine, portée.**

♦ **3.** (1353). **Dr.** Étendue de juridiction. *Les limites du ressort de... Juge dans le ressort de Paris* (→ **Promotion**, cit. 1). *Être domici-*

---

lié dans le ressort, hors du ressort de tel tribunal. Bannir (cit. 3) *du ressort de la juridiction* (⇒ **Circonscription**).

DÉR. 2. Ressortir.

RESSORTANT, ANTE [ʀ(ə)sɔʀtɑ̃, ɑ̃t] adj. — 1876 ; p. prés. de 1. *ressortir.*

♦ **Rare.** Qui ressort, qui fait saillie. ⇒ **Saillant.**

CONTR. Rentrant.

---

1. RESSORTIR [ʀ(ə)sɔʀtiʀ] v. — Conjug. *sortir.* — 1080, *resortir* «rebondir», Chanson de Roland ; «reculer», v. 1130 ; de re-, et *sortir.*

★ **I. V. intr.** ♦ **1.** (V. 1155). Sortir* (d'un lieu) peu après y être entré (→ **Gras**, cit. 29 ; **monceau**, cit. 2). *Ressortir de chez soi, d'un magasin* (→ **Paquet**, cit. 5). *Il est entré vers 6 h, et il n'est ressorti qu'à 11 h. Elle n'est pas ressortie de chez elle.*

Des femmes entrent par une porte d'église, font un signe de croix, une génuflexion devant la grande nef, et ressortent par la porte opposée (...)   1
         J. ROMAINS, les Hommes de bonne volonté, t. IV, XV, p. 159.

(Sujet n. de chose). *La balle est ressortie par le cou* (Hatzfeld). **Spécialt.** *Laisser ressortir une substance qui imprègne* (→ **Plastron**, cit. 2). — **Par ext.** Sortir avec force. *Le sang lui est ressorti par la bouche* (→ **Étouffer**, cit. 5).

Fig. *Faire ressortir de vieux souvenirs.* ⇒ **Déterrer.**

(...) l'idéalisme refoulé ressortait à tout moment dans le langage, les façons, les   2
habitudes morales (...)   R. ROLLAND, Jean-Christophe, Le matin, I, p. 118.

♦ **2.** (Déb. XIIe). Paraître avec plus de relief, être saillant. ⇒ **Relief, saillie.** *Moulures, ornements, bas-reliefs qui ressortent plus ou moins.* ⇒ **Détacher** (se). *Faire ressortir les broderies* (→ **Perler**, cit. 4). — **Par ext.** Paraître nettement, par contraste. ⇒ **Détacher** (se), **trancher.** *Dessin, couleur qui ressort sur un fond blanc, gris. Des montagnes dont les détails ressortaient avec netteté.* ⇒ **Dessiner ; découper** (se), **détacher** (se). → **Éclairer**, cit. 3. — (XVIIIe). *Faire ressortir :* mettre en relief. *Des nattes noires faisaient ressortir ses joues avivées par le fard* (→ **Profusion**, cit. 4). ⇒ **Encadrer.**

Fig. Se montrer avec évidence. *Une qualité qui ressort par le contraste* (cit. 4). ⇒ **Apparaître, briller.** *Faire ressortir.* ⇒ **Accuser, appuyer, aviver, dégager, évidence** (mettre en), **exalter, manifester, rehausser, souligner, valeur** (mettre en). → **Attachement**, cit. 21 ; **mûrir**, cit. 13.

Le colonel Victor d'Aiglemont à peine âgé de trente ans, était grand, bien fait,   3
svelte ; et ses heureuses proportions ne ressortaient jamais mieux que quand il employait sa force à gouverner un cheval (...)
         BALZAC, la Femme de trente ans, Pl., t. II, p. 681.

Leurs pensées brillantes ressortent mieux que chez d'autres poètes plus parfaits,   4
sans doute à cause de l'infériorité du reste, comme le ciel de la nuit qui fait pailleter les étoiles invisibles en plein midi.
         Th. GAUTIER, les Grotesques, I, p. 3.

♦ **3.** Apparaître comme conséquence, se dégager de... ⇒ **Résulter.** *Il ressort du texte même que...* (→ **Goujat**, cit. 6). ⇒ **Déduire** (on peut déduire que...). *Il est ressorti de là que...*

(...) on conçoit que la pensée ne peut plus des sensations animales que des   5
mouvements de la matière, et ne peut s'expliquer par les unes ni par les autres.
         MAINE DE BIRAN, Du physique et du moral de l'homme, III, I.

Bien que je n'aie pas demandé là-dessus de devis précis à mon architecte, il res-   6
sort de nos échanges de vues que cette seconde tranche du programme pourrait être réalisée (...) avec un minimum de huit cent mille francs.
         J. ROMAINS, les Hommes de bonne volonté, t. V, XXII, p. 187.

★ **II. V. tr.** (XVIIe, Colbert). ♦ **1.** Faire sortir de nouveau. **Spécialt.** Réexpédier.

♦ **2.** (XXe). **Fam.** Faire apparaître (qqch.) de nouveau. *Il a ressorti de vieilles chaussures.*

♦ **3.** (XXe). **Fam.** Répéter. *Il ressort toujours les mêmes idées.* ⇒ **Rabâcher.**

CONTR. Creuser (se), effacer (s').
DÉR. Ressortant.

---

2. RESSORTIR [ʀ(ə)sɔʀtiʀ] v. tr. ind. — Conjug. *finir ; je ressortis, il ressortit, nous ressortissons, ils ressortissent ; je ressortissais ; j'ai ressorti ; ressortissant.* — V. 1320 ; dér. de 2. *ressort,* t. de droit.

RESSORTIR À.

♦ **1. Dr.** Être du ressort* (2.), de la compétence* d'une juridiction. *Cette affaire, ce procès ressortit à la cour d'appel, au tribunal d'Orléans..., au tribunal de commerce.* ⇒ **Compéter** (2.). *« L'affaire a ressorti à tel tribunal »* (Littré).

♦ **2. Fig.** et **littér.** Être relatif à (quant à la nature). ⇒ **Dépendre, relever** (de). *Tout ce qui ressortit au music-hall.* ⇒ **Concerner**

(→ Exercice, cit. 6). *La littérature* (cit. 24) *orale intéresse le folklore mais ressortit aussi à l'ethnologie.*

REM. On trouve aussi la construction *ressortir de.*

1   Ces réflexions me restent douloureuses, comme tout ce qui ressortissait à ce chagrin profond que je ne commençai de soupçonner que beaucoup plus tard (...)
GIDE, Et nunc manet in te, p. 9.

2   (...) il s'agit expressément, pour un historien (...) de revendiquer le droit d'éclairer tout ce qui, dans l'Évangile, ressortit à l'éternel conflit de l'homme aux prises avec sa condition de pécheur et de mortel (...)
DANIEL-ROPS, Jésus en son temps, Introd.

DÉR. **Ressortissant.**

RESSORTISSANT, ANTE [R(ə)sɔʀtisɑ̃, ɑ̃t] adj. et n. — Fin xivᵉ, puis 1694 ; de 2. *ressortir.*

♦ **1.** Adj. Dr. Qui ressortit à une juridiction. — (Personnes). Justiciable.

♦ **2.** N. (Déb. xxᵉ). **ⓐ** Plus cour. Personne qui ressortit à l'autorité d'un pays, à un statut. *Les nationaux* et ressortissants français* (→ Électeur, cit. 2).

ⓑ Franç. d'Afrique. Personne née dans une localité, une région, lorsqu'elle habite ailleurs.

RESSOUDAGE [R(ə)sudaʒ] n. m. — xixᵉ ; de *ressouder.*

♦ Action de ressouder. — Figuré :
(...) une femme dont la cocasse morale, les fêlures psychiques, le ressoudage incomplet, avaient fait (...) le caractère de ce tableau.
Ed. et J. DE GONCOURT, Journal, 20 nov. 1875, t. V, p. 177.

REM. La forme *ressoudure* [R(ə)sudyR] n. f. (cf. Bescherelle et Littré) semble inusitée.

RESSOUDER [R(ə)sude] v. tr. — xivᵉ ; *resouder,* v. 1175 ; *resodeir,* 1190, au sens 2 ; de *re-,* et *souder.*

♦ **1.** Souder de nouveau ; souder ce qui était brisé. *Ressouder un tuyau.* — Au p. p. (Par métaphore) :
On eût dit un géant brisé et mal ressoudé.   HUGO, Notre-Dame de Paris, I, I, v.

♦ **2.** (Repris xixᵉ). Fig. *Des fêlures* (cit. 4) *que rien ne ressoude.*

RESSOURCE [R(ə)suRs] n. f. — xviᵉ ; *resorse* « secours », v. 1160 ; *ressourse* « relèvement, rétablissement », xvᵉ ; p. p. subst. de *resourdre* « rejaillir » (→ Source, dér. de *sourdre*), et fig., « se rétablir, se relever », sens du lat. *resurgere,* dont *resourdre* est dérivé.

Ce qui peut fournir de quoi satisfaire au besoin, améliorer une situation.

♦ **1.** « Espérance ou moyen de se rétablir, quand on a fait une perte » (Furetière, 1690) ; ce qui peut améliorer une situation fâcheuse. ⇒ **Arme** (fig.), **excuse, expédient, moyen, recours, remède** (fig.), **secours.** *N'avoir ni ressource ni palliatif* (cit. 3). *La ressource de faire qqch.* (→ Imaginer, cit. 21 ; obliquité, cit. 5 ; magnifiquement, cit.). *Avoir la ressource de...* *N'avoir d'autre ressource que de...* (→ Percer, cit. 3). *De sottes médisances* (cit. 4), *ressource ordinaire de la méchanceté. L'unique, la seule ressource, la ressource suprême, ultime...* ⇒ **Planche** (cit. 10 : planche de salut), **refuge.** — *En dernière ressource.* ⇒ **Ressort** (→ En désespoir* de cause).

(Déb. xvᵉ, *ressourse*). *Sans ressource :* sans remède (→ Blaser, cit. 6). *Les maladies mortelles ne trouvent dans l'art* (cit. 34) *aucune ressource.*

1   Le reste est un malheur qui n'est point sans ressource (...)
RACINE, Britannicus, III, 3.

2   Nous autres *(femmes),* nous n'avons qu'une ressource, c'est de plaire (...)
M. BARRÈS, Un jardin sur l'Oronte, XVII.

(En parlant de personnes). *Vous êtes ma dernière ressource.*

♦ **2.** (Fin xviᵉ). Moyens pécuniaires, moyens matériels d'existence*. — REM. On emploie généralement le pluriel pour désigner des moyens assez importants tenus en réserve pour les mauvais jours (sens étym.) ou constituant des revenus* sûrs. ⇒ **Argent, bourse, économie**(s), **finance, fonds, fortune, richesse** (s). *Ressources avouées* (→ Concorder, cit. 3), *cachées, secrètes, illicites... Le plus clair* de ses ressources est employé à... Diminuer* (appauvrir), *augmenter* (enrichir) *les ressources de qqn. Être sans ressources* (→ Affilier, cit. 1 ; capacité, cit. 9). ⇒ **Pauvre** (cf. fam. À fond de cale, dans la purée). *Dénué de ressources.* « *Un homme n'ayant ni crédit ni ressource* » (→ 1. Bourse, cit. 6, La Fontaine). *Les ressources du budget, de l'État, du Trésor.* ⇒ **Trésorerie** (→ Impôt, cit. 15). *Ressources affectées :* recettes du Trésor affectées à un usage particulier (« il s'agit en réalité d'une forme de subvention », Romeuf).

3   (...) si mon dévouement pour vous est aveugle, mon père, et sans bornes, mon bon père, malheureusement nos ressources pécuniaires sont bornées.
BALZAC, la Cousine Bette, Pl., t. VI, p. 368.

4   La défunte, qui vivait seule, exerçait un ensemble de professions mal défini. Elle

s'occupait du trafic de reconnaissances du Mont-de-Piété. Elle était aussi tireuse de cartes. Peut-être avait-elle des ressources encore moins avouables.
J. ROMAINS, les Hommes de bonne volonté, t. II, I, p. 9.

Loc. (Littér.). *Faire ressource de tout, d'une chose,* en tirer parti financièrement.

5   Vous concevez qu'avec une figure comme la sienne on ne manque de rien ici quand on veut en faire ressource ; mais elles ont préféré une honnête modicité à une aisance honteuse ; ce qui leur reste est si mince, qu'en vérité je ne sais comment elles font pour subsister.   DIDEROT, Jacques le fataliste, Pl., p. 613.

♦ **3.** (xviiᵉ). **ⓐ** Plur. Forces psychiques, possibilités d'action qui peuvent être mises en œuvre, le cas échéant. ⇒ **Faculté**(s), **réserve, richesse** (fig.). *Les infinies ressources de l'homme* (cit. 45). *Les ressources du cœur* (cit. 169). *Il y a « des ressources inépuisables* (cit. 5) *dans le courage et dans la vertu ».* — *Les ressources de l'artiste* (→ Exorde, cit. 3), *ses moyens, ses possibilités. Déployer* (cit. 17) *toutes ses ressources de séduction. Des ressources variées* (→ Plusieurs cordes* à son arc). *Avoir des ressources en soi-même* (→ Ennui, cit. 19 ; matériel, cit. 8).

6   (...) elle me révélait, comme autant de merveilles, des trésors de dévouement, d'abnégation, des ressources de prévoyance presque égales aux profondeurs de sa charité.   E. FROMENTIN, Dominique, XIII.

Un homme de ressources, habile* et plein de ressources (au sens 3) ou apte à trouver une ressource (au sens 1) en toute circonstance.

Moyens, possibilités. *Les ressources et les secrets du métier* (→ Lutte, cit. 2). *Les ressources d'un art* (→ Drame, cit. 3), *d'une technique ; les ressources de la dialectique* (→ Mot, cit. 26), *de la chicane* (→ Plus, cit. 15). — (Fin xviiiᵉ). *Les ressources d'une langue* (en tant que moyen de communication, d'expression).

7   Les coiffures de bal n'offrent-elles pas à l'artiste intelligent toutes les ressources imaginables, perles, fleurs, plumes, brindilles, réseaux, nœuds, torsades, bandeaux luisants (...)   Th. GAUTIER, Portraits contemporains, « Gavarni ».

ⓑ Loc. Techn. (Au sing.). « *Ce cheval a de la ressource* » (Littré), il est encore capable d'un effort après une course, une fatigue. — Fig., cour. *Avoir de la ressource. Ne vous inquiétez pas pour lui, il a encore de la ressource.* — Impers. *Avec lui, il y a de la ressource :* il est capable d'efforts, d'améliorations.

♦ **4.** (Fin xviiiᵉ). Au plur. Moyens matériels (hommes, réserves d'énergie, etc.) dont on peut disposer une collectivité. *Les ressources d'un pays, d'un département* (→ Facilité, cit. 4, Gautier). *Ressources en hommes et en matériel. Ressources naturelles de la Terre* (permanentes ; renouvelables, non renouvelables). *Exploitation des ressources naturelles. Gestion des ressources naturelles et politique de l'environnement*. Les ressources en énergie thermique, en minéraux... Les ressources en énergie. Le recensement des ressources* (→ Monde, cit. 21).

8   (...) M. de Lafayette, avec ses trente et quelques mille hommes de garde nationale, avec sa police militaire et municipale, avec les ressources de l'Hôtel de Ville, avec celles de la cour (...) Lafayette dis-je, avec tant de ressources diverses, ne pouvait rien à cela.   MICHELET, Hist. de la Révolution franç., IV, IV.

♦ **5.** (1920). Techn. (Au sing.). Évolution d'un avion lorsque la force centrifuge reste constamment dans son plan de symétrie ; sa faculté de reprendre de l'altitude par cette évolution. *Avion en ressource* (par oppos. à *en virage*).

DÉR. **Ressourcement.**

RESSOURCEMENT [R(ə)suRsəmɑ̃] n. m. — Déb. xxᵉ, Péguy ; de *ressource.*

♦ Littéraire. Rejaillissement, retour aux sources (mot « repris par la théologie », F. Mars, in *la Croix,* 16 mars 1958).

Rien n'est aussi anxieusement beau que le spectacle d'un peuple qui se relève d'un mouvement intérieur par un ressourcement profond de son antique orgueil et par un rejaillissement des instincts de sa race.
Ch. PÉGUY, la République..., p. 327.

RESSOURCER (SE) [R(ə)suRse] v. pron. — 1978, J. Merlino, *les Jargonautes,* v. intr. ; de *ressourcement* ou de *ressource.*

♦ Trouver de nouvelles sources (morales, psychologiques, spirituelles...) ; reprendre des forces (physiques morales, etc.). *Une foi qui se ressource aux textes sacrés.*

REM. Le mot, de création récente, est le plus souvent employé dans des contextes fortement teintés d'idéologie (discours politique, religieux, etc.).

RESSOUVENANCE [R(ə)suvnɑ̃s] n. f. — Fin xviᵉ ; *resovenance,* xivᵉ ; de *ressouvenir* (se).

♦ Vx ou littér. Souvenir d'une chose ancienne ; retour à la mémoire d'une chose oubliée. ⇒ **Remembrance, réminiscence, souvenance.** — REM. Ce mot, critiqué par Vaugelas, a été repris au xixᵉ s. dans la langue littéraire.

1   Et quand je plongeais dans les profondeurs de ses yeux imprégnés de ressouvenance (...)
BAUDELAIRE, Trad. E. POE, Histoires grotesques et sérieuses « Éléonora ».

2 Mon amour qui n'est que ressouvenance,
   Quoique sous vos coups il saigne et qu'il pleure
   Encore et qu'il doive, à ce que je pense,
   Souffrir longtemps jusqu'à ce qu'il en meure (...)
          VERLAINE, Romances sans paroles, « Birds in the night ».
3 Alors, subitement, une flambée de ressouvenance m'éclaira. — Ah ! oui, Daudet !...
   Eh bien ! oui il est tout à fait « recalé » maintenant !
          A. ALLAIS, Contes et Chroniques, p. 74.

RESSOUVENIR [R(ə)suvniR] n. m. — 1552 ; un exemple du XIIIe
(resovenir) dans Littré paraît douteux ; emploi substantivé de (se) ressouvenir.

♦ Vx ou littér. Action de se ressouvenir ; souvenir lointain ou renouvelé. — REM. Ce mot, fréquent dans la langue classique (→ Douloureux, cit. 6, Voltaire), reparaît chez les écrivains de la fin du XIXe s.
   La vieille Marie-Jeanne remémore encore avec un ressouvenir affectueux et tendre
les coups de canne distribués aux uns et aux autres.
          Ed. et J. DE GONCOURT, Journal, 11 juil. 1857, t. I, p. 156.

RESSOUVENIR (SE) [R(ə)suvniR] v. pron. — Conjug. souvenir.
→ Venir. — 1580 ; me resovient de..., v. impers., v. 1160 ; comp. de re-,
et (se) souvenir.

♦ Vieilli ou littér. Se souvenir* (d'une chose ancienne ou qui avait
été oubliée). L'âme retient et se ressouvient (→ Faculté, cit. 3,
Bossuet). « Et je me ressouviens de mes jeunes (cit. 18) amours »
(Molière). Ils se ressouvenaient des romans qu'ils avaient lus
(→ Livresque, cit. 3). Se ressouvenir que... (→ Épine-vinette,
cit. 1). — Faire ressouvenir (avec ellipse de se). Il lui fait ressouvenir que... (→ Convenir, cit. 9). ⇒ Rappeler, souvenir. « L'usage
a préféré "faire ressouvenir" à "ramentevoir" » (La Bruyère, les
Caractères, II, 213).

1 (...) s'il est vrai (...) que (...) les vérités absolues, universelles, nécessaires, soient
innées ou infuses à notre âme, de telle sorte qu'en entendant, pour la première
fois, les paroles ou les signes qui les expriment, l'âme ne fasse que s'en ressouvenir ou en avoir la réminiscence (...)
          MAINE DE BIRAN, Du physique et du moral de l'homme, Note.
2 En revoyant ces endroits aimés, je me ressouviens des uns et des autres, et de mes
petits compagnons (...)
          Ed. et J. DE GONCOURT, Journal, 26 sept. 1855, t. I, p. 86.
2.1 Anne Desbaresdes s'exténua encore une fois à se souvenir.
          M. DURAS, Moderato cantabile, p. 54.

Vx (avec un compl. direct). « Et ressouvenez-vous quel prélat vous
servez » (Boileau, le Lutrin, III), pensez-y, songez-y.

3 Attendez qu'on vous en demande plus d'une fois, et vous ressouvenez de porter
toujours beaucoup d'eau.
          MOLIÈRE, l'Avare, III, I.

Vx. Impers. Il me ressouvient que... Vous en ressouvient-il (Littré, Académie).

DÉR. Ressouvenance, ressouvenir (n. m.).

RESSUAGE [Rəsɥaʒ] n. m. — 1692, « fourneau utilisé pour faire
ressuer les culots composés d'argent, de plomb et de cuivre » ; de ressuer.

Technique.

♦ 1. (1762). Le fait de ressuer (2.). — (1875). Spécialt. Expulsion de
l'excédent d'eau d'une pâte céramique. — (XXe). Techn. Phase de la
fabrication du pain, entre la sortie du four et le refroidissement. —
Suintement à la surface d'un béton préparé avec un excès d'eau.

♦ 2. Séparation des éléments d'un métal brut (affinage), par fusion
partielle (à la différence de la liquation).
   La liquation. Le métal à purifier est entièrement fondu (...) On peut aussi opérer par ressuage, et ne fondre qu'une partie du métal, si les points de fusion sont
assez différents (plomb-argent) [...]
          Léon GUILLET, les Techniques de la métallurgie, p. 114.

Vx. Séparation du laitier d'une loupe de fer, par battage.

RESSUER [Rəsɥe] v. — 1628 ; resuer, attestation isolée, XIIIe ; de re-,
et suer.

★ I. V. intr. ♦ 1. (XIIIe). Rare. Suer* de nouveau ou beaucoup.

♦ 2. (1762). Par croisement avec les formes anciennes et régionales
de ressuyer. Rendre son humidité. ⇒ Suinter. Mur, paroi qui res-
sue. Laisser ressuer les plâtres. Du foin ressuant et tout mouillé
(→ Gratifier, cit. 7).

★ II. V. tr. Techn. Soumettre (une substance) au ressuage* pour
l'affiner.

DÉR. Ressuage.

RESSUI [Rəsɥi] n. m. — 1561, ressuy ; de ressuyer.

♦ 1. Vén. Lieu où les bêtes fauves vont se sécher (après la pluie,
la rosée...).

♦ 2. (Av. 1870, Littré). Techn. Défaut d'une céramique qui reste mate
après sa sortie du four.

RESSUIEMENT [Rəsɥimã] n. m. — 1810, Genlis, in Pugens ;
de ressuyer.

♦ Techn. Évaporation de l'humidité (d'une terre, des grains).

RESSUIVAGE [Rəsɥivaʒ] n. m. — V. 1960 ; de ressuivre.

♦ Techn. (ch. de f.). Contrôle des pièces (des wagons, des freins,
notamment).

RESSUIVRE [RəsɥivR] v. tr. — Fin XVIe ; resuivre, 1564 ; resivre
« suivre à son tour », fin XIIe.

Rare.

♦ 1. Suivre de nouveau. Ressuivre qqn. — Fig. Je n'étais plus
d'accord avec vous, mais là, je vous ressuis.

♦ 2. Suivre (un chemin) en sens inverse.

DÉR. Ressuivage.

RESSURGIR [R(ə)syRʒiR] v. intr. ⇒ Resurgir.

RESSUSCITATION [Resysitasjõ] n. f. ou RESSUSCITE-
MENT [Resysitmã] n. m. — XIIIe, ressuscitation ; ressuscitement,
1220 ; de ressusciter.

♦ 1. Vx. ⇒ Résurrection.

♦ 2. Méd. Ensemble des moyens mis en œuvre pour ramener à la
vie un malade qui se trouve à l'état de mort apparente. ⇒ Réanimation.

RESSUSCITER [Resysite] v. — V. 1110-1120, intr., resusciter ; lat.
resuscitare (proprt « ranimer »), au sens chrétien ; de re-, et suscitare.
→ Susciter.

★ I. V. intr. ♦ 1. Relig. Reprendre vie, être de nouveau vivant.
⇒ Résurrection. — REM. Revivre* ne s'emploie pas dans ce sens fort.
— Les morts ressuscitent. Selon la doctrine chrétienne, Jésus est
ressuscité le troisième jour après sa mort (→ Apôtre, cit. 2 ; croix,
cit. 4 ; et aussi glorieux, cit. 19). « Lazare a ressuscité à la voix de
Jésus » (Littré). L'idée que l'homme ressuscitera un jour (→ Passage, cit. 11). — Par métaphore. Revoir le printemps était pour moi
ressusciter en paradis (→ Inexprimable, cit. 3).

1 Mais l'ange prit la parole, et dit aux femmes : Pour vous, ne craignez pas ; car
je sais que vous cherchez Jésus qui a été crucifié. Il n'est point ici ; il est ressuscité, comme il l'avait dit. Venez, voyez le lieu où il était couché, et allez promptement dire à ses disciples qu'il est ressuscité des morts.
          BIBLE (SEGOND), Évangile selon saint Matthieu, 28, 6.
2 Athées. — Quelle raison ont-ils de dire qu'on ne peut ressusciter ? Quel est plus
difficile, de naître ou de ressusciter, que ce qui n'a jamais été soit, ou que ce qui
a été soit encore ? est-il plus difficile de venir en être que d'y revenir ?
          PASCAL, Pensées, III, 322.

Biol. Organismes desséchés, hibernés..., qui ressuscitent (→ Humidifier, cit.).

♦ 2. (XIIIe). Revenir à la vie normale, après une grave maladie.
⇒ Guérir.

3 Dès les premiers beaux jours, « je repris le dessus », comme disait ma mère. À la
lettre, je ressuscitai. J'élargis, je me fortifiai.
          F. MAURIAC, le Nœud de vipères, I, II.

♦ 3. (V. 1360). Redevenir, réapparaître, manifester une vie, une activité, une influence nouvelle. — (Choses). La nature ressuscite à
chaque printemps. Pays qui ressuscite. ⇒ Relever (se). — Instinct
(cit. 21), sentiment, passion qui ressuscite. — Le passé ressuscite
par la mémoire.

4 Les Confessions, qui paraissent après la mort de Rousseau, semblent un soupir de
la tombe. Il revient, il ressuscite, plus puissant, plus admiré, plus adoré que jamais.
          MICHELET, Hist. de la Révolution franç., Introd., II, VI.
5 Mes années expirées ressuscitent et m'environnent comme une bande de fantômes (...)
          CHATEAUBRIAND, Mémoires d'outre-tombe, t. II, p. 348.

★ II. V. tr. ♦ 1. (V. 1130). Ramener* de la mort à la vie, faire
revivre miraculeusement (contextes mythiques, religieux). Ressusciter les morts (→ Miracle, cit. 2).

Absolt. « Dieu qui voulait montrer qu'il donne la mort et qu'il ressuscite » (Bossuet).

6 (...) aussi un homme qui, pour marque de la communication qu'il a avec Dieu,
ressuscite les morts, prédit l'avenir, transporte les mers, guérit les malades, il n'y
a point d'impie qui ne s'y rende (...)   PASCAL, Pensées, XIII, 843.

Loc. Un alcool à ressusciter un mort, très fort.

♦ 2. (Fin XVIe). Ranimer*, guérir (d'une grave maladie). — (1668).
Sortir (d'un état de mort apparente). ⇒ Étendre, cit. 10. — (1663).
Fig. « Cette nouvelle l'a ressuscité » (Littré, Académie).

♦ 3. (1559). Compl. n. de chose. Faire revivre en esprit, par le souvenir... Ressusciter les âges (→ Histoire, cit. 16), les héros du passé.
Ressusciter des souvenirs. ⇒ Déterrer, exhumer, réveiller.

7 Et il lui suffisait de contempler un instant (...) ce fauteuil vide, avec ces initiales

enlacées en creux dans le cuir : il y ressuscitait immédiatement la volumineuse présence de M. Thibault, lourdement tassé sur son siège (...)
MARTIN DU GARD, les Thibault, t. IX, p. 62.

Faire renaître, réapparaître ; rendre la vie à... *Ressusciter les langues* (cit. 31) *nationales. Ressusciter un parti* (→ Galvaniser, cit. 2). *Ressusciter une mode, un art.* ⇒ **Renouveler.** *Ressusciter en soi un sentiment.*

8 *(Napoléon)* ne ressuscita pas la Pologne, quand du rétablissement de ce royaume dépendait le salut de l'Europe.
CHATEAUBRIAND, Mémoires d'outre-tombe, t. IV, p. 55.

9 Alors Laurent essaya de parler d'amour, d'évoquer les souvenirs d'autrefois, faisant appel à son imagination pour ressusciter ses tendresses.
ZOLA, Thérèse Raquin, XXI.

▶ **RESSUSCITÉ, ÉE** p. p. adj. (V. 1120, *resuscité*).
Ramené à la vie. *Lazare ressuscité. Le Christ ressuscité.* — *Un mammouth ressuscité du déluge* (→ Envisager, cit. 4). *La forêt* (cit. 4)... *et sa jeunesse à chaque printemps ressuscitée.*

10 Notre marine ressuscitée au combat de Navarin sortit de ces ports de France naguère si abandonnés. CHATEAUBRIAND, Mémoires d'outre-tombe, t. V, p. 174.

N. *Un ressuscité* (→ Cadavérique, cit. 1), *une ressuscitée.*

11 Il n'y a qu'un épisode d'amour dans tout l'ouvrage, et c'est un amour entre deux ressuscités, Cidli et Semida ; Jésus-Christ leur a rendu la vie à tous les deux, et ils s'aiment d'une affection pure et céleste comme leur nouvelle existence ; ils ne se croient plus sujets à la mort (...) Mᵐᵉ DE STAËL, De l'Allemagne, II, XII.

12 Je suis un convalescent et même, pour nombre de mes amis, un ressuscité. Mais les douleurs attendent leur proie et, sans retard, elles s'en ressaisissent.
G. DUHAMEL, Problèmes de civilisation, p. 67.

CONTR. Ensevelir.
DÉR. Ressuscitation ou ressuscitement, ressusciteur.

RESSUSCITEUR [Resysitœr] n. et adj. m. — XIVᵉ ; de *ressusciter.*

♦ Rare. Qui ressuscite (II.) qqn.

RESSUYAGE [Resyijaʒ] n. m. — 1877 ; de *ressuyer.*

♦ Techn. Opération par laquelle on ressuie, on fait sécher. — (XXᵉ). Agric. Opération par laquelle on enlève la terre des légumes après leur arrachage ; temps de séchage des légumes que l'on ressuie.

RESSUYANT, ANTE [Resyijɑ̃, ɑ̃t] adj. — 1778 ; *ressuer* «faire sécher», XIIᵉ ; de *ressuyer.*

♦ Techn. (vén.). Qui dessèche, sèche (la forêt, les végétaux) en diminuant l'odeur de la bête.
(...) un petit vent froid courait à ras le sol, «un vent ressuyant», disaient les hobereaux (...) M. DRUON, la Chute des corps, II, VIII, p. 170.

RESSUYER [Resyije] v. tr. — Conjug. *essuyer.* — XVIᵉ ; *ressuer* au XIIᵉ ; de *re-,* et *essuyer.*

♦ **1.** Vx ou régional. Faire sécher. *Ressuyer la pierre à chaux.*
(...) il le voyait *(le sel de la terre)* dénué de saveur, incapable de saler, même une tranche de cochon, gravier sédimentaire bon tout au plus à sablonner de vieilles bouteilles ou à ressuyer les allées d'un parc mondain (...)
Léon BLOY, le Désespéré, p. 37.
Pron. « *Les terres se sont durcies et ressuyées* » (Buffon, *in* Littré). — (Avec ellipse de *se). Il faut laisser ressuyer ce mur* (dans ce sens, *ressuyer* est confondu avec *ressuer**).

♦ **2.** Agric. Déterrer (des racines alimentaires) et les laisser reposer pendant un certain temps (pour assurer une meilleure conservation). — V. intr. Sécher par ce procédé. *Laisser ressuyer les pommes de terre.*

▶ **RESSUYÉ, ÉE** p. p. adj.
♦ **1.** (Av. 1870, Littré). Techn. Qui présente le défaut de matité appelé *ressui* (2.). *Poterie ressuyée.*
♦ **2.** (XXᵉ). Littér. Qui a séché.
DÉR. Ressui, ressuiement, ressuyage, ressuyant.

1. RESTANT, ANTE [Restɑ̃, ɑ̃t] adj. — V. 1228 ; de *rester.*

♦ **1.** Qui reste, qui subsiste d'un ensemble, après disparition des autres éléments de cet ensemble. *Les cent francs restants.* « *Il est la seule personne restante de cette famille* » (Académie).
Phys. *Rayons restants :* complexe de radiations (généralement infrarouges) sélectionné par une série de réflexions sur des plaquettes bien choisies.

♦ **2.** POSTE RESTANTE. ⇒ **Poste.** — (Vx). *Bureau des lettres restantes* (Hugo), *bureau restant* (Nerval, *Correspondance,* 19 août 1843).

2. RESTANT [Restɑ̃] n. m. — 1323 ; de *rester.*

♦ Reste* (en parlant surtout de choses matérielles). *Je vous paierai le restant dans un mois. Les restants de papiers* (→ Légende, cit. 1). *Un restant de lumière* (→ Imprécis, cit. 1). *Le restant des pratiques.* ⇒ **Autre** (1.). → Désarroi, cit. 2. *Dépenser* (cit. 10) *le restant de sa verve.*

1 (...) puisque les bons comptes font les bons amis, pour le petit restant que je puis vous devoir, vous avez à moi, depuis un an, deux effets de cent louis chacun (...)
BEAUMARCHAIS, Mémoires... dans l'affaire Goëzman, p. 209.

2 Le restant du jour, il a été tout drôle et inquiet. Il ne se décidait à rien.
J. GIONO, Regain, II, II.

RESTAU ou RESTO [Resto] n. m. — 1899 ; dimin. de *restaurant.*

♦ Argot. Restaurant. *Un petit resto pas cher.* — *Restau U :* abrév. de *restaurant universitaire.*
Comme vous voulez, dit Liliane. qu'est-ce que vous préférez, ce soir ? On retourne au restau ou on fait la tambouille à la maison ? Henrique ne se défend pas trop mal (...) A. SARRAZIN, la Traversière, p. 38.

RESTAURANT [Restɔrɑ̃] n. m. — 1507, en provençal «boisson réconfortante» ; de *restaurer.* → 2. Restaurer.

★ **I.** Vx. Aliment, boisson qui restaure, réconforte. ⇒ **Tonique.** Spécialt. Bouillon fait de jus de viande concentré. — REM. Ce sens est encore usité au XVIIIᵉ s. (Voltaire *in* Littré) et au début du XIXᵉ s. (→ Cordial, cit. 2, Brillat-Savarin).

★ **II.** Déb. XIXᵉ ; Trévoux, 1771, ne donne que *restaurateur* (et *restaurant* au sens 1) et l'Académie de 1798 écrit : «*Aller dîner... au restaurateur*». Établissement où l'on sert des repas moyennant paiement. ⇒ aussi **2. Restauration.** — *Restaurants populaires, à bon marché, à prix modérés* (cit. 10). ⇒ **Bouillon** (vx), **crémerie** (vieilli), **gargote** (péj.), **taverne** (ancienne). *Restaurant ouvrier. Restaurant de quartier. Restaurant à table d'hôte* (cit. 6). *Restaurant « libre service ».* ⇒ **Service** (*supra* cit. 8) ; 3. **self, self-service.** *Restaurant à « repas-minute ».* Cf. l'anglic. fast-food. ⇒ **Casse-croûte.** *Restaurant d'une gare.* ⇒ **Buffet.** — *Restaurant communautaire, d'entreprise, d'un foyer...* ⇒ **Cantine, mess, popote.** *Restaurant universitaire* (abrév. : resto U). — *Restaurant gastronomique, régional, exotique. Les restaurants chinois, italiens, de Paris, de Montréal. Restaurant où l'on sert des spécialités, des grillades* (⇒ **Grill, grill-room,** cit.). *Restaurant végétarien.* — *Les restaurants de luxe adoptent souvent des désignations archaïques* (⇒ **Hostellerie, rôtisserie, taverne**...). *Restaurant d'autoroute.* ⇒ **Restoroute.** — *Restaurant de nuit* (→ Plaisir, cit. 38). *Restaurant avec orchestre, dancing* (→ Échouer, cit. 3) ; *le restaurant d'une boîte de nuit.* ⇒ **Cabaret** (*infra* cit. 3). — *Restaurant d'une auberge, d'un hôtel. Hôtel sans restaurant. Hôtel-restaurant :* établissement comprenant un hôtel et un restaurant. — *Café-restaurant* (la langue courante dit plutôt *café* ou *restaurant,* selon les cas). ⇒ **Brasserie, café ; bistro.** *Salle de restaurant* (→ Diverticule, cit. 2). — *Office, cuisines d'un restaurant. Personnel d'un restaurant :* garçon* (→ Pourboire, cit. 1), *serveuse, maître d'hôtel, sommelier, cuisinier* (⇒ **Chef**), *gâte-sauces, marmitons, plongeurs* (→ Main, cit. 7). — *Aller au restaurant. Inviter qqn au restaurant. Déjeuner* (→ Figurer, cit. 7), *manger au restaurant, dans un bon restaurant. Manger tous les jours dans le même restaurant.* ⇒ **Habitué, pensionnaire.** — *Payer son repas au restaurant.* ⇒ **Addition.** *Restaurant où l'on paie à la caisse* (→ aussi 1. Patron, cit. 10). *Restaurant à prix fixe* (⇒ **Menu**), *où l'on mange à la carte. Plat du jour, menu, suppléments d'un restaurant.*

Un restaurateur est celui dont le commerce consiste à offrir au public un festin toujours prêt (...) L'établissement se nomme *restaurant,* celui qui le dirige *restaurateur.*
A. BRILLAT-SAVARIN, Physiologie du goût, t. II, p. 113 (→ Détailler, cit. 1).

2 La salle du premier, où était « le restaurant », était une grande longue pièce encombrée de tabourets, d'escabeaux, de chaises, de bancs et de tables (...)
HUGO, les Misérables, IV, XII, I.

3 (...) elle descendit de bonne heure chercher Satin, pour lui payer un régal dans un restaurant. Le choix du restaurant fut une grosse question. Satin proposait des brasseries que Nana trouvait infectes. Enfin, elle le décida à manger chez Laure. C'était une table d'hôte, rue des Martyrs, où le dîner coûtait trois francs.
ZOLA, Nana, VIII.

4 Ils avaient rendez-vous dans un petit restaurant, à côté de l'Opéra-comique, une espèce de boyau dans le fond, où les tables aux nappes à carreaux étaient les unes sur les autres, encombrées de dîneurs très parisiens (...)
ARAGON, les Beaux Quartiers, II, IX.

COMP. Wagon-restaurant.
DÉR. Restauroute.

1. RESTAURATEUR, TRICE [Restɔratœr, tris] n. et adj. — 1505 ; « celui qui remet un membre cassé », XIVᵉ ; lat. *restaurator,* de *restaurare.* → Restaurer.

★ **I.** ♦ **1.** Personne qui restaure (2.), répare. — (1825, Hugo). Spécialt. Artisan spécialiste qui remet en état certaines œuvres d'art ou objets de caractère artistique. *Restaurateur de tapis, de tapisserie* (raccommodeur, rentrayeur), *de tableaux...*

1 La belle église romane de Saint-Germain-des-Prés (...) avait trois flèches (...) Deux de ces aiguilles menaçaient ruine (...) on a trouvé plus court de les abattre. Puis,

afin de raccorder (...) ce vénérable monument avec le mauvais portique dans le style Louis XIII qui en masque le portail, les *restaurateurs* ont remplacé quelques-unes des anciennes chapelles par de petites bonbonnières à chapiteaux corinthiens (...)
> HUGO, Littérature et philosophie mêlées, Guerre aux démolisseurs ! 1825.

♦ **2.** Littér. ou hist. *Restaurateur de...* : personne qui restaure (1.), rétablit. *Le restaurateur d'un régime, de la monarchie.* « *La restauratrice de la règle de Saint-Benoît* » (Bossuet). *Napoléon fut appelé le «restaurateur des autels»* (Madelin, *Hist. du Consulat et de l'Empire,* t. v, p. 219).

2   La Cour est coupable envers la nation pour avoir entouré les pacifiques députés du peuple de soldats menaçants ; pour avoir entamé la guerre civile, en excitant les défenseurs de l'État contre ses restaurateurs.
> RIVAROL, Politique, I, Les premières fautes.

3   (...) j'étais le restaurateur de la religion, l'auteur du *Génie du christianisme.*
> CHATEAUBRIAND, Mémoires d'outre-tombe, t. IV, p. 260.

4   Le restaurateur des sciences naturelles, Bacon, a donné à son tour l'exemple et le précepte d'une véritable analyse (...)
> MAINE DE BIRAN, Du physique et du moral de l'homme, Examen leçons philos., I.

★ **II.** Adj. (1859, cit.). *Chirurgie restauratrice,* qui utilise un apport de substance (par greffe, etc.) pour réparer des lacunes.

5   Voilà, certes, un résultat piquant et nouveau, et nul doute que la chirurgie restauratrice, c'est-à-dire cette branche nouvelle de la chirurgie qui consiste à réparer, par le secours de l'art, nos difformités naturelles, ne s'empare avec avantage d'une méthode qui permet de créer à volonté de la substance osseuse.
> L. FIGUIER, l'Année scientifique et industrielle 1860, p. 392 (1859).

CONTR. Déprédateur, destructeur.

2. RESTAURATEUR, TRICE [ʀɛstɔʀatœʀ, tʀis] n. — 1771, au fém. dès 1767 ; de *restaurer (se).* → Restaurant (II).

♦ Personne qui tient un restaurant (le féminin est inusité ; on dit : *patronne de restaurant*). ⇒ **Aubergiste, hôte** (vieilli), **hôtelier, traiteur** (→ Détailler, cit. 1, Brillat-Savarin). *Les cartes des restaurateurs* (→ Hors-d'œuvre, cit. 4). *Mauvais restaurateur.* ⇒ **Gargotier** (→ Marchand de soupe). *Cuisinier restaurateur* (⇒ aussi **Rôtisseur**). *Le restaurateur a engagé un nouveau chef.*

CONTR. Consommateur.

1. RESTAURATION [ʀɛstɔʀasjɔ̃] n. f. — Fin XIIIᵉ, «rétablissement» ; lat. *restauratio,* de *restaurare.* → Restaurer.

★ **I.** ♦ **1.** (1553). Action de restaurer, de remettre en activité. ⇒ **Regénération, rénovation, rétablissement.** *La restauration de la religion catholique* (→ Condition, cit. 25). *Un remède et une restauration surnaturelle* (→ Homme, cit. 66). — Le fait de redonner du prestige, une place dans la société. *La restauration de la femme* (cit. 86) *au XIIᵉ siècle.*

(1677). Rétablissement au pouvoir d'une dynastie qui en était écartée. *La restauration des Stuarts au XVIIᵉ siècle. La restauration d'un roi exilé,* le fait de le faire remonter sur le trône.

♦ **2.** Absolt. *La Restauration,* celle des Bourbons en avril 1814 (*première Restauration* ; → \Menterie, cit.), interrompue par les Cent-Jours (mars-juillet 1815), jusqu'à la révolution de 1830. *Le mouvement romantique sous la Restauration.* — *Le style de la Restauration,* et, par appos., *le style Restauration.* — En appos. De ce style (objet, œuvre). *Un mobilier Restauration.*

Par ext. Le gouvernement de la Restauration (de Louis XVIII et de Charles X). ⇒ **Monarchie** (selon la Charte) ; → Explosion, cit. 9 ; museler, cit. 2. *La Restauration s'éleva contre le congrès de Vienne* (→ Protecteur, cit. 5).

1   Le coup de baguette de la Restauration s'accomplissait avec une rapidité qui stupéfiait les enfants élevés sous le régime impérial.
> BALZAC, le Lys dans la vallée, Pl., t. VIII, p. 847.

★ **II.** ♦ **1.** (1560, en archit.). Vx. Remise en bon état (d'un bâtiment quelconque). ⇒ **Réparation ; amélioration, embellissement.**

Mod. Remise en bon état d'un monument historique, d'un bâtiment de style, endommagé ou vétuste. ⇒ **Réfection.** *Restauration abusive d'un monument en ruine* (par reconstitution plus ou moins conjecturale des parties détruites). ⇒ aussi **Reconstruction.** *Restauration, restitution* et *réhabilitation*.

2   Mutilations, amputations, dislocation de la membrure, *restaurations ;* c'est le travail grec, romain et barbare des professeurs selon Vitruve et Vignole (...) Aux siècles, aux révolutions (...) est venue s'adjoindre la nuée des architectes d'école, patentés, jurés et assermentés ; dégradant avec le discernement et le choix du mauvais goût, substituant les chicorées de Louis XV aux dentelles gothiques (...) C'est le coup de pied de l'âne au lion mourant.
> HUGO, Notre-Dame de Paris, I, III, I.

3   Le banquier voulut rétablir le château, les jardins, la terrasse, le parc, aller gagner la forêt par une plantation, et il mit à cette restauration une orgueilleuse activité.
> BALZAC, le Curé de village, Pl., t. VIII, p. 641.

4   (...) cette ruine est une merveille de pittoresque à garder, si le pays n'était pas condamné sans appel aux restaurations de M. Viollet-le-Duc.
> Ed. et J. DE GONCOURT, Journal, 28 mai 1871, t. IV, p. 259.

Restauration d'une statue, d'un tableau, d'une tapisserie, d'un meuble de style (⇒ **Restaurateur**).

♦ **2.** (1314). Méd. Retour de l'organisme à l'état précédent une

---

maladie, une blessure, etc. — (xxᵉ). Restauration des tissus ; réparation des tissus après un traumatisme, une inflammation, etc.

♦ **3.** (xxᵉ). *Restauration d'un sol :* amélioration d'un sol dégradé (par l'érosion, par une exploitation abusive) pour lui rendre sa fertilité.

CONTR. Déprédation ; dégât.

2. RESTAURATION [ʀɛstɔʀasjɔ̃] n. f. — 1890, «restaurant», en Suisse, *in* P. Larousse, *Deuxième Suppl.* ; de *restaurer, restaurant,* d'après 1. *restauration.*

♦ **1.** (1961, *in* F.E.W. ; emploi critiqué). Métier de restaurateur (2.). *La restauration, l'hôtellerie, et la limonade.* — *Restauration rapide* ⇒ **Fast-food** (anglicisme).

♦ **2.** Régional (germanisme). Auberge, restaurant.

Nous n'allons pas nous enfermer dans une salle à manger d'hôtel, un pareil jour ! Êtes-vous déjà si affamé ? Cherchons une jolie petite restauration sur le bord de la route.
> J.-R. BLOCH, l'Aigle et Ganymède, 5.

1. RESTAURER [ʀɛstɔʀe] v. tr. — Fin xᵉ, *restaurar* «guérir» ; du lat. *restaurare.*

♦ **1.** Vx ou littér. Rétablir en son état ancien ou en sa forme première (le compl. désigne une chose abstraite). ⇒ **Rétablir.** *Restaurer une coutume, une technique... Restaurer l'agriculture* (→ Rallier, cit. 2), en rétablir la prospérité.

1   Je fis de mots nouveaux, je restaurai les vieux (...)
> RONSARD, Second livre des poèmes, Disc. contre fortune.

(V. 1820). Spécialt, mod. *Restaurer un régime autoritaire* (cit. 1). *Restaurer une dynastie.* ⇒ **Restauration.** *Restaurer la paix, la liberté.* ⇒ **Ramener** (→ Mutisme, cit. 2).

2   Les goths n'avaient que trop bien réussi à restaurer l'Empire. L'administration impériale avait reparu, et avec elle tous les abus qu'elle entraînait.
> MICHELET, Hist. de France, II, I.

♦ **2.** (1138 ; hors d'usage au XVIIᵉ selon Vaugelas). Archit., arts. Remettre en bon état par la réparation ou la reconstitution de certaines parties. ⇒ **Améliorer, réparer ; refaire, reconstituer** (→ Remettre à neuf*). — Mod. Réparer (des objets d'art ou des monuments anciens) en respectant l'état primitif, le style. ⇒ 1. **Restauration** (II.), 1. *restaurateur.* — REM. Au XIXᵉ s., *restaurer* pouvait s'appliquer à n'importe quel bâtiment ; *restaurer une maison* (cit. 12) *de paysans* ⇒ ci-dessous, cit. 3, Balzac) ; il prenait parfois la valeur de «reconstituer, reconstruire». — *Restaurer une cathédrale, un château. Restaurer un pâté de maisons anciennes.* ⇒ **Réhabiliter.** *Restaurer une fresque, une mosaïque, un tableau, une statue...* — Au p. p. :

3   (...) toute la pierre travaillée ayant été restaurée, l'extérieur de ce monument avait repris son ancien lustre.
> BALZAC, les Paysans, Pl., t. VIII, p. 155.

4   Convenablement décrassée et restaurée, la statue eût laissé voir le style florentin de la Renaissance (...)
> Th. GAUTIER, le Capitaine Fracasse, I.

5   J'aurais voulu voir certaines peintures du *Primatice* qu'on dit fort bien restaurées (...)
> STENDHAL, Mémoires d'un touriste, t. I, p. 25.

♦ **3.** (Du sens 1). Sc. Rétablir (une fonction) dans son exercice normal (→ Prothèse, cit. 2).

CONTR. Renverser. — Dégrader, destituer.
DÉR. (Du lat.) V. **Restaurateur, 1. restauration.**

2. RESTAURER [ʀɛstɔʀe] v. tr. — 1498, «fortifier» ; v. pron., xivᵉ ; lat. *restaurare.* → 1. Restaurer.

♦ **1.** Vx. Rétablir la vigueur, la santé de (qqn) par des aliments, des remèdes appropriés. ⇒ **Fortifier.** — Absolt. *Aliment qui restaure.* ⇒ **Restaurant** (I., vx).

♦ **2.** (xxᵉ). Mod. Faire manger. *Je vais restaurer mes invités.*

▶ **SE RESTAURER** v. pron. (xivᵉ).

Reprendre des forces en mangeant. ⇒ **Manger, sustenter** (se), **rafraîchir** (se, vieilli). *Restaurez-vous un peu avant de reprendre la route.*

CONTR. Débiliter.
DÉR. **Restaurant.**

RESTAUROUTE ou RESTOROUTE [ʀɛstɔʀut] n. m. — V. 1965, *restauroute ; restoroute,* v. 1954 ; de *restau(rant),* et *route ;* nom déposé.

♦ Restaurant au bord d'une grande route, pour les automobilistes (→ Motel).

On casse une graine ensommeillée au restauroute de La Rochepot (...) et on continue (...)
> A. SARRAZIN, la Traversière, 1966, p. 250-251.

RESTE [ʀɛst] n. m. — V. 1220 ; au fém. dès 1230 et jusqu'à la fin du xviᵉ ; substantif verbal de *rester.*

★ **I.** (Neutre collectif, introduisant un partitif exprimé ou sous-entendu). Ce qui reste d'un tout.

A. LE RESTE DE... ou LE RESTE (partitif sous-entendu) : ce qui reste d'un tout, d'un ensemble (matériel ou non) dont une ou plusieurs parties ont été retranchées, soit effectivement, soit théoriquement. ⇒ **Demeurant, restant.**

♦ **1.** (D'un objet ou d'une quantité mesurable). *Le reste d'une somme d'argent.* ⇒ **Complément, différence, excédent, reliquat, solde, soulte, surplus** (→ Acquitter, cit. 4 ; battre, cit. 13 ; dévorer, cit. 17 ; obligation, cit. 4). *Le reste de l'arriéré* (cit. 6). *Demander son reste,* la monnaie qui vous revient. — Vx. *On lui a donné son reste :* on lui a réglé son compte* ; on lui a rendu la monnaie de sa pièce (→ Émoulu, cit. 2). — (1636). *Jouer de son reste :* utiliser ses dernières ressources. *Devoir du reste :* être redevable.

1 (...) il emploie la moitié de son argent ; le reste, il le donne aux pauvres.
LAUTRÉAMONT, les Chants de Maldoror, II.

Loc. fig. *Il n'a pas demandé* (→ Clef, cit. 7), *il n'a pas attendu son reste :* il n'a pas insisté, il a jugé qu'il en avait pour son compte (en fait de reproches, de tâches imposées, etc.). *Fuir, partir sans demander son reste.*

2 (...) la pauvre petite Aimée ne mordait guère à l'anglais, pas du tout à vrai dire... Elle ne pleurait pas, mais c'était tout juste... Peu à peu, nous étions arrivés à laisser la petite Aimée... de plus en plus tranquille. elle retourna, paisible, parmi les nuages, sans demander son reste. Elle n'apprendrait pas l'anglais, voilà tout !
CÉLINE, Voyage au bout de la nuit, p. 390.

Le reste de la maison (→ Inconfortable, cit. 1), *du territoire* (→ Français, cit. 11 ; inquiéter, cit. 5 ; plaider, cit. 4). *Le noyau* (cit. 5) *se distingue du reste de la cellule. Mettre le reste du lait dans un pot* (→ Présure, cit.). *Par ce coin du tableau, vous jugerez du reste* (→ Crayonner, cit. 4). *Le reste du corps* (→ Maintien, cit. 1).

♦ **2.** (1559 ; au fém., 1445). D'un espace de temps. *Le reste de sa vie* (→ 2. Chagrin, cit. 6), *de son existence* (cit. 24), *de son âge* (cit. 2). — Loc. (1870). Vieilli. *Jouir de son reste,* du peu de temps qui reste à vivre, d'une situation avantageuse qui est sur le point de prendre fin. *Le reste de l'année* (→ 1. Gens, cit. 7), *de la journée, de la soirée* (→ Innocent, cit. 16), *du temps* (→ Négociant, cit. 3), *de la nuit* (cit. 32)... — Loc. adv. *Le reste du temps :* aux autres moments, dans les autres occasions (→ 1. Lai, cit. 3 ; ratatouille, cit. 2).

3 Amphoux constatait (...) ces derniers jours, la quantité de plus en plus grande de soldats allemands en état d'ébriété flagrante (...) « On dirait qu'ils cherchent à bien profiter de leur reste », dit Amphoux. Ils font main basse sur tout ce qu'ils peuvent trouver encore à acheter (...)
GIDE, Journal, 24 janv. 1943.

♦ **3.** (D'une pluralité d'êtres ou de choses). *« Du reste des humains je vivais séparée »* (→ Attendre, cit. 68, Racine). *« En cela peu semblable au reste des mortelles »* (→ Flatteur, cit. 8, La Fontaine). — REM. *Le reste de...,* suivi d'un nom au plur., se construit avec le verbe au sing. ou (plus rarement) au plur. — *Le reste des hommes n'ose pas* (→ Excrément, cit. 8)..., *seront réduits à...* (→ Dictatorial, cit.). — (Devant un collectif). *Le reste du monde* (→ Annihiler, cit. 2 ; âpreté, cit. 7), *de l'humanité* (→ Inaccessible, cit. 8), *du peuple* (→ Aristocratie, cit. 1), *de la troupe* (→ Enjambée, cit. 1)... — (Le partitif étant sous-entendu). *Le reste se casa* (cit. 3) *où il put. « Le reste ne vaut pas l'honneur d'être nommé »* (cit. 8, Corneille).

4 (...) il semble qu'il y ait une loi de nature qui rende plus gras que le reste des hommes ceux qui s'engraissent non seulement de leur oisiveté, mais encore du travail des autres.
A. DE MUSSET, Nouvelles, « Croisilles », II.

Le reste de mes jours (→ Confiner, cit. 4), *de ses écrits* (→ Hacher, cit. 17)... *Le reste des cartes.* ⇒ **Talon.** — (Sans partitif). *Occuper une partie des locaux et louer* (cit. 3) *le reste* (→ aussi Mépriser, cit. 4). *Conserver quelques papiers et déchirer tout le reste* (→ Ranger, cit. 2).

♦ **4.** (D'une chose non mesurable). *Le reste de l'ouvrage* (→ Main, cit. 49), *de sa tâche. Vous avez bien avancé le travail, laissez-moi faire le reste.*

♦ **5.** Absolt. LE RESTE : tout ce qui, dans quelque ordre que ce soit, n'est pas la chose précédemment mentionnée. *« Aimer est quelque chose* (cit. 5) *et le reste n'est rien »* (Musset). *Adorez-vous, et fichez-vous du reste* (→ Numéro, cit. 4). *« Et tout le reste est littérature »* (cit. 21, Verlaine). *« Seul le silence est grand, tout le reste est faiblesse »* (cit. 32, Vigny). *Et puis le reste va comme il peut* (→ Dessus, cit. 16). — (Vx ou littér.). Avec un verbe au plur. *« Le reste sont des horreurs »* (Proust, *in* G. et R. Le Bidois, *Syntaxe du franç. moderne,* n° 1047). — *Pour le reste, quant au reste* (→ Durable, cit. 5 ; inégalité, cit. 8). — Iron. *Il sait faire ça comme le reste,* aussi mal que toute autre chose. *Vous ne devez pas savoir commander plus que le reste* (→ Poire, cit. 3). — (En fin d'énumération). *Et le reste :* et ce qui s'ensuit. ⇒ **Et cætera ; toutim** (argot). *« Bon* (cit. 13) *soupé, bon gîte, et le reste »* (La Fontaine). *Démonter* (cit. 5) *son gicleur et le reste. Et tout le reste.* Cf. fam. Et tout ce qui s'ensuit, et tout le bataclan, tout le saint-frusquin, le tremblement... (⇒ **Tout**). — *Et ainsi du reste :* et ainsi de suite pour tous les autres cas (→ Métempsychose, cit.).

B. Loc. adv. ♦ **1.** (1538)... DE RESTE : plus qu'il n'en faut, plus qu'il n'en est besoin. *Avoir encore de la matière de reste* (→ Fournir, cit. 19). *Il a de l'argent* (cit. 36) *de reste pour se tirer d'affaire.* — *Avoir de l'argent, du temps, de la bonté... de reste,* en avoir trop,

en avoir à perdre et les prodiguer inutilement. *Tu as bien du temps de reste de t'occuper de lui !* — Vx ou littér. *Savoir de reste :* savoir bien suffisamment, sans qu'il soit besoin d'en être instruit davantage (→ Bon, cit. 61 ; pénitence, cit. 11).

5 Ayant, dis-je, du temps de reste pour brouter,
Pour dormir et pour écouter
D'où vient le vent, il *(le lièvre)* laisse la tortue
Aller son train de sénateur. LA FONTAINE, Fables, VI, 10.

6 Il était si heureux qu'il en venait à plaindre les hommes autour de lui. Il avait de la pitié de reste.
HUGO, l'Homme qui rit, II, II, X.

7 — Vous avez de la bonté de reste, vous encore. C'est à cause de cet imbécile que vous vous faites du mauvais sang ?
COURTELINE, Messieurs les ronds-de-cuir, IIe tableau, II.

♦ **2.** (1382, *être en reste de payer* « devoir encore »). EN RESTE. *Être en reste de tant* (vieilli) : devoir encore tant sur une somme (Académie). ⇒ **Redevable.** — (XVIIe). Fig. *Être, demeurer en reste :* être le débiteur, l'obligé (de qqn). *« Je suis encore en reste avec vous des bons offices que vous m'avez rendus »* (Académie, 1694) : je suis encore votre débiteur, votre obligé. — *Il n'a pas voulu demeurer en reste de générosité,* être moins généreux que telle autre personne. — Absolt. *Le besoin de ne pas demeurer** (cit. 14) *en reste* (→ Rester en arrière).

8 Cette Mme du Deffand dont il *(Lauzun)* parle si négligemment l'a très bien jugé dans une lettre (...) « ... nous les trouvâmes assez plaisant... » On voit que Mme du Deffand n'était pas en reste de dédain avec le petit Lauzun.
SAINTE-BEUVE, Causeries du lundi, 30 juin 1851.

9 Il a payé sans me laisser le temps de protester (...) Comme je ne voulais pas être en reste, il y a eu une seconde tournée (...)
Michel BUTOR, l'Emploi du temps, p. 27.

♦ **3.** (1539). Littér. AU RESTE. **a** Quant au reste, pour ce qui n'est pas de la chose en question (→ Médire, cit. 1, saint François de Sales).

b D'un autre point de vue, sans rapport avec ce qui précède (« sert quelquefois de transition pour passer à un autre sujet tout différent », Académie, 1694). ⇒ **Surplus** (au).

10 N'en parlons plus. Au reste, on a vu dix vaisseaux
De nos vieux ennemis arborer les drapeaux (...) CORNEILLE, le Cid, II, 6.

11 Eh bien, je découvre (...) au reste, je m'en étais toujours douté, qu'elle sait le latin, le grec (...) G. SAND, Jean de la Roche, IX.

12 Mais M. de Champcenais fit valoir que le pays auquel il pensait, et qui était celui de la nourrice, serait en cette saison-là un séjour lugubre ; qu'au reste il n'avait pas envie, lui, de rester seul.
J. ROMAINS, les Hommes de bonne volonté, t. V, XX, p. 156.

♦ **4.** (1564). DU RESTE : pour ce qui est du reste, en considérant les choses d'un autre côté (de manière à compléter ou corriger ce qui vient d'être dit). ⇒ **Ailleurs** (d'). — (En tête de phrase). → Cacher, cit. 41 ; double, cit. 14... ⇒ **Puis** (et). — (Intercalé dans la phrase). → Fin, cit. 11 ; illustration, cit. 5.

13 Du reste, même à part ce talent phénoménal (...) c'était vraiment un être très intéressant que cette jeune fille pauvre (...)
BARBEY D'AUREVILLY, les Diaboliques, « Bonheur dans le crime », p. 150.

REM. La distinction entre *au reste* et *du reste* disparaît déjà dans Académie (1762) : elle n'est plus observée par Littré ni par Hatzfeld, et l'usage actuel confond ces deux locutions (parfois considérées, en tête de phrase, comme des locutions conjonctives marquant l'opposition, la restriction). Cependant, *du reste,* moins littéraire, est beaucoup plus employé que *au reste,* qui a complètement perdu son sens fort (surtout quand il n'est pas placé en tête de phrase). → Gonfler, cit. 19 ; observatoire, cit. 1).

★ **II.** (Substantif masculin variable en nombre). UN RESTE, DES RESTES..., élément restant d'un tout dont l'intégrité ne s'est pas conservée.

A. Avec un complément déterminatif désignant le tout, l'ensemble dont provient l'élément restant, ou absolt.

♦ **1.** (Concret). *Les restes d'un bâtiment* (cit. 3) *détruit.* ⇒ **Décombre(s), ruine(s).** *Monuments, œuvres d'art dont les restes sont conservés dans les musées* (→ Rappeler, cit. 11). *On voit encore sur ce mur un reste des chaînes qui y étaient scellées.* ⇒ **Trace, vestige** (→ 1. Quartenier, cit.). *Les restes du luxe d'autrefois* (→ Folie, cit. 27), *d'une fortune* (→ Rassembler, cit. 2). ⇒ **Débris, dépouille, épave, fragment.** *Les restes de sa beauté* (→ Prémices, cit. 3). *Un reste des faibles brises que les golfes exhalent* (cit. 14)...

14 Ce portique, seul reste conservé des constructions de l'ancien temple (...)
RENAN, Vie de Jésus, Œ. compl., t. IV, p. 308.

15 L'entre-pont a des trous où se dressent les restes
De cinq tubes pareils à des clairons géants (...)
HUGO, la Légende des siècles, LVIII, I.

Spécialt. **a** (1669). *Restes d'un repas, d'un plat.* ⇒ **Bribe, débris, relief.** Absolt (→ Friand, cit. 3 ; populace, cit. 4). *Utilisation des restes en cuisine.* ⇒ **Arlequin, gringuenaude** (vx). *L'art d'accommoder les restes* (→ Modeste, cit. 2). *Restes jetés aux ordures.* ⇒ **Détritus, rebut.**

16 Leur déjeuner venait de se terminer. Les restes étaient copieux.
CÉLINE, Voyage au bout de la nuit, p. 363.

17 Comme chaque matin, nous avons laissé un peu de café au fond de nos gobelets, et négligé de manger notre pain jusqu'au bout, qui laissant une croûte, qui un morceau de mie, qui de grosses miettes. Un jour (...) Alex a vigoureusement protesté

contre cette décision (...) de laisser à tous nos repas, des reliefs. Il disait que *faire des restes* c'était *le bouquet !*   J. CAU, la Pitié de Dieu, p. 9.

17.1 Valentin enlève les assiettes et va chercher la suite, les restes du ragoût de midi.
                                              R. QUENEAU, le Dimanche de la vie, p. 162.

b (1616). *Le reste* (vx), *les restes d'un cadavre, d'une personne;* absolt, *les restes.* ⇒ **Cendre** (cit. 12), **dépouille, os, ossements, relique**(s). *Restes exhumés* (cit. 2), *incinérés* (cit. 1). *Restes humains dévorés par les chacals* (→ Précipice, cit. 2). *Recueillir les restes de quelqu'un.*

18 On traîne, on va donner en spectacle funeste
De son corps tout sanglant le misérable reste.   RACINE, Esther, III, 8.

19 (...) sous un amas de cendre et de boue sanglante, une main noircie, préservée du feu par un énorme bracelet de fer et une chaîne. Une femme eut le courage de l'ouvrir; les doigts serraient une petite croix d'ivoire et une image de sainte Madeleine.
— Voilà ses restes! dit-elle en pleurant.   A. DE VIGNY, Cinq-mars, v.

20 Quelques trous d'obus (...) où sont éparpillés les restes, déformés par la blessure monstrueuse de l'obus, de ce qui était des êtres humains.
                                              H. BARBUSSE, le Feu, I, XII.

(1559). Littér. Personnes. Survivant, descendant encore vivant. *Les restes d'une armée vaincue. Les glorieux restes de la phalange* (cit. 3) *napoléonienne. Une aristocratie* (cit. 7), *reste des familles autrefois souveraines.* Vx (en parlant d'un individu). « *Une précieuse* (cit. 10) *reste de ces esprits jadis si renommés...* » (Boileau).

21 Du fidèle David c'est le précieux reste (...)   RACINE, Athalie, I, 2.

Loc. (1640). Vx (langue class.). *Un reste de gibet, de bagne, de potence :* une personne qui méritait le gibet, le bagne, la potence. ⇒ **Échappé.**

♦ **2.** (Dans le domaine psychique, abstrait). *Les restes d'une passion* (→ Agiter, cit. 24; bon, cit. 77; désordonné, cit. 1). *Un reste du langage de l'Église* (→ Œcuménique, cit.). *Nul reste de cette puissance* (→ Quel, cit. 7). Péjor. ⇒ **Caput mortuum.**

22 La croyance indistincte, indéfinissable, à je ne sais quoi d'autre, à côté du réel, du quotidien, de l'avoué, m'habita durant nombre d'années; et je ne suis pas sûr de n'en pas retrouver en moi, encore aujourd'hui, quelques restes.
                                              GIDE, Si le grain ne meurt, I, I, p. 27.

Psychol. *Restes diurnes :* en psychanalyse, Éléments d'un rêve qui correspondent à des faits du vécu récent.

♦ **3.** Élément restant d'une quantité, après soustraction* (⇒ **Différence**) ou après division* (⇒ **Résidu**). — Spécialt (dr. constit.). Dans le système de la représentation proportionnelle*, se dit des *restes* obtenus après division des suffrages qu'une liste a recueillis, soit par le quotient électoral, soit par le nombre uniforme.

23 Quel que soit le système employé, il y a des *restes* (...) Le problème de l'utilisation des restes est le plus difficile à résoudre de tous ceux que pose la représentation proportionnelle. La solution la plus simple est de grouper ces restes dans le cadre national (...) Autant de fois le nombre uniforme sera contenu dans le total des restes de chaque liste, autant de fois celle-ci obtiendra de députés (...) Mais elle a l'inconvénient de multiplier à l'extrême les partis (...)
                                              Maurice DUVERGER, Manuel de droit constitutionnel..., p. 77.

B. (Avec un complément déterminatif désignant la matière ou la nature de l'élément restant). Petite quantité restante de...

♦ **1.** (Concret). « *Salut! bois* (cit. 9) *couronnés d'un reste de verdure* » (Lamartine). *Un reste d'eau* (→ Croupir, cit. 6), *d'encens* (→ Flotter, cit. 5), *de couleur* (→ Peindre, cit. 1), *de chaleur* (→ Réchauffer, cit. 3), *de vie* (→ Exhaler, cit. 24). *Il doit y avoir un reste de beurre au garde-manger. Mendiants nourris* (cit. 35) *de restes de légumes. Un reste de tissu.* ⇒ **Coupon.** *Combinaison chimique qui laisse un reste d'oxygène.* ⇒ **Excès.**

(1660). Spécialt. *De beaux restes :* des restes de beauté (se dit surtout d'une femme).

24 (...) il est fort extraordinaire qu'une femme dont la fille est en âge d'être mariée ait encore d'assez beaux restes pour s'en vanter si hautement (...)
                                              CORNEILLE, Examen d'Andromède.

♦ **2.** (Abstrait). *Un reste de peur* (→ Aviver, cit. 9), *de goût pour la vertu* (→ Dépraver, cit. 7), *de tendresse* (→ Imputer, cit. 15), *d'honneur* (→ Laisser, cit. 64)...

25 Aucun reste d'espoir ne peut flatter ma peine (...)   RACINE, Alexandre, v, 2.
26 On voyait dans ses yeux un reste de fureur
Remuer vaguement comme une hydre échouée (...)
                                              HUGO, la Légende des siècles, LVII, Guerre civile.

C. (1660). Péj. (le plus souvent au plur.). *Les restes de qqn, ses restes :* ce qu'il a laissé, négligé, méprisé (considéré quant à sa possession, son utilisation par une autre personne). « *Il n'a eu que votre reste, que vos restes* » (Littré, Académie).

27 (...) dans la distribution des grâces, de nouvelles sont accordées à celui-là, pendant que l'auteur grave se tient heureux d'avoir ses restes.
                                              LA BRUYÈRE, les Caractères, XV, 27.

Spécialement :

28 C'est chose tout à fait plaisante que de voir le grand roi, jeune encore (il avait quarante-cinq ans), épouser cinquante ans sonnés d'une dévote dont ce bouffon infirme avait cueilli jadis (comme il avait pu) la jeunesse en fleur, et ce monarque glorieux vivre trente ans des restes de ce cul-de-jatte.
                                              Jules LEMAÎTRE, Impressions de théâtre, 3ᵉ série, Scarron.

RESTER [ʀɛste] v. intr. — Après 1150; lat. *restare.*

★ **I.** Continuer d'être (volontairement ou non). — REM. Conjugué de nos jours avec l'auxiliaire *être,* sauf dans certains emplois dialectaux, *rester* prenait autrefois (et encore au XIXᵉ s.) *être* ou *avoir.* « Dans ses temps composés, ce verbe prend l'auxiliaire *avoir,* si l'on veut faire entendre que le sujet n'est plus au lieu dont on parle... Mais si l'on veut faire entendre que le sujet est encore au lieu dont il est question, *rester* prend l'auxiliaire *être...* » (Bescherelle, *Dict.*, Rester).

♦ **1.** (Sujet n. de personne). Continuer d'être (dans un lieu). ⇒ **Demeurer** (cit. 1 et 33). **a** *Rester à Brest* (→ Cours, cit. 24). *Il reste là* (→ Agenouiller, cit. 5), *ici* (→ Emmener, cit. 2)... *Rester au foyer* (→ Féminisme, cit. 2), *à la campagne* (→ Meubler, cit. 3), *au lit* (→ Pénitence, cit. 9), *à table* (→ Hâbleur, cit. 4), *auprès de qqn* (→ Pronostiquer, cit. 2). *Rester dans une ville, dans un pays. Aimer à rester chez soi.* ⇒ **Casanier.** *Rester longuement au même endroit.* ⇒ **Attarder** (s'), **éterniser** (s'; cit. 16), **moisir.**

1 J'ai resté huit jours dans la maison pour voir si je pourrais y travailler le jour et y dormir la nuit (...)   VOLTAIRE, Correspondance, 60, 24 août 1724.
2 Restez là jusqu'à ce que je revienne.   G. SAND, Jean de la Roche, X.
3 À Solférino, c'était dans un champ de carottes, nous y sommes restés cinq heures, le nez par terre.   ZOLA, la Débâcle, II, II.

Allus. hist. « *J'y suis, j'y reste* », mots attribués à Mac-Mahon après la prise du fort de Malakoff (sept. 1855), et repris plus tard par ses adversaires devant son refus de démissionner de la présidence de la République.

(Avec inversion du sujet, l'idée de *rester* étant «en quelque sorte préparée et annoncée par les verbes, de sens opposé, exprimés dans le contexte qui précède immédiatement...» R. Le Bidois, *De l'inversion du sujet,* p. 15).

4 Mes grands-parents repartis, restaient seulement avec nous, Millie et mon père (...)
                                              ALAIN-FOURNIER, le Grand Meaulnes, II, I.

Continuer à s'occuper de (qqch.). *Rester sur un travail, un sujet :* y passer beaucoup trop de temps. *Tu ne vas pas rester des heures là-dessus?* (→ ci-dessous *Rester à...*).

Loc. (1771). *Rester sur le carreau** (→ Massacre, cit. 4), ou, vx, *sur la place* (*infra* cit. 11) : être laissé pour mort, mourir (de mort violente, le plus souvent). *Y rester :* ne pas échapper à la mort, mourir.

5 Je crois être sincère en disant que j'ai nettement envisagé la mort. C'est-à-dire que je m'étais, avant l'opération, mis en disposition d'y rester; et cela très naturellement.   GIDE, Journal, 10 janv. 1925.
5.1 (...) il s'aperçut que tantôt il pensait : «Cette fois, tu vas y rester» et tantôt : «Cette fois encore, tu vas en réchapper».
                                              Robert MERLE, Week-end à Zuydcoote, p. 224.

Rester en place, sur place. — Fig. *Rester en chemin, en plan* (fam.), *en route.*
Ne pas rester en place : s'agiter sans arrêt.

b (1647). Spécialt (régional, rural). Habiter. *Il reste en banlieue. Rester avec qqn :* habiter, vivre chez lui.

6 C'est ainsi que Françoise disait que quelqu'un restait dans ma rue pour dire qu'il y demeurait, et qu'on pouvait demeurer deux minutes pour rester, les fautes des gens du peuple consistant seulement très souvent à interchanger — comme a fait d'ailleurs la langue française — des termes qui au cours des siècles ont pris réciproquement la place l'un de l'autre.   PROUST, la Fugitive, Pl., t. III, p. 515 (note).

REM. Cet emploi est normal, non marqué, en franç. d'Afrique.

c Absolt, par oppos. à *partir* (cit. 4), *s'en aller* (cit. 103). → aussi Avouer, cit. 19; 1. eau, cit. 28. *Je ne peux pas rester, je reviendrai demain.* ⇒ **Attendre.** *Tu vas rester jusqu'à* (cit. 29) *après-demain.* ⇒ **Séjourner.** *Il s'installe comme s'il devait rester en permanence.* — *Rester pour garder* (cit. 14) *la maison.* Fam. *Rester garder la maison.* — *Rester à...,* suivi d'un inf. de but. *Restez à déjeuner avec nous.* Ellipt. *Tu restes dîner avec nous* (→ Prier, cit. 13).

7 Elle est arrivée ce matin (...) et cette bonne fille est restée consoler son amie.
                                              Alphonse DAUDET, Sapho, XIV.
8 Madame Rasseneur (...) venait de le prier d'attendre une minute, pour qu'elle le conduisît à sa chambre (...) Devait-il rester? Une hésitation l'avait repris (...)
                                              ZOLA, Germinal, I, VI.

♦ **2.** (Sujet n. de chose). Se trouver longuement, pendant longtemps quelque part. *La lettre est dans la malle; qu'elle y reste* (→ Jamais, cit. 21). *Un objet restât-il cinq ans dans la boutique...* (→ Près, cit. 28). *La charrette qui* (cit. 3) *est restée sous le porche* (⇒ **Stationner**). *Les graviers* (cit. 4) *me restaient au talon. Les bouchées lui restaient au fond de la gorge et l'étouffaient* (cit. 10). — Par métaphore. *Rester sur le cœur*, sur l'estomac*.* Loc. fig. *Cela m'est resté en travers de la gorge.* → Je ne l'ai pas avalé* (supporté). — Fam. *L'S est resté au bout de la plume, dans l'encrier.*

9 (...) l'épée même eût resté dans leurs mains si je m'étais moins obstiné.
                                              ROUSSEAU, les Confessions, II.
10 Ou bien il grattait longuement un coin de peau (...) et flairait ensuite (...) l'odeur de sueur qui lui restait aux doigts.
                                              J. ROMAINS, les Hommes de bonne volonté, t. II, XII, p. 122.

Fig. *Rester dans la mémoire, dans le souvenir des hommes* (→ Année, cit. 6), *au panthéon* (cit. 3) *de l'histoire, dans l'âme* (→ Empoisonner, cit. 22; 1. que, cit. 41), *dans l'imagination*

(→ Étude, cit. 13)... — *Cela doit rester entre* nous* (→ Recauser, cit. 1).

♦ **3.** (1671). Continuer d'être (dans une position, une situation, un état...). *Rester debout* (→ Courtisane, cit. 4), *comme un échassier* (cit. 2). *Restons face à face* (cit. 66). *Rester en arrière* (→ Fortune, cit. 36). Fig. *Rester en arrière : être en reste** (→ ci-dessous cit. 12, Zola). *Rester en dedans* (→ Laisser, cit. 22), *en contact avec...* (→ Inerte, cit. 3), *en suspens* (→ Ivresse, cit. 15), *le nez* (cit. 33) *sur son livre, sans mouvement* (cit. 17)..., *les bras* croisés.* — Loc. fam. *Rester le bec* dans l'eau. Rester le derrière par terre :* être décontenancé. *En rester sur le cul*, comme deux ronds de flan** (⇒ **Étonné**). — *Rester en carafe* (fam.), *en panne, en rade* (fam.) : être en panne (véhicule, etc.), et, fig., ne plus avancer, être laissé, abandonné sur place. *Rester dans le même état* (→ Habitude, cit. 44). ⇒ **Maintenir** (se); **stationnaire.** *Rester en haleine* (cit. 25), *en tutelle* (→ Prolétaire, cit. 2), *sur la défensive* (cit. 5)... *Rester dans l'ignorance.* ⇒ **Croupir, pourrir.**

11   L'ouvrier restait la main en l'air à la chaîne du soufflet, mettait son poing gauche sur la hanche et nous regardait en riant.
                              ALAIN-FOURNIER, *le Grand Meaulnes*, I, III.

12   Enfin, le concierge céda; il arrangerait la chose (...) Et Gervaise, en rentrant, acheta des gâteaux pour Pauline. Elle n'aimait pas rester en arrière, il y avait tout bénéfice avec elle à se montrer complaisant.   ZOLA, *l'Assommoir*, V, t. I, p. 164.

Rester sans bouger (→ Astre, cit. 3), *sans savoir* (→ Fin, cit. 3)... *Les œufs ne restent jamais sans être couvés* (→ Incubation, cit. 2). — *Rester tout un jour sans manger.* ⇒ **Passer** (→ Mortification, cit. 3).

13   Ils restèrent sans parler (...)   HUYSMANS, *En ménage*, XVI.

RESTER À... (suivi de l'inf.) : être longuement occupé à..., continuer à passer son temps à... ⇒ **Demeurer.** — REM. Cet emploi est condamné par Littré. *Elle reste au soleil à regarder...* (→ Pleurer, cit. 16, Musset). *Il ne faut pas rester à vous dorloter* (cit. 3, Sand). *Il restait à fumer au coin du feu* (→ Désobligeant, cit. 2, Flaubert; et aussi gageure, cit. 2). *On allait rester ensemble à manger le lièvre* (cit. 3, Zola). → aussi Fourrager, cit. 8.

14   Cantilly seul resta à attendre ses compagnons, couché sur le monceau de vareuses sanglantes (...)   BARBEY D'AUREVILLY, *le Chevalier des Touches*, V.

(Suivi d'un attribut). *Restez couvert. Rester ahuri* (cit. 4), *coi* (cit. 1), *court* (cit. 24); *rester stupéfait.* Fam. *Il en est resté tout bête.* Loc. *Rester baba, rester bleu,* étonné, stupéfait. — *Rester sourd à qqch., à qqn* (→ Anarchiste, cit. 2), *neutre* (→ Arbitrer, cit. 4). *Rester tranquille* (→ Éclat, cit. 15), *jeune* (→ Fatuité, cit. 3), *fidèle* (cit. 10), *immobile* (→ Flux, cit. 3)... *Rester débiteur :* ne pas s'acquitter de... *Rester soi-même. Vieillard resté fringant* (cit. 5). *Chose qui reste vaine* (→ Acte, cit. 5), *inconnue* (→ Art, cit. 81)... *La porte restée ouverte* (→ Ours, cit. 8). *Les magasins resteront ouverts jusqu'à 19 h* (→ aussi Ouvrir, cit. 42). *Il n'est pas resté ce qu'il était* (→ Glissant, cit. 5). — *Le juif restera le bouc émissaire* (→ Arrogant, cit. 4). *Elle resta l'amie de...* (→ Indication, cit. 6). *La France est restée un pays centralisé* (cit.). *Le besoin d'instruire* (cit. 9) *autrui reste le trait dominant... Prier pour les morts leur restait un devoir* (cit. 14). — Impers. *Il reste entendu, vrai que...* (→ Monopole, cit. 4).

15   Les faits de la nature restent toujours ce qu'ils sont, en dépit de nos systèmes et de nos classifications arbitraires (...)
             MAINE DE BIRAN, *Du physique et du moral de l'homme*, I, III.

16   Mon ultime raison, mon excuse suprême
De vivre et d'être un homme et de rester moi-même.   VERLAINE, *Élégies*, XII.

17   (...) cherchant ses lèvres, il lui mit un long baiser sur la bouche. Elle restait inerte, la tête renversée, les yeux clos.   FRANCE, *le Lys rouge*, XVIII.

♦ **4.** (Sujet n. de chose). Subsister à travers le temps, ne pas être détruit malgré l'écoulement du temps (par oppos. à *passer*, à *disparaître* [cit. 21]). Absolt. ⇒ **Perpétuer** (se), **persister, subsister, tenir.** *Les générations passent, la langue reste* (→ Dissoudre, cit. 3). *Les anciennes dénominations* (cit. 2) *restèrent.* ⇒ **Conserver** (se). *« La blessure guérit* (cit. 34), *mais la marque reste »* (Rousseau). *« C'était un remède palliatif* (cit. 1) *et le mal restait toujours »* (Montesquieu). *C'est une œuvre, un artiste qui restera.* ⇒ **Durer.** Prov. *Les paroles s'envolent, les écrits* restent.*

18   (...) dans tout orateur, il y a deux choses, un penseur et un comédien. Le penseur reste, le comédien s'en va avec l'homme.
            HUGO, *Littérature et Philosophie mêlées*, 1834, Sur Mirabeau, VI.

19   La passion passe. La raison reste. La raison et l'amour ?
            R. ROLLAND, *Au-dessus de la mêlée*, p. 115.

♦ **5.** (Sujet n. de chose). *Rester à qqn :* continuer d'être à qqn, demeurer en sa possession. *L'avantage est resté à nos troupes. Pourvu que force reste à la loi* (→ Perte, cit. 11). *Ce nom lui est resté* (→ Papier, cit. 3; physicien, cit. 2). *L'honneur* (cit. 8) *reste à tout homme qui... Le souvenir qui m'en est resté* (→ Lacune, cit. 1). — *Qu'il nous reste et devienne un frère de notre Ordre* (→ Quereller, cit. 5).

20   (...) cette gaieté de race et de jeunesse, qui leur était restée envers et contre tout (...)   LOTI, *les Désenchantées*, III, XIV.

♦ **6.** (XVIIIᵉ). Sujet n. de personne. **EN RESTER À...** : s'arrêter, être arrêté à... (un moment d'une action en cours d'accomplissement, ou d'une évolution). *Reprenons l'exposé, nous en étions restés au troisième point. Où en est-il resté de sa lecture?* (→ aussi Marque, cit. 9). *Une région où les paysans en sont restés aux lampes à*

pétrole. — Ne pas aller plus loin, au delà de... (dans le sens d'un approfondissement, d'une aggravation, d'une extension... des choses); se borner à... ⇒ **Tenir** (s'en tenir à). *Faut-il en rester là de cette discussion?* (→ 1. Point, cit. 17). *Restons-en là, inutile de continuer à nous voir. La persécution n'en restera pas là* (→ Noircir, cit. 9).

21   Il pouvait tenir sa place près des gens de cour, pourvu qu'on ne lui parlât point de *Mosé*, ni de drame, ni de romantisme, ni de couleur locale, ni de chemin de fer. Il en était resté à monsieur de Voltaire, à monsieur le comte de Buffon, à Peyronnet et au chevalier Gluck (...)   BALZAC, Mᵐᵉ *Firmiani*, Pl., t. I, p. 1035.

(XIXᵉ). **RESTER SUR...** : s'en tenir, de gré ou de force, à une impression, un état de choses, un fait... auquel on ne veut ou ne peut rien changer. *Rester sur la bonne bouche* (⇒ **Demeurer**, infra cit. 18), *sur une mauvaise impression. Rester sur sa faim* (faute de nourriture, par hygiène...) : ne pas manger à satiété; au fig. ⇒ **Appétit** (infra cit. 18). *Athlète qui reste sur une victoire, sur un échec. Un peuple ne peut pas rester sur une injure* (→ Honneur, cit. 23).

22   — Je parie que tu ne manges point ton content chez ta mère (...) il vaut toujours mieux rester sur sa faim.   J. RENARD, *Poil de Carotte*, Parrain.

★ **II.** (En parlant d'un ou plusieurs éléments ou unités d'un tout.) Être encore présent ou disponible (après élimination effective ou théorique des autres éléments ou unités). ⇒ **Reste,** n. m. — REM. Dans cet emploi, *rester* s'est toujours conjugué avec l'auxiliaire *être* (sauf exceptions, très rares, au XVIIᵉ s.).

♦ **1.** Subsister. *Le bouillon, liquide qui reste de l'eau où le pot-au-feu* (cit. 3) *a cuit. Le peu* (cit. 5) *de jours qui reste. Ce qui reste d'un pain* (→ Maie, cit. 2). *La police a saisi ce qui restait de l'édition* (→ Poursuivre, cit. 8). *Rien ne reste de ces chefs-d'œuvre* (→ Fugitif, cit. 13). *Un seul roi reste en France, c'est l'intendant* (cit. 2). — (Avec un compl. ind.). *Le peu* (cit. 1) *de religion qui me reste. « Le seul bien qui me reste au monde... »* (cit. 36, Musset → aussi Fois, cit. 7). *« Rien ne nous restera de ces coteaux fleuris »* (→ Impossible, cit. 6, Hugo). *Le plus proche parent qui lui restât* (→ Réchauffer, cit. 6).

23   Je regarde ce que je perds,
Et ne vois point ce qui me reste.   MOLIÈRE, *Psyché*, II, 1.

Impers. **IL RESTE, IL NE RESTE...** *De ce palais mutilé* (cit. 3), *il ne reste plus que des morceaux. « Que reste-t-il de nos amours? »* (Chanson de Charles Trenet). *Il ne restait qu'un bout de pain* (→ Lichette, cit. 1). *Il en reste un fond de bouteille* (→ Orgeat, cit.). *Qu'est-il resté de tout cela? — « Et s'il* (cit. 24) *n'en reste qu'un, je serai celui-là! »* (Hugo) — (Avec un compl. ind.). **RESTER À** (qqn), en parlant d'une chose. *Il lui restait trois francs* (→ 2. Moyen, cit. 21). *Il nous restait encore largement de quoi vivre* (→ Fournisseur, cit. 3). *Il leur restait à peine le temps de...* (→ Convoi, cit. 3).

24   Oh! s'il te reste un cœur, duc, ou du moins une âme (...)
(..) Attends jusqu'à demain ! Demain tu reviendras !   HUGO, *Hernani*, V, 5.

25   Que me reste-t-il donc? Ma raison révoltée
Essaye en vain de croire et mon cœur de douter.
          A. DE MUSSET, *Poésies nouvelles*, « L'espoir en Dieu ».

(CE) QUI RESTE OU (CE) QU'IL RESTE. ⇒ **Que, qui** (REM. 3). → aussi ci-dessous (cit. 30, 31 et supra). *Ce qui lui restait de superflu* (→ Aumône, cit. 4). *Ce qu'il leur restait d'inégalité* (→ Améliorer, cit. 3). *Ménager* (cit. 2) *le temps qui me reste; le seul ami qu'il me reste.* — REM. *(Tout) ce qu'on* ou *(tout) ce qu'il reste,* suivis d'un nom au pluriel, se construisent avec le singulier ou (plus rarement) le pluriel. — (Construit avec le plur.) Vx. *« Tout ce qui reste ici de braves janissaires (...) Sont prêts de vous conduire à la Porte sacrée »* (Racine, *Bajazet*, II, 3). — (Construit avec le sing.). Mod. *Tout ce qui reste des fruits est sur la table.*

Rester, placé en tête d'une phrase indépendante, avec inversion de son sujet. *« Restait cette redoutable infanterie... »* (→ Déroute cit. 1, Bossuet). *Restait le roi* (→ Loin, cit. 21). *Reste l'œuvre* (cit. 18) *même.* — REM. « L'inversion absolue est très fréquente après ce verbe, surtout quand il fait fonction de simple copule... que l'on pourrait sans inconvénient remplacer par le tour impersonnel *il y a...* C'est ce que montrent les exemples où ce verbe est au singulier devant un sujet pluriel : (J'ai perdu mes amis.) *« Reste ceux qu'on n'ose pas déranger... »,* E. Triolet, *Mille regrets,* 36 (R. Le Bidois, *De l'inversion du sujet,* p. 24-25). Ce singulier de *rester* devant un sujet plur. est parfois considéré comme la conséquence d'un emploi impersonnel avec ellipse de « il » (Cf. Grevisse, *le Bon usage*, nº 820, 5).

26   Quel problème que celui du déjeuner ! Ils quittèrent le café au lait (...) et ensuite le chocolat (...) Restait donc le thé.   FLAUBERT, *Bouvard et Pécuchet*, III.

♦ **2.** Spécialt. **RESTER,** employé avec un infinitif introduit par la préposition à ou (plus rarement) DE :

a Le sujet de *rester* étant le complément d'objet direct de l'infinitif. *Une tentaine de mille francs restaient à payer* (→ 2. Outre, cit. 15), *étaient encore à payer. Tout encore reste à dire* (→ Atermoiement, cit. 2). *Le seul plaisir qui me reste à goûter* (→ Abreuver, cit. 5). — Avec inversion du sujet : *Reste à jeter un coup d'œil...* (→ Profiter, cit. 12).

27   Une bande de terre nue restait à traverser pour gagner le bord du fleuve. Ils se mirent à courir (...)   MAUPASSANT, Mˡˡᵉ *Fifi*, « Deux amis », p. 242.

Impers. *Il reste beaucoup à faire* (→ Heureux, cit. 43). *Il restait tant de choses à voir* (→ Munificence, cit. 2). *Que lui* (cit. 1) *reste-*

t-il à désirer? « *Il me reste à pourvoir un arrière-neveu* » (cit. 1, La Fontaine).

28 (...) il nous restera des devoirs à remplir sur la terre (...)
G. SAND, Mont-Revêche, XI.

29 Il ne lui restait rien à faire que de subir leur verdict ; elle obéirait à ce qu'on lui ordonnerait (...)   F. MAURIAC, Fin de la nuit, XI.

Ce qui resterait à dire (→ Imaginer, cit. 11) ou *ce qu'il resterait à dire* (→ ci-dessus, *infra* cit. 25). *Le temps qui me reste,* ou *qu'il me reste à vivre, qu'il me reste à vivre*) *de vivre* (→ Passer, cit. 104). — REM. « *...ce qu'il,* sans s'imposer absolument, est préférable à *ce qui* : Vous oubliez *ce qu'il* reste à dire ; c'est surtout en combinaison avec un infinitif prépositionnel que s'emploie *ce qu'il* devant l'impersonnel ; mais cette condition n'est nullement nécessaire, cf. " *Ce qu'il reste* de gouttière et de gargouilles (...) déverse des torrents d'eau jaunâtre" (P. BENOÎT, Axelle, 68-69)... la langue peu surveillée préfère de plus en plus *ce qui* à *ce qu'il...*» (G. et R. Le Bidois, *Syntaxe du franç. moderne,* n° 563).

30 Préparez-vous, mademoiselle, à ce qui me reste à vous dire.
Henry BECQUE, les Corbeaux, IV, 6.

31 Je sais ce qu'il me reste à faire.   Hervé BAZIN, l'Huile sur le feu, XXX.

[b] Dans des tours impersonnels figés : **RESTER À...** (l'infinitif marquant une action à venir). *Les ballets* (cit. 2) *dont il me reste à parler. Il nous reste à entretenir le lecteur de notre* (cit. 17) *ouvrage. — Il ne me reste plus qu'à vous remercier* (→ Grâce, cit. 6) : je n'ai plus qu'à vous remercier (formule par laquelle on remercie). ⇒ **Avoir.** — *Il ne lui restait plus qu'à mourir* (→ Capitole, cit. 2).

Avec omission de *il* (dans des constructions analogues à l'inversion absolue). *Reste à se débarrasser de lui.*

32 Nous faisons des répétitions (...) C'est fini ! Reste à régler la cérémonie.
J. VALLÈS, l'Enfant, VII.

33 Je ne serai jamais bourru. Reste à me rendre bienfaisant (...)
G. DUHAMEL, Salavin, Journal, 30 janv.

Loc. **RESTE À SAVOIR...,** introduisant une interrogative indirecte (→ Grimace, cit. 12 ; influx, cit. 1 ; lentement, cit. 3).

34 — Oui, je vous prends (...) pour une excellente fille, pleine de franchise et de volonté. Reste à savoir si vous avez réellement les petits talents que je réclame.
G. SAND, le Marquis de Villemer, I.

Vx ou littér. **RESTER DE...** *Il reste donc de prendre un précepteur ou une institutrice* (cit. 2, Mauriac). — REM. S'il s'agit, non d'une action à venir, mais d'un fait passé qu'a produit un résultat permanent ou durable, l'emploi de *de* est encore recommandé de nos jours (→ ci-dessous, cit. 37, Montherlant).

35 Tant d'horreurs n'avaient point épuisé son courroux,
Madame : il me restait d'être oublié de vous.   RACINE, Britannicus, III, 7.

36 Il me reste de me confier à Desbats : il serait peut-être plus fort qu'Aline.
F. MAURIAC, les Anges noirs, Prologue.

37 Si ce que j'ai fait est vain, qu'il me reste au moins de m'être dépassé en le faisant.   MONTHERLANT, Pitié pour les femmes p. 695.

♦ **3. RESTER,** employé impersonnellement, avec une proposition complétant son sujet (« il »).

[a] **IL RESTE QUE...** (suivi de l'indic.) : *Il reste le fait que..., il reste certain que* (→ Graphologue, cit. 3). *Il n'en reste pas moins que...* (→ Prescription, cit. 1). — Suivi du subj. « *Il reste que nous nous expliquions...* » (Bossuet, *in* Littré) : il nous reste à nous expliquer.

38 Trop tard à présent. Il n'en reste pas moins que Monsieur Floche est un digne homme et dont je garderai bon souvenir (...)   GIDE, Isabelle, IV.

[b] Littér. **RESTE QUE...** (suivi de l'indic.). ⇒ **Toujours** (est-il que) ; → la loc. adv. En tout cas. *Reste qu'il faudra bien lui en parler.*

39 Reste qu'un beyliste est beaucoup plus facile à définir qu'un stendhalien.
THIBAUDET, Réflexions sur la littérature, 256,
in Robert LE BIDOIS, l'Inversion du sujet..., p. 25.

CONTR. **Absenter (s'), accourir, déplacer (se), déserter, détaler, disparaître, écarter** (s'), **enfuir** (s'), **esquiver** (s'), **évacuer, fuir, partir, quitter ; bouger, branler ; devenir, écouler** (s'), **effacer** (s'), **envoler** (s'), **passer.**
DÉR. 1. **Restant,** 2. **restant.**

RESTITUABLE [REstityabl] adj. — 1460 ; de *restituer.*

Droit.

♦ **1.** Que l'on doit restituer* (1.), rendre. *Sommes restituables aux héritiers.*

♦ **2.** Qui peut être restitué (2.), remis en son premier état. « *Les mineurs sont restituables contre les actes par eux souscrits en minorité et dans lesquels ils sont lésés* » (Académie).

RESTITUER [REstitɥe] v. tr. — 1261 ; lat. *restituere ;* de *re-,* et *statuere* « établir, placer ». → Statuer.

♦ **1.** Rendre à qqn (ce qu'on a pris illégalement ou injustement). ⇒ **Redonner, remettre, rendre.** *Restituer par force ce qu'on a pris par des moyens illicites* (→ Rendre gorge*). *Être restitué à...* ⇒ **Retourner.** « *Va, va restituer tous les honteux larcins* (cit. 3) *Que réclament sur toi les Grecs et les Latins* » (Molière) — Absolt. *Voler et restituer* (→ Formalité, cit. 5).

Le jeune fils de Charlemagne, dans son royaume d'Aquitaine, ayant, par faiblesse ou justice, donné, restitué toutes les spoliations de Pépin, son père lui en fit un reproche (...)   MICHELET, Hist. de France, II, II.
Fig. *Restituer à qqn son honneur. — Restituer un mort à la terre, à la poussière* (→ Ensevelir, cit. 6).

♦ **2.** (1362). Dr. Remettre (une personne) dans l'état où elle était avant un acte ou un jugement qui fait l'objet d'une annulation. « *Il a obtenu un jugement qui le restitue en entier. Se faire restituer contre son obligation, contre sa promesse* » (Académie).

♦ **3.** (V. 1355). Remettre (une chose) dans son état antérieur, primitif. — Spécialt (didact.). Reconstituer (un texte) à l'aide de fragments subsistants, de déductions, de documents, etc. *Restituer un texte altéré, un passage perdu, une inscription mutilée.* ⇒ **Rétablir.** — (1835). *Restituer un édifice disparu :* en faire le plan, la représentation (dessin, maquette...), en se fondant sur les ruines, les textes contemporains, etc. — *Restituer une fresque.*

Une grande partie du manuscrit de Rivarol fut volée (à la lettre) par l'abbé Sabatier de Castres, qui le pilla et le défigura à sa manière dans l'ouvrage *de la Souveraineté,* imprimé à Hambourg en 1806 (...) J'ai sous les yeux de nombreux essais de *mise en ordre* et de *rédaction* dans lesquels ce dernier (*Chênedollé*), en disciple fidèle, tenta jusqu'à la fin de sa vie de recomposer et de *restituer* une œuvre dont la perte lui semblait un malheur irréparable pour la cause des justes doctrines politiques.   SAINTE-BEUVE, Chateaubriand..., t. II, p. 140.

(Déb. XXe). Faire revivre, recréer. *La raison* (cit. 1) *prétend restituer le réel à l'aide des fragments artificiels de l'analyse* (→ aussi Peinture, cit. 11).

♦ **4.** Libérer, dégager (ce qui a été absorbé, accumulé). *Un système mécanique qui restitue une partie de l'énergie absorbée.*

♦ **5.** (Mil. XXe). Reproduire. *Disque, bande magnétique qui restitue fidèlement le son enregistré.*

♦ **6.** (XXe ; v. intr., 1888). Fam. et par euphém. (vieilli). *Il a restitué son déjeuner.* ⇒ **Rendre, vomir.**

▶ **RESTITUÉ, ÉE** p. p. adj.
Rétabli en son état original ; reconstitué. *Texte restitué. — Prononciation restituée du latin,* qui tend à se rapprocher autant que possible de la prononciation des anciens Romains. — Phys. *Énergie absorbée et énergie restituée par un système mécanique.*

(Numism.). *Monnaies restituées* ou *monnaies de restitution,* qui portent l'effigie d'un souverain antérieur à l'époque où elles ont été frappées.

CONTR. **Confisquer, dépouiller, dérober, emparer (s'), emprunter, prendre, voler.** — **Prêter.** — **Absorber.**
DÉR. **Restituable.** — (Du même rad. lat.) **Restituteur, restitution, restitutoire.**

RESTITUTEUR [REstitytœR] n. m. et adj. — 1771 ; « celui qui fait restitution », fin XIVe ; lat. *restitutor,* du supin de *restituere.* → Restituer.

♦ **1.** Numism. Empereur romain qui frappait des médailles, ou construisait des monuments, pour honorer la mémoire de ses prédécesseurs.

♦ **2.** (Av. 1850). Rare. Personne qui restitue. *Restituteur des sciences et des arts.* — REM. Dans ce sens le fém. *restitutrice* est virtuel.

♦ **3.** Adj. (1969). Techn. *Lecteur restituteur :* appareil qui restitue en vraie grandeur des documents microcopiés (→ Microlecture).

RESTITUTION [REstitysjɔ̃] n. f. — 1251 ; lat. *restitutio,* de *restitutum,* supin de *restituere.* → Restituer.

♦ **1.** Action, fait de restituer* (1.), de rendre qqch. (→ Déposant, cit. 2 ; évincer, cit. 1). *Être tenu à restitution.* — Dr. *Restitution de fruits* (→ 3. Mercuriale, cit. 1), *de pièces.* — Vx. *Faire restitution de qqch. à qqn.*

Je rends au public ce qu'il m'a prêté ; j'ai emprunté de lui la matière de cet ouvrage : il est juste que l'ayant achevé avec toute l'attention pour la vérité dont je suis capable (...) je lui en fasse la restitution.
LA BRUYÈRE, les Caractères, Introd.

Dans ce dénûment, ils ont réclamé à Paris la restitution de ce qui leur appartenait en France ; leurs biens sont sous le séquestre et y sont restés nonobstant leurs réclamations.   HUGO, Choses vues, II, XI, 1848, III.

♦ **2.** (1549). Dr. Jugement, décision qui restitue (2.) qqn dans son état antérieur. « *La restitution d'un mineur contre des actes qu'il a passés en minorité et dans lesquels il a été lésé* » (Académie).

♦ **3.** Agric. *Restitution sous forme d'engrais des éléments nutritifs enlevés au sol par les plantes.*

♦ **4.** (XIXe). Techn. [a] Opération qui consiste à restituer (3.) un texte altéré, un passage perdu, un édifice disparu, etc. — Le texte, le passage ainsi restitué. *Une excellente restitution. Une restitution douteuse.* — Plan, représentation d'un édifice restitué.

[b] Fidélité d'une représentation. *Restitution photogrammétrique des clichés photographiques. Appareil de restitution stéréoscopique. Restitution, en vraie grandeur, d'une microcopie.*

♦ **5.** (Numism.). *Monnaies de restitution* ou *monnaies restituées.*

♦ **6.** (xxᵉ). Phys. *Coefficient de restitution :* nombre qui dans le choc de deux corps (particules par exemple) représente le rapport de la différence des vitesses de ces corps après et avant collision. *Le coefficient de restitution est égal à 1 pour des chocs élastiques et supérieur à 1 pour des chocs non élastiques.*

CONTR. **Apport, confiscation, emprunt. — Altération.**

RESTITUTOIRE [ʀɛstitytwaʀ] adj. — 1870 ; attestation isolée, xviᵉ ; lat. tardif *restitutorius,* du lat. class. *restituere.*

♦ Dr. Qui est relatif à une restitution, qui ordonne une restitution. *Décision, jugement restitutoire.*

RESTO [ʀɛsto] n. m. ⇒ **Restau.**

RESTOROUTE [ʀɛstoʀut] n. m. ⇒ **Restauroute.**

RESTREIGNANT, ANTE [ʀɛstʀɛɲɑ̃, ɑ̃t] adj. — Fin xviᵉ, *retregnant ;* p. prés. de *restreindre.*

♦ Littér. Qui restreint, renferme dans des limites. *Sa « restreignante et pitoyable médiocrité »* (Villiers, *in* G. L. L. F.).

RESTREINDRE [ʀɛstʀɛ̃dʀ] v. tr. — Conjug. **atteindre.** — V. 1283 ; «resserrer, presser», v. 1155 ; «fixer solidement», v. 1130 (Littré enregistre le sens théorique et étymologique de «resserrer») ; lat. *restringere* «resserrer» ; de *re-,* et *stringere* «lier, serrer» ; avec francisation d'après les verbes en *-eindre.*

♦ **1.** Rendre plus petit ; renfermer dans des limites plus étroites. ⇒ **Diminuer, réduire.** *Restreindre le volume* (⇒ **Comprimer**), *le nombre de...* (→ Arrivant, cit. 3). *Restreindre ses dépenses. Restreindre les développements dans un ouvrage.* ⇒ **Abréger ; délimiter.** *C'est l'homonymie avec* saint *qui a restreint l'emploi de l'adjectif* sain (→ Homonyme, cit.). *Restreindre son activité* (→ Bien-être, cit. 4), *un droit* (→ Présenter, cit. 18). *Restreindre l'autorité de qqn.* ⇒ **Amoindrir, rabaisser** (→ Apporter des restrictions* à). *Restreindre la liberté de qqn.* ⇒ **Contraindre, gêner.**

♦ **2.** **R**ESTREINDRE **(qqch., qqn)** À **(qqch.) :** assigner comme limites. *Restreindre ses ambitions à la réussite matérielle.* ⇒ **Borner** (à), **limiter** (à), **réduire** (à). → Ignorance, cit. 8.

1   (...) bien que je les tire souvent *(les caractères de ce siècle)* de la cour de France et des hommes de ma nation, on ne peut pas néanmoins les restreindre à une seule cour, ni les renfermer en un seul pays (...)
LA BRUYÈRE, les Caractères, Introd.

▶ **SE RESTREINDRE** v. pron. (V. 1155, «se resserrer» ; «s'abstenir de paroles inutiles», fin xiiᵉ).

♦ **1.** (1559). Devenir plus petit, moins étendu, moins libre (→ Chanceler, cit. 6 ; écarter, cit. 24). *Ma vie s'est restreinte, tandis que la tienne a grandi, a rayonné* (1. Rayonner, cit. 3). — (Fin xviiᵉ). *Se restreindre à...,* suivi d'un nom ou (vieilli) d'un infinitif : se borner à...

♦ **2.** (Fin xivᵉ). *Se restreindre dans ses dépenses* (→ Pactole, cit.). Absolt. *Se restreindre :* restreindre ses dépenses, les réduire.

▶ **RESTREINT, EINTE** p. p. adj. (Fin xivᵉ).

♦ **1.** Étroit ; limité ; petit. *Espace restreint. Nombre restreint* (→ Guerre, cit. 41 ; 1. peuple, cit. 9). *Auditoire, personnel restreint* (→ Hésitant, cit. 7 ; maréchaussée, cit. 2). *Édition à tirage restreint. Suffrage restreint,* réservé à certains citoyens, opposé à *(suffrage) universel* (→ Nouveau, cit. 13). *Dans un domaine restreint* (→ 3. Droit, cit. 64). *Sens* restreint *d'un mot.* ⇒ **Étroit** (*supra* cit. 24). *Prendre un mot au sens restreint.* — *Vie restreinte* (→ Événement, cit. 16). ⇒ **Étriqué.**

2   Sa pensée était simple ; son vocabulaire, assez restreint ; ses effets, souvent, de la plus courante démagogie.   MARTIN DU GARD, les Thibault, t. VII, p. 56.

Phys. *Relativité restreinte.* ⇒ **Relativité** (II.). — *Rotations restreintes* (ou *gênées*) *des molécules ou de certaines de leurs parties* (par oppos. à *rotations libres*)*. Importance des rotations restreintes pour l'étude des anomalies des chaleurs spécifiques, de l'origine des bandes d'absorption dans les spectres de rotation-vibration.*

♦ **2.** **R**ESTREINT À**... :** borné, limité à... (→ Opération, cit. 8).

3   Un tirage moindre, une diffusion restreinte à Paris et ses environs immédiats, les habitudes mêmes de leur clientèle rendaient alors ces feuilles (...) fort arrangeantes en matière de publicité.
J. ROMAINS, les Hommes de bonne volonté, t. V, XVIII, p. 141.

CONTR. **Accroître, agrandir, amplifier, augmenter, compléter, développer, élargir, étendre, exagérer, généraliser, grandir, propager. — (Du p. p.) Ample, étendu, large.**
DÉR. **Restreignant — (Du même rad. lat.) Restrictif.** V. aussi **Restriction, restringent.**

RESTRICTIF, IVE [ʀɛstʀiktif, iv] adj. — 1512 ; *restraintif* «astringent», en 1385 ; mot sav. formé sur le rad. du lat. *restrictus,* p. p. de *restringere.*

♦ Qui restreint, qui apporte une limitation, une restriction. *Clause, condition, loi restrictive* (→ Prohibitif, cit. 1). — *Interprétation restrictive,* stricte. *Son point de vue est correct, mais trop restrictif. Épithète restrictive. Valeur restrictive d'une locution* (→ Plus, cit. 97). *Sens restrictif d'un mot.* ⇒ **Étroit.** *Mot restrictif* (→ Mais, cit. 30). — N. (Vx). *Un restrictif :* mot, élément du langage qui correspond à une restriction logique.

Plusieurs de ces restrictifs portent sur la quantité. *J'y ai aidé,* **dans la mesure du possible, autant que je pouvais, dans la limite de mes moyens.** *Des précautions étaient prises...* **autant que la situation le permettait** (MICHEL., Rév., III, 108).
F. BRUNOT, la Pensée et la Langue, p. 223.

RESTRICTION [ʀɛstʀiksjɔ̃] n. f. — 1380 ; *restrinction,* t. de méd., en 1314 ; bas lat. *restrictio,* de *restringere.* → Restreindre.

A. ♦ **1.** Clause, condition, modification qui restreint le développement, la portée de qqch. ⇒ aussi **Exception** (→ Dictateur, cit. 2 ; humanisme, cit. 1). *Apporter des restrictions à...* ⇒ **Restreindre** (→ Neutralité, cit. 5). *Restrictions apportées aux volontés, au pouvoir de qqn.* ⇒ **Barrière** (*supra* cit. 10), **obstacle.** *Ce principe est sujet à de nombreuses restrictions* (→ Ingérence, cit. 1). — *Il a accepté, mais avec restriction, avec des restrictions* (→ Sous bénéfice* d'inventaire, sous condition*). Gramm. *Mots, locutions indiquant une opposition ou une restriction, tels que* cependant, mais (cit. 12), à la vérité. ⇒ **Restrictif.** *Restriction exprimée par ne... que.*

Les restrictions peuvent devenir très sensibles, quand on limite la créance à accorder par un *autant que je sache, dans la limite où on a pu s'en rendre compte.* Il y a des *dit-on,* qui, prononcés avec certaines intonations, sont de vraies dénégations.   F. BRUNOT, la Pensée et la Langue, p. 510.   1

♦ **2.** Critique, réserve (→ Non, cit. 45). — *Faire des restrictions :* faire des critiques, émettre des doutes ; désapprouver, rejeter partiellement. ⇒ **Réserve.**

♦ **3.** (xixᵉ). Fait de ne pas tout dire ; réticence. *Au milieu des confidences* (cit. 2) *les plus intimes, il y a toujours des restrictions.*

♦ **4.** Loc. (1657). *Restriction mentale :* restriction tacite qu'on apporte à sa pensée, acte mental par lequel on donne à sa phrase un sens différent de celui que l'interlocuteur va vraisemblablement lui donner, afin de l'induire en erreur sans commettre formellement de mensonge. ⇒ aussi **Équivoque** (II., 2.), **escobarderie** (vx), **sous-entendu.**

Mais savez-vous bien comment il faut faire quand on ne trouve point de mots équivoques ? Non, mon père. Je m'en doutais bien, dit-il ; cela est nouveau : c'est la Doctrine des restrictions mentales. Sanchez la donne au même lieu : «On peut jurer, dit-il, qu'on n'a pas fait une chose, quoiqu'on l'ait faite effectivement, en entendant en soi-même qu'on ne l'a pas faite un certain jour ou avant qu'on fût né, ou en sous-entendant quelque autre circonstance pareille, sans que les paroles dont on se sert aient aucun sens qui le puisse faire connaître (...)
PASCAL, les Provinciales, IX.   2

♦ **5.** Loc. adv. S**ANS** **RESTRICTION** : entièrement ; sans condition ; sans arrière-pensée. ⇒ **Réserve** (sans). *Admirer sans restriction* (→ Postérité, cit. 4). — Loc. adj. *Une soumission sans restriction,* totale. ⇒ **Absolu.** *Une acceptation sans restriction* (→ Pur* et simple).

Beaucoup de gens sont ainsi faits. De ce qu'ils ont bien voulu convenir un jour que vous n'êtes pas sans quelque valeur, vous êtes par cela seul tenu de les admirer à jamais, sans restriction, dans tout ce qu'il leur plaira de faire (...) ou de défaire : sous peine d'être traité d'ingrat.   BERLIOZ, Beethoven, p. 24.   3

B. (1890). *Restriction de qqch. :* action, fait de restreindre qqch. (⇒ **Limitation**) ; fait de devenir moindre, moins étendu. ⇒ **Amoindrissement.** *Restriction des naissances, de la production, de la consommation* (⇒ **Malthusianisme,** cit. 1 et 2 ; mercantilisme, cit.). *Restriction des crédits, des dépenses.* ⇒ **Compression, économie.** *Restriction du sens d'un mot :* sa spécialisation dans un emploi plus restreint (→ Élargissement, cit. 4).

C. N. f. pl. (1923). R**ESTRICTIONS** : mesures qui ont pour objet de réduire la consommation en période de pénurie (spécialt en temps de guerre) ; la situation, les privations qui résultent de ces mesures et de cette pénurie. ⇒ aussi **Rationnement** (→ Interviewer, cit. 2). *Avoir à pâtir des restrictions* (→ Fortuné, cit. 7). *Le marché noir est né des restrictions.* — Par ext. *Période de restrictions. Pendant les restrictions.*

Même si l'appareil électrique marchait, mais il ne marche plus, on ne pourrait s'en servir, à cause des restrictions.   4
G. DUHAMEL, Chronique des saisons amères, III, IX.

CONTR. **Accroissement, agrandissement, amplification, augmentation, élargissement, exagération, extension.**

RESTRINGENT, ENTE [ʀɛstʀɛ̃ʒɑ̃, ɑ̃t] adj. et n. m. — 1537 ; empr. lat. *restringens,* p. prés. de *restringere* «resserrer». → Restreindre.

♦ Méd. (Vx). Qui resserre, exerce une action restringente. *Lotion, eau restringente. Remède, médicament restringent.* — N. m. (1694). *Un restringent.* — REM. On dit aujourd'hui *astringent.*

RESTRUCTURATION [ʀ(ə)stʀyktyʀasjɔ̃] n. f. — 1963 ; de *re-,* et *structuration.*

♦ **Didact.** Fait de restructurer (qqch.); structuration nouvelle. *L'analyse génétique « aboutit en fait à une restructuration des problèmes initiaux »* (J. Piaget, *Logique et connaissance scientifique,* in *Encycl. Pl.,* p. 77).

(Concret). *La sidérurgie française « entend poursuivre (...) l'effort de restructuration déjà en cours »* (*France-Europe,* n° 16).

(...) une étude de la C. E. C. A. dans les pays de la Communauté européenne établit que les accidents du travail sont le « symptôme d'une maladie de l'entreprise ». Les remèdes envisagés ont été d'abord superficiels, puis on a dû aborder le problème de la restructuration du travail et même celui de sa finalité.
Roger GARAUDY, Parole d'homme, p. 134.

RESTRUCTURER [ʀ(ə)stʀyktyʀe] v. tr. — 1963; de *re-*, et *structurer.*

♦ Donner une nouvelle structure, une nouvelle organisation à (qqch.). *Restructurer un espace urbain.* ⇒ **Remodeler; réaménager.** — (Abstrait). Organiser sur de nouvelles bases. *Restructurer un secteur industriel, un parti politique.* ⇒ **Réorganiser.** — (Réfléchi). *« Outre que le budget tend à se restructurer autour des dépenses afférentes au logement (...) c'est toute l'existence qui se réorganise autour de la vie de famille »* (*le Monde,* 12 janv. 1967).

Le champ *(sémantique)* s'est déstructuré et restructuré autour de la littéralité (...)
Henri LEFEBVRE, la Vie quotidienne dans le monde moderne, p. 26.

RESUCÉE [ʀ(ə)syse] n. f. — 1867; de *resucer* « sucer de nouveau ».

♦ **1.** Fam. Nouvelle quantité (d'une chose qu'on boit). *Allons, vous allez bien prendre une petite resucée de café?*

♦ **2.** Fam., fig. **ⓐ** Reprise, répétition.

1 *La Sanction* va donner, dans le compte rendu de la Chambre, en une et en deux, de larges citations de mon discours. Il ne faut pas qu'à deux colonnes de là, l'article de tête ait l'air d'une resucée.
J. ROMAINS, les Hommes de bonne volonté, t. V, XXIV, p. 219.

ⓑ Vieilli. Reste.

2 (...) Coupeau regrettait leur mariage (...) elle lui avait apporté la resucée des autres (...) elle s'était fait ramasser sur le trottoir, en l'enjôlant par ses mines de rosière!
ZOLA, l'Assommoir, t. II, X, p. 142.

RESUCER [ʀ(ə)syse] v. tr. — 1550; de *re-*, et *sucer.*

♦ **1.** Sucer de nouveau; sucer longtemps. — Par métaphore :

(...) de toutes les douceurs, de toutes ces choses fades et sucrées que resucent, entre langue et luette, les petites cousines sentimentales.
Hervé BAZIN, Vipère au poing, p. 220.

♦ **2.** Fig. Avoir, prendre une resucée (2.) de ...; prendre, lire, utiliser de nouveau.

DÉR. Resucée.

RÉSULTANT, ANTE [ʀezyltɑ̃, ɑ̃t] adj. — XVIᵉ, Rabelais; p. prés. adj. de *résulter.*

♦ **1.** Vieilli. Qui résulte de qqch. ⇒ **Consécutif.** *La confusion résultante d'une théorie et d'une pratique contradictoire* (→ Progressif, cit. 2).

♦ **2.** Mod. **ⓐ** Mus. *Son résultant,* provenant de la différence du nombre des vibrations qui correspondent à deux sons réels émis simultanément.

Ils ne parlaient plus que (...) d'harmoniques et de sons résultants, d'enchaînements de neuvièmes et de successions de tierces majeures.
R. ROLLAND, Jean-Christophe, Foire sur la place, I, p. 684.

ⓑ Dr. *Les preuves résultantes.*

ⓒ Phys. *Force résultante.* ⇒ **Résultante.**

ⓓ (1811). Math. Qui constitue un résultat. *Élément résultant.*

DÉR. Résultante.

RÉSULTANTE [ʀezyltɑ̃t] n. f. — 1652; de *résultant,* adj.

♦ **1.** Sc. Élément unique qui résulte de plusieurs éléments composants. — Somme géométrique de deux ou plusieurs vecteurs, spécialt (mécan.), de vecteurs représentant des grandeurs de même nature concourant au même effet (grandeurs composantes*). *La résultante de deux forces* (→ Parallélogramme, cit.). — Transformation géométrique équivalente à des transformations appliquées successivement. ⇒ **Produit.** — *Résultante de deux transformations :* leur produit.

1 Les théorèmes de la mécanique me permettent de parler ainsi; hélas! on sait qu'une force, ajoutée à une autre force, engendre une résultante composée des deux forces primitives! LAUTRÉAMONT, les Chants de Maldoror, VI.

♦ **2.** (1874). Cour. Conséquence, résultat de plusieurs facteurs (surtout quand il s'agit de forces, d'actions complexes). *La résultante définitive de cette immense oscillation* (→ Flexueux, cit. 3). ⇒ aussi **Ensuivre** (s'), **résulter.**

2 (La Révolution) semble l'œuvre en commun des grands événements et des grands individus mêlés, mais elle est en réalité la résultante des événements.
HUGO, Quatre-vingt-treize, II, III, I, XI.

---

3 L'histoire est une mêlée étrange où les hommes qui se combattent servent la même cause. Le mouvement politique et social est la résultante de toutes les forces. Toutes les classes, toutes les tendances, tous les intérêts, toutes les idées, toutes les énergies collectives ou individuelles cherchent à se faire jour, à se déployer, à se soumettre l'histoire. JAURÈS, Hist. socialiste, t. VIII, p. 176.

RÉSULTAT [ʀezylta] n. m. — V. 1589; mot didactique, entré dans l'usage courant au XIXᵉ : Littré n'en donne que deux exemples, tirés de Voltaire et de Bonnet (*in* Pougens); cependant, on le trouve chez Molière (→ Conférence, cit. 1; et ci-dessous, cit. 1) et fréquemment chez Buffon (→ Expérience, cit. 30; imitation, cit. 4...); lat. scolast. *resultatum,* dér. de *resultare.* → Résulter.

♦ **1.** (Langue class.). Ce qui résulte d'une cause. ⇒ **Effet.** — REM. Dans cet emploi, le mot a la valeur d'un substantif d'action.

1 Le résultat de tout est qu'en ami fidèle
Ce soir je vous invite à souper avec elle (...) MOLIÈRE, l'École des femmes, I, 1.

♦ **2.** Mod. Ce qui arrive, se produit, commence à exister à la suite et comme effet de qqch. (activité, événement, phénomène, opération, principe). ⇒ **Conséquence, contrecoup, effet, événement** (vx), **fin, issue, solution, succès, suite.** — REM. *Résultat* se distingue de ces mots en ce qu'il implique un caractère durable (provisoire ou définitif) par rapport aux causes (de même que *conclusion, dénouement*, *fin*...); en outre, il emporte souvent l'idée d'efficacité, d'utilité (comme *fruit, succès*) et s'emploie surtout à propos de l'activité humaine. — *Être le résultat de qqch.* ⇒ **Consécutif** (être), **dépendre, ensuivre** (s'; cit. 3), **naître, résulter** (de). *Le surmenage, résultat d'un excès de travail* (⇒ aussi **Accompagnement**). *Le résultat est que...* (→ Couvrir, cit. 2). ⇒ **Ressortir, résulter, suivre...** *Quel sera le résultat de tout cela?* ⇒ **Sortir.** *Avoir pour résultat, avoir le résultat de...* (→ Obscurcir, cit. 6). ⇒ **Entraîner, produire.** *Donner un résultat* (→ Critique, cit. 23; obstination, cit. 4). *Conduire*, mener à tel résultat. Le résultat d'une situation, d'un état de choses, des nécessités sociales...* (→ Juif, cit. 6). *L'histoire, au lieu d'enregistrer* (cit. 4) *les résultats...*

2 Comme si les premiers résultats de la Révolution que ces élections commençaient, la suppression de la dîme, la suppression de l'octroi et des aides, la vente à bas prix de moitié des terres du royaume, n'avaient pas produit la plus subite amélioration dans le sort du pauvre qu'aucun peuple eût vue jamais!
MICHELET, Hist. de la Révolution franç., I, I.

3 Djemylèh (...) s'endormit d'un sommeil profond, résultat naturel de sa grande jeunesse et de l'épuisement de ses forces (...)
J.-A. DE GOBINEAU, Nouvelles asiatiques, p. 246.

Ce que produit une activité consciente dirigée vers une fin; cette fin même. ⇒ **Œuvre, ouvrage.** *Celui, celle qui a obtenu, produit un résultat.* ⇒ **Auteur, cause, ouvrier** (I., 3.); **capable, efficace.** *Rechercher un résultat, viser à un résultat* (→ Châtier, cit. 5). *Atteindre le résultat* (⇒ **Aboutir, réussir**), *obtenir deux résultats* (→ Faire coup* double). *Ce qui sert à obtenir un résultat.* ⇒ **Instrument, moyen, opération.** *Approcher du résultat.* ⇒ **Progrès** (cf. Toucher au but). *Il faut des années de patience et d'efforts pour obtenir un résultat* (→ Échec, cit. 12), *pour arriver à un résultat* (→ aussi Alternance, cit. 2). *Le résultat cherché ne valait pas toute cette peine* (cf. Le jeu n'en valait pas la chandelle). *Résultat contraire à la prévision* (cit. 4). *Beaux, heureux résultats.* ⇒ **Réussite, succès**; et aussi 2. **bien, bonheur, chance.** *Résultat inespéré, plus qu'honorable* (cit. 16), *satisfaisant. Résultats insuffisants, décevants, dérisoires* (→ Une affaire qui tourne en eau de boudin*; la montagne* qui accouche d'une souris; et aussi fatalement, cit. 3). *Résultats peu décisifs* (→ Orientation, cit. 2), *nuls. Le résultat négatif* (cit. 13) *des recherches. Résultats désastreux, pernicieux* (⇒ **Méfait**). — *Le résultat d'une entreprise, d'un plan, d'un travail... Voici le résultat de nos discussions, de nos réflexions. Beau résultat!* (iron.).

4 Le résultat de ses réflexions était toujours que le suprême bonheur consiste à ne rien faire. ZOLA, Thérèse Raquin, XVIII.

Résultats concrets, réels, tangibles.

(Au plur.). Réalisations concrètes. *Nous exigeons des résultats. Avoir* (⇒ **Fructifier, réussir**), *obtenir* (⇒ **Recueillir**) *des résultats avantageux, fructueux.* — Comptab. Bénéfices ou pertes que laisse l'exploitation d'une entreprise. *Résultats d'exploitation.*

5 Et dans tout ça, il n'y a pas que des mots, reprit M. Scharbeck. Il nous arrive bel et bien avec des résultats.
J. ROMAINS, les Hommes de bonne volonté, t. V, XXII, p. 192.

Sans résultat. ⇒ **Infructueux, stérile.** *Faire qqch. sans résultat* (→ Cuisiner, cit. 4). — (Par oppos. à *intention, projet*). *Il n'y a que le résultat qui compte, le résultat seul compte* (cit. 40). → aussi Calculer, cit. 6. — (En parlant d'une opération mentale). *Résultat(s) d'un raisonnement, d'une discussion, d'un entretien.* — Sc. *Le résultat d'une activité scientifique :* les éléments positifs qui en résultent. *Résultat d'une expérience* (cit. 16). → Exprimer, cit. 46; procès-verbal, cit. 4. *Résultat de recherches. Les résultats de la science* (→ Philosophie, cit. 8).

(En parlant d'une chose concrète produite par une opération). *Le résultat d'un mélange* (cit. 1). *Le déjeuner périgourdin* (cit.), *résultat de méditations savantes.*

Loc. adv. (Rare). *En résultat :* en fin de compte.

(Ellipt., en tête de proposition). Fam. *Il a voulu sauter par la fenêtre ; résultat, il s'est foulé la cheville.* ⇒ **Total** (fam.).

♦ **3.** Solution (d'un problème). *Il connaissait le résultat d'avance.* — Phase ultime d'un calcul ; le troisième élément (⇒ **Composé**) associé à un couple dans une application, une opération arithmétique. ⇒ **Produit, quotient, reste, somme ;** et aussi **réponse.** *Résultat d'une opération.*

♦ **4.** (xxᵉ, dans une compétition). Admission ou non-admission, réussite ou échec (à un examen, un concours) ; liste de ceux qui ont réussi... *Affichage, lecture, proclamation des résultats. Il a passé l'oral hier, mais il n'a pas le résultat.*

6 Il réussit assez bien cette fois, à l'écrit. Mais ce fut dur d'attendre les résultats de l'admissibilité (...) Le jour du résultat final arriva. On affichait dans la cour de la Sorbonne les noms des candidats reçus.
R. ROLLAND, Jean-Christophe, Antoinette, p. 901-902.

7 « Asseyez-vous, messieurs », disait le préfet des études qui prenait un air solennel. Et alors le professeur lisait les résultats de la dernière composition. Quel instant !
Premier : Léniot (Joanny).   Valery LARBAUD, Fermina Marquez, VIII.

(1885, *in* D.D.L. : *résultats partiels*). *Les résultats connus de l'élection* (→ Gagner, cit. 52). *Résultats partiels, provisoires, définitifs. Entendre à la radio, lire dans les journaux les résultats du scrutin.* — Sports. *Résultats d'un match* (cit. 2), *d'une compétition. Résultats des courses.*

RÉSULTATIF, IVE [ʀezyltatif, iv] adj. — 1791, cit. *infra ;* dér. sav. de *résulter* ou de *résultat.*

♦ **1.** Vx ou littér. Qui correspond à un résultat ; qui résulte (de qqch.). ⇒ **Résultant.**

J'avais toute ma fortune sur moi cette fois-ci ; c'est-à-dire environ cent écus, somme résultative de ce que j'avais sauvé de chez *Bressac,* et de ce que j'avais gagné chez *Rodin.*   SADE, Justine..., 1791, t. I, p. 134.

♦ **2.** (Mil. xxᵉ). Ling. Qui exprime un état présent ou ultérieur, résultant d'une action passée ou antérieure. *Verbes résultatifs* (*avoir* par rapport à *acquérir, gagner*...).

RÉSULTER [ʀezylte] v. intr. — 1488 ; lat. scolast. *resultare,* même sens ; en lat. class. « rebondir ; retentir » — ces sens ont existé en français au xviᵉ — ; de *re-,* et *saltare* « sauter ».

REM. *Résulter,* ne se disant que des choses, s'emploie seulement à l'inf., au part. prés., et aux 3ᵉ pers. du sing. et du plur. dans les autres modes.

♦ **1.** Être produit par une cause ; être le résultat (de qqch.) ou apparaître comme tel par une opération logique. ⇒ **Découler, dépendre, ensuivre** (s'), **issu** (être), **naître, procéder, provenir, venir** (de) ; **conséquence, effet, résultat, suite** (→ Balancement, cit. 6 ; désordre, cit. 11 ; dieu, cit. 11 ; équilibre, cit. 25). *Les inclinations qui résultent de l'habitude* (cit. 44). *Le bien qui résulte des réformes* (→ Établir, cit. 43). *L'œuf* (cit. 17) *résulte de la fusion de deux cellules. Une fatigue profonde en pourrait résulter* (→ Louvoyer, cit. 5). *Les grands désagréments qui ont résulté, pour moi, de la perte de ma place* (⇒ **Entraîner**). → Malheur, cit. 15.

1 (...) l'amitié résulte d'un faible degré d'opposition entre les êtres individuellement divers.   É. DE SENANCOUR, De l'amour, p. 10.

2 (...) le mathématicien dit : *ce point de départ étant donné,* tel cas particulier en résulte nécessairement ; le naturaliste dit : *si ce point de départ était juste,* tel cas particulier en résulterait comme conséquence.
Cl. BERNARD, Introd. à l'étude de la médecine expérimentale, I, II.

REM. En principe, l'auxiliaire *avoir* marque l'action, *être* le résultat.

3 La somme des pertes humaines, des destructions, des dépenses, qui en sont résultées pour nous, est proprement incalculable.
Ch. DE GAULLE, Mémoires de guerre, t. III, p. 211.

♦ **2.** (Impersonnel). IL RÉSULTE... *Il résulte de ceci que...* (→ Légèreté, cit. 5). ⇒ **Apparaître, apparoir** (dr.), **déduire** (on peut déduire...), **dégager** (il se dégage), **ressortir, tenir** (cela tient à...). *Il résulte des aveux du prévenu qu'il n'a pu agir seul* (⇒ **Impliquer**). *Il en résulte* (→ Intellectuel, cit. 9), *il en est résulté...* (→ Centre, cit. 14 ; fanatisme, cit. 6 ; grandiose, cit. 2). *Il résulte de là une route abominable* (→ Fondrière, cit. 1). *Qu'en résultera-t-il ?* ⇒ **Arriver ; donner** (*infra* cit. 49).

4 De ces exemples il résulte
Que cet art, s'il est vrai, fait tomber dans les maux
Que craint celui qui le consulte (...)   LA FONTAINE, Fables, VIII, 16.

5 La bouche, beaucoup trop petite et couronnée de touffes de poils jaunes, n'avait presque pas de lèvres, et il en résultait, chaque fois qu'elle s'ouvrait pour parler, une série de grimaces affreuses.   J. GREEN, Léviathan, I, X.

DÉR. Résultant, résultatif. — (Du même rad.) Résultat.

RÉSUMÉ [ʀezyme] n. m. — 1750 ; de *résumer.*

♦ **1.** Présentation abrégée de l'essentiel d'un texte, d'un discours. ⇒ **Abrégé** (n. m.), **compendium** (vx), **condensé, réduction ; abstract, digest** (anglicismes). *Faire* (→ Apte, cit. 3), *rédiger un résumé. Résumé des discours* (cit. 12). *Les résumés des manuels* (→ Informer, cit. 17). ⇒ **Précis ; mémento.** *Résumé systématique* (⇒ **Récapitulation, sommaire**), *analytique* (⇒ **Analyse**), *dogmatique* (⇒ **Caté-**

chisme). *Le résumé des nouvelles.* — *Résumé d'un compte.* ⇒ **Extrait, relevé.** — Par ext. *Voici, en quelques mots, le résumé de la situation.* ⇒ **Bilan.**

1 Pour commencer, remettons sous les yeux de mes juges un tableau succinct de tout ce que contiennent mes Mémoires ; et rendons à mes défenses, par la brièveté d'un résumé, la force que leur étendue a peut être énervée.
BEAUMARCHAIS, Mémoires... dans l'affaire Goëzman, p. 145 (1773).

2 En effet, telle est sa manière ; il *(Montesquieu)* pense par résumés : dans un chapitre de trois lignes, il concentre toute l'essence du despotisme. Souvent même le résumé a un air d'énigme, et l'agrément est double, puisque, avec le plaisir de comprendre, nous avons la satisfaction de deviner.
TAINE, les Origines de la France contemporaine, II, t. II, p. 90.

3 Le pédant apprend vite et par résumés ; une fois qu'il a appris, il sait. Vingt ans après, il retrouvera les mêmes formules, et les mêmes arguments.
ALAIN, Propos, 15 mai 1912, Magie de Darwin.

♦ **2.** Fig. *«Au fond, le résumé de la sagesse humaine consistait à... »* (→ Lanterner, cit. 3).

♦ **3.** Loc. adv. AU RÉSUMÉ (vx), EN RÉSUMÉ (1835) : en peu de mots, en un mot ⇒ **Bref** (en) ; par ext. : à tout prendre, somme toute (→ Dépasser, cit. 7 ; multiplicité, cit. 4).

CONTR. Amplification, développement, paraphrase.

RÉSUMER [ʀezyme] v. tr. — xviiᵉ ; «reprendre (au sens propre) ; répéter », 1370 ; lat. *resumere* «reprendre » ; de *re,* et *sumere* «prendre, saisir ».

♦ **1.** Vx. Reprendre* en plus court, en moins de mots (un discours oral ou écrit, une discussion...). ⇒ **Récapituler.** — Mod. Rendre plus bref, plus court. ⇒ **Abréger, diminuer, écourter, réduire.** *Résumer la discussion* (cit. 3). *Résumer la pensée d'un auteur* (→ Fausser, cit. 7). *Résumer point par point.* ⇒ **Analyser.** — Par ext. Présenter brièvement, en peu de mots ou de signes. *Pour vous résumer notre situation par des chiffres* (→ Dénier, cit. 5). *Des « cahiers »* (cit. 6) *qui devaient résumer les vœux de la nation.* — Au p. p. *Une période résumée par Schiller dans son drame...* (→ Pillage, cit. 5). *Pays* (cit. 15), *patrie, ces deux mots résument toute la guerre de Vendée.*

1 Si les œuvres éparses d'une nation forment un miroir où cette nation se réfléchit tout entière, il est donné aux grands poètes de résumer la pensée des peuples au milieu desquels ils ont vécu, d'être, en un mot, leur époque faite homme (...)
BALZAC, Du roman historique, *in* Œ. diverses, t. I, p. 205.

♦ **2.** (Choses). Présenter en un seul caractère, en une seule chose, un ensemble d'éléments. *Le dessin doit résumer l'idéal* (cit. 5) *et le modèle. Le jeu* (cit 36) *résume presque toutes les émotions. Résumer en soi...* (→ Hercule, cit. 1).

2 (...) tout ce qui résume l'humanité est surhumain (...)
HUGO, Quatre-vingt-treize, III, V, I.

▶ **SE RÉSUMER** v. pron. (1796).

Réfl. Reprendre en peu de mots ou abréger ce qu'on a dit. *Résumons-nous. En nous résumant, pour nous résumer, nous dirons...*

3 — Pour nous résumer, si j'ai bien compris le camarade Michels, il ne nourrit contre la guerre aucune hostilité de principe ?
J. ROMAINS, les Hommes de bonne volonté, t. IV, XVII, p. 183.

(Passif). *« Rien de beau ne se peut résumer »* (Valéry, *Rhumbs,* p. 223). — (1831). Fig. Se manifester par un seul caractère. *La nation* (cit. 1, Renan) *se résume par un fait : le désir de continuer la vie commune. La vie se résumait pour lui à...* (→ Observance, cit. 2). *Faire deux parts* (1. Part, cit. 9) *dans la vie : l'une se résumant en des besoins d'un ordre inférieur...*

4 Cet homme, en qui se résument la vie, les forces, l'esprit, les passions du bagne, et qui vous en présente la plus haute expression, n'est-il pas montrueusement beau (...)   BALZAC, Splendeurs et misères des courtisanes, Pl., t. V, p. 1029.

5 L'homme, l'artiste, l'individu, s'effacent sur ces grandes masses sans nom d'auteur ; l'intelligence humaine s'y résume et s'y totalise. Le temps est l'architecte, le peuple est le maçon.   HUGO, Notre-Dame de Paris, I, III, I.

▶ **RÉSUMÉ, ÉE** p. p. adj.

Rendu plus court. *Discours, livre résumé.* ⇒ **Abrégé ; compendieux, court.** — Figuré :

6 Qu'est-ce que Paris, sinon une petite France résumée, un mariage de toutes nos provinces ?   MICHELET, Hist. de la Révolution franç., X, I.

CONTR. Développer.
DÉR. Résumé.

RESURCHAUFFE [ʀ(ə)syʀʃof] n. f. — V. 1960 ; de *resurchauffer.*

♦ Techn. Fait de relever la température de la vapeur surchauffée avant son admission dans l'étage à basse pression d'une turbine.

RESURCHAUFFER [ʀ(ə)syʀʃofe] v. tr. — V. 1960 ; de *re-,* et *surchauffer.*

♦ Techn. Surchauffer de nouveau (une vapeur qui a subi une détente après avoir été surchauffée une première fois).

DÉR. Resurchauffe, resurchauffeur.

RESURCHAUFFEUR [R(ə)syRʃofœR] n. m. — xxᵉ ; de *resurchauffer.*

♦ Techn. Appareil servant à resurchauffer une vapeur (généralement la vapeur d'eau).

On distingue souvent dans le groupe évaporatoire : la chaudière où se produit l'ébullition, les surchauffeurs et resurchauffeurs, les récupérateurs (économiseur et réchauffeur d'air).
(...) Les surchauffeurs et resurchauffeurs sont, de tous les organes d'une centrale thermique, ceux qui sont portés à la température la plus élevée, ce qui leur impose certaines sujétions. La plus importante est le choix du métal (...)
M. CHASSELOUP et L. LE MAÎTRE, les Centrales thermiques, 1961, p. 22-42.

RÉSURGENCE [RezyRȝɑ̃s] n. f. — 1896 ; de *résurgent.*

♦ 1. Didact. Réapparition en surface d'une rivière souterraine, d'eaux d'infiltration ; source où elles reparaissent (source « vauclusienne »).

REM. On parle d'*exsurgence* lorsqu'il s'agit d'eaux infiltrées qui ne forment pas une véritable rivière.

♦ 2. Fig. Fait de ressurgir, de réapparaître.

1   Très instructives (...) sont les dispositions prises par les Assemblées de la Révolution française pour lutter contre la *résurgence par inertie* des privilèges qu'elles entendaient supprimer.
Gaston BOUTHOUL, Sociologie de la politique, p. 103.
2   Le marivaudage enfui est une résurgence de l'esprit précieux.
M. RAT, in Revue des Deux-Mondes, 15 févr. 1967, p. 528.

RÉSURGENT, ENTE [RezyRȝɑ̃, ɑ̃t] adj. — Fin xIxᵉ, selon Dauzat; « ressuscité », 1525 ; lat. *resurgens,* p. prés. de *resurgere* « rejaillir, se relever ». → Ressource.

♦ Didact. (Géogr.). Se dit des eaux qui reparaissent à la surface, après un trajet souterrain. *Point d'émergence* d'eaux résurgentes. ⇒ Résurgence.

DÉR. Résurgence.

RESURGIR [R(ə)syRȝiR] v. intr. — 1611 ; repris xIxᵉ ; de re-, et *surgir.*

♦ Surgir, apparaître brusquement de nouveau. *Faire resurgir une vision...* (cf. Martin du Gard, les Thibault, t. VIII, p. 60).

REM. On a écrit aussi *ressurgir* (→ ci-dessous, cit. 2).

1   (...) un jaillissement continu qu'ici à grand'peine on aveugle, qui resurgit un peu plus loin, dont on ne peut sécher la source.
GIDE, Corydon, IIᵉ dialogue, I.
2   Puis les flots ressurgissent ; puis les roseaux se reforment, puis d'autres eaux reparaissent (...)
A. DE CHATEAUBRIANT, la Brière, I, V.
3   Le moindre geste, le moindre mot entre eux se gonfle, s'alourdit de tout ce qu'il tire après lui, de tout ce qu'il fait resurgir.
N. SARRAUTE, le Planétarium, p. 266.
4   Je m'angoisse de plus en plus, passe par tous les actes du scénario d'attente. Mais, lorsque X... resurgira d'une manière ou d'une autre, car il ne peut manquer de le faire (pensée qui devrait rendre vaine toute angoisse), que lui dirai-je ?
R. BARTHES, Fragments d'un discours amoureux, p. 51.

RÉSURRECTEUR [RezyRɛktœR] n. et adj. — 1788 ; de *résurrection,* et -*eur.*

Littéraire.

♦ 1. N. Ce qui détermine une résurrection (au figuré).

(...) quelle tentation pour le malade de renoncer à ces deux résurrecteurs, l'eau et la chasteté !
PROUST, Sodome et Gomorrhe, Pl., t. II, p. 641.

♦ 2. Adj. (1842). Qui ressuscite, rétablit.

RÉSURRECTION [RezyRɛksjɔ̃] n. f. — V. 1160 ; *resureccium,* v. 1120 ; lat. *resurrectio,* de *resurgere* « se relever » ; de re-, et *surgere.*

♦ 1. Retour de la mort à la vie. ⇒ **Ressusciter.** *La résurrection de Lazare. Mort suivie d'une résurrection miraculeuse* (→ Initiatique, cit.). Spécialt. La résurrection du Christ. *Le mystère de la Résurrection* (→ Authenticité, cit. 8). *La fête de la Résurrection.* ⇒ **Pâques.** — Dogme (chrétien, musulman) selon lequel le corps humain ressuscitera à la fin des temps. *La résurrection des morts au jugement dernier. La résurrection de la chair* (cit. 40), *des corps* (→ Dogme, cit. 1).

1   (...) le tombeau de l'abbé de Simiane (...) qui est représenté au vif, sortant de sa tombe dans une attitude de résurrection. Un ange sonne de la trompette qu'il tient d'une main, et de l'autre enlève le pavillon du tombeau.
Ch. DE BROSSES, Lettres d'Italie, II, 7 juin 1739.
2   Quelquefois il semble ne promettre la résurrection qu'aux justes, le châtiment des impies consistant à mourir tout entiers et à rester dans le néant.
RENAN, Vie de Jésus, XVII, Œ. compl., t. IV, p. 259.
3   L'idée de mort et de résurrection se retrouve chez tous les peuples, exprimant en même temps cet achèvement de l'hiver, les feuilles pourries et redevenues terre,

les arbres dénudés, et aussitôt le réveil des forces végétales. C'est pourquoi toutes les cérémonies du monde, en ce temps-ci, imitent la mort et la renaissance (...)
ALAIN, Propos, 2 avr. 1923, La lune pascale.
4   Logiquement, rigoureusement, il n'y a que la résurrection pour répondre à notre désir d'être heureux, c'est-à-dire d'être ensemble dans une lumière sans ombre, dans une durée sans fin (...) que la résurrection soit inconcevable, à moins d'une recréation, à moins d'un recommencement, à moins d'un autre monde, c'est évident.
Brice PARAIN, De fil en aiguille, p. 66.

La résurrection de Lazare, thème iconographique chrétien. — Absolt. *Représentation de la résurrection du Christ. La Résurrection,* de Rubens.

Par métaphore. Guérison inattendue, après une très grave maladie (cf. Mᵐᵉ de Sévigné, in Littré). — Convalescence rapide. *C'est une véritable résurrection.*

♦ 2. (1669). Fig. Retour à l'existence, à l'activité ; nouvel essor (parfois avec l'idée de progrès* par rapport à l'état antérieur). *La grande résurrection de Tartuffe :* sa réapparition à la scène (→ Propre, cit. 7, Molière). *Résurrections successives d'un type d'êtres.* ⇒ **Palingénésie.**

5   (...) les phénomènes et les idées qui se produisent périodiquement à travers les âges empruntent toujours à chaque résurrection le caractère complémentaire de la variante et de la circonstance.
BAUDELAIRE, l'Art romantique, XXI, II.

Régénération morale. *Résurrection,* titre français d'un roman de Tolstoï.

Retour, réapparition (d'une idée, d'un sentiment ou de ce qui en est l'objet). → Association, cit. 16, Taine.

6   Plus compliqué encore, plus effrayant était mon problème historique posé comme *résurrection de la vie intégrale,* non pas dans ses surfaces, mais dans ses organismes intérieurs et profonds.
MICHELET, Hist. de France, Préface de 1869.

Retour (de qqch. d'oublié) comme centre d'intérêt, fait d'être remis à l'honneur. ⇒ **Renaissance, renouveau.**

7   Prenons garde qu'un peintre de génie est parfois ressuscité par *une seule* de ses grandes œuvres. La résurrection s'est faite autour de la *vue de Delft,* celle de Latour autour de *Saint-Sébastien et Sainte-Irène* de Berlin, celle de Grünewald autour du *Retable d'Issenheim.* Un tableau capital a conduit à l'ensemble de l'œuvre, puis à l'artiste.
MALRAUX, les Voix du silence, p. 447.

CONTR. Agonie, assoupissement, mort. — Enterrement.

DÉR. Résurrecteur, résurrectionnel.

RÉSURRECTIONNEL, ELLE [RezyRɛksjɔnɛl] adj. — 1832, *in* D. D. L. ; de *résurrection.*

♦ Littér. Relatif ou propre à la résurrection.

(...) quand j'ai lu la *Vie de Jésus,* de Renan. Le bienfait, le baume, la délivrance sortant de ce livre. Cette impression de mois de mai (...) ce tranquille chant résurrectionnel ; les vraies cloches de Pâques.
J. ROMAINS, les Hommes de bonne volonté, t. IV, VII, p. 61.

RETABLE [Rətabl] n. m. — 1562 ; n. f., 1535 ; de re- « en arrière », et *table.*

♦ Partie postérieure et décorée d'un autel, qui surmonte verticalement la table. *Retable du maître-autel. Retable peint, à plusieurs volets. Prédelle d'un retable* (→ Prédelle, cit. Proust). *Le retable d'Issenheim, peinture de Grünewald. Retable sculpté. Retable classique à colonnes de marbre, à fronton.*

En même temps *(au xVᵉ siècle),* la sculpture se détache de plus en plus de l'architecture, elle accepte les suggestions de la peinture et du théâtre dans les retables de bois ou de pierre, à personnages multiples, à scènes compartimentées, fourmillant d'épisodes (...)
Henri FOCILLON, l'Art d'Occident, III, II, I, p. 297.

RÉTABLI, IE [Retabli] p. p. adj. — xVIIᵉ. → Rétablir.

♦ 1. Qu'on a établi dans son premier état, dans son état primitif ; qu'on a établi une nouvelle fois. *Texte rétabli. Contact rétabli.*

♦ 2. Remis en bon état. — Spécialt. *Ma santé est rétablie* (→ Peu, cit. 42). — (Personnes). Guéri. *Il n'est pas tout à fait rétabli,* encore convalescent.

RÉTABLIR [RetabliR] v. tr. — V. 1155 ; *restablir,* 1120, encore au xVIIIᵉ ; de re-, et *établir.*

★ I. ♦ 1. Établir de nouveau. *Rétablir le culte sur ses ruines.* ⇒ **Réédifier.** — Établir de nouveau (ce qui a été oublié, changé, altéré). ⇒ **Reconstituer, restituer.** *Rétablir un texte :* restituer l'original (⇒ **Rectifier**). *Rétablir les faits ; rétablir la vérité.*

1   Il dit que Noé a pu aussi bien rétablir en esprit le livre d'Enoch, perdu par le déluge, qu'Esdras a pu rétablir les Écritures perdues durant la captivité.
PASCAL, Pensées, IX, 632.
2   Voilà ce que nous demande la France, à nous autres historiens, non de faire l'histoire, elle est faite pour les points essentiels moralement, les grands résultats sont inscrits dans la conscience du peuple ; mais de rétablir la chaîne des faits, des idées, d'où sortiront ces résultats (...)
MICHELET, Hist. de la Révolution franç., V, XII.

♦ 2. Remettre (en une place, une situation, un état précédent ce qui n'y était plus). *On l'a rétabli à sa place, dans son emploi, dans ses fonctions.* ⇒ **Réintégrer.** — (Abstrait). *Rétablir qqn dans l'estime d'autrui.* ⇒ **Réhabiliter.** — *Rétablir dans (qqch.) :* faire retrouver (qqch.) à. *Rétablir le mariage dans son éclat* (→ Conjugal, cit. 3), *le langage dans sa dignité* (→ Parole, cit. 29). *Rétablir qqn dans ses droits.* — Mettre (quelque part, qqch. qui aurait dû y être). *On a rétabli dans l'orthographe française l'h* (cit. 4) *muet du latin.*

3   (...) ainsi le voilà *(le duc de Chaulnes)* rétabli dans votre estime (...)
    Mᵐᵉ DE SÉVIGNÉ, 1231, 2 nov. 1689.

4   Alors, pour que les tribus abâtardies soient rétablies dans leur splendeur passée (...)
    SAINT-EXUPÉRY, Terre des hommes, VI, IV.

♦ **3.** Faire exister de nouveau (une chose, un phénomène, un état disparu, interrompu). *Rétablir la circulation dans un membre ankylosé* (cit. 2). *Rétablir la chaleur naturelle* (→ Médecine, cit. 2). *Rétablir des communications. Rétablir un contact, un circuit. Le courant est rétabli* (→ Rallumer, cit. 2). *La nature rétablit ce que l'homme détruit* (→ Bienfaisant, cit. 3). ⇒ **Refaire**. *Rétablir le jeu des forces contraires, l'équilibre* (cit. 12). → Rationnement, cit. 3. *Rétablir la paix* (cit. 20 ; ⇒ **Pacifier**), *l'ordre.* ⇒ **Ramener, renaître** (faire) ; → Commander, cit. 13 ; germaniser, cit. 1. recouvrement, cit. 4. — Remettre en vigueur. *Rétablir la loi de Dieu* (→ Ligue, cit. 3), *l'autorité royale* (→ Courant, cit. 4), *la royauté* (→ Exécration, cit. 1), *la monarchie* (→ Protée, cit. 1). ⇒ **Relever, restaurer**. *Rétablir l'amovibilité* (cit.) *des offices.*

5   Ainsi la censure, inactive depuis plusieurs mois et comme suspendue, était rétablie en face de la nation assemblée, rétablie pour les communications nécessaires, indispensables, des députés et de ceux qui les avaient députés.
    MICHELET, Hist. de la Révolution franç., I, II.

6   Un grand peuple ne se venge pas, il rétablit le droit.
    R. ROLLAND, Au-dessus de la mêlée, p. 34.

★ **II.** (V. 1190). ♦ **1.** Remettre en bon état. Vx. *Rétablir une terre :* la remettre en valeur.

Mod. *Rétablir une situation désespérée* (→ Extrémité, cit. 4) ⇒ **Améliorer, redresser** (cf. Retomber sur ses pieds). *Rétablir sa fortune compromise* (→ Se remettre à flot*, revenir sur l'eau ; et aussi habileté, cit. 6).

Spécialt. Mettre qqch. dans un meilleur état en supprimant (un caractère négatif, regrettable). Vx. *Rétablir le désordre :* y remédier. *Rétablir le désordre de sa tenue* (→ Rabat, cit.). ⇒ **Arranger**.

REM. Dans cet emploi, dénoncé comme abusif par l'Académie dès le XVIIIᵉ s., le sens de *rétablir* devient antonymique du sens I., 3.

7   (...) quand on a failli, il n'est pas aisé de réparer le manquement, et de rétablir ce qu'on a gâté (...)
    MOLIÈRE, l'Amour médecin, II, 5.

♦ **2.** Spécialt. *Rétablir ses forces en se restaurant.* ⇒ **Réparer, ranimer**. — *Rétablir qqn :* le guérir. *Ce médicament, le repos l'a rétablie. Le Seigneur le rétablira* (→ Extrême-onction, cit. 2).

▶ **SE RÉTABLIR** v. pron. (XVIᵉ).

♦ **1.** Se faire de nouveau. ⇒ **Revenir**. *Le calme* (→ Dégager, cit. 33), *le silence* (→ Gros, cit. 17), *l'ordre se rétablit* (→ Pluie, cit. 14). *L'équilibre tend à se rétablir* (→ Nombre, cit. 8).

♦ **2.** S'améliorer. *Ses forces se rétablissent, sa santé s'est rétablie.* — (Personnes). Aller mieux. *Malade qui se rétablit.* ⇒ **Guérir** (intrans.), **remettre** (se), **reprendre** (intrans.). Cf. Se remettre debout, sur pied, en selle ; se refaire ; se requinquer ; prendre le dessus.

8   Le corps se rétablit difficilement, quand l'esprit est si peu tranquille.
    LACLOS, les Liaisons dangereuses, CLX.

9   On avait espéré merveille du changement d'air pour me rendre les forces nécessaires à la vie d'un soldat ; ma santé, au lieu de se rétablir, déclina.
    CHATEAUBRIAND, Mémoires d'outre-tombe, t. II, p. 77.

10 Je la voyais toujours malade, mais en voie de se rétablir ; je la trouvais mieux.
    PROUST, Sodome et Gomorrhe, Pl., t. II, p. 782.

♦ **3.** (1850). Faire un rétablissement* (5.). *Se rétablir sur la barre.* — Retrouver, reprendre son équilibre.

11 Antonio sauta. Comme il se rétablissait en haut du talus une griffe de bête lui égratigna la joue.
    J. GIONO, le Chant du monde, II, VII.

CONTR. **Abattre, anéantir, détruire, renverser ; altérer, fausser. — Déplacer. — Couper, interrompre**.

DÉR. **Rétablissement**.

RÉTABLISSEMENT [ʀetablismɑ̃] n. m. — V. 1360 ; *restablissement*, v. 1265 ; «restitution», 1261 ; de *rétablir*.

♦ **1.** Action de rétablir (I., 1.). *Le rétablissement de la faculté de philosophie* (→ Nomination, cit. 3, Saint-Simon). *Rétablissement d'un texte modifié.* Dr. *Rétablissement de communauté :* reconstitution de la communauté dissoute par des époux, séparés de corps, de biens. *Rétablissement de sommes d'argent :* restitution de sommes distraites dans une masse à établir pour une répartition ou un partage.

♦ **2.** Action de remettre (en une place, un état). *Le rétablissement de qqn dans ses fonctions.*

♦ **3.** Action de rétablir (I., 3.), remise en fonctionnement, en vigueur. *Rétablissement des communications, des relations... Rétablissement de l'ordre* (→ Attendre, cit. 83), *des distinctions* (cit. 9), *de l'arbitraire* (cit. 11)..., *de la monarchie.* ⇒ **Restauration**.

♦ **4.** Action de rétablir (II.) ; résultat de cette action. ⇒ **Améliora-**

tion. *Rétablissement de l'économie, des finances d'un pays.* ⇒ **Relèvement**. *Rétablissement des forces, de la santé* (⇒ **Recouvrement**). — (1694). Spécialt. Retour à la santé. *Rétablissement d'un malade.* ⇒ **Guérison** ; et aussi **convalescence**. *Les conditions propices* (cit. 3) *à son rétablissement. Je fais des vœux pour votre prompt rétablissement.*

1   Le Roi, voulant rassurer la nation entière, fit annoncer le rétablissement momentané de sa santé, et voulut que la cour se préparât à une grande partie de chasse (...)
    A. DE VIGNY, Cinq-Mars, XIX.

♦ **5.** (1875, *in* P. Larousse). Mouvement qui consiste, pour une personne suspendue par les mains, à se hisser par la force des bras de manière à se retrouver les bras à la verticale, les mains en bas et en appui. *Le rétablissement d'un alpiniste au passage d'un surplomb.* Mouvement* par lequel on se remet dans une position d'équilibre par la force des reins, des poignets... *Faire un rétablissement après un saut.*

2   Un rétablissement très fort, le poignet, excellent mouvement d'avant-bras sur les paumes et tout le poids du corps comme volant par la reprise des coudes serrés du plus solide élève de ce gymnase. Il est sur une autre corniche.
    A. JARRY, l'Amour en visites, I, *in* Œ. compl., t. I, p. 100.

2.1 Cet escalier se composait de tiges de métal, plantées horizontalement dans le roc ; une distance de deux mètres environ séparait chaque tige de la suivante.
    Il aborda sans peine et, saisissant la tige la plus basse, il commença l'ascension, c'est-à-dire que, sur chaque échelon, il devait se tenir en équilibre, saisir l'échelon supérieur et, par un rétablissement, parvenir à cet échelon sur lequel de nouveau il devait s'équilibrer et ainsi de suite deux cent cinquante fois environ.
    R. QUENEAU, le Chiendent, p. 120-121.

Fig. Effort pour retrouver son équilibre.

3   (...) elle ne s'était pas, comme tant de femmes éprouvées, offerte avec complaisance en pâture au malheur (...) Non : elle avait fait le rétablissement salutaire ; elle avait énergiquement repris la maîtrise d'elle-même, et assumé, seule, la direction de sa vie.
    MARTIN DU GARD, les Thibault, t. IX, p. 45.

4   (...) le tour de prestidigitation aurait pu être drôle, elle avait cru que cela distrairait ses invités, mais puisque cela a raté, tant pis (...) Qu'il *(le prestidigitateur)* descende maintenant, c'est fini, crochet (...) — c'est sa force, à elle, ces renonciations immédiates, ces prompts rétablissements.
    N. SARRAUTE, le Planétarium, p. 40.

Aviat. Retour (d'un avion) à la position normale de vol, après une manœuvre, une acrobatie.

CONTR. **Anéantissement. — Interruption. — Aggravation, consomption.**

RETAILLAGE [ʀ(ə)tɑjaʒ ; ʀ(ə)tajaʒ] n. m. — 1875, *in* P. Larousse ; de *retailler*.

♦ Techn. Action de retailler. ⇒ **Retaillement**. *Le retaillage d'un pneumatique.* ⇒ **Recreusement**. *Retaillage d'une pierre précieuse.* ⇒ **Retaille**.

RETAILLE [ʀ(ə)tɑj ; ʀ(ə)taj] n. f. — 1180 ; *retaile*, v. 1170 ; de *retailler*.

Technique.

♦ **1.** Partie enlevée, retranchée (d'une chose façonnée, d'une matière souple). *Retaille d'étoffe, de peau, de bois, de métal.* ⇒ **Recoupe, rognure**.

♦ **2.** (1842). Strie d'une meule.

♦ **3.** (Mil. XXᵉ). Nouvelle taille d'une pierre, en joaillerie. *La retaille d'un brillant.*

RETAILLÉ, ÉE [ʀ(ə)tɑje ; ʀ(ə)taje] adj. — 1904 ; p. p. de *retailler*.

♦ Blason. Se dit d'une moitié du taillé partagé en deux par un trait parallèle au premier.

RETAILLEMENT [ʀ(ə)tɑjmɑ̃ ; ʀ(ə)tajmɑ̃] n. m. — XVIᵉ ; de *retailler*.

♦ Techn. Action de retailler. ⇒ **Retaillage**.

RETAILLER [ʀ(ə)tɑje ; ʀ(ə)taje] v. tr. — 1160 ; de re-, et *tailler*.

♦ **1.** Tailler de nouveau pour remettre dans sa forme primitive. *Retailler un crayon. Il retaille au couteau* (cit. 3) *l'extrémité du tuyau de sa pipe.* Techn. *Retailler une lime, une meule :* en refaire les stries.

♦ **2.** Tailler pour donner une nouvelle forme à. *Retailler un costume.*
Tailler des matériaux de remploi. — Au p. p. *Chapiteaux retaillés. Menuiseries retaillées.*

(...) tous les menus poètes les retailleront *(les Lettres portugaises)* sans fin à la mesure de leurs petits vers élégants et fades (...)
Émile HENRIOT, Portraits de femmes, p. 79.

♦ 3. (1904). Jeu. *Retailler les cartes :* les battre et les faire couper une nouvelle fois.

DÉR. Retaillage, retaille, retaillé, retaillement, retaillure.

RETAILLURE [ʀ(ə)tajyʀ ; ʀ(ə)tajyʀ] n. f. — V. 1460 ; de *retailler.*

♦ Techn. ou régional. Partie retranchée. ⇒ Retaille (1.).

RÉTAMAGE [ʀetamaʒ] n. m. — 1870 ; de *rétamer.*

♦ Action de rétamer ; son résultat. *Le rétamage d'une casserole.*

RÉTAMER [ʀetame] v. tr. — 1870 ; de *re-,* et *étamer.*

♦ 1. Étamer de nouveau ; refaire l'étamage* de. *Faire rétamer des casseroles.*

1 (...) plus gai, le rétameur, après avoir énuméré les chaudrons, les casseroles, tout ce qu'il rétamait, entonnait le refrain :
Tam, tam, tam,
C'est moi qui rétame,
Même le macadam,
C'est moi qui mets des fonds partout,
Qui bouche tous les trous (...) PROUST, la Prisonnière, Pl., t. III, p. 119.

♦ 2. (1900). Fig., fam. Enivrer. *Le cognac l'a rétamé.*

♦ 3. Démolir (⇒ **Esquinter**). *Se faire rétamer.*
(1920). Dépouiller au jeu.

▶ RÉTAMÉ, ÉE p. p. adj.

♦ 1. *Bassine rétamée.*

♦ 2. (1900). Fam. (Personnes). Ivre.

2 Grâce à quelques tournées supplémentaires, il était complètement rétamé, et Filochard, le voyant ivre-mort s'empressait de le soulager de son portefeuille.
L. FORTON, les Aventures des Pieds-Nickelés, *in* l'Épatant, 1909, p. 83.

3 Il était déjà rétamé. Il s'est mis à beugler dans le bistrot qu'on était tous des culsterreux, que la Robidet elle (...) avait dix mille francs de rentes. Ça me ferait mal (...) M. AYMÉ, la Vouivre, p. 169.

DÉR. Rétamage, rétameur.

RÉTAMEUR, EUSE [ʀetamœʀ, øz] n. — 1870 ; de *rétamer.*

♦ Ouvrier, ouvrière qui rétame (cit. 1).

RETAPAGE [ʀ(ə)tapaʒ] n. m. — 1861, Goncourt, *in* D.D.L. ; de *retaper.*

♦ Fam. Action de retaper ; son résultat. *Le retapage rapide d'un lit.* — *Il était très fatigué, mais un bon retapage à la campagne l'avait remis sur pied.*

RETAPE [ʀ(ə)tap] n. f. — 1798, *aller à la retape* ; «action de guetter les passants pour les voler», 1795 ; 1797 en argot (*Pièces du procès d'Orgères,* cf. *le Français moderne* 1938, n° 3) ; de *retaper,* v. pron. «se présenter», argot, 1800.
Familier.

♦ 1. (En parlant de qqn qui se livre à la prostitution). Action de guetter et d'accoster le client. ⇒ **Racolage.** *Faire la retape* (cf. Faire le trottoir).

1 C'était la grande retape, le persil au clair soleil, le raccrochage des catins illustres, étalées dans le sourire de la tolérance et dans le luxe éclatant de Paris.
ZOLA, Nana, XIII.

1.1 J'en foutrai jamai' eun' secousse,
Mêm' pas dans la rousse
Ni dans rien.
Pendant que l'soir ej' fais ma frape,
Ma sœur fait la r'tape
Et c'est bien. A. BRUANT, Dans la rue, p. 200.

♦ 2. Fam. Propagande, réclame excessive, sans retenue (→ Frère, cit. 28).

2 (...) des livres aux couvertures voyantes et de mauvais goût, des livres qui faisaient, en peignoir de couleur, la retape pour 3 fr. 50 c.
HUYSMANS, En ménage, IX.

3 (...) en plein milieu de la retape électorale.
Léon BLOY, le Désespéré, p. 27.

RETAPER [ʀ(ə)tape] v. tr. — 1611, «presser de nouveau» ; v. pron. «se cacher de nouveau», XVIᵉ ; de *re-,* et *taper.*

★ I. ♦ 1. (Av. 1880). Remettre dans sa forme en donnant des tapes. — *Retaper un chapeau,* en serrant les bords contre la forme. *Retaper un lit :* taper, tirer, défroisser la literie pour que l'aspect en soit net ; par ext., faire un lit sans ôter toute la literie pour le replacer comme il faut.

1 (...) Toine-ma-Fine passa ses jours et ses nuits dans son lit qu'on ne retapait qu'une fois par semaine, avec le secours de quatre voisins qui enlevaient le cabaretier par les quatre membres pendant qu'on retournait sa paillasse.
MAUPASSANT, Toine, II.

♦ 2. (1752). Fam. Réparer, arranger grossièrement ; redonner superficiellement un aspect neuf, net à (qqch.). *Retaper une vieille maison, un étalage* (→ Main, cit. 91). *Faire retaper un vêtement.* Au p. p. *Une bicoque retapée.*
(D'un texte). Arranger. — Modifier en transformant.

2 (...) ses filles, en camisole sale, tiraient furieusement l'aiguille, retapant avec de nouvelles garnitures leurs uniques toilettes qu'elles changeaient ainsi morceau à morceau depuis l'autre hiver. ZOLA, Pot-Bouille, III, t. I, p. 57.

2.1 Les auteurs d'aujourd'hui (...) prennent un drame et le transforment en opérette, retapent une comédie en opéra. A. ROBIDA, le Vingtième Siècle, p. 241.

3 Ce n'est pas du tout rédigé. Pas du tout présentable (...) Il faudrait au moins que j'aie le temps de retaper un peu mon texte.
J. ROMAINS, le Besoin de voir clair, Carnet personnel..., XVII.

♦ 3. (1866). Fam. Remettre en bonne santé, en bonne forme. *Quelque bonne médecine indigène* (cit. 2) *qui m'aurait retapé.* ⇒ **Remonter.**

♦ 4. (1888). Argot scol. Vx. Recaler à un examen. *Il s'est fait retaper au brevet.*

★ II. ♦ 1. Taper de nouveau.

4 J'essayais de retaper cet autre idiot qui avait juste la force de se cramponner d'une main à un arbre pendant que de l'autre il se tâtait la gorge en essayant d'avaler et de retrouver sa respiration (...) Claude SIMON, le Vent, p. 38.

♦ 2. Emprunter une nouvelle fois à (qqn). *Je n'ose pas le retaper de mille francs.*

♦ 3. Taper de nouveau à la machine. *Retaper une lettre.* — P. p. *Lettre mal retapée.*

★ III. V. intr. Faire la retape*.

5 Adé n'est pas une putain, c'est pire ! Il faut infiltrer sournoisement, charmer, ravir. Toi, tu retapes ! A. LANOUX, le Commandant Watrin, p. 251.

▶ SE RETAPER v. pron. (1871).
Recouvrer la forme, la santé. ⇒ **Récupérer, requinquer** (se), **rétablir** (se).

DÉR. Retapage, retape, retapeur.

RETAPEUR, EUSE [ʀ(ə)tapœʀ, øz] n. — 1891, Barbey d'Aurevilly *in* D.D.L. ; de *retaper.*

♦ Personne qui retape (I., 2.), répare (qqch.).

1. RETAPISSER [ʀ(ə)tapise] v. tr. — 1583 ; de *re-,* et *tapisser.*

♦ Tapisser de neuf. *Repeindre et retapisser un salon. Murs fraîchement crépis et retapissés* (→ Humidité, cit. 4).

(...) je rentrerai demain soir dans cette chambre qui venait, lorsque j'en ai fait ma demeure, d'être retapissée de ce papier peint crème à minces granulations d'argent (...) M. BUTOR, l'Emploi du temps, p. 119.

2. RETAPISSER [ʀ(ə)tapise] v. tr. — Fin XIXᵉ ; de *re-,* et *tapisser* «regarder attentivement, aborder».

♦ Argot. Reconnaître (qqn) ; retrouver (qqn, le sujet désignant souvent la police). *«Se faire retapisser comme voleur»* (J. Cordelier, la Passagère, p. 44).

1 L'artisan changeant rarement de méthode, le fichier ainsi établi permettait de retapisser les artistes. Ce système impliquait de moins en moins le recours aux informateurs (...) Martin ROLLAND, la Rouquine, p. 235.

2 Figure-toi qu'en passant Quai de la Rapée, je vois une bagnole devant la banque. Et au volant, tu sais pas qui ? — Ma foi... — Pierrot le fou, mon vieux ! Je ne le connaissais que de vue mais, quand j'ai ralenti près de l'arrêt du bus, je l'ai retapissé, fais-moi confiance ! Une tronche comme la sienne (...) tu la confonds pas !
Roger BORNICHE, le Gang, p. 213.

RETARD [ʀ(ə)taʀ] n. m. — 1677 ; de *retarder ;* a remplacé *retardement*.

♦ 1. Fait d'arriver trop tard, de se manifester, de se produire après le moment fixé, attendu (⇒ **Après, tard**). *Le retard d'une personne à un rendez-vous. Le retard d'un train, du courrier* (→ Changer, cit. 24). — **EN RETARD :** avec du retard, trop tard par rapport à un moment fixé ou prévu. *Arriver, être en retard quelque part* (→ Il, cit. 14 ; rater, cit. 9). *Être en retard d'un quart d'heure. Clients en retard* (⇒ **Retardataire**; → Fumer, cit. 16). *Ils s'excusèrent d'être légèrement en retard* (→ Préséance, cit. 2), *d'avoir fait attendre*. *Se mettre en retard,* en situation de ne pas arriver à l'heure (→ Marche, cit. 23). *Il nous a mis en retard.* ⇒ **Retarder** (→ Brûler, cit. 37).

1 Dès qu'une maîtresse, un ami, sont en retard de quelques minutes à un rendez-vous, je les vois morts. R. RADIGUET, le Diable au corps, p. 81.

Billet de retard, délivré, sur leur demande, aux usagers des transports publics, en cas de retard, et destiné à servir de justificatif (auprès de l'employeur, notamment).

Par ext. Temps écoulé entre le moment où une personne, une chose arrive, se passe, et le moment où elle aurait dû arriver, se passer. *Un retard d'une heure, une heure de retard.* «*Prévoyons retard important du courrier*» (cit. 5). *Léger retard sur la ligne Paris-Lille.* —

Avec le partitif. *Avoir du retard* : être en retard (se dit surtout des choses). *Le train a du retard aujourd'hui. — Avoir un peu de retard, un retard de cinq minutes* (choses et personnes).

2 — Il a du retard? *(l'avion).* — Oui... Il y eut un nouveau silence. — Oui... du retard. — Ah!... C'était un «Ah!» de chair blessée. Un retard ce n'est rien... ce n'est rien... mais quand il se prolonge... Ah!... Et à quelle heure sera-t-il ici? — A quelle heure il sera ici? Nous... Nous ne savons pas.
SAINT-EXUPÉRY, Vol de nuit, XIV.

Techn. Le fait de fonctionner après un certain délai (⇒ **Réponse**); ce délai. *Ligne de retard* : circuit où l'on décale la transmission d'un signal d'une durée déterminée. — (1899). RETARD À L'ALLUMAGE (lorsque l'étincelle se produit après le temps théorique). Fig. et cour. Réaction tardive (pour comprendre, prendre une décision, etc.).

♦ **2.** [a] (Personnes). Le fait d'agir trop tard, de n'avoir pas encore fait ce qu'on aurait dû faire. — (Employé avec les prép. *pour, dans*). *Retard d'un entrepreneur dans l'exécution des travaux* (→ Dommage, cit. 4). *Retard dans un paiement.* — EN RETARD. *Être en retard pour faire qqch.* (→ Peur, cit. 25), *pour payer son loyer, par ext., pour son loyer. Mise en demeure d'un débiteur en retard. — Payer avec retard. Indulgent pour les retards* (→ Malfaçon, cit.); *punir les retards* (→ Croix, cit. 2). *Conséquences graves d'un retard* (→ Il y a péril en la demeure*).

3 Mme Tite-le-Long, désormais sans raison d'être, ne s'inquiétait plus de l'heure. Elle s'était mise en retard une fois pour toutes et n'avait jamais pu rattraper le temps.
JOUHANDEAU, Tite-le-Long, VI.

3.1 — Oh! moi, vous savez, je ne dis rien. Autrement que ça, je ne veux pas vous mettre en retard de faire vos commissions, Angèle.
M. AYMÉ, la Vouivre, p. 114.

[b] (Choses qui ne sont pas faites à temps). *Le retard des recherches.* ⇒ **Piétinement, ralentissement.** *Travail en retard.* ⇒ **Arriéré** (→ En souffrance*, qui traîne*). Fam. *Avoir du courrier en retard* : avoir des lettres à écrire que l'on aurait dû écrire plus tôt.

(Suivi de *sur* «par rapport à»). *Le retard que nous avons sur lui.*

[c] EN RETARD SUR : plus lent que; qui vient après. *La jambe droite en retard sur l'autre* (→ Progresser, cit. 3). *Être en retard sur son collègue* (dans un travail). *Coureur en retard sur le peloton, à une bonne distance* du peloton. *Être en retard sur un horaire, un programme.* — Par ext. et fam. *Elle se trouvait en retard d'un jour sur son loyer* (cit. 3).

[d] Spécialt. Décalage entre l'heure marquée par une montre, une horloge qui retarde et l'heure réelle. *Votre pendule a dix minutes de retard* (Hatzfeld). *Ma montre prend du retard.* — (1765). Par métonymie. Mécanisme, mouvement* qui permet de ralentir la marche d'une horloge, d'une montre (qui avance).

♦ **3.** Action de retarder, de remettre à plus tard. ⇒ **Ajournement, atermoiement, délai, lenteur, retardement.** *Ils le firent baptiser après bien des retards* (→ Parrain, cit.). — SANS RETARD : sans attendre, sans tarder, le plus vite possible. *Écrivez-lui sans retard* (→ Sans demeure*, vx). *Réagir sans retard* (→ Impulsivité, cit.; et aussi opposer, cit. 7).

(1842). Mus. Délai momentané que l'on met à frapper l'une des notes d'un accord, dite «note retardée» (reliée à l'accord par un pointillé sur la partition).

(1964). Pharm. Prolongation de l'effet (naturellement fugace) de certains médicaments, par l'adjonction de substances qui en retardent (I., 4.) la diffusion, l'élimination. — Par appos. (Dans le langage commercial). *Pénicilline instantanée retard; antihistaminique, insuline retard. Injection retard* (⇒ aussi **Retardant**).

(Av. 1880, Flaubert). Dr. anc. Délai obtenu pour l'accomplissement d'une obligation.

♦ **4.** (Mil. XIXᵉ). État, situation d'une personne qui est moins avancée que les autres dans un développement, un progrès. *Retard dans le développement physique, mental, affectif. Retard léger, important, rattrapable. Retard d'un élève sur ses camarades* (cf. Être en arrière, à la queue; ne pas suivre). — Didact. (Méd., psychol.). *Retard intellectuel* ou *mental* : ralentissement du développement des facultés intellectuelles, forme légère et souvent transitoire d'insuffisance mentale, de cause variable (à distinguer de l'arriération* mentale). *Retard psychomoteur d'un enfant* (dans l'apparition de la marche, de la parole, du contrôle des sphincters). *Retard du langage* : retard dans l'apparition des différents stades du langage quand il n'est imputable ni à l'arriération mentale, ni à un trouble organique. *Retard scolaire.*

EN RETARD. *Un enfant malingre* (cit. 1) *qui reste longtemps en retard.* — Cour. *Pays très en retard sur les autres.* ⇒ **Sous-développé.** *Être en retard sur les idées de son siècle, sur son siècle.* Fam. *Être en retard* : ne pas être au courant des dernières nouvelles. ⇒ **Retarder** (II., 2.). — (En parlant des idées et des œuvres). *Une poésie en retard de cinquante ans* (sur la littérature actuelle, sur le goût du jour...). ⇒ **Archaïque, démodé, périmé,** et aussi **anachronique, arriéré, arrière-garde** (d').

4 L'enfant se développait quant à la masse du corps; mais semblait en retard quant aux fonctions : les cris, l'usage des yeux, les marques d'intérêt, les mouvements coordonnés, tout apparaissait plus lentement que chez d'autres.
J. ROMAINS, les Hommes de bonne volonté, t. V, XX, p. 156.

Par ext. État de carence, d'infériorité entraîné par cette situation.

⇒ **Décalage.** *Un retard de trois siècles. Avoir trois siècles de retard. Rattraper son retard* (→ Nombre, cit. 8). *Rattraper* (cit. 8) *le retard et doubler les étapes.*

5 (...) nous côtoyons tous les jours un peuple qui vit avec trois siècles de retard, et nous sommes les seuls à être insensibles à ce prodigieux décalage.
CAMUS, Actuelles III, p. 49.

Avoir du retard (avec les diverses valeurs du mot). Fam. *Vous découvrez cet auteur, vous avez du retard!*

CONTR. Avance. — Accélération, avancement, empressement, hâte.

RETARDANT, ANTE [ʀ(ə)taʀdɑ̃, ɑ̃t] adj. — 1904, in *Rev. gén. des sc.*, nᵒ 6, p. 319 : «*une influence... activante, puis retardante*»; de *retarder*.

♦ Techn. Didact. Qui prolonge l'action d'un produit, d'une substance d'effet naturellement fugace (⇒ **Retard,** 3., pharm.).

À Avignon, l'Institut national de recherche agronomique étudie l'efficacité de produits retardants qu'on mélange à l'eau balancée par les Canadair. Il s'agit d'une bouillie à base de polyphosphates qui empêche le liquide de se vaporiser au contact du brasier.
le Monde, 4 janv. 1980, p. 26.

RETARDATAIRE [ʀ(ə)taʀdatɛʀ] adj. et n. — 1808, impôts; dér. sav. de *retarder.*

♦ **1.** (1812). Personnes. Qui arrive en retard. *Attendre* (cit. 13) *un convive retardataire. Les élèves retardataires ont été punis.* — N. *Les retardataires ne seront pas admis au spectacle. Une retardataire.*

On ne commençait donc pas *(le spectacle)*? Les hommes tiraient leurs montres, des retardataires sautaient de leurs voitures avant qu'elles fussent arrêtées (...)
ZOLA, Nana, I.

Qui est en retard pour faire qqch. *Contribuable retardataire.* — N. *Les retardataires subiront une majoration de 10%.*

♦ **2.** Qui a du retard (4.), qui est moins avancé qu'il ne faudrait. *Enfants retardataires,* en retard dans leurs études (quelle qu'en soit la raison). — N. *Un, une retardataire.*

♦ **3.** Qui est en retard sur l'évolution de son époque. *Une pédagogie retardataire.* ⇒ **Archaïque, attardé, désuet, rétrograde.** *Les méthodes* (cit. 7) *de culture lui paraissent retardataires.*

RETARDATEUR, TRICE [ʀ(ə)taʀdatœʀ, tʀis] adj. et n. — 1757; de *retarder.*

★ **I.** Adj. ♦ **1.** Qui retarde, ralentit un mouvement. — (Phys.). *Force retardatrice, frottement retardateur. Potentiel retardateur. Champ électro-magnétique retardateur.*

Une vitesse divisée par un temps, s'appelle accélératrice ou retardatrice. Aussi une force accélératrice ou retardatrice est, en général, le quotient d'un espace ou d'une ligne divisée par le carré du temps.
CARNOT, Principes fondamentaux de l'équilibre..., p. 12.

♦ **2.** Milit. *Action retardatrice,* destinée à retarder l'avance de l'ennemi.

Dans le silence de la grand-rue passaient des camions pleins de soldats français qui chantaient. Quatre officiers, élégants, désinvoltes, allaient tenter sur la Loire *une action retardatrice* (...)
S. DE BEAUVOIR, la Force de l'âge, p. 457.

♦ **3.** Qui retarde, est cause de retard.

(...) c'est toujours à des objections de ce style que je me heurte lorsque je veux obtenir une solution qui traîne depuis des mois, franchir les formalités retardatrices, passer outre à des réglementations surannées.
L.-H. LYAUTEY, Paroles d'action, p. 353.

★ **II.** N. m. ♦ **1.** (1902, photogr.). Chim. Corps qui ralentit la vitesse des réactions chimiques (opposé à *catalyseur*).

♦ **2.** (V. 1960). Techn. Appareil ralentisseur d'un mouvement rectiligne fonctionnant par laminage d'un fluide. — REM. Ce mot traduit l'anglais *dash-pot.*

CONTR. Accélérateur.

RETARDATION [ʀ(ə)taʀdasjɔ̃] n. f. — 1748; «retard», 1396; «obstacle», déb. XIVᵉ; de *retarder.*

♦ Didact. Accélération négative, décélération.

RETARDÉ, ÉE [ʀ(ə)taʀde] adj. ⇒ **Retarder.**

RETARDEMENT [ʀ(ə)taʀdəmɑ̃] n. m. — 1375; de *retarder.*

♦ **1.** Vx. Action de retarder (I.) volontairement. *Le mal pourrait empirer* (cit. 4) *par le retardement. Le retardement d'un départ.* ⇒ **Remise.** — Vx. Retard. *Le retardement du courrier. Souffrir des retardements.* ⇒ **Délai, retard.**

J'espère (...) que vous serez guérie pour jamais des inquiétudes que donnent les retardements de la poste.
Mme DE SÉVIGNÉ, 813, 25 mai 1680.

♦ **2.** Loc. adj. (1923). Mod. À RETARDEMENT. [a] *Engin à retardement,* dont la déflagration est différée pendant un temps déterminé, et réglée par un mécanisme spécial. *Bombe, obus, torpille à retardement. Attentat par bombe à retardement.* Par métaphore (→ Bombe, cit. 7). — *Dispositif à retardement d'un appareil de photo.*

2 (...) il tenait à la main une sorte de grenade explosive, de forme allongée, un engin à retardement dont il venait de mettre le mécanisme en marche. Sans perdre une seconde, il devait lancer la chose hors de la tranchée. Il entendait son mouvement d'horlogerie, comme le tic-tac d'un gros réveil.
A. ROBBE-GRILLET, Dans le labyrinthe, p. 119.

b Fig. Qui se manifeste après que la situation qui est à l'origine de la réaction a disparu. *Témoin auriculaire* (cit. 3) *à retardement.* — Loc. adv. *Être jaloux à retardement* (→ Féminin, cit. 6). *Vous êtes inquiet à retardement, le danger est passé. Elle réagit toujours à retardement.*

RETARDER [R(ə)taRde] v. — V. 1175, «tarder à, hésiter», var. *retargier* jusqu'au xvɪᵉ ; lat. *retardare*, rac. *tardus* «tard».

★ **I.** V. tr. ♦ **1.** (1538). Faire arriver plus tard qu'il ne faut, après le moment fixé ou attendu. *Deux mots seulement, je ne veux pas vous retarder.* ⇒ **Attarder.** — Pron. *Se retarder :* prendre du retard, se mettre en retard, s'attarder*. *Je ne veux pas que vous vous retardiez* (→ Mondain, cit. 6). — *Détruisant* (cit. 7) *tout sur leur route pour retarder les ennemis,* pour entraver leur avance. ⇒ **Arrêter.** — (Sujet n. de chose). *Cet incident m'a retardée. Ce qui retarde.* ⇒ **Impedimenta, rémora** (vx). *Les vents d'ouest retardèrent notre marche,* la rendirent moins rapide*. ⇒ **Ralentir** (→ Hauteur, cit. 17).

1 Ne me retarde point, de grâce :
Je dois faire aujourd'hui vingt postes sans manquer.
LA FONTAINE, Fables, ɪɪ, 15.

2 (...) le vaisseau de la Révolution, malgré les tempêtes et malgré les calmes, retardé, jamais arrêté, cingla vers l'avenir.
MICHELET, Hist. de la Révolution franç., ɪ, ɪɪɪ.

♦ **2.** (1314). **a** Faire agir plus tard qu'il ne faut. *Ne le retardez pas dans son travail* (cf. Faire perdre du temps). — (Avec une chose pour sujet ou complément d'agent). *Ces bavardages le retardent dans ses préparatifs. Il a été retardé dans ses recherches par de nouvelles difficultés.*

b Maintenir dans un état peu avancé. *Retarder qqn dans son développement. Pays retardé dans son évolution par des structures anciennes.*

c (1690). Spécialt. *Retarder une montre :* la mettre à une heure moins avancée que celle qu'elle indique. — *Retarder l'heure*.*

♦ **3.** (V. 1283). Faire se produire plus tard en remettant volontairement. ⇒ **Retard** (3.). *Retarder le départ* (cit. 2) *de qqn.* ⇒ **Ajourner, arriérer** (vx), **décaler, différer, reculer, remettre, repousser ;** et aussi **atermoyer.** *Retarder le partage d'un bien indivis* (cit. 2). *Retarder une démarche de quelques jours. Retarder l'heure, le moment de...* (→ Racine, cit. 12). ⇒ **Éloigner.** *Retarder une chose pénible en gagnant* du temps par des manœuvres dilatoires*.

3 Car, de combien peut-on retarder le voyage ?
Tu murmures, vieillard ; vois ces jeunes mourir.
LA FONTAINE, Fables, VIII, 1.

4 (...) et, maintenant que je tiens en poche la réalisation de cette félicité, je retarde le moment d'en jouir.
P. MAC ORLAN, Quai des brumes, v.

Vx (Trans. ind.). *Retarder de...* suivi de l'inf. : remettre de... «*Le Roi... retardait de venir à Chantilly*» (Mᵐᵉ de Sévigné 161, 26 avr. 1671).

♦ **4.** Faire se produire plus tard, en empêchant l'action immédiate. *Retarder le bienheureux* (cit. 7) *effet d'une action, la réussite d'une révolution* (→ Gouvernement, cit. 29). *Phénomène impossible à retarder ni à hâter* (→ Enlisement, cit. 1). — (Avec une chose pour sujet ou complément d'agent). *Un contretemps* (cit. 3) *retarde de quelques minutes l'instant de son arrivée. Les pluies avaient retardé les semailles* (→ 2. Fumer, cit. 1).

★ **II.** V. intr. ♦ **1.** (1690). En parlant d'une horloge, d'une pendule... Aller trop lentement, marquer une heure moins avancée que l'heure réelle. *La vieille patraque* (cit. 1) *retardait. La pendule retarde de deux secondes par jour. Ma montre retarde de cinq minutes ;* par ext., *je retarde de cinq minutes. Avancer une montre qui retarde.* Par métaphore :

5 Le public est, relativement au génie, une horloge qui retarde.
BAUDELAIRE, Curiosités esthétiques, XV, ɪɪɪ.

♦ **2.** (1860). *Retarder de* (et complément indiquant une durée) *sur* (qqch.). : avoir des idées qui datent de tant de temps par rapport à. *Retarder (de...) sur son siècle, sur son temps :* ne pas avoir les idées, le goût de son temps. *Il retarde de cinquante ans.*

5.1 Elle est plutôt fagotée, comme on dit. Bien qu'elle affiche une certaine prétention dans ses toilettes, elle retarde d'au moins dix ans sur la mode (...).
O. MIRBEAU, le Journal d'une femme de chambre, p. 25.

Absolt, fam. *Retarder :* apprendre, découvrir qqch. longtemps après les autres. *Sa femme? Vous retardez, il a divorcé l'an dernier. Je ne croyais pas que c'était déjà fait, je retarde.*

▶ **RETARDÉ, ÉE** p. p. adj.

♦ **1.** Phys. Ralenti. *Mouvement uniformément retardé* (ou *décéléré ;* opposé à *accéléré*).

Lorsque la vitesse décroît toujours de la même quantité en temps égaux, le mouvement est dit uniformément retardé.
CARNOT, Principes fondamentaux de l'équilibre..., p. 15.   6

Cour. Différé. *Départ retardé. Nouvelles retardées en transmission* (journalisme). — Mus. *Note retardée.* ⇒ **Retard** (3.).

♦ **2.** Qui est en retard dans ses études, dans son développement (intellectuel, psychomoteur ou affectif). *Donner des leçons particulières à un élève retardé. Retardés et retardataires*. Retardé scolaire. Enfants retardés.* — N. (Impropre). Enfant affecté d'un retard intellectuel global. «*Le petit retardé est souvent vif, remuant, et sa famille le juge éveillé* (...)» Sutter, in Porot, 1975).

CONTR. Avancer ; accélérer, activer, dépêcher (se). — Anticiper, hâter. — (Du p. p.) Hâtif.

DÉR. Retard, retardant, retardataire, retardateur, retardation, retardement.

RETASSURE [R(ə)tɑsyR] n. f. — 1932 ; de *re-*, et *tasser.*

♦ Techn. Creux constituant un défaut dans une pièce coulée. ⇒ **Retirure.**

RETÂTER [R(ə)tɑte] v. tr. — xɪɪɪᵉ, *retaster* ; de *re-*, et *tâter.*

♦ **1.** Tâter de nouveau. *Retâter le pouls d'un malade.* — Vx. Manier de nouveau. → Maniable, cit. 2. Fig. *Retâter qqn sur une affaire :* s'en enquérir de nouveau discrètement auprès de lui.

♦ **2.** (1690). *Retâter de... :* goûter de nouveau à..., revenir à... «*Depuis que ce jeune homme a tâté une fois de la guerre, il n'en veut plus retâter,* y retourner» (Trévoux, 1732, qui donne le mot comme «du style bas et familier»). *Retâter d'un jeu, d'un sport que l'on pratiquait autrefois.*

Faire régner la terreur, déployer des marques splendides de barbarie fléchiraient le moral des pères au combat et favoriseraient la victoire remportée avec plus de célérité. Une grande saignée dégoûtait l'ennemi, le dissuadait d'y retâter ; il se rendait dans l'effroi (...)
P. GRAINVILLE, les Flamboyants, p. 193.

RETEINDRE [R(ə)tɛ̃dR] v. tr. — V. 1260 ; de *re-*, et *teindre.*

♦ Teindre de nouveau. *Reteindre une étoffe.* ⇒ 2. **Biser.** *Faire reteindre des rideaux.*

RETÉLÉPHONER [R(ə)telefɔne] v. tr. indir. — Av. 1900, cit. *infra ;* de *re-*, et *téléphoner.*

♦ Téléphoner de nouveau. *Retéléphoner à qqn.* ⇒ **Rappeler.** *Je te retéléphonerai dans la soirée. Elle doit retéléphoner.*

Je retéléphone et M. Percival Douglas continue à ne pas donner signe d'existence.
A. ROBIDA, le Vingtième Siècle, p. 336 (av. 1900).

Trans. (rare). *Les communications avec la zone des combats étant fréquemment interrompues, notre envoyé spécial a dû retéléphoner entièrement son article.*

RETENDOIR [R(ə)tɑ̃dwaR] n. m. — 1811 ; de *retendre.*

♦ Techn. Clé pour régler la tension des cordes de piano.

RETENDRE [R(ə)tɑ̃dR] v. tr. — Fin xɪɪᵉ ; v. pron., «aspirer à», v. 1160 ; de *re-*, et *tendre.*

♦ **1.** Tendre de nouveau, tendre (ce qui est détendu). *Retendre un cordage, les cordes d'un instrument, d'une raquette.*

Pron. *Les aussières se retendent quand la mer redescend.*

Mon visage, qui s'était détendu, se retend. Des rides, que la lueur sortant des feuillages avaient effacées, réapparaissent.
MONTHERLANT, le Démon du bien, p. 21.

Retendre un piège, un filet.

♦ **2.** Tendre une deuxième fois. *Il retend la main.*

DÉR. Retendoir.

RETENIR [R(ə)təniR ; RətniR] v. tr. — xɪɪᵉ ; «prendre possession de», v. 1050 ; de *re-*, et *tenir,* d'après le lat. *retinere.*

★ **I.** Conserver ; mettre en réserve pour soi, en vue d'un usage futur.

♦ **1.** Vx ou littér. Garder, ne pas se dessaisir de. ⇒ **Conserver** (→ Envoyer, cit. 16 ; hérésie, cit. 2).

Réserver pour soi (dans un contrat). «*Il a affermé sa terre, mais il a retenu les bois et les vignes*» (Littré).

Mod. Garder ce qui appartient à autrui, refuser de lui donner ce qui lui revient. ⇒ aussi **Confisquer** (supra cit. 2), **détenir** (supra cit. 1). *Retenir l'argent qu'on doit à qqn* (→ Effronté, cit. 2). — *Hôtelier qui retient les bagages d'un client insolvable* (⇒ aussi **Rétention, rétentionnaire**).

Absolt. Dr. *Donner** (cit. 15) *et retenir ne vaut.*

Déduire d'une somme à payer (à un domestique, à un employé, etc.). ⇒ **Précompter, prélever, rabattre** (*supra* cit. 1). *Vous avez cassé cet objet, je vous en retiendrai le prix sur vos gages. Retenir tant pour cent du salaire d'un employé pour la Sécurité sociale, la retraite.* ⇒ **Retenue** (I., 2.).

♦ **2.** (V. 1050). Faire réserver (ce qu'on veut trouver disponible). ⇒ **Arrêter, assurer** (*supra* cit. 46 : s'assurer de), 2. **louer** (*supra* cit. 10), **réserver.** *Retenir une loge au théâtre* (→ Pardonnable, cit. 2), *une chambre dans un hôtel. Retenir une place* (→ Haleine, cit. 22). *Vous retenez le 15 pour notre réunion.* ⇒ **Réserver.** — Par pléonasme. *Retenir qqch. d'avance, à l'avance.*

1 Il était rentré à son auberge juste à temps pour repartir par la malle-poste où l'on se rappelle qu'il avait retenu sa place. HUGO, les Misérables, I, VIII, III.

2 En passant devant le comptoir, ils retinrent une table, ils arrêtèrent un menu, disant qu'ils seraient de retour dans une heure. ZOLA, Thérèse Raquin, XI.

(1080). Engager à l'avance (un employé de maison, etc.). → Propre, cit. 26.

(1553). S'assurer de la disponibilité de (qqn). *Je te retiens pour un tarot, pour travailler ce soir.*

Fam. *Je le retiens,* se dit ironiquement d'une personne dont on a à se plaindre, dont les services n'ont pas donné satisfaction (avec influence du sens 3. : je m'en souviendrai). *Ah ! vous, je vous retiens pour faire les commissions !*

♦ **3.** (V. 1155). Conserver, garder dans sa mémoire. ⇒ **Souvenir** (se). «... *Quiconque a beaucoup vu Peut avoir beaucoup retenu».* ⇒ **Apprendre** (cit. 2, La Fontaine). *Retenez bien ce que je vais vous dire. Formule* (cit. 14), *sentence facile à retenir. C'est un nom, un mot qu'on retient* (→ Rappeler, cit. 21). *Ne pas retenir facilement les dates, les noms propres* (→ fam. Être brouillé* avec). — Absolt. *Il s'appliquait, il comprenait, il retenait* (→ 2. Moyen, cit. 19). *Je retiendrai de cette conférence, j'en retiendrai que...* (et l'indic.). *Je retiens qu'il a menti.*

3 Il avait beaucoup vu, beaucoup éprouvé, beaucoup appris ; tout retenu. Sa mémoire et son cœur conservaient les vibrations persistantes des émotions anciennes, ce qui n'est pas un don commun. J.-A. DE GOBINEAU, Nouvelles asiatiques, p. 278.

♦ **4.** (1690). Dr. *Le tribunal a retenu cette clause,* a décidé qu'elle était de sa compétence*.

(1877). Admettre, garder (un chef d'accusation, un argument, une excuse). *Le jury n'a pas retenu la préméditation. Le tribunal retiendra certainement l'excuse de force majeure.*

4 — Mais, Messieurs, disait un des jurés (...) répondre *non* à ces questions ne veut point dire que vous croyez qu'il n'y a pas eu d'effraction, que cela ne se passait pas la nuit, etc. ; cela veut dire simplement que vous ne voulez pas retenir ce chef d'accusation. GIDE, Souvenirs de la cour d'assises, I.

(1891). Cour. Prendre en considération un fait, une idée pour en tirer parti ; prendre comme élément d'appréciation, objet de réflexion ou d'étude, comme ligne de conduite, etc. (→ Article, cit. 19 ; contingent, cit. 3 ; malade, cit. 22 ; protocole, cit. 3). *Retenir une solution, un projet, une suggestion. Nous regrettons de ne pouvoir retenir votre proposition. La solution retenue...*

5 (...) l'ingratitude des historiens qui n'ont retenu sur lui *(Henri III)* que les injures des pamphlets catholiques et protestants. J. BAINVILLE, Hist. de France, IX, p. 179.

♦ **5.** (1740). Réserver (un chiffre) pour le reporter une colonne plus à gauche, dans la catégorie d'unités qui est la sienne. *Additionner 28 et 6. «8 et 6 = 14, je pose 4 et je retiens 1 ».* ⇒ **Retenue** (I., 4.).

★ **II.** (V. 1155). Ne pas laisser aller, empêcher de se mouvoir librement.

♦ **1.** (Compl. n. de personne). Faire rester avec soi ; faire demeurer (qqn) quelque part. ⇒ **Garder.** *Il m'a retenu plus d'une heure pour me raconter ses histoires.* ⇒ **Coincer** (fam., *supra* cit. 1), **cramponner** (fam., *supra* cit. 2), **tenir** (→ aussi Prendre au collet*). *Je ne veux pas vous retenir plus longtemps. Retenir qqn à dîner* (1. Dîner, cit. 2), *à souper.* ⇒ **Inviter** (→ Mielleux, cit. 3). — *Je ne vous retiens pas :* vous pouvez partir (formule de congédiement). — (Avec un attribut du compl. d'objet). *Retenir qqn captif, prisonnier* (cit. 2), *comme otage.* — Par ext. *Retenir un navire dans un port.* ⇒ **Consigner.**

6 Les deux hommes se saluèrent (...) et Duroy tout aussitôt se retira. On ne le retint pas (...) et il sortit tout à fait troublé, comme s'il venait de commettre une sottise. MAUPASSANT, Bel-Ami, I, III.

7 (...) c'était Thérèse qui, pour le remercier et obtenir de nouvelles assurances, le retenait sur le seuil. F. MAURIAC, la Fin de la nuit, VII.

(Sujet n. de chose). *Une attaque de goutte* (2. Goutte, cit. 2) *le retenait chez lui.* ⇒ **Immobiliser.** *Une grippe le retient au lit. Le mauvais temps nous a retenus toute la journée à la maison.* ⇒ **Emprisonner.** *La destinée qui nous retient ici.* ⇒ **Enchaîner** (*supra* cit. 12). *Une fascination* (cit. 4) *affreuse le retenait cloué sur place.* ⇒ **Clouer.** — Fig. *Les derniers liens qui retenaient son âme à ce monde.* ⇒ **Attacher.**

8 Sans doute que ses occupations la retiennent ailleurs (...) marmonna-t-il. GIDE, Isabelle, V.

Par ext. Maintenir dans un certain état (d'infériorité, de dépendance...). → Évasif, cit. 2 ; progressif, cit. 2 ; prolétariat, cit. 1.

Retenir qqn dans l'obéissance, le devoir (→ Blâme, cit. 4 ; honneur, cit. 52).

♦ **2.** *Retenir qqn :* conserver son amitié, son affection, son estime, etc. (→ Lien, cit. 15 ; négliger, cit. 11). — (1559). Compl. n. de personne. Être de la part de qqn l'objet d'une attention soutenue, d'un intérêt durable, d'un examen approfondi. *Chaque fois qu'une étymologie* (cit. 10) *m'intéresse, me retient, m'amuse...* — *Retenir le regard, l'attention de qqn* (→ Caractère, cit. 4 ; écrire, cit. 61).

9 (...) quoiqu'au premier abord elle attirât moins l'œil que la Sérafina, elle le retenait plus longtemps. Th. GAUTIER, le Capitaine Fracasse, II.

10 Il suffit d'un intérieur élégant pour faire la fortune d'un avocat. Cela attire le client, le séduit, le retient. MAUPASSANT, Pierre et Jean, IV.

♦ **3.** (Compl. n. de chose). Maintenir en place, dans une position fixe ; attacher à. ⇒ **Accrocher, amarrer, arrêter, attacher, cramponner, fixer, maintenir, tenir.** *Retenir les cheveux de qqn par un ruban.* — (Le sujet désigne la chose qui retient). *Un ruban retenait ses cheveux.* — Au p. p. *Cheveux retenus par un ruban* (→ Boucle, cit. 5). *Tentes retenues à terre par des amarres et des piquets* (1. Piquet, cit. 1).

♦ **4.** (1690). Sujet n. de chose. Ne pas laisser passer, s'écouler, se perdre ; conserver sur soi ou contenir en soi. *Ce sable ne retient aucune flaque* (→ Autant, cit. 22). *Une sorte de grillage retenait le limon et les pierres* (→ Crapaudine, cit. 2). *Ouvrage qui sert à retenir l'eau.* ⇒ **Barrage, chaussée, écluse, retenue** (II., 3.). — *Retenir la lumière :* la renvoyer au lieu de l'absorber, et former ainsi une surface lumineuse, alors que la source lumineuse n'est pas visible (→ Follet, cit. 4 ; front, cit. 3).

11 L'échancrure de mer, en bas, retenait une laiteuse clarté qui n'avait plus sa source dans le ciel. COLETTE, la Naissance du jour, p. 198.

Empêcher d'avancer, de s'étendre, d'envahir. ⇒ **Contenir.** *Les digues* (cit. 1) *qui retiennent les eaux de la mer.*

♦ **5.** (1538). Sujet n. de personne ; compl. n. de chose. S'abstenir, différer d'exhaler, de laisser couler, de laisser apparaître, de prononcer, etc. *Retenir son haleine* (cit. 8 et 9), *son souffle* (→ Ramper, cit. 5). *Retenir ses larmes* (⇒ **Dévorer** ; → Gronder, cit. 15 ; peine, cit. 26), *ses pleurs* (cit. 4). *Retenir un cri* (→ Démarche, cit. 1), *un soupir, un rire, un sourire, une moue* (cit. 4), *un bâillement* (→ Péroraison, cit. 1), *un geste d'impatience.* ⇒ **Étouffer** (*supra* cit. 24), **réprimer.** *Rire qu'on ne peut retenir.* ⇒ **Incoercible.** *Retenir sa colère, sa curiosité.* ⇒ **Comprimer** (*supra* cit. 4), **contraindre** ; → Commander, cit. 5. — *Retenir sa langue :* s'abstenir de trop parler.

12 (...) Tahoser, éperdue, se pencha sur le front du dormeur, retenant son souffle, pressant son cœur de sa main, et y posa un baiser peureux, furtif, ailé (...) Th. GAUTIER, le Roman de la momie, VI.

13 Mais j'aimais le goût des larmes retenues, de celles qui semblent tomber des yeux dans le cœur, derrière le masque du visage. Valery LARBAUD, Enfantines, Rose Lourdin.

14 Lorsque Jérôme se trouva seul (...) il ne put retenir un soupir de satisfaction (...) MARTIN DU GARD, les Thibault, t. II, p. 243.

♦ **6.** (1538). Compl. n. de personne ou de chose. Saisir, tirer en arrière, afin d'empêcher de tomber, de partir, d'aller trop vite. ⇒ **Arrêter.** *Elle fût tombée, si Christophe ne l'avait retenue* (→ Pied, cit. 7). — Par métaphore. *Retenir qqn sur la pente dangereuse.* — *Retenir qqn par le pan* (cit. 1) *de sa veste, par le bras* (→ Raide, cit. 5). *Serrer qqn dans ses bras pour le retenir.* ⇒ **Étreindre.** — *Retenir un cheval :* modérer son allure (→ Accélérer, cit. 1 ; arrêter, cit. 7 ; jockey, cit. 1 ; quadrige, cit. 1). — *Retenir un objet qui va tomber* (→ aussi Ouvrir, cit. 30).

15 Pour Dieu, Fée aux Miettes, lui dis-je, en imposant fermement mes deux mains sur ses épaules, afin de la retenir au bond : Ne vous obstinez donc pas à faire des tours de force pareils si vous ne voulez pas vous estropier (...) Charles NODIER, Contes, «Fée aux miettes», XI.

16 (...) et d'ailleurs, je ne réponds pas que Rosette n'eût pas fait la Putiphar et ne m'eût retenu par le coin de mon manteau. Th. GAUTIER, Mlle de Maupin, XII.

17 Une main prend sa main et la serre. «C'est toi, Schneider ?» «Oui.» Ils se taisent, côte à côte, la main dans la main (...) Brusquement Schneider retire sa main, Brunet veut le retenir mais Schneider se dégage d'une secousse et se dilue dans le noir. SARTRE, la Mort dans l'âme, p. 293.

Par métaphore. *Retenir le temps qui passe, les instants qui s'envolent.*

18 Comment n'avait-elle pas saisi ce bonheur-là, quand il se présentait ! Pourquoi ne pas l'avoir retenu à deux mains, à deux genoux, quand il voulait s'enfuir ? FLAUBERT, Mme Bovary, II, VII.

♦ **7.** (V. 1155). Compl. n. de personne. Empêcher d'agir (une personne sur le point de faire qqch.). *Retenez-moi, ou je fais un malheur !* (s'emploie surtout ironiquement, en parlant d'un fanfaron qui cherche des prétextes pour s'esquiver). — Par métaphore. *La peur retient son bras.* ⇒ **Enchaîner** (*supra* cit. 2).

19 Les chefs s'agitent et se répandent en discours qui signifient, sommairement : «Retenez-moi, retenez-moi, ou je vais faire un malheur». G. DUHAMEL, Refuges de la lecture, I.

(Sujet n. de chose). Empêcher d'agir, de parler... *Une invincible timidité me retenait* (→ Quérir, cit. 3).

20 Mais n'est-il pas notoire que les terreurs de l'avenir ont retenu bien peu de gens disposés à n'être retenus par aucune autre chose. Pour le reste des hommes, il est des freins plus naturels, plus directs, et dès lors plus puissants. É. DE SENANCOUR, Oberman, XLIV.

RETENIR DE... suivi de l'inf. ⇒ **Empêcher.** *La crainte de soupçonner à tort m'a retenu d'accuser personne* (cit. 36).

21 Elle geignait ; il fallait que Marie la retînt de se mettre à genoux.
F. MAURIAC, la Fin de la nuit, X.

21.1 Je suis ici dans un bien sale trou. On s'y embête effroyablement et je ne sais ce qui me retient de m'en aller. R. QUENEAU, le Chiendent, p. 402.

Par ext. ⇒ **Arrêter, modérer.** *Retenir l'élan, la volonté de qqn* (→ Mettre une barrière*, un obstacle*, s'opposer* à). — *Le fanatisme* (cit. 4), *fureur aveugle et stupide que la raison ne retient jamais.*

22 Son injuste accusation, si légère soit-elle, et sans diminuer en rien mon amitié, retient mon abandon, et je ne suis plus rien dès que je ne suis plus naturel.
GIDE, Journal, 4 oct. 1914.

▶ **SE RETENIR** v. pron.

♦ **1.** (Déb. XIIᵉ). Faire effort pour ne pas tomber (en saisissant qqch., etc.). *Se retenir au bord d'un précipice, sur une pente glissante.* — *Se retenir à...* ⇒ **Accrocher** (s'), **cramponner** (se), **rattraper** (se). *Se retenir à une touffe d'herbe* (→ Contraste, cit. 6). — Pop. *Se retenir après* (cit. 89) *le garde-fou, après une corde.*

23 Bloyé descendit jusqu'à la berge de la rivière qui passait au bas du verger, en se retenant aux branches des troènes et des sorbiers (...)
P. NIZAN, le Cheval de Troie, I, I.

♦ **2.** (V. 1265). S'abstenir, différer de céder à un désir, à une impulsion, à un sentiment. ⇒ **Contenir** (se), **contraindre** (se) ; → Impatience, cit. 1 ; nouer, cit. 13. *Se retenir pour ne pas...,* suivi de l'inf. (→ Modèle, cit. 9). *Comme je me suis retenu pour ne pas t'envoyer promener* (cit. 16)...
SE RETENIR DE (faire qqch.) ⇒ **Empêcher** (s') ; → Anticiper, cit. 7 ; formation, cit. 3 ; parfait, cit. 3.

24 Mâtho s'était d'abord retenu de combattre, pour mieux commander tous les Barbares à la fois. FLAUBERT, Salammbô, XIII.

25 Elle ne peut se retenir d'y faire sans cesse allusion (...)
F. MAURIAC, le Nœud de vipères, II, XII.

(V. 1820). Absolt et par euphém. Différer de satisfaire ses besoins naturels. *Enfant qui ne sait pas se retenir.* ⇒ **Incontinence.**

26 Alors Mᵐᵉ Baugan tirait les draps et, prise à la gorge par la triste et ignoble odeur, l'excellente personne disait en bougonnant :
— Oh ! Revaud ! vous n'êtes pas raisonnable ! vous ne pourrez donc jamais vous retenir ! G. DUHAMEL, Récits des temps de guerre, II, La chambre de Revaud.

♦ **3.** (1762). Techn. (D'un cheval). Ne pas porter franchement en avant.

▶ **RETENU, UE** p. p. adj. (→ les emplois généraux ci-dessus, par ex. : cit. 13).
Spécialement.

♦ **1.** Gardé, mis en réserve pour soi. *Justice retenue* (vx), rendue par le souverain (opposé à *justice déléguée*). — Spécialt. Qui a été réservé. *Place retenue.*

27 Au Moulin-Rouge des carafes frappées pleines de champagne rosé (...) de petits papiers où il y a écrit au crayon : *Retenue* sur les tables vides (...)
Ed. et J. DE GONCOURT, Journal, 20 mai 1857, t. I, p. 144.

♦ **2.** (1452). Qui fait preuve de retenue* (III.). ⇒ **Discret, réservé.** *Il faut que les monarques soient extrêmement retenus sur la raillerie* (cit. 6). — Vx. *Être retenu à...,* suivi de l'inf. « *Il faut être... très retenu à prononcer sur les ouvrages de ces grands hommes* » (Racine, *Iphigénie*, Préface). — Par ext. *Une grâce un peu retenue et voilée* (→ Faire, cit. 36).

CONTR. **Abandonner, attribuer, céder. — Oublier. — Écarter. — Dépêcher. — Libérer, relâcher. — Déverser. — Accélérer, entraîner. — Lâcher. — Animer, engager** (à). **— Exciter. — (De se retenir, 2.) Éclater. — (Du p. p.) Libre. — Débridé, dévergondé, effréné, expansif, extravagant.**
DÉR. **Retenue.** — (Du même rad. lat.) V. aussi **Réteneur, rétention.**

RÉTENTAT [Retãta] n. m. — V. 1970 (1974, in *la Clé des Mots*, et ex. *infra*) ; du rad. de *rétention*, sur *osmosat*.

♦ Techn. (Phys.). Partie d'une solution qui ne passe pas à travers la membrane, une osmose inverse (opposé à *osmosat*). « *La membrane est perméable au solvant A et imperméable au soluté B. En appliquant une pression P il est donc possible d'extraire A et de concentrer le rétentat* » (la Recherche, nᵒ 4, janv. 1974, p. 37).

RETENTER [R(ə)tãte] v. tr. — 1549 ; *retempter*, 1204 ; de *re-*, et *tenter.*

♦ Essayer, tenter de nouveau. *Il retenta l'escalade, mais en vain.* — *Retenter de...,* suivi de l'inf. *Il a retenté de sauter cinq mètres à la perche.*

RÉTENTEUR, TRICE [Retãtœr, tRis] adj. et n. m. — V. 1560, *faculté rétentrice,* méd. ; du lat. *retentus,* p. p. de *retinere* « retenir ».

♦ **1.** Adj. (1870). Didact. Qui retient, qui exerce une action pour retenir. *Muscle rétenteur.*

♦ **2.** N. m. Dr. Rétentionnaire*.

RÉTENTION [Retãsjõ] n. f. — 1315 ; « action de réserver un droit » 1291 ; lat. *retentio.*

♦ **1.** Action, fait de retenir* (I.), de garder pour soi qqch.

Les premières mesures contre le mal doivent venir d'abord du pays lui-même : mobilisation des réserves, essais, plus ou moins heureux, de transferts d'une région à l'autre, dans une atmosphère de panique et de rétention, achats de céréales au-dehors, en utilisant toutes les ressources financières et en faisant appel aux crédits internationaux, etc. A. SAUVY, Croissance zéro ? p. 154. [1]

(1690). Dr. *Droit de rétention,* qui permet, dans certains cas, à un créancier (⇒ **Rétentionnaire**) de retenir un objet appartenant à un débiteur, jusqu'à ce qu'il se soit acquitté de sa dette. *Droit de rétention du créancier gagiste, de l'hôtelier, etc.*
Rétention d'une cause. ⇒ **Retenir** (I., 4.).

♦ **2.** (V. 1560). Conservation, séjour prolongé dans une cavité ou un conduit de l'organisme d'une substance solide, liquide ou gazeuse qui est destinée normalement à être évacuée ou expulsée. *Rétention biliaire. Rétention d'urine* (ou *rétention urinaire*). ⇒ **Ischurie** (→ Troubles de la miction*). *Rétention d'eau dans les tissus.* ⇒ **Œdème, stase.** *Rétention placentaire :* rétention dans l'utérus, après la délivrance, de débris de placenta.

Un vice de conformation dans la vessie me fit éprouver, durant mes premières années, une rétention d'urine presque continuelle (...) [2]
ROUSSEAU, les Confessions, VIII.

♦ **3.** (V. 1964). Géogr. Immobilisation plus ou moins prolongée, par des phénomènes physiques, de l'eau des précipitations. *Rétention glaciaire, nivale. Rétention des eaux pluviales dans le sol. Rétention capillaire* (⇒ **Infiltration**). *Eaux de rétention capillaire.* — Par ext. *Capacité de rétention en eau (d'une terre agricole saturée d'eau et de ressuyée).*

♦ **4.** (1580, Montaigne). Didact. Fait de garder en mémoire (une idée, un fait passé). ⇒ **Mémorisation.**

♦ **5.** Didact. ou littér. Fait de se retenir, de ne pas se laisser aller.

(...) exactement comme moi lorsque je me retenais de pleurer, raidi par l'effet d'une rétention sans espoir qui jetait chaque seconde de la vie dans une silencieuse panique. Pierre GASCAR, les Bêtes, p. 43. [3]
DÉR. **Rétentat, rétentionnaire.**

RÉTENTIONNAIRE [RetãsjɔnɛR] n. — 1681 ; de *rétention.*

♦ Dr. Personne qui retient ce qui appartient à une autre. — Spécialt. Celui qui exerce un droit de rétention* sur un objet.

RETENTIR [R(ə)tãtiR] v. intr. — V. 1175 ; de *re-*, et anc. franç. *tentir* ; lat. pop. *tinnitire,* class. *tinnire* « résonner ».

★ **I.** Vx ou littér. (Lieu, espace). Être ébranlé, rempli par un bruit, un son fort. *Mes seuls gémissements font retentir les bois* (cit. 3).
RETENTIR DE... ⇒ **Résonner** (3.). *Tout le temple retentissait d'applaudissements* (cit. 1). *Faire retentir l'air de ses cris.* ⇒ **Frapper** (supra cit. 7), **remplir.**

Quand elle partit, je voulais me jeter dans l'eau après elle, et je fis longtemps retentir l'air de mes cris. ROUSSEAU, les Confessions, I. [1]

Rancé retira le couvent de la désolation humaine et l'épura par la désolation chrétienne. Ces lieux que les Anglais avaient fait retentir de leurs pas armés ne répétèrent que le susurrement de la sandale.
CHATEAUBRIAND, Vie de Rancé, II, p. 128. [2]

Par métaphore. Littér. « *Toute l'Europe, toute la terre retentit de ses louanges* » (Académie).

Et pourquoi ? Pour entendre un peuple injurieux
Qui fait de mon malheur retentir tous ces lieux ? RACINE, Bérénice, V, 5. [3]

★ **II.** ♦ **1.** (Fin XIVᵉ). Cour. Se faire entendre avec force. ⇒ aussi **Bondir, bruire** (vx), **crier.** *Un coup de tonnerre retentit.* ⇒ **Éclater.** *Le galop des chevaux retentissait sur le pavé.* ⇒ **Résonner** (2.) ; → Fusillade, cit. 2. *Un son de cloche retentit.* ⇒ **Tinter** (→ Bougon, cit. 1). *Ces mots retentissaient encore à ses oreilles.* ⇒ **Vibrer** (→ 1. Mort, cit. 35). — *Faire retentir sa voix.*

Les chants joyeux, le bruit des ateliers, et les cris sourds ou aigus des outils retentissaient agréablement à mes oreilles.
BALZAC, le Médecin de campagne, Pl., t. VIII, p. 353. [4]

(Le vestibule) était pavé de dalles en marbre, très haut, et le bruit des pas avec celui des voix y retentissait comme dans une église.
FLAUBERT, Mᵐᵉ Bovary, I, VIII. [5]

(...) le timbre de l'entrée retentit, si strident que les deux hommes sursautèrent (...)
MARTIN DU GARD, Les Thibault, t. II, p. 134. [6]

Par métaphore. Littér. « *Ses louanges retentissent dans tout l'univers* » (Académie).

♦ **2.** Fig. et littér. (En parlant d'un son, d'une parole). Produire une vive impression, une profonde émotion (→ Mobilisation, cit. 3). « *Ses paroles ont retenti en moi* » (Académie).

♦ **3.** (XVIᵉ). Didact. (En parlant d'un événement, d'un fait). *Retentir sur :* exercer une action, avoir des répercussions, un retentissement*

(2.) sur. ⇒ **Répercuter** (se). *Toute lésion d'un organe peut retentir sur les lymphatiques correspondants et les ganglions voisins.*

DÉR. Retentissant, retentissement.

RETENTISSANT, ANTE [ʀ(ə)tãtisã, ãt] adj. — 1546; p. prés. adjectivé de *retentir.*

♦ **1.** Vx ou littér. (En parlant d'un lieu). Qui résonne, qui est plein de bruit. *Voûte retentissante. Port retentissant* (→ Flot, cit. 17).

♦ **2.** (1690). Mod. (En parlant d'un bruit, d'une voix, etc.). Qui s'entend bien, qui fait un grand bruit. ⇒ **Bruyant, sonore.** *Voix retentissante* (→ Une voix de stentor*). *Un choc retentissant.*

♦ **3.** Fig. Sonore, creux, vide. *Des mots retentissants.*

1   Puis, tout à coup, la tablée des philosophes et des politiciens se met à batailler à côté des deux termes : *infini* et *indéfini,* faisant sonner de grands mots ayant l'air d'idées, mais qui ne sont que des sonorités vides et retentissantes.
    Ed. et J. DE GONCOURT, Journal, 21 avr. 1885, t. VII, p. 28.

♦ **4.** Plus cour. Qui a un grand retentissement (3.) dans l'opinion; dont on parle beaucoup. *Succès retentissant.* ⇒ **Éclatant.** *Échec, krach* (cit. 1) *retentissant.*

2   Par un arrêt retentissant qui fut porté et signifié à Mayenne, la cour suprême déclara que le royaume ne pouvait être occupé par des étrangers.
    J. BAINVILLE, Hist. de France, X, p. 185.

CONTR. Étouffé, sourd. — Infime, minime.

RETENTISSEMENT [ʀ(ə)tãtismã] n. m. — V. 1160; de *retentir.*

♦ **1.** Vx ou littér. Fait de retentir* (II., 1.); bruit, son répercuté par un écho, prolongé par des résonances. *Le retentissement de mes pas sous ces immenses voûtes* (→ Étage, cit. 7).

1   (...) au milieu du silence de l'anxiété universelle, le retentissement de la cloche de l'horloge remplissait la salle.   STENDHAL, le Rouge et le Noir, II, XLI.

♦ **2.** (Av. 1830). Effet* indirect ou effet en retour; série de conséquences* qui se propagent de proche en proche. ⇒ **Contrecoup, répercussion;** → Nerveux, cit. 8; pluie, cit. 7. *Avoir un retentissement profond sur...* ⇒ **Retentir** (II., 3.); → Incorporer, cit. 5.

2   Il reçut un de ces coups terribles dont les retentissements se répètent dans tous les moments de la vie.   BALZAC, le Cabinet des antiques, Pl., t. IV, p. 338.

♦ **3.** (1870). Fait d'attirer l'attention, de susciter l'intérêt ou les réactions du public. ⇒ **Bruit, éclat.** *Ce roman, ce film a eu un grand retentissement. Son prochain discours aura un profond retentissement dans l'opinion. Donner un retentissement considérable à une affaire.* ⇒ **Publicité.**

3   S'il est au monde un sujet connu, c'est à coup sûr celui du *Barbier de Séville.* La pièce de Beaumarchais a eu un tel retentissement, qu'il est presque impossible d'en parler, même en se résignant d'avance aux redites les plus usées.
    Th. GAUTIER, Souvenirs de théâtre, Beautés de l'Opéra, III.

Renommée, gloire. *Le retentissement du nom de Baudelaire.*

4   L'éloignement est excellent pour la gloire et le retentissement d'un homme vivant : Voltaire à Ferney, Hugo à Jersey, deux solitudes qui riment et semblent se faire écho.   Ed. et J. DE GONCOURT, Journal, 2 févr. 1868, t. III, p. 143.

♦ **4.** Didact. (Psychol., caractér.). Un des traits constitutifs du caractère (avec l'*émotivité** et l'*activité**) dans la caractérologie de Heymans, Wiersma et Le Senne; manière plus ou moins rapide, durable et profonde dont les éléments de la vie psychologique affectent un sujet.

RETENU [ʀ(ə)təny; ʀətny] p. p. adj. ⇒ **Retenir.**

RETENUE [ʀ(ə)təny; ʀətny] n. f. — 1170, «action de retenir qqn prisonnier»; p. p. subst. de *retenir.*

★ **I.** (V. 1350). ♦ **1.** Vx. Action, fait de retenir (I.) qqch.; ce qui est ainsi retenu.
(1836). Mod. (Douane). Action de garder, de retenir une marchandise. *Retenue d'une marchandise à la frontière par la douane.*

♦ **2.** (1765). Mod. Prélèvement qu'on fait sur une rémunération en raison de certaines obligations légales ou en vertu de certaines conventions. ⇒ **Précompte** (→ Paye, cit. 4). *Faire une retenue de tant pour cent sur un salaire.* ⇒ **Retenir** (I., 1.). *Retenue pour la retraite, la Sécurité sociale, etc.* — Dr. fiscal. *Retenue à la source :* mode de recouvrement de l'impôt qui consiste à opérer le prélèvement fiscal au moment même où l'assujetti perçoit son revenu (par exemple en faisant retenir par l'employeur, sur les salaires versés aux employés, le montant des impôts dus par ceux-ci). — Partie d'un paiement qui n'est pas réglée immédiatement. *Retenue de garantie.*

1   Le salaire communal est de 11 à 12 francs. Mais on retient directement sur cet argent, et sans prévenir les intéressés, l'arriéré des impôts. Ces retenues atteignent parfois la *totalité du salaire.*   CAMUS, Actuelles III, p. 53.

♦ **3.** Vx et rare. Ce qui est retenu (I., 3.) par la mémoire. *« Cet endroit fera un bel effet dans les "retenues" de vos lectures »* (Mᵐᵉ de Sévigné, 1258, 25 janv. 1690).

♦ **4.** Chiffre qu'on réserve pour l'ajouter à la colonne suivante, dans une opération. ⇒ **Retenir** (I., 5.). *Ton addition est fausse, tu as oublié la retenue.*

★ **II.** Le fait, l'action de retenir (II.) une personne ou une chose; ce qui est ainsi retenu; ce qui sert à retenir, à maintenir, à fixer.

♦ **1.** (1835). Punition scolaire qui consiste à faire rester ou à faire venir un élève en dehors des heures de cours, à le priver de sortie. ⇒ **Colle** (fam.), **consigne.** *Pensums et retenues* (→ Foudroyer, cit. 13). *Deux heures de retenue. Faire sa retenue.* — *Être en retenue.*

2   (...) cette mauvaise note et ce rapport, c'était pour lui l'exclusion du tableau d'honneur, — une retenue, et enfin la perte du prix d'excellence, et la ruine de sa carrière scolaire !   Valery LARBAUD, Fermina Marquez, IX.

2.1   (...) je ne peux pas changer la discipline. Elle est maintenue à l'aide des retenues. Vous avez parlé, je vous ai averti. Vous avez reparlé, vous avez une retenue.
    PROUST, Jean Santeuil, Pl., p. 264.

♦ **2.** (1676). Techn. Fixation, assujettissement des extrémités d'une poutre dans un mur. — (1694). Mar. Cordage gréé provisoirement pour retenir, maintenir. *Retenue de bôme, de tangon de spi.*

♦ **3.** (1812; «digue», 1572). Le fait de retenir (l'eau); masse d'eau accumulée servant à l'irrigation, aux usages industriels (⇒ **Retenir,** II., 4.). *Ouvrage de retenue.* ⇒ **Barrage.** *Barrage à faible retenue d'eau. Hauteur, niveau de la retenue.* — (Dans un port). *Retenue de chasse* (ou *bassin de chasse*) *:* bassin fermé par une écluse et qu'on laisse se remplir à marée haute pour lâcher ensuite l'eau à marée basse, de manière à créer un courant capable de chasser le sable et les graviers encombrant le fond des accès du port. *Bassin de retenue* (→ 1. Drague, cit. 2).

♦ **4.** Techn. *Papier qui a de la retenue,* qui retient bien l'encre d'imprimerie (par opposition au papier qui «refuse» l'encre).

★ **III.** (1611; *retenu,* n. m., XVIᵉ). Attitude d'une personne qui sait se retenir*, se modérer, qui garde une prudente réserve dans sa conduite ou ses propos, qui respecte les bienséances. ⇒ **Circonspection, dignité, discrétion, honte** (supra cit. 43), **mesure, modération** (supra cit. 1), **modestie, pudeur, réserve, sagesse, tenue.** *Avec retenue et discrétion* (→ Élémosinaire, cit. 2). *Il manque vraiment de retenue.* ⇒ **Indiscret** (supra cit. 3). *Faire tomber toute retenue.* ⇒ **Barrière** (supra cit. 10), **contrainte.** *Sans retenue :* sans se retenir (→ Bride, cit. 11; extase, cit. 4; grossir, cit. 13). *Rire, manger sans retenue* (→ fam. A ventre déboutonné*). — Spécialt. ⇒ **Chasteté.** *Fille chaste et pudique, élevée* (cit. 39) *dans une retenue incroyable.* — Par ext. *Un ton plein de retenue.* ⇒ **Digne, retenu.** *Langage, style sans retenue.* ⇒ **Débraillé, débridé.**

3   Quoi? ta rage à mes yeux perd toute retenue?   RACINE, Phèdre, IV, 2.

4   — La raison de mon sexe ne le veut pas.
    — Ce n'est donc pas la retenue d'à présent, qui donne bien d'autres permissions.
    MARIVAUX, le Jeu de l'amour et du hasard, II, 5.

5   L'amour exige certaines préparations, une retenue, des réserves, une rêverie préalable, comme une religion qui a été tôt déposée dans le cœur.
    J. CHARDONNE, L'amour c'est beaucoup plus... in DUPRÉ, nᵒ 3890.

6   (...) les Lyonnais ont une réputation de retenue, presque de froideur et je me gardai bien, au début, de passer outre à cette réserve du partenaire.
    G. DUHAMEL, la Pesée des âmes, IX.

CONTR. (Du sens III.) **Audace, culot** (fam.), **cynisme, dévergondage, désinvolture, désordre, effusion, familiarité, fureur, impudence, impudeur, incontinence, indiscrétion, laisser-aller, licence.**

RETERÇAGE ou RETERSAGE [ʀ(ə)tɛʀsaʒ] n. m. — 1835, *retersage*; de *retercer.*

♦ Agric. Action de retercer*, quatrième labour.

RETERCER ou RETERSER [ʀ(ə)tɛʀse] v. tr. — Conjug. *placer.* — 1835, *reterser*; de *re-*, et *tercer, terser.*

♦ Agric. Labourer une quatrième fois (après avoir tercé ou tiercé). ⇒ **Labour; quartager.** *Retercer la vigne.*

DÉR. Reterçage ou retersage.

RETHÉÂTRALISER [ʀ(ə)teatʀalize] v. tr. — XXᵉ; de *théâtraliser.*

♦ Didact. Redonner une fonction théâtrale à. — REM. Le dér. *rethéâtralisation* [ʀəteatʀalizasjõ] n. f., est attesté, notamment par la cit. ci-après.

Chaque œuvre ils *(certains metteurs en scène)* la pensent en raison du théâtre. Rethéâtraliser le théâtre. Tel est leur nouveau cri monstrueux. Mais le théâtre, il faut le rejeter dans la vie (...)
Qu'est-ce qui provoque cette attraction du cirque et du music-hall sur notre monde moderne? J'emploierais bien le mot de fantaisie (...) s'il ne devait aboutir à ces recherches propres uniquement à cette rethéâtralisation du théâtre (...)
    A. ARTAUD, Œ. compl., t. I, p. 214-215.

RÉTIAIRE [ʀetjɛʀ] n. m. — 1611; lat. *retiarius,* de *rete* «filet». → Rets.

♦ Antiq. rom. Gladiateur armé d'un filet* destiné à embarrasser, à

envelopper l'adversaire, d'un trident ou fuscine*, et d'un poignard.
⇒ **Gladiateur** (cit. 2). *Rétiaires et mirmillons*.

Le chef des Rétiaires traverse l'arène, et vient ouvrir la loge d'un tigre connu par
sa férocité.   CHATEAUBRIAND, les Martyrs, XXIV.

RÉTICENCE [Retisãs] n. f. — 1552 ; lat. *reticentia* « silence obstiné », de *reticere*, rac. *tacere*. → Taire.

♦ **1.** Omission volontaire d'une chose qu'on devrait normalement
dire ; chose ainsi omise. ⇒ **Dissimulation, obreption, omission ; sous-
entendu** (→ Faux-fuyant, cit. 3). *Expliquer, non sans détours*
(cit. 12), *réticences et allusions...* ⇒ **Restriction** (mentale). *Exposé
coupé* (cit. 33) *de réticences.* ⇒ **Interruption, silence.** *Des demi-
mots, des réticences, des phrases indécises* (cit. 4)... *Un abîme de
secrets, de réticences et d'obscurités* (→ Combler, cit. 9.1).

1   Vous voyez que je dis tout, monsieur Marin, et qu'il n'y a ni réticences, ni points,
    ni phrases en l'air, ni ridicules ménagements, ni plate économie dans mon style ;
    je suis comme Boileau, *je ne puis rien nommer si ce n'est pas son nom*.
                                      BEAUMARCHAIS, Mémoires... dans l'affaire Goëzman, p. 190.
2   Vous avez bien tort, Madame, de ne pas m'écrire tout ce qui vous vient à la pen-
    sée à mon endroit ; cela donne envie de faire aussi de mon côté des réticences.
    Nous irions loin dans cette voie-là.
                                      SAINTE-BEUVE, Correspondance, 1193, 5 avr. 1841.

Spécialt. (Psychol., psychopath.). Conduite adoptée par certains
sujets affectés de troubles mentaux, consistant à opposer le silence
aux investigations extérieures dans le but de se protéger, ou de dissimuler des pensées (idées délirantes), des projets (suicide)... *La
réticence est sous-tendue, chez les délirants, « par de l'angoisse et
par le désir ambivalent d'exprimer et de dissimuler »* (Sivadon, *in*
Piéron, 1951). ⇒ aussi **Refus** (conduites de).

(1671). Rhét. Figure par laquelle on interrompt brusquement la
phrase en laissant entendre ce qui devrait suivre. *La réticence tait
ce que la prétérition, ou paralipse, énonce sous une forme négative,
en prétendant ne pas le dire.* Syn. : *aposiopèse*.

3   Après tout, pensait-il à peu près, il faut bien qu'elle loge quelque part ; les bohé-
    miennes ont bon cœur. Qui sait ?... Et il y avait dans les points suspensifs dont il
    faisait suivre cette réticence dans son esprit, je ne sais quelles idées assez gra-
    cieuses.   HUGO, Notre-Dame de Paris, I, II, IV.

(1807). Dr. Dissimulation d'un fait (par une personne qui a l'obligation de le révéler). *Toute réticence de la part de l'assuré annule
l'assurance* (cf. Code du commerce, art. 348). *Réticence dans
un témoignage*.

♦ **2.** Par ext. (Emploi condamné par des puristes). Attitude ou témoignage de réserve, dans les discours, le comportement... (⇒ **Hésitation**). *Surmonter toute réticence* (→ Dérober, cit. 17, Martin
du Gard), *s'abandonner sans réticence* (→ aussi Incommunicable,
cit. 7). *« Subterfuges sociaux,... réticences avec le métier »* (→ Existence, cit. 22, Valéry). *Passer outre* (cit. 10) *aux réticences, aux
résistances même de l'esprit d'examen* (Maurras). *Perclus* (cit. 6,
Gide) *de réticences. « Ses réticences à l'égard du P. C. »* (S. de
Beauvoir). ⇒ **Réserve.**

4   (...) la *réticence* est d'abord une *réserve* faite par un opposant qui se garde de con-
    tredire trop fort la thèse adverse : aussi le mot a-t-il paru très utile dans le lan-
    gage diplomatique (...) La *réticence* n'est donc plus une omission volontaire d'argu-
    ments, mais une promesse d'opposition formelle qui, pour n'être pas encore décla-
    rée, est bien sentie par l'adversaire.
                                      A. THÉRIVE, Clinique du langage, p.239.
5   J'élabore un *Enfant prodigue*, où je tâche à mettre en dialogue les réticences et
    les élans de mon esprit.   GIDE, Journal, 6 févr. 1907.

Par métaphore :

6   Dans l'eau, aussi bien qu'au-dessus de sa tête, on voyait le ciel renversé mais aussi
    immuable, aussi immobile, aussi solide, sans l'incertitude d'un souffle ou la réti-
    cence d'un nuage.   PROUST, Jean Santeuil, Pl., p. 329.

CONTR. Assurance.
DÉR. Réticent.

RÉTICENT, ENTE [Retisã, ãt] adj. — 1845 ; de *réticence*.

♦ **1.** Qui comporte des réticences (1.). *Des phrases atténuées et
réticentes* (→ Déchaîner, cit. 13). *Être réticent* : ne pas dire tout ce
qu'on devrait. ⇒ **Discret, silencieux.** *Un sourire réticent*, qui sous-
entend bien des choses.

1   (...) tout de suite, je me suis trouvé à l'aise avec Gourmont, parlant selon mon
    idée, disant mes idées, au hasard de l'improvisation, sans rien d'emprunté, de réti-
    cent, d'hésitant, de timide.   Paul LÉAUTAUD, Journal littéraire, t. I, p. 189.

♦ **2.** Qui manifeste de la réticence (2.), de la réserve, des hésitations. — REM. De même que *réticence* (2.), cet emploi est condamné
par les puristes. — *Il s'est montré très réticent. Réticent à toutes
les propositions. Réticent à s'engager immédiatement.*

2   Jusque-là, les malades lui facilitaient la tâche (...) Pour la première fois, le doc-
    teur les sentait réticents, réfugiés au fond de leur maladie avec une sorte d'éton-
    nement méfiant.   CAMUS, la Peste, p. 73.

Qui relève de la réticence (2.).

3   *(Il)* eut le clin d'yeux entendu et le réticent sourire d'un geôlier malin à qui on
    n'en donne pas à garder (...)   Léon BLOY, la Femme pauvre, II, XII.

RÉTICULAIRE [Retikylɛʀ] adj. — 1610 ; du lat. mod., de *reticulum*.
Didactique.

♦ **1.** Qui forme un réseau, ressemble à un réseau. — Cristallographie. *Plan réticulaire :* tout plan contenant une infinité de points
homologues d'un réseau cristallin. *Intervalle réticulaire*, entre deux
plans réticulaires consécutifs.

♦ **2.** Anat. Qui se rapporte à un réseau, à un réticulum*. *Tissu réticulaire :* tissu osseux spongieux à cloisons très espacées.

Cellule réticulaire. Membrane réticulaire (appareil auditif). *Peloton réticulaire de Ruffini, autour d'un corpuscule du tact.*
DÉR. Réticulosarcome.

RÉTICULATION [Retikylɑsjõ] n. f. — 1812 ; du lat. *reticulum*.

♦ **1.** Didact. État d'une surface réticulée. — Techn. Plissement de
la gélatine d'une émulsion photographique provoqué par une différence de température ou d'acidité entre deux bains successifs.

♦ **2.** Chim. Formation d'un réseau de liaisons additionnelles entre
les molécules. — Spécialt. Techn. Transformation d'un polymère
linéaire en polymère tridimensionnel par création de liaisons transversales. *La réticulation rend infusibles les matières thermoplastiques. Polymère transformé par réticulation.* ⇒ **Rétifié.** *Réticulation sous rayonnements ionisants.* ⇒ **Radiorétification.**

♦ **3.** Didact. Structuration en réseau.

Or, la pensée magique est la première, car elle correspond à la structuration la
plus simple, la plus concrète, la plus vaste et la plus souple : celle de la réticulation. Dans la totalité constituée par l'homme et le monde apparaît comme première
structure un réseau de points privilégiés réalisant l'insertion de l'effort humain, et
à travers lesquels s'effectuent les échanges entre l'homme et le monde.
        Gilbert SIMONDON, Du mode d'existence des objets techniques, p. 165.

DÉR. Réticuler.

RÉTICULE [Retikyl] n. m. — 1701 ; lat. *reticulum* « petit filet », de *rete*.

♦ **1.** Didact. Système de fils croisés placé dans le plan focal d'un
instrument d'optique. *L'intersection des fils du réticule indique la
direction de l'axe optique.* ⇒ aussi **Micromètre.** *Réticule d'une
lunette astronomique, d'un microscope micrométrique.*

♦ **2.** (1842 ; *reticulum*, 1765 ; cf. l'altér. *ridicule* en 1799). Antiq. Coiffure à mailles enfermant les cheveux. ⇒ **Filet, résille.**

♦ **3.** (1834) Cour. Petit sac à main ou bourse (en filet, à l'origine).

Elle toussa, ouvrit son sac à main, se moucha vaguement, et reposa sur la table
de marbre le réticule noirâtre qui ressemblait à son chapeau, taillé dans le même
taffetas noir malaxé et hors d'usage.   COLETTE, la Fin de Chéri, p. 109.

DÉR. Réticulé. — (Du lat. *reticulum*) **Réticulaire, réticulation.**

RÉTICULÉ, ÉE [Retikyle] adj. — 1784 ; de *réticule*.

♦ Didact., littér. Qui forme, imite un réseau. — Qui est marqué de
lignes en réseau.

Anat., histol. Tissu réticulé : tissu conjonctif constitué de cellules et
de fibres réunies en réseau. *Tissu réticulé de la rate, des ganglions lymphatiques, des lobules hépatiques.* — Géol. *Sols réticulés ou polygonaux des régions polaires.* — Archit. *Appareil réticulé :*
maçonnerie en petit appareil, où les éléments (pierres carrées, briques) sont posés en diagonales croisées, en damier *(opus reticula-
tum)*.

(1870). *Porcelaine réticulée*, formée de deux épaisseurs et dont
l'enveloppe extérieure est ajourée en réseau.

Math. *Ensemble réticulé*, qui a une structure de treillis.
DÉR. Réticulocyte.

RÉTICULER [Retikyle] v. tr. — V. 1974 ; de *réticulation*.

♦ Chim. Provoquer la réticulation de (un polymère).

RÉTICULOCYTE [Retikylɔsit] n. m. — V. 1930 ; de *réticulé*, et *-cyte*.

♦ Anat., physiol. Jeune globule rouge présentant encore des granulations et un réseau mitochondrial visibles. *Le nombre des réticulo-
cytes du sang est augmenté dans certaines formes d'anémies* (réti-
culocytose).

RÉTICULO-ENDOTHÉLIAL, ALE, AUX [Retikyloãdɔteljal, o] adj. — V. 1930 ; de *réticulé*, et *endothélium*.

♦ Anat., physiol. *Système réticulo-endothélial :* nom donné à
l'ensemble des cellules d'aspect très divers (monocytes, histiocytes,
cellules réticulaires de la rate, des ganglions lymphatiques, de la
moelle osseuse) qui jouent un rôle prépondérant dans les méca-

nismes de défense de l'organisme (essentiellement par leur pouvoir phagocytaire et leur capacité d'élaborer des anticorps).

DÉR. Réticulo-endothéliose.

RÉTICULO-ENDOTHÉLIOSE [Retikyloãdɔteljoz] ou RÉTICULOSE [Retikyloz] n. f. — 1929 ; de réticulo-endothélial.

♦ Méd. Maladie caractérisée par la prolifération de cellules réticulaires dans divers tissus et organes (surtout de la peau et des ganglions lymphatiques).

RÉTICULOSARCOME [Retikylosaʀkom] n. m. — 1964 ; de réticulaire, et sarcome.

♦ Méd. Cancer résultant de la prolifération des cellules réticulaires (moelle osseuse, organes lymphoïdes).

RÉTICULOSE [Retikyloz] n. f. ⇒ Réticulo-endothéliose.

RÉTICULUM [Retikylɔm] n. m. — 1877 ; « gaine fibreuse, à la base des feuilles de certains palmiers », 1817 ; mot lat., « réseau ».

♦ Histol. Réseau très fin de fibrilles dans diverses cellules (dites réticulaires*) ; disposition en réseau de certains éléments intra-cellulaires. Réticulum chromatique, formé par la chromatine du noyau. Réticulum endoplasmique : formation au sein du cytoplasme jouant un rôle important dans l'élaboration de diverses substances. ⇒ Ergastoplasme.

RÉTIF, IVE [Retif, iv] adj. — XIIᵉ ; faire restif « forcer à s'arrêter », 1080 ; lat. pop. *restivus, *restitivus, de restare « rester : résister ».

♦ **1.** Qui s'arrête, refuse d'avancer (en parlant d'une monture). Âne, cheval rétif. ⇒ Ramingue, vicieux (→ Hargneux, cit. 6). Mule rétive.

♦ **2.** (V. 1175). Personnes. Qui est difficile à entraîner, à conduire, à persuader. ⇒ Difficile, récalcitrant ; résister (→ Docile, cit. 5). Être, se montrer rétif. Enfant rétif et désobéissant. La foule est rétive à... (→ Multitude, cit. 15).

1   Tant que j'agis librement, je suis bon et je ne fais que du bien ; mais sitôt que je sens le joug, soit de la nécessité, soit des hommes, je deviens rebelle, ou plutôt rétif : alors, je suis nul.   ROUSSEAU, Rêveries..., VIᵉ promenade.

2   Édouard, qui ne songeait aucunement à le plier, tour à tour s'irritait et se désolait à le sentir rétif, prêt à se défendre sans cesse, ou du moins à se protéger.
     GIDE, les Faux-monnayeurs, II, III, p. 234.
Cerveau (→ Implanter, cit. 4), naturel (→ Cabrer, cit. 8), caractère rétif ; humeur rétive. ⇒ Quinteux, rêche ; difficile. L'imagination harcelée (cit. 9) devient rétive. Mémoire rétive. — N. Un rétif, une rétive. — (Par jeu avec le nom propre Rétif, Restif) :

3   J'embrasse les petites Rétives : il faut l'être, pour l'honneur.
     RESTIF DE LA BRETONNE, la Vie de mon père, p. 524.

CONTR. Discipliné, docile, doux, facile, maniable.
DÉR. Rétiveté ou rétivité.

RÉTIFIÉ, ÉE [Retifje] adj. — 1975, Larousse, de réti(culation), et -fié.

♦ Chim., techn. Qui a subi une réticulation*. Polymère rétifié par rayonnements ionisants. → Radiorétification.

RÉTIFORME [Retifɔʀm] adj. — V. 1560 ; du lat. rete « filet », et -forme.

♦ Rare. En forme de réseau.

RÉTINACLE [Retinakl] n. m. — Mil. xxᵉ ; du lat. retinaculum « petit réseau », du lat. médiéval retina « réseau » (→ Rétine), du lat. class. rete.

♦ **1.** Bot. Petit corps glanduleux et visqueux sur lequel sont fixées par deux les masses polliniques des orchidées et des asclépiadacées. Lorsqu'un insecte butineur pénètre la fleur, le rétinacle se colle sur son corps et la pollinisation peut être assurée.

♦ **2.** Zool. Chacun des crochets microscopiques qui relient l'aile postérieure à l'aile antérieure des insectes hyménoptères.

RÉTINAL [Retinal] n. m. ⇒ Rétinène.

RÉTINE [Retin] n. f. — 1314 ; lat. médiéval retina, de rete « filet, réseau ».

♦ **1.** Tunique interne nerveuse de l'œil tapissant la choroïde, dont la partie postérieure reçoit les impressions lumineuses par ses cellules visuelles (cônes et bâtonnets) et les transmet au nerf optique. La rétine est appliquée contre la tunique vasculaire ; sa por-

tion postérieure est appelée rétine choroïdienne, et, absolt, rétine ; sa portion moyenne, rétine ciliaire, sa partie antérieure rétine irienne (de l'iris). Papille* optique, tache jaune ; circonférence (ou ora serrata) de la rétine. Rétine visuelle : couche des cellules visuelles. Artère centrale, veines (nasales, temporales, centrale) de la rétine.

1   La préparation de la rétine en vue de son examen doit être très rapide (...) Sur les coupes antéro-postérieures des éléments cellulaires et fibrillaires qui la composent se disposent en couches... De la choroïde au corps vitré, c'est-à-dire du dehors au dedans, on peut compter de neuf à onze couches : 1° l'épithélium pigmentaire ; 2° la couche des cônes et des bâtonnets ; 3° la membrane limitante externe ; 4° la couche des cellules visuelles (...)
     L. TESTUT, Traité d'anatomie, t. III, p. 596.
Formation des images (cit. 10 et 12) sur la rétine. Affections, maladies, hyperhémie, anémie, décollement*... de la rétine.

2   Assurément nous ne percevons d'aucune manière ni les rayons lumineux en eux-mêmes, ni leur réflexion au dehors, ni leur réfraction dans l'intérieur de l'œil. Nous n'avons pas même le sentiment immédiat de quelque impression faite sur la rétine, mais uniquement l'intuition objective, résultante de toute cette série des mouvements.
     MAINE DE BIRAN, Du physique et du moral de l'homme, 1ᵉʳ append., III.

3   Toute excitation de la rétine donne lumière et couleur. Qu'il s'agisse de radiations, de contact matériel, d'intoxication ou congestion locale, la rétine y répond par des phénomènes lumineux.   VALÉRY, Analecta, p. 57.

♦ **2.** (1973). Par ext. Rétine électrique : ensemble des cellules photosensibles d'un lecteur* optique.

DÉR. et COMP. Rétinène, rétinien, rétinite, rétinoblastome, rétinographie, rétinoïde, rétinol, rétinopathie, rétinoscopie. — Électrorétinographie, électrorétinogramme.

RÉTINÈNE [Retinɛn] ou RÉTINAL [Retinal] n. m. — 1972, Manuila ; de rétine, et suff. -ène, -al.

♦ Chim., biol. Dérivé de la vitamine A entrant dans la composition du pourpre rétinien.

RÉTINIEN, IENNE [Retinjɛ̃, jɛn] adj. — 1854, in D. D. L. ; de rétine.

♦ Qui concerne la rétine, qui lui appartient. Artères rétiniennes, réseau capillaire rétinien. Image rétinienne, qui se forme sur la rétine. Pourpre rétinien.

RÉTINITE [Retinit] n. f. — 1830 ; de rétine.

♦ Méd. Inflammation de la rétine. Rétinite diabétique, syphilitique... Rétinite pigmentaire : dégénérescence de la rétine caractérisée en particulier par une pigmentation anormale.

RÉTINOBLASTOME [Retinoblastom] n. m. — 1972, Manuila ; de rétine, blasto-, et -ome.

♦ Méd. Tumeur maligne du jeune enfant constituée par la prolifération de cellules non différenciées de la rétine. « Dans le cas des rétinoblastomes, toutes les cellules de la rétine ont la potentialité de devenir tumorales... » (la Recherche, mai 1979, p. 440).

RÉTINOGRAPHIE [Retinɔgʀafi] n. f. — 1975 ; de rétine, et (photo)graphie.

♦ Didact. Photographie du fond de l'œil à l'aide d'un appareil approprié.

RÉTINOÏDE [Retinɔid] n. m. — 1980, la Recherche, n° 107, p. 71 ; de rétine, et -oïde.

♦ Chim. Substance apparentée à la vitamine A, qui s'oppose au développement des tumeurs cancéreuses.

RÉTINOL [Retinɔl] n. m. — 1972, Manuila ; de rétine, et -ol.

♦ Techn. (Pharm.) Préparation pharmaceutique de vitamine A sous forme de solution huileuse.

RÉTINOPATHIE [Retinopati] n. f. — 1964 ; de rétine, et -pathie.

♦ Méd. Affection de la rétine. Rétinopathie diabétique, hypertensive, néphritique. « L'utilisation du laser pour soigner la rétinopathie » (la Recherche, oct. 1980, p. 1138).

RÉTINOSCOPIE [Retinɔskɔpi] n. f. — 1932 ; de rétine, et -scopie.

♦ Didact. Examen de l'ombre de la pupille, destiné à déterminer la réfraction de l'œil.

RETINOSPORA [Retinɔspɔʀa] n. m. — xxᵉ ; lat. mod., de retina « réseau », et spora « spore ».

♦ Bot. Genre de conifère du Japon *(Cupressacées)* à rameaux serrés et disposés en éventail, à feuillage aciculaire toujours vert.

RÉTIQUE [ʀetik] adj. ⇒ **Rhétique.**

RETIRABLE [ʀ(ə)tiʀabl] adj. — 1788, « amovible », en parlant d'un fonctionnaire ; de *retirer.*

♦ Qui peut être retiré, enlevé.

RETIRADE [ʀ(ə)tiʀad] n. f. — 1611 ; « retraite (d'une armée) », 1465 ; de *retirer.*

♦ Milit. (Anciennt). Retranchement dans le corps d'un ouvrage fortifié. ⇒ **Réduit.**

RETIRAGE [ʀ(ə)tiʀaʒ] n. m. — 1753, « action de retirer la teinture » ; de *retirer.*

♦ Nouveau tirage (surtout : d'une gravure, d'un livre illustré ; moins fréquemment : d'un imprimé, quel qu'il soit). *Retirage d'une litho-graphie, d'une eau-forte, d'une affiche ancienne.* — *Les exemplai-res en stock de ce roman allaient être épuisés, l'éditeur a dû procéder à un retirage.*

RETIRAISON [ʀ(ə)tiʀɛzɔ̃] n. f. — 1973 ; régional, 1923 ; de *retirer.*

♦ Comm. Enlèvement d'une marchandise.

RETIRATION [ʀ(ə)tiʀɑsjɔ̃] n. f. — 1576 ; de *retirer.*

♦ Techn. (Imprim.). Opération par laquelle on imprime le verso d'une feuille. *Imprimer en retiration.* — (1875). *Machine, presse à retiration,* à deux cylindres d'impression, chaque cylindre imprimant un côté de la feuille.

RETIRÉ, ÉE [ʀ(ə)tiʀe] adj. ⇒ **Retirer.**

RETIREMENT [ʀ(ə)tiʀmɑ̃] n. m. — V. 1508, méd. ; de *retirer.*

♦ **1.** Rare. Action de retirer, d'ôter, de reprendre (qqch.). — Action de se retirer. ⇒ **Retrait.**

1 — Si j'avais eu jamais quelque renommée, je dirais d'elle ce que nous disons de nos morts : « Dieu me l'a donnée. Dieu me l'a reprise. Que sa volonté soit faite. » Je n'ai soif que d'un immense retirement.
MONTHERLANT, le Maître de Santiago, I, 4.

2 La nuit viendrait doucement, avec de lents retirements de couleurs : elles plonge-raient une à une derrière l'horizon, en suivant la route de la boule de feu.
J.-M. G. LE CLÉZIO, la Fièvre, p. 191.

♦ **2.** Rare. Rétraction, raccourcissement par contraction. *Retire-ment des muscles.*

♦ **3.** (1875). Techn. Défaut d'une poterie où la glaçure s'est con-tractée et forme des bourrelets.

RETIRER [ʀ(ə)tiʀe] v. tr. — V. 1155, sens I., A., 3. ; de *re-,* et *tirer.*

★ **I.** Amener, tirer, hors d'un lieu.

A. (1553). ♦ **1.** **RETIRER DE :** faire sortir (qqn, qqch.) de (un lieu, un espace). ⇒ **Dégager, enlever, ôter.** *Retirer qqn des flots* (→ Bou-che, cit. 9). → **Sortir.** *Retirer un corps des décombres, des ruines* (→ aussi Entasser, cit. 6). — *Orphée voulut retirer Eurydice des Enfers* (→ Centaure, cit. 1). — *Retirer un homme de prison. Reti-rer une enfant du collège.* — *Retirer les troupes d'une place forte, d'une position.* — Par métaphore. *Retirer qqn du tombeau :* lui sauver la vie. *Retirer d'un mauvais pas :* sauver (→ ci-dessous, 5., fig.).

1 (...) elle retira *(son fils)* du collège où son père avait exigé qu'il fût interné.
F. MAURIAC, Génitrix, XII.

Plus cour. (Compl. n. de chose). *Retirer un objet d'une boîte* (→ Montrer, cit. 2), *d'une cachette. Retirer tout le contenu* (d'un récipient...). ⇒ **Vider.** *Retirer le pain du four* (⇒ **Défourner**), *un gâteau du moule* (⇒ **Démouler**), *une fleur d'un pot* (⇒ **Dépo-ter**), etc. ⇒ aussi la préf. **Dé-** (dés-). *Retirer des victuailles d'un sac, d'un cabas* (cit. 2). *Retirer qqch. de sa poche* (⇒ Gaufrer, cit. 2). *Retirer les lettres de la boîte* (⇒ **Levée ; lever**). — *Retirer un docu-ment d'un dossier, d'un carton* (→ aussi Élucubration, cit. 1). *Reti-rer de l'eau.* ⇒ **Pêcher.** — (Sans compl. en *de*). *Pêcheur qui retire son filet* (→ Nacelle, cit. 1).

Loc. métaphorique. *Retirer à qqn le pain de la bouche* (→ Graine, cit. 11, et ci-dessous, le sens 6.). — Fig. et fam. « *On me retirera difficilement de l'idée que...* » (Céline, *Voyage au bout de la nuit,* p. 247) : quoi qu'on fasse, je continuerai à penser que...

Spécialt. Faire sortir (un objet qui était déposé, confié, engagé), ren-trer en possession de. *Retirer un objet du Mont-de-Piété.* ⇒ **Déga-**

ger. — *Retirer de l'argent de la banque.* ⇒ **Prendre.** — *Retirer une valise de la consigne.* ⇒ **Déconsigner.**

2 Vous laissez votre malle à la consigne. Vous me donnez votre bulletin. Demain matin, je vais retirer la malle. Je l'amène chez moi.
J. ROMAINS, les Hommes de bonne volonté, t. I, XXI, p. 254.

Par métaphore. Faire disparaître pour un spectateur, enlever. « *C'est l'habitude qui retire les objets d'une chambre* » (cit. 6, Proust).

♦ **2.** Vieilli. Faire partir de... ⇒ **Éloigner.** *Retirez-les* (ces gens). → Campagne, cit. 11, La Fontaine — *Retirer qqch. de la vue de qqn.* ⇒ **Disparaître** (faire).

3 (..) quand ils languissaient dans l'Égypte, il les en retira avec tous ses grands signes en leur faveur (...)
PASCAL, Pensées, X, 670.

Par ext. Détourner. « *Retirons nos regards de cet objet funeste* » (cit. 6).

♦ **3.** Séparer, éloigner de qqch., en ramenant vers soi (⇒ **Ramener ; enlever**). — (En parlant d'une chose enfoncée). ⇒ **Arracher, extraire.** *Retirer l'aiguille* (après une piqûre). → Piquer, cit. 6. *Elle avait enfoncé ses bras dans le blé, et elle les en retirait* (→ Poudrer, cit. 1). *Retirer une volaille de la broche* (⇒ **Débrocher**), *un clou du mur* (⇒ **Arracher ; déclouer**), *un bouchon* (⇒ **Déboucher**)... *Retirer de terre.* ⇒ **Déraciner, déterrer.** *Action de retirer.* ⇒ **Retrait.**

Par métaphore. *Retirer* (et plus souvent *tirer*) *son épingle* (supra cit. 6) *du jeu.*

Faire cesser d'être posé, en portant* en arrière, en ramenant vers soi. *Retirer sa main* (cit. 24), *ses mains* (→ Animation, cit. 4 ; appuyer, cit. 16).

Faire reculer, après avoir approché. *Tendre l'appât, puis le retirer* (→ Coquetterie, cit. 9).

4 (...) sa gueule empoisonnée Lance et retire un dard messager du trépas (...)
FLORIAN, Fables, IV, 11.

♦ **4.** **RETIRER** (qqch.) **À** (qqn), **DE** (qqch.) : enlever ce qui garnit, couvre, recouvre, habille... ⇒ **Enlever.** *Retirer ses vêtements à un enfant :* le déshabiller*. *Retirer le harnais, la bride* (⇒ **Débrider**), *le bât* (⇒ **Débâter**)... *à un cheval* (→ aussi Licou, cit. 1). — *Retirer l'enveloppe, le papier d'un colis* (⇒ **Développer**). *Retirer les liens* (⇒ **Délier**).

Enlever (ses vêtements). ⇒ **Dépouiller, ôter.** *Retirer sa coiffure* (⇒ **Décoiffer** [se]), *sa casquette* (→ Dresser, cit. 3), *son chapeau, ses gants* (⇒ **Déganter** [se]), *ses chaussures* (⇒ **Déchausser** [se] ; → Imbiber, cit. 2.) *Retirer sa jaquette* (cit. 5), *sa veste ; sa culotte* ⇒ **Déculotter** (se). *Retirer ses lunettes, ses binocles* (→ Fur-tivement, cit. 5). *Retirer une agrafe, une épingle, un lacet, etc.* ⇒ **Délacer, détacher... ; déboutonner.**

5 Elle (...) retira ses bas, comme on pèle un fruit, d'un geste long et brusque qui dénudait d'un coup sa chair.
MARTIN DU GARD, les Thibault, t. VII, p. 250.

♦ **5.** Fig., vx. **RETIRER** (qqn, qqch.) **DE** (qqch.) : faire sortir (qqn, qqch.) de (un état, une situation). ⇒ **Arracher.**

6 Mais t'es-tu souvenu que ma main charitable, Ingrat, t'a retiré d'un état misérable ?
MOLIÈRE, Tartuffe, V, 7.

Retirer d'un emploi, d'un poste... ⇒ **Démettre.** *Retirer du service actif* (→ Dévolu, cit. 2).

(Compl. n. de chose). *Retirer des billets de la circulation.* Spé-cialt. *Retirer une pièce du répertoire, de l'affiche* (métaphore du sens 3.).

♦ **6.** **RETIRER** (qqch.) **À** (qqn) : enlever, priver de cette chose. ⇒ **Dépouiller, ôter.** *Retirer ses biens à un vaincu. Retirer le pain, la nourriture à qqn* (→ Retirer le pain de la bouche, ci-dessus, A. 1). *Un os* (cit. 11) *qu'ils ont retiré à leur chien. Donner, prêter qqch. à qqn, puis le lui retirer.* ⇒ **Reprendre** (→ Présenter, cit. 5 ; puis, cit. 1, par métaphore). — *On ne retire deux assistants* (cit. 4). *Retirer une autorisation, une licence, un permis. On lui a retiré le permis de conduire.* — Par ext. *Retirer un droit. Je vous retire la parole.* ⇒ **Couper.**

Par métaphore, fig. *Retirer un espoir à qqn* (→ Démoraliser, cit. 3). *On peut tout retirer à un peuple malheureux..., mais non sa lan-gue* (cit. 38). — *Retirer à qqn son affection, son amour, son estime* (→ Opprobre, cit. 7), *sa confiance...*

7 Au nom de la souveraineté du peuple, on retire au gouvernement toute autorité, toute prérogative, toute initiative, toute droit et toute force.
TAINE, les Origines de la France contemporaine, II, t. II, p. 62.

8 Je me rendais compte que l'absence, tout en favorisant comme je le savais déjà, la cristallisation de l'amour, endort pour un temps la jalousie, parce qu'en retirant à l'esprit tous ces petits faits, toutes ces observations sur lesquelles il a pris cou-tume de bâtir ses dangereux, ses affreux édifices, elle le contraint au calme et au repos.
A. MAUROIS, Climats, I, X.

Par ext. *Retirer un criminel à la justice.* ⇒ **Dérober, soustraire.**

B. (Sans compl. indirect). Cesser de faire, d'accorder, de formuler, de présenter. ⇒ **Annuler, supprimer.** *Action de retirer.* ⇒ **Retrait.** *Retirer sa candidature* (→ Maintenir, cit. 6), *une plainte* (cit. 11), *une accusation* (cit. 6). *Je retire mon offre, ma proposition. Un pou-voir qui retire la loi qu'il a faite hier* (→ Mollir, cit. 4). ⇒ **Abo-lir.** *Retirer son adhésion* (→ Immanent, cit. 4), *sa parole, sa pro-messe.* ⇒ **Reprendre ; rétracter** (se). — *Retirer une parole malheu-reuse. Je retire ce que j'ai dit.*

9 (...) puisque vous voulez retirer votre parole, je vais voir ce qu'il y a à faire (...)
MOLIÈRE, le Mariage forcé, 8.

C. (1645; xiv⁰, «enlever l'argent d'une charge»). Obtenir pour soi (en enlevant de qqch. ou à qqn); obtenir en retour. ⇒ **Gagner, enlever, percevoir, recueillir.** *Retirer telle somme d'une affaire, retirer un bénéfice.* ⇒ **Bénéficier.** *Retirer les fruits de ses soins* (→ Prétendre, cit. 25).

10 (...) ils prêtent à usure, retirant chaque jour une obole et demie de chaque dragme *(sic)*   LA BRUYÈRE, les Caractères de Théophraste, De l'image d'un coquin.

11 *(Elle)* nous fournira des guenilles, qu'elle nous vendra au poids de l'or, et dont nous ne retirerons rien.   DIDEROT, Jacques le fataliste, Pl., p. 694.

Par métaphore ou fig. *Le gain* (cit. 10) *spirituel qu'ils peuvent retirer de... Le gouvernement en retirait beaucoup de gloire* (→ Persister, cit. 2). *Il n'en a retiré que des ennuis.*

★ **II.** (xvi⁰). Vx. Faire aller en un lieu, dans un abri, une retraite* (→ ci-dessous Se retirer). ⇒ **Abriter** (cf. Rotrou, Racine, *in* Littré). *Retirer des esclaves dans une infirmerie* (→ Nègre, cit. 8). — Par ext. Loger. «*Un certain homme fort riche... me retira en sa maison*» (Sorel, *Francion*, II, *in* Dubois et Lagane). «*La femme d'un soldat, qui retirait à un sou par nuit des domestiques hors de service*» (Rousseau, *les Confessions*, II, *in* Littré). Régional. Mettre en lieu sûr (qqch.). ⇒ **Ranger** (cit. 3).

★ **III.** Vx. (1538; fréquent chez Montaigne). *Retirer à..., sur... :* ressembler. (Ce sens, qui correspond à *Tirer sur...* le rouge, etc., a donné un dér. régional : *Retirance* «ressemblance», fréquent chez G. Sand (*François le Champi*, p. 56; *la Petite Fadette*, p. 13).

★ **IV.** (1611). ♦ **1.** Tirer de nouveau. *Retirer quelques coups de feu. Retirer un livre, une gravure.*

♦ **2.** Intrans. *Retirer au sort. Retirer au pistolet.*

▶ **SE RETIRER.** v. pron.

★ **I.** (Au sens I. de l'actif). ♦ **1.** Vx. *Se retirer d'un lieu :* en partir*.
12 *Retirez-vous d'ici (...) ou je vous en ferai retirer d'une autre manière.*
MOLIÈRE, la Princesse d'Élide, IV, 5.

Absolt, mod. *Se retirer.* ⓐ S'en aller, partir, en sortant*, en s'éloignant*. → Attirer, cit. 10; discret, cit. 1; perdre, cit. 39. «*Que chacun se retire*» (→ Aucun, cit. 41). *Adieu, il est temps de se retirer* (→ Entretenir, cit. 28). *Les curieux se retirèrent paisiblement* (cit. 3). *La foule se retire.* ⇒ **Écouler** (s'). Spécialt. Prendre congé*. *Se retirer discrètement, sans bruit.* ⇒ **Disparaître, éclipser** (s'), **esquiver** (s'); **évader** (s'), par ext. → Fausser compagnie*, filer* à l'anglaise.

13 Vous, Narcisse, approchez. Et vous, qu'on se retire.
RACINE, Britannicus, II, 1.

ⓑ (Autre sens). Faire cesser la pénétration lors d'un rapport sexuel, en parlant d'un homme.

♦ **2.** SE RETIRER DE (qqch.) : quitter (une activité). *Se retirer du jeu* (→ 1. Être, cit. 79), *de la partie, d'une affaire.* ⇒ aussi **Désister** (se). *Se retirer des affaires, du commerce.* ⇒ **Démettre** (se), **démissionner.** Spécialt. Prendre sa retraite* (→ Garde-robe, cit. 3). — *Se retirer du combat* (→ Charge, cit. 29, La Fontaine).

14 Je m'engagerais à un trop long discours si je rapportais ici, en particulier, toutes les raisons naturelles qui portent les vieilles gens à se retirer du commerce du monde (...)   LA ROCHEFOUCAULD, Réflexions diverses, 19.

15 (...) c'est une expression forte et triste, sans lassitude; celle d'idéalistes revenus de tout, qui se sont retirés de l'action (...)
André SUARÈS, Trois siècles, «Ibsen», III.

16 Je me réfugie dans le sommeil comme un enfant boudeur qui se retire du jeu.
GIDE, Journal, 3 juil. 1927.

Absolt. Ne plus se présenter à un concours, à une compétition. *Se retirer devant un adversaire* (→ Quitter*, céder la place, faire place* à...). — Cesser de jouer, de participer. ⇒ **Abandonner, défection** (faire); → Engager, cit. 17; main, cit. 74. *Se retirer sur la bonne bouche, après un gain...* ⇒ **Charlemagne** (faire). *Se retirer sans dommage, à bon marché.* ⇒ **Tirer** (s'en).

17 Un homme attaqué, quand il a l'honneur d'appartenir à un corps, doit se justifier ou se retirer.   BEAUMARCHAIS, Mémoires... dans l'affaire Goëzman, p. 194.

18 Pas de crainte, non plus, paraît-il, qu'il donnât officiellement ses voix à l'adversaire. Mais il risquait fort de se retirer, en criant : «À bas la réaction!»
J. ROMAINS, les Hommes de bonne volonté, t. VIII, II, p. 20.

♦ **3.** Aller en arrière, s'éloigner en s'écartant. — Vx ou régional. *Se retirer pour éviter un coup.* ⇒ **Effacer** (s'). — Mod. *Les ennemis se retirent en désordre.* ⇒ **Décamper, déguerpir, dénicher, enfuir** (s'), **fuir, sauver** (se); → Ficher le camp* (fam.), lâcher pied*, battre* en retraite. *Armée qui se retire pour résister.* ⇒ **Reculer** (→ Ligne, cit. 33). *Se retirer d'une place forte, d'un territoire conquis.* ⇒ **Évacuer.**

Fig. «*Elle se retirait sans cesse et s'effaçait là où il aurait fallu briller*» (cit. 22). → aussi Humble, cit. 12.

(Choses). «*Retirez-vous, trésors, fuyez*» (→ Médiocrité, cit. 3).

♦ **4.** Vx. SE RETIRER DE (suivi d'un complément désignant une personne) : quitter, cesser d'être avec..., ou d'appartenir à (qqn). ⇒ **Abandonner, laisser.** — SE RETIRER DE (qqch.) : y renoncer. *Se*

---

retirer de la débauche, de l'erreur (en sortir), *du danger* (→ Échapper).

19 Dieu même, disent-ils, s'est retiré de nous (...)   RACINE, Athalie, I, 1.

(Sujet n. de chose). Vieilli ou littér. *La protection* (cit. 5) *du préfet s'était retirée de lui pour se porter sur... — Les sociétés dont le sacré se retire* (→ Profane, cit. 2).

20 À mesure que la faveur et les grands biens se retirent d'un homme, ils laissent voir en lui le ridicule qu'ils couvraient!   LA BRUYÈRE, les Caractères, VI, 4.

21 Comme c'est étrange, une vie d'où se retire toute espèce de malice.
COLETTE, l'Étoile Vesper, p. 175.

♦ **5.** (1553). Spécialt. Refluer, revenir vers son origine (en parlant de fluides). *La mer se retire.* ⇒ **Découvrir, descendre, refluer.** *Les eaux se retirent, rentrent dans leur lit* (⇒ **Décrue**).

Par métaphore. «*Le voici. Vers mon cœur* (cit. 31) *tout mon sang se retire*».

♦ **6.** (1530). Être tiré ou rétréci par une contraction. ⇒ **Contracter** (se), **rétracter** (se). *Étoffe qui se retire au lavage.* ⇒ **Rétrécir.**

★ **II.** (Au sens II., de l'actif). Aller (quelque part) pour y trouver un abri*, un refuge. ⇒ **Retraite; cantonner** (se), **réfugier** (se). «*Ils se retirent la nuit dans des tanières*». ⇒ **Cacher** (se); → Noir, cit. 8. *Un recoin* (cit. 1) *où nul ne se retire* (→ aussi Se dérober* aux regards).

Spécialt. Rentrer* dans un endroit, privé pour se trouver seul, pour se reposer... *Se retirer chez soi* (→ 2. Appareiller, cit. 1; double, cit. 3), *dans sa chambre* (→ 2. Desservir, cit. 1). — Loc. *Se retirer dans ses cantonnements*, sous sa tente*, dans sa tour* d'ivoire* (fig). — Absolt. *Se retirer :* rentrer chez soi pour la nuit. *Se retirer de bonne heure.*

Je me retire sur mes terres (→ Ouvrir, cit. 42). *Se retirer dans un lieu désert, isolé.* ⇒ **Confiner** (se), **ensevelir** (s'), **enterrer** (s'), **isoler** (s'); **exiler** (s'). *Se retirer au couvent, à la Trappe* ⇒ **Claustrer** (se), **cloîtrer** (se); → Quitter, cit. 7.

Spécialt. Prendre sa retraite (dans un lieu). *Il s'est retiré dans sa maison de campagne* (cf. Aller planter ses choux).

22 Lorsque madame Raquin vendit son fonds et qu'elle se retira dans la petite maison du bord de l'eau (...)   ZOLA, Thérèse Raquin, II.

Fig. *Se retirer en soi-même, dans ses méditations.* ⇒ **Enfoncer** (s'), **enfouir** (s').

23 Et ainsi les philosophes ont beau dire : retirez-vous en vous-mêmes, vous y trouverez votre bien; on ne les croit pas (...)   PASCAL, Pensées, VII, 464.

24 Quand Dieu se retire du monde, le sage se retire en Dieu.
Joseph JOUBERT, Pensées, I, LVII.

▶ **RETIRÉ, ÉE** p. p. adj.

♦ **1.** Qui s'est retiré (au sens II.). *À peine retiré dans ma chambre* (→ Incantation, cit. 1). *Sentinelle retirée dans sa guérite* (cit. 1). — *Retirés à la campagne* (→ Manier, cit. 11), *dans un cloître, dans un désert.*

25 (...) et ma mère, retirée jusqu'à la nuit dans sa chambre obscure, rafistolait d'humbles toilettes.   ALAIN-FOURNIER, le Grand Meaulnes, I, I.

Au sens I. de *se retirer* :

26 Ô bienheureux celui qui (...)
Et qui, loin retiré de la foule importune,
Vivant dans sa maison, content de sa fortune,
A selon son pouvoir mesuré ses désirs!
H. DE RACAN, Stances, «Thirsis, il faut penser à faire sa retraite.»

27 Mon impression, à moi, que je garde, est le désir d'être de plus en plus retiré du monde et dans un cloître d'études et d'oubli.
SAINTE-BEUVE, Correspondance, t. I, éd. Calmann-Lévy, p. 27.

♦ **2.** Absolt. Qui vit, qui est dans une retraite et loin des hommes. *Vivre solitaire* et *retiré, comme un anachorète*, un *ermite*... (→ 1. Écarter, cit. 29; quiet, cit. 1). — *Vie retirée.*

28 (...) parmi la foule d'un grand peuple fort actif et plus soigneux de ses propres affaires que curieux de celles d'autrui, sans manquer d'aucune des commodités qui sont dans les villes les plus fréquentées, j'ai pu vivre aussi solitaire et retiré que dans les déserts les plus écartés.   DESCARTES, Discours de la méthode, III.

♦ **3.** Qui n'a plus d'activité professionnelle, s'est retiré (I.) des affaires... ⇒ **Retraite.** *Négociants retirés* (→ Miniature, cit. 5). — Retraité. *Bourgeois retirés* (→ Négociant, cit. 3).

29 Un violoniste célèbre, aujourd'hui retiré, et qui eut, entre beaucoup de signes éminents, le privilège de donner toujours la note juste, revenait d'Italie (...)
ALAIN, Propos, 9 sept. 1921, Orgueil et vanité.

♦ **4.** Éloigné, situé dans un lieu isolé. *Coin* (cit. 18) *retiré.* ⇒ **Détourné, écart** (à l') **écarté, isolé, secret, solitaire.** *Un quartier retiré et calme, tranquille.* ⇒ **Désert.** — Vx. Lointain. «*Les plus retirés voyages...*» (Théophile).

30 (...) nous nous fixâmes aux Charmettes, une terre de M. de Conzié, à la porte de Chambéri, mais retirée et solitaire comme si l'on était à cent lieues.
ROUSSEAU, les Confessions, V.

♦ **5.** (Du sens I., 6. de *se retirer*). Contracté, rétracté.

CONTR. (Du sens I., A.) **Mettre; apporter, disposer; ajouter. Commettre, confier, déposer, engager.** — **Rapprocher, réunir; appuyer, insérer, introduire. Avancer.** — (Du sens I., B.) **Donner, fournir, prêter, rendre.** — (De I., C.) **Perdre.** — (Du pron.) **Avancer** (s'), **entrer, envahir; demeurer, rester.** — **Monter** (en parlant des eaux). **Dilater** (se). — (Du p. p.) **Public. Activité** (en). **Fréquenté.**

DÉR. Retirable, retirade, retirage. — V. aussi Retiration, retirement, retiro, retirons.

RETIRO [ʀetiʀo] n. m. — 1877 ; mot esp., de *retirar* «retirer», ou abrév. de *buen-retiro.* → Buen-retiro.

♦ Fam. et vx. Lieu écarté, endroit retiré.

(...) au fond de l'appartement, dans un retiro qui fait autel, un grand Bouddha doré trônant dans un lotus.   LOTI, Mᵐᵉ Chrysanthème, VI.

RETIRONS [ʀ(ə)tiʀɔ̃] n. m. pl. — 1812 ; de *retirer.*

♦ Techn. Bourres de laine restées dans les peignes, après le peignage.

HOM. Formes du v. **retirer.**

RETIRURE [ʀ(ə)tiʀyʀ] n. f. — 1803 ; de *retirer.*

♦ Techn. Défaut d'une pièce coulée constituée par un creux dû à un retrait de matière. ⇒ **Retassure.**

RETISSAGE [ʀ(ə)tisaʒ] n. m. — xxᵉ ; de *retisser.*

♦ Rare. Nouveau tissage, opération consistant à retisser.

RETISSER [ʀ(ə)tise] v. tr. — 1611 ; de *re-,* et *tisser.*

♦ Tisser de nouveau, encore.

Déjà elle organise, déjà elle jette des fils de trame, des passerelles, déjà elle ramasse, recoud, retisse (...)   COLETTE, la Chatte, p. 206.

DÉR. **Retissage.**

RÉTIVETÉ [ʀetivte] ou **RÉTIVITÉ** [ʀetivite] n. f. — xiiiᵉ, *restiveté* ; de *rétif.*
Rare.

♦ **1.** Caractère d'une monture rétive, qui refuse d'avancer.

♦ **2.** Caractère d'une personne rétive, difficile. — Humeur rétive.

RETOMBANT, ANTE [ʀ(ə)tɔ̃bɑ̃, ɑ̃t] adj. — 1847 ; de *retomber.*

♦ Qui retombe (II., 3.). ⇒ **Pendant.** *Des branches retombantes.*

(Condorcet) était (...) plus vaste que fort. On le pressentait à sa bouche un peu molle et faible, un peu retombante.   MICHELET, Hist. de la Révolution franç., V, IV.

RETOMBE [ʀ(ə)tɔ̃b] n. f. — 1846 ; de *retomber.*

♦ **1.** Archit. ⇒ **Retombée.**

♦ **2.** Admin. *Feuilles de retombe,* collées à un état pour recevoir des observations.

RETOMBÉ [ʀ(ə)tɔ̃be] n. m. — 1870 ; de *retomber.*

♦ Chorégr. Retombée du corps après que les pieds ont quitté le sol. *Le retombé n'est pas un mouvement mais fait suite au mouvement (de saut).* « Non pas une phase de la marche ou même de la course, mais plutôt la position d'un danseur au retombé d'un saut » (Cl. Simon, *la Route des Flandres,* p. 73).

RETOMBÉE [ʀ(ə)tɔ̃be] n. f. — 1518, *retumbée* ; de *retomber.*

♦ **1.** Mouvement de ce qui retombe (II., 3.). Archit. Assises qui forment la naissance d'un arc, d'une voûte ; endroit où la voûte, l'arc «retombe» sur le support. *La retombée est assez proche de la verticale pour que les pierres puissent en être posées sans cintrage.*

1 Les colonnes engagées qui, dans le style *roman,* montent le long des murs de la nef, jusqu'à la *retombée* des voûtes, sont de véritables contreforts intérieurs.   STENDHAL, Mémoires d'un touriste, t. II, p. 243.

♦ **2.** Chose, ensemble de choses qui retombent. *Des retombées de fleurs* (→ Dégringolade, cit. 1). *Une retombée d'étincelles.*

2 (...) les habitations des brahmes dédaigneux se perdent dans l'ombre bleuâtre, sous les palmiers envahissants, sous les retombées de lianes et de fougères.   LOTI, l'Inde (sans les Anglais), III, XI.

Spécialt. (V. 1963). *Retombées radioactives :* substances radioactives qui retombent dans les basses couches de l'atmosphère, après une explosion atomique aérienne.

♦ **3.** (V. 1967 ; du sens précéd., emploi rare au sing.). RETOMBÉES : conséquences, répercussions ; effets secondaires. ⇒ **Impact, incidence.** « *Le bien-être des hommes a pu bénéficier de certaines retombées de la recherche scientifique et technique, mais de façon aléatoire* » (A. Sauvy). *Les retombées technologiques d'une découverte en physique mathématique. Les retombées de l'activité touristique, de l'automatisation.*

3 Parmi les retombées linguistiques que nous devons à l'explosion culturelle des années cinquante et soixante, je voudrais signaler celle de l'adjectif *insolite.* C'est probablement la plus dense.   J.-L. CURTIS, *in* le Figaro, 4 oct. 1967.
Effets nuisibles. *Subir les retombées politiques d'un scandale. Les*

retombées d'un conflit sur les populations concernées. « *Les retombées de l'affaire Ben Barka* » (Paul Ribaud, *le Paria,* p. 91).

HOM. Retombé, retomber.

RETOMBEMENT [ʀ(ə)tɔ̃bmɑ̃] n. m. — Av. 1848 ; de *retomber.*

♦ Rare. Le fait de retomber. — Fig. et littér. *L'appel désespéré, puis le retombement de cette âme...* (→ Déserter, cit. 12).

J'étais trahi par Jupiter. Mon retombement fut atroce.   GIDE, Si le grain ne meurt, II, II, p. 327.

RETOMBER [ʀ(ə)tɔ̃be] v. intr. — 1510, *retumber* ; de *re-,* et *tomber,* écrit *tumber.*

★ **I.** (Êtres vivants). ♦ **1.** Tomber de nouveau, après s'être relevé faire une seconde chute. *Se relever, retomber...* (→ Idée, cit. 38, par métaphore). *Il tint sur ses skis quelques mètres, puis retomba.*

1 Zazou ne fait pas tant de façons avec la terre. Il tombe, se relève, retombe, rampe, court, saute, se traîne. Tout lui est naturel ; le sol lui est bon et familier.   G. DUHAMEL, les Plaisirs et les Jeux, p. 14.

Tomber après s'être élevé, après être monté. *Deux fois il retomba* (d'un arbre). → Raboteux, cit. 1. *Retomber après un saut ; bien, mal retomber.* — *Retomber sur ses pieds, retomber debout,* sans tomber. *Chat qui retombe sur ses pattes* (→ Nouvelle, cit. 16). — Loc. fig. *Retomber sur ses pieds.* ⇒ **Pied** (*supra* cit. 23). — *Retomber sur le dos, à plat ventre. Retomber à plat* (cit. 9, fig.).

Par ext. Revenir à sa première position (couchée), après s'être soulevé. *Il se souleva à demi, puis retomba* (→ Dent, cit. 9 ; et aussi pesamment, cit. 2).

2 (...) M. Godeau toussa, se souleva, se laissa retomber sur ses coussins (...)   A. DE MUSSET, Nouvelles, «Croisilles», II.

♦ **2.** (1559). Fig. RETOMBER DANS... : tomber de nouveau dans (une situation dangereuse, dommageable après en être sorti). *Retomber dans la misère* (→ Inégalité, cit. 6). *Retomber dans les mêmes maux* (Bossuet). *Retomber malade.* ⇒ **Rechuter** (→ Objecter, cit. 4). — *Retomber en pâmoison, en syncope.*

Retomber dans un piège, « *dans les filets d'un aigrefin* » (cit. 1). *Retomber dans les mains de...*

3 Dès qu'Antoine se trouvait auprès de Philip, insensiblement, sa personnalité se modifiait, subissait comme une diminution de volume : l'être indépendant et complet qu'il était l'instant d'avant retombait automatiquement en tutelle.   MARTIN DU GARD, les Thibault, t. III, p. 128.

Retomber dans l'erreur, dans l'abîme de l'ignorance (cit. 25). *Retomber dans le désespoir* (→ Humilier, cit. 29).

4 Nous sommes retombés dans l'ennui, de toute la hauteur du plaisir.   Ed. et J. DE GONCOURT, Journal, Août 1855, t. I, p. 78.

5 — Ah! je vais retomber en de nouveaux doutes qui ne finiront plus! Quel jour avez-vous menti, autrefois ou aujourd'hui? Comment vous croire à présent?   MAUPASSANT, l'Inutile Beauté, IV.

Retomber dans le péché, dans ses désordres (cit. 21), *dans le vice..., dans les mêmes crimes* (Pascal). ⇒ **Récidiver.** — (Avec d'autres prép.). *Retomber en... Retomber sous... Retomber sous l'influence, le pouvoir, sous la coupe de qqn.*

Vx. RETOMBER À... « *Retomber à une douleur* » (Mᵐᵉ de Sévigné). — Vx. *Retomber à... faire qqch.* ⇒ **Recommencer.**

(1688). Absolt et vx. Commettre de nouveau un péché, des fautes. *Il s'était repenti, mais il est retombé.* — Par ext. Revenir à...

6 (...) voilà votre argent, mais n'y retombez plus, et ne prêtez jamais à des gens de cette robe.   CHAMFORT, Caractères et anecdotes, Sixte-Quint payant ses dettes...

7 (...) nous avons beau tourner pour fuir, semblables à Enguerrand, que toutes les routes ramenaient au palais de Strigilline, nous retombons toujours dans ma première question (...)   BEAUMARCHAIS, Mémoires... dans l'affaire Goëzman, p. 96.

♦ **3.** RETOMBER SUR... (vieilli) : se jeter de nouveau sur (un adversaire) ; attaquer de nouveau. — Fig. et vx. Recourir encore à qqn, à son aide. — *Retomber sur soi-même, sur sa conscience* (Massillon) : revenir sur ses actions, s'examiner en conscience.

♦ **4.** (1690). RETOMBER (quelque part ; sur qqn) : se trouver de nouveau quelque part ; face à qqn. *On retombe toujours sur la grand-route. À chaque fois, je retombe sur lui.*

★ **II.** (Choses). ♦ **1.** Tomber de nouveau, encore... *Amarres* (cit. 2) *qui retombent vingt fois à l'eau.*

Tomber après avoir été élevé ou s'être élevé. ⇒ **Redescendre** (→ Élever, cit. 42, par métaphore). *La pièce retomba pile* (2. Pile, cit. 2). *Caillou qu'on lance et qui retombe* (→ Fatal, cit. 5). *Fusée* (cit. 11) *qui monte, retombe verticalement.* — *Marteau qui se soulève et retombe* (→ Élever, cit. 4 ; maréchal, cit. 1). — *Ses mains se soulevaient et retombaient* (→ Cadence, cit. 8). — *Nuages qui retombent en pluie. Fumée qui retombe.* ⇒ **Rabattre** (se).

8 Voilà le brouillard qui retombe, et l'azur du ciel qui commence à paraître.   DIDEROT, Suppl. au voyage de Bougainville, I.

Par métaphore. *Une immense ovation* (cit. 1) *s'élève, retombe. Un lourd silence retombait sur la ville* (→ Patrouille, cit. 3).

♦ **2.** (1538). S'abaisser ou s'incliner, se pencher (après avoir été levé, soulevé...). *Laisser retomber une porte, un rideau de fer* (→ Doucement, cit. 5). — *Laisser retomber ses bras* (→ Passer, cit. 149), *sa tête* (→ 1. Harpe, cit. 5). — Au p. p. *Tête retombée* (→ Inconscient, cit. 1).

9 (...) lorsque Darcy lui prenait la main pour la baiser, cette main, dès qu'elle était abandonnée, retombait sur ses genoux comme morte.
MÉRIMÉE, la Double Méprise, XII.

10 (...) on entendait de temps à autre retomber le marteau des portes, derrière les bourgeoises en gants de fil, qui sortaient pour aller voir la fête.
FLAUBERT, Mme Bovary, II, VIII.

♦ **3.** (1687). Choses. S'étendre du haut vers le bas, pendre librement (en parlant de ce qui est attaché, soutenu par le haut). ⇒ **Pendre, tomber.** *Laisser retomber le pli de sa robe* (→ Exhibition, cit. 5). *Voiles de navire qui retombent mollement* (→ Draper, cit. 15). *Faire retomber son voile jusqu'au bas du visage* (→ Cagoule, cit. 3). — *Chevelure qui retombe sur les épaules* (→ 1. Mou, cit. 9).

11 (...) les boucles de sa noire chevelure retombent en désordre sur son front pâle (...)
Th. GAUTIER, Portraits contemporains, « Ary Scheffer ».

12 Et ce qui pénètre de jour (...) s'amasse et flotte autour des draps blancs, sans plis, roides, et qui retombent bien également, jusqu'à terre, de chaque côté du petit garçon (...)
BERNANOS, Sous le soleil de Satan, II, VII.

Descendre en portant sur un appui. *Nervures* (cit. 2) *qui retombent sur des pilastres.* ⇒ **Appuyer ; retombée.**

♦ **4.** (1651). Fig. **RETOMBER DANS, À, SUR... :** revenir à (un état, une situation). *Retomber dans l'oubli. Pays qui retombe dans le chaos.* — Vieilli. *La vie retombe à l'abjection* (cit. 3). — Rare (avec un attribut). « *Napoléon était retombé Bonaparte* » (Hugo, *l'Expiation*), redevenu. — *Conversation qui retombe toujours sur le même sujet.* ⇒ **Revenir.**

Absolt. Cesser de se soutenir, d'agir. *L'intérêt ne doit pas languir* (cit. 12) *ni retomber.* — *La mélancolie* (cit. 9) *n'est que de la ferveur retombée.*

13 Combien de grands noms retomberaient dans l'oubli, si l'on ne tenait compte que de ceux qui ont commencé par un homme estimable !
ROUSSEAU, la Nouvelle Héloïse, I, LXII.

♦ **5.** (1657). Sujet n. de chose abstraite. **RETOMBER SUR...** (**qqn**) : être rejeté sur, faire peser en retour ses effets sur... ⇒ **Rejaillir** (sur). *C'est sur lui que doit retomber la responsabilité.* ⇒ **Incomber, peser.** *Ressentiment qui retombe sur...* (→ Rater, cit. 3). *Faire retomber la responsabilité de qqch. sur qqn.* ⇒ **Rejeter ; attribuer.** « *Le mal que l'homme fait retombe sur lui* » (Rousseau, *Émile*, IV).

14 Vertueux ami, dit-il, puisse votre faute ne retomber que sur ma tête !
A. DE VIGNY, Cinq-Mars, XXIV.

Par métaphore du sens concret. *Tout cela lui retombera sur la tête, sur le nez.*

Loc. « *Le sang retombera sur sa tête perfide* » (→ Arrêter, cit. 52), la responsabilité du sang versé retombera sur... — Allusion biblique :

15 Vous tuerez et crucifierez les uns (...) afin que retombe sur vous tout le sang innocent répandu sur la terre (...)
BIBLE (SEGOND), l'Évangile selon saint Matthieu, XXIII, 35.

(1640). Vx (en parlant d'effets heureux, de choses favorables). *L'honneur* (Corneille), *la faveur* (Molière) *retombe sur lui,* lui revient. ⇒ **Rejaillir.**

16 Tout ce que je lui dois va retomber sur elle.
RACINE, Bérénice, II, 2.

DÉR. **Retombant, retombe, retombé, retombée, retombement.**

RETONDRE [R(ə)tõdR] v. tr. — V. 1200 ; de *re-*, et *tondre.*

♦ **1.** Tondre de nouveau. *Il tond et retond sa pelouse.*

♦ **2.** (1676). Archit. Vx. Tailler pour supprimer certains ornements, rendre les arêtes plus vives... *Retondre une corniche.*

RETOQUER [R(ə)tɔke] v. tr. — 1807, au p. p. ; de *re-*, et du rad. *toc-* ; → Toqué.

♦ Fam. et vx. Refuser à un examen. ⇒ **Coller, recaler.** *Il s'est fait retoquer.* — Au p. p. *Candidat retoqué.* — N. *Un retoqué* (cf. Vallès, *l'Enfant*, p. 386).

RETORDAGE [R(ə)tɔRdaʒ] ou RETORDEMENT [R(ə)tɔRdəmã] n. m. — 1798, *retordage* ; *retordement*, 1606 ; de *retordre*.

♦ Techn. Opération par laquelle on retord le fil ; manière dont le fil est retordu. *Retordage simple, double.* Commettage des fils par torsion.

RETORDERIE [R(ə)tɔRdəRi] n. f. — 1870 ; de *retordre.*

♦ Techn. Atelier de retordage*.

RETORDEUR, EUSE [R(ə)tɔRdœR, øz] n. — 1459, masc. ; *retorderesse*, XIVe ; de *retordre.*

♦ Techn. Ouvrier, ouvrière qui effectue le retordage.

N. f. (1874, J. Verne, *l'Île mystérieuse,* II, p. 449). Machine qui effectue le retordage. « *Les retordeuses utilisées pour le lin s'identifient* (...) *à des bancs fileurs* » (J. Lourd, *le Lin et l'Industrie linière,* p. 72).

RETORDOIR [R(ə)tɔRdwaR] ou RETORSOIR [R(ə)tɔRswaR] n. m. — 1803, *retordoir* ; *retorsoir*, 1721 ; de *retordre.*

♦ Techn. Appareil qui sert à retordre les fils.

RETORDRE [R(ə)tɔRdR] v. tr. — V. 1268 ; v. intr. « se tordre », v. 1160 ; lat. *retorquere*, même évol. que *tordre.* → Rétorquer.

♦ **1.** Assembler en tordant à plusieurs tours (pour obtenir des fils plus résistants que les fils simples de même numéro). *Retordre des fils de coton, de laine, de soie. Retordre du fil. Machine à retordre* (retordeuse, retordoir). — Au p. p. *Fil retordu.* ⇒ **Câblé, retors.**

Loc. fig. (1680). *Donner du fil** (infra cit. 11) *à retordre à qqn* (→ Piaillement, cit. 3). *J'ai eu bien du fil à retordre.*

♦ **2.** (1875). Tordre de nouveau. *Détordre puis retordre un drap mouillé.* — Déformer une nouvelle fois en courbant. *Retordre une barre de fer.*

DÉR. **Retordage** (ou **retordement**), **retorderie, retordeur, retordoir** (ou **retorsoir**).

RÉTO-ROMAN, ANE [RetoRɔmã, an] adj. ⇒ **Rhéto-roman.**

RÉTORQUABLE [RetɔRkabl] adj. — XVIe, Montaigne ; de *rétorquer.*

♦ Littér. Qui peut être rétorqué. *Argument rétorquable.*

RÉTORQUER [RetɔRke] v. tr. — 1549 ; « rapporter, attribuer », 1356 ; lat. *retorquere*, proprt « retordre ».

♦ Littér. Retourner contre qqn (les arguments, les raisons qu'il a donnés). ⇒ **Objecter, répondre.** *Une critique faite pour être rétorquée ailleurs* (→ Payer, cit. 18). — Absolt. (→ Controverse, cit. 1). — Pron. *Cet argument peut se rétorquer.*

1 Aussi, quand on voudra m'opposer à moi-même, se trouvera-t-il qu'on aura mal interprété quelque ironie, ou bien l'on rétorquera mal à propos contre moi le discours d'un de mes personnages, manœuvre particulière aux calomniateurs.
BALZAC, la Comédie humaine, Avant-propos, Pl., t. I, p. 8.

Par ext. Cour. Répondre dans une discussion, répliquer.

2 *(Simone Weil)* déclara d'un ton tranchant qu'une seule chose comptait aujourd'hui sur terre : la Révolution (...) je rétorquai, de façon non moins péremptoire, que le problème n'était pas de faire le bonheur des hommes, mais de trouver un sens à leur existence.
S. DE BEAUVOIR, Mémoires d'une jeune fille rangée, p. 237.

3 (...) vous savez, dit-elle, à mon âge, on ne m'épate plus.
— C'est pas dans mes intentions, dit Pierrot. D'ailleurs ajouta-t-il, quel âge ?
— Farceur, rétorqua-t-elle.
R. QUENEAU, Pierrot mon ami, éd. L. de Poche, p. 141.

DÉR. **Rétorquable.** — (Du lat. *retorquere*) V. **Rétorsif, rétorsion.**

RETORS, ORSE [RətɔR, ɔRs] adj. et n. m. — Déb. XIIe, *retuers* ; anc. p. p. de *retordre.* → Tors.

★ I. ♦ **1.** Qui a été retordu, tordu en plusieurs tours. *Fils retors. Soie retorse* (→ aussi Cocon, cit. 1). — N. m. Tissu fabriqué avec du fil retors.

♦ **2.** (Mil. XIIIe, *retort*). Vx. Tordu, crochu. « *(...) le peuple vautour, Au bec retors (...)* » (La Fontaine, *Fables*, VII, 8). « *Un vieux courbé* (cit. 29)... *un vieux retors* » (Péguy).

★ II. (1740, Voltaire). Fig. Plein de ruse, d'une habileté tortueuse. ⇒ **Artificieux, ficelle, fin, finaud, madré** (cit. 3), **malin, matois, rusé.** *Retors et papelard* (1. Papelard, cit. 3). *Des politiciens* (cit. 4) *retors.*

1 Petit-Claud était de ces hommes profondément retors et traîtreusement doubles, qui ne se laissent jamais prendre aux amorces du présent ni aux leurres d'aucun attachement (...)
BALZAC, Illusions perdues, Pl., t. IV, p. 997.

2 L'amoureux se retirait pour aller dresser ses batteries avec l'aide d'un certain valet, drôle retors, personnage fertile en fourberies, ruses et stratagèmes (...)
Th. GAUTIER, le Capitaine Fracasse, V.

(Choses). *Chicane* (cit. 5) *habile et retorse. D'une manière retorse et furtive* (cit. 11).

3 Personne ne fera-t-il donc ressortir par quelle étrange et retorse habileté, ce maître sophiste put, sous la Révolution (...) faire rentrer dans son sac ces deux maîtres déracinés : Leconte de Lisle et Hérédia ?
GIDE, Journal, Jeudi 17 janv. 1907.

CONTR. **Direct, droit, simple.**

RÉTORSIF, IVE [RetɔRsif, iv] adj. — 1764 ; de *rétors(ion).*

♦ Didact. et vx. Qui sert à rétorquer. « *L'objection rétorsive que j'ai prévenue* » (Rousseau, *Lettres écrites de la montagne*, 3).

RÉTORSION [ʀetɔʀsjɔ̃] n. f. — 1607; «retroussement», v. 1300; Péguy l'emploie encore au sens de «rebroussement, mouvement de retour» (*Un nouveau théologien*, p. 179; *l'Argent*, p. 240); du lat. médiéval *retorsio*, de *retorquere*. → Rétorquer.

♦ **1.** Didact. et vx. Action de rétorquer*; utilisation d'un argument, d'une objection... contre son auteur.

♦ **2.** (1845). Mod. Fait, pour un État, de prendre contre un autre État des mesures coercitives analogues à celles que celui-ci avait prises contre lui. ⇒ **Représaille.** *User de rétorsion. Mesures de rétorsion. Élever les tarifs douaniers, expulser un diplomate par mesure de rétorsion.*

DÉR. Rétorsif.

RETORSOIR [ʀ(ə)tɔʀswaʀ] n. m. ⇒ **Retordoir.**

RETORTE [ʀətɔʀt] n. f. — V. 1560; bas lat. *retorta* «chose tordue».

♦ Chim. Anciennt. Cornue*. — Mot encore employé par le chimiste Proust (1754-1826), cité par Littré.

DÉR. (Du même rad.) V. **Rouette.**

RETOUCHABLE [ʀ(ə)tuʃabl] adj. — 1853; de *retoucher*.

♦ Qui peut être retouché, mérite d'être retouché.

> J'ai corrigé tous tes contes. Il n'y en a qu'un auquel je n'ai pas touché, et qui ne me semble pas retouchable, c'est « *Richesse oblige* ». Franchement, il est détestable de fond et de forme (...)   FLAUBERT, Correspondance, 417, 20 août 1853.

RETOUCHE [ʀ(ə)tuʃ] n. f. — 1507; de *retoucher*.

♦ **1.** Action de retoucher*; reprise d'une partie, d'un détail pour corriger. ⇒ **Amélioration, correction.** *Faire quelques retouches à un tableau* (en reprenant une partie au pinceau. ⇒ **Glacis, rehaut, touche...**), *à une gravure* (au burin), *à un dessin...* (→ Courbe, cit. 5). — Spécialt. Correction des défauts que peuvent présenter les clichés photographiques. *Pupitre à retouche.*

1 > Envoyez-moi encore d'autres photographies, dites! J'en ai emporté quatre, je les compare, je vous y examine, avec une loupe, pour retrouver, sur chacune, malgré le léchage des retouches, les lumières travaillées, un peu de votre être secret (...)   COLETTE, la Vagabonde, III, p. 204.

Faire quelques retouches à un texte (→ Amendement, cit. 3; décolorer, cit. 1). — (Dans le discours oral). *Bien des hésitations* (cit. 11), *des à-peu-près, des retouches.*

2 > C'est ce droit de retouche qui fait de l'écriture une chose si grise. Et c'est là ce qui me paraît si beau dans la vie : c'est qu'il faut peindre dans le frais. La rature y est défendue.   GIDE, les Caves du Vatican, I, 5.

3 > Il est vrai pour tous les artistes que le difficile est de reconnaître un beau trait, et de ne le point gâter par la retouche. Gœthe disait qu'il faut être vieux dans le métier pour s'entendre aux ratures.   ALAIN, Propos, 8 déc. 1921, Libre roi.

♦ **2.** (1902). Modification partielle d'un vêtement de confection, pour l'adapter aux mesures de l'acheteur (→ Réessayage, cit.). *Faire une retouche. Le travail de la retouche.* ⇒ **Pompe.** *Boutique de retouches.*

RETOUCHER [ʀ(ə)tuʃe] v. tr. — V. 1175; de *re-*, et *toucher*.

♦ **1.** Toucher de nouveau (qqch.). — Fig. et vieilli. Revenir sur (un sujet, une question). Cf. Agrippa d'Aubigné, Mme de Sévigné, Bossuet, *in* Littré.

♦ **2.** (1663). Mod. Reprendre (un travail, une œuvre d'art) en faisant des changements partiels, des changements de détails. ⇒ **Retouche; améliorer, arranger, corriger, remanier.** *Retoucher un tableau, un dessin, une statue* (→ aussi Commodité, cit. 1, Molière). *J'aimerais que vous retouchiez un peu le profil* (→ Orner, cit. 4). *Son nez semblait avoir été retouché par le ciseau d'un statuaire habile* (→ Méplat, cit. 2). *Retoucher une photo.* ⇒ **Repiquer.** *Photo retouchée.* — En parlant des œuvres littéraires, du style. *Retoucher son style.* ⇒ **Châtier, limer** (fig.), **perfectionner.** — Par métaphore → ci-dessous, cit. 2, Mauriac).

1 > (...) il les (*les compositions françaises*) portait «dans sa tête» pendant plusieurs jours, les modifiant, les retouchant, supprimant un adverbe, changeant de place tout un membre de phrase.   Valery LARBAUD, Fermina Marquez, XVII.

2 > Il me fallait à chaque instant la corriger selon mon désir et, créateur inconscient, retoucher l'œuvre de Dieu.   F. MAURIAC, la Robe prétexte, XIV.

Faire des retouches à. *Retoucher une veste, un pantalon* (⇒ **Tailleur; retouche**).

♦ **3.** (1549). V. tr. ind. RETOUCHER À : toucher de nouveau à...

Spécialt et vx. *Retoucher à une plume* : la retailler (cf. Marivaux *in* Littré). — *Retoucher à un livre, à un ouvrage* : les corriger (→ ci-dessus, 2.).

DÉR. Retouchable, retoucheur.

RETOUCHEUR, EUSE [ʀ(ə)tuʃœʀ, øz] n. — 1877; de *retoucher*.

♦ Spécialiste qui effectue des retouches. *Retoucheur photographe.*

Retoucheur chromiste (clichés en couleurs). — *Retoucheur en confection.* ⇒ **Pompier.** — *Retoucheuse en porcelaine,* chargée d'enlever les bavures, les gouttes d'émail des pièces de porcelaine.

> Il vint encore une sorte de retoucheur en photographie, vêtu d'un complet en drap noir (...) Une cravate lavallière s'alliait somptueusement à sa barbiche de mousquetaire (...)   P. MAC ORLAN, Quai des brumes, XII.

RETOUPER [ʀ(ə)tupe] v. tr. — 1723; étym. douteuse; cf. au xve, *restouper* «reboucher, refermer, raccommoder», de *étoupe.*

♦ Techn. Reprendre (un ouvrage de poterie qui a été manqué).

RETOUR [ʀ(ə)tuʀ] n. m. — V. 1185; *retor*, v. 1160; *retur*, v. 1155; *return*, v. 1112; de *retourner.*

★ **I. A.** Mouvement en arrière, changement de direction.

♦ **1.** Vx. (Dans l'expr. *tours et retours*). Fait de revenir en arrière, de revenir sur ses pas. «*Le sang fait plusieurs tours et retours dans les veines, dans les artères*» (Académie). — Fig. *Les tours et les retours de la conversation.* ⇒ **Ricochet.**

1 > Il ne faut pas croire qu'une idée vraie reste vraie toute seule, sans secours humain. C'est par les doutes, les tâtonnements, les tours et retours de l'observation que l'on fait vivre une idée.   ALAIN, Propos, 15 mai 1912, Magie de Darwin.

Vén. Mouvement du cerf qui revient sur ses voies pour mettre les chiens en défaut; sonnerie de trompe par laquelle on signale cette ruse de l'animal. — Fig. et vx. Ruse. «*Cet homme a des retours habiles, des retours qu'on ne peut pas démêler*» (Académie).

Loc. *Retour de bâton* : profit illicite (on a dit d'abord *tour de bâton.* ⇒ **Bâton,** cit. 19 et *supra*).

2 > (*Elle*) dut se résigner à ne pas perdre les modiques avantages de la situation : à savoir trois cents francs par mois, le loyer, les contributions, les retours de bâton et les petits cadeaux.   COURTELINE, Boubouroche, V.

♦ **2.** (1295). Vx. ⇒ **Coude, sinuosité.** «*Plusieurs montagnes et plusieurs vallées, avec une infinité de tours et retours*» (Racine, *Lettres*, 107, 24 juin 1692).

Mod. Archit. Angle*, saillie que forme un mur, un corps de bâtiment par rapport à l'alignement du reste de la construction; ce corps de bâtiment (→ Ordre, cit. 35).

3 > (...) Sylvinet, passant le long du mur du cimetière, entendit la voix de son besson qui parlait à deux pas de lui, derrière le retour que faisait le mur.   G. SAND, la Petite Fadette, XXVII.

(1671). Profil d'une moulure qui présente un ressaut.

Retour d'équerre, à angle droit. — Milit. *Retours de la tranchée* : coudes formés par les lignes d'une tranchée.

♦ **3.** Mar. *Retour d'une manœuvre* : partie d'une manœuvre comprise entre une poulie *(poulie de retour)* et le point d'application de la force de traction. — *Prendre, filer à retour* : enrouler plusieurs fois le câble autour d'un taquet ou d'une bitte afin de le laisser filer doucement et à volonté.

♦ **4.** Techn. (Dans des syntagmes). Mouvement* de sens inverse par rapport à un mouvement précédent.

Mar. *Retour de marée* : contre-courant de marée (qu'on appelle aussi *faux flot*).

Milit., cour. *Retour offensif d'une armée,* qui attaque et avance de nouveau après avoir reculé (→ 1. Frais, cit. 33). — *Retour en force.* — Fig., cour. *Retour offensif d'une maladie* (après un début d'amélioration). *La météo annonce un retour offensif de l'hiver.*

Retour de flamme : mouvement accidentel de gaz enflammés, qui jaillissent hors du foyer d'une chaudière ou qui remontent en direction du carburateur dans un moteur à explosion. — Fig. et cour. Renouveau d'activité, de violence après une période d'accalmie. — Contrecoup, effet indirect d'une action dirigée contre qqn et qui finit par se retourner contre son auteur.

4 > Ô force intacte! Refoulée de partout, elle se concentre dans les âmes qu'elle investit, les violente. Le monde est plein de ces retours de flammes que l'on ne connaît pas.   F. MAURIAC, Souffrances et Bonheur du chrétien, p. 118.

Retour de manivelle : mouvement violent et accidentel d'une manivelle de mise en marche d'un moteur à explosion, qui se met à tourner dans le sens inverse du sens prévu. — Fig. et fam. Revirement, changement brutal, événement fâcheux.

5 > Rolande est une belle pouliche aussi, seulement elle est maintenant trop sûre de son pouvoir (...) Un de ces jours, il y aura un retour de manivelle et la belle Rolande se fera sonner.   A. MAUROIS, Terre promise, XVIII.

Aviron. *Retour sur l'avant* : mouvement par lequel le rameur ramène la pelle de l'aviron vers l'avant de l'embarcation par une extension des bras.

Vitic. *Retour de sève* : arrêt du développement des bourgeons suivi du départ de nombreux rejets sur la souche.

Retour du courant, depuis l'extrémité de la ligne jusqu'à la seconde borne du générateur. *Retour à la terre, à la masse. Fil de retour.* — (Opt.). *Principe du retour inverse de la lumière.* ⇒ **Réversibilité.**

Match retour : match opposant deux équipes qui se sont déjà rencontrées dans la première partie d'un championnat. *Match aller et match retour.*

EN RETOUR : se dit d'une action, d'un effet qui s'exerce une deuxième fois en sens inverse de la première, qui se réfléchit sur son point de départ, sur sa cause. *Effet en retour.* ⇒ **Contrecoup, répercussion, retentissement.** — (Au propre et au fig.). *Choc en retour.* ⇒ **Choc** (cit. 17).

Cybern. *Action, contrôle en retour.* ⇒ **Rétroaction.** — Biol. *Croisement en retour* (rétrocroisement).

B. Déplacement vers le point de départ.

♦ **1.** [a] Fait de repartir pour l'endroit d'où l'on est venu ; le moment où l'on repart. *J'allais toujours en avant sans songer au retour* (→ 1. Porte, cit. 1). *Être sur le retour, sur son retour,* sur le point de repartir. — Vx. *Avoir l'esprit de retour :* avoir l'intention, le désir de rentrer dans son pays. — Mod. *Partir sans esprit de retour,* sans avoir l'intention de revenir.

6   Sur les prés pelés où elles ne trouvaient plus rien de comestible, les vaches, en attendant le retour à l'étable, regardaient le soir.
                                        F. MAURIAC, la Robe prétexte, XVII.

[b] Voyage* que l'on fait, temps qu'on met pour revenir à son point de départ (→ Différent, cit. 11 ; locomotion, cit. 3 ; malgré, cit. 16). *Le retour se fit par la même route, par une route différente. Sur le chemin du retour* (→ Raviver, cit. 4). *Cet argent suffit à payer notre retour* (→ 1. Bourse, cit. 9). — *Billet d'aller et retour. Prendre un aller et retour, un aller-retour. Coupon de retour* (→ Fraude, cit. 8).

7   Le retour me parut plus rapide que l'aller. Nous ne suivîmes pas les mêmes sentes, mais d'autres moins embroussaillées, dès que nous eûmes franchi la crête et passé sur le versant méridional.   H. BOSCO, le Sanglier, III.

[c] Moment où l'on arrive, fait d'arriver, d'être revenu à son point de départ, au lieu de son séjour habituel. *Le retour de l'île d'Elbe* (de Napoléon). — *Le retour de qqn, son retour. Depuis mon retour à Paris* (→ Horreur, cit. 2). *Elle avait accueilli* (cit. 9) *mon retour imprévu comme une bénédiction du ciel. Tuer le veau gras pour le retour de l'enfant prodigue* (→ Enfant, infra cit. 28). *Fêter le retour définitif de qqn. Le Retour imprévu,* comédie de Regnard.

8   Ô gare qui as vu tant d'adieux,
     Tant de départs et tant de retours,
     Gare, ô double porte ouverte sur l'immensité charmante.
          Valery LARBAUD, Barnabooth, Poésies, I, « L'ancienne gare de Cahors ».

Le retour des hirondelles, des oiseaux (→ Annonce, cit. 6). *Retour d'un navire à son port d'attache ; retour d'une barque de pêche* (→ Moutonner, cit. 1). — *Le retour des cendres de l'Empereur.*

Retour à, dans, en, vers (le lieu d'où l'on est parti). *Le retour au pays natal. Le retour à la terre.*

À mon, ton, son... retour de (le lieu où on est allé), *à, en, dans... (le lieu d'où on est parti) :* au moment où une personne vient d'arriver ; après qu'elle est revenue. *J'apprends l'anglais ; à mon retour nous pourrons jargonner* (cit. 1) *ensemble. À son retour du service militaire* (→ Maraude, cit. 1). *À mon retour dans mes pénates* (cit. 2). — (Sans compl. de nom). « *De lui sourire au retour ne fit faute* » (cit. 3).

9   Puis, comme elle parvenait quand même à s'échapper il y avait à son retour d'abominables scènes, des interrogatoires (...)   ZOLA, la Terre, IV, II.

Au retour de (la personne qui est partie).

(1549). *(Être) de retour :* être revenu*. *Mon cousin sera de retour demain soir. Lorsqu'il fut de retour enfin* (cit. 4) *dans sa patrie.* — Ellipt. *De retour :* une fois revenu ; qui est revenu. *De retour à...* (→ Pousser, cit. 54). *De retour de...* (→ Ajuster, cit. 5). *De retour de Genève à Paris* (→ Peur, cit. 29).

10   Cependant, lorsque Lise, de retour à Rognes, rentra dans cette antique demeure, où elle était née, où elle avait vécu, elle se mit à sangloter.
                                        ZOLA, la Terre, IV, VI.

11   (...) de vieux bérets, de vieilles têtes blanches aimaient reparler jeu de paume à ce beau joueur de retour au bercail.   LOTI, Ramuntcho, II, III.

Retour de... : au retour de (tel endroit) ; qui est de retour de ; qui revient de... (expression critiquée par les puristes). *Porto retour des Indes.*

12   Des officiers anglais, retour de Pantellaria, apportent quelques renseignements sur la reddition de la petite île.   GIDE, Journal, 27 juin 1943.

13   Voici par exemple une construction qui est devenue très usuelle : « Les mots français *retour d'Angleterre* », HERMANT, *Nouv. remarques de M. Lancelot,* 89 ; « Ces gens, *retour de Londres,* racontent que... » P. MORAND, New York, 116 ; « *Retour du front,* les poilus s'y réinstallaient (dans la vie) » M. PRÉVOST, Mort des Ormeaux, XXI, 259. Si le *de,* nécessaire au sens, se trouve omis devant le mot *retour,* c'est probablement pour éviter une répétition *(de retour de Londres).* En tout cas, cette ellipse se justifie par l'analogie d'autres tours, plus ou moins anciens, où la même préposition est omise : ... « *Boîteuse, retenant son souffle avec sa voix, Et, crainte* de faillir, s'y prenant à deux fois » MUSSET, Porcia.
                    G. et R. LE BIDOIS, Syntaxe du franç. mod., § 1921.

Loc. Ancienn. *Cheval de retour :* cheval qu'on ramenait à l'endroit où on l'avait loué. — Argot. Vx. Ancien forçat. — Mod. Individu qui comparaît en justice après avoir déjà subi de nombreuses condamnations (⇒ **Récidiviste, repris de justice**).

14   — Ah ! c'est que si c'est *lui,* répondit le chef de la Sûreté, vous verrez une terrible danse au préau, pour peu qu'il y ait des *chevaux de retour* (anciens forçats, en argot).   BALZAC, Splendeur et Misères des courtisanes, Pl., t. V, p. 949.

Loc. *Par retour du courrier :* par le courrier qui suit immédiatement celui par lequel on a reçu une lettre. *Répondre par retour du courrier.* — Absolt et fam. *Par retour.*

Son correspondant, par retour du courrier, a demandé, sur ces jeunes gens, une   15
foule de renseignements.   G. DUHAMEL, Scènes de la vie future, II.

[d] *Retour de chasse :* fanfare qu'on sonne à la fin de la chasse avant de rentrer chez le maître d'équipage (Syn. : *rambouillet*). — Repas qui suit une partie de chasse. *Retour de noces :* repas offert aux jeunes mariés dans les jours qui suivent la noce.

♦ **2.** (1160). Action de retourner (I., 4.), de renvoyer ; fait d'être renvoyé, réexpédié. ⇒ **Renvoi.**

Dr. Renvoi d'un effet de commerce impayé. — *Retour sans frais :* clause portée sur la lettre de change ou sur l'endossement et qui, en vue d'éviter les frais, interdit de dresser protêt en cas de non-paiement. *Quand il y a une clause de retour sans frais, le porteur ne peut se voir opposer de déchéance pour absence de protêt.* — *Compte de retour,* qui accompagne l'effet retourné et qui comprend le montant de l'effet, plus les frais divers, les intérêts de retard, etc. (→ Retourner, cit. 15).

Sports. *Retour de service,* au tennis. *Retour gagnant. Faire un bon retour.*

(Cour.). *Retour à l'envoyeur* (d'un objet, d'une lettre, etc.). — Plais. (En parlant d'une critique, d'une pointe, etc. qu'on « retourne » à celui qui l'a adressée le premier). ⇒ **Retourner** (infra cit. 15).

Librairie. Réexpédition à l'éditeur (des volumes invendus). *Le retour des invendus. Il y a eu de nombreux retours* (opposé à *réassortiment*). — Les volumes retournés.

16   (...) le libraire Paillot, un crayon fiché sur l'oreille, rassemblait les « retours » (...) C'étaient les exemplaires méprisés, qu'il renvoyait aux éditeurs (...)
                                FRANCE, l'Orme du mail, XIV, Œ., t. XI, p. 161.

★ **II.** (Abstrait : idée de répétition, de régression, d'échange).

♦ **1.** *Retour à (qqch.).* Fait de retourner* (II., 4.) ou d'être retourné à (son état habituel, un état plus ancien, des activités antérieures). *Retour des muscles à l'état de repos* (→ Expiration, cit. 1). *Le retour au calme du corps et de l'esprit* (→ Fille, cit. 22). — *Retour à l'activité, aux affaires. Retour d'un homme politique dans le ministère.* ⇒ **Rentrée.** — *Le retour des humanistes du XVIe siècle aux disciplines* (cit. 5) *antiques. Retour au moyen âge* (→ Fantastique, cit. 5), *à l'esprit du XVIIIe siècle. Retour aux sources. Retour à la nature* (→ aussi, dans un sens plus concret, Retour à la terre, supra cit. 9). *Le retour à Freud.*

17   J'ai bien envie de savoir comme vous aurez trouvé le retour de M. de Pompone dans le ministère (...)   Mme DE SÉVIGNÉ, 1332, 14 août 1691.

18   Retour à la nature, c'est-à-dire abolition de la société : tel est le cri de guerre de tout le bataillon encyclopédique. Voici que d'un autre côté le même cri s'élève ; c'est le bataillon de Rousseau et des socialistes qui, à son tour, vient donner l'assaut au régime établi.
          TAINE, les Origines de la France contemporaine, II, t. II, p. 29.

19   Duhamel n'a jamais prêché le retour à la nature, mais il a recommandé à ceux qui vivent loin de la nature de ne pas se laisser abuser par les fantômes d'une civilisation qui après tout devrait être faite pour l'homme.
                            A. MAUROIS, Études littéraires, II, Duhamel, II.

(1905). Absolt. Sports. Action de rattraper ses concurrents après avoir été dépassé. « *V., après un passage à vide a effectué un retour remarquable sur la fin* » (l'Équipe, 22 sept. 1969, in Petiot).

Vx (langue class.). Réconciliation ; mouvement, parole, qui manifeste un désir de renouer amitié avec qqn, de se rapprocher de lui. *Retour d'une âme vers Dieu.* ⇒ **Conversion.** « *Un mot d'amitié, un retour, une douceur me ramène et me fait oublier* » (Mme de Sévigné, 713, année 1678).

Retour en arrière. ⇒ **Régression.** — *Retour d'une race hybride aux caractères originels.* ⇒ **Réversion** (→ aussi Hybride, cit. 2).

♦ **2.** (1663). Vx. *Être sur le retour de l'âge* (cit. 48), *sur son retour,* ou, mod., *sur le retour :* commencer à prendre de l'âge. ⇒ **Vieillir.** (1842, in D.D.L.). Mod. *Retour d'âge :* âge de la ménopause ; la ménopause elle-même.

20   Pendant les longs mois de son retour d'âge, elle eut des insomnies. Le silence du parc baignait l'hôtel et laissait parvenir jusqu'à sa chambre les bruits nocturnes de la ville (...)   Philippe HÉRIAT, Famille Boussardel, XXVII.

♦ **3.** Fait de regarder en arrière, de revenir* sur. *Retour en arrière :* vue rétrospective. — Spécialt. Fait de remonter à un point antérieur de la suite des événements, d'une narration, de la chaîne des idées, d'un exposé. (Recomm. off pour *flash-back*). → Rétrospectif (n. m.).

Vx. Regret, mouvement d'hésitation dû à l'attachement au passé. — Mod. Changement d'avis, de décision (cf. Revenir sur son opinion, sur sa décision). *Ses continuelles hésitations* (cit. 5), *ses balancements et ses retours.* — Vieilli ou littér. Modification apportée au premier jet d'une œuvre d'art, d'un texte (→ Fresque, cit. 1, Molière ; lyrique, cit. 7, Valéry).

21   Ces irrésolutions et ces retours vers la vie, qui font la peine de ceux qui meurent, et dont les plus désespérés ne sont pas exempts, entretinrent un cruel combat dans le cœur de notre héroïne.   LA FONTAINE, les Amours de Psyché..., II.

Vx. Méditation*, réflexion* (→ Oublier, cit. 6). — Mod. *Retour sur soi-même :* réflexion sur sa conduite, sur sa vie passée (→ Approfondir, cit. 11). *Faire un retour sur soi-même* (cf. Rentrer en soi-même).

22   Vous pensez à ceux qui ne sont plus, à ceux qui sont absents ; vous faites des

retours mélancoliques sur vous-même, vous regrettez le foyer déserté volontairement; mais, au premier rayon tout est oublié.

Th. GAUTIER, *Voyage en Russie*, V.

23   Le soir, alors que l'approche de l'obscurité incline à d'impitoyables retours sur les événements et sur moi-même (...)

G. DUHAMEL, *Récits des temps de guerre*, II, Lieutenant Dauche.

♦ **4.** Vx. Revirement, retournement, changement brusque et total. *Les soudains retours de son âme inégale* (cit. 12). *Leur idéalisme déçu a de terribles retours* (→ Autel, cit. 17). — *Retour de (la) fortune**. ⇒ **Vicissitude**. *Par un juste retour* (→ Arme, cit. 21). — *Les retours brutaux de l'opinion publique.* — Loc. mod. *Par un juste retour des choses.*

24   Juste retour, Monsieur, des choses d'ici-bas :
Vous ne vouliez point croire, et l'on ne vous croit pas.   MOLIÈRE, *Tartuffe*, V, 3.

♦ **5.** (Compl. déterminatif n. de chose). Réapparition; fait de se reproduire, de revenir*. *Le retour du matin, de la belle saison, du printemps de l'hiver* (→ Barnache, cit. 1 ; ermitage, cit. 2 ; érotique, cit. 1 ; hiémal, cit. 3). *Au retour de l'aurore. Le retour des pluies, de la lune* (→ Brusque, cit. 4 ; recommencer, cit. 7). — *Un retour de fièvre.* — Spécialt. ⇒ **Recommencement, renaissance, renouveau, réveil**. *Le retour de la paix, de la prospérité. Un retour de jeunesse, de bonheur.* ⇒ **Regain** (cf. aussi ci-dessus Retour de flamme, *supra* cit. 4).

25   (...) la Madelon eut comme un retour de jalousie et de colère, en voyant Landry, qui était devenu un des plus beaux garçons du pays et des plus estimés, garder, depuis la Saint-Andoche, une si belle fidélité à la petite Fadette.

G. SAND, *la Petite Fadette*, XXVIII.

26   (...) cet ardent désir de mettre tout en œuvre pour empêcher le retour de l'absurde et monstrueux événement, il a hanté les méditations et les songeries de presque tous les hommes de mon âge.   G. DUHAMEL, *la Pesée des âmes*, X.

(Sans compl. déterminatif). Vx. *Maladie sujette à des retours.* — Loc. *De retour. Quand l'été sera de retour.*

Psychan. *Retour du refoulé**, qui tend à réapparaître à la conscience sous forme de compromis (distinct de *défoulement**). — Répétition*, reprise. *Retour régulier, périodique.* ⇒ **Périodicité, rythme**. *Retour d'un leitmotiv. Retour régulier des mêmes sons* (→ Mnémotechnique, cit.). *Retours obstinés de phrases qui simulent les obsessions* (cit. 1) *de la mélancolie ou de l'idée fixe.*

Philos. *Retour éternel :* selon certains philosophes (Stoïciens, Nietzsche), Retour cyclique des mêmes événements et des mêmes êtres au cours de l'histoire du monde. ⇒ **Palingénésie**.

27   La gloire littéraire ressemble singulièrement au retour éternel de Nietzsche ; c'est une lutte contre l'histoire ; ici comme là le recours à l'infinité du temps cherche à compenser l'échec dans l'espace (...)   SARTRE, *Situations II*, p. 192.

♦ **6.** Fait de retourner* (II., 6.) à son premier possesseur.

Dr. *Droit de retour, retour légal :* droit, accordé par la loi dans certains cas et indépendamment de toute stipulation expresse, en vertu duquel un bien transmis à titre gratuit redevient propriété du donateur (ou de ses descendants) après la mort du bénéficiaire de la donation. ⇒ **Donation** (On dit aussi *droit de réversion**, *droit de retour successoral, droit de succession anomale*). *Droit de retour de l'ascendant donateur.* — *Retour conventionnel,* qui, à la différence *du retour légal,* résulte d'une clause insérée dans l'acte de donation.

(Cour.). *Faire retour à... :* être restitué, appartenir de nouveau à. ⇒ **Retourner** (II. 6.).

28   Mais enfin, ici, il raisonne, il comprend que ce bien, donné jadis pour le pauvre à l'Église, peut (en tout ce que ne réclame pas l'entretien de l'Église) faire retour au pauvre, si la loi le veut ainsi.

MICHELET, *Hist. de la Révolution franç.*, V, XI.

29   (...) bientôt, le sol, les mines, les usines, les grandes compagnies, les moyens de transport, enfin tout, ça doit fatalement faire retour à la masse, à la communauté des travailleurs (...)   MARTIN DU GARD, *les Thibault*, t. V, p. 55.

♦ **7.** Loc. adv. **SANS RETOUR :** de façon irréversible. ⇒ **Jamais** (à jamais), **toujours** (pour toujours), → Balayer, cit. 14 ; jeune, cit. 14 ; limpide, cit. 2 ; mourir, cit. 3. *Perdre qqch. sans retour* (→ Conserver, cit. 4). *«Dans la nuit éternelle* (cit. 25) *emportés sans retour»* (Lamartine). *Les jours, les mois, les années se perdent sans retour dans l'abîme* (cit. 16) *des temps.* — *Un adieu sans retour,* définitif (→ Déchirant, cit. 12).

★ **III.** ♦ **1.** Vx. Ce qu'on ajoute pour rendre un troc égal quand l'une des choses échangées a une plus grande valeur que l'autre. ⇒ **Compensation**. — *De retour. «Voulez-vous troquer votre cheval contre le mien? Je vous donnerai dix pistoles de retour»* (Académie, 1694).

Fig. et vieilli. *Rendre qqch. avec du retour,* avec excès.

29.1   Le second détestait (...) cordialement le timonier, qui le lui rendait avec du retour.   J. VERNE, *Un hivernage dans les glaces*, p. 263.

Dr. *Retour de partage* ou *soulte de partage* ou *soulte en retour :* ce qui est ajouté (en rente ou en argent versé comptant) pour rendre le lot d'un cohéritier égal à celui des autres.

♦ **2.** Vx. Réciprocité ou échange de sentiments, de services, d'obligations, de droits. *L'attachement peut se passer de retour, jamais l'amitié* (cit. 8).

Mod. *Payer qqn de retour.* ⇒ **Payer** (*infra* cit. 9), **rendre** (*supra* cit. 21).

Malheur à celui qui se livre à une douce rêverie avant de savoir où sa chimère le mène, et s'il peut être payé de retour !   30

A. DE MUSSET, *les Caprices de Marianne*, I, 3.

Loc. adv. (1835). **EN RETOUR :** de manière à rendre l'équivalent de ce qui a été donné, en échange. ⇒ **Compensation** (en), **réciproquement, récompense** (en), **revanche** (en) ; → Apprentissage, cit. 4 ; marché, cit. 30 ; perdre, cit. 37.

N'est-ce pas, mon enfant, que vous obéirez à votre Henriette (...)? Je vous   31
demande en retour de me donner un grand bonheur : je veux vous voir grandissant parmi les hommes, et qu'un seul de vos succès me fasse plisser le front (...)   BALZAC, *le Lys dans la vallée*, Pl., t. VIII, p. 898.

CONTR. Aller (n. m.), **départ**.

RETOURNAGE [ʀ(ə)tuʀnaʒ] n. m. — 1842 ; «action de faire retourner», 1715 ; de *retourner*.

♦ **1.** Opération qui a pour objet de retourner une chose de manière à en mettre la face interne à l'extérieur et inversement. *Retournage d'un vêtement usagé.*

Techn. Opération qui consiste à retourner les boyaux pour les nettoyer.

♦ **2.** (1932). Techn. Nouveau façonnage au tour. *Retournage d'une pièce ovalisée.*

RETOURNE [ʀ(ə)tuʀn] n. f. — 1690 ; de *retourner*.

★ **I.** ♦ **1.** Jeu. Carte qu'on retourne après la distribution afin de déterminer l'atout.

♦ **2.** (1949). Suite d'un article de première page d'un journal, qui est imprimée sur l'une des pages suivantes (plus cour. : *la tourne*).

★ **II.** Loc. fam. *À la retourne. Avoir les bras à la retourne ; les avoir à la retourne :* être paresseux ; être inactif par paresse. (Var. : *avoir les bras retournés*).

«Le patron, il se balade !» disait le chauffeur et les employés ajoutaient : «Il les a un peu à la retourne, non?»   R. SABATIER, *Trois sucettes à la menthe*, p. 125.

RETOURNÉ [ʀ(ə)tuʀne] n. m. — 1905, *in* Petiot ; de *retourner*.

♦ Sports. Coup de pied donné de façon à envoyer la balle derrière soi, dans les jeux de ballon.

RETOURNEMENT [ʀ(ə)tuʀnəmɑ̃] n. m. — V. 1155, *retornement* ; de *retourner*.

♦ **1.** Opération qui consiste à retourner (I., 1.) qqch. ; changement brusque de direction (⇒ **Conversion**) ; fait de se renverser, de se trouver tourné à l'envers. *Retournement des feuilles de certains végétaux sous l'effet de la lumière.* — Sports. *Retournement de bras.*

Géom. Produit d'un déplacement et d'une symétrie droite par rapport à un plan.

Astron. Opération par laquelle on vérifie l'exactitude d'un quart de cercle en observant un corps céleste situé près du zénith, le limbe de l'instrument étant tourné alternativement vers l'est et vers l'ouest.

Opération qui a pour objet d'inverser l'image négative de certaines photos, de manière à obtenir sur le papier une image de même sens que le modèle.

(1949). Aviat. Figure acrobatique consistant à mettre l'avion en position de vol sur le dos après un virage cabré qui inverse le sens de la marche de l'appareil.

♦ **2.** (V. 1155). Fig. Changement brusque et complet d'attitude, d'opinion. ⇒ **Reniement, revirement, volte-face**. *Son brusque retournement a surpris tout le monde.*

Transformation soudaine et complète, bouleversement imprévu (d'une chose). *La Grâce* (cit. 33) *lui semble être un retournement total, instantané de l'âme.* — *Retournement de la situation.* ⇒ **Renversement**. — (Sans compl. déterminatif). *Un brusque retournement. Des retournements inattendus.*

Retournement admirable de la situation, en quelques mots que, cette fois, l'actrice   1
doit pleinement mettre en vigueur : Il ne s'agit plus ici de demi-tons, d'insinuations. Phèdre se déploie, à ce moment, toute entière ; sa passion met toutes voiles dehors ou plutôt (je joue sur les mots) rejette tous les voiles.

GIDE, *Attendu que...*, p. 200.

Vingt-cinq siècles de philosophie nous ont rendus familiers avec les retournements   2
imprévus où tout est sauvé lorsque tout paraissait perdu.

SARTRE, *Situations I*, p. 173.

RETOURNER [ʀ(ə)tuʀne] v. — Fin XIᵉ, *returner* ; *returnar*, 842 ; de *re*, et *tourner*.

★ **I.** V. tr. ♦ **1.** a Tourner* de manière que l'une des extrémités ou l'une des faces vienne à la place qu'occupait précédemment l'extrémité ou la face opposée ; tourner à l'envers, dans les mauvais sens, dans le sens inhabituel. ⇒ **Renverser**. *Retourner un tableau, un portrait contre le mur. L'image d'un objet apparaît dans un miroir* *comme si l'objet avait été retourné* (la droite et la gauche étant inversées). *Retourner un matelas. Retourner un morceau de viande sur le gril.* — Fig. *Retourner qqn sur le gril* (cit. 4).

1   On la laissa donc toujours couchée, ne la tirant de ses draps que pour les soins de sa toilette et pour retourner ses matelas.
                MAUPASSANT, Contes de la Bécasse, « La folle. »

(1680). *Retourner un domino.* — *Retourner une carte :* la placer sur la table de manière qu'on puisse en voir la figure (spécialt après la distribution, la couleur de la carte retournée indiquant alors quel sera l'atout pour la partie qui s'engage. ⇒ **Retourne**). *Retourner carreau, trèfle.* — Impers. et intrans. *De quoi retourne-t-il? Il retourne pique.*

(XVIIIᵉ). Cour. *De quoi il retourne :* de quoi il est question; ce qu'il s'agit de faire; quelle est la situation.

2   — Savez-vous de quoi il retourne? dit-il à Julien; ce maître de poste est un fripon. Tout en me promenant, j'ai donné vingt sous à un petit polisson qui m'a tout dit.
                STENDHAL, le Rouge et le Noir, II, XXIII.

3   Vous verrez tout de suite de quoi il retourne. Pas drôle tous les jours, je vous en fous mon billet.
                G. DUHAMEL, Salavin, VI, VII.

Retourner le foin, le fourrage vert, pour le faire sécher (→ aussi Faner, cit. 1; moyette, cit.). — (1660). *Retourner la terre :* la travailler de manière à enfouir la couche superficielle et à exposer à l'air la couche profonde. ⇒ **Fouiller** (*supra* cit. 3), **remuer** (*supra* cit. 3), **verser** (vx). *Retourner la terre avec une bêche* (⇒ **Bêcher**), *avec une charrue*. ⇒ **Labourer**. *Retourner un champ* (→ Davantage, cit. 3). — *Retourner du trèfle, du gazon.*

4   (...) il revint causer, peu à peu familier et obligeant, si bien qu'une après-midi, il ôta la bêche des poings de Lise pour achever de retourner un carré.
                ZOLA, la Terre, II, III.

5   Sous ce geste décisif de leur maître, la qualité religieuse de leurs âmes se révéla, comme une terre retournée par le soc de la charrue laisse voir ses profondeurs.
                M. BARRÈS, la Colline inspirée, VI.

(Même sens). *Retourner la salade.* ⇒ **Fatiguer, touiller**.

Fam. Mettre sens dessus dessous. *Retourner la maison :* y mettre tout sens dessus dessous (en fouillant, en cherchant partout); → Jamais, cit. 29.

b (1669). Mettre la face intérieure à l'extérieur. *Retourner un sac. Retourner ses poches. Vent qui retourne un parapluie* (cit. 4). *Retourner un habit :* le refaire en mettant l'envers de l'étoffe à l'endroit (⇒ **Retournage**). *Vêtement qu'on peut retourner.* ⇒ **Réversible**. *Retourner un manteau usagé, un col de chemise défraîchi.*

Loc. fig. *Retourner sa veste :* changer brusquement d'opinion, de position, de parti. ⇒ **Renier** (ses opinions, ses idées), **virer** (de bord); → Tourner casaque*; faire volte-face*.

6   Écoute : « *Comme la France me semble avoir fait l'impossible pour écarter la catastrophe, je vous prie de m'incorporer, par faveur spéciale, dans le premier régiment d'infanterie qui partira pour la frontière!* » Et voilà! Oui, mon petit! Voilà comment on retourne sa veste! Notre Gustave Hervé, directeur de *la Guerre Sociale!* Notre Gustave Hervé, qui proclamait qu'aucune patrie n'a jamais mérité qu'on verse pour elle une goutte de sang ouvrier! (...)
                MARTIN DU GARD, les Thibault, t. VIII, p. 37.

Fam. *Retourner qqn :* le faire changer d'avis, d'attitude. *On l'a retourné comme une crêpe, comme un gant* (*supra* cit. 12). *Elle s'est laissé facilement retourner.*

Changer complètement, absolument. *Retourner une situation :* rendre bonne une situation critique (ou inversement). *Il a su retourner la situation en sa faveur* (⇒ **Retournement**).

c Fam. Causer une violente émotion à (qqn), faire une profonde impression* sur qqn. ⇒ **Bouleverser, émouvoir, troubler** (→ fam. Mettre sens* dessus dessous, mettre en révolution*). *Cette nouvelle l'a tout retourné.*

7   « Alors, tu pars cette après-midi? » Il dit : « Oui, par le train de cinq heures ». « Bon sang! dit sa femme, je suis toute retournée, je n'aurai jamais le temps de tout te préparer ».
                SARTRE, le Sursis, p. 93.

d Modifier (un élément du langage, phrase, syntagme, mot...) par la permutation de ses éléments. ⇒ **Intervertir, renverser**. *Retournez cette maxime, elle restera vraie.* — *Retourner un mot* (⇒ **Verlan**).

8   Marie, qui voudrait votre nom retourner,
Il trouverait aimer : aimez-moi donc, Marie,
Votre nom de nature à l'amour vous convie.
                RONSARD, Second livre des amours, I, IX.

9   En fait d'arts, de musique surtout, il faut retourner le proverbe et dire : « Mieux vaut goujat enterré qu'empereur debout ».
                BERLIOZ, Beethoven, p. 16.
   REM. La forme habituelle du proverbe est : « *Mieux vaut goujat debout* (cit. 12) *qu'empereur mort* ».

♦ 2. (XVIIᵉ). Diriger dans le sens inverse. — Vieilli. Tourner en arrière. *Retourner la tête, pour regarder derrière* soi (→ Côte, cit. 9).

10   (...) ils entendirent à quelque distance derrière eux du bruit et des cris; ils retournèrent la tête, et virent une troupe d'hommes armés de gaules et de fourches qui s'avançaient vers eux à toutes jambes.
                DIDEROT, Jacques le fataliste, Pl., p. 514.

Orienter, diriger dans le sens opposé à la direction antérieure. *Le meurtrier retourna ensuite l'arme contre lui-même.* — Fig. *Retourner sa haine contre qqn :* la reporter* sur qqn. *Retourner contre :* utiliser contre (l'adversaire) des armes, ses propres armes. *Retourner contre l'ennemi les canons qu'on lui a pris.* — *Retourner un argument contre son adversaire.*

♦ 3. Tourner de nouveau. *Tourner et retourner un objet entre ses doigts pour l'examiner* (cit. 7). *Retourner un objet sur toutes les coutures.*

11   Tiens! une lettre (...) Il la tourne, la retourne, la parcourt du bout des yeux sans comprendre, la repousse dans le tiroir (...)
                Alphonse DAUDET, Quarante ans de Paris, XXIII, VI.

12   Jean-Marie apporte cette soupe, et Yves est là qui tourne, retourne sa cuiller, n'ayant plus l'air de se rappeler par quel bout ça peut bien se prendre.
                LOTI, Mon frère Yves, LXIII.

Fig. *Retourner le couteau, le poignard* (cit. 5) *dans le cœur de qqn, dans la plaie* (cit. 7). ⇒ **Remuer**. — Par métaphore. (→ Rapport, cit. 22).

(Avec le v. *tourner*). Fig. *Tourner et retourner une idée, une pensée, etc. :* l'exprimer de plusieurs manières, la présenter sous ses différents aspects (→ Misérable, cit. 14); l'examiner* (cit. 4) longuement, y réfléchir continuellement. *Écrivain qui tourne et retourne en son esprit une phrase imparfaite* (→ Raturer, cit. 1). *Tourner et retourner un projet dans son esprit.* ⇒ **Ruminer** (fam.).

13   (...) sans cadre précis d'études, seul et trop libre, tournant et retournant dans son cœur l'insoluble problème, il avait dû vivre dans une exaltation, dans une angoisse insoutenables.   MARTIN DU GARD, les Thibault, t. IV, p. 101.

Vieilli. *Tourner et retourner qqn :* prendre différents biais, user de toutes les ruses possibles pour lui faire dire ce qu'on veut savoir. ⇒ **Sonder** (fig.). *Retourner un accusé.*

14   (...) pendant la durée de cette longue instruction, pendant sept semaines, j'ai vu l'accusé tous les jours, je l'ai interrogé, pressé, questionné, et, comme disaient les anciens parlementaires, « retourné » dans tous les sens.
                HUGO, Choses vues, 1846, Attentat de Lecomte.

♦ 4. (1819). Renvoyer. *Retourner un effet de commerce à qqn.* ⇒ **Retour** (I., B., 2.). *Retourner une lettre, une marchandise, etc.* ⇒ **Réexpédier.** *Éditeur qui retourne à l'auteur un manuscrit jugé inacceptable.* ⇒ **Refuser** (→ aussi Injouable, cit. 2).

15   David Séchard serait venu payer son effet, le trois mai, ou le lendemain même du protêt, messieurs Cointet frères lui eussent dit : « Nous avons retourné votre effet à monsieur Métivier! » quand même l'effet se fût encore trouvé sur leur bureau. Le *Compte de retour* est acquis le soir même du protêt.
                BALZAC, Illusions perdues, Pl., t. IV, p. 922.

Retourner une injure, une critique à qqn : lui appliquer la même injure, lui adresser la même critique qu'on en a reçue (→ Fossoyeur, cit. 4). — Fam. et iron. *Retourner son compliment à qqn :* répondre à une parole désagréable par une autre, répondre du tac au tac (cf. Rendre coup pour coup, rendre la pareille, rendre la monnaie de sa pièce...).

★ II. V. intr. ♦ 1. (XIVᵉ). Le sujet de l'énonciation se trouve hors du lieu dont il est question. Aller* de nouveau (dans un lieu où l'on est déjà allé). *Retournerez-vous à Biarritz cette année pendant vos vacances? Je ne suis plus jamais retourné chez lui depuis cette discussion* (→ Tomber les pieds*). — REM. Dans cet emploi, *retourner* se conjugue avec l'auxiliaire *être;* on rencontre cependant des exemples avec *avoir* dans la langue classique : « *J'ai retourné depuis à Versailles* » (Mᵐᵉ de Sévigné, 425, 7 août 1675).

Fig. et vx. *Retourner sur... :* repenser à, reparler de. ⇒ **Revenir** (sur). « *Je ne puis retourner sur ce passé sans une grande tendresse et une grande douleur* » (Mᵐᵉ de Sévigné, 405, 7 juin 1675). Vx. *Retourner à...,* suivi de l'inf. : recommencer à. « *C'est ce qui fait que je retourne encore à vous envoyer une de ces lettres* » (Mᵐᵉ de Sévigné, 1019, 23 avr. 1687). — Fam. et vieilli. *N'y retournez plus :* ne commettez plus cette faute, cette erreur (→ N'y revenez* plus). Cf. Molière, *George Dandin,* III, 7; Mᵐᵉ de Sévigné, 778, 2 févr. 1680.

♦ 2. (Mil. XIIᵉ). Revenir sur ses pas, aller en arrière. ⇒ **Aller** (s'en aller). (→ Faire demi-tour*, *supra* cit. 12; rebrousser chemin*; refluer). *Retourner sur ses pas* (1. Pas, cit. 24). — *Retourner en arrière* (cit. 9). — Par métaphore. *Aussi loin que je retourne en arrière* (cit. 15) *à travers ces souvenirs.* — Absolt. (Vieilli ou littér.). *Allez, vous pouvez retourner.*

♦ 3. (1080). Aller au lieu d'où l'on est venu, à l'endroit où l'on demeure habituellement, où l'on devrait être normalement (et qu'on a quitté). ⇒ **Revenir.** — REM. À la différence de *revenir, retourner* implique que le locuteur n'est pas dans le lieu où on *retourne.* On dira *retourne chez vous, il retourna chez lui,* mais *revenez chez moi, il revient chez moi* (où je suis). — *Retourner à son logis, dans son appartement* (cit. 2). ⇒ **Regagner, réintégrer, rentrer.** *Retourner chez soi* (→ 1. Cave, cit. 2; malheur, cit. 43). *Retourner à sa place. Retourner à son poste* (→ Intempestif, cit. 1). *Déserteur qui refuse de retourner à la caserne.* ⇒ **Rejoindre** (*supra* cit. 5). *Retourner chez, vers qqn* (→ Aller retrouver*).

16   (...) les soirées dans le pavillon du fond du jardin, se terminant par cette phrase de Flaubert : « C'est le moment de retourner à Bovary! » phrase qui faisait naître dans l'esprit de l'enfant l'idée d'une localité, où son oncle se rendait la nuit.
             Ed. et J. DE GONCOURT, Journal, 23 avr. 1885, t. VII, p. 29.

17   Le lendemain mardi était le jour du départ, le dernier jour que le pèlerinage national devait passer à Lourdes, et sans doute les pèlerins profitaient goulûment des heures, revenaient de la Grotte, y retournaient en pleine nuit, tâchaient de violenter le ciel par leur agitation, sans besoin aucun de repos.
                ZOLA, Lourdes, 5ᵉ journée, I.

18 Il était revenu à la Paix comme le paysan retourne au village, comme le mineur, après sa journée de travail, retourne à la surface de la terre.
SARTRE, Situations I, p. 202.

Vx. *Retourner de... :* revenir de. « *Une autre fois qu'il retournait des jeux olympiques* » (Racine, *Diogène,* traduction).

Retourner, suivi d'un inf. « *Et puis est retourné plein d'usage et raison Vivre entre ses parents le reste de son âge !* » (cit. 2, Du Bellay). *Il est retourné chez lui prendre son parapluie.*

♦ **4.** (Fin XIIe). *Retourner à :* retrouver (son état initial); redescendre à (un stade antérieur d'une évolution, d'un développement). *Retourner à l'état animal* (cit. 4), *à la vie sauvage* (→ Jugeote, cit. 1). — Spécialt. S'anéantir, se perdre dans la substance dont on est issu; revenir à l'état où l'on était avant d'être appelé à l'existence. *L'homme est né de la terre et il retournera à la terre* (→ Matérialisme, cit. 6). — *Retourner au néant. Rien ne vient de rien, rien ne retourne à rien* (→ Émaner, cit. 3).

19 Vous mangerez votre pain à la sueur de votre visage, jusqu'à ce que vous retourniez en la terre d'où vous avez été tiré : car vous êtes poudre, et vous retournerez en poudre.
BIBLE (SACY), Genèse, III, 19.

Se remettre à (une activité), suivre de nouveau (une ligne de conduite qu'on avait abandonnée), adopter de nouveau (une croyance ou une doctrine qu'on avait rejetée), aimer de nouveau (une personne), etc. ⇒ **Revenir** (fig.). *Retourner à son ancien métier. Converti qui retourne à sa première religion* (→ aussi Héritier, cit. 13). *Retourner à Dieu :* se convertir (après s'être éloigné de la religion). — *Retourner à ses premières amours.*

20 (...) tout d'un coup, elle lui demanda ce qu'elle ferait, si Lantier venait rôder autour d'elle ; car, enfin, les hommes sont si drôles, Lantier était bien capable de retourner à ses premières amours.
ZOLA, l'Assommoir, VI, t. I, p. 239.

On finit toujours par retourner à ses vieilles habitudes. ⇒ *Qui a bu boira**). — (Par allus. à l'image biblique du chien qui « *retourne à ce qu'il avait vomi* »). *Retourner à son vomissement :* retomber dans ses vices, ses erreurs. ⇒ **Vomissement.**

Spécialt. Aborder de nouveau un sujet dont on s'était écarté. *Retourner à son propos* (→ Faculté, cit. 2). *Retournons à nos moutons.*

♦ **5.** (Sujet n. de chose). Fig. et vx. Être répété, rapporté à qqn. « *Voilà bien des folies que je ne voudrais dire qu'à vous... Je vous prie que cela ne retourne jamais* » (Mme de Sévigné, 372, 19 janv. 1674). — *Retourner sur, à... :* retomber, être reporté sur. « *Et souvent la perfidie Retourne sur son auteur* » (cit. 3, La Fontaine). « *Les louanges qu'on donne au vaincu retournent à la gloire du vainqueur* » (Racine, *Première préface d'Alexandre*).

♦ **6.** Dr., cour. Être restitué* à ; redevenir la propriété de (→ Faire retour* à ; revenir* à).

21 (...) elle s'était fait expliquer comment la maison et la terre retourneraient à sa sœur, si elle mourait avant d'avoir un enfant (...)
ZOLA, la Terre, V, III.

▶ **SE RETOURNER** v. pron. (V. 1175).

♦ **1.** [a] (Passif). Être ou pouvoir être retourné (→ ci-dessus, I., 1.). *Se retourner comme un gant* (cit. 12).

[b] (Réfléchi). Changer de position en se tournant dans un autre sens, dans le sens inverse. *La voiture s'était retournée, les roues en l'air.* ⇒ **Capoter.** — *Se tourner et se retourner dans son lit* (→ Endroit, cit. 8 ; et aussi potion, cit.).

22 Et l'humanité tout entière m'a paru comme un malade qui se retourne dans son lit pour dormir — qui cherche le repos et ne trouve même pas le sommeil.
GIDE, les Nourritures terrestres, IV, IV.

♦ **2.** [a] Tourner la tête en arrière ; faire un demi-tour* (*supra* cit. 1). ⇒ **Volter** (vx). *Se retourner pour embrasser qqch. du regard* (→ Cabinet, cit. 6). *Il est parti sans se retourner.* ⇒ **Regarder** (derrière soi). *Se retourner pour appeler, pour voir qqn* (→ Discrètement, cit. 1 ; fringuer, cit. 4). *On se retournait quand elle passait, sur son passage* (→ Grelot, cit. 1). — *Se retourner vers qqn pour lui parler* (→ aussi Mot, cit. 33).

23 Gervaise, maintenant, traînait ses savates, en se fichant du monde. On l'aurait appelée voleuse, dans la rue, qu'elle ne se serait pas retournée.
ZOLA, l'Assommoir, XI, t. II, p. 182.

[b] Infléchir sa marche ; se diriger dans un autre sens. *Après avoir enfoncé le centre de l'ennemi, la cavalerie se retourna contre son aile droite.* ⇒ **Rabattre** (se).

[c] (V. 1150, *se retourner vers Dieu*). Fig. Se rapprocher de nouveau de qqn ; avoir finalement recours à une personne ou à une chose. *Lassé de la société des hommes, il se retourna vers Dieu.* — *Nous serons peut-être obligés de nous retourner vers cette solution.*

[d] (XX[e]). *Se retourner contre... :* lutter contre ceux qu'on a eus auparavant comme alliés ou contre une chose qu'on avait préconisée, soutenue (→ Persécuteur, cit. 4). — (En parlant d'un moyen, d'une arme). Être utilisé contre qqn qui a d'abord servi ; nuire après avoir été utile. *Ses procédés se retourneront contre lui.* — Se reporter* sur. *Sa haine s'est retournée contre...*

24 Jupiter se retourna contre ses alliés, ainsi qu'il en va souvent dans les coalitions, et il continua la lutte contre les Titans ses cousins.
Émile HENRIOT, Mythologie légère, p. 112.

25 Si jamais cette puissance de jugement et de condamnation qu'elle tourne contre autrui devait se retourner contre elle-même, qu'elle souffrirait !
F. MAURIAC, la Pharisienne, IX.

[e] Dr. Exercer une action récursoire contre une personne physique ou morale afin de reporter sur elle les charges d'une faute ou d'un dommage dont on est responsable civilement.

♦ **3.** (XVe). Absolt, fam. User de ruses, changer de ligne de conduite afin de s'adapter à des circonstances nouvelles, de résoudre une difficulté imprévue (⇒ Espagnolisme, cit. 1). *Un homme qui sait se retourner* (⇒ **Habile**). — Fam. *Ne pas laisser à qqn le temps de se retourner :* le harceler, lui ôter le temps de réfléchir, de décider, de riposter (→ Épistolier, cit. 3).

♦ **4.** (V. 1050). *S'en retourner :* repartir pour le lieu d'où l'on est venu. *Adieu* (cit. 5), *je m'en retourne en mon séjour sauvage. S'en retourner chez soi.* ⇒ **Revenir** (→ Mercenaire, cit. 6). — Absolt. S'en aller*, repartir après être venu. ⇒ **Partir ;** → Moucharder, cit. ; précipice, cit. 2. « *Elle s'en est retournée* » (Académie). *Il s'en retourna mécontent* (cit. 1). — Fig. *S'en retourner comme on est venu,* sans avoir rien obtenu, sans avoir rien fait.

26 Je m'en retournerai seule et désespérée !
RACINE, Iphigénie, IV, 4.

27 Landry m'en voulut pas écouter cette proposition-là ; il ne fit que se désespérer et s'en retourna à la Priche dans un état qui aurait fait pitié au plus mauvais cœur.
G. SAND, la Petite Fadette, XXIX.

▶ **RETOURNÉ, ÉE** p. p. adj.

♦ **1.** Qui est disposé dans un sens inverse du sens normal. *Épileptique dont les membres sont retournés.* ⇒ **Tordu** (→ aussi Présenter, cit. 1). — Qui a été mis à l'envers, renversé. — Loc. fam. *Avoir les bras retournés.* ⇒ **Retourne** (II.).

Fig. Qui s'exerce dans le sens inverse du sens habituel, qui se présente sous l'aspect contraire à l'aspect attendu.

28 Les éreintements ne sont d'ailleurs le plus souvent, dans leurs revues *(des jeunes gens),* que de grandes amours retournées.
F. MAURIAC, le Jeune Homme, VI.

♦ **2.** Qui est retourné, revenu à son point de départ, à son état antérieur (→ Pleuvoir, cit. 5). — Fig. *Végétation retournée à l'état sauvage* (→ 1. Lis, cit. 3).

DÉR. Retour, retournage, retourne, retournement, retourneur.

RETOURNEUR, EUSE [R(ə)turnœR, øz] n. — 1875, *retourneur d'habits* (mot attesté une fois en moyen franç., une fois au XVIIIe); de *retourner.*

♦ Celui, celle qui retourne, effectue un retournage. — N. f. (XXe). Machine qui retourne (une matière première, un appareil, etc.).

RETRACER [R(ə)trase] v. tr. — Conjug. *tracer.* → Placer. — XVIe, fig. ; «rechercher la trace de», 1390 ; de re-, et *tracer.*

♦ **1.** (1680). Tracer, dessiner à nouveau (ce qui était effacé). ⇒ **Repeindre.**

(La plume) m'a servi à retracer une fleur effacée sur la veste que je vous brode au tambour.
BEAUMARCHAIS, le Barbier de Séville, II, 11.

Par métaphore. *Retracer l'image* (cit. 26) *de qqn, de qqch.* (→ Auditoire, cit. 3 ; et aussi ouïe, cit. 2).

Je ne veux rien garder qui puisse retracer
Ce que de mon esprit il me faut effacer.
MOLIÈRE, le Dépit amoureux, IV, 3.

♦ **2.** Fig. Littér. Représenter*, rappeler* à l'esprit d'une manière vive et imagée. *Scènes que le sculpteur retrace dans le marbre* (→ Forme, cit. 16 ; et aussi mastaba, cit. 1). *Tout retrace les labyrinthes des bois dans l'église gothique* (cit. 8).

Tout retrace à mes yeux les charmes que j'évite (...)
RACINE, Phèdre, II, 2.

♦ **3.** Raconter* en décrivant*, de manière à faire revivre. ⇒ **Rapporter, relater.** *Retracer de tendres histoires* (→ 2. Lai, cit.). *Ces dissensions intestines* (cit. 3) *sont retracées avec une énergie rare. Il retraçait ses aventures à un auditoire ébloui.* « *Dans toute leur noirceur* (cit. 9) *retracez-moi ses crimes* » (Racine). — (Dans un sens affaibli). ⇒ **Exposer.**

(...) il est difficile de retracer par écrit même les faits qu'on a le mieux connus.
J. ROMAINS, le Dieu des corps, VI.

♦ **4.** Fam. Retrouver la trace de (qqn). ⇒ **Retrouver.**

Chopin n'était pas homme à donner son adresse. Encore moins son fil *(téléphone).* Comment Dambrosi vous a-t-il retracée ?
Jeanne CORDELIER, la Passagère, p. 189.

▶ **SE RETRACER** v. pron. (Réfl. ind.). *Je n'arrive pas à me retracer cette scène.* — (Passif). *Ce fait se retrace à mon esprit, à ma mémoire.*

RÉTRACTABLE [RetRaktabl] adj. — 1661 ; attestation isolée, 1372 ; de 1. *rétracter.*

♦ Dr. Qui peut être rétracté. *Offre rétractable.*

RÉTRACTATION [ʀetʀaktɑsjɔ̃] n. f. — 1247 ; lat. *retractatio*.

♦ Action de rétracter, de se rétracter. ⇒ **Abandon, désaveu, palinodie, reniement, réparation** (d'honneur). *Rétractation publique, solennelle. Rétractation d'une erreur, d'une calomnie.*

Spécialt. Abjuration* de ses croyances religieuses.

Dr. «Fait de revenir, en vue d'en détruire les effets juridiques, sur un acte qu'on avait volontairement accompli» (Capitant). ⇒ **Annulation.** *Rétractation d'une offre, d'une renonciation à succession...* — *Les Rétractations,* ouvrage de saint Augustin (dans lequel il reprend ses œuvres précédentes pour en faire la critique).

Des évêques entendent encore obtenir, de ces malheureux ci-devant constitutionnels, des rétractations humiliantes (...)
        Louis MADELIN, Hist. du Consulat et de l'Empire, Le Consulat, XVI.

CONTR. Affirmation, aveu, confirmation.

1. RÉTRACTER [ʀetʀakte] v. tr. — 1370 ; lat. *retractare*, de *retractum*, supin de *retrahere*, de *re-*, et *trahere*.

♦ Littér. Revenir* sur (ce qu'on a dit ou fait), en déclarant formellement qu'on ne reconnaît plus la chose comme vraie ou comme valable. *Rétracter une proposition, une opinion, des propos injurieux...* ⇒ **Désavouer.** *Je rétracte ce que j'ai dit.* ⇒ **Retirer.** *Rétracter une promesse, un engagement.* ⇒ **Abandonner, annuler, renier, reprendre.** Dr. *Tant qu'elle n'a pas été acceptée, une offre peut être rétractée.*

1   Je rétracte à l'instant ce qu'un juste courroux
    M'a fait dans la chaleur prononcer contre vous (...)   MOLIÈRE, Dom Garcie, IV, 8.

2   Et tout à la fois je m'efforçais de lui persuader et me persuader à moi-même que nous pensions encore de même, et pourtant de ne concéder rien que je dusse ensuite rétracter.   GIDE, Journal, 19 mai 1917.

▶ **SE RÉTRACTER** v. pron. (1549).

Cour. Changer d'opinion, reconnaître qu'on s'est trompé. ⇒ **Abjurer, dédire** (se), **renier** (se). Cf. Faire machine arrière. *J'ai tort, vous avez raison, je me rétracte* (→ Accord, cit. 5). *Je vous somme de vous rétracter. Il a dû s'en rétracter publiquement. Hérétique converti qui se rétracte.* ⇒ **Relaps.**

3   C'est pourquoi je me rétracte de tout ce que je lui ai reproché ! De quelle faute, en effet, puis-je accuser un innocent qui n'a rien fait (...)
      CYRANO DE BERGERAC, Lettres satiriques, Sur le même sujet.

4   (...) et sous huitaine je vous en dirai mon jugement définitif, sauf à me rétracter lorsqu'un plus intelligent que moi me démontrera que je me suis trompé.
      DIDEROT, Jacques le fataliste, Pl., p. 738.

5   Ceux qui ne se rétractent jamais s'aiment plus que la vérité.
      Joseph JOUBERT, Pensées, XI, LVII.

6   Mais ayant toujours pris ma défense contre sa sœur et ma mère, il ne voulait pas avoir l'air de se rétracter, et c'est sans rien leur en dire qu'il se ralliait à elles.
      R. RADIGUET, le Diable au corps, p. 157.

▶ **RÉTRACTÉ, ÉE** p. p. adj.

Qui est revenu sur son serment, ses promesses, ce qu'il avait affirmé. — (1795). Hist. *Les prêtres rétractés.*

CONTR. Confirmer. — Affirmer.
DÉR. Rétractable.

2. RÉTRACTER [ʀetʀakte] v. pron. et tr. — V. 1600, *se rétracter* «devenir plus étroit» ; de *retractum*, supin de *retrahere* «tirer en arrière, retirer».

★ I. V. pron. ♦ **1.** Subir une rétraction. ⇒ **Recroqueviller** (se). *Les prolongements de l'amibe se rétractent quand on les touche. Les pupilles* (2. Pupille, cit. 1) *se rétractent. Le muscle s'est rétracté, est rétracté. Qui peut se rétracter.* ⇒ **Rétractile.**

1   (...) j'avais fini par laisser là cette sensitive, couleur de souci, qui se rétractait si violemment au contact de la moindre caresse (...)
      BARBEY D'AUREVILLY, les Diaboliques, Plus bel amour..., V.

2   Antoine avait saisi au vol la petite main brûlante qui s'agitait sur les couvertures et aussitôt le corps du bébé s'était rétracté, comme un vermisseau qui cherche à s'enfoncer dans le sable.   MARTIN DU GARD, les Thibault, t. III, p. 205.

♦ **2.** Fig. Se replier* sur soi-même (⇒ **Se contracter**).

2.1   Son œil avait gardé toute sa limpidité, il n'avait pas paru broncher, mais j'avais senti comme sous la bonne grosse tape amicale il s'était rétracté : un très léger recul, un mouvement à peine perceptible (...)   N. SARRAUTE, Martereau, p. 153.

★ II. (1803). V. tr. Contracter, déformer en rétrécissant. *L'escargot rétracte ses cornes. Muscle qui rétracte.* ⇒ **Rétracteur.**

Par ext. Rendre plus petit, réduire les dimensions de.

2.2   Verne ne cherchait nullement à élargir le monde selon des voies romantiques d'évasion ou des plans mystiques d'infini : il cherchait sans cesse à le rétracter, à le peupler, à le réduire à un espace connu et clos, que l'homme pourrait ensuite habiter confortablement.   R. BARTHES, Mythologies, p. 80.

Faire se replier sur soi-même (→ ci-dessus I., 2.).

▶ **RÉTRACTÉ, ÉE** p. p. adj. (1817, en bot.).

Qui a été rétracté ou qui s'est rétracté. *Prolongements, pseudopodes rétractés.* — Figuré :

3   (Guillaume) se sentait une âme durement rétractée.
      M. BARRÈS, Un jardin sur l'Oronte, X.

N. m. *Les rétractés :* l'un des types fondamentaux, dans la classification caractérologique de L. Corman (opposé à *dilaté, expansif*).

DÉR. Rétracteur, rétractible.

RÉTRACTEUR [ʀetʀaktœʀ] n. m. et adj. — 1845, Bescherelle ; de 2. *rétracter*.

Didactique.

♦ **1.** N. m. (Chir.). Instrument de chirurgie servant à repousser les tissus ou certains organes. ⇒ **Écarteur.**

♦ **2.** Adj. (1847, n. m., *in* D.D.L., II, 8). Anat. *Muscle rétracteur,* qui permet à une partie du corps de se rétracter, de se retirer vers l'arrière (opposé à *protracteur*). — N. m. *Le rétracteur.*

(...) les rétracteurs et abducteurs en position dorso-mésale, qui attirent le membre vers l'arrière et en dehors.   Jean GUIBÉ, les Batraciens, p. 30.

REM. Le fém. *rétractrice* (1877, P. Larousse) est virtuel dans l'usage.

RÉTRACTIBILITÉ [ʀetʀaktibilite] n. f. — 1945, cit. *infra* ; de *rétractible*, 2.

♦ Techn. Propriété d'une pièce de bois d'effectuer un retrait ou un gonflement en fonction des variations de l'humidité atmosphérique. *Rétractibilité axiale, radiale, tangentielle, volumétrique ou totale.*

La rétractibilité, très faible en sens axial est maximum en sens tangentiel (...)
      A. CHEVALIER et D. NORMAND, Forêts vierges et bois tropicaux, p. 70.

RÉTRACTIBLE [ʀetʀaktibl] adj. — 1766 ; de 2. *rétracter*.

♦ **1.** Rare. Qui peut rentrer, être rentré en dedans (Syn. : *rétractile*). *Foreuse sur pieds rétractibles.*

♦ **2.** (1945). Techn. Qui a la capacité d'effectuer un retrait (2. Retrait, I., 2.). ⇒ **Rétractibilité.**

RÉTRACTIF, IVE [ʀetʀaktif, iv] adj. — 1537 ; «destructeur», 1500 ; bas lat. *retractivus.

♦ Didact. Qui produit une rétraction. *Force rétractive.*

RÉTRACTILE [ʀetʀaktil] adj. — 1770, «rétractif» ; *rétractible*, 1766 ; lat. mod., du lat. *retractus*.

♦ **1.** (1817). Que l'animal peut rentrer, retirer. *Griffes rétractiles des chats. Ongles* (cit. 11) *rétractiles.*

♦ **2.** Susceptible de rétraction. *Organes rétractiles. Tissus, fibres rétractiles. Tentacule rétractile.*

♦ **3.** Fig. Qui se retire, fait se retirer par défiance. *Un rétractile orgueil* (→ Comprimer, cit. 6, Bloy).

Invulnérable, et pis qu'insensible : rétractile. Car, lorsque je donne la main à mon amoureux, le contact de sa longue main, chaude et sèche, me surprend et me déplaît.   COLETTE, la Vagabonde, p. 91.

DÉR. Rétractilité.

RÉTRACTILITÉ [ʀetʀaktilite] n. f. — 1835 ; de *rétractile*.

♦ Sc. Propriété de ce qui est rétractile. *Rétractilité d'un organe, d'un tissu.*

RÉTRACTION [ʀetʀaksjɔ̃] n. f. — V. 1560 ; «serrement de cœur», 1552 ; «synérèse», 1533 ; «blâme, reproche», XIIe ; lat. *retractio*.

♦ **1.** a Réaction par laquelle certains animaux, certains organes, en présence de situations ou d'excitations déterminées, se contractent et se déforment de façon à occuper le moins de place possible. *La rétraction s'observe chez l'escargot, le bernard-l'hermite, certains protozoaires et métazoaires.*

b Raccourcissement et rétrécissement que présentent certains tissus ou organes (par ex. : dans certains cas de cicatrisation, de rhumatismes, etc.). ⇒ **Contraction.** *Rétraction musculaire, tendineuse. Rétraction du petit doigt. Rétraction de l'aponévrose palmaire,* entraînant la flexion de la première et de la deuxième phalange. (Syn. : *maladie de Dupuytren*).

♦ **2.** (Déb. XXe, Bourget). Fig. Retrait, fait de se replier sur soi-même. *Une rétraction affective.*

RETRADUCTION [ʀ(ə)tʀadyksjɔ̃] n. f. — 1935 ; de *retraduire,* d'après *traduction.*

♦ Traduction d'un texte lui-même traduit d'une autre langue.

(...) la première édition des *Mémoires* de Casanova (...) paraît en 1822, à Leipzig (...) C'est une traduction allemande. Aussitôt alléché par le profitable scandale d'un si audacieux récit, un libraire parisien (...) publie à Paris la retraduction en français de la traduction allemande.   Émile HENRIOT, la Rose de Bratislava, V.

RETRADUIRE [ʀ(ə)tʀadɥiʀ] v. tr. — 1695, Boileau ; de *re*, et *traduire*.

♦ Traduire de nouveau (un texte).

(1733, Voltaire). Traduire un texte qui est lui-même une traduction. *La traduction allemande, due à Gœthe, du Neveu de Rameau, fut retraduite en français et publiée en 1821 comme ouvrage inédit de Diderot.*

(...) il a eu la hardiesse, pour ne pas dire l'impudence, de retraduire les *Confessions* de saint Augustin après messieurs de Port-Royal (...)
BOILEAU, Correspondance, I, XII, 29 avr. 1695.

DÉR. Retraduction.

RETRAIRE [ʀ(ə)tʀɛʀ] v. tr. — 1080 ; lat. *retrahere* «tirer en arrière, retirer».

♦ **1.** Vx. Retirer, ôter. — Dr. Retirer en exerçant un droit de retrait*. *Retraire un héritage, un fonds.*

♦ **2.** Vx ou techn. Retirer, contracter (⇒ 1. **Retrait**). — Pron. *Se retraire :* se retirer, fuir.

DÉR. 1. Retrait, 2. retrait, retraite, retrayant.

1. RETRAIT, AITE [ʀ(ə)tʀɛ, ɛt] adj. — 1155, «contracté, ratatiné» ; de *retraire*.

♦ **1.** Blason. Raccourci, en parlant d'une pièce. *Bande retraite, pal retrait.*

♦ **2.** (1762). Agric. *Blé retrait, avoine retraite,* dont les grains ont mûri en se recroquevillant. — *Bois retrait :* bois coupé dont les fibres ont raccourci en séchant.

♦ **3.** Archaïsme. Qui s'est retrait, a fui et s'est caché.
Le cerf qu'on a cru retrait
Soudain s'évade.   Yves BONNEFOY, Poèmes, p. 90.

2. RETRAIT [ʀ(ə)tʀɛ] n. m. — 1180 ; de *retraire*.

★ **I.** Fait de se retirer. ♦ **1.** Fait de revenir en arrière. *Retrait de la mer, de la lame, de la vague* (→ Courbe, cit. 7).
(Personnes). Action de quitter un lieu, d'abandonner une place. *Le retrait des troupes d'occupation.* ⇒ **Évacuation.** — Fig. *Il annonça son retrait de la compétition* (⇒ aussi **Abandon, renoncement**).
Spécialt. Fait de se retirer, lors d'un rapport sexuel (→ Retirer, forme pron., I., 1., b.). *Retrait avant l'orgasme.* ⇒ **Coït** (interrompu).

1 Ils attendaient le retrait des eaux *(du fleuve)* pour aller chasser dans les limons les vers, les sauterelles, les puces d'eau, les cadavres et la graisse brune des œufs de poissons.   J. GIONO, le Chant du monde, III, 1.

2 (...) Sainte-Beuve explique (...) que sa maison *(de Hugo),* envahie d'admirateurs et de partisans, est devenue une place publique ; qu'il ne peut plus être le témoin de cette intimité violée, et qu'il se retire (...) Hugo (...) ne se fâche pas ; il accepte le retrait de l'ami (...)   Émile HENRIOT, les Romantiques, p. 237.

(1580 ; *chambre de retrait,* v. 1360). Vx. Lieu où l'on se retire, où l'on se réfugie. *Au moyen âge on appelait retrait soit un petit appartement ou cabinet privé, soit le lieu d'aisances où étaient les « chaises de retrait ».* — Petit enfoncement, coin écarté. *Un des nombreux retraits qui étaient ménagés dans les enfoncements du salon* (→ Paravent, cit. 2).

3 Cette *chambrette,* que le roi s'était réservée dans la fameuse prison d'État (...) était un réduit de forme ronde (...) On ne trouvait dans cette chambre rien de ce qui meublait les appartements ordinaires (...) Telle était la chambre qu'on appelait « le retrait où dit ses heures monsieur Louis de France».
HUGO, Notre-Dame de Paris, II, X, V.

4 Avec ces jolies cloisons, frappées à l'emporte-pièce comme des truelles à poissons ou des papiers-dentelles, on s'isole à demi au milieu ou dans le coin d'un salon ; on se compose une chambre à coucher, un cabinet, un boudoir, un *retrait,* comme disaient les gothiques ; on s'enferme sans être au secret, et l'on se baigne dans l'atmosphère générale de l'appartement.   Th. GAUTIER, Voyage en Russie, XIV.

(Abstrait). Endroit secret, inaccessible. ⇒ **Repli.**

5 J'estime aussi que les retraits de l'âme sont et doivent demeurer plus secrets que les secrets du cœur et du corps.
GIDE, Journal, Numquid et tu...?, Avant-propos de l'éd. de 1926.

Loc. (1893 ; «seul», 1611). *En retrait :* en arrière de l'alignement, ou par rapport à une ligne déterminée (→ Attitude, cit. 10). — Fig. *Être, rester en retrait :* être moins avancé, ne pas se mettre en avant. *Le programme du parti paraît en retrait sur la ligne définie au précédent congrès.*

6 Il est de bonne compagnie ; c'est-à-dire qu'il se soucie toujours des autres. Il n'attache peut-être pas grand prix à ce qu'il ne peut pas leur montrer. Du reste je le soupçonne de n'exister pas beaucoup, en retrait de ce qu'il nous montre. Il est tout en conversation, en rapports.   GIDE, Journal, 9 avr. 1906.

7 Aussi ne m'étonnai-je pas qu'on eût fermé cette fenêtre où, en retrait, mais à moitié cachée dans des rideaux plus lourds, on devinait comme une forme humaine qui surveillait la place, sans bouger.
H. BOSCO, Un rameau de la nuit, p. 224.

♦ **2.** (1549). Fait de se retirer en se resserrant, en se contractant. Techn. Contraction, diminution de volume que subissent certains matériaux sous l'action de la température. *Retrait du mortier, du béton, de la pâte céramique au séchage. Retrait des fontes, des*

métaux moulés au refroidissement, à la solidification. — Géogr. *Fentes de retrait :* fentes de dessication dans un sol argileux.

♦ **3.** Fig. Action de se replier sur soi, de se rétracter comme pour se défendre, préserver sa personnalité. *On distingue chez les Anglais une sorte de retrait quand il s'agit de collaborer avec nous* (→ Insulaire, cit. 3). *L'habitude du retrait...* (→ Accoutumance, cit. 4 ; et aussi 1. gens, cit. 24).

8 (...) sans doute aussi refusai-je car en ce temps toute invite provoquait d'abord en moi du retrait (...)   GIDE, Si le grain ne meurt, II, II, p. 334.

★ **II.** (1834). Action de retirer* (I., A. et B.). *Retrait d'une somme d'argent d'un compte bancaire. Faire des dépôts et des retraits* (→ 1. Mineur, cit. 8). *Retrait des bagages en consigne.* — *Retrait d'un projet de loi. Retrait d'une candidature.* ⇒ **Annulation.** *Retrait d'un nom qui avait figuré sur un ouvrage* (→ Épigrammatique, cit.). *Retrait du permis de conduire pour infraction grave.* Dr. publ. *Retrait d'emploi :* mesure disciplinaire frappant un fonctionnaire, et qui lui retire sa compétence ainsi que les avantages de carrière attachés à son poste. *Retrait d'autorisation* (d'accepter un don, un legs, pour un établissement d'utilité publique).

(1549). Dr. civ. Acte par lequel un tiers (ou *retrayant**) se substitue à l'acquéreur d'un bien pour s'approprier le bénéfice et les charges de cette acquisition, sauf à indemniser de ses frais l'acquéreur primitif. ⇒ **Retraire.** *Le retrait féodal permettait au suzerain, en cas de vente du fief par le vassal, d'écarter l'acquéreur en le remboursant. Retrait successoral,* par lequel un cohéritier se substitue au tiers acquéreur de la quote-part d'un autre cohéritier. *Retrait d'indivision,* par lequel une femme, mariée sous le régime de la communauté, prend comme propres les parts indivises dont son mari avait fait l'acquisition dans un immeuble dont elle-même était déjà co-propriétaire. *Retrait litigieux,* permettant à celui contre qui sont invoqués des droits litigieux de se substituer à l'acquéreur de ces droits.

9 Les substitutions, qui conservent les biens dans les familles, seront très utiles dans ce gouvernement *(la monarchie).* Le retrait lignager rendra aux familles nobles les terres que la prodigalité d'un parent aura aliénnées.
MONTESQUIEU, l'Esprit des lois, V, IX.

CONTR. Crue. — Adhésion. — Apport, attribution, concession, consignation, dépôt, introduction. — (De en *retrait*) Aligné.

RETRAITANT, ANTE [ʀ(ə)tʀɛtɑ̃, ɑ̃t] n. — 1895 ; de 1. *retraite*, II., 2.

♦ Relig. Personne qui fait une retraite religieuse (→ Hôtelier, cit. 3). *Retraitants préparant leur première communion.*

— (...) il me faudrait au moins un asile mitigé, un couvent doux (...) — Je ne pourrais que vous envoyer chez les Jésuites qui ont la spécialité des retraites d'hommes ; mais (...) on voudrait se mêler à votre vie (...) A la Trappe, c'est le contraire. Vous y serez sans nul doute le seul retraitant et il ne viendra à l'idée de personne de s'occuper de vous (...)   HUYSMANS, En route, I, VIII.

1. RETRAITE [ʀ(ə)tʀɛt] n. f. — V. 1185 ; de *retraire*.

★ **I.** Action de se retirer d'un lieu dans un autre.

♦ **1.** Vx. Éloignement, retrait. «*...Une raison secrète Me fait quitter ces lieux et hâter* (cit. 1) *ma retraite*» (Racine). *Retraite brusque et imprévue.* ⇒ **Disparition** (→ Phraser, cit. 2). *La retraite de la plèbe romaine sur l'Aventin.* — (V. 1330). Vx. *Faire retraite :* partir, s'en aller.

1 Ne vaudrait-il pas mieux qu'en personne discrète
Vous fissiez de céans une honnête retraite (...)   MOLIÈRE, Tartuffe, IV, 1.

2 Comme il ne respirait qu'une retraite prompte !   RACINE, Phèdre, III, 1.

Mod. Littér. Action de se retirer en arrière, de s'écarter.

3 (...) il envoya la lame au ventre de Sigognac, à qui bien en prit de n'être pas obèse. Une légère retraite de côté lui fit éviter la pointe meurtrière (...)
Th. GAUTIER, le Capitaine Fracasse, IV.

4 (...) il se pencha vers le mur et baisa l'ombre du visage aimé. Jenny fit une brusque retraite, comme pour lui arracher son effigie, et disparut dans l'embrasure de la porte.   MARTIN DU GARD, les Thibault, t. II, p. 270.

♦ **2.** (XIVe). Milit. Vieilli. Action ou obligation, pour les troupes, de regagner leur casernement ; sonnerie leur annonçant qu'il est l'heure de rentrer. *Battre, sonner la retraite.*

5 Où finirai-je ma soirée ? Il est trop tôt pour me coucher, les clairons des spahis n'ont pas encore sonné la retraite.
Alphonse DAUDET, Lettres de mon moulin, « À Milianah ».

(1665). Chasse. Rappel des chiens à la trompe. — Sonnerie de trompe pour rappeler les chiens.

(1875). Cour. *Retraite aux flambeaux :* défilé avec flambeaux et fanfare, de la place d'armes à la caserne, exécuté par les troupes lors de certaines fêtes. *Les retraites aux flambeaux* (cit. 4) *du Quatorze-Juillet* (→ Illumination, cit. 11). Par ext. Défilé populaire avec torches et lampions, à l'occasion de fêtes locales.

6 Il avait vu des retraites militaires suivies par un peuple qui hurlait de joie.
ARAGON, les Beaux Quartiers, II, XX.

♦ **3.** (V. 1213). Cour. Abandon* délibéré et méthodique du champ de bataille ou d'une large portion de territoire, par une armée qui ne peut s'y maintenir. ⇒ **Décrochage, défense** (élastique), **marche** (cit. 16), **recul, reflux, repli.** *Retraite qui se change en déroute* après une défaite* (cit. 5). ⇒ **Débâcle, débandade, fuite.** *Faire une belle, une savante retraite.* — Loc. *Faire retraite.* ⇒ **Arrière** (en). *Fermer* (cit. 16) *une voie de retraite, couper* (cit. 34) *la retraite à une armée. Couvrir, protéger la retraite d'une unité.* Hist. *La retraite des Dix-Mille. La retraite de Russie. La retraite de la Marne...*

7   Si j'osais attaquer le préjugé, j'oserais préférer la retraite du maréchal de Belle-Isle à celle des Dix-Mille. Il prend ses mesures avec tant d'habileté qu'il sort de Prague, dans le froid le plus rigoureux, avec son armée, ses vivres, son bagage, et trente pièces de canon, sans que les assiégeants s'en doutent (...) Une armée de trente mille combattants le poursuit sans relâche l'espace de trente lieues. Il fait face partout ; il n'est jamais entamé (...)
             VOLTAIRE, *Dict. philosophique*, Xénophon.

8   (...) comme font certains généraux qui appellent des reculs forcés une retraite stra-tégique et conforme à un plan préparé (...)
             PROUST, *la Fugitive*, Pl., t. III, p. 462.

EN RETRAITE. *L'ennemi est en retraite. Manœuvre en retraite* (→ Guerre, cit. 21). — (1671). *Battre* en retraite.* ⇒ **Décrocher, dos** (tourner le), **pied** (lâcher), **reculer.** Fig. *Céder momentanément devant un adversaire, abandonner provisoirement certaines préten-tions* (→ Griffe, cit. 11).

9   Astucieux, il songeait à se tirer d'affaire avec un « mais... » à deux tranchants, qui, à la fois, l'eût absous et livré, et lui eût permis de battre en retraite paré des hon-neurs de la guerre : l'irascible jeune femme ne lui en laissa pas le temps.
             COURTELINE, *Boubouroche*, III.

★ **II.** Action de se retirer de la vie active ou mondaine ; état d'une personne ainsi retirée*.

♦ **1.** (1580). Repos, solitude. « *Je me sentais fait pour la retraite à la campagne* » (→ Ermitage, cit. 2, Rousseau). *La retraite et l'iso-lement* (cit. 5) *de Vigny.* ⇒ **Ensevelissement.** *La retraite de Racine après Phèdre* (→ Lorgnette, cit. 4). *Rester dans la retraite.* ⇒ **Coque, ombre.** *Retraite profonde* (→ Cacher, cit. 54). *Retraite forcée* (→ Confiner, cit. 5). *Le couvent* (cit. 1) *est un lieu de retraite. Vivre dans une pieuse retraite. La retraite au désert.* — Littér. *Les Stances sur la retraite*, de Racan. *La Retraite sentimen-tale*, roman de Colette.

10   Titus, après huit jours d'une retraite austère,
     Cesse enfin de pleurer Vespasien son père.   RACINE, *Bérénice*, I, 3.

♦ **2.** (V. 1673). Spécialt. Période passée à l'écart de la vie mondaine en vue de la recollection* et de la préparation à la vie chrétienne, à un acte chrétien important. *Faire, suivre une retraite* (→ Esca-pade, cit. 2). *Entrer en retraite. Retraite préparatoire à la première communion. Les offices, les neuvaines, les retraites...* (→ Prêcher, cit. 3). — Par ext. *Prêcher une retraite.*

11   (...) il est bien sûr que ces enfants n'ont fait que s'exercer à lutter contre les besoins inférieurs, pendant cette préparation si bien nommée la retraite.
             ALAIN, *Propos*, 4 mai 1921, *Première communion*.

♦ **3.** (1870). Situation d'une personne qui cesse d'exercer une fonc-tion, un emploi, d'accomplir un travail régulier rémunéré et qui a droit à une somme d'argent régulièrement versée (⇒ **Pension**). Vieilli. *Pension de retraite. Le passage de l'activité* (cit. 4) *à la retraite. Être tout près de la retraite* (→ Genou, cit. 14). *Être admis à faire valoir ses droits à la retraite. — La retraite de qqn, sa retraite. Dès que j'aurai ma retraite* (→ Finir, cit. 4). *Demander, obtenir sa retraite.*

12   Arrivé à Paris (...) il y a fait des démarches dans les bureaux du ministère de la Guerre pour obtenir, non les mille francs de pension promis, non la croix de légion-naire, mais la simple retraite à laquelle il avait droit après vingt-deux ans de ser-vice et je ne sais combien de campagnes ; mais il n'a eu ni solde arriérée, ni frais de route, ni pension.   BALZAC, *le Médecin de campagne*, Pl., t. VIII, p. 388.

À LA RETRAITE, EN RETRAITE (*en retraite* est moins usuel, et connote une situation plus importante). *Officier, fonctionnaire en retraite.* ⇒ **Émérite, retraité ;** → Membre, cit. 9 ; mon, cit. 23. — *Employé, salarié à la retraite.* ⇒ **Retraité.** — *Mise à la retraite :* décision qui met fin à l'activité d'un agent ayant l'ancienneté (d'âge ou de services), ou le taux d'invalidité requis par la loi pour l'allocation d'une pension. *Être mis à la retraite d'office** (→ Battre, cit. 10). ⇒ **Destituer.**

13   — Il n'y a, entendez-moi bien, mise à la retraite proportionnelle qu'autant qu'il y a eu infirmité contractée dans le service et dans l'intérêt de ce service.
             COURTELINE, *Messieurs les ronds-de-cuir*, 3ᵉ tableau, III.

Retraite anticipée. ⇒ **Préretraite.**

(1752). Pension assurée aux personnes admises à la retraite, et dont le capital est initialement constitué par des retenues sur le traite-ment ou la solde. *Pension ou retraite proportionnelle*, prévue pour ceux qui n'ont pas rempli les conditions de la pension d'ancienneté. *Caisse nationale des retraites pour la vieillesse* (→ 1. Mineur, cit. 8). *Régimes de retraite pour les non-salariés* (artisans, com-merçants et industriels, professions libérales, professions agricoles). *Régime de retraites complémentaires* (en particulier la *retraite des cadres*). *Caisse de retraite. Toucher sa retraite. Une grosse retraite. Une faible retraite.*

13.1 Il est vain de demander au public s'il est « contre la pollution » ou s'il est pour « la retraite à 60 ans », pour brandir ensuite avec triomphe le pourcentage des oui.
             A. SAUVY, *Croissance zéro?*, p. 255.

Régime des conditions de fin d'activité salariale et des pensions qui sont alors versées. *Réclamer la retraite, les retraites à 60 ans.*

★ **III.** (1580). Lieu où l'on se retire, pour échapper au tracas des affaires ou de la vie mondaine, pour se recueillir, et parfois pour se réfugier ou se cacher (cit. 29). ⇒ **Abri, asile** (cit. 19), **nid, refuge, solitude ;** et aussi, poét. **cloître, golfe, thébaïde.** *Retraites idéales où l'on pourrait chercher asile* (cit. 23) *contre un monde furieux. «À l'abri des ombreuses retraites* » (→ Noir, cit. 51, Baudelaire). « *Une chaste vallée... Retraite favorable à des amants cachés...* » (→ 1. Frais, cit. 1, Hugo). — *Fugitif errant de retraite en retraite* (→ Endurer, cit. 6), *à la recherche d'une retraite sûre, qui ne trouve aucune retraite* (→ Exil, cit. 8 ; et aussi assurer, cit. 74). *Maison, local où l'on se réfugie.* ⇒ **Habitation** (→ Estampe, cit. 1 ; masquer, cit. 7 ; pioche, cit. 1 ; presbytère, cit. 1). *Brigands forcés dans leur retraite* (⇒ **Réduit**), *qui quittent leur retraite* (→ Opé-rer, cit. 3).

14   Si ma condition peut devenir meilleure,
     Que le Roi me permette une retraite seure *(sûre),*
     Que je puisse trouver en France un petit coin
     Où mes persécuteurs me trouvent assez loin.
             THÉOPHILE DE VIAU, *Plainte de Théophile à son ami Tircis.*

14.1 Ah ! toutes les vertus doivent habiter là, j'en suis sûre, et quand les crimes de l'homme les exilent de dessus la terre, c'est là, c'est dans cette retraite solitaire qu'elles vont s'ensevelir au sein des êtres fortunés qui les chérissent et les culti-vent chaque jour.   SADE, *Justine...*, t. I, p. 136.

15   (...) quelle retraite, ami, crois-tu que ma femme choisit ? Le vilain château d'Astorga (...)   BEAUMARCHAIS, *la Mère coupable*, I, 8.

16   (...) avec des pas qui avançaient et reculaient à la fois, et un regard cherchant sans cesse derrière lui une retraite, un refuge.
             Ed. DE GONCOURT, *les Frères Zemganno*, VI.

17   Il n'avait songé qu'à une chose : posséder une retraite dont la porte s'ouvrirait, se refermerait pour lui seul, sur un lieu ignoré d'Edmée, de Charlotte, de tous (...)
             COLETTE, *la Fin de Chéri*, p. 151.

Vx ou littér. Lieu où se retirent certains animaux. ⇒ **Antre, caverne, gîte, remise, repaire, ressui, tanière, terrier, trou...** (→ Aller, cit. 33 ; diluvien, cit. 1 ; caribou, cit. 1 ; hibou, cit. 1).

Par ext. Coin, renfoncement. ⇒ **Retrait.**

18   Nous voilà donc parcourant ensemble, sur la pointe des pieds, toutes les retraites intimes de cette maison (...) des renfoncements tout noirs, des petits caveaux voû-tés de poutres vermoulues ; des armoires pour le riz qui sentent la vétusté et la moisissure ; des dessous très mystérieux où s'est amoncelée la poussière des siècles.
             LOTI, Mᵐᵉ Chrysanthème, XLVII.

Fig. et littér. Partie cachée, secrète... *Retraite intime.* ⇒ **Descendre** (en soi-même). *Les retraites souveraines de l'âme* (→ Asile, cit. 28 ; et aussi diluer, cit. 2). — *L'œuvre de Rimbaud, riche en détours et en retraites mal explorées* (cit. 8).

★ **IV.** Fait d'être retiré, rétréci. — Archit. Diminution d'épaisseur d'un mur. *Ce mur fait retraite, a une retraite de vingt centimètres par étage.* Vieilli. *En retraite :* en retrait*. — (1770). Techn. ⇒ 2. **Retrait** (I., 2.).

19   Une figure en retraite, effacée, sans cils ni sourcils (...)
             Ed. et J. DE GONCOURT, *Journal*, 13 oct. 1855, t. I, p. 91.

CONTR. Avance, invasion. — Activité, occupation.
DÉR. Retraitant, 2. retraiter.
COMP. Préretraite.

2. **RETRAITE** [R(ə)tRɛt] n. f. — 1723 ; de *re-*, et *traite.*

♦ Dr. « Seconde lettre de change que le porteur non payé tire sur le tireur ou l'un des endosseurs responsables du non-paiement, pour lui réclamer le paiement de la première traite impayée, les frais, inté-rêts et le nouveau change s'il y a lieu » (Capitant).

Le quatrième article comprend le coût du carré de papier timbré sur lequel est rédigé le Compte de Retour et celui du timbre de ce que l'on appelle si ingénieuse-ment, c'est-à-dire la nouvelle traite tirée par le banquier sur son con-frère, pour se rembourser.   BALZAC, *Illusions perdues*, Pl., t. IV, p. 921.

RETRAITÉ, ÉE [R(ə)tRete ; R(ə)tRɛte] adj. et n. — 1818, Marguery, in D.D.L. ; de *retraiter* (1723), « mettre à la retraite » ; de 1. *retraite.*

♦ Qui est à la retraite, touche une pension de retraite. ⇒ **Pensionné.** *Des fonctionnaires retraités.* — N. *Une retraitée. Des petits rentiers ou des retraités* (→ Coupon, cit. 2). *Un retraité de la marine.*

Il y a du notaire de campagne usurier et du vieux garçon de tripot, du marchand de soupe de vingtième ordre et du concierge de la place Pigalle, qui a vendu sa fille au capitaine retraité de l'entresol.   Léon BLOY, *le Désespéré*, p. 204.

RETRAITEMENT [R(ə)tRɛtmɑ̃] n. m. — 1973 ; « fait de revoir un texte », 1636 (d'un v. *retraiter* « revoir ») ; de *re-*, et *traitement.*

♦ Techn. Traitement (du combustible nucléaire) après son utilisa-tion dans un réacteur, afin de s'en servir de nouveau. « *La Suède (...) ne construira pas d'usine de fabrication et de retraitement du combustible (...) elle s'en remettra aux usines françaises et anglai-ses* » (*l'Express*, 10 mars 1975).

1. RETRAITER [ʀ(ə)tʀete ; ʀ(ə)tʀɛte] v. intr. — V. 1440, mot anc., *retraitter* (une troupe) ; *se retraiter*, xviᵉ, conservé dans certains usages ; le v. normal était *retraire* ; de 1. *retraite*.

Milit. ou littéraire.

◆ **1.** Faire retraite, se retirer, rentrer.

1 Et Gilou, où est-il ?
— Je pense, monsieur (...) qu'il a dû directement retraiter sur Montprély, où je vais d'ailleurs moi-même rentrer.   M. Druon, la Chute des corps, I, II, p. 29.

◆ **2.** Battre en retraite.

2 Officier interprète de la Légion des Volontaires français, il verra (...) l'écriteau : Moscou, 12 kilomètres, puis retraitera avec ses camarades et deviendra capitaine devant Stalingrad.   Michel Déon, le Jeune Homme vert, p. 158.

Figuré :

3 La détonation avait été assourdissante. Haletant, Adalbert retraitait vers Nathalie qui le regardait avec de grands yeux fascinés.
William de Bazelaire, l'Or de la Bérézina, p. 98.

2. RETRAITER [ʀ(ə)tʀete ; ʀ(ə)tʀɛte] v. tr. — 1723 ; de 1. *retraite*, II., 3.

◆ **1.** Vx. Mettre (qqn) à la retraite.

◆ **2.** Franç. d'Afrique. Renvoyer ; mettre à la retraite (un employé).

3. RETRAITER [ʀ(ə)tʀete ; ʀ(ə)tʀɛte] v. tr. — V. 1970 ; de *re-*, et *traiter*.

◆ Phys., techn. Traiter à nouveau, opérer un deuxième traitement de... ⇒ **Retraitement.** *Retraiter le combustible irradié.*

RETRANCHEMENT [ʀ(ə)tʀɑ̃ʃmɑ̃] n. m. — Déb. xivᵉ ; *retrenchement*, v. 1190 ; de *retrancher.*

★ **I.** Vx ou didact. Action de retrancher ; suppression d'une partie. ⇒ **Déduction, diminution, soustraction, suppression.** *Le retranchement du bois superflu* (Bossuet). ⇒ **Élagage, taille.** *Retranchement d'un organe, d'une partie malade.* ⇒ **Ablation, amputation, résection.** — *Le retranchement d'une scène, d'un chapitre.* ⇒ **Abréviation, élimination.** *Retranchement d'une syllabe* (⇒ **Aphérèse, apocope**). — *Retranchement de membres d'une communauté.* ⇒ **Épuration, exclusion, excommunication.** — *Retranchement d'une quantité.* ⇒ **Abattement** (I., 2.), **défalcation, soustraction.** Vx. *Retranchement des dépenses*, et absolt, *retranchement* : économies (→ Équipage, cit. 8, Mᵐᵉ de Sévigné). — Par ext. *Le «retranchement de vos rentes»* (La Rochefoucauld), leur diminution. *«Ce retranchement de livres»* (Mᵐᵉ de Sévigné, 1253, 8 janv. 1690), cette privation.

1 C'est le retranchement de ces syllabes sales,
· Qui dans les plus beaux mots produisent des scandales.
Molière, les Femmes savantes, III, 2.

Mod. Dr. Réduction des avantages matrimoniaux faits à un nouvel époux par une personne ayant des enfants légitimes d'un premier lit. — Dr. pén. *Cassation par voie de retranchement* (annulation d'une partie de la sentence).

Par ext. Suppression totale. ⇒ **Retrancher** (I., B.).

★ **II.** Espace pris, «coupé», délimité dans un plus grand.

◆ **1.** (1587). Enceinte, position utilisée pour couvrir, protéger les défenseurs dans une place de guerre ; obstacle naturel ou artificiel employé pour se protéger et résister. ⇒ **Défense, fortification, ligne** (→ Flanc, cit. 12). *Retranchements creusés* (⇒ **Tranchée**), *fortifiés* (⇒ **Barricade, bastion, circonvallation, contrevallation...**). *Murs, créneaux*, gabions... d'un retranchement* (⇒ aussi **Cavalier, gabionnade, palanque**).

2 Au reste, les barricades sont des retranchements qui appartiennent au génie parisien : on les retrouve dans tous nos troubles, depuis Charles V jusqu'à nos jours.   Chateaubriand, Mémoires d'outre-tombe, t. V, p. 199.

◆ **2.** Par métaphore et fig. (vx). Moyen dont on use pour se protéger, se défendre... *«La chaise* (cit. 3) *est un retranchement merveilleux contre les insultes de la boue»* (Molière).

Loc. (xviiᵉ). Mod. *Attaquer*, forcer, pourchasser, poursuivre, pousser qqn dans ses (derniers) retranchements :* l'attaquer violemment, l'acculer* (→ Indiscret, cit. 6 ; mouton, cit. 14).

3 Le conventionnel ne se doutait pas qu'il venait d'emporter successivement l'un après l'autre tous les retranchements intérieurs de l'évêque.
Hugo, les Misérables, I, I, X.

4 Et Durtal, poussé dans ses derniers retranchements, finit par acquiescer au désir de tous, mais il le fit, d'un air navré (...)   Huysmans, la Cathédrale, xiv.

CONTR. Addition.

RETRANCHER [ʀ(ə)tʀɑ̃ʃe] v. tr. — xivᵉ, *retrenchier* «tailler de nouveau ; tailler en pièces» ; «labourer de nouveau», v. 1131 ; de *re-*, et *trenchier, trancher.*

★ **I. A.** Enlever d'un tout (une partie, un élément qu'on en sépare) ; supprimer (un élément). ⇒ **Couper, éliminer, enlever, ôter, soustraire.**

◆ **1.** Concret. Vx ou littér. *Retrancher les branches, les rameaux d'un arbre ; retrancher avec la serpe* (→ Arbre, cit. 11). ⇒ **Couper, élaguer, émonder, retailler ; tailler.** — *Retrancher un membre, un organe malade.* ⇒ **Ablation, excision, résection ; amputer, mutiler, réséquer.** — (Sujet n. de chose). *Une ligne qui retranchait de notre territoire une partie de nos provinces* (→ Carte, cit. 17). ⇒ **Enlever, exclure.**

1 Les chirurgiens regardaient les plaies et ils taillaient à même la chair pour retrancher tout ce qui était douteux.
G. Duhamel, Chronique des Pasquier, X, VIII.

◆ **2.** (1669). Cour. Enlever d'un texte (→ Adoucissement, cit. 5). *Cette lettre dont il ne fallait rien retrancher* (→ 1. Original, cit. 1). *Retrancher certains passages d'un texte* (⇒ **Abréger, accourcir, biffer, tronquer**), *retrancher des fautes* (⇒ **Corriger**), *des inutilités* (⇒ **Élaguer**). *Retrancher ce qui est contraire à un dogme* (⇒ **Expurger ; châtier, mutiler ; purger**). *Sans rien ajouter* (cit. 10) *ni retrancher.*

2 (...) il a supprimé ce catéchisme, qui aurait paru à des gens aussi corrompus et aussi superficiels que nous, d'une licence impardonnable ; ajoutant toutefois que ce n'était pas sans regret qu'il avait retranché des détails (...)
Diderot, Suppl. au voyage de Bougainville, III.

◆ **3.** (V. 1155). Soustraire (une partie) d'une quantité. ⇒ **Décompter, déduire, défalquer, distraire.** *Ajouter et retrancher un* (→ Machine, cit. 10). *Retrancher une somme sur un salaire, d'un salaire.* ⇒ **Prélever, rabattre, rogner.** — Par ext. (vx). Diminuer. *«On a retranché toutes les pensions... à la moitié»* (Mᵐᵉ de Sévigné, 477, 15 déc. 1675).

Vieilli. *Retrancher d'une dépense :* économiser. *Retrancher sur ce qu'on donne.*

◆ **4.** Vieilli. Enlever (qqch. à qqn), déposséder* de... *«On lui a retranché sa pension»* (Académie). — Vx. *Se retrancher qqch. :* se priver de... (→ Aumône, cit. 4). *Retrancher qqn :* diminuer ses émoluments.

3 Le père a su que je lui contais des mensonges, il m'a retranché net mes cent francs par mois, en m'invitant à venir piocher la terre avec lui.
Zola, Thérèse Raquin, v.

◆ **5.** (Compl. n. de personne). Supprimer, faire disparaître. *Retrancher certains membres d'une collectivité.* ⇒ **Épurer, exclure, excommunier** (cit. 1)... *«Les impies seront retranchés de dessus la terre»* (Bible de Sacy, Prov., II, 22), supprimés, détruits.

4 L'oubli à notre égard a remplacé la haine, et ce n'est plus la hache, mais le dédain qui nous retranche. Au tonnerre roulant des batailles nous opposons ici des trames d'araignée et des chuchoteries de complots.   Sainte-Beuve, Volupté, III.

Fig. ⇒ **Excepter, exclure.**

5 Quoiqu'il y ait des gens charmants parmi les gens vertueux, la vertu se croit assez belle par elle-même pour se dispenser de faire des frais ; puis les gens réellement vertueux, car il faut retrancher les hypocrites, ont presque tous de légers soupçons sur leur situation (...)   Balzac, la Cousine Bette, Pl., t. VI, p. 175.

B. Éliminer, enlever en supprimant, en détruisant. ⇒ **Détruire, supprimer.** *Retrancher tout discours* inutile* (→ Esprit, cit. 127). *«De retrancher le luxe et d'extirper* (cit. 2) *le crime». Retrancher entièrement les passions* (cit. 7).

6 Tout considéré, j'ai eu peur que cette réponse ne vous offensât : je l'ai retranchée pour y substituer le détail plus sérieux que vous venez de lire, et j'espère que vous m'en saurez gré.   Beaumarchais, Mémoires... dans l'affaire Goëzman, p. 210.

★ **II.** ◆ **1.** (1611). Vx. Fortifier par des retranchements (II., 1.). *Retrancher un camp.*

◆ **2.** Mod. Protéger, séparer comme par un retranchement.

7 — J'espérais mieux, dit rêveusement son père.
Et le rempart des journaux, de nouveau, le retranche du monde.   Colette, Belles saisons, p. 251.

▶ **SE RETRANCHER** v. pron.

◆ **1.** (1657). Correspondant au sens I. du trans. (Vx). Se réduire, se restreindre à... *«Si l'on se retranchait à me dire... »* (Bourdaloue, in Littré). — Absolt. Faire des économies. *Se retrancher «sur toutes les dépenses»* (Voltaire).

◆ **2.** (1690). (Sens II. du trans.). Se fortifier, se protéger par des moyens de défense appropriés (⇒ **Retranchement**). *Se retrancher derrière des fortifications, sur une position...* — Par anal. *Se retrancher derrière un lit* (→ Grimaud, cit. 1).

(1662). Fig. *Se retrancher sur...* (vx), *dans... une attitude, un comportement :* se mettre à l'abri, se protéger par... ; s'enfermer dans... *Se retrancher dans des hochements* (cit. 1) *de tête mystérieux, dans un mutisme...* (→ Lenteur, cit. 5). *Se retrancher derrière l'autorité, la responsabilité d'un chef, derrière un prétexte*.*

8 Ces dragons de vertu, ces honnêtes diablesses,
Se retranchant toujours sur leurs sages prouesses (...)
Molière, l'École des femmes, IV, 8.

9 — Tu sais bien que grand-père et grand-mère ne le veulent pas, dit Germain, se retranchant derrière l'autorité des vieux parents, comme un homme qui ne compte guère sur la sienne propre.   G. Sand, la Mare au diable, VI.

10 (...) je vis Lanie sortir de la grande réserve où petit à petit elle se retranchait.
            G. Duhamel, *Cri des profondeurs*, III.

► **RETRANCHÉ, ÉE** p. p. adj.

♦ **1.** (Sens I. du trans.). Séparé d'un tout. *Retranché de la communion* (cit. 1) *humaine.*

11 J'ai été tous ces temps retranché du monde, travaillant et souffrant. Je crains bien de n'avoir pas le bonheur de voir votre lac cette année.
      Sainte-Beuve, *Correspondance*, 1393, 25 déc. 1842.

♦ **2.** (Sens II. du trans.). Défendu par des retranchements. *Camp* retranché* (→ Bivouac, cit. 4).
Abrité, protégé par des retranchements. *Défenseurs retranchés.* — Figuré :

12 Dans ce deuil, elle était comme retranchée, avec ce que ce mot indique à la fois de défense et de séparation. Henri Queffélec, *l'Île des revenants*, p. 245.

CONTR. Additionner, ajouter, compléter, fournir, incorporer, insérer...

RETRANSCRIPTION [ʀ(ə)tʀɑ̃skʀipsjɔ̃] n. f. — xxᵉ ; de *re-,* et *transcription.*

♦ Nouvelle transcription. Dr. *Retranscription d'un acte authentique par un notaire.* — *Retranscription d'un texte dans un autre système d'écriture.*

RETRANSCRIRE [ʀ(ə)tʀɑ̃skʀiʀ] v. tr. — Conjug. *transcrire.* → Écrire. — 1741 ; de *re-,* et *transcrire.*

♦ Transcrire de nouveau. ⇒ **Recopier.** *Retranscrire un manuscrit. Retranscrire des noms dans un nouveau registre.*

RETRANSFÉRER [ʀ(ə)tʀɑ̃sfeʀe] v. tr. — 1872 ; de *re-,* et *transférer.*

♦ Rare. Transférer de nouveau.

RETRANSMETTEUR [ʀ(ə)tʀɑ̃smetœʀ ; ʀ(ə)tʀɑ̃smɛtœʀ] n. m. — 1932 ; de *retransmettre.*

♦ Radio. Appareil qui reçoit un signal et le retransmet plus loin. ⇒ **Relais.**

RETRANSMETTRE [ʀ(ə)tʀɑ̃smetʀ] v. tr. — Conjug. *transmettre.* → Mettre. — 1932 ; cf. anc. franç. *retrametre* «envoyer en retour», 980 ; de *re-,* et *transmettre.*

♦ Transmettre de nouveau ou plus loin. *Retransmettre fidèlement une nouvelle à qqn.* Radio, télév., télécomm. Diffuser de nouveau ou plus loin, sur un autre réseau. *Retransmettre par relais.* ⇒ **Relayer.** Cour. *Retransmettre un discours à la télévision, un match en direct.*

DÉR. Retransmetteur, retransmission.

RETRANSMISSION [ʀ(ə)tʀɑ̃smisjɔ̃] n. f. — 1934 ; de *retransmettre.*

♦ Nouvelle transmission. Diffusion nouvelle ou diffusion sur un autre réseau ; l'émission ainsi diffusée. *La retransmission d'un spectacle à la télévision, d'un match à la radio, d'un discours du président de la République en direct, en différé.*

Le speaker du poste rebelle qu'il écoutait (une retransmission de Radio-Séville?) venait de crier : *Aviation,* et Jaime avait augmenté l'intensité du poste.
          Malraux, *l'Espoir*, II, I, I, IV.

RETRAVAILLER [ʀ(ə)tʀavaje] v. — 1175, *se retravailler* «faire de nouveaux efforts» ; de *re-,* et *travailler.*

♦ **1.** V. tr. (1733). Travailler de nouveau. *Retravailler un discours, une question.* — Trans. ind. (1689). *Retravailler à un ouvrage.*

(...) le soin amoureux qu'il mettait à l'élaboration de la forme, à la ciselure des phrases, au choix des mots, reprenant des morceaux écrits en commun, et qui nous avaient satisfaits tout d'abord, les retravaillant des heures, des demi-journées, avec une opiniâtreté presque colère, ici, changeant une épithète, là, faisant entrer dans une période, un rythme, plus loin refaçonnant un tour de phrase (...)
      Ed. et J. de Goncourt, *Journal*, 27 déc. 1895, t. IX, p. 288.
REM. On trouve dans ce même Journal (t. IX, p. 62) le subst. *retravail.*

♦ **2.** V. intr. (1831). Reprendre un travail. *Il retravaille à l'usine, en septembre. Elle est au chômage, mais elle espère retravailler bientôt.*

RETRAVERSER [ʀ(ə)tʀavɛʀse] v. tr. — 1866, *in* Littré ; de *re-,* et *traverser.*

♦ Traverser de nouveau ; traverser en revenant, dans l'autre sens.

1 Il y a quatre ans, je me souviens, je passai la fin d'un jour dans cette petite ville que je retraverse à présent (...) Je suis la même route et je reconnais tout.
         Gide, *les Nourritures terrestres*, p. 109.

2 Tout de même c'était bien bon quand, commençant à avoir froid, à avoir faim, on

---

retraversait le village et qu'on apercevait derrière les arbres du parc les lampes dans le salon et dans la salle à manger. Proust, *Jean Santeuil*, Pl., p. 508.

RETRAYANT [ʀ(ə)tʀɛjɑ̃] n. m. — 1549 ; de *retraire.*

♦ Dr. Celui qui exerce un retrait (II.).

RÉTRÉCI, IE [ʀetʀesi] adj. ⇒ **Rétrécir.**

RÉTRÉCIR [ʀetʀesiʀ] v. — 1549 ; *restroicir,* attestation isolée, xivᵉ ; de *re-,* et *étrécir* (qu'il a presque éliminé).

★ **I.** V. tr. ♦ **1.** Rendre plus étroit* ; diminuer la largeur, et, par ext., la surface, la capacité, le volume de (qqch.). ⇒ **Contracter, étrangler, étrécir, resserrer.** *Rétrécir une rue par des constructions. Rétrécir une jupe.* ⇒ **Reprendre.** *L'opium rétrécit les pupilles* (2. Pupille, cit. 2). *Dessécher et rétrécir* (par la chaleur). ⇒ **Grésiller, racornir...**

1 *(Il)* m'a rapporté une bague en aigue-marine que je lui avais donnée à rétrécir.
      Barbey d'Aurevilly, *Premier memorandum*, 11 nov. 1838.
2 La distance et le temps sont vaincus. La science
Trace autour de la terre un chemin triste et droit.
Le Monde est rétréci par notre expérience
Et l'équateur n'est plus qu'un anneau trop étroit.
   A. de Vigny, *Poèmes philosophiques*, « La maison du berger », I.
Par métaphore. *Rétrécir le temps* (→ Élastique, cit. 4, Proust).

♦ **2.** (1689). Abstrait. Diminuer l'ampleur, la portée, la capacité de... *Rétrécir un sujet, une question,* resserrer*, restreindre, limiter. — (Sujet n. de chose). *La persécution fausse* (cit. 10) *l'esprit et rétrécit le cœur. Une éducation provinciale avait rétréci ses idées* (→ Instructif, cit. 2). *Des principes qui lui rétrécissent la cervelle* (→ Naturalisme, cit. 1).

3 Le monde réel a ses bornes, le monde imaginaire est infini ; ne pouvant élargir l'un, rétrécissons l'autre ; car c'est de leur seule différence que naissent toutes les peines qui nous rendent vraiment malheureux. Rousseau, *Émile*, II.
4 Ce serait pourtant rétrécir ce grand sujet, que de n'y voir autre chose que l'opposition des races, de ne chercher qu'un Saxon dans Thomas Becket. L'archevêque de Kenterbury ne fut pas seulement le saint de l'Angleterre, le saint des vaincus, Saxons et Gallois, mais tout autant celui de la France et de la chrétienté.
       Michelet, *Hist. de France*, IV, v.
5 Les jésuites ont fait de l'éducation une machine à rétrécir les têtes et aplatir les esprits, selon l'expression de M. Michelet.
   Renan, *l'Avenir de la science*, XVII, Œ. compl., t. III, p. 1018.
6 À quel point elle a déjà rétréci ma vie, c'est ce dont elle ne peut se rendre compte.
      Gide, *la Symphonie pastorale*, p. 60.

★ **II.** V. intr. Devenir plus étroit, et, par ext., plus petit. *Ce tissu rétrécit au lavage.* ⇒ **Raccourcir, retirer** (se). *Qui ne rétrécit pas.* ⇒ **Irrétrécissable.**

► **SE RÉTRÉCIR** v. pron. (1596).

Devenir de plus en plus étroit. *Rue, couloir, passage qui se rétrécit, va en se rétrécissant* (→ Boyau, cit. 2 ; échelonner, cit. 2). *Les cercles* (du maelstrom) *se rétrécissent* (→ Étreinte, cit. 1). ⇒ **Resserrer** (se).

7 L'ombre tournait avec la rue, montait avec elle, s'allongeant ou se rétrécissant, selon le mouvement du terrain. E. Fromentin, *Un été dans le Sahara*, p. 271.
8 La guerre nous enserre de tous les côtés. Le cercle se rétrécit.
      Martin du Gard, *les Thibault*, t. VII, p. 80.

(1689, Mᵐᵉ de Sévigné, 16 oct.). Fig. Perdre de son ampleur, de sa portée... « *La conscience se rétrécit à mesure que les idées s'élargissent* » (cit. 10). *Mes pensées se rétrécissent* (→ Rapetisser, cit. 6). *La question se rétrécit sous ce point* (1. Point, cit. 32) *de vue.*

► **RÉTRÉCI, IE** p. p. adj. (Fin xviiᵉ).

♦ **1.** Devenu plus étroit. *Lainage rétréci.* ⇒ **Contracté, diminué, étranglé, étréci, exigu, resserré.** *Berge de plus en plus rétrécie* (→ Finir, cit. 22). ⇒ **Étroit.**

9 Les jours du novembre lorrain, son ciel abaissé, son horizon rétréci composent l'atmosphère la plus favorable à l'épanouissement des puissances religieuses de l'âme. M. Barrès, *la Colline inspirée*, VII.
9.1 (...) vous serez malades à crever, avec vos estomacs rétrécis de mendigots qui peuvent plus supporter la bouffe des honnêtes gens.
     R. Queneau, *le Dimanche de la vie*, p. 178.

♦ **2.** Fig. Devenu borné, étriqué. *Têtes rétrécies par le fanatisme* (→ Détracteur, cit. 4). *Esprit rétréci.*

10 (...) les raisons de l'insouciance dont l'accablent les intelligences rétrécies qui ne comprennent pas sa haute mission (...)
   Balzac, *Des artistes*, III, *in* Œ. diverses, t. I, p. 357.

CONTR. Élargir, rélargir. — Allonger, amplifier, développer, dilater, étendre, étirer, évaser, gonfler... — (Du p. p.) **Élargi, large.** — Amplifié, évasé...
DÉR. Rétrécissement.
COMP. Irrétrécissable.

RÉTRÉCISSEMENT [ʀetʀesismɑ̃] n. m. — 1546, *restrecissemen, in* D. D. L. ; de *rétrécir.*

♦ **1.** Fait de se rétrécir, de devenir plus étroit, diminution de largeur. ⇒ **Étranglement, resserrement.** *Rétrécissement d'une jupe,* *d'un vêtement. Le rétrécissement progressif d'une rue. Rétrécissement du haut d'une colonne.* ⇒ **Contracture** (1.).

♦ **2.** Fig. Fait de devenir moins développé, plus condensé ; moins ouvert, plus borné. *Le rétrécissement de l'esprit, des idées.*

1 Il se plaint du peu d'ampleur et de développement de mon drame. Mais ma volontaire exclusion de toute image, de toute amplification oratoire ne devait-elle pas nécessairement aboutir à ce rétrécissement ?   GIDE, Journal, 3 févr. 1931.

♦ **3.** (1845). Diminution permanente, normale ou pathologique, du calibre d'un conduit ou d'un orifice. ⇒ **Sténose.** *Rétrécissement mitral* (des valvules mitrales du cœur). *Rétrécissement de l'œsophage* (à son passage à travers le diaphragme). *Rétrécissement de l'uretère, du pylore, du rectum. Rétrécissement aortique...*

2 C'était un de ses anciens clients *(du médecin)...* Il avait longtemps souffert d'un rétrécissement de l'aorte (...)   CAMUS, la Peste, p. 28.

CONTR. Élargissement, évasement. — Agrandissement, allongement, amplification, développement, dilatation, gonflement.

RÉTREIGNEUR [ʀetʀɛɲœʀ] n. m. — 1875, *in* P. Larousse ; de *rétreindre.*

♦ Techn. Ouvrier qui rétreint (orfèvre, chaudronnier).

RETREINDRE [ʀətʀɛ̃dʀ] ou **RÉTREINDRE** [ʀetʀɛ̃dʀ] v. tr. — 1762, Abrégé du Dict. de Trévoux ; forme de *restreindre.*
Technique.

♦ **1.** Modeler au marteau (une plaque de métal, de cuivre en particulier).

♦ **2.** Diminuer par martelage le diamètre d'un tube.

DÉR. Rétreigneur, rétreint, rétreinte.

RETREINTE [ʀətʀɛ̃t] n. f. ou **RÉTREINT** [ʀetʀɛ̃] n. m. — 1800, Boiste, *retreinte* ; *rétreint*, 1954, *Larousse mensuel*, juil., p. 496 ; de *retreindre, rétreindre.*

♦ Techn. Action de retreindre (en chaudronnerie).

RETREMPE [ʀ(ə)tʀɑ̃p] n. f. — 1795, fig., *in* D. D. L. ; de *retremper.*

♦ **1.** Techn. Nouvelle trempe.

♦ **2.** Fig. Fait de se replonger dans (un milieu, une activité où l'on retrouve des forces). ⇒ **Retremper** (se).

Aucune des communautés rurales constituées, depuis vingt-cinq ans dans l'enthousiasme, de cette retrempe et du refus de la vie corrompue n'a résisté longtemps à l'épreuve économique.   A. SAUVY, Croissance zéro ?, p. 275.

RETREMPER [ʀ(ə)tʀɑ̃pe] v. tr. — V. 1175, sens 2. ; de *re-*, et *tremper.*

♦ **1.** (1549). Tremper de nouveau. *Retremper du linge.* — Par métaphore :

1 (...) il bénissait sa chère maîtresse de lui avoir fait connaître enfin l'amour vrai, chaste et noble, qu'il avait tant rêvé, et dont il s'était cru à jamais déshérité par sa faute. Elle le retrempait, disait-il, dans les eaux de son baptême, elle effaçait en lui jusqu'au souvenir de ses mauvais jours.   G. SAND, Elle et Lui, V.

♦ **2.** Techn. Donner une nouvelle trempe à. *Retremper de l'acier.* — (1827). Fig. Redonner de la force, de l'énergie, de la résistance à. *« Le malheur a retrempé son âme »* (Académie).

2 Ce n'est pas à dire que Vauvenargues fût pour le maintien des abus ni pour l'immobilité de la société : il veut tout ce qui retrempe une nation, tout ce qui corrige utilement le vice de la décadence.   SAINTE-BEUVE, Causeries du lundi, 18 nov. 1850.

♦ **3.** Fig. *Retremper à... :* redonner de la vigueur par. — REM. En ce sens l'idée de *trempe* de l'acier entre en concurrence avec celle de l'*immersion* qui rafraîchit et revigore. *Retremper son âme* (cit. 64) *aux sources de la foi.* ⇒ **Fortifier, ressourcer.**

3 Qu'il est grand, là surtout ! Quand, puissance brisée,
Des porte-clefs anglais misérable risée,
Au sacre du malheur il retrempe ses droits.   HUGO, les Orientales, XL, I.

▶ **SE RETREMPER** v. pron. (Déb. XIXᵉ).

Se tremper de nouveau. *Se retremper après un bain de mer.* — Fig. *Se retremper à :* reprendre de la vigueur, de l'énergie par... (→ ci-dessus, REM.).

4 (...) L'immortelle espérance
S'est retrempée en toi sous la main du malheur.
A. DE MUSSET, Poésies nouvelles, « Nuit d'octobre » (1834).

5 (...) S... paraissait craindre que l'innovation de l'auteur de Lohengrin, qui soumet entièrement la musique au rythme poétique, ne la fît remonter à l'enfance de l'art. Mais n'arrive-t-il pas tous les jours qu'un art quelconque se rajeunit en se retrempant à ses sources ?   NERVAL, Fragments, Sur les chansons populaires, I.

(Par allusion à la trempe de l'acier). *Se retremper dans :* reprendre des forces dans... (vieilli). *Se retremper dans l'adversité.* — Mod. Se replonger dans... *Se retremper dans le milieu familial. C'est un*

bien indicible (cit. 5) *de se retremper dans cet océan de volonté et de foi.*

DÉR. Retrempe.

RÉTRIBUER [ʀetʀibɥe] v. tr. — 1541, *rétribuer un salaire à qqn* ; 1370, « rendre, restituer, indemniser de... » ; lat. *retribuere* « attribuer *(tribuere)* en retour ».

♦ **1.** (1834). Donner quelque chose, en général de l'argent, en contrepartie de (un service, un travail). ⇒ **Payer, rémunérer.** *Rétribuer un travail au mois, à la journée, à l'heure. Rétribuer quelques voyages d'études* (cit. 33).

♦ **2.** (1831). *Rétribuer (qqn) :* gratifier (qqn) de qqch. (généralement d'argent) en contrepartie d'un travail, de services. ⇒ **Appointer, payer, rémunérer, salarier.** *Rétribuer un avocat.* ⇒ **Honorer** (spécialt). *Rétribuer largement* (→ Mouiller, cit. 11) ; *chichement... un employé.* — REM. *Rétribuer* est très large ; outre les rémunérations dues et régulières, il peut s'appliquer à des récompenses (→ Récompenser).

▶ **RÉTRIBUÉ, ÉE** p. p. adj. *Travail bien, mal rétribué. Fonctions rétribuées.*

Si la Société lui eût brusquement offert une situation faiblement rétribuée mais éminente, elle eût peut-être gagné à la cause de l'ordre établi un homme de plus.   J. ROMAINS, les Hommes de bonne volonté, t. III, I, p. 20.

Employé, ouvrier bien, mal rétribué. — Rétribué selon ses œuvres (cit. 13). — N. *Les nouveaux rétribués* (rare). ⇒ **Rémunéré, salarié.**

CONTR. (Du p. p. adj.) **Bénévole, gratuit.**

RÉTRIBUTEUR, TRICE [ʀetʀibytœʀ, tʀis] n. — Déb. XVᵉ ; n. m., XVIᵉ, repris v. 1830, Lamennais ; bas lat. *retributor*, de *retributum*, supin de *retribuere.* → Rétribuer.

♦ Vx. Personne qui récompense.

RÉTRIBUTION [ʀetʀibysjɔ̃] n. f. — 1120 ; mot critiqué au XVIIᵉ par Vaugelas ; lat. *retributio*, de *retribuere.* → Rétribuer.

♦ **1.** Ce que l'on gagne par son travail ; ce qui est donné en échange d'un service, d'un travail (en général, de l'argent). *Privilèges* (cit. 4) *qui ne sont que la rétribution de services rendus.* — REM. Comme *rétribuer*, *rétribution* est très général. ⇒ **Appointement, commission, émolument, gage, honoraires, paiement, paye, rémunération, salaire, solde, traitement.** *Rétribution d'un auteur.* ⇒ **Droit** (*supra* cit. 31). *Recevoir une rétribution :* être payé*. ⇒ **Gain, gagner.** *Les rétributions attachées* (cit. 112) *aux fonctions. Accepter, refuser, demander une rétribution, la rétribution de...* (→ Clientèle, cit. 2 ; engraisser, cit. 9 ; fonder, cit. 27).

♦ **2.** Récompense* (au sens moral). — Spécialt. Religion :

Mais cette morale se heurtait à un mur : le problème de la rétribution. Il avait toujours préoccupé l'esprit d'Israël. Longtemps, on avait pensé que la récompense de la bonne conduite devait être accordée par Dieu sur la terre.
DANIEL-ROPS, le Peuple de la Bible, IV, III.

RETRIEVER [ʀetʀivœʀ] n. m. — 1854 ; mot angl., de *to retrieve* « rapporter ».

♦ Anglic. Chasse. Chien d'arrêt qui rapporte le gibier. *« Avec un bon retriever, on peut assurer des coups de plusieurs centaines de mètres »* (*la Chasse*, nº 229, p. 23).

RÉTRO- Élément, du lat. *retro* « en arrière ». — Outre les mots traités à l'ordre alphab., on relève des composés savants plus occasionnels. Ex. : *rétrocombustion*, n. f. ; *rétrocontrôle*, n. m. ; *rétro-inhibiteur*, adj. (*la Recherche*, oct. 1981, p. 1060) ; *rétrosynthétique*, adj. (*la Recherche*, juin 1981, p. 742).

1. RÉTRO [ʀetʀo] n. m. — 1889 ; abrév. de *rétrograde.*

♦ Techn. Effet rétrograde, au billard. *Un beau rétro.*

2. RÉTRO [ʀetʀo] adj. invar. et n. m. — 1973 ; abrév. de *rétrograde.*

♦ Qui marque un retour en arrière, reprend ou imite un style passé (souvent : de la première moitié du XXᵉ siècle). ⇒ **Kit(s)ch.** *Mode rétro. Film rétro. Romancière rétro. « (Le) dernier album "rétro" qui vient de sortir : l'année 1968 en trente-trois tours »* (*le Nouvel Obs.*, 9 juin 1975). *La vague rétro. Le goût rétro. Une conception un peu rétro. Films rétro.*

(Personnes). Qui a une apparence, un comportement évoquant un passé assez récent. *« Survient un type, grand, mince sans excès, un brin rétro, énormément de charme »* (*F. Magazine*, nº 22, déc. 1979, p. 86). *« Elle (F. Sagan) se survit en virant à la romancière rétro »* (M. Galley, *le Nouvel Obs.*, 10 juin 1974, p. 126).

N. m. Retour au passé. *Encore le rétro !*

Du passé, nous ne supportons que la ruine, le monument, le kitsch ou le rétro, qui est amusant ; nous le réduisons, ce passé, à sa seule signature.
R. BARTHES, Fragments d'un discours amoureux, p. 210.

En composition : *« Sans donner dans le gâtisme rétro-ringard »* (*le Nouvel Obs.,* 8 juin 1981, p. 11).

3. RÉTRO [ʀetʀo] n. m. — 1953, cit. *infra* ; abrév. de *rétroviseur.*

♦ Fam. Rétroviseur.

(...) Marco est descendu en voltige, un peu avant le bar. Je restais en arrière, à vingt mètres, guettant dans le rétro les gens et les voitures qui pouvaient déboucher du boulevard de Clichy.   Albert SIMONIN, Touchez pas au grisbi, p. 220.

RÉTROACTES [ʀetʀoakt] n. m. pl. — D. i. ; de *rétro-,* et *acte.* → Rétroaction.

♦ (Belgique). Antécédents. *Les rétroactes d'une affaire.*

RÉTROACTIF, IVE [ʀetʀoaktif, iv] adj. — 1510, du lat. *retroactus,* p. p. de *retroagere* « ramener en arrière », d'après *actif.*

♦ Qui exerce une action sur ce qui est antérieur, sur le passé. *Effets rétroactifs* (→ Augurer, cit. 3).

1   La loi ne dispose que pour l'avenir ; elle n'a point d'effet rétroactif.
Code civil, Art. 2.

2   Si l'auteur tenait même à ce que sa gloire fût non seulement présente et future, mais fût même *passée,* le Baron a tout prévu : la Machine peut obtenir des résultats rétroactifs. En effet, des conduits de gaz hilarants, habilement distribués dans les cimetières de premier ordre, doivent, chaque soir, faire sourire, de force, les aïeux dans leurs tombeaux.
VILLIERS DE L'ISLE-ADAM, Contes cruels, « La machine à gloire ».

3   L'amour a de curieux effets rétroactifs. Dès l'instant que Christophe découvrit qu'il aimait Minna, il découvrit du même coup qu'il l'avait toujours aimée.
R. ROLLAND, Jean-Christophe, Le matin, III, p. 196.

On a écrit *rétro-actif :*

4   En France, on trouve toujours un général pour signer un décret ou pour refuser une grâce et, si on n'a pas le texte de loi qu'il fallait, on le fait, avec effet rétro-actif, bien entendu !
J. ANOUILH, Pauvre Bitos, p. 129.

DÉR. Rétroactivement, rétroactivité.

RÉTROACTION [ʀetʀoaksjɔ̃] n. f. — 1750 ; « accusation répondant à une autre accusation », v. 1150 ; du lat. *retroactus,* d'après *action.*

♦ 1. Didact. Effet rétroactif. *Modification par rétroaction.* — Cybern., biol. Effet réactionnel engendré dans un organisme, un mécanisme, par son propre fonctionnement dont il assure un contrôle (les valeurs de sortie du système cybernétique exerçant sur lui-même une action dite *action en retour*). ⇒ Autorégulation ; **bouclage, boucle,** et aussi **feed-back** (anglic.) ; → Réaction. *Rétroaction positive* (qui entretient, accélère un processus) ; *négative* (qui l'inhibe).

Écon., phys. Influence d'un point (d'un processus) sur un point antérieur, d'un état (d'une situation qui évolue) sur un élément provenant d'une situation antérieure. — Réaction d'un effet sur une cause.

♦ 2. Littér. Action en retour, réaction.

Nos actes ont sur nous une rétroaction. « Nos actions agissent sur nous autant que nous agissons sur elles », dit George Eliot.   GIDE, Journal, août 1893.

RÉTROACTIVEMENT [ʀetʀoaktivmɑ̃] adv. — 1842 ; de *rétroactif.*

♦ Didact. D'une manière rétroactive. *Cette décision doit agir rétroactivement.*

RÉTROACTIVITÉ [ʀetʀoaktivite] n. f. — 1812 ; de *rétroactif.*

♦ Didact. Caractère rétroactif. *La rétroactivité d'une mesure. Principe de la non-rétroactivité des lois.*

Mon père en éprouva, par un curieux effet de rétroactivité, un soulagement considérable et qu'il nous fit partager à tous, petits et grands.
DUHAMEL, Inventaire de l'abîme, IV.

RÉTROAGIR [ʀetʀoaʒiʀ] v. intr. — 1790 ; de *rétro-,* et *agir,* d'après lat. *retroagere.*

♦ Didact. ou littér. Agir sur le passé, avoir un effet rétroactif (⇒ **Rétroaction**).

(...) les propos que nous avons entendus (...) commandent beaucoup plus les issues de notre mémoire que celles de notre imagination, ils rétroagissent davantage sur notre passé que nous ne sommes plus maîtres de voir sans tenir compte d'eux, que sur la forme, restée libre, de notre avenir.
PROUST, À l'ombre des jeunes filles en fleurs, Pl., t. I, p. 537.

RÉTROCÉDANT, ANTE [ʀetʀosedɑ̃, ɑ̃t] n. et adj. — 1842 ; de *rétrocéder.*

♦ Dr. Qui rétrocède qqch. à qqn, en parlant d'une personne.

RÉTROCÉDER [ʀetʀosede] v. — Conjug. *céder.* — 1611 ; « reculer », 1534 ; lat. médiéval *retrocedere* « reculer » ; de *retro-,* et *cedere.* → Céder.

♦ 1. V. tr. Céder à qqn (ce qu'on a reçu de lui). *Rétrocéder un droit, un don...* ⇒ **Recéder, rendre ; revendre.**

1   Moyennant cinq cents louis, l'acquéreur national rétrocéda ce vieil édifice (*l'hôtel d'Esgrignon*) au légitime propriétaire.
BALZAC, le Cabinet des antiques, Pl., t. IV, p. 337.

2   Il avait obligé notre alliée l'Espagne à lui rétrocéder la Louisiane en échange de l'Étrurie constituée en royaume pour un infant.
J. BAINVILLE, Hist. de France, XVII, p. 402.

(1907). Vendre (ce qui vient d'être acheté) à un tiers.

♦ 2. V. intr. (1951). Méd. Subir une rétrocession, en parlant d'un processus pathologique.

3   Si, malgré l'intervention, le phlegmon — l'abcès — ne rétrocède pas, parce que trop profond ou que les microbes sont particulièrement virulents, nous avons (...) tout un arsenal thérapeutique (...)   P.-L. ROUSSEAU, les Dents, p. 81.

DÉR. Rétrocédant.

RÉTROCESSIF, IVE [ʀetʀosesif, iv] adj. — 1842 ; de *rétrocession.*

♦ Didact. Qui constitue, qui comporte une rétrocession.

RÉTROCESSION [ʀetʀosesjɔ̃] n. f. — 1640 ; « marche en arrière », 1530 ; lat. médiéval *retrocessio* « recul ».

♦ 1. Action de rétrocéder ; cession faite à qqn de ce qu'on tient de lui. — Par ext. Action de revendre à un tiers ce qu'on vient d'acheter.

(...) que voulaient-ils faire du futur comte de Gondreville ? Le forcer à une rétrocession de sa terre, pour l'acquisition de laquelle le régisseur annonçait, dès 1799, avoir des capitaux ?   BALZAC, Une ténébreuse affaire, Pl., t. VII, p. 573.

♦ 2. (1845). Méd. Régression plus ou moins complète de manifestations pathologiques. *Rétrocession d'une inflammation, d'un exanthème, d'une tumeur. Rétrocession du travail de l'accouchement :* arrêt naturel d'un travail prématuré qui amènerait une fausse couche.

DÉR. Rétrocessif, rétrocessionnaire.

RÉTROCESSIONNAIRE [ʀetʀosesjɔnɛʀ] n. et adj. — 1829 ; de *rétrocession.*

♦ Didact. Bénéficiaire d'une rétrocession.

RÉTROCHARGEUSE [ʀetʀoʃaʀʒøz] n. f. — 1973 ; de *rétro-,* et *chargeuse.*

♦ Techn. Chargeuse dont le godet peut être rempli à l'avant et déchargé à l'arrière, en passant par-dessus l'engin. (Recomm. off. pour traduire *back loader*).

RÉTROCROISEMENT [ʀetʀokʀwazmɑ̃] n. m. — 1970 ; de *rétro-,* et *croisement.*

♦ Biol. Croisement d'un hybride avec un de ses parents, ou avec un individu de même génotype qu'un de ses parents. (On dit aussi *croisement en retour*).

RÉTRODÉVIATION [ʀetʀodevjasjɔ̃] n. f. — 1894, *in* D.D.L. ; de *rétro-,* et *déviation.*

♦ Méd. Déviation vers l'arrière (d'un organe). ⇒ **Rétroposition, rétroversion.** *Rétrodéviation de l'utérus.*

CONTR. Antédéviation.

RÉTRODICTION [ʀetʀodiksjɔ̃] n. f. — 1963, Costa de Beauregard, *in* D.D.L. ; de *rétro-,* et *-diction.* → Prédiction.

♦ Didact. Établissement de la probabilité d'un état antérieur à un état observé, et lié à lui par une relation de cause à effet ; hypothèse concernant un état causal qui n'est pas connu expérimentalement. *Probabilités de rétrodiction. Problèmes de rétrodiction, dits problèmes de probabilité des causes.*

Tandis que l'application brutale ou « aveugle » du calcul des probabilités en prédiction est « physique » et conforme aux faits, son application en rétrodiction n'est utile que moyennant l'introduction des coefficients de Bayes.
Olivier COSTA DE BEAUREGARD, le Second Principe de la science du temps, p. 22, *in* D.D.L., II, 20.

RÉTRODIFFUSER [ʀetʀodifyze] v. tr. — Av. 1972, p. p. adj., *in Encycl. Univ.,* art. *Radioéléments ;* de *rétro-,* et *diffuser,* d'après *rétrodiffusion.*

♦ Phys. Provoquer la rétrodiffusion* de (particules élémentaires, rayonnements). — REM. S'emploie surtout au passif. *Flux de particules gamma rétrodiffusé par une surface.*

▶ **RÉTRODIFFUSÉ, ÉE** p.p. adj. *Rayonnement rétrodiffusé. Intensité rétrodiffusée d'un rayonnement.* « *Les électrons peuvent aussi s'enfoncer plus profondément dans la matière (200 à 300 angströms). Quand leur trajectoire est déviée au point qu'ils ressortent de l'échantillon, on les recueille grâce à deux détecteurs : ces électrons dits "rétrodiffusés" renseignent sur le numéro atomique des éléments rencontrés* » (*Sciences et Avenir*, janv. 1981, p. 30).

RÉTRODIFFUSION [ʀetʀodifyzjɔ̃] n. f. — Av. 1972 (in *Encycl. Univ.*, art. *Radioéléments*) ; de *rétro-*, et *diffusion*.

♦ Phys. Diffusion* (de particules élémentaires, de rayonnements, dits *rétrodiffusés*) vers l'arrière, selon des directions formant avec la direction incidente des angles compris entre 90° et 270°. *Le phénomène de rétrodiffusion est utilisé pour mesurer la distance, l'épaisseur, la densité de matériaux accessibles par une seule face (densité du sol...). Jauge radioactive à rétrodiffusion.*

RÉTROFLÉCHI, IE [ʀetʀofleʃi] adj. — 1839 ; de *rétro-*, et *fléchi*.

♦ Didact. (Bot., méd.). Dont la partie supérieure a subi une déviation vers l'arrière. *Utérus rétrofléchi*, dont le corps fait avec le col un angle ouvert en arrière. ⇒ **Rétroflexion.**

RÉTROFLEXE [ʀetʀoflɛks] adj. et n. f. — 1875 ; « rétrofléchi », 1839 ; lat. *retroflexum*, p.p. de *retroflectere* « plier en arrière ».

♦ Phonét. (D'un phonème). Articulé avec la pointe de la langue retournée dirigée vers l'arrière de la bouche. *Voyelle, consonne rétroflexe.* — N. f. *Une rétroflexe.* ⇒ **Cacuminal, cérébral.**

RÉTROFLEXION [ʀetʀoflɛksjɔ̃] n. f. — 1846 ; de *rétro-*, et *flexion*.

♦ Méd. Inclinaison vers l'arrière de la partie supérieure d'un organe, avec formation d'un angle de flexion (l'organe est dit *rétrofléchi*). *Rétroflexion de l'utérus.*

RÉTROFUSÉE [ʀetʀofyze] n. f. — V. 1960 ; de *rétro-*, et *fusée*.

♦ Fusée servant au freinage ou au recul. *Faire agir les rétrofusées d'un engin spatial.* « *Dans le cas des engins du type "Surveyor", les rétrofusées agissent brutalement dans les toutes dernières secondes pour que la vitesse avoisine zéro à la surface même de la Lune* » (*Science et Vie*, n° 590, p. 107). ⇒ **Rétropropulsion.**
Un système de rétrofusées entra en action.
Pierre BOULLE, la Planète des singes, p. 39.

RÉTROGNATHIE [ʀetʀoɡnati] n. f. ou **RÉTROGNATISME** [ʀetʀoɡnatism] n. m. — 1970 ; de *rétro-*, et grec *gnathos* « mâchoire ».

♦ Anat. Déformation de la mâchoire, qui reste en arrière de son profil normal.
CONTR. Prognathisme.

RÉTROGRADATION [ʀetʀoɡʀadasjɔ̃] n. f. — 1488 ; lat. *retrogradatio*. → Rétrograde.

Fait de rétrograder ; mouvement rétrograde. ⇒ **Rétrogression.**

★ **I.** ♦ **1.** Astron. Mouvement rétrograde (des planètes, des points équinoxiaux). → Corollaire, cit. 2. *Arc de rétrogradation.* ⇒ **Antécédence.**

♦ **2.** (1550). Littér. Mouvement de recul (→ Chair, cit. 2). *Le préfixe re-* (cit. 2) *marque parfois, en latin, la rétrogradation.*

♦ **3.** (1794, *in* D. D. L.). ⇒ **Recul.** *Une rétrogradation morale* (→ Concurrence, cit. 9). ⇒ **Régression.**
Les rétrogradations de l'humanité sont comme celles des planètes. Vues de la terre, ce sont des rétrogradations ; mais absolument ce n'en sont pas. La rétrogradation n'a lieu qu'aux yeux qui n'envisagent qu'une portion limitée de la courbe.
RENAN, l'Avenir de la science, Œ. compl., t. III, p. 972.

★ **II.** (1904). Mesure disciplinaire par laquelle un fonctionnaire, un militaire doit reculer dans la hiérarchie.
(Sports). Sanction qui consiste à faire reculer d'une ou plusieurs places, au classement officiel, un concurrent qui en a gêné un autre.
CONTR. Avance, avancement, progression.

RÉTROGRADE [ʀetʀoɡʀad] adj. — V. 1370 ; lat. *retrogradus*, rac. *gradi*. → Grade, graduel, et aussi rétro-.

Qui va en arrière.

A. Didact. ♦ **1.** Astron. Se dit du mouvement apparent des planètes,

lorsqu'il a lieu vers l'Ouest, en sens inverse du Soleil. *Mouvement rétrograde de Mars, de Jupiter.*

Sens rétrograde (opposé à *sens direct* ou *trigonométrique*). ⇒ **Dextrogyre.** *Le sens rétrograde est le même que celui des aiguilles d'une montre.*

♦ **2.** (XVᵉ). Qui va en sens inverse de son sens initial, qui revient vers son point de départ (⇒ **Rétrograder**). *Mouvement rétrograde* (→ Avant, cit. 62). — Billard. *Effet rétrograde*, par lequel une bille revient en arrière après en avoir frappé une autre ; effet de recul. (1889). N. m. et par abrév. *Un rétro.*

♦ **3.** (XIVᵉ, G. de Machaut). *Rimes rétrogrades ; phrases, vers rétrogrades*, qu'on peut lire en renversant l'ordre des mots ou des lettres. ⇒ **Palindrome.**

♦ **4.** (1932). Méd. *Amnésie rétrograde*, qui concerne les faits antérieurs à un événement donné (opposé à *antérograde*).

B. (1636 ; fin XVIIIᵉ, en polit.). Cour. Qui s'oppose au progrès, qui veut rétablir un état précédent. ⇒ **Réactionnaire.** *Des mesures rétrogrades. Une politique économique rétrograde. Gestion, administration rétrograde. Gouvernements à la fois progressifs* (cit. 2) *et rétrogrades.* « *Une longue chaîne de violences rétrogrades* » (→ Crise, cit. 14). — *Idées rétrogrades ; esprit rétrograde.* ⇒ **Arriéré** (→ Famille, cit. 16). — (Personnes). *Raisonner en homme rétrograde* (→ Borner, cit. 11). N. *C'est un vieux rétrograde.* ⇒ **Réactionnaire.** *Devenir rétrograde.* ⇒ **Rétrograder** (I., 4.).
Les formes de la pensée et de l'art les plus révolutionnaires et les plus rétrogrades y avaient trouvé tour à tour, et parfois en même temps, des exemples ou des inspirations.   R. ROLLAND, Jean-Christophe, la Révolte, III, p. 598.
Des modes, des goûts rétrogrades. ⇒ 2. **Rétro.**

CONTR. Direct. — Avancé, novateur, progressif, progressiste.

RÉTROGRADER [ʀetʀoɡʀade] v. — 1488 ; lat. *retrogradare*. → Rétrograde.

★ **I.** V. intr. ♦ **1.** Astron. Avoir un mouvement apparent rétrograde. « *Mercure commençait à rétrograder* » (Académie).

♦ **2.** (1564). Littér. Aller, marcher vers l'arrière*, vers son point de départ. ⇒ **Reculer.** *Rétrograder pied à pied* (cit. 39).
Il y a là un vilain faubourg qui m'a fait penser aux insectes ; j'ai rétrogradé ferme, et suis venu coucher dans une auberge de Gières (...)   STENDHAL, Mémoires d'un touriste, t. II, p. 132.   1
Au moment où Wellington rétrograda, Napoléon tressaillit.   HUGO, les Misérables, II, I, VIII.   2

♦ **3.** Suivre un ordre inverse* de l'ordre normal, logique ou chronologique (⇒ **Remonter**).
Je ressemble assez, de ce côté-là, à ces gens qui prennent le roman par la queue, et qui lisent tout d'abord le dénouement, sauf à rétrograder ensuite jusqu'à la première page.   Th. GAUTIER, Mˡˡᵉ de Maupin, I.   3
(...) il avait fait venir un cuisinier de Paris, et tous les jours pendant un mois, à l'effet de faire rétrograder la cuisine d'il y a quatre siècles, il lui avait fait cuisiner un plat, d'après le VIANDIER de Taillevent.
Ed. et J. DE GONCOURT, Journal, 10 oct. 1894, t. IX, p. 193.   4

♦ **4.** (1762 ; correspond à *rétrograde*, B.). Aller contre le progrès ; perdre les acquisitions, les améliorations apportées par une évolution. ⇒ **Régresser.** *Cet élève est en train de rétrograder. Rétrograder dans la hiérarchie sociale.* ⇒ **Déchoir, descendre.** « *Soit que la langue ait avancé, soit qu'elle ait rétrogradé* » (→ Froid, cit. 29). *Arrêter la civilisation et faire rétrograder le genre humain* (→ Pulvériser, cit. 2). ⇒ **Rétrograde** (B.).
Il est un terme de la vie au-delà duquel on rétrograde en avançant.
ROUSSEAU, Émile, II.   5
Surprise en flagrant délit d'aristocratie et de royalisme, tantôt par omission, et tantôt par commission, elle *(l'Assemblée)* constata tristement son envie timide de rétrograder, et le manque de courage qui l'empêchait d'aller en arrière tout aussi bien qu'en avant.   MICHELET, Hist. de la Révolution franç., V, X.   6
S'il *(le gouvernement)* défaille et n'est plus obéi, s'il est froissé et faussé du dehors par une pression brutale, la raison cesse de conduire les affaires publiques, et l'organisation sociale rétrograde de plusieurs degrés.
TAINE, les Origines de la France contemporaine, III, t. I, p. 82.   7

♦ **5.** (1964). Changer de vitesse, en augmentant la démultiplication. *Rétrograder de troisième en deuxième. Rétrograder avant de doubler.*

★ **II.** V. tr. (1932). « Reporter par mesure disciplinaire à un grade inférieur » (Académie). *Rétrograder un sous-officier. Il a été rétrogradé.* ⇒ **Rétrogradation** (II.).

Sports. Frapper de rétrogradation. « *Chevaux distancés, rétrogradés ou disqualifiés* » (P. Arnoult, *les Courses de chevaux*, p. 94).

CONTR. Avancer, progresser.

RÉTROGRESSION [ʀetʀoɡʀesjɔ̃ ; ʀetʀoɡʀesjɔ̃] n. f. — 1836 ; de *rétro-*, et du lat. *gressus*, d'après *progression**.

♦ Didact. Mouvement, marche en arrière. ⇒ **Recul, reflux, rétrogradation.**

CONTR. Avancement, progression.

RÉTROPÉDALAGE [ʀetʀopedalaʒ] n. m. — 1901, *in* Petiot; de *rétro-*, et *pédalage.*

♦ Action de pédaler à l'envers, par un mouvement des pieds vers l'arrière. *Freiner par rétropédalage. Changement de vitesse à rétropédalage.*

RÉTROPÉDALER [ʀetʀopedale] v. intr. — 1901, *in* D.D.L.; de *rétro-*, et *pédaler.*

♦ Rare. Pédaler à l'envers (⇒ **Rétropédalage**).

RÉTROPOSITION [ʀetʀopozisjɔ̃] n. f. — 1907, *Nouveau Larousse illustré, Suppl;* de *rétro-*, et *position.*

♦ Didact. Position (d'un organe) en arrière de la position normale. ⇒ **Rétrodéviation.** *Rétroposition des dents sur l'arcade dentaire.* — *Rétroposition de l'utérus :* déplacement de la totalité de l'utérus en arrière. *Utérus en rétroposition* (→ aussi Antéposition, latéroposition).

CONTR. Antéposition.

RÉTROPROGESTÉRONE [ʀetʀopʀoʒesteʀɔn] n. f. — 1968; de *rétro-*, et *progestérone.*

♦ Didact. Isomère optique (artificiel) de la progestérone (position de l'atome d'hydrogène et du groupe méthyle inversée par rapport à celle de la progestérone naturelle).

RÉTROPROJECTEUR [ʀetʀopʀoʒektœʀ] n. m. — 1968; de *rétro-*, et *projecteur.*

♦ Techn. Projecteur* destiné à reproduire l'image sur un écran placé derrière l'opérateur.

RÉTROPROJECTION [ʀetʀopʀoʒeksjɔ̃] n. f. — V. 1970; de *rétroprojecteur*, d'après *projection.*

♦ Techn. Projection à l'aide d'un rétroprojecteur. « *La rétroprojection est basée sur la création de transparents que vous projetez derrière vous, tandis que vous vous adressez de face à votre assistance* » (Publicité 3M, 25 sept. 1978).

RÉTROPROPULSION [ʀetʀopʀopylsjɔ̃] n. f. — 1964; de *rétro-*, et *propulsion.*

♦ Techn. Freinage des engins spatiaux par fusées (rétrofusées).

RÉTROPULSIF, IVE [ʀetʀopylsif, iv] adj. — 1964, *in* D.D.L.; de *rétro-*, et *(im)pulsif.*

♦ Qui donne une impulsion vers l'arrière. Qui tire en arrière.

RÉTROPULSION [ʀetʀopylsjɔ̃] n. f. — Mil. xxᵉ (1964, Larousse); de *rétro-*, et *pulsion.*

♦ Méd. Trouble de la station debout et de la marche à reculons se manifestant par une tendance à tomber en arrière.

RÉTROSPECTIF, IVE [ʀetʀospektif, iv] adj. et n. — 1775; de *rétro-*, et du rad. *spect-*, de *spect(are).* → Respectif, perspective.

♦ **1.** Qui regarde en arrière, dans le temps; qui est dirigé vers le passé*. *Étude rétrospective; examen rétrospectif. Des « évocations rétrospectives* » (Bourget, *Un divorce*, p. 100).

1 Je vois, par un phénomène rétrospectif, ces grâces de cœur et d'esprit d'Honorine auxquelles je faisais peu d'attention au jour de mon bonheur, comme tous les gens heureux ! BALZAC, Honorine, Pl., t. II, p. 280.

2 Mais il n'était pas inutile, avant d'en venir à l'historien, de jeter un coup d'œil rétrospectif sur la carrière déjà parcourue par le romancier pour voir s'il a gagné ou perdu à changer de rôle et de public.
Th. GAUTIER, Souvenirs de théâtre..., Hist. de la marine, II.

♦ **2.** (1859). Sentiments, états affectifs. Qui s'applique à des faits passés. *L'horrible jalousie* (cit. 22) *rétrospective. Peur rétrospective.*

3 Il était assis sur son lit, il faisait un drôle de sourire tordu. Il retrouvait un à un ses mots, mais en même temps la peur de ce qui s'était passé, une panique rétrospective qui l'étranglait. ARAGON, les Beaux Quartiers, I, XXII.

♦ **3.** N. m. (1973). Télév., cin. Retour* en arrière, dans un film. ⇒ **Flash-back** (anglic.), **retour** (en arrière).

CONTR. Avant-coureur, prospectif.
DÉR. Rétrospection, rétrospective, rétrospectivement.

RÉTROSPECTION [ʀetʀospeksjɔ̃] n. f. — 1850, Flaubert, *Correspondance*, t. I, p. 575; de *rétrospectif.*

♦ Didact. et rare. Action de remonter du présent au passé, de considérer une suite d'événements « dans le sens régressif des antécédents scientifiques, ou des causes efficientes, ou des moyens pratiques » (Blondel). ⇒ aussi **Rétrodiction.**

CONTR. Prospective.

RÉTROSPECTIVE [ʀetʀospektiv] n. f. — Av. 1922; de *rétrospectif.*

♦ **1.** Exposition d'œuvres d'art retraçant l'ensemble des tendances et de l'évolution (d'un artiste, d'une époque). *Une rétrospective des années folles, du cubisme, de Modigliani, du cinéma burlesque américain.* Cour. (avec un nom apposé). *Une grande rétrospective Picasso.*

♦ **2.** Régional (Canada). Retour en arrière, dans un film. ⇒ **Flash-back** (anglic.), **rétrospectif** (n. masculin).

RÉTROSPECTIVEMENT [ʀetʀospektivmɑ̃] adv. — 1846; de *rétrospectif.*

♦ **1.** En regardant vers le passé. « *Tel était, vu rétrospectivement, l'antique égout* (cit. 2) *de Paris* » (Hugo).

♦ **2.** Après coup. *Il eut peur rétrospectivement.*

1 (...) lord Evandale est rétrospectivement amoureux de Tahoser, fille du grand prêtre Pétamounoph, morte il y a trois mille cinq cents ans?
Th. GAUTIER, le Roman de la momie, XVIII.

2 (...) un temps devenu aujourd'hui le passé, mais qu'une hallucination nous fait un instant prendre rétrospectivement pour l'avenir.
PROUST, la Fugitive, Pl., t. III, p. 558.

RÉTROSTÉROÏDE [ʀetʀosteʀoid] n. m. — 1968; de *rétro-*, et *stéroïde.*

♦ Didact. Isomère d'un stéroïde dont les positions respectives d'un atome d'hydrogène et d'un groupe méthyle sont inversées.

RÉTROTUYÈRE [ʀetʀotɥijeʀ; ʀetʀotɥijeʀ] n. f. — 1968; de *rétro-*, et *tuyère.*

♦ Techn. Tuyère munie d'un dispositif susceptible d'inverser le jet d'un turboréacteur.

RETROUSSAGE [ʀ(ə)tʀusaʒ] n. m. — 1846; de *retrousser.*

♦ **1.** Agric. Quatrième labour donné à une vigne. ⇒ **Reterçage.**

♦ **2.** (1866, *in* D.D.L.). Techn. Procédé d'impression (en gravure).

RETROUSSÉ, ÉE [ʀ(ə)tʀuse] adj. ⇒ **Retrousser.**

RETROUSSEMENT [ʀ(ə)tʀusmɑ̃] n. m. — 1546, *in* D.D.L.; de *retrousser.*

♦ Action de retrousser, de se retrousser. *Un retroussement de lèvres.*

1 Aux vivacités de la conversation qui se tenait auprès d'elle, Nanette avait aussi un retroussement d'une seule narine, un retroussement singulier, bizarre.
Ed. et J. DE GONCOURT, Chérie, LXIV.

Résultat de cette action, façon dont qqch. est retroussé.

2 Elle avait, enfin, sur toute sa personne et jusque dans le retroussement de son chignon, quelque chose d'inexprimable qui ressemblait à un défi ; et il la désirait, pour le plaisir surtout de la vaincre et de la dominer.
FLAUBERT, l'Éducation sentimentale, II, II.

RETROUSSER [ʀ(ə)tʀuse] v. tr. — 1530; *soi retrosser* « se charger de nouveau », 1211; de *re-*, et *trousser.*

♦ **1.** Ramener l'extrémité de, replier vers le haut et vers l'extérieur. ⇒ **Relever.** *Retrousser sa jupe, sa robe pour marcher dans l'eau. Retrousser ses manches :* s'apprêter à travailler). ⇒ **Manche** (cit. 7 et 8). *Retrousser sa moustache* (→ Croc, cit. 4 ; mousquetaire, cit. ; muguet, cit. 4). *Retrousser les cheveux en un chignon.*

1 Pour enjamber ces effroyables mares,
Les juges lestement retroussent leurs simarres (...)
HUGO, les Châtiments, « Nox », II.

2 Le renard retroussa ses babines et montra les dents.
J. GIONO, le Chant du monde, I, II.

♦ **2.** (1866). Techn. Essuyer légèrement (une planche de gravure) à l'aide d'un morceau de mousseline (⇒ **Retroussage**).

▶ **SE RETROUSSER** v. pron.

♦ **1.** (Av. 1559). Se relever vers l'extérieur. ⇒ **Rebiquer, recoquiller.** *Habit qui s'est retroussé par derrière* (→ Piriforme, cit.).

♦ 2. (1636). Vieilli. (Personnes). Relever ses jupes. *Se retrousser pour traverser un ruisseau.*

3　J'ai dû me retrousser presque jusqu'aux genoux ;
Tout le bord de ma robe était mouillé d'écume.
　　　　　　　　　　　　　　　　Albert SAMAIN, Polyphème, I.

▶ **RETROUSSÉ, ÉE** p. p. adj.

♦ 1. (1561). Qui est remonté, relevé. *Robes retroussées des fermiè-res* (cit. 2) *qui montent à cheval.* — Dont les vêtements sont retroussés. *Femme retroussée jusqu'aux cuisses.* — *Pantoufles à bouts retroussés* (→ Broder, cit. 2). *Manches retroussées* (→ Exhibition, cit. 3), et, par métonymie, *bras retroussés* (→ Ouvrier, cit. 1). *Moustache retroussée au fer* (→ Agressif, cit. 4).

♦ 2. (V. 1534). *Doigts retroussés,* dont l'extrémité se relève vers l'extérieur de la main. *Nez retroussé :* nez court au bout relevé. ⇒ **Nez** (cit. 9). *Un nez très retroussé* (cf. fam. Dans lequel il pleut). Syn. fam. : *à la retroussette* (R. Sabatier, *les Allumettes suédoises,* p. 57).

♦ 3. (1561). *Chien retroussé,* dont l'échine se relève vers les reins.

CONTR. **Abaisser, baisser, étendre, rabattre. — Camard, crochu, pendant, rabattu ; droit** (nez).
DÉR. **Retroussage, retroussement, retroussis.**

RETROUSSIS [ʀ(ə)tʀusi] n. m. — 1680 ; de *retrousser.*

♦ 1. Partie d'un vêtement retroussée de façon permanente. *Retroussis d'un chapeau Henri IV. Retroussis des anciens unifor-mes :* partie retroussée des pans, des basques, généralement bou-tonnée et d'une autre couleur. *Uniforme bleu à retroussis jaune ; retroussis à fleurs de lis* (→ Fleurdelisé, cit.). ⇒ **Parement.** (1834). Revers (de botte, de bottine...).

1　(...) des bottines à retroussis jaunes venaient s'arrêter à la naissance d'un mollet sec et dur.　　　　　NERVAL, le Marquis de Fayolle, Prologue, IV.

♦ 2. (1888, Daudet). Partie retroussée. *Le retroussis de sa mousta-che, de ses babines. Retroussis d'un toit en pagode.*

2　(...) la rangée aiguë des canines puissantes sous le retroussis des babines noires.
　　　　　　　　　　Louis PERGAUD, De Goupil à Margot, p. 44.

3　Il était mal tenu, presque sale ; ses cheveux, trop longs, relevaient du bout, for-mant sur la nuque un retroussis plumeux, pareil au croupion des canards.
　　　　　　　　　　MARTIN DU GARD, les Thibault, t. VIII, p. 80.

RETROUVABLE [ʀ(ə)tʀuvabl] adj. — 1907 ; de *retrouver.*

♦ Qui peut être retrouvé. *Un classeur où les dossiers sont aisé-ment retrouvables.*
CONTR. **Introuvable.**

RETROUVAILLE [ʀ(ə)tʀuvaj] n. f. — 1782 ; de *retrouver.*

♦ 1. Littér. Fait de retrouver (ce dont on était séparé, ce qu'on avait perdu).

1　Ces heures de retrouvaille, je les avais attendues comme le pardon, comme le ciel, et, quand elles étaient sur moi, je ne pensais qu'à leur fuite, à la minute fatale d'un nouveau dessaisissement.
　　　　　　　　　　G. DUHAMEL, la Pesée des âmes, VII.

2　Mais les rêves reviennent parfois, singulièrement, à l'heure où on les attend le moins ; à cause d'une bague qui glisse et manque de se perdre comme autrefois, et dont la retrouvaille rappelle une histoire (...)
　　　　　　　　　　Émile HENRIOT, la Rose de Bratislava, I.

2.1　Il y a enfin ceci dans la tautologie de notre comédienne : ce que l'on pourrait appe-ler le mythe de la retrouvaille critique. Nos critiques essentialistes passent leur temps à retrouver la « vérité » des génies passés.
　　　　　　　　　　R. BARTHES, Mythologies, p. 98.

♦ 2. (1888, Goncourt). Fam. (Au plur.). *Les retrouvailles* (de person-nes qui se retrouvent). *J'assistai à leurs touchantes retrouvailles.*

3　Ça alors ! Tout de même, le monde est petit ! (...) Ces retrouvailles n'ont-elles pas un côté miraculeux ?　　　　J. DUTOURD, Au bon beurre, IV, IV.

Par ext. Rétablissement de relations interrompues, entre groupes sociaux. *Retrouvailles de deux pays, après une crise.*

RETROUVE [ʀ(ə)tʀuv] n. f. — 1972 ; de *retrouver,* d'après l'amér. *retrieval.*

♦ Techn. (Doc., inform.). Action de rechercher et d'extraire une don-née ou un document.
REM. Ce mot, proposé pour remplacer l'angl. *retrieval,* reste d'usage vir-tuel.

RETROUVER [ʀ(ə)tʀuve] v. tr. — V. 1112, *retruver,* sens II., 1. ; de *re-,* et *trouver.*

★ **I.** Trouver de nouveau. **♦ 1.** (Mil. XIIᵉ). Voir se présenter de nou-veau. *C'est une occasion* (cit. 14) *que tu ne retrouveras jamais. Retrouver de la main-d'œuvre* (cit. 3). *Il n'a pu retrouver la même qualité de tissu.*

♦ 2. Découvrir de nouveau (ce qui a été découvert puis oublié). *Une gamme* (cit. 9) *de couleurs qu'a retrouvée Derain. Retrouver un secret de fabrication.*

1　Ce treillageur (...) faisait dans son état œuvre d'artiste, retrouvant et refaçonnant les architectures aériennes du dix-huitième siècle.
　　　　　　　　　　Ed. DE GONCOURT, les Frères Zemganno, XLV.

♦ 3. (V. 1175). Trouver de nouveau (quelque part, en un état). *Gare à vous si je vous retrouve ici, à rôder par ici.* ⇒ **Repincer, reprendre, revoir.**

♦ 4. (Mil. XVIᵉ). Trouver (quelque part ce qui existe déjà ailleurs). *On retrouve chez le fils l'expression du père.* ⇒ **Reconnaître.** *L'aisance* (cit. 4) *d'autrefois que nous retrouvons dans les portraits. Elle retrouvait dans l'adultère toutes les platitudes* (cit. 3) *du mariage.* — Par ext. *Dans tout ce que nous avons appelé génie* (cit. 32) *on retrouve ces caractéristiques.* ⇒ **Trouver.** — *Retrouver un poète dans son œuvre* (→ Échappée, cit. 5).

2　Un être étranger à nous, opposé à notre tempérament, et en qui nous ne retrou-vons rien de notre famille et de nos habitudes, est souvent revêtu d'un charme presque ineffaçable.　　　J. CHARDONNE, l'Amour du prochain, p. 35.

3　(...) les fragments de ses *Mémoires* n'ont pas été imprimés tels qu'elle (la prin-cesse Mathilde) les avait écrits (...) On n'y retrouve, en tout cas, presque rien de ce tour mordant que cette personne autoritaire et réaliste excellait à donner à ses propos habituels (...)　　　Émile HENRIOT, Portraits de femmes, p. 394.

★ **II. ♦ 1.** Trouver (ce qui était perdu, ce qu'on avait perdu). **a** (1273). (Le complément désigne un être vivant qui s'est échappé, une personne qui est partie). *Retrouver le coupable* (cit. 8). *La police arrive toujours à retrouver les gens* (→ Fugue, cit. 5). — (Avec un attribut). *Nous le retrouverons vivant* (→ Parachuter, cit. 2). — *Retrouver qqn après une brouille* (→ aussi Raccommodement, cit. 1). Loc. prov. *Un (une) de perdu (de perdue) dix* (cit. 5) *de retrouvés (de retrouvées),* se dit plaisamment pour consoler qqn d'une déconvenue sentimentale.

b (Le complément désigne une chose). « *J'ai retrouvé la drachme* (cit. 1) *que j'avais perdue* » (Bible). *Si je ne retrouve mon argent...* (→ Pendre, cit. 8). *Retrouver une voiture volée.* ⇒ **Récupérer.** *Retrouver la trace de qqn* (→ Chemin, cit. 55), *la voie d'une bête* (→ Hourvari, cit. 1). ⇒ **Dépister.** *Retrouver son chemin* (cit. 6). *Moyen pour retrouver un lieu.* ⇒ **Repère** (point de). → Alignement, cit. 2. *Retrouver une phrase dans un livre. Marquer une page d'un signet pour la retrouver.* — Spécial. Trouver, rappeler (un souve-nir). *Retrouver des images* (cit. 58) *du passé, les jours anciens* (→ Perdre, cit. 63). *Retrouver des phrases, des parties d'un dis-cours* (cit. 14). *Je ne peux retrouver son nom.* — Au p. p. *Le Temps retrouvé,* dernière partie de À la recherche du temps perdu, de Proust.

4　Que deviendra l'homme (...) Que serons-nous donc ? Qui ne voit par tout cela que l'homme est égaré, qu'il est tombé de sa place, qu'il la cherche avec inquiétude, qu'il ne la peut plus retrouver ?　　　PASCAL, Pensées, VII, 431.

5　La Grise (...) partit à travers les taillis, montrant fort bien qu'elle n'avait besoin de personne pour retrouver son chemin.　　　G. SAND, la Mare au diable, VII.

5.1　Il monta sur son lit pour regarder dans son paquetage, il essaya d'y retrouver le billet de cent francs que j'avais pris un quart d'heure plus tôt. Ses gestes étaient ceux d'un clown. Il se trompait. Il supposait les cachettes les plus insolites : la gamelle où pourtant il venait de manger, le sac à brosses, la boîte à graisse. Il était ridicule.　　　Jean GENET, Journal du voleur, p. 49.

Loc. prov. *Une chienne, une chatte n'y retrouverait pas ses petits ; une poule* n'y retrouverait pas ses poussins, se dit d'un endroit en désordre (→ Fouillis, cit. 1).

♦ 2. (1273). Trouver (une chose que l'on considérait comme perdue à cause de son ancienneté, de la difficulté de la recherche, etc.). *Retrouver des squelettes dans un terrain quaternaire* (→ Paléon-tologique, cit. 2), *un grain de blé dans un hypogée* (2. Hypogée, cit. 3). *Des peintures inconvenantes* (cit. 4) *comme on en retrouve à Pompéi. Retrouver une épave. On retrouva incinérés* (cit. 1) *les restes de ses victimes. Retrouver l'origine de qqch.* (⇒ **Chaînon,** cit. 3).

6　C'est ainsi qu'après les tremblements de terre on a retrouvé des hommes englou-tis qui avaient gardé pendant longtemps encore le dernier geste de leur dernière pensée.　　　Mᵐᵉ DE STAËL, De l'Allemagne, I, I.

7　C'est là la première mission de l'histoire : retrouver par les recherches conscien-cieuses les grands faits de la tradition nationale.
　　　　　　　　　　MICHELET, Hist. de la Révolution franç., III,
　　　　　　　　　　De la méthode et de l'esprit de ce livre.

8　On retrouva, du côté de Dieppe, des débris de la *Jeune-Amélie,* sa barque. On ramassa, vers Saint-Valéry, les corps des matelots, mais on ne découvrit jamais le sien.　　　MAUPASSANT, l'Inutile Beauté, « Le noyé », II.

9　Impossible d'ailleurs, de retrouver l'affabulation de ce rêve.
　　　　　　　　　　MONTHERLANT, Pitié pour les femmes, p. 49.

10　Vous savez qu'on a retrouvé les bras de la Vénus de Milo ? disait-elle (Louise Colet). — Où ça ? — Dans les manches de ma robe !
　　　　　　　　　　Émile HENRIOT, Portraits de femmes, p. 351.

♦ 3. (V. 1695). Avoir de nouveau (une qualité, un état perdu). ⇒ **Recouvrer.** — REM. *Retrouver* s'est généralisé en ce sens à cause du recul de *recouvrer* (menacé par sa paronymie avec *recouvrir*) et de la difficulté d'emploi du verbe *ravoir.* — *Retrouver joie et santé* (→ Ordonnance, cit. 14), *le sommeil, les forces perdues. Retrouver sa liberté d'esprit* (→ Poignarder, cit. 2), *l'équilibre de son esprit* (⇒ 2. Efficace, cit. 3). — Loc. fam. *Retrouver ses esprits.* — Après de longues angoisses (cit. 9), *j'ai retrouvé la sérénité et le bonheur.*

Retrouver l'esprit d'enfance (→ Enfant, cit. 17). *Il avait retrouvé son ancienne élégance martiale* (cit. 1). *Elle a retrouvé son assurance, sa faconde.* (Sujet n. de choses). *Sa voix avait retrouvé du timbre* (→ Larynx, cit. 2). *Douleurs qui retrouvent leur acuité* (cit. 2). ⇒ **Reprendre.**

11 N'ai-je pas retrouvé une force de travail au-delà de mon espérance ? C'est la volonté seule qui me manque pour être heureux.
                                    B. CONSTANT, Journal intime, 1er avr. 1804.

12 Mlle Mars me fait retrouver mon cœur, que je croyais mort.
                                    STENDHAL, Journal, 28 févr. 1810.

13 (...) elle paraissait retrouver auprès de lui une personnalité que, par timidité peut-être, elle dissimulait ailleurs.   MARTIN DU GARD, les Thibault, t. V, p. 51.

14 Les clichés pourront retrouver droit de cité dans les Lettres, du jour où ils seront enfin privés de leur ambiguïté, de leur confusion.
                                    J. PAULHAN, les Fleurs de Tarbes, p. 148.

15 Depuis que Jaime était aveugle, il venait au champ comme autrefois (...) Des médecins disaient qu'il retrouverait la vue.   MALRAUX, l'Espoir, I, II, II, VI.

★ **III.** (1665). Être de nouveau en présence de (ce dont on était séparé). *Retrouver qqn quelque part* (→ Fortune, cit. 16). ⇒ **Revoir.** « *Oui, puisque je retrouve un ami* (cit. 12) *si fidèle* ». — Au p.p. *Des amis retrouvés* (→ Bonjour, cit. 2). — *Après un moment d'absence* (cit. 7), *quelle joie de la retrouver !* ⇒ **Retrouvaille**(s). *Aller, venir retrouver qqn.* ⇒ **Joindre, rejoindre** (→ Empressement, cit. 8 ; folichonner, cit. ; heure, cit. 28). *Venez me retrouver après votre travail.* — Fam. (En manière de menace). *On se retrouvera !* : je prendrai ma revanche !

16 (...) je viens vous retrouver dans un quart d'heure.   MOLIÈRE, Dom Juan, II, 4.

17 (...) comme la Trouille passait avec ses oies, il s'échappa sournoisement, il fila la retrouver, à l'abri d'une ligne épaisse de saules, bordant la rivière.
                                    ZOLA, la Terre, II, IV.

18 Jacques, lui aussi, souriait, envahi soudain par une de ces vagues de tendresse fraternelle qui le soulevaient, malgré tout, chaque fois qu'il retrouvait Antoine, en chair et en os, son visage énergique, son front carré, sa bouche (...)
                                    MARTIN DU GARD, les Thibault, t. V, p. 166.

(Avec un attribut d'objet). Revoir sous tel aspect. *Elle le retrouva grandi* (→ Gras, cit. 7). *Je l'ai retrouvé un peu vieilli* (→ Racornir, cit. 2). « *On le retrouve encor plus plein d'extravagance* » (cit. 1). *On ne le retrouve jamais pareil* (→ Inconséquent, cit. 6). *C'est miracle si tu me retrouves en vie* (→ Passer, cit. 38).

19 Il me retrouvera comme il m'avait laissée
    Avec la même robe et la même pensée   GIDE, le Retour, I, 1.

20 (...) il ne pouvait tirer de lui que des monosyllabes. Puis, sans transition, on le retrouvait sociable, parlant de la peste avec abondance (...)
                                    CAMUS, la Peste, p. 299.

Retrouver une chose qu'on a quittée. Proscrit qui retrouve sa terre natale (→ Grâce, cit. 45). *Retrouver avec plaisir son chez-soi, des choses à soi* (→ Mon, cit. 3). *Je retrouve chaque été les volumes que je laisse à regret chaque automne* (→ Naturaliste, cit. 4).

▶ **SE RETROUVER** v. pron.

♦ **1.** (1680). Récipr. Être de nouveau en présence l'un de l'autre. *Quand elles se retrouvèrent face à face* (→ Prendre, cit. 120). *En se retrouvant, ils furent déçus* (→ Diapason, cit. 6). *Un club où l'on se retrouve entre gens du même monde* (→ Interpeller, cit. 5). *Tiens ! comme on se retrouve !*, formule employée lors d'une rencontre inattendue (cf. Le monde est petit). — Spécialt. Se donner rendez-vous. *Ils se retrouvaient au jardin public* (→ Passager, cit. 4).

21 Car, sans doute, on ne peut supporter son absence qu'en se la promettant courte, en pensant au jour où on ne se retrouvera, mais d'autre part on sent à quel point ces rêves quotidiens d'une réunion prochaine et sans cesse ajournée sont moins douloureux que ne serait une entrevue qui pourrait être suivie de jalousie, de sorte que la nouvelle qu'on va revoir celle qu'on aime donnerait une commotion peu agréable.   PROUST, À l'ombre des jeunes filles en fleurs, Pl., t. I, p. 621.

22 (...) il avait, à peu près à la même heure, rendez-vous avec Marie, rue de la Baume. Ils s'y retrouvaient assez régulièrement ; tous les huit jours environ (...)
                                    J. ROMAINS, les Hommes de bonne volonté, t. V, XX, p. 147.

♦ **2.** Réfl. ⓐ Retrouver son chemin après s'être perdu. « *Et Phèdre... Se serait avec vous retrouvée ou perdue* » (cit. 52, Racine). *Il ne put se retrouver dans ce dédale de rues. Il fait si noir qu'on s'y retrouve plus.* Fig. *Se retrouver dans... ; s'y retrouver :* retrouver où l'on en est, s'y reconnaître. *Procédez par ordre, ou l'on ne s'y retrouvera plus. On a du mal à s'y retrouver* (→ Moujingue, cit.). *Se retrouver dans ses comptes.*

23 Le terrible, c'est qu'à cette heure de nuit il ne fallait plus songer à retourner à la ferme ; car le chemin par la traverse, notre demoiselle n'aurait jamais su s'y retrouver toute seule, et moi je ne pouvais pas quitter le troupeau.
                                    Alphonse DAUDET, Lettres de mon moulin, « Les étoiles ».

23.1 « Ah ! je le crois, disait le garçon, nous avons un client qui venait de la place de la République, son cocher s'est perdu trois fois.
    — Si ce n'était que de se perdre, disait le monsieur, mais c'est qu'on ne se retrouve pas.
    — Oui, voilà l'embêtant », disait le garçon.   PROUST, Jean Santeuil, Pl., p. 861.

24 (...) ses essais et sa curiosité honorent grandement la marquise et révèlent de sa part une facilité remarquable à se retrouver dans les abstractions de la philosophie transcendante et des mathématiques supérieures.
                                    Émile HENRIOT, Portraits de femmes, p. 178.

(1768). Fam. **S'Y RETROUVER** : rentrer dans ses débours, et, par ext., faire un bénéfice, tirer profit, avantage. *Le patron a des frais, mais il s'y retrouve.*

ⓑ (Déb. XVIIe). Rentrer en possession de soi-même, de ses moyens. *C'est quand il se donne* (cit. 73) *à autrui qu'il se retrouve davantage. Rendue à elle-même, elle se retrouvait* (→ Méduser, cit.). ⇒ **Renaître.** — *Après un long passage à vide, l'ailier droit semble se retrouver.*

25 (...) rien ne saurait faire qu'une ville d'Allemagne devînt Paris, ni que les Allemands pussent, sans se gâter entièrement, recevoir comme nous le bienfait de la distraction. À force de s'échapper à eux-mêmes, ils finiraient par ne plus se retrouver.   Mme DE STAËL, De l'Allemagne, I, XI.

26 Quatre ans à ne s'occuper que des autres (...) Il était temps qu'il s'occupe un peu de lui. Et pour ça il avait besoin d'être seul et d'être libre. Ce n'est pas facile de se retrouver au bout de quatre ans (...)   S. DE BEAUVOIR, les Mandarins, p. 11.

Se reconnaître (en). *Se retrouver en qqn* (→ Persifler, cit. 3).

ⓒ (1553). Être de nouveau dans un lieu qu'on a quitté. *L'idée de se retrouver dans cette chambre l'attristait* (cit. 8). *Je me retrouvais au milieu de mes bergeries* (→ Fracas, cit. 6). *Il se retrouva sur le trottoir* (→ Prendre, cit. 80).

27 Mais ce n'était pas une maison : c'était le feu de bivouac qu'ils avaient couvert en partant et qui s'était rallumé à la brise (...)
    Ils avaient marché pendant deux heures pour se retrouver au point de départ.   G. SAND, la Mare au diable, X.

ⓓ (1680). Être de nouveau (dans un état, une situation qui avait cessé). *Quand nous nous retrouvâmes seuls, maman et moi* (→ Monstre, cit. 11). *Se retrouver devant les mêmes difficultés* (→ 1. Queue, cit. 20). *Être, se retrouver Gros-Jean comme devant*.

28 (...) depuis la nuit, l'heureuse nuit d'hier, je me retrouve dans mon élément ; j'ai repris toute mon existence (...)   LACLOS, les Liaisons dangereuses, XLIV.

Se trouver soudainement (dans une situation), à la suite et en conséquence de quelque chose. *Il perdit sa femme et se retrouva seul. Après cet héritage, elle se retrouva en possession d'une immense fortune. Fam. Se retrouver sur le pavé, sur la paille ; le bec dans l'eau.*

29 Il ne fallut aucun effort, aucune audace nouvelle, presque aucune ingéniosité dans la façon de dire les phrases de tout le monde pour que Jerphanion se retrouvât sur la descente du boulevard au côté gauche de la jeune fille.
                                    J. ROMAINS, les Hommes de bonne volonté, t. IV, XVIII, p. 198.

♦ **3.** (XVe). (Passif). ⓐ Être trouvé une seconde fois. *Une occasion manquée* (cit. 83) *se retrouve. Un privilège qui ne se retrouve pas* (→ Dessécher, cit. 7). *Un individualisme* (cit. 7) *dont les conditions ne se retrouveront jamais. La prochaine fois, si ça se retrouve, si cela se représente*.

30 Elle se disait que jamais pareilles circonstances ne se retrouveraient, que le temps passait et que tout allait être fini.   MONTHERLANT, le Songe, I, VI.

ⓑ (En parlant de ce qui existe quelque part). Se trouver aussi (dans un lieu). *L'impuissance de l'Église celtique se retrouvait dans la monarchie* (→ Nominalement, cit.). *Le même caractère se retrouve dans la langue des Provençaux* (→ Forme, cit. 66). — (Sujet au pluriel). Se trouver aussi et ensemble. *Les influences chinoise et coréenne se retrouvent dans l'art céramique.*

ⓒ Se trouver (partout, toujours). *La fable* (cit. 14), *forme d'invention qui se retrouve en tous lieux et en tous pays. Ces mots se retrouvent à chaque instant sous leur plume* (→ Humiliation, cit. 14).

ⓓ (En parlant d'une chose perdue). Être retrouvé, récupéré. *Le livre s'était enfin retrouvé* (→ Doguin, cit.).

▶ **RETROUVÉ, ÉE** p.p. adj. Voir à l'article.
CONTR. Égarer, oublier, perdre ; dérouter.
DÉR. Retrouvable, retrouvaille, retrouve.

RÉTROVERSÉ, ÉE [ʀetʀɔvɛʀse] adj. — 1851, *in* D.D.L. ; de *rétroversion*.

♦ Méd. Affecté de rétroversion*. *Utérus rétroversé.*
CONTR. Antéversé.

RÉTROVERSION [ʀetʀɔvɛʀsjɔ̃] n. f. — 1783 ; de *rétro-*, et lat. *vertere* « tourner ».

♦ Méd. Inclinaison en arrière, sans flexion, d'un organe selon son axe vertical. ⇒ **Déplacement, rétrodéviation.** *Rétroversion de l'utérus* (⇒ **Rétroversé** ; → aussi Antéversion, latéroversion).
Rétroversion dentaire : version* d'une dent en arrière de sa position normale sur l'arcade.
CONTR. Antéversion.
DÉR. Rétroversé.

RÉTROVISEUR [ʀetʀɔvizœʀ ; ʀɔtʀɔvizœʀ] n. m. — 1920 ; de *rétro-*, et rad. *viser*, d'après *viseur*.

♦ Appareil formé d'un petit miroir tourné vers l'arrière, et qui permet au conducteur de voir derrière lui sans avoir à se retourner. *Rétroviseurs extérieurs. Rétroviseur orientable. Rétroviseur d'automobile, de moto. Regarder, jeter un coup d'œil dans le rétroviseur. Surveiller ses poursuivants dans le rétroviseur. Régler son rétroviseur. Position jour et position nuit d'un rétroviseur.*

Boris jeta un coup d'œil vers le chauffeur et vit qu'il les regardait dans le rétro-viseur. SARTRE, la Mort dans l'âme, p. 57.
Abrév. fam. ⇒ 3. **Rétro.**

RETS [Rɛ] n. m. — 1538 ; 1120, *rei*, var. *raiz*, *reis* ; du lat. *retis*, masc. et fém. ; lat. class. *rete*, neutre.
REM. Le mot était encore féminin au XVIᵉ siècle.

♦ **1.** Vx ou littér. Ouvrage en réseau (pour capturer du gibier, des poissons). ⇒ **Filet, lacs.** «*Ce lion fut pris dans les rets...*» (→ Défaire, cit. 7, La Fontaine). *Rets pour prendre les cerfs* (⇒ **Bricole**), *le gros gibier* (⇒ **Toile**), *les perdrix* (→ Tonnelle). *Rets de fonds* (pour la pêche).

1 Il tendit un long rets. Voilà les poissons pris (...) LA FONTAINE, Fables, X, 10.
Par métaphore :
2 (...) le rets féodal, si serré et si pesant sur toute l'Europe, a dû, en Flandre, élar-gir ses mailles. TAINE, Philosophie de l'art, t. II, p. 2.

(Fin XIVᵉ, *rez*). Fig., littér. *Tendre des rets*, *prendre qqn dans des rets*. ⇒ **Embûche, piège.** «*Les rets de leurs vaines et dangereuses subti-lités* (des philosophes)» (Bossuet). ⇒ **Ruse.**

3 Car à la faveur du sommeil, il redevenait faible, chimérique, attardé, dans les rets d'une interminable et douce adolescence. COLETTE, la Chatte, p. 22.

♦ **2.** Vx. Réseau. — Anat. *Rets admirable* (Descartes, *in* Littré) : «petit plexus ou lacis de vaisseaux qui entoure la glande pitui-taire» *(Encyclopédie).*
HOM. Rai, raie.

RETSINA [Rɛtsina] n. m. invar. — Attesté 1979 (*l'Express*, 26 mai 1979) ; mot grec.

♦ Vin grec résiné. ⇒ **Résiné.**

RETUBAGE [R(ə)tybaʒ] n. m. — 1901, méd. ; de *retuber*.

♦ Techn. Action de remplacer un tube, une tubulure. — Méd. Action de remettre un tube en place.

RETUBER [R(ə)tybe] v. tr. — 1922 ; de *re-*, et *tube.*

♦ Techn. Remplacer les tubes, la tubulure de (une chaudière, etc.).
DÉR. Retubage.

RÉUNI, IE [Reyni] adj. ⇒ **Réunir.**

RÉUNIFICATEUR, TRICE [Reynifikatœʀ, tʀis] adj. — 1965, in *le Monde* ; de *réunifier.*

♦ Qui réunifie, tend à la réunification. *Politique réunificatrice.*

RÉUNIFICATION [Reynifikasjɔ̃] n. f. — 1964 ; de *réunifier.*

♦ Action de réunifier ; son résultat. *Le problème de la réuni-fication de l'Allemagne.* «*M. Mitterrand mise sur une réunifica-tion de la gauche, dans un délai relativement court*» (*le Figaro*, 21 déc. 1966).

RÉUNIFIER [Reynifje] v. tr. — 1961, cit. *infra* ; de *ré-*, et *unifier.*

♦ Rétablir l'unité (d'un pays divisé, d'une entité sociale ou poli-tique divisée). «*Cette étude estime que le Vietnam devra être réuni-fié (...) hors de toute alliance militaire*» (*le Monde*, 9 avr. 1966). — Au p. p. *Nation réunifiée.*

1 (...) tout accord entre les deux grands empires en vue de la pacification du monde, et pour en finir avec la guerre froide, mais qui aurait pour résultat de réuni-fier l'Allemagne, mettrait la paix dans un péril immédiat pire que celui qui en ce moment nous presse (...)
F. MAURIAC, le Nouveau Bloc-notes 1958-1960, p. 14.
2 L'U.R.S.S. est persuadée qu'une Allemagne réunifiée sous l'égide de Bonn deviendrait la puissance dominante de l'O.T.A.N.
Georges CASTELLAN, la République démocratique allemande, p. 122.
DÉR. Réunificateur, réunification.

RÉUNION [Reynjɔ̃] n. f. — 1468 ; de *réunir*, sur le modèle d'*union.*

★ **I.** (Choses). ♦ **1.** Le fait de réunir (un fief, une province à un État). ⇒ **Adjonction, annexion, incorporation, rattachement.** — Hist. *Chambres de réunion* (1679-1685) : assemblées chargées d'interpré-ter les traités de Westphalie et de Nimègue, et qui annexèrent plu-sieurs territoires à la France. — *Île de la Réunion*, nom donné à l'île Bourbon lorsqu'elle fut annexée à la couronne de France.

♦ **2.** (1549). Le fait de rapprocher, de remettre ensemble des cho-ses séparées, disjointes, et, par ext. (XVIIIᵉ), des choses éparses, qui n'étaient pas ensemble auparavant ; le fait d'être réuni. ⇒ **Assem-blage, groupement, jonction, rapprochement, rassemblement.** *Réunion d'éléments nombreux* (⇒ **Accumulation, agglomération,**

agrégation, entassement), *hétéroclites* (⇒ **Amalgame, confusion, mélange**). *Réunion en un tout cohérent, homogène* (⇒ **Combinai-son, conjonction, synthèse, union**). *Réunion des pièces d'un assem-blage**, *d'une charpente, d'un mécanisme...* — (1798). Méd. *Réunion des lèvres d'une plaie*, sa cicatrisation. — *Réunion des rayons lumi-neux.* ⇒ **Concentration, convergence** (→ 1. Feu, cit. 2). — *Point de réunion de plusieurs routes* (carrefour, patte d'oie). — *Réunion d'une chose à une autre.* — Fig. *L'extase* (cit. 2) *est la réunion de l'âme à son objet.* — *Réunion des concepts dans un raisonne-ment.* ⇒ **Enchaînement, synthèse.** *Réunion de caractères, de quali-tés.* ⇒ **Liaison ; fusion, rencontre.**
Fait, manière d'être réuni ; lien, rapport qui unit plusieurs cho-ses entre elles. *Réunion harmonieuse* (⇒ **Accord, alliance, mariage**). *Réunion intime.*

1 Ce n'est pas seulement en rêve, et dans le léger délire qui précède le sommeil, c'est encore éveillé, lorsque j'entends de la musique, que je trouve une analogie et une réunion intime entre les couleurs, les sons et les parfums.
BAUDELAIRE, citant HOFFMANN, *in* Curiosités esthétiques, III, III.

♦ **3.** Rare. Pluralité de choses considérées ou mises ensemble. ⇒ **Ensemble, groupe ; amas, bloc, masse, tas ;** et (fig.), **bouquet, cha-pelet, faisceau, gerbe...** *Réunion de deux choses.* ⇒ **Couple** (cit. 2), **paire.** *Réunion hétéroclite* (⇒ **Mélange,** fig. **salade**). *Réunion de faits, de documents, de poèmes...* (⇒ **Recueil**), *d'articles à vendre* (⇒ **Choix**), *d'objets du même genre* (⇒ **Collection**), *de véhicules en marche* (⇒ **Convoi**)... — *Réunion d'États.* ⇒ **Fédération.**

(Abstrait). *La loi* (cit. 15) *est la réunion des lumières et de la force. Réunion de doctrines religieuses* (⇒ **Syncrétisme**).

♦ **4.** (1964). Math. *Réunion de deux ensembles* (notée U) : ensemble de tous les éléments appartenant au moins à l'un des deux. *Réunion et intersection.*

★ **II.** (Personnes). ♦ **1.** (1587). Réconciliation ; «la paix, la con-corde qu'on met entre des personnes qui avaient rompu leur ami-tié, leur intelligence» (Furetière, 1690).

♦ **2.** (1789). Fait de se retrouver, et, par ext., de se trouver ensemble ; groupe de personnes ainsi réunies. *La réunion de deux êtres* (→ Physique, cit. 6). *La réunion des hommes en grou-pes sociaux* (⇒ aussi **Colonie, communauté, population, société**). *La réunion des flatteurs, des médisants.* ⇒ **Chœur, clan, clique, cote-rie, ramas, ramassis...** *Une réunion momentanée.* ⇒ **Coalition.** — Par ext. «*Le plaisir... unique mobile de la réunion des deux sexes*» (Laclos, les Liaisons dangereuses, CXXXI).

2 (...) les trains commencèrent à fumer en gare pendant que, venus des mers loin-taines, des navires mettaient déjà le cap sur notre port, marquant à leur manière, que ce jour était, pour tous ceux qui gémissaient d'être séparés, celui de la grande réunion. CAMUS, la Peste, p. 315.

♦ **3.** (1789). Cour. Ensemble de personnes qui sont venues en un même lieu pour être ensemble (pour participer à une activité com-mune ou collective) ; acte par lequel elles se rassemblent ; durée, circonstances de leur rencontre. ⇒ **Assemblée, rencontre.** *Réunion nombreuse.* ⇒ **Groupe, troupe...** *Organiser une réunion. Assister* (⇒ **Assistance, auditoire**), *participer à une réunion. Affluence à une réunion* (⇒ **Concours**). *Convier, inviter qqn à une réunion.* — *Réunion mondaine, dansante.* ⇒ aussi **Bal, raout.** *Réunion d'après-midi* (cit. 4), *du soir* (⇒ **Soirée, veillée**). *Réunion sportive, d'athlétisme* (⇒ **Meeting**). *Réunion amicale.*

3 Quand la réunion se trouvait au complet, madame Raquin versait le thé, Camille vidait la boîte de dominos sur le toile cirée, chacun s'enfonçait dans son jeu.
ZOLA, Thérèse Raquin, IV.

Spécialt. Ensemble de personnes faisant partie d'un groupe orga-nisé, d'un corps constitué, qui sont venues en un même endroit pour parler des problèmes de leur groupe. — Acte par lequel elles se ras-semblent. — Durée, circonstances de leur rencontre. ⇒ **Assemblée, assise, cénacle, chapitre, comices, comité, commission, compagnie, concile, conférence, confrérie, congrégation, congrès, conseil, con-sistoire, groupe, groupement, séance** (de travail, etc.), **synode, table** (table ronde). *L'ordre* (cit. 13) *du jour d'une réunion. Réunion générale, plénière**. ⇒ **Plenum.** *Réunion d'un cercle**, *d'un club**, *d'un conseil d'administration... d'une société. Réunion de travail, d'information. Réunion hebdomadaire, mensuelle. Salle réservée aux réunions* (→ Cantonade, cit.). *Salle de réunions. Présider une réunion. Réunion contradictoire.* ⇒ **Débat.** *Réunion-débat. Il y a une réunion ce soir. La réunion a lieu au premier étage. Quand est la prochaine réunion?* — *Être en réunion. Ils sont en réunion. Tu vas à la réunion? Goût exagéré pour les réunions.* ⇒ **Réunionite.** *Une réunion interminable, ennuyeuse.*

Dr. Groupement momentané (à la différence de *association*) de personnes hors de la voie publique. *Réunions et associations** (cit. 12). *Réunions et manifestations**, sur invi-tations nominatives. *Réunions privées*, réservées à des invités. *Réunions publiques*, où tout le monde peut se rendre, soit librement, soit sur invitation sans caractère personnel, et qui sont soumises à un régime de police. *Liberté de réunion.* — *Réunion secrète* (⇒ **Conciliabule ; complot**). *Réunion armée* (cf. Code pénal, art. 214). *Réunion électorale*, où l'on choisit, où l'on présente des candidats. *Réunion politique, syndicale...* ⇒ **Mee-ting.**

4 Du temps d'Anne, pas de réunion sans l'autorisation de deux juges de paix. Douze personnes assemblées, fût-ce pour manger des huîtres et boire du porter, étaient en félonie. 　　　　　　HUGO, l'Homme qui rit, II, I, V, II.

5 Le lendemain, à Sérianne, à une réunion contradictoire où Barbentane et Delangle se trouvaient à la tribune, le candidat modéré, avec son beau gilet gris, avait parlé de la France d'une façon très touchante, agité le spectre allemand, la loi votée récemment au Reichstag. Il y avait eu quelques sifflets quand le maire s'était levé pour répondre. 　　　　　ARAGON, les Beaux Quartiers, I, XIX.

CONTR. Désagrégation, désunion, différenciation, dispersion, dissémination, dissociation, division, éparpillement, fractionnement, partage, séparation. — Bifurcation. — Élément.
DÉR. Réunionite.

RÉUNIONITE [Reynjɔnit] n. f. — Mil. XXᵉ ; de réunion, et -ite.

♦ Plais. Goût exagéré pour les réunions ; abus des réunions.

RÉUNIR [Reyniʀ] v. tr. — V. 1460 ; reaunir, 1400 ; de ré-, et unir.

★ **I.** (Choses). ♦ **1.** Rare. Remettre ensemble (des choses qui avaient été séparées). ⇒ **Raccorder, rassembler, recomposer, rejoindre, relier.** Réunir des morceaux en collant, en recousant. → Assembler, cit. 4.
Par ext. Reformer (un ensemble dont les parties étaient disjointes). Cf. Boileau in Littré.

♦ **2.** (1663). Mettre ensemble (plusieurs choses) pour former un tout ; joindre ou rapprocher suffisamment pour unir. ⇒ **Assembler, combiner, grouper, joindre, ramasser, rassembler, unir.** Réunir des éléments nombreux ou hétérogènes (⇒ **Accumuler, additionner, amasser, entasser, masser** ; mélanger, mêler). Réunir diverses choses en un tout compact (⇒ **Agglomérer, agglutiner, agréger, amalgamer, bloquer, conglober, conglomérer, conglutiner, consolider, fondre, intégrer**). Réunir deux choses, réunir par couples (⇒ **Accoupler, appareiller, apparier**). Réunir une chose à une autre (⇒ **Adjoindre, ajouter**). Spécialt. Réunir une province à un État. ⇒ **Annexer, incorporer** ; réunion (I., 1.). — (Choses concrètes). Mettre ensemble en attachant. Le lien (cit. 1) permet de réunir les objets. ⇒ **Attacher, lier** ; ligature (→ aussi Manuscrit, cit. 4). Réunir des objets, des surfaces en collant*, en cousant*, en soudant*... ⇒ **Adhérer** (faire). Réunir dix billets par une épingle (cit. 4). ⇒ **Épingler.** — Par anal. Réunir deux paragraphes, les juxtaposer, ou encore, les fondre en un seul. Réunir deux, plusieurs personnages dans un tableau. ⇒ **Agencer, grouper.** — (Sujet n. de chose). Mettre ensemble en rapprochant. Une lentille qui réunit les rayons du soleil (→ Machine, cit. 9). ⇒ **Concentrer.**

1 Mélanie met sa toilette la plus pimpante, réunissant sur sa personne tous ses bijoux (...) 　　　Ed. et J. DE GONCOURT, Journal, Fin janv. 1852, t. I, p. 25.

Rapprocher, rassembler (des éléments de même nature), pour en tirer qqch. Réunir des dossiers (cit. 2), des papiers, des renseignements ; réunir les faits, les preuves (→ Palpable, cit. 6)... ⇒ **Canaliser** (4.), **centraliser, classer.** Réunir en recueil (⇒ **Codifier, colliger, recueillir**), dans une collection (⇒ **Collectionner**). Réunir plusieurs éléments, plusieurs influences dans une œuvre. ⇒ **Capter** (fig.). Incapable de réunir deux idées dans sa cervelle (→ Esquinter, cit. 3). Réunir des concepts (⇒ **Synthétiser**). — Réunir plus de quatre mille francs (→ 2. Prime, cit. 2). — Les prétendants qui réunissent un certain nombre de voix (→ Exclusif, cit. 9).

2 (...) il (Littré) a réuni en vue de ce noble but une telle masse de matériaux qu'on a peine à croire qu'un seul homme ait pu les recueillir (...)
　　　　　　　Gaston PARIS, Journal des savants, oct.-nov. 1890.

(1763). Mettre en rapport, en communication. Réunir deux capitales par une ligne aérienne (⇒ **Desservir**). — (Sujet n. de chose). Une ligne aérienne réunit ces villes. — Absolt :

3 Il est incontestable que les montagnes séparent ; mais les fleuves réunissent plutôt.
　　　　RENAN, Qu'est-ce qu'une nation ?, Œ. compl., t. I, II, p. 903.

(Avec un compl. au sing.). Réunir les éléments de... Réunissant le peu d'espagnol que nous savions (→ Parvenir, cit. 7).

♦ **3.** (1740). Avoir ou comporter (plusieurs éléments d'origine diverse et parfois opposés). ⇒ **Concilier, confondre, cumuler, englober, grouper...** (→ Génie, cit. 37 ; flanc, cit. 5). La banque réunissait toutes les conditions nécessaires pour un braquage. — À chaque défaut, elle réunissait une qualité. ⇒ **Joindre** (→ Contraste, cit. 4). Réunir l'utile à l'agréable (→ Œillette, cit.).

4 (...) Gœthe, comme tous les hommes de génie, réunit en lui d'étonnants contrastes (...) 　　　Mᵐᵉ DE STAËL, De l'Allemagne, II, XIII.

5 (...) une d'Uxelles, une Beauséant, une Blamont-Chauvry, enfin une fille réunissant toutes les distinctions de la naissance, de la richesse, de la beauté, de l'esprit et du caractère. 　BALZAC, le Cabinet des Antiques, Pl., t. IV, p. 351.

★ **II.** (Personnes). ♦ **1.** (1587). Vx ou littér. Réconcilier*, rendre de nouveau unis (ceux qui étaient séparés, brouillés). → Diviser, cit. 9, La Bruyère.

6 Mais enfin, tour à tour, c'est assez nous punir :
Nos ennemis communs devraient nous réunir. 　RACINE, Andromaque, I, 4.

♦ **2.** Cour. Mettre ensemble, faire communiquer (des personnes). ⇒ **Réunion ; aboucher, assembler, associer, grouper, rassembler.** Réunir autour (cit. 11) de soi une cour, une société... Réunir ses invités autour d'une table (⇒ **Asseoir**). Réunir des ambassadeurs

en conférence (→ Litige, cit. 2). — Réunir des personnes contre un ennemi commun. ⇒ **Coaliser.** — Réunir des amis. ⇒ **Inviter.** — Convoquer en réunion. Réunir le Sénat, le Conseil d'administration. Réunir les travailleurs en assemblée générale.

7 Avant de partir, Byron voulut réunir à Newstead ce petit groupe de Cambridge dont l'intelligence aux arêtes vives avait si fortement modelé la sienne.
　　　　　　　　　A. MAUROIS, la Vie de Byron, I, XII.

(Sujet n. de chose). Le travail qui nous réunissait (→ Assujettir, cit. 10). Moment qui réunit la famille au complet (cit. 11). Ceux qu'un goût commun réunit. — Rare. La dernière chose qui le réunissait aux siens. ⇒ **Rattacher, relier.**

▶ **SE RÉUNIR** v. pron. (V. 1587, « se réconcilier » ; → 1. Point, cit. 87).

♦ **1.** (1718). Se rapprocher ou se joindre de façon à être ensemble. — (Choses). Chemins, cours d'eau qui se réunissent en un point. ⇒ **Confluer** (contr. : bifurquer). Ses cheveux se réunissaient en une petite queue (cit. 1) de rat. — Fig. Dieu, où viennent se réunir les idées de l'infini (cit. 17). ⇒ **Joindre** (se) ; **fondre** (se). Tout se réunit pour me déchirer l'âme... ⇒ **Concourir** (→ Agiter, cit. 9). — (Groupes sociaux). Les provinces, les états qui se réunissent en une fédération. Sociétés, organismes qui se réunissent en un cartel, une association. ⇒ aussi **Associer** (s'), **fusionner.**

♦ **2.** (1683). Personnes. Faire en sorte d'être ensemble. Prendre rendez-vous* pour se réunir. Se réunir entre amis, avec des amis (→ Niaiserie, cit. 5). ⇒ aussi **Rencontrer** (se), **retrouver** (se). Un endroit (cit. 6) où se réunir. Se réunir autour d'une table. ⇒ **Attabler** (s'). Le peuple se réunissait dans l'église. ⇒ **Assembler** (s') ; → Incrédule, cit. 6.

7.1 Les gens se réunirent dans le salon, qui était très vaste, mais aussi très sombre (...) 　J. ROMAINS, les Hommes de bonne volonté, t. V, XXII, p. 171.

Absolt. Former une réunion (II., 3.). Le droit de se réunir (→ Candidature, cit. 1). — L'assemblée qui commençait à se réunir, à tenir séance (→ Hésitation, cit. 2).

Rare. SE RÉUNIR À (qqn). Ils se sont réunis à lui pour vaincre.

♦ **3.** Vx. Se trouver avec... (au sens I, 3 de réunir).

8 L'enthousiasme pour les arts et la poésie se réunit à des habitudes assez vulgaires dans la vie sociale. 　　　Mᵐᵉ DE STAËL, De l'Allemagne, I, II.

▶ **RÉUNI, IE** p. p. adj.

Qui a été ou qui s'est réuni. ⇒ **Uni ; rapproché, rassemblé... ; ensemble.** Nervures (cit. 2) réunies en rosace. Les pays réunis pour former la France (→ Fédération, cit. 7). — Pouvoirs réunis à la tête d'un roi, entre les mains d'un tyran. — Hist. Droits réunis. ⇒ **Droit** (supra cit. 29). (Dans des noms commerciaux, de sociétés, etc.). Les Chargeurs Réunis ; les Magasins Réunis.

8.1 Les gerbes faites de blé dispersé s'enlacent, réunies debout, s'embrassent de tous leurs épis. 　　　J. RENARD, Journal, 31 août 1901.

9 Si, à cette époque-là, nous n'avons pas encore pris les devants, les Allemands sont plus forts que nous et les Anglais réunis (...)
　　　　　　ARAGON, les Beaux Quartiers, II, XV.

10 Un Parisien, constructeur d'autos, se plaignait que plusieurs centaines de voitures, fortuitement réunies pour un concours, eussent été (...) retenues sur place (...)
　　　　　　MARTIN DU GARD, les Thibault, t. VII, p. 76.

11 On assurait qu'il volait, truquait, escamotait à lui tout seul bien plus que tous les autres employés réunis (...) 　CÉLINE, Voyage au bout de la nuit, p. 133.

Des hommes réunis... (→ Église, cit. 2). ⇒ **Corps** (en). Conseil d'administration réuni au complet. La société réunie au château (→ Prévention, cit. 6).

N. m. pl. (1687). Hist. RÉUNIS : protestants qui se firent catholiques après la révocation de l'Édit de Nantes. Les « faux réunis » (Bossuet).

CONTR. Couper, dépecer, désagréger, désunir, détacher, disjoindre, disperser, disséminer, dissocier, distribuer, diviser, égailler (s'), éparpiller, fractionner, fragmenter, parsemer, partager, séparer, soustraire ; abstraire, analyser. — Brouiller, désaccorder, désunir. — Dissoudre (une assemblée...).
DÉR. Réunissable, réunissage, réunisseur.

RÉUNISSABLE [Reynisabl] adj. — 1964 ; de réunir.

♦ Rare. Qu'on peut réunir (surtout en tournure négative).

Dans le Petit Hans (de Freud), il y a peut-être une explication complémentaire de sa réserve thérapeutique : les conditions réunies étaient exceptionnelles et non réunissables dans une cure ordinaire (...)
　　　　J. MYNARD, Freud et la Thérapeutique, in la Nef, nᵒ 31, p. 59.

RÉUNISSAGE [Reynisaʒ] n. m. — 1870 ; de réunir.

♦ Techn. Opération de filature, qui consiste à réunir des fils.

RÉUNISSEUR [ReynisœR] n. m. ou RÉUNISSEUSE [Reynisøz] n. f. — 1870 ; de réunir.

♦ Techn. Machine qui réunit les fils de laine ou de coton pour les mettre en bobine.

RÉUSSI, IE [ʀeysi] adj. ⇒ **Réussir.**

RÉUSSIR [ʀeysiʀ] v. — V. 1570; *reuscir* «résulter», v. 1550; ital. *riuscire* «ressortir», de *uscire* «sortir» → Issue.

★ **I.** V. intr. **A.** (Choses). ♦ **1.** Vx (langue class.). ▯a▯ Résulter, sortir. *Ce qui réussit de quelque chose.*

1   Et comme ton ami, quoi qu'il en réussisse,
Je te viens contre tous faire offre de service.   MOLIÈRE, les Fâcheux, III, 4.

▯b▯ Avoir comme résultat. *« Tout a réussi contre nos pensées »* (Bossuet), tout s'est déroulé...

▯c▯ Se révéler exact, arriver. *Une prophétie qui réussit,* qui se confirme.

♦ **2. RÉUSSIR BIEN, MAL** : avoir un résultat bon, mauvais, une issue heureuse, malheureuse. *Entreprise, projet qui réussit bien, mal.* ⇒ **Tourner.** *L'expérience* (cit. 48) *réussit trop bien. Une froideur affectée réussit mieux* (→ Perdre, cit. 10). — *La vigne réussit assez bien dans cette région.* ⇒ **Acclimater** (s').

♦ **3.** (1578). Avoir une heureuse issue, un bon résultat. *Faire réussir un dessein* (→ Honneur, cit. 4), *une entreprise, un projet...* ⇒ **Accomplir** (s'), **réaliser** (se). *De pareils calculs réussissent assez souvent* (→ Occasion, cit. 5). *Combinaison* qui commence à réussir.* ⇒ **Avancer** (→ Être en bon chemin*, en bonne voie*). *Son affaire réussit.* ⇒ **Prospérer.** *Cette pièce, ce film a réussi.* ⇒ **Plaire.** *L'étonnement de voir tout réussir...* (→ Éblouir, cit. 13). *« Le déluge* (cit. 5) *n'a pas réussi... ».* — *Bouture, greffe qui réussit.* ⇒ **Prendre.** — *Opération qui réussit* (→ Tourner* bien).

2   Le peu de réussite des innombrables projets de l'homme, a quelque chose de commun avec le frai du poisson : sur des millions d'œufs, quelques douzaines seulement réussissent.   Ed. et J. DE GONCOURT, Journal, 16 juin 1883, t. VI, p. 188.

3   Pour faire réussir une idée, il faut ne mettre en avant qu'elle seule, ou si l'on préfère : pour réussir, il faut ne mettre en avant qu'une idée.   GIDE, Dostoïevsky, p. 51.

(XVIIᵉ). **RÉUSSIR À** (qqn) : avoir pour (qqn) d'heureux résultats. *L'audace* (cit. 14) *réussit à ceux...* (→ Honteux, cit. 15). *Tout lui réussit* (→ Il est heureux* en tout, il a le vent en poupe*...).

4   (...) nous avons concerté (...) une manière de stratagème, qui pourra peut-être nous réussir.   MOLIÈRE, l'Amour médecin, III, 3 (1665).

5   Ayant tout essayé, rien ne lui réussit.   A. DE VIGNY, Poèmes philosophiques, « La flûte », II.

B. (Personnes). ♦ **1.** (1647). **RÉUSSIR BIEN, MAL** : obtenir un bon, un mauvais résultat; se tirer bien, mal, d'une situation. *Les hommes entreprenants* (cit. 4) *réussissent mieux que les autres.*

♦ **2.** Obtenir* un bon résultat, atteindre ce qu'on cherchait. ⇒ **Arriver, gagner** (*infra* cit. 43), **parvenir**; **gain, réussite, succès** (→ Demander, cit. 35; malheureux, cit. 31; pardonner, cit. 14). *Réussir dans une entreprise.* ⇒ **Arriver, parvenir** (à ses fins); → Emporter le morceau* (fam.). *« Une nation n'a de goût que dans les choses où elle réussit »* (Goût, cit. 23). — Absolt. *Le grand général* (cit. 4) *est celui qui réussit. Il n'est pas nécessaire... de réussir pour persévérer* (→ Entreprendre, cit. 12). *Réussir brillamment.* ⇒ **Triompher.** *Réussir du premier coup; réussir après de nombreuses tentatives, malgré des erreurs* (→ Jouer de, avec bonheur*, avec de la chance*...). *Faire réussir, aider* qqn à réussir.*

6   (...) Si Mahomet a pris la voie de réussir humainement, Jésus-Christ a pris celle de périr humainement (...)   PASCAL, Pensées, IX, 599.

7   Lovelace ne s'arrête point à de petites formalités, quand il s'agit de réussir; tous ceux qui concourent à ses vues lui sont amis.   DIDEROT, Éloge de Richardson.

8   Je réussirai! Le mot du joueur, du grand capitaine, mot fataliste qui perd plus d'hommes qu'il n'en sauve.   BALZAC, le Père Goriot, Pl., t. II, p. 918.

9   Rien n'est humiliant comme de voir les sots réussir dans les entreprises où l'on échoue.   FLAUBERT, l'Éducation sentimentale, I, V.

10   Quand on a le droit de se tromper impunément, on est toujours sûr de réussir.   RENAN, Souvenirs d'enfance..., Préface, Œ. compl., t. II, p. 722.

Trans. ind. (Mil. XVIIᵉ). **RÉUSSIR À.** *Il a réussi à son examen. « Mourir? On y réussit très bien dès la première fois »* (→ Mourir, cit. 19). — *Réussir à faire qqch.* ⇒ **Aboutir, arriver, parvenir** (→ Atteindre, toucher le but*, venir à bout* de...). *Il eût pu réussir à tout* (→ Dissipation, cit. 3). *Réussir à ce qu'on a entrepris* (→ Négocier, cit. 2). *Un but* (cit. 14) *qu'on n'a pas réussi à atteindre. Il a réussi à se ruiner. Je n'ai réussi qu'à nous enfoncer dans les dettes* (cit. 5).

10.1   Dostoïevski est d'un prodigieux désordre, quand il ne réussit pas à trouver son ordre.   André SUARÈS, Trois hommes, « Dostoïevski », III.

Spécialt. Avoir du succès (dans un milieu social, une profession), faire carrière... ⇒ **Briller, chemin** (faire du), **florès, fortune** (faire). *Réussir dans une maison* (→ Crédit, cit. 11), *dans le monde* (→ Envieux, cit. 8; 1. fou, cit. 44). — Absolt. *Ses enfants ont tous réussi. Jeune écrivain en passe* de réussir, qui commence à réussir.* ⇒ **Percer.** *Il hait quiconque réussit* (→ Folliculaire, cit. 1).

11   Va, le secret de réussir,
C'est d'être adroit, non d'être utile.   FLORIAN, Fables, II, 9.

Être reçu à un examen (opposé à échouer, être recalé, collé). *Le boursier est tenu de réussir* (→ Paiement, cit. 4).

★ **II.** V. tr. (1834). Exécuter, faire avec bonheur, avec succès. *Réussir une affaire, une entreprise.* ⇒ **Achever, mener** (à bien); → Venir à bout* de... *Réussir un travail* (→ Fabrication, cit. 4). *Essayer de réussir une réparation* (→ 2. Panne, cit. 4). *Réussir un exercice à ravir* (→ Imitation, cit. 3). *Réussir un but* (⇒ **Marquer,** *infra* cit. 20), *un essai* (sports). *Réussir un plat, un dîner. Je les réussis* (les truites), *surtout meunière* (cit. 4). — *Réussir ou rater sa vie* (→ Intéressant, cit. 6). Loc. *Réussir son coup*, son effet.*

12   RÉUSSIR. On le fait maintenant actif dans certaines acceptions; mal réussir un tableau, une composition, un ouvrage (...) un tableau qui est réussi est celui dont l'exécution a répondu à la pensée, à l'intention du peintre (...) c'est ici en effet de l'argot de peinture; mais comme il n'est point de langue spéciale qui tienne plus de place dans le Dictionnaire des salons, il y a lieu de craindre que ce solécisme ne gagne du terrain, et qu'on ne dise avant peu, *réussir* un projet, *réussir* une entreprise.   Charles NODIER, Examen critique des dict. de la langue franç., art. Réussite.

13   J'ai dû réapprendre l'égoïsme et me persuader que, sans égoïsme, je ne parviendrais pas à me *réussir* (...)   GIDE, Journal, 26 avr. 1929.

14   (...) avec les plus belles vertus du monde, on ne réussit rien sans méthode.   GIDE, Journal, 25 oct. 1916.

14.1   (...) c'est le plus souvent d'instinct et sans préméditation qu'un homme réussit sa vie (au sens où le monde entend la réussite).   F. MAURIAC, Bloc-notes 1952-1957, p. 124.

14.2   J'en ai vu de ces filles qui, parce qu'elles avaient réussi un beau coup, étaient convaincues que cela se reproduirait indéfiniment.   René FLORIOT, La vérité tient à un fil, p. 78.

▶ **RÉUSSI, IE** p. p. adj.

Qui a été plus ou moins bien fait, effectué, accompli... *Des repas mal réussis* (→ Étale, cit. 3). *Le rouge mal réussi de ses cheveux* (→ Mirer, cit. 1). — Exécuté avec bonheur, succès*. *Chaque chose réussie...* (→ Gâcher, cit. 8). *Une œuvre réussie.* ⇒ **Heureux, venu** (bien venu). *Photo tout à fait réussie, très réussie. Une soirée réussie, un spectacle réussi,* excellent, qui a du succès. — N. m. *C'est du réussi !* (→ De, cit. 88).

15   — Chaque beauté, chaque chose réussie, l'homme s'ingénie à la gâcher, même quand elle est sa création (...)   MONTHERLANT, le Démon du bien, p. 29.

Fam. (souvent iron.). Remarquable dans son genre. *Comme ahuri, il est parfaitement réussi !*

CONTR. Avorter, échouer, foirer (pop.), manquer, péricliter, rater (2.). — Malheureux, manqué, mauvais, raté.

RÉUSSITE [ʀeysit] n. f. — 1622, Guez de Balzac, qui l'emploie pour se moquer des italianismes, ital. *riuscita,* de *riuscire.* → Réussir.

★ **I.** ♦ **1.** Vx. Résultat, succès bon ou mauvais.

1   Votre traduction (...) aura fait la réussite que nous pouvons désirer (voyez qu'il m'a échappé une phrase italienne).   J. CHAPELAIN, Lettre du 26 juil. 1639, *in* HATZFELD.

♦ **2. RÉUSSITE DE** (qqch.), bon résultat, heureux succès. ⇒ **Gain, succès, triomphe, victoire.** *La réussite de mon premier ouvrage* (→ Nourrir, cit. 27). *Réussite d'une tentative, d'une entreprise.* — *Chose qui est un succès. Les réussites modestes et partielles de la science expérimentale* (→ Matérialisme, cit. 4). *Admirer une œuvre comme réussite, ou comme création* (→ Épigone, cit. 1). *C'est une réussite.*

1.1   L'importance des révolutions se mesure à l'intérêt que peut avoir le gouvernement à retarder leur réussite.   Pierre LOUŸS, les Aventures du roi Pausole, IV, III.

RÉUSSITE DE (qqn) : le fait de réussir ou d'avoir réussi. *Être certain de sa réussite* (→ Précision, cit. 5). *Chances de réussite* (→ Homme, cit. 143). *Sa réussite était bien son œuvre* (→ Destin, cit. 24). *Réussite sociale. Recherche de la réussite professionnelle.* ⇒ **Carriérisme.** *Réussite de qqn dans toutes ses entreprises.* ⇒ **Bonheur, chance, veine.** *Une réussite brillante, éclatante, remarquable, méritée.*

1.2   Ne pas réussir est un crime; et la réussite est le critérium du Bien. Je trouve cela grotesque au suprême degré.   FLAUBERT, Correspondance, 1454, 26 mai 1874.

2   Tant il est peu de réussites faciles, et d'échecs définitifs.   PROUST, le Temps retrouvé, Pl., t. III, p. 732.

2.1   Mon cher Président, vous pouvez, ainsi que le colonel Targe et tous vos collaborateurs, être fier de votre œuvre. C'est bien, comme on dit vulgairement et dans toute la force du terme, une réussite.   L.-H. LYAUTEY, Paroles d'action, p. 139.

3   L'argent n'est pas aux États-Unis, ce n'est pas aux États-Unis, me semble-t-il, que le signe nécessaire mais symbolique de la réussite. On doit réussir parce qu'on la réussite prouve les vertus morales et l'intelligence et aussi parce qu'elle indique qu'on bénéficie de la protection divine.   SARTRE, Situations III, p. 86.

3.1   (...) Pour eux une vie, ce n'est qu'une carrière et le travail, rien d'autre qu'un moyen de parvenir. Ce qu'ils appellent réussite c'est le bruit qu'on fait et le fric qu'on gagne.   S. DE BEAUVOIR, les Mandarins, p. 117.

♦ **3.** Personne qui a réussi. *« Le conseiller Seregno. Une réussite sociale »* (Martin du Gard, les Thibault, t. IV, p. 15).

★ **II.** (1842). Jeu de cartes qui, si on peut le terminer, est censé prédire la réalisation d'un vœu. ⇒ **Patience.** *Faire une réussite.*

4   Elle (...) reprenait un travail de tarots et de réussites (...) maniait sans dégoût des cartes qu'obscurcissait un glacis de crasse.   COLETTE, la Fin de Chéri, p. 170.

CONTR. (Du sens I) Avortement (fig.), désastre, échec, four, insuccès...
CONTR. et **COMP.** Irréussite, non-réussite.

RÉUTILISABLE [ʀeytilizabl] adj. — 1975 ; de *réutiliser*.

♦ Qui peut être réutilisé. *Programme informatique réutilisable.*

RÉUTILISER [ʀeytilize] v. tr. — Attesté xxᵉ ; de *re (ré-)*, et *utiliser*.

♦ Utiliser une nouvelle fois. *Réutiliser un outil, un employé.* — Utiliser une nouvelle quantité de. *Je réutiliserai du beurre.*

DÉR. Réutilisable.

REVACCINATION [ʀ(ə)vaksinɑsjɔ̃] n. f. — 1834 ; de *re-*, et *vaccination*.

♦ Action de revacciner, d'inoculer le même vaccin après une première vaccination, à des intervalles propres à assurer ou à rétablir l'immunité. *Les revaccinations antivarioliques doivent être faites vers la onzième et la vingt et unième année.* ⇒ **Rappel.**

REVACCINER [ʀ(ə)vaksine] v. tr. — 1834, *in* D.D.L. ; de *re-*, et *vacciner*.

♦ Vacciner de nouveau (⇒ **Revaccination**).

REVALENTA [ʀəvalɛ̄ta] ou **REVALENTIA** [ʀəvalɛ̄sja] n. f. — 1870, *revalenta* ; *revalentia*, av. 1880, Flaubert ; du lat. *revalescere* « reprendre des forces ».

♦ Vx. Aliment reconstituant à base de farines (à la mode au milieu du xixᵉ siècle).

REVALIDATION [ʀ(ə)validɑsjɔ̃] n. f. — 1842 ; attestation isolée, xviᵉ ; de *re-*, et *validation*.

♦ Action de valider une nouvelle fois ; résultat de cette action. *Revalidation du mariage, en droit canon.* — REM. Le verbe *revalider* est virtuel.

REVALOIR [ʀ(ə)valwaʀ] v. — Conjug. *valoir* ; rare sauf infinitif, futur et conditionnel. — 1175, « valoir en retour », puis « récompenser » ; de *re-*, et *valoir*.

♦ **1.** V. tr. (xivᵉ). Rendre la pareille, la réciproque à qqn, en bien (récompenser, remercier) ou en mal (se venger). *« Je saurai le lui revaloir »* (Académie). — REM. Le verbe semble archaïque, sauf au futur. Son objet direct est un pronom *(le, ça)*, et son objet second, régi par *à*, un nom de personne *(je revaudrai ça à mes amis)* ou plus souvent un pronom représentant un nom de personne. *Je vous le revaudrai* (Marivaux, Dancourt *in* Littré). *On lui revaudra ça* (→ Poisson, cit. 13). *Je te le revaudrai au centuple.*

(...) le journaliste remercia Cottard :
— Oh ! non, dit l'autre avec jovialité. Ça me fait plaisir de vous rendre service. Et puis, vous êtes journaliste, vous me revaudrez ça un jour ou l'autre.
                          CAMUS, la Peste, p. 161.

♦ **2.** V. intr. (xxᵉ). Valoir à nouveau. *L'or revaut plus cher.*

REVALORISATION [ʀ(ə)valɔʀizɑsjɔ̃] n. f. — 1923 ; de *revaloriser*.

♦ **1.** Relèvement de la valeur financière. *Revalorisation de la monnaie, des billets de banque...* (→ 2. Déflation, cit. ; dévaluation, cit. 4). *Revalorisation d'un produit. — Revalorisation des salaires, des retraites, en fonction de l'inflation.*

♦ **2.** (Mil. xxᵉ). Action de donner une plus grande valeur morale, d'accorder un intérêt, une considération plus grands. *La revalorisation du travail manuel. La revalorisation du bac, du rôle de l'instituteur.*

CONTR. Dépréciation, dévalorisation.

REVALORISER [ʀ(ə)valɔʀize] v. tr. — 1925 ; de *re-*, et *valoriser*.

♦ **1.** Rendre sa valeur financière à ; donner une valeur plus grande à... *Emprunts indexés* (cit.), *dont les intérêts et le principal sont périodiquement revalorisés.* ⇒ **Relever, valoriser.**

Jusqu'à preuve du contraire, il existe trois moyens de revaloriser une production. Le premier consiste à l'accroître en quantité ; le second à l'améliorer en qualité, et le troisième à stabiliser ses prix de vente.
                      CAMUS, Actuelles III, p. 80.

♦ **2.** (Mil. xxᵉ). Donner plus d'importance, accorder un nouvel intérêt à. *Revaloriser une idée, une doctrine. Revaloriser les métiers manuels.*

CONTR. Avilir, déprécier, dévaluer.
DÉR. Revalorisation.

REVANCHARD, ARDE [ʀ(ə)vɑ̃ʃaʀ, aʀd] adj. et n. — 1894 ; de *revanche*.

♦ Péj. Qui cherche à se venger, à prendre une revanche (surtout

une revanche militaire, après une défaite). *Politique revancharde. Pays revanchard.* — Qui révèle, témoigne d'un désir de revanche. *Un discours revanchard.* — N. *Les revanchards.* ⇒ **Revanchisme, revanchiste.**

L'annonce d'une romance revancharde produisait immanquablement son effet. On écoutait en silence La Vengeance du pharmacien de Strasbourg ou bien Voilà, mon fils, ce qu'est un Prussien.
            Edmonde CHARLES-ROUX, l'Irrégulière, p. 121.

REVANCHE [ʀ(ə)vɑ̃ʃ] n. f. — 1525 ; *reverche*, xiiiᵉ ; de *revancher*.

★ **I. ♦ 1.** [a] Le fait de reprendre l'avantage sur qqn, de dominer, de vaincre après avoir eu le dessous, de compenser* une injure, un préjudice... ⇒ **Vengeance, vindicte ; talion.** *Un amer besoin de revanche* (→ Camouflet, cit.). *Prendre sa revanche, une éclatante revanche* (→ Coaliser, cit.). *Préparer une revanche militaire* (⇒ **Revanchard**). *Une fumée* (cit. 22) *de revanche.*

Comme de fiers vaincus, qui, sûrs de leur effort,   1
N'ont qu'un but : la revanche, ou qu'un recours : la mort.
      Paul DÉROULÈDE, les Chants du soldat, « La Marseillaise », 1ʳᵉ strophe.

Byron, parce qu'il avait entendu la première jeune fille qu'il eût aimée dire : « Et   2
comment pourrais-je m'intéresser à ce garçon boiteux ? » chercha toute sa vie des revanches.   A. MAUROIS, Un art de vivre, II, 5.

Fait de rendre un bien pour un autre. *« Vous m'avez rendu de bons offices, je tâcherai d'avoir ma revanche »* (Académie). ⇒ **Racquitter** (se), **revaloir.** *Prendre sa revanche dans le bien* (→ Exemple, cit. 10).

Loc. *À charge de revanche* : à condition qu'on rendra la pareille (se dit aussi pour signifier à qqn de qui l'on est l'obligé que l'on ne manquera pas de lui rendre service en retour). ⇒ **Réciprocité, réciproque** (→ Occuper, cit. 7 ; passer, cit. 107).

Il y en avait même qui l'admiraient d'avance, à charge de revanche. Ils considé-   3
raient celui qu'ils louaient comme un débiteur, auquel ils pouvaient, le moment venu, réclamer le remboursement de leur créance.
      R. ROLLAND, Jean-Christophe, Foire sur la place, II, p. 772.

Par des temps pareils, on devait s'entr'aider, et si Frédéric avait besoin de quel-   3.1
que chose, lui, ou ses amis (...)
— Oh ! mille grâces, cher monsieur !
— À charge de revanche, bien entendu !
Le banquier était un brave homme, décidément.
           FLAUBERT, l'Éducation sentimentale, III, I.

[b] (1539). Partie jouée pour donner au perdant une chance de reprendre le dessus. *Refuser de donner sa revanche à l'adversaire* (→ Faire charlemagne*). *La première manche, la revanche et la belle.* ⇒ 1. **Manche.** *Perdre la partie et gagner la revanche* (→ Apporteur, cit.). — *La revanche de qqn, sa revanche.*

Situation qui constitue une compensation. *« Votre bonheur était ma revanche, à moi qui ne suis pas heureuse »* (→ Porte-parole, cit. 2).

Ces petites libertés sont la revanche que je prends de ma fidélité à observer la   4
règle commune.
      RENAN, Souvenirs d'enfance..., Œ. compl., t. II, III, I, p. 797.

(...) il fut battu par quatre-zéro *(au tennis).*   5
Le triomphe la rendit généreuse :
— Ça ne compte pas, vous n'êtes pas entraîné. Vous prendrez votre revanche un de ces jours.   MARTIN DU GARD, les Thibault, t. II, p. 213.

[c] Fig. *La revanche de qqch.*, son retour en force (dans la mode, les goûts, etc.). ⇒ **Triomphe.** *La revanche de la ligne droite substituée aux flexions de la courbe* (→ Perpendiculaire, cit. 2).

Ce qui constitue une compensation.

Le rêve est souvent la revanche des choses qu'on méprise ou le reproche des êtres   6
abandonnés.   FRANCE, le Lys rouge, XI.

♦ **2.** Loc. adv. (Fin xviᵉ). EN REVANCHE : en retour, et, par ext., au contraire*, inversement. ⇒ **Contre** (par contre), **contrepartie** (en), **côté** (à), **mais...** → Après, cit. 5 ; frivole, cit. 8 ; grand, cit. 13 ; mignard, cit. 3 ; pinson, cit. — *Mais, en revanche...*

— Vous ne savez pas combien vous êtes bon.   7
— Mais, en revanche, je sais combien vous êtes peu.
           DIDEROT, Lui et Moi, Pl., p. 744.

(...) ce rapprochement des cœurs, s'il n'est plus comme dans la première jeunesse   8
le but vers lequel tend nécessairement l'amour, lui reste uni en revanche par une association d'idées si forte qu'il peut en devenir la cause, s'il se présente avant lui.
      PROUST, Du côté de chez Swann, Pl., t. I, p. 196.

★ **II.** Techn. Hauteur d'un barrage comprise entre son sommet et le niveau normal de l'eau.

DÉR. Revanchard, revanchisme, revanchiste. V. aussi Revancher.

REVANCHER [ʀ(ə)vɑ̃ʃe] v. tr. — Fin xiiᵉ, *revengier* « venger » ; de *re-*, et *vengier*, var. anc. de *venger*, d'après *revanche*.

♦ (1669). Vx ou régional. Soutenir (qqn) dans sa revanche, aider (qqn) à prendre sa revanche.

▶ **SE REVANCHER** v. pron. (V. 1265 ; *soi revengier*, v. 1175).

Vx ou littér. Prendre sa revanche ; rendre la pareille, reprendre le dessus. *Se revancher après une défaite. Se revancher de qqch., de qqn* : tirer vengeance de qqch., se venger de qqn. *Se revancher d'un ennemi.*

1   Pour vous en revancher conservez ma mémoire (...)
                        CORNEILLE, le Cid, V, 7.

2   (...) il y a un moment, je ne puis que le redire, où la nature des choses (y compris la conscience des peuples), trop méconnue, se soulève et se revanche, où l'univers, qu'on voudrait étreindre, reprend le dessus (...)
            SAINTE-BEUVE, Causeries du lundi, 3 déc. 1849.

3   (...) Vulcain s'acquitta avec plaisir de la mission. Il avait à se revancher d'une mère qui l'avait créé aussi laid.   Émile HENRIOT, Mythologie légère, p. 84.

DÉR. Revanche.

REVANCHISME [ʀ(ə)vãʃism] n. m. — 1900, cit. ; de *revanche.*

♦ **Polit.** Attitude politique inspirée par l'esprit de revanche (après une défaite). ⇒ **Revanchard.** *Un foyer de revanchisme.*

En 1889, le « revanchisme » imprévoyant des radicaux et le lancement par eux — regretté trop tard — du général *(Boulanger),* laissèrent au Sénat et à l'opportunisme le beau rôle de sauver la République.
       Fr. DAVEILLANS, *in* Revue blanche, 1er mai 1900, p. 57 *(in* D. D. L., II, 18).

REVANCHISTE [ʀ(ə)vãʃist] n. et adj. — 1963 ; de *revanche.*
Politique.

♦ **1.** N. Partisan du revanchisme. ⇒ **Revanchard.**

♦ **2.** Adj. Inspiré par l'esprit de revanche, par le revanchisme. *Une attitude, une politique, une déclaration revanchiste.*

REVASCULARISATION [ʀ(ə)vaskylaʀizɑsjõ] n. f. — Mil. xxᵉ *(in* Larousse, 1964) ; de *revasculariser.*

♦ **Chir.** Intervention visant à rétablir la circulation sanguine dans un organe insuffisamment irrigué (⇒ **Ischémie**).

REVASCULARISER [ʀ(ə)vaskylaʀize] v. tr. — Mil. xxᵉ *(in* Larousse, 1964) ; de *re-,* et *vascularisé.*

♦ **Chir.** Apporter de nouveaux vaisseaux sanguins à (un organe).

DÉR. Revascularisation.

RÊVASSER [ʀevase] v. intr. — 1489, *revasser ; ravacer* «divaguer, délirer», mil. xvᵉ, aussi au xviiᵉ, et encore chez Sand. → Battre (cit. 21, la campagne) ; de *rêver,* et suff. *-asser.*

♦ Penser vaguement à des sujets imprécis, changeants, s'abandonner à une rêverie (3.). ⇒ **Bayer** (aux corneilles), **béer** (→ Laisser errer* sa pensée, être dans les nuages*). *Passer ses journées à rêvasser. Adolescent qui rêvasse. Il ne dormait pas beaucoup et rêvassait sans cesse* (→ Oublier, cit. 16).

Souvent aussi nous nous promenions seuls, car nous aimions tous deux à rêvasser.
       CHATEAUBRIAND, Mémoires d'outre-tombe, t. II, p. 81.

DÉR. Rêvasserie, rêvasseur, rêvassier.

RÊVASSERIE [ʀevasʀi] n. f. — 1580, *ravasserie ;* de *rêvasser.*

♦ **1.** Le fait de rêvasser. *Une vie de fainéantise* (cit. 2) *et de rêvasserie. Musardise* (cit. 2) *signifie rêvasserie douce, chère flânerie... (Une, des rêvasseries).* Rêverie vague et confuse. *Enterré* (cit. 8), *perdu dans des rêvasseries.*

1   Bientôt, comme un filet d'eau alourdie par le sable, sa rêvasserie, faute de pente, s'arrête, forme flaque et croupit.   J. RENARD, Poil de Carotte, Le toiton.

2   Cette recrudescence mystique, qui marqua pour Armand surtout le début de l'année 1912, coïncidait, et avec un penchant aggravé à la flânerie, et avec des rêvasseries dont il sortait dans un sentiment de honte et de culpabilité.
       ARAGON, les Beaux Quartiers, I, XI.

♦ **2.** *(Une, des rêvasseries).* Idée chimérique et vaine. ⇒ **Chimère, utopie.** *Des rêvasseries sans queue* (cit. 27) *ni tête. Les rêvasseries hermétiques des philosophes* (→ Raccourci, cit. 2).

RÊVASSEUR, EUSE [ʀevasœʀ, øz] n. et adj. — 1736, Voltaire ; de *rêvasser.*

♦ Personne qui rêvasse, s'abandonne à des rêveries. ⇒ **Rêvassier, rêveur.**

Adj. *Un genre rêvasseur* (Céline, *Voyage au bout de la nuit,* p. 200).

   (...) c'est tout autre chose que la promenade d'un rêvasseur dans un bois (...)
       CHATEAUBRIAND, Mémoires d'outre-tombe, t. VI, p. 293.

RÊVASSIER, IÈRE [ʀevasje, jɛʀ] adj. et n. — Av. 1841 ; de *rêvasser.*

♦ Rare. Personne qui rêvasse. ⇒ **Rêvasseur.**

RÊVE [ʀɛv] n. m. — 1674, Malebranche ; rare av. le xixᵉ, donné comme vieux en 1690 par Furetière et comme «bas et de peu d'usage» par Trévoux, 1732 (le mot usuel était *songe*) ; de *rêver.*

♦ **1.** Suite de phénomènes psychiques se produisant pendant le sommeil* (images, représentations ; activité automatique excluant généralement la volonté) ; ces phénomènes. — REM. La plupart des dictionnaires de synonymes tentent de distinguer *rêve* et *songe* d'après des critères étymologiques (*Rêve = songe incohérent;* → Rêver, rêverie). Cette tradition qui remonte à Furetière ne s'appuie pas sur l'usage. En fait *rêve* a remplacé *songe,* sauf dans des emplois particuliers (en parlant de présages, en poésie...). — *Relatif aux rêves.* ⇒ **Onir-, onirique.** *La marche des idées pendant les rêves* (→ Folie, cit. 3). *Valeur prémonitoire* (cit. 2) *attachée aux rêves. Le souvenir d'un rêve* (→ Effacement, cit. 2). *Échanges entre les rêves et la conscience éveillée* (→ Osmose, cit. 2). *«Secouer ses rêves»* (en s'éveillant). → Enduire, cit. 5. — *Rêve agréable. Bonne nuit, faites de beaux rêves!* (formule de souhait). *Mauvais rêve* (→ 2. Marche, cit. 25). *Rêve angoissant, anxieux, traumatique.* ⇒ **Cauchemar** (cit. 1 et 2). — *Faire un rêve.* — *La Science des rêves,* ouvrage de Freud *(Traumdeutung). Le Rêve de d'Alembert,* de Diderot.

1   C'est une chose assez ordinaire à certaines personnes d'avoir la nuit des visions ou des rêves assez vifs, pour s'en ressouvenir exactement lorsqu'ils sont réveillés quoique le sujet de leur songe ne soit pas de soi fort effrayant (...)
       MALEBRANCHE, De la recherche de la vérité, II, III, VI.

2   J'entends dire et répéter que nos rêves dépendent de ce dont nous avons été frappés les jours précédents. Je crois bien que nos rêves, ainsi que toutes nos idées et nos sensations, ne sont composés que de parties déjà familières et dont nous avons fait l'épreuve. Mais je pense que ce composé n'a souvent pas d'autres rapports avec le passé. Tout ce que nous imaginons ne peut être formé que de ce qui est ; mais nous rêvons, comme nous imaginons, des choses nouvelles (...)
       É. DE SENANCOUR, Oberman, LXXXV.

3   On ne fait pas assez attention à cette influence que peuvent avoir les rêves et surtout aux dispositions affectives qui les provoquent ; et, puisque notre sensibilité semble s'émousser avec l'âge, l'on conçoit que le flux des images du rêve soit plus particulièrement soutenu par le réveil de la vie affective de l'enfance.
       MAINE DE BIRAN, cité par J. LHERMITTE, les Rêves, p. 54.

4   Le rêve est une hypothèse, puisque nous ne le connaissons jamais que par le souvenir, mais ce souvenir est nécessairement une fabrication. Nous construisons, nous redessinons nos rêves ; nous nous l'exprimons, nous lui donnons un sens ; il devient *narrable* (...)   VALÉRY, Variété, «Svedenborg», *in* Œ., t. I, Pl., p. 881.

Absolt. **LE RÊVE :** l'activité psychique pendant le sommeil (→ Dormeur, cit. 3 ; étonner, cit. 16 ; faner, cit. 14 ; frange, cit. 8 ; inconscient, cit. 12 ; ouvrir, cit. 10 ; promptitude, cit. 4). — REM. Jusqu'aux travaux sur la physiologie du rêve, le terme confond l'activité psychique immédiate dans le sommeil et l'ensemble des représentations (images du rêve) ou même des souvenirs que le dormeur en a. *« Le rêve est l'aquarium* (cit. 1) *de la nuit »* (Hugo). *L'irréalité* (cit. 1) *du rêve. L'univers poétique* (1. Poétique, cit. 4) *et l'univers du rêve.* — *Théories, définitions du rêve en psychologie. « Le rêve est non pas la pensée du sommeil, mais la pensée du réveil »* (Goblot). *Le rêve, « c'est la vie mentale tout entière moins l'effort de concentration »* (Bergson). *Théorie freudienne psychanalytique du rêve :* ci-dessous, cit. 10, Lagache. *« Le rêve est le gardien du sommeil »* (Freud). — *Physiologie du rêve. Représentations visuelles, auditives, images cénesthésiques du rêve. Le problème de la croyance, de la durée, de la mémoire, dans le rêve. Rêve et hallucination*,* et somnambulisme*...*

5   Le Rêve est une seconde vie. Je n'ai pu percer sans frémir ces portes d'ivoire ou de corne qui nous séparent du monde invisible. Les premiers instants du sommeil sont l'image de la mort ; un engourdissement nébuleux saisit notre pensée, et nous ne pouvons déterminer l'instant précis où le *moi,* sous une autre forme, continue l'œuvre de l'existence. C'est un souterrain vague qui s'éclaire peu à peu, et où se dégagent de l'ombre et de la nuit les pâles figures gravement immobiles qui habitent le séjour des limbes. Puis le tableau se forme, une clarté nouvelle illumine et fait jouer ces apparitions bizarres : le monde des Esprits s'ouvre pour nous.
       NERVAL, Aurélia, I, I.

6   Les rêves de l'homme sont de deux classes. Les uns, pleins de sa vie quotidienne (...) se combinent d'une façon plus ou moins bizarre avec les objets entrevus dans la journée, qui se sont indiscrètement fixés sur la vaste toile de sa mémoire. Voilà le rêve naturel ; il est l'homme lui-même. Mais l'autre espèce de rêve ! Le rêve absurde, imprévu, sans rapport ni connexion avec le caractère, la vie et les passions du dormeur ! ce rêve que j'appellerai hiéroglyphique, représente évidemment le côté surnaturel de la vie, et c'est justement parce qu'il est absurde que les anciens l'ont cru divin.
       BAUDELAIRE, les Paradis artificiels, «Le Poème du haschisch», III.

7   Si je m'étais toujours tant intéressé aux rêves que l'on a pendant le sommeil, n'est-ce pas parce que, compensant la durée par la puissance, ils vous aident à mieux comprendre ce qu'a de subjectif, par exemple, l'amour (...) c'était peut-être aussi par le jeu formidable qu'il fait avec le Temps que le Rêve m'avait toujours fasciné.
       PROUST, le Temps retrouvé, Pl., t. III, p. 911.

8   Le rêve était encore un de ces faits de ma vie, qui m'avait toujours le plus frappé, qui avait dû le plus servir à me convaincre du caractère purement mental de la réalité, et dont je ne dédaignerais pas l'aide dans la composition de mon œuvre.
       PROUST, le Temps retrouvé, Pl., t. III, p. 914.

9   (...) selon toute apparence le rêve est continu et porte trace d'organisation. Seule la mémoire s'arroge le droit d'y faire des coupures (...) et de nous représenter plutôt une série de rêves que le *rêve* (...)
Je crois à la résolution future de ces deux états (...) que sont le rêve et la réalité, en une sorte de réalité absolue, de *surréalité,* si l'on peut ainsi dire.
       A. BRETON, Manifeste du surréalisme, p. 20-24.

10   Le rêve est une activité de l'homme endormi, par laquelle le Moi, qui désire dormir, cherche à réduire les motivations qui tendent à le réveiller ; d'où les deux formules de Freud : «Le rêve est le gardien du sommeil», et «le rêve est la réalisation d'un désir» (...)
Ordinairement (...) le rêve apparaît dénué de sens, d'une tonalité affective énigmatique (...) C'est (...) que la pensée du rêve n'a pas la structure de la pensée vigile : le contenu manifeste est un raccourci du contenu latent (condensation) ; chaque élément manifeste dépend de plusieurs pensées latentes (surdétermination) ; la charge affective se détache de son objet véritable et se porte sur un objet accessoire (déplacement) ; la pensée conceptuelle s'exprime en représentations visuelles (dramatisation) ; elle use de symboles (...) (symbolisation) ; enfin le Moi du rêveur

(...) introduit dans ses productions oniriques un ordre logique ou une interprétation tendancieuse (élaboration secondaire).

Daniel LAGACHE, la Psychanalyse, p. 51.

Loc. *En rêve* : au cours d'un rêve, en rêvant (→ Fonder, cit. 21).*Voir, entendre en rêve*.

Par métaphore ou fig. Situation, activité que l'on compare au rêve. *Faire un beau rêve* : entretenir une illusion trop belle pour durer (peut être compris au sens 2). *S'évanouir* (cit. 4), *disparaître comme un rêve*, sans laisser de trace. « *Le mal dont j'ai souffert s'est enfui* (cit. 8) *comme un rêve* ».

11 Nous nous réveillons tous au même endroit du rêve.
Tout commence en ce monde et tout finit ailleurs.
HUGO, les Rayons et les Ombres, XXXIV.

♦ **2.** (1718). D'abord péjoratif, comme *rêverie* : *le rêve d'un homme en délire* (Voltaire); *Et d'un cerveau malsain rêves tumultueux* (Chénier); ne prend sa valeur poétique qu'avec les préromantiques. Construction de l'imagination à l'état de veille, pensée qui cherche à échapper aux contraintes du réel. ⇒ **Conception, idée, imagination, vision; illusion** (cit. 8), **mirage** (→ Détruire, cit. 28). *Faire des rêves*. ⇒ **Rêvasser, rêver** (I., 3.). *Les rêves du fumeur d'opium...* (→ Épaisseur, cit. 4). « *Une impression fugitive, un rêve inachevé* (cit. 1) *de l'imagination* ». ⇒ **Rêverie**. *Les rêves d'une imagination surexcitée* (→ Imitateur, cit. 4). *La vraie réalité* (cit. 8, Baudelaire) *n'est que dans les rêves*. — *Le Rêve*, roman de Zola.

12 Le recueil de mes longs rêves est à peine commencé, et déjà je sens qu'il touche à sa fin.
ROUSSEAU, Rêveries..., 8ᵉ promenade.

13 J'eus un rêve : le mur des siècles m'apparut.
HUGO, la Légende des siècles, « Vision d'où est sorti ce livre ».

Spécialt. Construction imaginaire destinée à satisfaire un besoin, un désir, ou à refuser une réalité pénible (dite, en psychanalyse, *rêve diurne*). ⇒ **Désir, phantasme** (→ Agréable, cit. 17; eldorado, cit. 1; idéal, cit. 4, Proust; idée, cit. 51). *Faire un rêve. Mon rêve familier*, poème de Verlaine (→ Aimer, cit. 22). *Le rêve de qqn. Placer son rêve hors des possibilités* (→ Imaginaire, cit. 3). *Caresser un rêve* (→ Bon, cit. 127; crise, cit. 10). *Poursuivre un rêve. S'enivrer de rêves* (→ Aventurier, cit. 15). « *... Partaient, ivres d'un rêve héroïque et brutal* » (→ Gerfaut, cit. 2). « *Oh! la nuance seule fiance* (cit. 2) *le rêve au rêve (...)* ». *Rêve glorieux* (→ Éblouir, cit. 23). « *... ce beau rêve Qui sera le réel un jour* » (→ Futur, cit. 1, Hugo). *Accomplir, réaliser* (cit. 2) *un rêve.* — *Rêves de jeunesse* (→ Inexactitude, cit. 1). *Le rêve de leur vie* (→ Idyllique, cit. 1). *Rêves irréalisables, fous...* ⇒ **Château** (en Espagne), **chimère, utopie**. *Les rêves de l'idéologie.* — (Avec un compl.). *Projet plus ou moins illusoire. Des rêves d'empire* (cit. 13). *Le rêve d'en finir* (→ Lancinement, cit.).

14 Tout bonheur que la main n'atteint pas n'est qu'un rêve.
Joséphin SOULARY, Sonnets humoristiques, III, « Rêves ambitieux ».

15 L'art est le rêve de l'humanité, un rêve de lumière, de liberté, de force sereine.
R. ROLLAND, Musiciens d'autrefois, p. 17.

Littér. Vision réelle qui semble être forgée par l'imagination (→ Procession, cit. 4). — Spécialt, en parlant d'une chose qui semble trop belle pour être réelle. (→ Ébène, cit. 3). *L'horizon* (cit. 7) *semble un rêve éblouissant*.

16 Je suis belle, ô mortels ! comme un rêve de pierre (...)
BAUDELAIRE, les Fleurs du mal, « Spleen et Idéal », XVII.

Loc. DE (MES, SES...) RÊVES : rêvé, idéal (pour qqn). *La femme de ses rêves :* celle qu'il avait rêvée, la femme idéale (→ aussi Hostile, cit. 7). *J'ai trouvé la maison de mes rêves*.

DE RÊVE. **ⓐ** Irréel, fantomatique. *Des formes de rêve* (→ Mouvant, cit. 2).

17 Cela faisait de ce quartier un pays féerique : on le sentait bien à ce silence de rêve, à cette lumière adoucie par l'eau et la verdure, fondue dans la brume (...)
Valery LARBAUD, Amants, heureux amants, p. 13.

ⓑ Fam. Digne d'être rêvé, souhaité en rêve. *Une voiture de rêve*, qu'on souhaiterait avoir sans espérer jamais l'obtenir; par ext., une voiture idéale, quasi parfaite (mais onéreuse).

♦ **3.** **Absolt.** Imagination créatrice, la faculté de former des représentations imaginaires. *Le rêve et la réalité.* ⇒ **Rêverie**. *Le rêve et l'action* (→ Inconciliable, cit. 4). *Le royaume du rêve* (→ Lune, cit. 11). *Les délices du rêve et de l'espérance* (→ Fiançailles, cit. 3).

18 (...) s'il était donné à nos yeux de chair de voir dans la conscience d'autrui, on jugerait bien plus sûrement un homme d'après ce qu'il rêve que d'après ce qu'il pense. Il y a de la volonté dans la pensée, il n'y en a pas dans le rêve. Le rêve, qui est tout spontané, prend et garde, même dans le gigantesque et l'idéal, la figure de notre esprit. Rien ne sort plus directement et plus sincèrement du fond même de notre âme que nos aspirations irréfléchies et démesurées vers les splendeurs de la destinée.
HUGO, les Misérables, III, V, V.

19 — Certes, je sortirai, quant à moi, satisfait
D'un monde où l'action n'est pas la sœur du rêve (...)
BAUDELAIRE, les Fleurs du mal, « Révolte », CXVIII.

20 (...) le rêve a plus de puissance que la réalité. Et comment en pourrait-il être autrement, puisqu'il est lui-même une réalité supérieure ?
FRANCE, Thaïs, p. 221.

21 (...) pour qui a le goût d'inventer, la réalité est vite dissociée, dépassée puis submergée par le rêve. Car le rêve a tout pouvoir, et il en abuse.
G. DUHAMEL, Inventaire de l'abîme, II.

♦ **4.** **Par métonymie.** L'objet d'un désir (→ Envier, cit. 10).

Fam. Chose très jolie, charmante. *Un chapeau d'un goût, un rêve !* (→ Occasion, cit. 13). *C'est le rêve ! Ce n'est pas le rêve :* ce n'est pas l'idéal, ce n'est pas ce qu'il y a de mieux.

CONTR. Action, réalité, réel (n.).

RÊVÉ, ÉE [ʀeve; ʀɛve] adj. ⇒ **Rêver.**

REVÊCHE [ʀəvɛʃ] adj. et n. — 1671; *revesche*, déb. xvᵉ; « sans pitié », v. 1265; « violent » (choses), v. 1220; orig. inconnue, p.-ê. d'un francique **hreusbisk* « âpre, rude » (selon Wartburg) ou du lat. *reversus*, cf. les var. *reverse, reverche* (Littré), par un lat. pop. **reversicus* (Guiraud).

A. (Choses). ♦ **1.** Vx. Âpre au goût; rude au toucher. ⇒ **Rêche** (→ Granit, cit. 2). — (1835). Techn. Difficile à travailler. *Marbre, diamant revêche.*

♦ **2.** N. f. *La revêche.* — (1480). Vx. Ancienne étoffe, sorte de ratine, frisée ou non, à poil long. — (1875). Mod. Tissu souple et spongieux, lisse ou croisé.

B. Mod. (Personnes). Qui est d'abord difficile, qui est peu accommodant. ⇒ **Abrupt, acariâtre, aigre, dur, hargneux, intraitable, rebours** (vx), **rêche** (→ Gendarme, cit. 8). *Il est revêche* (→ On ne sait par quel bout* le prendre; c'est un fagot d'épines*, un hérisson*). *Femme revêche* (→ Une fée* Carabosse). — Par ext. *Caractère, humeur, air revêche* (→ 1. Queue, cit. 4). ⇒ **Âcre, âpre, rébarbatif, rude.**

Mais non! Toujours vous vous montrez revêche,
Et cependant je brûle et me dessèche (...) VERLAINE, Premiers vers, « Fadaises ».

N. (Rare). *Personne revêche. C'est un vieux revêche.*

CONTR. Avenant, doux, mielleux.

1. RÉVEIL [ʀevɛj] n. m. — V. 1534; *resveil*, XIIIᵉ; subst. verb. de *réveiller.*

♦ **1.** Action de se réveiller, passage du sommeil à l'état de veille. *Le sommeil et le réveil* (→ Dissociation, cit. 2). *Réveil naturel, provoqué. Réveil subit* (→ Heurter, cit. 7), *brusque* (→ Impression, cit. 26), *brutal, en sursaut*. L'étourdissement* (cit. 3), *l'état hypnopompique* (→ Hypno-, cit. 2) *du réveil. Appréhender le réveil* (→ Dormir, cit. 36). *Avoir le réveil pénible, hargneux* (cit. 11). *Des réveils joyeux* (→ Pour, cit. 24). *Les réveils éreintés des nuits en chemin de fer* (→ Courbature, cit. 2). — *Réveil après une léthargie* (→ Épilepsie, cit. 2), *une anesthésie générale. Réveil qui suit l'hypnose* (cit. 4). — *Au réveil :* au moment du réveil (→ Laisser, cit. 52; nouvelle, cit. 15). *À son réveil* (→ Attirail, cit. 8), *à mon réveil* (→ Nudité, cit. 2; peste, cit. 4).

1 Le grand poète a dit :
« Quand on est jeune on a des matins triomphants. »
Quand on est jeune, on a de magnifiques réveils, avec la peau fraîche, l'œil luisant, les yeux brillants de sève. MAUPASSANT, les Sœurs Rondoli, « Rencontre ».

2 Sommeil haché menu en mille petits réveils.
J. RENARD, Journal, 11 août 1900.

3 Certes quand approchait le matin, il y avait bien longtemps qu'était dissipée la brève incertitude de mon réveil.
PROUST, Du côté de chez Swann, Pl., t. I, p. 186.

4 Dussé-je vivre bien longtemps encore, le souvenir de mon réveil à Loselée restera aussi frais, en moi, qu'au premier jour (...) jamais je n'ai éprouvé, en m'éveillant, une telle impression de merveille facile et d'égale limpidité. Ma sortie du sommeil, qui ne dissipa qu'un nuage d'or, fit du monde réel une découverte fabuleuse. Quand j'ouvris les yeux, le jour se levait, et d'abord je ne vis que la lumière.
H. BOSCO, Un rameau de la nuit, p. 133.

(XIXᵉ). *Sonner* ou (vx) *battre le réveil :* faire une batterie de tambour, une sonnerie de clairon qui annonce aux soldats l'heure du lever. *Le réveil fut sonné par toute la clique* (cit. 2). *Réveil en fanfare*.* **Par ext.** Cette musique (⇒ **Diane**). — **Par métaphore** (→ ci-dessous, cit. 5, Zola).

5 (...) sur la fosse à fumier, seul un grand coq jaune sonnait le réveil, de sa note éclatante de clairon. Un second coq répondit, puis un troisième. L'appel se répéta, s'éloigna de ferme en ferme, d'un bout à l'autre de la Beauce.
ZOLA, la Terre, II, I.

6 À six heures du matin, au petit jour, le clairon de garde, après avoir bu un coup de rhum, lança le réveil aux quatre coins de la cour du poste (...)
P. MAC ORLAN, la Bandera, XVIII.

♦ **2.** (1691). **Par métaphore ou fig.** Le fait de reprendre une activité après une période d'arrêt, de sommeil (fig.). *Le réveil de la nature :* le retour* du printemps (→ Annonce, cit. 6). *Le réveil d'un volcan éteint. Réveil d'un nerf anesthésié; d'une infection enrayée. Le réveil de la foi, du patriotisme. Réveil de l'artisanat* (cit. 3). *Les brusques réveils d'un paresseux* (→ Alanguir, cit. 1).

7 Mais est-ce que ça vous regarderait, est-ce que je ne suis pas le maître, le père ? Il semblait grandir, dans ce réveil de son autorité. ZOLA, la Terre, I, II.

Le fait de revenir à la réalité (après des illusions, après un beau rêve [fig.]). *N'ayez pas trop d'illusions, le réveil serait pénible. Se préparer de terribles réveils* (→ Étourneau, cit. 3).

8 Hélas ! mon plus constant bonheur fut un songe; son accomplissement fut presque à l'instant suivi du réveil. ROUSSEAU, les Confessions, III.

9 Louise ! mon enfant, si je reviens, c'est pour dissiper un rêve dont le réveil sera funeste. Je regarde comme un devoir de vous arracher à des pensées folles.
BALZAC, Vautrin, I, 7.

CONTR. **Assoupissement, endormissement, étourdissement, évanouissement. — Attiédissement.**

2. RÉVEIL [ʀevɛj] n. m. — 1440; abrév. de *réveille-matin,* écrit d'après 1. *réveil.*

♦ Réveille-matin. *La sonnerie d'un réveil. Mettre le réveil à sept heures,* le régler pour qu'il sonne à sept heures. *Des réveils.*

(...) c'était les jours où, justement, il se levait très tôt. Oui, il remontait son réveil dans ces cas-là.
CAMUS, la Peste, p. 270.

RÉVEILLE-MATIN [ʀevɛjmatɛ̃] n. m. invar. — 1440; de *réveiller* et *matin.*

★ **I.** ♦ **1.** Ce qui réveille, le matin.

1 Et toutes deux, très mal contentes,
Disaient entre leurs dents : « Maudit coq, tu mourras. »
Comme elles l'avaient dit, la bête fut grippée.
Le réveille-matin eut la gorge coupée.
LA FONTAINE, Fables, v, 6.

♦ **2.** Pendule munie d'une sonnerie qui réveille à l'heure sur laquelle on a mis l'aiguille spéciale qui y correspond. ⇒ 2. **Réveil.** *La sonnerie irritante, le tic-tac d'un réveille-matin* (→ Fausset, cit. 3). *Des réveille-matin.* — Par métaphore (→ ci-dessous, cit. 1, La Fontaine).

2 Bénin avait un réveille-matin en cuivre rouge, joufflu comme un ange, et pourvu de trois pieds comme une marmite.
Un soir, il le remonta, côté mouvement et côté sonnerie, mit l'aiguille du réveil à trois heures quinze, et, collant son oreille au cadran, constata que les entrailles et les viscères de la bête fonctionnaient bien.
J. ROMAINS, les Copains, II.

★ **II.** (1538). Bot. ⇒ **Euphorbe.**

RÉVEILLER [ʀeveje ; ʀevɛje] v. tr. — V. 1155, *resveill(i)er;* comp. de *re-* (à valeur de renforcement), et *éveiller.*

♦ **1.** Tirer (qqn, un animal) du sommeil, faire passer du sommeil à l'état de veille. ⇒ **Éveiller.** — *Réveiller qqn* (→ Matin, cit. 11; muletier, cit. 1; planton, cit.), *le réveiller en sonnant une cloche* (→ Garde-chasse, cit.). *Réveiller une personne d'un profond sommeil. « Mais c'est le coq gaulois* (cit. 3) *qui réveille le monde »* (Hugo). *Il fut réveillé dès l'aube par le grincement d'une pompe* (cit. 2). → aussi Formidable, cit. 6 ; 2. mat, cit. 5. *Le bruit du canon ne les réveillerait pas* (→ Mâchoire, cit. 1), ils dorment très profondément. — Prov. *Il ne faut pas réveiller le chat* qui dort.*

1 (...) j'ai ouï dire à mon père qu'il y avait dans ce château une princesse, la plus belle qu'on eût su voir; qu'elle y devait dormir cent ans et qu'elle serait réveillée par le fils d'un roi, à qui elle était réservée.
Ch. PERRAULT, la Belle au Bois dormant.

2 Je me souviens d'avoir été une fois réveillé en sursaut par un fantôme très effrayant dont il m'était impossible à l'instant même de rappeler la forme. J'ai très présent le sentiment de terreur où j'étais au moment du réveil et encore assez longtemps après.
MAINE DE BIRAN, Du physique et du moral de l'homme, II, v.

(1690). Ramener à la conscience, à la vie. *Il s'évanouit* (cit. 17), *on le réveilla à force de vinaigre et de vin. Réveiller un hypnotisé, un somnambule.* — Par métaphore. Ressusciter. *Pousser des cris à réveiller les morts* (3. Mort, cit. 15). *Un bruit à réveiller les morts,* très fort.

3 C'était l'instant funèbre où la nuit est si sombre,
Qu'on tremble à chaque pas de réveiller dans l'ombre
Un démon, ivre encor du banquet des sabbats (...)
HUGO, Odes et Ballades, Ballade VIII.

4 Mais craignez que vos airs bachiques
Ne réveillent les morts de leur repos sanglant.
A. DE MUSSET, Poésies nouvelles, « Le Rhin allemand ».

♦ **2.** (V. 1360). Par métaphore ou fig. Tirer du repos, ramener à l'activité (une personne). *Il est des défaites qui réveillent* (→ Abâtardir, cit. 2). — Spécialt. Rappeler (qqn) à la réalité.

5 (...) une sorte d'électricité qui fait jaillir des étincelles, soulage les uns de l'excès même de leur vivacité, et réveille les autres d'une apathie pénible.
Mme DE STAËL, De l'Allemagne, I, XI.

(Compl. n. de chose). *Réveiller ses muscles, ses membres en se donnant du mouvement.* ⇒ **Dérouiller.** *Réveiller une douleur.* ⇒ **Aviver, ranimer, raviver, ressusciter.** *La puberté avait réveillé une lésion endormie* (cit. 37). *Réveiller l'appétit de qqn.* ⇒ **Exciter** (→ Fougasse, cit. 2). *Réveiller la curiosité d'une personne* (→ Grammaire, cit. 7). ⇒ **Stimuler.** *Réveiller le courage.* ⇒ **Exalter, galvaniser.** *Réveiller un sentiment.* ⇒ **Revivifier.** *L'occupation réveillait de vieilles querelles* (→ Occuper, cit. 13). *« Ne réveillez pas le chagrin* (2. Chagrin, cit. 12) *qui dort ».* — (XVIIIe). Spécialt. Rappeler à la mémoire, à l'esprit. *Odeurs, bruits... qui réveillent des souvenirs* (→ Échapper, cit. 43; joute, cit. 3). *Idée qu'une chose réveille* (→ Grève, cit. 8). ⇒ **Éveiller, évoquer.**

6 Sais-tu bien que (...) son air languissant et ses larmes ont réveillé en moi quelques petits restes d'un feu éteint ?
MOLIÈRE, Dom Juan, IV, 7.

7 (...) la vue de l'or peut réveiller sa cupidité. Il ne faut pas mettre dans une cave un ivrogne qui a renoncé au vin.
A.-R. LESAGE, Gil Blas, X, VI.

8 (...) aucun esprit de libertinage, rien de ces talents propres à réveiller la langueur d'hommes blasés.
DIDEROT, Jacques le fataliste, Pl., p. 605.

▶ **SE RÉVEILLER** v. pron.

♦ **1.** (V. 1265). Sortir du sommeil (→ Appesantissement, cit. 2; étendre, cit. 31; rature, cit. 1). ⇒ **Éveiller** (s'). *Réveille-toi, il est quatre heures* (cit. 31) *passées. Nous nous réveillions avant l'aurore* (→ Pyjama, cit. 1). *Se réveiller en sursaut*. Une somnolence dont il ne se réveillait que pour dire des choses désobligeantes* (cit. 2). — Au p.p. *Te voilà réveillée, horreur !* (cit. 45). *Être bien réveillé, mal réveillé.*

9 (...) quand je me réveillais ainsi, mon esprit s'agitant pour chercher (...) à savoir où j'étais, tout tournait autour de moi dans l'obscurité, les choses, les pays, les années.
PROUST, Du côté de chez Swann, Pl., t. I, p. 6.

(Avec un attribut). *Je me réveillais plus las encore* (→ Dormir, cit. 9), *courbaturé* (→ 1. Grippé, cit.). *Se réveiller reposé et gaillard* (cit. 3), *en gaieté* (→ Blasphématoire, cit. 2). *Se réveiller frais et dispos, en forme.*

10 On s'écrasait aux ponts pour passer les rivières,
On s'endormait dix mille, on se réveillait cent.
HUGO, les Châtiments, v, XIII.

11 Dès l'aube, il se réveillait d'un court sommeil (...)
M. BARRÈS, Un jardin sur l'Oronte, X.

♦ **2.** (1677). Par métaphore ou fig. Reprendre une activité, passer à l'action après une longue inaction. *Graine* (cit. 2) *qui se réveille. Se réveiller de sa torpeur. Lorsqu'une nation se réveille de cette longue léthargie* (cit. 4)... Fam. *Allons, réveille-toi !* ⇒ **Secouer** (se). *Les puissances occultes* (cit. 3) *se réveillent. Nous allons voir les oppositions se réveiller* (→ Désarmer, cit. 14).

(Choses). Reprendre de la vigueur. *Douleurs assoupies qui se réveillent* (→ Aggraver, cit. 7). *Quelle passion endormie* (cit. 36) *se réveilla dans son cœur ! « Quel feu mal étouffé* (cit. 56) *dans mon cœur se réveille ? »* (Racine). — Revenir en mémoire. *Souvenirs qui se réveillent.*

12 — C'est que si je me réveille, mon mal de gorge pourra bien se réveiller aussi, et que je pense qu'il vaut mieux que nous reposions tous deux (...)
DIDEROT, Jacques le fataliste, Pl., p. 714.

13 Les nobles sentiments refoulés au fond des cœurs se réveillèrent.
CHATEAUBRIAND, Mémoires d'outre-tombe, t. III, p. 2.

14 Il crie à son peuple, furieux qu'on le tire du noir sommeil : Debout ! Qu'il vous souvienne des Vikings ! Assez dormi dans la vase ! Réveillez-vous (...)
André SUARÈS, Trois hommes, « Ibsen », III.

15 C'est que les rancunes, les haines même qu'il avait fait naître et que seule avait assoupies la terreur, au lendemain de l'émeute, se réveillaient déjà, plus vives pour avoir été contenues.
P.-J. TOULET, la Jeune Fille verte, IX.

▶ **RÉVEILLÉ, ÉE** p. p. adj. Voir ci-dessus à l'article.

CONTR. **Endormir ; assoupir ; ensommeillé. — Apaiser, attiédir, engourdir, étourdir, hébéter.**
DÉR. **Réveil, réveilleur, réveillon.**
COMP. **Réveille-matin.**

RÉVEILLEUR, EUSE [ʀevɛjœʀ, øz] n. — 1584, *resveilleur;* de *réveiller.*

★ **I.** ♦ **1.** N. m. Anciennt. Garde de nuit qui criait les heures, dans certaines villes. — (1704). Religieux chargé de réveiller les autres moines (pour les offices de nuit).

♦ **2.** N. (1870). Littér. Personne qui réveille d'autres personnes. — Fig. Personne qui tire (qqn, qqch.) de l'engourdissement, stimule, rappelle (qqn) à la réalité. ⇒ **Éveilleur.**

1 Si l'Europe ne *galvanise* pas les cultures moribondes (...) si elle ne se fait réveilleuse de patries et de civilisations (...) l'Europe se sera enlevé à elle-même son ultime chance.
Aimé CÉSAIRE, Discours sur le colonialisme, p. 70.

2 (...) une bonne petite religion mène droit en enfer. Une bonne petite religion assoupissante et bénisseuse (...) Il faut lire et relire Duguet, qui fut un grand réveilleur.
J. GREEN, le Bel Aujourd'hui, in Journal, 3 mars 1955.

★ **II.** N. m. (1870). Passereau noir taché de blanc à la queue, vivant en Australie.

RÉVEILLON [ʀevɛjɔ̃] n. m. — 1526; de *réveiller.*

★ **I.** ♦ **1.** Vx. Repas pris tard dans la nuit, à n'importe quel moment de l'année. ⇒ **Médianoche, souper.**

1 (...) cette nuit-là, en effet, un joli réveillon nous attendait sur une nappe bien blanche : le pâté sentait bon, le vin avait l'air vénérable (...)
Alphonse DAUDET, le Petit Chose, II, XIV.

♦ **2.** (1762, Leroux, *Voc. comique*). Mod. Repas de fête que l'on fait la nuit de Noël*, et (depuis le début du siècle) la nuit de la nouvelle année. — Par ext. La fête elle-même. — REM. Ce repas qui, à l'origine, était un souper, est souvent de nos jours un dîner tardif. *Les réveillons de Noël et du Jour de l'An. Faire le réveillon. Soir, nuit de réveillon* (→ Faire, cit. 166). *La dinde aux marrons, le boudin blanc du réveillon* (→ aussi Pudding, cit. 1). *Fêtards des réveillons* (→ Noël, cit. 3).

2 La messe de minuit était dite, le réveillon était fini, les buveurs s'en étaient allés, le cabaret était fermé, la salle basse était déserte, le feu s'était éteint, l'étranger était toujours à la même place et dans la même posture.
HUGO, les Misérables, II, III, VIII.

★ **II.** (1762, Académie). Arts. (Vieilli). Touche lumineuse qui « réveille » une toile.

3 Les artistes appellent *réveillons,* des accidents de lumière qui rompent la monotonie d'un endroit de la toile.
DIDEROT, Pensées détachées sur la peinture, *in* Œ. esthétiques, p. 796.

★ **III.** (1752, *ravayon, in* D. D. L.). Régional ou vx. Gifle.

DÉR. Réveillonner, réveillonneur.

RÉVEILLONNER [ʀevɛjɔne] v. intr. — 1355, repris 1866 ; de *réveillon.*

◆ Faire un réveillon (de nos jours, au sens 2). *Réveillonner après la messe de minuit. Nous réveillonnons ensemble le 31 décembre* (→ Enterrer* l'année).

1 Mais au fond, tous ces braves gens, qui eux aussi pensent à réveillonner, ne sont pas fâchés que la messe aille ce train de poste (...)
Alphonse DAUDET, Lettres de mon moulin, « Les trois messes basses », II.

2 (...) elle s'en alla réveillonner de fromage d'Auvergne et de champagne. Je n'aurais pas fait un choix meilleur si j'avais eu faim. Mais l'appétit n'y était pas, pas plus d'ailleurs qu'à mes anciens réveillons d'avant-guerre.
COLETTE, le Fanal bleu, p. 96.

Au p.prés. adj. *« La manie réveillonnante »* (*Journal amusant,* 24 déc. 1892, *in* D. D. L.).

DÉR. Réveillonneur.

RÉVEILLONNEUR, EUSE [ʀevɛjɔnœʀ, øz] n. — 1868, Daudet ; de *réveillon* ou *réveillonner.*

◆ Personne qui fait un réveillon. *Des réveillonneurs, des fêtards.*

Le réveillon était le même ; mais il y manquait la fleur de nos anciens convives (...) Pas un, hélas ! pas un de ces réveillonneurs du temps passé n'avait voulu venir chez M. Pilois.
Alphonse DAUDET, le Petit Chose, II, XIV.

RÉVÉLATEUR, TRICE [ʀevelatœʀ, tʀis] n. et adj. — 1444, *révélateur ; révélatrice,* 1829 ; lat. ecclés. *revelator,* de *revelare.* → Révéler.

◆ **1.** N. (Vieilli). Qui fait des révélations. ⇒ **Divulgateur.** — Personne qui révèle, par un moyen surnaturel, une vérité cachée. *La philosophie grecque avec ses anciens sages érigés en révélateurs* (→ Hellénisme, cit. 4).

1 Ainsi périssait, sous l'effort de la raison moderne, le Christ lui-même, ce dernier des révélateurs, qui, au nom d'une raison plus haute, avait autrefois dépeuplé les cieux.
NERVAL, les Filles du feu, « Isis », III.

1.1 C'est l'auteur de La Strada, des Nuits de Cabiria qui vient à moi. Sans doute a-t-il lu ce que j'en ai écrit ici et que je le tiens pour un révélateur de cette âme humaine niée aujourd'hui et reniée, et chassée de tant de romans et de tant de films — si bien qu'il ne restait plus qu'à la capter sur le visage souffrant d'un enfant martyre et d'une petite prostituée, et à nous la faire voir : c'est le miracle de Fellini.
F. MAURIAC, le Nouveau Bloc-notes 1958-1960, p. 142.

◆ **2.** N. m. Littér. (Choses). Ce qui révèle, fait connaître, dévoile qqch., ou constitue un indice, un signe.

2 Tout début résiste. Le premier pas qu'on fait est un révélateur inexorable. La difficulté qu'on touche pique comme une épine.
HUGO, les Travailleurs de la mer, II, I, IX.

(1864, in *Année sc. et industr.* 1865, p. 583). Techn., cour. Solution employée pour le développement* photographique, et qui, par réduction en argent métallique des sels d'argent exposés à la lumière, rend visible l'image latente. *Le diamidophénol, l'hydroquinone, le pyrogallol sont employés comme révélateurs.* Par ext. Produit faisant apparaître ou renforçant une coloration (sur un chromatogramme, par exemple).

3 (...) des yeux gris et noirs pareils à une plaque de photographie et qui baignaient dans l'eau jaune d'un révélateur.
Paul MORAND, Ouvert la nuit, p. 23.

◆ **3.** Adj. (1829). Qui révèle qqch. *Indice révélateur.* ⇒ **Accusateur.** *Le Cœur révélateur (the Tell-tale Heart), conte de Poe, traduit par Baudelaire.* — *Un trait, un symptôme révélateur.* ⇒ **Caractéristique** (→ Éclater, cit. 13 ; formateur, cit. 2 ; humour, cit. 7).

4 Je n'ai écrit aucun livre sans avoir eu un besoin profond de l'écrire, le *Voyage d'Urien* seul excepté ; et encore me semble que j'y ai mis beaucoup de moi, et que, pour qui sait lire, il est, lui aussi, révélateur.
GIDE, Journal, août 1910.

5 Avez-vous remarqué, lorsqu'on parle de gens qu'on connaît à d'autres qui les connaissent aussi, combien de choses significatives, révélatrices, leur ont échappé ?
MARTIN DU GARD, les Thibault, t. II, p. 216.

CONTR. Secret, trompeur.

RÉVÉLATION [ʀevelasjɔ̃] n. f. — 1130 ; *revelaciun,* 1190, en théol. ; lat. *revelatio,* de *revalere.* → Révéler.

◆ **1.** (1611 ; *revalaucion,* en 1318). **a** Vieilli. *La révélation de... :* le fait de révéler, de découvrir, de rendre public (ce qui était caché, secret). ⇒ **Divulgation** (→ Cacher, cit. 56). *La révélation d'un secret** (⇒ **Indiscrétion**), *d'un complot, d'une conspiration* (⇒ **Aveu**). *Révélation de la vérité* (→ La vérité éclate*). — Vx. *Révélation des complices,* leur désignation. — *Être poursuivi pour non révélation de complot. Menace de révélation d'un scandale...* (⇒ **Chantage**).

1 Toute révélation d'un secret est la faute de celui qui l'a confié.
LA BRUYÈRE, les Caractères, V, 81.

b *(Une, des révélations).* Chose qui vient à la connaissance de qqn, information orale ou écrite sur une question obscure. *Faire des révélations.* ⇒ **Confidence, déclaration.** *Révélations sensationnelles. Faire des révélations :* mettre dans la confidence. *Je n'ai aucune révélation à vous apporter* (→ Notable, cit. 2). — Dr. *Révélations ou imputations diffamatoires.*

2 Oh ! d'abord, moi, je n'ai pas envie de m'exposer ; j'ai menti à la justice, c'est vrai (...) si on me condamne, pour qu'on m'acquitte, je ferai des révélations ; je dénonce tout le monde (...)
BALZAC, Paméla Giraud, v, 8, *in* Théâtre, t. I, p. 423.

(1902). Personne dont il est brusquement donné au public de découvrir le talent, les performances (dans le domaine des arts, du spectacle, du sport). *Ce jeune pianiste a été la révélation du concours international. La dernière révélation du ski autrichien* (→ Découverte).

◆ **2.** (1190). Phénomène par lequel des vérités cachées sont révélées aux hommes, d'une manière surnaturelle ; ces vérités. ⇒ **Apocalypse** (étym.), **mystère ;** et aussi → Absolu, cit. 16 ; mystère, cit. 1. *La révélation divine.* ⇒ **Dieu, religion.** *La foi et la révélation* (→ Certitude, cit. 5). ⇒ **Fidéisme.** *La théologie catholique distingue la révélation primitive, la révélation mosaïque* (→ 2. Canon, cit. 2) *et la révélation chrétienne. La révélation biblique.* ⇒ **Bible.** — *Les trois révélations :* les religions juive, chrétienne et musulmane. — Illumination individuelle. *Les révélations des mystiques.* ⇒ **Vision, visionnaire.** — Par anal. (Magie, spiritisme). *La révélation de l'avenir* (⇒ **Divination**), *de vérités occultes...*

3 Ayant considéré d'où vient qu'il y a tant de faux miracles, de fausses révélations, sortilèges, etc., il m'apparut que la véritable cause est qu'il (*y*) en a de vrais ; car il ne serait pas possible qu'il y eut tant de faux miracles s'il n'y en avait de vrais, ni tant de fausses révélations s'il n'y en avait de vraies (...)
PASCAL, Pensées, XIII, 818.

4 À l'égard de la révélation, si j'étais meilleur raisonneur ou mieux instruit, peut-être sentirais-je sa vérité, son utilité pour ceux qui ont le bonheur de la reconnaître ; mais si je vois en sa faveur des preuves que je ne puis combattre, je vois aussi contre elle des objections que je ne puis résoudre.
ROUSSEAU, Émile, IV.

5 Si le christianisme est chose révélée, l'occupation capitale du chrétien n'est-elle pas l'étude de cette révélation même, c'est-à-dire la théologie ?
RENAN, Souvenirs d'enfance..., III, Œ. compl., II, p. 819.

Loc. (Guez de Balzac, *in* Littré) *Savoir par révélation,* par une connaissance intuitive, innée ou surnaturelle et non par l'expérience.

◆ **3.** (1870). Ce qui apparaît brusquement comme une connaissance nouvelle ou un principe d'explication ; la prise de connaissance* elle-même. ⇒ **Dessillement.** *Avoir une révélation. Cette révélation de la grandeur* (→ Atteindre, cit. 20). *Attendre une révélation* (→ Posséder, cit. 35). *« Quand je vis l'Acropole, j'eus la révélation du divin »* (cit. 13). — *La révélation que... (et indic.). Elle eut subitement la révélation qu'elle avait réussi* (→ Comprendre, saisir en un éclair... et aussi destinée, cit. 20).

6 Sans arrêt, l'esprit en éveil présente, autour de cette lueur vacillante, autour de cet indice incertain, des images et des souvenirs précis, susceptibles de déterminer une révélation totale — j'entends ce mot au sens où l'emploient les photographes (...)
G. DUHAMEL, Inventaire de l'abîme, V.

◆ **4.** Expérience personnelle qui révèle des impressions, des sensations nouvelles. *Attendre, demander* (cit. 43) *des révélations. La révélation intérieure. Ce fut une véritable révélation* (en parlant d'une situation nouvelle, de sensations ou de sentiments jamais éprouvés, d'une chose qu'on croyait connaître et qu'on découvre sous un jour nouveau). ⇒ aussi **Initiation ; baptême** (figuré).

7 (Rubinstein) jouait les yeux clos et comme ignorant du public. Il ne semblait point tant présenter un morceau que le chercher, le découvrir, ou le composer à mesure, et non point dans une improvisation, mais dans une ardente vision intérieure, une progressive révélation dont lui-même éprouvât et ravissement et surprise.
GIDE, Si le grain ne meurt, I, VI, p. 168.

◆ **5.** Photogr. *Révélation de l'image latente.* ⇒ **Révélateur** (→ ci-dessus, cit. 6, Duhamel).

CONTR. Duperie, tromperie ; secret ; obscurité. — (Du sens 2) **Raison.**
DÉR. Révélatoire.

RÉVÉLATOIRE [ʀevelatwaʀ] adj. — 1937 ; de *révélation,* sur le modèle des adj. en *-atoire ;* cf. anc. provençal *revalador, reveladoira.*

◆ Littér. De la révélation.

Je ne me propose encore rien tant que d'attirer l'attention sur eux (*ces échanges entre le matériel et le mental*), les tenant pour moins exceptionnels qu'on est aujourd'hui d'humeur à les croire, en raison de la suspicion en laquelle est tenu le caractère nettement *révélatoire* qui les distingue au premier chef.
A. BRETON, l'Amour fou, IV, p. 61.

RÉVÉLÉ, ÉE [ʀevele] adj. ⇒ **Révéler.**

RÉVÉLER [ʀevele] v. tr. — Conjug. *céder.* — 1120, au sens 2 ; lat. *revelare* « découvrir », du rad. *velum* « voile ».

◆ **1.** (V. 1155). Faire connaître, faire savoir (ce qui était inconnu, secret). ⇒ **Communiquer, déceler, découvrir, dévoiler, divulguer, épancher, manifester, parler** (infra cit. 22), **proclamer...** (→ Lever le voile*). *Révéler des secrets** (→ Couvrir, cit. 46 ; et aussi importance, cit. 3). *« Qui peut de vos desseins* (cit. 2) *révéler* *le mystère?* » Il a révélé indiscrètement ce qu'on lui avait confié. ⇒ **Rapporter, redire, trahir.** *Révéler qqch. à qqn.* ⇒ **Enseigner ; initier, instruire** (qqn de qqch.). *Il a révélé sa véritable personnalité* (→ Lever le masque*). — *Révéler son opinion, son sentiment.* ⇒ **Déclarer, dire.** — (Sujet n. de chose). *Une enquête révéla tout son passé* (→ Information, cit. 2).

1 Ulysse ni Calchas n'ont point encor parlé ;
Gardez que ce départ ne leur soit révélé.   RACINE, Iphigénie, IV, 10.

2 J'aurais dû plus qu'à quiconque ne lui rien révéler du secret de cette lettre. Mais c'était à elle précisément que je brûlais de tout dire. Je me sentais comme gonflé par l'importance de ce secret, en proie déjà au désir d'étonner, de scandaliser. Pourtant, je n'osai rien découvrir devant la famille réunie.
          F. MAURIAC, la Pharisienne, II.

Par anal. (Sujet n. de chose). *Les sens nous révèlent quelques propriétés de la matière* (→ Receler, cit. 1). ⇒ **Détecter.**

Loc. *Révéler qqn à lui-même,* lui apprendre ce qu'il est réellement, intimement, alors qu'il l'ignorait.

3 Les hommes refusent d'être devinés. Encore moins acceptent-ils qu'on les révèle à eux-mêmes. On ne les dépouille pas sans leur faire violence ; et ils gémissent de se reconnaître.   André SUARÈS, Trois hommes, «Dostoïevski», v.

4 N'oublions pas que l'admiration grandit celui qui l'éprouve, et qu'elle le révèle à lui-même.   ALAIN, les Aventures du cœur, p. 139.

♦ **2.** (1120). Faire connaître, par une voie surnaturelle (ce qui était ignoré des hommes et inconnaissable par la raison). Relig. *Dieu leur a révélé la vérité* (→ Erreur, cit. 31). ⇒ **Révélation ;** et → ci-dessous, le p. p. *Si les choses cachées nous doivent être révélées un jour* (→ Persécuter, cit. 4). — *Les sciences occultes, la magie prétendent révéler des mystères, des vérités cachées. Révéler l'avenir* (→ Gitan, cit. 2). ⇒ aussi **Devin, prophète.**

5 (...) il s'est trouvé des hommes qui ont dit que Dieu leur avait révélé qu'il devait naître un Rédempteur (...)   PASCAL, Pensées, IX, 617.

6 (...) toute raison, toute vérité venant également de Dieu, il n'y a de différence entre les vérités qu'il nous a révélées et celles qu'il nous a permis de découvrir par nos observations et nos recherches (...) que celle d'une première faveur faite gratuitement à une seconde grâce qu'il a voulu différer et nous faire mériter par nos travaux (...)   BUFFON, Hist. nat., Des époques de la nature, Introd.

♦ **3.** (Sujet n. de chose ou de personne). Faire connaître, laisser deviner ou voir (qqch.) par un signe manifeste. ⇒ **Accuser, annoncer, attester** (fig.), **déceler, dénoncer, exhiber, indiquer, marquer, montrer, prouver, témoigner ;** et aussi **indication, indice, marque, signe, symptôme.** *Révéler des qualités nouvelles* (→ Métamorphoser, cit. 4 ; et aussi faire montre* de...). *Révéler une aptitude, un don* (⇒ **Éveiller**). *Un élan qui révèle un corps jeune* (→ Cabotinage, cit. 2). *Cette délicatesse* (cit. 10) *qui révèle la force. Son style révèle l'effort, le travail.* ⇒ **Sentir.** — *Sa voix révélait que...* (→ Plénitude, cit. 1). — *Ne pas révéler que..., suivi du subj.*

7 (...) mais, ni son attitude, ni sa physionomie, ne révélèrent qu'elle prit à ces déclarations publiques un intérêt quelconque.
          BARBEY D'AUREVILLY, les Diaboliques, «Le bonheur dans le crime», p. 148.

8 Son maintien, son regard, ses paroles, toute sa personne révélait la douceur, la modestie (...)   FRANCE, le Mannequin d'osier, XII, Œ., t. XI, p. 370.

(XVIIᵉ). Vx. *Révéler qqn,* faire connaître son existence.

♦ **4.** (1907). Photogr. Rendre visible (l'image latente). ⇒ **Révélateur.**

▶ **SE RÉVÉLER** v. pron. («Être dévoilé», 1721).
Être porté à la connaissance, se dévoiler (cit. 5). — Se manifester par une révélation. «*Dieu ne se révèle pas par le miracle, il se révèle par le cœur*» (→ Inénarrable, cit., Renan). — Devenir manifeste, se faire connaître par un signe, un symptôme... ⇒ **Apparaître, manifester** (se). *Fluides* (cit. 3) *qui ne se révèlent que par leurs effets. Les yeux sont quelquefois l'organe où se révèle l'intelligence* (→ Nez, cit. 7). *Formes qui se révèlent dans l'ombre.* ⇒ **Dessiner** (se). — *Se révéler...,* suivi d'un adj. ⇒ **Avérer** (s'), **trouver** (se) ; → Assimilation, cit. 8 ; causticité, cit. 1 ; hypothétique, cit. ; mansarde, cit. 3. *Ce travail s'est révélé plus facile qu'on ne pensait.*

9 Un être qui ne se révèle par aucun acte est pour la science un être qui n'existe pas.   RENAN, Dialogues et fragments philosophiques, Lettre à M. A. Guéroult, *in* Œ. compl., t. I, p. 675.

(1903). Personnes. Affirmer sa valeur par une belle performance.

▶ **RÉVÉLÉ, ÉE** p. p. adj. (1637, théologie).
Connu par une révélation. *Mystère, secret révélé.* — Spécialt. Qui est le fruit de la révélation religieuse. *Les vérités révélées de la religion* (→ Ignorant, cit. 14). *Vérité pragmatique* (cit. 2) *et vérité révélée. Le discours révélé des textes sacrés, des livres saints, des Écritures. Religion révélée* (→ Christianisme, cit. 7). — N. m. *Concilier le rationnel* (cit. 3) *et le révélé.*

10 *(la)* beauté ne pourra se dégager que du sentiment poignant de la chose révélée, que de la certitude intégrale procurée par l'irruption d'une solution qui, en raison de sa nature même, ne pouvait nous parvenir par les voies logiques ordinaires.
          A. BRETON, l'Amour fou, p. 21.

CONTR. Cacher, celer, garder, taire ; couvrir. — (Du p. p.) **Mystérieux, secret.**

REVENANT, ANTE [ʀəvnɑ̃, ɑ̃t ; ʀ(ə)vənɑ̃, ɑ̃t] adj. et n. — Fin XIIIᵉ ; «qui produit un revenu», XIVᵉ. (→ Revenant-bon) ; p. prés. de *revenir.*

★ **I.** Adj. ♦ **1.** (1559). Vx. Qui revient sur terre. — (1690). *Esprit revenant* (→ ci-dessous, II.).

♦ **2.** (Fin XIIIᵉ). Vx, littér. Qui plaît ou qui convient (⇒ **Revenir**). *Une figure fort revenante* (Beaumarchais, *le Barbier de Séville,* II, 2). «*Un minois revenant et fort appétissant*» (Regnard, *les Ménechmes,* II, 7). ⇒ **Avenant.**

Cet homme est si fameux dans notre histoire par ses méchancetés, que j'eus grand empressement de considérer sa physionomie, qui est tout à fait revenante, et celle du meilleur homme du monde (...)
          Ch. DE BROSSES, Lettres d'Italie, VII, 8 juil. 1739.

★ **II.** N. m. Mod. ♦ **1.** (1718 ; *esprit revenant,* 1690, Furetière). Âme d'un mort que l'on suppose revenir de l'autre monde sous une apparence physique. ⇒ **Apparition** (cit. 13), **esprit, fantôme** (cit. 2 et 6) ; → 1. Mort, cit. 36. *Livre des histoires de revenants.*

Enfin hier soir (...) j'ai frémi à des contes de revenant jusqu'à une heure du matin ; ma soirée a été charmante.   STENDHAL, Mémoires d'un touriste, t. II, p. 132.

La vraie peur, c'est quelque chose comme une réminiscence des terreurs fantastiques d'autrefois. Un homme qui croit aux revenants, et qui s'imagine apercevoir un spectre dans la nuit, doit éprouver la peur en toute son épouvantable horreur.
          MAUPASSANT, les Contes de la Bécasse, «La peur».

♦ **2.** (1690). Personne qui revient (après une absence). Fam. *Tiens, voilà un revenant !,* se dit pour saluer une personne qu'on n'a pas vue depuis longtemps et qu'on ne s'attendait pas à revoir.

En assassinant Henri IV, le 14 mai 1610, Ravaillac crut faire œuvre sainte. Son crime reproduit celui de Jacques Clément. Henri IV est tombé sous le couteau d'un revenant de la Ligue (...)   J. BAINVILLE, Hist. de France, X, p. 193.

COMP. Revenant-bon.

REVENANT-BON [ʀ(ə)vənɑ̃bɔ̃ ; ʀəvnɑ̃bɔ̃] n. m. — 1549, adj. ; de *revenant,* et *bon.*

♦ (1690). Vieilli. Profit que l'on peut tirer d'une affaire, d'un marché... ⇒ **Boni, gain, profit.** *Les revenants-bons que laissent apparaître les comptes*,* les bénéfices.* — (Fin XVIIᵉ). Fig., vieilli. Avantage, profit éventuel, accidentel. *C'est le revenant-bon du métier, de la profession.*

Mais la marquise, hardie comme une femme du XVIIIᵉ siècle, et qui savait les vrais revenants-bons de la vie, souriait et ne pensait pas qu'un *mauvais sujet* comme Marigny fût un si mauvais mari pour Hermangarde.
          BARBEY D'AUREVILLY, Une vieille maîtresse, I, II.

REVENDEUR, EUSE [ʀ(ə)vɑ̃dœʀ, øz] n. — 1190 ; au fém., 1606 ; de *revendre.*

♦ **1.** Personne qui achète pour revendre, qui fait commerce d'articles d'occasion*. *Le déballage d'un revendeur.* ⇒ **Brocanteur** (→ Pêle-mêle, cit. 3). — (1709). *Revendeuse à la toilette*.* — *Revendeur d'habits, de meubles, de livres* (⇒ **Bouquiniste**)...

♦ **2.** Personne qui vend au détail (après avoir acheté à un fournisseur grossiste). *Les revendeuses de la Halle.*

Ainsi, le libraire-éditeur qui taxe un livre à 10 francs pour le public, le donne à 5 francs à son revendeur, et sur douze exemplaires il en ajoute deux gratuits.
          BALZAC, le Feuilleton, I, *in* Œ. diverses, t. I, p. 364.

C'est que toutes les revendeuses du marché à tour de rôle se présentent devant la porte de Mᵐᵉ Tite-le-Long et envahissent la cuisine, pour vendre à bas prix leurs débris, après le marché.   M. JOUHANDEAU, Chaminadour, II, VII.

Cependant, la cohue augmentait autour des bureaux de vente. Monsieur Verlaque remplissait en toute conscience son rôle d'instructeur, s'ouvrant un passage à coups de coude, continuant à promener son successeur au plus épais des enchères. Les grandes revendeuses étaient là, paisibles, attendant les belles pièces, chargeant sur les épaules des porteurs les thons, les turbots, les saumons.
          ZOLA, le Ventre de Paris, t. I, p. 157.

♦ **3.** Spécialt. Personne qui revend des produits pétroliers sous la marque exclusive d'une compagnie de pétrole.

REVENDICANT, ANTE [ʀ(ə)vɑ̃dikɑ̃, ɑ̃t] adj. et n. — 1567, *reivendicant,* n. m. ; de *revendiquer.* → Revendiquant.

♦ Rare. [a] Qui revendique. ⇒ **Revendicateur.** *Un ton revendicant.* — *Des revendicants.*

Lambert avait parlé d'une voix si revendicante qu'Henri le regarda avec curiosité (...)   S. DE BEAUVOIR, les Mandarins, p. 134.

[b] Spécialt. Psychol., psychiatrie. Qui présente une tendance aux idées de revendication (sans être toutefois un *revendicateur,* au sens pathologique du terme). — N. *Un revendicant, une revendicante.*

HOM. Revendiquant.

REVENDICATEUR, TRICE [ʀ(ə)vɑ̃dikatœʀ, tʀis] n. et adj. — 1870 ; du rad. de *revendication.*

♦ **1.** N. Personne qui revendique.

(...) Mercier affirme que la banque qu'il propose n'aura rien de commun avec «le misérable papier de Law», tout comme nos multiples revendicateurs affirment aujourd'hui que leur demande «n'a rien à voir avec l'inflation».
          A. SAUVY, Croissance zéro?, p. 24.

Psychopath. Malade qui présente un délire de revendication. ⇒ aussi **Persécuteur** (persécuté persécuteur), **processif, querulent.**

♦ **2.** Adj. Qui revendique. *Une attitude haineuse et revendicatrice* (→ Raciste, cit. 4).

2 Il écrivait chaque semaine aux journaux professionnels deux ou trois lettres revendicatrices pour affirmer ses droits de préemption sur tel ou tel sujet d'étude et
pour rappeler tous ses travaux antérieurs, avec citations innombrables et mentions
bibliographiques. G. DUHAMEL, Chronique des Pasquier, VIII, VII.

Psychiatrie. *Idées revendicatrices,* de revendication*.

REVENDICATIF, IVE [ʀ(ə)vɑ̃dikatif, iv] adj. — Mil. xxᵉ ; du rad.
de *revendication.*

♦ Qui comporte des revendications (surtout sociales). *Programme
revendicatif. Mouvement revendicatif. Les aspects revendicatifs du
programme syndical. Politique essentiellement revendicative.*

REVENDICATION [ʀ(ə)vɑ̃dikɑsjɔ̃] n. f. — 1506 ; reivendication,
1435, adapt. du lat. jurid. *rei vindicatio* «réclamation d'une chose».

♦ **1.** Dr. Le fait de revendiquer (un bien) ; «action en justice par
laquelle on fait reconnaître le droit de propriété qu'on a sur un
bien» (Capitant). *Revendication par leur propriétaire de biens en
possession d'un failli.*

♦ **2.** (Mil. xixᵉ, Toussenel, Proudhon, *in* Larousse). Action de réclamer
ce que l'on considère comme un droit, comme un dû. ⇒ **Demande,
exigence, desiderata, prétention, réclamation.** *Satisfaire aux revendications les plus légitimes* (→ 1. Intestin, cit. 4). *Plaintes**
(cit. 10) *et revendications. Revendications sociales. Les métallur-
gistes* (cit. 1) *ne formulaient aucune revendication particulière. Les
revendications féminines* (→ Étendard, cit. 8). — *Les revendications d'une Assemblée* (⇒ **Cahier**).

(...) il parlait de couper le cou aux riches, de nocer un beau matin à s'en crever la
peau, avec les femmes et le vin des autres : menaces lâchées d'une voix sombre,
les poings tendus, théories révolutionnaires apprises dans les faubourgs parisiens,
revendications sociales coulant en phrases enflammées, dont le flot stupéfiait et
épouvantait les paysans. ZOLA, la Terre, IV, III.

Au sing. collectif. *La revendication ouvrière, prolétarienne, paysanne.*
Par ext. (Abstrait). *La revendication profonde du cœur humain.*
⇒ **Exigence** (→ Essayer, cit. 33). *La revendication de justice*
(→ Éthique, cit. 6), *de la liberté absolue* (→ Gratuit, cit. 9).

♦ **3.** Spécialt. Psychopath. *Délire de revendication :* délire chronique
systématisé à forte charge affective, se traduisant par la recherche
réitérée, sans épargner aucun moyen, de réparations pour un préjudice subi, réel ou non, auquel le sujet (⇒ **Revendicateur**) accorde
une importance démesurée. ⇒ aussi **Quérulence.** *Idées de revendication :* idées non systématisées observées dans plusieurs troubles
mentaux, traduisant l'hostilité du sujet vis-à-vis d'une personne, de
son entourage, de la société..., nées de sa conviction d'avoir été lésé,
et s'exprimant par des plaintes, des récriminations.

DÉR. (Du même rad.) **Revendicateur, revendicatif.**

REVENDIQUANT, ANTE [ʀ(ə)vɑ̃dikɑ̃, ɑ̃t] n. — 1567, reivendi-
cant ; de *revendiquer.* → Revendicant.

♦ Dr. Personne qui revendique (1.). *« La revendication est possible
moyennant la double preuve du droit de propriété de revendiquant
et de l'identité de la chose remise avec celle retrouvée dans l'actif
du failli »* (*Petit dict. de droit,* Dalloz).

HOM. Revendicant.

REVENDIQUER [ʀ(ə)vɑ̃dike] v. tr. — 1660 ; revendiquier, 1437 ;
reivendiquier, v. 1395 ; de *re-,* et de l'anc. v. *vendiquer,* du lat. *vindi-
care* «réclamer en justice». → Venger.

♦ **1.** Réclamer (une chose sur laquelle on a un droit, notamment
le droit de propriété). *Revendiquer un bien, un immeuble* (cit. 2),
un meuble, sa part d'héritage... (→ Possession, cit. 2). *Revendiquer
son dû.* ⇒ **Demander.** *Compétiteurs qui revendiquent une même
chose.*

(1690). Dr. Demander à juger (une cause) comme étant dans ses
attributions, en parlant d'un magistrat.

♦ **2.** (1770). Demander avec force, comme un dû. ⇒ **Revendication.**
*Revendiquer une augmentation de salaire, l'amélioration des con-
ditions de travail.*

1 (...) cinq ans que je vous fais espérer, pour des époques toujours prochaines et toujours ajournées, hélas ! les augmentations de salaires que vous ne sauriez revendiquer avec trop de légitimité. COURTELINE, Messieurs les ronds-de-cuir, IVᵉ tableau, II.

(xxᵉ). Absolt. *L'ensemble des syndicats revendique.* « On a revendiqué plus qu'on n'a servi » (Pétain, Allocution, 8 juil. 1941).

♦ **3.** (1694). Fig. Réclamer comme sien, avec force. ⇒ **Exiger.**
Revendiquer la paternité d'une œuvre. Revendiquer un droit.
⇒ **Arroger** (s'), **attribuer** (s') ; → Haïssable, cit. 5. — *Revendiquer
pour soi* (→ Monopole, cit. 6) ; *revendiquer un droit pour qqn*
(→ Professer, cit. 3).

2 Elle comprenait maintenant que ces miséreux qui sollicitaient une aumône,
n'avaient rien de commun avec les travailleurs exploités, qui revendiquaient le
droit de vivre, et leur indépendance, et leur *dignité.*
MARTIN DU GARD, les Thibault, t. VI, p. 229.

---

3 À la reprise, nous voyons le criminel épuisé et calme. Il médite, traduit en lui-
même les questions, pèse ses réponses nettes. Sa part d'horreur, il la revendique
chaque fois que la vérité l'exige. COLETTE, Belles saisons, p. 206.

(1875). Par ext. Assumer pleinement. *Je revendique mon pouvoir
d'homme* (→ Humilité, cit. 6). *Revendiquer une responsabilité** :
prendre sur soi... — Pron. (Rare). *Se revendiquer comme...*
(→ Nègre, cit. 3).

4 Normal de percevoir comment les folklores se sont revendiqués comme voix
caractéristique d'une population, puisque si cette population ne se revendiquait
pas, elle pouvait être avalée ! Michèle PERREIN, Entre chienne et louve, p. 119-120.

▶ **REVENDIQUÉ, ÉE** p. p. adj. *Part d'héritage revendiquée.* —
Les avantages sociaux revendiqués.

CONTR. Donner. — **Refuser.**

DÉR. Revendicant, revendiquant, revendiqueur.

REVENDIQUEUR, EUSE [ʀ(ə)vɑ̃dikœʀ, øz] n. — xixᵉ ; de
revendiquer.

♦ Rare. Personne qui revendique. ⇒ **Revendicateur.** *« Tous les reven-
diqueurs des droits... »* (Sully Prudhomme, *Poésies,* 1872-1878, *in*
Brunot, *Hist. de la langue franç.,* t. XIII, p. 340).

REVENDRE [ʀ(ə)vɑ̃dʀ] v. tr. — Conjug. *vendre.* — 1190 ; de *re-,*
et *vendre.*

A. ♦ **1.** Vendre ce qu'on a acheté (spécialt, en parlant de qqn qui
n'est pas commerçant). ⇒ **Recéder.** *Acheter une chose pour la revendre.* ⇒ **Commerce** (cit. 2 et 4), **négoce** (cit. 4). *Revendre qqch.
avec un bénéfice* (cit. 14), *à perte. Revendre une marchandise non
payée* (⇒ **Carambouiller ; carambouillage**). *Revendre un produit au
détail ; d'occasion* (⇒ **Brocanter**). *Revendre sa voiture d'occasion.*

1 Le porc à s'engraisser coûtera peu de son :
Il était, quand je l'eus, de grosseur raisonnable ;
J'aurai, le revendant, de l'argent bel et bon. LA FONTAINE, Fables, VII, 10.

2 Jamais un homme, si riche qu'il soit, n'achètera un bel enfant (...) pour avoir sous
les yeux un chef-d'œuvre de nature, de l'art de Dieu. Il préférera toujours
acheter un tableau, une statue, quelque chose que l'on revend, et où on retrouve sa
mise. Ed. et J. DE GONCOURT, Journal, 22 juil. 1867, t. III, p. 110.

Pron. *Cela se revend aisément.*

3 (*Du Châtelet*) avait erré pendant deux ans de désert en désert, de tribu en tribu,
captif des Arabes qui se le revendaient les uns aux autres sans pouvoir tirer le
moindre parti de ses talents. BALZAC, Illusions perdues, Pl., t. IV, p. 501.

Absolt. *Il achète pour revendre.*

♦ **2.** Loc. (Au xvᵉ : *avoir à vendre et à revendre*). *Avoir qqch. à
revendre,* en avoir en excès, pouvoir s'en dessaisir partiellement. —
Fig. *Il a de l'esprit, de la malice à revendre.* — Loc. (1798). Vx. *En
revendre à qqn,* être plus rusé que lui.

4 Il n'avait pas des outils à revendre.
Sur celui-ci roulait tout son avoir. LA FONTAINE, Fables, V, 1.

B. Vendre une autre fois, une seconde fois. *Il a vendu trois appartements le mois dernier mais n'en a pas revendu depuis. Revendre
un rendu. Revendre qqch. à la folle enchère*.*

CONTR. Racheter.

DÉR. Revendeur, revente.

REVENEZ-Y [ʀ(ə)vənezi] n. m. invar. — 1638, d'abord dans les
dial. normands, selon Wartburg ; de *revenir,* et *y.*

♦ **1.** Nouvelle manifestation d'une chose ancienne, écho, retour
(d'un sentiment, d'une sensation, d'un caractère...).

1 (...) de toutes choses, de tous les coins, des fissures des tiroirs et des plis des étoffes s'échappe un parfum singulier, un *revenez-y* de Sumatra, qui est comme l'âme
de l'appartement. BAUDELAIRE, le Spleen de Paris, XVIII.

Fam. *Un goût de revenez-y :* un goût agréable, qui incite à y revenir, à en reprendre. *Ce vin a un goût de revenez-y.*

♦ **2.** (xixᵉ). Vx. Action de recommencer.

♦ **3.** Fam. *Revenez-y* ou *revenons-y :* portion, part supplémentaire
(de nourriture, de boisson).

2 Sourire mince, mais consentement du chef : d'autant plus assuré que le flan était
louable et qu'un large revenons-y tombait dans son assiette.
Hervé BAZIN, Cri de la chouette, p. 46.

REVENIR [ʀ(ə)vəniʀ ; ʀəvniʀ] v. intr. — Conjug. *venir.* — V. 980 ; de
re-, et *venir.*

★ **I.** Venir ou se manifester de nouveau.

A. **REVENIR, REVENIR SUR...** ♦ **1.** (Sujet n. de personnes). ⓐ **REVE-
NIR** : venir de nouveau là où l'on était déjà venu. *Je reviendrai
demain ici à la même heure* (→ Cadenas, cit. 2). *Le docteur pro-
mit de revenir le lendemain* (→ Passer, cit. 116). *La première visite
faite, on revient sans motif* (→ Maison, cit. 34). ⇒ **Rappliquer.** *Dis-
lui que je suis empêché* (cit. 34) *et qu'il revienne une autre fois. La
maison où il revenait tous les ans à l'automne* (→ Désirer, cit. 5).

Elle revenait dix fois devant les vitrines de la pâtisserie (cit. 3). — *Le maître d'hôtel* (cit. 16) *revenait tous les ans faire la saison.*

1 (...) le bon père le fit d'abord déjeuner, et ensuite il lui donna une leçon de lecture; l'enfant revint le lendemain et puis le surlendemain, et si souvent, que non seulement il sut bientôt lire, mais encore écrire (...)
Th. GAUTIER, les Grotesques, IV, p. 128.

Loc. *Revenir à la charge.* — *Revenir sur l'eau, à la surface :* être de nouveau en faveur, en crédit. — REM. Se dit aussi de choses dont on recommence à parler, qui reparaissent* dans l'actualité.

b (1773). **REVENIR SUR (qqch.) :** reprendre (une question, un sujet), examiner ou traiter à nouveau (→ Exercer, cit. 7; instrument, cit. 8). *Je ne reviendrai pas sur cette histoire rebattue* (→ Partager, cit. 22), *sur ces griefs* (→ Juste, cit. 18), *sur ses erreurs* (→ Double, cit. 11)... *À quoi bon revenir là-dessus?* — Reprendre pour remanier, amender. *Revenir sans fin sur un chapitre* (→ Enrichissement, cit. 4), *sur toutes les phrases* (→ Aiguiser, cit. 15).

2 (...) puisque nous avons promis au juge sur notre parole d'honneur de ne pas revenir sur cette affaire, il n'en faut plus parler.
DIDEROT, Jacques le fataliste, Pl., p. 646.

3 J'admire les grandes passions. La sienne *(de Louis Blanc)* est véritablement intarissable, infatigable. Elle revient sans cesse, à propos, sans propos, sur les faits, sur le sens des faits, les moindres misères, enfin tout.
MICHELET, Hist. de la Révolution franç., Préface 1868.

Annuler, changer complètement (ce qu'on a dit, promis). ⇒ **Dédire** (se), **rétracter** (se). *Il revient maintenant sur tout ce qu'il a dit. Revenir sur sa parole, ses engagements, sa promesse.* ⇒ **Reprendre.** *Revenir sur un jugement téméraire* (→ Humiliant, cit. 5). ⇒ **Déjuger** (se).

4 Craignant de voir le Pharaon revenir sur sa parole, les Hébreux se préparaient au départ (...)
Th. GAUTIER, le Roman de la momie, XVII.

5 (...) il avait confié à son agent de change le soin de gérer la part de Jacques, en attendant que celui-ci revînt sur son absurde décision.
MARTIN DU GARD, les Thibault, t. V, p. 207.

6 Les transactions qui constituent le prétexte de cette entrevue, et desquelles Quesnel semble brusquement prendre la décision irréfléchie, revenant d'ailleurs sur les ordres donnés, en en substituant d'autres, ne légitimaient pas cet appel pressant par pneu (...)
ARAGON, les Beaux Quartiers, II, XVI.

♦ **2.** (Sujet n. de chose). Apparaître ou se manifester de nouveau. *Ces crises* (cit. 1) *revinrent plusieurs fois. « Hélas!* (cit. 3) *quand reviendront de semblables moments? »* (La Fontaine). → aussi Âge, cit. 35 et 46; bout, cit. 46; passer, cit. 62. *L'occasion* (cit. 11) *ne revient pas* (→ Chauve, cit. 6). *Fièvre qui revient.* ⇒ **Périodique, récurrent.** *Mots qui reviennent souvent dans la conversation, sur les lèvres* (cit. 27), *sous la plume de qqn* (→ Abîme, cit. 13; égotiste, cit.; humble, cit. 12; impossibilité, cit. 4). *Motifs musicaux revenant à plusieurs reprises.* ⇒ **Leitmotiv.** *Cette idée me revenait à l'esprit* (→ Montagne, cit. 8), *lui revenait sans cesse* (→ Exil, cit. 15; mythe, cit. 1). *La question revenait sur le tapis*.*

7 (...) les habitudes du jeune âge reviennent avec force dans la vieillesse de l'homme.
BALZAC, Illusions perdues, Pl., t. IV, p. 468.

(1387). Vx. Repousser. *« La tête revient difficilement aux escargots »* (cit. 1, Voltaire). *J'ai vu la graisse revenir, mes muscles s'ankyloser* (→ Forme, cit. 76). — Par métaphore. ⇒ **Renaître.**

8 Ces robes (...) c'était celles dont Elstir, quand il nous parlait des vêtements magnifiques des contemporaines de Carpaccio et de Titien, nous avait annoncé la prochaine apparition, renaissant de leurs cendres, somptueuses, car tout doit revenir (...) comme le proclament, buvant aux urnes de marbre et de jaspe des chapiteaux byzantins, les oiseaux qui signifient à la fois la mort et la résurrection.
PROUST, la Prisonnière, Pl., t. III, p. 369.

B. (V. 1050). **REVENIR (quelque part), dans, en, à, chez... :** rentrer, aller. ♦ **1.** (Personnes). Retourner (dans un lieu), faire retour à... *Revenir chez soi, à la maison.* ⇒ **Rentrer, retourner** (→ **Enivrer, cit. 18; gîte, cit. 3; heure, cit. 55; reconduire, cit. 2**). *Un foyer* (cit. 15) *est un lieu où l'on revient.* ⇒ **Réintégrer.** *Revenir dans son village, son pays, en France...* (→ Ingrat, cit. 8; malaria, cit.; migrateur, cit.). *Revenir à sa place.* ⇒ **Regagner** (→ Figure, cit. 9). *Revenir à sa table de travail* (→ Instrument, cit. 16). *Revenir au point d'où on était parti* (→ Image, cit. 39; indifférence, cit. 28). *Il y est revenu.*

Revenir sur ses pas, revenir en arrière. ⇒ **Bride** (tourner), **demi-tour** (faire), **reculer, refluer, rétrograder.**

Absolt. *Revenir, être revenu :* être de retour* (→ Bouche, cit. 27; bride, cit. 14; campagne, cit. 5; dépouiller, cit. 20; égrillard, cit. 3). *Faire revenir.* ⇒ **Ramener, rappeler.** *Je reviens dans une minute, tout de suite :* je ne fais qu'aller et venir*. *« La concierge revient de suite ».*

Par métaphore. *Chassez le naturel, il revient au galop* (→ Changer, cit. 43). Suivi d'un attribut. *Parti maigre* (cit. 1), *il revenait gras.*

8.1 Il avait un jour essayé de la solution qui consiste à fermer boutique en laissant derrière soi un petit mot : « Je reviens dans cinq minutes » (...)
R. QUENEAU, le Dimanche de la vie, p. 161.

9 (...) Jacques Clément raccommodait ses sandales pour le voyage de Saint-Cloud; ses confrères lui demandèrent en riant combien son ouvrage durerait : « Assez pour le chemin que j'ai à faire, répondit-il : je dois aller, non revenir ».
CHATEAUBRIAND, Mémoires d'outre-tombe, t. III, p. 260.

10 Sire, vous reviendrez dans votre capitale,
Sans tocsin, sans combat, sans lutte et sans fureur,
Traîné par huit chevaux sous l'arche triomphale,
En habit d'empereur!
HUGO, la Légende des siècles, XLVIII.

Reviens, reviens, cher ami, seul ami, reviens. Je te jure que je serai bon. Si j'étais maussade avec toi, c'est une plaisanterie où je me suis entêté; je m'en repens plus qu'on ne peut dire. Reviens, ce sera bien oublié. 11
RIMBAUD, Correspondance, XXII, 4 juil. 1873.

♦ **2.** (Choses). *Navire qui revient sans fret* (cit. 3) *dans son port d'armement. « Les grands chars* (cit. 5) *gémissants qui reviennent le soir »* (Hugo). *Envoyer quelques pages à l'imprimerie d'où elles reviennent en placards* (cit. 3). *La lettre m'est revenue. « (...) et l'assiette volant S'en va frapper le mur et revient en roulant »* (→ Esquiver, cit. 1, Boileau). — Par métaphore. (En parlant de l'amour). → Irradier, cit. 3. — (1256). Spécialt. Vx. Provoquer une régurgitation, un renvoi (→ par métaphore Digérer, cit. 12).

Par ext. *Revenir près de qqn* (→ Bouder, cit. 4), *à qqn, vers qqn, etc. :* se manifester de nouveau avec lui, dans son intimité. — (Suivi d'un attribut). *Il m'est revenu fort assombri* (→ Paraître, cit. 53). — (V. 1640, Voiture). Spécialt. **REVENIR À :** revenir auprès de (qqn qu'on a quitté, ce retour s'accompagnant d'un sentiment de défaite ou d'un désir de réconciliation). *Si votre frère pèche contre vous et qu'il revienne à vous* (→ Pardonner, cit. 2, Évangile). *Il te reviendra* (→ Faim, cit. 13; et aussi pleurnicherie, cit. 1). — (Dans le même sens). Absolt. (Vx). *« Prompte à s'offenser, lente à revenir »* (Diderot, *in* Littré).

Le monde subsiste pour exercer miséricorde et jugement, non pas comme si les hommes y étaient sortant des mains de Dieu, mais comme des ennemis de Dieu, auxquels il donne par grâce assez de lumière pour revenir, s'ils le veulent chercher et le suivre (...) 12
PASCAL, Pensées, VIII, 584.

— Je vais en Flandre. Il faut que ton roi, cher Silva, 13
Te revienne empereur (...)
HUGO, Hernani, I, 3.

Eh bien, cette liaison brisée s'est toujours renouée pour se briser et se renouer encore! Était-ce caprice? Était-ce habitude? C'était quelque chose de plus ou de moins que l'amour. Tu me revenais quand je t'attendais, comme si nous avions deviné, moi, ton retour; toi, mon attente! 14
BARBEY D'AUREVILLY, Une vieille maîtresse, I, V.

Laissant sa maison, sa petite femme niaise et jolie, il est revenu, il m'est revenu! Qui pourrait me l'enlever? Maintenant, maintenant je vais organiser notre existence (...) 15
COLETTE, Chéri, p. 168.

C. (Sujet n. de personne). **REVENIR DE :** venir de.

♦ **1.** ⇒ **Rentrer.** *Revenir de la ville* (→ Existence, cit. 10), *du lycée* (→ Paradis, cit. 6), *de l'église* (→ Parsemer, cit. 1)... *Voyageurs qui reviennent de Russie* (→ Quinquennal, cit.), *de loin* (→ Attester, cit. 10). — *Revenir de la guerre* (→ Glisser, cit. 4; mien, cit. 18), *de la promenade, d'une expédition* (→ Écoper, cit. 2), *d'un enterrement* (→ Qui, cit. 41), *de la messe* (→ Fleurir, cit. 21)... — *Revenir de...*, suivi de l'inf. (→ Haler, cit. 2; nettoyeur, cit. 2). *Elle revenait de faire son marché.* — (Suivi d'un attribut). *Revenir vivant du combat* (→ Affronter, cit. 2), *de la guerre, de faire la guerre. Revenir d'une exploration un peu soulagé* (→ Détente, cit. 4).

Coupeau (...) l'avait forcée à entrer comme elle traversait la rue, revenant de porter du linge (...) 16
ZOLA, l'Assommoir, II, t. I, p. 39.

(...) il parlait déjà de s'en aller pour faire une visite aux Corbelle, quand le comte de Guilleroy parut, revenant de dîner en ville. 17
MAUPASSANT, Fort comme la mort, I, III.

♦ **2.** (1080). Sortir (d'un état). *Revenir d'une maladie.* ⇒ **Guérir** (→ Dessèchement, cit. 3; gaillard, cit. 2). *Il était revenu de ses blessures* (→ 2. Mort, cit. 4). *Revenir de son évanouissement* (cit. 3). *Une sorte d'enivrement fiévreux dont je ne pouvais revenir* (→ Frénésie, cit. 4). *En revenir :* échapper à un grave danger. *Revenir de loin*.* — REM. La langue classique (→ cit. 18) et certains usages régionaux (→ cit. 21) connaissent un emploi absolu de *revenir* au sens de « reprendre vie, reprendre connaissance, conscience ». On peut considérer cet emploi comme correspondant à *revenir de...* (l'évanouissement, la mort apparente) ou à *revenir à* (soi, la vie, etc.).

(...) elle était prête à ensevelir, lorsque, avec une goutte de quelque chose, vous la fîtes revenir et marcher d'abord par la chambre. 18
MOLIÈRE, le Médecin malgré lui, I, 5.

Lorsque le maître fut un peu revenu de sa chute et de son angoisse, il se remit en selle (...) 19
DIDEROT, Jacques le fataliste, Pl., p. 517.

— Mais, dit la sœur Philomène, vous en reviendrez (...) nous vous sauverons, n'est-ce pas, monsieur Barnier? 20
— Certainement (...) nous vous sauverons (...) dit l'interne (...)
Ed. et J. DE GONCOURT, Sœur Philomène, XII.

Et on vous a tiré sur l'herbe, lui et moi. Tout de suite, vous avez dégorgé de l'eau. Il m'a dit : « Il n'est pas mort, il va revenir ». 21
J. GIONO, Regain, I, IV.

(XVIIe). *Revenir de son étonnement, de sa surprise.* — (1671). Loc. **N'EN PAS REVENIR :** être très étonné (→ Assommer, cit. 15, Molière). *Je n'en reviens pas, je n'en suis pas encore revenu. Je n'en reviens pas d'avoir réussi* (fam.), *qu'il ait réussi.* — (XVIIe). Abandonner; cesser d'avoir. *Revenir d'une erreur, d'une démarche précipitée* (→ Manquer, cit. 83), s'en dégager, en sortir. ⇒ **Corriger.** *Il est revenu de ses préventions* (cit. 6), *de ses illusions*, il en est guéri, désabusé. *Je suis revenue de toutes mes folles pensées* (→ Pénitence, cit. 5). ⇒ **Dégriser.** *Il est bien revenu de son enthousiasme, de ses anciennes admirations.* ⇒ **Décompter.** *Idées fausses dont rien ne peut le faire revenir.* ⇒ **Détruire.** — Par ext. *Je suis revenu des choses de ce monde* (Académie), je ne m'y intéresse plus, j'en suis dégoûté. *Il est revenu de tout :* tout lui est désormais indifférent, il ne prend plus d'intérêt, de plaisir à quoi que ce soit. ⇒ **Blasé, détaché.** — REM. L'expression est souvent prise à double sens. → ci-dessous, cit. 24, Musset.

22 Madame de Rênal ne revenait point de son étonnement de le trouver si gauche et en même temps si hardi.   STENDHAL, le Rouge et le Noir, I, XIV.

23 (...) le sang-froid de Louis XVIII l'avait démonté ; lui, M. de Talleyrand, qui se piquait de tant de sang-froid, être battu sur son propre terrain planté là, sur une place à Mons, comme l'homme le plus insignifiant : il n'en revenait pas !
CHATEAUBRIAND, Mémoires d'outre-tombe, t. IV, p. 32.

24 — Tu me fais l'effet d'être revenu de tout.
— Ah ! pour être revenu de tout, mon ami, il faut être allé dans bien des endroits.
A. DE MUSSET, Fantasio, I, 2.

25 Jamais je n'ai compté sur mon prétendu talent pour vivre... Ce pauvre Beulé (...) ne revenait pas que j'en fisse si peu d'usage.
RENAN, Souvenirs d'enfance..., VI, Œ. compl., t. II, p. 897.

26 — Du point de vue de la science (...), disait-il parfois avec le sourire d'un homme revenu de beaucoup d'illusions, plein d'indulgence pour le plaisir d'autrui, et qui ne le recherche plus lui-même.
BERNANOS, Sous le soleil de Satan, Prologue, II.

26.1 On ne peut pas dire que dans le P.C. souterrain de la rue Schoelcher, sous le Lion de Belfort, mes camarades communistes « n'en revenaient pas » d'être là. Ils en revenaient hardiment. Mais ils savaient que deux fois leur pouvoir, tout relatif, avait tenu à un cheveu : un peu d'audace, un peu de bluff, un rien de jeu joué gaiement, et vite.   Claude ROY, Nous, p. 48.

D. REVENIR À... (fig.). ♦ **1.** (V. 1050). Reprendre (ce qu'on avait laissé, abandonné). « *Revenir à ses premières amours* » (cit. 37), *à ses anciennes pratiques.* → Immodéré, cit. 6 ; et aussi boire (qui a bu boira). *Revenir aux conceptions de l'Ancien Régime* (→ Famille, cit. 29 ; inamovibilité, cit. 2). *Revenir au sens primitif d'un mot* (→ Fortune, cit. 40), *à la netteté* (cit. 5) *traditionnelle de la langue française, à la tradition racinienne* (→ Noble, cit. 13). — *Il faudra en revenir aux machines à forer* (cit. 1). *Comment osez-vous en revenir à ces monstruosités !* (cit. 2). *Vous vous moquez du style 1900, mais on y reviendra !*
Reprendre (un sujet qu'on avait momentanément laissé). *Revenons à Paris et au quinzième siècle* (→ Moyen âge, cit. 2), *à Ronsard* (→ Rat, cit. 8).... ⇒ **Retourner.** *Pour revenir donc* (cit. 4) *à notre raisonnement.... Revenons à nos moutons*. — J'en reviens à ton mot* (→ Gros, cit. 18), *à ces pages...* (→ Prémonitoire, cit. 1).

27 Encore ! vous en revenez toujours là ?   MOLIÈRE, le Malade imaginaire, III, 7.

28 Pour revenir à notre affaire,
Le cerf ne pleura point ; comment eût-il pu faire ?
LA FONTAINE, Fables, VIII, 14.

29 J'aurai sûrement l'occasion de revenir à Schleiter, dans ces pages et les suivantes.
G. DUHAMEL, Chronique des Pasquier, III, IV.

29.1 Pour vous en revenir à notre affaire, j'examine la question en toute impartialité en me plaçant d'un point de vue social et humain et je prends mes responsabilités en conséquence.   M. AYMÉ, Travelingue, p. 253-254.

(Suivi d'un infinitif) :

30 Nous en revînmes forcément à parler de la vie en général et puis de son existence en particulier.   CÉLINE, Voyage au bout de la nuit, p. 196.

♦ **2.** (Mil. XVIᵉ). Le sujet désigne une chose abstraite : souvenir, image, etc. Se présenter de nouveau à l'esprit qui a oublié la chose ou cessé de la considérer. *Deux traits de son caractère me revenaient à l'esprit* (→ Désoler, cit. 6 ; et aussi reconnaître, cit. 4). *La pensée, le souvenir lui revint de...* (→ Fond, cit. 20 ; invectiver, cit. 5). *Un souvenir me revient, revient à ma mémoire* (→ Peindre, cit. 5). *Le nom* (cit. 30) *me revient.*

31 Tous vos propos, vos gestes, votre grâce,
Qui toute nuit prisonnier me tenaient,
L'un après l'autre au cœur me reviennent (...)   RONSARD, Élégies, XX.

32 Mais quel était l'objet de mes amours ? Peut-être cela me reviendra-t-il comme beaucoup de choses me reviennent en écrivant.
STENDHAL, Vie de Henry Brulard, 13.

33 Immobiles et silencieux, pourtant il retrouvait son ami, comme vous revient une musique oubliée.   MONTHERLANT, le Songe, I, III.

REVENIR EN... (le compl. désigne la mémoire, l'esprit ou une personne — par un pronom). *Chose qui revient en mémoire* (cit. 9 ; → aussi Humeur, cit. 40). *Revenir en tête. Ça me revient ! :* je m'en souviens à l'instant.

♦ **3.** (Mil. XVIIᵉ). Être rapporté à qqn, en parlant d'une rumeur, d'une nouvelle. « *Certains propos tenus sur sa conduite lui revinrent* » (Académie). — Impersonnel. **IL ME (LUI,...) REVIENT... (que)** : on m'a dit, rapporté, appris (que...), j'ai appris* que... (→ Cannibale, cit. 3 ; indévot, cit.). *Il me revient de tous côtés que...*

34 (...) si par malheur pour toi il me revenait qu'on dit dans la ville que mes discours n'ont plus leur force ordinaire (...) tu perdrais avec mon amitié la fortune que je t'ai promise.   A.-R. LESAGE, Gil Blas, VII, III.

35 Il me revient de tous côtés qu'on me brocarde.
Edmond ROSTAND, Cyrano de Bergerac, IV, 4.

36 (...) rapport, fort propre à justifier ces préoccupations, si, par hasard, il en revenait quelque chose aux oreilles du gouvernement britannique.
Louis MADELIN, Hist. du Consulat et de l'Empire, Le Consulat, XVIII.

36.1 Il m'est revenu de plusieurs côtés que (ici, petit jeu de voltige avec un porte-mine d'argent) que certains services négligent de répondre aux lettres de la clientèle (...)   Pierre DANINOS, Un certain Monsieur Blot, p. 34.

♦ **4.** (Fin XIIIᵉ). **REVENIR À SOI,** ou, absolt, **REVENIR** : reprendre conscience, reprendre ses esprits (→ Apoplexie, cit. 2 ; briser, cit. 35 ; ébrouer, cit. 3 ; étambot, cit. ; geler, cit. 3). *Quand je suis revenu à moi, après cet évanouissement.* — *Revenir à la santé, à la vie.* ⇒ **Revivre.** — Absolt. *Revenir* (→ ci-dessus, cit. 18, et *supra* cit. 21).

♦ **5.** (Fin XIIᵉ). Sujet n. de chose. Être retrouvé (en parlant d'une qualité perdue). *Je me sens tout ranimé* (cit. 5) *et le cœur me revient.*

L'ouïe et la parole lui reviennent (→ Muet, cit. 2 et 6). *Toute sa lucidité* (cit. 6) *lui revint.*

37 Quand je sentis contre moi le bras de la jeune fille, le calme et l'assurance me revinrent.   G. DUHAMEL, la Pierre d'Horeb, VIII.

♦ **6.** (V. 1175). Sujet n. de chose. Échoir à qqn à titre de profit (⇒ **Revenu**), d'héritage... ; être perçu. ⇒ **Échoir, obtenir.** *La propriété devait lui revenir à sa majorité* (→ Loyer, cit. 2). *Un nombre important de milliards qui reviendraient à l'État* (→ Réévaluation, cit.). *Elle veut être fixée* (cit. 19) *sur ce qui lui revient.* — Impersonnel. *Il me revient tant sur cette opération. Quel fruit lui en revient-il ?* (→ Changeant, cit. 3). — Vieilli. *Que te revient-il de...? :* en quoi t'est-il profitable de..., à quoi te sert-il de...?

38 (...) nous nous brouillerons, et tout cela arrivera avant qu'elle n'ait hérité de sa tante. Alors, comme on se moquera de moi ! Ma femme aime ses enfants, tout finira par leur revenir.   STENDHAL, le Rouge et le Noir, I, XXI.

39 Mais que vous revient-il de vos froides doctrines ?
A. DE MUSSET, Poésies nouvelles, « Souvenir ».

40 Le premier prince du sang, c'était le fils d'Antoine de Bourbon et de la reine de Navarre, c'était le futur Henri IV à qui revenait la couronne si le roi et ses jeunes frères mouraient sans enfants.   J. BAINVILLE, Hist. de France, IX, p. 165.

41 Il me revient, sur l'argent que je viens de changer, soixante francs.
J. ROMAINS, les Hommes de bonne volonté, t. II, IX, p. 98.

42 Enfin heureusement que l'Abbé Protiste lui au moins est venu me trouver un beau matin afin qu'on se partage la ristourne, celle qui nous revenait de l'affaire du caveau de la mère Henrouille.   CÉLINE, Voyage au bout de la nuit, p. 342.

Revenir de droit, ou, simplement, *revenir :* échoir en vertu d'un droit, d'une prérogative ; appartenir*. *L'appréciation de cette inéligibilité* (cit.) *revient aux Chambres. Distinguer ce qui revient au sacré et ce qui proprement appartient au profane* (cit. 5). — Impersonnel. *C'est à lui qu'il revient de..., suivi de l'inf.* (→ Gratuit, cit. 9). ⇒ **Incomber.**

♦ **7.** (1549). Fig., vx. (Sujet et compl. n. de chose). Être en rapport de convenance avec... ⇒ **Convenir.** *Cette tapisserie revient bien à ce meuble* (Furetière). *Son humeur revient à la mienne* (Furetière).

(1460). Mod. (Compl. n. de personne). Plaire. *Cette logique-là ne me revient point* (→ Rébarbatif, cit. 3, Molière). *Ta marquise ne me revient pas du tout* (→ 1. Pie, cit. 4). *Il a une tête qui ne me revient pas.* — REM. Il s'emploie en ce sens aujourd'hui surtout avec une négation.

43 (...) car sur mon âme, elle avait la mine d'un mauvais Esprit. Sa diable de figure noire ne vous revenait pas.
BARBEY D'AUREVILLY, Une vieille maîtresse, II, XVIII.

44 Il se lia en particulier avec M. Mydorge, alors réputé le premier mathématicien de France, dans lequel « il trouvait je ne sais quoi qui lui revenait extrêmement, soit pour l'humeur, soit pour le caractère d'esprit » (...) (Baillet, *Vie de Descartes,* 1691).   VALÉRY, Variété, Études philosophiques, *in* Œ., t. I, Pl., p. 812.

♦ **8.** (Mil. XIVᵉ). Sujet n. de chose, représenté en général par un pronom. Vx. Être en rapport de convenance parfaite, d'équivalence avec... ⇒ **Équivaloir.** — Loc. Mod. *Cela revient au même** (cit. 20 ; et → Assemblage, cit. 19 ; courage, cit. 5). — *Cela revient à dire que... :* c'est comme si on disait que... (→ aussi Quantification, cit.).

45 Si la vie est misérable, elle est pénible à supporter ; si elle est heureuse, il est horrible de la perdre. L'un revient à l'autre.
LA BRUYÈRE, les Caractères, XI, 33.

♦ **9.** (1530). Sujet n. de chose. Coûter au total (à qqn). *Le fret* (cit. 1) *revient, par tonne et par kilomètre, à 0 fr. 04.* ⇒ **Revient** (prix de). *Le prix auquel reviendrait la marchandise* (→ Importateur, cit.). *La fonte fabriquée sur place* (cit. 11) *reviendra bientôt plus cher... Le dîner m'est revenu à quinze cents francs par personne.*

★ **II. S'EN REVENIR** v. pron. (V. 1050). Littér. **S'EN REVENIR (quelque part).** ⇒ **Retourner** (s'en). — Littér. ou vieilli. **S'EN REVENIR DE.** *Ils s'en revenaient de la chasse.* « *Trois jeunes tambours s'en revenaient de guerre* » (Chanson).

46 Et m'en suis revenu chez moi toujours courant (...)
MOLIÈRE, les Fâcheux, II, 6.

47 Et sur le pont des Reviens-t'en
Si jamais revient cette femme
Je lui dirai Je suis content   APOLLINAIRE, Alcools, p. 27.

★ **III.** (1606 ; XVIᵉ, *se revenir,* en parlant d'une viande qui se ramollit quand on la passe sur le feu ; vraisemblablement, par l'intermédiaire du sens de *revenir à soi* « retrouver vie, fraîcheur »).

♦ **1.** Vx. *Faire revenir de la viande :* « faire renfler la viande en la mettant sur les charbons allumés ou sur un gril... avant que de larder ou de piquer la viande » (Richelet).

♦ **2.** (1798). Mod. *Faire revenir de la viande, des légumes, un aliment,* les passer dans un corps gras chaud pour en dorer et en rendre plus ferme la surface. ⇒ **Rissoler.** *Faire revenir des oignons. Les hauts de côtelettes revenaient dans un poêlon* (cit. 1). — Au p. p. *Oignons revenus au beurre.*

48 Mademoiselle Remanjou adorait les lardons (...) Boche disait préférer les petits ognons *(oignons),* quand ils étaient bien revenus (...)
ZOLA, l'Assommoir, III, t. I, p. 106.

49 Il «tomba la veste», alluma le poêle et fit «revenir» le lapin. Il tendait le cou, humait l'odeur qui montait de la cocotte. Il aurait fallu du thym dans la sauce.

Eugène DABIT, Hôtel du Nord, XXII.

♦ **3.** Techn. *Faire revenir l'acier.* ⇒ **Revenu.**

▶ **REVENU, UE** p. p. adj. Voir à l'article. — Spécialement :

♦ **1.** (1652). Personnes. REVENU DE... : désabusé, désillusionné. → ci-dessus, cit. 24, 26.

♦ **2.** (Sens III, 2). *Oignons revenus.*

CONTR. Aller. — **Déserter, échapper** (s'), **évanouir** (s'), **partir, quitter, repartir.** — **Disparaître, effacer** (s'). — **Anticiper.**

DÉR. Revenant, revenez-y, revenu, revenue, revient (prix de).

REVENONS-Y [ʀ(ə)vənɔ̃zi ; ʀəvnɔ̃zi] n. m. ⇒ **Revenez-y**, 3.

REVENTE [ʀ(ə)vɑ̃t] n. f. — 1538 ; «droit dû au seigneur, en plus des droits ordinaires», v. 1283 ; de *revendre*, d'après *vente*.

♦ Action de revendre ; résultat de cette action. ⇒ **Rétrocession, vente.** Ⓐ (Correspondant au sens A de *revendre*). *Revente avec bénéfice. Revente d'un fonds de commerce.* — (1675). *De revente* (vx) : d'occasion (→ Frange, cit. 1).

Ⓑ (Sens B de *revendre*). *Revente à la folle enchère*.

(...) Pons se sentait au cœur une avarice insatiable, l'amour de l'amant pour une belle maîtresse, et la *revente*, dans les salles de la rue des Jeûneurs, aux coups de marteau des commissaires-priseurs, lui semblait un crime de lèse-Bric-à-Brac.

BALZAC, le Cousin Pons, Pl., t. VI, p. 532.

CONTR. Rachat.

REVENU [ʀ(ə)vəny ; ʀəvny] n. m. — 1320 ; p. p. substantivé de *revenir*.

♦ **1.** Écon., cour. Ce qui revient (→ Revenir, D., 6.) à qqn, à titre d'intérêt, de rente, et, par ext., de salaire, etc. (→ Entrepreneur, cit. 9). ⇒ **Fruit, gain, produit, profit, rapport, usufruit.**

1 Le revenu est d'une façon générale ce que l'individu, une collectivité, un groupe, un pays perçoit de façon normale et quel qu'en soit le motif. C'est pourquoi on préfère généralement employer des termes plus précis (rente, salaire, profit) ou l'accompagner d'un adjectif (revenu du travail, revenu des fermes, revenus boursiers) sauf s'il s'agit, pour une personne physique ou morale, du montant global de ses ressources annuelles de quelque façon que celles-ci se présentent (argent, coupons, produits, etc.), encore précisera-t-on alors qu'il s'agit du revenu annuel.

ROMEUF, Dict. des sciences économiques, art. *Revenu.*

2 Ce mot a été (...) mal choisi, car il avait toujours signifié, en français classique, *rentes* ou *intérêts* (...) Il a donc fallu habituer le public à prendre le mot *revenu* au sens de bénéfices quelconques, fussent-ils retirés du travail. Les Français, au fond, ne s'y sont jamais résignés (...) ils pensent (...) que l'impôt sur le revenu devrait ne frapper qu'une fortune acquise, des rentes (...) De là l'impopularité incurable de notre système fiscal (...)

A. THÉRIVE, Clinique du langage, p. 244.

Capital et revenus. ⇒ **Intérêt, rente** (→ Accumuler, cit. 2 ; capitaliste, cit. 1 ; diminuer, cit. 2 ; épargner, cit. 8 ; exportation, cit. 5 ; fonds, cit. 3 ; manger, cit. 36). *Le revenu de l'argent.* ⇒ **Travailler** (faire). *Revenus fonciers*, provenant de la location ou de l'habitation des propriétés bâties, ou des propriétés non bâties s'ils ne sont pas compris dans la catégorie des bénéfices agricoles. *Revenus d'un domaine* (→ Entretien, cit. 2), *d'exploitations* (cit. 6) *agricoles. Revenus classés dans la catégorie des bénéfices industriels et commerciaux* (→ Appréciable, cit. ; dépasser, cit. 7), *dans celle des bénéfices non commerciaux (revenus des professions libérales, des charges et offices, etc.). Revenus des valeurs mobilières* (fixes, variables, temporaires). *Revenus des capitaux mobiliers. Avoir un gros revenu, de gros revenus. Revenu du travail.* ⇒ **Salaire** (→ aussi Pension, retraite). *Revenu assigné à un chef d'État.* ⇒ **Dotation.** *Revenus destinés à l'entretien d'une église.* ⇒ **Fabrique.** — Anciennt. *Revenu d'un bénéfice* (cit. 9) *ecclésiastique* (→ Casuel, congrue (portion congrue), **prébende, temporel.** *Avoir tant de revenu* (→ Cinquième, cit. ; estimation, cit. 4 ; pourrir, cit. 9). *Produire un revenu.* ⇒ **Rapporter, rendre,** et aussi **rentable, rentrée.** *Revenu annuel, viager. Dépenser* (cit. 5) *son revenu* (→ aussi Économie, cit. 20 ; engloutir, cit. 6 ; libéralité, cit. 3 ; piller, cit. 6). *Dépenser d'avance son revenu.* → Manger son blé* en herbe (cit. 20). *Impôts* sur le revenu. Revenu brut et revenu net imposable. Revenu fiscal,* qui sert d'assiette pour le calcul de l'impôt.

3 Un état politique où des individus ont des millions de revenu, tandis que d'autres individus meurent de faim (...)

CHATEAUBRIAND, Mémoires d'outre-tombe, t. VI, p. 318.

4 La vie est chère pour les malheureux esclaves du franc, pour tous les «revenus fixes», pour les rentiers enfermés dans les limites d'une rente invariable, pour les retraités, les pensionnés, les fonctionnaires, les employés au mois, qui ont sans doute des possibilités d'augmentation, mais pour qui ces augmentations arrivent toujours trop tard, lorsque déjà une nouvelle poussée des prix en voudrait une autre.

J. BAINVILLE, la Fortune de la France, p. 246.

4.1 En 1946, la vie quotidienne ne différait pas (et ne diffère toujours pas) selon les classes sociales, en fonction du seul chiffre des revenus, mais par la nature du revenu (mode de paiement : à l'heure, au mois, à l'année, etc. selon qu'il s'agit de salaires, de traitements, d'honoraires, de rentes), par la gestion des revenus, par l'organisation.

Henri LEFEBVRE, la Vie quotidienne dans le monde moderne, p. 69.

Revenu par tête d'habitant (calculé en dollars, par pays).

Revenus publics (1748 ; *revenu publicque*, 1588), *de l'État* (1690),

que l'État retire des contributions ou de ses propriétés. ⇒ **Denier** (→ Déprédation, cit. 2 ; dette, cit. 10 ; dispensateur, cit. 1 ; grain, cit. 2). — *Revenu national :* «ensemble des biens et des services économiques nets obtenus par une économie nationale pendant une période donnée» (F. Perroux). *Méthodes d'évaluation du revenu national. Revenu national brut* (où sont comprises les sommes dépensées pour maintenir en état le capital productif de la nation). *Revenu national net* (d'où ces sommes sont déduites).

5 La notion de revenu national a été conçue et définie pour la première fois, semble-t-il, à la fin du XVIIe siècle. En France, c'est Boisguilbert qui a employé pour la première fois ce terme dans *Détail de la France* (1695). Vauban dans *La dîme royale* eut lui aussi recours à cette notion, afin de mesurer le degré de richesse de la Nation, ou plutôt à cette époque d'apprécier statistiquement son appauvrissement à la fin des guerres du règne de Louis XIV (...) les évaluations du revenu national proprement dit ou de quantités globales approchées furent assez nombreuses : citons (...) surtout les calculs de Lavoisier dont les résultats furent publiés dans *Richesse territoriale du royaume de France* (1791).

ROMEUF, Dict. des sciences économiques, art. *Revenu.*

Politique des revenus : politique d'intervention des pouvoirs publics au niveau de la formation et de la répartition des revenus, en vue d'une régulation de la croissance économique et d'une distribution plus harmonieuse des profits.

♦ **2.** (1723). Techn. Traitement thermique que l'on fait subir à l'acier après la trempe*, consistant en un réchauffage régulier suivi d'un refroidissement lent (⇒ **Recuit**) et ayant pour objet d'en augmenter la résilience.

CONTR. **Capital, fonds ; dépense.**
HOM. **Revenue.**

REVENUE [ʀ(ə)vəny ; ʀəvny] n. f. — V. 1155, «retour» ; p. p. substantivé au fém. de *revenir*, sur le modèle de *venue*.

Technique.

♦ **1.** (1283). Sylv. Pousse nouvelle des bois de taillis.

♦ **2.** (1328). Vén. Sortie des bêtes du bois, lorsqu'elles reviennent pâturer à découvert ; temps, moment de cette sortie. *Le piqueux a reconnu une harpaille à la revenue.*

HOM. **Revenu.**

RÊVER [ʀeve ; ʀɛve] v. — V. 1130, *resver* ; v. 1265, «aller çà et là pour son plaisir» (Godefroy), «vagabonder», sens courant jusqu'au XVe ; probablt dérivé d'un anc. v. *esver* (cf. anc. franç. *desver*, franç. mod. *endêver**) que l'on rattache au gallo-roman *esvo* «vagabond», lequel proviendrait, par une forme *exvagus*, du lat. *vagus* (selon Jud) ; P. Guiraud évoque deux étymons, *raver*, du lat. pop. *rabare*, lat. *rabere* «rager», et *re-exvagare*, de *exvagus*, cf. ci-dessus.

★ **I.** V. intr. ♦ **1.** Vx. Délirer (→ Divaguer*, qui présente la même évolution sémantique).

Comment ? rêver sans fièvre ! cela fait peur. Mme DE SÉVIGNÉ, 262, 6 avr. 1672. 1

Par ext. Parler ou agir d'une manière extravagante, décousue et déraisonnable. — REM. Cet emploi est vieilli, sauf dans les expressions du type : *Vous rêvez, je pense ?* → Divaguer.

— Ne m'appelez-vous pas ? — Moi ? Vous rêvez. MOLIÈRE, Tartuffe, II, 4. 2

♦ **2.** (Fin XVIe). Vieilli ou littér. Méditer*, «appliquer sérieusement son esprit à raisonner sur quelque chose» (Furetière, 1690). ⇒ **Penser, réfléchir** (→ Dicter, cit. 1, Montaigne). *Descartes rêvait seul et en silence* (→ 2. Poêle, cit. 1). — *Rêver sur..., rêver aux moyens de...* (→ Éternel, cit. 40).

(...) dans le peu de temps qui me fut donné, il m'était impossible de faire un grand dessein, et de rêver beaucoup sur le choix des mes personnages et sur la disposition de mon sujet. MOLIÈRE, les Fâcheux, Avertissement. 3

J'ai beau rêver, je ne me rappelle ni grande brune, ni jolies mains : tâche de t'expliquer. DIDEROT, Jacques le fataliste, Pl., p. 568. 4

(...) le comte de Vanghel n'avait été au fond qu'un philosophe, rêvant comme Descartes ou Spinoza. STENDHAL, Romans et nouvelles, «Mina de Vanghel». 5

(...) il y a lieu de rêver sur les fins obscures de ces brillantes destinées. 6
Émile HENRIOT, Portraits de femmes, p. 62.
— N. B. Dans cet emploi moderne, les sens 2 et 3 sont mêlés.

♦ **3.** (Mil. XVIe). Mod. Avoir une activité mentale qui n'est pas dirigée par l'attention, dans laquelle l'imagination et le sentiment l'emportent sur la pensée abstraite et sur le sens du réel. ⇒ **Rêverie.** → Laisser errer* la pensée, suivre le fil* de ses pensées ; et aussi entrecouper, cit. 2 ; essor, cit. 11 ; inoffensif, cit. 3 ; lisière, cit. 1 ; nature, cit. 51, Rousseau ; oublier, cit. 16. *Vous rêvez au lieu de réfléchir* (→ Boutade, cit. 5). *Rêver au lieu d'agir, de créer* (cit. 7).

En poésie, en philosophie, en toute littérature, quand on n'a pas le temps de penser et d'écrire, on est perdu. Il faut avoir le temps de rêver. 7
A. DE VIGNY, Journal d'un poète, 1832, *in* FOULQUIÉ, Dict. de la langue philosophique, art. *Rêve.*

Revenez, revenez, ô mes tristes pensées ! 8
Je veux rêver et non pleurer.
LAMARTINE, Harmonies poétiques et religieuses, IV, XLV.

Pourquoi rêver, qui peut agir ? G. DUHAMEL, les Plaisirs et les Jeux, VI, VII. 9

(Avec un compl.). **RÊVER À :** penser vaguement à..., s'absorber dans une rêverie concernant tel ou tel objet (→ Convenance, cit. 7 ; nourriture, cit. 3). *Rêver à ses chères pantoufles* (→ Famille, cit. 23).

— REM. Lorsque l'objet de la rêverie est une chose que l'on désire, le sens est proche du (5.) *rêver de...*

10 Parfum qui fait rêver aux oasis lointaines (...)
BAUDELAIRE, les Fleurs du mal, « Tableaux parisiens », XCVIII.

11 Rêvais-tu de ces jours si brillants et si beaux (...)
BAUDELAIRE, les Fleurs du mal, « Révolte », CXVIII.

12 (...) je rêve à la sagesse comme on rêve à la terre promise.
G. DUHAMEL, la Pesée des âmes, Notes liminaires.

Rêver sur..., à propos de... (→ Maladrerie, cit. ; organique, cit. 1).
— REM. En poésie, on emploie parfois *rêver de...* pour *rêver à*, afin d'éviter un hiatus.

Péj. Être distrait, rester absorbé dans des rêveries vagues et vaines*. ⇒ **Bayer** (cit. 1), **béer, rêvasser ; lune** (être dans la). *Rêver à des chimères, à des niaiseries.*

13 L'un me brûle mon rôt en lisant quelque histoire ;
L'autre rêve à des vers quand je demande à boire (...)
MOLIÈRE, les Femmes savantes, II, 7.

♦ **4.** (1671). Cour. Avoir en dormant une activité psychique, faire des rêves. ⇒ **Rêve** (1.). — REM. Ce verbe a supplanté *songer** au XVIIIe et au XIXe siècle.

14 Je rêvais peu dans ce temps-là, ou plutôt je croyais sentir que la faculté de rêver s'était transformée en moi. Il me semblait qu'elle avait passé des impressions du sommeil dans celles de la vie réelle, et que c'est là qu'elle se réfugiait avec ses illusions. Charles NODIER, Contes, « Fée aux miettes », XV.

15 Un homme qui rêve est pris dans le groupe des transformations de son rêve, et il n'en peut sortir que par l'intervention d'un fait étranger et extérieur au monde du rêve. VALÉRY, Variété, Études philosophiques, *in* Œ., t. I, Pl., p. 813.

16 On rêve avant de contempler. Avant d'être un spectacle conscient tout paysage est une expérience onirique. On ne regarde avec une passion esthétique que les paysages qu'on a d'abord vus en rêve. Et c'est avec raison que Tieck a reconnu dans le rêve humain le préambule de la beauté naturelle.
G. BACHELARD, l'Eau et les Rêves, Introd., III.

17 (...) dans cette pièce si morne, sans m'expliquer ce que j'y venais faire, j'étais tout à fait assuré que je ne rêvais pas. Il est vrai que mon assurance était peut-être un rêve (...) Dans les rêves parfois l'on se dit que l'on rêve, et moi, qui me disais que je ne rêvais pas, je formais peut-être, en rêvant, ces pensées d'apparence raisonnable. H. BOSCO, Un rameau de la nuit, p. 59.

(Avec un compl.). **RÊVER DE.** *Rêver d'une personne, d'une chose,* la voir, l'entendre en rêve. *J'ai rêvé de vous.* Loc. *Il en rêve la nuit,* se dit d'une chose qui obsède, à laquelle on pense sans cesse. — *Rêver à quelque chose.*

18 Je n'ai plus qu'une idée ; j'y pense le jour, et j'y rêve la nuit.
LACLOS, les Liaisons dangereuses, IV.

19 Si les liens des cœurs ne sont pas des mensonges,
Oh ! dites, vous devez avoir eu de doux songes,
Je n'ai fait que rêver de vous toute la nuit. HUGO, les Contemplations, II, XIV.

20 Elle a rêvé, durant ces quinze derniers jours, quatre fois de nous, surtout de moi.
J. RENARD, Journal, 4 avr. 1890.

(Dans l'état de veille). *Rêver tout éveillé, les yeux ouverts.* « *Ceux qui rêvent éveillés ont connaissance de mille choses qui échappent à ceux qui ne rêvent qu'endormis* » (→ Folie, cit. 5). — *Se demander si on rêve... Je ne rêvais pas* (→ Peur, cit. 21). *Vous avez rêvé, vous vous trompez.*

21 Elle lui crie : C'est là-bas. Et elle lui montre l'endroit juste (...) — Si c'est là, tu as rêvé ; il n'y a rien. J. GIONO, Regain, I, III.

On croit rêver : c'est une chose incroyable, qui semble impossible. (Souvent pour exprimer l'indignation). *C'est inouï, exagéré, révoltant ou extravagant* (→ C'est un peu fort*).

21.1 On voit que vous n'avez pas l'habitude du suicide. L'habitude du suicide, on croit rêver. C. ROCHEFORT, le Repos du guerrier, I, II, p. 30.

♦ **5.** S'absorber dans ses désirs, ses souhaits. *On rêve, on fait des châteaux en Espagne* (→ Créer, cit. 24). *Rêver et réaliser ses rêves* (→ Passer, cit. 100). ⇒ **Rêve.** — Fam. *Il ne faut pas rêver :* il faut tenir compte des réalités. *Tu nous vois dans une Rolls..., faut pas rêver !*

RÊVER DE, souhaiter ardemment, songer en souhaitant. ⇒ **Convoiter, désirer, souhaiter** (→ Asile, cit. 23). *L'avenir dont rêvait Nietzsche* (→ Préalable, cit. 3). — *Rêver de...,* suivi de l'inf. (→ Assujettir, cit. 16 ; hégémonie, cit. 3 ; industrialiser, cit. 4 ; innocence, cit. 4). *Rêver de posséder* (cit. 24) *le cœur d'une femme. Rêver de faire mieux* (→ 2. Parer, cit. 5).

22 Enfermée, emprisonnée dans la boutique à côté d'un mari vulgaire et parlant toujours commerce, elle avait rêvé de clairs de lune, de voyages, de baisers donnés dans l'ombre des soirs. MAUPASSANT, Pierre et Jean, IV.

23 Souffrez que ma fatigue, à vos pieds reposée,
Rêve des chers instants qui la délasseront.
VERLAINE, Romances sans paroles, Aquarelles, « Green ».

24 Après le verbe *rêver*, l'infinitif peut se construire soit directement, soit avec la préposition *de* (...) L'infinitif construit directement exprime un phénomène se déroulant en songe (...) L'infinitif introduit par *de* indique un phénomène non réalisé que l'on désire, et que l'on se plaît à imaginer pendant la veille.
J. DAMOURETTE et É. PICHON, Essai de grammaire de la langue franç., § 1134.

★ **II.** V. tr. ♦ **1.** Vx ou littér. (→ ci-dessus, I., 2.). Méditer sur..., penser avec attention à... ; projeter, préparer.

25 Allons sur le chevet rêver quelque moyen
D'avoir de l'incrédule un plus doux entretien
CORNEILLE, le Menteur, III, 6.

♦ **2.** Vieilli ou littér. (→ ci-dessus, I., 3.). Imaginer*, penser dans sa rêverie. ⇒ aussi **Évoquer, représenter** (se). — REM. Au XVIIe s., *rêver un poème* signifiait le composer, l'imaginer par la pensée active et volon-

taire (→ ci-dessus, le sens 1) ; au XIXe s. et pour les romantiques, le sens du verbe évolue comme celui de *rêverie** : « *Où donc est la beauté que rêve le poète ?* » (→ Interprète, cit. 13, Vigny). *Certes, il est beau de rêver l'éternité* (cit. 12). — (Avec l'inf.). *Il n'y a pas de grimaud... qui n'ait rêvé être le plus malheureux des hommes* (→ Bambin, cit. 2), *rêvé qu'il était...*

26 Pourquoi n'écris-tu pas tout ce que tu rêves ? cela ferait un joli recueil.
A. DE MUSSET, Fantasio, I, 2.

27 On rêvait Charlemagne, on pense à Louis seize !
HUGO, les Chants du crépuscule, XV.

28 (...) il vaut mieux rêver sa vie que la vivre, encore que la vivre ce soit encore la rêver (...) PROUST, les Plaisirs et les Jours, Regrets..., VI.

29 C'est tellement plus facile d'écarter une femme quand on la connaît que quand on la rêve. Roger VERCEL, l'Île des revenants, p. 15.

Imaginer plus ou moins vaguement la satisfaction d'un désir ; « *désirer comme un idéal un peu chimérique* » (Foulquié). ⇒ **Rêve ; forger.** *Rêver le progrès* (→ Dévouer, cit. 8). *Rêver le miracle d'une prose poétique* (cit. 3, Baudelaire). *Mon existence* (cit. 19) *que j'avais rêvée si belle.* — Cour. (Sans article). *Rêver mariage, fortune...* (→ ci-dessous, cit. 30, Balzac ; et le tour analogue avec *parler*).

30 Au fond de bien des loges de portiers, sous la tuile de plus d'une mansarde, de pauvres créatures rêvent, au retour du spectacle, perles et diamants, robes lamées d'or et cordelières somptueuses, se voient les chevelures illuminées, se supposent applaudies, achetées, adorées, enlevées (...)
BALZAC, Une fille d'Ève, Pl., t. II, p. 106.

30.1 Elle était une de ces célibataires parisiennes qui, chaque soir (...) rentrent chez elles avec de la crotte à leurs jupons, font leur dîner, le mangent toutes seules, puis, les pieds sur une chaufferette, à la lueur d'une lampe malpropre, rêvent un amour, une famille, un foyer, la fortune, tout ce qui leur manque.
FLAUBERT, l'Éducation sentimentale, éd. du Milieu du monde, p. 437.

31 J'aurai rêvé toutes les vies, pour me consoler de n'en avoir pas vécu une.
H.-F. AMIEL, Journal, 27 juil. 1854, *in* FOULQUIÉ, Dict. de la langue philosophique, art. *Rêve.*

32 Eh bien ! vous l'avez, votre république ! — « Oui, je l'ai, répondit hier Béranger ; mais j'aimerais mieux la rêver que l'avoir ».
SAINTE-BEUVE, Chateaubriand..., t. II, p. 321.

33 — Je sentais depuis quelque temps que je songeais à lui. Je n'ai jamais vu ni rêvé un homme comme lui ! Il dépasse tout ce que je pouvais m'imaginer de perfections ! J.-A. DE GOBINEAU, les Pléiades, p. 292.

34 Oh ! là là ! que d'amours splendides j'ai rêvées ! RIMBAUD, Poésies, XXIII.

35 Il rêva un clergé à son image, pieux, zélé, attaché à ses fonctions. Beaucoup d'autres saints personnages travaillaient au même but (...)
RENAN, Souvenirs d'enfance..., IV, Œ. compl., t. II, p. 825.

Vieilli. (On emploie plutôt dans ce sens *rêver de...* → ci-dessus, I., 5.). Désirer, souhaiter vivement. ⇒ **Demander.** *Elle rêva un tapis* (→ 1. Boire, cit. 42). — Loc. (Sans article). *Ne rêver que plaies** *et bosses.*

36 (...) elle *(Sophie Hugo)* rêvait toujours la chute de l'usurpateur et le retour du roi légitime (...) Émile HENRIOT, les Romantiques, p. 23.

♦ **3.** (1640). Vieilli. (→ ci-dessus, I., 4.). Former en dormant (une image, une représentation). « *Un péril qu'une femme a rêvé* » (→ Alarmer, cit. 5, Corneille). — Mod. **RÊVER QUE.** *J'ai rêvé que je mourais* (→ Dormir, cit. 36, Pascal ; mors, cit. 4).

37 Si nous rêvions toutes les nuits la même chose, elle nous affecterait autant que les objets que nous voyons tous les jours ; et si un artisan était sûr de rêver toutes les nuits, douze heures durant, qu'il est roi, je crois qu'il serait presque aussi heureux qu'un roi qui rêverait toutes les nuits, douze heures durant, qu'il serait artisan. PASCAL, Pensées, VI, 386 (cf. Dormir, cit. 36).

38 Au bout d'une semaine, Laurent était écœuré. La nuit, il rêvait les cadavres qu'il avait vus le matin. ZOLA, Thérèse Raquin, XIII.

▶ **SE RÊVER** v. pron.

♦ **1.** (Passif). Être rêvé (→ ci-dessous, cit. 39, Vigny).

♦ **2.** (Réfl.). Rêver que l'on est, que l'on sera... (→ ci-dessous, cit. 40, Malraux).

39 Dans le moment même de l'action et de la parole, je suis ailleurs, je pense à autre chose ; *ce qui se rêve* est tout pour moi.
A. DE VIGNY, Journal d'un poète, 1844, De moi-même.

40 Qu'il y eût en tout être, et en lui d'abord, un paranoïaque, il en était assuré depuis longtemps.
Il avait cru, jadis — temps révolus (...) — qu'il se rêvait héros.
MALRAUX, la Condition humaine, I, 4 h du matin.

▶ **RÊVÉ, ÉE** p. p. adj.

♦ **1.** Imaginé, souhaité. *Cette promotion* (cit. 1) *rêvée,* désirée à tout moment.

♦ **2.** Idéal. *Le coin rêvé pour passer ses vacances. La position, la solution rêvée,* la meilleure qui soit.

♦ **3.** Vu, entendu en rêve. *L'existence* (cit. 14) *possible des choses rêvées.*

DÉR. Rêverie, rêveur, rêvoir.

RÉVERBÉRANT, ANTE [ʀevɛʀbeʀɑ̃, ɑ̃t] adj. — Déb. XVIe, repris fin XVIIe, Bernardin de Saint-Pierre ; p. prés. de *réverbérer.*

♦ Qui a la propriété de réverbérer (la lumière, la chaleur, les sons...).

RÉVERBÉRATION [ʀevɛʀbeʀɑsjɔ̃] n. f. — 1314 ; de *réverbérer.*

♦ **1.** Réflexion* de la lumière, de la chaleur ou d'un son ; rayonnement réfléchi. *L'aveuglante* (cit. 2) *réverbération du soleil* (→ 1. Point, cit. 2). *Une réverbération intense* (→ Midi, cit. 2). *Sol brillanté* (cit. 3) *de réverbérations.* — *La réverbération des vagues* (→ Clignement, cit. 1), *des murs* (→ Éblouir, cit. 2).

1   S'il n'a longtemps parcouru des plaines arides, si des sables ardents n'ont brûlé ses pieds, si la réverbération suffocante des rochers frappés du soleil ne l'oppressa jamais, comment goûtera-t-il l'air frais d'une belle matinée ?
                                  ROUSSEAU, Émile, III.

♦ **2.** (xxᵉ ; 1549, « écho »). Phys. Persistance du son après l'arrêt d'émission de la source sonore, du fait de réflexions successives et rapprochées qui produisent un écho. *La qualité sonore d'une salle est caractérisée par la durée de réverbération* (qui doit être assez courte pour rendre l'audition nette).

♦ **3.** Fig. Effet, reflet (→ Physionomiste, cit. 2).

2   La vérité est que la ressemblance des vêtements et aussi la réverbération par le visage de l'esprit de l'époque tiennent, dans une personne, une place tellement plus importante que sa caste (...)
            PROUST, Sodome et Gomorrhe, Pl., t. II, p. 682.

RÉVERBÈRE [ʀevɛʀbɛʀ] n. m. — V. 1500, « écho » ; 1676, *feu de réverbère, fourneau de réverbère,* c.-à-d. où l'on utilise la réverbération de la chaleur ; déverbal de *réverbérer.*

♦ **1.** (1718). Didact., techn. Dispositif (miroir, réflecteur...) produisant la réflexion d'un rayonnement dans une direction déterminée. *Four à réverbère,* où la substance est chauffée non seulement par le sol, mais aussi par la voûte qui réfléchit le rayonnement thermique. *Le four de boulanger est un four à réverbère.*

♦ **2.** Cour. Lanterne à réflecteurs, et, spécialt (1771), appareil destiné à l'éclairage de la voie publique. *Lumière, lueur, feux... des réverbères* (→ Bruiner, cit. 1 ; couple, cit. 4 ; épandre, cit. 13 ; faiblement, cit. 4). *Allumer les réverbères* (→ Foule, cit. 3). *Allumeur* de réverbères. Réverbères à quinquet, à gaz* (cit. 5). ⇒ **Bec de gaz.** *Réverbère électrique. Lampe, lanterne et potence* (cit. 2) *d'un réverbère.* — *« Ils nous craignent comme les voleurs craignent les réverbères »,* mot attribué à Duclos, à propos des puissants qui redoutent les philosophes.

1   À cette époque il n'y avait point de becs de gaz dans les rues de Paris. À la nuit tombante on y allumait les réverbères placés de distance en distance, lesquels montaient et descendaient au moyen d'une corde qui traversait la rue de part en part et qui s'ajustait dans la rainure d'une potence.
                       HUGO, les Misérables, II, v, v.

2   Dehors, l'obscurité pesait sur la ville. De-ci, de-là, un réverbère encapuchonné rabattait sur le trottoir un rond de clarté bleuâtre.
            MARTIN DU GARD, les Thibault, t. IX, p. 131.

RÉVERBÉRER [ʀevɛʀbeʀe] v. — Conjug. *céder.* — 1496 ; « regimber », xivᵉ ; lat. *reverberare,* de *re-,* et *verberare* « frapper », de *verber* « verge, fouet ».

♦ **1.** Renvoyer la lumière ou la chaleur (en parlant d'une surface). ⇒ **Réfléchir.** *Les falaises réverbéraient le soleil* (→ Encaisser, cit. 6). *Les plaques de cheminées réverbèrent la chaleur du foyer.* — Pron. (1530). Être réfléchi. *Le soleil se réverbérait sur les maisons blanches* (→ Moirer, cit. 1).

1   Le soleil, qui se réverbérait avec violence à la surface de l'eau, le forçait à fermer les paupières plus qu'à moitié.   A. ROBBE-GRILLET, le Voyeur, p. 75.

Par métaphore, fig. (→ Esquisser, cit. 2, Hugo). — REM. Dans cette valeur figurée, le verbe s'est employé intransitivement.

2   (...) l'amitié qu'il a pour vous réverbère sur moi (...)
            Mᵐᵉ DE SÉVIGNÉ, 1373, 19 avr. 1694.

3   J'étais une glace vivante qu'aucune poussière de ce monde n'avait encore ternie, et qui réverbérait l'œuvre de Dieu !   LAMARTINE, Premières méditations, Préface.

4   (...) l'homme mauvais ne s'épanouit qu'affreusement. Le supplice se réverbère sur lui en bien-être.   HUGO, l'Homme qui rit, II, I, IX.

♦ **2.** (V. 1960 ; du sens de réverbération en acoustique). Faire subir à (un son) une réverbération volontaire.

5   Certains sons, transposés, passés à l'envers ou réverbérés, se détachent de toute référence instrumentale.   Pierre SCHAEFFER, la Musique concrète, p. 20.

♦ **3.** (Mil. xixᵉ). Fig., littér. Répandre (à la façon d'un rayonnement).

6   Il était demeuré assis, il est vrai, et très calme en apparence, mais ses yeux, dilatés à l'intérieur, réverbéraient, en noir profond, de la colère générale.
            Léon BLOY, le Désespéré, p. 220.

DÉR. **Réverbérant, réverbération, réverbère.**

REVERCHER [ʀ(ə)vɛʀʃe] v. tr. — 1765, *Encyclopédie ;* d'un lat. pop. **reverticare,* lat. class. *revertere* « retourner ».

♦ Techn. Réparer les défauts, boucher les trous de (un récipient d'étain) avec le fer à souder.

1. REVERDIE [ʀ(ə)vɛʀdi] n. f. — xiiiᵉ ; p. p. substantivé de *reverdir.*

♦ Hist. littér. Dans la poésie lyrique du moyen âge, Chanson à personnages évoquant un décor printanier.

2. REVERDIE [ʀ(ə)vɛʀdi] n. f. — 1694 ; « assaut », 1460 ; de l'anc. franç. *revertir* « revenir », lat. *revertere,* avec infl. probable de *reverdir.*

♦ Mar., régional (Bretagne). Grande marée.

REVERDIR [ʀ(ə)vɛʀdiʀ] v. — 1132 ; de *re-,* et *verdir.*

★ **I.** ♦ **1.** V. tr. Rendre vert de nouveau. *Le printemps a reverdi la campagne.* Spécialt. *Reverdir des légumes.*

♦ **2.** V. tr. (1904). Techn. Tremper (les peaux). ⇒ **Reverdissage.**

★ **II.** V. intr. ♦ **1.** (V. 1140). Redevenir vert, retrouver sa verdure. *Arbres* (cit. 15 et 45) *qui reverdissent. Tout reverdissait dans l'averse* (→ Gonfler, cit. 34). *J'ai trouvé le parc tout reverdi.*

1   Et si cette plaine est aride et si cette herbe est séchée, elle reverdira un jour.
      MICHELET, Hist. de la Révolution franç., Préface de 1847.

♦ **2.** (V. 1320). Par métaphore ou fig. Repousser, se ranimer. *Les douleurs* (cit. 12) *récentes font reverdir les vieilles douleurs* (Chateaubriand). ⇒ **Rajeunir.** *Les souvenirs du passé reverdissent* (→ Pousser, cit. 54).

2   Un A. B. des meilleurs jours, souple et comme désempesé, pour qui mon amitié reverdit aussitôt (...)   GIDE, Journal, 22 févr. 1912.

DÉR. 1. **Reverdie, reverdissage, reverdissant, reverdissement.**

REVERDISSAGE [ʀ(ə)vɛʀdisaʒ] n. m. — 1894 ; de *reverdir,* I., 2.

♦ Techn. (Chamoisage, tannage). Immersion des peaux dans l'eau d'une durée variable selon la nature et l'épaisseur des peaux, la nature de l'eau de trempe. ⇒ **Trempe.**

REVERDISSANT, ANTE [ʀ(ə)vɛʀdisɑ̃, ɑ̃t] adj. — Av. 1854, Lamennais ; de *reverdir.*
Littéraire.

♦ **1.** Qui redevient vert (en parlant de la nature, des plantes).

♦ **2.** Qui reprend force, se renouvelle.

REVERDISSEMENT [ʀ(ə)vɛʀdismɑ̃] n. m. — Fin xiiiᵉ ; de *reverdir,* II.
Littéraire.

♦ **1.** Action de reverdir ; nouvelle verdure.

♦ **2.** (xixᵉ, Sainte-Beuve). Renouvellement, regain de force.

REVERDOIR [ʀ(ə)vɛʀdwaʀ] n. m. — 1751, *Encyclopédie,* art. *Brasserie ;* du lat. *revertere* « retourner ».

♦ Techn. En brasserie, Récipient qui reçoit après filtration le moût qui doit être dirigé vers la chaudière à houblonner.

RÉVÉRÉ, ÉE [ʀeveʀe] adj. ⇒ **Révérer.**

RÉVÉREMMENT [ʀeveʀamɑ̃] adv. — 1355 ; de *révérent.*
→ Révérend.

♦ Littér. Avec révérence (1.).

RÉVÉRENCE [ʀeveʀɑ̃s] n. f. — 1155 ; lat. *reverentia,* de *revereri.*
→ Révérer.

♦ **1.** Littér. Grand respect mêlé de retenue, parfois même de crainte. ⇒ **Déférence, respect, vénération.** *La révérence que l'on porte, que l'on doit à qqn, que l'on a pour qqn* (→ Considération, cit. 9). *Un besoin de révérence* (→ Réaliser, cit. 3). *Révérence pour certaines choses, pour des principes* (→ Inciner, cit. 2). Vx. (construit avec de). *« Révérence des lois »* (La Bruyère) ; *« révérence des temps passés »* (Raynal, *in* Littré), respect de...

1   (...) les os et reliques des personnes d'honneur, nous avons accoutumé de les tenir en respect et révérence.   MONTAIGNE, Essais, II, VIII.

Loc. (Vieilli). *Sauf révérence.* — (1668). *Révérence parler, révérence gardée,* (1612) *parlant par révérence...,* formule d'excuse quand on dit quelque chose qui pourrait déplaire ou choquer. ⇒ **Respect** (sauf votre).

2   (...) j'ai encore le son de sa voix dans les oreilles ; il était doux, bon (...) pâteux comme une pâtisserie, mais, révérence gardée, comme une pâtisserie chimiquement laïque (...)   Ch. PÉGUY, la République..., p. 188.

3   (...) c'est que les contemporains de Louis XIV ne sont pas tous l'air, révérence parler, de vieux tableaux (...)   A. HERMANT, le Bourgeois, II, p. 40.

♦ **2.** (1650). Vx. *Votre Révérence,* titre d'honneur qu'on donne à certains religieux. *Si Votre Révérence veut bien...* (→ Métoposcopie, cit.).

4   *(Le distrait)* dit *Votre Révérence* à un prince du sang, et *Votre Altesse* à un jésuite.
            LA BRUYÈRE, les Caractères, XI, 7.

♦ **3.** (V. 1360). Cour. Salut cérémonieux, conservé aujourd'hui pour les femmes en certains cas prévus par l'étiquette et qu'on exécute en inclinant le buste et en pliant les genoux. ⇒ **Courbette, inclination** (cit. 23). *Faire, exécuter une révérence* (→ Arrière, cit. 6; avancer, cit. 25). ⇒ **Courber** (se), **incliner** (s'), **prosterner** (se), **saluer**. *Révérences lentes et profondes* (→ Hypocrite, cit. 26). *Elle fit une gracieuse révérence devant la reine.*

Rendre à qqn sa révérence. — Spécialt. Mouvement de danse classique rappelant la révérence en honneur dans les ballets de cour. — Mil. xvᵉ. (Liturgie). Marque de respect, consistant en une inclination ou en une génuflexion.

5 Elle partit après deux révérences sèches et courtes.
BALZAC, Ursule Mirouët, Pl., t. III, p. 468.

6 Révérence à la japonaise : plongeon brusque, les mains posées à plat sur les genoux, le torse faisant angle droit avec les jambes comme si le bonhomme se cassait (...)
LOTI, Mᵐᵉ Chrysanthème, III.

Loc. plais. *Tirer sa révérence à qqn,* lui faire une révérence en le quittant, et, par ext. (1835), le quitter, s'en aller (→ Bourrer, cit. 2; insaisissable, cit. 2). — (xviiᵉ). Fig. Abandonner, renoncer (→ ci-dessous, cit. 9, Gide).

7 Après de grands compliments adressés à leur oncle sur le talent de sa filleule, les héritiers tirèrent leur révérence. BALZAC, Ursule Mirouët, Pl., t. III, p. 365.

8 (...) après quoi je tirai galamment ma révérence et m'en allai (...)
COURTELINE, Boubouroche, Historique.

9 (...) j'aurais, certainement, tiré ma révérence au prix Nobel si, pour l'obtenir, il m'avait fallu rien renier. GIDE, Journal, Nov. 1947.

DÉR. **Révérenciel, révérencieux.**

RÉVÉRENCIEL, IELLE [ʀeveʀɑ̃sjɛl] adj. — 1690; *reverential* au xvᵉ; de *révérence, révérenciel* au xviiiᵉ.

♦ Vx. Inspiré par la révérence.

Mod., littér. *Crainte révérencielle :* « sentiment d'obéissance craintive à l'endroit des parents qui paralyse jeunes gens et jeunes filles dans le libre choix de leur état de vie » (Académie).

La seule crainte révérencielle envers le père, la mère, ou autre ascendant, sans qu'il y ait eu de violence exercée, ne suffit point pour annuler le contrat.
Code civil, art. 1114.

RÉVÉRENCIEUSEMENT [ʀeveʀɑ̃sjøzmɑ̃] adv. — xviiᵉ; *révérentieusement,* fin xviᵉ; de *révérencieux.*

♦ Vx ou littér. D'une manière révérencieuse, avec révéroche. ⇒ **Respectueusement.**

CONTR. **Irrévérencieusement.**

RÉVÉRENCIEUX, IEUSE [ʀeveʀɑ̃sjø, jøz] adj. — 1731; *révérentieux,* 1642; de *révérence.*

♦ Vx. ou littér. Qui a, qui marque de la révérence. ⇒ **Cérémonieux, déférent, humble, obséquieux, poli, respectueux.** *Il était révérencieux et un moment après bourru, impoli* (cit. 2). — (Choses). *Paroles, manières révérencieuses.*

Quand son père la retira de pension, on ne fut point fâché de la voir partir. La supérieure trouvait même qu'elle était devenue, dans les derniers temps, peu révérencieuse envers la communauté. FLAUBERT, Mᵐᵉ Bovary, I, VI.

CONTR. **Dédaigneux, impoli, irrespectueux, irrévérencieux.**
DÉR. **Révérencieusement.**

RÉVÉREND, ENDE [ʀeveʀɑ̃, ɑ̃d] adj. et n. — 1538; *reverent,* xiiiᵉ; lat. *reverendus* « qui doit être révéré ».

♦ (S'emploie comme épithète honorifique devant les mots *Père, Mère,* en parlant de religieux ou en leur parlant). *Le Révérend Père..., la Révérende Mère...* (→ Lettré, cit. 5). Abrév. *R. P., R. M. Mon révérend Père, mes révérends Pères* (→ Large, cit. 21; lettre, cit. 20). — N. *Le révérend, mon révérend* (→ Dinde, cit. 2; peinturer, cit. 1). *La Révérende.*

1 Quant au frère Gaucher, ce pauvre frère lai dont les rusticités égayaient tant le chapitre, il n'en fut plus question dans le couvent. On ne connut plus désormais que le révérend Père Gaucher, homme de tête et de grand savoir (...)
Alphonse DAUDET, Lettres de mon moulin, « L'élixir du R. P. Gaucher ».

N. et adj. m. Titre des pasteurs, dans l'Église anglicane.

2 L'autre jour, étant sans nouvelles d'un de mes jeunes chapelains (...) j'adressai une note à la brigade. « Le Révérend Carlisle a été évacué le 12 septembre; je désirerais savoir s'il va mieux (...) »
A. MAUROIS, les Silences du colonel Bramble, II.

DÉR. **Révéremment.** — (Du même rad.) **Révérendissime.**

RÉVÉRENDISSIME [ʀeveʀɑ̃disim] adj. et n. m. — 1350; ital. *reverendissimo,* lat. ecclés. *reverendissimus,* superl. de *reverendus.*

♦ Relig. Épithète honorifique réservée aux archevêques, aux généraux d'ordre. *Le révérendissime Père général des capucins.* — N. m. :

Dès réception de votre lettre, je me suis empressé d'écrire à notre Révérendissime selon votre désir, et afin que ce que je lui disais à votre intention réussît mieux, j'ai joint mon excellente lettre à la mienne.
Frère MARIE-BERNARD, Lettre à Germain Nouveau; 1910, in G. NOUVEAU, Œ., Pl., p. 967.

RÉVÉRER [ʀeveʀe] v. tr. — Conjug. *céder.* — 1404; lat. *revereri;* de *re-,* et *vereri* « craindre ».

♦ Littér. ou style soutenu. Traiter avec révérence*, honorer en marquant de la révérence. *Révérer Dieu, certaines divinités.* ⇒ **Adorer** (→ Exorciser, cit. 2; image, cit. 19; inconnu, cit. 1; loi, cit. 52). *Révérer les saints.* ⇒ **Vénérer.** *Un docteur* (cit. 3) *qu'on révère* (→ Invectiver, cit. 3). ⇒ **Craindre, respecter.** « *Les grands* (cit. 45), *qui les dédaignaient, les révèrent* » (La Bruyère). *Révérer des reliques, des images.* ⇒ **Honorer** (→ Immuable, cit. 5). « *Se faire un beau manteau* (cit. 12), *de tout ce qu'on révère* » (Molière). *Chose que tous les siècles ont révérée* (→ Établir, cit. 45). « *Et d'ailleurs* (cit. 7) *Polyeucte est d'un sang qu'on révère* » (Corneille). *Cette religion dont nous révérons l'antiquité* (→ Dieu, cit. 36). — Au p. p. *Un maître révéré* (→ Ironie, cit. 1). *L'aréopage* (cit. 1), *si révéré dans toute la Grèce.* « *Le plus beau patrimoine est un nom* (cit. 8) *révéré* » (Hugo).

1 *(Ma comédie)* ne tend nullement à jouer les choses que l'on doit révérer (...)
MOLIÈRE, Tartuffe, Préface.

2 Ô vieux monde ! tout ce que tu as révéré est donc méprisé; tes idoles sont donc renversées dans la poussière (...)
Th. GAUTIER, Mˡˡᵉ de Maupin, IX.

3 (...) cet Adalbert est si révéré qu'on se dispute comme des reliques ses ongles et ses cheveux. MICHELET, Hist. de France, II, II.

4 Au fantôme tourmenté, chacun demande avec anxiété ce qu'il souhaite d'obtenir : l'un le salue *(Rimbaud)* comme un prophète, l'autre le révère comme un saint (...)
G. DUHAMEL, Refuges de la lecture, VII.

5 Lasquin, homme affable et certainement dépourvu de fatuité, mais grand industriel jusque dans le privé et révérant dans sa propre personne, aussi bien dans ses jugements que dans ses digestions, l'importance de sa fonction sociale.
M. AYMÉ, Travelingue, p. 28.

RÊVERIE [ʀɛvʀi] n. f. — 1680; *reverie,* xivᵉ; *resverie,* xiiᵉ; de *rêver.*

♦ **1.** Vx. État d'une personne qui délire; idées délirantes. ⇒ **Délire.**

1 Vous feindrez d'être en rêverie et de n'avoir plus de raison.
SOREL, Francion, IX, in DUBOIS et LAGANE, art. *Rêverie.*

2 (...) j'ai rafraîchi ma mémoire de tout ce que vingt-deux jours de fièvre m'avaient un peu effacé; car vous savez que j'étais sujette à de si grandes rêveries, qu'elles me confondaient souvent les vérités. Mᵐᵉ DE SÉVIGNÉ, 531, 4 mai 1676.

♦ **2.** (1580). Vieilli. Activité de l'esprit qui médite, qui réfléchit; « productions d'esprit qu'on fait à force de rêver » (Richelet, 1680). ⇒ **Rêver; pensée, réflexion.**

3 (...) je vois (...) que ce ne sont ici *(dans les Essais)* que rêveries d'homme qui n'a goûté des sciences que la croûte première (...) et n'en a retenu qu'un général et informe visage (...) MONTAIGNE, Essais, I, XXVI.

4 (...) je vous attends avec un petit recueil de rêveries *(les écrits préparatoires au Traité de l'homme),* qui ne vous seront peut-être pas désagréables (...)
DESCARTES, Lettres, 5 mai 1631.

5 Il m'a dit avoir éprouvé d'incroyables délices en lisant des dictionnaires (...) et je l'ai cru volontiers (...) L'analyse d'un mot, sa physionomie, son histoire étaient pour Lambert l'occasion d'une longue rêverie. Mais ce n'était pas la rêverie instinctive par laquelle un enfant s'habitue aux phénomènes de la vie (...) non, Louis embrassait les faits, il les expliquait (...)
BALZAC, Louis Lambert, Pl., t. X, p. 354.

Vision de l'imagination, vision prophétique (cit. 3). *S'élever aux grandes vues générales, aux rêveries* (→ Envolée, cit. 3).

♦ **3.** Mod. (*Rêverie* apparaît dans ce sens chez Montaigne, 1580, mais le mot n'a pris sa valeur actuelle qu'avec Rousseau et les romantiques). Activité mentale normale et consciente, qui n'est pas dirigée par l'attention, mais se soumet à des causes subjectives et affectives. ⇒ **Imagination, rêve, songerie; divagation, errance** (de l'esprit). *La rêverie, pensée à l'état de nébuleuse* (→ Confiner, cit. 3). *Les ondulations de la rêverie* (→ 1. Poétique, cit. 3). *La pensée s'évapore* (cit. 9) *en rêverie. La rêverie attire* (cit. 25), *enjôle, enlace, délasse* (→ Attrister, cit. 3). *Se laisser aller à la rêverie* (→ Installer, cit. 10). « *Les campagnes imaginaires de la rêverie* » (→ Idée, cit. 53, Baudelaire). — *La Rêverie personnifiée* (→ ci-dessous, cit. Vigny, Verlaine).

6 Dans la rêverie on n'est point actif. Les images se tracent dans le cerveau, s'y combinent comme dans le sommeil sans le concours de la volonté (...)
ROUSSEAU, Rousseau juge de Jean-Jacques, IIᵉ dialogue.

7 (...) la rêverie, comme la rosée, rafraîchit et retrempe le talent; source de joie et de pensée, elle accumule en se jouant les matériaux et les images; c'est le dimanche de la pensée (...)
H.-F. AMIEL, Journal intime, in FOULQUIÉ, Dict. de la langue philosophique, art. *Rêve.*

8 Jamais la Rêverie amoureuse et paisible
N'y verra sans horreur son pied blanc attaché;
Car il faut que ses yeux sur chaque objet visible
Versent un long regard, comme un fleuve épanché (...)
A. DE VIGNY, Poèmes philosophiques, « La maison du berger », I.

9 La *rêverie,* telle est sa nouveauté, sa découverte, son Amérique à lui *(Rousseau).*
SAINTE-BEUVE, Causeries du lundi, 4 nov. 1850.

10 Il faut prendre garde à la rêverie qui s'impose. La rêverie a le mystère et la subtilité d'une odeur. Elle est à la pensée ce que le parfum est à la tubéreuse. Elle est parfois la dilatation d'une idée vénéneuse, et elle a la pénétration d'une fumée. On peut s'empoisonner avec des rêveries comme avec des fleurs. Suicide enivrant, exquis et sinistre. HUGO, l'Homme qui rit, II, III, VIII.

11 La pensée est le labeur de l'intelligence, la rêverie en est la volupté. Remplacer la pensée par la rêverie, c'est confondre un poison avec une nourriture.
HUGO, les Misérables, IV, II, I.

12   Le foyer, la lueur étroite, de la lampe ;
La rêverie avec le doigt contre la tempe
Et les yeux se perdant parmi les yeux aimés.
VERLAINE, la Bonne Chanson, XIV.

La rêverie de qqn, une rêverie, moment de rêverie, songe (→ Monologue, cit. 5 ; perdre, cit. 57). *Se livrer à une douce rêverie*
(→ Avant, cit. 11). *S'abîmer, s'enfoncer* (cit. 42) *dans une rêverie.*
⇒ **Rêvasser.** *Être absorbé, perdu dans une rêverie* (→ Extatique,
cit. 4 ; promenade, cit. 1, Rousseau). *Tomber dans une rêverie. Sa
vue* (de l'eau) *me jette* (cit. 35) *dans une rêverie délicieuse. Troubler la rêverie de qqn* (→ Écouter, cit. 5). *« Qu'il fallait peu de
chose à ma rêverie... »* (→ 1. Mousse, cit. 1, Chateaubriand). *« Je
laissais au hasard flotter* (cit. 11) *ma rêverie ».* — Par ext. Pensée,
image dans la rêverie. ⇒ **Idée, image, pensée** (*infra* cit. 30). *Des
rêveries d'une telle noirceur* (cit. 7 ; et aussi noircir, cit. 7). *Perdu
dans de plaintives rêveries* (→ Mensuellement, cit.). — Littér. *Les
Rêveries d'un promeneur solitaire,* de Rousseau.

13   (...) tenir un registre fidèle de mes promenades solitaires et des rêveries qui les
remplissent quand je laisse ma tête entièrement libre, et mes idées suivre leur
pente sans résistance et sans gêne. Ces heures de solitude et de méditation sont
les seules de la journée où je sois pleinement moi et à moi (...)
ROUSSEAU, Rêveries..., 2ᵉ promenade.

14   Amis, ne creusez pas vos chères rêveries (...)
HUGO, les Feuilles d'automne, XXIX, « La pente de la rêverie ».

15   S'attendrir sur une belle bûche qui brûle, rêver éperdument. Notre rêverie monte
de nous, lente et légère comme la fumée.   J. RENARD, Journal, 22 déc. 1900.

16   (...) je me suis couché. J'ai cherché tout de suite une bonne position pour dormir ;
mais le sommeil n'est pas venu. J'ai senti qu'il allait se refuser longtemps. Quelquefois cependant, quand il tarde à descendre, une rêverie de secours se substitue
à lui et m'accompagne jusqu'à l'arrivée de son ombre. Mais cette rêverie aussi
s'est refusée. Le monde mobile des songes ne saurait affluer autour d'une idée fixe.
H. BOSCO, Hyacinthe, p. 117.

◆ **4.** (Fin XVIᵉ). Par ext. (Péj.). Idée vaine, chimérique, sans rapport
avec la réalité. ⇒ **Abstraction, chimère, illusion** (→ Destin, cit. 9).
Son projet n'est que ta rêverie, une chimère, une utopie. *Laissez
ces rêveries qui ne mènent à rien.*

17   C'est un vieux importun, qui n'a pas l'esprit sain (...)
Il fatigue le monde avec ses rêveries   MOLIÈRE, les Fâcheux, III, 3.

Spécialt. *Rêverie morbide, pathologique,* où tout contact avec la
réalité est absent. *La rêverie du schizophrène.*

◆ **5.** Vx. Formation d'images et de représentations involontaires. *Les
rêveries du sommeil.* ⇒ **Rêve.**

18   Je dors ici dix heures toutes les nuits (...) après que le sommeil a longtemps promené mon esprit dans des bois, des jardins, des palais enchantés (...) je mêle insensiblement mes rêveries du jour avec celles de la nuit (...)
DESCARTES, Lettres, 15 avr. 1631.

REVÉRIFIER [ʀ(ə)veʀifje] v. tr. — XVIᵉ et XVIIIᵉ, attestations isolées ;
« ratifier de nouveau », 1611 ; de *re-,* et *vérifier.*

◆ Vérifier de nouveau, encore. — Au p. p. *Calculs vérifiés et revé-
rifiés.*

REVERNIR [ʀ(ə)vɛʀniʀ] v. tr. — 1565 ; de *re-,* et *vernir.*

◆ Revêtir d'une nouvelle couche de vernis. *Revernir un buffet.
Planche revernie.*

Par métaphore :
Décidément, pensait-il, le printemps revernit tout le monde.
MAUPASSANT, Fort comme la mort, p. 119.

DÉR. Revernissage.

REVERNISSAGE [ʀ(ə)vɛʀnisaʒ] n. m. — 1875 ; de *revernir.*

◆ Techn. Opération par laquelle on revernit qqch. *Revernissage
d'une planche, avant retouches, en gravure.* — Fig., cour. *Ce projet ne propose qu'un simple revernissage, sans véritable réforme
de structure.*

REVERS [ʀ(ə)vɛʀ] n. m. — V. 1410 ; adj., « renversé », XIIIᵉ ; n. m.
« la réciproque, le contraire », 1269 ; lat. *reversus,* p. p. de *revertere*
« retourner ».

◆ **1.** (Vers 1410). Le côté* opposé à celui qui se présente d'abord,
qui est considéré comme le principal. ⇒ **Derrière, dos, envers, verso.**
Le revers d'une feuille, d'une étoffe, d'une tapisserie... — (1636). *Le
revers de la main :* le dos de la main (opposé à *paume*). ⇒ **Arrière-
main.** *Coup de revers* (→ ci-dessous, 5.). *Le revers d'une maison,
d'un hôtel* (→ Gagner, cit. 60), l'arrière. — *Au revers de... :* derrière*.

1   Grande maison grave, revêche (...) Son revers, invisible au passant, doré par le
soleil, portait manteau de glycine et de bignonier mêlés (...)
COLETTE, Bel-Gazou, p. 18.

Vieilli. *Le revers d'une colline, d'une montagne,* le versant le plus
abrupt, ou encore le moins ensoleillé (→ Bossuer, cit. 1).

(1559). Fig. *Le revers de,* l'opposé. *L'indignation* (cit. 8), *c'est le
revers de l'amour. Le revers de la vérité* (→ Mensonge, cit. 7).

◆ **2.** (1556). Spécialt. Côté d'une médaille, d'une monnaie, qui est

opposé à la face principale, à l'avers ou obvers. *Revers d'une pièce.*
⇒ **Pile.** — (1640). Loc. cour. *Le revers de la médaille :* l'aspect
déplaisant, désagréable, d'une chose qui paraissait d'abord sous son
beau jour (→ Le mauvais côté*). — Prov. *Toute médaille a son
revers :* toute chose a ses inconvénients (→ Il n'y a pas de rose*
sans épines).

2   — Vous avez raison, interrompit l'apothicaire, c'est le revers de la médaille ! et
l'on y est obligé continuellement d'avoir la main sur son gousset.
FLAUBERT, Mme Bovary, II, VI.

3   (...) ici-bas, tout succès est crime, et s'expie. Qui a la médaille a le revers.
HUGO, l'Homme qui rit, II, II, X.

◆ **3.** (Mil. XVIᵉ, Rabelais, *bonnet à revers*). Partie d'un vêtement, d'une
pièce d'habillement qui est repliée et montre l'autre face du tissu
(⇒ **Repli, retroussis**). *Revers de manche. Revers de pantalon.* — À
REVERS : muni d'un revers. *Pantalon à revers.* — *Bottes à revers*
(ou *à retroussis*), dont la tige est rabattue à la partie supérieure.
— (1797). Spécialt. Chacune des deux parties rabattues sur la poitrine, qui prolongent le col, l'encolure. *Revers d'habit* (cit. 23), *de
veston* (→ Légion, cit. 9 ; piquer, cit. 24)... *Boutonnière de revers.
Revers à parement* de velours. — *Redingote à revers de soie*
(→ Harnais, cit. 4).

◆ **4.** (1718). Fortif. *Revers d'une tranchée,* le côté opposé à son parapet (*Encyclopédie*). *Revers d'un fossé,* son bord extérieur.

4   L'été était venu et l'herbe se faisait si rare, même au revers des fossés, que je ne
savais plus quoi inventer pour la nourrir.   G. SAND, Nanon, I.

Loc. *Voir un ouvrage de revers :* « découvrir le dos de ceux qui
le défendent, et qui lui font face au parapet » (*Encyclopédie,* 1765).
(1680). *Prendre de revers* (par métaphore ⇒ ci-dessous, cit., Gide),
ou plus souvent (1611), plus cour. *Prendre à revers,* de flanc ou par
derrière. ⇒ **Tourner.**

5   Il n'y répondit pas directement, mais, prenant la question de revers et par un long
détour (...)   GIDE, Journal, Feuillets 1921.

5.1   En haut, Ivoine et Colberte, la fille du professeur de piano, tricotaient des chaussettes pour leurs frères qui se battaient contre les barbares ; dans un autre coin de
la pièce, Théo et Clovis lisaient :
— T'as vu le journal ? dit Théo à Clovis. On esplique xa *(sic)* ne signifie rien la
prétendue victoire des Etrusques. Les Polonais vont les prendre à revers, tu comprends ; c'est une manœuvre stratégique. R. QUENEAU, le Chiendent, p. 421.

◆ **5.** (*Reverse,* n. f., v. 1310 ; *revers,* v. 1480). Coup donné avec le
revers de la main ; coup ou mouvement de gauche à droite, avec la
main droite (ou de droite à gauche avec la main gauche) → Arrière-
main. *« Il faut que je lui donne un revers de ma main »* (cit. 51),
une gifle, un soufflet. *D'un revers de main* (→ Chamaillerie, cit. 1 ;
jabot, cit. 4). — (Avec une arme). *Il faisait voler d'un revers la tête
d'un bœuf* (→ Prodigieux, cit.). *Frapper de revers.*

Sports (*tennis,* 1903 ; *paume,* XVIᵉ). Au tennis, au ping-pong, Coup
dans lequel la raquette est maniée du côté opposé à la main qui
la tient (par oppos. à *coup droit, drive*). *Jouer en revers. Volée de
revers. Travailler son revers.*

◆ **6.** (1640 ; *donner un revers* « ébranler fortement », au XVIᵉ). Fig. Coup
du sort, accident qui change une situation en mal. ⇒ **Accident,
aventure** (fâcheuse), **casse-bras** (vx), **choc, défaite, disgrâce, échec,
épreuve, infortune, orage** (fig.), **traverse...** (→ Assez, cit. 18 ; opiniâtreté, cit. 4). *Cruels revers* (→ Diadème, cit. 2). *Éprouver*, essuyer
des revers* (→ 1. Ferme, cit. 9). *Les revers et les succès* (→ Égal,
cit. 34). *Cet industriel a eu des revers* (→ Boire un bouillon*, faire
la culbute...). *Revers militaires.*

6   Tous les malheurs des hommes, tous les revers funestes dont les histoires sont remplies (...)   MOLIÈRE, le Bourgeois gentilhomme, I, 2.

7   Mais, au moindre revers funeste,
Le masque tombe, l'homme reste,
Et le héros s'évanouit.   J.-B. ROUSSEAU, Odes, II, 6, « À la fortune ».

8   Une guerre avec l'Autriche et avec l'Angleterre a des espérances nombreuses de
succès et peu de chances de revers.
CHATEAUBRIAND, Mémoires d'outre-tombe, t. V, p. 59.

*Revers de fortune** (même sens). → Reclus, cit. 5.

CONTR. Avers, endroit, face, obvers, recto. — Réussite, succès, victoire.

RÉVERSAL, ALE, AUX [ʀevɛʀsal, o] adj. et n. f. — 1594 ; du
lat. *reversus,* p. p. de *revertere.*

◆ Didact. (Diplom.). *Lettres réversales,* et, n. f. (1798), *réversales :* lettres contenant des concessions réciproques.

---

1. REVERSEMENT [ʀ(ə)vɛʀsəmɑ̃] n. m. — 1877 ; « transborde-
ment », 1773 ; de 1. *reverser.*

◆ Fin. Action de reverser (1. Reverser, 3.). ⇒ **Report.**

---

2. REVERSEMENT [ʀ(ə)vɛʀsəmɑ̃] n. m. — V. 1780 ; de 2. *rever-
ser.*

◆ Vx. Changement de sens de la marée, d'un courant marin. ⇒ **Renverse, renversement.**

1. REVERSER [ʀ(ə)vɛʀse] v. tr. — 1549; «verser (un liquide)», XIIᵉ; de re-, et verser.

♦ **1.** (1549). Verser de nouveau, encore (→ 1. Noyer, cit. 2). *Se reverser à boire.*

1 Barnier (...) reprenant la bouteille sur la table, se reversa de l'eau-de-vie dans sa tasse. Ed. et J. DE GONCOURT, Sœur Philomène, XXXIX.

♦ **2.** (1611). Verser dans le récipient d'où venait le liquide. *Reverser de l'huile dans un bidon.* — (1773). Mar. (Vx). Transborder. — Par métaphore :

2 (...) les brises qui haleinaient les fleurs des prés voisins en gardaient le souffle, qu'elles reversaient sur ma vallée.
CHATEAUBRIAND, Mémoires d'outre tombe, t. III, p. 5.

♦ **3.** (XVIIIᵉ; → Réversible, au sens 1). Reporter (d'un compte sur un autre). *Reverser de l'argent, un excédent sur un compte.*

DÉR. 1. **Reversement, reversoir.**

2. REVERSER [ʀ(ə)vɛʀse] v. intr. — V. 1780; nombreux sens en ancien et moyen français; depuis le XIIᵉ, «renverser, retourner...»; de reversare.

♦ Vx. Changer de sens, en parlant de la marée, du courant.

DÉR. 2. **Reversement.**

REVERSI [ʀ(ə)vɛʀsi] n. m. — 1611; reversin au XVIᵉ; altér., d'après revers ou d'après l'adj. reversi «retourné», de l'ital. rovescino, de rovescio «à rebours».

♦ Ancienn. Jeu de cartes où le gagnant est celui qui fait le moins de levées. — (1680). *Faire (le) reversi :* faire toutes les levées, ce qui, par exception, fait gagner la partie.

REM. On écrit parfois *reversis* (1617).

Le reversis (ce jeu où gagne celui qui fait le moins de levées) repose sur une feinte bien connue des sages («Ma force est dans ma faiblesse»).
R. BARTHES, Fragments d'un discours amoureux, p. 276.

RÉVERSIBILITÉ [ʀevɛʀsibilite] n. f. — 1745, dr. féod.; de réversible.

★ **I.** Didact. ♦ **1.** Dr. Caractère de ce qui est reversible (1.). *Réversibilité à la couronne d'un apanage* (cit. 1). *Réversibilité d'une pension de retraite, d'une rente viagère, d'un usufruit.*

♦ **2.** (1797; du sens 1). Théol. Principe selon lequel les souffrances et les mérites de l'innocent profitent au coupable, et ceux des Saints à toutes les âmes en état de grâce (→ Communion* des Saints). Littér. *Réversibilité,* poème de Baudelaire (qui a pris le mot et l'idée chez J. de Maistre).

1 (...) nous sommes continuellement assaillis par le tableau si fatigant des innocents qui périssent avec les coupables; mais sans nous enfoncer dans cette question (...) on peut la considérer seulement dans son rapport avec le dogme universel et aussi ancien que le monde, de la réversibilité des douleurs de l'innocence au profit des coupables. J. DE MAISTRE, Considérations sur la France, III, in les Soirées de Saint-Pétersbourg, IXᵉ entretien (cf. aussi Xᵉ entretien, sur *la réversibilité des mérites* en liaison avec la théorie des *indulgences*).

2 (...) le drame du royaume invisible où il est immergé, et dont, dès le premier tableau, le jésuite attaché à une épave, au moment d'être englouti, nous livre la clef; c'est l'univers de la chute et de la grâce, et que l'amour humain y demeure étroitement dépendant d'un autre amour, dont l'exigence est infinie.
F. MAURIAC, le Nouveau Bloc-notes 1958-1960, p. 196.

★ **II.** Techn. ♦ **1.** Sciences exactes (phys., chim., cybern., etc.). Caractère d'un phénomène réversible. *Réversibilité d'un cycle,* dont le parcours est formé d'une suite d'états d'équilibre. — Opt. *Principe de réversibilité* ou de « retour inverse», selon lequel un faisceau de lumière réfléchi sur lui-même suivra au retour le même chemin qu'à l'aller, quel que soit le nombre des réflexions ou des réfractions subies.

♦ **2.** (XXᵉ). Ch. de fer. Caractéristique (d'une motrice, d'un train, d'une rame, etc.) qui peut avancer dans un sens ou dans l'autre. — Système, technique qui permet à un train de circuler dans un sens ou dans l'autre.

RÉVERSIBLE [ʀevɛʀsibl] adj. — 1682, féod.; du lat. reversus. → Revers.

★ **I.** ♦ **1.** Dr. Qui peut ou qui doit, dans certains cas, retourner au propriétaire qui en a disposé (*terres réversibles* après un bail emphytéotique), ou profiter à un autre que le bénéficiaire, après la mort de ce dernier (*pension* de retraite, rente viagère réversible sur la tête du conjoint, des enfants du bénéficiaire). — REM. Selon Lachelier, le glissement de sens de l'idée de «retour» à celle de «transmission» pourrait provenir d'une influence de 1. *reverser,* pris au sens figuré.

1 Le garde des sceaux informait le bâtonnier que «le roi (...) avait décidé que la pension dudit Lecomte serait réversible sur la tête de sa sœur (...)»
HUGO, Choses vues, I, 1846, «Attentat de Lecomte».

♦ **2.** Théol. *Mérites réversibles.* ⇒ **Réversibilité.**

★ **II.** ♦ **1.** (1683; d'après l'angl. *to reverse* «annuler; renverser [la vapeur...]», ou d'après 2. *reverser*). Sc., Techn. Qui peut se reproduire en sens inverse. *Mouvement réversible.* — Se dit des phénomènes physiques qui suivent la même série de transformations dans un sens ou dans le sens inverse, avec des modifications d'énergie également dans la même direction, mais non en quantités équivalentes (contr. : *irréversible,* cit. 1). *En thermodynamique, les processus réversibles se produisent par degrés infinitésimaux. Chaque modification dans un cycle de Carnot correspond à un phénomène réversible.* — Chim. *Réaction réversible :* réaction chimique incomplète pouvant se déplacer dans un sens ou dans l'autre ⇒ **Équilibre** (chimique). Par ext. *Sel réversible,* susceptible d'être porté de nouveau en solution, après dessication ou coagulation électrolytique. — Techn. *Hélice à pas réversible,* dont l'effort peut être changé de sens. — (XXᵉ). *Rame réversible :* rame de wagons de chemin de fer équipée pour circuler dans un sens ou dans l'autre. ⇒ **Réversibilité.**

2 Les phénomènes réversibles sont ceux qui se produisent dans des conditions infiniment voisines des conditions d'équilibre.
PELLAT, Thermodynamique, p. 117, in LALANDE, Voc. de la philosophie, art. *Réversible.*

♦ **2.** Didact. «Se dit des opérations mentales qui restent valables quand on les effectue en sens inverse» (Foulquié, *Dict. de la langue philosophique*). — Math. *Proposition, équation réversible,* dont l'ordre des termes peut être inversé.

3 Les opérations intellectuelles ne sont pas autre chose (...) que des systèmes d'actions coordonnées entre elles et rendues réversibles par cette coordination même.
J. PIAGET, Épistémologie génétique, III, 277, in FOULQUIÉ, art. *Réversibilité.*

4 (...) L'expérience nous avertit que cette série est réversible, que nous pourrions, par un effort de nature différente (ou, comme nous dirons pous tard, en sens opposé) nous procurer à nouveau, dans un ordre inverse, les mêmes sensations (...)
H. BERGSON, Essai sur les données immédiates de la conscience, p. 74.

♦ **3.** (1870, Littré). Cour. Qui peut se porter à l'envers comme à l'endroit; qui n'a pas d'envers. *Étoffe, veste, manteau réversible.*

CONTR. **Irréversible.**
DÉR. **Réversibilité.**

RÉVERSION [ʀevɛʀsjɔ̃] n. f. — 1611; revercioun, 1304, dr.; lat. reversio, de revertere. → Revers.

♦ **1.** Dr. Droit de retour*. *Pension de réversion.* — Commutation.

♦ **2.** Biol. «Retour, à la suite des générations plus ou moins nombreuses d'individus croisés, au type de l'espèce primitive» (Littré). — Développement d'un organe rudimentaire «rappelant une parenté, dans le passé, entre deux espèces actuellement très différentes» (Garnier).
En génétique, Mutation se produisant en sens inverse d'une mutation antérieure. Passage d'un végétal de l'état reproductif à l'état végétatif (on dit aussi *phénomènes de réversibilité*). — REM. L'Académie des sciences écarte l'usage abusif de *réversion* au sens d'atavisme (Comité du lang. sc. du 12 févr. 1962).

♦ **3.** Didact. Figure de rhétorique analogue à la régression.

♦ **4.** Didact. Renversement, retour (fig.).

(...) non selon une détermination directe, mais par une sorte de réversion interne, de révolution de la règle. J. BAUDRILLARD, De la séduction, p. 94.

♦ **5.** Techn. Rechauffage très bref (d'un alliage d'aluminium), après la trempe. *La réversion doit ralentir le processus de durcissement.*

REVERSIS [ʀ(ə)vɛʀsi] n. m. ⇒ **Reversi.**

REVERSOIR [ʀ(ə)vɛʀswaʀ] n. m. — 1309, repris 1771; de 1. reverser.

♦ **1.** Vx. Ouverture par laquelle se déverse un trop-plein.

♦ **2.** Techn. Barrage par-dessus lequel l'eau s'écoule en nappe. ⇒ aussi **Déversoir.**

REVERTIER [ʀ(ə)vɛʀtje] n. m. — 1672, reverquier; du lat. pop. reverticare (à cause du retour des dames) ou plus vraisemblablement du néerl. verkeer(-spel) «allées et venues»; cf. Meyer-Lübke.

♦ Vx. Variété de trictrac.

REVÊTEMENT [ʀ(ə)vɛtmɑ̃] n. m. — 1508, revestement; attestation isolée au XIVᵉ, «vêtement»; de revêtir.

♦ **1.** Techn. Élément extérieur qui recouvre les parois d'une construction (pour consolider, protéger ou décorer). *Types de revêtements.* ⇒ **Ardoise** (plaque), **azulejo, brique, carrelage, ciment, crépi, enduit, lambris, peinture, plâtre, verre...; placage, recouvrement** (→ Brocart, cit. 3; mosaïque, cit. 2). *Consolider un mur à l'aide d'un revêtement. Revêtement extérieur, intérieur. Revêtement ornemental.* ⇒ **Ornement.** *Plaques de revêtement, en faïence, en mar-*

bre..., *revêtement en stuc, en bois. Revêtement spécial du devant d'un magasin.* ⇒ **Devanture, façade.**

1 (...) un autre enclos, un peu moins vaste, dont le milieu était occupé par un bassin carré rempli d'eau ; les ondes se teignaient agréablement des reflets azurés du *revêtement*, formé par de grandes tuiles émaillées d'un bleu admirable.
J.-A. DE GOBINEAU, *Nouvelles asiatiques*, p. 144.

(1587). Techn. Ouvrage de retenue ou de stabilisation des terres (d'un fossé*, d'une terrasse, d'une tranchée...). ⇒ **Soutènement.** *Revêtement des parois d'un bassin.* ⇒ **Corroi.** *Revêtement du sol d'une installation hydraulique.* ⇒ 1. **Radier.** *Revêtement des parois d'un puits de mine.* ⇒ **Boisage, cuvelage.** *Revêtement de gabions, de fascines..., en rocailles.* ⇒ **Rocaillage.**

♦ **2.** (1932, *in* D.D.L.). Ce dont on a recouvert une voie et qui la rend carrossable, partie extérieure superficielle d'un chemin, d'une route. ⇒ **Asphaltage, asphalte, bitume, dallage, goudron, macadam** (cit. 2), **pavage, pierre** (et **empierrage**), **rudération.** *Refaire le revêtement d'une rue, d'une route.*

♦ **3.** Techn. Ce qui revêt (un matériau, une substance) pour protéger, consolider... ⇒ **Chape, chemise, cuirasse, enduit, enveloppe.** *Couvrir*, *garnir, recouvrir qqch. d'un revêtement. Revêtement de sol. Revêtement mural, d'un creuset* (⇒ **Brasque**), *revêtement calorifuge, ignifuge...* (amiante, etc.). *Revêtement électrolytique* : dépôt d'une couche métallique par électrolyse ; cette couche (l'objet recouvert formant cathode).

Arts. *Revêtement d'enduit* (dans la fresque).

Mar. Bordé dont on revêt la coque. ⇒ **Bordage.** — Aviat. *Revêtement* (de toile, de contre-plaqué, d'alliage métallique...) *de la voilure, de l'empennage, du fuselage d'un avion* (→ Nervure, cit. 3).

♦ **4.** Par ext. ou par métaphore. Ce qui revêt, s'étend à l'extérieur de qqch., sur qqch. *« Le revêtement de la peau par le poil, de la plume... »* (Buffon, *in* Littré). *Le revêtement végétal de la surface terrestre. Le revêtement inégal que constitue le peuplement* (cit.) humain (→ aussi Homme, cit. 91). — Fig. Ce qui dissimule qqch.

2 Après la première rédaction, j'ai pensé que je m'étais laissé entraîner, et qu'en revenant sur ces pages avec froideur et sévérité, j'allais les nettoyer sans trop de peine de leur littérature de *revêtement.* J. ROMAINS, *le Dieu des corps*, V.

REVÊTIR [R(ə)vetiʀ] v. tr. — Conjug. *vêtir.* — Fin xᵉ, *revestir* ; de re-, et *vêtir*.

★ **I.** ♦ **1.** Vx. ou littér. Pourvoir de vêtements (une personne qui en manque). *« Il* (Tobie) *revêtait ceux qui étaient nus »* (Bible de Sacy, *Tobie*, 1, 26). *Revêtir qqn de... Cette moitié de manteau* (cit. 5) *dont saint Martin avait revêtu le pauvre.*

♦ **2.** (V. 1050). Couvrir (qqn) d'un vêtement particulier (signe d'une fonction, d'une dignité, symbole d'une situation, etc.). ⇒ **Habiller, parer.** *Revêtir un prêtre des ornements sacerdotaux. Revêtir un acteur de son costume de scène.* — *Revêtir un cheval d'un caparaçon* (caparaçonner).

♦ **3.** (V. 1160). Investir. *Revêtir qqn de... Revêtir qqn d'un emploi, d'une dignité, d'un pouvoir. Revêtir une personne d'une autorité.* ⇒ **Accréditer, autoriser** (vx).

1 (...) à la solide gloire
Des honneurs dont César prétend vous revêtir (...)   RACINE, *Britannicus*, II, 3.

♦ **4.** (1273). Couvrir (qqch.) d'une apparence, d'un aspect... *Il revêtait les idées de mille nuances fines.* ⇒ **Parer** (→ Épouser, cit. 13). *Revêtir une idée, une théorie d'une apparence, de couleurs trompeuses.* ⇒ **Colorer, décorer...**

2 Ne raisonnez jamais sèchement avec la jeunesse. Revêtez la raison d'un corps si vous voulez la lui rendre sensible.
Faites passer par le cœur le langage de l'esprit, afin qu'il se fasse entendre.
ROUSSEAU, *Émile*, IV.

3 Ils revêtent de leurs illusions une créature et ils s'attrapent : ils aiment leur propre création, les égoïstes ! BALZAC, *les Ressources de Quinola*, II, 7.

♦ **5.** (1690). Mettre sur (un acte, un document) les signes matériels de sa validité. *Revêtir un dossier des signatures prévues par la loi. Revêtir un passeport d'un visa.* ⇒ **Viser.**

♦ **6.** (Déb. xvᵉ). Orner ou protéger par un revêtement. ⇒ **Couvrir, enduire, garnir, recouvrir, tapisser.** *Les décorations dont les Grecs revêtaient leurs murs* (→ Exhumation, cit.). *Revêtir une paroi de couleurs.* ⇒ **Colorer.**

4 L'ardent soleil d'Espagne, qui rougit le marbre et donne à la pierre des tons de safran, l'a revêtue *(la façade)* d'une robe de couleurs riches et vigoureuses, bien différentes de la lèpre noire dont les siècles encroûtent nos vieux édifices.
Th. GAUTIER, *Voyage en Espagne*, p. 104.

5 Personne n'entendit mieux la peinture murale et décorative ; il y montra dans la composition des qualités de premier ordre, et sut revêtir les édifices confiés à son pinceau d'un magnifique vêtement mat de ton comme la fresque, moelleux comme la tapisserie. Th. GAUTIER, *Portraits contemporains*, « Delacroix ».

6 Les murs en étaient à ce point rongés par le salpêtre qu'on avait été obligé de revêtir d'un parement de bois les voûtes des dortoirs, parce qu'il s'en détachait des pierres qui tombaient sur les prisonniers dans leurs lits.
HUGO, *les Misérables*, IV, VI, III.

♦ **7.** (Le sujet désigne la chose qui revêt). Servir de vêtement à (qqn). *L'uniforme qui le revêt.* — Par métaphore et poét. (→ ci-dessous,

cit. 7, Hugo). — *Les nuances qui revêtent ses idées.* — *Les signatures qui doivent revêtir cet acte.*

L'ange, pareil au lys que la candeur revêt,   7
Dit au vieillard : Écoute et vois, le juge est proche.
HUGO, *la Légende des siècles*, LIV, XV.

★ **II.** ♦ **1.** (V. 1050). Mettre sur soi (un vêtement, un habillement spécial). ⇒ **Endosser, mettre** (*infra* cit. 28), **vêtir** (→ Métamorphose, cit. 12). *Revêtir ses habits du dimanche.* ⇒ **Endimancher** (s'). *Il revêtait les pièces* (cit. 11) *de son uniforme « Tu n'as point revêtu la robe d'hyménée »* (cit. 4). — Par ext. Mettre par-dessus (un vêtement ordinaire). *Revêtir un imperméable* (→ Coiffer, cit. 4).

— Que dirais-tu, Marinoni, si tu voyais ton maître revêtir un simple frac olive ?   8
— Son Altesse se rit de ma crédulité.   A. DE MUSSET, *Fantasio*, I, 3.

Par métaphore. *Revêtir la livrée* (cit. 9) *du péché. Revêtir une cuirasse, un masque* (cit. 15) *d'indifférence.* ⇒ **Cuirasser** (se). — Fig. (Compl. n. abstrait). *Revêtir les apparences du courage.* ⇒ **Emprunter.** *Le prestige* (cit. 4) *que revêt le chef.*

Il est plus facile de revêtir l'uniforme de la guerre que celui de l'absence.   9
GIRAUDOUX, *Amphitryon 38*, I, 2.

Par ext. Arborer.

Et il revêtit aussitôt, par courtoisie internationale, l'expression de béatitude qu'il   10
avait coutume de réserver pour Caruso.
A. MAUROIS, *les Discours du Dr O'Grady*, IX.

♦ **2.** (1250). Fig. Avoir, prendre une apparence, un caractère... *Revêtir une forme, une figure étrange* (→ Devenir, cit. 4). *La pensée humaine dépouille une forme pour en revêtir une autre* (→ Imprimerie, cit. 2). — *Revêtir un caractère* (cit. 28), *un aspect* (→ Peinture, cit. 11)...

(...) la Salamandre n'est autre que le diable, qui revêt, comme on sait, les formes   11
les plus diverses, tantôt agréables, quand il importe à déguiser sa laideur naturelle, tantôt hideuses, s'il laisse voir sa vraie constitution.
FRANCE, *la Rôtisserie de la reine Pédauque*, V, *in* Œ., t. VIII, p. 44.

▶ **SE REVÊTIR** v. pron. (Mil. xviiᵉ).

Mettre sur soi un vêtement. *Se revêtir d'un uniforme, d'un vêtement de cérémonie.* — Par métaphore (→ ci-dessous, cit.13, France). — Par ext. Prendre une charge, etc. *Se revêtir d'un emploi* (cit. 12). — Par métaphore, fig. ⇒ **Endosser.** *Le Christ s'est revêtu de nos misères* (→ Humanité, cit. 4). *Se revêtir de gloire* (→ Dépouiller, cit. 4).

Je veux que Sganarelle se revête de mes habits (...)   MOLIÈRE, *Dom Juan*, II, 5.   12
Au couchant, le ciel, dur et splendide, se revêtait, comme d'une armure, d'un ruisseau de nuages pareils à des lames de cuivre rouge.   13
FRANCE, *M. Bergeret à Paris*, XIII, Œ., t. XIII, p. 413.

Prendre (telle apparence, tel aspect).

Le père Sorel (...) fut très surpris et encore plus content de la singulière proposi-   14
tion que M. de Rênal lui faisait pour son fils Julien. Il ne l'en écouta pas moins avec cet air de tristesse mécontente et de désintérêt dont sait si bien se revêtir la finesse des habitants de ces montagnes.
STENDHAL, *le Rouge et le Noir*, I, IV.

▶ **REVÊTU, UE** p. p. adj. (V. 1155, « qui vit en communauté religieuse »).

♦ **1.** [a] Vêtu. *Revêtu d'un costume officiel. Le prêtre, revêtu de ses ornements.* — Par métaphore. *Le vice revêtu d'un habit* (cit. 26) *vertueux.* — Par ext. *Revêtu d'un pouvoir emprunté* (cit. 23).

(...) au collège, tous ceux qui apprenaient quelque chose se destinaient à l'état   15
ecclésiastique. La prêtrise égalait celui qui en était revêtu à un noble.
RENAN, *Souvenirs d'enfance...*, III, Œ. compl., t. II, p. 799.

[b] (1656). Vx (langue class.). Loc. *Gueux revêtu, sot revêtu*, dissimulé sous de fausses apparences.

♦ **2.** *Pièces revêtues des légalisations* (cit. 1) *nécessaires.*

♦ **3.** Recouvert. *Canapé* (cit.) *revêtu de velours grenat.* — *Maison revêtue d'ardoises* (→ Niveau, cit. 3).

CONTR. Dénuder, dépouiller, dévêtir.
DÉR. Revêtement.

RÊVEUR, EUSE [ʀɛvœʀ, øz] adj. et n. — xviiᵉ, « extravagant » ; « vagabond », xiiiᵉ et jusqu'au xvᵉ ; de *rêver.*

♦ **1.** (1656). Vx (langue class.). « Qui dit ou fait des choses extravagantes » (Furetière) ; qui parle ou qui agit comme s'il délirait. ⇒ **Rêver** (1.), *rêverie* (1.).

N. *C'est un vieux rêveur.*

♦ **2.** (xviiiᵉ). Vx. Qui médite, est absorbé dans ses pensées, ses rêveries (2.). *Un homme rêveur. Air rêveur.*

N. (1690). « *Un rêveur des plus profonds et des plus sublimes* » (Diderot, *in* Littré). ⇒ **Contemplateur, penseur.** « *Il n'y a que les profonds rêveurs qui réussissent à l'invention des machines, à la résolution des problèmes* » (Trévoux, 1732).

♦ **3.** (V. 1650). Mod. Qui se laisse aller à la rêverie, qui se complaît dans des pensées vagues, dans ses imaginations. — REM. Dans la langue classique, *rêveur*, dans ce sens, est généralement associé à l'idée de tristesse, d'inquiétude (cf. Corneille, Marivaux, *in* Littré ; et → Grimacer, cit. 4, Régnard) ; il n'a pris son sens moderne qu'avec

Rousseau et les préromantiques. — *Un caractère, un esprit rêveur.* ⇒ **Imaginatif, poète, romanesque, songeur.** *Il était rêveur et distrait** (cf. Dans la lune, dans les nuages), *et contemplatif*...* — Par ext. Qui exprime la rêverie. ⇒ **Méditatif, pensif.** *Un air vague et rêveur* (→ Lubricité, cit. 3). *Sa rêveuse froideur* (→ Apercevoir, cit. 22).

1   Les belles, se pendant rêveuses à nos bras (...)
                               VERLAINE, Fêtes galantes, « Les ingénus ».

N. Personne qui aime à rêver, qui vit en imagination. *C'est un rêveur,* un poète. *Rêveurs impénitents* (cit. 4). *Inoffensif* (cit. 2) *rêveur.* — Iron. *« Moi, je hais les pleurards, les rêveurs à nacelles »* (→ Engeance, cit. 3, Musset).

2   Je ne suis qu'une pauvre rêveuse ; peut-être la faute en est-elle à tes romans ; tu en as toujours dans tes poches.   A. DE MUSSET, Fantasio, II, 1.

3   Il y avait là de quoi faire un poète, et je ne suis qu'un rêveur en prose.
                            NERVAL, Promenades et Souvenirs, IV.

4   C'est près de l'eau et de ses fleurs que j'ai le mieux compris que la rêverie est un univers en émanation, un souffle odorant qui sort des choses par l'intermédiaire d'un rêveur.   G. BACHELARD, l'Eau et les Rêves, Introd., V.

Visionnaire (→ Pythie, cit. 3). *Un hypnotisé, un rêveur, un halluciné* (→ Objet, cit. 3). *Les rêveurs orientaux* (→ Haschisch, cit. 5).

5   De grands artistes, tels que Steinbock, dévorés par la rêverie, ont été justement nommés des *Rêveurs.*   BALZAC, la Cousine Bette, Pl., t. VI, p. 323.

Péj. Penseur chimérique, dépourvu de réalisme. ⇒ **Idéologue, songe-creux, utopiste** (cf. Assembleur de nuées, abstracteur de quintessence). *Rêveurs candides* (cit. 2) *que guette la vie.*

♦ **4.** *Cela me laisse rêveur, rêveuse,* perplexe. — Par extension, familier :

6   (...) je me suis laissé pousser vers les tropiques, où m'assurait-on, il suffisait de quelque tempérance et d'une bonne conduite pour se faire tout de suite une situation. Ces pronostics me laissaient rêveur.
                        CÉLINE, Voyage au bout de la nuit, p. 105.

♦ **5.** Didact. (Le plus souvent au masc., collectivement). Psychol., méd. Personne qui fait un rêve (1.) dans son sommeil. *« Le rêveur est un amnésique partiel »* (Delage). *La physiologie, la psychologie du rêveur.*

DÉR. **Rêveusement.**

RÊVEUSEMENT [ʀɛvøzmɑ̃] adv. — Milieu xixe ; de *rêveur.*

♦ **1.** D'une manière rêveuse, en rêvant (→ Pencher, cit. 4, Baudelaire). *Faire qqch. rêveusement,* sans y appliquer une attention volontaire (→ Hacher, cit. 10, Barbey d'Aurevilly ; marelle, cit.). ⇒ **Pensivement.**

♦ **2.** Avec perplexité.

Enfin, j'avais considéré rêveusement ma feuille de déclaration d'impôt qui est, aujourd'hui, de six pages (...)   G. DUHAMEL, Manuel du protestataire, II.

REVIDAGE [ʀ(ə)vidaʒ] n. m. — 1834 ; de *revider.*

♦ Techn. Action de revider.

REVIDER [ʀ(ə)vide] v. tr. — 1765 ; *revuider* « quitter (un pays)», v. 1207 ; de *re-,* et *vider.*

♦ Techn. (bijouterie). Agrandir un trou, le trou de (quelque chose).

DÉR. **Revidage.**

REVIENT (PRIX DE) [pʀid(ə)ʀəvjɛ̃] n. m. — 1833 ; de *prix,* et forme de *revenir.*

♦ Écon. Prix auquel un objet fabriqué revient au fabricant, tous frais compris. ⇒ **Coût, coûtant.** *Calcul des prix de revient. Le prix de vente est égal au prix de revient augmenté du bénéfice. Prix de revient au kilo, au mètre...*

1   — Je cherche à fabriquer le papier à cinquante pour cent au-dessous du prix actuel de revient (...)   BALZAC, Illusions perdues, Pl., t. IV, p. 901.

2   — Pas trop de types, dit Pitkin soudain sérieux, si vous voulez abaisser le prix de revient.   G. DUHAMEL, Scènes de la vie future, II.

3   Cet immeuble, il le construirait lui-même, à meilleur compte qu'un particulier (La maçonnerie entrait déjà pour moitié dans le prix de revient total).
        J. ROMAINS, les Hommes de bonne volonté, t. V, XVIII, p. 129.

REVIF [ʀəvif] n. m. — 1561 ; « ressuscité », adj., xive ; de *re-,* et *vif.*

♦ **1.** Mar. Montée de l'eau, entre basse mer et haute mer.

♦ **2.** (1869, Flaubert). Littér. Retour, reprise de vigueur. ⇒ **Regain.**

1   Cette anecdote les rendit gais. Elle en conta d'autres, et avec un revif de grâce, de jeunesse et d'esprit.   FLAUBERT, l'Éducation sentimentale, III, IV.

2   *(Son visage)* s'effaçait dans l'ombre et parfois s'éclairait de feux rouges, suivant le revif des bûches qui se consumaient dans leur cendre.
               HUYSMANS, Là-bas, XIII.

REVIGORANT, ANTE [ʀ(ə)vigɔʀɑ̃, ɑ̃t] adj. et n. — Déb. xxe ; p. prés. de *revigorer.*

♦ Qui revigore. ⇒ **Remontant.** *Paroles revigorantes.* — N. m. :

M. Poujade n'en est pas encore à définir le bon sens comme la philosophie générale de l'humanité ; c'est encore à ses yeux une vertu de classe, donnée déjà, il est vrai, comme un revigorant universel.   R. BARTHES, Mythologies, p. 87.

REVIGORATION [ʀ(ə)vigɔʀasjɔ̃] n. f. — 1931, Larousse ; de *revigorer.*

♦ Littér. Action de revigorer, de redonner de la vigueur.

La restauration achevée, les forces d'excès nécessaires à la revigoration doivent céder la place à l'esprit de mesure et de docilité, à cette crainte qui est le commencement de la sagesse, à tout ce qui maintient et conserve.
        Roger CAILLOIS, l'Homme et le Sacré, p. 159.

Didact. (psychiatrie). Stimulation des réactions psychiques d'un malade par la parole, parfois associée à des excitations mécaniques ou électriques.

REVIGORER [ʀ(ə)vigɔʀe] v. tr. — 1170, *resvigorer,* aussi *ravigorer* (→ Ravigoter) ; comp. sav. de *re-,* et bas lat. *vigorare,* tombé en désuétude en franç. mod. et repris au début du xxe (cf. *Nouveau Larousse illustré,* où il est donné comme vieux).

♦ Redonner de la vigueur (à qqn). ⇒ **Ragaillardir, ravigoter, remonter.** *« Ce cordial m'a revigoré »* (Académie). *Revigorer une institution.* — Absolt. *Un petit vent frais qui revigore. Il est tout revigoré.*

CONTR. **Déprimer, endormir, épuiser.**

DÉR. **Revigorant, revigoration.**

REVIRAGE [ʀ(ə)viʀaʒ] n. m. — 1893, *Encycl. Berthelot,* art. *Fromage de Roquefort* ; de *revirer* « retourner », fréquent dans les dialectes, et *-age.* → Revirement.

♦ Techn. Opération d'affinage en cave des fromages de Roquefort, qui consiste à en racler périodiquement la croûte.

REVIREMENT [ʀ(ə)viʀmɑ̃] n. m. — 1678 ; « retour sur soi-même », 1587 ; de *revirer.*

♦ **1.** Changement de direction. *Les revirements subits d'une danseuse* (→ Pointe, cit. 10). — (1678). Mar. *Revirement d'un vaisseau* (on dit plutôt *virement*). — (1875). Changement de sens de la marée.

♦ **2.** (1844). Cour. Changement en sens contraire dans une évolution. *Les volte-face et les revirements de la nature* (→ Bond, cit. 7). *Revirements de fortune* (→ Étourdissement, cit. 6).

1   Il se fait d'ailleurs d'étranges revirements dans les réputations, et les auréoles changent souvent de tête. Après la mort, des fronts illuminés s'éteignent, des fronts obscurs s'allument.   Th. GAUTIER, les Grotesques, Préface.

(1834). Changement complet dans les dispositions, les opinions (de qqn). ⇒ **Retournement.** *Un revirement inexplicable, paradoxal* (cit. 2). *Les revirements d'un homme politique.* ⇒ **Cabriole, palinodie, pirouette, volte-face.** *C'est une girouette : ses revirements sont constants.*

2   Je n'entends parler ici, vous me comprenez bien, que de la disposition morale de la société, de cette facilité d'illusions et de revirement qui nous caractérise (...)
        SAINTE-BEUVE, Volupté, XXVI.

3   Les paroles si gentilles pour revenir avec moi, qu'elle avait eues, en contraste avec son *opiniâtre* refus d'un peu avant, j'avais cherché à les attribuer à un revirement de son bon cœur.   PROUST, la Prisonnière, Pl., t. III, p. 390.

4   Mon cher, avec un peu de poigne et un filtrage judicieux des informations, il nous faut trois jours pour provoquer un revirement d'opinion (...)
        MARTIN DU GARD, les Thibault, t. VI, p. 208.

REVIRER [ʀ(ə)viʀe] v. intr. — Déb. xiiie ; « éviter par crainte », mil. xiie ; de *re-,* et *virer.*

Vieux.

♦ **1.** Virer en sens contraire.

♦ **2.** (1740). Changer de manière d'agir, de penser.

DÉR. **Revirage, revirement.**

RÉVISABLE [ʀevizabl] adj. — xixe ; de *réviser.* → Révisible.

♦ Qui peut être révisé (→ Quota, cit. 2). *Procès révisable.* — Philos. *Vérité révisable.*

Quant aux documents qui les étayent, c'est pis encore ! car aucun d'eux n'est irréductible et tous sont révisables.   HUYSMANS, Là-bas, II.

RÉVISER [ʀevize] v. tr. — 1752 ; « examiner », v. 1250 ; « passer en revue (une troupe) », fin xvie ; du lat. *revisere,* proprt « revenir voir ».

REM. La forme *reviser* [ʀəvize] est archaïque.

♦ **1.** Examiner de nouveau (qqch.) pour changer, corriger. *Réviser*

des traités (→ Envoler, cit. 11)). ⇒ **Modifier.** *Réviser un procès.*
⇒ **Réformer ; révision.** *Réviser le code* (→ Amendement, cit. 3), *la constitution. Poète qui révise son manuscrit.* ⇒ **Améliorer, corriger** (→ Imparfait, cit. 4). *Réviser les rédactions de qqn* (→ Approbation, cit. 1). *Réviser son jugement. Il convient de réviser un mot qui a fait fortune* (→ 2. Politique, cit. 13). *Réviser sa vie* (→ Réchapper, cit.).

1 (...) les matérialistes se sont donné la peine de reviser les procès de la magie d'antan.   HUYSMANS, Là-bas, IX.

2 *(Ces êtres)* n'ayant jamais eu la hardiesse de reviser les vagues croyances qu'on leur a fait enfiler avec leur première culotte (...)
                                        MARTIN DU GARD, Jean Barois, II, Le semeur, II.

3 Il y a, en matière d'eaux minérales, continua le professeur, des théories toutes récentes, auxquelles je ne suis pas étranger (...) et qui permettent de renouveler bien des questions, de revenir sur bien des faits qu'on croyait acquis (...) Le dossier de certaines sources peut être entièrement révisé.
                                        J. ROMAINS, les Hommes de bonne volonté, t. V, XIV, p. 107.

♦ **2.** Vérifier le bon état, le bon fonctionnement de (qqch.). ⇒ **Vérifier.** — (1845). *Réviser une épreuve* (d'imprimerie) : vérifier que les corrections indiquées sur l'épreuve précédente ont été faites. ⇒ **Collationner.** — (1921). *Réviser un moteur. Réviser une montre.*

♦ **3.** (XXᵉ). Reprendre (ce qu'on a appris). ⇒ **Repasser, revoir.** *Réviser une matière, un sujet avant une composition, un examen.* — Absolt. *Le baccalauréat est dans deux mois, il faut commencer à réviser.*

▶ **RÉVISÉ, ÉE** p. p. adj. *Article révisé du code. Jugements révisés, opinions révisées.*

Épreuves soigneusement révisées. — *Voiture d'occasion au moteur entièrement révisé.*

Examen bien, mal révisé.

DÉR. Révisable, réviseur.

RÉVISEUR [Revizœr] n. m. — 1611 ; «juge qui revoit un procès», 1567 ; de *réviser.*

♦ Celui qui révise ou qui revoit. *Réviseur de traductions. Les traducteurs et les réviseurs d'une organisation internationale.*

1 (...) une charge de (...) correcteur, réviseur, et restaurateur général des dites inscriptions (...)   MOLIÈRE, les Fâcheux, III, 2.

2 — Vous n'êtes pas juge dans votre propre cause, vous relevez le Dieu, dit le prêtre ; vous n'avez le droit ni de vous condamner, ni de vous absoudre. Dieu, ma fille, est un grand réviseur de procès.
                                        BALZAC, le Curé de village, Pl., t. VIII, p. 650.

Typogr. Celui qui révise les épreuves. *Correcteur-réviseur.*

Comptab. *Réviseur d'entreprises :* personne qui effectue un contrôle sur la gestion des entreprises (comptabilité financière, etc.).

REM. Le fém. *réviseuse* est virtuel.

DÉR. Révisorat.

RÉVISIBILITÉ [Revizibilite] n. f. — 1875 ; de *révisible.*

♦ Didact. Caractère de ce qui peut être révisé.

RÉVISIBLE [Revizibl] adj. — 1875 ; de *réviser.* → Révisable.

♦ Didact. Qui peut être revu et corrigé.

DÉR. Révisibilité.

RÉVISION [Revizjɔ̃] n. f. — 1611 ; *resvision,* 1298 ; du lat. *revisere.* → Réviser.

REM. La forme *revision* [Rəvizjɔ̃] est archaïque.

♦ **1.** Action de réviser (un texte, un énoncé). Modification (de règles juridiques) pour les mettre en harmonie avec les circonstances. *Révision des statuts, d'un contrat, d'un code, d'un traité... Révision de la constitution.* ⇒ **Amendement.**

1 L'initiative de la revision de la Constitution appartient concurremment au Président de la République sur proposition du Premier Ministre et aux membres du Parlement (...) La revision est définitive après avoir été approuvée par référendum.   Constitution de 1958, XIV, art. 89.

(Déb. XVIIIᵉ). «Acte par lequel une juridiction supérieure examine et éventuellement remet à néant une décision définitive d'une juridiction inférieure attaquée comme ayant été rendue sur pièces fausses ou reconnues depuis incomplètes» (Capitant). *Révision d'un procès, d'un jugement.* — (XXᵉ). *Pourvoi en révision.* — *Conseil de révision :* juridiction militaire chargée de la révision des jugements.

2 Le suicide d'Henry commença à ébranler beaucoup d'esprits jusque-là convaincus de la culpabilité de Dreyfus (...) Mᵐᵉ Alfred Dreyfus avait rédigé une demande de revision basée sur les faits nouveaux qui venaient de se produire.
                                        Maurice GARÇON, la Justice contemporaine, «L'affaire Dreyfus», p. 337.

(1679). Amélioration (d'un texte) par des corrections. *Révision d'un manuscrit.*

3 (...) n'oublions point par combien (...) de révisions et d'épurations successives durent passer *les Martyrs* pour atteindre le seul degré de pureté de forme que nous lui voyons.   SAINTE-BEUVE, Causeries du lundi, 18 mars 1850.

3.1 Sur ce point aussi, nous en venons à notre révision du dictionnaire national. Le travail que sera cette révision, pour le pays, de termes vidés de toute réalité, de

---

toute dignité, qui leur rendra leur valeur de mot force, d'idée force, sera aussi un vrai grand travail national. C'est sur celui-là que je me sens le plus de compétence.
                                        GIRAUDOUX, De pleins pouvoirs à sans pouvoirs, p. 103.

Loc. (V. 1954 ; trad. de l'angl. *agonizing reappraisal* «réévaluation torturante», expression de J. F. Dulles). *Révision déchirante :* modification radicale et pénible (d'une attitude, d'une situation politique, économique, etc.). *« Le nouveau ministre s'engageait à procéder "à une révision déchirante des habitudes, des structures et des doctrines" de son ministère »* (l'Express, 9 sept. 1968).

♦ **2.** Mise à jour par un nouvel examen. — (1875). *Révision des listes électorales,* par laquelle on fait, chaque année, les inscriptions d'électeurs nouveaux, etc.

Conseil de révision, à chaque appel du contingent. *Conscrit qui passe son conseil de révision.* — REM. Supprimé par la loi du 9 juil. 1970, le conseil de révision a été remplacé par la commission locale d'aptitude.

4 Nicolas, qui devait passer sous peu de jours au conseil de révision, fondait peu d'espoir sur la protection du général (...)
                                        BALZAC, les Paysans, Pl., t. VIII, p. 170.

5 J'avais toujours été délicat ; au conseil de revision : deux ans de suite ajourné, réformé définitivement au troisième : « tuberculose » disait la feuille (...)
                                        GIDE, Si le grain ne meurt, II, I, p. 290.

♦ **3.** Examen par lequel on vérifie qu'une chose est bien dans l'état où elle doit être. ⇒ **Vérification.** — (1845). Typogr. *Révision d'une feuille.* — *Révision d'un moteur, d'un véhicule, d'une machine, d'une pendule. Procéder à une révision complète. Faire la révision d'un moteur. La révision n'est pas terminée.*

♦ **4.** (XXᵉ). Action de revoir, de repasser (un sujet, un programme d'études) en vue d'une composition, d'un examen. *Faire des révisions, ses révisions. Révisions d'histoire, d'anglais...*

DÉR. Révisionnel, révisionnisme, révisionniste.

RÉVISIONNEL, ELLE [Revizjɔnɛl] adj. — 1875 ; de *révision,* et *-el.*

♦ Didact. Relatif à une révision.

RÉVISIONNISME [Revizjɔnism] n. m. — 1903, *in* D. D. L. ; de *révision,* d'après le russe.

♦ Polit. Position idéologique de socialistes qui préconisent de réviser, en fonction de l'évolution politique, économique et sociale ultérieure, les thèses révolutionnaires de Marx et Lénine. ⇒ **Déviationnisme, réformisme.**

Pour nous les communistes, il existe maintenant deux voies : celle de la construction socialiste, celle du révisionnisme. Nous n'en sommes plus à manger des écorces, mais nous n'en sommes qu'à un bol de riz par jour. Accepter le révisionnisme, c'est arracher le bol de riz.
                                        MALRAUX, Antimémoires, Folio, p. 550.

Par ext. Position idéologique préconisant la révision d'une doctrine politique dogmatiquement fixée.

COMP. et **CONTR. Antirévisionnisme.**

RÉVISIONNISTE [Revizjɔnist] adj. et n. — 1851, *in* D. D. L. ; de *révision.*

Politique.

♦ **1.** Qui est partisan d'une révision, et, spécialt, d'une révision de la constitution. — N. *Un, une révisionniste.*

(1920). Vieilli. (En parlant des choses). Qui propose ou constitue une révision.

1 Il avait envoyé promener avec mauvaise humeur des collègues qui lui avaient demandé de signer une liste révisionniste *(demandant la révision du procès de Dreyfus).*   PROUST, le Côté de Guermantes, Pl., t. II, p. 152.

2 Qui eût pu tenir rigueur à Mᵐᵉ Bontemps que son mari eût joué un rôle âprement critiqué par *l'Écho de Paris* dans l'affaire Dreyfus ? Toute la Chambre étant à un certain moment devenue révisionniste, c'était forcément parmi d'anciens révisionnistes, comme parmi d'anciens socialistes, qu'on avait été obligé de recruter du parti de l'ordre social, de la tolérance religieuse, de la préparation militaire.
                                        PROUST, le Temps retrouvé, Pl., t. III, p. 726.

♦ **2.** (1955). Partisan du révisionnisme. ⇒ **Déviationniste.**

Abrév. (Argot polit.). Péj. ⇒ **Réviso.**

3 Cette conception, «révisionniste» ou «droitière» par rapport aux schémas dogmatiques, entraînant en vérité une attitude politique extrémiste («gauchiste»). Au lieu de reconstruire la société française en crise et de prétendre au pouvoir comme leader de la reconstitution, ne fallait-il pas utiliser cette profonde crise pour «changer de vie»?
                                        Henri LEFEBVRE, la Vie quotidienne dans le monde moderne, p. 86.

CONTR. Antirévisionniste.

REVISITER [R(ə)vizite] v. tr. — V. 1170 ; *reviseter,* v. 1138 ; de *re-,* et *visiter.*

♦ Visiter de nouveau. — Fig. *Revisiter une théorie, un auteur.*

RÉVISO [ʀevizo] n. — 1969 ; par abréviation.

♦ Argot polit. Péj. Révisionniste. *Un, une réviso. « Vous n'êtes qu'une bande de stals ! — Et vous, des sales petits révisos ! »*

RÉVISORAT [ʀevizɔʀa] n. m. — 1981, *Courrier mensuel d'information* (des experts-comptables), août ; de *réviseur*.

♦ Techn. Profession de réviseur d'entreprises.

REVISSER [ʀ(ə)vise] v. tr. — 1892 ; de *re-*, et *visser*.

♦ Visser ce qui était dévissé. *Revisser le capuchon de son stylo.*
Il passe beaucoup de temps à dévisser, à revisser les commutateurs électriques et les appareils d'éclairage (...)   G. DUHAMEL, Salavin, Journal, 4 févr.

REVITALISANT, ANTE [ʀ(ə)vitalizɑ̃, ɑ̃t] adj. — 1951, *in* M. Galliot ; de *revitaliser*.

♦ Qui rajeunit les tissus organiques. *Crème de beauté revitalisante. « Préparations cosmétiques dites nourrissantes, revitalisantes »* (Bourgeois, *Chimie de la beauté*, p. 29).

REVITALISATION [ʀ(ə)vitalizɑsjɔ̃] n. f. — 1922 ; de *revitaliser*, p.-ê. d'après l'angl. *revitalization*, 1872.

♦ Action de revitaliser ; son résultat. ⇒ **Revivification** (1.), **revivis-cence**.

REVITALISER [ʀ(ə)vitalize] v. tr. — V. 1933 ; de *re-*, *vital*, et *-iser* ; cf. angl. *revitalize*, 1858. → Dévitaliser.

♦ **1.** Redonner de la vitalité, de la jeunesse à (qqch. de vivant). *Revitalisez vos cheveux anémiés.*

♦ **2.** (V. 1966). Fig. Faire revivre. ⇒ **Revivifier.** *Revitaliser une alliance.*

DÉR. **Revitalisant, revitalisation.**

REVIVAL [ʀivajval ; ʀəvival] n. m. — 1855 ; mot angl., « fait de faire revivre ».
Anglicisme.

♦ **1.** Assemblée religieuse destinée à raviver la ferveur des fidèles ; ensemble des mouvements religieux protestants fondés sur le réveil de la foi.
Dans ces *revivals*, sortes d'assemblées religieuses et prédicantes, un peu comme nos « Jubilés » et ce qu'en Suisse on appelle des « Réveils », les attaques convulsives ne sont pas rares.
          Alphonse DAUDET, l'Évangéliste, 1883, p. 264, *in* REY-DEBOVE et GAGNON.

♦ **2.** (Mil. xxᵉ). Mouvement de reviviscence du jazz traditionnel. — Appos. *Jazz revival.*

DÉR. (Du même rad.) **Revivalisme, revivaliste.**

REVIVALISME [ʀəvivalism] n. m. — xxᵉ ; angl. *revivalism* ; de *revival*.

♦ Mouvement du réveil protestant.

REVIVALISTE [ʀəvivalist] n. — 1870 ; angl. *revivalist* ; de *revival*.

♦ Propagandiste du réveil protestant.

REVIVIFICATION [ʀ(ə)vivifikɑsjɔ̃] n. f. — 1676 ; de *revivifier*.

♦ **1.** Littér. Action de revivifier, de faire revivre. ⇒ **Revitalisation.**
À la bourse, à l'hôtel de ville, à l'amphithéâtre de l'Académie, aux séances du conseil comme aux réunions des savants, une sorte de revivification se produisait, une surexcitation singulière s'emparait bientôt des assistants.
          J. VERNE, le Docteur Ox, p. 63.

♦ **2.** Techn. Opération qui consiste à ramener à l'état d'oxyde de fer les matières transformées en sulfure lors de l'épuration chimique du gaz.

REVIVIFIER [ʀ(ə)vivifje] v. tr. — 1560 ; « reprendre vie », 1280 ; de *re-*, et *vivifier*.

♦ **1.** Littér. Vivifier de nouveau, donner une nouvelle vie. ⇒ **Ranimer, réveiller.** *Revivifier un sentiment. Ses encouragements m'ont revivifié.* — (1690). Spécialt. (Théol.). *La grâce revivifie le pécheur,* le rend à la vie spirituelle.

1 Cette visite ne me rendit que plus ardent à poursuivre mes études afin de mieux connaître le peuple poldève et ses princes. Elle revivifia aussi mes souvenirs (...)
          R. QUENEAU, Pierrot mon ami, éd. L. de Poche, p. 59.

Au p. p. :

2 Qui sait même si (...) les plus douces satisfactions de l'homme mûr peuvent être

autre chose que des sentiments d'enfance revivifiés, brise parfumée que nous envoie par bouffées de plus en plus rares un passé de plus en plus lointain ?
          H. BERGSON, le Rire, p. 52.

♦ **2.** (1675). Chim. (Vx). Réduire (le mercure oxydé).

♦ **3.** Rendre plus vif.
3 Ce qui distingue, paraît-il, entre autres détails les nouveaux submersibles des anciens, c'est un très ingénieux procédé pour revivifier d'une façon continue l'air respirable du petit bâtiment (...)   A. ALLAIS, Contes et Chroniques, p. 212.

DÉR. **Revivification.**

REVIVISCENCE [ʀ(ə)vivisɑ̃s] n. f. — 1586 ; du lat. *reviviscere* « revenir à la vie ».

♦ **1.** (xixᵉ). Littér. Retour aux manifestations de la vie. ⇒ **Résurrection ; ranimer.** *La reviviscence intermittente et involontaire d'une impression spécifique* (→ 2. Chagrin, cit. 15). *La reviviscence des pensées* (→ Dogme, cit. 2), *d'un souvenir.*

♦ **2.** Sc. Propriété que possèdent certains êtres inférieurs (animaux ou végétaux) de reprendre l'activité de la vie quand on leur rend l'eau nécessaire. *Reviviscence de certains infusoires, des bactéries, des mousses, des spores. « La reviviscence des autres organes »* (*Rev. gén. des sc.*, 15 août 1904, p. 721).

REM. On trouve aussi la forme *réviviscence* [ʀevivisɑ̃s].

DÉR. (Du même rad.) **Reviviscent.**

REVIVISCENT, ENTE [ʀ(ə)vivisɑ̃, ɑ̃t] adj. — 1864, *Rev. des cours sc.*, t. I, p. 705 ; du lat. *reviviscens*.

♦ Littér. ou sc. Qui revit, manifeste de la reviviscence. *Souvenir reviviscent.*

REVIVRE [ʀ(ə)vivʀ] v. — 980, intrans. ; du lat. *revivere*.

★ **I.** V. intr. Revenir à la vie. ♦ **1.** Vivre de nouveau (après la mort). *Si les morts pouvaient revivre.* ⇒ **Ressusciter.** *Animalcules qui revivent après une mort apparente.* ⇒ **Reviviscence.**
Fam. *Un vin qui ferait revivre un mort,* très stimulant.

♦ **2.** (1580). Recouvrer ses forces, son énergie, retrouver le calme, la joie. *Il revit quand il retrouve la mer. Se sentir revivre* (→ Héroïsme, cit. 8). *Je commence à revivre depuis que j'ai reçu de ses nouvelles.* ⇒ **Respirer.**

♦ **3.** (1636). Littér. Se continuer (en la personne d'un autre). *Un père revit dans (en) ses enfants. Revivre dans la mémoire de qqn.*
1 Ma jeunesse revit en cette ardeur si prompte.   CORNEILLE, le Cid, I, 5.
2 (...) en me mariant, je pourrai me voir revivre en d'autres moi-mêmes (...)
          MOLIÈRE, le Mariage forcé, 1.

♦ **4.** (xiiiᵉ). Choses. Renaître, se renouveler. *Des traditions longtemps perdues revivent.* — Remettre en vogue, en usage.
3 La propriété et l'Église, la terre et Dieu, voilà les bases profondes sur lesquelles la monarchie doit se replacer pour revivre et refleurir.
          MICHELET, Hist. de France, II, III.
4 Puisque tout meurt ce soir pour revivre demain (...)
          A. DE MUSSET, Poésies nouvelles, « Nuit d'août ».

♦ **5.** *Faire revivre* : redonner vie en son esprit, évoquer avec force, rendre présent (le passé). *Faire revivre en soi les phases d'un drame* (→ Mental, cit. 1). ⇒ **Évoquer.** *Redonner vie par l'imitation, l'imagination, l'art.*
5 L'odorat, ce mystérieux aide-mémoire, venait de faire revivre en lui tout un monde. C'était bien là le papier, la façon de plier, la teinte blafarde de l'encre, c'était bien là l'écriture connue ; surtout c'était là le tabac.
          HUGO, les Misérables, V, IX, IV.
Le talent dramatique (cit. 6) *fait revivre les génies. Faire revivre les hautes âmes du passé* (→ Divination, cit. 2). *Quatuor* (cit. 1) *qui fait revivre une œuvre de Beethoven.*

★ **II.** V. tr. (1820, Lamartine, *in* Littré). ♦ **1.** Vivre (qqch.) de nouveau. *Revivre sa vie :* « recommencer le cours de sa vie » (Littré). *Je ne veux pas revivre ce que j'ai vécu. L'homme ne revit jamais ce jour unique* (→ Éphémère, cit. 5).
6 On ne devine une telle histoire qu'en la refaisant d'esprit et de volonté, en la revivant, en sorte que ce ne soit pas une histoire, mais une vie, une action.
          MICHELET, Hist. de la Révolution franç., De la méthode... de ce livre.
7 Il est doux de revivre avec une femme les affres du premier homme, et de craindre sa résorption subite, sa cassure en deux, une fêlure soudaine de son front à son orteil.   GIRAUDOUX, Bella, III.
Revivre une émotion, une impression, la ressentir de nouveau.

♦ **2.** Vivre par l'esprit (ce qu'on a déjà vécu). *Revivre son passé* (→ Évoquer, cit. 10), *revivre sa vie. Ce film nous fait revivre les événements de la guerre.*

CONTR. **Mourir.** — **Éteindre** (s').
HOM. (De certaines formes) Formes du v. **revoir.**

RÉVOCABILITÉ [Revɔkabilite] n. f. — 1789, in Brunot; de révocable.

♦ **Dr.** Caractère de ce qui est révocable. *Révocabilité d'un testament, d'un contrat; d'un fonctionnaire.*

RÉVOCABLE [Revɔkabl] adj. — 1307; lat. revocabilis; de revocare.

♦ **Dr.**, cour. Qui peut être révoqué. *Acte, contrat, procuration révocable* (→ Désaffectation, cit.; indemnité, cit. 2). *À titre révocable.* ⇒ **Précaire** (→ Bénéfice, cit. 6). — *Fonctionnaire révocable.* ⇒ **Amovible** (1.).

CONTR. Irrévocable.

DÉR. Révocabilité.

RÉVOCATION [Revɔkasjɔ̃] n. f. — XIIIᵉ; lat. revocatio, proprt «rappel», de revocare. → Révoquer.

Action de révoquer (une chose). ⇒ **Abolition, abrogation, annulation, contrordre, dédit.**

♦ **1. Dr.** et cour. « Acte par lequel celui qui a fait un acte juridique, une offre, une stipulation pour autrui, un legs, une donation, décide de l'anéantir » (Capitant). → Donner, cit. 15. *Révocation d'un testament.* — Hist. *Révocation de l'édit* de Nantes* (1685). → Émigration, cit. 1.

1   Les temps transforment les hommes. La philosophie a blâmé la révocation de l'Édit de Nantes que le XVIᵉ siècle a loué. Cet édit établissait l'unité dans l'État.
      CHATEAUBRIAND, Vie de Rancé, p. 194.

Anéantissement d'une donation ou d'un legs pour une cause prévue par la loi. ⇒ **Ademption** (dr. anc.). *Révocation pour inexécution des charges, pour survenance d'enfant.*

♦ **2.** (1680; compl. n. de personne). ⇒ **Congédiement, destitution, exclusion, licenciement, renvoi.** *Révocation d'un fonctionnaire* (→ Relevé de ses fonctions*). ⇒ **Révoquer.**

2   — Oui, mais si le chef me joue le tour de provoquer ma révocation? (...) Il en est bien capable, au fond. Il est très monté contre moi.
      COURTELINE, Messieurs les ronds-de-cuir, 2ᵉ tableau, II.

CONTR. Maintien. — Désignation, nomination.

RÉVOCATOIRE [RevɔkatwaR] adj. — 1407; lat. revocatorius, de revocatio, supin de revocare.

♦ **Dr.** Qui produit révocation. *Acte, disposition révocatoire.*

REVOICI [R(ə)vwasi] prép. — 1530; de re-, et voici.

♦ **Fam.** Voici de nouveau. — (Surtout avec le pron. pers.). *Me revoici, c'est encore moi!*

  Ce matin les rideaux tirés
  Revoici la brume des Flandres (...)   ARAGON, le Crève-cœur, p. 43.

REVOILÀ [R(ə)vwala] prép. — 1633; revela, 1339; de re-, et voilà.

♦ **Fam.** Voilà de nouveau. — (Surtout avec le pron. pers.). *Me revoilà* (→ Frénésie, cit. 3). *Nous revoilà chez nous.*

1   (...) nous revoilà chez le chirurgien; et il était écrit là-haut que nous y reviendrions.   DIDEROT, Jacques le fataliste, p. 568.

2   Tiens, revoilà le chien qui hurle; je vas *(sic)* lui apprendre comment je tire, moi.
      MAUPASSANT, la Petite Roque, « Mˡˡᵉ Perle », III.

3   Nous revoilà dans les mêmes ornières qu'il y a treize ans.
      F. MAURIAC, in le Figaro, 30 déc. 1952.

REVOIR [R(ə)vwaR] v. tr. — Conjug. voir. — 980; de re-, et voir.

REM. Le e de *revoir* est souvent muet dans la langue parlée familière : *nous nous reverrons* [RvɛRɔ].

★ **I.** Voir de nouveau. ♦ **1.** **a** Être de nouveau en présence de (qqn qu'on a déjà vu, dont on était séparé). *On ne l'a jamais revu. Je l'ai souvent revu depuis* (→ Préciser, cit. 1). — *Je ne te reverrai jamais* (→ Adieu, cit. 8). *File* (cit. 8) *et que je ne te revoie plus! Chercher à revoir qqn* (→ Fortuit, cit. 4). *Le plaisir de revoir ses proches* (→ Insensible, cit. 10). ⇒ **Retrouver.** *Dans l'espoir que nous aurons le plaisir de vous revoir* (→ Hôtelier, cit. 3). — *À l'avantage* (vx), *au plaisir de vous revoir* (en prenant congé de quelqu'un).

1   Hé bien! va donc disposer la cruelle
  À revoir un amant qui ne vient que pour elle.   RACINE, Andromaque, I, 1.

2   (...) il lui semblait que la moitié de son cœur s'en allait avec lui, qu'elle ne reverrait jamais plus son enfant.   MAUPASSANT, Pierre et Jean, IX.

b N. m. (Av. 1549). Vx ou littér. *Le revoir :* le fait de revoir qqn. *J'attendais un appui* (cit. 34) *de ce revoir.*

2.1   Me voici venu sur mon rocher poitevin. Vous imaginez facilement ce qu'a été la joie du revoir. J'ai trouvé tout à coup une santé parfaite, et le moral n'était moins haut.   J.-R. BLOCH, Deux hommes se rencontrent, p. 330.

3   L'angoissante interrogation n'est plus associée au souvenir de ceux que j'ai perdus; ils vivent sans doute, presque libérés déjà de leur moi tyrannique et illusoire, et j'accepte l'idée de ce revoir lointain, plutôt de cette *fusion* avec eux, qui ne sera pas au lendemain de la mort, mais peut-être après des siècles de siècles (...)
      LOTI, l'Inde (sans les Anglais), VI, X.

(...) car je ne puis compter pour un revoir, l'an d'avant, une courte rencontre à Florence (...)   GIDE, Prétextes, In memoriam, Oscar Wilde, II.   4

(1644). Vx. *Adieu* (cit. 1) *jusqu'au revoir.*

Je suis votre serviteur, Monsieur; jusqu'au revoir.   5
      MOLIÈRE, le Malade imaginaire, II, 5.

c Mod. **AU REVOIR** [ɔRvwaR], loc. interjective par laquelle on prend congé de qqn que l'on pense revoir. — REM. L'expression *à revoir*, signalée par Wartburg en 1835 comme affectée, apparaît dans le dictionnaire de l'Académie de 1932 : «on dit aussi *"à revoir"*» (→ ci-dessous, cit. 6); cette forme est inusitée dans la langue commune, sauf comme corruption de *au revoir*. — Au sens littéral et par oppos. à *adieu*, qui implique une séparation définitive. À bientôt (→ À tantôt*). ⇒ fam. **Prochain** (à la prochaine), **plaisir** (au), **revoyure** (à la). — En un sens faible, employé en toute occasion. ⇒ **Adieu, salut** (fam.); et aussi les emprunts fam. **bye bye, ciao** (régional). *Au revoir Monsieur, Madame* (→ Glisser, cit. 38; mère, cit. 18; mon, cit. 18). *Dire au revoir* (→ Indifférent, cit. 31). *Faire au revoir de la main; en agitant la main, son mouchoir...* (→ Pigeon, cit. 4).

À revoir donc chez dame Florinde!   6
      C. DELAVIGNE, Don Juan d'Autriche, I, 10 (1835).

Un domestique annonce que la voiture est avancée. À mon adieu, la princesse riposte, presque brutalement : «Pas ce mot, je ne l'aime pas, dites au revoir?»   7
      Ed. et J. DE GONCOURT, Journal, 16 nov. 1874, t. V, p. 124.

(...) en s'en revenant toute seule au logis, elle avait au moins la consolation et l'attente délicieuse de cet *au revoir* qu'ils s'étaient dit pour l'automne.   8
      LOTI, Pêcheur d'Islande, V, II.

— Adieu.   9
— Adieu, mirage de ma mère.
— Vous pouvez vous dire au revoir. Vous vous reverrez.
      GIRAUDOUX, Électre, I, 11.

Un au revoir. Ce n'est qu'un au revoir et non pas un adieu.

d N. m. (1690, Furetière). *Revoir* (t. de chasse) : empreinte laissée par le pied de l'animal chassé. ⇒ **Trace.** «*Où sont nos bons chemins creux de jadis, où le " revoir " était quasi permanent...* » (la Chasse, nº 229, p. 47).

♦ **2.** (1588). Retourner en (un lieu qu'on avait quitté). *Revoir sa patrie, son village* (→ Aoûtage, cit.). «*Et près des flots* (cit. 2) *chéris qu'elle devait revoir...* » *Ces lieux que je ne devais plus jamais revoir* (→ Emporter, cit. 7).

♦ **3.** (1558). Regarder de nouveau. *J'aimerais revoir ces photos. Aller revoir au Louvre ses tableaux préférés.*

Un furieux désir de vivre, de tout revoir, de tout recommencer, de tout refaire, la souleva subitement. C'était une révolte en face de la mort (...)   10
      Pierre LOUŸS, Aphrodite, V, I.

(1669). Assister de nouveau à... (une chose qu'on a déjà vue). *Revoir un spectacle, un film.* — (Une chose qui se voyait autrefois). *Souhaitons de ne jamais revoir de telles atrocités.*

(Avec un inf. compl. d'objet). «*Quand reverrai-je, hélas, de mon petit village Fumer la cheminée...* » (Du Bellay; → Maison, cit. 2). — (Avec un p. prés. ou une proposition compl.). *Il la revit traversant la rue. On l'a revu conduisant sa voiture. Je l'ai revue qui faisait son marché.*

♦ **4.** (1651). Voir de nouveau en esprit, par la mémoire. *À mesure que j'écris, je revois ce spectacle.* ⇒ **Image** (cit. 52), **souvenir.** *Elle la revoyait le livre à la main* (→ Faute, cit. 34). *Je revois encore, souvenir comique!...* (→ Gibbosité, cit. 2). *Revoir tout son passé :* dérouler* ses souvenirs. ⇒ **Revivre** (II., 2.). *Je la revois avec ses nattes.*

Moi seul je la revois, telle que la pensée   11
Dans l'âme, où rien ne meurt, vivante l'a laissée.
      LAMARTINE, Harmonies poétiques et religieuses, IV, XLV.

Au lieu des expressions abstraites «temps où j'étais heureux», «temps où j'étais aimé» (...) il retrouva tout ce que de ce bonheur perdu avait fixé à jamais la spécifique et volatile essence; il revit tout, les pétales neigeux et frisés du chrysanthème qu'elle lui avait jeté dans sa voiture (...) l'adresse en relief de la «Maison dorée» sur la lettre (...) le rapprochement de ses sourcils quand elle lui avait dit (...)   12
      PROUST, Du côté de chez Swann, Pl., t. I, p. 345.

Malgré tout ce qui vint nous séparer ensemble   13
Ô mes amis d'alors c'est vous que je revois
Et dans ma mémoire qui tremble
Vous gardez vos yeux d'autrefois   ARAGON, le Roman inachevé, p. 85.

Je vous revois très bien, moi la saluant, et elle me répondant d'une inclinaison de tête, sans que nous nous parlions encore.   14
      J. ROMAINS, les Hommes de bonne volonté, t. III, IV, p. 61.

★ **II.** ♦ **1.** Examiner de nouveau pour parachever, examiner une seconde fois pour corriger. *Revoir et mettre au point* (→ 1. Point, cit. 18) *un brouillon.* ⇒ **Améliorer, corriger** (→ Perfectionner, cit. 3). *Revoir un texte pour châtier* son style. Revoir le texte d'un autre.* ⇒ **Réviser, réviseur.** *Compte à revoir.*

Les *Martyrs* sont restés, contre ma première attente, et je n'ai eu qu'à m'occuper du soin d'en revoir le texte.   15
      CHATEAUBRIAND, Mémoires d'outre-tombe, t. III, p. 11.

♦ **2.** Apprendre de nouveau pour se remettre en mémoire. ⇒ **Repasser, réviser.** *Élève qui revoit son programme avant l'examen. Je lui fais revoir le détail des provinces de France* (→ Observer, cit. 6). *Revoir les pièces* (cit. 20) *d'Albeniz.*

▶ **SE REVOIR** v. pron.

♦ **1.** (1651). Réfl. Se voir de nouveau (dans un état, une situation). *Quand je me suis revu dans cette maison, avec les mêmes soucis...* Se voir de nouveau par l'esprit (dans un état, une situation)... *Je me revois à la plus haute fourche* (cit. 5) *de l'arbre. Il se revoit acculé* (cit. 4) *dans le couloir.*

♦ **2.** Passif. Être vu de nouveau. *Le miracle grec* (cit. 2), *une chose qui ne se reverra plus.*

♦ **3.** (1677). Récipr. Être de nouveau en présence l'un de l'autre. ⇒ **Retrouver** (se). *Ils ne se sont pas revus depuis. Nous nous reverrons* (cf. fam. Nous sommes gens de revue, nous sommes de revue). *Quel jour nous revoyons-nous ?* (→ Pour, cit. 33).

16   Mais nous nous reverrons. Adieu. Je sors contente (...)   RACINE, Athalie, II, 7.
17   Chaque fois que les deux hommes se revoient, c'est pour constater qu'ils ne s'entendent plus (...)   Émile HENRIOT, les Romantiques, p. 237.

▶ **REVU, UE** p. p. adj.

♦ **1.** (*Revoir*, I.). *Des amis rarement revus. — Sa patrie enfin revue. Spectacle vu et revu.*

♦ **2.** Plus cour. (*Revoir*, II.). *Texte revu. Édition revue et corrigée. — Programme bien, mal revu.*

RÊVOIR [ʀɛvwaʀ] n. m. — 1862, Hugo ; de *rêver*, et *-oir*.

♦ Littér., rare. Lieu où l'on rêve (cf. Hugo, Mallarmé, *in* G. L. L. F.).

1. REVOLER [ʀ(ə)vɔle] v. intr. — 1138 ; de *re-*, et 1. *voler*.

♦ **1.** Retourner en volant. « *Cet oiseau revole vers son nid* » (Académie). — (Mil. XVIᵉ). Fig. Revenir rapidement. — (1673). Retourner avec ardeur vers.

1   (...) Que je verrai mon âme, en secret déchirée,
    Revoler vers le bois dont elle est séparée.   RACINE, Mithridate, II, 6.
2   (...) M. de Seignelai revole à Versailles ; car c'est un oiseau aussi (...)
    Mᵐᵉ DE SÉVIGNÉ, 1213, 7 sept. 1689.

♦ **2.** Voler de nouveau. *Ce pilote n'a pas revolé depuis son accident.*

HOM. 2. Revoler.

2. REVOLER [ʀ(ə)vɔle] v. tr. — 1690 ; de *re-*, et 2. *voler*.

♦ Dérober de nouveau, reprendre en volant. *On lui a revolé la voiture qu'il venait de récupérer.* — Par ext. Reprendre. *Je vous revole une cigarette !*

REVOLIN [ʀ(ə)vɔlɛ̃] n. m. — 1608 ; *revollin des arbres* « ce que le vent emporte des arbres », 1451 ; anc. provençal *revolim* « tourbillon » ; de *re-*, et lat. pop. **volimen*, du lat. class. *volumen* « chose enroulée ».

♦ Régional. Tournoiement du vent lorsqu'il rencontre un obstacle. — REM. On trouve aussi la forme *rivolin* [ʀivɔlɛ̃] n. m.

Le départ sous voile de cette darse étroite est bien facilité par le fait que nous sommes amarrés sur deux coffres : pas d'ancre à déraper juste au bon moment, en risquant de masquer le foc sur le mauvais bord à cause d'un revolin vicieux.
    Bernard MOITESSIER, Cap Horn à la voile, p. 70.

RÉVOLTANT, ANTE [ʀevɔltɑ̃, ɑ̃t] adj. — 1731, Voltaire, *Disc. sur la tragédie*, préf. de *Brutus* ; de *révolter*.

♦ Qui révolte (2.), remplit d'indignation, de réprobation. ⇒ **Choquant, indigne.** *Un geste, un procédé révoltant. Indécence* (→ 1. Écart, cit. 1), *obscénité* (cit. 2) *révoltante.* ⇒ **Dégoûtant.** *D'une pingrerie révoltante* (→ 1. Envers, cit. 7). *La lâcheté la plus révoltante* (→ Étaler, cit. 39). *Une injustice révoltante.* ⇒ **Criant.**

L'absurdité de cette doctrine, qui saute aux yeux, est surtout révoltante dans un homme comblé des biens de toute espèce, qui, du sein du bonheur, cherche à désespérer ses semblables par l'image affreuse et cruelle de toutes les calamités dont il est exempt.   ROUSSEAU, les Confessions, IX.

(Personnes). *Il est révoltant de cynisme. Elle a été révoltante.*

RÉVOLTE [ʀevɔlt] n. f. — V. 1500 ; « défection, apostasie », XVIᵉ ; de *révolter*.

♦ **1.** Action collective, généralement accompagnée de violences, par laquelle un groupe refuse l'autorité politique existante, la règle sociale établie (⇒ **Désobéissance, insoumission, insubordination**), et s'apprête ou commence à les attaquer pour les détruire. ⇒ **Dissidence, émeute** (cit. 6), **émotion** (vx), **guerre** (civile), **insurrection, mutinerie, rébellion, sédition, soulèvement.** *Révolte générale, populaire ; révolte d'une faction.* ⇒ aussi **Factieux.** *Révolte spontanée ; organisée, préparée. La révolte d'une province* (⇒ **Dissidence, sécession**), *d'une armée. Les grandes révoltes* (→ 2. Geste, cit. 3). *Révolte armée, sanglante...* ⇒ **Lutte.** *Les révoltes d'esclaves, dans l'antiquité ; de serfs, au moyen âge* (⇒ **Jacquerie**). *Les révoltes serviles* (→ Libération, cit. 1). *Fomenter* une révolte.* ⇒ **Résister, révolter** (se). *Arborer, brandir l'étendard de la révolte. La révolte gronde. Apaiser, calmer ; étouffer, réprimer une révolte. Révolte*

étouffée dans l'œuf ; écrasée dans le sang. — En révolte : révolté. — *Révolte et révolution*. —* Allus. historique :

Dans la nuit du 14 au 15 juillet 1789, le duc de la Rochefoucauld-Liancourt fit 1
réveiller Louis XVI pour lui annoncer la prise de la Bastille. « C'est donc une révolte, dit le roi. — Sire, répondit le duc, c'est une révolution ». L'événement était bien plus grave encore.
    TAINE, les Origines de la France contemporaine, III, t. I, p. 3.

Dr. « Acte de résistance, avec violences et voies de fait, aux prescriptions de l'autorité publique ou d'un supérieur hiérarchique » (Capitant).

Fig. *La révolte des anges*.*

♦ **2.** (1643). Résistance, opposition violente et indignée ; attitude de refus et d'hostilité (collective ou individuelle) devant une autorité, une contrainte (→ Incroyable, cit. 15). ⇒ **Indignation.** *Une révolte subite* (→ Dureté, cit. 12). *Des révoltes de mouton* (cit. 14) *enragé. Pousser à la révolte* (→ Cabrer, cit. 2). *Une brusque révolte de toute l'assemblée.* ⇒ **Bouclier** (levée de boucliers). — *Révoltes contre la froide raison* (→ Folie, cit. 18), *contre la condition humaine* (→ Création, cit. 15). — *La lutte et la révolte impliquent* (cit. 3) *l'espérance.*

Il se raidit de tout son être, dans une révolte désespérée. Il tapa des poings, des 2
pieds, de la tête, contre le mur, hurla, fut pris de convulsions, et, se meurtrissant aux meubles, tomba par terre.   R. ROLLAND, Jean-Christophe, L'aube, II, p. 39.

À partir de quoi il a vécu en réaction et comme en protestation de ce geste. L'habi- 3
tude qu'il a prise de la révolte et de l'opposition le pousse à se révolter contre sa révolte même.   GIDE, les Faux-monnayeurs, II, VII.

Esprit (cit. 164) *de révolte* (→ Inégalité, cit. 9). *Cri* (→ Désespoir, cit. 17), *geste* (→ Libérer, cit. 4), *mouvement, murmure, sursaut de révolte* ⇒ **Haut-le-cœur.** *Être ivre de révolte* (→ Pont, cit. 12). — *Être en révolte contre tout* (→ Intolérance, cit. 7). *Être en révolte contre ses parents.*

Absolt. *La révolte,* en tant que position philosophique, attitude morale. ⇒ **Révolter** (→ Individu, cit. 21 ; perpétuel, cit. 1 ; préalable, cit. 3, Camus). « *La révolte métaphysique* » (Camus, *l'Homme révolté,* 2ᵉ partie), « *La révolte historique* » (*l'Homme révolté,* 3ᵉ partie), « *La révolte et art* » (*l'Homme révolté,* 4ᵉ partie).

Cette folle générosité est celle de la révolte, qui donne sans tarder sa force d'amour 4
et refuse sans délai l'injustice.
Son honneur est de ne rien calculer (...)
La révolte prouve par là qu'elle est le mouvement même de la vie (...)
    CAMUS, l'Homme révolté, p. 375.

♦ **3.** (1640). Mouvement violent des instincts, des passions, etc., contre la raison. ⇒ **Agitation.** *La révolte des sens* (→ Désobéissant, cit. 1), *de l'instinct.* « *La révolte de la chair contre l'esprit* » (Académie).

CONTR. Apaisement, conformisme, conformité, obéissance, résignation, soumission.

RÉVOLTER [ʀevɔlte] v. tr. et pron. — V. 1530, pron. ; « se rouler, s'enrouler », trans., « retourner, tourner », XVIᵉ ; ital. *rivoltare* « échanger, retourner », de *rivolgere*, lat. *revolvere* (cf. le verbe *revolver* en provençal et en anc. franç.).

REM. Au XVIᵉ et au XVIIᵉ, ce verbe a signifié « faire défection, se détourner (d'un parti), abjurer », sans idée de violence.

♦ **1.** (Mil. XVIᵉ). Rare. Porter à l'opposition violente, à la révolte (1.). ⇒ **Soulever.** *Révolter un peuple contre son souverain.*

(1673). Littér. Dresser, soulever violemment (contre qqch.), pousser à la révolte (2.).

Contre un si juste choix qui peut vous révolter ?   RACINE, Mithridate, III, 5.   1

♦ **2.** (1667). Soulever d'indignation, remplir de réprobation... ⇒ **Choquer, dégoûter, écœurer, fâcher** (vx) ; **indigner ; révoltant.** *Des sujets qui révoltent les esprits bien faits* (→ Dépraver, cit. 10). *Toutes ces simagrées le révoltaient* (→ Hypocrisie, cit. 12). — Absolt. *Il s'agit d'une manière qui révolte* (→ Hétéroclite, cit. 3). *Une chose qui révolte* (→ Plénitude, cit. 6).

▶ **SE RÉVOLTER** v. pron.

♦ **1.** (1530). Se dresser*, entrer en lutte contre l'autorité, ou s'y préparer (en parlant d'un groupe). ⇒ **Insurger** (s'), **mutiner** (se), **rebeller** (se), **résister, soulever** (se). Cf. Arborer, lever l'étendard de la révolte, faire une levée de boucliers. *Se révolter contre un souverain. L'esclave se révolte contre le maître* (→ Émeute, cit. 6). *Les vaincus se révoltent* (cf. Relever la tête, le front). — *Se révolter contre un dogme, contre Dieu* (→ Aujourd'hui, cit. 36).

(1674). Par ext. *Se révolter contre l'autorité de qqn, contre qqn,* refuser de lui obéir, de s'y soumettre (→ Esclave, cit. 15). ⇒ **Cabrer** (se), **désobéir, regimber.** *Enfant qui se révolte contre ses parents.* ⇒ **Élever** (s'), **dresser** (se). — Par métaphore. « *Contre moi-même enfin j'osai me révolter* » (Racine, *Phèdre,* I, 3).

(Le pape) réussit à l'égard du prince, qui se soumit aussitôt, et donna l'exemple 2
à ses sujets ; mais quelques-uns d'entre eux se révoltèrent, et dirent qu'ils ne voulaient rien croire de tout ce qui était dans cet écrit. Ce sont les femmes qui ont été les motrices de toute cette révolte (...)
    MONTESQUIEU, Lettres persanes, XXIV.

Fig. *Se révolter contre le destin, contre les maux inévitables* (→ Éviter, cit. 27).

3 Messieurs, je n'ai point l'honneur d'appartenir à votre classe, vous voyez en moi un paysan qui s'est révolté contre la bassesse de sa fortune.
STENDHAL, le Rouge et le Noir, II, XLI.

Absolt. (Au sens métaphysique). *« Je me révolte, donc nous sommes »* (→ Fonder, cit. 20, Camus).

♦ **2.** (V. 1650). Être rempli d'indignation, de dégoût et de colère contre ce qu'on rejette. ⇒ **Crier** (au scandale...), **indigner** (s'). *Se révolter intérieurement* (cit. 2) *contre une idée.* ⇒ **Refuser.** *L'esprit se révolte contre...* (→ Oppression, cit. 1).

4 *(Les femmes)* peuvent bien se relâcher des devoirs extérieurs que la pudeur exige ; mais, quand il s'agit de faire les derniers pas, la nature se révolte.
MONTESQUIEU, Lettres persanes, XXVI.

▶ **RÉVOLTÉ, ÉE** p. p. adj. et n. (1564, « apostat »).

♦ **1.** a Adj. (1596). Qui est en révolte contre l'autorité, le pouvoir... ⇒ **Dissident, émeutier, rebelle, séditieux ; infidèle.** *Manants* (cit. 1) *révoltés. Soldats révoltés. — Les anges révoltés.*
N. *Les Révoltés du Bounty* (roman et film). ⇒ **Mutin.**
Qui est dressé contre une autorité (quelle qu'elle soit). *Enfant révolté contre ses maîtres, ses parents.* ⇒ **Insoumis.**
Qui a une attitude de refus, d'opposition. *L'Homme révolté,* essai de Camus. *Le révolutionnaire doit être révolté...* (→ Policier, cit. 5).

5 L'homme du peuple est nécessairement l'un ou l'autre, ou résigné ou révolté.
A. DE VIGNY, Journal d'un poète, Poèmes à faire.

b N. Personne qui participe à une révolte (1.). ⇒ **Insurgé, mutin, rebelle.** *Les opprimés et les révoltés* (→ Nuit, cit. 35 ; et aussi oppresseur, cit. 5). *Révoltés et révolutionnaires*. Une faction, un groupe de révoltés.* ⇒ **Factieux.**
(Mil. XIXe). Qui se dresse contre l'ordre établi (en protestant, en agissant..., mais sans participer à une révolte violente), contre une croyance... *Les révoltés en littérature* (→ Impertinence, cit. 10 ; insolence, cit. 5). ⇒ **Contestataire.** *Un révolté contre tous les dogmes* (→ Libre, cit. 6). *Le révolté métaphysique* (→ État, cit. 79).

6 Quant à moi, je me sentis tout de suite des désirs d'indépendance, car je suis un révolté par nature.
MAUPASSANT, les Sœurs Rondoli, « La patronne ».

7 Je suis un révolté (...) Mon existence sera une existence de combat.
J. VALLÈS, le Bachelier, XXX.

8 (...) la bourgeoisie sait bien que l'écrivain a pris secrètement son parti : il a besoin d'elle pour justifier son esthétique d'opposition et de ressentiment ; c'est d'elle qu'il reçoit les biens qu'il consomme ; il souhaite conserver l'ordre social pour pouvoir s'y sentir un étranger à demeure : en bref c'est un révolté, non pas un révolutionnaire.
SARTRE, Situations II, p. 176.

♦ **2.** (1667). Rempli d'indignation. ⇒ **Outré.**

9 Oh! ne niez pas! Je n'ai point compris pendant longtemps, puis j'ai deviné. Vous vous en êtes vanté même à votre sœur, qui me l'a dit, car elle m'aime et elle a été révoltée de votre grossièreté de rustre.
MAUPASSANT, l'Inutile Beauté, I.

♦ **3.** Qui exprime la révolte, l'opposition et l'indignation. *Visage ardent, révolté* (→ Mêler, cit. 19).

CONTR. Apaiser, calmer. — Soumettre. — Charmer. — (Du pron.) Céder, conformer (se), **obéir, résigner** (se). — (Du p. p.) **Résigné, soumis. — Conformiste.**
DÉR. Révoltant, révolte.

RÉVOLU, UE [revɔly] adj. — 1377 ; lat. *revolutus,* p. p. de *revolvere* « rouler, dérouler ». → aussi Révolter.

♦ **1.** Vx. Qui a achevé son cours, son cycle (en parlant d'un astre, de l'année...).

♦ **2.** Mod. Écoulé, terminé (en parlant d'un espace de temps). ⇒ **Accompli, achevé ; passer** (p. p. adj.). *Jours, moments révolus* (→ Éphémère, cit. 8). *Heure révolue.* ⇒ **Sonné.** *À l'âge de 15, de 18 ans révolus,* complets (→ Émanciper, cit. 2 ; maison, cit. 15 ; mariage, cit. 2). *Temps révolu.*

1 Lazare, qu'il aimait et ne visitait plus,
Vint à mourir, ses jours étant tous révolus.
A. DE VIGNY, Livre mystique, « Éloa », I.

2 Aujourd'hui, après seize années révolues, lorsque nous relisons l'ouvrage imprimé dans toute sa suite (...) que pensons-nous ?
SAINTE-BEUVE, Causeries du lundi, 18 mars 1850.

Qui est passé, périmé, bien fini. *Sentiments révolus,* disparus, morts (→ Finir, cit. 31). ⇒ **Défunt.**

3 Toutes ces vieilles sornettes émeuvent encore le père Legrain, seul survivant d'une époque révolue et déjà paléontologique.
G. DUHAMEL, Salavin, V, IX.

4 Toute la vie ne peut pas être du passé ; ou c'est alors que le passé n'est pas quelque chose de révolu.
J. ROMAINS, les Hommes de bonne volonté, t. II, XX, p. 231.

RÉVOLUTÉ, ÉE [revɔlyte] adj. — 1798 ; dér. sav. du lat. *revolutum,* supin de *revolvere* « ramener en arrière ».

♦ Bot. Roulé en dehors et en dessous. *Feuille révolutée.*

RÉVOLUTIF, IVE [revɔlytif, iv] adj. — 1724 ; dér. sav. du lat. *revolutum.* → Révoluté.

♦ Sc. Relatif à une révolution (I.).

RÉVOLUTION [revɔlysjɔ̃] n. f. — V. 1190 en astron. ; bas lat. *revolutio,* du lat. *revolutum,* supin de *revolvere* « ramener ». → Révolu.

★ **I.** Didact. Mouvement en courbe fermée. ♦ **1.** Astron. Retour périodique d'un astre à un point de son orbite. — Par ext. Marche, mouvement d'un tel astre ; (1690) temps qu'il met à parcourir son orbite. ⇒ **Courbe ; gravitation.** *Révolution sidérale, révolution synodique de la Lune. Les révolutions de la Terre* (→ Irrégularité, cit. 2).
(1727). Géom. Rotation complète (d'un tour entier) d'un corps mobile autour de son axe *(axe de révolution). Une révolution complète.* — (1870). *(De révolution). Surface de révolution,* engendrée par la rotation autour d'un axe (dit *de révolution)* d'une courbe indéformable (appelée méridienne). *Le tore est une surface de révolution.* « *La sphère* (...) *est de révolution autour de tout axe passant par son centre* » *(Encycl. Universalis,* art. *Géométrie différentielle classique,* vol. 7, p. 660 a). *Cône*, cylindre*, ellipsoïde de révolution* (→ Hélice, cit. 2). *Solide de révolution. Corps solide de révolution* (→ Gyroscopique, cit. 2).
(1765). Cour. Tour complet (d'une pièce mobile autour d'un axe). *Les révolutions d'une roue*.* ⇒ **3. Tour.** — Fig. Courbe fermée. *Saluer en faisant une ample révolution de chapeau* (cit. 2, Proust).

♦ **2.** (1267). Vx. L'écoulement (d'une période de temps, d'un cycle*). ⇒ **Révolu.** *La révolution des saisons.*

1 (...) n'essayer des richesses, de la grandeur (...) que pour les voir changer inviolablement et par la révolution des temps en leurs contraires (...)
LA BRUYÈRE, les Caractères, XVI, 33.

(1870). Techn. (Eaux et forêts). Nombre déterminé d'années formant un cycle au bout duquel les mêmes parties d'une forêt reviennent en exploitation. *Baliveau d'une révolution.*

♦ **3.** (1764). Forme de ce qui est enroulé sur soi-même, en hélice. — Archit. Courbe d'un escalier. *Escalier à double révolution,* qui se divise en deux volées symétriques.

2 (...) il entra dans le vestibule du sud-est, et gravit le large escalier qui fait sa révolution autour d'un pilier unique.
A. HERMANT, l'Aube ardente, III.

♦ **4.** Physiol. *Révolution cardiaque :* chaque cycle de l'activité cardiaque, comportant une systole* et une diastole*.

★ **II.** (XVIe, plus cour.). Changement soudain dans la société. ♦ **1.** (1559). Changement brusque et important dans l'ordre social, intellectuel, moral, esthétique. ⇒ **Bouleversement, cataclysme, chambardement, convulsion** (fig.), **incendie** (fig.), **renversement, tourmente** (→ Libraire, cit. 2). — *La révolution des mœurs* (→ Infraction, cit. 2). *Révolution dans la société* (→ Métallurgie, cit. 2). *Les annonces payées furent une immense révolution* (→ Publicité, cit. 2). — *Révolution des opinions* (Condillac). *Révolution dans l'esprit, dans les esprits. La révolution bergsonienne* (→ Négativement, cit. 1). — *Les révolutions des arts* (Marmontel). *Révolution politique et artistique* (→ Contrecoup, cit. 3). — *Révolution scientifique et technique. La révolution copernicienne, einsteinienne. — Révolution des mœurs. La révolution sexuelle.*

3 Une mode a à peine détruit une autre mode, qu'elle est abolie par une plus nouvelle (...) Pendant ces révolutions, un siècle s'est écoulé (...)
LA BRUYÈRE, les Caractères, XIII, 15.

4 Les changements et les révolutions de la langue étaient si brusques que le siècle où on vivait dispensait toujours de lire les ouvrages du siècle précédent.
RIVAROL, Disc. sur l'universalité de la langue française.

Fam. (et souvent senti comme fig. du II., 2.). ⇒ **Agitation, bagarre, ébullition, effervescence, fermentation, 1. feu.** — *Cette page « qui fit révolution dans le journalisme »* (Balzac, *Illusions perdues,* t. IV, p. 732), qui le *révolutionna.*

Loc. adj. **EN RÉVOLUTION.** *Toute la ville était en révolution.*

Transformation complète (avec l'idée de grands changements dans la société, mais sans idée de brusquerie, ni de violence). *La révolution industrielle* (cit. 1). *Les révolutions profondes et cachées* (→ Inaperçu, cit. 2).

5 J'appelle révolution, non pas ces événements bruyants, violents qui souvent ne produisent rien, mais un changement réel, efficace, durable.
FUSTEL DE COULANGES, Leçons à l'Impératrice, p. 195.

6 Révolution ? oui ! mais entendez-bien : il n'y a de vraie révolution que morale. Tout le reste est misère, sang gaspillé, larmes vaines.
G. DUHAMEL, Entretiens dans le tumulte, Dernier entretien avec l'irréductible.

REM. Ce sens, étant donné la fréquence de l'acception politique (ci-dessous, 2.), est souvent senti comme une métaphore ou un figuré de cette acception.

♦ **2.** (1680 ; *révolution d'État,* 1636 ; *«les fatales révolutions des monarchies»,* 1669, Bossuet, *Oraison funèbre d'Henriette-Marie de France).* — REM. Jusqu'au XIXe s., *révolution* désigne tout changement politique brutal ; il ne se distingue guère d'un coup d'État* et n'implique pas, comme de nos jours, des changements profonds dans la société (cf. Montesquieu, *De l'esprit des lois,* V, XI).

7 *(En 1789)* des sphères du rêve et de la spéculation, *révolution* passait dans la vie. En outre, un peuple entier, jusque-là courbé sous sa besogne quotidienne, le répétait, s'en repaissait (...) sorti du domaine de l'intelligence, il entrait dans celui du sentiment, faisait battre les cœurs, les attirait ou les repoussait (...) Qu'on y prenne garde, il est resté depuis lors incarné ; dieu ou démon, il est une personne, il a conservé une âme.
BRUNOT, Hist. de la langue franç., t. IX, p. 617
(Un mot transfiguré : Révolution).

Loc. (1835). *Révolution de palais :* conquête et redistribution du pouvoir fomentées dans les milieux proches du gouvernement sans participation populaire. ⇒ **Mutinerie.**

Mod. (Sens le plus courant du mot). Ensemble des événements historiques qui ont lieu dans une communauté importante (nationale, en général), lorsqu'une partie du groupe en insurrection réussit à prendre le pouvoir politique et que des changements profonds (politiques, économiques et sociaux) se produisent dans la société. ⇒ **Insurrection, rébellion, révolte.** — REM. *Révolution* se distingue de *révolte* (et d'*insurrection,* de *rébellion*) par son importance et ses conséquences, de *réforme* par sa soudaineté et par le recours à la violence qu'elle implique généralement. *Révolution et guerre* civile.* — *Une révolution, les révolutions* (→ Chambardement, cit. 1 ; conduite, cit. 7 ; déicide, cit. 2 ; effondrer, cit. 8 ; gouvernement, cit. 29 ; histoire, cit. 8 ; larve, cit. 4). *Marx a dit que les révolutions sont les locomotives* (cit. 7) *de l'histoire. Une émeute tournée en révolution* (→ Barricade, cit. 6). *Révolution qui éclate* (→ Malaise, cit. 1). *Écrasement* (cit. 4) *des révolutions.* — *Révolution et lutte* des classes. Révolution bourgeoise, libérale, prolétarienne, sociale, socialiste.*

8   Vous vous fiez à l'ordre actuel de la société sans songer que cet ordre est sujet à des révolutions inévitables (...) le grand devient petit, le riche devient pauvre, le monarque devient sujet (...) Nous approchons de l'état de crise et du siècle des révolutions.
        (*Note de R.* Je tiens pour impossible que les grandes monarchies de l'Europe aient encore longtemps à durer...).   ROUSSEAU, *Émile,* III.

9   Qu'est-ce qu'une révolution politique en général ?
        Qu'est-ce, en particulier, que la Révolution française ?
        Une guerre déclarée entre les patriciens et les plébéiens, entre les riches et les pauvres (...)
        Le but de la révolution, étant de ramener au but de la société, dont on s'est écarté, *est également le bonheur commun.*
                BABEUF, *in* le Tribun du peuple, n° 34 (*in* Textes choisis, p. 32-33).

10   Les coups d'autorité des rois sont comme les coups de la foudre, qui ne durent qu'un moment ; mais les révolutions des peuples sont comme ces tremblements de terre dont les secousses se communiquent à des distances incommensurables.
                                                RIVAROL, Politique, IV, Généralités.

11   Ô révolutions ! j'ignore,
        Moi, le moindre des matelots,
        Ce que Dieu dans l'ombre élabore,
        Sous le tumulte de vos flots.   HUGO, les Chants du crépuscule, V, VI.

12   Une révolution fait en deux jours l'ouvrage de cent ans, et perd en deux ans l'œuvre de cinq siècles.   VALÉRY, Suite, p. 68.

13   (...) le mot de « révolution » se référait *(au XIXe siècle)* nécessairement à une grande Révolution historique, celle de 89. Et comme la bourgeoisie négligeait par une convention très générale l'aspect *économique* de cette Révolution, comme elle faisait à peine mention, dans son histoire, de Gracchus Babeuf, des vues de Robespierre et de Marat, pour donner son estime officielle à Desmoulins et aux Girondins, il en résultait que l'on désignait par « révolution » une insurrection politique qui réussit et qu'on pouvait appliquer cette dénomination aux événements de 1830 et de 1848 qui n'ont produit au fond qu'un simple changement du personnel dirigeant.   SARTRE, Situations II, p. 301.

13.1   D'ailleurs, les vraies révolutions sont lentes et elles ne sont jamais sanglantes. Le sang, c'est toujours pour payer la hâte de quelques hommes comme vous, pressés de jouer leur petit rôle.   J. ANOUILH, Pauvre Bitos, p. 46-47.

13.2   Une révolution ratée porte la marque de l'échec, même si elle semble réussir, même si de bons esprits l'appellent « révolution silencieuse », « révolution invisible et pacifique ». Ce n'est qu'une parodie.
                Henri LEFEBVRE, la Vie quotidienne dans le monde moderne, p. 84.

Hist. *La révolution anglaise de 1648. Révolutions du XVIIIe siècle. La révolution de 1830 (révolution de Juillet).* → Dérogation, cit. 2 ; glorieux, cit. 3 (les Trois Glorieuses). *La révolution russe de 1917* (souvent appelée *révolution d'Octobre*).

14   Le dernier tiers du XVIIIe siècle et le début du XIXe siècle sont caractérisés par des révolutions en chaîne : révolution américaine, de 1774 à 1783, révolution genevoise de 1766 et 1781, révolution des Provinces-Unies de 1783 à 1787, révolution belge de 1787 à 1790, révolution française enfin à partir de 1787 ; celle-ci gagne peu à peu la plus grande partie de l'Europe, touche l'Afrique (...) et s'étend en Amérique (...) Au total, la moitié du monde est en proie, entre 1770 et 1815, à des révolutions, ou plutôt à une grande révolution, qui transforme plus ou moins profondément les structures politiques et sociales.
        J. GODECHOT, les Révolutions, *in* Encycl. Pl., Histoire universelle, t. III, p. 345.

Spécialt. *La Révolution française,* et, absolt, *la Révolution,* celle de 1789, jusqu'au Consulat de Bonaparte, et les changements qu'elle détermina (→ Apparaître, cit. 15 ; organiser, cit. 1). *Les conquêtes de la Révolution* (→ Nivellement, cit. 1). *La Révolution, fille du christianisme* (→ Fraternité, cit. 5). *La Révolution, nourrice* (cit. 9) *de Napoléon. Les écrivains du XIXe siècle sont fils* (cit. 14) *de la Révolution française. Avant la Révolution :* sous l'Ancien Régime. *Les causes politiques, économiques de la Révolution, les principales périodes et les grands événements de la Révolution* (réunion des États généraux, serment du Jeu de Paume, prise de la Bastille... ⇒ **Constituant(e), convention** (et **girondin, plaine ; montagne, montagnard**), **terreur, thermidor, thermidorien, directoire...** *Les sans-culottes, les tricoteuses... pendant la Révolution. — Les armées, les campagnes de la Révolution. — Considérations sur la Révolution française,* de Mme de Staël ; *Histoire de la Révolution française,* de Thiers (1823-1827), de Carlyle (1837), de Michelet (1847-1853)...

15   Je définis la Révolution, l'avènement de la Loi, la résurrection du Droit, la réaction de la Justice.   MICHELET, Hist. de la Révolution franç., Introd., I, § 1er.

16   Pour que la Révolution soit, il ne suffit pas que Montesquieu la présente, que Diderot la prêche, que Beaumarchais l'annonce, que Condorcet la calcule, qu'Arouet la prépare, que Rousseau la préméditât ; il faut que Danton l'ose.
                                HUGO, les Misérables, III, I, XI.

17   La révolution française a préparé indirectement l'avènement du prolétariat. Elle a

réalisé les deux conditions essentielles du socialisme, la démocratie et le capitalisme. Mais elle a été, en son fond, l'avènement politique de la classe bourgeoise.
                                        JAURÈS, Hist. socialiste, Introd.

17.1   On sortait alors, que personne ne l'oublie, du Front populaire et de la Libération, qui eurent en effet l'allure de fêtes géantes. La rupture du quotidien faisait partie de l'activité révolutionnaire et surtout du romantisme révolutionnaire. Depuis, la révolution a trahi cet espoir en devenant elle aussi quotidienneté : institution, bureaucratie, organisation de l'économie, rationalité productiviste (au sens étroit du mot production). Devant ces faits, on se demande si le mot révolution n'a pas perdu son sens.
                Henri LEFEBVRE, la Vie quotidienne dans le monde moderne, p. 74.

Loc. (V. 1966 ; adaptation d'une expr. chinoise signifiant plutôt « bouleversement de la civilisation, des mœurs ») **LA RÉVOLUTION CULTURELLE :** le mouvement instauré par la Chine de Mao Tsé-Tung et qui vise à détruire toutes les influences du passé dans la vie sociale.

17.2   La révolution culturelle a surgi dans la rue et pour la rue, sans prévoir qu'un jour elle aurait à s'étendre et peut-être à sombrer là où il n'existe pas de rues : dans l'immense campagne chinoise.   l'Express, 8-14 juil. 1968.

Par ext. Bouleversement dans les modes d'échange socio-culturels, en fonction de leur critique radicale au niveau théorique. *« Cette " révolution culturelle " que les étudiants français veulent introduire en Sorbonne »* (*le Monde,* 10 janv. 1968).

17.3   La révolution culturelle a pour première condition et démarche, pour exigence initiale et fondamentale la réhabilitation pleine et entière de ces notions : œuvre, création, liberté, appropriation, style, valeur (d'usage), être humain. Ce qui ne peut se mener à bien sans une sévère critique de l'idéologie et de l'économisme, ainsi que des mythes et pseudoconcepts de participation, d'intégration, de créativité, y compris leurs applications pratiques. La révolution culturelle veut une stratégie culturelle, dont quelques principes peuvent s'énoncer.
                Henri LEFEBVRE, la Vie quotidienne dans le monde moderne, p. 364.

Loc. (1960, dans un éditorial du *Devoir* de Montréal). *La révolution tranquille :* les profonds changements de la société québécoise, depuis le début de l'année 1960.

Loc. *La révolution des œillets* (au Portugal).

Absolt. *La révolution :* le changement de la société par des moyens radicaux (→ Idéologie, cit. 11). *Les mystiques de la révolution* (→ Illuminer, cit. 23). *Venir à la révolution par générosité* (cit. 9) *individuelle. La révolution syndicaliste* (→ Naïveté, cit. 8). *La révolution s'est toujours faite avec les pauvres* (cit. 14).

18   La Révolution est la guerre de la liberté contre ses ennemis (...)
        ROBESPIERRE, Disc. sur les principes du gouvernement révolutionnaire, 25 déc. 1793, *in* Textes choisis, t. III, p. 99.

19   Comme l'antique Némésis (...) la révolution s'avance, d'un pas fatal et sombre, sur les fleurs que lui jettent ses dévots, dans le sang de ses défenseurs, et sur les cadavres de ses ennemis.
        PROUDHON, Idée générale de la Révolution au XIXe siècle, p. 9.

Loc. *La révolution en permanence* (cit. 5), *la révolution permanente* (doctrine de Trotski).

19.1   Il *(Mao)* a voulu refaire la Chine, et il l'a refaite ; mais il veut aussi la révolution ininterrompue, avec la même fermeté, et il lui est indispensable que la jeunesse la veuille aussi (...) Je pense à Trotski, mais la révolution permanente se référait à un autre contexte, et je n'ai connu Trotski qu'après la défaite.
                        MALRAUX, Antimémoires, Folio, p. 560-561.

Par métonymie. Les forces révolutionnaires ; le gouvernement*, le pouvoir issu de la révolution. *La victoire de la révolution sur la réaction.*

★ **III.** (Fig., de II.). ♦ **1.** (1694, en méd.). Vx. Changement brusque qui apporte un trouble. *Révolution d'humeurs.* — (1761). Vx. Trouble passager, émotion violente.

20   Un matin que je n'étais pas plus mal qu'à l'ordinaire, en dressant une petite table sur son pied je sentis dans tout mon corps une révolution subite et presque inconcevable. Je ne saurais mieux la comparer qu'à une espèce de tempête qui s'éleva dans mon sang et gagna dans l'instant tous mes membres.
                                        ROUSSEAU, les Confessions, VI.

♦ **2.** (1765). Vieilli. Phénomènes naturels qui ont bouleversé la surface terrestre.

21   Si l'on met de l'intérêt à suivre dans l'enfance de notre espèce les traces presque effacées de tant de nations éteintes, comment n'en mettrait-on pas aussi à rechercher dans les ténèbres de l'enfance de la terre les traces de révolutions antérieures à l'existence de toutes les nations ?
                                CUVIER, Disc. sur les révolutions..., p. 3.

CONTR. 1. Calme. — Contre-révolution, réaction.
DÉR. Révolutionnaire, révolutionner.

RÉVOLUTIONNAIRE [RevɔlysjɔnɛR] adj. et n. — 1789 au sens I., 2. ; de *révolution.*

★ **I.** Adj. ♦ **1.** (1794). Qui a le caractère d'une révolution (II., 2.) ; de la révolution. *Action* (→ Extrême, cit. 9), *agitation, effervescence* (cit. 7), *mouvement révolutionnaire* (→ Écrasement, cit. 4). *La tactique révolutionnaire* (→ Diplomatie, cit. 2). *L'idéologie révolutionnaire.* — *L'idéal* (→ Hors-la-loi, cit. 1), *le messianisme* (→ Issu, cit. 3), *la parousie* (cit.) *révolutionnaire.*

1   L'effort du philosophe révolutionnaire consistera donc à dégager, à expliciter les grands thèmes directeurs de l'attitude révolutionnaire et cet effort philosophique est lui-même un acte, car il ne peut les dégager que s'il se place dans le mouvement même qui les engendre et qui est le mouvement révolutionnaire.
                                SARTRE, Situations III, p. 181.

Guerre révolutionnaire, menée avec des méthodes militaires, politiques, sociales... particulières (propagande idéologique, action populaire, action psychologique...). Cf. Guerre subversive.

Favorable (objectivement) à la révolution, à une révolution. *Situation révolutionnaire* (→ Facteur, cit. 4).

2 La prophétie de Marx est aussi révolutionnaire dans son principe. Toute la réalité humaine trouvant son origine dans les rapports de production, le devenir historique est révolutionnaire parce que l'économie l'est.
         CAMUS, l'Homme révolté, p. 244.

Institué ou établi par la révolution, par les détenteurs du pouvoir, après une révolution. *Gouvernement, comité révolutionnaire. Tribunal révolutionnaire* (spécialt, en parlant de la Révolution de 1789 ; → Manière, cit. 30). *L'armée révolutionnaire* (→ Bleu, cit. 13).

Relatif à une révolution, à son époque. — Spécialt (en parlant de la Révolution française). *Le calendrier révolutionnaire.* ⇒ **Républicain.** *La France révolutionnaire. Les grands orateurs révolutionnaires. Les jacobins*, société révolutionnaire. — L'époque révolutionnaire. Les chants révolutionnaires.*

♦ **2.** (1795). Partisan de la révolution ; qui agit en sa faveur. *Parti*, société révolutionnaire. Socialistes révolutionnaires et socialistes réformistes. La bourgeoisie révolutionnaire française* (→ 2. Équivalent, cit. 3). *Les forces révolutionnaires.* — *Par ext. Être révolutionnaire en esprit* (→ Chambardement, cit. 2). *Résigné ou révolutionnaire* (→ Ouvrier, cit. 4).

3 Quiconque n'est pas révolutionnaire à seize ans, disait-il *(Alain)*, n'a plus à trente ans assez d'énergie pour faire un capitaine de pompier.
         A. MAUROIS, Mémoires, t. I, IV.

REM. Pendant la Révolution française, «*révolutionnaire* veut dire expéditif, qui se décide sans appel comme sans délai» (Brunot, *Hist. de la langue franç.*, t. IX, p. 619).

4 Et lui aussi *(l'étranger)* est révolutionnaire contre le peuple, contre la vertu républicaine. Il est révolutionnaire dans le sens du crime. Pour vous, vous devez l'être dans le sens de la probité et du législateur.
         SAINT-JUST, Rapport du 13 mars 1794.

♦ **3.** (Dès 1794, et cf. Brunot : «C'est ainsi qu'on pourra faire des *cours révolutionnaires* sur la fabrication du salpêtre, imaginer un *procédé révolutionnaire* de tannage des cuirs [An III]»; repris et généralisé au xxᵉ). Du sens précédent (→ REM. ci-dessus). Partisan de changements radicaux et soudains, dans quelque domaine que ce soit ; relatif à de tels changements. ⇒ **Novateur.** *Une théorie scientifique révolutionnaire. Des opinions révolutionnaires. — Technique, procédé révolutionnaires,* entièrement nouveaux*. *Des prix révolutionnaires.*

5 Les formes de la pensée et de l'art les plus révolutionnaires et les plus rétrogrades y avaient trouvé tour à tour, et parfois en même temps, des exemples ou des inspirations.   R. ROLLAND, Jean-Christophe, La révolte, III, p. 598.

★ **II.** N. (1798). Personne qui milite en faveur de la révolution ; partisan actif d'une révolution. ⇒ **Militant ; agitateur, factieux** (péj.); → Fauteur, cit. 2. *Les grands révolutionnaires* (→ Convoitise, cit. 4 ; infirmité, cit. 3). *Ardent révolutionnaire* (→ Disgrâce, cit. 10). *Le révolutionnaire et le révolté* (→ Policier, cit. 5, Camus). *Un révolutionnaire en chambre. — Révolutionnaires internationalistes* (cit. 1).

6 Le mot de *Liberté,* disait Novalis, a fait des millions de révolutionnaires. Sans doute : tous ceux pour qui la Liberté était le contraire d'un mot.
         J. PAULHAN, les Fleurs de Tarbes, p. 86.

7 Le révolutionnaire est dans une situation telle qu'il ne peut aucunement partager ces privilèges : c'est par la destruction de la classe qui l'opprime qu'il peut obtenir ce qu'il réclame.   SARTRE, Situations III, p. 178.

CONTR. **Antirévolutionnaire, conservateur, continuateur, réactionnaire, traditionaliste. — Réformiste.**
DÉR. **Révolutionnairement, révolutionnarisation, révolutionnarisme** (ou **révolutionarisme**).
COMP. **Antirévolutionnaire, contre-révolutionnaire.**

RÉVOLUTIONNAIREMENT [ʀevɔlysjɔnɛʀmɑ̃] adv. — 1793; de *révolutionnaire.*

♦ Littér. D'une manière révolutionnaire.

Il est impossible que les lois révolutionnaires soient exécutées, si le gouvernement lui-même n'est constitué révolutionnairement.
         SAINT-JUST, Rapport du 10 oct. 1793.

RÉVOLUTIONNARISATION [ʀevɔlysjɔnaʀizasjɔ̃] n. f. — 1967 ; de *révolutionnaire.*

♦ Didact. (polit.). Mise en œuvre de processus révolutionnaires (dans qqch.). *Révolutionnarisation de la presse, en Chine, en 1967.*

RÉVOLUTIONNARISME ou (moins cour.) RÉVOLUTIONARISME [ʀevɔlysjɔnaʀism] n. m. — 1843 ; de *révolutionnaire.*

♦ **1.** Vx. Esprit révolutionnaire.

Ce néo-libéralisme qui veut seul tenir tête et fermer la voie au vieux révolutionnarisme.   LAMARTINE, Lettre du 14 juin 1843, *in* SAINTE-BEUVE, Correspondance générale, t. V, p. 172.

♦ **2.** (V. 1963). Mod. Polit. Tendance à considérer l'action révolutionnaire comme une fin politique en soi (souvent péj.). ⇒ **Gauchisme.**

«*A-t-on voulu conjurer le révolutionnarisme verbal imputé aux facultés des lettres et des sciences humaines et le conservatisme méticuleux attribué aux facultés de droit et des sciences économiques?*» (*le Monde,* 29 déc. 1966).

DÉR. **Révolutionnariste** (ou **révolutionariste**).

RÉVOLUTIONNARISTE ou (moins cour.) RÉVOLUTIONARISTE [ʀevɔlysjɔnaʀist] adj. et n. — 1963, *révolutionariste*; de *révolutionarisme* (2.).

♦ Polit. Du révolutionnarisme (2.). *Les illusions révolutionnaristes.* — Tenant du révolutionnarisme (2.).

RÉVOLUTIONNEMENT [ʀevɔlysjɔnmɑ̃] n. m. — 1797; de *révolutionner.*

♦ **1.** Vx. Action, fait de révolutionner (1.).

♦ **2.** (1844). Rare. Fait de révolutionner (2. ou 3.). «*Un affreux révolutionnement de cœur*» (Berlioz, *Correspondance,* 1844, *in* D.D.L.).

RÉVOLUTIONNER [ʀevɔlysjɔne] v. tr. — 1793; de *révolution.*

♦ **1.** Vx. Agiter par un mouvement révolutionnaire, renverser par une révolution.

Révolutionner (...) C'est conspirer contre un état de choses qui ne convient pas; c'est tendre à le désorganiser et à mettre en place quelque chose qui vaille mieux.   1
         BABEUF, *in* le Tribun du peuple, n° 36 (*in* Textes choisis, p. 38).

♦ **2.** (1834, *révolutionner qqn*). Agiter violemment, transformer par une action soudaine et violente. ⇒ **Agiter, bouleverser, chambarder, changer...** *Révolutionner le monde et la pensée* (→ Méthode, cit. 4). — Mettre en émoi, agiter (une personne, une communauté). ⇒ **Émouvoir, troubler.** *Le corbillard révolutionnait le quartier* (→ Lambrequin, cit.). *Révolutionner le voisinage* (→ Magasin, cit. 6).

Le mouvement qu'elle fit pour passer dans la salle à manger au bras de Mareuil, révolutionna mes idées, bouleversa mes résolutions.   2
         BARBEY D'AUREVILLY, Une vieille maîtresse, I, VII.

— (...) Comment, toi, un homme, tu te mets dans un état pareil et tu me révolutionnes par contrecoup pour une affaire qui n'a pas marché!   3
         Henry BECQUE, la Parisienne, II, 7.

(...) il y avait aussi en moi un sentiment, une obscure certitude que cela ne sert à rien de révolutionner la face du monde; il faut atteindre le monde au cœur.   4
         F. MAURIAC, le Nœud de vipères, II, XVIII.

♦ **3.** (1821). Modifier profondément, radicalement. ⇒ **Bouleverser, changer.** *Révolutionner la technique* (→ Lampe, cit. 24). *La machine à vapeur a révolutionné l'industrie* (→ Machine, cit. 8).

CONTR. **Apaiser, calmer...**
DÉR. **Révolutionnement.**

REVOLVER [ʀevɔlvɛʀ] n. m. — 1853; av. 1848 comme mot anglo-amér.; angl. *revolver,* mot tiré en 1835, par le colonel américain S. Colt (→ Colt), du v. *to revolve* «tourner», même rac. que le franç. *révolution.*

♦ **1.** **[a]** Techn. Arme à feu courte et portative, pistolet à répétition muni d'un magasin cylindrique qui tourne sur lui-même. ⇒ **Barillet.** *Revolver de cow-boy. Jouer à la roulette* russe avec un revolver.*

— Savez-vous ce que c'est qu'un revolver? — Oui, répondit l'armurier, c'est américain. — C'est un pistolet qui recommence la conversation. — En effet, ça a la demande et la réponse. — Et la réplique. — C'est juste, monsieur Clubin. Un canon tournant. — Et cinq ou six balles... — Je voudrais un revolver à six canons. — Je n'en ai pas. — Comment ça, vous armurier? — Je ne tiens pas encore l'article. Voyez-vous, c'est nouveau. On ne fait encore en France que du pistolet.   1
         HUGO, les Travailleurs de la mer, I, V, II.

Quand des adversaires politiques se rencontrent dans une buvette, avinés ou à jeun, il n'est pas rare que les paroles insultantes soient bientôt suivies de coups de poignard ou de *revolvers,* et plus d'une fois, on a vu le vainqueur boire sur le cadavre du vaincu.   1.1
         Élisée RECLUS, Voyage à la Grande-Viti, p. 177-192, *in* le Tour du monde, 1860, t. I, p. 191.

En apposition (vx) :

Comment s'obtient la *répétition,* c'est-à-dire le moyen de tirer successivement un certain nombre de coups sans avoir à recharger l'arme? On peut adopter le type des *canons multiples,* c'est-à-dire le système *revolver,* qui fait passer automatiquement les cartouches du magasin dans la chambre, ou bien un *chargeur,* soit à la main, soit automatique, appareil accessoire qui est indépendant de l'arme, mais qui s'y annexe à volonté.   1.2
         L. FIGUIER, l'Année scientifique et industrielle, 1887, p. 167 (1886).

[b] (1895). Cour. (Abusif en techn.). Toute arme à feu à répétition du genre pistolet, qu'il s'agisse d'un *revolver* proprement dit ou d'un pistolet automatique à chargeur, sans barillet. ⇒ **Browning** (cit. 1), **pistolet** (cit. et aussi, argot, 1. **feu** (II., 5.), **pétard, rigolo.** *Revolver de poche, d'ordonnance* (→ Quadriller, cit. 3). *Tirer un coup de revolver sur qqn.* ⇒ **Révolvériser** (fam). *Se faire sauter, se brûler* (cit. 51) *la cervelle d'un coup de revolver. Revolver au poing* (cit. 4). *Sous la menace du revolver.* — *Poche-revolver.* ⇒ **Poche.**

2 Il y a quelques années, alors que les nazis venaient de prendre le pouvoir, Gœring donnait une juste idée de leur philosophie en déclarant : «Quand on me parle d'intelligence, je sors mon revolver». CAMUS, Actuelles I, p. 117.
REM. On connaît plutôt la phrase de Goering sous la forme : « *Quand j'entends parler de culture* (ou : *quand j'entends le mot culture) je sors mon revolver*».

3 Mais il a osé dire aussi, et ceci est le mot que, depuis 1933, André Breton doit regretter, que l'acte surréaliste le plus simple consistait à descendre dans la rue, revolver au poing, et à tirer au hasard dans la foule. CAMUS, l'Homme révolté, p. 120.

♦ **2.** *Canon-revolver :* canon à tir rapide inventé par Hotchkiss et qui comportait un faisceau de cinq tubes de petit calibre tournant autour d'un axe central à la manière d'un barillet de revolver (1., a).

4 Notre artillerie répondait — soixante-quinze miaulant, cent vingt brutal et le canon-revolver, qui jure comme un chat. R. DORGELÈS, les Croix de bois, XI.

♦ **3.** (1876, in Höfler). Par anal. avec le *revolver à barillet.* Mécanisme tournant (comparé à celui d'un revolver) faisant correspondre plusieurs emplacements disposés circulairement à une position de fonctionnement. *Microscope* à revolver. — Appos. *Tour* revolver. *Porte* (1. Porte, cit. 20) *revolver.*

DÉR. **Révolvériser.**

RÉVOLVÉRISATION [ʀevɔlveʀizɑsjɔ̃] n. f. — Mil. xxᵉ; de *révolvériser.*

♦ Fam. Action de révolvériser.

Dès que tu seras sûr de sa grossesse, tu la mettras devant ta décision : pas de mariage, à aucun prix, même sous menace de vitriolage ou de révolvérisation. André SOUBIRAN, les Hommes en blanc, t. III, p. 469.

RÉVOLVÉRISER [ʀevɔlveʀize] v. tr. — 1892; de *revolver.*

♦ Fam. Tuer, blesser avec un revolver. — On trouve parfois *revolvériser* [ʀəvɔlveʀize]. — Pronominal :

Vous pensez, quand on a failli se revolveriser au nez de ses parents (...) J. ROMAINS, les Hommes de bonne volonté, t. XI, XVIII, p. 181.

DÉR. **Révolvérisation.**

REVOLVING [ʀevɔlviŋ] n. m. — Mil. xxᵉ; mot angl., p. prés. de *to revolve* «tourner». → Revolver.

♦ Anglic. Écon., fin. *Crédit revolving :* crédit accordé pour un montant donné et renouvelé au fur et à mesure des remboursements du client. *Le crédit revolving, employé notamment dans les ventes d'équipements ménagers, incite le bénéficiaire à anticiper une partie de ses revenus. — Crédit à l'exportation.* — Ellipt. *Un revolving.*

REVOMIR [ʀ(ə)vɔmiʀ] v. tr. — 1213; de *re-,* et *vomir.*

♦ **1.** (En parlant de la mer). Rejeter* ce qui avait été englouti. *Épaves que l'océan a revomies sur la grève.*

♦ **2.** (1538). Vomir de nouveau. — (1662). Rejeter par un vomissement. ⇒ **Vomir.** «*Dès qu'il a pris un bouillon, il le revomit*» (Académie).

Par métaphore (→ Intarissablement, cit.).

À qui vit de fiction, la vérité est infecte. Qui a soif de flatterie revomit le réel, bu par surprise. HUGO, l'Homme qui rit, II, IX, II.

RÉVOQUER [ʀevɔke] v. tr. — 1350; *revochier* «rappeler (les âmes des morts)», 1190; lat. *revocare,* de *re-,* et *vocare* «appeler».

♦ **1.** Vx. Rappeler, faire revenir (qqn) auprès de soi. «*Le roi a révoqué son ambassadeur*» (Furetière). — Pron. (1642). Vx. Être rappelé. *Le passé ne se révoque pas.*

♦ **2.** (XIVᵉ). Destituer (un fonctionnaire, un magistrat, un officier ministériel). ⇒ **Casser, destituer, relever** (*supra* cit. 21 : relever de ses fonctions); et aussi **révocation.** *Qui peut être révoqué.* ⇒ **Amovible, révocable.** *Fonctionnaire révoqué pour trafic d'influence.*

1 (...) tous les citoyens qui refusent le serment requis, électeurs, officiers municipaux, juges, administrateurs, sont déchus de leur droit de vote, révoqués de leurs fonctions et déclarés incapables de tout office public. TAINE, les Origines de la France contemporaine, III, t. I, p. 283.

♦ **3.** (XIVᵉ). Vieilli. Annuler* (un ordre), revenir sur (une décision), abroger* (une loi), etc. *Révoquer des ordres* (cit. 46) *par des ordres contraires.* ⇒ **Contremander; contrordre.** *Révoquer une loi, un décret, un édit.* ⇒ **Abolir, rapporter** (→ Étrangler, cit. 17; mégalomanie, cit. 2). *Arrêt qui ne peut être révoqué.* ⇒ **Irrévocable.** — Vx. Revenir sur une déclaration, une promesse. → **Dédire** (se).

2 Je ne révoque rien de ce que j'ai promis. RACINE, Britannicus, III, 5.

3 En effet, quelle rare force d'âme ne me fallait-il point à mon âge pour révoquer tout ce que jusque-là j'avais pu promettre ou laissé espérer (...) ROUSSEAU, les Confessions, II.

Mod. (Dr.). Annuler* (un acte juridique) au moyen de formalités déterminées. ⇒ aussi **Révocation; révocable, révocatoire.** *Révoquer une donation, un legs, un contrat*, une convention (cit. 3), une pro-

curation (→ Gueux, cit. 8). *Codicille* (cit. 1) *révoquant tous les testaments* antérieurs.

4 (...) votre conduite marquera tant d'ingratitude pour mes bontés, que je révoquerai le testament fait en votre faveur en donnant ma fortune à mon neveu Philippe. BALZAC, la Rabouilleuse, Pl., t. III, p. 1071.

♦ **4.** (V. 1530). Littér. *Révoquer en doute :* mettre en doute*. ⇒ **Contester, douter** (de), **nier.**

5 Immédiatement avec madame de Guise, parut à la Trappe le duc de Saint-Simon. Il faudrait presque révoquer en doute ce qu'il raconte de la manière dont il parvint à faire croquer par Rigaud le portrait de Rancé, si Maupeou n'avait rapporté les mêmes détails. CHATEAUBRIAND, Vie de Rancé, III.

CONTR. (Du sens 2.) **Réintégrer.** — (De *révoquer en doute*) Croire.

DÉR. et COMP. (Du même rad. lat.) **Irrévocable. — Révocable, révocation, révocatoire.**

REVOTER [ʀ(ə)vɔte] v. — 1876; de *re-,* et *voter.*

♦ **1.** V. tr. Voter une nouvelle fois (qqch.). *Revoter le même budget.*

♦ **2.** V. intr. *Les élections ont été annulées dans cette commune et les électeurs devront revoter.*

REVOULOIR [ʀ(ə)vulwaʀ] v. tr. — XIIᵉ; de *re-,* et *vouloir.*

♦ Fam. Vouloir de nouveau (ce qu'on a perdu, abandonné). — *En revouloir :* vouloir encore (d'une chose dont on a déjà eu une part).

— Miam miam, dit un voyageur en dégustant le fin fond de son assiette de choucroute. D'un geste, il signifia qu'il en revoulait. R. QUENEAU, Zazie dans le métro, Folio, p. 133.

REVOYEUR [ʀ(ə)vwajœʀ] n. m. — 1871, *révoyeur;* p.-ê. de *revoir,* au sens de «rectifier, réparer», ou de *voie (voye).*

♦ Techn. Navire dragueur utilisé pour curer les canaux et les cours d'eau.

REVOYURE (À LA) [alaʀvwajyʀ] loc. adv. — 1821; de *revoir.*

♦ Fam. Au revoir*.

1 Tu t'entêtes? Je n'insiste pas. À la revoyure. M. AYMÉ, Travelingue, XVIII.

2 Merde, tout ce que j'ai voulu faire, c'est détendre un peu l'atmosphère, mettre un peu de bonne humeur, là-dedans. Mais tu parles! Allez, à la revoyure, mon vieux.
— Ciao, Jim. Vous parlez vraiment un français admirable. R. GARY, Au-delà de cette limite votre ticket n'est plus valable, p. 244.

REVUE [ʀ(ə)vy] n. f. — 1559; *revenue* «révision d'un partage, d'une évaluation», 1317; p. p. subst. de *revoir.*

★ I. ♦ **1.** (1611). Examen qu'on fait d'un ensemble (matériel ou immatériel) en considérant successivement chacun de ses éléments (ne s'emploie qu'en compl. de quelques verbes). ⇒ **Dénombrement** (cit. 1, Descartes). *Faire la revue de ses papiers, de ses documents. Faire une revue de ses fautes* (→ ci-dessous, *passer en revue*).

1 Chez sa voisine elle venait,
Là, jasait, criait, se plaignait,
Et faisait la longue revue
Des défauts de son cher époux;
Il est fier, exigeant, dur, emporté, jaloux (...) FLORIAN, Fables, II, 14.

(1935). *Revue de (la) presse :* ensemble d'extraits d'articles qui donne un aperçu des différentes opinions sur l'actualité (→ Notamment, cit. 3). *Revue de la presse quotidienne, hebdomadaire. Revue des revues :* revue de presse qui ne prend en compte que les articles de revues, critique des articles de revues (IV.).

♦ **2.** Milit. 🅐 (xviᵉ). Anciennt. Inspection passée par les *commissaires* (du roi) *aux montres et revues* et destinée à vérifier si les effectifs constatés lors de la première inspection (ou montre) étaient toujours complets.

Mod. *Revue d'effectif :* inspection faite par des officiers de l'Intendance et qui a pour objet de constater la présence au corps de l'effectif indiqué sur les états de solde.

🅑 (1842). Cérémonie militaire au cours de laquelle les troupes (immobiles ou défilant) sont présentées à un officier supérieur ou général, à une personnalité, etc. ⇒ **Parade, prise** (d'armes). *Revue du 14-Juillet.* ⇒ **Défilé.** *En revenant de la revue* (chanson de Delormel et Garnier).

2 Une revue aux Tuileries, la dernière qu'y fit Napoléon et à laquelle Philippe assista, l'avait fanatisé. BALZAC, la Rabouilleuse, Pl., t. III, p. 873.

(xixᵉ). Fig. et fam. (Sans doute à cause des désagréments qu'apportent la revue et ses préparatifs aux soldats désignés pour y participer). *Être de la revue :* être frustré dans ses espérances.

3 Ici, tout est fort plat et très tranquille, quoiqu'assez sombre. Je monte demain ma première garde. Hier, j'ai été de «revue» pour planter un arbre de la liberté! *Hei mihi!* FLAUBERT, Correspondance, 219, 10 avr. 1848.

3.1 — (...) On est de la revue. (...) En effet, vous ne vous marierez pas encore, cette fois-ci (...) Sacha GUITRY, Ils étaient neuf célibataires, p. 207.

c Inspection qui permet de s'assurer si les locaux sont en bon état, si les hommes sont en possession de toutes les pièces de l'équipement réglementaire, etc. *Revue de casernement. Revue de détail** (*infra* cit. 7). *Revue d'armement.*

4   — Sac à terre !
J'en étais sûr ! C'est la revue des vivres de réserve, à présent. À genoux devant le barda débouclé, il faut tout démonter, tout défaire, tout sortir, pour retrouver la tablette de potage salé écrasée sous les chemises, ou le cube de café qui s'émiette dans les chaussettes, et salit le linge.
R. DORGELÈS, les Croix de bois, IV.

♦ **3. PASSER EN REVUE.** **a** (XVIIᵉ). Anciennt. Défiler (devant le roi, un général, etc.) au cours d'une revue (au sens I., 2., b). *Le roi fit passer les troupes en revue devant lui, tambour battant* (→ 2. Battant, cit. 2). — Par métaphore. *« J'aurais l'impudence de me promener au Cours, et d'y passer en revue avec une personne qui serait ma femme »* (La Bruyère, XIV, 35).

b (1831). Mod. (En parlant de la personnalité ou de l'officier à qui sont présentées les troupes). Assister au défilé ou parcourir le front des troupes afin de les inspecter au cours d'une revue (au sens I., 2., b). *Les troupes seront passées en revue par le général X, commandant le nième corps.*

5   Les régiments de la vieille garde qui allaient être passés en revue remplissaient ce vaste terrain, où ils figuraient en face du palais d'imposantes lignes bleues de dix rangs de profondeur.   BALZAC, la Femme de trente ans, Pl., t. II, p. 678.

c (V. 1770). Fig. Faire la revue (au sens I., 1.) de qqch., examiner successivement les éléments d'un ensemble (→ Bergerie, cit. 5 ; détraquer, cit. 1 ; nom, cit. 18 ; puissance, cit. 23). *Il passait en revue les différentes étapes de sa vie.* ⇒ aussi **Dérouler.** *Je passais rapidement en revue toutes mes réponses* (→ Prêt, cit. 11). *Passer en revue les principaux points d'une argumentation.*

6   Après ceux-là, j'ai dix amis peut-être, et il les passa en revue à mesure, estimant le degré de consolation qu'il pourrait tirer de chacun.
STENDHAL, le Rouge et le Noir, I, XXI.

7   Il passa tout le mécanisme en revue. Il vit les deux caisses qui étaient à côté. Il regarda l'arbre des roues. Il alla à la cabine. Elle était vide. Il revint à la machine et la toucha. Il avança sa tête dans la chaudière. Il se mit à genoux pour voir dedans.   HUGO, les Travailleurs de la mer, III, I, I.

♦ **4. PASSER LA REVUE.** — (Milit.). *Officier qui passe la revue de paquetage.* — (Dans le langage cour.). *Ils passaient une revue générale de la machine* (cit. 16).

8   Il regardait maintenant tout autour de lui, elle le suivait dans cette sorte de revue silencieuse qu'il passait de leur pauvreté.   LOTI, Pêcheur d'Islande, III, XVII.

★ **II.** ♦ **1.** (V. 1840). Théâtre. Pièce comique ou satirique (constituée souvent d'une suite de scènes indépendantes où le chant se mêle au dialogue) qui passe en revue l'actualité, met en scène des personnalités connues, les membres notables d'un groupe, d'une communauté. *Auteur de revue.* ⇒ **Revuiste.** *Revue de fin d'année. Revue de chansonniers. Compère, commère d'une revue.* — *Revue de l'École normale supérieure. Revue de khâgne.*

9   On voulait faire une pièce avec la *Bovary* (...) On eût fait bâcler la chose par un faiseur en renom (...) J'ai tout refusé net (...) on a assez parlé de la Bovary, je commence à en être las. D'ailleurs elle est déjà sur deux théâtres. Elle figure dans la *Revue des Variétés* et dans la *Revue du Palais-Royal* ; deux turpitudes, c'est bien suffisant !   FLAUBERT, Correspondance, 568, 23 janv. 1858.

♦ **2.** (Av. 1932). Spectacle de variétés, de music-hall. *Revue à grand spectacle. Revue nue.*

10   *(Le public)* marqua davantage encore son contentement lorsque la Revue des Folies-Bergères peupla, d'une foule choisie et nue, le blanc décor. Plus brunes ou champ immaculé, les gorges fières, les longues jambes, les douces épaules évoluèrent, au gré d'une musique si désireuse d'être aimable à tous que chacun pouvait, selon son goût, l'écouter ou ne point l'entendre.
COLETTE, Belles saisons, p. 113.

★ **III.** (XVIᵉ). Vx. Le fait de se revoir (après s'être quittés). — (1775, Mᵐᵉ Roland, *in* D.D.L.). Vieilli et fam. *Nous sommes gens de revue.*

11   Je suis, à la vérité, fort loin de penser aujourd'hui à un établissement aussi grave que le mariage, mais tout vient à son temps dans la vie ; nous sommes gens de revue, s'il plaît à Dieu, et je ne réponds de rien, si nous nous retrouvons quelque part (...)   Charles NODIER, Contes, « Fée aux miettes », VI.

Mod. et fam. *Nous sommes de revue :* nous aurons l'occasion de nous revoir. *Vous me paierez une autre fois, nous sommes de revue.*

★ **IV.** (1792, *Revue du Patriote*, journal quotidien ; 1804, *Revue philosophique* ; d'après l'angl. *review*, attesté dans ce sens en 1705). Publication périodique (cit. 2) plus ou moins spécialisée, généralement mensuelle, qui contient des essais, des comptes rendus, des articles scientifiques, etc. ⇒ aussi **Bulletin, gazette, magazine, périodique.** *Revue littéraire d'avant-garde* (→ Magazine, cit.). *Revue technique, scientifique, financière* (→ Bâtir, cit. 38). *savante* (→ Recension, cit. 1). — *Revue de bandes dessinées. Revue d'une association, d'une société savante.* ⇒ **Annales** (*infra* cit. 3), **bulletin.** *Collaborer à une revue* (→ Appointement, cit. 2). — (Dans un titre). *Revue des Deux Mondes. Nouvelle Revue française. Revue de Paris. Revue de métaphysique et de morale.*

12   C'était le succès : j'étais écorché vif dans les revues à grand tirage, et mon nom,

dans la presse, s'entourait déjà de ce ridicule qui précède ce que notre époque, qui n'est pas difficile, appelle la gloire.
Valery LARBAUD, A. O. Barnabooth, Journal, III, 7 oct.

DÉR. Revuette, revuiste.

REVUETTE [ʀ(ə)vyɛt] n. f. — 1898, *in* D.D.L. ; de *revue* (II.).
Familier.

♦ **1.** Petite revue (II., 1.).
Dans la revuette que Félix Rousseau présente aux auditeurs de Radio-P.T.T., il incorpore (...) un couplet que toute la troupe chante en cœur.
Denyse VAUTRIN, le Reste de l'âge, p. 172.

♦ **2.** Petite revue (IV.) sans prétention.

REVUISTE [ʀ(ə)vyist] n. m. — 1885, Buguet, *Revues et Revuistes* ; de *revue.*

♦ Auteur de revues* (II.).

RÉVULSANT, ANTE [ʀevylsɑ̃, ɑ̃t] adj. — Mil. XXᵉ ; p. prés. de *révulser.*

♦ Qui révulse (3.). ⇒ **Révoltant.**

RÉVULSER [ʀevylse] v. tr. — 1845 ; mot sav. formé sur le rad. du lat. *revulsus,* p. p. de *revellere* « arracher ». → Révulsif, révulsion.

♦ **1.** Méd. Déplacer un foyer d'inflammation et de congestion par le moyen d'une révulsion*.

♦ **2.** Retourner, bouleverser (le visage, les yeux).

♦ **3.** (XXᵉ). Bouleverser (qqn) par un effet pénible, négatif. ⇒ **Révolter.** *Cela me révulse. Sa politique nous a révulsés.*

▶ **SE RÉVULSER** v. pron. (1895)
Se retourner à moitié. *Ses yeux se révulsèrent.* — Par ext. *Son regard se révulsa.* ⇒ **Chavirer.** (XXᵉ). Se crisper (en parlant du corps). *Sous l'effet de la douleur, son corps se révulsa.*

1   Sulphart resta un instant encore serré contre le mort, dont les yeux à présent se révulsaient, puis il se dégagea brutalement et sortit du trou (...)
R. DORGELÈS, les Croix de bois, XV.

▶ **RÉVULSÉ, ÉE** p. p. adj. (Av. 1867, Baudelaire ; → Galvanique, cit. 1).
Qui a une expression bouleversée (visage, yeux). *Yeux révulsés,* qui sont, sous l'effet de la peur, de la colère, d'une maladie, tournés de telle sorte qu'on ne voit presque plus la pupille (→ Méningite, cit. ; présenter, cit. 1). — *Membres révulsés,* contractés.

2   Les yeux de la jeune fille ne le regardaient plus, ils étaient révulsés dans un effort pour fuir le spectacle du visage qui se penchait sur elle, et telle qu'elle était, elle ressemblait à une aveugle, à une folle, elle ressemblait déjà à cette vision de l'assassinée qu'il avait eue la nuit dernière.   J. GREEN, Léviathan, I, XII.

DÉR. Révulsant. — (Du même rad.) **Révulsif, révulsion.**

RÉVULSIF, IVE [ʀevylsif, iv] adj. et n. m. — 1555 ; du lat. *revulsum.* → Révulsion.

♦ **1.** Méd. Qui produit la révulsion*. ⇒ **Dérivatif.** *Médicament, remède, cataplasme, cautère, sinapisme révulsif.* — N. m. (1835.) *Un révulsif. Révulsif caustique, irritant, rubéfiant. La teinture d'iode, l'essence de térébenthine, la graine de moutarde sont utilisées comme révulsifs.*

♦ **2.** Qui cause une vive irritation, qui révulse (3.).

RÉVULSION [ʀevylsjɔ̃] n. f. — XVIᵉ ; « arrachement », 1552 ; du lat. *revulsum,* supin de *revellere* « arracher », de *re-,* et *vellere* « détacher ».

♦ **1.** Méd. Procédé thérapeutique qui consiste à produire un afflux de sang dans une région déterminée de manière à dégager un organe atteint de congestion ou d'inflammation. ⇒ 1. **Dérivation** (3.). — Irritation locale qui a pour objet de stimuler le système nerveux. *Principaux moyens de révulsion* (cataplasme, cautère, friction, piqûre, scarification, sinapisme, urtication, ventouse, vésicant, vésicatoire...). ⇒ **Révulsif.**

♦ **2.** Effet de ce qui révulse (3.).

1. REWRITER [ʀiʀajte ; ʀəʀajte] v. tr. — 1954 ; francisation de l'angl. *to rewrite* « récrire ».

♦ Anglic. Cinéma, presse, édition. Récrire, remanier (un texte destiné à être publié, un scénario). *Rewriter un article trop long.* ⇒ **Rewriting.** — Au p. p. *Article rewrité.*

2. REWRITER [ʀiʀajtœʀ ; ʀəʀajtœʀ] n. m. — 1947, D. de Rougemont, *in* Höfler ; mot angl., de *to rewrite* « récrire ».

♦ Anglic. Rédacteur attaché à une maison d'édition, ou travaillant pour la presse, le cinéma, et chargé de récrire des textes. ⇒ **Adaptateur, rédacteur, réviseur.**

1 Les règles de la rédaction journalistique sont valables aussi bien pour le reporter que pour le secrétaire de rédaction. Elles sont plus ou moins rigides selon les pays et selon les journaux. Elles atteignent le souci d'harmonisation des moindres détails dans certains magazines où tous les articles sont systématiquement réécrits par des spécialistes, les *rewriters.*
Philippe GAILLARD, Technique du journalisme, p. 84.

2 — (...) Faites en prose.
— Je n'ai rien à dire.
— Parfait : rien ne marche comme le roman vide.
— J'écris comme un cochon.
— Nous avons des rewriters.
C. ROCHEFORT, le Repos du guerrier, II, II, p. 151.

Var. graph. : *rewriteur.*

3 Elle avait écrit «de bière bien mousseuse», le rewriteur l'avait transformé en «bière bien baveuse».   Cécil SAINT-LAURENT, les Passagers pour Alger, p. 379.

REWRITING [Riʀajtiŋ; ʀəʀajtiŋ] n. m. — 1947, *re-writing,* D. de Rougemont, *in* Höfler ; mot angl., subst. verbal de *to rewrite* «récrire».

♦ Anglic. Action de récrire, de mettre en forme (un texte destiné à être publié, le scénario d'un film). ⇒ **Adaptation, récriture.** — Le texte rédigé par un rewriter*.

1 Dans certains hebdomadaires, de plus en plus nombreux, on va encore plus loin. Même les articles des reporters sont entièrement transposés. C'est ce qu'on appelle le *rewriting.* Il s'agit, pour l'un, de donner à tous les articles un certain style, propre à la publication, d'autre part et surtout, de faire contribuer à une seule information plusieurs reporters.
Philippe GAILLARD, Technique du journalisme, p. 118.

2 D'où le quiproquo de l'affaire Kravchenko. Le rewriting étant dans les mœurs, Kravchenko, est, pour un Américain, l'auteur de son livre. Nous, au contraire, nous avons peine à le considérer comme tel.
J.-P. SARTRE, Situations III, p. 87, note.

REM. La francisation partielle *rewritage* [ʀəʀajtaʒ], n. m., est attestée (Cécil Saint-Laurent, *les Passagers pour Alger,* p. 379).

REX [ʀɛks] n. m. invar. — Mot lat., «roi».

♦ En appos., pour qualifier des espèces végétales ou animales. *Lapin rex, bégonia rex.* — REM. *Roi* est fréquent dans les désignations d'animaux et de plantes. → aussi Roitelet.

Dans son arrière-boutique, la fleuriste humectait de larmes fébriles, de larmes d'amour, les bégonias rex en pots.   René FALLET, le Triporteur, p. 10.

REXISME [ʀɛksism] n. m. — 1935 ; de *Christus rex* «Christ roi».

♦ Hist. Mouvement politique corporatiste belge, voisin du fascisme, créé par Léon Degrelle en 1935.

REXISTE [ʀɛksist] adj. et n. — 1935 ; de *Christus rex.* → Rexisme.

♦ Relatif au rexisme. Partisan du rexisme.

REZ [ʀe] prép. — 1607 ; *reis a reis,* loc. adv., «à ras, tout contre», 1188 ; de l'anc. adj. *res* (XIIIᵉ), doublet de *ras*.

♦ **1.** Vx. Au niveau* de, au ras de. ⇒ **Ras.** *Couper une branche rez tronc. Démolir une maison rez de terre. Rez pied, rez terre :* au ras du sol. — Loc. *Démolir qqch. rez pied rez terre (in* Fénelon).

N'allons donc pas nous troubler la cervelle des labyrinthes d'un édifice que nous mettons rez pied, rez terre (...)
CHATEAUBRIAND, Mémoires d'outre-tombe, t. VI, p. 325.

♦ **2.** Loc. prép. (1690). À REZ DE... : au niveau de...

♦ **3.** REZ-DE-CHAUSSÉE*. — Outre *rez-de-chaussée, rez-de-jardin,* on trouve des formations analogiques, comme *rez-de-dalle.*

COMP. Rez-de-chaussée, rez-de-jardin.
HOM. Ré, rhé.

REZ-DE-CHAUSSÉE [ʀedʃose] n. m. invar. — 1450, *in* D.D.L. ; de *rez, de,* et *chaussée.*

♦ **1.** Partie d'un édifice dont le plancher est sensiblement au niveau de la rue, du sol. *aussi rez-de-sol* et, éventuellement, *rez-de-jardin.* ⇒ **Étage** (*supra* cit. 3). *Rez-de-chaussée et entresol. La maison comportait* (cit. 5.1) *un rez-de-chaussée, un étage et un grenier. Rez-de-chaussée surélevé de quelques marches. Rez-de-chaussée meublé en garçonnière* (cit. 4). *Des rez-de-chaussée. Habiter* (cit. 2) *au rez-de-chaussée.* — *Habitation construite en rez-de-chaussée.*

1 Construit sur des caves en pierres meulières assises sur du béton, notre rez-de-chaussée, à peine visible sous les fleurs et les arbustes, jouit d'une adorable fraîcheur sans la moindre humidité.
BALZAC, Mémoires de deux jeunes mariées, Pl., t. I, p. 291.

2 (...) Mᵐᵉ de Cadalvène et Mᵐᵉ Jarry, propriétaires d'immeubles, réservaient à leur usage personnel les rez-de-chaussée dont l'un, surélevé, assurait à son occupante le surplomb de la rue (...)   COLETTE, Belles saisons, p. 245.

REM. En français du Canada, on dit *premier étage* pour désigner ce qui est appelé en France *rez-de-chaussée.*

♦ **2.** (1836). Bas (d'une chose ordonnée en hauteur). — (1906, P. Adam). Journalisme. Dans un journal, Article, cliché, etc., disposé au bas d'une page (→ aussi Glose, cit. 2).

3 (*La critique dramatique*) ne peut conserver sa dignité, et compter que par le feuilleton hebdomadaire, qui permet la réflexion et le choix. Les exigences de l'information journalière ont réduit à trois ou quatre le nombre des critiques dramatiques qui ont à leur disposition ce rez-de-chaussée traditionnel (...)
A. THIBAUDET, Hist. de la littérature franç., p. 531.

REZ-DE-JARDIN [ʀedʒaʀdɛ̃] n. m. invar. — 1966 ; de *rez,* et *jardin,* d'après *rez-de-chaussée.*

♦ Partie d'un édifice dont le sol est au niveau d'un jardin. *Pièces en rez-de-jardin,* de plain-pied avec un jardin.

REZ-DE-SOL [ʀedsɔl] n. m. invar. ⇒ **Rez-de-chaussée.**

RÈZE [ʀɛz] n. f. — 1313, *regy ;* du lat. *ræticus* «rhétique», de *Rhætia,* région des Alpes centrales : Grisons, etc...

♦ Régional (Suisse : Valais). Plant de vigne ; cépage du Valais (val d'Anniviers) produisant un vin original, assez amer, dit *vin du glacier,* que l'on fait vieillir en petits fûts de mélèze.

Après avoir cuvé, la «rèze», vieux plant du Valais, se transportait dans des «barreaux» de quarante litres, à dos de mulets, de Sierre à Griments.
Symphorien ALA, Tip... Top... Anniviers, p. 70.

REZZOU [ʀedzu] n. m. — Déb. xxᵉ, *rezzon ;* arabe maghrébin **gezū.*

♦ En Afrique du Nord et au Sahara. Groupe armé qui fait une razzia*. — *Contre-rezzou :* troupe chargée d'une opération de police contre un rezzou ; cette opération. *Des contre-rezzous.*

1 (...) vous ne savez pas encore que le père de Foucauld n'a jamais besoin d'escorte. Il peut passer à travers tous les rezzous sans crainte d'un coup de fusil, seul avec son cheval.   L.-H. LYAUTEY, Paroles d'actions, p. 381.

2 Un rezzou de trois cents fusils, descendu en secret du Nord, aurait surgi à l'Est et massacré une caravane.   SAINT-EXUPÉRY, Courrier Sud, p. 222.

R. F. [ɛʀɛf] Abrév. de *République française.*

Rh [ɛʀaʃ] Chim. Symbole du rhodium. — Biol., méd. Abrév. de *facteur Rhésus. Rh +, Rh − :* facteur Rhésus positif, facteur Rhésus négatif.

HOM. rH.

rH [ɛʀaʃ] n. m. — V. 1960 ; de *r(éduction),* et *H,* symb. de l'hydrogène, d'après *pH.*

♦ Chim. Potentiel d'oxydo-réduction (d'un corps) défini par le logarithme de l'inverse de la pression de l'hydrogène moléculaire.

RHABDOMANCIE [ʀabdɔmãsi] n. f. — 1721 ; *rhabdomantie,* 1579 ; comp. sav. du grec *rhabdos* «baguette», et *-mancie*,* sur le modèle des comp. grec de *manteia.*

♦ Didact. Divination à l'aide de baguettes. — Spécialt. Art de déceler, au moyen de la baguette* divinatoire, les sources, trésors, mines, etc. ⇒ **Radiesthésie.**

DÉR. Rhabdomancien.

RHABDOMANCIEN, ENNE [ʀabdɔmãsjɛ̃, ɛn] n. — 1836 ; de *rhabdomancie.*

♦ Didact. Personne qui pratique la rhabdomancie. ⇒ **Radiesthésiste, sourcier.**

RHABILLAGE [ʀabijaʒ] n. m. — 1506 ; de *rhabiller.*

♦ **1.** Réparation (de certains objets ou mécanismes). *Rhabillage d'une montre, d'une meule, d'armes détériorées.* — Abrév. fam. (argot des métiers) : *rhabi* [ʀabi].
Fig. *Un mauvais rhabillage :* un ouvrage qu'on n'a guère réussi à corriger, à améliorer.

♦ **2.** Action de se rhabiller. *Cabines pour le déshabillage et le rhabillage.*

RHABILLEMENT [ʀabijmã] n. m. — 1536 ; de *rhabiller.*

♦ Vx. Rhabillage (2.).

Il arracha, comme il avait fait pour le garçon, les haillons dont elle était plutôt nouée que vêtue, et l'entortilla d'un lambeau indigent, mais propre et sec, de grosse toile. Ce rhabillement rapide et brusque exaspéra la petite fille.
HUGO, l'Homme qui rit, I, III, V.

RHABILLER [Rabije] v. tr. — 1380 ; de r(e)-, et habiller.

★ **I.** ♦ **1.** Vx. Remettre en état, réparer*. — Mod. (Techn.). Rhabiller une montre, une pendule, des lunettes. Rhabiller une meule de moulin.

Fig. (Vx). ⇒ **Réparer.** Rhabiller une escapade (cit. 3, Molière), les désordres de leur jeunesse (→ Hypocrisie, cit. 10, Molière). « Il a rhabillé tout cela du mieux qu'il a pu » (Académie).

♦ **2.** Archit. Transformer l'aspect extérieur de (une construction dont on conserve la structure). Les constructions gothiques ont été souvent rhabillées à la Renaissance.

★ **II.** Cour. ♦ **1.** (XVIIᵉ). Habiller de nouveau. — (En fournissant de nouveaux vêtements). « Rhabiller ses domestiques » (Littré, Académie). Les enfants n'ont plus rien à se mettre, il faut les rhabiller entièrement. — (En remettant les habits qu'on avait ôtés). Habiller, déshabiller, rhabiller une poupée (cit. 1).

1   À demi rhabillée, en jupon, avec ses blanches jambes nues, et ses cheveux à l'abandon (...)   P.-J. TOULET, la Jeune Fille verte, VI.

Pron. Se rhabiller. Il se rhabilla derrière le paravent (→ Aider, cit. 17 ; effet, cit. 43 ; épingle, cit. 3).

2   (...) il chercha un coin abrité au bord de la Vienne (...) il regardait les enfants plonger et s'ébattre, puis se rhabiller derrière un saule.
J. CHARDONNE, les Destinées sentimentales, p. 402.

(XXᵉ). Fig. et fam. Il peut aller se rhabiller ; va te rhabiller (en parlant d'un acteur, d'un athlète qui est mauvais, et qu'on engage à retourner au vestiaire, et, par ext., de qqn qui n'a plus qu'à s'en aller, à renoncer).

♦ **2.** (1566). Fig. Donner une forme nouvelle, moderne à... Rhabiller une vieille idée, un lieu commun. ⇒ **Renouveler.**

DÉR. **Rhabillage, rhabillement, rhabilleur.**

RHABILLEUR, EUSE [Rabijœʀ, øz] n. — 1549 ; de rhabiller (I., 1.).

♦ Ouvrier, ouvrière qui rhabille (I., 1.) qqch. Rhabilleur de montres, de lunettes, de meules...

RHAGADE [Ragad] n. f. — 1611 ; rhagadie, v. 1363 ; empr. du grec rhagas, rhagados « fente, crevasse ».

♦ Méd. Fissure de la peau ou d'une muqueuse autour d'un orifice naturel (lèvres ou anus, en particulier). ⇒ **Crevasse, gerçure.**

-RHAGIE, -RAGIE ⇒ -rrhagie, -rragie.

RHAÏTA [Rajta] n. f. ⇒ **Raïta.**

RHAMNACÉES [Ramnase] n. f. pl. — 1848, Jussieu, in d'Orbigny ; rhamnées, 1817 ; dér. sav. du lat. rhamnus, grec rhamnos, nom sc. du nerprun.

♦ Bot. Famille de plantes phanérogames angiospermes (Dicotylédones dialypétales) comprenant des arbres ou arbustes généralement épineux qui croissent dans les régions chaudes et tempérées. ⇒ **Bourdaine, jujubier, nerprun.** — Au sing. Une rhamnacée.

RHAMNOSE [Ramnoz] n. m. — 1895, Encycl. Berthelot, art. Isodulcite ; 1888, en angl. ; du grec rhamnos, lat. rhamnus (→ Rhamnacées), et suff. chim. -ose.

♦ Chim., biol. Substance organique glucidique, pentose de formule $CH_3 (CHOH)_4 CHO$ présent dans divers végétaux (gommes, mucilages), constituant de certaines glycoprotéines de l'organisme humain.

RHAPSODE ou **RAPSODE** [Rapsɔd] n. m. — 1552 ; grec rhapsôdos, proprt « qui coud ou ajuste des chants », de rhaptein « coudre », et ôdê « chant ».

♦ Didact. Dans l'Antiquité grecque, Chanteur qui allait de ville en ville récitant des extraits de poèmes épiques, particulièrement des poèmes homériques (→ 2. Griot, cit.). ⇒ **Homéride.** Les aèdes* et les rhapsodes.

1   Les épopées du premier âge sont (...) les épopées populaires. On a un peu prodigué ce nom ; on l'a appliqué à des chansons, à des romances qui se suivent à peine et que le rhapsode n'avait pas encore cousues.
SAINTE-BEUVE, Chateaubriand..., t. I, p. 329.

2   Le « rhapsode », dont Platon nous laissera dans son Ion une aimable caricature, succède à l'aède (...)
P. GUILLON, Genèse des genres classiques dans la Grèce antique, in Encycl. Pl., Hist. des littératures, t. I, p. 79.

Hugo conçoit le drame comme le poème : Hernani ne commence pas par la méditation de Charles Quint. Orateur, penseur, rhapsode, il parle.
MALRAUX, l'Homme précaire et la Littérature, p. 88.

DÉR. (Du même rad.) **Rhapsodie** (ou **rapsodie**), **rhapsodiste** (ou **rapsodiste**).

RHAPSODIE ou **RAPSODIE** [Rapsɔdi] n. f. — 1582 ; grec rhapsôdia.

♦ **1.** Antiq. grecque. Suite de morceaux épiques récités par les rhapsodes.

♦ **2.** (Fin XVIᵉ). Fig. et vx. Œuvre faite de pièces et de morceaux, ramas de vers ou de prose. Cette méchante rapsodie de l'École des femmes (→ Gaillard, cit. 2, Molière). Leurs misérables rapsodies (→ aussi Grimaud, cit. 3).

Mais les lettres de celui-ci attestent, au contraire, la grande patience et la générosité d'esprit du futur auteur de Salammbô relisant, épluchant, corrigeant les rapsodes de sa verbeuse et poétique amie (...)
Émile HENRIOT, Portraits de femmes, p. 355.

♦ **3.** (1859 ; mot choisi par Liszt pour « désigner l'élément fantastiquement épique..., l'expression de certains états d'âme dans lesquels se résume l'idéal d'une nation » [Des Bohémiens et de leur musique en Hongrie, in Dict. des Œuvres]). Mus. Pièce instrumentale de composition très libre et d'inspiration nationale et populaire. Rhapsodies hongroises, de Liszt. Rapsodie norvégienne, de Lalo.

RHAPSODIQUE ou **RAPSODIQUE** [Rapsɔdik] adj. — 1852, Baudelaire, calqué de l'angl. rhapsodical, in E. A. Poe ; « composé de fragments », 1842 ; du grec rhapsôdikos, de rhapsôdia. → Rhapsodie.

♦ **1.** Qui a le caractère d'une rhapsodie (par le décousu, la fantaisie désordonnée).

« (...) tout un monde d'inspirations, une procession magnifique et bigarrée de pensées désordonnées et rapsodiques ». Ainsi s'exprime (...) le prince du mystère (Poe), mais le mot rapsodique, qui définit si bien un train de pensées engagé et commandé par le monde extérieur et le hasard des circonstances, est d'une vérité plus vraie et plus terrible dans le cas du haschisch.
BAUDELAIRE, Paradis artificiels, Poème du haschisch, IV.

♦ **2.** Mus. Relatif à la rhapsodie (3.).

RHAPSODISTE ou **RAPSODISTE** [Rapsɔdist] n. m. — 1689 ; de rhapsode.

♦ Vx. Auteur de mauvaises rhapsodies (1.).

RHAZAL [Razal] n. m. — Mil. XXᵉ ; mot arabo-persan.

♦ Didact. Dans la poésie persane et turque, Poème de quatre à quinze vers comportant à la fin le nom du poète.

RHÉ [Re] n. m. — 1949 ; formation sav., du grec rhein « couler ».

♦ Sc. (mécan.). Unité de fluidité, dans le système C. G. S. (symb. : Rh). Le rhé est l'inverse de la poise*.

HOM. **Ré, rez.**

-RHÉE ⇒ -rrhée.

RHÈME [Rɛm] n. m. — XXᵉ (in J. Dubois et alii, Dict. de ling., 1972) ; grec rhêma « mot, parole ».

♦ Didact. (ling.). Information apportée dans l'énoncé à propos d'un thème* (objet à propos duquel qqch. est affirmé). Le rhème est parfois appelé prédicat* psychologique et le thème sujet psychologique (la distinction prédicat-sujet étant d'ordre logique).

RHÉNAN, ANE [Renã, an] adj. — 1842 ; lat. rhenanus, de Rhenus, nom lat. du Rhin.

♦ Relatif au Rhin, à la Rhénanie. Le pays rhénan. La province rhénane de l'ancienne Prusse. Le fossé rhénan. Le massif schisteux rhénan. Peintres rhénans du moyen âge (→ Maître, cit. 84). École rhénane (art roman).

Redisons-le, l'installation de la Prusse dans les provinces rhénanes a été le fait capital du congrès de Vienne.
HUGO, le Rhin, Conclusion, XI.

COMP. **Cisrhénan, transrhénan.**

RHÉNIUM [Renjɔm] n. m. — 1925 ; de l'all. Rhenium, formation sav., de Rhenus, nom lat. du Rhin.

♦ Chim. Corps simple de symbole Re (n° at. 75, masse at. 186, 2), métal blanc parmi les plus réfractaires (température de fusion 3 180 °C) et les plus denses (environ 21). On trouve le rhénium, à l'état de traces, dans la molybdénite. « Un alliage rhénium-tungstène » (la Recherche, juin 1981, p. 737).

RHÉO- Premier élément de mots de physique, du grec *rheô*, *rhein* «couler».

RHÉOBASE [ʀeobɑz] n. f. — 1909; de *rhéo-*, et *base*.

♦ Physiol. Intensité du plus faible courant électrique continu suffisant à déterminer, pour toute durée de stimulation supérieure à une durée limite (dite *temps utile*), l'excitation d'un élément organique excitable donné. *On calcule la chronaxie* en fonction de la rhéobase.*

En dehors de l'arrêt de transmission par différence de chronaxie, il pourra y avoir aussi impossibilité d'excitation du fait d'un désaccord entre l'intensité de l'influx excitant et la rhéobase de l'élément excité. Mais les variations de charge, base de ce phénomène, s'accompagnant de modifications de chronaxie, il y aura en même temps désaccord chronologique.
Paul CHAUCHARD, le Système nerveux..., p. 55 (note).

RHÉOGRAPHE [ʀeoɡʀaf] n. m. — 1922; de *rhéo-*, et *-graphe*.

♦ Phys. Appareil enregistreur des variations d'intensité des courants électriques.
DÉR. Rhéographie.

RHÉOGRAPHIE [ʀeoɡʀafi] n. f. — xxe; de *rhéographe*.

♦ Phys., physiol. Mesure des variations d'intensité des courants. — Spécialt. «*La rhéographie fait appel aux variations d'impédance ou de conductibilité électrique sur un segment du corps parcouru par un courant à haute fréquence*» (*Science et Vie*, n° 594, p. 96).

RHÉOLOGIE [ʀeolɔʒi] n. f. — 1943; angl. *rheology* (1928); de *rhéo-*, et *-logie*.

♦ Phys. Branche de la mécanique qui étudie le comportement de la matière en fonction de la viscosité, de l'élasticité et de la plasticité, sous le rapport des déformations et des contraintes. *Rhéologie théorique. Applications de la rhéologie dans l'étude de la résistance* des matériaux. Rhéologie sanguine :* étude dynamique de la circulation sanguine.
DÉR. Rhéologique, rhéologue.

RHÉOLOGIQUE [ʀeolɔʒik] adj. — 1970; de *rhéologie*.

♦ Phys. De la rhéologie. — Relatif à l'écoulement (à l'élasticité, à la plasticité, à la viscosité) de la matière, d'un matériau donné. *Propriétés rhéologiques des bitumes.*

RHÉOLOGUE [ʀeolɔɡ] n. — 1972; de *rhéologie*.

♦ Phys. Spécialiste de rhéologie*.

RHÉOMÈTRE [ʀeomɛtʀ] n. m. — 1844; «galvanomètre», 1855, *in* Nysten; de *rhéo-*, et *-mètre*.

♦ Phys. Régulateur de débit d'un fluide soumis à des pressions variables.

RHÉOPHILE [ʀeofil] adj. — 1964; de *rhéo-*, et *-phile*.

♦ Biol. (D'une espèce vivante). Qui possède des caractères adaptatifs pour résister au courant, en milieu torrentiel. *Faune rhéophile.*

RHÉOPHORE [ʀeofɔʀ] n. m. — 1842; de *rhéo-*, et *-phore*.

♦ Sc. (Vx). Fil conducteur d'un courant électrique.

RHÉOSTAT [ʀeosta] n. m. — 1844; angl. *rheostat*, mot créé par Wheatstone, 1843; de *rhéo-*, et *-stat*.

♦ Sc. et cour. Résister variable (ou ensemble de résistances) qui, intercalé dans un circuit, permet de faire varier et de régler l'intensité du courant électrique dans ce circuit. *Rhéostats des lampes à incandescence. Rhéostats métalliques*, constitués par plusieurs fils résistants (*rhéostats à plots, à curseurs*). *Rhéostats liquides.*
DÉR. Rhéostatique.

RHÉOSTATIQUE [ʀeostatik] adj. — 1877; de *rhéostat*.

♦ Sc. (phys.). Relatif au rhéostat. — Qui comporte un rhéostat, fonctionne grâce à un rhéostat. «*Frein rhéostatique*» (*la Vie du rail*, 15 oct. 1978, p. 6).

RHÉOSTRICTION [ʀeostʀiksjɔ̃] n. f. — Miml. xxe; de *rhéo-*, et lat. *strictio*. → Constriction.

♦ Didact. Contraction des conducteurs liquides soumis à une action électromagnétique.

RHÉOTAXIE [ʀeotaksi] n. f. — 1904; formation sav., de *rhéo-*, et *-taxie*.

♦ Biol. Propriété qu'ont certains poissons des torrents et des rivières de pouvoir s'orienter par rapport au sens du courant. ⇒ aussi **Rhéophile**. — Syn. : *rhéotropisme*.
DÉR. Rhéotaxique.

RHÉOTAXIQUE [ʀeotaksik] adj. — xxe; de *rhéotaxie*.

♦ Biol. Relatif à la rhéotaxie.

RHÉOTOME [ʀeotom; ʀeotom] n. m. — 1873, *in* Littré, *Suppl.*; de *rhéo-*, et *-tome*.

♦ Didact. Dispositif permettant d'interrompre avec précision le passage d'un courant électrique et de produire ainsi des passages de courant continu très courts.

(...) à l'hôpital Necker, nous avons, sur une cinquantaine de sujets âgés, étudié d'une façon plus précise, au moyen du rhéotome électronique, l'excitabilité neuro-musculaire et ses modifications avec l'âge.
Léon BINET, Gérontologie et Gériatrie, p. 39.

RHÉOTROPISME [ʀeotʀopism] n. m. — 1904; de *rhéo-*, et *tropisme*.

♦ Biol. Syn. de *rhéotaxie**.

RHÉSUS [ʀezys] n. m. — 1797, Audebert; appellation mythologique arbitraire, lat. *Rhesus*, grec *Rhêsos*, roi légendaire de Thrace.

♦ **1.** Zool. Singe d'une espèce appartenant au genre macaque (*Macacus rhesus*), vivant dans le Nord de l'Inde, de la taille d'un chien de chasse, au pelage gris-jaune, à la face cuivrée, aux callosités rouge-vif.

♦ **2.** Méd. *Facteur rhésus* ou *rhésus* (ainsi nommé parce que Landsteiner et Wiener l'ont mis en évidence, en 1940, en injectant du sang de *rhésus* dans l'oreille d'un lapin). Premier facteur d'un système de groupes sanguins, agglutinogène existant dans les hématies de 85 % des sangs humains (*rhésus positif*, sangs Rh +) et absent chez les autres (*rhésus négatif*, sangs Rh −).

En appos. *Mère rhésus négatif. Incompatibilité rhésus.* — Abrégé en *Rh. «Lorsqu'un mari Rh positif et une femme Rh négatif conçoivent un enfant Rh positif, comme son père, l'enfant né de la première grossesse est habituellement normal*» (*le Monde*, 2 oct. 1969).

RHÉTEUR [ʀetœʀ] n. m. — 1534; lat. *rhetor*, grec *rhêtôr* «orateur», puis «maître d'éloquence».

♦ **1.** Didact. Maître de rhétorique* (→ Égoïsme, cit. 1). *Gorgias, en Grèce, Quintilien, à Rome, furent des rhéteurs célèbres.* ⇒ aussi **Sophiste**. *Rhéteur auquel on commandait des discours.* ⇒ **Logographe**.

Ainsi les besoins et les goûts de la clientèle des sophistes accentuaient l'orientation de leur enseignement, qui devait presque aussitôt se confondre à Athènes avec l'enseignement né dans le même temps en Sicile, celui des rhéteurs.
P. GUILLON, Genèse des genres classiques dans la Grèce antique, *in* Encycl. Pl., Hist. des littératures, t. I, p. 99. [1]

♦ **2.** (1694, Académie). Littér. Orateur à l'éloquence formelle, dont l'art déguise mal la pauvreté de pensée; écrivain au style oratoire, sacrifiant à l'art du discours la vérité ou la sincérité (→ Dialecticien, cit. 4; ergoteur, cit. 3). ⇒ **Déclamateur, phraseur**.

Comment aurais-je confiance en un pareil portrait, quand je vois à ce point percer le rhéteur, l'écrivain amoureux de la métaphore et du redoublement? Ce n'est pas là un portrait. C'est une charge du Napoléon de 1812.
SAINTE-BEUVE, Causeries du lundi, 4 août 1851. [2]

(*Danton*) n'était pas un rhéteur abstrait et habile. Il parlait pour agir.
Louis BARTHOU, Danton, p. 55. [3]

(...) elles semblent avoir pris à tâche de justifier cette réputation que l'on nous fait à l'étranger, d'avoir laissé encombrer notre Parnasse par des rhéteurs; où l'on souhaite de la musique, on trouve de l'éloquence et de la ratiocination.
GIDE, Attendu que..., p. 53. [4]

RHÉTIEN, ENNE [ʀetjɛ̃, ɛn] adj. et n. m. — 1813; *Alpes Rhetiennes* (rhétiques), 1636, *in* D.D.L.; de *Rhétie*. → Rhétique.

♦ Géol. Se dit de l'étage inférieur du lias (période jurassique). — N. m. *Le rhétien.*

RHÉTIQUE [ʀetik] adj. et n. m. — 1732, Trévoux ; lat. *rhæticus*, de *Rhætia* «Rhétie», ancien nom de la région des Alpes orientales comprise entre le Rhin et le Danube.

♦ **1.** Qui appartient à la Rhétie ou à ses habitants. *Alpes rhétiques.*

♦ **2.** Ling. Qui appartient au *rhétique*, langue ancienne du groupe italo-celtique. — Qui appartient au rhéto-roman*. — On écrit parfois *rétique*.

COMP. Rhéto-roman.

RHÉTORICIEN, IENNE [ʀetɔʀisjɛ̃, jɛn] n. — Fin XIV[e] ; *rettoricien*, v. 1370 ; de *rhétorique*.

♦ **1.** Littér. [a] Vx. Personne qui connaît et utilise l'art de la rhétorique. ⇒ **Rhéteur** (1.), **rhétoriqueur**.

[b] Péj. et vx. Rhéteur (2.).

De ce que le rhéteur et le sophiste est déguisé en poète, on croit qu'il a disparu. Tel se flatte toujours d'être un poète qui n'est le plus souvent qu'un magnifique rhétoricien. SAINTE-BEUVE, Chateaubriand..., t. I, p. 241, note.

[c] Mod. (Didact.). Spécialiste de la rhétorique, de ses techniques. *Les rhétoriciens du «groupe μ» de Liège.*

♦ **2.** (1680). Ancienn ou régional (Belgique). Élève de la classe de rhétorique. «*Les traditionnelles journées d'accueil des rhétoriciens à l'Université auront lieu le mercredi 10 mars et le jeudi 18 mars 1982*» (*Liège Université*, n° 18, 1982, p. 12). — Abrév. fam. (anc. argot scolaire) : *rhéto* [ʀeto]. «(Des) *rhétos boutonneux*» (Pierre Véry).

RHÉTORIQUE [ʀetɔʀik] n. et adj. — V. 1130, n. f., également *rectorique*, en anc. franç. ; lat. *rhetorica*, du grec *rhêtorikê (tekhnê)*, de *rhêtôr* «orateur».

★ **I. N. f. ♦ 1.** Art de bien parler ; technique de la mise en œuvre des moyens d'expression du langage (par la composition, les figures).

1   RHÉTORIQUE, art de parler sur quelque sujet que ce soit avec éloquence et avec force. D'autres la définissent l'art de bien parler, *ars bene dicendi* (...) Il n'est pas nécessaire d'ajouter que c'est *l'art de bien parler pour persuader* (...) Le chancelier Bacon définit très philosophiquement la *rhétorique*, l'art d'appliquer et d'adresser les préceptes de la raison à l'imagination, et de les rendre si frappants pour elle, que la volonté et les désirs en soient affectés (...) Aristote définit la *rhétorique* un art ou une faculté qui considère en chaque sujet ce qui est capable de persuader (...) La *rhétorique* est à l'éloquence ce que la théorie est à la pratique, ou comme la poétique est à la poésie.
Encycl. (DIDEROT), Rhétorique.

La rhétorique traditionnelle comprenait quatre parties, trois pour la préparation du discours : invention (*infra* cit. 2), *disposition* (⇒ **Discours**, *infra* cit. 18 ; **division**), *élocution* ; *et une pour la prononciation* (ou *action*) ; *on y ajoutait parfois la mémorisation (memoria)*. ⇒ aussi **Dialogisme, ethos, ithos, 1. lieu** (lieu commun), **pathos, topique.** *Les figures de rhétorique.* ⇒ **Figure ; trope.** *Enseignement de la rhétorique, professeurs de rhétorique* (→ Grammairien, cit. 2 ; hellénique, cit. 1 ; langage, cit. 21). *Éloquence* (cit. 5 et 11) *et rhétorique. Les fausses couleurs* (→ Besoin, cit. 55), *les fleurs* (cit. 36), *les agréments, les ornements de la rhétorique* (→ Prédication, cit. 2). — (V. 1265). *Une rhétorique*, ouvrage qui traite de cette technique ; théorie, méthode de rhétorique. *Traité de rhétorique* (→ Classer, cit. 4 ; haut, cit. 58). ⇒ **Méthode** (oratoire). *La rhétorique d'Aristote, de Cicéron, de Quintilien, de Longin... La rhétorique de Pascal*, nom donné traditionnellement à l'ensemble des pensées sur le style et l'art de persuader dans les premières pages des *Pensées. Les rhétoriques du XVIIe, du XVIIIe siècle. La rhétorique de Fontanier.*

1.1 Plus on dédaigne la rhétorique, plus il sied de respecter la grammaire (...) Le style est comme le cristal, sa pureté fait son éclat. HUGO, Odes et Ballades, Préface de 1826.

1.2 Guerre à la rhétorique et paix à la syntaxe ! HUGO, les Contemplations, I, 7.

2   Car il est évident que les rhétoriques et les prosodies ne sont pas des tyrannies inventées arbitrairement, mais une collection de règles réclamées par l'organisation même de l'être spirituel. Et jamais les prosodies et les rhétoriques n'ont empêché l'originalité de se produire distinctement. Le contraire, à savoir qu'elles ont aidé à l'éclosion de l'originalité, serait infiniment plus vrai. BAUDELAIRE, les Curiosités esthétiques, IX, IV.

3   C'est là le domaine des figures, dont s'inquiétait l'antique «Rhétorique», et qui est aujourd'hui à peu près délaissé par l'enseignement. Cet abandon est regrettable. VALÉRY, Variété, Enseignement, Œ., t. I, Pl., p. 1440.

3.1 La rhétorique dont il sera question ici est ce méta-langage (dont le langage-objet fut le «discours») qui a régné en Occident du Ve siècle avant J.-C. au XIXe siècle après J.-C. (...) Ce méta-langage (discours sur le discours) a comporté plusieurs pratiques, présentes simultanément ou successivement, selon les époques, dans la «Rhétorique» :
1. Une *technique*, c'est-à-dire un «art», au sens classique du mot : art de la persuasion, ensemble de règles, de recettes dont la mise en œuvre permet de convaincre l'auditeur du discours (et plus tard le lecteur de l'œuvre), même si ce dont il faut le persuader est «faux».
2. Un *enseignement* : l'art rhétorique, d'abord transmis par des voies personnelles (un rhéteur et ses disciples, ses clients), s'est rapidement inséré dans des institutions d'enseignement ; dans les écoles, il a formé l'essentiel de ce qu'on appellerait aujourd'hui le second cycle secondaire et l'enseignement supérieur ; il s'est transformé en matière d'examen (exercices, leçons, épreuves).
3. Une *science*, ou en tout cas, une protoscience (...)
4. Une *morale* : étant un système de «règles», la rhétorique est pénétrée de l'ambi-

guïté du mot : elle est à la fois un manuel de recettes, animées par une finalité pratique, et un Code, un corps de prescriptions morales, dont le rôle est de surveiller (c'est-à-dire de permettre et de limiter) les «écarts» du langage passionnel.
5. Une *pratique sociale* : la Rhétorique est cette technique privilégiée (puisqu'il faut payer pour l'acquérir) qui permet aux classes dirigeantes de s'assurer *la propriété de la parole.* R. BARTHES, l'Ancienne Rhétorique, in Communications, 16 (1970), p. 173.

Renaissance, réhabilitation de la rhétorique dans la théorie littéraire contemporaine. Rhétorique et Littérature (Kibédi Varga). *La Rhétorique restreinte* (G. Genette). *Rhétorique générale* (Groupe μ, 1970). — *Rhétorique et communication. «Nouvelle rhétorique» et théorie de l'argumentation* (Perelman).

3.2 La rhétorique, qui est un ensemble d'opérations sur le langage, dépend nécessairement de certains caractères de celui-ci. Nous verrons que *toutes* les opérations rhétoriques reposent sur une propriété fondamentale du discours linéaire : celle d'être décomposable en unités de plus en plus petites. Groupe μ, Rhétorique générale, p. 30.

La rhétorique de... (suivi du nom d'un type de discours). *La rhétorique de l'argot, de la publicité ; la rhétorique publicitaire.*

♦ **2.** Ancienn. *Classe de rhétorique*, et, n. f. (1591), *la rhétorique* : classe de l'enseignement secondaire où l'on enseignait particulièrement la rhétorique, correspondant à l'actuelle *première** (→ Avancer, cit. 61 ; grand, cit. 10 ; quitter, cit. 25). *Rhétorique supérieure* : première supérieure.

4   J'étais en rhétorique en 1887 (La rhétorique, depuis lors, est devenue première : grand changement dont on pourrait déjà tirer une réflexion infinie). VALÉRY, Variété, Essais quasi politiques, Œ., t. I, Pl., p. 1134.

Régional (Belgique). Classe terminale classique du *secondaire supérieur* (succédant à la *syntaxe** et à la *poésie**), appelée aussi *première classique.*

♦ **3.** Littér. *La rhétorique de qqn*, les moyens d'expression et de persuasion qui lui sont propres. *Employer toute sa rhétorique à convaincre qqn, à plaider une cause... «Vous y perdrez votre rhétorique»* (Académie).

5   Je vous écoute dire, et votre rhétorique
En termes assez forts à mon âme s'explique. MOLIÈRE, Tartuffe, III, 3.

♦ **4.** Ensemble de procédés d'expression (figures, images...) propres à un écrivain.

6   (...) son vocabulaire témoigne pourtant d'une sensibilité nouvelle (...) *Mœnia mundi*, les remparts du monde, sont une des expressions-clés de la rhétorique de Lucrèce. CAMUS, l'Homme révolté, p. 48.

♦ **5.** Péj. Éloquence ou style déclamatoire de rhéteur* (2.). ⇒ **Déclamation, emphase** (cit. 2) ; **rhéteur, rhétoricien.** *Rhétorique exaltée* (→ Appel, cit. 9), *fuligineuse* (cit. 5), *bavarde* (→ Amplification, cit. 2). *Littérature, talent littéraire* (cit. 7) *opposés à rhétorique* (→ Noblesse, cit. 8). *Dégagé de toute rhétorique* (→ Préluder, cit. 3).

7   Il est bien vrai que je suis un mauvais citoyen. La rhétorique sociale n'a jamais pris sur moi. Ni aucune rhétorique. Je n'aime pas les phrases. Je n'aime que les faits. Paul LÉAUTAUD, Propos d'un jour, p. 83.

★ **II. Adj. et n. m. ♦ 1.** Adj. (1611 ; *rhetoric* «conforme aux règles d'une composition littéraire harmonieuse», v. 1510). Qui appartient à la rhétorique, qui a le caractère de la rhétorique. *Procédés, phénomènes rhétoriques* (→ 1. Que, cit. 56). *Figures rhétoriques.* ⇒ **Trope.** *Fonctions, facteurs rhétoriques. Force rhétorique d'une figure.*

8   Le style des scènes antiques était vain pour un chrétien parce qu'il était une expression rhétorique du monde. MALRAUX, les Voix du silence, p. 222.

Qui concerne l'étude de la rhétorique. «*Recherches rhétoriques*» (*Communications*, n° 16, 1970).

♦ **2.** N. m. LE RHÉTORIQUE : ce qui ressortit à la rhétorique en tant que technique de l'expression ou en tant que champ d'étude ; ensemble des procédés, des effets que la rhétorique utilise, produit. *Le rhétorique et le stylistique.*

DÉR. Rhétoricien, rhétoriqueur.

RHÉTORIQUEUR [ʀetɔʀikœʀ] n. m. — Fin XVe ; de *rhétorique*.

♦ **1.** Hist. littér. *Grands rhétoriqueurs*, nom que se donnèrent un certain nombre de poètes de la fin du XVe siècle et du début du XVIe siècle (Meschinot, Molinet, Guillaume Crétin, Saint-Gelais, Lemaire de Belges, etc.), très attachés aux raffinements de style et aux subtilités de versification. *L'humanisme, l'allégorisme, la verve politique des rhétoriqueurs.*

1   Ces divers procédés (*poétiques, au moyen âge*) spécialement les jeux de rimes, finirent, au tournant des XVe et XVIe siècles, par marquer si fortement le discours de quelques poètes des cours de France et de Bourgogne, que trop de médiévistes n'ont pas retenu, dans leur poésie, que cet aspect de clinquant. Ceux qui s'intitulèrent les «Rhétoriqueurs» donnaient à ce mot son sens le plus noble, homologue, sur le plan de la poésie, à celui de «musiciens». Paul ZUMTHOR, Essai de poétique médiévale, p. 271.

♦ **2.** Vieilli. Rhéteur, rhétoricien (→ Couler, cit. 25 ; 1. part, cit. 12, Paulhan). — Péj. (→ ci-dessous, cit.).

2   (...) que de largeur et d'opulence de langage (...) une *pataude blanche comme de la neige* (...) une nourrice *qui a du lait comme une vache*. C'est ainsi qu'on parle (n'en déplaise aux rhétoriqueurs) quand on est dans le vrai des choses et qu'on ne marchande pas. SAINTE-BEUVE, Nouveaux lundis, 16 déc. 1861.

RHÉTO-ROMAN, ANE ou **RÉTO-ROMAN, ANE** [ʀetoʀɔmɑ̃, an] adj. et n. m. — V. 1870 ; de *rhétique*, et *roman*.

♦ Ling. Se dit des dialectes romans de la Suisse orientale, du Tyrol et du Frioul. — N. m. Ensemble des dialectes romans de Rhétie. ⇒ **Romanche.**

RHIN-, RHINO- Élément (du grec *rhis, rhinos* « nez ») entrant dans la composition de mots savants.

RHINALGIE [ʀinalʒi] n. f. — Déb. xxᵉ ; de *rhin-*, et *algie*.

♦ Douleur qui a son siège au niveau du nez.

RHINANTHE [ʀinɑ̃t] n. m. — 1765 ; lat. *rhinanthus* « fleur en forme de nez ».

♦ Bot. Plante dicotylédone *(Scrofulariacées)*, herbacée, annuelle, nuisible aux prairies, dont une variété est dite *crête-de-coq, cocriste, croquette, rougette blanche*. — REM. On trouve aussi la forme *rhinanthus* [ʀinɑ̃tys] n. m. (xxᵉ).

RHINENCÉPHALE [ʀinɑ̃sefal] n. m. — 1923 ; « type tératologique cyclope au nez en forme de trompe », 1836 ; de *rhin-*, et *encéphale*.

♦ Anat. Ensemble des structures encéphaliques (cortex cérébral), d'apparition ancienne dans la phylogénèse, comprenant : le cerveau olfactif des vertébrés inférieurs, le tractus et le lobe olfactif du cortex, et la circonvolution limbique du cerveau humain. *Le rhinencéphale se situe chez l'homme à la base de l'encéphale et sur sa face interne ; il joue un rôle dans la régulation des comportements émotifs.*

Le rhinencéphale qui a eu depuis les Vertébrés inférieurs pour rôle principal l'interprétation des données olfactives, s'est considérablement modifié chez les Mammifères supérieurs et est devenu un des dispositifs régulateurs des émotions. C'est, si l'on veut, le centre d'intégration affective dans l'appareil cérébral.
A. LEROI-GOURHAN, le Geste et la Parole, t. I, p. 185.

RHINGRAVE [ʀɛ̃gʀav] n. — 1549, titre d'un comte ; all. *Rheingraf*, proprt « seigneur, comte *(Graf)* du Rhin ».

♦ **1.** N. m. Hist. Titre porté par les princes allemands de la région rhénane.

♦ **2.** N. f. (xixᵉ). Femme d'un rhingrave.

♦ **3.** N. f. (1660). Haut-de-chausses très ample attaché par le bas avec des rubans, mis à la mode en France au xviiᵉ siècle par le rhingrave Salm (→ Héros, cit. 30).

DÉR. **Rhingraviat.**

RHINGRAVIAT [ʀɛ̃gʀavja] n. m. — 1836 ; de *rhingrave*.

♦ Hist. Dignité de rhingrave.

RHINITE [ʀinit] n. f. — 1830 ; de *rhin-*, et *-ite*.

♦ Méd. Maladie du nez, inflammation aiguë de la muqueuse des fosses nasales. ⇒ **Coryza, rhume.** *Rhinite chronique fétide.* ⇒ **Ozène.** — (Vétér.). *Rhinite atrophique du porc :* inflammation infectieuse chronique, accompagnée de l'atrophie des cavités nasales.

RHINOCÉROS [ʀinɔseʀɔs] n. m. — V. 1560 ; *rhinocerons*, attestation isolée, 1288 ; *rinoceros*, v. 1380 ; du grec *rhinokerôs*, de *rhinos* « nez », et *keras* « corne ».

♦ **1.** Mammifère ongulé périssodactyle *(Rhinocérotidés)*, de grande taille, au corps massif couvert d'une peau dure, épaisse et rugueuse, qui porte une ou deux cornes sur le nez et dont les membres se terminent par trois doigts munis de sabots. *Le rhinocéros est herbivore ; sa femelle ne donne qu'un petit* (→ Fécond, cit. 3). *Un rhinocéros femelle. Le rhinocéros barrit. Rhinocéros d'Asie*, à une corne, dont la peau présente des replis formant des boucliers indurés. *Rhinocéros d'Afrique*, à deux cornes et à replis cutanés peu marqués. *Ivoire des cornes de rhinocéros.*

1 (...) le rhinocéros, cette brute qui ne peut sentir l'homme, qui fonce sur tout (et si solide taillé en roc). Henri MICHAUX, La nuit remue, p. 17.

2 Non, ce n'était pas le même rhinocéros. Celui de tout à l'heure avait deux cornes sur le nez, c'était un rhinocéros d'Asie ; celui-ci n'en avait qu'une, c'était un rhinocéros d'Afrique ! IONESCO, Rhinocéros, I.

Abrév. fam. : *rhino* [ʀino].

♦ **2.** (1875, in D.D.L. ; *Scarabée Rhinocérôt*, 1742, dans une traduction). Zool. (Cour. en franc. d'Afrique). Insecte coléoptère *(Scarabéidé)* portant à la partie antérieure du corselet une corne recourbée en arrière.

REM. Ionesco, dans sa pièce *Rhinocéros*, a forgé les dér. *rhinocérique* [ʀinɔseʀik] adj., et *rhinocérite* [ʀinɔseʀit] n. f.

DÉR. **Rhinocérotidés.**

RHINOCÉROTIDÉS [ʀinɔseʀɔtide] n. m. pl. — 1904 ; *rhinocérotins, rhinocérotés*, 1875 ; de *rhinocéros*.

♦ Zool. Famille de mammifères ongulés périssodactyles à laquelle appartiennent les rhinocéros, autrefois appelés *nasicornes*. — Au sing. *Un rhinocérotidé fossile.*

RHINOCONIOSE [ʀinɔkɔnjoz] n. f. — xxᵉ ; de *rhino-*, et *-coniose*, du grec *konis* « poussière ».

♦ Méd. Lésion du rhinopharynx provoquée par les poussières.

RHINOLALIE [ʀinɔlali] n. f. — xxᵉ ; de *rhino-*, et *-lalie*, grec *lalia* « bavardage ».

♦ Didact. Modification de la résonance de la voix par obstruction ou défaut de fermeture du rhinopharynx. *Rhinolalie ouverte.* ⇒ **Nasonnement.** *Rhinolalie fermée.* ⇒ **Nasillement.**

RHINOLARYNGITE [ʀinolaʀɛ̃ʒit] n. f. — 1845, *in* Bescherelle ; de *rhino-*, et *laryngite*.

♦ Méd. Laryngite accompagnée de rhinite.

RHINOLOGIE [ʀinɔlɔʒi] n. f. — 1890 ; de *rhino-*, et *-logie*.

♦ Méd. Partie de la pathologie qui s'occupe des affections du nez. *Spécialiste de rhinologie.* ⇒ **Oto-rhino-laryngologiste.**

RHINOLOPHE [ʀinɔlof] n. m. — 1839, *in* Boiste ; de *rhino-*, et grec *lophos* « crête ».

♦ Zool. Mammifère chiroptère, chauve-souris qui présente une membrane semi-circulaire sur le nez, et appelée pour cette raison *fer à cheval. Les rhinolophes sont carnivores.*

Je te remercie, ô rhinolophe, de m'avoir réveillé avec le mouvement de tes ailes, toi, dont le nez est surmonté d'une crête en forme de fer à cheval (...)
LAUTRÉAMONT, les Chants de Maldoror, I.

RHINOMANOMÈTRE [ʀinomanɔmɛtʀ] n. m. — xxᵉ ; de *rhino-*, et *manomètre*.

♦ Méd. Instrument servant à évaluer le degré de perméabilité des fosses nasales par la mesure de la pression de l'air qui y est contenue. ⇒ **Rhinomanométrie.**

DÉR. **Rhinomanométrie.**

RHINOMANOMÉTRIE [ʀinomanɔmetri] n. f. — xxᵉ ; de *rhino-manomètre*.

♦ Méd. Mesure du degré de perméabilité des fosses nasales. — On dit aussi *rhinométrie* [ʀinɔmetri] n. f.

RHINO-PHARYNGIEN, IENNE [ʀinofaʀɛ̃ʒjɛ̃, jɛn] ou **RHINOPHARYNGÉ, ÉE** [ʀinofaʀɛ̃ʒe] adj. — 1897, *rhino-pharyngien* ; *rhinopharyngé*, 1907 ; de *rhinopharynx*.

♦ Qui concerne le rhinopharynx. — REM. La forme *rhinopharyngé* semble plus courante en ce qui concerne les affections, la pathologie. — *Affections rhinopharyngées.*

RHINOPHARYNGITE [ʀinofaʀɛ̃ʒit] n. f. — 1892 ; de *rhinopharynx*, et suff. *-ite*.

♦ Méd. Affection du rhinopharynx*.

RHINOPHARYNX [ʀinofaʀɛ̃ks] n. m. — 1902 ; de *rhino-*, et *pharynx*.

♦ Anat. Partie du pharynx qui communique avec les fosses nasales. — Syn. (méd.) : *cavum*.

DÉR. **Rhino-pharyngien** (ou **rhinopharyngé**), **rhinopharyngite.**

RHINOPHYMA [ʀinofima] n. m. — Déb. xxᵉ (*in* Larousse, 1904) ; de *rhino-*, et *-phyma*, grec *phuma* « tumeur ».

♦ Méd. Aspect boursouflé du nez, résultant d'un épaississement des téguments, qui deviennent violacés et parsemés de pustules, de cicatrices et de dilatations capillaires.

RHINOPLASTE [ʀinɔplast] n. — 1842 ; de *rhinoplastie*.

♦ Méd. Chirurgien, chirurgienne qui pratique la rhinoplastie.

RHINOPLASTIE [ʀinɔplasti] n. f. — 1822 ; de *rhino-*, et *-plastie*.

♦ Méd. (chir.). Opération destinée à reconstituer le nez d'un blessé au moyen de la greffe* ou à corriger la forme d'un nez disgracieux.
DÉR. **Rhinoplaste, rhinoplastique.**

RHINOPLASTIQUE [ʀinɔplastik] adj. — 1842 ; de *rhinoplastie*.

♦ Méd. (chir.). Relatif à la rhinoplastie.

RHINOPOME [ʀinɔpɔm] n. m. — 1839 ; de *rhino-*, et grec *poma* « opercule ».

♦ Zool. Mammifère chiroptère du Nord de l'Afrique, chauve-souris grise à museau très développé et à longue queue.

RHINORRAGIE [ʀinɔʀaʒi] n. f. — 1870, *in* Littré ; de *rhino-*, et *-rragie*.

♦ Méd. Écoulement de sang par les narines, provenant d'une rupture de petits vaisseaux de la muqueuse nasale (⇒ **Épistaxis**), ou d'une hémorragie siégeant ailleurs.

RHINORRHÉE [ʀinɔʀe] n. f. — 1870, *in* Littré ; de *rhino-*, et *-rrhée*.

♦ Méd. Écoulement de liquide séreux par les narines. *Rhinorrhée du rhume des foins. Rhinorrhée due à une fracture de la base du crâne* (écoulement de liquide céphalo-rachidien).

RHINOSALPINGITE [ʀinɔsalpɛ̃ʒit] n. f. — xxᵉ ; de *rhino-*, et *salpingite*.

♦ Méd. Inflammation de la trompe d'Eustache et de la muqueuse nasale. ⇒ **Salpingite.**

RHINOSCLÉROME [ʀinɔsklerɔm] n. m. — 1890, *in* P. Larousse, *Deuxième Suppl.* ; de *rhino-*, et grec *sklêrôma* « durcissement ».

♦ Méd. Maladie infectieuse caractérisée par un catarrhe* chronique.

RHINOSCOPIE [ʀinɔskɔpi] n. f. — 1864 ; de *rhino-*, et *-scopie*.

♦ Méd. Examen des fosses nasales par les narines (⇒ **Nez**) avec un petit spéculum, ou par le pharynx avec un miroir appelé *rhinoscope* [ʀinɔskɔp] n. m.

RHINOTOMIE [ʀinɔtɔmi] n. f. — xxᵉ (*in* Larousse, 1932) ; de *rhino-*, et *-tomie*.

♦ Chir. Opération qui consiste à ouvrir une fosse nasale.

RHINOVIRUS [ʀinɔviʀys] n. m. — 1971 ; de *rhino-*, et *virus*.

♦ Biol. Virus responsable du rhume et des infections des voies respiratoires supérieures (différent du virus de la grippe). *« Le rhume de cerveau peut être provoqué par une quantité de virus. Le premier connu, un rhinovirus, a été identifié en 1956 »* (Science et Vie, juil. 1973, p. 29).

RHIPIPTÈRES [ʀipiptɛʀ] n. m. pl. — 1839 ; du grec *rhipis* « éventail », et suff. *-ptère*.

♦ Zool. Ordre d'insectes, nommés aussi *Strepsiptères*, de petite taille, aux ailes postérieures en éventail, à métamorphoses complètes, dont les larves vivent en parasites sur les hyménoptères. *Principaux rhipiptères : stylops, xénos.* — Au sing. *Un rhipiptère.*

RHIZ-, RHIZO- Premier élément de mots savants, du grec *rhiza* « racine ».

RHIZALYSE [ʀizaliz] n. f. — xxᵉ ; de *rhiz-*, et *-lyse*.

♦ Méd. Destruction de la racine d'une dent.

RHIZARTHROSE [ʀizaʀtʀoz] n. f. — xxᵉ ; de *rhiz-*, et *arthrose*.

♦ Méd. Arthrose localisée à la racine d'un membre ou d'un doigt. *Rhizarthrose du pouce* (qui est déformé et douloureux).

RHIZE [ʀiz] n. f. — xxᵉ ; grec *rhiza* « racine ».

♦ Bot. Racine (considérée au cours de son développement).

-RHIZE Dernier élément de mots savants, du grec *rhiza* « racine ». ⇒ **Rhiz-.**

RHIZINE [ʀizin] n. m. — 1875 ; dér. sav. du grec *rhiza* « racine ».

♦ Bot. Filament qui fixe au sol de nombreux lichens.

RHIZO- ⇒ **Rhiz-.**

RHIZOBIUM [ʀizɔbjɔm] n. m. — xxᵉ ; *rhizobion*, 1904 ; *rhizobie* « genre d'insectes hémiptères ou coléoptères », 1875 ; lat. sav. *rhizobium*, de *rhizo-*, et grec *bios* « vie ».

♦ Biol. Bactéries aérobies fixant l'azote, capables de vivre en symbiose dans les racines des légumineuses (les nodosités provoquées permettent à chacun des symbiotes l'assimilation de l'azote libre de l'air).

RHIZOCALINE [ʀizokalin] n. f. — D. i. (xxᵉ) ; de *rhizo-*, et angl. *caline* « complexe d'hormones autres que l'auxine impliquées dans l'élaboration des racines, feuilles, etc. » ; orig. inconnue (d'après Webster, 3ᵈ).

♦ Bot. Substance fabriquée par les champignons symbiotes des orchidées ou des éricacées, indispensable à la germination des graines et à la survie des plantules qui en sont issues, par son rôle inducteur des racines.

RHIZOCARPÉ, ÉE [ʀizokaʀpe] adj. — 1845 ; de *rhizo-*, et *-carpe*.

♦ Bot. Dont les organes reproducteurs naissent sur les racines. *Plante rhizocarpée.* — On dit aussi *rhizogène* [ʀizɔʒɛn] (1875), *rhizogone* [ʀizogɔn].

RHIZOCTONE [ʀiʒɔktɔn] n. f. — 1839 ; de *rhizo-*, et grec *kteinein* « tuer ».

♦ Bot. Champignon parasite qui détruit les racines de diverses plantes (asperge, betterave, luzerne, sainfoin, trèfle...). — On dit, on écrit aussi *rhizoctonie* [ʀizɔktɔni] n. f. (1875).

RHIZOÏDE [ʀizoid] n. m. — 1897 ; de *rhiz-*, et *-oïde*.

♦ Bot. Chacun des filaments, rappelant des racines, par lesquels certaines algues se fixent et qui font office de racines chez les mousses.

Les rhizoïdes ne sont que des poils rameux, des filaments multicellulaires aux cloisons obliques ; on ne saurait les assimiler aux organes massifs et toujours compliqués que sont des racines.
F. MOREAU, Botanique, *in* Encycl. Pl., p. 486.

RHIZOMATEUX, EUSE [ʀizomat∅, øz] adj. — 1875 ; de *rhizome*.
Botanique.

♦ **1.** Qui ressemble à un rhizome.

♦ **2.** (Végétaux). Sur lequel poussent des rhizomes.

RHIZOME [ʀizom] n. m. — 1817 ; *rhizoma*, 1804, *in le Français moderne* ; grec *rhizôma* « ce qui est enraciné ».

♦ Tige rampante souterraine qui porte des racines adventives et des tiges feuillées aériennes. — *Plante à rhizome.*

Jup *(un singe)* ne fut point oublié, et il mangea avec appétit des amandes de pignon et des racines de rhizomes, dont il se vit abondamment approvisionné.
J. VERNE, l'Île mystérieuse, t. I, p. 386.

Par métaphore. *Rhizome,* titre d'un essai de Deleuze et Guattari (1976), où le mot est utilisé pour évoquer le caractère irrégulier et proliférant des structures de pensée.
DÉR. **Rhizomateux.**

RHIZOPHAGE [ʀizofaʒ] adj. et n. m. pl. — 1732, Trévoux ; *Rhizophages,* nom de peuple, 1540, *in* D.D.L. ; empr. du grec *rhizophagos*. → **-phage.**
Didactique.

♦ **1.** Qui se nourrit de racines. *Animaux rhizophages.*

♦ **2.** N. m. pl. (1875). Genre d'insectes coléoptères clavicornes qui vivent dans les détritus. — Au sing. *Un rhizophage.*

Dans les cadavres des gens gras, l'on trouve une sorte de larves, les rhizophages (...)
HUYSMANS, Là-bas, III.

RHIZOPHORA [ʀizɔfɔʀa] ou **RHIZOPHORE** [ʀizɔfɔʀ] n. m. — 1875, *rhizophora; rhizophore*, 1765, *Encyclopédie;* de *rhizo-,* et suff. *-phore.*

♦ Bot. Manglier (ainsi nommé parce que le tronc porte des racines latérales). ⇒ **Palétuvier.**

DÉR. Rhizophoracées.

RHIZOPHORACÉES [ʀizɔfɔʀase] n. f. pl. — 1875; *rhizophorées,* 1839; de *rhizophore.*

♦ Bot. Famille de plantes phanérogames angiospermes, classe des dicotylédones dialypétales, comprenant des arbres et des arbustes tropicaux qui croissent sur les rivages limoneux des estuaires, et dont le type est le *rhizophore.* ⇒ **Manglier, palétuvier.** — Au sing. *Une rhizophoracée.*

RHIZOPHYLLE [ʀizɔfil] adj. — 1875; de *rhizo-,* et *-phylle.*

♦ Bot. Se dit d'une plante dont les feuilles portent des racines.

RHIZOPODES [ʀizɔpɔd] n. m. pl. — 1842; de *rhizo-,* et *-pode.*

♦ Zool. Protozoaires à protoplasme nu, qui émettent des prolongements temporaires (⇒ **Pseudopodes**) servant à la locomotion et à la préhension. *Les amiboïdes, les foraminifères, les héliozoaires, les radiolaires sont des rhizopodes.* — Au sing. *Un rhizopode.*

RHIZOPOGON [ʀizɔpɔgɔ̃] n. m. — 1839; de *rhizo-,* et grec *pogon* «barbe».

♦ Bot. Champignon basidiomycète qui pousse dans le sable des forêts.

RHIZOPUS [ʀizɔpys] n. m. invar. — xxᵉ; lat. sav., de *rhizo-,* et *-pus,* du grec *pous, podos* «pied». → Rhizopode.

♦ Bot. Champignon microscopique de l'ordre des mucorales qui se développe sur les fibres végétales. *Les rhizopus interviennent dans le rouissage et sont responsables des macules du papier.*

RHIZOSPHÈRE [ʀizɔsfɛʀ] n. f. — Mil. xxᵉ; de *rhizo-,* et *-sphère.*

♦ Didact. (pédol., biol.). Partie du sol pénétrée par les racines des plantes, très riche en micro-organismes et en substances biologiques. *La rhizosphère de chaque espèce végétale a une flore spécifique* (bactéries, champignons).

RHIZOSTOME [ʀizɔstɔm] n. m. — 1803; de *rhizo-,* et *-stome.*

♦ Zool. Méduse *(Scyphoméduses)* de grande taille, à ombrelle piriforme, à bras buccaux soudés et commune sur nos rives sablonneuses. *Le rhizostome est communément appelé gelée de mer.*

RHIZOTOME [ʀizɔtɔm; ʀizɔtɔm] n. m. — 1740, «herboriste»; sens mod., av. 1867, *in* Littré; de *rhizo-,* et *-tome.*

♦ Techn. Instrument servant à couper les racines. ⇒ **Coupe-racines.**

RHIZOTOMIE [ʀizɔtɔmi] n. f. — xxᵉ; de *rhizo-,* et *-tomie.*

♦ Chir. Section de racines nerveuses émergeant de la moelle épinière.

RHO [ʀo] n. m.

♦ **1.** Lettre de l'alphabet grec (ρ) qui correspond au *r* français. ⇒ **Rhotacisme.** — REM. On écrit aussi *rô.*

♦ **2.** Antiq. Signe numérique valant 100 avec l'accent supérieur placé à droite (ρ'), et 100 000 avec l'accent inférieur placé à gauche (‚ρ).

1. RHOD-, RHODO- Élément tiré du grec *rhodeon* «rose» (couleur), qui entre dans la composition de quelques mots savants.

2. RHOD-, RHO- Premier élément, de *Rhodanus* «Rhône», entrant dans la formation de quelques noms déposés de produits synthétiques de la Société Rhône-Poulenc.

RHODAMINE [ʀɔdamin] n. f. — 1889, *in Année sc. et industr.* 1890, p. 194; de 1. *rhod-,* et *amine.*

♦ Chim. Matière colorante du groupe des phtaléines.

RHODANIEN, IENNE [ʀɔdanjɛ̃, jɛn] adj. — 1859; du lat. *Rhodanus* «Rhône».

♦ Géogr. Du Rhône. *Vallée, plaine rhodanienne.*

N. m. Ling. Dialecte provençal en usage dans la vallée du Rhône et les régions limitrophes.

RHODÉSIEN, ENNE [ʀɔdezjɛ̃, ɛn] adj. et n. — xxᵉ; de *Rhodésie.*

♦ De la Rhodésie.

RHODIA [ʀɔdja] n. m. — 1948; abrév. de *Rhodiaceta,* n. déposé.

♦ Tissu artificiel de fabrication française, à base d'acétate de cellulose. *Rideaux en rhodia.*

RHODIAGE [ʀɔdjaʒ] n. m. — Mil. xxᵉ; de *rhodier.*

♦ Techn. Action de rhodier. *Rhodiage d'une surface métallique.*

RHODIÉ, ÉE [ʀɔdje] adj. — 1900, *Encycl. Berthelot,* art. *Rhodium;* de *rhodium.*

♦ Chim., techn. Qui contient du rhodium; allié à du rhodium. *Platine rhodié.* — Recouvert de rhodium. ⇒ **Rhodiage.**

DÉR. et HOM. Rhodier.

RHODIEN, IENNE [ʀɔdjɛ̃, jɛn] adj. et n. — Attesté xvɪɪɪᵉ; de *Rhodes.*

♦ Relatif à l'île de Rhodes. «*Le droit rhodien*» *(Encyclopédie,* 1765), code maritime des avaries, dans la Grèce et la Rome antiques. *Style rhodien* (des rhéteurs de Rhodes) : style moyen, dans l'ornementation rhétorique. — N. Habitant ou personne originaire de Rhodes.

RHODIER [ʀɔdje] v. tr. — Mil. xxᵉ; de *rhodié.*

♦ Techn. Revêtir (une surface métallique) d'une couche de rhodium. *Rhodier une pièce par galvanoplastie.*

DÉR. Rhodiage.
HOM. Rhodié.

RHODINOL [ʀɔdinɔl] n. m. — 1894, *in Année sc. et industr.* 1895, p. 261; formation sav. du lat. *rhodinus,* grec *rhodinos* «de rose» (cf. l'anc. adj. *rhodin*), et suff. *-ol.*

♦ Chim. Alcool terpénique contenu dans l'essence de rose et dans l'essence de pélargonium. «*Le groupe des odeurs rosées comprend (...) des dérivés artificiels : géraniol (...) rhodinol*» (Ch. Bourgeois, *Chimie de la beauté,* p. 25).

RHODIOLE [ʀɔdjɔl] n. f. — 1765, *Encyclopédie;* de 1. *rhod-,* et suff. *-iole.*

♦ Bot. Orpin* rose (dit aussi *orpin odorant*).

1. RHODITE [ʀɔdit] n. f. — Déb. xxᵉ; «pierre rose», 1752; de 1. *rhod-,* et suff. *-ite.*

♦ Chim. Alliage naturel d'or et de rhodium.

HOM. 2. Rhodite.

2. RHODITE [ʀɔdit] n. m. — 1791; dér. sav. du grec *rhodon* «rose» (fleur).

♦ Zool. Insecte hyménoptère *(Cynipidés)* qui pond sur les rosiers et y détermine des galles. ⇒ **Bédégar.**

HOM. 1. Rhodite.

RHODIUM [ʀɔdjɔm] n. m. — 1805, d'après la couleur rose des solutions d'un certain nombre de ses dérivés; de 1. *rhod-,* et *-ium.*

♦ Chim. Corps simple (poids at. 102,91; nº at. 45), métal rare, d'une assez grande dureté, fusible à haute température, blanc et ressemblant au platine*, avec lequel on le trouve allié à l'état naturel (platine rhodié); symb. : *Rh. Le rhodium est malléable et ductile; il résiste aux acides. Alliage de rhodium et d'or.* ⇒ **Rhodite.** *Mousse* de rhodium (rhodium en poudre grise); *noir de rhodium* (en poudre noire).

DÉR. Rhodié.

RHODO [ʀodo] n. m. ⇒ **Rhodoïd.**

RHODO- ⇒ 1. **Rhod-.**

RHODODENDRON [ʀododɛ̃dʀɔ̃] n. m. — 1550, «laurier rose»; empr. du lat. *rhododendron,* mot grec, de *rhodon* «rose», et *dendron* «arbre».

♦ Bot., cour. Plante dicotylédone *(Éricacées),* arbuste ou arbre à feuilles persistantes, à fleurs roses ou rouges réunies en bouquets à l'extrémité des rameaux, dont certaines variétés sont cultivées comme ornementales. *Le rhododendron est appelé* rose des Alpes, rosage. *Le lédon, l'azalée ressemblent au rhododendron. Massif de rhododendrons.*

1   Le rhododendron tient allumée quelques jours, dans son feuillage noir, une torche rose. À peine épanouies, ces belles flammes sont remplacées par des trognons enfumés.   J. CHARDONNE, Éva, p. 85.
2   Au mois de mai, les rhododendrons fleurirent : il y en avait de mauves, presque bleus, qui vacillaient dans la pénombre comme des veilleuses ou comme des doigts de lune; d'autres d'un blanc rosé, plus pâle que l'aube à sa première pâleur; d'autres rouges et dorés, dont l'éclat était si violent qu'on croyait voir autour des fleurs une auréole plus claire que la grande clarté des midis; et d'autres, qui frôlaient les paupières, avaient la tiédeur d'une chair brune, d'autres s'ouvraient comme des mains fraîches, d'autres comme des lèvres humides.
                                                           M. GENEVOIX, Forêt voisine, XV.

RHODOGRAPHIE [ʀodoɡʀafi] ou **RHODOLOGIE** [ʀodoloʒi] n. f. — 1606, *rhodographie; rhodologie,* 1842; de *rhodo-,* et *-graphie, -logie.*

♦ Étude, traité sur les roses, sur leur culture.

RHODOÏD [ʀodoid] n. m. — 1936; de 2. *rhod-,* et *(cellul)oïd.*

♦ Matière plastique à base d'acétate de cellulose, transparente et incombustible, pouvant remplacer le verre dans certaines de ses utilisations. *Peindre le décor d'un film d'animation sur une feuille de rhodoïd.*
Feuille de cette matière. — Abrév. cour., dans ce sens : *rhodo* [ʀodo]. *Un rhodo.*

RHODOPHYCÉES [ʀodofise] n. f. pl. — Déb. xxᵉ; de *rhodo-,* et grec *phucos* «algue».

♦ Bot. Algues rouges également appelées *floridées. Les rhodophycées envahissent les eaux peu oxygénées.* — Au sing. *Une rhodophycée.*

RHODOPSINE [ʀodopsin] n. f. — Déb. xxᵉ; de 1. *rhod-,* et grec *opsis* «vue».

♦ Chim., biol. Protéine de couleur rouge (chromoprotéine) qui constitue le pourpre rétinien. — Syn. : *érythropsine.* ⇒ **Rétinène.**

RHODOTYPE [ʀodotip] n. m. — D. i. (xxᵉ); lat. sav. *rhodotypus,* de *rhodo-,* et grec *typos.*

♦ Bot. Arbuste ornemental (angiosperme, dycotylédone) originaire de Chine (famille des rosacées-spirées) à grandes fleurs blanches et portant des baies noires.

RHŒDALES [ʀedal] n. f. pl. — Mil. xxᵉ; *rhoedées,* 1875; du lat. *rhœas, -adis,* du grec *rhoias, -ados* «coquelicot», et suff. *-ales.*

♦ Bot. Ordre de plantes *(Dicotylédones)* comprenant les crucifères, les papavéracées et les familles analogues, à réceptacles bombés, portant des sépales séparées. — Au sing. *Une rhœdale.*

RHOMB-, RHOMBO- Élément, du grec *rhombos* «losange», servant à former quelques mots didactiques.

RHOMBE [ʀɔ̃b] n. m. et adj. — 1536; lat. *rhombus* «objet de forme circulaire ou losangée, ou tournant», grec *rhombos,* en géométrie.

♦ **1.** Vx ou littér. Losange sans angle droit.
Par extension :

1   Nadelman dessine au compas et sculpte en assemblant des rhombes. Il a découvert que chaque courbe du corps s'accompagne d'une courbe réciproque qui lui fait face et lui répond.   GIDE, Journal, 25 avr. 1909.
Adj. (1812). *Cristal à faces rhombes.*

♦ **2.** (1839; repris du grec *rhombos,* proprt «toupie»; *rhombus* «instrument magique de l'antiquité», in *Encyclopédie,* 1765). Spécialt. Ethnol.,

mus. Instrument de musique formé d'une lame de bois que l'on fait ronfler par rotation rapide au bout d'une cordelette, souvent utilisé dans des pratiques rituelles, magiques, etc.

2   Ensuite elle tourna autour de la table d'Antipas, frénétiquement comme le rhombe des sorcières (...)   FLAUBERT, Trois contes, « Hérodias », III.
3   (*Chez les Indiens du Brésil*) la fabrication et la giration des rhombes. Ce sont des instruments de musique en bois, richement peints, dont la forme évoque celle d'un poisson aplati, leur taille variant entre trente centimètres environ et un mètre et demi. En les faisant tournoyer au bout d'une cordelette on produit un grondement sourd attribué aux esprits visitant le village, dont les femmes sont censées avoir peur. Malheur à celle qui verrait un rhombe : aujourd'hui encore, il y a de fortes chances pour qu'elle soit assommée.
                                       Claude LÉVI-STRAUSS, Tristes tropiques, p. 196.

DÉR. Rhombiforme, rhombique.

RHOMBENCÉPHALE [ʀɔ̃bɑ̃sefal] n. m. — 1929; de *rhomb-* (par allus. à la forme du quatrième ventricule), et *encéphale.*

♦ Anat. Partie de l'encéphale dérivée de la vésicule* cérébrale postérieure, qui comprend le bulbe rachidien, la protubérance annulaire, le cervelet et le quatrième ventricule. — Syn. : *cerveau postérieur.*

RHOMBIFORME [ʀɔ̃bifɔʀm] adj. ⇒ **Rhombique.**

RHOMBIQUE [ʀɔ̃bik] adj. — 1870; *rhombé,* 1817; de *rhombe.*

♦ Didact. Qui a la forme d'un rhombe, d'un losange. — On dit aussi *rhombiforme* [ʀɔ̃bifɔʀm] adj. (1817).

RHOMBO- ⇒ **Rhomb-.**

RHOMBOÈDRE [ʀɔ̃bɔɛdʀ] n. m. — 1784, Haüy; de *rhombo-,* et *-èdre.*

♦ **1.** Géom. Parallélépipède dont les faces sont des losanges.

♦ **2.** (1859). Cristallographie. Cristal dont les faces sont six losanges égaux.

DÉR. Rhomboédrique.

RHOMBOÉDRIQUE [ʀɔ̃bɔedʀik] adj. — 1842; de *rhomboèdre.*

♦ Qui a la forme d'un rhomboèdre. — (xxᵉ). Cristallographie. Se dit d'un système dont la forme primitive est le rhomboèdre, qui a un axe ternaire, trois axes linéaires, un centre, et trois plans de symétrie (ex. : la calcite). *Le quartz cristallise dans le système rhomboédrique.*

RHOMBOÏDAL, ALE, AUX [ʀɔ̃bɔidal, o] adj. — 1671; de *rhomboïde.*

♦ Didact. Qui a la forme d'un losange (⇒ **Rhombe**), d'un rhomboïde ou d'un rhomboèdre. *Pyramide rhomboïdale de Dahshour, en Égypte.* — Par plaisanterie :

(...) une courte femme, au torse rhomboïdal, emmanché de deux petits bras, de deux petites jambes, qui la faisaient ressembler sur son lit à un crabe renversé sur le dos.   Ed. et J. DE GONCOURT, Journal, 4 août 1877, t. V, p. 250.

RHOMBOÏDE [ʀɔ̃bɔid] n. m. — 1542; de *rhomb-,* et *-oïde.*

♦ **1.** Vx. Parallélogramme qui n'est ni losange ni rectangle. — Abusivt. Solide dont les faces sont des rhombes.

♦ **2.** (V. 1560). Anat. Muscle du dos placé sous le trapèze, élévateur de l'omoplate. — Adj. *Muscle rhomboïde.*

DÉR. Rhomboïdal.

RHOMBUS [ʀɔ̃bys] n. m. ⇒ **Rhombe** (2.).

RHOPALIE [ʀopali] n. f. — 1932, Larousse; du grec *rhopalion,* dimin. de *rhopalon* «massue».

♦ Zool. Organe sensoriel des méduses acalèphes, situé au bord de l'ombrelle.

RHOPALOCÈRE [ʀopalɔsɛʀ] adj. et n. m. — 1870; comp. sav. du grec *rhopalon* «massue», et *keras* «corne».

♦ Zool. Qui a les antennes en massue.

N. m. pl. (1875). LES RHOPALOCÈRES : sous-ordre de lépidoptères à antennes en massue (ce sont les papillons diurnes). ⇒ **Papillon.** — Au sing. *Un rhopalocère.*

RHOTACISME [ʀɔtasism] n. m. — 1783; de *rho*, comp. sav. sur le modèle du grec *iôtakismos* «iotacisme». → Rho.
Didactique.

♦ **1.** Vice de prononciation, difficulté ou impossibilité de prononcer les *r*.

♦ **2.** Stylistique. Allitération avec des *r*.

♦ **3.** Ling. Substitution de la consonne *r* à une autre (spécialt, en latin, au *s* intervocalique : *genesis* > *generis*).

RHOVYL [ʀɔvil] n. m. — 1953; de 2. *rho-*, et *-vyl*, n. déposé.

♦ Tissu synthétique de fabrication française constitué de chlorure de polyvinyle pur.

RHUBARBE [ʀybaʀb] n. f. — 1570; *reubarbe*, XIIIe; bas lat. *reubarbarum*, proprt «racine barbare».

♦ **1.** Plante dicotylédone *(Polygonacées)*, scientifiquement appelée *rheum*, herbacée, vivace, à larges feuilles portées par de gros pétioles. *La rhubarbe est originaire d'Asie. Le long du mur* (cit. 6) *poussaient des rhubarbes. Rhubarbe potagère* (rhaponticum), cultivée pour ses pétioles juteux et acides qui se mangent en compote, en confiture (→ ci-dessous, 2.). — *Rhubarbe officinale*, utilisée comme remède sous le nom de *racine de rhubarbe* (→ ci-dessous, 3.).

(...) elle se noyait des essences les plus fortes (...) l'amertume de la rhubarbe, l'âpreté du sureau, la flamme la menthe poivrée persistaient.
ZOLA, l'Œuvre, p. 438.

♦ **2.** Pétiole comestible de la rhubarbe potagère. *Confiture de rhubarbe. Tarte à la rhubarbe.*

♦ **3.** Rhizome de la rhubarbe officinale. *La rhubarbe était utilisée comme laxatif.* ⇒ aussi **Catholicon** (→ Composer, cit. 26; mélancolie, cit. 1). — Loc. fam. (1788). *Passez-moi la rhubarbe, je vous passerai le séné.* ⇒ **Passer** (cit. 107 et *supra*).

RHUM [ʀɔm] n. m. — 1768; *rome*, 1723; *rum*, 1688; angl. *rum*, abrév. de *rumbullion*, var. *rumbustion* «grand tumulte», par allus. aux effets de cette boisson.

♦ Eau-de-vie de canne à sucre, obtenue par fermentation alcoolique et distillation du jus de canne, ou de mélasses*, résidus provenant de la fabrication du sucre. ⇒ **Tafia**. *Rhum martiniquais; rhum de la Jamaïque . Rhum coloré au caramel. Rhum blanc. Un verre de rhum propre à ranimer le courage* (→ Recoudre, cit. 3). *Boisson au rhum.* ⇒ **Grog, punch**. *Rhum utilisé dans la pâtisserie, dans la confiserie. Baba*, savarin au rhum. Omelette, crêpes, bananes flambées au rhum* (→ aussi Gourmandise, cit. 8; pétrir, cit. 1). — *Rhum*, roman de B. Cendrars.

1   Une gorgée de rhum, ce n'est pas grand'chose, mais avalée au bon moment, ça peut vous sauver un bonhomme.   G. DUHAMEL, Chronique des Pasquier, VI, X.
2   Le maître d'hôtel apporta les crêpes sur un plat d'étain, il les arrosa de rhum et de calvados puis il approcha du plat une allumette enflammée. Un spectre de flamme se balança un moment dans les airs.   SARTRE, le Sursis, p. 222.

Verre, ration de rhum. *Donnez-moi un rhum.*

DÉR. **Rhumer, rhumerie, rhumier.**

RHUMATISANT, ANTE [ʀymatizɑ̃, ɑ̃t] adj. et n. — 1780; attestation isolée, 1503; de *rhumatisme*.

♦ Atteint de rhumatisme, sujet aux rhumatismes (→ Neurasthénique, cit. 1). — N. *Un rhumatisant.*

(...) elles sont ridées, flétries, rhumatisantes, alors qu'on les veut jeunes, belles et florissantes (...)   Annie LECLERC, Parole de femme, p. 76.

RHUMATISMAL, ALE, AUX [ʀymatismal, o] adj. — 1755, *Encyclopédie*, art. *Eau : douleur rhumatismale; de *rhumatisme*.

♦ Propre au rhumatisme, causé par le rhumatisme. *Douleur rhumatismale* (→ Patte, cit. 8).

Au sortir d'une crise rhumatismale, on peut éprouver de la gêne, voire de la douleur, à faire jouer ses muscles et ses articulations. C'est la sensation globale d'une résistance opposée par les organes (...) elle est encore là à l'état naissant ou plutôt évanouissant, et (...) elle guette seulement l'occasion de s'intensifier; il faut en effet s'attendre à des crises quand on est rhumatismal.
H. BERGSON, les Deux Sources de la morale et de la religion, p. 14.

RHUMATISME [ʀymatism] n. m. — 1673; *rheumatisme*, 1549; empr. du lat. *rheumatismus*, grec *rheumatismos* «écoulement d'humeurs», rhume, rhumatisme», rad. *rhein* «couler». → Rhume.

♦ Ensemble d'affections douloureuses très diverses, aiguës ou chroniques, des articulations, des muscles et d'autres tissus, associées à des phénomènes inflammatoires ou dégénératifs. ⇒ **Arthrite, arthrose, goutte, lumbago**. *Rhumatismes aigus; rhumatisme articulaire aigu* (ou maladie de Bouillaud), *provoqué par des streptocoques, se manifeste par l'atteinte inflammatoire aiguë de plusieurs

articulations (polyarthrite), parfois compliqué de lésions cardiaques *(rhumatisme cardiaque)*; rhumatisme cardiaque évolutif, rhumatisme infectieux* (ou pseudo-rhumatisme). *Rhumatismes chroniques : rhumatismes inflammatoires* (arthrite; *rhumatisme chronique déformant, progressif*, ou *noueux*, 1855, ou polyarthrite), *rhumatismes dégénératifs* ou arthroses, *rhumatisme goutteux... Rhumatisme musculaire de poitrine.* ⇒ **Pleurodynie**. *Souffrir, se plaindre de rhumatismes* (→ Ficelle, cit. 1; grognonner, cit.). *Avoir un, des rhumatismes. Mon rhumatisme me tient, me reprend* (→ Manchot, cit. 1). *Cloué* (cit. 5) *dans son lit par un rhumatisme. Perclus de rhumatismes. Médicaments contre les rhumatismes.* ⇒ **Colchicine, salycylate.**

Il lui prit des rhumatismes qui se plaquaient aux articulations et s'opposaient à ses mouvements comme des bêtes qui vous surveillent.
Ch.-L. PHILIPPE, le Père Perdrix, I, III.

DÉR. **Rhumatisant, rhumatismal.**
COMP. **Rhumatoïde, rhumatologie.**

RHUMATOÏDE [ʀymatɔid] adj. — 1836; de *rhumat(isme)*, et *-oïde*.

♦ Biol., méd. Qui présente un rapport avec une forme de rhumatisme, ou avec une manifestation rhumatismale. *Douleurs rhumatoïdes. Polyarthrite rhumatoïde :* polyarthrite chronique évolutive.

RHUMATOLOGIE [ʀymatɔlɔʒi] n. f. — 1945, *Garnier et Delamare*; de *rhumatisme*, et *-logie*.

♦ Méd. Branche de la médecine qui traite des différentes sortes de rhumatismes.

DÉR. **Rhumatologique, rhumatologiste** (ou **rhumatologue**).

RHUMATOLOGIQUE [ʀymatɔlɔʒik] adj. — V. 1972; de *rhumatologie*.

♦ Méd. Qui se rapporte à la rhumatologie.

RHUMATOLOGISTE [ʀymatɔlɔʒist] ou **RHUMATOLOGUE** [ʀymatɔlɔg] n. — V. 1953, *rhumatologiste*; *rhumatologue*, v. 1968; de *rhumatologie*.

♦ Méd. Médecin spécialiste de rhumatologie.

RHUMB [ʀɔ̃b] n. m. — 1611; *rumb*, 1553; d'abord *ryn*, 1483, angl. *rim*; *rumb*, sous l'infl. de l'angl. *rhumb* et de l'esp. *rumbo*, empr. du lat. *rhombus*.

♦ Mar. Quantité angulaire comprise entre deux des trente-deux aires de vent du compas, et égale à 11° 15′. ⇒ **Aire** (de vent), **pointe, quart** (de vent); **vent**. *Rhumb du compas et rhumb réel* ou *corrigé*, différant entre eux d'une quantité égale à la déclinaison de l'aiguille aimantée. ⇒ **Boussole**. — Fig. *Rhumbs* et *Autres rhumbs* (1926-1927), recueils de brefs essais et notes de Valéry.

REM. On a écrit et on écrit encore parfois *rumb*.

La différence entre le vrai et le rumb apparent étant d'autant plus grande que le vaisseau a plus de vitesse, l'ourque semblait gagner vers l'origine du vent plus qu'elle ne faisait réellement.   HUGO, l'Homme qui rit, I, II, III.   1
Ce nom marin de *Rhumbs* a intrigué quelques personnes (...) Comme l'aiguille du compas demeure assez constante tandis que la route varie, ainsi peut-on regarder les caprices ou bien les applications successives de notre pensée (...) comme des écarts définis par contraste avec je ne sais quelle constance dans l'intention profonde et essentielle de l'esprit (...) les remarques et les jugements qui composent ce livre me furent autant d'*écarts* d'une certaine direction privilégiée de mon esprit : d'où *Rhumbs*.   VALÉRY, Rhumbs, p. 9.   2

HOM. **Rhombe.**

RHUME [ʀym] n. m. — 1643; *reume*, XIIIe; également *rheume* en anc. franç., lat. *rheuma*, mot grec, proprt «écoulement d'humeurs».

♦ Inflammation générale des muqueuses des voies respiratoires (nez, gorge, bronches). *Un grand* (rare), *un gros, un mauvais rhume* (→ Alléguer, cit. 2; guetter, cit. 12). ⇒ **Catarrhe, grippe** (cit. 8). *Avoir un rhume* (→ Fluxion, cit. 4). *Attraper, prendre un rhume.* ⇒ **Enrhumer** (s'); 2. *froid* (*infra* cit. 10.1), **refroidissement** (→ Coffre, cit. 4). *Manifestations du rhume.* ⇒ **Enchifrener; éternuement, toux**. *Rhume obstiné, opiniâtre* (→ Jus, cit. 1). *Soigner un rhume à l'aide de pectoraux* (cit. 5), *de tisanes, de fumigations... Je n'arrive pas à guérir ce rhume.*

Bouvard, à l'occasion d'un rhume, se figura qu'il commençait une fluxion de poitrine. Des sangsues n'ayant pas affaibli le point de côté, il eut recours à un vésicatoire (...)   FLAUBERT, Bouvard et Pécuchet, III.   1
Elle avait un rhume à crever, les yeux enflés, la gorge arrachée par des quintes de toux qui la pliaient en deux, au bord de l'établi.   2

ZOLA, l'Assommoir, t. I, VI, p. 231.

«Je ne me sens pas bien, disait-elle, va-t'en, ne reste pas près de moi. Tu prendrais mon rhume». Elle toussait, avait la fièvre. Elle me dit, en souriant, pour n'avoir pas l'air de formuler un reproche, que c'était la veille qu'elle avait dû prendre froid.   R. RADIGUET, le Diable au corps, p. 175.   3

Rhume de cerveau ou, absolt, *rhume :* rhume banal provoqué par un virus (⇒ **Rhinovirus**) différent de celui de la grippe ou par d'autres germes. ⇒ **Coryza, rhinite.** — *Rhume qui tombe sur la poitrine.* — *Rhume des foins.* ⇒ **Foin.** *Rhume chronique.* ⇒ **Catarrhe, rhinocatarrhe.**

4 Le lendemain Popinot eut un coryza, maladie sans danger, connue sous le nom impropre et ridicule de *rhume de cerveau.*
BALZAC, l'Interdiction, Pl., t. III, p. 59.

5 Sans nul doute, mon nez, souvent bouché par le rhume de cerveau doit aussi souffler, siffler, dès que les mandibules travaillent.
G. DUHAMEL, Salavin, I, XVII.

Loc. fig. Fam. *Prendre qqch. pour son rhume :* recevoir une bonne correction, une verte semence (cf. Recevoir une engueulade). *Il en a pris pour son rhume,* pour son grade*.

Loc. fam. (Vx). *Rhume de culotte :* blennorragie.

6 J'ai passablement baisé à Naples et d'assez jolies filles. Maxime a attrapé un rhume de culotte. FLAUBERT, Correspondance, 1851, Pl., t. I, p. 773.

RHUMER [ʀome] v. tr. — 1932 ; de *rhum.*

♦ Additionner de rhum, parfumer au rhum. — Au p.p. *Eau-de-vie rhumée.*

RHUMERIE [ʀomʀi] n. f. — 1802 ; de *rhum.*

♦ **1.** Distillerie de rhum. *Les sucreries et les rhumeries de la Martinique.*

À la Martinique, j'avais visité des rhumeries rustiques et négligées ; on y employait des appareils et des techniques restés les mêmes depuis le XVIIIᵉ siècle. Au contraire, à Porto-Rico, les usines de la compagnie qui possède sur toute la production de canne une sorte de monopole, m'offraient un spectacle de réservoirs en émail blanc et de robinetterie chromée. Pourtant, les rhums de la Martinique, goûtés au pied des vieilles cuves de bois engrumelées de déchets, étaient moelleux et parfumés tandis que ceux de Porto-Rico sont vulgaires et brutaux.
Claude LÉVI-STRAUSS, Tristes tropiques, p. 344.

♦ **2.** (xxᵉ ; 1949, *in* Höfler). Surtout dans des noms d'établissements. Débit de boissons spécialisé dans les rafraîchissements, les coktails à base de rhum (punchs, etc.). *Il m'a donné rendez-vous à la Rhumerie caraïbe.*

RHUMIER [ʀomje] adj. — 1930 ; de *rhum.*

♦ Comm. Relatif à l'industrie et au commerce du rhum. *Comptoirs rhumiers des Antilles.*

(...) la confiance de ceux qui avaient travaillé avec Jean Galmot était telle qu'on se trouve en présence de la situation paradoxale suivante décrite dans une lettre par un des plus importants négociants rhumiers de la Guadeloupe (...)
B. CENDRARS, Rhum, éd. Livre de poche, p. 146.

RHYNCH-, RHYNCHO- ou **RYNCH-, RYNCHO-** Premiers éléments de mots didactiques, tirés du grec *rhugkhos* « groin, bec ».

RHYNCHÉE [ʀẽke] n. f. — 1839 ; de *rhynch-.*

♦ Zool. Oiseau échassier des contrées chaudes, vivant dans les marais et les rizières, dont le mâle s'occupe de la couvaison et de l'élevage des petits. *Genre des rhynchées.*

RHYNCHITE [ʀẽkit] n. m. — 1839 ; de *rhynch-,* et suff. *-ite.*

♦ Zool. Insecte coléoptère *(Rhynchitidés),* aux variétés nombreuses, nuisible aux arbres fruitiers. — On écrit aussi *rynchite.*

RHYNCHO- ⇒ **Rhynch-.**

RHYNCHOCÉPHALES [ʀẽkosefal] n. m. pl. — xxᵉ ; « qui a la tête prolongée en forme de bec », 1845 ; de *rhyncho-,* et *-céphale.*

♦ Zool. Groupe de reptiles qui s'est répandu au cours des périodes triasique et jurassique et dont le seul représentant actuel est le sphénodon* (ou *hatteria).* → Dinosaurien (cit.). — Au sing. *Un rhynchocéphale.*

RHYNCHONELLE [ʀẽkonɛl] n. f. — 1839 ; lat. sav., de *rhyncho-,* et dimin. *-elle.*

♦ Zool. Brachiopode extrêmement répandu dans les périodes primaire et secondaire, aujourd'hui presque disparu.

RHYNCHOPHORES [ʀẽkofɔʀ] n. m. pl. — 1839 ; de *ryncho-,* et *-phore.*

♦ Zool. Groupe d'insectes coléoptères (tribu des *Calandrinés)* dont la famille la plus connue est constituée par les curculionidés*. — Au sing. *Un rhynchophore.*

RHYNCHOTES [ʀẽkɔt] n. m. pl. — 1839 ; de *rhynch-,* et suff. *-ote.*

♦ Zool. Ordre d'insectes à rostre, à métamorphoses incomplètes, autrement appelés hémiptères (ex. : cigale, pou, punaise). — Au sing. *Un rhynchote.* ⇒ **Hémiptère.**

RHYOLITHE ou **RHYOLITE** [ʀjolit] n. f. — Déb. xxᵉ (1904, in *Rev. gén. des sc.,* nº 16, p. 792) ; rad. grec *rhu-,* ou *rhuô,* de *rhein* « couler », et suff. *-lithe.*

♦ Géol. Lave volcanique de composition granitique, à texture souvent porphyrique, dont la pâte est partiellement vitreuse. ⇒ **Liparite.**

RHYPAROGRAPHE [ʀipaʀogʀaf] n. m. — 1835 ; *rhypographe,* 1800 ; lat. *rhyparographus,* grec *rhuparographos,* de *rhuparos* « sale », et *graphein* « écrire, décrire ».

♦ Antiq. Artiste spécialisé dans la représentation de sujets grossiers ou obscènes.

Mais les esprits clairvoyants ne peuvent s'empêcher de voir l'art actuel menacé, comme l'École grecque après la mort d'Alexandre, d'une invasion de ces peintres de mœurs vulgaires qu'on appelait alors des *rhyparographes* ...
Ed. et J. DE GONCOURT, Manette Salomon, p. 332.

DÉR. **Rhyparographie.**

RHYPAROGRAPHIE [ʀipaʀogʀafi] n. f. — 1835 ; de *rhyparographe.*

♦ Antiq. Représentation de sujets obscènes. ⇒ **Pornographie.**

RHYTHM AND BLUES [ʀitmɛ̃dbluz] n. m. — Mil. xxᵉ (1959, Panassié) ; expr. anglo-américaine.

♦ Mus. Musique de danse négro-américaine, le plus souvent chantée, apparentée au blues par ses structures mélodiques et harmoniques et par les thèmes poétiques des paroles, caractérisée par l'intensité de l'expressivité musicale et par le recours quasi systématique à l'amplification électrique. *Chanteuse de rhythm and blues.* *« Un rhythm and blues rajeuni et orchestré au goût du jour »* (le *Nouvel Obs.,* 9 oct. 1972, p. 15). — On écrit aussi *rhythm-and-blues,* et *rhythm 'n' blues.* *« Aux sources du rhythm 'n' blues »* (le *Point,* 13 avr. 1981, p. 29).

RHYTHME [ʀitm] n. m. Vx. ⇒ **Rythme.**

RHYTIDOME [ʀitidom] n. m. — 1870 ; grec *rhutidoma* ou *rhutidôsis* « ride, rugosité ».

♦ Bot. Tissu cellulaire péridermique fissuré, fendillé, à la périphérie du liber des plantes ligneuses, appelé couramment *écorce. Rhytidome persistant du chêne, caduc de la vigne. Rhytidome annulaire, écailleux.*

RHYTON [ʀitɔn] n. m. — 1839 ; grec *rhuton* « vase à boire », de *rhutos* « qui coule », de *rhein* « couler ».

♦ Didact. (archéol.). Coupe faite d'une corne d'animal (ou en forme de corne ou de tête d'animal), à laquelle on buvait en laissant couler le liquide par le bas. *Rhytons d'argent, de terre cuite peinte.*

RIA [ʀja] n. f. — 1904, *Nouveau Larousse illustré* ; 1886 en all. (Richthofen) ; mot esp. de Galice et des Asturies, « baie ».

♦ Géogr. Sur certaines côtes, Vallée encaissée, d'origine fluviale, envahie par la mer. *Côtes à rias* (dans le Finistère, la Chine méridionale, etc.) *et côtes à fjords*. Les rias en entonnoir de la côte bretonne.* ⇒ **Aber.**

RIAL [ʀjal] n. m. — xxᵉ ; mot iranien.

♦ Unité monétaire de l'Iran, divisée en 100 dinars.

RIANT, ANTE [ʀjɑ̃, ɑ̃t] adj. — 1080, *Chanson de Roland* ; p. prés. adj. de *rire.*

♦ **1.** Vieilli. (Personnes). Qui rit, qui aime à rire. ⇒ **Rieur** (→ 1. Boire, cit. 26, Racine).

1 La charmante fille ! toujours riante, verdissante, pleine de gaieté (...)
BEAUMARCHAIS, le Mariage de Figaro, I, 2.

(1314). Mod. (Choses). Qui exprime la gaieté. ⇒ **Gai.** *Visage, figure, air, aspect riant* (→ Brave, cit. 12). *Yeux riants.* *« Sa riante narine »* (→ Purpurin, cit. Hugo).

♦ **2.** (V. 1220 ; en parlant de la nature). Qui semble rire, respirer la gaieté et y inciter. ⇒ **Beau, enchanteur, fleuri...** *Riant bocage* (→ Bois, cit. 7), *riantes prairies* (→ Convenir, cit. 11) ; *riants environs* (cit. 11). *Bords riants* (→ Imagination, cit. 9). *Ciel riant*

(→ Anxiété, cit. 4). *Contrée* (→ Épanouir, cit. 19), *maison* (→ Festonner, cit. 2), *cité riante* (→ Pyramider, cit. 1).

2   La Terre était riante et dans sa fleur première (...)
                                             A. DE VIGNY, Livre mystique, « Le déluge », I.

3   Les eaux riantes, les ruisseaux ironiques, les cascades à la gaieté bruyante se
     retrouvent dans les paysages littéraires les plus variés. Ces rires, ces gazouillis sont,
     semble-t-il, le langage puéril de la Nature. Dans le ruisseau parle la Nature enfant.
                                             G. BACHELARD, l'Eau et les Rêves, p. 47.

♦ **3.** Fig. Agréable pour l'esprit. ⇒ **Enchanteur, gai.** *Idées, images, imaginations riantes* (→ 2. Bourse, cit. 7).

4   Le trop riant espoir que vous leur présentez
     Attache autour de vous leurs assiduités (...)   MOLIÈRE, le Misanthrope, II, 1.

5   (...) relevant la tête pour disserter selon l'occurence, avec la même science abondante et riante (...)
                                             FRANCE, la Rôtisserie de la reine Pédauque, Œ., t. VIII, IV, p. 27.

CONTR. Douloureux, triste. — **Abrupt, austère, désertique, funèbre, sauvage.** — Sombre.

RIBAMBELLE [ʀibɑ̃bɛl] n. f. — 1798 ; orig. incert., p.-ê. contamination de *rîban,* forme dial. de *ruban,* et de mots du rad. onomat. *bamb-* ; cf. les dial. *bamballer, bambiller* « balancer, osciller » ; *ri-* correspond au préf. *re-*.

♦ **1.** Longue suite (de personnes ou de choses en grand nombre). ⇒ **Quantité, série, suite, théorie.** *Une ribambelle d'enfants.* ⇒ **Cortège ;** (fam.) **flopée, tapée.** *Des ribambelles de petits ânes* (cit. 5).

1   (...) épouse-la tout net, et fais-lui un enfant, deux enfants, trois enfants, une ribambelle d'enfants.   HUGO, l'Homme qui rit, II, II, XI.

2   Rue de l'Exposition, à Grenelle, grouillait autour de ce malheureux une ribambelle de malfichus : une fillette mi-aveugle, un crapaud de cinq ans, éclopé (...)
                                             COURTELINE, Messieurs les ronds-de-cuir, 2ᵉ tableau, III.

♦ **2.** Motif de papier découpé, le découpage étant fait sur une bande de papier pliée en accordéon et produisant une suite de figurines identiques lorsqu'on déplie la bande.

RIBÂT [ʀibat] n. m. — D. i. ; mot arabe du Maghreb.

♦ Couvent islamique fortifié, au Maghreb. « *Les missionnaires musulmans qui habitaient un "rîbât", ou "couvent fortifié"* » (*Rev. gén. des sc.,* 28 févr. 1903, nº 4, p. 201).

RIBAUD, AUDE [ʀibo, od] adj. et n. — XIIᵉ ; de l'anc. franç. *riber* « faire le débauché », de l'anc. haut all. *rîban* « frotter, être en chaleur » ; cf. all. *reiben* « frotter ».

★ **I.** Adj. Vx. Débauché.

★ **II.** N. m. *Un ribaud :* un habitué des mauvais lieux (→ Nargue, cit. 2 ; potache, cit. 1).

(V. 1265). *Roi des ribauds :* officier royal qui était chargé de la police des mauvais lieux.

DÉR. 1. Ribaude, 2. ribaude, ribauderie, 1. riboter.
HOM. Ribot. — (Du fém.) 1. Ribaude, 2. ribaude.

1. RIBAUDE [ʀibod] n. f. — V. 1175, *ribaud, -aude* « débauché(e) » ; fém. de *ribaud.*

♦ Vx. Prostituée. *Une ribaude à matelots* (→ Égout, cit. 6) ; terme d'injure pour une femme.

     Cette grosse fille de joie joufflue, pansue, dont les couleurs sont plus rouges que
     le fard, cette ribaude gorgée de viande et de vin, saoule et débraillée, furieuse, qui
     crie et hurle, et entremêle ses caresses immondes de baisers avinés et de hoquets
     hasardeux, est peinte de main de maître en trois ou quatre coups de pinceau.
                                             Th. GAUTIER, les Grotesques, I, p. 29.
HOM. Ribaude (fém. de *ribaud*), 2. ribaude.

2. RIBAUDE [ʀibod] n. f. — 1875 ; fém. de *ribaud.*

♦ Techn. Vx. Barre saillante à la surface d'une étoffe (défaut du foulage, inégalité...).
HOM. Ribaude (fém. de *ribaud*), 1. ribaude.

RIBAUDEQUIN [ʀibodkɛ̃] n. m. — 1346 ; anc. néerl. *ribaudekijn* ; cf. anc. franç. *ribaude* « canon » (probablt métaphore érotique).

♦ Ancienn. Engin de guerre constitué par un chariot sur lequel étaient montées des pièces d'artillerie de petit calibre.

RIBAUDERIE [ʀibodʀi] n. f. — V. 1268 ; *ribaude,* v. 1180 ; de *ribaud.*

♦ Vx. Débauche, acte ou propos de débauché (→ Imaginer, cit. 15).

RIBES [ʀibɛs] n. m. — Déb. XVIᵉ, repris XXᵉ ; lat. médiéval *ribes,* arabe *rîbās* « oseille ».

♦ Bot. (N. scientifique). Groseillier.

RIBÉSIACÉES [ʀibezjase] n. f. pl. — 1846 ; du lat. *ribes* « groseillier ».

♦ Bot. Famille de plantes comprenant le groseillier, le cassis. ⇒ **Grossulariées.**

RIBLAGE [ʀiblaʒ] n. m. — 1846 ; de *ribler.*

♦ Techn. Vx. Action de ribler ; résultat de cette action.

RIBLER [ʀible] v. tr. — 1846 ; intrans., « se livrer à la débauche », 1424 ; probablt du rad. germanique *rîban.* → Ribaud.

♦ Techn. Vx. Rectifier (une meule, un carreau de grès, etc.), en dresser ou en arrondir la surface, en particulier par abrasion (contre une autre meule, un autre carreau, etc.).
DÉR. Riblage, ribleur.

RIBLEUR [ʀiblœʀ] n. m. — 1484 ; de l'anc. sens de *ribler.* → Ribler (étym.).

♦ Vx. Débauché, rôdeur, vagabond (→ Batteur, cit. 3, Rabelais). ⇒ **Coureur** (de routes).

RIBLON [ʀiblɔ̃] n. m. — 1774, Buffon ; probablt du rad. germanique *rîban.* → Ribaud.

♦ Techn. Déchet de ferraille utilisé dans la fabrication de la fonte de seconde fusion ou dans la fabrication de l'acier au four Martin.

     Oui, là-bas, de l'autre côté des mers, il y a de vieux pays pauvres où l'on ramasse
     les ressorts de fauteuil et les seaux hygiéniques percés pour les revendre au marchand de riblons qui les reporte à l'aciérie qui les remet au four Martin.
                                             G. DUHAMEL, Scènes de la vie future, VI.

RIBO- Élément, du radical de *ribose.*

RIBOFLAVINE [ʀiboflavin] n. f. — V. 1953 ; de *ribo-,* et *flavine* « pigment biologique jaune », du lat. *flavus* « jaune ».

♦ Biochim. Vitamine B_2 présente dans les céréales, les légumes, la levure de bière et actuellement obtenue par synthèse ; elle entre dans la constitution de diverses enzymes et protéines jaunes de l'organisme. *La riboflavine est prescrite dans les carences en vitamine B (lésions cutanées, muqueuses et oculaires) en association avec les autres vitamines de ce groupe.* — Syn. : *lactoflavine.*

RIBONUCLÉASE [ʀibonykleaz] n. f. — 1963 ; de *ribo-,* et *nucléase.*

♦ Biochim. Enzyme pancréatique agissant comme catalyseur dans l'hydrolyse de l'acide ribonucléique* et dans le transfert de groupements phosphoryles au niveau des nucléotides. ⇒ **Désoxyribonucléase.**

     Si l'on ajoute, à des cultures de fibroblastes, de la ribonucléase, enzyme qui détruit
     l'acide ribonucléique, on observe un ralentissement de la croissance.
                                             Jean VERNE et Simone HÉBERT, la Culture de tissus, p. 89.

RIBONUCLÉIQUE [ʀibonykleik] adj. — Mil. XXᵉ ; *acide ribose nucléique,* 1949 ; de *ribo-,* et *nucléique.*

♦ Biol. *Acide ribonucléique :* acide nucléique formé par un enchaînement de nucléotides dont le sucre est le ribose* (⇒ **Ribosome**), constituant des noyaux cellulaires et présent dans le cytoplasme. — Abrév. : ARN (en anglais : RNA). — *Acide ribonucléique messager** (abrév. : ARNm), porteur du code génétique selon lequel s'effectue la synthèse des protéines spécifiques. ⇒ **Codon ;** et aussi **désoxyribonucléique.** *Acide ribonucléique de transfert.*

1   Dans l'acide ribonucléique les quatre bases sont : l'*Adénine* et la *Guanine,* c'est-à-
     dire les mêmes bases puriques que l'acide désoxyribonucléique, mais si l'une des
     bases pyrimidines est aussi la *Cytosine,* par contre la thymine est remplacée par
     l'*Uracile.*   A. GOUDOT-PERROT, Cybernétique et Biologie, p. 13.

2   (...) les biologistes s'intéressent tout particulièrement aux acides nucléiques (...)
     l'acide ribonucléique ou ARN que l'on trouve dans le noyau du noyau cellulaire
     et dans le cytoplasme où il est surtout localisé sur des granules appelées ribosomes, constituants de l'ergastoplasme et où il assure les synthèses protéiques.
                                             Jean VERNE et Simone HÉBERT, la Culture de tissus, p. 87.

COMP. Désoxyribonucléique.

RIBONUCLÉOPROTÉIDE [ʀibonykleopʀoteid] n. m. — V. 1960 ; de *ribo-,* et *nucléoprotéide.*

♦ Biochim. Nucléoprotéide dont le groupement spécifique (prosthétique) est un acide nucléique.

RIBORD [ʀibɔʀ] n. m. — 1678 ; de *bord*, le premier élément étant d'orig. incert., anglo-saxon *ryft*, selon Meyer-Lübke.

♦ Mar. Bordage de la carène compris entre les galbords et le voisinage de la flottaison.

DÉR. **Ribordage.**

RIBORDAGE [ʀibɔʀdaʒ] n. m. — 1740 ; de *ribord*.

♦ Mar. Vx. Dommage dû à un abordage.

RIBOSE [ʀiboz] n. m. — 1932 ; de *ribo-*, rad. chimique formé en all. (*Ribonsäure*, acide « ribonique ») par modification du franç. *arabinose*, de *arabique* (gomme), et suff. chimique *-ose*.

♦ Biochim., chim. Sucre (pentose) de formule CH_2OH $(CHOH)_3CHO$, dont la forme dextrogyre (le D-ribose) est un constituant de nucléoprotéides. ⇒ **Ribonucléique.** *Le ribose est très répandu dans les tissus animaux et végétaux sous forme libre ou combinée (esters phosphoriques). Combiné avec des bases puriques ou pyrimidiques, le ribose forme les acides ribonucléiques*. *La forme réduite du ribose est le désoxyribose, constituant des acides désoxyribonucléiques.*

RIBOSOMAL, ALE, AUX [ʀibozomal, o] adj. — 1970 ; de *ribosome.*

♦ Biol. Qui concerne les ribosomes. *« Les ARN ribosomaux qui sont synthétisés selon les mêmes principes que les ARN messagers (...) »* (*Science et Vie*, oct. 1972, p. 43).

RIBOSOME [ʀibozom] n. m. — V. 1957, Dintzis ; de *ribo-*, et *(micro)some*, dans *microsome*, mot forgé par Claude en 1943.

♦ Biol. Organite cytoplasmique formé d'une molécule d'acide ribonucléique* (ARN ribosomique) associée à des protéines, et déchiffrant le code inscrit dans l'ARN messager. *« La "lecture" des ribosomes, traduisant l'information génétique en séquences d'acides aminés, se poursuit (...) jusqu'à ce que le ribosome rencontre un codon d'arrêt »* (*la Recherche*, juil.-août 1970). — Syn. (vx) : *grain de Palade.*

(...) certains organites cellulaires de structure beaucoup plus complexe sont également les produits d'un assemblage spontané. C'est le cas des particules appelées ribosomes, qui sont des composants essentiels du mécanisme de traduction du code génétique, c'est-à-dire de la synthèse des protéines. Ces particules, dont le poids moléculaire atteint 10^6, sont constituées par l'assemblage de quelque cinquante protéines distinctes ainsi que de trois types différents d'acides nucléiques. Encore que l'agencement exact de ces différents constituants au sein d'un ribosome ne soit pas connu, il est certain que l'organisation en est extrêmement précise et que l'activité fonctionnelle de la particule en dépend. Or, à partir des constituants dissociés des ribosomes, on assiste à la reconstitution spontanée, *in vitro*, de particules de même composition, de même poids moléculaire, possédant la même activité fonctionnelle que le matériel « natif » initial.
Jacques MONOD, le Hasard et la Nécessité, p. 115.

DÉR. **Ribosomal.**

RIBOT [ʀibo] n. m. — 1743 ; rad. germanique *rîban*. → Riper.

♦ **1.** Techn. Pilon de la baratte à beurre.

♦ **2.** Régional (Bretagne, Normandie). *Lait ribot* (Wartburg : *lait ribotté*) : « lait de beurre », babeurre.

HOM. **Ribaud.**

RIBOTE [ʀibɔt] n. f. — 1764 ; *ribotte*, 1754, *in* D.D.L. ; déverbal de 1. *riboter.*

♦ **1.** Vieilli ou plais. Joyeux excès de table et de boisson (qui a quelque chose d'inhabituel). ⇒ **Débauche, godaille** (vx), **noce, orgie ;** fam. **bombe, bringue, foire.** *Faire ribote. Se payer une ribote.* — (1835). Spécialt. **EN RIBOTE** : en état d'ivresse.

1 (...) on mangea trois gigots et cinq lapins, on trinqua si tard, que tous se couchèrent en ribote. Jacqueline, grise elle-même, faillit se faire prendre par Hourdequin, au cou de Tron. ZOLA, la Terre, III, IV.

2 Il y a, aussi, de bons souvenirs de guerre : ceux-là ne périrent point. Les anciens combattants racontèrent inlassablement leur magnifique fraternité, leurs ribotes dans les villages, au repos, leurs ruses amusantes.
J. DUTOURD, les Taxis de la Marne, III, XI.

♦ **2.** (1861). Fig. Vieilli ou littér. Excès. *Une ribote de vitalité* (→ Multitude, cit. 8, Baudelaire)

Qui ne s'est jamais offert une ribote intérieure de naïvetés, qu'il se versait lui- 3 même à franches rasades (...) et encore une ! et encore une !
J. ROMAINS, les Hommes de bonne volonté, t. XVIII, XIV, p. 194.

HOM. Formes des v. 1. **riboter,** 2. **riboter.**

1. RIBOTER [ʀibɔte] v. intr. — 1745, Vadé ; mot pop., issu de l'anc. v. *ribauder* (1260), de *ribaud.*

♦ Vx. Faire ribote. ⇒ **Débaucher** (se), **nocer** (→ Prendre, cit. 68). *« Dans nos cerveaux ribote un peuple de démons »* (→ Helminthe, cit. Baudelaire).

On se jette aux femmes à corps perdu. À quarante ans, on couche avec des duchesses, à soixante il faut déjà se contenter d'aller riboter avec des filles.
BERNANOS, Sous le soleil de Satan, III, XII.

DÉR. **Ribote, riboteur.**
HOM. 2. **Riboter.**

2. RIBOTER [ʀibɔte] v. tr. — Attesté 1859, cit. ; mot régional, de même orig. que *ribot.*

♦ Régional (Bretagne, Normandie). Baratter (le lait) avec le ribot.

Ce matin au déjeuner nous avons eu du lait aigre, qui m'a tout à fait rappelé celui que je ribotais à Launay.
Tristan CORBIÈRE, Lettre à Édouard Corbière, 18 mai 1859, Pl., p. 937.

HOM. 1. **Riboter.**

RIBOTEUR, EUSE [ʀibɔtœʀ, øz] n. — 1745, Vadé ; de 1. *riboter.*

♦ Vx. Personne qui ribote. ⇒ **Débauché, noceur.**

RIBOUIS [ʀibwi] n. m. — 1880 ; « savetier », 1854, argot (→ Bouif) *rebouiser* « rajuster », de *re-*, et *bouis*, forme dial. de *buis**, instrument de cordonnier.

♦ Vx et pop. Soulier usagé ; par ext., soulier (spécialt, gros soulier). ⇒ **Godillot.**

(...) dans le coin gauche, trois paires de grand luxe (...) Ici, douze paires et sept 1 ribouis dépareillés représentant (...) un terrassier, un chauffeur d'auto — usure du talon, empreintes des pédales — deux peintres en bâtiment, etc.
G. DUHAMEL, Salavin, V, VI.

Quelques temps il considéra cette énorme paire de « ribouis » sans pouvoir retenir 2 des petits soupirs de satisfaction. « C'est lui ! se disait-il, ce ne peut être que lui qui se promène ici dans d'aussi superbes godilles ! »
G. LEROUX, Rouletabille chez Krupp, p. 99.

RIBOULANT, ANTE [ʀibulɑ̃, ɑ̃t] adj. — xxᵉ ; de *ribouler.*

♦ Fam. *Des yeux riboulants,* qui roulent, exprimant l'étonnement.

RIBOULDINGUE [ʀibuldɛ̃g] n. f. — 1892 ; le premier élément est probablt dér. du dial. *riboula* « manger à l'excès », de *ribouler,* forme intensive de *bouler* « rouler (ou devenir) comme une boule », et le second de *dinguer.*

♦ Fam. Partie de plaisir, noce. ⇒ **Débauche, ribote.** *Faire la ribouldingue.*

Alors, en avant sur Paris par le premier train. Deux jours de ribouldingue, avec 1 toutes les femmes qu'on voulait (...)
J. ROMAINS, les Hommes de bonne volonté, t. XVI, XXVII, p. 258.

(...) l'horizon du soldat est borné et ne dépasse guère la limite de son escouade, 2 de sa section, de sa compagnie ; la notion de régiment frise déjà la fiction, sauf dans les grands jours d'éclat, revue, offensive, défilé de la Victoire ; de même que l'esprit de corps ne se manifeste dans sa conscience que les soirs de sortie, de quartier libre, de ribouldingue.
B. CENDRARS, la Main coupée, Œ. compl., t. X, p. 104.

DÉR. **Ribouldinguer.**

RIBOULDINGUER [ʀibuldɛ̃ge] v. intr. — 1900, A. Allais ; de *ribouldingue.*

♦ Fam. Faire la ribouldingue, faire la noce. ⇒ **Nocer.** *En ribouldinguant,* œuvre d'Alphonse Allais (1900).

(...) ce restaurant c'est tout ce qu'il y a de plus urf, gratin et maizouimachère *(de « mais oui ma chère »),* avec des bonnes femmes décolletées tant que ça peut et des bonzommes *(sic)* fringués spécialement pour aller ribouldinguer (...)
R. QUENEAU, le Dimanche de la vie, p. 189.

RIBOULER [ʀibule] v. intr. — 1862, mais antérieurement nombreuses formes dial. *rebouler, ribouler* ; de *boule.*

♦ Fam. et vieilli. *Ribouler des yeux, des quinquets :* regarder en roulant les yeux d'un air stupéfait.

Pour me faire enrager, il me riboulait des yeux, à la manière du vrai clown, quand celui-ci regardait la petite acrobate, dans le cirque, tout en jouant et en faisant ses pitreries.   J.-R. BLOCH, l'Aigle et Ganymède, éd. Gallimard, p. 198.

DÉR. Riboulant.

RICAIN, AINE [ʀikɛ̃, ɛn] n. — V. 1950 ; aphérèse de *Américain*.

♦ Fam. Américain, Américaine (des États-Unis). ⇒ **Amerlo.**

1   Les Ricains sont grillés, les Frisous ont des malheurs, il n'y a que le Français qui s'en tire.   Roger NIMIER, le Hussard bleu, 1950, p. 264.

2   Reporter avant tout, ce grand garçon bâti pour vivre centenaire, nous décrivait la ruée des chars, des voitures, des camions blindés, le passage en trombe des avions et le côté sport des Ricains, qui venus des quatre coins du Kansas, du Texas, de Californie, d'Orégon, d'Illinois ou du Colorado, laissaient parfois leur peau chez le Boche après avoir failli la perdre sous Metz, Forbach, Boulay, Thionville, sans jamais discuter le coup.   Francis CARCO, Ombres vivantes, 1952, p. 235.

RICANANT, ANTE [ʀikanɑ̃, ɑ̃t] adj. — Déb. xxᵉ ; de *ricaner*.

♦ **1.** (Personnes). Qui ricane.

♦ **2.** Qui est émis, produit en ricanant. *Voix ricanante.*

♦ **3.** Fig. Qui exprime une joie, un plaisir cynique, malveillant. *« Complaisance ricanante »* (J. Romains, *in* G. L. L. F.). *Un mépris ricanant.* ⇒ **Ricaneur.**

RICANEMENT [ʀikanmɑ̃] n. m. — 1702 ; de *ricaner*.

♦ Fait de ricaner ; rire d'une personne qui ricane. ⇒ **Moquerie, ricanerie** (→ Intraduisible, cit. 2 ; pantomime, cit. 1). *Le ricanement voltairien* (→ Railler, cit. 4).

1   (...) je finirais peut-être par faire un poème ou un tableau qui me rendrait célèbre, et ceux qui m'aiment (...) auraient une réponse victorieuse aux ricanements sardoniques des détracteurs de ce grand génie ignoré qui est moi.   Th. GAUTIER, Mˡˡᵉ de Maupin, XI.

2   Ce sourire méprisant qu'il avait eu, ce ricanement dont elle lui avait dit en passant devant le Collège de France ... « Qui sait ? peut-être qu'un jour tu entreras par cette porte pour faire ton cours (...) »   N. SARRAUTE, le Planétarium, p. 79.

RICANER [ʀikane] v. intr. — 1538 ; « braire », v. 1400 ; réfection, sous l'infl. de *rire*, de l'anc. franç. *recaner, rechaner* « braire », du picard *kenne, chane* « joue », d'un francique **kinni* « mâchoire » ; cf. all. *Kinn* « menton » ; p.-ê. avec infl. de *hanner* « hennir ».

♦ **1.** Rire à demi de façon forcée, avec une intention méprisante, sarcastique, ou avec une joie méchante (→ Collet, cit. 5 ; énervement, cit. 2 ; onde, cit. 19 ; railler, cit. 8). — *Dire en ricanant* (→ Héler, cit. 1 ; 1. nazi, cit.).

1   Coupeau s'arrêta devant la Joconde (...) Boche et Bibi-la-Grillade ricanaient, en se montrant du coin de l'œil les femmes nues ; les cuisses de l'Antiope surtout leur causèrent un saisissement.   ZOLA, l'Assommoir, t. I, III, p. 95.

2   Il avait le rictus d'un homme qui ricane, mais un regard cruel et l'œil congestionné derrière le monocle.   MARTIN DU GARD, les Thibault, t. IV, p. 98.
Une voix qui ricane. ⇒ **Ricanement.**

♦ **2.** (1690). Rire de façon stupide, sans motif. *Élève qui est toujours en train de ricaner.*

2.1   Comme vous êtes bon ! Ah ! cher enfant !
Il le contemplait et versait des larmes, tout en ricanant de bonheur.   FLAUBERT, l'Éducation sentimentale, II, IV, éd. du Milieu du Monde, p. 342.

3   (...) il passait les trois quarts du temps à faire la sieste en son fauteuil, le reste à ricaner tout seul sans que l'on pût savoir pourquoi (...)   COURTELINE, Messieurs les ronds-de-cuir, 2ᵉ tableau, I.

♦ **3.** Trans. ind. (xviiiᵉ). *Ricaner de (qqn, qqch.),* s'en moquer avec une joie méchante.

♦ **4.** Trans. dir. (Fin xixᵉ, Loti). Dire en ricanant. *Ricaner une réponse. Il ricana : tu m'ennuies.* — En incise. *Non, ricana-t-elle.*

4   (...) je crois vous entendre ricaner : « Ce qu'elle peut être naïve ! »   MONTHERLANT, Pitié pour les femmes, p. 55.

Au participe passé :

5   M. Warting (...) proposa de rompre ces pourparlers fallacieux :
— J'ai des offres ailleurs.
L'Arménien Kalentian dit :
— (...) Ou vous traitez avec nous, ou avec personne.
Il conclut par sa syllabe ricanée :
— Yes !   Pierre HAMP, la Peine des hommes (Moteurs), p. 11.

DÉR. Ricanant, ricanement, ricanerie, ricaneur. — V. Ricasser.

RICANERIE [ʀikanʀi] n. f. — Fin xviiᵉ ; de *ricaner*.

♦ Rare. Rire ou moquerie d'une personne qui ricane ⇒ **Ricanement.**

RICANEUR, EUSE [ʀikanœʀ, øz] n. et adj. — 1555 ; de *ricaner*.

♦ **1.** N. Personne qui ricane, qui se plaît à ricaner. *Ces perpétuels ricaneurs sont insupportables.*

♦ **2.** Adj. (Mil. xviiiᵉ). Qui ricane, qui ricane facilement, souvent (→ Imiter, cit. 1). *Il est un peu ricaneur et moqueur. Un petit*

homme *« ricaneur et assez mauvais plaisant »* (→ Pincer, cit. 10, Voltaire). — *Un air, un sourire ricaneur.* — Qui a les caractères d'une moquerie méchante. *Un mépris ricaneur.* ⇒ **Ricanant.**

L'ancienne franchise de leur métier ne leur laissant pas comme aux autres couvrir leur animosité d'un masque ricaneur et traître, ils me montrent tout ouvertement la plus violente haine (...)   ROUSSEAU, Rêveries..., IXᵉ promenade.

RIC-À-RAC [ʀikaʀak], **RIC À RAC** [ʀikaʀak] loc. adv. — Vx. ⇒ **Ric-rac.**

RICARDEAU ou **RICARDOT** [ʀikaʀdo] n. m. — 1870 ; de *ricarde* « coquillage bivalve et strié », 1845 ; du fém. de *Ricard,* forme dial. de *Richard*.

♦ Régional. Coquille Saint-Jacques.

RICASOLIA [ʀikazɔlja] n. m. — V. 1960 ; *ricasolie,* v. 1930 ; du n. propre *Ricasoli*.

♦ Bot. Lichen qui se développe sur le tronc des arbres.

RICASSER [ʀikase] v. intr. — Av. 1525, G. Crétin ; de *rire* ou de *ricaner*.

♦ Vx (encore chez Huysmans). Ricaner.

RICCI [ʀiksi] n. f. — 1791 ; *riccia,* 1765 ; de *Ricci,* nom d'un botaniste italien.

♦ Bot. Plante cryptogame muscinée, classe des hépatiques *(Ricciées),* qui croît dans les régions tempérées, aux endroits humides.

RICERCARE [ʀizɛʀkaʀ], parfois (de la prononc. ital.) [ʀitʃɛʀkaʀe] n. m. invar. — 1875 ; *recherche,* vx, 1732 ; *ricercata,* 1846 ; mot ital., du verbe *ricercare* « rechercher ».

♦ Mus. Pièce instrumentale libre en style d'imitations* d'un genre inauguré par les luthistes italiens à la fin du xvᵉ siècle et développé surtout par les clavecinistes et les organistes. — Plur. (ital.) rare : *ricercari* [ʀitʃɛʀkaʀi]. *Les ricercari de Frescobaldi.*

RICEYS [ʀisɛ] n. m. — Mil. xxᵉ ; nom d'un vin, 1861 ; de *Les Riceys,* dans l'Aube.

♦ Fromage cylindrique de lait de vache, fabriqué dans l'Aube. *Riceys cendré,* affiné dans les cendres.

RICHARD, ARDE [ʀiʃaʀ, aʀd] n. — 1466 ; de *riche*.

♦ Fam., péj. Personne riche, qui a de la fortune. *Un gros richard, un vieux richard* (→ Immonde, cit. 5). ⇒ **Nabab.** *Ce richissime richard* (→ Plus, cit. 81). *Une grosse richarde.*

1   Encore un joli bougre, celui-là (...) Est-ce qu'un richard comme lui, qui possède plus de cinq cents hectares du côté d'Orgères, ne devrait pas vous en faire cadeau, de votre chemin, au lieu de vouloir tirer des sous à la commune ?   ZOLA, la Terre, I, IV.

2   C'est un état que nous ne souhaitons à personne, que celui d'être le *richard de la famille.* Si on voulait préciser la somme globale que les uns et les autres avaient tirée de M. Octave, on irait loin.   MONTHERLANT, les Célibataires, I, V.

REM. Le mot n'avait pas la même valeur péjorative avant le xixᵉ siècle.

3   Ce M. Dondaine était un richard de Saci ; homme d'un grand bon sens, laborieux, économe, entendu, et qui ne devait l'espèce de fortune dont il jouissait qu'à ses bras, à son intelligence.   RESTIF DE LA BRETONNE, la Vie de mon père, p. 102.

RICHE [ʀiʃ] adj. et n. m. — 1050, *rice,* du francique **riki* « puissant » (cf. all. *reich*) ; le sens actuel apparaît très tôt en français.

♦ **1.** ⓐ Personnes. Qui a de la fortune (III.), possède des biens, de l'argent en abondance. ⇒ **Argenteux** (fam.), **calé** (vx), **cossu, fortuné** (cit. 5 et 6), **friqué** (fam.), **galetteux** (fam.), **huppé, nanti, opulent, pourvu, renté, richard, rupin** (fam.). → Cousu* d'or, plein* (*infra* cit. 20) aux as. ⇒ aussi les préf. **Plouto-, timo-.** *L'homme riche* (→ Chantage, cit. 1) *et l'homme puissant* (cit. 3). *Les gens riches* (→ Caste, cit. 2 ; dédaigneux, cit. 11). — REM. En épithète et sauf avec *homme, gens, riche* est souvent placé avant le nom, avec une valeur affaiblie (par ex. si le nom désigne une catégorie de personnes généralement ou souvent riches). *Riche bourgeois* (→ Gentilhomme, cit. 2), *riche capitaliste** (*infra* cit. 20). ⇒ **Milord** (vx). *Des jeunes gens riches* (cf. La jeunesse dorée). *Hériter d'un riche parent* (→ Un oncle* d'Amérique). — *« Un riche laboureur... »* (cit. 3, La Fontaine). *Une riche fermière* (→ Honteux, cit. 3). *Une maîtresse* (→ Mariage, cit. 17). *Une maîtresse* (cit. 66) *riche. Riche et beau* (→ Fleur, cit. 20). — Par ext. *Un riche parti*.
Être, devenir, rester... riche (→ Dépenser, cit. 5 ; égal, cit. 18 ; estimation, cit. 4 ; hériter, cit. 3 ; héritier, cit. 3 et 20 ; indépendant, cit. 6 et 7 ; matin, cit. 9). *« On ne devient guère si riche à être honnêtes* (cit. 1) *gens »* (Molière).

Être riche, très riche. → Ne pas se moucher du coude*, avoir du foin* dans ses bottes, avoir de l'oseille*, du blé*, du flouze* ; et cf. Du pèze, des ronds, être au pèze (⇒ **Argent**) ; nager dans l'abondance, remuer l'argent à la pelle*, en avoir plein les poches*, rouler sur l'or*. *Il gagne bien sa vie, mais il n'est pas riche. Elle est plus, moins riche que sa sœur. Il est assez riche pour supporter cette perte* (→ Avoir les reins* solides). *Très riche, puissamment riche* (→ Garçon, cit. 15). ⇒ **Richissime.** *Les gens riches, assez riches.* ⇒ **Aisé.** — *Il n'est pas assez riche pour acheter un bateau. Nous faisons ce que nous pouvons, car nous ne sommes pas riches,* nous n'avons guère d'argent (sans être pauvres).

1   Il est enjoué, grand rieur, impatient, présomptueux, colère, libertin, politique, mystérieux sur les affaires du temps : il se croit des talents et de l'esprit : il est riche.   LA BRUYÈRE, les Caractères, VI, 83.

2   Une des misères des gens riches est d'être trompés en tout. S'ils jugent mal des hommes, faut-il s'en étonner ? Ce sont les richesses qui les corrompent ; et, par un juste retour, ils sentent les premiers le défaut du seul instrument qui leur soit connu. Tout est mal fait chez eux, excepté ce qu'ils y font eux-mêmes ; et ils n'y font presque jamais rien.   ROUSSEAU, Émile, I.
Cf. aussi Émile, IV : «(...) si j'étais riche (...) je ne voudrais point avoir un palais pour demeure (...) sur le penchant de quelque agréable colline bien ombragée, j'aurais une petite maison rustique (...)».

3   Il y a des vertus qu'on ne peut exercer que quand on est riche.   RIVAROL, Philosophie, III, Notes.

(1694). *Riche à millions :* très riche. — (1690). *Riche comme Crésus,* (vx) *comme un Crésus.* ⇒ **Crésus.**

REM. *Riche,* surtout dans son emploi épithète, suppose la possession continue de biens importants ; normal avec certains noms, il devient dès lors anormal ou stylistique avec d'autres (*un riche paysan* est normal, *un riche artisan,* moins, *un riche ouvrier,* anormal). La postposition de l'adjectif rend les connotations moins fortes, et l'emploi avec un comparatif est toujours possible (*les prolétaires français sont plus riches que...*). L'emploi attribut est, lui aussi, plus étendu, et peut s'appliquer à la possession momentanée de biens peu importants (*toi, tu es riche, tu peux nous payer un coup !*).

(1751). *Riche de...* « *Mazarin était riche d'environ deux cents millions* » (Voltaire). — Fig. « *Je suis riche des biens dont je sais me passer* » (Vigée, *in* Littré). *Se trouver riche de peu* (→ Misère, cit. 10).

4   (*Nos pères*) en avaient moins que nous (*d'argent*) et en avaient assez, plus riches par leur économie et par leur modestie que de leurs revenus et de leurs domaines.   LA BRUYÈRE, les Caractères, VII, 22.

b Qui-rapporte, représente beaucoup d'argent. *Un riche bénéfice* (→ Dépouiller, cit. 6). *Faire un riche mariage* (avec une personne riche). → Épouser le gros sac*.

c (V. 1160). D'une situation économique ou financière prospère. *Les vieilles sociétés riches* (→ Gérontocratie, cit. 2). *Les pays riches* (→ Impôt, cit. 7). ⇒ **Florissant, prospère.**

d N. m. (V. 1050). UN RICHE, LES RICHES (le féminin n'est guère usité) : un homme riche, les gens riches. — REM. Comme pour *pauvre**, le nom est plus fort que l'adjectif ; il s'emploie surtout collectivement, pour désigner les membres les plus fortunés de la classe possédante. ⇒ **Crésus, milliardaire, millionnaire, nabab** (2.), **richard** (péj.). *Le pauvre* (cit. 8 et 11) *et le riche ; les riches et les pauvres* (cit. 16 et 17). ⇒ aussi **Nanti, possédant, profiteur.** *Il fait partie des riches, des deux cents familles**. *Faire payer les riches. Les grands et les riches* (→ Multitude, cit. 13). *Les puissants et les riches.* ⇒ aussi **Heureux** (n.). — (Dans le langage biblique, évangélique et religieux). → Attacher, cit. 43, Bossuet ; 2. bien, cit. 2, Pascal ; naturaliser, cit. 4, Bossuet. *Les riches et ceux qui désirent de l'être* (→ Malédiction, cit. 6). « *Donnez, riches...* » (→ Aumône, cit. 12, Hugo). — Allus. évang. « *Il est plus aisé pour un chameau d'entrer par le trou d'une aiguille* (cit. 14) *que pour un riche d'entrer dans le royaume de Dieu* ». *Le mauvais riche,* celui dont parle l'Évangile (Luc, XVI, 19), qui refusa de secourir le pauvre Lazare et fut rejeté du sein d'Abraham (→ Immonde, cit. 2). *Les miettes* (cit. 1 et 5) *de la table du riche.*

5   (...) les patries sont toujours défendues par les gueux, livrées par les riches (...)   Ch. PÉGUY, la République..., p. 92.

6   L'argent est maître, soit. Cependant, il n'a même pas de représentant attitré, comme une simple puissance de troisième ordre. Il ne figure pas dans les cortèges en grand uniforme. Vous y voyez le Juge, en rouge et peau de lapin, le Militaire chamarré comme un Suisse de cathédrale, ce Suisse lui-même ouvrant la route au Prélat violet, le Gendarme, le Préfet, l'Académicien qui lui ressemble, les Députés en habit noir. Vous n'y voyez pas le Riche — bien qu'il fasse les frais de la fête, et qu'il ait pourtant les moyens de mettre beaucoup de plumes à son chapeau.   BERNANOS, les Grands Cimetières sous la lune, p. 33.

Loc. (1721). NOUVEAU (*infra* cit. 13) RICHE : personne récemment enrichie, qui étale sa fortune sans modestie et sans goût. ⇒ **Parvenu** (expression péjorative courante entre 1918 et 1940) ; B. O. F. — Adj. (Déb. xxᵉ). *Il est un peu nouveau riche.* — Au fém. (rare). *Nouvelle* (cit. 16) *riche* (fig.). — Fam. et péj. GOSSE DE RICHE (→ Main, cit. 78), DE RICHES : enfant d'une famille fortunée, plus ou moins gâté.

Prov. *On ne prête** *qu'aux riches* (→ aussi Prêter, cit. 13).

♦ **2.** (xiiᵉ, « de grande valeur »). Choses. Qui annonce ou suppose la richesse, des moyens financiers importants. ⇒ **Coûteux, dispendieux.**

Ses habits (cit. 9) *les plus riches.* — Par ext. *Vie riche.* ⇒ **Fastueux, large...**
Loc. fam. *Ça fait* (cit. 168) *riche. Ce n'est guère riche* (→ Recoudre, cit. 2).
Pain riche : pain de luxe.

♦ **3.** (1553). Personnes. RICHE EN, RICHE DE... : qui abonde en. *Riche* « *en grands talents* » (Fléchier), « *en vertus* » (Molière)... *Riche en amis* (→ Bras, cit. 38). — *Riche de dons, d'esprit. Riche de jours et prodigue de tout* (→ Éloignement, cit. 9).

7   (...) on est riche aussi de ses misères (...)   SAINT-EXUPÉRY, Vol de nuit, I.

♦ **4.** (xviᵉ-xviiᵉ). Choses. Qui est capable de produire des biens en abondance ; qui contient, en réalité ou en puissance, beaucoup de choses et présente un caractère de richesse* (4. et 5.). ⇒ **Fécond, fertile, productif.**

RICHE DE..., RICHE EN... **a** (Au sens concret). *Sous-sol riche en minerais. Grasses campagnes, riches d'engrais, de canaux, d'exubérante végétation...* (→ Pousser, cit. 51). ⇒ **Luxuriant.** *Musée riche en primitifs italiens.*

(V. 1131). Absolt. *Une terre riche.* ⇒ **Généreux, planteureux.** *Rendre un sol plus riche par des engrais* (plus riche en éléments minéraux et plus fertile). *De riches bassins miniers* (→ Exploiter, cit. 3, fig.). *Une riche collection* (→ aussi Herbier, cit. 1). *Un aliment riche,* qui contient des principes énergétiques en abondance (→ Calorie, cit. 2). *Un sang très riche.* — (V. 1930). Autom. *Un mélange riche, trop riche* (en carburant). — (1852). *Gaz** *riche.*

b (Abstrait). *Activité riche de possibilités.* ⇒ **Gros ; fécond** (→ 1. Pensée, cit. 28). *Un rôle riche de contradictions* (→ Étoffer, cit. 3). — *Les plus riches promesses* (→ Dépossédé, cit. 3). *Une riche nature* (cit. 28) : une personne forte, créative. *Impressions* (→ Lyrique, cit. 5), *sensations riches.*

(Antéposé). *C'est une riche idée.* ⇒ **Excellent.**

♦ **5.** (xviᵉ). Dont le contenu est abondant et varié, complexe (avec une idée de beauté ou d'intérêt). ⇒ **Abondant, copieux, nourri.** *Dialogue riche en mots pleins de sens* (→ Dru, cit. 5), *en reparties... Mots riches de couleur* (cit. 27) *et de sonorité.* — (Antéposé). Littér. *Riches descriptions* (cit. 4). *De beaux et riches exemples* (→ Distinguer, cit. 32). *Style nombreux* (cit. 6), *riche... Un livre riche.* — (1690). *Une langue riche* (en moyens d'expressions : lexique...). — (1548). Spécialt. *Rime** *riche.*

Son riche. Voix riche (→ Important, cit. 7 ; réciter, cit. 2). — *Des parfums* (cit. 1) « *riches et triomphants* ». — *Couleurs, tons riches* (→ Blond, cit. 5 ; gai, cit. 9). *La riche palette d'un peintre. Sa palette est plus, moins riche que celle de X.*

Vin riche, généreux* et fort. ⇒ (Pop. et vx) **Chenu.**

♦ **6.** Qui présente des ornements variés et abondants (avec une idée de grande valeur, de grand prix ; → ci-dessus, 2.). ⇒ **Magnifique.** *L'endroit le plus* (cit. 76) *orné, le plus riche. Enjolivements* (cit. 1) *plus ou moins riches. Une riche bordure* (→ Pampre, cit. 1), *un riche tapis* (→ Barioler, cit. 2, fig.). *Les plus riches étoffes* (→ Déployer, cit. 3). *Riche parure* (cit. 3). ⇒ **Éclatant, luxueux, magnifique** (2.). — *Ornementation d'un goût riche et compliqué* (→ Marier, cit. 20).

CONTR. Besogneux, chiche, dépourvu, famélique, impécunieux, indigent, malheureux, misérable, nécessiteux, pauvre, prolétaire. — Court, maigre, médiocre, mesquin.
DÉR. Richard, richement, richesse, richissime.
COMP. Enrichir, richomme.

RICHELIEU [ʀiʃəljø] n. m. — 1894 ; nom propre.

♦ **1.** Chaussure basse et lacée. *Des richelieu, des richelieus.*

1   Il s'assit pour mettre ses souliers.
— Vise ces pompes, dit-il à son compagnon. Et on appelle ça des Richelieu !   P. MAC ORLAN, la Bandera, III.

Plur. On écrit parfois *richelieux,* par attraction de *lieux.*

2   Après l'inévitable bousculade de la sortie, il se dirigea vers sa demeure, sautant de fondrière en fondrière, faisant rouler les cailloux de la pointe aveugle de ses richelieux.   R. QUENEAU, le Chiendent, Folio, p. 18.

♦ **2.** (xxᵉ). Cuis. Genre de pâtisserie.

RICHEMENT [ʀiʃmɑ̃] adv. — 1138 ; de *riche.*

♦ **1.** (1273). De manière à rendre ou à devenir riche. *Pourvoir, nantir richement qqn. Il a marié richement ses filles.* — Fig. *Être richement pourvu d'imagination* (cit. 7). ⇒ **Abondamment.**

♦ **2.** (V. 1170). Avec magnificence. *Richement vêtu.*

♦ **3.** D'une manière riche (4.), avec richesse, abondance. *Le vert s'empourpre richement* (→ Couleur, cit. 4). *Les soleils couchants, qui colorent si richement la salle à manger* (→ Plomb, cit. 1). *Objets, guirlandes* (cit. 4) *richement sculptés* (→ Lingot, cit.). *Missel riche et* (1690) *richement orné. Niches* (cit. 3) *richement encadrées.* — Iron. *Une édition richement émaillée de fautes* (cit. 32). — Spécialt. *Rimer** *richement.*

♦ **4.** (1552). Fam. et vieilli. Beaucoup, très. « *Elle est richement* laide » (Académie). « *Ça t'allait richement bien* » (Daudet, *Sapho*, 28).

CONTR. Pauvrement, simplement, sobrement.

RICHESSE [ʀiʃɛs] n. f. — V. 1119, au plur., *les richeises ;* au sing., 1138 ; de *riche.*

★ **I.** ♦ **1.** Possession de grands biens, de nombreuses valeurs ; et, spécialt, abondance d'argent en la possession de qqn. ⇒ **Aisance, avoir, fortune, opulence** (→ Envieux, cit. 4 ; profiter, cit. 7). *Faire montre de sa richesse* (→ Étaler, cit. 30) ; *étalage de richesse.* ⇒ **Luxe.** *L'envie* (cit. 7) *devant la richesse.* — Prov. *Contentement* (cit. 4) *passe richesse :* il vaut mieux être heureux que riche. *La richesse ne fait pas le bonheur.*

1   La richesse est devenue l'unique objet des désirs des hommes, parce qu'elle donne la puissance.
FUSTEL DE COULANGES, la Cité antique, IV, VII.

2   La richesse est une maladie. Et la femme la supporte encore plus mal que l'homme. Tout riche est un être anormal.
R. ROLLAND, Jean-Christophe, Les amies, p. 1124.

(V. 1190). Absolt. **LES RICHESSES :** l'argent, les possessions matérielles. ⇒ **Argent, moyen(s), or, ressource** (→ Abondance, cit. 3 ; attacher, cit. 48 ; avare, cit. 11 ; impossible, cit. 13 ; par, cit. 37). *Accumuler* (cit. 3 et 4), *amasser* (cit. 6) *les richesses, des richesses. Une soif insatiable* (cit. 3) *de, des richesses, passion pour les richesses* ⇒ **Avarice, avidité.** *Courir après les richesses. L'appât, l'éclat des richesses. Le mépris des richesses* (→ Avilissement, cit. 1). *Se défier* (2. Défier, cit. 6) *des richesses. La possession de richesses suscite les conflits* (cf. Qui terre a guerre a). — Dans le même sens, au sing. (rare). *Vous ne pouvez servir Dieu* (cit. 46) *et la Richesse* (cf. aussi Adorer le veau d'or, servir Dieu et Mammon).

3   Les philosophes ne condamnent les richesses que par le mauvais usage que nous en faisons ; il dépend de nous de les acquérir et de nous en servir sans crime ; et au lieu qu'elles nourrissent et accroissent les crimes, comme le bois entretient le feu, nous pouvons les consacrer à toutes les vertus, et les rendre même par là plus agréables et plus éclatantes.
LA ROCHEFOUCAULD, Maximes, 520.

4   Parcourez les maisons et les familles distinguées par les richesses et par l'abondance des biens ; je dis celles qui se piquent le plus d'être honorablement établies, celles où il paraît d'ailleurs de la probité, et même de la religion ; et vous remontez jusqu'à la source d'où cette opulence est venue, à peine en trouverez-vous où l'on ne découvre, dans l'origine et dans le principe, des choses qui font trembler.
BOURDALOUE, Sermons, Sur les richesses, I.

(1273). Au plur. Objet de grande valeur. *Des richesses enfouies.* ⇒ **Trésor** (→ 2. Magot, cit. 3). *Les richesses d'une collection, d'un musée.*

♦ **2.** (1694, Académie). Écon. ⓐ *La richesse, la richesse de... :* la possession de biens économiques.

5   Il n'y a point de richesse absolue. Ce mot ne signifie qu'un rapport de surabondance entre les désirs et les facultés de l'homme riche.
ROUSSEAU, Julie ou la Nouvelle Héloïse, V, II.

ⓑ *(Les richesses).* Tout ce qui peut satisfaire un besoin (au sens le plus large), et, spécialt, les biens qui peuvent être objet de propriété et ont une valeur* (biens économiques ou *richesses économiques*). ⇒ **Bien, capital** (cit. 1 et 2), **chose** (*infra* 1). ; → Argent, cit. 14 ; or, cit. 21. *Production des richesses.* ⇒ **Chrématistique.** *Distribution* des richesses. Les ressources et les richesses naturelles* (→ Culture, cit. 2). *Produire et répartir la richesse* (→ Matériel, cit. 6 ; et aussi luxe, cit. 2). *La richesse de la nation* (→ Réfléchir, cit. 5). *Richesses colossales d'un pays. Traité de la formation et de la distribution des richesses,* de Turgot (1766). *Source de richesses.* ⇒ **Pactole.** *Augmentation des richesses.* ⇒ **Prospérité.** *Échange* (cit. 5) *des richesses.* — *Traité d'économie politique, ou simple exposition de la manière dont se forment, se distribuent et se consomment les richesses,* de J.-B. Say (1803).

♦ **3.** (Par métaphore du 1.). ⓐ Ce qui constitue un bien abondant. ⇒ **Ressource, trésor** (fig.). *Richesse intérieure* (→ Propos, cit. 14), *morale. La richesse qu'apporte la musique* (cit. 22). *Accumuler* (cit. 10) *une abondante richesse* (intellectuelle).

ⓑ (XVIe). *Les richesses :* les biens intellectuels, moraux. *Déborder de richesses* (→ Maturité, cit. 4). *Les richesses intellectuelles du genre humain* (→ Obscurité, cit. 12). *Découvrir des richesses dans un texte* (cf. fig. Faire un riche butin).

6   Nul ne peut abdiquer sa richesse. Je t'avais fait riche entre tous.
GIDE, le Retour de l'enfant prodigue, II.

★ **II.** Qualité de ce qui est riche. ♦ **1.** (V. 1119). État d'une personne riche. *La richesse de qqn ; sa richesse. Tomber de la richesse dans la pauvreté.* ⇒ **Aisance, opulence.** *Vivre dans la richesse.* — Fam. *Il fait quelques affaires, ce n'est pas la richesse.*

♦ **2.** (1564). Qualité de ce qui produit ou peut produire beaucoup (en parlant de biens ayant une valeur économique). *La richesse du sol* (→ Européen, cit. 1), *des pâturages* (→ Plat, cit. 1). *La richesse du sous-sol.*

Fig. *La richesse des idées, d'une théorie, d'une hypothèse.* ⇒ **Fécondité, fertilité** (fig.).

♦ **3.** Qualité de ce qui contient en abondance. **RICHESSE** (de qqch.)

EN... *La richesse d'un minerai en métal pur, d'un alliage, d'un carburant. La richesse d'un aliment en calcium, en phosphore.* (Sans compl. en *en*). *La richesse d'une langue* (en moyens d'expression). → Correspondant, cit. 2 ; grammatical, cit. 1.

7   Il jurait, en effet, d'une façon particulière, avec une richesse de vocabulaire et une sonorité d'organe qu'aucun autre homme, dans Fécamp, ne possédait.
MAUPASSANT, l'Inutile Beauté, « Le noyé », I.

Spécialt. ⇒ **Riche** (5.). Qualité de ce qui comporte des éléments, des caractères nombreux et complexes, et qui en tire une grande beauté. *Richesse de la couleur, des tons.* ⇒ **Éclat** (→ Exquis, cit. 11 ; peau, cit. 3). *Richesse de son* (→ Grasseyer, cit. 2). *La richesse d'un style, d'une orchestration.* — *Richesse d'une rime.*

♦ **4.** Qualité de ce qui a un caractère de somptuosité, de grande valeur (en parlant des productions de la technique et de l'art). ⇒ **Faste, magnificence, somptuosité.** *Ornementation d'une richesse folle* (→ Goût, cit. 45). *Richesse de la palette d'un peintre.* — *Richesse d'orchestration, d'harmonie.*

8   (...) d'énormes boucles d'oreilles grosses comme des grappes, d'une richesse lourde et massive, un peu barbare, mais d'un effet assez majestueux, qui sont achetées principalement par les paysannes aisées.
Th. GAUTIER, Voyage en Espagne, p. 289.

CONTR. Besoin, dénuement, épuisement, gêne, indigence, médiocrité, misère, pauvreté, ruine. — Désert.

RICHI [ʀiʃi] n. m. ⇒ **Rishi.**

RICHISSIME [ʀiʃisim] adj. — XIIIe, repris 1801 ; de *riche,* et suff. *-issime.*

♦ Extrêmement riche (→ Impraticable, cit. 5). *Un financier richissime.* ⇒ **Milliardaire, millionnaire.**

RICHOMME [ʀiʃɔm] n. m. — 1721 ; contraction de *riche homme,* traduisant l'esp. *rico(s) hombre(s),* même sens.

♦ Hist. Membre de la haute noblesse espagnole (du XIIe au XIVe siècle).

Plus d'un richomme avait pour orgueil d'être membre
De votre servidumbre et de votre antichambre.
HUGO, la Légende des siècles, X, IV.

RICIN [ʀisɛ̃] n. m. — 1548 ; empr. du lat. *ricinus.*

♦ **1.** Bot. Plante dicotylédone *(Euphorbiacées),* à grandes feuilles palmées, dont le fruit est une capsule renfermant des graines oléagineuses. ⇒ **Palma-christi** (vx). *Intoxication par les graines de ricin.* ⇒ **Ricinisme.** — (1831). Cour. **HUILE DE RICIN,** employée en médecine comme purgatif (→ Huile, cit. 3), dans l'industrie comme lubrifiant. ⇒ **Riciné.** *L'huile de ricin dérive de l'acide-alcool ricinoléique.*

♦ **2.** (1870). Acarien du genre ixode.

DÉR. Riciné, ricinine, ricinisme, ricinoléique.

RICINÉ, ÉE [ʀisine] adj. — 1871 ; de *ricin.*

♦ Méd. Qui contient de l'huile de ricin. *Potion ricinée.*

RICININE [ʀisinin] n. f. — 1875 ; de *ricin.*

♦ Chim. Alcaloïde extrait du ricin.

RICINISME [ʀisinism] n. m. — XXe ; de *ricin.*

♦ Méd. Intoxication par les graines de ricin (gastro-entérite et troubles hépatiques).

RICINOLÉATE [ʀisinɔleat] n. m. — 1875 ; de *ricinoléique,* et *-ate.*

♦ Sel de l'acide ricinoléique.

RICINOLÉIQUE [ʀisinɔleik] adj. — 1875 ; *ricinolique,* 1855 ; de *ricin,* et *-oléique.*

♦ Chim. Se dit d'un acide-alcool éthylénique dont un dérivé constitue le principe de l'huile de ricin.

Cette huile *(l'huile de ricin),* constituée principalement par du triester glycérique (triglycéride) de l'acide ricinoléique (...)
Jean VÈNE, Caoutchoucs et Textiles synthétiques, p. 89.

DÉR. Ricinoléate.

RICKETTSIE [ʀikɛtsi] n. f. — 1910 ; de *Ricketts,* nom du biologiste américain qui découvrit ce micro-organisme avec Wilder.

♦ Biol. Micro-organisme granuleux ou bacilliforme, très proche des bactéries et des virus, qu'on rencontre dans le tube digestif de certains insectes (le pou, notamment). *Le genre des rickettsies (ou genre Rickettsia). Les rickettsies sont les agents pathogènes de certaines maladies.* ⇒ **Rickettsiose.**

DÉR. Rickettsiose.

RICKETTSIOSE [ʀikɛtsjoz] n. f. — 1938, Garnier-Delamare, *in* D.D.L.; de *rickettsie,* et *-ose.*

♦ Méd. Maladie infectieuse causée par les rickettsies (en particulier, chez l'homme : le typhus exanthématique, les typhus tropicaux, la psittacose, le trachome, etc.; chez les animaux : certaines maladies transmises par les tiques).

RICKSHAW [ʀikʃo] n. m. — 1898, *djin-rickshô, in* Rey-Debove et Gagnon; mot hindi, par l'angl. *ricksha, rickshaw,* 1889, Kipling.

♦ Pousse-pousse, cyclo-pousse (en Extrême-Orient).

1　Les vélos ont remplacé les brancards des rickshaws. Quand je suis venu ici pour la première fois, je n'avais pas vingt-cinq ans (...) toute cette vie qui sur le même trottoir de Singapour, sépare ces cyclistes chinois, des tireurs de rickshaws de 1923. (Est-ce bien 1923 ?...).　　　MALRAUX, Antimémoires, Folio, p. 410.

2　À Kuala Lumpur, il est difficile de distinguer un multimillionnaire d'un conducteur de rickshaw — cyclo-pousse.　　　F. DEBRÉ, *in* le Nouvel Obs., 16 oct. 1972, p. 88.

RICOCHER [ʀikɔʃe] v. intr. — 1807; de *ricochet.*

♦ **1.** Faire ricochet. ⇒ **Rebondir, rejaillir.** *Balles* (cit. 9) *qui ricochent* (→ Essaim, cit. 11). *Pierre qui ricoche* (→ Pilote, cit. 2).

1　(...) trouvant encore du plaisir à faire comme un enfant, ricocher des cailloux sur l'eau (...)　　　BALZAC, la Peau de chagrin, Pl., t. IX, p. 93.

2　Enfin, on entendit un craquement, une pierre énorme, en ricochant sur les arcs inférieurs, roula jusqu'en bas (...)　　　FLAUBERT, Salammbô, XII.

♦ **2.** (1841). Fig. Rejaillir, retomber. *La colère ricochait sur eux* (→ Quereller, cit. 1, Balzac).

3　Gwynplaine, qu'on nous passe le mot, ricochait d'un étonnement sur l'autre.　　　HUGO, l'Homme qui rit, II, V, IV.

RICOCHET [ʀikɔʃɛ] n. m. — 1611; au XVIᵉ, *chanson de Ricochet* (Rabelais, III, 10; des Périers), *du Ricochet* (Budé), désignant une ancienne chanson à ritournelle où le mot *coq* revient constamment à titre de refrain (cf., au XIIIᵉ, *fable du Ricochet*; au XIIᵉ, *fable du Coquelet*); l'élément *ric- (riguer)* «donner un coup» provient du rad. onomat. *rikk- rokk-,* et *hocher* correspond à «secouer» (Guiraud).

♦ **1.** Rebond d'un objet plat lancé obliquement sur la surface de l'eau, ou d'un projectile renvoyé par le sol ou un corps dur quelconque. *Faire des ricochets sur la rivière. Une balle dont le ricochet peut vous tuer* (→ Éreintement, cit. 1). — (1752). **FAIRE RICOCHET.** *Projectile qui fait ricochet sur le sol, sur un mur.* — (1870). **À RICOCHET.** *Tir à ricochet* (attribué à Vauban) : tir rasant déterminant de nombreux *ricochets* de projectiles.

1　Je lui portai malheur : la balle qui lui ôta la vie fit ricochet sur le canon de mon fusil et le frappa d'une telle raideur, qu'elle lui perça les deux tempes (...)　　　CHATEAUBRIAND, Mémoires d'outre-tombe, t. II, p. 46.

2　— Je l'ai vu de mes propres yeux. Il ramassait des cailloux pour faire des ricochets. — Des ricochets? (...) Vous me faites un rapport insensé, Bridaine. Il est inouï qu'un docteur fasse des ricochets (...) — Regardez, monseigneur, le voilà au bord du lavoir. Il tient sous le bras une jeune paysanne (...) — Tout est perdu! (...) mon fils séduit toutes les filles du village en faisant des ricochets.　　　A. DE MUSSET, On ne badine pas avec l'amour, I, 5.

♦ **2.** (1709). Fig. *Un ricochet de... :* une suite, une succession (d'événements provoqués les uns par les autres). *Un ricochet de fourberies* (→ Manger, cit. 11). — *Ricochets inévitables.* ⇒ **Conséquence, éclaboussure, effet, rebondissement, retour** (choc en).

3　Un coup de patte en passant à Jouffroy, parce que Jouffroy est mal vu du *Constitutionnel* pour avoir été bien vu de Mignet, lequel l'est mal du gouvernement. C'est charmant, cette série de ricochets!　　　FLAUBERT, Correspondance, 405, 2 juil. 1853.

(1718). **PAR RICOCHET :** indirectement. ⇒ **Contre-coup** (par). *Il atteignait* (cit. 12) *par ricochet les Girondins.*

4　Et, qui sait, peut-être penserai-je à toi quelquefois, par ricochet, quand je me rappellerai ce bel été, ces jardins si jolis, et le concert de toutes ces cigales (...)　　　LOTI, Mᵐᵉ Chrysanthème, LII.

DÉR. Ricocher.

RIC-RAC [ʀikʀak] loc. adv. — 1611, *rique-raque; ric à rac,* XVIᵉ; *ric-à-rac, in la Farce de Maître Pathelin,* 1470; onomatopée.

♦ **1.** Avec une exactitude rigoureuse. *Payer ric-rac,* exactement (cf. Pas un sou de plus, pas un sou de moins). — Vx. *Ric à rac.*

♦ **2.** Tout juste, de justesse. *Il y avait à manger pour tout le*

monde, mais c'était ric-rac. C'est compté ric-rac. Ça va être ric-rac pour avoir le train.

HOM. Riqueraque.

RICTUS [ʀiktys] n. m. — 1821, de Maistre; lat. *rictus* «ouverture de la bouche, bouche ouverte», de *ringi* «grogner en montrant les dents».

♦ **1.** Didact. (pathol.; seul sens *in* Littré, Hatzfeld). Ouverture de la bouche avec contraction des muscles peauciers, donnant l'aspect du rire forcé (→ Gouape, cit. 2). — (En parlant d'un animal). → 2. Croc, cit. 3.

1　Le lynx est sublime de férocité, de révolte et de rage impuissantes : son rictus convulsé se retrousse avec une grimace affreuse jusqu'aux orbites (...)　　　Th. GAUTIER, Voyage en Russie, I, XIV.

2　(...) une idole de Pandavas, qui a deux fois la taille humaine, noire, avec un rictus à longues dents.　　　LOTI, l'Inde (sans les Anglais), VI, II.

♦ **2.** Cour. Rire forcé et silencieux, ou sourire grimaçant, accompagné d'un rictus (1.) plus ou moins prononcé. *Rictus moqueur, sardonique*, sinistre...*

3　Ce rire qu'il n'avait point mis sur son front, sur ses joues, sur ses sourcils, sur sa bouche, il ne pouvait l'en ôter. On lui avait à jamais appliqué le rire sur le visage. C'était un rire automatique, et d'autant plus irrésistible qu'il était pétrifié. Personne ne se dérobait à ce rictus.　　　HUGO, l'Homme qui rit, II, II, I.

4　Plus anormal encore était le bas du visage : un rire silencieux, un rictus qui n'exprimait aucun sentiment connu, tiraillait en tous sens le menton, dont la peau était sans poils, parcheminée et collée à l'os.　　　MARTIN DU GARD, les Thibault, t. I, p. 55.

RIDAGE [ʀidaʒ] n. m. — 1842; de *rider.*

♦ **1.** (De *rider,* II.). Mar. Action de rider, de tendre pour raidir (un cordage, les haubans, les étais...).

♦ **2.** (XXᵉ; de *se rider*). Techn. Défaut d'une peinture qui se ride, par suite d'une application trop épaisse et d'un séchage irrégulier.

RIDAIN [ʀidɛ̃] n. m. — 1829; *ridein,* 1679; de *rider* (II.).

♦ Géol. Pli de terrain au fond de la mer, et, spécialt, brusque dénivellation du fond, particulière aux mers d'Islande.

RIDE [ʀid] n. f. — 1488; «fer à plisser», XIIIᵉ; déverbal de *rider.*

★ **I.** ♦ **1.** Petit pli de la peau, sillon cutané (le plus souvent au front, à la face et au cou, dû à l'âge, à l'amaigrissement, ou au froncement). ⇒ **Creux, ligne, pli, raie** (→ 1. Flétrir, cit. 4; froncer, cit. 3). *Les rides résultent d'une diminution de l'élasticité de la peau. Rides du front* (→ Arc, cit. 14; couperose, cit.; couvrir, cit. 15; forme, cit. 2; graver, cit. 7). *«Ses rides sur son front ont gravé ses exploits»* (cit. 2, Corneille). *Front creusé* (cit. 17), *labouré* (cit. 10) *de rides. Visage couvert* (→ Compter, cit. 12), *criblé* (cit. 2), *labouré* (cit. 6), *sillonné de rides.* ⇒ **Ridé.** *Rides au coin de l'œil.* ⇒ **Patte-d'oie** (→ Carrefour, cit. 5; enchâsser, cit. 4; patte, cit. 15). *Rides qui se creusent autour de la bouche* (→ Commissure, cit. 2), *dans le coin du nez* (→ Froncer, cit. 4). *Rides précoces* (cit. 4). *Rides expressives* (→ Front, cit. 13). ⇒ **Grimer** (cit. 1). *Petite ride.* ⇒ **Ridule.** *Traitement contre les rides.* ⇒ **Antirides.**

1　(...) son front d'ivoire où les rides étaient creusées avec des flexions si douces et si pures, qu'on les aurait prises pour des embellissements ajustés par la main d'un artiste (...)　　　Charles NODIER, Contes, «Fée aux miettes», VI.

2　Cette ride — la ride des larmes — je jure que je l'ai vue sur le visage amaigri de Mᵐᵉ Eysette (...)　　　Alphonse DAUDET, le Petit Chose, I, IV.

3　Son visage à demi incliné, où la satisfaction le disputait au comme il faut, se plissait de petites rides d'affabilité.　　　PROUST, Sodome et Gomorrhe, Pl., t. II, p. 908.

4　Ses rides n'étaient pas les plis provisoires tracés par le mouvement des muscles, mais des ravins définitifs, des creux d'une permanence terrible comme la vieillesse (...)　　　P. NIZAN, le Cheval de Troie, I, I.

(1524). Par métaphore ou fig. Marque, signe de vieillesse. *Manoir en ruines dont le jour montre cruellement les rides* (→ Dévastation, cit. 3). *«Préservez-moi des rides de l'esprit»* (→ Pour, cit. 6). *Œuvre déjà ancienne, mais qui n'a pas une ride. «Chaque affectation est la promesse* (cit. 11) *d'une ride»* (Gide).

♦ **2.** (1690). Légère ondulation, cercles concentriques à la surface de l'eau. ⇒ **Onde.** *Légères rides sur la face* (cit. 29) *de l'Océan. Rides qui jouent* (→ Image, cit. 6), *se propagent* (cit. 4) *à la surface de l'eau.*

5　Romains décrit, non la chute d'un caillou qui disparaît et s'enlise, mais les rides concentriques de plus en plus faibles produites par cette chute à la surface des eaux.　　　A. MAUROIS, Études littéraires, t. II, J. Romains, III.

6　Il n'y avait plus sur la mer, où la tempête avait labouré, que de longues rides régulières qui se déployaient en éventail.　　　SAINT-EXUPÉRY, Courrier Sud, III, I.

(Déb. XVIᵉ). Pli ou sillon sur une surface. *Rides d'une pomme. Rides et stries d'une coquille* (cit. 4).

♦ **3.** (1865). *Les rides du terrain* (→ Égoutter, cit. 1), *d'une plaine,* plissement, ondulation. — Géol. *Rides de plage :* rides d'un littoral sableux ou vaseux. *Rides de sable, de neige. Rides éoliennes, de courant.*

★ **II.** (1634 ; de *rider*, II.). Mar. Anc. « Bout de filin qui, passant dans les trous de cap de mouton, sert à raidir ou *rider* les haubans, étais, etc. » (Gruss). ⇒ **Cordage.**

★ **III.** N. f. pl. (1561). Vén. Marques figurant (entre le talon et les gardes) sur les traces que laissent les sangliers âgés.

DÉR. Ridule.
COMP. Antirides.

RIDÉ, ÉE [Ride] adj. ⇒ **Rider.**

RIDEAU [Rido] n. m. — 1347 ; de *rider*, au sens anc. de « plisser », le *rideau* étant plissé, froncé.

A. ♦ 1. Pièce d'étoffe à plis (ou pouvant former des plis), généralement mobile (anneaux, tringle, glissières et tirette ; → Ramage, cit. 3), destinée à intercepter la lumière ou tamiser la lumière, à cacher, abriter, décorer. *Rideaux de fenêtres* (→ Lumineux, cit. 6). *Doubles rideaux* : rideaux en tissu épais, placés par-dessus des rideaux transparents, des voilages (→ Clair, cit. 6). ⇒ **Brise-bise, cantonnière, draperie, store, tenture, voilage, voile.** *Rideaux de cretonne* (cit. 1), *de mousseline* (→ Confortable, cit. 1), *de serge* (→ Frugal, cit. 3). *Rideaux à franges, à glands* (→ Girandole, cit. 1), *à torsades, à volants. Rideau retenu par une embrasse* (cit.). ⇒ **Patère.** *Rideaux bonne femme*, courts et tenus par des embrasses (style rustique). *Rideaux de lit* (cit. 1), destinés à protéger le dormeur contre le jour et les courants d'air (→ Calicot, cit. 1 ; joufflu, cit. 2). ⇒ **Courtine, moustiquaire, pente** (cit. 13). *Lit protégé par un baldaquin, un ciel de lit et des rideaux. Rideaux d'une porte.* ⇒ **Portière.** *Rideaux d'une litière* (cit. 3). — Par ext. *Rideaux de cuir d'une diligence* (cit. 7). *Rideau en bambou. Rideaux de perles* (cit. 6) *à la porte d'une boutique* (→ Café, cit. 7). — Littér. *Le Rideau cramoisi*, titre d'une des *Diaboliques* de Barbey d'Aurevilly.

1   Chaque fenêtre était ornée de rideaux en damas vert relevés par des cordons à gros glands qui dessinaient d'énormes baldaquins.
          BALZAC, la Vieille Fille, Pl., t. IV, p. 247.

1.1 Maisons à rideaux
    Baissés mais qui bougent,
    Filtrant un jour clos
    De lumière rouge (...)
          Max ELSKAMP, la Rue Saint-Paul.

2   Des rideaux de lingerie blanche tendaient autour du lit de longs plis raides et purs.
          M. GENEVOIX, Raboliot, III, IV.

2.1 (...) derrière les rideaux bonne-femme en coton crème l'enfant à la fenêtre contemple la pluie qui tombe l'océan est gris noir les pins luisants voilés de vapeur.
          Tony DUVERT, Paysage de fantaisie, p. 160.

Fermer les rideaux (→ Black-out, cit. ; lassitude, cit. 4). *Ouvrir* (cit. 3) *les rideaux. Écarter* (cit. 2), *repousser les rideaux* (→ Offenser, cit. 22). *Relever, soulever un rideau* (→ Bouche, cit. 5 ; mæstria, cit. 2 ; pour, cit. 55). *Tirer les rideaux*, les fermer (→ Incommoder, cit. 3 ; pénombre, cit. 3), ou (plus rarement) les ouvrir (→ Énergumène, cit. 3).

3   Il se retourna, fouillant les coins noirs de son regard anxieux, et il s'aperçut que les rideaux du lit avaient été tirés. Il y courut et les ouvrit.
          MAUPASSANT, Pierre et Jean, VII.

4   (...) le petit clerc, un gamin de quinze ans, chétif et pâle, avait relevé l'un des rideaux de mousseline, pour voir passer le monde.   ZOLA, la Terre, I, II.

Tringle* à rideaux.

Loc. fig. et fam. *Grimper aux, après les rideaux* : manifester une exaltation, un plaisir extrêmes (spécialt, un plaisir érotique, sexuel).

4.1 Il fallait vraiment que le tonton revienne de guerre pour ne pas aimer à en grimper après les rideaux cette Farida super-démente.
          René FALLET, Y a-t-il un docteur dans la salle ?, p. 348.

♦ 2. (1761). Grande draperie à plis (ou toile peinte simulant une draperie) qui sépare la scène de la salle, dans les théâtres traditionnels (→ 2. Estrade, cit. 3 ; régisseur, cit. 3). *Rideau à l'italienne*, s'ouvrant par le milieu en se soulevant. *Rideau à la française*, remontant en outre verticalement. *Rideau à l'allemande, à la guillotine. Lever, baisser le rideau* (→ Hum, cit. 1). *Le rideau se lève* (cit. 26 ; et → Dictée, cit. 1). *Le rideau tombe* (→ Désappointement, cit. 3 ; rappel, cit. 4). *Au lever* du rideau* (→ Nocturne, cit. 5). *Le baisser ; la chute* du rideau.* — *Un lever de rideau.* ⇒ **Lever.** En *lever de rideau, une saynète. Rideau !*, exclamation que poussent les spectateurs mécontents (pour demander qu'on baisse le rideau). — *Rideau de fond*, décorant le fond de la scène.

5   (...) tout en haut, sur son banc, l'homme du rideau veillait l'air résigné, ignorant la pièce, toujours dans l'attente du coup de sonnette pour la manœuvre de ses cordages.   ZOLA, Nana, V.

Par métaphore (→ ci-dessous, B., 2. et 3.).

♦ 3. RIDEAU DE FER. [a] Rideau métallique placé dans les cintres, entre la scène et la salle d'un théâtre, et que l'on abaisse pour les séparer en cas d'incendie. *Essai du rideau de fer avant les trois coups.*

[b] Fermeture métallique de la devanture d'un magasin (→ Façade, cit. 5 ; fermer, cit. 9 ; péché, cit. 4), d'un garage (cit. 5). *Rideau à lames agrafées. Rideau à mailles métalliques. Lever, baisser un rideau à la manivelle, électriquement.*

[c] (1945, *l'Aurore* du 20 oct., citant Churchill, *in* D. D. L., d'après l'angl. *iron curtain*, Churchill ; → ci-dessous, cit. 6). Par métaphore. Ligne qui isole en Europe les pays communistes des pays non communistes. *Les États de part et d'autre du rideau de fer. Ce qui se passe derrière le rideau de fer. Les rideaux de fer* (→ Isolement, cit. 8).

6   De Stettin, dans la Baltique, à Trieste, dans l'Adriatique, un rideau de fer est descendu à travers le continent. Derrière cette ligne se trouvent les capitales de tous les pays de l'Europe orientale : Varsovie, Berlin, Prague, Vienne, Budapest, Belgrade, Bucarest et Sofia. Toutes ces villes célèbres, toutes ces nations se trouvent dans la sphère soviétique et toutes sont soumises, sous une forme ou sous une autre, non seulement à l'influence soviétique mais encore au contrôle très étendu et constamment croissant de Moscou (...)
          Trad. d'un disc. de W. CHURCHILL, 5 mars 1946, *in* le Monde, 7 mars 1946.

Par anal. *Rideau de bambou*, se dit à propos de l'isolement politique de la Chine populaire.

♦ 4. (1870). Techn. [a] Tablier (d'une cheminée).

[b] Photogr. *Obturateur à rideau* : obturateur d'objectif constitué par une lamelle d'étoffe étanche à la lumière (par oppos. à *obturateur central*).

B. Loc. fig. (des sens A., 1. et 2.). **♦ 1.** (1644). *Tirer le rideau sur qqch.*, cesser de le considérer, de s'en occuper, d'en parler. *Tirons le rideau sur cette affaire, sur cette aventure... « Il faut passer l'éponge* (cit. 7) *ou tirer le rideau »* (Corneille). *Tirez le rideau, la farce est jouée. Se tenir derrière le rideau* (vieilli), dans la coulisse et prêt à intervenir.

7   (...) nous tirerons le rideau sur vingt jours d'extrêmes fatigues, et nous tâcherons de donner un autre cours aux petits esprits, et d'autres idées à votre imagination.
          Mme DE SÉVIGNÉ, 603, 13 déc. 1676.

8   Si la figure d'une femme est difficilement saisissable (...) si des nuages la modifient selon la position sociale (...) quel rideau plus épais encore est tiré entre les actions d'elle que nous voyons, et ses mobiles !
          PROUST, la Fugitive, Pl., t. III, p. 617.

♦ 2. (1798). *Le rideau tombe, est tombé* : l'histoire est finie, c'est fini.

♦ 3. (1901). Fam. *Rideau !* : c'est fini, on n'en parle plus, il n'en est plus question, ou encore, cela suffit, assez. *Le rideau qui tombe, qui est tiré entre deux choses, entre deux êtres*, qui les sépare, les empêche de communiquer.

C. ♦ 1. (1770). **RIDEAU DE...** : chose susceptible d'intercepter la vue, de protéger des regards, de mettre à couvert. ⇒ **Écran, obstacle.** *Un rideau de verdure* (→ Azurer, cit. 1), *d'arbres.* ⇒ **Ligne** (→ Escarboucle, cit. 2). *Rideau de nuages, de brouillard* (→ Lagune, cit. 1), *de poussière* (→ Perpendiculairement, cit. 1)... *Rideau de fumée* : nuage de fumée artificiel produit par des appareils fumigènes. — (Fin XVIe). *Rideau de troupes* : mince cordon de troupes destiné à masquer et couvrir les mouvements du gros des troupes. — *Tendre un rideau de rabatteurs* (→ Ratisser, cit. 5). *Rideau de feu* : tirs d'artillerie sous la protection desquels peuvent progresser les troupes.

9   Au fond même du tableau, devant l'École militaire, ce rideau de troupes, c'est la garde nationale du faubourg Saint-Antoine et du Marais.
          MICHELET, Hist. de la Révolution franç., V, VIII.

9.1 À l'abri du faible rideau de troupes qui contiennent l'ennemi sur notre propre front, nous avons besoin, pour maintenir l'ordre et la sécurité à l'intérieur, de travailler chaque jour inlassablement (...)   L.-H. LYAUTEY, Paroles d'action, p. 200.

10 Quant au Zaccar (...) c'est à peine si, de loin en loin, on aperçoit, à travers un rideau de pluie moins serré, sa double corne tout estompée par les bords et d'un affreux ton d'encre de Chine, étendue d'eau.
          E. FROMENTIN, Un été dans le Sahara, p. 2.

11 L'horizon était caché par des rideaux de peupliers dont la jeune feuille chantait doucement dans la brise.   G. DUHAMEL, Chronique des Pasquier, IX, XII.

♦ 2. (1870). Techn. Talus au-dessus d'une route, d'un canal. — Mur qui soutient le pied d'un talus. — (XXe). Talus de séparation de deux champs cultivés étagés sur la pente d'une vallée, destiné à empêcher l'érosion.

♦ 3. *Mur-rideau.* ⇒ **Mur.** — On trouve aussi *façade-rideau.*

♦ 4. (1908). Sports (rugby). « Ligne de défense formée par les avants et les trois-quarts » (Petiot).

D. Fam. (d'abord argot des coureurs automobiles). **TOMBER EN RIDEAU**, en panne. — Par anal. « *Attention (...) la "2"* (une caméra de télévision) *est en rideau* » (Jacqueline Monsigny, le Miroir aux pingouins, p. 68).

CONTR. Ouverture. — Échappée, vue.
DÉR. V. Ridelle.

RIDÉE [Ride] n. f. — 1845 ; de l'anc. sens de *rider* « tordre ».

♦ Chasse. Filet à attraper les alouettes.

HOM. Ridé, rider.

RIDELAGE [Ridlaʒ] n. m. — XXe ; de *ridelle* (II.).

♦ Techn. (ganterie). Opération consistant à contrôler, à l'aide d'une *ridelle** (II.), que le cuir intérieur nécessaire à chaque pointure a été mis.

RIDELEUSE [ʀidløz] n. f. — xxᵉ ; de *ridelle* (II.).

♦ Techn. (ganterie). Ouvrière chargée du ridelage.

RIDELLE [ʀidɛl] n. f. — V. 1268 ; *reidele*, xiiiᵉ, selon Wartburg ; du moy. haut all. *reidel* « rondin » ; cf. all. *Reitel ;* selon Guiraud, du rad. de *rideau*, la *ridelle* étant « tendue le long du côté de la charrette ».

★ **I.** ♦ **1.** Râtelier ou châssis à claire-voie disposé de chaque côté d'une charrette, d'un camion afin de maintenir la charge. ⇒ **Garde-corps** (→ Rang, cit. 2). *Chariot, fourgon* (cit. 1) *à ridelles.* — *Wagon à ridelles.*

1　Regardez ce chariot, auquel son fond et ses ridelles de planches donnent l'apparence d'une grande auge sur roulettes (...)
　　　　　　　　　　　Th. GAUTIER, Voyage en Russie, I, VII.

2　(...) les ridelles des camions portaient des emblèmes peints comme les carlingues des escadrilles célèbres pendant la guerre.　P. NIZAN, le Cheval de Troie, II, VII.

♦ **2.** (1771). Techn. Anc. Branches de chêne utilisées par les charrons pour fabriquer les divers éléments d'un chariot.

★ **II.** (xxᵉ). Techn. (ganterie). Instrument métallique qui permet de contrôler le cuir intérieur correspondant à chaque pointure. ⇒ **Ridelage.**

DÉR. Ridelage, rideleuse.

RIDEMENT [ʀidmɑ̃] n. m. — 1576 ; de *rider.*

♦ Rare. Action de rider, de se rider.

RIDER [ʀide] v. tr. — V. 1265 ; « plisser, froncer », xiiᵉ, selon Wartburg ; de l'anc. haut all. *ridan* « tordre » ; selon Guiraud, d'un dér. galloroman **rigitare*, de *riga* « ligne », par le sens de « tirer, tendre » conservé en marine (→ ci-dessous, II.).

★ **I.** ♦ **1.** Marquer, sillonner de rides. ⇒ **Ride** (1.). *La vieillesse viendra rider ton visage* (→ Affaiblir, cit. 1). *Contracter en ridant.* ⇒ **Crisper.** — Pron. *Visage, peau qui se ride* (→ Phalange, cit. 6). *Front soucieux qui se ride.* ⇒ **Froncer, plisser.**
Par métaphore. *« Cette flétrissure* (1. Flétrissure, cit. 1) *qui ride les plus grandes vies »* (Péguy).

♦ **2.** (1690). Faire des rides (2.) à. *« Le beau lac de Némi, qu'aucun souffle ne ride »* (→ Candide, cit. 3, Lamartine ; et aussi huile, cit. 24 ; lame, cit. 8). ⇒ **Convulser, crisper.** — Pron. *Se rider,* et, ellipt., *rider. Fruit qui se dessèche et se ride. « Le moindre vent qui d'aventure* (cit. 32) *fait rider la face de l'eau... »* (La Fontaine).

1　(...) Une petite mare est là, ridant sa face,
　Prenant des airs de flot pour la fourmi qui passe (...)
　　　　　　　　　　　HUGO, les Contemplations, V, XXIII.
« Le soleil ride et confit (cit. 2) *la grappe ».* — Pron. *La crème* (cit. 1) *se boursoufle et se ride.*

★ **II.** (1572 ; soit parce qu'on tordait le cordage pour le raidir — dans l'hypothèse classique —, soit témoin du sens initial du mot — dans l'hypothèse de Guiraud). Mar. *Rider* (une manœuvre dormante), « la raidir fortement à l'aide de ridoirs ou de caps de mouton » (Gruss). ⇒ **Navigation.**

▶ **SE RIDER** v. pron. (1747). Voir à l'article (sens I.).

▶ **RIDÉ, ÉE** p. p. adj. (V. 1175, « plissé »).
(V. 1265). Personnes. Dont le visage porte de nombreuses rides. *Un vieillard ridé. Une petite vieille ridée comme une pomme. Un invalide* (cit. 5) *tout ridé.*
Front, visage ridé (→ Éteindre, cit. 52 ; friper, cit. 3 ; inconvénient, cit. 4 ; parchemin, cit. 2). ⇒ **Ravagé, raviné** (cit. 1). *Peau ridée* (→ Fourbu, cit. 4). *Mains* (cit. 3 et 26) *ridées.*

2　Je serai un vieux rabougri, ma peau sera ridée, ma peau sera une écorce (...)
　　　　　　　　　　　Ch. PÉGUY, la République..., p. 267.
Par métaphore. *« Des heures flétries et ridées »* (→ Heure, cit. 62, Chateaubriand).
(1538, au sens 2.). *Pommes ridées.* ⇒ **Ratatiné.** *« Les saules tout ridés »* (→ Orme, cit. 1, Hugo).

CONTR. Dérider. — (Du p. p.) Lisse.
DÉR. Ridage, ridain, ride, rideau, ridée, ridement, ridoir.
COMP. Dérider.
HOM. Ridée.

1. RIDICULE [ʀidikyl] adj. et n. — xvᵉ ; lat. *ridiculus,* de *ridere* « rire ».

★ **I.** Adj. ♦ **1.** Qui mérite d'exciter la dérision, la moquerie. ⇒ **Risible ; dérisoire.** — REM. *Ridicule* et *risible* sont voisins ; cependant *ridicule* est nettement plus péjoratif, ce qui est *ridicule* étant par nature propre à exciter la dérision, la moquerie, et même le mépris, ce qui est *risible* l'étant plutôt par occasion. L'adjectif ne signifie jamais « qui excite volontairement le rire » (→ Comique).

(Personnes). Amusant (cit. 1), comique* par un caractère grotesque. ⇒ **Grotesque.** *Personnages ridicules.* ⇒ (Vx ou vieilli) **Bouffon** (cit. 3), **galantin, gandin, jocrisse, mijaurée, pecque.** *Il est par trop ridicule, c'est une ganache* (cit. 4). *Être ridicule par..., en certaines choses* (→ 2. Affecter, cit. 8 ; parasite, cit. 10), *en certaines circonstances* (→ Pecque, cit. 3)... *Rendre qqn ridicule.* ⇒ **Ridiculiser** (→ Attaquer, cit. 25 ; honteux, cit. 12 ; impertinent, cit. 7 ; mignardise, cit. 4 ; morgue, cit. 1 ; odieux, cit. 1). *Se rendre ridicule* (→ Jactance, cit. 2). *Je me suis trouvé un peu ridicule. Les Précieuses* (cit. 9) *ridicules,* comédie de Molière (→ Maniérisme, cit. 1).

On n'imagine pas combien il faut d'esprit pour n'être jamais ridicule.　　　1
　　　　　　　　　　　CHAMFORT, Maximes, Sur la noblesse, XX.

Il fut, selon toute apparence, convenu alors entre les nobles jacobins, que cet ambitieux *(Robespierre)* serait l'homme ridicule de l'Assemblée, celui qui amuse et doit amuser tout le monde, sans distinction de partis. Dans l'ennui des grandes assemblées, il y a toujours quelqu'un (...) que l'on immole ainsi à l'amusement de tous (...) Pour rendre un homme ridicule, il y a une chose facile, c'est que *ses amis* sourient quand il parle (...) un sourire du côté gauche, de Barnave ou des Lameth, amenait infailliblement le rire de toute l'Assemblée.　　　2
　　　　　　　　　　　MICHELET, Hist. de la Révolution franç., IV, V.

C'était le *Racine travesti.* Dans les costumes des précieuses ridicules, la troupe du Théâtre-Français a joué les tragédiens ridicules.　　　2.1
　　　　　　　　　F. MAURIAC, le Nouveau Bloc-notes 1958-1960, p. 280.

(Choses). *Vêtements ridicules. Accoutrement, affublement ridicule. Galurin immettable* (cit.) *et ridicule. Son chapeau est drôle, rigolo, mais pas ridicule. Mode extravagante* (cit. 5) *et ridicule. Visage ridicule.* ⇒ aussi **Bille** (de clown), **bobine.** *Allure, tournure ridicule.* ⇒ **Dégaine.** *Offrir des côtés* (cit. 24) *ridicules. « Dans ce sac ridicule où Scapin s'enveloppe... »* (cit. 1, Boileau). *Mots, expressions* (cit. 10), *langage... ridicules* (→ 2. Affecter, cit. 3 ; barbare, cit. 17 ; faute, cit. 32). *Prétention, orgueil, vanité ridicule.* ⇒ **Prudhommesque, sot** (→ Assommant, cit. 4 ; épaule, cit. 23). *Un excès de modestie ridicule* (→ Orgueilleux, cit. 3). *Manège ridicule* (→ Perte, cit. 14). *Gestes, manières, actes ridicules.* ⇒ **Arlequinade, comédie** (donner la). *Cérémonies, coutumes, superstitions ridicules.* ⇒ **Absurde, incroyable, saugrenu** (→ Expiation, cit. 2 ; 1. fou, cit. 14 ; pervertir, cit. 4). *Loi ridicule et injuste* (cit. 6). *Présentation ridicule.* ⇒ **Caricatural.** *Ce livre, ce film, cette émission est absolument ridicule. C'est absurde, inepte et ridicule.*

M... disait, à propos de sottises ministérielles et ridicules : « Sans le gouvernement, on ne rirait plus en France ».　　　3
　　　CHAMFORT, Caractères et anecdotes, « Utilité du Gouvernement ».

L'esprit français, fin, narquois, plein de justesse et de bon sens, manquant un peu de rêverie, a toujours eu pour le grotesque un penchant secret. Nul peuple ne saisit plus vivement le côté ridicule des choses, et dans les plus sérieuses, il trouve encore le petit mot pour rire. Th. GAUTIER, les Grotesques, X, p. 338.　　　4

« Je vous regarde parce que vous avez un chapeau ridicule. » C'était vrai. C'était un petit chapeau avec des pensées, les modes de ce temps-là étaient affreuses.　　　4.1
　　　　　　　　　PROUST, le Temps retrouvé, Pl., t. III, p. 1021.

Il est ridicule de... (suivi de l'inf.). → Foi, cit. 26 ; grandeur, cit. 19 ; obscur, cit. 15. *Trouver ridicule de...* (→ Cotillon, cit. 3). *Je trouve ça ridicule. Il est ridicule que...* (suivi du subj.). → Entretenir, cit. 12.

Ça devait être en effet ridicule d'arriver au bout de vingt-cinq ans en brandissant ce pistolet (...) ce pistolet qui n'était même pas chargé.　J. ANOUILH, Ornifle, III.　　　5
(Sens affaibli). *Vous avez fait un trop beau cadeau au petit : c'est ridicule !* ⇒ **Excessif.** — Déraisonnable. *Renoncer à poursuivre tes études ? Ce serait ridicule.* ⇒ **Absurde.**

♦ **2.** (xxᵉ). *Une somme, une quantité ridicule,* insignifiante. ⇒ **Dérisoire.**

★ **II.** N. m. (xviiᵉ). ♦ **1.** Vx. *(Un, des ridicules).* Personne ridicule.

(...) et Cléante au levé,　　　　　　　　　　　　　　　　　5.1
Madame, a bien paru ridicule achevé.　MOLIÈRE, le Misanthrope, II, 5.

Traduire (vx), **tourner qqn** (mod. ; 1657) **EN RIDICULE,** proprt, le transformer en personne ridicule, le rendre ridicule (→ Maltraiter, cit. 6 ; mœurs, cit. 13). ⇒ **Contrefaire, moquer, persifler.** — Vx. *Ils se traduisent, ils se tournent en ridicules* (Molière, *Critique de l'École des femmes,* V ; le *Mariage forcé,* Argument). — Par ext. (en parlant de choses). *« Je tâche d'y tourner le vice en ridicule »* (→ Attaquer, cit. 26, La Fontaine ; et aussi égoisme, cit. 1 ; institution, cit. 10). ⇒ **Ridiculiser.** — Vx. *« Ce qu'elle ne voyait pas en mal* (3. Mal, cit. 32), *elle le voyait en ridicule »* (Rousseau), comme chose ridicule (→ Raillerie, cit. 4).

(...) il lui semblait même qu'en le tournant en ridicule, ils lui faisaient encore grâce. Enfin, il leur servit de jouet, pendant qu'ils furent à table (...)　　　6
　　　　　　　　　　　A.-R. LESAGE, Gil Blas, III, IV.

♦ **2.** Littér. *(Un, des ridicules).* Caractère, trait qui rend ridicule (une personne, une chose) ; ce qu'il y a de ridicule dans... *Les ridicules de qqn, de qqch.* ⇒ **Dénoncer, cit. 11 ; 2. falot, cit. 4).** *Le ridicule du temps, d'une époque* (→ Badiner, cit. 11 ; personnification, cit. 1), *de la cour* (→ Fronder, cit. 3). ⇒ **Défaut, travers.** *Le plus dangereux ridicule des vieilles personnes* (→ Aimable, cit. 1). *Le ridicule insupportable* (→ Portée, cit. 8). *Souligner les ridicules.* ⇒ **Caricaturer ; charger.** — *Le ridicule de la vanité* (→ Combien, cit. 3), *de la grandiloquence* (→ Effacement, cit. 3). *Des propos dont je sentais tout le ridicule* (→ Impayable, cit. 1). *Rejeter* (cit. 2) *sur qqn le ridicule de l'aventure. « Épuiser* (cit. 10) *tout le ridicule des hommes »* (Molière). — (1747). *Se donner le* *ridicule de...* (suivi de l'inf.), le ridicule qui consiste à... *Il y a toujours quelque ridicule à parler* (cit. 32) *de soi.*

7   (...) entrer comme il faut dans le ridicule des hommes, et (...) rendre agréablement sur le théâtre les défauts de tout le monde.
MOLIÈRE, *Critique de l'École des femmes*, 6.

8   Mon hôte avait l'infirmité de s'appeler Durand, et se donnait le ridicule de renier le nom de son père, illustre fabricant, qui pendant la Révolution avait fait une immense fortune.   BALZAC, *le Lys dans la vallée*, Pl., t. VIII, p. 808.

9   (...) un auteur dramatique qui est bien dans la tradition française, qui est de montrer les travers, les ridicules et les tares humaines pour nous en faire rire.
Paul LÉAUTAUD, *le Théâtre de M. Boissard*, XV.

♦ **3.** *(Le ridicule).* Ce qui excite le rire, la risée. *« Le ridicule déshonore* (cit. 3) *plus que le déshonneur »* (La Rochefoucauld). *Jeter, répandre le ridicule sur...* (→ Mobile, cit. 3; persiflage, cit. 1). *Couvrir qqn de ridicule* (→ Plaisant, cit. 9). *En parler sans ridicule* (→ Monde, cit. 49). *La peur* (cit. 12) *du ridicule* (→ 2. Général, cit. 2; présomption, cit. 7). *Le sens, le sentiment du ridicule* (→ Démêler, cit. 4; humour, cit. 5). *Comble de ridicule* (→ Prétendre, cit. 10). *S'en croyant* (cit. 71) *jusqu'au ridicule. Être en plein ridicule* (→ Imbécillité, cit. 4). *Braver le ridicule. Tomber, glisser dans le ridicule. Pousser le ridicule jusqu'à...* — *Le ridicule tue :* on ne se relève pas, socialement, d'avoir été ridicule. (On trouve divers emplois modifiés : *le ridicule ne tue plus, si le ridicule tuait, il devrait être mort,* etc.).

10 Il ne faut pas jeter du ridicule sur les opinions respectées; car on blesse par là leurs partisans sans les confondre. VAUVENARGUES, *Réflexions et maximes*, DXXVI.

11 (...) il n'est qu'un pas du sublime au ridicule (...)
MICHELET, *Hist. de la Révolution franç.*, X, X.

12 Les Baudoin n'avaient à aucun degré cette maladroite pudeur que l'on nomme le sens du ridicule et, comme ils dédaignaient le ridicule, tout uniment, le ridicule n'osait pas même les effleurer.   G. DUHAMEL, *Chronique des Pasquier*, IX, XII.

♦ **4.** (1683). Vx (langue class.). *Le ridicule,* action de ridiculiser; actions, propos par lesquels on ridiculise qqn, qqch. *« Les maximes du ridicule »* (Montesquieu).

DÉR. Ridiculement, ridiculiser, ridiculité.
HOM. 2. Ridicule.

2. RIDICULE [ʀidikyl] n. m. — 1798, *in* D.D.L.; altér. de *réticule.*

♦ Pop., vx. ⇒ **Réticule.**

Mademoiselle Verdet.
Cinquante-cinq à soixante ans; revêche, prude, dévote (...) mantelet noir; robe à ramages; un paroissien toujours à la main, bien qu'elle ait un ridicule.
Henri MONNIER, *Scènes populaires*, t. I, p. 4-5.

HOM. 1. Ridicule.

RIDICULEMENT [ʀidikylmɑ̃] adv. — 1552; de 1. *ridicule.*

♦ **1.** D'une manière ridicule. ⇒ **Burlesquement, grotesquement, plaisamment.** *Dire* (cit. 101) *ridiculement des choses vraies... Je pindarise assez ridiculement* (→ Lyrisme, cit. 1). *Ridiculement accroupi* (→ Incapable, cit. 6). *Il s'est conduit un peu ridiculement. Elle était ridiculement accoutrée, accoutrée ridiculement.*

♦ **2.** (XXᵉ). Dans des proportions ridicules (1. Ridicule, I., 2.), dérisoires. *Champ* (cit. 8) *d'action ridiculement étroit. Salaire ridiculement bas.* ⇒ **Honteusement.**

RIDICULISER [ʀidikylize] v. tr. — Av. 1648; de 1. *ridicule.*

♦ **1.** (Sujet n. de personne). Rendre (qqn, qqch.) ridicule. ⇒ **Bafouer, caricaturer, chansonner, dégrader, draper, moquer, railler, rire, tourner** (en dérision, en ridicule). *Ridiculiser qqn* (→ Parasite, cit. 1), *la vertu* (→ Futile, cit. 5).

Jamais artiste ne fut plus attaqué, plus ridiculisé, plus entravé. Mais que nous font (...) les dissertations haineuses de quelques académies d'estaminet et le pédantisme des joueurs de dominos?
BAUDELAIRE, *les Curiosités esthétiques*, V, III.

♦ **2.** (Sujet n. de chose). *Sa conduite l'a ridiculisé auprès de nous.*

▶ **SE RIDICULISER** v. pron. (1666).
(Réfl.). Se rendre ridicule. *Il s'est ridiculisé, avec ce livre.*

RIDICULITÉ [ʀidikylite] n. f. — 1664; de 1. *ridicule.*
Vx, littéraire.

♦ **1.** Chose ridicule; ce par quoi on se rend ridicule. *« Un sot dit sans cesse des ridiculités »* (Furetière, 1690).

♦ **2.** (1675; encore au XIXᵉ, chez Balzac). Caractère de ce qui est ridicule.

RIDOIR [ʀidwaʀ] n. m. — 1870; de *rider* (II.).

♦ Mar. Palan (anc.), dispositif à vis ou à crémaillère (mod.) permettant de rider (un cordage).
Le hauban tribord arrière avait cassé son ridoir et, faisant fouet, cinglait dangereusement.   Roger VERCEL, *Remorques*, p. 60.

RIDULE [ʀidyl] n. f. — XXᵉ; *riduler* «froncer de petites rides», 1881, Huysmans; de *ride.*

♦ Petite ride. *Ridules du visage, du cou. Soins de beauté, gymnastique faciale pour faire disparaître les ridules et empêcher qu'elles ne se transforment en rides.*

Perpétue les observait, de son œil malin, perdu dans un gribouillis de ridules.
H. TROYAT, *les Dames de Sibérie*, p. 283.   1

Elle se portait très bien, au contraire, cette sale publicité. Elle inventait des maux pour pouvoir les guérir : par exemple, les « ridules » (terme breveté) dont seule une crème de beauté vous débarrasserait.
G. CESBRON, *Voici le temps des imposteurs*, p. 185.   2

RIEL [ʀjɛl] n. m. — Mil. XXᵉ; mot cambodgien.

♦ Unité monétaire cambodgienne (ne pas confondre avec le *rial* iranien).

RIEMANNIEN, IENNE [ʀimanjɛ̃, jɛn] adj. — Fin XIXᵉ (30 mars 1903, *in Rev. gén. des sc.* nᵒ 6, p. 334); du nom du mathématicien Riemann (1826-1866).

♦ Math. Propre à Riemann et à ses théories mathématiques. *Géométrie riemannienne :* une des géométries non-euclidiennes (→ Parallèle, cit. 2). *Espace riemannien. Surfaces riemanniennes.*

RIEN [ʀjɛ̃] pron. indéf., n. m. et adv. — 980, *ren non* «nulle chose»; n. f., «chose», 1050, encore au XVIᵉ; *rien* «nulle chose», 1538; du lat. *rem,* accusatif de *res* «chose». → Réel.

À la différence de *personne* et par anal. avec *pas, rien* (objet direct) se place normalement devant le participe passé des verbes aux temps composés et devant l'infinitif. *Je n'ai rien vu. Ne rien voir.* — Littér. *Faisant mine* (cit. 14) *de ne remarquer rien. Mon œuvre prétend ne concurrencer rien* (→ Ou, cit. 12).

★ **I.** Nominal indéfini. Phonét. : liaison (ex. : *rien à dire* [ʀjɛ̃nadiʀ]; *ne rien aimer* [nəʀjɛ̃neme]).

A. ♦ **1.** Quelque chose (dans un contexte qui n'est pas affirmatif). ⇒ **Chose** (quelque chose), **quoi** (que ce soit). — En phrase négative, par la forme, ou (littér. ou style soutenu) par le sens avec les verbes *empêcher, éviter, défendre, interdire, négliger, prendre garde, refuser, renoncer,* etc., et les adjectifs *impossible, incapable, malaisé,* etc. *Il défendit expressément* (cit. 2) *qu'on touchât à rien, ni qu'on réparât rien. Il est malaisé de rien ajouter à ce qu'ils ont dit* (→ Mer, cit. 10). *Il demeurait muet* (cit. 5), *incapable de rien dire. Impossible de s'accrocher à rien* (→ Avalanche, cit. 6).

(...) les grands négligent de rien connaître (...) aux affaires publiques (...)
LA BRUYÈRE, *les Caractères*, IX, 24.   1

(...) leur unique affaire est d'empêcher rien de s'arranger ni de s'arrêter avant qu'ils ne soient assis eux-mêmes.   J.-A. DE GOBINEAU, *les Pléiades*, p. 23.   2

Une fatigue telle que je renonce à rien exiger de moi (...)
GIDE, *Journal*, 14 sept. 1928.   3

(Employé avec *ne pas,* lorsque *pas* et *rien* sont dans des propositions distinctes). *Il ne me semble pas que vous prouviez rien contre moi* (→ Être, cit. 31). — REM. Au début du XVIIᵉ s. on rencontre dans la langue familière *ne... pas rien* dans la même proposition, expression condamnée par Vaugelas : *« On ne veut pas rien faire ici qui vous déplaise »* (Racine, *les Plaideurs*, II, 6). *« (...) Ne servent pas de rien »* (→ 2. Pas, cit. 15). Dans cet exemple, Molière atteste la réaction puriste du XVIIᵉ s. *(« De pas mis avec rien tu fais la récidive »)* contre un usage devenu archaïque ou *rien* signifie encore «chose» (cf. *Ça fait pas rien,* usuel en français régional rural du Centre). Aujourd'hui cette combinaison est populaire et jugée fautive : *« Vous n'auriez pas rien pour la gorge ? »* (Barbusse, *le Feu*, I, IV).

Je ne crois pas savoir rien de bon en effet, ni pouvoir rien enseigner aux hommes pour les améliorer et les convertir.   NERVAL, Trad. GOETHE, *Faust*, I, p. 35.   4

(...) l'emploi de *ne...* pas dans la principale est tout à fait régulier si les auxiliaires *(de la négation)* se trouvent dans la subordonnée : *« Ne pas être obligé d'en rien rendre à César »,* ROSTAND, *Cyr.*, II, 8 (...)
G. et R. LE BIDOIS, *Syntaxe du franç. moderne*, § 1795.   5

(Employé avec *avant de, avant que*). *Il étudie le tempérament du malade avant de lui rien prescrire. Il n'était pas un peuple qui avant de rien entreprendre ne consultât l'oracle* (cit. 4).

Avant que le jeune homme ait rien pu dire (...)
ALAIN-FOURNIER, *le Grand Meaulnes*, I, XIII.   6

(Employé avec *sans,* comme objet d'un verbe transitif). *Sans rien dire* (→ Assentiment, cit. 6; distance, cit. 1). *« Les gens de qualité savent tout sans avoir jamais rien appris »* (cit. 8, Molière). *Sans qu'elle en sût rien* (→ Malfaisant, cit. 4). *Sans avoir l'air** *de rien. Sans plus prendre intérêt à rien ni à moi-même* (→ Être, cit. 11).

Je m'en irai bientôt, au milieu de la fête,
Sans que rien manque au monde immense et radieux.
HUGO, *les Feuilles d'automne*, XXXV, VI.   7

Littér. (Dans une interrogation directe ou indirecte). *Est-il rien qui vous plaise ? Dites-moi s'il est rien de plus beau. A-t-on jamais vu rien de pareil ? Se peut-il imaginer rien de plus morne ?* (→ Il, cit. 30). *Y a-t-il rien de plus tyrannique ?* (→ Presse, cit. 6). — (Après *si*). *C'est miracle si j'y entends rien.*

8 Diable emporte si j'entends rien en médecine!
MOLIÈRE, le Médecin malgré lui, III, 1.

9 Est-ce que je comprends rien à tes livres latins?
A. DE MUSSET, Lorenzaccio, II, 4.

10 Ah, le précoce hiver a-t-il rien qui m'étonne? Jean MORÉAS, les Stances, II, VII.

11 (...) dans l'incertitude du lendemain, ne sachant combien de temps va durer encore leur exil, comment entreprendre rien et chercher même à se distraire (...)
GIDE, Journal, 4 juil. 1940.

Littér. (En tête de phrase interrogative) :

12 (...) notre insatisfaction n'est pas raisonnable. Rien pouvait-il être autrement?
J. GUÉHENNO, in le Figaro, 22 déc. 1948.

REM. Au XVIIe s., *rien* s'employait parfois au lieu de *personne.* «*Et c'est n'estimer rien qu'estimer* (cit. 13) *tout le monde*» (Molière).

13 A-t-on jamais rien vu de plus impertinent? MOLIÈRE, Dom Juan, IV, 5.

♦ **2.** (V. 980). Cour. (Comme auxiliaire négatif de *ne,* en remplacement de l'anc. franç. *néant*). Aucune chose, nulle chose. — (En complément). *Je ne sais rien, je n'ai rien vu* (→ Insignifiant, cit. 9). — Prov. *Qui ne risque* rien n'a rien vu. Vous n'aurez rien.* Cf. Pas un... (sou, pouce, etc.), pas le moindre..., et, fam., la ceinture, des clous*, des nèfles, la peau*, que dalle. *Cela ne vaut* rien, ça vaut rien* (fam. ; → ci-dessous B. 1.) : c'est inexistant, nul, cela ne vaut pas une obole (vx), pas un clou* (fam.). *Je n'y comprends rien* (cf. fam. Que couic, que dalle, que pouic...). *Ne rien faire. Cela ne fait rien. Cela ne me fait plus rien.* ⇒ **Faire.** *Ça ne me dit rien.* ⇒ **Dire.** *Les esprits blasés* (cit. 9) *qui ne savent plus rien voir. N'en rien faire*, n'en faites rien* (→ Crime, cit. 19; désunir, cit. 5). *Il ne se refuse rien* (→ Dialogue, cit. 3). *Des gens qui ne dépensent rien* (→ Affaire, cit. 72). *On n'y peut rien.* ⇒ **Pouvoir.** *Cela ne gâte* (cit. 20) *rien. Ça* (cit. 2) *n'a rien à voir*. Vous n'avez rien à craindre* (cit. 3). *Ne croire à rien* (→ Nihiliste, cit. 1). *Réduire à rien.* ⇒ **Annuler, néantiser.** *Ça ne sert à rien,* (vx) *de rien.* ⇒ **Servir.** *Ne rimer* à rien. Cela n'engage à rien* (→ Discipline, cit. 8). *N'être bon** (cit. 98) *à rien. N'avoir droit à rien* (→ Appartenir, cit. 8). *Il ne faut jurer de rien* (→ Défier, cit. 7). *Rien ne sert de courir*.*

14 (...) les gens qui ne veulent rien faire de rien n'avancent rien et ne sont bons à rien.
BEAUMARCHAIS, le Mariage de Figaro, II, 2.

15 Ne rien faire est le bonheur des enfants et le malheur des vieillards.
HUGO, Post-scriptum de ma vie, L'esprit, Tas de pierres, II.

16 L'avenir, fantôme aux mains vides
Qui promet tout et qui n'a rien! HUGO, les Voix intérieures, II, VII.

17 Et ceux qui ne font rien ne se trompent jamais.
Th. DE BANVILLE, Odes funambulesques, «Occidentales», II, in GUERLAC.

IL N'EN EST RIEN : rien n'existe, n'est vrai de cela (→ Fable, cit. 14; inconsolable, cit. 3). *Comme si de rien n'était.* ⇒ **Être** (*infra* cit. 76). *N'avoir l'air* de rien, ne ressembler* à rien.*

(xxe). **N'AVOIR RIEN DE...** : n'avoir aucun des caractères de... *Elle n'a rien d'une ingénue. Il n'a rien d'un enfant éveillé* (cit. 35). — Contr. : *avoir tout de...* — REM. Pour *n'avoir rien de...* avec l'adjectif (→ ci-dessous, *supra* cit. 29).

NE... RIEN DU TOUT : ne... absolument rien. *Je n'ai rien vu du tout. N'y rien voir du tout* (→ aussi Nommer, cit. 13). *Cela ne me fait plus rien du tout* (→ Heureusement, cit. 7). — Ellipt. *J'ai regardé s'il y avait du courrier; rien du tout!*

18 (...) il ne faudrait rien faire du tout, car rien n'est certain (...)
PASCAL, Pensées, III, 234.

RIEN DE RIEN, RIEN À RIEN. *La majorité stupide qui ne comprend* (*infra* cit. 5) *rien à rien. Elle, si innocente* (cit. 2), *qui ne sait rien de rien* (→ Ignorant). — Ellipt. *Il reste de rien!*

19 Aujourd'hui que l'on plaide, il se trouve que personne ne savait rien de rien (...)
BEAUMARCHAIS, Mémoires... dans l'affaire Goëzman, p. 11.

20 (...) il m'en a fait voir de cruelles! Rien ne lui plaisait, rien de rien.
MAUPASSANT, l'Inutile Beauté, «Le masque».

20.1 Non, rien de rien
Non, je ne regrette rien.
Non, je ne regrette rien (chanson de Ch. Dumont et M. Vaucaire,
créée par Édith Piaf).

(1690). **NE... POUR RIEN.** *N'y être* pour rien* (→ Froisser, cit. 21; noir, cit. 23). — Contr. *Y être pour quelque chose.*

NE... POUR RIEN AU MONDE (avec le mode conditionnel) : pour aucune raison, à aucun prix. *Pour rien au monde elle ne se serait couchée...* (→ Rameau, cit. 2), *elle ne l'eût demandé* (→ Hasard, cit. 33).

21 Mais, le matin, rassuré par la lumière, il n'eût pour rien au monde consenti à laisser son domaine. F. MAURIAC, le Fleuve de feu, III, p. 144.

RIEN (employé comme sujet). *Rien n'est éternel* (cit. 33). *Rien n'est trop beau pour lui. Rien n'étonne* (cit. 11) *quand tout étonne. Rien ne va plus* (au jeu : il est trop tard pour miser). → Jeu, cit. 51. *Rien n'y fera* (cit. 97). *Une ignorance que rien n'excuse* (→ 2. Pompe, cit. 4). — (Avec une comparaison). *Rien n'est beau* (cit. 2) *que le vrai. Rien n'a l'air plus faux* (cit. 46) *que le vrai. Rien n'est si beau que d'aimer* (→ Âge, cit. 22). *Rien n'est plus admirable que l'homme* (cit. 30). «*Rien ne nous rend si grands qu'une grande douleur*» (cit. 14). — *Plus rien ne bougeait* (→ Recouvrir, cit. 1).

22 Rien ne vint qu'un banal : — Adieu. GIDE, les Faux-monnayeurs, I, IX, p. 104.

23 Rien au monde ne le ferait s'éloigner des environs de Paris.
F. MAURIAC, le Fleuve de feu, III, p. 161.

Littér. ou régional. **RIEN PLUS.** *Rien plus* (cit. 32) *n'en défendait l'entrée.*

(Antécédent d'un pronom relatif et suivi du subjonctif). *Ce bloc enfariné ne me dit** (cit. 94) *rien qui m'appartînt* (cit. 2) *à l'autre. Il n'est rien dans l'individu* (cit. 15) *qui ne soit social. Je ne dis rien que je n'appuie* (cit. 5) *de quelque exemple.*

24 Je ne voyais en toi rien qui me fût aimable,
Je ne sentais en moi rien qui ne fût amour.
RACINE, Poésies diverses, «Stances à Parthénice».

25 Rien en lui qui ne croie au bonheur, qui n'y tende de toutes ses petites forces passionnées! (...) R. ROLLAND, Jean-Christophe, I, p. 26.

(Avec une qualification). Vx ou littér. (employé sans *de*). *Il n'est rien plus gai* (→ Masquer, cit. 2), *plus aisé* (→ Recevoir, cit. 9), *si commun que* (→ Habiller, cit. 9). *Il n'est rien tel en ce monde que de se contenter* (cit. 8). «*À qui venge son père il n'est rien impossible*» (Corneille). *Rien autre* (→ 1. Politique, cit. 4; prochain, cit. 7). — (Dans le même sens). *Rien autre chose. Elles n'aimaient rien autre chose* (→ Maladie, cit. 15).

26 Il n'est rien tel que ces virages ouverts. Paul MORAND, l'Europe galante, III.

27 Il ne pensait à rien autre. R. ROLLAND, Jean-Christophe, Le matin, II, p. 154.

28 — Rien autre? demanda-t-il à haute voix.
MALRAUX, la Condition humaine, II, 22 mars, 11 h du matin.

(xvie, employé avec *de* et l'attribut). Mod. **RIEN DE...** *Il n'est rien de plus beau.* ⇒ **Avoir, être.** *Il n'y a rien de trop beau pour vous* (→ Profiter, cit. 7). *Il n'y a rien de mieux, de meilleur. Rien de mieux à faire* (→ Horreur, cit. 24). *Il n'y a rien de si rapide* (→ Antipathie, cit. 4), *de si vrai* (→ Cagoule, cit. 1). *Il n'y a rien de moins attentif* (cit. 14) *que les enfants. Il ne faut rien de trop* (→ Moyen, cit. 5). «*Il en reste? Un peu, mais rien de trop.*» *Je ne souhaitais rien d'autre* (→ Fiançailles, cit. 4). *Rien ne peut arriver de pire que ce détachement* (cit. 6). *Il n'y a rien de tel... Rien de tel ne paraît* (→ Frigidité, cit. 2).

29 (...) il ne trouve rien de trop chaud ni de trop froid pour lui (...)
MOLIÈRE, Dom Juan, I, 1.

30 Ta parole est un chant où rien d'humain ne reste. HUGO, Hernani, V, 3.

31 Je me souviens de jours où rien d'important ne s'était produit.
ARAGON, le Roman inachevé, p. 96.

N'AVOIR RIEN DE... : n'avoir aucune chose qui soit... *N'avoir rien de commun avec...* (→ For, cit. 1). — Par ext. N'être pas du tout... *Son aspect* (cit. 12) *n'avait rien de farouche. Le salon n'avait rien de bien luxueux* (cit. 2). *Cela n'a rien d'impossible, n'a rien d'anormal,* est tout à fait possible, normal.

(En fonction d'attribut). **N'ÊTRE RIEN.** ⇒ **Être.** — (1541). N'avoir aucune position sociale. *Vous épousez une personne qui n'est rien* (Marivaux, *la Vie de Marianne,* VIII). «*Ci-gît Piron, qui ne fut rien, pas même académicien*» (cit. 1). — (Mil. XVIe). N'avoir aucune valeur, aucune importance. «*La naissance* (cit. 8) *n'est rien où la vertu n'est pas*» (Molière). *Un bien sans les autres ne sont rien* (→ Acheter, cit. 8). *Le génie* (cit. 33) *sans talent n'est rien. L'absence* (cit. 9) *ni le temps ne sont rien quand on aime. L'or* (1. Or, cit. 19) *est tout, le reste n'est rien* (→ aussi Maltôtier, cit.). *Douze siècles ne sont rien* (→ Divertir, cit. 7). *N'être rien par rapport, en comparaison de, au prix* (cit. 20) *de... N'être* pour qqn* (→ Posséder, cit. 25).

32 Lui seul est Dieu, Madame, et le vôtre n'est rien. RACINE, Athalie, II, 7.

33 Est-il bien possible, elle n'était rien! rien pour mon cœur, il y a si peu de mon amour.
STENDHAL, le Rouge et le Noir, II, XX.

34 Cérizet disait parfois à Théodose par ce regard révolutionnaire que deux fois en ce siècle les souverains ont connu : — Je t'ai fait roi, je ne suis rien. C'est n'être rien que de l'être tout. BALZAC, les Petits Bourgeois, Pl., t. VII, p. 192.

35 — Ce n'est rien, Joseph, je me laisse quelquefois aller au découragement; mais ces moments sont courts, et j'en sors plus fort qu'avant.
A. DE VIGNY, Cinq-Mars, VII.

(1538). **CE N'EST RIEN** : c'est sans importance, sans conséquence, sans gravité. «*Ce n'est rien, c'est une femme* (cit. 26) *qui se noie*» (La Fontaine). «*Vous vous êtes blessé? — Ce n'est rien*». *Ce ne sera rien, vous vous remettrez vite* (→ Grog, cit. 2). — Cf. Ce n'est pas rien (→ ci-dessous, B., 6.).

Ne... que (renforcé par *rien*). ⇒ **Seulement.** *Ils n'ont rien que leur salaire* (→ Fille, cit. 8). «*Je ne vois rien que le soleil qui poudroie et l'herbe*» (cit. 12) *qui verdoie*». *Je ne vois rien qu'un abîme* (cit. 6) *d'ennuis. Ils n'ont rien fait que les obscurcir* (cit. 11). *Je n'ai rien dit* (cit. 19) *que ce que je pense.*

36 On me l'avait dit, que son maître Aristote n'était rien qu'un bavard.
MOLIÈRE, le Mariage forcé, 4.

(Suivi d'un adverbe de comparaison). *Je n'aime rien tant que ce qui va se produire* (→ Aube, cit. 10), *que la sincérité* (→ Mordicus, cit.). *On ne voit rien plus clairement que les erreurs d'autrui.*

37 Je veux d'un homme qui soit bon, qui ne soit rien davantage (...)
LA BRUYÈRE, les Caractères, VIII, 31.

RIEN MOINS (QUE...). ⓐ Vieilli. (*Rien* en fonction d'objet ou d'attribut). *Il n'est rien moins qu'un savant* : il est moins un savant que quoi que ce soit d'autre, il est tout tout plutôt qu'un savant (c'est-à-dire : il n'est aucunement un savant). ⇒ **Aucunement, nullement.** *Son imagination qui n'est rien moins que vive* (→ Irrésolution, cit. 1). «*Ma comédie n'est rien moins que ce qu'on veut qu'elle soit*» (Molière, *Tartuffe,* 1er placet).

38   Enfin, un après-midi que je ne songeais à rien moins, je vis arriver M. le Maréchal de Luxembourg, suivi de cinq ou six personnes. ROUSSEAU, les Confessions, X.

39   J'étais, certes, rien moins que sûr que cette adhésion suppléerait à tout ce qui manquait pour assurer l'ordre public.
 Ch. DE GAULLE, Mémoires de guerre, t. III, p. 14.

b (XVIIᵉ). Mod. Bel et bien, pas moins. ⇒ **Moins** (pas moins, cit. 28). *« Il ne s'agissait de rien moins que d'allumer le feu* (cit. 42) *de la guerre civile »* (Bossuet). *« Il n'a fallu rien moins que l'expédition des croisés (...) pour que le nom d'une localité étrangère s'introduisît dans notre langue »* (Littré, *Préface*, p. XXXIV).

40   À peine rentrée chez elle, madame de Chasteller eut assez de force de volonté pour éloigner sa femme de chambre, qui ne demandait rien moins qu'un récit complet de l'accident.   STENDHAL, Lucien Leuwen, I, XIX.

41   *(Il)* accusait fermement Miraut d'être l'assassin de ses poules et ne parlait rien moins que d'intenter à Lisée un bon procès (...)
L. PERGAUD, De Goupil à Margot, p. 44.

c **RIEN DE MOINS, DE MOINDRE (que...)** : rien d'inférieur à, de moins important que ; bel et bien. *« Il ne s'agit de rien de moins que de changer une égalité en inégalité »* (Valéry, *Regards sur le monde actuel*, p. 54, in Grevisse). *Je n'ai prétendu à rien de moindre qu'à donner une monographie* (cit. 2).

42   (...) cet excentrique charmant (...) observez-le : il a choisi rien de moins que de donner sa vie pour ses amis.   F. MAURIAC, in le Figaro littéraire, 3 févr. 1962.

♦ **3.** Loc. adv. **EN RIEN** (positif) : en quoi que ce soit. *Elle ne souffrait pas que l'héritier fût désobéi* (cit. 6) *en rien. Je ne me reconnais aucun droit d'incliner* (cit. 14) *en rien sa pensée.* — **SANS... EN RIEN...** *Sans gêner en rien la marche de son affaire* (→ Liquide, cit. 7). *Sans pouvoir faire en rien le bonheur d'une femme* (→ Présence, cit. 4). — **NE... EN RIEN** : d'aucune manière, pas du tout. *Il ne nous touche en rien* (→ Existence, cit. 6). *Elles ne sont en rien de la grande littérature* (→ Poser, cit. 16). *Une pitié qui n'altère* (cit. 4) *en rien leur félicité. Il ne rappelait en rien l'étincelante* (cit. 6) *érudition du premier. Ne le céder en rien à...* (→ Christianisme, cit. 2).

43   (...) l'appétit de vérité, qui était le mobile de mon existence, ne fut en rien diminué. Mes habitudes et mes manières ne se trouvent rien en rien modifiées.
RENAN, Souvenirs d'enfance..., VI, Œ. compl., t. II, p. 892.

44   Cette insouciance (...) les pires événements ne l'auront en rien amendée.
GIDE, Journal, 16 nov. 1915.

B. (Sans *ne*). Nulle chose, aucune chose.

♦ **1.** Fam. (Objet direct dans une phrase négative complète). *J'ai rien dit* (→ Jacter, cit. 1). *I (il) fait rien, ce type. Ça vaut rien, rien de rien. J'ai rien vu, rien vu du tout.*

44.1   Quand je la décevais vraiment trop, elle m'appelait alors par mon nom de famille, celui de mon père, m'indiquant ainsi que je n'étais pas de même sang qu'elle, que j'étais rien.   Marie CARDINAL, les Mots pour le dire, p. 238.

REM. Rare dans la langue écrite normalisée (notamment imprimée), cet emploi est très fréquent dans la langue parlée non soutenue (→ Ne).

♦ **2.** **a** (Comme réponse négative à une question). *Que faites-vous ? Rien. « Qu'est-ce là ? lui dit-il. — Rien »* (→ Encore, cit. 18). *Que puis-je ? Rien* (→ Malheureux, cit. 19). *De quoi jouit-on ? De rien* (→ Existence, cit. 4). *À quoi cela mène-t-il ? À rien.*

45   Qu'y a-t-il pour nous ? Rien. Et pour eux, tout (...)
MAUPASSANT, l'Inutile Beauté, III.

46   À quoi penses-tu ? — À rien.   F. MAURIAC, le Nœud de vipères, I, IX.

b (En phrase elliptique). *Rien à dire, c'est parfait. Rien à objecter ? Rien à voir* avec...* (→ Obstination, cit. 5). *Rien à faire :* la chose est impossible (cf. fam. Pas moyen) ; en réponse à une demande. ⇒ **Non ; bernique, macache.** *« Hurler* (cit. 7) *avec les loups ? Rien qui me ressemble moins ».* — (Avec un attribut). *Au demeurant, rien de moins apprêté* (cit. 2). *La bourrache* (cit. 2), *rien de tel pour les bronches. Rien de plus regrettable* (→ Exhaustif, cit. 1). *Rien d'étonnant si...* (→ Large, cit. 16).

47   Qu'est-ce qui a été autrefois ? C'est ce qui doit être à l'avenir. Qu'est-ce qui s'est fait ? c'est ce qui se doit faire encore. Rien de nouveau sous le soleil (...)
BIBLE (SACY), l'Ecclésiaste, I, 9-10.

48   La misère, c'est quand on dit :
Rien à perdre et tout à gagner.   GUILLEVIC, la Misère, Œ. choisies, p. 153.

c (En complément introduit par une préposition). *L'air de rien.* — Fam. *Mine de rien. « Je vous remercie. — De rien »* (je vous en prie). *Un propre* à rien ; un bon* à rien* (→ Foutre, cit. 3 ; gâcheur, cit. 2 ; licheur, cit. 2).

d (En corrélation avec un autre terme, et, spécialt, avec *tout*). *C'est tout ou rien* : il n'y a pas de demi-mesure. *C'est cela ou rien :* vous n'avez pas d'autre choix. *Tout en général* (cit. 26) *et rien en particulier. « Un milieu entre rien et tout »* (Pascal ; → Homme, cit. 51). *Ce que nous pouvons faire ou rien, c'est la même chose :* nous ne pouvons rien faire d'utile (→ Fataliste, cit. 2). *« J'y vendrai ma chemise* (cit. 7) *; et je veux rien ou tout ».*

49   Nous nous pardonnons tout, et rien aux autres hommes.
LA FONTAINE, Fables, I, 7.

50   — Je veux être Chateaubriand ou rien.   HUGO, in Victor Hugo raconté, XXIX.

51   Ô médiocrité, celui qui pour tout bien
T'apporte à ce tripot dégoûtant de la vie,
Est bien poltron au jeu, s'il ne dit : Tout ou rien.
A. DE MUSSET, Premières poésies, « Vœux stériles ».

Il faut tout prendre au sérieux, mais rien au tragique.   52
THIERS, Disc. prononcé à l'Assemblée nationale, 24 mai 1873.

e *Rien de plus, de mieux,* etc. (employé pour reprendre une idée en la limitant). *Je suis un camarade, rien de plus* (→ Geste, cit. 17). *Vous vous êtes donné la peine de naître et rien de plus* (→ Fier, cit. 10).

Elle ne disait que le nécessaire, rien de plus, rien de moins.   53
A. HERMANT, l'Aube ardente, VIII.

♦ **3.** (Comme second terme d'une comparaison). **MOINS, MIEUX... QUE RIEN.** *Une opinion* (cit. 7) *c'est mieux que rien* (qu'aucune opinion). *De près, c'est moins* que rien* (→ Imposer, cit. 38). — **SI PEU QUE RIEN** : très peu, presque rien. ⇒ **Peu** (*supra* cit. 52).

C'était mieux que rien du tout, une telle satisfaction. N'importe quoi, dans la   54
vanité, c'est mieux que rien du tout.   CÉLINE, Voyage au bout de la nuit, p. 126.

EN MOINS DE RIEN : en très peu de temps. ⇒ **Rapidement.** *« Toute votre félicité... En moins de rien tombe par terre... »* (Corneille ; → Instabilité, cit. 2). *En moins de rien ils ont été couchés* (→ Flamme, cit. 8). → ci-dessous, II, 3., *en un moins de temps ;* et aussi *En moins de temps* qu'il n'en faut pour le dire.*

(...) ne parlez pas si haut ; il y a bien des mauvais sujets dans Besançon. On vous   55
volera cela en moins de rien.   STENDHAL, le Rouge et le Noir, I, XXIV.

Vx. **COMME RIEN** : comme aucune chose, d'aucune façon, pas du tout. *Je m'en soucie comme rien.*

Vous jugez donc bien à présent que son mépris m'importe comme rien (...)   56
CYRANO DE BERGERAC, Lettres satiriques, Contre Scarron.

Et sa morale faite à mépriser le bien,   57
Sur l'aigreur de sa bile opère comme rien.   MOLIÈRE, les Femmes savantes, II, 9.

Par antiphrase (fam.). Facilement, aisément. *Cela atteint des millions comme rien* (→ ci-dessous, *comme un rien*).

Dans ce temps-là, les filles s'appelaient Caroline comme rien.   57.1
M. AYMÉ, Maison basse, p. 110.

♦ **4.** **RIEN QUE...** (ellipt., ou en corrélation avec un objet exprimé). ⇒ **Seulement.** *Rien que des dentelles, pas un habit* (cit. 25) *noir. « Pas la couleur, rien que la nuance ! »* (cit. 9, Verlaine). *Toute la vérité, rien que la vérité* (→ Naturaliste, cit. 7). *Rien que le ciel immense* (→ Alentour, cit. 2). *Rien que la terre,* roman de P. Morand.

Rien que la nuit et nous. Félicité parfaite !   HUGO, Hernani, V, 3.   58
Ici, il n'y avait plus d'arbres d'aucune espèce ; il n'y avait même plus trace   59
d'herbe : c'était gris et blanc, gris et blanc, et rien que gris et blanc.
C.-F. RAMUZ, la Grande Peur, II.

(Par iron.). *Rien que quinze ans de différence !* (→ Jeunesse, cit. 32). — (1792, *in* D.D.L.). **RIEN QUE ÇA !** *Il en exige le double, rien que ça !* ⇒ **Paille** (une paille !). — *Rien qu'un peu !*

— (...) laissons là l'amour, et soyons bons amis. — Rien que cela ? Ton petit traité   60
n'est composé que de deux clauses impossibles.
MARIVAUX, le Jeu de l'amour et du hasard, I, 7.

(Devant un compl. prépositionnel). *Rien qu'à..., rien que pour..., que de...,* etc. *Il faut que tu sois à moi, rien qu'à moi* (cit. 36). ⇒ **Uniquement.** *Des gourmandises* (cit. 12) *rien que pour elle. Deux cents cas rien que dans la région. Rien que dans le cerveau, on compte 9 milliards de neurones* (cit. 1). *Un champ où tout pousse rien qu'à souffler dessus !* (→ Feignant, cit. 2). *Rien qu'à le regarder, on sentait comment il pouvait courir* (→ Cerceau, cit.). *Rien que d'y penser, j'en frémis.*

J'arrive au dramatique rien que par l'entrelacement du dialogue et les oppositions   61
de caractère.   FLAUBERT, Correspondance, 432, 12 oct. 1853.

(...) rien que d'y penser j'en suis choquée (...)   62
PROUST, Du côté de chez Swann, Pl., t. I, p. 88.

(...) j'aurais donné par exemple mon dernier dollar à la concierge de Lola rien que   63
pour la faire bavarder.   CÉLINE, Voyage au bout de la nuit, p. 194.

Rien que... (introduisant un nom, sujet d'une proposition).

Rien que son rythme mettrait l'Indien du Sud plus près de l'Européen que le Ben-   63.1
gali.   Henri MICHAUX, Un barbare en Asie, p. 124.

Ellipt. (et fautif). *Rien que* (et n., suivi d'une proposition) : rien qu'à voir, qu'à penser à..., qu'à imaginer ; en voyant (pensant...) seulement à (ce que désigne le nom).

— Rien que ses jambes, je deviens fou ! s'écria-t-il, piétinant la langue française.   63.2
MONTHERLANT, Pitié pour les femmes, p. 58.

♦ **5.** (Après une préposition). Chose ou quantité nulle, ou quasi nulle. *Faire qqch. de rien* (→ Invention, cit. 8). *De rien à qqch., à tout. À propos* (cit. 3) *de rien. Vivre content* (cit. 7) *de rien. Faire un procès de rien* (→ Dragon, cit. 3). *Venir, devenir* (vx) *à rien. Tomber, se réduire à rien.* ⇒ **Zéro** (à). → Matérialisme, cit. 5. — (Après le mot *fois*). *Un petit secours, trois fois rien* (→ Gêner, cit. 24).

(...) ma terre de Bourbilly est quasi devenue à rien par le rabais et par le peu de   64
débit des blés et autres grains.   Mᵐᵉ DE SÉVIGNÉ, 1022, 31 mai 1687.

(...) c'est devenu entre elles un gentil usage de s'installer ainsi les unes chez les   65
autres, pendant des jours ou même des semaines, à propos de tout et de rien, quelquefois pour se faire une simple visite (...)   LOTI, les Désenchantées, I, II.

Mais ici, pas un instrument quelconque, pas un ustensile. De rien, il leur faudrait   65.1
arriver à tout !   J. VERNE, l'Île mystérieuse, t. I, p. 63.

POUR RIEN [puʀʀjɛ̃] ; pop. ou plais. [puʀəʀjɛ̃] : pour une chose nulle. *Compter pour rien le reste* (→ Lieu, cit. 35). *Comptez-moi pour rien s'il s'agit de se battre* (→ Compter, cit. 17). *Il nous compte pour rien :* il ne fait aucun cas de nous. — Pour un résultat nul. *Se* *déranger pour rien.* ⇒ **Inutilement.** *Faire qqch. pour rien* (→ Prétendre, cit. 20), *pour des prunes*. Une mesure* (cit. 34) *pour rien. Mourir pour rien* (→ Ouf, cit. 2). — Pour une cause insignifiante, sans raison. *Beaucoup de bruit* pour rien. Se chamailler pour rien* (→ Guerroyer, cit. 3). ⇒ **Plaisir** (à). → ci-dessous, II., *pour des riens.* — Sans payer. ⇒ **Gratuitement.** *Je l'ai eu pour rien, en prime. Rien pour rien* (→ Donnant* donnant). — Par exagér. À bas prix, à vil prix (→ ci-dessous, cit. 69). — Syn. : *pour une bouchée de pain. Acheter des billets pour rien* (→ Réassigner, cit.). *Tout ça pour rien, des occasions* (cit. 13) *uniques. C'est donné*, c'est pour rien!* ⇒ **Marché** (bon marché). — (Avec un verbe à la forme négative). *Ce n'est pas pour rien que...* (→ Nourrisson, cit. 2). — Loc. prov. (1816; *on ne fait rien pour rien,* 1619, *in* D. D. L.). *On n'a rien pour rien.* — Prov. (vx). *Rien pour rien, tout pour argent* (Béroalde de Verville, v. 1610).

66 J'ai su qu'en secret même il lui faisait du bien,
Et peut-être cela ne se fait pas pour rien. MOLIÈRE, le Dépit amoureux, II, 1.

67 — C'est un grand abus que de les vendre *(les charges)!*
— Oui, l'on-on ferait mieux de nous les donner pour rien.
BEAUMARCHAIS, le Mariage de Figaro, III, 12.

68 Monsieur, rien de rien ou rien pour rien est une des plus justes lois de la nature et morale et physique. BALZAC, la Femme de trente ans, Pl., t. II, p. 748.

69 (...) d'immenses terrains achetés pour rien avant la conquête et revendus le lendemain de l'occupation française à des compagnies de colonisation.
MAUPASSANT, Bel-Ami, II, VII.

70 À la formule atroce de l'économie libérale, « on n'a rien pour rien », Jacques Maritain a raison d'opposer comme but que doit atteindre la civilisation sur le plan matériel : « le plus de choses possibles pour rien ».
DANIEL-ROPS, Ce qui meurt..., p. 146.

71 Voyez donc bien qu'ils sont morts pour rien, Lola! Pour absolument rien du tout, ces crétins! CÉLINE, Voyage au bout de la nuit, p. 65.

♦ **6.** (Attribut). *N'être pas rien :* n'être pas inexistant, négligeable. *L'internationale* (cit. 3), *ce n'est pas rien.* — Fam. *Ça n'est pas rien (c'est pas rien) :* ce n'est pas une petite affaire, cela compte.

72 « Rien ne se fait de rien, » disent-ils; mais la souveraine puissance de Dieu n'est pas rien; elle est la source de la matière aussi bien que celle de l'esprit.
Joseph JOUBERT, Pensées, I, XII.

73 *(Polyeucte)* sait que les faux dieux ne sont rien. Mais il sait aussi que les adorateurs des faux dieux ne sont pas rien.
Ch. PÉGUY, Note conjointe..., Sur Descartes, p. 182.

DE RIEN. — (Personnes). De peu ou vil, de mauvaise conduite. *Des gens de rien* (vieilli). Cf. Bélître, homme de paille (vx). ⇒ **Vaurien** (→ Planter, cit. 17). *Une fille de rien.* — (Choses). Insignifiant.

74 Mon nom serait au rang des Héros qu'on renomme
Si mes prédécesseurs avaient saccagé Rome :
Mais je suis regardé comme un homme de rien,
Car mes prédécesseurs se nommaient gens de bien.
CYRANO DE BERGERAC, la Mort d'Agrippine, II, 4.

75 (...) une affaire de rien, et qui ne mérite pas qu'on s'en remue (...)
LA BRUYÈRE, les Caractères, VIII, 61.

76 Mais quoi! s'écriait-il tout à coup en marchant d'un pas convulsif, souffrirai-je comme si j'étais un homme de rien, un va-nu-pieds, qu'elle se moque de moi avec son amant? STENDHAL, le Rouge et le Noir, I, XXI.

76.1 C'est une jeune homme de rien, qu'on ne sait d'où qui *(qu'il)* sort, d'où qu'il est.
Henri MONNIER, Scènes populaires, t. I, p. 259.

DE RIEN DU TOUT (comme complément de nom). Sans valeur, sans importance. *Un déplacement de rien du tout* (→ Modification, cit.). ⇒ **Insignifiant.** *Un petit bobo de rien du tout.* ⇒ **Méchant.**

77 Les placards, dont il amena à lui les portes, lui montrèrent des entassements de rien du tout, des accumulations de loques épinglées, de cartons démolis, de coupons hors d'usage (...) COURTELINE, Boubouroche, Nouv., IV.

78 — Tu sais (...) ma fleur (...) j'en suis responsable! Et elle est tellement faible! Et elle est tellement naïve. Elle a quatre épines de rien du tout pour la protéger contre le monde (...) SAINT-EXUPÉRY, le Petit Prince, XXVI.

★ **II.** N. m. (1406). Phonét. : pas de liaison (ex. : *un rien effraie* [ʀjɛ̃efʀɛ] *cet enfant*).

♦ **1.** Didact. ou poét. ⇒ **Néant** (cit. 1); **absence, inanité, vide.** *Le rien, c'est ce qui n'existe pas* (→ Inconnu, cit. 38). *Ô néant* (cit. 24), *ô vrai rien!*

79 Tout est-il vide et absence dans la région des sépulcres? N'y a-t-il rien dans ce rien? N'est-il point d'existences de néant (...)
CHATEAUBRIAND, Mémoires d'outre-tombe, t. III, p. 332.

80 Je viens vous dénoncer votre bonheur. Il est fait du malheur d'autrui. Vous avez tout, et ce tout se compose du rien des autres. HUGO, l'Homme qui rit, II, VIII, VII.

81 Car tout se vaut devant le rien universel (...) HUGO, les Années funestes, XXXVIII.

82 Et tandis qu'on philosophait sur le rien de cette existence, il triomphait, ce rien, jusque dans la mort. Alphonse DAUDET, l'Immortel, VIII.

83 Si *rien* ne me contraint à sauver ma vie, *rien* ne m'empêche de me précipiter dans l'abîme (...) Cette liberté, qui se découvre à nous dans l'angoisse, peut se caractériser par l'existence de ce *rien* qui s'insinue entre les motifs et l'acte (...) Et si l'on demande quel est ce *rien* qui fonde la liberté, nous répondrons qu'on ne peut le décrire, puisqu'il *n'est pas* (...)
SARTRE, l'Être et le Néant, Orig. de la négation, p. 69-71.

♦ **2.** Cour. **UN RIEN :** une chose sans importance, insignifiante, futile. ⇒ **Bagatelle, vétille.** *Un rien presque suffit pour le scandaliser* (→ Jusque, cit. 58). *Un rien le froissait* (→ Hérisser, cit. 38). *Un rien les trouble* (→ Là, cit. 59). *Un rien l'habille.* ⇒ **Bricole, colifichet.** *Joyeux* (cit. 3) *d'un rien.* — Par antiphr. *« Il en demande la moitié. — Un rien! »* (→ ci-dessus, *rien que cela*). *Donnons-lui le rien qui le contente* (→ Histoire, cit. 57). — (1667). Au plur. **DES RIENS.** *Faire des riens* (→ Loisir, cit. 3). ⇒ **Babiole.** *Perdre son temps, s'amuser à des riens* (→ Musarder, cit. 2). ⇒ **Bêtise, niaiserie.** *Il retenait ce qui semblait aux autres des riens puérils* (→ Distraction, cit. 5). *Les riens de la vie* (→ Mégère, cit. 3). *Les petits riens qui rendent une maison agréable.* — Mus. *Les Petits Riens,* ouverture et danses de Mozart.

Il était douteux, inquiet : 84
Un souffle, une ombre, un rien, tout lui donnait la fièvre.
LA FONTAINE, Fables, II, 14.

Vous ignorez donc combien un rien a d'empire sur nous. Un rien nous attriste, un rien nous console; un rien nous élève, un rien nous détruit. Un rien relève les charmes d'une jolie femme, un rien nous fait perdre ses bonnes grâces; mais un rien nous fait adorer d'elle. Près des femmes avec un rien on obtient tout, et bientôt le dégoût de la possession succédant au plaisir, ce tout charmant n'est plus à nos yeux qu'un rien très ordinaire qui n'a de prix que pour celui qui ne les connaît pas. 85
CARMONTELLE, Proverbes dramatiques, À bon vin point d'enseigne, 9.

(...) il y a du désespoir dans l'air; et tout à coup on y sent une caresse, un souffle qui passe qui vous relève. Qu'est ce souffle? une note, un mot, un soupir, rien. Ce rien suffit. Qui n'a senti en ce monde la puissance de ceci : un rien! 86
HUGO, l'Archipel de la Manche, XVIII.

(..) elle fait d'un rien trois choses différentes et se sert de tout pour faire de charmants riens. Pierre DANINOS, *in* le Figaro, 13 févr. 1952. 87

POUR UN RIEN, DES RIENS : pour la moindre cause, pour une raison insignifiante (→ Devenir, cit. 6; entraînable, cit.; étouffer, cit. 11; fumeux, cit. 1; maltraiter, cit. 8). *Pour un rien ils se cassaient* (→ Lézard, cit. 2). *Se faire pour un rien de la bile* (→ Fixe, cit. 6). *Il fait des histoires pour un rien, pour des riens.*

Voilà bien du bruit pour un rien. MOLIÈRE, le Bourgeois gentilhomme, III, 10. 88

(XXᵉ; emploi critiqué). Fam. **COMME UN RIEN** (probablt par corruption de *comme rien*). Très facilement. *Il saute 1 m 50 comme un rien. Une machine qui broierait un homme comme un rien .*

♦ **3. UN RIEN DE... :** un petit peu de. *Une lettre affectueuse, avec un rien de condescendance. « En reprenez-vous? Un rien »* (cf. Une goutte, une miette...).

Un rien de grog et de fatigue et ça y était, elle s'endormait en ronflant (...) 89
CÉLINE, Voyage au bout de la nuit, p. 316.

— J'aimerais que notre arrivée gardât un rien d'imprévu (...) 90
J. ROMAINS, les Hommes de bonne volonté, t. XXII, XXXIV, p. 287.

EN UN RIEN DE TEMPS : en très peu de temps. ⇒ **Promptement.** *Il était prêt en un rien de temps. Reprendre qqch. en un rien de temps* (→ Reine, cit. 2). — Absolt. Vx. *En un rien. « Ma joie en moins d'un rien comme un éclair* (cit. 8) *s'enfuit »* (Régnier). → ci-dessus, *en moins de rien.* — Rare. *Pour un rien de temps.*

Il n'est peine si grande 91
Qu'un rien ne suspende
Pour un rien de temps (...) VALÉRY, Rhumbs, p. 267.

(...) vous savez qu'à Toulon, j'en ai vues, elles gagnaient un timbre-poste de quinze centimes en un rien de temps à ce système-là (...) 92
ARAGON, les Beaux Quartiers, I, XII.

Loc. adv. **UN RIEN :** un petit peu, légèrement (cf. Un tantinet). *Des cheveux noirs un rien crêpelés* (→ Métis, cit. 1). *Costume un rien trop grand.*

Et de petits pieds maigres et de petites mains un rien grassouillettes (...) 93
Ed. et J. DE GONCOURT, Chérie, LVII, p. 202.

Mais ses pensées ne l'ont pas quitté. Elles trottent même peut-être un peu plus vite. Elles sont un rien fiévreuses. 94
J. ROMAINS, les Hommes de bonne volonté, t. V, VIII, p. 64.

(...) des gaufrettes ramollies qui sentaient le fond de tiroir et un rien aussi le pétrole. J. ROMAINS, les Hommes de bonne volonté, t. V, X, p. 78. 95

★ **III.** Adv. (Fin XIXᵉ). Par antiphr. Pop. **RIEN :** très. *Il fait rien froid! C'est rien moche!* ⇒ **Drôlement, rudement, vachement.**

— Elles sont rien drôles! dit la voix enrouée d'une laveuse. 96
ZOLA, l'Assommoir, t. I, I, p. 31.

— Paulot, disait l'un d'eux, te v'là dehors, c'est rien bath! 97
Francis CARCO, Jésus-la-Caille, II, X.

REM. Cet emploi, très marqué, semble légèrement vieilli.

★ **IV.** N. m. et f. (En composition). ♦ **1. UN, UNE RIEN DU TOUT,** ou **RIEN-DU-TOUT :** personne de rien (socialement, moralement).

— Qui est-ce, madame Cibot? demanda Madame Chapoulot. 98
— C'est une rien du tout (...) une sauteuse qu'on peut voir quasi nue tous les soirs pour quarante sous (...) répondit la portière (...)
BALZAC, le Cousin Pons, Pl., t. VI, p. 737.

Nous voyons bien que vous êtes de mauvaises gens, des brigands, des *rien du tout* et des menteurs. G. SAND, la Mare au diable, Appendice, II. 99

Une boutique bleue à cette rien-du-tout, si ce n'était pas fait pour casser les bras des honnêtes gens! ZOLA, l'Assommoir, t. I, V, p. 167. 100

— Oh! ces riens du tout, dit Lequeu, qui cherchait à être aimable, on sait comment elles le gagnent, l'argent. ZOLA, la Terre, IV, IV. 101

♦ **2. UN, UNE RIEN DE RIEN** (même sens). — REM. Ces expressions sont en principe invariables, cependant quelques auteurs mettent la marque du pluriel. *Des riens de riens qui n'auraient pas dépensé dix sous à l'inutile* (Zola; → Payer, cit. 43).

CONTR. Chose (quelque chose), **tout. — Beaucoup.**

RIEN DE RIEN [ʀjɛ̃dəʀjɛ̃], **RIEN DU TOUT** [ʀjɛ̃dytu] ⇒ **Rien** (IV.).

RIESLING [ʀisliŋ] n. m. — 1845; mot allemand.

♦ **1.** Cépage blanc à fruits petits, globuleux, en grappes compactes. *Le riesling est cultivé en Rhénanie, en Autriche, en Hongrie, en Alsace, en Suisse.*

♦ **2.** Vin blanc sec fait avec ce cépage. *Un verre de riesling.* — Spécialt (en France). Vin d'Alsace fait avec du raisin riesling.

RIEUR, EUSE [ʀjœʀ, ʀjøz; ʀijœʀ, ʀijøz] n. et adj. — 1460; de *rire*.

★ **I.** N. ♦ **1.** Personne qui rit, est en train de rire (→ Arrière-pensée, cit. 1). *La puissance du rire est dans le rieur, nullement dans l'objet du rire* (→ Comique, cit. 5). *De jolies rieuses.*

Loc. (1690). *Avoir les rieurs de son côté* (→ Batailleur, cit. 1), *avec soi, pour soi :* faire rire aux dépens de son adversaire, et, par ext., avoir l'approbation de la majorité. *Mettre les rieurs de son côté.*

1 Les rieurs sont pour vous, Madame, c'est tout dire,
Et vous pouvez pousser contre moi la satire. MOLIÈRE, le Misanthrope, II, 4.

2 Dans ces assauts d'impertinence, Santos avait toujours les rieurs, — et les rieuses aussi, — de son côté. Valery LARBAUD, Fermina Marquez, V.

♦ **2.** Rare. Personne qui aime à rire (par ext.), à plaisanter, à s'amuser. *« Un ton de rieur »* (La Fontaine, *in* Littré). — Spécialt, vx. Railleur, moqueur; facétieux.

3 Je me pris pour lui d'une amitié extrême, et, à vrai dire, il le méritait, car je n'ai jamais vu un rieur si déterminé; il avait toujours à nous raconter des histoires qui me faisaient pâmer. J.-A. DE GOBINEAU, Nouvelles asiatiques, p. 178.

★ **II.** Adj. (1636). ♦ **1.** (Personnes). Qui aime à rire, à s'amuser, à plaisanter. ⇒ **Gai; enjoué** (→ Entracte, cit. 4; grand-mère, cit. 2). *Enfant rieur* (→ Merci, cit. 16).
Qui indique, annonce la gaieté. *Visage ouvert* (cit. 49) *et rieur. Yeux rieurs* (→ Polo, cit. 2). — *Le charme rieur de la jeunesse* (→ Désarmer, cit. 5). *Ironie* (cit. 10) *rieuse.*

4 La soirée fut toute rieuse, toute égayée du bavardage joliment jaseur de Nello, qui disait qu'avant quinze jours, il irait jeter ses béquilles dans la Seine, au pont de Neuilly. Ed. DE GONCOURT, les Frères Zemganno, LXXVII.

♦ **2.** (1768). *Mouette rieuse, goéland rieur,* et, absolt, *rieuse,* n. f. (1870), *rieur,* n. m. : mouette, goéland dont les cris saccadés évoquent le rire (noms de variétés).

5 Tiens, une mouette (...) Tanguy la montrait qui s'était abattue sur le bout du grand treuil d'avant (...) Quand l'avant eut été coiffé par une lame on ne la revit plus. — C'était une rieuse à tête noire, dit Renaud. Roger VERCEL, Remorques, p. 54.

CONTR. Douloureux, triste.
DÉR. Rieusement.

RIEUSEMENT [ʀjøzmɑ̃; ʀijøzmɑ̃] adv. — 1875; de *rieur*.
Rare.

♦ **1.** En riant, en plaisantant.

♦ **2.** D'une manière rieuse. ⇒ **Gaiement.**

RIF ou **RIFFE** [ʀif] n. m. — 1867, *rif; riffe,* 1598; autre forme de *rifle* (1612), lui-même var. de *ruffe,* 1596; argot ital. *ruffo* « feu », lat. *rufus* « rouge ».
Argot.

♦ **1.** Vx. Feu. *Au coin du riffle* (chanson du XVIIIᵉ siècle). *Le rif du rabouin** (cit. Hugo).

1 Il n'y avait pas de rif à l'infirmerie-vestiaire et elle craignait que je ne m'enrhumââââsse! A. SARRAZIN, la Cavale, p. 271.

(1914). Feu (de la zone des combats), et, par ext., la zone des combats elle-même. *Monter au rif, revenir au rif, du riffe,* du feu, du front. ⇒ **Riflette.**

♦ **2.** Arme à feu, revolver. *Se servir de son rif.*

♦ **3.** (Surtout *rif*). Bagarre. ⇒ **Rififi.** *En plein rif. Chercher du rif :* chercher la bagarre, chercher querelle. — **DE RIF :** par la force, d'autorité. *De rif et d'autor.*

2 Toujours, tu m'entends, toujours, au moment de dételer, je me trouvais accroché dans un coup fourré, un compte à régler avec un connard dont j'avais rien à foutre, et qui venait me chercher du rif (...) Albert SIMONIN, Touchez pas au grisbi, p. 31.

DÉR. (De *rif*) Rififi. — (De *riffe*) Riffauder.
HOM. Riff.

RIFF [ʀif] n. m. — 1946, cit.; mot anglo-amér., 1938, *in* Wentworth et Flexner.

♦ Mus. (jazz, rock, etc.). Courte phrase musicale, d'un dessin mélodique et rythmique simple et marqué, répétée par l'orchestre. *Riffs de deux, de quatre mesures. « Ce vieux rock qui secoue et qui donne, après un riff réussi, l'irrésistible envie de lâcher un "yeah" sonore et réjoui »* (l'Express, 20 nov. 1972, p. 32).

Ce qui le caractérise (l'orchestre de Count Basie), c'est l'emploi de « riffs » extrêmement bien trouvés, longuement répétés soit par l'ensemble de l'orchestre dans les chorus du début ou de la fin, soit par une des sections en guise de soutien à l'improvisation d'un soliste (...) il arrive même qu'au cours d'une interprétation, sous l'inspiration de Basie ou d'un des musiciens, un riff nouveau soit inauguré (...) Hugues PANASSIÉ, la Véritable Musique de jazz, p. 184 (1946).

HOM. Rif ou riffe.

RIFFAUDER [ʀifode] v. tr. — 1598; de *riffe*. → Rif.
Argot.

♦ **1.** Vx. Chauffer.

♦ **2.** (1628). Brûler, incendier.

RIFIFI [ʀififi] n. m. — 1942; de *rif*.

♦ Argot. Bagarre. *Chercher du rififi, aimer le rififi. Du rififi chez les hommes,* titre du roman de A. Lebreton qui a popularisé le mot.

1. RIFLARD [ʀiflaʀ] n. m. — 1723; *rifflart,* 1450; de *rifler*.

★ **I.** La laine* la plus longue et la plus avantageuse d'une toison.

★ **II.** ♦ **1.** Outil à tranchant convexe. — (1622). Spécialt. Rabot* de charpentier et de menuisier qui sert à dégrossir le bois (⇒ **Rifler**) avant le travail de la varlope. — Ciseau* dentelé de sculpteur. — (1835). Outil à lame mince et large que les maçons utilisent pour enlever les bavures de mortier entre deux pierres.

♦ **2.** (1845). Grosse lime* à dégrossir le métal.

HOM. 2. Riflard.

2. RIFLARD [ʀiflaʀ] n. m. — 1825, *in* D.D.L.; du nom d'un personnage de *la Petite Ville* (1801), comédie de Picard.

♦ Fam., vieilli. Parapluie* (cit. 3). ⇒ fam. 2. **Pépin.**

1 Cependant, de gros nuages effleuraient de leurs volutes la cime des ormes, en face. Rosanette avait peur de la pluie.
— J'ai des riflards, dit Frédéric (...) FLAUBERT, l'Éducation sentimentale, III, IV, éd. du Milieu du Monde, p. 306.

2 Son petit chapeau rond, son éternel riflard et sa bouquinerie qu'il promenait, au risque de les déformer, dans ses poches, lui composaient un type assez jovial du plus curieux effet. Il devait se ruiner en parapluies car m'ayant un jour invité au *café de l'Univers,* son pépin qu'il ne se résignait pas encore à confier à la dame du vestiaire, glissa le long de la glace et disparut dans des profondeurs insoupçonnées. Francis CARCO, Ombres vivantes, p. 259.

HOM. 1. Riflard.

RIFLE [ʀifl] n. m. — 1842; comme mot angl. (Höfler), 1831; mot angl., de *to rifle* « faire des rainures », lui-même empr. du franç. *rifler.*

♦ Carabine* (cit. 1) d'origine anglaise, à long canon rayé.

L'arrière-garde montée suit, le rifle en bandoulière, le chapeau de cuir sur l'oreille. B. CENDRARS, l'Or, VI, 20.

(1919, *in* Höfler). *Carabine 22 long rifle* [lɔ̃ʀifl] : carabine de chasse et de sport (calibre 22/100ᵉ de pouce). — *Pistolet 22 long rifle :* pistolet de tir du même calibre à canon long.

RIFLER [ʀifle] v. tr. — XIIᵉ; anc. haut all. *riffilon* « déchirer en frottant ».

♦ **1.** Vx. Égratigner, racler.

♦ **2.** (XVᵉ). Vx. ⇒ **Dérober, enlever, rafler, voler.**

♦ **3.** (1819). Techn. Dresser (le bois), limer (le métal), enlever les bavures avec un riflard* (1. Riflard, 2.) ou un rifloir.

DÉR. 1. Riflard, rifloir. — V. Rifle.

RIFLETTE [ʀiflɛt] n. f. — 1915, *in* Esnault; dimin. de *rifle*. → Rif.

♦ Argot. Zone des combats. *Aller à la riflette :* aller au feu. ⇒ **Rif.** *Partir pour la riflette,* pour la guerre.

RIFLOIR [ʀiflwaʀ] n. m. — XVIᵉ; de *rifler*.

♦ Techn. Outil utilisé par les bronziers, les ciseleurs, les graveurs, les orfèvres, les sculpteurs, sorte de lime* qu'on tient par le milieu et dont les extrémités sont arrondies. *Travailler une pièce au rifloir.* ⇒ **Rifler** (3.).

RIFT [ʀift] n. m. — 1942, *in* Höfler; *rift valley,* 1956; mot angl., abrév. de *rift-valley* « fossé d'effondrement ».

♦ Géogr. Fossé tectonique long de plusieurs centaines ou de plusieurs milliers de kilomètres, correspondant à une zone de fracture de l'écorce terrestre. *Les grands rifts du bouclier africain. Rifts continentaux; rifts océaniques. « Des zones de rift, ces grandes cassures qui courent à la surface du globe et sont le témoignage (...)*

des grands mouvements de l'écorce terrestre» (*Sciences et Avenir*, mars 1979, p. 18).

RIGADEAU [ʀigado] n. m. — XXᵉ ; mot dial. ; orig. incert., p.-ê. du gaul. *rica* «sillon, raie».

♦ Régional, comm. Coque (coquillage).

Les coques *(Cardium edule)* sont élevées dans les Traicts du Croisic et font l'objet d'un commerce important sous le nom de rigadeaux.
                                    Louis LAMBERT, les Coquillages comestibles, p. 101.

RIGAUDON [ʀigodɔ̃] n. m. — 1694 ; *rigodon*, 1693 ; orig. incert. ; Guiraud rattache le mot à *gaudir* «se réjouir», moy. franç. *resgaudir*, du lat. *gaudere*.

♦ **1.** Danse, très vive et très gaie, qui fut en vogue aux XVIIᵉ et XVIIIᵉ siècles. *Danser le rigaudon* (→ Cotillon, cit. 5). — (1694). Musique à deux temps sur laquelle on dansait cette danse. *Jouer un rigaudon*. — On écrit aussi *rigodon*.

1   La *Santa Crux (Mᵐᵉ de Forbin de Sainte-Croix)* est belle, fraîche, gaie et naturelle ; rien n'est faux ni emprunté chez elle. Je vous prie de songer déjà à des remerciements pour elle, et à la louer du rigodon où elle triomphe.
                                    Mᵐᵉ DE SÉVIGNÉ, 312, Jeudi à midi..., 1673.
2   On trouve *rigodon* dans le *Dictionnaire de l'Académie ;* mais cette orthographe n'est pas usitée. J'ai ouï dire à un maître à danser que le nom de cette danse venait de celui de l'inventeur, lequel s'appelait *Rigaud*.
                                    ROUSSEAU, Dict. de musique, art. *Rigaudon*.
REM. Cette étymologie n'est pas sûre.

REM. Le mot, écrit *rigodon*, est fréquent chez Céline, qui lui donne des valeurs métaphoriques («*des rigodons plein les pavés!*», *Guignol's band*, p. 9) et métonymiques («*affairé dans sa musique, à taper sur son rigodon*», *Guignol's band*, p. 34) et qui en a fait le titre d'un récit.

♦ **2.** Milit. Dans un exercice de tir, Batterie, sonnerie ou signal fait avec un fanion, pour indiquer que la balle a touché le centre de la cible. — Par ext. Balle mise en pleine cible. *Faire un rigaudon*.

RIGHT MAN IN THE RIGHT PLACE (LE ou THE) [ʀajtmaninzəʀajtples] loc. subst. — 1927, cit. ; loc. anglaise.

♦ L'homme qui convient dans la situation qui convient.

Et je rêve d'un régime mixte où ces grands chefs à leur tour puissent indifféremment dans leur personnel ; prenant ici un militaire pour une province, là un administrateur pour une autre, un médecin pour une troisième, simplement parce qu'ils sont le right man in the right place.   L.-H. LYAUTEY, Paroles d'action, p. 5.

RIGIDE [ʀiʒid] adj. — 1457, sens A ; doublet sav. de *raide** ; lat. *rigidus*.

A. Abstrait. ♦ **1.** (Personnes). Qui se refuse aux concessions, aux compromis, aux ménagements. ⇒ **Raide** (fig.). *Moraliste rigide.* ⇒ **Austère, grave.** *Gardiennes rigides des anciens us.* ⇒ **Inflexible** (→ Matrone, cit. 3). *Il est rigide comme une barre de fer.* ⇒ **Barre** (*supra* cit. 2).

(Choses). *Vertu rigide* (→ Nommer, cit. 11). *Mœurs rigides.* ⇒ **Austère, puritain, spartiate.** *Éducation rigide.* ⇒ **Sévère** (→ Acrobatie, cit. 2). *Les règles monastiques* (cit. 1) *les plus rigides.* ⇒ **Rigoureux.**

1   C'était un pensionnat dévot, d'une moralité rigide, dans lequel il laissa la jeune fille jusqu'à dix-huit ans (...)   ZOLA, la Terre, I, III.

♦ **2.** Qui manque d'abandon, de spontanéité. *Manières rigides.* ⇒ **Empesé, engoncé, guindé.**

2   (...) une espèce de majesté rigide dont sa fille et le monde subissaient également l'empire.   BARBEY D'AUREVILLY, Une histoire sans nom, p. 65.

♦ **3.** Qui manque de souplesse. *Classification rigide* (→ Accommoder, cit. 15). *Structure rigide d'une société, d'un système économique.*

3   Notre syntaxe est des plus rigides. Elle s'égale, quant à la rigueur des conventions, à notre prosodie classique.   VALÉRY, Regards sur le monde actuel, p. 183.

B. (1523). Concret. ♦ **1.** Qui se tient raide, qui ne fléchit pas, qui se plie difficilement, qui résiste aux efforts de déformation ; dont les éléments ne sont pas articulés et mobiles les uns par rapport aux autres, mais forment un ensemble d'une seule pièce*. ⇒ **Raide ;** et aussi **dur, inflexible** (cit. 1). *Plis longs et rigides d'un vêtement* (→ Camail, cit. 2). *Ailes, nageoires rigides* (→ Albatros, cit. 2 ; marsouin, cit.). — *Tige, armature rigide. Matière plastique rigide, semi-rigide. Papier, carton rigide. Livre à couverture rigide.*

4   Arthur redressa la tête pour dégager son cou du haut col rigide à coins cassés (...)   J. CHARDONNE, les Destinées sentimentales, p. 445.

♦ **2.** Par ext. ⇒ **Raide** (*supra* cit. 2). *Contours trop rigides d'une sculpture* (→ 3. Poli, cit.). *Édifice de pierre* (cit. 1), *cubique et rigide.*

CONTR. Clément, tolérant. — Dissolu. — Maniable. — Chaleureux. — Élastique, flasque, flexible, mou, souple.

DÉR. et COMP. Rigidement, rigidifier, rigidimètre. — (Du même rad. lat.) V. **Rigidité.**

RIGIDEMENT [ʀiʒidmɑ̃] adv. — 1671 ; de *rigide.*

♦ D'une manière rigide (surtout au sens fig.). *Appliquer rigidement une règle.*

CONTR. **Souplement.**

RIGIDIFIER [ʀiʒidifje] v. tr. — Av. 1885, J. Vallès ; de *rigide*, et *-fier.*

♦ Techn. Rendre rigide, plus rigide.

(...) si (*l'analyste*) réussissait à rester froid et automatisé, aussi bien en surface qu'en profondeur, il serait un bien piètre analyste. Robot électronique, rigidifié par son bâton de maréchal «métapsychologique» qu'il aurait avalé pour être plus digne (...) et surtout avoir — lui-même ! — moins peur (...)
                                    R. HELD, le Processus de guérison, *in* la Nef, nº 31, p. 28.

RIGIDIMÈTRE [ʀiʒidimɛtʀ] n. m. — V. 1970 ; de *rigide*, et *-mètre.*

♦ Techn. Appareil de mesure de la rigidité* diélectrique d'un isolant.

RIGIDITÉ [ʀiʒidite] n. f. — 1641 ; lat. *rigiditas*, de *rigidus*. → Rigide.

♦ **1.** (Abstrait). Caractère (d'une personne ou d'une chose) rigide* (A.). ⇒ **Raideur** (2.). *Rigidité des principes, des mœurs.* ⇒ **Austérité, gravité, puritanisme, rigorisme, rigueur, sévérité.** *Rigidité du caractère.* ⇒ **Inflexibilité.** *Un fond* (cit. 46) *de rigidité, de régularité, de probité. Une sorte de morosité* (cit. 3) *et de rigidité calviniste. Rigidité monacale* (cit. 1).

1   On y sentait la froideur des mœurs anciennes et la rigidité des mœurs de province (...)   E. FROMENTIN, Dominique, IV.
2   Presque subitement elle a perdu cette rigidité insensée et si déplaisante, sa hantise (...) Oui, depuis qu'elle habite dans un petit logement, tout près d'ici, on dirait que quelque chose s'est détendu chez elle. Pour la première fois, elle vit (...) elle est humaine (...) On peut lui parler (...)
                                    J. CHARDONNE, les Destinées sentimentales, p. 477.

♦ **2.** (1772, d'abord en parlant des muscles, du corps). Caractère de ce qui est rigide* (B.), raideur. *Rigidité des muscles dans certaines maladies.* ⇒ **Tétanie, tétanos.** *Rigidité pupillaire :* absence ou lenteur de la contraction de la pupille à la lumière ou lors de l'accommodation à la distance. — *Rigidité cadavérique*, due à la coagulation de certaines substances dans les muscles après la mort (→ Fléchir, cit. 2).

La rigidité d'un papier, des poils d'une brosse. ⇒ **Dureté.**

3   Mais sa vue était soudain envahie par une carte de France. Le papier en semblait résistant. Deux barres de bois noir, une en haut, une en bas, lui donnaient de la rigidité.   J. ROMAINS, les Copains, I.

♦ **3.** Aspect rigide, peu souple. *La rigidité des lignes, des contours.*

♦ **4.** (XXᵉ). Phys. Résistance qu'une substance solide oppose aux efforts de torsion ou de cisaillement. *Module de rigidité* ou *module de Coulomb :* coefficient d'élasticité appliqué à un corps qui est soumis à un effort de cisaillement sur l'une de ses faces. *Le module de rigidité correspond à un rapport constant du moment de la force à l'angle de glissement.*

Électr. *Rigidité électrique* ou *diélectrique :* capacité d'un isolant de s'opposer au passage d'une étincelle électrique. *Mesure de la rigidité diélectrique au rigidimètre.*

CONTR. **Douceur.** — **Abandon.** — **Élasticité, flaccidité, flexibilité, souplesse.**

RIGODON [ʀigodɔ̃] n. m. ⇒ **Rigaudon.**

RIGOLADE [ʀigɔlad] n. f. — 1815 ; de 1. *rigoler.*
Familier.

♦ **1.** *(La rigolade).* Amusement, divertissement. ⇒ 2. **Blague ; joie** (*supra* cit. 27). *Une partie de rigolade.*

1   (...) je les trouve, ces ménages, trop coureurs de plaisirs, trop jouisseurs, trop portés à la rigolade.   Ed. et J. DE GONCOURT, Journal, 6 févr. 1978, t. VI, p. 13.

N'être pas à la rigolade : n'être pas d'humeur à plaisanter (personnes). — *Le moment n'est pas à la rigolade.*

2   À cette heure, Nana, très tourmentée, n'était guère à la rigolade.
                                    ZOLA, Nana, VIII.
2.1 Eulalie apporte du café. Peut-être peut-on obtenir un morceau de sucre. Jupiter fait le beau ; mais les regards indifférents de ces messieurs (*sic*) lui font comprendre qu'il gaffe. L'heure n'est pas à la rigolade. Il va sur le pas de la porte prendre l'air.
                                    R. QUENEAU, le Chiendent, Folio, p. 72.

À la rigolade, par rigolade : par plaisanterie, sans prendre au sérieux la chose dont il s'agit (→ Poudre, cit. 18).

3   (...) ne vas pas t'imaginer qu'il prend ton histoire à la rigolade. Il en a paru, tout au contraire, surpris et remué.
                                    G. DUHAMEL, Chronique des Pasquier, VI, V.

♦ **2.** *(Une, des rigolades).* ⓐ Moquerie ; plaisanterie. *Dire des rigolades* (→ aussi Coiffer, cit. 13).

ⓑ (1875). Chose ridicule, peu sérieuse. *Vous avez entendu ses arguments, quelle rigolade! C'est une vaste rigolade.*

4 (...) ce n'est pas moi qui traiterais la Révolution comme une rigolade, et qui promènerais le drapeau de nos pères comme un jouet (...)
J. VALLÈS, le Bachelier, VI.

c Chose de peu d'importance. *Dix mille francs! Une vraie rigolade!*

REM. On trouve aussi l'emploi indéterminé quant au nombre *(de la rigolade)* dans les valeurs b et c ci-dessus.

RIGOLAGE [Rigɔlaʒ] n. m. — 1842; de 2. *rigoler.*

♦ **1.** Techn. **a** Creusement de rigoles* (1.) pour irriguer, drainer. — Hortic. Opération qui consiste à tracer des rigoles* (3.).

b Repiquage des plants forestiers.

♦ **2.** Rare. Ruissellement, écoulement rapide.
Les bourdonnements confus d'insectes, le cliquetis des feuilles d'automne, le « rigolage » des ruisseaux sur les cailloux (...)
Alphonse DAUDET, Quarante ans de Paris, XIX.

RIGOLARD, ARDE [RigɔlaR, aRd] adj. et n. — 1867; de 1. *rigoler.*

♦ Fam. Qui rigole; gai. ⇒ **Rigoleur.** *Un air rigolard. Visage rigolard, hilare.* — N. (Rare). *Un petit rigolard.* ⇒ 1. **Rigolo.**

RIGOLE [Rigɔl] n. f. — 1482; *rigolle,* 1339; *regol,* 1210; moy. néerl. *regel* « rangée », et *richel* « rigole d'écoulement », eux-mêmes empr. du lat. *regula* (→ Règle), mais P. Guiraud suggère un dér. du lat. *riguus* « arrosé », de *rigua* « rigole ».

♦ **1.** Petit conduit creusé dans une pierre ou petit fossé aménagé dans la terre, qui sert à amener ou à évacuer l'eau. ⇒ **Canal, caniveau,** 2. **cassis, coupure, fossé, goulotte, ruisseau, ruisselet, ruisson, saignée** (→ 1. Dérivation, cit. 1; poudroyer, cit. 4). *Rigole d'arrosement, d'irrigation* (cit. 1), *d'assèchement, d'écoulement. Creusement de rigoles.* ⇒ **Rigolage.** — Par ext. *Rigole de bois qui sert à remplir une auge.*
(...) un petit bassin entouré de briques où des rigoles amènent l'eau aux heures de l'arrosement (...)   Th. GAUTIER, Voyage en Espagne, p. 63.

♦ **2.** Filet d'eau qui ruisselle (→ Grossir, cit. 4; marée, cit. 11).

♦ **3.** (1660). Techn. Tranchée étroite dans laquelle sont établies les fondations d'un mur de clôture. — (1690). Hortic. Sillon de faible profondeur où l'on sème des graines, où l'on plante des bordures.

♦ **4.** Pêche. Endroit resserré d'une rivière où abondent certains poissons (chevesne, barbeau, etc.).
DÉR. 2. Rigoler.

1. RIGOLER [Rigɔle] v. — XIIIᵉ, v. tr., « se moquer de (qqn) »; *rigolage* « plaisanterie », v. 1175, Chrétien; orig. peu claire; on a évoqué un croisement de *rire* avec *régaler,* ou avec l'anc. v. *galer,* ou encore avec l'anc. mot *riole* « partie de plaisir »; selon Guiraud, d'une forme lat. *ridicare,* de *ridire,* d'où *riguer, *riquer,* suffixés.
Familier.

★ **I.** V. pron. Vx. SE RIGOLER : se divertir, se donner du bon temps (→ Gosier, cit. 1, Rabelais).

★ **II.** V. intr. (1808; « manger, boire, se divertir entre amis », 1606). ♦ **1.** S'amuser, rire (→ Bistrot, cit. 3; 1. fruitier, cit. 4; malade, cit. 10; marchand, cit. 6). *Rigoler à s'en fendre la bouche jusqu'aux oreilles* (cit. 30). *Faire rigoler qqn* (→ Payer, cit. 45). *Je n'ai pas toujours rigolé dans la vie* (→ aussi Haut, cit. 78).
1 Vous irez doucement au premier acte, vous *rigolerez* un peu au second, mais vous rirez aux éclats dans le troisième.   Ch. PAUL DE ROCK, la Grande Ville, t. I, p. 286.
2 On mangeait bien, on mangeait bon, mais on ne rigolait pas comme on doit rigoler dans les noces.   MAUPASSANT, les Sœurs Rondoli, « Le pain maudit », II.
3 Faut-il que ces animaux-là soient abrutis pour *pioncer* pendant qu'on rigole de si bon cœur (...)   Louise MICHEL, la Misère, t. II, p. 460.
4 Je n'osais même pas sortir dans Auteuil de peur d'être vue. La seule fois que je suis sortie, c'est déguisée en homme, histoire de rigoler plutôt (...)
PROUST, la Prisonnière, Pl., t. III, p. 335.

♦ **2.** (1875). Plaisanter. *Il n'y a pas de quoi rigoler. Il ne faut pas rigoler avec ça.* ⇒ **Badiner.** *Tu rigoles? :* tu ne parles pas sérieusement?
5 Et le costume? Il n'est pas mal non plus, le costume (...) Ça fait moyen-âge! On s'amuse comme on peut. On se déguise, quoi! Faut bien rigoler (...) En somme, le travail, c'est la liberté (...)
J. PRÉVERT, Le jour se lève (scénario), in l'Avant-Scène, nº 53, p. 16.
Rigoler de : se moquer de, ne pas attacher d'importance à. *Il vaut mieux en rigoler* (→ Corne, cit. 2; ouistiti, cit. 2; poilant, cit.).

DÉR. Rigolade, rigolard, rigoleur, 1. rigolo.
HOM. 2. Rigoler.

2. RIGOLER [Rigɔle] v. — 1297; de *rigole.*
Techn. (Rare à cause de l'homonymie).

♦ **1.** V. tr. Aménager (un fossé, etc.) de manière que l'eau puisse y couler librement.

(1819). Couper (un terrain, etc.) par des rigoles d'irrigation ou d'écoulement. *Rigoler un pré.*

♦ **2.** V. intr. Couler en rigoles, ruisseler.
DÉR. Rigolage, rigoleuse.
HOM. 1. Rigoler.

RIGOLEUR, EUSE [Rigɔlœʀ, øz] adj. et n. — 1821; « railleur », xvᵉ; de 1. *rigoler.*

♦ Vx. Fam. Qui aime à rire, à se donner du bon temps. — N. *Quel sacré rigoleur!*
1 Lui, rigoleur, ne s'embarrassait pas de l'avenir. Les jours amenaient les jours, pardi. On aurait toujours bien la niche et la pâtée.
ZOLA, l'Assommoir, II, t. I, p. 58.
Vieilli. Qui exprime la gaieté. *Des yeux rigoleurs.* ⇒ **Rigolard, rieur.**
2 (...) cette bonne tête de Pierrot russe — petits yeux rigoleurs et nez en l'air — (...)
MALRAUX, la Condition humaine, I, 21 mars 1927, Une heure du matin.
D'apparence gaie, enjouée. *« Des dauphins rigoleurs »* (Malraux, *Antimémoires,* 1967, p. 90).
HOM. (Du fém.) Rigoleuse.

RIGOLEUSE [Rigɔløz] n. f. — Déb. xxᵉ; *rigoleur,* 1861; de 2. *rigoler.*

♦ Agric. Charrue ouvrant des rigoles pour l'irrigation ou l'assèchement.
HOM. Rigoleuse (fém. de *rigoleur*).

RIGOLLOT [Rigɔlo] n. m. — 1875; de *Rigollot,* nom de l'inventeur; nom déposé.

♦ Cataplasme en papier sinapisé. *On lui a posé des rigollots.*
HOM. 1. Rigolo, 2. rigolo.

1. RIGOLO, OTE [Rigɔlo, ɔt] adj. et n. — 1848; de 1. *rigoler.*

★ **I.** Adj. Fam. ♦ **1.** Qui amuse, qui fait « rigoler ». ⇒ **Amusant, comique, marrant** (fam.), **plaisant, poilant, tordant** (fam.). *Un type rigolo. Une femme rigolote.* — (Par litote). *Ce n'est pas rigolo :* c'est triste, c'est pénible. — Iron. (→ ci-dessous, cit. 2, Zola). *Vous êtes rigolo, ce n'est pas si facile!* (cf. Je voudrais vous y voir). — REM. La forme *rigolo* est parfois employée au féminin, en concurrence avec *rigolote. Elle est rigolo. Une histoire très rigolo.* — On a écrit aussi *rigollot.*
1 Un habitué nous a dit : — Vous *roulez* (vous entrez) dans le bal (on prononce b-a-l), c'est assez *rigollot* ce soir.
Rigollot signifie amusant. En effet, c'était *rigollot.*
NERVAL, les Nuits d'octobre, VIII.
1.1 Le plus rigolo, dit Pépin, c'est qu'on savait tout ça et qu'on n'a pas songé à s'en méfier quand on est parti.   H. BARBUSSE, le Feu, t. II, II, XVIII, p. 11.
2 — Ah! nous nous cavalons! reprit Chouteau! Eh bien! elle est rigolo, leur marche à l'ennemi, dont ils nous bourrent les oreilles, depuis l'autre matin (...) On arrive, et puis on refout le camp, sans avoir seulement le temps d'avaler sa soupe!
ZOLA, la Débâcle, t. I, II, p. 28.
3 Bref, il m'est passé un certain nombre de fiches entre les mains.
Il y en avait même de très rigolotes, que j'ai copiées pour mon amusement, en supprimant les noms, et qu'à l'occasion je vous montrerai.
J. ROMAINS, les Hommes de bonne volonté, t. VIII, IX, p. 106.

♦ **2.** Par ext. Curieux, étrange. ⇒ **Drôle.** *C'est rigolo ce qui m'arrive. Tiens, c'est rigolo, on n'entend plus rien, tout d'un coup.*

★ **II.** N. ♦ **1.** Personne amusante.
4 (...) si je n'étais pas un boute-en-train à mes heures, un *rigolo* qui sait la faire rire, elle m'aurait déjà chassé.   J. VALLÈS, le Bachelier, IX.
5 Cette tragique histoire, tous les chansonniers et tous les rigolos des petits et des grands journaux n'arriveront pas à me la faire trouver drôle : trop de crimes sont impunis, trop de criminels parlent en maîtres.
F. MAURIAC, le Nouveau Bloc-notes 1958-1960, p. 260.

♦ **2.** *Un rigolo, un petit rigolo :* une personne à qui l'on ne peut pas faire confiance (à cause de son manque de sérieux, de compétence, etc.). ⇒ **Charlot, guignol.** *Allez, vous n'êtes qu'un rigolo! Qu'est-ce que c'est que ces rigolos?* ⇒ **Jean-foutre.**
HOM. (Du masc.) Rigollot, 2. rigolo.

2. RIGOLO [Rigɔlo] n. m. — 1886; « pince à effraction, pince-monseigneur », 1865; orig. incert., p.-ê. emploi iron. de 1. *rigolo.*

♦ Argot vieilli. Pistolet, revolver. *Tirer son rigolo.*
— Tiens! Là! chuchota-t-il, ce numéro gravé près de la crosse. Ton père tuerait quelqu'un avec ce rigolo, l'armurier qui le lui a vendu révélerait immédiatement son nom à la police.   Francis CARCO, les Belles Manières, p. 75.   1

2 Je ramassai son arme (...) Je le fouillais.
— Tu n'as pas d'autres armes?...
— Non... non...
— Pas de rigolo...? pas de grenades...
— Non... non...   B. CENDRARS, la Main coupée, Œ. compl., t. X, p. 32.

HOM. Rigollot, 1. rigolo.

RIGORISME [ʀiɡɔʀism] n. m. — 1696; dér. sav. du lat. *rigor, rigoris* «rigueur». → Rigoriste.

♦ Didact ou littér. Respect très strict (parfois : outré ou affecté) des règles de la religion ou des principes de la morale. ⇒ **Austérité, puritanisme, rigidité, rigueur, sévérité** (→ Ascétisme, cit. 5; dévot, cit. 8; hypocrite, cit. 18). *Cette légère teinte de rigorisme qui distinguait sa religion* (→ Janséniste, cit. 3). *Rigorisme intransigeant* (cit. 2).

Votre rigorisme, votre amour du devoir ne proviennent que de votre goût naturel pour ce qui est sombre et amer.   Edmond JALOUX, Fumées dans la campagne, IX.

(Dans un domaine non religieux, non éthique). *Le rigorisme fossile* (cit. 3) *de ses préjugés aristocratiques.*

CONTR. Douceur, laxisme.

DÉR. (Du même rad.) **Rigoriste.**

RIGORISTE [ʀiɡɔʀist] n. et adj. — 1683; dér. sav. du lat. *rigor, rigoris* «rigueur».

♦ **1.** N. Personne qui fait preuve de rigorisme* moral ou religieux. ⇒ **Puritain.** — Par ext. *«C'est un rigoriste en matière de littérature et de goût»* (Académie). ⇒ **Puriste.**

1 Il faut éviter de devenir un vieux rigoriste empaillé.
                J. GREEN, Journal 1958-1967 (Vers l'invisible), 1er avr. 1959, p. 97.

♦ **2.** Adj. ⇒ **Austère** (2.), **dur** (I., 4.), **intransigeant, rigoureux, sévère** (→ Excuser, cit. 11). *Attitude, opinion rigoriste.*

2 Je suis fâchée de n'avoir pas eu le temps de prendre copie de ma lettre, pour vous édifier sur l'austérité de ma morale. Vous verriez comme je méprise les femmes assez dépravées pour avoir un amant! Il est si commode d'être rigoriste dans ses discours! cela ne nuit jamais qu'aux autres, et ne nous gêne aucunement (...)
                LACLOS, les Liaisons dangereuses, CVI.

CONTR. Clément, doux, laxiste.

RIGOTTE [ʀiɡɔt] n. f. — Attesté 1890, Encycl. Berthelot, art. Condrieu; mot régional, du rad. *gutta* «goutte» (cf. *ragouter* «égoutter», régional), et *agotasse, agoutasse* «égouttoir à lait caillé; claie à fromage».

♦ Petit fromage plat cylindrique de la région lyonnaise, fait avec un mélange de laits de chèvre et de vache, et qui se consomme plus ou moins affiné. *Les rigottes de Condrieu.*

RIGOUILLARD, ARDE [ʀiɡujaʀ, aʀd] adj. — 1893, A. Allais, *in* D.D.L.; altér. de *rigolard.*

♦ Fam. et vx. Amusant, rigolard*.

Croquignol reçut ces clients de marque avec les plus grands égards et leur dit : «J'ose espérer que le senor, la senora et leur lardon rigouillard seront satisfaits du confort qu'ils trouveront icigo!»
                L. FORTON, les Aventures des Pieds-Nickelés, *in* l'Épatant, 1911, p. 148-149.

RIGOUREUSEMENT [ʀiguʀøzmɑ̃] adv. — XVe; *rigoureusement,* v. 1220; «avec violence», 1220; de *rigoureux.*

♦ **1.** Littér. Avec rigueur* (1.), avec sévérité, avec dureté. *Punir rigoureusement. Le froid sévissait rigoureusement.* ⇒ **Âprement.**

1 Hé! ne me traite pas si rigoureusement.   MOLIÈRE, l'Étourdi, I, 8.

♦ **2.** **a** (1798). D'une manière stricte. *S'en tenir rigoureusement à la règle.* ⇒ **Étroitement, scrupuleusement.** *Prescriptions rigoureusement observées* (→ Contrôle, cit. 1). *Il est rigoureusement interdit* (→ Interdire, cit. 7) *de fumer dans cette voiture.* ⇒ **Formellement, strictement.**

b Par ext. Absolument; totalement. *Rigoureusement rien* (→ Histoire, cit. 24). *Rigoureusement authentique* (cit. 13), *vrai* (→ Nier, cit. 4). *Exclure rigoureusement toute possibilité de...* (→ Globe, cit. 10). ⇒ **Formellement.** *Calcul rigoureusement exact.*

2 Voilà pour ce que j'appellerai les constructions de première zone. Celles qui sont rigoureusement indispensables.
                J. ROMAINS, les Hommes de bonne volonté, t. V, XXII, p. 185.

3 Cela en tout cas ne m'empêche pas de faire ce que je veux faire et de le faire rigoureusement. Je ferai ce que j'ai rêvé, ou je ne ferai rien.
                A. ARTAUD, le Théâtre et son double, Idées/Gallimard, p. 178.

♦ **3.** (1559). Avec rigueur* (3.), exactitude, minutie. *Argumentation construite rigoureusement.* ⇒ **Mathématiquement.** *Fiches rigoureusement classées* (cit. 8). ⇒ **Exactement.**

CONTR. Doucement. — Approximativement, à peu près.

RIGOUREUX, EUSE [ʀiguʀø, øz] adj. — 1385, *rigoreux*; du lat. *rigorosus,* de *rigor.* → Rigueur.

♦ **1.** (Personnes). Littér. Qui fait preuve de rigueur* (1.), de sévérité dans sa conduite, ses jugements. *Censeur* (cit. 1) *rigoureux.*

(Choses). *Sanction, punition rigoureuse.* ⇒ **Draconien, dur, implacable** (supra cit. 7), **sévère.** *Morale rigoureuse.* ⇒ **Austère, inflexible, raide** (fig.), **rigide, rigoriste.**

1 Enfin leur éducation avait été aussi rigoureuse à l'hôtel de leur mère qu'elle aurait pu l'être dans un cloître.   BALZAC, Une fille d'Ève, Pl., t. II, p. 63.

♦ **2.** (Fin XIVe). Dur à supporter, pénible, cruel. *Sort rigoureux* (→ Malheureux, cit. 1). — Spécialt. (D'un froid) extrême. *Saison rigoureuse.* ⇒ **Inclément** (→ 1. Harde, cit. 1). *Hiver, froid rigoureux.* ⇒ **Âpre, cruel** (fig.), **dur, excessif, rude.**

2 On était au mois de décembre; un hiver rigoureux avait attristé Paris, où la misère et l'inquiétude du peuple étaient extrêmes (...)   A. DE VIGNY, Cinq-Mars, XIV.

♦ **3.** **a** (V. 1530). D'une exactitude inflexible et stricte. ⇒ **Rigueur** (3.). *Observation rigoureuse des bienséances.* ⇒ **Étroit, strict** (→ Empire, cit. 7). *Une rigoureuse neutralité* (cit. 3). *Au sens le plus rigoureux du terme.* ⇒ **Juste** (supra cit. 19).

b Par ext. Absolu, total.

3 Le veau trop pur et le macaroni cuit à l'eau claire que nous servait la vieille Zoé, fort lentement, étaient d'une rigoureuse insipidité.
                VALÉRY, Degas, Danse, Dessin, p. 34.

c Mené avec rigueur, précision, dans l'ordre intellectuel. *Raisonnement rigoureux. Classification, définition, analyse rigoureuse.* ⇒ **Exact, précis** (→ Catégorie, cit. 4; descriptif, cit. 4; 1. présent, cit. 15). *Connaissance, science, déduction rigoureuse.* ⇒ **Certain, géométrique, mathématique.** *Logique rigoureuse.* ⇒ **Implacable** (supra cit. 12), **serré.** — Littér. et arts. *Construction rigoureuse d'un récit.*

4 Là, devant la feuille blanche, quand on arrive avec son idée, indécise, vague, flottante, et qu'il faut couvrir cette feuille de papier de pattes de mouches noires, donnant une solidification exacte, logique, rigoureuse, au brouillard de votre cervelle, les premières heures sont vraiment dures, sont vraiment douloureuses.
                Ed. et J. DE GONCOURT, Journal, 1er mars 1881, t. VI, p. 100.

d (Personnes). *Esprit rigoureux* (⇒ **Déductif**). *Être rigoureux dans une démonstration.* — *Penseur, écrivain rigoureux.*

CONTR. Clément, doux, indulgent, tendre. — Approximatif; désinvolte; élastique; large.

DÉR. Rigoureusement.

RIGUEUR [ʀiɡœʀ] n. f. — V. 1283; *rigor,* fin XIIe; lat. *rigor.*

♦ **1.** Sévérité morale, application sans réserve de principes moraux. ⇒ **Austérité, dureté, sévérité** (→ Apurer, cit. 2; intronisation, cit. 2). *La rigueur de la règle, des principes.* ⇒ **Rigidité.** *Rigueur des mœurs, de la morale.* ⇒ **Rigorisme.** *La rigueur d'une punition, d'une sanction. Réprimer qqch. avec rigueur.* ⇒ **Fermeté** (→ Poigne, cit. 6). *User de rigueur avec qqn* (→ Mariage, cit. 20).

1 (...) catholique de naissance et, par l'éducation maternelle, il avait respiré dans sa montagne un reste de rigueur protestante (...)
                J. ROMAINS, les Hommes de bonne volonté, t. III, I, p. 23.

Vieilli. *Indifférence* d'une femme à l'égard de celui qui l'aime (⇒ **Cruauté,** supra cit. 6). → Constance.

(Déb. XVIe). *La rigueur du destin, du sort.* ⇒ **Cruauté** (supra cit. 9); → Attacher, cit. 85. — *La rigueur de l'hiver.* ⇒ **Âpreté, dureté, inclémence,** et ci-dessous 2. (→ Attiédir, cit. 2; inexorable, cit. 12).

2 (...) l'homme n'est pas accablé ou amolli par la chaleur excessive, ni raidi et figé par la rigueur du froid.   TAINE, Philosophie de l'art, t. II, p. 91.

Vx. *Par rigueur, par la rigueur :* par contrainte (→ 1. Recouvrement, cit. 3).

Milit. *Arrêts de rigueur.* ⇒ **Arrêt** (supra cit. 7).

(1559). **TENIR RIGUEUR À QQN (de qqch., d'avoir fait qqch.),** ne pas lui pardonner, lui garder rancune (→ Maître, cit. 39). *Tenir rigueur à qqn de...* (→ Enténébrer, cit. 3; lettre, cit. 39).

3 Jamais je n'aurais cru qu'ils me tiendraient rigueur à ce point-là. Faut-il qu'ils m'en veuillent!   MARTIN DU GARD, les Thibault, t. II, p. 219.

♦ **2.** (1588). *Une, des rigueurs.* Vx ou littér. Acte de sévérité, de cruauté. ⇒ **Cruauté** (infra cit. 15); → Coupable, cit. 1; inhumanité, cit. 3; partager, cit. 6. *«La mort a des rigueurs à nulle autre pareilles»* (→ Beau, cit. 79, Malherbe).

(1667). Vx. Manifestation d'indifférence de la part d'une femme. ⇒ **Cruauté** (supra cit. 16); → Affermir, cit. 4, Racine; combattre, cit. 4, Molière.

4 Les violences qu'on se fait pour s'empêcher d'aimer sont souvent plus cruelles que les rigueurs de ce qu'on aime.   LA ROCHEFOUCAULD, Maximes, 369.

Littér. *Les rigueurs du sort, du destin, de la fortune* (→ 2. Auspice, cit. 9). *Les rigueurs de la vie nécessiteuse* (→ Imbiber, cit. 3), *de la pauvreté* (cit. 5). — *Les rigueurs des saisons, de l'hiver* (→ Dérangement, cit. 3; hôtel, cit. 12; incommodité, cit. 1).

5 Un loup, dis-je, au sortir des rigueurs de l'hiver,
  Aperçut un cheval qu'on avait mis au vert.   LA FONTAINE, Fables, V, 8.

♦ **3.** (XIVe). Caractère de ce qui ne souffre pas d'exception, qui s'applique de manière constante, exacte et précise. ⇒ **Exactitude, précision, régularité.** *La rigueur inexorable des lois qui gouvernent* (cit. 24) *le monde. La rigueur des lois de la logique.* — *Rigueur du jugement, de l'esprit.* ⇒ **Rectitude.** — *Esprit de rigueur. Rigueur* *d'une analyse, d'une déduction, d'un raisonnement, d'un calcul* (→ Étiologie, cit.; paranoïaque, cit. 1). — Littér. et arts. *Récit, œuvre dramatique qui manque de rigueur. Rigueur dans l'exécution.* ⇒ **Fermeté.** → aussi Draper, cit. 2.

6 Le plus admirable, c'est que son esprit, sans rien quitter de sa rigueur, a su garder toute sa valeur poétique ; su apporter à sa création poétique cette rigueur même qu'on eût pu croire hostile à l'art et qui fait, au contraire, de l'art de Valéry, une merveille si accomplie. J'admire la direction infaillible et la triomphante constance de son effort. GIDE, Journal, 5 mai 1942.

7 Naturellement, il ne faut pas en conclure que la rigueur du raisonnement déductif n'a pas de valeur : c'est elle seule, en effet, qui empêche l'imagination de s'égarer, qui permet, quand de nouveaux points de départ ont été découverts par l'intuition, d'en prévoir les conséquences et d'en confronter les conclusions avec les faits. L. DE BROGLIE, Nouvelles perspectives en microphysique, p. 260.

(1694). Vx. *Juges de rigueur,* qui prononçaient selon le texte de la loi, par oppos. aux *arbitres,* jugeant à l'amiable (→ 1. Arbitre, cit. 3). — *Terme* de rigueur.*

♦ **4.** Loc. adj. (1690). **DE RIGUEUR** : exigé, imposé par les usages, les règlements. ⇒ **Obligatoire.** *La noblesse n'est pas de rigueur pour entrer à l'Académie* (cit. 3). *Il était de rigueur de..., suivi d'un inf.* (→ Brinder, cit.). — *Tenue de soirée de rigueur.* — *Délai de rigueur,* qui ne pourra être prolongé.

8 (...) portant, dans des vases de forme sacrée, les lotus artificiels à pétales d'argent qui sont de rigueur pour les funérailles (...) LOTI, Mme Chrysanthème, XXIII.

♦ **5.** Loc. adv. **a** (1501). Vx. *À la rigueur, dans la dernière rigueur, à la dernière rigueur, à toute rigueur :* avec une sévérité extrême ; avec la plus grande exactitude. *Suivre une loi à la rigueur* (→ 1. Palladium, cit.). — Vx. *Cela est prouvé à la rigueur,* de manière indiscutable, rigoureuse. — Vx. *Prendre une parole à la rigueur,* au pied de la lettre. — (1680). Adj. et vx. *Un zèle à la rigueur,* rigoureux. — REM. Certains écrivains modernes emploient encore *à la rigueur* dans ces divers sens, ce qui constitue un archaïsme (→ 2. Critique, cit. 9, Valéry).

9 Ils étaient puritains et sectateurs de William Penn. Ils observaient à la rigueur sa discipline scrupuleuse (...) A. HERMANT, l'Aube ardente, XIII.

10 Il n'y a point de planète qui décrive une ellipse à la rigueur ; il n'y en a même point qui ferme sa trajectoire ; mais la loi des lois est qu'il faut penser ce qu'on ne sait pas par ce qu'on sait. ALAIN, Propos, 6 déc. 1921, La magie naturelle.

b (1869). Mod. **À LA RIGUEUR** : en cas de nécessité absolue ; en s'en tenant à ce qui est strictement nécessaire (→ Au pis* aller) ; en allant à la limite du possible ou de l'acceptable (→ Légende, cit. 6 ; quoi, cit. 6 ; rédemption, cit.).

11 Martin n'aime pas se coucher tard ; et l'on peut à la rigueur se passer de son avis dans une discussion. J. ROMAINS, les Copains, IV.

12 Un empoisonnement peut rester caché. Même à la rigueur un meurtre commis à l'intérieur d'une famille, et que la complicité de tous les proches maquille en accident ou en suicide. J. ROMAINS, les Hommes de bonne volonté, t. II, II, p. 18.

c Mod. **EN TOUTE RIGUEUR** : absolument, entièrement, rigoureusement (→ Individu, cit. 8 ; numismatique, cit. 2). *En toute rigueur et exactitude* (→ 2. Pas, cit. 20). *En toute rigueur, l'autorisation aurait dû vous être refusée, mais l'administration vous accorde une dérogation.*

CONTR. **Clémence, douceur, faveur, indulgence. — Approximation ; désinvolture ; élasticité.**

RIKIKI [ʀikiki] adj. ⇒ **Riquiqui.**

RILLAUD [ʀijo] n. m. ⇒ **Rillot.**

RILLETTES [ʀijɛt] n. f. pl. — 1835, Balzac ; *rihelete* «lardon», XIVe ; de *rille* «morceau de porc» (1480), var. dial. de l'anc. franç. *reille* «latte, planchette», forme pop. de *règle** ; du lat. *regula.*

♦ Charcuterie faite de viande de porc hachée menue et cuite dans la graisse (→ Enduire, cit. 2 ; fabriquer, cit. 7). *Pot de rillettes. Tartine de rillettes. Rillettes du Mans, de Tours.*

Les célèbres rillettes et rillons de Tours formaient l'élément principal du repas que nous faisions au milieu de la journée (...) Cette préparation, si prisée par quelques gourmands, paraît rarement à Tours sur les tables aristocratiques (...) BALZAC, le Lys dans la vallée, Pl., t. VIII, p. 774.

Préparation analogue, avec une autre viande. *Rillettes d'oie, de canard, de lapin.*

DÉR. (Du même rad.) **Rillons, rillot.**

RILLONS [ʀijɔ̃] n. m. pl. — 1611, sing. ; de *rille.* → Rillettes.

♦ Régional. Résidus de viande de porc qu'on a fait fondre pour en obtenir la graisse ; petits morceaux de porc cuits dans la graisse et servis froids.

Ils se pourléchaient en vantant les rillons, ces résidus de porc sautés dans sa graisse, et qui ressemblent à des truffes cuites (...) BALZAC, le Lys dans la vallée, Pl., t. VIII, p. 774.

RILLOT [ʀijo] n. m. pl. — 1921 ; mot dialectal de l'Ouest ; de *rille,* comme *rillettes* et *rillons.*

♦ Régional. Petit morceau de viande de porc. — *Un rillot. Des rillots.* ⇒ **Rillons.** — REM. On écrit aussi *rillaud.*

1 Dans le Craonnais on ne met pas le morceau en charpie, on s'arrête au rillot et c'est politesse, quand on tue le cochon, d'en offrir une assiette au voisin, au maître, au curé. Hervé BAZIN, Cri de la chouette, p. 276.

2 (...) la foule des petites gens est autorisée à s'aller rafraîchir de cidre bouché et restaurer de *rillots* (...) Hervé BAZIN, Vipère au poing, p. 227.

RILSAN [ʀilsã] n. m. — V. 1950 ; nom déposé (Péchiney).

♦ Fibre textile synthétique (superpolyamide) obtenue à partir de l'huile de ricin. *Linge de corps en rilsan.*

L'échine est recouverte de pilosités rases d'un brun luisant. Ce poil bruissant comme certains tissus de rilsan par frottement se constelle de lueurs, d'étincelles fugaces, vivifiantes (...) P. GRAINVILLE, les Flamboyants, p. 273.

RIMAILLE [ʀimaj] n. f. ⇒ **Rimaillerie.**

HOM. **Rimaye.**

RIMAILLER [ʀimaje] v. intr. — 1648 ; *rithmailler,* av. 1553 ; de *rimer,* et suff. péj. *-ailler.*

♦ Faire de mauvais vers*, de la mauvaise poésie.

Votre plaisir de rimailler
Qu'on voit bien, parbleu ! sans collyre,
M'empêchera-t-il de bâiller
Si jamais je viens à vous lire ?
Germain NOUVEAU, le Calepin du mendiant, Pl., p. 699.

DÉR. **Rimaillerie, rimailleur.**

RIMAILLERIE [ʀimajʀi] n. f. — V. 1600 ; de *rimailler.*

♦ Vx. Mauvaise poésie. — REM. On disait aussi *rimaille* (1611), *rithmaille* (1518).

RIMAILLEUR, EUSE [ʀimajœʀ, øz] n. — XVIIe ; *rithmailleur,* 1518 ; de *rimailler.*

♦ Vieilli. Versificateur sans talent ; mauvais poète (→ Façon, cit. 10).

Quand Madame de Fervaques eut fait ôter à l'auteur, pauvre diable en demi-solde, une place de dix-huit cent francs : Prenez garde, lui dis-je, vous avez attaqué ce rimailleur avec vos armes, il peut vous répondre avec ses rimes : il fera une chanson sur la vertu. STENDHAL, le Rouge et le Noir, II, XXV.

RIMANT, ANTE [ʀimã, ãt] adj. — 1870, Littré ; p. prés. de *rimer.*

♦ Littér. Qui rime. *Césure rimante.*

RIMAYE [ʀimaj ; ou plus souvent ʀimaj] n. f. — 1839, Boiste ; du lat. *rima* «fente» ; mot savoyard.

♦ Crevasse marquant le départ de l'écoulement glaciaire, entre la roche et le névé ou un névé et le glacier qu'il alimente. ⇒ **Glacier.** *Mur de rimaye :* paroi à pente forte d'un cirque glaciaire.

1 Une crevasse plus ou moins continue en fait le tour *(du névé),* longeant le pied des escarpements qui le dominent ; c'est la *rimaye.* Elle marque l'endroit où la glace, formée par le tassement des neiges, se détache du roc où elle est collée et commence à glisser vers l'aval.
E. DE MARTONNE, Traité de géographie physique, t. II, p. 869.

2 Le glacier se brisait tout à coup au pied d'une arête, mince et haute, interrompue en son milieu par une large dalle où les montagnards avaient construit, à l'abri des avalanches, la maison trapue que cherchait le regard du guide. Pour l'atteindre, il fallait franchir d'un bond la rimaye, se coller à la roche, grimper, de marche en marche, en s'assurant à une main courante de chanvre qui se balançait dans le vide. Maurice ZERMATTEN, le Pain noir, p. 14.

HOM. **Rimaille** (V. **Rimaillerie**).

RIMBALDIEN, IENNE [ʀɛ̃baldjɛ̃, jɛn] adj. — XXe ; de Arthur *Rimbaud,* poète français du XIXe siècle.

♦ Qui se rapporte à la vie ou à l'œuvre poétique de Rimbaud ; qui imite le style de sa vie ou de son œuvre. *Études rimbaldiennes. Un front bombé barré d'une mèche rimbaldienne.*

RIME [ʀim] n. f. — V. 1160 ; l'étymologie traditionnelle — lat. *rhythmus ;* → Rythme — est écartée par Wartburg, pour des raisons phonétiques (absence d'une forme intermédiaire en *ritme* ou *ridme,* en anc. franç.) et sémantiques (*rhythmus* désigne en bas lat. le vers non métrique simplement accentué, dans un caractère fondamental du rythme, sa cadence) la *rime* n'étant qu'un caractère secondaire ; p.-ê. du francique *rim* «série, nombre» (anc. haut all. *Rîm,* n. m.) ; le provençal *rim* est du masculin ; on explique le féminin par une dérivation du verbe *rimer** ou d'un verbe francique *rîman (Wartburg), mais « l'origine germanique d'un terme rhétorique est très improbable, et à plus forte raison d'un mot commun à l'ensemble des langues romanes » (Guiraud, selon qui *rime* vient du latin *rimare* «chercher, sauter», *rythme* étant une fausse latinisation humaniste).

♦ **1.** Disposition de sons identiques à la finale de mots placés à la fin de deux unités rythmiques; élément de versification, procédé poétique que constitue cette homophonie. ⇒ **Consonance; poésie, vers** (→ Césure, cit. 1, Boileau; mètre, cit. 1). *La rime « a l'immense mérite de contraindre le poète à penser par séries associatives sonores »* (H. Morier, *Dict. de rhétorique*). *Rime et assonance** (cit. 1). *La contrainte de la rime. Expression employée pour la rime* (→ Bannir, cit. 21). — *La rime et la raison, et la pensée :* la forme, la technique poétique et le fond. *Celui qui « Voulut avec la rime enchaîner* (cit. 8) *la raison »* (Boileau). *La rime et l'idée* (→ Mesure, cit. 36). *Laisser sa pensée se gouverner* (cit. 46) *par la rime* (→ ci-dessous, 3.).

1 Si ne suffit d'écrire maint blason,
Mais il convient garder rithme *(sic)* et raison :
Rithme et raison, ainsi comme il me semble
Doivent toujours être logés ensemble.
                        Clément MAROT, *Épîtres*, LXXV.

2 La ryme *(sic)* n'est autre chose qu'une consonnance et cadence de syllabes, tombantes sur la fin des vers, laquelle je veux que tu observes tant aux masculins qu'aux féminins, de deux entières et parfaites syllabes, ou pour le moins d'une aux masculins, pourvu qu'elle soit résonante et d'un son entier et parfait.
                        RONSARD, l'Art poétique, De la Ryme.

3 Que toujours le bons sens s'accorde avec la rime :
L'un l'autre vainement ils semblent se haïr;
La rime est une esclave, et ne doit qu'obéir.
                        BOILEAU, l'Art poétique, I.

4 (...) nous ne pourrons jamais secouer le joug de la rime; elle est essentielle à la poésie française. Notre langue ne comporte que peu d'inversions; nos vers ne souffrent point d'enjambement (...) nos syllabes ne peuvent produire une harmonie sensible par leurs mesures longues ou brèves; nos césures et un certain nombre de pieds ne suffiraient pas pour distinguer la prose d'avec la versification : la rime est donc nécessaire aux vers français.   VOLTAIRE, Disc. sur la tragédie.

5 Rime, qui donnes leurs sons
Aux chansons,
Rime, l'unique harmonie
Du vers qui, sans tes accents
Frémissants
Serait muet au génie (...)
                        SAINTE-BEUVE, Poésies et pensées de Joseph Delorme, « À la rime ».

6 Ô qui dira les torts de la Rime?
Quel enfant sourd ou quel nègre fou
Nous a forgé ce bijou d'un sou
Qui sonne creux et faux sous la lime?
                        VERLAINE, Jadis et Naguère, Sonnets et autres vers, « Art poétique ».

7 (...) le vrai poète est celui qui trouve l'idée en forgeant le vers. Il faut que la rime soit raison. Il faut que l'on sente que l'écrivain n'aurait point tourné par là s'il avait écrit en prose, et que la belle rime a apporté avec elle l'image brillante, que rien n'expliquerait, que rien même ne justifierait sans la nécessité de rimer. Miracle toujours sensible à l'oreille du lecteur; miracle renouvelé.
                        ALAIN, Propos, 24 août 1921, Matière et forme.

8 Pour moi (et d'autres sans doute), la rime à chaque vers vous apporte un peu de jour, et non de nuit, sur la pensée : elle trace des chemins entre les mots, elle lie, elle associe les mots d'une façon indestructible, fait apercevoir entre eux une nécessité qui, loin de mettre la raison en déroute, donne à l'esprit un plaisir, une satisfaction essentiellement raisonnable. Entendons-nous : je parle de la rime digne de ce nom, qui est à chaque fois résolution d'accord, découverte, et non pas de ce misérable écho mécanique, qui n'est qu'une cheville sonore, et qui n'a pas plus droit de cité en poésie que le mirliton n'est poète, que n'est le faiseur de bouts-rimés.   ARAGON, les Yeux d'Elsa, Appendice, III.
Cf. tout ce texte, et, du même auteur, la Rime en 1940 (in le Crève-cœur).

Rimes très riches, comprenant plusieurs syllabes identiques. *Rime léonine* (⇒ 2. **Léonin**). *Rimes riches,* comprenant au moins une voyelle et sa consonne d'appui : image — hommage ; ou selon certains, une voyelle et la voyelle précédente : harem — Jérusalem (H. Morier). → 1. Facture, cit. 2. *Rime pauvre* (ex. : ami — pari). *Rimes défectueuses.* — *Rime féminine** ; *rimes masculine*. Alternance des rimes* (masculines et féminines). — *Succession de rimes : rimes suivies, accouplées ou plates** (*infra* cit. 4); *rimes croisées** ou alternées* (⇒ **Croisure**); *rimes embrassées, enlacées... Rimes triplées,* rejetées à la fin de trois vers successifs. *Rimes annexées,* « concaténées », reprises au début du vers suivant. *Poème composé sur une rime.* ⇒ **Monorime.** — *Rime finale* (rime proprement dite) *et rime médiane ou intérieure. Rimes internes brisées* (à l'hémistiche et à la fin du vers), *rimes « batelées »* (à la fin du vers et à la fin de l'hémistiche suivant). — *Rimes pour l'oreille* (rime véritable) *et rime pour l'œil* ou *rime normande* (ne correspond pas à des sons identiques : aimer, amer). — *Rime en -age, en -ment, etc. :* mots terminés par ces finales. — *Dictionnaire de rimes.*

9 Ce brave maître lui apprit aussi qu'il y avait des rimes masculines et féminines; sur quoi Belâtre lui dit avec admiration : Est-ce donc que les vers s'engendront comme des animaux, en mettant le mâle avec la femelle?
                        FURETIÈRE, le Roman bourgeois, II, p. 194.

Par anal. Finales identiques de mots voisins, dans un groupe (ex. : *pêle-mêle ; tu parles, Charles...*).

♦ **2.** (V. 1165). Vx. Vers (→ Ardeur, cit. 28, Boileau). *Mettre en rimes :* rimer, composer sous forme de vers rimés.

♦ **3.** (XVIIᵉ; *il n'y a rime ne raison,* fin XIVᵉ). SANS (NI) RIME NI RAISON : d'une manière incompréhensible, absurde (→ Ordurier, cit.). *Une histoire sans rime ni raison,* → Sans queue (cit. 28) ni tête. Par ext. *Il est parti sans rime ni raison,* d'une manière inattendue*, inexplicable. — *Cela n'a ni rime ni raison,* aucun sens.

DÉR. V. 1. **Rimer.**

1. RIMER [Rime] v. — V. 1120, « écrire en vers »; de *rime,* ou du francique *rîman.* → Rime.

★ **I.** V. intr. ♦ **1.** Faire des vers, écrire de la poésie (→ Élastique, cit. 6; prose, cit. 7). *L'art dangereux de rimer et d'écrire* (cit. 58, Boileau).

(Mil. XVIIᵉ). Péj. Fabriquer des vers, sans talent ni inspiration. ⇒ **Rimailler, versifier** (→ Ravauder, cit. 4).

1 Le dégoût de la rime provient avant toute chose de l'abus qui en a été fait dans un but de pure gymnastique, si bien que, dans l'esprit de la plupart des hommes, *rimer,* qui fut le propre des poètes, est devenu par un étrange coup du sort, le contraire de la poésie.   ARAGON, le Crève-cœur, p. 73.

♦ **2.** Vieilli. Trouver des rimes (plus ou moins bonnes). Cf. La Fontaine, Voltaire *in* Littré. *Rimer avec adresse.* — Absolt. *Ce poète ne rime pas,* sa poésie n'est pas rimée.

2 On voit encore, par ces quatres vers, qu'il est possible de ne pas rimer en poésie; — c'est ce que savent les Allemands, qui, dans certaines pièces, emploient seulement les longues et les brèves, à la manière antique.
                        NERVAL, les Filles du feu, « Angélique », VII.

♦ **3.** (1530). Constituer une rime, avoir des finales identiques. *Mots qui riment richement, ne riment pas. Rimer pour l'œil, pour les yeux.* ⇒ **Rime** (1.). — *Rimer à...* (vx), avec un mot. — *Faire rimer un mot avec un autre.*

3 Le maître Théodore de Banville a écrit un traité de prosodie française, que devraient savoir par cœur tous ceux qui ont la prétention de faire rimer deux mots ensemble.   MAUPASSANT, la Vie errante, La Sicile.

3.1 Le nain hoquetait en chantonnant un couplet patriotique au cours duquel frusques rimait avec Étrusques et France avec fer de lance.
                        R. QUENEAU, le Chiendent, p. 403-404.

Fig. et vieilli. *Ces deux choses ne riment pas ensemble :* ne s'accordent pas. — *Cela ne rime à rien :* cela n'a aucun sens. ⇒ **Correspondre, signifier** (→ Apparition, cit. 4; 2. froid, cit. 8). *À quoi cela rime-t-il?*

4 — Voyons, Pierre, à quoi cela rime-t-il de se mettre dans un état pareil, tu n'es pourtant pas un enfant.   MAUPASSANT, Pierre et Jean, I.

4.1 L'amiral Larima. La rime à quoi? La rime à rien.
                        J. PRÉVERT, Paroles, « L'amiral ».

★ **II.** V. tr. ♦ **1.** (V. 1165). Mettre en vers. *Rimer un conte, une historiette* (→ Exercice, cit. 15), *une chanson.*

5 Reste que les pareils! Les gens de la séquelle
Ne sont bon qu'à rimer une ode, telle quelle!
                        Th. DE BANVILLE, Odes funambulesques, Évohé, « Une vieille lune ».

♦ **2.** (Mil. XVIᵉ). Vx. Assembler (des rimes). *« Rimer des mots »* (Boileau).

▶ **RIMÉ, ÉE** p. p. adj. (1360). Pourvu de rimes. *Poésie rimée ou assonancée. Vers* rimés avec soin* (→ 2. Lai, cit.). Péj. *Enfilade de phrases rimées* (→ Mollasse, cit. 2). ⇒ **Bouts-rimés.**

DÉR. **Rimailler, rimeur.**
HOM. 2. **Rimer.**

2. RIMER [Rime] v. intr. — XVIᵉ, Rabelais; provençal *rumar* « se ratatiner », *rimar* « gercer », du lat. *rima* « fente, crevasse ».

♦ Régional. S'attacher au fond de la casserole en brûlant. ⇒ **Cramer** (cf. Sainéan, *la Langue de Rabelais,* t. II, p. 165).

HOM. 1. **Rimer.**

RIMEUR, EUSE [RimœR,øz] n. — XVIᵉ; « poète », fin XIIIᵉ; *rimere,* v. 1180; de *rimer.*

♦ Péj. Poète sans inspiration. ⇒ **Versificateur; rimailleur** (→ Abrégé, cit. 2; églogue, cit. 1). *Un froid rimeur. Un rimeur habile; maladroit; scolaire, pédant, emphatique...*

Perrault, excité par son camarade Beaurain, se mit à traduire en vers burlesque le sixième livre de l'Énéide (...) Aux éclats de rire de deux rimeurs, un frère de Perrault, qui fut depuis docteur en Sorbonne, accourut et prit part à la plaisanterie.   SAINTE-BEUVE, Causeries du lundi, 29 déc. 1851.

Adj. Vx et par plais. *Le peuple rimeur :* les poètes (La Fontaine, *Discours à Mᵐᵉ de la Sablière,* 1678).

RIMMEL [Rimɛl] n. m. — Av. 1936; Aragon emploie le dér. *rimmellisé* (*les Beaux quartiers,* p. 236); marque déposée; M. Galliot (*la Langue de la réclame,* p. 548) classe ce mot parmi les noms de marque qui sont « véritablement devenus des noms communs (...) on dit fautivement mais usuellement (...) du *rimmel* de telle ou telle marque ».

♦ Fard pour les cils.

J'aurais fait n'importe quoi pour empêcher la pauvre Elsa de pleurer, son rimmel de fondre (...)   F. SAGAN, Bonjour tristesse, V.

RINÇAGE [Rɛ̃saʒ] n. m. — 1846; « droit payé pour charger des marchandises d'un bateau sur l'autre », 1715; *reinsement,* au XVIᵉ; de *rincer.*

♦ Action de rincer. ⇒ **Nettoyage.** *Le rinçage des verres, de la vaisselle, du linge. Lavage** et rinçage. Le rinçage des pièces teintes* (teinturerie). *Un rinçage complet, réussi.* — Spécialt. *Le fait de rin-*

cer les cheveux, de manière à leur donner des reflets. *Se faire faire un rinçage chez le coiffeur.*

RINCEAU [ʀɛ̃so] n. m. — 1676; *rinsseau*, 1533; *rainsel* «rameau», 1210; *rainseau* «ornement en forme de branchage», 1360; d'un lat. pop. **ramuscellus*, du bas lat. *ramusculus*, de *ramus*. → Rameau.

♦ **1.** Blason. Branche chargée de feuilles.

♦ **2.** Arabesque* de feuillages, composée de branches stylisées, portant parfois des fleurs, des fruits, et servant souvent à orner des frises, des pilastres (→ Enlacement, cit. 1; entrelacs, cit. 2). *Culot d'où partent des rinceaux, des volutes... Tige d'un rinceau,* sa partie principale. *Rinceaux sculptés* (en bas-reliefs...), *peints, gravés...* (⇒ **Peinture**). — *Forme en rinceau.*

C'est alors que le Tintoret découvre la palme, et le mouvement de palme qu'il donnera à tant de branches, et cette écriture de rinceau qu'il imposera aux formes apparemment le moins faites pour s'y soumettre : le chien de la *Cène,* le bœuf de la *Nativité,* les oreilles en volute de l'âne dans la *Fuite en Égypte* (...)
        MALRAUX, les Voix du silence, p. 439.

RINCE-BOUCHE [ʀɛ̃sbuʃ] n. m. invar. — 1842; de *rincer,* et *bouche.*

♦ Petit récipient contenant de l'eau, qu'on présentait à la fin du repas pour se rincer la bouche.
(...) elle parlait d'acheter des rince-bouche pour le dessert.
        FLAUBERT, Mᵐᵉ Bovary, I, VII.

RINCE-BOUTEILLES [ʀɛ̃sbutɛj] n. m. invar. — 1894; de *rincer,* et *bouteille.*

♦ Appareil servant à nettoyer les bouteilles, les récipients. — Syn : *rinceuse*.*

RINCE-COCHON [ʀɛ̃skɔʃɔ̃] n. m. invar. — 1953; de *rincer,* et *cochon,* figuré.

♦ Pop. Boisson alcoolique. ⇒ **Rincette.**
Spécialement :
J'avais même commandé un vin blanc citron, breuvage désuet qui, naguère, sous le sobriquet de rince-cochon, avait la réputation de dissiper les brouillards du matin.
        Jacques PERRET, Bâtons dans les roues, p. 73.

RINCE-DOIGTS [ʀɛ̃sdwa] n. m. invar. — Déb. xxᵉ (*in* Larousse, 1907); de *rincer,* et *doigt.*

♦ Petit récipient, bol contenant de l'eau (parfumée de citron, etc.) que l'on présente au cours d'un repas, pour que les convives puissent se laver les doigts. *Donner des rince-doigts avec les crustacés.*

RINCÉE [ʀɛ̃se] n. f. — 1808; de *rincer.*

♦ **1.** Fam. et vieilli. Volée* de coups. *Il a reçu une bonne rincée :* il s'est fait battre. — Fig. Défaite.
Ce Capitan-Pacha n'était autre que Chosrew. Depuis sa rincée, ce drôle avait obtenu cette place, qui équivaut à celle de grand amiral en France.
        BALZAC, Un début dans la vie, Pl., t. I, p. 650.

♦ **2.** (1832). Fam. Pluie torrentielle.

RINCER [ʀɛ̃se] v. tr. — Conjug. *placer.* — 1210, *raincer;* probablt de *recincier, rechinchier* (1190), du lat. pop. *recentiare,* bas lat. *recentare* «rafraîchir», dér. de *recens* «frais». → Récent.

♦ **1.** Nettoyer à l'eau et en frottant. ⇒ **Laver.** *Rincer des verres* (→ Charge, cit. 18; doigt, cit. 2), *des bouteilles...* — REM. Dans ce sens, il ne se dit plus que de récipients.

♦ **2.** (1828, en parlant du linge). Passer à l'eau ce qui a été lavé (pour enlever les produits de lavage : savon, etc.). *Laver, rincer et essorer du linge. Laver, puis rincer la vaisselle. Mettre à égoutter sans rincer.*

1   (...) elle se rappela sa lessive; l'ayant coulée la veille, il fallait aujourd'hui la rincer (...)
        FLAUBERT, Trois contes, « Un cœur simple », III.
2   La femme saisit les verres vides des deux hommes, les plongea dans le bac à vaisselle, les lava vivement, les rinça sous le robinet et les déposa sur l'égouttoir.
        A. ROBBE-GRILLET, le Voyeur, p. 118.
2.1 (...) et ne trouve heureusement de réponse à cette question qu'une fois son assiette si parfaitement torchée que ce serait gâcher de l'eau que de la rincer.
        R. QUENEAU, le Dimanche de la vie, p. 163.

Pron. *Se rincer :* se laver à grande eau après s'être savonné (→ Mousse, cit. 8).

(*Il a été bien rincé,* Académie, 1740). Fig. et fam. Mouiller fortement (en parlant de la pluie...). *Se faire rincer. On a reçu une giboulée qui nous a drôlement rincés.* ⇒ **Rincée** (2.).

♦ **3.** (1680). *Rincer sa bouche. Se rincer la bouche :* se laver la bouche avec un liquide qu'on recrache (⇒ **Rince-bouche;** → Hoquet,

cit. 4). *Se rincer la bouche après s'être lavé les dents. Se rincer la gorge.* ⇒ **Gargariser** (se).

♦ **4.** (xvᵉ, *Raincer son gosier; se rincer la dent,* 1681, *in* D. D. L.). Fam. *Se rincer le bec,* (1867) *la dalle** (→ Paf, cit. 3, Zola), *le corridor, la cornemuse... :* boire. *Rincer la dalle à qqn.* — (1920). *Rincer qqn,* lui offrir à boire; (1903) lui payer à manger. — Absolt. *Qui est-ce qui rince? :* qui paye à boire?
Nous dînons ce soir à Berlin, au restaurant de Berlin, grande bête (...) C'est Maugis qui nous rince.   COLETTE et WILLY, Claudine s'en va, p. 140.   2.2
Loc. fam. *Se rincer l'œil :* regarder avec plaisir (une chose belle, agréable). *Se rincer l'œil en regardant des baigneuses.*
(...) il y a un tas de satyres, c'est le mot, qui viennent exprès pour se rincer l'œil. Nous, on les appelle des « philosophes ». C'est des vicieux.   2.3
        R. QUENEAU, Pierrot mon ami, éd. L. de Poche, p. 88.
Vx. *Se rincer de qqch, s'en rincer :* se rengorger à cause de... (→ Se gargariser).

♦ **5.** (1750, Favart; *rainser,* 1391). Fam. **[a]** Vx. Battre, rosser (→ Rincée). *Il a été bien rincé :* «fortement réprimandé ou battu»(Littré). — Argot (vx). Tuer.

[b] (1821, argot). Mod. Voler, ruiner. *Il s'est fait rincer* (au jeu...). ⇒ **Lessiver.** Au p. p. «*Il est rincé :* il a tout perdu, il ne lui reste rien» (Académie, 1935).
(...) le baron en a vu de sévères; il n'entretiendra plus ni danseuses, ni femmes comme il faut; il est guéri radicalement, car il est rincé comme un verre à bière.   3
        BALZAC, la Cousine Bette, Pl., t. VI, p. 402.
Vx. Dévaliser, cambrioler. « *Rincer une cambriole* » (Charles Paul de Kock, *la Grande Ville,* t. I, p. 182, 1842).

DÉR. Rinçage, rincée, rincette, rinceur, rinçoir.
COMP. Rince-bouche, rince-bouteilles, rince-cochon, rince-doigts.

RINCETTE [ʀɛ̃sɛt] n. f. — 1861; de *rincer.*

♦ **1.** Régional. Eau-de-vie qu'on boit dans sa tasse, après le café. ⇒ **Goutte, pousse-café.** — Fam. Eau-de-vie. *Un coup de rincette.* — On dit aussi *la rince* [ʀɛ̃s] n. f.
(...) les joues calées, la panse pleine, le ventre au chaud, les pieds au sec, le pinard regorgeant par les yeux, ayant bu le café, le pousse-café et la rincette, et encore un dernier coup de gniole, les pipes allumées, il nous semblait pénible d'avoir à se lever de table (...)   1
        B. CENDRARS, la Main coupée, Œ. compl., t. X, p. 139.
Puis il lui fallut boire le premier verre d'eau-de-vie de la rincette, le second du pousse-rincette (...)   MAUPASSANT, les Contes de la Bécasse, « Les sabots ».   2

♦ **2.** (1867). Fam. « Nouveau coup de vin qu'on se fait donner, soi-disant pour rincer le verre » (Littré).

RINCEUR, EUSE [ʀɛ̃sœʀ, øz] n. — 1611; *rinceur de godets* «buveur», v. 1490; de *rincer.*

♦ **1.** Personne qui est chargée de rincer la vaisselle (⇒ **Plongeur**), les pièces teintes (en teinturerie). ⇒ **Laveur.**

♦ **2.** N. f. (Déb. xxᵉ). **RINCEUSE :** appareil servant à rincer les récipients (goupillon à manivelle, etc.). *Rinceuse à bouteilles* ou *rince-bouteilles. Rinceuse mécanique.*

RINÇOIR [ʀɛ̃swaʀ] n. m. — 1870; «vase dans lequel on rince», 1803; de *rincer.*

♦ Emplacement, récipient (bassin, etc.) où l'on rince (le linge, les verres).

RINÇURE [ʀɛ̃syʀ] n. f. — 1680; *rainsseures,* 1393; de *rincer.*

♦ **1.** Eau qui a servi à rincer (des verres, de la vaisselle). ⇒ **Eau** (de vaisselle), **lavure.** — Spécialt. *Rinçure de tonneau :* boisson faite de l'eau avec laquelle on a rincé les tonneaux (→ Piquette, cit. 3).
Les jours de belle humeur, quand elle était devant lui, plongeant des verres dans le bassin aux rinçures, les poignets nus, il la pinçait fortement au gras des jambes (...)   ZOLA, le Ventre de Paris, t. I, p. 228.

♦ **2.** Mauvaise boisson (vin, bière). *C'est de la rinçure, de la rinçure de tonneau, de bouteille, de verre.* ⇒ **Bibine, piquette, pisse** (d'âne, de chat).

RINFORZANDO [ʀinfɔʀdzando] adv. — 1775, Beaumarchais; mot ital. de *rinforzare* «renforcer».

♦ Mus. En renforçant, en passant progressivement du piano au forte. ⇒ **Crescendo.** *L'indication* rinforzando *est souvent abrégée en* rinf. — Fig. « *Le mal est fait; il germe, il rampe, il chemine, et* rinforzando..., *il va le diable* » (→ Calomnie, cit. 5, Beaumarchais). *Son dégrisement alla* rinforzando (→ Juchoir, cit. 1, Balzac). — N. m. *Un rinforzando.* ⇒ **Renforcement.**

Les colons écoutèrent avec une extrême attention et purent constater qu'Ayrton ne se trompait pas. Aux roulements se mêlaient parfois des mugissements souter-

rains qui formaient une sorte de « rinforzando » et s'éteignaient peu à peu, comme si quelque brise violente eût passé dans les profondeurs du globe.
J. VERNE, l'Île mystérieuse, t. II, p. 830.

1. RING [ʀiŋ] n. m. — 1850; *in* Bloch-Wartburg comme mot angl. signifiant « attroupement spontané autour d'une querelle de passants », 1829; mot angl., « cercle », spécialisé en boxe au XIXᵉ.

♦ **1.** (1862). Vx. Enceinte où se tenaient les parieurs à la cote (la « rotonde »); ensemble des parieurs, dans les courses de chevaux.

0.1   Sous un champignon rustique, couvert de chaume, des gens en tas gesticulaient et criaient : c'était le ring. À côté, se trouvaient des boxes reliés.
ZOLA, Nana, XI (1879).

(1879). Vx. Arène d'un cirque.

1   (...) des clowns tout prêts à faire leur apparition dans le ring, quand le hasard en fournirait l'occasion.   Ed. de GONCOURT, les Frères Zemgganno, XXIX.

(1886). Rare et vieilli. Enceinte réservée à certaines épreuves sportives. *Un ring pour les patineurs.* ⇒ **Rink**.

Piste de danse.

1.1   Sous les projecteurs de la valse qui l'étrangle, Germaine et Stopwell passent d'un bout du ring à l'autre, sur une jambe, les mains jointes, dans la pose de l'aurige.
COCTEAU, le Grand Écart, p. 148.

♦ **2.** (1850, *in* Höfler). Mod. Estrade entourée de trois rangs de cordes, sur laquelle combattent des boxeurs (des catcheurs, etc.). ⇒ **Estrade** (2.). — (1911). *Monter sur le ring :* disputer un match de boxe. *Tapis de ring.* — (1908). *Le ring :* la boxe, la pratique de la boxe professionnelle. *En cinq ans de ring je n'avais été mis « knock-out »* (cit. 1) *que quatre fois. Les vedettes du ring.*

2   Le grand pugiliste, une des plus pures figures du ring américain, transporté à l'hôpital, avait cessé de vivre.   Paul MORAND, Champions du monde, II, p. 118.

3   Une vache petite salle avec le ring attaché par des cordes, pour qu'il ne s'envole pas; avec des cuvettes, des brocs, des éponges, des serviettes (...)
MONTHERLANT, les Olympiques, p. 195.

♦ **3.** (1889). Vx. Syndicat de spéculateurs agissant de concert pour défendre leurs intérêts. → Lobby.

2. RING [ʀiŋ] n. m. — D. i. (xxᵉ); mot all., « anneau ».

♦ Boulevard circulaire, dans un pays de langue germanique. *Le Ring de Vienne.* — REM. Le mot s'emploie en français de Belgique.

1. RINGARD [ʀɛgaʀ] n. m. — 1731, ancien outil de forge; empr., avec changement de suffixe, au wallon *ringuèle* « levier », empr. all. dial. *Rengel* « rondin ».

♦ Techn. Barre* de fer servant à attiser le feu (⇒ **Attisoir**), décrasser les grilles, retirer les scories (⇒ **Rable**), etc. ⇒ **Pique-feu, tisonnier.** — *Ringard à lance* (droit), *à crochet* (recourbé).

Il alla s'asseoir sur un banc à côté du feu qu'il se mit à tisonner soigneusement avec un ringard.   P. MAC ORLAN, Quai des brumes, II.

DÉR. Ringarder.
HOM. 2. Ringard.

2. RINGARD, ARDE [ʀɛgaʀ, aʀd] n. et adj. — V. 1960,; orig. obscure, p.-ê. n. propre.

♦ **1.** Fam. Acteur, chanteur, artiste de variétés médiocre et passé de mode.

1   On se demande où ils se produisent ces ringards en dehors des asiles de vieux, des hostos et des sanas (...) Le chanteur de charme chauve, édenté (...) Les girls à cellulite (...) le fin diseur aux postillons ! le comique qui vous tire des larmes de tristesse ! le prestidigitateur qui rate à peu près deux coups sur trois, le faux baryton ! le   Alphonse BOUDARD, l'Hôpital, p. 263.

♦ **2.** (V. 1970). Individu incapable. ⇒ **Nullité**. *C'est un vrai ringard.*

2   Pauvres hommes qui ne choisissez ni votre mort ni votre vie, ni d'aimer ni de ne plus aimer, pauvres types, pauvres ringards.   René FALLET, Y a-t-il un docteur dans la salle ?, p. 219.

3   Quel mélo, non ! Quelle ringarde ! Voilà qu'on joue *Les Deux Orphelines* à Hamme-Mille ! Sans parler des prières.
René FALLET, Y a-t-il un docteur dans la salle ?

♦ **3.** Adj. (Personnes). Médiocre, incapable. « *Un détective privé ringard* » (*Actuel*, déc. 1974, p. 51).

(Choses). Démodé; de mauvaise qualité. *Un bouquin ringard.* « *On nous impose des spectacles ringards* » (*F. Magazine*, févr. 1980, p. 35). *Une boîte de nuit ringarde. Tu vas à Saint-Trop ? C'est complètement ringard !*

N. M. *Le ringard :* le genre ringard, le démodé ridicule. « *Le texte de Stan Lee* (la bande dessinée *Spiderman*) *chef-d'œuvre du ringard moralisateur* » (*Magazine littéraire*, déc. 1974, p. 29).

DÉR. Ringardise.
HOM. 1. Ringard.

RINGARDAGE [ʀɛgaʀdaʒ] n. m. — Mil. xxᵉ; *ringage* « scories, mâchefer », 1877; de *ringarder*.

♦ Techn. Action de ringarder.

RINGARDER [ʀɛgaʀde] v. tr. — 1873; de 1. *ringard.*

♦ Techn. Remuer le combustible; retirer les scories de (un foyer) avec un ringard.

DÉR. Ringardage.

RINGARDISE [ʀɛgaʀdiz] n. f. — 1974; de 2. *ringard.*

♦ Fam. Caractère ringard (2. Ringard), démodé et un peu ridicule. « *La ringardise choisie de son humour, sa vulgarité...* (d'un auteur de bandes dessinées) » (*Magazine littéraire*, déc. 1974, p. 31).

RINK [ʀink] n. m. — 1875, *in* G. Petiot; mot angl., var. de *ring.*

♦ Piste ou terrain circulaire. *Rink de hockey* (1933, *in* D. D. L.). — Spécialt. *Rink* ou *skating-rink :* piste de patin à glace.

DÉR. Rinker.

RINKER [ʀɛke; ʀinke] v. intr. — 1910; dér. francisé de l'angl. *rink* « piste de patinage » (à glace ou à roulettes).

♦ Anglic. (argot du music-hall). Patiner en exhibition.

Il travaille en ce moment dans ma « boîte », à l'Empyrée-Clichy (...) Il rinke ici sur la scène (...)   COLETTE, la Vagabonde, L. de Poche, p. 38.

RIOKAN [ʀjokan] n. m. — xxᵉ; mot japonais.

♦ Hôtel japonais de style traditionnel.

RIOLE [ʀjɔl] n. f. — V. 1200; de *rire.*

♦ (1844, Balzac : *riolle*). Vx ou archaïsme littér. Partie de plaisir. *Être en riole* (encore chez Bruant, *in* Cellard et Rey).

RIOMÈTRE [ʀjomɛtʀ] n. m. — V. 1975; de *r(ayonnement), io(nisant),* et *-mètre.*

♦ Techn. Appareil utilisé pour détecter les rayonnements ionisants au voisinage du sol (retombées radioactives, etc.).

RIOTER [ʀjote] v. intr. — V. 1460, « rire un peu »; (il *rit,* etc.), et *-oter.*

♦ Vx ou régional. Rire doucement, un peu (→ cit. ci-dessous). — Rire sous cape.

1   Couché dans les genêts, Archias riotait : un petit rire qui ressemblait au cri des pintades.   J. GIONO, Naissance de l'Odyssée, p. 15.

2   Un instant, la souillon demeura les yeux vides, la bouche ouverte. Puis, elle se mit à rioter doucement en secouant ses puissantes épaules.
H. TROYAT, le Vivier, p. 188.

REM. Le déverbal *riot* [ʀjo] n. m., est attesté chez H. Bazin (*Madame Ex*, p. 115).

RIOTTE ou **RIOTE** [ʀjɔt] n. f. — V. 1138; de l'anc. v. *ri(h)oter* « se disputer ».

♦ Vx. Querelle, dispute. — On trouve aussi la graphie *riote.*

Que dis-tu de ceci : des brigands grecs ont un jour une riotte avec la gendarmerie. Ils s'emparent de l'officier et de trois gendarmes, les enculent à outrance et les renvoient sans leur avoir fait autre chose.
FLAUBERT, Lettre à Louis Bouilhet, 10 févr. 1851,
in Correspondance, Pl., t. I, p. 755.

RIPABLE [ʀipabl] adj. — 1975; de *riper.*

♦ Techn. Qui peut être déplacé par glissement (se dit d'un engin).

RIPAGE [ʀipaʒ] n. m. — 1846; de *riper.*

Technique.

♦ **1.** Action de riper* (I., 1.). *Ripage d'une pierre,* opération consistant à racler et la polir à l'aide de la ripe. *Ripage des traverses de la voie ferrée.*

♦ **2.** (xxᵉ). Fait de riper (II., 1.). *Le ripage de la cargaison.* ⇒ **Désarrimage**. *Ripage des cordages.*

♦ **3.** Plus cour. Dérapage (des roues, d'un véhicule).

REM. On trouve aussi la forme *ripement* [ʀipmɑ̃] n. m. (1851).

RIPAILLE [ʀipaj] n. f. — 1579, *faire ripaille,* en parlant des soldats qui allaient s'approvisionner chez les paysans et les bourgeois; de l'anc. franç. *riper* « gratter » du moy. néerl. *rippen* « racler, palper ».

♦ Repas où l'on mange beaucoup en festoyant. ⇒ **Bâfre** (vx), **bamboche, bombance, bombe, festin, ribote** (→ Armée, cit. 13). *Faire ripaille :* manger beaucoup. → Faire grande chère*.

Rôdant sans bruit sous le ciel noir
Les loups obliques font ripaille.
VERLAINE, Jadis et Naguère, Vers jeunes, « Les loups ».

2 Du coin où il était, il flairait justement une ripaille, quelque soûlerie qui durait depuis le matin.   ZOLA, la Terre, V, II.

DÉR. Ripailler, ripailleur.

RIPAILLER [ʀipaje] v. intr. — 1821 ; de *ripaille*.

♦ Faire ripaille (→ Landerira, cit.) ⇒ **Banqueter, festoyer.**

On boit, on rit, on chante, on ripaille ; on amène
Des vaincus qu'on fusille, hommes, femmes, enfants.
                                          HUGO, les Châtiments, Nox, II.

RIPAILLEUR, EUSE [ʀipajœʀ, øz] n. et adj. — Fin XVIe, *ripailleux* ; de *ripaille*.

♦ Personne qui ripaille, aime à ripailler. — Adjectif :

1 (...) la face rubiconde que Breughel donne à ses paysans joyeux, ripailleurs et gelés.
                                          PROUST, le Côté de Guermantes, Pl., t. II, p. 98.
2 Mais comme ils sont grands ripailleurs, il faut leur en donner des fêtes, et toujours davantage, des banquets, des femmes (...)   H. MICHAUX, Ailleurs, p. 123.

RIPARIA [ʀipaʀja] n. m. — 1888 ; du lat. bot. *vitis riparia*, 1803, Michaux, proprt « vigne qui pousse sur les rives ».

♦ Bot., agric. Espèce de vigne américaine très répandue, utilisée comme porte-greffe. *Les Riparia gloire de Montpellier* et *riparia grand glabre* sont les plus connus.

Le *Riparia Gloire de Montpellier* est le seul cultivar de Riparia (*V. vulpina*) qui continue à être multiplié et qui soit recommandable. Ce sujet qui redoute le calcaire (...) ne communique à son greffon qu'une faible vigueur.
                                          Louis LEVAUDOUX, la Vigne et sa culture, p. 66.

RIPATON [ʀipatɔ̃] n. m. — 1867 ; de l'argot *ripatonner* « ressemeler, réparer », 1841 ; sans doute de *ri- (re-)*, et *patte*.
Populaire.

♦ **1.** Vx. Soulier.

♦ **2.** (1878). Mod. Pied. ⇒ **Panard.**

(...) occupant la cellule au bout du couloir, j'ai doublé la longueur de tuyau de chauffage central ; le coude de son aller-retour, juste sous ma table, me chauffant agréablement les ripatons cet hiver.   A. SARRAZIN, la Cavale, p 338.

RIPE [ʀip] n. f. — 1676 ; déverbal de *riper*.
Technique.

♦ **1.** Outil de tailleur de pierre et de sculpteur, en forme de S, dont une partie est munie de dents fines et serrées, qui sert au ripage.

♦ **2.** Auge circulaire placée sous une meule à affûter pour l'humecter, quand elle tourne.

RIPEMENT [ʀipmɑ̃] n. m. ⇒ **Ripage.**

RIPER [ʀipe] v. — 1328, « gratter » ; moy. néerl. *rippen* « racler ».

★ **I.** V. tr. ♦ **1.** (1694). Techn. Gratter, polir avec la ripe.

♦ **2.** (1752, *ripper* in *Encyclopédie*). Faire glisser (un fardeau) sur des supports (préparés au moyen de la *pince à riper*). — Mar. Faire glisser (deux cordages l'un sur l'autre). — (Déb. XXe). Ch. de fer. Faire glisser (les traverses) jusqu'à l'emplacement voulu pour la pose de la voie ferrée ; déplacer, sans la démonter, une partie de voie ferrée.

♦ **3.** Fig. Faire passer. *Riper une dépense d'un compte à un autre.* — Pron. « *Ça pétait de partout (...) "Attention, dit-il* (le garde forestier) *ça sent la poudre dans le coin ! Mieux vaut se riper ailleurs* "» (*Revue « Au bord de l'eau »*, n° 366, p. 59). → ci-dessous II., 3.

★ **II.** V. intr. ♦ **1.** (Déb. XXe). Mar. Se dit de cordages, de pièces de bois qui glissent l'un contre l'autre par suite d'un effort qui s'exerce sur eux. *Faire riper la chaîne de l'ancre*, « la laisser glisser de manière qu'elle frotte fortement dans l'écubier » (Gruss).

(1752). Glisser, se déplacer, en parlant d'une cargaison mal arrimée.

♦ **2.** Cour. Déraper ; glisser par frottement. *Faire riper une pierre, une caisse pour la déplacer.*

(Abstrait). Passer. *Faire riper une dépense d'un poste à un autre.* — REM. Le factitif *faire riper* correspond au transitif (I., 2. et I., 3., ci-dessus).

♦ **3.** Fam. S'en aller, partir. ⇒ **Filer, tirer** (se). *Ils ont ripé à toute allure.*

Plus j'y réfléchissais, plus notre rencart avec Riton m'apparaissait compromis. Il avait dû riper de chez lui à toute barre ! Le rencontrer maintenant, ça devait m'être aussi difficile qu'aux bourriques.
                                          Albert SIMONIN, Touchez pas au grisbi, p. 41.

DÉR. Ripable, ripage ou **ripement, ripeur.**

RIPEUR [ʀipœʀ] n. m. — XXe ; de *riper*, II.

♦ Techn. Ouvrier qui décharge les marchandises d'un wagon, d'un camion. « *Les "ripeurs" (...) payés 400 pesetas ou 25 francs de la main à la main* » (le Nouvel Obs., 31 janv. 1977, p. 35).

RIPICOLE [ʀipikɔl] adj. — 1845 ; du lat. *ripa* « rive », et *-cole*.

♦ Didact. Qui vit sur le bord des eaux courantes. *Oiseau ripicole.*

RIPIENO [ʀipjeno] n. m. — XIXe, Castil-Blaze ; mot ital., « remplissage ». Cf. anc. franç. *replein* « tout à fait plein ».

♦ Mus. Dans le concerto* grosso, Jeu de l'ensemble de l'orchestre (opposé à *concertino*).

Quant aux *concerto* où tout se joue en rippieno (*sic*), et où nul instrument ne récite, les Français les appellent quelquefois *trio*, et les Italiens *sinfonie* ».
                                          ROUSSEAU, Dict. de musique.

RIPOLIN [ʀipɔlɛ̃] n. m. — Fin XIXe ; mot créé en 1888 par Riep, qui inventa cette peinture, l'élément *-olin*, étant dér. de *ol-, olie* « huile », en néerl., et du suff. sav. *-in*.

♦ Marque déposée de peinture laquée. *Ripolin blanc.*

En quoi c'est fait, ces plastrons ? En tôle passée au ripolin, ou quoi ?
                                          Claude SIMON, le Palace, p. 58.

DÉR. Ripoliner.

RIPOLINER [ʀipɔline] v. tr. — Fin XIXe ; *in* Larousse 1907 ; de *ripolin*.

♦ Peindre au ripolin (→ Cuisine, cit. 4). — Au participe passé :

Sur les murs ripolinés, dans cette atmosphère suffocante de la clinique (...)
                                          F. MAURIAC, le Sagouin, p. 150.

RIPOPÉE [ʀipɔpe] n. f. — V. 1770 ; *vin ripopé*, et *ripopé*, n. m. « mauvais vin », XVe, encore au XVIIe ; mot pop. de formation obscure ; selon Wartburg, dér. d'un rad. *pop-* (cf. moy. franç. *pouper* « téter, sucer ». → Poupon) ; le mot correspond à *resucée* (Guiraud).
Vieux.

♦ **1.** Mélange de différents restes de vins. — Sauce mêlée.

♦ **2.** Régional. Mélasse.

(...) on sucrait avec de la ripopée, l'ancien mot qui désigne la mélasse en Beauce.
                                          ZOLA, la Terre, II, I.

♦ **3.** (1867 ; *ripopée*, n. m., 1718). Fig. Mélange de choses disparates.

RIPOSTE [ʀipɔst] n. f. — 1578 ; *risposte*, 1527 ; ital. *risposta*, proprt « réponse ».

♦ **1.** Réponse* vive, instantanée, faite à un interlocuteur agressif. ⇒ **Tac** (du tac au). → Invite, cit. 1. *Riposte rapide* (→ Conversation, cit. 9). *Prompt à la riposte* (→ Grivois, cit. 5). *Orateur qui écrase d'une riposte ses adversaires* (→ Prosopopée, cit. 1).

♦ **2.** (1640). Par anal. (Escr.). Botte portée immédiatement après une parade (→ Jeu, cit. 9). Par ext. *Riposte d'un boxeur, d'un lutteur* (cit. 2 ; → Poing, cit. 5).

♦ **3.** (1678). Équitation. Action du cheval qui rue sous l'éperon.

♦ **4.** Fig. Vive réaction de défense, contre-attaque vigoureuse. ⇒ **Représaille.** *La riposte arrive, foudroyante* (→ Fasciste, cit. 1).

(...) dans ce monde humain, la contagion est si prompte que l'action la plus folle appelle aussitôt une riposte de même qualité. Fureur répond à fureur, et cruauté à cruauté.   ALAIN, Propos, 28 oct. 1921, Fausses perspectives du progrès.

(Dans des opérations militaires). *Riposte graduée. Riposte nucléaire.*

CONTR. Attaque.
DÉR. Riposter.
COMP. Contre-riposte.

RIPOSTER [ʀipɔste] v. intr. — 1650, Scarron ; de *riposte*.

♦ **1.** Adresser, faire une riposte. ⇒ **Répondre.** *Riposter à propos. Il voulut riposter, puis il mollit* (cit. 5). *Il* (cit. 9) *ripostait aux plaisanteries. Riposter par des injures* (→ Blasphème, cit. 3). — Trans. (1694). « *Il lui riposta quelque chose qui le fit taire* » (Académie). — (En incise.) ⇒ Ergot, cit. 4 ; 1. fruit, cit. 15 ; paix, cit. 16.

La sœur, sans se laisser troubler, lui ripostait en sortant de la question par une plaisanterie, par une saillie d'esprit naturel et de gros bon sens (...)
                                          Ed. et J. DE GONCOURT, Sœur Philomène, XVII.

♦ **2.** Répondre par une attaque (à une attaque). ⇒ **Contre-attaquer,**

défendre (se), **éteuf** (renvoyer l'), **repousser**. *Riposter à une attaque. Il para et riposta aussitôt.* Par ext. *« Quelqu'un m'ajuste : Paf! et je riposte (...) Pif! »* (1. Pif, cit. Rostand). *Il ripostait à la mitraille par des pieds de nez* (→ Effacer, cit. 27). Fig. ⇒ **Réagir.** → Mêmement, cit.

2 Les mitrailleuses boches se mirent à bégayer. Warburton, enchanté, riposta à coups de grenades. A. MAUROIS, *les Silences du colonel Bramble*, VIII.

♦ **3.** (1680). Escr. Parer et porter une nouvelle attaque.

DÉR. Riposteur.

RIPOSTEUR, EUSE [ʀipɔstœʀ, øz] n. — 1875, *in* Petiot ; de *riposter.*

♦ Personne qui riposte (plus ou moins bien). — Spécialt (d'un escrimeur). *C'est un excellent riposteur.*

RIPPER [ʀipœʀ] n. m. — 1946, *in* Höfler ; mot angl. de *to rip* « couper, arracher ».

♦ Anglic. Techn. Engin de travaux publics, muni de dents métalliques pour défoncer les terrains durs. — L'équivalent français proposé est *défonceuse (portée)* (*Journ. off.,* 18 janv. 1976).

RIPPLE-MARK [ʀipœlmaʀk] n. f. — 1904 ; mot angl. de *ripple* « clapotis », et *mark* « marque ».

♦ Anglic. Géogr. Petite ride du sable formée par le clapotement des eaux à la surface des plages.

RIPUAIRE [ʀipɥɛʀ] adj. — 1690, Furetière, mais antérieur ; du bas lat. *ripuarius,* lat. class. *riparius,* et *ripariensis* « qui vit sur la rive », de *ripa* « rive ».

♦ Hist. Appellation de certains peuples riverains du Rhin. *Francs ripuaires. La loi des Francs ripuaires,* ou *loi ripuaire,* la plus importante, avec la loi salique, des lois franques.

RIQUERAQUE [ʀikʀak] n. f. — 1521 ; du moy. franç. *ric à rac* « exactement » (→ Ric-rac) ; du picard, radicaux onomat. évoquant la petitesse et la précision.

♦ Hist. littér. Chanson en vers de six ou de sept syllabes, à rimes alternées.

HOM. Ric-rac.

RIQUIQUI [ʀikiki] n. m. et adj. invar. — 1789, « eau-de-vie » ; forme pop. ou enfantine d'orig. onomatopéique, rad. *ric, rik,* désignant ce qui est petit, médiocre.

♦ **1.** Pop. (vx). Eau-de-vie de qualité médiocre. ⇒ **Alcool.**

1 (...) elles lichaient ainsi la goutte, sur un coin de l'établi, un mêlé, moitié eau-de-vie et moitié cassis, Maman Coupeau avait un chic pour rapporter le verre plein dans la poche de son tablier (...) les voisins (...) disaient (...) «Tiens! la vieille rapporte son riquiqui, dans sa poche» ZOLA, *l'Assommoir,* IX, t. II, p. 70.

♦ **2.** Fam. Petit doigt.

♦ **3.** Adj. (1867). Fam. Petit, mesquin, étriqué, pauvre. *Un petit col d'astrakan bien riquiqui. Ça fait riquiqui.*

N. m. *Le riquiqui.*

2 D'abord, c'est trop petit (...) Moi qui déteste plus que tout le riquiqui, je vais avoir un hôtel et un jardin comprimés l'un sur l'autre. J. ROMAINS, *les Hommes de bonne volonté,* t. XXII, p. 233.

REM. On trouve aussi la forme *rikiki.*

3 Voilà! Loli... leur fête c'est rikiki! Tu verras la nôtre, des milliers d'hommes, de femmes qui gueulent, d'enfants brandis sous l'azur et tout le peuple chantera dansera sur le ventre de la terre! Patrick GRAINVILLE, *les Flamboyants,* p. 142.

1. RIRE [ʀiʀ] v. intr. — *Je ris, tu ris, il rit, nous rions, vous riez, ils rient ; je riais, nous riions ; je ris, nous rîmes ; je rirai ; je rirais ; ris, rions, riez ; que je rie, que nous riions ; que je risse* (inus.) *; riant ; ri.* — 1080 ; du lat. pop. *ridere* (e bref), lat. class. *ridēre* (e long).

♦ **1.** Exprimer par des mouvements particuliers du visage (dépendant de certains muscles, dont le zygomatique), accompagnés d'expirations saccadées plus ou moins bruyantes, une impression de gaieté, provoquée par quelque chose de plaisant, de comique ou qui paraît tel. ⇒ **Rire** (2. Rire ; cit. 2 et 5) ; **dérider** (se), **désopiler** (se), **esclaffer** (s'), **sourire,** et. (fam.) **bidonner** (se), **gondoler** (se), **poiler** (se), **rigoler, tordre** (se) ; se boyauter, se dilater la rate*, se fendre la gueule*, la pipe*...; et aussi hilarité, cit. 5 ; innocuité, cit. *L'enfant ne commence à rire qu'à partir du quatrième mois* (→ 2. Rare, cit. 5) *; et aussi pleurer,* cit. 5). *C'est bon de rire. Bonne fille qui rit souvent* (→ Gai, cit. 3). *« Ninon, quand vous riez... »* (→ Bouche, cit. 2, Musset). — *Se mettre à rire* (→ Avril, cit. 7 ; manteau, cit. 5). *Partir à rire* (→ Nouvelle, cit. 9). *Elle s'est mise à rire, elle est partie à rire comme une folle* → Fou rire (⇒ 2. **Rire**). *Se prendre à rire* (→ Âpre, cit. 19). *Avoir envie* de

rire. Ne pouvoir s'empêcher de rire (→ Badin, cit. 6). *Ne pouvoir se rappeler une chose sans rire* (→ Espièglerie, cit. 2). *Se mordre les lèvres** (cit. 10), *pincer les lèvres* (cit. 12) *pour ne pas rire. Forcer qqn à rire* (→ Dépit, cit. 10). *Rire d'un bon rire.* ⇒ 2. **Rire.** *Rire de toutes ses dents, à belles dents** (→ Gaieté, cit. 5), *à pleine bouche*, à gorge** (cit. 23) *déployée, à en pleurer. Rire aux larmes** (cit. 11). *Rire très fort* (→ Échanger, cit. 10), *franchement, de bon cœur*, aux éclats*, à se décrocher la mâchoire*, à s'en tenir les côtes*, à se tordre*, à s'en éclater la rate* (cit. 3), *à se pâmer* (cit. 4), *à en perdre haleine... Rire comme un gosse* (cit. 1), *un veau* (→ Pleurer, cit. 1), *une hyène* (cit. 3), *un bossu*, une baleine*, un fou*, un perdu...* — Fam. *Rire à ventre déboutonné*. Rire à en faire pipi* (cit. 3), *à en pisser** dans sa culotte.

Mieux est de ris que de larmes écrire,
Pour ce que rire est le propre de l'homme. RABELAIS, *Gargantua*, Aux lecteurs. 1

Je riais de le voir, avec sa mine étique (...) BOILEAU, *Satires*, III. 2

(...) l'homme est le seul animal qui pleure et qui rie. 3
VOLTAIRE, *Dict. philosophique, art. Rire.*

J'étoufferais, s'écria-t-elle, si je résistais plus longtemps à l'envie que j'ai de rire. Alors elle se renversa dans un fauteuil ; et, se tenant les côtes, elle s'abandonna comme une folle à des ris immodérés. A.-R. LESAGE, *Gil Blas*, VII, VI. 4

Qu'est-ce qu'il y a donc de si absurde dans ce que je vous dis, pour vous faire rire de si bon cœur! DIDEROT, *Jacques le fataliste*, Pl., p. 563. 5

(...) il riait d'un bon rire, à la fois satisfait et attristé (...) 6
ZOLA, *le Dr Pascal*, I, p. 3.

Puis, tous ensemble partirent à rire, d'un rire énorme qu'ils forçaient encore, étouffant, gesticulant, échangeant de lourdes claques sur les épaules comme des caresses de battoirs. R. DORGELÈS, *les Croix de bois*, I. 7

À un moment il rit tout haut, d'un de ces bons rires d'enfant qui dilatent le cœur (...) R. ROLLAND, *Jean-Christophe*, L'aube, I, p. 14. 8

(...) Wilde commença de rire, d'un rire éclatant, non tant joyeux que triomphant ; d'un rire interminable, immaîtrisable, insolent ; et puis il me voyait déconcerté par ce rire, plus il riait. GIDE, *Si le grain ne meurt*, II, II, p. 343. 9

Elle rit d'un rire incomparable, qui commençait haut et descendait par bonds égaux jusqu'à une grave région musicale réservée aux sanglots et à la plainte amoureuse. COLETTE, *la Fin de Chéri*, p. 98. 10

La faculté de rire aux éclats est preuve d'une âme excellente. 11
COCTEAU, *la Difficulté d'être*, p. 181.

Loc. (1790). Vx. *Rire à l'envers :* pleurer.

Rire de qqch., à cause de qqch., pour qqch. (→ ci-dessous *Rire de...,* 3. et 4.).

Rire, précédé d'un inf. avec *de. S'arrêter, finir de rire.* — Loc. *Éclater* (cit. 12) *de rire.* ⇒ **Éclater.** Vx. *S'éclater de rire. Crever* (cit. 13), *étouffer* (cit. 44), *s'étouffer* (cit. 47), *s'étrangler* (→ Étouffer, cit. 45), *mourir** (1671) *se pâmer* (cit. 3, 5 et 6) *de rire.* — (1690). *C'est à mourir, à crever de rire,* très drôle. *Pouffer** (cit. 1), *se tordre de rire. Se tenir les côtes de rire. Hurler de rire.* — Fam. *Pisser** de rire.* — REM. Dans ce genre d'expressions les dictionnaires donnent généralement à *rire* la valeur d'un verbe. Cependant Littré considère *rire* comme un substantif dans l'exemple de Voltaire (cité ci-dessous) : *quelques personnes sont mortes de rire.* Le *Dict. général* donne *éclater de rire* aussi bien à *rire,* verbe, qu'à *rire,* substantif.

Le rire va quelquefois jusqu'aux convulsions : on dit même que quelques personnes sont mortes de rire ; j'ai peine à le croire, et sûrement il en est davantage qui sont mortes de chagrin. VOLTAIRE, *Dict. philosophique, art. Rire.* 12

Infinitif de narration... *(Et) de rire :* de se mettre à rire.

Et les pensionnaires de rire, non sous cape, mais sous voile ; charmants petits rires étouffés qui faisaient froncer les sourcils aux mères vocales. 13
HUGO, *les Misérables*, II, VI, IX.

Rire ou pleurer. ⇒ **Pleurer.** — Allus. littér. *« Rire avant que d'être heureux* (cit. 33) *de peur de mourir sans avoir ri »* (La Bruyère). *« La plus perdue de toutes les journées* (cit. 1) *est celle où l'on n'a pas ri »* (Chamfort). — *L'Homme qui rit,* roman de Victor Hugo (1869).

Il était l'Homme qui Rit, cariatide du monde qui pleure. Il était une angoisse pétrifiée en hilarité portant le poids d'un univers de calamité, et muré à jamais dans la jovialité, dans l'ironie, dans l'amusement d'autrui (...) 14
HUGO, *l'Homme qui rit*, II, IX, II.

Loc. div. *Rire du bout** (cit. 6) *des dents, des lèvres** (→ 1. Physique, cit. 1). — *Rire jaune** (cit. 3). — *Rire dans sa barbe*, en cachette*, sous cape** (cit. 4). — *Rire intérieurement.* — *Rire aux anges*.
Faire rire, donner envie de rire, provoquer le rire... ⇒ **Bouffon, comique, drôle, exhilarant, gondolant** (fam.), **hilarant, marrant** (fam.), **ridicule, risible** (→ Attrister, cit. 10 ; humour, cit. 7). *Rire pour rien, par plaisir* (→ Dévisager, cit. 8). *Rire à tout bout* (cit. 45) *de champ, à propos de tout* (→ Obliquer, cit. 3). *Rire de surprise* (→ Fuite, cit. 5). *Il lui chatouilla le cou et elle rit* (→ Finir, cit. 12). *Se chatouiller** pour se faire rire. Il n'y a pas là de quoi rire* (→ Nature, cit. 21 ; quoi, cit. 16). — Loc. *Avoir toujours le mot pour rire.* ⇒ **Mot** (supra cit. 33). — *«Je me presse de rire de tout de peur d'être obligé* (cit. 14) *d'en pleurer »* [Beaumarchais]. — *« Commençons toujours par en rire, quitte* (cit. 11) *à en pleurer quand il sera temps »* (Musset). — *«...Que lorsqu'on vient d'en rire, on devrait en pleurer »* (→ Gaieté, cit. 13, Musset).

♦ **2.** (1611). Se réjouir, s'amuser (l'action de rire étant ordinairement signe de gaieté*, de plaisir, de joie). ⇒ **Divertir** (se), **égayer** (s')... ; **temps** (prendre du bon). *Ne songer qu'à rire. Faire semblant de rire* (→ Amuser, cit. 16). *On causait, on riait, on s'amusait* (→ Licence, cit. 13 ; et aussi gai, cit. 5). *« Les jolies femmes n'aiment point à se* *fâcher* (cit. 10)..., *elles aiment à rire* » (Rousseau). *Rire et faire le fou* (→ Rater, cit. 4). *Rire et folâtrer* (cit. 4), *et chanter* (→ Fausseté, cit. 3 ; goinfre, cit. 1), *et faire bonne chère* (→ Harangue, cit. 1). *Il ne riait plus jamais, ne prenait goût à rien* (→ Consumer, cit. 15 ; et aussi pincer, cit. 12).

15 Le peuple a besoin de rire ; les rois aussi. Il faut aux carrefours le baladin ; il faut aux louvres le bouffon. L'un s'appelle Turlupin, l'autre Triboulet.
HUGO, l'Homme qui rit, I, I, chap. prélim., II, I.

16 M... disait, à propos de sottises ministérielles et ridicules : « Sans le gouvernement, on ne rirait plus en France ».
CHAMFORT, Caractères et anecdotes, Utilité du gouvernement.

FAIRE RIRE (qqn). Amuser, divertir (sans idée de moquerie). « *C'est une étrange entreprise* (cit. 2) *que celle de faire rire les honnêtes gens* » (Molière). *Faire rire le public* (→ Liaison, cit. 17 ; queue-rouge, cit. 2 ; et aussi forcer, cit. 29 ; fou, cit. 12 ; grimace, cit. 3 ; loustic, cit. 1). — Absolt. *Aimer à faire rire* (→ 1. Hyménée, cit. 6). — (En parlant de choses qui amusent). *Badinerie* (cit. 3), *bouffonnerie* (→ Glacer, cit. 19), *boutade, facétie, farce, imbroglio* (cit. 4), *plaisanterie... qui fait rire.*
Loc. prov. *Plus on est de fous* (cit. 23), *plus on rit.* — *Tel qui rit vendredi, dimanche pleurera** (Racine, les Plaideurs, I, 1). — (1690). *Rira bien qui rira le dernier*, se dit de qqn qui remporte un succès momentané, mais dont on compte finalement triompher.

♦ **3.** (1538). Dans quelques constructions. Ne pas parler ou ne pas faire qqch. sérieusement (soit pour faire rire autrui, soit par ironie* ou moquerie*). ⇒ **Badiner, jouer, moquer** (se), **plaisanter.** — (1690). *Vous voulez rire. Cette plaisanterie me fit croire qu'il voulait rire* (→ Paroxysme, cit. 2). *Avoir l'air de rire* (→ Frotter, cit. 29). — (1539). *C'est pour rire* : ce n'est pas sérieux. *Est-ce pour rire?* (→ Extravaguer, cit. 1). *Ce n'est que pour rire* (→ Quolibet, cit. 1). — Fam. (enfantin ; d'abord pop., 1835, H. Monnier, *Scènes populaires*, I, p. 194). *C'est pour de rire.* — *Dire, faire qqch. en riant*, sans y attacher d'importance (opposé à *sérieusement*). → Apothéose, cit. 2 ; bourrasque, cit. 7 ; issue, cit. 2 ; main, cit. 59 ; menacer, cit. 4 ; monter, cit. 20 ; mourant, cit. 9 ; plaisanterie, cit. 7. *Prendre les choses en riant.* — *Pincer sans rire ; pince-sans-rire.* ⇒ **Pincer.** — *Histoire pour rire. Histoire* (cit. 58) *de rire* (→ aussi Gausse, cit. ; œil, cit. 43). — *Rire avec qqn* (→ Expulser, cit. 4). — *Ne pas rire ne plus rire* : prendre soudain les choses au sérieux (→ Glisser, cit. 10 ; gonflement, cit. 2). — *Deux augures ne peuvent se regarder sans rire.* ⇒ **Augure** (supra cit. 3). — *Sans rire, est-ce que...?* : sérieusement, est-ce que...?

17 J'écris cela sans rire, et en levant la tête je me regarde, sans rire, dans le miroir (...)
COLETTE, Naissance du jour, p. 103.

Rire de qqch. : se divertir de qqch., de ce qui amuse... (→ Gaieté, cit. 1). *Rire de gaudrioles* (cit. 3), *d'une historiette* (cit. 1), *d'une plaisanterie* (→ Boire, cit. 32 ; grive, cit. 2)... — *Rire à qqch. Rire à une fantaisie de qqn* (→ Note, cit. 13).

♦ **4.** (XIIIᵉ). **RIRE DE** : se moquer de (qqn, qqch. qui inspire du mépris, de l'ironie ou du dédain, de l'arrogance, de la malveillance, de la méchanceté...). ⇒ **Dédaigner, mépriser, moquer** (se), **narguer, nasarder** (vx), **railler.** *Et quiconque rira de lui aura affaire* (cit. 69) *à moi. Rire des gens* (→ Dédaigneux, cit. 2), *des gens d'esprit* (→ Fou, cit. 10), *des fous* (cit. 19), *d'un juge* (→ Habit, cit. 14), *d'un prétendant* (→ Maladroit, cit. 6)... *Faire rire de soi.* ⇒ 1. **Risée** (→ Planter, cit. 17). — *Rire d'une chose* (→ Délicat, cit. 21). *Rire des manières de qqn* (→ Goût, cit. 18), *de son ignorance* (→ Ou, cit. 52), *de sa lâcheté* (→ Moquerie, cit. 3), *de sa naïveté* (cit. 3), *de sa douleur* (→ Bras, cit. 11)... *Rire des sottises des gens* (→ Insinuer, cit. 1). — *Rire de voir qqn demi-vêtu* (→ Manteau, cit. 5). — *Je n'ai fait qu'en rire* (→ Fléau, cit. 4). — *Rire aux dépens** (cit. 7 et 8) *de qqn.* — (1609). *Rire au nez de qqn*, se moquer de lui ouvertement. (→ Bras, cit. 25 ; enfant, cit. 18 ; ouverture, cit. 9). *Rire de soi-même* (→ Guerre, cit. 33), *de sa propre laideur* (→ Haquenée, cit. 2), *de sa misère* (→ Faire, cit. 126)...

18 Je ne comprends pas aujourd'hui comment j'eus la bêtise de lui répondre et de me fâcher, au lieu de lui rire au nez pour toute réponse.
ROUSSEAU, les Confessions, IX.

19 Je n'ai jamais vu une telle absence d'amour-propre. Il riait le premier de lui-même, de ses bévues à demi intentionnelles, des plaisantes situations où le mettait sa naïveté.
RENAN, Souvenirs d'enfance..., V, Œ. compl., t. II, p. 856.

20 (...) si l'on riait dans un coin du salon, il se disait : c'était de lui ; et il ne savait pas si c'était de ses manières, ou de son costume, ou de sa figure, de ses pieds, de ses mains.
R. ROLLAND, Jean-Christophe, Le matin, I, p. 115.

21 On rit mal des autres, quand on ne sait pas d'abord rire de soi-même.
Paul LÉAUTAUD, Journal littéraire, t. I, p. 195.

21.1 Ce qui manque le plus à la première jeunesse, c'est le courage de rire aux nez qui vous éternuent de la morale en pleine figure, — ou d'y assener un coup de poing.
Attribué à Germain NOUVEAU, Album Richepin, Pl., p. 806 (v. 1875).

Absolt. *Tu peux rire tant que tu voudras.* ⇒ **Moquer** (se). — Loc. *Vous me faites rire* : je me moque de ce que vous dites, je ne m'en soucie pas, vous êtes dans l'erreur, je n'en tiens pas compte. *Laissez-moi rire*, me moquer de ce que vous dites. (→ Hi, cit.).

(Le sujet désigne une chose qui inspire la moquerie, semble ridicule). *Donner* (→ 1. Point, cit. 21), *offrir* (→ Médire, cit. 2), *apprêter* (vx), *prêter* (cit. 14) *à rire. De quoi faire rire ceux qui ont le nez* (cit. 47) *fin.*

Ceux de qui la conduite offre le plus à rire
Sont toujours sur autrui les premiers à médire (...)   MOLIÈRE, Tartuffe, I, 1.   22

♦ **5.** (V. 1155). Vx. **RIRE À QQN**, l'accueillir avec bienveillance. ⇒ **Sourire.** *Rire aux enfants* (→ Puisque, cit. 4).

On l'accueille, on lui rit, partout il s'insinue (...)   MOLIÈRE, le Misanthrope, I, 1.   23

Par ext., fig. Être favorable, heureux. ⇒ **Sourire.** *Tout lui riait* (→ Partage, cit. 6).
RIRE POUR... (même sens). « *Fortune... jamais ne riras-tu pour moi ?* » (→ Rechigner, cit. 1).

♦ **6.** (Déb. XVIIᵉ). Littér. Offrir, présenter un aspect souriant, gracieux, plaisant, aimable, joyeux... *Ses yeux riaient.* ⇒ **Rieur** (→ Mastoc, cit. 2). *Bouche, joues, fossettes* (cit. 2 et 3) *qui rient.* — Poét. *Rayons de soleil qui rient sur les murs* (→ Couler, cit. 35 ; et aussi bol, cit. 2 ; cerise, cit. 3 ; lever 2, cit. 1 ; peinturlurage, cit.).

▶ **SE RIRE** v. pron.

♦ **1.** (V. 1180). Vx. S'amuser, se divertir, plaisanter. « *Si un autre, en se riant, avait dit quelque chose de naïf* » (Malherbe, in Littré).

♦ **2.** (1080). Vx. *Se rire de* : se moquer (de qqn). « *La perfide* (cit. 4) *se rit de toi* ».

Ma foi, marauds, vous ne vous rirez pas de nous (...)   24
MOLIÈRE, les Précieuses ridicules, 15.

♦ **3.** (1080). Vx ou littér. *Se rire de* : se moquer de (qqch), traiter par le mépris, le dédain. « *Le perfide triomphe et se rit de ma rage* » (Racine, Andromaque, V, 1).

Mod. Avoir l'air de se moquer d'une chose dont on triomphe avec aisance. ⇒ **Jouer** (se). *Se rire des pièges* (→ Goulée, cit. 1). *Il se rit des difficultés.* « *L'albatros... se rit de l'archer* » (→ Nuée, cit. 2).

CONTR. Pleurer.
DÉR. Riant, rieur, 2. rire. — V. aussi **Ridicule, rigolade** (fam.), **ris, risée, risible.** — **Rigoler, rioter.**

2. RIRE [ʀiʀ] n. m. — XIIIᵉ ; de 1. *rire.*

♦ **1.** Action, fait de rire. ⇒ 1. **Rire ; sourire.** *Le rire et les pleurs, les larmes** (cit. 10 ; → aussi balancer, cit. 28 ; contraste, cit. 10). *La joie* (cit. 8) *et le rire.* ⇒ **Gaieté.** *Aimer le rire et la gaudriole* (→ 1. Fou, cit. 30). « *Que deviendrais-je sans le rire ?* » (→ Aérer, cit. 2). — *Bruit, explosion de rires.* ⇒ **Hilarité.** *Rires qui éclatent* (cit. 11 et 13). *Éclat, éclats de rire* (→ Éclat, cit. 9 et 11). *Un éclat de rire général. Rire bruyant* (→ Me, cit. 25), *éclatant* (→ Décontenancer, cit. 1), *retentissant* (→ Obscénité, cit. 3), *sonore. Un gros* (cit. 25) *rire. Un rire énorme* (cit. 3), *homérique* (cit. 5 et 6). *Rire clair, qui sonne clair* (→ Bras, cit. 48 ; cristal, cit. 13). *Rire argentin* (cit. 4), *limpide. Rire gras* (→ Paillard, cit. 4). *Rire léger* (→ Pincer, cit. 13). *Rire de gorge. Rire silencieux* (→ Lune, cit. 10), *étouffé** (cit. 59 et 60). *Rire de poule qui glousse* (cit. 2). *Rire glousant* (cit. 2). — Fig. *Un rire des yeux* (→ Pétulance, cit. 3). *Un rire de corail* (cit. 2, Gautier). — *Le Rire*, ouvrage de Bergson (1900). → Dérober, cit. 19.

(...) le rire est ami de l'homme (...)   1
LA FONTAINE, les Amours de Psyché et de Cupidon, I.

Que le rire soit le signe de la joie comme les pleurs sont le symptôme de la douleur, quiconque a ri n'en doute pas. Ceux qui cherchent des causes métaphysiques au rire ne sont pas sages : ceux qui savent pourquoi cette espèce de joie qui excite le ris retire vers les oreilles le muscle zigomatique (sic), l'un des treize muscles de la bouche, sont bien savants.   VOLTAIRE, Dict. philosophique, art. Rire.   2

(...) il possédait un don particulier, celui de rire, non pas du rire attique, mais du gros rire largement épanoui et bêtement irrésistible qui fait se tenir les côtes et soulève les flancs par des hoquets convulsifs. Ce rire, Paul de Kock le provoque par des situations comiques d'un non douteux, des chutes ridicules (...)   3
Th. GAUTIER, Portraits contemporains, Paul de Kock.

Un immense éclat de rire l'empêche d'achever, un rire fou, scandaleux, sauvage, inextinguible. Alphonse DAUDET, Contes du lundi, « Vision du juge de Colmar ».   4

Le rire est un mouvement expiratoire renforcé ; quand il est prolongé, l'excès des expirations sur les inspirations nécessite de profonds soupirs pour rétablir l'équilibre ; il y a rétraction en arrière et élévation de la commissure labiale ; les yeux deviennent brillants par accroissement de la circulation sanguine, etc. En général, les évolutionnistes tiennent le rire bruyant pour la forme primitive, liée au sentiment brutal de la supériorité. Cependant l'apparition précoce du sourire chez l'enfant, vers deux mois, tandis que le rire n'apparaît guère qu'au quatrième mois, semble en contradiction avec le principe que l'évolution de l'individu reproduit sous une forme abrégée et rapide ce qui s'est passé dans l'évolution de l'espèce.   Th. RIBOT, Psychologie des sentiments, p. 355-356.   5

Quand elle entrait dans un salon sa toilette et sa figure qui bravaient les suffrages au lieu de la charmer, excitaient les regards de curiosité malveillante, les chuchotements et les rires.   PROUST, Jean Santeuil, Pl., p. 742.   5.1

Rire incoercible (cit. 2), *irrépressible* (cit. 3), *inextinguible* (cit. 2). *Rire impulsif. Rire convulsif, frénétique* (→ Faim, cit. 4), *hystérique* (cit. 4), *nerveux* (cit. 12), *spasmodique**. *Le rire des fous* (→ Bramement, cit. 2). — (En pathologie). *Rire forcé.* ⇒ **Rictus.** *Rire sardonique**. *Rire stéréotypé des schizophrènes.* ⇒ **Cachinnation.** *Rire convulsif, rire de défense des névropathes.*

Loc. (1718 ; *rire fou*, 1694). *Fou rire* (→ Gorge, cit. 24 ; gravité, cit. 5). *Accès de fou rire* (→ Porte, cit. 12). *Un fou rire nerveux.*

(Caractères, aspects psychologiques du rire). *Un bon rire* (→ Plein, cit. 19), *communicatif**, *contagieux. Un rire franc, bon enfant*

(→ Bonze, cit. 1), *de bon vivant* (→ Congestionner, cit. 2). *Doux rire, innocent, sans méchanceté* (→ Incoercible, cit. 2 ; ironique, cit. 3 ; là, cit. 5). *Rire forcé* (→ Cri, cit. 8), *contraint. Rire immotivé. Un rire bête, un sot rire* (→ Gros, cit. 23 ; railleur, cit. 3). *Un rire moqueur, ironique* (cit. 3), *féroce* (cit. 5), *goguenard* (cit. 3), *insultant* (cit. 3), *agressif, narquois* (cit. 3), *sarcastique* (→ Incisif, cit. 3). ⇒ **Raillerie, ricanement, risée.** *Un mauvais rire ; un rire cynique, infernal* (→ Blesser, cit. 16 ; notre, cit. 12). *Rire amer, sceptique* (→ Démangeaison, cit. 4). *Rire conventionnel.* — *Effets, puissance du rire* (→ Châtier, cit. 5 ; humilier, cit. 22). — *Un rire général.* ⇒ **Rigolade** (fam.). *Au milieu des rires et des huées* (cit. 3).

Par extension, figuré :

6 La situation était atroce : mais elle était ridicule, c'est ce qui nous tira de là. Qui tuera le rire de la France ? Il tuerait plutôt le reste.
           MICHELET, Hist. de la Révolution franç., III,
           De la méthode et de l'esprit de ce livre.

Éclater, crever, mourir... de rire. ⇒ 1. **Rire** (I., REM.). *Se payer une bosse *de rire. Attirer les rires* (→ Monte, cit. 1). *Exciter* (cit. 4) *les rires, le rire* (→ Grotesque, cit. 5). — *Palais du rire,* dans une foire... *Les rois du rire,* en parlant d'acteurs comiques.

7 (...) un parc d'attractions désolé. Personne ne tourne en rond sur les manèges, personne ne rit dans les palais du rire.
           S. DE BEAUVOIR, l'Amérique au jour le jour, p. 118.

♦ **2.** Par anal. Cri animal qui ressemble à un rire humain. *Le rire de la hyène, du singe...*

CONTR. Larme, pleur, sanglot. — Sérieux.

---

1. RIS [ʀi] n. m. — Fin XIᵉ ; lat. *risus.*

♦ Vx. ⇒ 2. **Rire.** *Ris forcé* (cit. 35), *malin* (→ Humiliation, cit. 6). — Poét. (au plur.). *Les Ris :* divinités présidant à la gaieté. *Les Ris et les Amours* (→ Aussi, cit. 56). — Mod., littér. *Les jeux* (cit. 9) *et les ris* (→ Déloger, cit. 4 ; grincer, cit. 14) : les plaisirs.

1 Toute la bande des amours
Revient au colombier ; les jeux, les ris, la danse,
Ont aussi leur tour à la fin.   LA FONTAINE, Fables, VI, 21.

2 Qu'est-ce que le bruit de la terre ?
Un concert de ris et de pleurs.   HUGO, Odes et Ballades, V, XXI.

DÉR. 1. **Risée, risette.**
HOM. Formes du v. **rire,** 2. **ris,** 3. **ris, riz.**

---

2. RIS [ʀi] n. m. — 1155 ; selon Wartburg, de l'anc. scandinave *rif,* cf. angl. *reef ; ris* est la forme du plur., le mot s'employant surtout au plur. ; pour P. Guiraud, du provençal *rit* « œillet d'une voile », du lat. *rictus* « ouverture (de la bouche, de l'œil, d'où le sens œillet) » ; *ris* serait un plur. collectif.

♦ Mar. Chacune des bandes horizontales des voiles, qu'on peut replier, au moyen de rabans *(garcettes* de ris)* pour diminuer la surface de voilure présentée au vent. *Bande de ris :* renfort cousu sur la voile, comportant, de part et d'autre, une rangée de garcettes. — (1694). Loc. *Prendre un ris, des ris,* en nouant les garcettes à la vergue (voile carrée) au fond de la voile, ou à la bôme (sur les voiliers modernes). ⇒ **Arriser.** *Prise de ris.* — (1870). *Larguer le, les ris* en dénouant les garcettes.

1 (...) il fut assailli par un fort coup de vent du nord-est qui le força à mettre à la cape. Il amena la goélette au vent sous une simple misaine, avec deux ris, et le service se comporta aussi bien qu'on pouvait le désirer, n'embarquant pas une goutte d'eau.   BAUDELAIRE, Trad. E. POE, les Aventures d'A. Gordon Pym, VI.

2 À cinq heures du matin, l'ancre fut levée, Pencroff prit un ris dans sa grande voile et mit le cap à l'est-nord-est.   J. VERNE, l'Île mystérieuse, t. II, p. 507.

Ris de chasse : « première bande de ris à prendre quand la bise fraîchit ou par précaution pour la nuit » (Gruss). → Larguer, cit. 1. *Navire au bas ris,* dont tous les ris sont pris, pour réduire au minimum la surface exposée. ⇒ **Cape** (cit. 6).

3 Le vent vint à fraîchir, et, de bonne brise, il passa à l'état de coup de vent, c'est-à-dire qu'il acquit une vitesse de quarante à quarante-cinq milles à l'heure, et qu'un bâtiment en pleine mer eût été au bas ris, avec ses perroquets calés.
     J. VERNE, l'Île mystérieuse, t. II, p. 581.

DÉR. (Du même rad.) 2. **Risée.**
COMP. **Arriser.**
HOM. 1. **Ris,** 3. **ris,** formes du v. **rire, riz.**

---

3. RIS [ʀi] n. m. — 1640 ; étymol. incert. Cf. *risée,* même sens, 1598 ; selon P. Guiraud, même mot que 2. *ris,* par métaphore : « bande qui réunit les *ris* (œillets) de la voile ».

♦ (Souvent au plur.). Thymus du veau (moins cour., de l'agneau ou du chevreau), préparé pour être consommé. *Ris de veau aux champignons* (→ Assiette, cit. 20), *garnis de quenelles* (→ Commander, cit. 15). *Bouchées, vol-au-vent garnis de ris d'agneau.*

HOM. 1. **Ris,** 2. **ris,** formes du v. **rire, riz.**

RISBAN [ʀizbã] n. m. — 1679, Colbert ; empr. néerl. *rijsbank,* proprt « banc de branchages ».

♦ Techn. (Fortif.). Vx, ou nom de lieux. Terre-plein garni de canons. *Les risbans d'un fort.*

RISBERME [ʀizbɛʀm] n. f. — 1752 ; néerl. *rijsberme,* de *rijs* « branchages », et *berme.* → Berme.

♦ **1.** Vx. Retraite garnie de fascines.

♦ **2.** (1835). Mod. Techn. Talus de protection, recouvert de fascines, au pied d'un ouvrage hydraulique (piles d'un pont, jetée, etc.).

RISE [ʀiz] n. f. — Mil. XXᵉ ; du provençal *risa* « petit ruisseau ».

Technique.

♦ **1.** Mines. Rainure pour l'évacuation de l'eau pratiquée dans la paroi d'un puits de mine.

♦ **2.** Sylvic. Couloir qui permet d'évacuer les bois dans les coupes en pente.

DÉR. **Riser.**

---

1. RISÉE [ʀize] n. f. — 1170 ; de 1. *ris.*

♦ **1.** Vx. Rire bruyant de plusieurs personnes qui se moquent. (1651). *Éclats de risée* (Molière, La Fontaine).

♦ **2.** Mod. Moquerie collective dont une personne est victime. *Être un objet de risée* (→ Doigt, cit. 15). *S'exposer à la risée du public* (→ aussi Éverture, cit. 7).

(1636). Objet de risée (dans : *être la risée de...*). Fable (cit. 4 ; et → Avare, cit. 14 ; moquerie, cit. 2 ; pousser, cit. 41). ⇒ aussi **Dindon** (de la farce), **ridicule.**

1 — (...) Les étrangers, ma parole, se fichent de nous ! — Oui, nous sommes la risée de l'Europe, dit Sénécal.   FLAUBERT, l'Éducation sentimentale, II, II.

2 (...) un grossier marinier du lac de Tibériade, devenu par sa lâcheté épaisse la risée des filles de cuisine (...)
     FRANCE, la Rôtisserie de la reine Pédauque, XVI, in Œ., t. VIII, p. 145.

3 Au vrai, elles ne riaient pas plus de Raymond que de quiconque, mais c'était son mal de se croire le centre de la risée universelle.   F. MAURIAC, le Désert de l'amour, III.

HOM. 2. **Risée, riser.**

---

2. RISÉE [ʀize] n. f. — 1629, du rad. scandinave *rif.* → 2. Ris.

♦ Mar. Renforcement passager et localisé du vent ⇒ **Rafale, vent.** — Endroit où il se produit (marqué, à la surface d'une eau calme, par un léger clapotis).

1 Ceux qui venaient de la rade étaient plus mouillés que les autres, plus ruisselants de pluie et d'eau de mer. Leurs canots voilés, en s'inclinant sous les *risées* froides, en sautant au milieu des lames pleines d'écume, les avaient amenés grand train dans le port.   LOTI, Mon frère Yves, III.

2 Rien ne subsiste de la brusque risée qui chassait le grain contre les carreaux, il y a quelques minutes. le temps est désormais très calme.
     A. ROBBE-GRILLET, le Voyeur, p. 234.

HOM. 1. **Risée, riser.**
DÉR. 2. **Risette.**

RISER [ʀize] v. intr. — Mil. XXᵉ ; de *rise.*

♦ Techn. (mines). Exécuter une rise (1.).

---

1. RISETTE [ʀizɛt] n. f. — 1840 ; dimin. de 1. *ris.*

♦ **1.** Petit rire ou sourire enfantin, provoqué, et adressé à qqn. *Allons, fais risette, à ta maman ! Faire des risettes et des mines* (cit. 23) *agréables à un enfant.*

1 On dit adieu aussi au bébé. Chacun vint se pencher sur ce pauvre petit corps frissonnant, avec des risettes, des mots de tendresse, comme s'il avait pu comprendre.   ZOLA, l'Assommoir, IV, t. I, p. 130.

2 Soyez donc gai, mon cher papa, et faites un peu risette à votre petit Hilde, voyons ?   Valery LARBAUD, A. O. Barnabooth, Le pauvre chemisier, II.

♦ **2.** Fig. Sourire de commande (surtout dans *faire des risettes, faire risette à qqn*). *Faire des risettes et des courbettes* (cit. 4) *aux gens.*

3 (...) c'est ici le portrait d'un enfant, écrit à la manière enfantine, sonore des grelots du hochet, plein de petites moues ; le poète n'y sourit même pas encore ; il y fait risette au lecteur.   GIDE, Nouveaux prétextes, p. 211.

4   D'où ces complaisances et ces risettes à ce qui devrait, sinon soulever le cœur d'un fils de saint Dominique, du moins le navrer de tristesse.
F. MAURIAC, le Nouveau Bloc-notes 1958-1960, p. 214.

HOM. 2. **Risette.**

2. RISETTE [Rizɛt] n. f. — Déb. xxᵉ; dimin. 2. *risée.*

♦ Mar. Vx. Faible risée.

HOM. 1. **Risette.**

RISHI [Riʃi] n. m. invar. — xxᵉ; *richi,* 1835; mot sanskrit, «sage».

♦ Dans la tradition hindoue, Voyant qui a transmis la Révélation. — Saint personnage. — REM. On trouve aussi la forme *richi.*

1   Le Rishi (je dis, par à peu près, *Prophète,* au sens biblique) est «celui qui voit les hymnes», qui a la vision intellectuelle du sens des mots sacrés, et qui les transmet à la postérité.
René DAUMAL, Bharata, L'origine du théâtre de Bharata, p. 30 (note 23).

2   Les auteurs du *Rig-Veda* sont une poussière de noms qui ne nous enseignent rien et que la tradition donne pour autant de *rishis,* c'est-à-dire de gens inspirés qui auraient «vu» les hymnes par le truchement d'une révélation directe.
Louis RENOU, les Littératures de l'Inde, p. 10.

RISIBLE [Rizibl] adj. — 1370; bas lat. *risibilis,* → 1. Rire; du lat. *ridere.*

♦ **1.** (1580). Vx. Qui a la faculté de rire (cette faculté était appelée *risibilité*).

♦ **2.** Propre à faire rire, à exciter la moquerie. ⇒ **Amusant, comique, ridicule.** — REM. Ce dernier mot, comme *risible,* ne désigne jamais ce qui cherche volontairement à faire rire : *ce film voudrait être comique, il n'est que risible.* Cependant *risible* insiste plus sur le comique involontaire, *ridicule* sur l'aspect objectif qui déclenche la moquerie. — *Attitudes* (cit. 8) *risibles* (→ Course, cit. 2). *Spectacle risible* (→ Haranguer, cit. 3). *Amphigouris* (cjt. 1), *mots, discours risibles* (→ Incisif, cit. 4). *Colère risible* (→ Éclater, cit. 22). *Toute mode* (cit. 9) *est risible par quelque côté. Qu'on puisse chicaner* (cit. 7) *cette farce prodigieuse..., est lamentable et risible.* ⇒ **Sot.**

1   Son immense rapière, qu'il ne quittait jamais, faisait avec son buste un angle bizarre, et qui eût été risible en toute autre circonstance.
Th. GAUTIER, le Capitaine Fracasse, VI.

2   Les attitudes, gestes et mouvements du corps humain sont risibles dans l'exacte mesure où ce corps nous fait penser à une simple mécanique.
H. BERGSON, le Rire, p. 23.

Rare (personnes). *Personnages* (cit. 10) *déplorables ou risibles.*

CONTR. Grave, sérieux, triste.
DÉR. **Risiblement.**

RISIBLEMENT [Rizibləmã] adv. — 1655, Molière; de *risible.*

♦ D'une manière risible. «*Leurs coiffures ont rendu le combat risiblement affreux*» (→ Escoffion, cit., Molière). *Risiblement démodé, affecté...*

RISORIUS [Rizɔrjys] n. m. — 1765; lat. sc., lat. *risorius,* adj., «riant».

♦ Anat. Muscle superficiel des commissures des lèvres, contribuant à l'expression du rire.

RISOTTO [Rizɔto] n. m. — 1818; mot ital.; de *riso* «riz».

♦ Riz préparé à l'italienne, au gras, en grains détachés et colorés (par une légère cuisson préalable dans un corps gras où l'on a fait blondir des oignons). *Risotto exécuté d'après la plus pure recette* (cit. 4) *milanaise. Des risottos.*

RISQUE [Risk] n. m. — 1657; au fém., 1557; ital. *risco,* aujourd'hui *rischio;* bas lat. *risicus* ou *riscus,* dans un texte de 1359, Du Cange, rapproché par les uns du lat. *resecare* «couper» (cf. esp. *riesgo,* «rocher découpé, écueil»), *rhizikon* ayant en grec mod., selon du Cange, le sens de «risque»; pour P. Guiraud «il n'y a pas le moindre commencement de preuve à ce roman nautique», et le mot vient du roman **rixicare,* du lat. *rixare* «se quereller»; → Rixe, par les valeurs de «combat» et «résistance», d'où «danger».

♦ **1.** Danger éventuel plus ou moins prévisible. ⇒ **Danger, hasard, péril** (→ Cas, cit. 30; évaluer, cit. 7). *Grand risque* (→ Commencement, cit. 2). *Le risque est pour ainsi dire nul* (cit. 15). *Je me suis exagéré* (cit. 18) *le risque. Tenir compte du risque* (→ Donner, cit. 89). *Il y a des risques, quelques risques. Il n'y a aucun risque. Engrenage* (cit. 4) *de malheurs ou tout au moins de risques. Plein de risques* (→ Excentricité, cit. 5; gymnastique, cit. 17). *Sans risque, sans risque aucun* (→ Formule, cit. 18). *Vous pouvez le faire sans aucun risque, sans courir le moindre risque. Les risques d'une aventure, des batailles* (→ Faire, cit. 241; intimider, cit. 4). *Ce sont les risques du métier.* ⇒ **Inconvénient.** *Quels qu'en soient les risques* (→ Margoulin, cit. 2). *À quelque risque que nous*

expose sa défense (→ Justice, cit. 3). *Courir, prendre un risque, des risques. C'est un risque à courir :* c'est peut-être risqué, mais il faut le tenter.

RISQUE DE... *Un risque d'agression, d'aggravation, de discrédit...* (→ Arsenal, cit. 5; camouflage, cit. 2; 2. port; cit. 5). — (1596). *Courir risque* (vx), *le risque* (mod.) *de...,* suivi de l'inf. (→ Crever, cit. 24; démonter, cit. 8; désaffection, cit. 1; heurter, cit. 32). ⇒ **Exposer** (s'). *Écarter le risque de...* (→ Dos, cit. 14). *Il n'y a pas de risque que...,* suivi du subj. : il n'y a pas de danger* que... (→ Poser, cit. 22). Vieilli. *Courir risque de...* — Mod. *Courir le risque de..., que...*

1   Le métier de la parole ressemble (...) à celui de la guerre : il y a plus de risque qu'ailleurs, mais la fortune y est plus rapide.
LA BRUYÈRE, les Caractères, XV, 15.

2   (...) il courait risque d'entrer dans les lettres par l'imitation.
SAINTE-BEUVE, Causeries du lundi, 18 mars 1850.

3   Il est dangereux de trop répéter à sa maîtresse qu'elle est jolie. C'est courir grand risque qu'elle prenne envie d'aller se le faire dire ailleurs.
Paul LÉAUTAUD, Propos d'un jour, p. 27.

4   (...) quand nous écrivions dans la clandestinité, les risques étaient pour nous minimes, considérables pour l'imprimeur. SARTRE, Situations II, p. 260.

Loc. *À mes risques et périls* (cit. 9). — (V. 1770; *à toute risque,* 1656). *À tout risque, à tous risques :* en s'exposant à tout risque quel qu'il soit (→ Braver, cit. 9; itinérant, cit. 1).

Par ext. (Littér.). *À tout risque :* à tout hasard. *Au risque de beaucoup d'ennui* (→ Gris, cit. 20). — (1694). *Au risque de...,* suivi de l'inf. : en courant le risque de..., en s'exposant à... (→ Chaise, cit. 2; douche, cit. 2; famille, cit. 16; inutilement, cit. 2). — REM. L'expression est prise parfois à contresens, au sens de *sous peine de...* (→ Quoique, cit. 10, Flaubert).

5   Auprès d'elle, Loti va passer une heure de complète ivresse, au risque de sa tête, de la tête de plusieurs autres, et de toutes sortes de complications diplomatiques.
LOTI, Aziyadé, I, X.

6   D'un bond, il fut debout; et au risque de se tuer, il se laissa tomber par le trou qui servait à jeter le fourrage. ZOLA, la Terre, II, I.

♦ **2.** (1690). Dr. «Éventualité d'un événement futur, incertain ou d'un terme indéterminé, ne dépendant pas exclusivement de la volonté des parties et pouvant causer la perte d'un objet ou tout autre dommage. En matière d'assurance le terme désigne souvent l'événement même contre la survenance duquel on s'assure» (Capitant). *Assurance* qui couvre tel ou tel risque* (incendie, maladie, décès...); *assurance tous risques.* ⇒ **Assurer** (cit. 15). *S'assurer contre les risques d'incendie. Risques locatifs*. Risques courus en mer.* ⇒ **Fortune** (de mer). *Risques de guerre :* éventualité de dommages résultant directement de l'état de guerre. — (1912, in D.D.L.). *Risque professionnel* (accidents du travail, maladies professionnelles). ⇒ **Responsabilité** (légale). — *Couvrir* certains risques. Limiter les risques* (→ Mutualité, cit. 3). *Supporter, se partager les risques* (→ Exploitation, cit. 4). — *Risques sociaux* (risque de perte d'emploi, etc.).

♦ **3.** Le fait de s'exposer à un danger (dans l'espoir d'obtenir un avantage). «*Le risque est le hasard d'encourir un mal, avec espérance, si nous échappons, d'obtenir un bien*» (Condillac, *in* Foulquié, *Dictionnaire de la langue philosophique*). *Accepter* (cit. 12). *Le risque* (→ aussi Acceptation, cit. 4). *Le goût du risque* (→ Flatteur, cit. 13; jeunesse, cit. 16). *On n'a rien sans risque. L'audacieux* (cit. 11) *préfère son risque à sa vie* (→ aussi Étonner, cit. 14). *L'horreur* (cit. 20) *du risque.* — (xxᵉ). *Prendre un risque, des risques, ses risques.* ⇒ **Oser.** *Pilote de course qui prend des risques, trop de risques. Il a pris des risques :* il a tenté qqch. de manière hasardeuse, sans garanties quant au résultat (→ Jouer* gros). *Prise de risque.*

7   (...) Lembach, selon Nietzsche, lui prêtait d'aimer le risque, et déjà, secrètement, il l'aimait; Lembach lui prescrivait de vivre dangereusement, et c'était son secret désir. A. HERMANT, l'Aube ardente, XI.

8   Il y a des devoirs d'état qui, en eux-mêmes, contiennent en substance plus d'héroïsme : le devoir du soldat, par exemple, celui de l'aviateur. C'est pourquoi il faut considérer ces métiers, où le risque fait partie intégrante de l'activité humaine, comme ayant une signification particulière.
DANIEL-ROPS, Ce que je meurt..., p. 174.

9   Il faut courir le risque puisque le risque est la condition de tout succès. Il faut nous faire confiance à nous-mêmes et espérer que, maîtres des secrets qui permettent le déchaînement des forces naturelles, nous serons assez raisonnables pour employer l'accroissement de notre puissance à des fins bienfaisantes.
L. DE BROGLIE, Physique et Microphysique, p. 365.

10   Le monde n'est pas au vicieux, comme se l'imaginent les chastetés torturées. Le monde est au Risque. Il y a là de quoi faire éclater de rire les Sages dont la morale est celle de l'épargne. Mais s'ils ne risquent rien eux-mêmes, ils vivent du risque des autres (...) Le Monde est au risque. Le Monde sera demain à qui risquera le plus, prendra plus fermement son risque.
BERNANOS, les Grands cimetières sous la lune, p. 36-37.

DÉR. **Risquer.**

RISQUÉ, ÉE [Riske] adj. ⇒ **Risquer.**

RISQUER [Riske] v. tr. — 1596, absolt; *se risquer,* 1577; de *risque.*

♦ **1.** Exposer* à un risque. ⇒ **Aventurer, danger** (mettre en), **hasarder.** *Risquer sa vie, son existence* (→ Étincelle, cit. 9; hasarder, cit. 1 ; 2. manille, cit. ; mériter, cit. 8), *sa tête* (→ Heiduque, cit. 1 ; maquignonner, cit. 2), *sa peau* (→ Périlleux, cit. 2). *Risquer la vie de nos soldats* (→ Préférer, cit. 8). *Risquer de l'argent au jeu* (cit. 35 ; et → Parier, cit. 8), *dans une affaire, une spéculation* (→ Éditeur, cit. 3 ; million, cit. 2 ; poche, cit. 10 ; publier, cit. 5). ⇒ **Engager.** *Risquer son honneur, sa réputation, la vertu d'une fille...* (→ Goût, cit. 37 ; premier, cit. 14). ⇒ **Commettre, compromettre, éprouver.** *Risquer le paquet*. Prêt à tout risquer* → Donner, cit. 23 ; et aussi atout, carte (jouer sa dernière). — Loc. (1694). *Risquer le tout pour le tout* (→ Oser, cit. 2). ⇒ **Va-tout.** — Prov. (1798). *Qui ne risque rien n'a rien.* ⇒ **Hasarder** (*supra* cit. 1).

1 « Je n'en dois rien qu'à moi, qu'à mes soins, qu'au talent
De risquer à propos et bien placer l'argent. »
Le profit lui semblant une fort douce chose,
Il risqua de nouveau le gain qu'il avait fait (...) LA FONTAINE, Fables, VII, 14.

2 Tout homme a droit de risquer sa propre vie pour la conserver. A-t-on jamais dit que celui qui se jette par une fenêtre pour échapper à un incendie soit coupable de suicide ? ROUSSEAU, Du contrat social, II, V.

3 Lafayette fut admirable, il risqua, pour cette femme tremblante, sa popularité, sa destinée, sa vie ; il parut avec elle sur le balcon, et lui baisa la main.
MICHELET, Hist. de la Révolution franç., II, IX.

4 (...) on en était venu à jouer cent sous ; et, dès lors, Roubaud, étonné de ne pas connaître, avait brûlé de la rage du gain, cette fièvre chaude de l'argent gagné, qui ravage un homme jusqu'à lui faire risquer sa situation, sa vie, dans un coup de dés. ZOLA, la Bête humaine, VI.

Absolt. S'engager sans être assuré de réussir (→ Aventure, cit. 28 ; jeu, cit. 37). *Risquer gros.* ⇒ **Jouer** (gros jeu).

4.1 Reste maintenant le tort que je peux faire aux autres étant vicieux, et le mal que je recevrai au mon tour, si tout le monde me ressemble. En admettant une entière circulation de vices, et risque assurément, j'en conviens ; mais le chagrin éprouvé par ce que je risque est compensé par le plaisir de ce que je fais risquer aux autres.
SADE, Justine..., t. I, p. 48.

Fam. (Sens affaibli). Mettre (une partie du corps) à un endroit où il y a quelque risque. *Risquer un œil, sa tête à la fenêtre* (→ Population, cit. 9, Hugo). *Risquer le nez dehors* (→ Pour, cit. 70).

5 Le lendemain, ils étaient là, plus craintifs encore, mais non moins passionnés, et peut-être plus téméraires ; car parfois, se dressant sur le bout de leurs pieds, ils risquaient, par-dessus la haie, leurs trois têtes curieuses, presque tendrement.
H. BOSCO, le Jardin d'Hyacinthe, p. 134.

5.1 Lorsque je parvins au coin de la longue bâtisse, je risquai un œil. Sur la terrasse, il n'y avait personne. M. PAGNOL, le Temps des secrets, p. 144.

♦ **2.** Tenter (qqch. qui comporte des risques). ⇒ **Entreprendre.** *On ne doit point risquer l'affaire* (→ Commettre, cit. 15, Molière). *Risquer une partie qu'un autre hésiterait à engager* (cit. 18). *Risquer son coup, le coup* (→ Heure, cit. 79). *Risquer deux ou trois pas* (→ Progresser, cit. 3).

6 (...) la tentation de risquer la partie, avec de tels atouts, serait sans doute devenue irrésistible (...) MARTIN DU GARD, les Thibault, t. VII, p. 156.

♦ **3.** (1771). Avancer ou introduire (un mot, une remarque...), avec la conscience du risque couru. ⇒ **Couler.** *Risquer une question* (→ Noter, cit. 5), *un mot* (→ Perlé, cit. 2), *une comparaison, une impropriété* (→ Manuscrit, cit. 7), *une formule insolite* (cit. 4). *Risquer les pires blasphèmes* (cit. 5). *Un poète habile peut tout risquer* (→ Rater, cit. 12). *Risquer une opinion évasive* (→ Lorsque, cit. 10).

7 Si nous osions risquer un tel rapprochement, nous dirions que dans ce tableau, Delacroix est un Fragonard de génie.
Th. GAUTIER, Souvenirs de théâtre..., La collection du comte de...

8 Il arrivait parfois à sa fille de Paris et surtout à ses petits-enfants de risquer devant elle un mot d'argot, mais jamais ils ne se fussent servis d'une expression aussi vulgaire. F. MAURIAC, le Sagouin, p. 47.

♦ **4.** S'exposer ou être exposé à... (qqch. qui constitue un risque). *Risquer la mort.* ⇒ **Affronter** (→ Cent, cit. 3). *Risquer la prison* (→ Pincer, cit. 20), *l'esclavage* (→ Plébéien, cit. 2), *la police* (cit. 7) *correctionnelle. Risquer des retards* (→ Exister, cit. 8), *des confusions* (→ Antérieur, cit. 6). *Tu risques les pires ennuis, tu joues avec le feu*. *Je ne risque rien* (→ Dessaler, cit. 1). *Après tout, qu'est-ce qu'on risque ? On risque autant à croire...* (→ Polythéiste, cit.). — (En parlant de choses). *Marchandises bien emballées qui ne risquent rien.*

9 Bon Dieu ! ai-je été bête et fou ! Je risquais la guillotine, avec une pareille histoire (...) enfin, tout s'est bien passé. Si c'était à refaire, je ne recommencerais pas.
ZOLA, Thérèse Raquin, XVI.

♦ **5.** (1694). RISQUER DE..., suivi de l'inf. **a** (Sujet n. de personne). Courir le risque de..., s'exposer ou être exposé à... (→ Conseil, cit. 6 ; harengère, cit. 2 ; pied, cit. 54 ; poisser, cit. 2 ; rare, cit. 8). *Risquer de tomber.* ⇒ **Manquer** (→ Renflement, cit. 2). *Ils ne risquaient même pas de...* (→ Paniquard, cit. ; et aussi éprendre, cit. 9).

10 Même quand on s'appelle Danton, on risque d'avoir tort si l'on est absent.
Louis BARTHOU, Danton, p. 318.

b (Sujet n. de chose). Pouvoir* à un moment donné ou en quelque façon, en tant que possibilité dangereuse ou fâcheuse. *De telles passions risquent de ruiner l'âme* (→ Affaiblir, cit. 3 ; et aussi fin, cit. 33). *La lampe risquait de se rallumer* (cit. 2) *toute seule.* Fam. *La boulangerie risque d'être fermée,* est probablement fermée maintenant.

Il se félicitait d'avoir près de lui quelqu'un de jeune, à qui une certaine naïveté 11 dans la joie ne risquait pas de sembler ridicule.
J. ROMAINS, les Hommes de bonne volonté, t. II, VI, p. 65.

(xxᵉ). Par ext. (sans idée d'inconvénient). Pouvoir, en tant que simple possibilité ; avoir une chance de... (→ Épeler, cit. 3, Jaloux ; parti, cit. 17, Camus)

elle, la seule chose qui risquerait de l'intéresser, ce serait mon flacon de rhum (...) 12
J. ROMAINS les Hommes de bonne volonté, t. V, XXI, p. 166.

Il a fallu éliminer les répétitions et les commentaires trop généraux, retenir sur- 13 tout les faits, les chiffres et les suggestions qui risquent d'être encore utiles.
CAMUS, Actuelles III, Avant-propos, p. 11.

♦ **6.** (XVIIᵉ). RISQUER QUE... suivi du subj. *Vous risquez qu'il s'en aperçoive.*

Risquer qu'il (*Jacques*) sût sa retraite éventée, c'était du même coup risquer de 14 le faire fuir ailleurs, plus loin, de le perdre sans recours.
MARTIN DU GARD, les Thibault, t. IV, p. 37.

▶ **SE RISQUER** v. pron.

S'exposer, avec la conscience du risque couru. *Se risquer dans une affaire, une tentative, des menées* (→ Fléchir, cit. 11 ; incidence, cit. 1). — Absolt. (→ Inutile, cit. 10 ; jeu, cit. 38). *S'avancer, se montrer* (→ cit. 16). Fam. *Se risquer dans un lieu* (→ Foyer, cit. 6). — *Se risquer à qqch. :* se hasarder à dire ou faire qqch. → Direct, cit. 2). *Se risquer à parler, à intervenir...* ⇒ **Commencer, essayer.** *Je ne m'y risquerai pas.* ⇒ **Frotter** (s'y).

Il voulut d'abord la fortune, et se risque dans une entreprise où il jeta toutes ses 15 forces aussi bien que tous ses capitaux (...)
BALZAC, Albert Savarus, Pl., t. I, p. 805.

Des paysans sortaient un à un, des enfants se risquaient derrière les jupes des 16 mères. ZOLA, la Terre, II, V.

▶ **RISQUÉ, ÉE** p. p. adj.

♦ **1.** (Av. 1690). Plein de risques. ⇒ **Osé.** *Entreprise, démarche risquée.* ⇒ **Audacieux.** *Hypothèses de plus en plus risquées* (→ Dialogue, cit. 3). *C'est trop risqué, je n'essaierai pas.* ⇒ **Dangereux, hasardeux, scabreux.** *Un plan* (cit. 4) *risqué.* ⇒ **Aventureux.**

♦ **2.** (1743). Licencieux, osé. Spécialt. *Plaisanteries, propos risqués.*

(...) le capitaine aimait la plaisanterie, et il l'aimait même un peu risquée. 17
BARBEY D'AUREVILLY, les Diaboliques, « Rideau cramoisi », p. 18.

Et ces messieurs se rapprochèrent, s'enfonçant dans une conversation risquée, à 18 mots très-crus. ZOLA, Son Excellence Eugène Rougon, t. I., p. 12.

CONTR. Assurer.
COMP. Risque-tout.

RISQUE-TOUT [Risketu] n. et adj. invar. — 1870 ; de *risquer,* et *tout.*

♦ Personne qui pousse l'audace jusqu'à l'imprudence. ⇒ **Casse-cou, imprudent, téméraire.** (Parfois *une risque-tout,* en parlant d'une femme). *Ce sont des risque-tout.*
Adj. (1893, D. D. L.). ⇒ **Hardi.** *Elle est très risque-tout.*

RISSE [Ris] n. f. — Déb. xxᵉ ; « espèce de canard », 1552 ; orig. inconnue.

♦ Mouette blanche aux ailes et au dos gris cendré, dont la patte est dépourvue de pouce.

1. RISSOLE [Risɔl] n. f. — 1393 ; *rousole,* XIIᵉ ; *roissole,* XIIIᵉ ; d'un lat. pop. *russeola,* fém. subst. de *russeolus* « rougeâtre », rad. *russus.* → Roux.

♦ Pâte feuilletée renfermant des morceaux de viande, de poisson, ou des légumes hachés menu et liés avec un velouté, et cuite à grande friture. ⇒ **Beignet, ravioli** (frit).
Rare. *À la rissole :* en utilisant une farce de rissole. *Vous accommodez votre oie à la rissole.*

(...) cochon de lait farci à la rissole et saupoudré de farine de tapioca.
B. CENDRARS, l'Or, p. 104.

DÉR. Rissoler, rissolette.
HOM. 2. Rissole.

2. RISSOLE [Risɔl] n. f. — 1839 ; provençal *risolo, rissolo,* du lat. *retiolum* « petit filet ».

♦ Techn. (Régional). Filet à petites mailles, utilisé en Méditerranée (pour la pêche aux anchois, en particulier). — REM. On trouve aussi, sur le littoral méditerranéen, la forme *risseau* ou *rissaut,* altér. dial. de *réseau.*

DÉR. (Du même rad.) Rissolier.
HOM. 1. Rissole.

RISSOLER [Risɔle] v. — 1549 ; de 1. *rissole.*

♦ **1.** V. tr. Exposer (une viande, des légumes, etc.), soit à feu vif soit à température élevée, de manière à en dorer et griller la surface, à

la rendre croustillante. ⇒ **Cuire, gratiner, rôtir.** *Rissoler un poulet.*
— Au p. p. *Omelette* (cit. 2) *rissolée. Pommes de terre rissolées.* —
Pron. *Se rissoler* (→ Flairer, cit. 5).

♦ **2.** V. intr. (1870, Littré). Le sujet désigne ce que l'on rissole. *Les
pommes de terre rissolent. Oignons qui rissolent à feu modéré.*
⇒ **Blondir.** *Mettre une dinde à rissoler.*
Fig. *Corps nus qui rissolent sur le sable.*

Attrapé un fameux coup de soleil sur presque tout le corps, à me laisser rissoler
hier sur la plage.   GIDE, *Journal*, 6 juin 1908.

RISSOLETTE [ʀisɔlɛt] n. f. — 1803 ; dimin. de 1. *rissole.*

♦ Vieilli. Rôtie garnie de viande hâchée.

RISSOLIER [ʀisɔlje] n. m. — Déb. xxᵉ ; du provençal *reissoulié*, de
reissole, var. de *risolo, rissolo.* → 2. Rissole.

♦ Régional. Bateau utilisé pour pêcher avec la rissole.

RISTOURNE [ʀisturn] n. f. — 1755, dr. mar. ; *restorne*, t. de comptab., « action de reporter d'un compte sur un autre », 1723, Savary ; ital.
ristorno, de *ri-* (→ *re-*), et *storno.* → Tourner.

♦ **1.** Dr. mar. Annulation d'un contrat d'assurance maritime, pour
défaut ou disparition du risque. — (1835, Académie). Diminution sur
la somme pour laquelle a été assuré un navire, quand cette somme
se trouve excéder la valeur du chargement.

♦ **2.** (Déb. xxᵉ, *in* Larousse, 1904). Dr. comm. Attribution, en fin
d'année, à l'adhérent d'une société d'assurances mutuelles d'une
partie de sa cotisation, lorsque le montant des cotisations a dépassé
les engagements de la société. — Attribution à un coopérateur de
sa part sur les bénéfices annuels de la coopérative.
Comm. et cour. Bonifications* compensant en principe un trop-perçu
compris dans une facture ; commissions*, remises* hors factures.
Faire une ristourne à qqn. Ristourne illicite.

Bertrand toucherait une ristourne de dix centimes par bidon de deux litres vendu
sous son nom.   J. ROMAINS, les *Hommes de bonne volonté*, t. I, XVI, p. 168.

REM. Terme proposé pour remplacer l'anglic. *discount* (*Média et Langage*, nº 14-15, 1982, p. 30).

DÉR. Ristourner.

RISTOURNER [ʀisturne] v. tr. — 1835 ; *restorner*, t. de comptab.,
1723, Savary ; de *ristourne.*

♦ **1.** Dr. mar. Annuler (une police d'assurance).

♦ **2.** (xxᵉ). Attribuer, remettre à titre de ristourne.

RIT [ʀit] n. m. ⇒ **Rite.**

RITAL, ALE [ʀital] n. — 1890 ; altér. inexpliquée de [zital], du plur.
les Ital(iens).

♦ Fam. Italien, Italienne.

T'es le seul qui reste et les ritals... ils vont nous arracher notre pain !...
                                                          CÉLINE, *Guignol's band*, p. 63.
Tino, toutes les femmes l'adorent, pas que les Ritales.
                                                          CAVANNA, les *Ritals*, p. 76.

REM. Le mot est souvent péjoratif, sans pour autant être injurieux ni
particulièrement xénophobe.

RITARDANDO [ʀitardãdo] adv. — 1845 ; mot ital., de *ritar-
dare* « retarder ».

♦ Mus. En retardant, en ralentissant. Abrév. : *rit.* ou *ritard.* — N. m.
(1870). *Des ritardando.*

Le même temps (...) règne, du commencement à la fin, sans aucune indication
d'accelerando ou de ritardando, comme c'est l'habitude chez Beethoven.
                                          R. ROLLAND, le *Chant de la résurrection*, p. 535.

RITE [ʀit] n. m. — 1676 ; *rit* « usage, coutume », v. 1395 ; lat. *ritus.*

REM. La graphie *rit*, sortie de l'usage courant, est encore utilisée
en liturgie.

♦ **1.** Relig. Ensemble des cérémonies du culte en usage dans une
communauté religieuse*, organisation traditionnelle de ces cérémonies. ⇒ **Cérémonial, cérémonie, culte, liturgie.** *Prier dans quelque
rite que ce soit* (→ Fraternité, cit. 11). — Spécialt. *Rite catholique. Rites occidentaux* (*rit latin, romain, mozarabe, milanais* ou
ambrosien, lyonnais, cartusien, dominicain, etc.) ; *rites orientaux*
(*rit byzantin* ou *grec, syrien, alexandrin, maronite, arménien...*).
Mélodie du rite grec (→ Pope, cit. 1). — *Rites protestants.*

1   (...) j'entendis de mon lit chanter cette hymne avant le jour sur le perron de la
cathédrale, selon un rite de cette église-là.   ROUSSEAU, les *Confessions*, III.

Liturgie cathol. (écrit *rit*). Degré de solennité d'une fête. *Rit simple,
double.*

♦ **2.** (Fin xviiᵉ). Cérémonie réglée ou geste particulier prescrit par la
liturgie d'une religion (cit. 8 et 21). ⇒ **Cérémonie, pratique, rituel.**
Les rites pompeux du culte (cit. 3). *Dans les rites des liturgies
chrétiennes*, on peut distinguer *des rites d'honneur* (baisers, pros-
ternations...), *de prière* (postures), *de bénédiction, de consécration*
(imposition des mains, onction), *de purification, de pénitence*, etc.
(cf. I.-H. Dalmais, *in Initiation théologique*, t. I, p. 110-111). *Rites
correspondant à chaque sacrement*.* ⇒ aussi **Sacramentel.** — *Congrégation des Rites* (de la Curie romaine). — *Rites juifs. Le rite
du bouc* (cit. 2) *émissaire.* — *Rites publics* (exotériques), *secrets*
(ésotériques). *Rites d'initiation. Rites funèbres. Rites magiques.*
⇒ **Magie.**

(...) il n'y a pas de religion sans rites et cérémonies. À ces actes religieux, la repré-   2
sentation religieuse sert surtout d'occasion. Ils émanent sans doute de la croyance,
mais ils réagissent aussitôt sur elle et la consolident (...)
                      H. BERGSON, les *Deux Sources de la morale et de la religion*, p. 212.

Par anal. *Les rites d'une société secrète, des francs-maçons* (*rites
maçonniques*).

(xxᵉ). Sociol. Pratiques réglées de caractère sacré ou symbolique.
⇒ **Rituel ; ritualiser.** — (1909, Van Gennep). *Rite de passage :*
ensemble de pratiques préparant ou accompagnant le passage d'une
personne d'un statut à un autre, d'un état à un autre.

Il n'y aura pas de raisin. Ils vous invitent à venir faire la vendange. Ils parlent   3
très sérieusement. C'est là que l'on voit ce que c'est qu'un rite, chers sociologues.
Ils vous invitent rituellement. La vraie *cérémonie*, comme ils vous ont invité tant
de fois toutes les autres années précédentes (...)
                                          Ch. PÉGUY, *Victor-Marie, comte Hugo*, p. 43.

Leurs rapports mutuels doivent donc être sévèrement réglés. Telle est précisément   3.1
la fonction des rites. Les uns, de caractère positif, servent à transmuer la nature
du profane ou du sacré, selon les besoins de la société ; les seconds, de caractère
négatif, au contraire, pour but de maintenir l'un et l'autre dans leur être respectif, de peur qu'ils ne viennent provoquer réciproquement leur perte en entrant
inopportunément en contact.   Roger CAILLOIS, l'*Homme et le Sacré*, p. 23.

♦ **3.** (1875). Fig. Pratique réglée, invariable ; manière de faire habituelle. ⇒ **Coutume, habitude** (II.) ; → Loi, cit. 46. *Les rites du
monde* (→ Artifice, cit. 12). *Rites et conventions fossilisés* (cit. 2).
Rites de la politesse (cit. 5), *du protocole* (cit. 3)... *C'est devenu
un rite.*

(...) aller passer, le soir (...) une heure ou deux dans son jardin avant de s'endor-   4
mir. Il semblait que ce fût une sorte de rite pour lui de se préparer au sommeil
par la méditation en présence des grands spectacles du ciel nocturne.
                                              HUGO, les *Misérables*, I, I, XIII.

HOM. Ritte.

RITOURNELLE [ʀiturnɛl] n. f. — 1671 ; *ritornelle*, 1670, Molière ;
ital. *ritornello*, dér. de *ritorno* « retour » ; forme mod. d'après *tourner.*

♦ **1.** Mus. Court motif instrumental, répété avant chaque couplet
d'une chanson, chaque reprise d'une danse.

La ritournelle qui prévenait les dames de former les quadrilles d'une nouvelle con-   1
tredanse chassa les hommes du vaste espace où ils causaient au milieu du salon.
                                  BALZAC, la *Paix du ménage*, Pl., t. I, p. 1000.

Chanson*, air à couplets répétés ; refrain. *Brailler la ritournelle*
(→ Guinguette, cit. 1).

Le chant s'élève, en voletant. C'est une ritournelle plaintive semblable à celles que,   2
jadis, jouaient les orgues de barbarie, au fond des faubourgs parisiens.
                                              G. DUHAMEL, *Salavin*, VI, XIX.

♦ **2.** (1671, Mᵐᵉ de Sévigné). Ce qu'on répète continuellement.
⇒ **Rabâchage, refrain, rengaine.** *C'est toujours la même ritournelle.*
⇒ **Disque.**

(...) le maire se mit à rire de ce rire sans expression par lequel certaines person-   3
nes finissent toutes leurs phrases, et qu'on devrait appeler la ritournelle de la conversation.   BALZAC, le *Député d'Arcis*, Pl., t. VII, p. 653.

RITTE [ʀit] n. f. — xviᵉ ; cf. anc. picard *riestre* en 1315 ; du moy.
néerl. *riester* « versoir ».

♦ Techn. (Vx). Charrue* à soc recourbé (*ritton*). *Labourer, labourage avec la ritte.* ⇒ **Ritter.**

DÉR. Ritter, ritton.
HOM. Rite ou rit.

RITTER [ʀite] v. tr. — Sans date (*in* Wartburg) ; de *ritte.*

♦ Techn. (Vx). Labourer avec la ritte.

RITTON [ʀitɔ̃] n. m. — 1842 ; de *ritte.*

♦ Techn. (Vx). Soc recourbé tenant lieu de versoir.

RITUALISATION [ʀitɥalizasjɔ̃] n. f. — V. 1960 ; de *ritualiser.*

♦ Didact. Systématisation des pratiques à caractère ritualiste* ; le
fait de prendre les caractères d'un rite.

1 Jadis, l'Asie avait tenté de résoudre les problèmes de sa civilisation de masses (...) par la ritualisation chinoise et le régime des castes hindou.
Gaston BOUTHOUL, Sociologie de la politique, 1965, p. 82.

2 *(La cuisine)* en devenant activité formalisée, spécialisée, matière à des traités, à des guides «gastronomiques», à une hiérarchie des lieux, des mets, prétexte d'une ritualisation mondaine.
Henri LEFEBVRE, la Vie quotidienne dans le monde moderne, p. 190.

RITUALISER [Ritɥalize] v. tr. — Av. 1950; du lat. *ritualis*.

♦ Didact. Organiser des rites; régler comme par des rites.

Une société qui se fonde sur les Écritures (c'est-à-dire qui justifie et maintient ses conditions d'existence par des représentations attachées à la chose écrite) se fonde sur les prescriptions. Elle tend à prescrire les détails de la vie pratique, à ritualiser l'habillement, la nourriture, la sexualité (commandements et interdits étant les deux aspects de cette régulation).
Henri LEFEBVRE, la Vie quotidienne dans le monde moderne, p. 289.

▶ **RITUALISÉ, ÉE** p. p. adj. *Pratiques ritualisées.*
Spécialt. Chez les animaux, se dit d'un comportement qui emprunte une séquence de formes à un autre contexte (par ex., ensemble de mouvements propres à l'alimentation effectués par un oiseau pour une parade).

DÉR. **Ritualisation.**

RITUALISME [Ritɥalism] n. m. — 1829, «ensemble des rites; rituel»; du lat. *ritualis*.

♦ **1.** Relig. Tendance des anglicans puseyistes (dans la seconde moitié du XIXᵉ siècle) à augmenter l'importance des rites et à se rapprocher de la liturgie romaine. ⇒ **Puseyisme.**

♦ **2.** Respect strict des rites; formalisme liturgique.

♦ **3.** (Mil. XXᵉ). Importance donnée aux rites, aux pratiques ritualisées, dans un groupe social.

RITUALISTE [Ritɥalist] n. et adj. — 1870; «auteur qui traite des différents rites», v. 1770; dér. du lat. *ritualis*.

♦ **1.** N. et adj. (Personnes). N. (1870, Littré). Personne qui accorde une très grande importance aux rites, aux cérémonies, dans l'Église anglicane (⇒ **Ritualisme**). — Partisan d'un respect strict des rites (dans quelque religion que ce soit).

(...) les Lévites (...) toujours passionnément attachés à leurs fonctions sacerdotales, au texte de la torah, aux rites minutieux dont ils se transmettent le secret. Ce sacerdoce très ritualiste défend l'intégrité du dogme avec une vigueur farouche.
DANIEL-ROPS, le Peuple de la Bible, II, III.

♦ **2.** Adj. (Mil. XXᵉ). Relatif au ritualisme, aux pratiques rituelles ou ritualisées.

DÉR. (Du même rad.) **Ritualisme.**

RITUEL, ELLE [Ritɥɛl] adj. et n. m. — 1636, n. m.; du lat. *ritualis*, de *ritus*. → Rite.

★ **I.** Adj. ♦ **1.** (1842; *ritual*, av. 1553). Qui constitue un rite; a rapport aux rites. ⇒ **Cérémonial** (I.), **cultuel.** *Prescriptions rituelles de la liturgie*. *Actes rituels* (→ Religion, cit. 1), *pratiques rituelles* (→ Hypnose, cit. 4). *Consacrer, bénir par des cérémonies rituelles. Chants, sacrifices, meurtres rituels,* religieux.

0.1 (...) ce que je reproche aux différentes religions, et aussi bien au christianisme qu'au bouddhisme, c'est que cet ensemble rituel empêche le total épanouissement de l'individu en un Dieu qui lui soit propre.
J.-M.G. LE CLÉZIO, la Fièvre, p. 148.

♦ **2.** (XXᵉ; «fait selon l'usage», 1669). Fig. Réglé comme par un rite, organisé d'une manière obligatoire et précise (⇒ **Conventionnel**). → Disposition, cit. 4. *Actes rituels imposés par la loi* (1. Loi, cit. 20). Par ext. *Habituel et précis.*

1 Daniel la regardait faire, en souriant, attendri de revoir en pleine lumière les petites mains blanches et charnues accomplir délicatement ces gestes rituels, dont le souvenir était lié pour lui à tous les matins de son enfance.
MARTIN DU GARD, les Thibault, t. VI, p. 108.

1.1 C'est l'occasion attendue, et d'ailleurs rituelle, où le roi ouvrait son palais à la foule et où ses trésors appartenaient aux visiteurs.
GIRAUDOUX, De pleins pouvoirs à sans pouvoirs, p. 103.

★ **II.** N. m. ♦ **1.** (1605, *ritual*). Livre liturgique (catholique), recueil qui contient les rites des sacrements, les sacramentaux, et diverses formules (d'exorcismes, etc.). *Dans la liturgie romaine, le Rituel romain* (Rituale romanum), *publié en 1614, a remplacé les rituels particuliers. Les rubriques* du rituel. Livres correspondant à une partie du rituel* (⇒ **Pénitentiel, pontifical, processionnal, sacramentaire**). — Par anal. *Les rituels funéraires égyptiens,* ou *livres des morts.*

♦ **2.** (Déb. XIXᵉ). Cour. Ensemble de règles, de rites. *Des rituels d'initiation* (→ Profane, cit. 5). *Rituel magique* (magie* cérémonielle). — Figuré:

2 Le rituel de la famille française y régnait dans sa minutie. Il y avait une façon

---

particulière d'aborder chaque Rebendart, des gestes particuliers pour chacun, presque une langue spéciale.
GIRAUDOUX, Bella, III.

DÉR. **Rituellement.**

RITUELLEMENT [Ritɥɛlmɑ̃] adv. — XXᵉ (1910, Péguy); absent des dict. du XIXᵉ; de *rituel*.

♦ **1.** D'une manière rituelle; par un rituel.

♦ **2.** D'une manière rituelle (au fig.), obligatoire ou simplement habituelle (souvent iron.). *Il arrivait rituellement à neuf heures,* invariablement (→ Rite, cit. 3, Péguy).

Parfois elle geignait un peu, rituellement et pour honorer ses dieux lares que les mœurs nouvelles cahotaient sur les chemins (...)
COLETTE, Belles saisons, p. 14.

RIVAGE [Rivaʒ] n. m. — Fin XIᵉ; dér. de *rive*, et suff. *-age* comme dans *feuillage*, etc.

♦ **1.** Partie de la terre qui borde une mer* ou un lac* (dans ce cas, on dit plutôt *rive*). ⇒ **Bord, côte, littoral.** — REM. Ce sens englobe la *côte* et la *zone littorale* des géographes. — *La population bigarrée* (cit. 3) *de tout ce rivage oriental.* «*L'Océan, ponté* (cit. 1) *de navires, unira ses rivages*» (Michelet). — *Quitter le rivage, s'éloigner du rivage. Aborder* (cit. 3) *un rivage.*

Par métaphore (littér.). Lieu de refuge, havre, but d'un voyage. *Échouer* (cit. 1) *sur le rivage.* «*Ainsi* (cit. 11) *toujours poussés vers de nouveaux rivages*» (Lamartine).

1 Il y a quinze jours que nous sommes sur le rivage, et que nous vous voyons agitée des mêmes pensées et des mêmes craintes que nous avons eues. Nous serons ravis de vous voir aborder comme nous, et tous également ravis de l'orage.
Mᵐᵉ DE SÉVIGNÉ, 1157, 28 mars 1689.

2 L'horizon perçu par les yeux humains n'est jamais le rivage, parce qu'au delà de cet horizon, il y en a un autre, et toujours!
FLAUBERT, Correspondance, 534, 18 mai 1857.

♦ **2.** (Fin XVIIᵉ). Cour. Zone soumise à l'action des vagues, et, le cas échéant, des marées. — REM. Ce sens est le seul reçu en géographie et en droit. ⇒ **Grève, plage;** → Avant, cit. 46; galet, cit. 1; mer, cit. 3. *Rivage de sable, de galets... Matières rejetées sur le rivage.* ⇒ **Herpe** (2.). *Rivage extérieur, intérieur* (lorsqu'il y a un cordon littoral). *Ligne de rivage :* limite, variable selon l'état de la mer (marée, etc.), entre la côte proprement dite et le rivage (→ Littoral, cit.). *Rivage irrégulier* (flèches, épis en avant du rivage). *Tracé du rivage à l'embouchure d'un cours d'eau* (estuaire...). *Rivage régularisé. Ancien rivage émergé formant terrasse littorale.* — Dr. *Le rivage de la mer est une dépendance du domaine de l'État* (→ Lais, cit. 2). *Droit d'accès au rivage.*

♦ **3.** Vx ou littér. Rive (d'un cours d'eau). *Le rivage, les rivages d'un fleuve, d'une rivière.* ⇒ **Berge, rive** (→ Île, cit. 5). — Allus. littér. «*Louis... Se plaint de sa grandeur qui l'attache* (cit. 15) *au rivage*» (Boileau).

3 Ils y construisent des travaux
Qui des torrents grossis arrêtent le ravage
Et peuvent communiquer l'eau et l'autre rivage.
LA FONTAINE, Fables, IX, XX.

Spécialt. (Littér., vx). *Les rivages de l'Achéron, du Cocyte, du Styx...* ⇒ **Enfer** (I.); → Infernal, cit. 2. «*On ne voit point deux fois le rivage des morts*» (→ Proie, cit. 7, Racine). — *Le rivage blême* (cit. 4), *le sombre rivage* (→ 3. Mort, cit. 16), *le noir rivage :* la mort.

♦ **4.** Par ext. (le plus souvent par métaphore). Littér., vx. Contrée, pays. ⇒ **Rive, 3.**

4 Qui l'eût dit, qu'un rivage à mes yeux si funeste
Présenterait d'abord Pylade aux yeux d'Oreste?
RACINE, Andromaque, I, 1.

5 (...) j'ai plongé dans leurs eaux troublées, m'éloignant à regret du vieux rivage où je suis né, nageant avec espérance vers une rive inconnue.
CHATEAUBRIAND, Mémoires d'outre-tombe, t. VI, p. 335.

RIVAL, ALE, AUX [Rival, o] n. et adj. — 1636; «rival en amour», XVᵉ; on a employé *corrival* au XVIᵉ et au XVIIᵉ («*Corrival... est devenu vieux; on ne dit plus que rival*», Vaugelas, p. 357); lat. *rivalis* «rival», métaphore du sens propre *rivales, riverains* «qui tirent leur eau du même cours d'eau (*rivus*)» (Digeste, 43, 20, 1), et s'opposent en de fréquents différends.

★ **I.** N. ♦ **1.** Personne qui prétend aux avantages, aux biens qu'un seul peut obtenir, et qui s'oppose à autrui pour les lui disputer*. ⇒ **Compétiteur, concurrent.** *Des rivaux en compétition, en lutte.* ⇒ **Adversaire, antagoniste, combattant, ennemi.** *Contester, disputer, arracher qqch. à un rival. Éliminer, supplanter, vaincre tous ses rivaux. Avoir un avantage* (cit. 18) *sur son rival, sur sa rivale* (cf. Remporter la palme). *Un rival présomptueux, téméraire* (→ Art, cit. 15). *Rival malheureux, abattu.*

1 Il y a des hommes superbes, que l'élévation de leurs rivaux humilie et apprivoise (...)
LA BRUYÈRE, les Caractères, IX, 17.

2 Je vois trop bien que rendre un bon service à quelqu'un, c'est d'ordinaire en rendre un mauvais à un autre; que s'intéresser à un compétiteur, c'est le plus souvent commettre un passe droit envers son rival.
RENAN, Souvenirs d'enfance..., VI, Œ. compl., t. II, p. 903.

♦ **2.** Spécialt. Personne qui dispute à d'autres l'amour, les faveurs d'une personne (→ Fragment, cit. 6; indice, cit. 9; nuit, cit. 37). *Jalousie* (cit. 17) *contre un rival. Deux rivaux bien unis* (→ Bizarre, cit. 2). *Le rival heureux d'un mari.* ⇒ **Amant.** *Évincer un rival.* — « *J'embrasse mon rival, mais c'est pour l'étouffer* » (cit. 7, Racine).

3   Œnone, qui l'eût cru? j'avais une rivale.
RACINE, Phèdre, IV, 6.

4   Pourquoi Jacques ne deviendrait-il pas amoureux une seconde fois? Pourquoi ne serait-il pas une seconde fois le rival et même le rival préféré de son maître?
DIDEROT, Jacques le fataliste, Pl., p. 508.

5   Le thème du Rival, si le compositeur mystérieux qui orchestre notre existence nous le faisait entendre isolé, ce serait presque, je crois, le thème du Chevalier, mais ironique et déformé; nous voudrions trouver en cet ennemi un adversaire digne de nous (...)
A. MAUROIS, Climats, I, IX.

Par plais. « *Un homme qui s'aimait sans avoir de rivaux* » (→ Beau, cit. 10, La Fontaine).

♦ **3.** Personne qui dispute le premier rang, sans s'opposer activement à d'autres; qui est égale ou comparable. *Rivaux en beauté, en esprit, en gloire, en richesse... Il n'a pas de prédécesseurs ni de rivaux* (→ Exclusivement, cit. 2). ⇒ **Égal** (cit. 20, Corneille), **émule.** *Aristote et Platon, son rival...* (→ Imagination, cit. 7). *Ces deux rivaux d'Horace...* (→ Disciple, cit. 6). — (Mil. XIXᵉ). *Sans rival* : inégalable (→ Pantomime, cit. 1).

Par anal. (Choses). → 2. Lustre, cit. 1. *La poésie, « diamant sans rival* » (Vigny).

6   En effet, la perspective qui se déploya devant les yeux de Sigognac (...) n'avait pas alors et n'a pas encore de rivale au monde.
Th. GAUTIER, le Capitaine Fracasse, XI.

★ **II.** Adj. (1690). Qui est opposé à qqn ou à qqch. pour lui disputer un avantage (sans recourir à la violence). ⇒ **Antagonique.** *Factions rivales* (→ Pruneau, cit. 1). *Nations rivales* (→ Commerçant, cit. 1). *Équipes rivales* (→ Adversaire, cit. 7). — *Les principes rivaux du manichéisme* (cit.). — *Œuvres opposées ou rivales* (→ Musée, cit. 5).

7   (...) nous menions, parmi les tas de pavés, une guerre très effrayante contre les galopins de l'école rivale, celle de la rue de l'Ouest.
G. DUHAMEL, Inventaire de l'abîme, I, p. 13.

CONTR. Allié, associé, camarade, partenaire.
DÉR. Rivaliser. — V. aussi Rivalité.

RIVALISER [Rivalize] v. intr. — 1770, v. tr.; de *rival.*

♦ **1.** V. tr. Vx. Chercher à égaler, à surpasser (qqn) en tant que rival.

1   (...) Claire de Bourgogne, la dernière de la seule maison qui ait pu rivaliser la maison de France (...)
BALZAC, Albert Savarus, Pl., t. I, p. 803. — Cf. aussi
BALZAC, les Paysans, Pl., t. VIII, p. 205.

♦ **2.** V. intr. (1783). Mod. RIVALISER AVEC (qqn) DE... (le compl. désigne une qualité positive) : chercher à l'égaler à l'emporter sur qqn, dans un domaine. *Rivaliser avec qqn d'élégance, d'adresse, d'esprit...* ⇒ **Assaut** (faire), **combattre** (fig.), **concurrencer, disputer, jouter, lutter.** *Rivaliser de générosité* (→ Factice, cit. 8). ⇒ **Émulation.** — (Sans compl. en de). *Au XVIIIᵉ siècle, tous les souverains d'Europe ont rivalisé dans la fabrication de la porcelaine* (cit. 3). — *Des Académies qui peuvent rivaliser avec les nôtres* (→ Institut, cit. 4), être comparées à... ⇒ **Concurrencer; approcher** (de).

2   Amoureux passionné de l'antique (...) il fait des portraits qui rivalisent avec les meilleures sculptures romaines.
BAUDELAIRE, les Curiosités esthétiques, III, VIII.

(...) durant toute la guerre (...) les Hauts Commandements, les gouvernements, les mandataires de toutes les nations, ont rivalisé de folies.
J. CHARDONNE, l'Amour du prochain, p. 228.

Fig. (Sujet n. de chose). *Chez un orateur, le geste* (cit. 4) *rivalise avec la parole.* — Littér. *Sa ruse, sa finesse rivalise avec celle du renard.* ⇒ **Défier.**

RIVALITÉ [Rivalite] n. f. — 1694; «rivalité amoureuse», 1656, Molière; lat. *rivalitas,* dér. de *rivalis.* → Rival.

♦ Situation de deux ou plusieurs personnes (⇒ **Rival,** I., 1.) qui se disputent qqch. (notamment, la première place, le premier rang). ⇒ **Antagonisme, combat** (fig.), **compétition, concurrence, conflit** (fig.), **joute, lutte, tournoi.** *Rapports de rivalité. Rivalité et émulation*. *Rivalité commerciale, politique. Entrer en rivalité.*

1   Un ouvrier de l'U.R.S.S. peut être fier de son usine, de son équipe, sans nullement pour cela vouloir écraser ceux d'à côté (...) La rivalité se fond en émulation, pour le plus grand avantage de tous.
GIDE, Journal, 19 août 1934.

(Déb. XIXᵉ, *in* Matoré). *Une, des rivalités.* ⇒ **Opposition.** *Rivalités d'intérêts. Des rivalités furieuses* (→ Bloc, cit. 6). *Des provinces naguère divisées par les vieilles rivalités* (→ Fraterniser, cit. 3). *Des rivalités de clocher*.

2   On sait si, de nos jours, les rivalités de familles, les hostilités commerciales, les ambitions de carrière, les compétitions d'honneurs sont imprégnées de passion, politique.
Julien BENDA, la Trahison des clercs, p. 100.

Spécialt. *Rivalité amoureuse* (→ État, cit. 31).

3   Vous vous souvenez que tout Paris s'étonnait que trois femmes, toutes trois jolies, ayant toutes trois les mêmes talents, (...) restassent intimement liées entre elles (...)

On espérait au moins que le moment de l'amour amènerait quelque rivalité. Nos agréables se disputaient l'honneur d'être la pomme de discorde (...)
LACLOS, les Liaisons dangereuses, LXXIX.

Nous nous injurions comme deux femmes de même âge qu'une rivalité amoureuse a dressées l'une contre l'autre.   4
SARTRE, les Mouches, I, 5.

CONTR. Coopération.

RIVE [Riv] n. f. — 1080, *Chanson de Roland;* nombreux sens fig. en anc. et moy. franç., «bord, lisière, côté...»; du lat. *ripa.*

★ **I.** ♦ **1.** Portion, bande de terre qui borde un cours d'eau important (fleuve*, rivière...). ⇒ **Berge** (1. Berge, cit. 1), **bord** (→ Couler, cit. 1; épancher, cit. 13). *Vallée asymétrique, avec une rive haute et une rive basse. Rive concave, convexe d'un méandre...* — *Faire passer qqn, qqch. sur l'autre rive* (→ Passeur, cit. 2). *D'une rive à l'autre* (→ Embâcle, cit.). *Chemin de halage le long de la rive. Rives aménagées d'un fleuve.* ⇒ **Quai.** — *S'éloigner de la rive* (⇒ **Dériver**). *Habiter sur la rive.* ⇒ **Riverain.** — *Rive droite et rive gauche* (dans le sens du courant).

(...) les rives du fleuve *(le Nil)* sont plutôt des rivages. Ça ressemble à la mer.   1
FLAUBERT, Correspondance, 250, 3 mars 1850.

Par ext. *Aux rives du Tibre* : à Rome (→ 3. Mal, cit. 23); *sur les rives de la Tamise* : à Londres (→ Impunément, cit. 9). *Les rives de la Seine, à Paris. Habiter rive gauche,* dans l'un des quartiers de la rive gauche de la Seine, à Paris. — Spécialt. *Rive gauche* : quartiers délimités par le quartier Latin et Saint-Germain-des-Prés, considérés comme le centre de la vie intellectuelle de Paris. *Maison d'édition de la rive gauche* (→ Chemin, cit. 21; rejoindre, cit. 7); *la rive droite* : le centre des affaires, du commerce... — REM. L'opposition *rive gauche-rive droite* a pu être entretenue et orientée par les connotations de *gauche* et de *droite* en politique. — Par appos. *La littérature rive gauche. Le parisianisme rive gauche. Les cabarets de la rive gauche; la chanson rive gauche.*

Qui n'a pas pratiqué la rive gauche de la Seine, entre la rue Saint-Jacques et la rue des Saints-Pères, ne connait rien à la vie humaine!   2
BALZAC, le Père Goriot, Pl., t. II, p. 928.

Il y avait encore deux rives à la Seine; sur ces bords ennemis, les salons dissertaient, les cafés résonnaient; quelques ateliers bouillonnaient du mélange écumant des arts.   3
VALÉRY, Variété, Études littéraires, Œ., t. I, Pl., p. 716.

Vous mîtes votre bras adroit,   3.1
Un soir d'été, sur mon bras... gauche.
J'aimerai toujours cet endroit,
Un café de la Rive-Gauche.
Germain NOUVEAU, Valentines, «La robe», Pl., p. 569.

Spécialt (dans la poésie class.). *La rive, les rives du Léthé* (→ Été, cit. 6), *de l'Achéron* (→ Ombre, cit. 50), fleuves des Enfers : la mort. (1674). *La rive infernale* (→ Nocher, cit.), *fatale.* ⇒ **Rivage.** *Bord, rivage (d'un lac, d'un étang).* → Humer, cit. 4.

♦ **2.** (Fin XIIᵉ). **a** Poét. ou vx. Bord de mer; rivage ou côte (→ Épandre, cit. 3).

b Côte (d'un détroit). *La rive africaine* (du détroit de Gibraltar). → Distinguer, cit. 33.

La rive d'Europe *(du Bosphore),* à mesure qu'on s'en éloignait, reprenait, elle aussi,   4
du mystère et de la paix (...)   LOTI, les Désenchantées, VI, XXV.

Par métaphore (en poésie). *Mer sans rive* (→ Néant, cit. 24). Fig. « *Le temps n'a point de rive* » (→ Couler, cit. 18, Lamartine).

♦ **3.** Poét., vx. Pays, contrée. ⇒ **Rivage,** 4. *Des rives lointaines* (→ Assez, cit. 11). «*Amants, heureux amants, voulez-vous voyager? Que ce soit aux rives prochaines* » (cit. 1, La Fontaine).

★ **II.** Fig. Vx ou techn. ♦ **1.** Vx. Lisière, bordure.

Après avoir longtemps côtoyé la rive du bois, comme disait madame Gauthier, en   5
suivant inutilement un fourré si épais (...)
Charles NODIER, Contes, «Baptiste Montauban».

♦ **2.** Vx. Bord. *La rive du lit* (opposé à *ruelle*).

♦ **3.** (XIVᵉ). Techn. Bord. *La rive d'un four,* son bord, près de la gueule. — (1549). *Pain de rive,* doré de tous côtés (Molière, *le Bourgeois gentilhomme,* IV, 1). — Bord d'une feuille de papier. — Face latérale d'un pavé. — Contour (extérieur et intérieur) d'un fer à cheval. *Centre de la rive interne.* ⇒ **Voûte.** — Archit. *Mur de rive* (latéral) *et mur de tête.* — «Bordure en terre cuite qui termine un toit en tuiles » (Réau). — Menuis. Bordure d'un bâti; moulure latérale. — (Déb. XXᵉ). *Poutres de rive,* qui soutiennent, sur les côtés, le tablier d'un pont.

DÉR. Rivage, river. — V. Rivière.
COMP. Dériver. — V. Arriver.

RIVELAINE [Rivlεn] n. f. — 1771; dér., par l'interm. de formes wallonnes, d'un rad. néerl. *riven.*

♦ Techn. Outil de mineur, pic à deux pointes servant à entamer les roches tendres (→ Charbon, cit. 2). *Creuser* (cit. 3) *à coups de rivelaine. La rivelaine et la lampe Davy, outils emblématiques des mineurs de houille.*

RIVELET [Rivlɛ] n. m. — Déb. xxᵉ; dér. sav. du lat. *rivus*.

♦ Littér. Petit ruisseau. ⇒ **Ruisselet** (P. Fort, *in* G. L. L. F.).

RIVER [Rive] v. tr. — V. 1160; dér. de *rive* (II.), au sens fig. de « bord », selon Wartburg, qui écarte le moyen néerl. *wrîven*, et le provençal *ribar*; le premier emploi du mot pourrait aussi être une métaphore du bateau attaché à la *rive*.

REM. Un autre verbe *river* « aborder », dér. de *rive*, I., a existé en anc. français.

♦ **1.** Attacher* solidement et étroitement, au moyen de pièces de métal. ⇒ **Enchaîner, lier.** *River un bagnard, un galérien à sa chaîne* (→ Galère, cit. 5). — Au p. p. *Rivés au même fer* (→ Croupir, cit. 3).

1   Il connaissait bien déjà ce lendemain inévitable des grandes nuits de plaisir : être rivé à la barre par une boucle, pour des jours entiers !
                                                    LOTI, Mon frère Yves, VI.

(xIVᵉ). *River les anneaux d'une chaîne. La chaîne rivée à la manille* (2. Manille, cit.). — (Fin xVIIIᵉ). Fig., vx. *River les fers, les chaînes de qqn,* rendre son esclavage plus assuré (Académie, 1835, Bescherelle, Littré).

♦ **2.** (xIIIᵉ). Techn. ⓐ Recourber ou aplatir* la pointe d'un clou*, de manière à la rabattre* sur le bord de la pièce qu'il traverse. *Outil pour river.* ⇒ **Rivoir.**

Loc. fig. (Commynes, *in* Littré). *River son clou à qqn :* faire en sorte de le réduire au silence (par une critique, une réponse). ⇒ **Répondre**). Cf. Clouer le bec à...

2   Vous avez fort bien fait de lui river son clou.
    C'est bien à faire à lui de vous appeler fou;
    Et vous deviez encor lui mieux laver la tête.   J.-F. REGNARD, le Distrait, IV, 7.

2.1 Il serait dur de la décourager. « Et pourtant, j'en ai le devoir. Il faut lui river son clou, une fois pour toutes ».   F. MALLET-JORIS, le Jeu du souterrain, p. 268.

ⓑ Fixer, assujettir* par des clous (des chevilles, des goupilles...) que l'on rive; par des rivets*. ⇒ **Riveter.** *River deux plaques de tôle,* les assembler par rivets (après avoir foré des trous), et mater* (2. Mater) l'assemblage.

Par métaphore. « *Il y a des choses qu'il faut river dans la tête des hommes à coups redoublés* », enfoncer (Voltaire, *in* Littré).

♦ **3.** (1721). Fig. Assujettir, attacher; immobiliser. *Un lien invisible et tout-puissant les rivait l'un à l'autre* (→ Puissant, cit. 2).

3   (...) jamais il ne s'était senti davantage le prisonnier de sa terre, chaque jour l'argent engagé, le travail dépensé l'y avaient rivé d'une chaîne plus courte.
                                                    ZOLA, la Terre, V, IV.

Passif et p. p. ÊTRE RIVÉ : être immobilisé, fixé. *Il est rivé à son travail. Rester rivé sur place. Nos souvenirs rivés aux lieux...* (→ Casanier, cit. 2). — *Le regard, l'œil rivé sur...* (→ Quand, cit. 6), fixé. *Avoir l'espérance rivée au corps,* chevillée.

4   (...) rien n'éteindrait ces yeux méchants rivés sur lui qui le rendaient conscient à la fois de sa maigreur, de ses genoux sales, de ses chaussettes retombées (...)
                                                    F. MAURIAC, le Sagouin, p. 97.

5   (...) pour consentir à une chose pareille, il faut avoir l'amitié vraiment rivée au corps (...)   J. ROMAINS, Volpone, II, I, V.

DÉR. **Rivet, riveur, riveuse, rivoir, rivure.**

RIVERAIN, AINE [Rivrɛ̃, ɛn] n. et adj. — 1690; *riveran* « batelier », 1532; dér. de *rivière*, II.

♦ **1.** Personne qui habite le long d'un cours d'eau, d'un lac, d'un détroit...

1   Comme tous les riverains du Bosphore à cette saison, il vivait beaucoup sur l'eau (...)   LOTI, les Désenchantées, IV, XX.

2   Est un fleuve vert et doré
    C'est le soir quand les riveraines
    Y baignent leurs corps adorés
    Et des chants de rameurs s'y traînent.   APOLLINAIRE, Alcools, p. 31.

Dr. Personne qui possède un terrain sur la rive. — Adj. *Les propriétaires riverains* (→ Alluvion, cit. 2; halage, cit. 2).

♦ **2.** Par anal. *Les riverains d'une rue, d'une route :* les propriétaires ou les habitants dont les maisons bordent sur cette rue. *Les riverains de droite, et ceux de gauche* (→ Espace, cit. 17).

♦ **3.** (1732). Adj. Qui se trouve sur la rive (*fonds riverains d'un fleuve;* → Accroissement, cit. 7), et, par anal., sur le bord... (*les lots de terre riverains du corridor;* → Parcelle, cit. 1).

DÉR. **Riveraineté.**

RIVERAINETÉ [Rivrɛnte] n. f. — 1898; de *riverain*.

♦ Dr. Situation de riverain. — Droits des propriétaires riverains d'un cours d'eau non navigable, sur son lit, ses eaux et leur force motrice.

RIVESALTES [Rivsalt] n. m. — xIXᵉ; *Rivesalde*, 1782; du nom de ville *Rivesaltes*.

♦ Vin blanc doux naturel, à appellation contrôlée, récolté dans la région de Rivesaltes (Pyrénées-Orientales).

RIVET [Rive] n. m. — 1260; de *river*.

♦ **1.** Vx. Clou que l'on rive. — Mod. Courte tige cylindrique munie d'une tête à une extrémité et dont l'autre extrémité est destinée à être aplatie au moment de l'assemblage (⇒ **Rivure**). *Tête* (hémisphérique, fraisée...), *tige ou fût, rivure d'un rivet. Pose d'un rivet dans des trous forés. Refoulement à chaud de la tête du rivet* (au marteau, à la bouterolle, à la riveuse). *Rivet foré,* dont la partie inférieure est divisée en plusieurs sections. *Rivet fendu. Rivet tubulaire.* — *Plaques de tôle assemblées par rivets.* ⇒ **River, riveter.** *Rivets et boulons d'un assemblage, d'une machine... Rivet d'un compas.*

♦ **2.** (1680). Pointe du clou broché dans le sabot du cheval, rivé sur la paroi. ⇒ **Fer** (à cheval).

DÉR. **Riveter, rivetier.**

RIVETAGE [Rivtaʒ] n. m. — 1877; de *riveter*.

♦ Techn. Opération par laquelle on assemble (des tôles, des profilés) au moyen de rivets; assemblage par rivets.

RIVETER [Rivte] v. tr. — 1877; de *rivet*.

♦ Techn. Assembler, fixer au moyen de rivets. ⇒ **River.**

En dix jours, Henry et moi avons riveté ainsi une douzaine de placards sur les parties défectueuses de la carène.
                            Bernard MOITESSIER, Cap Horn à la voile, p. 86.

DÉR. **Rivetage, riveteuse.**

RIVETEUSE [Rivtøz] ou (rare) **RIVEUSE** [Rivøz] n. f. — V. 1900, *riveteuse; riveuse,* 1904; *riveuse* « ouvrière », 1877; de *riveter, et river.*

♦ Techn. Machine servant à poser des rivets, à assembler par rivetage. *Riveteuse automatique.*

Ils voulaient que leur poésie marche à la cadence des riveteuses pneumatiques qui édifiaient les échafaudages d'acier.
                B. CENDRARS, Trop c'est trop, « La voix du sang », p. 155 (1953).

RIVETIER [Rivtje] n. m. — 1762; de *rivet*.

♦ **1.** Vx. Outil (de ceinturier, de cordonnier...) servant à river des clous, à poser des œillets métalliques.

♦ **2.** (xxᵉ). Ouvrier fabriquant des corps de rivets à la machine (in *Dict. des Métiers*).

RIVEUR, EUSE [Rivœʀ, øz] n. — xIXᵉ; fém., 1877; de *river*.

♦ Vx. Ouvrier, ouvrière qui rive des clous. — Par anal. *Riveur en maroquinerie,* qui pose des fermoirs, des ornements métalliques... sur cuir.

Mod., techn. Ouvrier, ouvrière qui pose des rivets, après avoir buriné et foré les tôles, et maté l'assemblage (*riveur burineur; riveur mateur*). *Riveur de charpentes métalliques, de chaudières, de coques de navires.*

RIVEUSE [Rivøz] n. f. ⇒ **Riveteuse.**

RIVIERA [Rivjeʀa] n. f. — Mil. xxᵉ; mot ital., « rivage ». → Rivière, II.

♦ Rivage marin aménagé pour le tourisme, et plus ou moins analogue à la *Riviera* française (Côte d'Azur). *La Riviera sarde, dalmate.*

RIVIÈRE [Rivjɛʀ] n. f. — 1138, *rivere; riviere* « ruisseau », 1105; a signifié « rive » et « rivage », au moyen âge (→ ci-dessous, II.); d'un bas lat. *riparia,* dér. de *ripa.* → Rive.

★ **I.** ♦ **1.** Cours d'eau naturel relativement important. — REM. *Rivière* exclut généralement les très petits cours d'eau (→ Ruisseau); selon les auteurs, il inclut ou non les plus importants, ceux qui se jettent dans l'océan (→ Fleuve). Dans le langage des bateliers, il désigne tout cours d'eau navigable. — *L'eau de la rivière.* ⇒ **Eau, flot, onde** (poét.); → Couper, cit. 9. *Le cours* (cit. 1 et 2), *le fil* (cit. 30) *de la rivière. La rivière coule, court...* (→ Brillant, cit. 2). *Rivière vive* (→ Déshonorer, cit. 13). *Une rivière traverse le parc* (→ Imprimer, cit. 12). *Le bruit, le murmure, les mille chuchotis de la rivière* (→ Assourdir, cit. 6; égal, cit. 30). — *Rivière profonde, large, étroite... Cette rivière prend sa source à tel endroit, passe dans telle ville, arrose* telle région, se jette dans un fleuve. Cette ville est sur telle rivière. Bord, rive de la rivière* (⇒ **Riverain**). — Prov. *Porter de l'eau à la rivière; ne pas trouver d'eau à la rivière.*

⇒ **Eau** (I., 2.). *Les petits ruisseaux* font *les grandes rivières.* —
Allus. littér. « *Plaisante justice* (cit. 7) *qu'une rivière borne...* » (Pascal). — Mythol. *Nymphe des rivières.* ⇒ **Naïade.**

1 (...) de même que ces fleuves tant vantés demeurent sans nom et sans gloire, mêlés dans l'Océan avec les rivières les plus inconnues.
BOSSUET, Oraison funèbre de Henriette-Anne d'Angleterre.

2 « Nous sommes comme les rivières, qui conservent leur nom, mais dont les eaux changent toujours ». C'est le grand Frédéric qui écrivait cela à d'Alembert (...)
SAINTE-BEUVE, Causeries du lundi, 4 août 1851.

3 La rivière, fleuve là-bas (l'Oued Saïda), ruisseau pour nous, s'agite dans les pierres sous les grands arbustes épanouis, saute des roches, écume, ondoie, et murmure.
MAUPASSANT, Au soleil, Province d'Oran.

4 Il n'eut pas même un regard, ni en amont ni en aval, pour la rivière lente et limpide, dont les courbes se déroulaient parmi les prairies, au milieu des bouquets de saules et de peupliers.
ZOLA, la Terre, I, IV.

5 Il y a des mots qui sont en pleine fleur, en pleine vie, des mots que le passé n'avait pas achevés, que les anciens n'ont pas connus aussi beaux, des mots qui sont les bijoux mystérieux d'une langue. Tel est le mot *rivière.* C'est un phénomène incommunicable aux autres langues. Qu'on songe phonétiquement à la brutalité sonore du mot *river* en anglais. On comprendra que le mot *rivière* est le plus français de tous les mots. C'est un mot qui est fait avec l'image visuelle de la *rive* immobile et qui cependant n'en finit pas de couler (...)
G. BACHELARD, l'Eau et les Rêves, p. 252.

Géogr. — REM. Même dans cet emploi conceptualisé, le mot reste courant. — Masse d'eau de ruissellement qui s'écoule dans un lit, depuis le moment où elle paraît à l'air libre (⇒ **Source**) jusqu'à ce qu'elle se jette dans une masse d'eau plus importante (cours d'eau ; ⇒ **Confluent**) ou mer (⇒ **Embouchure**). ⇒ **Cours** (d'eau), **fleuve** (cit. 1). *Rivière principale d'un réseau fluvial* (axe fluvial, hydrographique, collecteur) ; *rivières affluentes* (⇒ **Affluent,** tributaire). *Rivière torrentielle.* ⇒ **Torrent ; avalaison, gave.** *Rivière tranquille, lente...* — *Régime d'une rivière.* ⇒ **Régime ; écoulement** (permanent, saisonnier, intermittent, occasionnel...). *Rivière occasionnelle d'Afrique du Nord.* ⇒ **Oued.** *Vitesse d'écoulement d'une rivière.* ⇒ **Courant, cours.** *Débit spécifique* (indice d'écoulement), *débit annuel moyen* (module) *d'une rivière.* ⇒ **Débit, volume** (d'eau). *Déficit d'écoulement d'une rivière.* ⇒ **Perte, évaporation, infiltration.** *Rivière qui se perd dans les sables. Variations de débit d'une rivière.* ⇒ **Eau** (basses, hautes eaux), **étiage, maigre ; crue, débordement, inondation.** *Rivière qui croît, monte, déborde ; décroît, se retire* (décroissement, décrue, retrait, retraite [des eaux]). — *Gel des rivières. Rivière gelée, prise, barrée...* ⇒ **Embâcle** (→ Geler, cit. 12). *Dégel d'une rivière.* ⇒ **Débâcle, débâcler.** — *Lit d'une rivière.* ⇒ **Lit.** *Branche mère, canaux, bras* d'une rivière ; rivière qui partage* (cit. 12) *son cours. Bancs* (de sable, de galets, de jard), *îles entre les bras d'une rivière. Bords d'une rivière.* ⇒ **Berge, rive.** *Creux, trous d'eau, hauts-fonds, seuils, gués... dans un lit de rivière, qui déterminent des rapides, des remous, des tourbillons. Ligne de plus grande profondeur d'une rivière* (fil de l'eau*, chenal navigable, thalweg). *Rivière à lit stable, mobile ; qui sort* de son lit* (⇒ **Divagation, divaguer**). *Nature du fond d'une rivière* (gravier [cit. 1], sable, vase, roche...). — *Profil d'une rivière.* ⇒ **Profil** (en long, d'équilibre), **pente ; amont, aval.** *Rivière à profil irrégulier, avec des plans d'eau ; des ruptures de pente* (⇒ **Cascade, cataracte, chute, rapide** [n. m.], **saut**). —*Action des rivières sur le relief.* ⇒ **Vallée ; affouillement, érosion.** *Les rivières creusent* (cit. 12), *excavent leur lit, sapent les berges... Formes d'accumulation d'une rivière.* ⇒ **Allaise, alluvion, atterrissement** (cit. 1 et 2), **dépôt** (→ Cône alluvial, piémont alluvial, cône de déjection*, delta...). *Rivière qui roule, traîne des galets...* — *Changement de cours d'une rivière* (déplacement de la ligne de partage* des eaux, « captures » et déversements). *Cours des rivières de plaine alluviale.* ⇒ **Boucle, coude** (3.), **méandre, sinuosité, tournant** (→ Falaise, cit. 3). *Rivière qui ondule* (→ Ondulation, cit. 9), *oscille, serpente... Tours et détours d'une rivière ; rivière tortueuse.* — *Cycle des rivières : rivière jeune,* à profil irrégulier ; *vieille. Rajeunissement d'une rivière par reprise d'érosion* (profil en paliers). *Rivière « antécédente »* (→ Épigénie, cit.). — *Étude des rivières* (potamologie). ⇒ **Géographie, géologie, hydraulique, hydrographie...**

6 On saisit facilement l'intérêt de l'étude des rivières. Le modelé du relief est leur œuvre, les débâcles des torrents ravageant chaque année quelque vallée alpine sont là pour vous le rappeler ; les crues d'un grand fleuve capable, comme la Loire, d'emporter en un jour des hectares de champs donnent la même leçon à l'habitant des plaines. La vie économique est liée aux cours d'eau (...). La description géographique a pu être orientée jadis par Bauche vers l'idée du bassin fluvial unité régionale ; et, si cette conception est abandonnée, nous continuons à désigner de grandes régions par le nom d'un fleuve : Amazonie, Sénégal, Rhénanie.
E. DE MARTONNE, Traité de géographie physique, t. I, p. 449.

Passer, traverser une rivière. Rivière qu'enjambe (cit. 5) *un pont ; rivière guéable* (cit. 1). ⇒ **Gué ;** et aussi **passe-rivière, passeur.** *Passer une rivière à pied sec.* — *Laver son linge à la rivière. Se baigner dans la rivière.* — *Côtoyer, longer* (cit. 4 et 8) *une rivière. Remonter* (II., 2.) *une rivière* (en bateau). ⇒ **Contre-courant.** *Descendre une rivière en canoë, en kayak. Rivière facile, difficile, sportive.* — *Des poissons d'eau douce, et notamment des poissons de rivière. Anguille, saumon de rivière. Empoissonner* une rivière. Poissons qui remontent une rivière pour frayer.* ⇒ **Remonte.** *Pêche en rivière.* — *Oiseaux de rivière.* ⇒ **Fluviatile** (cit. 1) ; **amnicole.** — *Plantes, joncs de rivière* (→ Flexible, cit. 2). *Faucard pour couper les herbes de rivière.*
Aménagement des rivières (pour la navigation...). ⇒ **Bâclage, balisage, baliser, barrage, chaussée, digue, dragage, draguer, écluse,**

---

encaissement, halage (cit. 2), **port, quai...** *Rivière flottable, navigable.* ⇒ **Navigabilité, navigation, flottage ; batelier, marinier.** *Détourner une rivière. Port de rivière.* ⇒ **Fluvial.** — *Exploitation économique de l'énergie des rivières.* ⇒ **Houille** (blanche).

7 Les rivières sont des chemins qui marchent et qui portent où l'on veut aller.
PASCAL, Pensées, I, 17.

Par ext. Cours d'eau souterrain. *Réseau de rivières souterraines* (circulation karstique), déterminé par le drainage souterrain (infiltration par des fissures ou des engouffrements. ⇒ **Aven, bétoire, entonnoir, gouffre...**). *Émergence, issue d'une rivière souterraine.* ⇒ **Résurgence.**

♦ **2.** (1855, *in* Petiot). Par anal. Sports. Fossé rempli d'eau que doit sauter le cheval (steeple-chase). — (1924, Montherlant). Fossé rempli d'eau, l'un des obstacles au 3 000 m steeple.

♦ **3.** (1705). Par métaphore. Nappe allongée (→ Renoncule, cit. 2).

8 Levant la tête, on voyait là-haut, entre les plus hautes branches des arbres, couler une rivière de ciel.
J. RENARD, Journal, 29 mai 1894.

Flots. « *Des rivières de sang* » (Boileau). *Rivière de feu,* de lave (Mme de Staël).

♦ **4.** (1671). Blason. Fasce ou pièce ondée au bas d'un écu.

♦ **5.** (1747). Fig. **RIVIÈRE DE DIAMANTS,** ou, absolt (1830), RIVIÈRE : collier de diamants montés en chatons (→ Pierrerie, cit. 3).

8.1 Une rivière de diamant motivait la vigilance affectueuse dont la vieille dame était entourée. Odile m'apprit plus tard que la guirlande scintillante qui ornait le cou de tante Marthe était un bijou de famille d'une valeur considérable. La rivière de tante Marthe dormait à longueur d'année dans le coffre d'un grand bijoutier.
Geneviève DORMANN, le Chemin des Dames, p. 104.

★ **II.** (V. 1112). Vx. Terrain avoisinant la rive. ⇒ **Franc-bord,** 1. **noue.** *Veau de rivière,* nourri dans des prairies voisines de la Seine, en Normandie (→ Munitionnaire, cit. 2). — Loc. (1694). *Vins de rivière :* vins de champagne des bords de la Marne. Rivage de mer. *La rivière de Gênes* (la forme italienne *riviera* a été reprise en français). ⇒ **Riviera.**

9 (...) rien n'est plus beau que l'aspect de toute cette côte de la mer, qu'on appelle la Rivière de Gênes (...)
Ch. DE BROSSES, Lettres d'Italie, IV, 28 juin 1739.

DÉR. **Riviérette, riviéreux** ou **rivereux.**

RIVIÉRETTE [ʀivjeʀɛt] n. f. — V. 1250 ; *riverete,* déb. XIIIe ; dimin. de *rivière.*

♦ Rare. Petite rivière. ⇒ **Ruisseau.** *Le bord de la riviérette.*

RIVIÉREUX, EUSE [ʀivjeʀø, øz] ou **RIVEREUX, EUSE** [ʀivʀø, øz] adj. — 1721, *riviéreux ; rivereux,* XXe ; *rivereus,* mil. XIVe ; de *rivière.*

♦ Techn. (fauconnerie). Se dit d'un oiseau dressé à voler sur les rivières.

RIVOIR [ʀivwaʀ] n. m. — 1769 ; de *river.*

♦ **1.** Techn. Outil (marteau...) pour river. Appos. *Marteau rivoir.* — On trouve aussi la forme *rivois* [ʀivwa].

♦ **2.** (Déb. XXe). **RIVOIR,** n. m., ou **RIVOIRE,** n. f. Machine à poser les rivets.

RIVULAIRE [ʀivylɛʀ] adj. et n. f. — 1803 ; du lat. *rivulus* « ruisselet ».

♦ **1.** Didact. Qui vit, qui croît dans les ruisseaux, sur leurs bords. *Zone rivulaire.*

♦ **2.** N. f. (1875). Bot. Algue filamenteuse ramifiée d'eau douce (*Cyanophycées*), type de la famille des *rivulariacées.*

RIVURE [ʀivyʀ] n. f. — 1694 ; *riveure,* 1480, de *river.*
Technique.

♦ **1.** Ce qui rive, sert à river.

♦ **2.** Spécialt. Broche métallique qui assujettit des fiches. — Tête d'une broche métallique.

♦ **3.** (1611). Opération qui consiste à aplatir l'extrémité libre d'un rivet (opposée à la tête) ; la seconde tête ainsi formée.

RIXDALE [ʀiksdal] n. f. — 1677 ; *risdale,* déb. XVIIe ; du néerl. *rijks daaler,* all. *Reichstaler.*

♦ Hist. Ancienne monnaie d'argent en usage dans le Nord et l'Est de l'Europe.

Tous les Lapons cachent ainsi leurs biens, et on trouve souvent quantité de rixdales et de vaisselle d'argent.
J.-F. REGNARD, Voyage en Laponie, p. 142.

RIXE [ʀiks] n. f. — 1477; lat. *rixa*.

♦ Littér. ou admin. Querelle violente accompagnée de coups*. *Démêlé, dispute, querelle qui dégénère en rixe.* ⇒ **Bagarre, bataille, batterie** (vx), **combat** (par ext.), **échauffourée, lutte, mêlée, pugilat.** *Rixes entre souteneurs* (→ 2. Apache, cit. 1).

1   (...) j'entrevois une rixe, aux cris de : À mort! une rixe d'où sort, énergique et menaçant, un homme en paletot (...) défiant la colère des voyous (...)
                              Ed. et J. DE GONCOURT, Journal, 17 avr. 1871, t. IV, p. 210.

2   Ils croient, bien à tort *(les évêques espagnols)*, jouer le rôle du spectateur qui de sa fenêtre contemple une rixe et donne, en toute sincérité, avec bienveillance et courtoisie, son opinion sur les adversaires, au sergent de ville qui est arrivé naturellement en retard et n'a rien vu.
                              BERNANOS, les Grands Cimetières sous la lune, p. 172.

RIZ [ʀi]; le *z* ne se lie pas *(riz à l'espagnole :* [ʀialɛspaɲɔl]) n. m. — 1248, *ris*; le *z* (XIVᵉ) d'après le lat.; de l'ital. *riso*, lui-même du lat. *oryza*, grec *oruza*, d'orig. orientale.

♦ **1.** Plante monocotylédone *(Graminées)*, herbacée, annuelle, dont le fruit est un caryopse *(grain de riz)* riche en amidon, l'une des deux grandes céréales* nourricières avec le blé. *Riz de rizière** et riz sauvage. Riz aquatique et riz de montagne. Semailles, repiquage, récolte du riz. La Chine, le Japon, grands producteurs de riz. Riz à grains longs (riz «Caroline»), courts, ronds...*

1   Dans les lieux où croît le riz, il faut de grands travaux pour ménager les eaux : beaucoup de gens y peuvent donc être occupés.
                              MONTESQUIEU, l'Esprit des lois, XXIII, XIV.

2   Ainsi le riz vient, comme on le cuit, à la vapeur. Et l'attention de son peuple est de lui fournir toute l'eau dont il a besoin, de suffire à l'ardeur soutenue du fourneau céleste.
                              CLAUDEL, Connaissance de l'Est, « Le riz ».

Faux riz : nom donné à une graminée *(leersia)*, et parfois à l'orge.

♦ **2.** Le grain de cette plante avec ses enveloppes *(riz en paille, riz vêtu* ou *paddy)* ou décortiqué et préparé pour la consommation *(riz décortiqué* [comm.], *riz «cargo»*). *Blanchiment (riz blanchi), polissage, glaçage du riz (riz poli, glacé). Au cours du blanchissement et du polissage, le riz perd ses matières azotées et sa vitamine B* (d'où le béri-béri). *Riz perlé,* réduit en grains ronds. *Brisures de riz :* fragments de dimension inférieure au grain du commerce. *Balle de riz. Une poignée* (cit. 2) *de riz. Riz précuit,* à enveloppe attendrie par une ébullition. *Riz à l'eau, riz cuit à l'eau* (→ Patate, cit. 1). *Riz au gras, riz au safran* (→ Homard, cit. 3). *Plats de riz.* ⇒ **Paella, pilaf** (cit.), **risotto.** *Riz au curry. Riz à l'étuvée. Riz cantonais* ou *cantonaise* (à la cantonaise), accompagné de légumes, de fragments d'omelette, de viande. *Bol de riz. Le riz, base de la nourriture en Extrême-Orient. Croquettes de riz. Riz à l'espagnole. Poule au riz. Manger du riz* (→ Enfourner, cit. 1). — *Riz au lait,* sucré et servi comme entremets. *Gâteau de riz.* — *Eau de riz,* utilisée en médecine contre l'entérite.

3   Louis a vu sa mère opérer dans la cuisine (...) il a retenu que le riz se cuit dans l'eau (...) On y ajoute, si l'on veut, du lait et du sucre (...) Il sait aussi que le riz «s'attache». Sa mère, à diverses reprises, lui a confié le soin de le remuer dans la petite marmite de fonte (...)
                              J. ROMAINS, les Hommes de bonne volonté, t. VI, IX, p. 74.

4   Il allait avant le théâtre dîner d'un riz au gras qu'il se préparait en grosse quantité en une fois et qui lui faisait toute la semaine.
                              R. QUENEAU, Loin de Rueil, p. 149.

5   Le riz cuit (dont l'identité absolument spéciale est attestée (en japonais) par un nom particulier, qui n'est pas celui du riz cru) ne peut se définir que par une contradiction de la matière; il est à la fois cohésif et détachable; sa destination substantielle est le fragment, le léger conglomérat; il est le seul élément de pondération de la nourriture japonaise (antinomique à la nourriture chinoise); il est ce qui tombe, par opposition à ce qui flotte; il dispose dans le tableau une blancheur compacte, granuleuse (au contraire de celle du pain), et cependant friable : ce qui arrive sur la table, serré, collé, se défait, d'un coup de la double baguette, sans cependant jamais s'éparpiller.
                              R. BARTHES, l'Empire des signes, p. 23.

En franç. d'Afrique (syntagmes). *Riz d'hivernage,* cultivé pendant la saison des pluies (l'hivernage), sans irrigation. Syn. : *riz pluvial, riz rouge, riz de brousse.* — *Riz inondé,* qui nécessite une irrigation. Syn. : *riz blanc.* — *Riz blanc* (autre sens) : riz cuit à la créole.

DÉR. Rizaire, rizerie, rizicole, rizier, rizière, rizon, rizot.
COMP. Riziculteur, riziculture, riziforme. — Riz-pain-sel.

RIZAIRE [ʀizɛʀ] adj. — 1838; de *riz*.

♦ Didact. Propre à la culture du riz. *Plaine rizaire. Terrains rizaires.*

RIZERIE [ʀizʀi] n. f. — 1868; de *riz*.

♦ Techn. Usine où l'on traite le riz (décorticage, blanchiment, polissage, glaçage).

RIZICOLE [ʀizikɔl] adj. — 1870; de *riz*.

♦ Didact. Où l'on cultive le riz. «*Zones rizicoles de la Louisiane*»; «*Aire rizicole*» (A. Chevalier et A. Angladette, *le Riz,* p. 29, P. U. F.). — REM. On dit aussi *rizier, ière* [ʀizje, jɛʀ] adj. (1874).

RIZICULTEUR, TRICE [ʀizikyltœʀ, tʀis] n. — V. 1915, au masc.; de *riz,* et *-culteur*.

♦ Didact. Cultivateur de riz. *Les riziculteurs de la Camargue.*

RIZICULTURE [ʀizikyltyʀ] n. f. — 1912; de *riz,* et *culture*.

♦ Didact. Culture du riz.

RIZIER [ʀizje] n. m. — Mil. XXᵉ; de *riz*.

♦ Techn. *Rizier-glacier :* ouvrier qui conduit une machine à polir (à «glacer») le riz.

RIZIER, IÈRE [ʀizje, jɛʀ] adj. ⇒ **Rizicole.**

RIZIÈRE [ʀizjɛʀ] n. f. — 1718; de *riz*.

♦ Cour. Terrain où l'on cultive le riz; plantation de riz. *Rizière sèche,* où pousse le riz dit *de montagne. Rizières en terrasses.* Spécialt. *Rizière inondée* (→ Boue, cit. 3; peluche, cit. 1). *Mise en eau d'une rizière. Parcellement d'une rizière,* au moyen de petites digues.

1   L'Anatolie du Sud donne du riz. Il n'est pas sans intérêt de voir la rizière s'étendre sur de vastes régions qui ne lui semblaient pas favorables jusqu'ici. La France fait du riz en Camargue, sans compter celui que l'on récolte au Sénégal (...)
                              G. DUHAMEL, la Turquie nouvelle, IV.

2   Nous descendons vers les rizières. La zone des rizières assemble sans les mêler les verts les plus attendrissants, coupés de petites digues nettes, d'îlots de palmiers qui en soulignent la fraîcheur.
                              Henri FAUCONNIER, Malaisie, p. 150.

RIZIFORME [ʀizifɔʀm] adj. — 1878; de *riz,* et *-forme*.

♦ Didact. Qui a la forme d'un grain de riz. — (Déb. XXᵉ). Spécialt (méd.). *Grains riziformes :* concrétions fibrineuses à l'intérieur des articulations, propres à certaines synovites tendineuses.

RIZON [ʀizɔ̃] n. m. — 1835; de *riz*.

♦ Comm. Riz non décortiqué.

RIZOT [ʀizo] n. m. — 1835; de *riz*.

♦ Comm. Riz de qualité inférieure.

RIZ-PAIN-SEL [ʀipɛ̃sɛl] n. m. invar. — 1790; de *riz, pain,* et *sel*.

♦ Fam. (argot milit.), vieilli. Sobriquet donné aux militaires (spécialt, officiers et sous-officiers) du service de l'Intendance. *Les riz-pain-sel.*

(...) Gallot lui-même, tout myope qu'il est, a demandé à Guesde d'intervenir au ministère pour qu'on le sorte des riz-pain-sel!...
                              MARTIN DU GARD, les Thibault, t. VII, p. 299.

R. M. N. [ɛʀɛmɛn] n. f. — Abrév. de *résonance* magnétique nucléaire.*

R. N. [ɛʀɛn] n. f. sing. (suivi d'un chiffre).

♦ Abréviation de *route nationale.* (Ne s'emploie guère que comme n. propre, avec une spécification). *Emprunter la R. N. 7 pour gagner Lyon.*

Ventrauze, vingt mille habitants, en plein couloir rhodanien, constituait naguère un des pires bouchons de la R. N. 7.
                              Claude COURCHAY, La vie finira bien par commencer, p. 18.

Rn [ɛʀɛn] Symbole chimique du *radon*.*

RNA ou **R. N. A.** [ɛʀɛna] anglic. ⇒ **ARN** ou **A. R. N.**

RÔ [ʀo] n. m. ⇒ **Rho.**

ROADSTER [ʀɔdstɛʀ; ʀɔdstœʀ] n. m. — 1927; *machine roadster* 1891, in Höfler; mot angl. désignant un cheval de selle en 1818, un type d'automobile en 1922.

♦ Anciennt. Automobile décapotable à deux places avec spider à l'arrière.

1   Il se tut et s'assombrit au souvenir récent d'une voix de jeune fille (...) hardiment appuyée sur les grandes voyelles A et O, qui savait rappeler les nombreux mérites du roadster.
                              COLETTE, la Chatte, p. 36.

2   — Ça tient la route *(cette bagnole)*?

— A quatre-vingts dans un fauteuil. Mais celle-là, je ne l'aime pas, j'ai un roadster deux places et avec ça j'arrive à cent sans aucun mal.
— Combien de litres au cent ?
— Quinze sur route. Dix-huit en ville.
(...)
— Et le roadster ? demanda Joseph.
— Comment ?
— Combien au cent, le roadster ?
— Plus, dit M. Jo. Dix-huit sur route. Ça fait trente chevaux.
— Merde, dit Joseph.   M. DURAS, Un barrage contre le Pacifique, p. 47-48.

ROAST-BEEF [ʀostbif ; cour. ʀosbif] n. m. — 1764 ; mot anglais (1635), de *beef* « bœuf », et *roast* « rôti ».
Vieux.

♦ **1.** Bœuf rôti. *Du roast-beef* (→ Rosbif, cit. 1).

♦ **2.** (1775). Vx. ⇒ **Rosbif** (2.).

1. ROB [ʀɔb] n. m. — 1507 ; arabe *rŭbb* « sirop, gelée de fruits ».

♦ Pharm. (Vieilli). Extrait de suc de fruit, préparé par évaporation, ayant la consistance du miel. *Robs dépuratifs* (→ Pharmacie, cit. 1).

HOM. 2. Rob, robe.

2. ROB [ʀɔb] n. m. ⇒ **Robre.**

ROBAGE [ʀɔbaʒ] n. m. — 1875 ; de *rober.*

♦ Techn. Action de rober. — REM. On trouvait aussi la forme *robelage* [ʀɔblaʒ] (XVIIIᵉ).

ROBE [ʀɔb] n. f. — XIIᵉ ; d'un germanique **rauba* « butin », d'où « vêtement dont on a dépouillé qqn » ; *robe* a souvent en anc. franç. et jusqu'au XVIᵉ le sens de « butin ». → Dérober.

★ **I.** Vêtement de dessus, d'un seul tenant, recouvrant la majeure partie du corps, des épaules ou du buste jusqu'aux genoux et aux pieds, avec ou sans manches, de forme et d'ampleur très variables suivant l'époque (et la mode), les pays ou la destination.

A. (Vêtement masculin). ♦ **1.** Ancient (Antiquité, moyen âge) et en Orient. *Robe prétexte*, robe virile.* ⇒ **Toge.** *Prince revêtu de la robe médique aux manches évasées* (→ 1. Faste, cit. 6). *Robe de roi* (→ Guillocher, cit. 3 ; histrion, cit. 5). *Robe longue de Panurge* (→ Haut-de-chausses, cit. 1). *Maharajah* (cit.) *en robe de velours. Turcs en longue robe* (→ Égrener, cit. 1 ; étaler, cit. 8). ⇒ **Cafetan.**

1   Télémaque, voyant qu'on lui avait destiné une tunique d'une laine fine dont la blancheur effaçait celle de la neige et une robe de pourpre avec une broderie d'or (...)   FÉNELON, Télémaque, I.

2   Ils étaient vêtus tous quatre de robes mi-parties jaune et blanc, qui ne se distinguaient entre elles que par la nature de l'étoffe ; la première était en brocart (...) la deuxième en soie, la troisième en laine, la quatrième en toile (...) on pouvait lire en grosses lettres noires brodées : au bas de la robe de brocart, Je m'appelle Noblesse ; au bas de la robe de soie, Je m'appelle Clergé ; au bas de la robe de laine, Je m'appelle Marchandise ; au bas de la robe de toile, Je m'appelle Labour. Le sexe des deux allégories mâles était clairement indiqué (...) par leurs robes moins longues (...)   HUGO, Notre-Dame de Paris, I, I, II.

♦ **2.** Mod. Vêtement distinctif de certains états ou professions.

3   Ce n'est pas sans raison, dit mon monsieur, que l'on assemble proverbialement les trois robes noires, le prêtre, l'homme de loi, le médecin : l'un panse les plaies de l'âme, l'autre celles de la bourse, le dernier celles du corps (...)
BALZAC, le Médecin de campagne, Pl., t. VIII, p. 365.

(V. 1190). Vêtement sacerdotal. ⇒ **Habit** (religieux). *Robe du prêtre.* ⇒ **Aube, soutane.** *Cardinaux en robe rouge* (→ Haut, cit. 33). *Robes vermillon de la maîtrise* (cit. 6). *Robe de moine* (cit. 2). ⇒ **Froc** (→ Draper, cit. 14 ; mendiant, cit. 4). *Rabbins en robe* ⇒ **Marmotter, cit. 3).

4   Aujourd'hui, on m'a revêtu de la robe sacrée ; je vais servir Dieu ; j'aurai une cure et une modeste servante dans un riche village.
RIMBAUD, Un cœur sous une soutane, Un an après, 1ᵉʳ août.

5   Il a l'anneau épiscopal, c'est un évêque, se dit Durtal qui se pencha pour discerner, sous la chasuble et sous l'aube, la couleur de la robe. Elle était blanche, c'est un moine, reprit-il ahuri (...)   HUYSMANS, En route, II, IV.

(1530). *Robe de professeur d'Université,* aujourd'hui uniquement portée dans les cérémonies officielles (→ 2. Massier, cit. 2). ⇒ **Épitoge.** *Grandes robes de pédants* (cit. 2, Pascal). *Examinateurs* (cit. 1) *en robe rouge.* — Ancient. *Robe de médecin* (→ De, cit. 58 ; noir, cit. 4). *Robe de magistrat* (→ Apparat, cit. 2 ; emmailloter, cit. 6 ; hermine, cit. 6). ⇒ **Chaperon.** *« D'un magistrat ignorant* (cit. 4) *C'est la robe qu'on salue »* (La Fontaine). *Robe d'avocat* (→ Bâtonnier, cit. 1). *Procureur en robe* (→ Forme, cit. 75). *Porter la robe* (→ Garde-robe, cit. 1).

6   Il faut être reconnu intact et pur, avant d'oser paraître sous la robe ou le mortier ; et l'audace de revêtir ces marques de dignité, si révérées dans l'homme honorable, en est tout qu'à mieux faire éclater l'avilissement d'un sujet dégradé dans l'opinion publique.   BEAUMARCHAIS, Mémoires... dans l'affaire Goëzman, p. 195.

(1643). Ancient. **LA ROBE** : un des états* (cit. 84) sous l'Ancien Régime (hommes de loi, justice). → Aviver, cit. 6. *Homme, gens de*

robe (→ Avilissement, cit. 2 ; manière, cit. 42). — (1772). *Année de robe :* année judiciaire (→ Multiplicité, cit. 1). *Noblesse de robe,* conférée par la possession de certains offices de judicature. *Homme de robe.* ⇒ **Robin.**

7   M. Myriel était fils d'un conseiller au parlement d'Aix ; noblesse de robe.
HUGO, les Misérables, I, I, I.

8   Et en même temps mademoiselle Anne-Marie de la Trimouille, par sa mère, était presque bourgeoise, une bourgeoise de Paris ; sa mère, *Aubry* de son nom appartenait à une ancienne famille de robe et de finances.
SAINTE-BEUVE, Causeries du lundi, 16 févr. 1852.

B. (Vêtement féminin). Plus cour. *Mettre** (cit. 31), *avoir, porter une robe* (→ Léger, cit. 9 ; ottoman, cit. 4). *Tu mets une robe, ou une jupe et un chemisier.* (⇒ **Jupe**). Ôter, *dégrafer sa robe. Bâtir, faire, tailler une robe* (→ Avantager, cit. 2 ; indienne, cit. 1 ; mannequin, cit. 3). *Modèle, patron* (cit. 1), *façon* (cit. 8), *coupe d'une robe. Robe de couturière, de grand couturier ; de confection. Une petite robe sans prétention, bon marché. Corsage, jupe* (cit. 3), *pans d'une robe. Doublure* (cit. 1 et 2), *garniture d'une robe. Robe longue, courte* (→ 2. Fichu, cit. ; grisette, cit. 3). *Robe ample, flottante* (→ Écrouler, cit. 4 ; forme, cit. 27). ⇒ **Domino.** — Ancient. *Robe à crinoline*, à paniers*, à vertugadin*. On a appelé lévites certaines robes longues (au XIXᵉ siècle)* → *Robe étroite, collante* (cit. 1 ; et → Fuseler, cit. ; mouler, cit. 7). ⇒ **Fourreau** (cit. 7). *Robe entrave. Robe plissée, à plis*. Robe décolletée, échancrée* (cit. 2 ; et → Dentelle, cit. 3), *montante* (→ 1. Friper, cit. 1). *Robe qui ne va pas, qui gode, qui grimace. Robe qui tombe bien. Robe princesse. Robe d'après-midi, de cocktail, du soir, de bal...* (→ Parement, cit. 2 ; modéliste, cit.). *Robe à traîne, traînante, à queue* (→ Oripeau, cit. 1), *à falbalas* (cit. 1). *Robe habillée, simple, sport. Robe d'hiver, de demi-saison, d'été, de plage ; robe bain-de-soleil.* (⇒ **Toilette**). *Robe de mariée, de noce* (→ Immortelle, cit. 1). *Robe de grossesse. Robe de première communion.* ⇒ aussi **Aube.** — *Robe de lainage, de laine* (→ Pur, cit. 2), *de soie* (→ Ondé, cit. 1), *de mousseline* (cit. 2), *de satin* (→ Frissonner, cit. 14), *de toile... Robe blanche* (cit. 1), *noire..., claire, sombre...* (→ Canotier, cit. 2 ; cou, cit. 9), *à carreaux* (→ 2. Plaid, cit. 2), *écossaise... Robe ancienne, de style* (→ Pastiche, cit. 5), *empire* (→ Nacarat, cit. 2)... *Frôlement* (cit. 2), *frou-frou* (cit. 2) *d'une robe.* — *Porter des robes, la robe. Elle préfère les pantalons aux robes.*

9   (...) sa robe, aussi courte que celle des Suissesses du canton de Berne, était de drap brodé, et laissait voir des jambes fines et nerveuses (...)
Th. GAUTIER, Voyage en Espagne, p. 67.

10 Je vous vois encore ! En robe d'été
Blanche et jaune avec des fleurs de rideaux.
VERLAINE, Romances sans paroles, « Paysages belges », Birds in the night.

11 Il en est des phrases affectées et qui veulent être neuves comme des robes qui sortent de chez les grands couturiers : elles ne durent qu'une saison.
FRANCE, le Jardin d'Épicure, p. 104.

12 (...) je me rappelle, en effet, que j'ai eu une robe rouge : c'était du satin rouge comme on en faisait à ce moment-là. Oui, une jeune fille peut porter ça à la rigueur, mais vous m'avez dit que la vôtre ne sortait pas le soir. C'est une robe de grande soirée, cela ne peut pas se mettre pour faire des visites.
PROUST, la Prisonnière, Pl., t. III, p. 38.

13 Mᵐᵉ Maillet — qui s'habillait bien — faisait elle-même ses robes, en se jouant. Elles étaient simples, pimpantes, d'étoffes fines, légères au corps. Ici et corps, brun et lisse, on l'y devinait ; il les faisait vivre. Une fronce par-ci, une pince par-là, un pli, un bouffant, une ganse, et l'oiseau volait, tout plaisir et désir de plaire, d'un élan gracieux, vif, irrésistible.   H. BOSCO, Antonin, p. 222.

14 Je suis le cheveu que les couturières cachaient autrefois
dans l'ourlet de la robe de mariée.
pour se marier elles aussi dans l'année.
J. PRÉVERT, la Pluie et le Beau Temps, « Intempéries ».

S'emploie comme premier élément de substantifs composés. *Robe-chemisier. Robe-chasuble** (1924). *Robe-manteau :* robe qui sert de manteau. *Robe-tablier :* tablier qui sert de robe. *Robe-sac :* robe qui n'est pas ajustée à la taille. *Robe-tunique. Robe-salopette. Robe-tube.*

14.1 Ce napperon brodé est, pour Solange, une « vraie valeur », alors que les voyages en avion et les robes-sacs sont des fausses valeurs.
J. DUTOURD, les Horreurs de l'amour, p. 404.

14.2 Une femme enceinte, vêtue d'une robe-tablier à fleurs se dandinait sur des étalages, avec sa chevelure frisée et sale que le vent rabattait sans cesse sur sa figure.
J.-M. G. LE CLÉZIO, le Déluge, p. 155.

En franç. d'Afrique. *Robe-boubou :* vêtement féminin rappelant le boubou* de cérémonie des hommes.

C. (Vêtement masculin ou féminin). ♦ **1.** *Robe de bébé, de petits enfants* (que portaient naguère les garçons comme les filles). *Robe de baptême* (→ Marraine, cit. 1).

♦ **2.** (1569). ROBE DE CHAMBRE : long vêtement d'intérieur, à manches, non ajusté. ⇒ (pour les femmes) **Déshabillé, douillette** (→ Grand-mère, cit. 2 ; langage, cit. 26 ; ouate, cit. 4 ; relief, cit. 5). ⇒ aussi **Peignoir.** *En robe de chambre et en pantoufles* (→ Héros, cit. 36 ; malavisé, cit. 4). *Cordelière* de robe de chambre. Regrets sur ma vieille robe de chambre,* opuscule de Diderot.

15 Sous son abri, je ne redoutais ni la maladresse d'un valet, ni la mienne, ni les éclats du feu, ni la chute de l'eau. J'étais le maître absolu de ma vieille robe de chambre ; je suis devenu l'esclave de la nouvelle.
DIDEROT, Regrets sur ma vieille robe de chambre.

16 Elle portait une robe de chambre tout ouverte, qui laissait voir, entre les revers à châle du corsage, une chemisette plissée avec trois boutons d'or.
FLAUBERT, Mᵐᵉ Bovary, I, IX.

17 Elle allait s'habiller elle aussi, bien que j'eusse protesté qu'aucune robe « de ville » ne vaudrait à beaucoup près la merveilleuse robe de chambre de crêpe de Chine ou de soie, vieux rose, cerise, rose Tiepolo, blanche, mauve, verte, rouge, jaune unie ou à dessins, dans laquelle Mᵐᵉ Swann avait déjeuné et qu'elle allait ôter.
PROUST, À l'ombre des jeunes filles en fleurs, Pl., t. I, p. 540.

Loc. fig. *Pommes de terre en robe de chambre,* cuites avec leur peau (bouillies, à la vapeur, au four...). — REM. L'expression s'explique par le sens de « enveloppe, peau » du mot *robe* (→ ci-dessous, II., 1.); la pomme de terre *dans sa robe, en robe,* est celle qu'on n'a pas pelée. Quant à l'expression *pommes de terre en robe des champs,* elle semble une déformation (ou une correction voulue) de la précédente, car elle n'est attestée que plus tard.

(V. 1642). Vx. *Robe de nuit :* robe de chambre.

D. (Mil. xvıᵉ). Par métaphore ou fig. « *Les plis* (cit. 4) *de sa robe pourprée* » (Ronsard). *Deux antiques* (cit. 3) *tilleuls cachent sous leur robe de verdure... « L'aurore grelottante* (cit. 1) *en robe rose et verte* » (Baudelaire). *« Rome (...) avec sa robe de siècles* » (→ Législateur, cit. 4, Chateaubriand). « *La terre est assoupie en sa robe de feu* » (→ Midi, cit. 1). *La « grand'robe obscure* » *de la nuit* (cit. 11, Marot).

18 Nous l'avons eu, votre Rhin allemand.
Son sein porte une plaie ouverte,
Du jour où Condé triomphant
A déchiré sa robe verte.
A. DE MUSSET, Poésies nouvelles, « Le Rhin allemand ».

★ **II.** Par anal. ♦ **1.** (1546, Rabelais). Enveloppe de certains fruits ou légumes. *Les pommes* (cit. 2) *étaient de peaux différentes, les calvilles en robe blanche... La robe d'une fève, d'un oignon, de la garance...* (⇒ **Rober**).

♦ **2.** (1640). Pelage (de certains animaux, en particulier, du cheval). → Cheval, *infra* cit. 5. *La robe d'un bœuf* (cit. 5), *d'un chien* (→ Fox-hound, cit.; meute, cit. 2), *d'une fouine* (cit. 2), *d'un singe* (→ Distinguer, cit. 11), *d'un jaguar* (cit. 1), *d'une panthère* (cit. 1)... *La robe d'un cheval, d'un pur-sang.*

19 Les chevaux étaient au fond, attachés à la barre, la robe nue et frémissante, n'ayant qu'une corde nouée au cou et à la queue.
ZOLA, la Terre, II, VI.

♦ **3.** Techn. Ce qui enveloppe. ⓐ (1723). *Robe du cigare :* feuille de tabac qui enveloppe l'extérieur du cigare. ⇒ **Cape.**

ⓑ (1870). *Robe d'un pain de sucre,* sa partie superficielle.

ⓒ (1680). *Robe d'une andouille,* le boyau dont elle est recouverte...
REM. Les divers sens techniques de *robe,* dont certains sont vieillis, sont à l'origine du verbe *enrober.*

♦ **4.** (1870). Techn. (œnologie). Couleur (du vin). *Ce vin offre une belle robe.*

DÉR. Rober, roberie, robette.
HOM. 1. Rob, 2. rob.

ROBELAGE [ʀɔblaʒ] n. m. ⇒ **Robage.**

ROBER [ʀɔbe] v. tr. — 1740, *garance robée* ; de *robe.*

♦ **1.** Dépouiller (la garance) de sa robe, de son écorce.

♦ **2.** (1904). Entourer (un cigare) d'une robe.

DÉR. Robage, robeuse.

ROBERGE [ʀɔbɛʀʒ] n. f. ⇒ **Ramberge.**

ROBERIE [ʀɔbʀi] n. f. — Déb. xvıᵉ, rare av. 1836 ; de *robe.*

♦ Pièce où l'on range les vêtements, dans une communauté religieuse.

ROBERT [ʀɔbɛʀ] n. m. — 1903, « œil poché » ; de *Robert,* nom propre.

♦ **1.** Argot. (Vx). Œil poché.

♦ **2.** N. m. pl. (1928 ; du biberon *Robert,* marque de biberon vendue depuis 1888). Pop. Sein. *Elle a de chouettes roberts.*

1 — (...) C'est la postière, ta petite ? (...) — J'aurais pu tomber plus mal. Tu verrais ses roberts : aux pommes.
SARTRE, la Mort dans l'âme, p. 90.

2 Je jette la loupe sur la table. Au bruit, la servante aux roberts avantageux annonce son sourire Colgate.
— Ça sera ? s'informe-t-elle en posant sur moi un regard qui ferait éclore une couvée de crocodiles.
SAN-ANTONIO, Des gueules d'enterrement, p. 27.

ROBETTE [ʀɔbɛt] n. f. — V. 1460 ; dimin. de *robe.*

♦ Rare. Petite robe.

Ça valait le dérangement ; trompettes, orgue, les vierges indigènes en robette blanche, et tous les directeurs en grande tenue, décorations dehors.
H. HOUGRON, la Terre du Barbare, 1948, p. 374, *in* D.D.L., II, 9.

(1680). Spécialt. Chemise de laine que portent les chartreux sur la peau.

ROBEUSE [ʀɔbøz] n. f. — 1875 ; de *rober.*

♦ Techn. Ouvrière chargée de rober (les cigares). ⇒ **Cigarière.** — Machine qui accomplit ce travail.

1. ROBIN [ʀɔbɛ̃] n. m. et adj. — xıvᵉ ; de *Robin,* altér. de *Robert,* n. propre donné traditionnellement au moyen âge au paysan qui veut faire le malin.

♦ **1.** N. m. Vx. Niais, sot (d'origine sociale humble).

♦ **2.** Adj. (Fin xvıᵉ). Vx. Intrigant.

♦ **3.** Régional, vx. Mouton. — Taureau.

DÉR. V. Robinet.
HOM. 2. Robin.

2. ROBIN [ʀɔbɛ̃] n. m. — V. 1620 ; de *robe.*

♦ Vx. (Péj.). Homme de robe*. ⇒ **Magistrat.** *Petit* (cit. 30) *robin. Mauvais robin* (→ Gagne-petit, cit. 2).

Pas un paysan n'avait osé risquer ses écus ; seuls, des bourgeois, des robins et des financiers tirèrent profit de la mesure révolutionnaire. ZOLA, la Terre, II, I.
HOM. 1. Robin.

1. ROBINE [ʀɔbin] ou **ROUBINE** [ʀubin] n. f. — xvᵉ, *robine* ; *roubine,* xvıııᵉ ; anc. provençal *robina,* du lat. impér. *rupina* « crevasse dans une falaise », lat. class. *rupes* « précipice ».

♦ Régional (Sud de la France). Canal faisant communiquer un étang salé et la mer. *Les robines d'Aigues-Mortes.*

HOM. 2. Robine.

2. ROBINE [ʀɔbin] n. f. — Déb. xxᵉ ; de 1. *robin.*

♦ Techn. Petit marteau en bois, à tête circulaire, qu'utilise le mouleur pour tasser le sable du moule.

HOM. 1. Robine.

ROBINET [ʀɔbinɛ] n. m. — 1401 ; de 1. *Robin,* nom donné au moyen âge au mouton (cf. Rabelais, *Quart livre,* VI), les premiers robinets ayant souvent la forme d'une petite tête de mouton.

♦ **1.** Appareil placé sur un tuyau de canalisation ou une tubulure d'écoulement, et que l'on peut ouvrir et fermer pour régler à volonté le passage d'un fluide (et, spécialt, de l'eau courante). Cannelle, obturateur et clef d'un robinet. *Robinet muni d'un brisejet*. Robinets à boisseau, à col de cygne, à soupape, à clapet, à pointeau, à ressort... Robinets d'arrêt, de purge, d'alimentation, de jauge... Robinet graisseur, distributeur, purgeur. Robinet d'eau froide, d'eau chaude* (→ Ablution, cit. 3). *Robinet mélangeur.* ⇒ **Mitigeur.** *Robinet à double voie.* ⇒ **By-pass** (anglicisme). — *Un filet* (cit. 1) *d'eau coula du robinet. Robinet de l'évier* (cit.), *de cuisine* (→ Laver, cit. 18), *de la fontaine publique* (→ Nettoyer, cit. 3). ⇒ **Prise** (d'eau). *Robinet d'un tonneau* (→ Pleuviner, cit. 1). ⇒ **Chantepleure.** *Robinet d'un réservoir* (→ Lâcher, cit. 21). *Robinets de chaudières, de machines* (→ Haleine, cit. 32). — *Robinet d'incendie,* qui est utilisé en cas d'incendie. *Robinet d'incendie en acier inoxydable à ouverture rapide. Robinet d'incendie armé,* raccordé à un tuyau avec lance et enroulé sur un dévidoir fixe. — *Robinet à gaz, du gaz* (→ Jeu, cit. 8). — *Ouvrir, fermer un robinet* (→ Brancher, cit. 3). *Tourner le robinet,* la clef du robinet.

On entendait à peine au fond de la baignoire   1
Glisser l'eau fugitive, et d'instant en instant
Les robinets d'airain chanter en s'égouttant.
A. DE MUSSET, Premières poésies, « Namouna », VIII.

La fontaine, c'est un robinet en laiton en haut d'un long tuyau de plomb, qui vibre   1.1
et gronde chaque fois qu'on l'ouvre et qu'on le ferme. Les filles lavent leurs jambes et leur visage sous le jet glacé. J.-M. G. LE CLÉZIO, Désert, p. 87.

Loc., fam. *Les problèmes de robinet :* les problèmes d'arithmétique concernant le calcul des volumes, des débits, etc. (cité comme type traditionnel de problèmes ennuyeux et absurdes donnés aux écoliers).

J'allais retrouver le calme du pensionnat où la vie est simple comme des problè-   1.2
mes de robinets qui remplissent une baignoire.
J. DUTOURD, le Journal de Marie Watson, p. 54.

Je me demandais, moi, comment ce galopin de Rudi avait résolu le problème de   1.3
robinets qu'elle me posait.
René FALLET, Y a-t-il un docteur dans la salle ?, p. 94.

♦ **2.** (1675). Fig. Ce qui retient ou laisse passer un flux (distribution d'argent, d'avantages, etc.). « *Ouvrir le robinet de musique et de mots* » (→ Imprégner, cit. 13, Duhamel, en parlant du bouton d'un poste de radio). — Fig. *Lâcher le robinet de ses plaisanteries* (→ Malpropre, cit. 4). Par ext., fam. *C'est un vrai robinet :* il est très bavard (→ Moulin* à paroles). — (1690). *Un robinet d'eau tiède :* un bavard insipide.

2 Pourquoi perds-tu ton temps à relire *Graziella* quand on a tant de choses à relire ? (...) Il faut s'en tenir *aux sources,* or Lamartine est un robinet.
FLAUBERT, Correspondance, 426, 16 sept. 1653.

♦ **3.** Fam. Verge (d'un petit garçon). *Le petit robinet.*

DÉR. Robinetier, robinetterie.

ROBINETIER, IÈRE [ʀɔbin(ə)tje, jɛʀ; ʀɔbinetje, jɛʀ] n. et adj. — 1870 ; de *robinet.*
Technique.

♦ **1.** N. Fabricant ou marchand de robinets et d'accessoires de plomberie.

♦ **2.** Adj. Qui travaille dans la robinetterie. *Ouvrier robinetier.*

ROBINETTERIE [ʀɔbinetʀi] n. f. — 1845 ; de *robinet.*

♦ **1.** Usine où l'on fabrique des robinets ; industrie, commerce des robinets (→ Métallurgique, cit. 2).

♦ **2.** (xxᵉ). Ensemble des robinets d'une chaudière, d'un dispositif qui en comporte plusieurs.

Il n'y a rien à voir à Marienbad, excepté la maison où Gœthe a vécu et aimé Ulrique, et l'établissement de bains, qui présente une robinetterie très perfectionnée.
Émile HENRIOT, la Rose de Bratislava, v.

ROBINIER [ʀɔbinje] n. m. — 1718 ; de *Robin ;* antérieurement lat. mod. *robinia,* nom formé par Linné en hommage à J. *Robin,* directeur du Jardin des Plantes, qui introduisit cet arbre en 1601.

♦ Bot. Plante dicotylédone *(Légumineuses, Papilionacées),* arbre ou arbrisseau aux rameaux épineux, aux fleurs blanches très parfumées disposées en grappes pendantes. *Robinier commun,* ou *faux acacia,* ou *acacia blanc.* ⇒ **Acacia.**

ROBINSON [ʀɔbɛ̃sɔ̃] n. m. — Mil. xxᵉ ; du n. propre *Robinson (Crusoë),* héros de De Foe.

♦ Personne qui vit seule dans la nature (surtout au plur., dans des locutions).

Depuis huit mois, nous vivons dans le Pacifique sans en être saturés, loin de là. Nous avons pleinement joui de chaque escale : Galapagos où nous avons connu une vie de robinsons décontractés pendant six semaines.
Bernard MOITESSIER, Cap Horn à la voile, p. 177.

ROBINSONNADE [ʀɔbɛ̃sɔnad] n. f. — 1872, J. Ray, traducteur du *Capital* de Marx, écrit *robinsonade,* all. *Robinsonade,* de *Robinson (Crusoë).*

♦ Fam. Récit d'aventures de vie sauvage, dans la nature, à la manière de Robinson Crusoë (d'abord employé en allemand pour désigner les utopies naturistes du xviiiᵉ siècle : « *les plates illusions des robinsonades du xviiiᵉ siècle* », Marx, *Contrib. à la critique de l'économie politique,* p. 149, Éd. Sociales).

La règle veut que l'auteur d'une robinsonnade se donne une île ad hoc, je veux dire parfaitement adaptée à ce qu'il veut raconter, voire démontrer. Jean Giraudoux se conforme à la tradition. Visiblement, l'île de Suzanne est signée Christian Bérard.
M. TOURNIER, *in* le Monde, 8 oct. 1982.

ROBINSONNER [ʀɔbɛ̃sɔne] v. intr. — Av. 1900, cit. ; de *Robinson (Crusoë),* le héros de D. De Foe.

♦ Vivre comme Robinson, dans un lieu désert.

— Le séjour dans ces petites îles doit être charmant ! Nous avions besoin de vivres frais et justement ces îlots abondent en cocos et en tortues (...) — (...) robinsonner dans cette île ? y songes-tu ?
A. ROBIDA, le Vingtième Siècle, p. 411 (av. 1900).

ROBLE [ʀɔbl] n. m. — xxᵉ ; probabl⁺ d'un mot indigène d'Amérique centrale.

♦ Techn. Bois dur utilisé en menuiserie et charpenterie, importé d'Amérique centrale.

ROBLOT [ʀɔblo] n. m. — 1765 ; orig. obscure.

♦ Régional (Normandie) et vieilli. *Le, du roblot :* des petits maquereaux sans œufs ni laitance. — Filet pour la pêche au roblot.

ROBORATIF, IVE [ʀɔbɔʀatif, iv] adj. — 1501 ; dér. sav. du lat. *roborare* « fortifier ».

♦ **1.** Anc. méd. Fortifiant. *Remède roboratif.*

1 (...) la gouvernante apporta le bœuf aux carottes. Il était roboratif, moelleux,

pénétré, jusque dans ses plus secrètes fibres, par l'onctueuse et par l'énergique sauce qui le baignait.
HUYSMANS, la Cathédrale, XIV.

♦ **2.** Fig., littér. Qui revigore, redonne des forces. « *Une musique fraîche et roborative* » (*Actuel,* févr. 1980, p. 63).

2 (...) la compagnie de l'homme, le contact de l'homme, son odeur, sa chaleur roboratives, la certitude, de la tête aux pieds éprouvée, d'être la proie d'un homme tout entier vivant (...)
COLETTE, la Fin de Chéri, p. 25.

ROBOT [ʀɔbo] n. m. — 1924, *les Robots universels de Rossum,* trad. de la pièce d'anticipation *Rossum's universal Robots,* ou *R.U.R.,* de l'écrivain tchèque Karel Čapek, où le mot désigne des « ouvriers artificiels », des automates fabriqués par la firme R.U.R. ; mot tiré par Čapek du tchèque *robota* « travail », et, spécialt, « travail forcé, corvée ».

♦ **1.** Machine à l'aspect humain, capable de parler et de se mouvoir. *Les personnages de robots d'un film d'anticipation.*

Par métaphore. Homme réduit à l'état d'automate (→ Étatisme, cit.).

1 L'homme, serviteur de l'automate, deviendra lui-même un automate, un robot, comme disait mon ami Karel Čapek, j'ajoute un automate souffrant et ahuri.
G. DUHAMEL, Refuges de la lecture, Préface.

♦ **2.** Mécanisme automatique à commande électromagnétique pouvant se substituer à l'homme pour effectuer certaines opérations, et capable d'en modifier de lui-même le cycle et d'exercer un certain choix (par l'utilisation de la détection photo-électrique, des « cerveaux » électroniques, des servo-moteurs, etc.). ⇒ **Cybernétique.** *Le robot à billes de la gare de triage de Trappes.* — REM. Avec le développement de l'automatisation, ce mot, qui correspond à un stade technique déjà ancien, tend à vieillir (sauf dans les emplois spécialisés ci-dessous).

2 Il est vrai que la machine supprime le travail d'artisan qui demandait de l'intelligence et de l'habileté, pour le remplacer par le fastidieux travail à la chaîne, mais c'est là un état transitoire. La chaîne elle-même sera un jour servie par des « robots ». L'ouvrier, qui n'exercera plus guère qu'un rôle de surveillance, deviendra un ingénieur.
A. MAUROIS, Un art de vivre, III, 3.

Appareil ménager, moteur combinable à utilisations multiples.

♦ **3.** (Second élément de substantifs). **ⓐ** (Appareils, machines à commande automatique). *Sonde-robot. Voiture-robot. Avion-robot,* muni d'un pilote automatique et téléguidé (sans équipage humain).

ⓑ (Choses). *Photo-robot ; portrait-robot.* V. ces mots.

ⓒ (Personnes). Dont le comportement, les occupations, etc., ont un caractère d'automatisme évoquant les robots. *Enquêteur-robot. Majorité-robot.*

DÉR. Robotique, robotiser, robotisme.

ROBOTIQUE [ʀɔbɔtik] n. f. — V. 1975 ; de *robot.*

♦ Techn. Étude et mise au point d'automatismes adaptables à un environnement complexe, et pouvant remplacer ou prolonger une ou plusieurs fonctions de l'homme. « *La révolution micro-électronique, qui, de la télématique à la robotique, bouleversera demain notre vie quotidienne* » (*l'Express,* 2 juin 1979, p. 94). « *Avec les progrès conjugués de l'électronique et de l'informatique, l'automation s'implante (...) et mène droit à la robotique* » (*F. Magazine,* mai 1981, p. 79). *Association française de robotique industrielle. Robotique générale, spécialisée.*

ROBOTISATION [ʀɔbɔtizasjɔ̃] n. f. — Mil. xxᵉ (*in* Larousse, 1964); de *robotiser.*

♦ **1.** Techn. Action d'équiper (une entreprise) de machines automatiques ; d'automatiser les équipements, des machines. *La robotisation d'un atelier de montage.*

♦ **2.** (1967). Fig. Action de transformer en robot ; son résultat. ⇒ **Robotiser** (2.). *La robotisation du travailleur d'usine.*

Nous montrerions plutôt un homme déterminé et même préfabriqué du dehors (par des contraintes, stéréotypes, fonctions, modèles, idéologies, etc.) mais qui se croit encore et toujours d'autant mieux autonome, ne relevant que de la conscience spontanée jusque dans la robotisation.
Henri LEFEBVRE, la Vie quotidienne dans le monde moderne, p. 128.

ROBOTISER [ʀɔbɔtize] v. tr. — 1960, au p. p., *in* Dubois-Sauzat-Mitterand ; de *robot,* et suff. *-iser.*

♦ **1.** Techn. Équiper (une usine, un atelier, etc.) de machines automatiques ; automatiser (des équipements). *Robotiser une usine de traitement de produits radio-actifs.* — Au p. p. *Des machines robotisées. Un atelier robotisé.*

♦ **2.** Fig. Transformer (une personne) en robot ; faire perdre certains caractères humains (liberté, choix, etc.) à (qqn). *Robotiser des ouvriers.* — Au p. p. (Plus cour.). *Une main-d'œuvre robotisée.* « *Des (hommes et femmes) rebelles à la civilisation des loisirs y entretiennent (dans une forêt) les derniers débris d'une vie non robotisée* » (*l'Express,* 27 nov. 67). — Pron. (1957). *Se robotiser.*

1 Si ces robots s'humanisaient, inversement les êtres humains se robotiseraient-ils ?
P. GUTH, le Mariage du naïf, XVII, p. 180.

2 Leurs longs cheveux, leurs vêtements joyeux suscitent la haine chez les Américains robotisés, aliénés, rongés de ressentiment et prêts à tuer tous ceux qui ne leur ressemblent pas (...)   S. DE BEAUVOIR, Tout compte fait, p. 206.

3 (...) l'ère s'ouvrait du surhomme robotisé indéréglable, machiné de partout, se fabriquant, s'entretenant et se perfectionnant par simple engrenage mécanique, la technique s'appliquant et se fermant sur soi jusqu'au chef-d'œuvre.
Raymond ABELLIO, Ma dernière mémoire, t. I, p. 191.

DÉR. Robotisation.

ROBOTISME [ʀɔbɔtism] n. m. — 1959, Cocteau, *in* D.D.L.; de *robot.*

♦ Rare. Emploi de robots.

ROBRE [ʀɔbʀ] n. m. — 1814; *rober*, 1767; angl. *rubber*, d'orig. obscure.

♦ Au whist, au bridge, Partie liée de deux ou trois manches, qui est finie dès qu'un camp a remporté deux manches. *Les trois robres d'une partie.* — REM. On trouve souvent au XIXᵉ s. les formes anglaises *rubber* ou *robber* (cf. Balzac, *Splendeurs et Misères des courtisanes, Œuvres,* t. v, p. 859). — La forme rob [ʀɔb] s'est aussi employée.
Phileas Fogg achevait alors le trente-troisième robre de la journée, et son partenaire et lui, grâce à une manœuvre audacieuse, ayant fait les treize levées, terminèrent cette belle traversée par un chelem admirable.
J. VERNE, le Tour du monde en 80 jours, p. 61.

HOM. (De *rob*) 1. **Rob, robe.**

ROBURITE [ʀɔbyʀit] n. f. — 1890, Larousse, *Deuxième Suppl.*; dér. sav. du lat. *robur* «force», et suff. *-ite.*

♦ Techn. Explosif composé de benzènes chloronitrés et de nitrates d'ammonium.

ROBUSTA [ʀɔbysta] n. m. — V. 1970; mot lat., fém. de *robustus* «robuste».

♦ Comm. Variété de café. *De l'arabica et du robusta.*

ROBUSTE [ʀɔbyst] adj. — XIIIᵉ; lat. *robustus* «résistant, vigoureux», de *robur* «force», d'abord «chêne». → Rouvre; cf. *rubeste* «cruel» en anc. français.

♦ **1.** Qui est à la fois fort et résistant, de par sa solide constitution (→ Constituer, cit. 7). ⇒ **Fort, infatigable, résistant.** *Un homme robuste.* ⇒ **Athlète, costaud, hercule** (cit. 1 et 4), **malabar** (→ Ferme, cit. 5; garçon, cit. 9; cit. 30; 1. mine, cit. 3). *Corps robuste et sain* (→ Exercer, cit. 3). *Robuste comme un roc. Tempérament, organisme robuste* (→ Bienfait, cit. 14; gymnase, cit. 3; humeur, cit. 16). *Avoir une santé robuste, une robuste santé.* ⇒ **Beau, solide** (→ Prix, cit. 15). *Cou, poitrine, épaules, mains* (cit. 26)... *robustes* (→ Agressif, cit. 10; antée, cit. 1; herboriser, cit. 2). *Race plus forte que robuste* (→ Grosseur, cit. 2; prolifique, cit.). —*Animal robuste* (→ Loup, cit. 1), *aux pattes robustes* (→ Fouir, cit. 3).

1 Il avait une assez jolie femme, grande, bien faite, solidement charpentée, la taille élégante, un peu étriquée dans de luxueuses toilettes, qui accusaient avec exagération les robustes rondeurs de son anatomie (...)
R. ROLLAND, Jean-Christophe, Foire sur la place, II, p. 753.

Qui se développe dans des conditions difficiles. *Arbre, plante robuste.* ⇒ **Vivace.**

♦ **2.** (Choses inertes et matérielles). *Poutre* (cit.) *saine et robuste. Coque robuste* (→ Ourque, cit.; et aussi meurtrière, cit. 5). *Voiture, moteur robuste.* ⇒ **Solide.**

♦ **3.** (1829). Fig. *Les cœurs les plus robustes* (→ Étourdir, cit. 21). *La robuste puissance de sa pensée* (→ Grinçant, cit. 1). *Avoir une foi robuste.* ⇒ **Ferme, inébranlable.** *Système simple et robuste* (→ Jeu, cit. 85). «*Tout passe. L'art* (cit. 85) *robuste Seul a l'éternité*» (Gautier). *Style robuste.* ⇒ **Énergique, vigoureux.**

2 (...) la robuste sobriété de l'esprit classique (...)
R. ROLLAND, Musiciens d'autrefois, «Notes sur Lully», III.

CONTR. Caduc, chétif, débile, délicat, faible, fragile, frêle, maladif, malingre.
DÉR. Robustement, robustesse, robusticité.

ROBUSTEMENT [ʀɔbystəmɑ̃] adv. — 1531; de *robuste.*

♦ Littér. (style soutenu). D'une façon robuste. *Robustement constitué. L'art antique accentuait plus robustement les attaches* (cit. 9) *des bras.*
Jamais vieillesse plus verte ne fut plus robustement portée (...)
Th. GAUTIER, Portraits contemporains, «Ingres».

ROBUSTESSE [ʀɔbystɛs] n. f. — 1863, Gautier; de *robuste.*

♦ Qualité de ce qui est robuste. ⇒ **Force, résistance, solidité,**

vigueur. *La robustesse de son tempérament. Robustesse d'un mécanisme.*
C'était une grande femme encore jeune, mais assez laide, malgré une apparence de robustesse et de santé qui pouvait plaire.   J. GREEN, Léviathan, I, IV.

CONTR. Fragilité.

ROBUSTICITÉ [ʀɔbystisite] n. f. — 1776; *robusteté*, 1508; de *robuste.*

♦ État d'une personne robuste. — REM. Ce mot mal formé n'est employé que par la médecine militaire. — (1922). *Indice de robusticité,* calculé dans les conseils de révision, en tenant compte de la taille, T, du poids, P, et du tour de poitrine, t. *L'indice de robusticité* T − (P + t) *doit être inférieur à 30.*

1. ROC [ʀɔk] n. m. — 1512; forme masc. de *roche.*

♦ **1.** (*Un, des rocs*). Littér. Bloc ou masse de pierre dure formant une éminence sur le sol. ⇒ **Pierre, roche, rocher.** *Rocs tombés* (→ Muraille, cit. 8). *Des rocs calcinés* (cit. 2). — Vx. Montagne, rocher. *Un roc inaccessible* (cit. 1).

1 Oh! que la mer est sombre au pied des rocs sinistres!
HUGO, les Années funestes, XIX.

1.1 Un roc isolé, long de trente pieds, large de quinze, émergeant de dix à peine, tel était le seul point solide que n'eussent pas envahi les flots du Pacifique.
J. VERNE, l'Île mystérieuse, t. II, p. 859.

♦ **2.** (*Le roc*). Roche dure, matière rocheuse. *Creuser le sol, la terre, et trouver le roc* (→ Irrésolu, cit. 1). *Bâtir* (cit. 8) *sur le roc. Corniche* (cit. 6), *galerie* (cit. 3), *grotte* (cit. 2) *taillée dans le roc. Le roc d'une caverne* (cit. 2). *Aspérités* (cit. 2) *du roc.*

2 (...) le roc de l'île est de nature si dure que les égratignures.
GIDE, Journal, 27 juin 1943.

♦ **3.** (1665). Par métaphore, fig. *Le roc* ou *un roc* (1.), symbole de dureté, de solidité (→ Factice, cit. 10). *D'une solidité de roc* (→ Fléchir, cit. 13). — *Dur, ferme, insensible* (cit. 8) *comme un roc. C'est un roc!* (→ Échouer, cit. 5).

3 (...) j'ai vu l'ami Cinq-Mars; il est bon, très bon, toujours ferme comme un roc. Ah! voilà ce que j'appelle un homme!   A. DE VIGNY, Cinq-Mars, XIV.

HOM. 2. **Roc, rock, roque.**

2. ROC [ʀɔk] n. m. — 1581; «la tour», v. 1170; persan *ruh* «tour, aux échecs».

♦ Blason. Meuble figurant la tour du jeu d'échecs.
HOM. 1. **Roc, rock, roque.**

3. ROC [ʀɔk] n. m. (t. d'échecs). ⇒ **Roque.**

4. ROC [ʀɔk] n. m. («oiseau fabuleux»). ⇒ 1. **Rock.**

ROCADE [ʀɔkad] n. f. — Av. 1790, *ligne de rocade,* chez Puységur, Guibert, puis 1917; le mot n'apparaît pas dans les dict. qu'au XXᵉ (Académie, 8ᵉ éd., etc.); dér. de *roquer, rokh* «éléphant de guerre».

♦ **1.** Milit. Ligne parallèle au front de combat permettant d'établir des liaisons entre les secteurs. *Ligne, voie de rocade.*

♦ **2.** (1951, dans un dictionnaire plurilingue; *in* D.D.L.). Voie de communication (parallèle à une autre) utilisée comme dérivation. *Autoroute en rocade. Emprunter une rocade* (s'oppose à *pénétrante*).

ROCAILLAGE [ʀɔkajaʒ] n. m. — 1875; de *rocaille.*

♦ Techn. Revêtement, travail, ornementation en rocaille (2.).

ROCAILLE [ʀɔkaj; ʀɔkɑj] n. f. et adj. invar. — 1648; *roquailles* «terrain pierreux», v. 1360, Froissart; *rochaille,* 1611; dér. de *roc.* → aussi Rococo.

♦ **1.** Amas de pierres, de cailloux, sur le sol; terrain plein de pierres. ⇒ **Caillasse, pierraille.** *Chalet environné de rocailles* (→ Platitude, cit. 6). *Rien ne pousse dans cette rocaille.*

♦ **2.** (1636, *rocalle*). Morceau de minéral, pierre, caillou* de forme tourmentée, que l'on utilise, avec des coquillages, etc., pour construire des grottes* artificielles, des décorations de jardin. *Voûte pleine de rocailles et de coquilles** (→ Grotte, cit. 2).
Par ext. Ouvrage fait de rocailles, de coquillages (rocher artificiel, grotte, fontaine, cascade...). *Grotte en rocaille* (→ Impression, cit. 37).
Décor de pierres entre lesquelles poussent des plantes, des fleurs, dans un jardin.

1 C'était, dans le fond du parc, un hémicycle de cinq grandes niches de rocailles surmontées de balustres et séparées par des termes géants.
FRANCE, le Lys rouge, XXX.

♦ 3. Archit., arts. Style ornemental en vogue sous Louis XV (et, spécialt, sous la Régence), caractérisé « par la fantaisie des lignes contournées, dont les enroulements rappellent les volutes des coquillages » (Péau) ; ornements, volutes dans ce style. *Plafond ornementé* (cit.) *de rocailles.* « *Une pendule (...) de rocaille* » (Académie).

Adj. invar. (1842). *Un meuble, des vases rocaille. Le style rocaille.* ⇒ **Rococo.** — N. m. *Le rocaille.*

2   (...) j'admirai en passant une vaste et superbe table rocaille du goût Louis XV le plus vif et le plus joli, avec marbre contourné (...)
   HUGO, *Choses vues*, 1846, « Visite à la Conciergerie ».

3   Indiscutablement le style que nous appelons Louis XV doit quelque chose au baroque ; il en tient l'amour des courbes, des dissymétries. Pourtant la différence est fondamentale. À l'étranger, on l'exprime en donnant à cet art français le nom de « rococo » qui ne distingue chez nous qu'une courte période, celle du siècle « rocaille », sous la Régence (...) Il demeure assez étroitement limité aux intérieurs, les extérieurs gardant leur netteté d'ordonnance.
   P. DU COLOMBIER, *Histoire de l'art*, p. 390.

DÉR. Rocaillage, rocailler, rocailleur, rocailleux.

ROCAILLER [ʀɔkɑje ; ʀɔkɑje] v. tr. — 1875 ; p. p., « fait avec de la rocaille », 1765 ; de *rocaille.*

♦ Techn. Faire (une ornementation, un revêtement) en rocaille.

ROCAILLEUR [ʀɔkɑjœʀ ; ʀɔkɑjœʀ] n. m. — 1671 ; de *rocaille.*

♦ Techn. Ouvrier cimentier spécialisé dans la confection des rocailles. Appos. *Maçon rocailleur.*

(xxᵉ). Artisan, artiste qui fabrique des objets (mobilier, bijoux, etc.) de style rocaille.

REM. Le fém. n'est pas attesté.

ROCAILLEUX, EUSE [ʀɔkɑjø, φz ; ʀɔkɑjø, φz] adj. — 1692, « rugueux » ; de *rocaille.*

♦ 1. (1767). Couvert de rocaille, de petites pierres. ⇒ **Pierreux ; caillouteux.** *Sol, terrain* (→ Garrigue, cit. 3), *chemin rocailleux. Colline* (→ Olivette, cit. 3), *pente rocailleuse* (→ Désert, cit. 5).

♦ 2. (1788). Fig. Dur et heurté, chaotique. *Un style rocailleux.* ⇒ **Dur, heurté.** — (xxᵉ). *Une voix rocailleuse*, rauque, râpeuse (cit. 2).

   L'homme salua, raidi, au port d'arme. Ricolfi lui jeta quelques mots dans une langue rocailleuse.   Émile HENRIOT, *la Rose de Bratislava*, XII.

N. m. (V. 1841). → Correct, cit. 2, Chateaubriand.

ROCAMBEAU [ʀɔkɑbo] n. m. — 1773 ; *racambeau*, 1694 ; orig. incertaine.

♦ Mar. anc. Cercle métallique garni d'un croc, auquel est fixé le point de drisse ou le point d'amure d'une voile.

   Le vieux dundee (...) offrait avec confiance une à une ses blessures à panser : rocambeau tordu, point d'écoute pourri par le sel et le vent, clan mangé par les vers.   Michel DÉON, *les Poneys sauvages*, p. 357.

ROCAMBOLE [ʀɔkɑbɔl] n. f. — 1680 ; all. *Rockenbollen*, de *Rocken* « seigle », et *Bolle* « oignon ».

♦ 1. Variété d'ail (ail ou échalote d'Espagne).

1   On appelait « rocambole » un condiment et par suite ce qui donnait du piquant à une sauce (*en note :* Au dire de Richelet, le petit peuple de Paris « n'aimait rien tant que la rocambole », ce qui fit que cette plante fut beaucoup cultivée et se vendit à un très bas prix ; « *rocambole* » devint synonyme de chose sans valeur (*Courr. de Vaugelas*, VIII, p. 98). D'où le brocard du Palais : La requête civile est la « rocambole » des procès. C'était encore un genre d'*épices*.
   BRUNOT, *Hist. de la langue franç.*, t. VI, p. 498.

♦ 2. (1705). Fig., vx. Le piquant (de qqch.). → cit. 1.

♦ 3. (xixᵉ). Péj. et vx. Chose sans valeur.

2   Le souci de la vérité extérieure dénote la bassesse contemporaine ; et l'art deviendra, si l'on continue, je ne sais quelle rocambole au-dessous de la religion comme poésie, et de la politique comme intérêt. Vous n'arriverez pas à son but — oui, son but ! — qui est de nous causer une exaltation impersonnelle, avec de petites œuvres, malgré toutes vos finasseries d'exécution.
   FLAUBERT, *l'Éducation sentimentale*, I, IV.

ROCAMBOLESQUE [ʀɔkɑbɔlɛsk] adj. — Fin xixᵉ ; de *Rocambole*, personnage des romans-feuilletons de Ponson du Terrail : *Exploits de Rocambole* (1859), *la Résurrection de Rocambole* (1866), etc.

♦ Extravagant, plein de péripéties extraordinaires (comme les romans-feuilletons). *Aventure, imbroglio rocambolesque.*

1   Cette histoire de Jésuites, à éclaircir. C'est tout de même un peu rocambolesque. J'admets qu'il y ait des rivalités dans l'Église comme ailleurs. Mais en ce moment, ils devraient se serrer les coudes.
   J. ROMAINS, *les Hommes de bonne volonté*, t. V, VIII, p. 65.

2   « Ça ne tient pas debout, cette histoire, c'est rocambolesque, c'est du Grand-Guignol... « Tss... tss... tu perds la tête, je t'assure, c'est une simple coïncidence, m'en réponds »   N. SARRAUTE, *le Planétarium*, p. 270.

ROCCELLA [ʀɔsɛ(l)la] ou ROCELLE [ʀɔsɛl] n. f. — 1839, Boiste, *rocella ; rocelle*, 1846 ; var. sav. du catalan *orcella* « orseille », due « au fait que l'orseille vit de préférence sur les pierres » (Bloch).

♦ Bot. Genre de lichen* tinctorial fournissant l'orseille. ⇒ **Orseille.**

ROCHAGE [ʀɔʃaʒ] n. m. — 1870 ; de 2. *rocher.* Technique.

♦ 1. Opération par laquelle on roche deux pièces métalliques.

♦ 2. (1875). Dégagement des gaz dissous dans une masse métallique en fusion (spécialt, dans la coupellation de l'argent).

♦ 3. Action de rocher (2. Rocher, 3.).

ROCHASSE [ʀɔʃas] n. f. — xxᵉ ; francisation du provençal *rochas*, xivᵉ.

♦ Régional. Amas de roches, de rochers.

   À votre droite, traces imperceptibles dans des pulvérisations de rochasses couvertes de diatomées.   J. GIONO, *Un roi sans divertissement*, p. 35.

ROCHASSIER, IÈRE [ʀɔʃasje, jɛʀ] n. — 1904 ; de *roche.*

♦ Alpin. (Vieilli). Alpiniste qui fait du rocher (souvent opposé à *glaciériste*).

   (...) un jeune qui promettait, Zian des Tines, célèbre comme rochassier (...)
   R. FRISON-ROCHE, *Premier de cordée*, p. 32.

ROCHE [ʀɔʃ] n. f. — 980 ; d'un lat. pop.* *rocca*, probablt pré-latin.

♦ 1. (*Une, des roches*). Gros bloc de matière minérale dure. ⇒ **Pierre** (3.), **roc, rocher** (→ Anachorète, cit. 2). *Éboulis* (cit.) *de roches ; roches éboulées* (→ Encaissement, cit. 2). *Énorme roche* (→ Pesée, cit. 3). *Une roche en pain de sucre.* ⇒ **Colline, montagne** (→ Haut, cit. 22). *Entassement de roches amoncelées* (→ 3. Pic, cit.). *Escalades* (cit. 7) *de roches. Roche escarpée* (→ Esplanade, cit. 3). — Prov. *Il y a anguille** (cit. 3 et 4) *sous roche.* — Allus. hist. *La roche tarpéienne. Du Capitole* à la roche tarpéienne.

Spécialt. *Roches côtières* (→ Côte, cit. 12), *marines, sous-marines...* (→ Fond, cit. 8). *Roche à fleur d'eau.* ⇒ **Écueil** (cit. 2 et 3) ; → Écume, cit. 2. *Bêtes endormies dans les roches* (→ Chalutier, cit.). — (Dans des noms de lieux-dits). *Les Roches Noires* (→ Plage, cit. 3). *La Roche Clermauld* (Rabelais, *Gargantua*, 28).

1   (...) les roches plates sur lesquelles est bâti le début de la grande digue — larges bancs à peine inclinés de pierre grise qui se dégradent jusqu'à l'eau (...)
   A. ROBBE-GRILLET, *le Voyeur*, p. 239.

♦ 2. *La roche.* (xviiiᵉ ; *roke* « carrière de pierre », 1269). Élément constituant de l'écorce terrestre (lithosphère). La pierre (surtout dure). — REM. Dans le langage courant, *roche*, synonyme de *pierre* (1.), exclut les matières pulvérulentes (sable), liquides (pétrole), les métaux (minerais) et les matières combustibles* d'origine organique (houille, pétrole), qui sont des *roches* au sens scientifique (4.) ; *roche* se dit surtout des roches ignées les plus dures. — *Roche nue* (→ Aveuglant, cit. 2), *dénudée* (→ Ocre, cit. 3) : sol rocheux. *Sentier qui grimpe* (cit. 11) *et se tord aux flancs de la roche. Anfractuosités de la roche* (→ Nid, cit. 2). *Quartier de roche* (→ Architecture, cit. 2). *Creuser, forer la roche* (⇒ **Carbonado, trépan**). *Parois de roche d'une galerie de mine, d'une carrière. Qui croît, vit sur la roche.* ⇒ **Rupestre.** *Eau qui sort de la roche* (→ Net, cit. 12). — ... DE ROCHE : qui vit près des roches, parmi les roches. *Coq de roche.* ⇒ **Rupicole.** *Poisson de roche :* poisson de mer qui vit près des roches. *Rougets de roche.*

Loc. (1690). *Eau de roche :* eau de source très limpide. Fig. *Clair* (*supra* cit. 20) *comme de l'eau de roche.*

(1633). Fig. *La roche*, symbole de dureté. *Cœur de roche*, dur, implacable, insensible* (→ Bout, cit. 17.4).

♦ 3. (1690). Vx. Minerai contenant des pierres* fines (*roche gemmifère*). *Pierres, turquoises... de la vieille roche*, « qu'on retire de l'ancienne mine là où elles sont les plus belles » (Furetière, 1690).

Loc. (1658). Vieilli. *De la vieille roche, de vieille roche :* ancien et éprouvé. *Un Romain de vieille roche*, de « vieille souche » (→ Histrion, cit. 2).

2   Eh ! bien, c'est un comte et de vieille roche, je vous en réponds !
   BALZAC, *le Député d'Arcis*, Pl., t. VII, p. 711.

3   (...) la jeune fille semblait bien de bonne vieille roche normande (...)
   MICHELET, *Hist. de la Révolution franç.*, XII, III.

Mod. *Cristal* (cit. 1) *de roche :* variété de quartz (→ Flambeau, cit. 1). ⇒ **Cristal.**

(1690). Vx. Borax impur. — Impuretés sur un métal (oxydes, etc.). ⇒ **Dérocher.**

♦ 4. (xviiiᵉ). Sc. « Assemblage, en composition variable, de minéraux* définis par leur composition chimique » (Baulig). *Les roches forment les terrains* qui constituent le matériel de l'écorce terrestre. Constituants des roches.* ⇒ **Minéral, minéralogie.** — *Sciences qui étudient les roches.* ⇒ **Pétrographie ; géologie, lithologie** (vx).

minéralogie. — *Aspect, taille... des roches, des matériaux rocheux.*
⇒ **Bloc, moellon, caillou, galet, gravier, gravillon, sable, falun, limon,
vase, boue, argile** (par taille décroissante). — *Roches volcaniques.*
⇒ **Projection, éjection ; bloc, bombe, paquet** (de lave), **lapilli, cendre,
poussière** (volcanique*). *Aspect des roches volcaniques : roches
bulleuses, compactes, soufflées, spongieuses...* — *Disposition des
roches. Roche massive*, constituée par dépôt continu ; *roches stratifiées** (en couches, lits, strates, assises, bancs, feuillets, lamelles...).
⇒ **Stratification.** *Roches modifiées après leur dépôt par consolidation, lapidification, tassement, compression, cimentation des sédiments naturels* («*diagénèse*»). *Roches schisteuses. Structure et propriété des roches. Texture, calibre, grain d'une roche. Roche à
grains frais, anguleux, usés, émoussés, roulés. Cohésion, résistance d'une roche : roche dure, tendre ; roche consistante, compacte, friable*, meuble. Roche plastique. Perméabilité des roches*
(⇒ **Imperméable, perméable**). *Porosité* (cit. 1) *d'une roche.*
⇒ **Poreux** (→ Dolomitique, cit. 1). *Roche fissile* (⇒ **Clivage**). —
Joints, fentes, lézardes, fissures..., crevasses d'une roche («*diacla-
ses*»). *Roche encaissante*, dans les fentes de laquelle se sont introduits des matériaux de remplissage (⇒ **Massif ; filon** [cit. 1] ; **dyke,
veine**). *Roches amygdaloïdes.* — *Roche enfermant des fossiles.
Roche zoolithique* (vx). *Roche-mère :* couche géologique poreuse où
se forment les hydrocarbures. — *Roche-magasin* (ou *roche-réser-
voir*) : couche géologique où se localisent les gisements d'hydrocarbures, gazeux ou liquides.
*Composition chimique des roches. Principaux éléments constituant
les roches :* (par ordre d'importance) oxygène, silicium, aluminium,
fer, calcium, sodium, potassium, magnésium. *Minéraux* (→ Minerai, cit. 1) *formant les roches* (ex. : silicates : quartz [*roches
quartzifères*], feldspath [*roches feldspathiques*], micas... ; carbona-
tes [calcite...] ; sulfates ; phosphates, etc.). *Roches ferrugineuses,
magnésiennes, stannifères...*
Altérations, transformations des roches. ⇒ **Érosion** (cit. 1). —
Actions météoriques : altération, décomposition désagrégation,
ameublissement (→ Pluie, cit. 7). *Sol formé de débris de roche. Sol
et roche saine, vive, à nu* (→ Causse, cit. 1). — Actions mécaniques. *Dilatation de la roche par insolation ; contraction par rayonnement. Éclatement, fragmentation, pulvérisation ; émiettement des
roches. Dalles, écailles, éclats, lamelles de roche ; roches
lamellées, lamelleuses.* — *Action du gel* (cit. 5), «*cryergique*», sur
les roches. *Le gel fait éclater, pulvérise les roches, forme des sols
géométriques, réticulés... Roches gélives* (cit. 2). — Actions chimiques. *Dissolution* (cit. 2), *oxydation, réduction, hydratation, hydrolyse des roches. Roches rongées, corrodées, effritées* (cit. 4), «*pourries*». ⇒ aussi **Lapiaz** (cit. 1). *Roche décalcifiée, appauvrie* (sol
résiduel). *Efflorescences, platine, pellicules produites sur la roche
par l'évaporation.*

Spécialt. Morphologie glaciaire (⇒ **Glacier**). *Roche fragmentée,
gélive ; roches rayées, égratignées, polies, moutonnées, lisses, écla-
tées, striées, taillées à facettes... Débris de roche formant moraine.
Cirques, aiguilles, pyramides creusés dans la roche* (⇒ aussi **Nuna-
tak**). *Roche* (ou, plus souvent, bloc) *erratique*.* — Morphologie
marine ou littorale (⇒ **Mer ; côte, rivage**). *Roche, tête de roche à
fleur d'eau.* ⇒ **Écueil, récif.** *Banc de roches.* ⇒ **Chaussée, haut-fond.**
Roches d'une banquette, d'une falaise. Roche attaquée par des
mollusques perforants* (lapicides [vx], lithodomes, lithophages...). —
Morphologie fluviale (⇒ **Rivière**). — (Action éolienne). *Découpage,
polissage des roches par le vent. Roches* «*éolisées*», *vermicu-
lées, roches-champignons.* — (Phénomènes karstiques*.) ⇒ **Calcaire**
(→ Causse, cit. 1 ; caverne, cit. 3). *Dissolution, érosion des roches
calcaires, donnant des concrétions* (⇒ **Concrétion ; stalagmite, stalactite**). *Silex en rognons, d'une roche calcaire.*

Classification des Roches.

[a] *Roches endogènes, ignées, magmatiques* (formées dans l'épaisseur de l'écorce terrestre). → Croûte, cit. 7. — REM. L'appellation
*roches éruptives** devrait être réservée aux *roches volcaniques*, pour
distinguer nettement ces dernières des *roches plutoniennes* (vx) ou
plutoniques (cit. 1). ⇒ **Magma.** — *Roches acides* (Granites), *neutres* (Syénites, Diorites), *basiques* (Gabbros, Péridotites), *alcalines*
(Syénites à feldspathoïdes, Carbonatites...). — *Roches cristallines*
(pegmatites, roches grenues, microlithiques), *amorphes, porphyri-
ques.* ⇒ aussi **Cristallophyllien.**

[b] *Roches exogènes* (formées en surface, par dépôt). ⇒ **Sédiment,
sédimentaire.** *Roches marines ; terrestres* (sédiments fluviaux, lacustres, dépôts glaciaires, éoliens). *Roches clastiques,
détritiques* (⇒ **Agglomérat, brèche, conglomérat, poudingue, grès,
quartzite**). — *Roches carbonatées.* ⇒ **Calcaires, dolomies :** *roches
dolomitiques, argileuses* (⇒ **Argile, schiste, marne, loess**...) ; *roches
siliceuses* (⇒ **Silice ; sable, grès**...) ; *dépôts organiques* (charbon,
pétrole).

[c] *Roches transformées par pression, température ou action chimique.* ⇒ **Métamorphique, métamorphisme** (→ Méta-, cit. 3), **oro-
génèse.**

GRANDES CLASSES DE ROCHES :
(I = ignées ; S = sédimentaires ; M = métamorphiques).

Agglomérat I et S	Albâtre S	(→ Amphibole)
Alios S	Amphibolite M	Andésite I
Anthracite S	Hornblendite I	Pétrole S
Ardoise S et M	(→ Hornblende)	Phonolithe I
Argile S	Houille S	Phosphate S
Asphalte S	Hydrocarbures S	Phosphorite S
Basalte I	Jais S	Phyllade M
Bauxite S	Jaspe S	Pluton I
Bitume S	Kaolin S	Ponce I
Boghead S	Latérite (cit.) S	Porphyre I
Brèche S et I	Lave I	Poudingue S
Calcaire S	Lignite S	Protogyre I
Calcite S	Limon S	Pyroxénite I et M
Charbon S	Loess S	(→ Pyroxène)
Cipolin M	Lumachelle S	Quartzite S et M
Conglomérat S	Marbre S	Rhyolithe I
Craie S	Marne (cit.) S	Sable S
Diorite I	Météorite I	Sapropel S
Dolomie S	Meulière S	Schiste S et M
Émeri M	Micaschiste M	Sel S
Falun S	Microrganite I	Serpentine M
Fusain S	Molasse S	Silex S
Gabbro I	Naphte S	Syénite M
Gneiss M	Obsidienne I	Sylvine S
Granite (cit. 4) I	Onyx S	Trachyte I
(→ Graniteux,	Oolithe S	Tripoli S
-ique, -oïde)	Ozokérite S	Tourbe S
Granulite I	Pegmatite I	Tuf I
Grès (cit.) S	Pépérin I	Vase S
Guano S	Péridotite I	
Gypse S	(→ Péridot)	

DÉR. Rocher, rocheux, rochier.
COMP. Abri-sous-roche.

1. ROCHER [ʀɔʃe] n. m. — 1138 ; dér. de *roche*.

♦ **1.** (*Un, des rochers*). Grande masse de matière minérale dure
(roche), formant une éminence généralement abrupte. ⇒ **Bloc,
pierre** (cit. 4). — REM. Les différences établies par les synonymistes
entre *roc, roche* et *rocher* sont plus théoriques que réelles. On peut
cependant remarquer que *roc*, qui, selon Condillac, «marque plus la
dureté et la stabilité de la pierre», est plus littéraire (au sens 1), *roche*
(1.), d'usage plus général, et que *rocher* indique davantage une forme
déterminée, souvent abrupte, pointue. Le *roc* (2.) désigne souvent un
soubassement, un fond, le *rocher* (2.) une paroi raide. De ces trois
mots, seul *roche* est d'usage scientifique, et *rocher* est le plus courant dans la langue parlée, alors que *caillou* peut désigner un rocher
dans la langue fam. — *Rocher abrupt* (→ Baigner, cit. 19), *escarpé*
(cit. 2), *coupé* (cit. 28), *à pic. Chaos* de rochers. Un rocher lisse
et vert* (→ Arc, cit. 7), *noir* (→ Fouiller, cit. 5). *Les rochers qui
encaissaient* (cit. 4) *la route.* — *Rochers volcaniques* (→ Fond,
cit. 4). — *Saillies de rochers* (→ Falaise, cit. 1) ; *le creux* (cit. 19)
d'un rocher. Aspérités du rocher. Cône (→ Inaccessible, cit. 4),
conque (→ 1. Élan, cit. 1), *muraille* (→ Grimper, cit. 13) *de
rochers.*

(1580). Écueil, récif. *Rochers à fleur d'eau.* ⇒ **Banc** (III., 1.), **brisant, étoc, roche.** *Crique* (cit. 1 et 2) *dans les rochers.* — *Qui vit
dans les rochers.* ⇒ **Saxatile, saxicole, saxifrage.**
Éminence, colline rocheuse. *L'immense rocher de Gibraltar*
(→ Monolithe, cit. 2). *Le brûlant rocher de Malte* (→ Braver,
cit. 7). ⇒ **Île.**

Rochers, bien que soyez âgés De trois mille ans, vous ne changez Jamais ni d'état ni de forme (...) RONSARD, *Odes*, IV, X.	1
Nous apercevions auprès de nous des rochers contre lesquels les flots irrités se brisaient avec un bruit horrible. FÉNELON, *Télémaque*, IV.	2
Ô lac ! rochers muets ! grottes ! forêt obscure ! Vous que le temps épargne ou qu'il peut rajeunir. LAMARTINE, *Premières méditations*, «Le lac».	3
Ce qui caractérise Alicante, c'est un énorme rocher qui s'élève au milieu de la ville, lequel rocher, magnifique de forme, magnifique de couleur, est coiffé d'une forteresse (...) Th. GAUTIER, *Voyage en Espagne*, p. 284.	4
(...) entre la mer et le pied de la montagne, à mi-côte à peu près, un surprenant chaos de rochers énormes, écroulés, renversés, entassés les uns sur les autres dans une espèce de plaine herbeuse et mouvementée qui courait à perte de vue vers le sud, formée par les éboulements anciens. MAUPASSANT, *Pierre et Jean*, VI.	5
Au-dessus des immenses plaines du pays de Tanjore, au-dessus du monde touffu des palmes qui se déploie comme la mer, un rocher se dresse, seul et colossal, sur- veillant depuis le commencement des âges cette région, dont il a vu pousser les forêts, surgir les villes et monter les temples. Il est une étrangeté géologique, une fantaisie des cataclysmes primitifs (...) LOTI, *l'Inde (sans les Anglais)*, IV, I.	6
Rochers. Les uns sont noirs ; les autres, d'argent ; d'autres, roses de chair. Les uns luisants et cubiques, aux arêtes mousses et douces. Les uns, à cassures aigres et nettes, ou à feuillets épais et déchiquetés. Il en est d'informes et de grossiers, et il en est de particuliers comme des personnes. Chacun sa nature, sa figure, son histoire. Sa figure est son histoire. VALÉRY, *Autres rhumbs*, p. 93.	7

Allus. myth. *Le rocher de Sisyphe* (→ Plume, cit. 19).

Mais je voudrais tant avoir fini ce roman ! Ah ! quels découragements quelque- fois, quel rocher de Sisyphe à rouler que le style, et la prose surtout ! *Ça n'est jamais fini.* FLAUBERT, *Correspondance*, 431, 7 oct. 1853.	8

(Déb. XVIIᵉ). Fig. Symbole de l'insensibilité. *Dur comme un rocher*
(→ Inexorable, cit. 5). *Cœur de rocher*, insensible. — (1694). Vx.
Parler aux rochers : s'adresser à des gens insensibles.

♦ **2.** (*Le rocher*). Roche qui constitue un rocher ; la paroi rocheuse.
⇒ **Roche** (2.). *À flanc de rocher. Creusé dans le rocher. Caverne*

dans le rocher. — Alpin. *Faire du rocher,* de l'escalade de rocher (par oppos. à *glace* ou *neige*). ⇒ **Rochassier.**

9 *(La)* recherche des meilleures prises dans un rocher (...) s'opère d'instinct chez le rochassier (...) déjà entraîné (...) La progression verticale sur les dalles permet au grimpeur exercé d'escalader de véritables murs verticaux sur des prises infimes (...) François GAZIER, les Sports de la montagne, p. 52.

◆ **3.** (1765). Archit. *Rocher artificiel :* massif de pierre construit pour imiter un rocher. — (1694). *Rocher d'eau :* fontaine en forme de rocher.

◆ **4.** (1765, *Encyclopédie*). Anat. Partie massive (« pierreuse ») du temporal*, en forme de pyramide quadrangulaire. *L'oreille* interne est située dans l'épaisseur du rocher.*

◆ **5.** Gâteau ou confiserie ayant un aspect rocailleux. *Rocher au chocolat.* — (1690). *Rocher de confiture :* filets d'écorce de citrons et d'oranges confits, disposés pour imiter une rocaille.

HOM. 2. Rocher.

2. ROCHER [ʀɔʃe] v. — 1622 ; dér. de *roche* (3.).
Technique.

◆ **1.** V. tr. Saupoudrer de borax (un métal à souder).

◆ **2.** V. intr. (1870). Se couvrir d'excroissances, en parlant de l'argent fondu qui se refroidit.

◆ **3.** (1803, de 1. *rocher*, n. m. ; 1765, appliqué par métaphore à la mousse de fermentation). Mousser, en parlant de la bière qui fermente.

DÉR. Rochage.
HOM. 1. Rocher.

1. ROCHET [ʀɔʃɛ] n. m. — V. 1170 ; dér. anc. du francique *rokk* (→ aussi Froc).

◆ **1.** (1265). Anciennt. Tunique courte (que portaient les hommes et les femmes, au moyen âge).

◆ **2.** Aube courte à manches étroites (que portent certains dignitaires ecclésiastiques, notamment les évêques). ⇒ **Surplis** (→ Camail, cit. 1 ; haubert, cit. 2).

◆ **3.** (1721). Mantelet de cérémonie des pairs d'Angleterre.
Ces robes, toutes deux de velours cramoisi doublé de taffetas blanc avec deux bandes d'hermine galonnées d'or à l'épaule, étaient pareilles, à cela près que la robe de couronnement avait un plus large rochet d'hermine.
HUGO, l'Homme qui rit, II, VIII, I.

HOM. 2. Rochet.

2. ROCHET [ʀɔʃɛ] n. m. — XVIᵉ ; « tampon à l'extrémité de la lance », v. 1200 ; selon Wartburg, dér. du germanique *rukka* « quenouille » (→ Roquetin, 2. roquette ; cf. aussi all. *Rocken*) ; Guiraud suppose un gallo-roman *rotica, de rota* « roue », le *rochet* étant une « rondelle » et non pas une tige.

◆ **1.** Archéol. Fer émoussé à l'extrémité d'une lance de joute.

◆ **2.** (1669). Techn. Bobine* (cit. 1) de filature sur laquelle on enroule la soie, etc. ⇒ 3. **Fuseau.**

◆ **3.** Mécan. *Roue à rochet* ou *rochet :* roue dentée qu'un cliquet oblige à tourner dans un seul sens. « *Un marteau, commandé par une roue à rochet...* » (*Rev. gén. des sc.,* 15 janv. 1903, p. 2). — *En horlogerie, le rochet permet le remontage du ressort.*

HOM. 1. Rochet.

ROCHEUX, EUSE [ʀɔʃø, øz] adj. — 1598 ; « situé sur un rocher », 1549 ; rare jusqu'au XIXᵉ, admis Académie 1878 ; dér. de *roche.*

◆ **1.** Couvert de roches apparentes ; formé de rochers. *Côte rocheuse et côte de sable. Îlot rocheux* (→ Île, cit. 4). *Montagnes rocheuses, nues...* (→ Pétré, cit.). — (Trad. angl. : *Rocky Mountains*). *Les montagnes Rocheuses,* et, n. f., *les Rocheuses :* vaste zone montagneuse d'Amérique du Nord, entre la côte du Pacifique et les plaines centrales.

1 Mais ces chemins pierreux aux passants sont rebelles :
Ces pics repoussent l'homme, ils ont des coins hagards
Hantés par des vivants aimant peu les regards,
Et quand une vallée est à ce point rocheuse,
Elle peut devenir aux curieux fâcheuse.
HUGO, la Légende des siècles, XV, « Le petit roi de Galice », VII.

◆ **2.** (Déb. XXᵉ). Formé de roche (I., 2.), de matière minérale dure. *Muraille rocheuse* (→ Orgue, cit. 5). *Bastion, saillant, seuil rocheux* (→ Fjord, cit. 2). *Glacis rocheux. Fond rocheux ou sableux.*

2 Et, comme des corps morts, la foule des îles flotte le long du ponton rocheux et des quais granitiques.   André SUARÈS, Trois hommes, « Ibsen », I.

Par métaphore littéraire :

3 Shelley ne demandait qu'à partir. La famille, l'amitié, les affaires élevaient autour de lui, avec une méthodique douceur, des murailles trop solides qui l'étouffaient.

Les petites vagues de la vie mordaient, perfides et nonchalantes, cette rocheuse volonté.   A. MAUROIS, Ariel..., p. 219.

ROCHIER [ʀɔʃje] n. m. — 1560 ; *colomb roquier* « pigeon biset », 1300 ; de *roche.*

◆ **1.** Régional. Poisson de rocher (nom commun à plusieurs espèces). — Spécialt. Requin des côtes de France appelé aussi *chat rochier,* ou *petite roussette.*

◆ **2.** (1776). Vx. Émerillon* (oiseau de proie). Se dit surtout des vieux mâles.

1. ROCK ou ROC [ʀɔk] n. m. — 1798, *rock; roc,* début XVIIIᵉ, Galland ; *ruc,* 1298, Marco Polo ; arabe-persan *rūḫ* « oiseau fabuleux » proprt « tour ».

◆ Oiseau fabuleux des légendes orientales, d'une force et d'une taille prodigieuses. — Appos. *L'oiseau roc.*

Cependant les deux rocs approchèrent en poussant des cris effroyables, qu'ils redoublèrent quand ils eurent vu l'état où l'on avait mis l'œuf, et que leur petit n'y était plus. Dans le dessein de se venger, ils reprirent leur vol du côté où ils étaient venus et disparurent quelque temps (...) Ils revinrent, et nous remarquâmes qu'ils tenaient entre leurs griffes chacun un morceau de rocher d'une grosseur énorme.
A. GALLAND, les Mille et Une Nuits, Vᵉ voyage de Sindbad le Marin.

REM. Ce terme désignait aussi une pièce au jeu d'échecs, « la tour ».

DÉR. Roquer.
HOM. 1. Roc, 2. roc, 2. rock, roque.

2. ROCK [ʀɔk] ou ROCK AND ROLL [ʀɔkɛndʀɔl] n. m. — 1955, *rock and roll* (*rock,* 1956, in Höfler) ; mot angl. des États-Unis, de *to rock* « balancer », et *to roll* « rouler ».

◆ Anglic. Danse à quatre temps sur la musique de ce nom (voir ci-dessous). *Elle danse bien le rock. Après les slows, on a dansé un rock ensemble.*
Musique de danse, principalement vocale, née aux États-Unis vers 1955, participant à la fois du rythm and blues noir et de la musique rurale (*country and western,* « de la campagne et de l'Ouest ») blanche et caractérisée par une accentuation très forte des contretemps (2ᵉ et 4ᵉ temps de la mesure) par la section rythmique, par l'utilisation expressionniste des timbres (guitare électrique, saxophone, orgue, harmonica) et par le recours systématique à l'amplification électrique. *Les grands chanteurs du rock* « *classique* » (v. 1955-1965) : Chuck Berry, James Brown, Eddy Cochrane, Fats Domino, Bill Haley, Buddy Holly, Jerry Lee Lewis, Elvis Presley, Little Richard, Gene Vincent, etc. *Tendances du rock moderne : hard rock** (« rock dur », agressif, à la fois par les paroles des chansons et par le traitement de la matière sonore), *soft rock* (« rock tendre », moins rude musicalement et poétiquement). — Morceau de cette musique. *Jouer un rock.*

REM. On écrit *rock and roll* ou, avec l'abréviation américaine, *rock'n'roll.*

Et j'ai sous les yeux, pour ne pas dire aux oreilles, l'exemple de ma fille qui semble ne pouvoir assimiler Tacite ou Salluste qu'avec le fond sonore d'un *calypso* de Belafonte ou d'un *rock'n'roll* de Johnny Raye.   Pierre DANINOS, Un certain Monsieur Blot, p. 191. 1

À la première visite, cette *maison* te prie de repasser et d'apprendre, dans l'intervalle, à chanter du rock'n'roll et des chansons de Johnny (*Hallyday*).   P. GUTH, Lettre ouverte aux idoles, « F. Hardy », p. 55. 2

Adj. invar. (V. 1957). De cette musique ; qui a trait au rock, participe du rock. *Un concert rock. Un chanteur rock.* — REM. Les nombreux emprunts directs à l'anglais (comme *rock music* au lieu de *musique rock*) font que cet emploi est concurrencé par les formes antéposées : on trouvera plus souvent *rock opéra* que *opéra rock.*

DÉR. V. Rocker (dér. anglais).
HOM. 1. Roc, 2. roc, 1. rock, roque.

ROCKER [ʀɔkœʀ] n. — 1963, in *Salut les copains,* in Höfler ; mot angl., de *rock,* abrév. de *rock'n'roll.*
Anglicisme.

◆ **1.** Chanteur, musicien de rock and roll. « *Voyou, dur et crapuleux, dans la phase violente et subversive ou rock and roll, il récupère toutes les techniques des rockers américains : onomatopées, cris, halètements, contorsions, transes* » (le Nouvel Obs., 25 juin 1973, p. 41).

REM. On trouve la var. *rock and roller.*

◆ **2.** (1973). Amateur de rock and roll ; jeune homme, jeune fille se réclamant du mouvement « rock » dans son comportement et ses goûts musicaux, imitant dans sa tenue les chanteurs des années 1960.

Serrés dans du cuir noir ils arrivent (...) les rockers. Ils viennent des banlieues bétonnées (...)
Ils marchent en se déhanchant, sur le rythme intérieur d'un rock qu'ils s'inventent,

et ils redressent d'un main négligente leurs cheveux luisants de gomina, ramenés sur le front en «banane» (...)
Ils ont leur monde : la bande. Leur religion : le rock.
Le Nouvel Obs., 16 oct. 1978, p. 79.

REM. On trouve aussi l'abréviation *rocky* [ʀɔki], et l'adaptation francisée *rockeur, euse* [ʀɔkœʀ, øz] : «*Patricia, l'assistante, rockeuse*» (*F. Magazine*, mars 1981, p. 44).

ROCKET [ʀɔkɛt] n. f. ⇒ 2. **Roquette.**

ROCKING-CHAIR [ʀɔkiŋtʃɛʀ] n. m. — 1851, Xavier Marmier ; mot angl., de *to rock* «balancer», et *chair* «chaise».

♦ Chaise, fauteuil à bascule que l'on peut faire osciller d'avant en arrière par un simple mouvement du corps (⇒ **Berceuse.** Cf. Au Canada, *chaise berçante*). *Des rocking-chairs* (rare). → Purée, cit. 2.
Dans le jardin du bel hôtel de style mexicain, des touristes assis sur ces rocking-chairs regardaient les voyageurs (...)
S. DE BEAUVOIR, l'Amérique au jour le jour, p. 109.
(1895). Vx. Abrév. : *un rocking* (→ Purée, cit. 2, Proust).

ROCOCO [ʀɔkɔko ; ʀɔkoko] n. m. et adj. — 1825, Stendhal, *in* D.D.L. ; d'abord mot de l'argot des ateliers ; formation plaisante d'après *rocaille*.

♦ **1.** Hist. Arts. Style décoratif du XVIIIᵉ siècle caractérisé par la profusion ornementale, le goût des courbes et des contrecourbes, des formes tourmentées, des couleurs variées. ⇒ **Rocaille** (cit. 3). *Le rococo dans la sculpture, dans l'ornementation, dans l'ameublement, dans les arts mineurs. Le rococo, forme exaltée du baroque*. *Le rococo français, allemand.* — Adj. invar. *L'art, le style rococo. Ornement rococo. Des pendules rococo.* — REM. Le mot est péjoratif à l'origine dans la langue courante, mais neutre en histoire de l'art, et souvent positif (*une admirable chapelle rococo ; la Wies, «cette merveille rococo»,* Michel Leiris, *Frêle bruit,* p. 158).

1   Me permettra-t-on un mot bas? Le Bernin fut le père de ce mauvais goût désigné dans les ateliers sous le nom un peu vulgaire de *rococo.* Le genre *perruque* triompha en France sous Louis XV et Louis XVI.
STENDHAL, Promenades dans Rome, 25 mars 1828.

2   Il y a beaucoup de façades rocaille à Gand parmi les pignons gothiques, et des plus tourmentées, ce qui les fait passer. Le rococo n'est supportable qu'à la condition d'être extravagant.
HUGO, France et Belgique, Belgique, VIII.

3   Se dissout-il *(le baroque)* dans un style apparenté à lui, le rococo? Ou bien (...) faut-il, entre le baroque et le néo-classicisme, reconnaître une période intermédiaire, le rococo, et pourvue d'une autonomie?
Il *(le rococo)* a été encore, et surtout en Europe centrale, un maniérisme du baroque, une façon à la fois de renchérir sur ses procédés et d'en affaiblir la portée en les exagérant, parfois aussi, un baroque transposé sur un mode mineur, avec plus de naïveté et de grâce douce.
V.-L. TAPIÉ, le Baroque, p. 124.

♦ **2.** Adj. invar. (1825, Stendhal, *in* D.D.L.). Démodé*, vieillot, ridicule. ⇒ **Désuet, vieux, périmé** (→ Pompadour, cit. 1).

4   Accoutumé dès ma jeunesse à donner une grande valeur aux objets de luxe dont j'étais entouré, je ne pus m'empêcher de marquer une sorte d'étonnement à l'aspect de ce reliquat exigu. «Oh! me dit le commissaire-priseur, tout cela était bien rococo».
BALZAC, la Peau de chagrin, Pl., t. IX, p. 81.

5   Nous apparaîtrons nous aussi, à nos arrière-neveux, comme de vieilles petites ombres effacées par la distance, avec des tons de pastel pâlis par la fuite des jours. Notre politesse, notre esprit, nos mœurs et notre art sembleront vieillots et *rococo* (...)
J. LEMAÎTRE, Impressions de théâtre, «Poinsinet».

REM. On trouve chez les Goncourt le dér. *rococoterie,* n. f. (*Manette Salomon,* p. 101, 1867).

ROCOU [ʀɔku] n. m. — 1614 ; *roucou,* 1629 ; altér. de *urucu,* mot d'une langue indienne du Brésil.

♦ Colorant d'un beau rouge orangé qu'on extrait des graines du rocouyer. *Teindre une étoffe avec du rocou.* ⇒ **Rocouer.** — REM. On rencontre parfois le mot sous la forme altérée *raucourt* [ʀokuʀ].
Elle regarda dans un petit pot plein d'une sorte de teinture rouge. — Il est trop clair, votre raucourt, murmura-t-elle. — Le raucourt sert à rendre à la maniotte une belle couleur jaune. Les marchandes croient garder religieusement le secret de cette teinture, qui provient simplement de la graine du rocouyer ; il est vrai qu'elles en fabriquent avec des carottes et des fleurs de soucis.
ZOLA, le Ventre de Paris, V, t. I, p. 104.

DÉR. Rocouer, rocouyer.

ROCOUER [ʀɔkwe] v. tr. — 1640 ; *raucouer,* 1658 ; de *rocou.*

♦ Techn. Teindre avec du rocou. *Rocouer de la soie.*

ROCOUYER [ʀɔkuje] n. m. — 1845 ; *rocchouier,* 1645 ; *roucouyer,* 1722 ; de *rocou.*

♦ Plante dicotylédone (*Bixacées* ou *Bixinées*), arbrisseau originaire de l'Amérique tropicale, scientifiquement appelé *bixa,* dont les graines servent à fabriquer le rocou* (cit.).

ROCROI [ʀɔkʀwa] n. m. — XXᵉ ; de *Rocroi,* nom d'une ville des Ardennes.

♦ Fromage affiné, fabriqué dans les Ardennes avec du lait de vache.

ROCTEUR [ʀɔktœʀ] n. m. — 1875, forme picarde ; *roqueteur* «carrier», XIIIᵉ ; de l'anc. verbe *roqueter* «extraire des pierres», de *roc.*

♦ Techn. Ouvrier détachant le minerai ou la roche, dans une carrière ou une mine, lorsque l'abattage n'exige pas de boisage systématique.

RODAGE [ʀɔdaʒ ; ʀodaʒ] n. m. — 1836 ; de *roder.*

♦ **1.** Opération qui consiste à roder (1.) une pièce. ⇒ **Ajustage, frottement.** *Rodage de soupapes.*
Ce sont *(les soupapes)* les parties du moteur que vous aurez le plus souvent à manipuler soit pour le rodage, soit pour le remplacement.
L. BAUDRY DE SAULNIER, l'Automobile, p. 428 (1900).

♦ **2.** (Av. 1950). Le fait de roder* (2.) un moteur, un véhicule ; le temps pendant lequel on le rode. *Le rodage d'un moteur.* — Par ext. *Le rodage d'une automobile. Temps de rodage.* — *Voiture en rodage.*

1   L'entretien ne se sépare pas de la construction, il la prolonge, et en certains cas, l'achève, par exemple au moyen du rodage, qui est le prolongement et l'achèvement de la construction par rectification des états de surface en cours de fonctionnement. Lorsque le rodage ne peut être pratiqué par l'utilisateur en raison des limitations qu'il impose, il doit être fait par le constructeur après le montage de l'objet technique, comme c'est le cas pour les moteurs d'avion.
Gilbert SIMONDON, Du mode d'existence des objets techniques, p. 251.

♦ **3.** (XXᵉ). Fig. Action de roder (3.) ; son résultat. Période d'adaptation, de mise au point. *Le rodage d'une pièce de théâtre, d'une institution politique. Un rodage difficile, long. Une période de rodage.* «*Un magazine d'information en rodage*» (*l'Express,* 16 nov. 1970, *in* P. Gilbert).

2   (...) après la période de rodage nécessaire à une réconciliation générale, il faudrait tirer les conséquences de cette innovation.
CAMUS, Actuelles III, p. 209.

(Personnes). Adaptation, mise au courant (souvent dans : *en rodage*).

RÔDAILLER [ʀodaje] v. intr. — 1838 ; de *rôder.*

♦ Fam. Rôder, traînailler. ⇒ **Errer, traîner.**

1   Vous n'avez pas vu rôdailler par là une espèce de petit muscadin du diable? — Non.
HUGO, les Misérables, III, VIII, XIV.

2   L'étalage dressé, j'allais rôdailler près de l'église, de l'autre côté de la place, où travaillait sa concurrente, pour en surprendre les prix.
Raymond ABELLIO, Ma dernière mémoire, t. I, p. 85.

DÉR. Rôdailleur.

RÔDAILLEUR, EUSE [ʀodajœʀ, øz] adj. et n. — 1951, Céline ; de *rôdailler.*

♦ Qui rôdaille.
Caribon Way où l'effarouché truand rôde... et le ministrel, le faux nègre, barbouillé de suie, haillons d'arlequins... rôdailleur ici, là, partout...
CÉLINE, Guignol's band, p. 42.

RODE [ʀɔd] n. f. — 1246 ; mot provençal, du lat. *rota* «roue».

♦ Mar. anc. Grosse poutre verticale, sur une galère. *Rode de proue* (étrave), *rode de poupe* (étambot).

RODÉ, ÉE [ʀɔde ; ʀode] adj. ⇒ **Roder.**

RODENTICIDE [ʀɔdɑ̃tisid] adj. et n. m. — XXᵉ ; de *rodenti-,* élément tiré du lat. *rodere* «ronger», et *-cide.*

♦ Didact. Se dit d'une substance chimique qui détruit les rongeurs nuisibles (destinée à être avalée par l'animal). *Poudre rodenticide.* N. m. *Un rodenticide.*
REM. On trouve aussi la forme *rodonticide* [ʀɔdɔ̃tisid].

RODEO ou RODÉO [ʀodeo] n. m. — 1923, *in* Höfler ; mot amér., de l'esp. *rodeo* «encerclement du bétail, emplacement circulaire où l'on marque le bétail» ; de *rodear* «tourner, encercler», du lat. *rotare.*

♦ **1.** Vx. (En Amérique latine et dans l'ouest des États-Unis). Opération d'encerclement du bétail pour le marquage.

♦ **2.** (Aux États-Unis). Fête donnée en principe pour le marquage du bétail, et qui comporte des jeux (maîtriser une bête, se maintenir sur un cheval, un taureau sauvage, en se tenant d'une main, etc.). — Par ext. Lieu où se déroule cette fête. — Par anal. Course agitée «*Dans leurs rodéos frénétiques* (les coureurs motocyclistes...)» (*le Nouvel Obs.,* 9 juin 1973, p. 50).

♦ **3.** Fig., fam. Vive agitation collective. *Les gosses ont fait un sacré rodéo!* ⇒ **Corrida.**

RODER [ʀɔde ; ʀode] v. tr. — 1836 ; t. d'armurerie, 1723 ; «ronger», 1520 ; lat. *rodere* «ronger». → Corroder, éroder.

♦ **1.** Techn. User, polir (une pièce) par le frottement, pour qu'elle s'adapte exactement à une autre. ⇒ aussi **Frotter, user.** *Roder les soupapes d'un moteur d'automobile.*

1   La culasse porte au-dessus de chacune *(des soupapes)* un trou ou regard qui permet de les voir et de les roder sans les démonter.
L. BAUDRY DE SAULNIER, l'Automobile, p. 125 (1900).

Loc. *La lime à roder les bouchons* (citée proverbialement comme l'exemple de l'invention absurdement inutile, le liège, matière tendre, n'ayant pas à être rodé ; cf. le fil à couper le beurre). *Malin comme il est, il est bien capable d'inventer la lime à roder les bouchons.*

User par frottement.

2   (...) il s'en alla sur l'avant et contempla longtemps l'écubier de bâbord : il avait été durement rodé par la remorque. Elle avait encore écorché la lisse (...)
Roger VERCEL, Remorques, p. 150.

♦ **2.** (Av. 1950). Faire fonctionner (un moteur neuf), utiliser (une voiture neuve) en prenant certaines précautions (vitesse restreinte, etc.), de manière que les pièces puissent, sans dommage, s'user régulièrement et s'adapter ainsi les unes aux autres aussi parfaitement que possible. *Roder un moteur, une automobile.* ⇒ **Rodage** (2.). — Au p. p. *Voiture mal, bien rodée.*

3   Dans l'organisation qu'il rêve, Bertrand voudrait voir sortir de là tous les moteurs de tous ses types de voiture. Puteaux les recevrait, montés, essayés et rodés, et n'aurait plus qu'à les fixer aux châssis.
J. ROMAINS, les Hommes de bonne volonté, t. IX, III, p. 29.

♦ **3.** (xxᵉ). Fig., fam. Mettre au point (une chose nouvelle) par des essais, par la pratique. *Cette comédie, cette revue n'est pas encore parfaitement rodée.* — Pron. *Dans quelques mois, les nouvelles institutions se seront rodées.*

(1932, en sports). Personnes. *Cette épreuve le rodera.* (Au passif). *Être rodé :* être au courant, être capable de remplir une fonction. *Dans quelques mois, vous serez parfaitement rodé.* — Au p. p. *Un collaborateur bien rodé.*

▶ **RODÉ, ÉE** p. p. adj. Voir à l'article.

DÉR. Rodage, rodeuse, rodoir.

RÔDER [ʀode] v. — 1418, v. tr. tr., *rodder ;* anc. provençal *rodar,* du lat. *rotare* «faire tourner» (→ Rotation) ; cependant, pour P. Guiraud, la forme dominante est *rauder,* p-ê. de *re-,* et *hoder, hauder* «fatiguer, remuer, agiter».

★ **I.** V. tr. ♦ **1.** Vx. Parcourir une région en errant. « (...) *le comte de Soissons* (...) *rôdant l'Europe sans obtenir d'emploi* (...) » (Saint-Simon, *Mémoires,* I, XXIV).

♦ **2.** Vx. Tourner, diriger çà et là. «*Après avoir rôdé les yeux partout*» (Montaigne, *Essais,* III, XII).

★ **II.** V. intr. (*Rauder,* 1530).

♦ **1.** (1559). Errer avec une intention suspecte ou hostile, tourner autour d'un lieu ou d'une personne pour attaquer, épier, espionner (cit. 2), voler, séduire... *Soldats rôdant pour piller* (→ Logement, cit. 8). *Des figures effrayées* (cit. 11) *ou farouches, des gens qui rôdaient cherchant leur proie* (⇒ **Rôdeur**). (Chose abstraite). *La mort rôde* (→ ci-dessous, cit. 2, Mauriac). — (1668). Chercher à séduire de façon détournée. *Personnage inquiétant qui rôde autour* (cit. 3) *des femmes.*

1   Ainsi rôdent déjà autour de l'Empire les flottes danoises, grecques et sarrasines, comme le vautour plane sur le mourant qui promet un cadavre.
MICHELET, Hist. de France, II, II.

2   En ce qui me concerne, la mort ne sera pas venue en voleuse. Elle rôde autour de moi depuis des années, je l'entends (...)
F. MAURIAC, le Nœud de vipères, I, I.

♦ **2.** Errer çà et là, aller en tous sens, au hasard, souvent avec l'idée de désœuvrement, de nonchalance, de tristesse. *On le vit rôder sur les promenades comme une âme en peine* (→ Brûler, cit. 26). *Les bons chiens* (cit. 17) *qu'on était habitué à voir rôder partout, inoffensifs et courtois.*

(Choses). *Quelques places flottantes rôdaient au milieu d'une bruine froide* (1. Froid, cit. 3) *et pâle.*

3   (...) un Français, débarqué depuis peu à Guernesey, rôdait sur une des grèves de l'ouest, seul, triste, amer, songeant à la patrie perdue. À Paris, on flâne ; à Guernesey, on rôde. Cette île lui apparaissait lugubre.
HUGO, l'Archipel de la Manche, XVIII.

4   (...) il rôda au travers des bâtiments et du jardin vides, ne sachant à quoi tuer son chagrin.
ZOLA, la Terre, III, II.

♦ **3.** (xxᵉ). *Pêche à rôder :* pêche à la ligne flottante en se déplaçant pour chercher les poissons sur leurs tenues.

DÉR. Rôdailler, rôderie, rôdeur.

RÔDERIE [ʀodʀi] n. f. — 1881, Vallès ; de *rôder.*

♦ Littér. Le fait de rôder (→ Bouffon, cit. 9).

J'étais bien las de ma rôderie nocturne, et j'avais la tristesse pesante et gelée de la fatigue.
J. VALLÈS, le Bachelier, IV.

RÔDEUR, EUSE [ʀodœʀ, øz] n. et adj. — 1538 ; de *rôder.*

♦ **1.** N. (Sans valeur péj.). Vx. Personne qui rôde, qui aime à rôder (II., 2.), à flâner (→ Promeneur, cit. 2). ⇒ **Badaud, flâneur, promeneur.**

♦ **2.** N. Péj. Individu d'allure louche qui rôde (II., 1.) dans les rues ou dans la campagne. ⇒ **Chemineau, vagabond.** *Rôdeur nocturne.* (xixᵉ). *Rôdeur de barrières, rôdeur de nuit* (peu usité) : malfaiteur. ⇒ **Apache, ribbeur** (vx).

1   (...) un de ces hommes de mine inquiétante qu'on est convenu d'appeler *rôdeurs de barrières ;* gens à figures équivoques, à monologues suspects, qui ont un air de mauvaise pensée, et qui dorment assez habituellement le jour, ce qui fait supposer qu'ils travaillent la nuit.
HUGO, les Misérables, III, VIII, X.

1.1   Arrivé un jour dans une rue mal famée, repaire des filles et de souteneurs, il avisa de loin un rassemblement qui lui fit aussitôt presser le pas.
En s'approchant il distingua trente ou quarante rôdeurs de la pire espèce, enfermant dans leur cercle attentif deux de leurs qui se battaient à coups de couteau.
Raymond ROUSSEL, Impressions d'Afrique, p. 342.

N. f. (1885). Vx. *Une rôdeuse :* une prostituée qui racole dans les rues.

2   La poche vide et le sang bouillant, il s'allumait au contact des rôdeuses qui murmurent à l'angle des rues : « Venez-vous chez moi, joli garçon ? »
MAUPASSANT, Bel-Ami, I, I.

♦ **3.** Adj. (1823). Personnes. Qui aime à vagabonder, à la recherche d'aventures plus ou moins louches. — (1764). Animaux. Qui se déplace sans suivre d'itinéraires fixes. *Des bêtes rôdeuses au pas de velours* (→ Habituer, cit. 6).

3   Glissant sur le velours de leurs pattes discrètes,
L'œil mi-clos de désir, rampent les chats rôdeurs.
LECONTE DE LISLE, Poèmes barbares, « La ravine Saint-Gilles ».

RODEUSE [ʀodøz ; ʀodøz] n. f. — xxᵉ ; de *roder.*

♦ Techn. Machine-outil utilisée pour les travaux de rodage (1.).

RODOIR [ʀodwaʀ ; ʀodwaʀ] n. m. — 1812 ; de *roder.*

♦ **1.** (1836). Techn. Outil qui sert à roder (1.).

♦ **2.** Techn. Cuve de tanneur où les peaux sont débarrassées de la chaux du pelanage et assouplies.

RODOLPHINES [ʀodolfin] adj. et n. f. pl. — 1690, Furetière ; du n. de *Rodolphe de Habsbourg.*

♦ Hist. sc. *Tables rodolphines,* ou, n. f., *les Rodolphines :* les tables décrivant le mouvement des planètes, dédiées par Képler à Rodolphe II de Habsbourg.

RODOMONT [ʀodomɔ̃] n. m. et adj. — 1594 ; *rodomone* en 1527 ; ital. *Rodomonte,* personnage de l'*Orlando innamorato* de Boïardo, et de l'*Orlando furioso* de l'Arioste.

♦ Littér. Personnage fanfaron. ⇒ **Bravache, fanfaron, fier-à-bras, hâbleur, vantard.** *Paroles, menaces d'un rodomont.* ⇒ **Rodomontade.**

1   L'ancien rodomont faisait pitié. Dire que jadis, encore enfant, dans mon faubourg de Toulouse, j'avais entendu la rumeur populaire enfler son nom de gloire mythique et élever cet homme au rang des prophètes !
Raymond ABELLIO, les Militants, p. 274. — Il s'agit de Vincent Auriol.

Adjectif :

2   Ce qui restera chez vous d'hommes de guerre, honteux de servir sous des généraux rodomonts aux cheveux crépus, viendront se jeter dans les bras des nobles chefs germaniques.
BERNANOS, les Grands Cimetières sous la lune, p. 353.

DÉR. Rodomontade.

RODOMONTADE [ʀodomɔ̃tad] n. f. — 1587 ; de *rodomont.*

♦ Cour. Attitude, propos d'un rodomont. ⇒ **Bravade, hâblerie** (cit. 2), **fanfaronnade, vantardise** (→ Menace, cit. 3 ; pendant, cit. 10).

1   J'ai chez moi des valets à mon commandement,
Qui n'ayant pas l'esprit de faire des bravades,
Répondraient de la main à vos rodomontades.
CORNEILLE, l'Illusion comique, III, 3.

2   (...) sans rodomontade et vantardise à l'espagnole ou à la gasconne (...)
Th. GAUTIER, le Capitaine Fracasse, XIV.

RODONTICIDE [ʀodɔ̃tisid] adj. ⇒ **Rodenticide.**

ROENTGEN ou **RÖNTGEN** [ʀœntgɛn] n. m. — Fin xixᵉ ; du nom du savant allemand qui découvrit les rayons X en 1895.

♦ **1.** Phys. *Rayons Röntgen ou rayons X.* ⇒ 1. **Rayon** (supra cit. 7).

♦ **2.** Unité de quantité de radiation (X ou γ) [symb. R], produisant une ionisation de $\frac{1}{3.10^9}$ de coulomb dans 1 cm³ d'air.

REM. La graphie *röntgen* est la seule employée dans l'usage scientifique.

COMP. **Roentgenologie, roentgenthérapie.**

ROENTGENOLOGIE ou RÖNTGENOLOGIE
[ʀœntgenɔlɔʒi] n. f. — 1975, Porot, *roentgenologie; röntgenologie,* 1972, Manuila; angl. *roentgenology* ou all. *Röntgenologie,* du n. propre *Roentgen* ou *Röntgen* (→ Roentgens), et *-logie.*

♦ Didact. Branche de la radiologie qui traite des rayons X. *« Dans certains pays étrangers (...) la neuroradiologie couvre (...) un domaine plus vaste que celui de la roentgenologie (utilisation des rayons X) en incluant tous les moyens physiques d'examen »* (Ramée, *in* Porot, *Manuel de psychiatrie,* 1975, art. *Neuroradiologie*).

ROENTGENTHÉRAPIE [ʀœntgɛnteʀapi] n. f. — 1933; de *Roentgen,* et *thérapie.*

♦ Méd. Traitement par les rayons X. ⇒ **Radiothérapie.** — On écrit aussi *röntgenthérapie.*

ROESTIS [ʀøsti] n. m. pl. ⇒ **Röstis.**

ROGATION [ʀɔgasjɔ̃] n. f. — 1530; lat. *rogatio* « demande, prière », et lat. ecclés., au plur., *rogationes* « prières publiques faites pendant une procession », de *rogatus,* p. p. de *rogare.* → Rogatoire, rogaton.

♦ **1.** (1701; *rogacion,* v. 1355). Antiq. rom. Projet de loi soumis au peuple qui l'approuvait ou le rejetait de vive voix.

♦ **2.** N. f. pl. (1530; forme pop. *rovaisons,* v. 1119). Relig. cathol. *Rogations :* cérémonies qui se déroulent pendant les trois jours précédant l'Ascension et qui ont pour but d'attirer les bénédictions divines sur les récoltes et les travaux des champs. *Litanies, prières, messe des rogations. Procession des rogations à travers la campagne.*

Au printemps, l'Église déploie dans nos hameaux une autre pompe. La Fête-Dieu convient aux splendeurs des cours, les Rogations aux naïvetés du village.
CHATEAUBRIAND, le Génie du christianisme, IV, I, VII.

ROGATOIRE [ʀɔgatwaʀ] adj. — 1599; dér. sav. du lat. *rogatus,* p. p. de *rogare* « demander ». → Rogation, rogaton.

♦ **1.** (1842). Didact. Relatif à une rogation (1.).

♦ **2.** (1875). Dr. Qui est relatif à une demande. *Formule rogatoire.* — Spécialt (plus cour.). *Commission rogatoire.* ⇒ **Commission.**

DÉR. **Rogatoirement.**

ROGATOIREMENT [ʀɔgatwaʀmɑ̃] adv. — 1875; de *rogatoire.*

♦ Dr. Par voie rogatoire; au titre d'une commission rogatoire. *Commettre un juge rogatoirement.*

ROGATON [ʀɔgatɔ̃] n. m. — 1367; lat. médiéval *rogatum* « demande », de *rogatus,* p. p. de *rogare* « demander ». → Rogation, rogatoire.

♦ **1.** Vx. Humble requête, placet. — (1690). Spécialt, vx. « Permission de quêter, ou placet pour demander l'aumône » (Furetière).
Loc. (1640). Vx. *Porteur de rogatons :* religieux mendiant qui portait des reliques, des indulgences (→ Badaud, cit. 1, Rabelais). — Par ext., vx. Celui qui présentait des placets, de petits poèmes à de hauts personnages afin d'en obtenir de l'argent, une faveur.

♦ **2.** (1662). Vieilli, fam. Objet de rebut; objet sans valeur. *Un petit commerce de menus* (cit. 3) *objets et de rogatons divers.*

1 (...) n'est-il pas content du furieux intérêt qu'il exige, sans vouloir encore m'obliger à prendre, pour trois mille livres, les vieux rogatons qu'il ramasse?
MOLIÈRE, l'Avare, II, 1.

♦ **3.** (1694). Mod., fam. Bribe* de nourriture; restes* d'un repas. ⇒ **Débris, graillon, rebut** (→ Relief, cit. 1).

2 (...) un morceau de pain et de jambon pour moi, un rogaton quelconque à mon piqueur, dit le marquis jovialement (...)
Th. GAUTIER, le Capitaine Fracasse, III.

Fig., par métaphore :

3 Sa femme lui lisait de temps à autre les débats du parlement ou les nouveautés de la librairie en matière d'économie politique; mais, pour un littérateur profond et érudit, c'était là une triste nourriture; pour quiconque a manié la logique, ce sont les rogatons de l'esprit humain.
BAUDELAIRE, les Paradis artificiels, « Un mangeur d'opium », VIII.

♦ **4.** (Fin XVIIᵉ). Vx. Petite pièce littéraire à laquelle on n'attache ou affecte de n'attacher aucune importance. *Voltaire nommait rogatons ses petits opuscules facétieux.*

4 *(Voltaire)* multiplia avec une intarissable gaieté, avec une jeunesse étonnante d'imagination, ces *rogatons,* ces *petits pâtés,* qui faisaient digérer ses idées aux esprits les plus dégoûtés et les plus frivoles.
Gustave LANSON, Voltaire, VIII.

ROGER-BONTEMPS [ʀɔʒebɔ̃tɑ̃] n. m. — 1572; *Rogier Bon Tens,* XIVᵉ; nom propre de personne, de *Roger (Rogier),* bon, et *temps.*

♦ Vx. (encore *in* Académie, 1935). Personnage jovial, joyeux gaillard. ⇒ **Drille, luron.**

ROGNAGE [ʀɔɲaʒ] ou ROGNEMENT [ʀɔɲmɑ̃] n. m. — 1842, *rognage; rognement,* 1636; *rongnement,* 1538; de 1. *rogner.*

♦ **1.** (1870). Opération par laquelle on rogne* (1. Rogner, 1.) qqch. *Rognage d'un livre, du papier.* (XXᵉ). *Rognage des peaux. Rognage d'une feuille de métal.*

♦ **2.** Arbor., vitic. Pincement tardif qui consiste à couper l'extrémité des rameaux quand ils ont dépassé une certaine longueur. ⇒ **Taille.**

♦ **3.** Fig. Action de rogner (1. Rogner, 2.). *Le rognage des salaires.*

(...) il conviendrait d'introduire le socialisme (...) dans l'idée que la réduction de consommation souhaitée sera obtenue plus facilement à la faveur d'un choc que par un rognage perpétuel des revenus des uns et des autres, surtout par voie fiscale.
A. SAUVY, Croissance zéro?, p. 306.

1. ROGNE [ʀɔɲ] n. f. — XIIIᵉ, *roigne; ruinne,* v. 1125; du bas lat. *ronea,* altér., sous l'infl. de *rodere* « ronger », de *aranea* « araignée », attesté à basse époque au sens de « gale, rogne ».

♦ **1.** Fam., vx. Gale*, teigne*, et, spécialt, gale invétérée (cf. Molière, *l'Amour médecin,* II, 7). *« Il faut dire (...) Que je lui ai gratté sa roingne »* (Marot, *Épître,* XXIX, 1531). *Qui est atteint de la rogne.* ⇒ **Rogneux.**

♦ **2.** (1676). Mousse qui se développe sur le bois et le détériore.

DÉR. **Rogneux.**
HOM. 2. **Rogne,** 3. **rogne.**

2. ROGNE [ʀɔɲ] n. f. — XIXᵉ; « action de grogner entre ses dents »; longtemps usité dans la région de Lyon et de Genève, dans la locution *chercher rogne* « chercher noise », *chercher la rogne,* 1701 *in* D.D.L., puis introduit à Paris au XIXᵉ; de 2. *rogner.*

♦ Fam. Colère, mauvaise humeur (surtout dans *en rogne*). *« La hargne, la grogne et la rogne »* (Ch. de Gaulle). — *Être en rogne.* ⇒ 2. **Rogner.** *Mettre qqn en rogne.*

1 Ce n'est pas que l'on perçoive un souffle révolutionnaire bien profond. C'est plutôt dans le genre de la hargne et de la rogne.
J. ROMAINS, les Hommes de bonne volonté, t. XIX, XI, p. 156.

2 Les Trois ans? On s'en fout d'abord des Trois ans. C'est vingt ans qu'il y faudrait, aux gosses, histoire de les foutre en rogne une bonne fois, et qu'ils prennent leurs flingues (...)
ARAGON, les Beaux Quartiers, II, XXVI.

3 Chez mon père, la rogne se traduisait généralement par des péroraisons furieuses et truffées de citations littéraires, qu'il développait, sur un ton montant, jusqu'aux environs de l'apoplexie. Moi, j'avais des explosions de rage subites et dévastatrices qui pouvaient aller jusqu'à la pâmoison.
Geneviève DORMANN, le Chemin des dames, p. 31.

HOM. 1. **Rogne,** 3. **rogne.**

3. ROGNE [ʀɔɲ] n. f. — Début XXᵉ; déverbal de 1. *rogner.*
Technique.

♦ **1.** Outil dont les sabotiers se servent pour tailler et creuser les sabots.

♦ **2.** Coupe au massicot (d'un volume, d'un imprimé) pour la mise au format.

HOM. 1. **Rogne,** 2. **rogne.**

ROGNÉ, ÉE [ʀɔɲe] p. p. adj. ⇒ **Rogner.**

ROGNEMENT [ʀɔɲmɑ̃] n. m. ⇒ **Rognage.**

ROGNE-PIED [ʀɔɲpje] n. m. invar. — 1762; de 1. *rogner,* et *pied.*

♦ Techn. Outil de maréchal-ferrant qui sert à rogner la corne du sabot d'un cheval. *Des rogne-pied.*

1. ROGNER [ʀɔɲe] v. tr. — 1570; *rongner,* XIIIᵉ; *rooignier* « couper autour », v. 1160; *reoignier* « tonsurer », v. 1131; du lat. pop. **rotundiare* « couper en rond », de *rotundus* « rond ».

♦ **1.** (V. 1175, *reoignier*). Couper* (une chose sur les bords, sur les angles, à l'extrémité) de manière à diminuer la surface, la longueur ou la largeur, à rectifier le contour, à prélever une partie. *Rogner un bâton, une baguette, une tige.* ⇒ **Écourter, raccourcir.** *Rogner les angles, les arêtes vives.* ⇒ **Arrondir.**

Spécialt. [a] (1690). Couper de manière nette et régulière (les bords des feuilles de papier, des feuillets d'un livre). *Le relieur a trop rogné la marge.* ⇒ **Émarger.** — Absolt. *Outil, machine qui sert à rogner.* ⇒ 2. **Massicot, rogneur** (3.). *Couteau à rogner :* couteau de relieur. ⇒ **Rognoir.**

b (V. 1283). *Rogner une pièce de monnaie,* en couper les bords de manière à garder pour soi, avant de la remettre en circulation, une partie du métal précieux dont elle est faite.

1   Et saisissant ses grands ciseaux, il rogna de-ci de-là des pièces d'or, comme il avait coutume de rogner toute pièce de monnaie avant de s'en séparer. Et il recueillit soigneusement les rognures dans une sébile (...)
                           FRANCE, les Contes de Jean Tournebroche, p. 33.

c (xxᵉ). Techn. Découper les bords de (une peau) pour ôter les parties superflues.

d (Le compl. désigne une partie d'un être vivant). *Rogner les ailes à un oiseau.* ⇒ **Éjointer.** — Fig. *Rogner les ailes** (cit. 21) à qqn. — *Rogner les griffes à un chat. Se rogner les ongles.* — (1768). Fig. *Rogner les griffes à qqn. Rogner les ongles** (*infra* cit. 8) *à qqn.*

2   (...) Ma fille est délicate :
    Vos griffes la pourront blesser
    Quand vous voudrez la caresser,
    Permettez donc qu'à chaque patte
    On vous les rogne (...)   LA FONTAINE, Fables, IV, I.

3   (...) nous ressemblons à ce conquérant de la Chine, qui poussa ses sujets à une révolte générale pour les avoir voulu obliger à se rogner les cheveux ou les ongles.   MONTESQUIEU, Lettres persanes, LXI.

4   Il avait ouvert un canif, il se rognait les ongles.   ZOLA, la Terre, I, II.

♦ **2.** (1559). Fig. Diminuer d'une petite quantité (avec l'idée d'un profit mesquin, d'une économie sordide). *Rogner les gages de ses domestiques* — (Sans compl. direct). *Rogner sur qqch. :* faire de petits profits en réduisant ce dont on dispose. ⇒ **Lésiner, prélever, retrancher.**

5   Avec cela très scrupuleux, soucieux d'autant plus de ne rien rogner sur ce qu'il estimait devoir à sa mère, il partageait son cœur, son temps, et ne vivait jamais qu'à cloche-pied.   GIDE, Si le grain ne meurt, I, IX, p. 230.

6   Cette misérable vieille (...) ne se vendait pas une salade que tu n'eusses mis ton honneur à rogner de quelques sous son maigre profit.
                F. MAURIAC, le Nœud de vipères, I, VII.

♦ **3.** (1608). Absolt, fig. Vx. *Tailler et rogner :* agir à sa guise, être le maître (dans une maison, etc.).

▸ **ROGNÉ, ÉE** p. p. adj. *Feuille rognée. Exemplaire non rogné, rogné* (d'un livre). — *Pièce* (de monnaie) *rognée.*

Ailes rognées. Ongles rognés.

CONTR. Allonger.
DÉR et COMP. Rognage (ou **rognement**), 3. **rogne, rogne-pied, rogneur, rognoir, rognure.**
HOM. 2. **Rogner.**

2. ROGNER [ʀɔɲe] v. intr. — 1876; *ruignier,* XIIIᵉ; cf. les dér. attestés bien antérieurement, 2. *rogne, rognonner;* famille de mots d'orig. onomatopéique très répandue en gallo-roman et attestés dans les dial. sous div. formes, avec des var. vocaliques.

♦ Fam. Être en rogne* (2. Rogne), en colère; rager. ⇒ **Rognonner.**
Ça le fera rogner, ce racleur !   HUYSMANS, Marthe, p. 14, *in* CRESSOT.

DÉR. 2. **Rogne, rogneux, rognonner.**
HOM. 1. **Rogner.**

ROGNERIE [ʀɔɲʀi] n. f. — 1608, Malherbe; de 1. *rogner.*

♦ Vx. Action de rogner les monnaies (fraude).

ROGNEUR, EUSE [ʀɔɲœʀ, øz] n. — 1690; *rongneur,* 1355; «rogneur de pièces d'or», 1495; de 1. *rogner.*
Technique.

♦ **1.** Celui qui rognait les pièces de monnaie. ⇒ **Rogner** (→ 1. Rogner, *supra* cit. 1).

♦ **2.** Ouvrier, ouvrière qui effectue des opérations de rognage. *Rogneur en chapellerie. Rogneuse en liège.* — Spécialt. Ouvrier qui rogne le papier.

♦ **3.** N. f. (1875). ROGNEUSE : machine à rogner le papier. — (xxᵉ). Appareil utilisé en viticulture pour rogner les plants.

1. ROGNEUX, EUSE [ʀɔɲø, øz] adj. — 1609; *rongneux,* 1342; *roigneus,* v. 1175; *ruinnous,* v. 1130; de 1. *rogne.*

♦ Vieilli. Qui est atteint de la rogne* (1. Rogne). — N. *Un rogneux, une rogneuse.*

HOM. 2. **Rogneux.**

2. ROGNEUX, EUSE [ʀɔɲø, øz] adj. et n. — Mot dialectal (*rongneux,* 1867, à Lille); de 2. *rogner.*

♦ Fam. et régional. Qui est en rogne, manifeste de la rogne, de la hargne. ⇒ **Furieux, hargneux, râleur, rouspéteur.** *Un ton rogneux.*

1   Petite bonne femme jolie, plutôt maniérée que vraiment distinguée, mais avec des côtés amusants. Affectant la simplicité et laissant paraître la morgue d'une certaine bourgeoisie rogneuse et romanesque dans laquelle se recrutent les sous-chefs de file communistes.   M. AYMÉ, Travelingue, p. 93.

2   Le sang lui vint à la tête, il se sentit brûler dans ses draps, et dit en bégayant, d'une voix rogneuse : — Non, je ne tousse pas... je ne tousse pas (...)
                  M. AYMÉ, Maison basse, p. 155.

HOM. 1. **Rogneux.**

ROGNOIR [ʀɔɲwaʀ] n. m. — 1836; «plaque de cuivre chaude pour rogner les chandelles», 1803; de 1. *rogner.*

♦ Techn. Outil qui sert à rogner* (1. Rogner, 1.) le papier, le carton, les feuilles de plomb, etc. — (1875). Spécialt. Outil qu'on utilise, en reliure, pour rogner les livres. — On dit aussi *couteau à rogner.*

ROGNON [ʀɔɲɔ̃] n. m. — 1380; *renon,* v. 1170; du lat. pop. **renio, renionem,* lat. class. *renes;* le *-o-* de la première syllabe s'explique par assimilation vocalique.

♦ **1.** (1613; *roignon,* fin XIIᵉ). Vx ou régional. Rein (de l'homme ou des animaux).

1   Il est mort fraîchement (*récemment*) de la pierre un homme de ce métier, qui s'était servi d'extrême abstinence à combattre son mal; ses compagnons disent qu'au rebours ce jeûne l'avait asséché et lui avait cuit le sable dans ses rognons.
                  MONTAIGNE, Essais, III, XIII.

2   Quand mon frère a eu mal aux rognons, voilà trois ans· passés, il a vu dans une gazette une annonce pour ces pilules-là ! (...)
           Louis HÉMON, Maria Chapdelaine, XIV, p. 202.

Mod. Fam., par plais. *Il a reçu un bon coup sur les rognons.*

♦ **2.** Cour. Rein (d'un animal), destiné à la cuisine. *Un rognon de bœuf, de mouton, de porc, de veau. Rognons sauce madère* (→ Mets, cit. 3). *Rognon de veau servi avec la longe.* ⇒ **Rognonnade.** — (1690). *Rognon de veau :* ensemble de la longe (où se trouve le rognon).

3   Ma femme de ménage nous servit des huîtres, du vin blanc, une omelette, des rognons à la brochette, un reste de pâté de Chartres que ma vieille mère m'avait envoyé (...)   BALZAC, l'Envers de l'Histoire contemporaine,
             Mᵐᵉ de La Chanterie, Pl., t. VII, p. 277.

♦ **3.** (1690). **a** *Rognons de coq :* testicules de coq. *Les rognons de coq sont utilisés en cuisine pour composer des garnitures.* — (1701). *Rognon de coq,* nom donné à certaines variétés de haricots, de prunes, de raisins.

b *Rognons blancs :* testicules d'animaux de boucherie (bélier, etc.), destinés à la cuisine.

♦ **4.** Par analogie.

a Petite table, récipient en forme de rein. ⇒ 2. **Haricot.**

b (1779). Géol. Petite masse minérale arrondie qui est enrobée dans une roche différente. *Silex en rognons dans la craie. Des rognons de silex.*

c (1904). Pêche. Cuiller métallique qui sert d'appât pour la pêche de certains poissons.

DÉR. (Du même rad.) **Rognonnade.**

ROGNONNADE [ʀɔɲɔnad] n. f. — xxᵉ; cf. provençal *ronhonada* «longe de mouton», au XIVᵉ; de *rognon.*

♦ Cuis. Longe de veau que l'on fait cuire avec le rognon enveloppé de sa graisse.

ROGNONNER [ʀɔɲɔne] v. intr. — 1680; *rongnonner* en 1611; attesté en Normandie dès 1556; de 2. *rogner.*

♦ Fam. Rogner (2. Rogner) en bougonnant. ⇒ **Grogner, grommeler, gronder, marmonner, maugréer, murmurer, ronchonner.** *Qu'est-ce qu'il a encore à rognonner entre ses dents ?*
Le caporal, par principe, rognonna «naturellement...» et il nous demanda : «À qui c'est de marcher?»   R. DORGELÈS, les Croix de bois, XV.

ROGNURE [ʀɔɲyʀ] n. f. — 1636; *roignure,* 1530; «tonsure», v. 1100; de 1. *rogner.*

★ **I.** ♦ **1.** Ce qu'on enlève, ce qui tombe quand on rogne* (1. Rogner, 1.) qqch. ⇒ **Recoupe, retaille; parure.** *Rognure de métal.* (→ 2. Cisaille). *Rognure d'or, d'argent,* ôtée d'une pièce. — (1690). *Rognure de carton, de papier, de cuir... Rognures de peau utilisées pour faire de la colle forte. Des rognures d'ongles.*

1   À la place où règne le comptoir dans une boutique ordinaire, il y avait une longue table; quelques livres dessus, et des rognures de cuir.
           J. ROMAINS, les Hommes de bonne volonté, t. I, VII, p. 71.

♦ **2.** Spécialt. Déchet plus ou moins répugnant. *Chien nourri de rognures de viande.* ⇒ **Déchet, graillon.**

2   Et il jeta le couteau avec les autres sur l'étal, où des rognures de viandes pour les chats et les chiens s'amoncelaient.   P. MAC ORLAN, Quai des brumes, VII.

♦ **3.** Fig., fam. Terme d'injure.

★ **II.** Action de rogner. Techn. (reliure). ⇒ **Rognage.**

ROGOMME [ʀɔgɔm] n. m. — 1735; *rogum*, 1700; étym. obscure; p.-ê. à rapprocher de *rogaton*.

♦ **1.** Vx, pop. Liqueur forte, alcool.

1   Là recommençaient les histoires du camp; mais, animées de rogomme et de chère-lie, elles étaient beaucoup plus belles.
       CHATEAUBRIAND, Mémoires d'outre-tombe, t. II, p. 50.

♦ **2.** (1829). Fam. **VOIX DE ROGOMME :** voix d'ivrogne; voix enrouée et vulgaire (cf. pop. Une voix de cassis-cognac, de mêlécasse). — Adj. (1876). Vx et littér. *Être rogomme :* avoir une voix de rogomme.

2   Un gamin arrivait en sifflant, se planta devant une affiche, à la porte; puis, il cria : «Ohé! Nana!» d'une voix de rogomme, et poursuivit son chemin, déhanché, traînant ses savates.   ZOLA, Nana, I.

REM. Le mot s'écrit parfois *rogome* (1867).

DÉR. Rogommeux, rogommiste.

ROGOMMEUX, EUSE [ʀɔgɔmø, øz] adj. — V. 1840, Balzac, *in* P. Larousse; de *rogomme*, d'après *gommeux*.

♦ Rare. *Voix rogommeuse,* de rogomme (rauque et vulgaire).

«C'pauvre vieux, i m'fait d'la peine, il a l'air à moitié crevé», dit l'une de ces filles d'une voix rogommeuse (...)
       PROUST, À l'ombre des jeunes filles en fleurs, Pl., t. I, p. 792.

ROGOMMISTE [ʀɔgɔmist] n. m. — 1826, Balzac; *rogomiste*, 1788; de *rogomme*.

♦ Vx, pop. Débitant de liqueurs fortes.

1   (...) c'est elle (*l'enseigne*) d'un rogommiste, débitant de tabac de la rue Sainte-Croix-de-la-Bretonnerie, n° 13. Vous voyez pourtant qu'il y a de l'esprit partout : deux Bas Bretons qui ressemblent à deux Limousins ont un verre à la main, et savourent le nectar qu'on appelle trois-six. Les Bas Bretons buvant le rogomme, c'est bien ça (...)
       BALZAC, Dict. des enseignes, «Bas Bretons», *in* Œ. diverses, t. I, p. 154.

On a écrit aussi *rogomiste.*

2   Le lendemain, dès sept heures, il arriva (...) devant la boutique d'un rogomiste, où Regimbart avait coutume de prendre le vin blanc.
       FLAUBERT, l'Éducation sentimentale, II, I.

1. ROGUE [ʀɔg] adj. — V. 1212; p.-ê. de l'anc. scandinave *hrókr* «arrogant», ou (Guiraud) d'un roman *rogicus, de *rogicare,* du lat. *rogare,* comme *arrogant**.

♦ Qui est à la fois méprisant, froid et rude, qui est d'un abord raide et déplaisant. ⇒ **Dédaigneux, fier** (*supra* cit. 8), **hautain, méprisant.** *Il était rogue, pontifiant, orgueilleux à l'excès* (→ Croire, cit. 71).

1   (...) il était arrivé à être tellement différent de lui-même que j'avais l'illusion d'être devant une autre personne, aussi bienveillante, aussi désarmée, aussi inoffensive que l'Argencourt habituel était rogue, hostile et dangereux.
       PROUST, le Temps retrouvé, Pl., t. III, p. 922.

(Déb. XVIIᵉ). *Un ton, une voix, un air rogue.* ⇒ **Arrogant, dur, hargneux** (→ 1. Balle, cit. 12; gourmer, cit. 3). *Un air rogue et plein de hauteur, de morgue. Mine* (1. Mine, cit. 20) *austère et rogue.*

2   (...) je voudrais qu'on pût engager nos frères les gens de lettres à laisser, en discutant, le ton rogue et tranchant, à nos frères les libellistes qui s'en acquittent si bien! (...)   BEAUMARCHAIS, le Barbier de Séville, Lettre sur la Critique.

CONTR. Aimable, câlin, caressant.
DÉR. Roguement, roguerie.
HOM. 2. Rogue.

2. ROGUE [ʀɔg] n. f. — 1723; breton *rog,* d'un rad. germanique *hrogn;* cf. danois et norv. *rogn,* all. *Roggen.*

♦ Pêche. Œufs de poisson (morue et parfois hareng) utilisés comme amorce pour la pêche (spécialt pour la pêche à la sardine). ⇒ **Appât.** *De la rogue.* — (1870). Cuis. Œufs de poisson. *Rogue à l'étuvée.*

DÉR. Rogué.
HOM. 1. Rogue.

ROGUÉ, ÉE [ʀɔge] adj. — 1772; de 2. *rogue.*

♦ Pêche. Se dit d'un poisson femelle qui contient des œufs. ⇒ **Œuvé.** *Merlan rogué. Morue roguée.*

ROGUEMENT [ʀɔgmɑ̃] adv. — 1564; de 1. *rogue.*

♦ Rare. D'une manière rogue. *Il lui a répondu roguement.*

ROGUERIE [ʀɔgʀi] n. f. — Fin XVIIᵉ; de 1. *rogue.*

♦ Littér. Comportement, attitude d'une personne rogue. ⇒ **Dédain, fierté, morgue, suffisance.**

ROHART [ʀɔaʀ] n. m. — 1399; *roal* «morse», 1180; de l'anc. nordique *hrosshvalr.*

♦ Techn. Ivoire qu'on tire des défenses du morse et des dents de l'hippopotame (⇒ **Osanore**). *Couteau à manche de rohart.*

ROI [ʀwa] n. m. — V. 1160; *rei,* v. 980; *rex,* fin IXᵉ; du lat. *regem,* accus. de *rex* «roi».

REM. La graphie *roy,* employée concurremment avec *roi,* apparaît au XIIIᵉ s. Elle est employée surtout au XVIIᵉ s., mais seulement au sing.; Trévoux donne *roy* en 1740, mais *roi* en 1771.

♦ **1.** Chef d'État (homme) de certains pays *(royaumes*)* accédant au pouvoir souverain par voie héréditaire (⇒ **Dynastie**) ou, plus rarement, élective. ⇒ **Monarque, prince, souverain.** *Le titre de roi* (→ Ambitionner, cit. 1; ni, cit. 44). *La majesté* (cit. 3) *des rois.* ⇒ **Royal.** *Titre de majesté* (cit. 11) *donné aux rois.* ⇒ **Sire.** *Roi légitime. Couronnement* (cit. 1), *sacre, onction d'un roi.* ⇒ aussi **Pavois.** *Sceptre et couronne des rois. Devenir roi :* monter sur le trône*. ⇒ **Avènement, couronne** (ceindre la). *Régence pendant la minorité d'un roi. Pouvoir, règne d'un roi.* ⇒ **Monarchie, royauté.** *Chute, abdication, découronnement, restauration d'un roi. Un roi qu'on avilit* (cit. 9) *tombe. Faire un roi* (→ Couronne, cit. 5); *faire* (cit. 131) *et déposer les rois* (→ Faiseur, cit. 13). *Assassinat d'un roi.* ⇒ **Régicide.** *Prêter foi et hommage* (cit. 12) *au roi.* ⇒ **Allégeance.** *Famille du roi.* ⇒ **Prince, princesse, reine; dauphin, infant.** *Le métier* (cit. 20 et 21) *de roi. Bons* (cit. 44), *mauvais rois. Roi sage, pacifique* (→ Interminable, cit. 1). *Roi guerrier* (→ Négocier, cit. 4), *cruel, tyrannique...* ⇒ **Despote, tyran.** *Grand roi* (→ Histoire, cit. 4; parfait, cit. 10). *Cour, palais des rois.* ⇒ **Étiquette.** *Bouffons* (cit. 5), *fous* (cit. 12) *des anciens rois. La faveur* (cit. 2) *des rois* (→ Ordre, cit. 39). *Les rois et les peuples* (cit. 17). *Roi absolu* (cit. 3; et → Humble, cit. 5). ⇒ **Absolutisme.** *Roi de droit* divin.* (1893). *Roi constitutionnel,* dont les pouvoirs sont définis par une Constitution. — Hist. (sous la Révolution). *Roi citoyen.* — (1685). *Roi de théâtre,* (1690) *roi en peinture :* roi qui n'a pas d'autorité réelle. *La haine* (cit. 28) *des rois* (→ Jouer, cit. 59). *Partisan des rois.* ⇒ **Monarchiste, royaliste** (→ Les Camelots* du roi). *Adulateurs* (cit. 1) *des rois.* ⇒ **Courtisan, flatteur** (cit. 3). *«Amusez* (cit. 4) *les rois par des songes...* » (La Fontaine). *«Sous un roi athée...* » (cit. 15, La Bruyère). *«La crainte fit les dieux : l'audace* (cit. 5) *a fait les rois»* (Crébillon). *«Le premier qui fut roi fut un soldat heureux»* (cit. 4, Voltaire). *«Pour grands que soient les rois, ils sont ce que nous sommes»* (Corneille). *«Mais être roi ne gâte* (cit. 20) *rien...* » (Voltaire). *«La grammaire qui sait régenter jusqu'aux rois...* » (→ Haut, cit. 15, Molière). *«Les seigneurs vont aux rois ainsi qu'au miel* (cit. 5) *les mouches»* (Hugo). — *«Faire la loi aux rois...* » (→ Appartenir, cit. 20, Bossuet).

Mais comme un Roi chrétien est doux et débonnaire,
Et comme son enfant duquel il a souci,
Vrai père, son peuple est sa Noblesse aussi.
       RONSARD, IIᵉ livre des poèmes, «Exhortation au camp du roi Henri II».   1

Ce n'est point pour lui-même que les dieux l'ont fait roi : il ne l'est que pour être l'homme des peuples : c'est aux peuples qu'il doit tout son temps, tous ses soins, toute son affection; et il n'est digne de la royauté qu'autant qu'il s'oublie lui-même pour se sacrifier au bien public.   FÉNELON, Télémaque, V.   2

(...) les *rois* ne sont riches que de l'amour des peuples.
       P.-L. COURIER, Pamphlets politiques, «Simple disc. souscription Chambord» (1821).   3

Le roi de France. Le Roi Très Chrétien. Louis, par la grâce de Dieu, roi de France et de Navarre. Le grand roi, le Roi Soleil : Louis XIV. *Le roi d'Espagne, d'Angleterre, de Prusse. Le roi Henri IV, le roi Frédéric II.* — (1811). *Roi de Rome,* titre que donna Napoléon Iᵉʳ à son fils. — *Les rois de l'ancienne Égypte.* ⇒ **Pharaon.** *La Vallée des Rois,* où sont les tombeaux de nombreux pharaons. *Le Grand Roi, le Roi des Rois :* le roi des anciens Perses (⇒ **Schah**). *Les rois des Hébreux. Livres des Rois :* livres de la Bible (Ancien Testament) consacrés aux rois hébreux. *David, roi des Hébreux* et *prophète. Les anciens rois de Rome* (⇒ **Aristocratique,** cit. 1). *Rois francs. Rois fainéants*. Les rois catholiques** (d'Espagne). — Spécialt. *Les rois mages** (cit. 3). (Fin XVᵉ). *Fête,* (1564) *jour des Rois.* ⇒ **Épiphanie.** *L'étoile des rois mages* (→ Émigrant, cit. 1). *Tirer les Rois, le gâteau** (cit. 2), *la galette* des Rois.* — (1549). *Le roi, le roi de la fève :* celui qui a tiré la fève de la galette. → Fève, cit. 2. *Le roi boit*!* — Astron. *Les trois rois.* ⇒ **Baudrier** (d'Orion). — *Le roi des Enfers :* Pluton (mythol.), Satan (théol.). — (Av. 1741). *Le roi des Dieux :* Jupiter. (V. 1050, *le roi céleste;* puis mil. XVIᵉ). *Le roi du ciel.* — (V. 1175). *Le Roi des Rois :* Dieu. — (1550; *rex,* v. 980). *Roi des Juifs,* titre donné au messie annoncé par les prophètes (Jésus-Christ). — Littér. *Œdipe roi,* de Sophocle. *Le Roi Lear,* de Shakespeare. *Le Roi Candaule,* drame de Gide. *Le Roi d'Ys,* opéra de Lalo.

4 Sire, ce n'est pas tout que d'être Roi de France (...)
Un Roi sans la vertu porte le sceptre en vain (...)
RONSARD, Disc. des misères de ce temps,
« Instit. pour l'adol. du roi Charles IX ».

5 (...) la foi toujours pure des rois de France (...) leur a mérité l'honneur d'être appelés très-chrétiens, et fils aînés de l'Église, par la commune voix de toute la chrétienté (...) BOSSUET, Abrégé d'Hist. de France, I, Clovis, I.

6 Les fonctions attachées à ce titre de Roi sont si connues des Français qu'ils n'ont pas besoin de se le faire expliquer : le roi leur représente aussitôt l'idée de l'autorité légitime, de l'ordre, de la paix, de la liberté légale et monarchique.
CHATEAUBRIAND, Mélanges politiques, « Des Bourbons ».

7 Il était un roi de Thulé
À qui son amante fidèle
Légua, comme souvenir d'elle,
Une coupe d'or ciselé. NERVAL, Poésies, Lyrisme..., « Roi de Thulé ».

8 L'Empire perse (...) était un État supérieurement organisé (...) sur un territoire vaste comme six ou sept fois la France, régnait un maître unique, le Grand Roi. Vingt nations, jadis antagonistes, se trouvaient contraintes à la paix : monarque de droit divin, qu'Ormuzd lui-même avait investi de la puissance, le Roi des Rois dirigeait tout de l'une de ses capitales, Persépolis, Suse, Pasargade.
DANIEL-ROPS, le Peuple de la Bible, IV, II.

(1735). En appos. *Le peuple roi* : le peuple romain. — (Liturgie). *Fête du Christ-Roi*, instituée par Pie XI en 1925 et ayant lieu le dimanche précédant la Toussaint.

9 Une même domination, les mêmes intérêts, la même terreur, le même esprit de ressentiment et de vengeance contre le Peuple-Roi, tout rapprochait les nations. Leurs habitudes étaient interrompues, leurs constitutions n'étaient plus ; l'amour de la cité, l'esprit de séparation, d'isolement, de haine pour les étrangers, s'était affaibli dans le désir général de résister aux vainqueurs de la terre, ou dans la nécessité d'en recevoir des lois : le nom de Rome avait tout réuni.
É. DE SENANCOUR, Oberman, XLIV.

10 Singulier peuple de Paris, *peuple de rois, peuple roi ;* le seul peuple dont on puisse dire qu'il est le peuple roi sans faire une honteuse figure littéraire (...)
Ch. PÉGUY, Notre patrie.

(XII⁰). Absolt. *Le roi :* celui qui règne dans le pays où l'on est (ou dont on parle). → Abdiquer, cit. 3 ; antiquité, cit. 5 ; arrêter, cit. 33. *Cour* (cit. 25) *du roi.* (1606). *Maison** (*supra* cit. 35), *service du roi. Ministres, conseillers, procureurs* (cit. 3), *bourgeois* (cit. 3), *fermiers... du roi* (→ Beurre, cit. 3 ; désavouer, cit. 6 ; légal, cit. 1). *Armées, soldats, mousquetaires* (cit.)*... du roi* (→ 1. Jacques, cit. 1 ; laurier, cit. 7). *Gens, officier du roi,* agissant au nom du roi. (1626). *Les coffres du roi,* finances de l'État. — (XV⁰). *Pied de roi :* ancienne mesure de longueur (0,325 m). *Volontés, ordres, commandement du roi* (→ Exécuter, cit. 3 ; hors, cit. 40). *De par* le roi :* par ordre, par décision du roi. *Droit du roi.* ⇒ **Régale.** *Édit du roi.* ⇒ **Royal.** *« Le roi est mort** (2. Mort, cit. 6), *vive le Roi »*. — Allus. hist. *Le roi règne et ne gouverne** (cit. 42) *pas.* — Littér. *Le roi s'amuse,* pièce de Hugo (→ Amuser, cit. 15.1).

11 (...) la facile bonté du peuple, sa sensibilité aveugle, sa crédulité pour ceux qu'il aimait, son respect invétéré pour le prêtre et pour le Roi (...) le faire, cette vieille religion, ce mystique personnage, mêlé des deux caractères du prêtre et du magistrat, avec un reflet de Dieu !
MICHELET, Hist. de la Révolution franç., III, VII.

12 Une habitude idiote qu'ont les peuples, c'est d'attribuer au roi ce qu'ils font. Ils se battent. À qui la gloire ? au roi. Ils paient. Qui est magnifique ? le roi. Et le peuple d'être si riche. Le roi reçoit des pauvres un écu et rend aux pauvres un liard. Qu'il est généreux ! HUGO, l'Homme qui rit, II, I, V, III.

Loc. (1645). Vx. *Être logé dans la maison du roi,* enfermé dans une prison. — *Manger le pain du roi :* (1640) être en prison ; (1798) être soldat.

Mod. *Heureux* (cit. 31) *comme un roi ; plus heureux qu'un roi :* très heureux. — *Un festin de roi. Morceau de roi,* digne de figurer à la table d'un roi (au fig. → ci-dessous, cit. 14, Gautier). *« Ce n'est viande que pour rois et princes »* (→ Mouton, cit. 1, Rabelais). ⇒ **Délicieux, exquis.** *Au royaume des aveugles*, les borgnes sont rois.* (1611). *La cour* du roi Pétaud. Le roi n'est pas son cousin** (ou, vx, *son oncle*) : il témoigne d'une satisfaction de soi, d'une vanité extrême. — (1816). *Être plus royaliste* que le roi.* — Fam. *Aller où le roi va à pied, va seul :* aller aux lieux d'aisance. — *Travailler pour le roi de Prusse :* accomplir un travail dont on ne tire personnellement aucun profit, alors que d'autres personnes en recueillent le bénéfice. — REM. Cette expression, popularisée au moment de la paix de 1748, alors que la France semblait n'avoir travaillé que pour le roi de Prusse, existait, dès le début du XVIII⁰ s., en parlant de mercenaires ou d'agents du roi de Prusse fort mal payés. *Travailler pour le roi de Prusse,* signifiait : travailler pour un maigre salaire, ou même pour rien.

13 Ce n'est pas que je me pique
De tous vos festins de roi (...) LA FONTAINE, Fables, I, 9.

14 (...) une jeune fille, un morceau de roi, comme ils disent (...)
Th. GAUTIER, Mᶫᶫᵉ de Maupin, X.

15 Pourvu qu'il eût son tabac, son café, et qu'on ne le taquinât point, disait-il, le roi n'était pas son oncle. ZOLA, la Terre, IV, II.

Appos. **BLEU ROI** : bleu très vif, outremer. *Des uniformes bleu roi.*

♦ **2.** Par anal. Celui qui règne dans quelque domaine, préside à quelque manifestation. — (1690). Dans l'Antiquité. *Le roi du festin :* celui qui était désigné pour présider à un festin. Fig. *Il a été le roi de la fête :* on ne voyait, on ne fêtait que lui. *L'homme* (cit. 53) *est le roi de la terre.* — Poét. *Le roi brillant* (cit. 4) *du jour :* le soleil. *« Le vert colibri* (cit. 2), *le roi des collines ». « Un valeureux lion, roi d'une immense plaine »* (→ Prochain, cit. 2). *« Demain, roi*

du pays des fées » (→ Attente, cit. 11). *« Midi* (cit. 1), *roi des étés... ».*

16 À sa place, allaient entrer dans Paris les vrais rois de la république, les rois de la pensée, ceux par qui la France avait conquis l'Europe ; je parle de Voltaire, de Rousseau (...) MICHELET, Hist. de la Révolution franç., V, I.

17 Et lorsqu'on dit des hommes qu'ils sont « les rois de la création », il faut entendre le mot au sens le plus fort : ils en sont les monarques par droit divin ; le monde est fait pour eux (...) SARTRE, Situations III, p. 185.

(1876 ; trad. de l'amér. *king*). Spécialt. Magnat qui s'est assuré la maîtrise (d'un secteur économique). *Les rois du pétrole, de l'acier, de la chaussure...*

18 (...) le milliardaire, le roi du cuivre ou de la viande en conserves (...)
DANIEL-ROPS, Ce qui meurt..., p. 188.

♦ **3.** Chef, représentant éminent (d'un groupe ou d'une espèce). — Anciennt. Chef d'une corporation. *Roi des merciers* (1467), *de la basoche* (1469). *Roi des ribauds**. — En Afrique. Chef* de tribu, de village.

(1901). Mod. Sports. Personne qui règne sur une spécialité sportive. *Les rois de la route :* les champions cyclistes. *Le roi du volant.* ⇒ **As.**

(1668). Poét. *Le roi des animaux :* le lion (→ Par, cit. 62, La Fontaine). *Le roi des oiseaux :* l'aigle, et, parfois, le paon (cit. 1, Buffon). (1800). *Le roi des forêts, de la forêt :* le chêne ou le sapin. *Le roi des métaux :* l'or (→ Espagnol, cit. 2). *Le roi des épouvantements** (cit. 1 et 2). — (Déb. XX⁰). Chose réputée dans sa catégorie. *Roi des vins.*

Fam. (En valeur de superlatif). *Le plus grand de... « Chateaubriand, ce roi des égotistes »* (→ Je, cit. 7). *« Hugo (...) le roi des malins »* (cit. 14). — *C'est le roi des imbéciles, des cons.* Absolt., fam. *C'est bien le roi !,* la personne la plus sotte qui soit.

19 Le vieux baron des Ravots avait été pendant quarante ans le roi des chasseurs de sa province. MAUPASSANT, les Contes de la Bécasse, « La bécasse ».

19.1 — T'inquiète pas, gloussa Zanzi, le père Mouillefarine est le roi des inoffensifs, mais il possède la plus grande gueule du département et il en abuse.
René FALLET, le Triporteur, p. 216.

REM. Lorsque le compl. est un n. de chose, le mot ne s'emploie qu'avec des masculins : *le roi des canons* (mais on ne pourra pas traduire l'expression russe correspondante par : *le roi des cloches.* ⇒ **Reine**).

♦ **4.** (Jeux). Aux échecs (v. 1175), Pièce la plus importante, qu'il s'agit de mettre échec et mat. *Échec au roi. Fou* (cit. 15), *cavalier du roi.* — Aux cartes (1661), Carte figurant un roi (→ Dix, cit. 4). *Roi de carreau* (César), *de cœur* (Charles), *de pique* (David), *de trèfle* (Alexandre).

20 — Je tourne le roi. — Ça commence bien. — Je prends avec la dame. L'as, le roi, le valet, le dix, et c'est trois pour moi. À vous de faire, Monsieur Brun.
M. PAGNOL, Marius, III, 6.

DÉR. Roitelet.
COMP. Interroi, vice-roi.
HOM. Roie.

ROIDE [ʀwad] adj. Vx. ⇒ 1. **Raide** (notamment I., 1., 2., 3. ; II., 1., 2.).

ROIDEMENT [ʀwadmɑ̃] adv. Vx. ⇒ **Raidement.**

ROIDEUR [ʀwadœʀ] n. f. Vx. ⇒ **Raideur.**

ROIDIR [ʀwadiʀ] v. Vx. ⇒ **Raidir.**

ROIE [ʀwa] n. f. — 1771, *royes ;* spécialisation de l'anc. franç. (*roie* en Champagne ; *raye*, 1319, en Normandie) ; du lat. *rete* « filet ». → Réseau, rets.

♦ Techn. Pêche. Nappe des filets à harengs, dont l'assemblage forme un filet de dérive.

HOM. Roi.

ROITELET [ʀwatlɛ] n. m. — 1459 ; attestation isolée, v. 1180 ; dimin. de l'anc. franç. *roitel,* lui-même dimin. de *roi.*

★ **I.** (1580 ; *reytelet,* déb. XIV⁰). Roi peu important, roi d'un petit pays (péj. ou par plais.). → Géant, cit. 14. — (Mil. XVI⁰). Vx, rare. Roi de petite taille.

★ **II.** Cour. Oiseau passeriforme (*Régulidés*), scientifiquement appelé *regulus,* plus petit que le moineau, insectivore. ⇒ **Passereau** (→ Antiphrase, cit. 1 ; fardeau, cit. 2 ; recueillement, cit. 5). *Roitelet huppé, à tête rouge.*

ROITILLON [ʀwatijɔ̃] n. m. — 1793 ; dimin. de l'anc. franç. *roitel* « petit roi ». → Roitelet.

♦ Régional. Roitelet.

RÔLAGE [ʀolaʒ] n. m. — 1832 ; de 2. *rôle.*

◆ Techn. Opération par laquelle on met le tabac en rôles.

ROLANDIQUE [ʀolɑ̃dik] adj. — 1904, *in* Larousse ; de « scissure (ou sillon) de *Rolando* », du n. de l'anatomiste Luigi *Rolando*, 1773-1831.

◆ Didact. (physiol.). Relatif à la scissure de Rolando, qui sépare le lobe frontal du lobe pariétal de l'hémisphère cérébral. *Zone, région rolandique.*

1. RÔLE [ʀol] n. m. — xiiᵉ, *role*, aussi *roole, roolle*, du xivᵉ au xviᵉ ; du lat. médiéval *rotulus* « rouleau, parchemin roulé », rad. *rota* « roue ».

◆ **1.** Anciennt. Rouleau de parchemin, de papier sur lequel on inscrivait les actes. — Mod. ⇒ **Catalogue, liste, matricule, registre.** — (1690). Dr., admin. Feuille (recto et verso) d'un acte notarié, d'une expédition de jugement, d'un cahier de charges... — (1454). Registre où sont portées, par ordre chronologique, les affaires soumises à un tribunal. — (1799). *Rôle général,* où sont inscrites toutes les affaires. — (1799). *Rôle particulier,* où sont inscrites celles d'une chambre particulière du tribunal. *Mettre une cause au rôle, sur le rôle. Sa cause viendra à son tour de rôle.*

(1728). Dr. mar. *Rôle d'équipage,* ou *rôle :* liste du personnel composant l'équipage d'un navire. *Les rôles de l'Inscription maritime* (→ Francisation, cit.). — (1870). Mar. Liste indiquant le service de chacun. *Rôle de quart.* — Milit. *Inscription sur les rôles de l'armée.* ⇒ **Conscription, enrôler.**

(xviᵉ). (Législ. fin.). *Rôle d'impôt :* liste sur laquelle figure, pour chaque impôt direct et taxe assimilée, le nom des contribuables de la commune, avec mention du montant de leur impôt (cit. 6 ; et → Prestation, cit. 2). *L'Administration peut procéder au recouvrement de l'impôt en vertu du rôle nominatif. Matrice* du rôle des contributions directes.*

1   Après avoir indiqué les moyens de confectionner un rôle de contributions mobilières plus sincère que ne l'était le rôle actuel (...)
BALZAC, les Employés, Pl., t. VI, p. 880.

Didact. (paléogr.). Manuscrit composé de feuilles de papyrus ou de parchemin. ⇒ **Rouleau.**

(1454, de *rôle du tribunal*). Fig., cour. **À TOUR DE RÔLE :** chacun à son tour, à son rang. ⇒ **Ordre.** *Ils prenaient la garde* (cit. 17 et 20) *à tour de rôle.*

2   On ne voyait plus que le nœud rouge de la Trouille, qui tournait aux bras de Nénesse et de Delphin, à tour de rôle. ZOLA, la Terre, III, III.

◆ **2.** (1580, *roole*). Cour. Partie d'un texte dramatique, correspondant aux paroles d'un personnage, que doit dire sur scène un acteur ; (1538, *roule*) le personnage lui-même tel que le conçoit et le représente l'acteur. ⇒ **Emploi.** *Un rôle de vestale* (→ Doubler, cit. 10), *d'impératrice* (→ Émeraude, cit. 1), *de nourrice* (→ 1. Fausset, cit. 1), *de figurante* (cit. 2), *de comparse, de confident, de marquis* (→ 1. Garde, cit. 43)... *Le rôle de Phèdre* (→ Étoffer, cit. 3), *de Médée* (→ Imposant, cit. 1)... *Rôles tragiques, comiques* (→ Grotesque, cit. 8). *Petit rôle* (→ Imposer, cit. 26), *grand rôle* (→ Étude, cit. 16), *bouts de rôle* (→ Poser, cit. 23). *Rôle insignifiant.* ⇒ **Panne, utilité.** *Beau rôle, rôle en or. Rôle de composition,* qui exige de l'acteur qu'il se compose un personnage physique, particulier. *Savoir son rôle* (→ Histrion, cit. 5). *Un rôle à succès. Entrer dans son rôle* (→ Dans la peau* du personnage). *Bien posséder son rôle. Jouer un rôle* (→ Imprécation, cit. 5 ; mélodie, cit. 5). *Interpréter* (cit. 9) *son rôle. Interprétation* (cit. 9) *d'un rôle.* (1798). *Créer un rôle,* être le premier à le jouer. *Destiner* (→ Interpréter, cit. 15), *confier* (→ Mousser, cit. 6), *accorder* (→ Finesse, cit. 11) *un rôle à un acteur. Distribuer les rôles.* ⇒ **Distribution.** *Doubler un rôle. Répéter, étudier, repasser, apprendre son rôle. Débiter son rôle.*

3   — Je m'acquitterai fort mal de mon personnage, et je ne sais pas pourquoi vous m'avez donné ce rôle de façonnière. — Croyez-moi (...) vous le jouerez mieux que vous ne pensez. — Il n'y a point de personne au monde qui soit moins façonnière que moi. — Cela est vrai ; et c'est en quoi vous faites mieux voir que vous êtes excellente comédienne, de bien présenter un personnage qui est si contraire à votre humeur. MOLIÈRE, l'Impromptu de Versailles, I.

4   L'on ne peut trop recommander à l'acteur qui jouera ce rôle de bien se pénétrer de son esprit (...) s'il y mettait la moindre charge, il avilirait un rôle que le premier comique du théâtre, M. Préville, a jugé devoir honorer le talent de tout comédien qui saurait en saisir les nuances multipliées, et pourrait s'élever à son entière conception.
BEAUMARCHAIS, le Mariage de Figaro, « Caract. et habill. de la pièce ».

5   — Coupez tout alors, cria-t-il, j'aime mieux ça ! (...) Comment, je n'ai pas deux cents lignes, et on m'en coupe encore ! Non, j'en ai assez, je rends le rôle.
ZOLA, Nana, IX.

6   Il jouait tous les rôles. Joyeux, funèbre, violent, tendre, impétueux, caressant, il prenait une voix tour à tour grave et flûtée (...) FRANCE, Histoire comique, IV.

◆ **3.** (1580). Conduite sociale de qqn que l'on considère comme étant « en représentation », comme jouant dans le monde un personnage (souv. avec des verbes comme *jouer, tenir*...). *Jouer, tenir admirablement son rôle* (→ Panneau, cit. 3). *Jouer un rôle d'Agnès* (→ Amouracher, cit. 3), *de Célimène* (→ Profusion, cit. 5), *le rôle de la rebelle vengeresse* (→ Cabrer, cit. 14), *d'une élégante*

(→ Minauder, cit. 2),... ⇒ **Faire** (cit. 164), **poser** (se). *Rôle de parade.* ⇒ **Carton** (personnage de). *Se confiner* (cit. 7) *dans un rôle de vieil ami. Un rôle qu'on joue jusqu'à la mort* (→ Démordre, cit. 7). *Un drame où elle tenait son rôle* (→ Décor, cit. 9). *Entrer violemment dans son rôle* (→ Faste, cit. 3). *L'honnête homme joue son rôle le mieux qu'il le peut* (→ Galerie, cit. 9 ; et aussi oisiveté, cit. 1). *Obligé par son rôle à...* (→ Loustic, cit. 3). — Loc. *Avoir, tenir le beau rôle :* apparaître à son avantage dans telle ou telle situation. ⇒ **Figure.** *De petites noises* (cit. 13) *où je ne semble pas toujours tenir le beau rôle. Vilain, triste rôle. Intervertir* les rôles.*

7   — Et vous allez joindre à la pauvreté le ridicule de mauvais poète ; vous aurez perdu toute votre vie, vous serez vieux. Vieux, pauvre et mauvais poète, ah ! monsieur, quel rôle ! DIDEROT, Jacques le fataliste, Pl., p. 535.

8   Bonaparte, c'est l'homme ; Napoléon, c'est le rôle. Le premier porte une redingote et un chapeau ; le second, une couronne de lauriers et une toge.
A. DE VIGNY, Journal d'un poète, 1833.

9   Rosette ne jouait pas de rôle, et si jamais femme fut vraie, c'est elle.
Th. GAUTIER, Mᴵˡᵉ de Maupin, V.

10   (...) il éprouvait l'impression désagréable d'avoir joué un rôle et tenu des propos qui ne concordaient pas très bien avec l'ensemble de son personnage, avec un certain fond essentiel de lui-même (...)
MARTIN DU GARD, les Thibault, t. III, p. 214.

◆ **4.** (Fin xiiᵉ). Action, influence que l'on exerce, fonction que l'on remplit. *Jouer un grand rôle* (→ Celtique, cit.). *Assumer, avoir, remplir un rôle important* (→ Flamberge, cit. 3 ; gouvernement, cit. 34). *Être présent sans jouer aucun rôle.* ⇒ **Passif.** *Prendre un rôle* (→ Intimer, cit. 2 ; jacobin, cit. 2). *Le rôle de cette personne est de..., consiste à...* (→ Aristocratie, cit. 7 ; gouvernant, cit. 1 ; groupe, cit. 11). *Rôle de premier plan* (→ Mutuel, cit. 4). *Apte aux premiers rôles* (→ Diffus, cit. 3). *Rôle social de la femme* (cit. 119). *Le rôle du prêtre, du médecin.* ⇒ **Mission, vocation.** *Être dans son rôle.* ⇒ **Attribution, devoir, métier.** *Ce n'est pas mon rôle de vous conseiller.*

11   Puis le plaisir gratuit de jouer un rôle, au double sens d'agir sur les événements, et d'incarner un personnage ; l'amusement ironique, semi-amer, de tirer les ficelles des pantins, et de constater que c'est en somme assez facile.
J. ROMAINS, les Hommes de bonne volonté, t. VIII, II, p. 21.

Didact. (sociol.). Système de capacités, de droits et d'obligations qui déterminent les types de comportement légitime d'un individu à l'intérieur du groupe ; ensemble des comportements légitimes, attendus, correspondant à une position sociale. ⇒ **Position, status, statut.** *Rôles complémentaires du médecin et du malade. Pluralité de rôles assumés par un même individu (vie familiale, professionnelle, civique, loisirs...). Pathologie des rôles, dans certaines névroses et psychoses* (ex. : *bovarysme, infantilisme affectif, mythomanie...*).

(En parlant de choses ; v. 1268 ; emploi développé au xxᵉ). Fonction (cit. 14). *Le rôle des mots dans la phrase, le rôle d'éléments dans la langue* (→ Adverbe, cit. 1 ; auxiliaire, cit. 9 ; figure, cit. 26 ; incise, cit. 1). *Rôle de l'appareil circulatoire* (cit.), *des cellules* (→ Histologie, cit. 2)... *Organes, cellules qui jouent un rôle essentiel, un rôle-clé dans l'organisme. Rôle des fêtes* (cit. 1), *des musées* (cit. 5)... *Rôle pictural* (cit.) *de la couleur. Rôle descriptif, narratif du montage* (cit. 3) *cinématographique... Rôle d'un instrument* (cit. 8) *de musique.* ⇒ **Partie.**

12   — La musique la plus obscure, dit le docteur, est aussi la plus efficace. Le rôle de cet art est de purger notre corps d'émotions accumulées qui ne trouvent pas leur objet dans la vie civile ou militaire.
A. MAUROIS, les Discours du Dr O'Grady, IX.

DÉR. Rôlet, rouleau, roulon.
COMP. Enrôler. Cf. aussi **Contrôle.**
HOM. 2. Rôle.

2. RÔLE [ʀol] n. m. — xvᵉ, *roole* ; bas lat. *rotulus* « petite roue, cylindre », en emploi concret — à la différence de l'étym. de 1. *rôle.*
Technique.

◆ **1.** Vx. Rouleau. — Rondin de bois pour le chauffage.

◆ **2.** (1681). Mod. Corde de feuilles de tabac (tabac à mâcher) torsadées, enveloppée dans une feuille dite robe*. *Mise en rôles du tabac.* ⇒ **Rôlage.**

DÉR. Rôlage, rôleur.
HOM. 1. Rôle.

RÔLET [ʀolɛ] n. m. — xviᵉ ; *rolet,* v. 1220 ; *rollet,* v. 1265 ; dimin. de *rôle.*

◆ **1.** Vx. Petit rôle, petit registre. — Loc. *Ceci n'est pas sur mon rôlet, à mon rôlet,* n'est pas prévu dans mes attributions (par allus. à la *Farce du cuvier*).

◆ **2.** Vx. ⇒ **Rôle.**

RÔLEUR, EUSE [ʀolœʀ, øz] n. — 1762, *Encyclopédie* ; de 2. *rôle* (2.).

◆ Techn. Ouvrier, ouvrière qui fait les rôles de tabac.

1. ROLLE [ʀɔl] n. m. — 1800 ; de *rollier*.

♦ Rare. Rollier* (oiseau) à plumage bleu foncé, à bec large, vivant en Afrique et en Asie tropicales.
HOM. 2. **Rolle.**

2. ROLLE [ʀɔl] n. m. — Attesté mil. xxᵉ ; orig. inconnue.

♦ Cépage à raisins blancs cultivé dans le sud de la France.
HOM. 1. **Rolle.**

ROLLER CATCH [ʀɔlœʀkatʃ] n. m. — 1949, Larousse ; expr. anglo-amér., de *roller* dans *roller skate* « patin à roulettes », et *catch*.

♦ Anglic. Spectacle sportif où des patineurs à roulettes se mesurent à la lutte (catch) sur une piste. Plur. (Rare). *Roller-catches* [-katʃ].

ROLLER-GIN [ʀɔlœʀdʒin] n. m. — 1878 ; mot angl. de *roller* « rouleau », et *to gin* « égrener le coton ».

♦ Anglic. Techn. Machine à égrener le coton, formée d'un rouleau et d'un couteau à mouvement alternatif vertical.

ROLLET [ʀɔlɛ] n. m. ⇒ **Rôlet.**

ROLLIER [ʀɔlje] n. m. — 1765 ; de l'all. *Roller*, 1560, par l'interm. probable de l'angl. *roller*, 1763, le nom de l'oiseau lui venant de son cri ; cf. all. *rollen* « faire des roulades ».

♦ Zool. Oiseau coraciiforme *(Passereaux, Lévirostres)*, scientifiquement appelé *coracias*, de la taille d'un pigeon, insectivore. ⇒ **Geai** (bleu). *Rollier bleu des tropiques.* ⇒ 1. **Rolle.**

ROLLMOPS [ʀɔlmɔps] n. m. invar. — 1923 ; mot all., de *rollen* « enrouler ».

♦ Hareng mariné qu'on fend par le milieu et qu'on enroule autour d'un cornichon, après en avoir retiré les arêtes. *Salade de pommes de terre garnie de rollmops et d'œufs durs.*

ROLLOT [ʀɔlo] n. m. — 1904, *fromage de Rollot* ; de *Rollot*, nom d'une localité de la Somme.

♦ Fromage à pâte molle, de forme ronde, fabriqué avec du lait de vache dans la Somme et l'Oise.

ROMADOUR [ʀɔmaduʀ] n. m. — xxᵉ ; *romatour*, 1878 ; altér. d'un mot allemand.

♦ Fromage bavarois à pâte molle, affiné, fabriqué avec du lait de vache.

ROMAGNOL, OLE [ʀɔmaɲɔl] adj. — 1875 ; ital. *romagnolo*, de *Romagna* (Romagne), région d'Italie.

♦ De la Romagne. — N. Habitant, habitante de la Romagne.

ROMAIN, AINE [ʀɔmɛ̃, ɛn] adj. — xiiᵉ ; 1080, comme n. ; lat. *romanus*, de *Roma* « Rome ».

♦ **1.** (xiiiᵉ). Qui appartient à l'ancienne Rome et à son empire. ⇒ **Latin.** *Histoire* (cit. 1) *romaine. Antiquité* (cit. 6) *grecque et romaine. Le peuple romain* (→ Majesté, cit. 8). *Citoyen romain* (→ Dominant, cit 1 ; plébéien, cit. 2). *Empire romain* (→ Latinité, cit. 3). *Empereur romain* (→ Bouffon, cit. 1). *Les armées, les légions* romaines. *Soldats romains* (→ Négligence, cit. 2). *L'aigle romaine* (→ Légion, cit. 1). *Paix* (cit. 9) *romaine. Droit* (cit. 57) *romain. Magistratures, magistrats romains* (→ Attribution, cit. 2). *Religion, mythologie* (cit. 1) *romaine. Prêtres romains. Fêtes* romaines. *Famille* (cit. 5) *romaine. La femme romaine.* ⇒ **Matrone.** *Beauté* romaine. *Architecture, constructions, voies romaines* (→ 1. Droit, cit. 27). *Mille* romain. (1690). *Chiffre* romain (opposé à *chiffre arabe*). — (1723). *Caractères romains ; écriture romaine* (ou *latine*), qui s'oppose à d'autres écritures alphabétiques (cyrilliques, arabe, orientales...). ⇒ **2. Romaniser** (II.). — *Monnaies* romaines. — *Calendrier* romain. Techn. *Ciment* romain. — Loc. (1690). *À la romaine :* à la mode, à la manière romaine (→ Casque, cit. 2 ; masque, cit. 2). *Lit à la romaine,* à baldaquin. — N. *Un Romain. Une Romaine. Les anciens Romains* (→ Nom, cit. 11 ; pencher, cit. 1). *La vie religieuse du Romain* (→ Prodige, cit. 2 ; et aussi autel, cit. 8). *Vêtements des Romains et des Romaines* (→ Péplum, cit. 1).

1　Ah ! pour être romain, je n'en suis pas moins homme (...)
　　　　　　　　　　　　　CORNEILLE, *Sertorius,* IV, 1.
2　Annibal l'a prédit, croyons-en ce grand homme,
　Jamais on ne vaincra les Romains que dans Rome.　　RACINE, *Mithridate,* III, 1.
3　(...) on doit remarquer que ce qui a le plus contribué à rendre les Romains les

maîtres du monde, c'est qu'ayant combattu successivement contre tous les peuples, ils ont toujours renoncé à leurs usages sitôt qu'ils en ont trouvé de meilleurs.
　　　　　　　MONTESQUIEU, *Grandeur et Décadence des Romains,* I.　　4
Qui me délivrera des Grecs et des Romains !
　　　　　　　BERCHOUX, *Élégie, in* GUERLAC.　　5
Latin, Romain héritier de la paix romaine, héritier de toutes parts, héritier de toutes mains, Romain héritier de la force romaine, Romain héritier de la loi romaine, Romain héritier du droit romain ; *jus atque lex,* le droit et la loi, l'administration, le droit romain, la loi romaine ; la province romaine (...)
　　　　　　　Ch. PÉGUY, *Victor-Marie, comte Hugo,* p. 231.
Une âme, une vertu d'ancien Romain, toute romaine, fermeté romaine, rappelant celles des temps héroïques de la République romaine.
Loc. cour. *Un travail de Romain :* une œuvre longue et difficile, supposant un effort gigantesque. — (1835). *C'est le dernier des Romains,* ses qualités, ses vertus ne sont plus de notre temps.
Fig., vieilli. *Un Romain, une Romaine :* une personne de caractère noble, intransigeant, qui sacrifie tout à l'honneur et notamment à l'honneur national.
Corneille, ancien romain parmi les Français, a établi une école de grandeur d'âme (...)　　VOLTAIRE, *Mélanges littéraires,* « À un premier commis », 20 juin 1733.　　6

♦ **2.** Qui appartient à la Rome moderne (depuis la chute de l'Empire romain). *La campagne romaine* (→ Paysage, cit. 3). *« (...) des palais romains le front audacieux »* (→ Bâtir, cit. 1, Du Bellay). *École florentine et école romaine* (→ Équivalent, cit. 2).
Spécialement.

[a] (1592). Typogr. *Caractères romains* (inventés par deux imprimeurs romains en 1466 et substitués aux caractères *gothiques*) : caractères à traits perpendiculaires (par oppos. à l'*italique*), usités dans la plupart des impressions. N. m. *Le gros et le petit romain. Composer en romain.*

[b] Pyrotechn. *Chandelle* romaine.

[c] Hortic. *Laitue romaine.* ⇒ 1. **Romaine.**

♦ **3.** Qui a rapport à Rome considérée comme le siège de la papauté et de l'Église catholique. *Église catholique apostolique* (cit. 1) *et romaine* (→ Baptiser, cit. 3 ; moliniste, cit.). *Religion, communion romaine,* par oppos. aux *protestants* (cit. 1 ; et → Huguenot, cit. 3). *Catholicisme romain* (→ Individualiste, cit. 1). *Le pontife* (cit. 2) *romain :* le pape (cit. 3). *La primauté romaine,* du pape (cit. 2). *Lamennais s'était attiré les foudres* (cit. 17) *romaines.* Spécialt. *Indiction* romaine. ⇒ **Comput.** *Rite* romain. *Bréviaire, missel romain.*

Ils étaient plus que chrétiens, ils étaient catholiques ; ils étaient plus que catholiques, ils étaient romains (...)　　7
　　　　　　　HUGO, *l'Homme qui rit,* Chap. préliminaire, II, VI.

♦ **4.** N. m. (1823). Argot. Vx. Claqueur, dans un théâtre.

Les romains sont ces mêmes hommes que l'on nommait vulgairement autrefois des *claqueurs,* parce qu'ils se chargeaient d'applaudir les pièces, de les soutenir autant que possible et quelquefois d'enlever un succès (...) à la force du poignet.　　8
　　　　　　　Ch. PAUL DE KOCK, *la Grande Ville,* t. I, p. 283 (1842).

DÉR. 1. **Romaine.** V. **Romaniser.**
COMP. **Gallo-romain, gréco-romain.**

1. ROMAINE [ʀɔmɛn] n. f. — 1812 ; *laitue romaine,* en 1570, ainsi appelée parce que l'espèce fut importée d'Italie.

♦ **1.** Variété de laitue*, à feuilles allongées, rigides et croquantes. ⇒ **Chicon.** *Romaine d'été, d'automne, d'hiver.* — *Romaine verte, blonde.*
(...) la marchande des quatre saisons suivante annonçait (...)　　1
À la romaine, à la romaine !
On ne la vend pas, on la promène.　　PROUST, *la Prisonnière,* Pl., t. III, p. 127.

♦ **2.** Loc. fam. *Bon comme la romaine,* s'est dit à l'origine d'un homme trop bon, et, mod., de qqn qui accepte tout, se trouve dans une situation de victime.

Bon pour le vent bon pour la nuit bon pour le froid　　2
Bon pour la marche et pour la boue et pour les balles (...)
Bon pour la peur pour la mitraille et pour les rats
Bon comme le bon pain bon comme la romaine
　　　　　　　ARAGON, *le Crève-cœur,* p. 27.

HOM. 2. **Romaine.**

2. ROMAINE [ʀɔmɛn] n. f. — xvᵉ ; *romanne,* 1400 ; *romman,* n. m., xivᵉ ; anc. provençal ou esp. *romana ;* arabe *rŭmmānāh* « grenade », puis « peson (de la balance) », plus tard rapproché (à tort) de 1. *romain.*

♦ Balance formée d'un fléau à bras inégaux, dont le plus court porte un crochet où l'on suspend l'objet à peser, et dont le plus grand, gradué, supporte une masse pesante que l'on déplace jusqu'à ce que l'équilibre soit établi. ⇒ **Peson.**
Adj. fém. (1661). *Balance romaine.*
HOM. 1. **Romaine.**

ROMAÏQUE [ʀɔmaik] adj. et n. m. — 1834 ; grec *rômaikos,* d'abord « romain », plus tard servant à désigner les Grecs depuis l'époque de l'empire romain d'Orient ; de *Rômê* « Rome ».

♦ Didact. Ling. *Langue romaïque, grec romaïque,* ou, n. m., *le romaïque :* le grec moderne parlé (appelé aussi *démotique,* par oppos. à la langue puriste ou *katharevoussa*). — REM. On dit aussi *roméïque* [ʀɔmeik].

1. ROMAN [ʀɔmɑ̃] n. m. — Fin XIIe; *romanz,* 1135; d'un lat. pop. *romanice* «à la façon des Romains, en langue latine», par oppos. aux mœurs et au langage des Barbares, des Francs.

★ **I.** (1135, «langue commune» : le français d'alors [ancien français] opposé au latin; XVIe, en ling.). Ling. Langue courante, parlée en France, opposée au latin qui était la langue savante. ⇒ **Gallo-roman** (→ Langue romane*). — REM. Voltaire dit *langue romance* ou *romain* rustique* (romanum rusticum, *Dictionnaire philosophique,* art. *Français.* — *Le roman désigne un état de langue chronologiquement intermédiaire entre le bas latin et l'ancien français* (certains auteurs nomment *pré-roman* le latin vulgaire parlé en Gaule. Cf. M. Cohen, *Hist. d'une langue : le Français,* p. 52). *Une décision du concile de Tours* (813) *invite les prêtres à prêcher en roman.*

1 À partir du commencement du XIIe siècle, les textes se multiplient, et une littérature des plus riches se développe avec une vitesse prodigieuse. La langue vulgaire, le *romanz* de la France, originairement restreinte à l'usage du peuple et aux productions de la muse populaire, élargit son domaine de jour en jour et commence, même hors de la littérature, à concourir avec le latin.
K. NYROP, Grammaire historique, t. I, p. 29.

2 Les savants de la cour de Charlemagne s'efforcent d'écrire le latin de Cicéron. De ce fait le latin devient une langue savante, nettement distincte du parler populaire. Il va sans dire que les savants et le clergé regardent le roman, le parler populaire comme un idiome barbare, inférieur. Il n'en est pas moins vrai qu'il s'oppose maintenant définitivement au latin. On pourrait donc dire que, grâce à la Renaissance carolingienne, le français a pris conscience de lui-même.
WARTBURG, Évolution et Structure de la langue franç., p. 69.

(1870). Nom donné à la langue latine vulgaire parlée dans les pays romanisés (la *«Romania»*), et à l'ensemble des langues romanes entre le Ve et le Xe siècle (cf. Damourette et Pichon, *Essai grammatical,* I, p. 28).

★ **II.** Par ext. Hist. littér. ♦ **1.** (1140). Récit en vers français (en *roman*) adapté des légendes antiques de la littérature latine, et où dominent les aventures fabuleuses et galantes. *Le Roman d'Alexandre* (→ Alexandrin), *le Roman de Troie* (ces romans, appelés *romans antiques* en histoire de la littérature, «constituent une sorte de transition entre l'épopée et le roman courtois» [Lagarde et Michard]).

♦ **2.** (1160). Au moyen âge, Récit en vers, poème contant les aventures merveilleuses, les amours de héros imaginaires, ou idéalisés et, ultérieurement (XIVe siècle), le même genre en prose. *Le Roman de Tristan* (Béroul). *Le Roman de Brut* (Wace). Nom donné, par la suite, aux œuvres du cycle breton : *le roman courtois, le roman breton.* — *Le Roman de la Rose* (→ Lexicon, cit. 2). — *Le Roman de Renart*,* poème réaliste et familier (probablt parodie des romans courtois). — *Romans de chevalerie,* nom donné après le moyen âge aux romans courtois et aux chansons de geste (→ Enfoncer, cit. 45; galanterie, cit. 6). — REM. Au XVIIe s., on appelait *romans* tous les poèmes relatant des aventures fabuleuses; *«les poèmes fabuleux se mettent aussi au nombre des romans, comme l'Énéide, et l'Iliade»* (Furetière, *Dictionnaire,* Roman).

3 Les chansons de geste et les romans bretons sont, si j'ose dire, les deux souches jumelles qui ont porté quelques-uns des rameaux les plus féconds de notre littérature. De la narration épique, conçue encore comme la commémoration fidèle d'un passé héroïque, s'est détachée l'*histoire,* et la matière de France ou de Bretagne, conçue comme une représentation agréable d'événements imaginaires, est devenue le *roman.* Plus particulièrement les récits du cycle breton ont produit le roman *idéaliste,* qui nous construit un monde conforme aux secrets sentiments de notre cœur, pour nous consoler de l'injurieuse et blessante réalité.
Gustave LANSON, Hist. de la littérature franç., Les romans bretons, p. 63.

4 Jamais la France n'y a mieux attesté *(qu'au moyen âge)* l'originalité de son génie créateur et ceci est particulièrement évident dans l'invention du roman, dont le nom même est révélateur, car il signifie primitivement traduction du latin en langue vulgaire *(roman).* Or ce genre (...) a été tellement attribué à notre nation qu'il s'est identifié avec l'appellation de notre parler ancien, au point que l'on parle assez singulièrement de roman anglais.
Gustave COHEN, *in* ARAGON, les Yeux d'Elsa, Appendice, p. 95.

♦ **3.** (Depuis le XVIe). [a] Mod., cour. Œuvre d'imagination en prose, assez longue, qui présente et fait vivre dans un milieu des personnages donnés comme réels, nous fait connaître leur psychologie, leur destin, leurs aventures. *Les romans de Mlle de Scudéry, de Mme de La Fayette, de Marivaux, de Stendhal, de Balzac, de Zola, de Dumas, de J. Romains, de P. Benoit, de Sartre... Roman et nouvelle** (cit. 19, 20 et 21). *La crédibilité* (cit. 2) *est nécessaire au roman* (→ aussi Patatras, cit. 1). *Le roman doit illusionner* (cit. 2) *le lecteur. L'affabulation, la fabulation* (cit. 2) *du roman* (→ Convenir, cit. 29). *Les fables de la mythologie et les mensonges du roman* (→ Associer, cit. 25). *Les aventures naturelles et celles des romans* (→ Naturaliste, cit. 4). *L'histoire* opposée au roman* (→ Différence, cit. 6). *L'histoire* (cit. 28) *est un roman qui a été. Héros de roman.* ⇒ **Héros** (cit. 32 et 34; et, fig., cit. 35 et 36). *Sujet* (→ Gâcher, cit. 9), *idée* (→ Maquette, cit. 2), *intrigue d'un roman* (→ Indécis, cit. 7). *Épisodes** (cit. 3) *d'un roman. Style de roman* (→ Désirer, cit. 7). *Lire un roman* (→ Miroir, cit. 7). *Se nourrir de romans* (→ Maladif, cit. 6). Fig. *Prendre le roman par la queue*. J'étudiais nos mœurs* (cit. 19) *dans les romans. S'identifier* (cit. 14) *aux héros des romans. Le roman et l'évasion* (cit. 6). *Roman captivant, palpitant, passionnant, pathétique* (→ 3. Mal, cit. 27), *scandaleux* (→ Perversité, cit. 2)... *Écrire, faire un roman* (→ Anneau, cit. 9); *composer, bâtir un roman* (→ Composition, cit. 7). *Genèses* (cit. 2) *d'un roman. Faiseurs* (cit. 7) *de romans* (→ Empoisonneur, cit. 2). ⇒ **Romancier.** *Imprimer, éditer des romans* (→ Éditeur, cit. 3). *Roman primé.* ⇒ **Prix.** *Roman à succès,* qui a un très gros tirage (cf. l'américanisme abusif : Best-seller). *Roman porté à l'écran.* — Titres portés par certains romans. *Le Roman bourgeois,* de Furetière (qui présente des bourgeois), *le Roman comique,* de Scarron (qui présente des comédiens), *le Roman de la momie,* de Gautier... *Le Roman d'un jeune homme pauvre,* d'O. Feuillet. — REM. *Roman* au sens moderne, et pour désigner un genre littéraire sérieux, ne date guère que du XIXe s.; les *romans* du XVIIe et du XVIIIe s. restent pour la plupart dans la tradition des aventures galantes et invraisemblables (*l'Astrée,* etc.) ou, par contrepied, du récit parodique et satirique *(le Roman bourgeois).* D'autre part, on a qualifié rétrospectivement de *romans* des œuvres qui n'étaient pas considérées comme telles à l'époque où elles furent écrites.

Romans d'imagination (→ Genre, cit. 15), (1778). *Roman historique** (cit. 7; → Incliner, cit. 11). *Roman d'amour* (→ Finir, cit. 17). *Roman d'analyse, psychologique... Roman d'aventures* (→ Hache, cit. 7). *Roman de cape* et d'épée. Roman de guerre.* (1924). *Roman reportage.* — (1835). *Roman de mœurs,* qui dépeint les manières de vivre, les comportements d'un milieu. *Roman pastoral. Roman exotique, régionaliste, paysan. Roman autobiographique, à clé* (cit. 18). — *Roman policier** (cit. 2 et 3). ⇒ **Polar** (fam.). — *Roman noir ou d'épouvante* (cit. 7), *au début du XIXe siècle :* genre emprunté aux Anglais, récit d'aventures macabres, de brigands, de fantômes; roman d'aventures ou roman policier où abondent les violences criminelles (→ Gangster, cit. 2). — *Roman d'anticipation :* récit d'aventures se passant dans le futur, et plus ou moins basé sur des données scientifiques. *Roman de science-fiction, de SF.* — (Manière). *Roman idéaliste, précieux, allégorique; roman naturaliste, réaliste,* qui présente la réalité sans la censurer ni l'embellir. *Roman intimiste. Roman humoristique, satirique. Roman à l'eau de rose,* bénin et exaltant les bons sentiments. *Roman picaresque** (→ Défrayer, cit. 4). — (1839, *in* D. D. L.). *Roman épistolaire.* (1875). *Roman didactique,* qui développe un enseignement (historique, etc.). — (1879). *Le roman expérimental* (Zola). *Roman à thèse*. Roman classique* (→ Nœud, cit. 29), le roman du XIXe siècle, dont le type persiste au XXe siècle *(roman balzacien, roman russe..). Roman moderne, roman américain* (→ Réduire, cit. 12), *roman russe, roman anglais.* — (Présentation). *Roman à épisodes, à suites; à tiroirs. Roman par lettres, épistolaire. Roman illustré.* — (Lecteurs). *Roman littéraire* (→ 1. Argot, cit. 2), *mondain* (→ 3. Droit, cit. 31); *roman populaire* (cit. 6), *populiste. Roman de gare :* roman populaire en vente dans les kiosques des gares.

(...) je vous raconterai sincèrement et avec fidélité plusieurs historiettes ou galanteries arrivées entre des personnes qui ne seront ni héros ni héroïnes (...) mais qui seront de ces bonnes gens de médiocre condition, qui vont tout doucement leur grand chemin; dont les uns seront beaux et les autres laids; les uns sages et les autres sots (...) Pour éviter encore davantage le chemin battu des autres, je veux que la scène de mon roman soit mobile, c'est-à-dire tantôt en un quartier et tantôt en un autre de la ville (...) FURETIÈRE, le Roman bourgeois, I, p. 2. 5

Par un roman, on a entendu jusqu'à ce jour un tissu d'événements chimériques et frivoles, dont la lecture était dangereuse pour le goût et pour les mœurs. Je voudrais bien qu'on trouvât un autre nom pour les œuvres de Richardson, qui élèvent l'esprit, qui touchent l'âme, qui respirent partout l'amour du bien, et qu'on appelle aussi des romans. DIDEROT, Éloge de Richardson. 6

Eh, monsieur, un roman est un miroir qui se promène sur une grande route. Tantôt il reflète à vos yeux l'azur des cieux, tantôt la fange des bourbiers de la route. 7
STENDHAL, le Rouge et le Noir, II, XIX.

Le roman est un vaste champ d'essai qui s'ouvre à toutes les formes de génie, à toutes les manières. C'est l'épopée future, la seule probablement que les mœurs modernes comporteront désormais. 8
SAINTE-BEUVE, Correspondance, t. I, éd. Calmann-Lévy, 1877, p. 250.

Il en est deux *(théories)* celle du roman d'analyse pure et celle du roman objectif. Les partisans de l'analyse demandent que l'écrivain s'attache à indiquer les moindres évolutions d'un esprit et tous les mobiles les plus secrets qui déterminent nos actions, en n'accordant au fait lui-même qu'une importance très secondaire (...) Les partisans de l'objectivité (...) prétendant, au contraire, nous donner la représentation exacte de ce qui a lieu dans la vie, évitent avec soin toute explication compliquée, toute dissertation sur les motifs, et se bornent à faire passer sous nos yeux les personnages et les événements. Pour eux, la psychologie doit être cachée dans le livre comme elle est cachée en réalité sous les faits dans l'existence. 9
MAUPASSANT, Pierre et Jean, Préface.

Je ne vois pas en vérité pourquoi le *roman philosophique* ne serait pas admis à côté du *roman psychologique,* ou du *roman sentimental,* ou du *roman réaliste,* ou du *roman-roman,* comme on a dit de nos jours. 9.1
Gustave LANSON, *in* Revue universitaire, I, p. 178 (1899), *in* D. D. L., II, 15.

(...) nous devons donner raison à ceux qui prétendent que le roman est le premier des arts. Il l'est, en effet, par son objet, qui est l'homme. Mais nous ne pouvons donner tort à ceux qui en parlent avec dédain, puisque, dans presque tous les cas, il détruit son objet en décomposant l'homme et en falsifiant la vie. 10
F. MAURIAC, le Romancier et ses personnages, p. 122.

N'est-ce pas ce que vous voulez dire, cher lecteur, quand vous m'assurez que, si vous vouliez parler, vous sauriez, rien qu'en disant des choses vraies, écrire le plus dramatique, le plus incroyable, le plus romanesque des romans? Mais les romans perdent de leur charme quand ils entrent dans la réalité. 10.1
PROUST, Jean Santeuil, Pl., p. 598.

10.2 Le roman moderne est· un combat entre l'auteur et la part du personnage qu'il poursuit toujours en vain, car cette part est le mystère de l'homme. Anna échappe à Tolstoï, qui gouverne pourtant comme une symphonie, son destin perdu. Isolde n'échappe pas à Thomas, à Béroul, à leurs rivaux, bien qu'ils la différencient : non parce qu'elle leur est soumise, mais parce qu'elle les domine.
MALRAUX, l'Homme précaire et la Littérature, p. 197.

10.3 Le roman appelle caractère un type humain animé par une passion majeure et constante ; un masque de l'âme. L'Avare est cousin éloigné d'Arlequin. Ses actes, même difficilement prévisibles, ne doivent point surprendre. Il écarte l'irrationnel, auquel le personnage devra tant. La vie ne le modifie guère.
MALRAUX, l'Homme précaire et la Littérature, p. 130.

Mod. *Nouveau roman*, roman contemporain, qui s'oppose notamment au roman traditionnel par le refus de la psychologie, de la linéarité du discours, etc. (désignation généralement critiquée). *Alain Robbe-Grillet, Nathalie Sarraute, Claude Simon..., représentants du nouveau roman.* ⇒ **Antiroman** (cit.).

10.4 Il y a bien des manières d'interpréter ce qu'on appelle encore le « nouveau roman » (en dehors des considérations sur ses succès ou ses échecs, sur l'ennui ou l'intérêt qu'il inspire). On peut y reconnaître un effort méthodique pour créer une syntaxe littéraire rationnelle, sacrifiant délibérément le tragique, le lyrisme, le trouble, la dialectique, en poursuivant une pure transparence de l'écrit sur le modèle de l'espace.   Henri LEFEBVRE, la Vie quotidienne dans le monde moderne, p. 20.

(Dans des composés). *Roman-fleuve* (1930) : roman très long présentant de nombreux personnages de plusieurs générations (→ Balzacisme, cit. ; nouvelle, cit. 20). *Roman-feuilleton* (1850, Nerval). → Feuilleton, cit. 6. On a aussi employé l'expression *feuilleton-roman* (→ Insérer, cit. 4). — (1929). Vx. *Roman-ciné, roman-cinéma* ; mod., *ciné-roman* : roman populaire tiré d'un film, du récit en images (ou en photos) d'un film. — (V. 1950). *Roman-photo* : récit romanesque ou policier présenté sous forme d'une série de photos accompagnées de textes succincts souvent intégrés aux images comme dans la bande dessinée. *Des romans-photos* (ou *photos-romans, photo romans*).

10.5 (...) ces deux jeunes filles qu'absorbe la lecture d'un roman-ciné (...)
R. QUENEAU, le Chiendent, p. 23.

10.6 L'amour, comme dans les romans-photos, et l'amitié, la haine, la jalousie, la rancune, la pitié, le pardon, la foi, l'orgueil, et tout ça, et tout ça, à n'en plus finir.
J.-M. G. LE CLÉZIO, le Déluge, p. 258.

REM. Le vocabulaire de la critique a employé et emploie de nombreux composés plus occasionnels (ex. : *roman-critique ; roman-cycle*, Thibaudet ; *roman-charge, roman-poème, roman-scénario...*, in Gilbert).

ⓑ Par anal. Hist. littér. Récit en prose, assimilé au roman moderne. *Romans grecs* (alexandrins), *latins.*

ⓒ Cet ouvrage considéré dans l'invraisemblance, le merveilleux des choses évoquées. ⇒ **Romanesque.** *Le prince qui épouse la bergère, cela n'existe que dans les romans, c'est invraisemblable. On pourrait en faire un roman* (→ Brimade, cit. 2).

11 Vous allez croire, lecteur, que ce cheval est celui qu'on a volé au maître de Jacques : et vous vous trompez. C'est ainsi que cela arriverait dans un roman, un peu plus tôt ou un peu plus tard, de cette manière ou autrement ; mais ceci n'est point un roman, je vous l'ai déjà dit, je crois, et je vous le répète encore.
DIDEROT, Jacques le fataliste, Pl., p. 535.

Avec la même valeur, en fonction d'attribut :

11.1 Le dessein de ce Roman (pas si Roman que l'on croirait) est nouveau sans doute ; l'ascendant de la Vertu sur le Vice, la récompense du bien, la punition du mal, voilà la marche ordinaire de tous les Ouvrages de cette espèce ; ne devrait-on pas en être rebattu !   SADE, Justine..., t. I, p. 4 (1791).

ⓓ (Collectif et qualifié). Genre particulier de romans. *Le roman noir me plaît mieux que le roman d'anticipation. Aimer le roman policier.*

♦ 4. Par métaphore, vx. ⇒ **Chimère, fable, utopie.** *La métaphysique* (cit. 4), *roman de l'esprit.* (1656). Mod. *C'est du roman, c'est tout un roman* : c'est une histoire invraisemblable ou très compliquée. *Sa vie est un vrai roman.*

12 Tant de raisonneurs ayant fait le roman de l'âme, un sage est venu qui en a fait modestement l'histoire.   VOLTAIRE, Lettres sur les Anglais, XIII.

13 Enfin j'allai au spectacle, on donnait le *Matrimonio Segreto* de Cimarosa, l'actrice qui jouait Caroline avait une dent de moins sur le devant. Voilà tout ce qui me reste d'un bonheur divin. Je mentirais et ferais du roman si j'entreprenais de le détailler.   STENDHAL, Vie de Henry Brulard, 46.

(Par allus. au caractère romanesque des narrations). *Ce n'est pas comme dans les romans. La vie n'est pas un roman !*

♦ 5. *Roman d'amour, roman* : aventure amoureuse digne d'un roman. ⇒ **Histoire** (d'amour). *Un roman d'amour qui devient conjugal* (→ Ménager, cit. 23). *Ébaucher* (cit. 4) *de nouveaux romans. C'est la fin d'un beau roman !*

14 Pendant ce temps, je songeais à la petite feuille de bloc-notes que m'avait passée Albertine : « Je vous aime bien », et une heure plus tard, tout en descendant les chemins qui ramenaient, un peu trop à pic à mon gré, vers Balbec, je me disais que c'était avec elle que j'aurais mon roman.   PROUST, À l'ombre des jeunes filles en fleurs, Folio, p. 585.

♦ 6. Spécialt. Psychan. *Roman familial* : « expression créée par Freud pour désigner des fantasmes par lesquels le sujet modifie imaginairement ses liens avec ses parents (...) De tels fantasmes trouvent leur fondement dans le complexe d'Œdipe » (Laplanche et Pontalis).

COMP. Antiroman.
HOM. 2. Roman, romand.

---

2. ROMAN, ANE [ʀɔmɑ̃, an] adj. — 1765, *Encyclopédie* ; du précédent.

★ I. ♦ 1. *La langue romane* (vieilli) : le roman de Gaule, le gallo-roman (*langue romance*, in Furetière, 1690). → 1. Argot, cit. 5. — Par ext. Qui appartient à cette langue, est écrit en cette langue. *Les mots romans des Gloses de Reichenau, au VIIIᵉ siècle* (→ Gloser, cit. 2). *Le texte roman des Serments de Strasbourg.*

1 Il y avait dans la Gaule, lorsque les Francs y entrèrent, trois langues vivantes, la latine, la celtique et la *romane* (...) Le plus ancien monument que nous ayons de la langue *romane* est celui de Louis *le germanique*.
Encycl. (DIDEROT), art. *Romane*.

♦ 2. Relatif aux peuples conquis et civilisés par Rome (la « Romania »). *Les langues romanes* : les langues issues du latin populaire (cit. 4). ⇒ **Néo-latin** (vx). *Les langues romanes sont des langues indo-européennes* (cit. 1) ; *elles sont écrites en caractères romains.* ⇒ **Catalan, espagnol, français, italien, portugais, provençal** ou **occitan, rhéto-roman** (et **ladin, romanche**), **roumain, sarde.** *Langues romanes et langues germaniques* (→ Frontière, cit. 5). — *La France romane.* — Par ext. Relatif aux langues romanes. *La linguistique romane* (→ Étymologique, cit. 1). *Études romanes* (⇒ **Romaniste**).

2 Mais il n'a pas fait seulement les langues romanes *(le soldat romain)*, et la terre mesurée aux langues romanes ; il n'a pas fait seulement les peuples romans, et la terre mesurée aux peuples romans ; il n'a pas fait seulement la romanie et la romanité et le monde romain et le monde latin.
Ch. PÉGUY, la République..., p. 304.

3 Ce n'est que vers 900 que la romanisation des Francs de Neustrie semble enfin terminée. Cette forte interpénétration de tradition romane et de forces germaniques, qui n'a pas joué dans aucun autre pays de l'ancien Empire, si l'on y ajoute l'invasion arabe en Espagne explique que la France du Nord soit devenue le centre de l'Occident (...) C'est donc l'invasion franque qui a créé une barrière linguistique entre le Sud et le Nord ; c'est elle qui a donné au roman cette forme particulière connue sous le nom de français.
WARTBURG, Évolution et Structure de la langue franç., p. 67.

♦ 3. (Fin XIXᵉ). Qui appartient au mouvement littéraire du néo-classicisme (→ Néo-, cit. 2). *L'école romane de Moréas.*

★ II. (1818, de Gerville ; auparavant, on englobait tout l'art du moyen âge sous le nom de gothique*, le « roman » étant nommé *gothique ancien* ou *normand ; roman* a été diffusé par A. de Caumont [1823], puis par Hugo [*Notre-Dame de Paris*, 1828] et Stendhal ; au XIXᵉ s., en concurrence avec *normand*, puis *byzantin* ; s'impose après 1860). Relatif à l'architecture médiévale d'Europe occidentale, jusqu'à l'emploi normal de l'ogive et au développement du style gothique (XIIᵉ-XIIIᵉ siècle). — REM. Le mot veut d'abord désigner un art *romain* dégénéré ; il ne s'applique qu'à l'architecture et englobe tout le haut moyen âge (alors très mal connu). — Mod. Relatif à l'art d'Occident, de la fin de l'art carolingien (VIIIᵉ siècle) à la diffusion du style gothique, art caractérisé par la prédominance de l'architecture religieuse (plan basilical, voûte), la variété régionale des styles, le développement d'une iconographie abondante, etc. *L'architecture* (→ Oculi, cit. 2), *la sculpture romane. Église romane. Nef romane en plein cintre, en voûte d'arêtes... Piliers, chapiteaux romans* (→ Geyser, cit. 2 ; obscur, cit. 2). *Les statues romanes étaient peintes* (cit. 33). *La fresque, la miniature romane. Orfèvrerie romane.* — *Le premier art roman* : l'art lombard, toscan, catalan... aux VIIIᵉ et IXᵉ siècles. *Les écoles régionales romanes*, bourguignonne, auvergnate, poitevine, languedocienne (sculpture), provençale, normande. *Diffusion de l'art roman en Europe. Architecture romane monastique* (cistercienne, clunisienne). *Le baroque roman* (Focillon).

4 Ce style s'est appelé *roman*, byzantin, lombard, saxon, etc. ; le public, ce me semble, n'a pas encore fait de choix ; en attendant sa décision suprême, j'adopterai le mot *roman*, parce qu'il indique le principal caractère des édifices construits au onzième siècle (...) Ils furent avant tout l'imitation de l'architecture romaine.
STENDHAL, Mémoires d'un touriste, t. I, p. 233.

5 Le terme d'art « roman » (...) évoque heureusement la coïncidence avec le développement des langues et littératures romanes. On le doit à un archéologue normand, M. de Gerville, qui, dans une lettre à son ami Le Prévot, datée de décembre 1818, écrivait, à propos de certaines églises normandes : « Tout le monde convient que cette architecture, lourde et grossière, est l'*opus romanum* dénaturé (...) par nos rudes ancêtres. Alors aussi, de la langue latine, également estropiée, se faisait une langue romane (...) » Le mot vaut mieux que la doctrine.
Henri FOCILLON, l'Art d'Occident, I, II, p. 25.

Par ext. De l'époque romane. *Les ferronniers romans* (→ Ferronnerie, cit. 1). *Le génie roman.*

N. m. (1837, Stendhal, *le roman fleuri*, in *Mémoires d'un touriste*, t. II, p. 50). L'art, le style roman. *Le roman auvergnat.*

COMP. Romano-gothique, rhéto-roman.
HOM. 1. Roman, romand.

ROMANÇABLE [ʀɔmɑ̃sabl] adj. — 1923, Benda, in D.D.L. ; de *romancer.*

♦ Rare. Qui peut être romancé, présenté sous forme romanesque. *Histoire, idée romançable.*

ROMANÇAGE [ʀɔmɑ̃saʒ] n. m. — 1930 ; de *romancer.*

♦ Littér., rare. Action de romancer, de présenter comme un roman ; état d'un texte romancé.

1 Roman, dit la couverture (de *Blanche ou l'oubli*, œuvre d'Aragon). On ne s'attend pas à ce que c'en soit un, et ce n'en est pas un, en effet. Mettons que ce soit un romançage désordonné de souvenirs et d'essais divers.
A. BILLY, *in* le Figaro, 11 sept. 1967.

2 Les éléments autobiographiques du livre sont évidents, mais leur « romançage » est trop souvent forcé et malhabile, notamment dans le dernier chapitre, mélodramatique plus qu'il n'est permis.
B. CRÉMIEUX, *in* N.R.F., n° 196, janv. 1938, p. 133 (*in* D.D.L., II, 15).

1. ROMANCE [ʀɔmɑ̃s] adj. — 1671, *in* D.D.L.; lat. pop. *romanice*, du lat. *romanus* « latin ».

◆ Vx. *Langue romance.* ⇒ 2. **Roman** (I., 1.).

HOM. 2. **Romance.**

2. ROMANCE [ʀɔmɑ̃s] n. f. — 1599, Brantôme, n. f.; n. m., 1606; masc. et fém. au XVIIe, empr. esp. *romance*, lui-même du provençal *romans*; du lat. pop. *romanice.* → 1. **Roman.**

◆ **1.** Hist. littér. Bref poème épique espagnol en octosyllabes, dont les vers pairs sont assonancés. ⇒ **Romancero.** *Le Cid, romances espagnoles imitées en romances françaises,* ouvrage de Creuzé de Lesser (1814). — Par ext. *Les romances de Gongora.* — REM. Les spécialistes de la littérature espagnole emploient le masc. dans ce sens.

◆ **2.** (1718). Aux XVIIIe et XIXe siècles, pièce poétique simple, assez populaire, sur un sujet sentimental et « attendrissant » (Marmontel); musique sur laquelle une telle pièce est chantée. ⇒ **Cantilène, chant.** *Auteur de romances* (paroles). ⇒ **Romanciste.** *« Comme une monotone et sensible romance »* (→ Papier, cit. 9). *La romance de Chérubin,* dans le *Mariage de Figaro. La romance moyenâgeuse à la mode pendant le romantisme* (genre « troubadour »). *Les romances écossaises* (→ 1. Harpe, cit. 7). ⇒ aussi **Lied.**

1 (...) le Roussillon (...) ses romances catalanes, si douces, à recueillir le soir de la bouche des filles du pays. MICHELET, Hist. de France, III.

Mus. Chant d'amour sans élément dramatique (à la différence de la ballade). *« La romance française est presque toujours strophique, à couplets et ritournelles »* (A. Hodeir). *Romances et nocturnes* (spécialt). — Pièce instrumentale romantique, de caractère mélodique. *Romances pour violon et orchestre,* de Beethoven. *Romances sans paroles,* de Mendelssohn (Verlaine a repris ce titre pour un recueil de poèmes).

◆ **3.** (Après 1750). Cour. Chanson* sentimentale (→ Feuilleton, cit. 5). *La romance napolitaine.* ⇒ **Canzonette.** *Pousser la romance. La sentimentalité facile des romances populaires.* Fig., vx. *C'est de la romance.* — (En fonction d'adjectif). *Je le trouve un peu romance.*

2 À la classe de musique, dans les romances qu'elle chantait, il n'était question que de petits anges aux ailes d'or, de madones, de lagunes, de gondoliers, pacifiques compositions qui lui laissaient entrevoir, à travers la niaiserie du style (...) l'attirante fantasmagorie des réalités sentimentales.
FLAUBERT, Mᵐᵉ Bovary, I, VI.

DÉR. Romancero, romanciste.
HOM. 1. **Romance.**

ROMANCER [ʀɔmɑ̃se] v. tr. — Conjug. *placer.* — Av. 1681, repris 1860, Sainte-Beuve; *romancier* « traduire en roman, en français », XIIIe; « lire, déclamer, chanter en roman, en langue d'oc », au moyen âge; « composer des romans », 1586; de *romanz,* forme anc. de *roman.*

◆ Présenter sous forme de roman, en donnant les caractères du roman (⇒ **Romanesque**), en déformant plus ou moins les faits.

Toutes les histoires de l'*Astrée* ont un fondement véritable, mais l'auteur les a toutes *romancées,* si j'ose user de ce mot; c'est Patru qui dit cela (*Œuvres diverses,* t. II) dans ses curieux éclaircissements sur l'ouvrage d'Urfé. Le sens qu'il donne à ce mot est celui d'*idéalisation,* d'*ennoblissement,* de *quintessence des choses réelles* (...)
SAINTE-BEUVE, Portraits de femmes, « Du roman intime », Note.

▶ **ROMANCÉ, ÉE** p. p. adj.
(1840). Où le réel se mêle à l'imaginaire (d'un récit). *Biographie, vie romancée. Histoire romancée.* — *Reportage un peu romancé.*

DÉR. Romançable, romançage.

ROMANCERO [ʀɔmɑ̃seʀo] n. m. — 1831; mot esp., de *romance.*

◆ Hist. littér. Recueil de poèmes épiques espagnols en octosyllabes *(romances). Le romancero du Cid.*

Par ext. *« L'Espagne, l'Allemagne, l'Angleterre citent chacune avec orgueil leur romancero national »* (Nerval, *in* G.L.L.F.).

ROMANCHE [ʀɔmɑ̃ʃ] n. m. et adj. — 1813; bas lat. *romanice.* → 1. **Roman.**

◆ Langue romane du groupe rhéto-roman en usage notamment dans les Grisons. *Le romanche est la quatrième langue nationale de la Suisse* (mais ne fait pas partie des langues officielles). *Le roman-*

*che inclut le ladin** (Engadine) *et les parlers des Grisons* (« sursilvan » de l'Oberland, « sutsilvan » de l'Unterland).

1 Le Rhin ici est italien (...) le sonore italien, mêlé au vieux romanche, s'entend seul.
MICHELET, la Montagne, VIII, p. 276.

2 — Tu étais un peu à l'écart de Davos?
— Dieu merci! — dit-il. — Très à l'écart (...) les bergers m'ont appris les légendes du canton, et des chansons aussi. je t'en chanterai. D'ailleurs, je sais le romanche à présent.
Philippe HÉRIAT, les Enfants gâtés, IV, 3.

REM. La forme *romanche* (1877, Littré, *Suppl.*) est archaïque. On a aussi écrit *romansch.*

3 Cedruns, Truns, Dissentis, Tusis, Andeer, noms qui ne ressemblent plus à rien, et tout autant persans, algonquins, ce me semble, qu'allemands, français ou italiens. C'est qu'en effet, nous voici dans le latium du romonsch (*sic*), langue étrange, originellement inintelligible qui, écrite, ressemble aux jurons d'un Espagnol en colère et, parlée, au baragouin d'un gosier obstrué d'un oignon. Langue intéressante, au demeurant, circonscrite à des conteurs dont elle reflète et protège les mœurs; qui plaît (...) par une sorte d'énergique rudesse.
Rodolphe TÖPPFER, Voyages en zigzag, Voyage à Venise, 1842, 8e journée, p. 318.

ROMANCIER, IÈRE [ʀɔmɑ̃sje, jɛʀ] n. — Attestation isolée, XVe; *romanceor,* v. 1175; de *romanz,* forme anc. de 1. *roman**.

◆ **1.** N. m. Vx. Celui qui écrit des œuvres en langue romane et en ancien français. *« (...) l'art confus de nos vieux romanciers »* (Boileau, *Art poétique,* I.).

(XVe). Auteur de romans de chevalerie.

◆ **2.** (1669; fém., 1844). Écrivain qui fait des romans, auteur de romans. *Romancier et historien* (cit. 5, 6 et 7), *et nouvelliste* (→ Nouvelle, cit. 20). *Les grands romanciers du XIXe siècle. Sous le romancier, Balzac est un technicien parfait de toutes les questions traitées* (→ Doubler, cit. 8). *Sainte-Beuve, poète et romancier* (→ Malheureux, cit. 29). *George Sand, romancière romantique* (→ Indigène, cit. 7). *Romanciers mondains* (→ 1. Portière, cit. 3). *Le romancier a le don de voir de grands arcanes dans les aventures* (cit. 12) *les plus communes. Le romancier fond* (cit. 7) *des éléments réels pour faire un personnage, un héros, une héroïne* (cit. 6). *La psychologie* (cit. 5) *qu'un romancier met dans ses livres. Les types d'un romancier* (→ Créature, cit. 12). *Romanciers qui peignent une fresque* (cit. 8) *de leur temps.*

1 Le romancier est fait d'un observateur et d'un expérimentateur.
ZOLA, le Roman naturaliste.

1.1 L'Académie lui a tout de suite adjoint deux romancières d'un talent exquis.
A. ROBIDA, le Vingtième Siècle, p. 194.

2 (...) l'ingéniosité du premier romancier consista à comprendre que dans l'appareil de nos émotions, l'image étant le seul élément essentiel, la simplification qui consisterait à supprimer purement et simplement les personnages réels serait un perfectionnement décisif.
PROUST, Du côté de chez Swann, Pl., t. I, p. 85.

3 (...) grâce à ce double pouvoir d'amplifier formidablement dans ses créatures tels caractères à peine indiqués dans son propre cœur et après les avoir amplifiés, de les isoler, de les mettre à part, répétons encore une fois que, bien loin d'être représenté par ses personnages, le romancier est presque toujours trahi par eux.
F. MAURIAC, le Romancier et ses Personnages, p. 116.

4 Le romancier, qu'il le veuille ou non, nous révèle le fond de son être, encore qu'il se couvre littéralement de personnages. En vain, il se servira « d'une réalité » comme d'un écran. C'est lui qui projette cette réalité, c'est lui surtout qui l'enchaîne. Dans le réel, on ne peut tout dire, la vie saute des chaînons et cache sa continuité. Dans le roman n'existe que ce qu'on dit, le roman montre sa continuité, il étale sa détermination.
G. BACHELARD, l'Eau et les Rêves, III, V.

ROMANCINE [ʀɔmɑ̃sin] n. f. — V. 1700, Saint-Simon; ital. *romanzina,* de *romanzo* « roman », de l'anc. franç. *romanz.* → Roman.

◆ (Au XVIIIe). Vx. Plainte; réprimande.

ROMANCISTE [ʀɔmɑ̃sist] n. — Attesté XXe; de 2. *romance.*

◆ Littér. Auteur de paroles de romances.

J.-J. Rousseau connaît un succès posthume avec *Les Consolations des misères de ma vie* (1781 et 1788), dans lesquelles il met en musique les principaux romancistes contemporains : Moncrif, Marmontel, La Motte, Laborde, etc.
France VERNILLAT et Jacques CHARPENTREAU, la Chanson française, p. 30.

ROMAN-CYCLE [ʀɔmɑ̃sikl] n. m. ⇒ 1. **Roman.**

ROMAND, ANDE [ʀɔmɑ̃, ɑ̃d] adj. — 1566, *romandt,* même mot que 1. *roman,* le *d* par anal. avec *allemand.*

◆ Qui appartient à la Suisse de langue française ou à ses habitants. *La Suisse romande* (→ Gicler, cit. 1; maximum, cit. 5). *Les cantons romands. En pays romand* (→ Ranger, cit. 3). — N. *Les Romands :* les Suisses de langue française (par oppos. aux *Alémaniques*).

N. m. Dialecte franco-provençal parlé en Suisse (notamment au moyen âge). *Le romand et le savoyard.*

DÉR. Romandisme.
HOM. 1. **Roman,** 2. **roman.**

ROMANDISME [ʀɔmɑ̃dism] n. m. — 1965; de *romand.*

♦ Fait de langue (française) propre à la Suisse romande. *Cette tournure, cette locution, ce mot est un romandisme.* ⇒ **Helvétisme.** *« Calques de l'allemand et romandismes à pourfendre »* (A. Schiezl, in *Vie et Langage,* mai 1965).

ROMANESQUE [ʀɔmanɛsk] adj. et n. m. — XVIᵉ, attestation isolée; 1628; de 1. *roman;* d'après ital. *romanesco.*

♦ **1.** Cour. Qui offre les caractères traditionnels et particuliers du roman (1. Roman, II., 3.) : poésie sentimentale, aventures extraordinaires. — REM. Le mot a suivi l'évolution du sens de *roman** (1.) jusqu'au XIXᵉ s.; à l'origine, il concerne les romans de chevalerie (→ 1. Roman, II., 2.) et le roman pastoral. Il signifie d'abord «invraisemblable, fantastique» et s'oppose à «naturel». — *Vie romanesque* (→ Aventureux, cit. 3 ; 1. balle, cit. 6). *Entreprise périlleuse* (cit. 2) *et romanesque. Amours, aventures romanesques. Une passion romanesque.*

1   Rien ne séduit plus un jeune homme que de jouer le rôle d'un bon génie auprès d'une femme. Il y a je ne sais quoi de romanesque dans cette entreprise, qui sied aux âmes exaltées.   BALZAC, la Bourse, Pl., t. I, p. 354.

2   Les heures de la nuit ont un aspect romanesque. Deux heures de l'après-midi est prosaïque, presque vulgaire; mais deux heures du matin est un aventurier qui s'enfonce dans l'inconnu.   Valery LARBAUD, Fermina Marquez, XVIII.

♦ **2.** Qui contient ou qui forme des idées, des images, des rêveries dignes des romans. *Imagination romanesque* (→ Discerner, cit. 6). *Tempérament romanesque* (→ Entourer, cit. 6). *Idées romanesques. Délire romanesque* (→ Prendre, cit. 10). — *Une personne romanesque.* ⇒ **Passionné, rêveur, sentimental.**

3   Il n'était pas romanesque, et moi je poussais cette faiblesse jusqu'à la folie; l'absence de cette folie le rendait plat à mes yeux. Le romanesque chez moi s'étendait à l'amour, à la bravoure, à tout.   STENDHAL, Vie de Henry Brulard, p. 47.

4   — Très romanesque, romanesque à l'allemande, c'est-à-dire au suprême degré, négligeant tout à fait la réalité pour courir après des chimères de perfection.   STENDHAL, Romans et nouvelles, « Le rose et le vert », VIII.

4.1 Du moment qu'il aime, l'homme le plus sage ne voit plus aucun objet tel qu'il est (...) Les craintes et les espoirs prennent à l'instant quelque chose de *romanesque* (de *wayward*). Il n'attribue plus rien au hasard; il perd le sentiment de la probabilité; une chose imaginée est une chose existante pour l'effet sur son bonheur.   STENDHAL, De l'amour, 1822, p. 55.

5   — Vous êtes romanesque, ma tante. — C'est de mon âge, ma nièce. Les femmes le sont deux fois : à seize ans pour elles, et à soixante ans pour les autres.   Éd. PAILLERON, le Monde où l'on s'ennuie, I, 7.

N. (1894, Edmond Rostand, *les Romanesques*). Personne romanesque (→ Juger, cit. 23). *C'est un grand romanesque.*

5.1 Va toujours, petite romanesque, ça ne coûte rien d'espérer.   COLETTE, Claudine à l'école, 1900, p. 257.

6   Ses parents, croyant leur fille romanesque, et que les romanesques sont pareils aux fous qu'il ne faut pas contredire, la laissaient seule.   R. RADIGUET, le Diable au corps, p. 152.

N. m. (1689). *Le romanesque :* le caractère romanesque d'une chose, d'une personne (→ ci-dessus cit. 3, Stendhal).

6.1 *(Le) génie (de Rabelais)* n'annonce point le romanesque. Ce mot, qui s'applique à la fois au domaine du merveilleux et à celui des sentiments, porte à confusion. Car le second, en littérature, est né *dans* le premier.   MALRAUX, l'Homme précaire et la Littérature, p. 94.

♦ **3.** (1690). Littér. D'un récit, d'un texte. Qui a les caractères littéraires du roman. *Récit romanesque. Réalité romanesque ou réalité épique* (cit. 4) *d'un personnage.*

7   (...) de ces récits romanesques, il n'en faut croire que la moitié tout au plus.   MÉRIMÉE, Compte rendu sur les mémoires de Villebois, in Hist. du règne de Pierre le Grand, Appendice, p. 308.

N. m. (1683). *Le romanesque.*

8   De sorte qu'enfin le théâtre ne se trouve rien tant éviter que le théâtral, le roman le romanesque, la poésie le poétique.   J. PAULHAN, les Fleurs de Tarbes, p. 31.

♦ **4.** Propre au roman; du roman (du point de vue de la technique littéraire). *L'expression* (cit. 21), *la création romanesque.*

9   (...) il nous fallait (...) faire passer la technique romanesque de la mécanique newtonienne à la relativité généralisée, peupler nos livres de consciences à demi lucides et à demi obscures, dont nous considérerions peut-être les unes ou les autres avec plus de sympathie, mais dont aucune n'aurait sur l'événement ni sur soi de point de vue privilégié (...)   SARTRE, Situations II, p. 253.

10 La création romanesque naît de l'intervalle que nous avons vu séparer le roman de l'histoire qu'il raconte — mais dont nous n'avons pas vu que s'y déroule le dialogue de l'auteur avec son imagination au moyen de l'écriture; repentirs, adjonctions, liberté que ne limitent nul interprète, nulle narration orale, nulle mémoire, mais seulement la navette entre auteur et personnages, la marge où ceux-ci prolifèrent, inséparable de la conscience qu'a le romancier de ne s'adresser ni à un interlocuteur ni à un spectateur, mais à un lecteur.   MALRAUX, l'Homme précaire et la Littérature, p. 180-181.

CONTR. Banal, commun, plat, prosaïque, réaliste. — Naturel, simple.
DÉR. Romanesquement.

ROMANESQUEMENT [ʀɔmanɛskəmɑ̃] adv. — 1672, Mᵐᵉ de Sévigné; de *romanesque.*

♦ D'une manière romanesque (1.); comme un héros de roman.

(...) j'écris romanesquement sur le bord de la rivière, où est située notre hôtellerie (...)   Mᵐᵉ DE SÉVIGNÉ, 807, 9 mai 1680.

ROMAN-FEUILLETON [ʀɔmɑ̃fœjtɔ̃], **ROMAN-FLEUVE** [ʀɔmɑ̃flœv] n. m. ⇒ 1. **Roman** (II., 3.).

ROMANI [ʀɔmani] n. ⇒ 1. **Romano.**

ROMANICHEL, ELLE [ʀɔmaniʃɛl] n. — 1844, Vidocq; adapt. de *romanitchel,* var. de *romani,* mot tzigane d'Allemagne, de *rom* «tzigane».

♦ Vieilli. Tzigane nomade. ⇒ **Bohémien, boumian, gitan, tzigane.** *Roulotte de romanichels. Une romanichelle* (→ Bracelet, cit. 1). — Par ext. (diffamant). Nomade, vagabond sans domicile fixe (→ 1. Feu, cit. 28).

On ne veut pas de vous Romanichels
Qui payez votre part en marchant sur la tête (...)
                        ARAGON, le Roman inachevé, p. 83.

DÉR. 1. Romano.

ROMANISANT, ANTE [ʀɔmanizɑ̃, ɑ̃t] adj. — 1872; dér. sav. de *romanus* «romain», ou de *romaniser.*

★ **I.** (1875). Relig. Qui se rapproche du rite romain, en parlant des cultes chrétiens. *Église grecque romanisante.*

★ **II.** (De 1. *roman,* I.). Qui s'occupe de linguistique, de philosophie romane. — N. (1894). *Un romanisant, une romanisante.* ⇒ **Romaniste.**

ROMANISATION [ʀɔmanizasjɔ̃] n. f. — 1894; de 2. *romaniser.*

♦ **1.** Hist. Action de romaniser, assimilation des pays vaincus par les Romains.

Nous attendons que notre sol boive le fond germain et fasse réapparaître son inaltérable fond celte, romain, français, c'est-à-dire notre spiritualité (...) La romanisation des Germains est la tendance constante de l'Alsacien-Lorrain.   M. BARRÈS, Au service de l'Allemagne, p. 103.   1

La romanisation des Francs fut lente (...) C'est seulement au siècle suivant (Xᵉ s.) que le francique disparaît sur notre sol. Hugues Capet est le premier souverain dont on soit sûr qu'il ne comprenait pas le francique (...)   A. DAUZAT, les Étapes de la langue franç., p. 30.   2

♦ **2.** Ling. Substitution du latin aux langues locales des pays conquis.

♦ **3.** (1931). Ling. Le fait de romaniser (2. Romaniser, II., 3.) une écriture. *« Le bibliothécaire en chef de l'institut belge des Hautes Études Chinoises a bien voulu ajouter la romanisation des caractères chinois »* (le Patriote illustré, 1931; in D. D. L., II., 5.).

1. ROMANISER [ʀɔmanize] v. tr. — 1697; de 1. *roman.*

♦ Vx. Transformer en roman, romancer. — Intrans. Écrire des romans.

HOM. 2. Romaniser.

2. ROMANISER [ʀɔmanize] v. — 1566; de *romanus.* → Romain.

★ **I.** V. intr. Relig. Suivre les dogmes de l'Église catholique romaine.

★ **II.** ♦ **1.** V. tr. Relig. Rendre catholique romain.

♦ **2.** (1833). Donner, imposer les mœurs romaines, la langue latine (aux peuples vaincus). *Romaniser la Gaule. La Romania, ensemble des pays romanisés.*

Toute la politique des Byzantins était d'opposer aux Goths, aux barbares romanisés, des barbares restés tout barbares; c'est avec des Maures, des Slaves et des Huns, que Bélisaire et Narsès remportèrent leurs victoires.   MICHELET, Hist. de France, II, I.   1

C'est ainsi que déjà existait une Gaule romanisée, portant, au moins dans ses classes dirigeantes, la toge romaine (...) Des populations entières étaient admises au droit de cité romain, c'est-à-dire à la nationalité romaine. Déjà à ce moment (avant J.-C.) la langue latine devait avoir profondément pénétré au moins la population urbaine du Sud.   M. COHEN, Hist. d'une langue, le français, p. 62.   2

♦ **3.** (1870). Mettre en caractères romains, transcrire en écriture* romaine. *Romaniser un texte turc ancien, un texte vietnamien.*

▶ **ROMANISÉ, ÉE** p. p. adj. *Rite romanisé. — La Gaule romanisée. — Texte arabe, cyrillique romanisé,* translittéré* en écriture romaine.

DÉR. Romanisation.
HOM. 1. Romaniser.

ROMANISME [ʀɔmanism] n. m. — 1857; «façon d'agir à la romaine», fin XVIIIᵉ; dér. sav. de *romanus* «romain».

♦ Relig. Doctrine de l'Église romaine, dans le langage des autres confessions (⇒ 1. **Romaniste,** 1.).

1. ROMANISTE [ʀɔmanist] n. — 1556; de *romanus* «romain».

♦ **1.** Relig. Partisan du rite romain, du pape.

♦ **2.** (1870). Dr. Juriste spécialisé dans l'étude du droit romain.

♦ **3.** (1930). Arts. Peintre flamand du XVIᵉ siècle qui imitait l'art italien.

REM. Un homonyme, avec le sens de «romancier», a été utilisé dans la langue classique (1661).

HOM. 2. Romaniste.

2. ROMANISTE [ʀɔmanist] n. — 1872; de 2. *roman.*

♦ Linguiste, philologue qui étudie les langues romanes. *Congrès, revue de romanistes.*

HOM. 1. Romaniste.

ROMANITÉ [ʀɔmanite] n. f. — 1851; dér. sav. de *romanus* «romain».

♦ Didact. (hist.). Ensemble des mœurs, des habitudes qui caractérisent la civilisation romaine.

1. ROMANO [ʀɔmano] n. — 1859, Liszt, *in* D. D. L.; var. *romani,* 1883, *rommani,* adj. («*la langue rommani*», Mérimée); de *romanichel.*

♦ Péj. Romanichel, gitan.

HOM. 2. Romano.

2. ROMANO [ʀɔmano] n. m. — Attesté mil. XXᵉ; nom d'une ville d'Italie.

♦ Fromage italien, à pâte cuite et pressée, de forme ronde, formé d'un mélange de laits (vache, brebis, chèvre) et utilisé comme fromage à râper.

HOM. 1. Romano.

ROMANO-GOTHIQUE [ʀɔmanogɔtik] adj. — 1934, F. Benoît, «*l'occident (...) romano-gothique et gothique*»; de *roman, -o-,* et *gothique.*

♦ Didact. Relatif à la fois à l'art roman et à l'art gothique. — REM. Le concept correspond à l'usage ancien de *gothique*.*

ROMAN-PHOTO [ʀɔmɑ̃foto] n. m. ⇒ 1. **Roman.**

ROMANTICISME [ʀɔmɑ̃tisism] n. m. — 1818; angl. *romanticism* (1803), 1844 en ce sens.

♦ Vx. ⇒ **Romantisme** (2.). — REM. Ce terme a été employé par Stendhal, jusqu'en 1824, pour désigner le mouvement romantique.

ROMANTIQUE [ʀɔmɑ̃tik] adj. — 1675; angl. *romantic,* de *romance* «roman» jusqu'à l'emploi de *novel,* au XVIIIᵉ.

★ **I.** Vx. Qui tient du roman (aventure, personnage) par son caractère chimérique. ⇒ **Romanesque.**

0.1 L'âme ardente et l'imagination romantique de Mˡˡᵉ de Lespinasse lui firent concevoir le projet de sortir de l'étroite médiocrité où elle craignait de vieillir.
MARMONTEL, Mémoires, 1792-1795, *in* LITTRÉ.

★ **II.** ♦ **1.** (1774; *romantic,* 1745). Vx. «Se dit ordinairement des lieux, des paysages, qui rappellent à l'imagination les descriptions des poèmes et des romans. *Situation romantique. Aspect romantique*» (Académie, 1798). — REM. Le mot n'est donc à l'origine qu'un doublet de *romanesque,* employé pour caractériser certains aspects de la nature qui «parlent à l'âme» autant qu'aux yeux.

1 *Romanesque* peut nous faire croire au chimérique et au fabuleux. *Pittoresque* parle aux yeux, non à l'âme. Il faut exprimer ce qui attache les yeux et captive l'imagination; il faut que ce qui étonne les sens porte en même temps au cœur des émotions tendres et des idées mélancoliques. Les tableaux de Salvator Rosa, quelques sites des Alpes, plusieurs jardins de campagne de l'Angleterre ne sont point romanesques, mais on peut dire qu'ils sont plus que pittoresques, c'est-à-dire touchants et *romantiques.*
LE TOURNEUR, Disc. en tête de la trad. de Shakespeare, 1776, cité *in* BRUNOT, Hist. de la langue franç., t. XII, p. 117.

2 Si la situation *pittoresque* enchante les yeux, si la situation *poétique* intéresse l'esprit et la mémoire (...) si l'une et l'autre composition peuvent être formées par le peintre, et le poète, il est une seule situation que la nature seule peut offrir : c'est la situation *Romantique.*
(*En note* : j'ai préféré le mot anglais, *Romantique,* à notre mot français, *Romanesque,* parce que celui-ci désigne plutôt la fable du roman, et l'autre (...) la situation, et l'impression touchante que nous en recevons).
R.-L. GIRARDIN, De la composition des paysages, 1777, *in* ROUSSEAU, Œ. compl., Pl., t. I, Notes et var., p. 1794.

3 Les rives du lac de Bienne sont plus sauvages et romantiques que celles du lac de Genève, parce que les rochers et les bois y bordent l'eau de plus près; mais elles ne sont pas moins riantes (...) le pays est peu fréquenté par les voyageurs; mais il

est intéressant pour des contemplatifs solitaires qui aiment à s'enivrer à loisir des charmes de la nature (...)
ROUSSEAU, Rêveries..., 5ᵉ promenade.

Nom masculin :

4 Le romanesque séduit les imaginations vives et fleuries; le romantique suffit seul aux âmes profondes, à la véritable sensibilité.
É. DE SENANCOUR, Oberman, XXXVIII, IIIᵉ fragment.

♦ **2.** (1804; all. *romantisch,* employé par Schlegel dès les dernières années du XVIIIᵉ s., et systématiquement dans son *Cours de Littér. dramatique* en 1809, par oppos. à *classique,* opposition popularisée en français par Mᵐᵉ de Staël et Sismondi). À l'origine, Désigne la littérature, les œuvres, les écrivains qui s'inspirent de la chevalerie et du christianisme du moyen âge et s'opposent aux classiques (cit. 3, Mᵐᵉ de Staël; et → Latin, cit. 6). *Le genre romantique.*

5 Le mot de *romantique* a été introduit nouvellement en Allemagne, pour désigner la poésie dont les chants des troubadours ont été l'origine, celle qui est née de la chevalerie et du christianisme (...) La littérature romantique est la seule qui soit susceptible encore d'être perfectionnée, parce qu'ayant ses racines dans notre propre sol (...) elle exprime notre religion; elle rappelle notre histoire; son origine est ancienne, mais non antique.
Mᵐᵉ DE STAËL, De l'Allemagne, II, XI.

♦ **3.** (1810). Mod. Qui appartient au romantisme. ⇒ **Romantisme.**

6 (...) si je comprends bien des distinctions, du reste assez insignifiantes, le premier *(Chénier)* est romantique parmi les classiques, le second *(Lamartine)* est classique parmi les romantiques.
HUGO, Littérature et Philosophie mêlées, «Journal des idées», 1820, Fragment de critique.

7 *(L'auteur de ce livre)* répudie tous ces termes de convention (...) mots vagues que chacun définit au besoin de ses haines ou de ses préjugés (...) il ignore profondément ce que c'est que le *genre classique* et que le *genre romantique* (...) Il ne paraît pas démontré que les deux mots imports par madame de Staël soient aujourd'hui compris de cette façon (...) les deux mots de guerre ont depuis quelque temps changé encore d'acception (...) — (→ la suite à Classique, cit. 4).
HUGO, Odes et Ballades, Préface, 1824.

Mouvement (cit. 41), *école romantique* (→ Contradicteur, cit. 1; fantastique, cit. 5; incompris, cit. 2). *Doctrine romantique. Poésie, drame, œuvres romantiques* (→ Immoralité, cit. 5; nuire, cit. 11). *Peinture, musique, lied* (cit. 2) *romantique* (→ Nocturne, cit. 4). *Livres, reliures romantiques. Ballet romantique* (→ Escarpin, cit. 2; pointe, cit. 11)... — *Les novateurs romantiques* (→ Classique, cit. 5). *Poètes, écrivains, artistes romantiques* (→ Pendant, cit. 5).

8 Il serait surabondant de faire ressortir davantage cette influence du grotesque dans la troisième civilisation *(moderne).* Tout démontre, à l'époque dite *romantique,* son alliance intime et créatrice avec le beau. Il n'y a pas jusqu'aux plus naïves légendes populaires qui n'expliquent quelquefois avec un admirable instinct ce mystère de l'art moderne. L'antiquité n'aurait pas fait *la Belle et la Bête.*
HUGO, Préface de Cromwell, 1827.

9 Pour trouver l'expression juste des chants intérieurs de sa pensée, il fallait bien que chaque poète commençât par se faire une lyre, et qu'il se trouvât quelques hommes jeunes, hardis (...) L'élégie, l'ode, le poème naquirent ensemble sous de nouvelles formes, et leurs voix séparées, bien distinctes, n'eurent point de sons pareils, presque aucune ressemblance. Ce fut là ce qu'on prit pour une école, et ce qu'on nomma *Romantique* à tout hasard.
A. DE VIGNY, Défense obstinée de la poésie et des poètes, «Lettre au Prince de Bavière», 17 sept. 1839.

N. m. *Un romantique* : un auteur romantique (le fém. n'est pas attesté). *Les classiques* (cit. 1) *et les romantiques* (→ Haine, cit. 25; perruque, cit. 5).

♦ **4.** (Av. 1837). Qui évoque les attitudes et les thèmes chers aux romantiques (sensibilité, exaltation, rêverie, etc.). *Beauté, visage romantique. Geste, attitude romantique* (→ Effeuiller, cit. 2). *Ivresse romantique* (→ Atteinte, cit. 14). *Attrait* (cit. 24) *romantique pour le malheur.*

10 Ceux qui l'ont vu nous disent qu'il avait une belle tête romantique, passionnée et ravagée comme on peut se figurer celle de Faust (...) avec une expression rêveuse, mélancolique et spiritualiste, tout à fait en rapport avec la nature de son talent.
Th. GAUTIER, Portraits contemporains, «Ary Scheffer».

11 (...) le vieux quartier resterait comme il était, un endroit romantique, des ruines à la Chateaubriand.
ARAGON, les Beaux Quartiers, I, X.

♦ **5.** (1875). Qui manque de réalisme, qui sacrifie l'analyse positive des faits à une certaine mystique, à un certain esprit chevaleresque. *La démocratie et son romantique égalitarisme* (cit. 2). *Une grande rébellion* (cit. 5) *romantique contre l'absurdité de la condition humaine.*

CONTR. Classique, réaliste.
DÉR. Romanticisme, romantiquement, romantiser, romantisme.
COMP. Préromantique.

ROMANTIQUEMENT [ʀɔmɑ̃tikmɑ̃] adv. — 1833; de *romantique.*

♦ Rare. À la manière des romantiques.

Je suis jaloux, mais jaloux romantiquement et dramatiquement, de l'Othello double et triple.
Th. GAUTIER, les Jeunes-France, 1833, *in* MATORÉ.

ROMANTISER [ʀɔmɑ̃tize] v. tr. — Attesté XXᵉ; de *romantique.*

♦ Didact. Rendre romantique, plus romantique.

La réduction d'un long poème à une courte pièce en fait un objet littéraire : *Souvenir* de Musset, *Olympio,* deviennent raciniens. Comme l'agrandissement photographique rend expressionnistes les détails, le fragment rend classique ce que la plus grande toile éparpillait. Quel accent remplacerait la nostalgie? Alors qu'elle en romantise les sentiments.
MALRAUX, l'Homme précaire et la Littérature, p. 238.

ROMANTISME [ʀɔmɑ̃tism] n. m. — 1804, cit.; de *romantique*.

♦ **1.** Vx. Caractère romantique* (II., 1.).

1   Il a rendu à mes déserts quelque chose de leur beauté heureuse, et du *romantisme* de leurs sites *alpestres* (...)   É. DE SENANCOUR, Oberman, LXXXVII (1804).

♦ **2.** (1816). À l'origine, Genre romantique* (II., 2.).

2   Cette jeune critique (...) C'est elle qui (...) nous délivrera de deux fléaux : le *classicisme* caduc, et le faux *romantisme* qui ose poindre aux pieds du vrai.
    HUGO, Préface de Cromwell, 1827.

Mod. Nom donné à un mouvement de libération de l'art et du moi, qui, en France, s'est développé sous la Restauration et la monarchie de Juillet, par réaction contre la régularité classique et le rationalisme philosophique des siècles précédents. *Les valeurs esthétiques et morales du romantisme* (→ Classicisme, cit. 2; 2. être, cit. 28; génération, cit. 12; littéraire, cit. 4; louis-philippard, cit. 1; naturaliste, cit. 8). *Le romantisme français, anglais, allemand, italien, espagnol. Le romantisme dans la littérature, la peinture, la musique.*

3   Nous crûmes d'abord, pendant deux ans, que le *romantisme*, en manière d'écriture, ne s'appliquait qu'au théâtre, et qu'il se distinguait du classique parce qu'il se passait des unités (...) Mais on nous apprend tout à coup (...) qu'il y avait poésie romantique et poésie classique, roman romantique et roman classique (...) Quand nous reçûmes cette nouvelle, nous ne pûmes fermer l'œil de la nuit (...) Heureusement, la même année, parut une illustre préface (...) On y disait très nettement que le romantisme n'était autre chose que l'alliance (...) du grotesque et du terrible (...)
    A. DE MUSSET, Mélanges de littérature et de critique, « Lettres de Dupuis et Cotonet », I (Cf. toute la lettre).

4   Le romantisme n'est précisément ni dans le choix des sujets ni dans la vérité exacte, mais dans la manière de sentir (...) Qui dit romantisme dit art moderne, — c'est-à-dire intimité, spiritualité, couleur, aspiration vers l'infini, exprimées par tous les moyens que contiennent les arts.
    BAUDELAIRE, les Curiosités esthétiques, III, II.

5   Qu'était-ce, après tout, que de *choisir* dans le romantisme (...) sinon faire à l'égard des auteurs de la première moitié du XIXᵉ siècle ce que les hommes du temps de Louis XIV ont fait à l'égard des auteurs du XVIᵉ? *Tout classicisme suppose un romantisme antérieur* (...)
Baudelaire, au milieu du romantisme, fait songer à quelque classique (...) Les romantiques avaient négligé tout, ou presque tout ce qui demande à la pensée une attention et une suite un peu pénibles. Ils recherchaient les effets de choc, d'entraînement et de contraste (...) Ils répugnaient à la réflexion abstraite et au raisonnement (...)   VALÉRY, Variété, Études littéraires, Œ., I, Pl., p. 604.

5.1   Goya ne doit rien à Phidias, sans doute; mais si l'on entend par romantisme le déferlement d'orchestre qui donne au XIXᵉ siècle une sonorité si différente des grandes messes médiévales auxquelles il croit se référer; si, parmi les admirations des romantiques, nous choisissons Michel-Ange et non la sculpture de Chartres qu'ils ne connaissaient guère, alors, le romantisme commence au centaure de Phidias, aux chevaux du Parthénon.
    MALRAUX, la Métamorphose des dieux, p. 87-88.

(1935). Éléments ou traits propres au romantisme décelables chez des artistes de toute époque. *Le romantisme de Virgile, des surréalistes.*

♦ **3.** (1826). Attitude, caractère, esprit romantique* (4.). *Le romantisme de l'adolescence. Un certain romantisme chevaleresque. Faux, mauvais romantisme* (→ Milliardaire, cit. 2).

6   À vrai dire, à la sèche érudition se mêlaient dans mon cerveau les fumées d'un étrange *romantisme*. La Cour de Hanovre dansait devant mes yeux, fantasmagorique et cruelle (...)   Pierre BENOIT, Kœnigsmark, IV.

7   Loin d'être un romantisme, la révolte, au contraire, prend le parti du vrai réalisme. Si elle veut une révolution, elle la veut en faveur de la vie, non contre elle.
    CAMUS, l'Homme révolté, p. 368.

CONTR. **Classicisme, réalisme.**
COMP. **Préromantisme.**

ROMARIN [ʀɔmaʀɛ̃] n. m. — V. 1354; *rosmarin*, XIIIᵉ; lat. *rosmarinus*, proprt « rosée de mer ».

♦ **1.** Plante dicotylédone gamopétale *(Labiacées)*, petit arbuste aromatique (→ Absinthe, cit. 2). *Romarin sauvage. Romarin officinal. — Fleurs bleues du romarin.*

(...) les petites collines grises que parfume le romarin (...)
    Alphonse DAUDET, Lettres de mon moulin, « Installation ».

Plat assaisonné à la marjolaine (cit.) *et au romarin. Le romarin fait partie des amers*.

♦ **2.** Lédon* des marais.

ROMBIER [ʀɔ̃bje] n. m. — V. 1930; p.-ê. de *rombière**.

♦ Individu quelconque.

1   — Victoire! gueula-t-il jovial, c'est du sang humain!
L'inspecteur Alavoine, l'air soucieux, pénétra dans la salle de bains.
— (...) Le nommé Debu a un casier, les autres sont inconnus au bataillon.
— C'est des vrais vampires ces rombiers (...)
    Pierre GOMBERT, le Prix d'un taxi, 1976, p. 54.

Spécialt. (Argot milit.). Homme de troupe, soldat (⇒ **Gazier**).

Avec la même valeur que *rombière*.

2   (...) avec tout plein de trottins autour, sous le charme, coin de cheminée et rombiers, rombières... et Sociétaires... et de ces mondaines de la Mondaine... ah Sainte-Catherine! ah, les Annales!...   CÉLINE, Rigodon, p. 108.

ROMBIÈRE [ʀɔ̃bjɛʀ] n. f. — 1890; p.-ê. du rad. *rom-*, de *grommeler*, et du lorrain *romber* « grommeler, bougonner ».

♦ Fam. Bourgeoise d'âge mûr qui est ennuyeuse, prétentieuse et un peu ridicule.

Il dut recevoir (...) une femme charnue, arrogante, légèrement décorée, de la sorte de celles que les gens de la rue appellent des rombières, mot qui est peut-être venu de la géométrie par des voies mystérieuses.
    G. DUHAMEL, le Voyage de P. Périot, IX.

DÉR. V. **Rombier.**

ROMÉIQUE [ʀɔmeik] adj. ⇒ **Romaïque.**

ROMESTECQ [ʀɔmɛstɛk] n. m. — 1702; flamand *romsteken*, d'un rad. germanique *steek* « cacher ».

♦ Vx. Ancien jeu de cartes, qui se jouait à deux, quatre ou six personnes.

ROMPEMENT [ʀɔ̃pmɑ̃] n. m. — V. 1355; de *rompre*.

Vieux.

♦ **1.** Action de rompre. ⇒ **Rupture.**

♦ **2.** Loc. (1651). *Rompement de visière* : action de rompre* en visière (avec qqn), provocation.

(Av. 1526). *Rompement de tête* : le fait d'avoir la tête « rompue »; fatigue causée par ce qui rompt la tête (bruit, agitation, tension...).

ROMPIS [ʀɔ̃pi] n. m. — 1870; de *rompre*.

♦ Techn. Ensemble d'arbres, d'arbrisseaux cassés.

ROMPRE [ʀɔ̃pʀ] v. — *Je romps, tu romps, il rompt* [ʀɔ̃], *nous rompons; je rompais; je rompis, nous rompîmes; je romprai; je romprais; romps, rompons, rompez; que je rompe, que nous rompions; que je rompisse* (inus.); *rompant; rompu.* — V. 1200; *rumpre*, 980; lat. *rumpere*.

★ **I.** V. tr. ♦ **1.** (Vieilli, ou dans des expr.; le v. courant est *casser*). Séparer en deux ou en plusieurs parties (une chose solide et rigide) par un effort brusque, soudain : traction, torsion, choc. ⇒ **Briser, casser, pièce** (mettre en pièces), **rupture.** — REM. Jusqu'au XVIIᵉ s, *rompre* s'employait aussi au sens de « déchirer » (Molière, Mᵐᵉ de Sévigné, Racine, *in* Littré), et au sens de « casser, fragmenter avec un instrument » (→ Caillou, cit. 1). De nos jours, il tend à être remplacé par *casser*, dans l'usage courant, sauf quand on veut insister sur le caractère délibéré de l'opération : *Rompre une ampoule pharmaceutique* (→ Introduire, cit. 13). Dans les autres cas, l'emploi de *rompre* est stylistique.

1   (...) il est telle occasion où le verre ne se brise point sous le choc qui a rompu l'acier.   FRANCE, la Rôtisserie de la reine Pédauque, XIX, *in* Œ., t. VIII, p. 256.

Loc. Vx. *Rompre la paille.* ⇒ **Paille.** Vx. *Rompre l'anguille* au genou.* — (1555). *Rompre le pain** (cit. 2), le diviser, le partager à la main.

2   (...) le bruit du pain que l'on rompt, ce bruit qui ne ressemble à nul autre (...)
    G. DUHAMEL, Chronique des Pasquier, V, X.

Par exagér. *Rompre les côtes, le cou, l'échine, les os à qqn* (→ Haleine, cit. 24). — *Se rompre le cou* : faire une chute grave, se blesser* grièvement, se tuer* (au fig. → Cou, *infra* cit. 9). *S'exposer à se rompre les os* (→ Enrager, cit. 14). — *De quoi se rompre la jambe* (→ Descente, cit. 3).

3   (...) le samedi, lorsque le travail manquait à Rognes, elle se louait à Cloyes, portant des fardeaux à se rompre les reins.   ZOLA, la Terre, II, VI.

(1549). Fig. *Rompre la cervelle, le crâne, les oreilles* (cit. 9), *la tête à qqn,* l'assourdir*.

(Av. 1780). *Applaudir à tout rompre,* très fort.
*Rompre la glace** (cit. 9 et 11). — *Rompre des lances** (cit. 7 et 8). — *Rompre en visière* : rompre la lance dans la visière du heaume de l'adversaire. Fig. → ci-dessous II., 4.

Vx. *Rompre l'échine, rompre les os à un condamné.* ⇒ **Disloquer, éreinter** (vx), **rouer.** *Rompre la nuque* (→ 2. Masse, cit. 2). (1659). Par ext. *Rompre un criminel sur la roue* (Académie, 1694).

♦ **2.** Briser (une chose souple). ⇒ **Arracher.** *Rompre un lien. Rompre une chaîne d'un coup de marteau* (→ 2. Manille, cit.). — *Le navire a rompu ses amarres**.

(1686). Fig. *Rompre ses chaînes, ses fers* : s'échapper*, se libérer. *Rompre des attaches* (cit. 17), *une chaîne** (cit. 6 et 8), *des liens** (cit. 9), *des nœuds* (cit. 11). ⇒ **Briser,** cit. 4 et 15. — *Rompre le joug**.

♦ **3.** Vieilli ou littér. Enfoncer par un effort violent. *Le fleuve, la mer a rompu les digues.* ⇒ **Crever, emporter, enfoncer...** *Rompre les ponts.* — Fig. Interrompre des relations (avec qqn). *Les ponts ne* *sont pas rompus.* ⇒ **Couper.** — Vx. *Rompre une porte, un coffre-fort.* ⇒ **Forcer, fracturer.**

(V. 1460). Vx. Rendre (une voie) impraticable, en défonçant... *Rompre un chemin* (⇒ **Route,** étym.).

(V. 1460). Par ext. Enfoncer, faire céder (une troupe). *Rompre l'arrière-garde* (cit. 1), *les lignes* (→ Frapper, cit. 16). *Les Suédois furent rompus, enfoncés* (cit. 16). — *Rompre le front*, l'encerclement*...* (contr. : *encercler*).

♦ **4.** Défaire (un arrangement, un ordre de personnes ou de choses). *Rompre le carré.* Loc. (1807). *Rompre les rangs,* les quitter* de manière à ne plus former un rang. *Rompez les rangs ! Rompre les faisceaux** (cit. 6).

Escr. *Rompre la semelle* (→ ci-dessous, II., 2.).

♦ **5.** Fig., vx. Arrêter ou détourner (une action, un mouvement...). *Rompre le cours, l'effort, l'impétuosité, la violence* (de l'eau, du vent, etc.). Cf. Mᵐᵉ de Sévigné, Bossuet, Buffon, *in* Littré. — *Rompre un coup,* l'amortir (Buffon). Fig. *Rompre le coup,* tour critiqué par Voltaire chez Corneille (*Commentaires sur Rodogune,* I, 2 ; *Nicomède,* I, 1), en annuler les effets. — Escr. *Rompre la mesure à son adversaire,* l'empêcher de porter le coup. ⇒ **Mesure.**

4 Rompez ses premiers coups ; laissez pleurer Pauline.
CORNEILLE, Polyeucte, I, 1.

Mod., littér. (Chasse). *Rompre les chiens,* leur faire quitter la voie qu'ils suivent en les rappelant. Fig. ⇒ **Chien** (cit. 35).

Vx. Faire échec à..., empêcher de réussir. *Rompre les desseins de qqn, un projet, un voyage* (Molière, Corneille). — *Rompre son dessein, son entreprise,* y renoncer.

Rompre un enchantement, un charme, l'empêcher d'agir. Fig. *Le charme* est rompu.*

♦ **6.** (V. 1210). Faire cesser*, arrêter le cours de... ⇒ **Interrompre ; couper** (court). — Vx. *Rompre un tête-à-tête, le sommeil de qqn,* le troubler. *Rompre la colère de qqn,* la faire tomber (Corneille, Fléchier).

(Déb. XIIIᵉ). *Rompre le silence,* le faire cesser par un son, et, spécialt, par la parole (→ Fixité, cit. 4). « *Tu frémiras* (cit. 13) *d'horreur si je romps le silence* » (Racine). *Son perçant qui rompt le silence. Se décider à rompre le silence,* à parler.

Rompre la monotonie, l'uniformité... (→ 2. Original, cit. 11). *Niches* (2. Niche, cit. 1) *qui rompent une surface plane. Digressions* (cit. 1) *qui rompent l'unité du sujet. Rompre l'équilibre.*

5 — J'ai forcé votre père à rompre le silence, à me confier le secret.
BEAUMARCHAIS, la Mère coupable, II, 20.

6 Cinq ou six pages de verve répandues dans son ouvrage auraient rompu la continuité de ses observations délicates et en auraient fait un ouvrage charmant.
DIDEROT, Sur les femmes.

Peint. → ci-dessous, Rompu (3.).

7 (...) les coloristes savent rompre habilement, avec les glacis et des reflets, cette teinte qui boit la lumière et dont on doit éviter l'emploi autant que possible.
Th. GAUTIER, Portraits contemporains, « Paul Delaroche ».

(V. 1370). Spécialt. Interrompre (des relations). *Rompre les mauvaises relations de qqn* (→ Passivité, cit. 1). *Rompre les relations* (cit. 13) *diplomatiques. — Rompre une amitié*, une liaison*.* ⇒ **Dénoncer** (→ Inexpérience, cit. 1).

8 (...) je veux causer un moment avec vous ; j'ai rompu tout autre commerce.
Mᵐᵉ DE SÉVIGNÉ, 648, 6 sept. 1677.

9 On écrivait sur les murs les noms de ceux qui devenaient des inséparables ; les amitiés trop exclusives étaient tournées en ridicule, et on les persécutait si bien, qu'on réussissait parfois à les rompre.
Valery LARBAUD, Fermina Marquez, XVI.

(1555). Dénoncer, cesser de respecter (un engagement, une promesse). ⇒ **Rupture.** *Rompre un accord*, un traité...* ⇒ **Défaire, dégager** (se), **dénoncer, déroger** (à), **enfreindre.** *Rompre un projet de mariage. Rompre ses fiançailles*. — Rompre un mariage* ; se dégager de la promesse de mariage (→ Encourager, cit. 10 ; promettre, cit. 25). Par ext. Se séparer, divorcer, en parlant des époux (dans ce sens, certains recommandent l'emploi de *casser,* pour éviter l'amphibologie). — (*Rompre des cédules,* 1515, *in* D. D. L.). *Rompre ses vœux, un engagement, un pacte* (cit. 3), *un serment.* ⇒ **Annuler, dénouer, dissoudre, manquer** (à) ; → Frivole, cit. 10 ; loyauté, cit. 1 ; parjure, cit. 1. *Rompre un marché,* le résilier.

10 Rompez, rompez tout pacte avec l'impiété.
RACINE, Athalie, I, 1.

11 J'ai fait réflexion que, pour vous épouser, je vous ai dérobée à la clôture d'un couvent, que vous avez rompu des vœux qui vous engageaient autre part (...)
MOLIÈRE, Dom Juan, I, 3.

12 (...) de part et d'autre on avait toujours agi de mauvaise foi et avec l'arrière-pensée de rompre ses engagements, dès qu'on y trouverait son avantage.
MÉRIMÉE, Hist. du règne de Pierre le Grand, p. 31.

(1875). *Rompre son ban** (au fig., vx, désobéir).

(1656). Cesser de respecter (une prescription). *Rompre le carême* (cit. 2 et 3), *le jeûne* (cit. 2). — Vx. Transgresser (une règle).

♦ **7.** (1580). Littér. *Rompre qqn à un exercice,* l'y accoutumer (→ ci-dessous, Rompu, 6.).

12.1 Il les avait rompus à conjuguer exactement leurs efforts (...)
Roger VERCEL, Remorques, 1935, p. 56.

★ **II.** V. intr. (V. 1155). ♦ **1.** Vieilli. Se séparer brusquement en deux ou plusieurs parties, sous l'effet d'une force. ⇒ **Casser, céder.** *Le fil rompt* (→ Dévider, cit. 5). *Si la corde ne rompt pas* (→ Jeu, cit. 61). *Tirer sur la corde* jusqu'à ce qu'elle rompe.* « *Je plie* (cit. 11) *et ne romps pas* ». — Par exagér. *Mon cœur palpitait à rompre* (→ Peur, cit. 21). — Par métaphore :

13 Les nœuds qu'on veut trop serrer rompent. Voilà ce qui arrive à celui du mariage quand on veut lui donner plus de force qu'il n'en doit avoir. La fidélité qu'il impose aux deux époux est le plus saint de tous les droits ; mais le pouvoir qu'il donne à chacun des deux sur l'autre est de trop.
ROUSSEAU, Émile, V.

Vieilli. *Rompre de :* être chargé au point de se briser. *Les poiriers rompent de fruits* (→ Donner, cit. 16).

♦ **2.** (1835). Milit. Cesser d'être dans un certain ordre. *Rompre à droite, à gauche.* — (1907). *Rompez !,* se dit pour congédier un soldat.

14 Vous irez chez lui à l'essai ! Rompez ! Et si vous nous avez trompés on vous foutra à l'eau ! Rompez ! Et gare à vous !
CÉLINE, Voyage au bout de la nuit, p. 174.

(1859). Escr. Reculer. *Sauter de côté, rompre...* (→ Dialecticien, cit. 3, par métaphore). *Ne pas rompre d'une semelle* (→ Lâche, cit. 5). — (1925). Par anal. Se dit d'un boxeur. « *Il se mit à rompre, à éviter le corps à corps* » (*Match,* 20 nov. 1934).

(1870). Vx. Fuir, se disperser*. *Les ennemis rompirent brusquement.*

♦ **3.** (1636). Renoncer soudain à des relations d'amitié (avec qqn). ⇒ **Brouiller** (se), **désaccorder** (se) ; → Couper les ponts. *Rompre avec qqn* (→ Dos, cit. 14). *Il a rompu avec ses anciennes relations.* ⇒ **Finir** (en) ; cf. Tourner le dos à..., laisser tomber (fam.). — *Rompre avec Dieu* (→ Matérialisme, cit. 8). — REM. Sans complément, *rompre* ne s'emploie plus que dans le sens spécial ci-dessous ; son emploi était plus large au XVIIᵉ s. — *La bagatelle* (cit. 12, La Bruyère) *qui les a fait rompre,* qui les a désunis, séparés.

(1636). Spécialt. Se séparer (en parlant d'amants, d'amoureux). *Il n'avait pas le courage de rompre* (→ Empêcher, cit. 8). *Ils ont rompu* (→ Blessure, cit. 11). « *On a bien de la peine à rompre quand on ne s'aime plus* » (cit. 23). ⇒ **Quitter** (se), **séparer** (se). *Le Plaisir de rompre,* comédie de J. Renard (1897).

15 On a beau voir, pour rompre, une raison puissante,
Une coupable aimée est bientôt innocente ;
Tout le mal qu'on lui veut se dissipe aisément,
Et l'on sait ce que c'est qu'un courroux d'un amant.
MOLIÈRE, le Misanthrope, IV, 2.

(Fin XVIIᵉ). *Rompre avec (qqch.),* cesser de pratiquer ; abandonner, laisser, renoncer à... *Rompre avec une habitude.* Contr. : *accoutumer* (s'). *Rompre avec un langage trop convenu* (cit. 30), *avec les traditions* (→ Exciter, cit. 7 ; et aussi peindre, cit. 8).

16 Rompre avec les choses réelles, ce n'est rien ; mais avec les souvenirs ! Le cœur se brise à la séparation des songes, tant il y a peu de réalité dans l'homme.
CHATEAUBRIAND, Vie de Rancé, p. 100.

♦ **4.** (1870). Littér. **ROMPRE EN VISIÈRE À... qqn** (→ le sens propre dans l'emploi transitif I., 1.) : attaquer en face et brusquement qqch... *Mon dessein* « *Est de rompre en visière à tout le genre* (cit. 2) *humain* » (Molière). — Par ext. *Rompre en visière, à, avec qqch.,* s'attaquer violemment à...

17 Depuis la guerre, on rencontre un plus grand nombre de provinciaux qui osent rompre en visière à l'étiquette.
F. MAURIAC, la Province, p. 45.

18 Bien loin d'avoir rompu en visière avec la morale publique, le Roi aurait plutôt trouvé en elle une complice dans ses débordements.
Louis BERTRAND, Louis XIV, III, IV.

▶ **SE ROMPRE** v. pron.

♦ **1.** (1559). Se briser, se casser (→ Fibre, cit. 2). *Qui se rompt facilement.* ⇒ **Cassant, fragile.** *Se rompre avec violence.* ⇒ **Éclater.** *Appui, support qui se rompt brusquement.* ⇒ **Lâcher ; craquer.**

19 L'effort qu'il fit, quoique vain, fut fort violent ; la ceinture de ses chausses s'en rompit et le silence aussi de l'assistance, qui se mit à rire.
SCARRON, le Roman comique, II, VII.

20 Quelque vaisseau avait dû se rompre, un filet de sang coulait de sa bouche.
ZOLA, la Terre, III, IV.

(1690). Vx. *La lumière se rompt en passant d'un milieu dans un autre* (→ Optique, cit. 1), elle se réfracte. — (1653). *Les flots se rompent,* se brisent.

♦ **2.** (Déb. XVIIᵉ). Fig. *L'harmonie* (→ Réaliser, cit. 13) *s'est rompue.*

♦ **3.** *Se rompre à divers exercices* (→ ci-dessous, Rompu, 6.).

▶ **ROMPU, UE** p. p. adj.

♦ **1.** (XIIᵉ). Arraché, cassé. *Attache rompue, liens rompus. Maille* (cit. 1) *rompue. Les amarres* (cit. 4) *étaient rompues.* — Brisé, enfoncé. *Avoir une côte rompue.* — Vx. *Chemin rompu,* impraticable.

(1690). Blason. *Arme, pièce rompue,* brisée, présentant une solution de continuité. *Chevron rompu,* dont la pointe du bout est coupée.

Vx. *Rayons rompus,* réfractés (→ Réflexion, cit. 2).

♦ **2.** Vx. Battu, enfoncé. *Armées défaites et rompues.*

♦ **3.** Fig., vx. Détruit, supprimé. On dit encore : *le charme est rompu.* — (1671). Mod. Annulé. *Fiançailles rompues, mariage rompu* (→ Remmancher, cit.).

21 Il croit pouvoir enfin ce qu'encore il n'a pu,
Et que ce qu'on diffère est à demi rompu. CORNEILLE, Polyeucte, I, 1.

22 Mon voyage est rompu ; on ne change pas à tout moment de résolution, et je ne partirai point. MARIVAUX, la Seconde Surprise de l'amour, I, 11.

23 Mon gendre, tout est rompu !
E. LABICHE, Un chapeau de paille d'Italie, I, 6.

(Déb. xvᵉ). *Équilibre rompu ; harmonie rompue.* — (1680). *Couleur rompue, ton rompu :* couleur mélangée à une autre ou interrompue localement par une autre couleur (reflet), ton d'intensité variable (ombre, éloignement).

23.1 Mêlé avec le ton *orange transparent* de la palette *laque jaune, vermillon, cadmium,* il donne un ton rompu charmant,
E. DELACROIX, Journal, 15 janv. 1853, t. II, p. 141.

24 (...) l'écarlate intense, les verts rayés, les tons rompus, reliés, achèvent par leur harmonie délicieuse et élégante la poésie de ce luxe aristocratique et voluptueux.
TAINE, Philosophie de l'art, t. II, p. 229.

♦ **4.** Vx. Interrompu par des arrêts ou des changements brusques. *Batterie de tambour rompue.*
Loc. fig. Mod. *À bâtons rompus.* ⇒ **Bâton** (cit. 17, 18, 18.1 et *supra*). (1673). *Style* rompu.*
Math. Vx. *Nombre rompu,* fractionnaire (→ Incommensurable, cit. 1).

♦ **5.** (xiiiᵉ). Personnes. Extrêmement fatigué. ⇒ **Échiné, éreinté, fourbu, moulu, roué**; fam. **crevé, flapi.** *Être rompu de fatigue, de travail. Rompu par les fatigues* (→ Épave, cit. 2).

25 Quoique son frêle corps eût la vigueur de l'acier, elle était rompue, et son sommeil était si profond qu'elle semblait morte.
Th. GAUTIER, le Capitaine Fracasse, XVI.

Avoir les bras* rompus.
N. m. Vx. ⇒ **Roué.**

26 Pardieu ! si je n'ai connu, ce grand *rompu* de Saint-Rémy, comme on dit dans Brantôme ! BARBEY D'AUREVILLY, les Diaboliques, « Le rideau cramoisi », p. 35.

♦ **6.** (1578, *in* D.D.L.). ROMPU À... : très exercé à... ⇒ **Dressé, expérimenté, expert, habile, habitué** (→ Entendre, cit. 76 ; exercice, cit. 6).

27 (...) ses larges mouvements exprimaient (...) l'agilité d'une ménagère rompue au travail (...) FRANCE, l'Orme du mail, VI, Œ., t. XI, p. 63.

CONTR. Attacher, lier, nouer, souder ; contracter (un engagement) ; entretenir ; coaliser (se), engager (s').
DÉR. Rompement, rompis, rompu (n. m.).

ROMPU [Rɔ̃py] n. m. — 1871, au sens 2 ; de *rompu,* p. p. adj. ; de *rompre.*

♦ **1.** Techn. Partie, fraction qui reste d'une unité, d'un ensemble, après utilisation partielle. *Les rompus de rames de papier.*

♦ **2.** Fin. Quantité de titres (actions, obligations) à regrouper, insuffisante pour obtenir un titre nouveau. *Racheter les rompus. Rompus de souscription, d'attribution ; rompus de regroupement.*

ROMSTECK [Rɔmstɛk] n. m. — 1890 ; *romesteck,* 1816, *in* Höfler, *rumpsteak,* 1843 ; *rumsteak,* 1852 ; mot angl., de *rump* « croupe », et *steak* « grillade ».

♦ Partie de l'aloyau, à l'arrière du filet et du contre-filet. *Les parties superficielles du romsteck* (⇒ **Aiguillette**) *se mangent braisées. Bifteck, rôti dans le romsteck. Des romstecks.* — On écrit aussi *rumsteck.*

1 (...) ces braves insulaires (...) qui, vivant aux contrées les plus extravagantes comme dans la Cité ou le West-end, ont, à force de guinées, de cris bizarres et de gloussements opiniâtres, établi par toute la terre le *rumsteak,* les côtelettes de saumon, les légumes à l'eau (...)
Th. GAUTIER, Voyage en Italie, XXIX (1852).

2 Ce soir-là, après de longs essais inutiles sur la prononciation du mot « rumsteack », il fallut remporter le rôti. ZOLA, Pot-Bouille, t. I, p. 208 (1882).

ROMULÉE [Rɔmyle] n. f. — 1875 ; orig. inconnue, p.-ê. d'un nom propre *Romulus.*

♦ Bot. Plante bulbeuse *(Iridacées)* à fleurs en entonnoir, de couleur rouge, jaune ou blanche, poussant dans les sables des régions méditerranéennes.

RONCE [Rɔ̃s] n. f. — xiiᵉ ; du lat. *rumicem,* accus. de *rumex, icis* « dard ».

♦ **1.** Plante dicotylédone *(Rosacées),* arbrisseau ou herbe, comprenant plusieurs variétés. *Ronce des haies* ou *ronce :* mûrier sauvage, à longues tiges sarmenteuses garnies d'aiguillons crochus, à fruit rafraîchissant (⇒ **Mûre, mûrier**). *Une haie* d'aubépine et de ronce* (→ Palis, cit.). *Ronces en buissons.* — *Chemin*, sentier bordé* (cit. 8) *de ronces.* — *Ronce cultivée, ronce framboise.* ⇒ **Framboisier.**
Plus cour. Branche, tige épineuse et basse. ⇒ **Épine, roncier.** *Des jets* (cit. 11) *de ronces. Une ronce la retenait par la jupe* (→ Marcher, cit. 45). *S'accrocher, se piquer à des ronces. Les ronces font partie des morts-bois* d'une forêt. Ronces et broussailles.*

Tout est vide et muet. La ronce et l'herbe épaisses
Hérissent les jardins où le reptile dort.
LECONTE DE LISLE, Poèmes barbares, « Nurmahal ».

♦ **2.** (1904 ; 1885, *ronces en acier*). Fil* de fer, câble, muni de petites pointes. ⇒ **Barbelé.** *Clôture en ronces artificielles.*

1.1 Je n'ai jamais vu dans un endroit en maçonnerie une telle multiplicité de fers de lance, de pals, d'artichauts, de buissons et de ronces.
B. CENDRARS, Moravagine, Œ. compl., t. IV, p. 250.

♦ **3.** Fig. Désagrément, difficulté. ⇒ **Épine** (fig.) ; → Enthousiasme, cit. 14. *Vie semée de ronces et d'épines.* ⇒ **Peine.** *Ôter les ronces et les épines* (→ Arracher, cit. 11).
Les ronces couvrent le chemin de l'amitié, quand on n'y passe pas souvent.
RIVAROL, Philosophie, III, Notes.

♦ **4.** (1842). Nœuds, veines de certains bois. — (1964). Bois qui présente ces veines (surtout dans le syntagme suivant). *Meuble en ronce de noyer.*

DÉR. Ronceraie, roncet, ronceux, 1. roncier, 2. roncier, roncière.

RONCERAIE [Rɔ̃sRɛ] n. f. — 1771 ; *runcerei,* xiiiᵉ ; de *ronce.*

♦ Terrain inculte où croissent les ronces.

RONCET [Rɔ̃sɛ] n. m. — 1907 ; *roncé,* 1867 ; de *ronce.*

♦ Techn. (vitic.). Maladie de la vigne caractérisée par un rabougrissement total de la plante.

RONCEUX, EUSE [Rɔ̃sø, øz] adj. — 1583 ; de *ronce.*

♦ **1.** Littér. Plein de ronces. *Chemin ronceux.*

♦ **2.** (1830). Techn. Se dit d'un bois qui présente des ronces (4.). *Acajou ronceux* (→ Pal, cit., Stendhal).

RONCHON, ONNE [Rɔ̃ʃɔ̃, ɔn] n. et adj. — 1888, Villatte ; de *ronchonner.*

♦ Fam. Personne qui a l'habitude de ronchonner. ⇒ **Bougon, grognon.** *Un vieux ronchon.* ⇒ **Ronchonneau, ronchonneur.** *Quel ronchon, ce type !*
Adj. m. *Il, elle est un peu ronchon.* Au fém. *Elle est ronchonne.* — (Choses) :
Il avait la voix brève, ronchonne, catarrheuse.
J. DUTOURD, Mémoires de Marie Watson, p. 46.

RONCHONNEAU [Rɔ̃ʃɔno] n. m. ⇒ **Ronchonnot.**

RONCHONNEMENT [Rɔ̃ʃɔnmɑ̃] n. m. — 1880 ; de *ronchonner.*

♦ Grognement, paroles de celui qui ronchonne.
Il écoute le ronchonnement d'un gosse assis sur les genoux de sa mère.
HUYSMANS, Croquis parisiens, 1880, p. 58, *in* CRESSOT.
Var. : *ronchonnade,* n. f. (1884).

RONCHONNER [Rɔ̃ʃɔne] v. intr. — 1867, Delvau ; mot originaire de la région lyonnaise, où de nombreuses var. locales représentent le lat. *roncare* « ronfler ».

♦ Fam. Manifester son mécontentement en grognant, en protestant avec mauvaise humeur. ⇒ **Bougonner, grogner, grommeler, gronder, maugréer, murmurer, protester, râler, rognonner** (→ Fête, cit. 8).
Il ronchonna : — Sacrée andouille ! Pas fichu seulement de fabriquer une verte *(une absinthe)* selon les principes ! COURTELINE, le Train de 8 h 47, I, IV.
Trans. ind. *Ronchonner après qqn, qqch.*
DÉR. Ronchon, ronchonnement, ronchonneur, ronchonnot.

RONCHONNEUR, EUSE [Rɔ̃ʃɔnœR, øz] n. et adj. — 1878 ; de *ronchonner.*

♦ Qui ronchonne sans cesse. ⇒ **Bougon, ronchon.** *Une vieille bonne femme ronchonneuse.*

RONCHONNOT [Rɔ̃ʃɔno] n. m. — 1878 ; de *ronchonner.*

♦ Vieilli. Officier bougon, qui ronchonne. *Un vieux ronchonnot.* — On écrit aussi *ronchonneau.*

Paris était conquis, et ce vieux mirliflor *(un général)* comme les autres. Georges se rappelait quand il était à la caserne, ce que des ronchonneaux de ce genre-là avaient pu le faire baver. ARAGON, les Cloches de Bâle, I, IX.

1. RONCIER [Rɔ̃sje] n. m. — 1547 ; de *ronce.*

♦ Buisson, touffe de ronces.
Elle se faufila par cette brèche. Les ronciers la retinrent une seconde par sa robe.
Pierre BENOIT, Mᴵᴵᵉ de la Ferté, p. 73.

2 Mais ma mère secouait la tête : ses garçons ne rentraient que par des sentiers de traverse, des prés marécageux et bleus ; coupant par les sablières, les ronciers, ils sautaient le mur au fond du jardin (...)   COLETTE, Sido, p. 101.

HOM. 2. **Roncier.**

2. RONCIER [Rɔ̃sje] n. m. — 1955, *Dict. des Métiers* ; de *ronce* (2.).

◆ Ouvrier qui fait, à la machine, les fils de fer barbelés.

HOM. 1. **Roncier.**

RONCIÈRE [Rɔ̃sjɛR] n. f. — 1611 ; de *ronce*.

◆ Rare. Buisson de ronces. ⇒ 1. **Roncier.**

ROND, RONDE [Rɔ̃, Rɔ̃d] adj. et n. m. — V. 1380 ; *roont,* XIIᵉ ; du lat. pop. **retundus,* lat. class. *rotundus.*

★ **I. A.** ◆ **1.** Dont la forme extérieure constitue une circonférence* ou en comporte une (ex. : cylindre, cône) ; qui ressemble aux figures circulaires. ⇒ **Circulaire, cylindrique, orbiculaire, sphérique ; cercle, cylindre, disque, globe, sphère...** — REM. Le mot est familier par rapport à ses synonymes ; il semble plus courant en parlant des volumes (sphériques) que des surfaces. — *Perles* (cit. 2) *rondes. La terre est ronde* (→ Antipode, cit. 1). — Loc. (Vx). *La machine* (cit. 37 et 38) *ronde :* la Terre. — *Ballon rond* (par oppos. au *ballon ovale* du rugby). *Les amateurs du ballon rond,* du football. — *Un bassin* (cit. 6) *rond. Fenêtre ronde* (œil-de-bœuf). *Bonnet rond* (calotte), *chapeau rond.* «*Ils ont des chapeaux ronds (...) vivent les Bretons !* » (chanson). *Constructions rondes* (coupole, rotonde). *Table* ronde. Pièces rondes* (→ 1. Or, cit. 4). — Anat. *Muscle petit rond* (→ ci-dessous, II.).

1 Un marronnier bien rond, si rond qu'il avait l'air d'un arbre artificiel sur son pied de bois (...)   M. JOUHANDEAU, Tite-le-Long, I.

(1922). *Des yeux ronds,* de forme ronde ou encore arrondis, écarquillés (par l'étonnement, etc.). → Alpaga, cit. 1 ; cruel, cit. 8 ; eau, cit. 19. *L'œil rond des mouettes* (cit. 3). — *Tête ronde, crâne rond* (brachycéphale). *Une tête de moineau, ronde et mobile* (→ Dresser, cit. 3). *Un visage rond, tout rond, rond et réjoui* (cf. Une face de lune).

Hist. *Les têtes* rondes.*

◆ **2.** (XIIIᵉ). Arrondi ; qui forme un arc de cercle ou une suite de courbes. *Tuiles rondes* (→ Four, cit. 13). *Navire à coque ronde, à ventre rond* (→ Chalutier, cit.). *Partie ronde d'une fleur, d'une graine...* (lobe). Av. 1753. *Bourse ronde, bien garnie.* — (1793). Fig. Relativement important (en parlant d'une somme d'argent). *Une somme assez ronde.* ⇒ **Rondelet.**

1.1 (...) la vieille, flairant une bonne affaire, prêta de suite à un taux usuraire une somme assez ronde (...)   Raymond ROUSSEL, Impressions d'Afrique, p. 277.

Arrondi, voûté. Le dos rond (→ Dialoguer, cit. 2). *Les épaules rondes* (→ Attendre, cit. 19).

(1680). *Lettre ronde, écriture ronde.* ⇒ **Ronde** (B., 1.).

Bombé et charnu, sans angles (en parlant d'une partie du corps). Joues rondes. ⇒ **Gros** (→ Brugnon, cit. ; 1. frais, cit. 22). *Le ventre rond. Panse ronde.* ⇒ **Rebondi.** *Poitrine ronde et pleine* (→ Exubérance, cit. 2). *Gorge* (cit. 10 et 14) *ronde.* ⇒ **Rondeur**(s). — *Le cou rond et fort* (→ Capiteux, cit. 4). *Hanche* (cit. 1) *ronde. Taille ronde et souple* (→ Négligé, cit. 1). *Poignets ronds et potelés* (→ Emprisonner, cit. 5). *Avoir la jambe ronde* (→ 2. Épier, cit. 4), *le mollet rond.* — *Nez* (cit. 14) *gros et rond.*

(1690). Personnes, animaux (→ Porc, cit. 1). Gros et court*. ⇒ **Boulot, gras, gros, mafflu, 1. rondelet, rondouillard.** *Il est tout rond, rond comme une balle, une bille, une boule. Un petit enfant rond et rose* (→ Emplir, cit. 1). *Boule-de-suif,* «*petite, ronde, grasse* (cit. 3) *à lard...* » (Maupassant).

2 C'était un gros et gras bonhomme (...) rond comme un zéro, simple comme bonjour, qui venait à pas comptés comme un éléphant (...)
                    BALZAC, les Employés, Pl., t. VI, p. 89.

◆ **3.** (Av. 1493). Qualifiant une quantité. Complet, entier, qui ne comporte pas de fractions. *Un chiffre rond, un nombre rond :* un nombre entier, et, spécialt, un nombre entier se terminant par un ou plusieurs zéros (⇒ **Arrondir**). *Une somme ronde.* — *Compte* rond.* (1887). *Tout rond,* qualifie une somme qui ne nécessite aucun appoint en monnaie. *Trois cents* (francs) *tout ronds* (→ Juste, cit. 36).

3 Neuf hectares et demi, voyons, ça fait sept cent soixante francs, en chiffres ronds huit cents (...)   ZOLA, la Terre, I, II.

◆ **4.** (1552 ; personnes). Souvent *tout rond.* Fig. Qui agit avec franchise, simplicité, sans détours. ⇒ **Franc, loyal** (→ Réjouir, cit. 7). *Un homme rond en affaires* (→ Chemin, cit. 37). — Par ext. *Ses manières* (cit. 43) *affables, toutes rondes... Un caractère tout rond.* ⇒ **Cordial, simple.**

◆ **5.** (1474). D'abord «qui a beaucoup bu et mangé» (⇒ **Soûl**). Fam. Ivre. *il est complètement rond, fin rond.*

Avant, à huit heures du matin elle était ronde et elle se parfumait à l'eau-de-vie.   A. JARRY, Ubu roi, V, 1.   4

Loc. *Rond comme une queue de pelle, une barrique, une soucoupe.*

Grand-père ! c'est ta petite fille Sylvie qui te cherche. Montre-toi, vieux fourneau. Tu vas encore rentrer rond comme une soucoupe. Tu vas dégueuler dans l'escalier comme avant-hier.   M. AYMÉ, le Vin de Paris, « La bonne peinture », p. 205.   4.1

B. Adv. (dans des loc.) **a** Loc. (1870). *Tourner rond,* d'une manière régulière, sans à-coups. *Moteur qui tourne rond.*

(...) il n'y a pas de gouttes d'eau dans l'essence ; le moteur tourne toujours aussi rond.   M. GENEVOIX, Forêt voisine, III.   5

(V. 1946). *Cela ne tourne pas rond :* cela va mal, il y a qqch. d'anormal (→ Patent, cit. 2). — Se dit aussi d'une personne qu'on juge un peu dérangée du cerveau. *Il (ça) ne tourne pas rond depuis quelque temps.*

«Tiens, je t'amène un drôle de numéro, nous ne le connaissions pas, figure-toi, c'est un grand compliqué (...) » il tapote sa tempe avec son index (...) «ça ne tourne pas tout à fait rond, il se figure que je ne veux plus le voir, que je passe devant lui sans le saluer. »   N. SARRAUTE, Martereau, p. 158.   5.1

b *Avaler qqch. tout rond,* tout entier, sans mâcher.

★ **II.** N. m. (1538 ; «bouton», attestation isolée, XIIIᵉ).

◆ **1.** Figure circulaire. ⇒ **Cercle, circonférence.** *Tracer un rond, faire des ronds* (→ Effrayant, cit. 5). *Des barres et des ronds* (→ Effrayant, cit. 5). *Les ronds et les ovales* (cit. 2) *d'un plafond.* — Loc. *Quart de rond :* moulure en arc de cercle. — *Faire des ronds dans l'eau,* des ondes (cit. 14) circulaires et concentriques ; (fig., par plais.) perdre son temps à des futilités. — *De petits ronds de lumière* (→ Couvert, cit. 5) : des taches circulaires. — *Faire des ronds de fumée* (cit. 5), des anneaux*, en fumant.

(...) cracher dans un puits pour faire des ronds (...)
                    MOLIÈRE, le Misanthrope, V, 4.   6

Mar. Courbure extérieure (de certaines voiles).

(1538). **EN ROND :** en formant un cercle. ⇒ **Circulairement.** *Se disposer, s'asseoir en rond, autour* d'une table* (→ Gamelle, cit. 1). *Danser en rond* (→ Furie, cit. 6). (xxᵉ) Fig., fam. *Tourner en rond* (→ Calmer, cit. 15 ; griffonnage, cit. 1) : ne pas progresser. *Empêcher* de danser en rond.*

◆ **2.** Objet matériel de forme ronde (circulaire, annulaire ou cylindrique). — (1843). **ROND DE SERVIETTE :** anneau pour enserrer une serviette roulée. — **ROND D'EAU :** bassin circulaire. — *Un rond de gazon :* une pelouse ronde (→ Après, cit. 30 ; contenir, cit. 4).

(1889). Vieilli. *Rond de cuir :* coussin* rond (⇒ **Rond-de-cuir**). — *Rond de feutre* (dessous de bouteille). *Ronds de plomb,* «pour maintenir un chapeau en état» (Bescherelle).

Monsieur Fraisier, petit homme sec et maladif (...) se leva de dessus un fauteuil de canne, où il siégeait sur un rond en maroquin vert.   7
                    BALZAC, le Cousin Pons, Pl., t. VI, p. 674.

Fig., fam. *En baver des ronds de chapeau :* être très étonné ; être soumis à un traitement sévère, un travail ardu. ⇒ **Baver** (en).

Spécialt. **a** (Av. 1850). Tranche ronde. ⇒ **Rondelle.** *Des ronds de carotte, de betterave* (→ Court-bouillon, cit. ; plat, cit. 28). *Un rond de saucisson, un rond de citron.*

b Bot. *Ronds de sorcière* (→ Champignon, cit. 1) : groupements circulaires de champignons issus d'une même spore.

c (1870). Anat. Se dit de deux muscles de l'épaule dont l'un (le *petit rond*) est cylindrique et l'autre (le *grand rond*) forme un quadrilatère. *Le nerf du grand rond.*

d Surface circulaire. ⇒ **Cercle.** *Des ronds de lumière.*

e (1904, *rond des pinières,* 1872). *Rond des pins :* maladie des pins qui s'étend en cercle dans une plantation.

◆ **3.** **a** (1461). Sou. *Une pièce de vingt ronds. Pas un rond :* pas un sou.

Fichu brouillard, dit Carmen (...) «Le turbin» ne va pas fort ce soir ; pas un rond.   7.1
                    GORON, l'Amour à Paris, t. III, p. 1590.

Fig., fam. *Être, en rester comme deux ronds de flan*.*

b Franc. ⇒ fam. **Balle.**

Il fit le tour de l'établissement, puis, après avoir commandé un apéritif au zinc, s'installa devant un appareil à billes et, y ayant coulé ses vingt ronds, commence une partie.   R. QUENEAU, Pierrot mon ami, Folio, p. 147.   7.2

c (1878). Par ext. *Des ronds :* de l'argent. *Ils ont des ronds.* — *Il n'a pas le rond :* il est complètement démuni d'argent.

◆ **4.** (1960). Spécialt. Piste circulaire, dans l'enceinte du pesage, où les chevaux tournent au pas avant la course. ⇒ **Ring.**

Et mon cœur bat quand, pour la première fois de ma vie, je pénètre dans le «rond» afin de donner au jockey mes instructions (...)   7.3
                    Pierre DANINOS, Un certain Monsieur Blot, p. 261.

Une seconde sonnerie : les jockeys en selle ! les voici qui accourent sur leurs chevaux au «rond», où ils tournent pour faire voir leurs montures, spécialement aux parieurs.   P. ARNOULT, les Courses de chevaux, p. 95.   7.4

Cercle d'où le joueur de pétanque lance la boule.

◆ **5.** Mouvement circulaire. — (Danse ; 1836). **ROND DE JAMBE :** mouvement d'une jambe qui décrit un demi-cercle (→ 1. Écart, cit. 1). (Av. 1902). Fig., cour. *Faire des ronds de jambe* (comme dans les révérences), des politesses exagérées.

8 (...) un véritable poème, une élégie chorégraphique pleine de charme et d'attendrissement. Plus d'un œil qui ne croyait voir que des ronds de jambe et des pointes, s'est trouvé tout surpris d'être obscurci par une larme, ce qui n'arrive pas souvent dans les ballets.
Th. GAUTIER, Souvenirs de théâtre, « Beautés de l'Opéra », II.

8.1 (...) cependant, son complice Martinaud-Déplat fait des ronds de jambe à Marseille autour du président du conseil, dont il trempe le gilet des douces larmes de l'amitié à la vie à la mort (...)   MAURIAC, Bloc-notes 1952-1957, p. 130.

Rare. *Rond de bras* : mouvement arrondi des bras.

9 (...) il jette un coup d'œil vif au petit vieillard et fait un salut ample et sec, avec un rond de bras.   SARTRE, la Nausée, p. 64.

CONTR. **Anguleux, carré, pointu ; étique, maigre. — Astucieux, hypocrite ; cérémonieux, façonnier ; brusque.**

DÉR. **Rondade, rondage, ronde, 1. rondeau (rondel), 2. rondeau, 1. rondelet, 2. rondelet, rondelle, rondement, rondet, rondeur, 1. rondier, rondin, 1. rondir, 2. rondir, rondouillard. V. Rondache, rondo.**

COMP. **Arrondir, demi-rond, rond-de-cuir, ronde-bosse.**

HOM. (Du fém.) **Ronde.**

RONDACHE [ʀɔ̃daʃ] n. f. — xviᵉ, n. m. ; var. *rondace*, fin xviᵉ, *rudache* ; ital. *rondaccio* ; du franç. *rond*.

♦ **1.** Archéol. Grand bouclier circulaire employé au XVIᵉ siècle par les fantassins.

♦ **2.** Ornement représentant une rondache.

(...) sur le mur, à droite du cercueil, au milieu d'une rondache argentée ce mot : *Wagram* ; à gauche au milieu d'une autre rondache, cet autre mot : *Austerlitz* (...)
HUGO, Choses vues, I, 1840.

DÉR. **Rondachier.**

RONDACHIER [ʀɔ̃daʃje] n. m. — 1623 ; *rendacier*, fin xviᵉ ; de *rondache, rondace.*

♦ Ancienn. Soldat portant une rondache (1.).

RONDADE [ʀɔ̃dad] n. f. — 1964 ; de *rond.*

♦ Sports (gymnastique). « Mouvement de la roue, combiné avec un quart de tour autour de l'axe de longueur après l'appui renversé passager » (Petiot).

RONDAGE [ʀɔ̃daʒ] n. m. — xxᵉ ; de *rond*, et suff. *-age.*

♦ Techn. (horlog.). Tournage de la platine et des ponts.

ROND-DE-CUIR [ʀɔ̃dkɥiʀ] n. m. — 1885 ; autre sens, 1870 ; de *rond* (II.), et *cuir*, dans l'expr. *rond de cuir.*

♦ Péj. Employé de bureau, par allusion aux ronds de cuir qui garnissaient les sièges des bureaux. *Messieurs les Ronds-de-cuir*, œuvre de Courteline (1893). → Délecter, cit. 4 ; entamer, cit. 5. *Un commis aux écritures*, un quelconque rond-de-cuir. *Ce hideux* (cit. 10) *métier de rond-de-cuir.* ⇒ **Bureaucrate.**

RONDE [ʀɔ̃d] n. f. — 1170, *à la ronde* ; de *rond*, déverbal de l'anc. v. *roonder, ronder* « tourner en rond, tailler en rond ».

A. (Espace, mouvement circulaire).

♦ **1. À LA RONDE :** dans un espace circulaire. ⇒ **Alentour, autour** (on disait aussi en anc. franç. *au rond de...*). → Dans un rayon* de... *À dix lieues* à la ronde (→ Meunerie, cit. ; pièce, cit. 4). « *Toutes les cloches à la ronde...* » (→ Haut, cit. 72).

1 La terreur qu'il inspirait à sa femme, à sa belle-mère, à un petit domestique nommé Gaucher, et à une servante nommée Marianne, était partagée à dix lieues à la ronde.   BALZAC, Une ténébreuse affaire, Pl., t. VII, p. 452.

Tour à tour, parmi des personnes installées en rond. *Boire* (1. Boire, cit. 20) *à la ronde. Servir à la ronde.*

2 On faisait passer à la ronde pendant le repas des coupes en bois (...)
Mᵐᵉ DE STAËL, De l'Allemagne, I, XX.

♦ **2.** (1559). Visite, inspection militaire autour d'une place (et, par ext, dans une ville, un camp) pour s'assurer que tout va bien. *Faire la ronde, sa ronde, une ronde. — La Ronde de nuit*, célèbre tableau de Rembrandt (→ Lumière, cit. 19).

3 Cette *Ronde de nuit* qui du reste est *de jour,*
De *quel* jour de mystère avec *quelle* ombre autour ?
VERLAINE, Épigrammes, XVI, VI.

CHEMIN (cit. 25) DE RONDE : emplacement aménagé autour d'une place forte, d'un château, au sommet des fortifications (⇒ **Contrescarpe**). → Poivrière, cit. 2 ; reine, cit. 5. — Spécialt. ⇒ **Chemin.**

Vx. *Boulevard de ronde*, circulaire.

3.1 (...) lorsqu'on tomba à la porte de Clignancourt, au milieu des vastes espaces, où se déroulent le boulevard de ronde, le chemin de fer de ceinture, les talus et les fossés des fortifications, il y eut des soupirs d'aise.   ZOLA, l'Œuvre, p. 479.

(Av. 1834). Par ext. Inspection*, visite* de surveillance. ⇒ **Examen, tour.** *Ronde de douane. Faire sa ronde. — Gardien de nuit qui*

---

doit faire une ronde toutes les deux heures. *Contrôle des rondes au moyen de jetons* (⇒ **Marron**).

4 (...) comment traverser de nouveau cette fondrière d'où l'on ne s'était tiré que par miracle ? Et après cette ronde de police à laquelle, certes, on n'échapperait pas deux fois ?   HUGO, les Misérables, V, III, VII.

(1567). Par métonymie. La troupe, le ou les surveillants qui font une ronde. ⇒ **Guet.** *Les gens de ronde* (→ Évasion, cit. 1), *la patrouille de ronde. Ronde qui assure la garde*.

♦ **3.** (XIIIᵉ). Danse où plusieurs personnes forment un cercle et tournent ; chanson de cette danse. *Danser une ronde. Ronde populaire, villageoise. La Carmagnole*, ronde révolutionnaire. — Par ext. Ceux qui dansent.

5 Des jeunes filles dansaient en rond sur la pelouse en chantant de vieux airs transmis par leurs mères (...) J'étais le seul garçon dans cette ronde, où j'avais amené ma compagne (...) je ne voyais qu'elle, — jusque-là ! À peine avais-je remarqué, dans la ronde où nous dansions, une blonde, grande et belle, qu'on appelait Adrienne.   NERVAL, les Filles du feu, « Sylvie », II.

(1600). Par anal. *La ronde des voitures, des motos, lors d'une course sur un circuit fermé. Les rondes d'insectes* (cit. 3) *tournant avec frénésie. La ronde des mésanges* (cit.). — Fig. *La ronde du temps, des saisons.*

6 Dans le jour sans bornes, qui recommence, éternellement le même, avec son balancement monotone et puissant, commence à se dessiner la ronde des jours qui se donnent la main ; leurs profils sont, les uns riants, les autres tristes.
R. ROLLAND, Jean-Christophe, « L'aube », I, p. 12.

B. (Chose ronde).

♦ **1.** (1752). Écriture* à jambages courbes, à panses et boucles arrondies. *Inscriptions écrites en anglaise, en ronde...* (→ Pharmacie, cit. 1). *Plume* (cit. 11) *de ronde.*

7 (...) une série de pancartes symétriquement appendues (...) répertoires des hommes et des chevaux de l'escadron, en belle ronde et en deux couleurs, rehaussés çà et là d'accolades vigoureuses, d'accouplements de filets gras et maigres où se sentait la main artiste du *tambour*.   COURTELINE, le Train de 8 h 47, I, III.

8 (...) glisser l'ouvrage ou la publication dans une chemise portant écrit en belle ronde ce mot : Factures.   R. QUENEAU, le Dimanche de la vie.

♦ **2.** (1703). Mus. Figure de note évidée représentant l'unité de valeur dans la notation actuelle ; elle vaut deux blanches, quatre noires, et correspond à la durée d'une mesure à quatre temps. *La ronde se figure par un ovale oblique, sans queue* (→ Note, cit. 3).

9 (...) l'exécution de ces chefs-d'œuvre était lente. Les *vivace*, au théâtre de Quiquendone, flânaient comme de véritables *adagio*. Les *allegro* se traînaient longuement. Les quadruples croches ne valaient pas des rondes ordinaires en tout autre pays.   J. VERNE, le Docteur Ox, p. 47.

DÉR. (De A. 2.) 2. **Rondier.** — (De A. 3.) **Ronder.**
HOM. **Rond** (fém.).

1. RONDEAU [ʀɔ̃do] n. m. — xivᵉ, *rondel* ; « danse », v. 1260 ; de *rond.*

♦ **1.** Poème à forme fixe du moyen âge, de 13 ou 14 vers (de 8 ou 10 syllabes) en 3 strophes sur 2 rimes, où les deux premiers vers sont répétés deux fois chacun. *Le rondeau était en vogue au XVᵉ siècle.* — REM. Dans ce sens, on a repris la forme originelle *rondel.* — *Les rondeaux* ou *rondels de Charles d'Orléans.*

♦ **2.** Autre poème à forme fixe, en vogue au XVIIᵉ (considéré comme renouvellement du *rondel*). *Rondeau simple*, de 13 vers sur deux rimes, avec une pause après le 5ᵉ et le 8ᵉ vers et où les premiers mots du poème se répètent après le 8ᵉ et le 13ᵉ vers. — *Rondeau redoublé, parfait*, de 20 vers en 5 quatrains où chaque vers du premier quatrain successivement le dernier vers des autres quatrains (le 6ᵉ quatrain facultatif s'appelle *envoi**). — *Rondeau dédié à une dame* (⇒ **Bouquet**, fig.).

1 Le rondeau, né gaulois, a la naïveté.   BOILEAU, l'Art poétique, II.

2 Le rondeau n'a pas que la naïveté ; il a encore la légèreté, la rapidité, la grâce, la caresse, l'ironie, et un vieux parfum de terroir (...) Le grand, l'unique maître du rondeau est Voiture, qui se l'est approprié pour jamais (...)
Th. DE BANVILLE, Petit traité de poésie franç., p. 179-180.

3 Un *rondeau* est un poème de forme fixe de treize vers sur deux rimes avec une pause au cinquième et une au huitième et dont le ou les premiers mots se répètent après le huitième et après le treizième sans être eux-mêmes des vers.
R. QUENEAU, Loin de Rueil, p. 33.

♦ **3.** (1740). Mus. Air à reprises. — Spécialt. ⇒ **Rondo.**

HOM. 2. **Rondeau.**

2. RONDEAU [ʀɔ̃do] n. m. — 1357 ; « planche ronde sur laquelle les pâtissiers dressent le pain bénit », 1284 ; de *rond.*

♦ **1.** Techn. Disque* (de bois, de métal) servant de support (en poterie, optique, horlogerie...).

♦ **2.** (1400). Agric. Rouleau de bois qu'on passe sur la terre après les semailles.

♦ 3. Ornement circulaire (des tissus, pièces d'orfèvrerie), au moyen âge.

HOM. 1. **Rondeau, rondo.**

RONDE-BOSSE [ʀɔ̃dbos] n. f. — 1615 ; de *rond* (I.), et *bosse.*

♦ 1. Sculpture qui n'est pas rattachée à un fond, par oppos. à *haut-relief* et à *bas-relief. Des rondes-bosses.*

Par plaisanterie :

1 Pavées en rondes-bosses, les rues sont pleines du tintamarre des cent mille fiacres qui déferlent jour et nuit.   B. CENDRARS, Moravagine, Œ. compl., t. IV, p. 107.

♦ 2. Loc. EN RONDE-BOSSE (ou : *en ronde bosse*). « *Sur le fond* (du coffre) *quatre angelots en ronde-bosse se détachaient aux quatre coins* » (*l'Express*, 28 avr. 1981).

2 Ce groupe, qui entaille la corniche, offre une particularité remarquable : les personnages sont en ronde bosse, à l'exception des têtes et des mains peintes sur une découpure d'argent ou d'autre métal taillée d'après le contour.
    Th. GAUTIER, Voyage en Russie, XV.

On écrit parfois *rondebosse*, en un seul mot.

RONDEL [ʀɔ̃dɛl] n. m. ⇒ 1. **Rondeau.**

HOM. **Rondelle.**

1. RONDELET, ETTE [ʀɔ̃dlɛ, ɛt] adj. — Mil. XVIᵉ ; « un peu rond » (en parlant de la tête de l'épervier), v. 1354 ; dimin. de *rond.*

♦ 1. Qui a un peu d'embonpoint*, des formes arrondies. ⇒ **Boulot, charnu, dodu, grassouillet, replet, rondouillard.** *Des doigts rondelets* (→ Graisse, cit. 7). *Une femme rondelette.*

1 (...) je serai maître de tout (...) de vos lèvres appétissantes (...) de votre petit menton joli, de vos petits tétons rondelets (...)   MOLIÈRE, le Mariage forcé, 2.

1.1 (*Mᵐᵉ de Thonnes*) avait dans une figure rondelette des yeux noirs et souriants et ne manquait ni du boa de chinchilla, ni du carnet de visites (...)
    PROUST, Jean Santeuil, Pl., p. 784.

♦ 2. (1935). Fig. *Une bourse rondelette*, bien garnie. *Une somme rondelette,* assez importante. ⇒ **Coquet.** *Un héritage, un bénéfice rondelet.* ⇒ **Appréciable, considérable.**

2 (...) tu touches à dates fixes un traitement assez rondelet, tu n'as aucune inquiétude pour l'avenir puisque l'État te garantit une retraite (...)
    SARTRE, l'Âge de raison, p. 114.

CONTR. **Maigriot.**
DÉR. **Rondelette.**
HOM. (Du masc.) 2. **Rondelet.** (Du fém.) **Rondelette.**

2. RONDELET [ʀɔ̃dlɛ] n. m. — 1829 ; « ornement de forme circulaire », 1404 ; de *rond.*

♦ Techn. anc. Outil de bourrelier, bâton qui sert à enfoncer la bourre.

HOM. 1. **Rondelet.**

RONDELETTE [ʀɔ̃dlɛt] n. f. — 1964 ; « toile à voile », 1724 ; *soie rondelette* « de qualité inférieure », 1723 ; de 1. *rondelet*, qui a de nombreux sens techniques anciens.

♦ Techn. Tissu de lin (ou de coton et lin) utilisé pour la confection des torchons.

HOM. **Rondelette** (adj. f.). V. **Rondelet.**

RONDELLE [ʀɔ̃dɛl] n. f. — 1279 ; *rondele*, 1190 ; de *rond.*

Pièce ronde, cercle.

♦ 1. (1535). Anciennt. Petit bouclier rond utilisé du moyen âge au XVIᵉ siècle. ⇒ **Broquel, rondache.** — Pièce d'armure*, ronde, qui protégeait le haut de l'épaule. — Garde ronde d'une épée. Par ext. Épée* à garde ronde.

♦ 2. (Déb. XVIIᵉ). Techn. Ciseau arrondi de marbrier*, de sculpteur.

♦ 3. (1803). Pièce ronde, peu épaisse, généralement évidée. *Rondelle de métal placée entre l'écrou d'un boulon et la partie serrée.* (1870). *Rondelle fusible, de sûreté,* qui remplaçait les soupapes de sûreté sur les anciennes machines à vapeur. — *Rondelle en caoutchouc des canettes de bière.*

Plaque ronde et évidée. Spécialt. Rondelle de fonte d'une cuisinière.

1 (...) la cuisinière dont une rondelle voulut aussi tinter (la moyenne [...] qui donnait un do. La plus petite donnait, à l'octave en dessous, un sol discutable et la plus grande, fêlée, ne tintait pas).   Hervé BAZIN, Qui j'ose aimer, 12, p. 109.

Bonde d'évier, de lavabo. ⇒ **Bonde.**

♦ 4. (1862). Petite tranche ronde. *Rondelle de saucisson, de salami, de mortadelle. Couper, découper en rondelles.* Fig. *Je vais te découper en rondelles !* (menace). ⇒ **Rond, rouelle, tranche** (→ Rémoulade, cit.). *Carottes en rondelles.* — *Une rondelle de l'aubier de sapin* (→ Malines, cit.).

---

2 (*Quenu*) venait de couper dans la marmite des rondelles d'oignon qui prenaient, sur le feu, des petites voix claires et aiguës de cigales pâmées de chaleur.
    ZOLA, le Ventre de Paris, 1875, t. I, p. 131.

Techn. Diamant taillé en rondelle.

♦ 5. (1901). Vulg. Anus.

3 Les Joyeux appellent encore « œil de bronze » ce que l'on nomme aussi « la pastille », « la rondelle », « l'oignon », « le derch », « le derjeau », « la lune », « son panier à crottes. »   Jean GENET, Pompes funèbres, p. 15.

Loc. fam. *Se manier la rondelle :* se remuer, se dépêcher (→ fam. Se manier* le cul, le popotin, le pot, le train).

4 À un virage, je saute... Dans ces cas-là, on n'a pas le temps de se faire écrire un discours sur la nécessité de la betterave sucrière dans les colonies polonaises... Il faut improviser et se manier furieusement la rondelle chromée.
    SAN-ANTONIO, Au suivant de ces messieurs, 1967, p. 77.

♦ 6. Fam. Disque. → Raboter, cit. 2.

5 (...) elle pose sur son électrophone la première rondelle venue.
    Hervé BAZIN, Un feu dévore un autre feu, p. 152.

RONDEMENT [ʀɔ̃dmɑ̃] adv. — XIIᵉ, « circulairement » ; de *rond.*

♦ 1. Avec régularité, également*. *Marcher rondement* (en parlant d'un attelage).

1 Cependant, sans avoir saisi la fin du métier, je ne laissai pas d'en prendre la marche courante assez pour pouvoir l'exercer rondement.   ROUSSEAU, les Confessions, VIII.

♦ 2. (V. 1460). Avec vivacité et efficacité ; spécialt, avec ardeur, entrain*. ⇒ **Lestement, promptement, vite, vitesse** (en). *Mener* (cit. 25 et 26) *une affaire rondement* (cf. Chauffer une affaire, la mener tambour battant). *Les formalités furent expédiées rondement* (→ Mariage, cit. 5).

♦ 3. (V. 1360 ; de *rond*, I., 4.). D'une manière franche et directe. ⇒ **Franchement, loyalement.** *Parler rondement, dire la vérité rondement,* sans ambages, sans détour.

2 Je suis un bon homme ; ayez la bonté d'en user avec moi plus rondement et de laisser là votre art.   DIDEROT, le Neveu de Rameau, Pl., p. 464.

3 (...) j'allais mon chemin si rondement que parfois je manquais de tact.
    S. DE BEAUVOIR, la Force de l'âge, p. 41.

RONDER [ʀɔ̃de] v. intr. — D. i. ; mot régional *in* Wartburg, non daté ; de *ronde.*

♦ Régional (notamment Suisse). Danser une ronde. « *Les petites filles rondent* » (chanson, *in* Ramuz, *le Petit Village*, p. 59).

Grand-père et Mimine ont rondé ensemble.
    Catherine PAYSAN, l'Empire du Taureau, p. 170.

RONDET [ʀɔ̃dɛ] n. m. — Fin XIIIᵉ ; de *rond.*

♦ Vx (au moyen âge). Rondeau. — Didact. (hist. littér.). *Rondet de carole :* chanson médiévale accompagnant certaines danses.

RONDEUR [ʀɔ̃dœʀ] n. f. — 1460 ; de *rond.*

A. ♦ 1. Vieilli. Caractère de ce qui est rond (circulaire, cylindrique, sphérique...). ⇒ **Circularité, sphéricité.** *Dieu « a borné l'étendue du ciel dans une rondeur finie* » (Bossuet, *in* Littré). ⇒ **Rotondité ; convexité.**

1 Elles choisissent pour type, non pas la rondeur simple de l'arcade ou le carré simple (...)   TAINE, Philosophie de l'art, t. I, p. 82.

2 Je contemple d'en haut le globe en sa rondeur (...)
    BAUDELAIRE, les Fleurs du mal, « Spleen et idéal », LXXX.

♦ 2. (V. 1770). Mod. (Des parties arrondies, charnues, du corps). ⇒ **Embonpoint.** *La rondeur des formes* (cit. 27). *Gorge* (cit. 8), *seins d'une rondeur parfaite. La rondeur d'une jambe finement moulée* (cit. 6). *La molle rondeur de ses bras.*

♦ 3. (XIXᵉ). UNE, DES RONDEURS, forme ronde, chose ronde. — Spécialt (au plur.). Formes rondes du corps humain (souvent par plais.). *Les rondeurs d'une femme. les rondeurs de ses reins* (→ Étaler, cit. 14).

3 On ne distinguait, sous le crépuscule croissant, que les rondeurs vagues des premières meules, qui bossuaient l'étendue rase des prairies.
    ZOLA, la Terre, II, IV.

4 Il avait une assez jolie femme, grande, bien faite, solidement charpentée, la taille élégante, un peu étriquée dans de luxueuses toilettes, qui accusaient avec exagération les robustes rondeurs de son anatomie (...)
    R. ROLLAND, Jean-Christophe, Foire sur la place, II, p. 753.

B. (1541). Fig. Caractère rond*, sans façon (⇒ **Bonhomie**) ; attitude directe et franche. ⇒ **Simplicité, sincérité** (→ Aplomb, cit. 4). *Dire son opinion avec rondeur.* ⇒ **Franchise** (cf. Sans cérémonie).

5 Il traitait la jeune femme avec une rondeur amicale, il plaisantait, lui adressait des galanteries banales (...)   ZOLA, Thérèse Raquin, VIII.

6 Il nous a présenté un Mᵉ Jacques tout à fait neuf par sa rondeur, sa simplicité, sa grosse bêtise.   Paul LÉAUTAUD, le Théâtre de M. Boissard, XIII.

C. (1688). Fig., vx. Harmonie* pleine. ⇒ **Nombre.** *Rondeur du style, des périodes* (La Bruyère, I, 55).

CONTR. (Du B.) **Astuce, duplicité, hypocrisie.**

RONDI, IE [ʀɔ̃di] adj. ⇒ **Rondir.**

1. RONDIER [ʀɔ̃dje] n. m. — 1808 ; de *rond*, à cause des feuilles arrondies en éventail.

♦ Palmier* (⇒ **Borasse**) de grande taille, à grandes feuilles arrondies disposées en éventail. *Le rondier fournit le vin de palme.* (On dit plus souvent *ronier* ou *rônier*).

HOM. 2. Rondier.

2. RONDIER [ʀɔ̃dje] n. m. — 1881, cit. ; de *ronde*.

♦ Techn., admin. Celui qui est chargé de faire des rondes (de surveillance).

Les rondiers regardant dormir ces deux êtres entassés sous leurs couvertures avec un coin de visage terreux, vaguement éclairé par le tremblottement des lampes, disaient : En voilà deux qui n'en tiennent pas large.
   Louise MICHEL, la Misère, t. II, 1881, p. 456.
Personne chargée de surveiller le bon fonctionnement des installations d'un bâtiment réservé au public. — Spécialt (dans une centrale nucléaire). « *Les agents techniques d'exploitation et les rondiers effectuent sous l'autorité d'un chef de quart et du chef de bloc toutes les manœuvres, relevés ou essais en local* » (*Sciences et Avenir*, « Le risque nucléaire »).

HOM. 1. Rondier.

RONDIN [ʀɔ̃dɛ̃] n. m. — 1526 ; « tonneau », 1387 ; de *rond*.

♦ **1.** Techn. Morceau de bois de chauffage qu'on a laissé rond (cylindrique) opposé à *bois refendu. Rondins de pin* (→ Provençal, cit. 1).

♦ **2.** (1875). Cour. Tronc d'arbre (spécialt, de sapin) employé dans les travaux de tranchée, de construction. *Cabane en rondins.*

Après la masse grise de la fromagerie, nous trouvâmes le petit chemin de terre annoncé. Il franchit un ruisseau sur un pont de rondins.
   Jacques LAURENT, les Bêtises, p. 76.

♦ **3.** (1690). Vx. Gros bâton.

♦ **4.** (1676). Vieilli. Cylindre de bois utilisé dans la fabrication des tuyaux de plomb. — REM. On dit aussi *rondie* (1803) n. f., et *rondine* (1821) n. f.

♦ **5.** (V. 1880). Vx. Veston court à pans arrondis, porté à la fin du XIXe siècle par les garçons de café (*in* Vallès).

1. RONDIR [ʀɔ̃diʀ] v. intr. — Mil. XVIe ; de *rond*.

♦ Vx. Littér. Devenir rond, s'arrondir.

1 (...) Comment cela ? — dit le vicomte, rondissant ses yeux verts, l'air étonné (...)
   BARBEY D'AUREVILLY, Une vieille maîtresse, I, IV.
2 Le matin venait. Contre le plafond et à une certaine place des rideaux de soie rose du boudoir, hermétiquement fermés, on voyait poindre et rondir une goutte d'opale, comme un œil grandissant, l'œil du jour curieux qui aurait regardé par là (...)   BARBEY D'AUREVILLY, les Diaboliques,
   « Le plus bel amour de Don Juan », 1874, p. 103.

HOM. 2. Rondir.

2. RONDIR [ʀɔ̃diʀ] v. tr. — 1782 ; de *rond*.

♦ Techn. Tailler (les ardoises). Au p. p. *Ardoises rondies.*

DÉR. Rondis ou **rondiste, rondissage, rondisseur.**
HOM. 1. Rondir.

RONDIS [ʀɔ̃di] ou **RONDISTE** [ʀɔ̃dist] n. m. — 1964 ; de 2. *rondir.*

♦ Techn. Bord ou contour d'un diamant taillé en forme ronde.

HOM. Rondi (p. p. de *rondir*).

RONDISSAGE [ʀɔ̃disaʒ] n. m. — Mil. XXe (*in* Larousse, 1964) ; de 2. *rondir.*

♦ Techn. Taille des ardoises*. — REM. On dit aussi *arrondissage.*

RONDISSEUR, EUSE [ʀɔ̃disœʀ, øz] n. — Mil. XXe (*in* Larousse, 1964) ; de 2. *rondir.*

♦ **1.** N. m. Ouvrier qui taille les « fendis » (plaques d'ardoise) aux dimensions des ardoises du commerce. ⇒ **Ardoisier.** — REM. On dit aussi *arrondisseur.*

♦ **2.** N. f. Machine destinée à effectuer l'arrondissage*.

RONDO [ʀɔ̃do] n. m. — 1830, Fétis ; ital. *rondo*, du franç. *rondeau.*

♦ Dans la sonate et la symphonie classique, Pièce brillante servant de finale. *Les rondos sont composés d'un refrain alternant avec des couplets* (⇒ **Rondeau**), *suivant une répartition de thèmes et de tonalités qui les apparentent à la forme sonate. Les rondos de Mozart. Rondo brillant.* Par métaphore :
Rondo brillant mais facile à l'usage des commerçants en politique...
   BALZAC, Titre, in la Caricature, 28 juil. 1831, in Œ. diverses, t. II, p. 402.

HOM. Rondeau.

RONDOIR [ʀɔ̃dwaʀ] n. m. — XXe (*in* Larousse, XXe) ; de l'anc. v. *ronder* « tailler en rond ».

♦ Techn. Appareil avec lequel on obture les bouteilles avant de les boucher.

RONDOU [ʀɔ̃du] n. m. — Attesté v. 1900 ; mot provençal de *aronda* « hirondelle », nom d'un poisson, lat. *hirundo.*

♦ Régional (Marseille). Hirondelle de mer (poisson).

RONDOUILLARD, ARDE [ʀɔ̃dujaʀ, aʀd] adj. — 1888, Goncourt, au fig. ; d'abord argot d'atelier, « dessinateur maladroit qui procède par masses rondes » ; de *rond.*

♦ **1.** Fam., iron. Qui a de l'embonpoint. *Un petit bonhomme rondouillard.* ⇒ **Dodu, grassouillet, rond.** — Var. : *rondouillet, ette* (1952, *Gazette de Lausanne*, in D. D. L.).

♦ **2.** Fig. D'une rondeur molle, fade (arts plastiques, style littéraire).

CONTR. Maigre, sec.

ROND-POINT [ʀɔ̃pwɛ̃] n. m. — 1708 ; *roont-point* « demi-cercle », 1375 ; de *rond*, et *point* « lieu, emplacement ».

♦ **1.** (1866). Cour. Emplacement circulaire, auquel aboutissent des allées dans un jardin (cit. 5 ; → près, cit. 14). — (1831). Place circulaire à laquelle aboutissent ou d'où rayonnent plusieurs avenues. ⇒ **Carrefour.** *Le rond-point des Champs-Élysées, de l'Étoile*, à Paris. Des ronds-points.*

1 (...) l'Arc-de-Triomphe, dressé sur son rond-point avec une emphase pesante (...)
   FRANCE, Jocaste, VI, Œ., t. II, p. 66.

♦ **2.** (Dans un édifice). Vieilli. Archit. Abside demi-circulaire. — *Rond-point de galeries*, dans un château, un palais.

2 Un peu avant d'arriver à cette porte, la galerie s'élargissait et il y avait un rond-point vitré. Dans ce rond-point était assis sur un fauteuil à dossier démesuré un personnage auguste (...)   HUGO, l'Homme qui rit, II, VIII, I.

RONÉO [ʀɔneo] n. — 1921 ; nom déposé de la Compagnie du *Ronéo.*

♦ **1.** N. f. Machine à reproduire un texte dactylographié au moyen de stencils. ⇒ **Ronéoter, ronéotyper.** *Des ronéo* ou *des ronéos.*

1 La secrétaire tapait à la machine une partie importante de la correspondance, et les circulaires intéressant par exemple les porteurs d'une même valeur étaient imprimées à la ronéo, mais rien ne remplaçait la lettre manuscrite qui semblait s'intéresser à un cas particulier.   M. AYMÉ, Travelingue, p. 144.

2 La ronéo. Son ronronnement en cadence. Il me semble entendre un train qui file dans la nuit, paisible. Images d'ailleurs.
La nuit bascule dans les odeurs d'encre et le froissement des rames de papier.
   Robert LINHART, l'Établi, p. 104.

♦ **2.** N. m. (1921). *Un ronéo :* un texte ronéotypé.

3 Je manquais les cours : j'étais trop fatiguée. J'étudiais les ronéo à la maison (...)
   C. ROCHEFORT, le Repos du guerrier, I, V, p. 108.

DÉR. Ronéoter, ronéotyper.

RONÉOTER [ʀɔneɔte] v. tr. — V. 1960 ; de *ronéo.*

♦ Fam. Ronéotyper, reproduire à la ronéo. — Au participe passé :

1 (...) il saisit un document ronéoté et se mit à l'étudier attentivement.
   B. VIAN, Vercoquin, p. 77.

2 Primo, Christian et moi allons ronéoter les tracts avec Yves. Stencils. Fautes de frappe. Retaper.   Robert LINHART, l'Établi, p. 104.

P. p. substantivé (rare) :

3 J'ai écrit à l'organisateur de la chose pour avoir un petit compte rendu, un ronéoté, j'chais (je sais) pas, moi, un petit souvenir.
   CAVANNA, in Charlie-Hebdo, 24 déc. 1973, p. 4.

RONÉOTYPER [ʀɔneɔtipe] v. tr. — V. 1940 ; de *ronéo-*, et *-type.* → Typo-.

♦ Reproduire (un texte) au moyen de la machine appelée *ronéo.* Syn. : *ronéoter.*

1 Bost promena dans les rues une machine à ronéotyper ; Pouillon transportait une serviette bourrée de tracts.   S. DE BEAUVOIR, la Force de l'âge, p. 496.

Au p. p. *Texte ronéotypé.*

2 Nous avons reçu hier les instructions ronéotypées qui ont été distribuées aux officiers et à la troupe.   Jean LARTÉGUY, les Prétoriens, p. 683.

RONERAIE [ʀɔnʀɛ] ou **RÔNERAIE** [ʀonʀɛ] n. f. — D. i.; de *ronier, rônier*, d'après *palmeraie*.

♦ En franç. d'Afrique. Plantation de rôniers. Savane où poussent les rôniers.

RONFLANT, ANTE [ʀɔ̃flɑ̃, ɑ̃t] adj. — 1529; de *ronfler*.

♦ **1.** Qui produit un son continu et puissant semblable à un ronflement. *Poêle ronflant.*
(1870). Par ext. Méd. *Râle ronflant* : râle particulier et significatif d'une bronchite, que l'on peut percevoir à l'auscultation.

♦ **2.** (1688). Fig., péj. Plein d'emphase; grandiloquent et creux. *Une voix ronflante. Des phrases ronflantes. Titre ronflant.* ⇒ **Ampoulé, prétentieux.**

(...) les quarante bourgeois qui seront assis en face, bouche béante, les yeux braqués sur les miens, et s'attendant à des périodes ronflantes et correctes (...)
    BALZAC, le Député d'Arcis, Pl., t. VII, p. 641.

(1835). *Promesses ronflantes*, magnifiques et trompeuses.

RONFLEMENT [ʀɔ̃fləmɑ̃] n. m. — 1596; «bruit que fait un cheval par les narines quand il a peur», 1553; de *ronfler*.

♦ **1.** Respiration bruyante due, pendant le sommeil, à la vibration du voile du palais au cours de l'inspiration du dormeur.

1 Un quart d'heure plus tard, la chambrée sonore amplifiait les ronflements des hommes écrasés par la fatigue et le vin qu'ils avaient bu en cours de route malgré la surveillance du sergent. P. MAC ORLAN, la Bandera, IV.

♦ **2.** (1690). Bruit continu, sourd et régulier, plus ou moins semblable. ⇒ **Ronron, ronronnement, vrombissement.** *Le ronflement d'un moteur, d'un poêle, d'un avion, d'un orgue.*

2 Au milieu du grand silence, on entendait le ronflement lointain de la batteuse à vapeur, qui ne cessait pas. ZOLA, la Terre, III, VI.

Spécialt. Bruit parasite produit par une chaîne électro-acoustique, généralement dû à l'introduction du courant du réseau électrique dans la chaîne de reproduction sonore.

RONFLER [ʀɔ̃fle] v. intr. — XIIIᵉ; «souffler bruyamment en expirant», 1150; de l'anc. franç. *ronchier* (du bas lat. *roncare*), d'après *souffler*.

♦ **1.** (XIIIᵉ). Faire, en respirant pendant le sommeil, un bruit particulier du nez. *Dormeur qui ronfle comme une toupie, comme un tuyau d'orgue.*

1 (...) le cocher, complètement ivre, dormait, tout en tenant les guides (...) Le valet, assis derrière, ronflait comme une toupie d'Allemagne (...)
    BALZAC, Splendeurs et Misères des courtisanes, Pl., t. V, p. 715.

2 Les Prussiens s'étendirent sur le pavé, les pieds au feu, la tête supportée par leurs manteaux roulés, et ils ronflèrent bientôt tous les six sur six tons divers, aigus ou sonores, mais continus et formidables. MAUPASSANT, Toine, «Les prisonniers».

(XVIIᵉ). Fam. Dormir profondément (→ Bientôt, cit. 8; gras, cit. 44).

♦ **2.** (1571). Produire un bruit continu, plus ou moins semblable au ronflement d'un dormeur, en parlant d'un avion (cit. 6), d'un moteur (cit. 6), de la mer, d'une usine, d'une moto, d'une cheminée, d'un poêle, d'un instrument de musique... (→ Bourdonnement, cit. 8; fabrique, cit. 4; garage, cit. 5; récit, cit. 4). ⇒ **Ronronner, vrombir.**

3 Alors, le golfe creux ronflera tout entier comme un coquillage.
    COLETTE, Naissance du jour, p. 25.

4 Le vent, d'un coup, ronfle plus fort que le feu et le soleil se lève.
    J. GIONO, Regain, I, II.

♦ **3.** (1659, Molière). Fam. *Faire ronfler les vers*, les déclamer d'une manière sonore, emphatique, ronflante* (cf. Molière, *les Précieuses ridicules*, 9).

♦ **4.** Fam. Aller bien; marcher (comme un moteur qui ronfle). ⇒ **Rouler, tourner** (rond).

Pourquoi on l'appelle la Ronflette? — Parce que les affaires, ça ronfle avec lui.
    Roger BORNICHE, le Ricain, p. 303.

DÉR. Ronflant, ronflement, ronflette, ronfleur, ronfloter ou ronflotter.

RONFLETTE [ʀɔ̃flɛt] n. f. — 1924; de *ronfler*.

♦ Fam. Sommeil (généralement bref). ⇒ **Roupillon.**

1 J'avais dû m'anéantir pas mal de temps à la ronflette. La soubrette s'était tirée discrètement, sans que je m'en rende compte, sa journée enfin terminée. Ma montre marquait cinq heures. Albert SIMONIN, Touchez pas au grisbi, p. 39.

Faire, piquer une ronflette.

2 Grand-mère s'est recroquevillée sur son tabouret, le menton dans la poitrine, le dos rond, les jambes écartées; ainsi calée, elle pique une petite ronflette.
    A. SARRAZIN, la Cavale, p. 236.

RONFLEUR, EUSE [ʀɔ̃flœʀ, øz] n. — 1552; de *ronfler*.

★ **I.** Personne qui ronfle, qui a l'habitude de ronfler.

(Jean) dormait, riche et satisfait, sans savoir que son frère haletait de souffrance et de détresse. Et une colère se levait en lui *(Pierre)* contre ce ronfleur insouciant et content. MAUPASSANT, Pierre et Jean, V.

Adj. *Il est un peu ronfleur.* «*Ronfleuse assemblée*» (Furetière). ⇒ **Endormi.**

★ **II.** N. m. (1901, *Année sc. et industr.* 1902, p. 64). Vibreur qui remplace la sonnerie d'un appareil téléphonique (dans une chambre, dans un bureau, etc.) de manière que le bruit soit moins strident.

RONFLOTER ou **RONFLOTTER** [ʀɔ̃flɔte] v. intr. — 1879; de *ronfler*, et suff. *-oter*.

♦ Fam. Ronfler doucement.

1 Ce n'est pas parce que je suis dans le coma aujourd'hui, ni parce que le poêle, ronflottant avec paresse, m'invite au sommeil, que je vais m'autoriser à dormir.
    A. SARRAZIN, la Cavale, p. 154 (1961-1962).

2 (...) elle était très ivre, elle m'a lâché :
— «Ma fille... on ne... parle pas... comme ça... à sa mère».
Puis elle est tombée à la renverse, en travers de son lit. Elle dormait déjà en ronflotant quand je me suis approchée d'elle.
    Marie CARDINAL, les Mots pour le dire, p. 331.

RONGE [ʀɔ̃ʒ] n. m. — XIIᵉ; *runge*; de *ronger*, I.

♦ Vén. *Faire le ronge* : ruminer, en parlant du cerf.

RONGÉ, ÉE [ʀɔ̃ʒe] adj. ⇒ **Ronger.**

RONGEAGE [ʀɔ̃ʒaʒ] n. m. — 1949; de *ronger*.

♦ Techn. Impression sur tissus, au moyen de substances (rongeants) qui détruisent la matière colorante aux endroits désirés.

(...) on peut *(pour l'impression)* appliquer une substance qui, par oxydation ou par réduction du colorant (ou du mordant) change la couleur déjà obtenue en une autre couleur : c'est le *rongeage* (...) Charles MARTIN, la Laine, p. 82.

RONGEANT, ANTE [ʀɔ̃ʒɑ̃, ɑ̃t] adj. et n. m. — 1770; de *ronger*.

♦ **1.** Qui ronge (II.), détruit par une lente dégradation. *Un ulcère rongeant. Un acide rongeant.*

♦ **2.** Fig. Qui mine lentement. *Des soucis rongeants.*

1 Je n'ai voyagé à pied que dans mes beaux jours, et toujours avec délices. Bientôt les devoirs, les affaires, un bagage à porter, m'ont forcé de faire le monsieur et de prendre des voitures; les soucis rongeants, les embarras, la gêne, y sont montés avec moi (...) ROUSSEAU, les Confessions, II.

2 Le jour a sur les choses de la nuit une puissance rongeante irrésistible.
    HUGO, Shakespeare, III, III, IV.

♦ **3.** N. m. (1845). Techn. UN RONGEANT : une substance chimique qu'on applique sur une étoffe pour enlever par endroits la couleur ou le mordant et obtenir ainsi des dessins variés.

RONGEMENT [ʀɔ̃ʒmɑ̃] n. m. — 1538; de *ronger*.
Rare.

♦ **1.** Action de ronger (II.); son résultat. *Le rongement des ongles* (⇒ **Onychophagie**) *est un signe de nervosité.*

♦ **2.** (Av. 1615). Fig. *Le rongement de la jalousie.*

RONGER [ʀɔ̃ʒe] v. tr. — Conjug. *bouger*. — XIIᵉ, *rungier* «ronger» et «ruminer»; ce dernier sens est conservé dans certains dialectes et en vénerie; du lat. *rumigare* «ruminer», croisé avec un verbe dial. *rogier, rougier*, du lat. pop. *rodicare*, dér. du lat. class. *rodere* «ronger».

★ **I.** (V. 1100). Vén. Ruminer, en parlant du cerf. ⇒ **Ronge.**

★ **II.** ♦ **1.** (V. 1175, *rungier*). User peu à peu en coupant avec les dents, les incisives, par petits morceaux. *Les souris, les rats rongent du pain, des livres.* ⇒ **Grignoter** (→ Dent, cit. 24). — *Chien qui ronge un os* (cit. 10). Loc. fig. *Donner un os* (supra cit. 11) *à ronger à qqn. — Se ronger les ongles* (cit. 7). ⇒ **Onychophagie.** — Par ext. (Insectes, vers). Attaquer, détruire. *Vers qui rongent le bois.* ⇒ **Mouliner, piquer.**

Au p. p. *Meuble rongé par les vers* (→ aussi Dépérir, cit. 7).

1 Lorsque quelques souris qui rongeaient de la natte
Troublèrent le plaisir des nouveaux mariés. LA FONTAINE, Fables, II, 18.

2 (...) elle ignorait la puissance de la petitesse, cette force du ver qui ronge un ormeau en faisant le tour sous l'écorce.
    BALZAC, les Employés, Pl., t. VI, p. 919.

Par exagér. *Un homme rongé de vermine* (→ Hâve, cit. 3).

3 C'est peut-être un monstrueux orgueil, mais le diable m'emporte si je ne me sens pas aussi sympathique pour les poux qui rongent un gueux que pour le gueux.
    FLAUBERT, Correspondance, 393, 26-27 mai 1853.

Mordiller, serrer (un corps dur) avec ses dents. *Cheval qui ronge son frein* (cit. 2), *son mors.*

Loc. fig. *Ronger son frein** (cit. 3, 4 et 5).

Se ronger les poings*(cit. 10). — *Se ronger les ongles* (de dépit, d'impatience) ; → Brûler, cit. 11.

Se ronger les sangs* : se faire beaucoup de souci. Syn. : *se manger les sangs.*

♦ **2.** (XVᵉ ; attestation isolée, XIIIᵉ). Choses. Détruire peu à peu (qqch.). *Substance caustique qui ronge les chairs.* ⇒ **Brûler.** *La gangrène a rongé son bras.* ⇒ **Pourrir** (*supra* cit. 7). *Ulcère, chancre, qui ronge les tissus* (⇒ **Phagédénique**). — *L'humidité ronge le fer, les acides rongent les métaux.* ⇒ **Altérer, attaquer, corroder, détruire, entamer, mordre** (fig.). *Le feu a rongé cette partie*, a commencé à la brûler, à la consumer. — *Tuiles rongées par le lichen* (→ Imbiber, cit. 5).— *L'action du vent, de l'eau ronge les roches.* ⇒ **Dissoudre ; érosion.** *Rivière qui ronge ses rives.* ⇒ **Affouiller, dégrader, éroder, miner.** *La mer rongeait les côtes de ce pays et lui dévorait* (cit. 22) *chaque année quelques pouces de territoire.*

4   (...) c'est la vieille croix de bois qui se dresse à l'angle des routes, rongée de mousse, rongée de vétusté.
                               Ch. PÉGUY, Note conjointe, « Sur Descartes », p. 316.

Par métaphore. *La maladie le ronge.* ⇒ **Miner.** — (Abstrait). *Les factions, les intrigues ont rongé la puissance de l'État.* ⇒ **Détruire.** — *Toutes ces menues corvées rongeaient son temps.* ⇒ **Dévorer.**

5   Il n'a ni la volonté forte ; ni le pouvoir peut-être, de guérir le mal profond, invétéré, universel, qui ronge cette société, qui l'altère et qui l'affame, qui a bu ses veines et séché ses os.
                               MICHELET, Hist. de la Révolution franç., Introd., II., § II.

6   À côté de lui, d'autres malades déclinaient aussi, petits soldats de vingt ans, rongés de dysenterie, aux figures terreuses et aux corps de squelettes (...)
                               LOTI, Matelot, XLVI.

6.1 (*Le vieux duc de Guermantes*) n'était plus qu'une ruine, mais superbe (...) Fouettée de toutes parts par les vagues de souffrance (...) sa figure (...) était rongée comme une de ces belles têtes antiques trop abîmées mais dont nous sommes trop heureux d'orner un cabinet de travail.
                               PROUST, le Temps retrouvé, Pl., t. III, p. 1017.

♦ **3.** (Choses ; abstrait). *Le chagrin, le regret* (cit. 6), *le remords qui ronge le cœur.* ⇒ **Corroder, consumer, dévorer, tourmenter.** *L'envie, l'ambition le ronge. L'impatience le ronge.* — Pron. (1610). *Se ronger d'inquiétude* (cit. 15). ⇒ **Tourmenter** (se) ; → Se manger les sangs*. — Absolt. *Il, elle se ronge.*

7   — Vous ne voyez donc pas que je ne puis plus supporter cette vie, cette pensée qui me ronge, et cette question que je me pose sans cesse, cette question qui me torture chaque fois que je les regarde. J'en deviens fou.
                               MAUPASSANT, l'Inutile Beauté, IV.

▶ **RONGÉ, ÉE** p. p. adj. (1314, *os rongé*).

(Concret). *Rongé de..., par...* (voir à l'article). — *Ongles rongés.* ⇒ **Rogné.** *Bois, meuble rongé.* ⇒ **Artisonné, vermoulu.**

(Mil. XVIᵉ ; abstrait). *Un organisme rongé par la maladie, la fatigue.* — *Être rongé d'ennui, de tristesse. Vos cœurs « rongés d'envie, d'avarice et d'ambition »* (→ Enfer, cit. 18).

DÉR. Ronge, rongeage, rongeant, rongement, rongeur.
REM. Queneau (*le Chiendent*, p. 16) emploie le dér. diminutif *rongeoter* [ʁɔ̃ʒɔte].

RONGEUR, EUSE [ʁɔ̃ʒœʁ, øz] adj. et n. — XVᵉ ; de *ronger.*

★ **I.** Adj. ♦ **1.** Qui ronge* (II., 1.), qui mange en rongeant. — *Mammifère rongeur*, qui appartient à l'ordre des *rongeurs* (→ ci-dessous, II., 1.).

Loc. fig. (Fin XVIᵉ). Vx. *Ver rongeur* : remords ; souci cruel ; cause de destruction progressive ou secrète.

♦ **2.** (Av. 1794). Qui ronge (II., 2.), attaque, corrode... *Tous ces blocs calcinés* (cit. 2) *par un soleil rongeur. Cancer, ulcère rongeur. Le mal rongeur s'étend sur toute la figure* (→ Gangrène, cit. 1). *Lèpre rongeuse.*

(1762). Fig. Qui ronge* (II., 3.), tourmente... *Chagrins, soucis, remords rongeurs.* ⇒ **Rongeant.**

★ **II.** ♦ **1.** N. m. pl. (1803). Zool., cour. Ordre de mammifères placentaires dépourvus de canines, mais munis d'incisives (cit. 1) tranchantes à croissance continue. *Principales familles de rongeurs :* léporidés, muridés, sciuridés. *Principaux rongeurs.* ⇒ **Agouti, anomalure, cabiai, campagnol, castor, chinchilla, cobaye, dolichotis, écureuil, gerbille, gerboise, hamster, lapin, lemming, lièvre, loir, marmotte, mulot, muscardin, myopotame, ondatra, polatouche, porcépic, ragondin, rat, souris, spalax, spermophile, surmulot, uromys, viscache, xérus.** Sing. : *un rongeur ;* spécial (cour.) : rat, souris, mulot.

♦ **2.** (Poét. ou littér.). Par métaphore. Animal, personne, chose qui ronge.

1   De toutes les dents du temps, celle qui travaille le plus, c'est la pioche de l'homme. L'homme est un rongeur. Tout sous lui se modifie et s'altère, soit pour le mieux, soit pour le pire. Ici il défigure, là il transfigure.
                               HUGO, l'Archipel de la Manche, XX.

♦ **3.** (1935 ; *ver rongeur* « compteur horométrique des fiacres ou voitures de place », 1840). Pop. Compteur de taxi.

---

2   Un jour ne trouvant pas de taxi pour rentrer, Paul me proposa de me reconduire en voiture. Plus de rongeur à guetter, pas de compteur à lorgner (...)
                               Martin ROLLAND, la Rouquine, p. 81.

(1935 ; « cocher de fiacre », v. 1885). Par métonymie. Chauffeur de taxi. (1935 ; « fiacre engagé à l'heure », 1883). Par métonymie. Taxi.

COMP. Rongicide.

RONGICIDE [ʁɔ̃ʒisid] adj. et n. m. — Mil. XXᵉ ; de *rongeur*, et *-cide ;* mot hybride.

♦ Didact. ⇒ **Rodenticide.**

RONIER [ʁɔnje] ou RÔNIER [ʁonje] n. m. — XXᵉ (*in* Larousse 1933) ; var. de *rondier*, de *rond.*

♦ Grand palmier (*Borassus*) au tronc droit et lisse, aux feuilles en éventail en bouquets situés au sommet de l'arbre. Syn. : *borasse* (rare), *rondier* (didact.). *Le rônier est utilisé pour son bois, ses feuilles* (servant de matière textile), *sa sève* (vin de palme), etc. *Plantation de rôniers.* ⇒ **Roneraie.** — **REM.** Le mot est très courant en franç. d'Afrique.

1   (...) Solange a vite appris (...) à tresser artistement des paniers et des corbeilles en feuilles de rônier, de bambou, en liane ou en fibres d'ananas.
                               J. MALONGA, Cœur d'Aryenne, *in* Pages africaines, t. I, p. 64.

2   Les palmes des rôniers, secouées par le vent matinal, se balançaient en un long murmure.
                               I. B. TRAORÉ, Contes et récits du terroir, « Bamako », 1970, *in* I.F.A.

RONIN ou RÔNIN [ʁɔnɛ̃ ; ʁɔnin] n. m. — 1893, dans un catalogue d'estampes japonaises (*in* D.D.L.) ; mot japonais, proprt « flottant, libre », c'est-à-dire « guerrier sans maître ».

♦ Didact. Samouraï libre de tout engagement envers un suzerain et menant généralement une vie errante, dans le Japon féodal. *Des ronin* ou *des ronins.*

1   Il faut ajouter que ce qui nous donnait un certain mépris du danger, c'est que j'avais pris avec moi une canne-sabre de rônin (chevalier-vagabond japonais, littéralement « homme sans nom », « homme-vague ») achetée à la vente Behrens, qui, dans un gourdin noueux, cachait une de ces lames magnifiques capables de faire sauter une tête d'homme comme un pavot.
                               Paul MORAND, Londres, II, p. 100, 1933, *in* D.D.L., II, 18.

2   À Paris on a joué entre autres un épisode de la célèbre histoire des quarante-sept ronin (la version complète dure douze heures). À la fin, l'un d'eux se fait hara-kiri.
                               S. DE BEAUVOIR, Tout compte fait, p. 294.

REM. On écrit aussi *rôninn* (vx) ; les ouvrages érudits ou spécialisés utilisent le plus souvent la transcription *rônin.*

RONRON [ʁɔ̃ʁɔ̃] n. m. — 1761, Rousseau (→ Charivari, cit. 4) ; onomatopée.

♦ **1.** Fam. Bruit, ronflement sourd et continu. ⇒ **Ronronnement.** *Le ronron d'un moteur.*

1   Tout le quartier tremblote sans se plaindre au ronron continu de la nouvelle usine.
                               CÉLINE, Voyage au bout de la nuit, p. 273.

Fig. Monotonie, routine. *Le ronron des alexandrins classiques, du style oratoire. Être entraîné par le ronron de la phrase.* — *Le ronron de la vie quotidienne, des feuilletons de télévision, des discours électoraux.*

2   (...) dans cette maison tranquille, pacifique, assoupissante, il s'est transformé ; et, à son ronron laborieux, il est devenu peu à peu un autre homme qu'il était.
                               Ed. et J. DE GONCOURT, Journal, 21 mars 1875, t. V, p. 151.

3   La petite bonne s'amusait sans y rien comprendre, ébahie du langage, fascinée par le ronron des vers.
                               FLAUBERT, Bouvard et Pécuchet, V.

♦ **2.** (1842, Balzac). Petit grondement continu et régulier que le chat tire de sa gorge et par lequel il manifeste son contentement (→ Bourdonnement, cit. 2 ; essoriller, cit.). — *Faire ronron :* faire entendre des ronrons. ⇒ **Ronronner.**

4   Je fus surprise de cette intelligence chez une Femme, et je vins alors, en relevant mon épine dorsale, mes jambes en lui faisant entendre un ronron amoureux sur les cordes les plus graves de ma voix de *contralto.*
                               BALZAC, Peines de cœur d'une chatte anglaise (1842), *in* Œ. diverses, t. III, p. 441.

DÉR. Ronronner.

RONRONNEMENT [ʁɔ̃ʁɔnmɑ̃] n. m. — 1873, cit. ; de *ronronner.*

♦ Bruit que fait entendre un chat qui ronronne. — Par analogie :

1   Et, alors, il grattait légèrement son menton, sur la pomme de sa canne, avec un sourd ronronnement de satisfaction. ZOLA, le Ventre de Paris, III, p. 177 (1873).

2   Juliette fait un signe, monte dans la voiture. Le ronronnement, la trépidation l'enveloppent.
                               J. ROMAINS, les Hommes de bonne volonté, t. II, III, p. 27.

RONRONNER [ʁɔ̃ʁɔne] v. intr. — 1853, cit. ; de *ronron.*

♦ **1.** Faire entendre des ronrons. *Chat qui ronronne.*

1 À peine l'eus-je touché *(le chat)*, qu'il se leva subitement, ronronna fortement, se frotta contre ma main, et parut enchanté de mon attention.
BAUDELAIRE, Trad. E. POE, Nouvelles histoires extraordinaires, « Le chat noir » (1853).

Fig. Exprimer par son comportement la béatitude du chat satisfait. *Ronronner de plaisir.*

2 (...) ils se régalaient de potins (...) La dégringolade de la Banban surtout les faisait ronronner la journée entière, comme des matous qu'on caresse. Quelle dèche, quel décatissage, mes amis !   ZOLA, l'Assommoir, t. I, X, p. 144.

♦ **2.** (Déb. xxᵉ ; 1908, Colette). Ronfler sourdement et régulièrement. *Moteur, auto, avion qui ronronne.*

3 On entendait ronronner la machine à coudre (...)   G. DUHAMEL, Salavin, I, XIX.

♦ **3. Fig.** Sembler se complaire dans la routine. « *D'autre part, si la voix du P. S. U. se fait si bien entendre, c'est qu'ailleurs tout se tait. Le parti communiste ronronne, le parti socialiste s'éteint* » (le Nouvel Obs., 8 déc. 1969).

DÉR. Ronronnement.

RONSARDIEN, IENNE [ʀɔ̃saʀdjɛ̃, jɛn] adj. — xxᵉ ; de *Ronsard.*

♦ Qui se rapporte à la veine poétique de Ronsard, ou évoque sa manière. *Poèmes ronsardiens.*

RONSARDISANT [ʀɔ̃saʀdizɑ̃] n. m. et adj. — 1834 ; de *ronsardiser.*

♦ Poète qui écrit à la manière de Ronsard.

Rosette vit alors (...) une gorge ronde, polie, ivoirine, pour parler comme les ronsardisants.   Th. GAUTIER, les Grotesques, *in* D. D. L., II, 14.

RONSARDISER [ʀɔ̃saʀdize] v. intr. — xviiᵉ, Malherbe ; repris 1800 ; de *Ronsard.*

♦ **Hist. littér.** Écrire des vers à la manière de Ronsard (→ Novateur, cit. 5).

Il est vraisemblable qu'après avoir ronsardisé quelque temps, comme il en est convenu plus tard, Malherbe (...) finit par rompre de lui-même avec ses premiers modèles.   SAINTE-BEUVE, Tableau de la poésie franç. au XVIᵉ s., p. 147.

DÉR. Ronsardisant.

RONSARDISME [ʀɔ̃saʀdism] n. m. — 1857 ; du nom de Ronsard.

♦ **Hist. littér.** Imitation de la manière de Ronsard.

RÖNTGEN [ʀœntgɛn] n. m. (et comp. : **RÖNTGENOLOGIE, RÖNTGENTHÉRAPIE**). ⇒ **Rœntgen, rœntgenologie, rœntgenthérapie.**

ROOF [ʀuf] n. m. ⇒ **Rouf.**

ROOKERIE [ʀukʀi] n. f. ⇒ **Roquerie.**

ROQUE [ʀɔk] n. m. — 1859 ; déverbal de *roquer.*

♦ Au jeu d'échecs. Le fait de roquer. *Grand roque ; petit roque.* — On a écrit aussi (VX) *roc* (1875).

HOM. Roc, rock.

ROQUEFORT [ʀɔkfɔʀ] n. m. — 1642, cit. ; de *Roquefort*, nom de lieu.

♦ Fromage fait de lait de brebis et ensemencé d'une moisissure du genre *Penicillium. Roquefort persillé, veiné de bleu. Pégot* qui recouvre le roquefort. Des roqueforts.* ⇒ aussi **Bleu.**

1 *(Un laquais)* Vint sur ses pas me présenter au nez
Un Roquefort, mais des plus raffinez
    SAINT-AMANT, Épître à M. de Melay, *in* Œuvres, p. 249 (*in* D. D. L., II, 7).

2 Les roquefort *(sic)* eux aussi, sous des cloches de cristal, prenaient des mines princières, des faces marbrées et grasses, veinées de bleu et de jaune (...)
    ZOLA, le Ventre de Paris, t. II, V, p. 106.

ROQUELAURE [ʀɔklɔʀ] n. f. — 1752 ; du duc de *Roquelaure.*

♦ **Ancienn.** Manteau demi-ajusté descendant jusqu'aux genoux, et que portaient les hommes sous Louis XIV.

ROQUENTIN [ʀɔkɑ̃tɛ̃] n. m. — 1669 ; « chanteur de chansons satiriques », 1661 ; *vieil roquart* « vieillard usé et décrépit », 1450 ; anglo-normand *rokerel* « vieillard d'un aspect rebutant », v. 1200 ; d'un radical expressif *rokk-* « heurter, craquer, tousser... », dial. *roquer* « tousser ».

♦ **Péj., vx.** Vieillard (surtout s'il s'agit d'un vieillard ridicule qui veut jouer au jeune homme). *Un vieux roquentin.*

1 Tous les vieux roquentins que j'ai vus, dans ma vie, avoir tardivement un enfant,

adoraient leur progéniture, et ils en étaient comiquement fiers comme d'une action d'éclat.
    BARBEY D'AUREVILLY, les Diaboliques, « Le bonheur dans le crime », p. 141.

2 Des morceaux de nudités effrayants et grotesques montraient ce monstre : un minotaure dans un roquentin, — le satyre bourgeois.
    Ed. et J. DE GONCOURT, Manette Salomon, p. 346.

ROQUER [ʀɔke] v. intr. — 1694 ; de *roc,* anc. nom de la tour, arabo-persan *rokh,* littéralt « éléphant monté par des archers ». → Roc.

♦ **1.** Au jeu d'échecs*. Placer l'une de ses tours à côté de la case du roi et faire passer celui-ci de l'autre côté de la tour, lorsqu'il n'y a aucune autre pièce entre eux.

Par métaphore :

Sa place à la droite de Bertille, à table, restait vide : Aubin, qui aurait dû quitter la gauche, n'osait pas roquer.   Hervé BAZIN, Cri de la chouette, p. 204.

REM. On a écrit aussi *rocquer.*

♦ **2.** Au croquet. Placer sa boule au contact de la boule qu'on vient de toucher, de manière à les pousser toutes les deux dans la même direction en frappant un seul coup.

DÉR. Roque.

ROQUERIE [ʀɔkʀi] ou **ROOKERIE** [ʀukʀi] n. f. — 1890 ; de l'angl. *rookery* (1725), de *rook* « oiseau vivant en colonie ».

♦ **Anglic.** (Didact.). Colonie d'oiseaux qui se protègent du froid par leur réunion (régions arctiques et antarctiques). « *Comment le manchot Adélie retrouve-t-il presque infailliblement le chemin qui le ramène, à chaque printemps, à sa rookerie, sa colonie de reproduction ?* » (*Science et Vie,* nº 595, p. 87).

1 Ils filment aussi une roquerie de pingouins papous avec un tas de crevettes abîmées (...) ainsi qu'une roquerie de cormorans (...)
    Yves COUSTEAU, *in* Paris-Match, 13 oct. 1973, p. 79.

Par anal. Lieu de réunion des phoques, des otaries. — Sous la forme *rookerie* :

2 Une rookerie (...) est le lieu choisi par certaines espèces de phoques pour la parturition des femelles. Ils se rassemblent alors par centaines de milliers et passent plusieurs mois sans prendre la moindre nourriture.
    La Science illustrée, 1890, 2ᵉ semestre, p. 365.

3 (...) même si les manchots y semblent installés depuis toujours dans la quiétude de leurs rookeries.   Hervé BAZIN, les Bienheureux de la Désolation, p. 16.

1. ROQUET [ʀɔkɛ] n. m. — 1544 ; du v. dial. *roquer* « craquer, croquer, heurter » ; mot expressif. → Roquentin.

♦ **1.** Petit chien issu du croisement du petit danois et du doguin.

♦ **2.** (1845). Cour. Petit chien hargneux qui aboie pour un rien.

1 (...) depuis la basse ronflante du mâtin de basse-cour jusqu'à l'aigre fausset du roquet (...)   Charles NODIER, Contes, « La fée aux miettes », XII.

1.1 Il y avait des tertres et des monticules, des alignements de villas basses gardées par des roquets.   J.-M. G. LE CLÉZIO, le Déluge, p. 234.

♦ **3.** (1752). Fig. Individu hargneux, envieux et médiocre (→ Gueule, cit. 9, Voltaire).

2 Il faut entendre Huet parler de *la Pucelle* de Chapelain et des *petits* poètes *jaloux* (...) de ces roquets qui ne savent que mordre et qui se sont acharnés à la grave renommée de Chapelain.   SAINTE-BEUVE, les Causeries du lundi, 3 juin 1850.

C'est un vrai roquet, se dit d'une personne hargneuse et peu redoutable.

HOM. 2. Roquet.

2. ROQUET [ʀɔkɛ] n. m. — xiiiᵉ ; var. picarde de *rochet.*

♦ **Vx.** Manteau court de cavalier.

HOM. 1. Roquet.

ROQUETIN [ʀɔktɛ̃] n. m. — 1751 ; dimin. de *roquet* « bobine », du germanique *rukka.* → Rochet.

♦ **Techn.** Petite bobine utilisée pour le dévidage des fils d'argent. — Petite bobine qui reçoit le fil de soie pendant le moulinage.

1. ROQUETTE [ʀɔkɛt] n. f. — 1538 ; anc. ital. *rochetta,* de *ruca* ; lat. *eruca.*

★ **I. Bot.** ou régional. Plante cultivée pour ses feuilles qu'on mange en salade. ⇒ **Cresson.**

★ **II.** (1875). Régional. Perdrix grise d'une variété particulière (ne constitue pas une espèce).

HOM. 2. Roquette.

2. ROQUETTE [ʀɔkɛt] n. f. — 1939 ; francisation de l'angl. *rocket ;* cf. le franç. *roquet* (xviᵉ), *roquette* (1752) « fusée incendiaire » ; d'un rad. germanique *rukka* « grenouille ».

♦ Projectile autopropulsé par fusée, généralement non guidé et mû par une fusée à poudre, utilisé comme arme tactique. ⇒ **Fusée.** *Roquette antichar. Engin servant à lancer les roquettes.* ⇒ **Lance-roquettes.**

Oui, c'est un métier dur *(correspondant de guerre).* Entre deux roquettes, il faut se faire une idée du «coup», écrire son article à chaud, attendre quelquefois six ou huit heures, un télex libre.   Lucien BODARD, *in* l'Express, 7 oct. 1968.

COMP. Lance-roquettes.
HOM. 1. Roquette.

ROQUILLARD [ʀɔkijaʀ] n. m. — 1890 ; de *rocaillard,* de *rocaille.*

♦ **Techn.** Forme d'enroulement sculpté qui caractérise le haut des dossiers de certains sièges.

(...) un homme soucieux et harassé se jeta dans le fond de son fauteuil à roquillards, seul emblème de la dignité patronale dans un petit réduit de la filature.
     J.-R. BLOCH, Et Cⁱᵉ, 1917, p. 433.

1. ROQUILLE [ʀɔkij] n. f. — 1611 ; origine incertaine.

♦ **Anciennt.** Mesure de capacité qui valait à Paris un quart de setier*. *Une roquille de vin.*

HOM. 2. Roquille.

2. ROQUILLE [ʀɔkij] n. f. — 1737 ; *roquilles,* plur., 1765 ; à rapprocher de divers mots dialectaux signifiant «petits débris, rogatons» ; sans doute de *roc,* avec suff. diminutif *-ille,* littéralt «pierraille, petits fragments».

♦ **Vieilli ou rare.** Confiture faite avec de l'écorce d'orange. — On disait aussi *tournures.*

HOM. 1. Roquille.

RORIQUE [ʀɔʀik] adj. — 1877 ; dér. sav. du lat. *ros, roris* «rosée».

♦ **Didact.** De la rosée (attesté dans : *figure rorique,* phénomène électrique consistant dans la production d'une image obtenue en soufflant sur une surface préalablement électrisée).

RORQUAL [ʀɔʀkal] n. m. — 1789 ; Bonnaterre, anc. norv. *raudhhwalr,* de *raudh* «rouge», et *hwalr* «baleine».

♦ Mammifère cétacé de grande taille *(Mysticètes),* appelé aussi *baleinoptère*,* qui vit dans les mers froides. *Rorqual commun. Rorqual bleu. Petit rorqual. Des rorquals.*

RORSCHACH [ʀɔʀʃaʃ ; ʀɔʀʃax] n. m. — 1952, Porot, art. *Tests de personnalité* ; n. propre de Hermann *Rorschach,* psychiatre suisse.

♦ **Psychol., psychiatrie.** (Par abrév.). Test de personnalité reposant sur l'interprétation libre de taches d'encre présentées en dix planches. Syn. : *psychodiagnostic, test de Rorschach. Le Rorschach est la plus utilisée des épreuves projectives.* «(...) malgré la multiplicité et la diversité des recherches dont le Rorschach est l'objet, *"on n'a pas l'impression qu'on ait désigné nommément ce qui en constitue l'essence ni complètement dégagé le sens des réactions" (Lagache)»* (Luccioni, *in* Porot, *Manuel de psychiatrie,* 1975).

ROS [ʀo] n. m. — V. 1155 ; *raus,* 980 ; germanique *raus* ; cf. all. mod. *Rohr* «roseau».

♦ **1. Vx ou dial.** Roseau.

♦ **2.** (1245 ; les dents du peigne ayant d'abord été faites de roseaux). **Vx.** Peigne d'un métier de tisserand. — REM. On écrit aussi *rot* [ʀo] (1679).

J'aimai le calme de cette chambre où chaque boum du ros me remplissait d'une profonde satisfaction. Jamais je n'oublierai la quiétude de cette maison (...)
     Jean-Paul FILION, le Premier Côté du monde, p. 150.

DÉR. Roseau, 2. rosier.
HOM. Rot, rôt.

ROSACE [ʀozas] n. f. — 1546 ; de 1. *rose,* d'après lat. *rosaceus.*

♦ **1.** Figure symétrique faite de courbes inscrites dans un cercle. *Tracer une rosace avec un compas. Branches, lobes d'une rosace. Rosace à cinq branches* (→ aussi Étoile). *La changeante rosace du kaléidoscope* (cit. 2). *La rosace que fait l'aubier du sapin* (→ Malines, cit.), *la fleur du pissenlit* (cit. 1).
Ornement, moulure qui a cette forme. *Plafond à rosace.*
(xxᵉ). Motif de broderie, de dentelle. *Rosace de fil.*

♦ **2.** (1831). Grand vitrail d'église, de cathédrale, de forme circulaire. ⇒ **Rose.** *L'immense rosace centrale de Notre-Dame de Paris* (→ Façade, cit. 3 ; haut, cit. 91).

₁ Oh! les cathédrales avec leurs rosaces toujours épanouies et leurs verrières en fleurs, avec leurs dentelles de granit, avec leurs trèfles découpés à jour (...)
     Th. GAUTIER, Préface de Mˡˡᵉ de Maupin, éd. critique MATORÉ, p. 19.

₂ (...) l'édifice, par ses nefs opposées, représente la croix sur laquelle le Christ est mort ; les rosaces, avec leurs pétales de diamants, figurent la rose éternelle dont toutes les âmes rachetées sont les feuilles.
     TAINE, Philosophie de l'art, t. I, p. 82.

(1907). Ornement doré en forme de rose pour cacher la tête d'un clou.

♦ **3.** Aux échecs, Ensemble des huits cases accessibles en un coup par le cavalier placé au centre de l'échiquier.

ROSACÉ, ÉE [ʀozase] adj. et n. f. — 1694 ; de 1. *rose.*

Qui ressemble à une rose.

★ **I. Bot.** Dont les pétales sont disposés comme ceux d'une rose. *Fleur rosacée.*

ROSACÉES n. f. pl. (1812) : famille de plantes phanérogames angiospermes (dicotylédones dialypétales ; ordre des *rosales*) comprenant des arbres, arbustes ou herbes aux feuilles dentées et stipulées, dont la fleur à cinq pétales porte des étamines nombreuses soudées à la base. *Les types de rosacées diffèrent beaucoup entre eux, notamment par leurs fruits, et servent de modèles pour des séries de tribus affines :* ex. les spirées, les potentillées, les rosées, les sanguisorbées, les prunées, les pirées, les chrysobalanées. *Types principaux de rosacées :* abricotier, aigremoine, alisier, amandier, aubépine, benoîte, cerisier, cognassier, églantier, fraisier, framboisier, icaquier, kerrie, laurier-cerise, merisier, néflier, pêcher, pimprenelle, poirier, pommier, potentille, prunellier, prunier, ronce, rosier, sorbier, spirée, tormentille. — Au sing. *Une rosacée.*

★ **II.** (1932). **Méd.** *Acné rosacée,* ou, n. f., *rosacée :* dermatose du visage caractérisée par des rougeurs, une dilatation des capillaires cutanés et une éruption de papules et de pustules (syn. cour. : *couperose*).

1. ROSAGE [ʀozaʒ] n. m. — 1545 ; lat. médiéval *rosago* ; de 1. *rose.* Vieux ou régional.

♦ **1.** En horticulture, Rhododendron. — Azalée.
Plante des jardins, rhododendron *(Chrysantum)* poussant naturellement dans les Alpes (et en Asie). Syn : *rosagine. Les feuilles de rosage ont des propriétés diurétiques et narcotiques.*

♦ **2. Cour.** Laurier-rose (⇒ **Laurier**).

HOM. 2. Rosage, 3. rosage.

2. ROSAGE [ʀozaʒ] n. m. — 1846 ; de *roser.*

♦ **Techn.** Opération de teinture artisanale par laquelle on ravivait le coton teint à la garance.

HOM. 1. Rosage, 3. rosage.

3. ROSAGE [ʀozaʒ] n. m. — 1923 ; de *rosée.*

♦ **Techn.** Exposition du lin à la rosée pour le rouir. — REM. On dit aussi *rorage* (1812 ; du lat. *ros, roris* «rosée»).

HOM. 1. Rosage, 2. rosage.

ROSAGINE [ʀozaʒin] n. f. ⇒ 1. **Rosage.**

ROSAIRE [ʀozɛʀ] n. m. — 1495 ; du lat. médiéval *rosarium* «guirlande de roses dont on couronnait la Vierge».

♦ Grand chapelet* composé de quinze dizaines d'Ave précédées chacune d'un Pater. *Les perles d'un rosaire* (→ Prune, cit. 1). *Un rosaire à la main* (→ Âtre, cit. 6 ; moine, cit. 3). *Dévider* (cit. 6) *son rosaire. Ordre du Saint-Rosaire.*

₁ De nouveaux pèlerins arrivaient. D'autres s'en allaient joyeux et ceinturés d'un grand rosaire, à grains gros comme des noix.
     APOLLINAIRE, l'Hérésiarque..., p. 160.

(1694). Les prières de ce chapelet. *Dire, réciter son rosaire. Le mois du rosaire :* octobre, mois où l'Église catholique recommande la récitation du rosaire.

₂ On recommença le rosaire à Amboise, on dit le premier chapelet, les cinq mystères joyeux.   ZOLA, Lourdes, p. 271.

ROSALBIN [ʀozalbɛ̃] n. m. — 1828 ; *kakatœ rosalbin,* 1822 ; du lat. mod. *rosalbus,* de *rosa* «rose», et *albus* «blanc».

♦ Cacatoès gris à tête blanche et rose, commun en Australie.

ROSALES [ʀozal] n. f. pl. — Mil. xxᵉ ; bas lat. *rosalis,* de *rosa* «rose», et suff. *-ales.*

♦ **Bot.** Ordre de plantes dicotylédones à fleurs en calices, groupant plus de 2000 espèces. *Les rosacées* sont des *rosales.* — Au sing. *Une rosale.*

1. ROSALIE [ʀɔzali] n. f. — 1791 ; du prénom féminin, pour des raisons obscures .

♦ Coléoptère vivant sur les hêtres, de couleur bleutée et dont les antennes portent des touffes de poils noirs.
HOM. 2. **Rosalie.**

2. ROSALIE [ʀɔzali] n. f. — 1812 ; orig. obscure, p.-ê. à rapprocher de *rosaire.*

♦ Phrase de chant que l'on répète en montant d'un degré à chaque fois.
HOM. 1. **Rosalie.**

ROSANILINE [ʀɔzanilin] n. f. — 1870 ; de 2. *rose,* et *aniline.*

♦ Chim. Alcaloïde ($C_{20}H_{21}N_3O$) dont les dérivés sont des colorants de fibres animales (fuchsine, bleu de Lyon, violet de Paris, etc.).

ROSARIUM [ʀɔzaʀjɔm] n. m. — 1829 ; mot lat., de *rosa* « rose ».

♦ Didact. Espace réservé à la culture des roses.

ROSAT [ʀɔza] adj. invar. — XIIIᵉ ; *eve* (eau) *rosade,* XIIᵉ, attestation isolée ; calque du lat. *rosatum (oleum),* de *rosa.* → Rose.

♦ **1.** Pharm. Se dit de préparations où il entre des roses, et, spécialt, des roses rouges. *Huile, vinaigre* (→ Nager, cit. 7), *miel rosat* (→ Composer, cit. 26).
Cour. *Pommade rosat pour les lèvres.* ⇒ **Cérat.**

♦ **2.** Vx. *Vin rosat.* ⇒ **Rosé.**
Un surtout de vermeil, chargé de fleurs et de fruits, occupait le milieu de la table, couverte de plats d'argent, suivant la vieille mode française (...) des cruches de vin rosat frappé de glace se dressaient de distance en distance (...)
FLAUBERT, l'Éducation sentimentale, II, IV.

ROSÂTRE [ʀɔzɑtʀ] adj. — 1812 ; de 2. *rose,* et *-âtre.*

♦ Qui est d'un rose sale ; peu franc. *Le suif rosâtre des résines* (→ Gemmage, cit.). *Un pâté rosâtre et gras épicé* (cit. 3) *au girofle. Bas rosâtre* (→ Jarretière, cit. 2).
Harnachement et selle rosâtre et or.
E. DELACROIX, Journal, 22 mars 1832, t. I, p. 171.

ROSBIF [ʀɔzbif] n. m. — 1727 ; *roast-beef,* 1803 ; *rôs de bief,* 1698 ; angl. *roast-beef,* de *roast* « rôti », et *beef* « bœuf ».

♦ **1.** Morceau de bœuf rôti (ou à rôtir) généralement coupé dans l'aloyau. *Une tranche de rosbif.* — On a écrit, au XVIIIᵉ et au XIXᵉ siècle, *roast-beef, roastbeef, rostbeef, rochebif.*

1   *Roastbeef* signifie en anglais du *bœuf rôti,* et nos maîtres d'hôtel nous parlent aujourd'hui d'un *roastbeef* de mouton.
VOLTAIRE, Dict. philosophique, « Langues », III.

1.1 L'irlandais Phelem-ghe-madone était surtout une surface et semblait être dans les boxes plutôt pour recevoir que pour rendre. Seulement on sentait qu'il durerait longtemps. Espèce de rostbeef pas assez cuit, difficile à mordre et impossible à manger. Il était ce qu'on appelle, en argot local, de la viande crue, *raw flesh.*
HUGO, l'Homme qui rit, II, I, XII.

2   Hier, chez Peters, on m'apporte un rosbif, dont mes yeux de peintre suspectent le rouge noirâtre, si différent du rouge rose du bœuf. Le garçon ne m'affirme que bien mollement que ce cheval est du bœuf.
Ed. et J. DE GONCOURT, Journal, 1ᵉʳ oct. 1870, t. IV, p. 53.

3   Son déjeuner se composait d'un hors-d'œuvre, d'un poisson bouilli (...) d'un roast-beef écarlate agrémenté de condiments (...)
J. VERNE, le Tour du monde en 80 jours, p. 14.

♦ **2.** (1727 ; *ros de bief,* 1691). Vieilli. Partie de derrière (d'un mouton, d'un chevreuil, etc.) que l'on sert rôtie. *Un rosbif de mouton, de cheval.*

♦ **3.** (XIXᵉ ; de *mangeur de rosbif*). Fam. et vieilli. Anglais.

4   En v'là un système idiot, ronchonnait Croquignol (...) Faut vraiment être loufe comme ces rosbifs d'Angliches pour inventer des fourbis semblables !
L. FORTON, les Aventures des Pieds-Nickelés, *in* l'Épatant, 1909, p. 71.

1. ROSE [ʀoz] n. f. — 1155 ; lat. *rosa.*

A. ♦ **1.** Fleur du rosier, d'une odeur suave, ornementale, dont le type primitif est d'un rouge très pâle (⇒ **Rosier**). — Spécialt. La fleur du rosier horticole, provenant de la transformation des étamines en pétales. *Roses rouges, vermeilles* (→ Fleurir, cit. 2), *roses blanches, jaunes* (→ Bassin, cit. 6). *Roses-thé,* d'un jaune pâle rosé (→ Carmin, cit.). *Rose mousseuse** ou *rose à cent feuilles ; rose de Provins ; rose pompon**. *Rose sauvage.* ⇒ **Églantine.** *Pétales de roses. Les épines** (cit. 11) *de la rose. Rose en bouton, bouton* (cit. 3) *de rose* (→ Neigeux, cit. 1). *Rose fraîche* (1. Frais, cit. 16) *éclose. Rose épanouie* (cit. 23) ; *flétrie, fanée, défeuillée* (cit. 2). *La rose blanche, symbole de la virginité de Marie. Mai, le mois des roses.* « *Une rose d'automne* (cit. 1) *est plus qu'une autre exquise* »

(d'Aubigné). *La culture des roses dans un rosarium**. *Jardin rempli de roses.* ⇒ **Roseraie.** — *Bouquet* (→ Fleuriste, cit. 1), *gerbe* (cit. 4) *de roses. Offrir des roses. Porter une rose à la boutonnière, au corsage, dans les cheveux, au chapeau. Couronne de roses.* — *Odeur de roses* (→ Humer, cit. 7). *Une rose qu'on respire et qu'on jette* (→ 1. Livre, cit. 33, Musset). — Allus. littér. *Mignonne, allons voir si la rose...* (→ Déclos, cit., Ronsard). *Le Roman* de la Rose. La rose de l'Infante,* poème de Hugo *(la Légende des siècles). Le Chevalier à la rose (Der Rosenkavalier),* œuvre lyrique de Richard Strauss. *La guerre des Deux-Roses,* guerre civile pour la possession de la couronne d'Angleterre (1454-1485). — *La rose,* emblème du parti socialiste français.

1   Beaux enfants, vous perdrez la plus
Belle rose de vos (*votre*) chapeau (...)
VILLON, le Testament, « Belle leçon aux enfants perdus ».

2   Comme on voit sur la branche au mois de mai la rose,
En sa belle jeunesse, en sa première fleur,
Rendre le ciel jaloux de sa vive couleur,
Quand l'Aube de ses pleurs au point du jour l'arrose ;
La grâce dans sa feuille, et l'amour se repose,
Embaumant les jardins et les arbres d'odeur ;
Mais battue ou de pluie, ou d'excessive ardeur,
Languissante elle meurt, feuille à feuille déclose.
RONSARD, Second livre des Amours, II, IV.

3   (...) ces dernières roses de l'arrière-saison, dont la vue fait plaisir, mais dont les pétales ont je ne sais quelle froideur, et dont le parfum s'affaiblit.
BALZAC, Eugénie Grandet, Pl., t. III, p. 502.

4   — (...) Vous êtes comme les roses du Bengale, Marianne, sans épine et sans parfum.
A. DE MUSSET, les Caprices de Marianne, II, 4.

5   La rose y abonde (...) Je m'intéresse à son prodigieux, son inépuisable don de métamorphose, qui suit la mode horticole. Dans les jardins de mon enfance on la prisait énorme, et franchement rose. Portant sa tête raide, elle écoutait sans faiblir les longs cantiques du mois de Marie (...)
COLETTE, Prisons et Paradis, p. 121.

6   (...) la rose est, par excellence, la fleur de la volupté, l'emblème cher à Vénus. Ce mois de mai qui lui est consacré est aussi le mois des roses.
Louis BERTRAND, le Livre de la Méditerranée, L'Afrique latine, II.

Par ext. Rosier portant des fleurs. *Champ, broussailles* (→ Fourré, cit. 39), *espalier de roses* (→ Parallèlement, cit. 1). *Greffer* (cit. 2) *une rose sur un églantier.*

*La rose, aromate** utilisé dans diverses préparations. — ... DE ROSE. Essence de roses* (⇒ **Nizeré**). *Huile de roses* (⇒ **Rosat**). *Eau de rose :* essence de roses diluée dans l'eau (→ Parfum, cit. 2). *Ratafia de roses* (⇒ 2. **Rossolis**). *Confiture de roses.*

Loc. *Être frais, fraîche comme une rose :* avoir un teint éblouissant.

7   (...) elle n'était plus d'âge à sortir de son lit fraîche comme une rose et elle avait besoin tous les matins d'être longtemps enfermée en particulier devant que d'être en état de paraître en public.
SCARRON, le Roman comique, II, XVIII.

Loc. prov. *Pas de roses sans épines :* toute joie comporte une peine, toute entreprise présente des difficultés.
Ne pas sentir la rose : sentir mauvais. *Être couché sur un lit** de *roses :* vivre dans la mollesse. *Le pli** d'une rose. —* Fam. (et par antiphrase). *Envoyer qqn sur les roses :* envoyer au diable, rembarrer quelqu'un.

8   Tu iras l'inviter à danser ? Oui. Probable qu'elle m'enverra sur les roses.
J. CAU, la Pitié de Dieu, p. 28.

9   — Vous savez, ne croyez pas que je me jette à la tête de n'importe qui, comme ça... Il y a des tas de types qui me font des propositions. La plupart, je les envoie sur les roses. Vous me croyez ? — Oui.
J.-L. CURTIS, le Roseau pensant, p. 201.

Découvrir le pot aux roses. ⇒ **Pot.** — *Un roman, un film... à l'eau de rose,* conventionnel, sentimental et mièvre. ⇒ **Eau.**

♦ **2.** Par métaphore. 〔a〕 Littér. (En parlant d'une jolie jeune fille). « *Et rose elle a vécu ce que vivent les roses L'espace d'un matin* » (→ Destin, cit. 13, Malherbe). — REM. Selon certains, le manuscrit porterait : « *Et Rosette a vécu ce que vivent les roses* ». — « *La rose à la parfin devient un gratte-cul* » (Ronsard, cit. 2). « *Rose ce soir, demain flétrie* » (1. Flétrir, cit. 21, Musset). — (V. 1460 ; en parlant des plaisirs, et, spécialt, de ceux de l'amour). « *Cueillez dès aujourd'hui* (cit. 1) *les roses de la vie* » (Ronsard). — « *Elle allait moissonnant* (cit. 3) *les roses de la vie* » (Hugo). — (En attribut). *Tout n'est pas rose, roses* (2. Rose, I., 2.). — (1607 ; en parlant de la jeunesse). « *À peine ouverte au jour, ma rose s'est fanée* » (cit. 9, Chénier). *L'holocauste* (cit. 6) *de ses premières roses* (Baudelaire).

〔b〕 (1460). Fam. Virginité. ⇒ **Fleur.** « *Tu n'auras pas ma rose...* » (chanson).

〔c〕 Poét., vieilli. *Un teint de lis** et *de roses,* blanc et rose. *Les roses et les lis* (1. Lis, cit. 7 et 8) *d'une belle.*

〔d〕 *Couleur de rose :* rose (adj.). — (1801). Loc. *Voir tout couleur de rose :* voir tout en rose. ⇒ 2. **Rose** (*supra* cit. 6.1).

10   Que m'importent à moi ces grâces fugitives de la vie que l'âge décolore et détruit, et qui m'effeuillent leurs roses passagères au courant de toutes les brises, et au midi de tous les soleils ? (...)
Charles NODIER, Contes, « Fée aux miettes », XIV.

11   Le temps tuant les plus belles choses
Se plaît à faire un affront,
Et saura faner vos roses
Comme il a ridé mon front.
CORNEILLE, Poésies diverses, 7.

〔e〕 *... DE ROSE.* ⇒ 2. **Rose.** *L'aurore aux doigts de rose* (trad. Homère).
BOIS DE ROSE : bois de placage de couleur rosée utilisé en ébénisterie et en marqueterie, provenant surtout d'un arbre du genre *Dal-*

bergia (palissandres). *Un bonheur du jour en bois de rose* (→ Merveille, cit. 3). Adj. (pour désigner une couleur). *Ensemble bois de rose.*

11.1 (...) les jeunes paysans endimanchés, sans pardessus, le col de leurs vestons bleu roi ou bois de rose relevé (...) Claude SIMON, le Vent, p. 42.

♦ **3.** Imitation, image d'une rose (en décoration). *Rose en papier* (→ Frisotter, cit. 1), *artificielle. Rose en soie, en velours. Jarretières* (cit. 3) *ornées de roses. Mobilier décoré de petites roses* (→ Fourre-tout, cit. 1). — (XIVᵉ). *Rose d'or :* bijou béni par le pape au dimanche de Lætare *(Dominica rosarum),* et offert à un souverain, un prince.

♦ **4.** (Qualifié ; nom courant de quelques autres fleurs). *Rose trémière** (althæa). *Laurier-rose.* ⇒ **Laurier.** *Rose de Noël.* ⇒ **Ellébore** (noir). *Rose d'Inde :* variété d'œillet d'Inde, de grande taille. ⇒ **Tagète.** *Rose de Jéricho :* anastatice. *Rose de serpent :* ellébore fétide. *Rose de Chine :* hibiscus. *Rose de gueldre :* viorne.

B. (Par anal. de forme). ♦ **1.** (1690). Grand vitrail circulaire. ⇒ **Rosace.** *La grande rose de la façade de Notre-Dame* (→ Reluire, cit. 1).

♦ **2.** (1678). ROSE DES VENTS : étoile à 32 divisions (aires du vent), donnant les points cardinaux et collatéraux*, représentée sur le cadran d'une boussole*, sur les cartes marines, etc. *Directions du Nord* (N.), *du Nord-Ouest* (N.-O.), *du Nord-Nord-Ouest* (N.-N.-O.) *et N.-N.-O. 1/4, indiquées par la rose des vents.* ⇒ **2. Quart, rhumb** (→ aussi Atermoyer, cit. 1 ; compas, cit. 4).

12 Sur ce mur fait de vieilles planches, s'étalait la grande rose-des-vents qu'il avait peinte (...) Étoilée de trente-deux pointes, celle-ci faisait rayonner trente-deux vents multicolores entre quatre points cardinaux. Vers le Nord filait une flèche qui, de bas en haut, transperçait la rose. L'empennage marquait le Sud et le fer aigu le Septentrion. À l'Est, riait un soleil rond, à l'Ouest pleurait une lune. H. BOSCO, Un rameau de la nuit, p. 48.

♦ **3.** (1690). *Diamant en rose* ou *rose :* diamant* taillé en facettes par-dessus et plat au-dessous.

♦ **4.** (1923). *Rose de sable, rose des sables :* cristallisation de gypse, en forme de rose, dans le Sahara. — On a désigné ces cristallisations par l'expression *rose du Souf.*

13 Sur la route d'El Oued, nous avons cueilli de ces étranges fleurs minérales qu'on nomme Roses du Souf et qui sont, grises comme le sable, un peu de sable conglutiné. GIDE, Journal, 11 avr. 1896 (Feuilles de route).

DÉR. Rosace, rosacé, 1. **rosage, rosaire,** 2. **rose,** 1. **rosette,** 1. **rosier,** 1. **rosière.**

2. ROSE [ʀoz] adj. et n. m. — V. 1160 ; du précédent.

★ **I.** Adj. (placé après le n.). ♦ **1.** Qui est d'un rouge très pâle, comme la rose. ⇒ **Rhodo-.** *Joues roses* (→ Doré, cit. 2) ; *teint rose* (→ Illuminé, cit. 19) ; *mine* (1. Mine, cit. 16) *fraîche et rose ; chair rose* (→ Fossette, cit. 1). *Un petit enfant rond et rose comme un radis* (→ Emplir, cit. 1). *Ciel rose* (→ Frimaire, cit. 2). *Grès rose* (→ Glissant, cit. 2 ; orangerie, cit. 1). *Chanvre rose* (→ Miel, cit. 3). *Bruyères roses* (→ Lande, cit. 2). *Cochon rose. Faveur* (cit. 21), *chemise, culotte, maillot* (cit. 7), *combinaison rose.* — « *Un point rose qu'on met sur l'i du verbe aimer* » (→ Baiser, cit. 24, Rostand). « *Sur trois marches* (cit. 1) *de marbre* (cit. 2) *rose* », poème de Musset. — *Couleur rose.* ⇒ **1. Rose** (couleur de rose). *Marron* (cit. 6) *rose.* ⇒ **Rosé.** — *Devenir, rendre rose.* ⇒ **Rosir.** *Son visage devenait rose.* ⇒ **Roseur, rosissement.**

1 L'aurore grelottante en robe rose et verte
S'avançait lentement sur la Seine déserte (...)
 BAUDELAIRE, les Fleurs du mal, « Tableaux parisiens », CIII.

(Dans des syntagmes figés, classant le nom). *Radis rose* (→ 2. Pêcher, cit. 11). *Flamant rose* (→ Occasion, cit. 10). *Crevette rose* (→ Nouveau-né, cit. 5).

Eau rose : eau de roses (→ Cassolette, cit. 1).

Bibliothèque Rose : collection de livres pour les enfants (reliés en rose). → aussi 2, ci-dessous.

2 (...) à l'âge où l'adolescence méprise les livres de la Bibliothèque Rose, je pris goût à leur charme enfantin, alors qu'à cette époque je ne me serais voulu lire pour rien au monde. R. RADIGUET, le Diable au corps, p. 13.

Papier rose. Les pages roses (du Petit Larousse), celles qui contiennent les locutions et citations étrangères, latines, grecques ou modernes.

3 Comme quoi la fréquentation des pages roses est souvent plus utile que celle des commissariats de police. René FALLET, le Triporteur, p. 437.

♦ **2.** **a** (Av. 1835, Académie). Fig. De nature sentimentale, agréable ; qui évoque des événements heureux, évite les sujets pénibles (et travestit la réalité). *Un roman rose, une histoire rose. Pièces roses et pièces noires,* de Jean Anouilh.

Loc. *Ce n'est pas rose, ce n'est pas tout rose :* ce n'est pas gai, pas agréable. *La vie n'est pas rose pour elle.* — (1809). *Tout n'est pas rose.* — Fam. *Ne pas l'avoir (tout) rose.*

3.1 Lucien commit la faute de se plaindre. — Ah ! tout n'est pas rose, répondit Finot (...) BALZAC, Illusions perdues, Pl., t. IV, p. 862.

3.2 Elle ne l'avait pas rose non plus : deux filles pas bien fortes, toujours une malade, et le souci de faire avec pas grand'chose. M. AYMÉ, le Passe-Muraille, p. 248.

b Spécialt. *Les ballets* roses.*

♦ **3.** (Par allus. à la *rose,* emblème socialiste et à *rouge,* attaché au

---

communisme, le socialisme étant vu comme un « rouge » atténué ; les connotations entraînées par le sens 2 donnent souvent à cet emploi une valeur ironique). Qui évoque le socialisme. *Le pouvoir rose.*

★ **II.** N. m. Couleur rose (formée de rouge* et de blanc). *Rose indien, vif. Rose pâle, passé, fané, rose tendre. Vieux rose. Rose mauve* (⇒ **Lilas**) ; *rose orangé, saumoné* (⇒ **Saumon**). — Par appos. *Rose clair, rose bonbon, rose saumon.* « *Ce costume, fait en drap rose saumon, est composé d'une jupe ronde et d'un paletot long* » (*la Mode illustrée,* 3 oct. 1909). — Par plais. *Rose fesse* (M. Aymé, le Vin de Paris, p. 165) : rose chair. — (1870). *Être habillé de rose,* d'étoffe rose.

4 La vie rieuse du rose s'épanouissait ensuite : le blanc rose, à peine teinté d'une pointe de laque, neige d'un pied de vierge qui tâte l'eau d'une source ; le rose pâle, plus discret que la blancheur chaude d'un genou entrevu (...) le rose franc, du sang sous le satin, des épaules nues, des hanches nues, tout le nu de la femme, caressé de lumière ; le rose vif, fleurs en boutons de la gorge, fleurs à demi ouvertes des lèvres (...) ZOLA, la Faute de l'abbé Mouret, II, VI.

5 Et les manches étaient doublées d'un rose cerise, qui est si particulièrement vénitien qu'on l'appelle rose Tiepolo. PROUST, le Côté de Guermantes, Pl., t. II, p. 395.

6 Est-ce qu'avec cette aubépine et *(cette)* épine rose s'associa le souvenir de ce fromage à la crème blanc qui, un jour qu'il y avait écrasé des fraises, devint rose, du rose à peu près de l'épine rose, et resta pour lui la chose délicieuse qu'il jouissait le plus à manger (...) PROUST, Jean Santeuil, Pl., p. 331-332.

(1809, *in* D.D.L.). *Voir la vie en rose, voir tout en rose,* du bon côté, avec optimisme (opposé à *noir*).

6.1 Au milieu, l'Empereur, dans une apothéose
Bleue et jaune, s'en va, raide, sur son dada
Flamboyant ; très heureux, — car il voit tout en rose,
Féroce comme Zeus et doux comme un papa (...) RIMBAUD, Poésies, XXI.

7 Tenant à voir la vie en rose dès l'instant de son réveil, Schahnidjar exigeait de Ghîriz une aubade quotidienne destinée à chasser doucement de son cerveau la pâle théorie des beaux songes. Raymond ROUSSEL, Impressions d'Afrique, p. 369.

DÉR. Rosaniline, roselet, roselle, roséole, roser, 2. **rosette, roseur, rosir,** 2. **rosière ; rosâtre ; rosé.**

ROSÉ, ÉE [ʀoze] adj. — V. 1200 ; de 2. *rose.*

♦ **1.** Teinté, légèrement teinté de rose. *Beige rosé, ocre rosé, mauve rosé. Pâleur rosée* (→ Carnation, cit. 3), *teint rosé, bouche rosée* (→ Furtif, cit. 5). — *Vin rosé* (→ ci-dessous, 2.).

♦ **2.** N. m. (XIIIᵉ). *Du rosé, un rosé :* vin rouge clair obtenu par la courte macération des raisins noirs dont la fermentation ne se fait pas complètement (⇒ **Vin** ; cf. Pelure d'oignon). *Rosé de Provence, du Béarn. Un verre de rosé. Le pinot noir d'Alsace est un rosé.*

Fam. *Verre de vin rosé. Boire un petit rosé sur le zinc.*

Adj. (1680). *Vin rosé. Champagne rosé. Vermouth rosé.*

DÉR. V. Roser.
COMP. Rosé-des-prés.
HOM. Rosée.

ROSEAU [ʀozo] n. m. — 1175, var. *roisel ;* de l'anc. franç. *raus, ros,* germanique **raus.*

♦ **1.** Plante aquatique à tige droite et lisse. ⇒ **Massette.** — REM. *Roseau* désigne à la fois les plantes du genre *arundo* (Graminées. → Phragmite ; Matière, cit. 10), et le *typha* (dit *roseau des étangs, de la Passion),* de la famille des *Aracées.* — *Roseaux au bord d'un étang, d'une rivière* (→ 1. Hampe, cit. 5 ; jaseur, cit. 1 ; pélican, cit. ; plage, cit. 4). *La rousserolle, fauvette des roseaux. Moelle* (cit. 9) *de roseau.* — *Claie* (⇒ Grenade, cit. 3), *hutte* (cit. 3), *natte* (→ Jonc, cit. 7), *palissade de roseau. Flûte de roseau,* formée d'un roseau évidé (→ Jouer, cit. 46). ⇒ **Chalumeau, mirliton, pipeau.** *Bâton, canne de roseau. Vannerie* de roseau.* — Allus. bibl. *Le roseau donné comme sceptre à Jésus, par dérision* (→ Couronne, cit. 9).

1 (...) les *arundo donax,* ces immenses roseaux empanachés qui bordent les routes et forment, en été, des rideaux opaques (...) GIDE, Journal, 25 déc. 1943.

2 Le tissu des nids est un objet d'étonnement ; il nous semble que l'oiseau a entrelacé les racines, les roseaux et les crins à la manière d'un vannier. ALAIN, Propos, 8 mai 1923, Le culte des oiseaux.

Roseau des sables : le *psamma arenaria.* — *Roseau dont les Romains se servaient pour écrire* (calamus). ⇒ **Calame.**

♦ **2.** Par métaphore ou par compar. (par allus. à la fragilité du roseau). *Plier* (cit. 6), *briser qqch. comme un roseau* (→ Martyre, cit. 11).

3 Celui qui s'appuie sur un faible roseau ne doit pas s'étonner qu'il se brise et lui perce la main. BEAUMARCHAIS, Mémoires... sur l'affaire Goëzman, p. 68.

Fig. Ce qui est faible*, fragile... *Un roseau fragile* (cit. 1). — Allus. littér. *L'homme est un roseau pensant,* un être faible mais qui domine la matière par la pensée. ⇒ **Homme** (cit. 52, Pascal ; et 55).

(Par allus. à la flexibilité du roseau). *Être souple, plier* (cit. 12) *comme un roseau. Le chêne et le roseau,* fable de La Fontaine (→ Arbre, cit. 7).

4 Au physique, disait M..., homme d'une santé délicate et d'un caractère très fort, je suis le roseau qui plie et ne rompt pas : au moral, je suis, au contraire, le chêne qui rompt et qui ne plie point. CHAMFORT, Caractères et anecdotes, Le chêne et le roseau.

5 (...) opposant cette résistance de roseau faible, qui plie devant le vent qui passe et se redresse après que le vent a passé.   GIDE, Et nunc manet in te, p. 47.

DÉR. Roselier, roselière.

ROSE-CROIX [ʀozkʀwa] n. invar. — 1623; trad. de l'all. *Rosenkreuz*, de 1. *rose*, et *croix*.

♦ **1.** N. f. Confrérie secrète et mystique d'Allemagne, au début du XVIIᵉ siècle. *Les frères de la Rose-Croix.* — N. m. Membre de cette confrérie. *Les rose-croix cherchaient la pierre philosophale* (cit. 2). ⇒ **Alchimiste.**

♦ **2.** Nom donné depuis le XVIIᵉ siècle à certaines sociétés ésotériques, plus ou moins mystiques, se réclamant du symbolisme traditionnel de la rose et de la croix (⇒ **Rosicrucien**).

♦ **3.** N. m. (1829). Titre d'un grade de la franc-maçonnerie, supérieur à celui de maître.

ROSÉ-DES-PRÉS [ʀozedepʀe] n. m. — XXᵉ; de *rosé*, *des*, et *prés*.

♦ Psalliote (champignon comestible) à lames roses. *Des rosés-des-prés.*

ROSÉE [ʀoze] n. f. — 1080, *rusee*; du lat. pop. *rosata*, class. *ros, roris.* → Romarin, rossolis.

♦ **1.** Condensation de la vapeur et dépôt de fines gouttelettes d'eau, sous l'effet du rayonnement de la terre; ces gouttelettes. ⇒ **Aiguail** (régional). *La rosée du matin* (→ poét. Les perles, les larmes, les pleurs de l'aurore*, cit. 11). *Rosée congelée.* ⇒ **Gelée** (blanche), **givre.** *Gouttes* (1. Goutte, cit. 3), *gouttelettes* (cit. 1) *de rosée* (→ Auréole, cit. 2; 2. loupe, cit. 4). *Herbe* (cit. 14) *trempée, humide de rosée. La rosée humectait l'herbe flétrie* (→ Promenade, cit. 1). *La fraîcheur* (cit. 2) *de la rosée. Un étincellement* (cit. 2) *de rosée.* — «*Parmi le thym et la rosée*» (→ Aurore, cit. 17, La Fontaine). «*Les moissons pour mûrir ont besoin de rosée*» (→ 1. Loi, cit. 36, Musset).

1 La rosée était si forte, ce matin-là, que tout de suite les robes furent trempées. Heureusement, il faisait un temps superbe, le soleil les sécha.
          ZOLA, la Terre, IV, IV.

(1690). Par compar. *Tendre comme la rosée, comme rosée* : très tendre, en parlant de la viande, des légumes.

♦ **2.** Phys. Vapeur qui se condense, liquide qui se répand en fines gouttelettes. — Fig. *Une rosée d'émotion* (→ Emperler, cit. 2). → aussi Pourpre, cit. 9.

2 Ainsi l'homme ne va plus sans une tristesse intérieure, qui donne du prix à tout ce qu'il sent comme la rosée des larmes à un merveilleux visage.
          André SUARÈS, Trois hommes, « Dostoievski », IV.

Phys. *Répandre un liquide en rosée.* ⇒ **Irroration;** → Arroser (étym.).

(1933). POINT DE ROSÉE : température à laquelle une vapeur, sous une pression donnée, laisse déposer sa première goutte de liquide (⇒ **Roséoscopie**). *Hygromètre à point de rosée.*

♦ **3.** Fig., poét. Ce qui est répandu comme la rosée sur la terre. «*La rosée du ciel*» (Isaïe, 45, 8).

3 Ta charmante lettre à ma cousine est venue me désabuser; je l'ai lue et baisée avec des larmes d'attendrissement : elle a répandu la fraîcheur d'une douce rosée sur mon cœur séché d'ennuis et flétri de tristesse (...)
          ROUSSEAU, la Nouvelle Héloïse, II, XI.

4 Sire! le sang n'est pas une bonne rosée;
Nulle moisson ne vient sur la Grève arrosée (...)
          HUGO, Marion Delorme, IV, 7.

Rosée du soleil. ⇒ **Rossolis** (plante).

DÉR. 3. Rosage, rosoyer.
COMP. Roséoscopie.
HOM. Rosé, roser.

ROSELET [ʀozlɛ] n. m. — 1758; dimin. de 2. *rose*.

♦ Hermine* (cit. 1) dans son pelage d'été, d'un roux jaunâtre. — (1904). Fourrure rousse d'hermine.

ROSELIER, IÈRE [ʀozəlje, jɛʀ] adj. et n. f. — 1872; de *roseau*.
Régional ou rare.

♦ **1.** Adj. Qui produit des roseaux; où poussent des roseaux. *Marais roselier.*

♦ **2.** N. f. (1802). ROSELIÈRE : lieu où poussent des roseaux.
(...) j'eus l'occasion de retourner dans le marais (...) D'un côté luisait l'eau sombre, de l'autre s'étendaient les roselières massives, où parfois s'enfonçaient d'étroites sentes (...)   Jean JOUBERT, l'Homme de sable, p. 72.

ROSELLE [ʀozɛl] n. f. — 1768; de 2. *rose*.

♦ Régional. Grive* rouge.

ROSÉOLE [ʀozeɔl] n. f. — 1828; de 2. *rose*, d'après *rougeole*.

♦ Éruption de taches rosées non saillantes ou à peine surélevées, qui s'observe dans certaines maladies infectieuses (typhus, syphilis) et certaines intoxications. ⇒ aussi **Exanthème.** *Roséole épidémique.* ⇒ **Rubéole.**

Des têtes mangées par l'eczéma, des fronts couronnés de roséole (...)
          ZOLA, Lourdes, p. 75.

ROSÉOSCOPIE [ʀozeɔskɔpi] n. f. — Mil. XXᵉ; comp. hybride de *rosée*, et *-scopie*.

♦ Didact. Détermination du point de rosée*.

ROSER [ʀoze] v. tr. — 1765; de 2. *rose*, ou de l'adj. *rosé, ée*.

♦ **1.** Techn. Rendre rose; faire le rosage* (2. Rosage) de (qqch.).

♦ **2.** (Av. 1850, Balzac). Donner une teinte rose à (qqch.). ⇒ **Rosir.**

1 Cet être puissant et ingénu, cette nature purpurine et pure comme le sang qui arrose ses belles joues et rosait ses bras, était (...) le croirez-vous? maladroite aux caresses (...)   BARBEY D'AUREVILLY, les Diaboliques, « Le plus bel amour de Don Juan », p. 112.

(Surtout au passif).

2 Le clair soleil faisait reluire les rouges grappes des cerisiers dans les champs. Sabine souriait. Sa figure pâlotte était rosée par l'air vif.
          R. ROLLAND, Jean-Christophe, L'adolescent, II, p. 292.

▶ **SE ROSER** v. pron.

(1833). Prendre une couleur rose.

3 Je lui fis boire plusieurs verres coup sur coup et elle commença à entrer en gaieté; ses joues se rosaient comme de la tisane de champagne.
          Th. GAUTIER, les Jeunes-France, 1833; *in* D. D. L., II, 14.

DÉR. 2. Rosage.
HOM. Rosée.

1. ROSETTE [ʀozɛt] n. f. — 1298; « petite rose », XIIᵉ; dimin. de 1. *rose*.

★ **I.** ♦ **1.** Ornement circulaire, en forme de petite rose (en broderie, orfèvrerie, sculpture...). — Spécialt, techn. (ornements). Plaque ronde au centre de laquelle passe un bouton de porte. — Motif circulaire doré au fer, dans une reliure. — Ouverture au centre de la table d'harmonie d'un instrument à cordes pincées (luth, guitare...). — Fleuron de métal utilisé en coutellerie. — Ornement au centre d'un champignon de porte-manteau.

♦ **2.** Nœud à boucles d'un ruban.

♦ **3.** (Déb. XIXᵉ). Cour. Insigne (formé d'un petit cercle d'étoffe) du grade d'officier dans certains ordres. ⇒ **Décoration.** *Rosette surmontant une croix d'officier. Porter une rosette à sa boutonnière** (→ Fleurir, cit. 5; grasseyer, cit. 3). *Rosette d'officier de la Légion d'honneur.*

1 Son avenir, ses rêves de bonheur, le superlatif de ses espérances, voulez-vous le savoir? c'était d'entrer à l'Institut et d'avoir la rosette des Officiers de la Légion d'Honneur!... avoir une rosette à sa boutonnière! Quel rêve!
          BALZAC, Pierre Grassou, Pl., t. VI, p. 123.

2 Lorsque j'eus appris qu'on appelait les petits nœuds de ruban : des rosettes (quel âge pouvais-je avoir alors? cinq ou six ans...) je m'emparai de quantité de ceux-ci, de celles-ci, dans la corbeille à ouvrage de ma mère, puis, m'étant enfermé dans une chambre à l'abri des regards qui eussent pu gêner le charme, j'en disposai sur le plancher tout un parterre, tout un jardin. N'était-ce pas des fleurs? Le mot le voulait.   GIDE, Journal, 1947, Feuillets d'automne.

Absolt. *Avoir la rosette* : être officier (notamment, de la Légion d'honneur).

♦ **4.** (1727). Techn. Petit cadran portant le réglage de l'avance et du retard, sur une montre.

♦ **5.** (1870). Bot. Disposition circulaire de feuilles nombreuses étalées au sol (ex. : la pâquerette). — (1812). *Feuilles en rosette.*

♦ **6.** (1964). Techn. Milieu de la calotte d'un chapeau lustré.

♦ **7.** (1938; régional). *Rosette de Lyon* : variété de saucisson sec de Lyon.

★ **II.** (1864). Pop. Anus. —*Amateur de rosette* : homosexuel actif. *Chevalier de la rosette* : homosexuel passif.

HOM. 2. Rosette.

2. ROSETTE [ʀozɛt] n. f. — XVIᵉ; de 2. *rose*.

♦ Se dit de certaines matières rosées ou tirant sur le rouge. Spécialt, techn. Cuivre rouge. — Encre rouge faite avec un bois du Brésil. — Craie ou crayon rouge, utilisé en dessin, en peinture.

(...) on lève plusieurs feuilles qu'ils appellent rosettes, dans lesquelles il n'y a que la moitié de cuivre, et qu'on remet ensuite au fourneau pour en ôter tout ce qu'il y a de terrestre (...)   J.-F. REGNARD, Voyage en Laponie, p. 98.

HOM. 1. Rosette.

ROSEUR [ʀozœʀ] n. f. — 1908 ; de 2. *rose.*

♦ Rare. Couleur rose, rosée. *La roseur de la joue* (→ Juvénile, cit. 1).

1   On me disait un nom et je restais stupéfait de penser qu'il s'appliquait à la fois à la blonde valseuse que j'avais connue autrefois et à la lourde dame à cheveux blancs qui passait pesamment près de moi. Avec une certaine roseur de teint, ce nom était peut-être la seule chose qu'il y avait de commun entre ces deux femmes (...)   PROUST, le Temps retrouvé, Pl., t. III, p. 939.

2   La cadette, Émilie, était petite, brune, charnue ; sa figure, encadrée par le voile bleu qui lui allait si bien et qu'elle ne quittait guère, avait une roseur lactée de baby anglais.   MARTIN DU GARD, les Thibault, t. V, p. 59.

ROSICRUCIEN, IENNE [ʀozikʀysjɛ̃, jɛn] adj. — 1907 ; angl. *rosicrucian,* 1624 ; du lat. *(fratres) rosae crucis* «(frères) de la Rose-Croix».

♦ Didact. Relatif à la Rose*-Croix, aux rose-croix. *L'ordre rosicrucien.* — N. *Un rosicrucien.*

1. ROSIER [ʀozje] n. m. — 1175 ; de 1. *rose.*

♦ Arbrisseau épineux *(Rosacées),* portant de belles fleurs odorantes, les roses*. *Variétés de rosiers. Rosier des chiens, rosier sauvage.* ⇒ **Églantier.** *Rosier de France,* qui donne la rose de Provins. *Rosier de Bengale* (semperflorens). *Rosier thé, rosier buissonnant. Rosier blanc,* à fleurs blanches (→ Coton, cit. 2). *Rosier de Perse* (→ Harem, cit. 2). *Rosier grimpant* (→ Hisser, cit. 11). *Rosier nain. Rosier des quatre saisons* (→ Massif, cit. 12). — *Fruit du rosier* (sauvage). ⇒ **Gratte-cul** (cit. 4). — *Insecte parasite du rosier.* ⇒ **Hylotome.** *Galle du rosier.* ⇒ **Bédégar.** *Puceron du rosier.* — *Culture des rosiers.* ⇒ **Roseraie, rosiériste.** *Taille, greffe, bouturage du rosier.* — «*Dans mon jardin, y'a un rosier, Il fleurira au mois de mai...* » (chanson populaire).

(...) un rosier aux profondes roses de pourpre, un autre aux petites roses roses comme des coupes peu creusées, un rosier aux pétales violets et simples comme une fleur d'églantine ! C'était une longue galerie de rosiers dont chacun paraissait le plus beau (...)   PROUST, Jean Santeuil, Pl., p. 473.

DÉR. Roseraie, rosiériste.
HOM. 2. Rosier.

2. ROSIER [ʀozje] n. m. — 1688 ; de *ros.*

♦ Techn. Vx. Fabricant de peignes à tisser (ros*).

HOM. V. 1. **Rosière** (cit. 3 et *supra*), 1. **rosier.**

1. ROSIÈRE [ʀozjɛʀ] n. f. — 1774 ; de 1. *rose.*

♦ **1.** Jeune fille à qui, dans certains villages, on remet solennellement une récompense (autrefois, une couronne de roses) pour sa grande réputation de vertu (→ Gagner, cit. 40). *La rosière de Nanterre. Fête de la rosière.*

1   En France, le mérite et la réputation ne donnent pas plus de droit aux places que le chapeau de rosière ne donne à une villageoise le droit d'être présentée à la cour.   CHAMFORT, Maximes, Philos. et morale, LIV.

2   Si le progrès des lumières, comme on dit, n'avait pas fait supprimer les rosières, cette vieille et honnête coutume de nos aïeux, Margot eût porté les roses blanches, ce qui eût mieux valu qu'un sermon (...)   A. DE MUSSET, Nouvelles, « Margot », II.

Par plais. (au masc. ; 1888). *Le Rosier de Madame Husson,* nouvelle de Maupassant.

3   Certes, Isidore était un cas de vertu exceptionnel, notoire, inattaquable (...) Cependant Mᵐᵉ Husson hésitait encore. L'idée de substituer un rosier à une rosière la troublait, l'inquiétait un peu (...)   MAUPASSANT, le Rosier de Mᵐᵉ Husson.

♦ **2.** Fam., par plais. (vieilli). Jeune fille vertueuse, vierge. ⇒ **Pucelle** (cf. Prix de vertu).

HOM. 2. Rosière.

2. ROSIÈRE [ʀozjɛʀ] n. f. — 1554 ; de 2. *rose.*

♦ Poisson osseux de couleur en partie rosée. ⇒ **Bouvière.**

HOM. 1. Rosière.

ROSIÉRISTE [ʀozjeʀist] n. — 1868 ; de *rosier.*

♦ Horticulteur spécialiste de la culture des rosiers. *Un, une rosiériste.*

ROSIR [ʀoziʀ] v. — 1823, aux sens 1 et 2 ; de 2. *rose.*

♦ **1.** V. intr. Prendre une couleur rose. *Une figure impressionnable* (cit. 2) *qui rosissait et pâlissait. Visage rosissant* (→ Inexhaustible, cit.).

Il avait vu chez la femme la verdeur de la première jeunesse rosir et fondre en un début savoureux de maturité.   J. ROMAINS, les Hommes de bonne volonté, t. II, XIV, p. 151.

♦ **2.** V. tr. Rendre rose. *La vieille ville dont le soleil rosissait les toits* (→ 1. Partir, cit. 5). ⇒ **Roser** (2.).

DÉR. Rosissement.

ROSISSEMENT [ʀozismɑ̃] n. m. — 1894 ; de *rosir.*

♦ Action de rosir (intrans. et trans.). *Un léger rosissement du visage* (→ Épaule, cit. 19).

ROSMARINÉES [ʀosmaʀine] n. f. pl. — D. i. ; du lat. *rosmarinus* (→ Romarin), et suff. bot. *-ées.*

♦ Bot. Tribu de la famille des labiées, caractéristique de la flore méditerranéenne, et dont le type est le romarin. — Au sing. *Une rosmarinée.*

ROSOYANT, ANTE [ʀozwajɑ̃, ɑ̃t] adj. — Déb. XVIIᵉ, Régnier ; p. prés. de *rosoyer.*

♦ Vx. Qui tombe en rosée.

ROSOYER [ʀozwaje] v. intr. — Av. 1589, Baïf ; «être mouillé de rosée», mil. XIVᵉ ; de *rosée,* et *-oyer.* → Poudroyer.

♦ Vx. Tomber sous forme de rosée.

DÉR. V. Rosoyant.

ROSSARD, ARDE [ʀosaʀ, aʀd] adj. et n. — 1844 ; de *rosse.*

A. Vieilli. ♦ **1.** Adj. Fainéant, vaurien. — N. Personne paresseuse.

La vérité, c'est qu'il *(Hurluret)* nageait dans le ravissement de son âme, ayant pour les tire-au-cul, les rossards et les fortes têtes, le vieux faible d'un père pochard auquel les hauts faits d'un fils non moins ivrogne arrachent des pleurs d'attendrissement.   COURTELINE, le Train de 8 h 47, III, I (1888).

♦ **2.** (1904). Rare. Mauvais cheval.

B. N. (1935). Mod. Personne malveillante, médisante. ⇒ **Rosse** (B.). — Adj. *Un critique rossard.*

ROSSE [ʀos] n. f. — 1596 ; *roche,* 1460 ; *ros,* masc., 1165 ; représente, selon Wartburg, l'all. *Ross* «cheval, coursier» avec valeur péj. ; mais cet emprunt est peu vraisemblable au XIIᵉ ; selon Guiraud, p.-ê. du lat. pop. **ruptiare* «rompre», cf. provençal *roussa,* d'où *roussin,* animal de bât à dos «rompu» par les charges.

A. Vieilli. ♦ **1.** Mauvais cheval (→ Efflanqué, cit. 1 ; pareil, cit. 11). *Une vieille rosse.* ⇒ **Carne.**

1   (...) quel cheval ! une misérable rosse qui semblait s'être nourrie, au lieu de foin et d'avoine, avec des cercles de barriques, tant ses côtes étaient saillantes.   Th. GAUTIER, le Capitaine Fracasse, VI.

Par métaphore :

2   J'ai souvent mené en main, avec une bride d'or, de vieilles rosses de souvenirs qui ne pouvaient se tenir debout, et que je prenais pour de jeunes et fringantes espérances.   CHATEAUBRIAND, Mémoires d'outre-tombe, t. III, p. 362.

♦ **2.** (V. 1550). Fig., vieilli. Vieille femme décrépite (cf. Regnard, in Hatzfeld).

B. (1840). Personne dont on subit les méchancetés, la sévérité, la dureté. ⇒ **Carne, chameau, vache.** *Sale rosse ! Vieille rosse ! Ah ! les rosses ! Quelle rosse, ce type, cette bonne femme !*

3   Et ce n'est plus un lapin
Que tu me poses, sale rosse (...)   VERLAINE, Chairs, « Minuit ».

3.1   — Ta rosse de portier ! lança Anatole à Coriolis.
— Je te l'avais bien dit, avant de partir... Il aura laissé avoir froid...   Ed. et J. DE GONCOURT, Manette Salomon, p. 301.

Adj. (1879). Méchant, mordant et généralement injuste. *Vous avez été rosse avec lui.*

4   Je trouve son portrait vigoureux et pas du tout rosse, quoi qu'il en dise.   A. MAUROIS, les Discours du Dr O'Grady, XVI.

Sévère, exigeant, rigide. *Il est rosse, ton prof.* ⇒ **Vache.**

DÉR. Rossard, rosserie.

ROSSÉE [ʀose] n. f. — 1834 ; de *rosser.*

♦ Fam. Volée de coups, correction. *Flanquer une rossée à qqn, recevoir une rossée.* ⇒ 4. **Pile, raclée, trempe ;** et, fam., **dégelée, dérouillée, peignée.**

Vous voyez ces gaillards tout nus descendre les rochers à pic, et nager vers vous (...) Si on ne leur administrait (...) de bonnes rossées, on se trouverait assailli d'une telle quantité qu'il y aurait danger de faire chavirer la cange.   FLAUBERT, Lettre à Louis Bouilhet, 1850, Correspondance, t. I, Pl., p. 604.

ROSSER [ʀose] v. tr. — 1650 ; de l'anc. franç. *roissier* (XIIIᵉ), *roiscer* (XIIᵉ) ; lat. pop. **rustiare,* de **rustia* «gaule, branche», lat. class. *rustum,* sous l'infl. de *rosse* «battre comme une rosse»; mais P. Guiraud postule que *roisser* et *rosser* sont différents, le dernier venant d'un roman **ruptiare*, du lat. *ruptus*, de *rumpere* «rompre», la forme normale étant *rousser* (*ros-* est alors dialectal).

♦ **1.** Battre violemment. ⇒ **Battre, cogner, frapper, frotter, tanner** (→ Caresser, frotter l'échine, donner les étrivières...; et aussi étriller, cit. 4; forcer, cit. 2; galant, cit. 17; lynchage, cit.; railler, cit. 1). *Se faire rosser.*

1   — (...) aidez-moi, mes amis, rossons cette canaille. *(Il tire son épée...).*
                                   A. DE MUSSET, Lorenzaccio, III, 3.

2   Cependant, elle n'était pas toujours maîtresse de la révolte de ses muscles, elle répondait par un soufflet, à la volée; et, alors, il y avait des batailles, Buteau la rossait, tandis que Lise, sous prétexte de les séparer, cognait sur les deux, à grands coups de sabots.   ZOLA, la Terre, IV, II.

3   En passant *(Jean)* bouscula deux élèves qui ne cherchaient qu'une occasion de le rosser. Ils se jetèrent sur lui et le poussèrent à coups de poing hors du collège (...)   PROUST, Jean Santeuil, Pl., p. 256.

♦ **2.** (1690). Fam. Battre, vaincre (dans une bataille). ⇒ **Démolir.** Cf. Voltaire, Courier, *in* Littré.

DÉR. Rossée.

ROSSERIE [ʀɔsʀi] n. f. — 1886; de *rosse.*

♦ **1.** Parole ou action rosse. ⇒ **Méchanceté, vacherie.**

1   Les rosseries surabondent, les injures même, et çà et là des compliments comme des papillons voletant au-dessus d'un tas de fumier, par erreur.
                      J. GREEN, Vers l'invisible 1958-1967, 27 août 1960, p. 222.

♦ **2.** Caractère rosse. *Il est d'une rosserie!*

2   (...) on s'étonnera (...) d'entendre *(le langage)* des comédiens, leur rosserie spéciale envers les camarades, ce qu'ajoutent à l'être humain, quand ils ont passé sur lui, «trente ans de théâtre».   PROUST, le Temps retrouvé, Pl., t. III, p. 1003.

ROSSIGNOL [ʀɔsiɲɔl] n. m. — 1165; anc. provençal *rossinhol*, du lat. pop. **lusciniolus*, class. *lusciniola* (Plaute), dimin. de *luscinia* (cf. les var. *losseignol, lourseignos*, au moyen âge); le *r* vient d'une dissimilation du *l* initial et, selon Bloch, d'une influence de *russus* «roux».

★ **I.** ♦ **1.** Oiseau *(Passereaux; Turdidés)*, de petite taille, au chant varié et harmonieux. *Le rossignol ordinaire niche dans les bosquets, les fourrés.* ⇒ **Philomèle.** *Le chant du rossignol.* ⇒ **Gringotter** (→ Bémol, cit. 1; concert, cit. 20; emplir, cit. 4; étendre, cit. 7; flatter, cit. 6; phrase, cit. 19). «Le rossignol était sans voix» (→ Automne, cit. 3). *Rossignol gorge-bleue.* — *Le lai du rossignol,* de Marie de France.

1   Le rossignol plaça de loin en loin dans la paix inquiète, cet accent solitaire, unique et répété, ce chant des nuits heureuses, sublime expression d'une mélodie primitive; indicible élan d'amours et de douleur; voluptueux comme le besoin qui me consume; simple, mystérieux, immense comme le cœur qui aime.
                      E. DE SENANCOUR, Oberman, LXIII.

2   On entendait un rossignol dans un étroit vallon (...) Je n'ai retrouvé que là cette tristesse mélodieuse dont parlent les poètes anciens, à propos de l'oiseau du printemps.   CHATEAUBRIAND, Mémoires d'outre-tombe, t. V, p. 148.

3   Cet oiseau de belle forme et sans parure, au dos brun, au ventre gris, à l'œil noir, à l'aile traînante un peu, que vous voyez courir sur le sable de l'allée, portant la tête en avant à la manière des merles, et soudain poursuivre, de branche en branche, ses amours élégants, modestes et vifs autant que lui, c'est le rossignol lui-même. Silencieux maintenant ou presque; reconnu pourtant à sa voix forte, brève, un peu rauque.   ALAIN, Propos, 26 juil. 1921, Le rossignol.

(1694). *Une voix de rossignol,* pure et très flexible. *Chanter comme un rossignol.*

Par ext. *Rossignol de muraille.* ⇒ **Rouge-queue.** *Rossignol bâtard.* ⇒ **Pouillot.**

(1611). Par plais. (à cause du braiment). Vx. *Rossignol d'Arcadie :* l'âne.

♦ **2.** (1812). Vx. Petite flûte. — Mar. Sifflet des maîtres d'équipage. — Jeu d'orgue.

★ **II.** ♦ **1.** 1406; p.-ê. par croisement avec un dér. de **ruptiare* «rompre» (P. Guiraud). Instrument pour crocheter les portes. ⇒ **Crochet, passe-partout** (→ Clef, cit. 4). *Rossignol de cambrioleur. Ouvrir une porte, crocheter une serrure à l'aide d'un rossignol.*

4   (...) ce trousseau de clefs informes qu'apportent les serruriers quand on les envoie chercher pour ouvrir une porte, et auxquels les voleurs ont donné le nom de rossignols, sans doute à cause du plaisir qu'ils éprouvent à entendre leur chant nocturne, lorsqu'ils grincent contre le pêne de la serrure.
                DUMAS, le Comte de Monte-Cristo, LXXXII.

♦ **2.** Méd. (Nom donné à cause des cris de douleur que la souffrance provoque). *Rossignol des tanneurs :* «lésions professionnelles (...) siégeant aux doigts et se développant au niveau d'excoriations irritées par le contact des caustiques» (Garnier). ⇒ **Pigeonneau.**

♦ **3.** ⓐ (1835). Fam. Livre invendu, sans valeur (qui reste perché sur les plus hauts casiers comme le rossignol chante sur la plus haute branche).

5   Plus tard Lucien apprit que ce sobriquet de rossignol était donné par les libraires aux ouvrages qui restent perchés sur les casiers dans les profondes solitudes de leurs magasins.   BALZAC, Illusions perdues, Pl., t. IV, p. 639.

6   Puis, la gêne des temps croissant, il arriva à se laisser embaucher par un individu

qui avait eu l'idée de placer en province des livres invendables, des *rossignols* de librairie, avec la prime d'une pendule ou d'un portrait au choix.
           Ed. et J. DE GONCOURT, Manette Salomon, p. 118.

ⓑ (1847). Fam. Objet démodé, marchandise invendable. *Écouler de vieux rossignols en solde.* «Il est pénible de voir combien le public se laisse prendre aisément aux malices de ces liquidations (...) On vend pendant un mois tous les rossignols des maisons en déconfiture» (*le Moniteur de la mode,* 30 sept. 1847).

DÉR. Rossignoler, rossignolet.

ROSSIGNOLADE [ʀɔsiɲɔlad] n. f. — 1837; de *rossignoler.*

♦ Fam. Chant orné de roulades (→ Musique, cit. 20).

1   (...) ce rôle d'*Henriette,* qui était une rossignolade d'ironie enchantée pour mademoiselle Mars.
      BARBEY D'AUREVILLY, Théâtre contemporain, 26 févr. 1868, *in* D.D.L., II, 10.

Péj. Chant orné de trop de fioritures.

2   Ce monotone crescendo que Rossini a mis en vogue (...) enfin ces rossignolades forment une sorte de musique bavarde, caillette, parfumée.
      BALZAC, Gambara, 1837, *in* D.D.L., II, 10.

ROSSIGNOLER [ʀɔsiɲɔle] v. intr. — 1492; *lousegnoler,* v. 1200; de *losignol, rossignol**.

♦ Fam. (Souvent iron.). Imiter le chant du rossignol.

Une femme à laquelle tout obéit chante toujours; aussi Jacquotte riait-elle, rossignolait-elle par les escaliers, toujours fredonnant quand elle ne chantait point, et chantant quand elle ne fredonnait pas.
      BALZAC, le Médecin de campagne, Pl., t. VIII, p. 342.

DÉR. Rossignolade.

ROSSIGNOLET [ʀɔsiɲɔlɛ] n. m. — V. 1240; *russignolet,* v. 1175; de *rossignol.*

♦ Poét. ou par plais. Petit rossignol.

ROSSINANTE [ʀɔsinɑ̃t] n. f. — 1718; *rocinant,* 1633, *in* D.D.L.; altér., d'après *rosse,* de l'esp. *Rocinante,* nom du cheval de Don Quichotte (*Rossinante,* 1614), de *rocin* «roussin».

♦ Vieilli ou littér. Mauvais cheval, maigre et poussif. ⇒ **Rosse.**

(...) et le général de piquer sa mazette qui caracolait comme une bête éreintée, suivie de deux autres Rossinantes glissant sur le pavé et prêtes à tomber sur le nez entre les jambes de leurs cavaliers.
      CHATEAUBRIAND, Mémoires d'outre-tombe, t. V, p. 219.

1. ROSSOLIS [ʀɔsɔli] n. m. — 1669; lat. médiéval *ros solis* «rosée du soleil», par allus. aux poils et aux petites vésicules transparentes de la plante.

♦ Bot. ⇒ **Droséra.**

HOM. 2. Rossolis.

2. ROSSOLIS [ʀɔsɔli] n. m. — XIXᵉ; «liqueur parfumée», 1645; ital. *rosoli,* d'orig. incert., devenu *rosolio* «huile (*oleo*) de rose (*rosa*)».

♦ **1.** Ancienn. Liqueur composée «d'eau-de-vie brûlée, de sucre, de cannelle, et quelquefois parfumée» (Trévoux, 1732). — *Rossolis du roi :* médication de vin d'Espagne, d'eau-de-vie et de diverses infusions dont usait Louis XIV.

♦ **2.** Vx. Ratafia* de roses et de fleurs d'oranger fabriqué surtout en Italie et en Turquie au XIXᵉ siècle.

HOM. 1. Rossolis.

ROSTELLE [ʀɔstɛl] n. f. — 1843; lat. *rostellum,* dimin. de *rostrum.* → Rostre.

♦ Bot. Appendice, saillie en forme de bec. *Certaines fleurs d'orchidées* (dites *rostellées*) *portent des rostelles.*

RÖSTIS ou ROESTIS [ʀøsti] n. m. pl. — 1899; mot all. suisse.

♦ Régional (Suisse). Plat fait de pommes de terre crues ou bouillies, râpées ou coupées en fines tranches et rissolées à la poêle.

Le soir, après le souper, composé de röstis et de café au lait, en été, nous allions à la grange décharger le fourrage quelquefois jusqu'à vingt-trois heures.
      G. VAUCHER-DESCHAMPS, Méandres sauvages, p. 72.

ROSTRAL, ALE, AUX [ʀɔstʀal, o] adj. — 1663; «en forme de bec», v. 1363; de *rostre.*

♦ Antiq. rom. *Colonne rostrale,* ornée d'éperons de navires, et érigée en souvenir d'une victoire navale.

(1690). *Couronne rostrale,* ou *navale,* décernée au soldat qui, le premier, était monté à l'abordage d'un navire ennemi.

ROSTRE [ʀɔstʀ] n. m. — XIVᵉ, repris 1730 ; lat. *rostrum* « bec, éperon ».

♦ **1.** Antiq. rom. **LES ROSTRES** : tribune aux harangues, emplacement orné de colonnes portant les éperons pris aux navires ennemis (volsques). *Les rostres étaient sur le forum**. — (1870). Éperon* des navires de l'antiquité. — (1835). Archit. Ornement en forme de bec, d'éperon.

♦ **2.** (1812). Zool. Prolongement de la carapace thoracique de certains crustacés.

1 Il ne fallut pas cinq minutes pour faire une pêche miraculeuse, car les écrevisses pullulaient dans le creek. De ces crustacés, dont le test présentait une couleur bleu cobalt, et qui portaient un rostre armé d'une petite dent, on remplit un sac (...)
J. VERNE, l'Île mystérieuse, t. I, p. 345.

(1835). Pièce buccale pointue (stylet) de certains insectes (⇒ **Rhynchotes**).

2 Là, au bout de ce vieux cep, une mante verte, toute déployée, darde vers la flamme son grand rostre en dent de scie. J. GIONO, Colline, p. 156.

DÉR. Rostral, rostré.

-ROSTRE Élément, du lat. *rostrum* « bec », entrant dans la composition de mots scientifiques (classant les oiseaux d'après la forme de leur bec). — Ex. (dans la classification, aujourd'hui périmée, de Cuvier) : *brévirostre* : bec court ; *conirostre* : en forme de cône ; *crénirostre* : crénelé ; *cultrirostre* : en couteau ; *cunéirostre* : en coin ; *dentirostre* : à mandibule supérieure échancrée ; *fissirostre* : fendu ; *lamellirostre* : à lamelles ; *latirostre* : large ; *lévirostre* : léger ; *longirostre* : long ; *oncirostre* : crochu ; *planirostre* : aplati ; *plénirostre* : plein, sans échancrure ; *pressirostre* : comprimé ; *serrirostre* : en scie ; *subulirostre* : en alène ; *ténuirostre* : fin ; *térétirostre* : presque cylindrique.

ROSTRÉ, ÉE [ʀɔstʀe] adj. — 1812 ; « pourvu d'un éperon de navire », déb. XVIᵉ ; de *rostre*.

♦ Didact. Vx. En forme de bec.

ROSTRIFÈRE [ʀɔstʀifɛʀ] adj. — Déb. XIXᵉ ; de *rostr(e)*, *-i*, et *-fère*.

♦ Didact. Qui porte un rostre.

ROSTRIFORME [ʀɔstʀifɔʀm] adj. — 1812 ; de *rostr(e)*, *-i*, et *-forme*.

♦ Didact. En forme de bec.

1. ROT [ʀo] n. m. — V. 1560 ; *rouz*, plur., XIIIᵉ ; lat. *ructus* (→ Éructer), altéré en bas lat. en *ruptus* (IVᵉ), par attraction du p. p. de *rumpere* « rompre ».

♦ Vulg. Expulsion plus ou moins bruyante de gaz stomacaux par la bouche. ⇒ **Éructation, renvoi, rototo** (fam.). *Un rot sonore. Faire, lâcher un rot.* ⇒ **Roter.**

Il faut que tu te représentes encore le lecteur douillet qui, le soir, les pieds au feu, avec quelques rots discrets de bonne digestion — une main devant la bouche — s'assimile cette prose. J. ROMAINS, les Hommes de bonne volonté, t. III, II, p. 37.

DÉR. Rototo.
HOM. Rhô, rôt, 3. rot.

2. ROT [ʀɔt] n. m. — 1875, *in* Höfler ; angl. *rot* « pourriture ».

♦ **1.** Agric. Maladie cryptogamique de la vigne, pourriture des grains de raisin due au *Coniothyrium* (Adélomycète). *Rot blanc, ou livide. Rot gris* : mildiou dû au *Plasmopara viticola* (Erisiphales).

♦ **2.** Maladie cryptogamique des pirées et des prunées. *Rot brun*, dû au *Monilia* ou au *Neurospora* (Ascomycète), qui attaque les pommes, les poires et les prunes.

HOM. Rote.

3. ROT [ʀo] n. m. — 1679 ; var. de 2. *ros*.

♦ Techn. Peigne de tisserand. ⇒ 2. **Ros.**

Après avoir traversé les lames, les fils sont reçus deux à deux dans le « rot », composé de lames de roseaux qui forment un peigne et vient appliquer le fil laissé par la navette, appelée duite, contre les autres fils de la trame.
Jacques LOURD, le Lin et l'Industrie linière, p. 16.

HOM. 1. Rot, rôt.

RÔT [ʀo] n. m. — 1636 ; *rost*, v. 1112 ; de *rôtir*.
Vieux ou littéraire.

♦ **1.** Rôti (→ Broche, cit. 3, La Fontaine ; brûler, cit. 19, Molière ; friandise, cit. 1, Marivaux). *Gros rôt, petit, menu rôt.* — Par archaïsme. *Le fumet* (cit. 3, Gide) *du rôt.* — Loc., vx. *Casse à rôt* : lèchefrite.

♦ **2.** Dans l'ordonnance du repas, Le service qui suivait les potages et entrées. — (V. 1398). Par ext. Repas (La Fontaine, *Fables*, I, 9).

♦ **3.** Loc. *Manger son pain à la fumée** (cit. 9) *du rôt.* — (1690). *Être à pot** (cit. 14) *et à rôt avec quelqu'un.*

HOM. Rhô, 1. rot, 3. rot.

ROTA [ʀɔta] ou **ROTA-FROTTEUR** [ʀɔtafʀɔtœʀ] n. m. — 1847 ; de *rota(tion)*, et *frotteur*.

♦ Techn. Filature ancienne. Machine de filature (spécialt, de la laine) employée pour opérer l'étirage avec torsion. *De nos jours, le rota a été remplacé par le* banc à broches.

ROTACÉ, ÉE [ʀɔtase] adj. — 1870 ; du lat. *rota*.

♦ Bot. Qui a la forme d'une roue. *Corolle rotacée*, arrondie et plane.

ROTACTEUR [ʀɔtaktœʀ] n. m. — 1968 ; de *rot(atif)*, et *(cont)acteur*.

♦ Techn. Contacteur à tambour rotatif, utilisé dans les récepteurs de télévision.

ROTANG [ʀɔtɑ̃g] n. m. — 1665 ; *rottang*, 1658 ; *rotan*, 1615 ; mot de Malaisie.

♦ Palmier du genre *Calamus* dont plusieurs espèces sont utilisées (tiges) pour faire des cannes, des fibres à tresser des câbles, des nattes. ⇒ **Rotin.** *Rotang sang-dragon*, dont les stipes fournissent une gomme-résine rouge.

ROTANGLE [ʀɔtɑ̃gl] n. m. ⇒ **Rotengle.**

ROTARIEN, IENNE [ʀɔtaʀjɛ̃, jɛn] n. et adj. — 1922 ; de *Rotary Club*, nom d'une association internationale fondée aux États-Unis en 1905 ; de *rotary* « roue », du lat. *rota*.

♦ Membre de l'association appelée *Rotary* ; relatif à cette association. *Une assemblée rotarienne.*

L'Américain et le rotarien, chacun à sa façon, broyèrent la main de Laurent.
G. CESBRON, Don Juan en automne, p. 254.

ROTARY [ʀɔtaʀi] n. m. — 1931 ; 1928 comme mot angl., *in* Höfler ; mot angl., du lat. *rotarius*, de *rota* « roue ».
Anglicisme, technique.

♦ **1.** Appareil de forage par rotation.

♦ **2.** (1953). Système de téléphone automatique.

ROTATEUR, TRICE [ʀɔtatœʀ, tʀis] adj. — 1611 ; bas lat. *rotator*, de *rotare* « tourner ».

♦ **1.** Rare. Qui fait tourner autour d'un axe. *Force rotatrice.* — Anat. *Muscle rotateur.* N. *Les rotateurs du dos*, qui portent la face antérieure de la vertèbre du côté opposé à la rotation.

♦ **2.** N. m. pl. (1812). Vx. (Zool.). *Les rotateurs.* ⇒ **Rotifères.**

ROTATIF, IVE [ʀɔtatif, iv] adj. — 1838 ; du rad. de *rotation*.

♦ **1.** Qui agit en tournant, par une rotation. *Pompe, foreuse rotative. Machine* (cit. 8) *à vapeur rotative* : turbine. *Lames rotatives d'un rasoir électrique. Héliogravure rotative.*

1 Un troisième copain a procuré une pompe rotative à gros débit branchée sur un moteur, puis une bouteille et une combinaison de plongée pour traquer les entrées d'eau (...) Bernard MOITESSIER, Cap Horn à la voile, p. 84.

2 (...) il passa le rasoir sur ses joues, très lentement, en écoutant le grésillement des poils tranchés par les lames rotatives. J.-M. G. LE CLÉZIO, le Déluge, p. 230.

(1873, cit.). Loc. **PRESSE ROTATIVE.** ⇒ **Rotative.**

3 Ainsi, la presse rotative à clichés cylindriques de Marioni est certainement une œuvre remarquable. L. FIGUIER, l'Année sc. et industr. 1874, p. 486 (1873).

♦ **2.** Qui correspond à une rotation. *Mouvement rotatif.* ⇒ **Rotatoire.** *Moteur à piston rotatif ; moteur rotatif.* N. m. *« Le " rotatif ", triomphe de la logique et de l'élégance mécanique, en face de la cacophonie anarchique des pistons »* (C. Dreyfus, le Nouvel Obs., 1972).

DÉR. Rotative, rotativement.

ROTATION [ʀɔtasjɔ̃] n. f. — 1375, repris fin XVIIᵉ ; lat. *rotatio*, de *rotare* « tourner ».

♦ **1.** Didact. Mouvement d'un corps qui se déplace autour d'un axe (matériel ou non), au cours duquel chaque point du corps se meut avec la même vitesse angulaire. ⇒ **Circumduction, giration ; gyro-.** *Rotation libre ; contrainte* (volant, pendule...). *Amplitude* d'une* *rotation. Axe, axe instantané de rotation. Rotation de la Terre* (→ Aplatir, cit. 2; aplatissement, cit.; ciel, cit. 7; pesanteur, cit. 2). — *Rotation d'une roue, d'un volant. Transmission d'une rotation par un arbre*. Forage, sondage par rotation* (⇒ **Rotary**). *Rotation de la soupape d'un cuiseur à vapeur. Séparation d'éléments de densité différente par rotation* (⇒ **Centrifuger**).

1 Un cercle n'est pas absurde, il s'explique très bien par la rotation d'un segment de droite autour d'une de ses extrémités. SARTRE, la Nausée, p. 164.

Géom. Transformation ponctuelle d'une figure géométrique, telle que tous ses points décrivent des arcs de cercles de même angle au sommet et de même axe.

(1903, *Rev. gén. des sc.*). **Phys.** *Rotation du plan de polarisation,* causée par certains cristaux (quartz), ou liquides placés entre un polarisateur et un analyseur, par certaines substances placées dans un champ magnétique (pouvoir rotatoire magnétique; effet Faraday). *Rotation spécifique :* quotient de l'*angle de rotation* par l'épaisseur et la densité de la substance traversée. *Rotation atomique :* produit de la *rotation spécifique* par le poids atomique (ou moléculaire). — *Spectres de rotation pure, de rotation-vibration :* spectres d'absorption ou d'émission, situés dans la partie infrarouge (ou dans les micro-ondes) et provenant de *rotations pures,* ou de *rotations et de vibrations simultanées* des molécules avec des variations quantifiées d'énergie. — **Télév.** *Commande de rotation de l'énergie.*

2 Rien ne résiste plus alors aux admirables analyses de Fresnel : la rotation du plan de polarisation de la lumière dans les corps doués de pouvoir rotatoire est ramenée par lui à une inégale vitesse de propagation des vibrations circulaires droites et gauches (...) L. DE BROGLIE, Physique et Microphysique, p. 259.

♦ **2. Anat., physiol.** Mouvement autour d'un axe. *Rotation de l'avant-bras, de la main.* ⇒ **Pronation.** *Rotation des vertèbres* (⇒ **Rotateur**).

Cour. Mouvement circulaire. ⇒ **Cercle, tour.** *Exécuter une rotation.* ⇒ **Pivoter, tourner** (→ Palonnier, cit. 3).

3 Du Bousquier frotta son bonnet de coton sur sa tête par un mouvement de rotation d'une énergie brouillonne qui indiquait une prodigieuse fermentation dans ses idées. BALZAC, la Vieille Fille, Pl., t. IV, p. 231.

Sports. En gymnastique, Mouvement du tronc ou d'un membre autour de son axe de longueur, une extrémité restant fixe. — Mouvement qui précède le lancer du disque*, du marteau*, et qui a pour but de donner un élan au corps. — En ski, Mouvement tournant du buste qui assure le pivotement des skis dans le christiania* pur. *Appel et rotation.* — Au volley-ball, Permutation circulaire des six joueurs de l'équipe qui gagne le service.

♦ **3.** (1801). Abstrait. **Techn., cour.** Série périodique d'opérations. — (1801). *Rotation des cultures :* succession de différentes plantes sur un même sol. ⇒ **Assolement.**

(Mil. xxᵉ). Fréquence des voyages effectués en partant d'un même lieu. *Rotation des avions d'une ligne. « La technique du conteneur permet de réaliser d'importantes économies dans la manutention et d'accélérer (...) la rotation des navires »* (*le Monde,* 16 mai 1974).

(1765). *Rotation du stock :* succession des renouvellements d'un stock. ⇒ **Cycle, roulement.** — *Rotation du capital.*

(1964). *Rotation du personnel,* dans une équipe. *Responsabilité exercée par rotation.*

DÉR. Rotationnel.

ROTATIONNEL, ELLE [ʀɔtɑsjɔnɛl] adj. et n. m. — 1949; de *rotation.*

Didactique.

♦ **1.** Adj. Relatif à une rotation. *Énergie rotationnelle des molécules.*

Phys. Se dit d'une onde qui provoque en milieu élastique des variations de forme sans variation de volume. *Une « raie de transition rotationnelle »* (*la Recherche,* juin 1981, p. 736).

♦ **2.** N. m. *Le rotationnel d'un vecteur,* représentant la valeur vitesse que prend un point quelconque dans une rotation, dont les coordonnées sont telles qu'il est double du vecteur rotation.

ROTATIVE [ʀɔtativ] n. f. — Fin xixᵉ; de *(presse) rotative;* de l'adj. *rotatif.*

♦ Presse à imprimer continue, agissant au moyen de cylindres. *Remplacer des presses à retiration par une rotative. Journaux sortant des rotatives. Tirer un livre sur rotative. Faire tourner les rotatives* (⇒ **Rotativiste**). — Abrév. fam. : *roto* [ʀoto], n. féminin.

DÉR. Rotativiste.

ROTATIVEMENT [ʀɔtativmɑ̃] adv. — Mil. xxᵉ; de *rotatif.*

♦ **Didact.** ou **littér.** Par rotation.

Mais avant il fallut que le produit séchât
Et, rotativement, le produit trébucha. R. QUENEAU, le Chant du styrène.

ROTATIVISTE [ʀɔtativist] n. — xxᵉ; de *rotativ(e)* (→ Rotatif), et *-iste.*

♦ **Imprim.** Technicien, technicienne qui conduit une rotative.

ROTATOIRE [ʀɔtatwaʀ] adj. — 1746; du rad. de *rotation.*

♦ **Sc.** Qui constitue une rotation, est caractérisé par une rotation. ⇒ **Rotationnel; rotatif.** *Mouvement rotatoire.* ⇒ **Circulaire.**

— Monsieur, dit Gaudissart en faisant tourner la clef de sa montre à laquelle il ne cessa d'imprimer par distraction un mouvement rotatoire et périodique (...) BALZAC, l'Illustre Gaudissart, Pl., t. IV, p. 32.

Polarisation rotatoire, dispersion rotatoire (naturelle, magnétique). ⇒ **Rotation.** — **Chim.** *Pouvoir rotatoire naturel des substances asymétriques :* pouvoir de faire tourner le plan de polarisation (→ Dissymétrie, cit.). — **Physiol., méd.** *Épreuve rotatoire,* pour mettre en évidence les troubles de l'équilibre.

1. ROTE [ʀɔt] n. f. — V. 1155; germanique *hrotta* (*chrotta* au vⁱᵉ).

♦ **Hist. de la mus.** Instrument de musique médiéval, à cordes pincées.

HOM. 2. Rot, 2. rote.

2. ROTE [ʀɔt] n. f. — 1526; lat. ecclés. *rota* «roue», par allus. au fonctionnement de ce tribunal (examen successif d'une cause par les sections de la rote).

♦ **Relig.** Tribunal ecclésiastique siégeant à Rome. *Auditeur de rote. La rote instruit les demandes d'annulation de mariage.*

HOM. 2. Rot, 1. rote.

ROTENGLE ou ROTANGLE [ʀɔtɑ̃gl] n. m. — 1767; graphie fautive (*u* pris pour *n*), de l'all. *Roteugel* (var. de *Rotauge*), proprt «œil (*Auge*) rouge (*rot*)».

♦ **Zool.** Poisson physostome *(Cyprinidés)* aux yeux et aux nageoires rouges, appelé communément *gardon rouge.*

ROTÉNONE [ʀɔtenɔn] n. f. — 1933; angl. *rotenone;* du japonais *roten,* nom de la plante d'où le produit a été extrait (1902).

♦ **Pharm.** Produit toxique, insecticide, extrait de certaines plantes (légumineuses).

(...) des plantes à roténone, comme les *Derris* (de l'Asie tropicale) dont la roténone contenue dans les racines, toxique pour les animaux à sang froid, est utilisée dans la lutte contre les insectes (...) F. MOREAU, *in* Encycl. Pl., Botanique, p. 1050.

ROTER [ʀɔte] v. intr. — V. 1380; *rutter,* v. 1130; lat. *ructare,* altéré en *ruptare.* → 1. Rot.

♦ **1.** Vulg. Faire un rot, des rots. ⇒ **Éructer** (→ Politesse, cit. 9).

(...) ses dégoûts perpétuels : il ne pouvait manger avec les Turcs parce que les Turcs vous rotent au nez, il n'aimait pas le poulet, il n'aimait pas les œufs, etc. FLAUBERT, Lettre à sa mère, Correspondance, t. I, Pl., p. 740.

♦ **2.** (1914). Fam. *En roter :* supporter des mauvais traitements, des ennuis, un travail pénible... (→ En baver). *Il lui en a fait roter.*

(Fin xixᵉ). Éprouver une admiration éperdue. ⇒ **Béer.** *En roter (d'admiration) pour qqn, pour qqch.*

DÉR. Roteur.

ROTEUR, EUSE [ʀɔtœʀ, øz] n. — 1588; *routeur,* xiiiᵉ; de *roter.* Familier ou populaire.

♦ **1.** Personne qui rote.

♦ **2.** N. f. (1954). Pop. **ROTEUSE :** bouteille de champagne, de vin mousseux.

1 Ayant frappé doucement, Nina la soubrette vient déposer sur le burlingue le plateau du champ' et s'affaire à décapuchonner la roteuse. Albert SIMONIN, Hotu soit qui mal y pense, p. 49.

REM. On trouve un masculin résuffixé *roteux* [ʀɔtø] au sens de «champagne».

2 Encore un verre de champagne, Mohadi? Soudain il le tutoya : Il est bon, ton roteux! Jean LARTÉGUY, les Prétoriens, p. 483.

1. RÔTI [ʀoti; ʀɔti] n. m. — V. 1160; de *rôtir.*

♦ **1.** Vx ou cuis. Viande rôtie (volaille, gigot, etc.).

Loc. fig. (1842; «retarder d'accepter un avantage», 1611). *S'endormir sur le rôti :* négliger son travail, se reposer sur un succès.

♦ **2.** Mod., cour. Morceau de viande de boucherie (bœuf, porc, veau), bardé et ficelé, cuit à sec peu de temps et à feu vif. *Un rôti de bœuf.* ⇒ **Rosbif.** *Tranche de rôti de veau froid.*

1 (Annette) posait sur la table (...) un rôti de bœuf, dont la chair était fine et rosée,

rouge vers le centre, sous une croûte brune et rugueuse. M. Pommerel aimait à découper les rôtis.   J. CHARDONNE, les Destinées sentimentales, p. 37.

♦ **3.** (1671). Vx. Partie du repas où l'on sert les viandes ; ces viandes (*rôtis* proprement dits, grillades, volailles...). ⇒ **Rôt.** *Le rôti chaud et le rôti froid. Un plat de rôti composé de cailles...* (→ Pot-pourri, cit. 1).

2 Le rôti chaud était un filet aux truffes, et le rôti froid, une galantine de pintade à la gelée.   ZOLA, Nana, IV.

HOM. Rôtie.

2. RÔTI, IE [ʀoti ; ʀɔti] adj. ⇒ **Rôtir.**

RÔTIE [ʀoti ; ʀɔti] n. f. — Fin XVIᵉ ; *rostie,* XIIIᵉ ; de *rôtir.*

♦ Vieilli ou régional. Tranche de pain grillée, que l'on mange beurrée..., trempée dans un liquide (→ Cordial, cit. 2), ou que l'on utilise en cuisine (canapés). → Graisse, cit. 12. *Rôtie de pain frottée* (cit. 20) *d'ail. Rôtie garnie de viande hachée.* ⇒ **Rissolette.**

1 Un plat soleil d'été tartinait ses rayons
Sur la plaine séchée ainsi qu'une rôtie.
         VERLAINE, Jadis et Naguère, « À la manière de plusieurs », IV.

2 (...) la bonne lui ayant apporté les rôties, elle les distribuait deux par deux dans les assiettes, puis commençait à y verser dessus le bouillon de la bouillabaisse.
                                                ZOLA, l'Œuvre, p. 252.

REM. Le mot est courant au Québec, où il désigne le pain de mie grillé, appelé *toast* en France, où la tranche de pain (français) grillée est surtout nommée *pain grillé, rôtie* étant archaïque ou régional.

HOM. 1. Rôti.

ROTIFÈRE [ʀɔtifɛʀ] adj. et n. — 1762 ; du lat. *rota* « roue », et *-fère.*
Zoologie.

♦ **1.** Adj. Qui porte un organe rotateur.

♦ **2.** N. m. pl. LES ROTIFÈRES : classe de vers* d'eau douce, microscopiques, dont le corps porte une couronne de cils autour de l'orifice buccal, et dont certaines espèces n'ont que des femelles parthénogénétiques *(Bdelloïdes). Reviviscence des rotifères* (→ Humidifier, cit.). Au sing. *Un rotifère.*

Vite on va chercher de l'eau de neige rouge, on monte un microscope, et nous voilà regardant (...) des rotifères tant que nous voulons. C'est ça une bête curieuse ! Figurez-vous un particulier qui tient deux roues de moulin en perpétuelle activité aux deux coins de la bouche, rien que pour y faire entrer avec plus d'abondance une eau toujours renouvelée (...)
         R. TÖPFFER, Voyages en zig-zag, « Voyage à Venise », 1842, 6ᵉ journée, p. 311.

1. ROTIN [ʀɔtɛ̃] n. m. — 1688 ; de *rotang*, par le hollandais.

♦ **1.** Rotang (palmier).

♦ **2.** Cour. Partie de la tige, des branches du rotang *(Calamus petraeus)* utilisée pour faire des cannes, des meubles... *Chaise, table de rotin* (→ Mobilier, cit. 3). *Cannage en rotin* (⇒ **Canner**).

(...) le vestibule était vaste et glacé, pauvrement meublé de chaises de rotin.
                                                F. MAURIAC, la Province, p. 36.

♦ **3.** (Fin XVIIᵉ). Canne de rotang. ⇒ **Jonc.**

HOM. 2. Rotin.

2. ROTIN [ʀɔtɛ̃] n. m. — 1835 ; orig. incert., p.-ê. de *rot* « (morceau) rompu », du lat. *ruptus.*

♦ Sou (surtout en phrase négative). *N'avoir pas un rotin* (⇒ **Radis, rond**).

1 (...) quand on songe à ce qu'il gagnait à « La Dépêche » avec ses articles impies ; et les quelques rotins que lui verse aujourd'hui « Le Pèlerin » pour ses prônes (...)
                                                GIDE, les Caves du Vatican, I, 8.

2 — Rien ! pas un rotin ! cria-t-il. Si tu veux des robes pour les trois bringues, tu les feras travailler !   M. AYMÉ, Travelingue, p. 126.

HOM. 1. Rotin.

RÔTIR [ʀotiʀ ; ʀɔtiʀ] v. — V. 1160, *rostir* ; p.-ê. francique *raustjan* (cf. all. *rösten,* angl. *to roast*), mais le lat. *rustum* « buisson de ronces (servant à faire le feu) » fournit une autre hypothèse (Guiraud).

★ **I.** V. tr. ♦ **1.** Vx ou cuis. Griller. *Rôtir du pain. Rôtir des tartines* (→ Fourchette, cit. 2). ⇒ **Rôtie.**
Mod., cour. Faire cuire (de la viande) à feu vif, à la broche*, sur le gril* ou au four, sans sauce. ⇒ **Griller, rissoler.** *Rôtir un poulet, une oie, une pièce de bœuf* (⇒ **1. Rôti**). *Instruments utilisés pour rôtir la viande.* ⇒ **Coquille** (à rôtir), **lèchefrite, rôtissoire, tournebroche.** Loc. *Un feu, une cheminée à rôtir un bœuf :* un feu très vif, une grande cheminée.

♦ **2.** Fam. Exposer à une forte chaleur. ⇒ **Griller.** *Rôtir ses jam-*

bes devant le feu. Se rôtir le poil (→ Foyer, cit. 6), *les jambes* (→ Geler, cit. 18). → ci-dessous Se rôtir.

♦ **3.** Loc. fam. *Rôtir le balai.* ⇒ **Balai.**

★ **II.** V. intr. ♦ **1.** (Mil. XVIIᵉ). Cuire, être cuit à feu vif (→ Dinde, cit. 2). — *La poêle où rôtissent des marrons* (1. Marron, cit. 2). *Faire rôtir des châtaignes* (cit. 1).

1 Flamme éternelle,
Où rôtissent en chapelets,
Oisons, canards, dindons, poulets,
Au tournebroche !   NERVAL, Nuits d'octobre, X.

2 L'oie rôtissait devant une coquille placée par terre (...) et la bête était si grosse, qu'il avait fallu l'enfoncer de force dans la rôtissoire. Ce louchon d'Augustine (...) arrosait l'oie gravement avec une cuiller à long manche.
                                        ZOLA, l'Assommoir, VII, t. I, p. 260.

♦ **2.** (1690). Fam. Recevoir une chaleur* très vive, qui incommode. *On rôtit, ici.* ⇒ **Cuire.**

▶ SE RÔTIR v. pron.

Fam. S'exposer (au soleil) de manière à brunir. *Elle passe son temps à se rôtir au soleil et à se baigner.*

▶ RÔTI, IE p. p. adj.

Cuit à feu vif, à la broche, au four (viandes). *Mouton rôti* (→ Diffa, cit.). *Bœuf rôti* (→ Pavé, cit. 8). *Viande mal rôtie* (→ Nectar, cit. 1). ⇒ **Rôt, rôti, rôtie.** Plus cour. *Poulet rôti.*

3 (...) ils ont d'une partie
Sur les charbons fait de la chair rôtie,
Embroché l'autre, et cuite peu à peu,
De tous côtés à la chaleur du feu (...)   RONSARD, la Franciade, I.

Loc. fig. *Il attend que les alouettes* (les cailles, les perdrix) *lui tombent toutes rôties, toutes rôties dans la bouche, dans le bec* (familier).

4 (...) les alouettes ne tombent toutes rôties qu'à ceux qui moissonnent le champ, non à ceux qui l'ont semé (...)
         CHATEAUBRIAND, Mémoires d'outre-tombe, t. V, p. 305.

Par ext. *Herbe rôtie,* desséchée. — *Tons rôtis,* dorés, roux (Gautier, *Souvenirs de théâtre,* p. 293).

DÉR. Rôtissage, rôtisserie, rôtisseur, rôtissoire.

RÔTISSAGE [ʀotisaʒ ; ʀɔtisaʒ] n. m. — 1842 ; « action de griller, torréfaction (de minerais) », 1757 ; de *rôtir.*

♦ Rare. Action de rôtir (1.).

Chouteau (...) revint la pendre *(l'oie)* entre deux baïonnettes, devant le grand feu (...) En dessous, la graisse tombait dans la gamelle de l'escouade. Ce fut le triomphe du rôtissage à la ficelle.   ZOLA, la Débâcle, IV, t. I, p. 91.

RÔTISSERIE [ʀotisʀi ; ʀɔtisʀi] n. f. — V. 1460, *rostisserie* ; de *rôtir.*

♦ **1.** Anciennt. Boutique de rôtisseur, où l'on vendait des viandes rôties et où on les mangeait (→ Fumée, cit. 9). *La Rôtisserie de la Reine Pédauque,* roman d'Anatole France.

La maison avait une façade sur la rue Saint-Jacques, et là s'ouvrait une grande rôtisserie (...) *(Quenu)* s'installait au fond de la boutique, ravi des quatre broches gigantesques qui tournaient avec un bruit doux, devant les hautes flammes claires.
                                        ZOLA, le Ventre de Paris, t. I, p. 66.

♦ **2.** (V. 1930). Mod. (repris comme *auberge, hostellerie,* etc.), surtout dans des noms d'établissements, des enseignes. Restaurant spécialisé dans les viandes, les volailles rôties. ⇒ **Grillerie.** *Elle nous invite à la Rôtisserie du Vert-Galant.*

RÔTISSEUR, EUSE [ʀotisœʀ, øz ; ʀɔtisœʀ, øz] n. — 1396, *rostisseur* ; de *rôtir.*

♦ **1.** Personne qui prépare et qui vend des viandes rôties. *Marchand de volailles rôtisseur.*

(XXᵉ). Spécialt. Restaurateur qui prépare et sert des viandes rôties, des grillades (⇒ **Rôtisserie**).

♦ **2.** Personne qui sait faire rôtir les viandes. *« On devient cuisinier, mais on naît rôtisseur »* (Brillat-Savarin, *Aphorismes,* XIV). Au fém. *« Flore, née friturière et rôtisseuse... »* (Balzac, *la Rabouilleuse,* Œ., t. III, p. 977).

RÔTISSOIRE [ʀotiswaʀ ; ʀɔtiswaʀ] n. f. — 1765 ; *roustissoire,* 1462 ; *rostissoir,* n. m., 1390 ; de *rôtir.*

♦ Ustensile de cuisine qui sert à faire rôtir la viande, d'abord broche (cit. 4) et tournebroche, coquille et lèchefrite ; puis sorte de four muni d'une broche tournante. *Rôtissoire électrique, à rayons infrarouges.*

(...) il avait construit de ses mains une rôtissoire en fer-blanc, et faisait rôtir la bécasse devant un feu de bois clair et flambant, ayant l'art de la faire *couler* dans le canapé, et soutenant qu'il n'y avait pas, dans le monde, un rôtisseur de bécasses comme lui.   Ed. et J. DE GONCOURT, Journal, 2 avr. 1894, t. IX, p. 154.

ROTO [ʀoto] n. f. — XXᵉ (*in* Larousse, 1923) ; abrév. de *rotative,* suffixé en *-o.*

◆ Fam. **Rotative.** — *Tirer un livre en roto,* sur une rotative. — Ouvrage exécuté sur presse rotative. *C'est de la roto ou de l'à-plat?*

ROTOGRAVURE [ʀɔtɔgʀavyʀ] n. f. — 1914; de *roto-,* du lat. *rotare,* et *gravure.*

◆ Techn. Procédé d'héliogravure sur cylindre, permettant le tirage sur rotative.

ROTON [ʀɔtɔ̃] n. m. — 1971, *la Recherche;* du lat. *rotare* «tourner», et suff. *-on,* de *proton, neutron,* etc.

◆ Phys. Excitation thermique élémentaire quantifiée (associée à une quantité de mouvement et à une énergie et donc assimilée à une particule; on parle de *quasi-particule*) correspondant à un atome en rotation. Selon Landau *«(...) les niveaux excités (...) supérieurs pouvaient être associés à la rotation d'un petit nombre d'atomes, qu'il appela "rotons"»* (*la Recherche,* févr. 1971, p. 146). *« L'émission élastique d'un atome par un "roton" à la surface de l'hélium-4 superfluide»* (*la Recherche,* févr. 1978, p. 45).

HOM. Rotond.

ROTOND, ONDE [ʀɔtɔ̃, ɔ̃d] adj. — Mil. XIXᵉ, Baudelaire; lat. *rotundus.*

◆ Littér. (latinisme). Rond.

HOM. Roton.

ROTONDE [ʀɔtɔ̃d] n. f. — 1488, «saincte Marie la rotonde», l'ancien Panthéon à Rome; ital. *Rotonda,* n. propre, du lat. *rotunda,* fém. de *rotundus* «rond».

◆ **1.** Édifice circulaire. (1835). Spécialt. Pavillon circulaire à dôme et à colonnes. *La rotonde du parc Monceau, à Paris. Coupole d'une rotonde.*

1 Au milieu d'un jardin d'où se découvrent de délicieux aspects, se trouve une immense rotonde ouverte de toutes parts dont le dome aussi léger que vaste est soutenu par d'élégants piliers. Ce dais champêtre protège une salle de danse. BALZAC, le Bal de Sceaux, Pl., t. I, p. 95.

(1875). Techn. Hangar circulaire ou demi-circulaire où se garent les locomotives sur des voies en éventail, au centre desquelles se trouve un pont tournant.

◆ **2.** Emplacement de forme ronde. — Spécialt (aux courses). Emplacement où se tenaient les parieurs.

2 Une rotonde s'ouvrait, entre des pelouses bordées de jeunes marronniers; et là, formant un vaste cercle, abrités sous les feuilles d'un vert tendre, une ligne serrée de bookmakers attendaient les parieurs (...) ZOLA, Nana, XI.

◆ **3.** (1836). Anciennt. Compartiment arrière d'une diligence (cit. 9).

◆ **4.** (Av. 1613). Anciennt. Fraise ronde, collet rond.

3 (...) des seigneurs en simarre de velours, la tête posée sur des rotondes roides d'empois comme des chefs de saint Jean-Baptiste sur des plats d'argent (...) Th. GAUTIER, le Capitaine Fracasse, I.

(Attesté 1875). Ample manteau de cavalier, taillé en rond.

◆ **5.** Pop. Crâne.

4 Il masse sa rotonde ivoirine en laissant sur son crâne poli une traînée d'encre du plus bel effet. SAN-ANTONIO, le Secret de Polichinelle, 1958, p. 27.

ROTONDITÉ [ʀɔtɔ̃dite] n. f. — 1314; lat. *rotunditas;* de *rotundus.* → Rond.

◆ **1.** Caractère de ce qui est rond, et, spécialt, sphérique. ⇒ **Sphéricité.**

1 Je n'ai jamais conçu, comme ce soir, la rotondité de la terre. Me comprends-tu? La terre toute ronde, toute fraîche, et nous deux qui tournons autour par une route unie entre les arbres (...) J. ROMAINS, les Copains, III.

◆ **2.** (1696). Fam. Rondeur d'une personne assez grasse. ⇒ **Embonpoint.**

Au plur. (par plais.). Formes pleines et rondes d'un corps de femme. *Elle exhibait des rotondités qui eussent enchanté Maillol.* ⇒ **Rondeur.** — Spécialt. Les fesses. Aussi au singulier:

2 Quand l'épousée
Les yeux baissés
D'une voix solennell'
S'apprêtait à
Dire oui da
Par devant l'Éternel
Voilà mechef
Que derechef
Vous osâtes porter
Votre fichue
Patte crochue
Sur sa rotondité. G. BRASSENS, «Tonton Nestor».

ROTOPLOS [ʀɔtɔplo; ʀɔtɔplo] n. m. pl. — 1935, *rotoplots,* altér. de *rotoneaux,* 1867, Delvau; dér. pop. de *rotond* «arrondi», cf. *ronde-*

lets, rondins, in Larchey, 1878; l'élément final *-plo, -plot,* est p.-ê. dû à l'infl. de *plot,* par l'idée de rondeur, ou de *pelote.*

◆ Fam. Seins. — REM. Nombreuses var., graphique *(rotoplot)* et morphologiques: *roploplo* [ʀɔploplo] (San-Antonio), *rototo* [ʀɔtoto] (Céline, *Mort à crédit, in* Cellard et Rey) — par redoublement de l'un des deux éléments —, *ronplonplon* [ʀɔ̃plɔ̃plɔ̃] (par nasalisation).

Dès qu'il y a du soleil, même les moches deviennent jolies, observa le grand David. Vise celle-là, tu as vu ses ronplonplons? Robert SABATIER, les Fillettes chantantes, p. 40.

ROTOR [ʀɔtɔʀ] n. m. — 1901, *Année sc. et industr.* 1902, p. 285-286; *rotor-stator, ibid.;* contraction du lat. *rotator,* de *rotare.*

◆ **1.** Électr. Nom donné à la partie mobile (opposé à *stator*) dans un mécanisme rotatif (turbine, compresseur, alternateur). *Le rotor d'un moteur électrique. À deux rotors.* ⇒ **Birotor.**

(...) plus la turbine tourne vite, plus la turbulence de l'huile autour du rotor et de l'eau autour du carter s'accroît, activant les échanges thermiques entre le rotor et l'eau. Gilbert SIMONDON, Du mode d'existence des objets techniques, p. 57.

Pièce en demi-cercle qui assure le remontage des montres automatiques par les mouvements du poignet (syn.: *masse oscillante*).

◆ **2.** (1949; 1933, selon Höfler). Voilure tournante, assurant la sustentation des autogires ou la sustentation et la propulsion des hélicoptères (cit. 1).

DÉR. Rotorique.
COMP. Birotor.

ROTORIQUE [ʀɔtɔʀik] adj. — Mil. XXᵉ; de *rotor.*

◆ Du rotor (d'un générateur, d'un moteur électrique).

ROTOTO [ʀɔtoto; ʀɔtoto] n. m. — XXᵉ; réduplication enfantine de 1. *Rot.*

◆ Fam. Rot par lequel le bébé rejette l'air dégluti pendant la tétée. — Rot.

1 — Je fais des rototos! mes loyaux sujets! remarqua le roi non sans illustrer son assertion d'un écho truculent et caverneux jailli du ventre (...) Tu ne ris pas de mes rots!? s'étonna le roi en regardant William. Patrick GRAINVILLE, les Flamboyants, 1976, p. 207.

2 Alors, intervint belle-maman, on a fait son petit rototo? Oh! oui, l'était un zoli rototo. Jean DUCHÉ, Trois sans toit, p. 84.

ROTROUENGE [ʀɔtʀuɑ̃ʒ] n. f. — XIIᵉ, *retroänge, retrowange, rotruange;* repris au XIXᵉ avec la graphie actuelle; probablt de *retrover* «répéter» ou de *retro,* adv., indiquant le retour du refrain.

◆ Hist. littér. Poème du moyen âge, composé de plusieurs strophes et terminé par un refrain.

On écrit aussi *rotruenge.*

Vous qui filez nos jours... C'est une rotruenge...
Vous qui filez... le nom ne semble-t-il étrange?
Vous qui filez... Poisson, de grâce, écoute-moi,
C'est pour avoir l'honneur de danser devant toi. Germain NOUVEAU, le Maron travesti, Pl., p. 744.

ROTULE [ʀɔtyl] n. f. — 1487; lat. *rotula,* de *rota* «roue».

◆ **1.** Os plat triangulaire, légèrement bombé, situé à la face antérieure du genou, entre le tendon du muscle quadriceps de la cuisse (en haut), et le ligament rotulien qui l'attache au tibia (en bas). *Fracture de la rotule. Rotules saillantes, noueuses* (cit. 1).

Elle se sentait les jambes à la fois molles et légères, avec un froid dans les os descendant de la rotule au bout de l'orteil. Ed. et J. DE GONCOURT, Sœur Philomène, p. 101.

Loc. fam. *Être sur les rotules,* sur les genoux* (fig.), très fatigué.

◆ **2.** (1875). Techn. Articulation formée d'une pièce sphérique pouvant tourner dans un logement creux. *Lampe orientable montée sur rotule. Changement de vitesse à rotule.*

DÉR. Rotulien.

ROTULIEN, IENNE [ʀɔtyljɛ̃, jɛn] adj. — 1843; de *rotule.*

◆ Relatif à la rotule, de la rotule. *Ligament rotulien,* qui attache la rotule au tibia. *Choc rotulien,* dans l'hydarthrose du genou. — (1964). *Réflexe rotulien,* obtenu en frappant la rotule (extension de la jambe sur la cuisse).

ROTURE [ʀɔtyʀ] n. f. — XVᵉ, *routure;* lat. *ruptura* «rupture», en lat. pop. «terre défrichée (rompue)», par ext. «redevance due au seigneur pour une terre à défricher; terre soumise à redevance», d'où «propriété non noble».

Didactique ou littéraire.

◆ **1.** Hist. État d'une terre, d'un héritage qui n'est pas noble. *« Lorsqu'un fief tombe en roture... »* (P.-L. Courier, *Lettres*).

♦ **2.** (1549). Condition d'une personne qui n'est pas noble. *Ne pas chercher à cacher sa roture.*

Par métaphore. *« Une marque de roture intellectuelle »* (Proust). ⇒ **Banalité, vulgarité.**

♦ **3.** La classe des roturiers. *Noblesse* (cit. 19) *et roture* (→ Recruter, cit. 6). ⇒ **Peuple.** *Être né dans la roture.*

Fauchelevent était (...) de cette espèce que le vocabulaire impertinent et léger du dernier siècle qualifiait : *demi-bourgeois, demi-manant ;* et que les métaphores tombant du château sur la chaumière étiquetaient dans le casier de la roture *un peu rustre, un peu citadin ; poivre et sel.*   HUGO, les Misérables, II, VIII, I.

CONTR. Noblesse.

ROTURIER, IÈRE [ʀɔtyʀje, jɛʀ] adj. et n. — 1306 ; lat. pop. *rupturarius,* de *ruptura.* → Roture.

Didactique ou littéraire.

♦ **1.** Adj. et n. Qui n'est pas noble, qui est de condition inférieure, dans la société féodale et sous l'Ancien Régime. ⇒ **Manant, serf, vilain ; plébéien.** *Les roturiers* (⇒ **Roture**).

1   Il y a des gens qui n'ont pas le moyen d'être nobles (...) Quelques autres se couchent roturiers et se lèvent nobles. Combien de nobles dont le père et les aînés sont roturiers !   LA BRUYÈRE, les Caractères, XIV, 1.

1.1 Mon Fils, nous sommes aujourd'hui Roturiers, et je m'en félicite sincèrement. Le Roturier est l'Homme par excellence : c'est lui qui paie les impôts ; qui travaille, ensemence, récolte, commerce, bâtit, fabrique.   RESTIF DE LA BRETONNE, la Vie de mon père, p. 112.

Par ext. *Biens roturiers.*

2   Tantôt il a été protégé par le maintien des États provinciaux et par l'incorporation de la noblesse à la terre : en Languedoc et en Bretagne, les biens roturiers payent seuls la taille.   TAINE, les Origines de la France contemporaine, I, t. I, p. 26.

♦ **2.** Adj. (XVe). Qui manque de distinction. *Des manières roturières.*

3   Champcenais, qui est, plus ou moins, un aristocrate de naissance, a une façon bien plus roturière de se colleter avec les soucis quotidiens. Même son offensive envers Gurau manque d'élégance.   J. ROMAINS, les Hommes de bonne volonté, t. II, XIV, p. 153.

CONTR. Aristocrate, aristocratique.
DÉR. Roturièrement.

ROTURIÈREMENT [ʀɔtyʀjɛʀmɑ̃] adv. — 1573 ; « d'après les lois et coutumes qui régissent la roture », 1411 ; de *roturier.*

♦ Rare. Comme un roturier.

CONTR. Aristocratiquement.

ROUABLE [ʀwabl] n. m. — XIIIe, *roable ;* lat. *rutabulum.* → Râble.

Technique.

♦ **1.** Perche à crochet dont le boulanger se sert pour tirer la braise du four.

♦ **2.** (1721). Râteau sans dents (⇒ **Râteau,** 3.) servant à ramasser le sel dans les salines.

ROUAGE [ʀwaʒ] n. m. — V. 1268 ; *roage,* 1147 ; de *roue.*

♦ **1.** (V. 1536). Vx. Ensemble des roues (d'une voiture). — (1723). *Bois de rouage,* à faire des roues.

♦ **2.** Vx. (Sing. collectif). *Le rouage :* l'ensemble des roues (d'une machine).

(1578). Générolt au plur. Chacune des pièces d'un mécanisme d'horlogerie ou d'un mécanisme de ce type (→ Engrenage). *Rouages d'une montre, d'une horloge* (cit. 13 ; et → Évider, cit. 1). *Graisser, huiler* (cit. 7, par métaphore), *lubrifier les rouages d'une machine. Rouages d'un mécanisme compliqué* (→ Briser, cit. 3).

1   (...) les taraudeuses, manœuvrées par des femmes, taraudant les boulons et leurs écrous, avec le tic-tac de leurs rouages d'acier luisant sous la graisse des huiles.   ZOLA, l'Assommoir, VI, t. I, p. 220.

♦ **3.** (Av. 1778). Par métaphore ou fig. Chaque partie essentielle d'une chose qui fonctionne. *Les rouages de la machine* (cit. 39) *sociale, économique* (→ Engrener, cit. 3), *d'une mécanique...* (→ Centre, cit. 9). *Rouages de l'organisme mental* (→ Démonter, cit. 10), *de l'appareil d'un parti* (→ Outil, cit. 6). *Rouage mieux engrené* (→ Perfectibilité, cit. 2). *Rouages de l'État* (→ Démocratique, cit. 2), *de l'administration, des affaires européennes* (→ Moralisme, cit. 2), *de la pensée* (→ Pyrrhonisme, cit. 3)... *Être un rouage parmi d'autres rouages* (→ Agréger, cit. 4). *Mettre de l'huile* dans les rouages.

2   Être chez vous un rouage indispensable, me savoir utile à votre luxe, à votre bien-être, fut une source de jouissances (...)   BALZAC, la Fausse Maîtresse, Pl., t. II, p. 55.

3   Ainsi tous ont la main sur quelque rouage social, grand ou petit, principal ou accessoire, ce qui leur donne le sérieux, la prévoyance et le bon sens.   TAINE, les Origines de la France contemporaine, I, t. II, p. 119.

4   Une hiérarchie administrative qui, depuis les cadets nobles élevés à la cour en vue du service public jusqu'aux plus hauts seigneurs, « commensaux » et « parents du

---

roi », assignait à chacun sa place exacte. Tel était ce système qui imposait à tous d'être un rouage d'une mécanique géante.   DANIEL-ROPS, le Peuple de la Bible, IV, II.

ROUAN, ANNE [ʀwɑ̃, an] adj. — 1340 ; esp. *roano,* rad. lat. *ravidus* « gris tirant sur le jaune ».

♦ Techn. (hippol.). Se dit d'un cheval aubère*, avec les crins et les poils des extrémités noirs. *Cheval rouan. Jument rouanne.* — N. *Un rouan, une rouanne.*

ROUANNE [ʀwan] n. f. — 1680 ; *roisne* « tarière », XIIIe ; lat. pop. **rucina,* class. *runcina,* grec *rhukanê* « rabot ».

Technique.

♦ **1.** (Déb. XVe, *roynne*). Compas muni d'une branche tranchante, dont les agents des contributions indirectes se servent pour marquer les tonneaux.

♦ **2.** Tarière de charpentier, à longue tige.

♦ **3.** (1904). Outil (de sabotier, de tonnelier) servant à dégrossir et creuser le bois.

DÉR. Rouannette.
HOM. Fém. de rouan.

ROUANNETTE [ʀwanɛt] n. f. — 1642 ; *royenette,* XIIIe ; de *rouanne.*

♦ Techn. Petite rouanne (3.).

ROUBIGNOLLE ou ROUBIGNOLE [ʀubiɲɔl] n. f. — 1862 ; var. *robignole,* 1836, « boule de liège servant à un jeu » ; provençal *roubignoli* « testicules », de *robin,* surnom du *bélier ;* cf. *Robiner, roubiner* « saillir la femelle, en parlant du bélier ».

♦ Vulg. (rare au sing.). Testicule. ⇒ **Roupette ; rouston.** *Il a reçu un coup dans les roubignoles.*

Un étrange spectacle s'offrait aux poulets. Les hommes, baissés pour enfiler leurs chaussettes, exposaient leurs sombres roubignolles sous une lumière incidente et blafarde (...)   Martin ROLLAND, la Rouquine, 1976, p. 136.

ROUBLARD, ARDE [ʀublaʀ, aʀd] adj. — 1864 ; « sans valeur », 1835 ; p.-ê. de l'argot *roublion* « feu », ital. *robbio* « rouge » ; pour Guiraud, il s'agirait d'un dér. argotique de *râbler* « ramasser (avec un râble) », lat. *rutabalum,* d'où *roublard* « râclé, misérable », et le *roublard* moderne, actif « celui qui râcle ».

♦ Fam. Qui fait preuve d'astuce et de ruse dans la défense de ses intérêts. ⇒ **Astucieux, débrouillard, habile, malin, rusé** (→ Direct, cit. 2 ; ligue, cit. 7). *Un type très roublard. Il est trop roublard pour se laisser prendre* (→ Habile, cit. 11).
N. (→ Habile, cit. 11). *Vieux roublard* (→ Blaguer, cit. 2). *Petite roublarde !*

(...) ce grotesque filou n'abdiquait aucune de ses anciennes prétentions, et on retrouvait toujours en lui le désopilant roublard qui (proposa) de se convertir publiquement au catholicisme, si on le faisait marquis.   Léon BLOY, le Désespéré, 1886, p. 127.

DÉR. Roublarder, roublardise.

ROUBLARDER [ʀublaʀde] v. intr. — 1875 ; de *roublard.*

♦ Rare. Agir en roublard.

ROUBLARDISE [ʀublaʀdiz] n. f. — 1877 ; de *roublard.*

Familier.

♦ **1.** Caractère, conduite de roublard. ⇒ **Matoiserie, rouerie.**

À trois reprises, il avait empêché des brouilles entre les Coupeau et les Poisson. Le bon accord des deux ménages entrait dans son contentement (...) Lui, régnant sur la blonde et sur la brune, avec une tranquillité de pacha, s'engraissait de sa roublardise.   ZOLA, l'Assommoir, X, t. II, p. 113.

♦ **2.** *(Une, des roublardises).* Action, façon d'agir de roublard. ⇒ **Astuce, ruse.**

ROUBLE [ʀubl] n. m. — 1606 ; du russe *ruble.*

♦ Unité monétaire de la Russie, puis de l'Union soviétique (→ Kolkhoze, cit. ; perle, cit. 2). *Rouble-argent* (→ Gratification, cit. 2).

ROUCHE [ʀuʃ] n. f. — 1303 ; du francique **rusk* « jonc ».

♦ Régional. Roseau. — Iris des marais.

ROUCHI [ʀuʃi] n. m. — 1812; orig. inconnue.

♦ Ling. Patois du Hainaut français (Valenciennes et la région).
HOM. Rouchie.

ROUCHIE [ʀuʃi] n. f. — 1867, Delvau; mot du Nord «laid, sale», probablt mot injurieux à l'égard d'une femme, puis lexicalisé au sens de «femme entretenue», les connotations pouvant être positives.

♦ Pop., vx. Femme de mauvaise vie. ⇒ **Putain.**
HOM. Rouchi.

ROUCOU [ʀuku] n. m. ⇒ **Rocou.**

ROUCOULADE [ʀukulad] n. f. — xxᵉ; de *roucouler.*

♦ Bruit que fait un oiseau en roucoulant. — Fig., fam. Propos tendre et langoureux. *Les roucoulades des amoureux.* ⇒ **Roucoulement.**

Ça va. Vous êtes sage. Vous comprenez, ma petite vieille, je vous ai fait des roucoulades comme ça, mais au fond je n'en pense pas un mot.
J. ANOUILH, le Bal des voleurs, 1938, p. 186.

ROUCOULANT, ANTE [ʀukulɑ̃, ɑ̃t] adj. — 1821, *in* D.D.L.; de *roucouler.*

♦ **1.** Qui ressemble au roucoulement d'un oiseau.

1 (...) le ténor qui (...) poussait des sons roucoulants, dans des poses plastiques.
HUYSMANS, En ménage, IV.

♦ **2.** Qui roucoule (au propre et au figuré).

2 Déjà, il l'empoignait, il la renversait sur le tas de blé, pâmée, roucoulante, lorsqu'une haute et maigre figure, celle du berger Soulas, apparut derrière les sacs, toussant violemment et crachant. ZOLA, la Terre, V, III.

ROUCOULEMENT [ʀukulmɑ̃] n. m. — 1611; de *roucouler.*

♦ **1.** Cri du pigeon, de la tourterelle, semblable à une plainte douce et monotone.

♦ **2.** (1831). Fig. Propos tendre, chant langoureux. ⇒ **Roucoulade.** *Roucoulements d'amoureux.*

Ce qu'il y a de moins bon dans les *Lettres écrites du Donjon de Vincennes,* ce sont précisément les lettres d'amour (...) Mais quand Mirabeau s'adresse à son père, à M. Le Noir, au ministre, ou quand il entretient Sophie de ces sujets qui sortent de l'élégie et du roucoulement, il se dégage, il grandit (...)
SAINTE-BEUVE, Causeries du lundi, 14 avr. 1851.

ROUCOULER [ʀukule] v. intr. — 1549; *rencouler* et *rouconner,* xvᵉ; onomat. ou du lat. *raucus* «enroué».

♦ **1.** Faire entendre son cri* (roucoulement), en parlant du pigeon, de la tourterelle. ⇒ **Caracouler** (→ Appui, cit. 16; lustrer, cit. 2).

1 Les premiers jours je fus enthousiasmé par le roucoulement de mes tourterelles; je n'avais rien encore entendu de plus suave; elles roucoulaient comme des sources, sans arrêt tout le long du jour (...)
GIDE, Si le grain ne meurt, I, V, p. 144.

♦ **2.** (1835). Fig. Tenir des propos tendres et langoureux, filer le parfait amour. *Des amoureux qui roucoulent.*

2 Ils avaient grandi en mêlant leurs cœurs (...) Ils se disaient des choses à voix basse. Il est certain que roucouler est ce qu'il y a de plus important sur la terre.
HUGO, l'Homme qui rit, II, II, VI.

♦ **3.** (1770). Trans. Chanter, dire langoureusement. *Les romances roucoulées par nos mères* (→ Inédit, cit. 2).

3 Modeste (...) pria Canalis de lire une des pièces de vers, elle voulait un échantillon du talent de lecture si vanté. Canalis prit le volume que lui tendit Modeste et roucoula, tel est le mot propre, celle de ses poésies qui passe pour être la plus belle (...) BALZAC, Modeste Mignon, Pl., t. I, p. 535.

4 J'ai rêvé de toi cette nuit :
Tu te pâmais en mille poses
Et roucoulais des tas de choses. VERLAINE, Chansons pour elle, XXII.

DÉR. Roucoulade, roucoulant, roucoulement, roucouleur, roucoulis.

ROUCOULEUR, EUSE [ʀukulœʀ, øz] adj. et n. — 1869, n. f., cit. Labiche; adj., 1891, Gourmont; de *roucouler.*

♦ Rare. Qui roucoule. «*Des colombes roucouleuses*» (Montherlant, *in* D.D.L.).

1 Honolulu, Waikiki, Tananarive : noms roucouleurs, incitant à des paresses imaginaires sous le soleil des îles; noms sirènes; noms babils plus aguicheurs que le nom déclic de chapeau claque du roi Malikoko.
Michel LEIRIS, Frêle bruit, p. 91.

N. *Un roucouleur, une roucouleuse.*

2 MANDOLINA, chantant dans la coulisse.
J'aime les militaires. *(Bis).*
FRANÇOIS, à part.
Ah! la roucouleuse! E. LABICHE, le Choix d'un gendre, 1869, 12.

ROUCOULIS [ʀukuli] n. m. — 1932; de *roucouler.*

♦ Rare. Doux bruit des oiseaux qui roucoulent.

Quelquefois, de ce temps, il *(le cheval)* les amusait d'un petit roucoulis de colombe, d'un petit pas espagnol, d'un mouvement de tête calculé pour faire mousser cette crinière soyeuse qu'il avait (...)
J. GIONO, Un roi sans divertissement, p. 97.

ROUDOU [ʀudu] n. m. ⇒ **Redoul.**

ROUDOUDOU [ʀududu] n. m. — 1933; mot de formation enfantine, p.-ê. de *rond,* avec infl. de *doux.*

♦ Fam. Confiserie faite d'une pâte sucrée coulée dans un coquillage ou une petite boîte de bois ronde, et que l'on lèche.

Nous n'avions qu'un client, un écolier qui venait nous acheter du sucre d'orge et du roudoudou. M. AYMÉ, le Passe-muraille, 1943, p. 31.

ROUE [ʀu] n. f. — xiiiᵉ; anc. franç. *rode, ruode, ruee, roe,* refait sur *rouer;* du lat. *rota.*

♦ **1.** Disque tournant sur un axe qui passe par son centre.

a Ce disque, utilisé comme organe de déplacement. *Les roues d'un véhicule. Parties d'une roue.* ⇒ **Boudin, esse, essieu** (cit. 3), **frette, jante, moyeu** (cit.), **œil, rai, rayon** (cit. 11). *Ceinturage, embattage des roues. Roue d'une brouette. Les roues d'une voiture* (→ Attelage, cit. 1; bouger, cit. 9; diligence, cit. 7; fourgon, cit. 1), *d'une bicyclette, d'un motocycle* (cit.), *d'une automobile, d'une locomotive* (→ Prise, cit. 25). *Roue de camion, d'engin. Véhicule à deux roues, à quatre roues. Roues avant, arrière. Écartement des roues.* ⇒ **Voie.** *Roues motrices, directrices, couplées, jumelées, indépendantes, amovibles... Automobile tout terrain, à quatre roues motrices. Roues munies de bandages, de pneumatiques.* — *Roue de sécurité :* sur le matériel équipé de pneumatiques, Roue métallique auxiliaire, qui prend appui sur la voie en cas de crevaison d'un pneumatique. — *Roues pressées :* dispositif de propulsion d'un véhicule à coussin d'air dans lequel deux roues horizontales motrices prennent appui de part et d'autre des flancs verticaux d'un rail central en forme de T renversé pour mouvoir le véhicule.

1 À chaque roue ils entent un moyeu
Douze rayons font passer au milieu
Jusqu'à la gente *(jante)* et autour de la gente
Mettent d'airain une bande pesante. RONSARD, la Franciade, IV.

2 La roue en effet était gravement endommagée. Le choc de la malle-poste avait fendu deux rayons et labouré le moyeu dont l'écrou ne tenait plus.
HUGO, les Misérables, I, VII, V.

Les roues d'un avion. ⇒ **Train** (d'atterrissage). → Rentrer, cit. 20. — *Roues stabilisatrices des avions à train monotrace.* ⇒ **Balancine.**

CHAPEAU DE ROUE, protégeant le moyeu (→ Enjoliveur). Fam. *Virage, démarrage sur les chapeaux de roue,* à toute allure.

2.1 Je l'ai accompagné jusqu'à son automobile (...) Je l'ai aidé à se mettre au volant. Il a baissé la glace. — «Vous viendrez dîner chez moi (...) Je me sens si seul (...)» Et puis il a démarré sur les chapeaux de roue.
Patrick MODIANO, les Boulevards de ceinture, 1972.

Loc. fig. Argot anc. *Roue de derrière :* pièce de cent sous (Ch. Paul de Kock, *la Grande Ville,* t. II, p. 182).

(1935). **ROUE DE SECOURS :** roue supplémentaire destinée à remplacer une roue en cas de crevaison.

(1897). **ROUE LIBRE :** dispositif d'entraînement d'un mécanisme qui n'entraîne pas en réaction l'organe moteur permettant au cycliste de rouler sans pédaler. Fig. *Être en roue libre :* agir librement sans contrôle ou sans surveillance.

Loc. (Sports). *Roue(s) à roue(s), roue dans roue :* au même niveau qu'un concurrent. *Sur sa roue, dans la roue :* en suivant de très près un concurrent. *Prendre la roue :* se placer dans le sillage d'un coureur. *Gagner d'une roue,* d'une distance égale au diamètre d'une roue. «*F. a réussi à me prendre une demi-roue*» (*la Vie au grand air,* 25 juil. 1908, *in* Petiot). — Fig. et par plaisanterie :

2.2 Les vaches se remirent à vagabonder, suivies roue dans roue par le chien.
René FALLET, le Triporteur, p. 97.

Loc. *Pousser à la roue* (proprt, pour aider le cheval), aider qqn à réussir, le soutenir dans son effort. — Par ext. Faire évoluer un processus, une situation (dans un sens ou un autre).

3 Aux élections, il voterait pour le socialiste. Parfaitement. Pour pousser à la roue. Et allez. Que tout craque une bonne fois, qu'on la porte à la poubelle, cette République. Une honte. Plus que ça irait mal et mieux que ça vaudrait.
ARAGON, les Beaux Quartiers, I, XIV.

3.1 (...) je sais les difficultés de votre vie. Mais de là à pousser à la roue, à enfoncer ce pauvre type pour le plaisir de torpiller mon travail (...)
F. MALLET-JORIS, le Jeu du souterrain, 1973, p. 249.

Mettre des bâtons dans les roues à qqn. — *Être la cinquième roue du carrosse, de la charrette :* être inutile, inopérant, insignifiant.

4 Mais il a bien l'intention de le traiter comme la cinquième roue du carrosse (...)
J. ROMAINS, les Hommes de bonne volonté, t. X, XVII, p. 188.

(1932). Admin. et cour. **DEUX ROUES :** véhicule à deux roues (bicyclette, vélomoteur, scooter, moto). *Autoroute interdite aux deux roues.*

b (V. 1190). Ce disque, servant d'organe de transmission, d'élévation, etc. *Roue de transmission.* ⇒ **Poulie.** *Roue de friction*. Roue folle*. Roue dentée, roues d'un engrenage.* ⇒ **Engrenage, rouage.** *Roue dentée entraînant le train de roulement des véhicules à chenilles.* ⇒ **Barbotin.** *Roues élévatoires, à augets, à godets...* (⇒ **Noria**). *Roue hydraulique* (cit. 1 ; et → **Marteau,** cit. 2). *La roue d'un moulin* à eau* (→ Houille, cit. 5). ⇒ **Buse, rayère.** *Roues-turbines*.* ⇒ **Turbine.** *Roues d'un moulin à vent.* ⇒ **Moulinet.** *Roue de potier, de carrier.*

5 (...) la Gère, petite rivière qui descend d'une haute vallée, et fait tourner les roues d'une quantité d'usines et de fabriques de draps (...)
STENDHAL, Mémoires d'un touriste, t. I, p. 184.

6 Quelques cours de fermes ont encore à leur centre le pressoir à cidre et le vieux cercle de pierre creuse où roulait la roue à broyer les pommes.
HUGO, l'Archipel de la Manche, VII.

(1757). *Roue de gouvernail,* qui commande, par l'intermédiaire des *drosses,* les mouvements du gouvernail. *Barre à roue* (opposé à *barre franche*).

Techn. *Roue à pelles :* grande excavatrice à pelles en circuit fermé.

c Ce disque, muni d'éléments perpendiculaires (aubes, palettes) servant d'organe de propulsion dans l'eau ou mû par l'eau.

(1858). ROUE À AUBES : roue hydraulique à palettes. *La roue d'un moulin. Bateau à roues, bateau à aubes* (→ **Aube**).

6.1 Pendant cette traversée il ne se produisit aucun incident nautique. Le paquebot, soutenu sur ses larges roues, appuyé par sa forte voilure, roulait peu.
J. VERNE, le Tour du monde en 80 jours, 1873, p. 207.

7 (...) le bateau de Southampton arrivait à toute vapeur (...) Ses roues rapides, bruyantes, battant l'eau qui retombait en écume, lui donnaient un air de hâte, un air de courrier pressé (...)
MAUPASSANT, Pierre et Jean, I.

d (XIIe). Disque tournant. GRANDE ROUE : attraction foraine, manège en forme de roue dressée. — *Roue de loterie :* tambour en forme de roue contenant les numéros, ou disque vertical portant des numéros, que l'on fait tourner pour le tirage au sort.

(1858). Loc. *La roue de la Fortune,* roue symbolique, emblème des vicissitudes humaines (→ 1. Basque, cit. 2 ; prospérité, cit. 4). — Littéraire :

8 (...) je regardais un de ces Juifs, vieillard septuagénaire, aveugle, demi-nu, occupé à faire tourner une roue au fond d'une échoppe qu'éclairaient les feux verts et jaunes des métaux qu'on étame (...) Il semblait là depuis des siècles, attelé à cette roue comme à la roue de l'infortune.
Jérôme et Jean THARAUD, Marrakech, VII.

Absolt. *La roue :* la roue de la Fortune. *Être en haut, en bas de la roue,* dans la prospérité, l'adversité. *Que voulez-vous, la roue tourne !*

9 Rien de stable dans ce monde : aujourd'hui au sommet, demain au bas de la roue. De maudites circonstances nous mènent, et nous mènent fort mal.
DIDEROT, le Neveu de Rameau, Pl., p. 499.

La roue de l'Histoire : l'Histoire, conçue comme une succession de cycles (même métaphore que ci-dessus) ou comme une force de propulsion (sens a).

9.1 Nous refusions de toucher à la roue de l'Histoire, mais nous voulions croire qu'elle tournait dans le bon sens. Sinon, nous aurions eu trop de choses à remettre en question.
S. DE BEAUVOIR, la Force de l'âge, p. 187.

♦ **2.** (Av. 1778 ; *roe,* v. 1112). Spécialt. Instrument de supplice ; supplice qui consistait à attacher le criminel sur une roue pour lui rompre les membres (ou après les lui avoir rompu). ⇒ **Rouer** (→ Lier, cit. 25). *Condamner qqn à la roue.*

10 Près de saint Alexandre Nevski se trouve sainte Catherine, couronne au front, palme en main, ayant près d'elle la roue qui désigne son martyre (...)
Th. GAUTIER, Voyage en Russie, XV.

♦ **3.** Loc. fig. FAIRE LA ROUE. **a** (1802). Gymn. Tourner latéralement sur soi-même en faisant reposer le corps alternativement sur les mains et sur les pieds (→ Assujettir, cit. 18 ; clown, cit. 1).

b (1538 ; en parlant de certains oiseaux comme le paon). Déployer en rond les plumes de la queue (→ Fringant, cit. 7). — (Fin XIVe). Fig. Déployer ses séductions. ⇒ **Beau** (faire le), **pavaner** (se), **rengorger** (se).

11 Dans la colère son génie *(celui de Mirabeau)* faisait la roue et étalait toutes ses splendeurs.   HUGO, Littérature et Philosophie mêlées, 1834, Sur Mirabeau, VI.

12 (...) je n'ai pas la force de soutenir ce rôle comique du mâle qui fait la roue, se démène, se dépense, pour mériter à terme une satisfaction physiologique qui est de plein droit.   J. ROMAINS, le Dieu des corps, II.

♦ **4.** Disque, cylindre. *Des roues de lumière.* Spécialt. *Une roue de gruyère, d'emmenthal.*

DÉR. Rouage, 2. rouer, rouet. — V. Rotation, rote, rotule, rouelle, rouler.
COMP. Bouteroue, chasse-roue.

---

1. ROUÉ, ÉE [ʀwe] adj. ⇒ **1. Rouer.**

2. ROUÉ, ÉE [ʀwe] adj. et n. — XVe ; → Rouer ; selon Guiraud, var. de *rouler* ; le *roué* est celui qui a *roulé* sa bosse, le sens A étant rattaché à *roue.*

A. ♦ **1.** Qui est soumis au supplice de la roue.

L'histoire de cet abbé roué est affreuse (...)   1
Mme de SÉVIGNÉ, Lettre, 28 févr. 1685.

N. *Un roué, des roués vifs.*

Il lui faisait donner place commode dans les lieux publics pour voir les pendus et   2
les roués qu'il faisait exécuter (...)
FURETIÈRE, le Roman bourgeois, II, p. 249 (Littré).

(...) toutes ces marques que des passions inconnues avaient laissées sur la personne   3
de l'Écossais, comme les quatre coups de barre du bourreau aux articulations d'un
roué (...)   BARBEY D'AUREVILLY, les Diaboliques,
« Le dessous de cartes d'une partie de whist », 1874, p. 259.

♦ **2.** (XVIIe). Fig. *Roué de coups :* battu, rossé.

♦ **3.** (1694). Vx. *Roué de fatigue,* et, absolt, *roué :* courbatu au point de ne pouvoir bouger. ⇒ **Éreinté, rompu.** *Roué, brisé...* (→ Dispos, cit. 2).

B. N. (1788). Débauché, digne du supplice de la roue (d'abord appliqué aux compagnons de débauche du duc d'Orléans, le Régent. Cf. Saint-Simon, t. IV, XL). *Les Roués de la Régence.* — Par anal. Personne sans scrupule, qui s'adonne au libertinage, à la débauche. Adj. ⇒ **Corrompu, débauché, libertin, vicieux.**

Le monde nous fait l'extrême honneur de nous prendre pour des rouées dignes de   4
la cour du Régent, et nous sommes innocentes comme deux petites pensionnaires.
BALZAC, les Secrets de la princesse de Cadignan, Pl., t. VI, p. 20.

C'est le roué sans cœur, le spectre à double face,   5
À la patte de tigre, aux serres de vautour,
Le roué sérieux qui n'eut jamais d'amour (...)
A. DE MUSSET, Premières poésies, « Namouna », II, XX.

ROUELLE [ʀwɛl] n. f. — V. 1398 ; *ruele* « petite roue », XIIe ; bas lat. *rotella,* dimin. de *rota* « roue ».

♦ **1.** Ancienn. Cercle de fer protégeant une articulation (épaule, coude, genou) dans certaines armures.

♦ **2.** (XIVe ; *roele,* v. 1170). Cercle d'étoffe de couleur, porté comme signe infamant, au moyen âge, par les Juifs.

♦ **3.** (XIVe). Cuis. Tranche ronde. *Rouelle de citron, de saucisson. Oignons coupés en quartiers ou en rouelles.*

Tu vas me trouver singulier, mais je veux être coupé par rouelles comme une betterave, si je n'aimerais pas mieux une femme qui aurait failli corporellement qu'une qui aurait failli spirituellement.
Th. GAUTIER, les Jeunes-France, Sous la table.

♦ **4.** (1600). Mod. *Rouelle de veau, rouelle :* partie de la cuisse de veau* au-dessus du jarret, coupée en rond. *Des rouelles aux carottes* (→ Jus, cit. 5). ⇒ **Brussoles.** — Par anal. (plus rare). *Rouelle de porc.*

ROUENNERIE [ʀwɛnʀi] n. f. — 1800 ; *rouannerie,* 1798 ; de *Rouen,* ville où étaient fabriqués ces tissus.

♦ Vx. Tissus en laine, en coton (toiles) dont les dessins ou effets de relief résultent de l'agencement de fils teints avant le tissage. ⇒ **Indienne.**

(...) autour du cou une cravate en rouennerie usée par le frottement de la barbe.   1
BALZAC, le Curé de village, Pl., t. VIII, p. 541.

Ancien commerçant en rouenneries, Henry Vigeois (...) était un homme qui avait   2
réussi (...) à amasser une petite fortune.   HUYSMANS, En ménage, IV.

DÉR. Rouennier.

ROUENNIER, IÈRE [ʀwɛnje, jɛʀ] n. — 1870 ; de *rouenn(erie).*

♦ Vx. Personne qui fabrique ou vend de la rouennerie.

---

1. ROUER [ʀwe] v. — XIVe ; *roer,* XIIe ; lat. *rotare* « faire tourner ; tourner (comme une roue) » ; mais P. Guiraud rappelle que *rouer* est un syn. de *rouler.* → Roué.

♦ **1.** V. tr. Vx ou techn. (mar.). Tourner, rouler en cercle. *Rouer des cordages.* ⇒ **Enrouler.**

Descendant des hauteurs où pense la lumière   0.1
Jardins rouant plus haut que tous les ciels mobiles (...)
APOLLINAIRE, Alcools, le Brasier (3).

♦ **2.** Intrans. (Littér.). Faire la roue.

Les paons rouaient. Un petit chien jappa en leur courant sus. L'un d'eux prit peur   1
et s'envola (...)   Émile HENRIOT, le Diable à l'hôtel, XXIX.

Par métaphore :

Les incendies rouaient comme des paons superbes et lents dans la savane illimitée.   2
Patrick GRAINVILLE, les Flamboyants, 1976, p. 220.

▶ ROUÉ, ÉE p. p. adj. (XIVe ; *roé,* 1080).

En forme de cercle, de roue. — (1864). Manège. *Encolure rouée,* arrondie. — Chasse. *Bois roué* : bois du cerf, lorsqu'il est serré. (1870). *Cerf à tête rouée.*

HOM. 2. **Rouer.**

2. ROUER [ʀwe] v. tr. — 1326 ; de *roue.*

♦ **1.** Hist. Supplicier sur la roue (4.). *Faire rouer un malfaiteur* (→ Écarteler, cit. 3).

1   La femme (...) va dire à la justice le crime qui fut découvert, et les voleurs joliment roués sur la place du marché.
               BALZAC, le Médecin de campagne, Pl., t. VIII, p. 452.

♦ **2.** (1648). Cour. *Rouer qqn de coups**, le battre* violemment. ⇒ **Dauber, éreinter** (vx), **tabasser** (→ Accès, cit. 10 ; bœuf, cit. 8 ; correction, cit. 9 ; lynchage, cit.).

2   C'était comme si, durant des heures, on les eût roués à coups de matraque (...)
               COURTELINE, le Train de 8 h 47, II, VII.

♦ **3.** (1643). Vx. Écraser sous les roues (d'une voiture). Cf. Mme de Sévigné, *in* Littré.

♦ **4.** (Av. 1857). Fig., vx. Surpasser (qqn) en rouerie.

▶ **ROUÉ, ÉE** p. p. adj. et n. ⇒ 2. **Roué.**

HOM. 1. **Rouer.**

ROUERGAT, ATE [ʀwɛʀga, at] adj. et n. — Fin XIXᵉ ; *rouergois* au XIXᵉ ; de *Rouergue.*

♦ Du Rouergue, région de France. — N. m. Parler d'oc en usage dans le Rouergue.

ROUERIE [ʀuʀi] n. f. — 1777 ; de *roué.*

♦ **1.** Vx. Action de roué (B.), de débauché.

♦ **2.** (1846). Finesse et habileté sans scrupule. ⇒ **Cautèle, diplomatie** (fig.), **intrigue, ruse...** *La rouerie qui serre habilement les contours du Code pénal* (→ Charlatanisme, cit. 1). *Fin* (cit. 17) *jusqu'à la rouerie. Minois* (cit. 2) *où il y a de la rouerie et de l'ingénuité. Manœuvrer avec rouerie.*

1   (...) il est devenu très fort, mon gendre, il s'est formé. Le Palais, la Chambre, la rouerie judiciaire et la rouerie politique en font un gaillard.
               BALZAC, la Cousine Bette, Pl., t. VI, p. 470.

2   (...) Suzanne (*du « Mariage de Figaro »*)... très peu sage, quoiqu'on en dise (...) mais qui n'en est encore qu'à la rouerie innocente et instinctive de son sexe (...)
               SAINTE-BEUVE, Causeries du lundi, 14 juin 1852.

♦ **3.** Mod. (Souvent au plur.). Action de roué (B., 2.) pleine de ruse, de dissimulation. ⇒ **Intrigue, manège** (cit. 8), **maquignonnage,** 2.

3   Tous ses instincts d'ancienne marchande se réveillaient ; elle donnait à l'avance des conseils à Thérèse sur la vente, sur les achats, sur les roueries du petit commerce.
               ZOLA, Thérèse Raquin, III.

CONTR. Droiture, ingénuité, innocence, simplicité.

ROUET [ʀwɛ] n. m. — 1382 ; *roet* « roue (de la fortune) », XIIᵉ ; de *roue.*

♦ **1.** Machine à filer (le chanvre, la laine, le lin, etc.), constituée essentiellement par un bâti portant une roue, mue par une pédale ou une manivelle, et par une broche à ailettes. *Le rouet a remplacé la quenouille, pour le filage à la main* (⇒ **Filer** [cit. 3], **fileur**). *La pédale du rouet* (→ Marquer, cit. 26). *Dévider* de la filasse, filer au rouet ; filer son rouet. Doubler le fil sur le rouet* (⇒ **Doubleur**). *Fileuse à son rouet.*

   Il est dans l'atrium, le beau rouet d'ivoire.
   La roue agile est blanche, et la quenouille est noire (...)
               HUGO, les Contemplations, II, III.

Machine pour confectionner les cordes, les ficelles, à la main (par torsion). *Le rouet du cordier* (→ Grincer, cit. 9). *Dévidoir de rouet.* ⇒ **Touret.** — *Rouet pour tordre les crins de pêche.*

♦ **2.** (V. 1536). Ancienn. Petite roue ou rondelle d'acier mue par un ressort, qui produisait des étincelles en frottant contre un silex, dans certaines armes à feu. *Platines à rouet. Arquebuse à rouet.*

♦ **3.** (1690). Techn. Charpente cylindrique, sorte de plate-forme qui supporte la maçonnerie d'un puits. — (1660). Garde de serrure. — (1371). Roue à gorge d'une poulie. ⇒ **Réa.** *Moufle à deux rouets* (→ Palan, cit. 1). Par ext. Mar. Grosse poulie portée par les mâts de charge. — Agric. Pompe centrifuge à axe vertical.

ROUETTE [ʀwɛt] n. f. — 1690 ; *reorte*, XIIᵉ ; *redorte*, fin XIᵉ ; fém. du lat. *retortus* « (chose) tordue ». → Retorte.

♦ Branche fine et flexible, qui sert de lien pour attacher les fagots.

1   En passant près de la haie, elle casse une rouette dont elle ôte les feuilles et garde les épines.   J. RENARD, Poil de Carotte, Mathilde.

2   On la laissait en arrière. On arrivait avant elle à la maison et on criait : « Louise, ou Mariette, ou Mélusine, ou une autre, a cassé son sabot », et on se précipitait sur la tinette pleine de soupe chaude. Il fallait que la maman prît une rouette dans un fagot pour garder la part de la retardataire.
               J. RENARD, l'Œil clair, *in* Œ., t. II, Pl., p. 50.

ROUF [ʀuf] n. m. — 1752 ; « cabine au milieu d'un bateau », 1582 ; néerl. *roef.*

♦ Mar. Petite construction élevée sur le pont d'un navire, et ne s'étendant pas sur toute la largeur (à la différence de la *dunette**). *Un petit rouf goudronné* (→ Abriter, cit. 3).

1   (...) la température s'abaissait subitement, et les marins (...) avaient déjà brûlé tous les bastingages du navire pour se chauffer, les cloisons du rouf qu'ils n'habitaient pas, et une grande partie du faux pont.
               J. VERNE, Un hivernage dans les glaces, p. 325.

REM. On relève au XIXᵉ s. les variantes *roufle* et *rouffle*, n. m. (1871).

2   On juge ce qu'il fallut consommer de ce bois sec pour maintenir la vapeur en suffisante pression. Ce jour-là la dunette, les rouffles, les cabines, les logements, le faux pont, tout y passa.
               J. VERNE, le Tour du monde en 80 jours, 1873, p. 304.

ROUFLAQUETTE [ʀuflakɛt] n. f. — 1876 ; selon P. Guiraud, argotisme tiré du dialectal *roufle* « gifle », par synonymie avec *baffe* « gifle » et « favori », à rattacher aux rad. onomat. *baff-, bouff-,* et *raff-, rouff-* exprimant l'idée de « souffler », de « joues (gonflées) ».

♦ **1.** Vx. Mèche de cheveux formant un accroche-cœur sur la tempe.

1   Il avait deux p'tits yeux d'souris,
   Il avait deux p'tits favoris
   Surmontés d'eun' fin' rouflaquette,
   À la Villette.   A. BRUANT, Dans la rue, p. 26.

2   (...) ce garçon aux yeux de jais, aux cheveux plantés bas et ramenés sur les tempes comme des *rouflaquettes* (...)   F. MAURIAC, le Nœud de vipères, I, X.

♦ **2.** Mod. Mèche de cheveux qui descend à côté de l'oreille ; patte sur le côté de la joue, sorte de favoris courts (→ Pattes* de lapin).

ROUFLE ou ROUFFLE [ʀufl] n. m. ⇒ **Rouf.**

ROUGAIL [ʀugaj] n. m. ou ROUGAILLE [ʀugaj] n. f. — 1842, Aubert, *in* D.D.L. ; mot de Madagascar et des Mascareignes.

♦ Régional (franç. des îles : Réunion, Maurice...). Plat cuisiné, comportant une sauce au gingembre, oignons, piments, souvent de la tomate, accompagnant de la viande ou du poisson ; cette sauce. *Rougaille de saucisse, de poulet, de poisson.* — En appos. *Sauce rougaille.*

ROUGE [ʀuʒ] adj. et n. — Av. 1191 ; *roge,* v. 1130 ; lat. *rubeus* « rougeâtre ».

★ **I.** Adj. (le plus souvent après le nom, en épithète).

♦ **1.** Qui est d'une couleur voisine de celle de l'extrémité du spectre solaire, couleur dont la nature offre de nombreux exemples (sang, fleur de coquelicot, rubis, etc.). *Couleur rouge ; teintes rouges* (→ Jet, cit. 8 ; pourpre, cit.). *La couleur rouge en héraldique.* ⇒ **Gueules.** — *Crayon rouge* (→ 1. Pointer, cit. 1). *Encre* rouge* (→ Inscrire, cit. 3). *Cachet* (cit. 3) *rouge. Cahier* (cit. 5) *rouge. Le Cahier rouge,* mémoires autobiographiques de B. Constant. — *Peinture, pigment, teinture rouge.* « *Leur chevelure, teinte d'une liqueur rouge, est semblable à du sang et à du feu* » (→ 1. Franc, cit. 3, Chateaubriand). — *La bille rouge,* et, ellipt, *la rouge,* au billard. — *La couleur rouge,* et, ellipt (n. m.), *le rouge,* à la roulette. *Jouer sur la rouge* (vieilli), *sur le rouge. Rouge, impair et manque.* — *Marbre* (cit. 1) *rouge. Brique, tuile rouge* (→ Laver, cit. 6 ; mas, cit.). *Cuivre rouge* ou « *rosette* ». — Loc. vieillie. *N'avoir pas un rouge liard** (ancienne monnaie de cuivre). — *Or rouge. Terres rouges* (→ Guéret, cit. 3 ; momifier, cit. 2). *Ocre* (cit. 1 et 3) *rouge. Argile rouge. Pierres* (précieuses) *rouges.* ⇒ **Cornaline** (*calcédoine rouge*), **grenat, porphyre, rubis** (balais). — (Dans des lieux-dits). *Les roches rouges. Le Moulin rouge. Montrouge.* — *Ciel, soleil rouge,* à l'aube, au couchant (cit. 2 ; → Disparaître, cit. 2 ; incendier, cit. 3). *Lumière* (cit. 17), *lueur rouge.* — *Jupon* (cit. 2) *de flanelle rouge. Chéchia* (cit.), *foulard* (cit. 2) *rouge. Cotonnade, laine, soie rouge* (→ Dévidoir, cit. ; mouchoir, cit. 5 et 8). *Peluche* (cit. 2) *rouge. La muleta rouge du matador. Veste à galons rouges* (→ Ordonnance, cit. 18). *Toge rouge* (→ 1. Poêle, cit. 1), *chape, robe rouge de cardinal* (→ Haut, cit. 33). — (1611). Loc. *Le chapeau rouge,* celui de cardinal. — *Le Petit Chaperon* rouge,* conte populaire. — *Bonnet à pompon rouge de matelot* (cit. 2) ; absolt, *les pompons rouges :* les matelots de la marine nationale. — *Manteau* (cit. 6) *rouge de spahi, de goumier* (cit. 1). Par ext. *Les mousquetaires rouges,* ceux qui portaient un manteau rouge. *Pantalon rouge,* celui des soldats français avant 1914. *Tuniques rouges :* nom donné aux soldats anglais au XIXᵉ siècle. *Hommes, cavaliers rouges :* soldats anglais (→ ci-dessous, cit.). Stendhal). — *Veste, casaque rouge de forçat* (cit. 2). → Horreur, cit. 50. — Hist. *Les talons rouges.* ⇒ **Talon.** — *Le petit livre rouge.* ⇒ **Livre.**

1   Enfants, voici des bœufs qui passent,
   Cachez vos rouges tabliers !   HUGO, Odes et Ballades, « Ballades », XIII.

N. B. L'antéposition de l'adj. est stylistique.

2   Regardez tous ! voilà l'homme rouge qui passe !   HUGO, Marion Delorme, V, 7.

3   (...) il tourna la tête vers l'ennemi. C'étaient des lignes fort étendues d'hommes rouges (...) Une ligne de cavaliers rouges trottait pour se rapprocher du chemin (...)
STENDHAL, la Chartreuse de Parme, I, III.

4   Je viens de voir, sur la place du Marché, un homme qui vendait des coupons ; il avait dressé un grand parapluie rouge, et s'était coiffé d'un chapeau rouge. Très habile cela ; on sait que le rouge éveille les passions.
ALAIN, Propos, 4 sept. 1907, L'art de vendre.

(En parlant d'insignes, de signaux...). *Drapeau rouge du chef de gare, du starter* (→ Jockey, cit. 1). *Signal rouge* (→ Naître, cit. 17). *Feu rouge.* ⇒ **Feu**. *Fanal* (cit. 3 et 4), *lanterne rouge* (⇒ **Lanterne**).

5   Les autos s'arrêtaient aux feux rouges L'automne
Entre ses doigts battait les cartes de son jeu
ARAGON, le Roman inachevé, p. 160.

N. m. Le signal d'arrêt pour les véhicules. *Passer au vert ; s'arrêter à l'orange ; griller le rouge.* — REM. Après s'être appliqué aux chemins de fer, le mot concerne surtout aujourd'hui la circulation automobile.

5.1   Le train était arrêté devant un signal tourné au rouge qui fermait la voie. Le mécanicien et le conducteur, étant descendus, discutaient assez vivement (...)
J. VERNE, le Tour du monde en 80 jours, 1873, p. 249.

Rosette rouge (rare ; on dit *la rosette ;* cependant → Fleurir, cit. 5), *ruban rouge d'une décoration.* — *La Croix-Rouge.* ⇒ **Croix** (infra cit. 16). *Le Croissant-Rouge,* qui correspond à la Croix-Rouge, dans les pays de l'Islam. — *Le lys* (1. Lys, cit. 12) *rouge des armes de Florence* (⇒ 1. **Lis**). *Le drapeau français est bleu, blanc et rouge.* (1789). *Le drapeau rouge,* révolutionnaire. ⇒ **Drapeau** (cit. 2 et 3). — *Le bonnet* (cit. 5) *rouge.*

♦ **2.** (1834). Qui a pour emblème le drapeau rouge (socialiste, syndicaliste) ; qui est d'extrême-gauche. ⇒ **Révolutionnaire ; communiste ;** → 2. Rose, I., 3. *Bonapartiste sous l'Empire, rouge sous la Commune* (→ Loyalisme, cit. 2 ; et aussi non, cit. 10, Musset). *Le spectre rouge* (→ Affoler, cit. 9), *le péril* (cit. 7) *rouge. La Vierge rouge,* surnom de l'anarchiste Louise Michel. — *La banlieue, la ceinture rouge de Paris.*

6   Avez-vous un drapeau à vous ? Arborez-le. Où ? Dans la rue. Il est blanc ? Soit. Il est bleu ? Très bien. Il est rouge ? Le rouge est une couleur.
HUGO, l'Archipel de la Manche, XVII.

7   Le fantôme rouge à vrai dire n'épouvantait pas chaque jour Sérianne, bien qu'on eût pris conscience de sa proximité, lors de la grève chez Barrel, ou pendant les troubles de la viticulture (...)
ARAGON, les Beaux Quartiers, I, XVI.

7.1   (...) nous étions d'accord pour ramener par étapes, sinon la France entière, du moins la région parisienne à son royal aspect d'antan. Pour cela, plus d'usines et, du même coup, plus de ceinture rouge.
P. KLOSSOWSKI, la Révocation de l'Édit de Nantes, p. 90.

En Russie soviétique. — REM. L'adjectif russe qui signifie «rouge» est homonyme de celui qui signifie «beau» *(krasnoï).* — *L'Étoile rouge.* — (V. 1920). *L'armée rouge.* ⇒ **Soviétique.** *La Place Rouge,* à Moscou.

N. (1843, *in* D.D.L.). Révolutionnaire ; spécialt, communiste. *Les rouges :* les communistes. *Les Rouges et les Russes blancs*,* en Russie. — (1864). Membre du parti libéral* (opposé à *bleu*)* au Canada (vieilli).

8   Dites, maman, c'est un rouge, cet instituteur ? — Rouge, tout ce qu'il y a de plus rouge ! (...) Guillaume imaginait cet homme rouge, barbouillé de sang de bœuf (...) Le rouge devait être caché par les vêtements. Rouge comme un poisson est rouge (...)
F. MAURIAC, le Sagouin, I.

N. f. (1871). Hist. *La rouge :* la République révolutionnaire. ⇒ **Commune.** — Adv. (1945). *Voter rouge.*

9   « Eh oui ! dit le monsieur, eh oui ! Voilà ce que c'est de voter rouge. Le Français est incorrigible : la guerre est à sa porte et il réclame des congés payés. »
SARTRE, le Sursis, p. 181.

9.1   — Vote donc rouge, pour commencer, gamin. T'auras toujours le temps de blanchir par la suite.
SAN-ANTONIO, J'ai essayé : on peut !, p. 14.

♦ **3.** (En parlant des plantes, des animaux...). *Betterave rouge* (→ 1. Mâche, cit.). *Haricot* (2. Haricot, cit. 3 et 4) *rouge. Chou rouge. Valériane rouge.* ⇒ **Centranthe.** *Algues rouges* (coralline, etc.). *Fleurs rouges ; géranium* (cit. 3), *œillet* (cit. 2), *pivoine, rose, tulipe rouge. Fruits rouges :* fraises, framboises, groseilles. *Salade de fruits rouges. Baies rouges* (→ Jacassement, cit.). *Pomme* (cit. 3) *rouge ; calville rouge.* — *Écorce rouge* (→ Pin, cit. 1). *Bois rouge du Brésil. Résine rouge.* ⇒ **Sang-dragon.** — *Fourmis** (cit. 1) *rouges. Limace rouge* (→ Lande, cit. 3). *Le cardinal*, oiseau à plumage rouge. Paradisier* (cit. 2), *râle* (1. Râle, cit.) *rouge.* (1690). *Perdrix** (cit. 2) *rouge, à pattes rousses.* ⇒ **Rouge-gorge, rouge-queue.** — *La crête rouge du coq.* — *Poissons rouges.* ⇒ **Cyprins.** — *Viande* rouge* (opposé à *viande blanche, viande noire).*

10   (...) les choux rouges, que l'aube changeait en des floraisons superbes, lie de vin, avec des meurtrissures de carmin et de pourpre sombre.
ZOLA, le Ventre de Paris, I, t. I, p. 42.

REM. Lorsque le groupe formé par un substantif + *rouge* a une fonction classificatoire (ex. : *chou rouge, algue rouge)*, il s'oppose à un syntagme parallèle (chou vert ; algue bleue etc.) ; il est alors figé et phraséologique (→ ci-dessus *viande rouge,* et ci-dessous *vin rouge,* qui s'oppose à *vin blanc, vin rosé).* Dans le cas contraire (ex. : *fleur rouge)* il s'agit simplement d'une collocation fréquente, modifiable *(fleurs plus ou moins rouges).* Mais la frontière est indécise.

(1538). **VIN ROUGE,** fait avec des raisins munis de leurs peaux (sou-

vent des raisins noirs) et dont la macération est complète. ⇒ **Vin.** *Un bordeaux rouge.* — *Du vin rouge et du vin rosé.*

N. m. (1754, *in* D.D.L.). Fam. et cour. Vin rouge. *Préférer le rouge au rosé. Du rouge ordinaire ;* (loc.) *du gros rouge qui tache.* ⇒ **Rouquin** (fam.). *Boire un coup de rouge. Un kil* (cit. 1) *de rouge. Verre de vin rouge. Un petit rouge. Un rouge limonade* (ou, pop., *rouge lim', rouge limé),* additionné de limonade. — Loc. (Vx). *Un rouge bord :* un plein verre de vin rouge.

11   On décréta un rouge-bord en l'honneur du chansonnier, et quand les verres furent vidés, chacun fit rubis sur l'ongle pour montrer qu'il avait bu consciencieusement sa rasade.
Th. GAUTIER, le Capitaine Fracasse, XVI.

♦ **4.** a (1842). Vieilli. *La race rouge,* appellation non scientifique donnée aux Amérindiens d'Amérique du Nord. Cour. *Les Peaux-rouges.* — N. m. *Les Rouges et les Jaunes.*

b En franç. d'Afrique. «Qui a la peau* moins foncée que le teint habituel des négro-africains» (I.F.A.).

♦ **5.** (Fin XVIᵉ). Qui est porté à l'incandescence et dégage un rayonnement calorifique. ⇒ **Incandescent.** *Charbon, tison rouge. Les cendres sont encore rouges.* — *Fer rouge,* chauffé au rouge. ⇒ **Fer** (cit. 11 et 12). → Marquer, cit. 6 ; plonger, cit. 2. — *Tirer à boulets rouges.* ⇒ **Boulet.**

♦ **6.** (1611). Qui devient rouge par l'afflux du sang (se dit de la peau des personnes de race blanche ; opposé à *blanc, pâle). Peau, doigt* (cit. 4), *main* (cit. 6) *rouge. Face* (cit. 5) *rouge.* ⇒ **Congestionné, empourpré, enflammé, enluminé, rubicond.** *Visage rouge par endroits.* ⇒ **Couperose.** *Rouge comme une pomme* (cit. 10), se dit plutôt du teint naturel (d'un enfant). *Teint rouge* (⇒ **Coloré, rougeaud,** 3. **rougeot, rouget,** I.), *un peu rouge* (⇒ **Rubescent**). *Avoir les joues, les oreilles, les pommettes rouges* (de froid, de chaleur, etc.).
Être, devenir rouge de colère, de dépit (→ Baisser, cit. 20), *de honte* (→ Pudeur, cit. 9), *de plaisir* (1. Canon, cit. 1). — (1611). Loc. *Être rouge comme une cerise*, comme un coq, un coquelicot*, une écrevisse, une pivoine* (→ Gaucherie, cit. 1), *une tomate, rouge d'émotion* (confusion, honte, timidité, pudeur...).

12   Une jeune fille mince et bien faite (...) se montra bientôt, rouge de pudeur et de timidité.
BALZAC, le Médecin de campagne, Pl., t. VIII, p. 415.

12.1   (...) une de ses amies, laquelle, ayant mauvais caractère et étant nerveuse, devint rouge comme un coq la première fois qu'un monsieur lui dit que (...)
PROUST, le Temps retrouvé, Pl., t. III, p. 960.

13   Elle était rouge à cligner les yeux. Se baissant, elle feignit de renouer un lacet, pour qu'on s'expliquât ce sang à ses joues.
MONTHERLANT, le Songe, I, VI.

13.1   L'officier public devint rouge comme une cerise, une groseille, une fraise, une tomate, un bout de mou, une légion d'honneur.
René FALLET, le Triporteur, p. 33.

Adv. (1784). *Se fâcher* (cit. 12) *(tout) rouge :* devenir rouge de colère. *Ils se sont fâchés tout rouge.* — (1842). *Voir rouge :* avoir un accès de colère «qui incite au meurtre» (cf. Voir du sang ; → Gendarme, cit. 6 ; horion, cit. 2). *Là, j'ai vu rouge !*

13.2   Le capitaine (...) s'était fâché rouge lorsque son fils avait réclamé ses comptes de tutelle, et même lui avait coupé les vivres, tout net.
FLAUBERT, l'Éducation sentimentale, I, II.

14   À la moindre marque d'antipathie (...) leur malveillance répondait qui atteignait d'un bond, franchissant toutes les étapes, une sorte de fureur. Sabine surtout voyait facilement rouge et quand elle voyait rouge toute la famille voyait écarlate.
M. JOUHANDEAU, Tite-le-Long, XVIII.

♦ **7.** D'un roux vif (en parlant des cheveux, du pelage d'un animal). ⇒ **Feu, roux.** *Cheveux rouges* (→ Grossièrement, cit. 3 ; remarquable, cit. 1). ⇒ **Rouquin.** *Barbe rouge* (→ Ardent, cit. 6).

15   On cherche un homme. — Qui ? — Un garçon aux cheveux rouges.
J. GIONO, le Chant du monde, I, IV.

ÂNE ROUGE : sorte d'âne sauvage (→ Hémione, cit.). Loc. prov. (1640). *Méchant comme un âne rouge* (à cause de la défaveur et de la réputation de déloyauté qui s'attache aux roux). — **BAS-ROUGE :** variété de berger beauceron, chien à robe noire et à pattes rousses (aux extrémités).

★ **II.** N. m. (1553 ; «étoffe rouge», 1324). LE ROUGE.

♦ **1.** La couleur rouge. *Le rouge (orangé) est une des sept couleurs fondamentales, à l'extrémité du spectre visible, et contient les raies C* (hydrogène), *B et A* (oxygène). *Le vert est la couleur complémentaire du rouge* (→ Couleur, cit. 6).

16   (...) on pourra remarquer que l'extrémité rouge du spectre n'est pas, en réalité, parfaitement rouge, mais un rouge tirant vers l'orangé. Ce que nous appelons habituellement le rouge franc ne serait donc pas une couleur spectrale mais un pourpre [1] (...)
M. BOLL et J. BOURGNON, le Secret des couleurs, p. 27.
1. Lumière colorée (non spectrale), qui, additionnée d'une couleur spectrale, donne du blanc (*in* M. BOLL et J. BOURGNON, le Secret des couleurs, p. 84).

Variétés, nuances de rouge. ⇒ **Amarante, andrinople, bordeaux, brique, capucine** (rouge orangé), **carmin, carotte** (orangé), **cerise, cinabre, coquelicot, corail, corallin, cramoisi, cuivré, écarlate, écrevisse, érubescent, feu, fraise, garance, géranium** (vif et clair), **grenat, groseille, incarnat, incarnadin, lie** (de vin : rouge violacé), **nacarat, orangé, ponceau, pourpre, rosé, rubis, safrané, sang, sanglant, tomate, vermeil, vermillon, vineux ;** et aussi **orange, rose** (2. Rose).
Un rouge clair, pâle (→ 1. Livre, cit. 9), *tendre* (→ 2. Raie, cit. 1). *Un rouge ardent, franc, vif* (→ Nuance, cit. 2). ⇒ aussi **Rutilant.**

Tirant sur le rouge. ⇒ **Rougeâtre, rougeoyant.** *Rouge pompéien :* rouge brique mat.

Appos. *Un oiseau rouge feu* (→ Perroquet, cit. 4). — REM. Dans cet emploi *rouge* reste invariable. — *Des robes rouge vif,* d'un rouge vif.

16.1 Miette écarta sa pelisse, qui était (...) doublée d'une indienne rouge-sang *(sic).*
ZOLA, la Fortune des Rougon, 1870, *in* D. D. L., II, 16.

17 Sous les arcades rouge sombre des aqueducs ruinés, fleurissaient des amandiers blancs. R. ROLLAND, Jean-Christophe, Nouvelle journée, I, p. 1461.

18 (...) de sombres soleils rouge et or. Pierre BENOIT, les Compagnons d'Ulysse, v.

Bruns tirant sur le rouge : acajou, rouille, roux. — *Pierre ondée, ponctuée de rouge* (→ Calcédoine, cit. 1). — *Palette* (cit. 3) *composée autour du rouge. Colorer, peindre, teindre en rouge, de rouge.* ⇒ **Rougir** (→ Flamber, cit. 14 ; poudre, cit. 10). — *Vêtu de rouge* (→ Diable, cit. 40). *Salon tendu de rouge. Le rouge lui va bien.* — *Courses. Le rouge est mis,* le disque rouge marquant un résultat officiel, non contestable. — (1923). Fig. *Le rouge est mis :* il n'est plus question de revenir en arrière (→ Les dés* sont jetés, les jeux* sont faits).

18.1 Ce petit bonheur-là, que je me prenais à envier, j'en avais jamais voulu ; mon existence s'était passée à la charrier. Ça semblait un peu tard aujourd'hui pour regretter. Y avait pas de marche arrière dans la vie ; le rouge était mis, les jeux faits. Albert SIMONIN, Touchez pas au grisbi, p. 144.

Littér. *Le Rouge et le Noir,* roman de Stendhal.

19 Outre l'intérêt propre du roman, son titre pique notre curiosité. Stendhal, raconte Romain Colomb, le trouva subitement et comme sous le coup de l'inspiration (...) Ce n'était peut-être (...) qu'une concession à la mode du temps qui était aux noms de couleur, mais on a voulu y voir aussi une allusion aux hasards de la destinée analogues à ceux du jeu (...) Quelques commentateurs ont soutenu en revanche que le Rouge et le Noir désignent le prêtre et le bourreau (...) D'autres ont émis l'hypothèse que ces couleurs soulignaient le conflit des idées de la gauche libérale avec les menées des prêtres (...) Le rouge indique le républicanisme de Julien comme le noir désigne les milieux ecclésiastiques. H. MARTINEAU, Introd. à « le Rouge et le Noir », de STENDHAL (éd. Garnier).

♦ **2.** a Colorant rouge ; pigment donnant une couleur rouge. *Broyer du rouge sur sa palette* (→ Peintre, cit. 2). — *Rouges minéraux : rouges de fer :* ocres, hématites, sanguine, rouge indien (⇒ **Colcotar**) ; *rouges de mercure :* iodure mercurique ou scarlet (⇒ **Cinabre, vermillon**) ; *rouges de plomb* (⇒ **Minium**) : pourpres*... ⇒ aussi **Sandix, vermillon** (d'antimoine), **réalgar, laque** (d'alumine). *Rouges organiques,* d'origine animale : ⇒ **Cochenille, carmin, écarlate, kermès, laque, pourpre, vermillon** (de Provence) ; ou d'origine végétale : ⇒ **Alizarine, campêche, carthamine, garance, orcanette, orseille, purpurine, rocou, santal** (rouge), **tournesol** (rouge). *Rouges synthétiques :* alizarine, éosine, érythrosine ou fluorescéine, fuchsine, magenta, orséine, phtaléine, rosaniline, roséine, safranine.

19.1 La *Femme au bain :* pour les chairs, teinte locale plate ; pour les clairs, de *rouge de Venise* et blanc (...) E. DELACROIX, Journal, 14 mai 1830, t. I, p. 144.

b Fard rouge (→ Allumer, cit. 19 ; maquillage, cit. 1 ; où, cit. 4). *Mettre du rouge* (→ Farder, cit. 7 et 8). *Un doigt* (cit. 21), *un pied* (cit. 45) *de rouge. Se barbouiller* (cit. 12) *de rouge. — Rouge à joues,* qu'on pose sur les pommettes. *Rouge à lèvres :* fard rouge (ou rose, orangé...) pour les lèvres, qui se présente ordinairement en bâton, dans un étui. *Bâton, crayon, tube de rouge à lèvres, de rouge. Rouge gras, sec.*

20 C'est une jeune fille de seize ans, qui a des couleurs charmantes, et qui, pour aller au bal, a la folie de se mettre du rouge. STENDHAL, le Rouge et le Noir, I, XV.

21 (...) il s'agissait de mettre le rouge. De nouveau, le visage près de la glace, elle trempait son doigt dans un pot, elle appliquait le rouge sous les yeux, l'étalait doucement, jusqu'à la tempe. ZOLA, Nana, V.

21.1 B'jour m'man, dit Yvonne en effleurant légèrement des lèvres le front de la dame pour ne pas lui mettre du rouge. R. QUENEAU, Pierrot mon ami, éd. L. de Poche, p. 77.

♦ **3.** (Surtout dans *au rouge).* Couleur, aspect du métal incandescent. *Chauffer le fer au rouge. Barre de fer portée au rouge sombre. Rouge vif, rouge cerise, rouge blanc,* correspondant à différentes températures pour le produit chauffé (respectivement 520, 620 et 1050°C).

22 Une fois, l'un d'eux lui présenta un morceau de fer chauffé par le bout jusqu'au rouge obscur (...) Il en eut pour huit jours d'infirmerie. Alphonse DAUDET, Jack, II, II.

♦ **4.** (1661). Teinte rose ou rouge que prend la peau sous l'effet d'un agent physique, d'une émotion. *Le rouge de la colère*, de la confusion, de la honte lui monte au front* (cit. 17), *aux joues, aux pommettes* (cit. 4), *au visage.* ⇒ aussi **Feu** (1. Feu, cit. 68). *Mettre le rouge au front.* ⇒ **Empourprer, enflammer ; rougir** (faire).

23 — (...) Oui, le rouge me monterait au front, d'être saluée en public par une de ces filles (...) ZOLA, l'Assommoir, XI, t. II, p. 188.

Partie rouge et irritée. Yeux bordés de rouge (→ Bec, cit. 3).

♦ **5.** (1770). Zool. *Pousser, prendre le rouge, avoir une crise de rouge,* se dit des jeunes dindons chez qui la chair rouge des caroncules et de la fraise pousse. — Maladie de peau des chiens, de certains oiseaux.

24 L'épagneul a une maladie de peau, le rouge, je crois, qui lui fait perdre presque tous ses poils et qui le couvre de plaques et de croûtes brunes. CAMUS, l'Étranger, I, III.

♦ **6.** Arbor. Maladie cryptogamique du pin sylvestre. — Maladie du pêcher dans laquelle le jeune bois prend une teinte rougeâtre.

♦ **7.** → ci-dessus Vin rouge.

♦ **8.** Polit. *Un rouge, des rouges.* → supra cit. 8.

CONTR. **Blême, livide, pâle...**
DÉR. **Rougeard, rougeâtre, rougeau, rougeaud, 2. rougeot, 3. rougeot, rougeoyer, rougeron, rouget, rougette, rougeur, rougir.**
COMP. **Infrarouge, rouge-gorge, rouge-queue.**

ROUGEARD [ʀuʒaʀ] n. m. — 1904, Larousse ; de *rouge.*

♦ Vitic. Cépage rouge du Dauphiné.

ROUGEÂTRE [ʀuʒɑtʀ] adj. — 1636 ; *rougeastre,* v. 1270 ; de *rouge.*

♦ Qui tire sur le rouge ; légèrement rouge. *Lumière rougeâtre. Brun rougeâtre. Eau, flot rougeâtre* (→ 1. Courant, cit. 2). *Un demi-jour* (cit. 2), *une clarté rougeâtre* (→ Lutter, cit. 2). *Lueurs rougeâtres* (→ Piédestal, cit. 2). *Teinte rougeâtre* (→ Gazon, cit. 6). *Un teint rougeâtre, de brique*. Le zinzolin, violet rougeâtre. Cheval bai, d'un brun rougeâtre.*

ROUGEAU [ʀuʒo] n. m. — 1842 ; de *rouge.*

♦ Vitic. Maladie physiologique de la vigne.

Cette dégradation des sols de vigne (...) se traduit (...) dans les parties basses et dans les sols battants, par une asphyxie du système radiculaire provoquant les troubles physiologiques décrits sous le nom de rougeau (vignes rouges) ou de flavescence (vignes blanches). Louis LEVADOUX, la Vigne et sa culture, p. 97.

On écrit aussi *rougeaud* ou *rougeot.*

HOM. **Rougeaud, rougeot.**

ROUGEAUD, AUDE [ʀuʒo, od] adj. — 1640 ; de *rouge.*

♦ Haut en couleur, en parlant du teint ; qui a le teint trop rouge. ⇒ **Congestionné, 3. rougeot, rouget** (I.), **rubicond.** *Mains rougeaudes.*

1 La physionomie de ce capitaine appartenait à la deuxième légion respirait un contentement de lui-même qui faisait resplendir son teint rougeaud et sa figure passablement joufflue. BALZAC, la Cousine Bette, Pl., t. VI, p. 135.

2 Elle devint toute pâle. Ses mains n'étaient plus rougeaudes et s'amaigrissaient. Ed. et J. DE GONCOURT, Sœur Philomène, p. 47.

N. *Un gros rougeaud.*

CONTR. **Blafard, blanc, pâle.**
HOM. **Rougeau.**

ROUGE-GORGE [ʀuʒgɔʀʒ] n. m. — 1464 ; de *rouge,* et *gorge.*

♦ Oiseau *(Passereaux, Turdidés)* assez proche du rossignol, de petite taille, dont la gorge et la poitrine sont d'un roux vif (→ Matinal, cit. 3 ; pâture, cit. 2). *Le rouge-gorge est insectivore.* (On l'appelle aussi *rubiette). Des rouges-gorges.*

ROUGEOIEMENT [ʀuʒwamɑ̃] n. m. — 1903 ; de *rougeoyer.*

♦ Teinte ou reflet rougeâtre (→ Illuminer, cit. 21).

À l'Est, très loin, derrière des milliers d'arbres qui alors se profilaient par-dessus, quelquefois des rougeoiements s'élevaient, s'abaissaient (...) et brûlaient dans ce grand silence. MONTHERLANT, le Songe, I, X.

ROUGEOLE [ʀuʒɔl] n. f. — 1538 ; altér. de *rougeule* (XIVᵉ-XVᵉ), d'après le lat. pop. **rubeola,* fém. subst. de *rubeolus,* dimin. de *rubeus* « rouge ». → Rouvieux, rubéole.

♦ **1.** Maladie infectieuse fébrile de l'enfance, due à un virus, caractérisée par un catarrhe oculo-nasal qui précède une éruption cutanée constituée de petites papules rouges disséminées. *La rougeole est contagieuse et épidémique.* ⇒ **Rubéole.** *La rougeole confère une immunité permanente. Relatif à la rougeole.* ⇒ **Morbilleux, rougeoleux.** *Séquelles possibles de la rougeole (psychiques, neurologiques...).*

Figuré :

Il aura même la jalousie du passé, maladie des très jeunes gens aux débuts de leur vie sentimentale. Rougeole sentimentale. Valery LARBAUD, Amants, heureux amants, II, p. 119.

♦ **2.** *Rougeole du porc.* ⇒ **Rouget.**

♦ **3.** (1431). Mélampyre, parasite des graminées. Syn. : *rougeotte. Rougeole du froment, de l'orge, du seigle.*

DÉR. **Rougeoleux.**

ROUGEOLEUX, EUSE [ʀuʒɔlø, øz] adj. et n. — 1897 ; de *rougeole.*

♦ Qui a la rougeole; de la rougeole. — N. *Un rougeoleux, une rougeoleuse.*

COMP. Antirougeoleux.

1. ROUGEOT [ʀuʒo] n. m. ⇒ **Rougeau.**

2. ROUGEOT [ʀuʒo] n. m. — 1870, Littré; de *rouge,* et *-ot.*

♦ Régional (Bourgogne). Canard milouin*.

3. ROUGEOT, OTE [ʀuʒo, ɔt] adj. — 1369, *roigeot;* de *rouge,* et suff. dimin. *-ot;* var. de *rouget, rougeaud.*

♦ Régional. Un peu rouge. ⇒ **Rougeaud.**
Et là-bas, c'était la robe bleue de Madeleine; elle arrivait rougeote du grand soleil, mais toujours avec ce bel air bleu qui est le reflet de ses yeux.
J. GIONO, le Grand Troupeau, Pl., t. I, p. 654.

HOM. Rougeau, rougeaud.

ROUGEOTTE [ʀuʒɔt] n. f. — D. i.; forme féminine de *rougeot.*

♦ Régional. Mélampyre* *(Melampyrum arvense).* Syn. : *rougeole,* 3.

ROUGEOYANT, ANTE [ʀuʒwajɑ̃, ɑ̃t] adj. — 1831; *rogeiant* «rougissant», fin XIIe; de *rougeoyer.*

♦ Qui prend des teintes rougeâtres et changeantes. *Des reflets rougeoyants. Des «cheveux rougeoyants»* (Duhamel).

ROUGEOYER [ʀuʒwaje] v. intr. — Conjug. *noyer.* — 1836; *roujoier,* XIIIe; *rogeier,* v. 1160; de *rouge.*

♦ Prendre une teinte rougeâtre; produire des reflets rougeâtres. *Des halos d'incendie* (cit. 5) *rougeoyaient de-ci, de-là. «Un gros vieux homme ardent, essoufflé, qui rougeoyait comme une forge»* (→ Bredouiller, cit. 2).
Ah! cette ville d'enfer qui rougeoyait dès le crépuscule, allumée pour toute une semaine, éclairant de ses torches monstrueuses les nuits de la semaine sanglante!
ZOLA, la Débâcle, VIII, t. II, p. 303.

DÉR. Rougeoiement, rougeoyant.

ROUGE-QUEUE [ʀuʒkø] n. m. — 1642; de *rouge,* et *queue.*

♦ Oiseau *(Passereaux, Turdidés)* appelé communément *rossignol des murailles,* à gorge noire, de petite taille, caractérisé par la teinte rousse de la queue. *Le rouge-queue est insectivore. Des rouges-queues.*
C'est un petit passereau à robe grise, d'un gris velouté et profond (...) j'aperçois à revers les pennes de sa queue orangée, une flamme tiède dans la pénombre glauque. Bonjour, rouge-queue!
M. GENEVOIX, Forêt voisine, I.

ROUGERON [ʀuʒʀɔ̃] n. m. — 1874; de *rouge.*

♦ Terre argilo-calcaire rendue rougeâtre par l'oxyde de fer. ⇒ **Rougette.**

ROUGET, ETTE [ʀuʒɛ, ɛt] adj. et n. — XIIe; dimin. de *rouge.*

★ **I.** Adj. (Fam.). Légèrement trop rouge. *Il est un peu rouget.* ⇒ **Rougeaud.**

★ **II.** ROUGET n. m. ♦ **1.** (XVIIIe). **a** Poisson acanthoptérygien appartenant à la famille des *Mullidés* (⇒ **Mulle**), voisin des perches, qui porte des barbillons et dont le corps, ovale et couvert de grandes écailles, est de couleur rouge ou jaune. *Rouget barbet (Mullus barbatus)* ou *rouget de vase. Rouget surmulet (Mullus surmuletus;* ⇒ **Surmulet**), ou *rouget de roche.*

b Poisson appartenant à la famille des *Triglidés* (⇒ **Trigle; cardinal, grondin, hirondelle** [de mer], **milan** [2.]...). *Rouget grondin (Trigla lucerna).* — REM. Employé sans qualification, le mot peut être ambigu; il désigne plus souvent le mulle (sens a), *rouget* étant en concurrence avec *grondin* au sens b. → 2. Pêcher, cit. 2; poisson, cit. 4. *Friture de rougets. Rouget au fenouil, à l'échalote...*

♦ **2.** (1870). Maladie contagieuse du porc, érysipèle charbonneux caractérisé par l'apparition de taches rouges à certains endroits du corps.
Le médecin ne signalait aucune maladie contagieuse sur le territoire de la commune; les poules n'avaient pas à craindre le tournis, les cochons le rouget, les dindons la pépie (...)
R. QUENEAU, le Chiendent, p. 204.

♦ **3.** (Fin XIXe). Nymphe d'un arthropode *(Acariens),* le trombidion, parasite des petits animaux et de l'homme, de couleur rougeâtre. ⇒ **Aoûtat, lepte, vendangeon.**

★ **III.** N. f. ⇒ **Rougette,** 1.

ROUGETTE [ʀuʒɛt] n. f. — 1768; de *rouge.*
Régional.

♦ **1.** Chauve-souris de couleur rougeâtre. ⇒ **Roussette** (I., 2.).

♦ **2.** Terre argilo-siliceuse arable.

ROUGEUR [ʀuʒœʀ] n. f. — XIVe; *rogor,* v. 1130; de *rouge.*

♦ **1.** Rare ou poét. Couleur, teinte rouge. ⇒ **Rouge** (II.). *La rougeur de ses lèvres* (→ Incarnat, cit. 3). *La rougeur boréale* (→ Phosphore, cit. 1).
(Les lions) regardaient du couchant la sanglante rougeur (...)   1
HUGO, la Légende des siècles, II, IV.
(L'épine rose) fut-elle (...) aimée ce jour-là où elle était (...) chargée pour lui de   1.1
la gloire et de la beauté de tout le reste qu'elle semblait lui apporter dans l'odeur de ses branches et la rougeur de ses fleurs roses?
PROUST, Jean Santeuil, Pl., p. 332.

♦ **2.** (1538). Coloration rouge de la peau, surtout du visage, due à l'afflux du sang à la chaleur, l'émotion*. *Rougeur de honte* (cit. 47), *de modestie, de timidité* (→ Cause, cit. 22). *La rougeur qui me couvre* (cit. 12) *le visage* (→ Dérision, cit. 2). *La rougeur m'en monte au front* (→ Homme, cit. 122). — *Une rougeur s'épand* (cit. 12), *s'étale sur sa joue* (→ Buée, cit. 2; 1. parler, cit. 60). *De furtives* (cit. 15) *rougeurs.*
Ma rougeur trahirait les secrets de mon cœur (...)   CORNEILLE, Rodogune, I, 5.   2
Je vois, à la rougeur qui vient de vous saisir,   3
Que ce que je vous dis ne vous fait pas plaisir.   MOLIÈRE, Mélicerte, I, 5.
(...) la peau trop fine du visage laissait transparaître une vive rougeur, ses yeux   4
reflétaient la confusion et la joie (...)
PROUST, À l'ombre des jeunes filles en fleurs, Pl., t. I, p. 735.

♦ **3.** (Souvent au pluriel; 1314). Tache, plaque rouge sur la peau due à une dilatation des vaisseaux cutanés (causée par une inflammation, une brûlure, une émotion, etc.). ⇒ **Couperose, érythème, feu** (III., 2.), **inflammation, rubéfaction.** *Avoir des rougeurs aux bras, à la face...*
Quelques rougeurs foncées et mobiles couperosaient son teint blanc, jadis frais et   5
coloré.   BALZAC, la Grenadière, Pl., t. II, p. 188.

ROUGH [ʀœf] n. m. — 1932; mot angl., 1901; «terrain accidenté ou raboteux», XIVe; de l'angl. *rough,* adj., «raboteux, rude, grossier».
Anglicisme.

♦ **1.** Golf. Partie du parcours (bordant le fairway*) non entretenue et où l'herbe est plus ou moins haute.
Un coup dans le rough est naturellement plus difficile à jouer qu'un coup sur le fairway.   A. BERNARD, le Golf, 1970, p. 14.

♦ **2.** Ébauche, projet (dans les arts graphiques). *«Dessinatrice complète chef de studio, très grande expérience du rough à l'exé* (exécution) *définitive»* (Revue B à T, n° 51, janv. 1983).

ROUGIR [ʀuʒiʀ] v. — XIIe; v. intr.; de *rouge.*

★ **I.** V. intr. ♦ **1.** (XVe; *rugir,* v. 1190). Devenir rouge*, plus rouge. *«À peine* (cit. 40) *son sang coule et fait rougir la terre». Métal qui rougit au feu,* devient incandescent. *Les écrevisses, les homards rougissent à la cuisson. — Les yeux rougissent après avoir pleuré.*
Il marquait ses arbres, dit-elle. Il avait fait un feu et il y avait mis à rougir son   1
épaisse marque de fer.   J. GIONO, le Chant du monde, I, IX.
(Sujet n. de personne). Devenir rouge, avoir des rougeurs. *Rougir et peler* (cit. 2) *après un coup de soleil* (opposé à *brunir*).
Littér. Faire comme une tache rouge (choses). *«Çà et là, rougissait une fleur de nymphéa»* (cit. 2).

♦ **2.** (Personnes). Devenir rouge sous l'effet d'une émotion, d'un sentiment qui provoque un afflux de sang à la face (⇒ **Érubescence, rougissement;** → Enjoliver, cit. 1). *Rougir facilement, beaucoup. «Je le vis, je rougis, je pâlis à sa vue»* (→ Pâlir, cit. 1, Racine). *Rougir jusqu'aux yeux, jusqu'au blanc* (cit. 22) *des yeux, jusqu'aux oreilles* (→ Gauchement, cit. 2) : rougir beaucoup. ⇒ **Fard, soleil** (piquer un...). — *Devenir rouge* comme un coq, une tomate... — *Rougir de colère* (→ Horreur, cit. 3), *de fureur...; de honte, ... de confusion* (cit. 9), *de dépit* (→ Gonfler, cit. 22), *de bonheur, d'orgueil, de plaisir, de reconnaissance* (→ Compliment, cit. 5), sous l'effet de ces sentiments. Spécialt. *Rougir de pudeur. Des peintures lubriques* (cit. 1) *qui feraient rougir des capitaines de dragons.*
(...) elle rougissait comme une jeune fille, avec une fleur de pudeur qui lui met-   2
tait aux joues des tons vifs de pomme d'api.
ZOLA, l'Assommoir, V, t. I, p. 194.
(...) je rougissais comme un enfant pour un oui et pour un non.   3
G. DUHAMEL, Chronique des Pasquier, VIII, IV.
Allus. littér. (par jeu de mots entre les sens 1 et 2). *«Il en rougit, le traître».* ⇒ **Poignard** (cit. 1).
(Mil. XIIe). Fig. Éprouver un sentiment de culpabilité, de honte, de confusion. *Ce qui nous fait le plus rougir...* (→ Bassesse, cit. 18).

« *Des discours que je puis écouter sans rougir* » (→ Honnête, cit. 16). *Il n'a pas à rougir de ses actes.*
Ne rougir de rien. ⇒ **Impudent** (cit. 4). *Rougir de qqn,* avoir honte à cause de lui (→ Forcer, cit. 11).

4 Le premier malheur sans doute est de rougir de soi; mais le second est d'en voir rougir les autres.   BEAUMARCHAIS, Mémoires... dans l'affaire Goëzman, p. 195.

★ **II.** V. tr. (1552). Rendre rouge. *La lumière du couchant rougit les choses* (→ aussi Dorer, cit. 4). *Les engelures qui rougissent ses mains. Rougir la terre de son sang.* ⇒ **Ensanglanter.** (1870). *Rougir ses mains dans le sang.* — Spécialt. *Rougir une barre de fer au feu,* la chauffer au rouge. — *Rougir son eau,* y mettre un peu de vin. → ci-dessous, p. p. (2.).

5 Il suffit d'une goutte de vin pour rougir tout un verre d'eau; pour teindre d'une certaine humeur toute une assemblée de jolies femmes, il suffit de la survenue d'une femme plus jolie (...)   HUGO, Notre-Dame de Paris, II, VII, I.

6 La petite vérole, qui l'avait criblé, lui avait rougi les yeux et retourné les cils en dedans (...)
  BARBEY D'AUREVILLY, les Diaboliques, « À un dîner d'athées », p. 297.

Loc. littér. Fig. *Rougir ses mains, les rougir de sang :* commettre un, des meurtres.

▶ **SE ROUGIR** v. pron.
Devenir rouge.

7 (...) il vit le mouchoir se rougir soudain par le contact des mains qui étaient pleines de sang.   BALZAC, la Femme de trente ans, Pl., t. II, p. 798.

Spécialt. Avoir un teint de plus en plus rouge, couperosé.

7.1 *(On)* pourrait très bien se le figurer tel qu'il serait désormais, vieillissant seulement peu à peu, grossissant, se rougissant, se ridant puis se courbant (...)
  PROUST, Jean Santeuil, Pl., p. 699.

▶ **ROUGI, IE** p. p. adj.

♦ **1.** Qui est devenu rouge, a été rendu rouge. *Pampres* (cit. 1) *déjà rougis.* — *Mains rougies par les engelures* (cit. 2). *Paupières rougies* (→ Peser, cit. 20). *Yeux rougis* (de pleurs). — *Fer rougi au feu* (→ Jugement, cit. 3).
Loc. (abusif). *Rougi à blanc :* chauffé à blanc.

8 (...) il s'ouvre tout entier à la conception de son Dieu, que le feu darde sur son âme, et dont elle le pénètre comme à la pointe d'un glaive rougi à blanc.
  André SUARÈS, Trois hommes, « Dostoievski », IV.

♦ **2.** (1694). *Eau rougie,* mêlée d'un peu de vin rouge (→ Doigt, cit. 20).

9 (...) l'interdiction du vin lui était plus dure, car il n'avait droit qu'à l'eau rougie.
  R. QUENEAU, Pierrot mon ami, éd. L. de Poche, p. 137.

CONTR. Blémir, pâlir.
DÉR. Rougissant, rougissement, rougissure.
COMP. Dérougir.

ROUGISSANT, ANTE [ʀuʒisɑ̃, ɑ̃t] adj. — 1811; attestation isolée, 1555; de *rougir.*

♦ **1.** Qui devient rouge. *Feuilles rougissantes.*

♦ **2.** (Personnes; 1890). Qui rougit d'émotion. *Un jeune homme timide et rougissant.* « *Un peu confuse, rougissante (...)* » (→ Mettre, cit. 68).

ROUGISSEMENT [ʀuʒismɑ̃] n. m. — 1793; de *rougir.*

♦ **1.** Le fait de rougir. *Le rougissement du métal en fusion.* — *Un rougissement de confusion, de honte, de pudeur.*

♦ **2.** (1975). Apparence plus rouge d'une étoile lorsque son rayonnement ultraviolet est absorbé par la matière interstellaire.

ROUGISSURE [ʀuʒisyʀ] n. f. — 1846; t. de chaudronnerie, XVIIᵉ; de *rougir.*

♦ Maladie du fraisier, sorte de rouille*.

ROUI, IE [ʀwi] adj. et n. m. — 1694; p. p. de *rouir*.

♦ **1.** Adj. Qui a subi l'opération du rouissage. — (1764). Qui subit un commencement de décomposition (en parlant de matières végétales). « *L'odeur des feuilles rouies* » (Gide).

♦ **2.** N. m. (1694). *Sentir le roui :* avoir une mauvaise odeur ou un mauvais goût. « *Cette viande sent le roui* » (*in* Hatzfeld).

♦ **3.** N. m. (1798). Vx. Rouissage.

ROUILLARDE [ʀujaʀd] n. f. — 1510; de 1. *rouille* « couleur rouge ».

♦ Argot anc. Bouteille de vin rouge. — Bouteille. ⇒ 2. **Rouille.**

1. ROUILLE [ʀuj] n. f. — V. 1380; *ruil,* n. m., 1120; *roille,* n. f., XIIᵉ; du lat. pop. *robicula,* lat. class. *robigo, robiginis.*

♦ **1.** Hydroxyde de fer, rouge orangé ou brun, produit de la corrosion du fer en présence de l'oxygène de l'air et en milieu humide. *La rouille est un mélange de constituants chimiques provenant de l'oxydation de l'hydroxyde ferreux et dont le plus important, après vieillissement de la rouille, est la* lépidocrocite (variété d'hydroxyde ferrique monohydraté). *La rouille déposée sur le fer facilite la corrosion de ce métal par divers mécanismes. La rouille, substance d'un rouge brun, non adhérente au métal, pulvérulente ou en plaques.* Piqûre (cit. 7), *tache, couche de rouille. Couvert de rouille.* ⇒ **Rouillé, rubigineux.** — *Altération, destruction du fer par la rouille. La rouille attaque, corrode, ronge le fer. Rongé* (→ Éteindre, cit. 49), *piqué de rouille* (→ Fixer, cit. 2). *Peinture soulevée par la rouille* (→ Marquise, cit. 3). *Protection des objets en fer contre la rouille.* ⇒ **Antirouille, bondérisation, étamage, galvanisation, minium.** *Qui a l'aspect de la rouille.* ⇒ **Érugineux.** *Ôter, piquer la rouille.* ⇒ **Dérouiller.**

1 (...) la rouille empêchait de tourner les girouettes, qui indiquaient toutes un vent différent (...)   Th. GAUTIER, le Capitaine Fracasse, I.

2 (...) les portes des maisons s'ouvrent de nouveau, faisant crier leurs gonds mangés de rouille, comme s'il y avait une dispute de femmes.
  C.-F. RAMUZ, la Grande Peur..., III.

Par métaphore. Couleur rousse. *La rouille des bois en automne* (cit. 8; → aussi Grisaille, cit. 6). *Les rouilles de l'automne* (→ Patine, cit. 1).

♦ **2.** Adj. invar. (1849). D'un rouge-brun. ⇒ **Roux.** *Couleur rouille. Costume de sport gris et rouille.* « *Le matin, je mettrais pour l'église une robe de taffetas glacé, de couleur tendre, gris et rose, bleu et rouille, groseille et vert d'eau* » (*Journal des demoiselles,* mai 1849).

♦ **3.** (V. 1265). Fig. Ce qui empêche une fonction (la *rouille* empêchant les mécanismes de fonctionner). *La rouille de ses membres.* ⇒ **Rouiller** (p. passé).
La rouille, symbole du temps, des choses anciennes et hors d'usage :

3 Ce nom, caché depuis sous la rouille des âges,
En traits plus éclatants brillait sur tes ouvrages (...)
  LAMARTINE, Premières méditations, XXXIV.

♦ **4.** (1597). Maladie des végétaux provoquée par des champignons (*Urédinées*) et caractérisée par des taches semblables à des taches de rouille sur les tiges et les feuilles. *Rouilles brunes, noires. Rouille des céréales* ; *rouille du blé, de l'avoine, du maïs, du seigle... Rouille de la vigne.* ⇒ **Anthracnose, charbon, mildiou.** *Rouille du fraisier.* ⇒ **Rougissure.** *Rouille de la betterave.*

♦ **5.** (XXᵉ). Cuis. Ailloli relevé de piment rouge accompagnant ordinairement la bouillabaisse. *Soupe de poissons avec sa rouille.*

DÉR. Rouillarde, 1. rouiller, rouilleux.
COMP. Dérouiller, enrouiller; antirouille.

2. ROUILLE [ʀuj] n. f. — 1836; abrév. de *rouillade,* 1800, altér. de *rouillarde.*

♦ Argot. Bouteille de vin, et, spécial (par oubli de l'origine), de champagne. *Une rouille de champ'.* ⇒ **Roteuse.**

Sur le guéridon central aux pieds chantournés en volutes, la rouille embuée de fraîcheur dans son seau en métal (...)
  Albert SIMONIN, Du mouron pour les petits oiseaux, 1960, p. 21.

ROUILLÉ, ÉE [ʀuje] adj. ⇒ 1. **Rouiller.**

1. ROUILLER [ʀuje] v. — xvᵉ; au p. p., v. 1185; *roillier,* v. 1196; de *rouille.*

★ **I.** V. intr. ♦ **1.** Se couvrir de rouille. *La grille commence à rouiller.*

♦ **2.** Argot. Rester sans travailler (en parlant d'une prostituée).

0.1 Ohé, les clients (...) Pointez-vous, j'ai pas l'habitude d'attendre comme ça (...) je rouille.   Jeanne CORDELIER, la Dérobade, 1976, p. 63.

★ **II.** V. tr. ♦ **1.** (1680). Provoquer la formation de rouille sur (qqch.). *L'humidité rouille le fer.* ⇒ **Oxyder.**

♦ **2.** (Mil. XIVᵉ). Fig. Engourdir*, rendre moins adroit, moins vif (par allus. au mauvais fonctionnement des mécanismes rouillés). *L'humidité* (cit. 3) *rouille les hommes comme les fusils. L'oisiveté rouille l'esprit.* ⇒ **Ankyloser, émousser.**

▶ **SE ROUILLER** v. pron. (1547).
Se tacher, se couvrir de rouille. *Le fer et l'airain* (cit. 1) *commençaient à se rouiller. Par ellipse du pronom. L'humidité fait rouiller le fer.*

1 (...) prends bien garde que la pluie ne fasse rouiller mon épée dans le fourreau (...)   A. DE VIGNY, Cinq-Mars, VI.

Fig. (Personnes). Faire moins bien qu'avant, à cause de l'âge ou du manque d'entraînement. *Faute d'exercice, d'entraînement, cet athlète commence à se rouiller. L'esprit se rouille dans l'inaction.* ⇒ **Étioler** (s').

2 Des visages fermés s'éclairent, brillent du désir de servir, d'employer des forces, des talents qui se rouillaient et dont hier on eût presque rougi (...)
COLETTE, Belles saisons, p. 166.

▶ **ROUILLÉ, ÉE** p. p. adj. (XIVe; *roïllié*, v. 1175).

♦ **1.** Taché, couvert de rouille. *Fils de fer rouillés* (→ Moisson, cit. 4), *clou rouillé. Les blessures faites avec des objets rouillés sont dangereuses.* Girouette (cit. 3) *rouillée qui grince aigrement* (cit. 1). *Une porte aux gonds* (cit. 2) *rouillés* (→ Engourdir, cit. 12). *Grincement* (cit. 4) *d'une poulie rouillée* (→ Hisser, cit. 3). (Déb. XIIIe, *rueillé*). Littér. Couleur de rouille. *Tiges mortes et rouillées* (→ Abandon, cit. 4).

3 Aucun vent ne souffle aux eaux rouillées des bassins
Francis JAMMES, le Roman du lièvre, p. 171.

♦ **2.** Qui grince comme un objet rouillé (en parlant d'un son). *Un son lourd, rouillé* (→ Bougon, cit. 1). *Cri rouillé* (→ Grue, cit. 2). *La voix rouillée d'une horloge* (cit. 4).

♦ **3.** (XVIIIe, Saint-Simon). Fig. Qui est engourdi, qui a perdu son agilité, son adresse, faute d'entraînement. *Avoir les jambes rouillées. Mémoire rouillée faute de travail.*

4 Il semblait rouillé à côté des autres, en essayant d'imiter leurs gambades : il semblait perclus, lourd comme un roquet jouant avec des lévriers.
MAUPASSANT, l'Inutile Beauté, « Le masque ».

(1676). Vx (langue class.). Qui a perdu sa vivacité d'esprit ; embarrassé, interdit.

♦ **4.** Atteint de la rouille (1. Rouille, 5.), en parlant d'une plante. *Blé rouillé. Vigne rouillée.*

DÉR. 1. Rouillure.

2. ROUILLER [Ruje] v. tr. — V. 1131, *roellier* ; du lat. pop. *roticulare*, dér. du lat. class. *rotare* « faire tourner », de *rota* « roue ».

♦ Vx (langue class. ; jusqu'au XVIIIe). *Rouiller les yeux*, les tourner, les rouler.

DÉR. 2. Rouillure.

3. ROUILLER [Ruje] v. intr. — Mil. XXe ; de *rouillure*, même orig. que 2. *rouiller.*

♦ Techn. Pratiquer une rouillure, dans une mine. ⇒ 2. **Rouillure.**

DÉR. Rouilleuse.

ROUILLEUSE [Rujøz] n. f. — Mil. XXe ; de 3. *rouiller.*

♦ Techn. Haveuse qui fait des rouillures*. ⇒ 2. **Rouillure.**

ROUILLEUX, EUSE [Rujø, øz] adj. — XVe ; *rouleux*, 1389 ; de 1. *rouille.*

♦ Rare. Qui a la couleur (rouge) ou l'aspect de la rouille.

1. ROUILLURE [RujyR] n. f. — 1464, *roilleure* ; de 1. *rouiller.*

♦ **1.** État du fer rouillé. *Rouillure du fer.*

♦ **2.** État d'une plante rouillée (⇒ 1. **Rouille,** 4.). *Rouillure du blé.*

2. ROUILLURE [RujyR] n. f. — XXe, *in* Larousse, 1923 ; de 2. *rouiller*, lat. *roticulare*, conservé dialectalement.

♦ Techn. Coupure verticale ou dressée, dans un front d'abattage étroit, destinée à faciliter l'abattage.

ROUIR [RwiR] v. — 1552 ; *roir*, XIIIe ; du francique *rotjan*. Technique.

♦ **1.** V. tr. Isoler les fibres textiles (du lin, du chanvre) en détruisant la matière gommeuse qui les soude, par une macération dans l'eau ou par tout autre procédé. ⇒ **Rouissage.** *Rouir du lin.*

♦ **2.** V. intr. (XVIe). Subir le rouissage. *Chanvre qui rouit. Quand le lin* (cit. 1) *a roui, on lui fait subir une sorte de décortication.*

▶ **ROUI, IE** p. p. adj. et n. ⇒ **Roui.**

DÉR. Rouissage, rouisseur, rouissoir.

ROUISSAGE [Rwisaʒ] n. m. — 1706 ; de *rouir.*

♦ Techn. Action de rouir (le lin, le chanvre). *Le rouissage se fait soit en immergeant les tiges dans l'eau courante ou croupissante (parfois ensemencée de bactéries), soit en les exposant à la rosée, à la chaleur humide.*

(...) au chanvre, dont la désorganisation s'obtient par le rouissage.
BALZAC, Splendeurs et Misères des courtisanes, Pl., t. V, p. 1038.

REM. On relève la var. morphologique *rouissement* (1611) dans le même sens.

ROUISSEUR, EUSE [Rwisœr, øz] n. — 1875 ; de *rouir.*

♦ Techn. Ouvrier, ouvrière (ou entrepreneur) qui opère le rouissage*.

La vente des filasses et étoupes de teillage ne s'effectue pas directement du rouisseur-teilleur aux filateurs, mais par l'intermédiaire de courtiers (...)
Jacques LOURD, le Lin et l'Industrie linière, p. 92.

ROUISSOIR [Rwiswar] n. m. — 1549 ; de *rouir.*

♦ Techn. Lieu où l'on fait rouir le lin, le chanvre.

(...) les environs de Saint-Joseph étaient occupés par des terres à chanvre et d'infâmes *routoirs* (trous à demi pleins d'eau pour faire rouir le chanvre) ...
STENDHAL, Vie de Henry Brulard, 12.

REM. On dit aussi *routoir* (1559).

ROULABLE [Rulabl] adj. — Attesté mil. XXe ; de *rouler*, et *-able.*

♦ **1.** (De *rouler*, I.). Que l'on peut rouler.

♦ **2.** (Mal formé ; de *rouler*, II.). Sur quoi un véhicule peut normalement rouler. ⇒ **Carrossable.** *Piste roulable pour les vélos.* ⇒ **Cyclable.** *« Parties occasionnellement roulables » d'un aérodrome* (1964, *in* D. D. L.).

ROULADE [Rulad] n. f. — 1622 ; de *rouler.*

★ **I.** Ornement de chant, succession de notes chantées rapidement et légèrement sur une seule syllabe. *Faire des roulades et des trilles.*

1 Et que tu nous lançais avec la Rosina
La roulade amoureuse et l'œillade espagnole ?
A. DE MUSSET, Poésies nouvelles, « À la Malibran », IX.

(1690). Chant trillé de certains oiseaux (merle, grive, rossignol).

2 Deux heures après, j'étais réveillé par le petit oiseau de l'arbre voisin, l'oiseau de Goncourt au gosier gonflé d'eau fraîche, et dont les roulades innocentes montaient joyeusement dans le soleil.
Alphonse DAUDET, Quarante ans de Paris, XXIV.

3 Il y avait là un rossignol qui chantait en pleine lumière, le gosier risque comme si une veine s'y fût rompue ; il y avait aussi Coco Rebecque, assise près de sa mère, qui imitait ses roulades, mais si maladroitement que l'oiseau ne comprenait pas la plaisanterie et continuait avec la même conviction (...)
GIRAUDOUX, Provinciales, p. 131.

★ **II.** (1778). Tranche de viande, de poisson, roulée et garnie.

★ **III.** (Mil. XXe). Sport. Mouvement qui consiste à s'enrouler sur soi-même (autour de l'axe de largeur), en avant ou en arrière, dans les exercices au sol ou sur la poutre. *Faire des roulades au tapis. Roulade avant, arrière.* — *Roulade dorsale* (au volley-ball).

DÉR. (De I.) Roulader.

ROULADER [Rulade] v. intr. — 1888, Daudet ; de *roulade.*

♦ Rare. Faire des roulades ; chanter* en faisant des roulades (I.).

ROULAGE [Rulaʒ] n. m. — 1567 ; de *rouler.*

♦ **1.** Vx ou dr. Action de rouler (en parlant des véhicules). *Le roulage des voitures.* ⇒ **Roulement.** *Police de roulage,* ancienn. appellation de la police de la route, de la réglementation routière.

♦ **2.** Transport de marchandises par des voitures hippomobiles (⇒ **Roulier**) ou automobiles (⇒ **Camionnage ; routier**). *Entreprise de roulage. Roulages publics* (→ Entrepreneur, cit. 5). Vx. *Auberge de roulage* (→ Nœud, cit. 30).

1 (...) l'hôtel Graslin se meublait richement, des voitures de roulage venues de Paris se succédaient de jour en jour à la porte et se déballaient dans la cour.
BALZAC, le Curé de village, Pl., t. VIII, p. 554.

Par ext. Le siège de cette entreprise.

(1875). Transport souterrain du charbon dans une mine* (→ Extraction, cit. 2). *Le roulage du charbon. Galerie* (cit. 13) *de roulage.*

2 Ses mains, durcies par le roulage, empoignaient sans fatigue les montants, trop gros pour elles.
ZOLA, Germinal, II, t. II, p. 24.

3 Le roulage manuel subsiste encore dans quelques petites mines où il est effectué par des apprentis (...) Dans les autres mines, le roulage s'effectue à l'aide de chevaux, ou de locomotives, par trains ou wagonnets séparés.
Jean ROMEUF, le Charbon, p. 63.

Mod. *Manutention par roulage,* et, ellipt, *roulage :* manutention de marchandises par des engins roulants qui passent directement à travers des portes de chargement pratiquées dans la coque d'un navire.

♦ **3.** (1842). Opération par laquelle on passe des labours au rouleau* afin de briser les mottes (⇒ **Émottage**), pour aplanir les obstacles et, après l'ensemencement, pour tasser la couche superficielle (⇒ **Plombage**). *Labourages, hersages et roulages* (→ Jachère, cit. 2).

4 (...) les domestiques n'y réservaient plus pour l'après-midi les occupations à peu près silencieuses, plumage des poulets, roulage du gazon (...)
GIRAUDOUX, Églantine, p. 7.

ROULAISON [Rulεzɔ̃] n. f. — 1839 ; de *rouler*.

♦ Techn. Ensemble des travaux dans la fabrication du sucre.

ROULANT, ANTE [Rulɑ̃, ɑ̃t] adj. — xve ; de *rouler*.

★ **I.** ♦ **1.** Qui roule. *Fauteuil, lit roulant*, munis de roulettes qui permettent de les déplacer* aisément. *Table roulante*, à roulettes, et, spécialt, table servant de desserte, de bar, etc. *Cuisine roulante* (→ Patate, cit. 2). ⇒ **Roulante.** *Cabines roulantes :* autrefois, Cabines de bain mobiles qui transportaient les baigneurs jusqu'à l'eau. *Échoppe* (→ Rémouleur, cit.) *roulante. Caisse* roulante. Panier roulant*, pour transporter des marchandises, des paquets dans les gares, les postes, les grands magasins...

1 Je n'ai jamais aperçu au coin d'un bois la hutte roulante d'un berger, sans songer qu'elle me suffirait avec toi. CHATEAUBRIAND, les Martyrs, t. I, p. 345.
2 Les cabines roulantes, attelées d'un cheval, remontaient aussi (...)
MAUPASSANT, Pierre et Jean, V.
3 Les cuisines roulantes et les voitures tintinnabulantes qui les suivent avec leur bric-à-brac de matériel, les voitures à croix rouge, les camions, les fourragères, le cabriolet du vaguemestre. H. BARBUSSE, le Feu, I, V.

Vx. **CHAISE ROULANTE :** véhicule à deux roues, pour un passager, poussée ou tirée à main d'homme (opposé à *chaise à porteurs*). → Nonchalant, cit. 2.

(1862, *Année sc. et industr.* 1863, p. 79). **MATÉRIEL ROULANT** (des chemins de fer) : ensemble des locomotives, tenders, locotracteurs, voitures, wagons, autorails, remorques (opposé à *matériel fixe*). — Se dit du matériel qui roule, sert au transport dans une entreprise quelconque.

4 Ils avaient passé quelques jours à fourbir le matériel roulant (...)
G. DUHAMEL, les Compagnons de l'Apocalypse, XIX.
4.1 (...) il s'occupait surtout du matériel roulant, camions, tombereaux, wagonnets, brouettes, diables. M. AYMÉ, Travelingue, p. 34.

(1939). *Le personnel roulant*, ou fam., *les roulants*, n. m. pl. : les «agents de conduite». «(...) *c'était une grève catégorielle, menée par cette aristocratie du rail que sont les agents de conduite (les "roulants", en langage de métier)* » (*le Point*, 9 oct. 1972).
4.2 À l'observation qui leur en était faite, les gens du personnel roulant se bornaient à répondre que la circulation était plus difficile qu'à l'ordinaire.
M. AYMÉ, Travelingue, p. 104.

N. m. Employé des postes chargé d'accompagner et de trier le courrier dans les trains.

♦ **2.** (1907). Se dit de surfaces animées d'un mouvement continu par glissement sur des rouleaux, des galets, et servant à transporter, déplacer d'un point à un autre. *Trottoir roulant, escalier roulant ou mécanique.*
Dans l'industrie, se dit des appareils de manutention continue. ⇒ **Transporteur.** *Tapis* roulant ou ruban mécanique. ⇒ **Convoyeur.** *Pont roulant.* ⇒ **Pont** (cit. 13). — *Serviette roulante, essuie-main roulant* (formant une bande continue qui roule sur un cylindre de bois).

5 Avant de quitter le bureau pour aller déjeuner, je me suis lavé les mains. À midi, j'aime bien ce moment. Le soir, j'y trouve moins de plaisir, parce que la serviette roulante qu'on utilise est tout à fait humide ; elle a servi toute la journée.
CAMUS, l'Étranger, I, III.

♦ **3.** (1751). Milit. **FEU ROULANT** : feu de tir continu*. *Le feu roulant de la mousqueterie* (cit. 1). — Fig. *Un feu roulant d'épigrammes* (cit. 8), *de paradoxes.* ⇒ **Feu** (1. Feu, cit. 54).

★ **II.** (1883 ; de *se rouler*, se tordre de rire). Fam. Très drôle, volontairement comique. ⇒ **Bidonnant, crevant, tordant.** *C'est roulant ! Il était roulant.*

★ **III.** N. **A.** N. m. ♦ **1.** (Av. 1850). Vx (argot anc.). *Le roulant vif :* le chemin de fer (attesté chez Balzac).

♦ **2.** (1875). Vx ou régional. Nomade vivant et se déplaçant dans une roulotte*.

♦ **3.** (xxe). Employé faisant partie d'un personnel roulant. → ci-dessus I., 1.

B. N. f. (xxe ; Dorgelès, *in* G. L. L. F.). Vx. Prostituée.

DÉR. Roulante.

ROULANTE [Rulɑ̃t] n. f. — 1933 ; *cuisine, marmite roulante*, 1877 ; «charrette», 1566 ; de *roulant*.

♦ **1.** Fam. Cuisine roulante. ⇒ **Cantine.**

1 À dix heures, les roulantes distribuaient la soupe que, deux par deux, au commandement, les hommes recevaient dans des gamelles.
Francis CARCO, les Belles Manières, p. 104.
2 On coupait à la routine militaire (...) On ne dépendait pas de la roulante. Nous avions le privilège de faire notre popote nous-mêmes (...)
B. CENDRARS, la Main coupée, Œ. compl., t. X, p. 131.

♦ **2.** (xxe, *in* Larousse, 1933). Math. Courbe mobile roulant sur une courbe fixe (⇒ **Roulement,** 1.).

HOM. Fém. de *roulant*.

ROULE [Rul] n. m. — 1870 ; du lat. *rotulus.* → Rôle.
Technique.

♦ **1.** Partie d'un tronc d'arbre, bois propre à être débité.

♦ **2.** (1904). Rouleau de carrier, de tailleur de pierres.

♦ **3.** Techn. (Textile). Mandrin d'enroulement «avec matière enroulée au large» (AFNOR). *Dispositif destiné à présenter une matière en roules.* ⇒ **Enrouleur.** *Enrouleur à roule montant commandé.*

ROULÉ, ÉE [Rule] adj. ⇒ **Rouler** (p. p. adj., I.). — N. m. ⇒ **Rouler** (p. p. adj., I., 4. et II., 1.). — N. f. ⇒ **Rouler** (p. p. adj., II., 2.).

ROULEAU [Rulo] n. m. — 1530 ; de *rôle**, et de *rouler*.

★ **I.** (1315, *rollei* ; dimin. de *rôle*. → Rôle). ♦ **1.** Bande enroulée de forme cylindrique. *Rouleau de parchemin, de papier.* ⇒ **Rôle.** *Dérouler* (cit. 1) *un grand rouleau. Rouleau de papier peint :* rouleau de papier à tapisser vendu dans le commerce. *Papier* (cit. 8) *à sept sous le rouleau. Rouleau de tissu. Rouleau de gaze* (cit. 5), *de pansements. Rouleau de pellicules photographiques.* ⇒ **Bobine.** *Rouleau de 20, de 36 photos. Donner un rouleau à développer.* — *Rouleau perforé d'une boîte à musique, d'un pianola. Rouleau de cire des premiers phonographes.* ⇒ **Cylindre.**

1 Le Grec lui arracha des mains un rouleau de papyrus chargé d'écritures phéniciennes. FLAUBERT, Salammbô, XII.

Didact. Représentation d'une bande à demi déroulée portant des caractères écrits et partant de la bouche d'un personnage. ⇒ **Phylactère.** — Écriteau, bande aux extrémités enroulées, portant une inscription.
Serviette à musique souple, qui peut se rouler avec les partitions qu'elle renferme.

(1828, *in* D.D.L. ; du rouleau écrit). Loc. **ÊTRE AU BOUT DE SON ROULEAU, DU ROULEAU :** n'avoir plus rien à dire ; spécialt. n'avoir plus d'argent, plus d'énergie, de ressources ; être épuisé ; être à la fin de sa vie.

2 À force de conter, je suis arrivée au bout de mon rouleau ; j'ai dit tout ce que je savais. Th. GAUTIER, la Mille et deuxième Nuit, p. 283.
3 — Je n'aurais jamais cru que j'arriverais au point d'admettre que je puisse recevoir de l'argent de ma nièce, dit-il. Eh bien, oui, je te promets que, si un jour je me trouve tout à fait à la fin de mon rouleau — mais alors seulement — je me tournerai vers toi (...) MONTHERLANT, les Célibataires, II, VI.
3.1 Papa est presque au bout de son rouleau (...)
Hervé BAZIN, Cri de la chouette, p. 170.

♦ **2.** Cylindre formé par une chose enroulée ; forme cylindrique. *Le cigare est un rouleau de tabac. Rouleau de réglisse. Rouleau de cordages* (cit. 2).
(1843). Cheveux enroulés. *Rouleau en-dessus, en-dessous.*

4 Ses cheveux encadraient de leurs rouleaux légers cette figure que vous connaissez (...) BALZAC, Honorine, Pl., t. II, p. 313.

Rouleau de pièces, de louis : pièces, louis empilés et enroulés dans du papier (→ Ranger, cit. 1). *Rouleau de pièces de vingt francs* (→ Envelopper, cit. 1).

5 (...) la cuisinière entrant déposa sur la cheminée un petit rouleau de papier bleu, de la part de M. Derozerays. Emma sauta dessus, l'ouvrit. Il y avait quinze napoléons. FLAUBERT, Mme Bovary, II, XII.

(1910). Grosse lame qui brise sur une plage (et qui a cette forme). ⇒ **Barre.** *Faire du surf sur un rouleau.*

(1930, *in* Petiot ; adapt. de l'angl. *roll*, dans *western roll* — 1912, et en franç., 1924, A. Obey —, traduit par *rouleau californien*). Sports. Technique de saut en hauteur selon laquelle le corps tourne autour d'un axe proche de l'horizontale. *Rouleau ventral, dorsal, costal. Rouleau « Fosbury ».* ⇒ **Fosbury-flop.**

6 J'installai là un sautoir en hauteur, des piquets de but. C'est là que j'appris à sauter, à la façon d'alors, en ciseaux, car on ignorait encore le rouleau dorsal ou ventral. Raymond ABELLIO, Ma dernière mémoire, t. I, p. 157.

★ **II.** (1328, *roliel* ; de *rouler*). ♦ **1.** Cylindre allongé que l'on roule. *Rouleau à pâtisserie :* cylindre de bois, parfois terminé par des poignées aux deux extrémités, servant à abaisser la pâte. *Pâte sous le rouleau* (→ Farine, cit. 4). *Abaisser, étendre la pâte au rouleau.* ⇒ **Biller.** *Rouleau émotteur pour concasser le sucre.*

(xve). Morceau de bois cylindrique que l'on glisse sous des objets très lourds pour les déplacer plus aisément en les poussant. *Rouleau de carrier.* ⇒ **Roule.** *Rouleau cannelé de baratte* (→ Malaxage, cit.). *Rouleau armé de pointes.* ⇒ **Boucharde.** — (1964). *Transporteur à rouleaux.* ⇒ **Transporteur.**

(1606). Instrument cylindrique que l'on roule sur le sol en le faisant tirer par des chevaux ou un tracteur. ⇒ **Roulage** (3.). *Rouleau lisse, rouleau plombeur,* composé de cylindres mobiles bout à bout sur un axe, qui sert à aplanir et tasser la terre, les labours. *Rouleau brise-mottes, rouleau herseur,* fait de disques dentés en fonte, de taille inégale, mobiles, rangés parallèlement sur l'axe, qui sert à briser les mottes et à aplanir. ⇒ **Brise-mottes, croskill.** *Rouleau utilisé pour égrener.* ⇒ **Dépiquage** (→ Battage, cit. 1).

(1878). **ROULEAU COMPRESSEUR :** cylindre de fonte pour aplanir le macadam. (S'est dit au fig. de l'armée russe, au début de la guerre de 1914-18). Syn. (vx) : *cylindre à vapeur.*

7   Un souffle d'air, en passant, ou les vibrations d'un rouleau compresseur dans l'avenue voisine faisaient crouler des pans entiers.
                                         J.-M. G. LE CLÉZIO, la Fièvre, p. 156.

(1870). *Rouleau d'imprimerie* ou *rouleau encreur :* cylindre encré que l'on passe sur les formes (→ Composer, cit. 11 ; pédaler, cit. 1). — *Rouleau de peintre en bâtiment :* instrument servant à appliquer la peinture en roulant un cylindre enduit sur la surface à traiter. *Le rouleau laisse moins de traces que le pinceau.* — *Rouleau masseur :* rouleau garni de caoutchouc, utilisé pour les massages. — Par ext. *Rouleaux* (n. m. pl.) : appareil triturant de culture physique, fait d'un assemblage de rouleaux mus électriquement. ⇒ **Vibromasseur.**

♦ **2.** Objet cylindrique destiné à recevoir ce qui s'enroule.

[a] *Rouleau de carte :* perche arrondie pour rouler les cartes de géographie.

[b] *Rouleau à mise en plis :* bigoudi cylindrique pour enrouler les cheveux.

[c] (1883). Mar. Sur les navires à voiles, cylindre en bois dur, pour faciliter les mouvements des câbles ou amarres. *Filer les amarres sur les rouleaux* (→ Chalut, cit. 1).
Bôme à rouleau, permettant de réduire la surface d'une voile bômée sans recourir aux ris* traditionnels. *Prendre trois tours de rouleau dans la grand-voile. Foc à rouleau,* muni d'un dispositif analogue (draille rigide autour de laquelle s'enroule la voile).

[d] Cylindre ayant une fonction particulière, dans la fabrication des tissus. *Rouleau presseur,* qui presse le coton brut battu avant cordage. *Rouleau d'appel,* qui entraîne le tissu vers le *rouleau toilier,* sur lequel le tissu fabriqué s'enroule. *Rouleau exprimeur,* qui enlève l'excédent de colle sur les fils de chaîne. *Rouleau d'entraînement montant.* ⇒ **Roule.** *Rouleaux d'un métier à tisser.* ⇒ **Déchargeoir.** *Rouleau d'appel et ensouple* sur lesquels sont tendus les fils de chaîne.*

[e] *Rouleau d'une machine à écrire :* cylindre qui reçoit la feuille.

♦ **3.** (1800, *in* D. D. L.). Techn. Vase, fiole cylindrique.

♦ **4.** (1902). Sports. Cylindre protecteur, tournant librement, adapté à la roue arrière d'une moto, pour les courses cyclistes sur piste derrière moto.

DÉR. Rouleauté.

ROULEAUTÉ, ÉE [Rulote] adj. — 1819 ; de *rouleau.*

♦ Cout. ⇒ **Roulotté.**

ROULÉ-BOULÉ [Rulebule] n. m. — V. 1950 ; de *rouler,* et *bouler.*

♦ Culbute par laquelle on tombe en se roulant en boule pour amortir le choc. *Les roulés-boulés d'un parachutiste.*

Alors le patron il nous montre tout ça, chez nous, à l'hôtel, il nous fait escalader la maison, il nous fait marcher sur le toit la nuit, ça s'appelle faire un roulé-boulé.
                                         J.-M. G. LE CLÉZIO, Désert, 1980, p. 322.

ROULÉE [Rule] n. f. — 1771 ; p. p. de *rouler,* au féminin.

♦ **1.** Techn., régional. Filet en nappe, pour la pêche à la lamproie.

♦ **2.** Littér. Chose, forme roulée et déroulée.

Et toute une série admirable de ses tableaux déroulait le soir, ses incendies, ses roulées de nuages de rubis sur un horizon d'or (...)
                                         Ed. et J. DE GONCOURT, Manette Salomon, p. 269.

HOM. Roulé (p. p. de *rouler*).

ROULEMENT [Rulmã] n. m. — 1538 ; de *rouler.*

♦ **1.** Action de rouler. ⇒ **Rouler** (II., 1. et 2.). *Le roulement des voitures déforme les chaussées.*
Mouvement de ce qui roule. *Le roulement d'une bicyclette.*

0.1   Le roulement était moelleux et parfait, grâce à d'épais pneumatiques garnissant les roues silencieuses, dont les fins rayons métalliques semblaient nickelés à neuf.
                                         Raymond ROUSSEL, Impressions d'Afrique, p. 53.

1   Le terrain ne montait ni ne descendait. L'état satisfaisant de la voie favorisait le roulement. Le vent, soufflant de côté, ne gênait pratiquement pas le cycliste (...)
                                         A. ROBBE-GRILLET, le Voyeur, p. 103.

Couche de roulement : revêtement superficiel d'une route.

(1960). *Chemin de roulement :* voie reliant l'aire de stationnement à la piste d'envol, et empruntée par les avions roulant au sol, sur un aérodrome.
Chemin de roulement de tourelle : mécanisme à roulement à billes (→ ci-dessous) qui permet à la tourelle d'un char de pivoter. —

(1964). *Train de roulement d'un engin chenillé,* qui assure la progression du véhicule.

Géom. Déplacement d'une courbe (⇒ **Roulante**) sur une courbe fixe, lorsque les deux courbes restent constamment tangentes et que le point de contact parcourt en même temps des arcs égaux sur l'une et l'autre. — Tout point de la courbe qui se déplace, décrit une courbe épicycloïde*. *Roulement d'une courbe sur une droite,* où chaque point de la courbe décrit une courbe cycloïde. ⇒ **Roulette.** (Se dit aussi des surfaces).

(1907). **ROULEMENT À BILLES :** mécanisme destiné à diminuer les frottements entre des pièces roulant l'une sur l'autre, et qui consiste en billes d'acier insérées entre les organes flottants. *Bicyclette, patins à roulement à billes, montés sur roulement à billes.* — *Roulement à rouleaux coniques, à aiguilles* (au lieu de billes). *Galets de roulement.*

1.1   Les cheminées d'usines de la plaine lombarde remplaçaient les cyprès du lac de Côme (...) Milan amorçait une nouvelle Italie industrielle ; à quoi bon tant de pneumatiques, de roulements à billes, d'industries idiotes ? Je vends le dos tourné à l'avenir (...)   Paul MORAND, Venises, p. 30-31.

♦ **2.** (1843). Bruit de ce qui roule, bruit sourd et prolongé. *Roulements de voitures, de charrettes* (→ Bruit, cit. 5 et 9), *de tramways.* — Bruit de ce qui roule. *Les roulements d'un tonnerre lointain* (→ Orage, cit. 1) ; *des roulements dans le ciel* (→ Bourrasque, cit. 5). *Roulement sourd* (→ 1. Foudre, cit. 5), *confus* (→ Bourdonnement, cit. 8).

2   (...) le roulement des voitures au-dessus de sa tête, étant devenu de continu intermittent (...)   HUGO, les Misérables, V, III, IV.

3   (...) il y avait une espèce de roulement comme quand le tonnerre gronde au lointain sur place (...)   C.-F. RAMUZ, la Grande Peur..., XVI.

(1732). **ROULEMENT DE TAMBOUR.** ⇒ **Battement, batterie** (→ Caisson, cit. 1 ; cuivre, cit. 9 ; draper, cit. 12).

♦ **3.** (1875). Mouvement de ce qui tourne. *Roulement d'yeux* (Molière, *le Misanthrope,* I, 1). *Roulement de hanches* (cit. 8 ; → Danse, cit. 2).

♦ **4.** (1842). Action de circuler, de servir, en parlant de l'argent. ⇒ **Circulation.** *Roulement des capitaux* (→ Propriété, cit. 15). *Fonds* de roulement.*

4   Beaudenord, gêné dans ses dix-huit mille livres de rente, sentit la nécessité de créer ce que nous appelons aujourd'hui le *fonds de roulement.*
                                         BALZAC, la Maison Nucingen, Pl., t. V, p. 610.

♦ **5.** (1819). Alternance de personnes qui se relayent, se remplacent* dans un travail, une fonction (⇒ **Alterner**).

5   Établir auprès d'un moribond un roulement régulier de deux équipes qui se reposeraient à tour de rôle.   MARTIN DU GARD, les Thibault, t. IV, p. 155.

6   (...) ils parlaient de la « semaine de quarante heures » et proposaient, dans les entretiens dont le patron se trouvait soigneusement exclu, d'organiser un « roulement » en ce qui concernait le travail nocturne (...)
                                         G. DUHAMEL, les Compagnons de l'Apocalypse, XV.

7   (...) ils avaient établi entre eux un roulement qui assurait à chacun, outre les permissions réglementaires, une semaine de liberté, par mois.
                                         S. DE BEAUVOIR, la Force de l'âge, 1960, p. 34.

(1835). *Roulement des cours et tribunaux,* permettant aux magistrats d'un même tribunal de passer successivement, au cours d'une année, dans chacune des sections qui le compose.

(Déb. xxe). **PAR ROULEMENT :** à tour de rôle. *Ils travaillent de nuit par roulement.*

♦ **6.** (V. 1960). Plan de travail d'un ensemble d'agents de la fonction publique ou de représentants de certaines professions, établi pour assurer un service continu. *Le roulement des agents de police, des pharmaciens de garde.*

ROULER [Rule] v. — 1409 ; *r:oueller,* 1180 ; de *rouelle* « roue », et confondu avec les dér. du lat. **rotulare* (anc. provençal *rollat,* v. 1300) ; du lat. *rotella.* → Rôle.

★ **I.** V. tr. ♦ **1.** Déplacer (un corps arrondi) en le faisant tourner sur lui-même. *Rouler un tonneau. Rouler des troncs d'arbres, du bois* (→ Couper, cit. 1). *La pierre revient sur celui qui la roule* (→ Creuser, cit. 10). *Sisyphe condamné à rouler sa pierre.*

1   Les dieux avaient condamné Sisyphe à rouler sans cesse un rocher jusqu'au sommet d'une montagne d'où la pierre retombait par son propre poids.
                                         CAMUS, le Mythe de Sisyphe, p. 163.

Fig. *Rouler sa bosse* (1875 ; semble avoir remplacé *rouler son corps,* ci-dessous) : voyager beaucoup, avoir l'expérience d'un acquiert dans les tribulations d'une vie aventureuse (→ Rouletabosse, II.).

2   Le cousin Bruyère avait pas mal roulé sa bosse, c'était l'expression de grand-père. A vrai dire Guy ne comprenait pas comment on pouvait dire ça du cousin Bruyère. D'abord il n'était pas bossu. Et puis on ne le voyait pas se roulant comme un clown.   ARAGON, les Cloches de Bâle, I, VI.

(1781). Vx. *Rouler son corps* (même sens que *rouler sa bosse*).

2.1   (...) que je veille ou que je dorme, que je roule mon corps d'un faubourg à un autre (...) ma tête et mon cœur sont toujours ici.
                                         FRANCIS et DARTOIS, la Marchande de goujons, 1821, *in* D. D. L., II, 15.

(Sujet n. de chose). *Rivière qui roule des galets.* « *Roule, roule ton flot* (cit. 4) *indolent, morne Seine* » (Verlaine). *Le vent, le ciel roule des nuages* (cit. 1). → Charger, cit. 29.

3   Le fleuve à grand bruit roule un flot rapide et jaune (...)
                                  HUGO, la Légende des siècles, X, II.

Géol. Transporter (des matériaux rocheux), en parlant d'un courant d'eau. ⇒ **Roulé** (ci-dessous).

3.1   (...) ils *(des os humains fossiles)* ont été *roulés,* selon l'expression des géologues, c'est-à-dire transportés par un courant d'eau rapide, qui les a brisés en les *roulant* le long du trajet.   L. FIGUIER, Année sc. et industr., 1865, p. 269 (1864).

♦ **2.** Faire avancer, déplacer (un objet muni de roues, de roulettes). *Rouler un chariot, une brouette.* — Absolt. Faire le roulage* à la main (→ Haveur, cit. 2). — *Pompiers* (1. Pompier, cit. 1) *roulant et poussant leurs appareils. Elle roula la table sur la terrasse* (→ Piqueter, cit. 1).

4   Si l'herbe est agitée ou n'est pas assez haute,
    J'y roulerai pour toi la Maison du Berger.
           A. DE VIGNY, Poèmes philosophiques, « Maison du berger », I.

5   Les époux, pour ne point rester face à face, roulaient dès le matin, dans la salle à manger, le fauteuil de la pauvre vieille.   ZOLA, Thérèse Raquin, XXVI.

Déplacer (qqn) dans une machine à roues, à roulettes. *Des nurses* (cit.) *roulaient des bébés dans des voitures.* — (En parlant d'un engin de locomotion). Transporter (qqn, qqch.).

5.1   De nouveau le train roulait Herbillon vers la ligne de combat.
                                  J. KESSEL, l'Équipage, p. 155.

Loc. Faire rouler (un véhicule).

(1709). *Rouler carrosse :* avoir un carrosse à soi. (1837). Fig. Avoir les moyens de tenir grand train de vie. Par ext. Vivre dans l'aisance (→ Carrosse, cit. 3). — REM. L'expression initiale (1690) était *faire rouler un (le) carrosse* « avoir une voiture à soi ».

♦ **3. ROULER** (qqch., qqn) DANS... : rouler de manière à recouvrir, à enduire toute la surface. *Rouler des beignets, des croquettes dans la farine, une pêche dans du sucre.* ⇒ **Enrober.** *Rouler un nouveau-né* (cit. 4) *dans un lange.* ⇒ **Enrouler, envelopper.** — Par métaphore. *Rouler les papes dans leurs ruses* (→ Normand, cit. 2).

6   (...) une jolie petite fille, toute roulée, à cause du froid, dans un plaid quadrillé, et qui regagnait le pays (...)   Charles NODIER, Contes, « Fée aux miettes », XI.

Loc. fam. *Rouler (qqn) dans la farine* (cit. 9), le duper. *Se faire rouler dans la farine :* être abusé. → ci-dessous Rouler quelqu'un.

♦ **4.** (1553 ; lat. *rotulare*). Tourner (qqch.) autour d'un axe (concret ou imaginaire) ; mettre (qqch.) en rouleau. *Rouler un pansement autour d'un bras ; rouler une bande molletière. Rouler une mèche de cheveux sur un bigoudi ; du fil sur une bobine. Rouler un parchemin, un message* (→ Griffonner, cit. 6), *un journal, une gravure...* (⇒ **Plier**). *Rouler un tapis, un store.* — *Rouler un parapluie,* lorsqu'il est fermé, rouler le tissu autour du manche. — (1904). Mar. *Rouler la toile :* serrer la voile sur la vergue, sur la bôme. — *Rouler ses manches pour les retrousser*. — *Rouler en cornet, en corde* (⇒ **Corder**).

7   — Docteur, dit le Padre, donnez-moi un cigare.
    — Ignorez-vous, Padre, que mes cigares ont été roulés sur leurs cuisses par les filles de la Havane ?   A. MAUROIS, les Silences du colonel Bramble, XIX.

8   Ils ont posé leurs vestons sur le dos de leurs chaises et roulé les manches de leurs chemises au-dessus de leurs coudes.   SARTRE, Huis clos, 5.

Rouler une cigarette, la confectionner en serrant le tabac dans une feuille de papier (papier à cigarettes) que l'on enroule. *Rouler ses cigarettes à la main, au moule.* Fam. *Tu t'en roules une* (→ ci-dessous, Roulé, p. p., II., 2., c) *ou tu préfères une toute cousue?* (→ Coudre, cit. 7). Absolt. *Tabac à rouler. Apprendre à rouler.* — Au p. p. (et aussi jeu de mot avec *roulé,* I., 3.) :

8.1   — Si vous les aimez bien roulées (...) intervint le haut-parleur (...) *papier à cigarettes O... C... B ! ! !*   René FALLET, le Triporteur, p. 358.

Mettre en boule. *Rouler de la farine, de la semoule à la main* (→ Couscous, cit. 1). *Rouler des chaussettes pour les ranger.*

9   Il (...) roula son journal en boule, le jeta à la tête d'Aurelle et continua.
                  A. MAUROIS, les Discours du Dr O'Grady, IV.

♦ **5.** Faire tourner sur soi-même, imprimer un mouvement circulaire, rotatoire à. *Rouler les épaules, les hanches en marchant. Rouler les yeux,* les mouvoir en tous sens (→ Appréciation, cit. 2 ; difficulté, cit. 14). *Roulant des yeux éplorés* (→ Mordre, cit. 24). *Dogues* (cit. 2) *qui roulent leurs prunelles.*

10   Elle (...) fait la moue pour montrer une petite bouche, et roule les yeux pour les faire paraître grands.   MOLIÈRE, Critique de l'École des femmes, 2.

10.1   Nous sommes des bandits... Nous allons faire peur aux bonnes gens... il grince des dents et roule des yeux féroces d'assassin de film muet...
                    N. SARRAUTE, le Planétarium, p. 135.

Loc. fam. *Rouler les mécaniques :* « rouler » les épaules ; par ext. prendre une attitude physique avantageuse, faire le fier-à-bras. *Rouler sa caisse* (même sens). Absolt. *Qu'est-ce qu'il roule !* ⇒ **Rouleur** (de mécaniques).

(1869). *Se rouler les pouces :* se tourner les pouces* en signe d'oisiveté. — Fam. *Se les rouler :* ne rien faire. *Si tu crois que je vais travailler pour toi pendant que tu te les roules !*

11   Ils se les roulent toute la journée à l'arrière, et ils ne sont pas fichus de monter à l'heure.   H. BARBUSSE, le Feu, I, II.

11.1   — Et vous là-bas ? Qu'est-ce que vous foutez ? Vous vous les roulez ?
                    R. QUENEAU, Loin de Rueil, p. 164.

Trans. ind. *Rouler des épaules, des hanches.*

12   Il avait des dents éclatantes, une ombre de moustache comme au pinceau, et roulait légèrement des hanches en marchant.   ARAGON, les Beaux Quartiers, I, VII.

Par métonymie (de *rouler sa langue*). Très fam. *Rouler un patin, une pelle* (cit. 7) *à qqn,* lui faire un baiser profond.

♦ **6.** (1656). Fig., littér. Tourner et retourner (qqch.) dans son esprit. ⇒ **Méditer.** *Rouler un projet dans sa tête. Rouler de tristes* (→ Distraction, cit. 4), *de profondes pensées.*

13   *(Elle)* prit la vie en grand dégoût et roula dans sa charmante tête les projets les plus sinistres.   Th. GAUTIER, Fortunio, XIII.

♦ **7.** [a] Vx. (1471). *Rouler qqn,* le battre (⇒ **Roulée**).

[b] (1850). Mod. Exploiter (qqn) en le trompant ; influencer à sa volonté. ⇒ **Avoir, berner, duper, posséder.** *Il a roulé ses associés.*

14   Nom de Dieu ! s'être fait rouler ainsi, se laisser foutre à la porte de chez soi, en un tour de main ! ah ! non, par exemple, on allait voir !   ZOLA, la Terre, IV, VI.

15   Tu es encore trop petite pour rouler un vieux de la vieille.
                J. RENARD, Poil de Carotte, La mèche.

Spécialt. Voler (qqn). *C'est bien trop cher ! vous vous êtes fait rouler.*

15.1   Est-ce que vous croyez que j'ai fait une bonne affaire ? Est-ce que ce n'est pas encore moi qui suis roulé, puisque monsieur est incapable de me donner un acompte de 1 000 francs ?   GORON, l'Amour à Paris, t. II, p. 648.

♦ **8.** (1895). Faire vibrer longuement. *Rouler les r* (→ Habituel, cit. 2). *Les Méridionaux, les Bourguignons roulent les r.*

16   L'air chassé des poumons fait vibrer un organe (ou une partie d'un organe) qui prend, perd et reprend successivement une même position. La pointe de la langue, s'approchant du palais en arrière des dents d'en haut, puis s'éloignant, et ainsi de suite, produit l'*r roulé* (...) L'*r roulé* du latin et de l'ancien français disparaît progressivement depuis le XVIIe siècle : il est aujourd'hui paysan ou tout au moins provincial.   BRUNEAU, Précis de grammaire historique, p. 9.

♦ **9.** (1680). Agric. Aplatir, passer (qqch.) au rouleau. *Rouler une pâte feuilletée.* — *On roulait les avoines* (→ Fauchaison, cit.). ⇒ **Roulage ;** émotter, rabattre. *Rouler un terrain de tennis.*

♦ **10.** Arbor. Se dit du vent, de la neige, etc., qui par l'effort imposé à l'arbre, provoque la roulure* (I., 2.).

17   (...) il parlait des arbres *roulés* par le vent, dont on peut extraire le cœur comme un crayon ; il critiquait l'administration de la forêt (...)
              MONTHERLANT, les Célibataires, II, IX.

♦ **11.** Fam. Vx. Parcourir ; traîner dans... « *Las de rouler les ateliers* (il s'agit d'un modèle)... » (Zola, *l'Œuvre,* p. 197).

★ **II.** V. intr. (XIVe ; *roueler,* v. 1170). ♦ **1.** Avancer en tournant sur soi-même, les deux mouvements étant dans le même plan. *Balle, anneau, pièce d'or qui roule* (→ Noir, cit. 35). *La bille roulait de plus en plus vite sur la pente. Laisser rouler une balle* (→ Calculer, cit. 7). — Fig. *Laisser rouler la boule*. — *Faire rouler un cerceau. Pierre qui roule sous les pieds.* ⇒ **Ébouler** (s'). Prov. *Pierre qui roule n'amasse pas mousse** (1. Mousse, cit. 4). *La tête des décapités, des guillotinés, roule dans le panier de son. Goutte d'eau qui roule sur une vitre.* ⇒ **Couler, glisser.** *Larmes brûlantes* (cit. 3) *qui roulent sur les joues.* — (En parlant de ce qui n'est pas arrondi, et effectue un mouvement tournant d'une face sur l'autre). *Dés, cubes qui roulent quand on les lance* (→ Former, cit. 29). « *Et les trônes roulant comme des feuilles mortes...* » (Hugo ; → Disperser, cit. 9).

18   (...) le ciel prit une couleur d'orage, un vent soudain courba les branches, et de grosses gouttes de pluie roulèrent dans la poussière.
              ALAIN, Propos, 25 avr. 1909, Mouflons.

(Personnes). Tomber et tourner sur soi-même (par l'élan pris dans la chute). *Rouler cul par-dessus tête* (→ Péquenaud, cit. 2). *Rouler sur soi-même en tombant* (⇒ **Roulé-boulé**). *Rouler sous la table.* ⇒ **Bouler.** *Il roula du haut d'un perron* (→ Front, cit. 4). ⇒ **Dégringoler, dévaler.** *Il fit rouler le vainqueur par terre* (→ Estomac, cit. 15).

19   Les jours d'orage il faudrait s'appuyer aux cloisons, s'accrocher aux portes, se cramponner aux bords de la couchette étroite pour ne point rouler par terre.
              MAUPASSANT, Pierre et Jean, IX.

Par métaphore. *Je roulais dans la fange* (cit. 6) *sociale.* ⇒ **Déchoir.** — Poét. *Roulant dans des abîmes* (cit. 34) *indéfinissables.*

♦ **2.** (Chose mobile, véhicule). Avancer* au moyen de roues, de roulettes. *Chariots qui roulent sur des disques* (cit. 1) *de bois plein. On entendait rouler la voiture* (→ Incognito, cit. 4). *Automobile qui roule à 100 à l'heure, à grande allure.* ⇒ **Marcher** (→ Camion, cit. 3 ; et aussi 2. car, cit.). *Le train roula* (→ Insensible, cit. 17). *Barrière de passage* (cit. 18) *à niveau qui roule ; table, panier qui roule.* ⇒ **Roulant.**

20   Le silence de la nuit, interrompu seulement par le bruit sourd des fiacres qui roulaient sur le boulevard (...)   FRANCE, Histoire comique, III.

Par ext. (En parlant du conducteur d'un véhicule). *Roulez à droite !* — (Vieilli). *Roulez !* : cri, ordre du receveur dans un car, pour commander le départ. — *Les cyclistes roulaient sur une route bordée de peupliers* (→ Goudronner, cit. 2). *Nous roulons vers Paris.* — *Rouler en voiture, à bicyclette.* — (XXe). *Rouler à tombeau ouvert :* rouler à une vitesse telle que l'on risque un accident.

21   Ceux qui ont un sang plus vif se jettent dans la chasse, la guerre ou les voyages périlleux. D'autres roulent en auto et attendent impatiemment l'occasion de se rompre les os en aéroplane.   ALAIN, Propos, 29 janv. 1909, L'ennui.

21.1   (...) il roulait à bicyclette et un camion militaire lancé sur la route, l'avait accroché et projeté contre un arbre.   H. TROYAT, la Tête sur les épaules, p. 10.

Loc. *Je roule pour vous* (inscription sur certains camions). Fig. *Je roule pour vous (pour toi...)* : je travaille pour vous (pour toi...). (1736). Fig., fam. *Rouler sur l'or** (1. or, cit. 24) : être très riche. (1843, *in* D.D.L.). Fam. *Ça roule !* : ça marche, ça va.

♦ **3.** Tourner sur soi-même. — (1633, *in* D.D.L.). *Une presse qui roule,* qui est en mouvement, marche. *Roulez !,* se dit lorsqu'on met en marche ce qui tourne (roue de loterie, machine, etc.). — *Muscles* (cit. 5 et 6) *qui roulent sous la peau :* muscles bien développés dont on voit, ou dont on sent au toucher, le mouvement sous la peau. — *Faire rouler ses muscles, ses épaules* (→ *supra,* Rouler les, des épaules...).

♦ **4.** S'incliner alternativement d'un bord et de l'autre, en parlant d'un navire. ⇒ **Roulis.** *Bateau qui tangue* et roule* (⇒ **Bourlinguer,** 1.). *Le navire* (cit. 7) *roulait sous un ciel sans nuage. Un vaisseau qui roule bord sur bord* (→ Plonger, cit. 1). Par anal. Se balancer, en parlant d'une voiture (→ Bringuebaler, cit. 2).

♦ **5.** Vx. Décrire une courbe fermée. *Les astres qui roulent dans le ciel. Ces planètes roulent autour d'une planète centrale.* ⇒ **Graviter** (cit. 1).

22 Va, dit-il, je te livre à ta propre misère (...)
Roule au gré du hasard dans les déserts du vide (...)
LAMARTINE, Premières méditations poétiques, VII.

23 L'Art, comme une étoile, voit la terre rouler sans s'en émouvoir, scintillant dans son azur ; le Beau ne se détache pas du ciel.
FLAUBERT, Correspondance, 131, 30 août 1846.

♦ **6.** Errer sans s'arrêter. *Rouler à travers le monde* (→ 1. Mousse, cit. 5). — ci-dessus, I., 1., Rouler sa bosse ; et II., 1., « pierre qui roule... ». *E. Poe roulait sans cesse de New York à Philadelphie* (→ Erratique, cit.). — Errer çà et là. *Des rues où roule une marmaille loqueteuse* (cit. 2). ⇒ **Traîner.**

24 Sa mère l'avait embarqué dès l'âge de dix ans en qualité de mousse pour les possessions hollandaises dans les grandes Indes, où il avait roulé pendant vingt années.
BALZAC, Gobseck, Pl., t. II, p. 626.

25 Elle avait roulé de patrons en patrons, docile, travailleuse, quittant une ville pour l'autre, quand elle ne trouvait plus de travail.
ARAGON, les Beaux Quartiers, I, XIII.

(1618). Péj. Mener une existence aventureuse, et, par ext., dévergondée.

♦ **7.** Vx. Aller, marcher. *Du train où roule le monde. «À voir comme tout roule (...)»* (Molière, *le Misanthrope,* III, 4). — (1640). Vx. Subvenir à ses dépenses. *Un expédient* (2. Expédient, cit. 10) *qui le fit rouler pendant quelques jours.*

♦ **8.** (1685). Circuler (en parlant de l'argent).

26 N'ai-je pas entendu dire ce soir à ce jeune écervelé que si l'argent était rond, c'était pour rouler ! S'il est rond pour les gens prodigues, il est plat pour les gens économes qui l'empilent.
BALZAC, la Maison du Chat-qui-pelote, Pl., t. I, p. 48.

♦ **9.** (1787). Se prolonger, en parlant d'un bruit sourd ; faire entendre un bruit sourd et prolongé. *La détonation roulait* (→ Hallali, cit. 1). *Ovation* (cit. 1) *qui roule en tonnerre. Le tambour roule avec un faste oriental.* ⇒ **Roulement** (→ Fanfare, cit. 5). *« Comme un bruit de foule qui tonne et qui roule »* (Hugo).

27 — C'est commencé ! jeta la voix longue et déchirée de l'avertisseur. C'est commencé ! c'est commencé ! Le cri roula un instant.
ZOLA, Nana, V.

28 (...) le fracas des roues roule encore dans ma tête (...)
COLETTE, Paix chez les bêtes, p. 54.

♦ **10.** (Av. 1678). Rare. Alterner dans un roulement (en parlant de personnes qui se relayent).

♦ **11.** Fig. ROULER SUR. Vx. S'appuyer sur, avoir pour base. *Le grand principe sur lequel roule l'ambition est la présomption* (cit. 5). ⇒ **Dépendre** (de). *Calculs astronomiques* (cit.) *qui ne roulent que sur des à-peu-près.* ⇒ **Reposer.**

Mod. Avoir pour sujet (en parlant d'un discours, d'une conversation). *Conversations qui roulent sur les plats* (→ Insipide, cit. 8). *La discussion roulait sur le paupérisme* (cit. 1).

29 Le plus souvent, l'entretien roulait sur l'affaire. Villard venait deux fois par jour et donnait des nouvelles.
G. DUHAMEL, Salavin, V, XIX.

▶ **SE ROULER** v. pron. (de *rouler,* I.).

♦ **1.** (Réfl.). Se tourner de côté et d'autre dans la position allongée. *Se rouler à terre, par terre* (→ Angoisse, cit. 3). ⇒ **Vautrer** (se). *Se rouler dans l'herbe, sur l'herbe* (→ Énergumène, cit. 1), *sur le gazon* (cit. 7). *Se rouler de douleur. Il criait, se roulait dans les draps* (→ Néphrétique, cit.). *Elle se roulait sur son lit et se mordait les poings* (→ Gémir, cit. 3). — Fig. *Se rouler de rire.* Absolt. *Une scène drôle à se rouler par terre.* ⇒ **Roulant.**

30 On voyait Gwynplaine, on se tenait les côtes ; il parlait, on se roulait à terre. Il était le pôle opposé du chagrin.
HUGO, l'Homme qui rit, II, II, I.

31 (...) elle le tenait *(le perroquet)* de toute sa force, des deux mains, se jetant à terre, se roula dessus avec une frénésie de possédée, l'écrasa, en fit une loque de chair (...)
MAUPASSANT, l'Inutile Beauté, « Le perroquet », II.

♦ **2.** S'envelopper (dans). ⇒ **Enrouler** (s'). *Se rouler dans une couverture, un châle. Se rouler dans ses habits pour dormir* (→ Nonchalant, cit. 3).

♦ **3.** Se mettre en boule, en rouleau. *Se rouler en boule sur soi-même* (→ Blottir, cit. 1). ⇒ **Pelotonner** (se). *Serpent qui se roule.* ⇒ **Lover** (se).

32 Le chien Dick (...) est incorrigible (...) Au lieu de se blottir dans sa niche pleine de bonne paille (...) au lieu même de se rouler en rond sur la pelouse, dont l'herbe est soigneusement rasée, l'honnête gardien creuse des trous dans cette pelouse et il se couche en rond dans ce trou inhospitalier.
G. DUHAMEL, Problèmes de civilisation, p. 37.

♦ **4.** (Passif). Être roulé ; pouvoir, devoir être roulé, enroulé. *Une tente, un tapis qui se roule.*

▶ **ROULÉ, ÉE** p. p. adj. et n. (de *rouler,* I.).

★ **I.** Adj. ♦ **1.** Enroulé ; mis en rond, en boule, en rouleau. *Morceau de carton roulé* (→ 2. Œillère, cit. 2). *Cheveux roulés en colimaçon* (→ Coiffure, cit. 7). *Chapeau à bords roulés. Col roulé. Sa pèlerine de loden* (cit.) *roulée sur son baluchon. — Crêpe roulée. Viande roulée.* ⇒ **Roulade.** *Épaule roulée :* épaule désossée et enroulée. *Anchois roulés aux câpres :* filets d'anchois en conserves dont chacun est enroulé autour d'une câpre. ⇒ **Rollmops.** — *Foulard roulé main,* dont le roulotté est exécuté à la main.

33 Dinarzade engloutit, en se brûlant, une crêpe roulée.
CHATEAUBRIAND, Mémoires d'outre-tombe, t. II, p. 51.

34 Une ceinture rouge, roulée autour de son ventre maigre, retenait sa culotte au-dessus de ses hanches.
MAUPASSANT, l'Inutile Beauté, « Le champ d'oliviers », II.

Géol. (De *rouler,* I., 1.). Se dit de cailloux, de galets, etc., arrondis par l'action de la mer ou d'un cours d'eau. *Cailloux roulés.*

34.1 Tous ces fragments *(osseux),* quoique *roulés,* ont conservé encore assez d'anfractuosités ou de creux pour retenir des parties sableuses et caillouteuses, parfois d'une épaisseur considérable, et auxquelles ils sont, pour ainsi dire, incorporés.
L. FIGUIER, l'Année sc. et industr. 1864, p. 269 (1863).

♦ **2.** (xxe). *R roulé,* prononcé avec la langue (opposé à *vélaire, parisien*). ⇒ **Apical.**

♦ **3.** (1869). Fam. BIEN ROULÉE : bien faite, qui a de jolies formes*, en parlant d'une femme. *Une fille bien roulée. Elle n'est pas mal roulée.*

35 — Elle est devenue belle femme, tu sais, bien roulée, bien parfumée, et tout.
R. QUENEAU, Loin de Rueil, II, VIII.

(1877). *Animal bien roulé :* animal dont les formes sont «d'une bonne rondeur» et propres à la boucherie.

♦ **4.** Sports. (Lutte). *Coup roulé.* — N. m. *Un roulé.*

35.1 On appelle coups roulés ceux dans lesquels l'un des antagonistes passe si rapidement d'une épaule à l'autre que l'on ne saurait établir si les deux omoplates ont frappé le sol en même temps.
L. CLADEL, Ompdrailles le Tombeau des lutteurs, *in* G. PETIOT.

Clé au bras (pour immobiliser, maîtriser).

35.2 Deux gardiens me font un roulé du bras droit, deux autres du gauche.
Henri CHARRIÈRE, Papillon, p. 37.

★ **II.** N. ♦ **1.** N. m. Gâteau dont la pâte est enroulée sur elle-même. *Roulé à la confiture.*

♦ **2.** N. f. [a] (1871). Fait de se rouler par terre.

[b] (1834). Fam. Volée de coups*. ⇒ **Raclée, rossée.** *Recevoir une bonne roulée. Flanquer une roulée à sa femme* (→ Polonais, cit. 1).

36 — Ah ! jeune homme ! cette femme-là, ça sera ta mort. — Elle ne sait pas encore la roulée qu'elle va recevoir ! (...)
NERVAL, Nuits d'octobre, X.

[c] Fam., vx. Cigarette roulée à la main (opposé à *cousue*). ⇒ **Coudre,** p. p., 2.

CONTR. Déployer, dérouler, étaler (et les p. p. adj.).

DÉR. Roulable, roulade, roulage, roulaison, roulant, rouleau, roulée, roulement, roulet, rouletabosse, rouleur, roulier, roulis, rouloir, roulotte, roulotter, roulure.

COMP. Roulé-boulé.

ROULET [RulƐ] n. m. — 1765 ; de *rouler.*

♦ Techn. Fuseau de bois pour fouler les chapeaux.

ROULETABOSSE [Rultabɔs] n. m. invar. — xxe ; de *rouler, ta* (fém. de *ton*), et *bosse.*

★ **I.** Techn. (Filature). Tambour des machines à carder, armé sur sa périphérie d'une garniture à dents de scie.

Un tambour dit «Rouletabosse» (...) est armé sur sa périphérie d'une garniture spéciale dite «à dents de scie» spécialement conçue pour effectuer l'arrachement des chardons sans affecter trop la fibre. Les chardons sont donc extirpés de la nappe de laine, entraînés par le rouletabosse (...)
Raymond THIÉBAUT, la Filature, p. 66.

On écrit aussi *roule-ta-bosse.*

★ **II.** Vx. Personne qui se déplace sans cesse ; vagabond (cf. le *Rouletabille* de Gaston Leroux).

ROULETTE [RulƐt] n. f. — V. 1640 ; *ruelette* «petite roue», v. 1119 ; de *rouelle,* rattaché à *rouler.*

♦ 1. (1680). Petit cylindre monté sur une chape qui peut tourner dans tous les sens, ou bille adaptée aux pieds des meubles et de certains objets pour en faciliter le déplacement. ⇒ **Galet.** *Table à roulettes.* ⇒ **Roulant.** *Fauteuil, lit* (cit. 6) *à roulettes.* — *Patins* à roulettes.* — *Chien, cheval* (jouet) *à roulettes.*

(1813, *in* D.D.L.). Loc. fig. COMME SUR DES ROULETTES. *Marcher* (cit. 41), *aller... comme sur des roulettes :* marcher très bien*, très facilement (en parlant d'une affaire, d'une entreprise). *Ça ne marchait pas sur des roulettes* (→ Humeur, cit. 48).

1 J'ai trouvé nos passeports prêts. Tout a été comme sur des roulettes ; c'est bon signe. FLAUBERT, Correspondance, 226, 26 oct. 1849.

1.1 Elle n'avait plus peur depuis qu'elle avait bu de l'armagnac (...) Elle était contente de tout, répétait :
— Ça va se passer comme sur des roulettes. Jacques LAURENT, les Bêtises, p. 74.

Par compar. avec le sens concret ci-dessus :

2 (...) une forte femme qu'avait l'air de rouler par terre comme si elle avait eu des roulettes sous le gros rond de ses jupes. H. BARBUSSE, le Feu, I, XII.

Pop. *Vache à roulettes :* agent de police à bicyclette. ⇒ **Hirondelle.**

♦ 2. (1904). Instrument formé d'un petit disque mobile autour d'un axe, et d'un manche. ⇒ **Molette.** *Roulette de couturière,* à disque métallique denté que l'on roule sur le tissu, sur le patron, pour marquer les coutures en laissant des perforations. *Roulette de pâtissier,* à disque de buis denté pour découper la pâte (en rubans, etc.). — *Roulette de relieur,* à disque de cuivre pour tracer en creux sur le cuir les filets, les bandes ornées. — Par ext. L'ornement lui-même. *Roulette or.*

(1964). *Roulette de dentiste :* la fraise*.

♦ 3. (1726). Jeu (cit. 37) de hasard où une petite boule d'ivoire, lancée dans une cuvette tournante divisée en trente sept cases numérotées (de 0 à 36), rouges ou noires, détermine le gain ou la perte du joueur. *Le râteau* (cit. 3) *de la roulette ; banquier, croupier, pontes à la roulette* (→ 2. Ponter). *Jouer, risquer 100 francs à la roulette* (→ Jeu, cit. 35). *Chances simples à la roulette.* ⇒ **Rouge, noir ; pair, impair ; passe, manque.** *Le numéro qui sort à la roulette.* — Par ext. La cuvette tournante elle-même. *La roulette s'arrête.*

3 Tout est joie et chansons ; la roulette commence :
Ils lui donnent le branle, ils la mettent en danse,
Et, ratissant gaiement l'or qui scintille aux yeux,
Ils jardinent ainsi sur un rythme joyeux.
A. DE MUSSET, Poésies nouvelles, « Une bonne fortune », XIV.

4 Du haut du petit perron, l'on voyait très bien le tapis de la roulette, aux cases chiffrées ; la roulette elle-même, les râteaux des croupiers qui étaient deux, assis l'un en face de l'autre. J. ROMAINS, les Hommes de bonne volonté, t. XI, XIX, p. 191.

Fig. *Roulette russe :* duel (ou jeu suicidaire) dans lequel on tire sur l'adversaire (ou sur soi-même) avec un revolver dont on fait tourner le barillet, lequel est chargé de moins de balles que de logements pour le recevoir (le coup part donc ou non selon que le chien percute une balle ou un logement vide).

♦ 4. (1640). Géom. Nom ancien de la cycloïde, donné par Mersenne, et adopté par Pascal. ⇒ **Cycloïde ; roulement.**

5 De temps à autre, il *(Pascal)* reviendra encore aux mathématiques par exemple pour étudier la courbe que nous appelons aujourd'hui cycloïde et que de son temps on nommait *roulette* (...)
L. DE BROGLIE, Nouvelles perspectives en microphysique, p. 297.

♦ 5. (1689). Vx. Chaise à roues (XVIIe-XVIIIe). Syn. : *brouette, vinaigrette.*

ROULEUR, EUSE [RulœR, øz] adj. et n. — 1715 ; *rolleur,* 1582 ; *roleresse,* attestation isolée, 1284 ; de *rouler.*

★ I. Adj. ♦ 1. Qui roule, qui emporte en roulant.

1 Plus léger qu'un bouchon j'ai dansé sur les flots
Qu'on appelle rouleurs éternels de victimes (...) RIMBAUD, Poésies, XLI.

♦ 2. (1734). *Insectes rouleurs,* qui vivent dans des feuilles qu'ils enroulent.

★ II. N. A. (De *rouler,* I., trans.). **♦ 1. N. m. a** (1803). Vx. Ouvrier qui roule (le minerai, les tonneaux...). ⇒ **Roulage.**

b (1933). Techn. Cric monté sur roues.

♦ 2. N. f. ROULEUSE. a Chenille qui enroule la feuille où elle file son cocon.

b Cour. Petit appareil pour rouler les cigarettes.

♦ 3. Pop. *Rouleur de mécaniques :* homme qui roule des épaules et, par ext., qui cherche à impressionner par son apparence physique. → Fier*-à-bras (→ Mécanique, cit. 10.1). Aussi au fém. dans ce sens. *Une rouleuse de mécaniques.*

B. (De *rouler,* II.). **♦ 1. a** N. m. (V. 1790). Vx. Celui qui voyage beaucoup. *Un vieux diable* (cit. 11), *rouleur de mer.* — Péj. Vagabond, homme qui traîne sur les routes. *Rouleur de routes, de cabarets.*

2 Et ils regardaient tous ce déguenillé, ce rouleur de routes, l'effroi des campagnes, vivant de maraudes et d'aumônes forcées. ZOLA, la Terre, IV, v.

2.1 — Eh ! c'est l'amant de la grosse ! affirma de nouveau la poissonnière. Quelque vaurien, quelque rouleur qu'elle aura ramassé dans la rue. Ça se voit bien.
ZOLA, le Ventre de Paris, t. I, p. 120.

b N. f. (1856). Vx, péj. *Une rouleuse :* une aventurière.

3 Dès qu'il eut compris qu'il avait été aimé de cette vagabonde (...) de cette rouleuse, Chouquet bondit d'indignation (...)
MAUPASSANT, les Contes de la Bécasse, « La rempailleuse ».

4 *(Tartarin)* a rencontré un prince du Montenegro, un aventurier qui s'entend avec une jeune coquine, une « rouleuse » d'Alger du nom de Baïa, pour lui tirer le plus d'argent possible. ZOLA, les Romanciers naturalistes, Alphonse Daudet.

4.1 (...) faut-il tant de façons pour recevoir une petite coureuse !
— Une coureuse ! canaque blindé, une coureuse !
— Une rouleuse, si tu aimes mieux.
Louise MICHEL, la Misère, t. II, p. 291.

♦ 2. N. m. (1926). Sports. Cycliste qui soutient un train régulier et très rapide. *Un bon rouleur.* ⇒ **Pédaleur.** *Un rouleur grimpeur.*

5 (...) il était un « rouleur » extraordinaire et distançait tous ses adversaires dans une étape de plat courue par une chaleur accablante (...)
J. CAU, la Pitié de Dieu, p. 55.

C. (De *rouler,* II., 4.). N. m. (1813 ; *rouleux,* 1771). Mar. Navire qui roule (II., 4.) beaucoup. Loc. prov. *Bon rouleur, bon marcheur.*

ROULIER [Rulje] n. m. et adj. — 1339 ; de *rouler.*

♦ 1. N. m. Anciennt. Voiturier* qui transportait des marchandises sur un chariot. ⇒ **Messager, transporteur.** *Chevaux, fouet* (cit. 4) *de roulier. Roulier qui s'endort sur sa voiture* (→ Grume, cit. 5 ; parcours, cit. 1). *Les rouliers font bonne chère* (→ Meilleur, cit. 9). ⇒ **Routier** (mod.).

1 Huit chevaux, c'est un nombre symbolique qui a un sens dans le cérémonial. Sept chevaux, neuf chevaux, c'est un roulier ; seize chevaux, c'est un fardier.
HUGO, Choses vues, I, 1840, Funérailles de Napoléon.

2 (...) parmi sa clientèle de rudes rouliers qui s'attardent à boire en se communiquant les mille nouvelles de l'intérieur, apparaît de temps à autre un buveur solitaire et taciturne, Edgar Allan Poe.
B. CENDRARS, l'Or, *in* Œ. compl., t. II, p. 146.

♦ 2. N. m. (V. 1970). Navire dont la manutention des marchandises s'effectue par roulage (2.). — Adj. *Un cargo roulier.* « *Cargos en attente de déchargement, navires rouliers et porte-conteneurs prisonniers de quais déserts : depuis deux mois, les ports français vivent au ralenti* » (*l'Express,* 12 mai 1979).

DÉR. **Roulière.**

ROULIÈRE [Ruljɛʀ] n. f. — 1829 ; de *roulier.*

♦ Anciennt. Blouse de roulier. *Enfouis* (cit. 7) *jusqu'aux yeux dans leurs roulières.*

1 (...) nous avons remarqué une foule d'hommes en blouse, en chapeau rond (...) — Ces gens en blouse sont plus riches que nous, dit mon compagnon. Ce sont de faux paysans. Sous leur roulière ou leur bergeron, ils sont parfaitement vêtus et laisseront demain leur blouse (...) pour retourner chez eux en tilbury.
NERVAL, les Nuits d'octobre, p. 117.

REM. Le mot a désigné un vêtement féminin à la mode (→ Débardeur, de nos jours).

2 (...) la grosse et riche bijouterie des agrafes normandes, brillaient sur de coquettes roulières rayées. Ed. et J. DE GONCOURT, Manette Salomon, 1867, p. 340.

ROULIS [Ruli] n. m. — 1671 ; *roleïs* « roulement », XIIe ; de *rouler.*

♦ 1. a Mouvement d'oscillation transversal que prend un navire sous l'effet de la houle. ⇒ **Rouler.** *Roulis et tangage*. Mouvement de roulis* (→ Gouffre, cit. 3). *Vaisseau qui fatigue au roulis* (→ Lest, cit. 1). *Ne pas craindre le roulis* (→ Avoir le pied marin*). *Coup de roulis* (→ Godille, cit. 2) ; *rappel de roulis,* mouvement brusque d'un navire qui s'incline et se redresse à la suite d'un mouvement de roulis. *Amplitude de roulis. Stabilisateur* de roulis.*

1 Parfois, martyr lassé des pôles et des zones,
La mer dont le sanglot faisait mon roulis doux
Montait vers moi ses fleurs d'ombre aux ventouses jaunes
RIMBAUD, Poésies, XLI.

2 Couché sur le divan au fond de la cabine
(Bercé comme une poupée aux bras d'une fillette folle
Par le tangage et le roulis, — gros temps) (...)
Valery LARBAUD, Barnabooth, Poésies, I, « Thalassa ».

... À ROULIS (dans les noms de dispositifs s'opposant à l'action du roulis). ⇒ **Antiroulis.** — (1904). *Planche à roulis :* planche amovible qui borde une couchette et empêche le dormeur d'être jeté à terre lors d'un coup de roulis. — *Toile à roulis,* fixée sur le fond de la couchette, qui permet au dormeur de ne pas être gêné par le roulis, et interdit la chute en cas de gîte prononcée.

b Balancement (d'un véhicule terrestre, d'une locomotive, d'un train en marche) comparé au roulis d'un navire.

♦ 2. (Fin XVIIe). Littér. Balancement, oscillation.

3 (...) de loin en loin une grêle silhouette de clocher se montrait dans les roulis des nuages et disparaissait-sur-le-champ comme un mât de vaisseau sur une mer agitée (...) Th. GAUTIER, la Toison d'or, *in* Fortunio, I.

4 Le roulis des chapeaux balancés de droite à gauche battait une mesure régulière (...) COURTELINE, Messieurs les ronds-de-cuir, VIe tableau, III.

(Av. 1885). Fig. Fluctuation, variation. *« Le roulis de la politique »* (Hugo).

COMP. Antiroulis.

ROULOIR [ʀulwaʀ] n. m. — 1723; *rolloir* «qui roule», 1364; de *rouler*.

Technique.

♦ **1.** Outil de cirier pour rouler les bougies, les cierges.

♦ **2.** (1763). Cylindre utilisé pour effacer les plis de la toile, dans l'industrie textile.

♦ **3.** (1751). Rouleau d'un métier à bas, sur lequel s'enroule l'ouvrage réalisé.

ROULON [ʀulɔ̃] n. m. — 1680; *roullon*, xvᵉ; *roiloun*, v. 1280; de *rôle*.

♦ **1.** Vx. Barreau de bois tourné d'un râtelier, d'une ridelle, etc. (on dit encore *rollon* dans certaines régions).

(...) et il y avait sur la route des bagarres effroyables où, d'un coup de roulon, on vous décervelait un homme.
              F. MISTRAL, Mes origines, «Mémoires et récits», XIV.

♦ **2.** (1694). Petit balustre des bancs d'église.

ROULOTEUSE [ʀulɔtøz] n. f. — 1970; de *roulotter*.

♦ Techn. Ouvrière qui exécute les roulottés à la main. — REM. On écrit parfois *roulotteuse* et (rare) *rouleauteuse*, de la var. *rouleauter*.

ROULOTTAGE [ʀulɔtaʒ] n. m. — 1856; de *roulotte*, 2.

♦ Fam., vx. Vol à la roulotte (2.).

ROULOTTE [ʀulɔt] n. f. — 1836; «charrue», 1800; de *rouler*.

♦ **1.** (1893). Voiture aménagée en maison, où vivent des nomades (forains, bohémiens, ...), traînée sur les routes par des chevaux ou par une automobile (→ Obstacle, cit. 1). *« Une roulotte traînée par un âne »* (→ Tsigane, cit. 2). *Roulotte en bois peint. Roulotte de romanichels dans un terrain vague.*

1 La Grand'Place était déjà prête pour la fête du lendemain. Manège et balançoires attendaient sous des bâches de toile verte passée. Des roulottes dételées, les bêtes attachées à un platane, et près de la fontaine, des forains penchés sur l'eau (...)
              ARAGON, les Beaux Quartiers, I, XXIV.

(1933). Vieilli. *Roulotte de camping.* ⇒ **Caravane.**

♦ **2.** (1836). Fam. *Vol à la roulotte :* vol d'objets dans un véhicule en stationnement.

2 Les journaux racontaient régulièrement leurs histoires (...) les accidents d'auto, les vols à la roulotte et les exploits des tristes sires.
              J.-M. G. LE CLÉZIO, le Déluge, 1966, p. 252.

DÉR. Roulottier. — (Du sens 2.) Roulottage.

ROULOTTÉ, ÉE [ʀulɔte] adj. et n. m. — 1933; réfection, d'après *roulotter*, de *rouleauté* (1819), de *rouleau*.

♦ Dont les bords sont finement roulés. *Aspect roulotté d'un pansement de gaze* (cit. 4). — Cout. *Ourlet roulotté :* enroulement très fin du bord du tissu maintenu par un point de côté. Par ext. *Écharpe roulottée* (⇒ **Roulé**). — N. m. *Le roulotté se fait sur des étoffes légères.*

ROULOTTER [ʀulɔte] v. tr. — 1932; «faire rouler (une bille)», 1875; de *rouler*.

♦ Rouler, enrouler finement le bord de (un papier, un tissu...). *Roulotter du papier. Roulotter des cheveux.* — Cout. Ourler d'un roulotté*. *Roulotter un mouchoir.*

DÉR. Roulotteuse.

ROULOTTEUSE [ʀulɔtøz] n. f. ⇒ **Rouloteuse.**

ROULOTTIER, IÈRE [ʀulɔtje, jɛʀ] n. — 1835; *roulottier* «charretier», 1821; de *roulotte*, 2. et 1.

♦ **1.** Fam. Voleur, voleuse à la roulotte (2.).

♦ **2.** (1895). Celui, celle qui habite une roulotte; nomade. *« C'est qu'en dépit de sa Légion d'honneur et de son titre de commandeur des Arts et Lettres, il était resté un homme du voyage, un roulottier, et pour tout dire (...) un saltimbanque »* (J.-L. Bost, in le Nouvel Obs., 21 août 1972).

ROULOUL [ʀulul] n. m. — 1839; onomat., d'après le cri de l'animal.

♦ Zool. Oiseau gallinacé d'Indochine et de Malaisie. *Des roulouls.*

ROULURE [ʀulyʀ] n. f. — 1775; de *rouler*.

★ **I.** ♦ **1.** Rare. État de ce qui est roulé sur soi-même, enroulé. ⇒ **Enroulement.** *Roulure d'une feuille.*

♦ **2.** (1803). Techn. Maladie des arbres, solution de continuité entre deux couches concentriques de croissance résultant d'une flexion exagérée (vent, neige, etc.). Ébénisterie. Défaut du bois provoqué par cette maladie.

★ **II.** (1867). Vulg. (t. d'injure). Femme, fille qui s'offre au premier venu; prostituée. *Cette fille est une vraie roulure. Salope, roulure !*
— Collectivement :

Cette femme, je te l'ai dit, je l'ai ramassée comme ça, à Sault un jour. Et c'est pas de la fine fleur, non, pas précisément, mais de la roulure d'un peu partout.
              GIONO, Regain, II, III.

ROUMAIN, AINE [ʀumɛ̃, ɛn] adj. et n. — 1850; d'après *romain*, de *Roumanie*, nom de pays (mil. xixᵉ, n.), de *Romanie*, lat. *Romania*.

♦ Qui se rapporte à la Roumanie, à ses habitants; de Roumanie. *Le peuple roumain, la littérature roumaine.* — N. *Un(e) Roumain(e)*, habitant de la Roumanie (→ Joug, cit. 8).
N. m. (1870). Ling. *Le roumain :* la langue roumaine, langue romane* formée de plusieurs dialectes (moldave, valaque, transylvanien) et parlée en Roumanie, en Albanie et Macédoine (macédo-roumain), en Istrie.

ROUMI [ʀumi] n. — 1846; nom que les Persans et les Mongols donnent aux Turcs, 1765; arabe *rūmī* «byzantin», et par ext. «chrétien européen».

♦ Nom par lequel les musulmans désignent un chrétien (et, généralement, un Européen). *Un roumi, une roumi* ou *roumie.*
Adjectif :
— Ah! je ne parle pas, dit-il en se frappant le front, de vos femmes roumis (européennes), elles sont à tout le monde et non à vous.
          NERVAL, Voyage en Orient, II, 108, Les mariages cophtes, in Revue des deux-mondes, 1ᵉʳ mai 1846.

ROUND [ʀawnd, ʀund] n. m. — 1850 in Höfler; 1816, comme mot angl. dans un texte franç.; mot angl. «cercle, cycle, tour», spécialt t. de boxe dès 1812.

♦ **1.** Reprise* d'un combat de boxe (d'une durée de trois minutes pour les professionnels, avec un intervalle d'une minute entre chaque reprise). — REM. Aujourd'hui, le terme *reprise* est aussi employé. *Coup de gong* (cit. 6) *annonçant le commencement d'un round. Round d'observation,* round où les adversaires s'observent sans s'engager à fond. *Round à l'avantage d'un boxeur. Challenger mis k. o. au 5ᵉ round.*
Au xixᵉ s., le mot a été francisé en *rond*, n. masculin :
S'il était arbitre, il présidait à la loyauté des coups, interdisait à qui que ce fût, hors les seconds, d'assister les combattants, déclarait vaincu le champion qui ne se plaçait pas bien en face de l'adversaire, veillait à ce que le temps des ronds ne dépassât pas une demi-minute (...)
          HUGO, l'Homme qui rit, II, I, IV.

♦ **2.** Fig. Étape (dans une négociation, un processus politique).

ROUPANE [ʀupan] n. f. — 1905; de *roupe*.

♦ Argot. Blouse; capote ou manteau d'homme. — Robe.

ROUPE [ʀup] n. f. — 1794; franco-provençal *roupa*, du gotique **raupa* «chose déchirée, guenille».

♦ Vx ou régional. Blouse de berger.

DÉR. Roupane. — (Du même rad.) V. Roupette, roupille.

ROUPETTE [ʀupɛt] n. f. — 1779, Nogaret, in D.D.L.; du gotique *raupa* «chiffons, guenilles»; cf. dial. *Ro(u)pille* «hardes, manteau». → Roupe.

♦ Fam., vulg. (rare au sing.). Testicule (humain). ⇒ **Roubignole, rouston.**

(...) vivre sans roupettes, il ne voulait pas en entendre parler, vu que le gros Namard, c'était une nature dévoreuse de femmes (...)   1
          Roger NIMIER, le Hussard bleu, p. 119.

Parce que, si on était dans le Midi, reprit Maillat, ça serait rudement bath. On   2
s'étendrait sur le sable, et on se chaufferait les roupettes au soleil.
          Robert MERLE, Week-end à Zuydcoote, p. 38.

De mes roupettes (cf. De mes deux), s'emploie après un nom par mépris ou dérision.

À ce moment le Saint-Anne de mes roupettes ramène sa petite gueule frisottée.   3
          Roger NIMIER, le Hussard bleu, p. 22.

1. ROUPIE [Rupi] n. f. — xiie ; selon Guiraud, var. dial. de *reupie* « crachat ».

♦ **1.** Vieilli. Goutte* qui pend du nez, découle du nez. ⇒ **Humeur, morve.**

1 (...) le nez du chevalier barbouillé de tabac qui débordait sous les narines, et déshonoré par les roupies qui profitaient de la gouttière située au milieu de la lèvre supérieure ; ce nez (...) révéla les énormes soins que le chevalier prenait autrefois de lui-même (...) BALZAC, la Vieille Fille, Pl., t. IV, p. 318.

♦ **2.** Loc. fam. *Ce n'est pas de la roupie de singe* (1864 ; vieilli), *de sansonnet* (1877) : c'est une chose de qualité, d'importance (cf. Ce n'est pas de la crotte de bique).

2 On s'assit autour de la table, et le zingueur voulut verser le café lui-même. Il sentait joliment fort, ce n'était pas de la roupie de sansonnet. ZOLA, l'Assommoir, IV, t. I, p. 129.

Vx. *C'est la roupie* : c'est laid, sans intérêt.

Adj. Argot anc. *C'est roupie* (même sens).

3 Eh bien, mes potes, ronchonnait Croquignol, si c'est là tout c'qu'ils ont comme attractions, c'est rien roupie... Vous l'jett'rez pas, leur clou ! (...) L. FORTON, les Aventures des Pieds-Nickelés, *in* l'Épatant, 1909, p. 70.

DÉR. Roupieux, roupiou.

2. ROUPIE [Rupi] n. f. — 1616 ; port. *rupia*, du hindi *rupiyâ*, sanscrit *rûpya* « argent ».

♦ Unité monétaire de l'Inde et du Pakistan (ainsi que de quelques pays comme Aden, l'île Maurice, etc.). → Gage, cit. 2 ; 1. or, cit. 15.

ROUPIEUX, EUSE [Rupjø, øz] adj. et n. — V. 1265 ; de *roupie*.

♦ Vx. Qui a la goutte au nez. — Par ext. *Nez roupieux.*

ROUPILLE [Rupij] n. f. — 1594 ; *ropille*, 1576 ; esp. *ropilla*, de *ropa* « costume, robe », gotique **raupa*. → Roupe.

♦ Anciennt. Manteau serré et court.

DÉR. V. **Roupiller.**

ROUPILLER [Rupije] v. intr. — 1597 ; probablt onomat., de formation parallèle à celle de *ronfler* ; ou p.-ê. de *roupille** « manteau » (dans lequel les Espagnols s'enroulaient pour dormir).

♦ Fam. Dormir* (→ Cuiter, cit. 1 ; mitonnement, cit.).

1 On prend des magnièr' à quinze ans,
Pis on grandit sans
Qu'on les perde :
Ainsi, moi, j'aim' ben roupiller
J'peux pas travailler,
Ça m'emmerde. A. BRUANT, Dans la rue, p. 199.

2 Nous, on allait roupiller dans l'herbe, sauf un, qui prenait la garde, à son tour, forcément. CÉLINE, Voyage au bout de la nuit, p. 33.

DÉR. Roupilleur, roupillon.

ROUPILLEUR, EUSE [Rupijœr, øz] n. — 1740 ; de *roupiller*.

♦ Personne qui aime à roupiller*. ⇒ **Dormeur.** *C'est un grand roupilleur.*

ROUPILLON [Rupijõ] n. m. — 1881 ; de *roupiller*.

♦ Fam. Sommeil bref. ⇒ **Somme.** — Loc. *Piquer** (cit. 22) *un roupillon.*

ROUPIOU [Rupju] n. m. — V. 1860 (Sainte-Beuve, Goncourt) ; de 1. *roupie*.

♦ Vx. Étudiant en médecine remplaçant un externe, dans un hôpital. — REM. Le mot *roupiot* « commis, apprenti » (Céline, *in* Cellard et Rey) pourrait être une altér. de *roupiou*.

ROUQUEMOUTE [Rukmut] n. — D. i. (xxe) ; de *rouquin*, et un élément *-moute*, obscur.

♦ Argot. Personne rousse.

ROUQUIN, INE [Rukɛ̃, in] adj. et n. — 1885 ; dial., 1845 ; var. *roucain*, 1889 ; altér. argotique de *rouge* ou *roux* ; *rouquin* « sang », 1889.

♦ **1.** Fam. Roux. N. *Un rouquin, une rouquine* (→ 1. Carcan, cit. 2 ; plein, cit. 48). ⇒ **Rousseau.**

1 (...) il n'y avait que moi ayant les *guiches* (cheveux) rouges, aussi bien plantés. De là est venu mon surnom le *roucain.* G. MACÉ, Mes lundis en prison, 1889, p. 113.

2 Devrigny s'accouda largement sur la table et, les doigts enfoncés dans sa tignasse rouquine, se mit à rêver. G. DUHAMEL, Salavin, V, VII.

♦ **2.** (1914). Fam. Vin rouge de qualité ordinaire. *Un coup de rouquin.*

3 Félicie m'attend à la cuistance avec un reste de viande froide et un kil de rouquin. Elle n'ignore pas que je traite le mal par le mal. SAN-ANTONIO, Au suivant de ces messieurs, p. 15.

ROUSCAILLE [Ruskaj] n. f. — 1915 ; de *rouscailler*.

♦ Fam. (Vx). Protestation, réclamation, plainte. Loc. *Faire la rouscaille.* ⇒ **Rouscailler.**

ROUSCAILLER [Ruskaje] v. — 1628, argot ; de *rousser*, et d'un *cailler* « bavarder », supposé d'après *caillette* « femme bavarde », et (Guiraud), d'après le picard *calander* « bavarder », du flamand *Kallen*.

♦ **1.** V. tr. Argot anc. Parler. *Rouscailler bigorne* : parler argot (cit. 3, Hugo).

♦ **2.** V. intr. (1889 ; par infl. de *rouspéter*). Mod., fam. Réclamer, protester. ⇒ **Renauder, rouspéter.** *Il est toujours à rouscailler.* ⇒ **Rouscaille** (faire la).

— Je vous tire d'un incendie et vous rouscaillez parce que je ne vous ai pas pris entre le pouce et l'index ! SAN-ANTONIO, le Secret de Polichinelle, p. 124.

DÉR. **Rouscaille, rouscailleur.**

ROUSCAILLEUR, EUSE [Ruskajœr, øz] adj. et n. — 1899 ; « libertin, débauché », 1867 ; de *rouscailler*.

♦ Fam. Qui aime à rouscailler ; qui proteste ou marque la récrimination. ⇒ **Rouspéteur.** — N. *Un rouscailleur, une rouscailleuse. La barbe, les rouscailleurs !*

ROUSPÉTAGE [Ruspetaʒ] n. m. — xxe ; de *rouspéter*.

♦ Rare. Action, fait de rouspéter. ⇒ **Rouspétance.**

Maman savait se défendre et ses rouspétages, bien légitimes, lui firent sûrement plus de bien que ses neuvaines. Jean Paul FILION, le Premier Côté du monde, p. 228.

ROUSPÉTANCE [Ruspetãs] n. f. — 1878 ; de *rouspéter*.

♦ Action, fait de rouspéter ; protestation d'une personne qui rouspète. ⇒ **Rouspétage.** *Faire de la rouspétance. Pas de rouspétance !*

1 Après on partagera. Y aura chacun sa part, les gars, et pas d'rouspétance, ou l'premier qui la ramènerait, je l'brûle (...) Francis CARCO, Jésus-la-Caille, III, IV.

2 Se sentant pris, Ribouldingue avait voulu faire de la rouspétance, mais, le gardien de nuit ayant appliqué deux ou trois vigoureux coups de poing sur le citron, il fut bien obligé de faire le mort. L. FORTON, les Aventures des Pieds-Nickelés, *in* l'Épatant, 1908, p. 22.

ROUSPÉTER [Ruspete] v. intr. — Conjug. *céder*. — 1878 ; de *péter* « faire du pétard » (rad. *pet*) ou de *péter* « piétiner (de colère) », du lat. *peditare* (→ Pied) ; l'élément *rous-* provenant de *rousser** « gronder » (Guiraud).

♦ Fam. Protester, réclamer contre qqch. qui paraît injuste ou vexatoire. ⇒ **Grogner, maugréer, plaindre** (se), **protester, râler, renauder, rouscailler** (fam.), **résister.** *Quand les ouvriers rouspètent* (→ Motus, cit. 3).

1 Moi, dit Barque, je ne rouspète plus. Au commencement, je rouspétais contre tout le monde, contre ceux de l'arrière, contre les civils, contre l'habitant, contre les embusqués. H. BARBUSSE, le Feu, I, II.

2 Ce soir, de vieux amis sont venus dîner, si vieux qu'ils ont usé jusqu'à notre amitié. La vaisselle des gens qu'on n'aime plus est rebutante à faire. Et je rouspète à mi-voix dans la cuisine. J'adore rouspéter. Ne réussissant jamais à me mettre en colère, ce petit filet de mauvaise humeur me libère. B. et F. GROULT, Journal à quatre mains, p. 89.

DÉR. **Rouspétage, rouspétance, rouspéteur.**

ROUSPÉTEUR, EUSE [Ruspetœr, øz] n. — 1894 ; de *rouspéter*.

♦ Fam. Personne qui rouspète, qui aime à rouspéter. ⇒ **Grincheux, grognon, râleur.** *Quelle rouspéteuse !* — Adj. *Il est gentil mais un peu rouspéteur.*

ROUSSABLE [Rusabl] n. m. — 1606 ; attestation isolée, 1482 en normand ; orig. incert., p.-ê. de *roussir*.

♦ Techn., vx. Local où l'on fume les harengs.

ROUSSALKA [Rusalka] n. f. — 1803, Boiste ; mot russe.

♦ Didact. Nymphe des eaux, dans la mythologie slave.

(...) mammifère cousin du phoque et père ou mère, peut-être, des ondine, sirène, roussalka et « maman d'l'eau », puisque l'Afrique en fait un génie des eaux capable de se changer en séduisante jeune fille à longs cheveux, fatale à ceux — pêcheurs ou autres — qui troublent la tranquillité des marigots. Michel LEIRIS, Frêle Bruit, p. 236.

ROUSSANE [ʀusan] n. f. — 1837; franco-provençal *roussano*, du rad. de *roux*.

♦ Vitic., régional. Cépage blanc roux (Isère, Savoie, etc.).

ROUSSARD [ʀusaʀ] n. m. — 1828; de *roux*, et suff. *-ard*. Régional.

♦ **1.** Pierre gréseuse roussâtre.

Avec ses pièces vétustes, ses fondations d'écurie et de logis en roussard appareillé en alternance de rangées de briques à la gallo-romaine, la ferme a un aspect tragique, un air de misère et de grandeur.
    Catherine PAYSAN, l'Empire du taureau, p. 154.

♦ **2.** (1842). Pigeon roux. — Faisan croisé du faisan ordinaire et du faisan doré.

ROUSSÂTRE [ʀusɑtʀ] adj. — 1549; *roussastre*, 1401; de *roux*, et suff. *-âtre*.

♦ Qui tire sur le roux. ⇒ **Fauve**. *Terre, mousse roussâtre* (→ Amortir, cit. 2; lover, cit. 1). *Bête roussâtre* (→ 1. Garrot, cit.). *Blanc-roussâtre.* ⇒ **Biche** (ventre de).

1 (...) dans les hautes vallées, près des rocs nus et d'un gris roussâtre, sous le ciel froid, sous le soleil ardent.   É. DE SENANCOUR, Oberman, XXXVIII, 3ᵉ fragm.

2 (...) de petits poils roussâtres, clairsemés sur son menton grêle, salissaient sa chair blafarde (...)   ZOLA, Thérèse Raquin, XI.

1. ROUSSE [ʀus] n. m. — 1829; de 2. *roussin*.

♦ Vx. Policier. *Les rousses.* ⇒ **Cogne**.

2. ROUSSE [ʀus] n. f. — 1827, Vidocq; de *roux*, au fig. «traître, méchant», en moy. franç.

♦ Fam. *La rousse :* la police*.

1 À travers la figure il a une grande éraflure. — Qu'est-ce qui t'a fait ça? demande le commis. — C'est de la rousse (...) un sergent de ville qui a voulu m'arrêter (...).
   Ed. et J. DE GONCOURT, Journal, 20 mars 1866, t. III, p. 30.

2 Et le fils à la mère Chauvet qui était dans la Mobile, n'est-il pas de la *rousse* maintenant?   J. VALLÈS, le Bachelier, II.

3 La rousse a beau serrer les mailles
Du filet qu'elle tend aux déchus,
Nous savons, grâce à nos écailles,
Glisser entre ses doigts crochus.
   A. BRUANT, Dans la rue, p. 48.

DÉR. 3. **Roussi**, 2. **roussin**.

3. ROUSSE [ʀus] n. f. — D. i.; fém. de *roux*.

♦ Régional (Suisse). Tache de rousseur.

(...) une femme qui boite et qui a des rousses sur la figure.
   Corinna BILLE, le Sabot de Vénus, p. 109.

ROUSSEAU [ʀuso] n. et adj. — XIVᵉ; *roussiel* «rouquin», 1190; *roussel*, XIIIᵉ; de *roux*.

REM. On trouve aussi la var. *roussot, ote* (1885) ainsi que *roussiau* (dial.; déb. XXᵉ). Le féminin *rousseaute* (Mauriac), *roussote* est assez rare.

★ **I.** N. m. Vx ou archaïsme stylistique. Homme aux cheveux roux. ⇒ **Rouquin**.

1 Parlons-en, du beau roussot qui faisait la cour à ma femme, profitant d'un léger malaise dû à son état.   Maurice DENUZIÈRE, Louisiane, p. 245.

Adj. Roux, rousse.

2 — Le chevalier de Vidalinc est un peu rousseau, et peut-être êtes-vous comme notre roi Louis XIII qui n'aime pas cette couleur, fort prisée des peintres cependant.   Th. GAUTIER, le Capitaine Fracasse, p. 272.

★ **II.** ♦ **1.** (1560). Crabe tourteau.

♦ **2.** (XIXᵉ). Régional. Poisson de couleur rousse ou rouge (gardon, pagel, rotengle, dorade...).

ROUSSEAUISTE [ʀusoist] adj. et n. — XXᵉ; de Rousseau.

♦ De Rousseau; qui a trait à Rousseau, à sa pensée, à son œuvre. «*Lui-même donne parfois le sentiment de s'arracher sans plaisir à ses rêveries rousseauistes de promeneur solitaire pour entrer en politique*» (*le Point*, 23 mars 1981).

En quatre ans de Révolution, le défenseur austère des principes (Robespierre), le philosophe rousseauiste, devient le tyran de prairial (...)
   J. DUTOURD, le Fond et la Forme, 1958, p. 233.

N. Adepte, disciple de Jean-Jacques Rousseau. *Rousseauistes et petits romantiques. Rousseauistes et voltairiens.*

ROUSSÉE [ʀuse] n. f. — 1842; de *roux*.

♦ Vitic. et régional. Cépage blanc (dans les Alpes-Maritimes). *Roussée destinée à la fabrication de raisins secs.*

ROUSSELÉ, ÉE [ʀusle] adj. — 1907; dial., 1820; de *roussel* forme anc. de *rousseau*, de *roux*.

♦ Vx ou régional. Marqué, couvert de taches de rousseur*.

ROUSSELET [ʀuslɛ] n. m. — 1611; «qui tire sur le roux», v. 1380; dimin. de *roussel, rousseau*, de *roux*.

♦ Poire à la peau rougeâtre. *Rousselet d'hiver, de Reims...* — (1600). Par appos. *Poire rousselet.*

ROUSSELINE [ʀuslin] n. f. — 1904; «alouette des marais», 1778, Buffon; dimin. de *roux*.

♦ Passereau du groupe des pipits (⇒ **Pipit**). *Les nids de rousseline ont une entrée en goulot.* — En appos. *Pipit rousseline.*

ROUSSER [ʀuse] v. intr. — 1611; *rosser*, XVᵉ; d'un rad. *ross-* (évoquant un grognement).

♦ Argot. Vx. Gronder (par mécontentement). ⇒ **Rouspéter**.

DÉR. Roussoter.
COMP. V. Rouscailler; rouspéter.

ROUSSEROLLE [ʀusʀɔl] n. f. — 1760; *rousserole*, 1555; dial. *roucherolle;* du rad. germanique *rusk* «jonc».

♦ Oiseau passeriforme *(Sylviidés),* scientifiquement appelé *acrocephalus,* plus petit que le moineau, et dont certaines espèces portent le nom de *fauvette des roseaux, fauvette des marais, phragmite des joncs,* etc. ⇒ 1. **Belle-de-nuit**.

Une rousserole turdoïde montait et descendait sur la hampe lisse des roseaux comme un acrobate sur une perche; et parfois, ouvrant large son bec sur une langue rose et pointue, elle imitait la chanson des grenouilles.
   M. GENEVOIX, Forêt voisine, XI.

ROUSSET [ʀusɛ] n. m. ⇒ **Roussette**, n. f. (II.).

ROUSSETTE [ʀusɛt] n. f. — 1530; fém. substantivé de l'adj. anc. franç. *rousset*, 1130; *rosset*, v. 1170; dimin. de *roux*.

★ **I.** ♦ **1.** Poisson sélacien (squale) du genre *Scyliorhinus,* ne dépassant pas un mètre de long. ⇒ **Bleu, chien** (de mer). *Grande roussette (S. stellaris), petite roussette (S. canicula),* espèces vivant dans les mers de l'Europe, dont la chair est comestible. *Roussette salée, séchée.*

♦ **2.** (1761). Mammifère chiroptère de grande taille, des régions tropicales de l'ancien continent (n. sc. : *pteropus*), grande chauve-souris pouvant atteindre un mètre d'envergure (on l'appelle aussi *rougette*).

En apposition :

1 (...) la chauve-souris roussette, seul animal cabalistique que vous ayez conservé des deux mille de votre moyen âge, ne peut remplacer à elle seule les incubes et les succubes?   J. GIRAUDOUX, Siegfried et le Limousin, p. 46.

Franç. d'Afrique. Grande chauve-souris d'une autre espèce *(Eidolon helvum). La roussette est comestible.*

♦ **3.** Petite grenouille rousse.

♦ **4.** (1732). Bruant; fauvette des bois.

2 J'ai eu l'honneur de tuer ce matin deux ou trois *roussettes.* C'est un petit oiseau vert et jaune, pour lequel on m'a fait lever à une heure indue.
   STENDHAL, Mémoires d'un touriste, t. II, p. 277.

★ **II.** (1870). Champignon de couleur rousse, fauve (désignation commune à la *chanterelle,* comestible, et au *lactaire roux,* vénéneux). — REM. On dit aussi *rousset* (nom masculin).

★ **III.** (Fin XIXᵉ). Pâtiss. Merveilles.

ROUSSEUR [ʀusœʀ] n. f. — V. 1398; *russur,* v. 1155; de *roux*.

♦ **1.** Couleur rousse. *La rousseur du poil.* — Tache de couleur rousse. *Les rousseurs du feuillage à l'automne.*

1 Le teint mat comme une brune, et les yeux noirs, peut-être pas très droits, sous le casque d'or des cheveux, aux confins de la rousseur.
   ARAGON, les Beaux Quartiers, II, XVII.

♦ **2.** (1640). *Tache de rousseur :* tache pigmentaire, sorte d'éphélide* à teinte rousse, apparaissant sur la peau du visage, du cou, des avants-bras, notamment chez les enfants et les jeunes femmes très blondes. ⇒ **Lentigo, lentille** (→ Lacté, cit. 1). *Figure criblée* (cit. 5), *dévorée de taches de rousseur* (→ Égailler, cit. 2). ⇒ **Rousselé**. — (Dans le même sens). *Visage piqué* (cit. 8) *de rousseur.*

2 (...) elle avait quelques-uns de ces grains de rousseur particuliers aux personnes nées à la campagne.   BALZAC, Gobseck, Pl. t. II, p. 635.

♦ **3.** *(Une, des rousseurs).* ⓐ Tache de rousseur, éphélide. *Avoir des rousseurs. Mains hâlées, piquées de rousseurs.* ⇒ **Son** (tache de).

b Tache roussâtre due à l'humidité, qui apparaît avec le temps sur certains papiers (⇒ **Piqûre**).

1. ROUSSI, IE [ʀusi] adj. et n. — V. 1265 ; de *roussir*.

♦ **1.** Adj. Devenu roux. *Feuilles, arbres roussis* (→ Hêtraie, cit. ; noircir, cit. 4).

♦ **2.** N. m. (1680). Odeur d'une chose qui a légèrement brûlé. *Ça brûle ! ça sent le roussi* (⇒ **Brûlé**). — (XIXᵉ, par allus. aux hérétiques condamnés au bûcher). Fig. *Sentir le roussi*, (vx) : être suspect (→ Sentir le fagot*) ; mod. se dit d'une affaire qui tourne mal, d'une situation qui se gâte.

> Là-bas, ne sont-ce pas des âmes honnêtes, qui me veulent du bien ? (...) Venez (...) Puis, jamais personne ne pense à autrui. Qu'on n'approche pas. Je sens le roussi, c'est certain.   RIMBAUD, Une saison en enfer, « Nuit de l'Enfer ».

2. ROUSSI [ʀusi] n. m. — 1650 ; *roussy*, 1613 ; altér. de *Russie*, d'après *roux*.

♦ Vx. Cuir de teinte rouge ou brune, dégageant une odeur forte.

3. ROUSSI [ʀusi] n. m. — 1829 ; de 2. *rousse*.

♦ Argot anc. Mouchard (de la police).

ROUSSILLE [ʀusij] n. f. — 1816, *in* D. D. L. ; de *roux*.

♦ Régional. Bolet appartenant à la variété *scaber* ou à la variété *aurantiacus*.

ROUSSILLER [ʀusije] v. tr. — 1829 ; dimin. de *roussir*.

♦ Rare ou régional. Brûler, roussir légèrement.

1. ROUSSIN [ʀusɛ̃] n. m. — 1507 ; *rossin*, 1179 ; anc. franç. *roncin* « cheval de charge », infl. par *roux*, bas lat. **runcinus* ; cf. ital. *runzino*, esp. *rocin* (Wartburg), de *ros, rosse*. → Rosse.

♦ Vx. Cheval entier qu'on montait à la guerre ou à la chasse. — Par plais. *Roussin d'Arcadie* : âne (→ Dent, cit. 21).

2. ROUSSIN [ʀusɛ̃] n. m. — 1811, repris 1852 ; de 2. *rousse*.

♦ Vx ou plais. Policier*.

> 1   (...) c'est-à-dire que, si on appliquait la moitié de ces idées, ça nettoierait du coup la société. Oui, votre empereur et tous ses roussins boiraient un bouillon (...)   ZOLA, l'Assommoir, VIII, t. II, p. 15.
> 2   Faut connaître les roussins anglais, ils aiment pas la force ni le scandale, c'est tout fainéant comme père et mère...   CÉLINE, Guignol's band, p. 32.
> 3   — Tu crois qu'on va avoir les roussins au fion ? murmure le Gravos.
> — Je pense pas : le julot du péage a vu que j'étais poulet et il me semble pas que le Néerlandais ait eu de gros dommages.   SAN-ANTONIO, Remets ton slip, gondolier !, p. 14.

ROUSSIR [ʀusiʀ] v. — V. 1265 ; de *roux*.

★ **I.** ♦ **1.** V. tr. Rendre roux. *Le soleil a roussi ce papier. Moustache roussie par le tabac* (→ Mâchonner, cit. 2). — (1802). Spécialt. (En brûlant légèrement). *Roussir du linge en repassant.* ⇒ **Cramer**. *Huile bouillante qui roussit la surface du corps plongé dans la friture* (cit. 1).

> Et, dominant la senteur chaude du bétail, une violente odeur de corne roussie, une peste sortait d'une maréchalerie voisine, où les paysans profitaient du marché pour faire ferrer leurs bêtes.   ZOLA, la Terre, II, VI.

♦ **2.** Brûler légèrement (quelque chose).

★ **II.** V. intr. Devenir roux. *Le bois verdoie ou roussit suivant la saison* (→ Poudroyer, cit. 1). Spécialt. (En brûlant légèrement). *Le riz a roussi au fond de la casserole.* ⇒ **Attacher**. (1826). *Faire roussir des oignons hachés* (cit. 3) *dans le beurre*.

▶ **SE ROUSSIR** v. pron. (1766). Devenir roux. ⇒ **Brunir**.

▶ **ROUSSI, IE** p. p. adj. ⇒ 1. **Roussi**.

DÉR. 1. Roussi, roussiller, roussissage, roussissement, roussissure.

ROUSSISSAGE [ʀusisaʒ] n. m. — 1827 ; de *roussir*.

♦ Vx. Action de roussir*, de rendre roux. ⇒ **Roussissement, roussissure**.

ROUSSISSEMENT [ʀusismã] n. m. — 1866 ; de *roussir*.

♦ Action de roussir. ⇒ **Roussissage, roussissure**.

ROUSSISSURE [ʀusisyʀ] n. f. — V. 1790 ; de *roussir*.

♦ **1.** Tache rousse. ⇒ **Roussissement**.

> 1   On déballait les carpes du Rhin, mordorées, si belles avec leurs roussissures métalliques.   ZOLA, le Ventre de Paris, III, éd. Charpentier, p. 119, *in* D. D. L., II, 16.

♦ **2.** Endroit roussi. *Remarquer une roussissure sur la page d'un livre ancien.*

> 2   (...) une zone de tons ardents et bitumineux, brûlés de ces roussissures de gelée et de ces chaleurs d'hiver qu'on retrouve sur la palette d'aquarelle des Anglais (...)   Ed. et J. DE GONCOURT, Manette Salomon, p. 4.

ROUSSOT, OTE [ʀuso, ɔt] adj. ⇒ **Rousseau**.

ROUSSOTER [ʀusɔte] v. intr. — 1916 ; dimin. de *rousser*.

♦ Argot. (Vx). Protester. ⇒ **Rousser**.

ROUSTE [ʀust] n. f. — XXᵉ ; de *rouster*, v. dial., d'un lat. pop. **rustiare*. → Rosser.

♦ Régional (Midi). Volée de coups. *Donner, prendre une rouste.*

> 1   Je vais te flanquer une rouste si tu ne te tiens pas tranquille.   ARAGON, Aurélien I, p. 248.
> 2   Pique-Bouffigue, surpris, et à demi suffoqué, reçut une belle « rouste ».   M. PAGNOL, Jean de Florette, p. 46.

ROUSTIR [ʀustiʀ] v. tr. — 1789 ; forme occitane de *rôtir* (Midi).

♦ **1.** Régional. Rôtir. *Roustir une viande.* ⇒ **Griller, brûler**.

♦ **2.** Fig., vx. Voler (quelqu'un ; quelque chose).

♦ **3.** Vx. Perdre, dilapider. *Roustir sa fortune.*

▶ **ROUSTI, IE** p. p. adj.

♦ **1.** Grillé, brûlé. — N. m. *Sentir le rousti*.

> 1   Une très forte odeur d'incendie... vous savez partout la même, comme à Berlin, le rousti mouillé âcre... plus âcre peut-être ?...   CÉLINE, Rigodon, p. 156.

♦ **2.** Fam. *C'est rousti*, perdu, fichu.

> 2   C'est rousti, quoi, résuma Coudur, y a plus qu'à jeter l'éponge.   R. DORGELÈS, Tout est à vendre, p. 68.

DÉR. **Roustissure**.

ROUSTISSURE [ʀustisyʀ] n. f. — 1867 ; de *roustir*.

Argot ancien.

♦ **1.** Vx. Escroquerie.

♦ **2.** (1867). Argot de théâtre. Rôle sans importance ni intérêt. ⇒ **Panne**. — (1875). Mauvaise pièce, vouée à l'échec. ⇒ **Four**.

♦ **3.** (1877). Mod. Objet sans valeur. ⇒ **Rossignol**. *« On étalait nos rogatons, rien que des roustissures »* (Céline, *Mort à crédit*, *in* Cellard et Rey). Collectif. *De la roustissure* : de la saleté*.

ROUSTON [ʀustɔ̃] n. m. — 1836 ; mot languedocien, rad. lat. **rustum*. → Rouste ; rosser.

♦ Fam. (rare au sing.). Testicule (humain). ⇒ **Roubignolle, roupette**.

> 1   Le gros Namard du 2ᵉ peloton, quand y a un obus qui lui a enlevé les roustons (...)   Roger NIMIER, le Hussard bleu, 1950, p. 119.
> 2   — Vite, il est dans l'escalier ! me dit-il. Je lui ai flanqué un coup de pompe dans les roustons.   SAN-ANTONIO, J'ai essayé : on peut !, p. 182.

ROUTAGE [ʀutaʒ] n. m. — 1907, de *router* ; *rouptage* « percement d'un chemin dans une forêt », 1347 ; de *roupter*, de *roupte* « route ».

Technique.

♦ **1.** Action de grouper en liasses, selon leur destination, des imprimés ou des colis expédiés par poste ou chemin de fer. *Routage de journaux, de circulaires.*

♦ **2.** Le fait d'assigner les voies de communication par lesquelles un message sera acheminé.

ROUTARD, ARDE [ʀutaʀ, aʀd] n. — V. 1970 ; de *route*.

♦ **1.** Personne qui prend la route, voyage et vagabonde librement. *« Les "hippies" avec les "routards"... »* (les Nouvelles littéraires, 21 août 1972). *Une routarde intrépide.*

♦ **2.** Personne qui pratique la moto sur route. *« (...) moto de voyage fiable et économique que les routards attendent depuis des lustres (...) »* (Moto-Revue, 6 mai 1981).

ROUTE [Rut] n. f. — 1530; *rote*, XIIIe; roupte, 1347; lat. médiéval *rupta*, ellipse de *via rupta*, p. p. de *rumpere*, lat. class. *rumpere viam* «ouvrir, pratiquer une voie, un passage»; on évoque parfois l'idée de pierres cassées *(rupta)* opposées aux pavages, aux dalles revêtant les voies principales en Italie *(strata viarum saxea)*.

A. (1319). Vx. Passage (chemin, tranchée) percé dans une forêt.

B. Mod. ♦ **1.** Voie de communication terrestre de première importance (opposé à *chemin**), appartenant à la grande voirie*. ⇒ **Estrade** (vx), **voie.** — (En France). *Routes nationales*, faisant partie du domaine (cit. 3) public de l'État, construites et entretenues à ses frais sous la direction des Ponts (cit. 7) et Chaussées. *Routes départementales*, faisant partie du domaine public départemental. *Routes départementales et chemins* vicinaux. Routes à régime spécial; routes stratégiques, militaires, thermales, agricoles, salicoles.* — Anciennt. *Route royale, route impériale* (correspondant en général aux routes nationales). — *Construction, entretien, aménagement d'une route.* ⇒ **Banquette, bas-côté, bombement, caillasse, cailloutage, cassis, cavalier, cantonnier** (cit.), **chaussée, compresseur** (rouleau), **courbure, cylindrage, empierrement, encaisser, goudronnage** (cit.), **gravelage, macadamiser, paver** (cit. 3), **recharger, remblayer...** (→ 1. Flanquer, cit. 5). *Bonne, mauvaise route.* ⇒ **Viabilité** (→ Enfoncer, cit. 20; fondrière, cit. 1; ornière, cit. 3). *Route défoncée, caillouteuse* (→ 1. Banquette, cit. 1), *poussiéreuse...* (⇒ **Poudroyer**, cit. 2). *Route enneigée, verglacée. « On a pavé la route âpre* (cit. 2) *et mal aplanie (...)». Route carrossable, cyclable. Route étroite; route large, à plusieurs voies. Route à péage. Route à chaussées séparées et accès contrôlés.* ⇒ **Autoroute.** *Tracé d'une route.* ⇒ **Âne** (dos d'âne), **corniche** (cit. 6), **côte, déclive, lacet, palier, pente, profil, rocade, tournant, virage...** *Route de montagne. Une route difficile. Jonction, croisement de routes.* ⇒ **Bifurcation, carrefour, embranchement, patte** (d'oie). ⇒ aussi **Couper, croiser.** *Balisage, signalisation des routes. Bornes, panneaux* (cit. 10), *postes* (cit. 10) *d'essence... au bord des routes* (→ 1. Goutte, cit. 50). *Circulation sur une route.* ⇒ **Passage** (→ Camion, cit. 2; 2. car, cit.; carriole, cit. 2; 1. écart, cit. 9; embouteillage, cit. 2; 1. exode, cit. 6; 1. frayer, cit. 2). — *La route de (telle ville à telle ville).* → Détermination, cit. 3; grimper, cit. 11. *La route de Rennes à Brest. La route de telle ville,* qui mène à cette ville (→ Attirail, cit. 5; embrancher, cit. 1). *La route de Paris, de Marseille. Les grandes routes américaines. La route transcanadienne.* — Allus. littér. *« L'air* (cit. 5) *est pur, la route est large (...)».*

1 L'agriculture est servie par une voirie fort bien entendue, et un excellent réseau de circulation vivifie toute l'île. Les routes sont très bonnes. À l'embranchement de deux routes ont voit à terre une pierre plate avec une croix.

HUGO, l'Archipel de la Manche, III.

2 — Sur une route, il faut bien qu'il y ait des poteaux indicateurs.— Vous me prenez par mon faible. Rien n'est beau comme une belle route plate de Beauce (...) Pourvu que ça *soye (sic)* une belle route bien droite et bien plate, et les arbres bien alignés. — Nous vous l'accordons. — Et les poteaux télégraphiques bien alignés. — C'est entendu. — Et les fils télégraphiques parfaitement parallèles (...) — Je ne parle pas des caniveaux, des bas côtés, des fossés. Tout cela comme à la parade. — Carré comme un billard. — Et les bornes kilométriques. — Vous y venez. — Et les bornes hectométriques. — C'est tout ce que je voulais dire.

Ch. PÉGUY, Note conjointe, Sur Descartes, p. 304.

3 Mme de Villeparisis (...) disait au cocher de prendre la vieille route de Balbec, peu fréquentée, mais plantée de vieux ormes qui nous semblaient admirables (...) Cette route était pareille à bien d'autres (...) montant en pente assez raide, puis redescendant sur une grande longueur.

PROUST, À l'ombre des jeunes filles en fleurs, t. I, p. 719.

4 (...) les routes sont toutes les mêmes, pour le biffin : de la poussière ou de la boue qui mène, à rudes étapes, du repos aux tranchées.

R.DORGELÈS, les Croix de bois, XV.

(1694). *Grande route.* — (1835). **GRAND ROUTE :** route principale (d'une région, d'un village). → Frontière, cit. 2; levée, cit. 1; piquer, cit. 19. Absolt. *La route :* l'ensemble des routes, le moyen de communication que représentent les routes. *Arriver à Paris par la route. Le rail* (cit. 4) *et la route. Transports par route. Code* de la route* (→ Négligence, cit. 6). *Police de la route.* ⇒ **Roulage.** *Les anges de la route :* les motocyclistes de la gendarmerie. *Faire de la route :* rouler beaucoup sur les routes. *Voiture qui tient bien la route, a une bonne tenue* de route. Accidents de la route. La route meurtrière.*

5 Vois-tu, on a bien l'habitude de rouler, mais nous deux, mais ce qu'on sait faire, au fond, c'est de la route, ce n'est pas du voyage. COLETTE, la Chatte, p. 100.

6 Aimez-vous «avaler de la route»? C'est sur celle-ci qu'il faut rouler : vingt-trois kilomètres en ligne droite, sans virages, sans croisements dangereux, sans rampes.

M. GENEVOIX, Forêt voisine, III.

(Cyclisme, 1892). **SUR ROUTE** (opposé à *sur piste*). *Course sur route.* — Fam. *Les géants* (1903), *les rois* (1909), *les forçats* (1913) *de la route :* les coureurs du Tour de France. ⇒ **Routier.**

♦ **2.** (XVIIe). Chemin* suivi ou à suivre dans une direction déterminée pour franchir, parcourir un espace... ⇒ **Itinéraire.** *« Ils s'y prirent tous trois par des routes diverses »* (→ Chemin, cit. 56, La Fontaine). *Prendre une route, la route de... Égarer* (cit. 2) *l'armée à trente lieues de la véritable route. Perdre sa route. Changer de route* (→ Occurrence, cit. 1). *Rencontrer qqn, qqch. sur sa route* (→ Accident, cit. 12; pourchasser, cit. 1; prendre, cit. 49). *Détruisant* (cit. 7) *tout sur leur route. À moitié route* (→ Isoler, cit. 3), *à mi-route* (→ Nourriture, cit. 11). *Revenir par la même route* (→ Indifférence, cit. 28). *La route du retour* (→ Grimper, cit. 14). *Fermer toutes les routes à l'ennemi* (→ Enveloppement, cit. 1). *Couper, barrer* (cit. 5) *la route à qqn* (→ Arc-bouter, cit. 4). — Spécialt. *La route du fer, du pétrole...*, les moyens d'accéder à (telle ou telle matière première). — Loc. *Barrer la route à qqn*, l'empêcher de passer. *Ôtez-vous de ma route*, du passage.

Tandis que, les deux cornes en avant, un limaçon qu'avait égaré la nuit, cherchait sa route sur mes vitraux lumineux. 7

Aloysius BERTRAND, Gaspard de la nuit, Le fou.

Des pâtres bulgares couverts de peaux de bêtes (...) nous ont remis sur notre route. Quant à un chemin frayé, nous ne voyions sur la neige que la trace des lièvres et des chacals (...) FLAUBERT, Correspondance, 274, 15 déc. 1850. 8

Spécialt. Voie suivie traditionnellement par un commerce. *La route des épices, de la soie. La route du rhum* (route maritime, → ci-dessous, 3.; nom d'une course de voiliers).

♦ **3.** (1518, *routte*, *in* D. D. L.). Ligne que suit un navire (par ext., un avion), dans la direction prescrite par le commandant et sur laquelle gouverne l'homme de barre. ⇒ **Bordée.** *Route au compas*, ou *apparente :* angle que fait l'axe du navire avec l'aiguille du compas. *Route corrigée*, ou *vraie :* «route au compas corrigée de la dérive, de la déclinaison et de la déviation» (Gruss). → 1. Pinnule, cit. *Routes composées*, succession des routes vraies suivies par un navire. *Route directe*, celle qu'aurait dû suivre un navire en ligne droite pour arriver au point où il est parvenu par les routes composées. *Donner la route*, la direction à suivre au pilote. — *Le navire est en route*, il conserve de façon stable le cap* indiqué. *En bonne route* (→ 1. Point, cit. 5). — *La route varie* (→ 1. Écart, cit. 8). *Infléchir sa route vers le sud* (→ Formation, cit. 1). *Changements forcés de route* (→ Fortune, cit. 30). *L'ancienne route des Indes* (→ Contourner, cit. 1). *Jason lisait* (cit. 26) *sa route dans les astres. Faire route (sur).* ⇒ **Cingler.** — *Faire fausse route :* s'écarter de la bonne direction; fig. se tromper dans les moyens à employer, dans la méthode à suivre pour parvenir à ses fins (→ Où, cit. 52). ⇒ **Écarter** (s'). *Officier de route* (ou *des montres*), chargé des calculs de route d'un navire. *Routes aériennes* (→ Impalpable, cit. 2).

Le 21, le temps étant singulièrement beau, nous remîmes le cap au sud avec la résolution de pousser dans cette route aussi loin que possible. 9

BAUDELAIRE, Trad. E. POE, les Aventures d'A. Gordon Pym, XVI.

Le radio, sagement, sous la lampe, note des chiffres, le mécanicien pointe la carte, et le pilote corrige sa route si les montagnes ont dérivé, si les sommets qu'il désirait doubler à gauche se sont déployés en face de lui (...) 10

SAINT-EXUPÉRY, Terre des hommes, I.

♦ **4.** Par anal. (En parlant des choses de la nature). *La route du soleil, des planètes...* ⇒ **Cours.** *« Je suivais dans les cieux ma route accoutumée »* (→ Espace, cit. 23, Vigny). *Le nuage change de route* (→ Pousser, cit. 22).

Cassini le père avait déjà fixé la route que devait décrire la comète de 1664. Il avait osé, le premier, prédire le cours d'une comète; l'astronomie n'avait encore produit rien de si hardi. 11

VOLTAIRE, Éléments de la philosophie de Newton, III, XIII.

♦ **5.** (1771). Dans quelques locutions. Marche*, voyage*.

FAIRE ROUTE. *Faire route à pied* (cit. 28).

EN ROUTE. *Être en route, se mettre, se remettre en route* (→ Dénigreur, cit. 2; 1. feu, cit. 53; lester, cit. 2). *En route* (→ Bâtir, cit. 33; démonter, cit. 5; derviche, cit. 2), *en cours* (cit. 18) *de route*, pendant le voyage.

Perdre, semer qqn en route. En route! : partons!, partez! Fam. *En route, mauvaise troupe!* (→ 1. Patron, cit. 15). — *Continuer, reprendre sa route* (→ Distraire, cit. 16; moins, cit. 41). *Une longue route.* ⇒ **Étape** (→ Équipage, cit. 6).

DE ROUTE. *Journal, carnet de route* (→ Notation, cit. 2; remanier, cit. 2). — *Souhaiter bonne route* (→ 1. Pas, cit. 29). *Les fatigues de la route* (→ Prolongation, cit.). — (1825). Spécialt. (Milit.). *Feuille de route*, titre délivré par l'autorité militaire à des militaires se déplaçant isolément (→ 2. Pékin, cit. 1). *Indemnité de route. Au pas de route* (→ 2. Marche, cit. 29). *Chanson de route.*

— En route, mauvaise troupe! — Et nous repartîmes. 12

A. DE VIGNY, Servitude et grandeur militaires, I, VI.

Pendant la route, ils échangèrent à peine quelques mots. Ils s'étaient enfoncés chacun dans un coin du fiacre qui les cahotait sur les pavés. 13

ZOLA, Thérèse Raquin, XII.

Spécialt. *Faire la route :* voyager par route sans itinéraire précis. ⇒ **Routard.**

Par ext. *Mettre en route :* mettre en marche (un moteur, une machine). *Mettre en route sa voiture.* Absolt. *Au moment de mettre en route.* ⇒ **Démarrer.** — *La mise en route.* Fig. *Mise en route d'une affaire*, mise en train. (1876). *Avoir qqch. en route :* être en train d'exécuter qqch. *J'ai plusieurs entreprises en route.* ⇒ **Chantier.**

Le train s'était mis en route pour Paris à 6 h 40 au lieu de 6 h 38. 14

J. ROMAINS, les Hommes de bonne volonté, t. I, VI, p. 67.

♦ **6.** Par métaphore, fig. ⇒ **Chemin, voie.** *Dieu plaçait sur ma route une sorte d'obligation* (cit. 7). *Les dangers dont ta route est semée* (→ Épreuve, cit. 23). *Nos routes se sont croisées. Nous avons fait un bout de route ensemble. Consentir* (cit. 5) *à suivre une route toute tracée. Au bout de la route* (→ Asservissement, cit. 3). *Dévier* (cit. 2) *de sa route. La droite route* (→ Inévitable, cit. 6). *Remettre dans la bonne, la juste route* (→ Gardien, cit. 8). *Écrivain qui sait* *la route du cœur* (→ Finesse, cit. 8). *La route du beau* (→ Art, cit. 82). *Tenter quelque nouvelle route* (→ Méthode, moyen; et aussi dénouer, cit. 7). *La route à suivre dans l'investigation* (→ Expérience, cit. 43). *La route qui s'ouvre devant lui.* — Loc. *La route est toute tracée :* la conduite à tenir s'impose d'elle-même.

15 L'on ne suit aucune de ces routes dans l'ouvrage (...)
LA BRUYÈRE, Discours sur Théophraste.

16 Les routes de Musique et de Poésie se croisent. VALÉRY, Rhumbs, p. 215.

♦ **7.** Techn. Voie suivie par un processus.

17 (...) ce qui fait que la diode est essentiellement une diode, une valve à deux routes, c'est que l'électrode chaude peut être presque indifféremment cathode ou anode, tandis que l'électrode froide ne peut être qu'anode (...)
Gilbert SIMONDON, Du mode d'existence des objets techniques, p. 41.

C. (De 2. *routier*). Mouvement scout dont font partie les routiers. ⇒ **Scoutisme.**

18 «Pourquoi avons-nous démissionné?» Ce tract de l'équipe nationale de la Route (branche aînée des scouts de France) m'a été adressé de plusieurs côtés.
F. MAURIAC, Bloc-notes 1952-1957, p. 318.

DÉR. Routard, router, 2. routier, routin, routine.
COMP. Autoroute, dérouter.

ROUTER [Rute] v. tr. — 1907; *roupter* «percer un chemin dans une forêt», 1347; de *route*.

♦ **1.** Techn. Grouper en liasses selon la destination (⇒ **Routage**).

♦ **2.** (Mil. xxᵉ). Mar. Établir la route* (B., 2.) à suivre (d'un navire, d'un avion). *Router un cargo.*

♦ **3.** (Mil. xxᵉ). Assigner à (un message) une voie de communication.

DÉR. Routage.

---

1. ROUTIER [Rutje] n. m. — V. 1250; «valet d'armée», v. 1220; de l'anc. franç. *route* «bande», du p.p. substantivé au fém. *rout* «rompu» (xiiᵉ), de *rompre*.

♦ **1.** Anciennt. Homme de guerre faisant partie d'une bande de soldats d'aventure. ⇒ **Partisan, pillard.** *Routiers et capitaines* (→ Gerfaut, cit. 2, Heredia).

1 Les recettes de son domaine (de Philippe Auguste) lui fournissaient assez d'argent pour payer des bandes de soldats de profession appelés *routiers* (...)
SEIGNOBOS, Hist. sincère de la nation franç., VI.

♦ **2.** (xviᵉ). Fig. *«Un vieux gentilhomme éprouvé* (cit. 33), *en divers hasards, et vrai routier de guerre»* (Rabelais). **VIEUX ROUTIER :** homme expérimenté, habile (→ Apprenti, cit. 6). *Un vieux routier de la politique, des affaires.*

2 C'était un vieux routier (*le rat*) : il savait plus d'un tour;
Même il avait perdu sa queue à la bataille. LA FONTAINE, Fables, III, 18.

3 (...) existe-t-il dans le Parlement actuel (...) un rassemblement possible, des socialistes à la gauche du M. R. P.? Les vieux routiers n'y croient pas, c'est un fait.
F. MAURIAC, Bloc-notes 1952-1957, p. 67.

2. ROUTIER, IÈRE [Rutje, jɛR] adj. et n. — 1834; *rotier* (xiiᵉ) ou *routier* (xvᵉ) «qui vole sur les routes»; de *route*.

★ **I.** Adj. (1539; repris 1834). ♦ **1.** Relatif aux routes, qui se fait sur route. *Carte routière,* indiquant les routes de terre (→ Déployer, cit. 5; itinéraire, cit. 6, Chateaubriand). *Réseau routier. Signaux routiers. Transports routiers. Transports routiers internationaux* (T. I. R.). *Circulation routière, trafic routier. Gare routière,* pour les services d'autocars. *Sécurité routière. Prévention* routière. *Police routière.*

♦ **2.** Destiné à rouler sur route. *Moto routière.* → ci-dessous III.

★ **II.** N. m. **A.** ♦ **1.** (1484). Mar., vx. Carte marine à petite échelle (→ Portulan). Mod. Carte marine à grande échelle qui permet de tracer la route d'un navire. *Le routier de l'Atlantique Nord.*

1 Vous m'avez donné votre «routier» personnel de l'Atlantique et, surtout, vous avez été le seul marin à m'écrire, avant le succès : Vous réussirez. *Scripta manent,* amiral, vous le saviez, vous qui avez eu le plaisir de me dédicacer ma carte.
Alain BOMBARD, Naufragé volontaire, p. 151.

Dans un rallye automobile, etc., parcours sur route.

♦ **2.** (Mil. xxᵉ). Conducteur de poids lourds effectuant de longs trajets. ⇒ **Camionneur.** *Les routiers sont sympas* (slogan). *Les routiers roulent pour vous. Restaurant de routiers* (→ ci-dessous 4.). — Par ext. Propriétaire, gestionnaire d'une entreprise de transports sur route.

2 Le vocable de «*routier*» recouvre, en fait, trois réalités différentes et antagonistes : les grandes entreprises de transport, une dizaine en France, possédant plusieurs centaines de camions; les artisans, qui, au prix de tous les sacrifices, essaient de s'en tirer avec leur propre matériel; les salariés, enfin, qui vivent de la même façon, mais n'ont que leurs bras et leur connaissance du métier. Au total, quelque 750 000 personnes. l'Express, 29 mars 1971, *in* P. GILBERT.

♦ **3.** (1886, *in* Petiot). Coureur cycliste spécialiste des épreuves sur route (opposé à *pistard*).

♦ **4.** (1970). Restaurant fréquenté par les routiers, les chauffeurs de camions. *Un excellent routier. Manger dans un routier.*

B. (1949; d'abord en appos. *scout routier*). Scout de la branche aînée ayant dépassé l'âge des *éclaireurs. Clan de routiers.*

★ **III.** N. f. (Mil. xxᵉ). *Une routière, une grande, une bonne routière :* une voiture faite pour la route (plus que pour la ville). Moto de route, pour la route. *«Aussi étonnant que cela paraisse, on se surprend non seulement à rouler comme une routière mais aussi à taquiner tout ce qui roule, caréné ou pas, avec une confiance véritablement insultante»* (*Moto-Revue,* 6 mai 1981).

ROUTIN [Rutɛ̃] n. m. — 1829; Balzac; mot dial. de l'Ouest; dimin. de *route.*

♦ Régional. Petit sentier* dans une forêt; petit chemin.

1 (...) voyez-vous cette fumée, là-bas? c'est ma maison. En suivant les routins de droite, vous y arriverez par en haut. (*C'est une paysanne bretonne qui parle*).
BALZAC, les Chouans, Pl., t. VII, p. 1022.

2 (...) voyant par un après-midi pluvieux un écureuil roux à l'arrière-train empanaché traverser le routin qui passe entre notre jardin et la terrasse de la maison (...)
Michel LEIRIS, Frêle bruit, p. 28.

ROUTINE [Rutin] n. f. — 1580, Montaigne; *rotine,* 1559; de *route.*

♦ **1.** Vx ou littér. Savoir ou habileté que l'on acquiert par la pratique plus que par l'étude. *Routine et expérience** (cit. 25 et 38). *Acquérir une sorte de routine.*

1 Me voici devenu grammairien, moi qui n'appris jamais langue que par routine, et qui ne sais encore que c'est d'adjectif, conjonctif et d'ablatif (...)
MONTAIGNE, Essais, I, XLVIII.

♦ **2.** (1715). Cour., péj. Habitude d'agir ou de penser toujours de la même manière avec quelque chose de mécanique et d'irréfléchi. ⇒ **Habitude, train-train; ronron** (fam); **irréflexion.** *Besogne* (cit. 5) *qui devient une espèce de routine. Détestables routines* (→ Enquête, cit. 3). *La routine d'un atelier* (→ Peindre, cit. 6). *Les routines de la littérature dite classique* (→ Évolution, cit. 8). ⇒ **Poncif.** *Les routines administratives. Se dégager* (cit. 29) *des routines.* ⇒ **Chemin** (battu), **errements, ornière.**

2 L'enthousiasme révolutionnaire semblait devoir durer que le fanatisme catholique et royaliste. Il avait pour projet des idées nouvelles et ne se liait pas comme l'autre à tout un système d'habitudes et de routines, anciennement envieilli dans l'homme, passé dans la vie, dans le sang.
MICHELET, Hist. de la Révolution franç., V, XI.

3 — Et vous espérez lutter avec vos outils de quatre sous, continua-t-il, vous qui ne savez rien, qui ne voulez rien, qui croupissez dans votre routine! (...)
ZOLA, la Terre, V, IV.

4 Quant aux cérémonies mêmes de l'enterrement, elles ne sont plus aujourd'hui qu'un train-train fructueux, qu'une routine officielle, qu'un treuil d'oraisons qu'on tourne, machinalement, sans y penser. HUYSMANS, En route, I, I.

(1780). *La routine :* l'ensemble des habitudes et des préjugés établis, considérés comme faisant obstacle à la nouveauté, à la création et au progrès. ⇒ **Misonéisme, traditionalisme** (→ Cinéma, cit. 3; engourdissement, cit. 5; enterrer, cit. 17; fabriquer, cit. 13; ignorance, cit. 29). *Esprit de routine. Absence de routine* (→ Efficacité, cit. 6). *Le poids de la routine. Être esclave de la routine. La routine quotidienne.* ⇒ **Train, tran-tran.**

5 La routine les conduit dans toutes les actions de leur vie; on ne réfléchit que dans les grande occasions, et quand il n'est plus temps. C'est ce qui a rendu presque toutes les administrations vicieuses; c'est ce qui a produit autant d'erreurs dans le gouvernement que dans la philosophie.
VOLTAIRE, les Singularités de la nature, XXXVIII.

6 Si ce remarquable travail de peinture sur la lave eût décoré une chapelle intérieure, il n'eût pas contrarié la routine si puissante en France, où toute nouveauté, fût-elle excellente et parfaitement pratique, est sûre d'être mal accueillie.
Th. GAUTIER, Souvenirs de théâtre..., Vente Jollivet.

♦ **3.** Loc. adj. (V. 1960; sans nuance péj.; anglo-amér. *routine* «procédure»). Anglic. *De routine :* conforme à l'habitude prise, qui ne nécessite aucune décision nouvelle. ⇒ **Courant, habituel, systématique.** *Procéder des examens de routine* (emploi critiqué). *Visite de routine. Rencontre de routine,* entre personnalités influentes (spécialt sur le plan politique). — Milit. *Mission de routine,* de reconnaissance.

♦ **4.** Inform. (1968; angl. *routine,* lui-même du franç.). Anglic. Séquence d'instructions à l'ordinateur destinée à engager une suite d'opérations pour obtenir un résultat partiel ou pour faciliter la conduite (ou le dépannage) de la machine.

CONTR. Initiative, innovation.
DÉR. Routiner, routinier.

ROUTINER [Rutine] v. tr. — 1730, Richelet; «pratiquer par routine», 1617; de *routine.*

♦ Régional. Habituer (qqn) par une routine.

(...) ma tante avait si bien pris l'habitude de cette dérogation hebdomadaire à ses habitudes, qu'elle tenait à cette habitude-là autant qu'aux autres. Elle y était si bien «routinée», comme disait Françoise (...)
PROUST, Du côté de chez Swann, Pl., t. I, p. 110.

ROUTINIER, IÈRE [ʀutinje, jɛʀ] adj. — 1761 ; de *routine*.

♦ Qui agit par routine (2.), se conforme à la routine. *Esprits étroits et routiniers.* ⇒ **Encroûté** (→ Costume, cit. 1).

La vie de ces routinières personnes gravite dans une sphère d'habitudes aussi incommutables que le sont leurs opinions religieuses, politiques, morales et littéraires. BALZAC, la Femme abandonnée, Pl., t. II, p. 209.

(Choses). Qui se caractérise par la routine. *Connaissance routinière* (→ Expérience, cit. 38). *Éducation routinière* (→ Pédagogue, cit. 1). ⇒ **Classique, conventionnel ; rituel.**

N. (1789). Vx. Personne routinière. → Marteler, cit. 2.

CONTR. Innovateur, novateur, révolutionnaire.
DÉR. Routinièrement.

ROUTINIÈREMENT [ʀutinjɛʀmɑ̃] adv. — 1837 ; de *routinier*.

♦ Rare. De manière routinière ; par routine.

Isidore était tout simplement un bureaucrate (...) routinièrement formé au travail. BALZAC, les Employés, I, III, 1838, *in* D.D.L., II, 10.

ROUTOIR [ʀutwaʀ] n. m. ⇒ **Rouissoir.**

ROUVERIN [ʀuvʀɛ̃] adj. m. — 1676 ; *rovelant, rovelent* « rougeâtre », v. 1175 ; *rouvelin*, déb. XIVe ; lat. *rubellus*.

♦ Techn. *Fer rouverin :* fer cassant qui se prête difficilement au travail de la forge. On écrit aussi *rouverain* (1690).

ROUVIEUX [ʀuvjø] n. m. et adj. — 1743 ; normand *rouvieu*, masc. de l'anc. dial. *rougeule*, franç. *rougeole*.

REM. On rencontre parfois la forme *roux-vieux*, due à une étymologie populaire.

Méd. vétérinaire.

♦ 1. N. m. Gale du cheval, du chien. *Le rouvieux apparaît sur l'encolure du cheval et provoque la chute du crin et du poil.*

♦ 2. Adj. Qui est atteint de cette maladie. *Cheval, chien rouvieux.* — N. m. *Un rouvieux.*

ROUVRAIE [ʀuvʀɛ] n. f. — 1870 ; *rouvraye*, 1611 ; de *rouvre*.

♦ Agric. (surtout régional). Lieu planté de chênes rouvres*.

ROUVRE [ʀuvʀ] n. m. — 1552 ; *robre*, 1538 ; *roure*, 1180 ; cf. provençal *rover* (XIIIe) ; lat. pop. *roborem*, accus. masc. qui avait remplacé le neutre du lat. class. *robur*.

♦ Chêne d'une espèce principalement forestière, dont le fût est plus fin et plus allongé que celui du chêne pédonculé, et dont le feuillage est souvent marcescent. *Les rouvres de la forêt de Tronçais, dans l'Allier, plantés sur l'ordre de Colbert pour l'approvisionnement des arsenaux. Plantation de rouvres.* ⇒ **Rouvraie.** — Par appos. *Chêne rouvre.*

Elle nous a tout coupé, même le grand rouvre planté par le fondateur. Hervé BAZIN, le Cri de la chouette, p. 156.

DÉR. Rouvraie.

ROUVRIR [ʀuvʀiʀ] v. — Conjug. *couvrir.* — 1395 ; de *re-*, et *ouvrir.*

★ **I.** V. tr. Ouvrir de nouveau (ce qui a été fermé).

(Au sens de *ouvrir* I., 1.). *Rouvrir une porte* (1. Porte, cit. 22), *les rideaux, un robinet...*

1 Pierre poussa la porte ; mais dès qu'il se sentit enfermé avec les siens, il eut envie de la rouvrir, car l'agitation du navire trompait leur gêne et leur silence.
MAUPASSANT, Pierre et Jean, IX.

(*Ouvrir* I., 2.). *Rouvrir un coffre, une armoire, une salle.*

2 Des bonheurs disparus se rappeler la place,
C'est rouvrir des cercueils pour revoir des trépas !
LAMARTINE, Poésies diverses, « La vigne et la maison ».

Rouvrir son magasin. Ellipt. *Nous rouvrirons le lundi 3 septembre.*

(*Ouvrir* I., 3.). *Rouvrir les mâchoires, les bras* (→ Passer, cit. 149). *Rouvrir les yeux* (→ Nonchalant, cit. 4 ; plaisir, cit. 17 ; pointe, cit. 20). Subst. (→ *infra*, cit. 3.1).

3 Laissez-moi lui parler, incliné sur ses restes (...)
(...) Comme si, dans sa nuit, rouvrant ses yeux célestes,
Cet ange m'écoutait !
HUGO, les Contemplations, VI, XV.

3.1 Et c'est à cette Parole — dont la sévérité démodée confondit l'enjouement conciliateur de ses heureuses reparties — que nous devons le rouvrir des yeux de notre illustre ami, — dont le mieux, d'ailleurs, s'accentue.
VILLIERS DE L'ISLE-ADAM, Tribulat Bonhomet, p. 186 (1887).

Rouvrir son parapluie. Rouvrir un livre (→ Entendre, cit. 82).

4 La vieille femme lui en lisait tous les soirs quelques pages, rouvrant avec ses doigts goutteux le vieux bouquin à la marque de la veille.
Ed. et J. DE GONCOURT, Sœur Philomène, II.

Fam. *Rouvrir le gaz, l'électricité.*

(*Ouvrir* I., 5.). *Rouvrir une blessure* (cit. 5), *une plaie* (contr. : *cicatriser, consoler*).

(*Ouvrir* I., 6.). *Rouvrir une voie à la circulation. Rouvrir sa demeure à quelqu'un.*

(*Ouvrir* I., 8.). *Rouvrir les hostilités, un débat* (cit. 2).

★ **II.** V. intr. (1875). Être de nouveau ouvert après une période de fermeture. *Les magasins X... rouvrent la semaine prochaine.*

▶ **SE ROUVRIR** v. pron. (V. 1160, *le cœur se rouvre* ; concret, v. 1560).

Être ouvert, s'ouvrir de nouveau. *Blessure* (cit. 1) *en danger de se rouvrir. La grande crise* (cit. 10) *se rouvrait.*

5 (...) j'avais refermé la portière, avec l'espérance de rester seul, quand elle se rouvrit brusquement (...) MAUPASSANT, l'Inutile Beauté, « L'infirme ».

6 Je sais pourquoi là-bas le volcan s'est rouvert (...)
C'est qu'hier tu l'avais touché d'un pied agile,
Et de cendres soudain l'horizon s'est couvert.
NERVAL, Poésies, Les chimères, « Myrtho ».

▶ **ROUVERT, ERTE** p. p. adj.

7 Dans ces grands horizons subitement rouverts,
Il faut de strophe en strophe, il faut de vers en vers
S'en aller devant soi, pensif, ivre de l'ombre.
HUGO, les Contemplations, III, XX.

CONTR. Fermer, refermer.

ROUX, ROUSSE [ʀu, ʀus] adj. et n. — XVIe, *roux* ; *ros, rus, rous*, XIIe ; lat. *russus*.

♦ 1. (Personnes). Dont les cheveux, la barbe sont d'un rouge* tirant sur le jaune orangé. *Femme rousse* (→ Hommasse, cit. 1). *Un jeune homme très roux. Un Écossais roux et barbu.* — Littér. *« À une mendiante rousse »,* poème de Baudelaire. — N. *Un roux, une rousse.* ⇒ **Rouquin** (fam.)., **rousseau** (vx). *Une jolie rousse.*

1 (...) sobrement décolletée, montrant à peine le sommet de ses belles épaules de rousse que la lumière rendait incomparables. Ses cheveux cependant n'étaient point rouges, niais de la couleur intraduisible de certaines feuilles mortes, brûlées par l'automne. MAUPASSANT, Notre cœur, I, I.

2 Elle a l'aspect charmant
D'une adorable rousse
Ses cheveux sont d'or on dirait
Un bel éclair qui durerait
Ou ces flammes qui se pavanent
Dans les roses-thé qui se fanent.
APOLLINAIRE, Calligrammes, « la Jolie Rousse », p. 198.

3 Ce sont là généralités discutables, du même ordre que « la Française est rousse », dans le carnet de cet Anglais qui ayant vu à Boulogne une femme rousse avait conclu de ce spécimen à la coloration unique de l'espèce entière.
Émile HENRIOT, les Romantiques, p. 390.

(Mil. XIIe ; cheveux, poils des êtres humains). *Cheveux* (cit. 13) *roux.* → Poil de carotte* (cit. 1) ; *queue* (1. Queue, *supra* cit. 4) *de vache. Chevelure rousse* (→ Épandre, cit. 11). *Moustaches* (cit. 1) *rousses. Avoir le poil roux.* — *Chevelure d'un châtain roux.* ⇒ **Auburn.**

4 Il s'enivrait d'envelopper d'un bras cette jeune taille ployée en la chevelure tiède, rousse comme de l'or brûlé.
VILLIERS DE L'ISLE-ADAM, Contes cruels, « La reine Ysabeau ».

♦ 2. (V. 1175). D'une couleur orangée, plus ou moins vive (jaune orangé, rouge orangé, brun-rouge). *Teinte rousse.* ⇒ **Fauve, roussâtre.** *Taches rousses sur la peau* (→ Taches de rousseur*). *Ton roux* (→ Linge, cit. 1). *Couleur, lumière rousse* (→ 1. Air, cit. 6). — *Cheval roux.* ⇒ **Alezan, baillet.** *Les hermines* (cit. 1) *sont rousses en été et blanches en hiver.* — (1549). Vén. *Bêtes rousses* (→ Bête, *infra* cit. 13). — N. m. (1636). *Le roux :* la couleur rousse. *Cheveux d'un roux ardent*. Blond* teinté de roux, tirant sur le roux* (→ Moustache, cit. 2). *Pelage* (1. Pelage, cit.) *blanc truité de roux.*

5 L'extérieur de la cathédrale de Tolède (...) tout cela revêtu d'une teinte rousse, d'une couleur de rôtie grillée, d'une même couleur d'un épiderme hâlé comme celui d'un pèlerin de Palestine (...) Th. GAUTIER, le Voyage en Espagne, p. 108.

6 Il ne vieillissait point, la quarantaine approchait, sans que le roux ardent de ses cheveux frisés eût pâli. Sa barbe, qu'il portait entière, restait drue, elle aussi, d'un blond de soleil. ZOLA, la Bête humaine, I.

♦ 3. Cuis. *Beurre roux,* qu'on a fait roussir en le chauffant. (On dit aussi *beurre blond*). — N. m. (1762). Préparation (faite de farine mélangée à du beurre ou à une autre matière grasse et mouillée avec un liquide chaud) qu'on utilise pour lier, pour épaissir une sauce* (→ Fond* blanc). *Des roux graillonnaient* (2. Graillonner, cit.) *dans les poêlons.*

7 (...) allongez-moi ce roux, car il épaissit !
Th. GAUTIER, le Capitaine Fracasse, XI.

N. m. (Mil. XXe). Techn. Plâtre ayant subi une mauvaise cuisson et présentant une teinte rousse.

♦ 4. (1628). *Lune rousse :* lune d'avril qui, selon la tradition paysanne, roussit et gèle la végétation (gelées printanières par ciel clair).

DÉR. Roussard, roussâtre, 2. rousse, 3. rousse, rousseau, roussée, rousseline, roussette, rousseur, roussille, roussin, roussir. — V. Roussane, rousselé, rousselet, 2. roussi.
HOM. Roue.

ROWING [ʀɔwiŋ] n. m. — 1854 ; mot angl., de *to row* «ramer».

♦ Anglic., vieilli. Sport de l'aviron*. — Mod. Mouvement de gymnastique, de musculation, mobilisant les mêmes masses musculaires que le nage à l'aviron. *Travailler le rowing debout avec une barre chargée à cinquante kilos.*

Quand il fait du rowing sur le plancher, il porte une petite culotte qui s'arrête à mi-cuisse, son torse moule superbement un petit jersey de soie transparent, un grand mouchoir aux couleurs américaines est noué autour de ses reins.
B. CENDRARS, Moravagine, in Œ. compl., t. IV, p. 180.

ROYAL, ALE, AUX [ʀwajal, o] adj. et n. f. — V. 1200 ; *regiel* (fin ixe), *reial* (fin xie), roial (fin xiie) ; lat. *regalis*.

★ **I.** Adj. ♦ **1.** Du roi ; qui concerne le roi, qui lui est propre, qui lui appartient, qui dépend de lui, qui se fait pour lui, en son nom. ⇒ **Roi.** Bandeau (cit. 2), *diadème, manteau, trône royal* (→ Hostile, cit. 4 ; 1. que, cit. 55). *Couronne royale* (→ Porcelaine, cit. 3). *Dignité, autorité, prérogative royale.* ⇒ **Régalien** (→ Couronne, cit. 13 ; despote, cit. 3 ; 3. droit, cit. 64 ; souverain, cit. 43). *Arbitraire, despotisme, pouvoir royal* (→ Dieu, cit. 48 ; dissoudre, cit. 5 ; milieu, cit. 19). — *Flotte, armée, artillerie royale* (→ Bassin, cit. 7 ; noble, cit. 22 ; plèbe, cit. 2). *Agents, inspecteurs royaux* (→ Immunité, cit. 3 ; missi dominici, cit.). — *Dîme* (→ Avanie, cit. 3), *corvée* (cit. 1) *royale. Trésor royal* (→ Épargne, cit. 15). *Château, palais royal* (→ Pénétrable, cit. 1). *Le Palais-Royal,* construit à Paris par Richelieu *(Palais Cardinal)* puis donné au roi. *Mariage royal.* — *Famille, maison, dynastie royale* (→ Jeudi, cit. 1 ; 1. lis, cit. 9 ; obituaire, cit. 1). *Les princes* de la famille royale. Son Altesse Royale* (par abrév. : *S. A. R.*), *Votre Altesse Royale.* → Milieu, cit. 20 ; reneiger, cit.

(1611). Dr. anc. *Cas royaux.* ⇒ **Cas** (*infra* cit. 13). *Juges royaux,* rendant la justice au nom du roi (opposé à *juges seigneuriaux*). — *Cour royale,* cour d'appel. — (Avec la forme archaïque du fém. plur.). *Lettres, ordonnances royaux,* qui émanaient de l'autorité royale (→ Racine, *les Plaideurs,* 1, 7). Se dit, sous un régime monarchique, de ce qui dépend du gouvernement, de l'administration centrale (opposé à *provincial, privé,* etc.). *Académie royale de musique. Bibliothèque royale.* (1752). *Collège royal,* ancien nom du Collège de France. — *Route royale.* — REM. Dans ce sens, *royal* a été remplacé, en France, par *national. La Marine Royale* (→ ci-dessous, II., 4.) *la Royale.*

♦ **2.** Hist. (Sous l'Ancien Régime). *Royal,* servant à former le nom d'un régiment ou d'un navire. *Le Royal-Allemand. Le Royal-Cravate. Le Royal-Louis.* — Mod. (par plais.). *Le Royal Cambouis*. Royal,* entrant dans la désignation d'un lieu, d'une rue, etc. *La rue Royale, la place Royale* (aujourd'hui *Place des Vosges*), *le Pont-Royal* (→ Mutilateur, cit. 1 ; planter, cit. 10). — *La place Royale* ou *L'amoureux extravagant,* comédie de Corneille. — Archit. *Le Portail royal de la cathédrale de Chartres* (→ Maître, cit. 84).

♦ **3.** Fig. *La voie royale :* la voie la plus facile, la plus glorieuse ; celle qui mène le plus rapidement au but, à la vérité. — Littér. *La Voie royale,* roman de Malraux (1930).

1   (...) quand Descartes refusait toute pensée aux bêtes, il suivait la route royale ; car on suppose toujours trop de pensée aux bêtes, et même aux hommes.
ALAIN, Propos, 20 mai 1922, Plantes.

♦ **4.** Par ext. Qui est digne d'un roi ; majestueux, grandiose, magnifique. *Magnificence* (cit. 7), *puissance royale* (→ 1. Or, cit. 23). *Luxe, festin royal* (→ Inanition, cit. 4 ; pâture, cit. 7).

(xvie-xviie ; rare av. 1875). Fam. *Une indifférence royale.* ⇒ **Parfait.** — Fam. *Maintenant, il me fout une paix royale.*

♦ **5.** Poét. *Chant royal.* ⇒ 1. **Chant.** (Du Bellay, *Défense et Illustration de la langue française,* II, 4).

♦ **6.** Désigne certaines races ou variétés d'animaux ou de végétaux remarquables par leur taille ou leur beauté. *Aigle, milan* (cit.), *tigre royal. Perroquet* (cit. 4) *royal du Brésil.* — *Rose royale. Pêche royale.*

♦ **7.** *Gelée* royale.*

★ **II.** N. f. ♦ **1.** (1690). Cuis. *À la royale.* Se dit d'une manière particulièrement riche d'accommoder certains mets. *Bœuf, poulet à la royale. Lièvre à la royale,* préparé avec des oignons, de l'ail, des échalotes, du vin rouge...

2   Laquelle d'entre vous se doute, lectrice, en savourant l'authentique «lièvre à la royale», fondant, chaud à la bouche, que soixante — vous lisez bien *soixante*! — gousses d'ail ont coopéré à sa perfection ? Un lièvre à la royale réussi n'a pas goût d'ail.
COLETTE, Prisons et Paradis, p. 77.

(1938). *Une royale :* préparation faite de consommé ou de purée liée aux œufs, coupée en dés et servant de garniture pour les potages.

♦ **2.** (1798). Petit bouquet de barbe sous la lèvre inférieure (→ **Impériale** ; et aussi moustache, cit. 1).

3   (...) une bouche pincée, disons-nous, était encadrée par deux petites moustaches grises et une *royale,* ornement alors à la mode, et qui ressemble assez à une virgule par sa forme.
A. DE VIGNY, Cinq-Mars, VII.

♦ **3.** Vén. Sonnerie de trompe réservée au gibier le plus noble.

---

4   Faut-il rappeler qu'au xviiie siècle, on sonnait la Royale lorsque les chiens attaquaient un dix cors ; la petite Royale pour un dix cors jeunemut, la Fanfare du roi pour une quatrième tête (...)
François VIDRON, la Chasse à courre, p. 36.

♦ **4.** **LA ROYALE.** ⓐ Hist. La Marine royale, en France.

ⓑ Mod. La Marine nationale française. *Un officier de la Royale,* de la marine de guerre. *« Il est incroyable que les marins puissent sortir habillés en rocker", dit le procureur (...) indigné du laxisme actuel de la Royale »* (l'Express, 16 févr. 1979).

5   J'en avais parlé *(du problème des icebergs)* soucieusement avec un ami officier de la Royale pendant notre séjour à Tahiti.
Bernard MOITESSIER, Cap Horn à la voile, p. 220.

DÉR. Royalement, royalisme, royaliste, royauté.

ROYALEMENT [ʀwajalmɑ̃] adv. — 1480 ; *reialment* (v. 1155), *roialment* (déb. xiiie), *royalment* (v. 1360) ; de *royal.*

♦ **1.** D'une manière royale*, avec magnificence. ⇒ **Magnifiquement, richement, splendidement, superbement.** *Il fut traité royalement* (→ Exalter, cit. 5).

1   Du train dont il menait sa vie, royalement, et semant l'or sans compter, on aurait dit que sa cervelle était inépuisable (...)
Alphonse DAUDET, Lettres mon moulin, « L'homme à la cervelle d'or. »

Iron. (en parlant d'un geste mesquin, peu généreux) :

1.1   Vous ne m'avez jamais donné un sou (...) si, quand je suis parti pour le service, le père royalement m'a remis une pièce de cinq francs (...) c'est tout (...)
M. DRUON, les Grandes Familles, I, II, p. 25.

♦ **2.** Majestueusement. *L'immense paquebot sortait lentement et royalement* (→ Remorqueur, cit. 1).

♦ **3.** (V. 1870). Fam. À l'extrême. *Il s'en moque, il s'en fout royalement,* tout à fait. ⇒ **Absolument, complètement.** *Il s'est royalement trompé, fichu dedans.*

2   Lui aussi, connaissait très bien les chevaux, cependant jadis il avait perdu royalement sur les hippodromes.
ARAGON, les Cloches de Bâle, I, VIII.

3   (...) tu sais que le Palace de la Rigolade est fermé ?
— Non, dit Pierrot avec indifférence. Il s'en moquait royalement.
R. QUENEAU, Pierrot mon ami, éd. L. de Poche, p. 108.

ROYALISME [ʀwajalism] n. m. — 1770, Beaumarchais ; de *royal.*

♦ **1.** Attachement à la monarchie, à la doctrine monarchiste. ⇒ **Monarchisme.**

♦ **2.** Appartenance à un parti royaliste, sous un régime non monarchique (notamment républicain).

ROYALISTE [ʀwajalist] n. et adj. — 1589 ; de *royal.*

♦ **1.** N. Partisan du roi. *Pendant les guerres de Religion on appelait royalistes les partisans d'Henri IV* (opposé aux *ligueurs*).

Spécialt. (Depuis la Révolution de 1789 et opposé à *républicain,* à *bonapartiste*). Partisan du roi, du régime monarchique. *Royalistes et Jacobins* (→ Fédéral, cit. 1). *Libéraux et royalistes* (→ Amender, cit. 6). *Les ultra-royalistes.* ⇒ **Ultra.**

1   Le mot de *royaliste* dans cet ouvrage est pris dans un sens très étendu : il embrasse tous les royalistes, quelle que soit la nuance de leurs opinions, pourvu que ces opinions ne soient pas dictées par les mouvements *moraux* révolutionnaires.
CHATEAUBRIAND, De la monarchie selon la Charte (Préface de la 1re éd.).

2   Madame de Motteville n'est point une royaliste aveugle : elle croit au droit des rois, mais aussi à la justice qui en est la règle, et que Dieu, selon elle, leur inspire souvent, et qu'il leur a presque toujours suggérée dans le royaume de France.
SAINTE-BEUVE, Causeries du lundi, 1er déc. 1851.

♦ **2.** Adj. (1611). *Les élus, les députés royalistes.* ⇒ **Monarchiste** (→ Invalider, cit. 2 ; ménager, cit. 17). *Insurgé royaliste pendant la Révolution.* ⇒ **Chouan.**

3   Des généraux royalistes, agissant au nom de la République, devaient, par le seul effet de cette duplicité, avoir dans les mouvements quelque chose de gauche et de faux.
MICHELET, Hist. de la Révolution franç., VIII, v.

Allus. hist. *Il ne faut pas être plus royaliste que le roi :*

4   (La faction) a inventé un nouveau jargon pour arriver à son but. Comme elle disait au commencement de la révolution les *aristocrates,* elle dit aujourd'hui les *ultra*-royalistes. Les journaux étrangers se sont soldés en masse ou dans ses rangs écrivent tout simplement les *ultra* (...). La grande phrase reçue, c'est qu'il ne faut pas être plus royaliste que le roi. Cette phrase n'est pas du moment ; elle fut inventée sous Louis XVI.
CHATEAUBRIAND, De la monarchie selon la Charte, II, XLI.

Loc. *Être plus royaliste que le roi :* défendre les intérêts de qqn avec plus d'ardeur qu'il ne le fait lui-même ; suivre une doctrine avec outrance, étroitesse.

(Dans un régime républicain). Qui est relatif, qui appartient au royalisme, aux royalistes. *Parti royaliste* (→ Humeur, cit. 45 ; périlleux, cit. 3). *Politique royaliste* (→ Moraliser, cit. 3). *Complot, insurrection royaliste* (→ Germination, cit. 2 ; intelligence, cit. 24). *Opi-*

nions royalistes (→ Exciper, cit. 2). *Journal, pamphlet royaliste* (→ Camelots* du roi).

CONTR. Antimonarchiste, républicain.

ROYALTY [ʀwajalti] n. f. — 1897, *in* Höfler ; *droit de royalty* (dans les mines britanniques), 1865 ; mot angl. « royauté », d'où « impôt payé au roi » et (1838), « droit payé au propriétaire d'une mine ». Anglicisme.

★ **I.** (1910). Sing. (rare) ou plur. Redevance due à (un inventeur, un interprète, un éditeur). *Toucher des royalties, une royalty importante.*

J'écris trois versions différentes à la fois, suivant le public auquel je m'adresse : une version pour Dublin, l'autre pour New York, la troisième pour Paris. Plus, une grosse royalty pour le film.
Paul MORAND, Fermé la nuit, p. 66-67 (1923), *in* REY-DEBOVE et GAGNON.

★ **II.** Au plur. ♦ **1.** (1962). Comm. Somme que l'utilisateur d'un brevet étranger verse à l'inventeur et qui est proportionnelle au nombre d'objets fabriqués.

♦ **2.** Redevance payée par une société pétrolière au pays sur le territoire duquel se trouvent les gisements du pétrole exploité ou le pipe-line qui sert à le transporter. *Royalties de 30 %.* — Recomm. off. : *redevance.* Le terme *royautés,* utilisé en français au Canada, n'est pas en usage en France, mais pourrait bien l'être.

ROYAN [ʀwajɑ̃] n. f. — 1771 ; du nom de la ville de *Royan,* en Charente-Maritime.

♦ Grosse sardine de l'Atlantique. *Acheter de la royan pour la faire griller. Une royan.*

ROYAUME [ʀwajom] n. m. — 1260 ; *reialme,* 1080, *Chanson de Roland ;* altér. par croisement avec *reial, royal,* de l'anc. franc. *reiam(m)e,* lat. pop. *regiminem,* class. *regimen, inis* « direction, gouvernement ». → Régime.

♦ **1.** Pays, État gouverné par un roi* (1.). ⇒ **Monarchie, règne** (I., 1., vx). *Les royaumes et les républiques* (→ Faner, cit. 15). *La capitale, le territoire, les provinces du royaume* (→ Alarme, cit. 3 ; bannir, cit. 35 ; 2. errant, cit. 44). *Ravager, pacifier, reconquérir un royaume* (→ Dévaster, cit. 1 ; dupe, cit. 10 ; habileté, cit. 6). *Lieutenant** (cit. 1 et 2) *général du royaume. Régence* (cit. 1) *du royaume. Le royaume de France* (→ Gouverner, cit. 29 ; marcher, cit. 43). — Vx et poét. *Le royaume des lis :* le royaume de France. — Loc., mod. *Le Royaume-Uni,* formé de la Grande-Bretagne (l'Angleterre proprement dite et l'Écosse) et de la partie orientale de l'Irlande du Nord (→ Exiguïté, cit. 4).

Allus. littér. *« Il y a quelque chose de pourri dans le royaume de Danemark »* (Shakespeare, *Hamlet,* I, 4). *« Mon royaume pour un cheval ! »* (Richard III). — Allus. hist. *La grande pitié qui était au royaume de France,* mot de Jeanne d'Arc à son procès.

♦ **2.** (*Dieu reaulme,* 1280). *Le royaume de Dieu, des cieux* (cit. 42), *le royaume céleste* (cit. 5), *éternel :* la communauté des fidèles ici-bas et dans l'éternité, le règne de Dieu dans les âmes et dans le ciel (→ Enfant, cit. 1 ; grain, cit. 10 ; humilier, cit. 9 ; idolâtre, cit. 4 ; renaître, cit. 1). *Les clefs** (cit. 8) *du royaume des cieux. Que votre royaume arrive.* ⇒ **Règne** (cit. 3, Bossuet). — Allus. bibl. (Jésus à Pilate, *in* Jean XXVIII, 38).

Mon royaume n'est pas de ce monde.

Ce fut dans ces circonstances que Jésus voulut établir sur la terre un royaume spirituel, ce qui, séparant le système théologique du système politique, fit que l'État cessa d'être un, et causa les divisions intestines qui n'ont jamais cessé d'agiter les peuples chrétiens. Or, cette idée nouvelle d'un royaume de l'autre monde n'ayant pu jamais entrer dans la tête des païens, ils regardèrent toujours les chrétiens comme de vrais rebelles (...)
ROUSSEAU, Du contrat social, IV, VIII.

♦ **3.** (Mil. XVIᵉ). Littér., vx. *Les noirs royaumes, le royaume des morts, le royaume de Pluton :* les Enfers, le domaine des ombres (→ -et, cit. 3). Cf. par plais. *« Le royaume des taupes »* (Baudelaire) : la terre, le sol (où l'on enterre les morts). → Gaupe, cit. 3.

Lieu où une personne, une chose est prépondérante. ⇒ **Domaine, fief, pays** (*supra* cit. 30). *Ce royaume du clinquant, de l'oripeau* (cit. 1). *Ce royaume supérieur des formes idéales* (→ Divination, cit. 4).

Prov. *Au royaume des aveugles** les borgnes sont rois.*

ROYAUTÉ [ʀwajote] n. f. — XIIIᵉ ; *realted* (v. 1138), *realté* (v. 1155) ; *reyauté,* fin XIIᵉ ; de *royal.*

♦ **1.** Dignité de roi* (1.) ; le fait d'être roi. *Aspirer à la royauté.* ⇒ **Couronne** (*supra* cit. 11), **sceptre, trône.** *Les insignes, les devoirs, les charges de la royauté.*

♦ **2.** Pouvoir royal, régime monarchique. ⇒ **Monarchie.** *La lutte de la féodalité contre la royauté* (→ 2. Geste, cit. 2). *Chute de la royauté* (→ Prévision, cit. 5).

Dans l'abaissement où l'avaient réduite les derniers Carlovingiens, la royauté

n'était plus qu'un nom, un souvenir bien près d'être éteint ; transférée aux Capets, c'est une espérance, un droit vivant, qui sommeille, il est vrai, mais qui, en temps utile, va peu à peu se réveiller. La royauté recommence, avec la troisième race, comme avec la seconde, par une famille de grands propriétaires, amis de l'Église.
MICHELET, Hist. de France, II, III.

Une, des royautés. ⇒ **Monarchie.**

♦ **3.** (Fin XIIIᵉ). Fig., littér. Prépondérance, suprématie. ⇒ **Influence, souveraineté, suprématie.** *La royauté que donne l'argent* (→ Cubique, cit. 1).

Une femme accoutumée aux avantages d'une royauté de salon n'y renonce pas facilement. De toutes les habitudes, celles de la vanité sont les plus tenaces.
BALZAC, le Député d'Arcis, Pl., t. VII, p. 642.

♦ **4.** Franç. du Canada. *Royautés :* royalties*, redevances.

COMP. Vice-royauté.

ROYER [ʀwaje] v. tr. — XIVᵉ ; de *roie,* forme anc. de 1. *raie.*

♦ Vx. Tracer un sillon sur (une surface). Spécialt. Tracer des fossés d'irrigation sur.

ROYES [ʀwaj] n. f. pl. — 1771 ; forme picarde de *raie,* XIVᵉ ; de *rei.* → Rets.

♦ Régional. Parties de filets de pêche réunis pour la pêche aux harengs, aux sardines.

R. P. [ɛʀpe] n .f. Abrév. de *représentation proportionnelle.*

R. P. R. [ɛʀpeɛʀ] n. f. Vx. Abrév. de *Religion prétendue réformée. Ceux de la R. P. R. :* les protestants, au XVIIᵉ siècle.

-RRHAGIE (vx), **-RRAGIE** Élément du grec *-rragia,* d'après l'aoriste second passif *erragên,* de *rhêgnumi* « briser », au passif « jaillir », entrant dans la composition de termes médicaux. ⇒ **Blennorragie, hémorragie, ménorragie, phléborragie.**

-RRHE, -RRHÉE Élément du grec *-rroia,* de *rhein* « couler », entrant dans la composition de termes médicaux. ⇒ **Bronchorrhée, catarrhe, diarrhée, hémorrhée, ménorrhée** (et comp.), **otorrhée, pyorrhée, séborrhée...**

Ru [ɛry] Symbole chimique du ruthénium*.

RU [ʀy] n. m. — XIIᵉ, var. *riu, rui,* etc. ; littér. av. XVIᵉ ; lat. *rivus.*

♦ Vx ou régional. Petit ruisseau. ⇒ **Ruisselet.**

— Eh ! bien, où donc est-elle, cette loutre ? dit Charles en souriant d'un air de doute (...) — La voilà, je l'ai cachée dans le *ru* des Aigues avec une pierre à son cou.
BALZAC, les Paysans, Pl., t. VIII, p. 69.

(...) je trouve à trois reprises les eaux rapides rassemblées dans le corps d'une rivière. À cet endroit où elle naît du cœur à une quintuple vallée, j'entreprends de trouver la tête d'un des rus qui l'alimentent.
CLAUDEL, Connaissance de l'Est, p. 195.

HOM. Rue, ruz.

RUADE [ʀɥad ; ʀyad] n. f. — XVᵉ ; de *ruer.*

♦ **1.** Mouvement par lequel les équidés (chevaux, ânes, mulets) lancent vivement en arrière leurs membres postérieurs en soulevant leur train arrière. ⇒ **Ruer.** *Décocher, lancer, lâcher* (cit. 5) *une ruade* (→ Cabrer, cit. 5 ; dégager, cit. 4).

Par anal. Mouvement violent, saut, coup de pied.

Christophe haletait (...) la musique lui causait de si violentes secousses, et si inattendues qu'il était contraint de remuer la tête, les bras, les jambes, au grand dommage de ses voisins, qui se gariaient comme ils pouvaient de ses ruades.
R. ROLLAND, Jean-Christophe, L'aube, III, p. 78.

♦ **2.** (Fin XVIᵉ). Fig. Attaque, réaction brutale, brusque (→ Coucheur, cit. 1).

Elle ne comprenait pas son silence et aurait préféré « une franche ruade à cette hautaine immobilité ».
A. MAUROIS, Lélia, IV, I.

RUBACELLE [ʀybasɛl] n. f. — 1723 ; de *rubace* (1762, n. m.), dér. de *rubis.*

♦ Techn. Rubis de couleur claire.

RUBAN [ʀybɑ̃] n. m. — 1260 ; var. *riban,* en anc. franç. ; moy. néerl. *ringhband* « collier ».

♦ **1.** Étroite bande de tissu, servant d'ornement, d'attache. *Ruban de chanvre, de lin, de laine, de coton, de soie...* ⇒ **1. Fleuret, padou ; galon...** *Rubans unis, croisés, façonnés, imprimés...* *Fabrication des rubans.* ⇒ **Passementerie, rubanerie.** — *Ruban retenant les cheveux*

(⇒ **Cadogan**; → Boucle, cit. 5), *servant de coiffure* (⇒ **Serre-tête**). *Les rubans d'une fontange*. *Nœud* *de rubans.* ⇒ **Bouffette, chou, coque, rosette.** *Fleurs liées, nouées par un ruban* (→ 1. Bouquet, cit. 5 et 7). ⇒ **Faveur** (cit. 20). *Ruban servant à ficeler les paquets.* ⇒ **Bolduc.** *Violon empanaché de rubans* (→ Ménétrier, cit. 1). ⇒ **Enrubanné.** *Des flots de rubans. Ruban qu'on porte au bras.* ⇒ **Brassard.** — *Les rubans dans la mode masculine,* aux XVIIᵉ et XVIIIᵉ siècles. *Ruban de souliers* (→ Pattu, cit.). « *L'homme aux rubans verts* » (→ Bourru, cit. 1). — *Rubans servant de bordure, de garniture.* ⇒ **Liséré ; galon, ganse.** *Ruban ruché*. *Ruban de chapeau, de bonnet* (⇒ **Bavolet, cocarde**). *Ruban de chapeau d'homme.* ⇒ **Bourdaloue, cordon** (→ Costume, cit.). *Ruban d'épaulé* (d'une combinaison, d'une chemise). ⇒ **Épaulette** (→ Entrevoir, cit. 5). *Ruban pour garnir les ourlets, les coutures.* ⇒ **Extrafort.** *Ruban élastique, extensible d'une jarretelle, d'une jarretière.* — *Porter un bijou, une croix... attaché à un ruban* (cf. À la jeannette). — *Acheter des rubans chez le mercier.*

1   — (...) et si vous voulez entendre dessous quelque autre chose, c'est vous qui faites l'ordure, et non pas elle, puisqu'elle parle seulement d'un ruban qu'on lui a pris.
— Ah! ruban tant qu'il vous plaira (...)
MOLIÈRE, Critique de l'École des femmes, 3.

2   (...) rien ne se trouva de manque sur l'inventaire. La seule Mˡˡᵉ Pontal perdit un petit ruban couleur de rose et argent, déjà vieux. Beaucoup d'autres meilleures choses étaient à ma portée ; ce ruban seul me tenta, je le volai, et comme je ne le cachai guère, on me le trouva bientôt.   ROUSSEAU, les Confessions, II.

3   Fardée et peinte comme au temps des bergeries,
Frêle parmi les nœuds énormes de rubans,
Elle passe (...)   VERLAINE, Fêtes galantes, « L'allée. »

Collectif. *Du ruban. Acheter deux mètres de ruban.*
Ruban de gros-grain. ⇒ **Gros-grain.** *Une ceinture de ruban vert pâle* (→ Gerbe, cit. 4).

Cette bande servant d'insigne à une décoration* (⇒ **Cordon**). *Le ruban de la Légion* (cit. 9) *d'honneur ; le ruban rouge* (→ Décerner, cit. 3; fleurir, cit. 17). *Le ruban (bleu) de l'ordre du mérite. Le ruban violet des palmes* (cit. 7) *académiques. Le ruban et la rosette.*

4   Teste, qui est commandeur de la Légion d'honneur, en a la rosette à la boutonnière ; Cubières, qui est grand officier, le simple ruban.
HUGO, Choses vues, I, 1847, Procès Teste et Cubières.

Fig. LE RUBAN BLEU (XXᵉ; angl. *Blue Riband*, 1875 ; par allus. au trophée symbolique décerné autrefois pour un record de vitesse aux paquebots transatlantiques effectuant le service entre l'Europe et les États-Unis). Symbole d'une supériorité dans un domaine quelconque ; cette supériorité.

(1740). *Ruban de queue,* qui nouait les queues de cheveux. — **Fig.** Chemin, route :

5   (...) le maître de poste, grand et gros homme d'environ soixante ans, assis au point culminant de ce pont, pouvait, par une belle matinée, parfaitement embrasser ce qu'en termes de son art on nomme un ruban de queue.
BALZAC, Ursule Mirouët, Pl., t. III, p. 265.

6   (...) cette longue route que les postillons appelaient encore : un fier « ruban de queue », en souvenir de la leur, pourtant coupée depuis longtemps.
BARBEY D'AUREVILLY, les Diaboliques, « le rideau cramoisi », p. 19.

♦ **2.** (1730). Bande mince et assez étroite d'une matière flexible. *Centimètre*, mètre* à ruban ; ruban gradué* (de toile, de métal flexible). *Ruban isolant* (⇒ **Chatterton**). *Ruban adhésif.* ⇒ **Adhésif** (n.), *collant* (n.), 2. scotch (marque déposée). — (1877, *Année sc. et industr.* 1878, p. 159). *Ruban encreur d'une machine à écrire. Ruban de papier d'un téléscripteur.*

7   Seule la sténographe (...) tapait sur son clavier d'où sortait le ruban, comparable au ruban de la Bourse, sur lequel Rebendart comptait bien inscrire avant une heure le vrai cours de l'honneur et le vrai change du pouvoir.
GIRAUDOUX, Bella, VIII.

Ruban magnétique, qui sert à enregistrer les sons ou sert de support à l'enregistrement des données dans un ordinateur. ⇒ **Bande.** — **Arm.** Spirale d'acier employée dans la fabrication de canons d'armes à feu. — *Ruban d'acier. Scie* à ruban. Rasoir à ruban* (dans lequel un ruban d'acier souple remplace la lame). *Ruban de fil,* disposition des fibres textiles après le cordage, en nappes que l'on peut soumettre au peignage, à l'étirage, etc. ⇒ **Pâtiss.** Bande étroite de pâte. — **Géom.** *Ruban de Moebius,* surface « unilatère » (à un seul côté) non orientable.

Anat. *Ruban olfactif. Rubans de Reil :* faisceaux de fibres nerveuses du cerveau (neurones bulbo-thalamiques : *ruban de Reil médian*).

(1765). *Ruban d'eau :* plante aquatique à feuilles rubanées (⇒ **Rubanier**).

♦ **3.** **Archit.,** décoration. Motif décoratif rappelant un ruban enroulé, caractéristique du style Louis XVI (→ Époque, cit. 13).

♦ **4.** (1800, « longue route »). **Fig.** Se dit d'une chose plate et étroite, de ce qui évoque un ruban. *Le ruban d'une route* (→ ci-dessus, 1. — ruban de queue), *de la chaussée* (→ Calvaire, cit. 4). *Les longs rubans d'argent des limaces* (1. Limace, cit.). *Rubans de feu* (→ Moirer, cit. 1).

8   (...) sur la grande route qui s'étendait sans en finir son long ruban de poussière (...) il s'en allait ruminant son bonheur (...)   FLAUBERT, Mᵐᵉ Bovary, I, V.

9   Je veux peindre un peu de ce que j'ai vu, derrière les vitres du wagon, et le double ruban, à ma droite et à ma gauche, de rivières courantes, de mers bleues et grises.
COLETTE, Belles saisons, p. 145.

(1896). **Argot.** Trottoir.

10 ... pas une seule souris du claque tout le long du parcours Edgwin Road, Dott Street... Shaftesbury... pourtant joliment fréquenté... Le Ruban des Dames...
CÉLINE, le Pont de Londres, p. 140.

(1904). **Fam.** Route, trajet, chemin. *On a encore un sacré ruban, un sacré bout de ruban à se farcir!*

DÉR. *Rubané, rubaner, rubanerie, rubaneur,* 1. *rubanier,* 2. *rubanier.*

RUBANAGE [ʀybanaʒ] n. m. — Mil. XXᵉ; de *rubaner.*

♦ **Techn.** Garnissage des conducteurs électriques par des rubans isolants (fabrication des câbles électriques).

RUBANÉ, ÉE [ʀybane] adj. — 1379; de *ruban.*

♦ **1.** Vx. Garni de rubans. ⇒ **Enrubanné.**

♦ **2.** (1770). Couvert de traces étroites et allongées (rubans). *Albâtre, marbre rubané. Agate rubanée.*

♦ **3.** (1839). Formé d'un ruban de métal. *Canon, revolver rubané.*

♦ **4.** (Mil. XIXᵉ). Plat et mince comme un ruban. *Vers rubanés. Algues rubanées.*

♦ **5.** Se dit d'une époque et d'un faciès culturel du néolithique caractérisé par un décor de poteries en ruban et en spirale. — N. m. *Le rubané,* ce faciès.

RUBANER [ʀybane] v. tr. — 1349; de *ruban.*

♦ **1.** Vx. Garnir, orner de rubans. ⇒ **Enrubaner.**

♦ **2.** (1802). **Techn.** Aplatir, disposer en ruban, en bande étroite. *Rubaner du métal. Rubaner du cuir,* en le découpant en lanières.

DÉR. *Rubanage.*

RUBANERIE [ʀybanʀi] n. f. — 1723; *rubannerie,* 1594; *rubennerie,* 1490; de *ruban.*
Technique.

♦ **1.** Fabrication, commerce en gros des rubans, galons... *Petite rubanerie* (rubans de laine, coton...), *grande rubanerie* (rubans de soie, rubans brochés d'or, d'argent). ⇒ **Passementerie.**

♦ **2.** Profession du rubanier. *La mercerie et la rubanerie.*

RUBANEUR, EUSE [ʀybanœʀ, øz] adj. — 1870; de *ruban.*

♦ **Techn.** Qui sert à former le ruban de fil, à mettre la matière textile en rubans. *Tambour rubaneur.*

1. RUBANIER, IÈRE [ʀybanje, jɛʀ] adj. et n. — 1837, *rubannier,* sens II.; var. *rubantier,* 1615 (régional), encore en 1735; de *ruban.*

★ **I.** Adj. (1846). Relatif à la fabrication des rubans. *Industrie rubanière.* ⇒ **Rubanerie.**

★ **II.** N. Fabricant, marchand en gros de rubans. — Par appos. *Les maîtres tissutiers et rubaniers.*

2. RUBANIER [ʀybanje] n. m. — 1803; de *ruban,* figuré.

♦ Plante angiosperme dycotylédone dioïque (*Sporganiacées*) dont les fleurs forment des boules ornementales et les fruits (*Akènes*) sont dispersés par flottation. Syn. : *ruban* (2.) *d'eau ; sparganium.*

RUBATO [ʀybato, ʀubato] adj., adv. et n. m. — 1907; mot ital., propr' « dérobé, volé ».

♦ **Mus.** (indication de mouvement). Indication de ne pas faire sentir les temps de la mesure, de jouer librement, sans tempo régulier (et en ralentissant avant de reprendre le tempo initial). *Tempo rubato.* — Adv. *Jouer rubato.*

Mᵐᵉ Edwards (...) a joué quelques mazurkas (de Chopin), avec fluidité, charme, mais à la manière artiste, avec ce *tempo rubato* qui me déplaît si fort, ou, pour parler plus exactement : sans plus tenir aucun compte de la mesure, et avec des accents subits, des sursauts, des effets (...)   GIDE, Journal, 12 nov. 1915.

N. m. *Un rubato. Des rubatos.* — Par ext. Passage exécuté rubato.

RUBÈBE [ʀybɛb] n. f. — V. 1280; arabe *rabāba.* → Rebab.

♦ **Didact.** Instrument de musique du moyen âge proche du violon. — On écrit aussi *rubebbe* (Hugo).

RUBÉFACTION [ʀybefaksjɔ̃] n. f. — 1812; *rubrifaction*, v. 1560; *rubifaction* «action de chauffer au rouge», v. 1555; de *rubéfier*.

♦ **1.** Méd. Congestion passagère et provoquée de la peau. ⇒ **Rougeur.**

♦ **2.** (1904). Didact. Phénomène d'oxydation de certaines roches donnant aux sels une couleur rouge.

RUBÉFIANT, ANTE [ʀybefjɑ̃, ɑ̃t] adj. et n. m. — 1765, adj.; *rubrifiant*, v. 1560; de *rubéfier*.

♦ Méd. Qui produit une congestion passagère et locale, par application sur la peau. — N. m. (1793). *Les rubéfiants*, révulsifs, sinapismes.

RUBÉFIER [ʀybefje] v. tr. — 1812; *rubifier* «chauffer au rouge», 1813; lat. *rubefacere*, avec infl. des verbes en *-fier*.

♦ Didact. Rendre (la peau) rouge par une irritation provoquée. *« La peau rubéfiée par un sinapisme »* (Littré).

DÉR. Rubéfaction, rubéfiant.

RUBELLITE [ʀybelit; ʀybɛlit] n. f. — 1802, *in* D. D. L.; du lat. *rubellus* «rouge».

♦ Minéralogie. Variété de tourmaline*, généralement rose (il en existe aussi de bleues et de vertes).

RUBÉNIEN, IENNE [ʀybenjɛ̃, jɛn] ou **RUBÉNISTE** [ʀybenist] adj. et n. — xxᵉ; de *Rubens*.
Histoire de l'art.

♦ **1.** Adj. De Rubens.

♦ **2.** N. m. Partisan de Rubens et de sa peinture (opposé à *poussiniste*, au xviiᵉ siècle).

Les études de technique (...) sont soumises aux dogmes académiques, dont le principal est la primauté du dessin que Le Brun affirme d'autant plus impérieusement qu'il sent monter une opposition grandissante. Le Brun affecte de mépriser la couleur, dont les rubénistes font grand cas. Mais on étudie toutes les possibilités du dessin. André RICHARD, la Critique d'art, p. 58.

RUBÉOLE [ʀybeɔl] n. f. — 1845, *in* D. D. L.; «garance», 1743; dér. du lat. *rubeus* «rouge», sur le modèle de *rougeole, roséole*.

♦ Fièvre virale éruptive, contagieuse, bénigne, à lésions cutanées d'aspect variable, rappelant la scarlatine ou la rougeole*. *La rubéole est contagieuse et épidémique. La rubéole des femmes enceintes peut entraîner des malformations du fœtus.*

DÉR. Rubéoleux.

RUBÉOLEUX, EUSE [ʀybeɔlø, øz] adj. — 1873, n.; *rubéolique*, 1870; de *rubéole*.

♦ Méd. Relatif à la rubéole, qui est atteint de rubéole. — N. *Un rubéoleux, une rubéoleuse.*

RUBÉOLIQUE [ʀybeɔlik] adj. — 1870; «rougeâtre», 1836; de *rubéole*.

♦ Méd. Caractéristique de la rubéole. *Éruption rubéolique. Embryopathie rubéolique.*

RUBESCENCE [ʀybesɑ̃s; ʀybɛsɑ̃s] n. f. — 1964; de *rubescent*.

♦ Didact., rare. Rougeur de la peau. ⇒ **Érubescence.**

RUBESCENT, ENTE [ʀybesɑ̃, ɑ̃t; ʀybɛsɑ̃, ɑ̃t] adj. — 1817; lat. *rubescens*, p. prés. de *rubescere* «rougir».

♦ Didact. Qui devient rouge. *Peau rubescente.*

DÉR. Rubescence.

RUBIA [ʀybja] n. m. — 1875; *rubie*, 1570; mot lat. «garance», de *ruber* «rouge».

♦ Bot. Herbe des haies et des buissons, assez haute, à fleurs jaunes et dont on tirait l'alizarine*. *Des rubias.*

RUBIACÉES [ʀybjase] n. f. pl. — 1719; du lat. *rubia* «garance», et *-acées*.

♦ Bot. Famille de plantes phanérogames angiospermes *(Dicotylédones, Gamopétales),* comprenant des espèces d'arbres, d'arbustes et d'herbes dont certaines (garance, hamélia...) fournissent des colorants rouges. *Les rubiacées ont, comme les caprifoliacées, des éta-* mines soudées à la corolle; leurs feuilles sont opposées et stipulées. Principales espèces de rubiacées. ⇒ **Aspérule, bouvardia, caféier, gailler** (ou **grateron), garance, gardénia, hamélia, nauclée, quinquina, richardsonie, sidérodendron.** — Au sing. Une rubiacée. *L'ipécacuana* provient de la racine d'une rubiacée, l'uragoga ipecacuana.*

RUBIADINE [ʀybjadin] n. f. — 1875; du rad. de *rubia*.

♦ Techn. Colorant de la garance.

RUBIALES [ʀybjal] n. f. pl. — Mil. xxᵉ; du rad. de *rubia*.

♦ Bot. Ordre de plantes gamopétales comprenant plus de 5 000 espèces des familles des rubiacées* et des caprifoliacées*. — Au sing. *Une rubiale.*

RUBICAN [ʀybikɑ̃] adj. m. — 1611, n. m. pl., «poils blancs»; altér., par attr. de *rubicond*, de *rabican* (1559), de l'esp. *rabicano* «à queue grise», du lat. *rapum*. → Rave.

♦ Hippol. Dont la robe est semée de poils blancs (cheval). — REM. Le féminin n'est pas attesté.

RUBICELLE [ʀybisɛl] n. f. — 1765; de *rubis*.

♦ **1.** Minér. Rubis de couleur claire. ⇒ **Rubacelle.**

♦ **2.** (1907). Techn. (Bijout.). Quartz hyalin teint en rouge.

RUBICON [ʀybikɔ̃] n. m. — xviiᵉ, *passer le rubicon.*; n. d'une petite rivière d'Italie. → Franchir (le rubicon).

♦ **1.** (De *franchir* le Rubicon). Rare. Coup de force destiné à imposer quelque chose.

En somme, je possédais son consentement à l'impression, il me l'avait formellement donné, quoique non franchement. Puis, au fait, les rubicons et les coups d'État n'ont jamais été pour m'épouvanter. Léonce DE LARMANDIE, Histoire de J.-G. NOUVEAU, *in* G. NOUVEAU, Œ., Pl., p. 1051.

♦ **2.** Loc. (1933). *Jouer le rubicon :* jouer une partie de piquet en quatre coups. — *Être rubicon,* perdre cette partie.

HOM. Rubicond.

RUBICOND, ONDE [ʀybikɔ̃, ɔ̃d] adj. — xivᵉ, rare av. 1732; lat. *rubicundus*, rac. *rubeus* «rouge».

♦ Très rouge de peau (visage). ⇒ **Rougeaud, vermeil.** *Face rubiconde* (→ Polichinelle, cit. 1).

(...) on ne vit de lui qu'une forme épaisse et noire surmontée des deux taches de ses joues, rubicondes sous les lunettes d'acier. CAMUS, la Peste, p. 109.

(Personnes). Qui a le visage rubicond (→ Crever, cit. 16).

CONTR. Blafard, blême, pâle.
HOM. Rubicon.

RUBIDIUM [ʀybidjɔm] n. m. — 1861, cit. *infra;* découvert en 1860; ainsi nommé à cause des raies rouges de son spectre; du lat. *rubidus* «rouge brun».

♦ Chim. Métal alcalin (Rb; n° at. 37; poids at. 85,48), de densité 1,53, fusible vers 39 °C, métal blanc, mou, analogue au potassium du point de vue chimique.

Le *rubidium* et le *caesium*, dont la découverte fait époque dans l'histoire des sciences, sont, dès à présent, inscrits à leur rang parmi les corps simples. L. FIGUIER, l'Année scientifique et industrielle 1862, p. 110 (1861).

RUBIDOMYCINE [ʀybidomisin] n. f. — 1970, *la Recherche*, sept., p. 317; du lat. *rubidus* «rouge-brun», et *-mycine.*

♦ Méd. Antibiotique utilisé pour lutter contre les hémopathies malignes.

RUBIETTE [ʀybjɛt] n. f. — 1694; *rubienne*, 1597; du lat. *rubeus* «rouge», et suff. *-ette.*

♦ Régional. Oiseau à plumage rouge (rouge-queue, rouge-gorge).

RUBIGINEUX, EUSE [ʀybiʒinø, øz] adj. — 1779; lat. *rubiginosus*, de *rubido, inis* «rouille», lat. class. *robigo*.
Didactique ou littéraire.

♦ **1.** Couvert de rouille*. ⇒ **Oxydé.**

♦ **2.** Couleur de rouille (brun rougeâtre). ⇒ **Rouille.**

(...) tes brouillards amortissent l'éclat d'acier de son disque net et l'enveloppent ardemment de leur scorie rubigineuse.
CLAUDEL, Trad. Fr. Thompson, Corymbe de l'automne, 1920, *in* Poètes d'aujourd'hui, p. 165.

RUBINE [Rybin] n. f. — 1765 ; du lat. *rubeus* « roux », de *ruber* « rouge » ; à cause de la couleur rouge de ces composés.

♦ Vx, chim. *Rubine d'antimoine* : oxysulfure d'antimoine. *Rubine d'arsenic* : réalgar*.

RUBIS [Rybi] n. m. — V. 1175, *rubi* ; la forme du plur. *rubis* s'est généralisée ; du lat. médiéval *rubinus*, de *rubeus* « rouge », comme l'anc. provençal *robi*, *robin*, auquel il a p.-ê. été repris ; cf. anc. franç. *rubin*, XIIIe.

♦ **1.** Pierre précieuse, variété transparente et rouge de corindon*, oxyde d'aluminium cristallisé (→ Pierre, cit. 26). *On appelait escarboucles les grenats et les rubis. — Rubis « sang de pigeon »* (carmin tirant sur le lie-de-vin) ; *rubis « sang de bœuf » ; rubis balais*.

1   Leur double éclat s'accordait bien, du reste, avec le rubis qu'elle portait habituellement sur le front, car, dans ce temps-là, on se coiffait en *ferronnière*, ce qui faisait dans son visage, avec ses deux yeux incendiaires dont la flamme empêchait de voir la couleur, comme un triangle de trois rubis !
BARBEY D'AUREVILLY, les Diaboliques, « Le plus bel amour... », IV.

Cette pierre taillée et montée en bijou. *Bague, cabochon, garniture* (cit. 1) *de rubis. Il portait un énorme rubis à la main gauche.* Spinelle*, pierre formée d'oxyde d'aluminium (comme le corindon) et d'oxyde de magnésium. *Rubis balais** (spinelle claire), *rubis spinelle* (foncé).
Rubis du Cap : le grenat. *Rubis de l'Oural* : la tourmaline. *Rubis du Brésil*, la topaze.
Pointe de rubis : instrument à dessiner sur cuivre.

♦ **2.** (1801). Monture de pivot en pierre dure, en rubis ou plus souvent en cristal de roche, dans un rouage d'horlogerie.

2   Une idée enfantine (...) nous fait toujours imaginer les villes d'après le produit qui les rend célèbres : ainsi Bruxelles est un grand carré de choux (...) et Genève une montre avec quatre trous en rubis.   Th. GAUTIER, Voyage en Italie, I.

Montre trois, six rubis. — Ellipt. *Une trois rubis.*

3   (...) une « six rubis », que le marin utilisait depuis des années sans qu'elle ait eu besoin de la plus petite réparation.   A. ROBBE-GRILLET, le Voyeur, p. 33.

♦ **3.** (Av. 1794). Littér. Éclat de lumière rouge. (→ Grenade, cit. 1 et 4). *Ce brasier* (cit. 1) *montrait tous ses rubis. Les montagnes étincellent* (cit. 11) *comme des entassements de rubis.*

4   Le feu mourant semait dans les cendres ses derniers rubis.
FRANCE, le Jardin d'Épicure, p. 171.

♦ **4.** Loc. (1640). Vx. **FAIRE RUBIS SUR L'ONGLE** (en buvant) : vider si bien son verre qu'il n'y reste qu'une seule goutte de vin, qui tiendrait sur l'ongle sans s'écouler (→ Rouge, cit. 11 ; et ci-dessous, cit. 5, Barbey d'Aurevilly). — (1685). Par ext. *Payer rubis sur l'ongle*, payer très exactement* ce qu'on doit, jusqu'au dernier sou et séance tenante. ⇒ **Comptant.**

5   (...) je ne pouvais m'empêcher d'éprouver la sensation de l'homme qui regarde dans son verre vidé la dernière goutte du champagne rosé qu'il vient de boire, et qui est tenté de faire rubis sur l'ongle, avec cette dernière goutte oubliée.
BARBEY D'AUREVILLY, les Diaboliques, « À un dîner d'athées », p. 350.

6   Je lui ai vendu plus d'un couple de bœufs qu'il m'a toujours bien payés, rubis sur l'ongle, comme on dit.   BARBEY D'AUREVILLY, l'Ensorcelée, p. 37.

7   (...) vous ne lui devez rien, pas un sou, et il paraissait même surpris, vous l'avez payé rubis sur l'ongle.   B. CENDRARS, la Main coupée, Œ. compl., t. X, p. 260.

♦ **5.** Adj. invar. (1849). De couleur rouge analogue à celle du rubis. *Des nuances rubis.*

RUBKOR [Rybkɔr] n. m. — V. 1970 ; mot anglo-américain, de *rubber* « caoutchouc ».

♦ Sports. Revêtement synthétique pour les pistes d'athlétisme ⇒ 2. **Tartan.** *« Un siècle après, la voilà* (la cendrée), *depuis 1968, remplacée par les revêtements artificiels (tartan, rubkor). »* (G. Petiot, *Dict. de la langue des sports*, « Piste »).

RUBRICATEUR [RybRikatœr] n. m. — 1836 ; de *rubrique*.

♦ Didact. Celui qui écrivait les rubriques, les lettres, mots et titres en couleur (à l'origine, en rouge), sur les chartes, les diplômes ; celui qui enluminait, peignait les miniatures* d'un manuscrit (⇒ **Enlumineur**).

RUBRIQUE [RybRik] n. f. — XIIIe, *rubriche* ; lat. *rubrica*, proprt « terre rouge, ocre », puis « titre en rouge des lois ».

★ **I.** ♦ **1.** Vx. Titre des livres de droit, écrit jadis en rouge. — Par ext. Partie d'un texte de droit qui correspond à une rubrique ; article de code (cf. Corneille, *le Menteur*, I, 6).
Mod., didact. Lettres, mots, titres en couleur, ornés... dans un manuscrit. ⇒ **Rubricateur.**

♦ **2.** (1671). Liturgie. Parties des livres liturgiques imprimées en rouge (les formules de prières sont en noir), contenant les règles à observer dans l'accomplissement des fonctions liturgiques. *Les rubriques du bréviaire*, du missel*, du pontifical, du rituel*... (⇒ **Rite**).

♦ **3.** (XVIIe). Fig., fam. (vx). Coutumes, pratiques ou règles. *« On en revient souvent aux anciennes rubriques »* (Destouches, *in* Bescherelle).
Loc. (1632). Vx. Ruses, finesses. *Savoir des rubriques, connaître les rubriques* : être habile*, rusé.

1   On le voit, pendant tout le temps de la vogue de *Figaro*, occupé de sa pièce comme un auteur entendu qui sait les rubriques du métier, et qui ne songe qu'à en tirer tout le parti possible pour le bruit et pour le plaisir.
SAINTE-BEUVE, Causeries du lundi, 14 juin 1852.

♦ **4.** Bibliographie. Indication du lieu de publication d'un livre ; spécialt, cette indication, lorsqu'elle est fallacieuse.
« Beaucoup de livres imprimés en France portent la rubrique de Genève, de la Haye ou de Londres » (Bescherelle).

♦ **5.** a (1812). Vx. Titre indiquant la provenance et la date* d'une nouvelle.
b (1907). Mod. Titre indiquant la matière d'un article. *Article publié sous la rubrique des mondanités, des sciences.*
c Plus cour. Article, généralement régulier, sur un sujet déterminé. *Les principales rubriques d'un quotidien.* ⇒ **Correspondance, divers** (faits), **feuilleton, nouvelle**(s) ; **coin** (le coin du philatéliste, etc.). → Jour, cit. 45 ; quotidien, cit. 2. *Tenir la rubrique littéraire, sportive...*

2   On remarquera, toutefois, que le nom d'une courtisane figure rarement à la rubrique des faits divers.   Léon DAUDET, la Femme et l'Amour, p. 157.

Par anal. Article (d'un dictionnaire, d'une encyclopédie).

♦ **6.** SOUS (telle) RUBRIQUE : sous tel titre, telle désignation. *Désigner, classer sous une rubrique. « Le conseil général lui vota une somme annuelle de trois mille francs sous cette rubrique : Allocation à M. l'évêque pour frais* (2. Frais, cit. 2) *de carrosse. »*
Fig. *Sous la même rubrique elle classera* (...) *les inventions de la science, les réalisations de l'art* (→ Fabulation, cit. 2, et aussi monde, cit. 22). ⇒ **Catégorie.**

★ **II.** ♦ **1.** (1606). Vx. « Terre fort rouge, épaisse et pesante » (Furetière, 1690).

♦ **2.** (1673). Techn. Craie rouge, utilisée par les charpentiers* pour faire des marques.

DÉR. **Rubricateur, rubriquer.**

RUBRIQUER [RybRike] v. — 1803 ; *rebrichier*, 1267, « enregistrer » ; de *rubrique*.

♦ **1.** V. intr. Vx. (De *rubrique*, I., 3.). Connaître les ruses, les ficelles.

♦ **2.** V. tr. (1868). Techn. Marquer de notes en rouge.

RUBRO-SPINAL, ALE, AUX [RybRospinal, o] adj. — Mil. XXe (Larousse, *Lexis*, 1975) ; du lat. *ruber* « rouge », et *spinal*.

♦ Anat. Se dit du faisceau nerveux reliant le noyau (rouge) des pédoncules cérébelleux à la moelle.

RUCHE [Ryʃ] n. f. — 1530 ; *rusche, rousche, rouche*, XIIIe ; du bas lat. *rusca*, mot gaulois, « écorce » ; cf. anc. franç. *rusca*, anc. irlandais *rusc*, même sens, les premières *ruches* ayant été faites en écorce.

♦ **1.** Abri aménagé pour y recevoir un essaim (cit. 2) d'abeilles. ⇒ **Abeille** (cit. 2 et 5). *Ruches de type ancien*, constituées le plus souvent d'un panier de paille ou d'osier, en forme de cône, posé sur une planchette. *Ruches à calottes, à rayons fixes. Ruches modernes à hausses, à cadres mobiles. Chapiteau, croisée, tablier... d'une ruche. Enfermer les abeilles dans leur ruche.* — (*Ruque*, XIVe). Vx. Chacun des alvéoles* du gateau de cire contenant le miel (→ Hexagone, cit. 1).

1   (...) la forme des ruches que l'homme offre aux abeilles varie à l'infini, depuis l'arbre creux ou le manchon de poterie encore en usage en Afrique et en Asie, en passant par la classique cloche de paille que l'on trouve au milieu d'une touffe de tournesols, de phlox et de passe-roses, sous les fenêtres ou dans le potager de la plupart de nos fermes, jusqu'aux véritables usines de l'apiculture mobiliste d'aujourd'hui où s'accumulent parfois plus de cent cinquante kilogrammes de miel contenus en trois ou quatre étages de rayons superposés et entourés d'un cadre qui permet de les enlever, de les manier, d'en extraire la récolte par la force centrifuge à l'aide d'une turbine, et de les remettre à leur place, comme on ferait d'un livre dans une bibliothèque bien rangée.
MAETERLINCK, la Vie des abeilles, III, II.

♦ **2.** (1538). La ruche et la colonie d'abeilles qui l'habite. ⇒ **Agglomération** (→ Essaimer, cit. 1 ; miel, cit. 2). *La reine* d'une ruche. Par métaphore, fig. Bourdonnement, bruissement (cit. 4) *de ruche. L'agitation* (cit. 3) *d'une ruche. Ruche en effervescence* (cit. 6). *Ce vieux faubourg* (cit. 2) *courageux et colère comme une ruche. La ruche, symbole de l'instinct social* (→ Obéir, cit. 15 ; officine, cit. 1), *de l'activité et du travail...* ⇒ **Fourmilière.** — *La ruche humaine* (→ Distiller, cit. 8).

2   C'est la fourmilière des intelligences. C'est la ruche où toutes les imaginations, ces abeilles dorées, arrivent avec leur miel.   HUGO, Notre-Dame de Paris, I, v, II.

3   Aussitôt Jérusalem se transforma en une véritable ruche : cent cinquante mille ouvriers, sous la férule de trois mille six cents surveillants, s'affairèrent.   DANIEL-ROPS, le Peuple de la Bible, III, I.

♦ **3.** (1614, *rusche,* par anal. de forme avec le panier de la ruche). Techn. Nasse* pour la pêche en mer.

♦ **4.** (1818, par anal. de forme avec la gaufre* de cire). Vx (Modes). Bande étroite froncée ou plissée de tulle, de dentelle..., servant d'ornement (cols, manches, chapeaux, etc.). *Ruches de tulle* (→ Livrer, cit. 6), *de mousseline* (→ Œillet, cit. 2, par métaphore). ⇒ **Ruché.**

4   La figure d'une jeune fille, fraîche comme un de ces blancs calices qui fleurissent au sein des eaux, se montra couronnée d'une ruche en mousseline froissée qui donnait à sa tête un air d'innocence admirable.   BALZAC, la Maison du Chat-qui-pelote, Pl., t. I, p. 20.

♦ **5.** (1877). Techn. Pile de tuiles destinée à recevoir le naissain des huîtres.

DÉR. Ruchée, 1. rucher, 2. rucher.

RUCHÉ [Ryʃe] n. m. — 1904 ; de 2. *rucher,* 1.

♦ Cout. Ruche (4.).

C'était des ruchés et des ruchés, une écume, une neige, et des pantalons, mon petit, à vous donner le vertige (...)   COLETTE, la Fin de Chéri, p. 173.

DÉR. Ruchée, 1. rucher, 2. rucher.

RUCHÉE [Ryʃe] n. f. — XVIᵉ ; de *ruche.*
Technique.

♦ **1.** Population (abeilles) ou produit d'une ruche.

♦ **2.** Production d'une ruche.

HOM. Ruché, 1. rucher, 2. rucher.

1. RUCHER [Ryʃe] n. m. — 1600, *ruscher* ; de *ruche.*

♦ Emplacement où sont disposées les ruches (⇒ **Abeiller**) ; ensemble des ruches d'une exploitation (→ Essaim, cit. 2).

(...) un rucher, composé de douze cloches de paille qu'il avait peintes, les unes de rose vif, les autres de jaune clair, la plupart d'un bleu tendre, car il avait observé, bien avant les expériences de Sir John Lubbock, que le bleu est la couleur préférée des abeilles.   MAETERLINCK, la Vie des abeilles, I, IV.

HOM. Ruché, ruchée, 2. rucher.

2. RUCHER [Ryʃe] v. tr. — 1839 ; de *ruche.*

♦ **1.** Cout. Plisser en ruche (4.), en ruché. *Rucher un ruban.* Garnir d'un ruché. *Rucher un bonnet.*

♦ **2.** (1904). Agric. *Rucher le foin,* le disposer en une série de petites meules rappelant les ruches d'un rucher.

▶ **RUCHÉ, ÉE** p. p. adj. *Bonnet ruché, linge ruché.* ⇒ **Ruché,** n. m.

Quand les sœurs lui ôtèrent son bonnet de broderie anglaise (...) quand elles lui mirent sur la tête le petit bonnet de linge ruché (...)   Ed. et J. DE GONCOURT, Sœur Philomène, II.

HOM. Ruché, ruchée, 1. rucher.

RUCKSACK [Ryksak] n. m. — Attesté 1945 (mais antérieur) ; mot all., de *Rucken,* var. dial. de *Rücken* «dos», et *Sack* «sac».

♦ Vx. (À la mode entre 1930 et 1960 environ). Sac* à dos.

Ils ont tiré de leurs sacoches, de leurs musettes, de leur rucksack les victuailles qui manquent de volume et de variété, et fraternisé sous la feuille encore verte.   COLETTE, Belles saisons, p. 100.

RUDÂNIER, IÈRE [Rydɑnje, jɛR] adj. — 1680 ; de *rude,* et *ânier* l'ânier étant souvent jugé brutal. → Palefrenier ; cf. *un rudasnier* «un homme qui rudoie».

♦ Vx (langue class.). Qui se comporte avec rudesse, qui rudoie.

RUDBECKIE [Rydbeki] n. f. — 1846 ; *rudbeckia,* 1819 ; *rudbecks,* plur. 1808 ; du nom du bot. suédois *Rudbeck.*

♦ Bot. Plante d'origine exotique *(Composacées)* dont quelques espèces sont cultivées en Europe pour leurs fleurs aux vives couleurs.

RUDE [Ryd] adj. — 1213 ; «dur, violent», v. 1131 ; lat. *rudis* «brut, inculte, grossier».

♦ **1.** (Personnes). Qui a qqch. de mal dégrossi, de primitif et donne une impression de force naturelle. ⇒ **Agreste, barbare, brut, fruste, grossier, impoli, rustique, sauvage.** *Un homme simple et rude*

(→ Éprouver, cit. 8). *Les gestes rudes et lourds du montagnard* (→ Carrure, cit. 1). *Trappeur aux rudes manières* (→ Indien, cit. 4). *Rudes visages aux méplats anguleux* (→ Persistance, cit. 3). — *Le style rude de saint Paul* (→ Ignorant, cit. 8 ; et aussi prédication, cit. 2, Bossuet). — REM. Dans les emplois modernes de *rude* en ce sens, il y a ambiguïté avec le sens 2.

1   Ils *(les gens de Versailles)* avaient parmi eux nombre de serruriers et forgerons (...) gens rudes et qui frappent fort, qui, de plus, toujours altérés par le feu, boivent fort aussi.   MICHELET, Hist. de la Révolution franç., II, IX.

2   (...) il a toujours cru qu'il devait blâmer ce qu'il sentait en Bernard de neuf, de rude, et d'indompté (...)   GIDE, les Faux-Monnayeurs, I, II.

♦ **2.** (XIIIᵉ). Choses. Qui donne du mal, impose un effort, est dur* à supporter. ⇒ **Difficile, pénible.** *Métier rude* (→ Apprentissage, cit. 3). *De rudes travaux* (→ Fleurir, cit. 17). *Une rude tâche.* ⇒ **Scabreux** (→ Plein, cit. 24). Loc. *Être à rude école** (cit. 17 ; et → Exporter, cit. 8), *à rude épreuve** (cit. 8). *Rude combat, rude bataille* (→Livrer, cit. 18), *rude journée* (→ 1. Foudre, cit. 19). *Une si rude attaque* (cit. 10). *De rudes coups*.* ⇒ **Brutal, lourd** (→ Atterrer, cit. 2 ; faire, cit. 136). *Vie rude* (→ Cabine, cit. 2 ; pitoyable, cit. 2). *L'hiver fut rude cette année* (cit. 6 ; et → Manteau, cit. 5). ⇒ **Cruel, froid, rigoureux.** *Le temps était rude* (→ Poussier, cit. 1). *Climat particulièrement rude. Chemin, montée assez rude* (→ Isoler, cit. 3). ⇒ **Abrupt.**

3   Et je me suis cherché, lassé de tant de peines,
Des vainqueurs plus humains et de moins rudes chaînes (...)   MOLIÈRE, les Femmes savantes, I, 2.

4   Une vaste campagne s'étend au loin, on y voit de pauvres cabanes ; le soleil se couche derrière la colline. C'est la fin d'une rude journée de travail.   G. SAND, la Mare au diable, I.

REM. Dans les emplois libres, *rude,* épithète, tend à se placer après le nom. En revanche de nombreux syntagmes figés présentent l'antéposition.

(1798). *Cela est rude, un peu rude,* difficile à croire, à supporter → fam. Dur (à avaler), raide (→ Objection, cit. 5), violent. *En voir de rudes :* en supporter beaucoup (→ Marmite, cit. 2).

5   (...) il est un peu rude qu'un homme qui s'est mis en cet état par ses débauches (...) vienne ici nous faire rougir (...)   RACINE, Lettres, 149, 10 janv. 1697.

6   (...) Ces choses-là sont rudes.
Il faut pour les comprendre avoir fait ses études.   HUGO, la Légende des siècles, «Les pauvres gens», X.

(Personnes). **[a]** Épithète après le nom. ⇒ **Brusque, désagréable, dur, sévère ;** et → Bronze (de). ⇒ **Opprobre, cit. 3).** *Un maître rude* (→ *Rude aux pauvres gens,* envers eux. *Caractère rude.* ⇒ **Anguleux, austère, bourru, farouche, hérissé, malgracieux, rébarbatif, revêche.**

[b] (1580). Devant le nom. Difficile à vaincre. ⇒ **Difficile, redoutable.** *Un rude adversaire, un rude jouteur. «Une rude joueuse* (cit. 1) *en critique»* (Molière).

♦ **3.** (V. 1260). Dur au toucher (opposé à *doux*). Plutôt après le nom, en épithète. «*Barbe rude, brosse rude*» (Académie). *La rude aigrette des moustaches* (cit. 10) *du tigre. Phoque* (cit. 2) *à poil rude. Herbe rude et courte* (→ Épineux, cit. 1). *Surface rude au toucher.* ⇒ **Raboteux, rêche** (cit. 2). *Les étoffes les plus rudes* (→ Habiller, cit. 16). *Rude écorce** (→ Hamadryade, cit. 2 ; et fig. aiguiser, cit. 10 ; haine, cit. 26). ⇒ **Rugueux.** *La plus rude enveloppe* (cit. 9). *Peau rude.* — Par anal. *Vin rude,* âpre. *Le Midi* (cit. 17) *a quelque chose de sec, de net, de rude dans les lignes.*

Dur ou désagréable à l'oreille. «*Rencontres* (cit. 4) *de voyelles (...) qui font les vers merveilleusement rudes*» (Ronsard). ⇒ **Heurté** (→ Hiatus, cit. 1). *Voix perçante et rude* (→ Clair, cit. 8). ⇒ **Parler** (2. Parler, cit. 3) *guttural et rude* (→ Énonciation, cit. 2). *Voix rude et grasse* (cit. 33). ⇒ **Rauque.** «*Ah! sollicitude à mon oreille est rude*» (→ Étrangement, cit. 2, Molière). «*(...) la langue (...) N'offrit plus rien de rude à l'oreille épurée*» (cit. 7, Boileau).

♦ **4.** Par ext. (du sens 2.). XVIIIᵉ, *un très rude appétit,* Lesage, in Littré. → aussi Rudement). Fam. (Toujours avant le nom). «Qui se fait vivement sentir» (Littré) ; fort, remarquable en son genre. ⇒ **Drôle, fier, sacré.** *J'ai un rude estomac* (→ Honneur, cit. 99, Flaubert). *Un rude train!* (→ Peloton, cit. 2). *Tu as une rude veine! Un rude serin!* (→ Pose, cit. 6).

(Personnes). *C'est un rude gaillard.*

CONTR. Fini, poli, raffiné ; attentif, cajoleur, diplomate ; doux ; clair.
DÉR. Rudement, rudesse, rudiste, rudoyer.

RUDEMENT [Rydmɑ̃] adv. — Fin XIIᵉ, sens 2. ; de *rude.*
D'une manière rude*.

♦ **1.** Rare. Avec peu de raffinement. ⇒ **Grossièrement.** *Phrases rudement maçonnées* (→ Hermétisme, cit. 3).

♦ **2.** Avec force, brutalité. ⇒ **Brutalement, durement.** *Frapper, heurter* (cit. 11, fig.) *rudement* (→ Écacher, cit. 3 ; 1. mine, cit. 18). ⇒ **Dur ;** et → Main (ne pas y aller de main morte). *Tomber assez rudement* (→ Patinette, cit.). *La porte palière* (cit. 1) *se ferma rudement.*

♦ **3.** (XIVᵉ). Avec dureté, sans ménagement. ⇒ **Cruellement, crûment.** *Traiter qqn durement* (→ Réformer, cit. 4). *Refuser rude-*

ment et malgracieusement (cit. Mme de Sévigné; → aussi Rembarrer, cit. 4). *Reprocher rudement.* ⇒ **Âprement.** *Je l'ai prié un peu rudement de cesser ce jeu.* ⇒ **Sèchement** (→ Fâcher, cit. 19).

1 Les sentinelles l'arrêtèrent et la frappèrent rudement du bois de leurs javelines (...)
Th. GAUTIER, le Roman de la momie, XII.

♦ **4.** (Av. 1709). Fam. Beaucoup, très. ⇒ **Diablement, drôlement, terriblement.** *Ça les changeait rudement* (→ Pouce, cit. 5). *Nous avons pu rudement rigoler* (→ Ouistiti, cit. 2). *Je serais rudement bête de la lâcher* (cit. 16). ⇒ **Très.** *Ses cravates étaient rudement moches* (2. Moche, cit. 1).

2 L'animal, dis-je, éloquent et docile,
En moins de rien fut rudement habile. J.-B.-L. GRESSET, Ver-vert.
3 — Nous l'avons suivi parce qu'il nous plaît.
— Parce qu'il est rudement plus beau que toi, jardinier.
GIRAUDOUX, Électre, I. 1.
4 — Une bonne petite valeur.
— Qui demande à être surveillée de rudement près. J. ROMAINS, Donogoo, I, II.
5 — Vous dansez rudement bien, dit-elle à Ivich. SARTRE, l'Âge de raison, XI.

CONTR. Doucement, mollement.

RUDENTÉ, ÉE [Rydɑ̃te] adj. — 1546, *in* D.D.L.; du lat. *rudens, rudentis* «cordage».

♦ Archit. Orné de rudentures*. *Colonnes rudentées.* — Câblé (moulure). *Cannelures rudentées.*

DÉR. Rudenture.

RUDENTURE [Rydɑ̃tyR] n. f. — 1549; de *rudenté.*

♦ Ornement torsadé au bas des cannelures d'une colonne (→ Galerie, cit. 12). ⇒ **Câble.** *Rudenture en relief.*

RUDÉRAL, ALE, AUX [RydeRal, o] adj. — 1802; du lat. *rudus, ruderis* «gravois, décombres».

♦ Bot. Qui croît parmi les décombres. *Plantes rudérales* (ex. : l'ortie).

RUDÉRATION [RydeRɑsjɔ̃] n. f. — 1547; lat. *ruderatio,* du rad. de *rudus, eris.*

Technique.

♦ **1.** Enduit grossier sur le parement d'un mur. ⇒ **Revêtement.**

♦ **2.** (1765). Pavage en cailloux, en petites pierres.

RUDESSE [Rydɛs] n. f. — XIIIe; de *rude.*

♦ **1.** Vieilli. Caractère de ce qui est rude (1.). ⇒ **Barbarie.** *La rudesse des mœurs* (→ Apprivoiser, cit. 4; barbare, cit. 13). *Cette rudesse se polira* (cit. 7) *vite dans le monde. La rudesse de leurs manières* (→ Attitude, cit. 14). *La rudesse de ses traits.* ⇒ **Rude** (1., REM.).

1 Quand je considère le peu de bruit qu'elle (*la comédie de Mélite*) fit à son arrivée à Paris, venant d'un homme qui ne pouvait sentir que la rudesse de son pays (...) CORNEILLE, Mélite, À M. de Liancour.
2 Tout en lui avait un caractère de rudesse : son front semblait être un quartier de pierre, ses cheveux rares et gris retombaient faibles comme si déjà la vie manquait à sa tête fatiguée; ses bras, couverts de poils aussi bien que sa poitrine, dont une partie se voyait par l'ouverture de sa chemise grossière, annonçaient une force extraordinaire. BALZAC, le Médecin de campagne, Pl., t. VIII, p. 390.
3 (...) un objet dont la rudesse sauvage contraste avec le raffinement extrême des autres : une poterie commune, avec des cailloux dedans, une sorte de jarre dont l'orifice large emboîte sa poitrine nue et bombée. LOTI, L'Inde (sans les Anglais), III, V.

♦ **2.** Littér. ou style soutenu. Caractère de ce qui est rude (2.) à supporter; d'une personne qui agit rudement. ⇒ **Dureté.** *La rudesse d'un coup, d'une attaque.* ⇒ **Brutalité.** *Traiter avec rudesse.* ⇒ **Malmener, rudoyer.** *La rudesse de l'hiver.* ⇒ **Rigueur.** *La rudesse du destin.* ⇒ **Cruauté** (→ fléchir, cit. 4). — *«J'ai poussé* (cit. 30) *la vertu jusques à la rudesse»* (Racine). — *La rudesse de qqn, de son caractère.* ⇒ **Angle, âpreté, austérité, brusquerie** (→ Humeur, cit. 52; impassibilité, cit. 4; prévenant, cit.). *La rudesse masculine* (cit. 2).

4 Autant que de Joad l'inflexible rudesse
De leur superbe oreille offensait la mollesse (...) RACINE, Athalie, III, 3.
5 À Berlin, les hommes ne causent guère qu'entre eux; l'état militaire leur donne une certaine rudesse qui leur inspire le besoin de ne pas se gêner pour les femmes.
Mme DE STAËL, De l'Allemagne, I, XVII.

(Déb. XIVe). Littér. *(Une, des rudesses).* Acte, conduite qui marque de la rudesse.

5.1 Daniel, lui, ne m'en avait pas voulu. Mes rudesses étaient de celles qu'on inflige à un noyé trop remuant, afin de le sauver. Après, on s'était bien entendu. Nous avions le même âge. Geneviève DORMANN, le Chemin des dames, p. 63.

♦ **3.** (1690). Caractère de ce qui est rude au toucher, aux sens (opposé à *douceur*). *«La rudesse de la barbe, de la peau, de la toile neuve»* (Académie; vx). Par métaphore. ⇒ **Âpreté** (cit. 5;

→ aussi huile, cit. 28). *La rudesse de son accent, de sa voix* (→ Râpeux, cit. 2).

6 Il a tort de vouloir des eaux-de-vie pures, qui gardent si longtemps le défaut de la jeunesse, cette rudesse, qui oblige à les laisser dormir.
J. CHARDONNE, les Destinées sentimentales, p. 119.

CONTR. Éducation; amabilité, attention, complaisance, douceur, entregent, facilité, gentillesse, onction; mollesse.

RUDIAIRE [RydjɛR] n. m. — 1875; lat. *rudiarius,* de *rudis* «baguette donnée comme insigne d'honneur».

♦ Didact. Gladiateur honoraire, à Rome.

RUDIMENT [Rydimɑ̃] n. m. — 1495; lat. *rudimentum* «apprentissage, premier élément».

♦ **1.** (Au plur.). RUDIMENTS : notions élémentaires d'une science ou d'un art. ⇒ **A.B.C., B.A.-BA, élément, essentiel.** *Les rudiments de la grammaire, de la mécanique* (→ Corps, cit. 16). — Vx. (Au sing.). *Le rudiment :* la grammaire élémentaire (spécial., du lat. *Les règles du rudiment.* → Pédant, cit. 4). ⇒ **Abrégé, livre.**

1 (...) dans une classe nommée la classe des *Pas latins,* où restaient aussi les écoliers de qui l'intelligence tardive se refusait au rudiment.
BALZAC, le Lys dans la vallée, Pl., t. VIII, p. 775.
2 (...) lire, écrire, compter; enseignement primaire obligatoire. C'est la formule à laquelle s'attache encore toute une partie des classes dirigeantes qui, en regrettant seulement le temps où le peuple était si peu illettré, ne risquait pas de lire les journaux, entendraient volontiers limiter l'instruction populaire à ces rudiments.
DANIELS-ROPS, Ce qui meurt..., p. 157.

♦ **2.** (1782, Buffon). Sing. Ébauche (d'un organe), reste (d'un organe atrophié). *Rudiment de queue, d'aile...* ⇒ **Rudimentaire** (cit. 2).

3 L'espèce de trompe qu'il porte au bout du nez n'est qu'un vestige ou rudiment de celle de l'éléphant; c'est le seul caractère de conformation par lequel on puisse dire que le tapir ressemble à l'éléphant.
BUFFON, Hist. nat. des animaux, Add. quadr., Du Tapir...

♦ **3.** Le plus souvent au plur. Littér. Premiers éléments (d'une organisation, d'un système, d'une installation) → Primordial, cit. 1. ⇒ **Commencement, embryon, germe, linéament, principe.** *Élaborer les rudiments d'une théorie, d'une organisation.*

DÉR. Rudimentaire.

RUDIMENTAIRE [Rydimɑ̃tɛR] adj. — 1842; n. m., «auteur d'un rudiment», 1812; de *rudiment.*

♦ **1.** Didact. Qui est à l'état de rudiment; qui n'a atteint qu'un développement très limité. ⇒ **Élémentaire; brut, embryonnaire, primitif.** *Civilisations, religions rudimentaires* (→ Croyance, cit. 13). *Son sens d'artiste est demeuré rudimentaire* (→ Éducation, cit. 16). *Art, lyrisme rudimentaire.* ⇒ **Fruste** (→ Longueur, cit. 11).

1 (...) la consultation ne m'intéresse qu'à demi : c'est un art un peu rudimentaire, une sorte de pêche au filet. Mais le traitement, c'est de la pisciculture.
J. ROMAINS, Knock, III, 6.

♦ **2.** Cour. Sommaire, insuffisant. *Connaissance très rudimentaire. Installation rudimentaire et défectueuse* (cit. 4). ⇒ **Fruste.**

♦ **3.** (1842). Sc. nat. Qui est à l'état d'ébauche ou de résidu (organe atrophié). *Membres, yeux rudimentaires. On a tiré de l'existence des organes rudimentaires une preuve en faveur du transformisme.*

2 Il est certain (...) que les Cétacés ont eu des ancêtres construits suivant le type tétrapode (...) fondamental. La perte des pattes postérieures ne peut être que secondaire. Quand on trouve, chez les baleines, enfouis dans les chairs, des osselets représentant le bassin, le fémur et le tibia, il est évident qu'il s'agit là d'organes rudimentaires (...) Il est non moins certain que le pygostyle des Oiseaux, le coccyx des Singes anthropoïdes et de l'homme sont les rudiments d'une queue qui fut plus développée chez leurs ancêtres. La preuve en est que le nombre des vertèbres caudales est plus élevé chez les embryons et diminue au cours du développement. Émile GUYÉNOT, l'Origine des espèces, p. 43.

CONTR. Élaboré, secondaire; complexe, riche; complet, développé.
DÉR. Rudimentairement, rudimentation.

RUDIMENTAIREMENT [Rydimɑ̃tɛRmɑ̃] adv. — 1875, Littré Suppl.; de *rudimentaire.*

♦ Didact., littér. D'une manière rudimentaire. ⇒ **Sommairement.** *Un hôpital rudimentairement aménagé.*

(...) l'incapacité où était Mme de Parme de séparer le véritable esprit des Guermantes des formes rudimentairement apprises de cet esprit (...)
PROUST, le Côté de Germantes, Pl., t. II, p. 470.

RUDIMENTATION [Rydimɑ̃tɑsjɔ̃] n. f. — 1976; de *rudimentaire.*

♦ Didact. Formation (d'un organe) rudimentaire. *Ralentissement de la rudimentation. Rudimentation digitale, oculaire. «Mécanismes de la rudimentation des organes chez les embryons des vertébrés»* (Éd. du C.N.R.S., 1976).

RUDISTE [Rydist] n. m. — 1839; de *rude* (3.), à cause des aspérités de la coquille.

♦ Paléontologie. Mollusque lamellibranche fossile caractéristique du secondaire.

RUDOIEMENT ou (vx) **RUDOYEMENT** [ʀydwamɑ̃] n. m. — 1571 ; de *rudoyer*.

♦ Littér. Action de rudoyer.

CONTR. Câlinerie, caresse.

RUDOYER [ʀydwaje] v. tr. — Conjug. *noyer*. — 1372 ; de *rude*.

♦ Traiter rudement (qqn), sans ménagement, avec dureté et brusquerie, en manifestant de la mauvaise humeur. ⇒ **Brutaliser, malmener, maltraiter** (→ Gourmade, cit. 2 ; humilité, cit. 20 ; interposer, cit. 7 ; mère, cit. 6).

1 Lorsqu'elle avait bien rudoyé sa servante, elle lui faisait des cadeaux ou l'envoyait se promener chez les voisines (...)
FLAUBERT, Mme Bovary, I, IX.

2 Son mari, sans être méchant, la rudoyait comme rudoient sans colère et sans haine les despotes en boutique pour qui commander équivaut à jurer.
MAUPASSANT, Pierre et Jean, I.

3 Je viens de rudoyer un peu cette petite sœur. À tort, sans doute. On ne devrait pas être rude pour les autres aux heures où l'on appréhende qu'ils ne soient rudes pour nous (...)
MONTHERLANT, Port-Royal, p. 86.

4 Une fois, une fois pourtant, la colère et la douleur m'ont à tel point bouleversé que j'ai failli frapper un homme et que je l'ai finalement rudoyé sans retenue.
G. DUHAMEL, la Pesée des âmes, VII.

(Av. 1660). Vx. *Rudoyer un cheval,* le mener brutalement (en utilisant les éperons, la cravache...).

CONTR. Cajoler, câliner, caresser, dorloter.
DÉR. Rudoiement ou rudoyement.

1. RUE [ʀy] n. f. — 1080, *Chanson de Roland ;* du lat. *ruga* « ride » (→ Rugueux), et par métaphore « chemin ».

♦ **1.** Voie bordée, au moins en partie, de maisons, dans une agglomération (ville ou village, bourg), et souvent identifiée par un nom. ⇒ **Artère** (cit. 3), **communication, voie ; avenue, boulevard, chaussée.** *Rue large* (→ Grandiose, cit. 1 ; îlot, cit. 6). *Rue étroite* (cit. 2). *Grande* (cit. 12) *rue ; grandrue* ou *grand-rue* (⇒ **Grand,** *supra* cit. 74). *Petite rue.* ⇒ **Ruelle, venelle** (→ Moitié, cit. 13). *Rue de traverse.* ⇒ **Traversier.** *Rue sans issue.* ⇒ **Cour** (*infra* cit. 4), **cul** (cit. 23, cul-de-sac), **impasse** (cit. 1), **villa.** *Rue privée qui dessert* (1. Desservir, cit. 2) *des villas.* ⇒ **Passage.** *Rue bordée de murs, de maisons ; rue plantée d'arbres, servant de promenade...* ⇒ **Cours, mail.** *Rue qui borde un quai.* ⇒ **Quai.** *Rue à arcades* (→ 1. Point, cit. 2), *en arcades. Rue couverte* (⇒ régional **Traboule**). — *Rue droite, tortueuse ; coudes, tournants d'une rue. Lacis* (cit. 3) *de rues. Rues parallèles* (cit. 1), *à angles droits. Rue qui aboutit, débouche, tombe dans...* ⇒ **Débouché** (cit. 4). *Croisement de rues.* ⇒ **Carrefour.** *Le coin* d'une rue. Au coin de la rue.* Fig. *À tous les coins de rue :* partout. *La troisième rue à droite après le feu. Rue en pente* (→ Frein, cit. 13). — *Rues des grandes villes. Les rues d'un quartier. Rue du centre, des faubourgs. Ces tristes rues de province* (→ Caractère, cit. 32). *Rue de village.* — *Rue asphaltée, macadamisée* (cit. 1 et 2), *mal pavée* (→ Essieu, cit. 4). Loc. fig. *Les rues en sont pavées*. *Rue en réfection, rue barrée.* — *Chaussée, trottoir, caniveau*, ruisseau* d'une rue. Égout sous une rue. Refuge* au milieu d'une rue.* — *Noms de rues. La rue de la Paix, la rue Richelieu, à Paris. Rues numérotées, aux États-Unis : la Quarante-deuxième rue* (→ Matricule, cit. 2). *Plaque portant le nom d'une rue. Plaque de rue.* — Loc. argotique. *Ça fait la rue Michel :* ça fait le compte, ça suffit comme ça (du nom de la rue Michel-le-Comte, à Paris). — *Entretien, nettoyage des rues.* ⇒ **Voirie.**

1 Il est dans Paris certaines rues déshonorées autant que peut l'être un homme coupable d'infamie ; puis il existe des rues nobles, puis des rues simplement honnêtes, puis de jeunes rues sur la moralité desquelles le public ne s'est pas encore formé d'opinion ; puis des rues assassines, des rues plus vieilles que de vieilles douairières ne sont vieilles, des rues estimables, des rues toujours propres, des rues toujours sales, des rues ouvrières, travailleuses, mercantiles.
BALZAC, Ferragus, Pl., V. p. 17.

1.1 J'ai vu ce matin une jolie rue dont j'ai oublié le nom
Neuve et propre du soleil elle était le clairon (...)
J'aime la grâce de cette rue industrielle
Située à Paris entre la rue Aumont-Thiéville et l'avenue des Ternes.
APOLLINAIRE, Alcools, p. 8.

1.2 Cette vie que l'habitude ne nous laisse plus sentir dans la ville où nous vivons et où les rues ne sont que des chemins qui ont un nom.
PROUST, Jean Santeuil, Pl., p. 559.

2 En Europe, une rue est intermédiaire entre le chemin de grande communication et le « lieu public » couvert (...) Aussi change-t-elle d'aspect plus de cent fois en une journée, car la foule qui la peuple se renouvelle et les hommes sont, en Europe, sa composition essentielle. La rue américaine est un tronçon de grand'route.
SARTRE, Situations III, p. 108.

2.1 (...) il y a même une plaque, figurez-vous avec un nom : administrativement c'est donc une rue, du moins quelque chose portant un nom que vous pouvez toujours essayer de vous amuser à écrire sur une enveloppe, et ensuite timbrer l'enveloppe, et enfin la mettre à la poste, rien que pour essayer de voir si ça arrivera (...)
Claude SIMON, le Vent, p. 120.

Rue déserte (→ 1. Falot, cit. 1), *triste, noire. Rue animée, passante, encombrée de voitures* (→ Joie, cit. 27). *Rue commerçante.*

Rue mal famée (→ Furtif, cit. 13). *Rue bruyante.* — (Collectivt). *Les bruits de la rue* (→ Battement, cit. 8 ; matin, cit. 8). *Les échos de la rue* (→ Feutrer, cit. 1). — *Les passants* (cit. 3) *dans la rue. Marcher, se promener, traîner dans les rues,* (littér.) *par les rues. Prendre* (cit. 81 et 95) *une rue, par une rue. Longer* (cit. 2) *une rue.* Fam. *Traîner les rues. Traverser une rue, la rue* (→ Encombrement, cit. 3 ; glisser, cit. 17). *De l'autre côté de la rue* (→ Après, cit. 30). — *Chercher une rue sur le plan d'une ville. Rue interdite à la circulation*, réservée aux piétons, piétonne, piétonnière. Rue à sens unique. Stationnement* (des voitures) *le long des rues.* Loc. fig. (1640). *Vieux comme les rues :* très vieux. — *Courir les rues.* ⇒ **Courir** (cit. 57 ; et fig., *infra* cit. 60). *C'est une idée qui court les rues.* ⇒ **Connu, public.**
Pièce qui donne sur la rue (→ Entresol, cit. 2), *en façade,* par oppos. *à sur la cour. Loggia* (cit. 1) *qui déborde sur la rue.* — Loc. *Avoir pignon sur rue.* ⇒ **Pignon** (cit. 4 et 5).

3 (...) une espèce de grande pièce souterraine du côté rue, qui affleurait au coteau par derrière en plein soleil, au bout d'une ruelle encombrée d'ordures et de linge séchant.
ARAGON, les Beaux Quartiers, I, X.

La rue, les rues : la vie urbaine, les milieux populaires, la misère... *Scènes de la rue. Dans la rue,* recueil de chansons de Bruant. *L'homme de la rue.* ⇒ **Homme** (*supra* cit. 135). *Enfant de la rue :* personne dont l'éducation s'est faite dans la rue. Cf. Enfant de la borne (vx). — *En pleine rue* (→ Loustic, cit. 4), *dans la rue :* dehors, dans la ville. *Gamin* (cit. 3), *enfant... des rues :* enfant du peuple qui vit, joue dans les rues. *Une goualeuse* (cit.) *des rues.* — *Chanteur, chanson des rues. « Une petite morveuse* (cit. 3) *ramassée dans la rue ».* — (Avec une valeur analogue à celle de *trottoir**). *Fille des rues :* prostituée.

3.1 (...) la rue c'est l'école du vice, tout le monde sait ça.
R. QUENEAU, Zazie dans le métro, Folio, p. 39.

Loc. **À LA RUE** : sans domicile, sans abri. *Être à la rue. Jeter qqn à la rue,* dehors.

4 — Enfin, père, c'est de bon cœur, vous réfléchirez (...) Voilà, vous savez toujours que vous n'êtes pas à la rue. Venez au Château, lorsque vous en aurez assez de ces crapules !
ZOLA, la Terre, IV, II.

5 (...) si on était allé à la faillite, que serait-il advenu d'eux ? Ce n'aurait plus été une partie qui se serait trouvée à la rue. M. Barrel, avant de se décider, avait dix fois relu, réétudié la liste des licenciements.
ARAGON, les Beaux Quartiers, I, IV.

Spécialt. **LA RUE,** siège des manifestations populaires, des guerres civiles... *Manifester* (cit. 11 et 12) *dans les rues. Barricades* (cit. 2) *dans les rues. L'ordre* (cit. 30) *dans la rue. Descendre dans la rue,* pour se battre, pour manifester... *Bataille des rues.*

♦ **2.** (Fin XVIIe). Par métonymie. Ensemble des habitants des maisons qui bordent une rue (→ Dépotoir, cit.) ; des passants d'une rue. *La rue grouille* (cit. 8) *derrière eux.*
Spécialt (→ ci-dessus, 1. spécialt). La population des villes, le peuple capable de s'insurger, de descendre dans la rue.

6 Les agitateurs parisiens ne manquaient pas une occasion de soulever la rue et le désarroi grandissant de l'Assemblée, qu'ils menaçaient sans cesse et qu'ils intimidaient, ne leur échappait pas.
J. BAINVILLE, Hist. de France, XV, p. 331.

♦ **3.** Espace, passage long et étroit. (1701). *Les rues d'une carrière,* les tranchées vides, après exploitation. *Rue de chauffe,* dans la chaufferie d'un navire.
(1772). Théâtre. Espace entre deux coulisses parallèles.

7 (...) le comte se risquait dans une rue, lorsque Barillot l'arrêta, en l'avertissant qu'il y avait là une découverte. Il voyait le décor à l'envers et de biais.
ZOLA, Nana, V.

♦ **4.** (1904). Techn. Espace vertical produit par l'alignement fortuit de blancs dans une page imprimée. ⇒ **Cheminée.**

♦ **5.** Pop., vulg. *La rue aux pets :* la raie fessière.
DÉR. Ruelle.
HOM. Ru, formes du v. **ruer,** 2. **rue, ruz.**

2. RUE [ʀy] n. f. — XIIe ; *rude,* XIe ; du lat. *ruta.*

♦ Plante dicotylédone *(Rutacées),* herbacée, vivace, à fleurs jaunes. *Rue fétide, rue odorante des jardins, rue officinale :* sous-arbrisseau dont les fleurs sont employées comme astringent et emménagogue (cit. 1).
Rue des murailles : l'asplénie.
HOM. ⇒ 1. Rue.

1. RUÉE [ʀɥe] n. f. — 1731 ; p.-ê. p. p. substantivé de *roer,* var. anc. de *rouir.*

♦ Agric. Amas de paille qu'on fait pourrir, pour le mêler au fumier.

2. RUÉE [ʀɥe] n. f. — 1891, *Journal des Goncourt ;* de *ruer* (se) pour traduire l'angl. *rush ;* « portée d'un objet lancé », 1180.

♦ Mouvement rapide, impétueux, d'un grand nombre de personnes dans la même direction. ⇒ **Ruer** (se). *La ruée des hordes barbares. Une ruée subite vers les villes* (→ 1. Exode, cit. 7). *Ruée d'une armée en déroute.* ⇒ **Débandade.** *La ruée des invités sur le buffet,* *des voyageurs vers les places libres.* — (Angl. *golden rush*). *La ruée vers l'or* (1. Or, cit. 2), *en Californie, en Alaska. La Ruée vers l'or,* titre français d'un célèbre film de Charlie Chaplin.

Par exagér. Grande foule qui se presse. *La ruée du métro.*

RUELLE [Ryɛl; Ryɛl] n. f. — 1138, *ruiele*; de 1. *rue.*

♦ **1.** Petite rue étroite. ⇒ **Venelle** (→ Bigarré, cit. 3; 1. échoppe, cit. 1 et 2; élysée, cit. 2; fourvoyer, cit. 2; minable, cit. 2). *S'engouffrer* (cit. 5) *dans des ruelles sombres. Un labyrinthe* (cit. 7) *de ruelles. Une ruelle escarpée* (→ Raidillon, cit. 1).

1   Nous disons fentes étroites, et nous ne pouvons pas donner une plus juste idée de
    ces ruelles obscures, resserrées, anguleuses, bordées de masures à huit étages.
                                                              HUGO, les Misérables, IV, XII, I.
2   C'était un long boyau, pris entre le théâtre et la maison voisine, une sorte de ruelle
    étranglée qu'on avait couverte d'une toiture en pente, où s'ouvraient des châssis
    vitrés.   ZOLA, Nana, V.
3   De loin en loin des ruelles couvertes toutes en tunnels et en escaliers descendaient
    à travers les fabriques et les remparts, jusqu'au fleuve dont on voyait luire en bas
    les écailles jaunes.   J. GIONO, le Chant du monde, I, IX.

♦ **2.** (1462; *ruyelle,* 1423). Espace libre entre un lit et le mur, ou entre deux lits (cit. 4 et 19). — *« Tu mettrais l'univers entier dans la ruelle, Femme impure... »* (→ Cruel, cit. 3, Baudelaire).

4   Elle voulait lui toucher le pouls, mais il retira sa main, et tourna sa figure du côté
    de la ruelle du lit.   G. SAND, la Petite Fadette, XXXVII.
5   Madame, par pudeur, restait tournée vers la ruelle et montrait le dos.
                                                              FLAUBERT, Mme Bovary, I, II.
6   Il aide à retaper mon lit, il me donne du lait, des potions. Si je m'assoupis, il reste
    assis dans la ruelle, des heures durant, sans rien dire.
                                                              G. DUHAMEL, Salavin, Journal, 26 janvier.

Hist. littér. Au XVIIe siècle, Chambre à coucher où certaines femmes de haut rang recevaient, et qui devinrent des salons mondains et littéraires. ⇒ **Alcôve.** (→ Auteur, cit. 27; et façon, cit. 3, Molière; fureur, cit. 28, La Bruyère; 1. parler, cit. 82). — Fig. Vx. (Jusqu'au XIXe). *Style de ruelle :* style précieux. *Poète de ruelles ; briller dans les ruelles.*

7   Cessez, je vous prie, dit-elle, de m'entortiller dans ces petites idées de boudoir,
    dans ces logogriphes de ruelles.   BALZAC, les Chouans, Pl., t. VII, p. 863.

RUELLÉE [Ryele; Ryɛle] n. f. ⇒ **Ruilée.**

RUELLIA [Ryelja; Ryɛlja] n. m. — 1933; *ruellie,* n. f., 1870; du n. de Ruelle, botaniste français.

♦ Bot. Plante *(Acanthacées)* ornementale.

RUEMENT [Rymã] n. m. — 1877; de *ruer.*

♦ Rare. Action de se ruer. ⇒ **Ruée.**

    Il y eut un ruement général contre les murs, puis le flot de brutes reprit son cours
    vers le quai (...)   MAUPASSANT, la Maison Tellier, I.

RUER [Rye] v. — V. 1112; bas lat. *rutare,* intensif de *ruere* «pousser», supin *rutum.*

V. tr. Vx ou régional (Nord). Jeter, lancer avec force (encore *in* Molière, *Sganarelle,* 16).

▶ **SE RUER.** v. pron. (V. 1175).

Mod. Se jeter avec violence, impétuosité*. ⇒ **Élancer** (s'), **jeter** (se), **précipiter** (se). *Elle se rua vers l'escalier* (→ Frayeur, cit. 7). *Se ruer sur qqn pour le battre.* ⇒ **Attaquer.** *Le loup prêt à se ruer sur la bergerie* (cit. 2). *Se ruer tête baissée.*

1   (...) alors il se ruait sur sa femme pour la faire taire, pour ne plus entendre les
    paroles qui le poussaient au délire. Toutes leurs querelles se terminaient par des
    coups.   ZOLA, Thérèse Raquin, XXIX.

Par anal. *Se ruer au combat, aux plaisirs... Se ruer au péché* (→ 3. Mal, cit. 50). *Se ruer sur les satisfactions les plus égoïstes* (→ Fatalement, cit. 3). *Se ruer aux exploits* (→ Preux, cit. 1).

Spécialt. *Se ruer sur... (qqch.) :* se précipiter pour obtenir (qqch.). *Les jeunes gens se ruèrent sur les gâteaux.* Fig. *On se rue sur les postes vacants.*

(Sujet n. de chose). *La mer démontée* (cit. 12) *se ruait contre la terre. « L'ardente nuée Sur vous s'est ruée... »* (Hugo, *les Orientales,* Feu du ciel, VIII).

Se précipiter en masse. ⇒ **Ruée.** (→ Parquer, cit. 5). *Les ennemis se ruèrent sur notre armée, dans le pays.* ⇒ **Descendre.** *Se ruer sur l'ennemi.* ⇒ **Courir** (sur).

2   Ces fantômes prenaient leurs fusils, et sur eux
    Ils voyaient se ruer, effrayants, ténébreux (...)
    (...) D'horribles escadrons, tourbillons d'hommes fauves.
                                           HUGO, les Châtiments, V, XIII, I.

Au p. p. (rare) :

3   Heureux les déchaînés, les enfants, les têtes blanches, les boucles blondes, qu'un
    ordre enfin jetait en pleine fête, ivres avant d'avoir bu, rués vers les sauveteurs
    déferlant! Heureux les hors d'eux-mêmes!   COLETTE, l'Étoile Vesper., p. 36.

★ **II.** V. intr. (V. 1212; «se précipiter», v. 1155). Lancer vivement les

pieds de derrière, en soulevant le train arrière (en parlant des Équidés : âne, cheval, mulet). ⇒ **Ginguer; ruade.** *Résister en ruant.* ⇒ **Regimber.** — *Avoir l'habitude de ruer. Méfiez-vous de cet âne, il rue.*

4   Deux mois après, un cheval qui rua,
    De coups de pied l'un de mes gens tua (...)
                                           RONSARD, Ier livre des poèmes, « Le chat ».

Loc. *Ruer dans les brancards* (cour.), *ruer dans l'attelage* (→ Braire, cit. 1) : fig. regimber, protester et opposer une vive résistance.

5   Mais Thérèse, affirmait-il, ne ruait que dans les brancards. Libre, peut-être, n'y
    aurait-il pas plus raisonnable.   F. MAURIAC, Thérèse Desqueyroux, XII.

Ruer en vache : donner un coup de pied en ramenant le pied de derrière en avant, comme fait la vache, en parlant d'un cheval (chez lequel ce mouvement est en général inattendu, le geste instinctif de l'espèce étant en principe inverse). Par compar., personnes (fam.). Frapper à coups de pied, d'un coup de pied (avec une idée de lâcheté, de traîtrise). Cf. Coup de pied en vache.

DÉR. **Ruade, ruement, rueur.**

RUEUR, EUSE [RyœR, øz] adj. et n. — 1551, *rueur; rueuse,* 1538; «celui qui lance», *ruaour,* fin XIIIe; de *ruer.*

♦ Qui rue souvent. *Cheval rueur. Jument rueuse.*

RUFIAN ou **RUFFIAN** [Ryfjã] n. m. — 1213, *rofian,* var. *ruffien* en moy. franç.; ital. *ruffiano,* du rad. germanique *hruf* «croûte», pour qualifier par métaphore la rudesse, la grossièreté.

♦ **1.** Vx. Entremetteur, souteneur, (moyen âge, Renaissance : → Malandrin, cit. 2; montrer, cit. 32). — Vx. Débauché* (→ Peau, cit. 12; poignet, cit. 3).

1   Les *ruffians,* ou les *souteneurs* sont des hommes avec qui elles *(les prostituées)*
    vivent et qui, dans les occasions, font le coup de poing pour elles.
                                           le Palais royal (1815), p. 122 *(in* G. MATORÉ, le Voc.
                                           et la société sous Louis-Philippe, p. 183, Note 1).
2   (...) j'ai lié conversation avec une espèce de grand voyou, commissionnaire, mar-
    chand de journaux, surtout ruffian.
                                           Valery LARBAUD, Barnabooth, Journal, II, 6 juin.

♦ **2.** Mod. Aventurier intrépide, homme hardi et sans scrupule qui vit d'expédients.

REM. Pour des raisons qui tiennent vraisemblablement à l'analogie (cf. *forban* et les éléments initiaux de *rustre,* de *rude*), la signification du mot a évolué : il n'est plus compris au sens 1. Les médias (cinéma, en particulier) ont contribué à lui donner des connotations positives («bandit au grand cœur, aventurier hardi, peu scrupuleux mais sympathique») et il ne comporte plus aujourd'hui l'idée d'infâmie habituellement associée au proxénétisme.

RUFLETTE [Ryflɛt] n. f. — D. (XXe) et orig. inconnues; nom déposé.

♦ Galon cousu en haut des rideaux afin de les froncer et de les accrocher.

RUGBY [Rygbi] n. m. — 1889; aussi *football rugby;* de *Rugby,* école anglaise où ce jeu fut conçu.

♦ Sport qui oppose deux équipes de quinze joueurs et où il faut poser un ballon ovale, joué au pied ou à la main, derrière la ligne de but de l'adversaire (⇒ **Essai**), ou le faire passer entre les poteaux de but (⇒ **Transformation, drop-goal**). *La barrette, adaptation française du rugby. Ballon de rugby. Terrain de rugby,* partagé par la *ligne de milieu,* délimité par les *lignes de touche* et les *lignes de ballon mort. Joueur de rugby.* ⇒ **Rugbyman, rugger** (vx). *Équipe de rugby :* avants* (talonneur entouré des piliers. ⇒ aussi **Pack**), demis (d'ouverture, de mêlée), trois-quarts, ailiers, centres, arrières (→ aussi Première, deuxième, troisième ligne, ligne des avants). ⇒ **Quinze.** *Match* de rugby.* ⇒ **But, couloir, fouetté, dribbler, franc** (coup), **mêlée, plaquage, plaquer, ratisser, rush, talonner, tenu, touche.** *Contrôle du ballon, arrêts de volée, passes* (jeu de main); *coup de pied de volée, coup de pied tombé* («drop»), *placé...* (jeu de pied), *au rugby. Le championnat de France de rugby se dispute par poules*. — Syn. — *Rugby à treize* ou *jeu à treize,* joué avec des équipes de treize et des règles modifiées. *Joueur de rugby à treize.* ⇒ **Treiziste.**

1   Si je veux décrire un match de rugby et que j'écrive «J'ai vu des adultes en culotte
    courte qui se battaient et se jetaient par terre pour faire passer un ballon de cuir
    entre deux piquets de bois», j'ai fait la somme de ce que j'ai *vu*; mais j'ai fait
    exprès d'en manquer le sens : j'ai fait de l'humour.
                                           SARTRE, Situations I, p. 116.
2   Une langue, même spéciale ne saurait être constituée uniquement par voie
    d'emprunt à une langue étrangère. L'emprunt à l'anglais était une nécessité lors-
    que le rugby a commencé à se développer en France sur le modèle du rugby bri-
    tannique. Seul il permettait de doter le français des mots techniques indispensa-
    bles (...) Mais après cette première «invasion» (...) le français lui-même devait
    trouver dans ses propres ressources les tours et expressions qu'exigeait le dévelop-
    pement du jeu dans des milieux sociaux de plus en plus larges.
                                           PIGNON, Lexique du rugby, *in* le Français moderne, t. X, p. 201.

Rugby (ou *football*) *américain* (angl. *football*) : forme de rugby très violent, où les joueurs sont protégés par un lourd équipement et casqués.

COMP. Rugbyman, rugbystique.

RUGBYMAN [ʀygbiman] n. m. — 1909, in Höfler; mot franç., de rugby, et de l'angl. man «homme».

♦ Faux anglic. Joueur de rugby. ⇒ **Rugger**. *Des rugbymen* [ʀygbimɛn]. *«Aidés, parfois, par le coup de pouce d'un dirigeant, les trente rugbymen du grand voyage ont su se débrouiller.»* (*l'Express*, 10-16 juil. 1967).

RUGBYSTIQUE [ʀygbistik] adj. — 1920, in Höfler; de rugby.

♦ Sports. Relatif au rugby. *La vie rugbystique d'un champion.*

RUGGER [ʀœgœʀ] n. m. — 1927; mot angl. «jeu de rugby», altér. pop. de rugby.

♦ Anglic. vieilli. Joueur de rugby.

RUGINATION [ʀyʒinasjɔ̃] n. f. — 1855; de ruginer.

♦ Chir. Raclage d'un os à l'aide d'une rugine.

RUGINE [ʀyʒin] n. f. — Attesté 1520, sans doute plus ancien (→ Ruginer); lat. médiéval rugo, inis (xɪvᵉ) du franç. roisne, var. de rouanne*.

♦ Chir. Instrument formé d'une plaque d'acier à bords biseautés, sorte de rabot qui sert à racler les os (pour détacher le périoste).
DÉR. Ruginer.

RUGINER [ʀyʒine] v. tr. — V. 1363; de rugine.

♦ Méd. Racler (un os) avec la rugine.
DÉR. Rugination.

RUGIR [ʀyʒiʀ] v. — 1538; rugier, v. 1120; a éliminé la forme ruir, ruire (xɪɪɪᵉ-xvɪᵉ); lat. rugire.

A. V. intr. ♦ **1.** (Du lion). Pousser le cri rauque, grave et sonore propre à son espèce. — Par ext. *La panthère rugit* (⇒ **Feuler**). *Le tigre rugit* (⇒ **Rauquer**).

1 Les lions dans la fosse étaient sans nourriture.
Captifs, ils rugissaient vers la grande nature
Qui prend soin de la brute au fond des antres sourds.
HUGO, la Légende des siècles, II, ɪv.

♦ **2.** (*Rugier*, xɪɪᵉ). Personnes. Pousser des cris terribles. ⇒ **Crier, hurler**. *Rugir de colère, de fureur, de rage... Rugir comme un lion, comme un fauve* (→ Directeur, cit. 1).

♦ **3.** (1690). Choses. Produire un bruit rauque et puissant (→ Génératrice, cit. 1). *L'océan, la vague rugit* (→ Obscurcir, cit. 2; receler, cit. 3).

2 — Ô Dieu! le vent rugit comme un soufflet de forge,
HUGO, la Légende des siècles, «Les pauvres gens», LII, ɪɪɪ.

B. V. tr. (1835). Proférer avec violence, avec des cris, des menaces (→ Démettre, cit. 9). *«Vengeance! mort! rugit Rostabat le géant»* (→ Mécréant, cit. 2). *Le cri que deux ou trois millions d'Allemands rugissent en se présentant* (cit. 17).
Par analogie :

3 Les trombones, les saxophones et les bugles (...) rugirent une phrase musicale à faire crouler un édifice moins solidement construit que la maison Ponto.
A. ROBIDA, le Vingtième Siècle, p. 58.

DÉR. Rugissant, rugissement.

RUGISSANT, ANTE [ʀyʒisɑ̃, ɑ̃t] adj. — V. 1460; de rugir.

♦ **1.** Qui rugit. *Le lion rugissant* (→ Agneau, cit. 5; diable, cit. 2).

♦ **2.** Fig. ⇒ **Bruyant**. *Moteur rugissant. Les vagues rugissantes. — Les quarantièmes rugissants.* ⇒ **Quarantième**.

RUGISSEMENT [ʀyʒismɑ̃] n. m. — 1539; rugisement «hurlement», v. 1120; rujement «cri du lion», v. 1120; de rugir.

♦ **1.** Cri du lion (→ Épouvanter, cit. 2; mesurer, cit. 26). Par ext. Cri de certains grands fauves, tigres, panthères, hyènes (cit. 1) etc.

1 Mère lionne avait perdu son fan (*faon*) :
Un chasseur l'avait pris. La pauvre infortunée
Poussait un tel rugissement
Que toute la forêt était importunée.
LA FONTAINE, Fables, X, 12.

♦ **2.** Cri, hurlement (→ Conviction, cit. 6). *Pousser des rugissements de colère, de fureur.*

♦ **3.** (Choses). Grondement sourd et violent (→ Explosion, cit. 2). *Le rugissement de la tempête, de la mer en furie.* ⇒ **Mugissement** (→ Gronder, cit. 6).

2 Le jeune homme poussa un rugissement au milieu duquel domina le mot : — Vieux coquin!
BALZAC, Gobseck, Pl., t. II, p. 650.

3 Pancrace ne répondit que par une espèce de râle sourd qui ressemblait à un rugissement.
Charles NODIER, Contes, «Combe de l'homme mort».

RUGOSIMÈTRE [ʀygozimɛtʀ] n. m. — Mil. xxᵉ (in Larousse, 1964); de rugosité, et -mètre.

♦ Techn. Appareil capable d'estimer l'état de rugosité d'une surface par frottement d'un organe capteur et amplification de ses mouvements.

RUGOSITÉ [ʀygozite] n. f. — 1503; dér. sav. de rugosus. → Rugueux.

♦ **1.** (*Une, des rugosités*). Petite aspérité d'une surface rugueuse, rude au toucher. ⇒ **Aspérité** (cit. 1). *Une peau sans une rugosité* (→ Brûlure, cit. 4). Fig. *Les rugosités d'une phrase* (→ Enrouler, cit. 4).

1 Il se saupoudrait le visage d'ingrédients qui simulaient des taches de maladies graves, des rugosités, et il jouait admirablement la sénilité d'un centenaire.
BALZAC, les Petits bourgeois, Pl., t. VII, p. 221.

2 (...) la porte, encadrée d'un linteau de pierre, dont les rugosités régulières indiquaient une ancienne ornementation émoussée par le temps et l'incurie (...)
Th. GAUTIER, le Capitaine Fracasse, ɪ.

♦ **2.** (1812). État d'une surface rugueuse. *La rugosité d'une écorce, d'une peau d'orange.*

RUGUEUX, EUSE [ʀygø, øz] adj. et n. m. — 1520, rougueux; rugos «ridé», 1350; lat. rugosus, de ruga «ridé». → 1. Rue.

★ **I.** Adj. ♦ **1.** Dont la surface présente de petites aspérités, des irrégularités, et qui est rude au toucher. ⇒ **Âpre, inégal, raboteux, râpeux, rêche, rude**; et aussi **dur**. *Des roches rugueuses* (→ Effrité, cit. 4). *Des collines pelées* (cit. 4), *rugueuses. Un pied à peau rugueuse* (→ Équin, cit.). *Le dos rugueux d'un crocodile* (→ Pierre, cit. 4). *«Les éléphants* (cit. 6) *rugueux...». Écorce rugueuse. — Drap rugueux. Broderie* (→ Napper, cit. 2), *toile rugueuse.*

1 La peau de l'éléphant est ridée. ACADÉMIE. — La peau de l'éléphant n'est pas ridée (...) Il faut peut-être recevoir des sciences le mot rugueux, qui détermine bien l'état scabreux et irrégulier de la surface de certains corps.
Charles NODIER, Critique des dict. (18229), Ridé.

2 Elle se fit de vieilles mains rugueuses, de la couleur des champs, de l'épaisseur des mottes.
Ch.-L. PHILIPPE, Père Perdrix, I, ɪɪɪ.

3 On m'a déshabillé, passé le linge d'ordonnance et couché dans un lit propre aux draps rugueux.
G. DUHAMEL, Salavin, Journal, 23 janv.

♦ **2.** Fig. Rude, âpre. *Une «amitié rugueuse»* (Péguy, *la République..., p. 41). «Je suis rendu au sol, avec un devoir à chercher, et la réalité rugueuse à étreindre»* (Rimbaud).

★ **II.** N. m. (1870). Techn. Ancienn. Appareil au moyen duquel on enflammait l'étoupille d'un canon, les fusées, les grenades. *Il pointait, tirait le rugueux...* (→ Écouvillon, cit. 2).

CONTR. Coulant, doux, 1. lisse, moelleux, poli, uni.

RUILÉE [ʀyile] n. f. — 1676; rilée, 1334; rieulée, xvᵉ; de ruille, var. de riulle, var. de reille; lat. regula. → Ruiler.

♦ Techn. Bordure de plâtre, de mortier qui sert à raccorder les tuiles, les ardoises d'une toiture à un mur.
REM. La var. *ruellée* (1776) a subi l'attraction de *ruelle*.

RUILER [ʀyile] v. tr. — 1843; «régler du papier», 1320; «gâcher le mortier», 1636; du lat. regula «règle». → Ruileau «petite truelle».

♦ Techn. Raccorder avec du plâtre (un joint). — Spécialt. *Poser une ruilée*.

RUINE [ʀyin] n. f. — 1180, sens II; lat. ruina, de ruere «tomber, s'écrouler».

★ **I.** ♦ **1.** (xɪɪɪᵉ). Grave dégradation d'un édifice allant jusqu'à l'écroulement partiel ou total; son résultat. ⇒ **Délabrement, destruction, détérioration, vétusté**. *Ruine totale* (→ Autodafé, cit. 3). *Machines* (cit. 74) *de guerre qui sèment la ruine.* ⇒ **Désolation, dévastation**. — (1622, in D.D.L.). EN RUINE. *Tomber en ruine.* ⇒ **Crouler, effondrer** (cit. 13) → 1. Flanquer, cit. 2; inhabité, cit. 2. *Colonne, château en ruine.* ⇒ **Dévasté**. — (1611). Vx. *Battre en ruine* : battre en brèche. *Nul symptôme de ruine* (→ Désert, adj., cit. 9). — *Bâtiment qui menace* ruine, de tomber en ruine.

1 Les batteries (...) continuaient (...) à battre en ruine la branche du demi-bastion (...)
RACINE, le siège de Namur.

2 Peu d'étrangers visitaient cet édifice, aucun passant ne le regardait. Il tombait en ruine; à chaque saison, des plâtras qui se détachaient de ses flancs lui faisaient des plaies hideuses.
HUGO, les Misérables, IV, vɪ, ɪɪ.

RUINE

♦ 2. (V. 1300). Destruction, perte. *La ruine de qqn, de qqch., sa ruine. L'établissement* (cit. 2) *ou la ruine des États.* ⇒ **Renversement** (→ Mollesse, cit. 7). *La société précipite sa propre ruine.* ⇒ **Chute, décadence, déliquescence, dissolution...** (→ Enfoncer, cit. 28). *Consommer* (cit. 2) *sa ruine.* ⇒ **Tombeau** (creuser son). *Aller à la ruine.* ⇒ **Péricliter, périr.** *Être enveloppé* (cit. 28) *dans la ruine de qqn* (→ Prophétique, cit. 4). *« Elle a cru que ma perte entraînait* (cit. 24) *sa ruine »* (Racine). *Emploierons-* (cit. 1) *nous l'intelligence à notre ruine? — A ma ruine* (vx), *pour* (cit. 47) *ma ruine.* ⇒ **Malheur** (→ Hydre, cit. 4). *La ruine de ses espérances.* ⇒ **Anéantissement, faillite, mort.** *La ruine de sa réputation, de son crédit, de sa santé* (⇒ **Dépérissement**; → Naufrage, cit. 7). — **LA RUINE DE...** : ce qui cause la destruction, la fin de (qqch.). *la satisfaction du désir est la ruine de l'illusion* (cit. 33).

3 (...) science sans conscience n'est que ruine de l'âme.
RABELAIS, Pantagruel, VIII.

4 En quelques jours, s'accumulèrent toutes les ruines : perte d'un être cher, perte de toute fortune, de toute situation, de l'estime publique, abandon des amis. Écroulement total. Rien ne resta debout de ce qui les faisait vivre.
R. ROLLAND, Jean-Christophe, Antoinette, p. 856.

♦ 3. (1636). Perte des biens, de la fortune (de qqn, d'une collectivité...) ⇒ **Banqueroute, culbute, débâcle, dégringolade, déroute, effondrement, naufrage...** (→ Encourager, cit. 12; entraîner, cit. 21; millionnaire, cit. 1; râteau, cit. 2). *La misère et la ruine générales.* ⇒ **Pauvreté** (→ Captif, cit. 2). *Être au bord de la ruine.* ⇒ **Abois**(s); **abîme, gouffre.** *De sa ruine, il a pu sauver quelques débris, quelques épaves.* — (1559). Par ext. Cause de ruine. ⇒ **Ruineux.** *Cette propriété à entretenir, c'est une ruine.*

5 Il m'ose menacer de mes propres bienfaits,
Et veut, à ma ruine, user des avantages
Dont le viennent d'armer mes bontés trop peu sages,
Me chasser de mes biens, où je l'ai transféré (...)
MOLIÈRE, Tartuffe, V, 3.

6 Aussi, ma mémoire reconnaissante a-t-elle gardé du jardin, de la fabrique et des platanes un impérissable souvenir, et lorsque à la ruine de mes parents il m'a fallu me séparer de ces choses, je les ai positivement regrettées comme des êtres.
Alphonse DAUDET, le Petit Chose, I, I.

7 Mais ils trouvaient, ces cousins riches, que c'était une véritable folie, que ce serait assurer sa ruine plus complète, qu'il fallait vendre, régulariser, en finir (...) Et elle vendit.
LOTI, Matelot, XV.

♦ 4. (XVIIe). Vx (langue class.). *Ruine d'eau* : chute d'eau abondante.

★ II. ♦ 1. (1180). Généralt au plur. Débris d'un édifice ancien dégradé ou écroulé; ensemble d'édifices écroulés, dégradés. ⇒ **Décombres, démolition, éboulement, reste, vestige.** — *Monceau de ruines et de cendres* (cit. 8). *La guerre* (cit. 24) *et les ruines* (→ Gravat, cit. 1). *Ruines d'un bâtiment* (→ Crypte, cit. 1; dévastation, cit. 3; écrouler, cit. 10; forteresse, cit. 1) *d'une ville* (→ Amateur, cit. 3; muraille, cit. 8; récipient, cit. 2). *Ruines gallo-romaines* (cit. 3). *Fouilles* (cit. 3) *dans les ruines des villes antiques* (→ Exhumer, cit. 3). *Poésie, mélancolie des ruines. Le thème, le sentiment des ruines* (→ Harmonie, cit. 34). *Les Ruines,* ouvrage de Volney (1791). — Spécialt. Ruines représentées par les peintres, ruines artificielles disposées dans les jardins (→ Paysagiste, cit.; et 2. poétique, cit. 4, Diderot). *Peintre de ruines.* ⇒ **Ruiniste.** — (Au sing.). Édifice écroulé, dégradé. *Une ruine* (→ Hacher, cit. 7; lamentation, cit. 4).

8 Sacrés coteaux, et vous saintes ruines,
Qui le seul nom de Rome retenez (...)
DU BELLAY, les Antiquités de Rome, I, VII.

9 (...) ils sentent la terre trembler sous leurs pas (...) les maisons s'écroulent, les toits sont renversés sur les fondements, et les fondements se dispersent; trente mille habitants de tout âge et de tout sexe sont écrasés sous des ruines.
VOLTAIRE, Candide, V.

10 Ô les belles, les sublimes ruines! Quelle fermeté et en même temps quelle légèreté, sûreté, facilité de pinceau! (...) Les idées que les ruines réveillent en moi sont grandes. Tout s'anéantit, tout périt, tout passe. Il n'y a que le monde qui reste. Il n'y a que le temps qui dure (...) les objets qui m'entourent m'annoncent une fin et me résignent à celle qui m'attend.
DIDEROT, Hubert Robert, Salon de 1767.

11 Tous les hommes ont un secret attrait pour les ruines. Ce sentiment tient à la fragilité de notre nature, à une conformité secrète entre ces monuments détruits et la rapidité de notre existence. Il s'y joint, en outre, une idée qui console notre petitesse, en voyant que des peuples entiers, des hommes quelquefois si fameux, n'ont pu vivre cependant au delà du peu de jours assignés à notre obscurité (...) Il y a deux sortes de ruines : l'une, ouvrage du temps; l'autre, ouvrage des hommes (...) Les destructions des hommes sont d'ailleurs plus violentes et plus complètes que celles des âges : les seconds minent, les premiers renversent.
CHATEAUBRIAND, le Génie du christianisme, III, III.

11.1 (...) une ruine, qui acquiert quelque chose de plus frappant par les parties qui manquent.
E. DELACROIX, Journal, 20 avr. 1853, t. II, p. 164.

12 Et, au milieu de cette étendue sauvage, une haute ruine s'élevait; un château carré, flanqué de tours (...)
MAUPASSANT, Au soleil, En Bretagne.

13 Que de ruines déjà, dans notre quartier, où, ce matin, je me promène! Maisons éventrées, effondrements informes, écroulements (...)
GIDE, Journal, 13 mars 1943.

Par ext. ⇒ **Dégât, désastre, ravage**(s). *Pays qui se relève* (cit. 31) *de ses ruines,* qui répare tous les dommages causés par la guerre ou une calamité quelconque. *Carthage sortit de ses ruines* (→ Métropole, cit. 2).

Par métaphore, fig. Ce qui reste (de ce qui a été détruit, qui s'est dégradé). *Despotisme* (ct. 4) *qui s'établit sur les ruines de la République. L'individualisme* (cit. 2) *tend à croître sur les ruines des institutions. Peut-on bâtir sur ces ruines?...* (→ Inévitable, cit. 4,

---

Bossuet). *Les ruines de son entreprise* (→ Apoplexie, cit. 3 ; et aussi poing, cit. 10).

14 (...) Ses soins ne purent faire
Qu'elle échappât au temps, cet insigne larron.
Les ruines d'une maison
Se peuvent réparer : que n'est cet avantage
Pour les ruines du visage!
LA FONTAINE, Fables, VII, 5.

15 La France a été constituée du jour que les provinces sont mortes, et le sentiment humanitaire commence à naître sur les ruines des patries.
FLAUBERT, Correspondance, 422, 27 août 1853.

♦ 2. (1833, Balzac). Personne qui, du fait de l'âge, des chagrins,... a perdu la plus grande partie de ses forces, de sa beauté, de ses facultés. *Les moines n'étaient plus que des ruines de religieux* (→ Introduire, cit. 10). *Cette admirable ruine* (→ Majesté, cit. 19). *Un vieux mendigot* (cit.), *une ruine humaine.* ⇒ **Épave.** *Une pauvre ruine.*

16 Genestas aperçut alors un pauvre vieillard (...) Ses jambes semblaient déjetées. Son dos, voûté par les habitudes du travail, le forçait à marcher tout ployé; aussi, pour conserver son équilibre, s'appuyait-il sur un long bâton (...) C'était une sorte de ruine humaine à laquelle ne manquait aucun des caractères qui rendent les ruines si touchantes.
BALZAC, le Médecin de campagne, Pl., t. VIII, p. 393.

CONTR. Essor, fortune, gain, prospérité.
DÉR. 1. Ruiner, ruiniste.
COMP. Ruine-de-Rome, ruiniforme.

RUINÉ, ÉE [ʀɥine] p. p. adj. ⇒ 1. **Ruiner.**

RUINE-DE-ROME [ʀɥindərɔm] n. f. — 1926; de *ruine,* de, et *Rome.*

♦ Cymbalaire* (plante). *Des ruines-de-Rome.*

1. RUINER [ʀɥine] v. tr. — 1260, v. intr. «tomber en ruine»; de *ruine.*

♦ 1. Vx. (Déb. XIVe). Réduire à l'état de ruines. ⇒ **Dégrader, délabrer, démanteler, détruire.** *«Albe fut vaincue et ruinée* (→ Incorporer, cit. 7, Bossuet). — Mod. Au p. p. *Arceau* (cit. 1), *couvent ruiné,* en ruine. ⇒ **Démoli** (→ Provenir, cit. 1). *Masures plus qu'à demi ruinées* (→ Ébouler, cit. 4). — Par ext. (→ ci-dessous, cit. Hugo). ⇒ **Miner, saper.**

1 Il y a deux cents ans, ces côtes étaient ruinées comme une falaise, aujourd'hui elles sont ruinées comme une carrière; la pioche mord petitement, et le flot grandement; de là une diminution de beauté.
HUGO, l'Homme qui rit, I, I, I.

2 (...) les saillies anguleuses d'un monument ruiné en marquent le sommet.
E. FROMENTIN, Un été dans le Sahara, p. 240.

♦ 2. (V. 1370). Littér. Endommager gravement. ⇒ **Désoler, dévaster, gâter, ravager.** — Au p. p. *Vignobles ruinés par la grêle, par le phylloxéra* (→ Plant, cit. 3). — Par anal. *L'ardeur* (cit. 45) *de l'étude avait ruiné sa constitution, ses forces, sa santé.* ⇒ **Affaiblir, altérer, consumer, dévorer, dissoudre, étioler, esquinter, miner... Nous étions ruinés, claqués* (cit. 7) *de fatigue.* ⇒ **Épuisé, vidé.** *Homme usé, dévasté* (cit. 5), *ruiné.* — Vx. *Le pavé ruine les pieds des chevaux,* les détériore, les use.

3 (...) un corps ruiné par les fatigues et par les privations (...)
R. ROLLAND, Musiciens d'aujourd'hui, p. 143.

4 La santé de Mme de la Ferté n'avait jamais été bien forte. Ce coup acheva de la ruiner.
Pierre BENOIT, Mlle de la Ferté, p. 66.

♦ 3. Causer la ruine, la perte de... ⇒ **Anéantir, détruire, foudroyer, perdre.** *Si le hasard d'une bataille a ruiné un État...* (→ 1. Général, 1., cit. 2, Montesquieu). *Notre marine était ruinée par l'anarchie* (→ Improviser, cit. 11). *Ruiner l'équilibre de l'esprit* (→ Musique, cit. 12), *les espérances, l'espoir* (→ Intuition, cit. 5; irrémédiable, cit. 2). ⇒ **Abattre.** *Désordres qui ruinent inévitablement* (cit. 1) *la justice. Son bonheur est ruiné.* ⇒ **Gâché** (→ fam. Cuit, fichu, foutu). *Ruiner la réputation, le crédit de qqn.* — Ôter le crédit de (qqn). *Ruiner qqn dans l'esprit des autres* (→ 2. Critique, cit. 31). ⇒ **Couler, démolir, nuire.** *Ruiner un argument, une hypothèse.* ⇒ **Balayer, brèche** (battre en), **infirmer, renverser.** *Chercher à ruiner une doctrine.* ⇒ **Saper.**

5 (...) ceux qui voudraient ruiner la vérité de notre religion, fondée sur Moïse, l'établissent par la même autorité par où ils l'attaquent.
PASCAL, Pensées, IX, 634.

6 On fait une confusion, quand on se sert de l'esprit pour ruiner la conscience; et non moindre si l'on s'en sert pour la fortifier.
André SUARÈS, Trois hommes, « Ibsen », V.

7 Il n'y avait qu'un moyen de ruiner la combinaison : prévenir le fils, et l'amener au bon moment.
J. ROMAINS, Volpone, III, 6.

Franç. d'Afrique (langage des étudiants). Diminuer la moyenne des notes scolaires de (qqn). *« Moi, ce sont les maths qui me ruinent »* (Haute-Volta, I. F. A.). ⇒ **Démolir** (fig.).

♦ 4. (1636). Causer la ruine (I., 3.) de..., faire perdre la fortune, la prospérité à (→ Brocantage, cit. 1; dévorer, cit. 19; 1. lever, cit. 21). ⇒ **Paille** (mettre sur la). *Ruiné par la perte* (cit. 17) *d'un procès, par des confiscations* (→ Place, cit. 41), *par la révolution* (→ Nominal, cit. 3). *Un pays que les guerres ont ruiné.* ⇒ **Épuiser.** *Chercher à ruiner qqn.* ⇒ **Écraser, égorger, étrangler, expédier** (vx), **plumer.** — (Au p. p.). *Appauvri et presque ruiné.* ⇒ **Pauvre;** et les fam. **décavé, fauché, nettoyé, ratissé...** *Pays ruiné* (→ Déséquilibre, cit. 1 ; gaver, cit. 6). — Par exagér. *Tu me ruines, tu veux me ruiner ! :* tu me fais faire une dépense excessive ! *Ce n'est pas ça qui nous ruinera* (→ Prendre, cit. 52). *Il ruine sa mère en chaussures.*

8 (...) je ne suis adonné, grâce au ciel, à aucune des trois choses qui ruinent ordinairement les hommes. J'aime peu la chère, je ne joue que pour m'amuser, et je suis revenu des femmes. A.-R. LESAGE, Gil Blas, III, I.

9 Je suis ruinée, je suis ruinée pour un mois ; pendant ce temps qui est-ce qui nourrira mes pauvres enfants ? Cet intendant, qui a l'âme plus dure qu'une pierre, ne me fera pas grâce d'un sou. Que je suis malheureuse ! Je suis ruinée ! je suis ruinée (...) DIDEROT, Jacques le fataliste, Pl., p. 569.

10 Le voici ruiné, sans sous ni maille, allant aux Indes pour y chercher la pie au nid. BALZAC, le Contrat de mariage, Pl., t. III, p. 179.

11 Que feraient-elles d'un gros chien ! Il les ruinerait en nourriture. MAUPASSANT, les Contes de la Bécasse, « Pierrot ».

▶ **SE RUINER** v. pron. (réfléchi).
Perdre ses biens, son argent, causer sa propre ruine (→ Acheter, cit. 5 ; extraordinaire, cit. 5 ; millionnaire, cit. 1). ⇒ **Enfoncer** (s'). *Se ruiner au jeu* (→ Entortiller, cit. 1 ; pendant, cit. 15). Par exagér. Dépenser* trop. *Je me suis ruiné chez cet antiquaire. Se ruiner en remèdes.* — (Récipr.). *Se ruiner l'un l'autre* (→ Héroïque, cit. 3).

12 Il en est de même de toutes les coquettes. Les hommes ont beau se ruiner pour elles, ils n'en sont pas plus aimés ; au contraire, tout payeur est traité comme un mari (...) A.-R. LESAGE, le Diable boiteux, III.

13 Les gens qui se ruinent sont toujours gais ; c'est lorsqu'ils sont ruinés qu'ils sont de mauvaise humeur. DUMAS fils, Un père prodigue, I, 9.

▶ **RUINÉ, ÉE** p. p. adj. Voir ci-dessus.

CONTR. **Affermir, asseoir, construire, corroborer, édifier, étayer, fonder, fortifier ; enrichir.**

2. RUINER [ʀɥine] v. tr. — 1676 ; var. de l'anc. franç. *roener* « entailler » (déb. XIVᵉ), de *roisne*, var. anc. de *rouanne*. → Rouanne.

♦ Techn. Entailler en faisant une ruinure. *Ruiner une poutre, une solive.*

RUINEUSEMENT [ʀɥinøzmɑ̃] adv. — 1614 ; de *ruineux*.

♦ De façon ruineuse. ⇒ **Coûteusement.** *Il est ruineusement installé.*

(...) tout ce que la plus luxueuse gourmandise peut réunir de raffiné, d'exquis et de ruineusement rare. Th. GAUTIER, Fortunio, XVI.

RUINEUX, EUSE [ʀɥinø, øz] adj. — XIIIᵉ ; *ruinus*, XIIᵉ ; lat. *ruinosus* « qui menace ruine, écroulé », de *ruina*. → Ruine.

♦ **1.** Vx. Qui cause de graves dommages, un tort grave. *Complaisance ruineuse* (→ Encombrer, cit. 4). *Aventure ruineuse* (→ Regimber, cit. 3).

1 Si je savais une chose utile à ma nation qui fût ruineuse à une autre, je ne la proposerais pas à mon prince, parce que je suis homme avant d'être Français (ou bien) parce que je suis nécessairement homme, et que je ne suis Français que par hasard. MONTESQUIEU, Cahiers, I, Notes sur lui-même.

♦ **2.** (V. 1380). Mod. Qui amène la ruine (I., 3.), provoque des dépenses excessives. *Avoir des goûts ruineux* (→ Modestie, cit. 1). *Transports, déplacement ruineux* (→ Morcellement, cit. 1). *Guerre ruineuse. La fête ne fut pas ruineuse* (→ Plaisir, cit. 9). — Par ext. Coûteux. *Ce ne serait pas extrêmement ruineux* (→ Leçon, cit. 6).

2 Maintenant que les deux filles restaient seules, sans père ni frère à la maison, il leur aurait fallu prendre un serviteur, ce qui était ruineux, à cause du prix croissant de la main-d'œuvre. ZOLA, la Terre, II, III.

♦ **3.** (Fin XIIIᵉ). Vx ou littér. Qui menace ruine, qui tombe en ruine. *Un temple ruineux* (→ Appui, cit. 15). Fig. *Fondements ruineux,* peu sûrs, peu solides.

3 (...) dans l'ombre des hautes murailles du palais d'El Bedi qui n'est plus qu'un immense espace vide, s'élève au milieu des orties une petite bâtisse ruineuse. Jérôme et Jean THARAUD, Marrakech, VI.

CONTR. **Économique, lucratif.**
DÉR. **Ruineusement.**

RUINIFORME [ʀɥinifɔʀm] adj. — 1803 ; de *ruine,* et *-forme ;* aussi *ruinique* (Chateaubriand).

♦ Géol. Qui a pris un aspect de ruine, sous l'action de l'érosion. *Rochers ruiniformes. Bosses ruiniformes. Calcaires ruiniformes.*

RUINISTE [ʀɥinist] n. — 1943, cit. *infra ;* de *ruine.*

♦ Didact. Rare. Peintre ou dessinateur de ruines ou de paysages comportant des ruines. *Hubert Robert, célèbre ruiniste. « Deux siècles de topographes et de ruinistes... »* (J. Laran, les Estampes, p. 74).

RUINURE [ʀɥinyʀ] n. f. — 1676 ; var. de l'anc. franç. *roynure* « rainure », de *roisner.* → Rainer.

♦ Techn. Entaille dans les solives d'un plancher, dans des poteaux de charpente ou d'huisserie, pour augmenter la prise de la maçonnerie.

RUISSEAU [ʀɥiso] n. m. — 1120, *russeal ;* var. *ruissel, ruisel,* etc. en anc. franç. ; lat. vulg. *rivuscellus,* dimin. de *rivus.* → Ru.

♦ **1.** Petit cours d'eau étroit et peu profond affluent d'une rivière, d'un lac, d'un étang (cit. 6). ⇒ **Ru, torrent.** *Ruisseau qui coule à travers les prés* (→ Arène, cit. 3 ; bouillon, cit. 2 ; 2. pêche, cit. 9). *Prairies bordées, ourlées* (cit. 3) *de ruisseaux* (→ Diaprer, cit. 4). *Ruisseaux clairs* (cit. 7), *transparents* (→ Argentin, cit. 1 ; cristallin, cit. 1 ; éparpillé, cit. 16). « *Je suis comme les petits ruisseaux ; ils sont transparents parce qu'ils sont peu profonds* » (cit. 2, Voltaire). *Petit ruisseau.* ⇒ **Ruisselet.** *Un ruisseau fangeux, sale...* (→ Aile, cit. 31 ; dormir, cit. 31 ; gluant, cit.). *Murmure* (→ Éolien, cit. 2), *gazouillis* (cit. 2), *gargouillement* (cit. 2)... *d'un ruisseau. Ruisseau qui murmure* (cit. 4), *qui caquette* (cit. 2), *qui babille* (→ Indolemment, cit. 2), *qui jase* (cit. 7). *Fleurs, plantes au bord des ruisseaux.* ⇒ **Rivulaire.** *Cours, lit* (cit. 31) *d'un ruisseau* (→ Détourner, cit. 1 ; encaisser, cit. 5). *Ruisseau capricieux qui serpente.*

1 Cependant le ruisseau filtre à travers ces débris ; il en sort tout rempli d'écume pour former un bassin naturel d'une grande pureté. De là il s'échappe entre les rocs ; il roule sur la mousse ses flots précipités ; et, beaucoup plus bas, il ralentit son cours, quitte les ombrages, et passe devant les maisons sous un pont de trois planches de sapin. É. DE SENANCOUR, Oberman, V.

1.1 Cette couleur fit immédiatement donner à ce cours d'eau le nom de Creek-Rouge. Ce n'était qu'un large ruisseau, profond et clair, formé des eaux de la montagne, qui, moitié rio, moitié torrent, ici coulant paisiblement sur le sable, là grondant sur des têtes de roche ou se précipitant en cascade, courait ainsi vers le lac sur une longueur d'un mille et demi et une largeur variable de trente à quarante pieds. J. VERNE, l'Île mystérieuse, t. I, p. 152.

2 Je ne puis m'asseoir près d'un ruisseau sans tomber dans une rêverie profonde, sans revoir mon bonheur (...) Il n'est pas nécessaire que ce soit le ruisseau de chez nous, l'eau de chez nous. L'eau anonyme sait tous mes secrets. Le même souvenir sort de toutes les fontaines. G. BACHELARD, l'Eau et les Rêves, p. 12.

Lit du ruisseau, fossé où il coule. *Ruisseaux à sec, desséchés* (cit. 12). ⇒ **Noue.** — (1690). Prov. *Les petits ruisseaux font les grandes rivières :* plusieurs petites sommes réunies finissent par en constituer une grosse.

Ruisseau de..., liquide qui coule (⇒ **Ruisseler**). *Ruisseaux de sang dans un abattoir* (→ Caniveau, cit. 1). « *Un ruisseau de pourpre erre et fume* (cit. 12) *dans le val* » (Hugo). *La fonte coule comme un ruisseau de feu* (→ 1. Gueuse, cit.). *Ruisseaux de lave* (cit. 3) *ardente.* — Par exagér. *Des ruisseaux de sang ont coulé en France* (→ Légèreté, cit. 5). *Des ruisseaux de larmes.* ⇒ **Torrent.**

3 La mère, maintenant, comme si cet intermède avait enfin permis aux larmes de trouver leur chemin, pleurait en silence, à gros ruisseaux. Son visage était pareil au champ sec et cent fois retourné qu'elle avait cultivé toute sa vie. L'eau y coulant n'entrait pas, n'apaisait rien. ARAGON, les Cloches de Bâle, II, XII.

Par métaphore, fig. *Sa barbe tombait en deux ruisseaux d'argent* (→ Caftan, cit. 2). *Les ruisseaux d'or fauve* (cit. 2) *de sa chevelure. Deux maigres ruisseaux de barbe blanche* (→ Fuyant, cit. 11).

4 Sa barbe était d'argent comme un ruisseau d'avril. HUGO, la Légende des siècles, II, VI.

♦ **2.** (1530). Vieilli. Eau qui coule (cit. 3) le long des trottoirs ou au milieu de la chaussée d'une rue, pour se jeter finalement dans les égouts (cit. 3) ; caniveau latéral ou rigole médiane destinée à recevoir cette eau (évacuation des eaux de pluie, des eaux ménagères, de l'eau des services de nettoiement). ⇒ **Goulotte, rigole.** → 1. Goutte, cit. 5 ; gouttière, cit. 1 ; obstruer, cit. 3 ; population, cit. 7. *L'odeur du ruisseau de Paris* (→ Gamin, cit. 3). *Curer le ruisseau.*

5 Il suffit d'une forte pluie d'orage pour que les ruisseaux de nos rues nous fassent penser au déluge universel. La forme même des rues, la pente des toits, tout cela témoigne que nous luttons sans cesse contre la puissance de l'eau. ALAIN, Propos, 3 oct. 1907, L'écluse.

Loc. mod. « *Des proverbes traînés dans les ruisseaux des Halles* » (cit. 9, Molière), appartenant au langage vulgaire. *C'est une chose qui traîne dans le ruisseau,* triviale. *Ramasser une nouvelle, une calomnie dans le ruisseau,* parmi les racontars les plus grossiers. *Tomber, rouler dans le ruisseau,* dans la situation la plus dégradante, dans l'abjection. *Tirer qqn du ruisseau.* ⇒ **Rue** (*infra* cit. 3).

6 Et quand je l'ai eu bien polie, patinée, taillée en pierre fine, sortie du ruisseau où je l'avais ramassée une nuit, devant le bal Ragache (...) Alphonse DAUDET, Sapho, III.

7 — Écoute, retiens ça (...) Quand tu n'auras plus rien et qu'ils auront tout, tes enfants te pousseront au ruisseau, tu finiras avec une besace, ainsi qu'un va-nu-pieds (...) Et ne t'avise pas alors de frapper chez moi, car je t'ai assez prévenu, tant pis (...) ZOLA, la Terre, I, III.

DÉR. **Ruisseler. V. Ruisson.**
COMP. **Saute-ruisseau.**

RUISSELANT, ANTE [ʀɥislɑ̃, ɑ̃t] adj. — 1491 ; de *ruisseler.*

♦ **1.** Qui ruisselle (A.). *Eau ruisselante. Pluie ruisselante.*

1 Ramuntcho charge ses épaules d'une pesante caisse de contre-bande, sous la ruisselante averse, au milieu d'une obscurité de sépulcre. LOTI, Ramuntcho, II, IX.

Lumière (cit. 7) *ruisselante* (→ aussi Frugal, cit. 3). *La ruisselante chevelure* (→ Blond, cit. 5).

♦ **2.** (1615). Qui ruisselle (B.), est couvert d'un liquide qui coule. *Ruisselant d'eau.* ⇒ **Dégouttant** (→ Éplorer, cit. 4). Absolt. Mouillé, trempé (→ Avoisiner, cit. 3; balloter, cit. 1; mouiller, cit. 6; pêcheur, cit. 2). *Ruisselant de sueur.* ⇒ **Inondé** (→ Cou, cit. 8). *Ruisselant de larmes* (→ Gonfler, cit. 11). *Chapon ruisselant de graisse* (cit. 11). *Machicoulis* (cit. 1) *ruisselants de poix et de résine.*

2 Un singulier enfant que mon frère Jacques; en voilà un qui avait le don des larmes! (...) je le vois, les yeux rouges et la joue ruisselante.
Alphonse DAUDET, le Petit Chose, I, I.

Par métaphore. *Tiare ruisselante de pierres précieuses* (→ Faste, cit. 6).

3 Et son rouge turban de soie, et ses habits
Tout ruisselants de pierreries. HUGO, les Orientales, XXI.

REM. Dans *Post-Scriptum de ma vie* (Tas de pierres, III), Hugo écrit : Cette métaphore que j'ai mise dans les *Orientales* a été immédiatement adoptée (...) Je me rapelle l'effet qu'elle fit sur les peintres. »

Fig., littér. *Des êtres ruisselants de vertu* (→ Cœur, cit. 85). *Ruisselant de bonheur.* ⇒ **Rayonnant, resplendissant.**

4 (...) ma mère devint toute ruisselante de joie et d'orgueil à l'idée que son fils serait d'église. FRANCE, le Rôtisserie de la reine Pédauque, IV, Œ., t. VIII, p. 28.

RUISSELER [ʀ\ɥisle] v. intr. — V. 1340; *ruceler*, 1180; de *ruissel*, var. anc. de *ruisseau*.

A. ♦ **1.** Couler* sans arrêt en formant un ou plusieurs ruisseaux, ruisselets ou filets (d'eau) → Brisis, cit.; bruire, cit. 5; gargouiller, cit. 1; patio, cit. 2. *Le sang ruisselle* (→ Exécuter, cit. 21). *La sueur ruisselle* (→ Moiteur, cit. 2; mortellement, cit. 2). ⇒ **Dégoutter.**

1 Qu'enfin après le sang de ce peuple martyr,
Le sang vil des bourreaux ruisselle! HUGO, les Orientales, IV.

2 La pluie tombait, fine, froide, pénétrante, continue; elle ruisselait sur les murs (...)
LOTI, Mon frère Yves, III.

3 (...) ma poitrine s'enfla, remplie d'une présence inconnue, divine, des sanglots me secouèrent, des larmes ruisselèrent de mes yeux.
PROUST, Sodome et Gomorrhe, Pl., t. II, p. 755.

♦ **2.** (1830). Fig. Se répandre à profusion. *Des oiseaux dont les chants* (cit. 9) *ruisselaient* (→ aussi Fluide, cit. 3; orgue, cit. 2). *Soleil, lumières qui ruissellent* (→ Diamant, cit. 4; futaie, cit. 3). — Par métaphore. *La vie ruisselle* (→ Échelle, cit. 11; moteur, cit. 5). *Imagination si abondante* (cit. 3) *qu'elle ruisselle en improvisations.*

4 Tout cela était inondé d'un jour étincelant, splendide (...) La lumière ruisselait dans cet océan de montagnes comme de l'or et de l'argent liquides, jetant une écume phosphorescente de paillettes à chaque obstacle.
Th. GAUTIER, Voyage en Espagne, p. 143.

5 Il *(Haendel)* allait, les jambes arquées, d'une marche lourde et balancée, très droit, la tête en arrière, sous sa vaste perruque blanche, dont les boucles ruisselaient pesamment sur ses épaules. R. ROLLAND, Voyage musical au pays du passé, III.

6 La foule ruisselait de toutes les portes béantes, gants noirs, faux-cols de faïence, peaux de lapin, et les missels de famille au bout des doigts.
SARTRE, le Sursis, p. 157.

B. ♦ **1.** (1658; probablt antérieur. → Ruisselant). **RUISSELER DE :** être couvert de (un liquide qui ruisselle). *La roche ruisselait d'eau* (→ 1. Goutte, cit. 8). *Ruisseler de sueur* (→ Cuire, cit. 19; détente, cit. 3; mais, cit. 10), *de larmes, de sang...*
Absolt. Être couvert de filets d'eau qui s'écoulent. *La ville ruisselait sous le brouillard* (cit. 8).

7 La montagne ruisselle de toutes parts; à chaque pas jaillit une source, et toujours l'on entend murmurer à côté de soi quelque rude détournée de son cours, qui va alimenter une fontaine ou porter la fraîcheur au pied d'un arbre. Les Arabes ont poussé au plus haut degré l'art de l'irrigation (...)
Th. GAUTIER, Voyage en Espagne, p. 177.

8 (...) il ruisselait de cold-cream, de sueur et de vin.
FLAUBERT, Correspondance, 488, fin juil.-début août 1856.

9 La vitre ruisselait comme un visage plein de larmes (...)
F. MAURIAC, l'Enfant chargé de chaînes, XXIII.

♦ **2.** (Av. 1874; *ruisselant* [cit. 3] est attesté avant). Fig. *Le grand salon ruisselait de lumières. Les perles ruisselaient* (→ Intact, cit. 2).

10 La montagne, en face de moi, ruisselle de lumineux azur.
GIDE, Journal, 9 juil. 1940.

♦ **3.** (Fin XVIᵉ). Par métaphore. *Elle ruisselait de bonheur.* ⇒ **Rayonner, resplendir.**

11 Étienne avait surtout envie de parler. Il a effleuré des mœurs différentes, beaucoup vu et ruisselait d'idées. J. CHARDONNE, Éva, p. 103.

12 ... il était recouvert de pansements et ruisselait d'optimisme.
CÉLINE, Voyage au bout de la nuit, p. 93.

DÉR. Ruisselant, ruissellement.

RUISSELET [ʀ\ɥislɛ] n. m. — V. 1188; de *ruissel*, var. anc. de *ruisseau*.

♦ Littér. Petit ruisseau. → Égoutter, cit. 1.

Quelquefois un ruisselet, filtrant à travers la falaise, mêlait son clapotement doux au grand battement des flots. FLAUBERT, Correspondance, 418, 21 août 1853.

RUISSELLEMENT [ʀ\ɥisɛlmɑ̃] n. m. — 1831, *infra;* attestation isolée, 1613; de *ruisseler.*

♦ **1.** Fait de ruisseler, de s'écouler en formant des ruisseaux, des filets continus; filets de liquide ainsi formés. *Ruissellement de l'eau, des eaux* (→ Glouglou, cit. 3; pisseux, cit. 2). *Le ruissellement de son sang.*

1 (...) deux gouttières en gueules de monstres vomissaient sans relâche cette pluie ardente qui détachait son ruissellement argenté sous les ténèbres de la façade inférieure. HUGO, Notre-Dame de Paris, II, X, IV (1831).

2 Le pis était que le Château, ce trou à renard, s'enterrait davantage chaque hiver, lors des grandes pluies, dont le ruissellement sur la pente raide de la côte, roulait les cailloux (...) ZOLA, la Terre, IV, III.

3 Il écouta surtout ce ruissellement des gaves, ce bruit infini d'eaux vives qui prête à toute vallée des Pyrénées, le soir, une douceur surnaturelle, un repos d'éternité (...) F. MAURIAC, le Fleuve de feu, I, I.

4 Après le choc de la vague contre les flancs déchiquetés du schiste, on entendait le bruit de cataracte de l'eau retombant en masse de tous côtés, suivi du ruissellement d'innombrables cascades blanches qui redescendaient de creux en ressauts le long du roc, et dont le murmure décroissant se prolongeait jusqu'à la vague suivante. A. ROBBE-GRILLET, le Voyeur, p. 130.

(1880). Géol. *Ruissellement pluvial :* écoulement superficiel des eaux de pluie, qui s'opère d'abord en filets ou en nappes avant de se concentrer en rigoles (dont la confluence produira les cours d'eau ou les torrents). *Le ruissellement se produit partout où il y a une pente suffisante et des terrains imperméables. Le ruissellement est un des agents d'érosion* (→ Glacier, cit. 1; pluie, cit. 7). *Eaux de ruissellement* (→ Lapiaz, cit. 1). *Ruissellement nival,* résultant de la fonte des neiges.

5 Le ruissellement est (...) un processus qui ne cesse de modifier le profil des versants dans les régions d'érosion normale. Nous avons décrit son travail, creusant des rigoles qui tendent peu à peu à s'organiser en vallées élémentaires (...) On conçoit qu'un versant attaqué ainsi par le ruissellement recule progressivement, en diminuant de pente moyenne, son pied restant seul fixe (...) Le ruissellement ne fait défaut que dans les vallées entaillant des roches très perméables (calcaires, grès, basaltes), et c'est précisément la raison pour laquelle ces vallées sont souvent encaissées entre des versants raides, non façonnées.
E. DE MARTONNE, Traité de géographie physique, t. II, p. 560.

♦ **2.** (Mil XIXᵉ). Par métaphore. Le fait de se répandre à profusion. *Les carrés de la garde, immobiles* (cit. 20) *dans le ruissellement de la déroute* (Hugo). *Le ruissellement matinal des piétons vers le centre de Paris* (→ Périphérique, cit. 2). — Fig. *Ruissellements de lumière.* ⇒ **Chatoiement, jet.** *Un ruissellement de pierres précieuses.*

RUISSON [ʀ\ɥisɔ̃] n. m. — 1226, en anc. franç. (Flandres), conservé dans l'Ouest, recueilli par Littré, «petit courant, source»; var. de *ruisseau.*

♦ Régional. Petit fossé servant à l'écoulement des eaux d'un terrain marécageux, d'un marais salant. ⇒ aussi **Watergang.**

À droite et à gauche de l'estuaire aboutissent de nombreux affluents appelés chenaux qui reçoivent eux-mêmes des ruissons. Ceux-ci découpent en centaines de compartiments, les *prises,* les terrains marécageux qui s'étendent des deux côtés de la Seudre (...) Louis LAMBERT, les Coquillages comestibles, p. 41.

RUMB [ʀœmb] n. m. ⇒ **Rhumb.**

RUMBA [ʀumba] n. f. — 1832; mot esp. des Antilles.

♦ Danse d'origine cubaine; musique sur laquelle elle se danse. *Les quatre temps de la rumba se décomposent en deux éléments ternaires et un élément binaire. La rumba et la samba.*

1 (...) quand le clergé fut astreint à la prononciation romaine et qu'on entendit le paroissien morvandiau chanter le Credo à l'italienne, cela fit un drôle d'effet, comme (...) un air de rumba sur un biniou.
Jacques PERRET, Bâtons dans les roues, p. 109.

2 Ils dansèrent une rumba, comme la dansa la génération d'après la libération, à bout de bras, sans se frôler, sans sourire, sans parler, tout le corps attentif à la seule musique. Elle dansait bien, les épaules immobiles, et les hanches souples, qui roulaient en rythme (...) Roger VAILLAND, Bon pied, bon œil, p. 41.

RUMBLE [ʀœmbœl] n. m. — V. 1960; mot angl. «grondement».

♦ Techn. Anglic. Vibrations de très basse fréquence d'un tourne-disque, produisant un ronflement dans le système amplificateur. *Rumble inférieur à 65 dB.* — Équivalent français : *ronflement.*

RUMEN [ʀymɛn] n. m. — 1765, *Encyclopédie;* mot du bas lat. «ventre; panse».

♦ Zool. Premier estomac des ruminants. ⇒ **Panse.**

RUMEUR [ʀymœʀ] n. f. — 1264, aussi «tapage», «querelle, révolte»; *rimur,* 1080; lat. *rumor, oris* «bruit qui court».

♦ **1.** Bruit, nouvelles qui se répandent dans le public; l'opinion (cit. 23), la voix publique. *Les nouvelles propagées par cette* *immense rumeur* (→ Exalter, cit. 18). *Rumeurs de maladie* (→ Inattendu, cit. 1). *Faire courir une rumeur. La rumeur de son départ prochain. — Elle savait, par la rumeur du hameau...* (→ Occitanien, cit. 2). *La rumeur publique* (→ Prêter, cit. 11).

1 Le jour se levait ; les gens de Sicca réveillés s'agitaient dans les rues. « Ils vont à Carthage », disait-on, et cette rumeur bientôt s'étendit par la contrée.
FLAUBERT, Salammbô, II.

Spécialt. *Rumeur de blâme* (→ Mettre, cit. 62), *de suspicion*.

♦ **2.** (1407). Bruit confus que produisent un grand nombre de personnes qui protestent. (→ Effervescence, cit. 4). *Rumeur de mécontentement*. *Des rumeurs menaçantes. — Loc. La ville est en rumeur*, il s'y élève des rumeurs. *Un passe-droit qui mit les bureaux en rumeur* (→ Nomination, cit. 1).

♦ **3.** (1651). Bruit confus produit par un grand nombre de personnes, par leurs voix. ⇒ **Bourdonnement, brouhaha, bruit.** *Rumeur confuse* (→ Bruit, cit. 18), *sourde. La rumeur d'une multitude en marche* (→ Grondement, cit. 4). *Cette légère rumeur qui se dégage* (cit. 33) *du silence de la foule. Rumeur gaie* (→ Entendre, cit. 35). *Les rumeurs de la salle* (→ Public, cit. 7). « *La rumeur de la rue Réaumur* » (titre de chapitre, Jules romains, *les Hommes de bonne volonté*). — Bruit confus. *Rumeur d'usine lointaine* (→ Bourdonnement, cit. 2). *Une rumeur de vague* (→ Hanneton, cit. 2).

2 Quatre heures sonnèrent. Thénardier tressaillit. Peu d'instants après, cette rumeur effarée et confuse qui suit une évasion découverte éclata dans la prison. Le bruit des portes qu'on ouvre et qu'on ferme, le grincement des grilles sur leurs gonds, le tumulte du corps de garde, les appels rauques des guichetiers, le choc des crosses de fusil sur le pavé des cours, arrivaient jusqu'à lui.
HUGO, les Misérables, IV, VI, III.

3 (...) le bruit confus, proche et lointain des voix égrenées dans l'air léger, les appels, les cris d'enfants qu'on baigne, les rires clairs des femmes faisaient une rumeur continue et douce, mêlée à la brise insensible et qu'on aspirait avec elle.
MAUPASSANT, Pierre et Jean, V.

3.1 Il entendait autour de lui, au-dessus de lui, partout, une rumeur confuse, immense, continue, faite de bruits innombrables et différents, une rumeur sourde, proche, lointaine, une vague et énorme palpitation de vie : le souffle de Paris, respirant comme un être colossal.
MAUPASSANT, Promenades, Pl., t. II, p. 132.

4 Mon Dieu, mon Dieu, la vie est là,
        Simple et tranquille.
Cette paisible rumeur-là
        Vient de la ville.
VERLAINE, Sagesse, III, VI.

5 La rumeur, bruit confus de plusieurs voix, est encore autre chose. Du point de vue qui nous occupe, et de même que nous avons distingué plus haut des fonds de teintes dans les paysages, il se dégage, dans tel ou tel lieu, un fond de rumeur qui contribue à le caractériser. Dans une ville par exemple, de quoi ce fond de rumeur est-il fait ? Nous discernerons d'abord des bruits distincts, tels que le roulement des voitures ou le martèlement des sabots sur les pavés ; puis des sons : sirènes de navires, timbres de tramways, klaxons d'autos ; puis des chants, des musiques, des mélopées, des appels ; peut-être même une somme perceptible de conversations ou de cris.
SIEGFRIED, Géographie des couleurs et des sons, *in* Revue de Paris, juin 1950.

6 Cette rumeur que je ne cesse d'entendre, et que ne cesse de me verser le fleuve de la présence infiniment naissante de la Ville, cette riche rumeur grosse de mouvements que je retrouve et que je consulte entre deux idées, comme la voix confuse qui atteste le réel, est fille des grands nombres.
VALÉRY, Regards sur le monde actuel, p. 150.

RUMEX [ʀymɛks] n. m. — 1858 ; mot lat., proprt « pointe, dard ».

♦ Bot. Plante dicotylédone (*Polygonacées*), herbacée, vivace ou annuelle, aux nombreuses variétés. ⇒ **Oseille.** *Rumex oseille* ou surette ; *rumex à écusson ; rumex petite oseille ; rumex aquatique* ou parelle ; *rumex patience* ou oseille épinard. ⇒ 2. **Patience.**

RUMIE [ʀymi] n. f. — 1875 ; lat. *Rumia*, n. de la déesse qui préside à l'allaitement des enfants, de *ruma* « mamelle ».

♦ Phalène aux ailes jaunes et rousses.

RUMINANT, ANTE [ʀyminɑ̃, ɑ̃t] adj. et n. m. — 1555 ; p. prés. de *ruminer*.

♦ **1.** Adj. Qui rumine*. *Animal ruminant* (→ Jabot, cit. 1). *Herbivore ruminant.*

1 (...) je ne sais quel calme, espèce de juste milieu entre la rêverie du penseur et la satisfaction des animaux ruminants, qu'il faudrait appeler la mélancolie matérielle de la gastronomie.
BALZAC, l'Auberge rouge, Pl., t. IX, p. 956.

Fig. (⇒ **Ruminer,** 2.). « *Cette belle joie un peu ruminante* » (→ Bienfait, cit. 14).

♦ **2.** N. m. (1680). *Un ruminant* : un animal ruminant. **LES RUMINANTS** : groupe de mammifères ongulés artiodactyles à deux doigts (dits anciennt bisulques) et dont l'estomac complexe permet aux aliments de remonter dans la bouche (⇒ **Ruminer**). *Estomac des ruminants.* ⇒ **Panse** ou **rumen** ; **bonnet** ou **réseau** ; **feuillet** ; **abomasum** ou **caillette.** *Pied fourchu, fendu des ruminants. Ruminants à cornes pleines, à cornes creuses* (⇒ **Cavicorne**). *Familles de ruminants :* Bovidés (comprenant les antilopinés, caprinés, ovinés [ovidés*, etc.], bovinés) ⇒ **Antilope, argali, auroch, bison, bœuf, bouc, bouquetin, bubale, buffle, chamois, chèvre, gaur, gayal, gazelle, kob, moufflon, mouton, nilgaut, ovibos, saïga, taureau, vache, yak, zébu** ; Camélidés ⇒ **Alpaga, chameau, dromadaire, lama, vigogne** ; Cervidés ⇒ **Axis, cerf, chevreuil, daim, élan, muntjac, orignac, renne, wapiti** ; Girafidés

⇒ **Girafe, okapi** ; Tragulidés. ⇒ **Chevrotin.** — *Les premiers ruminants* (préruminants) *apparaissent à l'éocène supérieur, la plupart des espèces actuelles au miocène.*

2 Les Artiodactyles actuels forment deux groupes : l'un (...) comprend les Suidés (Cochons) et les Hippopotames ; l'autre à dentition munie de crêtes en forme de croissants (type Sélénodonte) comprend l'immense série des Ruminants.
C. ARAMBOURG, *in* Encycl. franç. (DE MONZIE), t. V, 34.6.

RUMINATION [ʀyminasjɔ̃] n. f. — XIVe, fig. *ruminacion* ; de *ruminer.*

♦ **1.** (1615). Fonction physiologique des ruminants qui consiste à faire revenir les aliments de l'estomac pour les mâcher avant de les avaler définitivement. ⇒ **Mérycisme, ruminement.**

1 Thérèse regardait le buste de Bernard penché sur l'assiette (...) elle entendait cette lente mastication, cette rumination de la nourriture sacrée.
F. MAURIAC, Thérèse Desqueyroux, V.

♦ **2.** (XXe). Fig. Action de ruminer (2.), de réfléchir sans fin (à qqch.). ⇒ **Ruminement.**

2 Mais rien n'était plus étranger à Mathilde que ce pouvoir de remâchement et de rumination du passé dont il abusait (...)
F. MAURIAC, les Anges noirs, III, (1936).

Didact. (Psychopath.). *Rumination mentale :* fait de ressasser toujours des pensées à caractère obsessionnel, qui ne peuvent être éliminées du champ de la conscience. *Rumination mentale des psychasthéniques.*

RUMINEMENT [ʀyminmɑ̃] n. m. — 1538 ; de *ruminer.*

♦ **1.** Action de ruminer (1.). ⇒ **Rumination.**

♦ **2.** (Déb. XXe). Fig. Action de ruminer (2.), de repasser plusieurs fois la même chose dans son esprit. ⇒ **Rumination.**

RUMINER [ʀymine] v. tr. — 1530, fig. ; lat. *ruminare* ; a éliminé au sens 1. le verbe *ronger*.

♦ **1.** (Sujet n. d'animal ruminant). Mâcher de nouveau des aliments revenus de l'estomac (⇒ **Régurgitation**) avant de les avaler définitivement. ⇒ **Remâcher.** *Les bœufs, les vaches ruminent l'herbe.* — Absolt. *Animaux qui ruminent.* ⇒ **Ruminant.**

1 (...) les vaches, un jarret replié, étaient leur ventre sur le gazon, et, ruminant lentement, clignaient leurs paupières lourdes (...)
FLAUBERT, Mme Bovary, II, VIII.

♦ **2.** (1372). Sujet n. de personne. Repasser (une chose) dans son esprit, soumettre plusieurs fois et lentement à l'attention. ⇒ **Méditer, remâcher, ressasser, retourner, tourner** (dans sa tête)... *Ruminer son chagrin, ses ennuis* (cit. 4). ⇒ **Dévorer** (fig.). *Ruminer un plan* (→ Phrase, cit. 11), *un projet.* ⇒ **Machiner.** *Ruminer sa leçon.* ⇒ **Apprendre, repasser.** — Repenser longuement à, avec complaisance ou nostalgie. *Ruminer son bonheur* (→ Chair, cit. 56 ; 1. court, cit. 14).

2 J'épuise en quelque façon mon malheur d'avance ; plus j'ai souffert à le prévoir, plus j'ai de facilité à l'oublier ; tandis qu'au contraire, sans cesse occupé de mon bonheur passé, je le rappelle et le rumine, pour ainsi dire, au point d'en jouir derechef quand je veux.
ROUSSEAU, les Confessions, XI.

3 (...) il était homme à ruminer son doute, comme il ruminait autrefois ses opérations commerciales, pendant les jours et les nuits, en pesant le pour et le contre, interminablement.
MAUPASSANT, l'Inutile Beauté, « L'épreuve », II.

4 Il ruminait jour et nuit les passe-droits dont il se prétendait victime (...)
GIDE, Journal, 1er août 1930.

(1600). Absolt (ou intransitif).

5 — Si, dit Yoland à Lucet, on se cotisait pour lui offrir une tévé pour son anniversaire, ça empêcherait son cerveau de ruminer.
R. QUENEAU, les Fleurs bleues, p. 66.

6 On ruminait, on ne pensait plus (...)   Brice PARAIN, De fil en aiguille, p. 145.

DÉR. Ruminant, rumination, ruminement.

RUMSTECK [ʀɔmstɛk] n. m. ⇒ **Romsteck.**

RUN [ʀœn] n. m. — 1876 ; mot angl., déverbal de *to run* « courir ». Anglicisme.

♦ **1.** Vx. Étendue de pâturage accordée à des éleveurs de bétail, en Australie (*in* Littré).

♦ **2.** (1897). Course effectuée entre deux guichets, au cricket.

♦ **3.** (Mil. XXe). Techn. Période de fonctionnement continu d'une installation pétrolière. *Run d'essai* (G. L. L. F.).

RUNABOUT [ʀœnəbawt, ʀœnabut] n. m. — 1934 ; mot angl., proprt « vagabond », de *to run* « courir », et *about.*

♦ Anglic. Canot automobile de tourisme et de course à moteur intérieur.

Le runabout. — Il s'agit du glisseur sans redan à moteur fixe et dont Chriscraft est le constructeur le plus connu.

À l'origine, on pensait en faire l'équivalent sur l'eau, de la voiture de tourisme, mais dans la pratique les servitudes d'entretien et de manutention d'un runabout classique ont toujours été hors des moyens d'un amateur sans capacités spéciales (...) l'hélice mal protégée d'un runabout est assez fragile et la moindre réparation est grevée de frais importants de mise à terre.   J. GIORDAN, le Yachting, p. 94.

RUNE [ʀyn] n. f. — 1653 ; norv. *rune*, et suéd. *runa* ; anc. scandinave *rûnar*, gothique *runa* «secret, écriture secrète».

♦ Didact. Caractère de l'ancien alphabet des langues germaniques orientales (gothique ou gotique) et septentrionales (nordique ou norrois). *Les runes nous sont connues par des inscriptions gravées sur pierre ou sur bois. Les ogams* gaéliques et les runes scandinaves sont apparentés ; on désigne parfois les deux alphabets sous le nom de runique.*

DÉR et COMP. **Runiforme, runique, runologue.**

RUNIFORME [ʀynifɔʀm] adj. — xxᵉ ; de *rune*, et *-forme*.

♦ Didact. Qui a la forme des runes. *Caractères runiformes. — Alphabet runiforme :* ancien alphabet turc, apparenté à l'alphabet parthe.

RUNIQUE [ʀynik] adj.- — 1653 ; de *rune*.

♦ Didact. Relatif aux runes, formé de runes (et, parfois, par ext., aux ogams gaéliques). *Alphabet, écriture runiques,* propre au germanique septentrional. ⇒ **Nordique** (cit. 2). — *Pierre runique,* portant ces caractères. — Par ext. *Art runique :* art scandinave, du IIIᵉ au Xᵉ siècle.

Toutes les lettres runiques sont faites en forme de dragon, qu'il dit être le même qui gardait le jardin des Hespérides.   J.-F. REGNARD, Voyage en Laponie, p. 187.

RUNOLOGUE [ʀynɔlɔg] n. — 1870, Littré ; de *rune*, suff. *-logue,* et *o* de liaison.

♦ Didact. Spécialiste des runes, de l'écriture runique.

RUOLZ [ʀyɔlts ; ʀyɔls] n. m. inv. — Attesté 1855, cit. *infra,* mais antérieur (le dér. *ruolzé* est attesté en 1852) ; n. du chimiste qui inventa le procédé en 1841.

♦ Techn. Métal argenté par galvanoplastie, utilisé en bijouterie. *Des couverts de ruolz.*

(...) nous déjeunions sur un coin de table, avec un seul couvert de ruolz, et buvant dans le même verre.   Ed. et J. DE GONCOURT, Journal, janv. 1855, t. I, p. 62.
REM. Gautier emploie le dér. *ruolzé (Hist. de l'art dramatique en France,* in D. D. L.).

RUPELIEN [ʀypeljɛ̃ ; ʀypəljẽ] n. m. — 1849, Dumont, d'après E. Hang ; de *Rupel,* n. d'un affluent de l'Escaut.

♦ Géol. Étage géologique de l'oligocène. ⇒ **Stampien.**

RUPESTRE [ʀypɛstʀ] adj. — 1819 ; *rupestral,* 1802 ; lat. mod. *rupestris,* du lat. class. *rupes* «rocher».

♦ **1.** Bot. Qui vit dans les rochers. *Planche rupestre, flore rupestre.*

♦ **2.** (1930, *in* D. D. L.). Didact. Qui est exécuté sur une paroi rocheuse ; qui est taillé à même le roc. *Inscriptions, dessins, gravures rupestres. Peintures rupestres de la préhistoire. — Art rupestre.*

1 Quel peintre, en face d'un bison d'Altamira, ne reconnaît un style élaboré! Les figures rupestres de la Rhodésie, elles aussi antérieures à l'histoire, montrent des conventions aussi rigoureuses que l'art byzantin (...)
         MALRAUX, les Voix du silence, p. 281.
2 Les innombrables figures de l'art rupestre d'Europe, d'Afrique et d'Asie, entre la fin du Paléolithique vers 8000 et l'âge de Bronze, n'éclairent que très faiblement la recherche ; on y trouve toutefois deux aspects qui sont absents dans l'art paléolithique, de véritables scènes (de chasse, de culture ou d'élevage) et des représentations en perspective ou en plan (...) parmi lesquelles figurent des habitations. On y voit pour la première fois aussi des roues solaires et des croissants lunaires.   A. LEROI-GOURHAN, le Geste et la Parole, t. II, p. 158.

RUPIA [ʀypja] n. m. — 1846, Bescherelle ; lat. sc., du grec *rhupos* «crasse».

♦ Méd. Ulcération cutanée purulente recouverte de plusieurs couches de croûtes noirâtres.

RUPICOLE [ʀypikɔl] n. m. et adj. — 1808, «coquillage» ; de *rupes* «rocher», et suff. *-cole.*

Didactique.

♦ **1.** N. m. Zool. Oiseau passereau *(Cotingidés)* appelé communément «coq de roche». *Le rupicole orange d'Amérique du Sud porte une volumineuse crête de plumes en demi-cercle.*

♦ **2.** Adj. (1839). Bot. Qui vit dans les rochers. ⇒ **Rupestre.** *Plante rupicole.*

RUPIN, INE [ʀypɛ̃, in] adj. et n. — 1628, n. m., argot ; de l'argot *rupe, ripe* «dame» (1596) p. ê. du moy. franç. *ripe* «gale», de *riper* «gratter», moy. néerl. *rippen ;* le mot aurait signifié «mauvaise femme, gale» puis «femme (élégante)», mais les premiers emplois (*ripe* «dame», *ripois* «prince», etc.) suggèrent une autre origine : *rip-, rup-* pourraient venir de *riper* «gratter, polir» (attesté XVIIIᵉ), de *ripe* (XVIIᵉ) «outil pour gratter la pierre» (P. Guiraud).

♦ **1.** Fam. et vx. Bien habillé, élégant.

♦ **2.** Riche. *Il est drôlement rupin. Un appartement rupin,* luxueux. — N. *Un rupin, une vraie rupine. Les rupins.*

Ya des chouett's gens   1
Qu'a des argents
Et d' la bedaine ;
Ya pas d' lapins,
Y a qu' des rupins,
A la Mad'leine.   A. BRUANT, Dans la rue, p. 158.
(...) si Griffith, Sawo, moi et bien d'autres, nous ne disposions que de notre prêt,   2
c'est-à-dire d'un sou par jour, il y avait quelques rupins dans l'escouade (...)
         B. CENDRARS, la Main coupée, Œ. compl., t. X, p. 135.

♦ **3.** Vieilli. Beau. ⇒ **Chouette.** — Nom masculin :

Le fils Lourde qui avait bien treize ans raconta qu'il l'avait vue toute nue (mon   3
vieux, c'est du rupin !) comme elle s'habillait pour le bain (...)
         ARAGON, les Cloches de Bâle, I, I.

REM. Le mot tend à vieillir — ou à connoter le passé — dans tous ses emplois ; il appartient au même registre que *bath.*

DÉR. **Rupiner.**

RUPINER [ʀypine] v. — 1890 ; de *rupin.*
Argot des écoles (familier).

♦ **1.** V. intr. Bien réussir. *Il a rupiné à l'écrit.*

♦ **2.** V. tr. Travailler beaucoup (un sujet) ; bien réussir (une épreuve). *Rupiner sa chimie.* — Absolt :
Il travaille donc, il travaille, il travaille. Mieux! Il phosphore il rupine à bloc.
         R. QUENEAU, Loin de Rueil, p. 45-46.

RUPTEUR [ʀyptœʀ] n. m. — 1903, *Rev. gén. des sc.,* n° 18, p. 941 ; lat. *ruptor,* de *rumpere* «rompre».

♦ **1.** Électr. Appareil qui, dans une bobine d'induction, sert à interrompre et à rétablir successivement le courant primaire. *Rupteur de courant, rupteur électrolytique* (⇒ **Disjoncteur, interrupteur, sectionneur).** — Cour. *Rupteur (d'allumage),* formé d'un levier (linguet) recevant le courant primaire et de la «vis platinée» d'un moteur à explosion. *Le rupteur et le distributeur forment l'allumeur.*

♦ **2.** Techn. Dispositif interrompant fréquemment le courant continu, d'intensité variable (issu d'une cellule photo-électrique, par ex.) et fournissant un courant alternatif facilement amplifiable.

RUPTILE [ʀyptil] adj. — 1839, Boiste ; du lat. *ruptum* «rompu», de *rumpere.*

♦ Bot. Qui s'ouvre spontanément en se déchirant. *Calice ruptile.*

RUPTION [ʀypsjɔ̃] n. f. — 1611 ; bas lat. *ruptio* «effraction», du lat. class. *ruptum,* supin de *rumpere.*
Vieux.

♦ **1.** Rupture.

♦ **2.** (1788). Techn. Mélange des couleurs, sur la palette du peintre.

RUPTURE [ʀyptyʀ] n. f. — 1372 ; lat. *ruptura,* de *rumpere* «rompre». → Roture.
Le fait de rompre, de se rompre.

♦ **1.** ⓐ Division, séparation brusque (d'une chose solide) en deux ou plusieurs parties. ⇒ **Rompre** (I., 1.), **rompement** (vx) ; **brisement, cassage, destruction, fracture ; fraction** (I., 1., vx). *Rupture d'essieu. Rupture violente accompagnée de bruit.* ⇒ **Fracas.**
Mécan. Division d'un solide en deux parties après déformation, sous l'effet d'une force. *Charge, limite de rupture, module de rupture,* qui caractérise la charge maximum que peut supporter un échantillon par unité de surface.
Puissance de rupture (en balistique). *Obus* de rupture.*
Rupture du noyau atomique (→ Fission, cit. 1).

ⓑ Arrachement, déchirure (d'une chose souple), correspond à *rompre* (I., 2.). *Rupture d'un lien, d'un câble. Barque en rupture d'amarre* (→ Élargir, cit. 13). — Par métaphore :
Il faut que dans le bonheur nous formions des liens bien doux et bien forts de con-   1

fiance et d'attachement pour que leur rupture nous cause le déchirement si précieux qui s'appelle le malheur.

PROUST, le Côté de Guermantes, Pl., t. III, p. 907.

[c] Destruction par enfoncement. ⇒ **Rompre** (I., 3.). *Rupture d'une digue. Rupture de fils barbelés* (→ Char, cit. 6). — Par anal. *Rupture du front. Combat de rupture.*

[d] (1680 ; «hernie», 1538). Méd. Solution de continuité survenant brusquement dans un organe. *Rupture d'anévrisme* (cit. 3, au fig.). *Rupture d'une artère, d'une veine* (phléborragie). *Rupture des membranes :* rupture de la poche des eaux au cours de l'accouchement. *Rupture musculaire,* déchirure.

2   L'autopsie à laquelle on a procédé sur-le-champ a démontré que cette mort était due à la rupture d'un anévrisme à son dernier période.

BALZAC, Splendeurs et Misères des courtisanes, Pl., t. V, p. 1014.

[e] Chim. Séparation des éléments d'une liaison. *Rupture homolytique,* en deux restes non ionisés ; *hétérolytique,* en deux ions de signe contraire.

♦ **2.** Par métonymie. Séparation entre les parties (d'une chose rompue). ⇒ **Cassure** (plus cour.) ; **brisure** ; → Fracture, cit. 3.

♦ **3.** (1690). Abstrait. Interruption*, cessation brusque (de ce qui durait). *Rupture des relations diplomatiques, économiques* (→ aussi Guerre, cit. 26). ⇒ **Rompre** I., 6. *Rupture d'équilibre :* brusque perte d'équilibre ; et fig. changement grave et soudain dans l'état des choses (⇒ **Crise**). — Vieilli. *Rupture de la paix.* (Vx). *Rupture d'un projet, d'un voyage.*

(1616). Annulation* des effets (d'un engagement). *Rupture d'un engagement, d'une promesse ; rupture de contrat*.* ⇒ **Dénonciation, infraction.** — *Rupture de ban.* ⇒ 1. **Ban** (→ aussi Guet, cit. 6). — *Être en rupture de ban.* — Plais. *En rupture de (qqch.) :* qui renie ses attaches à. *Professeur en rupture de Sorbonne.* Absolt. *Fils de bourgeois en rupture.*

Spécialt. *Rupture de traité. Rupture d'un mariage,* d'un projet, d'une promesse de mariage.

Cessation (d'une situation juridique). ⇒ **Dissolution.** *Rupture d'un mariage.* ⇒ **Divorce** (cit. 2).

Loc. **EN RUPTURE DE** (+ subst.), dans une situation où l'on manque de (qqch.). « *En rupture de stock* » (*l'Express,* 13 janv. 1969).

♦ **4.** Opposition, différence tranchée entre des choses qui se suivent. ⇒ **Décalage, écart.** *Rupture de ton :* changement brusque. *Rupture de rythme. Provoquer une rupture entre les coutumes* (cit. 15) *de l'esprit et la nouveauté qu'on lui soumet.* ⇒ **Divorce** (fig.). — Loc. **EN RUPTURE AVEC**, en opposition affirmée à.

3   Ma joie a quelque chose d'indompté, de farouche, en rupture avec toute décence, toute convenance, toute loi.   GIDE, Journal, 30 nov. 1917.

4   Certains fous, dit-on, sont habités par le sentiment qu'un événement atroce a bouleversé leur vie. Et lorsqu'ils veulent comprendre ce qui leur donne une si forte impression de rupture entre leur passé et leur présent, ils ne trouvent rien (...)

SARTRE, Situations III, p. 24.

4.1   Il était d'ailleurs dans un état de surexcitation, et son cœur battait à grands coups, avec des ruptures de cadence, qui lui donnèrent le sentiment d'un péril.

M. AYMÉ, Maison basse, p. 55.

Techn. *Rupture de charge :* changement de mode de transport, au cours d'un voyage. — Variation brutale du nombre de passagers transportés.

Loc. *Rupture de pente** :* modification brutale de la pente d'un terrain.

Arts. Opposition (de couleurs, de tons...). → Noir, cit. 44.

♦ **5.** (1636 ; correspond à *rompre* II., 3.). Séparation, arrêt des relations (entre des personnes qui étaient unies). ⇒ **Brouille, désaccord, désunion, dispute, division...** (→ Heurt, cit. 5 ; mot, cit. 15). *Rupture entre un homme et une femme* (→ Quitter, cit. 8). *Scène, lettre de rupture. Si tu vas plus loin, ça risque d'être la rupture.*

5   Qui, d'un homme ou d'une femme, met davantage du sien dans cette rupture, il n'est pas aisé de le décider. Les femmes accusent les hommes d'être volages, et les hommes disent qu'elles sont légères.   LA BRUYÈRE, les Caractères, IV, 17.

6   — Est-ce une querelle ou une rupture ? demanda-t-elle d'un ton si violent, que Valentin ne put conserver son sang-froid.
— Comme vous voudrez, répondit-il.
— Très bien, dit la marquise, et elle sortit.

A. DE MUSSET, Nouvelles, «Les deux maîtresses», IX.

CONTR. **Résistance, solidité.** — **Accord, association, attachement, coalition, liaison, lien, union.** — **Compensation, équilibre** (de rupture d'équilibre).

RURAL, ALE, AUX [ʀyʀal, o] adj. — V. 1370 ; lat. tardif *ruralis,* de *rus, ruris* «campagne».

♦ Qui concerne la vie dans les campagnes, les paysans. ⇒ **Campagnard, champêtre** (cit. La Bruyère), **rustique.**

REM. Les mots, comme *agreste,* peuvent rarement être substitués à *rural,* qui est neutre et n'évoque pas les mêmes connotations. — *Exploitation rurale, domaine rural* (→ Exploitation, cit. 4). *Biens, fonds* (→ 2. Ferme, cit. 1) *ruraux. Habitat** rural. Économie rurale.* ⇒ **Agricole.** *Communes rurales* (→ Meneur, cit. 2). *L'exode* (cit. 7) *rural. Dépeuplement des milieux ruraux.* ⇒ **Déruralisation.** — *Code rural :* ensemble de lois concernant les biens, la propriété à

la campagne. *Les mœurs rurales. Société rurale et agraire.* ⇒ **Paysan** (adj.). — *Chemin rural. Facteur rural.*

(Au Canada). *Route rurale* (opposé à *rang**), adresse de distribution postale à la campagne. *Douzième rang : route rurale N° 6.*

(V. 1398) Rare. (Personnes) :

1   C'est un voyant. Il a causé deux fois avec moi et, de moi il sait déjà tout. Il ne connaît pas Paris. Il est rural et mystique.

Paul MORAND, l'Europe galante, p. 30.

N. m. (av. 1453). Surtout au plur. Habitant de la campagne. *Les ruraux.* ⇒ **Paysan.**

2   Car l'étonnement nous est souvent donné de rencontrer des abstractions réalisées, de voir la prostituée sentimentale, que par défiance de la littérature nous pensions pire, au contraire exactement telle, et de même le jardinier qui aime ses fleurs et en parle d'une façon imagée, le rural qui sent le charme de sa ferme et ne la gâterait pas par des embellissement de mauvais goût.

PROUST, Jean Santeuil, Pl., p. 183.

Littér., rare. *Le rural :* les choses de la campagne.

3   (...) celui qui, sincèrement studieux de la nature, écrira sur son calepin de poète des notes d'un pittoresque puisé dans le rural (...)

SAINTE-BEUVE, Chateaubriand..., t. II, p. 124.

CONTR. **Urbain.**

DÉR. **Déruralisation, ruraliser, ruralisme, ruraliste, ruralité, rurbain.**

RURALISER [ʀyʀalize] v. tr. — 1973, in *le Monde ;* de *rural.*

♦ Rendre rural, donner un caractère rural (non industriel, non urbain) à (quelque chose).

RURALISME [ʀyʀalism] n. m. — 1874, in D.D.L. ; de *rural,* et -*isme ;* cf. anc. franç. *ruralité,* 1390.

♦ Didact. Préjugé en faveur des conditions de vie rurale.

(...) ces critiques où un parti pris de ruralisme systématique voile parfois les imperfections de l'état de choses antérieur *(au machinisme industriel).*

Claude FOHLEN, le Travail au XIXᵉ siècle, p. 37.

RURALISTE [ʀyʀalist] n. — In Larousse 1953 ; de *rural.*

♦ Didact. Spécialiste du droit rural.

RURALITÉ [ʀyʀalite] n. f. — 1868 ; «ignorance de campagnard» XIVᵉ, jusqu'au XIXᵉ ; de *rural.*

♦ Didact. Caractère de ce qui est rural.

Cette illustration des plus hautes qualités provinciales ! Les cheveux, les rides, cette tête pure et dure (faulknerienne), admirable produit d'une fière ruralité !

Georges CONCHON, l'Amour en face, p. 162.

RURBAIN [ʀyʀbɛ̃] adj. — 1975, in Larousse, *Suppl. ;* de *rural,* et *urbain.*

♦ Didact. Où se rencontrent à la fois l'influence des habitants et des activités ruraux et urbains. *Zone rurbaine.*

REM. Ce mot semble mal formé.

RUSCLET [ʀysklɛ] n. m. — Attesté 1964 in Larousse ; mot provençal, anc. provençal *ruscla* «écorce», du bas lat. *rusca ;* mot gaulois.

♦ Régional. Techn. Bloc de liège supportant des hameçons utilisé pour pêcher, en Méditerranée.

RUSE [ʀyz] n. f. — V. 1280, «mensonges» ; *reusse,* 1180 ; de *reusser, ruser,* au sens anc. de «faire reculer» ; du lat. *recusare.* → Récuser.

♦ **1.** (*Reusse,* v. 1138). Vén. Détour par lequel un animal cherche à échapper à ses poursuivants. *Le limier* (cit. 3) *décèle la ruse du cerf.*

♦ **2.** (1518 ; *reüse,* XIIIᵉ). Cour. (*Une, des ruses*). Moyen, procédé habile qu'on emploie pour abuser, pour tromper*. ⇒ **Artifice, astuce, détour, feinte, fourberie, fraude, habileté, machination, manœuvre, stratagème, subterfuge, truc** (fam.). « *Tour ni détour* (cit. 8), *ruse ni stratagème* ». ⇒ aussi **Intrigue, méandre.** *Ruse destinée à attraper les badauds, les niais.* ⇒ **Attrape-gogo, attrape-nigaud, carotte ;** fam. **piège** (à cons). *Les ruses du métier.* ⇒ **Ficelle.** *Les ruses employées pour surprendre, pour vaincre un ennemi.* ⇒ **Chausse-trape, embûche, piège, rets.** — *Ruses de guerre** :* moyens par lesquels on surprend l'ennemi, et, fig., un adversaire. *Des ruses d'Apache* (→ Machiavélisme, cit. 3), *de Sioux,* très habiles. — *Ourdir une ruse.* ⇒ **Trame.** *Bien mener la ruse* (→ Épargner, cit. 9). *Connaître toutes les ruses* (cf. Toutes les rubriques, vx). *Déjouer* (cit. 4), *démêler* (→ Prendre, cit. 12), *dépister* (cit. 4) *une ruse. Échapper par une ruse.* ⇒ **Échappatoire, faux-fuyant.** — *Ruse grossière ; subtile. Ruses innocentes. Ruses infernales, les ruses du démon, pour induire l'homme en tentation.*

1   Va donc, surpasse-toi, sers-nous la mieux choisie
De tes ruses dans l'art joli de me duper.   VERLAINE, Élégies, X.

Fam. Astuce, truc permettant de faire qqch. *Attends, je vais t'expliquer la ruse. Ah! c'était ça, la ruse?*

♦ **3.** (V. 1360). *La ruse :* art de dissimuler, de tromper; emploi habituel des ruses. ⇒ **Adresse** (cit. 8), **artifice, astuce, cautèle, finesse, habileté** (cit. 12), **malice, perfidie, roublardise, rouerie, subtilité.** *La ruse des femmes* (→ Bon, cit. 41; 1. Lieu, cit. 2). *La ruse habituelle du joueur* (→ Gagner, cit. 9). *Esprit d'intrigue et de ruse* (→ Organiser, cit. 4). *Recourir* (cit. 2) *à la ruse, user de ruse* (→ Relique, cit. 4). *Employer la ruse en politique* (⇒ **Diplomatie, machiavélisme; finasser**). *Obtenir, extorquer par la ruse, par ruse* (carotter, extorquer, subtiliser...). *Manœuvrer* (cit. 11) *avec la souplesse et la ruse d'un vieux renard. Jouer son jeu avec ruse. Employer la force et la ruse* (cf. Coudre la peau du renard à celle du lion).

2 L'avocat général fit remarquer au jury cette attitude hébétée, calculée évidemment, qui dénotait, non l'imbécillité, mais l'adresse, la ruse, l'habitude de tromper la justice, et qui mettait dans tout son jour «la profonde perversité» de cet homme. HUGO, les Misérables, I, VII, LX.

3 Les affaires se traitent à demi-voix, avec la ruse du campagnard et les cachotteries du trafiquant arabe (...) E. FROMENTIN, Une année dans le Sahel, p. 269.

4 (...) la ruse, le plus bel instrument des hommes de génie. Lorsque le berger David atteignit au front le géant Goliath drône lancée par la fronde, est-ce qu'il n'est pas admirable de remarquer que c'est seulement par la ruse que David a vaincu son adversaire, et que si, au contraire, ils s'étaient pris à bras-le-corps, le géant l'aurait écrasé comme une mouche? LAUTRÉAMONT, les Chants de Maldoror, II.

5 Je n'ai pas un sou vaillant dans ma poche, et je vois qu'il faudra que je remédie par industrie et ruse à ce grand mal. FRANCE, la Rôtisserie de la reine Pédauque, XVII, *in* Œ., t. VIII, p. 151.

CONTR. Candeur, droiture, simplicité.
DÉR. Rusé.

RUSÉ, ÉE [ʀyze] adj. — 1393; «éloigné, caché», 1314, correspond à ruse 1.; de *ruse.*

♦ **1.** Qui a de la ruse (3.), qui emploie la ruse. ⇒ **Adroit, artificieux, astucieux, cauteleux, fin, finasseur, finaud, futé, habile, machiavélique, madré, malicieux** (vx), **malin, matois, narquois** (vx), **retors, roublard, roué** (→ Fourbe, cit. 1). *À la fois rusé et borné* (cit. 25). *Vieillard rusé, retors.* ⇒ **Loup** (vieux loup). *Rusé comme une fouine*. *Un rusé compère.* — N. *Une rusée* (→ ci-dessous cit. 2). *Un rusé.* ⇒ **Normand, renard;** (→ Un fin merle*. *Faire* (cit. 157) *le rusé. C'est une rusée* (⇒ Emparer, cit. 2; et aussi une fine lame*, une fine mouche*). *Ah, la rusée, la petite rusée!*

1 (...) Son esprit est rusé,
Et peut-être à surprendre il sera malaisé. MOLIÈRE, Tartuffe, IV, 3.

2 Mais un homme injuste parviendrait à faire une rusée de l'innocence même. BEAUMARCHAIS, le Barbier de Séville, II, 16.

3 S'il avait un peu l'air d'un renard, il passait aussi pour profondément rusé, sans être improbe. Sa ruse était le gage de sa perspicacité. Mais n'appelle-t-on pas rusés les gens qui prévoient un résultat et se préservent des pièges qu'on leur a tendus? BALZAC, Ursule Mirouët, Pl., t. III, p. 292.

4 Cette diplomatie rusée, patiente, qui savait si bien amuser, ajourner, saisir l'occasion, et paraître au moment pour escamoter un royaume, elle devait inspirer à coup sûr une autre idée du savoir-faire des papes, mais en même temps quelque doute sur leur sainteté. MICHELET, Hist. de France, IV, V.

5 Rusé, madré, retors en fait de procédure, il eût rendu des points à Chicanneau. FRANCE, le Petit Pierre, XXII.

Fam. Habile, astucieux. *Il est rusé, il y arrivera peut-être.*

♦ **2.** (Mil. XVIᵉ). Qui annonce la ruse. *Visage fin, rusé* (→ Museau, cit. 2). *Une mine rusée.* ⇒ **Chafouin.** *Œil rusé* (→ Payer, cit. 46). *Sourire rusé. Douceur tranquille et rusée* (→ Passer, cit. 43).

♦ **3.** (Mil. XVIᵉ). Qui est fait avec ruse, finesse et habileté. *Un complot rusé.* — Fam. Fait avec astuce, finesse. *Une trouvaille assez rusée.*

CONTR. Candide, droit, simple; dupe, innocent, niais, nigaud.

RUSER [ʀyze] v. intr. — XIVᵉ; *reüser,* v. 1235; de *reuse, ruse*; reüser «repousser, faire reculer», 1138; *ruser,* 1232; lat. *recusare* «refuser», puis «repousser».

♦ **1.** (1561). Vén. (Correspond au sens 1. de ruse). Faire de nombreux détours pour échapper aux chiens et aux chasseurs. *Le cerf, le renard rusent.*

♦ **2.** Cour (mais moins fréquent que *rusé*). User de ruses, agir avec ruse. ⇒ **Finasser, manœuvrer, renarder** (→ Change, cit. 3). *Des hommes habiles à ruser.* ⇒ **Rusé** (→ Expérience, cit. 11). *Ruser avec un adversaire pour le tromper*, pour arriver à ses fins. — *Biaiser* (cit. 9) *et ruser avec soi-même.* — *Ruser avec les obstacles, avec les éléments.*

1 Sa vie, jusque-là si droite, si pure, devenait tortueuse; et il lui fallait maintenant ruser, mentir. Et Clémence aussi mentait et rusait. BALZAC, Ferragus, Pl., t. V, p. 83.

2 Sans se confier à Lise, il partit, courbé, en chasseur qui ruse. ZOLA, la Terre, III, IV.

3 Si on leur avait donné au début ce qu'ils demandaient, nous n'en serions pas là. Mais Benès a rusé, finassé, parce que de gros bonnets de chez nous ont eu le tort immense de lui laisser croire qu'il avait la France derrière lui : et voilà le résultat. SARTRE, le Sursis, p. 88.

RUSH [ʀœʃ] n. m. — 1872, E. Reclus; mot angl. «ruée», 1851 dans ce sens.
Anglicisme.

♦ **1.** Vieilli. Afflux brusque d'un grand nombre de colons dans une région. ⇒ **Ruée.**

1 C'est exactement la situation où s'est trouvée mon administration, pendant trois ans, au Maroc. Devant ce «rush» imprévu, elle a été débordée, et c'est là ce qui explique le malentendu qui a pesé sur ses relations avec les colons (...) L.-H. LYAUTEY, Paroles d'action, p. 170.

2 (Le) Gouvernement de Washington qui n'a pas su maintenir l'ordre public au moment de la découverte des mines d'or, ni endiguer le rush, ni maîtriser les troupes fédérales qu'il envoyait dans la région (...) B. CENDRARS, l'Or, XII, 47.

Mod. Afflux brusque d'un grand nombre de personnes. *Le grand rush du week-end. Le rush vers les régions ensoleillées.* — Afflux d'intérêt. *«Rush sur les sociétés minières aux États-Unis»* (*l'Express*, 21 mars 1981, p. 106).

♦ **2.** (1875, *in* Petiot). Sports (d'abord en turf). Effort final, accélération d'un concurrent en fin de course. ⇒ **Sprint.** — Assaut violent, dans un jeu de ballon.

Rare. Rapide et brève course en avant.

3 C'était douloureux et intolérable à la longue, car nous dûmes rester immobiles jusqu'au petit jour pour attendre une accalmie et réussir un nouveau rush d'une cinquantaine de mètres, ce qui nous mena derrière un silo de betteraves à l'intérieur duquel nous nous glissâmes et passâmes toute la journée en train de manger et d'en écraser. B. CENDRARS, la Main coupée, Œ., compl., t. X, p. 117.

♦ **3.** (1925, *in* Höfler). Cin., télév. (Le plus souvent au plur.) Épreuves de tournage. *Visionner des rushes. «Deux jours ont suffi pour examiner les rushes»* (*le Nouvel Obs.,* 18 juil. 1972).

Séance au cours de laquelle on visionne l'ensemble des épreuves de tournage. *Aller aux rushes. Pendant les rushes.*

RUSKOF ou RUSSKOF [ʀyskɔf] adj. et n. m. — Mil. XXᵉ; de *russe,* et suff. plais. d'allure slave -*skof.*

♦ Fam. Russe. *«Les mômes russkoffs»* (Cavanna, *les Ritals*, p. 38).

Espérez : ça serait plus les Amerloques et les Ruskofs qui monopoliseraient les médailles. Finito, le règne des grandes puissances. SAN-ANTONIO, T'es beau, tu sais!, p. 101.

RUSMA [ʀysma] n. m. — 1553, P. Belon *in* D.D.L.; mot turc, probablt altér. de *khirisma,* grec *khrisma.* → Chrême.

♦ Poudre épilatoire, en usage dans le Moyen-Orient (→ Poil, cit. 13, Buffon).

RUSSE [ʀys] adj. et n. — 1671, n. m. (langue); a remplacé *moscovite;* de *Russie.*

♦ **1.** Adj. (1715). De Russie. *La capitale russe.* ⇒ **Moscovite** (cit. 2). *La steppe, la toundra russe.* — Vx. *L'Asie russe :* la Sibérie. — *L'histoire, la civilisation russe avant 1917. Souverain russe.* ⇒ **Tsar, tsarisme.** *Le gouvernement* (cit. 41) *russe* (en 1839). *L'Église orthodoxe* russe. ⇒ aussi **Archimandrite, pope.** *Icône russe. Les Vieux-Russes,* schismatiques (Raskolniki). *Nobles russe* (⇒ **Barine; boyard**), *paysans russes* (⇒ **Moujik; koulak**). *Prince russe. Cavalier de l'armée russe.* ⇒ **Cosaque.** *Femme russe en costume traditionnel.* ⇒ **3. Baba** (cit. 2). *Lévrier russe.* ⇒ **Barzoï.** — *Nihilisme, terrorisme russe* (⇒ Intellectuel, cit. 10). *La révolution russe* (→ Miroir, cit. 8). *Le communisme* (→ Fraternité, cit. 10), *le collectivisme russe.* ⇒ **Kolkhoze, mir.** *Conseils ouvriers russes.* ⇒ **Soviet.** — *Monnaie russe.* ⇒ **Kopeck, rouble, tchervonetz.** *Emprunt, fond russe* (⇒ Cataplasme, cit. 3). — *L'âme, la douleur russe* (→ Purifier, cit. 4). ⇒ aussi **Slave.** *La littérature, le roman russe. Anciens chants épiques russes* (⇒ **Byline**). *Musique russe. Danse russe,* spécialt pas de danse folklorique où le danseur accroupi lance alternativement une jambe puis l'autre en avant, sur le côté. *Les ballets russes* (→ Lumière, cit. 12).

1 (...) vêtu d'un simple costume russe, tunique serrée à la taille, ceinture traditionnelle du moujik, larges culottes, bottes sanglées à la jarretière, Michel Strogoff se rendit à la gare (...) J. VERNE, Michel Strogoff, p. 44-45.

Mots russes passés en français. ⇒ **Apparatchik, balalaïka, bortsch, goulag, intelligentsia, isba, knout, kwas, nomenklatura, pogrom, spoutnik, telega, troïka, verste, vodka, zakouski...** (et la plupart des mots ci-dessus).

Loc. *Billard russe. Charlotte russe. Chaussette russe.* — *Lapin russe,* à yeux rouges, à poil blanc. — *Montagnes* (cit. 14) *russes. Roulette russe. Salade russe.*

À LA RUSSE : à la manière russe. *Boire à la russe :* en vidant le verre (d'alcool) d'un coup, puis en jetant le verre.

2 Verse! ordonna Pascal. Nous boirons à la russe.
César, qui avait aligné sur la table d'autres bouteilles, les ouvrit instantanément. Francis CARCO, les Belles Manières, p. 58.

Par ext. D'U.R.S.S. ⇒ **Soviétique.** *L'armée russe.* ⇒ **Rouge** (armée rouge). *Délégué russe à l'ONU.* — REM. On emploie parfois abusivement le mot *russe* à propos d'autres républiques de l'U.R.S.S., notamment la Biélorussie (→ Biélorusse) et l'Ukraine (→ Ukrainien). Au sens

« de l'U.R.S.S. » *russe* est trop spécifique, à l'inverse de *américain* au sens de « des États-Unis ».

♦ **2.** N. *Un Russe. Les Russes* (→ Kwas, cit. 2). *Un Russe blanc :* un émigré russe (par oppos. aux *rouges,* aux *soviétiques*).

3   Laulerque croyait apercevoir un lien entre cet adoucissement des mœurs chez les chauffeurs de taxis et l'entrée dans la profession d'un nombre croissant de Russes blancs émigrés. Dans un précédent voyage, il avait eu affaire à ces chauffeurs russes blancs.   J. ROMAINS, les Hommes de bonne volonté, t. XIX, p. 46.

Abusivt. Soviétique. *Les Russes rivalisent avec les Américains dans la conquête de l'espace.*

♦ **3.** N. m. (1671, *in* D.D.L.). *Le russe,* la langue la plus importante du groupe slave oriental, écrite en alphabet cyrillique*. (On dit aussi *Grand-russe*). *Elle apprend le russe à l'École des langues orientales. Les aspects du verbe* (→ Imperfectif, cit.), *en russe. Translittérer du russe en caractères latins.* — *Blanc-russe* ou *biélorusse,* ensemble de parlers devenu langue officielle de la Biélorussie. — *Petit-russe.* ⇒ **Ukrainien.**

DÉR. **Russifier, russisme.** — V. **Russo-.**

RUSSIEN, ENNE [ʀysjɛ̃, ɛn] adj. et n. — Déb. XVIIIᵉ ; de *Russie.*

♦ Vx. Russe, originaire de Russie (→ Attaquer, cit. 4). — Loc. *Blanc russien, petit russien, grand russien,* originaire de Russie blanche (Biélorussie), Petite Russie (Ukraine) et Grande Russie (Russie proprement dite). — REM. On écrit aussi *blanc-russien, petit-russien, grand-russien.*

RUSSIFICATION [ʀysifikɑsjɔ̃] n. f. — 1892 ; de *russifier.*

♦ Action de russifier, fait de se russifier ; son résultat. *Politique de russification en Asie centrale.*

Le groupement autour de (...) l'autorité tsarienne, la « russification » imposée à divers peuples : telles sont quelques unes des questions clairement étudiées par M. Bérard.
    B. VICTOR, l'Empire russe et le Tsarisme, *in* la Nature, 31 mars 1906 (Suppl.).

RUSSIFIER [ʀysifje] v. tr. — 1868 ; p. p. 1830 ; de *russe.*

♦ Rendre russe ; imposer le caractère, les mœurs, les institutions russes à. *Les noms propres ouzberks, tadjiks, etc., ont été souvent russifiés.* — Pron. *Populations d'Asie centrale qui se russifient.* Soumettre à l'influence soviétique. ⇒ **Soviétiser.** — Au participe passé :

(...) le communisme français russifié, refusant d'exploiter le succès des étudiants, réduisit une fois de plus le prolétariat ouvrier à n'être qu'une force défensive au service du seul nationalisme russe, allié objectif du gaullisme.
    Raymond ABELLIO, Ma dernière mémoire, t. II., p. 154-155.

DÉR. **Russification.**

RUSSISME [ʀysism] n. m. — XXᵉ ; de *russe.*

♦ Tournure propice à la langue russe, idiotisme russe.

Est-ce qu'ils s'imaginent que je ne sais pas reconnaître un visage *sous* n'importe quelle sauce ? (Curieux que le russisme lui eût échappé à cet instant-là).
    Vladimir VOLKOFF, le Retournement, p. 163.

RUSSKOF [ʀyskɔf] adj. et n. m. ⇒ **Ruskof.**

RUSSO- Élément, de *russe* (ex. : *russophile*). Avec un nom de peuple, en formation libre. Ex. *Russo-américain, aine ; russo-chinois, oise ; russo-japonais, aise* (→ Camouflet, cit.).

RUSSOPHILE [ʀysɔfil] adj. et n. — 1858 ; de *russo-,* et *-phile.*

♦ Rare. Qui éprouve de la sympathie, de l'amitié pour les Russes, pour la Russie. — Qui est favorable à la Russie soviétique, à sa politique.

CONTR. **Russophobe.**
DÉR. **Russophilie.**

RUSSOPHILIE [ʀysɔfili] n. f. — XXᵉ ; de *russophile.*

♦ Rare. Attitude des russophiles.

RUSSOPHOBE [ʀysɔfɔb] adj. et n. — Av. 1918, *in* D.D.L. ; de *russo-,* et *-phobe.*

♦ Qui déteste les Russes, la Russie, sa politique. — N. *Des russophobes.* — REM. *Russophobie* [ʀysɔfɔbi], absent de notre documentation, est virtuel.

CONTR. **Russophile.**

RUSSULE [ʀysyl] n. f. — 1839, Boiste ; lat. bot. *russula,* lat. class. *russulus,* adj., « rougeâtre ».

♦ Didact. (mais peut s'employer dans la langue courante). Champignon basidiomycète hyménomycète *(Agaricinées)* charnu, généralement de couleur vive (rougeâtre, violette... → Champignon, cit. 1), aux nombreuses variétés, dont plusieurs sont comestibles (rougeotte, palomet...).

RUSTAUD, AUDE [ʀysto, od] adj. et n. — XVᵉ, *rustaut ;* de *rustre,* avec chute du second *r* par dissimilation.

♦ Qui a des manières de paysan ; qui manque de finesse, de délicatesse, d'usage. ⇒ **Balourd, grossier, lourd, paysan, rustique.** *Un garçon rustaud. Des manières rustaudes.*

(Elle) était attachée aux intérêts de sa maîtresse par une de ces espèces de religion, que certaines natures rustaudes du peuple éprouvent pour des maîtres vivant dans une gloire de demi-dieux.   Ed. DE GONCOURT, la Faustin, VII.

N. *Un rustaud, une rustaude.* ⇒ **Rustre.** *Quel rustaud, quel gros rustaud !*

Hist. Membre d'une secte de paysans anabaptistes du XVIᵉ siècle.

(Av. 1890, Maupassant). Vx. Paysan (avec la même valeur, toujours péjorative, que *rustre*).

DÉR. **Rustaudement, rustauderie.**

RUSTAUDEMENT [ʀystodmɑ̃] adj. — 1655, Mᵐᵉ de Sévigné ; de *rustaud.*

♦ Rare. Comme un rustaud.

RUSTAUDERIE [ʀystodʀi] n. f. — 1611 ; de *rustaud.*

♦ Rare. Allure, manière d'agir d'un rustaud. ⇒ **Rusticité, rustrerie.**

RUSTE [ʀyst] n. f. — XVIᵉ ; *rute,* 1338 ; moy. néerl. *rüte* « losange ».

♦ Blason. Meuble constitué par un losange percé d'un trou rond. — REM. On a dit, par attraction de l'adj., *rustre* (1611).

RUSTICAGE [ʀystikaʒ] n. m. — 1842 ; de *rustiquer.* Technique.

♦ **1.** Mortier peu épais qu'on projette sur un mur, avec une sorte de balai, pour le rustiquer.

♦ **2.** Opération qui consiste à rustiquer un mur.

RUSTICITÉ [ʀystisite] n. f. — 1512 ; « travail des champs », 1380 ; lat. *rusticitas,* de *rusticus.* → Rustique.

♦ **1.** Manières rustiques. ⇒ **Grossièreté, rustauderie, rustrerie** (→ Donner, cit. 8 ; pantomine, cit. 6). *Ils prirent sa franchise pour de la rusticité, son laconisme* (cit. 1) *pour de la bêtise.*

À ce tourbillon de voitures élégantes se mêlent des chariots tout à fait primitifs ; la plus sauvage rusticité côtoie la civilisation la plus extrême.
    Th. GAUTIER, Voyage en Russie, I, VI.

♦ **2.** (1545). Rare. Caractère de ce qui est rustique (1. Rustique, I., 1.). *Il admira la rusticité des boiseries* (cit. 2).

♦ **3.** (1870). Agric. Qualité d'une plante ou d'un animal rustique (1. Rustique, I., 4.). ⇒ **Résistance.** *Le pin sylvestre est remarquable pour sa rusticité.*

♦ **4.** Littér. Rare. *(Une, des rusticités).* Chose de la campagne. *« Ce chantre des rusticités »* (Baudelaire). — Ce qui est simple, grossier, sans délicatesse.

CONTR. **Civilité, culture, éducation.**

1. RUSTINE [ʀystin] n. f. — 1754, *Encyclopédie ;* altér. de l'all. *Rückstein* « pierre de dos », de *rück-* « de dos », et *stein* « pierre ».

♦ Techn. anc. Face postérieure en pierre du creuset dans lequel on affinait la fonte.

2. RUSTINE [ʀystin] n. f. — V. 1910 ; marque déposée *Rustines,* de *Rustin,* nom d'un industriel.

♦ Petite rondelle adhésive de caoutchouc qui sert à réparer une chambre à air, un objet en caoutchouc. *Emporter des rustines et de la dissolution en cas de crevaison.*

Heureusement, un mécanicien se trouva là qui m'enseigna l'art de démonter un pneu et de coller des rustines.   S. DE BEAUVOIR, la Force de l'âge, p. 505.

1. RUSTIQUE [ʀystik] adj. et n. — V. 1355 ; *ruistique* « féroce », XIIᵉ ; lat. *rusticus,* de *rus, ruris* « campagne ». → Rustre.

★ I. Adj. ♦ **1.** Vx, littér. Qui appartient, est relatif à l'agriculture, aux paysans, qui évoque la vie des champs, qui se passe à la campagne (⇒ **Champêtre, paysan, rural).** Qui est préparé, construit, façonné d'une manière simple comme les choses dont usent les gens de la campagne, comme les produits de l'artisanat rural (⇒ **Brut, simple**). — *La vie rustique* (→ Garçon, cit. 27 ; 1. gens, cit. 7 ; peinture, cit. 5). *Les travaux rustiques* (→ Exaction, cit. 2). *Demeure, maison, villa rustique* (→ Contrevent, cit. 1 ; île, cit. 3). *Les romans rustiques de G. Sand.* — Myth. *Divinité rustique.* — Littér. *Divers Jeux rustiques*, de Du Bellay. *Le Poète rustique*, œuvre de Fr. Jammes. — Philologie. *Langue romaine rustique* : variété régionale de latin dans l'empire romain.

1 Je ne connaissais pas et je ne connais pas encore de meilleure chère que celle d'un repas rustique. Avec du laitage, des œufs, des herbes, du fromage, du pain bis et du vin passable, on est toujours sûr de me bien régaler (...)
ROUSSEAU, les Confessions, II.

2 Voilà le banc rustique où s'asseyait mon père,
La salle où résonnait sa voix mâle et sévère,
Quand les pasteurs, assis sur leurs socs renversés,
Lui comptaient les sillons par chaque heure tracés (...)
LAMARTINE, Harmonies..., III, XXVI.

♦ **2.** (1835 ; *à la rustique*, 1668). *Mobilier rustique*, fabriqué à la campagne dans le style traditionnel de la province ; par ext. mobilier fabriqué industriellement et qui imite le genre rustique authentique. *Mobilier rustique ancien. Armoire, table, chaise rustique.* — N. m. *Le rustique. Se meubler en rustique.*

(1676) Archit. *Genre, ordre, ouvrage rustique*, caractérisés par l'emploi de pierres brutes, naturelles ou imitées, ornées de bossages vermiculés. *Colonne rustique. L'ordre rustique* ou, n. m., *le rustique.*

3 (...) ce corps de logis est d'un ordre rustique, plein de bossages et de vermiculages.
Th. GAUTIER, Mlle de Maupin, IV.

Vx. *Bois rustique* : bois écorcé ou non, à fibres sinueuses, qu'on emploie à l'état brut dans certaines constructions. *Petit pont, kiosque de jardin faits de bois rustique.*

4 La baronne inventa de faire tapisser l'intérieur de la grotte en bois rustique, alors à la mode pour les jardinières (...) Monsieur de Soulas proposa de faire le sol en asphalte. Rosalie imagina de suspendre à la voûte un lustre en bois rustique.
BALZAC, Albert Savarus, Pl., t. I, p. 774.

♦ **3.** (1352). Personnes. Littér. Très simple et peu raffiné. ⇒ **Agreste** (fig.), **grossier, inculte, rustaud, rustre** (→ Goguenard, cit. 4 ; large, cit. 27). *Cette tourbe rustique d'hommes impolis* (cit. 1, Montaigne). *Langage rustique.* ⇒ **Abrupt, rude.** *Manières rustiques.* ⇒ **Campagnard.**

♦ **4.** (1845). Plante ou animal. Robuste ; qui demande peu de soins. ⇒ **Résistant.** *La pomme* (cit. 4) *de terre est une plante rustique,* qui s'accommode de climats et de terrains très divers. *Variétés rustique de pois de senteur.* — Par ext. *Matériel, véhicule rustique.*

★ **II.** N. m. (V. 1520). Vx, littér. (par plais.). *Un rustique* : un campagnard, un paysan. ⇒ **Contadin** (→ Hoyau, cit. 1 ; main, cit. 7 ; moissonner, cit. 1).

5 Un paysage très con, genre picard, nul en tout, d'où sortiraient des trucs de cauchemar devenus aussi naturels que nos cimetières, avec, en contrechamp, des rustiques plus ou moins à poil, les mains croisées sur l'épieu à défricher, comme les nôtres sur le manche de leur bêche.
MALRAUX, Antimémoires, Folio, p. 416.

CONTR. Citadin. — Poli, urbain.
DÉR. Rustiquement, rustiquer.

2. RUSTIQUE [ʀystik] n. m. — 1875 ; de *rustiquer.*

♦ Techn. Outil de tailleur de pierre, sorte de marteau dont les extrémités aplaties et tranchantes sont découpées de manière à former de petites dents.

RUSTIQUÉ, ÉE [ʀystike] adj. — 1846, Bescherelle ; de *rustiquer.*

♦ Didact. Se dit de la surface de certains fruits, de certains noyaux (noyaux de pêches, etc.), quand elle présente des sillons profonds, sinueux et irréguliers.

RUSTIQUEMENT [ʀystikmɑ̃] adv. — 1539 ; de 1. *rustique.*

Rare.

♦ **1.** D'une manière rustique* (1. Rustique, I., 1. ou 2.). *Demeure décorée et meublée rustiquement.*

♦ **2.** D'une manière rustique* (1. Rustique, I., 3.), grossière (→ Ignoble, cit. 1).

RUSTIQUER [ʀystike] v. tr. — 1676 ; «travailler aux champs», XVIe ; de 1. *rustique.*

♦ Techn. Tailler, travailler (une pierre) pour la rendre semblable à une pierre brute.

(1718). Travailler (une surface, une matière) pour lui donner une apparence rugueuse. — Spécialt. Crépir (un mur) grossièrement. ⇒ **Rusticage.**

On fait venir un homme de Paris pour rustiquer l'intérieur (*de la grotte en bois du jardin*) mais ce sera bien joli.
BALZAC, Albert Savarus, Pl., t. I, p. 774.

DÉR. Rusticage, 2.rustique, rustiqué.

RUSTRE [ʀystʀ] n. m. et adj. — 1375 ; var. anc. *ruste, ruistre*, «brutal, violent», et parlant d'un coup, d'une lutte... ; adaptation du lat. *rusticus.* → Rustique.

♦ **1.** Littér. ou style soutenu. Individu grossier, lourd, brutal. ⇒ **Balourd, brute, butor, croquant, goujat, malotru, manant** (fig.), **maroufle ; paysan** (péj.) ; et fam. **pedzouille, pétrousquin, pignouf, rustaud.** *De petits rustres mal dégrossis* (cit. 6). «*Un badaud* (cit. 2), *un manant, un rustre, un lourdaud*» (La Fontaine). — «*Le mot propre* (cit. 10), *ce rustre...*» (Hugo).

1 Oh! ne niez pas! Je n'ai point compris pendant longtemps, puis j'ai deviné. Vous vous en êtes vanté même à votre sœur, qui me l'a dit, car elle m'aime et elle a été révoltée de votre grossièreté de rustre.
MAUPASSANT, l'Inutile Beauté, I.

Spécialt. Individu peu cultivé. ⇒ **Béotien.**

Adj. *Langage rustre.* ⇒ **Discourtois.** *Avoir un air rustre et lourdaud.* ⇒ 1. **Rustique** (I., 3.).

2 Pauvres gens, idiots, couple ignorant et rustre.
LA FONTAINE, Fables, III, I.

♦ **2.** (1678). Vx. (non péj.) ou littér. (toujours de nos jours, comme *rustaud*). Homme de la campagne, paysan. ⇒ **Campagnard** (cf. La Fontaine, *Fables*, XI, 3 ; La Bruyère, *Caractères*, XII, 118).

CONTR. Gentilhomme. — Civil, poli.
DÉR. Rustaud, rustrerie.

RUSTRERIE [ʀystʀəʀi] n. f. — 1870 ; au plur. «désordres», v. 1570 ; «condition humble», v. 1534 ; de *rustre.*

♦ Rare. Caractère, manière d'agir d'un rustre, grossièreté, brutalité ou inculture. ⇒ **Rustauderie, rusticité.**

RUT [ʀyt] n. m. — XIVe ; *ruit*, v. 1155 ; lat. *rugitus*, «rugissement».

♦ **1.** Période d'activité sexuelle pendant laquelle les mammifères cherchent à s'accoupler ; état dans lequel ils se trouvent pendant cette période. ⇒ **Accouplement** (→ Caresse, cit. 8). *La période du rut. Pendant le rut des cerfs.*
EN RUT. *Cerf* (cit. 3), *biche en rut* (→ Congrès, cit. 0.1). ⇒ aussi **Oestrus.**

♦ **2.** Fig., fam. (en parlant des humains). Excitation érotique, sexuelle. Plus cour. *Le rut d'un homme.*

1 Je vous rencontre selon la prédiction de mon aïeule en ce cimetière où, depuis un an, je viens toutes les nuits dans l'espoir de me livrer à votre rut.
Robert MERLE, En nos vertes années, p. 321.

EN RUT : en état d'excitation sexuelle. Cf. En amour (*supra* cit. 16), en chaleur (*infra* cit. 4) ; en chasse (*infra* cit. 5), en folie (spécialt : *infra* cit. 31).
(Abstrait). Littér. «*Les démocraties impériales sont des démocraties en rut*» (Bernanos, *in* G. L. L. F.).

♦ **3.** Rare. Sperme.

2 (...) il faut que tu le fasses frotter aux aisselles, au revers des oreilles et à la plante des pieds d'un onguent fait de fragments d'hosties et de poudre d'os d'un petit enfant sans baptême, cela mêlé à du rut d'homme répandu sur le dos d'une femme pendant la messe vaine et du sang mensuel de cette femme.
M. DRUON, le Lis et le Lion, p. 144.

RUTABAGA [ʀytabaga] n. m. — 1768 ; du suéd. *rotabaggar* «chou-rave».

♦ Plante du genre chou (*Crucifères*) dont la racine comestible, à chair jaune, sert surtout à la nourriture du bétail (⇒ aussi **Navet, rave, turnep**).
Racine de cette plante, parfois consommée comme légume (périodes de restrictions). *Le rutabaga a un goût voisin du navet.* — REM. On appelle parfois le rutabaga *navet de Suède.*

(...) comme l'on s'accommode de tout, nous avions la honte (*pendant l'occupation*) de nous accommoder de notre misère, des rutabagas qu'on servait à table, des libertés infimes dont nous disposions encore (...)
SARTRE, Situations III, p. 39.

RUTACÉES [ʀytase] n. f. pl. — 1803 ; adj. «relatif à la rue», 1615 ; du lat. *ruta* (→ 2. Rue), et suff. *-acées.*

♦ Bot. Famille de plantes dicotylédones dialypétales comprenant des herbes ou des sous-arbrisseaux, indigènes ou exotiques. *Types principaux de rutacées* : les citrus (oranger, citronnier, etc.) ; le dictame, le jaborandi (ou pilocarpe), la rue. — Au sing. *Une rutacée.*

RUTALES [ʀytal] n. f. pl. — Mil. XXe ; dér. sav. du lat. *ruta* (→ Rutacées), et suff. *-ales.*

♦ Bot. Ordre de plantes dicotylédones comprenant plus de 2 500 espèces appartenant à quatre familles (méliacées, rutacées*, simarubacées, thérébinthacées*). — Au sing. *Une rutale.*

RUTÈLE [Rytɛl] n. f. — 1875; lat. mod. *rutela*, du lat. class. *rutilus* «étincelant».

♦ Didact. Scarabée d'Amérique du Sud, remarquable par ses couleurs éclatantes.

RUTHÈNE [Rytɛn] adj. et n. — 1904; de *Ruthénie* «région d'Ukraine».

♦ Vx. Ukrainien. — N. m. Langue ukrainienne.

RUTHÉNIUM [Rytenjɔm] n. m. — 1854; nom donné en 1828 par Osann au minerai qu'il avait découvert dans l'Oural, et conservé par Clauss qui isola le métal en 1844; du lat. médiéval *Ruthenia*, n. d'une région d'Ukraine. → Ruthène.

♦ Chim. Élément (symb. *Ru*, n° at. 44, masse at. 101,07), métal blanc, dur et cassant, qui présente certaines analogies avec le platine, de densité 12,2, fusible à 2 450 °C. *Le ruthénium est extrait de la mine de platine.* ⇒ 2. **Platine.**

RUTHÉNOIS, OISE [Rytenwa, waz] adj. et n. — 1875: du lat. *Rut(h)eni*, n. d'un peuple de l'Aquitaine.

♦ Didact. Qui habite Rodez, qui en est originaire. — De Rodez; qui concerne Rodez.

RUTHERFORD [Rytœrfɔrd] n. m. — 1953; n. d'un physicien anglais (1871-1937).

♦ Sc. Unité de mesure de l'activité d'un élément radio-actif, quantité de cet élément qui émet un million de particules en une seconde. ⇒ **Becquerel, curie.**

RUTHERFORDIUM [Rytœrfɔrdjɔm] n. m. — 1970, *la Recherche*, n° 3, p. 268; mot amér.; de *Rutherford*, physicien anglais.

♦ Sc. Élément chimique de n° at. 104 (nommé par les soviétiques *Kurtchatovium* du nom du physicien *Kurtchatov*).

RUTIDEA [Rytidea] n. m. — xxᵉ; *rutidée*, n. f., 1875; mot du lat. sc. dér. du grec *rhutis, idos* «ridé, plissé».

♦ Bot. Petit arbrisseau *(Rubiacées)* à feuille coriace analogue au caféier, mais dont les graines à albumen corrodé sont impropres à la consommation.

RUTILANCE [Rytilɑ̃s] n. f. — 1851; de *rutilant*.

♦ Littér. Caractère, aspect, éclat de ce qui est rutilant. ⇒ **Rutilement.**

[1] Ce bouillonnement d'un sang qui arrosait si mystérieusement ce corps flave, et qui trahissait tout à coup sa rutilance sous le tissu pénétré des lèvres (...)
BARBEY D'AUREVILLY, Une vieille maîtresse, I, II.

[2] (...) tantôt une sombre rutilance d'icône, tantôt les riches couleurs d'un marché oriental.   Michel LEIRIS, Frêle bruit, p. 88.

RUTILANT, ANTE [Rytilɑ̃, ɑ̃t] adj. — 1559; *rutillant*, 1495; lat. *rutilans*, p. prés. de *rutilare* «teindre en rouge» et aussi «briller, être éclatant», de *rutilus* «d'un rouge ardent».

♦ **1.** Qui est d'un rouge ardent.

(1789). Chim. *Vapeurs rutilantes* : vapeurs de peroxyde d'azote, d'un rouge brunâtre.

♦ **2.** (1512, *rutilan*). Qui brille d'un vif éclat. ⇒ **Ardent** (cit. 6), **brillant, éclatant** (*supra* cit. 1), **étincelant, flamboyant** (→ Cuivre, cit. 4; pierre, cit. 26). *Une voiture rutilante.*

Étalages admirables des fruits, aubergines, tomates, pêches et surtout poivrons verts, rouges, dorés, énormes, rutilants (...)   GIDE, Journal, 20 août 1934.

DÉR. Rutilance. — V. Rutilation.

RUTILATION [Rytilɑsjɔ̃] n. f. — 1785; de *rutilant* ou *rutiler*, et suff. *-ation*.

Littéraire et rare.

♦ **1.** Éclat de ce qui rutile, brille en émettant de vifs reflets.

♦ **2.** (1801). Éclat d'un rouge ardent.

RUTILE [Rytil] n. m. — 1829, in D.D.L.; lat. *rutilus*. → Rutilant.

♦ Chim. Variété cristalline du bioxyde de titane (TiO_2), que l'on rencontre dans la nature diversement colorée (rouge-brun, jaunâtre, bleu, violet), de densité 4,26, et cristallisant dans le système quadratique.

RUTILEMENT [Rytilmɑ̃] n. m. — 1876; de *rutiler*.

♦ Littér. Fait de rutiler; aspect de ce qui rutile (syn. : *rutilance*).

(...) les bleuités, délires
Et rythmes lents sous les rutilements du jour.   RIMBAUD, Poésies, XLI.
REM. Le mot a été à la mode dans la littérature symboliste (Huysmans, Bloy).

RUTILER [Rytile] v. intr. — 1458, rare après déb. xviiᵉ, repris 1831; lat. *rutilare*.

♦ Être rutilant, briller d'un très vif éclat. ⇒ **Briller, chatoyer, étinceler, resplendir** (→ Apercevoir, cit. 9; pourpré, cit. 3).

Aucun moyen de résister à cette marée ascendante de faces épouvantables; la fureur faisait rutiler ces figures farouches; leurs fronts terreux ruisselaient de sueur; leurs yeux éclairaient (...)   HUGO, Notre-Dame de Paris, II, X, IV. [1]
Il lui passa au doigt un anneau orné de deux brillants (...) Ils rutilaient sur sa main sèche de ménagère, pareils à des gouttes d'eau sur une écorce. [2]
F. MAURIAC, la Robe prétexte, XI.

DÉR. Rutilement, rutilisme.

RUTILISME [Rytilism] n. m. — 1953; de *rutiler*.

♦ Méd. Coloration rousse des cheveux et des poils.

RUTINE [Rytin] n. f. ou **RUTOSIDE** [Rytozid] n. m. — 1855, *rutine*; *rutoside*, Nysten, mil. xxᵉ; du lat. *ruta* «rue», et *-ine, oside*.

♦ Chim. Hétéroside extrait de plusieurs végétaux (notamment la rue, la tomate...) et possédant une activité vitaminique (protection des cheveux). Syn. : *vitamine P. Le rutoside agit comme protecteur des parois vasculaires; il est prescrit en association avec la vitamine C dans la prévention des états hémorragiques.*

RUZ [Ry] n. m. — 1949; «petit cours d'eau», 1933; lat. *rivus*. → Ru.

♦ Régional (Jura) ou didact. (géogr.). Vallée creusée sur le flanc d'un anticlinal, dans un relief de type jurassien.

HOM. Ru, rue.

RYE [Raj] n. m. — 1907; mot amér., de *rye-whisky* proprt «whisky de seigle».

♦ Anglic. Whisky de seigle, pur ou mélangé. *Du rye canadien. Préférer le rye au scotch.*

HOM. Rail. — Formes du v. **Railler.**

RYNCHITE [Rɛ̃ʃit] n. m. — 1964; grec *rhugkhion*, de *rugkos* «bec».

♦ Didact. (zool.). Charançon nuisible aux cultures.

RYTHM AND BLUES [Ritmɛ̃bluz] n. m. — D. i. (après 1965); anglais des États-Unis propremt «rythme et blues». → Blues.

♦ Mus. Musique de danse des Noirs des États-Unis, genre musical populaire qui allie à la structure harmonique du blues (⇒ **Blues**) la structure rythmique d'une musique de danse (tempos en général plus rapides que ceux du blues, accentuation des temps très marquée par la batterie) et une instrumentation plus rudement expressive (amplification électrique). *John Lee Hooker, grande figure du rythm and blues. Le rythm and blues a été l'une des grandes sources d'inspiration du rock* and roll.*

RYTHME [Ritm] n. m. — 1549, Du Bellay, *Défense et Illustration de la langue française*, II, 8, pour traduire le grec *rhuthmos; rime*, fém., v. 1370; *rithme*, fém., 1512 «rythmique (II.)» ; «rime; vers, poésie», au xviᵉ, cf. *les Rithmes et Poésies* de Pernette du Guillet (1546); lat. *r(h)ythmus*, grec *rhuthmos.*

REM. L'orthographe *rhythme* s'est employée jusqu'à la fin du xixᵉ s. (Littré, *Dict. général*).

Distribution d'une durée en une suite d'intervalles réguliers, rendue sensible par le retour d'un repère.

A. ♦ **1.** a Caractère, élément harmonique essentiel qui distingue formellement le vers* de la prose (⇒ **Poésie**) et qui se fonde sur le retour imposé, sur la disposition régulière des temps forts, des accents et des césures, sur la fixité du nombre des syllabes, etc.

Le rythme dans son principe est partout le même : il est constitué par la succession de membres plus ou moins étendus, composés chacun d'une suite de syllabes brèves et terminés chacun par une longue.   [1]
G. LOTE, Études sur le vers français, I, p. 104.

b Mouvement général (de la phrase, du poème, de la strophe), qui constitue un fait stylistique et qui résulte de la longueur relative des membres de la phrase, de l'emploi des rejets, des déplacements d'accents, etc. *Le rythme et le nombre de la phrase.* ⇒ **Cadence** (*supra* cit. 2), **harmonie** (cit. 25), **mouvement, nombre.**

Rythme et symétrie. Un bel effet de rythme. Un rythme alerte, vif, saccadé, haché.

♦ **2.** (1765). Retour périodique des temps forts et des temps faibles, disposition régulière des sons musicaux (du point de vue de l'*intensité* et de la *durée*) qui donne au morceau sa vitesse, son allure caractéristique. ⇒ **Mesure** (*supra* cit. 31), **mouvement, tempo** (→ Charleston, cit. 1 ; mélodie, cit. 1). *Modifications du rythme, au cours de l'exécution d'un morceau* (⇒ **Agogique ; rubato**). *Rythme binaire, ternaire,* qui procède par groupe de deux, trois temps ; par groupes pairs ou impairs. *Rythme syncopé.* — *Rythme endiablé* (→ Frénésie, cit. 5). *Marquer* (cit. 27) *le rythme.* ⇒ **Rythmer.** *Avoir le sens du rythme. Traitement spécifique du rythme dans le jazz.* ⇒ **Swing.**

2 Les musiciens jouent ici un jazz qui (...) n'est que l'expression haletante, exaspérée, de la fièvre new yorkaise. La salle est vide : c'est la « récession » ; à moins que le public ne puisse tolérer ces orages de rythmes ; à vrai dire, il est impossible de les supporter longtemps, au bout d'une demi-heure nous nous sentons rompus.
S. DE BEAUVOIR, l'Amérique au jour le jour, p. 340.

AU RYTHME DE... *Le cortège avançait lentement au rythme monotone* (cit. 3) *des deux tambours. Les Noirs* (cit. 50) *qui dansaient au rythme des blues.* ⇒ aussi **Son** (au son de).
Le rythme d'une danse. ⇒ **Cadence** (*supra* cit. 3).

♦ **3.** Arts. Distribution des grandes masses, des pleins et des vides, des lignes dominantes dans un espace ; répétition d'un motif ornemental... *Le rythme harmonieux d'une colonne grecque.* ⇒ **Eurythmie.**

3 Il y a en architecture, comme en musique, des rhythmes d'une symétrie harmonieuse qui charment l'œil et l'oreille sans l'inquiéter ; l'esprit prévoit avec plaisir le retour du motif à une place marquée d'avance (...)
Th. GAUTIER, Voyage en Russie, I, XV.

B. (Mil. XVIIIᵉ). ♦ **1.** Distribution périodique des phases d'un phénomène (bruit, mouvement...), d'un processus.

[a] *Le rythme des vagues* (→ Ondulation, cit. 5). *Le rythme du cœur. Rythme d'une respiration. Perturbation d'un rythme.* ⇒ **Arythmie.** — *Ils vivent au rythme des saisons.*

4 Il m'est difficile de soustraire mes pensées au rythme de la marche, et, comme mon pas était assez régulier, je scandais ces méchantes phrases sur un air de polka.
G. DUHAMEL, Salavin, I, II.

[b] Didact. *Rythme biologique :* distribution temporelle périodique des phénomènes biologiques, mise en évidence dans le monde vivant (animal et végétal). ⇒ **Biorythme** (syn.). — *Rythme exogène,* dû à l'influence du milieu (lumière, température, hygrométrie...) : *rythme diurne* ou *nycthéméral (rythme jour-nuit), rythme de marée, rythme annuel, rythme lunaire* ou *sélénien ; rythme endogène,* dû à des facteurs génétiques, réglé par des mécanismes internes (⇒ **Horloge** [interne]) : *rythme cardiaque, respiratoire, alimentaire, cérébral (rythme alpha*...), rythme génital (cycle menstruel...). Période, amplitude d'un rythme biologique. Rythme circadien* : *rythme biologique endogène d'environ 24 heures. Rythme polyphasique du nourrisson. Étude des rythmes biologiques.* ⇒ **Chronobiologie.**

4.1 La manifestation la plus importante de la sensibilité viscérale est liée aux rythmes. L'alternance de sommeil et de veille, de digestion et d'appétit, toutes les cadences physiologiques forment une trame sur laquelle s'inscrit toute l'activité. Ces rythmes sont généralement liés à une trame plus large qui est l'alternance des jours et des nuits, celle des changements météorologiques et saisonniers.
A. LEROI-GOURHAN, le Geste et la Parole, t. II, p. 99.

♦ **2.** Allure, vitesse à laquelle s'exécute une action, se déroule un processus, une suite d'événements. *Le rythme régulier et continu de l'aggravation* (→ Crise, cit. 3). *Le rythme de la vie moderne. Changer de rythme. Ne pas pouvoir suivre le rythme. Le rythme de la production, des souscriptions* (→ Réconfortant, cit.). *Chacun va à son rythme.*

5 Et le mouvement ainsi déclenché ne fait que s'accélérer : le progrès des sciences et de leur utilisation se développe à un rythme toujours plus rapide, comme s'enfle avec une vitesse croissante la boule de neige qui dévale sur les flancs de la montagne.
L. DE BROGLIE, Physique et Microphysique, p. 363.

Spécialt. *Rythme rapide de l'action dans une pièce de théâtre, un film, un roman. Cela manque de rythme, c'est mou.* — Cin. *Rythme du montage.*

6 (...) il est une esthétique du cinéma, elle a été découverte, en même temps que l'appareil de prise de vues et le film en France, par les frères Lumière. Elle se résume en un mot : « Mouvement ». Mouvement extérieur des objets perçus par l'œil, auquel nous ajouterons le mouvement intérieur de l'action. De l'union de ces deux mouvements peut naître ce dont on parle tant et ce que l'on perçoit si peu souvent : le rythme.
R. CLAIR, Réflexion faite (1924), *in* G. PICON, Panorama des idées contemporaines, p. 437.

DÉR. **Rythmé, rythmer, rythmies.** — (Du même rad.) **Rythmique.**
COMP. **Biorythme.**

RYTHMÉ, ÉE [ʀitme] adj. — 1835, *rhythmé ;* rimé, 1370 ; de *rythme.*

♦ Qui a un rythme, et, spécialt, un rythme caractérisé, marqué, perceptible aisément. *Le battement lourd et rythmé de leurs pas* (→ Pantin, cit. 3). *La pulsation* (cit.) *rapide et bien rythmée de son cœur. Langage rythmé, mélodieux* (cit. 4). ⇒ **Harmonieux.**

Un débit martelé, fortement rythmé. ⇒ **Scandé.** — *Prose rythmée.* ⇒ **Mesuré, rythmique.** — *Un chant fortement rythmé.*

Vers la fin de sa vie, il a fait quelques courts poèmes en prose, mais en prose rhythmée, travaillée et polie comme la poésie la plus condensée (...)
Th. GAUTIER, Portraits contemporains, Baudelaire.

DÉR. **Rythmer.**

RYTHMER [ʀitme] v. tr. — 1856, *rhythmer ;* de *rythmé* ou de *rythme.*

♦ **1.** Donner du rythme (A., 1., b) à une phrase. ⇒ **Cadencer.**

1 Il avait médité sa phrase, il l'avait arrondie, polie, rythmée ; c'était un chef-d'œuvre de prudence et de transition, de tournures fines et de délicatesse ; mais la colère avait emporté la rhétorique.
FLAUBERT, Mᵐᵉ Bovary, III, II.

♦ **2.** (1862, Mallarmé). Soumettre à un rythme, régler selon une cadence. *Chanter pour rythmer son travail* (→ 1. Chant, cit. 7). — Marquer, souligner le rythme de (une phrase, un poème ; un morceau de musique). ⇒ **Scander.** *Les coups sourds de la grosse caisse rythmaient ses chansons* (→ Cuivre, cit. 9).

2 Ils tettent la douleur comme ils tétaient le rêve
Et quand ils vont rythmant des pleurs voluptueux
Le peuple s'agenouille et leur mère se lève.
MALLARMÉ, Premiers poèmes, « Le guignon ».

3 Constance commença à marcher de long en large (...) tout en continuant de causer, s'interrompant pour fredonner un air de ballet qu'elle rhythmait d'un mouvement de la tête (...)
Alphonse DAUDET, le Nabab, XIII.

DÉR. **Rythmeur.**

RYTHMEUR, EUSE [ʀitmœʀ, øz] n. — 1873 ; de *rythmer.*

♦ Rare. Poète habile dans le maniement des rythmes. ⇒ **Rythmicien.**

RYTHMICIEN [ʀitmisjɛ̃] n. m. — 1870 ; de *rythmique.*
Didactique.

♦ **1.** Spécialiste des questions de rythmique grecque ou latine.

♦ **2.** Poète habile dans le maniement des rythmes (→ Jongleur, cit. 6). ⇒ **Rythmeur.**

RYTHMICITÉ [ʀitmisite] n. f. — 1877 ; de *rythmique.*

♦ Caractère de ce qui est rythmique ; qui présente un rythme. *« Ce sommeil présente une certaine rythmicité »* (la Recherche, févr. 1974).

1 On verra que la recherche d'une rythmicité pure, d'un non-figuratif dans l'art et la poésie modernes, née de la méditation des œuvres de l'art des peuples primitifs vivants, correspond à une évasion régressive, à une plongée vers le refuge des réactions primordiales, autant qu'à un départ.
A. LEROI-GOURHAN, le Geste et la Parole, t. I, p. 269.

2 Cette « domestication » symbolique aboutit au passage de la rythmicité naturelle des saisons, des jours, des distances de marche à une rythmicité régulièrement conditionnée dans le réseau des symboles calendériques, horaires, métriques qui font du temps et de l'espace humanisés la scène sur laquelle le jeu de la nature est commandé par l'homme. Le rythme des cadences et des intervalles régularisés se substitue à la rythmicité chaotique du monde naturel et devient l'élément principal de la socialisation humaine, l'image même de l'insertion sociale.
A. LEROI-GOURHAN, la Mémoire et les Rythmes, *in* la Table ronde, janv. 1965 (*in* D.D.L., II, 3).

RYTHMIES [ʀitmi] n. f. pl. — 1972, Manuila ; de *rythme.*

♦ Méd. Mouvements rythmiques stéréotypés qu'exécutent involontairement certains malades mentaux.

RYTHMIQUE [ʀitmik] adj. et n. f. — 1690 ; *richmique,* fin XVᵉ, pour qualifier les éléments harmoniques de la rhétorique ; lat. *r(h)ythmicus,* grec *rhuthmikos.*
REM. L'orth. *rhytmique* est vieillie.

★ **I.** Adj. ♦ **1.** Qui est soumis à un rythme régulier. ⇒ **Alternatif, rythmé.** *Oscillations rythmiques* (→ Électricité, cit. 3). *Mouvements rythmiques du cœur* (→ Diastole, cit. 1). *Mouvement, pas, balancement rythmique* (→ Faucher, cit. 2 ; litière, cit. 4 ; patrouille, cit. 1).

1 Et ce monde rendait une étrange musique,
Comme l'eau courante et le vent,
Ou le grain qu'un vanneur d'un mouvement rythmique
Agite et tourne dans son van.
BAUDELAIRE, les Fleurs du mal, « Spleen et idéal », XXIX.

Gymnastique rythmique, par mouvements rythmés et enchaînés. — *La danse rythmique,* ou, n. f., *la rythmique :* danse, de caractère éducatif, intermédiaire entre la danse classique et la gymnastique.

♦ **2.** Didact. Qui est relatif au rythme. [a] *Schéma rythmique d'une strophe, d'une période.* — Mus. *Dessin rythmique d'une forme musicale* (→ aussi Habanera, cit. 2). — *Accent, accentuation rythmique.* Phonét. *Groupe rythmique :* en français, Unité de l'expression linguistique déterminée par la présence d'un accent d'intensité sur la dernière syllabe prononcée.

b *Section rythmique d'un orchestre de jazz.* ⇒ **Section** (II., 4). *Trio rythmique* (piano, basse, batterie).

♦ **3.** (1845). Qui est fondé sur le rythme ; qui utilise les effets du rythme. — *Versification rythmique,* fondée non sur le nombre ou la quantité des syllabes, mais sur l'accent tonique. *Le vers allemand et le vers anglais sont des vers rythmiques.* — *Prose rythmique.* ⇒ **Mesuré, rythmé.**

★ **II.** N. f. ♦ **1.** (1870). Étude des rythmes des vers grecs ou latins.

♦ **2.** (1907). Étude des rythmes dans la langue littéraire (prose ou poésie).

2   Le langage est justiciable, tour à tour, de la phonétique, avec la métrique et la rythmique qui s'y ajoutent ; il a un aspect logique et un aspect sémantique ; il comporte la rhétorique et la syntaxe.
                    VALÉRY, Variété, Mém. du poète, Œ. t. I, Pl., p. 1462.

CONTR. Arythmique.
DÉR. Rythmicien, rythmicité, rythmiquement.

RYTHMIQUEMENT [ʀitmikmɑ̃] adv. — 1816 ; de *rythmique.*

♦ En rythme, d'une manière rythmique (→ Obusier, cit. 2).

On n'apercevait plus dans la salle (...) que deux petits feux qui se ranimaient rythmiquement ; les cigarettes de Michel Kraus et du soldat.   1
                    P. MAC ORLAN, Quai des brumes, V.

Le moteur était déjà en marche, et vibrait rythmiquement, en choquant tout ce qui pouvait être choqué.   J.-M. G. LE CLÉZIO, le Déluge, p. 232.   2

S

1. S [ɛs] n. f. (vx) ou n. m. (mod.). — Du S latin.

♦ **1.** Dix-neuvième lettre et quinzième consonne de l'alphabet servant à noter une fricative dentale ou sifflante. *S majuscule, s minuscule. Deux s (ss). Le s est généralement sourd et se prononce comme c devant e, i, ou comme ç* [s] *mais il est sonore* (avec le son de z) *entre deux voyelles* (ex. : rose [ʀoz], maison [mɛzɔ̃]), *à la liaison devant voyelle* (ex. : sans arrêt [sɑ̃zaʀɛ]) *sauf dans les cas suivants :* a) lorsqu'il est à l'initiale d'une racine (ex. : asepsie, décasyllabe, entresol, préséance, resaler, resucée...) ; b) lorsqu'il est dans un mot d'emprunt (ex. : havresac, parasol...) ; c) dans quelques prononciations par fausse étymologie, consacrées par l'usage (ex. : résipiscence, susurrer, dysenterie). *Le groupe ss entre voyelles est sourd* (ex. : bosse [bɔs], massue [masy]). → aussi **T** dans *nation, patience.* — REM. La prononciation correcte du suffixe *-isme* est [ism] et non [izm] comme on l'entend parfois. *À la finale, le s est muet quand il est la marque du pluriel, et dans les terminaisons verbales ; dans les autres cas il est prononcé ou muet selon les mots. On ajoute un s euphonique à l'impératif devant* en *et* y (ex. : penses-y, vas-y, demandes-en). — *Le* s, *marque normale du pluriel.* ⇒ **Pluriel**. *Mot qui prend un* s *au pluriel.* — En abrév., *s* désigne le sud, la seconde. ⇒ aussi **2. S, 3. S.** — *S.A.* : Son Altesse ; *S.E.* : Son Éminence ; *S.V.P.* : s'il vous plaît ; *S.N.C.F.* : Société nationale des chemins de fer français ; *S.D.N.* : Société des Nations ; *S.M.I.C.* (→ Salaire) ; *S.S.* : Sa Sainteté ; Sécurité sociale. ⇒ aussi **S.S., S.O.S.**

♦ **2.** (XVIᵉ). Forme sinueuse* du s. *Virage en s. Ivrogne qui fait des s.* ⇒ **Zig-zag.**

1 (...) je pense que ce sont des SS que l'ivrognerie lui fait faire.
CYRANO DE BERGERAC, Lettres diverses, Contre l'automne.

2 Il tombe jusqu'à la nuit, tourne, file en S.   MALRAUX, l'Espoir, II, I, I, II.

Anat. *S iliaque :* portion terminale du côlon, au trajet sinueux. (1873). Crochet en forme de S (bijouterie). — Pièce en S d'une arquebuse. — Crampon en S (maçonnerie).

HOM. Ès, 1. esse, 2. esse.

2. S [ɛs] Chim. Symbole du soufre*.

3. S Phys. Symbole du siemens*.

S' Forme élidée de *se*.

SA [sa] ⇒ **Son** (adjectif possessif).

S.A. [ɛsa] Abrév. de *Société anonyme. Ils ont fondé une S.A.*

SAÂ [saa] n. m. — 1846 ; arabe class. *sāɛah* «capacité d'un objet».

♦ Mesure de capacité pour les grains utilisée en Afrique du Nord et valant quarante-huit litres.

SABADILLE [sabadij] n. f. — 1876 ; *sibadille*, 1792 ; var. de *cévadille.*

♦ ⇒ **Cévadille.**

SABAÏTE [sabait] adj. ⇒ **2. Sabéen.**

SABAYE ou **SABAILLE** [sabaj] n. f. — 1846 ; origine incertaine.

♦ Mar. Régional. Cordage, amarre de terre d'un canot dont l'avant est mouillé vers le large, qui sert aussi à le haler.

SABAYON [sabajɔ̃] n. m. — 1847 ; *sabaillon*, 1803 ; ital. *zabaione, zabaglione.*

♦ Crème* composée de jaunes d'œufs, de sucre, de vin et d'aromates, que l'on fait prendre au bain-marie en la fouettant. *Le sabayon se sert chaud ou froid pour napper, accompagner certains gâteaux.* Appos. *Crème sabayon.*

SABBAT [saba] n. n. — XIIᵉ ; lat. ecclés. *sabbatum*, de l'hébreu *schabbat* par le grec *sabbaton.*

♦ **1.** Relig. Repos que les juifs doivent observer le samedi (du vendredi au coucher du soleil, au samedi au coucher du soleil), jour consacré au culte divin. *Le jour du sabbat.* ⇒ **Samedi.** *L'observation du sabbat, deuxième commandement de Dieu dans l'Exode,* XX, 9-10. (→ 1. Fumer, cit. 28.1). *La fête elle-même. Aller au sabbat* (→ Laver, cit. 10).

♦ **2.** (Par une interprétation malveillante des chrétiens, v. 1360). Cf. aussi *Nuit de Walpurgis. Sorciers qui vont au sabbat sur un manche à balai* (cit. 2). «*Un démon ivre encor du banquet des sabbats*» (Hugo ; → Réveiller, cit. 3). *Danse macabre* (cit. 4) *et sabbat.*

1 Depuis deux ans, maître Cornélius vivait donc seul avec sa vieille sœur, qui passait pour sorcière. Un tailleur du voisinage prétendait l'avoir souvent vue, pendant la nuit, attendant sur les toits l'heure d'aller au sabbat.
BALZAC, Maître Cornélius, Pl., t. IX, p. 915.

2 Il pense aux civilisations qui permettaient l'orgie, aux mystères priapiques, aux saturnales, aux réunions du sabbat dans les nuits du moyen âge.
J. ROMAINS, les Hommes de bonne volonté, t. IV, XV, p. 155.

♦ **3.** (XIVᵉ-XVᵉ). Danse de sorcières ; danse, agitation frénétique. *Danser, mener le sabbat.* — Fam. Bruit d'enfer. ⇒ **Boucan, chahut, ramdam.** *Le sabbat des chattes en délire* (→ Disperser, cit. 7). *Un sabbat de tous les diables.*

3 Voyez le beau sabbat qu'ils font à notre porte.
Messieurs, allez plus loin tempêter de la sorte.   RACINE, les Plaideurs, I, 8.

4 Tous les démons de l'Atlantique,
Cheveux épars et bras tordus,
Dansent un sabbat fantastique
Autour des marins éperdus.
LECONTE DE LISLE, Poèmes barbares, «Effet de lune».

5 (...) je danse le sabbat dans une rouge clairière, avec des vieilles et des enfants.
RIMBAUD, Une saison en enfer, «Mauvais sang».

DÉR. Sabbataire, sabbatique.

SABBATAIRE [sabatɛʀ] n. — 1721 ; de *sabbat.*

Histoire religieuse.

♦ **1.** Juif converti au christianisme qui continuait, au Iᵉʳ siècle, à observer le sabbat.

♦ **2.** Membre de groupes protestants qui pratiquent l'observance du repos sabbatique.

SABBATHIEN, IENNE [sabatjɛ̃, jɛn] n. — 1732 ; de *Sabbathius.*

♦ Hist. relig. Membre d'une secte chrétienne fondée au XIVᵉ siècle par Sabbathius et qui célébrait la Pâque le même jour que les Juifs. REM. On écrit parfois *sabbatien, ienne.*

SABBATIQUE [sabatik] adj. — 1569, fig. ; de *sabbat.*

♦ **1.** Du sabbat (1.). **a** Relig. *Repos sabbatique.* Antiq. juive. *Année sabbatique :* septième année pendant laquelle on devait laisser reposer la terre et ne pas exiger les créances.

b (1948 ; angl. *sabbatical year*, 1903). *Année sabbatique :* année de congé accordée tous les sept ans aux professeurs d'Université, d'abord aux États-Unis et au Canada puis dans d'autres pays. — Ellipt, n. f. *Une sabbatique : une année sabbatique.*

♦ **2.** Qui tient du sabbat (2.).

L'on m'a parlé de prêtres sacrilèges, d'un certain chanoine qui renouvellerait les scènes sabbatiques du moyen âge. HUYSMANS, Là-bas, XII.

1. SABÉEN, ÉENNE [sabeɛ̃, eɛn] n. et adj. — 1732; de l'araméen *ç'ba* «baptiser», rattaché à l'hébreu *çaba* «armée (du ciel)», les Sabéens étant appelés par la suite «adorateurs des étoiles».

♦ **1.** Membre d'une secte religieuse mentionnée dans le Coran (probablt chrétiens adorateurs des astres).
Abusivt. Vx. Adorateur des astres (astrolâtre).

♦ **2.** Nom pris postérieurement par des gnostiques, dont la religion s'apparentait peut-être à celle des précédents. ⇒ **Mendaïte.**

DÉR. Sabéisme.

2. SABÉEN, ÉENNE [sabeɛ̃, eɛn] n. et adj. — 1732; de *Saba,* nom du peuple d'Arabie qui vivait au Yémen.

♦ Hist. Du pays de Saba. *Un Sabéen, une Sabéenne.* — Adj. *Mœurs sabéennes.* — REM. On dit aussi *Sabaïte.*

SABÉISME [sabeism] n. m. — 1797; *sabaïsme,* 1732; de 1. *sabéen.*

♦ **1.** Religion peu connue des Sabéens (1. Sabéen, 1.), qui pourrait être un christianisme mêlé d'astrolâtrie. — REM. On dit aussi *sabisme.*

(...) le sabisme, qui consiste dans le mélange du culte de Dieu et de celui des astres (...) VOLTAIRE, Essai sur les mœurs, VI.

♦ **2.** Religion des mendaïtes ou mandéens.

SABELLE [sabɛl] n. f. — 1819; lat. zool. *sabella,* 1788; p.-ê. du rad. de *sabulum* «sable».

♦ Zool. Annélide sédentaire *(Serpulidés). Les sabelles sont des vers marins allongés dont les branches céphaliques forment un panache.*

SABELLIANISME [sabɛljanism; sabɛljanism] n. m. — 1839; de *sabellien.*

♦ Relig. Doctrine de Sabellius, hérésie selon laquelle la Trinité forme une seule personne qui se manifeste sous trois aspects.

SABELLIEN, IENNE [sabɛljɛ̃, jɛn; sabɛljɛ̃, jɛn] n. — 1732; de *Sabellius,* hérésiarque africain du IIIe siècle.

♦ Hist. relig. Disciple de Sabellius, qui professe le sabellianisme.

DÉR. Sabellianisme.

SABELLIQUE [sabelik; sabɛlik] adj. et n. m. — 1876, *in* P. Larousse, comme adj.; lat. *sabellicus,* de *Sabelli* «Sabelles» et «Sabins», peuples d'Italie antique.

♦ Ling. Se dit d'un groupe de parlers italiques d'Italie centrale, dont le plus important est le *sabin.*

SABIN, INE [sabɛ̃, in] adj. et n. — 1876, *in* P. Larousse; lat. *sabinus.*

♦ Didact. D'un peuple d'Italie antique qui vivait dans la région située au nord-est de Rome.
N. m. *Le sabin :* la langue du groupe sabellique parlée par les Sabins.

SABINE [sabin] n. f. — V. 1180; *savine,* v. 1130; lat. *sabina (herba),* «herbe des Sabins».

♦ Bot. Genévrier* d'une espèce répandue dans les terrains calcaires du Sud de l'Europe et utilisée en pharmacie comme stimulant et emménagogue (cit. 1.).

(...) une végétation de colchiques, de sabines, de pommes-vinettes et d'euphorbes (...) HUYSMANS, Là-bas, XIX.

SABIR [sabiʀ] n. m. — 1852; esp. *saber* «savoir», tiré de phrases telles que *mi non sabir* «moi pas savoir». Cf. aussi Molière, *le Bourgeois gentilhomme,* IV, 10 : *se ti sabir...*

♦ **1.** Jargon mêlé d'arabe, de français, d'espagnol, d'italien, parlé en Afrique du Nord et dans le Levant par les indigènes qui veulent se faire comprendre des Européens. (On a dit *langue franque). Cela était dit en sabir* (→ Crudité, cit. 4).

1 De l'une à l'autre, et comme à moitié chemin des deux villes, circule un idiome

international et barbare, appelé de ce nom de *sabir,* qui lui-même est figuratif et veut dire *comprendre.* E. FROMENTIN, Une année dans le Sahel, p. 20.

Le *sabir* ce patois algérien composé de provençal, d'italien, d'arabe, fait de mots 2 bariolés amassés comme des coquillages tout le long des mers latines. Alphonse DAUDET, Contes du lundi, «Le turco de la commune».

♦ **2.** (1919). Ling. Système linguistique mixte limité à quelques règles et à un vocabulaire déterminé d'échanges commerciaux (opposé à *pidgin** et à *créole** dont l'organisation est plus complète), issu des contacts entre des communautés de langues très différentes et servant de langue d'appoint (opposé à *créole*,* langue maternelle). — REM. Dans cette acception, le mot est un terme technique neutre, sans connotation péjorative.

♦ **3.** Péj. Langage hybride, fait d'emprunts; discours ou style embarrassé, compliqué et fautif. ⇒ **Baragouin, jargon.**

Futurs professeurs de lettres modernes, il vous appartiendra de décider, par la qua- 3 lité de vos cours, si la langue française, que vous enseignerez à tous, restera ou non l'une des plus belles langues de civilisation qui jamais aient fleuri sur la planète, ou si, grécisée par les pédants, puis anglicisée par les snobs, avant d'être américanisée par les marchands, elle deviendra l'un des patois de ce que j'ai appelé d'un mot par malheur qui n'était pas outrancier : le sabir atlantique. ÉTIEMBLE, Poétique comparée, Cours de sorbonne, 1959-1960, p. 5.

SABLAGE [sɑblaʒ] n. m. — 1876; de *sabler.*

♦ Action de sabler (1. et 3.). *Le sablage d'une allée, d'une chaussée. Sablage d'une pièce métallique.*

1. SABLE [sɑbl] n. m. — XVe; attestation isolée, 1165; adapt. d'après *sablon,* du lat. *sabulum.*

♦ **1.** Matière pulvérulente formée de petits grains minéraux de nature et d'origine variables, qui constitue le sol en certains lieux (rivages marins, en particulier). *Grain** de sable (→ Grumeau, cit. 2). Sable fin (→ Argenter, cit. 6; nager, cit. 1); gros sable, sable grossier.* ⇒ **Gravier** (→ Agglutiner, cit. 1). *La «porosité* (cit. 1) *ouverte» des sables. Sable quartzeux, feldspathique; calcaire, coquillier* (⇒ **Falun**); *terreux; micacé... Sable jaune* (→ Beau, cit. 31; nègre, cit. 9), *fauve* (→ Étang, cit. 4), *rouge, blanc, gris, noir. Sable aurifère* (⇒ **Paillette**), *diamantifère. Roche de la nature du sable* (⇒ **Arénacé**), *qui contient du sable* (⇒ **Arénifère**). *Sable marin, de mer. Plage*, rive de sable.* ⇒ **Arène** (vx), *grève* (→ Adosser, cit. 2; 2. guignette, cit.); **aréneux, sableux, sablonneux.** *Échouer sur le sable.* ⇒ **Engraver.** *Sable sec; sable mouillé,* spécialt, découvert à marée basse. *Les bacs à sable des jardins publics. Pâté* (cit. 7), *château* (1. Château, cit. 7.2) *de sable. Dune de sable.* ⇒ **Dune** (cit. 1). → Plage, cit. 3. *Mer de sable :* ensemble de dunes. *Le sable du désert.* ⇒ **Erg.** *Déserts de sable et déserts de pierres. Bancs* (cit. 6) *de sable d'une rivière.* ⇒ **Jard** (cit.), *trémat* (→ Haut-fond, cit. 1). *Île de sable.* ⇒ **Javeau.** *Amas de sable apporté par le courant.* ⇒ **Allaise, alluvion, atterrissement.** *Carrière de sable.* ⇒ **Sablière.** *Sables boulants*. Sables mouvants :* sables que les vents, les eaux (courants de marée) déplacent, et spécialt, sable mouillé qui s'enfonce sous un poids et peut engloutir les personnes qui le foulent. ⇒ **Lise; enliser** (s'; →; **Mollir,** cit. 1). *Fixer les sables avec des oyats*. Vent, tempête de sable,* qui soulève et transporte le sable mouvant. ⇒ **Érosion** (éolienne). *Sables anciens cimentés.* ⇒ **Grès** (cit. 3). — *Plantes, animaux qui vivent dans le sable.* ⇒ **Ammophile, arénaire** (vx), **arénicole, psammophile, psammophyte, sabulicole.**

Le sable uni et fin de la vaste arène (..) scintillait de points micacés, sous la 1 lumière tombant d'un ciel bleu (...) Th. GAUTIER, le Roman de la momie, III.

(...) ils marchaient côte à côte, et Frédéric disait : 1.1
— Vous souvenez-vous quand je vous emmenais dans la campagne?
— Comme vous étiez bon pour moi! répondit-elle. Vous m'aidiez à faire des gâteaux avec du sable, à remplir mon arrosoir, à me balancer sur l'escarpolette! FLAUBERT, l'Éducation sentimentale, II, v.

(...) je descends l'escalier dont les derniers degrés s'enlisent, recouverts d'un sable 2 plus mobile que l'onde, ce sable vivant qui marche, ondule, se creuse, vole et crée sur la plage, par un jour de vent, des collines qu'il nivelle le lendemain (...) COLETTE, les Vrilles de la vigne, p. 215.

Parmi les roches siliceuses d'origine détritique, les formations non consolidées les 3 plus représentatives sont : 1º les boues et les poussières; 2º les sables, les graviers et les galets (...) Les seconds, également formés d'éléments indépendants, couvrent un intervalle de diamètre compris entre 5/1 000 de mm (limite supérieure des boues et poussières) et 20 cm. Les divisions établies dans cet intervalle, entre sables, graviers et galets, sont tout à fait conventionnelles (...) L. Cayeux a fixé la limite supérieure *(du diamètre du grain de sable)* à 5 mm (...) R. FEYS et Ch. GREBER, les Roches sédimentaires, *in* Encycl. Pl., la Terre, p. 812.

Enfin, de jour en jour plus petit mais toujours sûr de sa forme, aveugle, solide et 3.1 sec dans sa profondeur, son caractère est donc de ne pas se laisser confondre mais plutôt réduire par les autres. Aussi, lorsque vaincu il est enfin du sable, l'eau n'y pénètre pas exactement comme à la poussière. Gardant alors toutes les traces, sauf justement celles du liquide, qui se borne à pouvoir effacer sur lui celles qu'y font les autres, il laisse à travers lui passer toute la mer, qui se perd en sa profondeur sans pouvoir en aucune façon faire avec lui de la boue. Francis PONGE, le Parti pris des choses, p. 101.

Le désert lavait tout dans son vent, effaçait tout. Les hommes avaient la liberté de 3.2 l'espace dans leur regard, leur peau était pareille au métal. La lumière du soleil éclatait partout. Le sable ocre, jaune, gris, blanc, le sable léger glissait, montrait le vent. Il couvrait toutes les traces, tous les os. Il repoussait la lumière, il chassait l'eau, la vie, loin d'un centre que personne ne pouvait reconnaître. J.-M. G. LE CLÉZIO, Désert, p. 12.

(Déb. xvie). **LES SABLES** : lieu ensablé, et spécialt, désert de sable. *Les sables : les déserts* (→ Airain, cit. 10). *Les sables de Libye* (→ Moindre, cit. 9). *Marcher à travers les sables* (→ Échasse, cit. 1.). *Chardon* (cit. 3) *des sables. Rose* des sables* (→ Pieusement, cit. 2). *Élyme des sables.* ⇒ **Oyat.** **DE SABLE.** *Ver de sable.* ⇒ **Arénicole** (n. f.) — *Vin de sable :* vin des Landes fait à partir de raisin cultivé dans une terre sablonneuse (→ Piment, cit. 2). *Poignée* (cit. 1) *de sable. Tas de sable* (→ Expressément, cit. 4). ⇒ **Moie.** *Sac* de sable. Sable utilisé comme lest.* ⇒ **Ballast.** *Boîte à sable.* ⇒ **Sablière.** *Horloge à sable.* ⇒ **Sablier.** *Verser du sable dans les allées.* ⇒ **Sabler** (→ Passer, cit. 121). *Sable qui crie sous les pas* (→ Narine, cit. 10). *Lit de sable pour asseoir les pavés.* ⇒ **Couchis.** *Bain de sable.* ⇒ **Arénation.** *Sable calcaire pour l'amendement des sols.* ⇒ **Maërl, tangue.** *Passer du sable à la claie, au tamis. Corroyer le sable. Mélange de chaux et de sable.* ⇒ **Mortier.** *Le sable entre dans la fabrication du verre.* ⇒ **Fritte ; salinage.** *Le sable est un abrasif.* ⇒ **Sablon.** *Machine à jet de sable.* ⇒ **Sableuse.** — Pétrochim. *Sable bitumeux,* imprégné d'hydrocarbures lourds. *Grain de sable qui enraye* (cit. 3) *un mécanisme. Avoir du sable dans les yeux* (fig.) : éprouver des picotements lorsqu'on a sommeil. Fam. *Le marchand de sable a passé,* se dit de qqn qui a sommeil (dans le langage enfantin). **SUR LE SABLE.** Loc. fig. *Bâtir* (cit. 8, 9, 10 et 11) *sur le sable. Écrire* (cit. 5) *sur le sable. Semer sur le sable :* engager une action inutile*.

4   (...) nous avions beau l'un et l'autre épuiser notre esprit à semer des fleurs de rhétorique dans ces placets, c'était, comme on dit, semer sur le sable.
                                       A.-R. LESAGE, Gil Blas, VII, XII.

5   Le vrai sage est celui qui fonde sur le sable,
   Sachant que tout est vain qui n'est pas éternel.
                           H. DE RÉGNIER, Sandale ailée, «Sentence».
(1725, argot ; p.-ê. du bateau qui échoue sur le sable, faute de fond). Fam. *Être sur le sable :* se retrouver sans ressources, sans emploi.

5.1   Juste au moment où t'allais être sur le sable, on t'offre un petit foyer.
                          R. QUENEAU, le Dimanche de la vie, p. 42.
Loc. *Bâti* (cit. 52, 54) *à chaux et à sable.*
Couleur de sable (→ Plumet, cit. 2). Adj. (1908). Beige grisé très clair. ⇒ **Beige.** *Un manteau sable* (à ne pas confondre avec 2. *Sable*).

♦ **2.** Techn. Composition réfractaire à base de sable, utilisée en fonderie pour le moulage. *Le sable des moules* (1. Moule, cit. 2). ⇒ **Sablerie.** — Loc. (1636). *Jeter en sable :* couler dans un moule de sable. ⇒ **Sabler,** 2.

♦ **3.** Concrétion qui se forme dans les reins ; gravier, calcul. *Le petit grain* (cit. 15) *de sable de Pascal* (→ Gravelle, cit. 3). *Urine qui contient du sable.* ⇒ **Arénuleux.**

DÉR. Sablé, sabler, sablier, sablière, sabline. V. aussi **Sableux.**
COMP. Assabler, ensabler ; sablo-vaseux.
HOM. 2. Sable.

2. SABLE [sabl] n. m. — V. 1240 ; v. 1175, Chrétien de Troyes, «martre zibeline» ; lat. médiéval *sabellum,* empr. polonais *sabol* ou russe *sobol.* → Zibeline.

♦ Blason. Noir (couleur de la zibeline). ⇒ **Noir** (cit. 36).
Très fier, au fond, que les armes des La Ferté fussent *de sable à trois tours d'argent* (...)   Pierre BENOIT, Mlle de la Ferté, p. 9.

1. SABLÉ, ÉE [sable] adj. — 1507 ; de 1. *sable.*

♦ **1.** Couvert de sable. *Allée* (cit. 3) *sablée* (→ Cavalier, cit. 1 ; jardin, cit. 3 ; légume, cit. 2 ; râtelier, cit. 1).
(...) tout aurait été uniment, facilement, comme une voiture dont les roues sont bien graissées sur une route bien plane et sablée avec du sable fin (...)
                  Th. GAUTIER, Mlle de Maupin, XI.
Sablé de... Allée sablée de sable fin. — Par ext. Parsemé de grains fins. *La chaussée sablée de grains blancs.* (→ Giboulée, cit. 1).

♦ **2.** Techn. *Fontaine sablée :* filtre à eau rempli de sable.

2. SABLÉ, ÉE [sable] n. m. et adj. — 1870, n. m. ; du nom de la ville de *Sablé.*

♦ **1.** N. m. Petit gâteau sec à pâte friable. *Une boîte de sablés. Sablé au beurre.*

♦ **2.** Adj. (v. 1900). Qui a la texture de ce gâteau (qui s'effrite comme le sable). *Pâte sablée* (opposé à *pâte feuilletée*). *Galette sablée.*

SABLER [sable] v. tr. — 1587 ; au p. p. 1507 ; de 1. *sable.*

♦ **1.** Couvrir de sable. *Sabler les allées d'un jardin. Sabler la chaussée avant d'empierrer.* — Absolt. *Il faudra sabler aujourd'hui.* — Par métaphore :

1   Elles *(les élégances de la femme)* ajoutaient quelque chose au plaisir de ses sens

---

et à la douceur de son foyer. C'était comme une poussière d'or qui sablait tout au long le petit sentier de sa vie.   FLAUBERT, Mme Bovary, I, IX.

♦ **2.** **a** Techn. Couler dans un moule fait de sable (1. Sable, 2.).

b Fig. (Par allus. au métal en fusion jeté dans le moule). Vx. *Avaler d'un trait. Faute de vin d'élite, sabler ceux du canton* (Béranger, *in* Littré). — (Mil. xviiie, Voltaire). Mod. *Sabler le champagne* (2. Champagne, cit. 1.) : boire du champagne en abondance lors d'une réjouissance (→ Mess, cit. 2). — Rare. «*Sabler du sillery* (cru de champagne)», (Casanova, *Mémoires, in* D. D. L.).

2   (...) Jacques, en chemise et pieds nus, avait sablé deux ou trois rasades sans ponctuation, comme il s'exprimait, c'est-à-dire de la bouteille au verre, du verre à la bouche.   DIDEROT, Jacques le fataliste, Pl., p. 637.

3   Dans les époques les moins prospères de sa vie, il sablait le vin blanc du marchand de vin, avec des marrons rôtis, sur la toile cirée, dans un cabinet de société.
                  FRANCE, Jocaste, I, Œ., t. II, p. 12.

4   Du champagne !
   Ils sablent un champagne qui leur crisse sous la dent.
                R. QUENEAU, le Vol d'Icare, p. 130.
N. B. Il y a ici remotivation plaisante sur *sable.*

♦ **3.** (Déb. xxe). Techn. Décaper, dépolir, graver à la sableuse*.
DÉR. Sablage, sablerie, sableur, sableuse.

SABLERIE [sabləri] n. f. — 1870, Littré ; de *sabler.*

♦ Techn. Partie d'une fonderie* où l'on fait les moules en sable.

SABLEUR, EUSE [sablœr, øz] n. m. et f. — 1757 ; de *sabler.*

♦ **1.** Ouvrier, ouvrière qui fait les moules en sable dans une fonderie.

♦ **2.** Rare. Personne qui sable (le champagne). *Joseph Kessel, grand sableur de champagne devant l'Éternel.*

♦ **3.** Ouvrier, ouvrière qui travaille à la sableuse.

SABLEUSE [sabløz] n. f. — 1907 ; de *sabler.*

♦ Techn. Machine qui projette un jet de sable fin et sert à décaper, dépolir, graver, etc.

SABLEUX, EUSE [sablø, øz] adj. — 1559 ; anc. provençal *sablos* 1275 ; de *sabulum.* → 1. Sable.

♦ **1.** Qui contient du sable. *Eau sableuse.* Géol. *Alluvions sableuses* (→ Dune, cit. 2).

♦ **2.** Où il y a beaucoup de sable (naturellement). *Régions sableuses* (→ Grès, cit. 4). ⇒ **Sablonneux.**

SABLIER [sablije] n. m. — V. 1640 ; *sablière,* n. f., 1609 ; de 1. *sable.*

♦ **1.** (1677). Vx. Petit récipient contenant du sable fin pour sécher l'encre.

♦ **2.** Bot. *Sablier élastique,* ou «hure* crépitante» : genre d'euphorbiacées, arbre des régions tropicales à fruit déhiscent qui éclate brusquement et se sépare en deux valves (dont chacune pouvait servir de *sablier,* 1.).

♦ **3.** (1659). Cour. Horloge* à sable. Instrument composé de deux vases de verre ovoïdes abouchés verticalement, le vase supérieur étant rempli de sable qui coule doucement dans le vase inférieur. *Retourner un sablier. Le sablier est d'un usage très ancien ; on l'utilise encore pour mesurer le temps de cuisson des œufs à la coque. Sablier utilisé dans la marine ancienne* (⇒ **Ampoulette**). *Le sablier, symbole de l'écoulement du temps, de la mort* (1. Mort, cit. 21).

1   On compte les minutes qui nous restent à vivre, et l'on secoue notre sablier pour le hâter.   A. DE VIGNY, Cinq-Mars, I.

2   C'est un vieillard à barbe grisonnante, une sorte de Saturne armé d'une pioche en guise de faux, avec un sablier dans la main. Une ficelle tenant au sablier, et divisé par nœuds, lui sert à marquer le nombre de fois qu'il a retourné son horloge.   E. FROMENTIN, Un été dans le Sahara, p. 153.

3   Il passait, à travers ses paroles, des années et des années, ainsi que passe le sable dans le double œuf de verre du sablier.
           Edmond JALOUX, le Jeune Homme au masque, II.

♦ **4.** (1877). Techn. Compartiment d'une machine à papier où sont arrêtées les impuretés de la pâte (fabrication continue).

♦ **5.** (1904). Techn. Boîte allongée et percée employée au soufrage de la vigne.

1. SABLIÈRE [sablijɛr] n. f. — 1346 ; de 1. *sable,* p.-ê parce que les poutres soutiennent le mortier et le sable, ou, selon P. Guiraud, par croisement avec un dér. de *sapel, sapelle* «sapin».

♦ Techn. (Charpenterie). Pièce de charpente horizontale, disposée parallèlement au mur qui la supporte ou qu'elle soutient, et qui reçoit d'autres pièces d'une section plus faible (chevrons ; poteaux, solives).

a Pièce qui reçoit l'extrémité inférieure des chevrons, dans la charpente d'un comble. — Appos. *Panne sablière* (opposé à *panne faîtière*).

b Pièce assemblée avec les poteaux et qui reçoit les solives, dans la construction en pans de bois.

2. SABLIÈRE [sablijɛR] n. f. — 1690 ; 1580, sans précisions de sens, *in* F. E. W. ; 1609, « sablier » ; de 1. *sable*.

★ **I.** Lieu d'où l'on extrait du sable, carrière* de sable. ⇒ **Sablonnière** (1.).

★ **II.** Techn. (Ch. de fer). Réservoir contenant du sable que l'on fait tomber sur les rails pour augmenter l'adhérence des roues, notamment au démarrage et dans les rampes à forte déclivité. Syn. : *boîte à sable*.

La tringle de la sablière marchait bien, tout aurait dû le rassurer.
ZOLA, la Bête humaine, V (1890).

SABLINE [sablin] n. f. — 1778 ; de 1. *sable*.

♦ Plante des sables, des rochers et des éboulis *(Caryophyllacées)*, à fleurs bleues ou roses (n. sc. : *arenaria*).

SABLON [sablɔ̃] n. m. — V. 1175 ; *sablun* « sable », v. 1119 ; du lat. *sabulo, sabulonem*.

♦ **1.** Vx ou littér. Sable. — Mod. Sable très fin. *Le sablon est utilisé comme abrasif dans l'industrie.*

1 (...) quand nous reviendrons, nous serons accueillis par la chanson des raclettes qui tranchent du pissenlit à fleur de sablon.
Hervé BAZIN, Cri de la chouette, p. 242.

♦ **2.** (1165 ; *sablun*, fin XIᵉ). Lieu couvert de sable (→ Lame, cit. 8). — (XVIᵉ). *Les Sablons*, nom d'un quartier de Paris.

2 Grands déserts, sablons infertiles,
Où rien que moi n'ose venir (...)
THÉOPHILE DE VIAU, Œuvres poétiques, « À Philis, Ode ».

DÉR. Sablonner, sablonneux, sablonnier, sablonnière.

SABLONNER [sablɔne] v. tr. — 1387 ; *sabloné* « composé de sable », 1295 ; de *sablon*.

Technique. Agriculture.

♦ **1.** Parsemer de sable (le fer chaud) pour souder.

♦ **2.** Récurer avec du sablon.

♦ **3.** Couvrir d'une couche de sable, de terre fine.

(Un) gravier sédimentaire bon tout au plus à sablonner de vieilles bouteilles ou à ressuyer les allées d'un parc mondain (...)   Léon BLOY, le Désespéré, p. 37.

SABLONNEUX, EUSE [sablɔnø, øz] adj. — XIVᵉ ; *sablonos*, v. 1160 ; de *sablon*.

♦ Naturellement couvert de sable, constitué de sable. ⇒ **Aréneux** (vx), **sableux**. *Plages* (cit. 1), *étendues* (→ Devant, cit. 1), *contrées* (→ Produire, cit. 4) *sablonneuses. Chemin* (cit. 16) *sablonneux* (→ Jet, cit. 8). *Terre sablonneuse* (→ Ciel, cit. 34).

SABLONNIER [sablɔnje] n. m. — XVᵉ ; « sol sablonneux », fin XIIᵉ ; de *sablon*.

♦ **1.** Vx. Marchand de sable, de sablon.

♦ **2.** Mod. Techn. Ouvrier des carrières de sable.

SABLONNIÈRE [sablɔnjɛR] n. f. — 1237 ; « désert de sable », v. 1200 ; de *sablon*.

♦ **1.** Lieu, carrière d'où l'on extrait le sable. ⇒ 2. **Sablière** (I.).

— Je l'ai trouvée à demi enterrée dans ma sablonnière, là où je vais chercher ce qu'il faut
Pour mes fours à verre et mêmement le mortier (...)
CLAUDEL, l'Annonce faite à Marie, IV, 2.

♦ **2.** Techn. Coffre dans lequel est préparé le sable dont on fait les moules de fonderie.

SABLO-VASEUX, EUSE [sablovazø, øz] adj. — 1950 ; de 1. *sable*, et *vaseux*.

♦ Didact. (Géogr.). Constitué de sable et de vase. *Sol sablo-vaseux des estuaires.*

SABORD [sabɔR] n. m. — 1573 ; *sabort*, 1402 ; p.-ê. de *bord*, mais le premier élément est inexpliqué ; P. Guiraud suggère le rad. de *saper* « creuser » ou le mot *sas*.

♦ **1.** Mar. (Assez cour. dans la langue générale). Ouverture quadrangulaire pratiquée dans la muraille d'un navire et servant, sur les vaisseaux de guerre, de passage à la bouche des canons. ⇒ **Embrasure, fenêtre.** *Sabords alignés en une ou plusieurs rangées. Sabord de chasse*, permettant de tirer en avant. *Sabord de retraite*, permettant de tirer en arrière. — *Sabord de charge*, destiné à l'embarquement du matériel. *Sabord de décharge* : ouverture pratiquée dans les parois pour l'évacuation de l'eau embarquée sur le pont. *Faux sabord*, ou *sabord d'aérage* : grand hublot carré. *Ouvrir, fermer les sabords, les mantelets** (cit. 3) *en fer, les volets des sabords.*

Un violent coup d'équinoxe était survenu, qui avait défoncé à bâbord la poulaine et un sabord et endommagé le porte-haubans de misaine.   1
HUGO, les Misérables, II, II, III.

L'*Yseult* était évitée cap au sud. Par le sabord de sa chambre, situé à bâbord, Felze accoudé voyait tout Nagasaki (...)   Claude FARRÈRE, la Bataille, VIII.   2

Fam. *Mille sabords !* : pseudo-juron mis dans la bouche des marins par les auteurs de romans d'aventures, puis de bandes dessinées (souvent repris par allusion au répertoire du capitaine Haddock, dans *Tintin et Milou*).

Ils m'ont fait peur. J'ai cru qu'ils nous avaient vus ! *(Il crie :)* C'est fini, mille millions de sabords ? qu'est-ce qui m'a fichu des guenons pareilles !   3
J. ANOUILH, Ardèle ou la Marguerite, p. 169.

Vx. *Sabord !* (même sens).

Godefroid paraît en costume de mousse, avec de la barbe plein la figure et de grandes boucles d'oreilles. (...)   4
GODEFROID, *à la cantonade.*
Il faut que je lui parle ! bâbord ! tribord ! sabord !
THÉRÉSON.
Encore un matelot.
E. LABICHE, la Perle de la Canebière, I, 18.

♦ **2.** Fam. Œil. *Coup de sabord* : coup d'œil. « *Lorsqu'il ouvre les sabords...* » (Accoce, *Polonais*, p. 153).

Outre la gratitude, c'est d'espérances langoureuses qu'Irène charge le *coup de sabord* un peu glauque qu'elle balance à Pierrot.   5
Albert SIMONIN, Hotu soit qui mal y pense, p. 32.

DÉR. Saborder.

SABORDAGE [sabɔRdaʒ] ou (vx) **SABORDEMENT** [sabɔRdəmã] n. m. — 1894, *sabordage* ; *sabordement*, 1846 ; de *saborder*.

♦ Action de saborder, de se saborder. *Le sabordage de la flotte française à Toulon, en novembre 1942.*

Plus d'une fois (...) on avait submergé ou détruit par le feu les navires infectés (...) Ce parti est ce qu'on appelle le sabordement.
L. FIGUIER, l'Année scientifique et industrielle, 1864, p. 391.

SABORDER [sabɔRde] v. tr. — 1831 ; de *sabord*.

♦ **1.** Percer (un navire) au-dessous de la flottaison en créant (par explosion notamment) des voies d'eau suffisantes pour le faire couler. ⇒ **Couler, sauter** (faire). *Saborder un navire pour qu'il ne tombe pas aux mains de l'ennemi.* — Pron. *Se saborder* : couler volontairement son navire, s'envoyer par le fond. *La flotte française de Toulon reçut en novembre 1942 l'ordre de se saborder.*

(...) le Maréchal, ses ministres, le préfet maritime, le commandant en chef de la flotte, paralysés par les conséquences de leur propre abandon, ne trouvent rien à prescrire à ces puissants navires de guerre que de s'envoyer eux-mêmes par le fond. Trois cuirassés ! (...) 8 croiseurs : (...) 17 contre-torpilleurs, 16 torpilleurs, 16 sous-marins, 7 avisos, 3 patrouilleurs (...) commettent ainsi, par ordre, le suicide le plus lamentable et le plus stérile qu'on puisse imaginer. Encore, 1 contre-torpilleur, 1 torpilleur, 5 pétroliers, n'ont-ils pu être sabordés et serviront aux Allemands.   1
Ch. DE GAULLE, Mémoires de guerre, t. II, p. 50.

♦ **2.** (1942, en parlant des journaux qui renoncèrent d'eux-mêmes à paraître après l'occupation totale de la France). *Saborder son entreprise, se saborder* : mettre fin volontairement aux activités de son entreprise.

Après le débarquement en Afrique du Nord, et l'occupation de la zone sud, le régime appliqué par les autorités allemandes à la zone occupée fut étendu à toute la France. Un certain nombre de journaux qui avaient paru dans la zone dite libre se sabordèrent alors (*Le Figaro, Le Progrès, Le Temps*, etc.).   2
Pierre DENOYER, la Presse dans le monde, p. 97.

DÉR. Sabordage.

SABOT [sabo] n. m. — XVᵉ ; *çabot* « toupie », fin XIᵉ ; les deux sens pourraient provenir du même élément *bot*, anc. franç. *bot* « crapaud », d'abord « objet massif, mal dégrossi », d'un germanique *butt* « émoussé, camus » ; l'élément *sa-* n'est pas explique. P. Guiraud distingue un *çabot*, var. de *chabot, cabot*, et un *sabot*, de *saboter* « heurter, secouer, ébranler », du provençal *saba* « frapper sur l'écorce pour la détacher de l'arbre », du lat. *sapa* « sève » ; les deux séries se seraient croisées avec une métaphore sur le nom du « crapaud », appliqué à des objets grossiers : chaussure (→ Savate), toupie (métaphore attestée en provençal).

★ I. ♦ 1. Chaussure paysanne faite généralement d'une seule pièce de bois évidée. *Fabrication des sabots avec du bois d'ouvrage.* ⇒ **Saboterie** (→ Aulne, cit. 2). *Sabots de hêtre, de frêne, d'orme. Sabots ferrés* (→ Déraper, cit. 2). *Sabots à guillochures* (cit. 3). *Sabots à bride de cuir. Garniture extérieure des sabots.* ⇒ **Panoufle.** *Sabots remplis de paille, de paille d'avoine, de foin. Marcher pieds nus dans ses sabots. Porter des chaussons dans ses sabots. Racler* (cit. 2) *ses sabots sur le seuil. Traîner ses sabots. Un traîne-sabots* (d'après *traîne-savates*). *Fracas* (cit. 3) *de sabots qui claquent.* « *En passant par la Lorraine Avec mes sabots* » (chanson).
— Chaussure faite d'une semelle de bois et d'un dessus de cuir (⇒ **Galoche,** cit. 3), de toile... ⇒ **Socque,** 2. *Sabots orthopédiques. Sabots suédois*.*

EN SABOTS. *Marcher en sabots* (→ Bicyclette, cit. 1). *Il est venu à Paris en sabots,* se dit pour rappeler les origines rurales modestes d'un homme qui a réussi. *La Duchesse en sabots* (surnom donné à Anne de Bretagne).

Loc. fig. (1790). *Arriver avec ses gros sabots :* laisser voir où l'on veut en venir, tant on cache mal ses intentions. *Voir, entendre* (→ Cacher, cit. 7) *qqn venir avec ses gros sabots.* *(Être, rester...) les deux pieds dans le même sabot,* embarrassé, incapable d'agir, sans initiative. *N'avoir pas les deux pieds dans le même sabot :* être débrouillard. Régional (Bretagne ; du breton). Péj. *Avoir de la paille plein ses sabots,* se dit d'une personne rustre, lourdaude.

1 — Oh ! ma foi ! je n'en sais rien au juste, répondit le Champi qui commençait à la voir venir avec ses gros sabots. G. SAND, François le Champi, VIII.

2 (...) son chapeau de feutre attaché sous les oreilles, les pieds dans ses gros sabots remplis de paille, le dos abrité sous une limousine de feutre grisâtre. E. FROMENTIN, Dominique, II.

3 C'est à ce moment qu'on entendit les gros sabots du père Perdrix. Depuis l'année précédente ils avaient pris un grand poids et se heurtaient à tout dans la rue, car les pauvres sont faibles et rencontrent des murailles. Il venait, il était là, sonore et creux, comme une machine à traîner des sabots. Ch.-L. PHILIPPE, Père Perdrix, II, I.

3.1 Me voilà pourvu. Ce soir, mon père garnira les semelles de clous à grosse tête qui feront des étincelles sur les cailloux de la route avant que la route n'en vienne à bout.
Sabots trop riches à mon goût, sabots de bourgeois. J'envie ceux de mes camarades qui n'ont pas de chaussons bourrés et pas toujours de chaussettes de laine en dehors des jours de classe. Ceux-là savent déjà confectionner des coussinets de foin qui s'interposeront, dessus et dessous, entre le bois mort et la peau vivante de leurs pieds. Le coussin du dessus est joliment roulé comme une moustache d'ancien combattant, celui du dessous, qui sert de semelle intérieure, coupé net au couteau derrière la cheville ou savamment dégradé à la façon des toits de chaume. P.-J. HÉLIAS, le Cheval d'orgueil, p. 268.

3.2 Pour jouer au ballon dans la cour, les autres ont des souliers de cuir, nous avons des sabots de bois retenus à la cheville par une ficelle. Mais il arrive que la ficelle casse, le sabot vole dans une fenêtre, la vitre s'abat à grand bruit. P.-J. HÉLIAS, le Cheval d'orgueil, p. 475.

Sabot de Vénus : orchidée du genre *Cypripedium,* appelée aussi *soulier de Notre Dame,* dont le labelle particulièrement développé rappelle la forme d'un sabot.

♦ 2. (XVIIᵉ). Chez les ongulés*, Ongle considérablement développé, sorte d'enveloppe cornée (⇒ **Corne, kératine**) qui entoure l'extrémité du doigt et repose dans la marche sur une large sole. ⇒ **Ongle, onglon; pied.** *Parties du sabot du cheval des équidés.* ⇒ **Fourchette, lacune, muraille, paroi, sole** (→ Équiper, cit. 5 ; étroit, cit. 3 ; frappement, cit. 1 ; frein, cit. 13 ; patrouille, cit. 3). *Accroissement naturel de la corne du sabot du cheval* (⇒ **Avalure**). *Garnir de fers* les sabots d'un cheval.* ⇒ **Brocher, ferrer.** *Crevasse du sabot* (seime). *Sabots d'une mule* (→ Coup, cit. 19), *d'un mulet* (cit. 1), *d'un bœuf* (→ Déplacer, cit. 6), *d'un âne* (→ Pierraille, cit. 5), *d'une chèvre* (cit. 4)...

4 Nous voyons bien (...) que les animaux à sabots doivent tous être herbivores, puisqu'ils n'ont aucun moyen de saisir une proie (...) CUVIER, Disc. sur les révolutions..., p. 102.

5 Antoine et Jacques étaient remontés dans leur fiacre. Le cheval n'avançait guère et semblait avec ses sabots jouer des castagnettes sur l'asphalte. MARTIN DU GARD, les Thibault, t. I, p. 131.

♦ 3. Techn. ⓐ Garniture de métal destinée à protéger l'extrémité d'une pièce de bois. *Sabots de tables, de bureaux... :* garnitures en bronze doré des pieds d'un meuble. *Sabot d'un pilotis, d'un poteau... Sabot d'enrayage, sabot d'arrêt :* pièce de bois ou de métal que l'on place sous la roue d'un véhicule, en l'attachant par une chaîne, afin d'enrayer ou d'arrêter la marche. *Sabot de frein :* pièce mobile, commandée par le système de freinage, qui vient s'appliquer sur la jante de la roue. *Sabot-cale :* dispositif pour enrayer les roues des wagons. *Freiner un wagon à l'aide d'un sabot-cale* (⇒ **Caleur, enrayeur**).

ⓑ Loc. (1967). *Sabot de Denver :* pince servant à bloquer la roue d'un véhicule en stationnement illicite, le conducteur devant payer une amende pour que ce dispositif soit débloqué.

ⓒ Outil de maçon rappelant la forme d'un sabot. — Outil de cordier. — (1876). Rabot cintré dont le menuisier se sert pour pousser des moulures.

♦ 4. (1798). Baignoire courte où l'on se baigne assis (à l'origine en forme de sabot). ⇒ **Sabotière.** — Appos. *Baignoire sabot. Des baignoires sabots.*

♦ 5. (1838). Mode. *Manches* (cit. 1) *à sabots,* ou, ellipt., *sabots :* manches courtes et évasées.

6 Et cependant les sabots garnis de dentelles découvraient admirablement ses bras nus (...) NERVAL, les Filles du feu, « Sylvie », VI.

♦ 6. (1886). Boîte parallélépipédique ouverte sur l'une de ses faces, utilisée pour distribuer les cartes à certains jeux d'argent (baccara et chemin de fer, en particulier).

♦ 7. Loc. adv. Fam. *Comme un sabot :* très mal (surtout en parlant d'une manière de travailler, du jeu d'un musicien, d'un acteur). *Ce musicien, cet acteur joue comme un sabot.* ⇒ **Savate.** → aussi ci-dessous, III.

★ II. (Premier sens du mot ; mais les emplois récents sont considérés comme venant du sens I : « A été ainsi dit, suivant La Monnoye, parce que ces toupies sont faites la plupart d'un morceau de vieux sabot », Littré ; l'hypothèse est plus que douteuse, ce sens étant attesté trois siècles avant le sens I.). Jouet d'enfant, toupie de forme cylindroconique que l'on fait tourner sur sa pointe au moyen d'un fouet. — Vieilli. *Le sabot dort :* il tourne sur place, paraissant immobile. — Loc. mod. *Dormir comme un sabot,* profondément.

7 Tous deux ivres, dormons comme un sabot. VILLON, le Testament, « Ballade de la grosse Margot ».

★ III. (Par métaphore de I., avec une idée de qualité médiocre, de mauvaise adaptation à la fonction, de manque d'efficacité). ♦ 1. ⓐ Bateau peu sûr, peu marin ou médiocre marcheur. *Un sabot qui doit filer péniblement cinq nœuds vent arrière par force sept !* — Par ext. (véhicules terrestres). *Il arrive encore à taper le quatre-vingt-dix, avec son sabot.*

ⓑ Mauvais billard.

8 On essaye des parties de billard sur un sabot de l'auberge où il y a des ornières qui font des carambolages forcés. Ed. et J. DE GONCOURT, Journal, fin janv. 1852, t. I, p. 25.

ⓒ (1835 ; p.-ê. métaphore de II.). Mauvais instrument, et, spécialt, mauvais violon. *Comment peut-il jouer sur un pareil sabot !*

♦ 2. (Av. 1879, Huysmans ; de la loc. *comme un sabot*). Vx. Personne maladroite, mauvais ouvrier.

9 Dès qu'il arriva devant le tableau, l'architecte, embarrassé, pris d'une honte lâche, voulut presser le pas, emmener son monde, en affectant de n'avoir aperçu ni la toile ni ses amis. Mais déjà l'entrepreneur (...) lui demandait très haut, de sa grosse voix rauque :
— Dites donc, quel est le sabot qui a fichu ça ? ZOLA, l'Œuvre, p. 164.

DÉR. Saboter, saboterie, sabotier, sabotière.

SABOTAGE [sabɔtaʒ] n. m. — 1842 ; de *saboter.*

★ I. Techn. ♦ 1. Vx. Fabrication des sabots.

♦ 2. (1870). Opération qui consiste à saboter. ⓐ (*Saboter,* II., 1.). Vx. *Sabotage du drap.*

ⓑ (*Saboter,* II., 2.). *Sabotage d'un pieu à piloter.*

ⓒ (*Saboter,* II., 3.). *Sabotage des traverses d'une voie ferrée.*

★ II. (Fin XIXᵉ). Cour. Action de saboter (un travail). ⇒ **Gâchage** (cit. 1.). — Spécialt. « Acte matériel quelconque tendant à empêcher le fonctionnement normal d'un service ou d'une entreprise, tendant à rendre inutilisable une machine ou une installation, ou à gêner la marche des véhicules » (Loi de déc. 1947). *Sabotage d'une machine, d'un matériel... Accident d'avion dû à un sabotage.*

1 Contrairement à ce que l'on croit, le sabotage n'est point inné, né dans le monde ouvrier. Il y est appris. Il y est enseigné dogmatiquement, intellectuellement, comme une invention étrangère. Ch. PÉGUY, Notre jeunesse, p. 143.

2 Ce mot de « sabotage », naguère inconnu et qui a fait une étonnante fortune (...) comporte des significations très variées. Il ne signifie pas nécessairement l'acte de détruire les instruments ou les marchandises (auquel cas il tombe sous le coup du Code pénal)... mais tout acte qui consiste à rendre le travail improductif, soit par nonchalance (on dit en Anglais faire *ca' canny*), par excès d'application (c'est ce qu'on appelle *perler* le travail), ou par une observation méticuleuse des règlements (exemple dans une grève de chemins de fer en Italie) qui a pour résultat de rendre le service impossible. Sous ces diverses formes, le sabotage échappe évidemment à toute répression. Charles GIDE, Cours d'économie politique, t. II, p. 354, note 1.

3 Un socialiste irlandais (...) lui avait appris que ce soir même (...) au siège des usines de guerre de Krupp, devait se produire une imposante manifestation pacifiste. L'Irlandais prétendait même que, dans des réunions privées, un grand nombre d'ouvriers avaient prôné le sabotage du travail, afin d'empêcher le gouvernement impérial de persévérer dans ses visées belliqueuses. MARTIN DU GARD, les Thibault, t. VII, p. 114.

Milit. Action clandestine de destruction visant à affaiblir le potentiel de production ou de guerre de l'ennemi (par explosions, incendies, etc.). *Sabotages exécutés par la Résistance sous l'occupation allemande.* — Fig. *Sabotage d'une politique, d'une négociation...*

4 Pour les voies ferrées, les objectifs sont répartis entre l'aviation et la résistance (...) pendant les mois de juin et juillet *(1944)* auront lieu 600 déraillements. Les nôtres se chargent, en outre, sur toutes les lignes, du sabotage qui immobilisera 1 800 locomotives et plus de 6 000 wagons. Ch. DE GAULLE, Mémoires de guerre, t. II, p. 281.

(Abstrait). Fait de saboter (une entreprise, un projet, une opération, etc.).

5 L'analyse du sabotage que subit, à tous les échelons, la politique algérienne du général de Gaulle est irréfutable (...) Et d'abord, en dépit de ce sabotage, de Gaulle gagne.   F. MAURIAC, le Nouveau Bloc-notes 1958-1960, p. 270.

SABOTER [sabɔte] v. — XIIIᵉ, « heurter avec les sabots », « secouer » en anc. franç., seulement intrans. aux XVIIᵉ et XVIIIᵉ, selon les dictionnaires ; de *sabot* I. et II.

★ **I. V. intr. ♦ 1.** Vx ou régional. Piétiner bruyamment avec des sabots.

0.1 Que diraient les gens si nous perdions une matinée entière à regarder les autres travailler ! Nous voilà en rang et sabotant sur le chemin de l'école, encore tout excités du spectacle.   P.-J. HÉLIAS, le Cheval d'orgueil, p. 231.

♦ **2.** (1564). Vx. Jouer au sabot (II.), à la toupie.

★ **II. V. tr.** (XIXᵉ). ♦ **1.** Techn. Vx. Fouler (le drap), l'étoffe repliée passant entre deux sabots de bois.

♦ **2.** (1842). Garnir (un pieu, un pilotis) d'un sabot.

♦ **3.** (1872). Entailler et percer (les traverses des rails de chemin de fer) à l'aide de saboteuses, afin de préparer le logement du patin du rail et de ménager les trous où seront vissés les tirefonds.

★ **III. V. tr.** (1838 ; p.-ê. de l'ancien sens « secouer », v. 1300, et « maltraiter, tourmenter »). ♦ **1.** (Déb. XVIIᵉ). Faire vite et mal. ⇒ **Gâcher, gâter.** *Saboter un travail, un devoir, son ouvrage.* ⇒ **Bâcler, cochonner, torcher.** *L'orchestre a saboté ce morceau,* l'a très mal exécuté.

♦ **2.** (Fin XIXᵉ). Détériorer ou détruire par un acte de sabotage*. ⇒ **Abîmer.** *Saboter une machine, un avion. La voie ferrée a été sabotée.* — (Milit.). *Saboter des installations portuaires, un aérodrome,* ...
Fig. Chercher à contrarier ou à neutraliser (en y mettant de la malveillance, de la mauvaise volonté). *Saboter un plan, un projet, une politique.*

1 (...) c'est l'Autriche qui, systématiquement, semblait saboter tous les efforts qu'on tentait pour sauvegarder la paix.
                                                    MARTIN DU GARD, les Thibault, t. VII, p. 94.
2 L'application du fameux statut a été confiée à ceux-là mêmes qui se donnent pour mission de le saboter.   F. MAURIAC, Bloc-notes 1952-1957, p. 146.

♦ **3.** En franç. d'Afrique. (Sujet et compl. n. de personne). Mépriser, dédaigner (qqn). — (Usage scolaire). Chahuter.

▶ **SABOTÉ, ÉE** p. p. adj.

♦ **1.** Techn. *Pieu saboté.*

♦ **2.** Cour. *Travail saboté. — Machine sabotée. — Politique sabotée.*

DÉR. Sabotage, saboteur.

SABOTERIE [sabɔtʀi] n. f. — 1855, *sabotterie, in* D. D. L. ; de *sabot.*

♦ Techn. Travail du sabotier ; fabrication des sabots. — Fabrique de sabots.

SABOTEUR, EUSE [sabɔtœʀ, øz] n. — 1803, sens I. ; de *saboter* I. ; 1800, « ouvrier qui fait des sabots, sabotier » ; 1694, « celui qui joue au sabot (II.), à la toupie ».

★ **I.** Vx. Personne qui fait du bruit avec ses sabots, qui sabote (I.).

★ **II. ♦ 1.** N. m. Techn. Ouvrier qui perce les traverses à la saboteuse. ⇒ **Saboter** II., 3.

♦ **2.** N. f. Machine à saboter (II., 3.).

★ **III. ♦ 1.** (1808). Personne qui sabote un travail. ⇒ **Gâcheur ; bousilleur.**

♦ **2.** Responsable d'un sabotage, spécialt, au cours d'opérations militaires. *Terroristes et saboteurs. Fusiller un saboteur.*
Fig. Personne qui sabote (un projet, une entreprise, etc.). *Les saboteurs d'une politique :* ceux qui l'appliquent mal ou ceux qui la font échouer.

SABOTIER, IÈRE [sabɔtje, jɛʀ] n. — 1518 ; de *sabot.*

♦ Personne qui fabrique, vend des sabots. *Gouge* de sabotier.*

Chabrillan qui était sabotier possédait aussi des terres (...) Albert le trouva dans son atelier, arrachant des éclats blancs d'une bille de peuplier, dans un entassement de sabots neufs.   P. NIZAN, le Cheval de Troie, I, IV.

SABOTIÈRE [sabɔtjɛʀ] n. f. — 1834 ; de *sabot.*

★ **I.** Vx. Danse paysanne en sabots.

★ **II.** (1904). Rare. Baignoire sabot*.

SABOULAGE [sabulaʒ] ou (vx) **SABOULEMENT** [sabulmã] n. m. — 1673, cit., *saboulage ; saboulement,* 1573 ; de *sabouler.*

♦ Vx. Action de sabouler*.

On y est entré le plus follement du monde dans la vision du saboulage.
      Mᵐᵉ DE SÉVIGNÉ, Lettre à Mᵐᵉ de Grignan, 17 nov. 1673, *in* D. D. L., II, 9.

SABOULER [sabule] v. tr. — 1546, Rabelais ; semble un croisement entre *saboter* « secouer », et *boule.* → Chambouler, sabot.

♦ **1.** Vx. Bousculer, malmener, secouer (→ Déboîter, cit. 1, Molière) ; houspiller, réprimander.

On l'avait entendu rugir, comme un lion noir, dans des cabinets de directeurs de journaux ()...) qu'il saboulait comme la plus vile racaille.   1
                                    Léon BLOY, le Désespéré, p. 70.

♦ **2.** (V. 1830). Vx. Frotter, cirer. — (XIXᵉ). Laver énergiquement.

▶ **SE SABOULER** v. pron.
S'apprêter, se farder. — S'habiller, se vêtir.

Dans le reflet d'une vitrine de lingerie, il s'examine, cherchant ce qui, dans sa façon de se sabouler, peut déplaire.   2
                          Albert SIMONIN, Hotu soit qui mal y pense, p. 37.

DÉR. Saboulage.

SABRA [sabʀa] n. — 1950, *in* D. D. L. ; judéo-arabe *Barbari* « figue de Barbarie », transcrit en deux syllabes hébraïques *sa* et *bra.*

♦ Citoyen juif d'Israël, natif du pays. « *Ce sont eux que le monde connaît sous le nom de " sabras ", ces fermiers soldats brunis par le soleil (...) qui ont forgé leur nouvel État* » (*l'Express,* 7 mai 1973).

SABRAGE [sabʀaʒ] n. m. — 1904 ; « hachure », 1883 ; de *sabrer.*

♦ Techn. Opération de délainage, arrachage des débris végétaux adhérant aux toisons.

SABRAQUE [sabʀak] n. f. ⇒ **Chabraque.**

SABRE [sabʀ] n. m. — 1598 ; var. *sable,* déb. XVIIᵉ ; all. *Sabel,* var. de *Säbel,* du hongrois *szablya.*

A. ♦ 1. Arme blanche, à pointe et à tranchant, à lame plus ou moins recourbée. ⇒ **Alfange, bancal, briquet, cimeterre, damas, épée, katana, latte, yatagan,** et (fam.) **coupe-choux.** *Sabre turc, arabe, kabyle* (cit. 1), *japonais, chinois, hongrois, gaulois* (cit. 1), *français... Sabre de cavalerie* (→ Hérisser, cit. 32 ; mouvement, cit. 21 ; rabattre, cit. 11), *de marine, d'abordage* (cit. 1). *Sabre poignard* (à lame droite et à deux tranchants). *Sabre-baïonnette :* sabre-poignard qui s'adapte au fusil et peut servir de baïonnette. *Sabre d'escrimeur.* ⇒ **Espadon.** — (1964). *Sabre d'abattis* ou *d'abattage,* servant à défricher pour se frayer un chemin en brousse. ⇒ **Machette.** *Escrime* au sabre. Duel au sabre.* Fig. « *La diplomatie française semblait impatiente de jouer du sabre avec le partenaire américain* » (*le Point,* 21 août 1978). *Lame* (⇒ **Coupant, plat, tranchant**) *et poignée d'un sabre.* ⇒ aussi **Bélière, ceinturon, dragonne.** *Le sabre au côté* (→ Capucinade, cit. 1), *sous le bras* (→ État, cit. 93), *à la ceinture* (→ 1. Hymen, cit. 5), *à la main* (→ Jeter, cit. 13), *au poing* (→ Guerrier, cit. 2). *Sabre au clair*!* *Coup de sabre.* ⇒ **Sabrer** (→ Assaillant, cit. 1 ; obliquement, cit. 1). *Plonger son sabre jusqu'à la garde* (cit. 85). — *Sabre de bois d'Arlequin.* ⇒ **Batte.** *Sabre de bois!,* juron familier (menace ridicule, inefficace).

Allez voir si tous les poêles ronflent bien, vous autres ! Sabre de bois, notre monde   1
va nous tomber sur le dos.   BALZAC, les Employés, Pl., t. VI, p. 932.
Le miroir est l'âme de la femme comme le sabre est l'âme du guerrier. Proverbe   2
nippon.   Claude FARRÈRE, la Bataille, III, note 1.
3(...) des cosaques, sabre au clair, chargeaient les manifestants (...)
                                    MARTIN DU GARD, les Thibault, t. VII, p. 65.
Puis il expliqua, avec des gestes, comment on formait les pans creux (...) passa au   4
tranchant et à la cambrure (...) et c'est où déjà, suivant les armes, apparaissaient
les différences, car la lame du sabre des dragons ou des carabiniers n'a point de
cambrure, à la différence de celle du sabre des chasseurs, et surtout des hussards,
qui est, de toutes, la lame la plus cambrée.   ARAGON, la Semaine sainte, X.

Allus. littér. « *Ce sabre est le plus beau jour de ma vie* », paroles mémorables de J. Prudhomme, remerciant les jeunes artistes qui viennent de lui offrir un sabre d'honneur.

Messieurs! ce sabre (...) est le plus beau jour de ma vie. Je rentre dans la capi-   5
tale, et si vous me rappelez à la tête de votre phalange, messieurs, je jure de soutenir, de défendre nos institutions et au besoin de les combattre.
                H. MONNIER, Grandeur et Décadence de Joseph Prudhomme, II, 13.

Loc. péj. (V. 1830). *Traîneurs de sabre :* militaires fanfarons et belliqueux. ⇒ **Bravache.** — (Vieilli). *Bruit de sabre :* menace de guerre, politique agressive (cf. Bruit de bottes). → Écho, cit. 8.
Le sabre, symbolisant l'armée, le militarisme (cit. 2). *Le sabre et le goupillon** (cf. *Le rouge et le noir,* par allus. au roman de Stendhal). → Gouverner, cit. 30, Gautier.

6 J'ai peu de goût pour les gens de guerre en temps de paix. Je ne sais pas si je n'aime pas mieux encore les sabreurs que les traîneurs de sabre.
HUGO, les Misérables, IV, VIII, VII.

7 Ce jour-là, dès qu'il fut dehors, il se rappela son fils, le capitaine. À eux deux, ils auraient fait de si bonne besogne! Mais il écarta le souvenir de cet imbécile qui préférait traîner un sabre. ZOLA, la Terre, II, I.

8 (...) Rivarol (...) avait écrit : «Ou le roi aura une armée, ou l'armée aura un roi (...) *les révolutions finissent toujours par le sabre : Sylla, César, Cromwell.*
MADELIN, Hist. du Consulat et de l'Empire, «Ascension de Bonaparte», XX.

9 Les religieux, revenus d'exil, grâce à la guerre et à la victoire de 1918, n'avaient plus le même esprit. Toutes les équivoques qui liaient le trône à l'autel, le goupillon au sabre, furent sinon détruites, du moins fixées (...)
F. MAURIAC, Bloc-notes 1952-1957, p. 54.

♦ **2.** (1840). Par anal. (Techn.). Instrument servant à tondre les haies. — Lame ou tringle métallique servant au sabrage*.

Fam. Rasoir à main, à longue lame.

Techn. Came en forme de lame de sabre de certaines machines à vapeur. — Instrument courbe servant à soulever le varech pour chercher les crustacés ou à sonder le sable. *Pêche au sabre.* — Instrument du verrier (techniques artisanales traditionnelles).

Appos. *Dérive sabre :* dérive très allongée de certains petits yachts, qui se manœuvre par translation verticale.

EN SABRE : en forme de lame de sabre, légèrement courbe.

10 Les sièges usuels adoptent les pieds «en sabre» et les dossiers barrés d'une large traverse dite *hémicycle* (...) Guillaume JANNEAU, le Mobilier français, p. 96.

(1870). Appos. *Haricots sabre,* à grande gousse plate et recourbée. *Pois sabre,* à gousse légèrement recourbée (opposé à *en serpette*).

♦ **3.** (1930, en argot; par la métaphore fréquente du pénis comparé à une arme d'estoc). *Coup de sabre :* pénétration sexuelle.

B. Par métonymie. ♦ **1.** Lutte au sabre; sport de l'escrime au sabre (ou escrime de taille). *Championnat du monde de sabre. Principaux coups au sabre :* coup de taille, de contre-taille, coup de pointe.

♦ **2.** Cavalier armé d'un sabre. *«19000 cavaliers dont 8000 sabres»* (Edmonde Charles-Roux, *Elle, Adrienne,* p. 362).

DÉR. Sabrer.
COMP. Porte-sabre.

SABRER [sabʀe] v. tr. — 1680; de *sabre*.

A. ♦ **1.** Frapper à coups de sabre (surtout avec un compl. plur. ou collectif et en parlant de coups de taille*). *Sabrer l'ennemi* (→ Charger, cit. 1). *Faire sabrer le peuple* (cit. 23). — Au p. p. *Percé, sabré, déchiqueté* (cit. 5). Absolt. *Sabrer à droite et à gauche.* — Pron. (récipr.). *Une douzaine de guerriers se sabrant* (→ Épisode, cit. 6).

1 Napoléon s'emporta : (...) «Chateaubriand croit-il que je suis un imbécile, que je ne le comprends pas! je le ferai sabrer sur les marches des Tuileries». Il donna l'ordre de supprimer le *Mercure* et de m'arrêter.
CHATEAUBRIAND, Mémoires d'outre-tombe, t. III, p. 3.

2 La cavalerie prussienne, fraîche venue, s'élance, vole, sabre, taille, hache, tue, extermine. HUGO, les Misérables, II, I, XIII.

Par anal. *La grêle* (cit. 1) *sabrait tout.* — Par ext. P. p. *Visage sabré de rides. Dessin sabré de larges coups de crayon* (→ Haché).

2.1 (...) le petit Gers et le grand Gers montaient, barraient l'horizon de leurs flancs nus, que les rayons obliques sabraient de jaune et de rose.
ZOLA, Lourdes, p. 44.

3 Des touffes de cheveux blancs étaient brusquement apparues dans la chevelure noire, comme ces fleurs d'automne qui montent des prairies en une nuit de septembre. Des rides nouvelles sabraient ses joues.
R. ROLLAND, Jean-Christophe, Le buisson ardent, II, p. 1425.

♦ **2.** (V. 1930). Fig., fam. Posséder (une femme).

B. ♦ **1.** (1762). Vx. *Sabrer une affaire :* la juger avec précipitation. — Par ext. Exécuter rapidement à grands traits. ⇒ (péj.) **Bâcler, expédier.**

4 Gambetta, toujours en retard, et dont le retard fait sabrer la fin du dîner, dans l'impatience des invités pour la soirée.
Ed. et J. DE GONCOURT, Journal, 11 avr. 1882, t. VI, p. 137.

5 De Chardin, sabré à la pierre d'Italie avec des rehauts de craie, sur un papier chamois, un croquis de vieille femme tenant un chat sur ses genoux.
Ed. et J. DE GONCOURT, Journal, 14 déc. 1894, t. IX, p. 216.

♦ **2.** Mod. Pratiquer de larges coupures dans...; biffer, diminuer, écourter. *La rédaction du journal a sabré l'article de son correspondant.*

6 Le professeur grommela dans sa cravate et d'un trait rageur, sabra la copie de l'élève Bonenfant. M. AYMÉ, Maison basse, p. 113.

♦ **3.** (Vieilli). Critiquer sans ménagement (→ Démolir).

♦ **4.** Fam. Traiter avec une grande sévérité, sans ménagement. Spécialt. *Se faire sabrer :* se faire licencier (d'un emploi), renvoyer (d'un établissement scolaire), etc. *Sabrer des candidats à un examen :* les noter avec rigueur, sévérité; les refuser. ⇒ **Sacquer.**

C. Techn. Soumettre (les peaux) à l'opération du sabrage.

DÉR. Sabrage, sabreur, sabreuse.

SABRETACHE [sabʀətaʃ] n. f. — 1752; altér., d'après *sabre*, de l'all. *Säbeltasche* «poche de sabre».

♦ Anciennt. Sac plat en cuir, plus ou moins orné, que les cavaliers suspendaient au ceinturon, à côté du sabre. *La sabretache, originairement destinée à enfermer des ordres et papiers divers, devint ensuite un simple ornement, et disparut des uniformes en 1870. Sabretache de hussard.*

Il est en grand uniforme, pantalon rouge collant, veste blanche à passementerie d'or, dolman bleu ciel, colback à flamme et à torsades, le sabre au côté, la sabretache battant la cuisse, l'aigle sur la gibecière.
HUGO, Choses vues, 1840, Funérailles de Napoléon.

SABREUR [sabʀœʀ] n. m. — 1790; de *sabrer*.

♦ **1.** Celui qui se bat au sabre. — (En sport, 1924). Celui qui pratique l'escrime au sabre. *Sélection des sabreurs français.*

♦ **2.** Fig. Soldat courageux et brutal.

(...) grossier, tapageur, et en réalité sans autre mérite que celui de la vulgaire bravoure du sabreur (...) BALZAC, la Rabouilleuse, Pl., t. III, p. 874.

Péj. Soudard.

♦ **3.** Vx. Ouvrier maladroit.

SABREUSE [sabʀøz] n. f. — 1964; de *sabrer*.

♦ Techn. Machine formée d'un tambour tournant garni de lames, pour le sabrage* des peaux.

Après vingt-quatre heures d'immersion, les bassins sont vidés, et les peaux soumises au sabrage, qui a pour but d'arracher les débris végétaux ou chardons adhérant à la toison. La sabreuse se compose essentiellement d'un tambour horizontal tournant, garni de lames métalliques non coupantes disposées en forme d'hélices à pas allongé. Charles MARTIN, la Laine, p. 27.

SABULICOLE [sabylikɔl] adj. — V. 1970; lat. *sabulum* «sable», et *-cole*.

♦ Didact. Qui vit dans le sable. ⇒ **Arénicole.** *Organisme sabulicole.*

SABURRAL, ALE, AUX [sabyʀal, o] adj. — 1770; de *saburre*.

♦ Méd. Se dit de la langue, lorsqu'elle est recouverte d'un enduit blanc-jaunâtre. *Langue saburrale. État saburral de la langue,* symptomatique de diverses affections (troubles gastriques...).

Par analogie :

Un sang envahi par quelque venin de vipère des sables, un sang glacé, saburral, paralysant. J.-M. G. LE CLÉZIO, la Fièvre, p. 154.

SABURRE [sabyʀ] n. f. — 1539; lat. *saburra* «lest», déjà au fig. dans l'adj. *saburratus* «lesté», en parlant de l'estomac.

♦ Méd. anc. Résidu qu'on supposait accumulé dans l'estomac à la suite de mauvaises digestions (→ Bouillie, cit. 2).

DÉR. Saburral.

1. SAC [sak] n. m. — 1050, «étoffe grossière»; lat. *saccus*, grec *sakkos*, d'orig. sémitique.

★ **I. A.** ♦ **1.** (1120). Contenant formé d'une matière souple pliée, assemblée, et qui est ouvert seulement par le haut. ⇒ **Enveloppe, poche, récipient.** *Grand, petit sac* (⇒ **Sachet**). *Sac pour l'emballage, le transport.* ⇒ aussi **Paquet.** — *Le fond* * (le «cul». ⇒ **Cul-de-sac**) *d'un sac. L'entrée, l'ouverture d'un sac. Sac bourré jusqu'à la gueule. Sac à deux poches* ⇒ **Besace** (cit. 3), **bissac.** *Sac à soufflets* (en papier...). — *Fermer, lier un sac* (à l'aide de cordons, en nouant, en cousant l'ouverture, etc.). *Oreilles d'un sac :* les plis de la toile aux côtés de l'ouverture et qui servent à le manier. *Manipuler, porter un sac. Remplir, vider un sac. Mettre en sac.* ⇒ **Ensacher.** *Expédier un sac* (⇒ **Colis**). — *Sac de jute, de tissu de crin* (rapatelle), *de toile, de treillis...* ⇒ **Balle.** *Sac de caoutchouc, de cuir, de matière plastique, de papier* (→ 1. Marron, cit. 2). *Sac en papier. Sac en filet des marins* (dit *nid-de-pie*). *Toile à sac. Sac à blé, à patates* (→ Frigo, cit. 1), *destiné à recevoir du blé, etc.* — *Sac de charbon, de noix, de plâtre, de pommes de terre,* contenant effectivement du charbon, etc. *Sac de blé, de farine* (→ Meunier, cit. 1 et 2). Loc. fig. *Tirer d'un sac deux moutures* ⇒ **Mouture** (cit. 6 et supra). *Sac de semences.* ⇒ **Semoir.** — *Petit sac pour le tabac.* — Vx. *Sac à tabac.* ⇒ **Blague...** *Sac de peau pour les liquides.* ⇒ 1. **Outre** (→ ci-dessous, fig., *sac à vin*). — *Sac où l'on range les quilles,* après le jeu. Loc. fig. *Trousser* (vx), *prendre son sac et ses quilles :* partir, s'esquiver (→ Laisser, cit. 31).

Loc. *Sacs de sable, de terre* (ancienn. *sacs à terre*) : sacs remplis de terre, de sable... et servant de matériaux pour édifier une fortification, soutenir une tranchée, protéger un emplacement (→ Ouvrage, cit. 8). *Des sacs de terre et des gabions.* — *Sac de sable,* servant à l'entraînement des boxeurs (→ Punching-ball, cit.).

Fam. *Sac de sable :* passager d'un avion (argot des aviateurs).

Loc. fig. (1884). Vx. *Sac à charbon :* prêtre (en soutane).

Mod. *Le sac à charbon* : région du ciel vide d'étoiles, dans l'hémisphère austral (*la Recherche,* janv. 1974, p. 65).
Sac d'argent (→ Faillite, cit. 3), *d'écus* (→ Danger, cit. 10), *de pistoles* (→ Marché, cit. 4). ⇒ aussi **Bourse, escarcelle.** *Sac d'espèces monnayées.* ⇒ **Group.**
Sacs postaux, dans lesquels on transporte les lettres, etc. *Expédition hors sac,* rapide et en surtaxe. Absolt. *Des hors-sac.*

♦ **2.** Par anal. [a] *Sac d'une paillasse.* ⇒ **Enveloppe.** *Sac de couchage** : enveloppe cousue, remplaçant les draps (argot milit. : *sac à viande*).

1 (...) il déplia le sac qu'il portait, dégagea l'ouverture, et, saisissant l'adolescent par la tête, il fit passer le corps entier dans l'enveloppe de toile. Il noua, avec son mouchoir, l'extrémité qui servait d'introduction.
LAUTRÉAMONT, les Chants de Maldoror, VI.

Par ext. SAC DE COUCHAGE : sac fait de duvet (→ Duvet, 2.) ou d'un matériau synthétique isolant, dans lequel on se glisse pour dormir. Fam. *Sac à puces* : lit (→ Pucier).
Course en sac : jeu où les concurrents, les jambes et une partie du corps enfermées dans un sac, s'efforcent d'avancer en sautant. — *Enfermer, lier qqn dans un sac.* « *Dans ce sac ridicule, où Scapin s'enveloppe* » (cit. 1).
Loc. fig. (par allus. au sac dans lequel on enfermait certains malfaiteurs). DE SAC ET DE CORDE. *Homme, gens* (cit. 10) *de sac et de corde* (cit. 9). ⇒ **Canaille, malfaiteur, scélérat.**
Vx.*Avoir la tête dans un sac* : être dans l'ignorance la plus complète. *Mettre au sac* : embarrasser (cf. Diderot, *in* Littré).

2 (...) elle était dans l'opinion que celui qui nie la très sainte Trinité est un homme de sac et de corde, qui finira par être pendu (...)
DIDEROT, Entretien d'un philosophe avec la maréchale de ***.

[b] *Ce vêtement ressemble à un sac* : il est très mal coupé, sans forme. *Être fait, fichu, fagoté, ficelé comme un sac,* très mal habillé. — *Être gonflé comme un sac,* informe comme un sac plein. *Cela fait un sac.*

3 Il tapa sur ses poches, il tapa sur les gros sacs que faisaient ses poches, en bas et de chaque côté de sa veste, et qui tendaient le drap sur les épaules, les faisant aller en avant (...)
C.-F. RAMUZ, la Grande Peur..., VII.

[c] Par appos. *Paletot sac. Robe sac,* sans taille marquée.

[d] Par anal. *Sac de laine* : coussin sur lequel siège le président de la Chambre des Lords.

♦ **3.** Loc. fig. *Mettre dans le même sac* : englober dans la même appréciation (et généralt dans la même réprobation).

3.1 Toutes les religions à «petit Jésus», catholiques, protestantes ou juives, dans le même sac! je les fous toutes au pas! que ce soit pour le mettre en croix ou le faire avaler en hosties, même farine! même imposture! racontars! escroquerie!
CÉLINE, Rigodon, p. 17.

Prendre qqn la main (cit. 21) *dans le sac* : le surprendre, le prendre sur le fait. — REM. Dans cette expression *sac* peut aussi être compris au sens B., 1.

4 Puis, un beau jour, ayant surpris Gaubertin la main dans le sac, suivant l'expression consacrée, le général entra dans une de ces colères particulières à ces dompteurs de pays.
BALZAC, les Paysans, Pl., t. VIII, p. 100.

Fam. *Sac d'embrouilles, sac de nœuds* : affaire confuse, embrouillée. — REM. L'expression peut s'employer aussi au sens concret.

4.1 (*La palangre*) était devenue un lamentable embrouillamini, un paquet de cordes, de goémons et d'avançons tout enchevêtrés qui traînait dans une flaque, vrai sac de nœuds s'il en fut jamais.
H. QUEFFELEC, *in* l'Aurore, 24 août 1967.

C'est un sac percé, un dépensier, un prodigue* (on dit plus souvent *panier percé*). — (1548). *Sac à vin* : ivrogne. « *Chenapans, sacs à vin...* » (Jarry, *Ubu,* II, 4).
Sac à laine (vx); *sac à papier* (1791, *in* D. D. L.; vieilli), euphémismes remplaçant un juron* (sacré...).

5 — Sac à papier, monsieur le comte, vous faites des sottises, reprit le vieux notaire en rejoignant son client. BALZAC, le Contrat de mariage, Pl., t. III, p. 122.

6 Le vieux Turdy (...) prétend marier ma fille contre mon gré. C'est ce que nous verrons, *sac-à-laine*! G. SAND, Mlle de la Quintinie, XXVI.

6.1 Sac à papier! (...) on ne dit pas à son maître vous être seccot! on lui dit : « Monsieur est seccot! » on parle à la troisième personne.
E. LABICHE, la Perle de la Canebière, I.

♦ **4.** Par anal. Vêtement simple et grossier (fait de grosse toile, comme un sac), signe de pénitence, dans la Bible. *Porter le sac et le cilice* (Académie). *Le sac et la cendre.*

7 (...) c'est où elle veut faire pénitence, c'est où elle a vu, sur la carte, les endroits qui l'invitent à finir sa vie sous le sac et la cendre (...)
Mme DE SÉVIGNÉ, 929, 5 Août 1684.

B. ♦ **1.** (Fin XVIe; *sac de nuit*). Objet souple fabriqué pour servir de contenant, où l'on peut placer, ranger, transporter (⇒ **Bagage**) diverses choses. *Sac de soldat, de fantassin** (cit. 1 et 2; ⇒ **As** [de carreau], **havresac**). *Sac d'alpiniste* (⇒ **Rucksac**), *de scout, de campeur* : sacs portés sur le dos à l'aide d'un système d'attaches (bretelles).*Sac à dos* (cf. Sac tyrolien). *Sac au dos* (→ Debout, cit. 7; excursion, cit. 2). *Porter le sac* (→ Dos, cit. 1). *Remonter son sac* (→ Incommode, cit. 5). *Mettre le sac à terre. Contenu réglementaire du sac.* ⇒ **Paquetage.**

8 Le sac, c'est la malle et même c'est l'armoire. Et le vieux soldat connaît l'art de l'agrandir quasi miraculeusement par le placement judicieux de ses objets et provisions de ménage. En plus du bagage réglementaire et obligatoire (...) nous trouvons bien moyen d'y mettre quelques boîtes de conserves, du tabac, du chocolat (...) Avec la couverture, le couvre-pied, la toile de tente, l'outil portatif, la gamelle, et l'ustensile de campement, il grossit, grandit et s'élargit, et devient monumental et écrasant. H. BARBUSSE, le Feu, I, XIV.

Sacs formés d'une ou plusieurs poches, munis d'une fermeture et d'attaches. ⇒ **Gibecière, musette, sacoche.** *Sacs de chasseur.* ⇒ **Carnassière, carnier; cartouchière.** *Sacs de cavalier.* ⇒ **Fauconnière, sabretache.** — *Sac de matelot, de marin* (cylindrique). Abusivt. *Sac marin.* (→ aussi ci-dessous, C., 2.). — *Mettre sac à terre* : refuser d'appareiller, en parlant de marins en grève, qui descendent leurs effets à terre.

8.1 Le cocher rétorqua que la République n'était pas à Moscou, mais bien à Helsingfors, car la gare de Finlande était fermée au public. L'ivrogne, mieux informé, affirmait que la flotte de la mer Noire appareillé pour se rendre à Constanza, où les matelots avaient mis sac à terre. Le veilleur de nuit disait qu'on lui avait dit que le jardin Alexandre était plein de morts.
B. CENDRARS, Moravagine, Œ. compl., t. IV, p. 166.

Sacs de rangement. Sac à ouvrage (en toile, en tapisserie...), où l'on range le matériel de couture*. — *Sac à outils. La* ferrière, *sac à outils du maréchal-ferrant.* — *Sac à provisions,* généralement en toile cirée, ou en matière plastique.
Sac de nuit (vieilli), *sac de voyage* : bagage à main souple et sans couvercle (à la différence de la valise). *Sac de voyage en cuir, en toile et cuir. Acheter un sac chez le sellier.*

9 À tout coin de rue, on rencontre des gens, hommes et femmes, portant à la main le sac de nuit, le sac de voyage, le petit paquet, avec lequel il est seulement possible de fuir Paris.
Ed. et J. DE GONCOURT, Journal, 18 avr. 1871, t. IV, p. 211.

10 Il tenait à la main un petit sac de voyage en toile cirée. Ses mains tremblantes en cherchaient le fermoir, comme s'il eût voulu l'ouvrir.
Pierre BENOIT, Mlle de la Ferté, p. 219.

Sac de plage.

♦ **2.** (V. 1903) SAC À MAIN, et absolt, SAC (→ Gauche, cit. 14; poudrier, cit.) : accessoire de la toilette féminine, destiné à contenir l'argent, les papiers, les fards... *Sac en cuir, en tissu... muni de poches intérieures. Sac en crocodile* (en *croco*). *Poignée, fermoir d'un sac à main. Sac sans poignée* ou *pochette. Grand sac, sac valise. Petit sac en tissu...* ⇒ **Réticule** (cit.).

10.1 (...) Josette ouvrit son sac et en tira un agenda; Henri aperçut un mouchoir de dentelle et un petit poudrier d'or : ça lui semblait plein de mystère jadis, l'intérieur d'un sac féminin. S. DE BEAUVOIR, les Mandarins, p. 270.

♦ **3.** Serviette, cartable (dans le langage des écoliers).

11 (...) Edmond et Léonard ont posé leurs cartables, deux sacs de faux cuir jaune, tachés d'encre, et qui laissent voir le carton aux coutures (...)
M. GENEVOIX, Raboliot, III, IV.

12 L'année prochaine, elle ira en quatrième, rue Caumartin, méprisera la rue d'Amsterdam, jouera un rôle et quittera le sac (la serviette) pour les livres noués par une sangle et un carré de tapis. COCTEAU, les Enfants terribles, p. 5.

♦ **4.** (1478). Vx. Dossier, portefeuille contenant les pièces* d'un procès (cf. Boileau, *le Lutrin,* V; Racine, *les Plaideurs,* I, 4). — Loc. fig. et vieillies. *C'est la meilleure pièce de son sac,* la chose la plus importante, l'élément le plus avantageux pour lui. — *Juger sur l'étiquette du sac,* sur les apparences. — *Le fond du sac* : les pièces les plus secrètes, et, fig., ce qui est caché*, tenu secret*.

13 Ce greffier était de l'espèce dite *greffier garde-sacs;* ce qu'indiquait une sacoche qui était devant lui à ses pieds. Ces sacoches, jadis employées dans les procès, étaient qualifiées *sacs de justice.* HUGO, l'Homme qui rit, II, IV, VIII.

(1680). Mod. *L'affaire est dans le sac* : le succès de l'entreprise est assuré, certain (→ Imminent, cit. 3). — REM. Cette expression classique (cf. Regnard, *in* Littré) a pris une valeur familière (titre d'un film des frères Prévert).
Loc. fam. *Vendre qqch. dans un sac,* sans montrer la marchandise (M. Aymé, *Maison basse,* p. 39).
(1673, Molière). Fam. *Vider son sac.* [a] Vx. N'avoir plus de ressources mentales.
[b] Mod. Dire le fond de sa pensée ou encore avouer une chose que l'on tenait cachée.

14 Dès cette époque, Canalis avait, selon le pittoresque expression des journalistes, vidé son sac; il se sentait incapable d'inventer une nouvelle forme de poésie (...) BALZAC, Modeste Mignon, Pl., t. I, p. 404.

15 — (...) Combien te faut-il? — Rien. — Tu m'inquiètes. J'ai l'impression que ça va me coûter encore plus cher. Vide ton sac. J. ANOUILH, Ornifle, II.

C. ♦ **1.** Contenu d'un sac. *Moudre cent sacs de blé, un sac de café.* ⇒ **Sachée.** — Spécialt. Contenu d'un sac de dimension déterminée, servant de mesure (pour les grains...).

♦ **2.** Mar. *Le sac de marin* : tous les effets réglementaires et objets personnels du marin (contenus en principe dans le sac [B., 1.]).

★ **II.** Fig. **A.** ♦ **1.** (XVIIe). L'estomac, le ventre* (vx). *S'en mettre plein le sac* (→ ci-dessus [I., A., 3.], loc. fig. : *sac à vin*).

16 J'ai pris des eaux, et le bon abbé aussi, pour vider un peu son sac, qu'il avait trop rempli à Époisse. Mme DE SÉVIGNÉ, 656, 25 sept. 1677.

L'esprit, le cerveau, considéré comme un réservoir de ruses, d'habiletés (→ Contrefaire, cit. 6). « *J'ai cent ruses au sac* » (→ Habile, cit. 8).
(1876). *Sac à malices* (au sens propre, sac [I., A., 1.] de prestidigitateur). — *Avoir bien des tours* (1851), *plus d'un tour* (1935) *dans son sac.*

17 Le chat dit au renard : Fouille en ton sac, ami ;
Cherche en ta cervelle matoise
Un stratagème sûr. Pour moi, voici le mien.　LA FONTAINE, Fables, IX, 14.

♦ **2.** (1677). Sc. nat. Cavité ou enveloppe en forme de poche, de sac (I., A., 1.). — Anat., pathol... ⇒ **Follicule, saccule, vésicule, vessie** (→ Plèvre, cit.). *Sac lacrymal*, à l'angle extrême de l'œil* (→ Larme, cit. 1). *Sacs lymphatiques de l'embryon. Sac herniaire. Sacs aériens*, de l'appareil respiratoire des oiseaux. *Sacs vocaux*, diverticules de l'appareil respiratoire. — *Sac viscéral de la sacculine**. — Bot. *Sac embryonnaire* : partie de l'ovule* des angiospermes, qui correspond au prothalle des cryptogames, et dans laquelle l'oosphère fécondée se transforme en œuf (et l'ovule en graine). — *Sac pollinique**.

♦ **3.** Géol. (Vx). Filon d'une mine. ⇒ **Poche.**

B. (Mil. XIXᵉ ; par métonymie de *sac d'argent, sac d'écus*). ♦ **1.** Fam. *Le sac* : l'argent, la richesse. *Avoir le sac* : être riche. — *Se marier avec le gros sac, épouser le sac* : épouser une femme riche, faire un riche mariage. — Argot. *Faire son sac* : ramasser beaucoup d'argent.

18 — Mais votre demoiselle est charmante... *A-t-elle le sac ?* Cela veut dire en langage des halles : « A-t-elle de l'argent ? »　NERVAL, les Nuits d'octobre, XIII.

19 (...) chez le bourgeois français, catholique et provincial, le sac cherche le sac. Et pourquoi faire, les malheureux ? Ils n'ont que des besoins médiocres ; ils ne savent que manger, bâiller, dormir — économiser.
　　　　R. ROLLAND, Jean-Christophe, Antoinette, p. 889.

20 Ça, bien sûr, vous trouverez des femmes qui font leur sac dans la journée, mais ces tapins-là, c'est pas pour ma poire.　M. AYMÉ, le Passe-muraille, p. 261.

Au plur. *Les gros sacs* : de grosses sommes.

21 Chaque fois qu'un Marcel Cerdan allait décrocher les gros sacs, on entendait le murmure amer des petits maigrichons du cours de morale (...)
　　　　Jacques PERRET, Bâtons dans les roues, p. 10.

♦ **2.** (1846, *in* Esnault). Fam. (d'abord argot). Billet, somme de mille francs (anciens). ⇒ **Sacotin** (argot). — REM. Ne s'emploie qu'avec un numéral, le plus souvent dans des comptes ronds (dizaines, centaines, etc.). *Voilà vingt-cinq, cinquante sacs. Il gagne entre huit cents sacs et une brique par mois*, entre huit mille et dix mille (un million de centimes) francs.

22 (...) j'ai cent vingt sacs au Greffe, je tiendrai facilement le coup jusqu'à la jonction avec les mandats.　A. SARRAZIN, la Cavale, p. 18.

23 La cure de désintoc ! en clinique privée ! Deux mois à un sac la journée ! tout compris (...)
Ayant, au contact de la clientèle, pris quelque teinture de la langue voyoute, le toubib a préféré, supposant au mot un pouvoir plus évocateur pour le Gros, un sac à mille francs.　Albert SIMONIN, Hotu soit qui mal y pense, p. 40.

DÉR. Sachée, sacherie, sachet, sacotin, sacquer, saquer.

2. SAC [sak] n. m. — 1420 ; ital. *sacco*, dans l'expr. *metterre a sacco* (XIVᵉ) ; cf. *saccomanno*, et en franç. *saqueman* ; de l'all. *Sakman* « pillard, brigand », de *Sak* « sac » ; en outre l'anc. franç. *sachier* (→ Saccade) signifie « piller ».

♦ Pillage (d'une ville, d'une région). Dévastation. ⇒ **Ravage** (vieilli), **saccage** ; et aussi **massacre**. *Le sac de Rome* (→ Chimère, cit. 10 ; ravage, cit. 2). Loc. *Mettre à sac* : piller, saccager. *Mise à sac.*

La foule s'en prit au magasin, éventra la caisse et mit à sac les étalages.
　　　　Claude COURCHAY, La vie finira bien par commencer, p. 137.

SACCADE [sakad] n. f. — 1534 ; du v. *saquer* « tirer », forme dial. de l'anc. franç. *sachier*, esp. *sacar* « retirer d'un récipient » ; selon Guiraud, d'un gallo-romain *sapicare*, de *sapare* « faire sortir la sève (lat. *sapa*) en frappant sur l'écorce et en tirant par petits coups ».

♦ **1.** Équit. Brusque secousse donnée aux rênes d'un cheval (→ Imprudent, cit. 1).
Secousse qu'on donne à qqn en le tirant.

♦ **2.** (V. 1600). Cour. Mouvement* brusque et irrégulier. ⇒ **À-coup, heurt, secousse, soubresaut...** *Les roues avançaient par saccades*, par bonds successifs (→ Pédale, cit. 1). *Saccades des reins* : mouvements saccadés* (→ Redressement, cit. 1). — Au sens érotique. → Saccader, étym. *Agir par saccades*, avec brusquerie. — *Parler, rire par saccades. Le rire lui imprimait des saccades...* (→ Bouche, cit. 7).

Il marche à pas fermes, mais par saccades, comme un pantin désarticulé, parce qu'il ne commande plus à ses jarrets, et que le sol lui semble creusé de trous où il enfonce.　MARTIN DU GARD, les Thibault, t. VIII, p. 144.

DÉR. Saccader.

SACCADÉ, ÉE [sakade] adj. — 1788, *style saccadé* ; de *saccader*.

♦ **1.** Qui procède par saccades, par mouvements successifs brusques. ⇒ **Discontinu, haché, heurté, irrégulier.** *Gestes, mouvements saccadés.* ⇒ **Convulsif** (→ Interprétation, cit. 10). *Démarche saccadée* (→ Remarquer, cit. 10). ⇒ **Capricant.** *Tremblements saccadés de la mâchoire* (cit. 3), convulsifs, spasmodiques. *Bruit, craquement saccadé. Embrayage qui agit d'une manière saccadée.* ⇒ **Brouter.** *Mouvement saccadé d'une voiture.* ⇒ **Trépidation.** *Bouffées de vent intermittentes* (cit. 1), *saccadées.*

1 Ses mouvements sont saccadés comme s'ils étaient produits par une mécanique imparfaite.　BALZAC, Une fille d'Ève, Pl., t. II, p. 87.

2 Et ses paroles ne venant plus se briser dans le bruit des bravos, il ne trouvait plus la force de reflux qui amenait de nouvelles vagues d'éloquence. Ses gestes n'étaient plus mesurés, mais saccadés comme les mouvements d'un homme sur un cheval emporté, et, tant l'acteur humain reste petit auprès du rôle inouï que la destinée lui confie parfois (...)　PROUST, Jean Santeuil, Pl., t. II, p. 594.

3 Son sommeil était saccadé. Il avait de brusques détentes nerveuses, comme des décharges électriques, qui lui secouaient le corps.
　　　　R. ROLLAND, Jean-Christophe, L'aube, III, p. 108.

4 (...) ils étaient d'ailleurs tous venus, non tant dans un but guerrier que dans le désir de mettre un terme à cette vie saccadée et précaire.
　　　　GIRAUDOUX, De pleins pouvoirs à sans pouvoirs, Le protocole, p. 189.

♦ **2.** Qui est souvent interrompu. ⇒ **Heurté, haché** (d'un son). *Bruit saccadé. Une voix saccadée* (→ Célébrer, cit. 6). *Un rythme heurté, saccadé.*

(1788). Fig. *Style coupé, saccadé* (→ aussi Hacher, cit. 17).

SACCADER [sakade] v. tr. — 1532, Rabelais, « prendre une femme » ; de *saccade*.

♦ **1.** Équit. Donner des saccades (1.) à un cheval.

♦ **2.** Rendre saccadé.

1 Le tremblement nerveux de la tête saccadait ses paroles.
　　　　MARTIN DU GARD, les Thibault, t. IV, p. 263.

Pron. (Passif) :

2 La poitrine se resserra et le cœur se mit à battre inconsidérément ; et la respiration se saccada. Saturnin tomba dans le propre puits de sa propre cervelle où il n'y avait plus rien, plus de puits, plus de cervelle, plus de Saturnin, plus de concierge, plus de chameaux, plus d'ombrelles, plus de bateaux-lavoirs.
　　　　R. QUENEAU, le Chiendent, 1932, p. 180.

♦ **3.** V. intr. Avoir un mouvement saccadé.

3 (*Le métro aérien*) bondissait en face, entre deux rues, comme un obus, rempli de viandes tremblotantes et hachées, saccadait à travers la ville (...)
　　　　CÉLINE, Voyage au bout de la nuit, p. 183.

DÉR. Saccadé.

SACCAGE [sakaʒ] n. m. — 1596 ; de *saccager*.

♦ **1.** Pillage commis en saccageant. ⇒ **Déprédation, 2. sac.**

Toutes les femmes qui l'avaient connu furent assassinées. Quel saccage au jardin de la beauté ! Sous le sabre, elles le bénirent.　RIMBAUD, Illuminations, III.

♦ **2.** Fait de mettre en désordre et en mauvais état. ⇒ **Bouleversement, chambardement, saccagement** (vx). *Il a fait un beau saccage dans la chambre. Quel saccage !* (→ aussi Décapiter, cit. 3).

♦ **3.** Fam. Amas d'objets abîmés et en désordre.

SACCAGEMENT [sakaʒmɑ̃] n. m. — 1533 ; de *saccager*.

♦ **1.** Vx. Action de saccager, pillage violent. ⇒ **Saccage, 1.** *Pestes, famines, incendies, saccagement de villes...* (→ 2. Mal, cit. 11, Chateaubriand).

♦ **2.** Saccage (2.).

Je passe cette journée à me promener dans les ruines d'Auteuil. C'est du saccagement et de la destruction, comme en pourrait faire une trombe.
　　　　Ed. et J. DE GONCOURT, Journal, 25 mai 1871, t. IV, p. 253.

SACCAGER [sakaʒe] v. tr. — Conjug. *bouger.* — V. 1450 ; ital. *saccheggiare*, de *saccheggio*, de *sacco*. → 2. Sac.

♦ **1.** Mettre à sac, au pillage, en détruisant et en volant. ⇒ **Gâter** (vx), **piller, ravager** (cf. Mettre à feu et à sang ; et aussi → invasion, cit. 2). *Les ennemis saccagèrent la ville.* — Absolt. *Brûler et saccager.*

1 (*Autun*) avait été horriblement saccagée et brûlée à la fin du troisième siècle, lors de la révolte des Bagaudes, mais Constantin l'avait réparée.
　　　　STENDHAL, Mémoires d'un touriste, t. I, p. 62.

2 Sur la route, à travers les royaumes, brûlant
Et saccageant, mettant à mal des belles Juives,
Ils ont rôti les Juifs couchés au gril sanglant.
　　　　LECONTE DE LISLE, Poèmes tragiques, « Le lévrier de Magnus », I.

Par ext. Détruire, dévaster (sans idée de pillage). ⇒ **Désoler, dévorer** (fig.).

3 La houle éperdument furieuse saccage
Aux deux flancs du vaisseau les cintres d'une cage
Où jadis une roue effrayante a tourné.　HUGO, la Légende des siècles, LVIII, I.

♦ **2.** (1587). Mettre en désordre. ⇒ **Bouleverser, chambarder, fourrager, massacrer.** *Les enquêteurs, les cambrioleurs ont tout saccagé chez lui.* ⇒ **Abîmer.** *Un désordonné qui saccage tout.*

▶ **SACCAGÉ, ÉE** p. p. adj. *Ville saccagée. Champs saccagés*
→ Ossuaire cit. 2. — (Sens 2.). *Chambre saccagée.*

DÉR. Saccage, saccagement, saccageur.

SACCAGEUR, EUSE [sakaʒœʀ, øz] n. — 1553 ; de *saccager.*
Rare.

♦ **1.** Personne qui saccage (une ville, un pays).

♦ **2.** Fig. *Les oiseaux sont des saccageurs des jardins.*

SACCAGNE [sakaɲ] n. f. — Fin xixᵉ ; argot ital. *zacan* «canif».

♦ Argot. Couteau (arme). — REM. On écrit aussi *sacagne*, et on trouve
la forme *sacaille* (Charrière, *Papillon*, p. 363).

Soyez aimable, dites-lui qu'elle ne reprendra sa liberté qu'après m'avoir payé une
amende. Si elle ne comprend pas, ajoutez qu'elle peut s'attendre à prendre des
coups de saccagne, cela la fera réfléchir...
Martin ROLLAND, la Rouquine, p. 53.

SACCHAR-, SACCHARO- Premier élément du lat. *saccharum*, grec *sakkharos* «sucre», entrant dans la composition de
termes scientifiques, spécialt en chimie. ⇒ **Saccharase, saccharate,
sacchareux, saccharide, saccharifère, saccharifier, saccharimètre,
saccharin, saccharinique, saccharique, saccharoïde, saccharol, saccharomyces, saccharomycose, saccharose, saccharosurie, saccharure.**

SACCHARASE [sakaʀaz] n. f. — Mil. xxᵉ ; de *sacchar-*, et *-ase.*

♦ Biochim. Invertase*.

SACCHARATE [sakaʀat] n. m. — 1799 ; de *sacchar-*, et *-ate.*

♦ Chim. Sel de l'acide saccharique. Combinaison du saccharose
avec les bases (sucrate).

SACCHAREUX, EUSE [sakaʀø, øz] adj. — 1839 ; de *sacchar-*,
et *-eux.*

♦ Didact. De la nature du sucre, et, spécialt, du saccharose.

SACCHARIDE [sakaʀid] n. m. — 1845 ; de *sacchar-*, et *-ide.*

♦ Chim. Vx. Polysaccharide*.

DÉR. Saccharidé.

SACCHARIDÉ [sakaʀide] n. m. — 1846 ; de *saccharide.*

♦ Pharm. Médicament à base de sucre.

SACCHARIFÈRE [sakaʀifɛʀ] adj. — 1827 ; de *sacchar-*, et *-fère.*

♦ Didact. Qui produit, contient du sucre. *Sillons sacchariferes
des betteraves.*

SACCHARIFIABLE [sakaʀifjabl] adj. — 1843 ; de *saccharifier.*

♦ Qui peut se transformer en sucre par saccharification.

SACCHARIFIANT, ANTE [sakaʀifjã, ãt] adj. — 1846 ; de *sac-
charifier.*

♦ Chim. Qui produit la saccharification.

SACCHARIFICATION [sakaʀifikɑsjõ] n. f. — 1823, *in* D.D.L. ;
de *saccharifier.*

♦ Chim. Transformation en glucose, en saccharose. *Saccharification
de l'amidon dans les plantes. Saccharification de la cellulose par
les acides, dans la fabrication de l'alcool de bois. Saccharification
par les ferments* (diastases), *en distillerie* (⇒ **Alcool**), *en brasserie* (⇒ **Bière**)... *Saccharification des matières amylacées des grains
par des champignons* (Amylomycées, Mucorinées). *Saccharification par le malt.* ⇒ **Maltage, maltose.**

SACCHARIFIER [sakaʀifje] v. tr. — 1823, au p. p., *in* D.D.L. ;
1843 à l'actif ; de *sacchar-*, et *-ifier.*

♦ Chim. Transformer en sucre (glucose, saccharose) les matières
amylacées (amidon) et cellulosiques.
P. p. *Matières saccharifiées.*

DÉR. Saccharifiable, saccharifiant, saccharification.

SACCHARIMÈTRE [sakaʀimɛtʀ] n. m. — 1839 ; de *sacchar-*,
et *-mètre.*

♦ Sc. Appareil destiné à déterminer la concentration d'une solution
de sucre, notamment par la mesure de l'angle de rotation du plan
de polarisation d'un faisceau lumineux polarisé. ⇒ **Polarimètre.**

DÉR. Saccharimétrie.

SACCHARIMÉTRIE [sakaʀimetʀi] n. f. — 1839 ; du précédent.

♦ Sc. Détermination de la teneur en sucre d'une solution, notamment à partir de son pouvoir rotatoire.

DÉR. Saccharimétrique.

SACCHARIMÉTRIQUE [sakaʀimetʀik] adj. — 1853 ; du précé-
dent.

♦ Sc. Qui concerne la teneur en sucre d'une solution. *Degré saccharimétrique :* rotation polarimétrique, produite par une lame de
quartz de 1/100 de mm d'épaisseur. *Échelle saccharimétrique :*
graduation portée sur le polarimètre.

SACCHARIN, INE [sakaʀɛ̃, in] adj. — 1830, *la matière saccha-
rine*, Encycl. domestique, t. IV, p. 396 ; «du sucre», 1564 ; de *sacchar-*,
et *-in, -ine.*

♦ Didact. Qui est de la nature chimique du sucre.
(xixᵉ). Relatif au sucre et à sa production. *L'industrie saccharine*
(Académie). ⇒ **Sucrier** (adj.).

DÉR. Saccharine.

SACCHARINE [sakaʀin] n. f. — 1868 ; de *saccharin.*

♦ Chim. et cour. Substance blanche à fort pouvoir édulcorant, imide
sulfobenzoïque utilisée comme succédané du sucre. Syn. : *sucre des
diabétiques, sulfimide benzoïque, diabétine* ou (vx) *sucre de houille*
(par suite d'une ancienne méthode de préparation).
Chim. Acide saccharique.

DÉR. Sacchariné.

SACCHARINÉ, ÉE [sakaʀine] adj. — xxᵉ ; de *saccharine.*

♦ Cour. Édulcoré à la saccharine. *Café sacchariné.*

SACCHARINIQUE [sakaʀinik] adj. — 1890 ; de *saccharin(e)*,
et *-ique*

♦ ⇒ **Saccharique.** *Acide saccharinique.*

SACCHARIQUE [sakaʀik] adj. — 1837 ; de *sacchar-*, et *-ique.*

♦ Chim. *Acide saccharique* (appelé aussi *saccharinique*) : hexane
tétrol dioïque. *Il existe trois variétés d'acide saccharique et des isomères* (acide isosaccharique...).

SACCHARO- ⇒ **Sacchar-.**

SACCHAROÏDE [sakaʀɔid] adj. — 1803 ; de *sacchar-*, et *-oïde.*

♦ Minér. Qui a l'apparence du sucre. *Gypse saccharoïde.*

SACCHAROL [sakaʀɔl] n. m. — 1843 ; de *sacchar-* et *-ol.*

♦ Pharm. Vx. Sucre employé comme excipient.

DÉR. Saccharolé.

SACCHAROLÉ [sakaʀɔle] n. m. — 1833, Nysten ; de *saccharol.*

♦ Pharm. Médicament contenant du sucre, liquide (sirop) ou solide
(⇒ **Saccharure**), et destiné à être pris par la bouche.

SACCHAROMYCES [sakaʀɔmisɛs] n. m. pl. — 1890,
P. Larousse, *Deuxième Suppl.* ; de *saccharo-*, et grec *muké* «champignon».

♦ Bot. Nom générique des levures (nombreuses espèces de champignons ascomycètes) employées comme agents de fermentation des

sucres. *La levure de bière fait partie des Saccharomyces.* — REM. On dit aussi *Saccharomycètes.*

DÉR. Saccharomycose.

SACCHAROMYCOSE [sakaʀomikoz] n. f. — xxᵉ (*in* Larousse 1933); de *saccharo-*, et *mycose.*

♦ Biol. Maladie parasitaire causée par des saccharomyces.

SACCHAROSE [sakaʀoz] n. m. — 1875; de *sacchar-*, et *-ose.*

♦ Biochim. Sucre courant alimentaire constitué de glucose et de fructose. (On dit aussi *sucrose*). *Les sucres de betterave, de canne, d'érable, sont des saccharoses.* ($C_{12}H_{22}O_{11}$) *Le saccharose est un corps solide blanc, cristallisé en prismes rhomboïdaux, de densité réelle 1,6 (densité apparente plus faible, du fait de l'écartement des cristaux), fusible à partir de 160°C.*

COMP. Saccharosurie.

SACCHAROSURIE [sakaʀozyʀi] n. f. — xxᵉ; de *saccharose*, et *-urie.*

♦ Méd. Présence de saccharose dans les urines (après ingestion de sucre en grande quantité, ou, plus rarement, en cas de déficit enzymatique congénital).

SACCHARURE [sakaʀyʀ] n. m. — 1835; de *sacchar-*, et *-ure.*

♦ Pharm. Médicament solide (en général sous forme de granulés) constitué de sucre, et de diverses substances médicamenteuses.

SACCIFORME [saksifɔʀm] adj. — 1839; du lat. *saccus* «sac», et *-forme.*

♦ Didact. Qui a la forme d'un sac (→ Sacculiforme).

SACCULAIRE [sakylɛʀ] adj. — 1870, Littré; de *saccule.*

♦ Didact. Relatif à un saccule. Analogue à un saccule, qui fonctionne comme certains saccules. *«Des pompes de type sacculaire pourvues de valves»* (*Sciences et Avenir*, nᵒ 22, p. 88).

SACCULE [sakyl] n. m. — 1870; bot., 1842; lat. *sacculus* «petit sac».

♦ **1.** Anat. Vésicule placée à la partie inférieure du vestibule (cavité centrale du labyrinthe). ⇒ **Oreille** (interne).

♦ **2.** Bot. Organe creux en forme de petit sac. *Les saccules de l'ergastoplasme.*

DÉR. Sacculaire.
COMP. Sacculiforme.

SACCULIFORME [sakylifɔʀm] adj. — 1876; de *saccule*, et *-forme.*

♦ Anat. En forme de petit sac, de vésicule (→ Sacciforme).

SACCULINE [sakylin] n. f. — 1870; «polypier», 1827; du lat. *sacculus.* → Saccule.

♦ Zool. Crustacé cirripède *(Rhizocéphales)* parasite des crabes, dont la larve (nauplius, cypris) présente les caractères normaux des crustacés, mais qui subit, après la fixation, une régression complète, «s'inocule» à l'intérieur de son hôte, devient interne, puis, à la maturité sexuelle, développe un sac viscéral externe (organe qui fit découvrir et nommer l'animal). Cf. L. Gallien, *Le parasitisme*, p. 32-37.

SACERDOCE [sasɛʀdɔs] n. m. — xvᵉ; lat. *sacerdotium*, de *sacerdos* «prêtre».

♦ **1.** État ou dignité du ministre d'un dieu, des dieux ou de Dieu. ⇒ **Ministère, sacerdotal** (fonction sacerdotale). *Le sacerdoce chez les Hébreux* (→ Dîme, cit. 1; ephod, cit. 1; prêtre, cit. 8), *dans la Rome antique* (→ Autorité, cit. 16; comprendre, cit. 28; dépouiller, cit. 29), *dans les sociétés tribales, dans les diverses religions.*

1 «*(Numa)* remplissait, dit Tite-Live, la plupart des fonctions sacerdotales; mais il prévut que ses successeurs, ayant souvent des guerres à soutenir, ne pourraient toujours vaquer au soin des sacrifices, et il institua les flamines pour remplacer les rois, quand ceux-ci seraient absents de Rome». Ainsi, le sacerdoce romain n'était qu'une sorte d'émanation de la royauté primitive.
FUSTEL DE COULANGES, la Cité antique, III, IX.

(1611). Relig. cathol. Ministère du pape et des évêques *(sacerdoce de premier rang)*, et, par ext., des simples prêtres *(sacerdoce de second rang.* ⇒ **Prêtrise**), considéré par les théologiens comme une délé-

gation du «*sacerdoce de Jésus-Christ*». ⇒ **Ordre.** *Sacerdoce du Christ :* sa qualité et son office de médiateur unique entre Dieu et les hommes, de prêtre souverain et d'hostie parfaite (→ Bossuet, *Élévation sur tous les mystères*, XIII, VI, «Le sacerdoce de Jésus-Christ»).

2 La théologie du sacerdoce s'appuie sur des lieux différents selon qu'elle traite de ce sacerdoce spirituel-réel des baptisés ou du sacerdoce ministériel-sacramental des prêtres. L'épître aux Hébreux est le «lieu» fondamental de la première, tandis qu'il faut chercher les fondements de la seconde principalement dans les Évangiles et dans les Actes.
P.-M. GY, *in* Initiation théologique, t. IV, p. 726.

♦ **2.** (1677). Fig. Fonctions auxquelles on peut attacher un caractère quasi religieux. *S'acquitter de sa tâche comme d'un sacerdoce* (→ Rapporteur, cit. 2). *Le sacerdoce de l'artiste, du professeur... C'est un sacerdoce, pas un métier.* ⇒ **Vocation.**

3 (...) plus un art est contestable, plus ceux qui s'y livrent tendent à se croire investis d'un sacerdoce et à exiger qu'on s'incline devant ses mystères.
H. BERGSON, le Rire, p. 136.

♦ **3.** Didact. Corps sacerdotal; corps ecclésiastique (considéré surtout dans sa puissance, son autorité). *Querelles entre l'Empire et le sacerdoce* (→ Gibelin, cit. 2; investiture, cit.).

4 L'organisation d'un corps sacerdotal proprement dit, différencié du reste de la population, a été très souvent un remède aux excès du traditionalisme magique (...) la possibilité de changement se fait jour. L'une des *fonctions principales du sacerdoce* étant de lever les interdits ou d'en créer de nouveaux.
Gaston BOUTHOUL, Traité de sociologie, p. 287.

SACERDOTAL, ALE, AUX [sasɛʀdotal, o] adj. — 1325; lat. *sacerdotalis*, de *sacerdotium.* → Sacerdoce.

♦ **1.** Propre au sacerdoce («état» et «corps»), aux prêtres. *Fonctions, attributions* (cit. 2) *sacerdotales. Habits, ornements, emblèmes* (cit. 3) *sacerdotaux. Étole* sacerdotale. Art hiératique* (cit. 3) *sacerdotal. Le corps sacerdotal :* les prêtres (au sens le plus général). *Caste sacerdotale.* — *La «réaction sacerdotale»* (vx), cléricale (→ Arracher, cit. 37).

1 (...) les vrais magistrats sont bien malheureux! Tenez! ils devraient vivre séparés de toute société, comme jadis les pontifes. Le monde ne les verrait que sortant de leurs cellules à des heures fixes, graves, vieux, vénérables, jugeant à la manière des grands-prêtres dans les sociétés antiques, qui réunissaient en eux le pouvoir judiciaire et le pouvoir sacerdotal!
BALZAC, Splendeurs et Misères des courtisanes, Pl., t. V, p. 1104.

2 Manipule, étole, chasuble, antiques étoffes usées, de soie blanche, d'or éteint, les vêtements sacerdotaux semblaient l'accabler de leur poids.
H. BOSCO, Un rameau de la nuit, p. 187.

♦ **2.** Par ext. Qui évoque le sacerdoce, le prêtre. *Une onction toute sacerdotale.*

SACHÉE [saʃe] n. f. — 1288; de *sac.*

♦ Rare. Contenu d'un sac. (On dit plus couramment *sac*, par métonymie).

SACHEM [saʃɛm] n. m. — 1801 Chateaubriand; mot iroquois; selon Bruneau, in *Hist. de la langue franç.*, t. X, p. 808, «sachem est en réalité un mot oriental qu'une fantaisie du voyageur anglais Carver *(en 1774)* avait naturalisé américain»; cette thèse est démenti par le fait que le mot apparaît dans des relations anglaises dès 1622.

♦ Vieillard, «ancien» qui faisait fonction de conseiller et de chef chez les peuples indiens du Canada et du Nord des États-Unis. *Un grand sachem.*

1 Le lendemain j'allai avec mon guide rendre visite au premier sachem des Onondagas (...) Le sachem (...) était un vieil Iroquois dans toute la rigueur du mot (...)
CHATEAUBRIAND, Voyage en Amérique, les Onondagas.

2 Est-ce que les visages pâles seraient devenus fous, disait récemment un grand sachem aux commissaires de l'Union, qu'ils chassent le bison pour le seul plaisir de le tuer, et de le voir pourrir sur place, tandis que nous mourons de faim?
M. L. SIMONIN, le Far-west américain, in le Tour du monde, 1868, t. I, p. 235.

3 Mon bisaïeul était un sachem de la nation apache.
A. ROBIDA, le Vingtième Siècle, p. 388.

Fig. Littér. Surnom appliqué à Chateaubriand, «*sachem du romantisme*».

Fam. *Grand sachem :* grand personnage, chef. «*L'homme qui décide et pense (...) c'est le " Grand Sachem " : le président*» (*l'Express*, 14 juil. 1979, p. 45).

SACHERIE [saʃʀi] n. f. — 1949, Larousse; de 1. *sac*, lat. *saccus*; cf. anc. provençal *sacaria* «sachet».

♦ Techn. Industrie, fabrication des sacs. *Le jute est employé en sacherie.*

(...) là où règnent les fibres dures et douces de sacherie et de ficellerie, en particulier : le jute et le sisal.
Jacques LOURD, le Lin et l'Industrie linière, p. 108.

SACHET [saʃɛ] n. m. — 1190; de 1. *sac.*

♦ **1.** Petit sac. *Sachet de papier* (⇒ **Emballage**), *de satin* (→ Coffret, cit.)... *Sachet de bonbons, de pastilles.* ⇒ **Paquet.** *Sachet d'amulettes.*

♦ **2.** Petit sac ou petit coussin contenant des parfums et qu'on met dans le linge (→ Lavande, cit. ; parfumer, cit. 3 et 11).

(...) le vieux Paré préconisait la médecine des sachets, ordonnait à ses clients de porter des médicaments secs et pulvérisés dans un petit sac dont la forme variait, suivant la nature des maladies à joindre, affectait la forme d'une coiffe pour la tête, d'une cornemuse pour l'estomac (...)   HUYSMANS, Là-bas, VII.

♦ **3.** Vx. Petit sac contenant de l'avoine qui était attaché autour du cou du cheval et servait à le nourrir en route. ⇒ **Musette.**

SACOCHE [sakɔʃ] n. f. — 1611 ; *sacosse,* 1601 ; ital. *sacoccia,* de *sacco.* → 1. Sac.

♦ **1.** Sac de cuir (ou parfois de toile forte) qu'une courroie permet soit de porter, soit d'accrocher. *Sacoche d'encaisseur, de livreur, de receveur...,* destinée à recevoir des espèces (→ Porte-manteau, cit. 1). *Sacoche de facteur* (cit. 13). *Sacoche d'écolier.* — *Sacoche de cavalier :* chacune des deux poches de cuir suspendues sur le devant de la selle. ⇒ **Fonte.** *Sacoche de cycliste, de moto-cycliste...,* contenant des outils, généralement fixée sous la selle.

1   Ursus disait : — La sacoche des recettes, comme une fille qui a fait une faute, grossit à vue d'œil.   HUGO, l'Homme qui rit, II, III, III.

2   Leurs compagnons les avaient trahis, dérobant, après en avoir coupé les courroies, certaine sacoche qui, toujours portée en bandoulière par la jeune fille, contenait dans ses divers compartiments une pesante charge d'or et de billets.
                     Raymond ROUSSEL, Impressions d'Afrique, p. 408-409.

♦ **2.** Régional (Belgique). Sac à main (de femme).

SACOLÈVE [sakɔlɛv] n. m. ou **SACOLÉVA** [sakɔleva] n. f. — 1829, *sacolève ; sacoléva,* fin XIXᵉ ; grec mod. *sagolaiphea,* du grec anc. *sakos* « étoffe grossière en poil de chèvre », et *laiphos* ou *laiphê* « voile de vaisseau ».

♦ Mar. Navire à voiles à coque incurvée en son centre et relevée aux extrémités, utilisé naguère dans le Levant, et particulièrement en Grèce pour la pêche des éponges.

SACOME [sakom] n. m. — 1676 ; ital. *sacoma.*

♦ Archit. Moulure en saillie. — Profil de cette moulure.

SACOTIN [sakɔtɛ̃] n. m. — V. 1960 ; de *sac.*

♦ Argot. Billet ou somme de mille francs anciens (dix francs).

En effet, lorsque j'ai appris que le juge n'était pas encore au coup pour mon compte, pensez que je n'ai pas attendu qu'on vienne aimablement m'informer qu'il avait fini par mettre la pogne sur les quelques sacotins que ma mère, avec une ponctualité dont je ne me lasse point, envoie chaque mois vers les coffres de la banque à laquelle je fais l'honneur de confier mes intérêts.
                     A. SARRAZIN, la Cavale, p. 130.

SACQUEBUTE ou **SAQUEBUTE** [sakbyt] n. f. — V. 1310 ; *saqueboute ; sa(c)queboute,* au sens 2., XVᵉ ; de *saquer* (*c* ajouté d'après *sacquer*), et *bouter.*

♦ **1.** Archéol. Lance terminée par un fer crochu.

♦ **2.** Hist. de la mus. Instrument à vent analogue au trombone, en usage au moyen âge.

Var. : *saqueboute* (vx).

Certaines Trompettes Turques ont une forme rappelant celle du Trombone, mais nous ne croyons pas qu'elles soient « à coulisse ». Le Trombone faisait partie des *Tubæ* des Romains (...)
Au Moyen-Âge, il était appelé *Sacquebute* (...). À l'Hôtel de Ville de Paris figure, sur une peinture murale, une Sacquebute, au milieu de musiciens du XVᵉ siècle. Et il est certain que des Sacquebutes étaient en usage à la cour d'Angleterre (...)
                     Ch. KŒCHLIN, les Instruments à vent, p. 94.

SACQUER ou **SAQUER** [sake] v. tr. — 1867, t. de Compagnon-nage, « rendre son sac à... » ; de 1. *sac.*

♦ **1.** Fam. Renvoyer, congédier.

0.1   Officier supérieur déplorable ; petites vues. C'est moi qui l'ai fait saquer.
                     J. ANOUILH, Ardèle ou la Marguerite, p. 30.

1   Et maintenant, un conseil : sacque Guilhermet. Il est très médiocre (...) saque *(sic)* donc Guilhermet. Gentiment, mais saque-le. — L'équipe y perdrait (...) — En ce cas, garde-le.   MONTHERLANT, les Olympiques, p. 106-107.

2   Je suis la princesse à marier qui voit sacquer par le Roi et la Reine tous ses pré-tendants sous prétexte qu'ils n'ont pas satisfait à une série d'épreuves aussi absur-des qu'insurmontables.
                     Benoîte et Flora GROULT, Journal à quatre mains, p. 79.

♦ **2.** Par ext. Traiter sévèrement. *Sacquer un candidat à l'examen :* le noter avec sévérité ; le refuser. ⇒ **Sabrer.**

HOM. Saké. — 1. Saquer.

SACR-, SACRO- Élément de mots d'anatomie, de médecine, signifiant « du sacrum ». ⇒ **Sacralgie, sacro-coccygien, sacro-coxal-gie, sacro-iliaque, sacro-lombaire, sacro-sciatique, sacro-vertébral.**

SACRAL, ALE, AUX [sakʀal] adj. — 1930, Maritain, → cit. ci-dessous ; antérieur en angl. et all.; lat. *sacralis,* de *sacer* → 1. Sacré.

♦ Didact. Qui a revêtu un caractère sacré, qui a été sacralisé. *Civi-lisation sacrale, de type sacral* (opposé à *profane*).

Le moyen âge avait formé la nature humaine selon un type « sacral » de civilisation.   1
                     J. MARITAIN, Religion et Culture, p. 28, *in* le Franç. moderne, VI, 2.

(À) l'instar du chien Puck dressé sur ses pattes de derrière, j'exécute ma danse   2
sacrale avec un sérieux qui devrait me faire rire.
                     Michel LEIRIS, Frêle bruit, p. 206.

DÉR. Sacraliser, sacralité.

SACRALGIE [sakʀalʒi] n. f. — XXᵉ ; de *sacr-,* et *-algie.*

♦ Méd. Douleur au niveau du sacrum.

1. SACRALISATION [sakʀalizasjɔ̃] n. f. — Mil. XXᵉ (1941, *in* D. D. L.) ; de *sacraliser.*

♦ Action de sacraliser ; résultat de cette action.

CONTR. Désacralisation.

2. SACRALISATION [sakʀalizasjɔ̃] n. f. — 1927, Garnier-Dela-mare ; angl. *sacralization,* de *sacral* « relatif au sacrum ».

♦ Méd. Anomalie caractérisée par la soudure totale ou partielle de la dernière vertèbre lombaire au sacrum*.

SACRALISER [sakʀalize] v. tr. — 1947, au p. p. ; de *sacral.*

♦ Didact. Rendre sacral, attribuer un caractère sacré à. *Les peuples anciens ont souvent sacralisé les ancêtres et les morts.*

Dans le fascisme mussolinien, l'élément racial (...) n'est pas sacralisé, comme il le   1
fut par Hitler, pour fonder sa conception du monde.
                     G. FESSARD, De l'actualité historique, I, 33, *in* FOULQUIÉ,
                     Dict. de la langue philosophique, art. *Sacralisation.*

L'affirmation de « l'autre monde » ne peut servir à sacraliser nos actions dans ce   2
monde : ni les ordres établis, ni les contre-révolutions, ni même les révolutions.
                     Roger GARAUDY, Parole d'homme, p. 239.

CONTR. Désacraliser.
DÉR. 1. Sacralisation.

SACRALITÉ [sakʀalite] n. f. — Mil. XXᵉ ; de *sacral.*

♦ Didact. Caractère de ce qui a été sacralisé.

Le père n'est plus le chef incontesté de la famille naturelle. Il n'est plus celui qui procède de Dieu (...) Le père a perdu sa sacralité et est mal à l'aise.
                     Hervé BAZIN, *in* Paris-Match, 15 mars 1975 (*in* GILBERT).

1. SACRAMENTAIRE [sakʀamɑ̃tɛʀ] n. et adj. — 1535, en parlant d'hérétiques ; lat. ecclés. *sacramentarius.* → Sacrement. Religion.

♦ **1.** Hist. Personne appartenant à la secte chrétienne hérétique du XVIᵉ siècle niant la présence réelle dans l'Eucharistie (→ Avance, cit. 29). — Adj. *La doctrine, la querelle sacramentaire* » (Bossuet).

Lui *(Zwingli)* et Œcolampade avec des expressions un peu différentes convenaient au fond que ces paroles : « Ceci est mon corps », étaient figurées : *Est* veut dire *signifier,* disait Zuingle *(sic)*... La réforme se divisa, et ceux qui embrassèrent ce nouveau parti furent appelés *Sacramentaires.*
                     BOSSUET, Hist. des Variations, II, XXV.

♦ **2.** Adj. (1660 ; rare av. XIXᵉ). Relatif aux sacrements. *Théologie sacramentaire.* ⇒ **Sacramentel.**

2. SACRAMENTAIRE [sakʀamɑ̃tɛʀ] n. m. — XVIIᵉ ; lat. ecclés. *sacramentarium,* → le précédent.

♦ Liturgie. (Vx). Livre religieux relatif aux sacrements ⇒ **Rituel.**

SACRAMENTAL, ALE, AUX [sakʀamɑ̃tal, o] adj. et n. m. — 1382, adj. ; lat. ecclés. *sacramentalis.* → Sacrement, *et aussi* sacramen-tel.

♦ **1.** Adj. (Vx). ⇒ **Sacramentel.**

♦ **2.** N. m. (Attesté déb. XXᵉ mais antérieur ; lat. ecclés. *sacramenta-lia,* introduit dans la terminologie scolast. au XIIᵉ s. pour désigner ces « sacrements mineurs »). Liturgie. « Rite sacré, institué par l'Église, pour obtenir par son intervention des effets d'ordre surtout spirituel» (Lesage). *La dédicace des églises, les funérailles, les professions monastiques, les consécrations et bénédictions diverses... sont des sacramentaux.*

La définition actuelle du Code, celles des théologiens contemporains (...) visent à appliquer le terme de sacramentaux à des rites mineurs isolés, à l'exclusion des *cérémonies* qui accompagnent les sacrements proprements dits, et auxquelles on refuserait tout efficacité (...) or saint Thomas ne parle jamais des sacramentaux qu'à l'occasion des sacrements auxquels ils se rapportent (...)

                   A.-M. ROGUET, *in* Initiation théologique, t. IV, p. 453.

SACRAMENTALITÉ [sakramãtalite] n. f. — xxᵉ; de *sacramentel.*

♦ Caractère sacramentel; système spirituel fondé sur les sacrements et les sacramentaux.

Les pèlerins qui marchent vers la Terre promise ne sont pas démunis d'indications et de viatiques. Les Écritures, la hiérarchie, en un mot tout ce qu'on peut appeler la sacramentalité de l'Église est à leur service. Nous entendons sous ce mot en effet, non pas uniquement les sacrements, mais tout ce qui, dans l'Église, a une signification, une portée, et une efficience spirituelle. C'est en ce sens que l'on dit de l'Église qu'elle est tout entière sacramentelle.

                   A.-M. HENRY, *in* Initiation théologique, t. IV, p. 845.

SACRAMENTEL, ELLE [sakramãtɛl] adj. — 1382, évincé par *sacramental* jusqu'au xvIIIᵉ, où Richelet le déclare «le plus doux et le plus usité»; Furetière ne donne que *sacramental,* et l'Académie, 1694, les deux formes.

♦ **1.** Théol. Qui appartient à un sacrement, aux sacrements. *Paroles, formules sacramentelles. Présence sacramentelle* (→ Cire, cit. 4). *Rites sacramentels* (→ Sacramental, cit.). *Le septénaire sacramentel :* les sept sacrements. *Mariage sacramentel* (que l'Église considère comme seul valide).

1   Tout se passa convenablement à la mairie et à l'église. L'attitude calme et modeste des époux fut remarquée et approuvée. Ils prononcèrent le oui sacramentel avec une émotion qui attendrit Grivet lui-même.   ZOLA, Thérèse Raquin, XX.

♦ **2.** Cour. Qui tient du sacrement, par son caractère consacré, solennel ou rituel. *Paroles sacramentelles* (→ Étiquette, cit. 8; garder, cit. 75). *Mots sacramentels* (→ Fils, cit. 46; haridelle, cit. 1).

2   *(Retz)* sait que cette Compagnie, esclave des règles et formaliste, n'entend faire la guerre que par arrêts et par huissiers (...) que rien n'empêcherait le Parlement de lever séance quand l'heure de midi ou de cinq heures, l'heure sacramentelle du dîner ou du souper, a sonné.   SAINTE-BEUVE, Causeries du lundi, 22 sept. 1851.

3   Au moment où notre nom résonne dans la bouche du présentateur, surtout si celui-ci l'entoure comme fit Elstir de commentaires élogieux — ce moment sacramentel, analogue à celui où, une féerie, le génie ordonne à une personne d'en être soudain une autre —, celle que nous avons désiré d'approcher s'évanouit (...)   PROUST, À l'ombre des jeunes filles en fleurs, Folio, p. 535.

DÉR. Sacramentalité, sacramentellement.

SACRAMENTELLEMENT [sakramãtɛlmã] adv. — xvᵉ; var. *sacramentalement,* vx; de *sacramentel.*

♦ Théol. ou littér. D'une manière sacramentelle. *Être sacramentellement unis.*

1. SACRE [sakR] n. m. — 1175; subst. verb. de 1. *sacrer.*
Action de sacrer (1. Sacrer).

♦ **1.** Cérémonie par laquelle l'Église sanctionne la souveraineté royale. ⇒ **Couronnement** (cit. 1), **inauguration** (vx). *Sacre des rois de France.* ⇒ **Ampoule** (sainte); **oindre; onction.** *Le sacre de l'Empereur* ⇒ Couronnement, cit. 2; oint, cit. 5). *« Le livre du Sacre » :* recueil des dessins d'Isabey en vue du sacre de Napoléon. *Le sacre de Charles X,* dernier sacre d'un roi de France à Reims (→ Héraut, cit. 2).

1   M. Victor Hugo laissa M. Nodier pour aller chez M. de Chateaubriand. Il le trouva rentrant et furieux de la cathédrale et de la cérémonie. — J'aurais compris, dit-il, le sacre tout autrement. L'église nue, le roi à cheval, deux livres ouverts, la charte et l'évangile, la religion rattachée à la liberté. Au lieu de cela, nous avons eu des tréteaux et une parade.   HUGO, Victor Hugo raconté..., XLI.

2   Le Pape est à l'autel. L'Empereur s'avance, s'agenouille et reçoit la triple onction, et l'Impératrice à son tour. C'est proprement le *sacre,* après lequel le Pontife, pour un instant, doit s'effacer.   MADELIN, Hist. du Consulat et de l'Empire, L'avènement de l'Empire, XV.

Par anal. *Le sacre d'un sultan* (→ Déposition, cit. 3), *d'un chef traditionnel.*

♦ **2.** Cérémonie par laquelle un prêtre reçoit l'épiscopat (→ Conférer, cit. 2). ⇒ **Consacrant, consécrateur, consécration.** *Sacre d'un évêque.*

3   (...) M. de Châlons fut prié d'être l'un des assistants dans le sacre, et nous crûmes donner à l'Église un prélat toujours unanime avec ses consécrateurs.   BOSSUET, Relation sur le quiétisme, III, 14.

♦ **3.** Fig. Consécration solennelle et quasi religieuse. Littér. *« Le sacre de la femme »,* poème de la *Légende des Siècles.* Mus. *« Le sacre du printemps »,* ballet de Stravinski (1913).

4   (...) je n'avais pas plus de trois ans lorsque mon père me donna à boire un plein verre à liqueur d'un vin mordoré, envoyé de son Midi natal : le muscat de Fron-

---

tignan. Coup de soleil, choc voluptueux, illumination des papilles neuves! Ce sacre me rendit à jamais digne du vin.   COLETTE, Prisons et Paradis, Vins.

2. SACRE [sakR] n. m. — V. 1298; arabe *ṣáqr* «oiseau de proie».

♦ **1.** Oiseau rapace diurne *(Falconidés),* variété de faucon, d'un dressage difficile, que l'on utilisait à la chasse. ⇒ **Fauconnerie** (cit.).

Lorsqu'ils allaient, au bruit du cor ou des clairons,
Ayant le glaive au poing, le gerfaut ou le sacre (...)
                   J.-M. DE HÉRÉDIA, les Trophées, « Vitrail ».

♦ **2.** Fig., vx. Homme rapace (Saint-Simon, *in* Littré).

DÉR. Sacret.

3. SACRE [sakR] n. m. — 1649, *in* D.D.L., juron : *Sacre de...;* de 2. *sacrer.*

♦ Régional (cour. au Canada). Jurement; formule de juron. *Les sacres, en français québécois, font partie de la langue familière courante :* ils sont souvent formés par des noms d'objets sacrés (ciboire, calice, sacrement, tabernacle, etc.).

1. SACRÉ, ÉE [sakRe] adj. et n. m. — xIIᵉ; p. p. adj. de 1. *sacrer,* au sens de «sacré à Dieu, consacré», mais a dû bientôt être senti comme trad. de l'adj. lat. *sacer, sacra, sacrum,* popularisé par l'Église; un adj. *sacre,* directement tiré du lat., apparaît d'ailleurs en moy. franç. et au xvIᵉ.

★ I. (Placé en épithète après le nom, sauf dans des emplois archaïques.) ♦ **1.** Qui appartient à un domaine séparé, interdit et inviolable (par oppos. à ce qui est *profane*) et fait l'objet d'un sentiment de révérence religieuse. ⇒ **Saint, tabou** (→ Religion, cit. 18.) — N. m. (Mil. xvIIᵉ). *Le profane* (cit. 2, 4 et 5) *et le sacré. Violation du sacré.* ⇒ **Blasphème, profanation, sacrilège.**

1   La notion de *sacer* ne coïncide pas avec celle de «bon» ou de «mauvais»; c'est une notion à part. *Sacer* désigne celui ou ce qui ne peut être touché sans être souillé, ou sans souiller; de là le double sens de «sacré» ou «maudit» (à peu près).   ERNOUT et MEILLET, Dict. étymologique, art. *Sacer.*

2   Il y a de l'horreur dans le respect religieux, surtout quand il est très intense, et la crainte qu'inspirent les puissances malignes n'est généralement pas sans avoir quelque caractère révérentiel (...) Entre ces deux formes opposées, il n'y a pas de solution de continuité, mais un même objet peut passer de l'une à l'autre sans changer de nature. C'est dans la possibilité de ces transmutations que consiste l'ambiguïté du sacré.   DURKHEIM, les Formes élémentaires de la vie religieuse, p. 586-588, *in* LALANDE, Voc. de la philosophie, art. *Sacré.*

3   (...) le sens du sacré, l'instinct de révérence qui s'émeut chez qui pressent la majesté de Dieu. La psychologie religieuse moderne y a été fort attentive, en faisant parfois l'essence du sentiment religieux, ou le point de départ originel de la religion même.   MENNESSIER, *in* Initiation théologique, t. III, p. 863.

3.1   Est sacré l'être, la chose ou l'idée à quoi l'homme suspend toute sa conduite, ce qu'il n'accepte pas de mettre en discussion, de voir bafouer ou plaisanter, ce qu'il ne renierait ni ne trahirait à aucun prix.   Roger CAILLOIS, l'Homme et le Sacré, p. 170-171.

3.2   Le sacré est ce qui donne la vie et ce qui la ravit, c'est la source d'où elle coule, l'estuaire où elle se perd.   Roger CAILLOIS, l'Homme et le Sacré, p. 178.

Feu* sacré (→ Autel, cit. 9). Loc. fig. *Avoir le feu* sacré. Édifice sacré.* ⇒ **Sanctuaire, temple.** *Bois sacré* (→ Biche, cit. 2). *La montagne sacrée* (→ Capitole, cit. 2). *Retraite de la plèbe sur le mont Sacré. La voie* sacrée. Corbeilles sacrées des canéphores* (→ Biche, cit. 2). *Pierres*, animaux, arbres... sacrés* (→ Gui, cit. 1 et 3). *Vases sacrés.* ⇒ **Liturgique.** *Huile* (cit. 22) *sacrée* (→ Hiéroglyphe, cit. 2). *Livres sacrés de l'Égypte, de l'Inde, des Hébreux, des chrétiens...* ⇒ **Bible, écriture, sanscrit...** (→ Hébraïque, cit 2; occultisme, cit. 1). *Inspiration* (cit. 1) *des auteurs sacrés. Le titre sacré d'Auguste* (cit. 1), *de roi* (→ Prytane, cit.). *La personne sacrée du roi* (→ Attacher, cit. 98; et aussi diadème, cit. 1; majesté, cit. 7; noble, cit. 22). *La loi appelée sacrée* (→ Établir, cit. 7). *Le lien sacré du mariage* (→ 2. Flétrissure, cit.). *Acte sacré* (→ Manquement, cit. 2). *Toucher aux choses sacrées.* ⇒ **Profanation, sacrilège.** *Chant sacré, musique sacrée.* ⇒ **Religieux.** *Danses sacrées* (→ Corybante, cit.). *Signe sacré.* ⇒ **Sacrement.** *Banquet sacré.* ⇒ **Communion.** — Spécial. Appellation de certaines institutions de l'Église. *Les ordres sacrés :* le sous-diaconat et la prêtrise. *Le sacré collège :* le corps des cardinaux de l'Église romaine.

4   Une bourgade d'hommes presque sauvages voit périr les fruits qui la nourrissent (...) Qui leur a fait ce mal? (...) Il y a un serpent dans le voisinage, ce pourrait bien être ce serpent : on lui offrira du lait près de la caverne où il se retire; il devient sacré dès lors; on l'invoque quand on a la guerre contre la bourgade voisine, qui, de son côté, a choisi un autre protecteur.   VOLTAIRE, Essai sur les mœurs, Introd., Changements dans le globe.

5   Le foyer doit être isolé, c'est-à-dire séparé nettement de tout ce qui n'est pas lui; il ne faut pas que l'étranger en approche au moment où les cérémonies du culte s'accomplissent (...) Pour que cette règle religieuse soit bien remplie, il faut qu'autour du foyer (...) il y ait une enceinte (...) Cette enceinte est réputée sacrée. Il y a impiété à la franchir. Le dieu veille sur elle (...)   FUSTEL DE COULANGES, la Cité antique, II, VI.

(Antéposé). Vx. *« Le sacré trépied de la Pythie* »* (cit. 1). *Le sacré vallon.*

(Anc., méd.). *Maladies sacrées,* attribuées à une influence surnaturelle. — Vx. *Mal* sacré.* ⇒ **Épilepsie.**

6 Mal sacré, mal de terre, comme on dit au village, perte du sens. Perte de soi, dans une étrange prescience, et même dans une divine possession d'autrui.
André SUARÈS, Trois hommes, « Dostoïevski », IV.

Par ext. Se dit des sentiments qu'inspire le sacré. *Horreur, terreur sacrée* (→ Couleur, cit. 14). → aussi Panique. *Émotion sacrée* (→ Griserie, cit. 5).

♦ **2. Par ext.** Relatif à des choses ou personnes sacrées ; qui appartient au culte, à la liturgie. ⇒ **Hiératique.** *La musique sacrée. L'histoire profane et l'histoire sacrée* (→ Époque, cit. 3). *Sujets sacrés.*

7 Tenez, prenez mes cantiques sacrés ;
Sacrés ils sont, car personne n'y touche (...) VOLTAIRE, le Pauvre Diable.

♦ **3.** (1640, dans un sens moral plus que religieux). Qui est digne d'un respect absolu, qui a un caractère de valeur absolue. ⇒ **Intangible, inviolable, sacro-saint, tabou, vénérable.** *Les droits* (cit. 7) *naturels, inaliénables et sacrés de l'homme. La propriété, droit inviolable et sacré* (→ Indemnité, cit. 1). *Devoir sacré* (→ Enfanter, cit. 4 ; insurrection, cit. 2). *Biens, dépôt* (cit. 8) *sacré* (→ Exproprier, cit. 2 ; et aussi justice, cit. 13). *Le caractère sacré de la personne humaine, du travail manuel* (cit. 2)... *Sa parole* (cit. 14) *est sacrée* (→ Notaire, cit. 2). *Les dettes de jeu sont sacrées* (→ Payer, cit. 2). *« L'amour... plus sacré que le mariage »* (→ Promesse, cit. 8). *Amour* (cit. 5) *sacré de la patrie. L'union* sacrée. Égoïsme sacré* (→ Ligoter, cit. 2). — (Personnes). Respecté avec un sentiment quasi religieux. *Cette femme lui est toujours sacrée* (→ Imprescriptible, cit. 2). — **Par hyperb. Fam.** *Son sommeil, c'est sacré !*

8 D'après les usages de ce peuple afghan, belliqueux, farouche, sanguinaire, mais singulièrement romanesque, un ennemi mortel ne saurait plus être attaqué dès le moment où il s'est jeté dans le harem de son adversaire et a conquis la protection des femmes. L'honneur veut que ce suppliant devienne, à l'instant, sacré ; on ne le toucherait pas sans se couvrir d'infamie (...)
J.-A. DE GOBINEAU, Nouvelles asiatiques, p. 254.

9 (...) ce fanatique de Michel-Ange, qui reproduisait dans ses copies jusqu'aux moisissures, qui, s'étant introduites dans l'œuvre sacrée, étaient devenues, de ce fait, elles-mêmes sacrées. R. ROLLAND, Jean-Christophe, La révolte, I, p. 446.

★ **II.** (Du fait de l'ambiguïté originelle de *sacré*). **Fam.** (Avant le nom).
♦ **1.** (1788).Maudit, exécré. ⇒ **Maudit ; bougre** (de), **fam. ; espèce** (de) et aussi **cré** (vx). *Les sacrés goinfres !* (→ Péter, cit. 4). *Ce sacré soiffard* (→ Prospérer, cit. 2). *Sacré farceur !* (cit. 6). *Sacré menteur ! Sacré têtu !* (→ Leçon, cit. 21). *Ce sacré original* (→ Exact, cit. 10).

10 — (...) Est-ce que tu te fous du peuple ? Nous t'attendons. Mais l'ivrogne, bavant et s'égayant, répondit : — Eh ! sacré farceur, c'est moi qui t'attends (...) Depuis ce matin, tu nous fais droguer. ZOLA, la Terre, I, IV.

(Pour qualifier une chose dont on a du désagrément). *Mes sacrées jambes* (→ 2. Mine, cit. 5 ; et aussi noircir, cit. 12). *Une sacrée brume du diable* (→ État, cit. 21). *Tu as un sacré culot !* ⇒ **Rude.**

11 Le téléphone, c'est une sacrée invention. On tourne la manivelle, et la demoiselle ne réagit pas. Les faux numéros. ARAGON, les Beaux Quartiers, II, XXVII.

♦ **2.** (Mil. XVIIIᵉ, Vadé). Avec une nuance d'admiration ou d'ironie. → l'adv. *sacrément. Il a une sacrée chance. Elle a une sacrée allure.*

12 Quelle sacrée jolie fille ! se soufflaient à l'oreille les anciens (...)
BARBEY D'AUREVILLY, les Diaboliques, À un dîner d'athées.

♦ **3.** (Renforçant un juron). *Sacré nom de Dieu ! Sacré nom d'un chien ! Sacré bon Dieu ! Sacré nom !* — **REM.** Souvent abrégé en *cré.* (1832, *in* D.D.L.). *Cré nom !* ⇒ **Cré, crénom,** et aussi **acré.**

13 Ah ! sacré nom de dieu de bordel à cul de vache, pourquoi donc n'avons-nous pas empêché ce mariage ! R. QUENEAU, le Dimanche de la vie, p. 127.
REM. Un comp. *sacrenom* est attesté au XVIIIᵉ s.

CONTR. Profane.
DÉR. Acré, cré ; sacrément, 2. sacrer.
COMP. Sacré-cœur. — V. aussi **Sacrebleu, sacristi.**

2. SACRÉ, ÉE [sakʀe] adj. — V. 1560, *Paré ; de sacrum.*

♦ **Anat.** Relatif au sacrum et à sa région (dite *région sacrée*). *Vertèbres sacrées. Artères, veines sacrées. Plexus, nerfs sacrés.*

SACREBLEU [sakʀəblφ] interj. — 1642, *in* D.D.L., *par la sacrebleu ;* forme mod. 1745 ; *de sacré, et Dieu, altér. par euphém.* → Morbleu, palsambleu, ventrebleu.

♦ (Juron familier). *Sacrebleu !* (→ Haleine, cit. 10 ; musarder, cit. 1).

Mais sacrebleu, monsieur, vous m'avez dit un personnage de père ! Je vous compose un personnage de père. Vous n'avez pas la prétention de m'apprendre mon métier, tout de même ! (...) J. ANOUILH, le Rendez-vous de Senlis, p. 35.

SACRÉ-CŒUR [sakʀekœʀ] n. m. — 1863 ; *de 1. sacré, et cœur.*

♦ **Liturgie.** Jésus-Christ, dont le cœur, considéré comme organe de son humanité et comme symbole de son amour pour les hommes, est l'objet d'un culte de l'Église catholique. *Le culte, la dévotion, la fête du Sacré-Cœur, du Sacré-Cœur de Jésus. L'église du Sacré-Cœur, et,* ellipt, *le Sacré-Cœur, à Montmartre. Les religieuses ou Dames du Sacré-Cœur.*

SACRÉDIÉ [sakʀedje] interj. — XIXᵉ ; altér. phonétique de la finale de *sacredieu* (XIVᵉ).

♦ **Régional.** Juron équivalant à *sacrebleu*.*

Nous sommes ici chez nous, sacrédié ! Ce monsieur ne m'a seulement jamais été présenté, je ne le connais pas et il en profite pour nous dire des choses désagréables. BERNANOS, les Grands Cimetières sous la lune, II, III.

SACREMENT [sakʀəmɑ̃] n. m. — V. 1160 ; *sacrament,* v. 960 ; lat. *sacramentum* « dépôt » ou « serment » en lat. class., « objet ou acte sacré » en lat. ecclésiastique.

♦ **1. Théol., liturgie chrét.** « Signe sacré institué par Jésus-Christ, pour produire ou augmenter la grâce dans nos âmes » (Lesage). *Les sept sacrements.* ⇒ **Baptême, confirmation** (→ Recevoir, cit. 3), **eucharistie** (cit. 1 et 3), **extrême-onction** (cit. 2), **mariage** (cit. 1 ; et → Conjugal, cit. 3), **ordre** (→ Évêque, cit. 5), **pénitence** (→ Absolution, cit. 1). *Administration des sacrements. Validité d'un sacrement. Approcher* (cit. 37 et 38), *s'approcher des sacrements, fréquenter* (cit. 5 ; et → fréquentation, cit. 10) *les sacrements :* se confesser et communier. *Les derniers sacrements, les sacrements de l'Église :* les sacrements de pénitence, d'eucharistie et d'extrême-onction, administrés à un mourant (→ Appeler, cit. 13 ; huile, cit. 22 ; ossement, cit. 2). *Muni* des sacrements de l'Église.* — **Fam.** *Le sacrement :* le mariage (→ Loterie, cit. 5). — **Loc. fam.** (Vieilli). *Avoir tous les sacrements :* être en règle ; ne manquer de rien.

1 La théologie sacramentaire doit se garder contre deux tentations (...) La première consiste à envisager les sacrements comme de purs symboles sans autre efficacité que celle du symbole qui normalement « parle à l'intelligence ». C'est assurément (...) l'écueil, dans lequel sont tombés les protestants (...) En réaction contre l'étrangeté de la conception rationaliste des protestants (...) on tend vers une autre tentation (...) et un autre écueil (...) c'est l'écueil de la magie : les sacrements (...) ne sont plus que des rites qui opèrent mécaniquement, bon gré mal gré. Or les sacrements sont essentiellement et fondamentalement, bien qu'ils ne soient pas exclusivement, des signes de la foi (...) Le Christ ne nous sauve pas sans nous, ou malgré nous, sans l'accord de notre esprit et sans l'adhésion de notre foi.
A.-M. ROGUET, *in* Initiation théologique, t. IV, p. 447-449.

SAINT-SACREMENT ou **SAINT SACREMENT.** *Le Saint-Sacrement de l'autel, le Saint-Sacrement :* l'eucharistie. *Exposition, bénédiction, procession... du saint sacrement.* ⇒ **Fête-Dieu** (cit.). — **Spécialt.** *L'ostensoir** ⇒ Dais, cit. 4 ; prêtre, cit. 1 ; procession, cit. 2). **Loc. fam.** *Promener qqch. comme le Saint-Sacrement,* comme une chose très précieuse. « *Le carrosse du Saint-Sacrement »,* saynète de Mérimée (1829).

2 Mais l'expiation ne suffit pas à deux dignes femmes (...) Cet outrage, fait au « très auguste sacrement de l'autel » (...) leur parut ne pouvoir être réparé que par une « Adoration perpétuelle » dans quelque monastère de filles. Toutes deux (...) firent donation de sommes notables à la mère Catherine de Bar (...) religieuse bénédictine, pour fonder, dans ce but pieux, un monastère de l'ordre de saint-Benoît (...) Telle est l'origine (...) de l'établissement des bénédictines de l'Adoration perpétuelle du Saint-Sacrement à Paris. HUGO, les Misérables, II, VI, X.

♦ **2.** Pratique symbolique et salvatrice, dans d'autres religions, notamment dans la religion juive. ⇒ **Cérémonie, rite.**

SACRÉMENT [sakʀemɑ̃] adv. — XIXᵉ ; mot dial. ; de 1. *sacré.*

♦ **Fam.** Très, extrêmement ; d'une manière intense. ⇒ **Bougrement, diablement, foutrement.** *C'est sacrément beau. Il était sacrément content.* ⇒ **Drôlement, vachement** (fam.). *Il a sacrément de la veine :* il a beaucoup de chance. ⇒ **Beaucoup.**

1 Les Allemands d'ailleurs avaient dû avoir sacrément peur (...)
ARAGON, les Cloches de Bâle, II, XXIII.

2 Vous êtes sacrément bien bâti, continua-t-il.
R. QUENEAU, Loin de Rueil, p. 100.

1. SACRER [sakʀe] v. tr. — 1138 ; lat. *sacrare.*

♦ Consacrer (qqn) par la cérémonie du sacre. ⇒ **Bénir, oindre.** *Sacrer un roi, l'empereur.* ⇒ **Inaugurer** (vx), **introniser** (→ Couronner, cit. 6 ; huile, cit. 19). *Sacrer un évêque* (cit. 5 ; et → conférer, cit. 2).

1 Quelle contenance auraient faite ces prélats qui criaient si haut, s'il leur eût fallu montrer de quelle huile et de quelle main ils avaient été sacrés !
MICHELET, Hist. de la Révolution franç., III, IX.

2 (...) l'empereur deuxième, ou l'empereur troisième, (puisque c'est le second Empire qui fait le troisième Napoléon), n'a jamais voulu, ou osé, ou risqué se faire sacrer.
Ch. PÉGUY, la République..., p. 364.

Fig. (⇒ 1. **Sacre**). *Mirabeau a été sacré par la Révolution* (→ Identifier, cit. 1). *Joseph de Maistre a sacré le bourreau* (→ Railler, cit. 4). — (Avec un attribut). *Sacrer prophète un écrivain* (→ Message, cit. 5). *L'admiration traditionnelle qui sacre ce portrait* (cit. 4) *« le plus beau tableau du monde ».*

DÉR. 1. Sacre, 1. Sacré.

2. SACRER [sakʀe] v. intr. — 1727 ; *de sacré, employé dans les jurons.*

♦ **Fam.** (Vieilli ou régional). Jurer ; dire des sacres (3. Sacre) → Cabale, cit. 4 ; geindre, cit. 1. *Il sacrait et blasphémait.*

1 Et le maître, après avoir fait faire au cordon de son fouet deux tours sur le poi-

gnet, de poursuivre Jacques, et Jacques de tourner autour du cheval en éclatant de rire ; et son maître de jurer, de sacrer, d'écumer de rage (...)
                                                    DIDEROT, Jacques le fataliste, Pl., p. 736.

2 Et il jurait, tout le long des marées, cassait sa pipe entre ses dents, bourrait son équipage ; et, ayant sacré à pleine bouche avec tous les termes usités et contre tout ce qu'il connaissait, il expectorait ce qui lui restait de colère au ventre sur les poissons et les homards tirés un à un des filets (...)
                                                    MAUPASSANT, le Noyé, Pl., t. II, p. 1039.

3 Beaucoup roupillaient déjà. Mais tous ceux qui ne dormaient pas, râlaient, juraient, sacraient, maudissaient cette pute d'existence (...)
                                                    B. CENDRARS, la Main coupée, in Œ. compl., t. X, p. 55.

REM. Le mot est fréquent en français québécois, où l'on emploie aussi *Se sacrer de qqch.* «s'en moquer, s'en foutre», et où *sacrer* a divers sens figurés (jeter, donner violemment, etc.).

DÉR. 3. Sacre.

SACRET [sakRɛ] n. m. — 1373 ; de 2. sacre.

♦ Techn. Nom donné généralement au sacre (2. Sacre) mâle, en fauconnerie. ⇒ **Tiercelet.**

SACRIFICATEUR, TRICE [sakRifikatœR, tRis] n. — 1535 ; lat. *sacrificator, sacrificatrix.* → Sacrifier.

♦ Prêtre, prêtresse préposé(e) aux sacrifices. ⇒ **Immolateur.** *Les sacrificateurs dans le monde antique.* ⇒ **Victimaire.** *Le grand sacrificateur :* le grand-prêtre, chez les Hébreux.
Rare. Le prêtre, le Christ dans le Sacrifice de l'eucharistie (→ Autel, cit. 24, Chateaubriand).

Il devait (...) s'offrir à Dieu pour eux, se sacrifier pour eux, être une hostie sans tache, et lui-même sacrificateur ; devant s'offrir lui-même, son corps et son sang, et néanmoins offrir pain et vin à Dieu (...)   PASCAL, Pensées, XII, 766.

DÉR. Sacrificature.

SACRIFICATOIRE [sakRifikatwaR] adj. — 1597 ; du lat. *sacrificator,* de *sacrificare.* → Sacrifier.

♦ Vx ou didact. Qui appartient aux sacrifices, à un sacrifice. ⇒ **Sacrificiel.**

SACRIFICATURE [sakRifikatyR] n. f. — 1535 ; de *sacrificateur.*

♦ Didact. Dignité, office de sacrificateur (→ Lequel, cit. 1).

C'étaient des Sadducéens et des Pharisiens, que la même ambition poussait à Machærous, les premiers voulant obtenir la sacrificature, et les autres la conserver.
                                                    FLAUBERT, Trois contes, « Hérodias », II.

SACRIFICE [sakRifis] n. m. — Fin XIVᵉ ; *sacrefise, sacrifise,* v. 1120 ; lat. *sacrificium,* de *sacrificare.* → Sacrifier.

♦ **1.** Offrande rituelle à la divinité, caractérisée par la destruction (immolation réelle ou symbolique d'une victime, holocauste) ou l'abandon volontaire (oblation des prémices) de la chose offerte. ⇒ **Holocauste** (cit. 1), **immolation, libation, lustration, oblation** (cit. 2), **offrande.**

1 Maintenons, puisqu'il faut bien donner aux mots leur extension et leur compréhension propres, que c'est la destruction de l'objet qui caractérise le sacrifice, et que le don de l'objet constitue l'offrande. Mais rien n'empêche qu'un rite donné n'empiète sur les deux domaines à la fois.
                                                    J. CAZENEUVE, les Rites, p. 380, in FOULQUIÉ, Dict. de la langue philosophique, art. *Sacrifice.*

2 La difficulté commence lorsqu'il s'agit de définir ce qui fait d'une offrande un sacrifice (...) Le sacrifice de prémices apparaît dans les civilisations les plus primitives comme un geste religieux qui (...) exprime la dépendance à l'égard du dispensateur de tous biens. Ultérieurement, dans les grandes religions polythéistes, les sacrifices sanglants deviennent caractéristiques de l'hommage rendu à la divinité. Mais c'est chez les Sémites que les rites du sang prennent le plus grand relief (...) le sacrifice du Christ au Calvaire sera lui-même un sacrifice de sang (...) S'ensuit-il que nous devrions rechercher l'essence du sacrifice dans une destruction de la victime et le distinguer par là de la simple offrande ? Pas nécessairement (...) le propre du sacrifice est de porter en soi une signification d'hommage exclusivement latreutique, c'est-à-dire réservé à la divinité (...)
                                                    MENNESSIER, in Initiation théologique, t. III, p. 874.

Sacrifice expiatoire (cit. 1), *piaculaire, propitiatoire* (cit.). — *Sacrifice sanglant.* — *Sacrifices d'animaux* (→ Autel, cit. 1 ; couronner, cit. 17). ⇒ **Apotropée, hécatombe, taurobole.** — (XVIIIᵉ). *Sacrifice humain,* où l'on immole, tue un ou plusieurs êtres humains (→ Extermination, cit. 2 ; et aussi autel, cit. 6 ; ensanglanter, cit. 6 ; pour, cit. 77). *Sacrifice rituel de veuve, aux Indes.* ⇒ **Sutti.** — *Autel, couteau, sang, fumée... des sacrifices* (→ Carreau, cit. 4). *Offrir, faire un sacrifice* (→ Archonte, cit. ; citoyen, cit. 1). *Victime destinée au sacrifice, immolée, brûlée en sacrifice.* ⇒ **Hostie** (vx) ; et aussi **sacrificateur, victimaire.** *Le sacrifice est consommé.*

3 Il tourne à l'entour du troupeau,
   Marque entre cent moutons le plus gras, le plus beau,
   Un vrai mouton de sacrifice :
   On l'avait réservé pour la bouche des dieux.   LA FONTAINE, Fables, II, 16.

4 Je crois bien que ces sacrifices étaient rares : s'ils avaient été fréquents, si on en avait fait des fêtes annuelles, si chaque famille avait eu continuellement à craindre que les prêtres vinssent choisir la plus belle fille ou le fils aîné de la maison, pour

lui arracher le cœur saintement sur une pierre consacrée, on aurait bientôt fini par immoler les prêtres eux-mêmes.
                                                    VOLTAIRE, Essai sur les mœurs, Introd., Des victimes humaines.

5 Quant au sacrifice, c'est sans doute, d'abord, une offrande destinée à acheter la faveur du dieu ou à détourner sa colère. Il doit être d'autant mieux accueilli qu'il a plus coûté, et que la victime a une plus grande valeur. C'est probablement ainsi que s'explique en partie l'habitude d'immoler des victimes humaines (...)
                                                    H. BERGSON, les Deux Sources de la morale et de la religion, p. 213.

(1690). Spécialt. (Relig. cathol.). *Le sacrifice du Christ, le sacrifice de la Croix :* la mort du Christ pour la rédemption* du genre humain (→ Illusoire, cit. 3). — *Le sacrifice de la Cène. Le sacrifice eucharistique,* commémoratif et en même temps réel. *Le sacrifice de la messe* (cit. 1), réitération de celui de la Cène (→ Infestation, cit.). ⇒ **Propitiation.**

6 Les chrétiens ne connaissent plus la sainte frayeur dont on était saisi autrefois à la vue du sacrifice. On dirait qu'il eût cessé d'être terrible, comme l'appelaient les saints Pères ; et que le sang de notre victime n'y coule pas encore aussi véritablement que sur le Calvaire. Loin de trembler devant les autels, on y méprise Jésus-Christ présent (...)   BOSSUET, Oraison funèbre du prince de Condé.

(1670). *Le saint sacrifice (de la messe).*

7 Je prierai demain pour lui au saint sacrifice (...)
                                                    Ed. et J. DE GONCOURT, Sœur Philomène, LI.

♦ **2.** (Mil. XVIIᵉ). Renoncement ou privation volontaire (en vue d'une fin religieuse, morale, esthétique, ou même utilitaire). *Le sacrifice de qqch. (fait par qqn). Biens, plaisirs terrestres dont le croyant fait le sacrifice à Dieu* (→ Épargner, cit. 20 ; pari, cit. 7). *Faire le sacrifice de sa vie, de ses jours à la patrie, à un idéal...* (→ Balancer, cit. 20). *Sacrifice de la raison* (→ Abêtir, cit. 2), *de l'intellect* (→ Gouverner, cit. 37), *du bonheur public* (→ Intérêt, cit. 7). *Sacrifice de certaines opinions* (→ Libéral, cit. 6), *des préjugés* (→ Patrie, cit. 12), *des intérêts nationaux* (→ Pratiquement, cit. 1)... *Un sacrifice d'argent, de temps,* concernant l'argent, le temps utile. — (Sans compl. en de). *L'épargne* (cit. 8) *représente une privation et même un sacrifice.* — Spécialt. *Sacrifice financier :* renoncement à un gain. Fam. *Je veux bien faire un sacrifice,* un effort*. ⇒ **Dépense, rabais** (→ Mettre, cit. 46). — (Aux échecs). *Faire un sacrifice :* sacrifier une pièce.

8 Oui, la femme est un être faible qui doit, en se mariant, faire un entier sacrifice de sa volonté à l'homme, qui lui doit en retour le sacrifice de son égoïsme.
                                                    BALZAC, Mémoires de deux jeunes mariées, Pl., t. I, p. 325.

9 Un sacrifice plus grand encore qu'aucun sacrifice d'argent, c'est celui que tous, riches et pauvres, faisaient à la chose publique, celui de leur temps, de leur pensée constante, de toute leur activité (...)
                                                    MICHELET, Hist. de la Révolution franç., II, v.

Faire des sacrifices, de grands sacrifices (→ Avantage, cit. 44 ; compter, cit. 15 ; courtisane, cit. 3 ; nation, cit. 1). *Consentir des sacrifices* (→ Paresse, cit. 7 ; patrie, cit. 8). *S'imposer de grands sacrifices* (→ Passer, cit. 108). *Exiger des sacrifices.* ⇒ **Coûter, coûteux** (→ Inconséquent, cit. 5 ; matérialisme, cit. 5). *Nous mesurons* (cit. 9) *l'étendue de nos sacrifices et de nos pertes.* Prêt (cit. 3) *à tous les sacrifices. Obtenir au prix de grands sacrifices.* ⇒ **Acheter, payer** (cher). *Se résoudre à des sacrifices.* ⇒ **Vif** (couper, trancher dans le).

10 Tout ce qu'il *(l'homme)* peut, c'est de se consacrer à la vérité, quelle qu'elle soit, et de disposer son cœur à la suivre partout où il croira la voir, dût-il lui en coûter les plus pénibles sacrifices.
                                                    RENAN, Souvenirs d'enfance..., Appendice, Œ. compl., t. II, p. 928.

11 (...) l'art n'obtient ses effets les plus puissants que par des sacrifices proportionnés à la rareté de son but.   BAUDELAIRE, l'Art romantique, XXII, IX.

12 Qui dit : Œuvre, dit : Sacrifices. La grande question est de décider ce que l'on sacrifiera : il faut savoir *qui, qui, sera mangé.*   VALÉRY, Rhumbs, p. 177.

12.1 — Il sera ingénieux, dit son père. Nous ferons des sacrifices pour cela.
     — Vous avez bien raison, Meussieu Belhôtel, approuve Mᵐᵉ Pic, de vous sacrifier pour votre enfant et de vouloir en faire quelqu'un de bien.
                                                    R. QUENEAU, le Chiendent, p. 274.

Sacrifice de soi. ⇒ **Abandon, don, offre** (→ Orgueil, cit. 18 ; rénovation, cit. 3). Absolt. *Esprit de sacrifice.* ⇒ **Abnégation, désintéressement, dévouement** (cit. 3), **résignation** (→ Exalter, cit. 16). *Le sacrifice et le renoncement* (→ Injuste, cit. 8). *L'idée de sacrifice et d'héroïsme* (→ Matérialisme, cit. 4). *La générosité et le sacrifice* (→ Idée, cit. 57). *Le goût* (cit. 33) *du sacrifice.*

13 Sacrifice, ô toi seul peut-être es la vertu !
                                                    A. DE VIGNY, Poèmes philosophiques, « Wanda », XIV.

14 Sacrifice ne signifie ni amputation, ni pénitence. Il est essentiellement un acte. Il est un don de soi-même à l'Être dont on prétend se réclamer.
                                                    SAINT-EXUPÉRY, Pilote de guerre, XXVII.

14.1 En des termes élevés, je lui ai conseillé d'accepter avec une joie orgueilleuse le sacrifice de sa personne au bien de la communauté.
                                                    M. AYMÉ, le Passe-muraille, p. 71.

15 (...) en 1922 et en 1933, la Révolution qui promet beaucoup aux hommes a été vaincue par la Révolution qui exige beaucoup d'eux. Le véritable secret des chefs du fascisme et du national-socialisme peut-être d'avoir moins compté sur les puissances mystiques de l'espérance que sur les puissances du sacrifice.
                                                    Th. MAULNIER, Mythes socialistes, p. 60, in FOULQUIÉ, Dict. de la langue philosophique, art. *Sacrifice.*

DÉR. Sacrificiel.

SACRIFICIEL, ELLE [sakRifisjɛl] adj. — 1933, Larousse ; de *sacrifice.*

♦ Didact. Propre à un sacrifice, aux sacrifices. *Rite sacrificiel.* ⇒ **Sacrificatoire.**

(...) les hommes qui près du poteau central peinturluré qu'on nomme « poteau mitan » se tenaient, immobiles et bien convenables dans leurs pantalons de toile, pour présenter des boucs, futures offrandes sacrificielles au cou entouré d'une longe (...) Michel LEIRIS, Fourbis, p. 194.

SACRIFIER [sakʀifje] v. tr. — 1119; du lat. *sacrificare,* comp. de *sacrum facere* « faire un acte sacré », d'abord intrans. en latin.

A. ♦ **1.** Offrir en sacrifice (1.). ⇒ **Dévouer, égorger, immoler, mort** (mettre à), **offrir.** *Sacrifier un animal, une victime à la divinité* (→ Déflorer, cit. 1; 1. être, cit. 103; habitant, cit. 4), *des hécatombes* (cit. 1) *à Apollon.* — (1120). Absolt. *Sacrifier :* faire des sacrifices (→ Haut, cit. 19). — SACRIFIER À. *Sacrifier à un dieu :* lui offrir des sacrifices (→ Gastrolâtre, cit. 1). *Sacrifier aux idoles.*

1 Je devrais sur l'autel, où ta main sacrifie,
Te (...) Mais du prix qu'on m'offre il faut me contenter.
RACINE, Athalie, V, 5.

2 Les poèmes homériques nous font voir que la coutume de sacrifier des animaux à Jupiter ou à Neptune, ou à Pluton, n'était rien de plus qu'une règle de politesse pour tuer proprement et humainement. Lorsqu'Ulysse déguisé en mendiant vient chez le porcher Eumée, le porcher tue un cochon selon le rite, en l'offrant à Jupiter hospitalier; ensuite ils le mangent très bien.
ALAIN, Propos, 13 juil. 1913, Les conversations chinoises.

♦ **2.** Tuer (sans intention sacrificielle). *Sacrifier quelques bêtes frappées d'épidémie. Il a dû sacrifier son vieux chien.* — Tuer pour sauver d'autres vies.

2.1 Mais quand il s'agit des progrès de notre art, de quelle nécessité ne doivent pas être ces mêmes moyens! Et combien y a-t-il un moindre mal à se les permettre? C'est un sujet de sacrifié pour en sauver un million; doit-on balancer à ce prix? Le meurtre opéré par les loix est-il d'une autre espèce que celui que nous allons faire, et l'objet de ces loix, qu'on trouve si sages, n'est-il pas le sacrifice d'un pour en sauver mille? SADE, Justine..., t. I, p. 126-127.

♦ **3.** Littér. SACRIFIER À : faire la volonté de; se conformer* à. « *Les amants* (cit. 9)... *N'osaient au blond Hymen sacrifier encor* » (La Fontaine). *Sacrifier aux Grâces**. *Sacrifier au matérialisme* (→ Athée, cit. 13). *Sacrifier à la mode, aux goûts du jour, aux préjugés.* ⇒ **Conformer** (se), **obéir, suivre.**

3 Deux démons à leur gré partagent notre vie,
Et de son patrimoine ont chassé la raison.
Je ne vois point de cœur qui ne leur sacrifie.
Si vous me demandez leur état et leur nom,
J'appelle l'un Amour et l'autre Ambition. LA FONTAINE, Fables, X, 9.

4 (...) il a toujours sacrifié, et servilement souvent, à la considération du nom de l'écrivain, de l'historien, de l'orateur, du causeur même.
Ed. et J. DE GONCOURT, Journal, 14 févr. 1863, t. II, p. 72.

B. Par ext., fig. ♦ **1.** (XVIe). Perdre, abandonner ou négliger (qqch., qqn), par un sacrifice* (2.), au bénéfice ou en considération de ce qu'on fait passer avant. *Sacrifier notre bien à celui d'autrui* (→ Altruiste, cit. 1), *l'éternel* (cit. 17) *au périssable, le droit aux intérêts* (→ Fureur, cit. 29), *l'apparence à la réalité* (→ Conséquent, cit. 3). *Sacrifier sa tranquillité* (→ Place, cit. 43) *à des principes* (cit. 18)... *Sacrifier tout à la famille* (→ Hacher, cit. 9), *au devoir* (→ Objet, cit. 21), *à l'intérêt de la santé* (→ Convalescent, cit.), *à l'apparence* (→ Cothurne, cit. 2)... *Notre temps où tout est sacrifié au bien-être.* ⇒ **Consacrer** (→ Élancement, cit. 3). — *Tout sacrifier à qqn.* ⇒ **Donner** (→ Canaille, cit. 4; égoïsme, cit. 4; estime, cit. 13). *Sacrifier à Dieu sa haine, sa vengeance* (Académie).

5 Ah! cet honneur, Madame, est toute mon envie,
Et j'y sacrifierais et mon sang et ma vie. MOLIÈRE, le Misanthrope, V, 4.

6 Malheur à qui ne sait pas sacrifier un jour de plaisir aux devoirs de l'humanité!
ROUSSEAU, Julie ou la Nouvelle Héloïse, I, XXXIX.

7 (...) dis-lui que je t'adore, que la vie n'a commencé pour moi que le jour où je t'ai vu (...) que je t'ai sacrifié ma vie, que je te sacrifie mon âme. Tu sais que je te sacrifie bien plus. STENDHAL, le Rouge et le Noir, I, XX.

8 Il a brûlé comme un trépied plein d'encens et de charbons devant les statues du génie, devant les dieux de l'intelligence, jetant dans la flamme son temps, son travail, sa pensée, sa vie, son âme, tout ce que peut sacrifier un homme à ce qu'il adore. Th. GAUTIER, Portraits contemporains, Ph. Boyer.

8.1 (...) je n'ai jamais passé d'années meilleures que les deux qui viennent de s'écouler, parce qu'elles ont été les plus libres, les moins gênées dans leur entournure. J'y ai sacrifié beaucoup à cette liberté! j'y sacrifierais plus encore.
FLAUBERT, Correspondance, 13 août 1845, Pl., t. I, p. 249.

9 Il n'admettait pas le partage en amitié. Étant prêt à tout sacrifier à l'ami, il trouvait légitime, et même nécessaire, que l'ami lui sacrifiât tout.
R. ROLLAND, Jean-Christophe, Le matin, II, p. 166.

Sacrifier qqn à qqch. « *Dieu (...) ne craint pas de les sacrifier à l'instruction* (cit. 2) *du reste des hommes* » (Bossuet). *Sacrifier les Indiens aux travaux des mines* (cit. 1). « *Ainsi* (cit. 16) *donc à leurs vœux vous me sacrifiez?* » (Molière).

10 C'est de ne plus souffrir qu'Alceste vous prétende,
De le sacrifier, Madame, à mon amour,
Et de chez vous enfin le bannir dès ce jour. MOLIÈRE, le Misanthrope, V, 2.

11 Mais à qui prétend-on que je le sacrifie?
La Grèce a-t-elle encor quelque droit sur sa vie? RACINE, Andromaque, I, 2.

12 La multitude des hommes vivants est sacrifiée à la prospérité de quelques-uns; comme le plus grand nombre des enfants meurt, et est sacrifié à l'existence de ceux qui resteront; comme des millions de glands le sont à la beauté des grands chênes qui doivent couvrir librement un vaste espace.
É. DE SENANCOUR, Oberman, XLV.

Sacrifier (qqch., qqn) pour... Pour elle, j'ai tout sacrifié (→ Ignorer, cit. 39). *Sacrifier une réalité pour quelque chose qui n'existe pas* (→ Renoncer, cit. 1). *Sacrifier qqch., qqn pour...* suivi de l'inf. (→ 1. Arbitre, cit. 3; gant, cit. 18; machine, cit. 31; possibilité, cit. 4). *Il y a des choses qu'il faut savoir sacrifier pour sauver le reste* (⇒ **Feu** [faire la part du]). *Sacrifier son temps à...,* suivi de l'inf. (→ ci-dessous, cit. Sand).

13 — Les parents ont raison de dire cela, j'en conviens, Marie, reprit Germain; mais enfin ils sacrifieraient tout le temps de la jeunesse, qui est le meilleur, à prévoir ce qu'on deviendra à l'âge où l'on n'est plus bon à rien et où il est indifférent de finir d'une manière ou d'une autre. G. SAND, la Mare au diable, XI.

14 Le plus simple écolier sait maintenant des vérités pour lesquelles Archimède eût sacrifié sa vie.
RENAN, Souvenirs d'enfance..., Préface, Œ. compl., t. II, p. 717.

(1636; *sacrefier,* mil. XIIe). Sans complément d'attribution ni de but. « *On les croit insensibles* (cit. 5), *parce que non seulement elles savent taire, mais encore sacrifier leurs peines secrètes* » (Bossuet). *Sacrifier son rêve* (→ Ajourner, cit. 2), *sa dignité* (→ Autorité, cit. 20), *sa vie* (→ Héroïsme, cit. 12). *Sacrifier les droits du peuple* (→ Balance, cit. 19), *l'honneur* (cit. 19) *des femmes.* — (Dans un sens esthétique). *L'auteur a sacrifié ce rôle, ce personnage,* ne lui a pas donné l'importance, l'intérêt qu'il pourrait avoir.

15 Maxime finit son indigne rôle dans cette scène par un vers de comédie (...) L'auteur a entièrement sacrifié ce rôle de Maxime : il ne faut le regarder que comme un personnage qui sert à faire valoir les autres.
VOLTAIRE, Commentaires sur Corneille, Cinna, III, 2.

16 En politique, la liberté est le but qui ne doit jamais être sacrifié, et auquel tout doit être subordonné.
RENAN, Questions contemporaines, Œ. compl., t. I, p. 64.

Sacrifier qqn (→ Accessoire, cit. 3; masse, cit. 26). Ce peuple sacrifié (→ 2. Pays, cit. 3). — P. p. adj. *Femmes abandonnées et sacrifiées* (→ Désaffection, cit. 1). — N. (Souv. iron.) *Les éternelles sacrifiées :* les femmes. — Milit. *Unités, missions sacrifiées* (→ Groupe, cit. 13).

17 Jacques, je vais te faire une redingote avec ça, m'en priver pour toi! (...) et ma mère ravie me regarde du coin de l'œil, hoche la tête, sourit du sourire des sacrifiées heureuses. J. VALLÈS, l'Enfant, V.

18 On traque un bandit, on l'enferme dans un cercle de forces supérieures; en cette opération il peut y avoir imprudence, témérité, massacre; mais il ne s'agit jamais de sacrifier délibérément un policier (...)
ALAIN, Propos, 12 juin 1921, Convulsions sans pensée.

♦ **2.** Fam. Se défaire de qqch. (avec peine, par nécessité ou obligation). *Bateau qui doit sacrifier son ancre* (→ 1. Mailler, cit.; maillon, cit. 2). *Allons, je vais sacrifier une de mes bonnes bouteilles.* — (T. de Publicité). P. p. adj. *Marchandises sacrifiées,* soldées à très bas prix.

▶ **SE SACRIFIER** v. pron. (Mil. XVIIe).

S'offrir en sacrifice, se dévouer par le sacrifice de soi, de ses intérêts. ⇒ **Dévouer** (se), **donner** (se). « *(Le coupable)... Se sacrifie aux traits du céleste* (cit. 9) *courroux* » (La Fontaine). *Jésus s'est sacrifié pour les hommes.* ⇒ **Mourir** (→ Sacrificateur, cit.). *Se sacrifier à la patrie, à l'honneur* (cit. 27; et → émigration, cit. 3). *Ceux qui ne se sacrifient à rien* (→ Athéisme, cit. 5). *Se sacrifier à qqn* (→ Entourage, cit.). Absolt. *Il est beau de se sacrifier* (→ Feu, cit. 40; et aussi arbitre, cit. 9; espérance, cit. 14; ingrat, cit. 7). ⇒ **Détacher** (se), **oublier** (s').

19 (...) elle eût trouvé partout le moyen de se tourmenter et d'affliger les autres, en ne voulant que le bien, en ne s'occupant nullement d'elle-même, en croyant sans cesse se sacrifier pour tous; mais en ne sacrifiant jamais ses idées, en prenant sur elle tous les efforts, excepté celui de changer sa manière.
É. DE SENANCOUR, Oberman, XLV.

20 Il a vu que ses filles avaient honte de lui; que, si elles aimaient leurs maris, il nuisait à ses gendres. Il fallait donc se sacrifier. il s'est sacrifié, parce qu'il était père : il s'est banni de lui-même. En voyant ses filles contentes, il comprit qu'il avait bien fait. BALZAC, le Père Goriot, Pl., t. II, p. 911.

21 Il n'est pas dans la commune nature des êtres vivants de se sacrifier. Pourtant, des hommes ont pu se sacrifier à des idées, à de nobles causes, au salut de ceux qu'ils aimaient; ils ont su préférer à la vie le respect d'un concept abstrait, comme celui de la foi ou de l'honneur.
G. DUHAMEL, Récits des temps de guerre, IV, XLIII.

▶ **SACRIFIÉ, ÉE** p. p. adj. Voir ci-dessus (notamment B., 1., cit. 17 et B., 2.).

1. SACRILÈGE [sakʀilɛʒ] n. m. — 1190; lat. *sacrilegium* « vol d'objets sacrés ».

♦ **1.** Profanation* du sacré (1. Sacré, I., 1.), acte d'irrévérence grave envers les objets, les lieux, les personnes revêtus d'un caractère sacré. ⇒ **Attentat, blasphème, crime** (cit. 13 et 16), **impiété, outrage, péché, violation.** *Commettre un sacrilège. Grand, horrible sacrilège* (→ Purifier, cit. 5).

1 (...) lors de la discussion de la loi du sacrilège à la Chambre des Pairs, le respectable duc montait en voiture dès sept heures du matin et allait solliciter chez ses nobles collègues le poing coupé. Il voulait obtenir qu'on coupât le poing sur l'échafaud aux condamnés pour sacrilège avant de les exécuter à mort (...)
STENDHAL, Romans et nouvelles, « Le rose et le vert », VIII.

2 Il évoque le Diable, nourrit des souris blanches avec des hosties qu'il consacre; sa rage du sacrilège est telle qu'il s'est fait tatouer sous la plante des pieds l'image de la Croix, afin de pouvoir toujours marcher sur le Sauveur!
HUYSMANS, Là-bas, IX.

♦ **2.** (XIIIe). Attentat contre ce qui est sacré (1. Sacré, I., 3.), contre ce qui est particulièrement respectable. *C'est un sacrilège d'avoir démoli ce vieil hôtel, d'avoir abattu ces arbres...* ⇒ **Hérésie.**

3   Depuis l'âge de quatorze ans, elle avait entendu répéter sans cesse que rien n'était aussi charmant qu'elle ; elle en était persuadée ; c'est pourquoi elle prenait grand soin de sa parure : en manquant de respect à sa personne, elle aurait cru commettre un sacrilège.   A. DE MUSSET, Nouvelles, « Croisilles », IV.

4   Que de fontaines souillées dans nos campagnes ! Il ne s'agit pas toujours d'une méchanceté bien définie qui jouit par avance de la déconvenue des promeneurs. Le « crime » vise plus haut que la faute contre les hommes. Il a, dans certains de ses caractères, le ton du sacrilège. C'est un outrage à la nature-mère.
G. BACHELARD, l'Eau et les Rêves, p. 186.

CONTR. Dévotion.

2. SACRILÈGE [sakRilɛʒ] n. et adj. — 1283 comme n. ; lat. *sacrilegus.* → 1. Sacrilège.

♦ **1.** N. Personne qui a commis un sacrilège (1. Sacrilège, 1.). ⇒ **Profanateur.** *Un sacrilège impie* (→ 1. Parricide, cit. 2 ; et aussi excommunication, cit. 3 ; magistère, cit. 1). *Une sacrilège.*

♦ **2.** Adj. (1529). Coupable de sacrilège. *Prêtre sacrilège. Talleyrand a été sacrilège mais non blasphémateur* (cit.). *Mains sacrilèges* (→ Impiété, cit. 4). — (Choses). Qui a un caractère de sacrilège. *Attentat* (→ Épiscopat, cit. 1), *action sacrilège* (→ Mortification, cit. 2). *Audace sacrilège* (→ 1. Pompe, cit. 9). *Communion* (cit. 5) *sacrilège. Projets sacrilèges* (→ Caresse, cit. 15).

1   Voici la déclaration des États-Généraux catalans à S. M. Catholique, contenant que tout le pays prend les armes contre ses troupes *sacrilèges et excommuniées.*
A. DE VIGNY, Cinq-Mars, XXIV.

2   *(Le sadisme)* ne consiste point seulement à se vautrer parmi les excès de la chair, aiguisés par de sanglants sévices (...) il consiste avant tout dans une pratique sacrilège, dans une rébellion morale, dans une débauche spirituelle (...)
HUYSMANS, À rebours, XII.

3   Tout ce qui paraît garantir leur santé, leur stabilité, est regardé comme saint, tout ce qui semble le compromettre comme sacrilège. Le mélange et l'excès, l'innovation et le changement sont également redoutés.
Roger CAILLOIS, l'Homme et le Sacré, p. 165.

Par ext. (⇒ 1. **Sacrilège,** 2.). *Les restaurations sacrilèges que se permettaient les architectes du XIXᵉ siècle.*

SACRIPANT [sakRipã] n. m. — 1713 ; « fanfaron », 1600 ; ital. *sacripante,* nom d'un faux brave de l'*Orlando innamorato* de Boïardo.

♦ *Fam.* Mauvais sujet, chenapan. ⇒ **Bandit, faquin** (vx), **vaurien.** *« Des sacripants à graines* (cit. 12) *d'épinards »* (Balzac). *Attends un peu, petit sacripant !*

(Il) nous représenta comme des gens sans foi ni loi, comme des sacripants sans famille, sans mère, sans sœur, sans respect de la femme (...)
Ed. et J. DE GONCOURT, Journal, 20 févr. 1853, t. I, p. 39.

Allus. littér. Miss Sacripant, la future Madame Swann, peinte par Elstir (Proust, À l'ombre des jeunes filles en fleur).

SACRISTAIN [sakRistɛ̃] n. m. — 1552 ; *secrestain* v. 1155 ; *sacrestain,* 1375 ; lat. ecclés. *sacristanus,* rad. *sacer.* → 1. Sacré.

★ **I.** ♦ **1.** Celui qui est préposé à la sacristie, à l'entretien de l'église, etc. (→ Croix, cit. 14 ; génuflexion, cit. 2 ; ordre, cit. 42).

Délurier qui a poursuivi ses études aux frais des prêtres, sort du grand séminaire après trois mois de théologie pour être sacristain « dans une église, dit sa mère, où il gagnera plus d'argent que le curé ».   M. JOUHANDEAU, Chaminadour, II, XII.

♦ **2.** Vx. Faux dévot, bigot. ⇒ **Calotin.** — Adj. *Il est un peu sacristain.*

★ **II.** (xxᵉ). Petit gâteau de pâte feuilletée, en forme de rouleau, garni d'amandes grillées.

DÉR. Sacristaine ou **sacristine.**

SACRISTAINE [sakRistɛn] ou **SACRISTINE** [sakRistin] n. f. — 1636, *sacristaine ; sacristine,* 1671 ; de *sacristain.*

♦ Religieuse préposée à la sacristie dans un monastère ; femme s'occupant de la sacristie d'une église.

1   Restait la porte de la sacristie ; il parut évident que le vol n'avait pu se faire que par là. Le sacristain avait été vu dans l'église tout le temps de l'office. La sacristine, au contraire, avait fait des absences ; elle avait été à l'âtre du presbytère chercher des charbons pour les encensoirs (...) le soupçon se porta donc sur elle.
RENAN, Souvenirs d'enfance..., I, Œ. compl. t. II, p. 746.

2   J'avais jadis (...) une sacristaine épatante, une bonne sœur de Bruges sécularisée en 1908, un brave cœur. Les huit premiers jours, astique que j'astique, la maison du bon Dieu s'était mise à reluire comme un parloir de couvent (...)
BERNANOS, Journal d'un curé de campagne, p. 18.

SACRISTI [sakRisti] interj. — 1790 ; de *sacré,* dans les jurons.

♦ Juron familier. ⇒ **Sapristi ; pristi.** (→ Peloton, cit. 2).

— Vraiment, Louise, tu as mauvaise mine, tu te fatigues trop sans doute à installer Jean ! Repose-toi un peu, sacristi !   MAUPASSANT, Pierre et Jean, VI.

Abrév. fam. ⇒ **Cristi.**

N. m. *Les sacristis, les sapristis* (→ Cristi, cit.).

HOM. Sacristie.

SACRISTIE [sakRisti] n. f. — xvᵉ ; *sacrestie,* 1339 ; lat. ecclés. *sacristia,* rad. *sacer.* → 1. Sacré.

♦ **1.** Annexe d'une église, où sont déposés les vases sacrés, les vêtements sacerdotaux, les registres de baptême et de mariage. ⇒ **Sacristain ;** et aussi **lave-main, piscine** (sacrée). → Garnir, cit. 7 ; magnificence, cit. 7 ; orgue, cit. 2. *Le prêtre, les enfants de chœur s'habillent dans la sacristie. Mariés, témoins allant signer à la sacristie.* — *Par ext.* Ce que contient la sacristie. *La sacristie de telle paroisse est très riche* (Académie).

1   Un ordre parfait régnait dans cette sacristie abandonnée. L'ostensoir était suspendu à sa patère ; les burettes sur une crédence, à côté d'un petit coffret à encens, où je trouvai des grains intacts et quelques allumettes.
H. BOSCO, Hyacinthe, p. 217.

1.1   Nous nous trouvions tous maintenant — une dizaine de personnes au plus — dans la sacristie. Les témoins signaient sur les registres et les autres féliicitaient gentiment les nouveaux mariés. Cette sacristie est encore plus sombre que l'église et j'aurais pu penser que je devais à cette obscurité de ne point apercevoir, en un pareil moment, Joseph Rouletabille, si la pièce n'avait été si petite.
G. LEROUX, le Parfum de la dame en noir, p. 20.

♦ **2.** (1690). Vx. Bénéfices provenant du prix des messes, prières ou services.

♦ **3.** Péj. (Symbole de la religion, du cléricalisme). *La sacristie, les sacristies :* les prêtres, le parti clérical. ⇒ **Calotte** (la) ; **sacristain** (→ Libre, cit. 31). — Loc. fam. *Punaise de sacristie :* dévote qui hante les sacristies, les églises, sans en devenir plus charitable.

2   (...) c'est quelqu'un, mon petit-fils, un gars intelligent qui fera parler de lui et baisser pavillon à la bêtise du château et de la sacristie.
M. JOUHANDEAU, Chaminadour, Contes brefs, v, « Enterrement civil ».

♦ **4.** (1874). Loc. (Vx). *Être de la sacristie :* appartenir à un petit cercle (→ Chapelle).

HOM. Sacristi.

SACRISTINE [sakRistin] n. f. ⇒ **Sacristaine.**

SACRO- ⇒ Sacr-.

SACRO-COCCYGIEN, IENNE [sakRokɔksiʒjɛ̃, jɛn] adj. — 1765 ; de *sacro-,* et *coccygien.*

♦ *Anat.* Relatif au sacrum et au coccyx. *Articulation sacro-coccygienne.*

SACRO-COXALGIE [sakRokɔksalʒi] n. f. — 1876 ; de *sacro-,* et *coxalgie.*

♦ *Méd.* Arthrite chronique de l'articulation sacro-iliaque coccygienne. *La sacro-coxalgie est souvent de nature tuberculeuse.*

SACRO-ILIAQUE [sakRoiljak] adj. — 1836 ; de *sacro-,* et *iliaque.*

♦ *Anat.* Relatif au sacrum et à l'os iliaque. *Articulation sacro-iliaque.*

SACRO-LOMBAIRE [sakRolɔ̃bɛR] adj. — V. 1560 ; de *sacro-,* et *lombaire.*

♦ *Anat.* Relatif au sacrum et aux lombes. *Muscle sacro-lombaire,* qui va de la nuque au sacrum.

SACRO-SAINT, SACRO-SAINTE [sakRosɛ̃, sakRosɛ̃t] adj. — 1546, Rabelais ; *sacré-saint,* 1491 ; lat. *sacro-sanctus,* de *sacer* « sacré », et *sanctus* « saint ».

♦ **1.** Vx. Digne de vénération ; saint et sacré (1. Sacré, I., 1.). *« Ce nom sacro-saint de la Vierge mère de notre Sauveur »* (Montaigne, I, XLVI).

♦ **2.** (xixᵉ). Mod. (Iron.). Qui fait l'objet d'un respect exagéré ou même absurde. ⇒ **Intouchable, tabou.** *Ses sacro-saintes habitudes. Les sacro-saints principes.*

SACRO-SCIATIQUE [sakRosjatik] adj. — 1765 ; de *sacro-,* et *sciatique.*

♦ *Anat.* Se dit des ligaments qui vont du sacrum à l'épine sciatique. *Grand, petit ligament sacro-sciatique.*

SACRO-VERTÉBRAL, ALE, AUX [sakʀovɛʀtebʀal, o] adj. — 1836; de *sacro-*, et *vertébral*.

♦ Anat. Se dit de l'articulation du sacrum avec les vertèbres.

SACRUM [sakʀɔm] n. m. — 1793; ellipt de *os sacrum*, av. 1478, «os sacré», parce qu'il était offert aux dieux dans les sacrifices d'animaux.

♦ Anat. Os formé par la réunion des cinq vertèbres* sacrées, situé à la partie inférieure de la colonne vertébrale. ⇒ **Bassin, coccyx** (cit.), **colonne** (cit. 9).

DÉR. 2. Sacré. — V. aussi 2. **sacralisation.**
COMP. V. **Sacro-.**

SADAKA [sadaka] n. f. ou m. — D. i.; mot arabe, par diverses langues africaines.

♦ Franç. d'Afrique. Aumône, don de caractère religieux. *Faire la sadaka.*

SADE [sad] adj. — V. 1175, Chrétien de Troyes; du lat. impér. *sapidus* «qui a du goût» (→ Sapide), lat. class. *sapere* «avoir du goût». → Saveur.

♦ Vx (dès le xviie) en archaïsme médiéval. Agréable, charmant.

SADICO-ANAL, ALE, AUX [sadikoanal, o] adj. ⇒ **Sadique** (sadique-anal).

SADIEN, IENNE [sadjɛ̃, jɛn] adj. — Av. 1969; de *Sade.*

♦ Didact. Propre aux œuvres du marquis de Sade (du point de vue littéraire, idéologique).

(...) Sade ayant produit le plus pur des textes, je crois comprendre que le Politique me plaît comme texte *sadien* et me déplaît comme texte *sadique*.
        R. BARTHES, Roland Barthes, p. 150.

N. Spécialiste de Sade.

SADIQUE [sadik] adj. et n. — 1862; de *sadisme.*

♦ **1.** Vx. Luxurieux et cruel, à la manière des personnages actifs des romans du marquis de Sade.

♦ **2.** Mod., psychiatrie. Qui manifeste du sadisme. *Landru, fou sadique* (→ Meurtrier, cit. 3). *Tendances sadiques.* ⇒ aussi **Sadomasochiste.**

N. *Un, une sadique :* pervers sexuel dont la satisfaction ne s'obtient que par la souffrance d'autrui. *Petit sadique, grand sadique* (→ Sadisme). « *La* flagellation *est une des pratiques favorites des* «petits sadiques» *(...) tous les flagellateurs ne sont pas, cependant, de vrais sadiques*» (Bardenat, *in* Porot, *Manuel de psychiatrie*, 1975, art. *Sadisme*).

Psychan. Qui se caractérise par la recherche d'une satisfaction trouvée activement dans la destruction d'un objet extérieur. *Pulsion sadique. Stade sadique-anal* (ou *sadico-anal*) : selon Freud, stade de l'évolution libidinale chez l'enfant (entre deux et quatre ans) qui succède au stade oral et précède le stade phallique ou génital, et qui allie pulsion sadique (contrôle du sphincter) et érotisme anal. ⇒ **Anal** (stade). *Stade sadique-oral :* selon K. Abraham, deuxième phase du stade oral, marquée par l'apparition des dents et de l'activité de morsure et, corrélativement, de l'ambivalence pulsionnelle (libido et agressivité à l'égard du même objet). ⇒ **Cannibalique.** *Pour Mélanie Klein, le stade oral est dans son ensemble un stade sadique-oral.*

1   Le stade sadique-anal s'étend sur la deuxième et la troisième année. Les tensions se déchargent principalement par la défécation. La satisfaction libidinale est liée à l'évacuation et à l'excitation de la muqueuse anale.
        Daniel LAGACHE, la Psychanalyse, p. 30.

♦ **3.** Mod., cour. Qui prend plaisir à faire souffrir, à voir souffrir autrui. *Tortionnaire sadique.*

Par ext. *Plaisir sadique.*

2   *(Flaubert)* invente, sur la fin de ces funérailles, des supplices, des mutilations de cadavres, des horreurs singulières, raffinées, immondes. Une pointe d'imagination sadique se mêle à des descriptions, déjà bien assez fortes dans leur réalité.
        SAINTE-BEUVE, Causeries du lundi, 15 déc. 1862.

3   (...) franchement, je vous avouerai, cher maître, que la *pointe d'imagination sadique* m'a un peu blessé (...) un tel mot de vous, lorsqu'il est imprimé, devient presque une flétrissure (...) Ne soyez donc pas étonné si un de ces jours vous lisez dans quelque petit journal diffamateur (...) M. G. Flaubert est un disciple de Sade.
        FLAUBERT, Correspondance, 747, 23-24 déc. 1862.

4   Vous me blesseriez à coup sûr, avec votre génie des phrases sadiques.
        MONTHERLANT, Pitié pour les femmes, p. 30.

5   Peu de temps après, ces journaux rappelleront les massacres hitlériens, les jeux que d'autres appellent sadiques, d'une police qui recrute ses tortionnaires parmi les Français.
        Jean GENET, Pompes funèbres, p. 9.

Méchant, cruel. *Cet examinateur est particulièrement sadique. Arrête d'être sadique !* — N. *Un, une sadique.* — Abrév. fam. : *sado.*

CONTR. Masochiste.
DÉR. Sadiquement, sado.

SADIQUEMENT [sadikmɑ̃] adv. — Mil. xxe (1951, Camus); de *sadique.*

♦ Avec sadisme. *Il se complaisait sadiquement à des allusions blessantes pour elle.*

SADISME [sadism] n. m. — 1834; du nom du marquis de Sade, écrivain du xviiie qui peint dans ses œuvres un érotisme forcené et cruel, qui n'obtient la jouissance que par la souffrance de l'objet érotique.

♦ **1.** Vieilli. «Aberration épouvantable de la débauche; système monstrueux et anti-social qui révolte la nature» (Boiste, 1839). Lubricité, luxure, accompagnée de cruauté.

1   Au fond, ce cas, auquel le marquis de Sade a légué son nom, était aussi vieux que l'Église (...) des Esseintes reconnaissait, dans le sabbat, toutes les pratiques obscènes et tous les blasphèmes du sadisme.   HUYSMANS, À rebours, XII, (1884).

2   L'Anglais est plus pudibond, parce que ses désirs sont plus violents. On remarque, chez les plus austères d'entre eux, des crises de sadisme qui étonnent dans leurs âmes bien ratissées, comme surprendrait un fauve sur une pelouse de Hyde Park.
        A. MAUROIS, les Discours du Dr O'Grady, III.

Psychiatrie, psychan. (t. retenu par le médecin all. Krafft-Ebing). Perversion sexuelle par laquelle une personne ne peut ressentir le plaisir érotique (et, spécialt, l'orgasme) qu'en faisant souffrir physiquement ou moralement son partenaire ou, plus rarement, une autre victime. *Le sadisme peut s'associer à d'autres perversions : bestialité, pédophilie, etc.* (→ Homosexualité, cit. 2). *Sadisme symbolique,* dans lequel le supplice infligé n'est que simulé. *Petit sadisme,* se limitant à l'évocation de la souffrance, ou à des pratiques ritualisées (coups, flagellation...). *Grand sadisme,* comportant des actes très graves de cruauté (mutilations, meurtre). ⇒ **Cannibalisme, nécrophagie.** *Selon Freud, sadisme et masochisme* représentent les deux versants d'une même perversion dont la forme active et la forme passive se retrouvent dans des proportions variables chez un même individu.* ⇒ **Sado-masochisme.**

3   Le sadisme place le plaisir érotique sous la dépendance de la souffrance d'autrui (...) Pour les psychanalystes, la tendance sadique apparaîtrait dans l'évolution sexuelle infantile par l'association du plaisir génital, avec la crainte de la punition de l'acte interdit, mais avec transfert du châtiment sur le partenaire. Elle se présente comme une déviation du masochisme auquel on la trouve d'ailleurs parfois associée (sado-masochisme).
        BARDENAT, in POROT, Manuel de psychiatrie, 1952, art. *Sadisme*.

Psychan. Tendance à exercer des violences sur autrui (sans prendre en considération la souffrance de celui-ci et hors de toute satisfaction sexuelle). *Sadisme infantile.* — REM. Cet emploi «dont Freud lui-même a souligné qu'il n'était pas absolument rigoureux, a pris une large extension en psychanalyse (Mélanie Klein et son école); il conduirait à tort à faire du terme de sadisme le synonyme de celui d'agressivité» (Laplanche et Pontalis).

♦ **2.** (1887). Cour. Goût pervers de faire souffrir, délectation dans la souffrance d'autrui. ⇒ **Cruauté.** *La guerre* (cit. 12) *avait développé la méchanceté jusqu'au sadisme. Par intérêt ou par sadisme* (→ Grand, cit. 49).

4   Elle était devenue une héroïne de cour d'assises, proie désignée au sadisme ambiant.   Léon BLOY, la Femme pauvre, II, III.

5   Le censeur resta seul au milieu de la cour, comme une grosse araignée qui guettait des enfants; il avait des punitions plein la tête, il préparait sa petite journée de sadisme, il pensait qu'il allait pincer les élèves du petit lycée, les menacer. Il se disait : — Je vais leur faire peur (...)   P. NIZAN, le Cheval de Troie, I, II.

Abusivt (généralement fam.). Plaisir mauvais, méchanceté (notamment, à propos de l'attitude de persécutés persécuteurs* dans leurs attaques contre autrui). *S'acharner avec sadisme contre qqn pour se venger.*

CONTR. Masochiste.
DÉR et COMP. (Du rad.) Sadique. V. **Sado-.**

SADISTE [sadist] adj. et n. — 1850, cit.; de *Sade.*

♦ Vx. Sadique (1.), disciple de Sade.

Non, je n'ai été là ni voltairien, ni méphistophélique, ni sadiste. J'étais au contraire très simple.   FLAUBERT, Lettre à Louis Bouilhet, 20 août 1850, *in* Correspondance, t. I, Pl., p. 667.

SADO [sado] adj. et n. — Mil. xxe; abrév. de *sadique.*

♦ Fam. Sadique. Adj. *Elle est un peu sado.* — N. *Un, une sado.*

SADO- Élément du rad. de *sadisme,* entrant dans la composition de termes de psychiatrie, de psychanalyse. ⇒ **Sadomasochiste.**

SADOMASOCHISME [sadomazɔʃism] n. m. — Mil. xxe; de *sadique,* et *masochisme*.

♦ Psychiatrie, psychan. Sadisme combiné au masochisme chez le même individu (→ Sadisme, cit. 3).

SADOMASOCHISTE [sadomazɔʃist] adj. et n. — Mil. xxᵉ; de *sado-*, et *masochiste*.

♦ Psychiatrie, psychan. Qui est à la fois sadique et masochiste. *Comportement sadomasochiste. — Relations sadomasochistes.* Abrév. fam. : *sadomaso.* Plur. *Sado(s)-masos. « Et puis, les sadomasos, je trouve ça plutôt marrant »* (*le Nouvel Obs.*, 28 nov. 1977). « *L'érotisme cuir et les S.-m (sados-masos) se sont imposés chez les homosexuels* » (*F. Magazine*, juil. 1981, p. 98).

Elle a su dire, ce que personne ne veut admettre, que la torture — le crime — et un certain type de relation amoureuse sado-masochiste sont les pôles d'une corde surtendue, où chaque pas funambulesque en avant vous rapproche du pire.
Michèle PERREIN, Entre chienne et louve, p. 211.

SADUCÉEN ou **SADDUCÉEN, ENNE** [sadyseɛ̃, ɛn] n. — 1681, *saducéen; sadducéen*, 1876; orig. incert.; p.-ê. de *Zadok*, grand prêtre du temps de Salomon.

♦ Antiq. Juif conservateur appartenant aux classes aisées, qui s'en tenait à la Thora, rejetant la résurrection, la vie future et la rétribution, la croyance aux anges et aux démons, à l'opposé des Pharisiens. *Les adversaires des Saducéens les accusaient de laxisme.*

Possédez-vous des richesses? Quelques-unes? Bon. Les avez-vous partagées avec les pauvres? Non. Vous êtes donc ce que j'appelle un saducéen.
CAMUS, la Chute, p. 14.

S. A. E. [ɛsɑe] adj. — 1958, *in* Höfler; abrév. de *Society of Automotive Engineers.*

♦ Techn. *Classification S.A.E.* : classification des huiles pour moteur, d'après leur viscosité. *Numéro S.A.E.*

SÆPTUM [sɛptɔm] n. m. ⇒ **Septum.**

SAFARI [safaʀi] n. m. — Mil. xxᵉ; mot africain (souahéli) « bon voyage »; de l'arabe *safora* « voyager ».

♦ Expédition de chasse, en Afrique noire.

L'homme a détruit les animaux sur la surface de la terre. Chasses et safaris massacrent les derniers lions, les ultimes éléphants.
P. GUTH, Lettre ouverte aux idoles, « J. Hallyday », p. 23.

DÉR. **Safarien, safariser, safariste.**
COMP. **Safari-photo.**

SAFARIEN, IENNE [safaʀjɛ̃, jɛn] adj. — 1972; de *safari*.

♦ Relatif aux safaris; du safari. *Tenue safarienne.*

SAFARI-PHOTO [safaʀifoto] n. m. — 1968; de *safari*, et *photo.*

♦ Expédition, excursion organisée à la manière d'un safari, mais au cours de laquelle le gibier est photographié au lieu d'être chassé. — Plur. *Des safaris-photos.*

SAFARISER [safaʀize] v. intr. — 1971, *in* Gilbert; de *safari*, et *-iser.*

♦ Fam. Faire des safaris. « *Les "vrais" chasseurs safarisent à longueur d'hiver du côté de l'Afrique...* » (*le Nouvel Obs.*, 31 oct. 1977, p. 58).

SAFARISTE [safaʀist] n. — 1972, *in* Gilbert; de *safari*, et *-iste.*

♦ Fam. Personne qui participe à un safari.

S. A. F. E. R. [safɛʀ] n. f. — 1968; sigle.

♦ Admin. Société d'aménagement foncier et d'établissement rural.

1. SAFRAN [safʀɑ̃] n. m. — xiiᵉ; lat. médiéval *safranum; arabo-persan zǎɛfǎrān*, même sens.

A. ♦ 1. Bot. Plante monocotylédone (*Iridacées*), scientifiquement appelée *crocus**, dont les fleurs portent des stigmates orangés utilisés comme aromate et colorant. *Le safran printanier* (→ Fourmiller, cit. 7). *Safran cultivé.* (1547; autres plantes). *Safran des prés, safran bâtard.* ⇒ **Carthame, colchique.** *Faux safran* : nom de l'amaryllis jaune.

♦ 2. Cour. Extrait de cette plante. ⓐ Assaisonnement vendu dans le commerce sous la forme d'une poudre orangée (provenant des stigmates de la fleur). *Pincée de safran. Ragoût de crabes au safran* (→ Excitant, cit. 1; et aussi homard, cit. 3).

ⓑ Poudre de safran utilisée contre les moustiques.

Et toujours avant d'atteindre les villages du flanc de la montagne, avant même d'avoir aperçu les premiers manguiers, on rencontrait les premiers enfants des villages de forêt, tout enduits de safran contre les moustiques et suivis de leurs bandes de chiens errants.
M. DURAS, Un barrage contre le Pacifique, p. 116.

ⓒ (Fin xivᵉ). Matière colorante jaune (provenant des stigmates de la fleur). *Safran des doreurs; des confiseurs.*

♦ 3. Couleur jaune. *Touches d'ocre et de safran* (→ Indigo, cit. 2). *Grappes de safran des mimosas* (cit.). — Appos. *Jaune safran*, de la nuance particulière du safran. — Adj. invar. *Soie safran.* ⇒ **Jaune, safrané.** « *Les robes safran des moines (bouddhistes)* » (*l'Express*, 21 juil. 1979, p. 45).

Ce silence est fait de soie et d'étain
Les grands bassins de mât en mât y bercent
Le soir safran qui sur les quais déteint (...)
ARAGON, le Roman inachevé, p. 106.

B. Loc. Vx. *Safran des métaux :* oxysulfure de fer utilisé contre certaines anémies.

DÉR. **Safrané, safranier, safranière, safranine, safranique.**

2. SAFRAN [safʀɑ̃] n. m. — 1573; *saffryn*, v. 1382; arabe *za'frān.*

♦ Mar. Pièce principale du gouvernail, aileron vertical qui agit sur l'eau (par oppos. à la *barre*, à la *mèche*, aux *ferrures*, etc.).

SAFRANÉ, ÉE [safʀane] adj. — 1546; de 1. *safran*

♦ 1. Assaisonné au safran. *Riz safrané.* — Coloré au safran.

♦ 2. D'un jaune safran. ⇒ 1. **Safran** (A., 3.). *Des jeannettes* (cit. 1) *jaunes au cœur safrané.*

Maintenant le soleil était presque couché. Ils partaient. La mer, loin était rose, plus près jaune, là-bas rouge, ayant le vernis, le velouté de l'huile (...) La rame en passant sur les eaux brisait leurs glacis, faisait fuir plus loin la couleur, faisant passer entre les eaux safranées ou roses un remous d'or.
PROUST, Jean Santeuil, Pl., p. 383.

DÉR. **Safranée, safraner.**

SAFRANÉE [safʀane] n. f. — Mil. xxᵉ (*in* Larousse, 1964); de *safrané.*

♦ Papillon à ailes jaunes, du genre *hoporine.*

SAFRANER [safʀane] v. tr. — Fin xivᵉ; de *safrané.*

♦ 1. Assaisonner au safran.

♦ 2. Colorer de jaune safran.

SAFRANIER [safʀanje] n. m. — 1845; « personne qui fait faillite », fin xviᵉ, de l'expr. *aller au safran* « faire banqueroute », les boutiques des banqueroutiers étant peintes en jaune; de 1. *safran.*

♦ Celui qui cultive le safran.

SAFRANIÈRE [safʀanjɛʀ] n. f. — 1600; de 1. *safran.*

♦ Rare. Plantation de safran.

SAFRANINE [safʀanin] n. f. — 1875; de 1. *safran.*

♦ Chim., techn. Matière colorante violette ou rouge du groupe des azines*.

SAFRANIQUE [safʀanik] adj. — V. 1860, Baudelaire; de 1. *safran.*

♦ Littér., rare. Qui évoque le safran par la couleur, l'odeur, etc. *Poudre safranique.*

1. SAFRE [safʀ] n. m. — xiiᵉ; p.-ê. var. de *saphir.*

♦ Techn. Oxyde bleu de cobalt*; verre bleu coloré avec ce produit et imitant le saphir. ⇒ **Azur.** — REM. On dit aussi *smalt.*

Les masses du safre clair dans le ravin
Yves BONNEFOY, Dans le leurre du seuil, in Poèmes, p. 232.

2. SAFRE [safʀ] adj. — V. 1265; « enjoué, folâtre », v. 1250; du moy. néerl. *schaffer* « celui qui est invité à une fête ».

♦ Vx. ⇒ **Glouton, goulu.**

SAFROLE [safʀɔl] n. m. — 1923, *safrol*; de l'élément central de *sassafras*, et suff. *-ol.*

♦ Pharm. Composé phénolique extrait du sassafras, utilisé comme antiseptique des voies respiratoires.

1. SAGA [saga] n. f. — Av. 1740; n. m., 1833, Michelet, *Histoire de France*, II, III, p. 41; anc. nordique *saga* «dit, conte». Cf. all. *sagen*, angl. *to say*.

♦ **1.** Littér. Récit historique ou mythologique de la littérature médiévale scandinave (→ Renne, cit. 2). *Les sagas sont des transcriptions de traditions orales. Sagas islandaises, norvégiennes.* Par ext. Récit légendaire dans d'autres civilisations. ⇒ **Mythe; cycle, légende, récit.**

Une helléniste fort estimable dans ses *Mythes inconnus de la Grèce antique,* a placé toute la saga d'Achille sous le signe de la *mélancolie*. (...)
                                R. QUENEAU, Bâtons, chiffres et lettres, p. 141.

♦ **2.** (Angl. *saga*). Histoire (d'une famille, etc.) présentant un aspect de légende. *«La Saga des Forsyte»,* cycle romanesque de J. Galsworthy (cf. en français : légende, histoire, etc.).

2. SAGA [saga] n. f. — 1876; mot du lat. sc., p.-ê. par métaphore de 1. *saga*.

♦ Zool. Insecte orthoptère, grande sauterelle verte (commune dans le midi de la France).

SAGACE [sagas] adj. — 1495, rare av. 1788; lat. *sagax, sagacis* «qui a l'odorat subtil».

♦ Littér. ou style soutenu. Qui a de la sagacité. ⇒ **Avisé, clairvoyant, fin, pénétrant, perspicace, subtil.** *Maîtres brillants* (cit. 19) *et sagaces. Esprit* (→ Inepte, cit. 5), *jugement* (cit. 17) *sagace.* — *Qui dénote de la sagacité. Expression sagace et pénétrante* (→ Enfoncer, cit. 49).

1   Restait ce mari qui, pour peu qu'il fût sagace, devait se douter de leur liaison (...)
                                HUYSMANSA , Là-bas, VII.

2   (...) pronostics de certains journaux qui en cette matière s'étaient révélés particulièrement sagaces, bien que non spécialisés *(en matière hippique).*
                                Michel LEIRIS, Fourbis, p. 79.

CONTR. Étourdi, naïf, obtus.
DÉR. Sagacement.

SAGACEMENT [sagasmɑ̃] adv. — 1842; de *sagace*.

♦ Littér., rare. D'une manière sagace. *Répondre, intervenir sagacement. Observer, commenter sagacement la situation.*

SAGACITÉ [sagasite] n. f. — 1444; lat. *sagacitas,* de *sagax* (→ Sagace).

♦ **1.** (Plus cour. que *sagace*). Pénétration faite d'intuition, de finesse et de vivacité d'esprit (→ Métamorphose, cit. 10). ⇒ **Clairvoyance, discernement, finesse, pénétration, perspicacité.** *Avec beaucoup de sagacité* (→ Incidence, cit. 4). *Aperçus* (cit. 2) *d'une merveilleuse sagacité. Sagacité de la justice* (→ Promptitude, cit. 5). *Méditation impénétrable* (cit. 14) *à la sagacité des mères. Sagacité à deviner.* ⇒ **Divination** (→ Avoir du nez*, du flair*, l'odorat* fin). *Faire preuve de sagacité. Manquer de sagacité.*

1   Les nations dont la culture intellectuelle est d'origine latine sont plus anciennement civilisées que les autres; elles ont pour la plupart hérité de l'habile sagacité des Romains dans le maniement des affaires de ce monde.
                   Mᵐᵉ DE STAËL, De l'Allemagne, Observations générales.

2   (...) une sagacité froidement cruelle qui devait lui permettre de tout deviner, parce qu'il savait tout supposer.
               BALZAC, Maître Cornélius, Pl., t. IX, p. 901.

3   Dès l'année précédente, Wellington, avec une sagacité prévoyante, l'avait examinée *(la plaine de Waterloo)* comme un en-cas de grande bataille.
                 HUGO, les Misérables, II, I, IV.

♦ **2.** (1725; latinisme étymologique). Vx. Finesse de l'odorat. *La sagacité des chiens.*

CONTR. (Du 1.) Aveuglement.

SAGAIE [sagɛ] n. f. — 1637, *sagaye; zagaye,* 1556; de *assagaie* (1546); esp. *azagaia,* de l'arabe *az-zaghâya,* d'orig. berbère.

♦ Lance, javelot utilisé comme arme de chasse et de guerre, dans diverses sociétés (notamment africaines). Var : *zagaie* (1537).

1   Le plus grand, dès qu'il fut à portée, jeta une sagaie à pointe de silex. Il l'avait dardée avec force et adresse. L'arme effleurant l'épaule de Naoh, retomba sur la terre humide. L'Oulhamr, qui préférait ménager ses propres armes, ramassa le trait et le lança à son tour. Avec un sifflement, l'arme décrivit une courbe; elle perça la gorge d'un Kzamm, qui chancela et s'étendit.
               J.-H. ROSNY, la Guerre du feu, I, p. 5.

2   La monnaie, encore récemment, encore aujourd'hui, c'est le fer de sagaie, qu'il *(l'indigène)* forge lui-même, estimé cinq francs la pièce.
               GIDE, Voyage au Congo, 12 nov. 1925, in Souvenirs, Pl., p. 769.

SAGAMITÉ [sagamite] n. f. — 1801, Chateaubriand; mot d'une langue indienne d'Amérique du Nord.

♦ Didact. Bouillie de maïs cuite avec de la viande, chez les Indiens d'Amérique.

SAGARD [sagaʀ] n. m. — 1876; all. *Säger* «scieur».

♦ Régional. (Vosges). Scieur* qui débite le bois en planches.

SAGE [saʒ] adj. et n. — 1080, *la Chanson de Roland; savie,* 1050; p.-ê. lat. pop. **sapius, *sabius,* du lat. class. *sapidus* «qui a du goût» — cf. *ne sapius* «imbécile» (Pétrone) —, avec infl. de *sapiens.*

★ **I.** Adj. ♦ **1.** Vieilli. Qui a la connaissance juste des choses. ⇒ **Éclairé, judicieux, savant.** *« Vous convient d'être sages pour estimer ces beaux livres »* (cit. 24, Rabelais). *Un ignorant ami* (cit. 5) *et un sage ennemi. Sage vieillard* (⇒ **Nestor**); *sage conseiller* (⇒ **Mentor**). → Commettre, cit. 16. *Un sage général doit connaître ses soldats* (→ Armée, cit. 2). *Un roi si vaillant et si sage* (→ Apprentissage, cit. 14). *Le sage Locke* (→ Droguer, cit. 1). *Il est contre la loi de la nature* (cit. 42) *qu'un imbécile conduise un homme sage. Éminemment sage* (→ Déférence, cit. 4). — Par ext. *L'histoire, sage conseillère* (cit. 3) *des princes. Nature, sage ouvrière...* (→ Artificieux, cit. 1). — REM. Dans cet emploi, *sage* est le plus souvent placé avant le nom, en épithète.

♦ **2.** (Au sens fort. → ci-dessous *Un sage,* II., 2.) Vx ou littér. (En général après le nom). Qui a un art de vivre supérieur, qui peut être considéré comme un modèle. *Un roi sage* (→ Fardeau, cit. 14). *Le penseur* (→ Extérieur, cit. 13), *le héros, hommes sages* (→ Héroïque, cit. 17). *L'épicurien est sage. C'est par le peu qu'il envie* (cit. 8) *que l'homme est sage. «La parfaite raison fuit toute extrémité* (cit. 14), *Et veut que l'on soit sage avec sobriété ».* ⇒ **Vertueux.** *Qui vit sans folie* (cit. 16) *n'est pas si sage qu'il croit. Ceux qui dominent les autres ne sont ni plus sages ni plus heureux qu'eux* (→ Grandeur, cit. 7).

♦ **3.** (XIIᵉ) Mod. et littér. Qui a du jugement, qui est avisé, sensé dans sa conduite (d'une manière habituelle). ⇒ **Averti, avisé, circonspect, intelligent,** *sensé. Un homme sage; un sage vieillard. Les vierges* folles et les vierges sages.* (Antéposé avec un nom propre). *Le sage Ulysse* (→ Recevoir, cit. 24). *« Quand le mal est certain* (cit. 1)... *le moins prévoyant est toujours le plus sage »* (La Fontaine). *« ... Mais le père fut sage De leur montrer... Que le travail est un trésor »* (→ Argent, cit. 30). *Est-on sage de n'aimer pas?* (→ Âge, cit. 33). *Sage ou non je parie encore* (→ Faire, cit. 59). *Je ne parle pas des fous, je parle* (cit. 52) *des plus sages* (→ aussi Priver, cit. 2). — Par ext. *Notre instinct* (cit. 12) *est bien plus sage que que la raison. Impers. Il est sage... :* il est habile, efficace, *et il est plus sage d'employer la douceur* (cit. 31) → aussi Apporter, cit. 14.

Par ext. *Sage exemple* (→ Après, cit. 11). *De sages conseils.* ⇒ **Bon, judicieux** (→ Modéré, cit. 7). *L'exemple, le conseil était sage. Sages avertissements* (cit. 2 et 8). *Sages paroles des conciliateurs* (→ 2. Importer, cit. 25). *Sage conduite.*

Jamais auprès des fous ne te mets à portée.
Je ne te puis donner un plus sage conseil.   LA FONTAINE, Fables, IX, 8.   1

♦ **4.** Cour. Qui est réfléchi et modéré. ⇒ **Circonspect, équilibré, grave, mesuré, modéré, posé, prudent, raisonnable, réfléchi, réglé, sérieux.** *« Roland est preux* (cit. 2) *mais Olivier est sage ». Sage magistrat* (→ Calmer, cit. 18). *Un roi sage en ses projets* (→ 1. Calme, cit. 8). *Paysan religieux et sage* (→ Comparer, cit. 10). *Le despote arrache l'arbre* (cit. 39), *le sage monarque l'ébranche. Les républicains les plus sages* (→ Lettre, cit. 30). *Gouvernement très sage* (→ Côté, cit. 17). *Les femmes sages ne font point de sensation* (→ Bruyant, cit. 3; dans ce cas, l'antéposition est impossible à cause de sage femme). « L'éducation nous fait savants mais non sages »* (Montaigne; → Étymologie, cit. 6). *On n'est sage qu'après* (cit. 20) *qu'il en a cuit de ne pas l'être.* Loc. prov. *On devient sage à ses dépens. Un peu de vache enragée* (cit. 12) *le rendra plus sage.* ⇒ **Assagir, calmer, mûrir.** — Impers. *Il est sage de s'en contenter* (→ Opinion, cit. 20), *plus sage de renoncer* (cit. 15).

La belle avait un père, homme prudent et sage :
Il laissa le torrent couler.   LA FONTAINE, Fables, VI, p. 21.   2

Messieurs, je m'adresse à tous les partis indistinctement. Savez-vous à qui appartiendra la victoire? Au plus sage (...)   THIERS, Disc. au Parlement, 27 mars 1871.   3

♦ **5.** (V. 1175). Honnête et réservé dans sa conduite sexuelle (→ Avance, cit. 35). ⇒ **Chaste, honnête, pudique, pur,** *réservé. Sage par raison, libertine par tempérament* (→ Remords, cit. 2). *Femme sage, hors d'atteinte* (cit. 3); *sage et inaccessible* (→ Inconséquent, cit. 5). *Aussi sages que belles* (→ Broder, cit. 1). *Rendre sages les filles* (→ Barreau, cit. 1). *Sois belle si tu peux* (cit. 5), *sage si tu veux... Des hommes très sages* (→ 1. Cabaret, cit. 1). ⇒ **Continent.**

Moi qui mettais toute ma gloire, toute ma félicité dans ma vertu, moi, qui me consolais de tous les maux de la fortune, pourvu que je fusse toujours sage, je ne puis tenir à l'horrible idée de me voir aussi cruellement flétrie par ceux de qui je devais attendre le plus de secours et de consolation : mes larmes coulent en abondance, mes cris font retentir la voûte.   SADE, Justine, t. I, p. 152.   3.1

La charmante fille! toujours riante, verdissante, pleine de gaieté, d'esprit, d'amour et de délices! mais sage!   BEAUMARCHAIS, le Mariage de Figaro, 1, 2.   4

Sage veut dire savant. On dit qu'une fille est sage quand elle ne sait rien. On cul-   5 tive son ignorance. En dépit de tous les soins, les plus sages savent (...) mais elles savent mal (...)   FRANCE, l'Île des pingouins, VII, I.

Spécialt. Réservé dans son comportement avec le sexe opposé.

6 Il se passa la main sur la face, comme pour s'en ôter la cuisson qui le brûlait. En le voyant redevenu sage, elle, gentille, se pencha, lui posa un gros baiser sur la joue, voulant lui montrer qu'elle l'aimait bien tout de même.
                                      ZOLA, la Bête humaine, I.

7 — Asseyez-vous près de moi, lui dit-elle, et soyez sage. Nous avons à causer sérieusement.   Marcel PRÉVOST, les Demi-vierges, I, IV.

♦ **6.** (Postposé). Calme et docile. *Un enfant sage.* ⇒ **Docile, doux, gentil, obéissant, posé, tranquille.** *Sage comme une image** (→ Se repentir, cit. 3). *Les élèves les plus sages* (→ Friandise, cit. 3). *Allons, soyez sages! Si tu n'es pas sage, tu seras puni.*

8 On pourrait dire sage, comme un enfant malade.
                                      Ed. et J. DE GONCOURT, Journal, 10 nov. 1869, t. III, p. 237.

Se dit aussi des animaux domestiques (chien, cheval...) :

9 (...) cette parade exemplaire, où chacun, pénétré de son rôle, s'y tient et s'y maintient, sage comme une image d'Épinal.   GIDE, Journal, 19 mai 1943.

Poét. *« Sois sage, ô ma douleur* (cit. 17)... »* (Baudelaire).

♦ **7.** (Mil. XVIIᵉ ; choses). Mesuré. *Un pas sage* (→ Pied, cit. 4). — **Spécial.** Qui est dépourvu d'ambition, de hardiesse, d'originalité. *Des goûts, des désirs sages.* ⇒ **Modeste.** *Un roman, une peinture sage :* sans excès, classique et un peu froid. — **Fam.** *Une petite robe sage,* modeste (infl. du sens 5.).

10 (...) le grand tragédien nègre, sans doute pour paraître aussi civilisé qu'un blanc, a un jeu sage, réglé, classique, majestueux (...)
                                      Th. GAUTIER, Voyage en Russie, I, XII.

★ **II.** N. m. UN SAGE. ♦ **1.** (V. 1080). Vx. Celui qui a une connaissance juste des choses. ⇒ **Philosophe, savant** (→ 2. Bourse, cit. 8). *Les sept sages de Grèce* (→ Aucun, cit. 31). *Silène était un sage* (→ Abrutir, cit. 4). *Les rois mages* (1. Mage, cit. 3), *sages d'Orient. Les sages d'Égypte* (→ 1. Hermétique, cit. 6). *Pierre des sages* (⇒ **Alchimiste**) *ou philosophale. Le Sage :* nom donné à Salomon, auteur présumé des Proverbes de l'Ancien Testament (→ Ecclésiaste, cit. 3). *Le sage de Montbar :* Buffon (→ Philosophe, cit. 3). *« L'impiété* (cit. 1) *des sages superbes »* (Pascal). *Parler peu et bien est d'un sage* (→ Beaucoup, cit. 27). *Les fautes des sots... mettent les sages en défaut* (→ Difficile, cit. 2).

11 Un sage assez semblable au vieillard de Virgile,
Homme égalant les rois, homme approchant des dieux,
Et, comme ces derniers, satisfait et tranquille.   LA FONTAINE, Fables, XII, 20.

12 Certain roi qui régnait sur les rives du Tage,
Et que l'on surnommait le Sage,
Non parce qu'il était prudent,
Mais parce qu'il était savant,   FLORIAN, Fables, III, 9.

♦ **2.** (XVIᵉ). Mod. Celui qui, par un art de vivre supérieur, se met à l'abri de ce qui tourmente les autres hommes. ⇒ **Philosophe.** *Sage stoïcien, hédoniste* (cit.), *cynique. Sage bouddhiste qui entre dans le nirvâna* (cit. 1). *La vie et la mort de Socrate sont d'un sage* (→ Dieu, cit. 39). *Les sages et les saints. Le sage, homme modèle* (cit. 4). *Le vrai bonheur appartient* (cit. 21) *au sage. Le sage se juge* (cit. 12) *bien. Le sage s'abstient pour jouir* (→ Épicurisme, cit. 1). *Les sages vivent sans passion et sans impatience* (→ Quiétude, cit.). *Le sage, « un homme qui ne serait affecté* (cit. 4) *dans la vie que par la souffrance physique ». L'oisiveté* (cit. 1), *le détachement, la sérénité du sage. La mort ne surprend point le sage* (→ Avertir, cit. 1).

13 — C'était *(Socrate)* un sage d'Athènes. Il y a longtemps que le rôle de sage est dangereux parmi les fous. Ses concitoyens le condamnèrent à boire la ciguë.
                                      DIDEROT, Jacques le fataliste, Pl., p. 564.

14 Les anciens sages, dont Socrate est le modèle, vivaient à peu près comme des saints, sans espérer beaucoup des dieux. Descartes ne trouva rien de mieux que d'aller à la guerre, évidemment par dégoût d'une vie frivole à laquelle il avait goûté, et qu'il avait jugée. Et combien d'autres ont choisi une vie difficile, sans d'autre raison que de retrouver l'équilibre et la paix !
                                      ALAIN, Propos, 1ᵉʳ mars 1933, Les saints.

(1953, cit. *infra*). Personne désignée pour sa compétence et sa réputation d'objectivité comme conseiller du gouvernement, d'un organisme, en matière économique et sociale (le plus souvent dans des expressions du type : *Comité des sages*).

14.1 (...) le *collège des Médiateurs* (comprenant des «sages» réputés pour leur compétence et leur neutralité) intervenait en cas de désaccord *(en matière de salaires).*
                                      Jean-Paul COURTHÉOUX, la Politique des revenus, p. 8.

14.2 Vint ensuite le responsable du parti communiste, (...) puis le manitou du M. R. P. (...) puis un des sept sages de l'Europe (...)
                                      Jacques PERRET, Bâtons dans les roues, p. 171 (1953).

REM. Dans ces emplois, pour désigner une femme, on pourrait employer le nom féminin *une sage.*

♦ **3.** (Opposé à *fou*). Souvent au plur. Personne qui a sa raison, son bon sens. *Les sages et les fous* (→ Autant, cit. 4 ; 1. mort, cit. 13 ; 1. fou, cit. 22). *Le fou prend le sage en pitié* (→ Intellect, cit. 3). Loc. prov. *Un fou enseigne* (cit. 19) *bien un sage.*

15 Il y a plus de fous que de sages, et dans le sage même il y a plus de folie que de sagesse.   CHAMFORT, Maximes, Philosophie et morale, XXXVI.

16 Mais la voix me console et dit : « Garde tes songes :
Les sages n'en ont pas d'aussi beaux que les fous ! »
                                      BAUDELAIRE, les Épaves, Pièces diverses, XVII.

CONTR. Fou, imbécile. — Étourdi, insensé, malavisé ; absurde, aventureux, extravagant, impertinent. — Déraisonnable, déréglé, hurluberlu, imprudent ; débauché,

désordonné, dévergondé, dissipé ; désobéissant, insupportable, turbulent ; échevelé, forcené ; excentrique, hardi, original.
DÉR. Sagement, sagesse.
COMP. Sage-femme.

SAGE-FEMME [saʒfam] n. f. — 1212, var. *femme sage, sage mère* ; au sens techn. *saige-femme,* 1505 (acte de l'Hôtel-Dieu) ; de *sage,* adj. au sens de «instruit, savant», et *femme.*

♦ Celle qui est chargée d'accoucher les femmes. ⇒ **Accoucheuse, matrone** (→ Cordon, cit. 6.2 ; enfanter, cit. 6).

1 Si nous avons besoin de sage-femme à nous mettre au monde, nous avons bien besoin d'un homme encore plus sage à nous en sortir.
                                      MONTAIGNE, Essais, III, IX.

Spécialt. Personne exerçant une profession médicale dont la compétence s'étend à la surveillance de la grossesse, à l'accouchement normal et à sa préparation ainsi qu'à la surveillance post-natale de la mère et du nouveau-né. *Diplôme de sage-femme. École de sages-femmes. Ordre des sages-femmes* (→ 1. Manœuvre, cit. 7 ; présentation, cit. 2).

2 Dans la nouvelle politique de santé, la sage-femme, qu'elle soit salariée ou libérale, est l'acteur numéro un dans la surveillance de la grossesse, dans la préparation à la naissance, dans la pratique de l'accouchement normal ainsi que dans les problèmes de prévention et d'éducation sanitaire se rapportant à la naissance. Son rôle dans la prévention périnatale n'est plus à démontrer.
                                      J. RALITE (ministre de la Santé), Disc. à l'Assemblée nationale du 12 mai 1982.

REM. la fonction médicale de *sage-femme* étant ouverte aux hommes depuis 1980, la désignation a fait l'objet d'un débat terminologique. On a proposé *sage-homme, matron* (sur le féminin *matrone*), *maïeuticien* ou *maïeutiste, parturologue,* etc. Contre l'avis de l'Académie qui proposait *maïeuticien,* l'Assemblée nationale a décidé de maintenir pour les deux sexes l'appellation de *sage-femme.*

3 Fénelon proposait jadis à l'Académie de créer des mots, fût-ce avec un peu d'artifice. Il eût sans doute été intéressé par une «occupation» de l'Académie, appelée en novembre par un ministre à définir comment désigner l'homme qui exerce depuis 1980 la profession de sage-femme. Problème délicat, qui avait été soulevé l'an passé devant l'opinion. 174 termes étaient proposés par 250 médecins : parturiteur, obstétricien, naisseur, materniste, enfanteur, dégrosseur, sage-homme — voire même « Monsieur la Sage-Femme » (comme on dit Madame le Ministre). L'Académie a tranché : on dira maïeuticien (...). Désormais, les maïeuticiens, les maïeuticiennes auront pignon sur rue. Je ne sais si les maïeuticiennes, fières de ce nom grec, ne regretteront pas le mot si beau, si français, de «sage-femme», qui remonte au XIIIᵉ siècle.
                                      J. GUITTON, in le Figaro, 7 déc. 1981 (Chronique).

SAGEMENT [saʒmɑ̃] adv. — Fin XIᵉ ; de *sage.*

♦ **1.** D'une manière avisée, judicieuse. *Un terme si sagement employé* (→ Relation, cit. 14). ⇒ **Bien.** *Penser* (→ Absurde, cit. 4), *parler* (cit. 21) *sagement.* ⇒ **Raisonnablement** (→ Comme un livre*). *Il répondit très sagement* (→ Indifférent, cit. 4). *Agir sagement* ⇒ **Prudemment** (→ En connaissance* de cause.). *Le patrimoine sagement constitué* (→ Dilapider, cit. 2).

♦ **2.** Avec modération, philosophie. *Il ajoutait sagement « Tant pis »* (→ Ravaler, cit. 9).

♦ **3.** Avec une conduite chaste. *S'en aller coucher sagement* (→ Nautonier, cit. 1). *Il, elle vit sagement chez ses parents.*

♦ **4.** Avec calme et tranquillité. *Attendre sagement* (→ Impulsif, cit. 3). *Bien sagement* (→ Gris, cit. 7).

Elle tient ses petites mains rouges sagement croisées sur son tablier à carreaux blancs et bleus.   Valery LARBAUD, Enfantines, « Le couperet », IV.

♦ **5.** (1798). Sans hardiesse, ni originalité. *Musique sagement exécutée.*

CONTR. Follement ; absurdement.

SAGESSE [saʒɛs] n. f. — XIIIᵉ ; de *sage.*

♦ **1.** Vx ou littér. Connaissance juste des choses, «parfaite connaissance de toutes les choses que l'homme peut savoir» (Descartes ; → Philosophie, cit. 2). ⇒ **Connaissance, raison, vérité.** *Minerve, déesse de la sagesse* (→ Aptère, cit. 2). *La sagesse d'Ésope* (→ Aréopage, cit. 2), *de la Sibylle* (→ 1. Palme, cit. 2), *de Salomon* (→ Déployer, cit. 13). *Il prévoyait* (cit. 2) *l'avenir par sa profonde sagesse. Jésus croissait* (cit. 7) *en sagesse. Les documents de la sagesse humaine* (→ Alphabétique, cit. 1). *La sagesse consiste à se demander «pourquoi»* (→ Clef, cit. 11), *« comment »?* (cit. 19). *Le monde avec lenteur* (cit. 2) *marche vers la sagesse.* ⇒ **Philosophie** (cit. 2). *Amateur de la sagesse.* ⇒ **Philosophe.**

1 La liberté intellectuelle, ou Sagesse, c'est le doute. Cela n'est pas bien compris, communément. Mais pourquoi ! Parce que nous prenons comme douteurs des gens qui pensent par jeu, sans ténacité sans suite ; des paresseux enfin. Il faut bien se garder de cette confusion.   ALAIN, Propos, 8 juin 1912, Le doute.

(1535). Relig. *La sagesse de Dieu* (→ Éternel, cit. 6). — Par ext. Dieu lui-même. *La sagesse éternelle* (→ Châtiment, cit. 5), *la sagesse incréée* (cit. 1).

1.1 La sagesse millénaire des Égyptiens, ou des Tibétains, sera encore longtemps évoquée avec les survivances de la Cabale, le Pythagorisme, le secret des Pyramides ou des cathédrales parce qu'elle était réellement sagesse, c'est-à-dire réflexion

et recherche d'une explication qui calme chez l'homme l'angoisse d'exister comme créateur d'ordre, seul au centre du chaos naturel.
A. LEROI-GOURHAN, le Geste et la Parole, t. II, p. 167.

Relig. judéo-chrét. Connaissance inspirée des choses divines et humaines. *Le don de sagesse, un des sept dons du Saint-Esprit. Livre de Sagesse :* livre de l'Ancien Testament attribué à Salomon. ⇒ **Sapience.** *La sagesse des justes*. La crainte de l'Éternel est le commencement* (cit. 1) *de la sagesse.*

2 C'est pourquoi j'ai désiré l'intelligence, et elle m'a été donnée ; j'ai invoqué le Seigneur, et l'esprit de sagesse est venu en moi (...) C'est lui-même qui m'a donné la vraie connaissance de ce qui est, qui m'a fait connaître la disposition du monde, les vertus des éléments, le commencement, la fin, et le milieu des temps (...)
BIBLE (SACY), Sagesse, VII, 7, 17-18.

3 Pour dire que son règne *(de Salomon)* avait été un temps de calme et d'ordre, on assura que, dans un songe, il avait demandé à Yahweh plus que les autres biens, la Sagesse. Au sens oriental du mot, cela veut dire bien des choses. Être sage, c'est avoir l'intelligence des réalités ; ainsi écrit-on du roi qu'il connaît les bêtes et les plantes « depuis le cèdre du Liban jusqu'à l'hysope des murailles, et tous les quadrupèdes, les oiseaux, les reptiles, les poissons ». Être sage, c'est posséder le don de « comprendre les proverbes, les sens mystérieux, les maximes et les énigmes » (Prov. I., 1., 7) ; il entre même un élément ésotérique dans cette puissance, et le roi sage est tenu aussi pour devin. Être sage, c'est encore « acquérir la justice, l'équité, la droiture », ces vertus qui viennent de Dieu, car « la crainte de Yahweh est le commencement de la sagesse » ; c'est donc, en définitive, posséder la connaissance de Dieu.
DANIEL-ROPS, le Peuple de la Bible, III, I.

♦ **2.** Vx ou théol. Vertu, comportement juste, raisonnable, et, spécialt, Pratique des vertus chrétiennes. *Sagesse timide* (→ Assurer, cit. 20), *austère* (→ Après, cit. 37 ; et aussi *déguiser*, cit. 3 ; *rébarbatif*, cit. 1). *« À force de sagesse on peut être blâmable »* (→ cit. 2). *Le plaisir et la sagesse m'ont également échappé* (→ Flotter, cit. 15). *Dans la sagesse règne* (cit. 5) *l'orgueil. Récompense de sa sagesse* (→ Ici, cit. 3). *Retour à la sagesse.* ⇒ **Résipiscence.** *« Sagesse »,* recueil de poèmes de Verlaine.

4 *(Je sais)* que par les leçons qu'on prend dans la sagesse,
Vous êtes au-dessus d'une telle faiblesse.
MOLIÈRE, les Femmes savantes, I, 2.

5 L'auteur de ce livre *(Sagesse)* n'a pas toujours pensé comme aujourd'hui. Il a longtemps erré dans la corruption contemporaine, y prenant sa part de faute et d'ignorance. Des chagrins très mérités l'ont depuis averti, et Dieu lui a fait la grâce de comprendre l'avertissement.
VERLAINE, Sagesse, Préface.

♦ **3.** Qualité, conduite du sage (II., 2.), modération, calme supérieur joint aux connaissances. ⇒ **Philosophie** (8.). *L'antique sagesse* (→ Demi-dieu, cit. 2). *Sagesse et sainteté. Sagesse ou révolte. La sagesse vaut mieux que le génie* (→ Bonheur, cit. 15). *La sagesse, « une égalité* (cit. 14) *d'âme Que rien ne peut troubler, qu'aucun désir n'enflamme »* (Boileau). *La sagesse nous apprend à ne pas craindre la mort* (→ Philosopher, cit. 1). *La sagesse est d'accepter son destin* (→ Choisir, cit. 14). *Le désespoir paisible est la sagesse suprême* (→ Convulsion, cit. 5). *La sagesse de Montaigne. La sagesse souriante de Gœthe* (→ Affleurement, cit. 2). *Sagesse dont l'autre nom est abdication* (→ Destin, cit. 12). *Une sagesse qui est le refroidissement* (cit. 2) *de notre ferveur. L'opportunisme du cœur est la seule sagesse sentimentale* (→ Absolu, cit. 21). — Par ext. *Préférer la folie* (cit. 11) *des passions à la sagesse de l'indifférence.*

6 En quoi donc consiste la sagesse humaine ou la route du vrai bonheur ? (...) le monde réel a ses bornes, le monde imaginaire est infini ; ne pouvant élargir l'un, rétrécissons l'autre ; car c'est de leur seule différence que naissent toutes les peines qui nous rendent vraiment malheureux.
ROUSSEAU, Émile, II.

7 Il n'y a pas d'autre morale que celle du cœur de l'homme ; ni d'autre science ou d'autre sagesse que la connaissance de ses besoins, et la juste estimation des moyens de bonheur. Laisse la science inutile, et les systèmes surnaturels, et les dogmes mystérieux.
É. DE SENANCOUR, Oberman, XXXIV.

8 On ne reçoit pas la sagesse, il faut la découvrir soi-même après un trajet que personne ne peut faire pour nous, ne peut nous épargner, car elle est un point de vue sur les choses.
PROUST, À l'ombre des jeunes filles en fleurs, Pl., t. I, p. 864.

9 La sagesse serait de dormir jusqu'à cette gare terminus *(la mort)*. Mais, hélas, le trajet nous enchante, et nous prenons un intérêt si démesuré, à ce qui ne devrait nous servir que de passe-temps qu'il est dur, le dernier jour, de boucler nos valises.
COCTEAU, le Grand Écart, p. 172.

♦ **4.** Littér. Jugement dans les conceptions ou la conduite. ⇒ **Discernement, prudence** (1., vx), **sens** (bon). *La sagesse d'Ulysse dans ses conseils* (→ Célèbre, cit. 5). *La sagesse cartésienne. Le talent de persuader sans science et sans sagesse* (→ Persuasion, cit. 1). *La sagesse du législateur de suivre le philosophe* (→ Fin, cit. 27). *La sagesse ou la vertu* (→ Inégalité, cit. 4). *Sursaut de sagesse* (→ Conservation, cit. 5). *La sagesse des gens non amoureux* (→ Malheureux, cit. 10). *L'âge de la sagesse.* ⇒ **Maturité.** Loc. *Grandir en sagesse et en beauté.*

10 Le péché originel est folie devant les hommes, mais on le donne pour tel ; vous ne me devez donc pas reprocher le défaut de raison en cette doctrine, puisque je la donne pour être sans raison. Mais cette folie est plus sage que toute la sagesse des hommes, (...)
PASCAL, Pensées, VII 445.

11 Si l'on aimait, Monsieur, par choix et par sagesse (...)
MOLIÈRE, les Femmes savantes, V, 1.

Loc. *Dents* de sagesse,* qui poussent à l'âge adulte.

(1784). *La sagesse des nations :* remarques, jugements, conseils de bon sens, résultant d'une longue expérience, que les nations mettent en proverbes (→ Cruche, cit. 8 ; immortalité, cit. 15 ; paysan, cit. 9). — REM. L'expression est souvent péjorative.

12 S'il faut dans la paix préparer la guerre, comme dit la sagesse des nations, il faut aussi dans la guerre préparer la paix.
R. ROLLAND, Au-dessus de la mêlée, p. 83.

Bien souvent la sagesse des nations est en avance sur les découvertes de la psy- 12.1
chologie.
Claude MAURIAC, le Dîner en ville, p. 143.

♦ **5.** Cour. Modération et prudence* (2.) dans la conduite. ⇒ **Circonspection, modération.** *Avoir la sagesse de renoncer, d'attendre, de prévenir... Conseil de sagesse. La voix de la sagesse. La sagesse ne consiste pas à prendre indifféremment toutes sortes de précautions* (cit. 1). *Dissimuler les secrets motifs de sagesse* (→ Payer, cit. 14).

13 Tant que nous ignorons ce que nous devons faire, la sagesse consiste à rester dans l'inaction. C'est de toutes les maximes celle dont l'homme a le plus grand besoin, et celle qu'il sait le moins suivre.
ROUSSEAU, Émile, V.

♦ **6.** (1668). Vieilli. (En parlant de sexualité et, spécialt, de celle de la femme). ⇒ **Chasteté, continence, honnêteté, pudeur, retenue.** *Fille d'une grande sagesse.*

14 La sagesse d'une femme consiste moins à triompher de l'amour d'un galant homme qu'elle voit tête à tête et qu'elle trouve aimable, qu'à ne point s'exposer à ce tête-à-tête. Quand on combat ce que l'on aime, on succombe tôt ou tard.
MARIVAUX, in RICARD, l'Amour, les femmes..., p. 490.

♦ **7.** (1690). Tranquillité, obéissance (surtout en parlant des enfants). ⇒ **Calme, docilité.** *Enfant d'une sagesse exemplaire.*

♦ **8.** (1782). Choses. ⇒ **Mesure.** *La sagesse de ses prétentions. La sagesse de la prose* (cit. 9) *française.* — Absence de hardiesse, d'originalité. *Sagesse de conception, d'exécution d'une œuvre d'art. Ce livre est d'une sagesse un peu ennuyeuse.*

♦ **9.** (1611). Vx. *Une, des sagesses :* acte sage.

CONTR. Ignorance ; impiété. — Folie. — Absurdité, bêtise, déraison, extravagance. — Imprudence, inconséquence ; débauche, désordre, dévergondage, dissipation ; turbulence.

SAGETTE [saʒɛt] n. f. — XVᵉ ; réfection de l'anc. franç. *saette, saiette* (v. 1138) ; lat. *sagitta.*

♦ **1.** Vx ou archaïsme. Flèche (→ Arc, cit. 1, La Fontaine ; percer, cit. 4, Montaigne).

1 (...) il portait (...) en bandoulière, un arc quasi enfantin et, sur son dos, comme Cupidon, un carquois avec quelques sagettes.
GIDE, Ainsi soit-il, p. 147.

2 Il plongeait pour échapper aux coups, mais était poursuivi d'une pluie si serrée de sagettes, qu'il eût été infailliblement percé si les porchers, criant et gesticulant, n'avaient attiré sur eux le regard des archers.
J. GIONO, Naissance de l'Odyssée, in Œ. Pl., t. I, p. 111.

♦ **2.** Bot. Sagittaire (plante).

SAGINE [saʒin] n. f. — 1876 ; lat. sc. *sagina,* du lat. class. *sagina* « engraissement », la plante étant employée pour engraisser les moutons.

♦ Bot. Petite plante herbacée *(Caryophyllacées),* formant gazon, à fleurs blanches.

---

1. SAGITTAIRE [saʒitɛʀ] n. m. — 1119 ; lat. *sagittarius,* dér. de *sagitta* « flèche ».

♦ **1.** Antiq. Archer auxiliaire dans les troupes romaines.

♦ **2.** Astron. La plus australe des constellations zodiacales *(l'Archer),* représentée sous la forme d'un centaure armé d'un arc. — Astrol. Neuvième signe du zodiaque* (22 novembre-20 décembre). Ellipt. *Elle est sagittaire :* elle est née sous le signe du Sagittaire.

---

2. SAGITTAIRE [saʒitɛʀ] n. f. — 1776 ; dér. sav. du lat. *sagitta* « flèche ».

♦ Bot. Plante aquatique *(Monocotylédones ; Alismacées),* herbacée, aux feuilles aériennes sagittées et appelée aussi *flèche d'eau, sagette* (2.).

SAGITTAL, ALE, AUX [saʒital, o] adj. — 1534 ; dér. sav. du lat. *sagitta,* pour traduire le lat. *sagittatus.*

Didactique.

♦ **1.** En forme de flèche.

♦ **2.** Qui contient des flèches. *Diagramme, graphe sagittal.*

♦ **3.** (XXᵉ). *Plan sagittal :* plan vertical, perpendiculaire au plan vu de face (orienté selon la direction que prendrait une flèche, *sagitta,* tirée par l'observateur). *Ligne sagittale.*

Ces deux lignes sagittales sont convergentes et le point de leur rencontre, jaillissant de la toile, se fixe à l'avant du tableau, là à peu près d'où nous le regardons.
Michel FOUCAULT, les Mots et les Choses, p. 29.

Zool. Plan de symétrie chez les artiozoaires. — *Coupe sagittale :*

coupe menée suivant ce plan. (V. 1560). Anat. *Suture sagittale :* synarthrose des deux os pariétaux.

DÉR. Sagittalement.

SAGITTALEMENT [saʒitalmɑ̃] adv. — 1897 in *l'Année biol.* VII, p. 202; de *sagittal.*

♦ Didact. Selon une coupe sagittale.

SAGITTÉ, ÉE [saʒite] adj. — 1795; lat. *sagittatus.*
Didactique.

♦ **1.** Bot. Qui a la forme d'un fer de flèche, de lance. *Feuilles sagittées.*

♦ **2.** Fig. et littér. *« Il en avait conçu pour les boulevards un respect sagitté d'espérance »* (Montherlant *in* G. L. L. F.).

SAGNE [saɲ] n. f. — V. 1360, *saigne; seigne,* fin XIIᵉ; gaul. **sagna;* attesté régional (Neuchâtel) en 1676.

♦ Régional. (Jura). Tourbière.

SAGOU [sagu] n. m. — 1620; *saghu,* donné comme mot malais en 1521; du malais par l'interm. du portugais.

♦ **1.** Substance amylacée, fécule jaunâtre qu'on retire de la moelle de divers palmiers (notamment du *sagoutier,* du *zamier*), semblable à la farine de l'arbre à pain *(artocarpe).*

♦ **2.** (1753, Buffon). Vx. Sagoutier.

DÉR. Sagoutier.

SAGOUIN, OUINE [sagwɛ̃, win] n. m. — 1537; du port. *sagui(m),* var. *sagui,* du tupi *sahy.* → Saï.

★ **I.** N. m. Vx. Petit singe d'Amérique du Sud à longue queue. Spécialt. Ouistiti *(callithrix).*

1 Tous les singes d'Amérique à queue non prenante, et les ouistitis, portent en commun, dans Buffon, le nom de sagouins.
　　　　　　　CUVIER, *in* BUFFON, Hist. nat. des animaux, Le saki, Note.

★ **II.** (1675; fém. 1791) Mod. Fam. ♦ **1.** (Par infl. de « salaud, salopard... »). Personne, enfant malpropre. *« Le petit sagouin salissait ses draps ... »* (→ Arriéré, cit. 4, Mauriac, *le Sagouin*). *Une petite sagouine.* ⇒ **Souillon.** — *« La Sagouine »,* texte dramatique de Antonine Maillet.

♦ **2.** Terme d'injure, sans signification précise (→ Salaud). *Tas de sagouins! Ah, la sagouine!*

2 Mais toi, tu te prélasses. tu as la chance d'avoir un père qui soit trop bon. Mais ça ne durera pas. Quand je pense. Un devoir de français. Fainéant, sagouin! Soyez bon, vous serez toujours faible.
　　　　　　　M. AYMÉ, le Passe-muraille, « le Proverbe », p. 134.

SAGOUTIER [sagutje] n. m. — 1779; de *sagou.*

♦ Bot. Plante monocotylédone, palmier* de taille moyenne dont la moelle fournit le sagou*. N. sc. : *metroxylon.*

1 (...) des sagoutiers, de grandes fougères avec leur ramure superbe, variaient l'aspect de cette région tropicale (...)
　　　　　　　J. VERNE, le Tour du monde en 80 jours, p. 136.

2 Des sagoutiers dont on presse la moelle pour faire une sorte de gâteau, des cultures de poivre, du camphre *(à Java)...*　　　ARAGON, Blanche..., II, v, p. 264.

SAGUM [sagɔm] — 1655; mot lat. d'orig. gauloise.

♦ Didact. Court manteau que portaient les Romains et les Gaulois à la guerre. ⇒ **Saie** (1. Saie, 1.).

SAHARIEN, IENNE [saaʀjɛ̃, jɛn] adj. et n. — Attesté 1845; de *Sahara.*

♦ **1.** Qui se rapporte au Sahara, à ses habitants. *Désert* (→ Bordj, cit. 1), *ergs* (cit. 2) *sahariens. Hamadas* (cit.), *oasis* (→ Palmeraie, cit. 1), *tribus sahariennes.* — N. *Les Sahariens :* habitants du Sahara (notamment, les Touareg*); membres des troupes sahariennes.

(...) c'était la vision de l'immensité saharienne, de ce Sahara dont les dunes fauves venaient, comme des vagues, battre le seuil même de la chapelle (...)
　　　　　　　L.-H. LYAUTEY, Paroles d'action, p. 381.

Ling. *Langues sahariennes* (Nord et Ouest du Tchad, Tibesti et Libye du sud).

REM. En termes politiques, on emploie aussi *sahraoui, ie*.*

♦ **2.** Digne du Sahara. *Il faisait une température saharienne.* — Géogr. *Faune et flore à caractère saharien. Climat saharien.*

SAHARIENNE [saaʀjɛn] n. f. — 1945, *in* D. D. L.; de *veste saharienne.* → Saharien, 1.

♦ Veste de toile à manches courtes.

SAHEL [saɛl] n. m. — XIXᵉ, nom propre, géogr.; arabe *sāḥil* « rivage ». Géographie.

♦ **1.** Région de collines littorales, en Afrique du Nord (se dit spécialt du *sahel* algérien; absolt, *le Sahel*). *« Une année dans le Sahel »,* de Fromentin (1859).
Zone de transition entre les zones désertiques et celles où règne le climat soudanais. *La famine due à la sécheresse menace régulièrement les habitants du Sahel.*

♦ **2.** Vent du désert (Sud marocain) → Chergui, sirocco.

DÉR. Sahélien.

SAHÉLIEN, IENNE [saeljɛ̃, jɛn] n. m. et adj. — 1858, Pomel, géol.; de *sahel.*

♦ **1.** N. m. (Géol.). Formation géologique caractérisée par une faune intermédiaire entre le miocène et le pliocène.

♦ **2.** Adj. (Géogr.). Relatif à une des régions appelées *sahels. Climat sahélien. Zone sahélienne.* — N. m. *les Sahéliens :* les habitants d'un sahel.

SAHIB [saib] n. m. — XIXᵉ, cit.; mot indien, de l'arabe « seigneur ».

♦ En Inde, Titre de respect (employé notamment sous la colonisation anglaise, à l'égard des Européens). *Oui, Sahib! — Un sahib :* un Européen.

(...) les balcons et les terrasses sont couverts de femmes, richement vêtues, le visage découvert, qui regardent avec curiosité les Sahibs (...) Arrivés au palais, les Européens sont reçus par le roi (...)
　　　　　　　L. ROUSSELET, l'Inde des rajahs, *in* le Tour du monde, 1872, t. I, p. 239.

SAHRAOUI, IE [saʀawi] adj. et n. — 1977, *le Nouvel Obs.,* 14 nov., p. 55; mot arabe, équivalent à *Saharien.*

♦ Polit. Qui concerne un État saharien indépendant, revendiqué aux dépens de la Mauritanie, du Maroc, etc., par le « front Polisario ». *Le peuple sahraoui. « Une république sahraouie »* (*l'Express,* 19 déc. 1977, p. 76). — N. *Les Sahraouis :* les indépendantistes sahariens.

Depuis le cessez-le-feu unilatéral décrété par le Polisario en Mauritanie (juillet 1978), les maquisards sahraouis ont porté tous leurs efforts sur le Sahara marocain.　　　　　　　l'Express, nº 1449, p. 96.

SAÏ [saj] n. m. — 1766, Buffon; mot tupi (langue indienne du Brésil) *çahi, sahy* « singe ».

♦ Didact. Singe d'Amérique du Sud, du genre sajou. ⇒ **Capucin, sapajou.**

1. SAIE [sɛ] n. f. — Déb. XVIᵉ; « tissu, sorte de serge », v. 1212; du lat. *saga,* plur. du neutre *sagum.*

♦ **1.** Sagum* (→ 1. Gui, cit. 1).

♦ **2.** (V. 1510). Littér. Manteau, cape de grosse étoffe.

2. SAIE [sɛ] n. f. — 1680; var. de *soie,* prononc. pop. des XVIᵉ-XVIIᵉ (Dauzat).

♦ Techn. Petite brosse en soies de porc, utilisée par les orfèvres.

DÉR. Saietter.

SAIETTER [sɛte; sajete] v. tr. — 1680; de 2. *saie.*

♦ Techn. Vx. Nettoyer, brosser avec la saie.

SAÏGA [sajga] n. m. — 1761, Buffon; mot russe.

♦ Antilope* d'Europe orientale et d'Asie occidentale, de la taille du daim, à cornes courtes, à nez bossué et bombé.

SAIGNANT, ANTE [sɛɲɑ̃, ɑ̃t] adj. et n. m. — 1690; *çagnant,* v. 1189, aussi *signant,* XIIᵉ; de *saigner.*

A. Adj. ♦ **1.** Qui dégoutte de sang (se dit de la chair vivante; → cependant Pommeau, cit. 5). ⇒ **Sanglant.** *Blessure, plaie saignante. Pieds saignants* (→ Respiration, cit. 2).

1 (...) il avait lâché les autres, à la poursuite d'un vol d'alouettes, des cailloux plein les mains. Lorsqu'une d'elles, contrariée par le vent, restait deux secondes en l'air, immobile, les ailes frémissantes, il l'abattait avec une adresse de sauvage. Trois tombèrent, il les mit saignantes dans sa poche.　　ZOLA, la Terre, I, III.

1.1 Je suis né avec tous les instincts et les sens de l'homme primitif tempérés par des raisonnements et des émotions de civilisé. J'aime la chasse avec passion ; et la bête saignante, le sang sur les plumes, le sang sur mes mains, me crispent le cœur à le faire défaillir.   MAUPASSANT, Amour, Pl., t. II, p. 845.

1.2 C'est temps allé qui se dérobe,
Et la tête de Jean coupée
Qu'emporte saignante en sa robe
Une fois de plus Salomé (...)   Max ELSKAMP, la Vie.

♦ **2.** Fig. **[a]** Se dit d'une blessure morale récente, douloureuse (→ Cicatriser, cit. 5 ; déchirer, cit. 25). *Cœur saignant,* meurtri, ulcéré*.

2 Mais Frédéri garde au cœur son amour saignant, il se cache dans la campagne comme une bête blessée.   ZOLA, les Romanciers naturalistes, A. Daudet.

3 (...) nous croyons aimer la paix, lorsque nous sommes encore tout saignants de passion, à bout de force.
                                    F. MAURIAC, Souffrances et Bonheur du chrétien, p. 151.

[b] (1888). Cruel. *Une parole, une image saignante.* — Fam. (argot des journalistes). Sensationnel.

3.1 Je n'ai que quelques heures pour écrire le « papier » qui, à Paris, fera la manchette, à la fois saignante et vraisemblable, rendant l'atmosphère.
                                    L. BODARD, les Plaisirs de l'Hexagone (1971), in P. GILBERT.

N. m. *Journalistes qui aiment le saignant.*

[c] (1926). Argot. (Sports). En forme, agressif.

♦ **3.** (1694). *Viande saignante :* viande rôtie ou grillée, peu cuite* et dans laquelle il reste du sang. ⇒ **Rouge.** *Bœuf saignant* (→ Cresson, cit.). *Bifteck* (cit. 2) *saignant. Très saignant.* ⇒ **Bleu.** *Vous voulez votre viande bleue, saignante ou à point ?*

4 Vite, vite, enlevez le bœuf ! Il faut qu'il soit saignant.
                                    Th. GAUTIER, le Capitaine Fracasse, XI.

B. N. m. (1860). **[a]** Ce qui saigne, ce qui est saignant (A., 1.).

5 (...) il nous faut faire pour notre roman de SŒUR PHILOMÈNE, des études à l'hôpital, sur le *vrai,* sur le *vif,* sur le *saignant.*
                                    Ed. et J. DE GONCOURT, Journal, 18 déc. 1860, t. I, p. 272.

REM. À rapprocher dans cet emploi de A., 2., b., n. m.

[b] Viande saignante (A., 1.). *Aimer le saignant plutôt que le trop cuit.*

SAIGNÉE [seɲe ; sɛɲe] n. f. — 1560 ; *sainie,* v. 1190 ; *sainiee, saigniee,* v. 1130 ; de *saigner.*

★ **I.** ♦ **1.** Évacuation provoquée d'une certaine quantité de sang*. *Saignée par ouverture d'une veine* (⇒ **Phlébotomie**), *d'une artère (saignée générale), par soustraction de sang des capillaires (saignée locale :* ventouses scarifiées, sangsues). *Ordonner, pratiquer une saignée.* ⇒ **Lancette** (cit. 2), **palette.** → Beau, cit. 81. *Traitement de la congestion*, de l'inflammation* (antiphlogistique*) *par la saignée. Saignée dérivative* (⇒ **Dérivation**). — Par ext. L'émission sanguine ainsi provoquée. *Une saignée copieuse, de plus d'un litre.*

♦ **2.** (1659, Molière). Par métaphore ou fig. Perte de substance. *Les saignées que j'avais faites au coffre-fort* (→ Expédient, cit. 10).

1 Si le malheur voulait que les Juifs fussent chassés d'Europe, elle en resterait appauvrie d'intelligence et d'action, jusqu'au risque de la faillite complète. Chez nous particulièrement, dans l'état de la vitalité française, leur expulsion serait pour la nation une saignée plus meurtrière encore que l'expulsion des protestants au XVIIᵉ siècle.   R. ROLLAND, Jean-Christophe, Dans la maison, II, p. 1007.

Pertes d'hommes, par la guerre, l'émigration, etc.

2 La France a subi deux terribles saignées en cent ans, une au temps des guerres de l'Empire, l'autre en 1914 (...)   SARTRE, le Sursis, p. 90.

★ **II.** Par métonymie. ♦ **1.** (XIIIᵉ, *sainée.*) Pli entre le bras et l'avantbras où se fait souvent la saignée. ⇒ **Coude** (pli du coude). *La saignée du bras* (→ Grain, cit. 20). *À la saignée* (→ Labourer, cit. 8).

3 (*Mᵐᵉ Dandillot*) glissa la main sous le bras de sa fille ; tâta la saignée, où la sueur nocturne des affaiblis (qui avait traversé la chemisette) stagnait, comme l'humidité dans un repli de terrain où le soleil ne pénètre jamais (...)
                                    MONTHERLANT, les Lépreuses, II, XVI.

♦ **2.** (1555). Rigole*, petit canal creusé pour tirer de l'eau (pour le drainage, l'irrigation). Par comparaison :

4 (...) car la branche de Rosette (*bras occidental du Nil*), plus fréquentée des voyageurs d'Europe, n'est qu'une large saignée qui se perd à l'occident.
                                    NERVAL, Voyage en Orient, Femmes du Caire, V, VI.

(XXᵉ). Par ext. Entaille longitudinale. *Pratiquer une saignée dans un mur pour y loger des fils électriques, dans un arbre pour recueillir la sève.*

SAIGNEMENT [sɛɲmɑ̃] n. m. — 1680 ; de *saigner.*

♦ Écoulement, épanchement de sang. ⇒ **Hémorragie** (cit. 1). *Saignement de nez.* ⇒ **Épistaxis.** — *Les saignements d'un stigmatisé.* — Méd. *Temps de saignement,* mesuré par l'épreuve de Duke.

(...) dans ces altitudes, près desquelles le Mont-Blanc est une plaisanterie, il avait des saignements de nez, comme en ont eu Biot et Gay-Lussac, dans leurs ascensions en ballon.   Ed. et J. DE GONCOURT, Journal, 3 avr. 1892, t. IX, p. 24.

SAIGNE-NEZ [sɛɲe] n. m. invar. — 1571 ; de *saigner,* et *nez.*

♦ Achillée* (plante).

SAIGNER [seɲe ; sɛɲe] v. — XIIIᵉ ; *saignier* v. 1155 ; *sainier,* 1080, *Chanson de Roland ;* var. *saignier, seiner, seigner ;* lat. *sanguinare,* de *sanguis* « sang ».

★ **I.** V. intr. ♦ **1.** Avoir un écoulement de sang* (en parlant du corps, d'un organe). → Palpiter, cit. 2. *Saigner abondamment, comme un bœuf... Son nez saigne.* ⇒ **Saignement.** *Blessure, coupure, plaie qui saigne.* ⇒ **Saignant.** — Par ext. Perdre du sang, être blessé.

1 Au milieu de ces tentures rouges, de ces rideaux rouges, par terre, elle saignait beaucoup, d'un flot rouge qui ruisselait entre les seins, s'épandait sur le ventre, jusqu'à une cuisse, d'où il retombait en grosses gouttes sur le parquet.
                                    ZOLA, la Bête humaine, XI.

2 (...) de rudes soldats, ceux qui avaient dormi et saigné sur tous les champs de bataille d'Europe, les vétérans de la Révolution et les survivants de la Bérézina (...)
                                    ARAGON, la Semaine sainte, p. 283.

2.1 « Vous saignez, mademoiselle », lui dit-il. Il avait à ce moment-là l'œil clair et sombre comme le ciel quand l'arc-en-ciel se lève. Elle s'était déchiré les mollets à des chardons et à des tuyaux d'épis. À un endroit ça avait saigné en raie de sang noir avec un petit point de sang rouge encore palpitant.
                                    J. GIONO, Que ma joie demeure, in Œ. roman., t. II, Pl., p. 747.

Loc. *Saigner du nez :* avoir une hémorragie nasale.

♦ **2.** (Fin XIVᵉ). Littér. Être le siège d'une souffrance, comme une plaie vive. *La blessure* (cit. 11) *saigne encore :* la douleur est encore vive. *Plaie* qui saigne. *Cœur qui saigne,* qui souffre, est blessé (→ Il, cit. 21 ; parler, cit. 15 ; plein, cit. 17)/ *L'être qui saigne et qui souffre* (→ Rapport, cit. 11). *Son orgueil, son amour-propre saigne.* — Loc. *Le cœur me (lui) saigne :* j'ai (il a) une grande peine. *Cela fait saigner le cœur,* cause une grande peine.

3 Des combats dont mon cœur saignera plus d'un jour.   RACINE, Bérénice, II, 2.

4 Le cœur est toujours jeune et peut toujours saigner.   HUGO, Hernani, III, 1.

5 Assurément sa plaie le faisait souffrir, mais son orgueil saignait bien davantage.
                                    Th. GAUTIER, le Capitaine Fracasse, X.

Spécialt. (En terme de mystique). Se dit des plaies du cœur du Christ, image de la douleur divine causée par les péchés des hommes. « *Mon cœur qui rayonne et qui saigne* » (→ Flanc, cit. 7).

♦ **3.** (Impersonnel). **[a]** *Ça saigne :* le sang coule.

5.1 (...) car le temps nous presse ; le sang coule depuis des années : « En Algérie, ça saigne... » (...)   F. MAURIAC, le Nouveau Bloc-notes 1958-1960, p. 135.

[b] Fam. *Ça va saigner :* il va y avoir des coups, du sang répandu. *Si je me fâche, ça va saigner !*

♦ **4.** Par anal. et littér. Répandre une lueur sanglante, rouge.

6 (...) les poings menus
Où saignent les rubis d'un bracelet garance   ARAGON, les Yeux d'Elsa, p. 25.

★ **II.** V. tr. (*Saigner,* fin XIᵉ). ♦ **1.** Tirer du sang à (qqn), en ouvrant une veine ; faire une saignée à... (→ Contusion, cit. 1 ; déboucher, cit. 2 ; mort, cit. 10 ; phlébotomie, cit.). *Saigner un apoplectique. Saigner qqn au bras.* — Absolt. *Saigner et purger* (→ Épurer, cit. 8 ; grabat, cit. 4 ; remède, cit. 5).

7 Elle était un soir au lit ; on venait de la saigner de nouveau, et il sortait encore un peu de sang de la blessure mal fermée. Elle regardait en souriant couler une larme de pourpre sur son bras aussi blanc que du marbre.
                                    A. DE MUSSET, Nouvelles, « Frédéric et Bernerette », IX.

Loc. (1863 ; *saigner jusqu'au blanc,* 1798). *Saigner à blanc,* jusqu'à ce que le patient devienne blanc, exsangue. Fig. *Saigner à blanc une entreprise* (→ ci-dessous, 3.).

♦ **2.** (1835). Tuer (un animal) en le privant de son sang (par égorgement). ⇒ **Égorger,** etc.). *Saigner un porc, un poulet.* Absolt. *Une bouchère accoutumée à saigner* (→ Choquer, cit. 9).

7.1 Auguste alla d'abord chercher dans la cour deux brocs pleins de sang de cochon. C'était lui qui saignait à l'abattoir. Il prenait le sang et l'intérieur des bêtes, laissant aux garçons d'échaudoir le soin d'apporter, l'après-midi, les porcs tout préparés dans leur voiture.   ZOLA, le Ventre de Paris, t. I, p. 123.

(Déb. XIXᵉ). Tuer (avec une arme blanche). → Nettoyer, cit. 17.

8 Nous sommes en ligne, nous chargeons ; et si nous ne renversons pas ceux qui sont devant nous, ils ne nous demandent pas permission pour nous saigner ; donc il faut tuer pour ne pas être démoli, la conscience est tranquille.
                                    BALZAC, le Médecin de campagne, Pl., t. VIII, p. 396.

8.1 Mais prêts à sortir du liège pour piquer la chair des mouchards. Que l'on en découvre un... on le saigne.   J. VALLÈS, l'Insurgé, p. 134, in D. D. L., II, 1.

♦ **3.** (1690). Par métaphore ou fig. Affaiblir, épuiser (qqn) en retirant ses ressources (argent, etc.). ⇒ **Égorger** (fig.), **pressurer, rançonner.** « *Il vous a fallu de l'argent (...) vous avez saigné vos sœurs* » (→ Flouer, cit. 1). — Pron. (XVIᵉ). *Se saigner.* Loc. *Se saigner au quatre veines* (→ Œuf, cit. 13) : dépenser* ou donner* tout ce qu'on peut, se priver pour qqn ou pour obtenir qqch. ⇒ **Sacrifice.**

9 (...) as-tu entretenu la mère touchant le bien qu'elle doit donner à sa fille ? Lui as-tu dit qu'il fallait (...) qu'elle fît quelque effort, qu'elle se saignât pour une occasion comme celle-ci ?   MOLIÈRE, l'Avare, II, 5.

10 Toute mère du peuple veut donner, et à force de se saigner aux quatre veines, donne à ses enfants l'éducation qu'elle n'a pas eue (...)
                                    Ed. et J. DE GONCOURT, Journal, janv. 1861, t. I, p. 279.

11 L'oncle de Limoges, comme par le passé, se saignait affectueusement aux quatre veines pour que son neveu devînt un grand peintre.
M. AYMÉ, le Passe-muraille, p. 31.

(1876). *Saigner un compte en banque :* l'épuiser.

♦ **4.** (1671). Pratiquer une rigole, une entaille dans (qqch.) pour faire écouler un liquide. *Saigner un fossé. Saigner un arbre, un hévéa, des plantes à caoutchouc :* pratiquer une saignée sur ces plantes (→ Déprédation, cit. 4).

♦ **5.** Vx. Épuiser (un liquide). « *Saigner une inondation* » (Voltaire).

▶ **SAIGNÉ, ÉE** p. p. adj. *Un malade saigné, saigné à blanc. — Porc saigné.*
Fig. *Pays saigné à blanc par la guerre,* épuisé, privé de ses ressources. *Une économie saignée à blanc par la crise.*

DÉR. **Saignant, saignée, saignement, saigneur, saigneux, saignoir.**
COMP. **Saigne-nez.**

SAIGNEUR, EUSE [sɛɲœʀ, øz] n. m. et adj. — xiiiᵉ ; de *saigner.*

♦ **1.** Rare (à cause de l'homonymie avec *Seigneur,* sauf par jeu de mots). Personne qui saigne *(un saigneur de porcs),* pratique des saignées.

♦ **2.** Techn. Ouvrier qui récolte le latex en saignant les arbres à caoutchouc.

1 (...) pendant que les autres saigneurs versaient leur latex dans les cuves (..A)
Henri FAUCONNIER, Malaisie, p. 271.

2 (...) l'argent qu'il avait gagné en un an à faire travailler à coups de trique les saigneurs d'hévéas des plantations de Malaisie (...)
Roger VAILLANT, 325 000 francs, P. 167.

HOM. **Seigneur.**

SAIGNEUX, EUSE [sɛɲø, øz] adj. — 1538 ; de *saigner.*

♦ Rare. Qui saigne, taché de sang. ⇒ **Sanglant.** « *Les chiens d'Orient, maigres, saigneux (...)* » (Gautier *in* Littré). — Spécialt. *Bout* saigneux.*

SAIGNOIR [sɛɲwaʀ] n. m. — xxᵉ ; *sangnoir* « chair qui saigne » ; de *saigner.*

♦ Techn. Couteau à saigner (les bêtes : porcs, moutons...).

Djouan avait sorti son grand couteau montagnard, large à la corne comme une serpe et plus fin de fil qu'un saignoir de boucher.
J. GIONO, Jean le Bleu, I, (1934).

SAILLANT, ANTE [sajɑ̃, ɑ̃t] adj. — 1119, « jaillissant » ; « fougueux » v. 1175 ; de *saillir.*

♦ **1.** (xviᵉ). Qui avance, dépasse (par rapport à un plan de référence). ⇒ **Avancée, proéminent ; saillir.** *Parties saillantes d'un édifice, d'un meuble. Corniche, plinthe* (cit. 1) *saillante. Broderies saillantes* (→ Débraillé, cit. 3), en relief. *Rocs saillants* (→ Ossature, cit. 3). ⇒ **Aigu.** — (En parlant du corps, des traits du visage). ⇒ **Anguleux.** *Maxillaire* (cit. 1), *menton saillant* (→ Expressif, cit. 5). *Pommettes* (cit. 3) *saillantes. Muscles saillants* (→ Phrase, cit. 10). *Yeux saillants,* dans l'exophtalmie. ⇒ **Globuleux.** *Veines saillantes.* ⇒ **Gonflé.**

1 Les parties saillantes, moulures, corniches, entablements, consoles, sont en bois, en fonte ou en tôle, à laquelle on a donné la forme convenable (...)
Th. GAUTIER, Voyage en Russie, I, I.

2 Il fixa dans le vide ses yeux saillants et ronds comme s'il y cherchait le fantôme puéril, l'épouvantail frêle qu'inventait sa mère. F. MAURIAC, Génitrix, II.

(1680). *Angle saillant,* dont le sommet est à l'extérieur de la figure (opposé à *rentrant). Angle saillant d'une pierre, d'un meuble...* ⇒ 1. **Carne** (vx), **coin.** *Les angles saillants d'une fortification.* ⇒ aussi **Capitale,** III.

N. m. **ⓐ** (1765). Partie d'un ouvrage qui fait saillie. Fortif. *Le saillant d'un bastion.* — Par anal. *Frontière, front de guerre qui forme un saillant. Réduire un saillant.*

ⓑ *Le saillant :* ce qui est saillant. *Le saillant d'une corniche.* — (→ aussi Fermeté, cit. 1).

♦ **2.** (1681 ; au sens propre de *saillir* « sauter »). Blason. Qui se dresse comme pour sauter. *Bélier, mouton saillant. Chèvre, licorne saillante. Animal effaré et animal saillant.*

♦ **3.** (1740). Fig. Qui est en évidence*, en relief, ressort du contexte et s'impose à l'attention. ⇒ **Frappant, notable, remarquable, vif.** *Caractère, trait saillant* (→ Contradiction, cit. 3 ; dégager, cit. 14 ; intimité, cit. 6 ; optique, cit. 2). *Événements saillants* (→ Journal, cit. 2). *Œuvre, livre où il n'y a rien de saillant.*

3 On ne trouvera point ici ces traits saillants, qui semblent caractériser les ouvrages d'aujourd'hui. Pour peu qu'on voie les choses avec une certaine étendue, les saillies s'évanouissent ; elles ne naissent d'ordinaire que parce que l'esprit se jette tout d'un côté, et abandonne tous les autres.
MONTESQUIEU, l'Esprit des lois, Préface (1748).

4 Nous touchons ici (...) à l'une des clefs du procédé de M. de Chateaubriand, à l'un de ses défauts les plus brillants et les plus saillants.
SAINTE-BEUVE, Chateaubriand..., t. I, p. 167.

CONTR. **Caché, creux, rentrant ; banal, commun, insignifiant, quelconque.**

SAILLER [saje] v. — 1773 ; de *saillir.*

♦ Mar. Vx. Saillir (var. de *saillir,* d'usage normal dans la marine ancienne). *Faire sailler un bout-dehors.*

SAILLIE [saji] n. f. — 1549 ; « sortie, attaque brusque », v. 1160 ; de *saillir.*

★ **I.** Action de saillir (I.). ♦ **1.** Vx. Action de s'élancer ; mouvement soudain. ⇒ **Élan, saut.** *Aller par saillies,* par mouvements brusques, saccadés.

♦ **2.** Fig. et vx. Brusque mouvement, impulsion, élan. *Les fougueuses* (cit. 1) *saillies d'une imagination...* ⇒ **Caprice.**

♦ **3.** (1580). Littér. Trait brillant et inattendu (dans la conversation, le style...). ⇒ **Boutade, mot, pointe, trait** (d'esprit ; trait saillant, cit. 3). → **Cynique,** cit. 5 ; délicatesse, cit. 15 ; humeur, cit. 60. *Saillies inattendues* (cit. 2). *Pétillant* (cit. 2) *de saillies.*

1 Elle avait l'esprit très naturel et très agréable ; la gaieté, l'étourderie et la naïveté s'y mariaient heureusement : elle abondait en saillies charmantes qu'elle ne recherchait point et qui partaient quelquefois malgré elle.
ROUSSEAU, les Confessions, IX.

2 Les saillies naissent quelquefois parce que l'esprit (...) saisit rapidement celui *(le côté)* qu'il faut choisir pour piquer la curiosité (...) Elles naissent d'un grand besoin d'être compris, en s'expliquant très vite.
Joseph JOUBERT, Pensées, XXII, CXXI.

Vx. *La saillie :* la plaisanterie, la boutade (→ Enjouement, cit. 6).

♦ **4.** (1870, Littré). Accouplement des animaux domestiques en vue de la reproduction. ⇒ **Monte.**

★ **II.** (1260). ♦ **1.** (1538). Partie qui avance, dépasse (le plan, l'alignement). ⇒ **Angle** (saillant), **arête, aspérité, avance, avancée, avancement, bec, bosse, bourrelet, corne, côté, coude, crête, dent, éminence, éperon, ergot, moulure, nervure, pointe, redan, relief** (cit. 3), **ressaut ; proéminence, protubérance.** *Creux* (cit. 21) *et saillies. Les saillies d'un édifice, d'un mur,* etc. ⇒ **Avant-corps, avant-toit, balèvre, bossage, chapiteau, console** (cit.), **corbeau** (II., 2.), **corniche, encorbellement, entablement, forjet, jarret, moulure, projecture.** *Auvent, balcon, escalier formant saillie. Saillies d'une fortification* (bastion, orillon, etc.). — *Saillie de rive :* saillie de protection des murs, située sur les rives des combles d'un toit. — Dr. Partie d'un immeuble faisant une avancée sur la voie publique ou sur le fonds du voisin. *Saillies fixes, mobiles* (enseignes...). *Saillies chantournées, modelées, sculptées* (⇒ **Enlevure**). — *Saillies de roches* (→ Falaise, cit. 1). *Saillies et creux du terrain.* ⇒ **Ondulation.** *L'apophyse*, saillie osseuse.* — Littér. *Les molles saillies du corps* (→ Dont, cit. 11).

3 Gravir une verticale, et trouver des points d'appui là où l'on voit à peine une saillie, était une jeu pour Jean Valjean. HUGO, les Misérables, I, II, VII.

4 (...) ce qu'il faut de boulettes de terre glaise et de grattages d'ébauchoir, pour rendre les insensibles creux et les imperceptibles saillies d'un plein ou d'un tournant de la chair, qui paraît plane.
Ed. et J. DE GONCOURT, Journal, 3 déc. 1889, t. VIII, p. 88.

EN SAILLIE. ⇒ **Saillant.** *Balcon* (cit. 4), *cartilage en saillie* (→ Pomme, cit. 14 : pomme d'Adam). *Ventre qui avance* (cit. 33) *en saillie. Cap, promontoire qui s'avance en saillie.* — Fig. (Rare). *Mettre en saillie,* en relief, en vedette. ⇒ **Saillant** (→ Barbarement, cit. 3).

5 Mon diplôme dans ma poche bombait en saillie, bien plus grosse saillie que mon argent et mes papiers d'identité. CÉLINE, Voyage au bout de la nuit, p. 316.

Faire, former saillie. ⇒ **Avancer, dépasser, ressortir** (→ Depuis, cit. 22).

5.1 Cyrus Smith avait pu, heureusement, le diviser *(l'échelle)* en deux parties, en profitant d'un surplomb de la muraille qui faisait saillie à une quarantaine de pieds au-dessus du sol. Cette saillie, soigneusement nivelée par le pic, devint une sorte de palier auquel on fixa la première échelle, dont le ballant fut ainsi diminué de moitié, et qu'une corde permettait de relever jusqu'au niveau de Granite-house. Quant à la seconde échelle, on l'arrêta aussi bien à son extrémité inférieure, qui reposait sur la saillie, qu'à son extrémité supérieure, rattachée à la porte même. De la sorte, l'ascension devint notablement plus facile.
J. VERNE, l'Île mystérieuse, t. I, p. 251.

Organes mécaniques formant saillie, en saillie. ⇒ **Arrêtoir, butée, bride, came, coin, collet, oreille, taquet, tête,** etc.

♦ **2.** Relief, avancée de ce qui fait saillie. *De faible saillie* (→ Perpendiculaire, cit. 2). *La saillie des muscles* (→ Carrure, cit. 3).

6 Qu'est-ce, en définitive, que la peinture dans sa définition la plus littérale ? L'imitation de la saillie sur une surface plane. E. DELACROIX, Écrits, t. I, p. 52.

(1835). Arts. Relief apparent. *La saillie d'une figure.*

CONTR. **Alignement, cavité, creux, fuite** (spécialt).

SAILLIR [sajiʀ] v. — Conjug. *finir* ou *assaillir.* — 1080, *Chanson de Roland ;* dér. du lat. *salire* « couvrir la femelle ; sauter » ; → Salace.

★ I. (Rare sauf inf. et 3ᵉ pers.). **♦ 1.** V. intr. Vx. Jaillir avec force. *Le sang saillissait de sa veine avec impétuosité* (Académie). — Figuré :

1 « — C'est le chagrin qui te fait parler, François » dit Madeleine en lui mettant la main sur la tête et en la secouant un peu comme pour en faire saillir la vérité.
G. SAND, François le Champi, XXIII.

Sortir, s'élancer. *La faim* (cit. 9) *fait saillir le loup du bois.*

♦ 2. V. tr. (v. 1354). Couvrir* (la femelle, en parlant du mâle). ⇒ **Accoupler** (s'), **monter** (II., A., 3.), **sauter, servir.**

1.1 Il y avait dans la maison un jeune Taureau de la plus grande taille : cet Animal bien nourri, ne travaillant pas (Edme R. le réservait pour saillir les Vaches du Bourg, et procurer par là une meilleure espèce ; les Bouviers publics, n'achetant que de jeunes Taurillons de la plus mauvaise venue).
RESTIF DE LA BRETONNE, la Vie de mon père, p. 152.

2 (...) Cérès n'aimait pas Neptune. Pour le fuir, elle se transforma en jument ; Neptune aussitôt se fit cheval, et, réussissant à la saillir, de leur accouplement, naquit un poulain, Arion.
Émile HENRIOT, Mythologie légère, Cérès.

★ II. (XIIIᵉ). Conjug. *assaillir.* — REM. Certains auteurs et en particulier Flaubert, conjuguent toujours *saillir* comme *finir, jaillir* : « Sa poitrine abondante *saillissait* sous sa chemise » (Flaubert, *l'Éducation sentimentale*, II, III) ; « À chaque nouvelle peine (...) nous sentons une veine de plus qui *saillit* » (Proust, cit. 4.1). Cf. aussi Barrès, Aragon *in* Grevisse. Être en saillie, avancer en formant un relief. ⇒ **Avancer, déborder, dépasser, détacher** (se) ; **saillant, saillie** (→ Édifice, cit. 1). *Une paroi où saillaient des replats* (cit. 1). *Une figure saillait hors du plan* (→ Gauchir, cit. 3). *Faire saillir ses muscles* (→ Noueux, cit. 4).

3 Leurs muscles saillaient comme des cordes sur leurs bras maigres, et ils pesaient de tout leur poids au bout de leur barre de fer.
Th. GAUTIER, le Roman de la momie, Prologue.

4 La ville s'étale dans la plaine, soulevée légèrement par les ondulations de la terre, qui font saillir par places les bords de cette grande tache de maisons pâles d'où surgissent les dômes des mosquées et les clochers des minarets.
MAUPASSANT, la Vie errante, D'Alger à Tunis, II.

4.1 À chaque nouvelle peine trop forte, nous sentons une veine de plus qui saillit, développe sa sinuosité mortelle au long de notre tempe, sous nos yeux. Et c'est ainsi que peu à peu se font ces terribles figures ravagées, du vieux Rembrandt, du vieux Beethoven, de qui tout le monde se moquait.
PROUST, le Temps retrouvé, Pl., t. III, p. 506.

5 Derrière les lentilles de ses lunettes, épaisses d'un demi-centimètre, ses yeux globuleux, démesurément grossis, saillaient comme des œufs pochés.
MARTIN DU GARD, les Thibault, t. VII, p. 35.

6 Les torses nettement arqués en arrière et les gorges offertes où saillaient les pommes d'Adam comme écorchées de soleil.
P. GRAINVILLE, les Flamboyants, p. 69.

CONTR. **Aligner, fuir** (peint., dessin).

DÉR. **Saillant, saillie.**

COMP. V. **Ressaut, tressaillir.**

SAÏMIRI [sajmiʀi] n. m. — 1766, Buffon ; du port. du Brésil *saimirim*, tupi *sahy* (singe), *miri* (petit). → Saï, sajou...

♦ Didact. Singe *(Cébidés)* de petite taille, au corps grêle, à longue queue prenante *(Chrysothrix).*

Puis les saïmiris spiralés et les marimondas élastiques, folâtres aux longs organes syncrétiques et furibonds (...)
P. GRAINVILLE, les Flamboyants, p. 43.

---

1. SAIN [sɛ̃], **SAINE** [sɛn] adj. — Av. 1050 ; du lat. *sanus.*

♦ 1. Vx. (sauf opposé à *malade*). Qui est en bonne santé, n'est pas malade (cit. 1). ⇒ **Portant** (bien), **valide** (→ Épidémie, cit. 2 ; gaillard, cit. 2). *Le régime* (cit. 3) *des gens sains.*

Loc. SAIN ET SAUF : en bon état physique, après quelque danger, quelque épreuve ; qui n'a pas subi de dommage. *Sortir d'un accident sain et sauf. Arriver saine et sauve, sains et saufs* [sɛ̃esof].

1 (...) avant de nous remettre entre vos mains, au moins devons-nous savoir si nous pourrons en sortir sains et saufs.
BALZAC, les Chouans, Pl., t. VIII, p. 844.

♦ 2. Dont l'organisme est bien constitué et fonctionne normalement, sans trouble, d'une manière habituelle (⇒ **Santé**). *Un enfant robuste et sain.* ⇒ 1. **Frais** (II., B., 3.), **gaillard.** *Constitution** (cit. 5) *saine, tempérament sain.* ⇒ **Florissant, robuste** (→ Bienfait, cit. 14). *Un sang ardent et sain.* ⇒ **Généreux** (4.). — *Une race* (cit. 10) *de chevaux robuste et saine.*

2 — Ah ! ma chère dame, un homme sain comme mon œil, lui disait la veuve, un homme parfaitement conservé, et qui peut donner encore bien de l'agrément à une femme.
BALZAC, le Père Goriot, Pl., t. II, p. 863.

Corps, organisme sain (→ Exercer, cit. 3). *Organes sains* (→ Assaisonner, cit. 3). *Dents saines* (→ Ingrat, cit. 11). *Plaie saine,* qui se guérit normalement, ne s'infecte pas. — *Pâleur* (cit. 1) *maladive et blancheur saine.*

Plante saine. Par métaphore, en parlant d'une personne (→ Développer, cit. 20 ; échouer, cit. 9).

Qui n'est pas gâté ou pourri (en parlant d'une matière organique). *Poutre* (cit.) *saine et robuste. Fruits sains. Viande saine.*

♦ 3. (Mil. XIIᵉ). Êtres humains ; facultés. Qui jouit d'une bonne santé psychique ; dont les activités (mentales,...) ne trahissent aucune anomalie. *Sain de corps et d'esprit* (→ Agrégation, cit. 1). *Homme sain,* normal, équilibré (cit. 8). — *Il n'a pas l'esprit* sain

(→ Défaite, cit. 1). *Jugement* sain.* ⇒ **Clair** ; et aussi l'adage latin **mens sana in corpore sano.** — (Sur le plan moral). Normal, sans perversion d'aucune sorte. *Saine de cœur et de corps* (→ Intempérie, cit. 1). *Tout est pur* (cit. 18) *chez ceux qui sont sains. Nature* (cit. 29) *saine et droite.* ⇒ **Droit,** adjectif.

3 CECI EST MON TESTAMENT. « Aujourd'hui, quinze avril mil huit cent quarante-cinq, étant sain d'esprit, comme ce testament, rédigé de concert avec monsieur Trognon, notaire, le démontrera (...) »
BALZAC, le Cousin Pons, Pl., t. VI, p. 745.

4 Il est fort et sain, sain jusqu'à l'ingénuité, sain dans toutes ses recherches et toujours pur, à cause de cette santé et de cette force.
MONTHERLANT, le Songe, I, IV.

(Mil. XVᵉ). Choses. Considéré comme bon et normal, comme conforme à certains critères de valeur. — Conforme à la raison. *La saine raison.* ⇒ **Droit,** adj. (*infra* cit. 21). → Impulsion, cit. 13. *Jugement* sain et raisonnable* (→ Confronter, cit. 2). *Opinions, idées saines* (→ Fonder, cit. 25).

Conforme à la morale, à la norme psychologique, sociale... *Curiosité* (cit. 10) *vive et saine. Un égoïsme sain,* normal et utile à l'équilibre psychique (→ Délivrer, cit. 15). *Un divertissement sain* (→ Excursion, cit. 4). — Spécialt. ⇒ **Orthodoxe.** *Saine doctrine.*

♦ 4. (V. 1170). Qui contribue à la bonne santé, qui n'a aucun effet funeste sur l'état physique. ⇒ **Salubre.** *Un climat sain.* ⇒ **Tonique.** *Air sain* (→ Pénétrant, cit. 1). — *Nourriture saine et abondante* (→ Développer, cit. 4). — *Vie saine et rude* (→ Cabine, cit. 2). ⇒ **Hygiénique, salutaire.**

Ville saine, bien tenue, propre, où les règles de l'hygiène sont respectées. *Rendre un endroit plus sain* (→ Embellissement, cit.). ⇒ **Assainir, assainissement.**

5 Il n'est pas de terre plus saine.
On y guérit de tout ; le ciel est toujours beau (...)
Jamais je ne me suis mieux porté que là-bas.
GIDE, le Retour, I, 2.

6 (...) anéantir sans jugement des monuments ou des constructions anciennes *(les « îlots insalubres »)* qu'un agencement sommaire rendrait infiniment plus spacieux et plus sains que les casernes élevées sur leurs ruines et sur la ruine du budget de Paris.
GIRAUDOUX, De pleins pouvoirs à sans pouvoirs, III.

♦ 5. (V. 1240). Mar. Sans danger. *Côte, rade saine.* — Fam. *Ce n'est pas sain,* se dit d'une chose dangereuse.

♦ 6. Fig. *Une affaire saine,* normale, sans danger, sans anomalie cachée.

7 Je vous l'assure, la Compagnie Française du port de Touapsé a reçu de Russie les millions qui lui étaient dus... Par suite l'affaire est redevenue tout à fait saine, et cela change les perspectives...
ARAGON, les Beaux Quartiers, II, VI.

♦ 7. (Métaphore du sens 1). *Une économie saine et prospère. Cette affaire fait peu de profits, mais elle est parfaitement saine.*

CONTR. **Malade, malsain.** — **Contaminé, gâté, vicié.** — **Aliéné, fiévreux, forcené, fou ; dépravé, détraqué.** — **Dangereux, nuisible.**

DÉR. **Sainement.**

COMP. **Assainir, malsain.** — **Sainbois, sainfoin.**

HOM. **Ceint, saint, sein, seing ; cinq** (dans certains cas). — (Du fém.) **Cène, scène, seine, sen.**

---

2. SAIN [sɛ̃] n. m. — V. 1210 ; mot d'anc. franç. conservé en vénerie ; d'abord *saïm* (→ Saindoux), du lat. *sagina* « graisse ».

♦ Techn. (Vén.). Graisse du sanglier et de quelques bêtes (renard et, en général, bêtes « mordantes »).

SAINBOIS [sɛ̃bwa] n. m. — 1791 ; *sainct boys* « gaïac », 1540 ; de 1. *sain,* et *bois.*

♦ 1. Garou*, variété de daphné.

♦ 2. Son écorce, utilisée comme vésicatoire.

SAINDOUX [sɛ̃du] n. m. — 1538 ; *saïm dois, saïm dous,* XIIIᵉ ; de l'anc. franç. *saïm,* puis *sain* « graisse » du lat. pop. *sagimen,* lat. class. *sagina* « pâture ; embonpoint », et de *doux.*

♦ 1. Graisse de porc fondue. ⇒ **Axonge** (→ Épicé, cit. 3 ; parfum, cit. 8). *Friture au saindoux.*

1 La truite, vidée, écaillée, légèrement graissée de saindoux, repose au-dessous du lit de braise (...)
M. CONSTANTIN-WEYER, Source de joie, VIII.

2 La charcutière avait mis une feuille de papier fort sur une balance. elle prenait du saindoux dans le pot, sous l'étagère, avec une spatule de buis, augmentant à petits coups, d'une main douce, le tas de graisse qui s'étalait un peu.
ZOLA, Le Ventre de Paris, t. I, p. 108.

♦ 2. Fam. Adiposité, graisse (humaine).

SAINEMENT [sɛnmã] adv. — V. 1265, « selon la raison » ; « sans danger », v. 1050 ; de 1. *sain.*

♦ 1. D'une manière saine (4.). *Vivre sainement* (Voltaire).

♦ 2. D'une manière normale, correcte, saine (3.), sur le plan intellectuel, moral. *Interpréter sainement les faits* (→ Déceler, cit. 4). *Penser* (→ 1. Peuple, cit. 27), *juger sainement* (→ Ressemblance, cit. 4). ⇒ **Judicieusement, raisonnablement, sagement.** *Nous manquons d'informations pour en juger sainement.*

1 Ceux qui ne traitent jamais que leurs propres affaires se passionnent trop pour juger sainement des choses. ROUSSEAU, Émile, IV.

2 Darriand l'observait anxieusement, épiant avec joie ces premiers symptômes de guérison. Bientôt le triomphe de l'hypnotiseur devint éclatant, car Séil-kor, reconnaissant tous les visages, se mit à répondre sainement à une foule de questions. L'expérience, merveilleusement réussie, avait rendu la raison au pauvre fou, plein de gratitude pour son sauveur. Raymond ROUSSEL, Impressions d'Afrique, p. 152.

SAINFOIN [sɛ̃fwɛ̃] n. m. — 1572 ; *sainct-foin*, 1549, par confusion de *sain* et *saint* ; de 1. *sain*, et *foin*.

♦ Plante dicotylédone (*Légumineuses, papilionacées*), à fleurs rouges ou jaunâtres, herbacée, annuelle ou bisannuelle, cultivée comme fourragère. ⇒ **Fourrage** (artificiel) ; **esparcet** (→ Blé, cit. 6). N. sc. : *onobrychis*.

Le sainfoin fleuri saigne dessous les oliviers. Les avettes dansent autour des bouleaux gluants de sève douce. J. GIONO, Colline, p. 9.

Fourrage formé de cette plante.

DÉR. **Sainfoinnière.**

SAINFOINNIÈRE [sɛ̃fwanjɛʀ] n. f. — xxᵉ (*in* Larousse, 1923) ; de *sainfoin*.

♦ Agric. Terrain semé de sainfoin.

SAINT [sɛ̃], **SAINTE** [sɛ̃t] adj. et n. — xiᵉ ; fin xᵉ comme n. (toutes les valeurs du sens I. apparaissent aux xiᵉ et xiiᵉ) ; du lat. *sanctus* «consacré, vénéré». — REM. Quand *saint* est adjectif placé avant un mot commençant par une voyelle on le prononce [sɛ̃t] (ex. : *un saint homme* [œ̃sɛ̃tɔm]).

★ **I.** Adj. **A.** (Personnes). ♦ **1.** Relig. et théol. En parlant de Dieu (cit. 41). Qui est souverainement pur et parfait. — *La Sainte-Trinité*. *Le Saint-Esprit* ou *l'Esprit-Saint*. ⇒ **Esprit.**

♦ **2.** (S'emploie devant le nom d'un *saint*, d'une *sainte* ; → ci-dessous II.). — REM. Dans cet emploi, *saint* s'écrit avec une minuscule et sans trait d'union. *La châsse de sainte Geneviève. L'Évangile selon saint Jean. — Les saints Innocents. Les saints Apôtres. — La sainte Famille* : Jésus, Joseph et Marie. ⇒ aussi **Famille** (*infra* cit. 25). — *Les saintes femmes* : les femmes qui accompagnèrent le Christ et suivaient son enseignement : Marie-Madeleine, Marie, mère de Jacques le Mineur, Salomé... — (Liturgie). *Les saintes femmes* : les saintes qui ont vécu dans l'état de mariage. — (Avec une majuscule). *La Sainte Vierge.*

Par ext. Les saints anges. Invoquer saint Michel archange.

Loc. prov. *C'est saint Roch et son chien*. — *Découvrir saint Pierre pour habiller saint Paul* (ou : *Pierre pour habiller Paul*) : éviter un désagrément en s'en créant un autre. — *Coiffer* sainte Catherine*.

Sainte Nitouche. ⇒ **Nitouche.**

La Saint-X : la fête de saint X. — REM. Dans ce sens, *saint* s'écrit toujours avec une majuscule et un trait d'union. — *Le jour de la Saint-Louis* (→ Plutôt, cit. 13). *La Saint-Charlemagne. Les feux* de la Saint-Jean. Toutes les herbes* (cit. 5) de la Saint-Jean. L'été* de la Saint-Martin. «Quand il pleut à la Saint-Médard, il pleut quarante jours plus tard». La Saint-Nicolas* : fête à l'occasion de laquelle, dans certaines régions (Nord, Alsace, ...), on offre des jouets et des friandises aux enfants (comme on le fait à Noël ailleurs). → Poupée, cit. 3. — *La Saint-Sylvestre* : le 31 décembre. *Du 1ᵉʳ janvier à la Saint-Sylvestre* : toute l'année. — Hist. *La journée* (→ Horrible, cit. 3), *le massacre de la Saint-Barthélemy* (24 août 1572).

Par plais. *À la saint-glinglin.* ⇒ **Saint-glinglin.** *La sainte-paye, la sainte-touche* : le jour de la paye.

1 (...) Gervaise, depuis l'embauchage d'Étampes, n'avait pas revu la couleur de sa monnaie. Les jours de sainte-touche, elle ne lui regardait plus les mains, quand il rentrait. ZOLA, l'Assommoir, X, t. II, p. 122.

Loc. (Vx). *Fêter saint lundi* : ne pas travailler le lundi (Gautier, *in* D.D.L.).

(Dans la désignation d'une église, d'un lieu, ou dans une expression où le mot n'a plus qu'un rapport indirect avec un saint ; avec une majuscule et un trait d'union). *L'église Saint-Eustache. —* Ellipt. *Aller à la messe à Saint-Séverin. La cathédrale Saint-Paul de Londres. Sainte-Sophie de Constantinople. — La ville de Saint-Étienne. L'Île de Sainte-Hélène. Le Mont Saint-Michel. La pointe de Saint-Mathieu* (→ Monstrueux, cit. 2). *Boulevard Saint-Michel* (→ Répandre, cit. 13). *Rue St-Denis. Faubourg Saint-Germain. — Croix de Saint-André. Herbe de Saint-Benoît. La calaverie* (cit. 4) de Saint-Georges. Coquille* (I., 3.) Saint-Jacques* (→ aussi Madeleine, cit. 1). *Feu* (*infra* cit. 9) *Saint-Elme. Danse de Saint-Guy.* ⇒ 2. **Chorée.** *La prison* (cit. 8) de Saint-Crépin.

♦ **3.** (Souvent avant le nom). Qui mène une vie irréprochable, en tous points conforme aux lois de la morale et de la religion. *Un saint évêque, de saints prélats* (→ Accuser, cit. 23 ; ensorceler, cit. 2). *Un saint homme* (→ Réservé, cit. 4). *Une sainte femme. — Une âme sainte.* ⇒ **Angélique, beau** (I., 5.). — Par plais. *Un saint homme de chat* (→ 1. Arbitre, cit. 5, La Fontaine).

2 Mon frère a dit alors à haute voix : C'est un saint homme, qui pourrait devenir un Saint, s'il le voulait, et il en a peut-être envie (...) H. BOSCO, Un rameau de la nuit, p. 310.

B. (Choses). ♦ **1.** Qui a un caractère sacré, religieux ; qui appartient à la religion (judéo-chrétienne), à l'Église*. ⇒ **Consacré, sacré.** *Rendre saint.* — (Antéposé). *Sanctifier.* — (Antéposé). *Le saint nom, la sainte volonté de Dieu* (→ Péché, cit. 10). *La sainte nativité* (cit. 1) *du Christ. Les saints mystères. Le saint sacrifice de la messe* (→ Infestation, cit.). *La sainte messe* (cit. 1). *Les saintes espèces. Les saintes hosties* (→ Ciboire, cit. 1). *Le Saint-Sacrement.* ⇒ **Sacrement.** *La sainte table*. Le saint ciboire. Le Saint-Graal. La sainte onction* (→ Extrême-onction, cit. 2). *Le saint chrême. La sainte ampoule* (cit. 1) *de Reims. Les saintes reliques. La sainte Croix. Les Saintes Écritures. La sainte Bible*. Les saintes lettres* (cit. 10). *Les saints canons, la sainte doctrine de l'Église* (→ Fille, cit. 14). *La sainte Église catholique, apostolique et romaine. La sainte Inquisition* (→ Renégat, cit. 1). *La Sainte-Chapelle* (→ Pierre, cit. 16). *Le Saint-Sépulcre* (ou *le saint sépulcre*). — (Postposé). *Profanation des choses saintes. L'huile* (cit. 20) *sainte. Images saintes* (→ Iconoclastie, cit. 1). — Spécialt. *L'Écriture sainte. L'histoire* (cit. 9) *sainte. Les livres* saints. — Lieu saint, lieux saints.* ⇒ 2. **Lieu** (cit. 9 et 10) ; **terre** (sainte). *La cité, la ville sainte* : Jérusalem. ⇒ aussi **Cité** (cit. 12, fig.). *L'arche* (cit. 6, fig.) *sainte. — Guerre* (*infra* cit. 42) *sainte.*

La sainte quarantaine. Le saint temps de carême (→ Provision, cit. 1). *Mercredi, jeudi* (cit. 1), *vendredi, samedi saint.* ⇒ **Semaine** (sainte). *Année sainte, pour laquelle le pape proclame un jubilé. Porte* sainte de Saint-Pierre de Rome.*

(Antéposé). ⇒ **Saint-Office, Saint-Père, Saint-Siège.** — Hist. *Le Saint-Empire romain germanique* (→ aussi Corps, cit. 37, Voltaire ; petit, cit. 24). *La sainte Russie. — La Sainte-Alliance* : alliance signée en 1815 par le tsar, l'empereur d'Autriche et le roi de Prusse et qui visait à maintenir la paix et l'équilibre européen. — Cuis. *Faisan à la Sainte-Alliance.*

3 — Monsieur, c'est en réalité le faisan étoffé tel qu'on le mange chez monsieur le conseiller Brillat-Savarin. Faisan farci de chairs de bécasses, de moelle de bœuf et de truffes... — Et vous appelez cela...? — Le faisan à la Sainte-Alliance, monsieur. Le plat remporte le plus grand succès auprès de ces messieurs les officiers étrangers. Philippe HÉRIAT, Famille Boussardel, III.

Loc. fam. *Toute la sainte journée* : pendant toute la journée, sans arrêt (→ Galérien, cit. 3). — *De la sainte farce*, se dit d'une chose peu sérieuse, qui tient de la mystification.

3.1 (...) il se demande ce qu'elle peut bien foutre de toute la sainte journée. R. QUENEAU, le Dimanche de la vie, p. 179.

♦ **2.** (Antéposé, notamment dans les expressions figées, ou postposé). Qui est inspiré par la piété, qui est conforme aux préceptes de la morale religieuse. *Les saintes effusions des mystiques* (cit. 9). *Une vie sainte et innocente.* ⇒ **Pur** (→ Entier, cit. 9). *Œuvre sainte* (→ Revenant, cit. 4). — Spécialt. *Sainte colère* : colère éminemment morale (comme celle de Jésus chassant les marchands du temple).

Par iron. *Être saisi d'une sainte indignation.*

3.2 «La sainte trouille», selon notre homme, qui a lu Lucrèce, crée les dieux, mais aussi les hommes providentiels. F. MAURIAC, le Nouveau Bloc-notes 1958-1960, p. 113.

♦ **3.** Qui inspire (ou doit inspirer) de la vénération. ⇒ **Auguste** (cit. 10), **sacré, vénérable.** *Ô sainte égalité* (→ Bastille, cit. 2). *Le nom de la liberté est saint* (→ Oppresseur, cit. 2). *L'insurrection* (cit. 3) *peut être le plus saint des devoirs.*

4 Sans répondre à l'argument, M. de Faverges stigmatisa ces œuvres où l'on bafoue les choses les plus saintes, la famille, la propriété, le mariage ! FLAUBERT, Bouvard et Pécuchet, V.

★ **II.** N. (Fin xᵉ). ♦ **1.** Relig. et cour. Personne qui est, après sa mort, l'objet, de la part de l'Église catholique d'un culte public et universel (dit culte de dulie*), en raison du très haut degré de perfection qu'il ou qu'elle a atteint durant sa vie. *Les saints, intercesseurs* (cit. 1) *et patrons* (→ aussi Intercéder, cit. 2). *Les anges* et les saints du paradis* (→ Indéfectible, cit. 1). *Le chœur* des saints dans le ciel*.* ⇒ **Élu, glorieux.** *La couronne* de gloire des saints. Canonisation* d'un saint* ⇒ **Canoniser.** *Les vénérables*, les bienheureux*, les saints. L'Église distingue parmi les saints apôtres et évangélistes, les martyrs*, les confesseurs* (pontifes ou non, docteurs ou non), et, parmi les saintes, les vierges (martyres ou non) et les saintes femmes.* Récit de la vie d'un saint. ⇒ **Hagiographie, légende.** *Les saints de l'Église romaine* (→ Religionnaire, cit.), *de l'Église grecque. Saint protecteur d'un village.* ⇒ **Patron** (→ Invocation, cit. 2). *Catalogue des saints.* ⇒ 2. **Canon, martyrologe.** *Tous les saints du calendrier.* — Exclamativt. *Saints du paradis !* — *Commémoraison*, fête*, jour natal*. Fête de tous les saints.* ⇒ **Toussaint.** — Loc. (vieillie) *Chômer un saint* : chômer le jour de sa fête. *Un saint qu'on ne chôme plus* : personne ou chose qui n'est plus en faveur, qui a perdu son prestige. — *Châsse*, reliques*, ossements d'un saint* (→ Jugement, cit. 3 ; rayonnant, cit. 2). *Image, figure, statue de saint* (→ Invoquer, cit. 4 ; peindre, cit. 32 ; population, cit. 8). *Auréole*, nimbe autour de la tête* *d'un saint dans un tableau.* — *Le héros et le saint. Le sage et le saint.*

Loc. fig. (Déb. XVIIIᵉ). *Être le saint du jour,* le héros du jour. *Être le nouveau saint du calendrier.*

5 (...) et monsieur le curé
De quelque nouveau saint charge toujours son prône.
LA FONTAINE, Fables, VIII, 2 (→ Prône, cit. 1).

6 Un secrétaire du roi d'Angleterre disait tout haut en revenant *(du supplice de Jeanne d'Arc) :* « Nous sommes perdus ; nous avons brûlé une sainte ! »
MICHELET, Hist. de France, X, IV.

7 Pour fêter un saint local qui commande traditionnellement aux frairies (...)
COLETTE, la Naissance du jour, p. 59.

8 On ne parle jamais que de la victoire des Saints, de leur triomphe. Appartenant à l'Église triomphante ils ne peuvent faire autrement que d'y triompher, la chose est sûre. Un jour par an, l'Église militante m'invite à me réjouir de ce triomphe ou même à m'y associer humblement. J'obéis. Après quoi, il me reste trois cent soixante-quatre jours pour penser aux échecs ici-bas, de chacun de ces capitaines d'aventures.
BERNANOS, les Grands Cimetières sous la lune, p. 243.

9 (...) les héros et les saints ne sont pas des êtres marqués d'on ne sait quel signe de démesure (...) il n'y a pas entre eux et nous de barrière infranchissable (...) ce sont seulement, dans leur ordre, des hommes qui se sont entièrement réalisés, c'est-à-dire qui ont atteint à cette saisie de soi, à cette fidélité profonde, à l'être, qui est notre but.
DANIEL-ROPS, Ce qui meurt..., p. 215.

Loc. *Les saints de glace :* période qui correspond aux fêtes de saint Mamert, de saint Pancrace et de saint Servais (11, 12 et 13 mai) et pendant laquelle on observe souvent un abaissement de la température.

Loc. (1823). *Prêcher pour son saint :* avoir en vue son intérêt* personnel en faisant l'éloge d'une personne, en préconisant une solution. — (1773). *Avoir la patience d'un saint :* être très patient. *Ce n'est pas un saint* (→ N'être pas un ange*, n'être pas parfait*). — *Vivre comme un saint.* ⇒ **Saintement** (→ Milieu, cit. 13). — *Des malices à faire damner* (cit. 7) *un saint.* — *Se recommander à tous les saints du paradis*. Jurer (sacrer) par tous les saints du paradis.* — (XVᵉ). *Ne savoir à quel saint se vouer :* ne plus savoir comment se tirer d'affaire.

10 Il comprenait que, par sa conduite savante de la veille, il avait gâté toutes les belles apparences du jour précédent, et ne savait réellement à quel saint se vouer.
STENDHAL, le Rouge et le Noir, I, XV.

(Un petit saint de bois, 1690). UN PETIT SAINT : un personnage vertueux et inoffensif. ⇒ **Nitouche** (sainte). — REM. L'expression ne s'emploie guère que dans une phrase négative au sens d' « enfant de chœur » (→ Immoralité, cit. 8) ou par ironie (→ Jusque, cit. 18, La Fontaine). — *Se donner des airs de petit saint. Faire le petit saint,* le vertueux (⇒ aussi **Hypocrite**).

11 Au regard de celui qui avait envoyé un roi de France à l'échafaud et fait mitrailler les royalistes de Lyon, « l'apostat », qui n'avait fait guillotiner ni mitrailler personne, apparaîtrait presque comme un petit saint.
Louis MADELIN, Talleyrand, IV, XXXII.

11.1 J'avoue que mes raisons de croire l'ancien garde des Sceaux sur parole n'étaient point de celles que M. Bony pût aisément concevoir. Elles tenaient à une certaine idée que je me fais de François Mitterrand. Non que je l'aie jamais pris pour un petit saint.
F. MAURIAC, le Nouveau Bloc-notes 1958-1960, p. 262.

11.2 (...) nous, c'est pareil, on n'est pourtant pas des modèles de vertu, des petits saints, mais de là... Ah non, c'est honteux, heureusement que c'est tout de même une exception, des monstres pareils...
N. SARRAUTE, le Planétarium, p. 242.

(1835). Prov. *Comme on connaît les saints on les honore :* on agit envers chacun selon le caractère qu'on lui connaît, selon les mérites qu'on lui attribue. — (Fin XVIIᵉ). *Il vaut mieux s'adresser à Dieu qu'à ses saints :* il vaut mieux s'adresser au chef, au supérieur plutôt qu'aux subordonnés.

♦ **2.** (Dans d'autres religions ou sectes). *Les marabouts*, saints de l'Islam. Les saints du bouddhisme, de l'hindouisme. Clotilde de Vaux, sainte et patronne de l'église positiviste* (→ Prêtre, cit. 9).

♦ **3.** (V. 1280). Par métonymie. Image, statue religieuse qui représente un *saint* (au sens 1.). *De grands saints de bois dédorés, des saintes de faïence coloriées* (→ Procession, cit. 3).

12 Dans les départements, plus d'un représentant en mission était charmé de détourner de ce côté les fureurs populaires. Les saints de bois étaient guillotinés.
MICHELET, Hist. de la Révolution franç., Appendice, Le tyran.

♦ **4.** (1870, Littré). Loc. *La communion* (1.) *des saints* (c'est-à-dire de tous les fidèles) → Monastique, cit. 2.

♦ **5.** Personne d'une vertu, d'une bonté, d'une patience exemplaire. *Cette femme, mais c'est une sainte ! Saint laïque,* expression appliquée par Pasteur à Littré.

13 Souvent, il m'est arrivé de me le représenter, assis auprès de sa femme, comme en un tableau des premiers temps du christianisme ; lui, regardant la terre, plein de compassion pour ceux qui souffrent ; elle, fervente catholique, les yeux levés vers le ciel ; lui inspiré par toutes les vertus terrestres ; elle par toutes les grandeurs divines ; réunissant dans un même élan comme dans un même cœur les deux saintetés qui forment l'auréole de l'Homme-Dieu, celle qui procède du dévouement à ce qui est humain, celle qui émane de l'ardent amour du divin ; — elle, une sainte dans l'acception canonique ; lui, un saint laïque.
PASTEUR, Disc. de réception à l'Académie, 27 avr. 1882.

★ **III.** N. m. (XIIIᵉ, *saint des saints).* Archéol. *Le saint :* espace qui s'étendait devant la partie la plus sacrée du Temple. — (XIIIᵉ ; du génitif hébreu à fonction de superlatif : *le très saint).* Cour. *Le saint des saints :* la partie du tabernacle, l'enceinte* du Temple la plus sacrée, celle dans laquelle l'arche (cit. 4) était enfermée. ⇒ **Sanctuaire.** — (1845). Loc. métaphorique. *Le saint des saints :* la partie

la plus retirée d'une habitation, d'un édifice ; l'organisme le plus secret et le plus important d'une entreprise, d'une collectivité, d'une administration.

CONTR. Damné. — Bandit.
DÉR. et COMP. Saintement, sainteur. — Saint-benoît, saint-bernard, saint-crépin, sainte-barbe, saint-émilion, saint-estèphe, Saint-Galmier, saint-germain, saint-glinglin (à la), saint-honoré, saint-hubert, saint-luc, saint-marcellin, saint-michel, saint-nectaire, Saint-Office, saint-paulin, Saint-Père, saint-pierre, saint-rémy, Saint-Siège. V. Sacro-saint.
HOM. Sain, sein, seing ; cinq (dans certains cas). — Formes du v. ceindre.

SAINT-BENOÎT [sɛ̃bənwa] n. m. — XXᵉ ; de *Saint-Benoît-sur-Loire,* commune du Loiret.

♦ Fromage fermier, au lait de vache, de la région de Saint-Benoît et de Sully-sur-Loire. *Du saint-benoît. Des saint-benoîts bien faits.*

SAINT-BERNARD [sɛ̃bɛʀnaʀ] n. m. — 1868 ; *chien du mont Saint-Bernard,* 1837 ; d'après le nom du col du Grand Saint-Bernard, dans les Alpes, où les religieux de l'hospice utilisaient ces chiens pour retrouver les voyageurs égarés dans la neige.

♦ Chien de montagne de grande taille, à pelage roux et blanc, ou pie-roux.

(...) le gros chien Riquet, qui était un affreux mélange de Saint-Bernard et d'épagneul (...)
ARAGON, les Beaux Quartiers, I, IX.

Loc. *C'est un vrai saint-bernard,* une personne toujours prête à se dévouer, à porter secours aux autres (comme les *saint-bernard* portent secours aux voyageurs perdus dans la montagne). Cf. Un vrai terre-neuve. — Plur. *Des saint-bernard* ou *saint-bernards.*

SAINT-CRÉPIN [sɛ̃kʀepɛ̃] n. m. — 1660 ; de *saint Crépin,* patron des cordonniers.

♦ **1.** Vx. Ensemble des outils du cordonnier.

♦ **2.** (1690). Vx. Fam. ⇒ **Bagage, frusquin** (saint-frusquin). *Il est parti avec tout son saint-crépin.* — Plur. *Des saint-crépins.*

SAINT-CYRIEN [sɛ̃siʀjɛ̃] n. m. — 1870 ; de *Saint-Cyr,* localité où fut installée cette école militaire.

♦ Élève de l'école militaire de Saint-Cyr (argot scolaire *cyrard*). Casoar, shako de saint-cyrien.* — Plur. *Des saint-cyriens.*

Corrida ce soir entre la tarte aux champignons et les prunes. À propos de rien, comme d'habitude : du casoar des saint-cyriens qui montèrent à l'assaut en 1914, avec pantalons rouges et gants blancs.
Benoîte et Flora GROULT, Journal à quatre mains, p. 94.

SAINTE-BARBE [sɛ̃tbaʀb] n. f. — 1683 ; de *sainte Barbe,* patronne des canonniers.

♦ **1.** Mar. (Vx). Partie du navire qui servait de magasin à poudre. — Plur. *Des saintes-barbes.*

♦ **2.** (Par contamination avec le sens familier de *barbe*,* assimilé au nom de la sainte ; s'écrit avec des majuscules). Fam. Personne ou chose ennuyeuse. *Quelle Sainte-Barbe, ce bonhomme ! Cette cérémonie, c'est la Sainte-Barbe.*

SAINTEMENT [sɛ̃tmɑ̃] adv. — V. 1155 ; *seintement,* v. 1138 ; de *saint.*

♦ D'une manière sainte, avec sainteté (→ Bénir, cit. 8 ; peu, cit. 9). *Vivre saintement. Mourir saintement* → En odeur* de sainteté.

SAINT-ÉMILION [sɛ̃temiljɔ̃] n. m. — 1861 ; nom d'une commune de la Gironde, arrondissement de Libourne.

♦ Vin des coteaux de Saint-Émilion, coloré et corsé (Bordeaux). *Un saint-émilion.*

SAINTE NITOUCHE [sɛ̃tnituʃ] n. f. ⇒ **Nitouche.**

SAINT-ESPRIT [sɛ̃tɛspʀi] n. m. ⇒ **Esprit.**

SAINT-ESTÈPHE [sɛ̃tɛstɛf] n. m. — 1902, Larousse ; nom de lieu.

♦ Vin rouge de Bordeaux, produit dans le Médoc (⇒ **Médoc**), autour de la commune de Saint-Estèphe. *Un saint-estèphe.*

SAINTETÉ [sɛ̃tte] n. f. — 1636 ; *saintité,* v. 1140 ; *saincteté,* XIIIᵉ ; réfection, d'après lat. *sanctitas,* de l'anc. franç. *saintee.*

♦ **1.** Caractère, qualité d'une personne ou d'une chose qui est sainte*. *La sainteté de Dieu* (cit. 36 et 41). — *La sainteté de l'Évangile* (→ Écriture, cit. 23).

1 On ne saurait le nier, la facilité du divorce, dans les provinces protestantes, porte atteinte à la sainteté du mariage. Mᵐᵉ DE STAËL, De l'Allemagne, I, III.

2 L'homme fait la sainteté de ce qu'il croit comme la beauté de ce qu'il aime.
RENAN, Études d'histoire religieuse, 1857, Tentation du Christ, p. 423.

Fig. *La sainteté d'un contrat* (→ 2. Être, cit. 7).

♦ **2.** (1645). Fait d'être un saint, de vivre comme un saint (→ Divin, cit. 5; entreprise, cit. 16; mansuétude, cit. 1). — Loc. (XIXᵉ). *Vivre, mourir en odeur de sainteté. N'être pas en odeur de sainteté auprès de qqn.* ⇒ **Odeur** (cit. 4).

3 La sainteté chrétienne se juge à l'héroïcité des vertus (...) C'est donc par la force d'âme que le héros et le saint se ressemblent et qu'on peut les comparer.
A.-J. FESTUGIÈRE, la Sainteté, p. 119, *in* FOULQUIÉ, Dict. de la langue philosophique, art. *Sainteté.*

4 Si la sainteté est mon but, je ne puis dire ce qu'elle est. Mon point de départ c'est le mot lui-même qui indique l'état le plus proche de la perfection morale. Dont je ne sais rien, sauf que sans elle ma vie serait vaine.
Jean GENET, Journal du voleur, p. 221.

♦ **3.** (Déb. XIVᵉ, précédé d'un possessif). Titre de respect qu'on emploie en parlant du pape ou en s'adressant à lui. *Sa Sainteté* (→ Nonciature, cit.; obligeamment, cit. 2; pourpre, cit. 4). *Sa Sainteté le pape Pie XII* (abrév. : *S. S.*). *Votre Sainteté* (→ Mot, cit. 18).

♦ **4.** Arts. (Vx). *Sujet de sainteté* : œuvre qui représente une scène religieuse (→ Produire, cit. 3).

SAINTEUR [sɛ̃tœʀ] n. m. — 1284, adj.; n., 1534; *saintor,* fin XIIᵉ «saint»; dér. de *saint.*

♦ Hist. Homme libre devenu volontairement serf d'une abbaye, d'une église.

SAINT-FRUSQUIN [sɛ̃fʀyskɛ̃] n. m. ⇒ **Frusquin.**

SAINT-GALMIER [sɛ̃galmje] — Mil. XXᵉ; nom d'un bourg de la Loire où se trouvent des sources d'eaux minérales.

♦ Loc. fam. *Avoir des épaules comme une* (ou *en*) *bouteille de Saint-Galmier,* des épaules étroites et tombantes (d'après la forme de ces bouteilles d'eau minérale, popularisée par la publicité).

SAINT-GERMAIN [sɛ̃ʒɛʀmɛ̃] n. m. — 1721; *poire de Saint-Germain,* 1625; nom d'une localité de la Sarthe.

♦ Grosse poire fondante et très sucrée. — Plur. *Des saint-germain* ou *des saint-germains.*

SAINT-GLINGLIN (À LA) [alasɛ̃glɛ̃glɛ̃] loc. adv. — 1897; probablt altér. de *seing,* lat. *signum* «signal», puis «sonnerie de cloche», d'où «cloche», qui a été confondu avec *saint,* et du dialectal *glinguer* «sonner» (all. *klingen*).

♦ Fam. Jamais*. *Avec lui il faut s'attendre à être payé à la saint-glinglin.* — REM. On écrit aussi *saint-glin-glin.* — Nominal :
Madame PARPALAID
Ici, les clients vous payent à la Saint-Michel.
KNOCK
Mais... quel est le sens de cette expression? Est-ce un équivalent des calendes grecques, ou de la Saint-Glinglin?
J. ROMAINS, Knock, I.

SAINT-HONORÉ [sɛ̃tɔnɔʀe] n. m. — 1863; de *saint Honoré,* patron des boulangers ou du nom de la *rue Saint-Honoré* où était établi le pâtissier Chiboust qui donna ce nom au gâteau.

♦ Gâteau garni de crème Chantilly et de petits choux glacés au sucre. *Manger un gros saint-honoré.* — Plur. *Des saint-honoré* (→ Pâtisserie, cit. 3), ou (plus normal), *des saint-honorés.*

SAINT-HUBERT [sɛ̃tybɛʀ] n. m. — Attesté 1933, Larousse; du nom de l'abbaye de *saint-Hubert,* dans les Ardennes où la race fut introduite.

♦ Chien de chasse employé autrefois comme limier, à robe feu ou noire et feu, avec une tête grande à oreilles basses, profondément plissée sur le front et la face.

SAINT-LUC [sɛ̃lyk] n. m. — XVIIIᵉ; de *saint,* et *luc,* pour cul. Cf. *Noc,* pour *con.*

♦ Fam. et vx. Cul.

(Gaudissart) : Marche et fais que tout soit bon, sinon je te flanque un Ut majeur dans ton Saint-Luc! BALZAC, César Birotteau, X, p. 146, *in* D. D. L., II, 2.

SAINT-MARCELLIN [sɛ̃maʀsəlɛ̃] n. m. — Attesté 1938; de *Saint-Marcellin,* bourg de l'Isère.

♦ Fromage savoyard à pâte molle, fait de lait de vache, parfois additionné de lait de chèvre, et à croûte moisie. — Plur. *Des saint-marcellin,* ou *des saint-marcellins.*

SAINT-MICHEL [sɛ̃miʃɛl] n. m. — XXᵉ; de *saint,* et *Michel.*

♦ Pâtiss. Gâteau, génoise au café et aux amandes grillées. — Plur. *Des saint-michels.*

SAINT-NECTAIRE [sɛ̃nɛktɛʀ] n. m. — XXᵉ; nom de lieu.

♦ Fromage d'Auvergne, à pâte pressée et chauffée. *Des saint-nectaires bien à point.*

SAINT-OFFICE [sɛ̃tɔfis] n. m. sing. — 1671; de *saint,* et *office.*

♦ Congrégation romaine établie par le pape Paul III en 1542 pour diriger les inquisiteurs et juger souverainement les affaires d'hérésie. *De nos jours, la sacrée Congrégation du Saint-Office a été remplacée par la Congrégation pour la doctrine de la foi, qui a pour fonction de veiller au maintien de la pureté du dogme, d'examiner les livres et de les inscrire éventuellement à l'index*.* — Hist. *Le Saint-Office* : tribunal de l'inquisition* (→ Autodafé, cit. 2; cadenas, cit. 2).

SAINTONGEAIS, AISE [sɛ̃tɔ̃ʒɛ, ɛz] adj. et n. — Attesté 1876, *in* P. Larousse; *saintongeois,* 1898; de *Saintonge.*

♦ De Saintonge, province de l'ouest de la France.
N. m. Dialecte (d'oil) parlé en Saintonge. *Le saintongeais et le poitevin.*

SAINTPAULIA [sɛ̃polja] n. m. — D. i.; du nom de *Walter von Saint Paul,* qui découvrit cette plante.

♦ Plante tropicale appelée aussi *violette du Cap,* dicotylédone gamopétale *(Gesnériacées)* aux feuilles vert foncé, dont les fleurs peuvent prendre diverses couleurs (du blanc au violet sombre en passant par le rose pourpre), et cultivée sous les climats tempérés comme plante de serre ou d'appartement. — Plur. *Des saintpaulia* ou *des saintpaulias.*

SAINT-PAULIN [sɛ̃polɛ̃] n. m. — Mil. XXᵉ; nom de lieu.

♦ Fromage affiné à pâte pressée, voisin du port-salut. — Plur. *Des saint-paulins.*

SAINT-PÈRE [sɛ̃pɛʀ] n. m. — XIIᵉ; de *saint,* et *père.*

♦ *Le Saint-Père* : le pape (→ Atterrer, cit. 5; refroidir, cit. 2). — *Notre Saint-Père le pape.*

SAINT-PIERRE [sɛ̃pjɛʀ] n. m. — 1793; *poisson Saint-Pierre,* 1611; ce poisson porte sur chacun de ses côtés une tache ronde où la légende voit l'empreinte que laissèrent les doigts de saint Pierre quand, sur l'ordre du Christ, il tira de la bouche du poisson le statère du cens; cf. *Évangile selon saint Matthieu,* XVII, 26.

♦ Poisson de mer à chair estimée aussi appelé *dorée* (n. sc. : *Zeus faber* ⇒ **Zée**). *Manger un saint-pierre à l'oseille.* — Plur. *Des saint-pierre* ou *des saint-pierres.*

SAINT-RÉMY [sɛ̃ʀemi] n. m. — Mil. XXᵉ; de *Saint-Rémy-en-Bouzemont,* Marne.

♦ Fromage à pâte molle, à croûte lavée, fabriqué dans la Marne.

SAINT SACREMENT [sɛ̃sakʀəmɑ̃] n. m. ⇒ **Sacrement.**

SAINT-SÉPULCRE [sɛ̃sepylkʀ] n. m. ⇒ **Sépulcre.**

SAINT-SIÈGE [sɛ̃sjɛʒ] n. m. — 1669; de *saint,* et *siège.*

♦ *Le Saint-Siège* : le pouvoir, le gouvernement du souverain pontife. ⇒ **Chaire** (pontificale), **papauté, siège** (apostolique); et aussi **pape** (→ Janissaire, cit. 2; nonce, cit. 1; rejeter, cit. 11). *Qui dépend du Saint-Siège.* ⇒ **Apostolique** (3.). *Le Saint-Siège et l'Église*. *Le cardinal camerlingue* gouverne quand le Saint-Siège est vacant.* — Hist. *États du Saint-Siège* : territoires qui constituaient le domaine temporel de la papauté.

SAINT-SIMONIEN, IENNE [sɛ̃simɔnjɛ̃, jɛn] adj. et n. — V. 1825; de *Saint-Simon.*

♦ Qui est relatif au réformateur social Saint-Simon (1760-1825) ou à sa doctrine. *Système, socialisme saint-simonien.* — N. Partisan des théories de Saint-Simon. *Enfantin, Bazard, saint-simoniens célèbres.*

REM. On a dit aussi *simonien* (1833).

DÉR. (Du même rad.) **Saint-simonisme.**

SAINT-SIMONISME [sɛ̃simɔnism] n. m. — V. 1825; de *Saint-Simon.*

♦ Doctrine, système de Saint-Simon et des saint-simoniens (1832, var. : *saint-simoniste*). — REM. On trouve la graphie *saint simonisme.*

Il faut en effet distinguer dans ce qu'on appelle le Saint-Simonisme deux doctrines successives : l'une est celle de Saint-Simon, l'autre celle de ses disciples, les Saint-Simoniens. La première est un simple «industrialisme» auquel le socialisme empruntera certains traits, mais qui se rattache surtout au libéralisme économique dont il n'est qu'une forme un peu exagérée. Seule la doctrine des disciples mérite le nom de collectivisme.
GIDE et RIST, Hist. des doctrines économiques..., p. 238.

SAINT-SULPICERIE [sɛ̃sylpisʀi] n. f. — 1910, cit.; de *Saint-Sulpice.*

♦ Fam. Œuvre saint-sulpicienne*.

(...) la littérature religieuse est encombrée de tant de fadaises, de tant de sottises, de tant de saint-sulpiceries de tout calibre, sans cœur, sans âme, sans art, même sans vérité, avec la seule bonne intention (...)
Léonce DE LARMANDIE, Histoire de J.-G. NOUVEAU, Œ., Pl., p. 1051 (1910).

SAINT-SULPICIEN, IENNE [sɛ̃sylpisjɛ̃, jɛn] adj. — Attesté xxᵉ; de *Saint-Sulpice,* église parisienne.

♦ Plus cour., pour Sulpicien*. *Des statues saint-sulpiciennes et bariolées. Une prose mièvre et saint-sulpicienne.*

Un Dieu d'un effroyable mauvais goût, statufié en des plâtres saint-sulpiciens d'un rose délavé, au cœur visible plaqué sur la poitrine, vilain comme un derrière de cynocéphale.
J. CAU, la Pitié de Dieu, p. 34.

SAINT-SYNODE [sɛ̃sinɔd] n. m. ⇒ **Synode.**

SAISI, IE [sezi; sɛzi] adj. ⇒ **Saisir.**

SAISIE [sezi; sɛzi] n. f. — 1494; *sais,* «possession», attestation isolée xiiᵉ; de *saisir.*

♦ **1.** Dr. Cour. Procédure* par laquelle des biens mobiliers ou immobiliers sont mis sous la main de la justice ou de l'autorité administrative, dans un intérêt privé (d'un créancier) ou public. — Spécialt. Dr. privé. ⇒ **Exécution** (voies d'). *Saisie des biens d'un débiteur* pour la sûreté d'une créance*. Mainlevée* qui met fin aux effets d'une saisie. Faire saisie sur l'avoir de qqn.* ⇒ **Saisir** (I., C.); → Dette, cit. 4. *Être sous le coup d'une saisie* (→ Juridiction, cit. 4). *Procès verbal* (cit. 3) *de saisie. Titre de saisie, revêtu de la formule exécutoire, présenté par ministère d'huissier*.* — (1835). SAISIE IMMOBILIÈRE, portant sur les immeubles, usufruits immobiliers, baux emphytéotiques. ⇒ **Expropriation** (forcée). — (1863). SAISIE CONSERVATOIRE : procédure ayant pour but d'empêcher le débiteur de disposer de son bien au détriment du créancier. (1842). SAISIE FORAINE : saisie conservatoire des effets mobiliers d'un débiteur «forain». — (1762). SAISIE-GAGERIE, pratiquée après mise en demeure par un créancier de loyer, de fermage, pour placer sous main de justice les meubles du locataire, les fruits du fermage, et mettre obstacle à leur enlèvement. — (1762). SAISIE-EXÉCUTION OU SAISIE MOBILIÈRE : saisie des meubles corporels appartenant au débiteur, en vue de la vente publique (⇒ **Adjudication, enchère**), à la requête d'un titre revêtu de la formule exécutoire. *Récolement* précédant la vente après saisie. Adjudication après saisie.*

(1762). SAISIE-ARRÊT : saisie pratiquée par un créancier (saisissant) sur le débiteur (tiers saisi) de son débiteur (partie saisie). ⇒ **Opposition.**

(1806). SAISIE-REVENDICATION : saisie conservatoire permettant d'exercer parfois un droit de suite en matière immobilière.

(1806). SAISIE-BRANDON : saisie mobilière des fruits et récoltes sur pied. — REM. On écrit aussi, sans trait d'union, *saisie arrêt, saisie brandon,* etc. ⇒ ci-dessous les dér. **Saisir-arrêter, saisir-brandonner,** etc.

1 Quand une nouvelle saisie fut pratiquée, lorsque l'affiche jaune vint encore dorer les pilastres de la porte de Coralie et qu'on voulut enlever le mobilier, Desroches, un peu sot de s'être *laissé pincer* par son confrère (telle fut son expression), s'y opposa (...) BALZAC, Illusions perdues, Pl., t. IV, p. 924.

2 Le paysan n'ayant point de meubles à saisir, le fisc n'a nul objet de saisie que le bétail; il l'extermine peu à peu.
MICHELET, Hist. de la Révolution franç., Introd., II, III.

2.1 Son propriétaire, auquel il devait trois termes, le menaçait d'une saisie.
M. AYMÉ, le Passe-muraille, p. 30.

Dr. pén. *Saisie de pièces* (pièces à conviction...).

♦ **2.** Prise de possession d'objets prohibés, interdits par l'autorité

publique. ⇒ **Confiscation, embargo, mainmise, séquestre.** *Saisie d'un journal.*

♦ **3.** Rare. [a] Le fait de saisir, de s'emparer (de qqch.). ⇒ **Appropriation.** *Saisie d'un navire.* ⇒ **Capture, prise.**

[b] Le fait de saisir (I., 4.).

Le travail de la note d'après nature, de la saisie rapide et fiévreuse pendant toute une soirée, dans un cirque, de ces riens qui durent une seconde, me jette dans un état d'émotion étrange (...)
Ed. et J. DE GONCOURT, Journal, 11 févr. 1879, t. VI, p. 46.

♦ **4.** Inform. Prélèvement (d'une donnée, d'une information) avant introduction dans un ordinateur. *La saisie des données.* ⇒ **Prise.** *Saisie directe d'un texte, d'un manuscrit en composition informatisée.*

SAISIE-ARRÊT, SAISIE-BRANDON, SAISIE-EXÉCUTION, SAISIE-GAGERIE, SAISIE-REVENDICATION n. f. ⇒ **Saisie** (1.).

1. SAISINE [sezin; sɛzin] n. f. — V. 1138, «saisie»; en dr. féodal «droit du seigneur sur la prise en possession des héritages qui relevaient de lui»; de *saisir.*

Droit.

♦ **1.** Prérogative, ouverte à un organe ou à une personne, de saisir un autre organe ou une autre personne afin de faire exercer ses droits. ⇒ **Appel, recours.**

♦ **2.** (1804). Droit à la possession d'un héritage*, conféré par la loi ou par le testateur. ⇒ **Héritier** (cit. 7); **hérédité, succession.** *Donner la saisine aux exécuteurs*' (cit. 4) *testamentaires. L'envoi en possession des successeurs irréguliers correspond à la saisine des successeurs légitimes.*

2. SAISINE [sezin; sɛzin] n. f. — xviiᵉ; de *saisir* au sens concret.

♦ Mar. Cordage servant à saisir (I., A., 1., mar.), à fixer, à maintenir. *Saisines d'embarcation, de remorque* (cit. 1).

Nuit vraiment terrible! Ce fut un miracle si la petite goélette ne chavira pas. Deux fois elle fut engagée, et tout aurait été enlevé à bord, si les saisines eussent manqué.
J. VERNE, le Tour du monde en 80 jours, p.181.

SAISIR [seziʀ, sɛziʀ] v. tr. — 1080, *Chanson de Roland,* bas lat. *sacire* «prendre possession», d'où «s'emparer, saisir». — Selon Wartburg, du francique *salejan, sakjan,* «revendiquer un droit», «mettre en possession», attesté par le saxon *saca* «procès»; le sens de «mettre en possession» viendrait de l'anc. haut all. *sazjan,* du francique *satjan;* selon P. Guiraud, d'un lat. pop. *satiare,* doublet de *satiare* «combler, satisfaire»; cf. anc. franç. *sacier, saisier,* d'où *assaier,* et *rassasier*.

★ I. Prendre, mettre en sa possession.

A. ♦ **1.** Mettre en sa main* (qqch.), et, par ext., Mettre avec soi (⇒ **Prendre**), avec détermination, force ou rapidité. ⇒ **Attraper, empoigner, gripper** (vx), **happer** (→ Effort, cit. 2; étiquette, cit. 1; étreindre, cit. 2). *Saisir une arme* (→ Javelot, cit. 1), *une branche* (cit. 4), *une touffe d'herbe* (→ Hisser, cit. 10). *Saisir une amarre* (cit. 2) *au vol. Saisir qqch. au passage, au vol.* ⇒ **Intercepter.** — *Saisir une bourse* (→ Dextérité, cit. 3), *une proie* (→ Enlaidir, cit. 5). ⇒ **Agripper, emparer** (s'). — *Saisir qqch. avec un instrument* (permettant une prise* plus sûre, forte...). ⇒ **Crampon, crochet, pince; crocher** (→ Marteau, cit. 1). *Parties d'un objet servant à le saisir et à le tenir*.* ⇒ **Anse, manche, poignée.** *Il n'arrive pas à saisir cet objet.* ⇒ **Atteindre, attraper.** *Action de saisir.* ⇒ **Préhension.** — *Saisir le bras, la main de qqn* (→ Poussée, cit. 2).

Vx. S'emparer de (qqch.), occuper* (un lieu) en force (→ ci-dessous, *Se saisir de...*) cf. Corneille, Fénelon, *in* Littré. *Saisir un navire, une place...* ⇒ **Conquérir, prendre** (II., A., 1.).

Mar. Fixer, assujettir solidement par des cordages, des sangles... (ce qui est soumis à l'action du vent, du roulis, au déferlement des lames, etc.). *Saisir des grumes en pontée avec des aussières. Cordage, lien servant à saisir.* ⇒ **Saisine.** — Souvent au p. p. *Vérifier que tout est saisi sur le pont avant la tombée de la nuit.*

♦ **2.** (Compl. nom d'animé). *Saisir (qqn, un animal) :* le prendre, le retenir brusquement (⇒ **Surprendre**) ou avec force. *Saisir qqn au cou* (cit. 11), *au collet, à la gorge* (cit. 2). ⇒ **Sauter.** *Saisir qqn aux épaules* (→ Fort, cit. 4), *au fond de la culotte* (→ Gaillard, cit. 16), *par le fond de sa culotte. Saisir un ami par le bras*, par la taille. Saisir qqn dans ses bras* (⇒ **Étreindre**), *à bras le corps* (→ Exorciser, cit. 7). — *Saisir un animal par le corps, par la patte...* — Pron. *Se saisir l'un l'autre.*

Un caniche du fiacre s'est mis à la poursuite du moine, et l'a saisi par sa jaquette; le moine fait tous ses efforts pour se débarrasser du chien.
DIDEROT, Jacques le fataliste, Pl., p. 663.

(...) le saisir au collet, m'y cramponner, l'entraîner malgré sa résistance, au plus prochain fanal (...) BEAUMARCHAIS, Mémoires... dans l'affaire Goëzman, p. 135.

3 Les bêtes, toutes fangeuses, sont saisies par une patte, saisies dans un nœud coulant et accrochées à la chaîne. Elles pendent, la tête en bas (...)
G. DUHAMEL, Scènes de la vie future, VIII.

(1466). Mettre (qqn) avec soi pour prendre en son pouvoir. ⇒ **Emparer** (s') ; → Filature, cit. 3. *Saisir un accusé* (→ Contumace, cit. 1). *Saisir qqn au corps* (→ 2. Mal, cit. 4). ⇒ **Appréhender, arrêt** (faire), **arrêter** (cit. 35), **capturer** ; et, fam., **agrafer, harponner, pincer**. — *Saisir l'ennemi* (→ Escadrille, cit. 1). — REM. *Saisir* reste plus concret que *attraper* ou *prendre*. — Par métaphore et fig. *Des hommes que la mort a saisis* (→ Ascension, cit. 10). *La loi* (cit. 20) *saisit l'homme dès le berceau.*

Loc. fig. *Saisir qqn à la gorge* : le menacer brusquement de mort (→ Croup, cit. 1). — *Être saisi au collet par un dilemme* (→ Essoufflement, cit. 1).

♦ 3. (1580, *saisir un prétexte*). Compl. n. de chose abstraite. Se mettre promptement en mesure d'utiliser, de profiter* de... ; ne pas laisser échapper* (opposé à *manquer, rater*). — (1734). *Saisir une occasion*, les chances* (cit. 5), *un moyen...* (→ Renouer, cit. 6). *Une occasion* (cit. 7) *à saisir.* — (Par métaphore du sens 1.). *Saisir l'occasion aux cheveux, au vol.* ⇒ **Empoigner**. *Saisir, prendre la balle* au bond. Saisir le moment* opportun* (cf. Battre le fer pendant qu'il est chaud). ⇒ aussi **Attendre** (2.). — *Saisir une excuse, un prétexte* (→ Possible, cit. 21) : profiter d'une excuse, d'un prétexte qui s'offre. — *Saisir le bonheur* (→ Retenir, cit. 18).

4 Je suis vaincu. Pompée a saisi l'avantage
D'une nuit qui laissait peu de place au courage.
RACINE, Mithridate, II, 3.

♦ 4. (1694). Fig. (Compl. n. de chose ou de personne). Se mettre en mesure de comprendre, de connaître (qqch.) par les sens, par la raison... — *Saisir qqn par le regard, saisir d'un coup d'œil.* ⇒ **Accrocher, apercevoir** (cit. 5), **embrasser** (II., 2.), **voir**. — *Saisir qqch., une idée par l'intelligence, la pensée..., l'intuition.* ⇒ **Apercevoir, apprécier, appréhender, comprendre, concevoir, découvrir, discerner** (3.), **embrasser** (fig.), **entendre** (cit. 21), **étreindre** (fig.), **pénétrer, percevoir, réaliser** (4.), **voir** (→ Attribuer, cit. 3 ; caractère, cit. 70 ; homme, cit. 44 ; instruction, cit. 9 ; objet, cit. 18 ; raison, cit. 41). *Saisir au vol une partie de la conversation* (→ Frénésie, cit. 4). *Saisir les rapports entre les choses* (→ Former, cit. 8 ; 1. politique, cit. 24). *Saisir les plus légers indices* (→ Expression, cit. 35), *une nuance* (→ Aristocrate, cit. 1). *Saisir la réalité* (cit. 7). *Saisir un principe* (cit. 10). *Saisir les grands côtés* (cit. 25) *d'une œuvre.* — *L'entendement saisit les idées* (cit. 6) *générales.* — *Saisir qqn :* le comprendre.

5 Mais saisir, en parlant, les mots qui lui échappent, le moindre geste, un mouvement ; c'est là qu'est le secret de l'âme !
BEAUMARCHAIS, la Mère coupable, I, 3.

6 Lorsque je vous entends, je ne vous saisis pas,
Et vous ne pouvez point traduire mon langage,
Car votre voix est haute et je parle tout bas.
Francis JAMMES, VIII, Sonnets.

7 L'esprit saisit plus aisément la pensée
Que notre main ce que notre œil convoite.
GIDE, les Nourritures terrestres, IV, III.

8 Ainsi, la visite à Sophie Parent se subdivisait, sous le regard attentif de Quinette, en un nombre croissant de circonstances et d'épisodes, qu'il saisissait un à un, pour les examiner (...)
J. ROMAINS, les Hommes de bonne volonté, t. II, XII, p. 120.

9 (...) la moindre de nos démarches met en jeu bien plus d'arguments et de raisons que nous ne sommes capables d'en saisir, ou seulement d'en *comprendre*.
J. PAULHAN, les Fleurs de Tarbes, p. 110.

(XXᵉ). Absolt. Fam. Comprendre. *Alors, vous saisissez ?* : vous comprenez, est-ce clair* ? ⇒ **Piger**. *Je ne saisis pas bien.* — Spécialt. Appréhender (un objet perçu ou un concept, une idée) pour exprimer, rendre perceptible à d'autres ou encore fixer. *L'artiste saisit certains caractères du réel* (→ Durable, cit. 3). — *Un élément mobile, inappréciable* (cit. 1), *que le langage ne saurait saisir.*

10 Henry Monnier a commencé par faire le croquis des types qui le frappaient et dont il saisissait, en quelques coups de crayon, les gestes, les habitudes, les angles sortants et rentrants, les tics (...)
Th. GAUTIER, Portraits contemporains, Henry Monnier.

11 Elle avait le sentiment vif du ridicule, et elle saisissait les gens d'un trait et d'une seule image.
SAINTE-BEUVE, Causeries du lundi, 26 mai 1851.

♦ 5. (Fin XIIᵉ). Sujet désignant une sensation, une émotion, un sentiment. S'emparer brusquement de la conscience, des sens*, de l'esprit de (qqn). ⇒ **Prendre, surprendre**. *Un frisson* (cit. 8 et 15) *le saisit. Il sentit le froid* (cit. 17 et 20) *le saisir.* ⇒ **Transir**. *Être saisi d'un tremblement* (→ Convulsif, cit. 1). *Une défaillance* (→ Montagne, cit. 9), *une faiblesse* (cit. 10), *un malaise* (→ Obscur, cit. 12) *le saisit.* ⇒ **Étourdir**. — *La frayeur* (cit. 3 et 7), *l'horreur* (cit. 5), *la peur* (→ Natif, cit. 3), *la terreur* qui saisit qqn.* ⇒ **Frapper**. — Au p.p. « *Immobile, saisi d'un long* (cit. 17) *étonnement* ». — *Un embarras* (cit. 16) *subit la saisissait. Être saisi d'une envie, du désir* (cit. 12), *de...* ⇒ **Transporter**.

12 Voilà l'ambition dont mon âme est saisie.
RACINE, Mithridate, III, I.

13 Il y a des misères sur la terre qui saisissent le cœur (...)
LA BRUYÈRE, les Caractères, VI, 47.

14 Saisi par une émotion irrésistible, par une curiosité violente, par un souvenir tout-puissant, Assanoff releva la tête et écouta.
J.-A. DE GOBINEAU, Nouvelles asiatiques, p. 59.

Faire une impression* vive et forte sur (qqn). ⇒ **Captiver, électriser, émouvoir, empoigner, étonner, frapper** (cit. 42), **impressionner**

(→ Harmoniser, cit. 3). *Un langage dont la vigueur et la verdeur me saisissent* (→ Dissoner, cit. 2). *La conspiration avait saisi les imaginations* (→ Incurablement, cit. 1). — Au p.p. *Rester saisi.*

15 Votre fille, toute saisie des paroles que vous lui avez dites, et de la colère (...) où elle vous a vu (...)
MOLIÈRE, l'Amour médecin, I, 6.

16 Sa grâce, qui n'était point la grâce convenue, vous saisissait comme le malheur.
CHATEAUBRIAND, Mémoires d'outre-tombe, t. II, p. 198.

17 Quand on pénètre dans la chapelle, on demeure d'abord saisi comme en face d'une chose surprenante (...)
MAUPASSANT, la Vie errante, « La Sicile ».

Pron. Vx. *Se saisir* : s'émouvoir, être saisi (Corneille, Racine, in Littré).

B. (1553). **♦ 1.** (Choses : agents physiques). Rare. Avoir une action vive, subite sur (qqch.). *La gelée* (cit. 1) *avait durci la terre et saisi les pavés.*

♦ 2. (1904). Exposer d'emblée à une forte chaleur (ce qu'on fait cuire). *Saisir en plongeant dans un corps gras brûlant* (à la poêle, en friture). — Au p. p. :

18 Pour moi, ce sera un château (*châteaubriand*), il est tendre, votre château ? à peine saisi, surtout.
ARAGON, les Beaux Quartiers, II, V.

♦ 3. Solidifier. ⇒ **Agglutiner** (cit. 1, Buffon).

C. (1643). Dr. et cour. Mettre sous la main de la justice par une saisie : ⇒ **Saisie**. *Saisir les meubles, les immeubles... Saisir les revenus d'une terre. Si vos créanciers saisissent par opposition mille francs...* (→ 1. Marc, cit.). — Par ext. (⇒ aussi **Confisquer, réquisitionner**). *Objets saisis pendant une réquisition* (cit. 5). *Saisir un journal* (→ 2. Exemplaire, cit. 4). — Absolt. *Huissier qui veut saisir* (→ Exploit, cit. 8).

19 (...) ce carrosse dans lequel je courais, n'était déjà plus à moi, quand vous me vîtes dedans ; le comte de la Blache l'avait fait saisir, ainsi que tous mes biens (...)
BEAUMARCHAIS, Mémoires... dans l'affaire Goëzman, p. 180.

Saisir par saisie-brandon, etc. ⇒ **Saisir-brandonner**, etc.

(1839 ; *saisir qqn dans ses biens*, déb. XIXᵉ). Par ext. *Saisir qqn :* faire la saisie de ses biens. *Saisir un débiteur.* ⇒ **Exécuter**. *Exproprier* et saisir.*

20 (...) un malheur lui était arrivé l'avant-veille, elle avait dû payer vingt francs à un cordonnier, qui menaçait de les faire saisir. Et voilà pourquoi ils se trouvaient sans un sou.
ZOLA, Germinal, II, II.

★ II. Vx ou dr. (D'abord en dr. féodal). **♦ 1.** Vx. Mettre (qqn) en possession (de qqch.) Cf. Corneille, *la Place royale*, III, 3. — Dr. *Le mort saisit le vif* : l'héritier (→ Hoir, cit. 1) est investi sans délai des biens du défunt. ⇒ **Succession**. — Figuré :

21 (...) le mort saisit le vif qui devient son successeur ressemblant, le continuateur de sa vie interrompue.
PROUST, Sodome et Gomorrhe, Pl., t. II, p. 769.

♦ 2. (1549). SAISIR... DE... : porter (une affaire) devant (une juridiction*). → Déchéance, cit. 6 ; échangiste, cit. 1 *Saisir un tribunal d'une affaire*.* ⇒ **Évoquer** (l'affaire) ; et aussi **saisine**. (Au passif). *Le Président fut saisi d'un référé* (→ 1. Mineur, cit. 7). — Dr. internat. *La commission est saisie de la demande de tel État...*

22 (...) le conseil municipal fut saisi de la question.
ZOLA, la Terre, IV, IV.

▶ SE SAISIR v. pron. (V. 1155).
Se saisir de : mettre en sa possession, en son pouvoir. ⇒ **Approprier** (s'), **emparer** (s' ; 3.), **prendre** (→ Mettre, cit. 13 ; nier, cit. 12). *Se saisir injustement, par la violence de qqch.* ⇒ **Usurper**. *Se saisir de qqn.* ⇒ **Assurer** (s' ; → Débarquer, cit. 2).

23 Il ouvre un large bec, laisse tomber sa proie.
Le renard s'en saisit (...)
LA FONTAINE, Fables, I, 2.

24 Il y a deux verbes : *saisir* signifie prendre tout d'un coup, empoigner, et *se saisir de* veut dire s'emparer, se rendre maître.
FLAUBERT, Correspondance, 352, 22 nov. 1852.

▶ SAISI, IE p. p. adj. et n. (XIIᵉ).

♦ 1. Cour. Voir à l'article (I., A., 5. et I., B., 2.).

♦ 2. Dr. Qui fait l'objet d'une saisie (personnes, choses). *Le tiers saisi :* personne entre les mains de qui est saisi un bien appartenant à autrui. *Partie saisie.* — N. (av. 1581). *Le saisi* (opposé à *saisissant*, II.).

CONTR. Lâcher, laisser. — Dessaisir, ressaisir.
DÉR. Saisie, saisine, saisissable, saisissant, saisissement, saisisseur.
COMP. Saisir-arrêter, saisir-brandonner, saisir-exécuter, saisir-gager, saisir-revendiquer.

SAISIR-ARRÊTER [sezinaʀete ; sεziʀaʀete] v. tr. — 1835 ; de *saisir*, et *arrêter*, d'après *saisie-arrêt*.

♦ Dr. Pratiquer une saisie-arrêt sur (qqch.).

SAISIR-BRANDONNER [sezinbʀɑ̃dɔne ; sεziʀbʀɑ̃dɔne] v. tr. — 1845 ; de *saisir*, et dér. de *brandon*.

♦ Dr. Pratiquer une saisie-brandon sur (qqch.).

SAISIR-EXÉCUTER [seziʀɛgzekyte; sɛziʀɛgzekyte] v. tr. — 1876; *saisir et exécuter*, 1690; de *saisir*, et *exécuter*.

♦ Dr. Pratiquer une saisie-exécution sur (qqch.).

SAISIR-GAGER [seziʀgaʒe; sɛziʀgaʒe] v. tr. — 1806; de *saisir*, et *gager*.

♦ Dr. Pratiquer une saisie-gagerie sur (qqch.).

SAISIR-REVENDIQUER [seziʀʀəvãdike; sɛziʀʀəvãdike] v. tr. — 1835; de *saisir*, et *revendiquer*.

♦ Dr. Pratiquer une saisie-revendication sur (qqch.).

SAISISSABLE [sezisabl; sɛzisabl] adj. — 1764; de *saisir*.

♦ **1.** Dr. Qui peut faire l'objet d'une saisie (→ Pavillon, cit. 9). *Bien saisissable.*

♦ **2.** (1840). Qui peut être saisi, perçu ou compris (par les sens, l'esprit). *Un sens précis, saisissable directement* (→ Leçon, cit. 20).

Les nuages glissaient toujours aux pentes d'un même mouvement à peine saisissable, comme quand la neige est en poussière et qu'il y a ce qu'on appelle des avalanches sèches. C.-F. RAMUZ, la Grande Peur..., VII.

N. m. *Le saisissable et l'insaisissable.*

CONTR. Impalpable, insaisissable.

SAISISSANT, ANTE [sezisã, ãt; sɛzisã, ãt] adj. et n. m. — 1690, en parlant du froid; de *saisir*.

★ **I.** ♦ **1.** (Sensation physique). Qui surprend (⇒ **Saisir**). *Un froid saisissant*, vif et piquant, aigre*.

♦ **2.** (1834). Qui frappe l'esprit. *Spectacle saisissant.* ⇒ **Captivant, étonnant** (cit. 5), **extraordinaire, frappant, surprenant**. *Vision plus saisissante, plus probante...* (→ Photographie, cit. 4). *Portrait saisissant* (→ Éblouissant, cit. 7). *Récit saisissant et poignant.* ⇒ **Émouvant, palpitant.**

1 Je n'ai jamais vu personne, en comprenant même les hommes remarquables de ce temps, dont l'aspect plus saisissant que celui de cet homme; l'étude de sa physionomie inspirait d'abord un sentiment plein de mélancolie, et finissait par donner une sensation presque douloureuse.
BALZAC, Z. Marcas, Pl., t. VII, p. 736.

2 Ce qui fait si violente l'impression produite par ces monuments siciliens, c'est que l'art de la décoration y est plus saisissant au premier coup d'œil que l'art de l'architecture. MAUPASSANT, la Vie errante, « La Sicile ».

3 Le contraste était saisissant quand on les voyait ensemble, chacun d'eux paraissant avoir précisément tout ce qui manquait à l'autre.
Léon BLOY, le Désespéré, p. 123.

★ **II.** Dr. Qui pratique une saisie. *« Cette femme est créancière et première saisissante »* (Littré). — N. m. (1690). *Le saisissant et la partie saisie* (→ Distraction, cit. 1). *Saisissant qui reste adjudicataire* sur la mise à prix (saisie immobilière; ⇒ **Poursuivant**, 2.).

SAISISSEMENT [sezismã; sɛzismã] n. m. — V. 1180; *avoir saisissement* « prendre possession »; de *saisir*.

♦ **1.** Vx. Fait de saisir* (qqch.). *« La main qui l'avait étreint* (cit. 1) *et dont il avait senti le saisissement »* (Hugo). *Le saisissement de qqch. par qqn.*

♦ **2.** (1548). Mod. Impression*, effet brusque, soudain, d'une sensation (ne se dit guère que du froid). *Éprouver un saisissement au contact de l'eau glacée.* ⇒ **Frisson, froid.** — Fig. Sentiment brusque, soudain; émotion vive qui saisit. *Un saisissement de joie*, de peur...* (→ Mutilation, cit. 1) : un mouvement subit qui envahit l'esprit, l'âme. ⇒ **Émoi, frisson** (→ Enthousiasme, cit. 11). *Le vague saisissement d'une angoisse* (→ Malheur, cit. 26). ⇒ **Horreur.** *Un saisissement de surprise.* — (Sans compl.). *Être muet* (cit. 6) *de saisissement. Il a failli en mourir de saisissement.*

1 L'embarras où il voyait Mᵐᵉ de Clèves par sa faute, et la pensée du juste sujet qu'il lui donnait de le haïr, lui causa un saisissement qui ne lui permit pas de répondre. Mᵐᵉ la Dauphine voyant à quel point il était interdit (...)
Mᵐᵉ DE LA FAYETTE, la Princesse de Clèves, III.

2 Quand on me l'a amené *(ce cheval)*, cela m'a fait un tel saisissement, que je suis resté un grand quart d'heure tout pâle, sans me pouvoir remettre (...)
Th. GAUTIER, Mˡˡᵉ de Maupin, I.

3 Suivons ce saisissement qui nous prend à toute lecture de *Booz* (...) Laissons-nous prendre à cette prise. Écoutons, suivons cet avertissement qui ne trompe pas, ce saisissement qui ne trompe jamais.
Ch. PÉGUY, Victor-Marie, comte Hugo, p. 126.

SAISISSEUR, EUSE [sezisœʀ, øz; sɛzisœʀ, øz] n. — XXᵉ; de *saisir*.

♦ Rare. Personne qui saisit (qqch.). *« ... ô Saisisseur de glaives à l'aurore... »* (Saint-John Perse, *Exil*, III).

SAISON [sɛzɔ̃; sezɔ̃] n. f. — XIIᵉ; probablt du lat. *sationem*, accus. de *satio* «semailles», d'où «saison des semailles, début de l'année agricole»; on a proposé aussi le lat. *statio* «arrêt» (du Soleil dans les signes du zodiaque; → Station), *satio*, forme rurale, correspondant à une confusion entre la division astronomique du temps et les époques de l'activité agricole.

A. ♦ **1.** Cour. Époque de l'année caractérisée par un climat relativement constant et par l'état de la végétation. *La belle saison :* fin du printemps, été et début de l'automne, où il fait généralement beau en France et dans sa zone géographique (→ Bocage, cit. 1; décliner, cit. 5; ermitage, cit. 2). *La saison nouvelle, du renouveau :* le printemps. *La mauvaise saison* (→ Autoriser, cit. 23), *la saison des brumes, des frimas, des pluies* (→ Inclémence, cit. 2). *La brutalité* (cit. 6), *les rigueurs de la saison* (→ Dérangement, cit. 3; fièvre, cit. 2). *Saison chaude, froide. « Monts gelés et fleuris, trônes des deux saisons »* (→ Front, cit. 25, Vigny). *Temps chaud* (ou *frais, sec, etc.*) *pour la saison.* — *La saison sèche et la saison des pluies*, sous un climat tropical. *Saison chaude, saison des pluies, en Afrique.* ⇒ **Hivernage.** (En franç. d'Afrique). *Grande, petite saison des pluies. La grande saison des pluies s'étend d'avril à juillet; la petite saison des pluies de septembre à décembre* (dans le sud). *Saison froide*, de novembre à février (syn. : *saison sèche*). — *Saison de la mousson*, en Asie. — *La belle saison, l'été dans l'hémisphère austral correspond à l'hiver de l'hémisphère nord.* — *En cette saison* (→ Église, cit. 16). *En toute saison* (→ Garantir, cit. 16; pied, cit. 9), *en toutes saisons* (→ Garder, cit. 19) : pendant toute l'année.

1 (...) l'année s'y partage naturellement en quatre saisons, dont il faut tenir compte, en automne, du fait des pluies, en hiver, à cause de la neige et de la tramontane, au printemps, parce qu'on y a des gelées et de violents orages; et en été, un soleil dur qui dévore tout. H. BOSCO, le Mas Théotime, p. 75.

1.1 Ce jour-là (...) la bonté de ce temps fut telle, pour la saison bien entendu, que lorsque le ciel ne se recouvrait pas trop de nuages, lorsque les éclaircies duraient un peu, on aurait pu le croire encore meilleur (...), plus proche encore de l'été.
M. DURAS, Moderato cantabile, p. 143.

1.2 Ô SAISONS, ô châteaux,
Quelle âme est sans défauts? RIMBAUD, Fêtes de la patience, Pl., p. 139.

Par métaphore. *« Mon automne éternelle ô ma saison mentale »* (Apollinaire, *Alcools*, p. 134). — *La saison morte, la morte saison*, où la terre ne produit rien, où les travaux agricoles sont interrompus (→ 2. Mort, cit. 17). Par ext. ⇒ **Morte-saison.**

2 Le carnaval venait de finir; aux neiges de février succédaient les pluies glaciales de mars. N'étant distrait ni par le plaisir ni par la société de ses amis, Frédéric se livra avec amertume à l'influence de ce triste moment de l'année, qu'on nomme avec raison une *saison morte.*
A. DE MUSSET, Nouvelles, « Frédéric et Bernerette », VII.

Époque où poussent certains produits de la terre. *La saison des feuilles* (feuillaison), *des fleurs* (floraison), *des fruits* (fructification). *Cultiver un légume, un fruit dans sa saison* (⇒ **Assaisonner,** vx), *avant sa saison* (⇒ **Primeur**, 2.), *à contre-saison, hors-saison. À la saison des mûres, des prunelles* (cit. 1). *Les fruits de la saison* (→ Profusion, cit. 6). *Manger des fruits de saison.* — (1837). *Rosier des quatre saisons*, qui fleurit toute l'année (→ Massif, cit. 12).

3 Chaque saison donne ses fruits :
L'Automne nous donne ses pommes;
L'Hiver donne ses longues nuits,
Pour un plus grand repos des hommes;
Le Printemps nous donne ses fleurs;
(...) Et l'autre saison nous apporte
Ce qui fait jaunir nos guérets.
THÉOPHILE DE VIAU, « À M. le Marquis de Boquignant ».

Marchand de (ou *des*) *quatre saisons, des quatre-saisons* [katsezɔ̃] : marchand ambulant de légumes et de fruits.

4 Jérôme Crainquebille, marchand des quatre-saisons, allait par la ville, poussant sa petite voiture et criant : *Des choux, des navets, des carottes!*
FRANCE, Crainquebille, II.

5 (...) une marchande de quatre-saisons, poussant sa voiturette, usait pour sa litanie de la division grégorienne :
À la tendresse, la verduresse
Artichauts tendres et beaux
Ar — tichauts (...) PROUST, la Prisonnière, Pl., t. III, p. 118.

SAISON DE..., DES... : époque de l'année où se font certains travaux agricoles (⇒ **Campagne**), où la flore, la faune présente tel ou tel caractère. *Les saisons des semailles* (semaison), *des foins* (fauchaison, fenaison), *du cueillage* (cueillaison), *de la moisson* (aoûtage, moisson), *des vendanges* (→ Front, cit. 25, Vigny). *La saison de la récolte des olives* (olivaison)... *Faire la saison* : travailler dans une exploitation agricole pour la durée d'une saison (⇒ **Saisonnier**). — *Saison de la pêche au hareng, au maquereau* (harengaison, maqueraison). Chasse. *La saison des cailles, des perdrix..., du sanglier* (porchaison).

(1870; *la saison de l'amour*, 1770). *La saison des amours :* la période où une espèce d'animaux s'accouple. ⇒ **Accouplement, pariade** (oiseaux). *La saison du frai* (cit. 1; montaison), *de la ponte* (pondaison)...

Icon. *Les quatre saisons, les Saisons*, représentées avec leurs attributs traditionnels (→ Camaïeu, cit. 4). — (Dans des titres). *« Les Saisons »*, poème de Thomson, oratorio de Haydn. *« Les Quatre Saisons »*, titre donné à quatre concertos de Vivaldi.

♦ **2.** (V. 1240). Didact. (Astron., géogr.). Chacune des quatre grandes divisions de l'année*, qui partagent l'orbite terrestre entre un équinoxe* et un solstice* ou vice versa, et qui correspondent, du fait de l'inclinaison de l'écliptique (cit. 1), à des périodes de longueur inégale des jours. *Les quatre saisons.* ⇒ **Printemps, été, automne** (cit. 10), **hiver** (cit. 5 et 6). *Le cours* (→ Indifférent, cit. 12), *le rythme des saisons* (→ Cycle, cit. 2). *Le retour des saisons.* — *La saison est avancée* (cit. 78).

6 Le jour étant une période de réchauffement et la nuit une période de refroidissement, on comprend (...) comment les saisons sont dues à l'inclinaison de l'écliptique. La saison chaude est pour tout point de la surface terrestre la période des longs jours, la saisons froide est la période des longues nuits. L'inégalité des jours augmentant avec la latitude, les saisons devront être de plus en plus tranchées au fur et à mesure qu'on s'éloigne de l'équateur.
E. DE MARTONNE, Traité de géographie physique, t. I, p. 41.

B. ♦ **1.** (Mil. XVIᵉ). Fig., littér. Période particulière (de la vie). ⇒ **Âge** (→ Mieux, cit. 28; ressaisir, cit. 2). *Mes jeunes saisons* (→ Errance, cit. 4). ⇒ **Jeunesse.** *Une courte saison ou...* (→ Course, cit. 18). — *« Chronique des saisons amères »,* de Duhamel.

7 Il est une saison pour la galanterie;
Il en est une aussi propre à la pruderie.
MOLIÈRE, le Misanthrope, III, 4.

8 Quoique jeune sur la terre,
Je suis déjà solitaire
Parmi ceux de ma saison (...)
LAMARTINE, Harmonies..., II, XII.

9 La jeunesse fait plus encore (...) ce n'est qu'à cette saison de la force, que les hommes sont capables de mourir pour une idée vague, et les femmes de tuer pour une sensation.
André SUARÈS, Trois hommes, « Ibsen », VI.

« Une saison en enfer », œuvre (poèmes en prose) de Rimbaud.

♦ **2.** (V. 1138, *seison*). Vx. Temps* quelconque, époque, moment... (favorable à une activité). *Il est saison de...* (→ Âge, cit. 37). *Donner saison :* donner l'occasion, le temps* (→ Disposer, cit. 14).

10 (...) *saison,* occasion, circonstance, comme l'emploie Corneille, *Pomp.* I, 1, 51 : « Et qui veut être juste en de telles *saisons »,* n'est plus compris par Volt. qui soupçonne un mot « pour la rime ». Plus nettement encore, *il est saison pour il est temps,* « ne se dit plus », Volt. s. *Ment.* IV, 9, 46.
F. BRUNOT, Hist. de la langue franç., t. VI, p. 1349.

(V. 1220). Loc. mod. *Être de saison :* être convenable, de circonstance. ⇒ **Opportun** (→ Iambe, cit. 1). *N'être pas, n'être plus de saison :* n'être pas, n'être plus de circonstance* (→ Entendre, cit. 84; gaminerie, cit. 2). *Cela est hors de saison :* hors de propos; à un mauvais moment ⇒ **Contretemps** (à), **déplacé, inopportun;** → Assez, cit. 51.

11 Maintenant que je suis sur l'automne et grison
Les amours pour Ronsard ne sont plus de saison (...)
RONSARD, Sonnets à diverses personnes, « À lui-même. »

♦ **3.** (XVᵉ). LA SAISON DE..., POUR...; SAISON (et adj.) : temps de l'année propice à (une activité). *La saison des vacances* (→ Épouvante, cit. 8). *C'est la bonne, la meilleure saison pour visiter tel pays.*
Époque où une activité bat son plein. *La saison théâtrale, la saison des réunions mondaines, des bains de mer... — La saison des prix littéraires.*

12 Il se prépare ici une saison assez littéraire, assez poétique même : nous allons avoir dans une quinzaine un volume lyrique de Hugo (...)
SAINTE-BEUVE, Correspondance, 488, 23 sept. 1835.

(Sports). Période de l'année pendant laquelle se pratique un sport. *Saison hippique. Saison cycliste. Répertoire des épreuves de la saison.* ⇒ **Calendrier.** — Durée de l'ensemble des rencontres d'un championnat, d'une coupe, etc. (jeux de ballon).
(Mil. XIXᵉ). Absolt. Époque de l'année où les touristes, les visiteurs, les vacanciers affluent. *Pendant la saison. En pleine saison. Hors saison. — Faire la saison.* ⇒ **Saisonnier** (→ Hôtel, cit. 16).

13 Vichy, avec son improvisation de bâtisses, de baraquements, de boutiques pour la *grande saison,* a quelque chose de la construction féerique d'une ville d'Amérique.
Ed. et J. DE GONCOURT, Journal, 31 mai 1893, t. IX, p. 100.

Haute saison (opposé à *basse saison*) : période saisonnière d'affluence (tourisme, transports aériens et maritimes). *Les tarifs de haute saison sont plus élevés.*
Absolt. (Modes). *Les nouveautés, les nouvelles collections de la saison :* (d'été ou d'hiver, présentées au printemps ou à l'automne). (→ Pesage, cit.).

♦ **4.** (XVIIIᵉ). Durée pendant laquelle on prend les eaux. *Faire une saison à Vittel.* ⇒ **Cure.**

14 Le temps de l'usage du remède s'appelle une saison; la durée d'une saison est de vingt-sept jours (...)
DIDEROT, Voyage à Bourbonne, in LITTRÉ.

DÉR. Saisonner, saisonnier.
COMP. Arrière-saison, contre-saison (à), intersaison. — V. aussi **Assaisonner.**

SAISONNER [sɛzɔne] v. intr. — V. 1560; « être de saison », 1295; de *saison.*

♦ Agric. Donner une grosse récolte de fruits. *« Empêcher l'arbre de trop saisonner »* (*Rev. gén. des sc.,* 15 juin 1904, p. 547).

SAISONNIER, IÈRE [sɛzɔnje, jɛʀ] adj. et n. — 1775; de *saison.*

♦ **1.** Qui est propre à telle ou telle saison. *Maladies saisonnières. Fruits saisonniers. Variations saisonnières de température.*

♦ **2.** Qui ne dure qu'une saison, qu'une partie de l'année. *Service*

saisonnier ou permanent d'une ligne aérienne. Campagnes saisonnières (d'une industrie). *Industrie saisonnière.*
Ouvrier saisonnier. Personnel saisonnier des stations de sports d'hiver. N. m. *Un, des saisonniers. Se louer* (2. Louer, cit. 6) *comme saisonnier.*

1 Le saisonnier ne peut rester en Suisse que neuf mois sur douze. Il repart, il revient. Il n'a pas le droit d'amener sa femme ni sa famille. À la misère sexuelle s'ajoutent des conditions d'habitat souvent déplorables. De par la loi, le saisonnier n'a pas le droit de louer un appartement.
Jean ZIEGLER, Main basse sur l'Afrique, p. 216.

♦ **3.** Qui se fait chaque saison. *Migrations saisonnières.*

2 On se souvenait encore des déplacements saisonniers des maçons du Limousin, des terrassiers du Morbihan qui viennent travailler aux environs de leurs gares, dans le XIIIᵉ, le XIVᵉ et la banlieue sud de Paris.
P. NIZAN, le Cheval de Troie, I, II.

SAÏTE [sait] adj. — 1923; *saïtique* dans la trad. de Strabon, de la Porte du Theil (av. 1819); de *Saïs,* ville d'Égypte.

♦ Hist. Relatif à une période de l'histoire égyptienne (XXVIᵉ dynastie : ~ 663 à 526). *Les pharaons saïtes. La dynastie saïte. L'art saïte est influencé par l'art grec.*

SAJOU [saʒu] n. m. ⇒ **Sapajou.**

SAKÉ [sake] n. m. — 1882; *saki,* 1878; *sacki,* 1777; *sakki,* 1774, *in* D.D.L.; mot japonais.

♦ Boisson alcoolisée japonaise obtenue par fermentation du riz, dite aussi *bière** de riz. *Le saké se boit tiède ou chaud. Bol, tasse de saké.*

1 (...) ces maisons de thé où se boit à pleine tasse l'eau chaude odorante, avec le « saki », liqueur tirée du riz en fermentation (...)
J. VERNE, le Tour du monde en 80 jours, p. 191.

2 Délicat accueil, et combien rare ce décor où l'on prend le *saké* (...)
Paul MORAND, l'Europe galante, p. 9.

3 La nourriture était occidentale, mais j'ai bu du saké, un vin de riz très peu alcoolisé, qu'on sert tiède, dans de petits bols et qui ressemble au vin de riz chinois.
S. DE BEAUVOIR, Tout compte fait, p. 282.

1. SAKI [saki] n. m. Vx. ⇒ **Saké.**

2. SAKI [saki] n. m. — 1766, Buffon; tupi *çahy, sahy* « singe ». → Saï.

♦ Zool. Mammifère simien *(Cébidés)* scientifiquement appelé *pithecia,* de taille moyenne, au corps recouvert d'une épaisse fourrure grise et terminé par une large queue non préhensile. *Le saki vit dans les forêts de l'Amérique tropicale.*

SAKIÊH [sakjɛ] n. f. — 1876; *saquiès,* 1850; arabe *sāqīyăh* « canal d'irrigation ». → Séguia.

♦ Noria* égyptienne mue par des bœufs qui tournent en manège.

SAKURA [sakuʀa] n. m. — XXᵉ (*in* Larousse 1933); mot japonais.

♦ Fleur de cerisier, objet culturel privilégié au Japon.

SALABRE [salabʀ] n. m. — 1818, *in* D.D.L.; provençal *salabro,* de l'anc. provençal *sal* « sel ».
Technique (pêche) et régional.

♦ **1.** Drague pour pêcher le corail.

♦ **2.** (1876). Truble* muni d'un manche.

DÉR. Salabrer.

SALABRER [salabʀe] v. tr. — Mil. XXᵉ; de *salabre.*

♦ Régional. Prendre du poisson avec le salabre (2.).

SALACE [salas] adj. — V. 1555; lat. *salax* « lubrique », de *salire* « saillir ».
Littéraire.

♦ **1.** (Personnes). Qui est prompt aux rapprochements sexuels, en parlant d'un homme. ⇒ **Amoureux, ardent, lascif, lubrique, sensuel; salacité.**

1 Alors, le seigneur était, il est vrai, la plupart du temps, une formidable brute; c'était un bandit salace et ivrogne (...)
HUYSMANS, Là-bas, VIII.

2 À partir de cette époque (1900), ce ne fut plus dans le monde en général et dans la psychiatrie en particulier qu'une course frénétique à qui deviendrait plus pervers, plus salace, plus original, plus dégoûtant (...)
CÉLINE, Voyage au bout de la nuit, p. 383.

(D'un animal). *Un singe salace.*

♦ **2.** (Choses). *Comportement salace.* — (Mil. XVIIᵉ). *Propos, paroles salaces.* ⇒ **Grivois, licencieux, obscène.**

3   Il n'aimait pas la façon vulgaire dont son camarade parlait de l'amour : il ne pouvait s'empêcher de croire que toute plaisanterie salace, visant les femmes en général, insultait sa mère en particulier.
                          H. TROYAT, la Tête sur les épaules, p. 38.

4   (...) se colle au trou de la serrure pour épier le déroulement d'une action érotique dans une pièce fermée dont les murs, le plancher, le plafond imitent les œillères de son esprit qu'obnubile presque entièrement la vue de la scène salace.
                          Michel LEIRIS, Fourbis, p. 35.

SALACITÉ [salasite] n. f. — 1542 ; lat. *salacitas.*

♦ **1.** Littér. Propension aux rapprochements sexuels. ⇒ **Ardeur, lubricité, tempérament.** (Spécialt). *Du platonisme à la salacité* (→ Homosexualité, cit. 2). — *La salacité d'un animal, d'un bouc.*

1   (...) elle peut découvrir jusqu'aux jarretières, ou peu s'en faut, une jambe fine moulée dans un bas rouge à coins d'or, perspective agréable aux jeunes comme aux vieux, aux vieux surtout dont elle réveille la salacité endormie.
                          Th. GAUTIER, le Capitaine Fracasse, VIII.

2   *(Les faunes)* qui animent si gaiement la vie bucolique de l'antiquité, et dont la salacité campagnarde faisait rêver filles et garçons pour les envier, les craindre et prétendre les avoir parfois rencontrés.
                          Émile HENRIOT, Mythologie légère, p. 183.

3   Les premiers clients des deux sexes apparurent au sommet d'un escalier roulant, éblouis par un phare, ahuris d'être ainsi livrés sans précautions, les hommes à la malignité du public, les femmes à sa salacité.
                          R. QUENEAU, Pierrot mon ami, éd. L. de Poche, p. 11.

♦ **2.** Rare. *Une, des salacités :* acte salace.

1. SALADE [salad] n. f. — V. 1350 ; provençal *salada* «(mets) salé», rad. *sal.* → Sel.

A. ♦ **1.** *De la salade ; une salade :* mets fait de feuilles d'herbes potagères crues, assaisonnées d'huile, de vinaigre et de sel (vinaigrette), souvent servi avant le fromage ou le dessert. *Salade de laitue, de mâche* (1. mâche, cit.)..., *d'herbes fades* (cit. 1). *Plantes utilisées pour la salade.* ⇒ **Chicorée** (frisée), **cresson, endive, laitue,** 1. **mâche, pissenlit, pourpier, romaine,** 1. **roquette, scarole, trévise.** *Éplucher, laver, égoutter, essuyer, assaisonner, remuer, tourner, fatiguer la salade. Panier à salade* (sens propre et fig.). ⇒ **Panier.** *Couvert à salade. À côté de ce plat paraissent deux salades* (→ Nager, cit. 7). *Légumes, salade et fromages* (→ Fourme, cit.). *Manger une salade, de la salade. La salade rafraîchit* (⇒ **Verdure**) *sans affaiblir* (→ Conforter, cit. 2). — REM. *Salade,* employé absolument, s'entend toujours dans ce sens ; toutefois lorsque la confusion est possible avec le sens 3., on dit *salade verte.*

1   (...) madame Cibot surprit le docteur à table avec sa vieille mère, mangeant une salade de mâches, la moins chère de toutes les salades (...)
                          BALZAC, le Cousin Pons, Pl., t. VI, p. 665.

Loc. (1761). Vx. *Retourner la salade avec ses doigts :* être jeune (de l'usage ancien par lequel les femmes jeunes pouvaient retourner la salade à la main).

♦ **2.** Par ext. (Rabelais, *Lettre à d'Estissac,* 15 févr. 1536). *Une salade :* plante cultivée, légume dont on fait la salade. Spécialt. Laitue, chicorée, frisée, scarole. *Salades cultivées dans un potager* (cit. 2), *salades des maraîchers* (→ Enfouir, cit. 7 ; panier, cit. 2). *Planche* (cit. 14) *de salades. Pied, plant de salade. Lier une salade pour la faire blanchir. Salade pommée. Cœur de salade* (→ Câliner, cit.). *Détacher les feuilles d'une salade.* — (1938). *Salade cuite, braisée :* plat chaud pour accompagner certaines viandes.

2   Les salades, les laitues, les scaroles, les chicorées, ouvertes et grasses encore de terreau, montraient leurs cœurs éclatants (...)
                          ZOLA, le Ventre de Paris, I, t. I, p. 41.

♦ **3.** (1690 ; qualifié par un compl. de nom, un adj.). Mets froid fait de légumes, cuits ou crus, de viande, d'œufs, de crustacés, etc. seuls ou en mélange, assaisonnés d'une vinaigrette, généralement servi en hors-d'œuvre. *Salade de tomates* (→ Ingurgiter, cit. 1), *de concombres, de betteraves, de céleri* (→ Hareng, cit. 3), *de pommes de terre, de riz... Salade aux œufs durs* (→ Crabe, cit. 2). *Salade mélangée. Salade mixte* (anglicisme) : salade de crudités variées. *Salade niçoise* (olives, tomates, anchois, etc.). — (1877). *Salade russe,* faite de légumes cuits et coupés : haricots, pois... mêlés à une mayonnaise. ⇒ **Macédoine.** *La salade du chef.*

3   De retour, il apporte, il distribue et on mange la salade de pommes de terre et d'oignons, et, à mesure qu'on mâche les traits se détendent, les yeux se calment.
                          H. BARBUSSE, le Feu, II, XX.

3.1   Nous mangions des salades niçoises, du poisson froid, parfois un aïoli qui nous endormait.
                          S. DE BEAUVOIR, la Force de l'âge, p. 385.

(1876). *En salade :* accommodé comme une salade. *Du riz en salade.*

♦ **4.** *Salade de fruits :* fruits menus ou coupés, servis froids accommodés avec un sirop, une liqueur. ⇒ **Macédoine.** *Salade d'oranges au marasquin. Salade de fruits variés.*

4   — Céleste, on va t'apporter une bouteille d'eau-de-vie que mon père a eue en 1802 ; fais-en une salade d'oranges !
                          BALZAC, les Petits Bourgeois, Pl., t. VII, p. 156.

B. Fig. ♦ **1.** (1856). Fam. Mélange confus, réunion hétéroclite.

⇒ **Confusion, désordre, enchevêtrement.** *Quelle salade ! Le candidat s'est embrouillé dans les noms, il a fait une salade indescriptible.*

5   Ils s'amusaient à dire du mal des gens, à se moquer des figures inconnues (...) Du Roy déclara : — Quelle salade de société !
                          MAUPASSANT, Bel-Ami, II, VII.

5.1   Ce qui était épouvantable pour lui, Alexandre, c'était le désordre. La salade des unités sur les routes, la cohue des réfugiés, ces femmes et ces enfants juchés sur des charrettes (...)
                          Robert MERLE, Week-end à Zuydcoote, p. 51.

♦ **2.** [a] (1901). *Vendre sa salade* (péj.), se dit d'un camelot qui bonimente, et, par ext., d'un artiste médiocre qui se produit (→ Fourmi, cit. 8).

[b] (1890 ; souvent au plur.). Histoires, mensonges. ⇒ **Fable, histoire, sornettes** (→ Blablabla, baratin). *Pas de salades ! Elles m'avaient mis à bout avec leurs salades* (→ Noix, cit. 8).

6   Si c'est important, ils n'ont qu'à vous raconter leurs salades, vous prendrez des notes.
                          M. AYMÉ, la Tête des autres, IV, 7.

6.1   (...) quels chichis (...) Vous n'avez pas l'intention de raconter des salades ?
                 H. G. CLOUZOT et J. FERRY, Quai des orfèvres
                         (dialogues), *in* l'Avant-Scène, p. 39.

Loc. *C'est toujours la même salade,* la même histoire.

7   Ce qui inonde l'écran, c'est seulement le courage du héros, les défaillances et les triomphes de ce courage. Qu'il soit croisé, nazi, bandit de grand chemin, flic ou révolutionnaire, c'est toujours la même salade exhibée. Le courage du héros.
                          Annie LECLERC, Parole de femme, p. 37.

♦ **3.** Pop. *Chercher une, des salades à qqn,* une querelle, des histoires.

8   Oh ! Madame cette vape... Je ne dis rien... Je l'écoute... Je le vois venir. Il me cherche une salade...
                          CÉLINE, Guignol's band, p. 74 (1951).

Argot. Affaire confuse et mauvaise.

DÉR. 1. Saladier, 2. saladier.

2. SALADE [salad] n. f. — 1419 ; de l'ital. *celata,* rad. *caelum* «ciel», à cause de la forme.

♦ **1.** Archéol. Partie de l'armure des cavaliers (XVᵉ et XVIᵉ siècles), casque* profond et arrondi à visière courte et à couvre-nuque (→ Arme, cit. 0.2). *Salade à mentonnière.*

    J'ai trop porté haubert, maillot, casque et salade ;
    J'ai besoin de mon lit, car je suis fort malade (...)
                          HUGO, la Légende des siècles, X, III.

(XVIᵉ). Par métonymie. Soldat équipé de ce casque.

♦ **2.** Mod. (Fam). Casque en usage dans l'armée britannique.

SALADELLE [saladɛl] n. f. — 1845 ; provençal *saladello,* de *salado* «salade».

♦ Régional. Plante *(Statice limonium)* des vases maritimes, à la fleur bleu lavande. — Syn. : *lavande de mer.*

    Le profil des herbes est net, et tous les verts sont perceptibles (...) la saladelle est plus claire que la chicorée.
                          J. GIONO, Colline, Pl., t. I, p. 143.

SALADERO [saladeRo] n. m. — 1875 ; «lieu où l'on prépare les cuirs salés», 1870 ; mot esp. d'Amérique du Sud, «saloir».

♦ Techn. Cuir de bœuf, préparé dans une saumure.

1. SALADIER [saladje] n. m. — 1660, adj., «qui se sert comme salade» ; de *salade.*

♦ **1.** Grande jatte où l'on sert la salade, et d'autres mets. *Saladier de porcelaine, de verre.* — Par métonymie. Son contenu. *Un saladier de laitue, de fraises.*

    D'abord il nous fit servir un saladier tout plein de mon dessert favori, des fraises à la crème.
                          CÉLINE, Voyage au bout de la nuit, p. 389.

♦ **2.** (De 1. *salade,* B., 3.). Loc. fam. *Faire un saladier de qqch. :* en faire toute une histoire (Barbusse, *le Feu,* t. II, II, XVII).

2. SALADIER, IÈRE [saladje, jɛR] n. — 1901, «bonimenteur» ; de 1. salade, B.

♦ Argot. Personne qui fait des salades, embrouille tout par ses mensonges. — REM. Le mot est surtout usité au féminin.

    Désolée de ne pas pouvoir t'affranchir, Max ; mais vrai, j'sais rien... et j'suis là à te raconter ma vie !... Tu vois, c'est moi qui te trompe ; on est toutes les mêmes, des saladières et pas autre chose !
                          Albert SIMONIN, Touchez pas au grisbi, p. 66.

HOM. 1. Saladier.

SALAGE [salaʒ] n. m. — 1611 ; «droit sur le sel», 1281 ; → Gabelle ; de *saler.*

♦ **1.** Fait de saler pour assaisonner ou conserver ; son résultat. *Le salage d'un porc.*

Techn. *Salage du vin, du moût. Salage des papiers photographiques...*

♦ **2.** Action de répandre du sel sur la neige, une route (pour faire fondre la neige, le verglas).

SALAIRE [salɛʀ] n. m. — 1260 ; lat. *salarium,* rad. *sal* «sel», à l'orig. «ration de sel», proprt «indemnité du soldat pour acheter son sel».

♦ **1.** (Sens large : écon.). Rémunération d'un travail, d'un service. *Salaire en nature, en espèces. Le salaire, prix* d'un travail. Théorie de Turgot, selon laquelle les productions de la terre sont le «fonds de salaire» pour tous les travailleurs.* — REM. Sous l'Ancien Régime, ce mot s'applique surtout aux «ouvriers et mercenaires» (Furetière) ; → aussi 2. Honoraire (cit. 1) ; il a pris un sens général et théorique depuis la Révolution, bien que pratiquement des mots spéciaux servent à différencier les catégories professionnelles ou sociales auxquelles ils s'appliquent. ⇒ **Appointement, émolument, gage,** 2. **honoraire, indemnité, loyer** (vx), **mensualité, solde, traitement, vacation.**

1 Il serait temps que, dans cette révolution qui fait éclore tant de sentiments justes et généreux, l'on abjurât les préjugés d'ignorance orgueilleuse qui font dédaigner les mots *salaire* et *salariés.* Je ne connais que trois manières d'exister dans la société : il faut y être *mendiant, voleur* ou *salarié.*
MIRABEAU, *in* Pensées diverses (1797), t. II, p. 494.

Salaire d'ouvrier, de prolétaire*, de jardinier (→ Entretien, cit. 2), *de professeur, de député* (→ Petitement, cit. 3)... *Salaire variable.* ⇒ **Gain, profit, rétribution ; commission, guelte, jeton** (de présence), **pourboire, prime...** *Salaire au temps, au rendement, aux pièces, à la tâche* (forfait). *Salaire fixe* (dont le montant est invariable). *Salaire direct,* somme perçue directement : *salaire brut,* montant global théorique de cette somme ; *salaire net,* salaire brut moins les cotisations sociales. *Salaire social* ou *indirect :* prestations et avantages sociaux divers. *Salaire de base :* somme de la rémunération de l'assuré qui sert de base pour le calcul des prestations (assurances contre le chômage, assurances sociales...). Montant fixé par l'État pour le calcul des prestations familiales. *Allocations de salaire unique* (fam. *salaire unique*) : prestation mensuelle accordée par le régime des allocations familiales aux couples mariés ou personnes isolées ayant la charge d'un ou plusieurs enfants, et bénéficiant d'un seul revenu professionnel.

♦ **2.** (XVIIᵉ ; emploi généralisé au XIXᵉ). Sens étroit : cour. Somme d'argent payable régulièrement par l'employeur* (personne, société, État) à celui qu'il emploie, au salarié*. (Opposé à *émoluments, honoraires, indemnités*). ⇒ **Appointement, traitement.** *Montant du salaire figurant dans le contrat de travail. Salaire payable à la journée, à la semaine, au mois* (→ Journée, cit. 7 ; payer, cit. 4). *Distribution des salaires ; ensemble des salaires à distribuer.* ⇒ **Paie.** *Toucher son salaire* → Toucher sa journée, son mois*... *Bulletin de paie ou de salaire. Travailler au pair*, sans salaire. Somme d'argent qui est le salaire d'un travail* (→ Disproportionné, cit. 2). *Demander une avance* sur son salaire. Avance sur salaire. Salaire convenable* (→ Jour, cit. 42), *modique* (→ Instrument, cit. 6), *maigre* (→ Fille, cit. 8), *bas* (→ Écoulement, cit. 6), *dérisoire* (→ Potentat, cit. 2). *Salaire de famine, de misère,* très bas. *«Le prolétariat* (cit. 1), *esclavage tempéré par le salaire». Salaire élevé. Hauts salaires. Salaire de cadre. Salaires des hommes* (cit. 143) *et des femmes. Lutte pour obtenir une augmentation de salaire.* ⇒ **Grève** (→ aussi Heure, cit. 13). *À travail égal, salaire égal. Élever, hausser les salaires* (→ Grève, cit. 10 ; pousser, cit. 57 ; occuper, cit. 5). *Bloquer les salaires et les prix. Blocage des salaires. Réduire, diminuer les salaires* (→ Pousser, cit. 46 ; prix, cit. 5). *Augmenter les emplois** (cit. 15) *et diminuer les salaires. Salaire imposable. Zones de salaires. Salaire réglé sur les prix* (→ Hausse, cit. 3). *Salaire et pouvoir d'achat ; salaire nominal, réel. Relèvement* (→ Coefficient, cit. 1), *hausse automatique des salaires liés à la hausse des prix* (→ Échelle* [cit. 16] mobile). *Éventail, hiérarchie des salaires. Écart maximal entre les salaires : fourchette des salaires.*

2 C'est demain que tu entres à la journée chez ton charpentier, et c'est à compter de demain que chaque jour te rapporte un salaire
Charles NODIER, Contes, «Fée aux miettes», VII.

3 Leurs salaires *(des ouvriers)* ne cessent d'augmenter, pendant que les traitements des messieurs diplômés piétinent sur les coupons des rentiers se volatilisent.
J. ROMAINS, les Hommes de bonne volonté, t. XIX, I, p. 22.

4 (...) pendant ce temps-là les ouvriers, dégrevés de l'impôt *à la base*, réclamaient toujours de plus hauts salaires, n'hésitaient pas à se faisaient vivre au pied du mur (...) — *(C'est Delobelle, un patron, qui parle).*
ARAGON, les Beaux Quartiers, I, VII.

Loc. (En France). Anciennt. *Salaire minimum (national) interprofessionnel garanti* ou *S.M.I.G.* [smig] : salaire minimum obligatoirement payé à tout travailleur et servant de base aux autres salaires. ⇒ **Minimum** (vital). — (V. 1969). *Salaire minimum interprofessionnel de croissance* ou *S.M.I.C.* [smik] : salaire minimum variant en fonction de l'indice des prix et du taux de croissance économique, au-dessous duquel aucun employé ne peut être rémunéré.

5 La commission supérieure des conventions collectives est chargée d'étudier la composition d'un budget type servant à la détermination du salaire minimum national interprofessionnel garanti.
Code du travail, I, II, art. 31 x.

Salaires différentiels : échelonnement des salaires, calculé en fonction de barèmes préétablis, pour l'ensemble des postes de chaque profession. ⇒ **Hiérarchiser.** *Établissement des salaires différentiels au sein des groupes professionnels.*

5.1 *(Les salaires autoritaires.)* Dans les pays communistes, la seule hiérarchie économique résulte de l'attribution par voie d'autorité des salaires différentiels. Le pouvoir est alors le seul dispensateur de l'aisance.
Gaston BOUTHOUL, Sociologie de la politique, p. 60.

♦ **3.** (V. 1330). Fig. Ce par quoi on est payé (récompensé, ou puni). ⇒ **Loyer, récompense, tribut ; châtiment, punition, sanction.** *Le salaire de qqn, de ses actes. «Votre salaire sera force reliefs»* (→ Os, cit. 9). *«Le Salaire de la peur»,* roman de Georges Arnaud (et film qui en a été tiré), dont le titre forme une expression reçue (rémunération d'une activité dangereuse). *Toute peine mérite salaire :* le moindre effort mérite récompense.

6 Il *(le serpent)* lève un peu la tête, et puis siffle aussitôt,
Puis fait un long repli, puis tâche à faire un saut
Contre son bienfaiteur, son sauveur, et son père.
«Ingrat, dit le manant, voilà donc mon salaire ?» LA FONTAINE, Fables, VI, 13.

7 Voilà tous mes forfaits. En voici le salaire. RACINE, Britannicus, IV, 2.

8 Beaucoup m'ont demandée, et leurs désirs confus
N'obtinrent, avant toi, qu'un refus pour salaire.
André CHÉNIER, Bucoliques, IX.

9 L'officier descendit de cheval, en passa la bride dans son bras ; puis, pensant que toute peine mérite salaire, il tira quelques sous de son gousset et les offrit à l'enfant (...) BALZAC, le Médecin de campagne, Pl., t. VIII, p. 329.

DÉR. (Du même rad.) **Salarial, salarier.**
COMP. **Sursalaire.**

SALAISON [salɛzõ] n. f. — 1670 ; de *saler.*

♦ **1.** Opération par laquelle on sale des substances alimentaires pour les conserver. *Salaison des viandes*, du poisson*. Salaison à sec ; par l'emploi de saumure*, dans un saloir** (⇒ aussi **Charnier,** 1., vx).

♦ **2.** (1723 ; *salloison,* attestation isolée, XVᵉ). Denrée alimentaire conservée par le sel. *Salaisons de porc, de bœuf* (corned-beef).

♦ **3.** Proportion de sel (contenu par l'eau de mer). ⇒ **Salage.**

Vincent dit qu'il y a des espèces de poissons qui crèvent quand l'eau devient plus salée, ou moins, et qu'il y en a d'autres au contraire qui supportent des degrés de salaison variée (...) GIDE, les Faux-monnayeurs, I, V, *in* Romans, Pl., p. 969.

SALAM [salam] n. m. — D. i. en français central ; mot arabe. → Salamalec.

♦ Franç. d'Afrique. Prière rituelle musulmane. *Faire le salam, son salam.*

SALAMALEC [salamalɛk] n. m. — 1659 ; «salut turc», 1559 ; de l'arabe *sãlãmũ-ãlãyk* «paix sur toi».

♦ Fam. (Surtout plur.). Révérences, politesses exagérées. *Faire des salamalecs.*

1 (...) les mêmes poignées de main, les mêmes politesses et saluts mécaniques, et la même impression d'indifférence, de sécheresse et de détachement dans tous ces salamalecs convenus, souriants et mornes.
Ed. et J. DE GONCOURT, Journal, 31 janv. 1869, t. III, p. 195.

2 — Ah messire ! s'écria le tavernier au bord des larmes, je vous supplie très humblement de ne point ternir le blason de mes trois étoiles.
Là-dessus il fit plusieurs courbettes.
— Cela, dit le duc, me rappelle les salamalecs des adorateurs de Mahom.
R. QUENEAU, les Fleurs bleues, p. 32.

REM. 1. Nerval écrit *salamalek.*

2. On trouve en franç. d'Afrique la forme empruntée *salamalekoum* [salamalɛkum] équivalent à «la paix soit avec toi», comme formule de salutation («bonjour»).

SALAMANDRE [salamãdʀ] n. f. — 1125 ; lat. *salamandra,* mot grec.

♦ **1.** Batracien urodèle *(Salamandrines),* petit animal à la peau noire tachée de jaune, au corps massif, dont la peau sécrète une humeur très corrosive. — Syn. : *sourd. Les salamandres, insectivores et vivipares, sont inoffensives. Au moyen âge, on attribuait aux salamandres la faculté de vivre dans le feu.* ⇒ **Esprit** (III., 2. : esprit du feu). *La salamandre, figure de blason,* symbole de l'ardeur amoureuse (→ Monstre, cit. 6).

1 Je suis la salemandre *(sic),* et ne suis à mon aise
Si mon cœur n'est toujours au milieu d'une braise :
Le feu de vos beaux yeux tant seulement me plaît,
Et mon cœur en brûlant se nourrit et se paît.
RONSARD, Élégies, IX.

2 (...) ce fut bien un beau prince dont les amours s'y cachèrent ; mais il était roi, et se nommait François Iᵉʳ. Sa salamandre y jette ses flammes partout ; elle étincelle mille fois sur les voûtes, comme feraient les étoiles d'un ciel (...)
A. DE VIGNY, Cinq-Mars, XIX.

3 (...) une salamandre noire marbrée de taches orangées, une créature d'enfer dont la vue seule donne la mort, restait prise dans ses poils par les petites boules de ses pattes. Il la cueillait aussi, sans marquer de frayeur, et la mettait dans sa musette.
M. GENEVOIX, Forêt voisine, XI.

3.1   La salamandre surprise s'immobilise
      Et feint la mort
      Tel est le premier pas de la conscience dans les pierres,
      Le mythe le plus pur,
      Un grand feu traversé, qui est esprit
                          Yves BONNEFOY, Poèmes, « Lieu de la Salamandre », p. 89.

♦ **2.** Alchim. Vapeur rouge qui se produit pendant la distillation de l'esprit de nitre et qui se condense dans la sublimation.

Chim. anc. *Salamandre pierreuse ; salamandre pierre* : amiante.

♦ **3.** (1889, in *Année sc. et industr.* 1890, p. 291). Poêle à combustion lente qui se place dans une cheminée (marque déposée). → Digérer, cit. 3 ; grille, cit. 18.

4   Elle murmure d'une voix malheureuse : — J'ai froid. Il désigne en souriant la salamandre, d'où rayonne une chaleur insupportable.
                          J. ROMAINS, les Hommes de bonne volonté, t. IV, XII, p. 135.

DÉR. Salamandridés, salamandrines.

SALAMANDRIDÉS [salamɑ̃dʀide] n. m. pl. — 1846 ; de *salamandre*.

♦ Zool. ⇒ **Salamandrines.**

SALAMANDRINES [salamɑ̃dʀin] n. f. pl. — 1875 ; au masc., 1839 ; de *salamandre*.

♦ **1.** Zool. Sous-ordre du groupe des batraciens urodèles à respiration pulmonaire, auquel appartiennent la salamandre et le triton. — On dit aussi *salamandridés*. — Au sing. *Une salamandrine.*

♦ **2.** Amphibien urodèle à peau mate et à queue plus longue que celle de la salamandre.

SALAMI [salami] n. m. — xxᵉ (*in* Larousse, 1923) ; *salame*, xviiᵉ, puis 1852 ; plur. de l'ital. *salame* « chose salée ».

♦ **1.** Gros saucisson* sec, haché plus ou moins fin, d'abord fabriqué en Italie. *Ronds, tranches de salami. Du salami. Des salamis d'importation.*

♦ **2.** (1969 ; probablt de l'anglo-amér.). Polit. *Méthode* (ou *tactique*) *du salami*, qui consiste à amener un adversaire à composition en lui arrachant peu à peu une longue suite de concessions minimes (à la manière des fines tranches débitées une à une dans un salami).

SALANGANE [salɑ̃gan] n. f. — 1770 ; *salangan*, 1719 ; de *salamga*, mot des Philippines.

♦ Didact. Oiseau coraciiforme (*Passereaux ; macroptérygidés* ou *martinets*), scientifiquement appelé « colocalia », qui vit en Malaisie, et dont le nid fait d'algues (*Floridées*) est comestible. ⇒ **Hirondelle** (nid d').

Sur la côte pullulaient par milliers ces précieuses salanganes, dont les nids comestibles forment un mets recherché dans le Céleste Empire.
                          J. VERNE, le Tour du monde en 80 jours, p. 128.

SALANT [salɑ̃] adj. et n. m. — 1520 ; de *saler*.

♦ **1.** Adj. Techn. Qui donne du sel. *Puits salant.* — Cour. *Marais salant.* ⇒ 3. **Marais** (cit. 5), **salin.** — On dit aussi *salanque.*

♦ **2.** N. m. (1871). Géogr. et techn. Étendue de terre proche de la mer, où s'étalent des efflorescences de sel. *Salant blanc* : ensemble des composés solubles présents dans une terre affectée par la salure et formant des efflorescences blanches à la surface des sols. *Salant noir* : ensemble de composés solubles qui donnent au sol une coloration foncée par dispersion de la matière organique et de l'argile.

SALARIAL, ALE, AUX [salaʀjal, o] adj. — Mil. xxᵉ ; dér. sav. de *salaire*.

♦ Du salaire, relatif aux salaires. *Politique salariale. Masse salariale* : somme globale des rémunérations (directes et indirectes) perçues par l'ensemble des travailleurs d'une unité nationale ou industrielle. *Revendications salariales. Convention salariale.*

(...) l'harmonisation des législations salariales et sociales (...)
                          Georges ELGOZY, l'Europe des Européens, p. 177.

SALARIAT [salaʀja] n. m. — 1846 ; de *salarié*.

♦ **1.** Mode de rétribution du travail par le salaire ; état, condition de salarié. *Contrat de salariat* (→ Main-d'œuvre, cit. 2). *Salariat et bénévolat.*

♦ **2.** (V. 1860, Proudhon). Ensemble des salariés. *Le salariat et le patronat.*

Il disait avec une conviction insinuante : « C'est par les chemins du cœur que le salariat et le patronat se rejoindront un jour », la pression du pied s'affirma jusqu'à devenir écrasante.
                          Maurice BEDEL, Jérôme 60° latitude Nord, p. 95.

SALARIÉ, ÉE [salaʀje] adj. et n. — 1758 ; sens précisé en 1810, Code pénal ; fig., « récompensé », xvᵉ ; de *salarier*.

♦ **1.** Adj. Qui reçoit un salaire* (1. et 2.). *Travailleur salarié. Salarié par une société.* — Par ext. *Travail salarié* (→ Détourner, cit. 22 ; propriété, cit. 3).

♦ **2.** N. (1791). Personne qui reçoit un salaire (2.), personne rétribuée par un employeur : patron (cit. 11), entrepreneur... ⇒ **Employé, ouvrier.** *Les salariés et les patrons. Salariés et commerçants, artisans, exploitants... Les salariés et les personnes exerçant des professions libérales. Condition de salarié* (→ Ouvrier, cit. 4). *Fonctionnaire* (cit. 4) *et salarié. De simples salariés* (→ Assistant, cit. 5).

1   Il y gagnait matériellement, puisque les secours devenaient des salariés, et qu'il recevait du travail en échange.
                          GIRAUDOUX, De pleins pouvoirs à sans pouvoirs, IV, p. 86.

2   80 % des Français d'Algérie ne sont pas des colons, mais des salariés ou des commerçants (...) Le salaire minimum interprofessionnel garanti est fixé à un taux nettement plus bas que celui des zones les plus défavorisées de la métropole.
                          CAMUS, Actuelles III, p. 140.

CONTR. Employeur, entrepreneur, patron.
DÉR. Salariat.

SALARIER [salaʀje] v. tr. — 1369 ; rare av. 1750 (Dict. de Trévoux : « ne se dit guère qu'en cette phrase : *Au jour du jugement, chacun sera salarié selon ses mérites, ou démérites ;* ou plutôt, il ne se dit point du tout ») ; dér. sav. de *salaire*.

♦ Rétribuer* par un salaire (1. et 2.). *Salarier un domestique.* ⇒ **Gager.**

Fig. (Au sens 3. de *salaire*) :

(...) l'imperceptible atrocité d'un Ezzelino ou d'un Halberstadt avait juste autant de force harmonique et salariait aussi sûrement l'esprit de synthèse que les colossales redites du despotisme des Tibère, des Philippe II ou Napoléon !
                          Léon BLOY, le Désespéré, p. 104.

DÉR. Salarié, salarisation.

SALARISATION [salaʀizɑsjɔ̃] n. f. — 1972 ; de *salarier*.

♦ Écon. Fait de considérer qqn comme salarié ; de donner le statut de salarié à qqn.

SALAUD, AUDE [salo, od] n. et adj. — xiiiᵉ ; de *sale*.

♦ **1.** Pop et vx. Personne très sale. ⇒ **Saligaud.**

♦ **2.** (1798). Fam. et mod. (T. d'injure). Personne méprisable*, moralement répugnante. ⇒ **Dégueulasse, fumier, salopard** (→ Essence, cit. 23 ; étouffer, cit. 12 ; étude, cit. 24 ; flatter, cit. 27). — REM. Le féminin *salaude* (1598) ne s'emploie plus, l'adj. *salope** , spécialisé comme nom féminin, l'a remplacé. — *Tous ces salauds et salopes...* (→ 1. Foutre, cit. 12). *Il s'est conduit comme un salaud.* ⇒ **Goujat, malpropre.** *Tas de salauds ! Le petit salaud ! Vieux salaud !*

(Chez Sartre). *Le salaud,* type d'homme dont le comportement moral est fondé sur la bonne conscience absolue.

1   Mais je dois, une fois de plus, biffer après avoir avancé : si je parle comme je viens de le faire, c'est en homme que nul vrai malheur n'a frappé ; pauvre tout simplement et astreint à un dur travail en quête de travail, je tiendrais pour un salaud ou un con celui qui donnerait à entendre que la vie est un jeu.
                          Michel LEIRIS, Frêle bruit, p. 312.

♦ **3.** (Sans valeur injurieuse). Fam. **ⓐ** *Dis donc, mon salaud, tu ne te refuses rien. Eh bien, mon salaud... !* (cf. Mon vieux).

ⓑ (Avec une valeur sexuelle non dépréciative ; → 2. Salope, 2. et 3.). Surtout dans la loc. *comme un salaud.* Homme salace. *Je t'ai vu, tu étais en train de draguer comme un salaud.* — REM. L'absence de péjoration dans cet emploi, à l'inverse des sens correspondants (2. et 3.) de *salope,* reflète évidemment un état de l'idéologie et des mœurs dans lequel la liberté sexuelle est valorisée chez l'homme et déprisée chez la femme.

♦ **4.** Adj. m. *Il est un peu salaud. C'est salaud, ce qu'il a fait là.*

2   J'aurais jamais cru qu'un type puisse être aussi salaud.
                          SARTRE, la P... respectueuse, I, 3.

DÉR. Salauderie.

SALAUDERIE [salodʀi] n. f. — xiiiᵉ (selon Dauzat), puis fin xvᵉ ; var. *sallaudrie*, Brantôme ; de *salaud*.

♦ **1.** Vx. Caractère de salaud.

♦ **2.** Vieilli. Propos sale, obscène. ⇒ **Cochonnerie.**

(...) de la bouche de la jolie fillette sortaient toutes les impuretés, toutes les obscénités, toutes les salauderies imaginables (...)
                          Ed. et J. DE GONCOURT, Journal, 19 févr. 1877, t. V, p. 234.

SALE [sal] adj. — V. 1160; francique *salo*.

A. (Concret). ♦ **1.** Dont la netteté, la pureté est altérée par une matière étrangère, au point d'inspirer la répugnance, ou de ne pouvoir être utilisé de nouveau sans être nettoyé. ⇒ **Malpropre, souillé; boueux, breneux, crasseux, crotté, graisseux, pisseux, poisseux, terreux...; dégoûtant, immonde, infâme, infect, ord** (vx); fam. (plus fort) **dégueulasse, cracra, crado, craspect, salingue...** *Chose très sale.* ⇒ **Horreur, saleté.** *Avoir les mains sales* (→ Laver, cit. 14; et aussi salir, cit. 3, Sartre). *Ongles sales,* en deuil (fam.). ⇒ **Noir.** *Barbe longue et sale* (→ Have, cit. 3). *Cheveux sales.* — Loc. fig. (Vieilli). *Avoir le nez* sale* : être ivre. — *Chemise sale* (→ Propre, cit. 25). — Loc. métaphorique. *Laver** (cit. 4) *son linge sale en famille. Linge d'un blanc sale.* ⇒ **Douteux.** *Meubles sales.* ⇒ **Poussiéreux.** — *Eau sale* (→ Croupir, cit. 4). *Ruisseau sale* (→ Dormir, cit. 31). — *Logement pauvre, sale.* ⇒ **Sordide** (cf. Chenil, cloaque, écurie [fig.]); et aussi **crasse, fumier, porcherie, pouillerie, vermine.** *Rue, ville sale, très sale.*

1   (...) malgré l'atmosphère parfumée qui la suit, j'éloigne mes pas, je détourne mes regards de cette courtisane dont la coiffure à points d'Angleterre, et les manchettes déchirées, les bas de soie sales et la chaussure usée, me montrent la misère du jour associée à l'opulence de la veille.
                        DIDEROT, Regrets sur ma vieille robe de chambre.

2   La nature pèse si lourdement sur New York que la plus moderne des villes est aussi la plus sale. De ma fenêtre, je vois le vent jouer avec des papiers épais, boueux, qui voltigent sur le pavé. Quand je sors, je marche dans une neige noirâtre, sorte de croûte boursouflée de la même teinte que le trottoir (...)
                        SARTRE, Situations III, p. 119.

(1580; personnes). Mal tenu, qui se lave insuffisamment (→ Crasse, cit. 5; retroussis, cit. 4). *Il, elle est sale comme un cochon, un goret*, un porc, sale comme un peigne*. Sale à faire peur* (→ Il n'est pas à prendre avec des pincettes*). ⇒ **Pouacre.** — Vx. *Sale comme une huppe* (cit. 1). — *Gamin sale et dépenaillé* (→ Pied, cit. 35), *et morveux...* ⇒ **Sagouin.** *Servante sale.* ⇒ **Souillon, torchon.**

3   À côté du pupitre, à portée de la main, les crayons, la sanguine, la craie, la gomme élastique employés par la princesse, tous objets qu'elle n'aime pas qu'on touche, disant que les autres sont des sales.
              Ed. et J. DE GONCOURT, Journal, 14 nov. 1874, t. V, p. 122.

4   Je suis sale. Les poux me rongent. Les pourceaux, quand ils me regardent, vomissent.   LAUTRÉAMONT, les Chants de Maldoror, IV (cf. tout le passage).

5   J'en viens à toi, Moûlu. Tu es un nid à poux, ça ne peut pas durer (...) tu es sale comme un cochon! Moûlu lui jette un regard venimeux (...) mais déjà tous les autres se sont mis à rire et à crier : Il a raison, tu pues, tu cognes (...) tu es cradeau, tu es cracra (...)   SARTRE, la Mort dans l'âme, p. 255.

Par ext. Qui salit ce qu'il touche, qui fait salement un travail. *Il est négligent et sale dans son travail.* — N. *Le sale, un sale,* personne qui est sale ou qui salit.

(1968). Se dit d'une bombe atomique dont les retombées radioactives sont notables (opposé à *propre*). *« Les charges des bombes actuelles sont dix mille fois moins "sales" que ne furent les mégabombes de 1952 à 1962 »* (*Science et Vie,* sept. 1973).

♦ **2.** (Fin XVᵉ). Qui, sans être souillé, n'est pas net. *Blanc, gris, vert sale.* ⇒ **Terne, terni** (→ Poudrer, cit. 3). *Mur sale et galeux*. Le désordre donne un air sale à cette pièce.* ⇒ **Désordonné.** — Peint. *Pinceau sale, couleur sale.*

B. (Abstrait). ♦ **1.** Vx. Qui est impur, souillé. *Âmes* (cit. 72) *sales.* — Vx. Contraire à l'honneur, à la délicatesse; odieux, répugnant. ⇒ **Dégoûtant** (2.), **laid** (2.).

6   C'est un noir attentat, c'est une sale et odieuse entreprise, que celle que le succès ne saurait justifier.   LA BRUYÈRE, les Caractères, XII, 113 (1696).

(XIIIᵉ). Spécialt. ⇒ **Impudique, impur, obscène, ordurier** (→ Grivois, cit. 4). — Littér. (Av. le nom). *Obscène et sale maintien* (→ Concupiscence, cit. 4). *Sales maladies* (fam.), honteuses (→ Pincette, cit. 2). — Cour. (Après le nom). *Le mot cru* (2. Cru, cit. 8) *et le mot sale. Des histoires sales.* ⇒ **Cochon.**

7   On ne pousse, avec lui, que d'honnêtes soupirs,
Et l'on ne penche point vers les sales désirs.
              MOLIÈRE, les Femmes savantes, IV, 2.

♦ **2.** Cour. (Av. le nom). **a** Très désagréable. *Une sale affaire, une sale histoire* : une affaire fâcheuse. ⇒ **Mauvais** (2.), **méchant, vilain.** — Fam. *Un sale coup pour la fanfare.*

b Laid. *Cette sale petite écriture* (cit. 12). *Cette sale habitude...* (→ Gnôle, cit. 1). — (1903). *Avoir une sale gueule.* ⇒ **Antipathique, désagréable.** *Il a une sale gueule* (se dit aussi pour « il a l'air malade »).

c (Choses concrètes). Mauvais (terme dépréciatif). *Un sale rafiot* (cit. 1). *Cette sale bagnole est encore en panne! — Un sale temps* (→ 2. Froid, cit. 8). *Quel sale bled!*

d Fam. (En tournure négative). *C'était pas sale!* : c'était beau, réussi, bon (cf. C'était pas cochon, pas dégueulasse). *T'as vu sa meule, elle est pas sale!*

♦ **3.** (1870; qualifiant des personnes que l'on condamne, que l'on méprise). ⇒ **Damné, maudit.** *« Ces sales ouvriers... »* (→ Ça, cit. 5). *Un sale type* (→ Infect, cit. 7), *un sale bonhomme, un sale individu. Sale gosse* (cit. 3). *C'est une sale bête* (→ Fichue, foutue bête*). — (T. d'injure). *Sale petite frappe* (cit. 2). *Sale femme!*

(→ Gifler, cit. 6). ⇒ **Salaud, saligaud, salope; ordure.** *Ce sont de sales cons!*

8   Tu es un gros égoïste... un gros pataud... tu ne sais rien faire pour moi... tu es un sale type, tiens!...   O. MIRBEAU, Journal d'une femme de chambre, p. 380.

REM. Emploi fréquent devant les injures racistes *(sale juif, sale nègre, bicot, raton...),* dont il renforce l'ignominie.

CONTR. Blanc, net, propre.
DÉR. Salaud, salement, saleté, salingue, salir, 1. salope.
HOM. Salle.

---

1. SALÉ, ÉE [sale] adj. — V. 1160, « imprégné de sel »; p.p. de *saler*.

♦ **1.** (1211). Qui contient naturellement du sel. *'Eau* salée* (→ Paquet, cit. 12). — Poét. *Plaines, campagnes salées,* la mer*. — *Source salée. Lac salé.* ⇒ **Chott.** — *Herbe salée* (→ Mouton, cit. 5). *Moutons de prés-salés.*

1   Mais pendant cette conférence, le train avait marché rapidement, et, vers midi et demi, il touchait à sa pointe nord-ouest le grand lac Salé.
         J. VERNE, le Tour du monde en 80 jours, p. 238.

Fam. *Avoir le bec salé :* avoir soif*.

De sel. *Goût salé, saveur salée.* ⇒ **Salin.** — Littér. *Une fraîcheur salée* (→ Rafale, cit. 1).

♦ **2.** (V. 1640, Voiture). Assaisonné ou conservé avec du sel. *Plat trop salé. Ce n'est pas assez salé, remets du sel.* — *Conserves* salées. Hareng* (cit. 2) *salé. Concombres salés* (→ Hors-d'œuvre, cit. 6). *Amandes salées. Biscuits salés. Beurre** (cit. 3) *salé. Lard salé ou fumé. Bœuf, porc salé.* — N. m. *Aimer le salé* (→ Mets, cit. 1). — Adv. *Manger salé.*

2   — Vos épinards étaient un peu salés. — J'ai quelquefois la main lourde.
         DIDEROT, Jacques le fataliste, Pl., p. 579.

♦ **3.** **a** (Fin XVIᵉ). Vx. Piquant*, vif, qui excite l'esprit. ⇒ **Spirituel.** *« De bonnes conversations bien salées »* (Mᵐᵉ de Sévigné, *in* Littré). — *Une personne salée,* à l'esprit railleur et piquant (cf. Mᵐᵉ de Sévigné, Saint-Simon, Voltaire, *in* Littré).

b (Fin XVIIᵉ). Spécialt. Mod. Qui a un caractère licencieux, grivois. ⇒ **Corsé, cru, grossier, pimenté, poivré.** *Des propos salés.*

3   Un dru langage était devenu en effet le nôtre, et si salé que ces dames en rougissaient parfois (...)   CÉLINE, Voyage au bout de la nuit, p. 87.

♦ **4.** (1660, « [prix] exagéré »). Fam. Qui est exagéré, excessif (comme un aliment trop salé). *Condamnation salée.* ⇒ **Sévère.** — *La note est salée. Prix salé.* ⇒ **Cher.** — Adverbialement :

4   (...) cet influent personnage dont les préfets, les sénateurs (...) recherchent la protection, et qui doit le leur faire payer salé (...)
         Alphonse DAUDET, le Nabab, X.

5   — Dès le jour même, je suis allé louer une loge pour la saison (...) Et c'est salé, dans ce théâtre-là!

6   — C'est un sacrifice momentané.   E. LABICHE, la Poudre aux yeux, II, 1.

CONTR. Fade, insipide. — Frais.
COMP. Sursalé.
HOM. 2. Salé, saler.

---

2. SALÉ [sale] n. m. — XVIᵉ, *petit salé; salé* « viande ou poisson salé », 1636; de *porc salé.* → Saler.

♦ **1.** Porc salé. *Manger du salé.* — **PETIT SALÉ** : chair salée d'un jeune cochon, puis morceaux de poitrine de porc, coupés plus fin et placés sur le dessus du saloir, pour être mangés les premiers (moins salés). *Petit salé aux lentilles.*

♦ **2.** (1860). Pop., vieilli. *Salé* ou *petit salé* : petit enfant. ⇒ **Lardon** (cit. 4).

On sait qu'un salé est un enfant.
Le chantage à l'enfant est un des plus redoutables que je connaisse. Des bandits sont à l'affût des malheureuses filles qui ont eu un malheur et qui vont, comme nous le verrons plus loin, qui vont, dis-je, trouver la sorcière.
         GORON, l'Amour à Paris, t. III, p. 1284 (1900).

HOM. 1. Salé, saler.

SALÈGRE [salɛgʀ] n. m. — 1836; « sel qui adhère au fond des récipients (poêles) utilisés pour la fabrication artisanale », 1660; du rad. *sal* « sel ».

♦ Techn., régional. Pierre imprégnée de sel, que les animaux peuvent lécher à l'étable ou à l'écurie.

SALEMENT [salmɑ̃] adv. — 1511; de *sale.*

♦ **1.** D'une manière malpropre, sale, en salissant ou en se salissant. *Manger salement.*

(Avec un effet stylistique rapprochant ce sens du précédent). D'une manière qui fait pitié et horreur.

1   La semaine suivante, ces vigoureux et joyeux garçons de 1914 (...) mouraient salement au milieu des cerisiers. Ils allaient mourir comme cela pendant quatre ans, et plus salement encore; dans la crasse et dans la mouscaille, serrés dans les boyaux, terrés dans les tranchées (...)   J. DUTOURD, les Taxis de la Marne, III, II.

♦ **2.** D'une manière contraire à la pudeur ou à la correction (→ Ordure, cit. 10 ; reproduire, cit. 6).

♦ **3.** D'une manière contraire à la loyauté. *Ils avaient salement manigancé leur coup* (cit. 61).

♦ **4.** (Intensif). Fam. Très, bien, beaucoup. *Salement malade* (→ 2. Froid, cit. 7).

2   Je suis salement emmerdé, dit Mathieu (...)   SARTRE, l'Âge de raison, p. 100.

3   Il (...) s'arrêta devant une petite auto noire : « Elle est bien, non ? (...)
— Ça va nous rendre salement service », dit Henri en ouvrant la portière.
         S. DE BEAUVOIR, les Mandarins, p. 97.

CONTR. (Du sens 1.) **Proprement.**

SALEP [salɛp] n. m. — 1740 ; arabe *sāḥlāb*, même sens.

♦ Méd., pharm. Substance mucilagineuse extraite de bulbes d'orchidées et servant notamment d'excipient.

SALER [sale] v. tr. — V. 1155 ; de *sel*, lat. *sal*.

A. ♦ **1.** Assaisonner* avec du sel. *Saler la soupe, sa viande... Saler un plat* (en faisant la cuisine). → aussi Pot, cit. 11. — Absolt. *Elle sale trop.*

♦ **2.** Imprégner de sel, pour conserver. ⇒ **Salaison**. *Saler le hareng* (cit. 1). — *Saler les cuirs*, les saupoudrer de sel pour les conserver, quand on ne les tanne pas immédiatement.

♦ **3.** Techn. *Saler la chaussée*, pour la rendre moins glissante.

B. (XIIIᵉ, « battre »). Fig. ♦ **1.** Fam. Punir sévèrement. *« Le tribunal l'a salé »* (Académie).

♦ **2.** (1589, « saler qqch. » le vendre trop cher). *Saler la note :* demander un prix excessif. *Saler le client :* vendre* trop cher. ⇒ **Étriller.**

♦ **3.** Rendre salé* (1. Salé, 3.), piquant et égrillard. — Au p. passé :
À l'issue de la messe de jour, les deux familles se réunissaient dans un grand repas, où la plaisanterie du temps assez vive, salée d'un reste de gaieté gauloise, jouait brutalement avec la pudeur de la mariée.
         Ed. et J. DE GONCOURT, la Femme au XVIIIᵉ siècle, t. I, p. 39.

DÉR. Salage, salaison, salant, 1. salé, 2. salé, saleur, salure.
COMP. Dessaler, resaler.
HOM. 1. Salé, 2. salé.

SALERNE [salɛrn] n. m. — 1904 ; *salherne* « variété d'olive », 1600 ; du nom de *Salernes*, dans le Var.

♦ Vitic. Cépage blanc cultivé dans les Alpes-Maritimes.

SALERON [salRɔ̃] n. m. — 1406 ; dimin. de *salere* « salière ».

♦ **1.** Techn. Partie creuse d'une salière.

♦ **2.** Petite salière individuelle.

SALÉSIEN, IENNE [salezjɛ̃, jɛn] adj. et n. — 1808 ; de saint François de *Sales*.
Didactique.

♦ **1.** Relatif à saint François de Sales. *Doctrine, morale salésienne.*

♦ **2.** N. m. Prêtre d'un ordre fondé par saint Jean Bosco (1857) pour recueillir les enfants abandonnés et leur donner un métier. *Pensionnat salésien.* — N. f. *Salésienne* (ou *fille de Marie Auxiliatrice*).

SALETÉ [salte] n. f. — 1511 ; de *sale*.

A. ♦ **1.** Caractère de ce qui est sale (A., 1.). ⇒ **Malpropreté, saloperie**. *Saleté des habits, du corps. Un air de saleté* (→ Gaze, cit. 4). *La saleté et la misère universelles* (→ Abrutissement, cit. 3).

1   On respecte dans l'ancien château de Potsdam les taches de tabac, les fauteuils déchirés et souillés, enfin toutes les traces de la malpropreté du prince renégat. Ces lieux immortalisent à la fois la saleté du cynique, l'impudence de l'athée, la tyrannie du despote et la gloire du soldat.
         CHATEAUBRIAND, Mémoires d'outre-tombe, t. I, p. 139.

2   La salle était d'une saleté noire, le carreau et les murs tachés de graisse, le buffet et la table poissés de crasse ; et une puanteur de ménage mal tenu prenait à la gorge.
         ZOLA, Germinal, II, III.

♦ **2.** **ⓐ** *(La saleté).* Ce qui est sale, souillé, mal tenu ; ce qui salit. ⇒ **Boue, crasse, crotte** (II.), **gâchis, gadoue, merde, ordure** (1.) (→ Guerre, cit. 23). *Croupir*, vivre dans la saleté.* ⇒ **Bauge ; pouillerie.** *Patouiller, patauger dans la saleté.*

ⓑ *(Une, des saletés).* ⇒ **Ordure.** *Il y a des saletés dans cette eau.* ⇒ **Impureté.** — Par euphém. Excrément. *Le chat a encore fait ses saletés dans la cuisine.*

B. (XVIᵉ). Fig. ♦ **1.** Impureté ; obscénité. ⇒ **Sale** (B., 1.). *La saleté d'un propos.*

♦ **2.** *(Une, des saletés).* Chose immorale, indélicate (⇒ **Canaillerie, vilenie**), grossière (⇒ **Grossièreté**), méprisable (⇒ **Laideur, 3. ; sordidité**). *Bêtises, bassesses et saletés* (→ Écœurer, cit. 3).

3   Y a-t-il jamais eu sous le soleil une saleté plus révoltante : me déshériter moi, son fils unique, en faveur de cet ignoble Levantin ?   J. ROMAINS, Volpone, IV, 2.

Spécialt. Propos, image obscène. ⇒ **Obscénité** (→ Honnête, cit. 11, Molière).

4   Madame Lerat ayant lâché un mot raide, elle cria que, nom de Dieu ! elle n'autorisait personne, pas même sa tante, à dire des saletés en sa présence.
         ZOLA, Nana, VI.

♦ **3.** (1836, cit.). Fam. Chose sans valeur, qu'on méprise, qui déplaît. ⇒ **Cochonnerie, saloperie** (fam.) ; → aussi Casse-pattes, cit. ; infect, cit. 5. — Iron. *Ce n'est pas mauvais du tout, ces petites saletés-là* (→ Mine, cit. 9).

5   Cette maison offrait un amas confus de saletés et de magnifiques choses.
         BALZAC, la Vieille Fille, Pl., t. IV, p. 229 (1836).

♦ **4.** (1916, Barbusse). Trivial. Terme d'injure. ⇒ **Salaud, salope ; ordure** (→ Mais, cit. 32). *Saleté, va !* — (Souvent sens atténué, fam.). *Tu es encore venue me chiper des bonbons, petite saleté !*

CONTR. Netteté, propreté, pureté. — Désinfection.

SALEUR, EUSE [salœR, φz] n. — V. 1560 ; de *saler*.

♦ **1.** Personne dont le métier est de saler, de faire des salaisons* (salaisonnier). *Saleur de viandes, de choux* (fabrication de la choucroute)... — Spécialt. Pêcheur de morue, chargé de saler le poisson sur les lieux de pêche. *Les saleurs des goélettes paimpolaises.*

♦ **2.** N. f. (V. 1960). Véhicule utilisé pour le salage* (2.) des chaussées.

SALICACÉES [salikase] n. f. pl. — 1930 ; du lat. *salix* « saule », et suff. *-acées*.

♦ Bot. Famille de plantes dioïques amentifères à fruit en capsule, dont le saule est le type, et qui regroupe les saules (genre *Salix*) et les peupliers (genre *Populus*). — Au sing. *Une salicacée.*

SALICAIRE [salikɛR] n. f. — 1694 ; du lat. bot. *salicaria*, de *salix*, *-icis* « saule », la *salicaire* poussant souvent parmi les saules.

♦ Plante dicotylédone *(Lythrariées)*, herbacée, vivace, qui pousse près de l'eau. *Le nom scientifique de la salicaire est* Lythrum. *Salicaire commune, effilée. Fleurs rouges de la salicaire.*

(...) bientôt je percevais l'odeur de la salicaire, qui pousse en abondance sur le bord des étangs. Elle se disposait quelque part, en moi ; et c'est autour de cette odeur, un peu vésicante, que réapparaissaient, un à un, et que se disposaient les premiers éléments du monde.   H. BOSCO, le Jardin d'Hyacinthe, p. 30.

SALICALES [salikal] n. f. pl. — Mil. XXᵉ ; du lat. *salix*, *-icis* « saule », et suff. *-ales*.

♦ Bot. Ordre de plantes dicotylédones apétales ne comprenant que la famille des *salicacées.*

SALICINE [salisin] n. f. — 1830 ; du lat. *salix*, *-icis* « saule », et suff. *-ine.*

♦ Chim. Vx. Salicoside*.

L'écorce de saule, en effet, a été justement considérée comme un succédané du quinquina, aussi bien que le marronnier de l'Inde, la feuille de houx, la serpentaire, etc. Il fallait évidemment essayer de cette substance, bien qu'elle ne valût pas le quinquina, et l'employer à l'état naturel, puisque les moyens manquaient pour en extraire l'alcaloïde, c'est-à-dire la salicine.
         J. VERNE, l'Île mystérieuse, t. II, p. 720.

DÉR. V. Salicylé, salicyler, salicylique.

SALICIONAL [salisjɔnal] n. m. — 1877, *in* Littré, Suppl. ; *salicianat*, 1823 ; empr. de l'all. *Salizional*, forme latinisée de *Weidenpfeife* « flûte d'écorce (de saule) ».

♦ Mus. Jeu de fonds d'un orgue, de taille réduite.

SALICOLE [salikɔl] adj. — 1866 ; du lat. *sal* « sel », et *-cole.*

♦ Didact. Qui concerne l'extraction du sel et les fabrications auxquelles elle donne lieu (soude, chlore, carbonate de sodium, etc.).

SALICOQUE [salikɔk] n. f. — 1560 ; *saige coque*, 1530 ; *salecoque*, 1554 ; mot normand, de formation obscure ; une forme *saillecoque*, de *saillir* « sauter », et *coque* « coquillage », vient peut-être de « croisements secondaires » (Bloch) ; pour Guiraud, le second élément correspond au verbe *coquer, coter* « frapper, donner des coups de corne »).

♦ Régional. Crevette grise ou crevette rose. — En Normandie, Crevette rose. ⇒ **Bouquet.**

(...) il vit dedans trois grosses salicoques transparentes, cueillies à l'aveuglette dans leur cachette invisible. Il les présenta, triomphant, à Mme Rosémilly qui n'osait point les prendre, par peur de la pointe aiguë et dentelée dont leur tête fine en armée.   MAUPASSANT, Pierre et Jean, VI.

SALICORNE [salikɔʀn] n. f. — 1611 ; altér., d'après *corne*, de *salicor* (1564), mot arabe *(salcoran)*, d'après O. de Serres ; un croisement avec *sal* « sel » (corne à sel) est plausible (Guiraud).

♦ Plante dicotylédone *(Salsolacées* ou *Chénopodiacées)*, herbacée, qui croît dans les terrains salés. *La cendre de salicorne fournit de la soude.* — Syn. : *christe-marine.*

À perte de vue, parmi les pâturages, des marais, des roubines, luisent dans les salicornes.   Alphonse DAUDET, Lettres de mon moulin, « En Camargue », I.

SALICOSIDE [salikozid] n. m. ou f. — 1933 ; du lat. *salix, -icis* « saule », et *-oside* (d'après *glucoside)*.

♦ Chim. Glucoside contenu dans l'écorce de saule, de peuplier, et utilisé en pharmacie pour ses propriétés analgésiques.

SALICULTEUR, TRICE [salikyltœʀ, tʀis] n. — Mil. xxe ; de *saliculture,* et *-culteur.*

♦ Didact. Producteur (productrice) de sel en salines. — Employé (employée), ouvrier (ouvrière) d'une saline.

SALICULTURE [salikyltyʀ] n. f. — 1870 ; du rad. *sal* « sel », et *-culture.*

♦ Didact. Production du sel en salines*.

SALICYLATE [salisilat] n. m. — 1855 ; de *salicylique,* et *-ate.*

♦ Chim. Sel ou ester de l'acide salicylique. *Salicylates d'amyle* (tréfol), *d'allyle,* utilisés en parfumerie. — Cour. *Salicylate de phénol* (salol) : antiseptique intestinal et vésical. *Le salicylate de soude* (traitement des rhumatismes).

[1] (...) tout le poisson était conservé avec du salicylate, très bon conservateur des produits alimentaires, mais mortel pour le cerveau et les reins de la population parisienne (...)   Ed. et J. DE GONCOURT, Journal, 21 juil. 1885, t. VII, p. 43.

[2] (...) les crises *(de goutte)* revenaient presque tous les mois ; le salicylate, après les avoir soulagées, semblait en redoubler la violence.
                                              ZOLA, la Joie de vivre, IV, t. I, p. 139.

SALICYLÉ, ÉE [salisile] adj. — Mil. xxe ; de *salicyle.* → Salicylique (étymologie).

♦ Chim. De l'acide salicylique ; des salicylates. *Dérivés salicylés.*

SALICYLER [salisile] v. tr. — 1890, in P. Larousse, *Deuxième Suppl.* ; de *salicyle.* → Salicylique (étym.).

♦ Techn. Additionner (un liquide fermentescible) d'acide salicylique ou d'un salicylate pour en empêcher la fermentation (opération dite *salicylage,* interdite en France).

SALICYLIDE [salisilid] n. m. — 1904 ; de *salycilique.*

♦ Chim. Ester formé par élimination d'eau entre des molécules d'acide salicylique.

SALICYLIQUE [salisilik] adj. — 1838 ; de *salicyle,* radical hypothétique, de *salicine.*

♦ *Acide salicylique* : acide ortho-hydro-benzoïque, de formule $C_4 H_4 (OH) (COOH)$, qui se rencontre dans les fleurs de reines des prés, dans l'essence de Wintergreen, etc., et se présente sous forme d'aiguilles blanches fondant à 156 °C. *L'acide salicylique est obtenu par action du gaz carbonique sur le phénate de sodium ; antiseptique puissant* (employé en médecine et autrefois pour la conservation des aliments), *il entre aussi dans la préparation de matières colorantes ; il sert à la préparation de l'acide acétylsalicylique* (dérivé acétylé nommé *aspirine**) $C_4 H_4 (OH) (COOH)$. — *Aldéhyde salicylique* ou *salicylal.*

DÉR. Salicylate, salicylide, salycilisme.
COMP. Acétylsalicylique.

SALICYLISME [salisilism] n. m. — xxe ; de *salicylique.*

♦ Méd. Intoxication due à un traitement par des doses excessives d'acide salicylique ou de salicylates (nausées, vomissements, bourdonnements d'oreille, somnolence).

1. SALIEN [saljɛ̃] n. m. — 1740, Trévoux ; du lat. *Salii* « sauteurs », à cause des danses qu'ils exécutaient.

♦ Antiq. rom. Prêtre de Mars. — Adj. *Prêtres saliens.*
Par ext. *Chants saliens,* en l'honneur du dieu Mars.

2. SALIEN, IENNE [saljɛ̃, jɛn] adj. ⇒ **Salique** (étym.), et aussi 1. **franc.**

SALIÈRE [saljɛʀ] n. f. — 1180, *saillière* ; de *sel,* lat. *sal.*

♦ **1.** Petit récipient dans lequel on met le sel, et qu'on place sur la table du repas. *Salière formée d'un ou de deux creux* (⇒ **Saleron**), *montés ou non sur pied. Salière poivrière*. Salière d'orfèvrerie* (→ Dressoir, cit.). — *Salière renversée,* accident redouté des personnes superstitieuses.

[1] (...) il se tourna vers mon père et lui demanda du sel, surpris qu'on ne lui eût point d'abord présenté la salière. — Ainsi, dit-il, en usaient les anciens. Ils offraient le sel en signe d'hospitalité. Ils plaçaient aussi des salières dans les temples, sur la nappe des dieux.
                    FRANCE, la Rôtisserie de la reine Pédauque, II, in Œ., t. VIII, p. 12.

Ancienn. Coupe. ⇒ **Essai** *(supra* cit. 5).

♦ **2.** (1600). Partie enfoncée, au-dessus de l'œil du cheval. — (En parlant des personnes) :

[2] Mais les rides creuses de ses joues, les redans de son crâne tortueux et sillonné, les salières qui marquent ses yeux et ses tempes, n'indiquent rien de débile dans sa constitution.   BALZAC, Une fille d'Ève, Pl., t. II, p. 86.

♦ **3.** (1611). Fam. Enfoncement derrière la clavicule*, chez les personnes maigres.

♦ **4.** Techn. (boucherie). Partie de l'épaule de bœuf, la plus proche du cou.

SALIFÈRE [salifɛʀ] adj. — 1788, *montagne salifère* ; du lat. *sal, salis* « sel », et *-fère.*

♦ Didact. Qui renferme du sel. — Géol. *Tectonique salifère,* où les sels de sodium et de potassium confèrent, par leur légèreté et leur plasticité, des caractères particuliers au relief.

SALIFIABLE [salifjabl] adj. — 1789 ; de *salifier.*

♦ Chim. Se dit d'un acide, d'un anhydride, d'une base ou d'un oxyde basique susceptibles d'être transformés en sel. *Base salifiable.*

SALIFICATION [salifikasjɔ̃] n. f. — 1800 ; de *salifier.*

♦ Chim. Formation d'un sel, au cours d'une réaction chimique ; réaction d'un acide sur une base. *Réaction de salification.*

SALIFIER [salifje] v. tr. — 1789, Lavoisier ; comp. sav. du lat. *sal* « sel », et *facere* « faire ».

♦ Chim. Transformer en sel, avec production d'eau, par la réaction acide-base.

DÉR. Salifiable, salification.

SALIGAUD [saligo] n. m. — xiie-xiiie, *saligot,* nom propre et surnom en wallon et picard ; *saligot,* injure, fin xive ; adj., 1611, « mal tenu » ; *saligaud,* 1656 ; probablt du francique **saligue* « sale », et suff. péj. *-ot.* Familier.

♦ **1.** Personne sale*, malpropre. ⇒ **Salaud.** *Petit saligaud !*

♦ **2.** (1888). Personne ignoble, répugnante (au moral). *Infâme saligaud* (→ Gueux, cit. 10).

[1] — Quel saligot de fiacre ! Ah ! mes enfants, ne prenez jamais un vieux cocher !
                                              Ed. DE GONCOURT, la Faustin, VI.

[2] Je tenais, sans le vouloir, le rôle de l'indispensable « infâme et répugnant saligaud » honte du genre humain, qu'on signale partout au long des siècles, dont tout le monde a entendu parler, ainsi que du Diable et du Bon Dieu, mais qui demeure toujours si divers, si fuyant (...) insaisissable en somme. Il avait fallu que l'on m'isole enfin, « le saligaud », l'identifier, le tenir, les circonstances exceptionnelles qu'on ne rencontrait que sur ce bord étroit.   CÉLINE, Voyage au bout de la nuit, p. 108.

Var. graphique : *saligot, ote.* ⇒ **Saligoter.**

SALIGNON [salinɔ̃] n. m. — 1257, *saluygnon* ; d'un lat. vulg. **salinio, salinionis,* de *salinum.* → Salin.

♦ Techn. Sel en pain, obtenu par évaporation de l'eau d'un puits salant (fontaine, source salée).

SALIGOTER [saligɔte] v. tr. — Fin xixe ; de *saligot.* → Saligaud.

♦ Fam. Faire très mal (un travail). ⇒ **Bousiller, saboter, saloper.**

SALIN, INE [salɛ̃, in] adj. et n. — 1600 ; du lat. *salinus*, de *sal* « sel ».

★ **I.** Adj. ♦ **1.** Qui contient du sel, est formé de sel. *Croûte saline* (→ Chott, cit.). *Efflorescences salines* (→ Délétère, cit. 2). — Vx. *Les corps salins :* les sels*. — *Substances salines de l'eau de mer* (chlorure de sodium, de magnésium, sulfate de magnésium, de chaux...) — *Goût salin.* ⇒ **Salé.** *Effluves salins* (→ 1. Marin, cit.). *Indice salin,* de salinité.

Géol. *Roche sédimentaire saline,* provenant de l'évaporation de l'eau de mer et composée de gypse, de sel gemme, de sels de potassium.

♦ **2.** Didact. Relatif à un sel.

★ **II.** N. m. (« Grenier à sel » en provençal, 1454 ; sens techniques XVIIᵉ et XVIIIᵉ ; sens mod., 1870 ; du lat. *salinum*). Marais salant. ⇒ **Marais** (3.), **saline.**

DÉR. **Salinité.**
HOM. (Du fém.) **Saline.**

SALINAGE [salinaʒ] n. m. — 1407, « droit de faire du sel » ; sens mod., XVIIIᵉ (1765) ; de l'anc. v. *saliner* (*salineir,* 1255).
Technique.

♦ **1.** Concentration d'une saumure pour obtenir le dépôt de sel.

♦ **2.** (1907). Emplacement où l'on recueille le sel.

SALINE [salin] n. f. — 1165 ; du lat. *salinæ ;* a signifié « viande salée, poisson salé », le mot étant alors dér. de *sel.*

♦ **1.** Entreprise de production du sel, par évaporation de l'eau de mer (dans les marais* salants), ou par pompage de la saumure* dans des sondages et évaporation *(salines « ignigènes »).*

♦ **2.** Marais salants (⇒ **Salin,** II.) ; spécialt, troisième bassin où le sel s'évapore. *Exploitation d'une saline.* ⇒ **Saliculture.**

1   Les marais salants de l'Ouest, appelés aussi « salines », diffèrent des salins de la côte méditerranéenne (...) *Sur le plan technique,* les marais salants mettent à profit les fortes marées de l'océan Atlantique (...) L'installation est donc affranchie de la servitude des pompes et rouets en usage dans les salins de la côte méditerranéenne.   Jean STOCKER, le Sel, p. 29.

2   Des salines défilent, bordées d'un gazon de sel étincelant (...)   COLETTE, Belles saisons, p. 153.

♦ **3.** (Académie). Vx. Mine de sel gemme.

DÉR. **Salinier.**
HOM. **Saline** (fém. de *salir*).

SALINGUE [salɛ̃g] adj. et n. — 1925 ; de *sale,* et suff. argotique *-ingue.*
Populaire.

♦ **1.** Adj. Sale (au physique et au moral). ⇒ **Crado.**

1   Moi on m'avait mis un médicament salingue qui poissait mon oreiller.   R. QUENEAU, Loin de Rueil, p. 19.

2   Java qui accepte même de prendre un rendez-vous avec son ancien amant, et de l'amener dans un guet-apens où René le dévalisera. Quand il nous a quittés René me dit :
— Il est drôlement salingue ; Java. Faut être dégueulasse pour faire ce qu'il fait. Moi, tu vois, j'oserais pas.   Jean GENET, Journal du voleur, p. 262-263.

♦ **2.** N. Personne sale ou moralement répugnante.

3   Une puanteur fade et lourde, mêlée de graisse de bouc et du parfum dont il s'arrosait la poire, à l'habitude. Elle avait pas dû rire, la pauvre Annette, avec ce salingue !   Albert SIMONIN, Touchez pas au grisbi, p. 150.

♦ **3.** Fig. *C'est pas salingue :* c'est assez bien (ou très bien). Cf. C'est pas sale.

SALINIER, IÈRE [salinje, jɛR] adj. et n. — 1803 ; *sallenier,* en picard, 1460 ; de *saline.*

♦ **1.** Relatif à la production du sel. *L'industrie salinière.*

♦ **2.** Techn. Personne qui conduit les opérations d'extraction du sel marin. ⇒ **Paludier.**

SALINITÉ [salinite] n. f. — 1867 ; de *salin.*

♦ **1.** Caractère de ce qui est salin.

♦ **2.** Teneur en sels dissous (d'un soluté). ⇒ **Salaison** (3.). — Spécialt. Teneur en chlorure de sodium (d'une eau, et en particulier de l'eau de mer). ⇒ **Salure.** *Salinité d'une mer* (cit. 5), *d'un lac. Variations de salinité.*

SALIQUE [salik] adj. — XVIᵉ, Loysel, *in* Littré ; lat. médiéval *salicus,* du nom des *Saliens,* tribu de Francs riverains de la *Sala* (l'Yssel).

♦ Hist. Relatif aux Francs Saliens. ⇒ 1. **Franc.** — **LOI SALIQUE :** corps de lois contenant la règle qui exclut les femmes du droit

de succession à la terre des ancêtres (*terre salique ;* → Hérédité, cit. 3) ; spécialt, cette règle, invoquée au XIVᵉ siècle pour exclure les femmes de la succession à la couronne de France (→ Quenouille, cit. 2).

SALIR [saliR] v. tr. — XIIᵉ ; de *sale.*
Rendre sale, plus sale.

♦ **1.** Altérer la netteté, la pureté de (qqch.) par un contact plus ou moins répugnant (⇒ **Saleté**) ou enlaidissant. ⇒ **Abîmer, barbouiller, crotter, éclabousser, embouer** (vx), **encrasser, gâter, graisser, mâchurer, maculer, noircir, poisser, souiller, tacher.** *Salir ses vêtements, un morceau d'étoffe* (→ Haillon, cit. 2), *ses manchettes, son col de chemise. Cet enfant salit tout.* — Spécialt. Souiller par ses déjections. *Salir ses draps, son lit* (→ Arriéré, cit. 4). — *Salir les tapis, les parquets. Salir les assiettes, la vaisselle* (en mangeant). → Quintessence, cit. 3. *Les mouches ont sali cette glace.* ⇒ **Jaunir.** — *Usine qui salit l'eau d'une rivière.* ⇒ **Contaminer, polluer.** — *Salir ses doigts. Se salir les mains* (au sens propre) ; au fig. : travailler de ses mains (→ Fricoter, cit.).

1   (...) elle savait (...) les secrets de la propreté de chacun (...) le nombre de bas, de mouchoirs, de chemises qu'on salissait par semaine (...)   ZOLA, l'Assommoir, V, t. I, p. 181.

2   (...) de hautes cheminées crachant de la suie, salissant cette campagne ravagée de faubourg industriel.   ZOLA, Germinal, II, II.

3   Comme tu tiens à ta pureté, mon petit gars ! Comme tu as peur de te salir les mains (...) Moi j'ai les mains sales. Jusqu'aux coudes. Je les ai plongées dans la merde et dans le sang. Et puis après ? Est-ce que tu t'imagines qu'on peut gouverner innocemment ?   SARTRE, les Mains sales, V, 3.

Par ext. *Salir du papier :* écrire.

(Sujet n. de la chose qui salit). *Chose qui salit les doigts* (→ Incident, cit. 4 ; et aussi escale, cit. 1).

♦ **2.** (XVIIᵉ, Guez de Balzac). Fig. Abaisser moralement. *La vénalité qui salit le poète* (→ Boue, cit. 10). — Spécialt. « Souiller par des idées, des images obscènes » (Littré). *Salir l'imagination.*

4   Les promiscuités de la caserne, l'ordure des propos de chambrée, la préoccupation bestiale de tous ces mâles pour l'accouplement, me salissaient l'idée de l'amour, y mêlaient une odeur de sueur, de suint, de rigolade, d'excrément, de sottise.   J. ROMAINS, les Hommes de bonne volonté, t. IV, VII, p. 71.

Avilir par une tache morale. ⇒ **Déshonorer, diffamer, flétrir** (→ Minimiser, cit. 2 ; réquisitoire, cit. 4). *Salir injustement qqn.* ⇒ **Baver** (sur), **calomnier** (cf. Couvrir de boue). *Salir la réputation de qqn.*

▶ **SE SALIR** v. pron. (1690).

(Au sens concret). *Se salir en tombant.* — Fig. Faire une chose nuisible à sa réputation, s'avilir. ⇒ **Embourber** (s').

5   (...) je ne puis pas estimer un homme qui se salit sciemment pour une somme d'argent quelle qu'elle soit. Cent sous volés au jeu, ou six fois cent mille francs dus à une tromperie légale, déshonorent également un homme.   BALZAC, Madame Firmiani, Pl., t. I, p. 1043.

6   (..) je voyais encore (...) les petites filles nattées, en robes trop courtes et bas noirs, jouer sans se salir, pour une fois, sur la boue durcie des trottoirs dont les flaques se sont séchées.   Michel BUTOR, l'Emploi du temps, p. 102.

▶ **SALI, IE** p. p. adj.

7   Dans un hall sombre, deux hommes demi-nus jetaient des pelletées de charbon sur un brasier aveuglant, puis reculaient vers la porte d'entrée, la face salie et mouillée de sueur (...)   J. CHARDONNE, les Destinées sentimentales, p. 495.

CONTR. Astiquer, blanchir, cirer, curer, désinfecter, essuyer, laver, nettoyer, purifier.
DÉR. **Salissant, salissement, salisseur, salisson, salissure.**
COMP. **Insalissable. — Resalir.**

SALISSANT, ANTE [salisɑ̃, ɑ̃t] adj. — 1964 ; p. prés. de *salir.*

A. ♦ **1.** Qui salit. *Matières salissantes.*

♦ **2.** (1834). Qui fait se salir ; où l'on se salit. *Besogne, occupation, profession salissante, dangereuse et salissante. Je ne veux pas tripoter dans le moteur, c'est trop salissant.*

♦ **3.** Fig. Qui souille moralement.

Il lui faudrait subir (...) — à moins qu'il ne fût ivre-mort et vomissant, — les réflexions de ce bandit, plus salissantes que son ivresse (...)   Léon BLOY, la Femme pauvre, I, XVI.

♦ **4.** Agric. *Herbes salissantes,* mauvaises herbes (qui « salissent » les cultures).

B. ♦ **1.** (1870). Choses. Qui se salit aisément, qu'il est difficile de tenir propre. *Étoffes fortes et peu salissantes* (→ Habillement, cit. 5).

♦ **2.** Agric. *Plantes salissantes,* qui sont semées à la volée et dont la disposition ne permet pas le sarclage. *Les céréales sont des plantes salissantes.*

SALISSEMENT [salismɑ̃] n. m. — XXᵉ ; de *salir.*

♦ Rare. Action de salir ; son résultat. ⇒ **Salissure.**

Ces effluves résineux, sucrés d'un parfum mûri par la peau, réajusté à elle, à sa respiration et à son salissement, à son échauffement dans la tanière de sa robe bleue, entre mille elle les reconnaîtrait.
    M. DURAS, Dix heures et demie du soir en été, p. 168.

SALISSEUR, EUSE [salisœʀ, øz] n. — Fin XIXᵉ ; de *salir*.

♦ Rare. Celui, celle qui salit (qqch.).

Le salisseur de murs dont je demanderais pardon d'écrire le nom (...) est un sous-abject qui ne vaut pas, je le sais bien, qu'on parle de lui, ni même qu'on y pense.
    Léon BLOY, le Désespéré, 1886, p. 167.

SALISSON [salisɔ̃] n. f. — 1585 ; de *salir*.

♦ Fam., régional. Petite fille malpropre. ⇒ **Souillon.**

SALISSURE [salisyʀ] n. f. — 1540 ; de *salir*, et suff. *-ure*.

♦ Chose qui salit, souille. ⇒ **Ordure, saleté, souillure.** *Une, des salissures. Salissure de boue projetée.* ⇒ **Éclaboussure, tache.** — (Collectif). *La salissure qui couvre une glace.*

1   (...) dans certains champs, on venait d'étendre les tas, dont le flot répandu ombrait au loin le sol d'une salissure noirâtre.   ZOLA, la Terre, V, I.

2   (...) cette faute qui n'est pas tant le meurtre lui-même, le simple fait que l'on a tué (...) que la salissure qui l'accompagne (...)
    Michel BUTOR, l'Emploi du temps, p. 147.

1. SALITE [salit] n. f. — 1876, *in* P. Larousse ; lat. *salita*, de *salire* «sauter».

♦ Didact. Rampe en pente douce, comportant des marches espacées.

HOM. 2. Salite.

2. SALITE [salit] n. f. — 1904 ; orig. incert., p.-ê. de *sal* «sel».

♦ Minéralogie. Silicate naturel, pyroxène de couleur verte.

HOM. 1. Salite.

SALIVAIRE [salivɛʀ] adj. — 1690 ; *salival*, XVIᵉ ; du lat. *salivarius*, de *saliva*. → Salive.

♦ Anat. Qui a rapport à la salive. *Sécrétion salivaire* (→ Salivation, cit.). *Sucs salivaires* (→ Mâcher, cit. 1). *Digestion salivaire. Glandes salivaires*, qui sécrètent la salive. ⇒ **Parotide, sous-maxillaire, sublingual.**

SALIVANT, ANTE [salivɑ̃, ɑ̃t] adj. — 1765 ; de *saliver*.

♦ Rare. Qui fait saliver. *Substances salivantes.* ⇒ **Masticatoire ; sialalogue.**

SALIVATION [salivasjɔ̃] n. f. — 1560 ; bas lat. *salivatio*, de *salivare*. → Saliver.

♦ Anat. Sécrétion et excrétion de la salive (⇒ **Bouche**). — Spécialt. Sécrétion salivaire exagérée. ⇒ **Ptyalisme, sialorrhée.**

L'activité psychique est aussi capable de déclencher la sécrétion salivaire : le souvenir d'un mets appétissant, succulent, suffit à provoquer une salivation abondante (...) Les émotions peuvent également retentir sur la sécrétion salivaire, mais, d'une manière générale, leur action est inhibitrice (sensation de gorge sèche provoquée par la peur...).
    R. FABRE et G. ROUGIER, Physiologie médicale, p. 913.

SALIVE [saliv] n. f. — 1170 ; lat. *saliva*.

♦ Liquide produit par les glandes et glandules salivaires, à réaction légèrement alcaline, contenant des substances minérales et organiques, ainsi qu'une amylase ou ptyaline* qui intervient dans la digestion*. ⇒ **Bave** (→ Diastase, cit. 2). *L'ancienne médecine classait la salive parmi les humeurs*. *Sécrétion de salive* (→ Éthyle, cit. ; réflexe, cit. 2). ⇒ **Eau** (à la bouche), **salivation.** *Salive qui coule de la bouche*, qui sort en quantité de la bouche. ⇒ **Écume** (→ Gâteux, cit. 3). *Mouiller son doigt de salive pour feuilleter* (cit. 3) *un livre... Jet de salive* (→ Courbe, cit. 6 ; mépris, cit. 4). ⇒ **Crachat, cracher, postillon.** *Tarir la salive* (→ Gorge, cit. 18). *Absence de salive.* ⇒ **Aptyalisme, asialie, xérostomie.** *Pompe à salive*, utilisée par les dentistes. *Avaler sa salive* (→ Discours, cit. 9).

Jean Valjean fit encore une pause, avalant sa salive avec effort comme si ses paroles avaient un arrière-goût amer (...)   HUGO, les Misérables, V, VII, I.

Loc. fig. *Avaler* sa salive : se retenir de parler. *Dépenser beaucoup de salive* : parler énormément. *Dépenser sa salive pour rien, perdre sa salive* : parler* inutilement.

DÉR. Saliveux. — V. Salivaire, saliver.
COMP. V. Sialo-.

SALIVER [salive] v. intr. — 1611 ; du lat. *salivare*.

♦ Sécréter, rendre de la salive. ⇒ **Baver.**

Un chien salive toutes les fois qu'on lui donne à manger ou qu'on lui montre un aliment qui lui plaît. Le professeur Pavlow et ses «nombreux» — hélas ! — élèves s'appliquent à provoquer cette sécrétion, au gré d'une méthode purement psychique (...) un des élèves, Orbéli, a habitué un chien à saliver toutes les fois qu'on lui faisait voir la lettre T sur un fond clair (...)
    COLETTE, la Paix chez les bêtes, p. 207.

DÉR. Salivant, saliveur. — V. Salivation.

SALIVEUR, EUSE [salivœʀ, øz] n. — XXᵉ ; de *saliver*.

♦ Personne qui salive. — Par métaphore :

Mais quel est ce soliloque dont les yeux gris s'étonnent encore ? Fichu petit bourgeois ! Saliveur en dedans ! L'amour, je ne le vis pas, je le déclame. Monique, donne-moi ta simplicité.   Hervé BAZIN, la Mort du petit cheval, p. 168.

SALIVEUX, EUSE [salivø, øz] adj. — 1570, «plein de salive» ; «qui ressemble à de la salive», 1842 ; de *salive*.

♦ Baveux (syn. littér. et rare).

(...) le dernier jus littéraire de la saliveuse caducité du christianisme.
    Léon BLOY, le Désespéré, p. 144.

SALLE [sal] n. f. — 1080, *sale*, jusqu'au XIVᵉ ; d'un francique **sal*, all. *Saal*.

♦ **1.** (Dans une demeure privée). Ancienn. Dans un château, *Salle* ou *grand(e) salle* : vaste pièce où ont lieu les réceptions, les fêtes (→ Arranger, cit. 9 ; baller, cit. 2 ; 2. dîner, cit. 4). — Plus tard. Dans un hôtel particulier, une maison bourgeoise, *Vaste pièce où l'on vit, où l'on reçoit* (cf. Académie, 1694 ; → aussi Colonie, cit. 9 ; décorer, cit. 1 ; lettre, cit. 6).

Au rez-de-chaussée de la maison, la pièce la plus considérable était une *salle* dont l'entrée se trouvait sous la voûte de la porte cochère. Peu de personnes connaissent l'importance d'une salle dans les petites villes de l'Anjou, de la Touraine, et du Berry. La salle est à la fois l'antichambre, le salon, le cabinet, le boudoir, la salle à manger ; elle est le théâtre de la vie domestique, le foyer commun ; là, le coiffeur du quartier venait couper deux fois l'an les cheveux de monsieur Grandet ; là, entraient les fermiers, le curé, le sous-préfet, le garçon meunier.
    BALZAC, Eugénie Grandet, Pl., t. III, p. 492.   1

Régional, rural. *La salle* : la pièce principale, où l'on vit. *Il y a une salle et deux chambres.*

Vx. *Salle à manger* (cf. Molière, *l'Avare*).

Grande pièce (d'une vaste demeure, par oppos. aux chambres*).

SALLE DE, DU... *Salle du trône*, dans un palais royal. *Salle des gardes* (→ Paumer, cit. 5). *Salle d'armes* (cit. 40) *d'un château. La salle du trône*, dans le palais d'un souverain.

(Dans une demeure bourgeoise moderne). Rare. *Salle d'entrée* (→ Attabler, cit. 2). ⇒ **Antichambre, hall.** — *Salle de billard.* ⇒ **Billard** (→ Réception, cit. 7). *Salle de jeu.* — *Salle de jeux,* réservée aux enfants.

Je ne sais si c'est à cause de ce que la duchesse de Guermantes (...) avait dit de cette pièce, mais la salle de jeu du fumoir, avec son pavage illustré, ses trépieds (...) et surtout l'immense table en marbre ou en mosaïque émaillée, couverte de signes symboliques, cette salle de jeu me fit l'effet d'une véritable chambre magique.   PROUST, Sodome et Gomorrhe, Pl., t. II, p. 688.   2

Salle commune (→ Bûche, cit. 2). — Vx. *Salle basse* : grande pièce située au rez-de-chaussée ; *salle haute* : grande pièce à l'étage (→ Obscurité, cit. 1).

(Dans un appartement, un logement moderne). — (1636). **SALLE À MANGER** : pièce disposée pour y prendre les repas (→ 2. Desserte, cit. ; repas, cit. 19). *Le cénacle, le triclinium, salles à manger antiques. Des salles à manger* [salamɑ̃ʒe]. *Est-ce que vous mangez à la cuisine ou à la salle à manger ? Buffet, chaises, table, desserte, dressoir, crédence d'une salle à manger.* — Par métonymie. Mobilier de salle à manger. *Acheter une salle à manger en faux Louis XV, en rustique.*

(1765 ; *salle de bain*, 1691, «pièce d'un "appartement de bains"»). **SALLE DE BAINS** : pièce aménagée pour y prendre des bains et, de nos jours, équipée d'eau courante et d'une installation sanitaire (baignoire, bidet, douche, lavabo...). ⇒ **Bain** (les bains) ; → Discret, cit. 7 ; fortune, cit. 22. *Une salle de bains moderne, luxueuse. Faire aménager une salle de bains. Appartement de luxe : deux salles de bains. Être dans la salle de bains. Je n'ai pas la place d'installer une salle de bains, mais un cabinet* de toilette.* — REM. On a dit aussi *salle de bain* et *salle à bains* (vx).

(...) vous pensez bien que les salles de bains sont rares, surtout dans la classe bourgeoise, dans la petite propriété, qui a bien trouvé le moyen de faire son lit dans un divan, mais qui n'a pas songé à en faire un dans une baignoire (...)
    Ch. PAUL DE KOCK, la Grande Ville, t. I, p.18.   3

(Mil. XXᵉ). **SALLE D'EAU** : pièce aménagée pour les lavages et pour la toilette, en général plus sommairement que la salle de bains.

(Mil. XXᵉ). **SALLE DE SÉJOUR** : pièce servant de salon, salle à manger... ⇒ **Living, living-room** (anglic.), **séjour, vivoir** (Canada ; vx).

♦ **2.** (Dans un édifice ouvert au public). **[a]** *Les différentes salles d'un hôpital* (cit. 8). — *Fille* (cit. 42) *de salle, garçon de salle* : personnes chargées du ménage, de la propreté dans un établissement hospitalier. — *Les salles d'une école, d'un lycée* (⇒ **Dortoir, parloir, réfectoire** ; et → ci-dessous, Salle de classe, d'études), *d'une univer-*

sité (⇒ **Amphithéâtre**). *Les salles d'un musée* (→ Homme, cit. 14; pinacothèque, cit.). *Les salles d'une bibliothèque. La salle des imprimés, des manuscrits, des périodiques, à la Bibliothèque nationale. — Les salles d'un tribunal, du palais de justice. — Les salles d'un restaurant, d'un café, d'une auberge* (→ Bistrot, cit. 3; diverticule, cit.). *— Les salles d'un casino* (→ Jouer, cit. 31).

4   Cette salle ressemblait à toutes les salles de cabaret; des tables, des brocs d'étain, des bouteilles, des buveurs, des fumeurs; peu de lumière, beaucoup de bruit.
                                        HUGO, les Misérables, II, III, I.

4.1 La vaste salle s'étendait, avec ses quatre longues tables, perpendiculaires aux fenêtres, des tables doubles, très larges, occupées des deux côtés par des files d'élèves, encombrées d'éponges mouillées, de godets, de vases d'eau, de chandeliers de fer, de caisses de bois, les caisses où chacun serrait sa blouse de toile blanche, ses compas et ses couleurs.   ZOLA, l'Œuvre, p. 68.

b Qualifié, dans des expressions figées (dans les mêmes contextes). Hôpital, clinique. (1855). *Salle d'opérations.* ⇒ **Opération.** — *Salle de travail,* où les femmes accouchent. ⇒ **Travail.** — *Salle de réanimation. Salle de chirurgie. Salle blanche :* salle de chirurgie stérile. — *Salle commune :* salle où de nombreux malades alités sont placés (opposé à *chambre*). — Absolt. **SALLE.** *La salle des fiévreux* (→ Fièvre, cit. 3). — **SALLE DE GARDE,** où se tiennent les personnes (internes, etc.) de garde*, dans un hôpital. — *Chansons, plaisanteries de salle de garde :* chansons, plaisanteries de carabins* plus ou moins licencieuses, obscènes (valeur influencée par l'emploi de *corps de garde,* cit. 81 et *supra*). — **SALLE DE CLASSE,** dans un établissement d'enseignement. ⇒ **Classe.** — **SALLE D'ÉTUDE.** ⇒ **Étude.**
Salle de rédaction d'un journal (→ Guet-apens, cit. 4). *Salle des dépêches.* ⇒ **Bureau** (des dépêches).
Salle des balances d'un hippodrome, où ont lieu les pesées des jockeys.
(1538). *Salle d'audience. — Salle des actes* (d'un tribunal). *— Salle d'honneur.*
SALLE DE POLICE : local disciplinaire dans une caserne. **SALLE D'ARRÊT** (même sens). — **SALLE DE DISCIPLINE,** d'une prison (cit. 2).
(1904). *Salle d'honneur :* local où sont conservés les souvenirs d'un régiment.
(Transports). **SALLE D'ATTENTE** : salle aménagée dans une gare, pour les voyageurs qui attendent un train. *La salle d'attente des premières, des secondes* (→ Empester, cit. 2). — **SALLE DES PAS PERDUS.** ⇒ **Pas** (cit. 8).
SALLE D'EMBARQUEMENT : salle située près des portes d'embarquement, qui sert de salle d'attente pour les passagers d'un même vol qui ont rempli les formalités d'embarquement dans un aéroport. *Les voyageurs pour Montréal sont priés de passer en salle d'embarquement.*
(Dans un bâtiment conventuel). *Salle capitulaire*,* où se réunit le chapitre.
(Dans une usine, une installation complexe). *Salle de contrôle.*

♦ **3.** (1677). Désignant aussi par métonymie l'établissement qui utilise la salle désignée. **SALLE D'ARMES,** où l'on enseigne et pratique l'escrime (cit. 4). — Absolt. **SALLE.** *Prévôt* (cit.) *de salle.*
SALLE DE VENTE, DES VENTES : local où l'on procède à des ventes aux enchères, établissement de ventes aux enchères (→ Commissaire, cit. 3; envoyer, cit. 16).
SALLE DE BAL : local aménagé pour la danse. ⇒ **Bal, dancing.**
SALLE DE JEUX, dans un casino.

♦ **4.** Local aménagé pour recevoir des spectateurs. *Salle de concert, salle de conférences.* ⇒ **Auditorium.** — Absolt. *Salle. La grande salle, les petites salles d'un complexe de congrès, d'une maison de la culture... Louer une salle dans un hôtel pour une réunion, une conférence. L'acoustique, le confort d'une salle. Salle vide, pleine, bondée, comble*.* — (Dans des noms). *La salle Pleyel, la salle Gaveau, à Paris.*
Spécialt. Local aménagé pour recevoir les spectateurs de théâtre, de cinéma. ⇒ **Cinéma, théâtre**; et, absolt, salle (→ Hanter, cit. 3; lieu, cit. 11). *La salle et la scène* (→ Expression, cit. 29; 2. ouvreur; cit. 1; parterre, cit. 6; rampe, cit. 7). *La salle du Palais-Royal* (→ Entracte, cit. 1). *Applaudissements à faire crouler la salle* (→ Prima donna, cit.; et aussi brouhaha, cit. 2).

5   C'est pour prendre la sensibilité du spectateur sur toutes ses faces, que nous préconisons un spectacle tournant, et qui au lieu de faire de la scène et de la salle deux mondes clos, sans communication possible, répande ses éclats visuels et sonores sur la masse entière des spectateurs.
                    A. ARTAUD, le Théâtre et son double, Idées/Gallimard, p. 122.

Salle de cinéma (cit. 4). ⇒ **Cinéma** (un cinéma). — (1917). *Salle obscure* (cit. 4) : cinéma (en général au plur. : *fréquenter les salles obscures*). — Techn. *Salle de projection.* — Absolt. **SALLE.** *Salles d'exclusivité et salles de quartier* (dans les grandes villes). *Salles d'art et d'essai. Cinéma à plusieurs salles; cinéma « multisalle » :* complexe* cinématographique. *Réseau de salles.* ⇒ **Distribution.**
(1868, Daudet). Par métonymie. Le public* d'une salle de spectacle (→ Effarement, cit. 2; émouvoir, cit. 10; nature, cit. 79).

6   (...) c'était, plus loin, au delà des bruits confus de l'orchestre, comme une immense haleine, la salle qui respirait et dont le souffle se gonflait parfois, éclatant en

rumeurs, en rires, en applaudissements. On sentait le public sans le voir, même dans ses silences.   ZOLA, Nana, V.

♦ **5.** Espace naturel de vaste dimension. *Les salles d'une caverne, d'une grotte.* ⇒ **Caverne.**

COMP. Arrière-salle.
HOM. Sale.

SALMANAZAR [salmanazaʀ] n. m. — 1964, *in* Larousse; nom de plusieurs rois assyriens (idée de monuments gigantesques, de constructions «pharaoniques»).

♦ Bouteille de champagne contenant l'équivalent de douze bouteilles champenoises. ⇒ aussi **Jéroboam, nabuchodonosor.**

SALMIGONDIS [salmigɔ̃di] n. m. — 1627; *salmigondin,* 1546, Rabelais; à rattacher, selon Wartburg, au rad. *sal* «sel»; les éléments suivants restent obscurs; *gondin* pourrait représenter *condire* «assaisonner».

♦ **1.** Vx. Ragoût fait de restes de viandes.

♦ **2.** Mod. Mélange, assemblage disparate et incohérent. ⇒ **Confusion.** *Cet ouvrage est un salmigondis des théories à la mode.*
Le comte de Brion, qui avait été deux fois capucin, et qui faisait un salmigondis perpétuel de dévotion et de péché (...)   RETZ, Mémoires, I.

DÉR. V. Salmis.

SALMIS [salmi] n. m. — 1803; *salmi,* 1718; abrév. de *salmigondis.*

♦ **1.** Préparation culinaire composée de pièces de gibier, préalablement rôties, que l'on sert avec une sauce spéciale, dite *sauce salmis.* ⇒ **Ragoût.** *Bécasses, perdreaux en salmis. Salmis de pintade.*

♦ **2.** Fig. Salmigondis.
Je tiens un livre de Dumas, intitulé la *Villa Palmier,* dans lequel il n'est point question, jusqu'au deuxième volume, de cette villa, mais d'un salmis historique et anecdotique sur Florence.
            E. DELACROIX, Journal 1850-1854, 11 sept. 1854, t. II, p. 445.

SALMONELLA [salmɔnɛlla; salmonela] n. f. invar. ou **SALMONELLE** [salmɔnɛl] n. f. — 1913; de *Salmon.* → Salmonellose (étym.).

♦ Méd., bactér. Bacille voisin des bacilles paratyphiques, bactérie produisant une toxine agissant sur le système neuro-végétatif et le système lymphoïde de l'intestin. ⇒ **Salmonellose.** *« Les salmonelles sont des bactéries qui se développent aussi bien avec que sans air de + 7 °C à + 50 °C. On rencontre de nombreux types de salmonelles. La plus virulente est la salmonella typhi, responsable de la typhoïde »* (le Monde, 23 févr. 1977, p. 19).

SALMONELLOSE [salmɔnɛloz; salmonɛloz] n. f. — 1913; nom proposé par Lignières, en hommage au médecin américain D. E. *Salmon.*

♦ Méd. Nom générique de diverses affections (dues à des bactéries appelées *salmonellas*) qui comprennent la fièvre typhoïde et les paratyphoïdes, ainsi que les toxi-infections alimentaires, qui frappent l'homme ainsi que de nombreuses espèces animales (en particulier le porc et les oiseaux domestiques).

SALMONICULTEUR, TRICE [salmɔnikyltœʀ, tʀis] n. — 1922; d'après *salmoniculture.*

♦ Techn. Éleveur de saumons, de salmonidés (truite, notamment). ⇒ **Truiticulteur.**

SALMONICULTURE [salmɔnikyltyʀ] n. f. — 1910; de *salmon(idés),* et *(pisci)culture.*

♦ Techn. Élevage des saumons ou des salmonidés (truite, notamment).

DÉR. V. Salmoniculteur.

SALMONIDÉS [salmɔnide] n. m. pl. — 1829; dér. sav. du lat. *salmo, salmonis* «saumon».

♦ Zool. Famille de poissons téléostéens physostomes abdominaux, au corps oblong et écailleux, vivant dans les eaux pures et rapides et se nourrissant de proies vivantes. *Le saumon, la truite, l'omble, le corégone... sont des salmonidés.* ⇒ aussi **Salmoniformes.** — Au sing. *Un salmonidé.*

SALMONIFORMES [salmɔnifɔʀm] n. m. pl. — XXᵉ; du lat. *salmo, salmonis* «saumon», et *-forme.*

♦ Zool. Syn. de *salmonidés*.* — Au sing. *Un salmoniforme.*

Les Salmoniformes *(Isospondyles, ordre des Téléostéens)* se reconnaissent facilement à leur deuxième dorsale adipeuse. Ils aiment les eaux froides et oxygénées *(saumon, éperlan, truite, omble-chevalier, ombre).*
R. et M.-L. BAUCHOT, les Poissons, p. 71.

SALOIR [salwaʀ] n. m. — 1489 ; adj., «qui sert à la salaison», 1350 ; *saleur,* n. m., 1363 ; *salouer,* fin xivᵉ ; *saloir,* fin xvᵉ ; de *saler.*

♦ **1.** Anciennt. Coffre ou pot renfermant la provision de sel.

♦ **2.** (1363, *saleur*). Mod. *Saloir à grillades :* coffre ou pot destiné aux salaisons.

(...) un charcutier cruel mit les innocents «au saloir comme pourceaux». C'est-à-dire qu'il les conserva, coupés par morceaux, dans un bain de saumure. En effet, c'est ainsi que s'opère la salaison du porc (...)
FRANCE, les Sept Femmes de Barbe-Bleue, p. 43.

♦ **3.** (1546). Pièce où l'on fait les salaisons.

♦ **4.** (1600). Anciennt. Table inclinée sur laquelle on dispose les viandes à saler. *Le saloir est rainuré pour l'écoulement de la saumure.*

SALOL [salɔl] n. m. — 1887 ; contraction de *salicylphénol.* → Salicylique, phénol.

♦ Chim. Salicylate de phényle, utilisé en médecine comme antiseptique intestinal et dans le traitement du rhumatisme aigu (→ Antisepsie, cit.).

SALOMÉ [salɔme] n. m. — 1922, *in* D. D. L. ; orig. incert., allusion au nom propre *Salomé.*

♦ Chaussure basse pour femme, très ouverte, à bride axiale par laquelle passe la bride de fermeture.

SALON [salɔ̃] n. m. — 1664 ; ital. *salone* «grande salle», augmentatif de *sala* «salle».

★ **I.** ♦ **1.** (Dans une maison ou un appartement). Pièce de réception meublée et décorée avec un soin particulier. ⇒ Salle (→ Essuyer, cit. 7 ; feston, cit. 3 ; hôtel, cit. 12 ; luxe, cit. 5 ; 1. portière, cit. 3). *Grand salon* (→ Composite, cit. 2). *Petit salon* (→ 2. Baie, cit. 1). ⇒ **Boudoir, fumoir.** *Meuble* (cit. 9 et 10), *mobilier de salon* (→ Placer, cit. 3). *Salon-bibliothèque ; salon-salle à manger.*

1 Étourdie du bruit de la route, Margot regardait les tapisseries, les lambris et les meubles dorés, mais surtout les belles glaces qui décoraient le salon.
A. DE MUSSET, Nouvelles, «Margot», III.

(Chez une personne qui, du fait de sa profession, reçoit des visiteurs, des clients). *L'infirmière le fit entrer dans le salon d'attente.*

2 Elle prétendait que le client, le plaideur a besoin d'être impressionné, qu'il doit ressentir, en entrant dans le salon d'attente, l'émotion de la richesse.
MAUPASSANT, Pierre et Jean, V.

(1883). Par métonymie. Mobilier de salon. *Un salon Louis XVI.*

♦ **2.** (Attesté 1807, Mᵐᵉ de Staël). Lieu de réunion, dans une maison où l'on reçoit régulièrement ; la société (mondains, artistes, personnalités diverses) qui s'y réunit (→ Exister, cit. 13). *Les salons aristocratiques et littéraires des XVIIᵉ et XVIIIᵉ siècles* (→ Assortir, cit. 11 ; précieux, cit. 11) ; → aussi Bureau* d'esprit (vx). *Les salons politiques au XIXᵉ siècle, sous la Troisième République* (→ Politique, cit. 7). *Salons nobles* (cit. 26), *les plus* (cit. 91) *fermés. Succès de salon. Des succès qui lui ouvraient les salons* (cit. 16) *quand celui-ci. Habitué des salons.* ⇒ **Salonnard.** — *Faire, tenir salon.* — Par ext. *Faire salon :* se réunir ; réunir des personnes pour converser.

3 Un salon de provinciaux enrichis et qui étalent du luxe est ma bête noire par exemple. Ensuite vient un salon de marquis et de grands cordons de la Légion d'honneur qui étalent de la morale. Un salon de huit ou dix personnes dont toutes les femmes ont eu des amants, où la conversation est gaie, anecdotique, et où l'on prend du punch léger à minuit et demi, est l'endroit du monde où je me trouve le mieux (...)
STENDHAL, Vie de Henry Brulard, 29.

4 Ce bohème, ce petit bourgeois qu'elle avait distingué, elle était obligée de lui adresser ses invitations (...) avec une insistance qui la dépréciait peu à peu aux yeux des snobs habitués à coter un salon d'après les gens que la maîtresse de maison exclut plutôt que d'après ceux qu'elle reçoit.
PROUST, le Côté de Guermantes, Pl., t. II, p. 187.

Loc. *Le dernier salon où l'on cause,* se dit, par plaisanterie, de toute réunion où les gens bavardent (notamment, au lieu de travailler).

♦ **3.** (Dans un établissement ouvert au public ou commercial). Salle ou local (dans des expressions).

(1822, *in* D.D.L.). **SALON DE COIFFURE** : boutique de coiffeur. *Salon de dégustation,* ouvert par certains grands négociants en vins. *Salons particuliers* (cit. 5), dans un grand restaurant. *Salons d'un hôtel* (→ Labyrinthe, cit. 8). — *Voiture-salon,* dans certains trains de luxe. — Au Canada, *Salon funéraire* ou *mortuaire,* où sont exposés les morts, avant l'enterrement (s'emploie aussi pour traduire l'angl. *funeral parlour,* en parlant des États-Unis). — (1863). *Salons d'essayage,* chez un couturier, un tailleur. *Salons de réception d'une maison de haute couture.*

5 (...) une gravure tout au plus propre à orner le *salon de coiffure* d'un barbier de village. BALZAC, Dictionnaire des enseignes, *in* Œ. diverses, t. I, p. 189.

(...) un salon de thé classique *(en Angleterre),* lambrissé de chêne sombre, tenu par des demoiselles épineuses qui m'ont servi en guise de dîner des sardines sur des toasts et des tartelettes emplies de crème rosâtre. 6
Michel BUTOR, l'Emploi du temps, p. 33.

♦ **4.** (1829). Par métonymie. *Les salons :* la société mondaine. *Snobisme des salons* (→ Exclusivisme, cit. 1). *La langue* (cit. 44) *des salons. Poète des salons.* — Au sing. *Une gloire de salon* (→ Parler, cit. 45).

★ **II.** ♦ **1.** (1737, date à laquelle ces expositions se tinrent dans la salle du Louvre dite *salon carré).* Exposition* périodique d'œuvres d'artistes vivants (peinture, sculpture, etc.). *Le salon des Refusés* (1863), *devenu en 1884 le salon des Artistes indépendants. Exposer au Salon* (→ Cimaise, cit. 1 ; malaria, cit.). *Salon d'Automne* (1903) ; → Reconnaître, cit. 7. *Salon des Tuileries* (1922), *des Surindépendants,* etc. — Par ext. Compte rendu de cette exposition. *Les Salons de Diderot, de Baudelaire...* ⇒ **Critique** (d'art).

7 Si j'ai quelques notions suivies de la peinture et de la sculpture, c'est à vous, mon ami que je les dois ; j'aurais suivi au Salon la foule des oisifs ; j'aurais accordé comme eux un coup d'œil superficiel et distrait aux productions de vos artistes (...)
DIDEROT, Salons, Introduction, *in* Œ. esthétiques, p. 439.

8 (...) la critique des journaux, tantôt niaise, tantôt furieuse, jamais indépendante, a, par ses mensonges et ses camaraderies effrontées, dégoûté le bourgeois de ces utiles guide-ânes qu'on nomme comptes rendus de Salons.
BAUDELAIRE, Curiosités esthétiques, I, I.

♦ **2.** Exposition, en général annuelle ou biennale, où sont présentés de nouveaux modèles. ⇒ **Foire.** *Salon de l'Automobile* (1898), *des Arts ménagers, de l'Enfance,* etc.

DÉR. Salonnard, salonner, salonnier. — V. **Saloon.**

SALONNARD, ARDE [salɔnaʀ, aʀd] adj. — xxᵉ ; de *salon,* et suff. péj. *-ard.*

♦ Péj. Habitué des salons mondains, qui doit sa situation à des relations, et dont l'esprit et le goût sont entachés de snobisme.

Enfin un débutant s'annonce qui sera, par la suite, l'héritier à la fois de Balzac et de Stendhal, et le prince de l'introspection : Marcel Proust. Des cendres salonnardes il saura extraire des diamants.
Léon DAUDET, Panorama de la IIIᵉ République, p. 154.

REM. On écrit aussi *salonard.*

SALONNER [salɔne] v. intr. — 1947, *in* G. L. L. F. ; de *salon.*

♦ Rare. Fréquenter un salon, les salons (I., 2.).

SALONNIER, IÈRE [salɔnje, jɛʀ] n. et adj. — 1870 ; de *salon.*

★ **I.** N. ♦ **1.** Vx. Journaliste, critique qui rend compte des salons.

♦ **2.** N. m. (De *salon de coiffure).* Garçon coiffeur.

★ **II.** Adj. (1891). Propre aux salons, à l'esprit mondain des salons.

1 Peut-être au demeurant Dostoïevsky, pour une intelligence salonnière, n'était-il pas commode à saisir ou pénétrer du premier coup (...) GIDE, Dostoïevsky, p. 4.

2 (...) elle *(la conversation)* devint (à l'époque de Racine) plus salonnière, moins cynégétique, aux cancans près.
MALRAUX, l'Homme précaire et la Littérature, p. 77.

N. Habitué des salons.

DÉR. Salonnière.

SALONNIÈRE [salɔnjɛʀ] n. f. — V. 1880, Maupassant ; fém. de *salonnier.*

♦ **1.** Femme qui fréquente les salons (sans la valeur péj. de *salonnarde).*

♦ **2.** Techn. Employée d'une maison de haute couture féminine qui reçoit les clientes.

SALOON [salun] n. m. — 1897 ; mot amér., 1884 ; en angl., «salon», 1728 (1830, *in* Höfler, puis 1852, Nerval, en parlant de l'Angleterre) ; du franç. *salon.*

♦ Américanisme. Bar, tripot (spécialt, en parlant du Far West). *Porte de saloon,* à claire-voie, à deux battants à mi-hauteur.

1 Beaucoup s'étonnent que cette femme de cinquante-quatre ans, armée d'une simple hachette, puisse faire en quelques secondes, dans un bar, des dégâts pour tant de milliers de dollars. L'explication de cette vigueur et de cette activité toutes juvéniles est simple, et permettra de se rendre compte en même temps de la longanimité, incompréhensible autrement, des tenanciers de points et saloons à l'égard de la batailleuse vieille (...) A. JARRY, Spéculations, Le homard du capitaine..., *in* Œ. compl., t. VII, p. 32 (1901).

2 Peu à peu, le bar américain, le *saloon,* équivalent aggravé de notre bistrot, était devenu un scandale public, un centre ignoble de louches négociations politiques, d'ivrognerie et de vice (...) C'est principalement sous l'aspect du *saloon* que l'alcoo-

lisme est apparu aux éléments les plus sains de la population comme un chancre qu'il fallait, à tout prix, extirper.

André SIEGFRIED, les États-Unis d'aujourd'hui, p. 70.

REM. Le mot peut encore s'employer au sens britannique (→ Pub).

3 Je nous fais arrêter devant le bistrot, le plus beau saloon de l'endroit !
CÉLINE, Guignol's band, p. 138.

SALOP [salo] n. m. — 1837 ; réfection masculine de 1. *salope*.

♦ Vx. ⇒ **Salaud** (→ Repincer, cit. 2).

(...) le censeur des études M. C... qui *(a)* une chemise sale, des bas sales, une âme sale, et qui enfin est un salop (...)
FLAUBERT, Correspondance, 19, 24 mars 1837.

DÉR. Salopard, salopiaud.

SALOPARD [salɔpar] n. m. — 1911, Esnault, argot milit. (le mot doit être très antérieur, cf. la forme *chalopparde*, 1752, in D.D.L.) ; de *salop* ou *salope*, et *-ard*.

♦ **1.** Argot milit. Nom injurieux par lequel les soldats français désignaient les dissidents marocains aux ordres d'Abdel-Krim (→ Piquette, cit. 5). — REM. Un personnage de J. Romains (in *les Hommes de bonne volonté*, t. X, p. 147) applique le mot aux rebelles d'avant 1914.

Polit. (terme de dénigrement) :

1 La droite se liguait plus énergiquement que jamais contre « les salopards » (...)
S. DE BEAUVOIR, la Force de l'âge, p. 233.

♦ **2.** Cour. Salaud (*salopard* étant moins injurieux). → Mistoufle, cit. 2. *Ah, le salopard, le petit salopard !*

2 Ces maudits trafiquants hindous implantés ici servent d'intermédiaires. Alors, il y a toujours des salopards (...) qui, avec leurs flèches empoisonnées, essaient de tuer mes éléphants, mes rhinos.
J. KESSEL, le Lion, V.

DÉR. V. Salopin.

1. SALOPE [salɔp] adj. et n. m. — 1690, mais sans doute antérieur (→ 2. Salope) ; *saloupe* « homme sale », 1607, in D.D.L. ; orig. incert., de *sale*, et probablt de *hoppe*, var. dial. de *huppe* « oiseau très sale » (cf. le prov. lorrain *sale comme une hoppe*).

Fam. (Vieux).

♦ **1.** Très malpropre.

Il se piquait d'être stoïcien, et faisait gloire d'être salope en l'honneur de la profession.
Antoine HAMILTON, Mém. de la vie du comte de Grammont, IV, in LITTRÉ.

♦ **2.** Moralement répugnant. ⇒ **Bas, vil.** « *Les salopes et implacables puissances* » (L. Bloy, in G.L.L.F.).

♦ **3.** N. m. Techn. anc. Coussinet de tissu enduit de suif destiné à graisser les fers à repasser, en chapellerie.

**DÉR. Salop, 2. salope, saloperie. — V. Salopette.
COMP. Marie-salope.**

2. SALOPE [salɔp] n. f. — 1611, Cotgrave, qui le donne comme orléanais ; substantivation au fém. de 1. *salope*, dû à la forme de cet adjectif.

♦ **1.** Femme sale. *Une salope, une grande salope* (→ Bercail, cit. 3, Rousseau).

1 Sitôt qu'il fut parti, la servante de l'auberge, où il mangeait à Motier, se déclara grosse de son fait. C'était une si vilaine salope, et Sauttern, généralement estimé et considéré dans tout le pays par sa conduite et ses mœurs honnêtes, se piquait si fort de propreté, que cette impudence choqua tout le monde.
ROUSSEAU, les Confessions, XII.

REM. Littré se réfère à tort à ce passage, pour donner au mot le sens de « femme de mauvaise vie ».

♦ **2.** (1775). Pop. Femme dévergondée, de mauvaise vie ; prostituée.

2 La jeune fille, ce qu'elle est en réalité. Une petite sotte et une petite salope ; la plus grande imbécillité unie à la plus grande dépravation.
BAUDELAIRE, Journaux intimes, Mon cœur mis à nu, LXI.

♦ **3.** (Rattaché à *salaud,* dont il est devenu le féminin). Terme d'injure, pour désigner une femme qu'on méprise, soit pour ses mœurs, soit pour sa conduite en général (→ 1. Foutre, cit. 12). ⇒ **Salaud, sale** (2.).

3 Vous savez qu'Adèle ne vaut pas la corde pour la pendre. C'est ma sœur, mais ça ne m'empêche pas de dire qu'elle est dans la peau d'une fière salope. Elle m'a fait un tas de cochonneries (...)
ZOLA, l'Assommoir, t. I, VI, p. 237.

♦ **4.** Pop. Terme intensif de mépris, adressé à un homme. — Spécialt. Homme du milieu qui trahit ses semblables. ⇒ 2. **Balance, donneur.**

4 — En général, les casseurs, quand ils ont fait un coup, font le partage sans histoire (...)

— Quand c'est des truands propres (...) Faut croire qu'il a travaillé avec des salopes.
J.-P. MELVILLE, le Doulos, in l'Avant-Scène, n° 24, p. 31.

DÉR. Saloper.

SALOPER [salɔp] v. tr. — 1877, de *sale, saloperie* ; 1806, v. intr., « fréquenter les salopes, les prostituées » ; de 2. *salope.*

♦ **1.** Fam. (et non vulgaire). Faire très mal (un travail) ; exécuter, réaliser très mal (qqch.). ⇒ **Gâcher** ; fam. **bousiller, cochonner.** — Au p. p. *Ce boulot est complètement salopé.*

1 — Ah ! vous perdez joliment la main (...) Oui, vous salopez, vous cochonnez l'ouvrage, à cette heure (...) Tenez, regardez-moi ce devant de chemise ; il est brûlé, le fer a marqué sur les plis.
ZOLA, l'Assommoir, t. II, IX, p. 62.

♦ **2.** Vx (argot d'atelier) :

2 Arrivait l'Exposition : son tableau était déjà jugé ; car à ce concours, les élèves ne s'étaient pas contentés, selon l'habitude ordinaire, de *saloper,* c'est-à-dire de faire des trous dans la cloison pour regarder l'esquisse du voisin (...)
Ed. et J. DE GONCOURT, Manette Salomon, p. 66.

SALOPERIE [salɔpri] n. f. — 1694, « grande malpropreté » ; de 1. *salope,* adjectif.

♦ **1.** *(Une, des saloperies).* Chose sale. ⇒ **Ordure.** *Enlevez-moi ces saloperies.* — Collectif. *De la saloperie. Qu'est-ce que c'est que toutes ces saloperies par terre ?*

1 (...) une vieille drague, qui installée dans un chenal qui s'envase, ramène avec peine dans ses godets rouillés de la saloperie, lentement (...)
Henri MICHAUX, Ailleurs, p. 276.

(1830). Chose mauvaise, répugnante. *On nous a fait manger des saloperies.* ⇒ **Cochonnerie.** — (1790, in D.D.L.). *Ce bouquin, ce film est une vraie saloperie.*

1.1 Une belle chose, que votre thé ; laissez-nous donc, c'est une fameuse saloperie.
Henri MONNIER, Scènes populaires, Chez la portière, t. I., p. 24 (1835).

Chose sans valeur. *Dans ce grenier, il n'y a que des saloperies.*

Iron. *Redonnez-moi une de ces petites saloperies.*

Chose dangereuse et répugnante.

2 Il a toujours été chétif, les nerfs pas d'aplomb, des saloperies qui suppuraient. Seulement, ce qu'il avait qui le soutenait, c'était son petit litre à boire tous les jours.
M. AYMÉ, le Passe-muraille, p. 264.

Personne abjecte.

♦ **2.** Fig. Caractère moralement abject. *Il est d'une saloperie totale, répugnante.*

Acte moralement abject ou répréhensible. *Pagaille* (cit. 1) *et saloperies qui révoltent. Il est capable de toutes les saloperies.*

3 « Il faut, m'écrivit-il un jour, faire comme tout le monde et n'être comme personne ». Il y a beaucoup de profondeur en cette simple phrase. On devine que je la tiens pour la plus abjecte saloperie et la justification de toutes les mauvaises fois.
SARTRE, Situations II, p. 213.

♦ **3.** Interj. *Saloperie !, vacherie !*

4 — Saloperie, dit une troisième, on lui a donc jamais appris à cette petite que la propriété, c'était sacré ?
R. QUENEAU, Zazie dans le métro, Folio, p. 57-58.

SALOPETTE [salɔpɛt] n. f. — 1836 ; de *salop,* avec le sens concret de « sale », ou de 1. *salope,* et dimin. *-ette.*

♦ **1.** Vêtement de travail qu'on met par dessus les vêtements (⇒ **Survêtement**) pour éviter de les salir. ⇒ **Bleu, combinaison.** *Salopette de mécanicien, de jardinier.*

(Le tueur d'un abattoir) porte une salopette gluante de sang jusqu'aux aisselles.
G. DUHAMEL, Scènes de la vie future, VIII.

♦ **2.** Vêtement d'enfant ou vêtement de sport, de fantaisie (notamment, pour femmes) formé d'un pantalon et d'un plastron assemblés par des bretelles.

SALOPIAUD [salɔpjo] n. m. — 1866 ; de *salop* « salaud », et suff. familier.
Familier.

♦ **1.** Petit sale. ⇒ **Saligaud.** — Var. graphique : *salopio, salopiot.* — REM. La forme *salopiat,* employée par les Goncourt, est peut-être due à une erreur de transcription.

1 Victor lui parlait dans le nez, l'appelant goujat, brute, salopiot, et croque-miteux.
M. AYMÉ, la Vouivre, p. 129.

♦ **2.** Vieilli. Salaud (avec un sens fort).

2 C'était encore la faute de ces sacré nom de Prussiens. Elle avait dû se trouver seule, sans le sou, crevant de misère, car on avait certainement pillé son mobilier.
« Ah ! les salopiauds ! »
MAUPASSANT, le Lit 29, Pl., t. II, p. 179.

SALOPIN [salɔpɛ̃] n. m. — 1896 ; mot dialectal, probablt croisement de *sale, salop(ard),* et *(galo)pin,* repris par Jarry : « *Allons, messeigneurs les salopins de finance, voiturez ici le voiturin à phynances* » (*Ubu roi,* III, 4).

♦ Fam. Sale galopin (équivalent de *salopiaud*).

Nous répétons, depuis quelques jours, une nouvelle pantomime (...) Le faune, c'est Brague, la nymphe forestière, c'est moi, quant au vieux troglodyte, il n'en est pas encore question. Son rôle est épisodique et, pour le jouer, dit Brague, « j'ai un petit salopin de dix-huit ans, dans mes élèves, qui *fera* tout à fait préhistorique ! »
COLETTE, la Vagabonde, éd. L. de Poche, p. 71.

SALORGE [salɔʀʒ] n. m. — 1611; du lat. *sal* « sel », et *horreum* « grenier ».

♦ Régional (Ouest). Entrepôt pour le sel.

SALPÊTRAGE [salpɛtʀaʒ] n. m. — 1838; de *salpêtrer*.

♦ **1.** Vx. Fabrication du salpêtre.

♦ **2.** Opération par laquelle on salpêtre (un sol).

SALPÊTRE [salpɛtʀ] n. m. — 1338; du lat. médiéval *salpetræ* « sel de pierre ».

♦ **1.** Vx. Mélange naturel de nitrates. — Spécialt. Nitrate de potassium (KNO_3; nitre*). *Salpêtre du Chili* ou *caliche* : nitrate de sodium ($NaNO_3$).

♦ **2.** Mod., cour. Efflorescences de mélanges de nitrates divers (de calcium, d'ammonium, de potassium), qui se forment sur les vieux murs, les parois des étables, etc. (→ Épousseter, cit. 3).

♦ **3.** Par ext. (Poét., vx). Poudre de guerre, fabriquée autrefois avec du salpêtre, du soufre et du charbon de bois.

♦ **4.** (1677). Fig., vx. *C'est du salpêtre,* un tempérament vif et ardent ; une personne vive, pétulante.

Votre sang qui bout (...) votre main qui brûle (...) Vous êtes donc des bonshommes de pain d'épices ?
— Non ! du soufre ! du salpêtre ! E. LABICHE, Deux merles blancs, III, 13.

DÉR. Salpêtrer, salpêtreux, salpêtrière, salpêtrisation.

SALPÊTRER [salpetʀe; salpɛtʀe] v. tr. — 1762; au p. p., 1585; de *salpêtre*.

♦ **1.** Couvrir d'efflorescences de salpêtre.

♦ **2.** Mêler du salpêtre à (la terre) pour la rendre ferme et imperméable. *Salpêtrer une allée.*

▶ **SALPÊTRÉ, ÉE** p. p. adj.

♦ **1.** (1585). Enduit, mêlé de salpêtre. *Eau salpêtrée.*

♦ **2.** (1824). Couvert de salpêtre en efflorescences. *Mur salpêtré. Voûtes salpêtrées* (→ Égout, cit. 2).
Qui sent le salpêtre. *Une odeur salpêtrée.*

Les murs salpêtrés, verdâtres et fendus répandaient une si forte humidité, que le mur contre lequel couchait le colonel était tapissé d'une natte en jonc.
BALZAC, le Colonel Chabert, Pl., t. II, p. 1113.

DÉR. Salpêtrage.

SALPÊTREUX, EUSE [salpɛtʀø, øz] adj. — 1571; de *salpêtre*.

♦ Rare. Couvert de salpêtre. *Des murs de cave salpêtreux.*

SALPÊTRIEN, ENNE [salpetʀijɛ̃, ɛn] adj. — Mil. xxᵉ (*in* Larousse, 1975); du nom d'une grotte dite *La Salpêtrière* (Gard).

♦ Didact. D'un faciès méditerranéen du paléolithique supérieur (~ 14 000 à ~ 11 000) contemporain du magdalénien.

SALPÊTRIÈRE [salpetʀijɛʀ] n. f. — 1660; de *salpêtre*.

♦ Vx. « Grande salle d'un arsenal, au rez-de-chaussée, où sont ordinairement plusieurs rangs de cuves et de fourneaux pour faire le salpêtre » (*Encyclopédie*, 1765). *La salpêtrière de Paris, transformée en hôpital.*

SALPÊTRISATION [salpetʀizasjɔ̃; salpɛtʀizasjɔ̃] n. f. — 1845; de *salpêtre*.

♦ Techn. (Vx). Formation de salpêtre (en particulier sur les murs).

(Les) gouaches de Houel, qui ont eu le frottement des cartons des quais, et la salpêtrisation de l'exposition en plein air.
Ed. et J. DE GONCOURT, Journal, 16 oct. 1870, t. IV, p. 67.

SALPICON [salpikɔ̃] n. m. — 1712; esp. *salpicon*, de *sal* « sel ».

♦ Vx. ou techn. (cuis.). Préparation de volailles, jambon, champignons, truffes... coupés en petits dés et servant à garnir les vol-au-vent, les bouchées, ou à accompagner une viande. ⇒ **Ragoût, saupiquet.**

SALPIGLOSSIS [salpiglɔsis] n. m. — 1876; lat. sc., du grec *salpigx* « trompe », et *glôssa* « langue ».

♦ Bot. Plante herbacée *(Solanacées)* vivace, cultivée pour ses fleurs. *Le salpiglossis est originaire d'Amérique du Sud.*

SALPING-, SALPINGO- Élément, du grec *salpigx, salpiggos* (→ Salpingite), qui sert à former des mots de médecine, concernant les trompes de l'utérus *(salpingectomie, salpingo-ovarite)* ou la trompe d'Eustache *(salpingoscopie).*

SALPINGECTOMIE [salpɛ̃ʒɛktɔmi] n. f. — Fin xixᵉ, *in* Cottez; de *salping-*, et *-ectomie.*

♦ Méd. Ablation d'une trompe utérine.

SALPINGIEN, IENNE [salpɛ̃ʒjɛ̃, jɛn] adj. — 1933; de *salping-*, et *-ien.*

♦ Anat. Relatif à la trompe utérine. *Artère salpingienne.*

SALPINGITE [salpɛ̃ʒit] n. f. — 1878; dér. sav. du lat. *salpigx, salpiggos*, mot grec, « trompe ».
Médecine.

♦ **1.** Inflammation d'une ou des deux trompes de l'utérus (trompes de Fallope). *Salpingite aiguë, chronique. Salpingite consécutive à une métrite. Salpingite produite par le streptocoque, le gonocoque* (blennorragie). *Salpingite accompagnée d'une ovarite.* ⇒ **Salpingo-ovarite.**

♦ **2.** Inflammation de la trompe d'Eustache (dans l'otite, la pharyngite, le rhume).

SALPINGO- ⇒ Salping-.

SALPINGO-OVARITE [salpɛ̃goovaʀit] n. f. — 1904; de *salpingo-*, et *ovarite.*

♦ Méd. Inflammation des trompes et des ovaires. — Syn. : *annexite.* ⇒ **Ovarite; salpingite.**

SALPINGOPLASTIE [salpɛ̃goplasti] n. f. — Mil. xxᵉ; de *salpingo-*, et *-plastie.*

♦ Méd. Intervention chirurgicale restaurant la fonction d'une trompe utérine, en cas d'obstruction entraînant la stérilité.

SALPINGOSCOPIE [salpɛ̃goskɔpi] n. f. — 1903, *in* Cottez; de *salpingo-*, et *-scopie.*

♦ Méd. Examen de l'extrémité pharyngée de la trompe d'Eustache, pratiqué à l'aide d'un instrument tubulaire spécial *(salpingoscope).*

SALPINGOSTOMIE [salpɛ̃gostɔmi] n. f. — Mil. xxᵉ; de *salpingo-*, et *-stomie*, du grec *stoma* « bouche ».

♦ Méd. Reconstitution de l'orifice d'une trompe utérine et de son rapport avec l'ovaire.

SALPINGOTOMIE [salpɛ̃gotɔmi] n. f. — 1890; de *salpingo-*, et *-tomie.*

♦ Méd. Intervention chirurgicale par laquelle on ouvre une trompe utérine.

SALSA [salsa] n. f. — 1979; mot esp. de Cuba, Porto-Rico, « sauce (piquante) ».

♦ Musique afro-cubaine au rythme marqué. *« La "salsa", la sauce piquante, autrement dit cette musique afro-cubaine, cha-cha, mambo, merengue et autres piments... »* (*l'Express*, 12 févr. 1979, p. 15).

SALSE [sals] n. f. — 1797, *in* Cottez; adj. fém., « salée », *in Chanson de Roland*, 1080; du lat. *salsus* « salé ».

♦ Géol. Dégagement d'hydrocarbures gazeux mêlés à de l'eau, à la surface terrestre. *Les salses ou volcans de boue, phénomènes volcaniques souvent liés à l'existence des gisements de pétrole.*

SALSEPAREILLE [salsǝpaʀɛj] n. f. — V. 1560, *salseparille*, Paré; var. *salseperille, sarzepareille* (Ménage); adaptation de l'esp. *zarzapa-*

rilla, de *zarza* «ronce» (arabe *saras* «plante épineuse»), et *parrilla*, p.-ê. dimin. de *parra* «treille» (Bloch).

♦ Plante monocotylédone *(Liliacées)*, arbuste épineux à tige sarmenteuse (nom botanique : *Smilax*). *Salsepareille d'Europe* (liseron épineux ou liset piquant).

SALSIFIS [salsifi] n. m. — Mil. XVIIe, *salsifix; sercifi*, 1600 ; nombreuses var. au XVIIe ; ital. *salsefica*, d'origine incertaine ; selon Guiraud, de *salsa* «salée», et **fica*, de *ficus* «figue, poireau».

♦ **1.** Plante dicotylédone *(Composacées)* annuelle ou bisannuelle, dont deux variétés sont cultivées pour leurs racines* (cit. 4), comestibles comme légumes. *Salsifis blanc, à feuilles de poireau* : tragopogon, plante bisannuelle à fleurs bleues ou roses, à racine gris jaunâtre. — *Salsifis noir* : scorsonère, plante vivace à fleurs jaunes et racine noire.
Par ext. *Salsifis des prés* ou *barbe de bouc*.

♦ **2.** Plus cour. Racine comestible du salsifis blanc. *Salsifis au jus de viande. Salsifis en conserve.*

♦ **3.** Fam. Doigt.
J'ai comme qui dirait de l'électricité au bout des salsifis... Je ne suis plus un homme mais un transformateur... Ma main caresse un bas extra-fin tendu par un mollet parfait...   SAN-ANTONIO, Au suivant de ces messieurs, p. 43.

SALSOLA [salsɔla] n. f. — 1876, lat. sc. ; du lat. class. *salsus* «salé», de *sallere* «saler».

♦ Bot. Plante herbacée ou arbustive *(Salsolacées)* croissant dans les régions sableuses du littoral, aussi appelée *soude* (I.).

DÉR. Salsolacées.

SALSOLACÉES [salsɔlase] n. f. pl. — 1846, *salsolées, in* Bescherelle ; du lat. bot. *salsola*. → Salsola.

♦ Bot. Autre nom de la famille des *Chénopodiacées* (arroche, blette, camphorine, épinard, kali...). — Au sing. *Une salsolacée.*

SALSUGINEUX, EUSE [salsyʒinø, øz] adj. — XVIe ; de l'anc. franç. *salsugene*, v. 1120, «salure», lat. *salsugo, -inis*, de *salsus* «salé».

♦ Didact. Imprégné de sel marin. *Terres salsugineuses.*

SALTARELLE [saltaʀɛl] n. f. — 1838 ; *saltarella*, 1703 ; mot ital., de *saltare* «sauter».

♦ Danse populaire italienne rapide et sautillante ; musique sur laquelle elle se danse. *Motifs mélodiques en triolets de la saltarelle.*
(Le montreur de marionnettes) a des danseuses parfaites qui vous font mourir d'amour quand elles dansent la saltarelle, en tordant leurs petits reins de bois (...)   Th. GAUTIER, Voyage en Italie, III.

SALTATEUR [saltatœʀ] n. m. — 1819 ; lat. *saltator*, de *saltare* «sauter».

♦ Didact. Mime danseur, acrobate, dans l'antiquité romaine.

SALTATION [saltasjɔ̃] n. f. — 1372, Oresme ; lat. *saltatio*, de *saltare* «sauter».

♦ **1.** Antiq. rom. Exercice du corps, mouvements réglés de la danse*, de la pantomime* (→ Baladin, cit. 3). *Saltations et marches* (→ Figure, cit. 10).

♦ **2.** (1919). Paléont. Apparition brusque d'une nouvelle espèce vivante.

♦ **3.** (Mil. XXe). Didact. Déplacement des particules d'un fluide, par brusques entraînements successifs. *Saltation des grosses particules qui ne sont pas entraînées en suspension. Déplacement du sable par saltation, sous l'effet du vent.*

SALTATOIRE [saltatwaʀ] adj. — 1904 ; lat. *saltatorius*, de *saltare* «sauter».

♦ **1.** Didact. (zool.). Adapté au saut ; propre au saut. *Appareil saltatoire de la sauterelle.*

♦ **2.** Qui est caractérisé par des sautillements ou des soubresauts. *Chorée saltatoire.*

SALTICIDÉS [saltiside] n. m. pl. — 1904 ; de *saltique*, et *-idés*.

♦ Zool. Famille d'arachnides renfermant les saltiques* et les genres voisins. — Au sing. *Un salticidé.*

SALTIGRADE [saltigʀad] adj. — 1839, Boiste ; de *salti-* (d'après *saltus* «saut»), et suff. *-grade.*

♦ Didact., vx. Qui marche, progresse par bonds, par sauts. *La gerboise est saltigrade. Araignée saltigrade.*

SALTIGUÉ [saltige] n. m. — D. i. ; mot sérère.

♦ Dans la société sérère (Sénégal), Personne ayant des dons de voyance, chargée de prédire les événements de l'année à venir et de détourner les menaces.

SALTIMBANQUE [saltɛ̃bɑ̃k] n. — XVIe ; ital. *saltimbanco* «saute-en-banc». → aussi Banquiste.

♦ **1.** Personne qui fait des tours d'adresse, de souplesse, des acrobaties en public, dans les foires, etc. ⇒ **Acrobate, baladin, banquiste, bateleur, équilibriste, funambule, jongleur** (→ Faiseur, cit. 5 ; gymnastique, cit. 11 ; paillasse, cit. 5). *Boniment, parade de saltimbanques.* ⇒ **Bouffon, clown, pitre.** *Baraque, théâtre ambulant de saltimbanques.* ⇒ **Tréteau ; forain** (2.). «*Une vaurienne, une saltimbanque, une fille d'Opéra*» (Balzac, *la Cousine Bette*, Pl., t. VI, p. 237).
En passant devant la porte de Reims, j'ai rencontré une de ces énormes voitures de saltimbanques qui promènent de foire en foire toute une famille artistique, son matériel et son ménage.   NERVAL, Promenades et souvenirs, VIII.

♦ **2.** (1649). Fig., vieilli. Péj. Personnage bouffon, orateur ridicule. — Personnage à l'agitation stérile. ⇒ **Charlatan** (→ Raison, cit. 37).

SALTIMBOCCA [saltimbɔka] n. m. — XXe ; mot ital., «saute en bouche».

♦ Plat italien (romain), constitué d'escalopes de veau roulées et fourrées de jambon.

SALTIQUE [saltik] n. f. — 1812 ; lat. sc. *salticus*, du bas lat. *salticus* «dansant», de *saltus* «saut».

♦ Zool. Arachnide des régions tempérées et chaudes, qui progresse par bonds.

DÉR. Salticidés.

SALTO [salto] n. m. — 1971 ; en parachutisme 1967, *in* Petiot ; mot ital., «saut (périlleux)».

♦ Sports. Saut périlleux, en gymnastique. *Salto avant, arrière. Double salto.*

SALTUS [saltys] n. m. — 1842 ; mot lat., proprt «saut». Didactique.

★ **I.** Antiq. ♦ **1.** Mesure agraire romaine (plus de 200 hectares).

♦ **2.** Grand domaine impérial non cultivé.

★ **II.** Géogr. Région de bois ou de landes. «*L'élevage du mouton du saltus* (pacages)» (Barbier et al., *la Provence, in* D.D.L.). On oppose parfois *saltus, ager* (domaine cultivé) *et sylve* (forêt).

★ **III.** (1893). Géogr. Rupture de pente (d'un cours d'eau) ; rapides ; canyon. *Le Rhône «emprisonné par d'âpres saltus...*» (Gourdault, *la France pittoresque*, 1893, *in* D.D.L.).

SALUABLE [salɥabl] adj. — Attesté XXe ; de *saluer.*

♦ Que l'on peut saluer ; qui mérite d'être salué.
Or sa notoriété naissante fit que dorénavant ils la considéraient saluable (...) Donc on la salua...   Edmonde CHARLES-ROUX, l'Irrégulière, p. 238.

SALUADE [salɥad] n. f. — V. 1560 ; de *saluer.*

♦ Vx (langue class.). Salut pompeux, révérence.

SALUBRE [salybʀ] adj. —1444 ; lat. *salubris.*

♦ **1.** Qui a une action favorable sur l'organisme, qui peut améliorer la santé. — REM. *Salubre*, plus fort que *sain*, s'emploie en parlant des conditions naturelles, du climat, d'un logement... *Humer* (cit. 4) *l'air salubre et frais du matin. Climat salubre.*
L'air y est assez salubre, surtout depuis que l'on a desséché et transformé en courtils les fossés fangeux et bourbeux qui environnaient la ville (...)   Th. GAUTIER, Souvenirs de théâtre..., Statistique départ, Ain.

♦ **2.** (XVIe, Montaigne). Fig. Sain (→ Réconfortant, cit.). *Des lectures salubres.*

CONTR. Insalubre, malsain, nuisible.
DÉR. Salubrement. — V. Salubrité.

SALUBREMENT [salybʀəmɑ̃] adv. — V. 1290 ; de *salubre*.

♦ Rare. D'une manière salubre.

SALUBRITÉ [salybʀite] n. f. — 1444 ; lat. *salubritas*, de *salubris*. → Salubre.

♦ **1.** Caractère de ce qui est favorable à la santé* des humains. *Salubrité de l'air, du climat. Salubrité d'un logement, d'un quartier.*

♦ **2.** Spécialt. État d'un groupe social, caractérisé par l'absence de maladies endémiques, contagieuses... et par un ensemble de mesures sociales nécessaires pour obtenir et préserver cet état. ⇒ **Assainissement, hygiène ; sanitaire.** *Mesures d'urbanisme, de police, destinées à assurer la salubrité.*

1 Peut-être avait-il été receveur à la porte d'un abattoir, ou sous-inspecteur de salubrité.
BALZAC, le Père Goriot, Pl., t. II, p. 856.

2 Ce qu'il faut regretter, c'est peut-être que Stamboul, ayant en partie perdu sa physionomie d'autrefois, ne soit pas encore, comme régularité et comme salubrité, comparable aux capitales européennes.
NERVAL, Voyage en Orient, Nuits du Ramazan, IV, IV.

État d'un milieu favorable à la santé. ⇒ **Hygiène** (du milieu).

♦ **3.** (XXᵉ). Littér., rare. Apparence de santé (d'une personne).

CONTR. Insalubrité.

SALUER [salɥe] v. tr. — 1080 ; du lat. *salutare* « souhaiter la santé, la prospérité, le salut à (qqn) ».

♦ **1.** Adresser, donner une marque extérieure de reconnaissance et de civilité*, d'honneur, de respect* à (qqn). ⇒ **Salut** (→ Approcher, cit. 16 ; couper, cit. 31 ; dignité, cit. 13 ; gauche, cit. 13 ; quelquefois, cit. 1 ; raide, cit. 5). *Saluer qqn en se découvrant* (cit. 31), *en ôtant son chapeau*, *en s'inclinant*. *Saluer une connaissance d'une inflexion, d'une inclinaison de la tête. Saluer qqn de la voix, du geste* (cit. 13). *Saluer gracieusement, poliment* (cit. 2), *profondément* (→ Grand, cit. 47), *respectueusement* (→ Haie, cit. 7) *qqn.* — (Sans compl. exprimé). *Saluer à la manière* (cit. 24) *arabe, orientale. Saluer par une génuflexion*, *une révérence*. ⇒ aussi **Prosterner** (se). *Saluer un ami, une femme* (→ Étudier, cit. 15 ; inclination, cit. 22). *Ne saluer personne* (→ 1. Froid, cit. 18). *On ne le salue plus* (→ Mufle, cit. 6). *Saluer qqn en le croisant, en l'abordant ; en prenant congé de lui. Saluer de la main un navire, ses passagers* (→ Larguer, cit. 2).

1 Quand il fut salué par quelque journaliste ou par quelqu'un de ses anciens camarades, il répondit d'abord par une inclination de tête assez polie pour qu'il fût impossible de se fâcher (...)
BALZAC, Splendeurs et Misères des courtisanes, Pl., t. V, p. 712.

2 N'importe qui, et n'importe où, il saluait. Pour un souffle de vent, il s'inclinait jusqu'à terre. Avoir un roseau dans la colonne vertébrale, quelle source de fortune !
HUGO, l'Homme qui rit, II, I, VII.

2.1 Parfois un homme d'une autre tribu s'approchait de la tente et saluait en tendant les deux mains ouvertes. Ils échangeaient à peine quelques mots, quelques noms.
J.-M. G. LE CLÉZIO, Désert, p. 18.

Spécialt. *Acteur qui salue le public*, qui revient en scène pour saluer, après un rappel. — (1609). *Faire le salut militaire à. Soldat qui salue un officier* (→ Démagogie, cit. 4). — Absolt. *Alors, on ne salue plus ?*

3 C'est une chose étonnante et qui délie l'humeur, lorsque l'on entend un officier qu'on ne connaît pas et qu'on salue répondre par un « Bonjour » tout à fait civil. Un homme se ferait tuer pour ces nuances-là.
ALAIN, Propos, 1ᵉʳ mars 1922, Hommes de la marine.

Loc. fig. et fam. *Saluer les obus, les balles* : courber la tête en entendant siffler les projectiles. — (Même sens). *Saluer le Boche* (G. de Pourtalès, la Pêche miraculeuse, p. 305).

Poét. *« Je te salue, ô Mort ! Libérateur* (cit. 2) *céleste ».* — Relig. *Je vous salue, Marie...*, début d'une prière à la Vierge. ⇒ **Ave, salutation** (angélique). — N. m. *Dire deux « je vous salue ».* — Hist. *Salut, César, ceux qui vont mourir te saluent* (lat. Ave* Cæsar, morituri te salutant).

♦ **2.** Visiter qqn. *« Les officiers de la garnison sont allés saluer le gouverneur »* (Littré), lui rendre leurs devoirs, lui rendre une visite* de politesse. — Faire ses compliments, ses civilités par lettre. *Saluez Un tel de ma part. J'ai bien l'honneur* de vous saluer.

♦ **3.** (1611). Manifester du respect, de la vénération à (qqch., un symbole...), par des gestes, des pratiques réglées. ⇒ **Hommage** (rendre). — Milit. *Saluer de l'épée, du drapeau... Saluer le drapeau* (→ 2. Général, cit. 8). — Relig. *Le prêtre* (cit. 1) *salue le Saint-Sacrement d'une génuflexion, par une génuflexion.*

Mar. *Navire qui en salue un autre*, en abaissant et en rehissant le pavillon national (ou, dans certaines circonstances exceptionnelles et lorsqu'il s'agit d'un navire de guerre, en tirant un nombre déterminé de coups de canon). *« Il est d'usage que tous les navires de commerce saluent les navires de guerre en abaissant trois fois le pavillon national : le navire de guerre répond en abaissant une fois seulement le sien »* (Gruss).

♦ **4.** Fig. Accueillir* (qqch., un événement) par des manifestations extérieures. *Saluer un nom d'une clameur.* — (Compl. n. de personne). *Saluer un acteur, une chanteuse par des applaudissements* (⇒ **Applaudir**), *des lazzi, des sifflets.*

4 Une telle clameur saluait leur apparition qu'ils en demeuraient suffoqués (...)
COURTELINE, Messieurs les ronds-de-cuir, 6ᵉ tableau, III.

Poét. *Le hennissement des chevaux qui saluaient l'aurore* (→ Fanfare, cit. 4).

♦ **5.** *Saluer qqn comme..., saluer en lui un, une... :* honorer (qqn) en lui reconnaissant (tel titre d'estime, de respect, de gloire). *La foule qui l'acclamait saluait en lui le héros et le libérateur. Je salue en lui notre maître* (→ Ironie, cit. 1). — (Au passif). *Être salué comme un précurseur.* ⇒ **Honorer** (2.) → Ésotérique, cit. 2. — Absolt. *Je crois qu'on peut saluer. Messieurs, saluez !*

▶ **SE SALUER.** v. pron.

(Récipr.). Se donner réciproquement le salut (→ Offense, cit. 5 ; retenir, cit. 6). *Ils se sont salués.* — Par ext. *Nous nous saluons, mais nous ne nous parlons pas* (→ Parler, cit. 47).

DÉR. Saluable, saluade, salueur.

SALUEUR, EUSE [salɥœʀ, øz] adj. et n. — V. 1530 ; fém. attesté en 1875 ; de *saluer*.

♦ **1.** Qui salue, fait un salut.

(Leur geste) déclenchait seulement, comme un mouvement d'horlogerie, la gesticulation de petits personnages salueurs qui n'étaient autres que l'entourage d'Odette, à commencer par Swann, lequel soulevait son tube (...) avec une grâce souriante (...)
PROUST, À l'ombre des jeunes filles en fleurs, Pl., t. I, p. 640.

♦ **2.** Spécialt. Qui fait beaucoup de saluts. *Un personnage « expansif et salueur »* (Willy).

M. Natrabite, poli, discret, très salueur, et d'un calme (...)
Jean HOUGRON, la Gueule pleine de dents, p. 48.

SALURE [salyʀ] n. f. — XIIIᵉ, rare jusqu'au XVIᵉ ; *saleure*, 1247, « sel » ; de *saler*.

♦ Didact., techn. Caractère de ce qui est salé ; proportion de sel (chlorure de sodium) contenue dans un corps. — REM. La *salure* de la mer désigne sa teneur en chlorure de sodium, tandis que *salinité* concerne sa teneur en matières salines*.

Bien différent du lac Asphaltite, dont la dépression accuse douze cents pieds au-dessous, sa salure (*du lac Salé*) est considérable, et ses eaux tiennent en dissolution le quart de leur poids de matière solide.
J. VERNE, le Tour du monde en 80 jours, p. 240.

SALUT [saly] n. m. — Xᵉ, aux sens I., 1. et II., 2. ; du lat. *salutem* accusatif de *salus, salutis*, n. f., « santé ; conservation de la vie » ; par ext., « action de souhaiter bonne santé, de saluer ».

★ **I.** *(Le salut, le salut de qqn).* ♦ **1.** Le fait d'échapper à la mort, au danger, de garder ou de recouvrer un état heureux, prospère. ⇒ **Sauvegarde ; sauver** (cf. Mettre hors de danger, de péril). *Chercher son salut dans la fuite* (cit. 3). *Devoir son salut à...* (→ Profondeur, cit. 1). *Il n'y a guère de salut à espérer* (→ Il n'y a pas de pardon*, cela ne pardonne* pas). — Loc. *Lieu, port* (cit. 10) *de salut.* — Loc. *Planche** (cit. 10) *de salut. Ancre de salut*, la dernière chance.

1 (...) et cette chère tête,
Pour qui l'art d'Esculape en vain fit ce qu'il put,
Dut sa perte à ces soins qu'on prit pour son salut.
LA FONTAINE, Fables, VIII, 16.

(1679). *Le salut d'une nation, d'un pays* (→ Indomptable, cit. 3). *Mener un peuple au salut* (→ Führer, cit. 2). *« Veillons au salut de l'Empire »* (4.). — (1789). Hist. **SALUT PUBLIC**, expression consacrée par le Comité de Salut public de la Convention, mais employée auparavant (cf. Brunot, t. IX, p. 923) et appliquée aussi à l'histoire romaine (→ Dictature, cit. 1). — (Dans un sens large). *Mesure de salut public* : mesure d'urgence, dans une situation nationale grave (→ Maintien, cit. 7).

2 Devant l'idée du salut public, les intérêts et les caprices de l'individu se sont effacés.
TAINE, Philosophie de l'art, t. II, p. 184.

Mod. *Comité, ministère, gouvernement, mesure, loi de salut public, d'urgence nationale.*

2.1 Cela fait frémir pourtant de voir qu'un ministère de salut public comme est celui-là soit si peu assuré d'une majorité stable (...)
F. MAURIAC, Bloc-notes 1952-1957, p. 118.

♦ **2.** (XIIᵉ, var. *salu*). Dans les religions* judéo-chrétienne, bouddhique... Félicité* éternelle ; fait d'être sauvé de l'état naturel de péché, de souffrance, et de la damnation qui en résulterait sans la médiation d'un sauveur*. ⇒ **Rachat, rédemption.** *Le salut de l'âme, le salut personnel* (→ Mystère, cit. 5). *Les voies de salut, du salut. Espérer* (cit. 7), *gagner* (cit. 29), *faire son salut* (→ Égoïste, cit. 2 ; 2. plan, cit. 7). *Grâce* et *salut* (→ Gratuitement, cit. 2). *Opérer le salut des hommes* (→ Dieu, cit. 38). *Science du salut* (→ Gnose, cit. 1).

3 Ce n'est point du dehors qu'une jeune âme peut espérer quelque secours. Le salut est au dedans d'elle-même.
F. MAURIAC, le Jeune Homme, XIV.

Fig. Faire son salut : se conformer à un idéal moral. *Le salut de l'esprit* (→ Effort, cit. 11). — (Par allus. à l'expression : *hors de l'Église, point de salut). Hors de..., point de salut,* se dit pour exprimer une condition indispensable, nécessaire (→ Honnête, cit. 22).

4 En somme, Flaubert fit son salut, c'est-à-dire qu'il n'écrivit guère que pour satisfaire à son idéal et pour s'approcher le plus près possible de la perfection.
A. THIBAUDET, Gustave Flaubert, p. 269.

♦ **3. ARMÉE DU SALUT** (angl. *Salvation army*) : association protestante* destinée à la propagande religieuse et au secours des indigents. ⇒ **Salutiste.**

5 (...) toute une bande de «l'Armée du Salut» (...) une dizaine de grosses filles (...) en robe bleu marine et chapeaux Greenaway, se groupait sous trois énormes parapluies rouges et chantait des versets (...)
Alphonse DAUDET, Tartarin sur les Alpes, IV.

★ **II.** (Exclamation). *Un, des saluts, le salut de qqn.*
♦ **1.** ⓐ (V. 1283). Littér. ou style soutenu. Formule exclamative par laquelle on souhaite à qqn santé, prospérité. — Par ext. Adresse solennelle. — Ancienn (dans un texte officiel, préambule, lettre patente d'un roi, bulle papale, mandement...).*À tous les fidèles, salut et bénédiction. — Salut et fraternité*.
Poét. «*Salut, bois* (cit. 9) *couronnés d'un reste de verdure*». «*Salut, demeure chaste et pure !* » (Barbier et Carré, romance du *Faust* de Gounod, III, 4). «*Salut, ô mon dernier matin*» (autre air de *Faust*).

6 Salut, champs que j'aimais, et vous, douce verdure,
Et vous, riant exil des bois !
Ciel, pavillon de l'homme, admirable nature,
Salut pour la dernière fois !
N.-J.-L. GILBERT, Ode IX et dernière, «imitée de plusieurs psaumes».

À bon entendeur, salut. ⇒ **Entendeur.**

ⓑ (1612, *in* D.D.L.). Fam. Formule brève d'accueil (⇒ **Bonjour**) ou d'adieu*. ⇒ **Bonsoir, revoir** (au). *Salut les gars ! Salut les copains, la compagnie !*

7 Le vieux fermier était sorti de sa maison. Il les regardait en fumant sa pipe. — Salut, papa, dit Charlot. — Salut ! dit le fermier en hochant la tête. Eh ! oui. Salut !
SARTRE, la Mort dans l'âme, p. 43.

ⓒ Fam. Formule de refus («ne comptez pas sur moi»).

7.1 Moi, jeter le rubis ? Ah ! salut. Tu me connais pas encore, mon petit pote.
M. AYMÉ, la Vouivre, p. 170 (1943).

♦ **2.** (1080). Démonstration de reconnaissance, de civilité (par le geste ou la parole), qu'on fait en rencontrant ou en quittant qqn. ⇒ **Salutation.** *Gestes*, attitudes de salut.* ⇒ **Coup** (de chapeau), **courbette, génuflexion, inclination** (de tête), **poignée** (de main), **révérence, shake-hand** (cf. Serrer, tendre, toucher la main). *Ébaucher* (cit. 6), *faire, rendre un salut à qqn.* ⇒ **Saluer.** *Formules de salut.* ⇒ **Adieu, bonjour, bonsoir, revoir** (au) ; et aussi, fam., **bye-bye, ciao.** *Des saluts compliqués, cérémonieux*.* ⇒ **Salamalec.** *Salut cordial, amical, chaleureux. Échange de saluts* (→ Palabre, cit. 3). *Répondre au salut de qqn* ⇒ Imperceptible, cit. 11). *Dispenser des saluts à droite et à gauche* (cit. 13). — *Les saluts d'un acteur,* pour remercier le public de ses applaudissements (→ Pétulance, cit. 3).

8 Elle lui rendit son salut de bonne grâce, et, à compter de ce moment, ils prirent l'habitude de se souhaiter ainsi le bonjour tous les matins, d'un côté de la rue à l'autre. A. DE MUSSET, Nouvelles, « Frédéric et Bernerette », I.

8.1 M. Duroc salua les deux jeunes gens avec l'amabilité heureuse qui implique le sentiment de sa propre supériorité et de la reconnaissance respectueuse de ceux vis-à-vis desquels elle condescend avec souplesse. Par son salut différait absolument du salut des jeunes médecins, des députés républicains ou des magistrats nommés depuis les décrets, brutal pour rapprocher les distances ou gêné pour témoigner qu'on *(en)* a conscience, qui témoigne la cordialité comme les collégiens par un coup de poing, ou le respect comme les servantes par la confusion. Mais il ressemblait encore moins au salut des gens du monde qui charme comme la figure d'un ballet ou l'aveu d'une sympathie. PROUST, Jean Santeuil, Pl., p. 438-439.

Geste ou ensemble de gestes que l'on fait pour saluer. *Salut oriental, à l'indienne, à la chinoise. Grand salut par prosternement* (cit. 1). *Salut des Juifs.* ⇒ **Paix** (baiser de). *Salut fasciste,* le bras tendu. *Salut scout. Salut olympique. Salut du Front populaire,* le poing tendu (→ Poing, cit. 9). — Spécialt. *Salut militaire,* généralement geste de la main droite portée à la tempe, à la coiffure (képi, calot, béret...). *Le salut réglementaire* (→ Pivoter, cit. 3). *Les soldats doivent le salut aux gradés.*

9 Le lieutenant, peu accoutumé à des rencontres si vénérables, balbutia avec quelque timidité : Bonjour, mon oncle, et fit un salut mixte composé de l'ébauche involontaire et machinale du salut militaire achevée en salut bourgeois.
HUGO, les Misérables, III, V, VI.

10 (...) au moment où on vous présentait à une de ces Guermantes-là, elle vous faisait un grand salut dans lequel elle approchait de vous, à peu près selon un angle de quarante-cinq degrés, la tête et le buste, le bas du corps (...) restant immobile.
PROUST, le Côté de Guermantes, Pl., t. II, p. 445.

Danse. Sorte de révérence (→ Quadrille, cit. 2).

Geste ou attitude d'hommage, de vénération ou d'adoration (en liturgie*...).

♦ **3.** Mar. Échange de signes de reconnaissance — coups de canon (⇒ **Salve**) ; abaissement du pavillon — entre deux navires.

♦ **4.** Cérémonie où l'on marque son respect, sa vénération pour qqch. *Salut au drapeau.* ⇒ **Honneur** (honneurs militaires).

★ **III.** (XVIᵉ ; *salut la Dieu mère* [mère de Dieu] «ave Maria», déb. XIIIᵉ).

Relig. cathol. (d'abord pour désigner les stations de la Sainte Vierge, dans les processions ; → Salve, n. m.). *Salut du Saint-Sacrement,* et, absolt, *salut* : cérémonie qui comprend l'exposition du Saint-Sacrement, certains chants, une bénédiction et la «reposition». *Donner le salut* (se dit du célébrant). *Assister au salut. Les vêpres et le salut* (→ Bout, cit. 48 ; humble, cit. 19).

CONTR. (De I., 2.) Damnation, perdition.
DÉR. (De I., 3.) Salutiste.

SALUTAIRE [salytɛR] adj. — 1315 ; lat. *salutaris,* de *salus.* → Salut.

♦ **1.** Qui a une action favorable, dans le domaine physique (santé, prospérité) ou moral, intellectuel. ⇒ **Avantageux, bienfaisant, bon, profitable, utile.** *Remède salutaire. L'air salutaire et bienfaisant des montagnes* (cit. 6). ⇒ **Sain, salubre.** *Herbe* (→ Brûler, cit. 21), *baume salutaire* (→ Douleur, cit. 10, par métaphore). — *Climat salutaire à qqn* (→ Altération, cit. 1).

1 La vôtre *(piqûre)* fait du mal, la mienne est salutaire.
Par moi plus d'un malade obtient sa guérison.
Par vous tout homme sain trouve une mort cruelle. FLORIAN, Fables, IV, 6.

2 (...) nous répugnons aux médicaments, quoiqu'ils nous soient pourtant salutaires.
SADE, Justine..., t. I, p. 200.

♦ **2.** (Au moral). *Avis, conseil* (cit. 5 et 17) *salutaire. Effets, conséquences salutaires. Crainte, terreur salutaire.*

3 Il y a dans notre corps un certain instinct de ce qui nous est salutaire, comme dans le cœur, de ce qui est le devoir moral, et qu'aucune autorisation du docteur en médecine ou en théologie ne peut suppléer.
PROUST, la Prisonnière, Pl., t. III, p. 185.

♦ **3.** (Déb. XVIᵉ). Relig. Propre à assurer le salut de l'âme.

CONTR. Désastreux, fâcheux, funeste, mauvais, néfaste, pernicieux.
DÉR. Salutairement.

SALUTAIREMENT [salytɛRmɑ̃] adv. — 1525 ; de *salutaire.*

♦ Vieilli ou littér. D'une manière salutaire.

SALUTATION [salytasjɔ̃] n. f. — V. 1275 ; lat. *salutatio* «geste de salut ; action de présenter ses civilités», de *salutare.*

♦ **1.** Vx. Action de saluer, de présenter ses civilités*. ⇒ **Salut.** — (Déb. XIVᵉ). Relig. *La salutation angélique* : le salut de l'ange Gabriel à la Vierge Marie, les paroles par lesquelles il lui annonça qu'elle serait mère du Christ. *Prière de la salutation angélique,* le «Je vous salue*, Marie». ⇒ **Ave Maria.**

♦ **2.** Manière de saluer solennelle, ou, péj., exagérée, hypocrite. *Les salutations et les révérences* (→ Hypocrite, cit. 19). *La forme des salutations* (→ Malplaisant, cit. 1).

1 Gurau et Sammécaud reçurent de Jacques Avoyer la même salutation obséquieuse, et de Treilhard deux signes de cordialité légèrement différents.
J. ROMAINS, les Hommes de bonne volonté, t. V, XXV, p. 240.

♦ **3.** (Au pluriel). Mot utilisé dans les formules de politesse* écrites. *Sincères salutations. Salutations distinguées, empressées. Veuillez agréer mes respectueuses salutations.*

2 Monsieur, il ne me reste plus qu'à vous renouveler mes très-humbles salutations.
E. LABICHE, Un monsieur qui prend la mouche, 8.

REM. L'emploi oral a valeur ironique.

SALUTISTE [salytist] n. et adj. — 1890, *in* P. Larousse, *Deuxième Suppl.* ; de *salut* (I., 3.).

♦ Membre de l'Armée du Salut*. — Adj. De l'Armée du salut. *Les chœurs salutistes.*

Je dis, Reste là, étalé sur ces dalles amicales ou tout au moins neutres, n'ouvre pas les yeux, attends que vienne le Samaritain, ou que vienne le jour et avec lui les sergents de ville ou qui sait un salutiste.
S. BECKETT, Nouvelles, «le Calmant», p. 69.

SALVADORIEN, IENNE [salvadɔRjɛ̃, jɛn] adj. et n. — Attesté XXᵉ ; de *Salvador.*

♦ Du Salvador, État d'Amérique centrale. «*Paysans salvadoriens*» (*le Nouvel Obs.,* 2 mars 1981, p. 34).

SALVATEUR, TRICE [salvatœR, tRis] adj. — XVᵉ, attestation isolée, au masc. ; repris 1886, Bloy, au fém. ; lat. ecclés. *salvator, -trix* (→ Sauveur), de *salvare.* → Sauver.

♦ Littér. Qui sauve. *Une vertu salvatrice* (Claudel).

La fortune recommença donc à rouler vers lui, à dater de cette réflexion salvatrice.
Léon BLOY, le Désespéré, p. 247.

REM. Le masc. *salvateur,* refait sur le féminin, a été critiqué par les puristes.

SALVATION [salvɑsjõ] n. f. — xxᵉ ; lat. *salvatio*, de *salvare*.

♦ Littér. (latinisme). Salut (au sens religieux).

(...) le chrétien se plongea dans la lecture d'un article sur la salvation des petits Chinois. De ce côté-là, ça allait mieux (...)
R. QUENEAU, le Chiendent, p. 17 (1932).

SALVATRICE [salvatʀis] adj. f. ⇒ **Salvateur.**

1. SALVE ou **SALVÉ** [salve] n. m. — 1387 ; premier mot de l'antienne *Salve, Regina...* « Salut, Reine... »

♦ Liturg. cathol. Prière en l'honneur de la Vierge. — On dit aussi : le *salve regina* [salveʀeʒina] n. m.

2. SALVE [salv] n. f. — 1559 ; du lat. *salve* « salut » (coup de canon pour saluer).

♦ **1.** Décharge simultanée d'armes à feu ou coups de canon successifs pour saluer et honorer qqn, pour annoncer une nouvelle, en signe de réjouissance... *Salve d'artillerie* (→ Octroyer, cit. 3 ; pavois, cit. 3). *Salve annonciatrice de la fin du ramadan* (→ 1. Canon, cit. 4).

1 *(Ce bâtiment)* portait je ne sais plus quel pavillon qui lui valut un salut réglementaire de onze coups de canon, rendus par lui coup pour coup (...) On a calculé qu'en salves, politesses royales et militaires, échanges de tapages courtois, signaux d'étiquette (...) levers et couchers de soleil salués tous les jours par toutes les forteresses et tous les navires de guerre (...) le monde civilisé tirait à poudre par toute la terre, toutes les vingt-quatre heures, cent cinquante mille coups de canon inutiles.   HUGO, les Misérables, II, II, III.

2 Et, quelquefois, je m'étais imaginé rentrant là-bas à la tête d'une flotte de guerre, feu à bâbord et à tribord ! et débarquant en souverain aux sons des Te Deum et des salves d'artillerie.   Valery LARBAUD, Barnabooth, Journal, IV, 26 janv.

Décharge simultanée de plusieurs armes à feu. *L'artillerie* (cit. 4) *répondit par salves furieuses. Des salves au loin* (→ Fusiller, cit. 8).

3 Une pluie de terre retomba (...) Déjà l'autre salve arrivait, piochant autour de nous, à grands coups furieux, à droite, à gauche.
R. DORGELÈS, les Croix de bois, XI.

Loc. *Feu de salve.*

4 Il se sent un peu la responsabilité (...) d'un lieutenant de dragons, un jour d'émeute, qui va commander un feu de salve.
J. ROMAINS, les Hommes de bonne volonté, t. III, II, p. 49.

♦ **2.** Par anal. *Salve d'applaudissements.*

5 Tout à coup cette masse noire et immobile s'anima, et des salves interminables d'applaudissements éclatèrent (...)   A. DE VIGNY, Cinq-Mars, XXVI.

♦ **3.** Phys. Apparition brusque d'un grand nombre de paires d'ions (dans une chambre d'ionisation). — Par anal. *Salve de neutrons* (trad. de l'angl. *burst*).

3. SALVE [salv] n. f. — 1666 ; esp. *salva*, de *salver* « sauver », la coupe étant utilisée pour vérifier que les aliments et boissons étaient sains.

♦ Didact. Coupe en vermeil sur laquelle l'étiquette voulait que l'on présentât certains objets à un personnage de rang princier.

SAMARA [samaʀa] n. f. — D. i. ; mot persan, par le turc et l'italien.

♦ Franç. d'Afrique. Sandale nu-pieds, de cuir, plastique, caoutchouc, formée d'une semelle plate et d'une lanière qui se glisse entre les deux premiers orteils.

1 Bouraïma avait chaussé la paire de samaras.
Olympe BHÊLY-QUÉNUM, Un enfant d'Afrique, in I. F. A.

2 Ils chaussaient alors les rustiques samaras composées d'une semelle de cuir ou de caoutchouc, retenue par une lanière.   Paul RIBEAUD, le Paria, p. 56.

SAMARE [samaʀ] n. f. — 1798 ; du lat. *samara* ou *samera* « graine d'orme ».

♦ Bot. Fruit* sec indéhiscent akène, à péricarpe prolongé en aile membraneuse favorisant la dissémination. *Samares du frêne, de l'orme.*

COMP. **Disamare.**

SAMARITAIN, AINE [samaʀitɛ̃, ɛn] n. — 1330, *Samarithan ;* de *Samarie,* ville et région de Palestine.

♦ **1.** Hist. des relig. Juif, juive de Samarie. *Les Samaritains,* secte religieuse gnostique et ascétique qui ne croyait pas à la résurrection et s'en tenait au texte du Pentateuque. *Les Juifs de Judée haïssaient les Samaritains. Jésus et la Samaritaine* (Évangile selon saint Jean, II, 4). *Parabole* (cit. 2) *du bon Samaritain* (Évangile selon saint Luc, IV, 10). — Loc. fig. (souvent avec une nuance d'ironie). *Faire le bon samaritain :* se montrer secourable ; être toujours prêt à se dévouer, à aider autrui.

Adj. De Samarie. *Doctrines samaritaines.*

♦ **2.** Régional (Suisse). Secouriste.

SAMARIUM [samaʀjɔm] n. m. — 1879 ; métal découvert dans la *samarskite* (minerai), du nom du chimiste russe *Samarski.*

♦ Chim. Métal (symb. *Sm*), de masse at. 150,35 et nº at. 62, qui fait partie des terres rares.

Le samarum *(sic)* a été découvert, comme le gallium, par les indications de l'analyse spectrale.   L. FIGUIER, l'Année scientifique et industrielle 1880, p. 147 (1879).

1. SAMBA [sãba] n. f. — V. 1923, répandu après la guerre de 1939-1945 ; mot brésilien.

♦ Danse d'origine brésilienne, sur un rythme à deux temps. *Des rumbas et des sambas. Danser la samba. Le défilé annuel des écoles de samba, pendant le carnaval de Rio.*

Le centre de gravité se trouve dans le bas du corps, la démarche ondulante, la samba coulée ne trouvent leur saveur que par l'abandon total des épaules, c'est la *bunda* qui fait tout le travail, les hanches, le bassin, afin d'avoir la *samba no pé,* la samba aux pieds. C'est à cela qu'on reconnaît les bonnes écoles de samba, celles qui ne font pas le carnaval de la tête (...) celles dont le pied vole sur le sol.
Henri RAILLARD, in Autrement, nº 44, nov. 1982, p. 46.

REM. San Antonio (Œ. compl., t. I, p. 258) emploie le verbe *sambater.*

2. SAMBA [sãba] n. m. — xxᵉ (*in* Larousse, 1933), d'une langue africaine.

♦ Techn. Bois africain, appelé aussi *obéché.*

SAMBENITO [sãbenito] n. m. ⇒ **San-benito.**

SAMBLEU [sãblø] interj. — 1612, *sambieu ;* par la sanbieu, xvᵉ, altér. euphémique de *par le sang Dieu.*

♦ Vx. Juron. ⇒ **Palsambleu.**

SAMBOUK [sãbuk] n. m. — 1746 ; *sambuque,* xvɪᵉ ; portug. *sambuco,* du somali ou de l'arabe *sambūq.*

♦ Navire de la mer Rouge ponté ou demi-ponté, à deux mâts gréés de voiles triangulaires à antennes. — Var. : *sambuk.*

Il s'agissait de suivre le chemin des caravanes qui menaient leur fret humain de l'Abyssinie jusqu'aux criques africaines de la mer Rouge où les boutres et les sambouks yéménites venaient le charger pour le mener à la côte d'Asie.
J. KESSEL, Tous n'étaient pas des anges, p. 498.

SAMBUQUE [sãbyk] n. f. — xɪvᵉ, *sambuca* « sorte de flûte » ; lat. *sambuca,* grec *sambukê.*

♦ **1.** (1765). Mus. Instrument* de musique à cordes pincées, sorte de harpe en usage dans la Grèce antique.

♦ **2.** (1288, *sambique*). Archéol. Machine de guerre, sorte d'échelle roulante munie d'un pont volant.

SAMEDI [samdi] n. m. — 1120, *samadi ;* forme réduite de *sambedi,* lat. **sambati dies,* de *sambatum,* var. de *sabbatum.* → Sabbat.

♦ Septième jour de la semaine. *Le samedi, jour du sabbat chez les juifs. Le samedi et le dimanche, congés de la semaine* anglaise. *Payé* (cit. 1 et 2) *des ouvriers le samedi* (→ Pointer, cit. 2). — Fam. *Être né un samedi :* être paresseux. — *Samedi saint,* la veille de Pâques.

C'était un samedi, jour où les Anglais se dépêchent de s'amuser, ayant à s'ennuyer le dimanche.   HUGO, l'Homme qui rit, II, III, VII.

SAMIEN, IENNE [samjɛ̃, jɛn] adj. et n. — 1611, *pierre samienne,* nom médical d'une terre astringente provenant de Samos, *terra samia* (*in* Pline) ; de *Samos.*

♦ Didact. De l'île de Samos. — Archéol. *Pierre samienne,* servant à brunir l'or. — *Vases samiens.*

Les vases dits de Fikellura ou samiens conservent ce style décoratif (...) sur chaque côté de la poterie, une figure est isolée, séparée de sa voisine par une palmette ou des rinceaux.   G. CONTENAU et V. CHAPOT, l'Art antique, p. 167.

SAMIT [sami] n. m. — xɪɪᵉ ; du lat. médiéval *samitum,* var. de *examitum,* du grec byzantin *hexamitos,* proprt « six fils ».

♦ Archéol. « Étoffe orientale composée de six fils de toutes couleurs ; demi-satin formé d'une chaîne de soie soutenue par une trame de fil » (Réau). ⇒ **Brocart.** *Des samits.*

HOM. **Sammy.**

SAMIZDAT [samizdat] n. m. — 1960 ; mot russe, « auto-édition », de *sam* « auto- », d'après *gosizdat* « édition d'État ».

♦ Diffusion clandestine en U.R.S.S. des ouvrages interdits par la censure; ouvrage ainsi diffusé. *Œuvres, journaux diffusés en samizdat.* « *La lettre* (de protestation) *a circulé, par la suite, en samizdat* » (*l'Express*, 21 avr. 1979, p. 167). « *La répression s'aggrave contre les éditrices du premier samizdat féministe russe, l'Almanach* Femmes de Russie» (*F Magazine*, avr. 1980, p. 47). *Des samizdats.* « *Depuis plusieurs années, avec les samizdats, nous viennent de l'Est de nombreuses histoires...* » (*le Nouvel Obs.*, 12 juin 1978, p. 49).

SAMMY [sami] n. m. — 1917, *Larousse mensuel;* prénom, dimin. de *Sam,* l'oncle *Sam* étant la personnification du citoyen américain.

♦ Fam. Soldat américain, en 1917. *Les Sammies et les Tommies* (soldats anglais).

HOM. Samit.

SAMNITE [samnit] adj. et n. m. — Attesté 1734; lat. *samnitis* «d'origine osque».

♦ Hist. D'un peuple italique de race sabine, établi dans la région centrale et montagneuse de l'Italie *(Samnium),* puis en Campanie (~ Vᵉ siècle).

(...) avec leurs costumes et leur armement très particuliers, les populations osques et samnites, qu'allait absorber la conquête romaine.
G. CONTENAU et V. CHAPOT, l'Art antique, p. 274.

N. m. Gladiateur samnite.

SAMOAN, ANE [samɔã, an] adj. et n. — Déb. xxᵉ; de *Samoa,* d'après l'anglais.

♦ Des îles Samoa (archipel de Polynésie).
N. m. *Le samoan,* ensemble des parlers polynésiens des îles Samoa.

SAMOLE [samɔl] n. m. — 1740, *samolus;* mot lat. relevé chez Pline.

♦ Bot. Plante dicotylédone *(Primulacées),* herbacée, vivace, qui croît dans les marais, les lieux humides, dont une espèce commune est appelée mouron* d'eau.

SAMOURAÏ [samuʀaj] n. m. — 1852; mot japonais.

♦ **1.** Hist. Guerrier japonais de la société féodale (environ du Xᵉ siècle à la fin du XIXᵉ), au service d'un seigneur féodal ou d'un noble (daimyo). ⇒ **Bushi.** *Les deux sabres du samouraï. Samouraï sans maître* ⇒ **Ronin.** *Les samouraïs, caste militaire féodale, étaient hostiles au pouvoir central du shogun; ils ont joué un rôle important dans la restauration de Meiji.*

1 (...) de petits êtres ridicules qui étaient jadis des Samouraï *(sic)* en robe de soie, — et qui sont des policemen aujourd'hui, portant veston étriqué et casquette à la russe. LOTI, Mᵐᵉ Chrysanthème, V.

2 C'était la féodalité qui s'instituait, basée sur un système identique à celui de la «recommandation» pratiquée en Occident vers la même époque. Les shôen *(domaines)* formèrent des unités économiques fermées dont le propriétaire entretint des hommes armés attachés à lui par des liens personnels en même temps que réels : les samuraï *(sic).*
F. PETIT, Japon, in Encycl. Pl., Hist. universelle, t. II, p. 1556.

3 Ainsi se multiplièrent les fameux rōnin, ces samouraïs qu'un destin malheureux avait détachés ou privés de leurs maîtres (...) Or nombre de ces guerriers sans plus d'avenir étaient d'excellents savants formés dans les écoles de jadis, nourris de bouddhisme zen et de la culture chinoise que celui-ci transmettait. Ils se firent donc maîtres d'école, professeurs de poésie, écrivains, peintres, ou même médecins et artisans. D. et V. ÉLISSEEF, la Civilisation japonaise, p. 398.

REM. On écrit parfois *samurai* (didactique).

♦ **2.** Cour. Guerrier japonais ancien, notamment dans sa représentation traditionnelle (quel que soit son statut). → Harakiri, cit. 1.

SAMOVAR [samɔvaʀ] n. m. — 1843; *samowar,* 1829; mot russe, proprt «qui bout» *(varit)* «par soi-même» *(samo).*

♦ Petite chaudière portative en cuivre où l'on met des braises, et qui fournit de l'eau bouillante pour les usages domestiques. — Spécialt (pour la confection du thé). *La panse, le robinet du samovar* (→ Frémir, cit. 4); *samovar qui ronronne* (→ Douceâtre, cit.).

1 Le thé du soir fut servi à tous les passagers, et les samovars, chauffés à outrance, versaient incessamment leur eau bouillante sur l'infusion concentrée.
Th. GAUTIER, Voyage en Russie, II, Le Volga.

2 Le moujik viendra, la figure souriante, et tendra la main à son hôte. On lui offrira le pain et le sel, on mettra le «samovar» sur le feu, et il sera comme chez lui.
J. VERNE, Michel Strogoff, p. 129 (1876).

SAMOYÈDE [samɔjɛd] adj. et n. — 1701, Maty; nom russe donné à un peuple de langue et de culture finno-ougriennes, les *Nenets.*

♦ Relatif au peuple *nenets* de Sibérie. — *Chien samoyède :* chien de traîneau à épaisse fourrure blanche.
N. m. Groupe de langues de la famille ouralienne. *Samoyède septentrional* (Ienissei, Nouvelle-Zemble), *méridional.*

SAMPAN [sãpã] n. m. — 1540, attestation isolée, *ciampane* (forme ital.); *siampan,* 1839, Boiste; mot chinois, proprt «trois» *(san)* «bords» *(pan).*

♦ Petite embarcation chinoise à voile unique, marchant à la godille, avec un habitacle en dôme servant d'abri et souvent d'habitation. *Les sampans et les jonques* (cit.).

— Fais-moi accoster un «sampan», frère, je te prie. Yves alors, d'un geste de bras dans le vent et la pluie, appelle une espèce de petit sarcophage en bois blanc, qui sautillait près de nous sur la mer, mené à la godille par deux enfants jaunes tout nus sous l'averse. — La chose s'approche; je m'élance dessus; puis, par une petite trappe en forme de ratière que m'ouvre l'un des godilleurs, je me glisse et m'étends tout de mon long sur une natte — dans ce que l'on appelle la «cabine» d'un sampan. LOTI, Mᵐᵉ Chrysanthème, III.

REM. On écrit aussi *sampang.*

DÉR. Sampanier.

SAMPANIER [sãpanje] n. m. — Av. 1899, Lyautey, *Correspondance,* in D.D.L.; de *sampan.*

♦ Personne qui fait naviguer un sampan.

SAMPI [sãpi] n. m. — 1875; caractère grec figurant à la fois un *san* (nom dorien du σ) et un *pi* [π].

♦ Didact. Lettre numérale valant 900.

SAMPOT [sãpo] n. m. — Déb. xxᵉ, *Nouveau Larousse illustré;* orig. inconnue, probablt exotique; finale francisée.

♦ Pièce d'étoffe drapée de manière à servir de culotte, en Thaïlande, au Cambodge, etc. — REM. Malgré l'exemple ci-dessous on ne voit pas de raison pour ne pas écrire *des sampots.*

Les *sampot* et les *sarong,* qui forment le costume national des Cambodgiens et des Laotiens, sont les prétextes à d'infinies variations, chatoyantes et somptueuses.
Jeannine AUBOYER, les Arts de l'Extrême-Orient, p. 70.

SAMSARA [sãsaʀa] n. m. invar. — Mil. xxᵉ (*in* Larousse, 1964); mot sanskrit.

♦ Didact. Transmigration des êtres, dans le brahmanisme.

SAMURAI [samuʀaj] n. m. ⇒ **Samouraï.**

SANA [sana] n. m. — xxᵉ; abrév. de *sanatorium.*

♦ Fam. Sanatorium. *Faire une cure dans un sana. Des sanas.*

C'était derrière le Sana de Zuydcoote, sous les arbres, que ce que les copains appelaient le camp, s'étendait. Robert MERLE, Week-end à Zuydcoote, p. 30.

SANATION [sanasjõ] n. f. — 1314, «guérison»; repris xxᵉ; lat. *sanatio,* de *sanatum,* supin de *sanare* «guérir», de *sanus.* → Sain; santé.

♦ Dr. canon. Validation (de vœux religieux, du mariage) lorsque ces sacrements n'étaient pas valides.

SANATORIAL, ALE, AUX [sanatɔʀjal, o] adj. — 1968, *in* P. Gilbert; de *sanatorium.*

♦ Didact. Du sanatorium, de la vie en sanatorium. *Cure sanatoriale.*

SANATORIUM [sanatɔʀjɔm] n. m. — 1878, égalt «hôpital maritime»; var. *sanitarium,* 1870 (→ ci-dessous, cit. 4); probablt empr. de l'angl. *sanatorium,* à l'origine «station de plein air», 1842; tiré du bas lat. *sanatorius* «propre à guérir».

♦ Maison de santé située dans des conditions climatiques déterminées, où l'on traite par des moyens hygiéniques (repos, air, suralimentation...) et médicaux des malades atteints de maladies chroniques, spécialt, les tuberculeux* pulmonaires. *Sanatorium marin de Berck* (cf. Hôpital maritime). *Cure en sanatorium.* ⇒ **Sana;** et aussi **aérium, préventorium.** *Sanatorium héliomarin.*

1 J'ai vu des sanatoriums — j'emploie toujours le pluriel français — en Turquie, en Israël, au Brésil et dans maints pays du monde.
G. DUHAMEL, Problèmes de civilisation, p. 208.

2 Je vous écris à propos de notre femme de chambre (...) Elle est aujourd'hui tuberculeuse déclarée, et doit entrer dans un sanatorium. Et je me souviens que vous m'avez dit que votre mère vous avait légué une fondation de lit dans un sana dont le nom m'échappe. MONTHERLANT, les Lépreuses, Épilogue, VII.

Pluriel latin littéraire (le pluriel le plus courant est *sanatoriums*) :

3 Ai-je jamais été dans ce monde d'edelweiss et de sanatoria (...)?
ARAGON, Blanche..., III, I, p. 364.

REM. La première forme du mot a été *sanitarium* (de l'angl.), au sens de «station de repos», aux Indes.

4 À un demi-mille est un sanitarium renfermant des casernes anglaises et de nom-

breuses villas, car l'air de ce plateau est réputé plus salubre encore que celui de Matheran (...)
L. ROUSSELET, l'Inde des Rajahs, *in* le Tour du monde, XXII, 1870, p. 122.

DÉR. Sana, sanatorial.

SAN-BENITO ou SANBENITO [săbenito] n. m. invar. — 1578, d'Aubigné, francisé en *sant béni*; 1675, forme actuelle (in *le Français moderne*); mot esp., proprt «saint Benoît», ce vêtement rappelant celui des Bénédictins.

♦ Hist. des relig. Casaque* jaune que devaient revêtir ceux qui étaient condamnés au bûcher par l'Inquisition. ⇒ **Autodafé** (→ Pain, cit. 16).

1   Après le tremblement de terre qui avait détruit les trois quarts de Lisbonne, les sages du pays n'avaient pas trouvé un moyen plus efficace pour prévenir une ruine totale que de donner au peuple un bel auto-dafé (...) huit jours après *(Candide et Pangloss)* furent tous deux revêtus d'un sanbenito, et on orna leur tête de mitres de papier : la mitre et le sanbenito de Candide étaient peints de flammes renversées, et de diables qui n'avaient ni queue ni griffes; mais les diables de Pangloss portaient griffes et queues, et les flammes étaient droites.
VOLTAIRE, Candide, VI.

2   (...) ils mettent le feu à ma toison ils ont vêtu mon sexe d'un san-benito de poix soufrée.
Tony DUVERT, Paysage de fantaisie, p. 161.

REM. On emploie aussi la forme *sambenito*.

SANCERRE [săsɛR] n. m. — XIXᵉ; nom d'un bourg du Cher.

♦ Vin de Sancerre, assez sec. *Sancerre blanc* (le plus courant). *Sancerre rosé, rouge.*

SANCIR [săsiR] v. intr. — 1702, Aubin, *in* Trévoux; gascon *sansi*, anc. provençal *somsir*, probablt d'un lat. vulg. *submersire*.

♦ Mar. Chavirer par l'avant. *Navire qui sancit.* «*Sancir : engager l'avant dans la mer à l'allure du vent arrière et chavirer ensuite cul par dessus tête*» (B. Moitessier, *Cap Horn à la voile*, p. 102, note).

Notre chaloupe faisait eau de toutes parts, elle était usée jusqu'à la corde et chaque fois qu'un orage éclatait, ils sont nombreux et d'une violence inouïe dans cette région, nous craignions de sancir.   B. CENDRARS, Moravagine, p. 216.

SANCTIFIANT, ANTE [săktifjã, ãt] adj. — 1641, *grâce sanctifiante*, *in* D. D. L.; de *sanctifier*.

♦ Relig. Qui sanctifie. *La grâce sanctifiante.*

(...) je laisserais tout et j'irais là-bas, comme quelque disciple incertain, que Rome agite et dévore, aurait couru à S(ain)t Basile en son aimable désert ou à Jérôme en sa Chalcide sauvage, pour remporter quelque sanctifiant souvenir.
SAINTE-BEUVE, Correspondance, 294, 10 juin 1833.

SANCTIFICATEUR, TRICE [săktifikatœʀ, tʀis] n. et adj. — 1486; *sanctifiaire*, XIIIᵉ; *saintefieur*, fin XIIIᵉ; du lat. *sanctificator*.

♦ Relig. Celui, celle qui sanctifie. *Le Sanctificateur : le Saint-Esprit.* — Adj. (1752). *Le Saint-Esprit sanctificateur. Action sanctificatrice.*

SANCTIFICATION [săktifikasjɔ̃] n. f. — 1120, *saintificatiun*; du lat. ecclés. *sanctificatio*.

Religion.

♦ **1.** Action de sanctifier; résultat de cette action. *Sanctification des apôtres.* — Action de mettre en état de grâce, de rendre apte au salut. *La sanctification des fidèles.*

♦ **2.** (XIXᵉ). Action de sanctifier (qqch.), de rendre sacré.

♦ **3.** (1541, Calvin). Action de considérer, de révérer comme saint, comme sacré. *La sanctification du nom de Dieu.* — Le fait de célébrer religieusement. *La sanctification d'une fête* (cit. 2). ⇒ **Célébration.**

SANCTIFIER [săktifje] v. tr. — XIIᵉ, *saintefier*; forme actuelle, 1486; lat. ecclés. *sanctificare*, rac. *sanctus* «saint».

♦ **1.** Rendre saint* (qqn, qqch.). *Dieu a sanctifié le baptême* (→ Circoncision, cit. 3), *le mariage* (→ Conjugal, cit. 9). *Sanctifier un lieu.* ⇒ **Consacrer.** *L'humilité* (cit. 13) *sanctifie le pêcheur.* — Par ext. Mettre qqn en état de grâce. *Sanctifier le monde* (→ Fécond, cit. 7).

1   (...) une ancienne divonne ou fontaine sacrée, que le christianisme sanctifia en y rattachant le culte de la Vierge.   RENAN, Souvenirs d'enfance..., Œ. compl., t. II, I, p. 729.

Pron. *Se sanctifier :* se mettre en état de grâce.

2   Toutes les graines ne donnent pas les mêmes fleurs. Toutes les âmes ne se sanctifient pas de la même manière.   FRANCE, Thaïs, III.

♦ **2.** (V. 1170). Littér. Rendre saint, sacré, noble (qqch.). *Le mariage sanctifie l'acte naturel de la fécondation* (cit. 5). *La fin* (cit. 31)

sanctifie les moyens. Vie sanctifiée par l'humanisme (cit. 3). *Sanctifier et ennoblir la famille.* ⇒ **Diviniser** (→ Prosaïque, cit. 1).

3   Le pouvoir absolu a cela de commode qu'il sanctifie tout aux yeux des peuples; or, qu'est-ce qu'un ridicule que personne n'aperçoit?
STENDHAL, la Chartreuse de Parme, I, VI.

♦ **3.** (XIIᵉ). Relig. Révérer comme saint. *Sanctifier le nom de Dieu.* ⇒ **Célébrer.** — Au p. p. *Jour sanctifié* (→ Fête, cit. 2). «*Que votre nom soit sanctifié*», phrase du *Pater* (saint Matthieu, VI, 10). Célébrer religieusement. *Sanctifier une fête, le dimanche.*

4   Mais, le lendemain étant un dimanche, et même le dimanche de Pâques, tous convinrent de sanctifier ce jour par le repos.   J. VERNE, l'Île mystérieuse, t. I, p. 170.

♦ **4.** (1649, Retz). Vx (langue class.). Sanctionner.

DÉR. Sanctifiant. — V. Sanctificateur, sanctification.

SANCTION [săksjɔ̃] n. f. — XIVᵉ, attestation isolée, «précepte, règle religieuse»; sens mod., XVIIIᵉ; lat. *sanctio*, rac. *sancire* «prescrire».

★ **I.** ♦ **1.** Hist., dr. Acte par lequel le souverain, le chef du pouvoir exécutif revêt une mesure législative de l'approbation qui la rend exécutoire. *Loi qui a reçu la sanction du roi. Refus de sanction* (→ Examiner, cit. 9). *Pragmatique* sanction.*

♦ **2.** (1762). Fig. ⇒ **Approbation, confirmation, consécration, ratification.** *La sanction de l'autorité publique à l'oppression du faible* (→ Destructif, cit. 2). *Locution qui reçoit la sanction de l'usage* (→ Besaigre, cit.).

1   Rien n'est plus déraisonnable que l'opiniâtreté de ces assertions qui reçurent parmi nous la trompeuse sanction des siècles.   É. DE SENANCOUR, De l'amour, p. 231.

2   Aux yeux des étrangers, ma conduite allait être condamnable, mais elle avait la sanction de ma conscience.   BALZAC, le Lys dans la vallée, Pl., t. VIII, p. 1016.

3   Il me fallait une sanction, l'assentiment d'un homme de ma caste morale.
G. DUHAMEL, Chronique des Pasquier, III, IV.

♦ **3.** Conséquence inéluctable. *La sanction du progrès.* ⇒ **Rançon.**

★ **II.** ♦ **1.** (1765). Dr. Peine ou récompense prévue pour assurer l'exécution d'une loi. *Sanction pénale. Sanction rémunératoire.* Peine ou récompense attachée à une interdiction ou à un ordre, au mérite ou au démérite. *La sanction, conséquence de nos actes.* ⇒ **Responsabilité** (3.). *Esquisse d'une morale sans obligation ni sanction, de Guyau.* — (Dans un sens très général). «Toute peine ou tout avantage, soit établis par les hommes ou par Dieu, soit résultant du cours naturel des choses, et qui sont provoqués par une certaine manière d'agir» (Lalande).

4   Le caractère essentiel d'une vraie sanction morale (...) serait de ne jamais constituer une fin, un but; l'enfant qui récite correctement sa leçon pour le simple but de recevoir ensuite des dragées en mérite plus, au point de vue de la morale, précisément parce qu'il a prises pour fin.
GUYAU, Esquisse d'une morale sans obligation ni sanction, 194, *in* FOULQUIÉ, Dict. de la langue philosophique, Sanction.

5   Les considérations qui précèdent s'appliquent immédiatement à la justice humaine dont elles fondent les sanctions. La récompense et la punition sont pour la société les moyens de reconnaître le mérite et le démérite.
J. DUBOIS, *in* Initiation théologique, t. III, p. 170.

♦ **2.** (XXᵉ). Cour. Peine établie par une loi pour réprimer un acte. ⇒ **Amende, condamnation, répression.** *Le droit pénal s'applique aux sanctions* (→ Criminel, cit. 12). *Avertissements et sanctions* (→ Boudin, cit. 2). *Menaces de sanctions épouvantables* (→ Mot, cit. 40). *Sanctions pour faire respecter un système égalitaire* (cit. 2). — (Dans l'armée, loi de 1972). *Sanctions professionnelles, statutaires* (opposées aux *punitions* disciplinaires). — Dr. internat. public. Action par laquelle une organisation internationale réprime un acte de guerre*. *Sanctions économiques, militaires.*

6   La sanction doit jouer avec une indifférence d'autant plus absolue que rien ne justifie la faute si ce n'est le mépris des règlements, ou, ce qui est pis, la maladresse.   GIRAUDOUX, De pleins pouvoirs à sans pouvoirs, p. 119.

Punition attachée à un ordre non exécuté, une défense transgressée (cette punition peut être naturelle ou sociale, morale; extérieure ou intérieure...). *Le mal* (3. Mal, cit. 46) *n'est que la démission de l'homme, la sanction de ses trahisons. Sanctions scolaires.*

CONTR. Démenti, refus. — Désapprobation.
DÉR. Sanctionner.

SANCTIONNER [săksjone] v. tr. — 1777; de *sanction*.

♦ **1.** Confirmer par une sanction. *Sanctionner une loi.*
Par ext. (Sujet n. de chose) :

1   La religion n'est-elle pas la seule puissance qui sanctionne les lois sociales?
BALZAC, le Médecin de campagne, Pl., t. VIII, p. 366.

♦ **2.** (1798). Confirmer, approuver légalement ou officiellement. ⇒ **Consacrer, entériner, homologuer, ratifier.** *Sanctionner des exactions* (cit. 4), *des égarements* (→ Dépraver, cit. 5).

2   Le 15 juillet, d'elle-même, elle a commencé la démolition de la Bastille, et l'on sanctionne cet acte populaire; car il faut bien conserver les apparences, ordonner même après coup, et suivre lorsque l'on ne peut pas conduire.
TAINE, les Origines de la France contemporaine, t. I, III, p. 130.

♦ **3.** (xxᵉ). Punir par une sanction (II., 2.). ⇒ **Punir.** *Sanctionner une faute. Sanctionner qqn.* — Absolt. *Il nous faudra sanctionner.*

(Sujet n. de chose). Constituer une punition pour (une faute, qqn). *« Les pénalités* (cit. 2) *très graves qui sanctionnaient le genre d'entreprises »* (Camus).

3   Il est anormal que des délits de simple police, qui n'entraînent ni inscription au casier judiciaire ni considération infamante, ne soient pas automatiquement sanctionnés.   GIRAUDOUX, De pleins pouvoirs à sans pouvoirs, p. 121.

▶ **SANCTIONNÉ, ÉE** p. p. adj.

(Sens 1). *Décret sanctionné* (→ Juger, cit. 3). *Loi sanctionnée.* — *Emploi d'un mot sanctionné par l'usage,* adopté, consacré.

(Sens 3). *Faute sanctionnée, durement sanctionnée.*

N. Personne sanctionnée, punie. ⇒ **Puni** (n.). *Un sanctionné, une sanctionnée.*

CONTR. Démentir, refuser. — Condamner, interdire. — Récompenser.

SANCTUAIRE [sãktɥɛʀ] n. m. — 1380; *saintuarie,* 1120; lat. ecclés. *sanctuarium,* de *sanctus* « saint ».

♦ **1.** Lieu le plus saint d'un temple, d'une église, interdit aux profanes. *Le sanctuaire d'un temple égyptien* (→ Hypostyle, cit.). *Édicules* (cit.) *dont est entouré le sanctuaire d'une mosquée. Sanctuaire d'une église,* partie du chœur* située autour de l'autel*. *Le maître-autel* (→ Maître, cit. 108), *merveille du sanctuaire. Les ténèbres du sanctuaire* (→ Gothique, cit. 8). — Spécialt. Dans le temple juif, Partie secrète où était gardée l'arche d'alliance. ⇒ **Saint** (des saints).

1   Quand l'impie a porté l'outrage au sanctuaire,
    Tout fuit le temple en deuil, de splendeur dépouillé (...)
                                            HUGO, Odes et Ballades, II, VI, I.

♦ **2.** (1611). Édifice consacré aux cérémonies d'une religion; lieu saint. ⇒ **Église, temple.** *Les sanctuaires de Grèce, de la vallée du Nil* (→ Aspect, cit. 19). *Le délabrement* (cit. 1) *des sanctuaires. Le sanctuaire du Dieu vivant* (→ Asseoir, cit. 37).

2   Sur l'autel, devant les bougies, dont la pauvre lumière jaunissait son crâne, officiait le dernier prêtre de ce sanctuaire de campagne oublié des hommes. Il y disait peut-être sa dernière messe.   H. BOSCO, Un rameau de la nuit, p. 188.

♦ **3.** (1677, *le sanctuaire de la justice,* Fléchier). Fig., littér. Lieu protégé, fermé, secret. ⇒ **Asile;** et aussi **intimité.** *La ville, sanctuaire des familles* (→ Cité, cit. 2). *Le sanctuaire des lois :* le tribunal ou le parlement. *Pénétrer dans le sanctuaire de qqn,* dans l'intimité* de sa maison. — Fig. *Faire de son cœur un sanctuaire* (→ Comprimer, cit. 5). *Sanctuaire réservé* (→ Étanche, cit. 2), *inviolable d'un cœur* (→ Infortuné, cit. 2). — *Sanctuaire,* titre français d'un roman de Faulkner.

3   (...) je reste à la maison, le front appuyé contre la vitre, à regarder fumer la rivière et monter le brouillard, tout en élevant silencieusement dans mon cœur le sanctuaire parfumé, le temple merveilleux où je dois loger l'idole future de mon âme.
                                            Th. GAUTIER, Mᵐᵉ de Maupin, I.
4   Je m'efforce tant que je peux de cacher le sanctuaire de mon âme : peine inutile, hélas! les rayons percent au dehors et décèlent le Dieu intérieur.
                                            FLAUBERT, Correspondance, 92, fin avr. 1845.

(1971, angl. *sanctuary*). Au cours d'un conflit, Lieu protégé des combats; lieu mis à l'abri d'éventuelles attaques ou représailles. *« Pour lui épargner* (à la patrie) *le viol des troupes étrangères, on en relève préventivement l'empreinte sacrée (le "sanctuaire", disent les théoriciens de la dissuasion) »* (l'Express, 7 juin 1980, p. 27). *« Les "sanctuaires" thaïlandais (pour les Khmers) »* (l'Express, 3 nov. 1979, p. 136). — REM. Dans ce sens, on trouve les dér. *sanctuariser,* v. tr.; *sanctuarisation,* n. f. (l'Express, 8 sept. 1979, p. 89). Lieu protégé (où vit une espèce animale menacée). *Un sanctuaire d'oiseaux, dans un parc naturel.* ⇒ **Réserve.**

SANCTUS [sãktys] n. m. — V. 1225; n'apparaît pas dans les dictionnaires avant 1846, Bescherelle; mot lat., « saint ».

♦ Liturg. Hymne de louange et de triomphe, dont les premiers mots sont *Sanctus, sanctus, sanctus Dominus...,* chantée à la messe par le chœur après la Préface, et récitée par le célébrant et ses ministres. — Par ext. Partie de la messe où l'on chante cette hymne. — Spécialt (mus.). Quatrième partie d'une messe en musique.

1   Sur le Sanctus. C'est le cantique que le prophète Isaïe ouït chanter aux séraphins avec un respect étonnant de la Majesté divine. L'Église y ajoute le *Benedictus,* qui est le cri de réjouissance qu'on chanta à Notre-Seigneur, lorsqu'il fit son entrée dans Jérusalem.
                                            BOSSUET, Prières ecclésiastiques, Seconde partie de la messe.
2   Toute la messe était d'ailleurs à Saint-Séverin exquise. Le « Kyrie eleison » sourd et somptueux (...) le « Sanctus » emballé, presque hagard alors que la maîtrise criait l'« hosanna in excelsis », bondissait jusqu'aux cintres (...)
                                            HUYSMANS, En route, I, II.

SANDAL [sãdal] n. m. (Vx.) ⇒ **Santal.**

SANDALE [sãdal] n. f. — V. 1225, *sandaire* « chaussure de religieux »; *sçandale,* v. 1170; lat. *sandalium,* grec *sandalion.*

♦ Chaussure légère faite d'une simple semelle retenue par des cor-

dons ou des lanières qui s'attachent sur le dessus du pied. — REM. Certaines sandales comportent une empeigne et un quartier partiels. — *Chausser* (cit. 1) *des sandales. Pieds chaussés de sandales* (→ Huron, cit. 1). *Sandales de cuir, de feutre* (→ 1. Plante, cit. 2); *à brides d'étoffe* (→ Kimono, cit. 1). *Claquement régulier des sandales* (→ Papyrus, cit. 1). — Fig. *Secouer la poussière* de ses san-* *dales.*

1   Au pied de notre escalier traînaient les socques de bois de Chrysanthème et ses sandales de cuir verni.   LOTI, Mᵐᵉ Chrysanthème, XX.
2   Aux pieds, les sandales étaient ce qu'on voit encore en Palestine; simples semelles tenues par des courroies, ces courroies que Jean-Baptiste s'était dit indigne de délier.   DANIEL-ROPS, Jésus en son temps, VI, p. 312.

Chaussure pour femme, très découpée et sans quartier. *Sandales du soir.*

DÉR. Sandalette, sandalier ou sandaliste.

SANDALETTE [sãdalɛt] n. f. — 1922; de *sandale.*

♦ Sandale légère, à empeigne très basse.

SANDALIER [sãdalje] ou **SANDALISTE** [sãdalist] n. — 1680; *sandalier; sandaliste,* xxᵉ; de *sandale.*

♦ Techn. Artisan qui fait des sandales, des modèles de sandales.

SANDAPILE [sãdapil] n. f. — 1803, *in* Boiste; lat. *sandapila.*

♦ Didact. Dans l'Antiquité romaine, Cercueil monté sur une civière, sur lequel on transportait le cadavre des pauvres, des esclaves.

SANDARAQUE [sãdaʀak] n. f. — 1547; *sandarach,* 1537; *cendaraque,* fin xivᵉ; *landarache,* 1482; lat. *sandaraca,* grec d'orig. orientale *sandarakê* « réalgar ».

Didactique.

♦ **1.** Ancienn. *Sandaraque des Grecs :* réalgar.

♦ **2.** (1611, Cotgrave). *Sandaraque, sandaraque des Arabes :* résine extraite d'une espèce de thuya, utilisée pour la préparation de vernis et de siccatifs. *On frottait de poudre de sandaraque le papier qu'on avait gratté, pour l'empêcher de boire.*

La monotonie du bureau leur devenait odieuse. Continuellement le grattoir et la sandaraque, le même encrier, les mêmes plumes et les mêmes compagnons!
                                            FLAUBERT, Bouvard et Pécuchet, I.

SANDASTRE [sãdastʀ] n. f. — 1611; *sandastros,* av. 1525; grec tardif *sandastros.*

♦ Didact. Pierre précieuse orientale, marquée de taches dorées en forme d'étoile.

SANDERLING [sãdɛʀliŋ] n. m. — 1750, Algin, cité *in* Buffon; mot angl., 1602, *in* Oxford; rad. *sand* « sable ».

♦ Zool. Oiseau charadriiforme *(Scolopacidés),* scientifiquement appelé *Calidris* (ou *Crocethia*), *alba* et communément *bécasseau des sables.* — En appos. Bécasseau sanderling.

SANDHI [sãdi] n. m. invar. — 1845, Bescherelle; mot sanscrit, « liaison ».

♦ Ling. Ensemble des modifications phonétiques que peut subir une unité (morphème, mot) quand elle fonctionne dans l'énoncé. *La liaison, en français, est un phénomène de sandhi.*

SANDIX [sãdiks] n. m. — 1516; mot lat., du grec *sandux* « vermillon ».

♦ Archéol. Rouge minéral que les anciens employaient pour la teinture des étoffes. — On écrit parfois *sandyx.*

SANDJAK [sãdʒak] n. m. — 1765, *Encyclopédie, sanjak; sangiac,* 1767; *sensaque,* 1540; mot turc, proprt « bannière » (devenue un symbole d'autorité).

♦ Didact. Ancienne subdivision territoriale du pachalik en Turquie. ⇒ **Circonscription.** — REM. Le mot est encore utilisé en Syrie et au Liban. — *Le sandjak d'Alexandrette,* cédé à la Turquie en 1939.

SANDOW [sãdo] n. m. — 1902, Jarry, *in* Rey-Debove et Gagnon; marque déposée; nom propre d'un athlète célèbre.

♦ **1.** Câble élastique, utilisé notamment dans le montage des exerciseurs et des extenseurs, pour fixer des bagages sur la galerie (4.) d'une voiture, et comme dispositif de lancement des planeurs. ⇒ **Tendeur.**

♦ **2.** L'appareil (exerciseur, etc.) qui comporte les câbles élastiques de ce nom.

Je commence à prendre du ventre. Faut que je me surveille. J'ai bien essayé de faire des exercices le matin avec un sandow. Mais c'est la barbe.
J. ROMAINS, les Hommes de bonne volonté, t. XXII, p. 234.

1. SANDRE [sɑ̃dʀ] n. m. — 1839 ; all. *Zander*, mot d'orig. néerlandaise.

REM. Ce mot, sous l'influence du lat. zool. *sandra,* a été considéré comme féminin dans la plupart des dictionnaires entre 1900 et 1950.

♦ Poisson acanthoptérygien *(Percidés),* scientifiquement appelé *Lucioperca sandra,* qu'on rencontre dans les cours d'eau de l'Allemagne du Nord, de l'Europe centrale et orientale. *Manger du sandre. Filets de sandre.*

HOM. Cendre, 2. **sandre.**

2. SANDRE [sɑ̃dʀ] n. m. — Mil. xxᵉ ; islandais *sandur.*

♦ Géogr. Accumulation de sables et de cailloux, amassée par les eaux de fonte d'un glacier.

HOM. Cendre, 1. **sandre.**

SANDWICH [sɑ̃dwitʃ] n. m. — 1802 ; répandu au xɪxᵉ, mot angl. (1762) ; tiré du nom du comte de *Sandwich,* dont le cuisinier inventa ce mode de repas pour lui épargner de quitter sa table de jeu ; fém. chez certains auteurs, mais le masc. est seul courant aujourd'hui.

♦ **1.** Mets constitué de deux tranches de pain, généralement beurrées, entre lesquelles on place des aliments froids (jambon, viande, saucisson, pâté, fromage, salade, etc.). ⇒ **Casse-croûte, repas.** *Sandwich de pain de mie.* — Au plur. *Des sandwiches* (→ Bassin, cit. 2), ou, plus rarement, *des sandwichs.* — Par ext. (abusivt). *Petits sandwiches :* canapés* servis dans les buffets froids.

1   — Hé ! bien, cher enfant, reprit l'imposante madame Rabourdin, qui voulait faire acte public de bonté, voici des sandwiches et de la crème, venez là près de moi.
BALZAC, les Employés, Pl., t. VI, p. 917 (1836).

1.1   (...) une fois arrivés et assis sur l'herbe, nous défaisions notre paquet de sandwiches et de gâteaux. Mes amies préféraient les sandwiches et s'étonnaient de me voir manger seulement un gâteau au chocolat gothiquement historié de sucre ou une tarte à l'abricot. C'est qu'avec les sandwiches au chester et à la salade, nourriture ignorante et nouvelle, je n'avais rien à dire. Mais les gâteaux étaient instruits, les tartes étaient bavardes.
PROUST, À l'ombre des jeunes filles en fleurs, Folio, p. 572.

2   De la poche de son pardessus, il tira alors un sandwich au jambon qu'il avait confectionné chez lui avant de partir pour le bureau et se mit à déjeuner.
M. AYMÉ, le Chemin des écoliers, VIII.

Graphie francisée plaisante : *sandouiche* (Queneau, *les Fleurs bleues,* p. 157).

Par compar., plaisant :

2.1   Le père long, sec, la figure rouge encadrée de favoris blancs, vrai sandwich vivant, une tranche de jambon découpée en tête humaine entre deux coussinets de poils.
MAUPASSANT, l'Épave, Pl., t. II, p. 663.

♦ **2.** Loc. adv. et adj. (1875). Fam. EN SANDWICH : en étant (ou qui est) serré, coincé entre deux choses ou deux personnes. *Être en sandwich, pris en sandwich.*

Fig. *Structure en sandwich* (→ ci-dessous, 3.).

3   Sa demeure, tout étroite, n'ayant qu'une seule ouverture sur la rue, à chaque étage, avait l'air d'une échelle de fenêtres, ou bien encore d'une tranche de maison en sandwich entre deux autres. MAUPASSANT, les Sœurs Rondoli, « La patronne ».

4   Ce ne sont jamais *(les femmes)* qui étaient prises en sandwich entre la tutelle de l'homme, l'éducation des enfants et parfois le service de Dieu, porte de sortie ou refuge, qui m'ont donné l'idée d'amour ou d'équilibre.
Michèle PERREIN, Entre chienne et louve, p. 115.

♦ **3.** (1934, in Höfler). Techn. Structure dans laquelle une couche d'une matière donnée est intercalée entre deux couches d'une autre matière. « *Le sandwich ainsi formé est amené (...) par des conformateurs à la forme voulue* » (J.-C. Desjeux et J. Duflos, *les Plastiques renforcés,* p. 80).

Par appos. *Matériau sandwich. Verre sandwich. Structures sandwich.*

5   Le verre triplex est encore appelé verre sandwich, nom qui évoque mieux son mode de fabrication. En principe, une feuille de matière plastique transparente est emprisonnée entre deux glaces. F. MEYER et P. GRIVET, le Verre, p. 68.

(1933). Biol. *Méthode de culture de tissus dite du sandwich,* dans laquelle le tissu dont on veut éprouver le pouvoir inducteur est enveloppé dans un lambeau d'ectoderme de gastrula. — Culture de ce type.

6   *(En 1933)* Holtfreter réalise des « sandwichs » avec des portions antérieures ou postérieures du toit archentérique présomptif enveloppées dans un lambeau de calotte ectodermique. Les portions antérieures induisent des formations céphaliques, les portions postérieures des formations tronco-caudales. Ces expériences ont permis à Holtfreter de préciser l'emplacement des territoires inducteurs au stade de la jeune gastrula. Il conclut ainsi à l'existence, dans cette gastrula, d'un organisateur céphalique et d'un organisateur tronco-caudal.
M. SIGOT, la Culture d'organes, p. 30.

(1876). Anc. *Homme-sandwich,* qui naguère exhibait dans les lieux fréquentés (voies passantes, promenades, etc.) un double panneau publicitaire rigide porté à la manière d'un vêtement (un panneau sur le dos, un panneau sur le ventre, reliés l'un à l'autre par deux lanières entre lesquelles passait la tête).

DÉR. **Sandwicher.**

SANDWICHER [sɑ̃dwitʃe] v. tr. — 1925, Le Corbusier, *in* Höfler ; de *sandwich.*

♦ Fam. Mettre en sandwich ; fig., serrer, comprimer entre deux choses. — Au p. p. :

Le monsieur obèse et la grosse dame entre qui j'étais sandwiché, échangèrent un regard lourd — lui aussi (...) Francis JOURDAIN, De mon temps, p. 53 (1958).

SANDYX [sɑ̃diks] n. m. ⇒ **Sandix.**

SANFORISER [sɑ̃fɔʀize] v. tr. — Mil. xxᵉ (1955, *in* Höfler ; *sanforiseur,* 1955, *Dict. des métiers*) ; marque déposée d'orig. américaine *(sanforize).*

♦ Techn., comm. Soumettre (un tissu) à un traitement thermique et mécanique qui le rend irrétrécissable. — REM. Les dér. *sanforisage,* n. m. (angl. *sanforizing*), *sanforiseur,* n. m., *sanforiseuse,* n. f. (machine), sont attestés (Larousse, 1964).

SANG [sɑ̃] n. m. — xᵉ ; du lat. *sanguen,* forme neutre fréquente à côté de *sanguis.*

♦ **1.** Liquide visqueux, de couleur rouge, d'odeur fade (cit. 3), à saveur légèrement salée, constitué par des éléments figurés (globules* rouges, globules blancs ou leucocytes*, globulins*, plaquettes) en suspension dans le plasma*, et qui circule par la voie des vaisseaux* (⇒ **Artère, veine**) à travers tout l'organisme, où il joue des rôles essentiels et multiples (nutritif, respiratoire, dépurateur, régulateur, de défense, etc.). ⇒ **Circulation** (cit. 3), **cœur** (cit. 4), **cruor** ; et aussi les comp. de **héma-, hémat(o)-, hémo-,** et de **-émie.** *Sang artériel*, veineux*. Sang total* (artériel et veineux). *Tension* du sang dans les vaisseaux. Teneur du sang en eau, sels, protides, glucides, lipides* (⇒ **Lipémie**). *L'hémoglobine* du sang. C'est par osmose* (cit. 1) que l'oxygène* pénètre dans le sang. Types de sang.* ⇒ **Groupe** (sanguin), **rhésus** (facteur). *Régulation du sang.* ⇒ **Foie** (cit. 1), **poumon, rein** (cit. 4). *Coagulation* du sang. Sang anticoagulé, hépariné,* contenant de l'héparine. — (1900). *Sang laqué,* ayant subi l'hémolyse. — *Prise* de sang.* ⇒ **Hémogramme.** *Donneur* de sang. Transfusion* de sang. Couleur de sang.* ⇒ **Rouge, vermeil** (→ Hématite, cit. ; piment, cit. 1). *Rouge sang. Velours sang-de-bœuf* (→ Marotte, cit. 2).

1   On prétend que le liquide salé qu'est notre sang n'est que la survivance intérieure de l'élément marin primitif. PROUST, Sodome et Gomorrhe, Pl., t. II, p. 850.

2   Le sang est un tissu, comme tous les autres tissus. Il se compose d'environ 30 000 milliards de globules rouges, et de 50 milliards de globules blancs. Mais ces cellules ne sont pas comme celles des autres tissus, immobilisées par une charpente. Elles sont suspendues dans un liquide visqueux, le plasma. Le sang est un tissu mouvant, qui s'insinue dans toutes les parties du corps. Il porte à chaque cellule la nourriture dont elle a besoin. En même temps, il sert d'égout collecteur aux produits de déchet de la vie tissulaire. Mais il contient aussi des substances chimiques et des cellules capables d'opérer des reconstructions organiques dans les régions du corps où elles sont nécessaires.
Alexis CARREL, l'Homme, cet inconnu, III, v.

3   Son correspondant, par retour du courrier, a demandé, sur ces jeunes gens, une foule de renseignements. Entre autres, la teneur de leur sang en hémoglobine, en globules blancs et en globules rouges. G. DUHAMEL, Scènes de la vie future, II.

4   Tout l'organisme n'a d'emploi qu'à la reconstitution de son sang, — tout, fors, peut-être, l'entretien et le service matériel de la reproduction (...) dont ce sang lui-même n'a d'autre emploi que de reverser à l'appareil qui le régénère ce qui est nécessaire à cet appareil pour qu'il fonctionne. *Le corps fait du sang qui fait du corps qui fait du sang (...) le sang (...) fait continuellement le tour de son monde de chair, et en quoi consiste la vie.*
VALÉRY, Variété, Études philosophiques, *in* Œ., Pl., t. I, p. 924.

Loc. (Vieilli). *Animaux à sang chaud* (à température stable : homéothermes, circulation complète), *à sang froid** (à température variable : poïkilothermes).

Altérations, maladies du sang. ⇒ **Anémie, cholémie, glycémie, hématurie, hémolyse** (et sang laqué*), **hémopathie, hémophilie, hydrémie, leucémie, mélanémie, septicémie, toxémie,** ... *Troubles dans la circulation du sang.* ⇒ **Afflux, apoplexie, congestion, embolie, fluxion, ischémie, thrombose**... *Épanchement de sang.* ⇒ **Anévrisme, ecchymose, extravaser, flux, hémorragie, purpura, saignement**... *Éruption, pertes* de sang.* ⇒ **Métrorragie.** — Loc. cour. « *... Vers mon cœur* (cit. 31) *tout mon sang se retire* » (Racine) → aussi Point, cit. 3. *Sang qui monte à la tête* (→ Redresser, cit. 8), *au visage* (→ Fouet, cit. 6), *au front* (→ Fierté, cit. 10). *Mon sang n'a fait qu'un tour :* j'ai été bouleversé (indignation, peur, etc.). *Sang qui colore les joues* (→ Blet, cit. 2). *Sang aux joues* (→ Gonfler, cit. 14). *Œil injecté* (cit. 1) *de sang. Coup de sang :* congestion. — *Crachement, vomissement de sang* (→ Haleine, cit. 16). ⇒ **Hémoptysie.** *Rendre le sang par la bouche* (→ aussi Échapper, cit. 44 ; étouffer, cit. 5). *Un sang noir et corrompu coulait de ma plaie* (→ Injecter, cit. 4). *Pisser* (cit. 5) *le sang. Perdre beaucoup de sang.* ⇒ **Exsangue.** *Se gratter* (cit. 24), *mordre, pincer jusqu'au sang,* jusqu'à faire saigner. *Être en sang.*

⇒ **Ensanglanter, saigner; sanglant** (→ Pisser, cit. 6). *Sang séché.* ⇒ **Croûte.** *Tirer du sang à qqn.* ⇒ **Saignée; saigner.** *Faire couler, verser le sang de qqn* (→ ci-dessous, 3.).

5 L'abbé Godard devint rouge, à faire craindre un coup de sang.
ZOLA, la Terre, III, VI.

6 — Qu'est-ce qui m'arrive (...) J'ai sûrement une hémorragie (...) Elle glissa un bras sous mon drap (...) Elle ramena sa main couverte de sang et elle la tint un moment près de ses yeux à la lumière, en pensant : comme je saigne, je perds tout mon sang.
P. NIZAN, le Cheval de Troie, II, VIII.

6.1 Mais, par-dessus tout, il y avait le tambour du sang, le grondement du sang. Il tapait sur un sombre tambour dans les hommes et dans les femmes. À chaque coup, ça tapait comme au creux de la poitrine.
J. GIONO, Que ma joie demeure, *in* Œ., Pl., t. II, p. 548.

6.2 (...) à deux pas du pavillon de briques où l'on collecte et distribue les différents types de sangs reconnus par la science une foule d'hommes et de femmes, qui vaquant à leurs emplettes emplissaient la chaussée, semblaient offrir comme sur un éventaire un large échantillonnage de sangs (sangs qui, à l'inverse de ceux qu'emportaient leurs acquéreurs dans des sachets de plastique dont le contenu d'un rouge profond transparaissait, étaient des sangs de pure métaphore, comme dans «sang-mêlé», «sang bleu», «prince du sang» et «pur sang»)...
Michel LEIRIS, Frêle bruit, p. 316.

Loc. fig. *Un apport de sang frais* : un apport d'éléments nouveaux, jeunes. *Cette vague d'immigrants constitue un apport de sang frais pour le pays.* — *«Apport en sang frais* (capitaux nouveaux investis dans les entreprises)*»* (L.-V. Vasseur, J.-J. Bimbenet et M. Hillairet, *les Industries de l'alimentation,* p. 82).

6.3 Les finances du Royaume exigeaient un sang frais.
Claude COURCHAY, La vie finira bien par commencer, p. 258.

Anc. Méd. ⇒ **Humeur.** *Le sang* : les humeurs qui commandent les passions, le comportement.

7 Toutes les passions ne sont autre chose que les divers degrés de la chaleur et de la froideur du sang.
LA ROCHEFOUCAULD, Maximes, 564.

8 (...) le sang tourmentait mademoiselle Cormon; elle faisait subir ses confidences au chevalier de Valois (...)
BALZAC, la Vieille Fille, Pl., t. IV, p. 256.

Par hyperbole ou métaphore. Liquide, humeur mêlée de sang. *Cracher du sang. Sueur* de sang.* ⇒ **Hématydrose.** — Loc. *Suer sang et eau.* — *Larmes* de sang. Pleurer des larmes de sang* (var. rare : *pleurer du sang*), fig. : pleurer amèrement, douloureusement.

8.1 L'homme, obstiné, inflexible, refusa et la chassa en la menaçant de sa vengeance prochaine — «qui lui ferait pleurer du sang», disait-il.
MAUPASSANT, Chronique, *in* Contes et nouvelles, Pl., t. II, Appendice, p. 1275.

Par métaphore. *Le Sang noir,* roman de L. Guilloux (dont le protagoniste, Cripure, est empli de haine).

♦ **2.** (XVe). Loc. fig. ou métaphore. Principe de vie, dans l'être vivant. *Des êtres de chair et de sang,* bien réels, vivants, et non imaginaires (cit. 4). *Sang riche* (⇒ **Sanguin**), *surabondant* (⇒ **Pléthore**), *pauvre* (→ 1. Fer, cit. 4). — Littér. *Sang généreux* (cit. 1 et 18), *aduste* (cit.), *allumé* (cit. 20), *ardent* (→ Couler, cit. 8), *enflammé* (→ Lascif, cit. 1), *bouillant* (cit. 4), *en ébullition* (→ Incendiaire, cit. 5). — Cour. *Avoir le sang chaud* : être irascible, impétueux. *Avoir du sang dans les veines* : être prompt et hardi dans la riposte et dans l'action. ⇒ **Courageux, résolu.** *Il n'a pas de sang dans les veines, il a du sang de poulet, de navet*.* ⇒ **Lâche.** *Échauffer** (cit. 3), *adoucir* (cit. 2), *rafraîchir*, dépurer*, vicier le sang.* — Principe des passions, de l'énergie vitale. *Enflammer* (→ Amant, cit. 3), *embraser* (→ Éblouissement, cit. 4), *brûler* (cit. 29), *faire bouillir* (cit. 4), *émouvoir* (cit. 7), *fouetter* (cit. 15), *allumer* (→ Partie, cit. 29)... *le sang. Son sang bout, bouillonne* (cit. 2), *s'enflamme* (cit. 17), *s'allume* (→ Extravagant, cit. 3), *pétille* (→ Impassible, cit. 2)... *dans ses veines. Force d'un sang jeune* (→ Carnation, cit. 2). *Ardeur* (→ Accoutumance, cit. 2), *bouillons* (cit. 6), *bouillonnement* (cit. 3), *chaleur* (→ Jeune, cit. 9), *tumulte* (→ Électriser, cit. 4) *du sang. Crainte qui glace le sang* (→ Ravir, cit. 3). *Sang qui se glace* (cit. 3), *se gèle* (cit. 3), *se fige* (cit. 2) *dans les veines.* — **BON SANG.** *Se faire du bon sang, se payer une pinte* de bon sang.* **MAUVAIS SANG** : souci. *Se faire du mauvais sang* : s'inquiéter, se tourmenter dans l'incertitude et l'attente. ⇒ **Inquiétude, souci** (→ Entretenir, cit. 17; esclaffer, cit. 1); et aussi **contrarier.** — Au plur. (fam.). *Se cailler, se manger*, se ronger*, se tourner* les sangs.* — *Se faire un sang d'encre* : se faire beaucoup de mauvais sang, s'inquiéter terriblement.

9 Ce que tu as fait de mal, c'est ta jeunesse, c'est ta tête — que sais-je, moi? C'est le sang qui coule violemment dans ces veines brûlantes, c'est ce soleil étouffant qui nous pèse.
A. DE MUSSET, Lorenzaccio, III, 6.

9.1 Monsieur le baron ne vous mangez pas les sangs comme ça, reprit Mme Olivier.
BALZAC, la Cousine Bette, p. 189.

10 Ces vieux! ça n'a qu'une goutte de sang dans les veines, et à la moindre émotion elle leur saute au visage (...)
Alphonse DAUDET, Lettres de mon moulin, «Les vieux».

11 L'âcreté du sang chez Chamfort devait être son âcreté d'esprit.
Ed. et J. DE GONCOURT, Journal, 17 févr. 1865, t. II, p. 197.

11.1 Dans de pareils moments mieux vaut être avec des amis et non pas toujours seul à se manger les sangs.
Francis CARCO, les Belles Manières, p. 119.

DANS LE SANG : inné, inhérent à la personne, par nature, de naissance. *Affection* (cit. 6) *qui vit dans notre sang* (→ aussi Fureur, cit. 13). *Il a ça dans le sang* : c'est un instinct, une qualité profonde en lui (se dit parfois d'un amour*, d'une passion*). *Médecin dans le sang et jusqu'aux ongles* (cit. 9). *L'oblature* (cit.) *a été dans le sang du moyen âge.* — REM. Se dit aussi des caractères héréditaires, en prenant le mot *sang* au sens 3.

Il avait la liberté dans la peau; dans la moelle et dans le sang, dans les vertèbres. 12
Ch. PÉGUY, Notre jeunesse, p. 126.

♦ **3.** (1080, *Chanson de Roland*). Sang humain versé à la guerre, par violence. — (Dans des expressions, souvent littér. et archaïques). *Verser, répandre, faire couler le sang.* ⇒ **Tuer** (→ Bataille, cit. 6; corps, cit. 30). *Effusion de sang* (→ Régicide, cit. 2). *Altéré* (cit. 16 à 18), *avide* (cit. 4 et 6) *de sang. «Le sang enivre* (cit. 2) *le soldat»* (Bossuet). *Nager, se baigner dans le sang* (→ Assouvir, cit. 8; atrocité, cit. 1). *Bains* (cit. 6) *de sang.* ⇒ **Carnage, massacre.** — *Dans le sang. Noyer une révolte dans le sang.* ⇒ **Réprimer.** *Avoir trempé ses mains dans le sang, avoir fait couler le sang.* — *À sang. Mettre à feu et à sang* : ravager, saccager en brûlant, en massacrant. — *Fleuves, flots, ruisseaux, mers de sang* (→ Baigner, cit. 24; fouler, cit. 4; précipiter, cit. 2). *Mares, flaques* (cit. 2), *éclaboussures* (cit. 1), *taches, traces de sang. «Qu'un sang impur abreuve* (cit. 3) *nos sillons!» Le sang coule* (cit. 9), *jaillit* (cit. 4), *gicle* (cit. 2), *ruisselle* (→ Exécuter, cit. 21). *Couvert* (cit. 42) *de sang. Fumant de sang. Le sang des victimes.* ⇒ **Sacrifice** (→ Assemblée, cit. 8; autel, cit. 7; expiation, cit. 1 et 4). *Boire, sucer le sang* (→ Furet, cit. 1). *Les Scythes s'abreuvaient de sang* (→ Crâne, cit. 1). — Par hyperb. *Buveurs de sang* : hommes cruels, sanguinaires (→ Doré, cit. 5), ou exploiteurs féroces (→ Fournir, cit. 14). *Sucer le sang du peuple,* l'appauvrir. — *Avoir du sang sur les mains* : avoir commis des crimes. — *Le combat doit se terminer par le sang* (→ Appel, cit. 18). — *Laver* (cit. 22 et 23) *une injure, un affront* (cit. 8) *dans le sang. «Ce n'est que dans le sang qu'on lave un tel outrage»* (→ Arrogant, cit. 6, Corneille). *Venger le sang par le sang* (→ Immoler, cit. 7). *«Des lois et non du sang»* (→ Arrêter, cit. 52). *Ils me paieront ça avec du sang* (→ 1. Lever, cit. 8). *«Je suis innocent* (cit. 9) *du sang de ce juste». «Afin que retombe* (cit. 15) *sur vous le sang innocent». «La voix du sang de ton frère crie...»* (cit. 37). *«C'est acheter* (cit. 10) *la paix du sang d'un malheureux»* (Racine). — *Verser son sang pour la patrie* (→ Après, cit. 27; décimer, cit. 3). *Impôt* (cit. 17 et 18) *du sang. Payer* (cit. 24) *sa dette avec du sang. Moi qui aurais donné tout mon sang pour toi.* ⇒ **Vie** (→ Poison, cit. 9). *Au prix de tout notre sang* (→ Empoisonner, cit. 7). *Le sang des martyrs* (cit. 1), *des victimes, des innocents... Baptême* (cit. 14) *du sang.* — *Le Sang d'un poète,* film de J. Cocteau.

Ce sang pour vous servir prodigué tant de fois (...) CORNEILLE, le Cid, II, 8. 13

Exterminez, grands dieux, de la terre où nous sommes, 14
Quiconque avec plaisir répand le sang des hommes!
VOLTAIRE, Mahomet, III, 8 (1742).

L'arbre de la liberté ne saurait croître s'il n'était arrosé du sang des rois. 15
Paroles de BARÈRE DE VIEUZAC, 13 janv. 1793, pour justifier la condamnation de Louis XVI...

Le sang du roi et des nobles crie vengeance et ses cris seront entendus. 16
A. JARRY, Ubu roi, III, 5.

(...) tout art véritable met ses moyens, même les plus brutaux, au service d'une part de l'homme obscurément ou véhémentement élue. Il n'y a pas plus dans le plus violent roman de gangsters que dans l'*Orestie* ou dans *Œdipe-Roi*; mais le sang n'y a pas la même signification. 17
MALRAUX, les Voix du silence, p. 523.

C'est Poe lui-même qui a écrit : «Et ce mot, — sang — ce mot suprême, ce roi des mots, — toujours si riche de mystère, de souffrance et de terreur (...)» On s'explique donc que, pour un psychisme aussi marqué, tout ce qui, dans la nature, coule lourdement, douloureusement, mystérieusement soit comme un sang maudit, comme un sang qui charrie la mort. Quand un liquide se valorise, il s'apparente à un liquide organique. Il y a donc une poétique du sang. C'est une poétique du drame et de la douleur, car le sang n'est jamais heureux. 18
G. BACHELARD, l'Eau et les Rêves, p. 84.

Loc. (1690). *Le premier sang* : la première blessure, dans un duel. *Duel au premier sang,* qui s'arrête au premier sang versé, à la première blessure.

La douleur de cette blessure fit ouvrir les doigts au duc, dont l'épée roula sur terre. Sigognac, avec une courtoisie parfaite, s'arrêta aussitôt, quoiqu'il pût doubler le coup sans manquer aux conventions du duel, qui ne devait pas s'arrêter au premier sang. 18.1
Th. GAUTIER, le Capitaine Fracasse, IX.

Fig., par allus. au *premier sang* des duels :

Je l'avais rencontrée un de ces jours néfastes pour les fillettes, où elle était tombée sur la mosaïque de la villa grecque de Stuck, où elle s'était ouvert le front à un stylobate (...) déchiré sa robe à un modillon spartiate, le jour (...) où les démons hellènes la poursuivaient jusqu'au premier sang. 19
GIRAUDOUX, Siegfried et le Limousin, p. 131.

Le sang, symbole des faits divers criminels. *Du sang à la une* (des journaux).

(XIIIe). Relig. chrét. *Le sang du Christ, le Précieux Sang,* répandu pour le salut des hommes (→ Arrosement, cit. 5; effusion, cit. 3; épine, cit. 2). *«J'ai versé telles gouttes* (cit. 15) *de sang pour toi!»* (Pascal). *Le corps et le sang du Christ dans le sacrifice de la messe* (cit. 1). *«Qui mange ma chair et boit mon sang demeure en moi»* (→ Eucharistie, cit. 1). *«Car ceci est mon sang, le sang de la nouvelle alliance»* (cit. 4). *«Que mon sang retombe sur vous...»*

Loc. (Vx). *Par le sang de Dieu!,* juron atténué en *par le sang bleu* (Molière, *la Princesse d'Élide,* Intermède, I, 2), *par la sangbleu!* (Molière, *le Misanthrope,* II, 6) *et palsambleu*.* — (V. 1880). Loc. mod. **BON SANG!** (→ Exempter, cit. 4; propre, cit. 31; retourner, cit. 7). *Bon sang de bon sang, de bonsoir!... Bon sang de bois!*

Qu'est-ce qu'il se met dans le coco 20
Bon sang de bois il s'est saoulé.
APOLLINAIRE, Calligrammes, p. 167.

Ah! cette bon sang de guerre, les Boches seront les seuls à s'en relever (...) 20.1
PROUST, le Temps retrouvé, Pl., t. III, p. 844.

♦ 4. (Après 1250; métaphore du sens 1; → ci-dessus, cit. 6.2). *Le sang*, traditionnellement (et erronément) considéré comme porteur des caractères raciaux et héréditaires (→ Parent, cit. 3). ⇒ **Hérédité** (cit. 9), **race** (cit. 18). « *Naquit* (cit. 3) *d'un sang breton et lorrain à la fois* » (Hugo). *Fille de son sang,* issue (cit. 2) de lui. *Frères* (cit. 5 et 8) *du même sang* (→ aussi Approcher, cit. 10). *Famille non croisée* (cit. 9) *de sang étranger. Sans le moindre alliage* (cit. 3) *de sang coloré. De sang mêlé.* ⇒ **Sang-mêlé.** *Avoir dans les veines une goutte* (cit. 16 et 17) *de sang de Saint Louis, de sang bleu** (cit. 6). *Sang noble* (cit. 23). *Nobles* (cit. 17) *de race, de sang, d'extraction.* — *De sang royal* (→ Héritier, cit. 8). *Princes* du sang.* — *Ceux qu'unit le sang.* ⇒ **Consanguin, parent** (→ Autant, cit. 3; chaîne, cit. 17; désunion, cit. 1). *Liens du sang.* ⇒ **Parenté** (→ Étranger, cit. 9; homme, cit. 47). *La famille* (cit. 32) *du sang. Héritiers* du sang. La voix* du sang.* — *La population juive* (cit. 6) *a une part de sang non sémitique. Son sang de breton* (→ Frondeur, cit. 6), *de paysanne* (→ Gain, cit. 8). *Alsacien pur* sang.* — *Cheval pur* sang. Une bête* (cit. 13) *de sang, de race. Cheval issu d'un seul cheval pur sang.* ⇒ **Demi-sang.**

21 Et de ce même sang se peut-il que je sois!
Je me veux mal de mort d'être de votre race.
MOLIÈRE, les Femmes savantes, II, 7.

22 Je me tais. Cependant Phèdre sort d'une race,
Phèdre est d'un sang, Seigneur, vous le savez trop bien,
De toutes ces horreurs plus rempli que le mien.
RACINE, Phèdre, IV, 2.

23 C'est en vain que d'eux tous le sang m'a fait descendre;
Si j'écris leur histoire, ils descendront de moi.
A. DE VIGNY, Poèmes philosophiques, « L'esprit pur », II.

24 Il est donc impossible de soulever ici aucune question de race et de rechercher quel sang coulait dans les veines de celui qui a le plus contribué à effacer dans l'humanité les distinctions de sang. RENAN, Vie de Jésus, Œ., Pl., t. IV, p. 99.

25 (...) fils de la terre serve! je ne suis pas votre sœur, vous n'êtes pas de notre sang!
CLAUDEL, l'Annonce faite à Marie, II, 2.

25.1 Elle avait aux veines du sang du peuple, du sang irascible.
MAUPASSANT, Yvette, Pl., t. II, p. 285.

25.2 Les rois sont définis par la pureté de leur race (le Sang bleu), des chiots.
R. BARTHES, Mythologies, p. 35.

(XIVᵉ, *bon sang ne peut faillir; le sang ne peut mentir,* 1604). Prov. *Bon sang ne peut mentir :* le sang ne dégénère pas, les qualités des parents (ou, iron., leurs défauts) se retrouvent chez les enfants. — REM. Cette locution proverbiale a eu autrefois des sens assez différents : « on fait toujours paraître ce qu'on est dans le fonds de l'âme » (Furetière, art. *Mentir*); « on a de la peine à faire des actions indignes de sa naissance » (Furetière, art. *Sang,* où il indique le sens actuel); « l'affection naturelle entre personnes de même sang ne manque pas de se déclarer » (Littré).

26 — Prends ma place, Onésime (...) Il faut que les clients s'accoutument à ta figure. Dès aujourd'hui, reçois les commandes qu'on apportera (...) Onésime Dupont obéit en silence (...) Son père alla se promener, confiant dans son fils, car il estimait que bon sang ne saurait mentir (...)
FRANCE, Pierre Nozière, I, XI.

(XVᵉ). Vx. ou littér. La famille considérée dans sa lignée. Les enfants, les descendants. « ... *de ce sang déplorable Je péris la dernière et la plus misérable* » (cit. 3, Racine). *Napoléon était parti* (cit. 22) *de lui-même, rien de son sang ne l'avait précédé.* — Les enfants, les descendants. « *Viens, mon fils* (cit. 1), *viens mon sang, viens réparer ma honte* » (Corneille).

27 Tous les Béthunes font quelque semblant de vouloir empêcher qu'on ne fasse le procès à leur sang. Mᵐᵉ DE SÉVIGNÉ, 1156, 25 mars 1689.

DÉR. V. **Sanglant, sanguin, sanguinaire, sanguinolent.**
COMP. **Sang-de-dragon** ou **sang-dragon, sang-froid, sang-mêlé.** — **Demi-sang, pur-sang.** — V. **Sangsue.**
HOM. **Cent, sans, sens** (dans certains cas).

SANG-DE-DRAGON [sɑ̃ddʀagɔ̃] ou SANG-DRAGON
[sɑ̃dʀagɔ̃] n. m. — XIVᵉ; *sanc de dragon,* XIIIᵉ; de *sang,* à cause de la couleur de cette résine, et *dragon,* nom du dragonnier, dans d'anciennes relations. Cf. Furetière, art. *Dragon.*

♦ 1. Résine d'un rouge foncé, principalement fournie par le dragonnier*, employée autrefois comme astringent et hémostatique, utilisée aujourd'hui comme colorant dans la fabrication de certains vernis.

♦ 2. (1611). Bot. Variété de patience *(Rupre sanguineus).*

SANG-FROID [sɑ̃fʀwa] n. m. — 1672; en loc. adv., 1569; *de froid sang,* 1395; de *sang,* et *froid.*

♦ Maîtrise de soi qui permet de ne pas céder à l'émotion et de garder sa présence d'esprit. ⇒ **Assurance, calme, fermeté, froideur, impassibilité, patience, tranquillité.** *Faire qqch. avec sang-froid, avec beaucoup de sang-froid* (→ Gant, cit. 7; 1. lapidaire, cit. 2; lessive, cit. 4; plutôt, cit. 12). *Avoir du sang-froid* (→ Précision, cit. 5), *tout son sang-froid* (→ Faire, cit. 209). *Garder, conserver son sang-froid* (→ Appel, cit. 11). ⇒ **Contenance** (bonne); **tête** (froide). *Reprendre son sang-froid.* ⇒ **Aplomb** (→ Croire, cit. 35; fripon, cit. 4). *Être de sang-froid* (→ Champ, cit. 9; exaspérant, cit. 2; praticable, cit. 1). *Montrer du sang-froid. Perdre son sang-froid, sortir de son sang-froid.* ⇒ **Émouvoir** (s'), **troubler** (se). → Bramer, cit. 3. *Cela lui a*

fait perdre son sang-froid. ⇒ **Tête** (tourner la). *Manquer de sang-froid. Sang-froid imperturbable.*

1 C'est au sang-froid à tempérer le délire de l'enthousiasme. Ce n'est pas l'homme violent qui est hors de lui-même qui dispose de nous; c'est un avantage réservé à l'homme qui se possède. DIDEROT, Paradoxe sur le comédien, Pl., p. 1038.

2 Avec une grande dose de sang-froid j'avais dominé la situation (...)
LOTI, Aziyadé, III, LII.

3 Que penser d'un sang-froid si facile? Présence d'esprit, — ou absence de sentiment, froideur? MARTIN DU GARD, les Thibault, t. IV, p. 49.

Faire qqch. de sang-froid, sans y être entraîné par une impulsion violente, de façon délibérée et en pleine conscience de son acte. *Le comédien* (cit. 2) *a l'art de se passionner de sang-froid. Tuer qqn de sang-froid* (→ Barbare, cit. 23; entre-tuer, cit. 2).

4 (...) et même sans être ivre, mais de sang-froid, il se distingue dans la danse la plus obscène par les postures les plus indécentes.
LA BRUYÈRE, les Caractères de Théophraste, « De l'image d'un coquin ».

5 Ma colère, ma passion, voilà mon excuse; toi, tu es de sang-froid; tu n'as pas de haine, et tu donnes la mort, misérable!
BALZAC, Souvenirs d'un paria, in Œ. diverses, t. I, XIV, p. 338.

CONTR. **Angoisse, délire, émotion, emportement, exaltation, excitation, frayeur, fureur...**

SANGLADE [sɑ̃glad] n. f. — XVᵉ; de *sangler.*

♦ Vx. Coup* de sangle. ⇒ **Sangler** (3.).

SANGLAGE [sɑ̃glaʒ] n. m. — Mil. XXᵉ; de *sangler.*

♦ Techn. Action de sangler (1. et 2.).

SANGLANT, ANTE [sɑ̃glɑ̃, ɑ̃t] adj. — 1080, *Chanson de Roland;* du lat. *sanguilentus,* forme rare de *sanguinolentus.*

♦ 1. **a** En sang, couvert de son propre sang*. ⇒ **Sanguinolent.** *Corps sanglants* (→ Cruauté, cit. 1; ériger, cit. 2). *Mains sanglantes* (→ Furieux, cit. 14). *Moignons sanglants* (→ Couper, cit. 6; douloureux, cit. 3). *Tête sanglante* (→ Inhumainement, cit.). *Le nez sanglant* (→ Pocher, cit. 2). *Plaie sanglante.* ⇒ **Saignant.** — (1273; avec un n. de personne). *Tout sanglant* (→ Entrailles, cit. 1; lacis, cit. 1; qui, cit. 18). « ... *Qui se traînait sanglant sur le bord de la route* » (→ Armée, cit. 7, Hugo).

b Ensanglanté. *Crocs sanglants* (→ Charnier, cit. 1). *Poignard* (cit. 1) *sanglant.* « *L'étendard* (cit. 6) *sanglant est levé* ».

1 Elle dénoua le bandage sanglant et l'ôta par petites secousses. Le type grogna un peu. Il y avait une croûte noire et gluante qui s'étendait sur la moitié du son crâne. SARTRE, le Sursis, p. 185.

c (V. 1155). Couvert du sang qu'on a fait couler. « *Les vainqueurs tout sanglants partagèrent leur proie* » (→ Fumant, cit. 1, Racine).

♦ 2. (1580, Montaigne). Littér. Qui est couleur de sang; rouge et évoquant le sang (tragique, terrible). *Couchant* (cit. 2) *sanglant. Fard* (cit. 5) *sanglant.* « *Brunie et sanglante ainsi qu'un vin vieux, Sa lèvre...* » (→ Faune, cit. 3, Rimbaud).

2 La sanglante lueur de la fournaise n'éclairait dans toute la chambre qu'un fouillis de choses horribles. HUGO, Notre-Dame de Paris, II, VIII, II.

♦ 3. **a** (V. 1160). Qui a fait couler le sang. *Marie la Sanglante* (Marie Tudor).

b (1580). Qui s'accompagne d'effusion de sang. *Bataille sanglante.* ⇒ **Chaud** (→ Exposer, cit. 21). *Guerre* (cit. 1) *sanglante.* ⇒ **Cruel, meurtrier.** *Luttes* (cit. 3) *sanglantes. Choc* (cit. 8) *sanglant. Combats, conflits* (→ Hégémonie, cit. 3), *troubles sanglants* (→ Fratricide, cit. 4). *Les sanglants spectacles des gladiateurs* (→ Impureté, cit. 8). *Jeux* (cit. 33) *sanglants. Religion inhumaine et sanglante* (→ Immoler, cit. 3). *Sanglantes tragédies* (→ Concorde, cit. 2). *Catastrophe* (cit. 2) *sanglante.* « *Le dernier acte est sanglant...* » (→ Comédie, cit. 15, Pascal). *Mort sanglante :* mort violente avec effusion de sang. *Sacrifice sanglant.*

(Espace de temps). Qui voit le sang couler; qui s'accompagne de luttes meurtrières, de guerres civiles, d'assassinats, etc. *Époque sanglante. Un règne sanglant.*

♦ 4. (V. 1650). Abstrait. Profondément blessant, extrêmement dur et outrageant. ⇒ **Offensant.** *Affront* (cit. 9) *sanglant* (→ Insulte, cit. 7; mortifier, cit. 4). *Sarcasmes sanglants* (→ Création, cit. 8). *Injures sanglantes* (→ Dégorger, cit. 3). *Reproches sanglants.* — (En parlant d'une personne). *Un observateur sanglant et impitoyable* (→ Fonds, cit. 16).

COMP. **Ensanglanter.**

SANGLE [sɑ̃gl] n. f. — 1080, *Chanson de Roland, cengle;* également *sengle* en anc. franç.; du lat. *cingula,* de *cingere* « ceindre ».

♦ 1. Bande large et plate (de cuir, de toile, de tissu élastique, etc.) qu'on tend pour maintenir ou serrer qqch. *Les sangles d'une selle, d'un harnachement.* ⇒ **Attache, culière, porte-étriers, surfaix, ventrière...** (→ Dégager, cit. 4). *Sangle d'un bât. Livres noués par une sangle* (→ Sac, cit. 14). — *Sangles d'un sac. Les sangles d'un* *parachute. Sangle d'ouverture automatique* (S. O. A.). — Spécialt. Bandes de toile forte formant le fond d'un siège. *Lit* de sangle.*

1 J'étais maintenant couché sur le dos, tout de mon long, sur une espèce de charpente de bois très basse. J'y étais solidement attaché avec une longue bande qui ressemblait à une sangle. Elle s'enroulait plusieurs fois autour de mes membres et de mon corps (...)
BAUDELAIRE, Trad. E. POE, Nouvelles histoires extraordinaires, « Le puits et le pendule ».

2 Dans le fond s'étalait un lit d'ébène, avec des sangles en peau de bœuf.
FLAUBERT, Trois contes, « Hérodias », I.

Méd. Bande servant à serrer un pansement, à soutenir un membre fracturé, les organes en cas de ptose, etc. — Large courroie de cuir servant à soulever ou porter un fardeau. ⇒ **Bricole.**
(1876). Mar. Tissu en bitord*.

♦ **2.** *Sangle abdominale,* ou, ellipt., *sangle :* ensemble des muscles abdominaux, qui soutiennent les viscères.

♦ **3.** Alpin. Plate-forme ou palier peu incliné qui permet de traverser une paroi. — On dit aussi *vire.*

DÉR. Sangler, sanglon.
COMP. Contre-sangle.

SANGLER [sãgle] v. tr. — XIIᵉ ; de *sangle.*

♦ **1.** Attacher en serrant avec une sangle, avec des sangles. ⇒ **Ceindre.** *Sangler un cheval, un mulet.*

♦ **2.** (Rare). Serrer fortement comme avec une sangle. *Ce corset la sangle terriblement* (→ Harnacher, cit. 4). — (Plus cour.). Pronominal :

1 (...) se cambrer comme un matamore et se sangler comme une femmelette, avoir un corset sous une cuirasse, c'est être ridicule deux fois.
HUGO, les Misérables, IV, VIII, VII.

Au p. p. (Par métaphore). *Taille sanglée* (→ Évaser, cit. 1). *Être sanglé dans son uniforme.*

2 Il faut rester sanglé dans son attitude, comme Barbey d'Aurevilly dans sa redingote.
GIDE, Journal, 10 juin 1891.

♦ **3.** (V. 1460). Vieilli. Frapper à coups de sangle, de fouet. ⇒ **Battre, cingler, fouetter.** « *On vous sangla le pauvre drille* » (La Fontaine, *Fables,* XI, 3). — (1636). *Sangler un coup,* l'appliquer avec force.

3 Rastignac fut alors sanglé comme d'un coup de fouet par le regard profond que lui lança Vautrin.
BALZAC, le Père Goriot, Pl., t. II, p. 928.

4 Nous nous séparâmes pour un coup de cravache que je lui sanglai vaguement sur le râble.
E. LABICHE, le Club champenois, 17.

▶ **SANGLÉ, ÉE** p. p. adj. (V. 1534, en parlant d'un cheval).

♦ **1.** Attaché avec une sangle. — Serré comme avec une sangle (→ ci-dessus, cit. 2).

♦ **2.** (1690). Blason. Figuré avec une sangle d'un émail différent.

♦ **3.** (1834, Balzac). Tendu de sangles. *Lit sanglé.*

♦ **4.** (1875). *Bœuf sanglé,* dont la poitrine est déprimée comme par une sangle.

DÉR. Sanglade, sanglage.
COMP. Dessangler.

SANGLIER [sãglije] n. m. — 1295 ; *sengler,* XIIᵉ ; du lat. *singularis (porcus)* « porc qui vit seul ».

♦ **1.** Mammifère ongulé (*Suidés*), porc sauvage au corps massif et vigoureux, à peau épaisse garnie de soies dures, omnivore, vivant dans les forêts et les fourrés marécageux. ⇒ **Quartanier, ragot, solitaire, tiers-an** (→ Guanaco, cit. ; incliner, cit. 2). *Hure* (cit. 2), *boutoir, groin* (cit. 2), *défenses* (⇒ **Broche**) *du sanglier. Femelle du sanglier.* ⇒ **Laie.** *Petits du sanglier.* ⇒ **Marcassin.** *Compagnie, harde de sangliers. Sanglier dans sa bauge* (cit. 1), *dans son quartier. Le sanglier se vautre dans sa souille*. Sanglier qui grogne, grommelle*, fouge, vermille. Chasse au sanglier* ⇒ **Hérisser,** cit. 1 ; limier, cit. 1 ; meute, cit. 2). ⇒ **Bête** (fauve), **décousure, écoute, fouaille, porchaison, vautre.** *Battue* au sanglier. Dépouilles de sangliers* (→ 1. Franc, cit. 3). — Myth. *Le sanglier d'Érymanthe, capturé vivant par Hercule* (quatrième travail d'Hercule).

1 (...) des yeux brillants mais faux et ayant un peu la vivacité inquiétante du sanglier.
STENDHAL, Vie de Henry Brulard, 30.

2 (...) cette caverne de feuilles demeure comble d'une animalité suffocante, de grognements, de masses de chair tremblotantes et vautrées. Les sangliers nous ont-ils entendus ? Ils étaient là il y a dix minutes. Ils sont tout près, cachés dans le fourré, tout un troupeau de hures noires, d'échines raides, qui guette notre départ pour revenir au souil en *groumant.*
M. GENEVOIX, Forêt voisine, IX.

Sanglier d'Amérique : pécari.

Franç. d'Afrique. Porc, porcin sauvage, phacochère.

3 J'ai quitté très tôt les vertes montagnes de la terre des sangliers pour aller vivre à Komé.
V. ALADJI, Akosiwa, mon amour, *in* I. F. A.

Par compar. *Sauvage, brutal comme un sanglier. Un gros homme à la tête de sanglier* (→ 2. Fin, cit. 17).

♦ **2.** Chair de cet animal. ⇒ aussi **Marcassin** (→ Queux, cit.). *Cuissot de sanglier ; sanglier mariné* (cit. 1).

♦ **3.** Littér. Homme solitaire, rude et brutal. *Un vieux sanglier.* ⇒ **Ours.**

♦ **4.** (1558). *Sanglier* ou *sanglier de mer :* poisson méditerranéen aux écailles épineuses, à bouche allongée en groin.

REM. 1. Giono utilise le dér. *sangliot,* n. m., au sens de « marcassin ».
2. La forme *sanglière* « laie » est attestée (1606, *in* D. D. L.).

SANGLON [sãglõ] n. m. — V. 1500 ; de *sangle.*
Technique.

♦ **1.** Petite courroie de harnais.

♦ **2.** Extrémité (d'une courroie, d'une ceinture) qui se fixe à la boucle ou qui entre dans l'ardillon.

COMP. Contre-sanglon.

SANGLOT [sãglo] n. m. — V. 1175 ; var. *sanglout, senglout,* d'un lat. pop. **singlutius,* altér., d'après *gluttire* « avaler », du lat. class. *singultus* « hoquet », sens conservé en franç. jusqu'au XVIIIᵉ.

♦ **1.** Inspiration, et, par ext., respiration brusque et bruyante, presque toujours répétée, due à des contractions successives et saccadées du diaphragme, qui se produit généralement dans les crises de larmes et peut persister après la cessation des pleurs. ⇒ **Hoquet** (cit. 7), **soupir, spasme.** *Pousser des sanglots. Éclater* (cit. 15) *en sanglots* (→ Angoisse, cit. ; excéder, cit. 10). ⇒ **Hoqueter** (cit. 2), **pleurer** (cit. 8). *Sanglot qui jaillit* (→ Comprimer, cit. 1 ; désespéré, cit. 24), *éclate* (cit. 14). *Se délivrer* (cit. 16) *par un sanglot ; se dégorger* (cit. 4) *en sanglots. Les sanglots m'étouffent* (→ Gradation, cit. 1), *me nouent* (cit. 6) *la gorge. Étouffer* (cit. 25), *contenir* (→ Éclater, cit. 14), *retenir ses sanglots. Voix entrecoupée* (cit. 6) *par les sanglots* (→ Inintelligible, cit. 3 ; miséricorde, cit. 2). — Loc. *Avoir des sanglots dans la voix,* une voix étranglée par des sanglots retenus.

1 (...) ma poitrine s'enfla, remplie d'une présence inconnue, divine, des sanglots me secouèrent, des larmes ruisselèrent de mes yeux.
PROUST, Sodome et Gomorrhe, Pl., t. II, p. 755.

2 Il sanglotait à grands sanglots qui lui secouaient les épaules au passage, qui jaillissaient de lui longuement, et revenaient toujours, l'un, puis l'autre, réguliers et profonds, ébranlaient tout son corps comme les coups d'une cognée un arbre.
M. GENEVOIX, Raboliot, IV, II.

3 Il s'efforçait de parler le moins possible, la voix faussée, la pomme d'Adam secouée de sanglots silencieux.
MALRAUX, la Condition humaine, IV, 11 avr., Une heure.

♦ **2.** Poét. Expression spontanée, sincère, de la douleur, du chagrin. ⇒ **Gémissement, plainte.** « *Et j'en sais d'immortels* (chants, cit. 12) *qui sont de purs sanglots* » (Musset). *De vrais sanglots* (→ Églantine, cit. 12, Musset). *Ces divins sanglots* (→ Livre, cit. 11).

4 Un sanglot tout nu n'est pas beau ; il offense. Un bon raisonnement offense aussi, comme Stendhal l'avait bien vu. Mais un raisonnement qui masque un sanglot, voilà notre affaire.
SARTRE, Situations II, p. 82.

♦ **3.** Bruit comparé à un sanglot. « *Les sanglots longs Des violons De l'automne* » (→ Langueur, cit. 8, Verlaine). *Un sanglot d'eau* (→ Cours, cit. 2, Colette).

5 (...) et dehors, blanc d'écume,
Au ciel, aux vents, aux rocs, à la nuit, à la brume,
Le sinistre Océan jette son noir sanglot.
HUGO, la Légende des siècles, LII, I.

DÉR. V. Sangloter.

SANGLOTANT, ANTE [sãglotã, ãt] adj. — Attesté fin XIXᵉ ; p. prés. de *sangloter.*

♦ Qui sanglote.

SANGLOTEMENT [sãglotmã] n. m. — XIIᵉ ; repris 1853, Baudelaire ; de *sangloter.*

♦ Littér. Fait de sangloter ; suite de sanglots.

1 (...) une plainte, d'abord voilée et entrecoupée, comme le sanglotement d'un enfant (...)
BAUDELAIRE, Trad. E. POE, Nouvelles histoires extraordinaires, « Le chat noir ».

2 Le reste de la phrase se perdit en un sanglotement désespéré, presque silencieux, qui dégénéra en une quinte de toux, laquelle, assez vite, s'apaisa.
MARTIN DU GARD, les Thibault, t. III, p. 260.

SANGLOTER [sãglote] v. intr. — XIIᵉ ; var. anc. *sanglouter, senglouter, sanglotir,* d'un lat. pop. **singluttare,* lat. class. *singultare.* → Sanglot.

♦ **1.** Pleurer* avec des sanglots (→ Éperdu, cit. 5 ; nœud, cit. 5 ; onde, cit. 7 ; pantomime, cit. 4). *Sangloter de joie. Je sanglotais de ne point le sentir à mon côté* (→ Gémeller, cit. 1). — P. prés. *Une petite fille s'est approchée de nous, toute sanglotante.*

1 Émile, impétueux, ardent, agité, hors de lui, pousse des cris, verse des torrents de pleurs sur les mains du père, de la mère, de la fille, embrasse en sanglotant tous les gens de la maison, et répète mille fois les mêmes choses avec un désordre qui ferait rire en toute autre occasion.
ROUSSEAU, Émile, V.

2 Je me jetai aux genoux de Madame Ives ; je couvris ses mains de mes baisers et de mes larmes. Elle croyait que je pleurais de bonheur, et elle se mit à sangloter de joie. CHATEAUBRIAND, Mémoires d'outre-tombe, t. II, p. 96.

3 Edmée fondit brusquement et tomba sur un siège où elle se ramassa toute, et elle se mit à sangloter avec passion, avec une frénésie qui ressemblait à un rire houleux et aux saccades de la joie. Son gracieux corps courbé bondissait, soulevé par le chagrin (...) L'amour jaloux, la colère, le servilité qui s'ignore (...)
COLETTE, Chéri, p. 99.

Trans. (Rare). *Il sanglotait sa douleur.*

♦ **2.** (1759, Voltaire). Par anal. (Poét.). « *Écouter la plainte éternelle* (cit. 31) *qui sanglote dans les bassins !* » (Beaudelaire). → aussi Jet, cit. 7, Verlaine.

4 Combien d'êtres humains frissonnent à cette heure,
Sur la mer qui sanglote et sous le ciel qui pleure (...)
HUGO, l'Année terrible, Juin, XIII.

DÉR. Sanglotant, sanglotement.

SANG-MÊLÉ [sãmele ; sãmεle] n. invar. — 1798, Moreau de Saint-Méry ; «mélange de races», 1772 ; de *sang*, et *mêler.*

♦ Personne issue du croisement de races différentes (spécialt, des races blanche et noire). ⇒ **Métis.** *Des sang-mêlé.*

M. Moreau de Saint-Méry (...) a classé dans des espèces génériques les différentes teintes que présentent les mélanges de la population de couleur (...) D'après ce système, tout homme qui n'a point huit parties de blanc est réputé noir. Marchant de cette couleur vers le blanc, on distingue neuf souches principales (...) le *sacatra,* le *griffe,* le *marabout,* le *mûlatre,* le *quarteron,* le *métis,* le *mamelouc,* le *quarteronné,* le *sang-mêlé. Le sang-mêlé,* en continuant son union avec le blanc, finit en quelque sorte par se confondre avec cette couleur.
HUGO, Burg-Jargal, IV, Note.

SANGRIA [sãgʀija] n. f. — xxᵉ ; francisé en *sang-gris,* 1730 ; mot esp., de *sangre* «sang».

♦ Boisson d'origine espagnole faite de vin rouge et d'oranges (Cf. Vin d'oranges).

1 Grand-mère a envahi les Canaries et veut, partout, profiter de tout : sangria, excursions, fruits de mer ou trempette. Hervé BAZIN, Cri de la chouette, p. 144.

2 Comme boisson il y avait de la sangria, Pepi s'est chargé de la confectionner : dans du vin à quatorze degrés elle a versé du porto, du whisky, du cognac, des rondelles d'orange, du gingembre, de la cannelle, plus des pêches de serre.
Christine DE RIVOYRE, Fleur d'agonie, p. 131-132.

SANGSUE [sãsy] n. f. — V. 1170 ; du lat. *sanguisuga,* de *sanguis* «sang», et *sugare* «sucer».

♦ **1.** Ver annélide discophore *(Hirudinées),* scientifiquement appelé *hirudo. Sangsue médicinale,* espèce de ce ver, utilisée par application (⇒ **Hirudinisation**) pour les saignées locales (→ Lancette, cit. 2 ; oppression, cit. 4). *Mettre, ordonner* (cit. 14) *des sangsues* (→ 2. Mort, cit. 10). *La sangsue se fixe à la peau par ses ventouses et suce le sang. Faire dégorger* des sangsues. *Élevage de sangsues.* ⇒ **Hirudiniculteur, hirudiniculture.**

1 (...) il contracta un léger rhume avec de la fièvre, qui fut suivi d'un grand mouvement du sang à la tête. Pour le soulager, le docteur Templeton mit recours à la saignée locale. Des sangsues furent appliquées aux tempes (...) le malade mourut et l'on s'aperçut que, dans le bocal qui contenait les sangsues, avait été introduite par hasard une de ces sangsues vermiculaires venimeuses qui se rencontrent çà et là dans les étangs circonvoisins (...) Son extrême ressemblance avec la sangsue médicinale fit que la méprise fut découverte trop tard.
BAUDELAIRE, Trad. E. POE, Histoires extraordinaires,
« Souv. M. Auguste Bedloe ».

♦ **2.** (XIIᵉ). Fig. **a** Vieilli. Personne qui vit, qui s'enrichit aux dépens d'autrui. ⇒ **Exploiteur.** *Faire rendre gorge* (cit. 29) *à ces sangsues.*

b Fam., mod. Personne qui importune. — Spécialt. Femme qui impose indiscrètement sa présence. ⇒ **Collant** (fam.).

2 Je ne suis pas le genre sangsue, dit-elle, je ne m'accroche pas (...)
S. DE BEAUVOIR, les Mandarins, p. 156.

♦ **3.** (1753). Techn. Rigole, petit fossé destiné à boire l'eau d'un terrain.

SANGUICOLE [sãgikɔl] adj. — xxᵉ ; de *sang,* et *-cole.*

♦ Didact. Se dit d'un micro-organisme qui vit dans le sang.

SANGUIN, INE [sãgɛ̃, in] adj. — V. 1380 ; «sanglant», v. 1138 ; au sens 2., XIIᵉ ; lat. *sanguineus,* de *sanguis.* → Sang.

♦ **1.** (XIVᵉ). Du sang, qui a rapport au sang, à sa circulation dans l'organisme. *Vaisseaux*, *canaux*, *filets sanguins* (→ Luble, cit. ; moelle, cit. 1). *Sérum sanguin* (→ Pigment, cit.). *Plasma sanguin* (→ Glande, cit. 2). *Plaquettes, globules* sanguins. *Groupes* sanguins. *Caillots sanguins* (→ Prolifération, cit. 1). — *Circulation sanguine* (→ Rate, cit. 2). — *Troubles nerveux, sanguins...* (→ Avitaminose, cit. 1).

♦ **2.** (XIIIᵉ). Qui est couleur de sang. — Vx. *Violet épais et sanguin* (→ Feu, cit. 65). — Mod. *Pommes* (cit. 2), *oranges sanguines.* ⇒ **Sanguine.** *Jaspe* sanguin.

0.1 *Les hommes de Daniel* (...) : ils étaient préparés très heurtés, l'un d'un ton très sanguin, l'autre plus jaune.
E. DELACROIX, Journal 1850-1854, 5 mai 1851, t. II, p. 57.

♦ **3.** (V. 1360, Froissart). Où prédomine le sang. *Visage sanguin,* coloré par un sang abondant. ⇒ **Rouge** (3.). → Presbyte, cit. 1. — *Tempérament sanguin,* l'un des quatre tempéraments* distingués par Galien et reconnus jusqu'au XIXᵉ siècle, caractérisé par des éléments somatiques (corpulence, rougeur de la face, etc.) et caractériels (violence, emportement, etc.) particuliers.

J'ai au demeurant la taille forte et ramassée ; le visage, non pas gras, mais plein ; la complexion, entre le jovial et le mélancolique, moyennement sanguine et chaude (...) MONTAIGNE, Essais, II, XVII.

1

(Avec un n. de personne). *Il est plutôt sanguin. Hommes sanguins, de tempérament sanguin* (→ Hybride, cit. 7 ; lie, cit. 3 ; lymphatique, cit. 3 ; pâlir, cit. 3 ; poussif, cit. 2). — N. *C'est un sanguin,* un grand coléreux. — Caractér. (Dans la classification de Le Senne). *Les sanguins,* un des huit types de caractères composés (non émotifs-actifs-primaires), remarquable notamment par le calme, le sens pratique, etc. (ex. : Henri IV, Voltaire, etc.).

CONTR. (En parlant du visage) **Blafard, blême, pâle.**
DÉR. Sanguine, sanguinelle, sanguinole.

1. SANGUINAIRE [sãginεʀ] adj. — 1531 ; «composé de sang», 1363 ; lat. *sanguinarius.*

♦ **1.** Littér. Qui se plaît à répandre le sang. *Tyran, monstre... sanguinaire* (→ Main, cit. 56 ; maniaque, cit. 1). ⇒ **Boucher.** *Un homme sanguinaire, sadique, qui se repaît de sang, se baigne dans le sang... Votre Dieu était sanguinaire* (→ Extermination, cit. 2).

Par extension :
(...) il n'est pas de théâtre plus sanguinaire ni où les passions soient plus violentes et plus cruelles. Ne vous fiez pas à la gentillesse simiesque de ces magots sensuels.
Jules LEMAITRE, Impressions de théâtre, « Théâtre japonais ».

♦ **2.** (Choses). Qui vise à une effusion de sang. *Ordres* (cit. 46) *sanguinaires.* ⇒ **Féroce.**
(1588, Montaigne ; choses abstraites, sentiments). ⇒ **Cruel.** *Une joie sanguinaire.* ⇒ **Féroce** (cit. 6). *Des goûts sanguinaires.*

♦ **3.** (1756). Où le sang coule. ⇒ **Sanglant** (mais *sanguinaire* a une valeur plus active). *Un règne, une époque sanguinaire.*

2. SANGUINAIRE [sãginεʀ] n. f. — 1829 ; *sanguinaria,* in *Encyclopédie,* 1765 ; du lat. *sanguinaria herba,* Pline.

♦ Plante dicotylédone *(Papavéracées),* herbacée, vivace, exotique, contenant un latex âcre couleur de sang.

SANGUINE [sãgin] n. f. — 1562, minéral ; *pierre sanguine,* XIIIᵉ ; de *sanguin.*

♦ **1.** Variété d'hématite rouge.

♦ **2.** (1767). Crayon fait de cette matière, d'un rouge ocre ou pourpre. *Dessin à la sanguine, rehaussé à la sanguine.*

D'innombrables ébauches, des études aux trois crayons, à la sanguine ou à la plume, couvraient les murs jusqu'au plafond.
BALZAC, le Chef-d'œuvre inconnu, Pl., t. IX, p. 392.

1

Appos. *«Autre ton sanguine... »* (Delacroix, *Journal,* t. II, 15 janv. 1853).

Par ext. *Dessin exécuté à la sanguine. Une sanguine de Watteau, de Boucher...* — Lithographie imitant une sanguine.

♦ **3.** (1842). Variété de poire.

♦ **4.** (1892 ; → ci-dessous, cit. 1.1). Variété d'orange dont la pulpe est couleur de sang.

1.1 Les marchands des quatre-saisons vendent dans les rues de Paris des oranges dites sanguines, qui ne le sont que de nom.
L. FIGUIER, l'Année scientifique et industrielle 1893, p. 348 (1892).

2 Au mois de mars, commence la récolte des sanguines *(Sangre)...* cette variété, originaire de la province de Murcie, est généralement considérée comme l'une des meilleures qui soient au monde (...) Les oranges *Sangre* (...) ont la peau fine, mais coriace. Leur jus, très riche, ne perd son acidité qu'à la complète maturité du fruit. P. ROBERT, les Agrumes dans le monde, p. 278.

SANGUINELLE [sãginεl] n. f. — 1767 ; de *sanguin.*

♦ Régional. Cornouiller sanguin, arbuste à fruits rouges.

SANGUINIVORE [sãginivɔʀ] adj. — Mil. xxᵉ ; de *sanguini-,* de *sanguis* «sang», et *-vore.*

♦ Didact. Qui se nourrit de sang (en parlant des animaux).

SANGUINOLAIRE [sãginɔlεʀ] n. f. — 1803 ; dér. sav. du lat. *sanguis.*

♦ Zool. Mollusque bivalve des mers chaudes.

SANGUINOLE [sɑ̃ginɔl] n. f. — 1690 ; de *sanguin*, et suff. *-ole*.

♦ **1.** Variété de pêche à peau rouge.

♦ **2.** (1715). Variété de poire.

SANGUINOLENT, ENTE [sɑ̃ginɔlɑ̃, ɑ̃t] adj. — Fin xIVᵉ ; lat. *sanguinolentus*.

♦ **1.** Méd. Où se mêle un peu de sang, teinté de sang. *Expectorations sanguinolentes* (→ Pulmonaire, cit. 2). *Selles sanguinolentes.*

♦ **2.** (V. 1560). Péj. D'un rouge qui évoque le sang.

(...) des filles aux cheveux jaunes, aux seins démesurément rebondis, à la croupe exagérée, au teint plâtré de fard, aux yeux charbonnés, aux lèvres sanguinolentes, lacées, sanglées en des robes extravagantes, traînaient sur les frais gazons le mauvais goût criard de leurs toilettes (...)   MAUPASSANT, la Femme de Paul, p. 10.

SANGUISORBE [sɑ̃gisɔrb] n. f. — 1549 ; lat. bot. *sanguisorba*, comp. sav. de *sanguis* « sang », et *sorbere* « absorber ».

♦ Bot. Plante dicotylédone (*Rosacées*), herbacée, vivace, à fleurs roses ou pourpres réunies en épis et appelée communément *pimprenelle. Sanguisorbe officinale*, aux propriétés astringentes et hémostatiques.

(1765). Var. : *sanguisorba* [sɑ̃gisɔrba] n. f.

SANHÉDRIN [sanedrɛ̃] n. m. — 1663 ; *senedrin*, « traité du Talmud », 1573 ; mot araméen employé dans les Évangiles, du grec *synedrion* « assemblée, conseil ». → Synode.

♦ **1.** Didact. (hist.). Assemblée, conseil formé de membres de la noblesse sacerdotale juive (sadducéens) et de docteurs (cit. 1) pharisiens, tribunal religieux et civil pour toute la Palestine antique (et peut-être toute la Galilée). *Le grand sanhédrin, le sanhédrin siégeait à Jérusalem. — Les sanhédrins des divisions administratives romaines* (toparchies) *étaient des sortes de conseils municipaux.*

Le sanhédrin, sous qui la Judée est courbée,
Ébauché par Moïse, accru par Macchabée (...)
                                    HUGO, la Légende des siècles, II, II, XII.

♦ **2.** (V. 1720-1730, Saint-Simon). Fig. et vx. (Péj., à cause de la condamnation de Jésus). Tribunal suspect, partial.

SANICLE [sanikl] ou **SANICULE** [sanikyl] n. f. — xIIᵉ, *sanicle* ; *sanicule*, 1876 ; du lat. bot. *sanicula*, de *sanus* « sain », à cause des vertus médicinales de cette plante.

♦ Bot. ou régional. Plante dicotylédone (*Ombellifères*), herbacée, vivace, qui pousse surtout dans les régions humides et boisées. *Les fleurs de sanicle forment des ombelles ; les racines, amères, astringentes, étaient employées comme résolutif et vulnéraire.*

SANIE [sani] n. f. — Av. 1478, Chauliac ; *sainnie*, dial., xIIIᵉ ; empr. du lat. *sanies*.

♦ Méd. Vx et littér. Matière purulente, humeur fétide, mêlée de sang, qui s'écoule des plaies infectées. ⇒ **Ichor, pus.**

1   On avait jeté les jeunes recrues dans la bataille. Ces visages, qui nous arrivaient couverts de sang et de sanie, étaient parfois des visages d'enfants.
                                    G. DUHAMEL, la Pesée des âmes, VI.

1.1   *(Le rose)* Fleur sanglante des poumons phtisiques, mousse aux lèvres des hommes qui meurent la poitrine percée, tissus visqueux des fœtus, prunelles affreuses des albinos morbides, témoin du virus et du spirochète, compagnon des sanies et de toutes les purulences.   Jean RAY, les Derniers Contes de Canterbury, p. 119.

Par métaphore :

2   Un prêtre est comme un médecin, il ne doit pas avoir peur des plaies, du pus, de la sanie. Toutes les plaies de l'âme suppurent, Madame.
                                    BERNANOS, Journal d'un curé de campagne, p. 168.

SANIEUX, EUSE [sanjø, øz] adj. — 1314 ; lat. *saniosus*.

♦ **1.** Méd. (Vx). Qui contient, laisse écouler de la sanie. *Ulcère sanieux, plaie sanieuse.*

♦ **2.** Littér. Qui rappelle la sanie. *Couleur, odeur sanieuse.*

SANISETTE [sanizɛt] n. f. — V. 1980 ; nom déposé ; du rad. de *sanitaire* (→ Sanitaire 2.), et suff. diminutif (cf. *édicule, aubette*) ; le *-s-* s'explique probablt par la structure comparable du mot *vespasienne**.

♦ W.-C. publics du modèle de ce nom, consistant en une cabine close par une porte dont l'ouverture est commandée par un monnayeur.

SANITAIRE [sanitɛr] adj. et n. — 1801 ; dér. sav. du lat. *sanitas* « santé ».

♦ **1.** Relatif à la santé publique et à l'hygiène. ⇒ **Santé** (4.). *La technique sanitaire comprend l'épidémiologie, l'étude de la salu-*

brité des denrées alimentaires, de la pollution atmosphérique, des problèmes de construction, de voirie, de distribution des eaux... Législation, police sanitaire. ⇒ **Hygiène, médecine.** *Action sanitaire et sociale. Cordon** (cit. 9.1) *sanitaire pour enrayer la contagion**. *Lois* (→ Infracteur, cit.), *mesures sanitaires. Établissement sanitaire.* ⇒ **Hôpital ; clinique...** *Génie sanitaire* : ensemble d'études et de techniques visant à assurer la salubrité et l'hygiène des lieux, des services publics, des denrées alimentaires, des installations industrielles. — *Commission sanitaire* (→ Insistance, cit. 2). *Formation* (cit. 2), *service sanitaire* (→ Manquer, cit. 6).

1   (...) quand une contrée veut s'isoler de la contagion qui ravage une contrée voisine. Alors, on forme ce qu'on appelle un cordon sanitaire ; dans ce cas, il est ordonné de tirer sur tout individu qui tentera de franchir la ligne.
                                    BALZAC, Souvenirs d'un paria, in Œ. diverses, t. I, III, p. 241.

2   La contagiosité risquait maintenant d'être plus grande, avec cette nouvelle forme de l'épidémie (...) Pour plus de sûreté (...) le personnel sanitaire continuait de respirer sous des masques de gaze désinfectée.   CAMUS, la Peste, p. 257.

Spécialt. Du service de santé (dans l'armée). *Train sanitaire.*

N. m. pl. *Les sanitaires,* membres du service de santé des armées.

N. f. *Une sanitaire :* une voiture sanitaire de l'armée. ⇒ **Ambulance.**

3   Des filles courent le long de nos voitures, demandant à grimper. Ici ou là, avec des plaisanteries amères, des grossièretés, des gars se penchent et te vous les juchent sur un affût de canon, dans un camion, une sanitaire.
                                    ARAGON, Blanche..., I, VI, p. 107.

♦ **2.** (Mil. xxᵉ ; *in* Larousse, 1964). Se dit des appareils et installations d'hygiène destinés à distribuer, utiliser et évacuer l'eau dans les habitations. ⇒ **Plomberie.** *Appareils, installations sanitaires :* salles de bains, baignoires, bidets, lavabos ; éviers, cuvettes, water-closets. *Bloc** *sanitaire. — Le commerce d'appareils sanitaires inclut parfois la robinetterie, les carreaux de faïence, etc.* — N. m. *Le sanitaire,* ces installations. *Un magasin de sanitaire.* — N. m. pl. *Les sanitaires* (dans un lieu d'hébergement collectif : camping, etc.) : les installations sanitaires. *Des sanitaires neufs, bien entretenus, dégradés.* — Fam. (euphém. rare). Cabinets.

4   (...) je ne cesse jamais de faire fonctionner ma matière grise, même quand je vais au sanitaire.   R. QUENEAU, les Fleurs bleues, p. 197.

SANNION [sanjɔ̃] n. m. — 1876, *in* P. Larousse ; lat. *sannio*, de *sanna* « grimace ».

♦ Didact. Dans l'Antiquité romaine, Mime grotesque.

SANNYASIN ou **SANNYÂSIN** [sanjasin] n. m. — 1929, cit. 1 ; sankrit *saṃnyāsin-*, de *saṃ-ny-as-* « renoncer (au monde) ».

♦ En Inde, Celui qui s'est retiré de la vie sociale pour s'adonner à la méditation, à l'ascèse, à l'étude des textes sacrés, et rechercher la délivrance. ⇒ **Renonçant.** — Spécialt. Brâhmane* qui a renoncé au monde, dans la quatrième étape de sa vie.

1   Il se dédouble, se décuple, il voit sortir de lui des êtres démoniaques ou divins : une figure noire, qui personnifie le péché ; puis, sort un *Sannyâsin* qui, tel l'archange, tue le péché...   Romain ROLLAND, la Vie de Ramakrishna, 2.

2   Un Hindou sait qu'il est possible de dépasser toutes les conventions de castes, de croyances, de races et c'est ce à quoi est appelé le sannyasin. Par exemple, Swâmi Prajnanpad (...) quand il a voulu être libre, c'est-à-dire non plus un brahmane mais un sannyasin (...) est allé dans les restaurants populaires de Calcutta, s'est assis à la table d'intouchables (...) et ils ont puisé au même plat. Pour un brahmane, c'est une action sacrilège (...)   Arnaud DESJARDINS, Pour une mort sans peur, p. 177.

SANS [sɑ̃] prép. — V. 980, *sens ; senz,* v. 1050 ; var. *seinz, sen* en anc. franç. ; du lat. *sine,* avec *-s* adverbial.

Préposition qui exprime l'absence, le manque, la privation ou l'exclusion.

★ **I. A.** ♦ **1.** Préposition marquant l'absence, le manque d'un être ou d'une chose. *L'inculpé a refusé d'être interrogé sans son avocat* (→ Hors* de la présence de). *Être sans relations. Être sans argent. Un document sans indication de date.* ⇒ **Manquer** (de) ; **dépourvu** (de), **privé** (de).

1   L'étranger, grandi sous la loi monarchique, nous trouvera sans roi avec la Royauté, sans lois avec la Légalité, sans propriétaires avec la Propriété, sans gouvernement avec l'Élection, sans force avec le Libre Arbitre, sans bonheur avec l'Égalité.   BALZAC, le Curé du village, Pl., t. VIII, p. 717.

Fam. *Être sans le sou,* sans argent. *Être sans un* (même sens).

1.1   Tu ne me feras pas croire qu'il te laissait sans un ?
— Tout a été saisi, le compte en banque bloqué (...)
                                    M. AYMÉ, le Vin de Paris, « L'indifférent », p. 14.

Je suis sans un, dit Palaiseau.

1.2   — On s'arrangera. Cartes sur table. Comptez votre fric. Ils mirent leur argent en commun (...)   H. TROYAT, la Tête sur les épaules, p. 166.

♦ **2.** Préposition marquant l'exclusion, et, spécialt, indiquant qu'un ou plusieurs éléments n'entrent pas dans un compte. *Chambre d'hôtel à mille francs par jour, sans le petit déjeuner* (cf. Non compris).

Compter sans quelqu'un, sans quelque chose, ne pas s'en méfier, ne pas en tenir compte.

SANS PLUS. ⇒ **Plus** (cit. 66).

♦ **3.** SANS (employé dans un tour à valeur hypothétique). *Sans la* *crainte de paraître indiscret, je lui aurais bien posé cette question, si* je n'avais pas craint...* ⇒ aussi 1. **Être** (*supra* cit. 91 ; si ce n'était, n'était). — *Sans cela, sans quoi* (cit. 10). ⇒ **Autrement** (2.), **ou** (*supra* cit. 22), **sinon**. *Faites attention, sans cela gare à vous !* — «Nous serions les maîtres, *sans ces coquins de gens d'esprit*», Voltaire, *Correspondance*, XXIII, 272 ; «*Sans toi* j'étais mort ! reprit Courfeyrac. — *Sans vous* j'étais gobé ! ajouta Gavroche, Hugo, *les Misérables*, IV, XIV, 5 (*in* G. et R. Le Bidois, *Syntaxe du franç. moderne*, § 1631).

Vx. SANS QUE (suivi de l'indicatif et équivalent à *si... ne... pas, sans le fait que*). «*Je vous le dirais plus souvent, ma bonne, sans que je crains d'être fade*» (Mᵐᵉ de Sévigné, *Lettres*, 9 mars 1672). «*Ils vous auraient écrit tous deux, sans qu'ils sont accablés*» (Mᵐᵉ de Sévigné, *Lettres*, 25 mai 1689).

Vx. SANS (suivi d'un nom ou d'un infinitif et employé en corrélation avec la conjonction restrictive *que*, qui prend alors la valeur de *sinon, si ce n'est*). «Harlay était sans mœurs dans le secret, *sans probité qu'extérieure*» (Saint-Simon, *Mémoires*, XVII). «*Sans avoir, en aimant, d'amour que légitime*» (Racine, *Bérénice*, II, 2).

♦ **4.** (L'idée de négation impliquée dans *sans* portant sur la manière dont est accompli l'action ; dans ce cas, le régime de *sans* n'est jamais un nom désignant un être ni un pronom). *Parler sans la moindre gêne.*

2   À vaincre sans péril, on triomphe sans gloire.   CORNEILLE, le Cid, II, 2.

Spécialt. SANS (formant des locutions adjectives ou adverbiales de valeur négative). *Sans égal* (cit. 24 et 26). *Sans exemple. Sans pareil* (cit. 10 et 12). *Sans précédent* (cit. 5). — *Sans arrêt* (cit. 1). *Sans blague* (cit. 12 et 14). *Sans cérémonie.* *Sans cesse* (cit. 5 et 7). *Sans compliment. Sans conséquence* (cit. 9). *Sans consistance* (cit. 5). *Sans conteste* (cit. 1). *Sans contredit* (cit. 4). *Sans crainte. Témoigner sans haine et sans crainte. Sans effort* (cit. 13). *Sans espérance* (cit. 18 et 21). *Sans espoir* (cit. 13 et 19). *Sans exception. Sans façon* (cit. 50). *Sans fard* (cit. 7 à 10). *Sans faute* (cit. 12 et 13). *Sans feinte* (cit. 2). *Sans fin* (cit. 21 et 22). *Sans frein* (cit. 11). *Sans gêne* (cit. 13). *Sans interruption* (cit. 6 et 7). *Sans miséricorde* (cit. 3). *Sans murmure* (cit. 7). *Sans nom. Sans nombre* (cit. 20). *Sans partage* (cit. 3). *Sans peine. Sans pitié. Sans prix* (cit. 15). *Sans quartier* (cit. 11). *Sans peur, sans reproche* (cit. 5). *Sans réserve* (cit. 3 et 4). *Sans restriction* (cit. 3). *Sans retard. Sans trêve...* ⇒ aussi In- (préfixe négatif).
Sans doute* (cit. 30 à 33). — *Sans doute** (cit. 34 et 35) *que...* *Sans distinction* (cit. 3) *de... Sans préjudice* (cit. 4) *de...*

Techn. *Pneus sans chambre* (à air).

♦ **5.** (Suivi d'un infinitif et servant à écarter une circonstance : «*Marchons sans discourir*», Corneille, *le Cid*, II, 2 ; une conséquence : *Il a travaillé beaucoup sans obtenir de résultat;* ou à exprimer une concession : «*Les gens de qualité savent tout sans avoir jamais rien appris*», Molière, *les Précieuses ridicules*, IX). — *Sans mot dire* (1. Dire, cit. 4). *Sans coup férir. Sans compter* (cit. 21) *que...* — REM. De nos jours, le sujet de l'infinitif doit être obligatoirement le même que celui de la principale (*Il est parti sans se retourner*). Au XVIIᵉ s. les deux sujets pouvaient être différents : «*Rends-le moi sans te fouiller*», c'est-à-dire *sans qu'on te fouille* (→ Molière, *l'Avare*, I, 3). Cette construction a subsisté dans quelques locutions figées. *Cela va sans dire** (1. Dire, cit. 31). *Sans mentir** (cit. 9 et 11).
Fam. (Avec répétition du même verbe). *Il travaille sans travailler :* il travaille sans ardeur, de manière intermittente, etc. — *Espérer une chose sans l'espérer*, l'espérer faiblement. *Ces choses-là, il faut y croire sans y croire.*

3   Il y avait des cousins, sur l'héritage desquels on comptait sans compter (...)   ARAGON, les Beaux Quartiers, I, VIII.

Être sans... Vous n'êtes pas sans savoir. ⇒ aussi 1. **Être** (*infra* cit. 89).

4   De vous à moi, vous n'êtes pas sans savoir que ces gaillards-là ne vous craignent guère.   COURTELINE, les Gaîtés de l'escadron, IX, V.

5   Il manque rarement de faire observer que l'on doit se formaliser de ce qu'il dit. Il n'est pas sans y avoir assez bien réussi.   VALÉRY, Variété, Études littéraires, Œ., Pl., t. I, p. 581.

♦ **6.** Loc. conj. SANS QUE (suivi du subj.; mêmes valeurs que *sans* suivi de l'inf.). → Prose, cit. 8.

6   (...) sans qu'on s'en aperçût, sans presque m'en apercevoir moi-même, je redevins craintif, complaisant, timide (...)   ROUSSEAU, les Confessions, IX.

SANS QUE (construit avec *ne*) :

7   *Sans que.* Selon les règles officielles, il ne faut jamais mettre *ne* après cette conjonction. Pourtant, la négation contenue dans *sans* amène parfois l'emploi d'un *ne* explétif, quand la proposition principale est négative. Ex. : On ne pouvait faire allusion à cela sans qu'elle n'entrevît aussitôt des scènes (P. Bourget, *André Cornélis*). Victor Hugo a écrit : Ah ! le peuple ! — océan ! — onde sans cesse émue. Où l'on se jette rien sans que tout ne remue (*Hernani*, v. 1534).   K. NYROP, Grammaire historique, t. VI, p. 50.

8   (...) déjà chez nos classiques *ne* s'immisçait parfois dans la proposition introduite par *sans que* : «(...) On ne peut pas néanmoins les restreindre (*ces Caractères*) à une seule cour, ni les renfermer en un seul pays, *sans que mon livre ne perde beaucoup* de son étendue et de son utilité, *ne s'écarte du plan* que je me suis fait (...)» La Bruyère, *Caractères* (Préface) (...) Dans la langue tout à fait moderne, — où domine, et de beaucoup, la construction *sans ne*, — il n'est pas rare pourtant d'en trouver une avec *ne* : «Une seule minute peut-être ne se passa

pas *sans qu'il ne se répétât*» Stendhal, *le Rouge et le Noir*, LXI ; «Il ne s'est pas écoulé une seule journée *sans que je n'aie cru entendre* ainsi les pas du châtiment en marche» P. Benoit, *Axelle*, XV (...)   G. et R. LE BIDOIS, Syntaxe du franç. moderne, § 1482.

B. (Constructions particulières). ♦ **1.** SANS, SANS QUE (renforcé par un autre mot négatif tel que *aucun* [cit. 37], *jamais* [cit. 26], *nul* [cit. 5, 6 et 7], *personne* [cit. 33 et 35], *rien* [cit. 7], etc.).

♦ **2.** SANS... DE... :

9   *De* avec un nom régime trouve dans les phrases négatives (négation parfois implicite) un emploi fréquent (...) Sans presque D'*efforts* (P. Bourget, *Drames de famille*, p. 23). — Sans guère DE *chance* (H. De Régnier, *Les Vacances d'un Jeune homme sage*, p. 231) ... — Sans même D'*inclination* (E. Herriot, *Mᵐᵉ Récamier et ses amis*, p. 218). — Sans presque D'*accent* (Fr. Mauriac, *La Pharisienne*, p. 232). — Sans plus DE *baigneurs* ni DE *touristes* la petite ville reprenait son aspect authentique (A. Gide, *Feuillets d'automne*, p. 50). (Remarquez qu'il y a toujours un mot intercalé entre SANS et le régime introduit par DE).   M. GREVISSE, le Bon Usage, § 917, 3°.

♦ **3.** SANS... NI... ; SANS... ET SANS... ⇒ aussi Ni* (*supra* cit. 39).
— REM. La construction avec *ni* n'est possible que si les deux termes sont sur le même plan ; on ne pourrait dire *sans procès ni femme* (sauf par plaisanterie).

10   Après *sans, sans que* (...) on peut coordonner le second terme par *et* ou par *ni*. Dans le premier cas, on répète généralement la préposition : (II) «vivait heureux (...) *sans procès et sans femme*», Lesage, *Gil Blas*, IV, 1 ; «(...) Ta mobile pensée Ne peut seule y veiller *sans crainte et sans ennui*», Vigny, *Maison du berger*. Au contraire, en marquant l'exclusion suffit devant le second terme : (Une région où les jeunes gens sont) «durs, féroces, *sans mœurs ni politesse*», La Bruyère, *Caractères*, VIII, 74 ; «Guérir *sans voir ni toucher* était une chose impossible», Flaubert, *Hérodias*, III ; cf. *Sans feu ni lieu, sans tambour ni trompette*. S'il s'agit de deux propositions négatives, contenant chacune *sans*, il est préférable de les unir par *et*. Dans cette phrase de Stendhal : «Son père ne peut vivre *sans elle*, et elle *sans moi*» (*le Rouge et le Noir*, LXIV), la conjonction *et* ne laisse pas d'étonner un peu.   G. et R. LE BIDOIS, Syntaxe du franç. moderne, § 1799, 2°, C.

Vx. SANS... NI SANS. «*Sans attendre qu'on l'interroge, ni sans sentir qu'il interrompt, il parle*» (La Bruyère, II, 38). — Par archaïsme. «*Il l'avait fait à son insu, sans y penser, NI SANS le faire exprès*» (A. Hermant, *l'Aube ardente*, XIII, in Grevisse, le Bon Usage, § 969, Hist., 1).

♦ **4.** NON SANS... (suivi d'un nom ou d'un infinitif). — *Non sans que...* ⇒ **Non*** (*supra* cit. 46).

★ **II.** Fam. SANS (employé adverbialement ; dans certains cas, ce tour s'explique par une ellipse). — *Les jours sans et les jours avec*, pendant les restrictions de la guerre de 1939-1945 (jours sans alcool dans les cafés, sans viande).

11   Il faut vous dire que pour le moment, il n'y a qu'une chose dont on s'occupe là-bas : la minéralogie. Chacun a son marteau, on ne sort pas sans (...)   Ed. et J. DE GONCOURT, Journal, 14 sept. 1867, t. II, p. 117.

12   (...) nous sommes bien obligés de compter avec. Que ferions-nous sans ?   DUHAMEL, Chronique des Pasquier, I, IV.

13   Vous vous apercevez que des pays avec pétrole ont été mystifiés par des pays sans (...)   DANINOS, le Figaro littéraire, 9 févr. 1952.

CONTR. Avec.
HOM. Cent, sang. — Sens, sent (formes du v. *sentir*), et dans certains cas sens (n.m.).

SANS- Premier élément de noms composés (outre les noms traités à l'ordre alphabétique, des composés occasionnels se rencontrent).

La vérité, c'est qu'en leurs antiques déplacements, nos pères réunissaient l'interminable au sans-confort, avec, brochant sur le tout, du nauséabond comme s'il en pleuvait (je n'insiste pas).   A. ALLAIS, Contes et Chroniques, p. 124.

SANS-ABRI [sɑ̃zabʀi] n. invar. — 1935 ; de *sans-*, et *abri*.

♦ Personne qui n'a pas, qui n'a plus de logement (s'emploie surtout au plur.). ⇒ **Sans-logis**. *Le tremblement de terre a fait deux mille sans-abri.* ⇒ **Sinistré**. *Une sans-abri.*

J'ai eu l'occasion de visiter plusieurs camps. Une colonie de «Nissenhütten», baraques en tôle ondulée, amenées par les Anglais en 1945 pour recueillir provisoirement les sans-abris (sic).   Mᵐᵉ LALIVE D'ÉPINAY, Kiel, automne 1947, in Servir, 9 oct. 1947, p. 3.

SANS-ATOUT [sɑ̃zatu] n. m. — Attesté XXᵉ ; de *sans-*, et *atout*.

♦ Dans certains jeux de cartes, Situation où il n'y a pas d'atout, toutes les cartes étant bonnes selon leur force. *Déclarer le sans-atout, à la belote, à la manille contrée.* — Spécialt. (Au bridge). *Deux, trois sans-atouts.*

Deux sans-atouts, dit quelqu'un.   Guy DE POURTALÈS, la Pêche miraculeuse, p. 299.

SANS-AVOIR [sɑ̃zavwaʀ] n. m. invar. — V. 1970 ; de *sans-*, et *avoir*.

♦ Rare. Personne, communauté qui n'a, qui ne possède rien. *Les sans-avoir.*

L'intérêt des pays riches est curieusement mieux dessiné que celui des sans-avoir.   A. SAUVY, Croissance zéro ?, p. 156.

SANS-CŒUR [sãkœʀ] n. invar. et adj. — 1863 ; masc., 1808, « individu paresseux ou sans amour-propre » ; de *sans-*, et *cœur.*

♦ **1.** Fam. Personne qui manque de cœur* (*supra* cit. 79), qui est insensible à la souffrance d'autrui. *Des petites sans-cœur.* — Adj. ⇒ **Insensible, méchant.**

1   — Elle rit de vous voir pleurer, cette sans-cœur là-bas. Je mettrais ma main au feu que son savonnage est une frime (...) elle est venue ici pour leur raconter la tête que vous feriez.   ZOLA, l'Assommoir, t. I, I, p. 28.

2   Tu me prends pour une sans-cœur ? Tu te trompes : je comprends très bien que tu aies pitié de Laura.   GIDE, les Faux-monnayeurs, I, VII, *in* Romans, Pl., p. 979.

♦ **2.** N. m. Rare. Insensibilité.

3   (...) le petit Feydeau, le délicieux petit ange, à notre demande des nouvelles de son père, nous dit avec le sans-cœur inconscient d'un enfant terrible : « Papa ! papa ! il est très malade, il est très malade ! »   Ed. et J. DE GONCOURT, Journal, 22 avr. 1869, t. III, p. 219.

SANSCRIT, ITE ou **SANSKRIT, ITE** [sãskʀi, it] n. m. et adj. — 1756, Voltaire ; *hanscrit,* 1667 ; *sanskrit,* 1870 ; empr. du sanscrit *samskr(i)ta* « parfait (c'est-à-dire observant toutes les règles fixées par les grammaires) » ; s'oppose à *prâkrit* « à l'état naturel, peu soigné ».

♦ **1.** N. m. Langue classique de la civilisation brahmanique de l'Inde. *Le sanscrit est moins une langue spécifique qu'une forme de langue. Sanscrit védique* (langue des *Védas*). *Sanscrit épique, plus récent. Sanscrit classique.* — REM. La graphie moderne (didact.) est *sanskrit. Le sanscrit et les prâkrits*.* Écriture usuelle du sanscrit. ⇒ **Devanâgari.** *Le sanscrit,* langue* indo-européenne, appartenant au groupe indo-aryen (→ Indo-, cit. 1 et 2). *Langues issues du sanscrit ou apparentées à lui* (assamais, bengali*, bihari, goujrati, hindi*, hindoustani*, mahratte*, népalais, oriya, ourdou*, pali*, pendjabi...).

1   Il est indubitable que les plus anciennes théologies furent inventées chez les Indiens. Ils ont deux livres écrits, il y a environ cinq mille ans, dans leur ancienne langue sacrée, nommée le *Hanscrit,* ou le *Sanscrit.*   VOLTAIRE, Essai sur les mœurs, III.

2   C'est en sanskrit que sont écrits tous les textes sacrés du brahmanisme primitif ou védisme, ainsi que la plupart des grandes œuvres de l'hindouisme (...)   Louis RENOU, Littérature sanskrite, *in* Encycl. Pl., Hist. des littératures, t. I, p. 107.

3   On appelle sanscrit classique le sanskrit dégagé des habitudes védiques et fixé par les grammairiens (...) Le sanscrit classique, avec son système linguistique d'une rare perfection, est une revivescence artificielle, sous réserve qu'une élite de gens l'ont toujours entretenu avec le sentiment d'avoir affaire à une langue vivante. Aujourd'hui encore nombre de lettrés le parlent couramment, et une masse de gens à travers l'Inde le comprennent à la lecture et à l'audition.   Louis RENOU, Littérature sanskrite, *in* Encycl. Pl., Hist. des littératures, t. I, p. 954.

♦ **2.** Adj. Relatif au sanscrit, écrit en sanscrit. *Livres, poèmes, textes sanscrits. Langue, grammaire, philosophie sanskrite* (→ Pandit, cit.).

DÉR. **Sanscritisme** ou **sanskritisme, sanscritiste** ou **sanskritiste.**

SANSCRITISME ou **SANSKRITISME** [sãskʀitism] n. m. — 1876, *sanscritisme ;* de *sanscrit,* et suff. *-isme.*

♦ Didact. Ensemble des disciplines qui ont le sanscrit pour objet. — On dit aussi *indianisme.*

La var. *sanscritisme* est vieillie.

SANSCRITISTE ou **SANSKRITISTE** [sãskʀitist] n. — 1830, *sanscritiste* (Jacquemont, *Corresp.,* t. I, p. 210) ; *sanskritiste,* 1876 ; de *sanscrit, sanskrit.*

♦ Spécialiste du sanscrit (→ Perle, cit. 9). *Eugène Burnouf, célèbre sanscritiste français* (on dit aussi *indianiste*). *Une remarquable sanscritiste.*

1   (...) mon oncle, le sanscritiste Sylvain Lévi, du collège de France.   J.-R. BLOCH, Deux hommes se rencontrent, p. 79.

2   (...) un éminent sanscritiste hindou fut prié par un des Européens qui connaissent le mieux la musique du Bengale, du nord de l'Inde et du Népal, de traduire pour le public européen, tel et tel texte de chansons (...)   Henri MICHAUX, Un barbare en Asie, p. 76.

SANS-CULOTTE [sãkylɔt] n. m. et adj. invar. — 1790, *in* D. D. L. ; de *sans-*, et *culotte,* parce que les hommes du peuple portaient alors le pantalon, tandis que la *culotte* passait pour aristocratique.

♦ Nom que se donnaient les républicains les plus ardents, sous la Révolution française (→ cit. Brunot). *Le bonnet rouge des sans-culottes.* ⇒ **Bonnet** (*infra* cit. 4).

Adj. (invar.). *L'esprit sans-culotte.*

On ne sait pas au juste qui inventa de faire cette façon de s'habiller une distinction politique en même temps que sociale. Fut-ce l'abbé Maury ou le marquis de

Laqueille ? En tout cas, dit Aulard, « c'est quand le parti montagnard eut triomphé qu'en général les républicains ardents, militants, s'intitulèrent sans-culottes ».   F. BRUNOT, Hist. de la langue franç., t. IX, p. 715.

DÉR. **Sans-culottide, sans-culottisme.**

SANS-CULOTTIDE [sãkylɔtid] n. f. — 1793 ; de *sans-culotte.*

♦ **1.** Chacun des cinq jours complémentaires du calendrier républicain. *Les sans-culottides.*

♦ **2.** Fêtes célébrées pendant ces cinq jours.

SANS-CULOTTISME [sãkylɔtism] n. m. — 1793 ; de *sans-culotte,* et *-isme.*

♦ Vx ou hist. Ensemble des idées, des attitudes politiques des sans-culottes.

Le bonnet rouge ne parut plus à son orgueil (*de Chamfort*) qu'une autre espèce de couronne, le sans-culottisme qu'une sorte de noblesse, dont les Marat et les Robespierre étaient les grands seigneurs.   CHATEAUBRIAND, Mémoires d'outre-tombe, t. I, p. 181.

SANS-DIEU [sãdjø] n. m. invar. — 1930 ; de *sans-*, et *Dieu.*

♦ Athée (surtout au plur.). *Les sans-Dieu.*

Au début, Joseph avait parlé des mœurs, des païens, des sans-Dieu, les laïques, avec leurs écoles, qui avaient perdu la France.   François BOYER, Jeux interdits, p. 135.

SANS-EMPLOI [sãzãplwa] n. invar. — V. 1965 ; de *sans-*, et *emploi.*

♦ Personne sans activité rétribuée (surtout au plur.). ⇒ **Chômeur, sans-travail.** « *Le nombre de sans-emploi s'élève à 6 000 dans le Var et celui des chômeurs secourus a triplé* » (*le Monde,* 13 oct. 1965). *Une sans-emploi.*

Faire cultiver les friches par les sans-emploi (...) c'est confier les travaux les plus durs (...) aux hommes physiquement ou moralement les moins aptes au travail.   A. SAUVY, Croissance zéro ?, p. 26.

SANSEVIÈRE [sãsəvjɛʀ] n. f. — 1819 ; plante ainsi nommée en hommage à Raimond de Sansgrio, prince de *Sansevieria.*

♦ Plante monocotylédone (*Liliacées*) des régions d'Afrique tropicale, qui fournit une fibre textile très résistante.

SANS-FAÇON [sãfasõ] n. m. invar. — 1817 ; de *sans-*, et *façon.*

♦ **1.** Désinvolture, sans-gêne.

1   La ville est remplie de grands hôtels à quatre étages, où l'on traite avec assez de sans-façon *le poisson une fois qu'il est entré dans le filet* (...)   STENDHAL, Mémoires d'un touriste, t. I, p. 100.

♦ **2.** Simplicité dans les manières. — Caractère de ce qui est fait sans cérémonie* (*supra* cit. 7), sans façon* (*supra* cit. 48). *Un accueil plein de sans-façon,* sans cérémonie.

2   (...) Blaireau a débuté dans ses fonctions de président d'honneur, avec ce sans-façon délicieux dont il a le secret, et qui lui a conquis bien des suffrages.   A. ALLAIS, l'Affaire Blaireau, p. 89.

SANS-FAUTE [sãfot] n. m. invar. — 1961, *in* Petiot ; de *sans-*, et *faute.*

♦ Sports (équit.). Parcours effectué sans aucune faute dans le franchissement des obstacles. *Faire un magnifique sans-faute.* — (Disciplines sportives autres que l'équitation). *Après son succès dans la descente, ce skieur a réussi le sans-faute dans le slalom.* — (L'idée de parcours n'étant plus présente que par métaphore). *Pour se qualifier, l'équipe de X doit maintenant accomplir un sans-faute.*

SANS-FIL [sãfil] n. — V. 1925 ; de *sans-*, et *fil.*

♦ **1.** N. f. Télégraphie sans fil (T. S. F.). *Envoyer un message par sans-fil.*

♦ **2.** N. m. Radiogramme. ⇒ **1. Radio** (*supra* cit. 1). *Recevoir un sans-fil.*

DÉR. **Sans-filiste.**

SANS-FILISTE [sãfilist] n. — 1912, *sanfiliste, in Année sc. et industr.* 1913, p. 94 ; de *sans-fil.*

♦ **1.** Opérateur de T. S. F. ⇒ **1. Radio** (*supra* cit. 2).

♦ **2.** Personne qui pratique la T. S. F. en amateur. *Des sans-filistes amateurs.*

SANS-GÊNE [sɑ̃ʒɛn] adj. et n. — 1829 ; de *sans-*, et *gêne*.

♦ **1.** Adj. Qui agit avec une liberté*, une familiarité* excessive. ⇒ **Désinvolte, envahissant.** *Il est vraiment sans-gêne d'emprunter ainsi.* — Littér. *Madame Sans-Gêne,* comédie de Sardou (1893), dont l'héroïne est la maréchale Lefebvre. — Par ext. *Un procédé sans-gêne.* — N. *Un sans-gêne, une vraie sans-gêne.*

1   Mais quel est le sans-gêne qui nous a joué ce tour-là ? demanda encore une fois
    Pencroff, incapable de prendre son parti de l'aventure.
    Quel que fût le « sans-gêne », la seule chose à faire était, comme l'avait dit l'ingé-
    nieur, de regagner les Cheminées et d'y attendre le jour.
                                               J. VERNE, l'Île mystérieuse, t. I, p. 372.

♦ **2.** N. m. (1870). Attitude d'une personne qui ne se gêne pas pour les autres. ⇒ **Audace, désinvolture, impolitesse, inconvenance.** *Agir avec sans-gêne* (→ Sans-façon*, sans gêne*). *Un sans-gêne révoltant.*

2   Aucun domestique ne l'avait annoncé, et il n'avait pas même frappé. Ce sans-façon
    n'était point du sans-gêne, mais au contraire une sorte de protocole, institué par
    Philippe en faveur de son meilleur ami.   A. HERMANT, l'Aube ardente, I.

CONTR. (Du 1.) **Cérémonieux, discret.** — (Du 2.) **Bienséance, convenance, discrétion.**

SANS-GRADE [sɑ̃gʀad] n. m. — 1900, E. Rostand, *l'Aiglon ;* de *sans-*, et *grade*.

♦ Simple soldat, dans un milieu hiérarchisé. Plur. *Des sans-grade* ou *des sans-grades.*

1   À la fin nous étions trop fatigués (...) — Et nous (...)
    Hein ? — Et nous les petits, les obscurs, les sans-grades,
    Nous qui marchions fourbus, crottés, malades,
    Sans espoir de duchés ni de dotations.
                                        Edmond ROSTAND, l'Aiglon, II, p. 8-9.
2   Ce que je ne sais pas, c'est si le général sera aussi accommodant qu'un sans-grade
    comme moi (...)   Philippe DAUDY, la Force du destin, p. 505.

Par ext. Personne, communauté qui n'a aucune distinction, dans un milieu hiérarchisé (souvent associé avec *obscur*, par allus. à Rostand). *« C'est la revanche des sans-grade (...) la France faible (...) relève la tête »* (l'Express, 14 févr. 1981, p. 59).

3   C'est toujours la même chose, monsieur Moutins : les patrons s'en tirent, mais les
    obscurs, les sans grade *(sic)*, comme vous et moi, n'y coupent pas.
                                        Vladimir VOLKOFF, le Retournement, p. 124.
4   Comme tous les modestes, les obscurs, les sans-grade, il picole du rhum, dans les
    cas importants, Alexandre-Benoît.   SAN-ANTONIO, T'es beau, tu sais !, p. 78.

SANS-GUIDE [sɑ̃gid] adj. et n. invar. — 1904, *in* Petiot ; de *sans-*, et *guide*, trad. de l'all. *Führerlöse.*

♦ Qui pratique l'alpinisme sans guide professionnel. — N. *Un, une sans-guide.*

SANS-JUPON [sɑ̃ʒypɔ̃] n. f. — 1795 ; de *sans-*, et *jupon*, d'après *sans-culotte.*

♦ Hist. « Se dit des femmes, qui dans leur sexe, font le pendant des sans-culottes » (le Néologiste français, 1796, *in* D. D. L.).

SANSKRIT, n. m. ; **SANSKRITISME,** n. m. ; **SANSKRITISTE,** n. ⇒ **Sanscrit, sanscritisme, sanscritiste.**

SANS-LE-SOU [sɑ̃lsu] n. invar. — 1862, cit. 1 ; de *sans, le,* et *sou.*

♦ Fam. Personne sans fortune, sans argent. *Une sans-le-sou. Des sans-le-sou.*

1   Thénardier à Montfermeil se ruinait, si la ruine est possible à zéro : en Suisse ou
    dans les Pyrénées, ce sans-le-sou serait devenu millionnaire.
                                        HUGO, les Misérables, II, III, II (1862).
2   (...) Hyacinthe Girodot dut capituler et servir une pension à sa fille, pour lui per-
    mettre d'épouser son sans-le-sou, si elle réussissait à s'en faire épouser (...)
                                        G. CHEVALLIER, Clochemerle, p. 416.

SANS-LOGIS [sɑ̃lɔʒi] n. invar. — 1893 ; de *sans-*, et *logis.*

♦ Personne qui ne dispose pas pour se loger d'un local à usage d'habitation (s'emploie surtout au plur.). *Sans-logis installés dans des caves, des baraquements, des hangars.* ⇒ **Sans-abri.** — *Une sans-logis.*

Je mettais quelque espoir dans les « économiquement faibles », ayant lu les déclarations ministérielles qui assuraient les sans-logis que les « occupations insuffisantes » allaient être surimposées.   Jean DUCHÉ, Trois sans toit, p. 63.

SANSONNET [sɑ̃sɔnɛ] n. m. — V. 1480 ; d'abord n. propre, dimin. de *Sanson, Samson.*

♦ **1.** Autre nom de l'étourneau* (→ Asseoir, cit. 22).

C'est un sansonnet familier que Pagello a tiré un matin de sa poche et qu'il a mis
sur mon épaule. Figure-toi l'être le plus insolent, le plus poltron, le plus espiègle,
le plus gourmand, le plus extravagant.
                        G. SAND, Correspondance à Musset, 15 avr. 1834.

Fam. *C'est de la roupie** (1. Roupie, cit. 2) *de sansonnet.*

♦ **2.** (1734). Sorte de petit maquereau* (II.).

SANS-PAREIL [sɑ̃paʀɛj] n. m. invar. — 1904 ; de *sans-*, et *pareil.*

♦ Régional. Grenache* (cépage noir).

SANS-PARTI [sɑ̃paʀti] n. invar. — 1870 ; de *sans-*, et 1. *parti.*

♦ Personne qui n'est inscrite à aucun parti. — Spécialt. Personne qui n'est pas inscrite au Parti, dans les pays à parti unique. *Les membres du parti* (communiste) *et les sans-parti,* en U. R. S. S. *Une sans-parti.*

Or, à qui Popov pouvait-il parler ? Ni à des camarades, ni à un sans-parti, certes
pas à un étranger.   Vladimir VOLKOFF, le Retournement, p. 165.

SANS-PATRIE [sɑ̃patʀi] n. invar. — 1885, *in* D. D. L. ; de *sans-*, et *patrie.*

♦ Personne qui n'a pas de patrie, juridiquement. ⇒ **Apatride.** *Un, une sans-patrie.*

Un autre soir, à la sortie d'une réunion dreyfusarde (...) il a été emmené au poste,
pour avoir conspué le sans-patrie, et crié à pleine gorge : « Mort aux juifs...! Vive
le Roi... ! »   O. MIRBEAU, le Journal d'une femme de chambre, p. 171.

SANS-SOIN [sɑ̃swɛ̃] n. invar. — Mil. xxᵉ (*in* Lexis, 1975) ; de *sans-*, et *soin*, dans l'expr. adv. *sans soin.*

♦ Fam. Personne sans soin. *C'est un, une sans-soin.*

SANS-SOUCI [sɑ̃susi] n. et adj. invar. — 1718 ; *les Enfants Sans-Souci,* célèbre troupe de « sots », xvᵉ ; de *sans-*, et *souci.*

♦ **1.** N. Vieilli. Personne insouciante. — Adj. Mod. *Il est vraiment sans-souci.*

♦ **2.** (1870, *in* Littré). Vx. Caractère d'une personne insouciante. *Il est d'un sans-souci extrême.*

SANS-TOIT [sɑ̃twa] n. m. — Mil. xxᵉ ; de *sans-*, et *toit.*

♦ Rare. Sans-abri, sans-logis.

Je sentais naître en moi les bouillonnements nouveaux d'une conscience de classe,
la classe des sans-logis, des sans-toit, des prolétaires du logement.
                                        Jean DUCHÉ, Trois sans toit, p. 129.

SANS-TRAVAIL [sɑ̃tʀavaj] n. invar. — 1894 ; de *sans-*, et *travail.*

♦ Personne sans travail, chômeur* (s'emploie surtout au plur.). ⇒ **Sans-emploi.** *L'aide aux sans-travail. Un, une sans-travail.*

L'Empire, pour le peuple ouvrier, c'était surtout la chute des entreprises, chaque
année le débauchage qui s'étend, les sans-travail qu'on emploie à bas prix dans les
entreprises de charité (...)   ARAGON, la Semaine sainte, p. 179.

SANTAL [sɑ̃tal] n. m. — 1568 ; *sandal,* 1298 ; lat. médiéval *sandalum,* arabe *sandâl ;* du sanskrit *candana-.*

♦ **1.** Substance ligneuse odorante provenant d'arbres exotiques et d'où l'on tire une essence parfumée, balsamique, des poudres pharmaceutiques... — Plur. : *santals,* (vx) *santaux. Poudre des trois santaux (blanc, citrin* et *rouge). Santal blanc et santal citrin,* extraits du santal (sens 2.). *Santal rouge,* extrait de *ptérocarpus* (santal rouge ; → ci-dessous, 3.). *Le santal était employé comme remède contre la blennorragie*, le santal rouge comme astringent.* Essence, parfum de santal (→ Parfumer, cit. 10).

1   Toute nue et teintée de rose brique par les reflets de sa salle de bains pompéienne,
    elle vaporisait sur elle son parfum de santal, et pliait avec un plaisir inconscient
    une longue chemise de soie.   COLETTE, Chéri, p. 155.

♦ **2.** Arbre des régions tropicales *(Loranthacées),* qui vit en parasite sur les parties souterraines des plantes voisines. *Bois de santal,* odorant, d'un blanc jaunâtre, utilisé en ébénisterie (marqueterie, tabletterie). → Démoder, cit. ; pièce, cit. 15. *Le Coffret de santal,* recueil de poèmes de Ch. Cros (1873).

♦ **3.** [a] *Santal rouge :* ptérocarpus *(Légumineuses, Papilionacées),* d'où l'on tire une matière tinctoriale rouge. ⇒ **Santoline.**

2   C'était le bûcher, fait de précieux santal, et déjà imprégné d'une huile parfumée.
    À sa partie supérieure reposait le corps embaumé du rajah (...)
                                        J. VERNE, le Tour du monde en 80 jours, p. 97.

ⓑ *Santal de Madagascar :* santolina *(Rubiacées).* — *Santal noir :* excœcaria *(Euphorbiacées).* — *Faux santal :* hedera *(Araliacées).*
DÉR. Santalacées, santaline.

SANTALACÉES [sãtalase] n. f. pl. — 1842 ; de *santal,* et suff. *-acées.*

♦ Bot. Tribu de la famille des Loranthacées, plantes phanérogames angiospermes *(Dicotylédones apétales),* souvent semi-parasites et pauvres en chlorophylle, comprenant le rouvet, le santal et de nombreuses espèces (environ 200). — Au sing. : *une santalacée.*

SANTALINE [sãtalin] n. f. — 1829 ; de *santal.*

♦ Techn. Matière colorante de bois de santal rouge *(ptérocarpus).*

SANTÉ [sãte] n. f. — 1050, *santet ;* du lat. *sanitatem,* accusatif de *sanitas,* de *sanus.* → Sain.

♦ 1. ⓐ Bon état physiologique d'un être vivant, et notamment d'un être humain ; fonctionnement régulier et harmonieux de l'organisme pendant une période appréciable, indépendamment des anomalies ou des traumatismes qui n'affectent pas les fonctions vitales (un aveugle, un manchot peuvent avoir la santé). — REM. La *santé* n'est pas seulement l'absence de maladies*, de symptômes pathologiques, mais suppose l'absence de menace prévisible et un certain bien-être physique. — *La santé « dépend de la constitution chimique et structurale de chaque partie du corps et de certaines propriétés de l'ensemble »* (A. Carrel).

1 Il y a (...) deux sortes de santé, la santé naturelle et la santé artificielle. Nous désirons la santé naturelle, celle qui vient de la résistance des tissus aux maladies infectieuses et dégénératives, de l'équilibre du système nerveux. Et non pas la santé artificielle, qui repose sur des régimes alimentaires, des vaccins, des sérums (...) des examens médicaux périodiques (...) La médecine remportera son plus grand triomphe quand elle découvrira le moyen de nous permettre d'ignorer la maladie, la fatigue et la crainte. Nous devons donner aux êtres humains la liberté et la joie qui viennent de la perfection des activités organiques et mentales.
Alexis CARREL, l'Homme, cet inconnu, VIII, XI.

2 L'état de santé — en bonne physiologie — est reconnaissable à ceci que le sujet ne songe pas à son corps. G. DUHAMEL, Défense des lettres, II, X.

Force et santé (→ Envie, cit. 3). *Plein de vie et de santé. La santé et la joie. Avoir de la santé* (→ 2. Importer, cit. 26 ; fécond, cit. 2), *peu de santé. Respirer** la santé. Brillant*, resplendissant* de santé. Éclater* (→ Enthousiasmer, cit. 2), *et, fam., crever*, péter de santé :* avoir une apparence florissante (embonpoint*, teint, etc.). — *Santé et maladie* (cit. 1). → aussi Morbide, cit. 1). — *Un fonds* (cit. 12) *de santé :* un bon état* général. ⇒ aussi **Constitution, tempérament.** — *Apparence de santé* (→ Empourprer, cit. 5). *Illusion de la santé* (→ 1. Maigre, cit. 3). — *Garder, conserver** (→ Médecine, cit. 1), *perdre* la santé. Recouvrer** (→ Régime, cit. 4), *retrouver la santé.* ⇒ **Guérir, remettre** (se) ; **convalescence, guérison.** *Favorable à la santé.* ⇒ **Sain, salubre, salutaire.** *Mauvais pour la santé.* ⇒ **Malsain.** — Loc. *De santé :* qui doit conserver, rendre la santé. *Gilet* (cit. 6) *de santé. Chocolat de santé* (→ Pharmacie, cit. 1). — Vx. *En santé :* en état de santé. *Être en santé* (→ Heure, cit. 24). — Mod. *En bonne santé.*

3 (...) d'une douleur extrême je viens (...) à recouvrer comme d'un éclair la belle lumière de la santé, si libre et si pleine (...) De combien la santé me semble plus belle après la maladie (...) MONTAIGNE, Essais, III, XIII.

Avoir la santé : être généralement en bonne santé. *Tant qu'on a la santé...*

Fig. et fam. *Il a de la santé ! Il en a, une santé !,* un aplomb...

4 Mais, voyons, pour chanter ainsi que j'ai chanté,
Tu sens bien qu'il fallait avoir... — Une santé !
Edmond ROSTAND, Chantecler, II, 5.

La santé de qqn, sa santé, son état physiologique. *Compromettre*, détruire sa santé* (par des excès, des imprudences). ⇒ **Tuer** (se). *Nuire* (cit. 3) *à sa santé. Ce choc a ébranlé* sa santé.*

5 Même j'ai rétabli sa santé, que les ans
Avaient altérée, et mes peines
Ont pour but son plaisir autant que son besoin. LA FONTAINE, Fables, X, 1.

ⓑ (1628, *in* D.D.L. : *à vos santés*). Boire (1. Boire, cit. 21 et 22) *à la santé de qqn.* ⇒ **Trinquer.** *À la santé de...* (→ Oui, cit. 4), *à votre santé* (ellipt., *à la vôtre*). — (1781, *in* D.D.L.). Ellipt., fam. *Santé ! Porter** (B., 2.) *la santé de qqn.* ⇒ aussi **Salut.**

6 — Puisqu'il ne veut pas boire, il ne faut pas que cela nous en empêche. À ta santé, filleul.
— À la vôtre, parrain ; Bigre, mon ami, bois avec nous.
DIDEROT, Jacques le fataliste, Pl., p. 674.

(1631). *Bonne santé !*

Par ext. Toast porté à la santé de qqn.

7 Le Destin s'était jeté sur un lit ; et puis il se mit à boire et à porter des santés aux deux valets de Saldagne qui avaient déjà la leur fort endommagée.
SCARRON, le Roman comique, II, XII.

8 Ils se soulevaient à chaque verre pour porter une santé ; ils mettaient à cet acte un respect religieux ; leur visage avait ton ton changeaient à ce moment ; ils semblaient dire la messe, ils s'offraient des libations, ils buvaient le calice, avec un mélange de solennité et de bouffonnerie.
R. ROLLAND, Jean-Christophe, La révolte, I, p. 386.

♦ 2. Fonctionnement plus ou moins harmonieux de l'organisme, considéré le plus souvent sur une période assez longue. ⇒ aussi **Complexion, tempérament.** *Santé du corps*, santé physique. État de santé.* ⇒ **Aller, porter** (se). *Juger de la santé de qqn sur son aspect.* ⇒ 1. **Mine** (2.). — *Bonne santé* (→ Bon, cit. 32 ; œil, cit. 5). *Avoir une belle* santé. Être en bonne, en pleine, en parfaite santé.* ⇒ **Gaillard, portant** (3. ; bien), **sain, valide** (→ Se porter bien* [cit. 26], comme un charme*). — *Santé brillante, éclatante, florissante, robuste. Jouir* d'une bonne, d'une excellente santé* (→ Mourir, cit. 23). *Une santé de fer** (cit. 5), *une santé insolente* (cit. 10), très bonne, que rien ne semble devoir compromettre. — *Mauvaise santé* (→ Débilité, cit. 1). *Santé caduque, chancelante* (cit. 7), *déficiente, délicate, fragile, languissante, précaire* (→ Réformer, cit. 6). ⇒ **Faible, fragile... ; cacochyme, malade, valétudinaire.** *Avoir une petite santé :* être fragile. *Santé altérée, compromise* (→ Négligence, cit. 4), *délabrée** (→ Résigner, cit. 1), *éprouvée* (cit. 37). *Santé qui décline* (cit. 6 et 7), *dépérit* (cit. 3), *se délabre* (cit. 2). *Se ruiner*, et, fam., s'abîmer, se crever* (cit. 38), *s'esquinter la santé. User*, déprimer, déranger sa santé. Ménager sa santé, sa petite santé.* ⇒ **Soigner** (se). *Détestable, exécrable santé* (→ Grabat, cit. 3). ⇒ **Mal** (*supra* cit. 22), **maladie.** — *En bonne santé* (vx, *en santé,* 1.) : dans un état de santé harmonieux, sans maladie. *Être en mauvaise santé.* ⇒ **Malade** (→ Être mal en point*, filer un mauvais coton*). — *Être en meilleure santé* (→ Aller mieux*). *Santé qui se rétablit* (cit. 9). *Rétablissement* (cit. 1) *de la santé.* ⇒ **Refaire** (se), **requinquer** (fam.). *Regain* de santé.* — Spécialt (en parlant d'un patient, d'un malade, d'un convalescent). *Bulletin de santé. Bilan de santé.* ⇒ **Check-up** (anglicisme).

9 (...) c'est une affaire que de se remettre en parfaite santé (...)
Mme DE SÉVIGNÉ, 504, 19 févr. 1676.

10 Ma santé continue d'être chétive et, sans maladie, de gêner toute mon activité de travail. SAINTE-BEUVE, Correspondance, 1374, 9 nov. 1842.

11 Ma santé fut menacée. La terreur venait. Je tombais dans des sommeils de plusieurs jours, et, levé, je continuais les rêves les plus tristes. J'étais mûr pour le trépas, et par une route de dangers ma faiblesse me menait aux confins du monde et de la Cimmérie, patrie de l'ombre et des tourbillons.
RIMBAUD, Une saison en enfer, « Délires », II.

12 La meilleure santé, c'est de ne pas sentir sa santé. J. RENARD, Journal, 14 juil. 1896.

13 Depuis longtemps il se plaignait de sa santé, de lourdeurs, de vertiges, de malaises constants et inexplicables. MAUPASSANT, Pierre et Jean, III.

Parler (cit. 85), *s'informer de la santé de qqn* (→ Ours, cit. 8). *Comment va la santé ?* ⇒ **Aller** (comment ça va ?). — *Bonne santé ! ; bonne année, bonne santé !,* formules de vœu*. — Au plur. *Comment vont ces petites santés ?*

♦ 3. (V. 1200). Équilibre* et harmonie (de la vie psychique). *Santé de l'esprit* (*infra* cit. 67), *de l'âme* (*infra* cit. 49). *Santé intellectuelle* (→ Cartésien, cit. ; malade, cit. 2). *Une fière santé morale* (→ Assurer, cit. 35).

14 L'âme qui loge la philosophie doit par sa santé, rendre sain encore le corps. Elle doit faire luire jusques au dehors son repos et son aise (...)
MONTAIGNE, Essais, I, XXVI.

15 Que le Ciel à jamais sur sa toute bonté
Et de l'âme et du corps vous donne la santé. MOLIÈRE, Tartuffe, III, 3.

16 L'équilibre des facultés de l'esprit, résultat d'une sage direction et de bonnes habitudes intellectuelles, l'harmonie constante entre les idées et les sentiments moraux, concourent merveilleusement à produire et à maintenir cette autre espèce d'harmonie ou d'équilibre entre les fonctions des organes et les affections immédiates de la sensibilité dont nous parlions auparavant comme la condition de toute existence heureuse.
Ces deux sortes de santé se correspondent quelquefois merveilleusement dans certains êtres privilégiés où le physique et le moral bien réglés, chacun dans leur ordre, se soutiennent et se perfectionnent même l'un par l'autre (...)
MAINE DE BIRAN, Du physique et du moral de l'homme, II, § 5.

17 Il y a pourtant une santé intellectuelle solidement assise, exceptionnelle, qui se reconnaît sans peine. Elle se manifeste par le goût de l'action, la faculté de s'adapter (...)
H. BERGSON, les Deux Sources de la morale et de la religion, p. 241.

Didact., cour. *Santé mentale :* fonctionnement harmonieux et efficace du psychisme, réalisant un équilibre dynamique entre les différentes composantes de la vie psychique (par l'adaptation satisfaisante au milieu et aux situations, l'intégration de la vie instinctive, la satisfaction des exigences éthiques...).

Santé mentale individuelle, collective. La santé mentale d'un groupe social « n'est aucunement réductible à la somme ou à la moyenne des niveaux de santé mentale des individus qui composent le groupe » (Sutter, in Porot, 1975). *Protection de la santé mentale.* ⇒ **Hygiène** (mentale).

17.1 La santé mentale est une notion difficile à cerner. Les multiples tentatives faites au cours des dernières années pour en préciser le contenu et les limites ont toutes abouti à des résultats discutables : ou bien en effet elles se réfèrent au problème insoluble de la distinction entre le normal et l'anormal, ou bien elles se fondent sur des conceptions morales et philosophiques toujours contestées, ou bien enfin elles ne veulent prendre en considération que des critères empiriques d'adaptation, de réussite, de satisfaction subjective, attitude qui évite d'envisager la question sous ses aspects certainement les plus embarrassants mais que jugent essentiels.
J.-M. SUTTER, in POROT, Manuel alphabétique de psychiatrie, 1975, art. *Santé mentale.*

♦ 4. (xxe). ⓐ État physiologique et psychique d'un groupe social, santé de ses membres ; état de bien-être dans une société. *La santé publique :* l'ensemble des connaissances et des techniques propres à prévenir les maladies, à préserver la santé (4.), à améliorer la vitalité et la longévité des individus par une action collective. ⇒ **Sanitaire ; assistance, prophylaxie.** *Ministère de la Santé publique. L'Organisation mondiale de la santé. Statistiques sur la santé* (taux de mortalité, durée de vie, morbidité*). *Amélioration des conditions de santé* (alimentation, hygiène*, salubrité* de l'habitat, lutte contre les maladies contagieuses et épidémiques. ⇒ **Médecine.** *Institut national de la santé et de la recherche médicale* (I. N. S. E. R. M.), organisme créé en 1964.

18 La santé est un état de complet bien-être physique, mental et social, et ne consiste pas seulement en une absence de maladie ou d'infirmité. La possession du meilleur état de santé qu'il est capable d'atteindre constitue l'un des droits fondamentaux de tout être humain (...)
                          Constitution de l'Organisation mondiale de la santé, Préambule.

Service, corps de santé : ensemble du personnel médical attaché à un souverain (anciennt), à une armée, à un port (→ Réformer, cit. 5). *Officiers de (la) santé,* s'est dit sous l'Ancien Régime de certains médecins d'un service de santé (notamment de ceux des hôpitaux, lazarets...). *Officier de santé,* en France, de 1803 à 1892, Médecin qui n'avait pas le titre de docteur en médecine.

[b] (Dans un port). *La santé :* le service de surveillance des maladies épidémiques, contagieuses. *Être visité par la santé.* — Lieu de quarantaine*.

19 La santé ne nous ayant trouvé aucune infection, nous fûmes abordés par les canots, et un quart d'heure après nous étions à terre !
                          Th. GAUTIER, Voyage en Espagne, p. 279.

[c] Loc. *Maisons de santé.* ⇒ **Maison** (II., 2.) ; **clinique, dispensaire, hôpital, sanatorium...** — Spécialt. Hôpital psychiatrique (→ Neurasthénique, cit.).

20 (...) on me jeta sur les épaules une camisole de force (...) et je fus conduit à une maison de santé située hors de Paris. Je compris, en me voyant parmi les aliénés, que tout n'avait été pour moi qu'illusion jusque-là.   NERVAL, Aurélia, II, V.

[d] Absolt, vx. *Une santé :* un hôpital. *La Santé, à Paris, est devenue une prison.*

CONTR. **Maladie. — Désordre, fièvre, folie. — Anémie, consomption, étiolement, lassitude, misère.**

SANTIAG [sɑ̃tjag] n. f. — V. 1975 ; probablt de *Santiago,* nom de ville.

♦ Fam. Botte courte de cuir, de style américain, à piqûres décoratives, à talon oblique, à la mode chez certains jeunes. *« Le blouson clouté, la banane et les santiags, la méchante frime de rocker, quoi ».* *« On en a dépouillé un* (punk), *il avait des santiags ; elles valaient 120 000 balles... »* (le Nouvel Obs., 16 oct. 1978, p. 81). — Var. graphique. *« Un vieux fan de Presley (...) santiagues et rouflaquettes »* (l'Express, 1er déc. 1979, p. 71).

SANTOLINE [sɑ̃tɔlin] n. f. — XVIᵉ ; var. de *santonine**.

♦ Bot. Plante dicotylédone *(Composées),* sous-arbrisseau aromatique dont les feuilles ont des propriétés vermifuges. *Les différentes variétés de la santoline portent les noms d'aurone femelle, de camomille de Mahon, de petit cyprès.*

1. SANTON [sɑ̃tɔ̃] n. m. — 1624 ; *sancton,* 1530 ; de l'esp. *santon,* de *santo* « saint ».

♦ **1.** Vx. Ascète, religieux musulman. ⇒ **Marabout.** — Moine mendiant. ⇒ **Derviche.**

1 (...) il arrive à cet état d'extase et d'insensibilité où certains santons indiens se réduisent, dit-on, pendant des mois entiers.
                          NERVAL, les Illuminés, Confidences de Nicolas, III, V.

REM. Nerval emploie également le fém. *santone* (attesté 1846, *in* D. D. L.).

♦ **2.** Rare. Tombeau d'un santon. ⇒ **Marabout.**

2 Omer, le puissant prêtre, aux prophètes pareil,
Aperçut, tout auprès de la mer Rouge, à l'ombre
D'un santon, un vieux cèdre au grand feuillage sombre.
                          HUGO, la Légende des siècles, IX, III.

HOM. **Centon,** formes du verbe **sentir, 2. santon.**

2. SANTON [sɑ̃tɔ̃] n. m. — Fin XIXᵉ, selon Bloch-Wartburg ; du provençal *santoun* « petit saint », de *sant* « saint ».

♦ Mod. Chacune des figurines (traditionnellement, en terre cuite) qui ornent la crèche de Noël provençale. *Le santon à l'expression bienheureuse.* ⇒ **Ravi** (→ Gorger, cit. 4).

DÉR. **Santonnier.**
HOM. **Centon,** formes du v. **sentir, 1. santon.**

SANTONE [sɑ̃tɔn] n. f. ⇒ 1. **Santon.**

SANTONINE [sɑ̃tɔnin] n. f. — 1787 ; altér. de *santonique,* 1542 ; du lat. *santonica (herba)* « herbe de Saintonge ». → Santoline.

♦ **1.** Bot. Armoise de la variété *semen-contra.*

♦ **2.** (1830). Principe extrait du semen-contra, utilisé comme purgatif et vermifuge. *La santonine est toxique au-dessus d'une certaine dose.*

SANTONNIER, IÈRE [sɑ̃tɔnje, jɛʀ] n. — 1912 ; de 2. *santon.*

♦ Artisan qui fabrique des santons. *Les santonniers provençaux.*

SANTOUR ou **SANTUR** [sɑ̃tuʀ] n. m. — 1875, *santur* ; mot turc, *sāntūr.*

♦ Instrument de musique d'Iran et de Turquie, cithare trapézoïdale dont on joue en frappant les cordes avec de fines baguettes recourbées. ⇒ **Psaltérion, tympanon.**

SANVE [sɑ̃v] n. f. — XIIᵉ, *seneve* ; *sanve* par suite de l'accentuation du lat. pop. sur la première syllabe ; du lat. *sinapi, senapis* ; mot grec, « moutarde ». → Sinapis, sinapisme...

♦ Régional. Moutarde* des champs. ⇒ **Sénevé.**

Je ne mets pas en cause mes pâtures, je suis attentif aux jottes, sanves et ravenelles, aux mousses envahissantes toujours tournées vers l'ouest.
                          Jean CAYROL, Histoire d'une prairie, p. 83.

SANZA [sanza] n. f. — D. i. ; mot africain.

♦ Franç. d'Afrique (Haute-Volta). Instrument de musique formé d'une caisse de résonance en bois ou en métal, sur laquelle sont fixées des lamelles de bambou ou de métal. *Chanteur qui s'accompagne à la sanza.*

1 (...) ce qu'il est convenu d'appeler *sanza,* ou encore *rubira* (...) parce qu'elle s'est répandue dans plus de la moitié de l'Afrique, parce qu'elle est aussi le seul instrument absolument spécifique de l'Afrique, mérite qu'on lui réserve une place à part (...) Elle est constituée par une caisse à laquelle on a fixé des lamelles vibrantes (...) que l'on touche avec les pouces (...)
                          G. ROUGET, Musique de l'Afrique noire, *in* Encycl. Pl., Hist. de la musique, t. I, p. 222-223.

2 Avec de petits ricanements, s'avance le joueur de sanza, habillé en sorcier congolais, jupette de paille, clochettes aux poignets et aux chevilles. Il traverse la scène en chantonnant (...)   Aimé CÉSAIRE, Une saison au Congo, III, VI, p. 127.

SAOUDIEN, IENNE [saudjɛ̃, jɛn] adj. et n. — Mil. XXᵉ (*in* Larousse, 1975) ; de Arabie *Saoudite,* pour *Séoudite,* ou angl. *saudi,* arabe *sa'ûdi.*

♦ Anglic. Relatif à l'Arabie Saoudite (nom tiré de *Ibn Sa'ûd,* en franç. *Ibn Séoud*). *Le pétrole saoudien.* ⇒ **Séoudien.**

SAOUL, SAOULE [su, sul] adj. et n. ⇒ **Soûl** (et dér.).

SAPAJOU [sapaʒu] ou **SAJOU** [saʒu] n. m. — Av. 1601, *sapajou* ; *sajou,* 1776 ; mot tupi.

♦ **1.** Petit singe de l'Amérique centrale et du Sud *(Cebus)* à pelage court, à poil dressé autour de la face et à longue queue préhensile. — Vx. Sajeu. ⇒ **Capucin.** *Sapajous hurleurs* (cit. 3).

1 On crut me consoler en me donnant pour compagnon un jeune sapajou rapporté d'Amérique par un capitaine, ami de mon père. Cette jolie bête devint la compagne de mes jeux et de mes travaux.   NERVAL, Promenades et souvenirs, V.

♦ **2.** Fam. Homme petit et laid. *Un vieux sapajou* (cf. Hugo, Choses vues, I, p. 204).

En appellatif (adressé à une femme ou à un homme) :

2 Signées Jules... ! un monsieur qui la tutoie ! qui l'appelle « mon petit sapajou » !
                          E. LABICHE, le Clou aux maris, 9.

1. SAPE [sap] n. f. — XVᵉ ; bas lat. *sappa.*

♦ Régional. Outil agricole, hoyau ou faux*. — Outil du génie civil, pioche à large fer. *Sape de mineur.*
DÉR. 2. **Saper.**
HOM. **2. Sape, 3. sape, 4. sape,** formes des v. **1. saper, 2. saper, 3. saper.**

2. SAPE [sap] n. f. — 1560 ; de 1. *saper*.*

♦ **1.** Tranchée d'approche pour atteindre un obstacle ennemi, préparer un siège. *Faire, pousser une sape* (→ 2. Mine, cit. 7). *Tête de sape,* son extrémité antérieure où creusent les sapeurs*. *Sape à ciel ouvert.* — Fosse creusée au pied d'un mur, sous un bâtiment, pour le faire écrouler. ⇒ **Mine.**

1 Une nouvelle torche rouge flamboie dans le barbelé, des éclats passent en sifflant.

Trois... quatre... cinq obus, dont le fracas assourdit. Le dos courbé, nous nous engouffrons dans la sape. Ouf! On respire.
R. DORGELÈS, la Drôle de guerre, XVI.

Par métaphore, fig. *Pousser une sape difficile* (→ Relève, cit.).

2   La sape que celui-ci *(Rousseau)* pratique au pied des murailles semble plus bornée, mais n'en est que plus efficace, et la machine de destruction qu'il emploie est aussi une idée neuve de la nature humaine.
TAINE, les Origines de la France contemporaine, t. II, II, p. 29.

♦ **2.** Par ext. Tranchée (quelle qu'elle soit); abri creusé dans le sol.

3   J'ai pris des grenades (...) je les ai balancées dans une de leurs sapes (...) Ils devaient bien être vingt dans une grande sape comme ça (...)
Roger VERCEL, Capitaine Conan, I, p. 32.

♦ **3.** Action de saper, ensemble des travaux nécessaires pour faire une sape (2.). *Travaux de sape.* — Fig., rare. Destruction par la base, menée souterraine pour miner. *La sape des institutions.* ⇒ 1. **Sapement.**

HOM. 1. **Sape,** 3. **sape,** 4. **sape,** formes des v. 1. **saper,** 2. **saper,** 3. **saper.**

3. SAPE [sap] n. f. — 1928; de 2. *saper;* ou abrév. de 2. *sapement.*

♦ Condamnation. ⇒ 2. **Sapement.**

Il m'a en tout en échange embarqué que deux fois!... et pour deux sapes d'entôlement où que j'étais parfaitement indemne (...)   CÉLINE, Guignol's band, p. 75.

4. SAPE [sap] n. — 1926; déverbal de 3. *saper.*

♦ **1.** N. m. Costume, complet (d'homme). *« J'ai pris son plus beau sape. Le bleu pétrole »* (A. Bastiani, *in* Cellard et Rey).

♦ **2.** N. f. (Au pluriel; plus cour.). Vêtements. ⇒ **Fringues.** *Des sapes neuves.*

(Collectif). *La sape :* les vêtements; l'habillement.

HOM. 1. **Sape,** 2. **sape,** 3. **sape,** formes des v. 1. **saper,** 2. **saper,** 3. **saper.**

SAPELLI [sapeli; sapɛlli] n. m. — 1932, *in* Larousse; nom donné au Cameroun à ce bois, qui porte plusieurs appellations selon les langues des lieux d'où il provient : Côte-d'Ivoire, Congo, etc.

♦ Techn. Bois rougeâtre, fin et dur, utilisé en placage. *Contre-plaqué en sapelli.*

(...) le sapelli *(Entandrophragma cylindricum)* qui est surtout employé en ébénisterie, sous forme de bois massif et de placage tranché (...)
J.-C. REGGIANI, Industries et Commerce du bois, p. 29.

1. SAPEMENT [sapmɑ̃] n. m. — 1611, Cotgrave; de 1. *saper.*

♦ Action de saper.

2. SAPEMENT [sapmɑ̃] n. m. — 1873, *in* Esnault; de 2. *saper* (II., 2.).

♦ Argot. Condamnation. ⇒ 3. **Sape** (→ Relégation, cit.).

SAPÈQUE [sapɛk] n. f. — 1841, masc., *sapeck,* 1839; de *sapek,* mot malais.

♦ Ancienne monnaie chinoise et indochinoise, petite pièce de la plus faible valeur.

Cette monnaie est la seule qui ait cours dans l'Empire; les Chinois l'appellent tsien, les Tartares dehos, et les Européens lui ont donné le nom de sapèque.
É.-R. HUC, Souvenirs d'un voyage dans la Tartarie, t. I, p. 174 (1850).

1. SAPER [sape] v. tr. — 1547; «bêcher, creuser», 1240; ital. *zapare,* de *zappa* «hoyau, pioche», du bas lat. *sappa* (→ 1 Sape); selon Guiraud, pourrait provenir d'un roman *sappare* «faire couler la sève», du lat. *sapa.*

♦ **1.** Détruire les assises de (une construction) pour la faire écrouler. *Saper une muraille. Saper par des mines.* ⇒ **Miner.** — Par ext. User, dégrader par la base (en parlant des eaux). *La mer sape les falaises.* ⇒ **Affouiller.** *Rivière qui sape ses rives.* ⇒ **Dégravoyer.**

♦ **2.** Fig. Attaquer les bases, les principes de (qqch.) pour ruiner. ⇒ **Abattre, affaiblir, défaire, démolir, détruire, dévaster, ébranler, miner** (→ Réforme, cit. 6). *Saper les fondements de la morale, de la religion. Saper l'autorité paternelle* (→ Inconséquence, cit. 9). ⇒ **Diminuer.**

C'est une grande erreur, dans l'économie domestique ainsi que dans la civile, de vouloir combattre un vice par un autre, ou former entre eux une sorte d'équilibre : comme si ce qui sape les fondements de l'ordre pouvait jamais servir à l'établir.
ROUSSEAU, Julie ou la Nouvelle Héloïse, IV, X.

DÉR. 2. **Sape,** 1. **sapement,** 1. **sapeur.**
HOM. 2. **Saper,** 3. **saper.**

2. SAPER [sape] v. tr. — 1842; antérieur dans les dial.; de 1. *sape.*

★ **I.** Couper à la sape. *Saper les blés.*

★ **II.** (1878; peut-être du sens précédent; cf. emploi dial., «battre, punir»). Argot. ♦ **1.** Condamner. *Être sapé à vie,* condamné aux travaux forcés à perpétuité. ⇒ 2. **Sapement.**

♦ **2.** Attraper (une peine). *« J'ai sapé trois piges »* (J. Genet, *in* Cellard et Rey).

CONTR. **Consolider, construire, étayer, renforcer.**
DÉR. 3. **Sape,** 2. **sapement,** 2. **sapeur.**
HOM. 1. **Saper,** 3. **saper.**

3. SAPER [sape] v. tr. — 1919; orig. incertaine.

♦ Argot fam. Habiller, vêtir (bien ou mal). — Pron. *Bien se saper.*

Ensuite, le temps de te saper, d'aller récupérer ton pèze au Greffe — tes valises   1
sont toutes prêtes, dans le couloir — et hop, tu es libre.
A. SARRAZIN, la Cavale, p. 126.

▶ **SAPÉ, ÉE** p. p. adj.
Habillé, vêtu. *Être bien sapé. T'as vu comment il est sapé?* — Bien habillé. *Il est sapé, le mec !*

(...) Gina dans sa hantise de paraître sapée à la mode de l'an dernier rachète à   2
n'importe quel prix les fringues des entrantes.   A. SARRAZIN, la Cavale, p. 98.

DÉR. 4. **Sape.**
HOM. 1. **Saper,** 2. **saper.**

SAPERDE [sapɛʀd] n. f. — 1798; du lat. *saperda,* grec *saperdès* «poisson salé», selon Webster.

♦ Zool. Insecte coléoptère longicorne *(Cérambycidés)* à larges élytres, dont les larves vivent dans le bois. *La saperde requin (saperda carcharias) est très nuisible aux saules et aux peupliers.*

SAPERLOTTE [sapɛʀlɔt] **SAPERLIPOPETTE** [sapɛʀlipɔpɛt] interj. — 1809; déformation, par euphémisme, de *sacré ;* → Sapristi.

♦ Juron familier et vieilli. — Var. : *saprelotte, sacrelotte* (1750, *in* D.D.L.).

— Examinez d'abord ceci !   1
— Ah! saperlotte! le saladier doré!   E. LABICHE, la Grammaire, 14.

Passons au grec. Cette sale langue n'est parlée par personne (...) Ah! saperlipote   2
de saperlipopette! sapristi! moi, je serai rentier (...) saperlipopettouille. Pour être
décrotteur (...) il faut passer un examen (...) Je n'en veux pas, moi, saperlipouille!
Avec ça, des soufflets vous sont accordés pour récompense (...) Ah! saperlipouil-
lotte !   RIMBAUD, Proses et vers de collège, I (1864).

1. SAPEUR [sapœʀ] n. m. — 1547; de 1. *saper.*

♦ **1.** (1547; de 1. *saper*). Soldat du génie* employé à la sape et à d'autres travaux. ⇒ **Pionnier.** *Sapeur mineur*. Sapeur de chemins de fer. Hache, tablier* (II., 1.) de sapeur* (→ Furieusement, cit. 1).

Un sapeur, avec, sur sa manche, ses deux haches en sautoir surmontées d'une gre-   0.1
nade.   Ed. et J. DE GONCOURT, Manette Salomon, p. 1.

♦ **2.** (Par allus. aux sapeurs d'autrefois). *Plaisanterie de sapeur* (→ De corps de garde*). *Fumer comme un sapeur :* fumer beaucoup.

Mais je ne souffrirai jamais qu'à ma table et dans la maison respectable de   1
M. Marron (aîné) on tienne des propos qui feraient rougir des sapeurs! Léoca-
die rougit fortement elle-même, pour prouver que sa modestie n'était nullement
inférieure à celle des membres du corps militaire, dont elle venait de signaler la
vertu.   J.-A. DE GOBINEAU, Nouvelles asiatiques, p. 27.

M. de Coantré restait là, demandant (...) des cigarettes, fumant comme un   2
sapeur (...)   MONTHERLANT, les Célibataires, II, VII.

COMP. **Sapeur-pompier.**

2. SAPEUR [sapœʀ] n. m. — 1846, de 2. *saper.*

♦ Techn. Moissonneur* qui travaille à la sape.

SAPEUR-POMPIER [sapœʀpɔ̃pje] n. m. — 1835; de 1. *sapeur,* et *pompier.* → 1. Pompier (2.).

♦ Agent communal chargé du service public de secours contre les incendies, les périls et les accidents menaçant la sécurité publique. *Les sapeurs-pompiers ont le statut militaire. Régiment de sapeurs-pompiers* (→ Hache, cit. 4). *Brigade des sapeurs-pompiers de Paris.* — REM. On dit plus souvent *pompier.*

Les corps des sapeurs-pompiers sont spécialement chargés des secours tant contre les incendies que contre les périls ou accidents de toute nature menaçant la sécurité publique. Ils peuvent être appelés à coopérer au service d'ordre et, exception-nellement, à fournir des escortes dans les cérémonies officielles.
DALLOZ, Petit dict. de droit, Sapeurs-pompiers, 2.

SAPHÈNE [safɛn] n. f. et adj. — 1314; arabe *sāfīn;* peut-être grec *saphēnēs* «apparent».

♦ Anat. Chacune des deux veines* qui collectent le sang des veines superficielles du membre inférieur. *Grande saphène ou saphène interne ; petite saphène ou saphène externe.* — Adj. *Veine saphène.*

COMP. Saphénectomie.

SAPHÉNECTOMIE [safenɛktɔmi] n. f. — Mil. xxᵉ ; de *saphène,* et *-ectomie.*

♦ Chir. Extirpation partielle ou totale de l'une des veines saphènes, destinée à combattre les varices.

SAPHIQUE [safik] adj. — 1373, *saffique ;* du lat. *sapphicus,* grec *sapphikos,* de *Sapho,* poétesse.

Didactique.

♦ **1.** Prosodie ant. Se dit d'un vers composé en général de trois trochées, deux iambes et une syllabe. — N. *Le saphique,* ce vers. — Se dit aussi d'une strophe composée de trois saphiques et d'un adonique (cit.).

♦ **2.** (1842 ; à cause des mœurs attribuées à *Sapho*). Relatif à l'homosexualité féminine. ⇒ **Lesbien.**

SAPHIR [safiʀ] n. m. et adj. invar. — V. 1125, *saphire ;* du bas lat. *saphirus,* grec *sappheiros,* d'orig. sémitique.

♦ **1.** Forme naturelle cristallisée et très dure de corindon (oxyde d'aluminium) transparent et bleu (couleur due probablement au titane). Alumine* colorée de traces de cobalt. *Saphir taillé.* — *Un saphir,* cette pierre taillée en ornement. *Saphirs en bijoux* (→ Parure, cit. 4 ; pendentif, cit. ; rational, cit.). *Saphir d'une bague.*

1   *Oh ! je ne vois rien là qu'un saphir assez ordinaire.*
     J'en ai plusieurs de beaucoup plus gros et plus purs.
                     GIDE, le Roi Candaule, I, 3.
En raison de sa dureté, le saphir est utilisé dans les instruments de précision. Saphir synthétique (alumine). — Spécialt. Petite pointe de cette matière qui a remplacé l'ancienne aiguille des phonographes et des tourne-disques. *Changer le saphir.*

♦ **2.** Fig., littér. *De saphir :* bleu et lumineux. ⇒ **Bleu.** *Un ciel, des yeux de saphir* (→ 2. Mort, cit. 12).

2   *(...) dans le lointain la solitaire Padoue, et Venise dont les dômes et les campaniles frangés d'or brillaient dans un ciel de saphir.*   A. MAUROIS, Ariel..., VIII.

Adj. invar. *Bleu saphir. Des papillons* (cit. 4) *noirs et saphir.*

DÉR. Saphirin.

SAPHIRIN, INE [safiʀɛ̃, in] adj. et n. f. — 1508 ; de *saphir.*

Didactique.

♦ **1.** Qui ressemble au saphir. *Pierres saphirines.* — D'un bleu saphir. — On trouve aussi la forme *saphiréen, éenne* [safiʀeɛ̃, eɛn].

♦ **2.** (1812). **SAPHIRINE.** N. f. a̲ Silicate double d'alumine et de magnésie.

b̲ Calcédoine* de couleur saphir.

SAPHISME [safism] n. m. — 1838 ; de *Sapho.* → Saphique.

♦ Littér., méd. Homosexualité* féminine. ⇒ **Lesbianisme, tribadisme** (→ Lesbien, cit.). — REM. Réservé par certains auteurs aux rapports homosexuels féminins avec pratiques orogénitales.

SAPIDE [sapid] adj. — 1754 ; empr. du lat. *sapidus.* → Sade.

♦ Didact. ou littér. Qui a du goût (I., 2.), de la saveur. *Les corps sapides* (→ Goût, cit. 1 ; papille, cit.).

1   *(...) du jambon par trop sapide (...)*
            GIDE, Journal, 1910, Voyage en Andorre, Mérens, 10 h.

2   *(...) galvaudant nos muscles et trahissant nos mâchoires dont l'étonnante fragilité nous faisait baver sur nos oreillers un liquide que nous savions sapide, sans y avoir goûté.*
       R. BOUDJEDRA, la Répudiation, in Littérature de langue franç., p. 416.

CONTR. Fade, insipide.
DÉR. Sapidité.
COMP. Insapide.

SAPIDITÉ [sapidite] n. f. — 1762 ; de *sapide.*

♦ Didact., littér. Caractère de ce qui est sapide. ⇒ **Goût, saveur.**

CONTR. Insipidité.

SAPIEN, IENNE [sapjɛ̃, jɛn] adj. ⇒ **Sapiens.**

SAPIENCE [sapjɑ̃s] n. f. — 1120 ; du lat. *sapientia,* de *sapiens* « sage ».

♦ Vx., archaïque. Littér. Sagesse* (1.) et science. (→ Intellect, cit. 1).
    Un estomac dont l'éducation se fait ainsi, réagit nécessairement sur le moral et le corrompt en raison de la haute sapience culinaire qu'il acquiert.
             BALZAC, le Cousin Pons, Pl., t. VI, p. 534.
Théol. *Livres de sapience,* sapientaux.

DÉR. V. Sapiental.

SAPIENS [sapjɛ̃s] adj. m. — Mil. xxᵉ ; lat. *sapiens,* dans *homo sapiens.*

♦ Didact. Caractérisé par l'aptitude mentale de l'homme *homo sapiens. Le type sapiens.*
    Qu'on puisse introduire du bois dans une machine sans se soucier du fil et des nœuds et qu'il en sorte une lame de parquet standard empaquetée automatiquement, constitue sans aucun doute un gain social très important, mais cela ne laisse à l'homme que de renoncer à rester sapiens, pour devenir quelque chose de mieux, peut-être, mais en tout cas de différent.
           A. LEROI-GOURHAN, le Geste et la Parole, t. II, p. 60.

REM. A. Leroi-Gourhan emploie un adj. *sapien, ienne* [sapjɛ̃, jɛn] dans le même sens. *«Les premières sociétés sapiennes, au Paléolithique supérieur»* (le Geste et la Parole, t. I, p. 252).

SAPIENTIAL, ALE, AUX [sapjɛ̃sjal, o] adj. et n. m. pl. — 1374, *livres sapiencialz ;* lat. *sapientialis,* de *sapientia.* → Sapience.

♦ Théol. *Les livres sapientiaux* (de l'Ancien Testament), ceux qui renferment surtout des maximes morales (les Proverbes, l'Ecclésiaste, l'Ecclésiastique, la Sagesse, le Cantique des Cantiques). — N. m. pl. *Les sapientiaux.*

SAPIN [sapɛ̃] n. m. — 1080 ; du lat. *sappinus,* chez Pline, probablt croisement d'un gaulois **sappus,* et du lat. *pinus* «pin» ; selon Guiraud, à rattacher au roman **sappere* «produire de la sève», lat. *sapa,* le sapin étant l'arbre «producteur de sève».

★ **I.** ♦ **1.** Arbre résineux *(Conifères, Abiétinées ;* n. sc. : *abies)* à tronc droit, à écorce épaisse écailleuse, à branches plongeantes et à feuilles persistantes (⇒ **Aiguille**), dont l'organe reproducteur est un cône dressé. ⇒ **Pomme** (de pin). *Relatif au sapin* ⇒ **Abiétien.** *Le sapin, arbre résineux qui résiste aux gelées. Sapins du Nord* (→ Denteler, cit. 1), *de Russie* (→ Avorton, cit. 3), *du Canada..., des terres sablonneuses* (→ Produire, cit. 4). *Sapin baumier* (Abies balsamea) *qui fournit le baume du Canada. Sapins à la sombre verdure* (→ Gorge, cit. 32). *Sapins odorants* (→ Insecte, cit. 3). *Forêt de sapins.* ⇒ **Sapinière.** *«Mon beau sapin, roi des forêts... »* (chanson). *Décoration de branches de sapin* (→ Guirlande, cit. 3). *Radeau de troncs de sapin* (→ Gouvernail, cit. 2). *Équarrir* (cit. 1) *des troncs de sapin. Bois de sapin. — Vert sapin :* vert sombre.

1   Les sapins en bonnets pointus
    De longues robes revêtus
    Comme des astrologues
    Saluent leurs frères abattus
    Les bateaux qui sur le Rhin voguent.   APOLLINAIRE, Alcools, p. 129.

2   De ma fenêtre, je vois la forêt brûlée par l'automne et les hachures vert sombre des sapins (...)   Paul MORAND, l'Europe galante, p. 29.

Cour. (abusif en bot.). Arbre résineux d'aspect analogue (pin, épicéa). *Boisson faite de bourgeons de sapin* (de pin). ⇒ **Sapinette.** *Sapin de Noël.* ⇒ **Arbre** (de Noël).

♦ **2.** Bois de cet arbre, bois blanc couramment employé en menuiserie, en ébénisterie. *Planche* (cit. 1), *plancher* (→ Intérieur, cit. 10), *coque de sapin* (→ Pénétrer, cit. 5). *Cercueil en sapin. Odeur de sapin frais* (→ Menuiserie, cit. 1).

3   (...) à cette royauté française, qui avait eu à Versailles un trône d'or et à Saint-Denis soixante sarcophages de granit, il ne restait plus qu'une estrade de sapin et un cercueil d'osier.   HUGO, Choses vues, II, II, I.

Par ext., fam. (par allus. au cercueil* ordinairement fait de ce bois). *«Dans quatre ais* (cit. 2) *de sapin... »* — Fam., par plais. *Costume, pardessus de (en) sapin :* cercueil. — Loc. fig. (1694). *Sentir le sapin :* n'avoir plus longtemps à vivre. *Un râle qui sonnait joliment le sapin* (→ Pied, cit. 21).

4   Aussi, jusqu'à ce qu'on la cloue
    Au sapin de l'enterrement,
    Qu'on le lui reproche ou l'en loue,
    Sidonie aura plus d'un amant.
       Charles CROS, Triolets fantaisistes, in Œ. choisies, p. 128.

★ **II.** (1723). Vx. Voiture de place, fiacre. *Il fallait m'envoyer un sapin* (→ 1. Plante, cit. 1).

5 (...) la famille songe à fréter un sapin pour ne pas manquer l'heure du dîner.
Germain NOUVEAU, Petits tableaux parisiens, Pl., p. 461.

6 Et La Filoche était rupin
Il allait des fois en sapin
Il avait du jonc *(de l'or)* dans sa poche
À la Bastoche. A. BRUANT, À la Bastoche.

DÉR. Sapine, sapineau, sapinette, sapinière.

SAPINDACÉES [sapɛ̃dase] n. f. pl. — 1816; dér. sav. du lat. bot. *sapindus* «savonnier», de *sapo* «savon», et *indus* «indien».

♦ Bot. Famille de plantes phanérogames angiospermes, classe des dicotylédones dialypétales comprenant des arbres ou arbustes exotiques, souvent grimpants ou volubiles. *Types principaux de sapindacées :* litchi (nephelium), savonnier*, serjanie. — Au sing. *Une sapindacée.*

SAPINDALES [sapɛ̃dal] n. f. pl. — Mil. xxᵉ; dér. sav. du lat. bot. *sapindus.* → Sapindacées.

♦ Ordre de plantes phanérogames comprenant les sapindacées, les acéracées (érables), les hippocastanacées (marroniers d'Inde), les polygonacées. — Au sing. *Une sapindale.*

SAPINE [sapin] n. f. — 1190, «bois de sapins»; de *sapin.*

♦ **1.** (1458). Planche, solive de sapin.

♦ **2.** Pièce de bois qui servait aux échafaudages. — (xixᵉ). Par ext. Appareil de levage fait de ces pièces de bois (aujourd'hui, de pièces métalliques), pylône* supportant une grue utilisé sur les chantiers de construction.

♦ **3.** (xvᵉ). Régional. Baquet en bois de sapin.

SAPINEAU [sapino] n. m. — 1876, *in* P. Larousse; de *sapin.*

♦ Rare. Jeune sapin.

SAPINETTE [sapinɛt] n. f. — 1505, «coquillage»; sens mod., 1765; de *sapin.*

♦ **1.** Épicéa d'Amérique du Nord, dit aussi *épinette.* — (Qualifié, quand le mot désigne une espèce en particulier). *Sapinette (ou épinette) blanche,* ou *du Canada :* picea glauca (ou alba, ou canadensis), très répandu en Amérique du Nord, où il est utilisé pour la fabrication de la pâte à papier. *Sapinette du Canada :* tsuga canadensis, dit aussi *pruche de l'Est, sapin ciguë, tsuga commun.* — REM. Le syntagme *sapinette du Canada* constitue une dénomination commune à deux espèces distinctes. *Sapinette noire :* picea mariana (ou nigra), répandu comme arbre d'ornement à la fin du xviiiᵉ siècle et au début du xixᵉ.

♦ **2.** Boisson faite de bourgeons de sapinette.

♦ **3.** Bateau de sapin qui accompagne les chalands pour leur service. On dit aussi *sapinière.*

SAPINIÈRE [sapinjɛr] n. f. — 1632; de *sapin.*

♦ **1.** Bois, forêt, plantation de sapins (→ Déracinement, cit. 1).
Grands asiles! le gave erre à plis écumants
La sapinière pend dans les escarpements.
HUGO, la Légende des siècles, XXI, II.

♦ **2.** ⇒ Sapinette (3.).

SAPITEUR [sapitœr] n. m. — 1736, *in* Du Cange, qui donne le lat. *sapitor,* dans un document provençal de 1471; provençal *sapitour,* du lat. *sapere* «savoir».

♦ Dr. mar. Expert chargé d'estimer la valeur des marchandises.

SAPON- Élément, du lat. *sapo, saponis* «savon», qui entre dans la composition de mots savants de formation française ou latine.

SAPONACÉ, ÉE [saponase] adj. — 1792; de *sapon-,* et suff. *-acée.*

♦ Didact. Qui a les caractères du savon; qui peut servir aux mêmes usages que le savon. *Plantes saponacées.*

SAPONAIRE [saponɛr] n. f. — 1562; *erbe savoniere,* xiiᵉ; du lat. bot. *saponaria.*

♦ Bot. Plante dicotylédone *(Caryophyllées),* herbe annuelle ou vivace à tige dressée portant des fleurs roses et odorantes en cymes, qui contient une glucoside, la saponine*, dont la dissolution mousse comme du savon.

Puis Aamma vient avec la poignée de saponaire et la poudre de lave, et elle frotte le corps de Lalla, pour enlever la sueur et la poussière, sur son dos, sur ses épaules (...) J.-M.G. LE CLÉZIO, Désert, p. 153.

SAPONASE [saponaz] n. f. — 1933; de *sapon-,* et suff. *-ase.*

♦ Biochim. ⇒ Lipase.

SAPONÉ [sapone] n. m. — 1836; de *sapon-,* et suff. *-é.*

♦ Pharm. Préparation obtenue en ajoutant un principe médicamenteux à une solution alcoolique de savon.

SAPONIDE [saponid] n. m. — Mil. xxᵉ; de *sapon-,* et *-ide.*

♦ Chim., techn. Agent de surface possédant des propriétés analogues à celles du savon, mais stable à l'égard de l'eau (à la différence du savon, qui s'hydrolise).

SAPONIFIABLE [saponifjabl] adj. — 1846; de *saponifier.*

♦ Chim., techn. Qu'on peut saponifier (1. et 2.). *Graisses saponifiables.*

CONTR. Insaponifiable.

SAPONIFIANT, ANTE [saponifjã, ãt] adj. — xxᵉ; de *saponifier.*

♦ Didact. Qui transforme en savon.
Les ménagères de la famille prêtaient à l'eau argileuse des vertus saponifiantes assurant au linge le meilleur traitement tout en économisant le savon.
M. AYMÉ, la Vouivre, p. 23.

SAPONIFICATION [saponifikasjɔ̃] n. f. — 1792; de *saponifier.*

♦ **1.** Techn. Production de savon et simultanément de glycérine, par l'action d'une base caustique (généralement la soude) sur un corps gras.

♦ **2.** (1803). Chim. Réaction suivant laquelle les corps (esters de la glycérine) sont dédoublés en glycérine et acides gras. — Par ext. Hydrolyse d'un ester. — *Indice de saponification,* donnant la quantité de substances saponifiables contenues dans un corps.

SAPONIFIER [saponifje] v. tr. — 1797; de *sapon-,* d'après les v. en *-fier.*

♦ **1.** Techn. Transformer en savon. *Saponifier une huile.*

♦ **2.** Chim. Transformer sous l'action de l'eau ou d'une base (un ester) en acide et alcool ou phénol. *Graisses dont une partie est saponifiée* (→ Émulsionner, cit.).

DÉR. Saponifiable, saponifiant, saponification.

SAPONINE [saponin] n. f. — 1842; de *sapon-,* et suff. *-ine.*

♦ Chim. Glucoside extrait de certains végétaux et dont la solution aqueuse mousse par simple agitation. *La saponine ordinaire* ($C_{32} H_{54} O_{18}$) *est extraite de la racine de saponaire* et du bois de Panama, *elle est employée à la préparation des émulsions avec des substances naturelles insolubles dans l'eau, et entre dans la composition de certains détersifs et médicaments* (dits *saponinés* [saponine] adj.).

SAPONITE [saponit] n. f. — 1870; de *sapon-,* et suff. *-ite.*

♦ Chim. Silicate hydrate naturel de magnésium et d'aluminium.

SAPONOSIDE [saponozid] n. m. — 1972; de *sapon-,* et *-oside.*

♦ Chim. Hétéroside que l'on trouve dans des végétaux. *Les saponosides «semblent généralement reconnus comme étant les principaux composants biologiques actifs du Ginseng»* (*Sciences et Avenir,* sept. 1978, p. 43).

SAPONULÉ [saponyle] n. m. — 1876; de *sapon-,* suff. *-ule,* et *-é.*

♦ Chim. Solution alcoolique très riche en savon, préparée à chaud et se prenant en gelée par refroidissement.

SAPOTACÉES [sapotase] n. f. pl. — 1830; *sapotées,* 1836; de *sapote.*

♦ Bot. Famille de plantes phanérogames angiospermes *(Dicotylédones gamopétales)* comprenant des arbres ou arbustes des régions tropicales d'Afrique et d'Amérique et dont le type est le sapotier. *Sapotacées fournissant des matières industrielles, alimentai-*

res, etc. : *le* palachium *(gutta-percha), le* butyrospermum *(beurre de karité), l'*argania *(huile d'argan), etc.* — Au sing. *Une sapotacée.*

SAPOTE [sapɔt] n. f. — 1666 ; *çapote,* 1598 ; esp. *zapote, zapotillo* (dimin.) ; de l'aztèque *tzapotl.*

♦ Fruit du sapotier, grosse baie globuleuse et charnue, savoureuse, qui se mange blette.

DÉR. **Sapotacées, sapotier** ou **sapotillier.**

SAPOTIER [sapɔtje] ou **SAPOTILLIER** [sapɔtije] n. m. — 1808 ; de *sapote.*

♦ Arbre de grande taille des Antilles (n. sc. : *achras ; Sapotacées*), au fruit comestible (⇒ **Sapote**), dont le bois répand en brûlant une odeur d'encens.

SAPOTILLE [sapɔtij]cn. f. — 1719, *sapotillo ;* esp. *zapotillo,* dimin. de *zapote.* → Sapote.

♦ Sapote.

DÉR. **Sapotillier.**

SAPOTILLIER [sapɔtije] n. f. — 1765 ; de *sapotille.* ⇒ **Sapotier.**

SAPPAN [sapɑ̃] n. m. — 1664 ; *sapon,* 1610 ; malais *sappang.*

♦ Arbre de l'Inde et de l'Indochine, appelé aussi *brésillet des Indes,* dont le bois sert à fabriquer des teintures.

SAPREDIÉ [sapʀədje] ou **SAPRÉDIÉ** [sapʀedje] interj. — Attesté, xxᵉ ; altér. de *sacré,* et *Dieu.* → Sacredieu.

♦ Vx. Fam. Juron (var. de *sacredieu*).

Eux ?... Ah ! sapristi ! ah ! saprédié !... Où est ma femme ?... *(À Joséphine)* Attendez ! on n'entre pas ! *(Appelant)* Constance ! Constance !
         E. LABICHE, la Poudre aux yeux, II, 3.

SAPRELOTTE [sapʀəlɔt] interj. — Mil. xixᵉ ; var. de *saperlotte.*

♦ Vx. Juron familier. ⇒ **Sacristi, saperlotte.**

Saprelotte ! elle devient très-embêtante !... Elle veut me donner des calottes, à présent !...   E. LABICHE, le Clou aux maris, 19.

SAPRIN [sapʀɛ̃] n. m. — 1876 ; lat. sc. *saprinus,* du grec *sapros* « moisi ».

♦ Zool. Coléoptère de couleur verte, commun en France.

SAPRISTI [sapʀisti] interj. — 1834 ; corruption de *sacristi.*

♦ Juron familier, exprimant l'étonnement (→ Cahier, cit. 4), l'exaspération, etc. ⇒ **Sacristi.**

1 — Allons, voyons, parle, conte-moi tes amourettes, jabote, dis-moi tout ! Sapristi ! que les jeunes gens sont bêtes !   HUGO, les Misérables, IV, VIII, VII.

2 *(Apercevant le guichet ouvert)* Ah ! sapristi ! on distribue les billets !...   E. LABICHE, le Voyage de M. Perrichon, I, 6.

Abrév. fam. ⇒ **Pristi.**

SAPRO- Élément de mots savants, du grec *sapros* « putride ».

SAPROBIONTE [sapʀɔbjɔ̃t] n. m. — 1968 ; de *sapro-,* et grec *biôn, biôntos,* p. prés. de *bioûn* « vivre ».

♦ Biol. Organisme qui vit sur des matières organiques en putréfaction.

SAPROGÈNE [sapʀɔʒɛn] adj. — 1923 ; n. m., 1982 ; de *sapro-,* et *-gène.*

♦ Biol. Qui cause la putréfaction. *Bactéries saprogènes.* — N. m. *Un, les saprogènes.*

SAPROLÉGNIÉES [sapʀɔleɲe] ou **SAPROLÉGNIACÉES** [sapʀɔleɲase] n. f. pl. — 1876, *in* P. Larousse ; de *sapro-,* et grec *legnon* « bordure ».

♦ Bot. Famille de champignons à cellules mobiles biflagellées *(Siphomycètes* ou *Oomycètes)* qui vivent dans l'eau.

SAPROPEL ou **SAPROPÈLE** [sapʀɔpɛl] n. m. — 1953, *sapropel,* Quillet, mais antérieur (1905, *Potomé,* d'après P. George) ; *sapropèle,* 1975 ; de *sapropélique.*

♦ Géol., géogr. Boue noire, riche en matières organiques en décomposition. *Le sapropel serait à l'origine de la formation des pétroles.*

DÉR. **Sapropélique.**

SAPROPÉLIQUE [sapʀɔpelik] adj. — 1904 ; de *sapro-, -pél(o)-,* et suff. d'adjectif.

♦ Didact. (biol., géogr., géol.). Du sapropel, qui a trait au sapropel ; qui vit dans le sapropel. *Faune, flore sapropélique.*

DÉR. **Sapropel** ou **sapropèle.**

SAPROPHAGE [sapʀɔfaʒ] adj. et n. m. — 1827 ; de *sapro-,* et *-phage.*

♦ Zool. Qui se nourrit de matières putréfiées. — N. m. *Les saprophages :* les organismes saprophages.

SAPROPHILE [sapʀɔfil] adj. — 1972, Manuila ; de *sapro-,* et *-phile.*

♦ Biol. Qui est attiré par, qui vit dans les matières organiques putréfiées.

SAPROPHYTE [sapʀɔfit] adj. et n. m. — 1875 ; de *sapro-,* et *-phyte.*

♦ **1.** Biol. Se dit d'un organisme qui tire les substances qui lui sont nécessaires des matières organiques en décomposition. *Champignons saprophytes.*

Dépourvus de chlorophylle (...) les champignons ne sauraient bénéficier des facilités de vie que procure la photosynthèse (...) ce sont des organismes exclusivement hétérotrophes : ils se nourrissent de matières organiques préformées (...) Quand ils vivent en saprophytes, ils utilisent des composés organiques élaborés par les autres êtres vivants et qu'ils consomment à l'état de matériaux inertes : sucres, amidon, cellulose, lipides, protides (...)   F. MOREAU, Botanique, *in* Encycl. Pl., p. 311.

♦ **2.** (Adj.). Méd. *Germe saprophyte,* qui vit dans l'organisme sans être pathogène. *Bactéries saprophytes de la flore intestinale.* — N. m. *Les saprophytes.*

DÉR. **Saprophytique, saprophytisme.**

SAPROPHYTIQUE [sapʀɔfitik] adj. — 1897, *in* D.D.L. ; de *saprophyte.*

♦ Biol., méd. Des organismes saprophytes ; relatif aux organismes saprophytes.

SAPROPHYTISME [sapʀɔfitism] n. m. — 1923 ; de *saprophyte.*

♦ Biol. État d'un organisme qui vit en saprophyte (opposé à *commensalisme,* à *parasitisme,* à *symbiose*).

SAQUEBOUTE [sakbut], **SAQUEBUTE** [sakbyt] n. f. ⇒ **Sacquebute.**

1. SAQUER [sake] v. tr. — xiiiᵉ, *saquier,* forme normanno-picarde de l'anc. franç. *sachier* (1150) ; de *sac.*

♦ **1.** V. tr. Vx. Tirer vivement. — (1678). Mar. Traîner avec effort. — *Saquer une voile.*

REM. On écrit aussi *sacquer.*

♦ **2.** V. intr. S'agiter par saccades. ⇒ **Sauter, secouer** (se), **tressauter.**

Maintenant, la proue, à travers un flot neuf, était dardée vers la côte d'Égypte. La nef saquait des reins comme une jument vicieuse (...)   J. GIONO, Naissance de l'Odyssée, p. 122.

COMP. **Sacquetoute.**
HOM. **Sacquer, saké.**

2. SAQUER [sake] v. tr. ⇒ **Sacquer.**

SAR [saʀ] n. m. — 1777 ; de *sargue.*

♦ Régional. Poisson téléostéen, commun en Méditerranée. — Syn. : *sargue ;* var. *sarge, sarguet...*

Ici tout est calme, jamais personne ne vient la trouver. Il y a bien de temps en temps un pêcheur qui va le long du quai, sa gaule à la main, à la recherche d'un endroit qui serait bon pour les sars ; mais c'est à peine s'il regarde Lalla du coin de l'œil, et il s'en va vers le fond du port.   J.-M.G. LE CLÉZIO, Désert, p. 276.

SARA [saʀa] n. m. — D. i. ; mot de cette langue.

♦ Ling. Ensemble de langues africaines du groupe soudanais central (famille « nilo-saharienne » de Greenberg), parlées dans le Sud du Tchad (elles-mêmes réunies avec des langues voisines dans un groupe *sara-bongo-baguirmi*).

On appelle communément «sara» plusieurs langues du Sud tchadien. La plus connue est le *sara* dit «majingay», parlé autour des villes de Bédaya, Bessada et Djoli. Le *ngama* (...) le *goulay* (...) le *nar* et le *sara no* sont proches de «sara majingay». En revanche, d'autres langues de ce groupe sont assez différentes (...) N'Djamena diffuse des émissions en langue «sara» qui tend à devenir la langue véhiculaire dominante de Fort-Archambault et d'une partie de la préfecture du Moyen Chari.
Jean-Pierre CAPRILE, in les Langues dans le monde, t. I, p. 239-240.

SARABANDE [saʀabɑ̃d] n. f. — 1605, *sarabante*; esp. *zarabanda*, xvie; arabo-persan *sărăbănd*, persan *sarbend, serbend*.

A. Mus. ♦ 1. Ancienn. Danse d'origine espagnole, sur un mouvement vif, dont le caractère lascif s'effaça progressivement au cours du xviie siècle.

1 (...) j'exécutai une sarabande si folle, si lascive, si enragée, qu'elle eût damné un saint. C'était des bras pâmés au-dessus de la tête, des jambes luisant comme un éclair dans le tourbillon des jupes (...) une gorge qui battait la campagne, le tout incendié de regards et de sourires à mettre le feu à une salle (...)
Th. GAUTIER, le Capitaine Fracasse, VIII.

♦ 2. Danse française à trois temps, grave et lente, voisine du menuet et qui se dansait par couples. — Air sur lequel la sarabande se dansait; partie d'une suite* (avant la gavotte, l'aria ou la gigue) qui s'en inspire. *Sarabande de Bach, de Corelli.*

B. Cour. ♦ 1. (Du sens A., 1.; cf. en esp. le sens de «vacarme, tapage»). *Danser, faire la sarabande :* faire du tapage, du vacarme. — *Ribambelle de gens qui courent, s'agitent.* ⇒ **Farandole.**

2 C'est pourquoi, bonne nuit, et je vous invite à dormir sur vos deux oreilles, bien que les rats dansent ici une assez belle sarabande.   A. JARRY, Ubu roi, III, 5.

3 Au crépuscule, les garçons bouchers envahissent la rue pour accompagner le palefrenier jusqu'à son écurie, sarabande de tabliers blancs et de bourgerons à carreaux.   M. JOUHANDEAU, Chaminadour, II, III.

♦ 2. Fig. Succession rapide, sans ordre ni mesure, d'éléments disparates. *Une sarabande de projets* (→ Furie, cit. 10).

4 Ainsi l'Amérique, pour nous, c'était d'abord, sur un fond de voix rauques et de rythmes brisés, une sarabande d'images : les transes et les danses des noirs d'Hallelujah, les buildings dressés contre le ciel, des prisons en révolte, des hauts fourneaux, des grèves, de longues jambes soyeuses, des locomotives, des avions, des chevaux sauvages, des rodéos.   S. DE BEAUVOIR, la Force de l'âge, p. 146.

5 (...) ce Bon Dieu de vent, les sarabandes affolées de papiers de feuilles et de détritus tourbillonnant, houspillés par les bourrasques de mars, l'infatigable, permanente tempête se ruant sans trêve sous le ciel diaphane (...)
Claude SIMON, le Vent, p. 41.

DÉR. Sarabander.

SARABANDER [saʀabɑ̃de] v. intr. — Mil. xxe; de *sarabande.*

♦ Fam. Faire la sarabande (B., 1.).; s'agiter en faisant du tapage.

Souviens-toi, en 78, en février, tu en avais au moins quinze qui sarabandaient, tous les soirs, même qu'ils *(les loups)* ont bouffé le chien des Marjerie de Perpezac!
Claude MICHELET, Des grives aux loups, p. 22.

SARANCOLIN [saʀɑ̃kɔlɛ̃] n. m. — 1829; *sarrancolin,* 1907; *sérancolin,* 1676; de *Sarrancolin,* village des Pyrénées.

♦ Marbre des Pyrénées, rouge violacé veiné de gris. — Par appos. *marbre sarancolin.* — On écrit aussi *sarrancolin, sérancolin.*

SARANGI [saʀɑ̃ɡi] n. m. — Av. 1961; mot hindi, sanskrit *sărăṅgī-.*

♦ Instrument de musique à archet de l'Inde du Nord, à trois ou quatre cordes principales et à nombreuses cordes sympathiques (jusqu'à quarante), à caisse large, dont on joue en le tenant verticalement. *Chant accompagné au sarangi.*

SARBACANE [saʀbakan] n. f. — V. 1540; *sarbatenne,* 1519, altéré d'après *canne;* esp. *zebratana* (1476), *zarbatana,* transmis par l'arabe *zărăbătānăh,* pour *zăbătānăh,* mot d'orig. malaise *(sumpitan).*

♦ 1. Tube creux servant à lancer de petits projectiles, par la force du souffle (arme, dans certaines sociétés archaïques; jouet d'enfant). ⇒ **Canonnière.** *Les dragées* (cit. 4) *d'une sarbacane.*

1 (...) tous les visiteurs sont rangés sur des divans, ajustant à leurs lèvres des pipes, longues comme des sarbacanes (...)
BAUDELAIRE, Curiosités esthétiques, XVI, VI.

2 Là-bas, vers le nord, c'est le domaine inexploré des Sakaïs qui vivent dans les arbres, qui peuvent tuer sans être vus avec leurs sarbacanes, leurs fléchettes empoisonnées, silencieuses (...)   Henri FAUCONNIER, Malaisie, p. 157.

Techn. Tube de verrier. ⇒ 1. **Canne** (5.).

♦ 2. Vx. Tuyau servant de porte-voix. — Fig. Intermédiaire (cf. Saint-Simon, *in* Littré).

SARCANTHUS [saʀkɑ̃tys] n. m. — 1964; *sarcanthe,* 1876, *in* P. Larousse.

♦ Bot. Orchidacée épiphyte à fleurs en grappes, qui pousse en Extrême-Orient.

SARCASME [saʀkasm] n. m. — 1546; lat. *sarcasmus,* grec *sarkasmos,* de *sarkazein* «mordre la chair» *(sarx, sarkos).*

♦ 1. Ironie, raillerie acerbe, insultante. ⇒ **Dérision; humour** (sarcastique), **moquerie** (→ Dédain, cit. 5; dur, cit. 22). *Allier «le sarcasme de la gaieté avec l'indulgence du mépris»* (cit. 7, Chamfort). *Sous le sarcasme de tous* (→ Malheureux, cit. 21).

1 Toutes les exécutions ne se font pas sur des échafauds, et les hommes, dès qu'ils sont réunis, qu'ils soient multitude ou assemblée, ont toujours au milieu d'eux un bourreau tout prêt, qui est le sarcasme. Pas de supplice comparable à celui du misérable risible. Ce supplice, Gwynplaine le subissait. L'allégresse, sur lui, était lapidation et mitraille. Il était hochet et mannequin, tête de Turc, cible. On bondissait, on criait bis, on se roulait.   HUGO, l'Homme qui rit, II, VIII, VII.

2 (...) on ne fonde, on ne refonde aucune culture sur la dérision et la dérision et le sarcasme et l'injure sont des barbaries.   Ch. PÉGUY, la République..., p. 258.

♦ 2. Trait d'ironie mordante. ⇒ **Lardon** (vx), **moquerie, pique** (→ Entrain, cit. 4). *Sarcasmes moqueurs* (→ Ironique, cit. 3). *Débiter* (→ Ironie, cit. 3), *décocher* (→ Création, cit. 8, fig.) *des sarcasmes.* — Spécialt. Figure de rhétorique, ironie cruelle.

CONTR. Compliment, flatterie.

SARCASTIQUE [saʀkastik] adj. — xviiie; grec *sarkastikos.* → Sarcasme.

♦ 1. Littér. Qui a le caractère acerbe, amer* du sarcasme. *Parole, plaisanterie, raillerie sarcastique. Mépris sarcastique* (→ Déconsidération, cit. 2).

1 (...) Salavin ralentit son allure. Il s'arrête même tout à fait, regarde un passant, émet une réflexion sarcastique, en souriant du coin des lèvres.
G. DUHAMEL, Salavin, III, XIX.

♦ 2. (1846). Moqueur et méchant. *Air* (→ Baigneur, cit. 3), *rire, sourire* (→ Indéchiffrable, cit. 5), *ton sarcastique* (→ Humoristique, cit.). ⇒ **Amer, diabolique, sardonique.** — (Personnes). Railleur. ⇒ **Mauvais, persifleur, railleur.** *Un homme malveillant et sarcastique* (→ Rentrer, cit. 10).

2 Elle doit se représenter le normalien comme sarcastique, satanique et subversif.
J. ROMAINS, les Hommes de bonne volonté, t. II, XV, p. 167.

CONTR. Bienveillant, doux, élogieux.
DÉR. Sarcastiquement.

SARCASTIQUEMENT [saʀkastikmɑ̃] adv. — xxe; de *sarcastique.*

♦ D'une manière amère, sarcastique. *Il souriait sarcastiquement.*

SARCELLE [saʀsɛl] n. f. — 1564; *cercelle,* v. 1175; du lat. pop. *cercedula,* lat. class. *querquedula,* d'orig. grecque.

♦ Oiseau palmipède *(Anatidés),* plus petit que le canard commun. *Sarcelle d'été. Sarcelle d'hiver* ou *petite sarcelle.* ⇒ **Canette;** et aussi **arcanette** (régional). *Chasser la sarcelle.* ⇒ **Gibier.**

1 Admire le tableau
Naïf où la macreuse,
La sarcelle amoureuse
Parlent du renouveau (...)   VERLAINE, Dédicaces, Appendice, Frontispice.

2 Dans le ciel volaient des sarcelles et des corbeaux affamés. Parfois une sarcelle descendait et dansait sur l'eau trouble du lac. Voilà tout ce que je verrai du monde pendant des mois, des mois encore.
M. DURAS, Un barrage contre le Pacifique, p. 131.

DÉR. Sarcelline.

SARCELLINE [saʀsəlin; saʀsɛlin] n. f. — xxe; de *sarcelle.*

♦ Petite sarcelle. *« Mon coup de huit rapporte une sarcelle (...) une femelle de sarcelline »* (la Chasse, n° 229, p. 59).

SARCELLITE [saʀselit; saʀsɛlit] n. f. — Attesté 1966, *le Figaro littéraire* (*in* P. Gilbert qui date le mot : v. 1960); de *Sarcelles,* dans le Val-d'Oise, l'un des premiers et plus vastes grands ensembles de la région parisienne, et suff. *-ite* des noms de maladie.

♦ Iron. Problèmes posés par la vie dans les grands ensembles*. «Sarcellite : *ensemble des traumatismes nés d'un contact trop quotidien avec le béton »* (J. Merlino, les Jargonautes, p. 205, 1978).

1. SARCINE [saʀsin] n. f. — 1855, Nysten; lat. sc. *sarcina,* 1842, Goodsir; lat. *sarcina* «paquet, fardeau».

♦ Bactér. Bactérie saprophyte dont les éléments peuvent se disposer en masses cubiques. *Sarcines de la gangrène pulmonaire.*

2. SARCINE [saʀsin] n. f. — 1875, *in* P. Larousse; en angl., 1858, Strecker; dér. sav. du grec *sarx, sarkos* «chair».

♦ Chim. Base purique ($C_5N_4H_4O$) du suc musculaire (d'où son nom), du foie, de la rate.

SARCLAGE [saʀklaʒ] n. m. — 1770 ; *saclage*, 1454 ; *sarkelage*, 1318 ; de *sarcler*.

♦ Opération agricole qui consiste à extirper les végétaux nuisibles et à ameublir la surface du sol. ⇒ **Essanvage**. *Sarclage à la binette* (⇒ **Binage**), *à la houe*. — Par ext. *Sarclage chimique :* désherbage au moyen d'herbicides.

SARCLER [saʀkle] v. tr. — 1271 ; lat. *sarculare* ; de *sarculum* « houe ».

♦ **1.** Arracher en extirpant les racines, avec un outil. ⇒ **Extirper**. *Sarcler les herbes, le chiendent*. — Par métaphore :

1 *(Les hommes de révolution)* vont courbés et patients (...) extirpant les chicots du passé qui accrochent encore çà et là, déracinant les souches mortes des anciens régimes, sarclant les abus, cette mauvaise herbe qui pousse si vite dans toutes les lacunes de la loi. HUGO, Littérature et philosophie mêlées, Sur Mirabeau, VII.

2 Je voudrais dans le blé ne sarcler que l'ivraie (...)
HUGO, l'Année terrible, Mai, VI.

♦ **2.** Débarrasser (un lieu) des herbes nuisibles. *Sarcler une allée, un champ, un jardin*. ⇒ **Désherber, échardonner, essarter ; biner...** *Sarcler la terre*. — Par métaphore :

3 Un propos vicieux dans leur bouche est une herbe étrangère dont le vent apporta la graine : si je la coupe par une réprimande, bientôt elle repoussera ; au lieu de cela, j'en cherche en secret la racine, et j'ai soin de l'arracher. Je ne suis, m'a-t-elle dit en riant, que la servante du jardinier ; je sarcle le jardin, j'en ôte la mauvaise herbe ; c'est à lui de cultiver la bonne.
ROUSSEAU, Julie ou la Nouvelle Héloïse, V, III.

3.1 Quelquefois, au bord d'un parterre, Jean apercevait un jardinier sarclant la terre. Mais on sentait que ce n'était pas pour cette race d'hommes qu'avaient été faits ces jardins innombrables et merveilleux. PROUST, Jean Santeuil, Pl., p. 324.

Débarrasser (une culture) des mauvaises herbes. *Sarcler une culture, sarcler les blés, la vigne...* — P. p. adj. (1870). *Plantes sarclées :* celles qui nécessitent un sarclage, une façon superficielle.

4 Un dimanche, par une après-midi déjà brûlante de juin, Lise travaillait, dans le potager, à sarcler des pois (...) ZOLA, la Terre, II, III.

Absolt. Pratiquer l'arrachage des mauvaises herbes. ⇒ **Sarclage** (→ Désherber, cit.). *Sarcler avec un outil à main* (⇒ **Gratte, houe, sarcloir**), *une herse* (⇒ **Extirpateur**)... *Sarcler à la herse, au sarcloir*.

DÉR. Sarclage, sarclette, sarcleur, sarcloir, sarclure.

SARCLETTE [saʀklɛt] n. f. — 1843, *in* D.D.L. ; *sarclet*, 1539 ; de *sarcler*.

♦ Petit sarcloir.

SARCLEUR, EUSE [saʀklœʀ, øz] n. — XIIIᵉ ; de *sarcler*.

♦ Personne qui est employée à sarcler (ouvrier agricole, jardinier).
L'équipe des sarcleurs demandait beaucoup de surveillance, car en cette saison il pousse trois mauvaises herbes pendant qu'on en arrache une.
Henri FAUCONNIER, Malaisie, p. 58.

SARCLOIR [saʀklwaʀ] n. m. — XIVᵉ ; de *sarcler*.

♦ Outil servant au sarclage (houe à deux dents, raclette). ⇒ **Binot, guignette, râtissoir**.
Petite charrue à main utilisée en horticulture (→ Machine, cit. 13).
(...) cette plante poussait à peu près partout ; le voisinage des violettes la sauvait quelque temps du sarcloir. ALAIN, Propos, 20 mai 1922, Plantes.

SARCLURE [saʀklyʀ] n. f. — 1694 ; « sarclage », 1562 ; de *sarcler*.

♦ Ce qu'on arrache d'une terre en la sarclant ; mauvaises herbes.

SARCO- Élément, du grec *sarx, sarcos* « chair ».

SARCOCARPE [saʀkɔkaʀp] n. m. — 1809 ; de *sarco-*, et *-carpe*.

♦ Bot. Syn. de *mésocarpe*.

SARCOCÈLE [saʀkɔsɛl] n. m. — 1538 ; grec *sarkokêlê*, de *kêlê* « tumeur ».

♦ Méd. Tuméfaction du testicule, de l'épididyme. *Sarcocèle tuberculeux, cancéreux*.

SARCOCOLLE [saʀkɔkɔl] n. f. — XIIIᵉ ; lat. *sarcocolla*, mot grec, de *kolla* « gomme, colle ».

♦ Vx. Résine végétale employée autrefois comme vulnéraire (pour « coller » les chairs).

DÉR. Sarcocollier.

SARCOCOLLIER [saʀkɔkɔlje] n. m. — 1829 ; de *sarcocolle*.

♦ Bot. Arbrisseau *(Pénéacées)* d'où l'on extrayait la sarcocolle.

SARCOCYSTE [saʀkɔsist] n. m. — Mil. XXᵉ (*in* Larousse, 1964) ; de *sarco-*, et *-cyste*.

♦ Didact. (vétér.). Sarcosporidie parasite des muscles de certains animaux (porc, cheval, ruminants).

SARCODE [saʀkɔd] n. m. — 1846, cit. ; du grec *sarkôdês* « charnu ».

♦ Vx. Protoplasme*.
J'étais arrivé à des résultats (...) que j'ai publiés en 1835. L'observation des leucophies m'avait montré chez ces Infusoires un tissu homogène, contractile, susceptible de se creuser spontanément de vacuoles (...) ce tissu, que je nommai Sarcode, je l'avais ensuite retrouvé chez d'autres Infusoires.
DUJARDIN, Infusoires, *in* d'ORBIGNY, Dict. universel d'hist. nat., VII, 45 (*in* D.D.L., II, 10).

SARCODERME [saʀkɔdɛʀm] n. m. — 1813, de Candolle, *in* D.D.L. ; de *sarco-*, et *derme*.

♦ Bot. Partie charnue de l'enveloppe de la graine.

SARCOÏDE [saʀkɔid] n. f. — 1900 ; bot., 1842 ; de *sarco(me)*, et *-oïde*.

♦ Pathol. Nodule de la peau (dermique ou hypodermique), constitué par un infiltrat de cellules conjonctives particulières (dites *épithélioïdes*) et de cellules lymphoïdes, qui rappelle celui de nodule tuberculeux.

SARCOLITE [saʀkɔlit] n. f. — 1878, *in* P. Larousse, *Premier Suppl.* ; de *sarco-*, et *-lithe*.

♦ Minér. Silicate naturel d'aluminium de calcium et de sodium, de couleur rose (chair).

SARCOLOGIE [saʀkɔlɔʒi] n. f. — 1740, Trévoux, de *sarco-*, et *-logie*.

♦ Didact. Vx. Myologie.

SARCOLYSINE [saʀkɔlizin] n. f. — 1972, Manuila ; de *sarco-*, et *-lyse*. Cf. *sarcolyse*, in *Rev. gén. des sc.*, 15 nov. 1904.

♦ Méd. Médicament du groupe des moutardes azotées, prescrit dans certaines formes de cancer.

SARCOMATEUX, EUSE [saʀkɔmatø, øz] adj. — 1803 ; de *sarcome*, d'après le lat. *sarcoma, -atis*.

♦ Méd. Du sarcome. *Tissus sarcomateux*.

DÉR. Sarcomatose.

SARCOMATOSE [saʀkɔmatoz] n. f. — 1904 ; de *sarcomateux*, et *-ose*.

♦ Méd. Développement de sarcomes cutanés multiples renfermant des capillaires dilatés qui saignent facilement.

SARCOME [saʀkom] n. m. — 1660 ; *sarcoma*, 1560 ; lat. *sarcoma*, mot grec.

♦ Méd. Tumeur maligne, développée aux dépens du tissu conjonctif ou d'un tissu qui en dérive, à cellules en général mal différenciées. ⇒ **Cancer**. *Sarcome des os*. ⇒ **Ostéosarcome**.

DÉR. Sarcoïde. — V. Sarcomateux.

SARCOMÈRE [saʀkɔmɛʀ] n. m. — 1972, Manuila ; de *sarco-*, et *-mère*.

♦ Anat. Unité fonctionnelle de la fibrille musculaire striée représentée par le segment compris entre deux stries. « *Chaque myofilament est subdivisé en segments égaux, les sarcomères* » (*Sciences et Avenir*, p. 23).

SARCOMYCINE [saʀkomisin] n. f. — 1972, Manuila ; de *sarco-*, et *mycine*.

◆ **Méd.** Antibiotique produit par un streptomycète, doué de pouvoir anticancéreux.

SARCOPHAGE [saʀkɔfaʒ] n. m. — 1496, rare av. 1669 ; du lat. *sarcophagus,* grec *sarkophagos* « qui mange, détruit les chairs » (→ Cercueil) ; aussi adj. en méd. et archéol., xviiᵉ et xviiiᵉ *(médicament sarcophage ; pierre sarcophage).*

★ **I.** (D'après la pierre des tombeaux antiques qui, dans les croyances, détruisait les cadavres non incinérés). Cercueil de pierre. *Sarcophages égyptiens, phéniciens* (→ Lotus, cit. 5).

Mes fouilles vont bien, je trouve force sarcophages vides ; j'en pourrai choisir un pour moi, sans que ma poussière soit obligée de chasser celle de ces vieux morts que le vent a déjà emportée.
CHATEAUBRIAND, Mémoires d'outre-tombe, t. V, p. 115.

Représentation du cercueil dans une cérémonie funèbre (Hugo écrit dans ce sens *faux sarcophage, Choses vues,* I, p. 20), sur un monument funéraire (cénotaphe, tombeau).

★ **II.** (1659). Vx. Anthropophage. — Vx. Qui ronge les chairs.

★ **III.** (1872). Zool. Mouche à viande.

SARCOPHILE [saʀkɔfil] n. f. — 1904 ; nom d'un mammifère, 1876 ; de *sarco-,* et *-phile.*

◆ **Zool.** Mouche dont la larve, parasite d'insectes, peut vivre dans les cadavres.

HOM. **Sarcophylle.**

SARCOPHYLLE [saʀkɔfil] n. m. — 1839, Boiste ; fém. dans Littré ; du grec *sarkophullos.* → -phylle.

◆ **Bot.** Parenchyme des feuilles.

HOM. **Sarcophile.**

SARCOPLASMA [saʀkɔplasma] ou **SARCOPLASME** [saʀkɔplasm] n. m. — 1897, sarcoplasma, *l'Année biol.* XIII, p. 253 (1899) ; *sarcoplasme,* 1904, in *Rev. gén. des sc.,* nº 21, p. 973 ; de *sarco-,* et *plasma.*

◆ **Biol.** Cytoplasme qui entoure les fibrilles des fibres musculaires, abondant et coloré en rouge par la myoglobine dans les muscles rouges, peu abondant dans les muscles blancs.

DÉR. **Sarcoplasmique.**

SARCOPLASMIQUE [saʀkɔplasmik] adj. — xxᵉ ; *sarcoplastique,* 1878, « qui produit la chair » ; *sarcoplasmatique,* 1903, *Rev. gén. des sc.,* nº 15, p. 835 ; de *sarcoplasme.*

◆ Du sarcoplasme. *Le réticulum sarcoplasmique.*

SARCOPSYLLA [saʀkɔpsila] n. f. — xxᵉ *(in* Larousse, 1933) ; de *sarco-,* et grec *psulla* « puce ».

◆ **Zool.** Chique (parasite).

SARCOPTE [saʀkɔpt] n. m. — 1819, *in* D.D.L. ; de *sarco-,* et grec *koptein* « couper ».

◆ **Zool.** Agent de la gale, acarien parasite de l'homme et de certains mammifères, qui creuse ses galeries sous la peau.

SARCOPTIDÉS [saʀkɔptide] n. m. pl. — Mil. xxᵉ, *sarcoptides,* 1876 ; de *sarcopte,* et *-idé.*

◆ **Zool.** Famille d'acariens parasites des mammifères. ⇒ **Sarcopte.** — Au sing. *Un sarcoptidé.*

SARCORAMPHE [saʀkɔʀɑ̃f] n. m. — 1832, Legoarant, *in* Littré ; de *sarco-,* et grec *rhamphos* « bec ».

◆ **Zool.** Condor. ⇒ **Rapace.**

SARCOSINE [saʀkɔzin] n. f. — 1876, *in* P. Larousse ; de *sarco-,* et *-ine.*

◆ **Chim., biol.** Dérivé méthylé du glycocolle présent dans les muscles, résultant de la dégradation de certains acides aminés et de la créatine.

SARCOSOME [saʀkɔzom] n. m. — Mil. xxᵉ *(in* Larousse, 1968) ; de *sarco-,* et *-some.*

◆ **Biol.** Grande mitochondrie présente dans les cellules des muscles qui fonctionnent de façon permanente ou prolongée.

SARDANAPALE [saʀdanapal] n. m. — Déb. xviiᵉ, d'Aubigné ; du nom de *Sardanapale,* roi assyrien légendaire, possesseur d'immenses richesses, lascif et débauché.

◆ Vx. Homme fortuné qui mène une vie de débauche.

SARDANAPALESQUE [saʀdanapalɛsk] adj. — 1849 ; *sardanapalien,* 1584 ; *sardanapalique,* 1512 ; du nom propre *Sardanapale.*

◆ **1.** Vx, littér. Digne de Sardanapale, par son luxe ou sa débauche. *Vie sardanapalesque.*

Fin sardanapalesque du prophète Jean de Leyde ordonnançant une orgie au cours de laquelle sont mis à feu ses magasins à poudre (ce sur quoi tombe le rideau, au dernier acte de l'opéra de Meyerbeer). Michel LEIRIS, Fourbis, p. 70.

◆ **2.** Vx (à la mode sous la Restauration). Extraordinaire, fantastique, très beau, très bon. ⇒ **Babylonien, pyramidal.**

SARDANE [saʀdan] n. f. — Attesté xxᵉ, dans les dict. franç. (Larousse, 1933) ; mot catalan.

◆ Danse catalane à plusieurs danseurs qui forment un cercle.

Chaque province d'Espagne a ses danses (...) la Catalogne, l'étrange Sardane dont la gaieté toute populaire s'imprègne d'un mystère inexplicable, la Sardane dont on ne peut entendre l'accompagnement sans une émotion poignante (...) Francis DE MIOMANDRE, la Danse, p. 39. ¹

(...) pour honorer ce compagnon originaire des Pyrénées-Orientales je tins à ce qu'avant de nous séparer nous dansions tous une sardane, ce que nous fîmes tant bien que mal sous le ciel étoilé, en une ronde assez chaotique (...) Michel LEIRIS, Fourbis, p. 145. ²

SARDAR [saʀdaʀ] n. m. ⇒ **Serdar.**

1. SARDE [saʀd] adj. et n. — 1606, n. m., *in* D.D.L. ; n. f., xiiᵉ, « sardoine », du lat. *Sardus,* grec *Sardô* « Sardaigne ».

◆ De la Sardaigne. — N. m. Groupe de parlers romans, italiens ou italianisés, de la Sardaigne.

2. SARDE [saʀd] n. f. — xiiiᵉ ; lat. *sarda* « sardine ».

◆ Bonite à dos rayé, poisson abondant en Méditerranée.

SARDINAL [saʀdinal] n. m. — 1769 ; mot provençal, de *sardina* « sardine ».

◆ **Régional.** Filet en nappe simple utilisé pour pêcher la sardine.

SARDINE [saʀdin] n. f. — 1830 ; *sordine,* xiiᵉ ; anc. provençal *sardina,* v. 1080 ; lat. *sardina,* grec *sardênê, sardinê* « (poisson) de Sardaigne ».

A. ◆ **1.** Petit poisson *(Clupéidés),* très abondant dans nos mers. *Banc de sardines. Rogue** utilisée comme appât dans la pêche à la sardine. *Pêche à la sardine, au lamparo*, au filet tournant* (⇒ **Bolinche**), *ou sardinal. Sardine de dérive* (grosse sardine adulte) ; *sardine d'été* (plus petite). *Sardines fraîches* (le « sans sel »), *salées, en conserve* (à l'huile, à la tomate). *Les royans* (*sardines de Royan*), nom commercial des sardines salées. *Boîte de sardines. Sardines fraîches. Sardines grillées.* — Loc. *Être serrés comme des sardines* (ou *comme des sardines en boîte*), très serrés, entassés dans un endroit comble.

C'était toujours par la saline qu'il terminait son inspection ; les caisses de harengs saurs, les sardines de Nantes sur des lits de feuilles (...) ZOLA, le Ventre de Paris, t. I, p. 196. ¹

Collectif :

D'une flottille de pêche qui chassait la sardine, il tirait une flotte viking, la chargeait des dépouilles de la France et de quelques belles captives arrachées aux douceurs de la Loire. Maurice BEDEL, Jérôme 60° latitude Nord, p. 13. ²

◆ **2.** Franç. d'Afrique. Poisson de taille moyenne ou de petite taille. Se dit notamment de poissons d'eau douce, clupéidés (⇒ **Sardinelle**) ou d'eau salée *(Characidæ, Pellonulæ...).*

B. Par anal. de forme. ◆ **1.** (1817, *in* D.D.L.). Fam. Galon de caporal, de brigadier, de sous-officier.

◆ **2.** (1878). Vx. *Les sardines :* les doigts de la main.

◆ **3.** Piquet de tente (d'abord, piquet en tôle emboutie, de forme fuselée évoquant une sardine ; puis, piquet, quel qu'il soit).

DÉR. **Sardinelle, sardinerie, sardinier.**

SARDINELLE [saʀdinɛl] n. f. — 1904 ; de *sardine,* et suff. dimin. *-elle.*

◆ **1.** Rare. Sardine d'une variété de petite taille.

◆ **2.** Franç. d'Afrique. Poisson *(Clupéidés),* « sardine » (A., 2.) de petite taille. *Pâté de sardinelles.*

SARDINERIE [saʀdinʀi] n. f. — 1870; de *sardine*.

♦ Usine de mise en conserve de sardines. ⇒ **Conserverie**. *Elle travaille à la sardinerie.*

SARDINIER, IÈRE [saʀdinje, jɛʀ] adj. et n. — 1765, *chaloupe sardinière; de sardine*.

♦ **1.** Relatif à la pêche, à l'industrie de la conserve des sardines. *Industries, pêche sardinière. Bateau sardinier,* et n. m., *sardinier.*

♦ **2.** N. m. (V. 1890). Pêcheur de sardines.

♦ **3.** N. Ouvrier, ouvrière d'une conserverie de sardines. — Appos. *Ouvrier sardinier.*

Et pendant ce temps, on continue à s'aimer sur la plage, le dimanche. Les sardinières se promènent, castagnettes aux pieds, par bandes de dix en riant trop fort et les garçons, assis sur la digue, font semblant de parler d'autre chose.
Benoîte et Flora GROULT, Journal à quatre mains, p. 35.

♦ **4.** N. m. (1765). Filet pour la pêche à la sardine. ⇒ **Sardinal.**

SARDOINE [saʀdwan] n. f. — xiiᵉ; *sardonie*, 1080; lat. *sardonyx*, mot grec, «onyx de Sardaigne».

♦ Calcédoine d'une variété de couleur brunâtre, pierre fine estimée. *Camée gravé sur sardoine.*

Anne lui apparut plus belle que de coutume, belle de la beauté de ces sardoines afghanes qui, parvenues à la moitié de leur carrière, se mettent à flamber tout d'un coup d'une flamme éclatante et triste.
Pierre BENOIT, Mˡˡᵉ de La Ferté, p. 152.

SARDONIE [saʀdoni] n. f. — V. 1560, Paré, *sardonia*; lat. *sardonia*, grec *sardonios* «herbe sarde».

♦ Didact. (Antiq.). Renoncule toxique dont l'ingestion provoque la contraction de certains muscles faciaux («rire sardonique»).

SARDONIQUE [saʀdonik] adj. — V. 1560, *ris sardonic* ou *sardonien*; grec *sardonios* ou *sardonios*; orig. incert., rattaché à *herba sardonia* «renoncule de Sardaigne» (→ Sardonie) dont l'ingestion provoque une intoxication se manifestant par un rictus.

♦ **1.** Méd. *Rire sardonique* : grimace rappelant le rire, due à la contracture spasmodique des muscles de la face (rictus convulsif). *On observe le rire sardonique* (ou *spasme cynique*) *dans le tétanos.*

♦ **2.** (V. 1770, par infl. de *sarcastique, satanique*). Cour. (style soutenu). Qui exprime une moquerie amère, froide et méchante. ⇒ **Moqueur**. *Rire sardonique* (Chateaubriand, *Mémoires*, t. IV, p. 65), *ricanements sardoniques* (Gautier, *Mlle de Maupin*, p. 122), *sourire sardonique*. — Par ext. *Yeux sardoniques* (Balzac, *le Cabinet des Antiques*, Pl., t. IV, p. 431).

Sa figure blafarde semblait ne pas avoir une goutte de sang, son nez camus et fin avait la tournure sardonique du nez d'une tête de mort, et ses yeux verts étaient impénétrables (...) BALZAC, Une ténébreuse affaire, Pl., t. VII, p. 450.

DÉR. Sardoniquement.

SARDONIQUEMENT [saʀdonikmã] adv. — 1846; de *sardonique*.

♦ Rare. D'une manière moqueuse et méchante. *Rire sardoniquement.*

SARDONYX [saʀdoniks] n. f. — 1836; déjà en anc. franç., xiiᵉ; mot grec. → Sardoine.

♦ Agate blanche et orangée (le mot *sardoine*, qui vient de *sardonyx*, désigne une calcédoine).

(...) une technique qui cherche, dans les camées, des effets de relief et des effets de couleur. On les obtient à l'aide de pierres précieuses (onyx, sardonyx) qui sont formées de plusieurs couches, diversement teintées.
G. CONTENAU et V. CHAPOT, l'Art antique, p. 302.

SARGASSE [saʀgas] n. f. — 1663; *sargasso*, 1598; port. *sargaço*, par le néerl.; d'un adj. lat. *salicaceus*, de *salix* «saule».

♦ Algue brune (*Fucacées*) à thalle rameux, très répandue au nord-est des Antilles (mer des Sargasses). *La reproduction des anguilles dans la mer des Sargasses* (→ Lester, cit. 4).

¹ Ces algues, appartenant à la famille des fucacées, étaient des espèces de sargasses qui, sèches, fournissent une matière gélatineuse assez riche en éléments nutritifs. *(Ils)* sucèrent donc ces sargasses, auxquelles ils trouvèrent un goût très supportable. J. VERNE, l'Île mystérieuse, t. I, p. 104.

² La mer par places s'est prise de varechs, et bientôt nous avons navigué entre deux traînées de sargasses; d'abord distantes et lâches, celles-ci; elles se sont peu à peu resserrées, et dans l'étroit chenal que l'eau libre faisait entre elles, peu à peu diminué, l'Orion devenait felouque. GIDE, le Voyage d'Urien, La mer des Sargasses, in Romans, Pl., p. 41-42.

SARGE [saʀʒ] n. m. — 1876; *sargie*, 1740, Réaumur; étym. obscure.

♦ Mouche (*Brachycères*) d'aspect brillant, métallique, dont la larve vit dans les déchets (n. sc. : *sargus*).

SARGUE [saʀg] n. m. — 1721; *sarge*, 1599; du lat. zool. *sargus*, grec *sargos*.

♦ Poisson méditerranéen. ⇒ **Sar.**

SARGUS [saʀgys] n. m. ⇒ **Sarge.**

SARI [saʀi] n. m. — 1872, *sarri*, cit. 1.; mot hindi, *sārī.*

♦ Longue étoffe drapée que portent les femmes, dans l'Inde.

Les Hindoues portent le kangra, élégant jupon court, et le sarri *(sic)* en écharpe, ¹ ce qui constitue un costume des plus gracieux.
L. ROUSSELET, l'Inde des Rajahs, in le Tour du monde, 1872, t. I, p. 219.

J'ai assisté à une sortie d'usine *(aux Indes)*, des ouvriers et ouvrières. À peine si ² elles parlaient, elles se tenaient à distance, le sari les enveloppant très convenablement. Quel maintien! Henri MICHAUX, Un barbare en Asie, p. 66 (1945).

(...) le premier couple avait la noblesse des danseurs des épopées, et le sari est ³ sans doute la plus belle robe du monde.
MALRAUX, Antimémoires, Folio, p. 283.

SARIETTE [saʀjɛt] n. f. ⇒ **Sarriette.**

SARIGUE [saʀig] n. f. — 1578, *sarigoy*, masc.; du tupi *sarigé*, par le port. *sarigue.*

♦ Petit mammifère (*Marsupiaux*) à queue longue et préhensile (la femelle porte les jeunes sur son dos, accrochés à la queue). *La sarigue est omnivore ou carnassière. L'opossum, espèce la plus connue de sarigue.*

SARISSE [saʀis] n. f. — 1546; grec *sarissa.*

♦ Antiq. Longue lance des soldats de la phalange macédonienne, dits *sarissophores* (→ Poids, cit. 5, Flaubert).

S. A. R. L. [ɛsaɛʀɛl] n. f. — 1925; sigle.

♦ Société à responsabilité limitée. *Fonder une S.A.R.L. Se mettre en S.A.R.L.*

SARMENT [saʀmã] n. m. — V. 1119; var. *serment*, du xvᵉ au xviiᵉ; du lat. *sarmentum.*

♦ **1.** Rameau de la vigne lorsqu'il est aoûté. ⇒ **Arçon, arcure,** 2. **billon, crossette, sautelle.** *Sarments qu'on coupe en émondant* (cit. 3) *une vigne.* ⇒ **Assarmenter** (→ Enrouler, cit. 2; invisible, cit. 5). *Provision de bois et de sarments* (→ Frimousse, cit. 2). *Feu de sarments* (→ Cuisine, cit. 1; fumet, cit. 5; hotte, cit. 2; pétillement, cit. 2). *Viande grillée aux sarments.*

La société assez nombreuse, et où je distinguais de jeunes femmes fort rieuses, se tenait à une certaine distance d'un joli feu de sarments (dépouille de la vigne quand on la taille en février), feu vif qui servait à préparer mon souper.
STENDHAL, Mémoires d'un touriste, t. II, p. 132.

♦ **2.** (1549). Tige de plantes sarmenteuses* (→ Épine, cit. 5; mêler, cit. 14).

DÉR. Sarmenter.
COMP. Assarmenter.

SARMENTER [saʀmãte] v. intr. — 1836; *sarmentar*, anc. provençal, 1271; «ramasser (des fleurs) en les coupant», 1603; de *sarment.*

♦ Agric. Ramasser les sarments, après la taille de la vigne.

SARMENTEUX, EUSE [saʀmãtø, øz] adj. — 1559; du lat. *sarmentosus.*
Botanique.

♦ **1.** Dont la tige longue et grêle s'appuie sur des supports. *La vigne est un arbrisseau sarmenteux. Plantes sarmenteuses* (→ Printemps, cit. 4). *Rosier sarmenteux.*

♦ **2.** (1793). Qui produit beaucoup de sarments (de la vigne).

SAROD ou **SARODE** [saʀɔd] n. m. — Attesté 1932, cit. ; emprunt à une langue de l'Inde.

♦ Instrument de musique indien, à quatre cordes mélodiques et seize cordes sympathiques, dont la caisse de résonance, hémisphérique, est recouverte d'une membrane portant le chevalet. *Le joueur de sarod utilise le plus souvent un plectre.* «Ashok Royd, musicien renommé de sarod» (Actuel, févr. 1980, p. 94).

Timir Baran Bhattacharya, avec son sarode, devient tout à coup un soleil sonore, qui rayonne d'amples ondes de silence.
Et même des imbéciles de la cervelle sont écrasés. Seul le silence, parfois, de certaines cathédrales, parle avec une telle évidence.
J'aimerais dire en latin : *musicus silet.* «Silere» verbe *actif.*
René DAUMAL, Bharata, Sur la musique hindoue, 1932, p. 112-113.

SARONG [saʀɔ̃g] n. m. — 1850, *sarrong,* cit. 2 ; mot malais.

♦ Pagne étroit porté en Malaisie. ⇒ **Paréo.**

1 Un jeune Malais, torse et jambes nus, avec un sarong de soie moirée autour des reins, vint à l'appel de Rolain. Henri FAUCONNIER, Malaisie, p. 28.

2 Hommes et femmes portent le sarrong, pièce d'étoffe de couleurs criardes et de dessins curieux (imprimé en Suisse), qui flotte en plis lâches comme une jupe.
D. CHARNEY, Six semaines à Java, *in* le Tour du monde, 1880, t. I, p. 14.

SARONIDE [saʀɔnid] n. m. — XVIIᵉ ; du grec *sarônis, sarônidos* «vieux dôme».

♦ Antiq. gaul. Prêtre gaulois. ⇒ **Druide.**

SAROS [saʀos] n. m. — 1746, Le Monnier, *Instit. astron.;* lat. sc. *saros,* notamment dans les ouvrages du P. Pétan ; mot grec d'orig. assyro-babylonienne.

♦ Didact. Période de 6 585 jours (dix-huit ans et dix ou onze jours), déjà connue des Chaldéens, permettant de prédire le retour des éclipses. ⇒ **Cycle.** *Pendant un saros on compte en moyenne soixante-et-onze éclipses* (quarante-trois de Soleil, vingt-huit de Lune).

SAROTHAMNE [saʀɔtamn] n. m. — XIXᵉ (*in* P. Larousse, 1873) ; du grec *saros* «balai», et *thamnos* «buisson».

♦ Bot. Genêt à balais. ⇒ **Genêt.**

Dès que les arbres s'espaçaient, des taillis de bruyère, des sarothamnes à balai ou des genévriers aux fruits ronds, aux feuilles en aiguille, les remplaçaient.
R. SABATIER, les Noisettes sauvages, p. 202.

SAROUAL [saʀwal], SAROUEL [saʀwɛl], ou SÉROUAL [seʀwal], SÉROUEL [seʀwɛl] n. m. — 1887, *séroual;* autres variantes, XXᵉ ; arabe *sirwāl,* même sens.

♦ Pantalon flottant à large fond, à la mode arabe. — REM. La forme la plus ancienne, *séroual* ou *seroual,* est entrée en français par le vocabulaire militaire (troupes sahariennes). On dit aujourd'hui le plus fréquemment *saroual,* par métathèse, et le mot s'applique aux pantalons de femme, dans le vocabulaire de la mode : «*Rouges d'orient et fraîcheur du coton pour un large sarouel (...)»* (Marie-Claire bis, printemps-été 1982, publicité Lanvin).

1 (*Ils avaient rapporté de leurs voyages*) des saris du Népal, des sarouals sahariens (...) M. DRUON, Rendez-vous aux enfers, III, XV, p. 269.

2 Avant qu'elle m'apparût, ange sans grade et pas encore tout à fait domestiqué, sous la forme que je lui ai le mieux connue — c'est-à-dire en seroual, cette longue culotte bouffante dont s'affublent, singeant une mode indigène, la plupart des militaires ou civils européens de ces régions (...) Michel LEIRIS, Fourbis, p. 183.

3 Les ruelles entre les maisons étaient envahies par la troupe (...) pèlerines rouges des spahis (...) pompons des marins (...) coiffes écarlates des sénégalais (...) serouals des méharistes (...) tout l'Empire était là (...)
R. GARY, la Promesse de l'aube, p. 290.

SARRACÉNIA [saʀasenja] n. m. ou SARRACÉNIE [saʀaseni] n. f. — 1829, *in* D.D.L.; *saracène,* 1803 ; *sarracena* ou *sarrasine,* n. f., 1700 ; lat. mod. *sarracenia,* mot créé par Tournefort, du nom de *Sarrasin,* médecin français installé au Canada, qui lui avait envoyé cette plante.

♦ Bot. Plante dicotylédone (*Sarracéniacées*), herbacée, vivace, qui croît en terrain humide ou marécageux en Amérique du Nord, et dont le rhizome porte des feuilles pourvues d'ascidies* qui, repliées en cornet et remplies d'eau, peuvent capturer les insectes. *Sarracénie pourpre. Sarracénie variolaire.*

DÉR. **Sarracéniacées, sarracéniales.**

SARRACÉNIACÉES [saʀasenjase] n. f. pl. — 1904 ; *sarracéniées,* 1870, *in* Littré ; de *sarracénia.*

♦ Bot. Famille de plantes dicotylédones dialypétales dont le type est le sarracénia. — Au sing. *Une sarracéniacée.*

SARRACÉNIALES [saʀasenjal] n. f. pl. — XXᵉ (*in* Larousse, 1964) ; de *sarracénia,* et suff. *-ales.*

♦ Bot. Ordre de plantes dicotylédones dialypétales comprenant les droséracées (⇒ **Droséra**), les népenthacées et les sarracéniacées (⇒ **Sarracenia**). — Au sing. *Une sarracéniale.*

SARRACÉNIQUE [saʀasenik] adj. — 1835 ; *herbe sarracénique,* 1549 ; du bas lat. *Saraceni.* → 1. Sarrasin.

Didactique.

♦ **1.** Des populations musulmanes d'Orient, au moyen âge. ⇒ 1. **Sarrasin.** *Art sarracénique.*

♦ **2.** (1834 ; du lat. *saracenius* «sarrasin»). Anc. Pharm. Se disait d'un narcotique* auquel on attribuait une origine orientale.

1. SARRASIN, INE [saʀazɛ̃, in] n. et adj. — 1080 ; bas lat. *sarraceni,* nom d'un peuple de l'Arabie ; arabe *šārqīyyīn,* plur. de *šārqūjy-ī* «oriental».

♦ **1.** N. Musulman d'Orient, d'Afrique ou d'Espagne, au moyen âge. ⇒ **Arabe, maure, musulman.** *Le combat de Roland contre les Sarrasins.* — Adj. Des sarrasins ; qui a rapport aux sarrasins. *L'invasion sarrasine en France au VIIIᵉ siècle. Architecture sarrasine* (→ Encorbeller, cit.; mâchicoulis, cit. 1). *Épée sarrasine* (→ Le, cit. 21). *Herse sarrasine.* ⇒ **Sarrasine.** — (XIXᵉ). Vx. *Art sarrasin :* art gothique (on attribuait à l'arc en tiers-point et à l'ogive une origine arabe et l'on disait aussi *maure, mauresque*).

Spécialt. *Tuiles sarrasines :* tuiles larges, d'un type utilisé en Provence.

♦ **2.** N. m. (1876, argot typogr.). Vx. Ouvrier qui travaille au-dessous du tarif syndical, qui fait du travail noir. ⇒ **Sarrasiner.**

DÉR. (Du 1.) **Sarrasine.** — (Du 2.) **Sarrasiner.**
HOM. 2. Sarrasin.

2. SARRASIN [saʀazɛ̃] n. m. — 1554 ; de *blé sarrasin,* à cause de la couleur noire du grain, comparée au teint des Maures.

♦ **1.** Céréale (type de la famille des polygonacées ; angiosperme, dicotylédone, apétale) cultivée pour sa graine à albumen farineux contenue dans un akène, herbe annuelle haute d'une cinquantaine de centimètres, à fleurs blanches ou roses en grappes dressées. ⇒ **Blé** (cit. 15 ; blé noir), **bucail.** *Le sarrasin, qui est une céréale, n'est pas une graminée. Semer du sarrasin* (→ Orge, cit. 2).

1 Mais le sarrasin ne pouvait plus être la nourriture de cette population tirée de sa dégradante inertie et devenue essentiellement active ; je l'avais trouvée mangeant du blé noir, je désirais la faire passer d'abord au régime du seigle ou du méteil, puis voir un jour aux plus pauvres gens un morceau de pain blanc.
BALZAC, le Médecin de campagne, Pl., t. VIII, p. 351.

2 La partie de la Bretagne où l'on parle breton, de Hennebon à Josselin et à la mer, vit de galettes de farine de sarrasin, boit du cidre et se tient absolument aux ordres du curé. STENDHAL, Mémoires d'un touriste, t. II, p. 20.

♦ **2.** Farine de sarrasin. *Pain, galette, bouillie, crêpes... de sarrasin. Donner du sarrasin aux volailles, aux porcs.*

SARRASINAGE [saʀazinaʒ] n. m. — 1948 ; de *sarrasiner.*

♦ Fam. (argot de l'imprimerie). Fait de sarrasiner*, travail fait en sarrasinant.

SARRASINE [saʀazin] n. f. — XVIᵉ ; ellipse de *herse sarrasine.*

♦ Archéol. Herse de château fort, grille, généralement métallique, qui en fermait l'accès (souvent concurremment avec le pont-levis en position haute).

SARRASINER [saʀazine] v. intr. — 1948 ; de 1. *sarrasin* (2.).

♦ Argot de l'imprimerie. Faire des heures de travail supplémentaires de manière illégale (au noir), ou en dessous des tarifs syndicaux. ⇒ 1. **Sarrasin** (2.).

DÉR. **Sarrasinage.**

SARRAU [saʀo] n. m. — 1732 ; *sarrot,* 1276 ; *sarroc,* v. 1100 ; du moy. haut all. *sarrok,* vêtement militaire.

♦ **1.** Blouse de travail courte et ample, portée par-dessus les vêtements. *Sarrau de paysan, de peintre, de sculpteur* (→ Modeler, cit. 1), *d'infirmière. Des sarraus.* — REM. L'orthographe *sarrot* se rencontre parfois (cf. Aragon, *les Beaux Quartiers,* I, XXVI).

1 À partir du cou, il était enveloppé d'un sarrau, espèce de blouse en toile rousse plus grossière encore que celle des pantalons des conscrits les moins fortunés. Ce sarrau, dans lequel un antiquaire aurait reconnu la saye *(saga)* ou le sayon des Gaulois, finissait à mi-corps (...) BALZAC, les Chouans, Pl., t. VII, p. 774.

(1857, *sarrau d'enfant,* Flaubert). Blouse d'enfant, d'écolier (→ Long, cit. 5).

2 Nous portions, pendant la semaine, des sarraux *(sic)* noirs qui se boutonnaient par derrière et recouvraient tous nos vêtements.
Valery LARBAUD, Enfantines, «Rose Lourdin».

♦ **2.** (1876). Grosse toile employée à la confection des sarraus. *Tablier de sarrau.*

SARRETTE [saʀɛt] ou **SERRETTE** [sɛʀɛt] n. f. — 1669; du lat. *serra* « scie ».

♦ Plante vivace *(Composacées)*, à feuilles dentelées, apparentée aux chardons (n. sc. : *serratule*).

SARRIETTE ou **SARIETTE** [saʀjɛt] n. f. — 1339; dimin. de l'anc. franç. *sarriee*; lat. *satureia*.

♦ Plante *(Labiacées)* dont une variété, la *sarriette des jardins*, est cultivée pour ses feuilles aromatiques, qui servent de condiment (en particulier pour parfumer certains fromages de chèvre).

1 Estragon, sauge, menthe, sarriette, pimprenelle (...) je vous aime certes pour vous-mêmes — mais je ne manque pas de vous requérir pour la salade, le gigot bouilli, la sauce relevée (...) COLETTE, Prisons et Paradis, p. 46.
2 On avait étendu la litière des enfants : une craquante épaisseur d'herbes sèches; ils étaient là-dessus tout nus, à se vautrer (...) et, sous le poids de leurs gestes, jaillissaient des odeurs de sariette et de citronnelle. J. GIONO, le Serpent d'étoiles, p. 23.

SARROIS, OISE [saʀwa, waz] adj. et n. — 1933, *Larousse du XXe siècle*, art. *Sarre*; de la *Sarre*, région d'Allemagne.

♦ De la Sarre. *Industrie sarroise. Le charbon sarrois.*
Qui habite la Sarre ou qui en est originaire. — N. *Un Sarrois, une Sarroise.*

SARROT [saʀo] n. m. ⇒ **Sarrau.**

SARRUSSOPHONE [saʀysɔfɔn] n. m. — 1856; du nom d'un des inventeurs, Sarrus, et suff. *-phone.*

♦ Mus. Instrument à vent de la famille des cuivres, à anche double, d'un timbre voisin de celui du trombone, employé quelquefois dans les fanfares et dans les orchestres de jazz traditionnel. *Sarussophone soprano, alto, ténor, baryton, basse, contrebasse.*

SARTIÈRE [saʀtjɛʀ] n. f. — 1868, *in* Littré; de *sarter* « essarter ».

♦ Vx ou régional. Terrain inculte, souvent situé en bordure d'un étang.

SARTINE [saʀtin] n. f. — 1870, Littré; de *Sartine* (1729-1801) lieutenant-général de police.

♦ Anciennt. Grande perruque portée par les juges des parlements, au XIXe siècle.

SARTRIEN, IENNE [saʀtʀijɛ̃, jɛn] adj. — 1944, *in* D.D.L.; de Jean-Paul *Sartre*, philosophe français (1905-1980).

♦ Relatif à Sartre, à son œuvre, à sa pensée. *La réflexion sartrienne. Le monde sartrien.*
(...) Mme Simone de Beauvoir, dont le roman, du plus haut intérêt, traite des premières années de l'ère sartrienne (...) F. MAURIAC, Bloc-notes 1952-1957, p. 135.

SAS [sɑ] ou [sɑs] n. m. — 1380; XIIIe, *saaz*; var. *saas, seas* en anc. franç.; du lat. médiéval *setacium*, du lat. class. *saeta* ou *seta* « soie de porc, crin de cheval ».

♦ **1.** Pièce de tissu de crin, de soie, de voile... plus ou moins serré, montée sur un châssis le plus souvent circulaire et servant à passer diverses matières liquides ou pulvérulentes. *Sas à gros trous* (⇒ **Crible**), *à petits trous* (⇒ **Blutoir, tamis**). *Passer du plâtre au sas.*
(1870). Claie servant à passer la terre pour l'épierrer.
Loc. (Vx). *Faire tourner le sas* : prédire l'avenir en examinant le contenu d'un sas après l'avoir fait tourner. — Loc. fig. *Passer au gros sas*, examiner rapidement.

♦ **2.** (XVIe). Bassin d'une écluse, compris d'une part entre les deux bajoyers et d'autre part entre les deux têtes qui assurent sa communication avec les biefs d'amont et d'aval. ⇒ **Canal, chambre** (d'écluse), **radier.** — Mar. Petit bassin entre deux écluses, aménagé à l'entrée d'un port ou d'un bassin de marée.

1 Embarquement à Saint-Nazaire avant-hier jeudi; appareillage à neuf heures et demie du soir; passé le sas à dix et demie. J.-R. BLOCH, Sur un cargo, p. 17.

♦ **3.** (1859, cit.). Petite pièce étanche entre deux milieux différents (air et eau; air à des pressions différentes) qui permet le passage. *Sas d'un sous-marin, d'un engin spatial, d'un caisson à air comprimé.*

2 Dès que les puits *(d'extraction)* furent arrivés au niveau de l'eau, il fit descendre un tube en fonte formé d'anneaux cylindriques de un à un mètre et demi de rayon, boulonnés entre eux; après avoir établi sur sa partie supérieure un appareil, auquel on a donné le nom de *sas-à-air*, il y comprima de l'air au moyen d'une machine soufflante; cet air, agissant comme un piston, repoussa l'eau qui se trouvait à la partie inférieure du tube, par-dessous ses bords et les ouvriers descendus

au fond du puits purent y continuer leur travail de forage, sans être incommodés par les eaux. L. FIGUIER, l'Année scientifique et industrielle 1860, p. 181, note 1 (1859).

♦ **4.** (1975). Techn. Ouverture pratiquée dans un oléoduc pour son nettoyage.

♦ **5.** Par métaphore. Ce qui sert de passage, d'intermédiaire entre deux états deux situations qui ne peuvent communiquer.

DÉR. Sasser.
HOM. Sasse.

SASHIMI [saʃimi] n. m. — XXe; mot japonais.

♦ Poisson cru en tranches fines, généralement accompagné de raifort *(nasabi)* ou de gingembre cru (plat japonais). *Sashimi de thon. Des sashimi,* ou (francisé), *des sashimis. Un assortiment de sashimi et de sushi.*

Le *Sachimi* (sic) étale moins des couleurs que des résistances : celles qui varient la chair des poissons crus, en la faisant passer, le long du plateau, par les stations du flasque, du fibreux, de l'élastique, du compact, du rêche, du glissant. R. BARTHES, l'Empire des signes, p. 33.

SASSAFRAS [sasafʀa] n. m. — 1590; esp. *sasafras*, mot indien d'Amérique du Sud.

♦ Arbre originaire d'Amérique du Nord (famille des lauracées) dont les racines aromatiques servent notamment à la préparation de boissons spiritueuses. *Les feuilles du sassafras sont employées comme assaisonnement.* (⇒ **Laurier**). *Du vent dans les branches de sassafras,* pièce de R. de Obaldia.

Le soleil approchait de son couchant. Sur le premier plan paraissaient des sassafras, des tulipiers, des catalpas et des chênes (...) CHATEAUBRIAND, Mémoires d'outre-tombe, t. I, p. 320.

SASSAGE [sɑsaʒ] n. m. — 1875; de *sasser.*
Technique.

♦ **1.** Opération de meunerie, passage des semoules au sas, pour les purifier et les classer.

♦ **2.** Bijout. Polissage par frottement d'objets de métal précieux agités dans du sable.

SASSANIDE [sasanid] adj. et n. — 1816, *in* D.D.L.; lat. médiéval *sassanidae*, du persan *sâsân.*

♦ Hist. Relatif à la dynastie perse qui créa et organisa un empire autour du plateau iranien, du IIIe au VIIe siècle. *L'empire sassanide. L'époque, l'art, le style sassanide.*

1 Il n'est même pas nécessaire de voir les monstres assyriens avant les figures de Suse pour trouver celles-ci peu vivantes, de silhouette hiéraldique, de style assez boursouflé. Les rois Sassanides, leurs prisonniers, les grandes scènes militaires taillées dans le rocher (...) ont une allure autrement forte, autrement grandiose et redoutable, malgré les emprunts visibles que la Perse continue à faire aux peuples qu'elle combat (...) Élie FAURE, Histoire de l'art, L'art antique, éd. L. de Poche, p. 153.
2 L'influence réciproque de l'Orient sur l'Extrême-Orient est facile à constater par la présence d'une aiguière sassanide et d'un tissu chinois décoré de quatre cavaliers de style sassanide — les chevaux portent sur leurs flancs des sceaux chinois au lieu de l'étoile sassanide — apportés par une ambassade coréenne (...) au Japon. On a donc pu supposer que les étoffes sassanides avaient été tissées sur des métiers et selon une technique empruntée à la Chine (...) Michèle BEAULIEU, les Tissus d'art, p. 9-10.

SASSE [sas] n. f. — 1681; provençal mod. *sasso,* p.-ê. du persan *chamcha* « cuiller », passé en Méditerranée par l'interm. du turc; cf. *le Français moderne*, XX, p. 237.

♦ Mar, rare. Écope* à poignée. ⇒ **Pelle.**

HOM. Sas.

SASSEMENT [sasmɑ̃] n. m. — 1611; *sacement,* v. 1400; de *sasser.*
Techn. Opération qui consiste à sasser. Spécialement :

♦ **1.** Passage au sas, au tamis.

♦ **2.** Mar. Éclusage. *Le sassement d'une péniche, d'un cargo.*

SASSENAGE [sasnaʒ] n. m. — Fin XVIIe, Sénecé; de *Sassenage,* ville de l'Isère.

♦ Fromage à pâte ferme fait d'un mélange de lait de vache, de chèvre et de brebis.

SASSER [sɑse] v. tr. — 1362; *saacier,* v. 1193; de *sas.*

♦ **1.** Passer au sas, au sasseur.

♦ **2.** (1660). Fig., vx (langue class.). Examiner avec une grande attention, passer au crible*. — (1690). Loc., fig. *Sasser et ressasser** : examiner avec soin, à plusieurs reprises.

♦ **3.** (1876). Mar. Faire passer (un bateau) par le sas d'une écluse, d'un bassin à flot.

Il s'est trouvé que, la marée étant haute et le flot étale, on nous a fait sortir tout droit, sans avoir à nous sasser.   J.-R. BLOCH, Sur un cargo, p. 187.

DÉR. Sassage, sassement, sasseur, sassure.
COMP. Ressasser.

SASSEUR, EUSE [sɑsœʀ, øz] n. — V. 1380, *saceur;* de *sasser.*
Technique.

♦ **1.** Personne employée à sasser. Spécialt. Dans une meunerie, Personne qui sasse les semoules, les gruaux au sasseur.

♦ **2.** N. m. (1881, *sasseur électrique, Année sc. et industr.* 1882, p. 469). Machine qui sépare des produits par l'action d'un courant d'air. *Sasseur électrique.*

SASSURE [sɑsyʀ] n. f. — 1606; de *sasser.*

♦ Techn. Ce qui n'est pas passé à travers le tamis (et qui est à rejeter).

SATAN [satɑ̃] n. m. — V. 1160, n. pr.; *Satanas,* v. 980; bas lat. *Satan* ou *Satanas,* grec *Satân* ou *Satânas,* mot hébreu.

♦ **1.** Rare. Démon. *Un satan, un vrai satan. Arrière, satan!*

♦ **2.** Appos. *Bolet satan* ⇒ **Bolet.**

DÉR. (Du nom propre) **Satané, satanique.**

SATANÉ, ÉE [satane] adj. — 1823; de *Satan.*

♦ **1.** (Devant un nom). Maudit (au sens faible). *Ce satané menteur.* (Av. 1870). Choses. Désagréable, pénible. ⇒ **Sale.** *Une satanée petite pluie qui mouille jusqu'aux os.*

♦ **2.** (Av. 1876). Fam. Très bon, remarquable. ⇒ **Sacré.** *C'est un satané travailleur.*

SATANIQUE [satanik] adj. — 1475; de *Satan.*

♦ **1.** De Satan, propre à Satan, inspiré ou possédé par Satan. ⇒ **Démoniaque, diabolique.** *Esprit, pouvoir satanique* (→ Famille, cit. 14). *«Le rire est satanique»* (Baudelaire, *De l'essence du rire;* cf. l'essai tout entier). — Littér. *École satanique,* celle de certaines œuvres romantiques qui font appel au merveilleux démoniaque («diableries», etc.).

[1]   Il y a dans la Révolution française un caractère satanique qui la distingue de tout ce qu'on a vu et peut-être de tout ce qu'on verra.
                         J. DE MAISTRE, Considérations sur la France, V.

[2]   Un phare ironique, infernal,
      Flambeau des grâces sataniques,
      Soulagement et gloire uniques,
      — La conscience dans le Mal!
                         BAUDELAIRE, les Fleurs du mal, «Spleen et idéal», LXXXIV, II.

♦ **2.** (Après 1850). Qui évoque Satan, qui est digne de Satan. ⇒ **Démoniaque, diabolique, infernal, méphistophélique, pervers.** *Méchanceté*, orgueil sataniques. Ruse, joie sataniques.* ⇒ **Méchant.** *Rire, rictus satanique.*

[3]   (...) elle était sœur de Guillaume (II) et on sait que ces deux êtres sataniques, le frère et la sœur ont fait couler de sang, de larmes et semé de destructions sur le monde.   LOTI, Suprêmes visions d'Orient, p. 292.

CONTR. Divin. — Angélique.
DÉR. Sataniquement, sataniser, satanisme.

SATANIQUEMENT [satanikmɑ̃] adv. — 1868, Gautier; de *satanique.*

♦ D'une manière satanique. *Il riait sataniquement.* ⇒ **Sardoniquement.** *«Vous avez sataniquement persévéré dans le silence»* (Hugo).

SATANISER [satanize] v. — 1832, Barthélemy; de *satanique.*

♦ **1.** V. tr. Rendre satanique. *«Le chrétien satanise le nu antique»* (→ Luxure, cit. 4, Malraux).

♦ **2.** V. intr. Rendre un culte à Satan (messes noires, etc.).

Il n'y a, voyez-vous, que deux cités, celle de Dieu et celle du Diable. Or, comme Dieu est en dehors de ces sales manigances, les occultistes, les spirites, satanisent plus ou moins (...)   HUYSMANS, Là-bas, IX.

SATANISME [satanism] n. m. — 1855; de *satanique.*
Didactique.

♦ **1.** Culte de Satan.

[1]   (...) j'avais déjà des renseignements sur l'incubat et l'envoûtement; il ne me reste plus à connaître que la Messe Noire pour être tout à fait au courant du Satanisme, tel qu'il se pratique de nos jours (...)   HUYSMANS, Là-bas, XVIII.

♦ **2.** Esprit satanique. *«C'est du sadisme de ta part, du satanisme»* (Romains, *les Hommes de bonne volonté,* t. X, IV, p. 36).

[2]   Comme ils ne peuvent tout de même pas s'empêcher de juger, alors ils se rattrapent sur la morale. En somme, ils ont le satanisme vertueux.
                         CAMUS, la Chute, p. 155.

DÉR. Sataniste.

SATANISTE [satanist] adj. et n. — xxᵉ, attesté; de *satanisme,* et suff. *-iste.*

♦ Rare. Adonné au satanisme.

Ce satyre *(Cenci),* qui se croit sataniste et sorcier, magicien, nécromant, et qui n'est qu'un athée des plus vulgaires (...)
                         A. ARTAUD, les Cenci, *in* Œ. compl., t. IV, p. 337.

SATELLISABLE [satelizabl; satɛllizabl] adj. — 1964; de *satelliser.*

♦ Techn. Que l'on peut satelliser, mettre en orbite. *Cette masse n'est pas satellisable avec ce type de fusée. Le «rapport du poids satellisable au volume offert»* (l'Aéronautique et l'Astronautique, janv. 1973, p. 16).

SATELLISATION [satelizasjɔ̃; satɛllizasjɔ̃] n. f. — V. 1957; de *satelliser.*

♦ **1.** Astronaut. Lancement et mise en orbite (d'un, de plusieurs satellites artificiels). *Programme de satellisation. Satellisation d'un engin spatial.*

♦ **2.** Polit. Action, fait de satelliser (un pays); son résultat; dépendance, inféodation. *«Les pays incapables d'assurer un minimum de développement scientifique ne pourront échapper à une satellisation culturelle»* (le Monde, 7 janv. 1967).

CONTR. et COMP. **Désatellisation.**

SATELLISER [satelize; satɛllize] v. tr. — V. 1957; de *satellite.*

♦ **1.** Transformer en satellite (II. 2.), mettre en orbite autour de la Terre. Envoyer dans l'espace dans un satellite artificiel. *Satelliser des animaux, un homme.* — Pron. (Pour un engin, un objet spatial). Se placer sur orbite.

♦ **2.** Transformer en satellite (IV., 1.); rendre dépendant (politiquement, administrativement). *Satelliser un pays. «La Touraine ne veut pas se faire satelliser par la capitale»* (l'Express, 6 mai 1968).

▶ **SATELLISÉ, ÉE** p. p. adj. (1961). *Fusée porteuse satellisée.* — (1967). *Pays satellisé,* vassalisé*.

DÉR. **Satellisable, satellisation.**

SATELLITAIRE [satelitɛʀ; satɛllitɛʀ] adj. — 1975; de *satellite.*

♦ Techn. *Appareil satellitaire,* dans lequel la rotation d'un dispositif central s'accompagne de la rotation d'organes périphériques. *Broyeur, mélangeur satellitaire.*

SATELLITE [satelit; satɛllit] n. m. — V. 1265, *satelite;* lat. *satelles, satellitis* «garde du corps», mot d'orig. probablt étrusque.

★ **I.** Vx. ♦ **1.** Homme de main chargé d'exécuter les volontés d'un chef (→ Mercenaire). *Les satellites des despotes* (→ Guerrier, cit. 1).

[1]   Mais voyant que ce prince, ingrat à ses mérites,
      N'envoyait qu'un esquif rempli de satellites,
      Il soupçonna aussitôt son manquement de foi.
                         CORNEILLE, Pompée, II, 2.

♦ **2.** (Péj.). Homme dévoué aux ordres de qqn. — REM. L'influence du sens II, 2 est ici perceptible. *Satellite qui accompagne, obéit, suit...* ⇒ **Serviteur.**

[2]   Tous les honnêtes gens de Neuchâtel, indignés des traitements que j'essuyais et des manœuvres dont j'étais la victime, savaient les ministres en exécration, sentant bien qu'ils suivaient des impulsions étrangères, et qu'ils n'étaient que les satellites d'autres gens qui se cachaient en les faisant agir (...)
                         ROUSSEAU, les Confessions, XII.

★ **II.** ♦ **1.** (1665, lat. mod. *satelles,* 1611, Kepler, *De quattuor Jovis satellitibus erronibus* «Des quatre planètes satellites de Jupiter»). Corps céleste gravitant sur une orbite elliptique autour d'une planète qui l'entraîne dans sa révolution autour du soleil. ⇒ **Astre, lunule, planète** (cit. 3). *La Lune est le satellite de la Terre* (→ Attirer, cit. 4). *Les satellites de Jupiter* (→ Graviter, cit. 1; indiscernable, cit. 2), *de Saturne... Satellite naturel* (pour éviter une ambiguïté avec le sens 2, *infra*).

[3]   (...) c'est en juillet 1609 que *(Galilée)* construit lui-même, avec des verres excellents qu'il a fait fabriquer par les verriers de Murano, un tel instrument, qui gros-

sissait environ quinze fois, et avec lequel, ce fameux 7 janvier 1610, il découvre les satellites de Jupiter (...) Les satellites de Jupiter — que Galilée avait appelés, en hommage à ses protecteurs, astres de Médicis — furent aperçus en Angleterre, par Harriot, en octobre 1610, en France par Gaultier de La Valette, le mois suivant.

E. SCHATZMANN, l'Astronomie, *in* Encycl. Pl., Hist. de la science, p. 725.

♦ **2.** (V. 1950). *Satellite artificiel,* ou, plus cour., *Satellite :* engin destiné à être lancé dans l'espace de manière à décrire une orbite autour de la Terre, de la Lune, ou autour d'un autre corps céleste, et qui est généralement porteur d'équipements à destination scientifique (appareils de mesure), économique (relais de télécommunications), industrielle (traitement ou fabrication de matériaux sous une pesanteur réduite), ou militaire (observation d'objectifs stratégiques, vecteur d'armes). *Le premier satellite* (Spoutnik 1) *a été lancé par l'U. R. S. S. le 4 octobre 1957. Lancement d'un satellite. Fusée porteuse d'un satellite. — Satellite équatorial,* évoluant au-dessus des zones équatoriales. *Satellite géosynchrone :* «satellite de la Terre, dont la période de révolution est égale à la période de rotation de la Terre (durée du jour sidéral, soit environ 23 h 56 mn)» *(Journ. off.). Satellite héliosynchrone. — Satellite géostationnaire :* «satellite géosynchrone, décrivant une orbite équatoriale et circulaire, dans le sens direct (sens de la rotation de la Terre)» *(Journ. off.). Satellite d'observation. Satellite météorologique. Satellite militaire, satellite d'inspection. Satellite d'aide à la navigation. Appareil de navigation par satellite. Satellite de télécommunications* ou *satellite-relais,* servant à augmenter la puissance des liaisons de radio et de télévision et à assurer le relais transocéaniques. *Liaison, émission de télévision par satellite. Satellite domestique,* utilisé par un pays seul pour ses liaisons intérieures. « *La France* (placera) *un satellite de communication domestique en orbite géostationnaire* » (*Sciences et Avenir,* mars 1980, p. 83). — Appos. *Satellite-observateur. Satellite-relais. Satellite-espion.*

REM. La dénomination de *satellite artificiel* s'applique en général à des engins de taille relativement réduite, équipés d'appareils à fonctionnement automatique ou télécommandé, et d'une longévité sur orbite assez grande (de l'ordre de quelques mois à plusieurs années). Les satellites artificiels habités, plus gros et spécialement conçus pour recevoir pendant une durée réduite (de quelques jours à quelques semaines) un équipage qui fait fonctionner l'appareillage technique, sont plutôt désignés par des termes spécifiques (*station orbitale, cabine spatiale, capsule, navette spatiale...*).

♦ **3.** Phys. Électron qui tourne autour d'un noyau atomique. — Appos. *Électron satellite.*

★ **III.** Didact. Élément périphérique ou secondaire, par rapport à un élément central ou principal. «*... raie* (spectrale) *principale accompagnée de satellites* » (*Rev. gén. des sc.,* n° 5, p. 243, 1903). — Spécialement :

♦ **1.** (1902). Mécan. *Satellites d'un différentiel d'automobile :* petits pignons coniques disposés entres les planétaires. Par appos. *Pignons satellites.*

♦ **2.** Anat. (Par appos., adj.). *Veine satellite d'une artère,* qui a le même trajet et porte en général le même nom. *Muscle, nerf, artère satellite d'une autre structure anatomique.*

♦ **3.** Cour. *Ville satellite :* ville sans véritable autonomie économique, abritant les travailleurs d'une capitale. Par oppos. *Village-satellite. Cité-satellite.*

4   Dans une époque où les opérations vitales pour Paris sont la circulation souterraine, l'utilisation des catacombes, le dégagement par des villes satellites (...)
GIRAUDOUX, De pleins pouvoirs à sans pouvoirs, p. 77.

♦ **4.** (1964). Bâtiment annexe d'un autre, auquel il est relié par un couloir. *Les satellites de l'aérogare de Roissy 1.*

★ **IV.** Fig. ♦ **1.** (Du sens I, repris couramment au xxᵉ sous l'infl. du sens II, 2 ; encore métaphorique dans la cit. 5). Personne ou nation qui vit sous l'étroite dépendance d'une autre et gravite* autour d'elle. ⇒ **Obédience.** *Ce parti n'est que le satellite d'un autre. Un homme en vue et ses satellites.* — En appos. *Pays, régions, nations satellites.*

5   Ils ne sont pas les *Satellites de Jupiter,* je veux dire ceux qui pressent et qui entourent le prince, mais ils l'annoncent et le précèdent (...)
LA BRUYÈRE, les Caractères, VIII, 19.

6   De même qu'il y a ailleurs les gros bonnets, il y a dans l'église les grosses mitres (...) En avançant eux-mêmes, ils font progresser leurs satellites ; c'est tout un système solaire en marche.
HUGO, les Misérables, I, I, XII.

7   (*La Turquie*) demeure, grâce à cette sage mesure, l'un des deux pays — l'autre est la Finlande — qui ne se sont pas laissés réduire à la triste condition de satellites.
G. DUHAMEL, Turquie nouvelle, II.

8   Il importe donc par-dessus tout à Thorez et à Duclos que la révolte des peuples satellites apparaisse aux militants comme une revanche des anciens partis et des classes dépossédées.
F. MAURIAC, Bloc-notes 1952-1957, p. 277.

♦ **2.** Ce qui accompagne obligatoirement qqch. « *La faim* (...) *et ses deux satellites, la rage et le désespoir* » (Bossuet).

DÉR. **Satelliser, satellitaire.**
COMP. **Satellite-ballon.**

SATELLITE-BALLON [satelitbalɔ̃] n. m. — 1968 ; de *satellite,* et *ballon.*

♦ Techn. Satellite constitué d'une enveloppe souple pliée dans laquelle il a été fait un vide relatif, et qui se gonfle spontanément dans le vide spatial.

SATI [sati] n. — 1875 ; *suttee,* 1839 ; mot hindi, fém. de *sat* «sage, pieux », par l'anglais.
Hist. des religions.

♦ **1.** N. f. Veuve qui s'immolait rituellement sur le bûcher funéraire de son mari, en Inde. — Adj. invar. *Femme, veuve sati.*

♦ **2.** N. m. (1873, *sutty,* cit.). Le rite lui-même ; les cérémonies qui l'accompagnent. *Le sati, légalement aboli en 1829 par Lord William Bentick, se perpétua longtemps après dans de nombreuses régions de l'Inde.* — Sous la forme *sutty :*
— Un sutty (...) c'est un sacrifice humain, mais un sacrifice volontaire. Cette femme que vous venez de voir sera brûlée demain aux premières heures du jour (...) — Et ce cadavre (...) — C'est celui du prince, son mari (...) un rajah indépendant du Bundelkund.
J. VERNE, le Tour du monde en 80 jours, XII.

SATIATION [sasjasjɔ̃] n. f. — 1968 ; mot angl., de *to satiate* «rassasier».

♦ Psychol. Tendance à l'affaiblissement de la perception lors d'une stimulation prolongée.

SATIÉTÉ [sasjete] n. f. — 1120, *sazied ;* lat. *satietas,* rac. *satis* «assez ».

♦ **1.** Littér. État d'indifférence plus ou moins proche du dégoût*, lorsqu'un besoin, un désir est amplement satisfait. ⇒ **Réplétion.** *La satiété qui succède au désir* (→ Blaser, cit. 6), *suit la possession* (→ Cœur, cit. 14). *Les satiétés de la jouissance* (→ Blasement, cit.), *de l'assouvissement** (→ aussi Longtemps, cit. 4). *L'habitude* (cit. 33) *amène la satiété.*
La maîtresse était si belle, si constamment charmante qu'elle n'avait pas encore laissé approcher le monstre qui dévore les plus robustes amours : la satiété!   1
BALZAC, Splendeurs et Misères des courtisanes, Pl., t. V, p. 740.
La satiété suit le plaisir c'est une loi naturelle et qui se conçoit.   2
Th. GAUTIER, Mˡˡᵉ de Maupin, V.

♦ **2.** (Fin xıxᵉ ; *jusqu'à satiété,* mil. xvıııᵉ). Loc. cour. À SATIÉTÉ : au point d'être totalement satisfait ; au point d'être dégoûté. *Manger à satiété,* abondamment, en abondance*, à l'excès*. ⇒ **Réplétion ; rassasié, repu** (→ En avoir jusqu'aux yeux*, avoir une indigestion* de...). *Boire à satiété* (→ Tout son soûl*, jusqu'à plus soif*, fam.). *Avoir d'une chose à satiété.* ⇒ **Saturé, soûl, soûlé** (de)... — Par ext. *Répéter une chose à satiété,* jusqu'à fatiguer, incommoder l'auditoire.
Un fâcheux nous répète à satiété qu'il vend la meilleure savonnette du monde (...)   3
G. DUHAMEL, Scènes de la vie future, X.

CONTR. **Besoin, désir, envie. — Appétit, boulimie, soif.**

SATIF, IVE [satif, iv] adj. — 1870 ; lat. *sativus,* rac. *serere* «semer ».

♦ Didact. ou techn. Qui vient d'une graine semée (opposé à *agreste,* à *issu de bouture,* etc.). *Plante sative.*

SATIN [satɛ̃] n. m. — xıvᵉ ; esp. *acetuni, cetuni ;* arabe *Zăy tunī, ïyy* proprt «de la ville de *Zăyntun* » (Tsia-Toung, en Chine).

♦ **1.** Étoffe de soie, moelleuse et lustrée sur l'endroit, sans trame apparente. *Le brillant, le chatoiement..., le froufrou* (cit. 2) *du satin. Impératrice habillée de satin blanc brodé d'argent* (→ Brillant, cit. 28). *Le gilet* (cit. 3) *de satin rouge de Théophile Gautier. Lingerie, doublure* (→ 1. Obi, cit.) ; *chaussons de satin* (→ Maillot, cit. 3). *Le Soulier de satin,* œuvre de P. Claudel. *Satin léger, lourd. Satin broché, lamé.* — (1883). *Satin duchesse.* — *Satin à la reine.*
Là-bas, la chute d'eau, de mille plis ridée,   1
Brille, comme dans l'ombre un manteau de satin (...) HUGO, les Châtiments, IV, X.
(...) il pelote et manie et chiffonne, de ses doigts caressants, des satins, dans lesquels il fait courir des moires et des cassures luisantes.   2
Ed. et J. DE GONCOURT, Journal, 22 mars 1883, t. VI, p. 177.
À la soie, la foule aussi était venue (...) Des satins clairs et des soies tendres jaillissaient d'abord : la satin à la reine, les satins renaissance, aux tons nacrés d'eau de source (...) Puis, venaient des tissus plus forts, les satins merveilleux, les soies duchesse, teintes chaudes, roulant à flots grossis.   3
ZOLA, Au Bonheur des dames, IV, t. I, p. 125.

Loc. *Peau de satin,* douce comme du satin. ⇒ **Satiné.** (→ Griffe, cit. 2). *Les prés* (cit. 3) *lustrés au gazon de satin. Le satin de sa peau* (→ Regarder, cit. 21). *Les faisans au gorgerin de satin vert* (→ Queue, cit. 11).

♦ **2.** *Armure satin :* armure propre au satin et à d'autres tissus «présentant une surface lisse et brillante, produite soit par des flottés de chaîne, soit par des flottés de trame » (Thiébaut). — Les tissus ayant cette armure. *Satin de laine, de coton. Satin fermière.*

♦ **3.** Techn. Feutre à poil court et brillant utilisé en chapellerie.

♦ 4. (1933, Larousse). Techn. Bois de Sri Lanka (Ceylan) utilisé en ébénisterie pour son aspect satiné.

DÉR. Satiné, satiner, satinette.

SATINAGE [satinaʒ] n. m. — 1815; de *satiner*.

♦ Techn. Action de satiner (une étoffe, du papier) — Spécialement :

a Apprêt des étoffes, calandrage par lequel on donne une surface lisse et molle au toucher.

b Calandrage du papier par lequel on le rend parfaitement lisse.

c Photogr. Opération destinée à donner du brillant à une épreuve photographique.

SATINÉ, ÉE [satine] adj. et n. m. — 1603; de *satin*.

★ I. Adj. Qui a la douceur et le brillant, le reflet du satin. ⇒ **Brillant, lustré.** *Tissu satiné. Aspect satiné d'un tissu. Papier satiné :* papier glacé. *Tulipe satinée. Boutons satinés de fleur d'oranger* (→ Marier, cit. 12). *Pellicule satinée d'un œuf* (→ Étinceler, cit. 8). *Peau satinée* (→ Coquet, cit. 10; épaule, cit. 5; rameau, cit. 4).

1 (...) ses meubles empire d'acajou massif, ses tentures et ses sièges de velours jaune, à larges dessins satinés.   ZOLA, *Nana,* III.

2 Un bras blanc, frais, soigneusement recouvert d'une peau satinée, ce n'est pas si mal.   Henri MICHAUX, *La nuit remue,* p. 11.

★ II. ♦ 1. N. m. Qualité de ce qui est satiné, de ce qui a la douceur, le brillant moiré du satin. *Le satiné de la peau.*

3 *Le cheval blanc :* peint avec des tons carnés dans les ombres (...) Relevé ensuite par le ton de *terre d'ombre et blanc,* qui a donné le satiné.
                          E. DELACROIX, *Journal 1850-1854,* 5 mai 1851, t. II, p. 58.

♦ 2. Bois tropical offrant au tranchage une surface d'aspect satiné (dénomination commune à des essences botaniquement lointaines).

SATINER [satine] v. tr. — 1690; de *satin*.

♦ 1. Techn. Lustrer (une étoffe, un papier) pour donner l'apparence du satin.

♦ 2. (Sujet n. de chose). Donner l'aspect du satin à. *La lumière filtrée* (cit. 2) *satine le haut de son front.*

DÉR. Satinage, satineur.

SATINETTE [satinɛt] n. f. — 1877; attestation isolée, 1755; *satinet,* 1842; dimin. de *satin*.

♦ Étoffe de coton, ou de coton et de soie qui a sur l'endroit l'aspect du satin (→ Froncer, cit. 9). *Tablier noir en satinette.*

SATINEUR, EUSE [satinœʀ, øz] n. — 1843; de *satiner*.

♦ Techn. Ouvrier, ouvrière qui satine (des étoffes, du papier). *Satineur-calandreur.*

SATIRE [satiʀ] n. f. — 1355; *satre,* v. 1290; lat. *satira,* proprt «macédoine, mélange», parfois *satyra,* par confusion avec *satyrus;* var. *satyre* jusqu'au XVIIIᵉ.

♦ 1. Hist. littér. Ouvrage libre de la littérature latine où les genres, les formes, les mètres étaient mêlés, et qui censurait les mœurs publiques. *La satire était héritée des Grecs et surtout de Ménippe. Les satires ménippées de Varron* (à la manière de Ménippe). — *La Satire Ménippée,* œuvre politique collective française parue en 1594, de forme très libre, qui condamne l'anarchie grandissante et prône le ralliement à Henri IV.

♦ 2. (1375). Poème en vers où l'auteur attaque les vices, les ridicules de ses contemporains. *Satires de Juvénal, d'Horace, de Mathurin Régnier, de Boileau. Composer, faire une satire* (→ Déchirer, cit. 28; diable, cit. 36). *Ce genre littéraire. Quittons la satire...* (→ Médire, cit. 3).

♦ 3. Cour. Écrit, discours qui s'attaque à qqch., à qqn en s'en moquant. — Par ext. Critique moqueuse. ⇒ **Dérision, moquerie, raillerie.** *Satire violente, virulente; amusante, pleine d'humour* (→ aussi Chose, cit. 6). *Les railleries, les satires des cyniques.* ⇒ **Plaisanterie.** *Les satires de la comédie* (→ Général, cit. 1). *Faire la satire du milieu.* ⇒ **Caricature, critique.** *Une satire contre qqn.* ⇒ **Catilinaire, épigramme, libelle, pamphlet, philippique.** — Vx. «*Sa conduite est la satire de la vôtre*» (Académie, 9ᵉ éd.). — Cette forme de critique, en tant qu'elle constitue un ton, un style, un genre littéraire. *Pratiquer la satire. Dards, piqûres de la satire* (→ Article, cit. 13). *Traits de la satire* (→ Désigner, cit. 5; érailler, cit. 6; gré, cit. 19). *L'art de la satire.*

1 En général la satire a peu de cours dans les grandes villes, où ce qui n'est que mal est si simple, que ce n'est pas la peine d'en parler.
                          ROUSSEAU, *Julie ou la Nouvelle Héloïse,* II, XVII.

Le caractère habituel de la satire de Le Sage est d'être enjouée, légère, et piquante sans amertume; mais, toutes les fois qu'il s'agit des traitants, des Turcarets, il aiguise le trait et l'enfonce sans pitié, comme s'il avait à exercer quelques représailles. Je fais la même remarque en ce qui touche les comédiens, dont il avait eu souvent à se plaindre. Ce sont les deux seules classes auxquelles la satirique aimable se prenne avec tant de vivacité et s'acharne presque, lui dont la raillerie, en général, se tempère de bonne humeur et de bonhomie.
                          SAINTE-BEUVE, *Causeries du lundi,* 5 août 1850.

De la musique légère, faite d'airs connus, des couplets malicieux sur des gens notoires, le doigt mis sur les ridicules à la mode, la satire amusée des événements de l'année, de l'esprit, de l'entrain, beaucoup de gaieté dans beaucoup de méchanceté (...)   Paul LÉAUTAUD, *le Théâtre de M. Boissard,* XVII.

CONTR. Apologie, éloge.

DÉR. Satirique, satiriser, satiriste.

HOM. Satyre.

SATIRIQUE [satiʀik] adj. — 1380; var. anc. *satyrique;* de *satire*.

♦ 1. Qui appartient à la satire. *Poème, poésie satirique* (→ Échange, cit. 10). *Vers satirique* (→ Iambe, cit. 3). *Mathurin Régnier, Boileau, poètes satiriques.* — N. m. *Un satirique.*

♦ 2. Qui constitue une satire. *Ouvrage satirique* (→ Écueil, cit. 5). ⇒ **Épigramme, épode, libelle, pamphlet.** *Littérature, veine satirique. Conte, note* (→ Désappointement, cit. 1), *portrait satirique* (→ Frapper, cit. 10). *Chansons satiriques des chansonniers, des beuglants* (cit. 1). *Remarques, propos satiriques.* ⇒ **Malin, mordant, piquant** (→ À l'emporte-pièce). *Dessin satirique et humoristique*.* — *Journal satirique. Galerie satirique des portraits de Daumier* (→ Exagérer, cit. 8).

(...) une branche purement satirique, dans laquelle la veine de sensibilité n'a plus de part, et où il attaque sans réserve, avec malice, avec âcreté et amertume, ses adversaires d'alors, les ministériels, les ventrus (...)
                          SAINTE-BEUVE, *Causeries du lundi,* 15 juil. 1850.

♦ 3. (1488). Littér. Qui aime, pratique la satire. *Esprit satirique.* ⇒ **Caustique** (→ Commun, cit. 19; entendre, cit. 85; gavroche, cit.). *Humeur satirique* (→ Flatterie, cit. 2). *Médisant* et satirique. Écrivain, auteur satirique* (→ Insulte, cit. 4).

CONTR. Apologétique, approbatif, louangeur.

DÉR. Satiriquement.

HOM. Satyrique.

SATIRIQUEMENT [satiʀikmɑ̃] adv. — 1549; de *satirique*.

♦ Rare. D'une manière satirique. *Les Français peints satiriquement par les deux Persans de Montesquieu.*

SATIRISER [satiʀize] v. tr. — 1544; de *satire*.

♦ Rare. Prendre pour sujet de satire. ⇒ **Moquer** (se), **railler.** «*Je me suis avisé d'abord de satiriser le monde*» (Furetière). → Recommencer, cit. 3.

SATIRISTE [satiʀist] n. — 1683; de *satire*.

♦ Didact. Auteur de satires. *Personne à l'esprit satirique.*

Les moralistes, les satiristes l'ont assez souvent décrit, raillé, les psychologues n'ont pas manqué de l'étudier, ce besoin de dénigrement comme ils disent (...)
                          N. SARRAUTE, *Martereau,* p. 64.

SATISFACTION [satisfaksjɔ̃] n. f. — V. 1155; lat. *satisfactio* «disculpation» et «réparation» (juridique), de *satisfacere*. → Satisfaire.

♦ 1. Acte par lequel qqn obtient la réparation d'une offense. ⇒ **Réparation** (→ aussi Représailles). Vx en emploi libre. «*Je désire une satisfaction de vous*» (Mérimée, *in* G. L. L. F.). *Donner, faire à qqn une satisfaction pour qqch.* → ci-dessous cit. 2. — Mod. Loc. verb. *Donner, obtenir satisfaction.* Spécialt. *Donner satisfaction :* accepter un duel avec une personne qui se dit offensée.

Je suis si attaché à Dom Juan, qu'il ne saurait se batttre que je ne me batte aussi (...) vous n'avez qu'à dire quand vous voulez qu'il paraisse et vous donne satisfaction.   MOLIÈRE, *Dom Juan,* III, 3.

D'autre part, Henri n'avait fait pour la mort de saint Thomas qu'une satisfaction incomplète. Aux uns, il paraissait encore souillé du sang d'un martyr. Les autres, se souvenant qu'il avait offert de se soumettre à la flagellation, le voyant payer annuellement pour la croisade un tribut expiatoire, le croyaient encore en état de pénitence.   MICHELET, *Hist. de France,* IV, V.

(Mil. XIIIᵉ). Théol. chrét. Acte destiné à réparer envers Dieu l'offense du péché; peine expiatoire. ⇒ **Pénitence.** *Satisfaction sacramentelle :* pénitence imposée par le prêtre au confessional. ⇒ **Satisfactoire.**

Spécialt. *Donner, accorder... satisfaction à qqn,* lui accorder ce qu'il demande. ⇒ **Satisfaire** (intrans.). *Le demandeur, l'assuré a obtenu satisfaction* (→ Gain de cause*). *Le directeur a donné, accordé satisfaction aux grévistes.* — Par ext. *Donner satisfaction à une demande, à une revendication,* la satisfaire.

♦ 2. (1611). Plus cour. Sentiment de bien-être. Plaisir qui résulte de l'accomplissement de ce qu'on attend, désire, ou simplement d'une chose souhaitable. ⇒ **Bonheur, contentement, joie, jouissance, plaisir.** *Éprouver de la satisfaction. Sentiment de satisfaction.*

⇒ **Euphorie** (cit. 2). *La satisfaction de qqn (pour qqch.). Recher-cher* (cit. 6) *sa satisfaction. Se frotter les mains, hocher la tête en signe de satisfaction* (→ Rater, cit. 1). *Témoigner sa satisfaction.* — *Avec satisfaction* (→ Dénaturer, cit. 11 ; installer, cit. 6). *Regar-der avec satisfaction.* ⇒ **Complaisance.** *On a appris avec satisfac-tion qu'une légère détente s'était produite* (→ Heure, cit. 52). — *À la satisfaction de qqn. À la satisfaction générale.* → Remplir, cit. 9. — *Satisfaction vive* (→ Musée, cit. 2), *profonde* (→ Assou-vissement, cit. 6), *parfaite* (→ Enchantement, cit. 10). ⇒ **Béati-tude, volupté ; triomphe.** — *Billet de satisfaction.* ⇒ **Satisfecit.** — *La satisfaction de qqch.,* éprouvée (par qqn) *pour, au sujet, à cause de qqch. La satisfaction du devoir accompli. La satisfac-tion de soi-même.* ⇒ **Fierté, suffisance** (→ Approuver, cit. 11 ; opti-miste, cit. 4). — *La satisfaction de* (et inf.). *J'ai eu la satisfaction de constater que...*

3   Il eût arrêté son père s'évadant du bagne et dénoncé sa mère en rupture du ban. Et il l'eût fait avec cette sorte de satisfaction intérieure que donne la vertu.
HUGO, les Misérables, I, V, V.

4   (...) l'intime satisfaction d'un bourgeois qui rentre chez lui.
FRANCE, le Crime de S. Bonnard, III, Œ., t. II, p. 363.

5   Il exigea que je goûtasse au *vino santo* et le dégusta avec moi, non sans donner des marques de satisfaction réelle : hochements de tête, agitation d'une gorgée de vin dans la bouche avec mouvements appropriés des lèvres et des joues, léger frot-tement de la main gauche sur l'estomac. APOLLINAIRE, l'Hérésiarque..., p. 59.

6   (...) je sentais que la satisfaction de nous-même, qui réside essentiellement dans notre conscience, se maintient et se fortifie par le jugement que les autres portent de nous (...) Charles NODIER, Contes, « Fée aux miettes », VIII.

(1893). DONNER SATISFACTION : contenter (qqn) par sa conduite, sa compétence, ses qualités. *Cet enfant donne toute satisfaction à ses parents, à ses professeurs.* ⇒ **Satisfaire.** *Employé qui ne donne pas satisfaction* (→ Pavé, cit. 4). *Travail qui ne donne pas satisfaction* (→ Recommandable, cit. 2). *L'aménagement de cette chambre est loin* (cit. 40) *de me donner satisfaction.*

♦ **3.** (Fin XVIIe, Mme de Sévigné). *Une, des satisfactions.* Plaisir, occa-sion de plaisir. *Les petites satisfactions de la vie paisible et réglée,* celles que donne la vie paisible (→ Confortable, cit. 2). ⇒ **Dou-ceur.** *Petite satisfaction qui balaye* (cit. 15) *un souci.* ⇒ **Consola-tion.** *Satisfactions matérielles.* ⇒ **Avantage.** *Les satisfactions nobles d'un métier* (→ Frustrer, cit. 6). *Satisfactions égoïstes* (→ Occu-per, cit. 13), *matérielles, basses* (→ Fatalement, cit. 3). *Les satis-factions de la vanité,* que procure la vanité (→ Exigeant, cit. 1).

♦ **4.** (1836). Action de contenter, de satisfaire (un besoin, un désir). ⇒ **Assouvissement.** *La satisfaction d'un besoin, de nos besoins* (→ Capital, cit. 1 ; industriel, cit. 3 ; propriété, cit. 5), *des besoins matériels* (→ Économique, cit. 1), *des besoins de tendresse* (→ Entrelacement, cit. 2). « *L'argent n'était pour moi que satis-faction de fantaisies* » (→ Manquer, cit. 4, Stendhal). *Satisfaction du désir moral* (→ Horizon, cit. 2). « *Je vous cherche (...) Satis-factions de tous mes désirs* » (Gide ; → Nourriture, cit. 11). Absolt. *La satisfaction tue le désir, amène la satiété** (→ aussi Étanche-ment, cit. 1).

7   J'y coudoie un monde de gueux et de gueuses hébétées d'oisiveté, et déformés par la satisfaction régulière et naïve de leurs vices pauvres.
Valery LARBAUD, Barnabooth, Journal, II, 24 avr.

8   C'est la satisfaction qui brise la ferveur.   G. DUHAMEL, Cri des profondeurs, XI.

9   On peut dire encore qu'elles *(les passions politiques)* se ramènent à deux volon-tés dont l'une cherche la satisfaction d'un *intérêt* et l'autre celle d'un *orgueil.*
Julien BENDA, la Trahison des clercs, p. 118.

Écon. Grandeur mesurant le degré de satisfaction des agents éco-nomiques et liée à leur comportement.

CONTR. Refus. — **Affliction, chagrin, contrariété, dépit, désolation, désappointe-ment, déplaisir, épreuve, fâcherie, froissement, frustration, mécontentement, morti-fication, peine, tristesse.. — Avidité, inassouvissement. — Désir.**

CONTR. et COMP. **Autosatisfaction, insatisfaction, non-satisfaction.**

SATISFACTOIRE [satisfaktwaʀ] adj. — 1495 ; lat. scolast. *satis-factorius,* de *satisfacere.* → Satisfaire.

♦ Théol. Qui est propre à réparer, à expier une faute, dans la reli-gion chrétienne. *Peine satisfactoire.*

SATISFAIRE [satisfɛʀ] v. tr. — Conjug. *faire.* — 1640 ; *satisfaire qqn de qqch.* « rémunérer », 1545 ; « payer (qqch.) », 1219 ; lat. *satisfa-cere* « s'acquitter », de *satis* « assez » (→ Saturer) et *facere* « faire ».

I. Trans. dir. ♦ **1.** Faire ou être pour (qqn) ce qu'il demande, ce qu'il attend, ce qui lui convient. — (Sujet n. de personne). *Satisfaire des créanciers.* ⇒ **Payer.** *Satisfaire qqn en lui donnant* ce qu'il veut (⇒ **Combler, contenter, exaucer**), *plus qu'il ne veut* (⇒ **Ras-sasier, soûler**). *Satisfaire sa clientèle. Il est difficile de satisfaire tout le monde.* ⇒ **Arranger, complaire, plaire.** *Satisfaire des lec-teurs* (→ Film, cit. 1). *Satisfaire les délicats* (cit. 26). → Camper, cit. 10. — Spécialt. Faire la réparation demandée. *Satisfaire une personne par des excuses.* — Donner l'explication demandée. *Ques-tionnez-le, il ne se fera pas tirer l'oreille* (cit. 35) *pour vous satis-faire.* ⇒ **Expliquer.**

1   (...) il n'y a rien que je ne fasse pour te satisfaire (...)
MOLIÈRE, l'Amour médecin, I, 2.

Du Bousquier commença d'étranges doléances : il venait de faire le dernier paye-ment de sa maison, il avait à satisfaire le peintre, le maçon, le menuisier (...)   2
BALZAC, la Vieille Fille, Pl., t. IV, p. 234.

Le roi me contait que Talleyrand lui avait dit un jour : — Vous ne ferez jamais   3
rien de Thiers, qui serait pourtant un excellent instrument. Mais c'est un de ces
hommes dont on ne peut se servir qu'à la condition de les satisfaire. Or, il ne sera
jamais satisfait.   HUGO, Choses vues, II, IX, I.

(Sujet n. de chose). Convenir, plaire à, être satisfaisant pour (qqn). ⇒ **Satisfaisant.** *Le présent ne nous satisfait jamais* (→ Mener, cit. 7). *Cet état de choses ne nous satisfait pas* (→ Laisse à dési-rer*). *Sans trouver rien qui pût le satisfaire* (→ Rejeter, cit. 8). *La réponse parut le satisfaire.* Par ext. *Satisfaire le cœur, l'esprit* (→ Analyse, cit. 6), *l'âme* (→ Infini, cit. 17), *les sens* (de qqn) (→ Chaste, cit. 8).

♦ **2.** (1667). Remplir, contenter (un besoin, un désir). ⇒ **Assouvir.** (Le sujet désigne la personne qui éprouve le besoin, le désir). *Satis-faire sa faim.* ⇒ **Apaiser, calmer ; repaître** (se) ; **repu** (→ Déro-ber, cit. 1). « *Satisfaire des appétits* (cit. 7) *gloutons* ». *Satisfaire sa soif.* ⇒ **Désaltérer** (→ Fermer, cit. 32). *Satisfaire ses besoins* (→ Enfant, cit. 3). — Spécialt. *Satisfaire un besoin naturel* (mic-tion, défécation). → Commodité, cit. 9. → ci-dessous *Se satisfaire.*

(Le sujet est différent). *Satisfaire les besoins de qqn* (→ Commerce, cit. 1 ; machinisme, cit. 1). — (Au passif). *Besoins qui exigent d'être satisfaits* (→ Circonscrire, cit. 6). — *Satisfaire les désirs* (→ Imagi-nation, cit. 14), *l'attente* (⇒ **Remplir**), *l'envie* (cit. 28), *les exigen-ces* (→ Enivrement, cit. 1), *les caprices* (→ Abandonner, cit. 24), *les passions de qqn* (→ Débauche, cit. 1). Spécialt. *Satisfaire le désir d'une femme* (→ Étancher, cit. 5), *d'un homme, d'un par-tenaire amoureux. Satisfaire sa curiosité* (cit. 17). — (Sujet n. de chose). *L'art* (cit. 2) *satisfait des besoins non utilitaires. Ce qui satisfaisait son goût de dominer* (→ Pharisien, cit. 4).

Sa conversation était agréable et elle s'entendait à merveille à exciter la curiosité   4
sans la satisfaire complètement.   MÉRIMÉE, Hist. fausse d'Élisabeth II, p. 253.

Quand l'homme se reconnaît trop faible pour réaliser ses désirs et satisfaire son   5
orgueil, il les reporte, enfant, sur ses parents, homme vaincu par la vie, sur ses
enfants à son tour.   R. ROLLAND, Jean-Christophe, L'aube, II, p. 43.

Il semblait guetter mes désirs pour les satisfaire aussitôt.   6
A. MAUROIS, Climats, II, IV.

II. V. tr. indir. SATISFAIRE À... ♦ **1.** (Fin XVe). Vx. Donner (à qqn) la réparation qu'il attend. *Satisfaire à l'offensé.* — Absolt. « *Il satis-fera, Sire* » (Corneille, *le Cid,* II, 6). — Théol. chrét. Donner (à Dieu) la réparation de l'offense que constitue le péché. *Seul un Dieu pou-vait dignement satisfaire à un Dieu* (cit. 38).

♦ **2.** (XIVe). Mod. S'acquitter* (de ce qui est exigé par qqn), remplir (une exigence). *Satisfaire à une obligation* (→ Caution, cit. 8), *aux obligations de l'impôt et du sang* (→ État, cit. 118), *aux besoins* (cit. 7) *de la patrie, aux devoirs de la société* (→ Approxi-mation, cit. 3). *Satisfaire à un engagement* ⇒ **Accomplir, exécu-ter** ; → Obséder, cit. 6). *Satisfaire à des demandes.* ⇒ **Accorder, répondre** (à). → Faire droit* à... *Nous ne pouvons plus satisfaire à des demandes croissantes.* ⇒ **Suffire** (→ Faire face* à...). *Satis-faire aux revendications des ouvriers* (→ 1. Intestin, cit. 4). *Satis-faire aux besoins du corps* (⇒ **Fournir, pourvoir** ; → Foyer, cit. 4), *à son appétit* (→ Déchiffrer, cit. 8). *Satisfaire à son idéal* (⇒ **Obéir** ; → Perfection, cit. 4), *à sa générosité naturelle* (→ Meurtrier, cit. 2). *Satisfaire au goût des lecteurs* (→ Grimacer, cit. 3). — Vx. *Satisfaire à une question,* y répondre.

C'est ainsi que vous satisfaites aux engagements de la foi que vous m'avez don-   7
née publiquement ?   MOLIÈRE, George Dandin, II, 2.

(...) comment pourraient-ils *(les vieillards)* craindre de manquer (...) des commo-   8
dités de la vie, puisqu'ils s'en privent eux-mêmes volontairement pour satisfaire à
leur avarice ?   LA BRUYÈRE, les Caractères, XI, 113.

Madame la Duchesse lui fit (...) quelques questions auxquelles il satisfit sans hési- 9
ter.   LA BRUYÈRE, Correspondance, XII, 7 janv. 1686.

Loin de les impatienter, la pétulance de cette enfant les charmait, et ils satisfai-   10
saient à tous ses désirs en faisant du tout un sujet d'instruction.
BALZAC, Ursule Mirouët, Pl., t. III, p. 309.

(1870). Sujet n. de chose. *Pour satisfaire à la musique, la langue altère les mots* (→ Euphonie, cit. 2). *Formes qui doivent satisfaire à des conditions, des normes* (→ Œuvre, cit. 28). *Mécanique qui satisfait au principe de relativité* (cit. 3). *Production qui satisfait aux besoins.* ⇒ **Correspondre.**

▶ SE SATISFAIRE v. pron. (1580). *Satisfaire ses besoins, ses désirs. Désirer sans jamais se satisfaire* (→ Nanan, cit. 1). *Il faut que je me satisfasse* (→ Passer son envie*). Spécialt. *Satisfaire un besoin naturel ; un désir sexuel.* — *Être satisfait. Se satisfaire avec qqch., de qqch., de peu.* ⇒ **Arran-ger** (s) ; **contenter** (se). → Avoir assez* de... (→ Estomac, cit. 5). Par ext. *Désirs, instincts* (cit. 3) *qui se satisfont.*

Je ne me satisfais d'aucunes conjectures.   CORNEILLE, Horace, I, 1.   11

Car le regret comme le désir ne cherche pas à s'analyser, mais à se satisfaire (...) 12
PROUST, À l'ombre des jeunes filles en fleurs, Pl., t. I, p. 614.

(...) la chair et l'âme sensuelle de l'amour y ont moins de part qu'un appétit épais   13
et court, qui a honte de se satisfaire.   A. SUARÈS, Trois hommes, « Ibsen », I.

▶ SATISFAIT, FAITE p.p. et adj. (XIVe, « absous »).

♦ **1.** (1611). Qui a ce qu'il veut. *Se déclarer, s'estimer satisfait* (→ Abat-jour, cit. 3 ; courbaturer, cit. 2). Contr. : *plaindre (se).*

Êtes-vous satisfait? (→ Pourquoi, cit. 15). ⇒ **Content.** *Très satis-fait.* ⇒ **Comblé, flatté.** *Il n'est pas satisfait s'il n'est dans l'estime des hommes* (→ Gloire, cit. 7). ⇒ **Heureux.** Par antiphr. *Vous voilà satisfait, vous êtes bien avancé*!* (→ Vous l'avez voulu). — N. m. *Les satisfaits et les mécontents.* Spécialt. Dont les besoins sexuels sont assouvis. — *Sens satisfaits.* ⇒ **Calme.**

♦ **2.** (1580). SATISFAIT DE : content de, qui a ce qu'il attend de. *Être satisfait de qqn.* (→ Obliger, cit. 1), *d'un élève* (→ 1. Penser, cit. 13), *d'un domestique, d'un employé, d'un peintre* (→ Jour, cit. 9). *Nous en sommes très satisfaits* (→ Donner toute satisfaction*). — *Être satisfait de soi :* être plein de soi, orgueilleux, vaniteux. (⇒ **Autosatisfaction**). — *Être satisfait d'un objet, d'un achat...* (→ En avoir pour son argent* ; et aussi cueillir, cit. 2). — Absolt. *Satisfait ou remboursé.* — *Personne... n'est satisfait de son état* (cit. 74). *Satisfait de son sort, de son humble fortune* (→ État, cit. 75 ; aussi se trouver* bien de...). *Vous m'en voyez fort satisfait* (→ Se frotter les mains, se féliciter* de...). — Avec l'infin. *Satisfait de voir...* (→ Musique, cit. 33).

14   (...) mon gendre également satisfait et se félicitant, chaque jour, de son choix (...)
                                        LACLOS, les Liaisons dangereuses, XCVIII.

15   Ceux-là seuls qui se rapprochent de la brute sont contents et satisfaits. Mais les autres, les poètes, les délicats, les rêveurs, les chercheurs, les inquiets (...) Ah ! les pauvres gens !   MAUPASSANT, l'Inutile Beauté, III.

16   (...) tu sais que plus j'indigne les bourgeois, plus je suis content. Aussi j'ai été très satisfait de ma soirée.   FLAUBERT, Correspondance, 63, 26 juil. 1842.

17   Plus elle grossissait, plus elle se tassait dans sa graisse, satisfaite de vivre, d'une gaieté d'égoïsme, rapace, ramenant à elle la joie d'alentour. ZOLA, la Terre, IV, II.

18   (...) le soleil du lendemain le retrouvait fidèle au poste, rasséréné, rasé de frais, satisfait de lui et des autres.
                                        COURTELINE, Messieurs les ronds-de-cuir, IIe tableau, I.

19   Chaque homme n'est satisfait que de soi-même et pourtant il ne peut pas se supporter.   Edmond JALOUX, le Dernier Jour de la création, VIII.

Par ext. *Un air satisfait.* ⇒ **Fier, suffisant, vainqueur.** *Une expression satisfaite. Expression satisfaite du visage.* (→ Lassitude, cit. 8).

♦ **3.** (1611). Qui est assouvi, réalisé. *Besoins satisfaits. Le blasement* (cit.) *des volontés satisfaites.* ⇒ **Rassasié.** — (1713). À quoi on a donné satisfaction. *Ses exigences ont été satisfaites.*

CONTR. **Affamer, frustrer, priver.** — **Chagriner, contrarier, dépiter, désappointer, froisser, mécontenter.** — **Refouler, repousser.** — **Manquer** (à), **soustraire** (se... à). — **Affamé, avide, insatiable, revendicateur.** — **Chagrin, désolé, douloureux, fâché, froissé, inassouvi, mécontent.**
DÉR. **Satisfaisant.**
COMP. **Insatisfait.**

SATISFAISANT, ANTE [satisfəzɑ̃, ɑ̃t] adj. — Mil. XVIIe ; de *satisfaire.*

♦ **1.** Qui satisfait, est conforme à ce qu'on peut attendre. ⇒ **Bon, convenable.** — (Choses). *Résultat satisfaisant* (→ Procès-verbal, cit. 4). *Système de protection satisfaisant* (→ Planisphère, cit.). *De la manière la plus satisfaisante* (→ Achoppement, cit. 4). *Très satisfaisant. C'est à peine satisfaisant. Ce n'est pas satisfaisant.*

1   Qu'il *(l'homme)* se haïsse, qu'il s'aime : il a en lui la capacité de connaître la vérité et d'être heureux ; mais il n'a point de vérité, ou constante, ou satisfaisante.
                                        PASCAL, Pensées, VI, 423.

2   La musique (...) tire du désordre naturel une unité satisfaisante pour l'esprit et le cœur.   CAMUS, l'Homme révolté, p. 316.

(Personnes). *Des collaborateurs satisfaisants.*

♦ **2.** Qui peut être accepté, sans plus. ⇒ **Acceptable, convenable, correct.** *Des résultats scolaires satisfaisants. Un accord satisfaisant.*

CONTR. **Déplorable, insuffisant, mauvais.**

SATISFAIT, AITE [satisfɛ, ɛt] adj. ⇒ **Satisfaire.**

SATISFECIT [satisfesit] n. m. invar. — 1845 ; mot lat., « il a satisfait ».

♦ Vx. Billet de satisfaction, attestation qu'un maître donne à un élève dont il est content. — Mod., littér. Approbation. *Il ne donnait de satisfecit à qui que ce soit* (→ Mécontent, cit. 10). *Des satisfecit.*

(...) comparant son régime avec les précédents, il lui décernait assurément un satisfecit presque sans réserves (...)
                Louis MADELIN, Hist. du Consulat et l'Empire, Vers Empire d'Occident, X.

SATONER [satɔne] v. tr. — 1928, Esnault ; de *saton* « gourdin » et, par métonymie, « coup de gourdin », 1926.

♦ Argot. Frapper (qqn). « *Je lui satone la carcasse à coups de pompes redoublés* » (San Antonio, in Cellard et Rey). — REM. Parfois déformé en *sataner,* sous l'infl. de *satan.*

SATORI [satɔʀi] n. m. — XXe ; mot jap., de *satoru* « comprendre ».

♦ Didact. Éveil à la connaissance de la vérité, dans le bouddhisme japonais. ⇒ **Nirvâna ; ataraxie.** « *La vie zen commence par l'accès*

au satori. Le satori peut de définir comme un regard intuitif au centre des choses » (*l'Express,* 29 mai 1981, p. 153).

L'écriture est en somme, à sa manière, un *satori :* le *satori* qui fait vaciller la connaissance, le sujet ; il opère un *vide de parole.*
                                        R. BARTHES, l'Empire des signes, p. 11-12.

SATRAPE [satʀap] n. m. — V. 1265 ; lat. *satrapes,* grec *satrapês,* mot emprunté à l'anc. perse.

♦ **1.** Hist. anc. Gouverneur d'une province, dans l'empire perse (depuis Cyrus et jusqu'à l'ère chrétienne), sorte de vice-roi qui exerçait l'autorité civile et judiciaire et administrait les finances.

♦ **2.** (1389). Fig. et littér. Homme puissant et despotique. — Personne riche qui mène grand train (→ Fashionable, cit. 3, Gautier).

(...) quelle affluence extraordinaire aux abords, dans la prairie ! Ce doit être quelque grand personnage, voyageant avec un train de satrape : six carrosses (...) au moins cinquante chevaux, des tentes magnifiques (...)   LOTI, Vers Ispahan, p. 253.

DÉR. **Satrapique.** — V. **Satrapie.**

SATRAPIE [satʀapi] n. m. — Fin XVe ; lat. *satrapia,* grec *satrapeia,* de *satrapês.* → Satrape.

♦ **1.** Hist. anc. Division administrative de la Perse antique, gouvernée par un satrape.

♦ **2.** Littér. Gouvernement despotique, tyrannie comparée à celle des satrapes.

(...) un Gouvernement qu'on qualifiait pourtant constamment, mais bien abusivement, de satrapie, de proconsulat, de dictature, que sais-je !
                                        L.-H. LYAUTEY, Paroles d'action, p. 456.

SATRAPIQUE [satʀapik] adj. — 1842 ; de *satrape.*

♦ **1.** Hist. anc. Relatif à un satrape (1.), à son pouvoir.

♦ **2.** Fig. et littér. Relatif à un satrape (2.), despotique.

SATTEAU [sato] n. m. — 1765, *Encyclopédie* ; p.-ê. à rapprocher de l'anc. franç. *saietie, saetie,* du lat. *sagitta* « flèche ».

♦ Techn. Barque utilisée par les pêcheurs de corail.

SATURABILITÉ [satyʀabilite] n. f. — 1801 ; de *saturable.*

♦ Sc. Caractère de ce qui peut être saturé. *La saturabilité d'une solution, d'un gaz en vapeur. Saturabilité d'un sol en eau.*

SATURABLE [satyʀabl] adj. — 1836 ; p.-ê. antérieur (→ Saturabilité) ; de *saturer.*

♦ Sc. Susceptible d'être saturé. — Phys. *Réacteur saturable :* circuit dans lequel on introduit une induction variable, au moyen de forces magnétomotrices.

DÉR. **Saturabilité.**

SATURANT, ANTE [satyʀɑ̃, ɑ̃t] adj. — 1846 ; n. m., « absorbant », 1765 ; de *saturer.*

♦ Sc. Qui produit la saturation d'une solution, d'une combinaison, etc. *Pression maximale de vapeur saturante :* pression atteinte au cours d'une vaporisation lorsque le liquide est en équilibre avec la vapeur. *Réacteur saturant,* opérant à saturation. — *Signal saturant* (dans un radar).

SATURATEUR [satyʀatœʀ] n. m. — 1857, cit. ; de *saturer* d'après le lat. *saturator.*

♦ **1.** Sc. Appareil employé pour dissoudre un gaz dans un liquide jusqu'à saturation. ⇒ **Absorbeur.** *Saturateur* (de l'oxygène par l'éther), employé en anesthésie.

Le petit appareil imaginé par M. Lacarrière, et qu'il désigne sous le nom de saturateur, permet de mélanger avec certitude et simplicité les vapeurs de l'hydrocarbure liquide au gaz qui s'échappe du compteur.
                L. FIGUIER, l'Année scientifique et industrielle, 1858, p. 420 (1857).

♦ **2.** (1933). Cour. Dispositif d'évaporation destiné à augmenter l'humidité relative de l'atmosphère. ⇒ **Humidificateur.** *Les saturateurs d'un radiateur.*

SATURATION [satyʀasjɔ̃] n. f. — 1748 ; « satiété », 1513 ; bas lat. *saturatio,* de *saturare* → Saturer.

A. ♦ **1.** Sc. Action de saturer ; état de ce qui est saturé. [a] Action de dissoudre dans un liquide la masse maximale d'une substance à une température et sous une pression déterminées. État d'équilibre ainsi obtenu. *Dissolution à saturation. Vase à saturation,* où l'on effectue une dissolution (à saturation ou non), une précipitation. Physiol. *Saturation du sang en oxygène.*

b Cour. Action d'introduire dans un gaz ou un mélange gazeux la quantité maximale d'une vapeur à une température et sous une pression déterminées ; état ainsi obtenu (ex. : *air à 100 % d'humidité*). — (1801). *Point de saturation. Point de condensation et point de saturation.* — Par anal. *Saturation du sol en eau* (s'exprime par le rapport du volume de l'eau au volume des vides). *Zone de saturation.*

c Chim. Action de neutraliser un acide par une base (ou vice versa).

d Réaction dans laquelle un atome est porté à sa valence maximale ou la plus stable dans les conditions de l'expérience. *Isomérie de saturation* : isomérie de deux molécules organiques dont tous les atomes de l'une sont saturés (→ Saturé, 1., b) et dont tous les atomes de l'autre ne le sont pas.

♦ **2.** Par anal. **a** Electr. *Courant de saturation* : courant d'ionisation résultant de l'application d'un potentiel suffisant pour collecter tous les ions. — *Tension de saturation* (des électrodes, dans un tube à émission électronique). — *Point de saturation* (dans les tubes électroniques, les transistors) au-dessus duquel le signal incident ne produit plus d'accroissement dans la réponse.

b Phys. nucléaire. *Saturation de forces,* se dit des forces entre particules, quand l'une d'entre elles réagit fortement, seulement avec un nombre limité d'autres particules. — État d'une substance irradiée où ne se forment plus de nouveaux radionuclides. — Dans un réacteur nucléaire, maximum d'activité avec un flux défini.

B. ♦ **1.** Fig. État de ce qui est saturé (2.). ⇒ **Excès.** *Arriver à saturation. Saturation du marché,* lorsque la demande d'un produit est arrivée à son maximum. *Seuil de saturation.* — *Saturation des lignes téléphoniques, d'une autoroute. Seuil de saturation.* — *Saturation d'une mémoire d'ordinateur.* — Publicité. *Campagne de saturation,* utilisant le maximum de supports dans un temps donné.

Figuré :

M. de Chateaubriand rendait admirablement ce changement dans les impressions en face de la nature, cette sorte de *saturation* qui fait qu'on ne sent plus deux fois avec la même vivacité, avec le même développement et la même plénitude (...)
SAINTE-BEUVE, Chateaubriand..., t. I, p. 109.

♦ **2.** (Mil. xx⁰). Log. Caractère d'un système d'axiomes lorsqu'on ne peut y joindre aucun axiome indépendant sans que la théorie devienne contradictoire.

♦ **3.** (1964). Statist. *Saturation d'une variable* : degré de corrélation entre un facteur donné et une variable aléatoire. ⇒ **Factoriel** (analyse factorielle).

CONTR. Insaturation.

SATURER [satyʀe] v. tr. — 1753 ; «rassasier», v. 1300 ; lat. *saturare,* de *satur* «rassasié», de *satis* «assez».

♦ **1.** (1753). Sc. Combiner, mélanger ou dissoudre jusqu'à saturation, réaliser une saturation. *Saturer de l'eau avec du sel. Saturer l'air de vapeur d'eau.*

1 Supposons qu'on approche l'un de l'autre deux atomes d'hydrogène ; il existera entre ces deux atomes une énergie mutuelle d'où résultera pour eux une tendance à s'unir avec formation d'une molécule stable. Mais une fois la molécule constituée, elle n'aura aucune tendance à s'agréger un troisième atome pour former une molécule triatomique : la valence de chaque atome H a été «saturée» par son union avec l'autre atome H.
L. DE BROGLIE, Physique et Microphysique, p. 25.

♦ **2.** (Ce sens, qui continue l'anc. franç. est senti comme fig. du sens 1). Rendre tel qu'un supplément de la chose ajouté soit impossible ou inutile. *Le parfum* (cit. 15) *dont elle saturait ses vêtements. Saturer une éponge d'eau,* la gorger. ⇒ **Emplir, remplir.**

♦ **3.** (1870). Remplir (qqn de qqch.) jusqu'à l'en dégoûter. *Saturer d'angoisse les esprits désenchantés* (→ Commémoration, cit. 2). — Pron. *Le cœur se sature d'amour* (→ Adhérence, cit. 4).

2 (...) tous ces socialistes forcenés, qui nous saturent de raisonnements et d'enseignements impérieux sur le fonctionnement de l'économique (...)
Ch. PÉGUY, la République..., p. 188.

3 Entre-temps, je me sature des *Contes* de Voltaire, grands et petits (...)
GIDE, Journal, 11 févr. 1934.

▶ **SATURÉ, ÉE** p. p. adj. (V. 1770 au sens 3).

♦ **1.** Sc. (1813). **a** Se dit d'un liquide ou d'une solution qui, à une température et une pression données, renferme la quantité maximale d'une substance dissoute.

b Se dit d'un atome sous sa valence maximale et par suite d'un atome dont toutes les valences sont satisfaites. *Carbures saturés* : hydrocarbures de formule générale $C_n H_{2n} + 2$. Syn. : *alcanes, paraffines.*

c Neutralisé, en parlant d'un acide.

d *Air saturé de vapeur, d'eau, d'humidité* (→ Saturation, A., 1., b ; et ci-dessous, cit., Diderot).

e Phys. *Activité saturée* : activité maximale que l'on peut obtenir dans un réacteur nucléaire avec un flux donné de neutrons.

4 Mais si au contraire il *(le brouillard)* s'élève et gagne la région supérieure où l'air est moins dense, et peut, comme disent les chimistes, n'être pas saturé ?
DIDEROT, Suppl. au voyage de Bougainville, I.

♦ **2.** Cour. Complètement rempli, qui ne peut contenir plus. *Paquets de neige saturés d'eau* (→ Égoutter, cit. 2). ⇒ **Plein, rempli.** *Atmosphère saturée de relents d'alcool* (cit. 3). — *Marché saturé* (d'une denrée, d'un produit). ⇒ **Encombré.** *Autoroute saturée. Parking saturé.* — *Mémoire d'ordinateur, voie de transmission saturée.*

♦ **3.** (Abstrait). *Être saturé d'une chose,* en avoir en surabondance, à satiété. *Il a trop lu de romans policiers : il en est saturé.* ⇒ **Dégoûté, écœuré, fatigué.** *Je suis saturé de ses vantardises, de l'entendre se vanter.*
Cœur saturé de joie. ⇒ **Plein, rempli, soûl.**

5 Plongez en la mer une éponge saturée d'eau, elle n'en boira pas une goutte de plus.
Th. GAUTIER, le Capitaine Fracasse, XII.

6 (...) ces femmes du XVIIIᵉ siècle (...) toutes saturées, à l'exception de deux ou trois, de positivisme et de scepticisme. Elles me semblent avoir des âmes d'avoués.
Ed. et J. DE GONCOURT, Journal, 12 nov. 1876, t. V, p. 221.

♦ **4.** Math. Se dit d'un ensemble possédant une propriété donnée lorsque cette propriété n'appartient à aucun ensemble incluant le premier.

Log. *Théorie saturée ; système axiomatique saturé.* ⇒ **Saturation** (3.).

CONTR. (Du p. p. adj.). **Insaturé.**
DÉR. Saturable, saturant, saturateur.
COMP. Sursaturer.

SATURNALES [satyʀnal] n. f. pl. — 1564 ; *saturneles,* v. 1355 ; du lat. *saturnalia,* neutre pluriel, sens ci-dessous 1.

♦ **1.** Antiq. Fêtes célébrées dans l'Antiquité romaine en l'honneur de Saturne, au cours desquelles les esclaves prenaient la place des maîtres et qui étaient l'occasion de diverses réjouissances.

Au singulier :

1 Tout peut être parodié, même la parodie. La saturnale, cette grimace de la beauté antique, arrive de grossissement en grossissement, au mardi-gras (...)
HUGO, les Misérables, V, VI, I.

♦ **2.** (1666). Littér. *Saturnales* ou *saturnale* : temps de licence, de débauche* ou de désordre. — Par ext. Excès (de tout ordre). *« Les saturnales de la grandeur »* (Chateaubriand).

2 Ils le jouaient *(le whist)* après leur dîner, tous les soirs, jusqu'à minuit ou une heure du matin, ce qui est une vraie saturnale pour la province.
BARBEY D'AUREVILLY, les Diaboliques, «Dessous de cartes...», p. 219.

SATURNE [satyʀn] n. m. — 1564 ; lat. *Saturnus,* nom d'un dieu — en grec *Kronos* — père de Jupiter, et d'une planète (→ L'Anneau* de Saturne).

♦ Alchim. (Parce que le plomb était considéré par les alchimistes comme le métal froid, de même que Saturne était la planète froide). Le plomb. — Chim., anc. *Arbre de saturne. Mine de saturne* (→ Éclairer, cit. 3, Gautier). — Pharm. *Extrait, sel de saturne* : acétate de plomb.

DÉR. Saturnin, saturnisme. — (Du nom de la planète) V. **Saturnien.**

SATURNIE [satyʀni] n. f. — 1842 ; du lat. sav. *saturnia,* Schrank, de *Saturnus* «Saturne».

♦ Zool. Papillon nocturne roux, brun et gris dont chacune des quatre ailes porte une ocelle. *Les saturnies sont communément appelées* paons-de-nuit. ⇒ **Paon.** *La soie d'une espèce indienne de saturnie sert à faire le tussor.*

DÉR. Saturniidés.

SATURNIEN, IENNE [satyʀnjɛ̃, jɛn] adj. — V. 1380 ; de *Saturne,* planète.

♦ **1.** Rare. De Saturne.

♦ **2.** (1558). Vx ou littér. Qui est sous l'influence de Saturne ; triste, mélancolique (opposé à *jovial,* de *Jupiter*). *Poèmes saturniens,* de Verlaine (→ Hystérique, cit. 1, Baudelaire). *Littérature « maussade, saturnienne et lourde comme le plomb »* (cit. 5, Baudelaire).

N. Personne mélancolique, soumise à l'influence de Saturne.

Tels les Saturniens doivent souffrir et tels
Mourir, — en admettant que nous soyons mortels, —
Leur plan de vie étant dessiné ligne à ligne
Par la logique d'une Influence maligne.
VERLAINE, Poèmes saturniens, Avant-propos.

♦ 3. (1705). Rhét. *Vers saturniens,* formés de trois iambes et demi, suivis de trois trochées.

♦ 4. (1904). Chiromancie. *Ligne saturnienne :* la ligne de chance.

♦ 5. Relatif au saturnisme (on dit aussi *saturnin, saturnique*).

SATURNIIDÉS [satyʀniide] ou **SATURNIADES** [satyʀnjad] n. m. pl. — Fin XIXᵉ ; de *saturnie.*

♦ Zool. Famille de lépidoptères comprenant deux genres principaux : la saturine et l'attacus. — Au sing. *Un saturniidé.*

SATURNIN, INE [satyʀnɛ̃, in] adj. — 1812 ; « saturnien », 1380 ; de *saturne,* nom du plomb en alchim., ou du lat. médiéval *saturninus.*

♦ Méd. Provoqué par le plomb ou ses composés. *Colique saturnine. Goutte saturnine. Encéphalopathie, méningite saturnine.*
N. (1876). Personne atteinte de saturnisme.

SATURNISME [satyʀnism] n. m. — 1877 ; de *saturne,* n. du plomb en alchim., ou du lat. médiéval *saturnismus.*

♦ Méd. Intoxication par le plomb ou par les sels de plomb. *Saturnisme aigu,* accompagné de violentes douleurs intestinales (coliques de plomb) et de troubles neuropsychiques (obtusion mentale, accès confusionnels). *Saturnisme chronique,* avec troubles nerveux (torpeur, dysarthrie, tremblements), néphrite...

SATYRE [satiʀ] n. m. et f. — 1372, *satire ; satyre,* 1549 ; lat. *satyrus,* grec *saturos.*

★ I. N. m. ♦ 1. Divinité de la terre, être à corps humain, à cornes et pieds de chèvre, de bouc. ⇒ **Ægipan** (cit. 2), 1. **bouquin, capripède, chèvre-pied.** *Les satyres des Grecs correspondent aux faunes** (cit. 1) *et aux sylvains des Latins. Pan et les satyres sont souvent représentés jouant de la flûte, poursuivant et ravissant des nymphes* (cit. 2), *dansant* (→ Avide, cit. 2). *Bacchantes* (1. Bacchante, cit. 2) *et satyres.*

1 Un satyre cornu, qui de ses bras étreint
Tout au travers du corps une jeune bergère.   RONSARD, Églogues, I.

2 C'était l'empreinte d'une intaille antique représentant un satyre qui soulevait les voiles d'une nymphe endormie (...)   FRANCE, Crainquebille, p. 165.

♦ 2. Vx. Orang-outan.

♦ 3. (XVIIᵉ, Scarron ; → 1. Patiner, cit.). Vieilli. Homme cynique et débauché (cit. 4). — (XXᵉ). Mod. Fam. Homme lubrique, obscène*, qui entreprend brutalement les femmes ; pervers, voyeur ou exhibitionniste. *Un vieux satyre. Un comportement de satyre.* ⇒ **Satyrisme.**

3 Il y a un coup de vent qui soulève les jupes des dames (...) Alors vous comprenez, il y a un tas de satyres, qui viennent exprès pour se rincer l'œil. Nous, on les appelle les « philosophes ». C'est des vicieux !
    R. QUENEAU, Pierrot mon ami, p. 105.

4 — Et l'père Taupe, qui c'est ?
— Un vieux satyre ! Chaque fois qu'i peut, i m'pince les fesses.
— Ah, ah, ah !
— Et ?
— Quel vieux salaud ! À son âge !   R. QUENEAU, le Chiendent, p. 160.

Psychiatrie. Homme manifestant du satyriasis*. (On a dit aussi *satyrisiaque* [satiʀizjak]). ⇒ **Satyriasique.**

♦ 4. (1671). Papillon de jour à grandes ailes brunes et noires (genre *Satyrus*). *Satyre actéon.*

♦ 5. (1870). **SATYRE PUANT :** champignon basidiomycète qui, à maturité, dégage une odeur nauséabonde, et dont la forme rappelle celle d'un phallus en érection (n. sc. : *phallus impudicus* « phallus* (II.) impudique »). *Satyre des chiens :* champignon basidiomycète, aussi appelé *phallus de chien.* ⇒ **Phallus,** II.

★ II. N. f. (1738, par infl. de *satire*). Vx. Drame satyrique* grec (poème dramatique).
DÉR. Satyreau, satyresse, satyrisme.
HOM. Satire.

SATYREAU [satiʀo] n. m. — XVIᵉ ; *satirel,* v. 1160 ; de *satyre.*

♦ Littér. Petit satyre, jeune satyre (I., 1.).

(...) Mousarion, la laitière de chez nous, vous savez bien, a fait un enfant qui a deux petites cornes d'or. C'est Pan qui l'avait prise !
— Elle n'est pas la seule, continuait Ulysse, combien d'assaillies ai-je vues, qui dorlotaient de petits satyreaux aux yeux verts.
    J. GIONO, Naissance de l'Odyssée, t. I, Pl., I, p. 31.

SATYRESSE [satiʀɛs] n. f. — 1701 ; de *satyre.*

♦ Littér., rare. Satyre (I., 1.) femelle.

SATYRIASIQUE [satiʀjazik] n. m. et adj. — 1874, *in* D.D.L. ; de *satyriasis.*

♦ Méd. Homme atteint de satyriasis. ⇒ **Satyre.** — Adj. Relatif au satyriasis. *Tendances satyriasiques.*

SATYRIASIS [satiʀjazis] n. m. — 1538 ; lat. méd. *satyriasis,* mot grec.

♦ Didact. Exagération morbide des désirs sexuels chez l'homme. *Le satyriasis est l'homologue, concernant les hommes, de la nymphomanie.* ⇒ **Aphrodisie, érotisme** (morbide). — Vx. Érection pathologique (⇒ **Priapisme**).
DÉR. Satyriasique.

SATYRIQUE [satiʀik] adj. — 1488 ; lat. *satyricus,* grec *saturikos,* de *saturos.* → Satyre.

♦ 1. (1755). Myth. Des satyres. — Antiq. *Danse satyrique,* à postures indécentes.

♦ 2. (1870). *Poème, drame satyrique :* forme théâtrale grecque, pièce tragi-comique issue du culte dionysiaque, qui était jouée après la triologie tragique.

Jeux satyriques, à Rome, sorte de farces inspirées des drames satyriques grecs. A ses débuts, le drame satyrique eut pour règle de traiter des sujets dionysiaques, de présenter sur le théâtre le dieu lui-même, ses compagnons les satyres et le vieux Silène qui veille sur eux. Mais par les deux drames satyriques qui nous ont été conservés (...) nous voyons qu'un tel résultat ne pouvait être obtenu sans modifier les légendes d'une façon très artificielle (...) D'où l'épuisement assez prompt de ce genre hybride, mélange de gros comique et de tragique (...)
    Fernand ROBERT, la Littérature grecque, p. 33.
HOM. Satirique.

SATYRISME [satiʀism] n. m. — XXᵉ ; *satyriasme,* 1802 ; de *satyre,* I., 3.

♦ Comportement, attitude de satyre (I., 3.).

Dans l'automobile (...) son comportement se teinte d'une pointe de satyrisme (...)   1
    R. QUENEAU, le Dimanche de la vie, p. 30.
Le satyrisme n'est que l'exagération de la masculinité.   2
    MONTHERLANT, Pitié pour les femmes, p. 143.

SAUÇAGE [sosaʒ] n. m. — 1906, *in* D.D.L. ; de *saucer.*

♦ 1. Action de saucer.

♦ 2. Techn. Incorporation d'une sauce (II., 4.) à un tabac.

SAUCE [sos] n. f. — 1450 ; *salse,* v. 1170 ; var. *sause, sausse* (encore *in* Richelet, 1680) « eau salée », v. 1138 ; lat. pop. *salsa* « chose salée », lat. class. *salsus* « salé ».

★ I. ♦ 1. Ⓐ Préparation liquide ou onctueuse, formée d'éléments gras (beurre, huile, etc.) et aromatiques (sel, poivre, condiments) plus ou moins liés et étendus (d'eau, de lait, de vin, ...) et qui sert à accommoder certains mets. ⇒ **Ragoût** (vx). *Sauce liquide, longue, claire ; trop claire et insipide* (⇒ **Lavasse**). *Sauce courte* (peu abondante), *consistante, épaisse ; lier** (cit. 5) *une sauce.* ⇒ **Liaison.** *Allonger, rallonger une sauce* (⇒ aussi **Mouiller**). *Tourner la sauce.*
— *Sauces au beurre :* beurre blanc (avec échalotes, vin blanc) ; beurre noir ; *sauce Colbert* (beurre, gelée de viande, jus de citron) ; *sauce maître d'hôtel* (beurre et vinaigre ou citron). *Sauces émulsionnées :* sauces *béarnaise*, mayonnaise** (cit. 1), *mousseline*, moutarde*, ravigote*, rémoulade*, tartare*, verte*, vinaigrette*. Sauce tomate** (⇒ aussi **Ketchup**). *Sauces à la farine et au beurre* (⇒ **Roux**). *Sauce béchamel*, blanche*, brune*, financière*, madère*, marinière** (à la), *matelote*, normande* (eau, crème fraîche), *piquante*, poulette*, poivrade*, suprême*, veloutée... Sauce pauvre homme* (roux blond mouillé de bouillon et lié de chapelure). *Sauce Robert* (sauce piquante et purée de tomates).
— REM. Certains de ces mots s'emploient substantivement (*une béchamel, une mayonnaise*) ; dans d'autres syntagmes, le mot *sauce* est sous-entendu (turbot *maître d'hôtel,* moules *marinière*). *Sauce à l'ail* (⇒ **Aillade**), *aux câpres, au poivre* (⇒ **Poivrade**), *au vin rouge* (→ 2. Haricot, cit. 4). ⇒ **Meurette.** *Sauce aigre-douce. Sauce épicée, forte* (→ Incendier, cit. 2), *pimentée, relevée* (→ Sarriette, cit. 1). ⇒ **Saupiquet** (vx). *Sauce vietnamienne au poisson.* ⇒ **Nuoc-mâm.** *Fond* de sauce.* — *Manger sans sauce.* — *Jus et sauce* (→ Dégoutter, cit. 2).

Robert, cestui fut inventeur de la sauce *Robert,* tant salubre et nécessaire aux connils (*lapins*) rôtis, canards (...) et mille autres telles viandes (...)   1
    RABELAIS, Quart livre, XL.

Le saladier se creusait, une cuiller plantée dans la sauce épaisse, une bonne sauce jaune qui tremblait comme une gelée. Là-dedans, on pêchait les morceaux de veau (...)   2
    ZOLA, l'Assommoir, VII, t. I, p. 272.

(...) outre sa saveur sombre et veloutée (...) il (*un bœuf à l'ancienne*) brillait d'une sauce caramelline, mordorée, cernée sur ses bords d'une graisse légère, couleur d'or (...)   3
    COLETTE, Prisons et Paradis, p. 78.

4 Le lapin était sur la table, dans une sauce blonde épaissie de farine où les petits oignons embaumaient.   M. GENEVOIX, Raboliot, II, III.

Par appos. *Rognons sauce madère,* préparés avec de la sauce (au) madère → Mets, cit. 3.

EN SAUCE. *Viande, poisson en sauce. Mettre en sauce* (une viande).

Par métaphore. Prov. *Il n'est sauce que d'appétit* (*infra* cit. 15). — **Loc. fig.** *À quelle sauce sera-t-il mangé ? :* de quelle manière sera-t-il attaqué, vaincu... ?

5 — Entre vous deux, je crois que je vais passer un mauvais quart d'heure. Enfin, moi, ça m'amuse de savoir à quelle sauce je serai mangé.
       J. ROMAINS, les Hommes de bonne volonté, t. III, XVI, p. 216.

Jus de viande. *La sauce d'un rôti.*

ⓑ En franç. d'Afrique. Préparation culinaire plus ou moins liquide qui accompagne les céréales (sorgho, maïs, mil, riz... ⇒ **Boule**) et qui comprend éventuellement des légumes, de la viande, du poisson. *Sauce arachide,* à base d'arachides pelées et pilées (en pâte), *sauce gombo*. Sauce claire. Sauce feuille,* obtenue à partir de feuilles cuites et pilées (fromages, gombo, manioc, oseille de Guinée, etc.). [D'après I.F.A.].

5.1 Les grosses marmites (...) laissent échapper une vapeur blanche qui répand partout l'odeur appétissante des sauces de viande.
       Y. GUEYE, À l'orée du Sahel, p. 114.

♦ **2.** (XVIIe). Fig., dans des loc. ou expressions. L'accessoire* (opposé à l'essentiel, au principal). *La sauce fait passer le poisson.* ⇒ **Poisson.** — *Mettre à telle sauce :* accompagner, arranger, présenter de telle façon. *Varier la sauce,* la présentation (→ Rabâcher, cit. 3). — (1610, *in* D.D.L.). *À toutes les sauces. Employer*, mettre qqn à toutes les sauces* (→ Militant, cit. 3).

6 (*Corbinelli*) est comblé des biens et des manières obligeantes de M. de Vardes, qui a accompagné les douze cents francs d'une si admirable sauce, qui l'a assaisonnée de tant de paroles choisies, et de sentiments si tendres et si généreux, que la philosophie de notre ami n'y résiste pas.   Mme DE SÉVIGNÉ, 803, 1er mai 1680.

Accompagnement inutile, oiseux. Expressions métaphoriques du sens 1 : *Allonger la sauce, remettre la sauce.*

7 Je dois toutefois en rester là. Avec de tels ajouts, que ferais-je, sinon allonger la sauce en maître queux truqueur ?   Michel LEIRIS, Frêle bruit, p. 335.

(Fin XVe). **Vx.** *Donner une sauce à qqn,* le réprimander. ⇒ **Saucer** (La Fontaine, Bayle, *in* Littré).

♦ **3.** (1888). Fig et fam. Pluie, averse. ⇒ **Saucée.** *Recevoir la sauce.*

8 Une main, dans la file, sortit, tâta l'espace.
       — V'là la sauce qui n'tombe plus (...)   H. BARBUSSE, le Feu, t. I, I, IX, p. 50.

♦ **4.** (1905). Fam. *Remettre la sauce,* les gaz. ⇒ **Gomme** (cit. 8). (1918). Courant électrique. ⇒ **Jus.**

★ **II. Techn.** ♦ **1.** (1832). Crayon tendre, très friable, servant à estomper (⇒ **Estompe**). *Dessin à la sauce.*

♦ **2.** (1803). Liquide contenant du métal précieux (⇒ **Saucé**). *Dorure à la sauce.* ⇒ **Or, orfèvrerie.**

♦ **3.** Bouillie claire dans laquelle on fait tremper les peaux.

♦ **4.** (1765). Solution ajoutée (⇒ **Sauçage**) au tabac, pour en modifier le goût ou l'arôme.

DÉR. Saucé (2.), saucer, saucier, saucière.

SAUCÉ, ÉE [sose] adj. — 1247, «salé»; sens 2, 1701; de *saucer.*

♦ **1.** ⇒ **Saucer.**

♦ **2.** (De *sauce,* II., 2.). Techn. Se dit d'une pièce de monnaie antique de cuivre, recouverte d'une mince couche d'argent. *Médaille, monnaie saucée.*

SAUCÉE [sose] n. f. — 1877; de *saucer.*

♦ **1.** Fam. Averse, forte pluie qui mouille, trempe. ⇒ **Sauce** (I., 3.). *Recevoir une saucée, la saucée.*

— Ah bien ! s'écria madame Lerat en entrant, nous allons avoir une jolie saucée (...) Et elle appela la société (...) pour voir les nuages; un orage d'un noir d'encre (...)   ZOLA, l'Assommoir, III, t. I, p. 86.

♦ **2.** (1896). Fam. Vx. Correction, averse de coups. ⇒ **Trempe.**

SAUCER [sose] v. — 1538; *saucier* «humecter», XIVe; de *sauce.*

★ **I. V. tr.** ♦ **1.** (1611; *saulcer,* déb. XVIe). Vx. Tremper dans la sauce. *Saucer son pain.*

(1538; *saucier,* XIVe). Garnir de sauce. « *Le pudding saucé d'un brûlant velours de rhum* » (→ Pétrir, cit. 1).

♦ **2.** (XXe). Mod. Essuyer en enlevant la sauce (pour la manger). *Saucer son assiette avec un morceau de pain* (→ aussi Pomper, cit. 6).

1 L'œil fonctionnait, perçant (...), faisant des efforts pour ne pas voir ces dos ronds, ces coudes sur la table, ces assiettes soulevées ou saucées avec un mouillon de pain devant des parents neutres.   Hervé BAZIN, Cri de la chouette, p. 46.

♦ **3.** (1732; «tremper [qqn] dans l'eau», 1690). Fam. *Se faire saucer,*

être saucé : recevoir la pluie. ⇒ **Mouiller, tremper.** — Au p. p. *Il est arrivé complètement saucé.*

♦ **4.** (1718). Fig. et vx. Réprimander vertement.
P. p. adj. *Saucé* (Voir ci-dessus).

★ **II. V. intr. Fam.** *Il sauce, ça sauce :* il pleut.

Je fonce dans mon bureau pour y récupérer mon imper, car, dehors, il sauce comme dans la cour d'une caserne de pompiers un jour de grande manœuvre.   SAN-ANTONIO, le Secret de Polichinelle, p. 32.   2

DÉR. **Sauçage, saucée.**

SAUCIER [sosje] n. m. — 1723; *saussier,* 1285; de *sauce.*

★ **I. Cuis.** Cuisinier spécialisé dans la préparation des sauces. *Il y a dans ce restaurant un excellent saucier.*

(...) un maître saucier travaille constamment à faire mijoter quantité de mets, des moutons entiers, de la volaille.   Henri MICHAUX, Ailleurs, p. 129.

★ **II.** (1773; semble être une forme masc. de *saucière*). Mar. anc. Pièce évidée recevant le pied d'un étançon, le pivot du cabestan*.

SAUCIÈRE [sosjɛʀ] n. f. — 1379; *saussiere,* 1328; *sauser,* n. m., 1190; de *sauce.*

♦ Cour. Récipient dans lequel on sert les sauces, les jus, les crèmes. (→ Huilier, cit.) *Saucière à anse. Il a renversé la saucière sur la nappe.*

SAUCIFLARD [sosiflaʀ] n. m. — 1951; de *saucisson,* et suff. pop. *-ard.*

♦ Fam. Saucisson. *Un peu de sauciflard ?* ⇒ **Sifflard.**

Sardines, sauciflard, jambon, omelette flambée, à Pierrot, ce petit défilé semblait une amusette, un en-cas mignon.
       Albert SIMONIN, Touchez pas au grisbi, p. 164.

SAUCISSE [sosis] n. f. — V. 1268; lat. pop. **salsicia,* plur. neutre de *salsicius,* du lat. class. *salsus* «salé».

♦ **1.** Préparation de viande maigre hachée et de gras de porc (chair* à saucisse. ⇒ **Hachis**), assaisonnée, et entourée d'un boyau* (coiffe de porc...), que l'on sert en général cuite ou réchauffée. ⇒ **Chipolata, crépinette.** *Saucisse de Montbéliard, de Morteau* (fumée ⇒ **Morteau,** n. f.), *de Strasbourg* (à base de bœuf), *de Francfort* (veau et porc ⇒ **Francfort,** n. f.), *de Toulouse, de Vienne, de Nuremberg, de Cambridge... Chapelet de saucisses. Saucisse grillée* (→ Armée, cit. 18). *Saucisse aux lentilles. Saucisses-frites. Les saucisses d'une choucroute, d'un cassoulet.* — *Galette saucisse :* crêpe de blé noir contenant une saucisse. *Petit pain chaud garni d'une saucisse.* ⇒ **Hot-dog.** (→ Nourrir, cit. 36). *Saucisse pimentée d'Afrique du Nord* (⇒ **Merguez; soubressade**).

Derrière eux, Léon hachait de la chair à saucisse, sur le bloc de chêne, à coups lents et réguliers.   ZOLA, le Ventre de Paris, II, t. I, p. 127.   1

Doigts bouffis... pareils à des chapelets de courtes saucisses (→ Gras, cit. 15).

Loc. fig. Fam. *Ne pas attacher* son chien avec des saucisses.*

Préparation identique au saucisson sec, mais plus mince. *Saucisse sèche. Saucisse piquante espagnole.* ⇒ **Chorizo.**

Régional. *Saucisse de pâté :* pâté de foie présenté en cylindre, dans une pellicule.

(1884). Loc. Vx. *Fabricant de saucisses :* Allemand.

♦ **2.** (1917; «rouleau d'explosif», 1593, → Saucisson). Ballon captif de forme allongée. ⇒ **Ballon** (cit. 6).

Il y a dans le ciel six saucisses et la nuit venant on dirait des asticots dont naîtraient les étoiles   APOLLINAIRE, Calligrammes, « Il y a », p. 156.   2

♦ **3.** Pomme de terre de forme allongée.

Rouletabille, après s'être aimablement enquis de la santé de la mère Bernier qui était en train d'éplucher des pommes de terre dites «saucisses» dont un grand sac, nos côtés, était plein pria le père Bernier de nous ouvrir la porte de l'appartement Darzac.   G. LEROUX, le Parfum de la dame en noir, p. 217.   3

♦ **4.** Fam. Imbécile. ⇒ **Andouille.** *Va donc, grande saucisse! Valsez, saucisses!,* roman d'A. Paraz.

L'autre se retourna, le visage écarlate, l'œil dangereux, et toisant l'écolière, prononça d'un ton menaçant :
       — Cause à ta table, saucisse.   M. AYMÉ, Maison basse, p. 10.   4

DÉR. **Saucissier.**

SAUCISSIER [sosisje] n. m. — 1467; de *saucisse.*

♦ Vx. Charcutier. Var. : *saucisseur,* n. m. (1475), *saucissotier,* n. m. (1855, Goncourt, *in* D.D.L.).

SAUCISSON [sosisɔ̃] n. m. — 1546; ital. *salsiccione,* augmentatif de *salsiccia,* lat. pop. **salsicia.* → Saucisse.

♦ **1.** Vx. «Saucisse grosse comme le bras, faite de viande le plus souvent crue, et hachée avec des épices, qui la rendent de haut goût » (Furetière, 1690).

♦ **2.** Mod. Préparation de viandes de porc, de bœuf... hachées plus ou moins fin, assaisonnées, cuites ou séchées et présentées dans un boyau* *(peau de saucisson),* et que l'on mange coupée en tranches. ⇒ **Charcuterie**; fam. **sauciflard, sifflard.** *Le saucisson est le plus souvent destiné à être mangé froid* (→ Quignon, cit.). *Saucisson cuit; cru (viande séchée). Saucisson d'Arles, de Bologne. Saucisson de ménage. Saucisson sec; saucisson à l'ail. Saucisson de Lyon, d'Italie* (⇒ **Salami**). *Saucisson de montagne. Variétés de saucissons* ⇒ **Cervelas, jésus, salami; rosette** (de Lyon). *Sandwich au saucisson. Manger du saucisson en hors-d'œuvre, dans un pique-nique* (⇒ **Saucissonner**). *Une odeur de saucisson.* — *Saucisson chaud, servi avec des pommes de terre, comme plat principal. Saucisson en brioche.* — *Rond, tranche de saucisson* (→ Hors-d'œuvre, cit. 5; rémoulade, cit.). — REM. Employé sans qualification, le mot désigne en général le saucisson sec, consommé froid.

1   (...) ils ne savent pas que le saucisson d'Arles se fait avec de la viande de mulet (...)
                                        NERVAL, Voyage en Orient, Druses et Maronites, IV, III.

2   (...) les saucissons, pareils à des échines de chantre, dans leurs chapes d'argent (...) tout en haut, tombant d'une barre à dents de loup, des colliers de saucisses, de saucissons, de cervelas pendaient (...) tandis que, derrière, des lambeaux de crépine mettaient leur dentelle (...)   ZOLA, le Ventre de Paris, I, t. I, p. 56.

Fig. *Être ficelé comme un saucisson,* mal habillé. ⇒ **Saucissonné.**

♦ **3.** (1678). Vx. Fascinage fait de branchages liés en cylindres. — (1736; *saucisse,* 1593). Rouleau de toile rempli de poudre, utilisé pour la mise à feu des charges explosives. *Disposer un saucisson dans un fourneau de mine.*

Pain de forme cylindrique (moins plat que les autres).

♦ **4.** Pop. et vx. *Saucisson à pattes :* homme boulot, aux jambes courtes (Daudet *in* Wartburg); cheval (Dauzat, *Argot de la guerre*); chien bas sur pattes.

DÉR. Sauciflard; saucissonné, saucissonner, saucissonnier.

SAUCISSONNADE [sosisɔnad] n. f. — Mil. xxᵉ; de *saucissonner.*

♦ Fam. Réunion de personnes qui saucissonnent (I.).

De l'autre côté de la Seine, la randonnée célèbre se poursuit parmi les clameurs, l'accordéon fraternel et la saucissonnade.
                                        Gilbert CESBRON, Don Juan en automne, p. 42.

SAUCISSONNAGE [sosisɔnaʒ] n. m. — 1963; de *saucissonner.* Rare.

♦ **1.** Action de manger froid, sans couverts ⇒ **Saucissonner.**

(...) ce train de nuit où se retrouvaient les Parisiens d'Auvergne, citadins aux coutumes précises, avec leurs saucissonnages superbes à base de charcuterie, d'œufs durs, de poulet froid, de fromage, de tarte maison, enveloppés dans des torchons propres et arrosés d'un honnête cru bordelais.
                                        R. SABATIER, les Allumettes suédoises, p. 211.

♦ **2.** (1971; de *saucisson,* parce qu'on le découpe en tranches). Découpage, répartition d'un travail, d'un programme en plusieurs tranches. *Le saucissonnage des crédits.* « *L'Administration mettait des tronçons d'autoroute de 15 à 30 km en adjudication, en dissociant les ouvrages d'art, le terrassement et la chaussée. C'était la règle du saucissonnage* » (*l'Express,* 27 déc. 1971, *in* Gilbert).

SAUCISSONNÉ, ÉE [sosisɔne] adj. — 1881, Vallès; de *saucisson.*

♦ Ficelé (comme un saucisson). — Serré, ficelé dans ses vêtements. ⇒ **Boudiné.** — Figuré :

Saucissonné, bâillonné par sa famille, par son époque et son milieu (...) il (*J. Renard*) n'a trouvé de ressources que dans le rêve.
                                        SARTRE, Situations I, p. 312.

SAUCISSONNER [sosisɔne] v. — V. 1950; attestation isolée, 1894; de *saucisson.*

★ **I.** V. intr. Fam. Manger, sans couverts ou sans table mise, un repas froid. *Saucissonner sur l'herbe :* pique-niquer. *Les voyageurs saucissonnaient dans le train.*

Mon métier, que je lui dis, n'a rien à voir avec vos petits gueuletons, et je ne gagne pas ma vie, moi, monsieur, à saucissonner dans les paysages historiques.
                                        Jacques PERRET, le Machin, « le pique-nique », p. 133.

★ **II.** V. tr. (1886). ♦ **1.** Attacher, ficeler comme un saucisson. ⇒ **Saucissonné.**

♦ **2.** Fig. Découper, répartir en tranches (⇒ **Saucissonnage, 2.**).

DÉR. Saucissonnade, saucissonnage, saucissonneur.

SAUCISSONNEUR, EUSE [sosisɔnœʀ, øz] n. — V. 1952; de *saucisson, saucissonner.*

♦ Personne qui saucissonne (surtout au pluriel).

Saisi, l'œil fixé à travers les carreaux sur la basse Marne d'été aux berges surchargées de saucissonneurs à bouteille, de filles vautrées parmi les papiers gras, je ne trouvais rien à dire (...)   Hervé BAZIN, Cri de la chouette, p. 265.

SAUCISSONNIER [sosisɔnje] n. m. — D. i.; de *saucisson.*

En franç. d'Afrique (Bénin, Côte d'Ivoire, Tchad, Togo...).

♦ **1.** Arbuste ornemental *(Kigelia africana)* dont le fruit cylindrique et renflé évoque un saucisson.

♦ **2.** Ce fruit, considéré comme symbole de fécondité.

SAUF, SAUVE [sof, sov] adj. et prép. — V. 1155; *salv,* 980; *salve,* fém., 1080; lat. *salvus* « bien portant, intact ».

★ **I.** Adj. ♦ **1.** Qui a échappé à un très grave péril*, qui est encore vivant après avoir failli mourir. ⇒ **Indemne, rescapé, sauvé.** — (Dans des expressions; v. 1155). *Sain et sauf* (⇒ **Sain,** cit. 1). *Avoir la vie sauve, laisser la vie sauve à qqn.* ⇒ **Vie.**

♦ **2.** (Fin xıᵉ). En attribut. Qui n'a reçu aucune atteinte. ⇒ **Intact** (→ 1. Noyer, cit. 6). *Sa réputation est sauve. L'honneur est sauf :* les apparences de l'honneur sont intactes.

1   Si je dois servir d'instrument de tromperie, que ce soit au moins sauve ma conscience !   MONTAIGNE, Essais, III, 1.

2   Grâce à de tristes précautions, l'honneur est sauf; mais la vertu n'est plus.
                                        BEAUMARCHAIS, la Mère coupable, II, 1.

★ **II.** Prép. (V. 1155). ♦ **1.** Vx. Sans qu'il soit porté atteinte à. *Sauf votre honneur.* — Loc. mod. (Régional). *Sauf le respect que je vous dois, sauf votre respect** (cit. 7).

♦ **2.** (1247). Si l'on met à part, si l'on ne tient pas compte de... (→ Collation, cit. 2; intrépide, cit. 5). *Elles étaient aimables à leur façon, sauf quelques quolibets à l'égard de la Reine* (→ Mitron, cit. 2).

2.1   Une seule découverte : à l'endroit même où l'homme s'était abattu, blessé par Raymonde, on ramassa une casquette de chauffeur, en cuir fauve. Sauf cela, rien.
                                        M. LEBLANC, l'Aiguille creuse, p. 10.

À l'exclusion de... ⇒ **Excepté, exception** (à l'exception de), **hormis, hors, moins, réserve** (vieilli : à la réserve de). *Je perds tout sauf l'honneur* (cit. 10). ⇒ **Fors** (vx). *Il avait refusé toutes les invitations à dîner, sauf une* (→ Prétexter, cit. 1).

3   Un gros ennui effarait la famille : tous les invités étaient là, sauf la marraine, qu'on attendait vainement depuis le matin (...)   ZOLA, la Terre, III, VI.

Sauf (suivi d'une préposition ou d'un subordonnant). *Sauf à, dans, sur...* (→ Bordure, cit. 2; 2. mort, cit. 18). *Sauf dans les cas où...* (→ Dessiner, cit. 2). — *Sauf quand...* (→ Majuscule, cit. 2). *Sauf si...* ⇒ **Moins** (à moins que).

4   La chose énoncée, objet de l'exception, peut être unie à l'autre chose énoncée par toutes sortes de rapports logiques ou non. Ainsi elle peut exprimer le but : *Je n'accepterai jamais, sauf pour vous obliger, sauf pour que vous n'en entendiez plus parler.*   F. BRUNOT, la Pensée et la Langue, p. 717.

5   Il est préférable de ne pas s'y risquer (...) sauf si l'on aime le poivre dans les yeux.
                                        Léon DAUDET, Paris vécu, I, 5, *in* SANDFELD.

(Avec répétition d'une préposition). *Vous seriez dépouillés* (cit. 31) *de tout, sauf de la maison et des terres. Cela ressemble à tout ce qu'on veut, sauf à un roman.*

♦ **3.** (1549). Sans exclure l'éventualité de..., sans renoncer au droit de...; excepté s'il y a... ⇒ **Moins** (*supra* cit. 32 : à moins de), **réserve** (sous réserve de). *Sauf meilleur avis. Sauf avis contraire. Sauf texte contraire.* (→ Avis, cit. 22). *Sauf son recours contre...* ⇒ **Préjudice** (sans préjudice de). *Sauf correction** (cit. 6 et 7). *Sauf erreur de calcul*. Sauf erreur* ou omission.* (1665). **Sauf à** (suivi de l'inf.). Sans exclure l'éventualité de (telle action, tel fait); en se réservant le droit ou la possibilité de... ⇒ **Quitte** (à); en acceptant l'obligation éventuelle, en prenant le risque de... (→ Abus, cit. 3; 1. rétracter, cit. 4; rétrograder, cit. 3).

6   SAUF À, suivi d'un infinitif, ne marque pas comme SAUF l'exception, mais une supposition entraînant éventuellement un risque à courir : « Il continuera de jouer, *sauf à la rendre malheureuse* », au risque de la rendre malheureuse,
SAINTE-BEUVE, Lundis, VII, 11 (...)
                                        G. et R. LE BIDOIS, Syntaxe du franç. moderne, § 1659.

7   Ces provinciaux ont été choqués de la fortune rapide que je vous dois, et croyez-m'en, il n'est pas un qui ne désire ma condamnation, sauf à pleurer comme un sot quand on me mènera à la mort.   STENDHAL, le Rouge et le Noir, II, XLI.

8   (...) ce prince aimait à se servir de ces intrigants, sauf à les loger ensuite dans une cage de fer.   MICHELET, Hist. de France, III.

★ **III.** Loc. conj. (1280). SAUF QUE (suivi de l'indicatif) : à cette différence près, à cette exception près..., si l'on ne tient pas compte du fait que... ⇒ **Excepté (que), hors** (hors que), **hormis** (que), **réserve** (vx : à la réserve que), **sinon** (que); → Ferraille, cit. 3; haschisch, cit. 2.

9   (...) sauf qu'il avait tellement grossi, il avait gardé bien des choses d'autrefois.
                                        PROUST, le Temps retrouvé, Pl., t. III, p. 941.

SAUF SI : excepté le cas où.

CONTR. (De l'adj.) **Blessé, endommagé.**
DÉR. **Sauveté.**
COMP. **Sauf-conduit, 1. sauvegarde.**

SAUF-CONDUIT [sofkɔ̃dɥi] n. m. — V. 1160 ; de *sauf*, et *conduit*.

♦ Document délivré par une autorité publique (surtout, de nos jours, par l'autorité militaire) et qui permet de se rendre en un lieu, d'y séjourner, de traverser un territoire ou une zone. ⇒ aussi **Ausweis, laissez-passer, passeport, permis** (de circuler). *Des sauf-conduits.*

— (...) allez à Madrid ; voilà un cheval et de l'argent pour faire la route et un sauf-conduit pour que les camarades vous laissent passer.
Th. GAUTIER, Voyage en Espagne, p. 98.

SAUGE [soʒ] n. f. — XIIIᵉ, *saulje* ; *salje*, fin XIᵉ ; lat. *salvia*, de *salvus* « sauf », à cause des propriétés médicinales de cette plante.

♦ Plante aromatique, ligneuse ou herbacée *(Labiées)* à feuilles opposées, à fleurs zygomorphes (→ 1. Baume, cit. 2 ; renouée, cit.). *Sauge officinale* ou *grande sauge* (syn. : *herbe sacrée, thé de France*). *Sauge sclarée* (ovale* ou *toute-bonne*). *Sauge des prés. La sauge est utilisée comme remède* (infusion, vinaigre antiseptique...). *La sauge est un amer, un antispasmodique, un tonique. Liqueur de sauge.* Ellipt. *Un petit verre de sauge. Feuilles de sauge utilisées en cuisine comme assaisonnement* (→ aussi Marjolaine, cit.). — *Sauge utilisée comme plante ornementale pour ses fleurs rouges.*

1   Et son regard tomba sur sa coupe où brillait
Le vin semé de sauge et de feuilles d'œillet. HUGO, la Légende des siècles, XVI, I.

2   (...) j'oubliais un petit pot, où trempent dans l'eau des feuilles de sauge, dont la princesse use pour une inflammation des gencives.
Ed. et J. DE GONCOURT, Journal, 14 nov. 1874, t. V, p. 121.

3   — Chauffez-vous tout de même une minute. Vous accepterez bien un verre de sauge.
Je m'assis près du guéridon. La liqueur de sauge était verte, sirupeuse, puissante.
H. BOSCO, le Jardin d'Hyacinthe, p. 59.

DÉR. 1. **Saugé,** 2. **saugé.**

1. SAUGÉ, ÉE [soʒe] adj. — 1352 ; n. m., *saugiez* « boisson à la sauge » ; de *sauge*.

♦ Qui contient de la sauge.

HOM. 2. **Saugé** ou **sauget.**

2. SAUGÉ [soʒe] ou **SAUGET** [soʒɛ] n. m. — 1870 ; p.-ê. de *sauge*.

♦ Variété de lilas* de Perse.

HOM. 1. **Saugé.**

SAUGRENU, UE [sogʀəny] adj. — 1611 ; *sogrenu*, v. 1578 ; *saugreneux* « piquant, salé » (en parlant d'un conte, d'un juron) chez Brantôme ; de *sau*, forme de *sel* en position atone, et de *grenu*, de *grain* ; cf. aussi *saugrenée* « fricassée de pois », chez Rabelais.

♦ Qui est inattendu, bizarre et quelque peu ridicule (→ Biscornu, cit. 3 ; pondre, cit. 6). *Attifement* (cit. 2) *saugrenu.* ⇒ **Burlesque, ridicule.** *Idée, question saugrenue.* ⇒ **Absurde, bizarre** (→ Honneur, cit. 37 ; indiscret, cit. 8). Cf. par plais. (jeu de mots avec *sot*) : *Une plaisanterie aussi sotte que grenue.* — (Personnes). *Un personnage saugrenu,* d'apparence insolite, de conduite bizarre. *Je vous trouve saugrenu d'aller raconter cette histoire partout.*

CONTR. Convenable ; bienséant.
DÉR. **Saugrenuité.**

SAUGRENUITÉ [sogʀənɥite ; sogʀənyite] n. f. — 1840 ; de *saugrenu.*

♦ Rare. Caractère d'une chose saugrenue. ⇒ **Extravagance, singularité.**

Surtout, il y a le mystère de leurs tout petits yeux, tirés, bridés, retroussés, pouvant à peine s'ouvrir ; le mystère de leur expression qui semble indiquer des pensées intérieures d'une saugrenuité vague et froide, un monde d'idées absolument fermé pour nous. LOTI, Mᵐᵉ Chrysanthème, XLV.

(Une, des saugrenuités). Chose saugrenue (notamment : action, parole).

SAUGUE [sog] n.f. — 1691 ; mot provençal, de l'arabe *šabaka* « filet ».

♦ Régional. Barque de pêche de la Méditerranée.

SAULAIE [solɛ] n. f. — 1406 ; *soloie*, 1328 ; de *saule.*

♦ Rare. Plantation de saules. ⇒ **Saussaie** (→ Chènevière, cit. 2).

(...) la rue de la Saussaie (...) qui contient dans son appellation même — dont fort longtemps je suis resté sans savoir qu'elle se réfère à un endroit planté de saules, autrement dit une saulaie (...) Michel LEIRIS, Fourbis, p. 16.

HOM. **Saulet.**

SAULE [sol] n. m. — V. 1215 ; francique **salha* ; a éliminé l'anc. franç. *saus* (→ Saussaie), du lat. *salix, salicis.*

♦ Arbre ou arbuste *(Salicacées)* qui croît dans les lieux frais et humides, le long des cours d'eau, au bord des étangs (→ Ébrancher, cit. 2 et 4 ; rejeton, cit. 1 ; retrouver, cit. 17). *Lieu où poussent les saules.* ⇒ **Saulaie, saussaie.** *Ligne de saules.* ⇒ **Saulée.** *La salicaire*, plante qui croît près des saules. Saule amandier, saule viminal, saule vitellin.* ⇒ **Osier.** *Saule taillé en têtard*. Brin de saule* (→ Faune, cit. 2). *Feuillard* de saule. Saule marsault,* qui fournit un bois blanc utilisé en menuiserie. *Glucoside de l'écorce du saule.* ⇒ **Salicine.** — (1771). *Saule pleureur*,* à feuillage qui retombe (symbole de tristesse). Absolt. *Saule :* saule pleureur. *« Mes chers amis, quand je mourrai, Plantez un saule au cimetière (...) »* (cit. 5, Musset ; → aussi Éploré, cit. 3).

1   Le fleuve de Garonne, où de petits ruisseaux
Au travers de mes prés vont apporter leurs eaux,
Où des saules épais leurs rameaux verts abaissent
Pleins d'ombre et de fraîcheur sur mes troupeaux qui paissent.
THÉOPHILE DE VIAU, Élégie, p. 105.

2   Qui donc a fait pleurer les saules riverains APOLLINAIRE, Alcools, p. 113.

DÉR. **Saulaie, saulée, saulet, saulette.**

SAULÉE [sole] n. f. — 1870 ; de *saule.*

♦ Régional. Rangée régulière de saules.

SAULET [solɛ] n. m. — 1791 ; de *saule.*

♦ Régional. Moineau d'une variété qui vit dans les saules. ⇒ **Friquet.**
HOM. **Saulaie.**

SAULETTE [solɛt] n. f. — D. i. ; de *saule.*

♦ Régional (Vendée). Renouée* persicaire (plante).

SAULNIER [sonje] n. m. ⇒ **Saunier** (2., faux saunier).

SAUMÂTRE [somɑtʀ] adj. — 1298, *saumastre* ; lat. pop. **salmaster,* lat. class. *salmacidus.*

♦ **1.** Qui a un goût amer et salé comme l'eau de la mer ; qui est chargé de sel ; qui est constitué d'un mélange d'eau douce et d'eau de mer (→ Étang, cit. 6). *Eau saumâtre d'un marais salant* (→ aussi Mulon, cit.). — *Goût saumâtre.* ⇒ **Désagréable.** — Géol. *Dépôts saumâtres,* qui se forment dans les lagunes, les estuaires.

En Israël, même l'eau souterraine devient peu à peu saumâtre, du fait de la dissolution de sels contenus dans les engrais. A. SAUVY, Croissance zéro ?, p. 248.   0.1

♦ **2.** (Mil. XVIIIᵉ). Fig. Désagréable, insupportable.

(...) je n'ai fait que l'entre-lire *(ce mémoire),* parce qu'on y sent je ne sais quoi de fade, de saumâtre et de mariné, qui le rend tout à fait désagréable au goût (...)
BEAUMARCHAIS, Mémoires... dans l'affaire Goëzman, 1774, p. 195.   1

Il se sentait abominablement seul et le cœur tout gonflé de je ne sais quoi de saumâtre qu'il se refusait à appeler de la tristesse, mais qui remplissait de larmes ses yeux. GIDE, les Faux-monnayeurs, I, X.   2

Loc. fam. *La trouver saumâtre :* trouver (la chose) désagréable, insupportable, la trouver mauvaise*.

Qu'un homme lui donnât ainsi des ordres, il la trouvait saumâtre.
R. QUENEAU, le Dimanche de la vie, p. 220.   3

SAUMON [somɔ̃] n. m. — 1165 ; *salmum,* 1138 ; lat. *salmo, salmonis.* → Salmonidés.

♦ **1.** Gros poisson migrateur *(Salmonidés)* à chair rose, qui abandonne la mer et remonte les fleuves au moment du frai (⇒ **Montaison,** et aussi **anadrome** [cit.]). *Saumon commun. Saumon huch,* grand saumon d'Europe orientale. *Saumons de la Loire. Saumons de Norvège, d'Irlande, du Canada, de Gaspé... Poissons voisins du saumon :* féra, omble, ombre, truite. *Élevage des saumons.* ⇒ **Salmoniculture.** *La salmine*, substance extraite de la laitance du saumon.* — *Manger du saumon. Saumon frais. Darne*, hure*, côtelettes de saumon. Saumon fumé. Conserves de saumon* (→ Intendance, cit. 2). *Saumon cru.*

Des saumons vinrent par bandes s'aventurer dans la Mercy et y remontèrent le cours pendant plusieurs milles. C'était l'époque à laquelle le saumon, allant rechercher des endroits convenables pour frayer, précédait les mâles et faisaient grand bruit à travers les eaux douces. J. VERNE, l'Île mystérieuse, t. I, p. 405.   1

(...) les saumons, d'argent guilloché, dont chaque écaille semble un coup de burin dans le poli du métal (...) ZOLA, le Ventre de Paris, t. I, III, p. 149.   2

♦ **2.** (1452). Techn. Lingot (de fer, de fonte, d'étain ou de plomb). — Masse de fonte ou de plomb lestant un voilier, au bas de la quille.

♦ 3. Adj. invar. (1870). Qui est d'un rose* tendre tirant légèrement sur l'orangé (comme la chair du saumon). *Une robe saumon.* — Par appos. *Un joli rose saumon.* ⇒ **Saumoné** (2.).

N. m. Couleur rose saumon.

(les) tons fondamentaux, le saumon et le violet en particulier, sont ceux de l'agonie de l'Égypte romaine. Ils dominent le peuple délirant des derniers sarcophages (...)   MALRAUX, la Métamorphose des dieux, p. 126.

DÉR. Saumoné, saumoneau.

SAUMONÉ, ÉE [somɔne] adj. — 1564, *saulmonné;* anc. provençal *salmonat,* 1343; de *salmon, saumon.*

♦ 1. Se dit de poissons qui ont la chair rose comme le saumon. *Truite saumonée.*

Ils avaient pêché toute la nuit, et nous apportèrent des truites saumonées *(sic)* fort excellentes, qu'ils appellent en ce pays œrlax.
                    J.-F. REGNARD, Voyage en Laponie, p. 118.

♦ 2. *Rose saumoné :* rose légèrement orangé. ⇒ **Saumon** (3.). → Nuance, cit. 1; pinson, cit.

SAUMONEAU [somɔno] n. m. — 1552, *saulmonneau; saumonneau,* 1611; dimin. de *saumon.*

♦ Rare. Jeune saumon.

SAUMUR [somyʀ] n. m. — 1904; de *Saumur,* ville du Maine-et-Loire.

♦ Vin blanc de la région de Saumur.

SAUMURAGE [somyʀaʒ] n. m. — 1803; *saumurages,* 1611; de *saumure.*

♦ Opération qui consiste à mettre une substance alimentaire dans la saumure (2.). ⇒ aussi **Salaison.**

SAUMURE [somyʀ] n. f. — 1549; *saumuyre,* xivᵉ; *salmuire,* 1105; lat. pop. **salmuria,* de *sal, salis* «sel», et de *muria* «saumure».

♦ 1. Liquide qui exsude des conserves salées et qui est formé des liquides organiques (eau, sérum, suc, etc.) et du sel dont on a imprégné les substances à conserver (→ Hareng, cit. 2). ⇒ **Sauris.** *Saumure de poisson qui servait d'assaisonnement dans l'Antiquité.* ⇒ **Garum** (cit. 2).

Dans mon œil ouvert délicieusement vers le plafond tombe tout à coup une goutte de saumure, dégouttant d'un jambon planant au-dessus de moi (...)
                    RIMBAUD, Un cœur sous une soutane, 15 mai.

♦ 2. Eau fortement salée (additionnée parfois de salpêtre et aromatisée d'ingrédients divers) dans laquelle on met des aliments pour en faire des conserves*. *Mettre des olives, de la viande dans la saumure.*

♦ 3. (1870). Techn. Eau de mer d'un marais salant qui a déjà subi une évaporation plus ou moins poussée et qui constitue une solution de sel concentrée. — Eau salée d'une saline qu'on fait évaporer pour en extraire le sel (sel fin).

♦ 4. (1964). Techn. Liquide refroidisseur de certains appareils frigorifiques (solution de chlorure de sodium ou de chlorure de calcium).

DÉR. Saumurage, saumuré, saumurer.

SAUMURÉ, ÉE [somyʀe] adj. — 1611; «salé», 1575; de *saumure.*

♦ Techn. Conservé dans la saumure (2.). *Harengs saumurés.*

SAUMURER [somyʀe] v. tr. — 1859; de *saumure.* → Saumuré.

♦ Techn. Mettre dans la saumure pour conserver. *Saumurer des harengs.*

SAUNA [sona] n. m. ou f. — 1930, Garnier et Delamare; répandu v. 1950; *seano,* 1839, X. Marmier, *in* D.D.L.; mot finnois.

♦ 1. Bain de vapeur finnois obtenu par projection d'eau sur une pierre volcanique brûlante (à l'origine) puis par des procédés analogues. Ce bain lui-même. *Prendre un sauna. Se baigner à l'eau froide après un sauna.*

♦ 2. Établissement où l'on prend ces bains de chaleur.

REM. Le finnois — comme le hongrois — ne marquant pas le genre des noms, le mot peut être, en français, masc. ou fém.; le masc. l'emporte dans l'usage.

SAUNAGE [sonaʒ] n. m. — 1499, *saumage;* de *sauner.*

♦ 1. Techn. Saison à laquelle on procède à la récolte du sel dans un marais salant; cette récolte. On dit aussi *saunaison* [sonɛzɔ̃] (1868).

♦ 2. Vx. Vente du sel. — Hist. (sous l'Ancien Régime). FAUX SAUNAGE : contrebande du sel. ⇒ **Saunier** (2., faux saunier).

SAUNER [sone] v. intr. — 1660, sans doute plus anc. (→ Saunage); lat. pop. **salinare.*
Technique.

♦ 1. Vx. Extraire le sel.

♦ 2. (1870). Produire du sel. *Bassin de marais salant qui commence à sauner.*

DÉR. Saunage.

SAUNERIE [sonʀi] n. f. — 1323; *sanerie,* 1234; de *saunier.*

♦ Techn. Établissement où l'on fabrique le sel par évaporation artificielle (saline ignigène).

SAUNIER, IÈRE [sonje, jɛʀ] n. — V. 1268, *saunier; saunière,* v. 1250; *salnier,* 1138; lat. pop. **salinarius.*

♦ 1. Exploitant d'un marais salant (⇒ **Paludier**) ou d'une saline. — Ouvrier qui travaille à l'extraction du sel dans un marais salant.

(...) j'avais alors aperçu un damier de bassins que séparaient d'étroites digues, une pyramide de sel, un hangar autour duquel s'affairaient quelques silhouettes. L'eau des bassins avait une teinte mauve qui, aussi bien que la blancheur du sel, étonnait dans ce paysage de verdure. Puis un saunier, vêtu d'un long tablier de cuir, s'étant approché de notre cachette (...)   Jean JOUBERT, l'Homme de sable, p.165.

♦ 2. Vx. Marchand de sel. — Hist. (sous l'Ancien Régime). *Faux saunier, faux saulnier* (vx), ou *faux-saunier :* celui qui se livrait à la contrebande du sel. ⇒ **Saunage** (faux saunage); **gabelle.**

DÉR. Saunerie, saunière.

SAUNIÈRE [sonjɛʀ] n. f. — 1529; «saloir», xiiiᵉ; de *saunier* «chaudière pour faire évaporer le sel», v. 1220.

♦ 1. Autrefois, Coffre où l'on conservait le sel destiné aux usages domestiques.

♦ 2. (1870). Chasse. Mélange d'argile et de sel qu'on dépose dans une forêt ou un parc pour attirer les cerfs, les daims, les chevreuils.

SAUPE [sop] n. f. — 1562; *salpe,* 1547; anc. provençal *salpa,* lat. *salpa.*

♦ Régional. Variété de bogue (⇒ 2. **Bogue**), poisson de la Méditerranée et de l'Atlantique (golfe de Gascogne). — Appos. : *bogue saupe.*

SAUPIQUET [sopikɛ] n. m. — 1380; d'un anc. v. **saupiquer* (cf. anc. provençal *salpicar*), de *sau,* forme atone de *sel,* et *piquer.* → Salpicon.

♦ Cuis. Sauce relevée; ragoût épicé. *Bœuf, lièvre en saupiquet.* — Plat comportant un saupiquet. *Faire un saupiquet de bœuf.*

SAUPOUDRAGE [sopudʀaʒ] n. m. — 1873, *in* D.D.L.; *saupoudration,* 1842; de *saupoudrer.*

♦ 1. Action de saupoudrer; son résultat.

♦ 2. (Av. 1954). Répartition de crédits minimes entre de très nombreux postes. *«Poussés par un sentiment de faux égalitarisme, nous procédons le plus souvent à un véritable "saupoudrage" de crédits qui a pour effet d'entreprendre beaucoup mais permet rarement de pousser à fond un programme»* (le Monde, 13 nov. 1969, *in* P. Gilbert).
Répartition d'une petite quantité de (qqch.) entre de nombreux attributaires. *Le saupoudrage de l'information. « Le saupoudrage des grandes écoles en province »* (l'Express, 16 juin 1978).

SAUPOUDRANT, ANTE [sopudʀɑ̃, ɑ̃t] adj. — 1894; p. prés. de *saupoudrer.*

♦ Qui saupoudre (qqch.).

Des soufflets insecticides aux éponges traînées des pavés ont insufflé la garance saupoudrante.
                    A. JARRY, les Minutes de sable mémorial, *in* Œ. compl., t. IV, p. 234.

SAUPOUDRER [sopudʀe] v. tr. — xivᵉ; de *sau,* forme atone de *sel,* et de *poudrer.*

♦ 1. Vx. Couvrir d'une légère couche de sel. *Saupoudrer une viande.*

♦ 2. (1580). Mod. *Saupoudrer qqch. de qqch.*, couvrir* d'une légère couche (d'une substance pulvérulente). ⇒ **Poudrer.** *Saupoudrer qqch. de sel* (pléonasme étymologique). *Saupoudrer un jambonneau de chapelure* (cit.). *Saupoudrer de farine.* ⇒ **Enfariner, fariner.** *Saupoudrer un gâteau avec du sucre* (→ Caftan, cit. 2; pellicule, cit. 2). — *Se saupoudrer les mains de talc.*

1   Il se saupoudrait le visage d'ingrédients qui simulaient des taches de maladies graves, des rugosités, et il jouait admirablement la sénilité d'un centenaire.
BALZAC, les Petits Bourgeois, Pl., t. VII, p. 221.

2   Et elle saupoudra les flammes avec du gros sel qui se mit à crépiter et à éclater comme une petite foudre.   J. GIONO, Jean le Bleu, VII.

♦ 3. (1747). Fig. Parsemer, répandre un peu partout sur, dans (qqch.). *Sa conversation est saupoudrée de citations et d'allusions littéraires.* ⇒ **Chamarrer, émailler, orner.**

(Mil. xxᵉ; du sens 4). « *Ce n'est pas en "saupoudrant" la province de petites entreprises qu'on décongestionnera Paris* » (le Figaro, 15 janv. 1960).

♦ 4. (Av. 1960). Fig. *Saupoudrer qqch. :* attribuer à de très nombreux bénéficiaires (des crédits minimes ou des moyens faibles) au lieu d'affecter le budget à quelques postes prioritaires. *Les pouvoirs publics saupoudrent les crédits.* ⇒ **Disperser, éparpiller.** — Absolt. *Le conseil général saupoudre.*

▶ **SAUPOUDRÉ, ÉE** p.p. adj. *Gâteau saupoudré de sucre.* — *Routes saupoudrées de gelée* (cit. 4) *blanche.* — *Conservation saupoudrée de mots d'esprit.*

DÉR. **Saupoudrage, saupoudrant, saupoudreur, saupoudroir.**

SAUPOUDREUR, EUSE [sopudʀœʀ, øz] adj. et n. — 1900, *in* D.D.L., n. m.; de *saupoudrer.*

♦ Qui sert à saupoudrer. *Bouchon, flacon saupoudreur.*

N. f. *Une saupoudreuse :* petit flacon à bouchon percé de trous qui sert à saupoudrer (de sel, de sucre, etc.). ⇒ **Salière, sucrier.**

SAUPOUDROIR [sopudʀwaʀ] n. m. — 1825; de *saupoudrer.*

♦ Techn. Ustensile de pâtisserie et de cuisine qui sert à saupoudrer.

Ainsi vous ne manquerez pas de réduire ces deux substances (le sel et le sucre) en poudre très fine, afin qu'elles contractent une grande facilité d'adhérence, et qu'au moyen du saupoudroir la friture puisse s'en assaisonner par juxtaposition.
A. BRILLAT-SAVARIN, Physiologie du goût, t. I, p. 155 (1825).

1. SAUR [soʀ] adj. m. — xiiᵉ; moy. néerl. *soor*, selon Wartburg; pour P. Guiraud, le mot vient d'une base latine *saur-* servant à désigner des animaux à couleur mêlée de brun ⇒ Saurel, saurien.

♦ Fumé (en parlant d'un poisson). *Hareng saur :* hareng fumé. ⇒ **Gendarme; saurer, sauret, saurissage.** Loc. fam. *Être sec, maigre comme un hareng saur.*

DÉR. **Saurer, sauret, saurin, saurir.**
HOM. Saure, sore, sort; formes du v. **sortir.**

2. SAUR [soʀ] adj. ⇒ **Saure.**

SAUR-, SAURO- Premier élément de mots savants, tiré du grec *saur(o)-*, de *saura* ou *sauros* « lézard » (⇒ **-saure; saurien**).

1. SAURAGE [soʀaʒ] n. m. — 1876; de *saurer.*

♦ Techn. Saurissage.

2. SAURAGE [soʀaʒ] n. m. — 1373, *sorage;* « temps qui précède la mue du faucon », xiiiᵉ; de *saure.*

♦ Fauconn. Période pendant laquelle un oiseau est saure*, avant la première mue.

SAURE [soʀ] adj. — 1080, aussi *sor,* francique *saur* « desséché; jaune brun » (en parlant des feuilles); même rac. que le néerl. *soor,* selon Wartburg, mais à rattacher au lat. *saur-.* → Saurien, d'après P. Guiraud.

♦ **1.** (D'un cheval). Dont la robe est d'un jaune tirant sur le brun. *Cheval saure. Jument saure.*

♦ **2.** Fauconn. *Oiseau saure :* oiseau de moins d'un an, qui a encore son premier pennage, de couleur rousse. ⇒ **2. Saurage.**

DÉR. **2. Saurage, sauré.**
HOM. Saur, sore, sort; formes du v. **sortir.**

SAURÉ, ÉE [soʀe] adj. — Déb. xiiiᵉ, *soré;* repris fin xixᵉ, Huysmans; de *saure, saur.*

♦ Rare. D'un jaune brun.

-SAURE Élément, tiré du grec *saura* ou *sauros* « lézard » (⇒ **Saur-; saurien**), et désignant des sauriens fossiles. Ex. : *atlantosaure, brontosaure, dinosaure, ichtyosaure, mégalosaure, plésiosaure, téléosaure...*

SAUREL [soʀɛl] n. m. — 1554; du lat. *saurus.* → Saurien.

♦ **1.** Poisson de mer de la famille des scombrésocidés, voisin des orphies (n. sc. : *scombresox saurus;* autre n. cour. : *balaou*).

♦ **2.** Trachure (chinchard).

SAURER [soʀe] v. tr. — 1606, *sorer;* de *saur.* → Saurir.

♦ Techn. Faire sécher à la fumée (une substance alimentaire), pour conserver après avoir soumis à l'action de la saumure. ⇒ **Fumer.** *Saurer des harengs, un jambon.* — Au p. p. *Harengs saurés.* ⇒ **Saur; sauris.**

DÉR. 1. **Saurage.**

SAURÉSIE [soʀezi] n. f. — 1904; du grec *saura* « lézard ».

♦ Reptile saurien des Antilles, proche de l'orvet.

SAURET [soʀɛ] adj. — 1573; *soret,* n., 1360; de *saur.*

♦ Vx. *Hareng sauret.* ⇒ **Saur.**

SAURIEN [soʀjẽ] n. m. — 1800; du grec *saura* ou *sauros* « lézard ». → Saur-, -saure.

♦ Animal appartenant à un sous-ordre de reptiles* saurophidiens au corps recouvert d'écailles généralement imbriquées, munis pour la plupart de quatre membres (ceux qui n'en ont pas présentent l'aspect d'un serpent). ⇒ aussi **Lacertiens, lézard.** *Les sauriens se nourrissent de larves et d'insectes; ils sont presque tous ovipares; on les divise en cinq sous-ordres :* annelés, brévilingues, crassilingues, fissilingues, vermilingues. ⇒ **Amblyrhynque, amphisbène, caméléon, dragon** (I., 6. : dragon volant), **gecko, iguane, lézard, moloch, orvet, scinque, seps, tupinambis, varan, zonure.** — *Le plésiosaure*, *saurien fossile.*

Adj. *Un reptile saurien.* — *Caractéristiques sauriennes,* des sauriens.

Si l'on poursuit la sélection parmi les formes qui coïncident avec une évolution dans le sens de la mobilité et d'une existence de plus en plus riche et complexe, l'étape suivante est celle du « lézard », lié encore au sol par la reptation, mais complètement affranchi des difficultés respiratoires des Amphibiens. La formule saurienne est déjà réalisée au Permien, avant le début de l'ère secondaire, il y a plus de 200 millions d'années. Les Sauromorphes sont les premiers Vertébrés qui résolvent franchement les problèmes d'équilibre mécanique en milieu terrestre.
A. LEROI-GOURHAN, le Geste et la Parole, t. I, p. 68.

SAURIN [soʀẽ] n. m. — 1839; *sorin* « saurisseur », 1680; de *saur.*

♦ Techn. Hareng laité nouvellement séché.

SAURIR [soʀiʀ] v. tr. — 1318, *sorir;* de *saur.* → Saurer.

♦ **1.** Saurer (les poissons).

♦ **2.** (1876). Arroser avec le sauris.

▶ **SAURI, IE** p. p. adj. *Poisson sauri.* — Fig. *Des « tentures sauries dans la vapeur des cigarettes »* (Duhamel), enfumées.

DÉR. **Sauris, saurissage, saurisserie, saurisseur.**

SAURIS [soʀi] n. m. — 1846; de *saurir.*

♦ Techn. Saumure de harengs.

SAURISSAGE [soʀisaʒ] n. m. — 1740, *sorissage;* de *saurir.*

♦ Techn. Opération qui consiste à saurer les poissons, et, spécialt, les harengs. ⇒ **Saurage.**

SAURISSERIE [soʀisʀi] n. f. — 1808; de *saurir.*

♦ Techn. Usine où l'on saure les poissons, et, spécialt, les harengs.

SAURISSEUR, EUSE [soʀisœʀ, øz] n. — 1606, *in* D.D.L.; de *saurir.*

♦ Techn. Ouvrier, ouvrière qui fait le saurissage de poissons, et, spécialt, des harengs.

SAURO- Élément ⇒ **Saur-**.

SAUROPHIDIEN [sɔʀɔfidjɛ̃] n. m. — 1846, Bescherelle ; de *saur-*, et *ophidien*.

♦ Zool. Animal appartenant à la sous-classe de reptiles comprenant les lézards et les serpents *(ophidiens)*. *Les saurophidiens*, cette sous-classe.

Adj. *Un reptile saurophidien*.

SAUROPODES [sɔʀɔpɔd] n. m. pl. — 1904 ; de *sauro-*, et *-pode*.

♦ Zool. Reptiles *(Archosauriens)* du secondaire (du Jurassique au Crétacé) appartenant à un sous-ordre caractérisé par des dimensions gigantesques, et formant avec les théropodes le groupe des sauripelviens. *Les sauropodes furent les plus grands animaux terrestres.* (⇒ **Brontosaure, dinosaure, diplodocus**). — Au sing. *Un sauropode*.

Adj. *« Les travaux (...) sur la répartition des dinosaures sauropodes »* (la Recherche, avr. 1981, p. 516).

SAUROPSIDÉS [sɔʀɔpside] n. m. pl. — 1904, ainsi que l'adj. *sauropsidien* (Rev. gén. des sc., 15 juin 1904, p. 622) ; *sauropsides*, 1890 ; de *saur-*, et grec *ops, opsis* « vue, aspect ».

♦ Zool. Vaste groupe de vertébrés terrestres caractérisés notamment par un condyle occipital unique, l'insertion des carotides sur l'aorte. *Les sauropsidés comprennent la majorité des reptiles et les oiseaux.* Au sing. *Un sauropsidé*.

On trouve aussi la forme *sauropside* (adj.) : *les reptiles sauropsides* (la Recherche, juin 1981, p. 731).

SAUROPTÉRYGIEN [sɔʀɔpteʀiʒjɛ̃] n. m. — 1893 ; en angl., 1860, Owen ; de *sauro-*, et *-ptérygien*.

♦ Paléont. Reptile fossile marin de l'époque secondaire. *Ordre des sauroptérygiens. Le plésiosaure est un sauroptérygien.*

SAURURÉS [sɔʀyʀe] n. m. pl. — 1904, *saurure* ; *saururae*, 1888 ; du grec *saura, sauros* « lézard », et *oura* « queue ».

♦ Zool. Sous-classe d'oiseaux fossiles du jurassique, munis de dents. — Au sing. *L'archéoptéryx* est un saururé*.

SAUSSAIE [sose] n. f. — XIIIᵉ, *sauçoie* ; de l'anc. franç. *saus*. → Saule.

♦ Vx ou régional. Saulaie (→ Saulaie, cit., Leiris).

SAUSSURIEN, IENNE [sosyʀjɛ̃, jɛn] adj. — 1940, Séchehaye ; du n. du linguiste genevois Ferdinand de *Saussure*, 1857-1913.

♦ Ling. De Saussure, de ses théories linguistiques. *Oppositions saussuriennes du signifiant et du signifié, de la langue et de la parole, de la synchronie et de la diachronie. Linguistique saussurienne.* ⇒ **Structuralisme**.

(...) la seule définition universellement applicable consiste à déterminer la langue, dans l'acception saussurienne, comme un système de signes.
L. HJELMSLEV, Langue et Parole (1943),
in Travaux du Cercle linguistique de Copenhague, XII, p. 77.

SAUT [so] n. m. — 1080, *salt* ; lat. *saltum*. → Sauter.

★ **I.** ♦ **1.** Mouvement ou ensemble de mouvements (flexions et extensions de certaines parties du corps) par lesquels un homme, un animal cesse de prendre appui sur le sol ou sur un support pour s'élever, se projeter... ⇒ **Bond, bondissement** (→ Jeu, cit. 84). *Parties d'un saut :* préparation (élan, etc.), appel, détente (cit. 1), période de suspension, réception au sol. *Saut par appel du pied gauche. Faire un saut* (⇒ **Sauter**). *Saut en hauteur* (→ Parabolique, cit. 1), *saut sur place. Saut à pieds joints.* → *Saut de joie. Sauts et gambades* (cit. 1). *Petits sauts.* ⇒ **Sautillement**.

1   Le saut, cette envolée momentanée de terre d'un corps dense, mollement musculeux, épaississement matériel, sans qu'il ait rien en lui, pour soutenir dans le vide, de l'allégement gazeux ou de l'appareil flottant des êtres qui volent (...)
Ed. DE GONCOURT, les Frères Zemganno, LVI.

Spécialt. L'action de sauter de telle ou telle manière *(un saut)*, et, par ext., l'exercice particulier qui consiste à sauter *(le saut à la corde, en hauteur, etc.). Sauts acrobatiques. Sauts de pied ferme, sauts de voltige. Saut de main. Saut périlleux, pendant lequel le corps du sauteur effectue un tour* complet* (⇒ **Cabriole ; salto**). *Saut de carpe*. Acrobate qui effectue des sauts.* ⇒ **Saltimbanque** (étym.), **voltigeur**. *Les sauts des trapézistes.* ⇒ **Voltige.** *Le saut de la mort*, exercice de voltige très dangereux. *Saut du tremplin.*

2   Venait l'étude des sauts qui prennent sur les mains leurs points d'appui à terre : le *saut en avant*, où l'enfant, passant devant lui ses mains dans une volte de son corps, se redresse lentement sur ses pieds (...) qui sont allés retrouver ses mains ; le *saut du singe*, où l'enfant, posant ses mains derrière lui, se redresse par le même

mouvement exécuté dans le sens contraire ; le *saut de l'Arabe*, ce saut de côté qui ressemble à la *roue*.
Ed. DE GONCOURT, les Frères Zemganno, IX.

Saut à la corde. — Saut de mouton (vieilli). ⇒ **Saute-mouton**.

Pas de danse au cours duquel les deux pieds quittent le sol à la fois : aile* de pigeon, assemblé, ballonné (léger saut sur une jambe), battu, cabriole, contretemps, entrechat, jeté (simple ou battu), *saut de chat* (série de bonds latéraux), sissonne (saut avec retombée sur un pied), soubresaut, temps de flèche, temps levé.

Saut athlétique, où l'on tente de franchir la hauteur ou la distance la plus grande. *Saut en hauteur ; en ciseaux** (avec ou sans retournement), *en rouleau* ⇒ **Rouleau** (supra cit. 6) ; **fosbury-flop**. *Saut en longueur, en extension ou en ciseaux* (⇒ **Ramené**). *Planche d'appel de saut en longueur. Triple saut*, composé d'un saut à cloche-pied sur la planche d'appel, d'un saut d'une jambe sur l'autre (foulée), et d'un saut en longueur. *Saut à la perche* (⇒ **Perche**). — **Sauts**, n. m. pl. L'ensemble des disciplines de saut (opposées aux autres disciplines d'athlétisme). *Les sauts, les lancers et les courses.* — *Saut de haies*, dans la course de haies. — *Saut au cheval de bois, d'arçon. Saut battu, carpé, groupé, jeté. Épreuve de saut à ski. Saut de terrain. Saut du tremplin.*

Loc. *Saut de ski :* forme d'un tremplin pour les sauteurs à skis. Techn. *Déversoir en saut-de-ski*, de même forme.

Saut de patin à glace. Saut de carpe. Saut piqué. ⇒ **Axel**.

Saut en parachute. Saut en chute libre, avec ouverture retardée.

(Natation). *Saut de l'ange*, plongeon effectué les bras écartés (comme des ailes). *Saut périlleux :* plongeon associé à un ou plusieurs tours complets du corps sur lui-même.

Propre au saut. ⇒ **Saltatoire**. *Animal qui avance par sauts.* ⇒ **Saltigrade**. — Loc. fig. *Saut de puce. Saut de loup.* — Équit. *Saut du cheval. Sauts d'école.* ⇒ **Ballottade, cabriole, courbette, croupade, levade, pesade, ruade.** *Saut de mouton*, par lequel le cheval ramène les pattes sous le ventre et effectue un mouvement de côté. *Le pas et le saut :* exercice composé d'un temps de galop d'une courbette, d'une cabriole.

Loc. métaphorique. *De prime saut.* ⇒ **Prime-saut, primesautier.** — (XIIIᵉ). Vieilli. *De plain saut :* d'un seul bond. Fig. Tout à coup, brusquement. — *Aller par sauts et par bonds** (cit. 3 et 4) ; parler, écrire* d'une manière décousue, incohérente (→ aussi Escapade, cit. 1). — (1210). Fig. *Faire le saut :* prendre une décision, une résolution hasardeuse. *Faire un saut dans l'inconnu.* — Par ext. *Franchir le saut. — Le grand saut :* la mort.

Le saut de (qqch.) : l'action de franchir en sautant. *Le saut d'une rivière. Réussir le saut d'un obstacle.* — Spécialt. *Saut d'obstacles*.* ⇒ **Steeple-chase ; jumping.**

♦ **2.** Chute dans le vide. *La voiture a fait un saut de 20 m dans le ravin.*

♦ **3.** (Dans quelques expressions). Mouvement, déplacement brusque (pour changer de position, de place). *Se lever, entrer d'un saut* (→ Flèche, cit. 7 ; gong, cit. 6). — *Descendre un escalier, aller quelque part en trois sauts* (→ Rendre, cit. 26), très vite, en bondissant. *Ne faire qu'un saut d'un endroit à un autre* (→ Estomaquer, cit. 3).

3   (...) quand il fut prêt, César monta sur la Coliche, d'un saut brusque, avec une lourdeur puissante qui ébranla le sol.
ZOLA, la Terre, I, I.

(1588). *Au saut du lit :* au sortir du lit, au lever*.

4   Au saut du lit elle a passé une vieille robe noire (...)
J. ROMAINS, les Hommes de bonne volonté, t. I, III, p. 41.

Par exagér. *Faire des sauts et des bonds*, en dormant. ⇒ **Soubresaut, sursaut, tressaut.** — *Sauts d'une voiture.* ⇒ **Cahot.**

♦ **4.** (XIVᵉ). *Ne faire qu'un saut de... à... :* action d'aller quelque part très rapidement et sans y rester (dans quelques loc. verbales). *Faire un saut à Paris* (→ Épargner, cit. 16), *chez qqn ; y aller d'un saut*.

♦ **5.** (XVIIᵉ). Fig. Mouvement interrompu ; changement brusque. ⇒ **Interruption.** *« La nature ne fait pas de saut »* (→ aussi Nature, cit. 35). *Saut de vitesse*, brusque variation (→ 2. Marche, cit. 23). ⇒ aussi **Saute.**

5   Alors, par un de ces sauts brusques qui lui étaient familiers, elle posa une nouvelle question.
ZOLA, Son Excellence Eugène Rougon, t. I, p. 84.

Passage par degrés disjoints. *Faire un saut d'un siècle* (par l'imagination). *Faire un saut d'une idée à une autre, d'un sujet à l'autre.*

♦ **6.** (1605, in D.D.L.). Par métonymie. Rupture de pente (d'un cours d'eau). ⇒ **Cascade, chute** (d'eau) ; **rapide.** *Le saut du Doubs.* — Vx. *Les sauts du Niagara.* ⇒ **Chute.**

♦ **7.** Math. Discontinuité en un point (d'une fonction continue en dehors de ce point). — Brusque variation. ⇒ **Saute ; seuil.**

★ **II.** (1765 ; *en saut* « en rut », XIIIᵉ). Le fait de couvrir, de sauter (II.) la jument, en parlant de l'étalon*. ⇒ **Saillie.**

COMP. V. Assaut, soubresaut, sursaut, tressauter... — Prime-saut. — Saut-de-lit, saut-de-loup, saut-de-mouton.

HOM. Sceau, seau, sot.

SAUTAGE [sotaʒ] n. m. — 1730 ; de *sauter*.
Technique.

♦ **1.** Action de sauter (II., 7., « presser et fouler ») des poissons salés dans une barrique pour les presser.

♦ **2.** (1865). Action de faire sauter. *« Sautage des mines par la nitroglycérine »* (*Année sc. et industr.* 1866, p. 149). — Action de faire sauter, de disloquer par une explosion (une substance dure, une roche...).

SAUTANT, ANTE [sotɑ̃, ɑ̃t] adj. — xxᵉ, attesté ; p. prés. de *sauter*.

♦ Rare. Qui saute. — Spécialt. Pendule, montre à chiffres sautants, dites aujourd'hui *à affichage numérique* (ou, anglic., *digital*), par oppos. aux pendules, aux montres à cadran et aiguilles.

SAUT-DE-LIT [sodli], ou (vx) **SAUT-DU-LIT** [sodyli] n. m. — 1888, *saut-de-lit* ; *saut-du-lit*, 1877 ; « descente de lit », 1829 ; de *saut*, et *lit*.

♦ Déshabillé que portent les femmes au saut du lit. ⇒ **Peignoir**. *Des saut-de-lit* (invar.) ou *des sauts-du-lit*.

> (...) une folle petite tête ébouriffée en blond, toute vaporeuse dans les dentelles et les franfreluches d'un saut-du-lit princier (...) Alphonse DAUDET, le Nabab, XVI.

SAUT-DE-LOUP [sodlu] n. m. — 1740 ; de *saut*, et *loup*.

♦ Large fossé bordant un parc et défendant l'accès à un lieu privé. *Des sauts-de-loup* (→ Gras, cit. 41 ; piquant, cit. 11).

SAUT-DE-MOUTON [sodmutɔ̃] n. m. — 1835 ; « saute-mouton », 1822, in D.D.L. ; de *saut*, et *mouton* ; → Saute-mouton.

♦ Techn. Passage d'une voie ferrée, d'une route au-dessus d'une autre, pour éviter les croisements. *Des sauts-de-mouton*.

SAUTE [sot] n. f. — 1771, *saute-de-vent*, art. *Saut* in Trévoux ; de *sauter*.

♦ **1.** Mar. et cour. **SAUTE DE VENT** : brusque changement dans la direction du vent (→ Grain, cit. 34). — Par anal. *Saute de température* (→ Front, cit. 36), *de pression*.

> 1 Insupportable climat tunisien ; sautes de température fréquentes ; sitôt que l'on n'a plus trop chaud, l'on grelotte, et l'on ne sait comment se couvrir. GIDE, Journal, 14 mai 1943.

♦ **2.** Fig. Brusque changement (de l'humeur). ⇒ **Saut** (fig.). *Saute d'humeur* (cit. 17). ⇒ aussi **Caprice**. — (Sans compl.). *« Ces fluctuations* (cit. 4), *ces sautes, ces coups de force... ».*

> 2 On prétendait que son caractère changeait, elle était prise en effet d'humeurs inexplicables, avec des sautes continuelles, gaie, puis triste, puis bourrue et mauvaise. ZOLA, la Terre, III, I.

SAUTÉ, ÉE [sote] adj. et n. m. — 1812 ; de *sauter*, II., 5.

♦ **1.** Cuit à la poêle ou à la cocotte, à feu vif et en remuant. *Lapin sauté* (→ Frugal, cit. 6). *Champignons sautés au beurre* (→ Girolle, cit.). *Pommes de terre sautées.*

♦ **2.** N. m. (1813). Aliment cuit dans un corps gras, à feu vif, souvent dans une casserole spéciale (⇒ **Sauteuse**). *Préparer un sauté de veau, de lapin.*

SAUTE-AU-PAF [sotopaf] adj. et n. f. — V. 1970 ; de *sauter*, *au*, et *paf*, n. m. « sexe de l'homme »

♦ Fam. et vulg. Se dit d'une femme qui recherche activement les relations sexuelles avec les hommes. — REM. L'adj. ne semble s'employer qu'en épithète.

> Innocentes, ces deuxièmes communiantes, ces allumeuses saute-au-paf qui viennent ronronner dans nos cabriolets, prêtes à toutes les soumissions, pourvu qu'un peu de clair-obscur dissimule la manœuvre ? Geneviève DORMANN, le Chemin des dames, p. 186.

SAUTÉE [sote] n. f. — 1845 ; « saute de vent », 1819 ; *saulter* « bond », 1530 ; de *sauter*.

♦ Rare. Espace que l'on franchit d'un saut.

SAUTE-EN-BARQUE [sotɑ̃baʀk] n. m. invar. — 1538 ; de *sauter*, *en*, et *barque*.

♦ Vx. Veste courte, manteau court de femme (porté au xIXᵉ siècle).

> Tout se mêlait, se heurtait, les lainages bariolés des Pyrénées, les saute-en-barque aux caracos, les mantelets de dentelle noire à des vestes de jockey (...) Ed. et J. DE GONCOURT, Manette Salomon, p. 340.

SAUTELER [sotle] v. intr. — Fin xIIᵉ ; vx au xvIIᵉ ; repris déb. xIXᵉ, P. L. Courier in P. Larousse ; de *sauter*.

♦ Vx ou littér. Faire des petits sauts. ⇒ **Sautiller** ; → Frisson, cit. 17, Gautier ; faucheux, cit., Hugo ; déshonorer, cit. 13.

> 1 (...) les cailles de Cérigo, fort appréciées des chasseurs, sautelaient çà et là sur les rochers voisins (...) NERVAL, Voyage en Orient, Introd., XVII.
> 2 On entendit sauteler la flamme de la bougie. J. GIONO, le Grand Troupeau, III, Pl., t. I, p. 679.

SAUTELLE [sotɛl] n. f. — 1551 ; de *sauter*.

♦ Agric. Marcotte de vigne (⇒ **Provin**), faite d'un seul sarment. — (1876). Sarment que l'on recourbe pour augmenter la production de grappes.

SAUTE-MINES [sotmin] n. m. invar. — Mil. xxᵉ ; de *sauter*, et *mines*.

♦ Techn. Appareil fixé à l'avant d'un char, et destiné à faire exploser les mines.

SAUTE-MOUTON [sotmutɔ̃] n. m. — 1845, Bescherelle ; *saute-mouton*, 1822, in D.D.L. ; de *sauter*, et *mouton*.

♦ Jeu où l'on saute par-dessus un autre joueur, qui se tient courbé (le « mouton »). — Ne s'emploie que dans : *jouer à saute-mouton ; jeu, partie... de saute-mouton.*
REM. R. Fallet emploie le dérivé *saute-moutonner*, v. intr. « jouer à saute-mouton ».

> Le garçon vole, bondit, cabriole, galope, fend l'air, saute-moutonne avec les poubelles (...) René FALLET, le Triporteur, p. 32 (1951).

SAUTER [sote] v. — xIIᵉ ; lat. *saltare* « danser », de *saltum*, supin de *salire* « sauter », et qui a repris ce sens en lat. populaire.

★ **I.** V. intr. ♦ **1.** (Personnes ; animaux). Quitter le sol, abandonner tout appui pendant un instant, par un ensemble de mouvements (⇒ **Saut**) ; franchir un espace ou un obstacle de cette façon. ⇒ **Bondir, élancer** (s'). *Sauter en l'air ; sauter haut* (cit. 92). ⇒ **Élever** (s'). *Sauter à cloche-pied** (→ Frotteur, cit.), *à pieds joints...* ⇒ **Pied** (cit. 19). Fig. *Sauter à pieds joints par-dessus les difficultés.* — *Se fouler* (cit. 12) *le pied en sautant.*
Par métaphore ou fig. Manifester par une réaction physique apparente (saut ; sursaut, etc.) ce qu'on éprouve. — **SAUTER DE**, à cause de... *Sauter d'aise* (cit. 19), *de joie** (→ Légion, cit. 8), et fig. manifester sa joie avec pétulance. — *Sauter de colère*.* ⇒ **Trépigner**. — Loc. *Sauter comme des cabris** (cit. 1). ⇒ **Cabrioler** (cit. 1). — Loc. fig. (Avec un compl. de lieu). *Sauter aux nues*, sauter au plancher* (d'impatience). — *Sauter au plafond* : entrer brusquement dans une violente colère ou éprouver une très vive surprise. — (Déb. xIXᵉ). *Sauter en l'air* (d'étonnement, de joie...).

> 1 Perrette, là-dessus, saute aussi, transportée. Le lait tombe : adieu veau, vache, cochon, couvée. LA FONTAINE, Fables, VII, 10.
> 2 (...) elle ne pouvait plus résister à l'instinct pétulant de ses inclinations dansantes, et (...) elle sautait sur elle-même avec une élasticité incroyable (...) Charles NODIER, Contes, « La Fée aux miettes », XI.
> 3 Pablo s'était arrêté sur l'avant-dernière marche ; il fléchit les genoux et sauta à pieds joints sur le trottoir (...) SARTRE, le Sursis, p. 182.

Allus. *« Allons, saute, Marquis ! »* ⇒ **Marquis** (*in fine*).
S'élancer d'un lieu élevé vers le bas (par un effort, une détente, à la différence de tomber, se laisser tomber). *Sauter par la fenêtre, dans le vide, dans l'eau.* ⇒ **Jeter** (se).

> 4 Grenouilles aussitôt de sauter dans les ondes (...) LA FONTAINE, Fables, II, 14.
> 5 (...) la rage de sauter peut gagner : voyez les moutons de Panurge (...) BEAUMARCHAIS, le Mariage de Figaro, IV, 6.

*Sauter en parachute**.
Effectuer un saut* de danse (→ Castagnette, cit. 1 ; danse, cit. 8). — Faire un saut acrobatique. *Sauter sur les mains* (→ Acrobatie, cit. 1). — *Corde** à sauter. *Sauter à la corde* (cit. 4). → Sauteur, cit. 2.1. — Effectuer un saut athlétique spécifique. *Sauter en hauteur, en longueur, à la perche**. *Prendre son élan pour sauter.*
Loc. fig. *Reculer** pour mieux sauter.* Faire un ou plusieurs sauts, qu'il s'agisse d'un bond exceptionnel (comme chez l'homme) ou d'une progression normale (⇒ **Marcher, sautiller ; saltigrade**). → Gerboise, cit. ; inondation, cit. 6 ; pie, cit. 6. *Des chevaux sautaient, caracolaient* (cit. 1). → Futur, cit. 7. *Carpes qui sautent dans l'eau.* — *Écureuil* (cit. 2) *qui saute de branche en branche* (→ aussi En, cit. 39).

> 6 Marius (...) revint s'asseoir sur son banc où il passa quatre heures à regarder sauter dans l'allée les moineaux francs qui lui faisaient l'effet de se moquer de lui. HUGO, les Misérables, III, VI, V.

Loc. *Sauter comme une carpe* : avoir des sursauts, des mouvements brusques (dans la position allongée). → Insomnie, cit. 4.

♦ **2.** (xIVᵉ). Avec un compl. prépositionnel. Monter, descendre, se lever*... vivement. *Sauter sur un cheval* (→ Folâtre, cit. 3), *sur sa selle* (→ Houssine, cit. 1). — *Sauter en selle*, *en croupe.* — *Sauter sur sa bicyclette.* — *Sauter de son siège* (→ Ciel, cit. 27). *Sauter à bas* (cit. 93) *du lit ; sauter de son lit* (→ Renfermer, cit. 6). — *Sauter sur ses pieds* (→ Camper, cit. 9). *Sauter à terre* (→ Musculature, cit. 3 ; niais, cit. 1).

7 (...) un matin, sautant de mon wagon à la gare de la Bastille, je la vis qui descendait d'un autre.   R. RADIGUET, le Diable au corps, p. 39.

(xvᵉ). Se jeter*, se précipiter* (sans faire à proprement parler de saut). *Sauter sur qqn, lui sauter dessus,* l'attaquer, l'assaillir ; l'entreprendre sexuellement. *Il a essayé de me sauter dessus. Animal qui saute sur sa proie.* — *Sauter au collet, à la gorge de qqn* (→ Chignon, cit. 3). ⇒ **Saisir.** — Loc. *Sauter aux yeux de qqn,* se jeter sur lui pour le blesser au visage (→ Comparaison, cit. 13 ; grafigner, cit.). *Se sauter aux yeux.*

(Sujet n. de chose). *Sauter aux yeux* (⇒ **Œil**) : frapper la vue, être ou devenir apparent, évident*, manifeste* ⇒ **Voir ; éclater, frapper** (→ Évidence, cit. 5 ; impression, cit. 5).

Sauter au cou de qqn, pour l'embrasser*.

♦ **3.** (Personnes, choses). Subir des chocs, des secousses répétées. ⇒ **Sursauter, tressauter ;** et aussi **tressaillir.** *Sauter sur les banquettes* (1. Banquette, cit. 1) *d'une voiture. La voiture sautait sur les pavés. Les images de la télé sautent.* — Fig. Battre violemment (en parlant du cœur, cit. 35). *Le cœur m'en saute de dégoût* (→ Dedans, cit. 7).

8 Et, dans le rire dont Bouvard fut pris, ses épaules et son ventre sautaient d'accord.   FLAUBERT, Bouvard et Pécuchet, VI.

Mar. *Un navire qui saute sur la lame.*

♦ **4.** (1538). **a** Vx. (Concret). Changer brusquement de place.

b Mod. Aller, passer vivement, sans intermédiaire (d'une chose à une autre). *Discours, propos qui sautent d'un sujet à un autre. Regard* (cit. 8) *qui saute d'un coin à l'autre de la pièce.* — *Sauter d'une idée* à l'autre. ⇒ **Coq-à-l'âne** (→ aussi Papillotement, cit. 3). — *Sauter à un autre chapitre, sauter par-dessus un chapitre* (→ ci-dessous, II., 2.).

9 (...) Fais-moi grâce, je te prie, et de la description de la maison, et du caractère du docteur, et de l'humeur de la doctoresse, et des progrès de ta guérison ; saute, saute par-dessus tout cela. Au fait ! allons au fait !   DIDEROT, Jacques le fataliste, Pl., p. 568.

Mus. *Sauter d'un ton à un autre :* passer sans transition d'un ton à un autre.

(Dans une série). *Sauter de troisième en première.*

♦ **5.** (1798 ; *faire sauter,* mil. XVIIᵉ). Sujet n. de chose. Être déplacé ou projeté avec soudaineté ; faire un mouvement brusque (→ Coussinet, cit. 3). *Bouchon qui saute.* ⇒ **Partir.** — Loc. *Faire sauter les bouteilles :* boire* beaucoup. — *Faire sauter la bille* (au billard). ⇒ **Tomber.** *Faire sauter un bouton, une maille...* (⇒ **Péter**). — *Graines qui sautent* (→ Déhiscence, cit. 1). — *Faire sauter la bande d'un journal, d'une enveloppe de papier* (→ Lebel, cit. 2), déchirer, détacher vivement. — *Faire sauter la tête de qqn* ⇒ **Décapiter.**

10 Le chef alla droit à lui, commença par lui donner sur la tête une tape si violemment appliquée qu'il fit sauter la perruque et rendit à la tête de Collin toute son horreur.   BALZAC, le Père Goriot, Pl., t. II, p. 1013.

11 (...) la chaîne sauta. Il la remit en place une deuxième, puis une troisième fois. Il essaya successivement les trois pignons, sans arriver à la faire tenir : elle s'en allait au premier tour de roue.   A. ROBBE-GRILLET, le Voyeur, p. 159.

REM. Dans ce sens, on rencontre la construction anormale avec l'auxiliaire *être* :

11.1 Il avait lancé un palet avec une telle gaucherie, que la rondelle de plomb garnie de drap était sautée dans le corsage d'un dame.   ZOLA, Son Excellence Eugène Rougon, t. I, p. 205.

(1912). Fam. *Et que ça saute ! :* allez-y rapidement, vivement.

11.2 — Allons, grouillons ! qu'il se mit à gueuler. Schnell ! Schnell ! remontons dans le car et que ça saute.   R. QUENEAU, Zazie dans le métro, p. 93.

Loc. (Jeu). *Faire sauter la coupe :* remettre habilement un jeu de cartes dans l'état où il était avant la coupe ; fig. passer au bleu*, escamoter.

♦ **6.** (1587). Sujet n. de chose. Exploser de soi-même. ⇒ **Écarter, voler** (en éclats). → Déflagration, cit. 2. *Bombe à retardement qui saute.* — Exploser à cause d'une charge explosive. *Navire qui saute sur une mine, se fait sauter...* ⇒ **Saborder** (se) ; → Détonation, cit. 2. *Tout va sauter ! Faire sauter les ponts* (→ Malgré, cit. 15).

12 Point de délai, courons attacher le pétard, dormons dessus ; la nuit porte conseil, et demain matin nous verrons qui des deux sautera.   BEAUMARCHAIS, la Mère coupable, IV, 1.

13 (...) il eut envie un moment de se faire sauter, idée horriblement féroce : il aurait détruit un tiers de Paris. Ses cent trente-cinq barils de poudre auraient soulevé la Bastille dans les airs, écrasé, enseveli tout le faubourg (...)   MICHELET, Hist. de la Révolution franç., I, VII.

14 (...) cette petite bombe qui peut tuer cent mille hommes d'un coup et qui, demain, en tuera deux millions, elle nous met à tout coup en face de nos responsabilités. À la prochaine, la terre peut sauter (...)   SARTRE, Situations III, p. 68.

Par métaphore ou fig. *Se faire sauter le caisson* (cit. 2), *la cervelle* (d'un coup de revolver...). ⇒ **Tuer** (se). — Loc. *Éternuer* (cit. 2) *à se faire sauter le crâne.*

Par ext. Fondre, par un court-circuit. *Faire sauter les plombs* (cit. 15), *les fusibles. Les plombs ont encore sautés !*

♦ **7.** Être détruit, ruiné, supprimé. *Banque* (→ Craquer, cit. 6), *entreprise qui saute,* qui fait faillite. — Jeu. *Faire sauter la banque** (XVIᵉ). *Faire sauter l'argent,* le dépenser avec prodigalité.

♦ **8.** (Personnes). Perdre brusquement sa place, être renvoyé. *On l'a fait sauter :* on lui a ôté son emploi.

15 Au fond, il regrettait Soult que les Princes avaient fait sauter sur les racontars.   ARAGON, la Semaine sainte, p. 132.

♦ **9.** (1678). Mar. Changer brusquement de direction (en parlant du vent). ⇒ **Saute.**

♦ **10.** (1767). (Surtout dans : *faire sauter*). Revenir à feu très vif (→ Omelette, cit. 1). *Faire sauter un lapin* (⇒ **Sauté**). — *Faire sauter une crêpe,* la retourner vivement dans la poêle, en la cuisant.

★ **II.** V. tr. (1527). ♦ **1.** Franchir en quittant le sol, par un saut*. ⇒ **Passer.** *Sauter un obstacle, un mur* (→ Couvert, cit. 11). *Sauter le mur,* le franchir par escalade pour s'échapper (→ Escalader, cit. 3). *Sauter les fossés, les précipices* (→ Lunatique, cit. 3 ; peur, cit. 18).

16 (...) quand l'enfant, au gymnase, dans la sciure, s'efforce au saut en longueur, il n'éprouve qu'une émulation humaine (...) Quel autre orgueil, quel orgueil surhumain de sauter l'obstacle *naturel,* de franchir d'un bond le ruisseau ! On a beau être seul, on est le *premier.*   G. BACHELARD, l'Eau et les Rêves, p. 248.

17 (...) des statues équestres (...) caracolaient au bout des horizons, sans réussir à les sauter.   Paul MORAND, l'Europe galante, le musée Rogatkine.

Loc. fig. *Sauter le fossé** (cit. 6), *sauter le pas :* prendre une décision* hasardeuse. ⇒ **Décider** (se). — *Sauter le pas :* passer brusquement dans un nouvel état. Spécialt. Mourir*. — *Sauter un obstacle* (→ Cabrer, cit. 15).

17.1 J'aurais dû, peut-être, en finir une bonne fois avec toutes ces sales places et sauter le pas, carrément, de la domesticité dans la galanterie, ainsi que tant d'autres que j'ai connues et qui — sont « moins avantageuses »   O. MIRBEAU, le Journal d'une femme de chambre, p. 20.

♦ **2.** (1636). Ne pas lire, ne pas dire dans un texte. ⇒ **Omettre.** *Sauter vingt feuillets* (cit. 1). *Sauter une phrase.* ⇒ **Avaler, escamoter.** *Sauter une réplique.* ⇒ **Oublier.** — Ne pas s'arrêter à. *Sauter une étape.* ⇒ **Brûler.** *Sauter les idées intermédiaires* (→ Raccourci, cit. 1).

18 Ce qui lasse les enfants, c'est de leur faire sauter les intermédiaires, de les faire avancer sans qu'ils sachent ce qu'ils croient avoir appris.   Mᵐᵉ DE STAËL, De l'Allemagne, I, XIX.

19 Dans un roman il faut se taire ou tout dire, surtout ne rien sauter.   SARTRE, Situations I, p. 53.

*Sauter un échelon. Élève qui saute une classe** (contr. : *doubler, redoubler*).

Sport. Dépasser, laisser derrière soi. *Sauter un autre coureur.* — D'une voiture :

19.1 À gauche et à droite, les ténèbres étaient comme une muraille et elles défilaient à 130 kilomètres/heure. C'est alors que la DS doubla. Elle s'était annoncée à peine, un coup de phares au dernier instant et aussitôt elle sauta la Mercédès dans un virage masqué, tangua un peu en se rabattant sec et disparut dans la courbe suivante en moins de temps qu'il n'en faut à Gerfaud pour murmurer ah le con.   J.-P. MANCHETTE, Trois hommes à abattre, p. 111.

♦ **3.** (*Salter,* v. 1430). **a** Couvrir la jument. ⇒ **Saillir.**

b Fam. Posséder sexuellement (le compl. désigne en général une femme). *Tu l'as sautée ! Elle se fait sauter par X.*

20 — Et puis, dis donc ! Je ne l'ai pas violée. Quand une fille est sérieuse, tu peux toujours courir pour la sauter.   SARTRE, la Mort dans l'âme, p. 150.

20.1 La femme du notaire en extase devant son armoire à linge pendant que son mari saute sa secrétaire.   Claire BRETÉCHER, *in* le Nouvel Obs., 16 janv. 1978, p. 63.

c Argot. Arrêter (un malfaiteur) par surprise.

20.2 Que pouvait répondre le bonhomme, sinon que son réseau de vendeurs se trouvait en cabane, que tous ses gars s'étaient fait sauter les uns après les autres par la brigade mondaine.   Martin ROLLAND, la Rouquine, p. 106-107.

20.3 Nous le tenons, braille le Gros, à qui je téléphone la nouvelle, bravo. Mais sautez-le dans la rue à l'improviste, sans ça ce sera une boucherie.   Roger BORNICHE, Flic story, p. 178.

♦ **4.** (1914). Fam. *La sauter :* se passer de manger. Par ext. Avoir faim. ⇒ **Crever, péter** (la).

21 Et puis, on la sautait : la collation à la caserne, on l'avait déjà dans les talons, l'estomac avec.   ARAGON, la Semaine sainte, p. 53.

♦ **5.** (1812). Vx. Cuire à feu vif ; faire sauter (→ ci-dessus, I., 9.).

22 On les met (*la chair d'un coq, et du bœuf*) dans une casserole, sur un feu bien vif (...) et on y jette de temps en temps un peu de beurre frais, afin de pouvoir bien sauter ce mélange sans qu'il s'attache.   A. BRILLAT-SAVARIN, Physiologie du goût, t. II, p. 184.

♦ **6.** (Mil. XVIIIᵉ). Rare. *Faire sauter :* faire aller (qqch.) de haut en bas, rapidement.

♦ **7.** Techn. Presser et fouler (les harengs) en caque. ⇒ **Sautage** (1.).

▶ **SAUTÉ, ÉE** p. p. adj.

♦ **1.** (Sens II). *Obstacle sauté.* — *Passage sauté,* non composé. ⇒ **Sauton.** *Les mots sautés* → Relire, cit. 1.

♦ **2.** Spécialt. Exécuté en sautant (I.). *Un échappé sauté* (danse).

DÉR. Sautage, sautant, saute, sauté, sautée, sauteler, sautelle, sautereau, sauterelle, sauterie, sauteur, sautiller, sautoir, sauton. — V. Sautron.

COMP. Ressauter, tressauter. — Saute-au-paf, saute-en-barque, saute-mines, saute-mouton, saute-ruisseau.

SAUTEREAU [soτʀo] n. m. — 1611 ; masc. de *sauterelle*, 1393 ; → Sauteriau ; de *sauter*.

♦ **1.** Mus. Languette mobile, munie d'un bec de plume ou de cuir durci, et qui fait vibrer la corde, dans un instrument à clavier et à cordes pincées (clavecin*, épinette...).

♦ **2.** (1733). Lame de bois à laquelle est attaché un bâton lisse, dans un métier de tapissier (on écrit aussi *sautriau*).

♦ **3.** (1611). Vx. Régional. Enfant vif et agile. ⇒ **Sauteriau** (2.).

SAUTERELLE [soτʀɛl] n. f. — 1120, *salterele* ; de *sauter*.

★ **I.** ♦ **1.** Insecte orthoptère sauteur vert ou gris à grandes pattes postérieures repliées et à tarière. ⇒ **Locuste**. *Grande sauterelle verte, appelée improprement* cigale. *Sauterelle grise. Ricocher « comme des sauterelles dans l'herbe »* (→ 1. Balle., cit. 9). *Appareil stridulant des sauterelles*. ⇒ **Archet**.

1   Une grosse sauterelle verte aux longues antennes, telles des aigrettes coquettement rejetées en arrière, aux cuisses charnues, tomba les pattes repliées comme deux barres parallèles autour de son corps.
                              L. PERGAUD, De Goupil à Margot, p. 137.

♦ **2.** (1551). Cour. (erroné en zool.). Criquet, et, spécialt, criquet* pèlerin. *Nuage, nuée* (→ Carnage, cit. 6), *vol de sauterelles* (→ Frémissement, cit. 2). Fam. *Les invités se sont jetés sur le buffet comme une nuée de sauterelles,* en dévorant tout.

2   Ce nuage différait des autres nuages ; il était vivant, il bruissait et battait des ailes, et s'abattait sur la terre (...) en bancs de sauterelles roses, jaunes et vertes, plus nombreuses que les grains de sable au désert libyque (...) leur formidable armée, sautelant et battant de l'aile, s'avançait sur l'Égypte, des Cataractes au Delta, occupant une largeur immense, fauchant l'herbe, réduisant les arbres à l'état de squelettes, dévorant les plantes jusqu'à la racine, et ne laissant derrière elle qu'une terre nue et battue comme une aire. Th. GAUTIER, le Roman de la momie, XVI.

♦ **3.** *Sauterelle de mer :* squille (crustacé). — Régional. Crevette grise.

★ **II.** ♦ **1.** Techn. ⓐ (XVIᵉ). Fausse équerre* à branches mobiles (comparées aux pattes d'une sauterelle). ⇒ **Règle**. *Mesurer un angle avec une sauterelle.*

ⓑ Piège à oiseaux (→ Engin, cit. 9).

ⓒ (1870). Mécanisme d'attache à crochet vertical (que l'on peut faire « sauter » rapidement). *Sauterelles pour bat-flancs d'écurie*.

ⓓ Appareil de manutention à bande sans fin.

♦ **2.** Par métaphore ou fig. ⓐ Personne maigre, sèche. *Une grande sauterelle.*

3   — Anne, venez voir cette sauterelle, elle est toute maigre. Si le travail lui fait cet effet-là, il faut qu'elle s'arrête.   F. SAGAN, Bonjour tristesse, p. 86.

ⓑ (1791, *in* D.D.L., jeu sur *sauter* au sens sexuel). → Sauteuse (sauteur, 3.). Vieilli. Femme facile ; prostituée.

4   Je ne comprends pas comment un bel homme comme toi puisse se plaire avec cette traînée, cette sauterelle.   ZOLA, le Ventre de Paris, t. I, p. 101.

ⓒ Fam. et péj. Fille, femme.

SAUTERIAU ou **SAUTERIOT** [soτəʀjo] n. m. — 1694, var. dialectale de *sautereau* « sauterelle ». Régional.

♦ **1.** Sauterelle ; insecte sauteur.

♦ **2.** (1611, *sautereau*). Être humain de petite taille, vif et agile (enfant, jeune garçon ou fille) → Fouailler, cit. 2, G. Sand.

SAUTERIE [soτʀi] n. f. — 1824 ; « sauts, sautillements », fin XVIᵉ ; de *sauter*.

♦ Vieilli ou plais. Réunion dansante d'un caractère simple et intime. ⇒ **Bal** (cit. 10), **surprise-partie**. *Nous organisons une petite sauterie.*

1   Il ne s'agissait plus de ces sauteries d'émigrés où nous dansions au son du violon d'un conseiller du parlement de Bretagne (...) bal public sous le patronage des plus grandes dames du West-end.
                  CHATEAUBRIAND, Mémoires d'outre-tombe, t. IV, p. 176.

2   (...) dans le silence, ils entendirent de nouveau monter de chez les Dauvergne, un branle sourd, rythmé par un bruit de musique : ces demoiselles venaient d'organiser une sauterie.   ZOLA, la Bête humaine, VIII.

SAUTERNES [soτɛʀn] n. m. — 1853, Landais ; du n. d'une ville de la Gironde.

♦ Vin de Bordeaux blanc, de Sauternes, très fruité et sucré fait de raisins très mûrs, cueillis avec soin. *Boire du Sauternes avec le foie gras.*

(...) ces officiers dont j'entendais parler en buvant du sauternes qui projetait sur eux son reflet charmant (...) PROUST, le Côté de Guermantes, Pl., t. II, p. 112.

SAUTE-RUISSEAU [soτʀɥiso] n. m. invar. — 1796, « agent de spéculateur » ; de *sauter*, et *ruisseau*.

♦ **1.** Vx. Petit clerc d'avoué, de notaire, qui fait les courses, porte des colis.

♦ **2.** Jeune garçon de courses.

Le saute-ruisseau est généralement (...) un garçon de treize à quatorze ans, qui dans toutes les Études se trouve sous la domination spéciale du Principal clerc dont les commissions et les billets doux l'occupent tout en allant porter des exploits chez les huissiers et des placets au Palais.
              BALZAC, le Colonel Chabert, Pl., t. II, p. 1086.

SAUTEUR, EUSE [soτœʀ, øz] n. — 1530 ; fém. *sauteresse* « danseuse », 1380 ; « cheval qui saute », mil. XVIIᵉ ; de *sauter*.

♦ **1.** ⓐ Personne dont la profession est de faire des sauts acrobatiques. ⇒ **Acrobate, bateleur** (→ Farceur, cit. 1). *Sauteurs pétauristes* (cit.).

1   (...) ici la Franconi, là, la veuve d'Adam, plus loin Rosalie, la sauteuse de l'Hippodrome.
              Ed. et J. DE GONCOURT, Journal, 25 août 1863, t. II, p. 115.

ⓑ (1903). Athlète spécialiste des épreuves de saut. *Sauteur en longueur, à la perche.* ⇒ **Perchiste**. *Les sauteuses américaines ont remporté le championnat.* — REM. Le fém. sans compl. est d'un emploi restreint (à cause du sens 3 → Coureuse) ; on dira plutôt *les athlètes*, n. m. pl. ; mais *sauteuse en hauteur, en longueur* sont plus normaux. *Sauteur à skis.*

2   Plus loin, on aperçoit un sauteur en long : c'est un homme volant, les bras dressés comme s'il était suspendu à quelque chose d'invisible (...)
              MONTHERLANT, les Olympiques, p. 136.

Personne qui saute pour s'amuser, de façon accidentelle. *Un sauteur à pieds joints.*

2.1 En jouant avec Charles, il chercha des yeux le groupe des sauteuses de corde et dit à sa femme qui leur tournait le dos :
— Jeanne s'amuse bien. Si tu la voyais sauter à la corde, c'est un oiseau.
              M. AYMÉ, Maison basse, p. 261.

♦ **2.** N. m. ⓐ (1690). Vx. Personnage hâbleur et creux, esprit inconstant et brillant.

3   (...) Modeste restait ébahie de cet esprit parisien qu'elle ne connaissait pas et qui brillantait les déclamations du discoureur.
— Quel sauteur ! dit Butscha (...)   BALZAC, Modeste Mignon, Pl., t. I, p. 534.

ⓑ (1867). Homme prompt à changer d'opinion, suivant son intérêt (→ Girouette, opportuniste).

ⓒ Mod. Homme sans sérieux, qui travaille mal, sur qui on ne peut compter.

♦ **3.** N. f. (1834). Vieilli. Femme de mœurs légères (→ Catin, cit.).

♦ **4.** N. m. (1768). ⓐ Animal qui avance en sautant (⇒ **Saltigrade**), qui saute souvent. *La gerboise est un excellent sauteur.* Adj. *Insectes sauteurs, orthoptères sauteurs,* à pattes postérieures développées (courtilière, cirquet, grillon, locuste, sauterelle*...). *Oiseaux sauteurs* (opposé à *marcheurs*).

4   Les carrioles (...) étaient secouées durement sur leurs deux roues, pareilles à des insectes sauteurs (...)   ZOLA, la Terre, I, 1.

5   Parmi les espèces sauteuses, il faut faire une place à part à celles qui pratiquent le « vol plané ». C'est le cas de quelques Rainettes américaines (...)
              Jean GUIBÉ, les Batraciens, p. 48.

ⓑ (1678). Cheval dressé pour le saut d'obstacle. *Les sauteurs et les trotteurs.* — Cheval dressé aux sauts d'école. *Sauteurs en liberté. Sauteurs aux piliers.*

♦ **5.** Adj. Rare. Animé d'un rythme, d'un mouvement rapide et saccadé. *« Un rythme entraînant, étourdissant, un peu sauteur »* (P. Léautaud).
Techn. *Scie sauteuse.* ⇒ **Sauteuse** (2.).

DÉR. Sauteuse.

SAUTEUSE [soτøz] n. f. — 1875 ; de *sauteur*.

♦ **1.** Casserole à bords peu élevés dans laquelle on fait sauter les viandes, les légumes.

♦ **2.** (1933). Techn. *Sauteuse* ou (appos. ou adj.) *Scie sauteuse :* scie à bois mue par un moteur, munie d'une lame étroite animée d'un mouvement de va-et-vient, utilisée pour chantourner les pièces de profil complexe.

HOM. Fém. de **sauteur**.

SAUTILLAGE [soτijaʒ] n. m. — 1735 ; de *sautiller*.

♦ Le fait de sautiller. ⇒ **Sautillement**.

SAUTILLANT, ANTE [sotijã, ãt] adj. — 1668 ; de *sautiller*.

♦ **1.** Qui fait de petits sauts. *Oiseau sautillant. Amble* (cit. 2), *pas sautillant* (→ Épouvantail, cit. 2).
Musique sautillante, au son de laquelle on peut sautiller, au rythme rapide et saccadé (→ Bastringue, cit. 3). ⇒ **Piqué.**

(...) l'orgue de Barbarie des chevaux de bois égrenait dans l'air ses notes pleurardes et sautillantes (...)   MAUPASSANT, le Père Amable, Pl., t. II, p. 748.

♦ **2.** (1736). Fig. Formé d'éléments courts et décousus. *Style sautillant.* ⇒ **Haché.** *Strophes sautillantes.* ⇒ **Boitillant.** *Le ton sautillant d'une phrase* (cit. 12).

♦ **3.** Qui saute sans cesse d'un sujet, d'une occupation à l'autre. ⇒ **Capricieux, mobile.** *Esprit sautillant. Conduite inégale* (cit. 14) *et sautillante.*

SAUTILLÉ [sotije] n. m. — xxᵉ ; de *sautiller.*

♦ Mus. Coup d'archet bref et rapide, par rebondissement vertical sur la corde ; ensemble de coups d'archet de ce type.

SAUTILLEMENT [sotijmã] n. m. — 1718 ; de *sautiller.*

♦ **1.** Action de sautiller, suite de petits sauts. *Le sautillement des oiseaux.* ⇒ **Sautillage.**

♦ **2.** (1859). Fig. Passage rapide et heurté (d'une idée à une autre). *Le sautillement du style, de la conversation* (→ Bavardage, cit. 3).

(...) la vivacité, le brio, le sautillement, le désordre un peu fou, le tintamarre, la vie fiévreuse de la conversation *(dans la prose de Diderot...)*
Ed. et J. DE GONCOURT, Journal, 24 févr. 1886, t. VII, p. 81.

SAUTILLER [sotije] v. intr. — 1564 ; de *sauter.*

♦ **1.** Faire de petits sauts successifs. ⇒ **Sauteler ; caracoler, fringuer, gambader** (→ Gosse, cit. 1). *Sautiller d'un pied sur l'autre.* — *Sautiller en dansant* (→ 1. Bourrée, cit. 2). — *Oiseau qui sautille* (→ Hérisser, cit. 7 ; merle, cit. 1 ; 1. râle, cit.).

1   (...) une fine cheville et un petit pied dont la pointe sautillait d'un pavé à l'autre.
FRANCE, la Rôtisserie de la reine Pédauque, IV, Œ., t. VIII, p. 29.

2   Autour de la mère, l'enfant, un petit gars de quatre ans, s'amusait : agrippé à la jupe, il sautillait sur un pied, en chantonnant.
MARTIN DU GARD, les Thibault, t. VIII, p. 25.

♦ **2.** (1893). Être agité de petits mouvements rapides et saccadés. *Le paquet sautillait sur la lunette arrière de la voiture. « Les voitures (...) faisant sautiller leurs lanternes »* (Giono, *in* G. L. L. F.).

♦ **3.** (1694). Passer rapidement et sans liaison (d'une idée à l'autre). *La conversation sautillait d'un sujet à l'autre.*

DÉR. Sautillage, sautillant, sautillé, sautillement.

SAUTOIR [sotwaʀ] n. m. — 1230 ; de *sauter,* probablt au sens de «passer par dessus», et, au sens 2, de *sauter* (en selle).

★ **I.** ♦ **1.** Blason. Pièce honorable formée de la bande* et de la barre*, en forme de croix de Saint-André (X). — EN SAUTOIR : disposé en croix de Saint-André. *Cinq besants posés en sautoir. Écu écartelé en sautoir.*

(1718). Pièces de bois mises en sautoir.

(1845). Techn. Barrière en croix de Saint-André, pour empêcher les bestiaux de passer (mais qu'un homme peut « sauter »).

♦ **2.** (1352, *sautoner*). Anciennt. Pièce du harnais, qui pendait en double à la selle et servait d'étrier, pour monter («sauter») à cheval.

Loc. *En sautoir* [a] (1775). Vieilli. En bandoulière. *Porter un paquet de corde en sautoir* (→ Piolet, cit. 1).

[b] (1798). Mod. Autour du cou, en collier sur la poitrine. *Porter une croix, une montre, une décoration, un ruban en sautoir.*

0.1   Cette Grand-Croix (...) cette façon enfin, si remarquable chez un chrétien, de porter sa croix, mais en sautoir, quelle ample matière à réflexion, et même à méditation!
F. MAURIAC, le Nouveau Bloc-notes 1958-1960, p. 125.

♦ **3.** (Déb. xixᵉ, «décoration» ; «chaînette», v. 1900 ; de *en sautoir*). Longue chaîne (⇒ **Châtelaine**) ou long collier* qui se porte sur la poitrine. *Un sautoir de perles* (cit. 5). ⇒ **Bijou, pendentif.** — Pointe d'étoffe nouée sur la poitrine. ⇒ **Châle.** — Décoration, croix, ruban que l'on porte en collier.

1   *(Il)* portait sous son gilet le sautoir rouge des grands-officiers de la légion d'Honneur.   BALZAC, le Colonel Chabert, Pl., t. II, p. 1129.

2   (...) d'un mouvement onduleux qui fit cliqueter son sautoir, elle laissa glisser le long d'elle l'ample fourrure (...)   MARTIN DU GARD, les Thibault, t. III, p. 149.

★ **II.** (De *sauter,* I., 1.). ♦ **1.** (1830). Sports. *Cheval sautoir* ou *sautoir :* cylindre servant aux sauts en gymnastique. ⇒ **Cheval** (d'arçons).

♦ **2.** (1927, *in* Petiot). Cour. Emplacement aménagé pour le saut (en gymnastique, en athlétisme). *Piste d'élan, planche d'appel, fosse à*

---

sable (ou *sciure*) *d'un sautoir. Élastique, barre d'un sautoir* (saut en hauteur, à la perche). *Sautoir en hauteur* (→ Rouleau, cit. 6). Tremplin (de plongeon).

SAUTON [sotõ] n. m. — xxᵉ ; de *sauter.*

♦ Techn. (typogr.). Passage d'un texte qui a été sauté par le typographe, le claviste, et qui reste non composé (⇒ 3. **Bourdon**).

SAUTRON [sotʀõ] n. m. — 1904 ; p.-ê. de *sauter,* pour **sauteron.*

♦ Techn. Ardoise taillée, réduite, qui complète un rang (dans une couverture, etc.).

SAUVAGE [sovaʒ] adj. — V. 1175 ; *salvage,* xiᵉ ; bas lat. *salvaticus,* altér. du lat. *silvaticus,* de *silva* «forêt».

★ **I.** Qui est à l'état de nature, qui n'a pas été modifié par la main de l'homme. ♦ **1.** (Animaux). Qui vit en liberté dans la nature, n'appartient pas à l'expérience familière de l'homme. ⇒ **Fauve, inapprivoisé,** et (vx) **fier.** *Animaux, bêtes sauvages* (→ 1. Bas, cit. 76 ; caverne, cit. 1 ; graine, cit. 7). *Orphée apprivoisait* (cit. 3) *les bêtes sauvages. Chasse aux bêtes sauvages. L'écureuil, petit animal à demi sauvage* (→ Gentillesse, cit. 1). *Oiseau sauvage, inapprivoisable* (cit. 1). *Les bêtes sauvages. Animaux craintifs* (cit. 2) *et sauvages. Cheval qui redevient sauvage.* ⇒ **Marron.**

N'assure-t-il pas que les animaux sauvages s'approchent de l'homme, et que les oiseaux viennent se poser sur lui, lorsqu'ils ignorent le danger de cette familiarité ?   DIDEROT, Suppl. au voyage de Bougainville, I.   1

Pénétrez dans ces forêts américaines aussi vieilles que le monde (...) la nuit s'approche (...) on entend des troupeaux de bêtes sauvages dans les ténèbres (...)   CHATEAUBRIAND, le Génie du christianisme, II, IV, I.   2

(xiiiᵉ). Spécialt. Se dit des animaux non domestiqués d'une espèce qui comporte des animaux domestiques* (cit. 5). *Chien* (cit. 6), *lapereau* (→ Rabouillère, cit. 1), *canard* (→ Pluvier, cit.), *oie sauvage. Taureau* (→ Joug, cit. 2), *lama* (→ Guanaco, cit.) *sauvage. Chevaux sauvages. Porc* sauvage. *Abeilles sauvages* (→ Insecte, cit. 3). — Par métonymie. *Soie* sauvage.

Chat sauvage. ⇒ **Haret,** cit. — (1630, Canada). Raton laveur.

♦ **2.** (V. 1196). Des hommes. Vx ou péj. Qui appartient à une civilisation considérée comme peu évoluée. — Spécialt. Qui, appartenant à un groupe peu civilisé, est jugé brutal et repoussant. ⇒ **Primitif.** *Peuples sauvages.* ⇒ **Peuplade, tribu** (→ Barbare, cit. 8 ; civilisation, cit. 4 ; civiliser, cit. 3 ; 1. pratique, cit. 11). *L'homme sauvage* (→ État, cit. 99 ; 1. moyen, cit. 9) *et l'homme civilisé. Hommes à moitié sauvages* (→ Farouche, cit. 10).

N. UN SAUVAGE, LES SAUVAGES. ⇒ **Barbare** (cit. 13), **bois** (homme des) ; et → Arbre, cit. 37 ; civiliser, cit. 2 ; déprédation, cit. 4 ; empreinte, cit. 7 ; hamac, cit. 2 ; homme, cit. 80 ; hospitalité, cit. 3 ; instinct, cit. 33 ; manitou, cit. 1 ; naturel, cit. 7 ; policer, cit. 1. *La théorie du « bon sauvage »* (de Montaigne à Diderot). — Au fém. *Une sauvage.* ⇒ **Sauvagesse.**

« On croirait que cet ouvrage est le fruit (cit. 42) *de l'imagination d'un sauvage ivre »* (Voltaire, à propos de Shakespeare). *Un petit sauvage :* un gamin (cit. 2, Hugo), sans attache familiale ni sociale, sans instruction ni manières (→ aussi Jumeau, cit. 1).

Aussi Farrabesche et son fils étaient-ils surtout développés du côté physique, ils possédaient les propriétés remarquables des sauvages : une vue perçante, une attention constante, un empire certain sur eux-mêmes, l'ouïe sûre, une agilité visible, une intelligente adresse.   BALZAC, le Curé de village, Pl., t. VIII, p. 668.   3

«(...) Mais ce n'est pas un singe !» répondit Harbert. Pencroff et Gédéon Spilett, à ces paroles, regardèrent alors l'être singulier qui gisait à terre.
En vérité, ce n'était point du singe ! C'était une créature humaine, c'était un homme ! Mais quel homme ! Un sauvage, dans toute l'horrible acception du mot, et d'autant plus épouvantable, qu'il semblait être tombé au dernier degré de l'abrutissement !
Chevelure hérissée, barbe inculte descendant jusqu'à la poitrine, corps à peu près nu, sauf un lambeau de couverture sur les reins, yeux farouches, mains énormes, ongles démesurément longs, teint sombre comme l'acajou, pieds durcis comme s'ils eussent été faits de corne : telle était la misérable créature qu'il fallait bien, pourtant, appeler un homme ! Mais on avait droit, vraiment, de se demander si dans ce corps il y avait encore une âme, ou si le vulgaire instinct de la brute avait seul survécu en lui !   J. VERNE, l'Île mystérieuse, II, p. 503-504.   3.1

À la prodigieuse astuce naturelle à sa race, elle joignait une énergie farouche, qui ne connaissait ni le pardon ni la pitié. C'était une sauvage digne de partager le wigwam d'un Apache ou la hutte d'un Andamien.
J. VERNE, Michel Strogoff, p. 280.   3.2

Spécialt (en franç. du Canada ; vx). *Les Sauvages :* les Amérindiens.

(1580). Vx. Propre aux sauvages. *État sauvage* (→ Animal, cit. 4 ; et aussi barbarie, cit. 1). *Retourner à la vie sauvage* (→ Jugeote, cit. 1). *Perceptions intuitives qui appartiennent au fond* (cit. 47) *sauvage. Mélopée sauvage* (→ Hululement, cit.).

C'est une grande erreur que d'attribuer l'innocence à l'état sauvage ; tous les appétits de la nature se développent sans contrôle dans cet état : la civilisation seule enseigne les qualités morales.   4
CHATEAUBRIAND, Mœurs générales des xiiᵉ, xiiiᵉ et xivᵉ siècles.

(...) un art sauvage ne se maintient que dans la sauvagerie qu'il exprime, et l'intrusion d'un art civilisé le détruit : l'art des noirs meurt des formes de l'Europe, même misérables.   5
MALRAUX, les Voix du silence, p. 223.

♦ **3.** (xiiiᵉ). Plantes. Qui pousse et se développe naturellement sans être cultivé. ⇒ **Agreste** (cit. 1). *Plantes, fleurs, fruits sauvages* (→ Miséricordieux, cit. 2). — Spécialt. Se dit des variétés d'espèces végétales qui peuvent être également cultivées. *Groseilliers* (→ Agripper, cit. 2), *figuiers* (→ Blottir, cit. 6), *cassis* (cit. 1), *vignes* (→ Entrelacer, cit. 2), *framboisiers* (cit.), *oliviers* (→ Massue, cit. 1)... *sauvages. Absinthe* (cit. 2), *anémone* (cit. 2), *baume* (1. Baume, cit. 2), *oseille* (→ Lychnide, cit.), *cerfeuil* (→ Ombellule, cit.), *orchidée* (cit.), *rosier sauvage.*

5.1   Autour du Lac Supérieur et du Lac Michigan, pousse dans les marais une graminée *(zizania aquatica)*, le riz sauvage, qui a été considérablement exploitée par différentes tribus. Les modalités de cette exploitation sont particulièrement instructives. Les Sioux Dakota, chasseurs de bisons et ramasseurs de plantes sauvages, organisaient des raids au moment de la maturité du riz et récoltaient simplement la plante qui ne constituait qu'une partie accessoire de leur alimentation.
A. LEROI-GOURHAN, le Geste et la Parole, t. I, p. 230.

♦ **4.** (V. 1130). Lieux, sites. Que la présence ou l'action humaine n'a pas marqué; qui est inculte, peu accessible, d'un aspect peu hospitalier et parfois effrayant. ⇒ **Désert** (cit. 2); et aussi **abandonné, farouche, inhabité.** *Région, pays, contrée, terre... sauvage* (→ Expatrier, cit. 1; exténuer, cit. 5; fleurir, cit. 4; itinérant, cit. 1; méditer, cit. 9; peler, cit. 4). *Bois* (cit. 7), *forêt* (→ Monastère, cit. 2), *gorges* (→ Épouser, cit. 16)... *sauvages. Lande* (cit. 2), *pampa* (cit.), *montagnes* (→ Jupe, cit. 9), *rives* (→ Romantique, cit. 3), *sauvages.*

6   Seulet dedans les bois, pensif je me promène,
     Et rien ne m'est plaisant que les sauvages lieux.
RONSARD, Second livre des Amours, I, XXVI.

7   J'étais seul, je m'enfonçais dans les anfractuosités de la montagne; et, de bois en bois, de roche en roche, je parvins à un réduit si caché que nul n'ai vu de ma vie un aspect plus sauvage. De noirs sapins entremêlés de hêtres prodigieux (...) fermaient ce réduit de barrières impénétrables; quelques intervalles que laissait une sombre enceinte n'offraient au-delà que des roches coupées à pic, et d'horribles précipices (...)
ROUSSEAU, Rêveries..., 7ᵉ promenade.

8   Le versant espagnol, exposé au midi, est tout autrement abrupt, sec et sauvage (...)
MICHELET, Hist. de France, III.

Géogr. *Eaux sauvages :* eaux de ruissellement diffus.

♦ **5.** (V. 1965). Choses. Qui surgit spontanément, se fait de façon anarchique, indépendamment des règles. *Grève* sauvage.* « *Une grève sauvage échappe aux syndicats, des crèches sauvages à la Santé publique* » *(Femme pratique,* sept. 1970). *Dévaluation sauvage.* « *À 10 h 30, la première fiche de paie "sauvage" sortait* » *(l'Express,* 6 août 1973). *Capitalisme sauvage. Urbanisation, industrialisation, développement sauvage,* non planifié. « *Le profit sauvage, irréductible et fluctuant* » (J.-P. Courthéoux, *la Politique des revenus,* p. 62). *Hausse des prix sauvage. Camping sauvage,* hors des terrains prévus à cet effet. *Affichage sauvage. Immigration sauvage.* ⇒ **Illégale.** *Vente sauvage de produits.* « *Un " abattage sauvage" d'un millier de poulets* » *(l'Express,* 25 mars 1974). — *Classes, cours sauvages* (⇒ aussi **Parallèle**).

Par ext. *Psychanalyste sauvage, promeneur sauvage.*

Argot. Qui travaille indépendamment des groupes reconnus du « milieu ».

8.1   On chuchotait qu'il y avait eu une femme (...) qui l'avait roulé, grugé, trahi, une créature de police qui l'avait donné et fait épingler, ce qui l'avait rendu « sauvage » comme on dit en argot de traite des blanches d'un trafiquant qui a été marqué par une femme et ne peut plus de ce fait espérer faire jamais partie des *réguliers* (...)
B. CENDRARS, Bourlinguer, p. 69.

★ **II.** (Domaine moral). ♦ **1.** (V. 1196). Qui fuit toute relation avec les hommes, se plaît à vivre seul* et retiré. ⇒ **Craintif, farouche, insociable, misanthrope...** *Il est devenu sauvage* (→ Hurluberlu, cit. 1). *Famille ratatinée* (cit. 4), *sauvage.* — N. *Un, une sauvage* (→ Austère, cit. 6). ⇒ **Loup-garou, ours.** *C'est une vraie sauvage, une misanthrope. Vivre à l'écart, solitaire, en sauvage* (→ Quérir, cit. 3). Par ext. *Caractère, humeur sauvage* (→ Loup-garou, cit. 1). *Fierté sauvage* (→ Estimer, cit. 21).

9   Edmond a des amis, mais Armand est un sauvage. Il a peur des petits paysans, il ne va pas courir avec eux dans les vignes. Il reste solitaire dans la maison paternelle (...)
ARAGON, les Beaux Quartiers, I, IX.

♦ **2.** (V. 1160). D'une nature rude, grossière ou même brutale. ⇒ **Abrupt, âpre, brut, dégrossi** (mal), **fruste, grossier, inculte, rude...** *Hérissé* (cit. 36) *et presque sauvage.* — N. *Il les traite de sauvages, de brutes* (→ Lettré, cit. 4). ⇒ **Canaque, ostrogoth.** — Vieilli (sauf au Canada où le mot fait traditionnellement allusion aux Indiens). *Comme un sauvage :* impoliment.

10   — Il ne faut pas lui en vouloir, il est un peu malade aujourd'hui et fatigué d'ailleurs de sa promenade à Trouville. — N'importe, reprit Roland, ce n'est pas une raison pour s'en aller comme un sauvage.
MAUPASSANT, Pierre et Jean, V.

10.1   La mère de Robert, avec sa chaude générosité d'ivrogne, a dit : « On ne va pas arrêter ce petit dans ses études, il est si doué ! » Le beau-père, brave matamore en tablier bleu (...) : « Sûr que non ! On n'est pas des sauvages ! »
F. MALLET-JORIS, le Jeu du souterrain, p. 88.

Par ext. *La sauvage âpreté des mœurs* (→ Contracter, cit. 8). *Sauvage barbarie* (→ Œuvre, cit. 21). *Crudité* (cit. 4) *sauvage. Sauvage énergie.* ⇒ **Farouche** (→ Force, cit. 13). *Manières frustes* (cit. 5) *et sauvages. Amour physique et sauvage* (→ Possession, cit. 14).

♦ **3.** (V. 1208). Qui a quelque chose d'inhumain, marque un retour aux instincts primitifs. ⇒ **Barbare, bestial, cruel, féroce; sauvage-**

rie. *Vainqueur sauvage* (→ Effroyable, cit. 2). *Malfaiteurs* (cit. 2), *rôdeurs sauvages.* — REM. Le dérivé *sauvagerie* est plus courant.

N. *Ces sauvages* (→ Inhumainement, cit.). *Envahisseurs qui se conduisent comme des sauvages.*

Par ext. *Éclat, flamme sauvage du regard* (→ Allumer, cit. 10; dominer, cit. 7; envelopper, cit. 4; feu, cit. 66). *Air sauvage et brutal* (→ Étonner, cit. 20). ⇒ **Hagard.** *Coups, horions* (cit. 2) *sauvages. Crime sauvage.* « *Alors commença l'âpre* (cit. 12) *et sauvage poursuite* » (Hugo).

11   (...) une explosion rapide, successive, de cris sauvages, démoniaques (...)
BAUDELAIRE, Trad. E. POE, Nouvelles histoires extraordinaires, « Roi Peste ».

12   (...) ces crimes répondaient à des crimes, comme au Maroc une répression sauvage vient de répondre à un massacre sauvage (...)
F. MAURIAC, Bloc-notes 1952-1957, p. 191.

CONTR. Domestique, familier. — Civilisé, évolué, policé. — Civil, coquet, poli, sociable.

DÉR. Sauvagement, sauvageon, sauvagerie, sauvagesse, sauvagin, sauvagine.

SAUVAGEMENT [sovaʒmɑ̃] adv. — V. 1360; « d'une manière étrange, extraordinaire », XIIᵉ; de *sauvage.*

♦ **1.** Littér. et vx. À la manière de ce qui n'est pas habité, modelé par l'homme. *Un paysage sauvagement inhabité, tragique.*

♦ **2.** (Mil. XVIᵉ). Vx. Sans voir personne, loin du monde. « *Il vivait fort retiré et sauvagement* » (Académie).

♦ **3.** (Déb. XIVᵉ). Mod., cour. Avec brutalité, férocité. *La ville fut pillée sauvagement. Décimer* (cit. 4) *sauvagement* (→ Appliquer, cit. 27). *Il fut sauvagement assassiné.* — *On appliqua sauvagement les lois répressives.*

♦ **4.** Avec brutalité, sans douceur. ⇒ **Violemment.** *Les enfants jouaient, criaient sauvagement.*

SAUVAGEON, ONNE [sovaʒɔ̃, ɔn] n. — XIIᵉ; de *sauvage,* et suff. *-on.*

♦ **1.** N. m. Arbor. Arbre non greffé, et spécialt employé comme sujet à greffer. *Greffer un sauvageon. Greffer, enter un sauvageon.* ⇒ 2. *Franc* (*supra* cit. 14). — (1933). Par ext. Rejeton sauvage de la partie non greffée d'un arbre greffé.

Adj. *Branche sauvageonne.* — Par métaphore :

On entrevoit en quoi Diderot tenait d'elle *(sa sœur),* et en quoi il en différait : elle était la branche restée rude et sauvageonne, lui le rameau greffé, cultivé, adouci, épanoui.   SAINTE-BEUVE, Causeries du lundi, 20 janv. 1851.   1

♦ **2.** N. m. et f. (Fin XIXᵉ; par métaphore du précédent, et par attraction de *sauvage* au sens I., 2.). Enfant qui a grandi sans être élevé, comme un petit sauvage.

REM. L'emploi du masculin en parlant d'une fille (→ ci-dessous, cit. 2, Zola) marque le passage de la métaphore du 1. au figuré.

C'était la Trouille (...) une gamine de douze ans, maigre et nerveuse comme une branche de houx (...) Il avait eu ce sauvageon d'une rouleuse de routes (...) L'enfant, à peine sevrée, avait poussé dru, en mauvaise herbe (...)
ZOLA, la Terre, I, III (1887).   2

Pourrait-il jamais présenter comme sa femme cette sauvageonne, habituée à se vêtir de loques à courir en cheveux, à marcher pieds nus ?
J. RICHEPIN, cité par Encycl. universelle du XXᵉ s., Sauvageon (1908).   3

Il regardait son petit corps potelé de sauvageonne, se disait pour la première fois que cette gamine de onze ans deviendrait femme, se marierait.
MARTIN DU GARD, les Thibault, t. I, p. 254.   4

SAUVAGERIE [sovaʒʀi] n. f. — 1739, *Mémoires* de d'Argenson; rare au XVIIIᵉ; de *sauvage,* et suff. *-erie.*

♦ **1.** Caractère, humeur sauvage* (II., 1.). *Chagrins* (cit. 6) *d'enfance qui laissent dans l'homme une teinte de sauvagerie* (→ aussi Home, cit. 1; dramatiser, cit. 2).

Tiburce allait rarement dans le monde, non par sauvagerie, mais par nonchalance (...)   Th. GAUTIER, la Toison d'or, I, *in* Fortunio.   1

Il restait seul, par sauvagerie et par goût; il fuyait la société des autres enfants : il y était mal à l'aise; il répugnait à leurs jeux, à leurs batailles (...)
R. ROLLAND, Jean-Christophe, Antoinette, p. 833.   2

♦ **2.** (V. 1825). Rare. État sauvage, mœurs des sauvages* (I., 2.) (opposé à *civilisation*).

La sauvagerie est nécessaire, tous les quatre ou cinq cents ans, pour revivifier le monde. Le monde mourrait de civilisation. Autrefois, en Europe, quand une vieille population d'une aimable contrée était convenablement anémiée, il lui tombait du Nord sur le dos des bougres de six pieds qui refaçonnaient la race.
Ed. et J. DE GONCOURT, Journal, 2 sept. 1855, t. I, p. 83.   3

♦ **3.** (1846). Caractère sauvage* (II., 3.). ⇒ **Barbarie, brutalité, cruauté, férocité, violence.** *La sauvagerie d'un meurtrier, d'un assassinat, d'une scène de l'Odyssée* (→ Nettoyage, cit.). *Frapper avec sauvagerie.*

4   Edmond ressentait quelque admiration de la sauvagerie de l'assassin. Il s'était acharné sur le cadavre, disait-on.   ARAGON, les Beaux Quartiers, III, V.

CONTR. Amabilité, bienséance, coquetterie, sociabilité. — Civilisation, délicatesse.

SAUVAGESSE [sovaʒɛs] n. f. — 1632 ; de *sauvage,* et suff. *-esse.*

♦ **1.** Vx ou plais. Femme sauvage* (I., 2.).

1   M. Violet (...) était maître de danse chez les sauvages (...) En me parlant des Indiens, il me disait toujours : « Ces messieurs sauvages et ces dames sauvagesses. »   CHATEAUBRIAND, Mémoires d'outre-tombe, t. I, p. 291.

1.1   Un Blanc — sorte de Robinson — et une sauvagesse vivant une vie édénique dans une île, sinon déserte du moins étrangère à tout circuit, tels étaient les héros de cette histoire.   Michel LEIRIS, Frêle bruit, p. 89.

♦ **2.** (1840). Rare (fém. de *sauvage,* II., 2.). Femme peu cultivée, sans éducation.

2   N'est-ce pas que je me forme ? Je prends le bras, je mets des chapeaux, des robes à la mode ; j'ai des bijoux ; j'apprends je ne sais combien de belles choses ; je ne suis plus du tout une sauvagesse.   MÉRIMÉE, Colomba, XXI.

SAUVAGIN, INE [sovaʒɛ̃, in] adj. — 1690 ; « sauvage », xvᵉ ; de *sauvage.* → Sauvagine.

♦ Vén. Propre à certains oiseaux sauvages. *Goût sauvagin. Odeur sauvagine.* — N. m. (1671). *Sentir le sauvagin.*

Les visites de Palaniaï étaient brèves (...) Elle laissait après elle une odeur sauvagine et musquée, un peu affadie par l'huile de coco (...)   Henri FAUCONNIER, Malaisie, I, p. 65.

SAUVAGINE [sovaʒin] n. f. — V. 1268 ; *salvagine* « ensemble des bêtes sauvages », v. 1119 ; de *sauvage.*

♦ **1.** Chasse. L'ensemble des oiseaux sauvages (de mer, de rivière, de marais) dont la chair a le goût sauvagin. ⇒ **Gibier.** *Chasse à la sauvagine* (en bateau, à la hutte, au gabion, etc.).

1   On chasse la sauvagine du 14 juillet à la fin de mars et son abondance est variable (...) Novembre est le mois béni pour le chasseur en bateau (...) La sauvagine avec toutes ses espèces s'arrête partout au hasard de ses escales.   François VIDRON, la Chasse en montagne, au marais et en mer, p. 70.

1.1   La sauvagine et les gens des Bastides se rencontrent sur la source, cette eau qui coule du rocher, si douce aux langues et aux poils.   J. GIONO, Colline, Pl., t. I, p. 127.

♦ **2.** (Fin xiiiᵉ). Techn. Ensemble des peaux les plus communes recueillies par les chasseurs et vendues sur les grands marchés de la fourrure.

2   (...) les grands centres de vente de la pelleterie sont restés Londres et Leipzig (...) D'autres villes d'Europe ou d'Asie (...) centralisent ce même genre de commerce, qu'on retrouve en France, en dehors de Paris, à Lyon et à Chalon-sur-Saône, spécialisées toutes deux dans l'achat et la vente de la *sauvagine.*   René THÉVENIN, les Fourrures, p. 118.

DÉR. Sauvagineur, sauvaginier.

SAUVAGINEUR [sovaʒinœʀ] n. m. — 1914 ; de *sauvagine.*

♦ Chasseur à la sauvagine (syn. : *sauvaginier*).

SAUVAGINIER [sovaʒinje] n. m. — Mil. xxᵉ ; de *sauvagine.*

♦ **1.** Techn. Personne qui fait le commerce de la sauvagine (2.).

♦ **2.** Chasse. Chasseur à la sauvagine (syn. : *sauvagineur*).

SAUVASTIKA [sovastika] n. f. ⇒ **Svastika.**

1. SAUVEGARDE [sovgaʀd] n. f. — Mil. xivᵉ ; *salve garde,* 1232 ; de *sauve,* fém. de *sauf,* et *garde.*

♦ **1.** Protection et garantie (de la personne, de la liberté, des droits...) accordée par une autorité ou assurée par une institution (→ Impartial, cit. 4). *La sauvegarde d'une institution, de qqn ;* accordée par... *La sauvegarde de qqch.* (de la liberté, d'un droit) *par qqn, par une institution.* — SOUS LA SAUVEGARDE DE... *Se placer sous la sauvegarde de la justice, d'un magistrat...* ⇒ **Auspice, égide.** Dr. *Mise sous la sauvegarde de la justice :* protection juridique accordée à un incapable* majeur dans les actes de la vie civile, visant à le garantir des abus ou de la mauvaise foi des autres, ou de ses propres incapacités ou inconséquences. *Mise sous sauvegarde. Malade sous la sauvegarde de la Justice.*

Loc. *Commission de sauvegarde,* instituée pour veiller au déroulement d'opérations judiciaires et de leurs préliminaires policiers.

1   Cette Commission de Sauvegarde qui a été instituée, n'a pas eu le temps encore de nous donner des raisons de nous méfier.   F. MAURIAC, Bloc-notes 1952-1957, p. 316.

♦ **2.** Protection, défense (→ Nationalisme, cit. 1). *La sauvegarde de la paix. La sauvegarde de sa propre personne* → Justifier, cit. 22. — (Surtout dans des loc. prép.). *Veiller à la sauvegarde du patrimoine. Travailler à la sauvegarde de la paix.* — *Règlement de sauvegarde* (d'une base de lancement).

♦ **3.** (*Une, des sauvegardes, la sauvegarde de...*). Personne, chose assurant une protection, une défense. ⇒ **Abri, appui, asile** (cit. 19), **barrière, bouclier, boulevard** (vx), **refuge.** — « *La pipe et la plume sont les deux sauvegardes de ma moralité* » (→ Fumée, cit. 65, Flaubert).

2   Gardez soigneusement en vos âmes la justice et la charité ; elles seront votre sauvegarde, elles banniront d'au milieu de vous les discordes et les dissensions.   F. DE LAMENNAIS, Paroles d'un croyant, XXIX.

♦ **4.** (1549). Vx. Groupe d'hommes affectés à la protection d'un souverain, d'un personnage important.

DÉR. Sauvegarder.

2. SAUVEGARDE [sovgaʀd] n. f. — 1676 ; de *sauver,* et *garde.*

♦ **1.** Mar. Cordage ou chaîne reliant un objet au navire, pour l'empêcher d'être emporté par la mer (⇒ **Assurer**).

(1870). *Sauvegarde de gouvernail. Sauvegarde d'aviron,* reliant l'aviron au tollet.

♦ **2.** (1842). Techn. Chacune des deux bandes de papier blanc, pliées et cousues par le milieu qui permettent de protéger, pendant le travail, les gardes du volume une fois qu'il a été grecqué. On écrit aussi *sauvegardes.*

SAUVEGARDER [sovgaʀde] v. tr. — 1788 ; de 1. *sauvegarde.*

♦ Assurer la sauvegarde de. ⇒ **Conserver, défendre, préserver, protéger.** *Sauvegarder les libertés* (→ Opiniâtrement, cit. 3), *l'ordre* (→ Conférence, cit. 2), *la paix* (cit. 19), *ses droits, son prestige* (→ Camoufler, cit. 1), *son honneur...*

(...) la vieille mercière, conseillée par Michaud, avait eu la prudence de sauvegarder dans le contrat les intérêts de sa nièce.   ZOLA, Thérèse Raquin, XXV.

▸ **SAUVEGARDÉ, ÉE** p. p. adj. *Libertés sauvegardées.*

SAUVE-QUI-PEUT [sovkipø] n. m. — 1419 ; de *sauver,* et *pouvoir* proprt « que se sauve celui qui le peut ».

♦ **1.** Cri de « sauve qui peut » (→ Égoïste, cit. 2).

1   La garde impériale sentit dans l'ombre l'armée lâchant pied autour d'elle, et le vaste ébranlement de la déroute, elle entendit le sauve-qui-peut ! qui avait remplacé le vive l'empereur ! (...)   HUGO, les Misérables, II, I, XII.

♦ **2.** (1614 ; rare av. 1819). Fuite* générale et désordonnée où chacun se tire d'affaire comme il le peut. ⇒ **Débandade, déroute, désarroi, panique.** *Ce fut un sauve-qui-peut* (→ Refluer, cit. 7), *un sauve-qui-peut général. Des sauve-qui-peut.*

2   C'était le sauve-qui-peut, les derniers liens qui se rompaient, dans la stupeur de se voir tout d'un coup étrangers et ennemis, après une longue jeunesse de fraternité.   ZOLA, l'Œuvre, p. 449.

SAUVER [sove] v. tr. — V. 1050, *salver ; salvarai,* 1ʳᵉ pers. du futur « je défendrai », in *Serments de Strasbourg,* 842 ; lat. ecclés. *salvare,* de *salvus.* → Sauf.

♦ **1.** Faire échapper (qqn, un groupe...) à un grave danger (mort, ruine, perte de bien matériel ou moral, etc.). *Risquer sa vie pour sauver qqn* (→ 2. Manille, cit.). *Un homme qui veut sauver son ami coulant au milieu du fleuve* (→ Douleur, cit. 11). *Quelques-uns meurent pour que les autres soient sauvés* (→ Feu, cit. 40). « *Qui sauve le loup tue les brebis* » (→ Action, cit. 21, Hugo). « *Il vaut mieux hasarder de sauver un coupable que de condamner* (cit. 3) *un innocent* » (Voltaire). *Sauver un malade.* ⇒ **Guérir** (→ Amuser, cit. 15). *Il est sauvé, hors de danger* (→ Homéopathie, cit.). *Mineurs engloutis qui ont pu être sauvés.* ⇒ **Rescapé.** — *Sauver la France* (→ Héros, cit. 13 ; imploration, cit. 1), *la masse* (cit. 26) *du peuple, son pays* (→ Recta, cit. 1)... « *Il nous faut de l'audace* (cit. 8)... *et la France sera sauvée* » (Danton). — (Sujet n. de chose). *La nuit sauve le reste de son armée* (cit. 3). *Sa fuite l'a sauvé* (→ Enfermer, cit. 11). *Un miracle* (cit. 9) *sauve la France. Espérant que ce sacrifice la sauverait* (→ Remplaçant, cit. 1). *Mot fataliste qui perd plus d'hommes qu'il n'en sauve* (→ Réussir, cit. 8). *Ce qui m'a sauvé, c'est...* (→ Cramponnement, cit.). *Ce qui seul peut vous sauver* (→ Culture, cit. 22).

1   Elle passait sa vie à les cacher, les prêtres (...) quand il s'agissait d'en sauver un, elle eût bravé trente guillotines.   BARBEY D'AUREVILLY, les Diaboliques, « Dîner d'athées », p. 316.

2   Louis Blanc résume la chose en disant : « l'armée a perdu la France, elle ne veut pas qu'elle soit sauvée par les pékins ! »   Ed. et J. DE GONCOURT, Journal, 10 janv. 1871, t. IV, p. 147.

2.1   (...) à Bessines, le cantonnier, le père Bénoche, qui avait sauvé un colonel en Crimée, un général au Mexique, et dont la vie était ratée, disait-il, car il lui restait à sauver un maréchal.   J. GIRAUDOUX, Siegfried et le Limousin, p. 293.

SAUVER DE (un danger, une situation...). ⇒ **Arracher, soustraire, tirer.** *Sauver qqn du naufrage* (→ Individualisme, cit. 1), *de la misère* (→ Œil, cit. 44), *du désespoir* (→ Délivrance, cit. 10), *de la déchéance* (→ Ilote, cit. 6), *de l'infamie* (cit. 3), *des mains d'un ennemi* (→ Cavalier, cit. 7). — Au p. p. *Moïse sauvé des eaux...* — *Sauver l'Europe d'une invasion* → Église, cit. 5). — (Sujet n. de chose). *Il n'y a que l'attention* (cit. 6) *et la vigilance qui nous puissent sauver des surprises. Une pleurésie dont le génépi* (cit. 1) *ne put le sauver.* — Vx ou régional. *Sauver qqn de..., suivi d'un inf.* ⇒ **Préserver.**

3 — C'est *une jeune et belle fille qui manque d'ouvrage et de pain, et que votre libéralité sauvera peut-être du désordre.* DIDEROT, Jacques le fataliste, Pl., p. 549.

4 *C'était ta faiblesse, mon chéri, que ce besoin d'être ainsi sauvé de l'ennui par la folie de celles que tu aimais.* A. MAUROIS, Climats, II, XVIII.

5 *On s'explique alors que lorsque de tels enfants abandonnés à la mer étaient rejetés vivants sur la côte, quand ils étaient «sauvés des eaux», ils devenaient facilement des êtres miraculeux. Ayant traversé les eaux, ils avaient traversé la mort. Ils pouvaient alors créer des villes, sauver des peuples, refaire un monde.*
G. BACHELARD, l'Eau et les Rêves, p. 102.

(980, *salvar*). Spécialt. Opérer ou assurer le salut* de... *Dieu* (cit. 38), *le Christ a sauvé les hommes.* ⇒ **Racheter, sauveur** (→ Céleste, cit. 5). *Il faut croire* (cit. 59) *en Dieu pour être sauvé.* *« Ta foi t'a sauvée »* (→ Aller, cit. 69). Loc. *Il n'y a que la foi qui sauve.*

6 (...) *il s'est trouvé des hommes qui ont dit que Dieu leur avait révélé qu'il devait naître un Rédempteur qui sauverait son peuple* (...) PASCAL, Pensées, IX, 617.

♦ **2.** (Déb. XIVᵉ). Empêcher que soit détruit, ruiné ou perdu (qqch.) ⇒ **Conserver, garder, sauvegarder;** → Mettre en sûreté*, à l'abri*... *Sauver la vie de qqn* (→ Achopper, cit. 4; adroit, cit. 5; biologie, cit. 2). *Sauver sa peau* (cit. 18), *sa tête : sauver sa vie. Sauver une maison de commerce.* ⇒ **Renflouer** (→ Fraude, cit. 5). — Loc. fam. *Sauver les meubles :* sauver ce qui permet de survivre, ne pas tout perdre. ⇒ **Garer.** — *Sauver son crédit* (→ Cacher, cit. 14), *son honneur* (cit. 4), *la liberté* (→ Gouverner, cit. 31), *un héritage* (cit. 12) *spirituel... Sauver son âme :* assurer son salut*. — (Sujet n. de chose). *Un coup de barre* (cit. 7) *brusque peut tout sauver* (→ aussi 1. Passe, cit. 9). *Ce qui sauve l'art c'est l'invention* (→ Création, cit. 14). — *Ce que vous avez sauvé des griffes de la chicane* (→ Éprouver, cit. 35). — SAUVER (qqch.) DE : tirer, préserver de... *Sauver sa raison des hallucinations et des sottises* (→ Fléau, cit. 5). *« Sauvons de cet affront mon nom et ma mémoire »* (cit. 35, Racine). ⇒ **Garantir.**

7 (...) *je m'en vais* (...) *me disposer à faire demain mes pâques : il faut au moins tâcher de sauver cette action de l'imperfection des autres.*
Mᵐᵉ DE SÉVIGNÉ, 263, 15 avr. 1672.

8 *En les divulguant, elle sauve de la publicité des secrets confus* (...)
COLETTE, la Naissance du jour, p. 104.

9 (...) *l'urbanisme moderne prévoit, pour sauver les monuments du passé, une série de merveilleuses recettes, le pont, l'épi, le refuge divisant le trafic et formé par le monument même, ou même sa translation sur un terrain tranquille.*
GIRAUDOUX, De pleins pouvoirs dans sa pouvoirs, p. 65.

10 *Comment même n'avaient-ils pas sauvé de la bagarre la totalité de leurs biens ?*
J. ROMAINS, les Hommes de bonne volonté, t. V, VI, p. 52.

(V. 1160). *Sauver la vie à qqn* (→ Inoculation, cit. 1; obliger, cit. 12). — Loc. *Sauver la mise*. *Il me sauvait la mise* (cit. 3).

Loc. (1621, *in* D.D.L.). *Sauver les apparences** (cit. 29). *Sauver la face** (cit. 21 à 23), *sauver les dehors* (vx). *Les apparences étaient sauvées.* ⇒ **Sauf.**

11 *En astronomie, Platon fit admettre que les mouvements des corps célestes étaient tous circulaires et uniformes. Une seconde règle* (...) *faisait considérer la terre comme occupant le centre de l'univers. L'application de ces deux principes aboutit, chez Eudoxe de Cnide, au système des sphères homocentriques, qui, de caractère exclusivement géométrique, devait, suivant l'expression même des astronomes grecs, «sauver les apparences», c'est-à-dire rendre raison des mouvements constatés.*
P. BRUNET, Antiquité et moyen âge, in Encycl. Pl., Hist. de la science, p. 221.

Sports. *Sauver la balle,* ne pas la perdre. — *Sauver le but, l'essai,* éviter qu'il ne soit marqué.

♦ **3.** Vx. Épargner (un mal) à qqn (→ Hécatombe, cit. 4; et aussi meurtrissure, cit. 1).

12 *Cette dame n'avait jamais su ce que c'était que chagrin ; et dans la triste expérience qu'elle en fit alors, je crois que l'étonnement où la jetait son état lui sauvait la moitié de sa douleur.* MARIVAUX, le Paysan parvenu, I, p. 39.

♦ **4.** (V. 1370). Vx. Faire excuser ou faire passer (un ensemble médiocre ou mauvais) par une présentation adroite. *C'est le couleur qui sauve le film. « On ne peut pas sauver ce que de vous j'écoute »* (→ Moins, cit. 32, Molière). *La parure qui pouvait sauver en partie ses défauts* (→ Négligé, cit. 2). — Mus. *Sauver une dissonance*.

13 *Quand je n'avais à raconter qu'une suite de faits non disputés, j'ai pu soutenir un moment sa curiosité par mon empressement à la satisfaire, et sauver l'aridité du sujet par la rapidité de la marche* (...)
BEAUMARCHAIS, Mémoires... dans l'affaire Goëzman, p. 53.

14 *Les pentes bien ménagées mettent assez de distance entre l'habitation et la rivière pour sauver les inconvénients du voisinage des eaux* (...)
BALZAC, le Lys dans la vallée, Pl., t. VIII, p. 792.

▶ **SE SAUVER** v. pron.

♦ **1.** Vx. Échapper à un danger mortel, se tirer d'affaire. *« Quelquefois l'un se brise où l'autre* (cit. 87) *s'est sauvé »* (Corneille). — *« Les princes périrent tous. La racaille* (cit. 1) *Se sauva sans grand travail »* (La Fontaine). *Il sauta, pour se sauver, dans la tribune des femmes* (→ aussi Honte, cit. 34). — Relig. (Premier emploi attesté). Faire son salut. — SE SAUVER DE : échapper à... (→ Faveur, cit. 30; individualisme, cit. 7; médiocrité, cit. 4; rechuter, cit.).

15 *Il ne faut jamais se montrer difficile sur le moyen de se sauver de l'étripade,*

ni perdre son temps non plus à rechercher les raisons d'une persécution, dont on est l'objet. Y échapper suffit au sage. CÉLINE, Voyage au bout de la nuit, p. 112.

Vieilli. *Se sauver dans... :* échapper au danger en se réfugiant dans... *« Un cerf s'étant sauvé dans une étable à bœufs (...) »* (→ Asile, cit. 16, La Fontaine).

♦ **2.** (1538). S'enfuir*, fuir pour échapper au danger. *Elle se sauva effrayée* (→ Bouillotte, cit. 1 ; et aussi lapin, cit. 6 ; moi, cit. 34). *Nous nous sommes sauvés plus loin* (→ Cacher, cit. 34). *Sauvez-vous !* ⇒ **Fuir.** *Les soldats se sauvèrent en désordre.* ⇒ **Sauve-qui-peut.** *Se sauver à toutes jambes. Se sauver d'un lieu,* s'échapper en fuyant. ⇒ **Évader** (s'). → 1. Lieu, cit. 27; numéro, cit. 5.

16 *Pierrot salua de nouveau, mais rien ne put le décider à le faire entrer ; il devint rouge comme le feu et se sauva à toutes jambes.*
A. DE MUSSET, Nouvelles « Margot », V.

Fam. (D'un liquide qui bout). Déborder. *Attention, le lait va se sauver !*

(1673). Par hyperbole. (Fam.). Se retirer, partir, prendre congé promptement. *Sauvez-vous, je suis pressé* (→ 1. Mèche, cit. 5). *Elle me rit au nez, et je me suis sauvé* (→ Ouverture, cit. 9).

17 *Elle voulut encore l'embrasser, mais il lui dit « Allez ! bonne fête, bonne fête ! Sauve-toi vite, tu vas être en retard pour ton cours ».* SARTRE, le Sursis, p. 77.

♦ **3.** (Sens passif). Littér. Être sauvé* (2. et 4.). *Bouffonnerie qui se sauve par son énormité* (→ Gaulois, cit. 6).

18 (...) *quand il s'agit d'obtenir la décision, l'élégance des armes importe moins que leur efficacité ; et, au reste, le fond se sauve par la forme*
J. ROMAINS, les Hommes de bonne volonté, t. VI, IV, p. 26.

▶ **SAUVÉ, ÉE** p. p. adj. *Sauvé de qqch., d'un danger... Sauvé des eaux* → ci-dessus, cit. 5.
Relig. *Sauvé ou damné* → Enfer, cit. 7, 12.

CONTR. Perdre ; livrer.
DÉR. Sauvetage, sauvette (à la), sauvoir. — V. Sauveur.
COMP. 2. Sauvegarde, sauve-qui-peut.

SAUVETAGE [sovta3] n. m. — 1773; d'abord *salvage, sauvage, sauvement;* de *sauver,* par l'interm. de *sauveté.*

♦ **1.** Action de sauver un navire en détresse, son équipage, ses passagers ou son chargement (→ Refuge, cit. 2). *Société Nationale de Sauvetage en Mer. Bateau*, chaloupe*, canot*, remorqueur de sauvetage. Bouée*, ceinture*, gilet* de sauvetage.* ⇒ **Brassière.** *Opération de sauvetage après un naufrage. Sauvetage des naufragés, d'une personne tombée à l'eau. Médaille de sauvetage,* donnée en récompense d'un sauvetage. *Brevet de secouriste, avec spécialisation en sauvetage nautique.* — (Dr. mar.). Secours prêté à un navire en perdition. *Sauvetage et assistance. Sauvetage des épaves :* mise en sûreté des épaves par celui qui les a trouvées.

1 *Pour tirer du naufrage, où elle était aux trois quarts enfoncée, la machine de la Durande, pour tenter, avec quelque chance de réussite, un tel sauvetage en un tel lieu dans une telle saison, il semblait qu'il fallût être une troupe d'hommes, Gilliatt était seul* (...)
HUGO, les Travailleurs de la mer, II, I, IX.

2 *Les canotiers* (...) *arrivaient à grands coups de rames. Ils comprirent qu'un malheur venait d'avoir lieu ; ils opérèrent le sauvetage de Thérèse qu'ils couchèrent sur un banc* (...) ZOLA, Thérèse Raquin, XI.

♦ **2.** (Après 1850). Action de sauver d'un sinistre (incendie, inondation, éboulement, etc.), des hommes ou du matériel. *Appareils, échelles de sauvetage des pompiers. Sauvetage des inondés, des mineurs enterrés...*

3 *Mais le sauvetage des mineurs engloutis passionnait plus encore* (...) *tous les charbonniers accouraient s'offrir, dans un élan de fraternité.*
ZOLA, Germinal, VII, IV.

♦ **3.** Fig. Action de sauver moralement et socialement (qqn) (→ Entrave, cit. 4; impliquer, cit. 4).

DÉR. (Du rad.) Sauveter, sauveteur.

SAUVETÉ [sovte] n. f. — XIIᵉ, « état de ce qui est hors de danger »; *salvetet* « salut de l'âme », puis « sécurité », XIᵉ; de *sauf,* lat. *salvus.*
Didactique.

♦ **1.** (1375, *salveté*). Hist. Juridiction jouissant d'une immunité. Bourgade franche créée pendant la féodalité, à l'initiative des monastères, pour servir de refuge aux errants, aux fugitifs et procéder au défrichement des terres incultes.

♦ **2.** Techn. (apic.). *Cellules de sauveté,* où les abeilles élèvent des reines. — *Reine de sauveté :* reine rapidement éduquée par les abeilles pour remplacer une reine morte.

♦ **3.** Littér. État d'une personne sauve.

(...) *c'était cela qui était condamné, cela qui allait disparaître, cette sauveté.*
Edmonde CHARLES-ROUX, Elle, Adrienne, p. 373.

HOM. Sauveté (p. p. adj. de **sauveter**).

SAUVETER [sovte] v. tr. — 1870; de *sauvetage.*

♦ Mar. et régional (côtes de l'Atlantique et de la Manche). Procéder au sauvetage de (un navire ; une personne). — Au p. p. *Le bateau sauveteur et le bateau sauveté.* N. m. *Le sauveté.*

(...) car c'était à l'arrière que se jouait la partie décisive, l'arrière où se fixait la remorque qui traînait le bateau *sauveté*.   Roger VERCEL, Remorques, p. 27.

SAUVETERRIEN, IENNE [sovtɛʀjɛ̃, jɛn] adj. — 1975; de *Sauveterre-la-Lémance*, commune du Lot-et-Garonne.

♦ Didact. Relatif à un faciès épipaléolithique de l'ouest de l'Europe des VIIIᵉ et VIIᵉ millénaires av. J.-C. *Horizon sauveterrien*.

SAUVETEUR [sovtœʀ] n. m. — 1816; de *sauvetage*.

♦ **1.** Personne qui prend part à un sauvetage, opère un sauvetage. *Hospitaliers Sauveteurs Bretons. Le sauveteur de qqn. Remercier ses sauveteurs.*

1   Il faudrait donc que, pour sauver cette machine, un homme allât aux rochers Douvres, et qu'il y allât seul (...) Le sauveteur qu'il fallait ne se présenterait point.
HUGO, les Travailleurs de la mer, I, VII, I.

Adj. *Canot sauveteur.* — (1860). *Bateau de sauvetage.*

♦ **2.** (→ Sauvetage 2.). Personne qui sauve qqn. *Le courageux sauveteur a été félicité.*

2   (...) on vit M. Chavegrand ramper sous la voiture, passer entre deux roues et surgir sur le quai (...) le visage pâle et souillé de suie, l'enfant dans ses bras. Les témoins de la scène se précipitaient vers le sauveteur. G. DUHAMEL, Salavin, VI, II.

♦ **3.** Fig. Personne qui sauve qqn d'une situation pénible, dangereuse.

SAUVETTE (À LA) [alasovɛt] loc. adv. — 1898; *jouer à la sauvette* « à courir l'un après l'autre », 1867, et *sauvette*, n. f., « petite hotte »; de *se sauver*.

♦ **1.** Vendre à la sauvette, marchands à la sauvette, qui vendent en fraude sur la voie publique (vente sans licence, marchandises prohibées) et disposent d'éventaires facilement transportables qui leur permettent de *se sauver* rapidement en cas d'alerte.

1   Ce n'est pas un type pour vous. Il ne vient ici que les jours de pluie. Les autres jours, il vend des bricoles, à la sauvette. G. DUHAMEL, Salavin, I, XIII.

♦ **2.** (V. 1920, Proust). À la hâte, avec précipitation, en cachette. ⇒ **Hâtivement, précipitamment.** *Faire l'amour à la sauvette. Prendre une décision à la sauvette.*

2   (...) ce que le Pasteur attend de nous (*les catholiques*) ce n'est pas de baptiser un enfant *à la sauvette* (...)   F. MAURIAC, Témoignage Chrétien, 19 juin 1953, cité *in* Classe de franç., 1954-55, p. 222.

(Loc. épithète). Conquis par surprise, dépourvu de stabilité.

3   (...) je me levais à l'aube et j'allais me promener avant la séance du matin; mais je ne tirais pas grand-chose de ces moments de liberté à la sauvette (...)
S. DE BEAUVOIR, les Mandarins, p. 302.

SAUVEUR [sovœʀ] n. m. et adj. — V. 1380; *salvaire*, 1050; *sauveor* XIIᵉ; du lat. ecclés. *salvator*, de *salvare*. → Sauver.

♦ **1.** (En parlant de Jésus-Christ). Celui qui a sauvé les hommes. ⇒ **Messie, rédempteur** (→ Bénir, cit. 12; Dieu, cit. 38; munir, cit. 2). *Notre Sauveur* (→ Pain, cit. 16). Adj. *Un Dieu sauveur* (→ Humilier, cit. 11). — **SAUVEUR DE...** *Jésus, le sauveur des hommes* (→ Chaire, cit. 2), *des âmes* (→ Baiser, cit. 9).

♦ **2.** (1380; *salvedur*, 1120). Personne qui sauve (un homme, une collectivité). ⇒ **Sauveteur.** *Ce médecin a été mon sauveur. C'est elle qui fut notre sauveur. Vous êtes mon soutien, mon sauveur.* ⇒ **Refuge.** *Le sauveur de la patrie.* ⇒ **Bienfaiteur, libérateur.**

1   Bonaparte s'offrait, évidemment, à venir les sauver, mais qui les sauverait ensuite de ce sauveur?
Louis MADELIN, Hist. du Consulat et de l'Empire, Ascension de Bonaparte, XII.

2   Je devins l'ami de mon sauveur, le médecin indien, ou, pour lui donner ses divers noms, le fort de la médecine, le conjureur, le jongleur, le sorcier.
M. CONSTANTIN-WEYER, Source de joie, VI.

REM. On a quelques attestations du fém. *sauveuse*, adj. « *On avait trop vu de ces interventions brutales, trop vu de ces journées soi-disant sauveuses* (...) » (A. Vandal, *in* D.D.L., 1903). Cependant la forme qui correspond à *sauveur* au féminin est *salvatrice**.

SAUVIGNON [soviɲɔ̃] n. m. — 1732; orig. inconnue.

♦ **1.** Vx. Gros raisin long et hâtif.

♦ **2.** (Mil. XIXᵉ). Cépage blanc, cultivé surtout dans le Centre et le Sud-Ouest de la France.
Appos. *Cabernet sauvignon.*
Par ext. Vin fait avec ce cépage.

Le petit vieux plonge le nez dans son verre de sauvignon et je me demande s'il va parvenir à le ressortir. Joseph JOFFO, Baby-Foot, p. 165.

SAUVOIR [sovwaʀ] n. m. — 1253; de *sauver*.

♦ Vx. Bassin aménagé pour l'élevage des poissons. ⇒ **Vivier.**

SAVAMMENT [savamã] adv. — 1539, *sçavamment*; de *savant*.

♦ **1.** D'une manière savante; avec érudition, science. *Parler savamment.* ⇒ **Doctement** (cf. Comme un livre). *La démonstration en est savamment faite dans son livre.*

1   Du détail de cette victoire
Je puis parler très savamment.   MOLIÈRE, Amphitryon, I, 1.

♦ **2.** En connaissance de cause. ⇒ **Sciemment.** *J'en parle savamment pour l'avoir expérimenté moi-même.*

2   Les enfants, à l'époque que nous sommes, on en a plus de tracas que satisfaction. Moi qui en ai cinq, je vous en parle savamment.
M. AYMÉ, le Vin de Paris, « Traversée de Paris », p. 62.

♦ **3.** (1627). Avec habileté ou recherche. ⇒ **Habilement, ingénieusement.** *Manier savamment une langue* (→ Évocatoire, cit.). *Fragments* (cit. 6) *de lettres présentés savamment. Cheveux savamment poudrés à frimas* (cit. 6). *Le plus savamment cruel* (→ Guerre, cit. 30).

3   (...) cette femme, qui a trop savamment manœuvré pour n'avoir pas des intentions très suspectes.   Paul BOURGET, Un divorce, II.

4   Flaubert peint ici avec des verbes aussi savamment que d'autres peignent avec des couleurs.   A. THIBAUDET, Gustave Flaubert, p. 235.

CONTR. Maladroitement, simplement.

SAVANE [savan] n. f. — 1529; esp. *sabana*, mot caraïbe (*Zabana, Zavana*) de la langue des Arouaks d'Haïti.

♦ **1.** Formation herbeuse* des régions tropicales, vaste prairie dont la période de repos est la saison sèche, caractérisée par la pauvreté en arbres et en fleurs et par la richesse en animaux. *Savanes du Mexique* (→ Migration, cit. 2), *d'Afrique, de l'Inde* (→ Jungle, cit. 2). *Les savanes du Brésil.* ⇒ **Campo.** *L'étendue* (cit. 10) *illimitée des savanes. Les feux de brousse ont augmenté la surface des savanes en Afrique. Savane arbustive, arborée, buissonnante.*

Sur le bord occidental (*du Meschacebé*), des savanes se déroulent à perte de vue; leurs flots de verdure, en s'éloignant, semblent monter dans l'azur du ciel, où ils s'évanouissent. On voit dans ces prairies sans bornes errer à l'aventure des troupeaux de trois ou quatre mille buffles sauvages.
CHATEAUBRIAND, Atala, Prologue.

Géogr. *Savane-parc* : végétation intermédiaire entre la savane proprement dite et la forêt. *Les savanes-parcs présentent des bouquets d'arbres dispersés.*

♦ **2.** (1683 : Canada). Terrain marécageux. « *Le bois par ici est à moitié bois et à moitié savane* (...) *La terre est couverte d'une couche de mousse* (...) *toute imprégnée d'eau; on marche sur une énorme éponge mouillée* » (L. Hémon).

DÉR. Savanisation.

SAVANISATION [savanizasjɔ̃] n. f. — XXᵉ; de *savane*.

♦ Didact. (géogr.) Transformation en savane. « *L'action désertifiante des alizés continentaux s'est étendue vers le Sud* (...) *et a provoqué le savanisation de la forêt équatoriale* » (la Recherche, mai 1980, p. 598).

SAVANT, ANTE [savã, ãt] adj. et n. — V. 1150; « sachant », déb. XIIᵉ; anc. p. prés. de 1. *savoir*.

★ **I.** Adj. (En épithète, placé avant ou — de nos jours — plutôt après le nom). ♦ **1.** Qui sait beaucoup en matière d'érudition ou de science. ⇒ **Cultivé, docte, éclairé, érudit, instruit, lettré; savoir.** *De savants hommes* (→ Aucun, cit. 3; lumière, cit. 1), *un homme savant, très savant. Femme savante* (syntagme figé par le titre de la pièce de Molière) → Artistement, cit. 1. *Les savants bénédictins* (→ 1. Faux, cit. 9). *Un savant orientaliste* (→ Biblique, cit. 1). *Savants astrologues* (→ Horoscope, cit. 3). *Le monde est plein de gens savants* (→ Étude, cit. 17). *Écolier qui devient savant* (→ Inexpert, cit. 1). *L'éducation qui nous fait non bons et sages mais savants* (→ Étymologie, cit. 6). *La vanité de se montrer savant.* ⇒ **Pédant** (→ Étude, cit. 13). *Il est très savant* (→ C'est un abîme, un puits* de science*, une bibliothèque* vivante, un dictionnaire*, une encyclopédie*). *Se faire savant pour écrire un livre, se documenter* (cit. 2).

1   Criez d'un passant à notre peuple : « Ô le savant homme ! » Et d'un autre : « Ô le bon homme ! » Il ne faudra pas détourner les yeux et son respect vers le premier. Il y faudrait un tiers crieur : « Ô les lourdes têtes ! ». Nous nous enquérons volontiers : « Sait-il du Grec ou du Latin? écrit-il en vers ou en prose ? ». Mais s'il est devenu meilleur ou plus avisé, c'était le principal, et c'est ce qui demeure derrière. Il fallait s'enquérir qui est mieux savant, non qui est plus savant.
MONTAIGNE, Essais, I, XXV.

Par ext. Formé de savants, d'érudits. *La France savante* : les savants français (→ Magnétisme, cit. 2). *L'École polytechnique, savante pépinière* (cit. 2). — *Société savante* : société d'études (en sciences d'observation, en savoir humaniste).

(Suivi d'un complément). Qui connaît très bien (une matière). ⇒ **Calé, compétent, expert, fort, maître** (dans), **versé.** *Homme savant dans l'étude des lois* (→ Légiste, cit.). *Savante dans la science de l'Évangile* (→ Christianisme, cit. 1). *Savant sur un sujet. Il est assez savant en histoire, ... en la matière.*

Par ext. Qui sait, qui est informé, au courant. *Je suis devenu là-dessus savant à mes dépens* (cit. 9).

2 *(...) on ne saurait tirer une parole positive de ce chien d'homme-là, et l'on est aussi savant à la fin qu'au commencement.* MOLIÈRE, le Mariage forcé, 5.

♦ **2.** (1677). Après le nom, en épithète. Où il y a de l'érudition. *Le ton de la conversation y est savant sans pédanterie* (→ Badin, cit. 7). *Revue savante* (→ Recension, cit. 1). *Culture savante* (→ Assouplir, cit. 2). *Commentaires savants d'une édition* (→ Glose, cit. 3). Par ext. *Édition savante.* — *Mots, termes savants* (utilisés par les savants) : mots empruntés tardivement au grec et au latin ou formés d'éléments grecs, latins et n'ayant pas suivi l'évolution phonétique des termes populaires, qu'il s'agisse ou non de termes scientifiques ou techniques. (→ Désapprobation, cit. 1 ; gallo-roman, cit. 2 ; lexique, cit. 5 ; réclame, cit. 5). *Introduction de mots savants à l'époque de la Renaissance. Ictère* (cit.), *ce mot savant dont l'explication est jaunisse. Vocabulaire savant. Forme savante et forme populaire d'un même mot* (→ Doublet, cit. 1) *Dérivé savant.*

3 *Je n'ai pas besoin de dire que je cite ce Descartes d'après l'édition la moins savante que j'ai pu trouver. Ce n'est pas à un vieux typographe comme moi qu'il faut venir raconter ce que c'est qu'une édition savante.*
Ch. PÉGUY, Note conjointe, Sur Descartes, p. 57 (note).

(1767). Qui, par sa difficulté, est inaccessible au profane, au vulgaire. ⇒ **Ardu, compliqué, difficile, recherché** (opposé à *populaire, naïf...*). *L'art savant de la Renaissance* (→ 'Populaire, cit. 5). *Dix siècles de poésie savante nous séparent des traditions populaires* (→ Folklorique, cit. 1). *Musique savante. Le madrigal* (cit. 1), *pièce de musique travaillée et savante. Peinture savante.*

4 *L'allemand est en lui-même une langue aussi primitive, d'une construction presque aussi savante que le grec.* Mme DE STAËL, De l'Allemagne, II, IX.

Fam. Difficile. *Ce bouquin est bien trop savant pour moi.*

♦ **3.** (Avant ou après le nom). Qui est très habile, qui s'y connaît* (dans son art, sa spécialité). ⇒ **Habile.** *Un savant hâbleur* (→ Assassin, cit. 9). *Maîtresse savante* (→ Épuiser, cit. 21). *Une savante coquette* (→ 2. Neuf, cit. 11). *Rendue savante par les expériences de ma mère* (→ Lotion, cit. 1). — *Si savants en beaux mots...* (→ Cuisine, cit. 5). — (1549). Littér. *Savant à... Plus enclin à blâmer* (cit. 5) *que savant à bien faire.* — Par ext. *Main savante* (→ Bâtir, cit. 41 ; négligence, cit. 8). — (1845). Cour. *Animal savant,* dressé à faire des tours, des exercices, et que l'on produit parfois en public. *Chien savant. Cheval savant.*

5 *La grandeur de ce mal où tu te crois savante*
Ne t'a donc jamais fait reculer d'épouvante (...)
BAUDELAIRE, les Fleurs du mal, « Spleen et idéal », XXV.

6 *Dans l'écurie de l'hôtel je vois la chèvre savante qui le soir, grimpée sur une table d'auberge, dit la bonne aventure en frappant du sabot sur la carte forcée.*
GIDE, Nouveaux prétextes, p. 226.

7 *Cérès était sa fille (de Cybèle) et, savante aux choses de la terre, elle inventa les semailles et le labourage (...)* Émile HENRIOT, Mythologie légère, p. 68.

♦ **4.** (1659). Avant ou après le nom. Fait avec science, art ; où il y a une grande habileté. *Une savante ordonnance* (→ Grammairien, cit. 3) ; *arrangement savant* (→ Place, cit. 22). *Savantes harmonies* (→ Nuancer, cit. 6). *Savant équilibre* (→ Étonner, cit. 10). *Un savant échafaudage* (cit. 5) *de cheveux.* ⇒ **Compliqué.** *Une cuisine très savante. Le savant ouvrage des castors* (→ Art, cit. 23). *Imitation savante et bien dissimulée* (cit. 16).

8 *(...) cette naïveté, ce rôle d'ingénue, dont s'enveloppait la jeune comtesse de Boufflers, couvraient une ruse savante, un raisonnement aiguisé, une intelligence prompte aux reparties déconcertantes.*
Ed. et J. DE GONCOURT, la Femme au XVIIIe s., t. I, p. 65.

★ **II.** N. ♦ **1.** (1634, Mersenne). Vx. Personne qui sait beaucoup de choses, qui est d'une grande culture. ⇒ **Clerc, érudit, humaniste, lettré, philosophe, sage ; science.** Cf. Esprit universel. — REM. En ce sens *savant* recouvre les emplois du 2., ci-dessous. *Deux savants qui parlent mariage* (→ Avoir, cit. 45). *« Notre mère (...) que du nom de (1. de, cit. 83) savante on honore en tous lieux ». Le nez orné de lunettes* (cit. 1) *d'un savant. Les vrais savants sont renfermés dans leur cabinet* (→ Lettré, cit. 3). *De tels savants sont des ânes* (cit. 10) *bien faits. Petit savant* (→ Intrigue, cit. 6). ⇒ **Demi-savant** (→ Fini, cit. 2 ; fourvoyer, cit. 3). *Assemblée de savants.* ⇒ **Aréopage.**

9 *Un sot qui ne dit mot ne se distingue pas*
D'un savant qui se tait. MOLIÈRE, le Dépit amoureux, II, 6.

Loc. Vx. *Un savant en us,* qui a pris un nom latin (pour paraître plus savant). ⇒ **Pédant, savantasse.**

10 *Ne vous avisez pas de croire que je traduis les hiéroglyphes couramment ; c'est un savant en us qui m'a expliqué ceux-là.* MÉRIMÉE, Colomba, VII.

♦ **2.** N. m. (XVIIe) ; repris XIXe). Mod. Personne qui par ses connaissances et ses recherches contribue à l'élaboration, au progrès d'une science, et plus spécialement d'une science expérimentale ou exacte. ⇒ **Chercheur, scientifique.** — REM. Ce terme s'applique normalement à des chercheurs, des scientifiques du passé, considérés comme maîtrisant une grande partie du savoir de leur époque. — Appliqué à des scientifiques ou des chercheurs contemporains, ce terme est surtout employé dans le discours journalistique ou de la fiction et dans le discours enfantin. *Le savant fou des bandes dessinées* (personnage maléfique). — *Marie Curie fut un grand savant. La spécialité d'un savant.* ⇒ **Spécialiste ;** et *-logue, -logiste. Savants et techniciens.*

⇒ **Scientifique.** *Descartes, Pascal, Leibniz, savants et philosophes* (→ Indélébile, cit. 2). *Le savant et la réalité* (cit. 1) *du monde extérieur* (→ aussi Arguer, cit. 3 ; intuitif, cit. 3). *Le savant sait qu'il ignore* (cit. 25). *Le savant procède par analyse* (→ Réduire, cit. 10), *déduction* (cit. 3), *généralisation. Objectivité, imagination* (cit. 23), *patience* (→ Avoisiner, cit. 5), *obstination* (→ Buter, cit. 5), *pessimisme* (cit. 5) *du savant. Savant qui expérimente* (cit. 8), *s'adonne à la recherche** (cit. 6), *qui est sur la piste* (cit. 6) *d'une découverte, d'une invention. Ce savant est l'auteur d'une thèse remarquable. Savants réunis en congrès. Grand savant* (→ Appliquer, cit. 26) : *savant qui fait honneur à son pays. Le savant est un grand inventeur, un bienfaiteur de l'humanité.* « *Les savants austères* » (→ Chat, cit. 5, Baudelaire). *Raseur* (cit. 2) *comme un savant qui ne voit rien au delà de sa spécialité. Savants et magiciens* (cit. 4) *et charlatans* (→ Jeunesse, cit. 17). *Un savant digne de ce nom* (→ Démonstration, cit. 6). *Vrais savants* (→ Empêcher, cit. 23). — « *Le Journal des savants* ». ⇒ **Journal** (cit. 7).

11 *Le savant complet est celui qui embrasse à la fois la théorie et la pratique expérimentale : 1° il constate un fait ; 2° à propos de ce fait, une idée naît dans son esprit ; 3° en vue de cette idée, il raisonne, institue une expérience, en imagine et réalise les conditions matérielles ; 4° de cette expérience résultent de nouveaux phénomènes qu'il faut observer, et ainsi de suite.*
Cl. BERNARD, Introd. à l'étude de la médecine expérimentale, I, 1.

12 *Je suis un savant. Je m'en excuse comme je peux. Je méprise scientifiquement la science. L'ignorance est une réalité dont on se nourrit ; la science est une réalité dont on jeûne. En général on est forcé d'opter : être un savant, et maigrir ; brouter, et être un âne.* HUGO, l'Homme qui rit, II, VI, II.

13 *— La science ! Il n'y a que des savants, mon cher, des savants et des moments de savants. Ce sont des hommes (...) des tâtonnements, des nuits mauvaises, des bouches amères, une excellente après-midi lucide.*
VALÉRY, Monsieur Teste, Dialogue, Œ., t. II, Pl., p. 60.

14 *Si, aux XVIIe et XVIIIe siècles, il n'est guère de philosophes qui ne soient eux-mêmes des savants, à preuve les noms de Descartes, de Leibniz ou de Kant suffiraient à le prouver, le XIXe siècle vit au contraire un certain divorce s'opérer entre les savants et les philosophes, les premiers considérant avec une certaine suspicion les spéculations philosophiques qui leur paraissaient manquer trop souvent de bases précises ou agiter en vain des problèmes insolubles, tandis que les seconds avaient souvent tendance à se désintéresser des résultats, à leurs yeux trop particuliers, des diverses sciences.*
L. DE BROGLIE, Physique et Microphysique, p. 290.

CONTR. Ignare, ignorant, illettré, inculte, nul, superficiel. — Populaire, simple, vulgaire ; facile. — Amateur, apprenti, malhabile, maladroit. — Âne, bourrique, écolier.

DÉR. Savamment, savantasse, savantissime.

SAVANTASSE [savãtas] n. m. — 1646 ; adj. *sabantas,* 1617 ; de *savant.*

♦ Vx ou littér. Pédant qui joue les savants. Médiocre savant (1.). → Docte, cit. 3.

1 *Si vous en croyez des personnes aigries l'une contre l'autre (...) l'homme docte est un savantasse (...) le gentilhomme un gentillâtre (...)*
LA BRUYÈRE, les Caractères, XII, 95.

2 *(...) tout récemment, un savantasse anglais n'a-t-il pas traduit, en vibrations colorées, les vibrations sonores de cette même symphonie ? (la cinquième symphonie de Beethoven).* B. CENDRARS, Moravagine, in Œ. compl., t. IV, p. 104.

REM. On a écrit aussi *savantas* (mil. XVIIe).

SAVANTISSIME [savãtisim] adj. — 1664, Molière ; de *savant,* et *-issime.*

♦ Iron. Très savant.

SAVARIN [savaʀɛ̃] n. m. — 1864 ; *brillat-savarin,* 1856 ; de *Brillat-Savarin,* gastronome et écrivain (1755-1826).

♦ Gâteau en forme de couronne, fait d'une pâte molle que l'on cuit au four dans un moule spécial, et que l'on sert imbibé d'un sirop à la liqueur (→ Pâtisserie, cit. 3).

1. SAVART [savaʀ] n. m. — 1300 ; *sauvart* « friche », v. 1210 ; du rad. gaulois **samo-* « été ».

Régional.

♦ **1.** Terre crayeuse de la Champagne pouilleuse.

♦ **2.** Terre inculte où l'on fait paître le bétail, en Ardèche.

2. SAVART [savaʀ] n. m. — 1904, Guillemin ; du nom du physicien Savart, 1791-1841.

♦ Unité pratique d'intervalle musical. *Le demi-ton tempéré vaut 25 savarts.* « *M. Guillemin propose de prendre pour unité l'intervalle 10/1, qu'il nomme le savart* » (*Rev. gén. des sc.,* 30 janv. 1904, p. 96).

SAVATE [savat] n. f. — V. 1220, *cavate ; chavate,* en picard, XIIe ; puis *çavate, savate ;* turc *çabata,* pour l'ital. *ciabatta,* selon Bloch-Wartburg ; pour Guiraud, il pourrait s'agir d'une métaphore sur le nom du « crapaud », donné à des objets grossiers. → Sabot.

♦ **1.** Vieille chaussure ou vieille pantoufle (→ Ébouriffer, cit. 2). *Savates éculées* (cit. 1). *Être en savates, traîner ses savates* (→ Lisière, cit. 1). — Loc. fam. *Traîner la savate :* vivre misérablement, dans l'indigence.

0.1 Moi, jusqu'à trente-huit ans, j'ai traîné mes savates de petit avocat, au fond de ma province   Zola, Son Excellence Eugène Rougon, t. I, p. 85.

1 (...) ma mère, accroupie devant moi, me déchaussait tout doucement et me passait mes savates, car elle sait bien que je n'aime pas rester une couple d'heures à la maison sans mettre des pantoufles et des vieux habits.
G. Duhamel, Salavin, I, IV.

(1842). Type de chaussure dont le quartier* est rabattu.

♦ **2.** (1656). Fig., fam. Terme de dérision, injure à l'adresse d'une personne maladroite. *Quelle savate ! Il peint comme une savate !* ⇒ **Pied.** *Traiter qqn de vieille savate* (→ Perruque, cit. 7).

♦ **3.** (1828, *savatte*, Vidocq ; v. 1824, selon Petiot). Combat où l'on porte des coups de pied* à l'adversaire (comparable à la boxe française). *Enseigner la savate et le jiu-jitsu* (cit. 1).

2 (Europe) lui donna dans les jambes ce coup sec si connu de ceux qui pratiquent l'art dit *de la savate.*
Balzac, Splendeurs et Misères des courtisanes, Pl., t. V, p. 801.

♦ **4.** (1870). Techn. Large morceau de bois qu'on place sous un pied, un objet étroit pour l'empêcher de s'enfoncer, de dégrader le sol. — Mar. Pièce de bois sur laquelle repose le navire au moment de son lancement.

DÉR. Savater, savetier.

SAVATER [savate] v. tr. — 1898, «sabater» ; de *savate.*

♦ Donner des coups de pied à (qqn).

Dès qu'ils passent je me range à l'abri sous un porche ou dans un chemin creux ou derrière l'église parce qu'ils ont l'habitude de m'envoyer des coups de pied je ne les entends pas d'assez loin et j'ai trop de peine à marcher il y en toujours qui m'aperçoivent ils me font tomber ils me savatent et s'enfuient.
Tony Duvert, Paysage de fantaisie, p. 38.

SAVENNIÈRES [savɛnjɛʀ] n. m. — Attesté xxᵉ ; nom de lieu, près d'Angers.

♦ Vin blanc de Savennières.

SAVETIER [savtje] n. m. — 1213, pour *savatier* (Cf. Goncourt, *Journal,* t. I, p. 247) ; de *savate.*

♦ Vx. Raccommodeur de vieux souliers. ⇒ **Carreleur, cordonnier ;** (argot) **bouif, gnaf.** *Profession* (cit. 3) *de savetier. Marteau, pied* (cit. 40) *de fer du savetier.* « *Le Savetier et le Financier* », fable de La Fontaine (→ Content, cit. 4). — Fig., fam. Ouvrier maladroit.

Item, je laisse à mon barbier
Les rognures de mes cheveux
Pleinement et sans détourbier ;
Au savetier mes souliers vieux (...)
Villon, Lais de François Villon, xxxi.

SAVEUR [savœʀ] n. f. — V. 1130, *savor,* au sens 2., puis 1. (xiiᵉ) ; *saveur,* mil. xiiiᵉ ; du lat. *sapor, saporis.*

♦ **1.** Qualité perçue par le sens du goût. ⇒ **Goût** (cit. 2 et 5). *Aliment, boisson qui a de la saveur* (qqch.). ⇒ **Sapide ; sentir** (qqch.). *Sans saveur.* ⇒ **Fade, insipide, plat.** — Une saveur, qualité particulière perçue par le goût. *Percevoir une saveur.* ⇒ **Goûter, savourer.** *Saveur agréable* (⇒ **Savoureux, succulent ; parfumé**), *désagréable, infecte* (→ Extravaser, cit.) ; *douce, forte, très marquée* (→ Assaisonnement, cit. 5). *Les quatre saveurs fondamentales du goût.* ⇒ **Acide, amer, salé, sucré.** *Saveur acerbe, âcre* (cit. 1), *aigre, aigrelette, aigrette, alcaline, cuisante, métallique, piquante* (cit. 2), *sure, vineuse. La saveur de l'orange* (cit. 2), *des melons* (→ Excrément, cit. 2), *du lard* (→ Giter, cit. 3)... *Saveur mêlée à une odeur.* ⇒ **Parfum.** *La saveur d'un cigare* (→ Fumer, cit. 23). — Par ext. *La saveur d'un baiser* (→ Habitude, cit. 37). — Allus. bibl. *Si le sel* perd sa saveur...

1 Le nombre des saveurs est infini, car tout corps soluble a une saveur spéciale qui ne ressemble entièrement à aucune autre.
A. Brillat-Savarin, Physiologie du goût, t. I, p. 53.

2 Une suite de plats d'une saveur profonde, que coupait par intervalles égaux un vieux pommard, les menait jusqu'au dessert, où ils étaient fort longtemps à prendre le café (...)   Flaubert, Bouvard et Pécuchet, VII.

3 Et l'image de la vie, ah ! Nathanaël, est pour moi : un fruit plein de saveur sur des lèvres pleines de désir.   Gide, les Nourritures terrestres, VIII, p. 175.

4 *Saveur* (...) En fait, la perception des aliments pris dans la bouche intègre, outre les quatre composantes du goût, des composantes tactiles, kinesthésiques et olfactives parfois prédominantes, voire quasi exclusives (huile de foie de morue).
Henri Piéron, Voc. de la psychologie, art. *Saveur.*

♦ **2.** Fig. Qualité de ce qui est agréable, plaisant, avec délicatesse. ⇒ **Agrément.** *La peine* (cit. 10) *donne de la saveur au plaisir.* ⇒ **Goût, piment, sel.** *Les plaisirs n'ont leur saveur que dans la maturité* (cit. 5). *La morale des fables est pleine de saveur* (→ Moraliste, cit. 4). *La saveur de la nouveauté.* ⇒ **Charme**

(→ Forme, cit. 66). *Une saveur d'imprévu.* ⇒ **Fumet.** — *Ça ne manque pas de saveur :* c'est assez piquant, plaisant. ⇒ **Savoureux.**

5 Monsieur de Nueil avait dans l'esprit, dans sa personne et dans les manières, cette tournure naïvement originale qui donne une sorte de saveur aux gestes et aux idées ordinaires, permet de tout dire et fait tout passer.
Balzac, la Femme abandonnée, Pl., t. II, p. 217.

CONTR. Fadeur.

DÉR. Savourer. — V. **Savoureux.**

SAVOIE [savwa] n. m. — xxᵉ ; de *(biscuit de)* Savoie, province française.

♦ Gâteau léger à base d'œufs, de sucre et de farine. *Une part de Savoie.*

1. SAVOIR [savwaʀ] v. tr. — *Je sais, tu sais, il sait, nous savons, vous savez, ils savent ; je savais ; je sus, nous sûmes ; j'ai su ; je saurai ; je saurais ; sache, sachons, sachez ; que je sache, que nous sachions, que vous sachiez ; que je susse, qu'il sût* (REM. Les homonymes avec *sucer* rendent l'emploi de ce temps exceptionnel à toutes les formes, sauf *qu'il sût* → Ne, cit. 4) ; *sachant, su.* — Fin xiiᵉ ; *savir,* 842 ; *saveir,* 980 ; lat. pop. **sapere* (e long), class. *sapere* (e bref) «goûter, connaître».

★ **I.** Appréhender par la connaissance, par l'esprit.

Ce qu'on sait le mieux, c'est 1º ce qu'on a deviné ; 2º ce qu'on a appris par l'expérience des hommes et des choses ; 3º ce qu'on a appris, non pas dans les livres, mais par les livres (...) ; 4º ce qu'on a appris dans les livres ou avec des maîtres.   Chamfort, Maximes, *in* Foulquié, Dict. de la langue philosophique, art. *Science.*

A. ♦ **1.** Avoir présent à l'esprit (un objet de pensée qu'on identifie et qu'on tient pour réel) ; pouvoir affirmer l'existence de... ⇒ **Connaître ; connaissance, idée.** *Savoir qqch. intuitivement, par intuition* (⇒ **Conscience**). *Savoir par représentation, par raisonnement.* — *Savoir le nom de qqn* (→ Facile, cit. 10 ; fugitif, cit. 9). *Savoir en gros l'existence d'une chose, en connaître* (cit. 3) *les particularités.* « *Hélas ! qui peut savoir le destin* (cit. 7) *qui m'amène ?* ». « *Quand tu sauras mon crime et le sort qui m'accable* » (→ Mourir, cit. 22). — (Fin xᵉ). *Savoir une nouvelle* (cit. 5), en avoir été informé. *Savoir des nouvelles de qqn.* ⇒ **Avoir.** *Apprendre et savoir qqch.* ⇒ **Apprendre** (cit. 7 et 31), **courant** (être au), **découvrir, instruire** (être instruit de...). *Savoir qqch. par ouï-dire, par la rumeur publique. Savoir qqch. de source sûre.* ⇒ **Sûr.** *Savoir d'avance, par avance, ce qui va arriver.* ⇒ **Attendre** (s'), **prévoir** (→ Échiquier, cit. 1). *Si j'avais su !* — *Les choses qu'on sait et celles qu'on ignore* (cit. 1 ; → aussi 2. Politique, cit. 5, Beaumarchais). — *Le désir de savoir qqch.* ⇒ **Curiosité.** *C'est bon à savoir, utile à savoir. Je sais ce que je sais :* j'ai mon idée là-dessus (→ Chanson, cit. 11). *Savez-vous qui vient là ? Est-ce que tu sais qui c'est ? Savoir à quelle date* (→ Panache, cit. 5), *dans quelles conditions, jusqu'à quel point...* (→ Intervertir, cit. 1). *Savoir à quoi s'en tenir*, de quoi il retourne*.* — *Savoir qqch. de..., au sujet de...* « *Deux ou trois choses que je sais d'elle* ». — *Savoir la vérité* (à propos de qqch.). → **Faussaire,** cit. 9. **Loc.** *Plaider le faux* pour savoir le vrai.* — Absolt. *La souffrance de savoir* (→ 2. Charme, cit. 5).

2 Tout Saint-Ouen sut l'accident en quelques minutes. Les canotiers le racontaient comme des témoins oculaires. Une foule apitoyée stationnait devant le cabaret.
Zola, Thérèse Raquin, XI.

3 Je conviens que vous seul savez ce que vous faites (...)
Hugo, les Contemplations, IV, XV.

4 Il savait qu'elle était amoureuse de lui, ou du moins qu'elle le lui disait. Le reste, il l'ignorait. Il savait son titre, et ne savait pas son nom. Il savait sa pensée, et ne savait pas sa vie.   Hugo, l'Homme qui rit, II, IV, I.

5 Je sais les cieux crevant en éclairs, et les trombes
Et les ressacs et les courants : je sais le soir,
L'Aube exaltée ainsi qu'un peuple de colombes,
Et j'ai vu quelquefois ce que l'homme a cru voir !
Rimbaud, Poésies, « Le bateau ivre ».

REM. Le verbe *savoir* admet peu de compléments substantifs, par rapport à *connaître ;* ces compléments désignent en général des caractères abstraits *(savoir les circonstances, les particularités de...)* ou des signes *(savoir une nouvelle).* Cependant, même dans ces emplois, *savoir* est marqué (vieilli → ci-dessus, cit. 2 ou poétique → ci-dessus, cit. 5) par rapport à *connaître,* et l'usage courant construit ce verbe avec des compléments indéterminés *(savoir qqch., savoir une chose),* démonstratifs, indéfinis (ci-dessous). La langue classique admettait des emplois où seul *connaître* serait aujourd'hui possible : avec une proposition *(savoir que...),* un infinitif, un nom concret.

5.1 Cet homme, qui ne savait pas précisément la demeure de son beau-père, qu'il avait changée depuis peu, était aussi embarrassé que nous.
J.-F. Regnard, Voyage en Laponie, p. 144.

Stylistiquement, *savoir* peut s'employer pour suggérer une connaissance organisée, ajoutant à *connaître* la valeur de *savoir,* A., 2.

5.2 On peut sentir de l'amitié pour un homme qui ne parle pas votre langue, on se tait. Mais on sait mieux l'amitié de celui avec qui on parle. Qui peut s'exprimer.
Claude Roy, Nous, p. 336.

En savoir (qqch.). *J'en sais qqch. Ce que j'en sais.* → Écho, cit. 11. *Qu'est-ce que tu en sais, d'abord ?* — *En savoir davantage.* → Numéro, cit. 1. — **N'en savoir rien.** → Blanc, cit. 27 ; futaine, cit. *Je n'en sais* (fam. *j'en sais*) *rien. Il n'en sait rien du tout.*

Par euphém. *Qu'on sait, que vous savez,* sert à qualifier une personne, une chose que l'on ne veut pas désigner (et qui est connue de l'interlocuteur). *Je vous envoie le portrait que vous savez* (→ 1. Lieu, cit. 30). *À qui vous savez* (→ Enfariner, cit. 3). *Dire, d'un ton que je sais...* (→ Faire, cit. 255). *Ce* que..., celui* que vous savez.*

6 *(Cet argent)* Vient de qui vous savez pour ce que vous savez.
HUGO, Ruy Blas, IV, 3.

Suivi d'un complément déterminé. (Avec un attribut du compl. d'objet). *Il sera fâché* (cit. 16) *de savoir maman malade,* de savoir qu'elle est malade. → aussi Parti, cit. 8. *Savoir qqn en mauvaises mains* (→ Mécontent, cit. 3).

Littér. (Avec un compl. déterminé ou non, suivi d'une spécification). *Je sais un lieu très agréable. Je sais un homme qui pourra vous renseigner.* — Cour. (Suivi d'un inf.). *Il aide ceux qu'il sait être dans le besoin.* (Cf. le tour relatif «... qu'il sait qui est». *La personne que je sais être venue; que je sais qui est venue*).

7 Je sais un paysan qu'on appelait Gros-Pierre.
MOLIÈRE, l'École des femmes, I, 1.

8 Je ramenai la conversation sur des sujets que je savais l'intéresser (...)
B. CONSTANT, Adolphe, II.

9 Il la savait là, tout près, séparée de lui par deux portes (...)
MAUPASSANT, Notre cœur, II, I.

Savoir au subj. → ci-dessous B., 5.

10 Une petite phrase de *Hamlet,* que je ne sache pas avoir été beaucoup remarquée (...)
GIDE, Journal, 10 juil. 1931.

SAVOIR QQCH. À QQN : savoir que qqn a qqch. (⇒ **Connaître**). *Savoir à qqn des opinions...* (→ Impénitence, cit. 2), *des ennemis. Je ne lui sais pas d'ennemis.*

11 (...) celle-là aussi s'était remise à le considérer, depuis qu'elle lui savait des rentes.
ZOLA, la Terre, IV, IV.

FAIRE SAVOIR *(qqch. à qqn).* ⇒ **Annoncer, apprendre, communiquer, notifier** (→ Ambassade, cit. 1; poursuite, cit. 7). Correspond, avec la construction inverse aux verbes *avertir, aviser, mander, prévenir* (qqn de qqch.). *Ce que j'aurai à vous faire savoir* (→ Ébruiter, cit. 2). *Faire savoir qqch. à qqn par écrit* (⇒ **Apprendre**). — Spécialt. (Dans le style épistolaire administratif, militaire). *J'ai l'honneur de vous faire savoir...* (employé par un supérieur qui s'adresse à un inférieur).

(Fin XIIe). Spécialt. Être conscient de...; connaître la valeur, la portée de... (un acte, un sentiment concernant le sujet). *Savoir ce qu'on dit*, ce qu'on fait*. Il ne sait pas ce qu'il dit* (cf. Il dit n'importe quoi, il dit des bêtises...). *Savoir ce qu'on veut* (→ aussi Flotter, cit. 7). *Il ne sait pas ce qu'il veut :* il est indécis. *Il ne sait plus ni ce qu'il dit ni ce qu'il fait :* il est troublé (→ Cervelle, cit. 2). *«Ils ne savent pas ce qu'ils font»* (→ Crucifier, cit. 1). — Littér. *«Je sais mes perfidies...»* (cit. 1). ⇒ **Reconnaître.** *Ressentir* (cit. 4) *et savoir une peine.* — Cour. *Il sait son devoir* (cit. 19), *ses obligations.* Loc. cour. *Savoir gré* (de qqch. à qqn). ⇒ **Gré** (cit. 23 à 26).

12 Il n'est pas permis de dire qu'on sait une chose alors même qu'on la fait tant qu'on ne sait pas qu'on la fait.
Léon BRUNSCHVICG, Connaissance de soi, p. 68, *in* FOULQUIÉ, Dict. de la langue philosophique, art. *Science.*

Cour. *Sans le savoir :* sans en être conscient (→ 1. Mère, cit. 10; 1. peuple, cit. 14). *«Le Philosophe sans le savoir»,* comédie de Sedaine (→ aussi Juron, cit. 2; personnification, cit. 1). — *«Il y a plus de quarante ans que je dis de la prose* (cit. 8) *sans que j'en susse rien (...)»* (Molière). — Fam. *Je ne veux pas le savoir :* je ne veux pas connaître vos raisons, vos objections. *Il ne veut rien savoir :* il refuse* de tenir compte des objections, des observations, des injonctions (→ Remorque, cit. 2).

13 Je ne veux rien savoir, ni si les champs fleurissent;
Ni ce qu'il adviendra du simulacre humain (...)
Je me dis seulement : «À cette heure, en ce lieu,
Un jour, je fus aimé, j'aimais, elle était belle.»
A. DE MUSSET, Poésies nouvelles, «Souvenir».

♦ **2.** Avoir dans l'esprit un ensemble d'idées et d'images constituant des connaissances* organisées rationnellement à propos de (un objet de pensée). — (Avec un compl. déterminé). Vx. *Savoir les preuves de la religion* (→ Prouver, cit. 2). Loc. *Savoir le fin* (cit. 9) *des choses, d'une affaire, le fort* (cit. 65) *et le faible de...*

14 Maintenant vous savez l'affaire aussi bien que moi. Tout ce que vous venez de lire est l'histoire du procès.
BEAUMARCHAIS, Mémoires... dans l'affaire Goëzman, p. 91.

Mod. Avec un compl. démonstratif, indéfini *(tout, rien...). Savoir des choses, qqch.* (→ Apprendre, cit. 8 et 54; curiosité, cit. 3). Fam. *Il en sait, des choses :* il est instruit, savant. *Ce que chacun sait* (→ Expérience, cit. 16 et 29). *Tout ce qu'on est capable de savoir* (→ Philosophe, cit. 4; philosophie, cit. 2). ⇒ **Sagesse.** — *Ne rien savoir en chimie, en psychologie.* Vx. *N'y rien savoir* (→ ci-dessous, cit. 15, Descartes). — *Savoir qqch. de science* certaine* (→ Énoncer, cit. 7). *Savoir qqch. par expérience*. Savoir qqch. parfaitement*, sur le bout du doigt*, sur l'ongle** (vx). → ci-dessous, 6., savoir par cœur. — *En savoir plus, moins, autant que qqn* (sur qqch.). → 1. Balance, cit. 9; écolier, cit. 2. *En savoir long* sur qqn. Savoir peu, beaucoup...* (→ Instruire, cit. 26; 1. parler, cit. 11; raisonner, cit. 1). — *Savoir ce qu'est... ce que c'est que...* (→ Bonheur, cit. 13; croyance, cit. 6). Loc. *Savoir ce que parler veut dire** : comprendre une allusion. — *La seule chose que je sais, c'est que je ne sais rien,* mot de Socrate (cité par Cicéron, *Académiques,* I, 4). — *Que sais-je?,* devise de Montaigne (*Essais,* II, XII). ⇒ **Doute** (→ Peut-être, cit. 4). — *Il croit tout savoir* (→ Grume, cit. 2). *Ne rien savoir* (→ Lunettes, cit. 5). — Loc. *Il ne sait rien de rien*, il ne sait ni* (cit. 4) *A ni B :* il est ignare, ignorant.

Pour la Physique, je croirais n'y rien savoir, si je ne savais que dire comment les choses peuvent être, sans démontrer qu'elles ne peuvent être autrement (...) 15
DESCARTES, Lettres, 11 mars 1640.

Puisqu'on ne peut être universel et savoir tout ce qui se peut savoir sur tout, il faut savoir peu de tout. Car il est bien plus beau de savoir quelque chose de tout que de savoir tout d'une chose (...) 16
PASCAL, Pensées, I, 37.

Pour bien savoir les choses, il en faut savoir le détail, et comme il est presque infini, nos connaissances sont toujours superficielles et imparfaites. 17
LA ROCHEFOUCAULD, Maximes, 106.

— *(Pyrrhon)* N'est-ce pas savoir beaucoup, que de savoir qu'on ne sait rien. — Non, ce n'est pas savoir grand'chose. Un paysan bien grossier et bien ignorant connaît son ignorance (...) mieux (...) que vous la vôtre, car vous vous croyez au-dessus de tout le genre humain en affectant d'ignorer toutes choses. 18
FÉNELON, Dialogue des morts, XXIX.

Nous ne savons plus rien de ce qu'on nous a lu, 19
Nous ne savons plus rien de ce qu'on nous a dit.
Nous ne connaissons plus qu'un éternel édit,
Nous ne savons plus rien que Votre ordre absolu.
Ch. PÉGUY, la Tapisserie de Notre-Dame, «Cinq prières...», IV.

On a mal jugé Montaigne; et de là vient sans doute qu'on ne le lit pas assez. Et sur quoi le juge-t-on? Sur son «que sais-je?» qui n'est nullement son dernier mot, mais qu'il propose seulement à ceux qui voudraient douter de tout par jeu de sophistique, comme la formule la moins affirmative qui soit. 20
ALAIN, Propos, 8 juin 1912, Le doute.

Un homme d'esprit avait soutenu que Poincaré savait tout et ne comprenait rien, tandis que Briand ne savait rien et comprenait tout (...) 21
A. MAUROIS, Mémoires I, XVI.

N. B. Il s'agit de Clemenceau.

Spécialt. Avoir bien compris, bien assimilé (un objet de connaissance). *Il a tout appris par cœur, mais en fait il ne sait rien* (→ le sens opposé, ci-dessous, 6.).

(XVIIe). Absolt. Avoir des connaissances rationnelles (⇒ 2. **Savoir, science**). *Savoir et apprendre* (cit. 27 et 32). *L'ardeur de savoir.* ⇒ **Apprendre** (→ Pâture, cit. 5). *Savoir, vouloir et pouvoir.* ⇒ **Pouvoir.** *Savoir, c'est pouvoir* (aphorisme traduit de Bacon). *«L'homme ne peut ni savoir, ni ne désirer point de savoir»* (→ Dieu, cit. 3). *L'homme, être qui sait* (cf. Homo sapiens), *«qui sait qu'il sait»* (→ Réfléchir, cit. 18). *Savoir,* opposé à *croire*,* à *sentir*,* à *agir*... «Je vois, je sais, je crois* (cit. 62), *je suis désabusée».*

Vouloir nous brûle et *Pouvoir* nous détruit; mais SAVOIR laisse notre faible organisation dans un perpétuel état de calme. 22
BALZAC, la Peau de chagrin, Pl., t. IX, p. 40.

Savoir est le premier mot du symbole de la religion naturelle : car savoir est la première condition du commerce de l'homme avec les choses, de cette pénétration de l'univers qui est la vie intellectuelle de l'individu : savoir, c'est s'initier à Dieu. 23
RENAN, l'Avenir de la science, II, Œ. compl., t. III, p. 741.

L'appétit de savoir naît du doute. Cesse de croire et instruis-toi. 24
GIDE, les Nouvelles Nourritures, p. 292.

(...) savoir c'est comprendre comment la moindre chose est liée au tout; aucune chose n'a sa raison en elle (...) 25
ALAIN, Propos, 15 mai 1911, Regarde au loin.

Avoir des connaissances et de l'expérience (→ ci-dessous, 4.). *Si jeunesse* savait. C'est jeune et ça ne sait pas.*

♦ **3.** (Suivi d'une complétive; au sens 1. ou 2., selon le contenu de la proposition). — **SAVOIR QUE...** *«Nous autres, civilisations* (cit. 13), *nous savons que nous sommes mortelles».* — *Nous croyons savoir que...,* s'emploie pour annoncer une nouvelle qui n'est pas confirmée. — (Au sens 2.). *Je sais qu'elle est* (l'âme), *sans savoir quelle est son essence* (→ Moi, cit. 64), je pense, je crois que... pour des raisons intellectuelles. *L'homme sait qu'il meurt,* il a une connaissance rationnelle du phénomène qu'est la mort (→ Écraser, cit. 1, Pascal). — *Je sais bien que...,* s'emploie avec une valeur concessive. — *Ne pas savoir que...,* construit avec le subj. *«Oh! je ne savais pas qu'on souffrît à ce point!»* (Hugo, *Hernani,* V, 6).

Ô toi que j'eusse aimée, ô toi qui le savais! 26
BAUDELAIRE, les Fleurs du mal, «Tableaux parisiens», XCIII.

Avec un double élément conjonctif. *«Ces frontières de l'Est dont elle savait qu'était issue sa race transplantée»* (Henriot).

«Dans de la nuit *qu*'on sait *qui* deviendra moins noire» ROST., Chantecl., II, 1; «Il (le chrétien) se rend dans son Arche, *qu*'il sait *qui* ne sombrera pas» H. de MONTHERL., Écho de Paris, 20 mars 1934. Cette construction est parfaitement naturelle (...) Elle nous semble bien préférable au tour avec infinitif qui sent par trop le latin (...) G. et R. LE BIDOIS, Syntaxe du franç. moderne, § 580. 27

*Savoir où** (cit. 78 et 83), *quand** (cit. 23)... *Savoir si*... Savoir pourquoi** (cit. 19). — *Savoir combien*..., comme, comment** (cit. 13 et 14). *Savez-vous où, quand, si...?*

♦ **4.** Vx, archaïque ou régional. Être en mesure de retrouver ou d'utiliser une chose, parce qu'on en connaît l'existence (→ ci-dessus, 1.) ou les caractères (→ ci-dessus, 2.). ⇒ **Connaître.** — *Savoir un moyen, une façon* (→ Net, cit. 5). *Si l'on sait la méthode* (cit. 2) *de trouver la vérité... Savoir la route, le pays. Savoir la carte.* Mod. *Savoir le chemin, son chemin.*

(...) Michu débarrassa ses pierres et découvrit l'entrée du caveau. La comtesse, qui croyait savoir sa forêt, fut surprise au dernier point en se voyant sous un berceau de cave. 28
BALZAC, Une ténébreuse affaire, Pl., t. VII, p. 511.

♦ 5. (V. 1050). Être en mesure de pratiquer (une activité réglée), d'exécuter..., grâce à des connaissances théoriques et pratiques. — *Savoir l'orthographe* (cit. 4) : savoir écrire en respectant les règles de l'orthographe. *Savoir la musique* (cit. 23). *Savoir son métier* (→ Coiffeur, cit. 1). — Spécialt. *Savoir une langue* (cit. 42; → Commandement, cit. 12; écrivain, cit. 12). *Réunissant le peu d'espagnol que nous savions* (→ Parvenir, cit. 7). — *Savoir d'une langue,* en connaître des éléments. *« Quoi, monsieur sait du grec ? »* (cit. 14).

Vx. *Se flatter de savoir sa langue,* de bien parler, de bien écrire (→ Décence, cit. 3; éplucher, cit. 7). *Savoir la cour* (→ Dissimuler, cit. 7, La Bruyère). *Il sait la guerre* (cit. 21). *Savoir le monde* (*supra* cit. 50).

♦ 6. Mod. Avoir présent à l'esprit dans tous ses détails, de manière à pouvoir répéter, reproduire. ⇒ **Mémoire.** (1580). *Savoir qqch., un texte, un passage, un poème... Savoir par cœur.* ⇒ **Cœur** (cit. 138, 140 et 141; et aussi lac, cit. 2; moi, cit. 12). *« Savoir par cœur n'est pas savoir »* (ce dernier étant pris au sens 2.). → 1. Mémoire, cit. 6; livresque, cit. 1, Montaigne. *Savoir son rôle*.* — *Savoir sa leçon*, sa table de multiplication, ses verbes irréguliers... « Ce que je sais le mieux* (cit. 14) *c'est mon commencement ».* — Absolt. *Une fois qu'il a appris* (le pédant), *il sait* (→ Résumé, cit. 3).

29 Il apprit à lire et à écrire, sans doute selon la méthode de l'Orient, consistant à mettre entre les mains de l'enfant un livre qu'il répète en cadence avec ses petits camarades, jusqu'à ce qu'il le sache par cœur.
RENAN, Vie de Jésus, III, Œ. compl., t. IV, p. 104.

Par ext. *Savoir quelqu'un par cœur* (cit. 142). *Je sais mon Don Juan sur le bout du doigt* (→ Coureur, cit. 4).

B. (Sens affaibli, dans des expressions surtout impératives, interrogatives, négatives). **♦ 1.** Être au courant de, être au fait de. *Comme on (le) sait* (→ Ciel, cit. 45). *C'est, comme vous savez...* (→ 1. Apostrophe, cit. 1). *On sait que...* (→ Formaliste, cit. 1), *on sait assez que... Tout le monde sait* (→ Moindre, cit. 2). *Qui ne sait pas...* (→ Disposer, cit. 13). — *Vous n'êtes pas sans savoir que :* vous n'ignorez pas que... — *Ils votent tu sais comment* (→ Aveuglette, cit. 2).

(V. 1050). **Dieu sait...,** introduit un fait qu'on présente comme connu de Dieu (vrai, sûr) ou encore comme caché des hommes. ⇒ **Dieu** (*infra* cit. 50). *Dieu sait comme.* ⇒ **Comme.** — Par anal. *Le diable sait...* (→ Mettre, cit. 73).

♦ 2. (À l'impér.). *Sachez que... :* apprenez, prenez garde* que... (→ Céder, cit. 15; cruche, cit. 7). *Sache donc que...* (→ Destinée, cit. 17; faner, cit. 18). *Sachons-le bien !* : soyons en persuadés, certains (→ Province, cit. 7).

(À l'indic.). En incise ou en tête de phrase, pour souligner une affirmation. (→ Intense, cit. 4; mentir, cit. 7; rentier, cit. 1). *« Il est gentil, vous savez »* (Proust, VI, 98).

(1819, *in* D.D.L.). En interrogation. *Savez-vous, sais-tu ?* (incises courantes dans le français de Belgique) : n'est-ce pas ?

30 Monsieur, il y avait tant de ferraille dans l'air, savez-vous ? qu'une mouche aurait été infailliblement écrasée entre deux boulets, si elle eût osé traverser le village, sais-tu ? (Savez-vous, sais-tu, sont deux locutions parasites dont les Belges se servent à chaque instant dans la conversation.)
L. GOZLAN, Waterloo, *in* Revue des Deux-Mondes, 15 août 1849, p. 657.

31 (...) ses prix sont excessifs, savez-vous, ses prix je les trouve inconvenants !
PROUST, À l'ombre des jeunes filles en fleurs, Pl., t. I, p. 603.

En tête de proposition ou en incise. *Tu sais...?, sais-tu...? Il est gentil, tu sais.*

32 (...) il a repris : — Sais-tu, j'ai fait les comptes (...)
C.-F. RAMUZ, la Grande Peur..., III.

(1090, *ço est a savoir*). À **savoir** (loc. conj. de coordination) : c'est-à-dire. ⇒ **Assavoir,** II. (→ Abeille, cit. 4; nivellement, cit. 1; opiner, cit. 3). *C'est à savoir* (→ Fable, cit. 11). — Ellipt. *Savoir...* (→ Exécutif, cit. 1; kaléidoscope, cit. 1).

♦ 3. (Expressions interrogatives). *Je voudrais savoir...* (→ Divan, cit. 1). *Peut-on savoir ?* (→ Qui, cit. 88). — (Pour marquer le doute). Fam. *Va savoir !, allez savoir !* : c'est bien difficile à savoir. — *Qui sait ?* (→ Magistrature, cit. 1). *Qui sait si... — On raconte ceci, cela..., est-ce que je sais ?,* je ne peux pas savoir le reste, tout ce qu'on raconte (→ Piment, cit. 5). *Que sais-je ? à savoir...* (→ Docte, cit. 4). *Reste** (cit. 34) *à savoir si... Savoir si... Je me demande si* (→ Gueuserie, cit. 4).

33 (...) ça m'intéresse, ce qui se passe là-dedans (...) Savoir si ça va décider Buteau !
ZOLA, la Terre, I, IV.

34 (...) on peut présenter la question d'une façon détournée au moyen de la formule figée *savoir si* (ou : *qui sait si*) : *« Savoir si l'usine de Bertrand est en grève ? »* J. Romains, 6 octobre, 170; *« Savoir s'ils me rendront mes galons. »* Id., Verdun, 237; Cf. avec un mot interrogatif : *« Savoir quel temps il fera demain ! »* Id., Travaux et j., 187 (...) — (...) *« Mais qui sait si elle trouverait Albertine ! »* Id. celle-ci ne serait pas dans les coulisses... » (Proust, R. t. p., XI, 211-12). Ces deux locutions (...) permettent d'éviter l'inversion interrogative.
R. LE BIDOIS, l'Inversion du sujet, p. 50.

Que savons-nous ce que..., si... ⇒ 1. **Que** (cit. 63 et 64). — Vx. *Que* (cit. 62) *savons-nous ce que...*

♦ 4. (En tour négatif, avec *ne*). *On ne sait jamais* (cit. 21).

35 Savoir est chose absolue; s'en écarter le moins du monde n'est plus savoir, mais penser, croire, supposer. Aussi le discordantiel (ne « explétif ») a-t-il sur lui le même

effet que sur *pouvoir, oser* (...) La nuance sémantique entre *je ne sais* et *je ne sais pas* est assez nette. *Je ne sais* marque l'incertitude, l'hésitation. Au contraire *je ne sais pas* marque positivement qu'on est certain de ne pas savoir.
J. DAMOURETTE et É. PICHON, Essai de grammaire de la langue franç., § 2235.

Je ne sais qui a dit je ne sais où... (→ Influer, cit. 6). *Je ne sais quoi* (→ Amour, cit. 9; démodé, cit. 2; inconstant, cit. 3; midi, cit. 7). *Je ne sais, on ne sait quel... On* (cit. 56 et 58) *ne sait quoi de... Il y a je ne sais combien* (cit. 9 et 14) *de temps, très longtemps. Je ne sais où* (→ Côtoyer, cit. 1). *Je ne sais pourquoi* (→ Cheminée, cit. 2).

36 Je ne sais si mon cœur s'apaisera jamais (...)
RACINE, la Thébaïde, IV, 1.

37 L'amour, ne vous déplaise, est un je ne sais quoi,
Qui vous prend, je ne sais ni par où ni pourquoi,
Qui va je ne sais où, qui fait naître en notre âme
Je ne sais quelle ardeur que l'on prend pour la femme,
Et ce je ne sais quoi qui paraît si charmant,
Sort enfin de nos cœurs, et je ne sais comment.
J.-F. REGNARD, Démocrite amoureux, I, 5.

38 Il a je n'sais plus qui dans sa famille qui est je n'sais plus quoi. Comme ça, il est renseigné.
H. BARBUSSE, le Feu, I, II.

39 — Faudrait voir à ne pas abandonner si vite un ami, Monsieur Lafcadio Lonnesaitpluski ! (...)
GIDE, les Caves du Vatican, V, V.

40 Thérèse attendait elle ne savait quoi de ce ciel inaltérable.
F. MAURIAC, Thérèse Desqueyroux, VIII.

REM. Les expressions *On ne sait..., je ne sais qui... (quoi, quel), Dieu sait...,* se placent souvent en bloc après la proposition sujet (→ N'importe* qui, quoi...). *Sorti de je ne sais où* (→ Oiseau, cit. 14). *« Une fois là, mon oncle Jules s'établit marchand de je ne sais quoi »* Maupassant, *Mon oncle Jules* (in Le Bidois, *Syntaxe du franç. moderne,* § 1905). *« Notre départ est remis à je ne sais quand »* (Gide, *Journal,* 1916, p. 543). *« Vers elle ne savait quoi de périlleux »* (Mauriac, *Thérèse Desqueyroux,* p. 129). — *Sorti je ne sais d'où* (→ Jumeau, cit. 1). *Ne sait dans quel arrière-fond...* (cit. 3). *« Des vestiges d'idées étrangères venues Dieu sait d'où »* J. Romains (*in* G. et R. Le Bidois, *Syntaxe du franç. moderne,* § 1905).

41 Rien n'est plus vrai que ma grand-mère radote avec son histoire de je ne sais quels habitants qui, dans je ne sais quel temps, abordèrent ici de je ne sais où, d'une contrée au delà de nos mers.
DIDEROT, Entretien d'un philosophe avec la maréchale de***

42 (...) une petite pièce de dix sous oubliée depuis on ne sait quand, là, dans le gousset de son gilet.
GIDE, les Faux-monnayeurs, I, X.

N. m. *Un je ne sais quoi.* ⇒ **Je-ne-sais-quoi.** *Cet on ne sait quoi* (→ Halo, cit. 4). — *Un je ne sais qui* (vieilli) : un inconnu, un individu quelconque.

Adj. Fam. *Des radio-je-ne-sais-quoi* (→ 2. Radio, cit. 3). — Vieilli. *Un je ne sais quel homme.*

Fam. *Il est, elle est tout(e) je ne sais comment* (→ Drôle, cit. 11). *« Je me suis trouvée toute je ne sais comment »* (Diderot, *Jacques le fataliste,* Pl., p. 680).

(Suivi d'une interrogative indirecte à l'infinitif). Être dans l'embarras, la confusion. *Ne savoir que faire, quoi faire** (→ aussi Journée, cit. 2). *Ne savoir que faire de qqch...,* n'en avoir nul besoin. *Ne savoir que devenir* (cit. 13), *où se mettre*. Ils ne savent qu'inventer* (cit. 9 et 10) *pour...* — Loc. *Ne savoir sur quel pied* danser, de quel côté se tourner, à quel saint se vouer; où donner de la tête :* être dans une situation embarrassante. *Ne savoir où se fourrer* (cit. 26). *On ne sait par où, par quel bout le prendre*.*

43 Un autre cas où *ne* suffit à marquer la négation, c'est celui des tours réduits d'interrogation indirecte, comportant le verbe *savoir* (...) un interrogatif non sujet, et un infinitif : *« Vous ne savez qu'inventer* pour dépenser de l'argent » BALZAC, Eug. Grandet, 121; *« Hivert ne savait auquel répondre »* FLAUBERT, Bov., II, ch. 1 (...)
G. et R. LE BIDOIS, Syntaxe du franç. moderne, § 1773.

♦ 5. (Au subj. : *sache,* dans des loc. restrictives). *Pour autant que je sache* (→ Parentage, cit.), autant qu'on sache.

QUE JE SACHE : autant que je puisse savoir, en juger, dans la mesure où je le sais. *Je n'avais jamais rien lu, que je sache* (autant que je peux m'en souvenir); → Local, cit. 4. ⇒ **Que.**

44 (...) la locution *que je sache* (...) correspond à peu près au latin *quod sciam.* Il s'agit ici primitivement d'une proposition relative avec antécédent : *que je sache : ce que je sache* et le subjonctif est employé parce qu'on « se contente de supposer une certaine étendue de son savoir (A. Tobler). »
K. NYROP, Grammaire historique, t. VI, p. 322.

45 Et il se porte bien, que vous sachiez, mon père ?
DUMAS, Monte-Cristo, I, cité par LE BIDOIS *in* le Monde, 22 mai 1957.

46 — Sibylle n'a pas la prétention, que je sache, d'imposer silence à mes amis (...)
BARBEY D'AUREVILLY, les Diaboliques, « Dessous de cartes... », p. 210.

47 Cette fontaine de Merlin est-elle profonde, que l'on sache ?
O. FEUILLET, la Fée, *in* TOBLER, I, p. 151.

48 Nul être, que je sache, n'a été agencé pour produire comme nous ce fluide étrange, que nous appelons pensée (...)
MAETERLINCK, la Vie des abeilles, VII, XIX.

49 Il n'écrivait pas de vers, qu'on sache, ni ne composait de chansons.
A. ARNOUX, Suite variée, « Le fauteuil », p. 207.

50 Vous avez, lui dis-je, signé un pacte avec Benès. Or son gouvernement est, que je sache, provisoire.
Ch. DE GAULLE, Mémoires de guerre, t. III, p. 65.

Littér. En principale, et à la forme négative, au subjonctif, à la 1re pers. *Je ne sache pas que...* (→ Haut, cit. 62). *Je ne sache guère de...* (Brunetière) (→ Concupiscence, cit. 4).

51 Je ne sache guère que *le Misanthrope* où le héros de la pièce ait fait un mauvais choix.
ROUSSEAU, Lettre à d'Alembert.

52 — (...) méprisez-vous le nom de votre père, à présent? — Je n'en sache pas de plus honorable (...) Émile AUGIER, les Effrontés, I, 2.

53 La petite Cerny fait incontestablement une charmante Renée Mauperin, et je ne sache pas d'actrice, en ce moment, qui ait pu la réaliser d'une façon plus charmante. Ed. et J. DE GONCOURT, Journal, 5 nov. 1886, t. VII, p. 111.

54 Nous ne sachions pas qu'on l'ait jamais faite en ces termes.
L. FEBVRE, *in* M. COHEN, le Subjonctif.

(Avec la forme incorrecte *sachons*) :

55 Quand Victor Hugo a écrit cette phrase : « Nous ne sachons pas qu'on ait fait des mots nouveaux », il a commis un barbarisme et s'est infligé du même coup un démenti en prouvant que l'on fait parfois, sans le savoir, des mots nouveaux.
R. LE BIDOIS, *in* le Monde, 22 mai 1957.

★ **II.** (V. 980; suivi d'un infinitif). ♦ **1.** Être capable de (pratiquer une activité) par un apprentissage, par l'acquisition d'habitudes (→ ci-dessus, I., A., 5. et 6.). *Savoir lire, écrire, compter* (→ Caqueter, cit. 1; parchemin, cit. 3). *Enfant qui sait marcher, parler* (→ Langue, cit. 26). *Savoir nager, skier, conduire... En quinze jours, elle a su danser* (→ Duvet, cit. 3). *Savoir jouer du piano* (→ Accord, cit. 24), *manier* (cit. 6 et 8) *un instrument. Savoir parler l'anglais :* savoir l'anglais.

56 Le verbe *savoir* exprime alors (lorsqu'il est construit avec l'infinitif régime direct) que l'on possède entièrement la technique d'une action, de sorte que, sauf empêchement matériel, on peut répéter cette action à volonté.
J. DAMOURETTE et É. PICHON, Essai de grammaire de la langue franç., § 1122.

♦ **2.** (1080). Être capable de (faire qqch.), par une habileté naturelle ou acquise (→ Autant, cit. 28; mot, cit. 11). *Savoir bien, mal s'exprimer* (cit. 42). — Fam. *C'est un malin* (cit. 12, 13 et 14), *il sait s'y prendre, il sait s'arranger. Savoir y faire.* ⇒ **Savoir-faire.**

Spécialt. Être capable de (faire qqch.) le mieux possible, selon les règles. *Savoir vivre.* ⇒ **Savoir-vivre.** — *Savoir manger* (1. Manger, cit. 16) : être gastronome. ⇒ aussi **Savoir-.**

♦ **3.** Avoir par aptitude, par un effort de volonté la possibilité de. *Savoir dire non* (cit. 19 et 20). *Savoir écouter* (cit. 12 et 13), *se taire... Qu'« elle sache ignorer les choses qu'elle sait »* (→ Aimer, cit. 58). *L'avenir est à ceux qui savent attendre* (→ 1. Patience, cit. 14). *Celui qui ne sait pas attendre et souffrir* (→ Impatience, cit. 1). *Savoir vieillir, savoir rester jeune* (cit. 11 et 12). *Savoir faire des sacrifices. Savoir renoncer à...* (→ Délivrer, cit. 12). *Il ne sait pas refuser.* ⇒ **Incapable.** *Savoir aimer, haïr* (cit. 17 et 18). *Boris n'aurait pas su aimer une fille de son âge* (→ Cafouiller, cit.).

57 En gros (...) *savoir*, avec un infinitif suppose une certaine opération intellectuelle — et *pouvoir* suppose une puissance, un potentiel (...) Des chevauchements peuvent se produire, quand il s'agit d'exprimer l'idée de « avoir le moyen de » ou de « être capable de... ». S'il fallait des exemples de cette particularité sémantique, on donnerait bien cette phrase de François Mauriac : « De quoi était-elle faite (une souffrance)? Il n'aurait *su* le dire » (*L'Agneau*, p. 72) ... et celle-ci encore, d'Henri Guillemin : « Ici un mot que je n'ai pas su lire » (Note, dans Pierres, de V. Hugo, p. 151). — Dans ces phrases, on eût pu employer *pouvoir*.
M. GREVISSE, Problèmes de langage, p. 218.

(À l'impér.). *Sache vivre de la vie intérieure* (→ Domaine, cit. 2). Cf. Puisses-tu...

58 La République nous appelle;
Sachons vaincre, ou sachons périr (...)
M.-J. CHÉNIER, le Chant du départ (1794).

♦ **4.** (Au conditionnel et en tour négatif avec *ne* seul). *« Couvrez* (cit. 17) *ce sein que je ne saurais voir ». On ne saurait rien imaginer de plus...* (→ Intense, cit. 1). *On ne saurait croire combien* (→ Jaloux, cit. 12). *On ne saurait penser à tout,* comédie de Musset. — (En tour interrogatif). Vx. *« Après ce qu'il a fait, que saurait-il donc faire? »* (Racine, *Andromaque*, II, 1).

59 Je n'ai jamais aimé, pour ma part, ces bégueules
Qui ne sauraient aller au Prado toutes seules (...)
A. DE MUSSET, Premières poésies, « Don Paez », I.

♦ **5.** Régional (Belgique). À tous les temps. Pouvoir, avoir la possibilité de.

60 En Wallonie, *pouvoir* répond à l'allemand *dürfen;* à l'allemand *können* répond *savoir*, ex. : — Il fallait bien la suivre, dit l'un d'eux. On ne *savait* rien lui refuser. En Belgique et dans le Nord de la France, on met le verbe savoir pour pouvoir (...) (Antoine Redier, La Guerre des femmes, chap. III, p. 66) ...
J. DAMOURETTE et É. PICHON, Essai de grammaire de la langue franc., § 1698.

♦ **6.** (Sujet n. de choses). → Aigu, cit. 10, La Bruyère; délicat, cit. 26, La Fontaine. *Aucune image romanesque ne saurait être complète* (cit. 8; et aussi Pamphlet, cit. 1, Courier). *Cette tentative ne saurait être taxée de...* (→ Dédale, cit. 7, Renan). — (Avec un impersonnel). *Il ne saurait être question de...* — (À la forme interrogative, vx). *Eh! que me saurait-il arriver* (cit. 61) *que la mort?*

61 (...) « savoir », dans les articles de Norpois, est le signe du futur, c'est-à-dire le signe des désirs de Norpois (...) Vous comprenez bien que si « savoir » n'était pas devenu le simple signe du futur, on comprendrait à la rigueur que le sujet de ce verbe pût être un pays. Par exemple chaque fois que Norpois dit : « L'Amérique ne saurait rester indifférente à ces violations répétées du droit » (...) il est clair que de telles phrases expriment les désirs de Norpois (...) mais enfin là, le verbe peut encore garder malgré tout son sens ancien, car un pays peut « savoir », l'Amérique peut « savoir » (...) Mais le doute n'est plus possible quand Norpois écrit : « Ces dévastations systématiques ne sauraient persuader aux neutres », « la région des Lacs ne saurait manquer de tomber à bref délai aux mains des alliés » (...) Or il est certain que ces dévastations, ces régions (...) sont des choses inanimées qui ne peuvent pas *savoir*. PROUST, le Temps retrouvé, Pl., t. III, p. 783.

Vous m'avez reçu avec une absence de façons, et de défiance, dont je ne saurais vous dire combien elle m'a touché (...) 62
J. ROMAINS, les Hommes de bonne volonté, t. II, XX, p. 215.

♦ **7.** Fam. Loc. (Après un verbe). *Tout ce qu'il sait :* beaucoup, énormément, autant qu'on peut, sans se retenir. *Il cognait tout ce qu'il sait.* — REM. Si *savoir* est accordé en temps, la phrase n'est plus familière :

Vénus arriva trop tard pour défendre son incomparable Adonis : sa douleur ne connut plus de bornes, elle pleura tout ce qu'elle savait. 63
Émile HENRIOT, Mythologie légère, p. 35.

▶ **SE SAVOIR** v. pron.

(Déb. XIXe). Sens réfléchi. (Avec un attribut). *Se savoir invulnérable* (→ Blasphème, cit. 5). *Ceux qui se savent aimés* (→ Despotisme, cit. 10; frétiller, cit. 2). — (Avec un compl.). *Se savoir des défauts.*

(Gervaise) ne se savait pas une telle curiosité de ce que devenait ce malheureux *(Lantier)*, qui s'était si mal conduit avec elle. 64
ZOLA, l'Assommoir, VI, t. I, p. 238.

Elle se savait une grande pécheresse car elle avait une foi inébranlable, et tenait l'orgue pour un cachet minime afin de contrebalancer un peu auprès de Dieu la fureur de sa chair. Paul VIALAR, M. Dupont est mort, I, p. 11. 65

(1671). Sens passif. Être su. *Tout finit par se savoir. Ça se saurait!*

Avez-vous vécu jusqu'à cet âge sans avoir appris que tout se sait, que la haine est aux aguets et que chaque mauvaise nouvelle trouve aussitôt son messager? 66
A. MAUROIS, les Roses de septembre, III, V.

▶ **SU, SUE** p. p. adj. (XIIe). *Leçon bien sue, mal sue.* — *La nouvelle à peine sue...* ⇒ **Ébruiter** (s').

(D'après *c'est tout vu*). Rare. *C'est tout su.*

— Tu n'as pas besoin d'interprète pour les papiers. Ils sont parfaits, tes papiers. 66.1
— Mais si, mais si. On ne sait jamais. — C'est tout su, dit Maillat.
Robert MERLE, Week-end à Zuydcoote, p. 184.

N. m. *Le su :* la connaissance* que l'on a d'une chose (au sens I., A., 1., de *savoir*). Dans des expressions. *Au vu* et au su de qqn* (→ Légitimation, cit. 3). Littér. *Au su et à l'insu* (cit. 3)...

(...) sa coquine de femme (...) vit au su de tout Combray avec un certain monsieur de Charlus. PROUST, Du côté de chez Swann, Pl., t. I, p. 34. 67

CONTR. Douter, ignorer.
DÉR. Savant, 2. savoir.
COMP. Assavoir, insu, savoir-faire, savoir-vivre.

2. SAVOIR [savwaR] n. m. — Fin XIIe, *saveir; savir* « sagesse, intelligence », 842; de 1. *savoir*.

♦ **1.** (V. 1155). Ce que l'on sait (I., A., 2.); ensemble de connaissances assez nombreuses, plus ou moins systématisées, acquises par une activité mentale suivie. ⇒ **Acquis, connaissance**(s), **culture** (cit. 12), **érudition, lumière** (s), **science** (→ Onguent, cit. 2, France). *Un savoir acquis par l'étude* (⇒ **Instruction**), *par l'expérience. Grand savoir. Le savoir de qqn. L'étendue de son savoir* (→ Examiner, cit. 16). — *Plein de savoir* (→ Haut, cit. 46). *Pauvre* (cit. 18) *de sens et de savoir. Mettre l'astuce* (cit. 1) *à la place du savoir.* — *Le vrai savoir* (→ Fondement, cit. 5). *Un savoir affecté* (2. Affecter, p. p. adj., cit. 14), *un vain savoir* (→ Pot, cit. 12). — *Le savoir de qqch.* ⇒ **Connaissance.**

Quel grand et vrai savoir des choses de ce monde (...) 1
A. DE MUSSET, Poésies nouvelles, « Une soirée perdue ».

Amer savoir, celui qu'on tire du voyage! 2
BAUDELAIRE, les Fleurs du mal, « Tableaux parisiens », CXXVI, VII.

(...) je respecte trop la petite part de savoir que je possède, qui m'a coûté tant de peine à acquérir, pour y introduire des éléments douteux. 3
BERNANOS, les Grands Cimetières sous la lune, p. 248.

À proportion que la science élargit son pouvoir, elle se tient moins assurée de son savoir. 4
Jean ROSTAND, Pensées d'un biologiste, p. 139, *in* FOULQUIÉ, Dict. de la langue philosophique, art. *Science.*

Un, des savoirs. ⇒ **Connaissance.**

Tel que l'on croit complet et maître en toute chose 5
Ne dit pas les savoirs qu'à tort on lui suppose (...)
A. DE VIGNY, Poèmes philosophiques, « La flûte », III.

♦ **2.** *Le savoir :* les savants, la science. *« Que la raison conduise et le savoir éclaire »* (cit. 19).

Le savoir est honteux, depuis que l'ignorance 6
A versé son venin dans le sein de la France.
THÉOPHILE DE VIAU, Élégie, « À une dame ».

Loc. *Le gai** (cit. 4) *savoir.*

♦ **3.** Philos. État de l'esprit qui sait (I., A., 2.); connaissance. Relation entre le sujet et l'objet de pensée dont il admet la vérité, pour des raisons intellectuelles et communicables, à la différence de certitude*, croyance*, foi* (cit. 26); cet objet de pensée. *Dans la perception* (cit. 8), *un savoir se forme.*

CONTR. Ignorance.

SAVOIR- Premier élément de noms composés (masculins), dont le second élément est un infinitif, formés d'après *savoir-faire, savoir-vivre. Savoir-boire* (1971, *in* P. Gilbert); *savoir-bronzer* (1970, *in* P. Gilbert); *savoir-dire; savoir-être,* n. m. (1970, *in* P. Gilbert);

savoir-manger, n. m. (1973, *in* P. Gilbert); *savoir-plaire*; *savoir-vendre*... « *La virtuosité, le savoir-faire et le savoir-dire l'emportent désormais sur le savoir proprement dit* » (*le Nouvel Obs.*, 2 févr. 1981, p. 27).

SAVOIR-FAIRE [savwaʀfɛʀ] n. m. invar. — 1671; de 1. *savoir*, et *faire*.

♦ **1.** Habileté à faire réussir ce qu'on entreprend, à résoudre les problèmes pratiques; compétence, expérience dans l'exercice d'une activité artistique ou intellectuelle. ⇒ **Adresse** (cit. 1), **art, chic** (*infra* cit. 2), **doigté, entregent, habileté** (cit. 7), **industrie, ruse, tact** (→ Énorme, cit. 12, La Bruyère; inaugurer, cit. 5; jeu, cit. 37). *Le savoir-faire et le savoir. Des savoir-faire.*

1 (...) je commençais même à comprendre que, pour gagner du bien, le savoir-faire vaut mieux que le savoir.   BEAUMARCHAIS, le Mariage de Figaro, V, 3.

2 (...) je me mis donc de bon cœur à montrer mon savoir-faire aux maîtres ouvriers, qui jugèrent du premier abord que j'étais propre aux opérations les plus difficiles et les plus compliquées de la profession.
          Charles NODIER, Contes, « Fée aux miettes », XIII.

♦ **2.** (Trad. de l'angl. *know how*). Dr. comm. Ensemble des connaissances, expériences et techniques accumulées par une personne ou une société, que l'on peut mettre à la disposition d'autrui, à titre onéreux ou gratuit.

SAVOIR-VIVRE [savwaʀvivʀ] n. m. invar. — 1671; de 1. *savoir*, et *vivre*.

♦ **1.** Vx. Art de bien diriger sa vie (→ Fortune, cit. 38, Stendhal).

♦ **2.** Mod. Qualité d'une personne qui connaît et sait appliquer les règles de la politesse. ⇒ **Éducation, tact.** *Avoir peu de savoir-vivre* (→ Égard, cit. 15). *Manquer de savoir-vivre.* — *Ces règles.* ⇒ **Convenance, politesse.** *Manuel de savoir-vivre. Des savoir-vivre.*

Au plus fort de la bouffonnerie comme au plus fort de la licence, il reste homme de bonne compagnie, né et élevé dans ce cercle aristocratique où la liberté est complète, mais où le savoir-vivre est suprême, où toute pensée est permise, mais où toute parole est pesée, où l'on a le droit de tout dire, mais à condition de ne jamais s'oublier.
          TAINE, les Origines de la France contemporaine, II, t. II, p. 92.

CONTR. Impolitesse.

SAVOISIEN, IENNE [savwazjɛ̃, jɛn] adj. — 1808, Boiste; de *Savoie.*

♦ Rare. De Savoie. ⇒ **Savoyard.** *Proverbe savoisien.*

SAVON [savɔ̃] n. m. — 1256; lat. *sapo, -onis*, mot d'orig. germanique **saipon.* → Sapon-.

★ **I.** ♦ **1.** Chim. Sel d'un acide gras. — Par ext. Produit d'une saponification.

Cour. Produit utilisé pour le dégraissage et le lavage, obtenu par l'action d'un alcali sur un corps gras (surtout huiles végétales). *Savons solides :* sels de sodium de graisses animales ou d'huiles végétales. *Savons mous :* sels de potassium (ou d'éthanolamine) provenant de la saponification d'huiles de moindre valeur (huile de poisson, de lin, de chanvre, etc.). — *Savon blanc. Savon marbré.* — (1456). *Savon noir,* utilisé pour laver les carrelages, etc. (→ Lavage, cit. 1). *Quartelette* de savon noir.* — *Savon vert* (→ Dégraisser, cit. 3). *Savon animal,* obtenu par saponification des graisses animales au moyen d'une lessive de soude. *Savon-ponce,* dans lequel on a incorporé de la pierre ponce pulvérisée. — *Savon de Marseille* (→ Exact, cit. 5). *Brique, morceau, pain de savon* (→ Boîte, cit. 9). *Savon en morceaux, en paillettes, en copeaux, en poudre. Savon liquide.* — *Savon de toilette. Savon transparent dit* savon de glycérine. *Savon au lait. Savon à barbe. Crème de savon* (pour la barbe). — Vx. *Savon dentifrice*.* — *Savon antiseptique.* — *Mousse* de savon* (→ Baille, cit. 1). *Eau trop dure qui ne dissout pas le savon* (→ Cuire, cit. 8; et aussi 1. mousse, cit. 8). *La saponaire*, plante qui fait mousser l'eau comme du savon* (⇒ **Saponine**). — *Blanchir, détacher, laver, frotter, nettoyer qqch. avec du savon.* ⇒ **Savonner.**

1 Elle connaissait déjà la maîtresse du lavoir, une petite femme délicate, aux yeux malades, assise dans un cabinet vitré, devant des registres devant elle, des pains de savon sur les étagères, des boules de bleu dans des bocaux, des livres de bicarbonate de soude en paquets.   ZOLA, l'Assommoir, I, t. I, p. 16.

1.1 Le savon est dans une soucoupe, sur la table (...) prenez une serviette propre (...)
          ZOLA, l'Œuvre, p. 25.

Loc. *Eau de savon :* eau dans laquelle on a lavé du linge, etc., avec du savon (→ Eau savonneuse*). — *Bulle de savon* (⇒ 1. **Bulle,** *supra* cit. 6) : fig., vx. personne, chose insignifiante, inconsistante*, légère.

Arbre à savon. ⇒ **Savonnier.**

Méd. *Savon amygdalin* ou *savon médicinal,* obtenu par saponification d'huile d'amandes douces par une lessive de soude et employé comme laxatif. — *Savon pour frictions.* ⇒ **Opodeldoch.** — *Savon sulfureux, ioduré, camphré.*

Franç. d'Afrique. SAVON NOIR (ou *savon indigène*) : savon artisanal, fabriqué à partir de cendres végétales et de corps gras (beurre, graisses animales, huile de palme, beurre de karité).

1.2 Aidée par sa fille aînée, la mère de famille le lava soigneusement au savon noir et pansa ses plaies.
          AMON D'ABY, la Mare aux crocodiles, Abidjan-Dakar, 1973, *in* I. F. A. N.

♦ **2.** (1876). Morceau moulé de ce produit. *Un gros savon de Marseille. Des savons de toilette.* ⇒ **Savonnette.** *Acheter un savon parfumé.*

♦ **3.** Minér. Silicate hydraté d'aluminium qui se dépose dans certaines eaux thermales : *savon blanc, savon de montagne, savon minéral.* — Argile smectique : *savon naturel, savon des soldats.*

Techn. *Savon des verriers :* bioxyde de manganèse.

1.3 Le bioxyde de manganèse ajouté au mélange vitrifiable provoque une coloration violette, lorsque l'atmosphère du four est oxydante. Ce corps est d'ailleurs toujours ajouté en petite quantité, sous le nom de « savon des verriers » à tous les verres blancs, pour combattre une teinte jaunâtre due à des traces d'impuretés, de même qu'on emploie « l'outre-mer » *(sic)* ou bleu des blanchisseuses pour aviver la blancheur du linge.   F. MEYER et P. GRIVET, le Verre, p. 79.

★ **II.** (Déverbal de *savonner*). ♦ **1.** (1632). Vx. Savonnage.

♦ **2.** (1694; de *savonner la tête*). Mod. Fig., fam. Sérieuse réprimande. ⇒ **Attrapade, engueulade** (fam.), **lavage** (de tête). *Donner, passer un savon à qqn.* → Laver* (*supra* cit. 12) la tête. *Recevoir un bon savon.*

1.4 Mais il eut beau se transporter dans la cuisine pour parler lui-même au chef, descendre à la cave dont il connaissait tous les coins, et faire monter le maître de l'établissement, auquel il « donna un savon », il ne fut content ni des mets, ni des vins, ni du service !   FLAUBERT, l'Éducation sentimentale, I, v.

2 Joseph Quesnel, au téléphone, passa au ministère de l'Intérieur un de ces savons qui comptent dans la vie d'une police.   ARAGON, les Cloches de Bâle, III, XVII.

3 Charlie avait d'autant moins écouté ces éloges que les agréments qu'ils célébraient chez sa fiancée lui avaient toujours échappé. Mais il répondit à M. de Charlus : « C'est entendu, mon petit, je lui passerai un savon pour qu'elle ne parle plus comme ça ».   PROUST, la Prisonnière, Pl., t. III, p. 45.

DÉR. Savonner, savonnerie, savonnette, savonneux, savonnier.
HOM. Savons (forme du verbe **savoir**).

SAVONNAGE [savɔnaʒ] n. m. — 1680; de *savonner.*

♦ Lavage au savon.

(...) que les Clapart payaient deux cent cinquante francs de loyer, n'avaient qu'une femme de ménage pour quelques heures le matin, que madame faisait quelquefois de petits savonnages elle-même (...)
          BALZAC, Un début dans la vie, Pl., t. I, p. 626.

SAVONNER [savɔne] v. tr. — Déb. XVIᵉ; de *savon.*

♦ **1.** Laver en frottant avec du savon. *Savonner du linge, un plancher, des marches d'escalier, des dalles* (→ Glissant, cit. 1; manquer, cit. 59). *Se savonner la tête, le cou et la poitrine* (→ Laver, cit. 17). — Pron. (Personnes). Se laver au savon (→ Métamorphose, cit. 12). — (Étoffe). Pouvoir supporter un lavage au savon. *Cette étoffe ne se savonne pas.*

Absolument :

La femme de chambre bêche avec amour, la cuisinière savonne au lavoir.
          COLETTE, la Naissance du jour, p. 14.

(1876). Enduire de mousse de savon à barbe (de crème à raser, etc.), afin d'amollir le poil et de faciliter le rasage. *Se savonner le visage avec un blaireau.*

♦ **2.** (1669). Fig., fam. Vieilli. *Savonner la tête de qqn.* ⇒ **Engueuler**; savon (II., 2.).

DÉR. Savonnage.

SAVONNERIE [savɔnʀi] n. f. — 1313; de *savon.*

★ **I.** ♦ **1.** Usine où l'on fabrique du savon.

♦ **2.** (1876). Fabrication du savon.

★ **II.** (xxᵉ; du nom de la *Savonnerie,* manufacture de tapis fondée au xviiᵉ siècle et installée à l'époque dans une savonnerie désaffectée de Chaillot; → aussi Passer, cit. 159). *Tapis* fabriqué à la manufacture de la Savonnerie. Acheter une savonnerie.*

Sur le petit tapis, devant le lit, une sorte de savonnerie passée (...)
          ARAGON, la Semaine sainte, p. 205.

SAVONNETTE [savɔnɛt] n. f. — 1579; rare av. 1640; de *savon.*

♦ **1.** Petit pain de savon pour la toilette.

1 Wazemmes ne s'était refusé ni la savonnette parfumée vendue par la caissière, ni les serviettes-éponges.   J. ROMAINS, les Hommes de bonne volonté, t. II, X, p. 102.

(1803). Loc. Ancienn. SAVONNETTE À VILAIN : sous l'Ancien Régime, Charge ou terre qu'on achetait pour s'anoblir. — Mod., littér. (par plais.). Ce qui permet à un parvenu de faire oublier ses origines.

2 Le père avait donné les noms de trois différentes propriétés à ses fils, en en faisant des savonnettes à vilain, car le grand-père de ces Dubut vendait de la toile.
BALZAC, Mme de La Chanterie, Pl., t. VII, p. 329.

♦ **2.** (1878 ; *montre à savonnettes*, 1842). Vx. Montre à double boîtier.

♦ **3.** N. f. pl. (V. 1970). Argot autom. *Savonnettes :* pneus n'ayant aucune adhérence.

SAVONNEUX, EUSE [savɔnø, øz] adj. — Déb. XVIIIe ; de *savon*.

♦ **1.** Qui contient du savon, qui a rapport au savon. *Eau savonneuse. Bain savonneux.* — *Consistance, odeur savonneuse,* de savon.
Il pleuvait une humidité lourde, chargée d'une odeur savonneuse, une odeur fade, moite, continue ; et, par moments, des souffles plus forts d'eau de javelle dominaient. ZOLA, l'Assommoir, I, t. I, p. 16.
Loc. fig. *Être sur la pente savonneuse,* sur la mauvaise pente.

♦ **2.** (Déb. XVIIIe). Dont l'aspect, la consistance rappelle le savon. *Une argile grasse et savonneuse.* ⇒ **Onctueux.**

SAVONNIER, IÈRE [savɔnje, jɛʀ] n. m. et adj. — 1292 ; de *savon*.

★ **I.** Fabricant de savon. *Lessive* des savonniers.*
(1611). Adj. Relatif à la fabrication et au commerce du savon. *L'industrie savonnière de Marseille.*

★ **II.** (1694). N. m. Arbre exotique *(Sapindacées)* d'Afrique équatoriale ou d'Amérique du Sud dont toutes les variétés et notamment le *savonnier des Antilles* contiennent de la saponine. *Les savonniers fournissent une imitation de bois* de Panama.*

SAVOURER [savuʀe] v. tr. — V. 1265 ; v. intr. «avoir du goût», v. 1225 ; 1162, *savoré,* adj., «doux, agréable» ; de *saveur,* p.-ê. sur le modèle du bas lat. *saporare* «donner de la saveur».

♦ **1.** Manger, boire, goûter* lentement, avec attention ou avec un plaisir intense. ⇒ **Déguster** (→ fam. S'en lécher* les doigts). *Savourer les vins délicieux* (→ Festin, cit. 2). — Absolt. *Il ne prend pas le temps de savourer.*
1 (...) Duroy buvait la bière à lentes gorgées, la savourant et la dégustant, comme une chose précieuse et rare. MAUPASSANT, Bel-Ami, I, 1.

♦ **2.** (XIIIe). Goûter avec plaisir, jouir lentement de manière à prolonger le plaisir, à le rendre plus délicat et plus intense. ⇒ **Délecter** (se délecter à). *Savourer un parfum, une odeur, un spectacle* (→ Ivresse, cit. 15 ; moelle, cit. 5 ; plus, cit. 95). *Savourer les beautés d'un ouvrage* (→ Lecteur, cit. 7). *Il savourait les éloges dont on l'abreuvait.* ⇒ fam. **Gargariser** (se). *Savourer un plaisir. Savourer son bonheur* (→ Remémorer, cit. 4). *« Laissez-nous savourer les rapides délices* (cit. 9) *Des plus beaux de nos jours »* (Lamartine).
2 (...) rends-moi ce réveil plus délicieux encore, et ces soupirs entrecoupés, et ces douces larmes, et ces baisers qu'une voluptueuse langueur nous faisait lentement savourer (...) ROUSSEAU, Julie ou la Nouvelle Héloïse, I, LV.
3 Je ne pouvais m'arracher de mon lit, où je savourais délicieusement ce soleil, ces bruits champêtres, ces vols d'oiseaux, ce repos à peine ridé de la pensée (...) LAMARTINE, Graziella, III, XIII.
4 Tout en l'écoutant et en savourant le son de sa voix, il savourait en même temps une longue prise de tabac. HUGO, les Misérables, IV, VIII, VII.
5 Maintenant, nous savourons la moindre joie, ainsi qu'un dessert dont on est privé. R. DORGELÈS, les Croix de bois, VI.

(V. 1360). Littér. Par antiphrase (le compl. désigne une chose déplaisante). *Savourer sa peine, son tourment.*

SAVOUREUSEMENT [savuʀøzmɑ̃] adv. — Déb. XIVe ; *saverousement,* XIIe ; de *savoureux.*

♦ **1.** Vx. En savourant. *Manger, boire qqch. savoureusement.*

♦ **2.** Mod. (1875). Rare. D'une façon savoureuse. *Un ragoût savoureusement préparé.* Fig. *Anecdote savoureusement racontée.*

SAVOUREUX, EUSE [savuʀø, øz] adj. — V. 1330, *savoureus* ; *savorous,* v. 1196 ; du bas lat. *saporosus,* du lat. class. *sapor* «saveur».

♦ **1.** Qui flatte le palais, qui a une saveur agréable, riche et délicate. *Nourriture savoureuse* (→ Gibier, cit. 3). *Mets savoureux.* ⇒ **Appétissant, délectable** (→ Fondu, cit. 3 ; recette, cit. 5). *Une savoureuse portion de veau.* ⇒ **Succulent** (→ Dévorer, cit. 5). *Un morceau particulièrement savoureux.* ⇒ **Délicat.** *Crème, sauce savoureuse et moelleuse. Fruit* (1. Fruit, cit. 9) *savoureux.* ⇒ **Délicieux, doux.** *Une savoureuse eau-de-vie* (→ Prunelle, cit. 1). — *Herbe* (cit. 13) *savoureuse.*
1 Une île paresseuse où la nature donne
Des arbres singuliers et des fruits savoureux (...)
BAUDELAIRE, les Fleurs du mal, «Spleen et idéal», XXII.
2 (...) il humait seulement avec lenteur le savoureux bouillon des choux, laissant le pain au fond de son assiette. MAUPASSANT, l'Inutile beauté, «Champ d'oliviers», III.

♦ **2.** (*Savereus,* fin XIIe). Fig. Qui a de la saveur* (fig.), du sel, du piquant. *Style, livre savoureux* (→ Exégèse, cit. 3). *Anecdote, histoire, citation savoureuse* (→ Floraison, cit. 5). *Un savoureux accent bourguignon.*
3 Sur ces mots de «vie secrète», on s'attend à de savoureuses indiscrétions, à des révélations scandaleuses. Émile HENRIOT, les Romantiques, p. 217.
4 (...) la foule s'en brisait les côtelettes tellement elle trouvait l'aventure savoureuse. R. QUENEAU, Pierrot mon ami, p. 25.
CONTR. Fade, insipide. — Médiocre.
DÉR. Savoureusement.

SAVOYARD, ARDE [savwajaʀ, aʀd] adj. et n. — 1580 ; de *Savoie.*

♦ **1.** De la Savoie. *Paysan* (→ Grossier, cit. 1), *ramoneur* (cit.) *savoyard.* — *La Profession de foi* du Vicaire Savoyard,* de Rousseau. — *Un chalet savoyard. Les paysages savoyards. Une fondue* savoyarde. La coiffe savoyarde.* ⇒ aussi **Savoisien.**
N. *Les Bretons et les Savoyards* (→ Marier, cit. 14). *Une savoyarde.* — *Boîte à marmotte* (cit. 1) *des petits Savoyards. Savoyard qui jouait de la vielle.* ⇒ **Marmotte.** — *La Savoyarde :* nom d'une cloche de la basilique du Sacré-Cœur à Paris (don des diocèses de la Savoie).
1 — Monsieur le curé, c'est un petit d'environ dix ans qui a une marmotte, je crois, et une vielle (...) Un de ces Savoyards, vous savez ? HUGO, les Misérables, I, II, XIII.
Les patois savoyards, parlers franco-provençaux de Savoie. — N. m. *Le savoyard.*

♦ **2.** Spécialt. [a] Vx. (Av. 1798). Commissaire, garçon de courses.
[b] Ramoneur.
[c] Vx. Employé comme injure (au XIXe). ⇒ **Paysan.**
2 ALIDOR, MOUILLEBEC et ROSA, criant en l'accompagnant.
Un capon ! un savoyard ! un paltoquet ! une canaille !
ALIDOR, de même.
Et un Bédouin ! (...) savoyard de Bédouin ! (...)
E. LABICHE, Deux merles blancs, III, 7.

♦ **3.** (Av. 1798, Casanova). Vx. Biscuit de Savoie.

SAX [saks] n. m. — 1846, abrév. de *saxophone.*

♦ **1.** Vx. Instrument de la famille des saxophones.

♦ **2.** (V. 1970 ; américanisme employé dans les milieux du jazz et de la pop music). Saxophone. *« Jimmy Forrest au sax ténor »* (l'Express, 9 févr. 1980, p. 23).
HOM. Saxe.

SAXATILE [saksatil] adj. — V. 1555 ; lat. *saxatilis,* de *saxum* «rocher».

♦ Didact. *Poisson saxatile,* qui vit parmi les roches. — (1690). *Plante saxatile,* qui croît sur les rochers, les terrains rocailleux. ⇒ **Saxicole.**

SAXE [saks] n. m. — 1847, Balzac. → Porcelaine, cit. 3 ; de *Saxe,* région d'Allemagne.

♦ **1.** (*Du saxe*). Porcelaine* de Saxe. *Assiette en vieux saxe.*

♦ **2.** (*Un, des saxes*). Objet fait de cette porcelaine. *Collection de vieux saxes.*
1 (...) une petite nymphe de Fragonard, une figurine, un saxe émacié, une vraie petite porcelaine, à la chair toute claire, toute blanche, toute nacrée (...) Ed. et J. DE GONCOURT, Journal, 14 mai 1864, t. II, p. 157.
2 On crève de tristesse au milieu de cette collection de Saxes (si délicat pourtant le ton violet rose des assiettes). J. GREEN, Journal, 3 déc. 1949, t. V, p. 325.
HOM. Sax.

SAXHORN [saksɔʀn] n. m. — 1846 ; du nom de l'inventeur belge Antoine-Joseph *Sax,* et all. *Horn* «cor».

♦ Mus. Instrument de musique à vent en cuivre, à embouchure et à pistons. *Instruments de la famille du saxhorn.* ⇒ **Alto, baryton, bombardon, bugle, contrebasse, tuba.**

SAXI- Élément savant tiré du lat. *saxum* «pierre, roche», et qui sert à former quelques mots didactiques.

SAXICOLE [saksikɔl] adj. et n. — 1836 ; de *saxi-,* et *cole.*
Didactique.

♦ **1.** Bot. Qui croît, qui vit parmi les rochers. ⇒ **Saxatile.** *Plante saxicole.*

♦ **2.** N. m. Oiseau nommé aussi *traquet, tarier.*

SAXIFRAGACÉES [saksifʀagase] n. f. pl. — 1842 ; *saxifragées,* 1803 ; de *saxifrage.*

♦ Bot. Famille de plantes dicotylédones dialypétales poussant généralement dans les rochers, qui comprend les saxifrages, les seringats, les hortensias. — Au sing. *Une saxifragacée.*

SAXIFRAGE [saksifʀaʒ] n. f. ou m. — XIIIᵉ, *saxefrage;* du bas lat. *saxifraga;* du lat. class. *saxifragum,* proprt «qui brise les rochers».

♦ Plante herbacée *(Saxifragacées)* généralement vivace, qui croît surtout dans les fissures des rochers et des murs (→ Hybride, cit. 1). *Saxifrage granulée,* ou *casse-pierre,* ou *herbe à la gravelle. Saxifrage hypnoïde,* ou *gazon turc.*

1 (...) leurs parois où pendent les filaments des saxifrages et des plantes pariétaires.
Th. GAUTIER, Constantinople, XVIII.

2 Et j'éclos du rocher comme le saxifrage.
Je sors du sentier vert, du foyer, du naufrage.
HUGO, la Légende des siècles, «La fin de Satan», Pl., p. 948.

DÉR. Saxifragacées.

SAXO [sakso] n. m. — Déb. XXᵉ; abrév. de *saxophone,* de *saxophoniste.*

♦ **1.** Saxophone. *Jouer du saxo. Des saxos. Saxo ténor, saxo alto. Sidney Bechet jouait de la clarinette et du saxo soprano.*

1 (...) la trompette bouchée, la clarinette, le saxo-alto, ou bien le craquement sec d'un ongle qu'on casse J.-M. G. LE CLÉZIO, la Fièvre, p. 85.

♦ **2.** Saxophoniste. *Un merveilleux saxo alto. Elle est saxo.*

2 D'ici là, si tu as besoin de quelque chose, tu n'as qu'à voir le saxo du *Myston's* et t'arranger avec lui. M. AYMÉ, le Chemin des écoliers, VII.

SAXON, ONNE [saksɔ̃, ɔn] n. et adj. — 1512; *Saisne,* 1080; bas lat. *Saxo.*

♦ **1.** (Le plus souvent au plur.). Hist. Membre d'un des anciens peuples germaniques. *Conversion forcée des Saxons par Charlemagne. Invasion de la Grande-Bretagne par les Saxons unis aux Angles et aux Jutes. Opposition des Saxons et des Normands après la conquête de l'Angleterre par Guillaume le Conquérant* (→ aussi Résigner, cit. 2; rétrécir, cit. 4). — Adj. *Les invasions saxonnes.*

♦ **2.** (1870). De la Saxe, région de l'Allemagne. *Population saxonne.* — *Les Bavarois et les Saxons.* — Vieilli. Se disait, avant 1939, d'un groupe parlementaire qui abandonnait ses alliés lors d'un vote important; par allus. à la bataille de Leipzig (1813) pendant laquelle les Saxons trahirent Napoléon pour passer du côté des alliés.

♦ **3.** N. m. (*Saxon,* 1827, *in* D.D.L.). Ling. *Vieux saxon :* état le plus archaïque du bas allemand. — *Bas saxon :* ensemble des dialectes issus du vieux saxon, qui constituent le *plattdeutsch.*

♦ **4.** Adj. Vieilli. Allemand.

Quelquefois, quand le vent soufflait du nord-est, il arrivait qu'on perçût un chant s'élevant des tranchées saxonnes. Guy DE POURTALÈS, la Pêche miraculeuse, p. 306.

COMP. Anglo-saxon.

SAXOPHONE [saksɔfɔn] n. m. — 1843; de *Sax,* nom de l'inventeur, et *-phone.*

♦ Instrument de musique de la famille des cuivres, à anche simple et à clefs, muni d'un bec semblable à celui de la clarinette. ⇒ **Sax, saxo.** *La famille des saxophones comprend le baryton, le ténor, l'alto et le soprano ainsi que la contrebasse, la basse et le sopranino, aujourd'hui inusités. Saxophone ténor, saxophone alto. Jouer du saxophone. Le saxophone est d'un usage très courant dans les musiques militaires, les orchestres de fanfare, de danse et surtout de jazz.*

J'essaie de penser à lui *à travers* la mélodie, à travers les sons blancs et acidulés du saxophone. SARTRE, la Nausée, p. 220.

DÉR. Saxophoniste.

SAXOPHONISTE [saksɔfɔnist] n. — 1938, *in* D.D.L.; de *saxophone.*

♦ Joueur de saxophone. ⇒ **Saxo, 2.** *Un, une saxophoniste-ténor.*

SAYE [sɛ] n. f. — 1307; autre forme de *saie,* employé également dans ce sens à la même époque.

♦ Anciennt. Serge légère de laine, en usage du XVIᵉ au XVIIIᵉ siècle.

DÉR. Sayette.

SAYETTE [sɛjɛt] n. f. — Fin XVᵉ; *saiette,* 1320; de *saye.*

♦ Anciennt. Serge de laine mêlée de soie, fabriquée aux XVIIᵉ et XVIIIᵉ siècles.

DÉR. Sayetterie.

SAYETTERIE [sɛjɛtʀi] n. f. — 1408, *sayettrie;* 1367, *saieterie;* de *sayette.*

♦ Anciennt. Fabrication des saies, des sayettes.

SAYNÈTE [sɛnɛt] n. f. — 1764, *saïnette;* esp. *sainete* (de *sain* «graisse»; → Saindoux), proprt «morceau de graisse qu'on donne aux faucons quand ils reviennent», d'où «assaisonnement», et rattaché à *scène.*

♦ **1.** Hist. littér. Petite comédie bouffonne du théâtre espagnol que l'on jouait pendant l'entracte d'une grande pièce.

♦ **2.** (1904). Cour. Petite pièce comique, en une seule scène, avec un petit nombre de personnages. ⇒ **Sketch.** *Les saynètes de Tchékhov.*

SAYON [sɛjɔ̃] n. m. — 1485; esp. *saya,* lat. *sagum.* → Saie, saye; sagum.
Anciennement.

♦ **1.** Casaque grossière de paysan, de berger. *Sayon de pâtre* (→ Histrion, cit. 5).

1 (...) des paysans à sayons de peaux de bique, à cheveux longs, pressaient des bœufs maigres avec des cris aigus (...)
CHATEAUBRIAND, Mémoires d'outre-tombe, t. I, p. 65.

2 Un sayon de chameau rayé de noir, sans manches,
Des souliers de cuir rouge, un haut turban renflé (...)
Un long fusil; silence, et passez, c'est un Druse.
HUGO, la Légende des siècles, «La fin de Satan», Pl., p. 753.

♦ **2.** (1798). Antiq. Casaque de guerre que portaient les Gaulois et les Romains.

3 (...) pareil à ce naufragé ou bien encore au centurion soudain timide devant la patricienne qui lui intime de se défaire de son sayon avant de se livrer à lui maintenant quelques as ou quelques sesterces. Michel LEIRIS, Fourbis, p. 197.

HOM. Seillon.

Sb [ɛsbe] Symbole chimique de l'antimoine (en lat. *stibium*).

SBIRE [zbiʀ; sbiʀ] n. m. — 1546, Rabelais; ital. *sbirro,* forme altérée de *birro,* du bas lat. *burrus* ou *birrus* «roux», grec *pyrrhos,* à cause de la couleur de l'uniforme du *sbire* ou de la valeur péj. de *roux.* Cf. argot franç. «La rousse».

♦ **1.** Anciennt. Agent de police, en Italie.

♦ **2.** (Fin XVIIᵉ). Péj. Policier.

1 Des deux côtés marchaient en double haie des gardes d'un aspect infâme (...) espèces de soldats goujats. Ces sbires semblaient composés de l'abjection du mendiant et de l'autorité du bourreau (...) En tête et en queue du convoi *(de forçats),* marchaient des gendarmes à cheval (...) HUGO, les Misérables, IV, III, VIII.

♦ **3.** Péj. Homme de main, personnage qui exerce des violences au service de qqn, d'un pouvoir oppressif. ⇒ **Nervi.** *Les sbires d'un dictateur.*

2 (...) nous fûmes, une nuit de 1943, pillés par des sbires de la Gestapo : feinte perquisition motivée par la recherche d'un soi-disant dépôt d'armes; en fait, cambriolage, un homme à mitraillette posté dans le jardin et nous tous qui nous trouvions dans la maison gardés à vue en attendant, disaient les sbires, l'arrivée de la voiture qui nous emmènerait à Limoges pour l'interrogatoire (...)
Michel LEIRIS, Fourbis, p. 225-226.

Sc [ɛsse] Symbole chimique du scandium.

SCABELLON [skabɛllɔ̃; skabɛlɔ̃] n. m. — 1668; *escabellon,* 1665; ital. *sgabellone,* de *sgabello,* lat. *scabellum,* dimin. de *scamnum* «marchepied». → Escabeau.

♦ Archéol., techn. Piédestal, support (d'un buste, d'une statue, d'une lampe). ⇒ **Piédouche.**

SCABIEUSE [skabjøz] n. f. — 1314; lat. médical *scabiosa,* fém. substantivé du lat. *scabiosus* «galeux» (→ Scabieux), cette plante passant pour guérir la gale, lat. *scabies.*

♦ Plante herbacée *(Dipsacées)* annuelle ou vivace, sauvage ou cultivée, appelée *bâton du diable* et employée en médecine pour ses propriétés dépuratives. *Scabieuses ornementales à fleurs mauves* (→ Marais, cit. 2 ; massif, cit. 12).

1   La scabieuse, ajoutait-elle, donne une jolie fleur d'un bleu mourant, et à fond noir piqueté de blanc. On la croirait en deuil. On l'appelle aussi, pour cette raison, fleur de veuve. Elle se plaît dans les lieux âpres et battus des vents.
         BERNARDIN DE SAINT-PIERRE, Paul et Virginie, p. 91.

2   C'était sur l'autre rive, une faille de la margelle. Elle abritait une petite langue d'eau noire qui luisait à travers les tentacules vermiculaires d'une scabieuse éplorée.   J. GIONO, Naissance de l'Odyssée, II, Pl., t. I, p. 119.

(1843). Adj. invar. De la couleur de cette fleur. *Bleu scabieuse.*

SCABIEUX, EUSE [skabjø, øz] adj. — 1545 ; «qui a la gale», 1389 ; lat. *scabiosus.* → Scabieuse.

♦ Méd. Relatif à la gale. *Éruption scabieuse.*

Des vieillards à fanons, plis scabieux, flétrissures de caïmans collant à l'ossature aiguë.   Patrick GRAINVILLE, les Flamboyants, p. 248.

SCABREUX, EUSE [skabRø, øz] adj. — 1501 ; du bas lat. *scabrosus,* du lat. class. *scaber* «rude, raboteux».

♦ **1.** Vx. Rude, difficile, en parlant d'un chemin. *Scabreuses descentes* (cit. 4, Loti).

♦ **2.** (1501). Vx (langue class.). *Auteur scabreux,* dont le style est dur, heurté.

♦ **3.** (1549). Mod. Littér. Difficile, qui crée une situation embarrassante et des risques d'erreur. ⇒ **Dangereux, délicat, embarrassant, périlleux, risqué.** *Entreprise, question scabreuse* (→ Dépourvoir, cit. 6). *Un moment scabreux* (→ Marcher, cit. 41).

1   La conversation est arrivée ensuite à des choses plus graves. L'ancien préfet et moi nous touchons à un sujet bien autrement *scabreux* que tout ce qui a été dit jusqu'ici *(impôt sur les gros propriétaires)* (...)
         STENDHAL, Mémoires d'un touriste, t. I, p. 294.

♦ **4.** (1762). Cour. Qui embarrasse ou choque au regard de la décence. *Histoire, aventure scabreuse.* ⇒ **Corsé, déplacé, indécent, licencieux** (→ Incongruité, cit. 2). *Scènes osées et détails scabreux* (→ Immoral, cit. 4).

2   (...) la persuasion assez générale où l'on est que la truffe dispose aux plaisirs génésiques (...)
   Cette découverte m'a conduit à désirer de savoir si l'effet est réel (...) Une pareille recherche est sans doute scabreuse et pourrait prêter à rire aux malins ; mais honni soit qui mal y pense !
       A. BRILLAT-SAVARIN, Physiologie du goût, t. I, p. 122.

3   La conversation était extrêmement libre ; je n'aimais pas à entendre M. Malet parler devant sa fille de sujets scabreux.   A. MAUROIS, Climats, I, VII.

(Personnes). *Un conteur scabreux.*

SCAFERLATI [skafɛRlati] n. m. — 1762 ; 1707, Helvetius «tabac turc» ; orig. incert., p.-ê. apparenté à l'ital. *scarpellare* «couper». → Scalpel (P. Guiraud).

♦ Tabac finement découpé, pour la pipe ou la cigarette. *Scaferlati supérieur.*

1. SCALAIRE [skalɛR] n. f. — 1808 ; du lat. *scalaris* «d'escalier», de *scala,* surtout pluriel *scalae* «échelle, escalier», à cause des côtes de la coquille ; cf. *Scalata, in* Trévoux, 1771.

Zoologie.

♦ **1.** Mollusque gastéropode prosobranche (sous-ordre des *Monotocardes),* dont la coquille turriculée porte des côtes lisses, espacées comme les degrés d'une échelle. *Scalaires des mers tropicales.*

♦ **2.** N. m. (xxe). Poisson du Brésil au corps aplati et rayé de jaune et de noir, que l'on met dans les aquariums.

2. SCALAIRE [skalɛR] adj. et n. m. — Fin xixe ; angl. *scalar* (lat. *scalaris),* mot créé en 1862 par Hamilton, dans sa théorie des quaternions*.

♦ Math. Se dit de toute grandeur suffisamment définie par un nombre (au contraire des grandeurs vectorielles*). *Grandeurs, quantités, nombres scalaires* (→ Référence, cit. 1). *Produit scalaire de deux vecteurs (d'un plan),* produit de leur module et du cosinus de l'angle formé par le couple des deux vecteurs. *Carré scalaire d'un vecteur,* produit scalaire de ce vecteur avec lui-même. *Fonction scalaire.*

Les grandeurs mesurables peuvent être réparties en diverses catégories. Certaines sont définies indépendamment de tout trièdre de référence dans l'espace et sont caractérisées par un nombre unique. Telles sont par exemple dans la Physique classique la température, la masse et la charge électrique. On les nomme grandeurs scalaires parce qu'elles suggèrent l'image d'une échelle de valeurs indépendamment de toute idée d'orientation.
       L. DE BROGLIE, Physique et Microphysique, p. 94.

N. m. Nombre ; élément d'un corps (opposé à *vecteur).*

3. SCALAIRE [skalɛR] adj. — 1964 ; lat. *scalaris.*

♦ Didact. *Motif scalaire,* en forme de ligne brisée, fréquent dans l'art précolombien.

SCALANT, ANTE [skalɑ̃, ɑ̃t] adj. — 1978, *la Recherche ;* du lat. *scalare.*

♦ Sc. Dont les parties ont la même structure que le tout ; à homothétie* interne. *Objet naturel scalant ; courbe, figure géométrique scalante. Les courbes de Peano sont de caractère scalant.*

Commençons par remarquer que cet arbre est scalant, en ce sens que, si la « tige » initiale est de longueur l, les deux tiges qui en sortent sont de longueur égale à r = 1√2 et ainsi de suite en proportion. Le caractère scalant n'est pas seulement commode du point de vue mathématique, mais il est fort réaliste.
       la Recherche, févr. 1978, p. 11.

SCALARIFORME [skalaRifɔRm] adj. — 1846, Bescherelle ; du lat. *scalaris* «d'escalier», et *forme.*

♦ Sc. nat. Se dit des coquilles dont les tours de spires sont décalés ou étagés (⇒ 1. Scalaire).
Vaisseaux scalariformes, chez les fougères et certains végétaux, Canaux de forme prismatique, marqués de lignes transversales en échelons.

SCALA-SANTA [skalasɑ̃ta] n. f. — 1846 ; mot ital., «escalier saint», nom donné à l'escalier du palais de Ponce-Pilate à Jérusalem, transporté à Rome en 326 et réédifié près du palais de Latran, que les pèlerins montent à genoux.

♦ Didact. Escalier de forme analogue à celle de la Scala-Santa de Rome (cf. rubrique étym. ci-dessus).

SCALD [skald] n. m. — Mil. xxe ; angl. *to scald* «échauder», du lat. *caldus* «chaud».

♦ Agric. (Anglic.). Maladie des pommes au cours de laquelle la peau brunit et paraît échaudée. Syn. : *échaudure.*

HOM. Scalde.

SCALDE [skald] n. m. — 1755, Mallet, *Hist. du Danemark,* cité *in* Encyclopédie ; du scandinave *skald* «poète».

♦ Littér. Ancien poète chanteur* scandinave (Islandais, etc.), auteur de poésies en l'honneur de héros et de grands personnages, transmises d'abord oralement puis recueillies dans les sagas* et l'Edda.

HOM. Scald.

SCALÈNE [skalɛn] adj. et n. — 1542 ; lat. *scalenus,* grec *skalênos,* proprt «boîteux», d'où «impair, inégal».

♦ **1.** Géom. *Triangle scalène,* dont les trois côtés sont inégaux.

♦ **2.** Anat. (1560 ; n., 1611). *Muscles scalènes,* ou, n. m. pl., *les scalènes :* les trois muscles de la partie antéro-latérale du cou *(scalènes antérieur, moyen et postérieur),* de forme triangulaire, partant des apophyses transverses des vertèbres cervicales pour s'insérer sur les deux premières côtes, et qui participent au mouvement d'inspiration et déterminent une légère inclinaison de la tête. Au sing. *Un muscle scalène, un scalène.*

SCALIMÉTRIE [skalimetRi] n. f. — 1954 ; comp. sav. de l'étymon germanique de *écaille** (cf. angl. *scale),* et *-métrie.*

♦ Techn. Étude de la croissance des poissons par l'observation de l'accroissement du rayon de l'écaille.

SCALO- Élément tiré du lat. *scalæ* «échelle» (⇒ Scalaire) et, au fig., «échelle de grandeurs».

SCALOGRAMME [skalɔgRam] n. m. — 1964 ; comp. hybride de *scalo-,* et *-gramme.*

♦ Statist. Tableau représentatif des opinions ou attitudes d'un groupe social, selon une échelle quantitative.

SCALP [skalp] n. m. — 1803, Volnay ; angl. *scalp* «peau du crâne accompagnée de sa chevelure ; calotte crânienne» (1300), ou (2.) *scalping,* p. prés. de *to scalp* «scalper».

♦ **1.** Action de scalper. «*Le scalp cher aux Peaux-Rouges*» (Cendrars, *Moravagine).* — Loc. (1845, *in* Höfler ; angl. *scalp dance). Danse du scalp :* danse guerrière exécutée, par les Indiens, autour de la victime qui allait être scalpée. — *Couteau de scalp* (→ Ceinture, cit. 2, Chateaubriand, qui écrit *scalpe* et ailleurs *escalpe).*

♦ **2.** (1844, *in* Höfler). Dépouille, trophée constitué par la peau du crâne avec sa chevelure, que conservaient les Indiens d'Amérique.

♦ **3.** Méd. Arrachement du cuir chevelu (par accident).

SCALPEL [skalpɛl] n. m. — 1539 ; *scapel*, v. 1370 ; var. *scalpre* ; rare av. XVIII⁰ ; lat. *scapellum*, de *scalprum*, rac. *scalpere* «graver, tailler».

♦ **1.** Petit couteau à manche plat destiné aux dissections (→ Économiste, cit. 1). *Incision* au scalpel. — Par compar. *Style net* (cit. 21) *et tranchant comme un scalpel.* ⇒ **Couteau.**

♦ **2.** Par métaphore, fig. Instrument de l'analyse et de la dissection (cit. 2) psychologique (→ Implacable, cit. 9).

SCALPER [skalpe] v. tr. — 1769 ; angl. *to scalp*, de *scalp* «calotte crânienne», puis «peau du crâne» ; du scandinave *skalp* «coquille».

♦ **1.** Dépouiller (qqn) du cuir chevelu après incision circulaire de la peau. *Certains Indiens des plaines d'Amérique du Nord scalpaient leurs ennemis vaincus.*

1   L'affreuse coutume de scalper l'ennemi augmente la férocité du combat. On met le pied sur le cou du vaincu : de la main gauche on saisit le toupet de cheveux que les Indiens gardent sur le sommet de la tête ; de la main droite on trace, à l'aide d'un étroit couteau, un cercle dans le crâne, autour de la chevelure (...)
CHATEAUBRIAND, Voyage en Amérique, Mœurs des Sauvages, La guerre.

Par ext. *Scalper une chevelure.*

♦ **2.** Arracher par accident la peau du crâne.

▶ **SCALPÉ, ÉE** p. p. adj. *Indiens scalpés. Crâne scalpé. — Chevelure scalpée,* arrachée par le scalp.

2   De nombreuses chevelures, fraîchement scalpées, sont suspendues au bout de longues perches.
É. DE GIRARDIN, Voyage dans les mauvaises terres du Nebraska, *in* le Tour du monde, 1864, t. I, p. 63.

DÉR. Scalpeur.

SCALPEUR [skalpœʀ] n. m. — 1845, *in* Höfler ; de *scalper*.

★ **I.** Personne qui scalpe ses victimes. — REM. Dans ce sens, le féminin *scalpeuse* est virtuel.

Ce fut pour nous la révélation, confirmée par le *Chercheur de Pistes :* nous étions des Indiens, des fils de la Forêt, chasseurs de bisons, tueurs de grizzlys, étrangleurs de serpents-boas, et scalpeurs de Visages Pâles.
M. PAGNOL, la Gloire de mon père, 1957, t. I, p. 155.

★ **II.** Techn. Gros crible sélectionnant les morceaux à broyer par un concasseur.

SCAMMONÉE [skamɔne] n. f. — 1539 ; *escamonée*, XII⁰ ; lat. *scamonnea* ou *scammonia*, grec *skammônia.*
Didactique ou technique.

♦ **1.** Résine provenant de la racine d'un liseron *(Convolvulus scammonia),* employée comme purgatif.

♦ **2.** Liseron produisant cette résine, plante d'Asie Mineure, de la famille des *Convolvulacées.*

SCAMPI [skãpi ; skampi] n. m. pl. — Répandu v. 1950 ; mot italien.

♦ Grosses crevettes préparées frites à la manière italienne (panées).

Maintenant elle va, paraît-il, à la *Cisterna* où l'on déguste des scampi à la tomate en écoutant un claveciniste (autrichien) jouer du Lulli.
Pierre DANINOS, Un certain Monsieur Blot, p. 210.

SCANDALE [skãdal] n. m. — XII⁰ ; bas lat. *scandalum*, empr. par la langue de l'Église au grec *skandalon* «obstacle, pierre d'achoppement», mot par lequel les Septante ont traduit l'hébreu *mikchôl* «ce qui fait trébucher».

A. Relig. ♦ **1.** Occasion de péché créée par la personne qui, par son exemple ou ses conseils, incite les autres à se détourner de Dieu ; le péché lui-même, commis par celui qui incite *(scandale actif)* et par celui qui se laisse entraîner *(scandale passif). Malheur à celui qui cause le scandale* (→ 1. Homicide, cit. 5). *Si votre œil droit* (cit. 2) *vous est une occasion de scandale...* « *Le scandale du monde* » (→ Éclat, cit. 13, Molière). *Pierre* (par retour à l'étymologie) *de scandale ; occasion de scandale, de chute*. ⇒ **Piège.** *Le péché, le crime du scandale* (→ Infraction, cit. 1). ⇒ **Impie** (action). *Réparer le scandale de mes actions passées* (→ Rémission, cit. 1).

1   Malheur au monde à cause des scandales ! car c'est une nécessité qu'il arrive des scandales ; mais malheur à l'homme par qui le scandale arrive.
BIBLE (SACY), Évangile selon saint Matthieu, XVIII, 7.

2   Péché de scandale, que Dieu déteste et qu'il condamne si hautement en mille endroits de l'Écriture (...) : *Adversus filium matris tuæ ponebas scandalum,* vous dressiez un piège à votre frère, pour le faire tomber ; et insensible à la douleur que l'Église, votre commune mère, ressentirait de sa perte, vous ne craigniez point

d'être pour lui une occasion de scandale. Péché, dit Tertullien, qui forme les âmes au crime, comme le bon exemple les forme à la vertu (...)
BOURDALOUE, Sermon pour le 2ᵉ dimanche de l'avent, Sur le scandale.

♦ **2.** Fait troublant, contradictoire, qui met un obstacle à la croyance religieuse, qui sème la dissension. « *Jésus* (cit. 7) *crucifié, qui a été le scandale du monde* » (Bossuet).

(...) malgré ces miracles, Jésus-Christ est un sujet de scandale (...) de quoi le monde, je dis le monde profane et impie, ne s'est-il pas scandalisé dans ce Dieuhomme ? Il s'est scandalisé de sa personne (...) de sa doctrine (...) de sa mort : jusque-là que saint Paul, lorsqu'il parlait aux fidèles du mystère de la croix, ne l'appelait plus le mystère de la croix, mais le scandale de la croix (...) ce qui leur faisait comprendre que la croix, qui devait être pour les prédestinés un mystère de rédemption, serait pour les réprouvés un signe de contradiction (...)
BOURDALOUE, Sermon pour le 2ᵉ dimanche de l'avent, Sur le scandale.
(Cf. aussi PASCAL, Pensées, 571).

3

B. Cour. ♦ **1.** (1657). Effet démoralisant et grand retentissement dans le public de faits, d'actes ou de propos de mauvais exemple. ⇒ **Éclat** (→ Cacher, cit. 56). *Exciter* (cit. 13), *donner* (vieilli), *causer, entraîner... du scandale, un grand scandale, un scandale public* (→ Honte, cit. 4 ; huis, cit. 7). *Faire du scandale* ⇒ (Choses). *Faire scandale* (→ Discussion, cit. 7 ; malaisément, cit.). *Sans scandale* (→ Étaler, cit. 47 ; galanterie, cit. 18). *Crier au scandale.*

— Oh ! le scandale ne me fait pas peur. En rentrant, si tu veux, je vais dire à Camille que tu es mon amant, et je reviens coucher ici (...)
ZOLA, Thérèse Raquin, IX.

4

(XIV⁰). Dans un sens affaibli. Désordre bruyant. ⇒ **Esclandre, tapage** (→ Locataire, cit. 3). *Scandale sur la voie publique. Si on me renvoie, je ferai du scandale.* ⇒ (fam.) **Barouf, foin, bordel.** *Allons, pas de scandale !*

Nous sommes là pour remettre les choses discrètement en place. Oh ! discrètement ! Il faut savoir voir sans voir, quoi. Pas de scandale, c'est la consigne.
ARAGON, les Beaux Quartiers, II, IX.

5

(1561). Choc, émotion indignée qui accompagne cet effet. ⇒ **Indignation.** *Au grand scandale de sa famille, de ses concitoyens.*

J'ai lu Nieuwentit avec surprise, et presque avec scandale. Comment cet homme a-t-il pu (...) ?
ROUSSEAU, Émile, IV.

6

♦ **2.** (Av. 1834). *Un, des scandales.* Grave affaire qui émeut l'opinion publique, à la fois par son caractère immoral et par la personnalité des gens qui y sont compromis. *Le scandale de Panama. Scandales parlementaires* (→ Œil, cit. 25 ; et aussi complot, cit. 3). *Scandales politiques, financiers. Le scandale qui va vous éclabousser* (cit. 6). *Amateurs de scandales* (→ Impudence, cit. 6). *Grands, petits scandales* (→ Dessous, cit. 18 ; histoire, cit. 51). *Être impliqué dans un scandale.*

(...) c'est une hypocrisie que de ne point vouloir considérer la corruption comme un des maux du siècle. Peu fréquentes sont les poursuites parce qu'il est souvent difficile d'adjuger une preuve. Parfois cependant des scandales éclatent, la justice est saisie. Rarement tous ceux dont on prononce le nom à tort ou à raison sont atteints, car le secret du corrupteur est souvent de viser si haut que la révélation des complicités menace les institutions mêmes, si l'on décide de sévir.
Maurice GARÇON, la Justice contemporaine, XII.

7

♦ **3.** Fait immoral et révoltant. ⇒ **Honte.** *Ce scandale insupportable* (→ Incomber, cit. 2). *La douleur infligée* (cit. 5) *à ces innocents était un scandale. Le scandale n'est pas que...* (→ Élever, cit. 13). — Fam. (Sens affaibli). *Ça devenait un scandale, cette femme qui se montrait partout* (→ Poudrer, cit. 4). *C'est un scandale !*

CONTR. Édification.
DÉR. V. Scandaleux, scandaliser.

SCANDALEUSEMENT [skãdaløzmã] adv. — V. 1470 ; de *scandaleux.*

♦ **1.** D'une manière scandaleuse. *L'agio* (1. Agio, cit. 1) *et la contrebande les ont scandaleusement enrichis.*

(Les) habitués de la cour (...) dont elle *(la Palatine)* devait si constamment et si scandaleusement battre en brèche l'étiquette et l'hypocrisie.
Émile HENRIOT, Portraits de femmes, p. 85.

♦ **2.** Fam. D'une manière extrême, excessive. *Elle est scandaleusement laide,* très laide, laide «comme il n'est pas permis de l'être».

SCANDALEUX, EUSE [skãdalø, øz] adj. — 1361 ; bas lat. *scandalosus*, de *scandalum.* → Scandale.

♦ **1.** Relig. Qui cause le scandale, est un sujet de scandale. *Nouveautés scandaleuses en matière de religion* (→ Protestant, cit. 1). *Écrit scandaleux.* — (Personnes). Rare. *Prêtre scandaleux* (Bourdaloue, *in* Littré).

1   Nous, sachant combien il serait en effet dangereux de souffrir que la véritable piété fût blessée par une représentation si scandaleuse *(de « Tartuffe »)* ...
Mᵍʳ HARDOUIN, Ordonnance du 11 août 1667, *in* MOLIÈRE, Tartuffe, Notice.

♦ **2.** (1361). Cour. Qui cause du scandale* (B.). *Vie, conduite scandaleuse. Scandaleuse histoire* (→ Égorger, cit. 3). *Aventures, historiettes* (cit. 2) *scandaleuses* (→ Entracte, cit. 4 ; jubilant, cit. 2). *Procès, romans scandaleux* (→ Perversité, cit. 2). — (Personnes) :

2   Elle était scandaleuse. Dans l'autobus, au cinéma, dans le métro, elle était scandaleuse, elle disait toujours ce qu'il ne fallait pas dire, sa voix ronde lâchait des mots scandaleux.
SARTRE, le Sursis, p. 161.

♦ **3.** (1690). Relatif aux scandales (B., 2.). *Chronique* (cit. 3), *histoire scandaleuse* (→ Honneur, cit. 111). — Qui constitue un scandale * (B., 3.). ⇒ **Déplorable, honteux, indigne.** *Un scandaleux état de fait* (→ Fatalité, cit. 8). *Légèreté* (cit. 10) *scandaleuse.* — Fam. (Sens affaibli). *Prix scandaleux,* trop élevé. *C'est scandaleux!* ⇒ **Honteux.** *Mauvais goût scandaleux.* ⇒ **Ahurissant** (2.), **épouvantable, révoltant.**

CONTR. **Édifiant, moral.**
DÉR. **Scandaleusement.**

SCANDALISER [skãdalize] v. tr. — Fin xiiie, *scandalizer; escandalizier,* 1190; bas lat. *scandalizare,* de *scandalum.* → Scandale.

♦ **1.** Relig. Être un sujet de scandale pour..., inciter au péché, mettre en danger de péché. *Scandaliser l'Église* (→ Excommunier, cit. 1), *les âmes* (→ 1. Homicide, cit. 5). *« Un rien presque suffit pour le scandaliser »* (→ Jusque, cit. 58). — Pron. (V. 1460). *Se scandaliser de... :* trouver un sujet de scandale dans... *« Il est bien ridicule de se scandaliser de la bassesse de Jésus-Christ »* (→ Grandeur, cit. 19, Pascal; et scandale, cit. 3, Bourdaloue).

1   Mais celui qui scandalise un de ces petits qui croient en moi, il vaudrait mieux pour lui qu'on lui attachât au cou une meule de moulin, et qu'on le jetât au fond de la mer.   BIBLE (SACY), *Évangile selon saint Matthieu,* XVIII, 6.

♦ **2.** Cour. Atteindre, toucher par le scandale*; apparaître comme un scandale à... ⇒ **Blesser, choquer, indigner, offenser, offusquer, révolter.** *Un conte galant qui a pu scandaliser nos grands-mères* (→ Libertinage, cit. 9). *Geste, indélicatesse* (cit.) *qui scandalise une femme* (→ Horreur, cit. 47). *Être scandalisé par qqn, qqch., de qqch.* (→ Bannir, cit. 27; importance, cit. 15). *Être scandalisé que...,* suivi du subjonctif (→ Postérité, cit. 4). — (1588). Pron. *Se scandaliser de... :* ressentir le scandale de..., voir un scandale dans... ⇒ **Indigner** (s'). → Gausser, cit. 5; imiter, cit. 21. *Se scandaliser que...* (→ Instance, cit. 8).

2   Les autres se sont scandalisés que j'eusse choisi un homme aussi jeune que Britannicus pour le héros d'une tragédie.   RACINE, *Britannicus,* 1re préface.

3   Hassan était donc nu, — mais nu comme la main (...)
(...) Ma lectrice rougit, et je la scandalise.
     A. DE MUSSET, *Premières poésies,* « Namouna », I, II et III.

4   (...) l'homme de génie possède le privilège de certaines doctrines (pourvu qu'elles ne troublent pas l'ordre) qui nous scandaliseraient justement chez le pur citoyen ou le simple père de famille.
     BAUDELAIRE, *les Curiosités esthétiques,* XV, VII.

Absolt. *Le désir de scandaliser* (→ Révéler, cit. 2).

▶ **SCANDALISÉ, ÉE** p. p. adj. *Il était scandalisé.* ⇒ **Horrifié, outré;** → Honneur, cit. 70. *Spectateurs, lecteurs scandalisés.* — *Des yeux scandalisés* (→ Lancement, cit. 2).

CONTR. **Édifier.**

SCANDER [skãde] v. tr. — 1516; lat. *scandere,* proprt « escalader ».

♦ **1.** Analyser (un vers) en ses éléments métriques (pour la poésie gréco-latine, en marquant la répartition des pieds par un battement de la mesure); le déclamer en tenant compte de cette analyse, en faisant ressortir les unités métriques ou syllabiques. *Scander les hexamètres de Virgile* (→ Composition, cit. 4). — (1767). Exécuter ou chanter en marquant les temps forts.

1   Et tout le café reprenait en chœur, tandis que le violon (...) scandait le refrain sur son instrument en dirigeant les voix de la tête et de l'archet (...)
     ARAGON, *les Beaux Quartiers,* I, XVIII.

♦ **2.** Par ext. ⇒ **Rythmer.** *Les Bacchantes scandaient leur danse* (→ Évohé, cit. 2). — (1893; sujet n. de chose). Rythmer (→ Essieu, cit. 5). Ponctuer, souligner (→ Pelote, cit. 3).

2   Il m'est difficile de soustraire mes pensées au rythme de la marche, et, comme mon pas était assez régulier, je scandais ces méchantes phrases sur un air de polka.   G. DUHAMEL, *Salavin,* I, II.

Au p. p. *Réflexions scandées de hochements* (cit. 2) *de tête.*
Prononcer en détachant les syllabes, les groupes de mots. ⇒ **Accentuer.** *Scander les mots* (→ Corser, cit. 1), *la phrase* (cit. 14). *Scander des slogans hostiles au régime.* — Détacher, marquer en parlant. *Scander les membres de phrase* (→ Frapper, cit. 6).

SCANDINAVE [skãdinav] adj. et n. — 1756, Voltaire; du lat. *Scandinavia* ou *Scadinavia* « Scandinavie », d'un anc. germanique *skadinanja.*

♦ Qui appartient à la Scandinavie ou à ses habitants. *Péninsule, peuples scandinaves* (Suédois, Norvégiens, Danois, Islandais). — N. *Les Scandinaves. Une belle Scandinave.* ⇒ **Nordique.** *Anciens poètes scandinaves* (→ **Scalde.** *Mythologie scandinave* (recueillie dans les Eddas). ⇒ **Elfe; saga.** *Littérature scandinave* (→ Harmonieux, cit. 6).
Langues scandinaves (ou *nordiques*) : langues du groupe germanique septentrional, dont la plus ancienne était le norrois*, repré-

---

sentées aujourd'hui par les langues des quatre peuples scandinaves (danois, suédois, norvégien, islandais).

DÉR. **Scandinavisme.**

SCANDINAVISME [skãdinavism] n. m. — 1896, *in* D.D.L.; de *Scandinave,* et *-isme.*

♦ Didact. Système politique qui s'inspire de la communauté ethnique et linguistique (partielle) des pays scandinaves.

SCANDIUM [skãdjɔm] n. m. — Av. 1890, *in* P. Larousse; lat. sc. *scandium,* 1879, Nilson et Clève, d'après le lat. *Scandia* « Scandinavie ».

♦ Chim. Corps simple, de symbole Sc (masse at. 44, 96, n° at. 21), métal qu'on trouve dans certains minerais des terres* rares, comme l'ytterbine.

SCANDIX [skãdiks] n. m. — 1740; mot lat., du grec.

♦ Bot. Plante annuelle *(Ombellifères)* aussi appelée *peigne de Vénus* ou *cerfeuil à aiguillettes.*

SCANNAGE [skanaʒ] n. m. — 1980, Journ. off.; de 2. *scanner.*

♦ Techn. Utilisation d'un scanner (3.). ⇒ **Balayage** (l'un des termes recommandés pour remplacer *scanning*).

1. SCANNER [skane] v. — 1980, Journ. off.; de l'angl. *to scan.* Anglicisme.

♦ **1.** V. tr. Techn. Balayer à l'aide d'un scanner (2. Scanner, 3.).

♦ **2.** V. intr. Utiliser un scanner.

2. SCANNER [skanɛʀ] n. m. — 1964; mot angl., de *to scan* « scruter, explorer ». Anglicisme.

♦ **1.** Techn. Appareil électronique de photogravure produisant des clichés typographiques, des cylindres gravés d'héliogravure ou des films de demi-teinte ou tramés d'après des documents en noir et blanc ou en couleur.

♦ **2.** (1974). Méd. et cour. Appareil de radiographie en profondeur, traitant les résultats obtenus par une calculatrice électronique. ⇒ **Scanographe, tomodensitomètre.** *Tomographie à l'aide d'un scanner. Scanner cérébral. Scanner multispectral. « L'idée de la tomographie est née. Elle est surtout appliquée en rayons X : il y a des milliers de X en service dans le monde »* (*Sciences et Avenir,* juin 1977, p. 67).

L'appareil ou « scanner » explore l'organisme au moyen de rayons X, en réalisant des expositions sous différents angles, et les différentes images obtenues sont combinées par l'ordinateur pour fournir une image reconstruite d'un plan de coupe du corps. En d'autres termes, le scanner fournit, dans une coupe transversale du corps, une carte des densités de la matière organique, ce qui, étant donné la sensibilité des détecteurs utilisés, permet de délimiter les organes et de déceler les lésions ou les tumeurs. Le scanner est particulièrement utilisé par les neurologues.
     la Recherche, déc. 1979, p. 1246.

♦ **3.** (1975). Techn. Appareil (radiomètre) utilisé en cartographie pour enregistrer une scène, un document et convertir l'information originale sous une autre forme. ⇒ **Scanneur.** *Scanner multibande; en hyperfréquence.*

DÉR. **Scannage.**
COMP. **Scanographe, scanographie.** — V. aussi **Scanogramme.**

SCANNEUR [skanœʀ] n. m. — 1980, Journ. off.; adapt. de l'anglicisme *scanner* (2. Scanner).

♦ Techn. Recomm. off. pour *scanner* (2. Scanner, 3.; dans le domaine de la télédétection aérospatiale). Syn. : *radiomètre de balayage.* *« Scanneur multibandes »* (*Médias et Langage,* févr. 1981, p. 17).

SCANNING [skaniŋ] n. m. — 1973; mot angl., de *to scan.* Anglicisme. Technique.

♦ **1.** Méd. Examen radiologique au moyen d'un scanner*. ⇒ **Balayage, scanographie;** et aussi **scintigraphie.**

♦ **2.** Exploration à l'aide d'un faisceau électromagnétique (radar). ⇒ **Balayage** (en ligne), **scannage.** *« Toutes les possibilités de l'exploration tridimentionnelle qu'offrent désormais les techniques du scanning »* (*Sciences et Avenir,* n° 414, p. 75).

SCANOGRAMME [skanɔgʀam] n. m. — 1980, Journ. off.; angl. *scannogram.*

♦ Techn. Image obtenue grâce à un scanneur, en technologie radar. — On écrit aussi *scannogramme*.

SCANOGRAPHE [skanɔgʀaf] n. m. — 1977 ; de 2. *scanner*, et *-graphe*. → Scannogramme.

♦ Méd. Recomm. off. pour 2. *scanner*. On écrit aussi *scannographe*. *« La mise au point en 1974 du scanographe ou "scanner" »* (*Sciences et Avenir*, févr. 1980, p. 89).

SCANOGRAPHIE [skanɔgʀafi] n. f. — 1972 ; de 2. *scanner*, et *-graphie*.

♦ Méd. Technique, utilisation du scanographe.
REM. On écrit aussi *scannographie*. — La Commission de terminologie du Ministère de la Santé recommande aussi *scanographiste*, n. m. et f., opérateur, opératrice qui conduit un scannographe ; spécialiste de la scannographie.

SCANSION [skɑ̃sjɔ̃] n. f. — 1741 ; lat. *scansio*.
Didactique.

♦ **1.** Action, manière de scander (un vers).
(...) cette structure de la Nuit *(chez Mallarmé)* nous a déjà restitué un mouvement : son immobilité est faite de cet appel du passé à l'avenir, sourde scansion par laquelle ce qui a été affirme son identité avec ce qui sera par-delà le présent abîmé, l'abîme du présent.
M. BLANCHOT, l'Espace littéraire, p. 142.

♦ **2.** (1933 ; *parole scandée*, 1904). Pathol. Trouble de la prononciation qui consiste à forcer l'accent sur certaines syllabes.

SCAPH-, SCAPHI-, SCAPHO- Éléments de mots savants, tirés du grec *skaphis* « objet creusé, barque », et *skaphê* « barque ». → -scaphe.

SCAPHANDRE [skafɑ̃dʀ] n. m. — 1859, in *Année sc. et industr.* 1860, p. 102 ; 1767, « ceinture de sauvetage » ; 1775, La Chapelle, *« Traité du scaphandre ou du bateau de l'homme »*, pour désigner un vêtement permettant de se soutenir sur l'eau ; du grec *skaphê* « barque », et *-andre*.

★ **I.** Appareil de plongée* individuel. *Scaphandres à casque et vêtement souple. Scaphandre rigide.* — (1933, Le Prieur). *Scaphandre autonome* (pourvu d'une bouteille d'air comprimé).

1   (...) voici un plongeur, sous son scaphandre, au fond du lac, un plongeur qui reste sous l'eau cinq heures, s'il vous plaît (...) J'avais été convoqué, et j'ai pu le photographier, au moment où il sortait de l'eau, avec des objets détachés du bateau. L'effet de cet homme au scaphandre, avec cet appareil sur la figure, ressemblant à un masque antique : ç'a été comme une apparition dans une vision (...)
Ed. et J. DE GONCOURT, Journal, 10 nov. 1895, t. IX, p. 280.

Par anal. *Scaphandre de cosmonaute.*

2   Bogo le Muet levait de temps en temps la tête, et il regardait au loin, et il voyait cette route phosphorescente qui s'incurvait, qui disparaissait entre la mer et la ville. Et il pensait que ce n'était plus vraiment sur la terre ; à l'intérieur de son scaphandre étanche, il se promenait sur la planète Jupiter.
C'était bien de marcher comme cela sur cette plage. C'était comme s'il n'y avait rien d'autre de vivant et de vrai dans le monde, comme si toute la lumière, toute la beauté, toute la violence étaient là, réellement là ; ailleurs il n'y avait rien. Bogo le Muet posait ses pieds de caoutchouc sur les galets, il marchait le long de la mer.
J.-M. G. LE CLÉZIO, les Géants, p. 102.

★ **II.** (1828). Zool. Mollusque gastéropode vivant sur les côtes de l'Atlantique et de la Méditerranée *(Scaphandridés).*

DÉR. (I.) **Scaphandrier.** — (II.) **Scaphandridés.**

SCAPHANDRIDÉS [skafɑ̃dʀide] n. m. pl. — Mil. xxᵉ ; de *scaphandre*, II., et *-idés*.

♦ Zool. Famille de mollusques opisthobranches comprenant le scaphandre (II.). — Au sing. *Un scaphandridé.*

SCAPHANDRIER [skafɑ̃dʀije] n. m. — 1805 ; aussi *scaphandreur*, 1868 ; de *scaphandre*, I.

♦ Plongeur muni d'un scaphandre rigide ou d'un scaphandre à casque, chargé de travaux sous-marins. — REM. Le mot ne s'emploie pas en parlant des plongeurs munis de scaphandres autonomes.

1   J'avais vraiment devant moi une équipe de scaphandriers plongés dans la couche d'air, au fond des profondeurs de l'air, et y travaillant, et y souriant, renseignés plus que personne au monde sur ce qu'il y a de factice dans un poumon humain, d'instable dans un mélange d'oxygène et d'azote, mais tranquilles, et décidés à ne jamais tirer la corde de secours.   GIRAUDOUX, Bella, I.

2   Une fente de rocher lui donna subitement accès dans une sorte de labyrinthe profond et contourné qu'il explora au hasard en descendant toujours.
Libre et léger, il parcourut des galeries étroitement sinueuses, où jamais aucun scaphandrier n'eût osé risquer son tube d'aération.
Raymond ROUSSEL, Impressions d'Afrique, p. 350.

Par métaphore. *Nos scaphandriers de la littérature* (→ Inconscient, cit. 12).

-SCAPHE Élément, du grec *skaphê* (⇒ **Scaph-**), désignant des bateaux. ⇒ **Bathyscaphe, pyroscaphe.**

SCAPHÉ [skafe] n. m. — 1818, in D. D. L. ; mot lat. ; du grec d'abord « objet creusé, vaisseau ».
Antiquité.

♦ **1.** Gnomon*.

♦ **2.** (1876). Vase, récipient sacrificiel, en Grèce.

SCAPHÉPHORE [skafefɔʀ] n. — 1876 ; grec *skaphêphoros*, de *skaphê*, et *-phoros*.

♦ Didact. Porteur de vases sacrificiels (dans l'antiquité grecque, spécialt aux Panathénées).

SCAPHIDIE [skafidi] n. f. — 1876 ; grec *skaphidion*, de *skaphis, phidos* « petit objet creusé ». → Scaphé.

♦ Zool. Insecte oblong, noir taché de rouge. *Une espèce de scaphidie vit dans les bolets.*

SCAPHITE [skafit] n. m. — 1839 ; du grec *skaphê* « barque ».

♦ Paléont. Mollusque à tentacule, appartenant à un genre fossile du Crétacé, comprenant notamment des ammonites à spire déroulée.

SCAPHOÏDE [skafɔid] adj. — 1538 ; grec *skaphoeidês* « en forme de barque ».

♦ Anat. *Fosse scaphoïde* : cavité de l'apophyse ptérygoïde de l'os sphénoïde. — (Fin xvɪᵉ). *Os scaphoïde*, ou, n. m., *le scaphoïde* : l'os le plus volumineux de la rangée supérieure des os du carpe, du côté externe. — *Scaphoïde tarsien.* ⇒ **Naviculaire** (→ Cunéiforme, cit. 2).

SCAPHOPODES [skafɔpɔd] n. m. pl. — Av. 1892, in Dict. des dict. ; de *scapho-* « barque (quant à la forme) », et *-pode*.

♦ Zool. Classe de mollusques ovipares à corps symétrique recouvert par un manteau complet et une coquille tubuleuse ouverte aux deux extrémités, avec une tête non distincte portant des tentacules et un pied grêle. *Les dentales sont des scaphopodes.* — Appos. *Les Solénoconques*, seul ordre de mollusques scaphopodes.* — Au sing. *Un scaphopode fossile du Dévonien.*

SCAPIN [skapɛ̃] n. m. — Déb. xvɪɪɪᵉ, Saint-Simon ; de *Scapin*, personnage de Molière (*Fourberies de Scapin*, 1671), de *Scappino*, nom d'un valet de la comédie ital., attesté dès 1629.

♦ Vx et littér. Valet fourbe ; fourbe, intrigant sans scrupules.
DÉR. (Du nom propre) **Scapinade.**

SCAPINADE [skapinad] n. f. — 1902, Barrès ; de *Scapin*.

♦ Littér. Rare. Fourberie, basse intrigue.
Cette longue suite de scapinades immondes, qu'il fallait faire entrevoir pour rendre tant soit peu intelligible la machinerie du Panama (...)
M. BARRÈS, Leurs figures, IV.

SCAPOLITE [skapɔlit] n. f. — 1870, pour *scapolithe*, de *scapo-*, p.-ê. du lat. *scapus* « tige », et *-lithe*.

♦ Minér. Pierre fine de couleur variée (rose, jaune, bleue, mauve).

-SCAPTE Dernier élément de mots savants, du grec *skaptô* « je fouille ». ⇒ **Oviscapte.**

SCAPUL-, SCAPULO- Élément de mots savants, du lat. *scapulae* « épaules ». ⇒ **Scapulo-huméral, scapulomancie.**

1. SCAPULAIRE [skapylɛʀ] n. m. — 1380 ; *capulaire*, fin xɪɪᵉ ; dér. du lat. médiéval *scapulare*, var. *capularium, scapularium* ; du lat. class. *scapulae* « épaules ».

♦ **1.** Vêtement de certains religieux, fait de deux larges bandes d'étoffe, tombant des épaules sur la poitrine et sur le dos (→ Habit, cit. 17). ⇒ **Cuculle.**
(...) le grand scapulaire noir de l'Ordre, un peu plus court néanmoins que celui des pères, était plié dans un plateau d'argent, sur l'autel et recouvert de fleurs.
HUYSMANS, l'Oblat, IV.

1.1 — Les religieuses étaient d'une distinction parfaite. Elles avaient des robes noires, des grands scapulaires bleu de roi, un voile noir.
A. BILLY, Sur les bords de la Veule, p. 92.

♦ **2.** (1671). Objet de dévotion composé de deux petits morceaux d'étoffe bénits, réunis par des rubans, qui s'attachent au cou. ⇒ **Amulette.** *Porter un scapulaire* (→ Quitter, cit. 20). *Médailles et scapulaires* (→ Compagnie, cit. 4).

2 Il tira un scapulaire d'étoffe où saignait un cœur couleur d'orange.
J. GIONO, Jean le Bleu, I.

♦ **3.** (1752). Chir. Large bande de toile passée sur les épaules pour retenir un bandage.

2. SCAPULAIRE [skapylɛʀ] adj. — 1721, «artère»; dér. sav. du lat. *scapulae* «épaules» (→ Scapul-), sur le modèle du précédent.

♦ Anat. De l'épaule; qui appartient à l'épaule (cit. 1). *Ceinture scapulaire. Artères, veines scapulaires.* ⇒ **Omoplate.**

COMP. **Interscapulaire, sous-scapulaire.** — V. **Scapulo-.**

SCAPULO-HUMÉRAL, ALE, AUX [skapyloymeʀal, o] adj. — 1839; du rad. de *scapulaire*, et *huméral.*

♦ Anat. Qui appartient à l'omoplate et à l'humérus. *Articulation scapulo-humérale.*

SCAPULOMANCIE [skapylomãsi] n. f. — 1975; du rad. de *scapulaire*, et *mancie.*

♦ Didact. Système de divination utilisant les os brûlés, et notamment les omoplates de daim (→ Scapulo-), pratiqué en particulier en Chine dans la civilisation néolithique de Long-Chan et au Japon à l'époque historique.

SCARABÉE [skaʀabe] n. m. — 1539; lat. *scarabaeus*, du grec *karabos.* → Carabe.

♦ **1.** Insecte coléoptère *(Scarabéidés)* coprophage, scientifiquement appelé *scarabaeus sacer (le scarabée sacré des Égyptiens).* ⇒ **Ateuchus.** — Par ext. Insecte de la famille des Scarabéidés. — Littér. *Le Scarabée d'or*, conte d'E. Poe (→ Élytre, cit. 1 ; naturaliste, cit. 3).

1 Un scarabée, roulant, sur le sol, avec ses mandibules et ses antennes, une boule, dont les principaux éléments étaient composés de matières excrémentielles, s'avançait d'un pas rapide (...) LAUTRÉAMONT, les Chants de Maldoror, v.

♦ **2.** (1845). Pierre gravée, bijou portant l'image du scarabée sacré égyptien qui était le symbole du principe masculin engendré de soi-même, et, par là, de l'immortalité.

2 Un bracelet à double rang en perles d'or et de cornaline entourait son poignet gauche, et à l'index de la main (...) scintillait un tout petit scarabée en émaux cloisonnés d'or (...) Th. GAUTIER, le Roman de la momie, Prologue.

DÉR. **Scarabéidés.**

SCARABÉIDÉS [skaʀabeide] n. m. pl. — 1904; *scarabéides*, 1839; de *scarabée.*

♦ Zool. Famille d'insectes coléoptères au corps massif, aux pattes fouisseuses, les uns coprophages (⇒ **Bousier**), les autres phytophages. *Les scarabéidés comptent environ 8000 espèces. Scarabéidés lamellicornes.* — Au sing. *Un scarabéidé.* ⇒ (cour.) **Scarabée.**

SCARAMOUCHE [skaʀamuʃ] n. m. — 1666, Molière; de *Scaramouche*, nom d'un personnage de la comédie italienne, *Scaramuccio*, proprt «escarmouche», d'abord surnom de l'acteur napolitain Fiorelli.

♦ Bouffon de la comédie italienne habillé de noir de la tête aux pieds (→ Arlequin, cit. 1). *Des scaramouches.*

SCARE [skaʀ] n. m. — V. 1560; lat. *scarus*, grec *skaros.*

♦ Poisson acanthoptérygien *(Scaridés)*, aux vives couleurs, appelé parfois *perroquet de mer.*

DÉR. **Scaridés.**

SCARIDÉS [skaʀide] n. m. pl. — *Scarinés*, 1904; de *scare**, et *-idés.*

♦ Zool. Famille de poissons téléostéens des mers chaudes dont les mâchoires et les dents forment une sorte de bec et dont le type est le scare* (nom commun : *perroquets de mer*). — Au sing. *Un scaridé.*

Enfin, chez les poissons mangeurs de coraux, on assiste à la fusion d'un grand nombre de dents en plaques épaisses et solides, formant de véritables becs. Il en est ainsi des Poissons-Perroquets ou Scaridés et des Plectognathes.
R. et M.-L. BAUCHOT, les Poissons, p. 31.

SCARIEUX, EUSE [skaʀjø, øz] adj. — 1797; lat. bot. *scariosus*, tiré par Linné du lat. médiéval *scaria* «bouton, lèpre», grec *eskhara.* → Escarre.

♦ Bot. Se dit d'un organe membraneux, desséché et translucide.

SCARIFIAGE [skaʀifjaʒ] n. m. — 1859, *in* D.D.L.; de *scarifier*, 2.

♦ Agric. Opération consistant à briser la croûte durcie sur le sol, entre les labours et les hersages, et le moment des semailles.

SCARIFICATEUR [skaʀifikatœʀ] n. m. — V. 1560; de *scarifier.*

♦ **1.** Méd. Instrument en acier, à extrémité tranchante, utilisé pour la scarification (1.). *Scarificateur à ventouses*, muni de petites lames montées sur un axe commun.

♦ **2.** (1842). Agric. Machine servant au scarifiage du sol. ⇒ **Extirpateur.**

Il crut bon de renouveler son matériel. Il acheta un scarificateur Guillaume, un extirpateur Valcourt, un semoir anglais et la grande araire de Mathieu de Dombasle, mais le charretier les dénigra. FLAUBERT, Bouvard et Pécuchet, II.

♦ **3.** (1964). Engin de chantier destiné à ameublir superficiellement un sol durci; dispositif à dents monté sur une niveleuse* pour cette opération.

SCARIFICATION [skaʀifikasjõ] n. f. — 1314; lat. *scarificatio.*

♦ **1.** Méd. Incision superficielle (de la peau ou des muqueuses), pratiquée pour provoquer un écoulement de sang ou de sérosité. *Scarification au bistouri, à la lancette, au scarificateur, au rasoir. Administration d'un vaccin par scarification. Scarifications superficielles et répétées.* ⇒ **Moucheture**, 4.

Spécialt. Petite incision dans laquelle on introduit une substance irritante afin de produire une cicatrice durable et visible (dans certains groupes ethniques). — En Afrique (au plur.). Marquage rituel symbolique d'appartenance ethnique ou d'initiation (analogue au tatouage*, qui suppose une coloration par un pigment). Syn. plus courants : *cicatrice, marque, signe.*

♦ **2.** Arbor. (1660). Incision pratiquée sur l'écorce d'un arbre, pour arrêter la circulation de la sève au voisinage des fruits. Spécialt. Incision annulaire de la vigne.

SCARIFIER [skaʀifje] v. tr. — V. 1300; lat. *scarificare*, de *scarifare*, du grec *skariphastai* «inciser, gratter», de *skariphos* «stylet».

♦ **1.** Méd. Inciser superficiellement (la peau, les muqueuses) ⇒ **Scarification.**

♦ **2.** (1870). Agric. Procéder au scarifiage de (la terre). ⇒ **Labourer.**

♦ **3.** (1904). Arbor. Procéder à la scarification de (l'écorce).

▶ **SCARIFIÉ, ÉE** p. p. adj. *Chairs scarifiées.*

(V. 1560). Par métonymie. *Ventouses scarifiées*, appliquées sur des parties du corps préalablement scarifiées.

(...) la congestion du cerveau augmentait (...) Françoise espéra un instant qu'on mettrait des ventouses «clarifiées». Elle en chercha les effets dans mon dictionnaire mais ne put les trouver. Eût-elle bien dit «scarifiées» (...) qu'elle n'eût pas trouvé davantage cet adjectif, car elle (...) écrivait (...) «esclarifié».
PROUST, le Côté de Guermantes, Pl., t. II, p. 334.

DÉR. **Scarifiage, scarificateur.**

SCARLATIN, INE [skaʀlatɛ̃, in] adj. — 1784, Bernardin de Saint-Pierre; *escarlatin*, 1611; → Scarlatine.

♦ Littér. De couleur écarlate.

(...) nous y avons campé. La réverbération de notre bûcher s'étend au loin : éclairé en dessous par la lueur scarlatine, le feuillage paraît ensanglanté; les troncs des arbres les plus proches s'élèvent comme des colonnes de granit rouge (...)
CHATEAUBRIAND, Voyage en Amérique, Journal sans date, Sept heures.

SCARLATINE [skaʀlatin] adj. et n. f. — 1741; lat. médiéval *scarlatinus*, de *scarlatum.* → Écarlate.

♦ Maladie infectieuse aiguë, fébrile, contagieuse et épidémique, provoquée par des streptocoques et caractérisée par une angine rouge et un exanthème cutané rouge, velouté au toucher, formant des grandes nappes et auquel succède une desquamation. *Les complications de la scarlatine (néphrite, endocardite, méningite) sont exceptionnelles depuis la découverte des antibiotiques.*

D'abord, je tombai malade. La scarlatine me quittait à peine qu'une néphrite lui succédait et les grands médecins accourus à mon chevet me déclarèrent perdu.
R. GARY, la Promesse de l'aube, p. 119.

Adj. *Fièvre scarlatine* (vx). — Au masc. (Rare). *Rhumatisme scarlatin.*

DÉR. **Scarlatinelle, scarlatineux, scarlatiniforme.**

SCARLATINELLE [skaʀlatinɛl] n. f. — 1972, Manuila ; de *scarlatine.*

♦ Méd. Fièvre éruptive de l'enfant ressemblant à la scarlatine sous une forme légère et non contagieuse.

SCARLATINEUX, EUSE [skaʀlatinø, øz] adj. — 1904, in *Rev. gén. des sc.,* nᵒ 12, p. 618 ; de *scarlatine.*

♦ Méd. De la scarlatine. *Symptômes scarlatineux.*

SCARLATINIFORME [skaʀlatinifɔʀm] adj. — 1852, *in* D.D.L. ; de *scarlatine,* et *-forme.*

♦ Méd. Qui ressemble à la scarlatine. *Érythèmes scarlatiniformes* (ou *scarlatinoïdes* [skaʀlatinɔid] 1878).

SCAROLE [skaʀɔl] n. f. — Déb. xivᵉ ; ital. *scariola,* bas lat. *escariola* « endive ».

♦ Chicorée à larges feuilles peu dentées, mangée en salade. ⇒ **Cornette.** — Var. : *escarole.*

SCASON [skazɔ̃] adj. et n. m. ⇒ **Scazon.**

SCAT [skat] n. m. — 1934, *in* Höfler ; *scatchorus,* 1933, ibid. ; mot amér., onomatopée.

♦ Anglic. (Jazz). Style vocal qui consiste à imiter le style instrumental, en chantant sur des syllabes arbitraires (et peu nombreuses) ou à déformer les syllabes d'un texte chanté. — *Scat chorus :* chorus chanté en scat.

Adjectif :

La réussite fut éclatante dans le burlesque Oop-Pop-A-Da où Gillespie renouvela le chant scat d'Armstrong.
Lucien MALSON, les Maîtres du jazz, 1952, p. 120.

SCATO- Élément, du grec *skato-,* de *skatos,* de *skôr skatos* « excréments ».

SCATOLE ou SCATOL [skatɔl] n. m. — 1964, *scatole ; scatol,* 1888 ; du grec *skôr skatos.* → Scato-.

♦ Chim., biol. Amine méthylée d'odeur fétide, présente dans les matières fécales et provenant de la décomposition du tryptophane. « *Des injections sous-cutanées au scatol* » (*Rev. gén. des sc.,* 30 juil. 1904, p. 709).

SCATOLOGIE [skatɔlɔʒi] n. f. — 1868, *in* D.D.L. ; de *scato-,* et *-logie.*

♦ Écrit, propos grossiers, où il est question d'excréments. — Caractère d'un écrit, d'un propos où il est question d'excréments.

DÉR. **Scatologique.**

SCATOLOGIQUE [skatɔlɔʒik] adj. — 1863, Goncourt ; de *scatologie.*

♦ **1.** Qui a rapport à la scatologie. *Plaisanterie scatologique. Une petite parenthèse scatologique* (→ Papier, cit. 7). *Un écrivain scatologique.* — Abrév. fam. : *scato. Elle est un peu scato.*

[1] Aujourd'hui Mᶦᶦᵉ... a, chez Flaubert, une grasse causerie scatologique. Elle énumère les actrices facilement dérangées par les émotions de la scène, les actrices breneuses, foireuses, diarrhéeuses (...)
Ed. et J. DE GONCOURT, Journal, 22 févr. 1863, t. II, p. 76.

♦ **2.** Qui a rapport aux excréments, à la défécation. — N. masculin :

[2] Des faits très judicieusement notés par Mᶦᶦᵉ Suzanne Isaacs montrent, en effet, la liaison fréquente qui s'observe dans le comportement de l'enfant entre le scatologique et l'insubordination. Du moment où il satisfait ses besoins, il manifeste parfois un goût farouche d'opposition, et inversement son opposition emprunte ses moyens d'expression au vocabulaire ou même aux réalités scatologiques. Trop de locutions courantes, trop d'images ou de légendes, issues d'un folklore commun à tous les peuples, attestent cette union, pour qu'il soit besoin d'insister.
Henri WALLON, l'Évolution psychologique de l'enfant, p. 71.

SCATOLOGUE [skatɔlɔg] n. m. — 1886, Bloy ; de *scato-,* et *-logue.*

♦ Rare. Écrivain qui verse dans la scatologie (→ Excrément, cit. 5).

SCATOPHAGE [skatɔfaʒ] adj. — 1552 ; du grec *skatophagos ;* de *scato-,* et *-phage.*

Didact. ou littéraire.

♦ **1.** Sc. nat. Qui se nourrit d'excréments (spécialt, en parlant de certains insectes). ⇒ **Coprophage, stercoraire.**

♦ **2.** Littér. Fig. (→ Excrément, cit. 4, Baudelaire).

♦ **3.** (1836). N. m. **a** Mouche (dite vulgairement *mouche à merde*) qui se nourrit d'espèces scatophages qu'elle chasse sur les excréments.

b Poisson qui cherche les lieux de déversements des égouts pour se nourrir de divers déchets. *Le mâchoiron*, scatophage des Antilles.*

DÉR. **Scatophagie.**

SCATOPHAGIE [skatɔfaʒi] n. f. — 1904 ; de *scatophage.*

♦ Didact. Fait de se nourrir d'excréments (insectes).

SCATOPHILE [skatɔfil] adj. — 1839 ; de *scato-,* et *phile.*

♦ Sc. nat. Qui vit ou pousse sur les excréments, près des excréments. ⇒ **Stercoraire.**

SCATTER [skatɛʀ] n. m. — 1968 ; mot angl., de *to scatter* « éparpiller, disperser ».

♦ Anglic. Psychol. Indice de dispersion des résultats à un test psychologique, permettant d'évaluer l'écart entre la dispersion des résultats d'un individu et celle de la moyenne.

SCATTERING [skatɛʀiŋ] n. m. — 1973, Journ. off. ; mot anglais.

♦ Anglic. Phys. Diffusion* d'une particule élémentaire.

SCAURE [skɔʀ] n. m. — 1876, P. Larousse ; lat. sc. *scaurus,* du lat. class. *scaurus* « pied-bot », grec *skauros.*

♦ Zool. Coléoptère noir des lieux arides.

HOM. **Score.**

SCAZON [skazɔ̃] adj. m. et n. m. — 1690 ; lat. *scazon,* du grec *skazôn,* proprt « qui boite » *(skazein).*

♦ Métrique anc. *Vers scazon,* ou, n. m., *un scazon :* vers iambo-trochaïque dont la finale présente une forme irrégulière (longue pénultième). ⇒ **Iambe, trochée.** — REM. On a écrit aussi *scason* [skazɔ̃].

SCEAU [so] n. m. — xvᵉ, *sceau ; sell,* 1080, au sens 3., *c* ajouté arbitrairement pour distinguer le mot de *seau ;* lat. pop. **sigellum,* lat. class. *sigilum,* dimin. de *signum* « figurine, effigie ».

♦ **1.** (xiiᵉ). Cachet officiel sont gravés en creux l'effigie, les armes, la devise (d'un souverain, d'un État, d'un corps constitué...), et dont l'empreinte est apposée sur des actes pour les authentiquer (cit. 2) ou les fermer de façon inviolable (⇒ **Sceller).** *Cancel* du Grand Sceau de l'État. Empreinte de sceaux orientaux* (→ Reproduction, cit. 3).

[1] (...) le Roi, dès l'heure même,
Mit dans ma main le sceau de son pouvoir suprême (...)
RACINE, Esther, II, 1.

[2] À Paris, en dehors du parlement, les gens de robe ne pouvaient aspirer qu'à trois existences supérieures : le contrôle général, les sceaux ou la simarre de chancelier.
BALZAC, Splendeurs et Misères des courtisanes, Pl., t. V, p. 1018.

Loc. *Garde* des sceaux.* ⇒ **Chancelier.**

(1636). *Les sceaux :* la fonction de garde des sceaux.

Hist. Arts. *Sceau-cylindre.* ⇒ **Cylindre-sceau.**

♦ **2.** **a** Empreinte faite par ce cachet sur de la cire, du plomb... ; morceau de cire, de plomb... portant cette empreinte. *Sceau appliqué directement sur le parchemin, le papier : sceau sur queue** de soie (→ Parchemin, cit. 4). *Sceau de plomb des bulles*. Sceau blasonné.* ⇒ **Blason.** *Lecture des sceaux.* ⇒ **Sigillographie, sphragistique.** *Mettre, apposer son sceau* (⇒ **Sigillé ; sigillaire).** *Briser le sceau.* ⇒ **Desceller.** — Par ext. Morceau de cire, de plomb... qui porte la marque d'un produit commercial (⇒ **Estampille)** et constitue une fermeture de sécurité (⇒ **Plomb).**

b (xvᵉ). *Sceau de Salomon :* plante liliacée *(Asparagées),* scientifiquement nommée *polygonatum,* à fleurs blanc axillaires, qui vit dans les bois, et dont le rhizome, à la chute de chaque tige, garde une cicatrice semblable à un sceau.

[3] (...) le sceau de Salomon avec ses clochettes blanches et le mystère de sa racine qui marche sous la terre (...)
Paul BOURGET, le Disciple, IV, IV.

Sceau de Notre-Dame. ⇒ **Tamier.**

⚆ (1530). Marque de fabrique indiquant l'origine. *Drap du sceau de Rouen* (G. L. L. F.).

♦ **3.** (Fin XIIᵉ). Fig., littér. Ce qui authentifie, confirme. *Marquer d'un sceau.* ⇒ **Confirmer.** *Mettre à l'idéal le sceau de la réalité* (→ Observer, cit. 10).

4   (...) Paris, qui met le sceau à toutes les réputations et pose définitivement la couronne d'or et de rayons sur la tête des jeunes renommées.
     Th. GAUTIER, Portraits contemporains, « Carlotta Grisi ».

Par ext. (dans des loc.). ⇒ **Marque.** *Frapper au cœur un sceau ineffaçable* (→ Conducteur, cit. 4). ⇒ **Coin, empreinte.** *Marquer l'homme de son sceau* (→ Comprendre, cit. 35 ; et aussi Dieu, cit. 24). *Style marqué du sceau de la modernité* (→ Grandiose, cit. 1). — Marque distinctive. ⇒ **Signature.** *La puissance du calcul est le sceau des grandes volontés* (→ Contrefaire, cit. 3).

5   Sur le vol effronté,
    Sur le meurtre ivre et fou qui dans le sang se plonge,
    Tu mis sur cet amas d'horreur et de mensonge
    Mon sceau de vérité.   HUGO, la Légende des siècles, LIV, XVI.

6   (...) j'ai juré de ne plus lire d'ouvrages marqués au sceau du savoir et de l'esprit, et on ne saurait croire combien il est difficile d'en trouver qui n'aient pas ce cachet fatal (...)   Charles NODIER, Contes, « Paul ou la ressemblance ».

Ce qui préserve, rend inviolable. *Un sceau mis sur les lèvres du désert* (→ Déchiffrer, cit. 2 ; et aussi impression, cit. 15). — (1691). Loc. cour. *Sous le sceau du secret :* préservé par l'inviolabilité du secret (→ Annoncer, cit. 5). *Sous le sceau de la confession*.*

7   Je t'engage à aller les voir dès ce matin. Confie-leur ton intention sous le sceau du secret.   J. ROMAINS, Volpone, I, 7.

COMP. **Contre-sceau** ou **contre-scel.**
HOM. **Saut, seau, sot.**

SCEAU-DE-SALOMON [sodsalomɔ̃] n. m. ⇒ **Sceau** (2.).

SCÉLÉRAT, ATE [seleʀa, at] adj. et n. — 1611 ; XVᵉ, *sceleré* ; lat. *sceleratus*, dér. de *scelus, sceleris* « crime ».

♦ **1.** Adj. Vx. Qui a commis, est capable de commettre des crimes, de mauvaises actions. ⇒ **Criminel.** *Un homme scélérat.*

♦ **2.** N. Vieilli ou littér. ⇒ **Coquin, méchant** (→ Homme de sac et de corde*). *Les scélérats et les honnêtes gens* (→ Imperfection, cit. 1). *Don Juan, le plus grand scélérat que la terre ait jamais porté* (→ Enfer, cit. 6). *L'âme d'un scélérat* (Tartuffe). ⇒ **Détromper,** cit. 3. *Jean Valjean, scélérat évadé* (cit. 3). *« L'argent* (cit. 26) *en honnête homme érige un scélérat »* (Boileau). *Le scélérat !* (→ Escamoter, cit. 3).

1   Tout bien considéré, je te soutiens, en somme,
    Que, scélérat pour scélérat,
    Il vaut mieux être un loup qu'un homme.
     LA FONTAINE, Fables, XII, 1.

Par ext. Personne, enfant qui fait des actions condamnables (mais que l'on considère avec une certaine tendresse ou indulgence). ⇒ **Bandit, fripon.** *Avoue, vieux scélérat* (→ Nez, cit. 43). *« Elle cachait — la scélérate — ... ses meurtriers ongles* (cit. 6) *d'agate. »*

2   Ah ! mon ami, si vous saviez tout l'empire que la petite scélérate avait pris sur mon cœur !   DIDEROT, Jacques le fataliste, Pl., p. 708.

♦ **3.** Adj. (Choses). Littér. Qui révèle de la scélératesse, qui fait le mal. ⇒ **Criminel, infâme, perfide.** *Des mains scélérates* (→ Instrument, cit. 11). *Ruses scélérates* (→ Contrefaire, cit. 6).

3   Il y a parfois dans l'ordre social, une pénombre complaisante aux industries scélérates ; elles s'y conservent.   HUGO, l'Homme qui rit, I, I, II, IV.

4   Le chevalier Atys, qui gratte
    Sa guitare, à Chloris l'ingrate
    Lance une œillade scélérate.
     VERLAINE, Fêtes galantes, « En bateau ».

Hist. *Lois scélérates,* nom donné par l'extrême-gauche aux lois d'exception votées en vue de la répression (1894-95) des menées anarchistes (repris pour qualifier des mesures répressives).

REM. L'ensemble des emplois et des valeurs de ce mot est vieilli.

DÉR. **Scélératement, scélératesse.**

SCÉLÉRATEMENT [seleʀatmɑ̃] adv. — 1836 ; de *scélérat.*

♦ Rare. De façon scélérate. *On avait abusé scélératement de sa confiance. Une fille scélératement impudique* (→ Indécent, cit. 6).

SCÉLÉRATESSE [seleʀatɛs] n. f. — 1560 ; de *scélérat.*

Vx ou littéraire.

♦ **1.** *La scélératesse :* caractère, comportement de scélérat. ⇒ **Méchanceté, perfidie.** *Judas, étalon* (2. Étalon, cit. 3) *de la scélératesse. La douceur que la ruse donne à la scélératesse* (→ Haut-le-cœur, cit. 3).

♦ **2.** (XVIIᵉ). *Une, des scélératesses.* Action scélérate. *Commettre une scélératesse* (→ Loin, cit. 9).

— Cet ami sûr, instruit de tout (...)
— C'est lui !
— Ô scélératesse infernale ! Avec quel art il m'avait engagé !
     BEAUMARCHAIS, la Mère coupable, IV, 18.

SCELLAGE [selaʒ] n. m. — 1765 ; *scellage,* 1425 ; de *sceller.*

♦ Techn. Action de sceller, de fixer (qqch.) avec un mortier, un liant. *Scellage des glaces.*

SCELLÉ [sele ; sɛle] n. m. — 1671, au sing. ; 1804, au plur. ; 1439, « sceau » ; de *sceller.*

♦ Dr. (cour. au plur.). Cachet de cire sur bande de papier ou d'étoffe, au sceau de l'État, apposé par l'autorité de justice sur la fermeture d'un meuble ou sur la porte d'un local, de manière qu'on ne puisse les ouvrir sans briser les bandes ou les cachets. *Le scellé ne pourra être apposé* (cit. 3) *que par le juge de paix. Faire mettre les scellés* (→ Enlèvement, cit. 2) ; *effets mis sous les scellés, sous scellés. Apposition* (cit. 1) *de scellés dans une succession, une faillite. Lever les scellés* (→ Représenter, cit. 22) ; *levée du scellé* (→ Inventaire, cit. 1). *Le bris* (cit. 3) *de scellé est un délit.*

1   D'abord, je rentre, je suis chez moi, tant que le partage n'est pas fait (...) Et puis, je vais lui chercher M. Baillehache, qui mettra les scellés et qui m'en nommera gardien (...) Je suis chez moi, c'est à vous de foutre le camp !
     ZOLA, la Terre, V, V.

Par métaphore. *Mettre les scellés sur qqch., lever les scellés ; être sous les scellés* (rare, *sous le scellé*).

2   Il ne prononça pas le nom de Prométhée,
    Mais il avait dans l'œil l'éclair du feu volé ;
    Il dit l'humanité mise sous le scellé ;
    Il dit tous les forfaits et toutes les misères,
    Depuis les rois peu bons jusqu'aux dieux peu sincères.
     HUGO, la Légende des siècles, Pl., p. 423.

HOM. **Sceller, sellée, 1. seller, 2. seller.**

SCELLEMENT [selmɑ̃] n. m. — 1469, *sellement* ; de *sceller.*

♦ **1.** Action de sceller. Opération de maçonnerie qui consiste à fixer dans un mur, un plafond, un dallage, l'extrémité d'une pièce de bois ou de métal. *Scellement au plâtre, au plomb fondu. — Scellement d'une couronne, d'une prothèse dentaire au moyen d'un ciment.*

♦ **2.** Par métonymie. Longueur sur laquelle une pièce est scellée. *Ce barreau a 10 cm de scellement.*

La Fosseuse fondait en larmes, la tête entre ses mains et assise sur les pierres qui maintenaient le scellement d'une immense croix faite avec un sapin revêtu de son écorce.   BALZAC, le Médecin de campagne, Pl., t. VIII, p. 535.

(1904). Auget arrêtant les lambourdes d'un parquet.

♦ **3.** Techn. Partie à sceller d'une pièce de serrurerie.

CONTR. **Descellement.**

SCELLER [sele ; sɛle] v. tr. — 1328 ; *sieler,* 1080 ; lat. pop. **sigillare,* bas lat. *sigillare,* du class. *sigillum.* → Sceau.

★ **I.** ♦ **1.** Marquer (un acte) d'un sceau pour l'authentiquer ou le fermer. *Sceller un acte. Cire à sceller. Parchemin scellé du grand sceau* (→ Noblesse, cit. 12). — Au p. p. *Lettre scellée de trois cachets* (cit. 3) *rouges.* ⇒ **Cacheter.** Absolt. Vx. Mettre son sceau aux actes.

1   (...) après qu'il *(Le Tellier)* eut scellé la révocation de l'édit de Nantes (...)
     RACINE, Épitaphes, II.

2   Reconnaissez-vous ce testament comme scellé du cachet de Volpone ?
     J. ROMAINS, Volpone, V, 3.

Spécialt. Fermer (un contenant) au moyen d'un sceau, d'un cachet. *Sceller des sacs avec des cachets de plomb.* ⇒ **Plomber.** *Sceller un local* (⇒ **Scellé**).

♦ **2.** (V. 1360). Fig. Confirmer, comme par un sceau. ⇒ **Affermir, cimenter, sanctionner.** *Sceller un engagement* (cit. 3), *un pacte, une réconciliation* (cit. 3). → Référence, cit. 4.

3   *(Elle)* lui posa sur les joues deux baisers fraternels. Elle avait l'air de sceller un traité.   G. DUHAMEL, Salavin, III, XXVIII.

★ **II.** (V. 1119). ♦ **1.** Fermer hermétiquement (un contenant, une ouverture). *Faire sceller une fenêtre. Abeilles* (cit. 5) *qui scellent les alvéoles.*

SE SCELLER (peu usité) : se fermer.

4   (...) à ce moment même, où la raison nous a déjà abandonnés, les yeux se scellent et, avant d'avoir eu le temps de connaître non seulement l'ineffable mais l'invisible, on s'endort.   PROUST, la Prisonnière, Pl., t. III, p. 375.

Au passif :

5   Ses lèvres étaient scellées par une volonté jamais défaillante.
     F. MAURIAC, le Nœud de vipères, I, III.

Abusivt. Souder, fermer en soudant. *Sceller un tube au chalumeau.*

♦ **2.** (V. 1130). Fixer (un objet, un élément mobile) avec du ciment (⇒ **Cimenter**), du plâtre (⇒ **Plâtrer**), de la chaux. *Le maçon scelle les pierres avec du ciment.* ⇒ **Assembler.** *Goujat,* cit. 4. *La première pierre* (cit. 21) *fut scellée par la reine.*

▶ SE SCELLER v. pron. → ci-dessus cit. 4 et *supra.*

▶ SCELLÉ, ÉE p. p. adj.

♦ **1.** *Coffret scellé aux armes, des armes* (cit. 42) *de qqn.* — *Pacte scellé* (→ Pacte, cit. 5, 6).

6 — Quelquefois, dit Pearl, on confie à quelqu'un une lettre scellée ; le porteur ne sait que le nom du destinataire et rien du contenu.

Paul MORAND, l'Europe galante, I.

Fixé au ciment, à la chaux. *Anneau scellé* (→ Pendre, cit. 9). *Barreaux de prison solidement scellés. Les effets mobiliers scellés en plâtre, à chaux, à ciment sont considérés comme immeubles* (→ Demeure, cit. 15 ; immeuble, cit. 3).

7 Des allées de tilleuls touffus en fermaient les quatre faces *(de la place),* dont deux étaient défendues par des chaînes scellées à des bornes, et dont les deux autres se trouvaient garnies de longues barres de bois (...)   ZOLA, la Terre, II, VI.

♦ **2.** Enfermé. *Scellés dans notre tombeau* (→ Incommunicable, cit. 5). *Claquemuré* (cit. 1), *scellé avec du plâtre.*

CONTR. Annihiler. — Ouvrir.
DÉR. Scellage, scellé, scellement, scelleur.
COMP. Desceller. — Contre-sceller.
HOM. Scellé, scellée, 1. seller, 2. seller.

SCELLEUR [sɛlœʀ] n. m. — XIVᵉ, *seelleur* ; *seeleres* (cas sujet), v. 1283 ; de *sceller.*

♦ **1.** Vx. Personne qui appose un sceau. *Le scelleur de la chancellerie.*

♦ **2.** Techn. Ouvrier qui scelle. *Scelleur de glaces. Scelleur d'ampoules.*

REM. Le fém. *scelleuse* est virtuel.

SCÉNARIO [senaʀjo] n. m. — 1764 ; aussi « mise en scène », XIXᵉ ; ital. *scenario* « décor », de *scena* « scène », lat. *scena.* → Scène. Plur. *Des scénarios.*

♦ **1.** Action, argument (d'une pièce de théâtre). ⇒ **Canevas, intrigue.** Présentation écrite d'une action dramatique. *La charpente ou scénario du vaudeville* (→ Piocheur, cit. 1, Balzac). — Plan détaillé ou résumé (d'une histoire, d'un roman) présentant les éléments principaux de l'action. → Placard, cit. 3.

1 J'avais écrit avec tout le feu de la jeunesse un scénario fort compliqué, qui parut faire plaisir à Meyerbeer.
NERVAL, Petits châteaux de Bohême, Second château.

2 Nous imaginâmes, entre cinq ou six de la grande classe, d'improviser des charades ou plutôt de petites comédies, arrangées d'avance par scénarios et débitées d'abondance.   G. SAND, Histoire de ma vie, IV, III.

REM. Le mot s'est écrit à l'italienne : *scenario,* avec pour plur. la forme ital. : *des scenarii.*

♦ **2.** (1911, Feuillade, Jasset). Plus cour. Description de l'action d'un film, comprenant généralement des indications techniques (⇒ **Découpage**) et les dialogues (→ Cinéma, cit. 4 ; réalisateur, cit. 3). *De bons scénarios. Scénario ou sujet sommaire.* ⇒ **Synopsis.** *Scénario adapté* (d'un roman...) *dit* traitement *ou* adaptation. — *Scénario, découpage dessiné,* dont chaque plan fait l'objet d'un dessin.

2.1 Le temps qui va se dérouler sur l'écran est un temps intérieur à l'homme qui pense. Ce n'est pas le temps normal. Le temps normal est de 18 secondes réelles. Les événements que l'on va voir s'écouler sur l'écran seront constitués par des images intérieures à l'homme. Tout l'intérêt du scénario réside dans ce fait que le temps pendant lequel se passent les événements décrits est réellement de 18 secondes alors que la description de ces événements demandera une heure ou deux pour être projetée sur l'écran.   A. ARTAUD, Scénari, *in* Œ. compl., t. III, p. 11.

Rare. *Des scénarii.*

2.2 Un auteur véritablement original est celui qui ne déposera jamais ses scénarii à la société du même nom.
J.-L. GODARD, Jean-Luc Godard *in* Coll. des Cahiers du cinéma, p. 127.

♦ **3.** (Av. 1850 ; répandu XXᵉ, sous l'infl. du sens 2.). Fig. Déroulement selon un plan préétabli, selon des grandes lignes connues à l'avance, habituelles. *Le scénario des négociations. Le même scénario se répète chaque semaine.*

3 Les chenapans vulgaires font soigneusement le scénario de la coquinerie qu'ils veulent commettre.   HUGO, l'Homme qui rit, II, I, XI.
Façon dont on envisage que se déroule un processus. *« Trois scénarios ont été élaborés. Le premier scénario est celui du "laisser-faire". L'État intervient peu (...) Le deuxième scénario est volontaire. L'État oriente, contrôle les activités (...) à court terme ce scénario exige plus de sacrifices qu'il ne rapporte de satisfactions (...) Le dernier scénario est celui du déclin »,* (l'Express, 3 juil. 1978, *in* P. Gilbert). *Scénario évolutif :* hypothèse sur le déroulement de l'évolution.

DÉR. Scénariste.

SCÉNARISTE [senaʀist] n. — 1915 ; de *scénario.*

♦ Auteur de scénarios de films ; spécialiste de l'adaptation et de la construction dramatique. *Scénariste et dialoguiste. Une remarquable scénariste.*

SCÈNE [sɛn] n. f. — V. 1375, « représentation théâtrale de l'antiquité » ; rare av. le XVIIIᵉ ; lat. *scena,* ou *scæna,* grec *skênê* « tente », à cause de la construction édifiée sur la scène des théâtres grecs.

★ **I.** ♦ **1.** (1595). Emplacement d'un théâtre où les acteurs paraissent devant le public. ⇒ **Planche**(s), **plateau, tréteau**(x). → Éclairer, cit. 22 ; expression, cit. 29. *La Scène, le proscenium et l'orchestre d'un théâtre antique. Dans un théâtre moderne, la scène est la partie de l'« ensemble scénique »* ou *cage de scène,* qui est *visible de la salle. Arc de scène :* ouverture de la *cage de scène* sur la salle, dissimulée en partie par le *« manteau d'Arlequin ». Fond* (lointain, mur de lointain ; arrière-scène), *devant* (avant-scène, face, rampe, cit. 7, rideau), *côtés* (⇒ **Coulisse**) *de la scène* (⇒ aussi **Cour** et **jardin**). *Décoration* (cit. 2) *de scène.* ⇒ **Décor.** *Dessous* de la scène ; cintres au-dessus de la scène.* — *Scène fixe, coulissante, tournante. La scène est vide,* sans acteur. *Un comédien sur la scène* (→ Anéantir, cit. 14), *sur scène.* — **EN SCÈNE.** *Entrée* (infra cit. 3), *entrer en scène. « En scène pour le deux ! »* (Zola, *Nana,* V, p. 119), appel du régisseur aux comédiens. — *Sortir de scène.* → Fourmi, cit. 8.

1 Imaginez que vous pénétrez sur la scène de la Comédie-Française, que vous restez dans la coulisse, derrière un portant, apercevez, par une ouverture du décor, les premières loges de la salle avec les spectateurs, pendant que çà et là causent entre eux à voix basse des artistes attendant leur *entrée* (...)
Paul LÉAUTAUD, le Théâtre de M. Boissard, XLI.

1.1 Il n'est pas absolument prouvé que le langage des mots soit le meilleur possible. Et il semble que sur la scène avant tout un espace à remplir et un endroit où il se passe quelque chose, le langage des mots doive céder la place au langage par signes dont l'aspect objectif est ce qui nous frappe immédiatement le mieux.
A. ARTAUD, le Théâtre et son double, Idées/Gallimard, p. 162.

Mur* de scène d'un théâtre antique.
(1660). Vx. *Mettre sur la scène un personnage* (→ Impeccable, cit. 2), *une action. Ensanglanter la scène.*
(XIXᵉ). Mod. (**METTRE**) **EN SCÈNE.** *Mettre en scène un type, un personnage,* et, par ext., *une intrigue, une histoire...,* représenter* par l'art dramatique. ⇒ **Scénique, scénographie.** *Metteur en scène.* ⇒ **Metteur.** *Mise en scène :* organisation matérielle de la représentation. ⇒ **Mise** (cit. 1.1, 1.2 et supra). Fig. *Mise en scène :* présentation artificielle et habile (→ Préparer* ses effets). *C'est de la mise en scène, il n'y a là rien de sincère.* ⇒ **Esbroufe** (→ Jeton, cit. 4). — *Se mettre en scène :* se faire valoir par une présentation artificielle. *Porter à la scène :* adapter pour la scène. — *Paraître sur (la) scène :* jouer la comédie, faire du théâtre*. — *À la scène comme à la ville* (→ Émouvoir, cit. 10).

Par métaphore, fig. *« Une ample comédie* (cit. 2) *à cent actes divers, Et dont la scène est l'univers »* (La Fontaine). — *La scène du monde :* le monde, considéré comme un théâtre* (→ Horizon, cit. 15 ; personnage, cit. 10). *Le devant de la scène :* une position importante, où l'on est vu, connu, jugé (→ Humeur, cit. 6). — *Entrer*, entrée* en scène* (→ Médiation, cit. 2). *Rentrée* (cit. 2) *en scène.* — *La scène politique* (→ Prolétariat, cit. 1).

2 L'univers change autour de nous, disais-je : de nouveaux peuples paraissent sur la scène du monde (...)
CHATEAUBRIAND, Mémoires d'outre-tombe, t. IV, p. 238.

♦ **2.** (1675). Le théâtre, l'art dramatique. *L'optique* (cit. 4) *de la scène. Les chefs-d'œuvre de la scène. La scène tragique, comique, lyrique* (→ Danse, cit. 1). *La scène française* (Boileau, Rousseau, *in* Littré). — *Talma, roi de la scène* (→ Jouter, cit. 3). *Vedettes de la scène et de l'écran.*

3 La scène, en général, est un tableau des passions humaines, dont l'original est dans tous les cœurs (...)
ROUSSEAU, Lettre à d'Alembert.

♦ **3.** (1671). Décor du théâtre. *La scène représente un palais, une forêt* (→ Enfoncement, cit. 6). *La scène change.*

♦ **4.** (1690). Lieu où l'action dramatique se passe. *La scène est à Londres, à New York.* — Par ext. L'action, une pièce de théâtre. *La scène se passe au moyen âge.* — (Dans un roman, etc.). *Le lieu de la scène* (→ Réalité, cit. 3).

★ **II.** ♦ **1.** (Av. 1574, *in* D.D.L.). Partie, division d'un acte*, définie conventionnellement. *Scène première. Acte trois, scène deux* (III, 2). *Action qui se déroule pendant une scène. Liaison* (cit. 4) *des scènes. Une scène habilement campée* (cit. 10). *Belle* (→ Moment, cit. 27), *grande scène* (→ Remplir, cit. 9). Fig. *Jouer la grande scène, la grande scène du II* (Céline, *Voyage au bout de la nuit,* p. 440).

4 Le nombre des scènes dans chaque acte ne reçoit aucune règle ; mais comme tout l'acte doit avoir une certaine quantité de vers (...) on y peut mettre plus ou moins de scènes (...) Il faut, s'il se peut, y rendre raison de l'entrée et de la sortie de chaque acteur (...)   CORNEILLE, Discours des trois unités.

5 « — Nous reprenons la grande scène d'amour du second acte », disait le directeur à la fin de la troisième répétition.   Ed. DE GONCOURT, la Faustin, X.

(1888). *La scène à faire :* la scène importante, qu'on attend, d'après la logique de l'action (cf. F. Sarcey, *Quarante ans de théâtre,* III). Par ext. *Petite scène comique :* pièce très courte (⇒ **Saynète, sketch**). (Théâtre lyrique). *Une scène d'opéra* (cit. 2).

♦ **2.** Par anal. Action partielle, dans une œuvre (littéraire, radiophonique, cinématographique). *Scènes galantes* (cit. 7) *des métamorphoses d'Ovide.* — *Scènes d'un film* (⇒ **Séquence**).

♦ 3. (1690). Composition représentée en peinture, lorsqu'elle comprend des personnages et suggère une action (→ Nature, cit. 71 ; poésie, cit. 13). *Scène de genre : scène d'intérieur, de mœurs* (→ Produire, cit. 3), *scène pittoresque* (→ Épreuve, cit. 36). — *Scène bachique. Scènes de l'histoire ancienne,* dans les paysages* historiques.

Par métaphore. (XVIIIᵉ ; p.-ê. avec infl. de I., 3. «décor»). Paysage, nature, auxquels on prête la vie... *Les scènes de l'automne* (cit. 12, Chateaubriand). → aussi Lune, cit. 4. *Scène romantique.*

6   (...) vous aurez quelque idée des scènes continuelles qui ne cessèrent d'attirer mon admiration *(dans les montagnes du Valais)* ...
     ROUSSEAU, Julie ou la Nouvelle Héloïse, I, XXIII.

♦ 4. (1676, fam. ; cf. aussi Mᵐᵉ de Sévigné, 1113, 29 déc. 1688). Événement qui offre une unité, présente une action vive ou extraordinaire, constitue un spectacle remarquable ou éveille des sentiments. ⇒ **Spectacle.** *Être témoin d'une scène* (→ Commissariat, cit.). *Scène atroce* (cit. 5), *terrible. Touchante scène de funérailles* (cit. 4). *Scène bouffonne, comique. Scène de séparation fictive* (cit. 4). — *Scènes de la vie future,* récit de G. Duhamel.

7   Les *Scènes de la vie privée* représentent l'enfance, l'adolescence et leurs fautes, comme les *Scènes de la vie de province* représentent l'âge des passions, des calculs (...) Puis les *Scènes de la vie parisienne* offrent le tableau vive ou extraordinaire et de toutes les choses effrénées qu'excitent les mœurs particulières aux capitales (...) Il restait à montrer les existences d'exception (...) : de là les *Scènes de la vie politique* (...) les *Scènes de la vie militaire* (...)
     BALZAC, Avant-propos à la Comédie humaine, Pl., t. I, p. 14.

(Fin XVIIᵉ). Spécialt. Explosion de querelle, colère, dispute bruyante. ⇒ **Algarade** (cit. 2), **carillon** (vx), **dispute, discussion, esclandre, séance.** *Faire une scène abominable* (→ Dépareiller, cit. 1), *effroyable* (→ Expédition, cit. 15), *violente* (→ Exaspérer, cit. 13). *Avoir une scène avec qqn, faire une scène à qqn.* — Absolt. *Enfant qui fait une scène,* un caprice, une colère. — *Scènes de ménage** (→ Inégal, cit. 2).

8   (...) ils se sont jeté la bouteille d'huile à la figure, la casserole, la soupière, tout le tremblement ; enfin, une scène à révolutionner un quartier.
     ZOLA, l'Assommoir, VI, t. II, p. 238.

9   Moi, j'ai horreur des scènes, je les trouve ignobles, je suis capable de souffrir n'importe quoi sans broncher.
     BERNANOS, Journal d'un curé de campagne, p. 210.

10   Lorsque deux sujets se disputent selon un échange réglé de répliques en vue d'avoir le «dernier mot», ces deux sujets sont déjà mariés : la scène est pour eux l'exercice d'un droit, la pratique d'un langage dont ils sont copropriétaires ; chacun son tour, dit la scène, ce qui veut dire : jamais toi sans moi, et réciproquement.
     R. BARTHES, Fragments d'un discours amoureux, p. 243.

Par ext. Démonstration affectée. *Il nous a fait une grande scène d'indignation.*

11   Allons, dit-il brusquement à Omphale, es-tu prête? — Oui, mon père, répondit-elle en sanglotant ; permettez que j'embrasse mes compagnes. — Cela est inutile, dit le Moine ; nous n'avons pas le temps de faire une scène de pleurs ; on nous attend, partons.
     SADE, Justine..., t. I, p. 206.

♦ 5. (XXᵉ). Psychan. *Scène originaire* ou *scène primitive* (pour traduire l'all. *Urszene,* Freud, 1897) : scène de rapports sexuels entre les parents, observée ou supposée, puis organisée en scénario imaginaire par l'enfant et faisant partie des fantasmes originaires qui organisent la vie psychique de l'être humain.

12   L'image se découpe (...) elle ne me laisse aucune place : j'en suis exclu comme de la scène primitive, qui n'existe peut-être que pour autant qu'elle est découpée par le contour de la serrure.
     R. BARTHES, Fragments d'un discours amoureux, p. 157.

COMP. Arrière-scène, avant-scène.

HOM. Cène, saine (fém. de *sain*), **seine, sen.**

SCENIC RAILWAY [senikʀɛlwɛ] cf. la prononciation figurée,
cit. 2 n. m. — 1904, *in* Bonnafé ; mots angl. «petit train d'agrément», de *scenic* «panoramique», et *railway* «chemin de fer».

♦ Vieilli. Anglic. Montagne russe.

1   Un voyage terrible. Des rafales de tempête sur le canal. Soudain l'avion glissait dans l'abîme. Les affreuses impressions, vous savez, du scenic railway et du waterchute, simplement multipliées par dix.
     J. ROMAINS, les Hommes de bonne volonté, t. XXVII, p. 294.

2   Après j'ai fait un tour de scénique rélouais. Pour faire passer la choucroute, c'est au poil. Des pentes comme ça.   R. QUENEAU, le Dimanche de la vie, p. 192.

SCÉNIQUE [senik] adj. — 1375, *jeux scéniques* ; rare av. XVIIIᵉ ;
lat. *scaenicus,* grec *skênikos,* de *skênê.*

♦ 1. Relatif à la scène, au théâtre. *Jeux scéniques de l'antiquité. Représentations* (cit. 3) *scéniques.* — (1840, *in* D.D.L.). *Art scénique :* la mise en scène théâtrale. ⇒ **Scénographie.** *Décoration scénique.* — *L'invention scénique de Hugo* (→ Loin, cit. 15).

♦ 2. (1868). Qui convient à la scène, au théâtre. *Situation, intrigue scénique. La valeur scénique d'une pièce.*

DÉR. Scéniquement.

SCÉNIQUEMENT [senikmɑ̃] adv. — 1877 ; de *scénique.*

♦ Du point de vue du théâtre. *Un travail scéniquement intéressant.*

SCÉNOGRAPHE [senɔgʀaf] n. — 1829 ; de *scénographie.*
Didactique.

♦ 1. Peintre spécialiste de scénographie (1.).

♦ 2. Personne spécialiste de scénographie (2.).

SCÉNOGRAPHIE [senɔgʀafi] n. f. — 1545 ; lat. *scenographia,*
grec *skênographia,* de *skênê.*
Didactique.

♦ 1. Art de représenter en perspective.

(1752). *Une, des scénographies :* représentation en perspective. *Les scénographies de Palladio, à Vicence.*

♦ 2. (1943). Étude des aménagements matériels du théâtre. *Traité de scénographie,* de P. Sonrel (1956). ⇒ **Scénologie.**

DÉR. Scénographe, scénographique.

SCÉNOGRAPHIQUE [senɔgʀafik] adj. — 1762 ; de *scénographie.*
Didactique.

♦ 1. Qui concerne la scénographie (1.). *Décoration scénographique.*

♦ 2. Qui concerne la scénographie (2.). *Réalisation scénographique.*

SCÉNOLOGIE [senɔlɔʒi] n. f. — Mil. XXᵉ (*in* Larousse 1964) ; de *scène,* et *-logie.*

♦ Didact. Étude et pratique de la mise en scène au théâtre.

SCÉNOPÉGIES [senɔpeʒi] n. f. pl. — 1701 ; grec des Septante *skênopêgia,* de *skênê* «tente» (→ Scène), et *pêgnumi* «je fixe».

♦ Hist. Fête juive des Tabernacles*.

SCÉNO-TEST ou SCÉNOTEST [senotɛst] n. m. — 1968 ; mot all. *Scenotest* (→ Scène et test).

♦ Psychol. Test projectif consistant en l'arrangement de figurines, inventé par G. von Staabs.

SCEPTICISME [sɛptisism] n. m. — 1669 ; de *sceptique.*

♦ 1. Hist. philos. Doctrine des pyrrhoniens, des sceptiques grecs, selon lesquels l'esprit humain ne peut atteindre aucune vérité générale, et qui pratiquaient en toute chose la «suspension du jugement» (*épochê*). ⇒ **Pyrrhonisme.**

Par ext. Philosophie opposée au dogmatisme (criticisme de Kant, philosophie de Hume, positivisme, pragmatisme...).

Par ext. (souvent péj.). Attitude philosophique qui nie la possibilité de la certitude (→ 1. Part, cit. 11).

1   L'état de scepticisme absolu, s'il était possible, consisterait (...) à nous abandonner au sentiment immédiat que nous avons de notre vie, sans y joindre aucune affirmation. Mais le sceptique sort de cet état par cela même qu'il déclare s'y renfermer (...)
     J. LACHELIER, Lettre à Janet, *in* FOULQUIÉ, Dict. de la langue philosophique, art. *Scepticisme.*

♦ 2. Refus d'admettre une chose sans examen critique (→ Désintéressé, cit. 6).

2   Ce qu'on n'a jamais mis en question n'a point été prouvé (...) Le scepticisme est donc le premier pas vers la vérité.
     DIDEROT, Pensées philosophiques, XXXI (1746).

3   Toute science a pour point de départ un scepticisme, contre lequel s'élève la foi.
     GIDE, Journal, 21 oct. 1929.

♦ 3. Doctrine d'après laquelle l'homme ne peut atteindre la vérité, dans un domaine ou sur un sujet déterminé. *Scepticisme scientifique, moral.* — *Attitude sceptique* (en philosophie). — Spécialt. Mise en doute des dogmes religieux. ⇒ **Incrédulité, indifférence** (→ Opposition, cit. 4).

4   Voilà le scepticisme involontaire où je suis resté ; mais ce scepticisme ne m'est nullement pénible, parce qu'il ne s'étend pas aux points essentiels à la pratique, et que je suis bien décidé sur les principes de tous mes devoirs.
     ROUSSEAU, Émile, IV.

♦ 4. (1779). Cour. Tournure d'esprit incrédule ; défiance à l'égard des opinions et des valeurs reçues. *Un triste scepticisme* (→ Avilissement, cit. 9). *Un scepticisme élégant et discret* (cit. 6), *léger et bienveillant* (→ Gamin, cit. 6). *Vivre dans le scepticisme et l'indifférence.* ⇒ **Désintéressement, dilettantisme** (cf. Prendre tout à la blague, à la légère). *Le scepticisme de qqn, son scepticisme.*

5   (...) un aimable scepticisme, c'est encore le *summum* humain (...) ne croire à rien, pas même à ses doutes (...)
     Ed. et J. DE GONCOURT, Journal, 20 juil. 1863, t. II, p. 108.

Incrédulité ou manque de confiance à l'égard de la réussite d'une entreprise, de la possibilité d'un résultat..., de la vérité d'un fait. ⇒ **Méfiance.** *Une moue de scepticisme* (→ Joueur, cit. 8).

CONTR. Certitude, conviction, créance (vx), **crédulité, croyance, dogmatisme, enthousiasme, foi.**

SCEPTIQUE [sɛptik] n. et adj. — 1546, n., Rabelais, *Tiers livre*, 36 ; lat. *scepticus,* grec *skeptikos* (skeptique, Montaigne, *Essais,* II, XII), proprt « observateur », de *skepsesthai* « observer ». → -scope.

★ **I. N.** ♦ **1.** Philosophe de l'Antiquité, partisan du doute sceptique (⇒ **Scepticisme**). ⇒ **Aporétique** (2.), **pyrrhonien.** — Par ext. Personne qui pratique le doute systématique, quant aux problèmes généraux (→ Irrésolu, cit. 1, Descartes). *Il n'est point de parfait sceptique* (→ Croire, cit. 19).

1   En effet, le sceptique, qui ne croit à rien, n'a plus de base pour établir son critérium, et par conséquent il se trouve dans l'impossibilité d'édifier la science ; la stérilité de son triste esprit résulte à la fois des défauts de son sentiment et de l'imperfection de sa raison.
         Cl. BERNARD, Introd. à l'étude de la médecine expérimentale, I, II.

Abusivt. (Souvent dans la polémique). Tenant du pragmatisme, du criticisme.

♦ **2.** Personne qui pratique l'examen critique, le doute scientifique.

2   Qu'est-ce qu'un sceptique ? C'est un philosophe qui a douté de tout ce qu'il croit, et qui croit ce qu'un usage légitime de sa raison et de ses sens lui a démontré vrai.
         DIDEROT, Pensées philosophiques, XXX (1746).

3   (...) je suis certes un sceptique résolu, et, par sceptique, j'entends examinateur autant que douteur (...)
         SAINTE-BEUVE, Correspondance, t.II, éd. Calmann-Lévy, p. 340.

♦ **3.** Cour. Personne qui adopte une attitude incrédule sur un problème ou une catégorie de problèmes (→ Dormir, cit. 15). — Spécialt. Personne qui met en doute la croyance religieuse, le dogme. ⇒ **Athée, incrédule, irréligieux.** *Le sceptique et le croyant* (→ Exégèse, cit. 2), *et le prêtre* (→ Renaissance, cit. 3).

★ **II. Adj.** (1611). ♦ **1.** Philos. Qui professe le scepticisme. *Philosophes sceptiques.* — Relatif à la suspension du jugement que préconise le scepticisme. *Doute* sceptique.*

♦ **2.** (XIXᵉ). Cour. Qui est incrédule quant à la valeur des dogmes et des maximes morales reçues ; qui est enclin au scepticisme (4.). *Sceptique et blasé** (⇒ aussi **Dilettante**). *Esprit gouailleur* (cit. 2) *et sceptique.* — *Être sceptique sur qqch.* ⇒ **Incrédule.** *Je suis sceptique : je n'y crois pas.* — *Rire, sourire ; attitude sceptique.*

4   Je m'efforçais de mettre la paix entre les dissidentes. Elle était sceptique sur l'issue de mes tentatives. « Ernest, me disait-elle, vous ne réussirez pas (...) »
         RENAN, Souvenirs d'enfance..., Œ. Compl., t. II, VI, p. 780 (1883).

5   Faisons des rêves chaque matin, et avec une extrême énergie, mais sachons qu'ils n'aboutiront pas. Soyons ardents et sceptiques.
         M. BARRÈS, Un homme libre, Préface à l'édition de 1905.

CONTR. Certain, convaincu, crédule, croyant, dogmatique, enthousiaste, sûr.
DÉR. Scepticisme, sceptiquement.
HOM. Septique.

SCEPTIQUEMENT [sɛptikmã] adv. — 1842 ; de *sceptique.*

♦ Rare. D'une manière sceptique, avec incrédulité. *Il a agi sceptiquement. Sourire sceptiquement.*

SCEPTRE [sɛptR] n. m. — 1080 ; lat. *sceptrum,* grec *skeptron.*

♦ **1.** Bâton de commandement, l'un des signes de l'autorité* suprême, dans certaines sociétés. *Sceptre des empereurs romains, byzantins, des souverains de l'Europe. Sceptre surmonté d'un globe, d'une aigle, d'une fleur, d'une main.* ⇒ **Main** (de justice). *Couronne* (cit. 8) *et sceptre.*

♦ **2.** (V. 1500, *ceptre*). Fig. Autorité souveraine, dont le sceptre est l'insigne* ; l'état de souverain. ⇒ **Royauté.** *Le sceptre et la houlette* (cit. 1) : le roi et le berger. *Manier, porter le sceptre. Un sceptre de fer* (Racine, *Athalie*, IV, 3) : une autorité tyrannique, un despotisme* (→ Grandir, cit. 11). « *Le trident de Neptune est le sceptre du monde* » (cit. 20). — Bibl. « La puissance, l'autorité, la magistrature » (Bossuet, *Discours sur l'Histoire universelle,* II, 2).

♦ **3.** (Av. 1662). Littér. Signe de supériorité ; prééminence. *Le sceptre d'or de la beauté* (→ Frémissement, cit. 15).

   (...) au centre des lumières, dans une ville qui tient aujourd'hui le sceptre des arts et de la littérature.   BALZAC, la Fausse Maîtresse, Pl., t. II, p. 13.

SCHABRAQUE [ʃabRak] n. f. ⇒ **Chabraque.**

SCHAH, CHAH ou **SHAH** [ʃa] n. m. — 1559, *chaa ; siach,* 1546 ; mot persan *shâh* « roi ». → Échec, padicha.

♦ Souverain de la Perse puis de l'Iran moderne avant l'instauration

de la république islamique en 1979. Pléonasme. *Le Schah de Perse, le Schah d'Iran.*
HOM. Chas, chat.

SCHAKO [ʃako] n. m. ⇒ **Shako.**

SCHALL [ʃal] n. m. ⇒ **Châle.**

SCHAMPOOING [ʃãpwɛ̃] n. m. ⇒ **Shampooing.**

SCHAPPE [ʃap] n. m. ou f. — 1871 ; *chape,* 1849 ; mot germanique, dial. de Suisse.

♦ Techn. Fils obtenus par la filature des déchets de soie. *Fils de schappe :* bourre de soie.
DÉR. Schappiste.
HOM. Chape.

SCHAPPISTE [ʃapist] n. — XXᵉ ; de *schappe.*

♦ Techn. Ouvrier, ouvrière ou industriel, industrielle qui produit du fil de schappe.

SCHAPSKA [ʃapska] n. f. ⇒ **Chapska.**

SCHEELISATION [ʃelizasjɔ̃] n. f. — 1923 ; du n. du Suédois C. W. Scheele, inventeur du procédé.

♦ Techn. Ajout de glycérine à un vin pour en augmenter le moelleux.

SCHEIDAGE [ʃɛdaʒ] n. m. — 1876 ; de l'all. *scheiden* « séparer ». Technique.

♦ **1.** Triage manuel d'un minerai.

♦ **2.** (1964). Action d'enlever d'un minerai les parties sans métal en le cassant au marteau.

SCHEIDER [ʃede] v. tr. — Mil. XXᵉ ; de l'all. *scheiden,* ou de *scheidage.*

♦ Techn. Soumettre au scheidage.
DÉR. Scheideur.

SCHEIDEUR [ʃedœR] n. m. — 1753, *chaideur ;* repris mil. XIXᵉ ; de *scheider.*

♦ Ouvrier qui effectue le scheidage (2.). — REM. Le féminin *scheideuse* est virtuel.

SCHEIK [ʃɛk] n. m. ⇒ **Cheik.**

SCHELEM [ʃlɛm] n. m. ⇒ **Chelem.**

SCHELLING [ʃiliŋ] n. m. ⇒ **Schilling, shilling.**

   (...) Hubert (...) tirait de sa poche des poignées de schellings et de demi-couronnes.   HUGO, Choses vues, I, 1853.

SCHÉMA [ʃema] n. m. — V. 1350, *scema* « figure de rhétorique » ; lat. *schema* (grec *skhêma*) « manière d'être, figure ».

♦ **1.** (1765, *Encyclopédie,* qui le qualifie de « vieux mot »). Vx. Figure de géométrie. — Représentation des planètes, chacune en son lieu, pour un instant donné.

♦ **2.** (1867, Anat., *Rev. des cours sc.,* t. IV, p. 319). Figure donnant une représentation simplifiée et fonctionnelle (d'un objet, d'un mouvement, d'un processus). *Schéma d'une fleur.* ⇒ **Diagramme.** *Schéma en arbre, représentant une structure logique.* ⇒ **Arbre.** *Schéma de la circulation sanguine. Schéma de l'érosion d'une côte. Faire un schéma pour expliquer.* ⇒ **Dessin** (cf. Figure schématique).

   (...) nous sommes encore capables de dessiner un beau schéma de la coupe transversale d'une racine, de la racine théorique, où nous représenterons les faisceaux vasculaires en rouge et en bleu les faisceaux libériens.
         Valery LARBAUD, Enfantines, p. 200.   1

Schéma directeur : plan d'urbanisation d'une région.
Représentation figurée, souvent symbolique (de réalités non perceptibles et de relations). *Schéma du fonctionnement d'un système électoral. Schéma de l'organisation d'une entreprise.* ⇒ **Organigramme.**

♦ **3.** Description ou représentation mentale ; structure du déroulement (d'un processus). ⇒ **Abrégé, canevas, ébauche, esquisse, pattern, schème**. *Voici le schéma de l'opération. L'observation* (cit. 12) *scientifique confirme ou infirme un schéma préalable. Le même schéma initiatique* (cit. 1) *a survécu. Présenter en un schéma.* ⇒ **Schématiser.**

2   Et au fur et à mesure qu'il me racontait la scène il me semblait maintenant la vivre mieux que lui-même, ou du moins pouvoir en reconstituer un schéma (...)
           Claude SIMON, le Vent, p. 138.

Psychol., psychiatrie. *Schéma corporel :* image mentale subjective de son propre corps, en lui-même et dans ses rapports avec l'espace environnant (On dit aussi *schéma postural, image de soi, du corps*). ⇒ **Somatognosie, somesthésie.** *Données sensorielles, extéroceptives, intéroceptives, proprioceptives, kinesthésiques du schéma corporel. Le schéma corporel, synthèse constamment refaite. Troubles du schéma corporel.* ⇒ **Asomatognosie, autotopoagnosie, allochirie, alloesthésie, héautoscopie, membre** (membre fantôme), **négation** (idées de).

Ling. (Chez Hjelmslev). Système abstrait de la langue, opposé à la norme* et à l'usage*.

♦ **4.** Dr. canon. Proposition soumise à un concile. *« Les schémas présentés sommairement dans ce fascicule seront soumis à l'étude des commisions (...) »,* fascicule distribué lors du Concile Vatican II (déc. 1962).

DÉR. Schématique, schématiser, schème.

SCHÉMATIQUE [ʃematik] adj. — 1838 ; v. 1378, en rhétorique, opposé à « dramatique » ; de *schéma.*

♦ **1.** Qui constitue un schéma, appartient au schéma. *Croquis, figure schématique ; indications* (cit. 7), *traits schématiques* (→ Relief, cit. 4). *Représentation schématique du cycle du carbone.*

1   (...) plaçons-nous, dans la figure schématique que nous avons tracée, à ce point S qui correspondrait à la plus grande simplification possible de notre vie mentale.
           H. BERGSON, Matière et Mémoire, p. 185.

♦ **2.** Qui tient du schéma. *Une explication schématique :* simplifiée.

2   Il aperçut, avec une netteté schématique, les deux courants qui, dans tous les pays, divisaient les partis socialistes (...)
           MARTIN DU GARD, les Thibault, t. VI, p. 140.

♦ **3.** (Déb. xxᵉ). Trop simplifié, qui manque de détails, de nuances. *Interprétation, conception schématique,* qui ne rend pas compte de la réalité. ⇒ **Sommaire.** — *Cet article est assez juste, mais trop schématique.*

3   Manque de psychologie, incompréhension de la nature, des formes cachées, des racines de l'être, de « l'Esprit de la Terre ». Ils *(les protestants)* se fabriquaient une vie et des êtres enfantins, simplifiés, schématiques.
           R. ROLLAND, Jean-Christophe, le Buisson ardent, II, p. 1352 (1911).

CONTR. Complet, détaillé, nuancé.
DÉR. Schématiquement.

SCHÉMATIQUEMENT [ʃematikmɑ̃] adv. — 1871 ; de *schématique.*

♦ **1.** D'une manière schématique. *Organe représenté schématiquement.*

♦ **2.** D'une manière très simplifiée (→ En gros*, dans les grandes lignes*). *Je t'explique schématiquement de quoi il s'agit.*

SCHÉMATISATION [ʃematizasjɔ̃] n. f. — 1898, *infra* ; de *schématiser.*

♦ Didact. Action de schématiser, de réduire à l'essentiel. *La schématisation entraîne des inexactitudes.*

SCHÉMATISER [ʃematize] v. tr. — 1800 ; de *schéma,* d'après le grec *skhêmatizein,* de *skhêma.* → Schéma.

♦ **1.** Philos. Considérer (les objets) comme des schèmes (1.).

♦ **2.** (xxᵉ). Mettre en schéma. *Formule qui permet de schématiser les relations entre les atomes* (→ Moléculaire, cit. 1).

♦ **3.** Cour. Rendre schématique, réduire à l'essentiel. ⇒ **Simplifier.** *Vous schématisez trop sa pensée.*

1   (...) le parti pris d'être clair à tout prix, ou la peur de ne pas l'être, conduit à schématiser le réel, à dessécher la poésie, à laisser fuir le sens de l'action et de la vie même.   P.-H. SIMON, *in* le Monde, 20 sept. 1961.

Absolument :

2   Au risque de schématiser à l'extrême, je dirai qu'il existe aujourd'hui sur le continent africain trois types de sociétés politiques : les nations, les protonations et les appareils de contrainte.   Jean ZIEGLER, Main basse sur l'Afrique, p. 223.

CONTR. Développer.
DÉR. Schématisation.

SCHÉMATISME [ʃematism] n. m. — 1800 ; « planche de figures géométriques », 1635 ; lat. *schematismus,* grec *skhêmatismos,* de *skhêma.* → Schéma.

♦ **1.** (De l'all. *Schematismus*). Philos. Chez Kant, Emploi du schème.

♦ **2.** (1907). Caractère schématique (de qqch.). — Spécialt. Caractère de ce qui est trop simplifié. *Le schématisme d'une explication, d'une conception.*

SCHÈME [ʃɛm] n. m. — 1800 ; « figure de style », 1586 ; → Enrichir, cit. 10, Ronsard ; de *schéma.*

♦ **1.** Philos. Chez Kant, Représentation qui est l'intermédiaire entre les phénomènes perçus par les sens et les catégories de l'entendement. *Schème transcendantal. Le schème et le concept.*
Schème moteur (chez Bergson) : ensemble d'images ou de sensations kinesthésiques.

♦ **2.** (Fin xixᵉ). Structure ou mouvement d'ensemble (d'un objet, d'un processus). ⇒ **Forme, structure.** *Schème d'un objet dans la mémoire.*

1   Ainsi décantés, réduits à des schèmes bien nets, les événements s'enchaînaient avec une logique impressionnante.
           MARTIN DU GARD, les Thibault, t. VIII, p. 258.

2   L'intérêt du schème proposé — en réalité un résumé volontairement abstrait de nombreuses études concrètes — c'est de nous montrer la structure comme une réciprocité complexe de créances et de dettes.
           SARTRE, Critique de la raison dialectique, t. I, p. 488.

3   Le schème est une forme de mouvement intérieur, et non pas la représentation d'une forme.   A. BURLOUD, Psychologie des tendances, p. 223,
           in FOULQUIÉ, Dict. de la langue philosophique, art. *Schème.*

Psychol. Structure d'une conduite opératoire. *Schèmes d'action, de l'intelligence.*

4   L'activité sensori-motrice est avant tout assimilatrice, c'est-à-dire, dans le chaos des impressions qui l'assaillent, le nouveau-né cherche avant tout à conserver et à retrouver celles qui accompagnent le fonctionnement de ses organes. Cet effort de répétition constitue des « schèmes », c'est-à-dire des totalités à la fois motrices et perceptives, qui s'entretiennent donc elles-mêmes par assimilation simultanément reproductrice et récognitive. À ces schèmes, d'abord simplement réflexes (stade I), sont ensuite incorporés une suite indéfinie d'éléments extérieurs, l'assimilation devenant ainsi généralisatrice.
           J. PIAGET, la Formation du symbole chez l'enfant, p. 87.

Art. Forme ou ensemble de formes qui fait le style (d'un artiste, d'une époque). *Le peintre plie la réalité à ses schèmes.*

5   Ses dessins montrent toujours le schème qui le pousse *(du Tintoret)*
           MALRAUX, les Voix du silence, p. 437.

SCHÉNANTHE [ʃenɑ̃t] n. m. — 1701 *schoenanthe,* bas lat. *schoenantus,* grec *skhoinanthos,* de *skhoinos* « faire », et *anthos* « fleur ».

♦ Bot. Jonc odorant des régions chaudes et tempérées *(Graminées ; n. sc. : andropogon),* dont les feuilles et les racines contiennent une essence employée en cosmétique. Syn. : *herbe au chameau.*

SCHÉOL [ʃeɔl] n. m. — 1755, *Encyclopédie,* « Enfer » ; *sheol,* mot hébreu.

♦ Relig. Dans la religion des Juifs de l'Ancien Testament, Séjour des morts. ⇒ **Enfer.**

Les morts du *schéol* sont des *ombres ;* c'est le sens du mot *rephaïm,* par lequel on les désigne. Ils dorment (...) Ils ne sont pas anéantis, mais leur survie n'est plus une vie véritable ; ils végètent dans une demi-inconscience et aucune rémunération des vertus ou des vices de leur existence humaine ne secoue leur engourdissement (...)   Ch. GUIGNEBERT, le Monde juif..., II, III, p. 154.

SCHERZANDO [skɛʁtsando ; skɛʁdzando] adv. — 1834, *in* D.D.L. ; mot ital. « en badinant ».

♦ Mus. (indication de mouvement). D'une manière vive, gaie et légère. *Jouer scherzando. Andante scherzando* (→ Ébahir, cit. 3).

SCHERZO [skɛʁtso ; skɛʁdzo] n. m. et adv. — 1821, Castil-Blaze *in* D.D.L. ; mot ital., proprt « badinage ».

Musique.

♦ **1.** N. m. Morceau de caractère vif et gai, au mouvement rapide. *Scherzo d'une sonate, d'une symphonie. Un scherzo brillant. Les scherzos de Beethoven* (→ Inventer, cit. 3).

♦ **2.** Adv. Avec le mouvement* du scherzo. *Jouer scherzo.* ⇒ **Scherzando.**

SCHIBBOLETH [ʃibɔlɛt] n. m. — Av. 1778 ; mot hébreu, « épi », du récit biblique *(Juges,* XII, 6) selon lequel les gens de Galaad reconnaissaient ceux d'Éphraïm en fuite à ce qu'ils prononçaient *sibboleth.*

♦ Rare. Épreuve décisive qui fait juger de la capacité d'une personne.

SCHIEDAM [ʃidam] n. m. — 1842, *genièvre de Schiedam;* mot holl., nom d'une ville des Pays-Bas, près de Rotterdam.

♦ Eau-de-vie de grain, fabriquée en Hollande, en Belgique et dans le Nord de la France. ⇒ **Genièvre.**

(...) quelques verres brisés, des bouteilles fracassées et une cruche vide de kirchenwasser et de schiedam.   BAUDELAIRE, Trad. E. POE, Histoires grotesques et sérieuses, « L'ange du bizarre » (1860).

SCHILLING [ʃiliŋ] n. m. — 1359; mot all., même rac. que l'angl. *shilling.*

♦ Unité monétaire de l'Autriche. *Pièce de vingt-cinq schillings.* — REM. On emploie aussi la forme francisée. ⇒ **Schelling.**

HOM. Shilling.

SCHINOPSIS [ʃinɔpsis] n. m. — 1933, *in* Larousse; lat. sav., du grec *skinos* « lentisque », et *opsis* « aspect ».

♦ Bot. Arbre d'Amérique tropicale appelé aussi *quebracho,* dont le bois rose très dur, utilisé en charpenterie, est riche en tanin.

SCHINUS [ʃinys] n. m. — 1876, P. Larousse; lat. sc. du bas lat. *schinus* « lentisque ».

♦ Bot. Petit arbre ou arbrisseau à feuilles persistantes, originaire d'Amérique du Sud *(Térébinthacées). Le faux poivrier est un schinus.*

SCHIPPERKE [ʃkipɛrkə] pron. francisée : [ʃipɛrk] adj. et n. — 1910; mot flamand « petit batelier »; cf. angl. *shipper,* ce chien étant fréquemment celui des bateliers, en Flandres.

♦ Chien de petite taille, à poil noir, dépourvu de queue.

(...) Dites donc, vous n'auriez pas besoin d'une chienne shipperke *(sic)* qui pèse six cents grammes (...)
(...) Je les connais, les chiennes shipperkes de six cents grammes que vend Stéphane! Elles pèsent dans les trois kilos. Ce n'est pas de la malhonnêteté, c'est du commerce.   COLETTE, la Vagabonde, éd. L. de Poche, p. 39.

SCHISMATIQUE [ʃismatik] adj. — Av. 1453; *cismatique,* v. 1196; de *schisme.*

♦ Qui forme schisme; qui ne reconnaît pas l'autorité du Saint-Siège. *Église schismatique d'Orient.* ⇒ **Orthodoxe.** *Jeanne d'Arc fut déclarée schismatique, hérétique et relapse.* — N. *Un, une schismatique* (→ Novateur, cit. 1). *Tous les schismatiques ne sont pas hérétiques**. Par ext. Dissident, séparatiste. *Un marxiste schismatique.*

SCHISME [ʃism] n. m. — 1549; *chisme,* 1534; *cisme,* XIIᵉ; lat. ecclés. *schisma,* grec *skhisma* « séparation », rac. *skhizein* « fendre ».

♦ **1.** Séparation des fidèles d'une religion qui reconnaissent des autorités différentes. ⇒ **Scission.** *Le schisme qui opposa Samarie à Jérusalem. Schismes du christianisme** (→ Consommation, cit. 1; et aussi Antipape, cit. 1). *Schisme considéré comme une hérésie**. *Faire schisme* (→ Consistoire, cit. 5), *être coupable de schisme* (→ Désobéir, cit. 3). — *Schisme d'Orient :* séparation de l'Église d'Occident et de l'Église d'Orient commencée au VIIᵉ siècle et définitive au XIᵉ siècle (→ Latin, cit. 9). — *Grand schisme d'Occident :* division entre les chrétiens qui de 1378 à 1429 eurent deux ou trois papes à la fois, à Rome et à Avignon.

1 (...) en songeant que schisme signifie déchirure, et que la Pologne est déchirée, nous ne pouvons que renouveler nos plaintes sur cette fatale maladie particulière aux chrétiens.   VOLTAIRE, Dict. philosophique, art. *Schisme.*

2 Avant l'imprimerie, la réforme n'eût été qu'un schisme, l'imprimerie la fait révolution. Ôtez la presse, l'hérésie est énervée. Que ce soit fatal ou providentiel, Gutenberg est le précurseur de Luther.   HUGO, Notre-Dame de Paris, I, v, II.

♦ **2.** (Av. 1750, Saint-Simon). Scission d'un groupe organisé, d'un parti... ⇒ **Dissidence, division.**

CONTR. Unification. — Accord.
DÉR. Schismatique.

SCHISTE [ʃist] n. m. — 1742; *schistos,* 1561; *scieste,* attestation isolée, 1554; lat. *schistus,* grec *skhistos* « qu'on peut fendre ».

♦ Roche sédimentaire ou métamorphique (cristallophyllienne) qui présente une structure feuilletée. *Formation des feuilles de schiste* (→ Feuilleter, cit. 5). *Lames de schistes, étincelants de mica* (→ 2. Étai, cit. 1). *Montagnes de schiste* (→ Déguiser, cit. 6). *Les schistes de la côte bretonne. Schiste argileux, siliceux.* ⇒ **Ardoise, phyllade.** *Schiste calcaire* (calcoschiste), *ferrifère, charbonneux* (ampélite), *bitumineux* (sapropélite). — *Huile de schiste :* huile extraite du schiste par minage, calcination et distillation.

1 (...) une petite maison de province, bâtie en chaussins gris, qui sont comme les moellons du granit normand ou du schiste breton.
BALZAC, la Vieille Fille, Pl., t. IV, p. 229.

Là, l'ingénieur prit une pierre plate qu'il avait rapportée de ses précédentes excur- 2 sions, sorte de schiste ardoisier, sur lequel il était facile de tracer des chiffres au moyen d'une coquille aiguë.   J. VERNE, l'Île mystérieuse, t. I, p. 180.

Techn. Substance stérile mêlée au charbon. *Schiste de triage, de levage.*

DÉR. Schisteux, schistifier, schistoïde, schistose.
COMP. Micaschiste.

SCHISTEUX, EUSE [ʃistø, øz] adj. — 1765; *schiteux,* 1758; de *schiste.*

♦ **1.** De la nature du schiste, propre au schiste. *Roche, pierre schisteuse* (→ Griffe, cit. 12). *Structure schisteuse,* feuilletée.

Ces pyrites schisteuses étant composées principalement de charbon, de silice, 1 d'alumine et de sulfure de fer (...)   J. VERNE, l'Île mystérieuse, t. I, p. 220.

♦ **2.** Formé de schiste. *Falaise* (cit. 3) *schisteuse. Le Massif schisteux rhénan.*

Ils faisaient tout cela, heure par heure, dans l'île schisteuse couleur de craie. 2
J.-M. G. LE CLÉZIO, les Géants, p. 220.

DÉR. Schistosité.

SCHISTIFICATION [ʃistifikasjɔ̃] n. f. — 1923; de *schistifier.*

♦ Techn. Dépôt ou ajout de matières stériles fines qui se mêlent à la poussière de charbon en la rendant incombustible. *Taux de schistification,* teneur de la poussière de charbon en cendres incombustibles.

SCHISTIFIER [ʃistifje] v. tr. — xxᵉ; → le précéd.; de *schiste,* et *-ifier.*

♦ Techn. Ajouter des schistes ou des matières stériles à (la poussière de charbon).
Saupoudrer de matières stériles (une galerie de mine) pour éviter les « coups de poussière ».

DÉR. Schistification.

SCHISTOÏDE [ʃistɔid] adj. — 1843, *schistoïdé;* de *schiste,* et *-oïde.*

♦ Didact. Qui a l'apparence du schiste.

SCHISTOSE [ʃistoz] n. f. — Mil. xxᵉ (*in* Larousse, 1964); de *schiste,* et *-ose.*

♦ Méd. Pneumoniose due à l'inhalation de poussières d'ardoise.

SCHISTOSITÉ [ʃistozite] n. f. — 1868; de *schisteux.*

♦ Didact. Structure schisteuse, feuilletée d'une roche (→ Dissolution, cit. 2).
Plan de schistosité d'une roche, selon lequel elle peut être fendue.

SCHISTOSOME [ʃistozom] n. m. — xxᵉ (*in* Larousse, 1933); adj. « dont l'abdomen est fendu », 1870; du grec *skhistos* « fendu » (→ Schiste), et *-some.*

♦ Didact. Bilharzie*. *« Ces maladies fréquentes* (les bilharzioses) *sont dues à des vers plats, les schistosomes ou bilharzies (...) »* (*la Recherche,* oct. 1980, p. 1056).

DÉR. Schistosomiase.

SCHISTOSOMIASE [ʃistosɔmjaz] n. f. — 1933; de *schistosome.*

♦ Méd. Bilharziose*.

SCHIZE [skiz] n. f. — 1949, cit. *infra;* du grec *skhizein.* → Schizo-.

♦ Didact. Coupure, disjonction.

[a] (Domaine psychique). *La schize du sujet. « Les schizes et les coupures (...) »* (→ Schizo-analyse, cit.).

Ce corps morcelé dont j'ai fait aussi recevoir le terme dans notre système de réfé- 1 rences théoriques, se montre régulièrement dans les rêves, quand la motion de l'analyse touche à un certain niveau de désintégration agressive de l'individu. Il apparaît alors sous la forme de membres disjoints et de ces organes figurés en exoscopie (...) Mais cette forme se révèle tangible sur le plan organique lui-même dans les lignes de fragilisation qui définissent l'anatomie fantasmatique, manifeste dans les symptômes de schize ou de spasme, de l'hystérie.
J. LACAN, le Stade du miroir, *in* Écrits, t. I, p. 94.

La communication échoue, non par inintelligibilité, mais parce qu'il s'opère une 2 véritable schize entre l'émoi du sujet — complimenteur ou amoureux — et la nullité, l'aphonie de son expression.   R. BARTHES, Roland Barthes, p. 89.

[b] (Sémiotique). Séparation d'éléments fonctionnellement liés (tels que le signifiant et le signifié du signe).

Le signifiant et le signifié d'un signe sont le résultat de la schize du signe, dis- 3

tincte de la coupe. La coupe produit des éléments du discours qui ne sont pas des signes, la schize, des éléments du signe qui n'appartiennent pas au discours.
Josette REY-DEBOVE, le Métalangage, p. 116.

SCHIZO [skizo] n. m. et adj. — V. 1960; abrév. de *schizophrène*.

♦ Cour. Personne schizophrène ou à tendance schizoïde. *Il est complètement schizo, ce type. — Un schizo.*

Comment a-t-on pu figurer le schizo comme cette loque artiste, séparée du réel et coupée de la vie? (...) Lui qui s'installait à ce point insupportable où l'esprit touche la matière et en vit chaque intensité, la consonne?
G. DELEUZE et F. GUATTARI, l'Anti-Œdipe, p. 26 (1972).

SCHIZO- Élément, du grec *skhizein* «fendre», qui signifie «divisé, séparé» ou «dissociation psychique, schizophrénie».

SCHIZO-ANALYSE [skizoanaliz] n. f. — 1972, Deleuze et Guattari, cf. cit.; de *schizo(phrénie)*, et *(psych)analyse*.

♦ Didact. Processus psychique à visée thérapique, de nature schizoïde et révolutionnaire («schizo-révolutionnaire»), visant à déplacer et à détruire les «circuits» du désir, tels qu'ils sont aliénés par la société, notamment capitaliste, et codés par la symbolique psychanalytique (l'œdipe, le moi...).

La tâche de la schizo-analyse est de défaire inlassablement les moi et leurs présupposés, de libérer les singularités prépersonnelles (...) d'établir toujours plus loin et plus fin les schizes et les coupures bien au-dessous des conditions d'identéité, de monter les machines désirantes qui recoupent chacun et le groupent avec d'autres (...)
La schizo-analyse s'appelle ainsi parce que, dans tout surprocédé de cure, elle schizophrénise, au lieu de névrotiser comme la psychanalyse.
G. DELEUZE et F. GUATTARI, l'Anti-Œdipe, p. 434.

SCHIZOCŒLE [skizosɛl] n. m. — Mil. xxᵉ; de *schizo-*, et *-cœle*, du grec *koilos* «creux».

♦ Didact. Cavité générale du corps qui se développe embryologiquement à partir d'une fente dans le tissu conjonctif mésodermique.

SCHIZOGAMIE [skizogami] n. f. — 1903, in *Rev. gén. des sc.*, nº 11, p. 618; de *schizo-*, et *-gamie*.

♦ Biol. Reproduction asexuée par division de l'organisme. ⇒ **Scissiparité**; **schizogenèse**.

SCHIZOGÈNE [skizoʒɛn] adj. — 1972, Deleuze et Guattari; de *schizo(phrénie)*, et *-gène*.

♦ Didact. Producteur de schizophrénie.

On baptise comme schizogènes des familles tout à fait ordinaires (...) une logique familiale ordinaire, c'est-à-dire à peine névrotisante.
G. DELEUZE et F. GUATTARI, l'Anti-Œdipe, p. 431.

SCHIZOGENÈSE [skizoʒənɛz; skizoʒenɛz] n. f. — 1903, in *Rev. gén. des sc.*, nº 11, p. 618; lat. sc. *schizogenesis*, Haeckel, 1866; → *Schizo-*, et *genèse*.

♦ **1.** Biol. Variété de schizogamie de certains annélides et turbellairés.

La multiplication asexuée revêt (...) une forme un peu différente *(de la blastogenèse)* ..., c'est la *schizogenèse*, dans laquelle un individu adulte se partage spontanément *(autotomie)* en deux ou plusieurs fragments, qui reconstituent ensuite chacun un individu entier. Maurice CAULLERY, l'Embryologie, p. 117.

♦ **2.** (1972, Deleuze et Guattari). Didact. Genèse schizophrénique. ⇒ **Schizogène**.

SCHIZOGONIE [skizogoni] n. f. — 1897, *Année biologique* 1899, in D. D. L.; de *schizo-*, et *-gonie*.

♦ Zool. Cycle de reproduction asexuée des sporozoaires et de certains autres protozoaires par division multiple de la cellule en schizontes. *La schizogonie de l'hématozoaire du paludisme s'effectue dans les globules rouges du sang.*

DÉR. **Schizogonique.**

SCHIZOGONIQUE [skizogonik] adj. — 1903, in *Rev. gén. des sc.*, nº 21, p. 1123; de *schizogonie*.

♦ Zool. De la schizogonie.

SCHIZOGRAPHIE [skizografi] n. f. — Mil. xxᵉ (in Piéron, 1951); de *schizo-*, et *-graphie*.

♦ Didact. Trouble de l'usage écrit du langage, par juxtaposition d'éléments anormalement séparés.

SCHIZOÏDE [skizɔid] adj. et n. — 1921; de *schiz(ophrène)*, et *-oïde*.

♦ Psychiatrie. Relatif à la schizoïdie, qui en a les caractères. *Constitution schizoïde. — Atteint de schizoïdie. — N. Un, une schizoïde. Ambivalence affective des schizoïdes.*

Voyez-vous, on en revient toujours à la distinction de Minkowski : les *syntones* et les *schizoïdes* : ceux qui acceptent la vie, et ceux qui la refusent (...)
MARTIN DU GARD, les Thibault, t. VI, p. 130 (1929).

DÉR. **Schizoïdie.**

SCHIZOÏDIE [skizɔidi] n. f. — 1921, Kretschmer; de *schizoïde*.

♦ Psychiatrie, psychol. Constitution mentale caractérisée par le repli sur soi (⇒ **Autisme**), la tendance à la solitude et à la rêverie, une difficulté d'adaptation aux réalités extérieures, qui forme le terrain prédisposé (mais non obligatoire) de la schizophrénie, de la schizomanie. Syn. : *schizothymie*. ⇒ aussi **Introversion**. *Schizoïdie évolutive*, qui s'accentue progressivement par poussées.

Même dans mon faubourg toulousain, où les caractères originaux abondaient, je n'ai jamais connu personne de plus coupé des autres êtres que mon grand-père, dont la schizoïdie, sans crises, il est vrai, et sans violence, n'offrit jamais aucune prise, aucune ouverture, même pas l'éclair d'un regard.
Raymond ABELLIO, Ma dernière mémoire, t. I, p. 82.

DÉR. **Schizoïdique.**

SCHIZOÏDIQUE [skizɔidik] adj. — 1951, cit. *infra*; de *schizoïdie**.

♦ Psychiatrie. Relatif à la schizoïdie, au comportement des schizoïdes. *Tendances schizoïdiques.*

Dans les cas de personnalité schizoïdique, la décision est difficile à prendre. En effet, l'analyse peut sauver ces sujets d'une psychose future mais elle peut aussi dans d'autres cas déclencher un processus psychotique.
Guy PALMADE, la Psychothérapie, p. 81.

SCHIZOLOBIUM [skizolobjom] n. m. — 1964, *in* Larousse; de *schizo-*, et grec *lobos* «cosse, gousse».

♦ Bot. Arbre *(légumineuses)* d'Amérique tropicale, dont le bois est utilisé dans la fabrication de la pâte à papier.

Les schizolobiums *(sic)* balançaient leurs choux verts et saugrenus au bout de l'interminable pédoncule de leurs troncs. William ne pouvait détacher son regard de cette plante absurde. Les bouffées de fleurs mauves, charnues roulaient autour de lui. Patrick GRAINVILLE, les Flamboyants, p. 57.

SCHIZOMANIAQUE [skizomanjak] adj. — Déb. xxᵉ, H. Claude; de *schizo-*, et *maniaque*, d'après *schizomanie*.

♦ Psychiatrie. Propre à la schizomanie. *Accès schizomaniaques.*

SCHIZOMANIE [skizomani] n. f. — V. 1926, H. Claude; de *schizo-*, et *-manie*.

♦ Psychiatrie. Schizophrénie peu évolutive, caractérisée essentiellement par une tendance à l'autisme, des épisodes d'excitation délirante de forme souvent agressive (réactions d'inadaptation à une situation donnée), survenant chez des sujets jeunes.

DÉR. V. **Schizomaniaque.**

SCHIZOMÉTAMÉRIE [skizometameri] n. f. — Mil. xxᵉ; de *schizo-*, et *métamère*.

♦ Biol. Reproduction asexuée par bourgeonnement métamérique chez certains annélides (vers) : oligochètes et polychètes.

SCHIZOMYCÈTES [skizomisɛt] n. m. pl. — 1888; de *schizo-*, et *-mycète*.

♦ Biol. (Vx). Embranchement des bactéries. Au sing. *Un schizomycète.*

SCHIZONÉVROSE [skizonevʀoz] n. f. — V. 1965; de *schizo-*, et *névrose*.

♦ Psychiatrie. Forme de psychose intermédiaire entre la schizophrénie et la névrose, caractérisée par des manifestations psycho-névrotiques décrites sous le nom de *schizose**. ⇒ **Asystolie** (névrotique), **schizophrénie** (affective).

SCHIZONTE [skizõt] n. m. — 1964, Larousse; de *schizo-*, et *-onte*.

♦ Biol. Stade dans la reproduction asexuée (⇒ **Schizogonie**) des protozoaires parasites (en particulier de l'hématozoaire du paludisme), qui se développe à l'intérieur des cellules de l'hôte (globules rouges du sang et cellules tissulaires).

SCHIZOPARAPHASIE [skizopaʀafazi] n. f. — V. 1965 ; de *schizo-*, et *paraphasie*.

♦ Psychopathol. Trouble profond du langage rencontré chez les schizophrènes et caractérisé par une dissociation totale entre le mot et le référent.

SCHIZOPHASIE [skizofazi] n. f. — Mil. xxe (*in* Piéron, 1951) ; de l'all., mot créé par Kraepelin ; → Schizo-, et -phasie.

♦ Didact. Dissociation du langage, production d'un discours incompréhensible, fortement néologique, affectivement cohérent (musique de la phrase), symptôme de la démence précoce, de la paraphrénie.

SCHIZOPHRÈNE [skizofʀɛn] n. et adj. — 1920 ; de *schizophrénie*.

♦ **1.** Malade atteint de schizophrénie (au sens de la clinique psychiatrique). *Les schizophrènes et les maniaques* (→ Extatique, cit. 3). *Une schizophrène*.

(...) un de ces rêveurs éveillés que la médecine nomme « schizophrènes » et dont le propre est, comme on sait, de ne pouvoir s'adapter au réel. Tous les traits principaux de ces malades, leur raideur, leurs efforts, pour nier le changement, pour se masquer le présent, leur goût pour les symétries, pour les généralisations, les symboles, pour les correspondances magiques à travers le temps et l'espace, M. Giraudoux les reprend à son compte, les élabore avec art (...)
SARTRE, Situations I, p. 82.

Personne ayant des tendances schizophréniques ou schizoïdes (souvent opposé à *névrotique*, à *paranoïaque*).

♦ **2.** Adj. Caractérisé par, ou caractéristique de la schizophrénie (⇒ **Schizophrénique**) ; atteint de schizophrénie. — Abrév. fam., dans les deux emplois : ⇒ **Schizo.**

SCHIZOPHRÉNIE [skizofʀeni] n. f. — 1917 ; mot all., 1911, Bleuler : « Je nomme la *dementia præcox* Schizophrénie parce que la dissociation *(Spaltung)* des fonctions psychiques (...) en est une des caractéristiques les plus importantes (...) » ; du grec *schizo-* (→ Schizo-), et *phrên* « esprit ».

♦ **1.** Psychiatrie. Psychose caractérisée par une désagrégation* psychique (ambivalence des pensées, des sentiments, conduite paradoxale), la perte du contact avec la réalité (repliement sur soi, désintérêt, apathie, inertie, parfois délire) et des troubles endocriniens, sympathiques et métaboliques (→ aussi **Schizophrénique**). *Schizophrénie et autisme*. *Schizophrénie affective*. ⇒ **Schizonévrose**. *Schizophrénie infantile*, survenant avant la puberté. *Schizophrénie juvénile* : forme la plus fréquente de schizophrénie, apparaissant après la puberté et se développant jusqu'à l'âge mûr. *La schizoïdie, terrain prédisposé de la schizophrénie*. ⇒ aussi **Schizomanie, schizose.**

1 (...) la schizophrénie ou démence précoce, caractérisée par la perte totale du contact avec l'ambiance, la dissolution des synthèses mentales qui assurent l'adaptation au réel permettant alors une libération sans frein de l'autisme, chez ces sujets qui se meuvent dans un univers qui n'a plus de commune mesure avec le nôtre, qui lui est devenu aliéné, c'est-à-dire, comme l'étymologie l'indique, étranger.
Jean DELAY, la Psycho-physiologie humaine, p. 81.

2 Dans la cour intérieure de notre impasse, nous avions pour voisin un retraité nommé S., qui vivait comme un ours, sans jamais parler à personne, pas même bonjour ou bonsoir, dans un état que je sais maintenant être celui de la plus dangereuse schizophrénie.
Raymond ABELLIO, Ma dernière mémoire, t. I, p. 150.

REM. Ce mot a remplacé *folie simple*. Il a d'abord signifié « disjonction des éléments de la personnalité, notamment dans la démence* précoce » ; le psychiatre français Chaslin parlait alors (1912) de *discordance* ; l'idée de « perte de contact avec la réalité » s'ajoute avec Minkowski. Il s'est parfois employé très largement, incluant toutes les formes de « folie » (psychose) non étiquetées comme paranoïas, manies, délires, etc., et constitue une catégorie très vague, souvent critiquée.

♦ **2.** Psychan., didact. (Conçue non comme une maladie ou un syndrome, mais comme une tendance psychique générale). Prédominance des mécanismes de refoulement et du désinvestissement de la réalité sur les mécanismes de restitution (chez Freud) ; refus des symboles et des codes formateurs du moi et garants de la société, maintien de l'inconscient et du désir au niveau des « flux » et des « molécules » des « machines désirantes » (Deleuze et Guattari), etc. *Conditions favorisant la schizophrénie*. ⇒ **Schizogène.**

DÉR. Schizophrène, schizophrénique, schizophréniser.

SCHIZOPHRÉNIQUE [skizofʀenik] adj. — 1917 ; de *schizophrénie*.

♦ Psychiatrie. Relatif à la schizophrénie. *Tendances schizophréniques. Structure schizophrénique de la personnalité. Symptômes schizophréniques*. ⇒ **Autisme, discordance, dissociation ; anxiété, athymie, blocage, cachinnation, catatonie, impulsivité, inhibition, maniérisme, mimétisme, négativisme, paranoïde** (délire), **passivité, rationalisme** (morbide), **schizoparaphasie, stéréotypie, suggestibilité** (⇒ aussi **Schizophrénie**, définition).

SCHIZOPHRÉNISER [skizofʀenize] v. — 1975, *in* Larousse ; de *schizophrénie*.

♦ Psychiatrie. V. tr. Rendre schizophrène. — V. intr. Devenir schizophrène, montrer des symptômes de schizophrénie.

Qu'ils se laissent pousser les cheveux (...) qu'ils fument, qu'ils boivent, qu'ils se droguent, qu'ils schizophrénisent, qu'ils refusent de travailler ou qu'ils soient condamnés au chômage (...) ces nouveaux clochards de vingt ans ne nous disent rien d'autre qu'assez de violence au sommet (...)
Michèle PERREIN, Entre chienne et louve, p. 135.

SCHIZOSE [skizoz] n. f. — 1926, H. Claude (*in* Piéron, 1951) ; de *schizo-*, et *-ose*.

♦ Psychiatrie. Altérations mentales de plus ou moins grande gravité caractérisées par une constitution schizoïde. *Le groupe des schizoses comprend la schizoïdie, la schizomanie, la schizophrénie*. — Au sing. *La schizophrénie, plus grave forme de schizose*.

SCHIZOSTÉLIE [skizosteli] n. f. — 1933, *in* Larousse ; de *schizo-*, et grec *stêlê* « colonne ». → -stèle.

♦ Bot. Structure de certaines plantes aquatiques, formant des ensembles cylindriques.

SCHIZOTHYME [skizotim] n. — Mil. xxe ; de *schizothymie* ; → Schizophrène.

♦ Didact. Personne dont le caractère est défini par la schizothymie (opposé à *cyclothyme*). ⇒ **Introverti.**

Analysant la sensibilité du schizothyme, Kretschmer note « un exquis sentiment de la nature et une fine compréhension de l'art, un style personnel plein de goût et de mesure, le besoin de s'attacher passionnément à certaines personnes, une susceptibilité exagérée aux ennuis, aux laideurs et aux frictions de la vie quotidienne.
Jean DELAY, la Psycho-physiologie humaine, p. 81 (en note).

SCHIZOTHYMIE [skizotimi] n. f. — Mil. xxe ; de *schizo-*, et *-thymie* « affectivité ».

♦ Psychol. Tendance caractérielle (non pathologique) à se couper des autres, à se renfermer en soi-même, jointe à une faible affectivité. ⇒ **Autisme, introversion, schizoïdie.** *La schizothymie prédispose à la schizophrénie*. — Opposé à *cyclothymie*.

DÉR. Schizothyme, schizothymique.

SCHIZOTHYMIQUE [skizotimik] adj. — 1964 ; de *schizothymie*.

♦ Psychol. Relatif à la schizothymie.

SCHKOUMOUNE n. f. ⇒ **Scoumoune.**

SCHLAGUE [ʃlag] n. f. — 1815, *in* D.D.L. ; all. *Schlag* « coup ».

♦ Punition autrefois en usage dans les armées allemandes, qui consistait en coups de baguette appliqués au soldat puni. *Donner, recevoir la schlague*. — Fig. Manière brutale de se faire obéir. *Dictateur qui mène son peuple à la schlague*.

1 Le *loustig* les distrait (*les soldats allemands*), les amuse (...) les console un moment de la *schlague*, du pain noir, des fers (...)
P.-L. COURIER, Pamphlets politiques, Deuxième lettre particulière, 28 nov. 1820.

2 Pas brillant, le socialiste, ironisa François de Loménie, je vous les conduirais à la schlague, moi, tous ces gars-là ! ARAGON, les Beaux Quartiers, I, XXVI.

SCHLAMM [ʃlam] n. m. — 1862 ; mot allemand.

♦ Techn. Résidu très fin qui provient du concassage, du bocardage d'un minerai et de différentes opérations industrielles d'affinage.
DÉR. Schlammeux.

SCHLAMMEUX, EUSE [ʃlamø, øz] adj. — Mil. xxe ; de *schlamm*.

♦ Techn. Qui contient du schlamm. *Eau schlammeuse*.

1. SCHLASS, ASSE [ʃlas ; ʃlas] adj. — 1916 ; 1883, *chlâsse* ; all. *schlass* « très fatigué ».

♦ Pop. Ivre, soûl. *Elle est complètement schlass*. (On écrit aussi *chlâsse*).

1 — Oui, vous avez l'air d'un gentleman, dit Léa. Mais quand je suis schlass, je me trompe toujours. Paul MORAND, Ouvert la nuit, p. 126.

2 (...) Lucie, qui était schlasse, se pochardait en reluquant la bouteille de chartreuse verte dont le niveau baissait à vue d'œil.
B. CENDRARS, la Main coupée, Œ. compl., t. X, p. 117-118.

2. SCHLASS [ʃlas; ʃlas] n. m. — 1932; angl. *slasher* «arme blanche».

♦ Pop. Couteau.

J'ai réussi à échanger, contre un paquet d'illustrés, un schlass à Piérine, qui l'avait fauché dans une bagnole.   CAVANNA, les Ritals, p. 214.

SCHLEM [ʃlɛm] ⇒ **Chelem.**

SCHLEU [ʃlø] adj. et n. ⇒ **Chleu.**

SCHLICH [ʃliʃ] n. m. — 1750; mot allemand.

♦ Techn. Minerai broyé et prêt pour la fusion.

SCHLINGUER [ʃlɛ̃ge] v. — 1846; all. *schlagen*, d'après Esnault; → Cingler, pop., même sens; selon Guiraud, du wallon *chlin, slin,* variantes de *clingue* «cordage, filin», par le sémantisme du coup. → Fouetter.
Populaire.

♦ **1.** V. intr. Puer. *Ça schlingue, ici!*

1   C'est très mauvais de ne pas dormir. Ça vous fait schlinguer du couloir, ou, comme on dit dans le grand monde, puer de la gueule.   HUGO, les Misérables, IV, VI, II.

2   Ça schlinguait salement tout ça. J'ai ouvert la fenêtre, et vite.   Albert SIMONIN, Touchez pas au grisbi, p. 140.
REM. On écrit aussi *chlinguer.*

3   (...) ils me prennent pour un gros poisson échoué pieds sans godasses je pue ils pincent leur nez ils disent ça chlingue ça fouette ça couince ça cocotte.   Tony DUVERT, Paysage de fantaisie, p. 159.

♦ **2.** V. tr. Répandre une très mauvaise odeur de (ce qu'indique le complément).

4   Ouf! soupirait-il, on est rien mal dans c'placard-là, et puis ça schlingue le moisi!   L. FORTON, les Aventures des Pieds-Nickelés, *in* l'Épatant, 1909, p. 82.

SCHLITTAGE [ʃlitaʒ] n. m. — 1871; de *schlitte.*

♦ Régional ou techn. Transport du bois au moyen de la schlitte.

(...) tandis que nous dégringolions un petit chemin de *schlitage (sic),* nous vîmes à travers un voile d'eau ruisselante un groupe de petites filles abritées dans un creux de roches.   Alphonse DAUDET, Contes du lundi, «Alsace! Alsace!».

SCHLITTE [ʃlit] n. f. — 1860, *in* D.D.L.; mot vosgien, all. *Schlitten* «traîneau».

♦ Régional. Luge qui sert dans certaines régions montagneuses et boisées (Vosges, Forêt-Noire) à descendre dans les vallées le bois abattu sur les hauteurs. *La schlitte glisse sur une voie faite de pièces de bois parallèles reliées par des traverses, qu'on appelle chemin de schlitte.*

DÉR. **Schlittage, schlitter, schlitteur.**

SCHLITTER [ʃlite] v. tr. — 1875; de *schlitte.*

♦ Régional ou techn. Transporter (du bois) au moyen de la schlitte.

SCHLITTEUR [ʃlitœʀ] n. m. — 1789, *in* D.D.L.; de *schlitte.*

♦ Régional ou techn. Ouvrier qui conduit une schlitte. Par appos. *Bûcheron schlitteur.* — REM. Le féminin *schlitteuse* est virtuel.

SCHLOF [ʃlɔf] n. m. — 1807; de l'all. *schlaffen* «dormir», p.-ê. par l'alsacien.

♦ Argot, loc. *Aller au schlof;* (rare) *faire schlof*: dormir. ⇒ **Schloffer.**

Tu vas pas m'faire croire, vieille doublure, qu'tu s'rais fichu d'dormir et d'faire schlof avec un bruit et un papafard pareils comme celui qu'y a tout partout là ici, dit Marthereau.   H. BARBUSSE, le Feu, t. II, II, XIX, p. 17.
REM. On écrit aussi *schloff, chlof.*

SCHLOFFER [ʃlɔfe] v. intr. — 1866; de *schlof* ou directement de l'all. *schloffen.*

♦ Argot. Dormir.

SCHLOTT [ʃlɔt] n. m. — 1765, *schelot;* germanique *schlotte* «boue, limon».

♦ Techn. Croûte de sulfate de calcium se formant sur les parties les plus chaudes de la chaudière d'évaporation dans une saline.

SCHNAPS [ʃnaps] n. m. — XVIIIᵉ; mot all., de *schnappen* «happer, aspirer».

♦ Eau-de-vie de pomme de terre, de grain fabriquée en Allemagne, en Autriche, Alsace, Suisse. — Par ext. Eau-de-vie.

Il aimait boire plus que de raison et Louis supportait de façon gaillarde ce qu'il appelait indistinctement le schnaps, parlant le français avec l'accent de chez lui, mais dans le langage des camps.   ARAGON, la Semaine sainte, IX.

SCHNAUZER [ʃnawzɛʀ] n. m. — 1933; mot suisse all., de l'all. *Schnauz* «moustache».

♦ Chien comparable au griffon, assez grand, à poils drus.

SCHNICK [ʃnik] n. m. — 1802, *chenik;* 1833, *chnick;* mot alsacien.

♦ Pop., vieilli. Eau-de-vie grossière.

(...) c'était bien Coupeau qui se jetait son petit verre de schnick dans le gosier, d'un geste familier déjà. Il mentait donc, il en était donc déjà à l'eau-de-vie, maintenant!   ZOLA, l'Assommoir, t. I, VI, p. 246.

SCHNOCK, SCHNOQUE ou **CHNOQUE** [ʃnɔk] adj. invar. et n. — 1863, n.; adj., 1872; orig. incert., p.-ê. de la chanson alsacienne de *Hans in Schnokeloch* «Hans dans le coin *(Loch)* à moustiques *(Schnok)*».

♦ Fam. Imbécile, ʼfou. *Elle est un peu schnock. — Quel vieux schnoque! Eh! du schnoque!*

1   En plus, je vous informe, si vous l'ignoriez encore, que vous n'êtes qu'un vieux schnock, un incapable, une buse, un minus habens, une andouille, un vieux gâteux et une ganache doublée d'un paltoquet notoire (...)   René FALLET, le Triporteur, p. 256.

2   Deux femmes se sont tuées pour lui (...)
— Qui, lui? Ce schnoc? *(sic)*
— Parfaitement!   Francis CARCO, Brumes, p. 76.

3   Un chnoque contemple la cathédrale de Rouen. Que voit-il avec son œil de chnoque? Un hymne à la spiritualité, le sublime mysticisme du moyen âge et diverses autres couillonnades.   J. DUTOURD, Pluche, XI, p. 151.

SCHNORCHEL ou **SCHNORKEL** [ʃnɔʀkɛl] n. m. — XXᵉ (*in* Larousse 1949), mot all. *schnorchel* «renifleur», de *schnorchen* «renifler», du rad. germanique *snarhhjan «ronfler»; cet appareil a été utilisé pour la première fois sur les sous-marins allemands en 1943-44.

♦ Techn. Tube qui permet aux sous-marins d'utiliser en plongée leurs moteurs diesel, en évacuant les gaz d'échappement et en aspirant l'air frais. *Le schnorchel est également utilisé sur certains blindés, pour la traversée des cours d'eau.*

SCHNOUFF [ʃnuf] n. f. — 1800; all. *Schnupf* «tabac à priser».

♦ Argot. Drogue, stupéfiant. — REM. Le mot a de nombreuses variantes graphiques : *schnouf, chnouf, schnouffe, chnouffe.*

À l'échelon poulardin *(policier)* où se situe Monsieur le Contrôleur, et Pierrot n'y a pas songé, le vocabulaire n'est pas celui des condés de la Mondaine. Schnouffe! (...) quelle est cette bizarrerie?
Comprenant sa gourance, Pierrot, s'accompagnant de la mimique du priseur, traduit :
— La drogue!   Albert SIMONIN, Hotu soit qui mal y pense, p. 199.

DÉR. **Schnouffer** (se).

SCHNOUFFER (SE) [ʃnufe] v. pron. — XXᵉ; de *schnouff.*

♦ Argot. Se droguer.

Notre ancienne camée n'avait jamais été revendeuse et, notre trafiquant ignorait qu'elle ne se schnouffait plus.   Martin ROLLAND, la Rouquine, p. 106.

SCHOEPITE [ʃœpit] n. f. — 1968; orig. inconnue.

♦ Minér. Oxyde hydraté naturel d'uranium $4UO_3$, $9H_2O$, de couleur jaune.

SCHOFAR [ʃɔfaʀ] n. m. — 1923, Larousse; mot hébreu.

♦ Hist. Trompe faite à l'origine d'une corne de bélier, instrument de musique à vent en usage dans le rituel israélite. *Des schofars.*

SCHOLA [skɔla] n. f. — XXᵉ; par abrév. du lat. *schola cantorum* «école des chanteurs»; cf. l'association musicale du même nom fondée à Paris en 1896.

♦ Maîtrise d'une église, d'une cathédrale (⇒ **Chant**).

Le chant s'enflait, soutenu de toute la schola et des fidèles qui emplissaient l'église, des prêtres agenouillés achevant leur tâche.   ARAGON, la Semaine sainte, XIV.

SCHOLIASTE n. m., **SCHOLIE** n. f. ⇒ **Scoliaste, scolie.**

SCHOONER [ʃunœʀ] n. m. — 1751; mot angl., d'abord *skoner, scooner*, d'orig. incertaine; le néerl. *schooner* semble venir de l'anglais.

♦ Vx. Goélette. *Des schooners.*

Je m'embarquai sur le schooner américain où (...) M. Lear m'avait fait obtenir un passage. CHATEAUBRIAND, Itinéraire..., VII.

SCHOPENHAUERIEN, IENNE [ʃɔpɛnɔɛʀjɛ̃, jɛn] adj. et n. — 1888; de *Schopenhauer*.

♦ Didact. De Schopenhauer; qui a rapport à Schopenhauer, à sa pensée, à sa philosophie. — N. Partisan, disciple de Schopenhauer. — La variante *schopenhauéresque* [ʃɔpɛnɔɛʀɛsk], adj., est attestée (1886, *in* D. D. L.).

SCHORRE [ʃɔʀ; ʃxɔʀ] n. m. — 1751; attestation isolée, 1572; *scor,* fin XIIIᵉ; mot flamand.

♦ Géogr. Vase grisâtre des parties hautes des estuaires.

SCHPIL [ʃpil] n. m. — V. 1927 (Cellard et Rey), adj. 1878; probablt de l'all. *Spiel* « jeu ».

♦ Loc. argotique. *Avoir beau schpil :* avoir un beau jeu (aux cartes); avoir de la chance.

SCHPROUM [ʃpʀum] n. m. — 1883, *aller au schproum; schpromme in* Bruant, v. 1900; p.-ê. de l'all. *Sprung* « saut, élan ».

♦ Pop. Scandale, tapage. *Ça va faire du schproum. Un sacré schproum.* — REM. On écrit aussi *schproume.*

Eh, je fais bien du schproume pour un malheureux trimestre à l'ombre.
A. SARRAZIN, l'Astragale, p. 228.

SCHRAPNELL [ʃʀapnɛl] n. m. ⇒ **Shrapnell.**

SCHUPO [ʃupo] n. m. — 1923, *in* D. D. L.; mot all., forme abrégée de *Schutzpolizist,* policier de la *Schutzpolizei,* littéralt « police de protection », instituée en 1920.

♦ Anciennt. Agent de police allemand.

Mon départ (...) ces jours d'émeute, les processions communistes précédées d'une tête de mort, les vitrines s'écroulant, les schupos, les automitrailleuses et la rue avec le sang et le verre pilé. Paul MORAND, l'Europe galante, p. 45.

SCHUSS [ʃus] n. m. et adv. — 1933 *in* Petiot; d'après le mot all. *Schussfahrt* « descente à ski en ligne droite ».

♦ Ski. Descente directe qu'on effectue en suivant la plus grande pente. *Faire un schuss. Descendre en schuss.* Adv. *Descendre, prendre schuss, tout schuss.*

Par métaphore. « *L'État ne dérape pas. Il pique schuss* » (*l'Express,* 12 août 1968).

SCIABLE [sjabl] adj. — 1636, *siable; seable,* XVᵉ; de 1. *scier.*

♦ Rare. Que l'on peut scier. *Matériau sciable.*

SCIAGE [sjaʒ] n. m. — 1611; *soiage,* 1294; de 1. *scier.*

★ **I.** ♦ **1.** Opération qui consiste à scier (une substance, un matériau); procédé utilisé pour scier, manière dont une chose est sciée. *Sciage du bois, de la pierre, du marbre, des métaux. Sciage mécanique.* — *Bois de sciage :* bois de construction ou de menuiserie qui provient d'une pièce plus forte refendue dans sa longueur.

♦ **2.** (1922). Techn. *Sciage ou fendage du diamant :* opération par laquelle on le débarrasse de sa gangue.

♦ **3.** (1923). *Sciage thermique,* ou *sciage par fusion,* utilisé pour les métaux. *Un sciage irrégulier.*

★ **II.** Par métonymie. Techn. *Du sciage :* du bois de sciage. *Sciage fin :* planches minces utilisées en ébénisterie.

SCIALYTIQUE [sjalitik] adj. et n. m. — 1923, *scialitique;* marque déposée, d'après le grec *skia* « ombre », et rad. *luein* « dissoudre ».

♦ Didact. *Lampe, projecteur scialytique :* appareil d'éclairage qu'on utilise dans les salles de chirurgie et qui supprime les ombres portées. — N. m. *Un scialytique.*

La salle d'opération est un véritable laboratoire, qu'occupe au centre la table d'opération, surmontée d'un énorme projecteur, le scialytique.
Cl. D'ALLAINES, la Chirurgie du cœur, p. 23.

SCIANT, SCIANTE [sjɑ̃, sjɑ̃t] adj. — 1801, *in* D. D. L.; de 1. *scier.*

♦ **1.** Fam., vieilli. Ennuyeux, importun. ⇒ **Barbant.**

(...) tu n'as pas idée de cet animal-là ! Heureusement qu'il ne va pas être là plus de quinze jours (...) Si demain il m'ennuie encore, je demande un congé. C'est qu'il est sciant ! Ed. et J. DE GONCOURT, Sœur Philomène, III.

♦ **2.** Rare. Qui scie. — Qui produit un bruit de scie.

(...) la corde unique du bruit sciant. J.-M. G. LE CLÉZIO, le Déluge, p. 21.

SCIAPHILE [sjafil] adj. — 1842, n. m., nom d'un coléoptère; du grec *skia* « ombre », et *-phile* « qui aime ».

♦ Sc. Se dit d'animaux qui vivent dans des conditions de faible éclairement. *Poisson sciaphile* (→ Photophile, cit.).
Se dit des plantes qui poussent mieux à l'ombre.

SCIARA [sjaʀa] n. f. — 1839, *sciare;* grec *skiaros* « sombre », à cause de la couleur de cet insecte.

♦ Zool. Genre d'insectes diptères *(Tipulidés)* qui comprend de nombreuses espèces.

SCIASSE [sjas] n. m. — 1843; étym. obscure.

♦ Mar. Anc. Cordage muni d'estropes, utilisé pour élonger les fils de caret à commettre.

SCIATHÉRIQUE [sjateʀik] adj. — 1690; du grec *skiothérikos,* de *skiothêron* « cadran solaire », de *skia* « ombre », et *thérân* « chasser, chercher ».

♦ Didact. *Cadran sciathérique :* cadran* solaire, et, par ext., cadran horaire horizontal muni d'une lunette, qui sert à l'observation du temps vrai. — REM. On écrit aussi *sciatérique.*

SCIATIQUE [sjatik] adj. et n. — 1256, *siatique;* bas lat. *sciaticus,* de *ischiadicus,* grec *iskhiadikos,* de *iskhias, ados* « relatif à la hanche ».

♦ **1.** Adj. Anat. Qui appartient, qui a rapport au bassin, à l'os ischion (⇒ **Bassin, hanche**). *Nerf grand sciatique* ou *grand nerf sciatique,* qui part du plexus sacré, innerve les muscles de la face postérieure de la cuisse* et se divise à la hauteur du creux du genou, en deux branches, *le nerf sciatique poplité externe et le nerf sciatique poplité interne.* — *Échancrure sciatique :* échancrure postérieure de l'os iliaque. — *Épine sciatique :* saillie sur le bord postérieur de l'os iliaque. — *Ligaments sacro-sciatiques.* — Pathol. *Goutte, névralgie sciatique.* → ci-dessous., 2.
N. m. *Le sciatique :* le nerf grand sciatique.

♦ **2.** N. f. (V. 1560; par ellipse de *goutte sciatique* ou de *dolour sciatique,* XIVᵉ). Cour. Douleur sur le trajet du nerf sciatique par inflammation ou par compression de ses racines à leur émergence du canal vertébral, pouvant s'accompagner d'une faiblesse musculaire. → Patte, cit. 8. *La sciatique peut avoir des causes très diverses : névrite du nerf sciatique, rhumatisme, hernie d'un disque intervertébral, ostéite, diabète, goutte, etc. Elle a une sciatique. Sa sciatique le fait souffrir.*

Encore une fois ma jambe malade m'empêcha de quitter le Liguset. Alors que je marchais déjà sans trop de peine, le froid et quelque imprudence provoquèrent une crise de sciatique assez vive pour m'immobiliser pendant huit jours. Quand je me relevai, je me mis à traîner la jambe.
H. BOSCO, le Jardin d'Hyacinthe, p. 100.

COMP. **Sacro-sciatique.**

SCIE [si] n. f. — V. 1200, *sie;* de 1. *scier.*

★ **I.** ♦ **1.** Outil, instrument ou machine dont la pièce essentielle est une lame dentée (rectiligne ou circulaire) et dont on se sert pour couper des matières dures en imprimant à cette lame un mouvement de va-et-vient ou une rotation rapide (→ Équarrir, cit. 1; gras, cit. 23; houille, cit. 5). *Manier la hache* (cit. 3) *et la scie. Grincement* (cit. 3) *d'une scie. Scie à main à lame libre munie d'une poignée* (⇒ **Égoïne**). *Scie passe-partout.* ⇒ **Passe-partout.** *Scie à main, à lame maintenue par des montants reliés par un sommier* et une corde dont la tension se règle au moyen d'un garrot. *Scie à dosseret*. Clavette d'une scie. Affûter une scie. Repasseur* (cit. 3) *de scies. Scie édentée. Donner de la voie* à une scie. — SCIE À... *Scie à chantourner, à contourner, à refendre, à tronçonner... Scie à bois. Scie à bûches* (pour le bois de chauffage). *Scie à métaux.*

Techn. *Scie de long. Scie de charpentier, de menuisier, de boucher, de carrier, de tailleur de pierre, de marbrier* (⇒ **Sciotte**). *La grecque*, scie de relieur. — Scies fines utilisées en bijouterie et en horlogerie. Scie sauteuse*. — Scie-cloche, dont la base constitue un cylindre pour découper des cercles. — Scie de chirurgie* (droite, circulaire, à chaîne...). — (Scies mues par un moteur. → Scierie, 2., scieuse). *Scie mécanique alternative. Scie circulaire,* formée d'un disque à bord denté qui tourne à grande vitesse. *Scie à ruban,* dont la lame est constituée par un ruban d'acier tendu, à la manière d'une courroie, sur deux poulies qui lui impriment un mouvement continu. *La scie, les scies d'une scierie* (cit. 2). *Trait de scie :* trait de crayon qui sert à guider la scie (→ 2. Équivalent, cit. 4).

1   À huit ou dix pieds d'élévation, au milieu du hangar, on voit une scie qui monte et descend, tandis qu'un mécanisme fort simple pousse contre cette scie une pièce de bois. C'est une roue mise en mouvement par le ruisseau qui fait aller ce double mécanisme : celui de la scie qui monte et descend et celui qui pousse doucement la pièce de bois vers la scie, qui la débite en planches.
          STENDHAL, le Rouge et le Noir, I, IV.

1.1   Il occupait ses loisirs à découper, au moyen d'une fine scie mécanique, des couvercles de boîtes à cigares. MAUPASSANT, l'Héritage, Pl., t. II, p. 64.

(Par anal. de fonction). *Scie articulée, à chaînette.* — Élément faisant fonction de scie, dans un instrument coupant (⇒ **Tronçonneuse**).

Par anal. Lame de fer dentelée à l'avant d'une gondole vénitienne.

2   (...) en cet instant, au fond de ce canal obscur, brilla la scie d'une gondole.
          A. DE MUSSET, Nouvelles, « Fils du Titien », IV.

Scie musicale : instrument de musique constitué par une lame d'acier que l'on plie plus ou moins pour obtenir les différentes notes. *Mendiant qui joue de la scie.*

Loc. *En dents* (cit. 30) *de scie :* de forme dentée, dentelée. ⇒ **Serratiforme** (→ Grotesque, cit. 7). *Monnaie dont le bord est découpé en dents de scie.* ⇒ **Serrate.**

3   (La montagne) se découpe régulièrement en larges dents de scie.
          E. FROMENTIN, Un été dans le Sahara, p. 103 (1857).

Électron. *Dents de scie.* ⇒ **Dent,** II., 1.

En appos. *Couteau scie :* couteau à lame dentelée.

Techn. Disque mince de bronze phosphoreux, utilisé pour fragmenter les diamants. — (1812). Fil de fer servant à détacher une poterie du tour.

♦ **2.** (1555; *scie de mer,* 1714; aussi *poisson à scie,* → Poisson, cit. 3). *Poisson scie* ou *scie :* poisson sélacien, squale *(Pristidés)* au corps semblable à celui du requin, mais dont le museau s'allonge en lame droite, plate et flexible, portant de chaque côté une rangée de dents qui lui donne l'aspect d'une scie.

♦ **3.** (1768). *Mouche à scie :* hyménoptère dont l'abdomen se termine en forme de scie (tenthrède).

★ **II.** (1808; aussi *scie d'atelier,* vx). Fam. ♦ **1.** Formule plus ou moins cocasse ou absurde qu'on répète, plaisante par sa répétition même ou par une allusion à un fait comique. — Phrase, moquerie, farce qu'on répète à satiété pour exaspérer qqn (→ Divertir, cit. 15). *Monter une scie à qqn* (Maupassant, *Bel-Ami,* II, II).

4   (...) Deslauriers commença une intolérable scie, consistant à répéter son nom cent fois par jour, à la fin de chaque phrase, comme un tic d'idiot.
          FLAUBERT, l'Éducation sentimentale, I, V.

5   M. le prince de Joinville avait imaginé une scie qui exaspérait la reine. C'était un vieil orgue de Barbarie qu'il s'était procuré. Il arrivait chez la reine jouant de cet orgue en chantant des chansons enrouées. La reine commençait par rire. Puis, cela durait un quart d'heure, une demi-heure. — Joinville, finis ! — La chose continuait. HUGO, Choses vues, II, IX, III.

♦ **2.** Chanson, formule, argumentation ressassée et usée. ⇒ **Rengaine.** *Scie de café-concert* (cit. 18). *La « scie patriotique »* (→ Humanitarisme, cit. 2).

♦ **3.** (1819). Fam. Personne, chose désagréable ou ennuyeuse (⇒ **Sciant**).

6   Quelle scie, alors, quelle scie, cette Angélique ! tous les jours maintenant la même histoire. ARAGON, les Beaux Quartiers, I, XVII.

DÉR. Sciotte.
HOM. 1. Si, 2. si, 3. **si, ci, sis, six.**

SCIEMMENT [sjamɑ̃] adv. — 1375; *essiamment,* XIIIᵉ; de l'anc. adj. *sciens* « instruit », lat. *sciens, scientis,* et *-ment.*

♦ En connaissance de cause, en sachant parfaitement ce qu'on fait (→ Engraisser, cit. 9). *Les ouvrages sciemment immoraux* (cit. 4). *J'ai forcé la dose* (cit. 1) *sciemment.* ⇒ **Exprès, volontairement.**

— Je vous pardonne, dit-il, car vous ne savez ce que vous faites.
— Oh ! reprit-elle, une femme, depuis Ève, a toujours fait sciemment le bien et le mal. BALZAC, Séraphîta, Pl., t. X, p. 478.

CONTR. Étourdiment, inconsciemment.

SCIENCE [sjɑ̃s] n. f. — 1080; lat. *scientia* « connaissance », de *scire* « savoir ».

★ **I.** ♦ **1.** Vx ou littér. Connaissance exacte et approfondie. *La science de qqch.,* que qqn a de qqch. *L'arbre** (cit. 48 et 49) *de la science du bien et du mal. Science de l'avenir.* ⇒ **Prescience.** — Loc. *Savoir qqch. de science certaine,* par des informations sûres (→ De source* sûre; et énoncer, cit. 7; inonder, cit. 20). — *Avoir la science infuse* (au fig. ⇒ **Infus**); et aussi **sagesse.**

(1225). Littér. *(La science, la science de qqn).* Ensemble de connaissances, d'expériences. ⇒ **Savoir.** *Sa science dans les choses de la vie* (→ Patriarche, cit. 4; et aussi agnosticisme, cit. 1). *Il faut une*

science profonde pour comprendre que... (→ Poing, cit. 2). *Parler d'une chose avec science* (→ Mangerie, cit. 2). ⇒ **Savamment.**

♦ **2.** (V. 1119). *La Science :* connaissances étendues sur un objet d'étude, d'intérêt général (→ Nourriture, cit. 7). *L'ignorance et la science* (→ Croire, cit. 29; dormitif, cit. 2). ⇒ **Instruction.** *Le philosophe* (cit. 6) *possédait la science universelle.* ⇒ **Omniscience.** *« Nous meubler* (cit. 2) *la tête de science ». Se dessécher* (cit. 6) *à force de science* (→ aussi Éteignoir, cit. 3; étouffer, cit. 33). — *La science de qqn, sa science. « Notre crédulité* (cit. 2) *fait toute leur science »* (Voltaire). *Épuiser sa science* (à comprendre, expliquer). → Après, cit. 56; 1. feu, cit. 16. *Un homme de votre science.* ⇒ **Culture, érudition** (→ Ravi, cit. 8). — *Demi-science :* connaissances mal assimilées, superficielles (→ Ingurgiter, cit. 3). — Loc. *Être un puits** de science.*

1   (...) science sans conscience n'est que ruine de l'âme (...)
          RABELAIS, Pantagruel, VIII.

2   C'était vraiment un homme du dix-neuvième siècle, de ce siècle qui n'a pas voulu douter du savoir souverain, de ce siècle qui a fait la sourde oreille aux avertissements de Schopenhauer et s'est plu tenacement à confondre science et sagesse.
          DUHAMEL, Chronique des Pasquier, I, VIII.

★ **II.** Littér. ♦ **1.** (1080). Savoir-faire que donnent les connaissances (expérimentales ou livresques) jointes à l'habileté. ⇒ **Art; adresse, capacité, compétence, expérience.** *La science d'un ministre* (→ 1. Balance, cit. 30), *d'un orateur, d'une couturière de Paris* (→ Effilé, cit. 1). — *Dîner confectionné* (cit. 1) *avec science* (→ Cuisiner, cit. 2). *Avec une science consommée* (cit. 9) — Prov. *Patience** passe science.*

3   C'est la colère même qui entretient la colère. Aussi faut-il alors agir physiquement, par simple massage, ou par changement de perceptions. L'amour maternel fait voir dans ces cas-là sa science presque infaillible, lorsqu'il promène, câline ou berce le poupon. ALAIN, propos, 8 mai 1913 « Effervescence ».

4   C'était la grande minute qu'Élisabeth mettait toute sa science à provoquer pour l'interrompre. COCTEAU, les Enfants terribles, p. 103.

♦ **2.** (XVᵉ). *La science de qqch.* Art ou pratique qui nécessite des connaissances, des règles. ⇒ **Art, technique.** *La science de la guerre* (→ Inculte, cit. 5), *la science stratégique* (→ Foi, cit. 22). *La science de l'entregent* (cit. 1). *« Cette science de gueule »* ⇒ Magistrat, cit. 1, Montaigne), *la gastronomie. « Sa haute capacité dans la science des bons morceaux »* (→ Pièce, cit. 6).

5   Elle sut tout de suite toute la science du chapeau, de la robe, du mantelet, du brodequin, de la manchette, de l'étoffe qui va, de la couleur qui sied, cette science qui fait de la femme parisienne quelque chose de si charmant, de si profond et de si dangereux. HUGO, les Misérables, IV, III, V.

6   (...) de toutes les sciences propres à assouvir ou à tromper l'inépuisable curiosité des hommes, celles de l'écurie et du chenil sont les seules qu'il possède pleinement. FRANCE, le Crime de S. Bonnard, I., Œ. t. II, p. 343.

(Sans compl. en de). *Se priver* (cit. 5), *jouir* (→ Exercice, cit. 9) *est une science.*

♦ **3.** (Angl. *Christian Science*). *Science chrétienne.* Religion fondée en 1866 par Mary Baker Eddy, selon laquelle la maladie comme le péché ne peuvent être combattus que par la foi, le refus du mal.

★ **III.** Mod. **A.** UNE, LES SCIENCES. ♦ **1.** (XIIIᵉ). Didact. Ensemble de connaissances ayant un objet déterminé et reconnu, et une méthode propre; domaine du savoir (opposé à *art*). → 1. Logique, cit. 3; mœurs, cit. 3. *« Il n'y a de science que du général »* (trad. d'Aristote). *Une science est un tout organique* (→ Économie, cit. 12). *Les vérités que dans chaque science, on appelle principes* (→ Base, cit. 12). *Style didactique** (cit. 2) *propre aux sciences. Les éléments, les rudiments d'une science. « Si le rétablissement des sciences et des arts a contribué à épurer les mœurs »,* sujet du *« Premier Discours »* de J.-J. Rousseau. *Dictionnaire raisonné des sciences, des arts* (techniques et arts) *et des métiers,* l'Encyclopédie* de Diderot et d'Alembert, *qui classe les sciences en : Sciences de Dieu, de l'homme et de la nature.* — *La (une) science de...,* qui concerne (un type d'objet de savoir). *Science de Dieu* (⇒ **Théologie**), *de l'âme* (⇒ **Pneumatique** ou **pneumatologie**), *de l'être* (⇒ **Ontologie**), *de l'absolu* (⇒ **Philosophie**), *du beau* (⇒ **Esthétique**), *du bien* (⇒ **Morale; éthique**)... *La (une) science,* qualifié par un adj. *Sciences positives* (vx), par oppos. à *métaphysique* et *théologie* (→ Différencier, cit. 6). *Sciences noologiques** opposé à *sciences cosmologiques* (Ampère). *Sciences abstraites**. Sciences occultes.* ⇒ **Occultisme;** et *-mancie.* — REM. Ces emplois qualifiés ont vieilli, du fait de la spécialisation du mot (sens 2., 3. et B., ci-dessous). — *Science des classifications.* ⇒ **Méthodologie, taxologie, taxonomie.** *« Discours de la méthode pour bien conduire sa raison et chercher la vérité dans les sciences »,* œuvre de Descartes.

7   Ainsi toute la philosophie est comme un arbre, dont les racines sont la métaphysique, le tronc est la physique, et les branches qui sortent de ce tronc sont toutes les autres sciences, qui se réduisent à trois principales, à savoir la médecine, la mécanique et la morale (...)
          DESCARTES, Principes de la philosophie, Lettre de l'auteur...

8   La seule science (la religion) qui est contre le sens commun et la nature des hommes, est la seule qui ait toujours subsisté parmi les hommes.
          PASCAL, Pensées, IX, 604.

9   (...) depuis que les conditions naturelles de l'existence ont été supprimées par la civilisation moderne, la science de l'homme est devenue la plus nécessaire de toutes les sciences. Alexis CARREL, l'Homme, cet inconnu, I, VI.

♦ **2.** (XIXe). *Une, des, les sciences.* Ensemble de connaissances, d'études d'une valeur universelle, caractérisées par un objet et une méthode* déterminés, et fondées sur des relations objectives vérifiables. *Homme de science* (opposé à *homme de lettres*). *L'observation, l'expérience, le calcul dans les sciences. La vérité est l'objet des sciences* (→ Art, cit. 78). *Sciences commençantes, où l'hypothèse balbutie* (cit. 30). *Essai de détermination, de classification des sciences.* ⇒ **Épistémologie.** — *Classement et qualification des sciences d'après leur méthode et leur objet :* a) Méthode : *Sciences exactes** (cit. 18) *ou pures, sciences mathématiques. Sciences expérimentales,* où l'objet d'étude est soumis à *l'expérience* (→ Expérimenter, cit. 7). *Sciences d'observation** (dites « passives » au XIXe siècle), où l'objet d'étude est observé, puis décrit (ex. : l'ethnographie, par rapport à l'ethnologie). — Vieilli. *Sciences reconstructives :* sciences qui s'appuient sur des documents pour reconstruire le passé (ex. : l'histoire, l'étymologie...). — *Sciences appliquées,* au service de la technique* (opposé à *sciences fondamentales** ou à *sciences pures*). b) Objet : *Sciences mathématiques. Sciences physiques**. — *Sciences naturelles,* sciences d'observation qui étudient les êtres vivants (y compris l'homme en tant qu'animal et les corps dans la nature. ⇒ **Histoire** (naturelle). — *Les Sciences de la vie* (⇒ **Biologie**). — Vieilli. *Sciences morales** (I., 5.) : les sciences de l'homme moral (I., 5.) et social. — Mod. *Sciences de l'homme, sciences humaines,* qui étudient l'homme (ex. : anthropologie, psychologie, sociologie, linguistique).

9.1 « La réalité non philosophique? La vie réelle? N'est-ce pas justement ce dont s'occupent les sciences dites humaines ou sociales depuis plus d'un siècle : l'économie politique, la psychologie, la sociologie, l'histoire. Sciences parcellaires, certes, elles fragmentent cette énorme réalité que la philosophie laisse hors d'elle. C'est à ces savants qu'appartient le réel. C'est d'eux et de leurs démarches que peut sortir l'unité du réel et du rationnel, à travers la fragmentation.

Henri LEFEBVRE, la Vie quotidienne dans le monde moderne, p. 46.

REM. L'expression *sciences humaines,* aux XVIIe et XVIIIe s., désigne, par opposition à la théologie et aux sciences de la nature, les sciences du raisonnement (logique), du langage, des valeurs (morale). De nos jours, le caractère scientifique des « sciences de l'homme » (ou « sciences sociales ») est fréquemment contesté.

Sciences sociales : ensemble des connaissances et des informations sur les groupes humains. — (1772, *in* D. D. L.). *Science politique.* Fam. *Sciences po :* études politiques. — *Science économique.*

10 Non, en vérité, ce n'est pas une science comme les autres que celle qui, à la limite, pourrait changer l'organe où se fait toute science.

Jean ROSTAND *in* G. PICON, Panorama des idées contemporaines, p. 686.

11 La Physique, comme toutes les autres sciences, cherche à constater, à classer et à interpréter une certaine catégorie de phénomènes observables. Elle repose donc essentiellement sur l'observation à l'aide des sens dont la nature nous a pourvus de certains faits constatables du monde matériel.

L. DE BROGLIE, Physique et Microphysique, p. 88.

♦ **3.** (1787). **LES SCIENCES** (sans qualification). Les sciences (2.) où le calcul*, l'observation ont une grande part : mathématiques, astronomie, physique, chimie, sciences de la vie (⇒ **Savant, scientifique**). *Les lettres et les sciences* (→ Bifurquer, cit. 2; creux, cit. 9; matière, cit. 17), *les humanités et les sciences. Histoire des sciences.* → Scientifique, cit. 3. — REM. Cet emploi, antérieur à la généralisation des méthodes scientifiques, crée un flottement dans l'usage universitaire où certaines sciences, et notamment les *sciences humaines* et les *sciences sociales* (ci-dessus) sont parfois considérées comme appartenant aux « lettres » (le doctorat de linguistique est un doctorat ès lettres).

11.1 Mais il pensait surtout que les sciences n'offraient quelque intérêt qu'à cette race disciplinée mais barbare, ennemie des muses et des dieux et qu'excitait chaque lundi à de nouvelles découvertes le professeur de mathématiques, parmi les odeurs empoisonnées, les explosions meurtrières des expériences qui rataient toujours, au cri sauvage et déchirant de la craie passant et repassant comme une scie dans ses démonstrations hostiles sur le tableau noir. PROUST, Jean Santeuil, Pl., p. 261.

B. LA SCIENCE. ♦ **1.** (Déb. XVIIIe). Ensemble des travaux et des résultats des sciences (III., A., 2.); connaissance exacte, universelle et vérifiable exprimée par les lois* (cit. 59 à 61), qu'elle soit obtenue par hypothèse et déduction, par observation et induction ou par un « aller et retour » entre les deux. *Tout ce qui est du monde phénoménal* (cit. 1) *est du domaine de la science. La science « organisation des apparences par un système de lois »* (Lenoble). *La science analyse les apparences* (→ Existentialisme, cit. 1). *La science repose sur l'observation, l'expérience* (⇒ **Expérience,** cit. 30; → Base, cit. 17; expérimentateur, cit. 2), *s'appuie sur la mesure** (cit. 1 et 2), *la quantité* (cit. 7 et 10). *La science est universelle* (→ Constatation, cit. 1). *La science repousse l'indéterminé* (cit. 4), *les faits* (cit. 36) *sans cause, le surnaturel* (→ Abstraction, cit. 10), *les miracles* (→ Docteur, cit. 4). → aussi Explicable, cit. 3. *Science et humanisme* (cit. 3). *La « faillite* (cit. 6), *les limites de la science »* (→ aussi Absolu, cit. 15, France; apporter, cit. 33; immoralisme, cit. 2; limite, cit. 11). *Le monde amélioré par la science* (→ Esclavage, cit. 13). — *Les branches, les spécialités de la science :* les sciences (ci-dessus III., A., 3.). ⇒ **Discipline** (cit. 6). *Les données de la science* (→ Parallélisme, cit. 3). *Découvertes, réussites de la science* (→ Matérialisme, cit. 4). *Intuition et logique en science* (→ Intuitif, cit. 3). *Progrès de la science* (→ Invention, cit. 5; matérialisme, cit. 2). *Dans l'état actuel de la science...* (→ Animal, cit. 1). *La science moderne* (→ 2. Physique, cit. 2). *Les applications de la science* (→ Ingénieur, cit. 3). *Serviteur, avocat* (1. Avocat, cit. 17), *martyr de la science. Les princes de la science. La science n'a pas de patrie* (Pasteur; → Flambeau, cit. 13). *« L'Avenir de la science »,* œuvre de Renan. *« La Valeur de la science », « la Science et l'Hypothèse »,* œuvres de H. Poincaré. — *Philosophie de la science* (ou *des sciences*). ⇒ **Épistémologie.** *La vérifiabilité*, la falsifiabilité*, critères de la science.*

La science vraiment digne de ce nom n'est donc possible qu'à la condition de la plus parfaite autonomie. 12

RENAN, l'Avenir de la science, Œ. compl., t. III, III, p. 763.

Il est facile, en effet, de définir la science, puisqu'elle a toujours travaillé dans la même direction. Elle mesure et calcule, en vue de prévoir et d'agir. Elle suppose d'abord, elle constate ensuite que l'univers est régi par des lois mathématiques. 13

H. BERGSON, les Deux Sources de la morale et de la religion, p. 178.

(...) la science antique croit connaître suffisamment son objet quand elle en a noté les moments privilégiés, au lieu que la science moderne la considère à n'importe quel moment. 14

H. BERGSON, l'Évolution créatrice, p. 330.

On fait la science avec des faits, comme on fait une maison avec des pierres; mais une accumulation de faits n'est pas plus une science qu'un tas de pierres n'est une maison. 15

Henri POINCARÉ, la Science et l'Hypothèse, p. 168.

Dans l'histoire du développement de la physique, on distingue deux tendances inverses. D'une part, on découvre à chaque instant des liens nouveaux entre des objets qui semblaient devoir rester à jamais séparés; les faits épars cessent d'être étrangers les uns aux autres; ils tendent à s'ordonner en une imposante synthèse. La science marche vers l'unité et la simplicité. 15.1

D'autre part, l'observation nous révèle tous les jours des phénomènes nouveaux; il faut qu'ils attendent longtemps pour leur place et quelquefois, pour leur en faire une, on doit démolir un coin de l'édifice. Dans les phénomènes connus eux-mêmes, où nos sens grossiers nous montraient l'uniformité, nous apercevons des détails de jour en jour plus variés; ce que nous croyions simple redevient complexe et la science paraît marcher vers la variété et la complication.

Henri POINCARÉ, la Science et l'Hypothèse, p. 202.

La pensée ne revêt le caractère de la science que lorsqu'elle a une valeur universelle (...) Je veux dire qu'une connaissance n'est scientifique qu'autant qu'elle est valable pour tout esprit. À la science s'oppose l'opinion et même la croyance collective si elle est dépourvue des moyens de se rendre universelle. 16

GOBLOT, Système des sciences, 15, *in* FOULQUIÉ, Dict. de la langue philosophique, art. *Science.*

Pour la science, la cause d'un phénomène ne sera plus jamais un en-soi métaphysique qui « l'engendre », selon la vieille métaphore biologique d'Aristote, mais un autre phénomène qui se trouve lié à lui par un rapport constant (...) Car dès lors *(au XVIIe s.)* il vaudra d'appeler science la connaissance de ce qui, pour Platon, n'était qu'une ombre. À l'origine de la notion technique de phénomène, il y a donc une « valorisation » affective des apparences et un certain renoncement à « l'en-soi ». 17

R. LENOBLE, Origines de la pensée scientifique moderne, *in* Encyclopédie, Pl., Histoire de la science, p. 501-503.

♦ **2.** Par métonymie. Les savants, l'ensemble des scientifiques (B.). *Le monde de la science. Étonner la science par une nouvelle synthèse* (→ Incorruptible, cit. 3).

Noms de sciences et d'activités à caractère scientifique :

Acoustique
Aérodynamique
Aérologie
Aérométrie
Aérostatique
Agrologie
Agronomie
Algèbre
Anatomie
Angiologie
Anthropologie
Archéologie
Arithmétique
Artériologie
Arthrologie
Assyriologie
Astronautique
Astronomie
Astrophysique
Axiomatique
Bactériologie
Balistique
Biochimie
Biogéographie
Biologie
Biométrie
Bionomie
Biophysique
Botanique
Bryologie
Calorimétrie
Caractérologie
Cardiologie
Cartographie
Chimie
Chondrologie
Chrématistique
Chronologie
Cinématique
Climatologie
Conchyliologie
Cosmographie
Cosmologie
Craniologie
Criminologie
Cristallographie
Cryoscopie
Cybernétique
Cytologie
Démographie
Dermatologie
Dialectologie
Dioptrique
Droit
Dynamique
Écologie (et comp.)
Économie politique
Égyptologie
Électrochimie
Électrodynamique
Électromagnétisme
Électronique
Embryologie
Endocrinologie
Entomologie
Enzymologie
Épigraphie
Ethnographie
Ethnologie
Éthologie
Étiologie
Étymologie
Eugénisme
Folklore
Généalogie
Génétique
Géobiologie
Géodésie
Géographie
Géologie
Géométrie
Géomorphogénie
Géophysique
Gérontologie
Glyptographie
Graphologie
Gynécologie
Helminthologie
Héraldique
Histoire
Histologie
Hydraulique
Hydrodynamique
Hydrographie
Hydrologie
Hydrométrie
Hydrostatique
Ichtyologie
Informatique
Jurisprudence
Lexicologie
Limnologie
Linguistique
Lithologie
Logique
Logistique
Magnétisme
Mammalogie
Mécanique
Médecine
Métallographie
Métamathématique
Météorologie
Métrique
Micrographie
Microphysique
Minéralogie
Morphologie
Muséologie
Musicologie
Mycétologie
(ou mycologie)
Myologie
Mythographie
Mythologie
Neurologie
Névrologie
Nosologie
Numismatique
Océanographie
Odontologie
Onomastique
Ophiologie
Ophtalmologie
Optique
Organologie
Ornithologie
Orogénie
Orychtologie
Osmologie
Ostéologie
Oto-rhino-laryngologie
Paléobiologie
Paléo-botanique
Paléogéographie
Paléographie
Paléontologie
Pathologie
Pédagogie
Pédiatrie
Pédologie
Pétrographie
Pharmacie
Pharmacologie
Phénoménologie
Philologie
Phonétique
Phonologie
Photochimie
Phrénologie
Physico-mathématique
Physiognomonie

Physiologie	Séméiologie	Syndesmologie
Physique	Sérologie	Syntaxe
Phytogéographie	Sexonomie	Tératologie
Politologie	Sigillographie	Thermochimie
Problématique	Sinologie	Thermodynamique
Psychanalyse	Sismologie	Topographie
Psychiatrie	Sociologie	Toponymie
Psychologie	Spectroscopie	Toxicologie
Psychophysiologie	Splanchologie	Traumatologie
Radio-astronomie	Statigraphie	Trigonométrie
Radio-biologie	Statique	Urologie
Radiochimie	Statistique	Vulcanologie
Radiologie	Stéréochimie	Zoochimie
Sarcologie	Stomatologie	Zoogéographie
Sémantique	Stylistique	Zoologie

CONTR. (Des sens I. et II.) : **Ignorance, impéritie, nullité ; maladresse.**

SCIENCE-FICTION [sjãsfiksjɔ̃] n. f. — V. 1950 (1951, Boris Vian, *in* Höfler) ; de *science*, et *fiction*, d'après l'angl. des États-Unis *Science fiction*, 1929, Hugo Gernsback, antérieurement *scientifiction*.
Anglicisme.

♦ **1.** Genre narratif faisant intervenir des événements ou un univers imaginaires utilisant des données de la science ou de la technologie contemporaine en les extrapolant notamment par anticipation dans le temps (⇒ **Anticipation**) ou en les modifiant. *Livre, film de science-fiction. Le fantastique et la science-fiction* (→ aussi Space opera). — Abrév. fam. ⇒ **S.- F.**

(...) eux *(les personnages modernes)* doués sans doute de pouvoirs, d'armes occultes, ou ultra-perfectionnées comme dans les romans de science-fiction, en tout cas invisibles et leur donnant le pouvoir, sans faire un geste ni proférer un mot, de se foudroyer à distance (...) Claude SIMON, le Vent, p. 216.

De science-fiction, digne des anticipations de la science-fiction. ⇒ aussi le suffixe -fiction. *Un univers, un décor de science-fiction.*

♦ **2.** Fig. Ce que l'on considère comme impossible scientifiquement. *C'est de la science-fiction, ce que tu me racontes !*

SCIÈNE [sjɛn] n. f. — 1795 ; *scioena,* 1771 ; lat. *sciaena,* grec *siaina.*

♦ Poisson acanthoptérygien *(Sciénidés)* de grande taille, carnassier, à la chair très estimée. ⇒ 2. **Maigre, nègre.** *Sciène aigle,* seule espèce commune en France.

DÉR. Sciénidés.
HOM. Sienne (sien).

SCIÉNIDÉS [sjenide] n. m. pl. — 1904 ; *Sciénoïdes,* 1839 ; de *sciène.*

♦ Zool. Famille de poissons téléostéens scanthoptérygiens dont un des types est la *sciène.* — Au sing. *Un sciénidé.*

SCIENT, SCIENTE [sjã, sjãt] adj. — XIIIᵉ, *sciiens ;* lat. *sciens, -entis.*

♦ Archaïsme littér. Qui sait, qui est instruit (avec une idée d'intuition globale, de savoir total, absolu. → Omniscient, prescience).

Un être déplacé dans le temps, ou vivant plutôt dans un présent de plusieurs siècles, doit être scient de tout ce qui fut en ces centaines d'années. Jean RAY, les Derniers Contes de Canterbury, p. 23.

SCIENTIFICITÉ [sjãtifisite] n. f. — Av. 1968 (Larousse) ; de *scientifique.*

♦ Caractère de ce qui est scientifique. *« Les mathématiques sont généralement considérées comme le symbole de la scientificité »* (la Recherche, 1973). *La scientificité d'un travail, d'une démarche.*

SCIENTIFICO- Élément, de *scientifique,* utilisé dans de nombreux composés libres. *« Les pouvoirs scientifico-techniques »* (la Recherche, avr. 1981). *« La civilisation scientifico-commerciale »* (*Massian,* 1972, *in* Gilbert).

SCIENTIFIQUE [sjãtifik] adj. — 1370, «savant»; qui a de la «science» (I.), en parlant d'une personne, XVIᵉ-XVIIᵉ ; bas lat. *scientificus,* de *sciencia.* → Science.
De la science.

A. Adj. ♦ **1.** Qui appartient à la science, aux sciences (Science, III., A.). — (Avec des subst. abstraits, désignant la connaissance, la méthode...). Qui appartient aux sciences, constitue une science ou la science. *Discipline* (cit. 6) *scientifique. Études, connaissances scientifiques. Examen scientifique* → Homme, cit. 9. *Des connaissances, un savoir à prétention, à visée scientifique,* visant à devenir une science. *Activités scientifiques. Méthodes scientifiques* (observation, expérimentation...) *Raisonnement, pensée scientifique* (hypothèse, déduction, abstraction, induction...). *Les étapes de la pensée scientifique. L'esprit scientifique. L'esprit scientifique* (au sens objectif) → Généralité, cit. 4 ; incarner, cit. 12 et ci-dessous cit. 1.1. *Travaux*

scientifiques (→ Humanisme, cit. 7 ; ingénieur, cit. 3). *La recherche* (cit. 7) *scientifique, fondamentale ou appliquée. Le Centre national de la recherche scientifique* (institution française) ou C. N. R. S. — (Dans le langage et le discours). *Discours scientifique et discours didactique. Le contenu scientifique d'un texte, d'un article. Textes scientifiques et textes techniques. La littérature, la vulgarisation scientifique. Ouvrage, publication, revue scientifique. Une composition littéraire ou scientifique.* → Auteur, cit. 23. — *Vocabulaire scientifique. Mots scientifiques,* appartenant à un vocabulaire scientifique (distinct de *mot savant**). → Carnassier, cit. 3 ; pureté, cit. 8. *Terme, terminologie* scientifique.* Spécialt. *Nom scientifique et noms vulgaires, courants, vernaculaires...* (d'une plante, d'un animal). → Nomenclature, cit. 3. — (En parlant de faits objectifs, de relations objectives). Établi par la science. *Lois* (1. Loi, cit. 61) *scientifiques. Découvertes* (cit. 8) *scientifiques. La vérité scientifique* (→ Peser, cit. 11). — (En parlant des stades de la connaissance). *Le progrès scientifique.* → Radiodiffusion, cit. *La vie scientifique d'une société, d'un pays.*

Spécialt (par oppos. aux humanités, aux lettres). *Éducation humaniste ou éducation scientifique et technique.*

Rosny m'a répondu, avec l'assurance vaticinatrice d'un prophète, que dans cinquante ans, il n'y aurait plus d'humanités latines, et que toute l'éducation serait scientifique, et que la langue descriptive qu'il employait serait la langue en usage. [1]
Ed. et J. DE GONCOURT, Journal, 27 mars 1887, t. VII, p. 139.

Si l'on nous forçait de mettre de grossières étiquettes historiques sur les différents âges de la pensée scientifique, nous distinguerions assez bien trois périodes : [2]
La première période représentant l'état préscientifique (...)
La deuxième période représentant l'état scientifique, en préparation à la fin du XVIIIᵉ siècle, s'étendrait sur tout le XIXᵉ siècle et sur le début du XXᵉ.
En troisième lieu, nous fixerions très exactement l'ère du nouvel esprit scientifique en 1905, au moment où la Relativité einsteinienne vient déformer des concepts primordiaux, que l'on croyait à jamais immobiles.
G. BACHELARD, la Formation de l'esprit scientifique, p. 6-7.

L'objet en histoire des sciences n'a rien de commun avec l'objet de la science. [3]
L'objet scientifique, constitué par le discours méthodique, est second, bien que non dérivé, par rapport à l'objet naturel, initial (...) L'histoire des sciences s'exerce sur ces objets seconds, non naturels, culturels (...) L'objet du discours historique est, en effet, l'historicité du discours scientifique.
G. CANGUILHEM, Études d'histoire et de philosophie des sciences, p. 17.

(Avec un nom concret). Qui sert aux activités scientifiques ou est le résultat d'opérations de science appliquée. *Instruments scientifiques.* → 2. Montre, cit. 6. *Matériel, appareil, appareillage scientifique. Jouet scientifique.* → Gyroscope, cit. 2.

♦ **2.** (1664). Conforme aux exigences de la science (III., B.) ; qui participe des caractères (objectivité, généralité, cohérence...) des sciences constituées. — REM. Dans cet emploi, *scientifique* peut toujours être modalisé *(assez, très, moins, plus... scientifique)* ce qui n'est pas le cas pour le sens 1. ; sinon, il est fréquemment opposé à un autre adjectif, pour constituer une classe *(socialisme scientifique et socialisme utopique).* — *Votre raisonnement n'est pas très scientifique. Il n'a pas un esprit suffisamment scientifique.* ⇒ **Objectif, rationnel.** *La médecine la plus sévèrement scientifique.* → Imposition, cit. 1. *Les explications ne sont guère plus scientifiques...* → Faculté, cit. 10. *Un travail peu scientifique. Le caractère plus ou moins scientifique de la psychologie, de la sociologie, de la linguistique, des « sciences » humaines. Une étude remarquablement scientifique de...*

(Dans des syntagmes, qualifiant une activité qui relève en partie ou peut relever des sciences). *La médecine scientifique ne peut se constituer...* → Expérimental, cit. 1, Claude Bernard. *La linguistique, la grammaire scientifique et la grammaire intuitive.* — *Socialisme scientifique,* le marxisme (opposé aux *socialismes utopiques,* dans sa propre terminologie).

(...) un Einstein et un de Broglie déclarent que, si la nouvelle physique les oblige [4]
à corriger ce que cette idée *(de la toute-puissance des principes rationnels)* avait de trop absolu dans leur esprit, ils ne la rejettent nullement en substance, vu qu'elle leur paraît la base de toute attitude vraiment scientifique.
Julien BENDA, la Trahison des clercs, p. 55.

Spécialt. Qui prône, revendique le caractère scientifique (A., 1.) pour une activité qui n'est pas la science. *Une organisation sociale autoritaire et scientifique.* → Humanitaire, cit. 5, Zola.

♦ **3.** (Avec un nom désignant une personne, un groupe). **a** Qui a une activité scientifique (1.). *Les milieux scientifiques :* les savants, les chercheurs, les scientifiques (→ ci-dessous, B.). Dans un cadre institutionnel. *Une organisation scientifique. Congrès, mission scientifique.*

b Qui s'occupe de la science ou d'une science. *Un écrivain, un journaliste, un vulgarisateur scientifique.* — REM. Cet emploi peut être considéré comme abusif ; on dira, par exemple, un *historien des sciences.*

c (Correspond à *scientifique* A., 2.). Qui pratique, respecte les méthodes de la science (III.). *Il a de bonnes intuitions (en sociologie, en linguistique...), mais il n'est pas assez scientifique.*

d Fig. Qui pratique une activité (notamment sportive) avec rigueur et méthode. — (1897, *in* Petiot). *Un boxeur scientifique.*

B. N. (1884). ♦ **1.** Personne qui s'adonne à une science, aux sciences (III., A., 3.) spécialiste d'un domaine relevant de la science. ⇒ **Savant** (vieilli) ; **chercheur** (et les noms spécifiques, dérivés des noms de sciences*). *C'est une scientifique en renom. De nombreux scientifiques pensent que...*

5 Je ne médis pas de la science : j'ai passé une grande part de ma vie parmi les scientifiques, dans les laboratoires.
G. DUHAMEL, *Problèmes de civilisation*, p. 128.

♦ **2.** (Surtout au plur., et dans un système d'oppositions). Personne qui étudie une ou des sciences, dont l'esprit est porté aux méthodes des sciences. *Les littéraires* (cit. 8) *et les scientifiques. Elle a un esprit clair; on en fera une scientifique.* — Spécialt (dans le cadre de l'enseignement). Personne, élève, étudiant qui se spécialise dans les sciences d'observation (opposé à *mathématicien* d'une part, à *littéraire* de l'autre).

CONTR. **Empirique, irrationnel, subjectif.** — **Magique, métaphysique, religieux.** — **Humaniste, littéraire.**
DÉR. **Scientificité, scientifiquement.**
COMP. **Antiscientifique, ascientifique, préscientifique.**

SCIENTIFIQUEMENT [sjɑ̃tifikmɑ̃] adv. — 1694; «sciemment», déb. XVIᵉ; de *scientifique.*

♦ **1.** D'une manière scientifique, par les méthodes de la science. *Démontrer intuitivement* (cit. 1) *ou scientifiquement qqch.* (→ Recevoir, cit. 28). *Lois* (1. Loi, cit. 58) *scientifiquement constatées.*

Pour confirmer scientifiquement le vrai, il convient de le vérifier à plusieurs points de vue différents. G. BACHELARD, *la Formation de l'esprit scientifique*, p. 10.

♦ **2.** Du point de vue de la science. *Se définir scientifiquement comme...* (→ Gazeux, cit. 1).

SCIENTISME [sjɑ̃tism] n. m. — 1911; de *scientiste.*

♦ Attitude philosophique du scientiste, qui soutient que la connaissance scientifique suffit à résoudre les problèmes philosophiques (→ Naturalisme, cit. 4). *Taxer le positivisme, le marxisme de scientisme.*

Nous avons seulement demandé à la science de rester scientifique, et de ne pas se doubler d'une métaphysique inconsciente, qui se présente alors aux ignorants, ou aux demi-savants, sous le masque de la science. Pendant plus d'un demi-siècle, ce «scientisme» s'était mis en travers de la métaphysique. Tout effort d'intuition était découragé par avance; il se brisait contre des négations qu'on croyait scientifiques. H. BERGSON, *la Pensée et le Mouvant*, p. 71.

SCIENTISTE [sjɑ̃tist] adj. et n. — 1898, R. Rolland, n.; du lat. *scientia.*

♦ **1.** Adj. Qui prétend résoudre les problèmes philosophiques par la science. *Philosophe scientiste. Positivisme scientiste. Matérialisme mécaniste et scientiste. Explication scientiste.*

1 Parmi les idéologies scientistes du XIXᵉ siècle, la plus puissante, celle qui de nos jours encore exerce une profonde influence bien au-delà du cercle pourtant vaste de ses adeptes, est évidemment le Marxisme.
Jacques MONOD, *le Hasard et la Nécessité*, p. 51.

♦ **2.** N. Adepte du scientisme.

2 Nous qu'on appelle les «scientistes» — et nous ne refusons pas cette appellation, il en est de moins honorables — nous ne sommes pas si grossièrement et naïvement insensibles qu'on veut bien le croire (...) Ce n'est pas parce que nous laissons l'homme dans la nature que nous avons pour lui moins de respect et que nous sommes disposés à lui manquer d'égards. J'irai même jusqu'à dire que, peut-être, le respect de l'homme devrait être encore plus grand chez ceux qui ne croient qu'en l'homme et qui, dénués de toute illusion de transcendance, ne savent voir en lui qu'une bête non pareille, n'ayant d'autre obligation qu'envers elle-même.
J. ROSTAND, *in* G. PICON, *Panorama des idées contemporaines*, p. 685.

DÉR. **Scientisme.**

SCIENTOLOGIE [sjɑ̃tɔlɔʒi] n. f. — V. 1975; nom déposé; angl. *scientology*, Ron (Ronald) Hubbard 1971; de *science, scientific*, et *-logy.*

♦ Anglic. Philosophie religieuse appliquée qui vise à étudier l'esprit dans ses relations à lui-même et à l'univers, afin de rendre la personne humaine plus consciente et de progresser vers «une civilisation sans démence, sans criminels et sans guerre...» (Ron Hubbard); organisation matérielle chargée de répandre cette doctrine. *Un, une adepte de la scientologie.* — *Église de scientologie :* mouvement qui regroupe les adeptes de cette organisation, quelles que soient leurs croyances.

1. SCIER [sje] v. tr. — XIVᵉ; *seier*, v. 1120; du lat. *secare* «couper».

★ **I.** ♦ **1.** Régional. Couper (le blé, l'herbe) avec la faucille.

0.1 Vers la fin du mois de septembre, le soleil, moins chaud que durant la moisson, permet de demeurer aux champs sans avoir à craindre ni le hâle ni la fatigue. Il est plus facile de cueillir les grappes que de scier les blés.
BALZAC, *le Lys dans la vallée*, Pl., t. VIII, p. 861.

♦ **2.** (1165, *soïer*). Cour. Couper, fendre avec une lame tranchante, dentée (⇒ **Scie**) ou non. *Scier du bois, le bois* (→ Replanter, cit. 2),

de la pierre, du marbre. *Scier du métal.* — Loc. *Scier la branche* (cit. 5) *sur laquelle on est assis.*

♦ **3.** Faire en sciant. *Scier des planches, des bûches* (⇒ **Refendre**).

1 (...) un pied sur l'X de hêtre, le dos bombé dans l'attitude du tâcheron exercé (...) ma mère, au mépris de tous ses serments et de l'aiguail glacé, sciait des bûches dans sa cour. COLETTE, *la Maison de Claudine*, p. 169.

♦ **4.** Argot mar. (p.-ê. par jeu de mots avec 2. *scier*). *Scier du fromage :*

1.1 Scier du fromage, c'est manœuvrer d'avant en arrière le levier d'admission de la vapeur, en fermant quand l'hélice évente, en ouvrant quand elle replonge (...)
Roger VERCEL, *Remorques*, p. 39.

♦ **5.** V. intr. (1842). Équit. *Scier du filet, du bridon :* faire aller transversalement l'embouchure du mors.

★ **II.** (1748, *scier qqn*; 1808, *scier le dos*). Fig. ♦ **1.** Fam., vieilli. *Scier qqn, lui scier le dos, les pattes* (Zola, *Débâcle*, I, p. 32), le fatiguer, l'ennuyer (par une répétition monotone. ⇒ **Scie**). «*La tragédie me scie*» (Stendhal, *Journal*).

2 Mais diable! son dîner me scie le dos, car il faudra se mettre en bas de soie, et pas de fumerie après le dîner! MÉRIMÉE, *la Double Méprise*, III.

SUZANNE
3 L'école? ... ça m'embête...

MADAME CLAQUEPONT
Oh!

CLAQUEPONT
Chut! il ne faut pas dire ça... On dit : «Papa j'y trouve un peu de plaisir».
SUZANNE
Ça me scie, quoi! j'y vas pas, là!
MADAME CLAQUEPONT
Quel langage!
E. LABICHE, *Maman Sabouleux, in* Théâtre complet, t. IV, p. 368.

♦ **2.** Mod. Pop. Étonner, surprendre, suffoquer. *Cette nouvelle m'a scié* (cf. Couper le souffle).

♦ **3.** (1888). Détruire la situation de (qqn).

▶ **SCIÉ, ÉE** p. p. adj.

♦ **1.** *Arbres sciés à leur base.* → Étayer cit. 2. *Bois scié.* — *Planches sciées, mal sciées.*

♦ **2.** Vx. Ennuyé. — Mod. Très étonné. «*T'es scié...!*» (Céline, *Guignol's band*, p. 139).

DÉR. **Sciable, sciage, sciant, scie, 2. scier, scierie, scieur, scieuse, sciure.**

2. SCIER [sje] v. intr. — 1559, *scier en arrière*; du provençal *sia, seia*, d'origine obscure, ou emploi métaphorique de 1. *scier.*

♦ Mar. Manier les avirons d'une embarcation pour arrêter la marche en avant ou pour culer. *Scier bâbord, tribord* (pour virer). *Sciez partout!*

SCIERIE [siʀi] n. f. — 1801; dial. *soioire*, 1304; *moulin à scier*, XVIIIᵉ; de 1. *scier.*

♦ **1.** Atelier, usine où des scies mues par une source d'énergie débitent des matières dures (bois, pierre, etc.).

1 (...) une scierie mécanique avait des grincements réguliers, pareils à de brusques déchirures dans une pièce de calicot (...) ZOLA, *l'Assommoir*, VI, t. I, p. 207.

2 Au moyen de la chute de la grève, Cyrus Smith parvint à établir une scierie hydraulique qui débita plus rapidement les troncs d'arbres en planches et en madriers. Le mécanisme de cet appareil fut aussi simple que ceux qui fonctionnent dans les rustiques scieries de la Norvège. Un premier mouvement horizontal à imprimer à la pièce de bois, un second mouvement vertical à donner à la scie, c'était là tout ce qu'il s'agissait d'obtenir, et l'ingénieur y réussit au moyen d'une roue, de deux cylindres et de poulies, convenablement disposés.
J. VERNE, *l'Île mystérieuse*, t. II, p. 781.

♦ **2.** Vx. Machine à scier (on dit aujourd'hui *scie*). «*Ces machines, aujourd'hui si perfectionnées (...) : scieries circulaires; scieries à lames sans fin, scieries alternatives...*» (*Année sc. et industr.* 1891, p. 153 [1890]).

SCIEUR [sjœʀ] n. m. — 1247; *soieres*, cas sujet, v. 1120; de 1. *scier.*

♦ **1.** Celui dont le métier est de scier (la pierre, le bois). *Chevalet* *de scieur de bois.*

1 (...) une sorte de hangar qui servait d'abri aux scieurs occupés à débiter le marbre des Vosges. BALZAC, *Souvenirs d'un paria*, I, *in* Œ. diverses, t. I, p. 224.

Loc. (XIVᵉ). *Scieur de long :* scieur de bois de charpente, qui scie les troncs en long. ⇒ **Sagard.**

2   Midi. C'est dans la cour ; j'écris : un fumier glousse,
Un chien jappe, un frelon rit, deux scieurs de long
Font un grincement brun sous un grincement blond (...)
         Germain NOUVEAU, Premiers poèmes, « Chanson de mendiant »,
         Œ. compl., Pl., p. 369.

♦ **2.** Régional. Celui qui coupe le blé à la faucille. ⇒ 1. **Scier**, 1.
REM. Le fém. *scieuse* est virtuel.

HOM. **Sieur.**

SCIEUSE [sjøz] n. f. — V. 1960 ; de 1. *scier*.

♦ Techn. Machine à scier. ⇒ **Scie** (mécanique).

SCILLARÈNE [silaʀɛn] n. m. — 1964, G. L. E. ; de *scille*.

♦ Mod. Mélange de deux glucosides à propriétés cardiotoniques
extraits du bulbe de la scille maritime.

SCILLE [sil] n. f. — V. 1560 ; *esquille* XIIIᵉ ; lat. *scilla*, grec *skilla*.

♦ Plante herbacée *(Liliacées)*, bulbeuse, très voisine de la jacinthe,
dont certaines espèces sont ornementales, d'autres cultivées pour
leurs propriétés médicinales (notamment cardiotoniques, ⇒ **Scillarène**). *Scille maritime*, utilisée en teinturerie et pour la destruction
des rats.
(...) les pervenches et les scilles ruissellent à travers l'ombre en coulées d'un bleu
laiteux (...)   M. GENEVOIX, Forêt voisine, IV.

DÉR. **Scillarène.**
HOM. **Cil, sil.**

SCINCIDÉS [sɛ̃side] n. m. pl. — 1904 ; *scincoïdes*, 1876 ; *scin-
coïdiens*, 1839 ; du lat. mod., de *scincus*. → Scinque.

♦ Zool. Famille de sauriens caractérisés par la dégradation de leurs
membres, l'imbrication des écailles et une langue non extensible.
— Au sing. *Un scincidé.*

SCINDER [sɛ̃de] v. tr. — 1790, Mirabeau ; « retrancher », 1539 ;
lat. *scindere* « fendre, diviser ».

♦ Couper, diviser (en parlant de choses abstraites ou de groupes).
Scinder une phrase en ses diverses propositions. ⇒ **Décomposer.**
Scinder la question, le problème.
Pron. (1823). *Le parti s'est scindé après le vote.* ⇒ **Déchirer, disjoindre, fractionner, séparer** ; et aussi **scission.**
1   Notre existence est une, et ne se scinde pas. Nous vivons tous de la même vie (...)
         BALZAC, la Femme de trente ans, Pl, t. II, p. 825.
2   Les de Villiers — ou plutôt, Devilliers : car leur nom s'était scindé, en cours de
route, comme un caillou qui se fend en deux, en dévalant (...)
         R. ROLLAND, Jean-Christophe, Antoinette, p. 832.

▶ **SCINDÉ, ÉE** p. p. adj. *Un exécutif scindé en deux éléments*
→ Parlementaire, cit. 2. *Parti scindé.*

CONTR. **Associer, unir.**
DÉR. V. **Scission, scissure.**

SCINQUE [sɛ̃k] n. m. — 1611 ; lat. *scincus*, grec *skigkos*.

♦ Zool. Reptile saurien, type de la famille des Scincidés, qu'on rencontre notamment au Sahara.

DÉR. **Scincidés, scincoïdes.**
HOM. **Cinq.**

SCINTIGRAMME [sɛ̃tigʀam] ou **SCINTILLOGRAMME**
[sɛ̃tijɔgʀam ; sɛ̃tillɔgʀam] n. m. — Mil. xxᵉ ; de *scinti(llation)*, et *-gramme*.

♦ Méd. Schéma-silhouette, en pointillé, d'un organe, obtenu par la
scintigraphie ou gammagraphie*. ⇒ **Scintigraphie, scintillographie.**
Lecture d'un scintigramme.

SCINTIGRAPHE [sɛ̃tigʀaf] ou **SCINTILLOGRAPHE**
[sɛ̃tijɔgʀaf ; sɛ̃tillɔgʀaf] n. m. — Mil. xxᵉ ; de *scinti(llation)*, et *-graphe*.

♦ Sc. Appareil de détection par gammagraphie. *Les prospecteurs
du commissariat à l'Énergie atomique « quadrillent de vastes étendues, détectant par scintillographes les points riches en radioactivité »* (l'Express, 10-16 juil. 1967).

SCINTIGRAPHIE [sɛ̃tigʀafi] ou **SCINTILLOGRAPHIE**
[sɛ̃tijɔgʀafi ; sɛ̃tillɔgʀafi] n. f. — Mil. xxᵉ ; de *scinti(llation)*, et *-graphie*.

Médecine.

♦ **1.** Méthode d'exploration (d'un organe) consistant à injecter une
substance radioactive ayant une affinité particulière pour l'organe
examiné et à enregistrer la distribution de la substance. *Scintigraphie en couleurs.* ⇒ **Gammagraphie.** « La scintigraphie : c'est désor-

---

mais la technique la plus rapide, la plus fidèle, qui permette de
diagnostiquer un abcès du cerveau » (l'Express, 30 oct. 1972).

♦ **2.** Résultat de cette exploration. ⇒ **Scintigramme.**
On place le patient allongé et rigoureusement immobile devant un appareil appelé
« scintigraphe à balayage ». On obtient sur un papier une « scintigraphie » de la
glande thyroïde (...)   Revue du Palais de la Découverte, nᵒ 36, mars 1976.

DÉR. **Scintigraphique.**

SCINTIGRAPHIQUE [sɛ̃tigʀafik] adj. — 1975, G. L. E. *Suppl.*,
art. *Scintigraphie* ; de *scintigraphie*.

♦ Méd. Relatif à la scintigraphie. *Image scintigraphique.*

SCINTILLANT, ANTE [sɛ̃tijã, ãt ; Académie : sɛ̃tillã, ãt] adj. et
n. — 1560 ; de *scintiller*.

A. Adj. ♦ **1.** Qui scintille, jette des éclats intermittents. *Étoiles
scintillantes.* ⇒ **Clignotant** (→ Noir, cit. 14). *L'arène scintillante*
(→ Plage, cit. 5). ⇒ **Brillant** (cit. 3), **étincelant** (→ Poudre, cit. 10).

♦ **2.** (1775, Beaumarchais). Par métaphore, fig. Qui est semé de
traits, d'effets brillants. ⇒ **Étincelant, pétillant.** *Langage scintillant
et musique* (cit. 2).

B. N. m. (1949). Ornement de clinquant pour arbre, crèche de Noël,
etc. *Un, des scintillants.* — (Collectif) *Du scintillant pour arbres
de Noël.*

SCINTILLATEUR [sɛ̃tijatœʀ ; didact. sɛ̃tillatœʀ] n. m. — 1968 ;
adj. « scintillant », Proust, 1918 ; de *scintillation*.

♦ Phys. Appareil permettant de détecter les particules électrisées
au moyen des scintillations qu'elles produisent sur un écran fluorescent. *Scintillateur organique, minéral.*

SCINTILLATION [sɛ̃tijasjɔ̃ ; Académie : sɛ̃tillasjɔ̃] n. f. — 1490,
« éclair » ; lat. *scintillatio*, de *scintillare*. → Scintiller.

♦ **1.** (1740). Modifications d'intensité et de coloration de la lumière
stellaire, dues à sa réfraction irrégulière dans l'atmosphère. ⇒ **Étoile**
(cit. 7).
Par ext. Didact. Fluctuation du flux reçu de radio-sources de faible
diamètre apparent situées dans des directions voisines du Soleil.
Scintillation interplanétaire.

♦ **2.** (1538). Action de scintiller ; son résultat. ⇒ **Scintillement**
(→ Diamant, cit. 5).
Cette femme avait sur elle des scintillations nocturnes, comme une voie lactée. 1
Ces pierreries semblaient des étoiles. Cette agrafe de diamants était peut-être une
pléiade.   HUGO, l'Homme qui rit, II, III, VI.
Tout luisait, miroitait, et les lueurs des néons et des réverbères se reflétaient sur 2
le macadam, avec des scintillations bien nettes, bien propres, comme lavées.
     J.-M. G. LE CLÉZIO, le Déluge, p. 209.

♦ **3.** (1964). Phys. Lumière émise par une substance phosphorescente sous l'influence d'un phénomène ionisant. *Compteur à scintillations,* où les photons émis sont amplifiés au moyen d'un photomultiplicateur. — (Dans un radar). Déplacement apparent rapide de
la cible par rapport à sa position moyenne.

DÉR. **Scintigramme, scintigraphe, scintigraphie, scintillateur, scintillomètre.**

SCINTILLEMENT [sɛ̃tijmã] n. m. — 1764 ; de *scintiller*.

♦ **1.** Scintillation (des étoiles).

♦ **2.** (1842). Éclat intermittent. *Scintillement de diamants, des
armes* (→ Fantasia, cit. 1), *de la braise, du feu.* ⇒ **Brasillement.**
De brusques scintillements d'or (→ Bijou, cit. 1).
Par ici, par là, des scintillements de vitres de villas, toutes lointaines, pareil(s) à 1
des scintillements de lustres de cristal.
     Ed. et J. DE GONCOURT, Journal, 2 oct. 1870, t. IV, p. 72.
(...) si elle te laissait entrevoir le scintillement de ses yeux bleus, et ses belles 2
lèvres ! entre le cristal de ton verre et le flamboiement des bougies (...) tu en perdrais le sommeil.   VILLIERS DE L'ISLE-ADAM, Axël, II, 3, 9.

♦ **3.** Techn. Fluctuation de l'intensité des images (de cinéma, de
télévision).
Bruit parasite aigu provoqué dans un magnétophone par l'irrégularité de la vitesse de défilement de la bande. *Scintillement et pleu-
rage*. *Taux de scintillement.*

SCINTILLER [sɛ̃tije ; Académie : sɛ̃tille] v. intr. — 1375, *sintiller*,
sens 2. ; du lat. *scintillare*, de *scintilla*. → Étincelle.

♦ **1.** (1538). Étinceler*, jeter par intervalles un éclat assez faible,
ou de peu de portée ; émettre des reflets d'intensité variable (*briller, étinceler, flamboyer* supposent une lumière plus vive). *Diamants*
(→ Guêpe, cit. 5), *pierreries* (→ Oiseau, cit. 9) ; *brocarts* (cit. 3),
paillettes qui scintillent (→ Passementerie, cit. 3). *Les eaux du*

Bosphore scintillent (→ Cribler, cit. 9). ⇒ **Brasiller, miroiter** (cit.2). *Regard* (cit.5), *œil qui scintille* — Fig. (→ Nœud, cit. 20).

1 Grands yeux de mon enfant, arcanes adorés,
Vous ressemblez beaucoup à ces grottes magiques
Où, derrière l'amas des ombres léthargiques,
Scintillent vaguement des trésors ignorés !
BAUDELAIRE, les Épaves, « Galanteries », IX.

2 Les yeux chinois, à peine visibles au fond de la bouffissure des paupières, scintillaient d'une lueur ironique et pénétrante. Claude FARRÈRE, la Bataille, VI.

♦ **2.** (En parlant des astres, des étoiles). Briller d'un éclat inégal, caractérisé par le phénomène de la scintillation* (→ Lune, cit. 4). — Par anal. *Lumières lointaines qui scintillent.* ⇒ **Clignoter, frissonner, palpiter** (fig.).

3 Au-dessus de lui, le firmament d'été scintillait.
MARTIN DU GARD, les Thibault, t. VII, p. 65.

DÉR. Scintillant, scintillement.

SCINTILLOGRAMME [sɛ̃tijɔgʀam ; sɛ̃tillɔgʀam] n. m. ⇒ **Scintigramme.**

SCINTILLOGRAPHE [sɛ̃tijɔgʀaf ; sɛ̃tillɔgʀaf] n. m. ⇒ **Scintigraphe.**

SCINTILLOGRAPHIE [sɛ̃tijɔgʀafi ; sɛ̃tillɔgʀafi] n. f. ⇒ **Scintigraphie.**

SCINTILLOMÈTRE [sɛ̃tijɔmɛtʀ ; sɛ̃tillɔmɛtʀ] n. m. — 1865, « instrument destiné à étudier la scintillation des étoiles » ; de *scintillation*, et *-mètre.*

♦ Phys. Appareil permettant de détecter les radiations au moyen d'un cristal scintillateur associé à un photomultiplicateur.

SCIOGRAPHIE [sjɔgʀafi] n. f. — 1613 (archit.) ; lat. *sciographia*, mot grec, de *skia* « ombre », et *-graphie* ; terme technique d'architecture et d'arts graphiques.

Didactique ou vieux.

♦ **1.** Peint. Représentation des ombres. — (Archit.). Représentation d'un édifice par une coupe.

♦ **2.** (1803). Astron. Détermination de l'heure au moyen des ombres projetées par le Soleil ou la Lune. — REM. On a dit aussi *sciagraphie.*

DÉR. Sciographique.

SCIOGRAPHIQUE [sjɔgʀafik] adj. — 1845 ; *scia-*, 1838 ; de *sciographie.*

♦ Didact., vx. De la sciographie.

SCIOMANCIE [sjɔmɑ̃si] n. f. — 1765 ; *scyomancie*, 1546, Rabelais ; du grec *skia* « ombre », et *-mancie.*

♦ Didact. Divination par les ombres.

SCION [sjɔ̃] n. m. — XVIᵉ ; *cion*, XIIIᵉ ; selon Wartburg, d'un francique **kith* « rejeton » (cf. anc. haut all. *Kidi*) avec suff. dimin. *-on*, mais cette hypothèse est peu vraisemblable, le franç. *cion*, le picard *chion* « postulent une base latine *ci-* qui pourrait être le lat. *ciere* « pousser, évacuer » (P. Guiraud).

♦ **1.** Jeune branche droite et flexible (en particulier pousse de l'année, rejet ou rejeton d'un arbre).

Elle avait dix-huit ans à cette heure, et elle n'était guère plus grande qu'à douze, toujours souple et mince comme un scion de peuplier (...)
ZOLA, la Terre, IV, III.

Arbor. Jeune arbre greffé en pied à la fin de la première année de végétation du greffon.

♦ **2.** (1904). Pêche. Brin très fin qui termine la canne à pêche et auquel on attache la ligne.

HOM. Cyon.

SCIOTTE [sjɔt] n. — 1765, *Encyclopédie, sciote ; ciot* « petite scie », 1560 ; de *scie.*

♦ **1.** N. f. Techn. Scie à main de marbrier, de tailleur de pierres.

♦ **2.** N. m. (Canada). Scie à bois.

Mathieu ébranche, coupe les troncs en bûches, les fend et les corde derrière la cabane. Tout un jour il travaille rageusement de la hache et du sciotte sans dire mot. Jean-Yves SOUCY, Un dieu chasseur, p. 160.

SCIPIO [sipjo] n. m. — 1765, mot lat. « bâton ».

♦ Didact. Bâton de centurion romain, fait de sarments de vigne en torsade. — On a dit aussi *scipion*, n. m.

SCIRPE [siʀp] n. m. — 1827 ; *scirpus*, 1765, *Encyclopédie* ; lat. *scirpus* « jonc ».

♦ Bot. Plante herbacée *(Cypéracées)* qui croît dans les marais et les terrains humides, dont une espèce, appelée *jonc des chaisiers* (ou *des tonneliers*), est employée en vannerie.

Le sol était formé d'un limon argilo-siliceux, mêlé de nombreux débris de végétaux. Des conferves, des joncs, des carex ; des scirpes, çà et là quelques couches d'herbages, épais comme une grosse moquette, le recouvraient.
J. VERNE, l'Île mystérieuse, t. I, p. 278.

SCISSILE [sisil] adj. — 1611 ; *la pierre nommée... scissile*, 1561 ; lat. *scissilis*, de *scindere*. → Scinder.

♦ Géol. (Vieilli). Qui peut être fendu en feuillets ou en lamelles (⇒ **Fissile**). *Rochers scissiles* (ex. : l'ardoise).

SCISSION [sisjɔ̃] n. f. — 1495 ; lat. *scissio*, de *scindere*. → Scinder.

♦ **1.** Action de scinder, de se scinder, d'être scindé (en parlant d'un groupe, d'un parti). ⇒ **Division, partage, schisme, séparation.** *Désaccord provoquant une scission. La scission du parti socialiste au congrès de Tours en 1920. Faire scission.* ⇒ **Dissidence.**

1 Ce malheureux livre a eu tout le succès que je pouvais espérer (...) Mᵐᵉ de Broglie a daigné trouver que c'était *immoral* ; M. Guizot, que c'était du *Werther jacobin et carabin*. Il y a eu là-dessus scission et débats au *Globe* (...)
SAINTE-BEUVE, Correspondance, 67, 23 avr. 1829.

Par métaphore. ⇒ **Rupture.**

2 (...) nous n'admettons pas les scissions entre la connaissance et la poésie, pas plus qu'entre la science et l'action, entre l'abstrait et le concret, entre l'immédiat et les médiations, entre le positif et le négatif, entre l'affirmation et la critique, entre les faits et les appréciations, entre l'objet et le sujet.
Henri LEFEBVRE, la Vie quotidienne dans le monde moderne, p. 146.

♦ **2.** Dr. Séparation du patrimoine (d'une société) en plusieurs patrimoines de nouvelles sociétés (opposé à *fusion*). En appos. *Fusion-scission.*

♦ **3.** (1855). Phys., biol. Fission, division, séparation. — Chim. Vx. Hydrolyse.

CONTR. Accord, association, coalition, concorde.
DÉR. Scissionnaire, scissionnisme, scissionniste.

SCISSIONNAIRE [sisjɔnɛʀ] adj. — 1792 n. m. ; adj. 1799 ; de *scission.*

Histoire.

♦ **1.** Qui fait scission. ⇒ **Fractionnaire, scissionniste.** — N. *Un scissionnaire.*

♦ **2.** (Mil. XIXᵉ). Relatif à une scission. *Crise scissionnaire.*

SCISSIONNISME [sisjɔnism] n. m. — 1970 ; de *scission*, et *-isme.*

♦ Polit. Tendance scissionniste.

SCISSIONNISTE [sisjɔnist] n. et adj. — 1949, Lévi-Strauss, *in* D.D.L. ; a remplacé *scissionnaire ; de scission.*

♦ Didact. Personne qui, dans un groupe (spécialt, dans un parti, une assemblée), fait scission. ⇒ **Dissident.**
Adj. *Le groupe scissionniste. Activités scissionnistes.*

SCISSIPARE [sisipaʀ] adj. — 1855 ; du lat. *scissum* (de *scindere*), et *-pare.*

♦ Didact. (Biol.). Qui se reproduit par scissiparité*. ⇒ **Fissipare.**
DÉR. Scissiparité.

SCISSIPARITÉ [sisipaʀite] n. f. — 1855 ; de *scissipare.*

♦ Biol. Reproduction asexuée par division simple de l'organisme. ⇒ **Fissiparité, segmentation** (→ Fécondation, cit. 1). *La scissiparité existe chez les protozoaires, les cnidaires, les spongiaires, les échinodermes.*

Par métaphore :

1 Tous les rocs sont issus par scissiparité d'un même aïeul énorme. De ce corps fabuleux l'on ne peut dire qu'une chose, savoir que hors des limbes il n'a point tenu debout. Francis PONGE, le Parti pris des choses, p. 92.

2 Leur travail, fait en fonction de la répartition en clans, lesquels constituent actuellement au moins les groupes les plus nettement différenciés des sociétés australiennes, est valable à plus forte raison pour la répartition en phratries, s'il est vrai, comme chacun en paraît convaincu, que les clans dérivent de celles-ci par scissiparité. Roger CAILLOIS, l'Homme et le Sacré, p. 76.

SCISSOMÈTRE [sisɔmɛtʀ] n. m. — 1973, revue *Bâtir*, numéro de mai ; dér. lat. *scissum*, de *scindere*, et -*mètre*.

♦ Techn. Appareil servant à mesurer *in situ* la cohésion d'argiles molles.

SCISSURE [sisyʀ] n. f. — V. 1560 ; «fente», xive ; *cissure* «crevasse», 1314 ; lat. *scissura*, de *scindere*.

♦ Anat. Ligne de soudure entre certains os (⇒ **Fissure, suture**). — Sillon séparant des hémisphères ou des lobes du cerveau, des lobes pulmonaires. *Scissure interhémisphérique*, qui sépare les deux hémisphères du cerveau. *Grande scissure* ou *scissure médiane du cervelet. Scissure latérale* ou *scissure de Sylvius. Scissure de Rolando.*

La surface de chaque hémisphère est formée de substance grise (*écorce cérébrale*) et comporte un système de plis et de replis, les *circonvolutions cérébrales*, séparés par des sillons ou *scissures*, dont les deux principales sont la scissure de Sylvius et la scissure de Rolando.   Paul CHAUCHARD, le Système nerveux..., p. 12.

SCITAMINALES [sitaminal] n. f. pl. — 1964 ; *scitaminées*, 1839 ; lat. bot. *scitaminæa*, de *scitamina*, Linné, d'après le lat. class. *scitamenta* «friandises», à cause des propriétés alimentaires de la fécule de ces plantes.

♦ Bot. Famille de plantes monocotylédones herbacées, exotiques, à tige courte mais prolongée par la superposition des gaines emboîtées des feuilles (par ex. dans le bananier). ⇒ **Amomées**. — Au sing. *Une scitaminale.*

SCIURE [sjyʀ] n. f. — xvie ; *soiure* «fauchage de l'herbe», v. 1270 ; *scieüre*, v. 1398 ; *seyeures*, plur., 1500 ; *sayeure* «action de scier», 1480 ; de 1. *scier*.

♦ **1.** *Sciure de...* : déchets en poussière (d'une matière sciée). ⇒ **Bran, débris**. *Sciure de grès, de bois* (→ Calorifuge, cit.).

1   (...) tous les acrobates, gymnastes, *trapézistes* (...) clowns, jongleurs, danseurs de cordes, équilibristes sans emploi, de tous les gens nés dans la *sciure de bois* ou désireux d'y vivre (...)   Ed. DE GONCOURT, les Frères Zemganno, XXVIII.
1.1   (...) il y a du désordre partout, de la sciure de bois par terre, la boîte à outils est ouverte, des outils sont épars sur le parquet (...)   N. SARRAUTE, le Planétarium, p. 12.

♦ **2.** (Absolt). La sciure de bois (→ Larve, cit. 3 ; menuiserie, cit. 1). *La sciure est employée pour le nettoyage, le séchage, les emballages, le chauffage, etc. La sciure d'un sautoir, d'une piste de cirque.*

2   Dans le petit café : «Chez Pierrot», à côté du marchand de tabac, le garçon balayait de la sciure dans la salle déserte. C'était vraiment dimanche.   CAMUS, l'Étranger, I, II.

Bijoux à la sciure : bijoux fantaisie, de faible valeur, présentés à l'origine sur de la sciure.

SCIURIDÉS [sjyʀide] n. m. pl. — 1876 ; *sciuriens*, 1839 ; du lat. *sciurus*, grec *skiouros* «écureuil».

♦ Zool. Famille de rongeurs de petite taille, au pelage long, à queue touffue (ex. : *écureuil, marmotte*). — Au sing. *Un sciuridé.*

SCIUROMORPHES [sjyʀɔmɔʀf] n. m. pl. — Mil. xxe ; du lat. *sciurus*, grec *skiouros*, et -*morphe*.

♦ Zool. Sous-ordre de mammifères rongeurs comprenant les sciuridés et les familles voisines. — Au sing. *Un sciuromorphe.*

SCLÉR-, SCLÉRO- Premier élément de composés savants faits sur le modèle de composés grecs, du grec *sklêros* «dur». Voir à l'ordre alphabétique.

SCLÉRAL, ALE, AUX [skleʀal, o] adj. — 1961 ; du grec *sklêros* «dur».

♦ Anat. Relatif à la sclérotique*. *Conjonctive sclérale.*

SCLÉRANTHE [skleʀãt] n. m. — 1819 ; de *sclér-*, et -*anthe*.

♦ Bot. Plante dicotylédone (*Chiacées*, famille jointe aux *Caryophyllacées*), indigène, annuelle ou vivace, à feuilles piquantes.

SCLÉRECTASIE [skleʀɛktazi] n. f. — 1878 ; de *sclér-*, et -*ectasie*.

♦ Méd. Distension de la sclérotique.

SCLÉRECTOMIE [skleʀɛktɔmi] n. f. — 1871 ; de *sclér-*, et -*ectomie*.

♦ Méd. Résection de la sclérotique.

SCLÉRÈME [skleʀɛm] n. m. — 1824 ; de *sclér-*, et *(œd)ème*.

♦ Méd. Induration diffuse des téguments d'origine non élucidée, d'évolution très grave lorsqu'elle survient chez le nouveau-né.

SCLÉRENCHYME [skleʀãʃim] n. m. — 1858 ; de *sclér-*, et *(par)enchyme*.

♦ **1.** Bot. Tissu de soutien composé de cellules à membranes plus ou moins lignifiées.

♦ **2.** Zool. Squelette calcaire des madrépores.

SCLÉREUX, EUSE [skleʀø, øz] adj. — 1836 ; dér. du grec *skléros*.

♦ **1.** Méd. Se dit d'un tissu épaissi et durci par le développement pathologique d'éléments conjonctifs fibreux*.

♦ **2.** Propre à la sclérose*. *Transformation scléreuse des ovaires* (→ Ménopause, cit. 1).

SCLÉRIFICATION [skleʀifikasjɔ̃] n. f. — 1903, ci-dessous ; de *sclérifier*.

♦ Didact. Processus par lequel un tissu, un tégument, un organisme devient scléreux. «(...) *en empêchant la sclérification ou la liquification des tissus*» (*Rev. gén. des sc.*, 30 oct. 1903, p. 1063).

SCLÉRIFIER [skleʀifje] v. tr. — xxe ; de *scléreux*, et -*ifier*.

♦ Didact. (Méd., zool., bot.). Rendre scléreux. — Au p. p. *Tégument sclérifié.*
DÉR. **Sclérification.**

SCLÉRITE [skleʀit] n. f. — 1923 ; de *sclér(otique)*, et suff. -*ite*.

♦ Méd. Inflammation de la sclérotique.

SCLÉRO- ⇒ Sclér-.

SCLÉRO-ATROPHIQUE [skleʀoatʀɔfik] adj. — xxe ; de *scléro-*, et *atrophique*.

♦ Pathol. Se dit de lésions caractérisées par la présence simultanée de sclérose et d'atrophie.

SCLÉRO-CHOROÏDITE [skleʀokɔʀɔidit] n. f. — Mil. xxe ; de *scléro- (sclérotique)* et *choroïdite*.

♦ Méd. Inflammation simultanée de la sclérotique et de la choroïde.

SCLÉRO-CONJONCTIVITE [skleʀokɔ̃ʒɔ̃ktivit] n. f. — Mil. xxe ; de *scléro- (sclérotique)*, et *conjonctivite*.

♦ Méd. Inflammation simultanée de la sclérotique et de la conjonctive.

SCLÉRO-CORNÉEN, ENNE [skleʀokɔʀneɛ̃, ɛn] adj. — xxe ; de *sclérotique*, et *cornée*.

♦ Anat. Relatif à la sclérotique et à la cornée. *Limbe scléro-cornéen.*

SCLÉRODERMES [skleʀodɛʀm] n. m. pl. — 1876 ; adj. 1871, Littré ; de *scléro-*, et *derme*.

♦ Zool. (Vx). Sous-ordre de poissons plectognathes à corps recouvert de plaquettes osseuses (ex. : le coffre).

SCLÉRODERMIE [skleʀodɛʀmi] n. f. — 1878 ; de *scléro-*, et -*dermie*.

♦ Méd. Affection cutanée caractérisée par une sclérose des couches profondes de la peau, diffuse ou répartie en bandes, en nodules, en plaques, parfois associée à des scléroses viscérales.

SCLÉRŒDÈME [skleʀødɛm ; skleʀedɛm] n. m. — xxe ; de *sclér-*, et *œdème*.

♦ Méd. Œdème dur des téguments qui peut évoluer vers une *sclérodermie*.

SCLÉROGÈNE [skleʀɔʒɛn] adj. — 1896 ; *Année sc. et industr.* 1897, p. 266 ; de *scléro-* «dur», et -*gène*.

♦ Didact. Qui détermine la production du tissu scléreux. *Maladie sclérogène. — Méthode sclérogène :* méthode qui consiste à déterminer la production de tissu fibreux dans un but thérapeutique (en parodontologie, par exemple).

SCLÉROGRAPHE [sklerɔgraf] n. m. — Mil. xxᵉ ; de *scléro-*, et *-graphe.*

◆ Techn. Appareil évaluant la dureté et l'élasticité d'un métal, par enregistrement d'un rebondissement.

SCLÉRO-KÉRATITE [sklerɔkeratit] n.f. — 1878 ; de *sclérotique, kérat-* « cornée », et *-ite.*

◆ Méd. Inflammation simultanée de la sclérotique et de la cornée.

SCLÉROLYSE [sklerɔliz] n. f. — 1933 ; de *scléro-*, et *-lyse.*

◆ Didact., méd. Action destructive opérée par certaines substances ou produits médicamenteux utilisés à des fins thérapeutiques sur le tissu fibreux.

SCLÉROMÈTRE [sklerɔmɛtr] n. m. — 1872, Littré ; de *scléro-*, et *mètre.*

◆ Techn. Appareil de mesure de la dureté des corps solides.

SCLÉROMÉTRIE [sklerɔmetri] n. f. — xxᵉ ; de *scléro-*, et *-métrie.*

◆ Techn. Mesure de la dureté des corps solides.

SCLÉROPHTALMIE [sklerɔftalmi] n. f. — 1740 ; grec *sklerophtalmia ;* de *scléro-*, et *ophtalmie.*

◆ Vx. Xérophtalmie.

DÉR. **Sclérophtalmique.**

SCLÉROPHTALMIQUE [sklerɔftalmik] adj. — Attesté xxᵉ ; de *sclérophtalmie.*

◆ Vx. Xérophtalmique.

— Pourquoi un Polonais ? me demanda-t-il en tournant vers moi ses yeux proéminents et sclérophtalmiques (...) Interroge-le et n'écoute plus aux portes me coupa le général en roulant ses gros yeux de loto.   B. CENDRARS, la Main coupée, *in* Œ. compl., t. X, p. 172.

SCLÉROPHYLLE [sklerɔfil] adj. — 1871 ; de *scléro-*, et grec *phullon* « feuille ».

◆ Bot. Pourvu de feuilles dures, souvent épineuses, aptes à supporter la sécheresse.

SCLÉROPROTÉINE [sklerɔprɔtein] n. f. — Mil. xxᵉ ; de *scléro-*, et *protéine.*

◆ Biol. Protéine complexe, très peu soluble, formant la charpente de nombreux tissus animaux.

SCLÉROSANT, ANTE [sklerɔzɑ̃, ɑ̃t] adj. — 1896 ; de *scléroser.*

◆ Didact. Qui provoque une sclérose et notamment, une sclérose artificielle. *Substance sclérosante. Injection sclérosante :* injection d'un produit sclérosant « dans une veine variqueuse, un angiome, pour provoquer l'oblitération du vaisseau » (Manuila).

SCLÉROSE [sklerɔz] n. f. — 1842 ; grec *sklérôsis.* → Sclér-.

◆ **1.** Méd. Induration pathologique d'un tissu, d'un organe, due à l'hypertrophie du tissu conjonctif entrant dans leur structure. *Sclérose artérielle.* ⇒ **Artériosclérose ; athérome.** *Sclérose des cordons postérieurs.* ⇒ **Tabes.** *Sclérose cérébrale, pulmonaire* (cit.2). *Sclérose de la peau.* ⇒ **Sclérodermie.**

1   Des phénomènes de destruction organique l'accompagnent *(le vieillissement)*... À ceux-là s'attachera une explication mécanistique (...) Elle notera les traits de sclérose, l'accumulation graduelle des substances résiduelles, l'hypertrophie grandissante du protoplasme de la cellule.
                                H. BERGSON, l'Évolution créatrice, p. 19.

(1876). *Sclérose en plaques :* affection du système nerveux central caractérisée par des zones dégénératives disséminées de façon irrégulière au sein de la substance nerveuse.

2   Un neurologue fut appelé qui prononça des mots mystérieux : troubles de la coordination, asynergie, adiadococinésie (...) La marche prenait des allures de balancement, la pointe des pieds frottaient le sol, les jambes devaient s'écarter pour assurer l'équilibre. Il y avait des fourmillements, des dérobements intermittents, des maux de tête, des vomissements. On crut à une tumeur du cerveau. À un second voyage, Ignace put constater que la parole était devenue lente et un peu saccadée.
— Mais enfin, docteur, qu'est-ce que c'est ? avait-il demandé aux médecins qu'il avait pris à part sur le palier.

L'un deux s'était décidé à prononcer le mot devant lequel tous avaient hésité jusqu'alors : sclérose en plaques.
— C'est grave ?
— Très grave.
— Y a-t-il des chances de guérison ?
— Je m'en voudrais de vous donner de l'espoir.
— Mais elle n'est pas en danger immédiat ?
— L'évolution est parfois très longue. Votre malade peut vivre vingt ans, trente ans (...)   A. BILLY, Sur les bords de la Veule, p. 30.

◆ **2.** (1960). État de ce qui ne sait plus évoluer ni s'adapter, qui a perdu toute souplesse. ⇒ **Vieillissement.** *Sclérose intellectuelle. Sclérose des intitutions, d'un parti.*

CONTR. **Amollissement, développement.**
DÉR. **Scléroser.**
COMP. **Artériosclérose, arthrosclérose, athérosclérose.**

SCLÉROSER [sklerɔze] v. tr. — 1891, cit. ; de *sclérose.*

★ **I.** V. tr. (1902). Durcir artificiellement (les tissus). *Scléroser une veine.* « *Cette méthode a pour but de scléroser le tissu tuberculeux* (...) », *Année sc. et industr.* 1892, p. 323 (1891).

★ **II.** SE SCLÉROSER v. pron. (Mil. xxᵉ).

◆ **1.** Se durcir, être atteint de sclérose (en parlant d'organe, de tissu). → Régressif, cit. 2.

◆ **2.** Fig. Se figer, ne plus évoluer. ⇒ **Dessécher** (se), **figer, immobiliser** ('s). *Le régime se sclérose* (→ 2. Pouvoir, cit. 13). *Elle se sclérose dans son travail.* ⇒ **Encroûter** (s').

1   Alors que les formes et les concepts se sclérosent si vite, l'imagination matérielle reste une force actuellement agissante.   G. BACHELARD, l'Eau et les Rêves, p. 183.

2   *(Le peuple romain)* habitué aux facilités des villes, confiné dans sa médiocrité, glissant de plus en plus à la paresse (...) ne constitue, en rien, un réservoir où se renouvelleraient les élites. La société est figée et ira se sclérosant de plus en plus (...)   DANIEL-ROPS, Jésus en son temps, III.

▶ **SCLÉROSÉ, ÉE** p. p. adj.

◆ **1.** (1867). Méd. Atteint de sclérose*. *Tissu sclérosé.*

◆ **2.** (1933). Cour. Qui ne peut plus évoluer, qui n'évolue pas ; qui n'est plus adapté aux exigences du temps. *Administration sclérosée.*

DÉR. **Sclérosant.**

SCLÉROTE [sklerɔt] n. m. — 1876 ; grec *sklêrotês* « dureté ».

◆ Bot. Corps dur formé par certains champignons parasites et qui est doué d'une vie latente. « *Ce champignon se développe en effet sous forme d'éléments unicellulaires (appelés corps hyphaux) aux dépens des tissus de l'insecte hôte. Tous les tissus de l'hôte sont colonisés. Le puceron devient alors un sclérote dur, une boule de mycélium à l'intérieur du tégument de l'insecte* » (*Sciences et Avenir,* sept. 1978, p. 73).

SCLÉROTIQUE [sklerɔtik] n. f. — 1314 ; lat. médiéval *sclerotica,* du grec *sklêrotês* « dureté ».

◆ Anat. Membrane fibreuse qui entoure le globe oculaire, sauf en avant où elle présente une large ouverture dans laquelle se trouve la cornée (cit.). → cour. Le blanc de l'œil*. *Sclérotique jaunâtre, bleuâtre, pâle...* (⇒ Œil, cit. 18 ; prunelle, cit. 5). *De la sclérotique.* ⇒ **Scléral.** *Distension* (⇒ **Sclérectasie**), *inflammation* (⇒ **Sclérite**), *résection* (⇒ **Sclérectomie**) *de la sclérotique.*

1   Les paupières de l'aveugle, rougies par la lame incandescente, recouvraient à demi ses yeux, absolument secs. La sclérotique en était légèrement plissée et comme racornie, la pupille singulièrement agrandie.   J. VERNE, Michel Strogoff, p. 348.

2   Ils avaient surtout la lumière de leur regard, qui brillait si clairement dans la sclérotique de leurs yeux.   J.-M. G. LE CLÉZIO, Désert, p. 9.

3   (...) ce regard de statue éternelle, qui s'élève de la tête inclinée, et se révulse doucement, montrant la sclérotique des nostalgies et des malheurs.   J.-M. G. LE CLÉZIO, le Déluge, p. 278.

DÉR. **Sclérite, scléro-choroïdite, scléro-conjonctivite, scléro-cornéen, scléro-kératite.**

SCOLAIRE [skɔlɛr] adj. — 1807 ; bas lat. *scholaris,* de *schola* « école ».

◆ **1.** Relatif ou propre aux écoles, à l'enseignement qu'on y reçoit et aux élèves qui les fréquentent. *Enseignement, éducation scolaire* (→ Dépourvu, cit. 5 : purisme, cit. 3). *Établissement, groupe scolaire. La population scolaire :* l'ensemble de l'effectif des écoles. — (1900). *Travail scolaire* (→ Éloigner, cit. 6). *Aptitudes scolaires* (→ Caporal, cit. 2). *Succès scolaires. Année* scolaire* (→ An, cit. 21 ; renvoi, cit. 2). *Livres, manuels, matériel, fournitures scolaires. Ramassage* scolaire.* — Au Québec. *Autobus scolaire* (d'après l'angl. *school bus*). *Carnet, livret* scolaire. Lois scolaires. Obligation scolaire* (Loi J. Ferry, 28 mars 1882, sur l'instruction primaire obligatoire). *Age scolaire :* âge de l'obligation scolaire.

1   Il est vrai que l'obligation scolaire n'est pas appliquée avec rigueur, surtout dans

les campagnes où les parents ont besoin de leurs enfants pour garder le bétail ; cependant l'instruction élémentaire a pénétré dans toute la population.
Ch. SEIGNOBOS, Hist. sincère de la nation franç., XX.

2 Le plus souvent le complexe de culture s'attache à une culture scolaire, c'est-à-dire à une culture traditionnelle. Il ne semble pas que Pierre Louys ait eu la patience d'un érudit comme Paulus Cassel qui a colligé les mythes et les contes dans plusieurs littératures pour mesurer à la fois l'unité et la multiplicité du symbole du Cygne. Pierre Louys s'est adressé à la mythologie scolaire pour écrire sa nouvelle. Ne pourront la lire que des « initiés » à la connaissance *scolaire* des mythes.
G. BACHELARD, l'Eau et les Rêves, p. 57.

Hist. *Bataillons scolaires.*

♦ **2.** Péj. Qui évoque les exercices de l'école, qui a quelque chose d'appris et de livresque, de peu original. *Une critique bien scolaire.*

3 (...) Michelet est le grand prosateur du siècle (...) Il a l'éloquence de l'orateur, de qui les paroles jaillissent de sa conviction profonde ; mais rien de scolaire, d'affecté. Ses défauts ont ceci de rare qu'ils ne sont pas appris.
Émile HENRIOT, les Romantiques, p. 400.

DÉR. Scolairement, scolariser.

SCOLAIREMENT [skɔlɛʀmɑ̃] adv. — 1933 ; de *scolaire.*

♦ De façon scolaire, comme un écolier.

Anne Desbaresdes récita presque scolairement, pour commencer, une leçon qu'elle n'avait jamais apprise.
M. DURAS, Moderato cantabile, p. 78.

SCOLARISABLE [skɔlaʀizabl] adj. — V. 1963 ; de *scolariser.*

♦ Qui peut être scolarisé. *Ces enfants sont scolarisables.*

SCOLARISATION [skɔlaʀizasjɔ̃] n. f. — 1155 ; de *scolariser.*

♦ Action de scolariser ; le fait d'être scolarisé. « *La construction des lycées et collèges, le recrutement des maîtres n'ont pas suivi (...) l'élévation du "taux de scolarisation"* » (*le Monde,* 14 mai 1955).

SCOLARISER [skɔlaʀize] v. tr. — 1904 ; de *scolaire.*

♦ **1.** Pourvoir (un lieu, une communauté) d'établissements scolaires et d'enseignement régulier. *Scolariser une zone rurale.*

Si la moitié de ce projet avait été exécuté *(sic),* les 900 000 enfants indigènes qui se trouvent aujourd'hui sans école auraient été scolarisés.
CAMUS, Actuelles III, p. 58.

♦ **2.** Soumettre (qqn) à une scolarisation. — Au p. p. *Enfants scolarisés.*

N. *Pourcentage de scolarisés.*

DÉR. Scolarisable, scolarisation.

SCOLARITÉ [skɔlaʀite] n. f. — 1867 ; *scholarité,* 1392 ; « privilège de l'écolier (étudiant) », 1383 ; lat. médiéval *scholaritas,* de *scholaris* (→ Scolaire).

♦ **1.** Le fait de suivre régulièrement les cours d'un établissemnt d'enseignement. *Années de scolarité. Certificat de scolarité :* attestation prouvant l'inscription d'un élève à un établissement scolaire. — *Taux de scolarité* (ou *de scolarisation*) : pourcentage d'enfants scolarisés dans un pays. — Durée des études scolaires (de qqn). ⇒ **Écolage** (régional).

♦ **2.** Temps d'études prescrit (pour un examen, dans un grande École, etc.). *Projet de prolongation de la scolarité.*

SCOLASTICAT [skɔlastika] n. m. — 1894 ; de *scolastique.*

♦ Relig. Maison annexe d'un couvent, correspondant au grand séminaire diocésain, accueillant les scolastiques (II., 3.) ; études qu'on y fait ; durée de ces études.

SCOLASTIQUE [skɔlastik] adj. et n. — XIIIᵉ, adj., « scolaire », rare av. XVIIᵉ ; lat. *scholasticus,* du grec *skholastikos,* de *skholé.* → École.

★ **I.** Adj. ♦ **1.** (Mil. XVᵉ). Vx ou littér. Des écoles, scolaire.

1 Je sens trop en relisant les lignes qui précèdent que la bonne composition y manquent (...) Mais j'ai perdu le goût du beau travail scolastique, je préfère suivre ma plume que de la diriger (...)
CLAUDEL, Position et Proposition, t. II, p. 248.

En art. Académique. « *L'exécution scolastique* » (Delacroix, *Journal,* t. II, p. 300).

♦ **2.** (1625). Relatif ou propre à l'École* (*supra* cit. 22), à la scolastique (→ ci-dessous, II.). *Théologie, philosophie scolastique* (→ Quiddité, cit.). *Logique scolastique :* la logique aristotélicienne, telle qu'elle était enseignée au moyen âge. *Méthode, vocabulaire scolastique.*

2 La théologie scolastique, fille bâtarde de la philosophie d'Aristote, mal traduite et méconnue, fit plus de tort à la raison et aux bonnes études que n'en avaient fait les Huns et les Vandales. VOLTAIRE, Essai sur les mœurs, LXXXII.

♦ **3.** (1764). Péj. Qui concerne ou rappelle la scolastique décadente, par le formalisme, la logomachie, l'abus de la dialectique et de l'abstraction, le culte superstitieux des autorités intellectuelles du passé... *Esprit scolastique. Distinctions scolastiques* (→ Psychologie, cit. 3). *Barbarie scolastique et jargon* (cit.7) *mystique.*

3 Le propre de ces cultures scolastiques est de fermer l'esprit à tout ce qui est délicat, de ne laisser d'estime que pour les difficiles enfantillages où l'on a usé sa vie et qu'on envisage comme l'occupation naturelle des personnes faisant profession de gravité. RENAN, la Vie de Jésus, Œ. compl., t. IV, XIII, p. 213.

★ **II.** N. ♦ **1.** N. f. (1670). Philosophie et théologie enseignées au moyen âge par l'université (en particulier, la synthèse de la Révélation et de l'aristotélisme tentée par le thomisme*), enseignement et méthodes qui s'y rapportent (→ Figure, cit. 1 ; humanisme, cit. 2 ; irrationnel, cit. 1 ; litière, cit. 8).

(XVIIIᵉ). Péj. Philosophie présentant des caractères scolastiques, formalistes et abstraits.

4 S'il y a une scolastique marxiste, s'il y a et s'il y a eu des scolastiques stoïcienne, positiviste, etc., c'est parce que toute doctrine est formulée et enseignée. L'école, c'est la raison constituée, quel qu'en soit le contenu.
R. JOLIVET, Rech. philos., II, 313 *in* FOULQUIÉ, Dict. de la langue philosophique, art. *École.*

♦ **2.** N. m. **[a]** (Déb. XVIIᵉ). Philosophe et théologien scolastique du moyen âge (→ Infatuer, cit. 2 ; irréfragable, cit. 1). — (XIXᵉ). Péj. Homme à l'esprit scolastique (I., 2.).

5 Le scolastique ou le systématique, ce qui est la même chose, ne doute jamais de son point de départ, auquel il veut tout ramener : il a l'esprit orgueilleux et intolérant et n'accepte pas la contradiction, puisqu'il n'admet pas que son point de départ puisse changer. Cl. BERNARD, Introd. à l'étude de la médecine expérimentale, I, II.

[b] Relig. Jeune religieux faisant ses études de théologie et de philosophie dans un *scolasticat*. ⇒ **Séminariste.**

DÉR. Scolasticat, scolastiquement.

SCOLASTIQUEMENT [skɔlastikmɑ̃] adv. — 1596, *scholastiquement ;* de *scolastique.*

♦ Didact. ou littér. D'une manière scolastique (I., 2.), de façon formelle.

Mais tu verras des généraux imiter scolastiquement telle manœuvre de Napoléon et arriver au résultat diamétralement opposé.
PROUST, le Côté de Guermantes, Pl., t. II, p. 113.

SCOLÉC-, SCOLÉCO- Premier élément de mots de zoologie, du grec *skôlêx, êkos* « ver ».

SCOLEX [skɔlɛks] n. m. — 1839 ; grec *skôlêx* « ver ».

♦ Zool. Partie antérieure des vers cestoïdes (appelée aussi *tête de ténia*), pourvue de ventouses, de crochets.

SCOLIASTE ou SCHOLIASTE [skɔljast] n. m. — 1674, *scoliaste ; scholiaste,* 1552 ; de *scolie, scholie.*
Didactique.

♦ **1.** Commentateur (cit.2) ancien, auteur de scolies. *Les scholiastes d'Alexandrie.*

♦ **2.** Annotateur, commentateur érudit (→ Mêler, cit. 51).

1. SCOLIE ou SCHOLIE [skɔli] n. — 1680, *scolie ; scholie,* 1546 ; grec *skholion,* de *skholé* « école ».

★ **I.** N. f. Didact. Note philologique, historique, etc., due à un commentateur ancien, servant à l'interprétation d'un texte de l'antiquité. ⇒ **Annotation** (→ Interlinaire, cit.). *Les scolies de l'Iliade, de Pindare... Recueils de scolies.* — Par ext. Note critique.

1 *(Cousin)* est homme à s'occuper des textes, à rechercher des manuscrits, à s'intéresser à des scholies et à des commentaires, à les transcrire jusqu'au dernier mot, à ne faire grâce à lui ni aux autres d'aucune variante ni d'aucune leçon (...)
SAINTE-BEUVE, Causeries du lundi, 19 nov. 1849.

2 Grâce aux *papyri,* nous connaissons mieux aujourd'hui les méthodes et l'œuvre des Alexandrins. Nos prédécesseurs n'avaient, pour juger ces Juges, que les lambeaux de leurs *Mémoires* et *Commentaires* dans les notes comprimées, les *scholies* des manuscrits byzantins. Victor BÉRARD, Trad. de l'Odyssée, I, IV.

★ **II.** N. m. (1691). Hist. sc. Remarque à propos d'un théorème ou d'une proposition.

3 (...) souvent après avoir démontré une proposition, on enseigne dans un *scolie* une autre manière de la démontrer : ou bien on donne quelque avis nécessaire pour tenir le lecteur en garde contre les méprises ; ou enfin on fait voir quelque usage ou application de la proposition (...)
D'ALEMBERT, *in* Encyclopédie (1765), art. *Scholie.*

DÉR. Scoliaste ou scholiaste.

2. SCOLIE [skɔli] n. f. — 1735 ; grec *skilion* « chanson tortueuse, qui va en zig-zag », de *skolios* « tortueux ».

♦ Antiq. grecque. Chanson de table, que les convives chantaient l'un après l'autre, mais dans un ordre irrégulier en se passant une branche de myrte.

SCOLIOSE [skɔljoz] n. f. — 1820; grec *skoliôsis*, de *skolios* «tortueux».

♦ Méd. Déviation de la colonne vertébrale dans le sens transversal.

Il y avait dans cet homme déformé par la scoliose des bureaux, et qui reculait, une menace de bagarre.   Joseph PEYRÉ, Sang et Lumières, p. 202.

DÉR. Scoliotique.

SCOLIOTIQUE [skɔljɔtik] adj. et n. — 1857, adj.; n., xxᵉ; de *scoliose*.

♦ Méd. De la scoliose. *Affection scoliotique.* — Adj. et n. Atteint de scoliose. *Un vieillard scoliotique. Un, une scoliotique.*

1. SCOLOPENDRE [skɔlɔpɑ̃dʀ] n. f. — xvᵉ; *scolopendrie*, 1314; lat. *scolopendrium*, grec *skolopendrion*.

♦ Bot., cour. Plante cryptogame vasculaire de l'ordre des fougères, indigène, vivace, à feuilles coriaces, qui croît sur les rochers, les vieux murs humides (→ Dont, cit. 7).

Sur ses flancs bruns et humides (...) flottaient au gré des vents des touffes de scolopendre suspendues comme de longs rubans d'un vert pourpré.
BERNARDIN DE SAINT-PIERRE, Paul et Virginie, p. 48.

2. SCOLOPENDRE [skɔlɔpɑ̃dʀ] n. f. — 1558; «serpent fabuleux», 1552; lat. *scolopendra*, mot grec même orig. que le précédent.

♦ Animal arthropode *(Myriapodes chilopodes)*, au corps formé de 21 anneaux portant chacun une paire de pattes, plus couramment appelé *mille-pattes.*

Sous la poussière, ça bougeait doucement, scorpions bleu-noir, scolopendres dont les anneaux se multipliaient à l'infini, avec leur tunique articulée (...)
Jean CAYROL, Histoire d'une prairie, p. 53.

SCOLYME [skɔlim] n. m. — 1876; lat. *scolymos*, grec *skolumos*.

♦ Bot. Plante voisine du chardon *(Composées)* à racine alimentaire blanche. Syn. : *faux cardon.*

SCOLYTE [skɔlit] n. m. — 1839; *scolite*, 1808; *scolytus*, 1762, dans la classification de Geoffroi; d'orig. incert. ou de l'adj. *skolios* «tortueux, sinueux», p.ê. avec influence du grec *skôlex* «ver».

♦ Zool. Insecte coléoptère *(Scolytidés)*, qui vit sous l'écorce des arbres, creusant de nombreuses galeries larvaires, de forme sinueuse (d'où le nom de l'insecte).

SCOMBÉROÏDES [skɔ̃beʀɔid], **SCOMBÉRIDÉS** [skɔ̃beʀide] n. m. pl. ⇒ **Scombridés.**

SCOMBRE [skɔ̃bʀ] n. m. — 1646; lat. *scomber*, grec *skombros* «maquereau».

♦ Zool. Poisson de la famille des scombridés*; spécialt, maquereau.

SCOMBRÉSOCIDÉS [skɔ̃bʀezɔside] n. m. pl. — Déb. xxᵉ; de *scombrésoce*, 1819, lat. sc. *scombresox*, 1803, Lacépède, de *scombre* (→ Scombridés), et *esox* «sorte de brochet».

♦ Zool. Famille de poissons osseux renfermant l'orphie, le saurel ou balaou. «*Les scombrésocidés (Orphie, Balaou, Demi-Bec)*» (R. et M.-L. Bauchot, les Poissons, p. 115, Q. S. nº 642). — On y rattache parfois les *Exocétidés* (⇒ **Exocet**).

SCOMBRIDÉS [skɔ̃bʀide] n. m. pl. — xxᵉ (*in* Larousse 1933); *scombéroïdes*, 1808; *scombéridés*, 1842; de *scombre*.

♦ Zool. Famille de poissons téléostéens acanthoptérygiens au corps allongé, à la peau lisse. (ex. : maquereau, thon). Au sing. *Un scombridé.*

SCONCE, SCONSE [skɔ̃s] n. m. ⇒ **Skunks.**

SCOOP [skup] n. m. — 1957, *in* Höfler; mot anglais.

♦ Anglic. Nouvelle importante donnée en primeur ou en exclusivité par une agence de presse. Recomm. off. : *exclusivité*. Réaliser un scoop. Rechercher les scoops.* «*En toutes les langues la date des journaux m'annonce la même merveilleuse nouvelle, et j'ai failli en somme manquer le scoop de l'année; depuis hier dans tout*

l'hémisphère, sous tous les régimes, de part et d'autre de tous les rideaux, le printemps est arrivé» (*le Monde*, 24 mars 1966). C'est l'affaire de l'année. Vous avez un scoop formidable.
Paul RIBEAUD, le Paria, p. 8.

SCOOTER [skutœʀ; skutɛʀ] n. m. — 1919, *Moto-revue, in* Höfler; répandu en 1945; abrév. de l'angl. *motor-scooter* (1919) «patinette à moteur», du v. *to scoot* «aller ou démarrer à grande allure».

♦ **1.** Motocycle (cit.) léger, caréné, à cadre ouvert.

Sur la route vont et viennent sur leurs scooters les fils de notables en quête d'une estivante qui acceptera de faire une promenade avec eux (...)   [1]
Roger VAILLAND, la Loi, p. 179.

(...) il n'est pas surprenant que le scooter soit le fruit du travail d'un ingénieur spé-   [2]
cialiste de l'aviation; alors que l'automobile peut se permettre de conserver des résidus d'abstraction (refroidissement par eau, allumage par batterie et transformateur d'impulsions), l'aviation est obligée de produire les objets techniques les plus concrets, afin d'augmenter la sécurité de fonctionnement et de diminuer le poids mort.
Gilbert SIMONDON, Du mode d'existence des objets techniques, p. 26.

♦ **2.** (Au Québec). *Scooter des neiges* (anglic. critiqué) : motoneige.

DÉR. Scootériste.
COMP. Auto-scooter.

SCOOTÉRISTE [skuteʀist] n. — 1951; de *scooter.*

♦ Personne qui conduit un scooter.

-SCOPE, -SCOPIE Second élément, du grec *-skopos* et *-skopia*, de *skopein* «examiner, observer» (instruments, techniques d'observation). ⇒ Aéroscope, amblyoscope, anémoscope, autoscopie, baroscope, céphaloscopie, cranioscopie, cryoscopie, cystoscope, dactyloscopie, diaphanoscopie, électroscope (et -ie), endoscope, gyroscope, **hélioscope** (et -ie), horoscope, hydroscope (et -ie), hygrobaroscope, hygroscope (et -ie), kaléidoscope, kinétoscope, laryngoscope (et -ie), macroscopique, métoposcopie, microscope (et -ie), ophtalmoscope (et -ie), otoscope, périscope, phénakistiscope, polariscope, praxinoscope, pyroscope, radioscopie, rhinoscopie, spectroscope (et -ie), stéréoscope, stéthoscope (et -ie), stomatoscope, stroboscope, télescope, thermoscope (et -ie), uranoscope, uroscopie, zooscopie.

SCOPÉLISME [skɔpelism] n. m. — 1842; du grec *skopelos* «rocher élevé», et *-isme.*

♦ Didact. Pratique orientale et antique, importée à Rome, qui consistait à disposer selon certaines règles des pierres dans un champ pour le rendre stérile.

SCOPIE [skɔpi] n. f. — xxᵉ; abrév. de *radioscopie.*

♦ Fam. Radioscopie. *Vous allez passer à la scopie* (→ 1. Radio, 3.).

SCOPOLAMINE [skɔpɔlamin] n. f. — 1899; de *scopolie*, genre de solanacées (de *Scopoli*, naturaliste ital. du xviiiᵉ), et *-amine*, dans *hyoscyamine*.

♦ Chim. Alcaloïde extrait de plusieurs solanacées (formule $C_{17} H_{21} NO_4$), appelé aussi *hyoscine* (⇒ **Hyoscyamine**), voisin de l'atropine, et comme elle utilisé en médecine.

SCOPOLIA [skɔpɔlja] n. f. — 1876; de *Scopoli*, naturaliste ital. du xviiiᵉ.

♦ Bot. Plante dicotylédone *(Solanacées)* à feuilles épaisses, ornementale, originaire de Sibérie (⇒ aussi **Scopolamine**).

SCOPS [skɔps] n. m. — 1846; grec *skôps.*

♦ Zool. Oiseau rapace nocturne *(Strigidés)*, de petite taille, couramment appelé *petit duc.*

SCOPTOPHILIE [skɔptɔfili] ou **SCOPOPHILIE** [skɔpɔfili] n. f. — Mil. xxᵉ; du grec *skopein* (→ -scope), et *-philie.*

♦ Psychiatrie. Désir obsédant de contempler l'activité sexuelle d'autrui, pour une satisfaction érotique. ⇒ **Voyeurisme.**

Une théorie cohérente de la phase narcissique clarifie le fait de l'ambivalence propre aux «pulsions partielles» de la scopophilie, du sadomasochisme et de l'homosexualité.   J. LACAN, l'Agressivité en psychanalyse, *in* Écrits, p. 119.

SCORBUT [skɔʀbyt] n. m. — Fin xviᵉ; *scuerbuyck*, 1557; lat. médiéval *scorbutus*, du moy. néerl. *scôrbut*, mot nordique *skyr* («lait caillé»)-*bjugr* («œdème»), proprt «œdème provenant d'un abus de lait caillé».

♦ Maladie par carence, provoquée par l'absence ou l'insuffisance dans l'alimentation des vitamines* C, et caractérisée par divers troubles (fièvre, anémie, hémorragies, gastro-entérite, ou même cachexie). *Le scorbut frappait souvent des collectivités* (prisonniers, marins, etc.) *soumises à une même carence. Scorbut infantile,* chez certains nourrissons élevés avec des farines et des laits stérilisés et conservés.

1   C'est, le premier, l'amiral Hawkins, en 1593, qui observa l'effet bienfaisant du jus de citron sur son équipage atteint de scorbut (...) En 1775, le capitaine Cook, dans son expédition au pôle Sud, préserva son équipage du scorbut avec des citrons, des oranges et de la choucroute. Le rôle indispensable d'éléments frais dans la ration alimentaire était établi. Le début de l'ère pastorienne fit apparaître une autre forme de scorbut : le scorbut infantile (...)
                              R. FABRE et G. ROUGIER, Physiologie médicale, p. 221.

2   On se procura également, à grand prix et à grand-peine, une certaine quantité de citrons, destinés à prévenir ou guérir le scorbut, cette terrible maladie qui décime les équipages dans les régions glacées.
                              J. VERNE, Un hivernage dans les glaces, p. 236.

DÉR. Scorbutique.
COMP. Scorbutigène.

SCORBUTIGÈNE [skɔʀbytiʒɛn] adj. — V. 1941 ; de *scorbut* ou *scorbutique,* et *-gène*.

♦ Méd. Qui provoque le scorbut.

En 1929, deux Danois observèrent que le syndrome hémorragique du poussin soumis à un régime scorbutigène subsistait alors même que l'on faisait ingérer du jus de citron à l'animal.   S. GALLOT, les Vitamines, p. 47.

SCORBUTIQUE [skɔʀbytik] adj. — 1718 ; «bon contre le scorbut», 1642 ; de *scorbut*.

♦ **1.** Relatif, propre au scorbut ; causé par le scorbut. *Symptômes scorbutiques.*

♦ **2.** Atteint du scorbut. — N. *Un, une scorbutique.*

COMP. Antiscorbutique.

SCORE [skɔʀ] n. m. — 1896, *in* Höfler ; mot angl., «décompte».
Anglicisme.

♦ **1.** Marque, décompte des points au cours d'un match, d'une partie ; résultat indiqué par la marque. ⇒ **Marque.** *« Le "score" est 2 buts à un »* (l'Auto, 25 janv. 1901, *in* Petiot). *Le score final.* — Ce résultat pour chacun des concurrents. *Un score sévère.*

Loc. *Jouer le score, jouer au score :* jouer en fonction du résultat, de la marque (en dosant ses efforts).

♦ **2.** (1964, l'Express, *in* Höfler). Résultat chiffré (obtenu par un candidat) lors d'une élection, d'une compétition. *Score électoral. Un score respectable. Améliorer son score. « Son "score" aux dernières élections professionnelles à Paris... »* (le Nouvel Obs., 9 juil. 1973, p. 27).

♦ **3.** (1968). Nombre exprimant le résultat d'un test, d'un sondage (Syn. franç. : *note*).

♦ **4.** (1969). Résultat atteint, performances réalisées (dans les domaines économique, technique...).

HOM. Scaure.

SCORIACÉ, ÉE [skɔʀjase] adj. — 1775 ; de *scorie,* et *-acée*.

♦ Didact. Qui comporte des scories. Qui a une consistance bulleuse, rugueuse. *Lave scoriacée.*

SCORIE [skɔʀi] n. f. — 1555 ; «alluvion», · XIIIᵉ ; lat. *scoria,* grec *skôria* «écume du fer».
REM. Rare au singulier.

♦ **1.** Résidu solide provenant de la fusion de minerais métalliques, de l'affinage de certains métaux ainsi que de la combustion à haute température de matières, telles que la houille. ⇒ **Déchet,** 2. **laitier** (cit.), **mâchefer** (→ Rapiécer, cit. 3 ; et par métaphore, nettoyer, cit. 7). *Scories de déphosphoration :* sous-produits de la fabrication des aciers (⇒ **Fonderie**), mélange impur de phosphate, silicate et oxyde ferrique utilisé en agriculture comme engrais pour sa haute teneur en phosphore. *Scories phosphatées* (ou *phosphates métallurgiques*).

♦ **2.** (1796). *Scories (volcaniques) :* matières volcaniques dont la texture est analogue à celle du mâchefer, provenant généralement du refroidissement superficiel des coulées de lave (→ Lapilli, cit.).

♦ **3.** (Mil. XIXᵉ) Fig. Partie médiocre ou mauvaise. ⇒ **Déchet.**

1   (...) les fautes de prosodie, les erreurs grammaticales et toute cette masse de scories qui, chez les écrivains non artistes, souillent les meilleures intentions et déforment les conceptions les plus nobles.
                              BAUDELAIRE, Notes nouvelles sur Edgar Poe, III.

2   Comme historiens nous nous intéressons aux scories de Galilée ; les savants s'intéressent aux géniales intuitions de Messier qui n'avaient aucun sens à son époque. La vérité historique peut devenir scorie, la scorie être réactivée en vérité. D'où la

limite : si je dis vrai au sens de Galilée, je puis éventuellement dire faux ; si je dis vrai, je puis éventuellement dire faux au sens de Galilée.
                              Michel SERRES, Hermès I, la Communication, p. 84.

DÉR. Scoriacé, scorifier.

SCORIFIÁNT, ANTE [skɔʀifjɑ̃, ɑ̃t] adj. — XXᵉ ; p. prés. de *scorifier*.

♦ Techn. Qui scorifie. *Fusion scorifiante,* avec oxydation.

Les minerais de cuivre les plus importants sont des sulfures complexes notamment de cuivre et de fer. La première préoccupation est de concentrer le cuivre (...) en utilisant cette heureuse propriété d'oxydation plus aisée du fer que du cuivre. On commencera donc par un grillage oxydant partiel, qui transformera une partie du fer en oxyde. Puis on procédera à une fusion scorifiante qui, par action de la silice, permettra de faire passer dans la scorie le fer oxydé. Il restera alors un sulfure double de fer et de cuivre, appelé matte, facile à séparer de la scorie par différence de densité.   Léon GUILLET, les Techniques de la métallurgie, p. 41.

SCORIFICATION [skɔʀifikasjɔ̃] n. f. — 1747 ; de *scorifier*.

♦ Techn. Action de scorifier ; résultat de cette action.

SCORIFIER [skɔʀifje] v. tr. — 1750 ; de *scorie*.

♦ Techn. Réduire en scories ; produire la séparation du métal et des scories.

P. p. adj. *Métal scorifié.*

DÉR. Scorifiant, scorification.

SCORPÈNE [skɔʀpɛn] n. f. — 1552 ; provençal *scorpena* ou *scorpeno* (1445), nom de certaines rascasses ; lat. *scorpaena,* grec *skorpaina* «scorpion de mer», de *skorpios* «scorpion».

♦ Zool. Poisson acanthoptérygien (*Scorpénidés*), de petite dimension, à peau visqueuse, à tête forte et hérissée d'épines, appelé vulgairement *crapaud de mer, diable de mer, scorpion de mer,* et, en Provence, *rascasse*.*

SCORPÉNIDÉS [skɔʀpenide] n. m. pl. — Mil. XXᵉ ; de *scorpène,* et *-idés*.

♦ Zool. Famille de poissons osseux (sous-ordre des Scorpéniformes) marins, à tête volumineuse et hérissée de protubérances, aux nageoires pectorales servant souvent à la locomotion (appelés couramment *crapauds, diables, scorpions de mer*). — Au sing. *La rascasse est un scorpénidé.*

SCORPION [skɔʀpjɔ̃] n. m. — XIIᵉ ; *scorpium* ou *escorpium,* 1119 ; lat. *scorpio,* grec *skorpios*.

♦ **1.** Arachnide de l'ordre des Scorpionidés, animal arthropode chélifère possédant un céphalothorax, un abdomen à sept anneaux et un post-abdomen (queue) étroit et mobile, formé de six segments dont le dernier porte un aiguillon crochu et venimeux. ⇒ **Androctone.** *Scorpion noir, brun. Un gros scorpion. Être piqué* (cit. 4) *par un scorpion.* Par compar. *Pouce* (cit. 1) *retroussé en queue de scorpion.* — *Légendes anciennes sur les scorpions* (comme celle du suicide du scorpion ; → Haine, cit. 27 ; et ci-dessous, cit. Vigny).

1   Il y a un jeu atroce, avec nos enfants du Midi (...) On forme un cercle de charbons ardents ; on saisit un scorpion avec des pinces et on le pose au centre. Il demeure d'abord immobile jusqu'à ce que la chaleur le brûle ; alors il s'effraie et s'agite. On rit. Il se décide vite, marche droit à la flamme, et tente courageusement de se frayer une route à travers les charbons ; mais (...) il se retire (...) Il fait lentement le tour du cercle et cherche partout un passage impossible (...) Enfin il prend son parti, retourne contre lui-même son dard empoisonné, et tombe mort sur-le-champ.   A. DE VIGNY, Chatterton, «Dernière nuit de travail».

2   (...) Enfin, j'ai raconté à mon royal cousin l'histoire de la mort du scorpion, la vraie. Contrairement à ce que l'on répète, le scorpion ne meurt généralement pas de sa propre piqûre. Il lui arrive, certes, de se blesser et d'en souffrir. Quelquefois même, lorsqu'il se débattant un peu violemment, il plante son aiguillon dans sa propre nuque, ou dans ce qui y correspond, et devient tout raide. Mais il ne s'agit que d'une mort apparente.   A. MEMMI, le Scorpion (1969), *in* Littér. de langue franç., p. 392.

♦ **2.** (1273, astron.). Constellation zodiacale de l'hémisphère austral. — Astrol. Huitième signe du zodiaque (23 octobre-21 novembre). Ellipt. *Elle est scorpion :* elle est née sous le signe du scorpion.

♦ **3.** (Noms d'animaux). *Scorpion de mer :* le scorpène (ou rascasse). — (1690). *Scorpion d'eau :* la nèpe (insecte).

♦ **4.** (Fin XIIᵉ). Archéol. Machine* (cit. 23) de guerre analogue à la baliste (cit.). Fouet de guerre muni de lanières ou de chaînes à pointes de métal (cf. Fléau d'armes).

DÉR. Scorpionidés.

SCORPIONIDÉS [skɔʀpjonide] n. m. pl. — 1876 ; *scorpionides,* 1819 ; de *scorpion*.

♦ Zool. Ordre d'animaux arthropodes dont le scorpion* est le type. — Au sing. *Un scorpionidé.*

SCORSONÈRE [skɔʀsɔnɛʀ] n. f. — 1667; *scorsonera,* 1615; *scorzonère,* 1620; *scorçonère,* 1658; *cursonnaire,* 1660; ital. *scorzonera,* de *scorzone* «serpent venimeux» dont on soignait la morsure par une plante : la *scorsonère.*

♦ Bot. Plante dicotylédone *(Composées),* dont une variété à écorce noire est cultivée comme plante alimentaire (cour. : *salsifis noir*).

1. SCOTCH [skɔtʃ] n. m. — xxᵉ (1936, Dekobra, *in* Höfler); *scotch whisky,* 1906; mot angl., «écossais».

♦ Whisky* écossais. *Scotch pur malt. Scotch mélangé* (angl. *blended*). *Des scotches.*

1   Malgré la Roque, qui venait précisément d'envoyer chercher son whisky à la chaloupe, du bon, vous savez, du vrai vieux scotch, nous partîmes.
       Henri FAUCONNIER, Malaisie, p. 218.

2   Il *(Julien)* tira de sa poche un flacon plat : «Tu veux du vrai scotch?
— Je veux.
— Mademoiselle, un autre verre et un autre soda, je vous prie», dit Julien.
Il remplit à mi-hauteur le verre d'Henri.
— «Fameux!» dit Henri; il avala une large rasade : «J'avais besoin d'un petit remontant : j'ai eu une journée si bien remplie (...)»
       S. DE BEAUVOIR, les Mandarins, p. 158 (1954).

(1959). Par métonymie. Un verre de cet alcool. *Un scotch, un double scotch* (ou *un double*). — *Un baby scotch* (ou *un baby*) : demi-dose (dans les bars).

3   Hargneux, je raccroche, écluse un baby scotch et vais rejoindre le révérend...
       SAN-ANTONIO, J'ai essayé : on peut!, p. 164.

2. SCOTCH [skɔtʃ] n. m. — 1955, *in* Höfler; mot amér., marque déposée.

♦ Ruban adhésif transparent (de cette marque). ⇒ **Adhésif** (n.), **collant.** *Un rouleau de scotch.*
DÉR. **Scotcher.**

SCOTCHER [skɔtʃe] v. tr. — 1965; de 2. *scotch.*

♦ Coller avec du scotch* (2. scotch). — Au p.p. *Un bout de papier scotché.*

SCOTCH-TERRIER [skɔtʃtɛʀje] n. m. — 1868, *Rev. des cours sc.,* nᵒ 34, p. 545-46; mot angl., de *scotch* «écossais», et *terrier.*

♦ Race de chien terrier, de taille moyenne, à poil dur et dru, originaire d'Écosse. — Plur. *Des scotch-terriers.* «Paul Rab, avec "Ric et Rac", avait lancé, avant guerre, le scotch-terrier» (*l'Express,* 12 mars 1973). — On dit aussi *scottish-terrier* [skɔtiʃtɛʀje] (1898, *in* Höfler). — Plur. *Des scottish-terriers.*

SCOTIE [skɔti] n. f. — 1640; lat. *scotia,* mot gec.

♦ Archit. Moulure semi-circulaire. ⇒ **Nacelle.**

SCOTISME [skɔtism] n. m. — 1740; de *scotiste.*

♦ Hist. philos. Doctrine de Duns Scot, qui s'écarte du thomisme, en particulier quant à la notion de la personne humaine du Christ et au motif de l'Incarnation.

SCOTISTE [skɔtist] adj. et n. — 1534; de *Duns Scot,* philosophe et théologien angl., franciscain du XIIIᵉ.

♦ Hist. philos. Propre à Duns Scot et à sa doctrine (scotisme); partisan du scotisme. — N. *Les scotistes* : les partisans de cette doctrine.
DÉR. **Scotisme.**

SCOTO- Premier élément de mots didactiques, du grec *skotos* «ténèbres».

SCOTOME [skɔtɔm] n. m. — 1839; lat. *scotoma,* grec *skotôma* «vertige, éblouissement», de *skotoûn* «couvrir de ténèbres, aveugler», de *skotos* «obscurité».
Médecine.

♦ **1.** Trouble de la vision, dû généralement à une lésion du nerf optique, produisant comme une tache qui masque une partie du champ visuel. *Scotome central, périphérique. Persistance, réduc-*

tion *d'un scotome.* — *Scotome scintillant :* tache brillante et mobile que perçoivent des sujets atteints de migraine ophtalmique.

♦ **2.** (xxᵉ). Lacune dans la perception de séquences sonores.
DÉR. V. (de même étym.) **Scotomisation, scotomiser.**

SCOTOMISATION [skɔtɔmizɑsjɔ̃] n. f. — Mil. xxᵉ (1951 *in* Piéron); t. dû à Laforgue et Pichon (pour traduire *Verleugnung* chez Freud), formation sav., du grec *skotôma.* → Scotome.

♦ Psychan. Rejet inconscient et sélectif hors du champ de conscience d'une perception, d'une réalité pénible pour le sujet. *La scotomisation, «aveuglement spécifique»* (R. Cahen). ⇒ **Déni** (de la réalité); et aussi **Forclusion.**
DÉR. (Du même rad.) **Scotomiser.**

SCOTOMISER [skɔtɔmize] v. tr. — xxᵉ (attesté 1973, cit.); du grec *skotôma* (→ Scotome), d'après *scotomisation.*

♦ Psychan. Exclure inconsciemment du champ de conscience. ⇒ **Annuler.**
On peut en effet considérer que la deuxième topique rend caduque la première et scotomiser ensuite dans la deuxième la pulsion de mort.
       F. CAMBON, Sigmund Freud : das Unbehagen in der Kultur, p. 6. (C. N. T. E).

SCOTOPIQUE [skɔtɔpik] adj. — Mil. xxᵉ; du grec *skotos* «obscurité», et *ops, opos* «vue».

♦ Méd. Qui concerne la capacité visuelle de l'œil dans l'obscurité. *Vision scotopique* (vision nocturne).

SCOTTIQUE [skɔtik] adj. — Mil. xxᵉ; dér. sav. du lat. *Scoti* «les Écossais et Irlandais».

♦ Didact. Se dit de l'écriture employée en Irlande du VIᵉ au XIIᵉ siècle.

SCOTTISH [skɔtiʃ] n. f. — 1872; *schotich,* 1850; angl. *scottish* «écossais», par l'interm. de l'all. *skottisch,* l'Allemagne ayant adopté cette danse avant la France.

♦ Anciennt. Danse écossaise de mesure binaire (2/4), voisine de la polka.

SCOTTISH-TERRIER [skɔtiʃtɛʀje] ⇒ **Scotch-terrier.**

SCOUBIDOU [skubidu] n. m. — 1958, dans une chanson de Sacha Distel, très probablt formé sur les syllabes les plus fréquentes du chant scat; seul le traitement vocalique est transposé dans les habitudes graphiques du français.

♦ Fam. (et quelque peu vieilli). Petit objet tressé servant de fétiche, de porte-bonheur. *Des scoubidous.*

1   (...) le bonheur du terme autorise non seulement l'Aurore du 7 mars 1960 à plaisanter sur le détenu B... qui s'est évadé au moyen de ses draps attachés «avec un scoubidou», mais encore le sieur G..., crémier rue Demours, en février 1960, à qualifier de *scoubidous* les petits fromages de sa fabrication (...) puis en mars, à les étiqueter *scoubidou* — sans que de grands magasins cessent de nommer *scoubidous* les susdits articles de passementerie.
       G. ESNAULT, *in* Vie et Langage, nᵒ 100 (1960).

2   Il y eut l'année des «scoubidous» (signe de quoi? de l'inutile, du combinatoire et du rationnel absurde, maniaque et sans joie) et la saison des porte-clés (signe de la propriété).
       Henri LEFEBVRE, la Vie quotidienne dans le monde moderne, p. 205.

SCOUFFIN [skufɛ̃] n. m. — 1839; var. de *couffin.*

♦ Régional. Couffin spécialement réservé aux olives que l'on va mettre au pressoir.

SCOUMOUNE [skumun] ou **SCHKOUMOUNE** [ʃkumun] n. f. — Se dit depuis 1930 au moins en franç. d'Algérie (ex. de 1941 *in* A. Lanly); du corse *scomun,* ou de l'ital. *scomunica,* de *scomunicare,* lat. *excomunicare* (→ Excommunication); répandu en France en argot, par le milieu corse et marseillais, cf. Lebreton, *Langue verte et noirs dessins,* 1960.

♦ Argot. Malchance; mauvais sort. *Tu vas nous flanquer la scoumoune! Il a la scoumoune, la schkoumoune, ce type-là !*
       Là, il s'est tâté, Johnny. Paumer un sac ou deux n'aurait pas pour lui un caractère de gravité, mais c'est l'orientation de la scoumoune qu'il voudrait contrôler, savoir si la fumière *(fém. de fumier)* l'a lâché, ou persiste à lui peser sur les endosses?
       Albert SIMONIN, Hotu soit qui mal y pense, p. 136.

SCOURED [prononc. francisée : skuʀɛd] adj. et n. m. — 1875; mot angl., de *to scour* «laver, dessuinter».

♦ Anglic. Techn. Se dit de la laine lavée directement sur le dos du mouton, avant la tonte. On dit aussi *laine lavée à dos.* — N. m. *Du scoured.*

Les laines brutes sont achetées soit directement aux pays producteurs, soit sur les marchés de Londres, Anvers, Le Havre, Reims, etc.
Elles sont achetées :
1° Soit en toison : en suint (sans lavage préalable).
2° Soit « scoured » : lavées sommairement sur le dos de l'animal.
3° Soit en fibres : lorsqu'après tondage on a procédé à un triage sommaire.
Raymond THIÉBAUT, la Filature, p. 57-58.

SCOUT [skut] n. m. et adj. — 1910, *in* Höfler ; abrév. de l'angl. *boy-scout* ; de *scout* « éclaireur », de *to scout* ; *scout* au sens angl., 1896 ; au sens de « bateau de guerre », 1904.

★ **I.** ♦ **1.** N. m. Enfant ou adolescent faisant partie d'un mouvement de scoutisme. ⇒ **Boy-scout** (vx), **louveteau, routier ; guide.** *Les scouts de France. Scout marin. Aller chez les scouts :* s'y engager. *Il est scout. Scout qui fait sa B.A. Couteau de scout.*

1 On est en pleine civilisation scoute, où le code des sentiments et des valeurs est complètement détaché des problèmes concrets de solidarité ou de progrès.
R. BARTHES, Mythologies, p. 65.

♦ **2.** (1924, *in* Höfler). Adj. Propre aux scouts, au scoutisme. *Camp scout* (⇒ aussi **Jamboree**). *Mouvement scout. Organisation, fraternité scoute.*

♦ **3.** Fig. *Une morale, un idéal de scout.* ⇒ **Boy-scout.**

2 Au peuple le plus civilisé d'Europe *(les Français)* on *(le gouvernement de Vichy)* offre un idéal de scout et une morale d'enfant de chœur.
Benoîte et Flora GROULT, Journal à quatre mains, p. 71.

Adjectif :

3 C'est son côté scout, dit Geneviève avec une certaine tendresse.
F. MALLET-JORIS, le Jeu du souterrain, p. 223.

★ **II.** N. m. (au sens angl. ou amér.). Éclaireur ; soldat, mercenaire qui servait aux côtés de l'armée régulière américaine, notamment au cours des campagnes indiennes, aux États-Unis.

DÉR. Scoutisme.

SCOUT-CAR [skutkaʀ] n. m. — V. 1945 ; mot angl. de *scout* « éclaireur », et *car* « voiture ».

♦ Anglic. (Milit.). Engin rapide, utilisé comme véhicule de reconnaissance, de patrouille, de liaison. — Plur. *Scout-cars.*

SCOUTISME [skutism] n. m. — 1913, *in* Höfler ; de *scout.*

♦ Mouvement éducatif destiné à compléter la formation que l'enfant reçoit dans sa famille et à l'école, en offrant aux jeunes des activités de plein air et des jeux tendant à développer en eux, en même temps que la résistance physique, un sens moral et pratique. ⇒ **Scout.**

SCRABBLE [skʀabl ; skʀaboel] n. m. — 1962 ; mot angl. (1947 ; le principe du jeu était antérieur) « gribouillage », du v. *to scrabble.*

♦ Anglic. Jeu qui consiste à remplir au moyen de jetons portant une lettre, une grille préétablie, en formant, selon une liste prédéterminée, des mots ne pouvant excéder sept lettres. « *Le principe du Scrabble fut inventé en 1931 par un architecte américain en chômage, A.-M. Butts. Mais, cette année-là, l'idée resta dans ses cartons, car les fabricants de jeux refusèrent le projet* » (*l'Express,* 7 avr. 1979).

1 Les Parisiens découvrent à nouveau (...) les jeux de société. Le scrabble a remplacé le monopoly. C'est un jeu qui consiste à faire des mots sur une sorte de grille de mots croisés avec un nombre déterminé de jetons, le dictionnaire servant d'arbitre. Pas n'importe lequel. Le Petit Robert.
J.-L. DELPAL, *in* le Nouveau Candide, 3 déc. 1967.

2 Alors Carlos a proposé une partie de scrabble. — On a accepté, mon mari et moi. On a installé la boîte de scrabble sur le chien de Chine (...) Pola (...) ne voulait pas jouer au scrabble, pas plus qu'au gin.
Christine DE RIVOYRE, Fleur d'agonie, p. 184.

Le dér. *scrabbleur, euse* [skʀabloeʀ, øz] est attesté (1976 : *tribune du scrabbleur, in Scrabble-Magazine*).

SCRABE [skʀab] n. f. — 1876 ; déverbal de *scraber,* du néerl. *schrabben* « gratter ».

♦ Techn. Déchets de pâte crue ajoutée à la pâte fraîche de terre de pipe.

SCRAMASAXE [skʀamasaks] n. m. — 1839 ; francique **scramsachs ; de sachs* « couteau ».

♦ Archéol. Arme de guerre des Francs, long couteau ou sabre à un tranchant.

SCRAP [skʀap] n. m. — 1861 ; mot angl. « fragment ».

♦ Anglic. Techn. Latex de l'hévéa recueilli sur l'écorce.

SCRAPER [skʀɛpœʀ] ou francisé [skʀapɛʀ] n. m. — 1933, *in* Höfler ; mot angl. de *to scrape* « gratter ».

♦ Anglic. Techn. Décapeuse (engin de travaux publics). Recomm. off. : *décapeuse.*

Les bulldozers, les scrapers, les grues, la drague : tous ces animaux grinçants et soufflants qui mangent le sable, est-ce qu'ils ne l'amusent plus ?
Jean JOUBERT, l'Homme de sable, p. 96.

SCRATCH [skʀatʃ] n. m. et adj. — 1854, *in* Petiot ; mot angl. « rail, ligne de départ ».
Sports. Anglicisme.

♦ **1.** Vieilli. Ligne de départ. — Adj. *Course scratch,* dans laquelle tous les concurrents partent sur la même ligne (opposé à *handicap*). N. m. (1898). *Un scratch :* cette course.
Adv. (1887). *Partir scratch :* être placé sur la ligne de départ, pour le meilleur coureur ne bénéficiant d'aucun handicap de distance.

♦ **2.** Adj. **[a]** *Temps scratch* ou *classement scratch :* dans les courses automobiles, Meilleur temps ou classement tous groupes, toutes catégories.

[b] *Joueur scratch :* en golf, Joueur qui réalise le score normal de référence. ⇒ **Scratch score.**

♦ **3.** (1934). Tennis. Action d'exclure d'une épreuve le concurrent qui n'est pas présent à l'appel de son nom.
DÉR. Scratcher.
COMP. Scratch score.

SCRATCHER [skʀatʃe] v. — 1906 ; de l'angl. *to scratch* « rayer ».
Sports.

♦ **1.** V. tr. Rayer (le nom d'un concurrent qui ne se présente pas à temps).

♦ **2.** V. intr. (1914). Refuser de participer à une épreuve (en ne se présentant pas à temps).
Ne scratchez jamais contre une bonne joueuse !
Suzanne LENGLEN, le Tennis (1927), *in* G. PETIOT.

SCRATCH SCORE [skʀatʃskɔʀ] n. m. — Mil. xxᵉ ; mot angl., de *scratch,* et *score.*

♦ Anglic. Golf. Score étalon d'un parcours de golf que doit normalement réaliser un joueur scratch.

SCRIBAN [skʀibɑ̃] n. m. — 1749 ; *scribane,* 1694 ; lat. *scribere* « écrire ».

♦ Secrétaire à tiroirs, d'origine flamande (xvIIᵉ siècle), surmonté d'un corps d'armoire.
Un scriban Empire assez beau. Cécil SAINT-LAURENT, la Mutante, p. 312.
On rencontre les var. *scribain* [skʀibɛ̃] et *scribane* [skʀiban].

SCRIBE [skʀib] n. m. — 1365, au sens 3. ; lat. *scriba* « greffier », de *scribere* « écrire ».

♦ **1.** Ancienn. Celui qui faisait profession d'écrire à la main, de faire des copies. ⇒ **Copiste, écrivain** (public), **greffier** (→ Étaler, cit. 25). *Au XVIIIᵉ siècle, avant l'invention du système sténographique, on employait simultanément plusieurs scribes* (⇒ **Logographie**). — Spécialt, péj. Employé de bureau, commis aux écritures. ⇒ **Bureaucrate, gratteur** (de papier), **scribouillard** (→ Poliment, cit. 2).

1 J'entends ici, par bourgeoisie, la classe, peu nombreuse alors, qui savait lire, écrire, compter, qui pouvait (...) verbaliser, paperasser, le bureaucrate, le commis, celui qui peut l'être, l'ex-procureur, l'ex-clerc, — le vrai roi moderne, le scribe.
MICHELET, Hist. de la Révolution franç., XVIII, v.

2 — Toute loi écrite est déjà périmée. Car la main du scribe est lente et l'esprit des hommes est agile et leur destinée mouvante. FRANCE, Crainquebille, p. 193.

♦ **2.** Antiq. Celui qui écrivait les textes officiels, les actes publics, copiait les écrits, dans des civilisations sans imprimerie et où les lettrés étaient rares. *Scribes égyptiens* (⇒ **Hiérogrammate**), *grecs, romains. Le scribe accroupi,* célèbre statue égyptienne.

3 Même abrégée et cursive, l'écriture des scribes égyptiens gardait encore, de son type premier, la lourdeur, l'embarras et l'indécision.
FRANCE, le Jardin d'Épicure, p. 186.

♦ **3.** (1365 ; *cribe,* 1300). Antiq. juive. Traduction de *Sopherim,* nom donné dans la Bible aux Rabbins*, clercs issus de la classe sacerdotale, et devenus, vers le temps de Jésus, docteurs de la loi (Thora) et maîtres d'écoles. *Scribes et pharisiens* (cit. 1).

4 (...) les scribes, conducteurs et inspirateurs du judaïsme légaliste que représentent

d'autre part les pharisiens, sont pour ces derniers, un appui fondamental et une justification. Ch. GUIGNEBERT, le Monde juif..., p. 95.

♦ **4.** (Av. 1885, Hugo). Vieilli. Mauvais écrivain. ⇒ **Scribouilleur** (fam.).

SCRIBOUILLAGE [skʀibu-ʒ] n. m. — 1826, *in* D.D.L.; de *scribouiller.*

♦ Fam. Mauvaise écriture. Mauvais style. *On ne comprend rien à son scribouillage.*

SCRIBOUILLARD, ARDE [skʀibujaʀ, aʀd] n. — 1914; de *scribouiller.*
Familier.

♦ **1.** N. m. Soldat employé aux écritures. (→ Planque, cit. 3).

♦ **2.** Cour. Fonctionnaire, commis aux écritures. ⇒ **Bureaucrate, gâte-papier** (vx), **gratte-papier.** *C'est un scribouillard du ministère. Une vague scribouillarde nous a répondu.*

Dans tou~ l'immense territoire des États-Unis on ne trouve plus un seul avocat sans cause, ı ʒ seul homme de loi qui batte la dèche dans les bars. Avoués, notaires, huissiers, commis, stagiaires, scribouillards se ruent en Californie.
B. CENDRARS, l'Or, *in* Œ. compl., t. II, p. 216.

SCRIBOUILLER [skʀibuje] v. intr. — 1849; du rad. de *scribe* avec infl. de *gribouiller,* d'abord rattaché par plais. au nom de *Scribe,* auteur dramatique du xıxᵉ.
Familier.

♦ **1.** Écrire mal, sans soin, sans style.

♦ **2.** Travailler aux écritures, comme scribouillard.

Pourtant je ne serais pas resté en France à scribouiller dans un bureau.
Henri FAUCONNIER, Malaisie, p. 194.

DÉR. Scribouillage, scribouillard, scribouilleur.

SCRIBOUILLEUR, EUSE [skʀibujœʀ, øz] n. — Fin xıxᵉ; de *scribouiller.*

♦ Fam. Personne qui écrit sans cesse, aime à écrire; mauvais écrivain.

Le vieil homme que tant de religieux n'arrivent pas à étrangler, c'est l'homme de lettres en eux, ce «scribouilleur» que nous devenons tous, à peine avons-nous appris à lier deux idées. F. MAURIAC, le Nouveau Bloc-notes 1958-1960, p. 214.

SCRINIUM [skʀinjɔm] n. m. — 1876; mot lat. «coffret, cassette», du rad. de *scribere.*
Didactique. (Antiquité romaine).

♦ **1.** Coffret pour les documents écrits.

♦ **2.** Bureaux officiels, archives (surtout au Bas Empire).

1. SCRIPT [skʀipt] n. m. — xvıııᵉ (1856, selon Höfler); var. *scrip,* xıxᵉ; angl. *scrip* (1762), abrév. de *subscription receipt* «reçu de prêt».

♦ Fin. Écrit remis à un créancier, à un obligataire, par une collectivité qui ne peut payer les intérêts ou rembourser les capitaux intégralement.

2. SCRIPT [skʀipt] n. m. — xxᵉ; angl. *script,* du lat. *scriptum* «écrit».

♦ Type d'écriture à la main, proche des caractères d'imprimerie. *Écrire en script.* Par appos. (1951). *Écriture script.*

(...) nous ne retiendrons, parmi les méthodes d'enseignement actuelles, que la tendance, en pays d'écriture latine, à employer un type nouveau appelé *script.* Il s'agit d'une écriture non liée, composée en grande partie «de lignes droites, de cercles et de portions de cercles», pratiquement très proches des caractères typographiques. Charles HIGOUNET, l'Écriture, p. 127 (1955).

Imprim. *Scriptes :* caractères typographiques imitant l'écriture.

3. SCRIPT [skʀipt] n. m. — Mil. xxᵉ (1947, *in* Höfler); mot angl.
→ 1. Script et 2. script.

♦ Anglic. Télév., cin. Scénario d'un film, d'une émission, comprenant le découpage technique et les dialogues. *«Il écrit ses scripts comme des romans où le dialogue a l'ambition de sonner si juste qu'il appelle l'image, la dicte, la précède, et se passe de tout effet descriptif»* (l'Express, 25 sept. 1972).

4. SCRIPT [skʀipt] n. f. ⇒ **Script-girl; scripte.**

SCRIPTE [skʀipt] n. m. ou f. — 1958; francisation de *script(-girl).*

♦ Personne responsable, sous la direction du réalisateur et du directeur de production, de la tenue des documents et de la continuité d'un film, d'une émission de télévision.

SCRIPTES [skʀipt] n. f. pl. ⇒ 2. **Script.**

SCRIPTEUR [skʀiptœʀ] n. m. — 1611; attestation isolée, 1356; lat. *scriptor* «celui qui écrit», de *scribere* «écrire».

♦ **1.** Relig. Officier de la chancellerie pontificale, qui écrit les bulles.

♦ **2.** (Déb. xxᵉ). Didact. Celui qui a écrit un texte (manuscrit). — Personne qui produit du discours écrit (opposé à *locuteur :* discours oral).

DÉR. (Du lat. *scriptura*) **Scripturaire, scriptural.**

SCRIPT-GIRL [skʀiptgœʀl] ou **SCRIPT** [skʀipt] n. f. — 1923, *in* Höfler; mot angl. «assistante du réalisateur»; *la script,* 1948.

♦ Anglic. Recomm. off. ⇒ **Scripte.**

Colette Audry me fit un grand plaisir quand elle nous emmena voir tourner un film auquel sa sœur Jacqueline travaillait comme script-girl (...)
S. DE BEAUVOIR, la Force de l'âge, p. 129.

Et vous, que faisiez-vous dans le cinéma?
J'étais script-girl (...) Et je découvrais un monde fou, fou, fou (...)
F. GIROUD, Si je mens, p. 33.

SCRIPTIBLE [skʀiptibl] adj. — D.i. (après 1950); comp. sav. du lat. *scriptura* «écriture», et -*ible.*

♦ Didact. ou littér. Qu'on peut écrire (correspond à *dicible*).

La mort du chien *(dans un projet de roman)* n'était pas scriptible dans la langue que j'avais choisie et qui s'inspirait de Cocteau, de Radiguet, mâtinée de Drieu.
Jacques LAURENT, les Bêtises, p. 88.

SCRIPTURAIRE [skʀiptyʀeʀ] adj. — 1851; «membre d'une secte juive», n. m., 1721; dér. sav. du lat. *scriptura.*
Didactique.

♦ **1.** Relatif à l'Écriture sainte. *Exégèse scripturaire.* (On trouve aussi *scriptural*).

♦ **2.** Rare. Relatif à l'écriture. *Système scripturaire,* de transcription graphique. *Traditions scripturaires.*

Joyce travaille sur une matière : le langage écrit. Il la travaille pour la rendre polyphonique, pour qu'elle recueille et accueille la parole, pour que le lecteur entende sous l'écrit, à travers le discours scripturaire, la parole du Sujet et les multiples connotations de la subjectivité. La musicalité ne cesse de l'emporter sur le caractère littéral et proprement scripturaire.
Henri LEFEBVRE, la Vie quotidienne dans le monde moderne, p. 14.

Me suicider partout et sans relâche, c'est là ma mission. En moi, déprimé explosif, toute une nation s'aplatit historiquement et raconte son enfance perdue, par bouffées de mots bégayés et de délires scripturaires (...)
H. AQUIN, Prochain épisode (1965),
in Littératures de langue franç. hors de France, p. 480.

SCRIPTURAL, ALE, AUX [skʀiptyʀal, o] adj. — V. 1834; «qui sert à écrire», 1350; du lat. *scriptura.*
Didactique.

♦ **1.** De l'écriture. ⇒ **Scripturaire.**

♦ **2.** (xxᵉ). Écon. *Monnaie scripturale* (ou *monnaie de banque*), qui permet d'effectuer des règlements par simple jeu d'écriture.

SCROFULAIRE [skʀɔfyleʀ] n. f. — xvᵉ; lat. médiéval *scrofularia,* de *scrofula* «scrofule».

♦ Bot. Plante dicotylédone (*Scrofulariacées*), herbacée, à plusieurs variétés. *Scrofulaire noueuse, grande scrofulaire; scrofulaire aquatique. La scrofulaire était appelée* herbe aux écrouelles, aux hémorroïdes.

REM. On emploie aussi la forme lat. *scrofularia,* n. f.

DÉR. Scrofulariacées.

SCROFULARIACÉES [skʀɔfylaʀjase] n. f. pl. — 1871; *scrofularinés,* 1817; *scrofulariées,* 1842; de *scrofulaire.*

♦ Bot. Famille de plantes angiospermes (*Dicotylédones gamopétales*) comprenant de nombreuses herbes, des arbrisseaux et des arbres. ⇒ **Calcéolaire, digitale, gratiole, limoselle, linaire, maurandie, mélampyre, muflier, paulownia, pédiculaire, rhinanthe, scrofulaire, véronique.** — Au sing. *Une scrofulariacée.*

SCROFULE [skʀɔfyl] n. f. — V. 1363; *escrofila,* 1304; *estrophulle,* 1478; *scrophules,* 1503; bas lat. *scrofulæ.* → Écrouelles.

♦ **1.** Méd. anc. (au plur.). Écrouelles. *Remèdes contre les scrofules.* ⇒ **Scrofulaire** (→ Cyanure, cit. 1; résolutif, cit. 1). *Les scrofules étaient appelées aussi* «humeurs* froides». ⇒ aussi **Abcès, bubon, tumeur.**

♦ **2.** Mod. Lésion torpide (de la peau, des ganglions lymphatiques, des os) ayant tendance à produire des fistules, liée au tempérament dit «lymphatique» (la plupart de ces lésions appartiennent à la tuberculose ou à la syphilis).

1   Il y avait quelque chose d'affecté dans le ton de Fonfournot et sa lèvre gonflée dénonçait la scrofule.   M. BARRÈS, Leurs figures, XI.

2   Il arriva en chemise, grelottant, montrant la nudité de son misérable petit corps, que rongeait la scrofule.   ZOLA, Lourdes, p. 166.

DÉR. V. **Scrofulaire, scrofuleux.**

SCROFULEUX, EUSE [skʀɔfylø, øz] adj. et n. — V. 1363 ; *scrophuleux*, 1534 ; de *scrofule.*

♦ **1.** Adj. Relatif aux écrouelles*, à la scrofule. *Tumeur scrofuleuse.*

♦ **2.** Adj. (XVIIIᵉ). Qui a les écrouelles (vieilli) ; qui est atteint de scrofule. *Un enfant* (cit. 2) *scrofuleux.* — N. (1549). *Ce scrofuleux, cet hydrocéphale* (cit. 3).

♦ **3.** Figuré :
Je ne connais pas d'endroit plus triste que ces bords de l'Oise où nous nous trouvions. De la terre noire, pierreuse, où des touffes d'herbes pâles s'accrochaient à regret ; des arbres mités, scrofuleux, à demi-morts, penchés sur la rivière boueuse, irisée de pétrole, qui traînait lentement vers la Belgique des péniches noircies de charbon.   Geneviève DORMANN, la Fanfaronne, p. 103.

SCROGNEUGNEU [skʀɔɲøɲø] interj. — 1884, Frison, *les Aventures du colonel Ronchonnot* ; altér. de *sacré nom de Dieu* ; cf. *sacrégnongnieu*, 1884.

♦ **1.** Interjection que l'on prête plaisamment aux vieux militaires bougons.

1   Oh ! scrogneugneu ! vous n'avez pas honte !
                                      MONTHERLANT, Don Juan, II, 4.

♦ **2.** N. m. Par métonymie. Vieux militaire bougon. Par ext. Vieux bougon.

2   Avec des voix de vieux scrogneugneux, essayant de rendre importante leur pacotille (...) les acteurs japonais sont les êtres les plus faux, les plus insupportables de toute l'Asie et de l'Europe (...)
                                      Henri MICHAUX, Un barbare en Asie, p. 203.

Adj. *Il est très scrogneugneu.*

Var. graphique : *scrongneugneu* (au sens 1.) :
3   C'était en somme un assez bon général sauf qu'il ne disait pas souvent «nom de Dieu», étant bien pensant, ni «scrongneugneu», car le genre s'en est perdu.
                                      G. CHEVALLIER, Clochemerle, p. 173.

SCROTAL, ALE, AUX [skʀɔtal, o] adj. — 1538 ; de *scrotum.*

♦ Anat. Relatif au scrotum*. *Hernie scrotale* (scrotocèle).

SCROTOCÈLE [skʀɔtɔsɛl] n. m. — 1806 ; de *scrotum*, et -*cèle.*

♦ Méd., vx. Hernie scrotale.

SCROTUM [skʀɔtɔm] n. m. — 1541 ; var. anc. *scroton* ; lat. *scrotum.*

♦ Anat. Enveloppe cutanée des testicules*. ⇒ **Bourse.**
Sa hâblerie, plutôt que sa science, lui avait acquis quelque réputation à faire des cures de certaines maladies du scroton *(sic).*
                                      FURETIÈRE, le Roman bourgeois, II, p. 175.

DÉR. et COMP. Scrotal, scrotocèle.

SCRUB [skʀœb] n. m. — 1938, *Annales de géographie, in* Höfler ; mot angl., var. de *shrub* «arbrisseau».

♦ (Anglic.). Géogr. Brousse épaisse de type australien, formée de buissons contenant diverses formations végétales, acacias, etc.

SCRUBBER [skʀœbœʀ] n. m. — 1877, *in* Höfler ; mot angl. (1853, dans ce sens), de *to scrub* «récurer».

♦ (Anglic.). Techn. Épurateur de gaz (par pulvérisation d'eau). — On a proposé de remplacer ce terme par *tour de lavage.*

SCRUPULARD [skʀypylaʀ] n. m. — 1957 ; de *scrupuleux*, et -*ard.* → Capitulard, dreyfusard.

♦ Péj. (style politique polémique). Personne qui fonde son attitude politique sur les scrupules de conscience et le moralisme.
Mais nous avons tort, indiscutablement, lorsque nous laissons nos contradicteurs feindre de croire que l'unique débat est entre les moralistes, les «scrupulards» qui veulent abandonner l'Algérie et les patriotes résolus à y demeurer.
                                      F. MAURIAC, Bloc-notes 1952-1957, p. 316.

1. SCRUPULE [skʀypyl] n. m. — 1375 ; lat. *scrupulum* «petit caillou», et fig. «embarras, souci, scrupule», de *scrupus* «pierre pointue».

♦ **1.** *(Un, des scrupules).* Incertitude d'une conscience exigeante au regard de la conduite à avoir ou du caractère de faute d'une action

passée ; inquiétude sur un point de morale. ⇒ **Doute, hésitation** (→ Honnêteté, cit. 2 ; oublier, cit. 6 ; positif, cit. 7). *Scrupules de conscience.* ⇒ **Cas** (cas de conscience). *Scrupules religieux.* ⇒ **Religion** (III., 4. : point de religion). *Avoir des scrupules, être paralysé de scrupules.* ⇒ **Scrupuleux** (→ Excès, cit. 10 ; perclus, cit. 6). *Avoir un, des scrupules à... (et inf.). N'avoir aucun scrupule. Je n'aurais aucun scrupule à... (et inf.). Être dénué de scrupules.* — (1737). *Sans scrupules :* sans inquiétudes sur le plan moral ; qui agit selon son intérêt ou son plaisir. *Il est absolument sans scrupules en affaires :* il agit par pur intérêt, sans se poser de problèmes moraux. *Étaler son luxe sans scrupule.* ⇒ **Honte, pudeur.** — *Les scrupules ne l'étouffent pas* (→ Intelligence, cit. 17). — *Invoquer* (cit. 9) *un scrupule. Calmer* (→ Contribuer, cit. 5), *étouffer* (cit. 31), *faire taire, vaincre ses scrupules* (⇒ **Accommodement**). *Lever*, *soulager les scrupules de qqn.* — *Scrupule déplacé* (cit. 12), *excessif ; honorable, louable* (cit. 3). *Scrupules et remords* (→ Fantôme, cit. 14).

1   Une dévote tourmentée de scrupules de conscience devenait misérable. Elle ne pouvait plus communier sans angoisses, parce que, entre l'absolution et le sacrement, elle ne se pouvait préserver de la crainte d'avoir commis un péché.
                                      G. SAND, Histoire de ma vie, IV, II.

2   (...) cette déviation particulière à la vie de cour sous Louis XIV et qui transporte les scrupules de conscience du domaine des affections et de la moralité aux questions de pure forme.   PROUST, le Côté de Guermantes, Pl., t. II, p. 437.

3   Supprimer les scrupules ne suffit pas à nous rendre heureux ; il faut mieux. Mais des scrupules suffisent à nous empêcher le bonheur ; les scrupules sont des craintes morales que des préjugés nous préparent.   GIDE, Journal, 13 sept. 1893.

4   Je me dis qu'elle ruminait ses scrupules, et m'en réjouis bassement : j'ignorais alors l'horreur de cette torture que s'infligent à eux-mêmes les serviteurs de Dieu qui ne savent pas qu'il est Amour.   F. MAURIAC, la Pharisienne, XIII.

Loc., vx. Faire scrupule de qqch. — (XVIIIᵉ). *Mod. Se faire scrupule de qqch. :* hésiter ou renoncer à faire cette chose par scrupule (2.), à cause d'un scrupule (1.). ⇒ **Conscience** (→ Faiblesse, cit. 42). *Je ne me ferais aucun scrupule de le tuer comme un chien* (cit. 33). ⇒ **Hésiter** (sans).

♦ **2.** (1694 ; *scrupule*, 1611). *Le scrupule.* Exigence, délicatesse morale poussée ; tendance à juger avec rigueur sa propre conduite (selon des critères religieux, sociaux, personnels...). *Être porté au scrupule* (→ Manquement, cit. 4). *Un homme de scrupule et de devoir* (→ Frasque, cit. 4). *Scrupule en affaires.* ⇒ **Correction.** *Exactitude*, *fidélité*, *poussée jusqu'au scrupule. Avec minutie* (cit. 2), *scrupule* (→ Minutieux, cit. 2 et 4).

5   L'excès de conscience dégénère en infirmité. Le scrupule est manchot devant le sceptre à saisir et eunuque devant la fortune à épouser. Méfiez-vous des scrupules. Ils mènent loin.   HUGO, l'Homme qui rit, II, I, I, III.

Psychol. Maladie du scrupule : forme de psychasthénie caractérisée par l'hésitation avant l'action, la manie de la vérification, etc.

♦ **3.** (1549). Doute, incertitude, léger remords ou appréhension sur un point précis. *Un scrupule, un repentir* (cit. 6)... *Un scrupule d'érudition.* — *Ménagement** à l'égard de quelqu'un.

♦ **4.** Vx. Vétille, petit détail (cf. Molière, *le Bourgeois gentilhomme*, II, 6).

CONTR. Cynisme.

2. SCRUPULE [skʀypyl] n. m. — XIVᵉ, *scrupel* ; repris XVIIᵉ ; lat. *scrupulus.* → 1. Scrupule.

Anciennement.

♦ **1.** Vingt-quatrième partie de l'once* (unité de poids). *Le scrupule valait 24 grains*.*

♦ **2.** (1538). La plus petite monnaie d'or, à Rome.

SCRUPULEUSEMENT [skʀypyløzmɑ̃] adv. — 1374, au sens 2. ; de *scrupuleux.*

♦ **1.** (Sur le plan moral). D'une manière scrupuleuse. *Payer scrupuleusement ses dettes* (→ Honneur, cit. 31 ; et aussi proportionner, cit. 4).

♦ **2.** Avec exactitude, rigueur (→ Dont, cit. 9). *Respecter scrupuleusement les formes* (cit. 65). *Reproduire, traduire scrupuleusement un texte.* ⇒ **Fidèlement.**

CONTR. Approximativement.

SCRUPULEUX, EUSE [skʀypylø, øz] adj. — Fin XIIIᵉ ; lat. *scrupulosus*, de *scrupulus.* → Scrupule.

♦ **1.** Qui a fréquemment des scrupules* (1.), qui est inquiet et exigeant sur le plan moral. ⇒ **Consciencieux, délicat** (→ Indulgent, cit. 12 ; pénitence, cit. 3). *Un homme scrupuleux et délicat sur l'honneur* (cit. 7). *Être scrupuleux en affaires.* ⇒ **Correct, honnête.** — (Choses). Qui témoigne d'une grande exigence morale. *Scrupuleuse honnêteté.* ⇒ **Strict.** *Une scrupuleuse application à ne faire aucun préjudice à autrui* (→ Justice, cit. 2).

1   Certes, eût-elle été la plus scrupuleuse des femmes qu'elle n'aurait pu avoir de remords d'un mensonge aussi innocent.
                                      PROUST, Du côté de chez Swann, Pl., t. I, p. 280.

♦ **2.** (1611). Qui respecte strictement les règles d'action, les prescriptions imposées; qui fait un travail avec scrupule (2.), exactitude, minutie. ⇒ **Attentif, exact, fidèle, méticuleux, minutieux, ponctuel.** *Observateur scrupuleux* (→ Élémentaire, cit. 3). *Être scrupuleux dans l'accomplissement des ordres* (→ Obéissance, cit. 3), *sur la propriété des expressions* (→ Puriste, cit. 2). — *Attention, exactitude* (cit. 11 et 12), *fidélité scrupuleuse* (→ Indiquer, cit. 2).

2   De Thou (...) examina la princesse Marie avec cette attention scrupuleuse, cet œil scrutateur d'une mère sur la jeune personne qu'elle choisirait pour compagne de son fils (...)   A. DE VIGNY, Cinq-Mars, XVII.

Par allusion étymologique :

3   La poule scrupuleuse (*en note* : du latin *scrupulus, i* : petit caillou pointu) ayant à envelopper le jaune et le blanc de l'œuf — ce qu'il y a au monde de plus fluant, flasque et glaireux — a inventé cette forme d'une pureté impeccable, ce chef-d'œuvre insurpassable de *design*, la coquille de l'œuf.
                                    M. TOURNIER, le Vent Paraclet, 1977, p. 185-186.

Vx. *Être scrupuleux à...* (et inf.) : être très attentif, s'attacher avec scrupule à...

CONTR. Cynique, indélicat, large. — Approximatif.
DÉR. Scrupulard, scrupuleusement.

SCRUPULOSITÉ [skʀypylozite] n. f. — V. 1395; repris xixᵉ; lat. *scrupulositas*, de *scrupulosus*. → Scrupuleux.

♦ Littér. ou didact. Caractère d'une personne scrupuleuse.

Cette coupure (*chez le schizoïde*) peut développer à l'excès pruderie, scrupulosité, rigorisme moral sur des fonds troubles et inconnus.
                                    E. MOUNIER, la Relation sexuelle (Vue d'ensemble),
                                    in Dʳ WILLY, la Sexualité, t. I, p. 40.

SCRUTATEUR, TRICE [skʀytatœʀ, tʀis] adj. et n. — 1495; lat. *scrutator*, de *scrutari*. → Scruter.

♦ **1.** N. m. Vx. Celui qui scrute. *« Dieu est le scrutateur des cœurs »* (Académie).

1   Que de fois il rêva, scrutateur ténébreux,
     Cherchant à s'expliquer ce qu'ils disaient entre eux !
                                    HUGO, les Rayons et les Ombres, XXXV, v.

♦ **2.** Adj. (1788). Littér. Qui scrute, qui examine attentivement. *Regard scrutateur* (→ Poser, cit. 29). ⇒ **Inquisiteur.** *Un air scrutateur* (Chardonne, *Éva*, p. 180). *Un œil scrutateur* (→ Scrupuleux, cit. 2).

2   Ma nature scrutatrice me forçait à regarder, à écouter (...)
                                    G. SAND, Histoire de ma vie, III, II.

♦ **3.** (1680). Personne appelée à participer au dépouillement d'un scrutin (vérification, etc.). *Les cardinaux scrutateurs, pour l'élection d'un pape.* — *Scrutateurs et scrutatrices d'un bureau de vote, lors d'élections.*

3   Déjà, autour de la table, des bureaux s'installaient, fonctionnaient, une quinzaine en tout, composés chacun d'un président et de deux scrutateurs.
                                    ZOLA, l'Œuvre, p. 365.

♦ **4.** N. m. (1907). Techn. Appareil permettant le contrôle de marche de certains procédés continus (par ex. : en chimie). *Calculateur numérique d'un scrutateur. Surveillance par scrutateur.* ⇒ **Scrutation** (3.).

SCRUTATION [skʀytasjɔ̃] n. f. — 1886; de *scruter*.

♦ **1.** Littér. Action de scruter. ⇒ **Scrutement.**

♦ **2.** (Mil. xxᵉ). Inform. Opération du lecteur optique enregistrant un texte.

♦ **3.** Techn. Surveillance à l'aide d'un scrutateur* (4.).

SCRUTEMENT [skʀytmɑ̃] n. m. — 1888, Daudet; de *scruter*.

♦ Rare. Action de scruter. ⇒ **Scrutation.**

SCRUTER [skʀyte] v. tr. — 1501, repris xviiiᵉ; *escrutar*, xiiiᵉ; lat. *scrutari* «fouiller», propre et fig. → Scrutateur, scrutin.

♦ **1.** Examiner* avec une grande attention, pour découvrir ce qui est caché. ⇒ **Approfondir, chercher, fouiller** (fig.), **pénétrer** (III.), **sonder** (→ Philosophie, cit. 11). *Scruter les motifs d'une action* (→ Louable, cit. 2). Absolt. *« Chercher, scruter »* (Beaumarchais, *Mémoires*, p. 207).

1   (...) mais il était Corse et montagnard, et il y a peu de Corses montagnards qui, en scrutant bien leur mémoire, n'y trouvent quelque peccadille, telle que coups de fusil, coups de stylet et autres bagatelles.   MÉRIMÉE, Mateo Falcone.

2   Elle scrutait les profondeurs de son être comme un ciel où l'on n'ose croire que l'orage s'éloigne.   F. MAURIAC, Génitrix, II.

♦ **2.** (xixᵉ). Examiner attentivement par la vue; fouiller du regard*. ⇒ **Explorer, inspecter, observer** (cit. 9); → Damier, cit. 1; palper, cit. 1; planche, cit. 11. *Scruter l'horizon.*

3   Il songeait; il examinait les versants, notait les pentes, scrutait le bouquet d'arbres, le carré de seigles, le sentier; il semblait compter chaque buisson.
                                    HUGO, les Misérables, II, I, VIII (1862).

4   Parfois une idée me prend : je me mets à scruter longuement le corps aimé (tel le narrateur devant le sommeil d'Albertine). *Scruter* veut dire *fouiller* : je fouille le corps de l'autre, comme si je voulais voir ce qu'il y a dedans, comme si la cause mécanique de mon désir était dans le corps adverse (je suis semblable à ces gosses qui démontent un réveil pour savoir ce qu'est le temps).
                                    R. BARTHES, Fragments d'un discours amoureux, p. 85.

▶ **SE SCRUTER** v. pron. (réfléchi) :

Se fouillant à fond, se scrutant sur les divers mouvements d'âme agréables ou désagréables dont elle avait été affectée en toutes sortes d'occasions.   5
                                    Ed. et J. DE GONCOURT, Sœur Philomène, p. 250.

DÉR. Scrutation, scrutement. — (Du lat.) V. **Scrutateur, scrutin.**

SCRUTIN [skʀytɛ̃] n. m. — 1465, *par voie de scrutin; par crutine* «par vote secret», 1251; *escrutine, scrutine, scrutin* «examen», jusqu'au xviiiᵉ; du lat. *scrutinium* «action de fouiller, de scruter», de *scrutari* → Scruter.

♦ **1.** Vote au moyen de signes (bulletins, boules...) déposés dans un récipient (urne, boîte) d'où on les tire ensuite pour les compter. *L'élection du pape se fait par voie de scrutin* (→ Conclave, cit. 1).

♦ **2.** (xviiiᵉ, abbé de Saint-Pierre). L'opération électorale (dépôt du bulletin de vote* par les électeurs, dépouillement* et éventuellement proclamation des élus); modalité particulière des élections. *Tours de scrutin. Scrutin de ballottage* (2ᵉ tour). *Ouverture, clôture d'un scrutin.* — (1885). *Scrutin d'arrondissement* (cit. 6), où la circonscription est l'arrondissement qui élit un seul député. *Scrutin uninominal* ou *scrutin individuel* (vx), où l'électeur désigne un seul candidat.
(1789). *Scrutin de liste* (→ Représentant, cit. 4), où l'on vote pour des listes de candidats. *Scrutin proportionnel** (cit. 3) : scrutin de liste. *Scrutin avec ou sans panachage*. Scrutin majoritaire,* où le candidat qui a obtenu le plus grand nombre de voix est élu. — (1793). *Scrutin secret. Scrutin public* (→ Lecture, cit. 14). — Vx. *Scrutin couvert,* secret. — *Dépouiller le scrutin* (⇒ **Scrutateur**); *résultat du scrutin.*

1   L'élection du président du collège électoral commence à neuf heures, le scrutin sera fermé à trois.   STENDHAL, Lucien Leuwen, LIII.

2   L'Élection ne se fera pas avant trois jours. On aura soin de ne pas avoir fini de constituer le bureau le premier jour; nous aurons plusieurs scrutins, et vous arriverez par un ballottage (...)   BALZAC, Albert Savarus, Pl, t. I, p. 839.

3   Le dépouillement se fait en désordre. Toutes les portes de la salle de scrutin s'ouvrent et se ferment, claquant violemment. Au panier, au panier !
                                    Francis PONGE, le Parti pris des choses, p. 33.

SCULL [skœl] n. m. — 1876, *in* Höfler; mot angl., du suéd. *skal.* Anglicisme. (Sport).

♦ **1.** Bateau de compétition monté en couple (2 avirons). *Double-scull,* monté par 2 rameurs de couple (chacun armé de 2 avirons). → Skiff.

♦ **2.** (1923). Rame de couple (en aviron). ⇒ **Sculler.**

SCULLER [skœlœʀ] n. m. — 1857, *in* Höfler; une fois en 1698 *skuller,* comme mot angl.; mot angl., de *to scull* «ramer».

♦ Anglic. (Sport). Rameur en couple (avec deux avirons). *Sculler qui rame sur un skiff*, un double scull*.*

SCULPTAGE [skylta3] n. m. — 1842; de *sculpter.*

♦ **1.** Rare. Action de sculpter. *Le sculptage d'un buste.*

♦ **2.** Techn. Opération de finissage des ornements en céramique (quand le moulage ne leur a pas donné l'aspect souhaité).

SCULPTER [skylte] v. tr. — V. 1400, au sens B., repris xviiiᵉ; réfection de *sculper* (Académie 1694); lat. *sculpere.*

A. (xviiiᵉ). ♦ **1.** Façonner, produire (une œuvre d'art en trois dimensions) en taillant une matière dure, et, par ext., par l'un des procédés de la sculpture. *Sculpter un buste, une statue** (→ Monument, cit. 2). *Sculpter des ornements* (→ Lit, cit. 7). — Par métaphore (→ Bloc, cit. 4).

1   (...) depuis trois mille ans, on ne sculpte que des cadavres. Parfois on les nomme gisants et on les couche sur des tombes; d'autres fois on les assied sur des chaises curules, on les juche sur des chevaux. Mais un mort sur un cheval mort, cela ne fait même pas la moitié d'un vivant. Il ment, ce peuple des Musées, ce peuple rigide, aux yeux blancs.   SARTRE, Situations III, p. 292.

2   Nous donc, sculptons avec le ciseau des Pensées
     Le bloc vierge du Beau, Paros immaculé,
     Et faisons-en surgir sous nos mains empressées
     Quelque pure statue au péplos étoilé (...)
                                    VERLAINE, Poèmes saturniens, « Épilogue », III.

♦ **2.** Par ext. Graver*. — Fig. *« La lune, d'un trait net, sculpte les* *lignes sombres...* » (→ Ravin, cit. 2). — Fig. ⇒ **Façonner, former.** *Les individus* (cit. 15) *sont sculptés par la société.*

B. (Déb. xvᵉ; repris fin xviiiᵉ). ◆ **1.** Façonner (une matière dure) par une des techniques de la sculpture. *Sculpter un bloc de marbre, de la pierre, du bois.*

◆ **2.** (1812, au p. p.). Orner de sculptures. *Sculpter un meuble, un panneau en bois.* — Par ext. *Sculpter un bâton, une boule de pain avec un canif* (→ Évider, cit. 2). — Par métaphore (→ Penseur, cit. 1).

◆ **3.** (Mil. xixᵉ; sujet n. de chose). Façonner en formant des reliefs et des creux. *L'érosion a sculpté ces roches.*

C. Absolt. ◆ **1.** Faire une sculpture, tailler une matière dure. *Sculpter en taille directe* (⇒ **Fouiller, tailler**), *au ciseau* (⇒ **Ciseler**), *au burin, à l'ébauchoir...* — «*Sculpte, lime, cisèle...* » (Gautier, *Émaux et camées, L'art*).

◆ **2.** Faire de la sculpture. *Il peint, mais il ne sculpte pas.*

▶ **SCULPTÉ, ÉE** p. p. adj.

◆ **1.** *Figures peintes et figures sculptées. Ornements sculptés en ronde bosse, en bas relief...*

◆ **2.** *Pierre sculptée. Camée sculpté. Chapiteaux sculptés de losanges* (→ Crypte, cit. 1). — *Falaise sculptée par l'érosion.*

DÉR. **Sculptage.** — (Du lat.) V. **Sculpteur.**

SCULPTEUR [skyltœʀ] n. m. — 1538; bas lat. *sculptor,* de *sculpere.* → Sculpter.

◆ **1.** Personne qui pratique l'art de la sculpture* (→ Forme, cit. 16; matérialiser, cit. 2; pétrir, cit. 3). *Le sculpteur réduit le mouvement à l'immobilité* (→ Réduction, cit. 2). *Sculpteur de figures* (⇒ **Bustier, statuaire**), *de bas-reliefs..., d'ornements* (⇒ **Ornemaniste**). *Sculpteur et graveur*. Atelier, matériel du sculpteur.* ⇒ **Boesse, boucharde, burin, ciseau, ébauchoir, gouge, mirette** (I.), **ognette, poinçon, pointe** (II., 2.), **ripe, selle, sellette, spatule...** — *Les grands sculpteurs grecs. Sculpteurs du moyen âge* (⇒ **Imagier**).

1   Forain faisait alors de la sculpture, et l'entraîna à l'École des Beaux-Arts, je crois, dans l'atelier de Cavalier. Mais là, pétrir de la glaise ne lui semblait pas, avec les idées de son enfance, l'œuvre d'un vrai sculpteur, d'un sculpteur frappant, à tour de bras, sur de la matière dure, et il entrait dans un atelier de médailliste, où se creusaient des coins, où l'on incisait le métal (...)
     Ed. et J. DE GONCOURT, Journal, 8 juin 1894, t. IX, p. 176.
2   La passion du sculpteur, c'est de se faire tout entier étendue pour que du fond de l'étendue toute une statue d'homme puisse jaillir. Ces pensées de pierre le hantent.
     SARTRE, Situations III, p. 291.
3   Souvent, les maîtres d'œuvre médiévaux *ne sculptaient pas eux-mêmes.* On connaît la boutade de Renoir à propos du vitrail de Chartres : «Il y avait là un bonhomme qui se démenait devant une statue avec un ciseau et un marteau; il tapait, il tapait! Un autre, dans un coin, le regardait et ne faisait rien; j'ai compris que c'était le sculpteur ».   MALRAUX, les Voix du silence, p. 306.

Fig. *Des sculpteurs d'espace* (cit. 16).

REM. On emploie le masc. *sculpteur* en parlant d'une femme; cf. Valéry, *Pièces sur l'art,* t. II, Pl., p. 1359. *Le sculpteur Germaine Richier.* On trouve aussi *une femme sculpteur;* mais la forme fém. *sculptrice* [skyltʀis], déjà employée par Giraudoux, serait tout aussi acceptable.

◆ **2.** Techn. Tailleur de pierre qualifié, qui taille les morceaux les plus difficiles.

SCULPTURAL, ALE, AUX [skyltyʀal, o] adj. — 1788; de *sculpture.*

◆ **1.** Didact. Relatif à la sculpture. *Art sculptural.* ⇒ **Plastique.** *Des sensations picturales ou sculpturales* (→ Fusion, cit. 9).

◆ **2.** Qui évoque la sculpture (→ Peindre, cit. 26). — Cour. Qui a la beauté formelle des sculptures classiques. *Beauté, formes sculpturales. Une femme majestueuse, sculpturale.*

(...) Mᵐᵉ Le Prieur que ses décolletages hardis et ses prétentions aux formes sculpturales avaient fait surnommer un peu ironiquement *la Déesse.*
     MAUPASSANT, Notre cœur, II, III.

◆ **3.** (Déb. xxᵉ). Littér. Qui décrit la beauté des formes en un style lui-même plastique.

SCULPTURE [skyltyʀ] n. f. — V. 1380, au sens 2.; déb. xviᵉ, au sens 1.; lat. *sculptura;* la forme *sculpure* (xivᵉ-xvᵉ) est dér. de *sculper,* ou du lat. *sculpere.* → Sculpter.

◆ **1.** Représentation, suggestion d'un objet (réel ou imaginaire), élaboration d'une forme dans l'espace, au moyen d'une matière à laquelle on impose une forme déterminée, dans une intention esthétique; ensemble des techniques qui permettent cette représentation; ensemble d'œuvres qui en résultent. ⇒ **Plastique** (2.). (→ Exécution, cit. 13; imitation, cit. 11; peinture, cit. 9. *La sculpture est un art plastique. Sculpture où la troisième dimension est arbitrairement limitée par un fond* (opposé à *ronde-bosse**). ⇒ **Bas-relief, haut-relief;** et aussi **glyptique, gravure.** *Sculpture en bois* (→ Florissant, cit. 1), *en pierre, en marbre, en métal, en bronze... Sculpture chry-*

séléphantine. — *Sculpture d'ornements, décorative.* ⇒ **Décoration.** *Sculpture de figures* (animales, humaines). ⇒ **Statuaire.** *Sculpture monumentale; religieuse, funéraire. Sculpture abstraite...* — *Sculpture en taille directe, après dégrossissage. Sculpture par modelage*ic* (en cire, glaise...), *puis moulage**, reproduction en plâtre* et enfin *exécution en bronze* (fonte à cire perdue ou à sable) ou *en pierre* (mise au point et «pratique» ⇒ **Praticien**). *Sculpture par construction d'éléments* (soudés, etc.) : fils, plaques, objets métalliques, matières plastiques, etc. *Mannequin utilisé comme modèle, en sculpture.* — *Styles de sculpture. Sculpture grecque, romaine, romane, gothique, moderne* (→ aussi Retable, cit.). *Histoire de la sculpture. Musée de sculpture. Les salles de sculpture d'un musée.*

1   La sculpture a toute la réalité que peut avoir une chose complètement fausse; elle a l'aspect multiple, porte ombre, et se laisse toucher.
     Th. GAUTIER, Mˡˡᵉ de Maupin, XI.
2   Tandis que la peinture ment sur le mur qu'elle nie, ouvre sur un monde fictif (...) la sculpture s'installe dans le même milieu que celui qui la contemple; elle en accepte la lumière, et ses clartés comme ses ombres sont *réelles.* Mais le spectateur (...) peut se déplacer par rapport à la statue (...) Chaque pas de l'observateur, chaque heure du jour, chaque lampe qui s'allume, engendre à une sculpture une certaine apparence, *toute différente des autres.*
     VALÉRY, Pièces sur l'art, «Mon buste», *in* Œ. t. II, Pl., p. 1360.

◆ **2.** *Une, des sculptures.* Œuvre sculptée : figures (⇒ **Buste, tête, torse, statue; monument**), ornements (⇒ **Architecture,** où les principaux ornements sculptés : cartouche, coquille, trophée... sont mentionnés). *Ébaucher, modeler, tailler, terminer, ébarber, boesser, polir une sculpture. Sculpture en buste, en pied; sculpture équestre.* ⇒ **Statue** (plus cour.). *Sculpture monumentale.* ⇒ **Monument.** *Ébauches, maquettes d'une sculpture. Sculpture achevée* (→ Épannelage, cit.). *Le poli* (3. Poli, cit.) *d'une sculpture. Reliefs* (⇒ **Enlevure**), *creux, méplats, plans... d'une sculpture.* — *Petite sculpture.* ⇒ **Figurine, statuette.** *Sculptures fantastiques* (→ Gorgone, cit.). *Les sculptures de Donatello, de Rodin.* ⇒ **Œuvre.** *Les collections de sculptures d'un amateur, d'un musée.* — REM. Dans les emplois non techniques, et lorsqu'il s'agit de ronde-bosse, le mot *statue* est plus courant.

Loc. *Sculpture de proue* (⇒ **Acrostole**), *de poupe* (d'un navire). ⇒ **Figure.**

◆ **3.** Techn. Dessins en relief à la surface d'un pneu.

DÉR. **Sculptural.**

SCURRILE [skyʀil] adj. — 1495; lat. *scurrilis,* de *scurra* «bouffon».

◆ **1.** Vx. Digne d'un bouffon; vulgaire. *Plaisanterie scurrile.*

◆ **2.** Littér., rare. Grotesque. «*Cette tête falote et scurrile* » (A. France, *in* G. L. L. F.).

SCURRILITÉ [skyʀilite] n. f. — Fin xvᵉ; lat. *scurrilitas,* de *scurrilus.* → Scurrile.

◆ Vx ou littér. Basse bouffonnerie*.

(...) prétendant que la scurrilité et la bouffonnerie dont usaient les faiseurs de comédies ravalaient fort leur auteur.   Th. GAUTIER, le Capitaine Fracasse, II.

1. SCUTELLAIRE [skytelɛʀ; skytelɛʀ] n.f. — 1842; lat. sav. *scutellaria* (av. 1829), du lat. *scutella* «petite coupe, plateau».

◆ Bot. Plante dicotylédone (Labiacées), herbacée, vivace, appartenant à un genre *(les scutellaires)* qui comprend de nombreuses espèces.

2. SCUTELLAIRE [skytelɛʀ; skytelɛʀ] adj. — 1871, Littré; du lat. médical *scutellum,* lat. *scutulum,* dimin. de *scutum* «bouclier».

◆ Zool. Qui a rapport à l'écusson des insectes. ⇒ **Écu.** *Angle scutellaire de l'aile.*

SCUTELLUM [skytelɔm; skytelɔm] n. m. — xxᵉ (in Larousse, 1933); lat. sav. mod., dimin. du lat. class. *scutum* «bouclier».

Didactique.

◆ **1.** Bot. Cotylédon de la plantule, chez les graminées. *Le scutellum assure la digestion de l'albumen.*

◆ **2.** Zool. Écusson situé à la base de l'élytre, chez certains insectes, notamment les coléoptères. (⇒ **2. Scutellaire**).

SCUTIFORME [skytifɔʀm] adj. — 1538; *scutelliforme,* 1871; du lat. *scutum* «écu», et *forme.*

◆ Didact. Zool., méd. Qui a la forme d'un écu, d'un bouclier. *Cartilage scutiforme. Corselet scutiforme.*

SCUTUM [skytɔm] n. m. — 1765, *Encyclopédie ;* mot lat. qui a donné *écu*.*

♦ **1.** Archéol. Bouclier romain de forme convexe, rectangulaire.

♦ **2.** (1842). Zool. Écusson des insectes. — Plaque recouvrant l'abdomen de certaines araignées. — Plur. *Des scuta* ou *des scutums.*

SCYBALE [sibal] n. f. — xvıᵉ ; du grec *skubala* «excrément».

♦ Méd. Masse de matières fécales durcies accumulée dans le gros intestin en cas de constipation prolongée.

SCYPH-, SCYPHO- Élément de mots savants, tiré du grec *skuphos* «coupe». ⇒ **Scyphoméduses.**

SCYPHISTOME [sifistɔm] n. m. — 1876 ; lat. mod. *scyphistoma,* du grec *skuphos* «coupe, vase», et *stoma* «bouche».

♦ Didact. Zool. Stade fixé de la reproduction des Acalèphes, polype hydroïde qui se transforme en strobile pour donner par segmentation transversale (strobilation) de nouvelles méduses. ⇒ **Éphyra.** *La planula, larve des Acalèphes, se fixe sur le sol et produit un scyphistome. «La génération asexuée des scyphistomes alterne (...) avec la génération sexuée des méduses libres»* (*Sciences et Avenir,* mars 1978, p. 44).

SCYPHOMÉDUSES [sifomedyz] n. f. pl. — xxᵉ ; du rad. du grec *skuphos* «coupe, tasse», et *méduse.*

♦ Zool. Classe d'animaux cœlentérés appelés aussi *acalèphes* ou *acraspèdes,* méduses* de grande taille, très urticantes. *Types principaux :* aurelia, lucernaire* (II.), rhizostome. (On dit aussi *scyphozoaires*). — Au sing. *Une scyphoméduse.*

SCYPHOZOAIRES [sifozɔɛʀ] n. m. pl. — xxᵉ (*in* Larousse, 1933) ; de *scypho-,* et *-zoaire.*

♦ Zool. ⇒ **Scyphoméduses.** — Au sing. *Un scyphozoaire.*

SCYTALE [sital] n. f. — 1586 ; *scitale* «serpent», n. m., 1372 ; lat. *scytala,* grec *skutalê.*

Antiquité grecque.

♦ **1.** Bâton cylindrique d'un diamètre très exactement calibré sur lequel les Spartiates enroulaient en spirale une bande de parchemin pour y écrire le texte d'une dépêche, de sorte qu'une fois déroulée la bande devenait indéchiffrable pour quiconque ne possédait pas un bâton de même diamètre. *La scytale est le premier en date des appareils à chiffrer.*

♦ **2.** Par métonymie. Cette dépêche.

SCYTHE [sit] adj. et n. ou **SCYTHIQUE** [sitik] adj. — Av. 1580 ; *scytique* «barbare», xvıᵉ ; lat. *scythicus.*

♦ Qui est relatif à la Scythie, aux Scythes, peuple de l'antiquité qui habitait le sud de la Russie actuelle.
N. m. Ling. *Le scythe :* langue iranienne ancienne, qui était parlée par les Scythes.
HOM. **Site.** — Formes du v. **citer.**

S. D. N. [ɛsdeɛn] n. f.

♦ Hist. Abrév. de *Société* des Nations.*

SE [sə] pron. pers. — xıᵉ ; du lat. *se,* en position inaccentuée.
REM. 1. S'élide en *s'* devant une voyelle ou un *h* muet : *il s'amuse, elle s'habille.*
2. *Se* est le pronom personnel réfléchi de la 3ᵉ personne du singulier et du pluriel pour les deux genres ; il peut renvoyer à un nom, à un pronom personnel de la 3ᵉ personne, à un pronom indéfini (*aucun, chacun, on, tout,* etc.) ou à un relatif (*l'homme qu'il a vu se tuer*).

★ **I.** (Emplois de *se*).

♦ **1.** Compl. d'objet dir. *(Celui qui se donne* [cit. 71] *sans mesure)* ou indir. *(Il s'attribua tout le mérite de la victoire)* d'un v. pron. réfléchi.

1 Là-dessus il partit, se réservant de voir venir les événements.
COURTELINE, Messieurs les ronds-de-cuir, 4ᵉ tableau, I.

2 Ici paraît le nœud même de ces questions *(trouver la liberté dans la contrainte).* Il réside dans ce petit mot «se». *Se contraindre,* Comment peut-on se contraindre ?
VALÉRY, Regards sur le monde actuel, «Fluctuations...», *in Œ.,* t. II, Pl., I, p. 958.

♦ **2.** Compl. dir. ou indir. d'un v. pron. qui exprime la réciprocité. *Ils se battront* (cit. 78) *jusqu'à ce que la plus forte partie opprime la*

---

plus faible. Ils se renvoyaient (cit. 4) *la balle. Il laisse les vautours s'entendre* (cit. 81) *sur la terre.*

3 (...) se chercher (...) les unes les autres avec l'impatience de ne se point rencontrer ; ne se rencontrer que pour se dire des riens, que pour s'apprendre réciproquement des choses dont on est également instruite (...)
LA BRUYÈRE, les Caractères, VII, 20.

♦ **3.** Formant des «verbes pronominaux purs». *S'étonner, se taire, se passer... Elle s'évanouit à cette nouvelle. Elle s'en moque. Elle s'en va.*

4 Le sens du pronom réfléchi peut s'affaiblir de sorte qu'il n'est plus, pour ainsi dire, senti comme complément du verbe (...) *Il s'endort d'un sommeil paisible (...) Tout s'est bien passé,* DUHAM., *Pierre d'Horeb,* p. 165.
Il en est de même dans la plupart des cas où une chose est représentée comme agissant d'elle-même (...) *La passion de l'amour s'alimente à des veines si ténues,* DUHAM., *P. d'Horeb,* p. 169. *Le ciel se débrouilla,* Ibid., 95.
SANDFELD, Syntaxe du franç. contemporain, I, p. 129-130.

♦ **4.** Dans un v. pron. passif. *Rien de grand ne s'est fait sans audaces* (cit. 16). *Cela s'est toujours fait* (cit. 254). *Il y a des choses qui «ne se font* (cit. 255) *pas». Ce plat se mange froid.* — (Passif impers.). *Il se rencontre des gens qui...*

5 Ce dessein s'est conduit avec plus de mystère.   RACINE, Britannicus, V, 5.

6 Jamais il ne se sera vu un réveillon pareil.
Alphonse DAUDET, Lettres de mon moulin, «Trois messes basses», I.

7 Qu'on sache ou qu'on ne sache pas, on parle. Tout ne se sait pas, mais tout se dit.
FRANCE, le Lys rouge, I.

8 On m'assure qu'il s'y est ouvert depuis peu de très beaux magasins (...)
FRANCE, le Lys rouge, X.

♦ **5.** Dans un tour pron. impers. *Il se peut que... Il s'en faut de beaucoup que... Comment se fait-il que... ?*

♦ **6.** Valeur de possessif (avec un nom qui désigne une partie de l'individu). *S'exercer la mémoire. On se rince la bouche, on se lave les mains, on s'asperge la barbe d'eau* (→ Hoquet, cit. 4). *Se casser* (cit. 14 et 15) *la tête.*

★ **II.** (Place de *se*).

♦ **1.** (Par rapport au verbe suivi d'un infinitif).

a Compl. direct ou indirect d'un infinitif dépendant d'un premier verbe *(aller, croire, devoir, oser, penser, pouvoir, savoir, voir, vouloir...)* et placé régulièrement entre ce verbe et l'infinitif.. *Il veut lancer dans les affaires.* — REM. Si le verbe régissant et l'infinitif ont chacun un pronom personnel complément d'objet direct ou indirect, chaque pronom se place devant son verbe. *Il faut la voir s'avancer* (cit. 45) *à petits pas.*

9 L'air, passant par le dessous de la porte, poussait un peu de poussière sur les dalles ; il la regardait se traîner (...)   FLAUBERT, Mᵐᵉ Bovary, I, III.

Vx ou littér. (→ 2. Le, REM., *supra* cit. 20). «*Le soleil ni la mort ne se peuvent regarder fixement*» (cit. 1, La Rochefoucauld). *S'étant su lui-même avertir* (cit. 1). «*Le cheval s'étant voulu venger du cerf*» (La Fontaine, *Fables,* IV, 13). *Cela ne se doit* (cit. 15) *point demander.*

b Placé avant le verbe régissant quand il est sujet de l'infinitif. *Il ne s'est pas vu mourir. Elle s'écoute parler.*

10 S'il se laissait aller à juger par lui-même (...)
J. ROMAINS, les Hommes de bonne volonté, t. IX, XVII, p. 131.

♦ **2.** (Place de *se* par rapport à un autre pronom).

a Placé régulièrement devant *le, la, les* (→ 2. Le, cit. 9). *Il ne se l'est pas fait dire* (cit. 74) *deux fois.*

b Employé avec *moi, toi, lui, vous, eux, elles. On ne peut pas se fier à lui.*

c Devant *en* et *y. Les puissants s'en moquent* (cit. 12). *Je lui ai dit de ne pas s'en faire* (cit. 250). *S'en aller* (cit. 97 et suivantes). *On s'y habitue, on s'y fait* (→ Accoutumer, cit. 19). *Leur religion s'y oppose* (→ Juif, cit. 1).

★ **III.** (Répétition de *se*). *Se* est normalement répété devant chaque verbe juxtaposé ou coordonné.

11 La répétition du personnel réfléchi (objet premier ou second) est de règle : «En se levant et se frottant les yeux, ses idées devinrent plus nettes» MUSS., *Deux Maît.,* «les deux lignes s'échappèrent de leurs mains et se mirent à descendre la rivière» MAUPASS., Les deux amis. Ce n'est qu'en vue d'un effet de style qu'on s'omet parfois le personnel réfléchi : «C'est bien ici que se font, défont et surfont les réputations» PAILLERON, Monde où..., I, 2 ; (l'omission est d'ailleurs facilitée, dans cet exemple, par la racine commune et la terminaison identique des verbes).
G. et R. LE BIDOIS, Syntaxe du franç. moderne, § 283, Additions.

REM. 1. *Se* est omis devant un infinitif pronominal, après *faire** (cit. 196

et *supra*), *laisser* (cit. 10), *envoyer* (cit. 11 et 12). *Mener, envoyer promener qqn, qqch.* (→ Promener, cit. 15, 17 et 18).

2. *Se* peut, par renforcement, être remplacé par *soi-même*. ⇒ **Soi.**

HOM. Ce.

Se [ɛsə] Symbole chimique du sélénium*.

S. É. ou **S. Ém.** [sɔneminɑ̃s] Abrév. de *Son Éminence.*

S.-E. [sydɛst] Abrév. de *Sud-Est.*

SEA-LINE [silajn] n. m. — 1950 ; mot angl., de *sea* «mer» et *(pipe)-line.*

♦ Anglic. Techn. Canalisation en partie sous-marine reliant un poste d'amarrage en mer à des réservoirs de stockage (pour le pétrole, le méthane et les cargaisons fluides en général). — Plur. *Des sea-lines.* « *Les sea-lines permettent le déchargement de tous cargos, quel que soit leur tirant d'eau* » (*Science et Vie,* sept. 1972, p. 79).

SEALSKIN [silskin] n. m. — 1869 (étoffe fabriquée en Angleterre v. 1850) ; «peau de phoque», 1854, *in* D. D. L. ; mot angl., de *seal* «phoque», et *skin* «peau».

♦ Anglic. Étoffe veloutée, fabriquée avec des poils d'animaux à fourrure, employée notamment pour faire des couvertures de voyage. — Plur. *Des sealskins.*

SÉANCE [seɑ̃s] n. f. — 1594 ; «convenance», XIIIᵉ ; de 1. *séant,* p. prés. de *seoir.*

♦ **1.** (Dans des loc.). a Vx. Fait d'être assis. « *La chèvre prit séance sur son derrière* » (→ Bêler, cit. 2, Hugo, par archaïsme).

b Vieilli ou littér. Fait de siéger (dans une assemblée). *Avoir droit de séance,* et, ellipt., *Avoir séance. Accorder à qqn les honneurs de la séance.* — *Prendre séance :* prendre place dans une compagnie (cf. Siéger pour la première fois).

1 En Angleterre les évêques siègent en parlement, mais ils y siègent comme barons et non comme prêtres. Les évêques, les abbés, ont séance à la diète d'Allemagne, mais c'est en qualité d'électeurs, de princes, de comtes. La France est la seule où l'on dise, *le clergé, la noblesse, et le peuple.*
VOLTAIRE, Essai sur les mœurs, LXXXIII.

♦ **2.** Mod. Réunion des membres d'un corps constitué siégeant pendant un temps plus ou moins long en vue d'accomplir certains travaux ; durée de cette réunion. *Les séances du Parlement, des Chambres, des États...* ⇒ **Débat, session, vacation** (→ Assemblée, cit. 14 ; assembler, cit. 22 ; brouhaha, cit. 3 ; ordre, cit. 14). *Les séances du Conseil d'État* (→ Astreindre, cit. 4), *du conseil municipal* (→ Fonds, cit. 8), *de l'Académie* (→ Pointe, cit. 25 ; procurer, cit. 3). *Les séances d'un tribunal* (⇒ **Audience**), *de la cour d'assises... Séance publique* (→ Récipiendaire, cit. 1). *Publicité* (cit. 1) *des séances. Séance extraordinaire, de nuit.* — Loc. EN SÉANCE. *Entrer, être en séance* (→ Huissier, cit. 5). — *Tenir séance. Assemblée qui tient séance.* ⇒ **Délibérer.** — *Présider une séance. Commencer, ouvrir une séance.* ⇒ **Réunir** (se). *Terminer, clore, lever la séance.* ⇒ **Séparer** (se). *La séance est ouverte, levée :* formules que prononce le président au commencement et à la fin de la séance. *Ouverture, clôture, levée d'une séance. La séance est suspendue ; suspension de séance.* — *Procès-verbal, ordre* du jour d'une séance. — Allus. hist. « *La séance continue* » : mot du président Dupuy, après l'explosion de la bombe lancée à la Chambre par l'anarchiste Vaillant (1893).

2 Dans tous les cas, dit-elle, si dans cette affaire, il vient de Paris des avocats célèbres, elle nous promet des séances de cour d'assises intéressantes (...)
BALZAC, le Cabinet des Antiques, Pl., t. IV, p. 418.

3 Louis Blanc et Caussidière ont-ils participé aux événements du 15 mai et du 24 juin ? Telle est la grave question que l'assemblée, constituée en tribunal, va juger dans cette séance de nuit. HUGO, Choses vues, I, 1848, « Séance de nuit ».

(1802). SÉANCE TENANTE : la séance se poursuivant sans interruption, et avant qu'elle ne soit levée ; au cours de la séance. Fig. (loc. adv.). Sur-le-champ ; immédiatement et sans retard (→ Composer, cit. 15 ; lot, cit. 3).

♦ **3.** (1808). Temps, d'une durée généralement déterminée, consacré à un travail ou à une occupation qui réunit au moins deux personnes. — (1913). *Séance de pose chez un peintre* (→ Quoi, cit. 6 ; et aussi lésiner, cit.). *Portraitiste qui exécute un portrait en une séance* (→ Peindre, cit. 3) *dans une école.* — *Séances de travail* (→ Piocher, cit. 3), *d'entraînement* (→ Récupérer, cit. 3), *de gymnastique.* — *Séances de poker* (cit. 1).

3.1 Claude, en deux séances, campa la tête. ZOLA, l'Œuvre, p. 140.

(Dans un traitement médical). *Séances de radiothérapie, de massage, d'héliothérapie* (cit.), *de rééducation...*

4 Le docteur Latonne a fait un vrai miracle avec le père Clovis, en le soumettant à son traitement de gymnastique automotrice. Figure-toi que ce vieux vagabond

marche presque comme tout le monde à présent. Les progrès de la guérison, d'ailleurs, sont apparents après chaque séance.
MAUPASSANT, Mont-Oriol, II, VI (1886).

♦ **4.** (Av. 1880, Flaubert). Temps consacré à certains divertissements, exhibitions ou spectacles (d'abord organisés à l'occasion de réunions ou de fêtes, puis réguliers) ; le spectacle lui-même. *Séance récréative. Séances données par un patronage, un comité des fêtes... Séance musicale. Séance avec projections. Séance privée. Séance de cinéma,* comprenant une première partie (documentaire, annonces, etc.) et une seconde partie (film). Absolt. *La séance est à 20 heures. Horaires des séances d'un cinéma permanent. Première, deuxième séance... dans une salle de cinéma.*

5 Alors j'ai eu une idée, c'est d'organiser une fête de charité. Toi, ma fille, tu vas aller voir le curé ; vous chercherez ensemble deux de ses paroissiennes pour quêter avec toi (...) Quant à vous, les hommes, vous allez préparer une tombola au Casino, avec le secours de Petrus Martel, de sa troupe et de son orchestre (...) Pendant huit jours, Christiane ne s'occupa que de la préparation de cette fête (...) La commune était agitée ; et les mornes baigneurs (...) emplissaient les tables d'hôte d'aperçus variés sur les recettes possibles des deux séances, religieuse et profane.
MAUPASSANT, Mont-Oriol, I, IV et V (1886).

6 L'on s'occupait fort de magie aux Tuileries, sous l'Empire. L'Américain Home y fut révéré à l'égal d'un Dieu ; en sus de ses séances de spiritisme, c'est lui qui évoquait les esprits infernaux, dans cette Cour. HUYSMANS, Là-bas, XXI.

♦ **5.** (Mil. xxᵉ). Fam. Spectacle donné, scène jouée par qqn qui se comporte de façon bizarre ou insupportable. *Il nous a fait une de ces séances ! Une séance de cris et de larmes.* ⇒ **Scène.**

1. SÉANT [seɑ̃] n. m. — XIIᵉ ; *en seant* «assis», 1080, *la Chanson de Roland* ; p. prés. subst. de *seoir.*

♦ **1.** a (V. 1130). Vx. EN SON SÉANT : en étant assis.

b (V. 1265). Mod. SUR SON SÉANT : en position assise (en parlant d'une personne qui est au lit). *Se dresser* (cit. 22), *se mettre* (→ Goinfre, cit. 2), *se redresser* (cit. 9) *sur son séant.* — REM. L'expression *s'asseoir sur son séant,* qui paraît tautologique, est cependant attestée dès le *Roman de la Rose.*

1 Il la souleva, tâcha de l'asseoir sur son séant, essaya de lui mettre une plume entre les doigts. ZOLA, la Terre, V, IV.

♦ **2.** (1694). Fam. Derrière* (III., 3.). ⇒ **Fesse, fessier, postérieur.** *Un cousin qu'aucun séant n'avait jamais aplati* (cit. 3).

2. SÉANT, SÉANTE [seɑ̃, seɑ̃t] adj. — 1180 ; *sedant,* v. 1050 ; p. prés. adj. de *seoir.*

♦ Vx ou littér. Qui sied, est convenable* (cit. 7). ⇒ **Bienséant, décent** (→ 1. Point, cit. 78). *Ce n'est pas séant.*

1 On comprend que dans ces conditions je considérasse le service militaire comme une calamité insupportable, à laquelle il était séant de chercher à me soustraire (...)
GIDE, Si le grain ne meurt, I, X.

(V. 1360). Littér. SÉANT À... ⇒ **Seyant.**

2 J'ai toujours entendu dire que les sourcils noirs sont très séants aux blondes, et cette dame était blonde.
FRANCE, le Crime de S. Bonnard, II, II, Œ., t. II, p. 355.

CONTR. **Malséant, messéant.**
COMP. **Bienséant.**
HOM. **Céans.**

3. SÉANT, SÉANTE [seɑ̃, seɑ̃t] adj. — 1080, p. prés. de *seoir* «être assis ».

Vieux ou blason.

♦ **1.** Qui est assis. — Blason. Représenté assis. *Au léopard séant.*

♦ **2.** (1460). Vx. Qui peut siéger dans une assemblée. — Qui siège (en parlant d'une assemblée).

SEAU [so] n. m. — XIIIᵉ ; *scel,* XIIᵉ ; *seel,* XIIIᵉ ; lat. pop. *sitellus,* lat. *sitella,* var. de *situla.* → Seille.

♦ **1.** Récipient de forme cylindrique, en général muni d'une anse, servant à transporter des liquides ou des matières en poudre ou en morceaux. *Seau en métal, en bois, en toile, en plastique* (→ Laiterie, cit. 1). *Seau de métal, de toile. Puiser de l'eau avec un seau. Les seaux d'un porteur* (cit. 5) *d'eau.* ⇒ **Palanche.** *Seau plein d'eau, de saumure, d'immondices.* ⇒ Engrais, cit. 3 ; fécule, cit. 1). — *Seau de toilette. Seau hygiénique* (→ Gris, cit. 6 ; ménager, cit. 5). *Seau à traire les vaches* (→ Gargantuesque, cit. 2). *Seau à charbon.*

1 Auprès de la fontaine, il y avait toujours un vieux seau, cabossé, percé, affalé sur la boue et achevant de s'y rouiller (...) M. GENEVOIX, Forêt voisine, VIII.

Seau à glace, à rafraîchir, à champagne (→ Coupe, cit. 1).

2 (...) le maître d'hôtel s'incline sur les seaux à champagne.
ARAGON, les Beaux Quartiers, II, I.

Seau à vif : petit vivier portatif où les pêcheurs conservent les poissons servant d'appât.

Spécialt. Petit seau utilisé par les enfants pour jouer avec le sable, la terre... *Prends ta pelle et ton seau* (→ Pelle, cit. 3).

♦ 2. (*Sel*, v. 1250). Par métonymie. Contenu d'un seau, seau avec son contenu. *Seau d'eau* (→ Barboter, cit. 2; bras, cit. 47; plonger, cit. 4; puits, cit. 1). *Un seau, un plein seau de charbon. Cendres qu'on retire à pleins seaux du calorifère* (→ Grille, cit. 18).

(1690). Loc. *Il pleut à pleins seaux, à seaux,* abondamment.

3 Mais, comme il arrive toujours quand les pauvres Anglais attaquent, la pluie est tombée à seaux dès le premier jour des opérations.
A. MAUROIS, les Discours du Dr O'Grady, XX.

4 (...) une dépression où la pluie tombait à pleins seaux.
SAINT-EXUPÉRY, Courrier Sud, III, I.

COMP. Seau-pompe.
HOM. Saut, sceau, sot.

SEAU-POMPE [sopɔ̃p] n. f. — XXᵉ; de *seau*, et *pompe.*

♦ Appareil constitué par une pompe à main et un seau formant réserve d'eau, de liquide. — Plur. *Des seaux-pompes.*

SÉBACÉ, ÉE [sebase] adj. — 1734; lat. *sebaceus,* de *sebum* «suif».

♦ Méd. Relatif au sébum*; formé de sébum. *Matière sébacée. Enduit sébacé des nouveau-nés. Kyste* sébacé.* — Par ext. *Glandes sébacées :* glandes de la peau, en général annexées aux poils (⇒ **Pilosébacé**) et qui sécrètent le sébum.

COMP. Pilosébacé.

SÉBASTE [sebast] n. m. — 1874; orig. inconnue.

♦ Zool. Poisson acanthoptérygien, de taille moyenne, à tête écailleuse et épineuse, vivant dans les mers froides et tempérées.

SÉBESTE [sebɛst] n. m. — 1555; *sebestin,* 1256; arabe *sībīstān.*

♦ Bot. Fruit du sébestier, qui ressemble à la prune.

DÉR. Sébestier.

SÉBESTIER [sebɛstje] n. m. — 1553; de *sébeste.*

♦ Bot. Plante dicotylédone *(Borraginées),* arbre des régions tropicales, dont les fruits à saveur sucrée (sébestes) ont des propriétés béchiques. — Nom sc. : *cordie.*

SÉBILE [sebil] n. f. — 1417; p.-ê. de l'arabe *sabīl* «aumône», ou (Guiraud) d'un lat. pop. **cibilis,* var. de *cibalis* «de la nourriture», de *cibus* «nourriture».

♦ 1. Petite coupe de bois (→ Commissaire, cit. 3; pincée, cit. 3). *Sébile d'un mendiant, d'un aveugle.* — Loc. (1886, Loti). *Tendre la sébile :* demander l'aumône (cit. 13).

Homo *(un loup),* une sébile dans sa gueule, faisait poliment la quête dans l'assistance. Ils gagnaient leur vie.
HUGO, l'Homme qui rit, I, Chapitre préliminaire, I, I.

♦ 2. Techn. Récipient en bois (terme technique employé dans divers corps de métiers). *Sébile de pressoir.*

SEBKA [sɛbka] n. f. — 1874; arabe d'Algérie *säbhä,* arabe class. *säbḫāh,* même sens.

♦ Géogr. Au Sahara, «fond de dépression fermée, région d'évaporation, toujours salée et nue» (Capot-Rey). ⇒ **Chott.** — On écrit aussi *sebkha.*

SÉBORRHÉE [sebɔʀe] n. f. — 1868; de *sebum,* et *-rrhée.*

♦ Méd. Augmentation de la sécrétion (⇒ **Hypersécrétion**) des glandes sébacées, souvent accompagnée d'hypertrophie glandulaire, et pouvant être en relation avec diverses dermatoses (comédons, eczéma, psoriasis, etc.). *Séborrhée du cuir chevelu,* pouvant entraîner la chute des cheveux*.

DÉR. Séborrhéique.

SÉBORRHÉIQUE [sebɔʀeik] adj. — 1904, in *Rev. gén. des sc.,* nᵒ 16, p. 789; de *séborrhée.*

♦ Méd. Relatif à la séborrhée*. *Eczéma séborrhéique. Filament séborrhéique d'un comédon.*

Qui est affecté de séborrhée. *Cheveux séborrhéiques.* — (Personnes). *Être séborrhéique.* — N. *Un, une séborrhéique.*

(...) les *(cheveux)* pelliculaires, les séborrhéiques, ceux à une, deux, ou même trois fourches.
J.-M.G. LE CLÉZIO, la Fièvre, p. 54.

SÉBUM [sebɔm] n. m. — Fin XVIIᵉ - déb. XVIIIᵉ; lat. *sebum* «suif».

♦ Didact. Matière grasse, onctueuse, renfermant des substances pro-

tidiques et des débris des cellules sécrétrices, produit de sécrétion des glandes sébacées.

COMP. (Du lat.) Séborrhée.

SEC, SÈCHE [sɛk, sɛʃ] adj. — V. 980, «desséché»; lat. *siccus, sicca.*

★ **I.** Concret. **A. ♦ 1.** Qui n'est pas ou est peu imprégné de liquide (notamment, d'eau). ⇒ **Desséché.** *Herbes, branches, broussailles sèches* (→ Flammèche, cit. 2; foin, cit. 3; pétillement, cit. 1). *Feuilles sèches* (→ Jaunir, cit. 5). *Bois sec* (→ Dessèchement, cit. 1; four, cit. 2; orme, cit. 2). *Sol, terrain sec. Argile* (cit. 4), *terre sèche* (→ Déplacer, cit. 6; herbage, cit. 1). ⇒ **Aride, stérile.** *Sable sec* (→ Pâté, cit. 7). — *Lieu, endroit sec* (→ Fécond, cit. 5; harasser, cit. 3), où le sol est sec.

1 (...) quand vous prierez Dieu, demandez de la pluie; nos blés sont secs comme vos tibias.
A. DE MUSSET, On ne badine pas avec l'amour, I, 1.

2 (...) une couleur de peau comme celle de la terre sèche, comme celle de la terre quand il n'a pas plu depuis longtemps.
C.-F. RAMUZ, la Grande Peur..., XII.

(Mil. XIIᵉ). Sans humidité atmosphérique, sans pluie. *Air, vent sec* (→ Aveuglant, cit. 2; harmattan, cit.; langueur, cit. 18). *Mousson* (cit. 2) *sèche. Climat, temps sec. Jours secs* (→ Polir, cit. 10). *Froid sec et piquant* (cit. 1). *Saison* sèche. Été sec* (→ Méditerranéen, cit. 1). — *Les murs se gardaient bien secs* (→ Humide, cit. 10). — Fam. *N'avoir plus un fil de sec* (→ Pleuvoir, cit. 3).

(Parties du corps). Mal ou peu hydraté. *Peau sèche; mains sèches* (→ Frotter, cit. 15; négliger, cit. 4). *Avoir la bouche, la langue, la gorge sèche. Avoir le gosier sec.* ⇒ **Soif** (avoir). → Boire, cit. 3. *Lèvres sèches* (→ Humecter, cit. 3). Vx. *Humeur* sèche.* — (D'une femme, dans un contexte érotique). Sans humeurs vaginales. — Loc. *N'avoir plus un poil* de sec.* — *Œil sec,* qui n'est pas humide de larmes (→ Blaser, cit. 9). Fig. *Regarder d'un œil sec...,* sans être ému (→ Avaler, cit. 23). — *À pied* sec.*

3 Pour vouloir d'un œil sec voir mourir ce qu'on aime (...)
MOLIÈRE, Psyché, II, 1.

4 (...) ils avaient la bouche sèche et la tête bourdonnante, parce que le soleil en tournant les avait recouverts de sa flamme (...)
P. NIZAN, le Cheval de Troie, I, 1.

5 Tu es mort et mes yeux sont secs; pardonne-moi : je n'ai plus de larmes et la mort n'a plus d'importance.
SARTRE, Morts sans sépulture, III, 2.

Loc. *Cul sec. Faire cul sec.* ⇒ **Cul** (supra cit. 16).

(1914-18, argot de la guerre, selon Dauzat; orig. obscure; p.-ê. «le gosier sec»). Fam. *L'avoir sec :* éprouver une déception, une contrariété; être mécontent, furieux (de qqch.). *Il l'a eu sec.*

5.1 Le book m'a jeté un regard noir. Il l'avait sec. Je l'ai regardé d'un air innocent.
M.-G. PRÊTRE, la Revanche des médiocres, p. 106.

Sans eau (d'une boisson alcoolique). *Prendre un whisky sec.*

♦ 2. Qui n'est plus mouillé ou humide; dont l'humidité a été éliminée. *Le linge est sec.* ⇒ **Séché.** *Les plâtres ne sont pas encore secs.*

♦ 3. (Fin XIIIᵉ). Déshydraté, séché (par suite d'un traitement approprié, et en vue de la conservation). *Fruits secs.* Fig. ⇒ **Fruit.** *Noix, figues sèches. Fourrages* (1. Fourrage, cit.) *secs. Raisins* (cit. 2) *secs* (→ Mendiant, cit. 5). *Légumes secs. Poisson sec* (→ Fournir, cit. 2). *Lait* sec. Gâteaux secs,* sans crème (pâtisserie) ou fabriqués industriellement et vendus dans le commerce (biscuiterie). *Saucisson sec. Petits fours, petits gâteaux secs.*

Pêche. *Mouche sèche :* mouche artificielle utilisée comme appât.

♦ 4. Qui n'est pas accompagné du liquide (ou des éléments pâteux) auxquels il est généralement associé. *Mur de pierres* sèches, de briques sèches* (→ Carquois, cit. 1). — *Orage, grain sec,* sans pluie. *Toux sèche,* sans expectoration (→ Maigrir, cit. 1). *Pleurésie* sèche. — Régime* sec* (→ aussi ci-dessous IV., 1.). — *Nourrice sèche,* qui soigne un enfant sans le nourrir au sein. — Chim. *Par voie sèche :* en l'absence de tout liquide et généralement à haute température). *Analyse par voie sèche.* — Gravure. *Pointe* sèche.*

Loc. *Cale* sèche. — Panne* sèche.*

♦ 5. Non accompagné (d'un autre élément). *Pain* sec. Vergue* sèche.* Vx. *Argent sec,* net de tous frais. *Argent sec et liquide* (cit. 6). *Perte* sèche.* — (Cartes). *Avoir le manillon* (cit.) *sec,* la dame seule, sans autre carte de la couleur. *Partie sèche,* non suivie d'une revanche et d'une belle (par oppos. à *partie liée*). À l'écarté, *jouer en cinq secs* (adj.), jouer en une seule manche de cinq points, par oppos. à *jouer en cinq liés* (→ ci-dessous IV., 5.).

♦ 6. (V. 1130). Personnes. Qui a peu de graisse, qui est peu charnu. ⇒ **Maigre** (cit. 1). *Corps sec* (→ Affamer, cit. 3; ostéologie, cit.). *Jambes* (cit. 8) *fines et sèches* (→ Race, cit. 10). *Homme, vieillard sec, tout sec* (→ Abeille, cit. 7; escogriffe, cit. 2; puce, cit. 1), *devenu sec* (→ Guilleret, cit. 1). Loc. *Être sec comme un coup de trique, un échalas, un hareng, une momie. Femme sèche* (→ Limande, cit. 2). *Sèche comme un cotret* (cit.). *«Sec et noir comme écouvillon»* (cit. 1).

6 (...) elle était devenue plus maigre, jaune et sèche qu'un poisson fumé.
MAUPASSANT, l'Inutile Beauté, «Le noyé», I.

7 Les deux vieillards restèrent seuls. M. Achille, sec comme un coup de trique, un peu jaune, M. Pascal remplissant bien sa peau fraîche (...)
A. MAUROIS, Bernard Quesnay, XV.

♦ **7.** (1676). Vx. Mort.

7.1 Je suis fâchée que le bonhomme Sannes se soit fait enterrer ; c'étoit un plaisir que de le voir jouer au piquet, aussi sec qu'il l'est présentement.
Mᵐᵉ DE SÉVIGNÉ, 8 mars 1676, in D. D. L., II, 10.

B. ♦ **1.** Qui est peu étoffé, manque d'ampleur, de moelleux ou de douceur. *Contours, dessins secs,* trop marqués, très précis. ⇒ **Dur** (→ Raide, cit. 2). — (Déb. XIXᵉ). *D'un bruit, d'un son.* Bref et sans résonance. *Bruit, claquement* (cit. 2) *sec, sans résonance* (→ Marchepied, cit. 1 ; pelote ; cit. 3). *Sonorité sèche* (→ Gelée, cit. 1). *Son de voix aigre et sec* (→ 2. Parler, cit. 2). *Voix sèche. Coup sec,* rapide et bref (→ Manœuvrer, cit. 8 ; rebondir, cit. 1). Loc. fig. *D'un coup sec :* rapidement, efficacement. Cf. Sans bavure. — *Coup sec,* au billard. *Le trot sec d'un cheval,* sans souplesse.

♦ **2.** (1636). *Lainage, tissu sec,* à tissage bien marqué (→ Popeline, cit.).

♦ **3.** (Fin XIIᵉ). *Vins secs,* peu sucrés (opposés aux *vins doux* et *liquoreux*). *Champagne brut, sec, demi-sec.* ⇒ **Dry.** *Un vin blanc sec.*

8 Vous avez des alcools qui sont comme empêtrés dans une saveur beaucoup trop particulière. Tout en étant secs, ou soi-disant, ils prennent quelque chose de liquoreux.
J. ROMAINS, Donogoo, II, V.

N. m. *Du sec ou du sucré.*

★ **II.** Abstrait. ♦ **1.** (Déb. XIIIᵉ : *cœur sec*). Qui manque de sensibilité, de tendresse. ⇒ **Dur, froid, indifférent, insensible, pincé.** *Cœur sec* (→ Privilège, cit. 5). *Âme sèche* (→ Parti, cit. 11). *Un homme sec et méchant* (→ Exprimer, cit. 18), *froid et sec* (→ Atrabilaire, cit. 8 ; généreux, cit. 9 ; ironie, cit. 9). — Vx. *Sec sur... :* peu sensible à... (→ Jalousie, cit. 4).

♦ **2.** Qui marque qu'on ne se laisse pas attendrir ; qui témoigne d'une certaine mauvaise humeur, d'une intention blessante. ⇒ **Aigre, désobligeant, glacial.** *Lettre, réponse* (cit. 3) *sèche. Un ton très sec.* ⇒ **Autoritaire, bref, brusque, cassant** (→ Pointilleux, cit. 2). *Un non* (cit. 58) *sec* (→ aussi Baisser, cit. 6).

♦ **3.** (1265). Qui manque de grâce, de charme, de richesse naturelle. ⇒ **Rébarbatif, rebutant, revêche.** *Caractère sérieux, sec et taciturne* (→ Lacédémonien, cit. 2). *Rien de plus sec et de plus aride* (cit. 4) *que ses bonnes grâces. Figures ingrates et sèches* (→ Foi, cit. 21). *Élégance* (cit. 7) *un peu sèche et sévère.* ⇒ **Austère.** *Sèches et rebutantes nomenclatures* (→ Histoire, cit. 6). — *« Le pauvre* (cit. 34) *esprit de femme, et le sec entretien ! ».* *Narration maigre* (cit. 15), *sèche, abstraite. Style sec.* — *Un triste et sec faiseur d'annales* (cit. 2). *Il est sec et sans génie* (→ Figure, cit. 25). ⇒ **Étriqué.**

♦ **4.** (1866). Fam. *Être, rester sec,* incapable de répondre. ⇒ **Sécher** (II., 4.). *Il est resté complètement sec.*

♦ **III.** N. m. ♦ **1.** Déb. XIIᵉ. **[a]** (V. 1265). Sécheresse. *Le sec et l'humide* (→ Mou, cit. 24).

[b] (V. 1112). Lieu sec (dans : *au sec*). *Mettre, tenir une chose au sec,* dans un endroit sec, où elle puisse sécher.

[c] (1553). Agric. *Le sec :* le fourrage* sec (opposé à *vert**). *Mettre son cheval au sec.* — Loc. fig. (Fin XVIᵉ). Vx. *Donner, employer le vert et le sec,* tous les moyens.

9 La France est envahie sourdement, on veut donner un assaut général, on y emploie le vert et le sec !
BALZAC, Une ténébreuse affaire, Pl., t. VII, p. 470.

♦ **2.** Loc. adj., adv. (XIVᵉ). **À SEC.** **[a]** À l'état sec, sans eau. *Cours d'eau, source complètement à sec* (→ Étiage, cit. 1). *Langue* (cit. 48) *de terre restée à sec dans une plaine inondée. Mettre un étang à sec pour le curer.* ⇒ **Assécher, vider.**

10 Si je ne bois, je suis à sec : me voilà mort. Mon âme s'enfuira en quelque grenouillère. En sec jamais l'âme n'habite.
RABELAIS, Gargantua, V.

11 (...) et je le répéterai jusqu'au tronçon de ma dernière plume ; j'y mettrai l'encrier à sec (...)
BEAUMARCHAIS, Mémoires... dans l'affaire Goëzman, p. 141.

Techn. *Opérations (de filature) qui se font à sec,* sans eau (opposé à *mouillé*). *Filature à sec, au sec.*

11.1 La filature *au sec.* — Elle est requise pour les gros fils bon marché ou dont on exige une bonne hydrophilie.
Jacques LOURD, le Lin et l'Industrie linière, p. 55.

[b] Fig. **ÊTRE À SEC,** dans l'état où l'on n'a plus d'idées, plus rien à dire.

12 Sur ce chapitre on n'est jamais à sec (...)
MOLIÈRE, Remerciement au roi.

Sans argent (→ Fauché). *Mettre qqn à sec :* le ruiner.

13 (...) quand Cérizet était à sec, il n'avait qu'à dire à son ami : « Cadenet, prête-moi donc cent écus ». Mais il les lui rendait toujours plus tard.
BALZAC, les Petits Bourgeois, Pl., t. VII, p. 169.

Loc. vieillie. *Avoir l'esprit à sec* (même sens que cit. 12).

14 Écris-moi dans ta prochaine lettre quelque bonne blague, car pour moi j'ai l'esprit à sec.
FLAUBERT, Correspondance, 24, 28 oct. 1838.

(1658). Loc., vx. *Mettre qqn à sec :* le réduire au silence.

(1611, *a sec* ; *a sec de voiles,* 1871). Mar. *Courir à sec, à sec de toile,* sans une seule voile hissée (le plus souvent, par gros temps).

★ **IV.** Adv. (V. 1283, *payer sec* « comptant »). ♦ **1.** (1640). **BOIRE SEC :** ne pas mettre d'eau dans son vin, et, par ext., boire beaucoup. *Tout sec :* sans accompagnement, sans rien de plus. *Un oui* (cit. 1) *tout sec. Il n'y avait pas d'un côté le devoir tout sec* (→ Formule, cit. 15). — REM. Cet emploi est adverbial plutôt qu'adjectif ; on ne dirait guère *toute sèche,* avec un féminin.

15 Fort bon vin ; et comme l'eau est douteuse et que la typhoïde est à craindre, je bois sec.
GIDE, Journal, Fès, janv. 1944.

♦ **2.** (1582). ⇒ **Brutalement, rapidement, rudement, sèchement.** *Poudre* (cit. 15) *qui claque sec. Ça pète sec.* ⇒ **Pète-sec.** *Démarrer, conduire sec,* très vite, sans hésitation. *Boxeur qui frappe sec. Parler sec* (→ Couper, cit. 10).
Il l'a laissé tomber tout sec, brutalement.

15.1 Si tu avais attrapé cet homme à la tête, tu pouvais le tuer tout sec.
M. PAGNOL, Jean de Florette, p. 278.

♦ **3.** *Couper sec :* opérer une coupure brusque et nette du signal sonore ou visuel (radio, télévision).

♦ **4.** Loc. adv. (1904). Fam. **AUSSI SEC :** par une réaction immédiate, sans hésiter et sans tarder.

16 Et la directrice de L'O. H. B. je la renvoie à ses fourneaux ! Et le préfet, l'administrateur, le chef de cabinet, tous, je les colle en prison, aussi sec.
M. AYMÉ, la Tête des autres, IV, 5.

17 Aussi sec, les jambes de Riton reculèrent, le portèrent à deux mètres en arrière, près du mur où était posée la mitraillette (...)
Jean GENET, Pompes funèbres, p. 58.

♦ **5.** Loc. **EN CINQ SEC** (même sens que : *en cinq secs.* → ci-dessus I., 5.). — Fig. ⇒ **Cinq.**

★ **V.** Interj. Alpin. Mot par lequel le grimpeur donne l'ordre de tendre la corde. (On dit aussi : *dur !*).

CONTR. Aqueux, humide, mouillé. — Collant, moite. — Frais, vert. — Gras, gros. — Moelleux, onctueux. — Amoureux, attendri, généreux. — Agréable, aimable, attendrissant, caressant, patelin. — Abondant, luxuriant, nourri.
DÉR. 2. Sèche, sèchement, sécheron, sécot. — V. Sécher (et dér.) et aussi siccatif, siccité.
COMP. Pète-sec.

SÉCABILITÉ [sekabilite] n. f. — Mil. XXᵉ ; de *sécable.*

♦ Didact. Caractère de ce qui est sécable*.

SÉCABLE [sekabl] adj. — 1691 ; lat. *secabilis,* de *secare* « couper ».

♦ Didact. Qui peut être coupé, ou divisé. *Particules non sécables.* ⇒ **Atome** (étymologie).

De toute évidence, le prestige du bifteck tient à sa quasi-crudité : le sang y est visible, naturel, dense, compact et sécable à la fois.
R. BARTHES, Mythologies, p. 77.

CONTR. Insécable.
DÉR. Sécabilité.

SECAM [sekam] adj. et n. m. — 1959 ; abrév. de *séq(uentiel)* à *m(émoire).*

♦ *Système secam :* système de télévision en couleurs mis au point par H. de France, adopté par la France, l'U. R. S. S. et un certain nombre de pays européens. — N. m. *Le secam :* le système secam. *Récepteur qui fonctionne en secam.*

SÉCANCE [sekɑ̃s] n. f. — Mil. XXᵉ ; de *sécant.*

♦ Math. État de ce qui est sécant*.

HOM. Séquence.

SÉCANT, ANTE [sekɑ̃, ɑ̃t] adj. — 1542 ; lat. *secans,* p. prés. de *secare* « couper ».

♦ **1.** Géom. Qui coupe (une ligne, un plan, un volume). *Plan sécant à une sphère.* — Absolt. *Droite, courbe sécante* (opposé à *parallèle, tangent*). *Cercle* sécant. *Plan sécant.*

♦ **2.** *Ensembles sécants,* ayant des éléments communs.

DÉR. Sécance, sécante (n. f.).

SÉCANTE [sekɑ̃t] n. f. — 1634 ; de « droite *sécante* ». → Sécant.

♦ **1.** Droite qui coupe une ligne courbe en un ou plusieurs points ; spécialt, droite qui coupe une circonférence en deux points.

♦ **2.** L'une des six lignes trigonométriques ; l'inverse du cosinus (symbole : *séc.*). *Sécante d'un arc, d'un angle. La sécante est l'une des fractions circulaires.* ⇒ **Trigonométrie.**

COMP. **Cosécante.**

SÉCATEUR [sekatœʀ] n. m. — 1827 ; dér. sav. du lat. *secare.*

♦ **1.** Outil de jardinage, forts ciseaux à ressort dont une lame est tranchante et l'autre sert de point d'appui. *Sécateur servant à la cueillette* (cit. 1) *des fruits, à la taille, au greffage* (cit. 1), *à émonder* (cit. 3), *à nettoyer* (cit. 2)... *Sécateur à haie.* ⇒ **Cisaille.** *Tailler des rosiers au sécateur.* — Par métaphore :

La conversation est un jeu de sécateur, où chacun taille la voix du voisin aussitôt qu'elle pousse.   J. RENARD, Journal, 29 janv. 1893.

♦ **2.** Instrument analogue servant à découper les volailles.

COMP. **Sécateur-serpe.**

SÉCATEUR-SERPE [sekatœʀsɛʀp] n. f. — 1904 ; de *sécateur,* et *serpe.*

♦ Outil semblable à un sécateur*, dont l'une des mâchoires a la forme d'une lame de serpe. — Plur. *Des sécateurs-serpes.*

SECCO [seko] n. m. — xxᵉ ; orig. incertaine.

Français d'Afrique.

♦ **1.** Panneau tressé, fait avec des herbes, des tiges de graminées, des joncs refendus, etc.

1   Nous circulons dans le village. Rues tortueuses entre les paravents de *seccos. (En note)* : Sortes de longues nattes en herbes treillissées.   GIDE, le Retour du Tchad, VIII, *in* Souvenirs, Pl., p. 969.

2   Il a mis des seccos autour de la terrasse pour protéger du vent.   Y. GUEYE, A l'orée du Sahel, *in* I.F.A.

♦ **2.** Enclos délimité par ces panneaux. — Par ext. Enclos, hangar pour entreposer le mil, l'arachide. *Secco de groupage* (Sénégal).

3   Il y avait un gigantesque hangar métallique (...) sans doute le secco et le logement du commis de secco.   S. H. NDIAYE, le Retour de l'aïeul, p. 12. *in* I.F.A.

SECCOTINE [sekɔtin] n. f. — xxᵉ ; marque déposée ; de *sec.*

♦ Colle forte (de cette marque).

1   Le plancher vermoulu et vraisemblablement grinçant, la glu coulée des corps (comme une seccotine en protubérances dures hors du tube bleu pâle roulé et fendillé)...   Michel LEIRIS, Fourbis, p. 57.

Fig. et fam., avec les emplois figurés de *colle.*

2   Vint ensuite une galette gluante, faite d'eau claire, de farine, de gros sel et de seccotine.   René FALLET, le Triporteur, p. 123.

Personne ennuyeuse, «collante». *Quelle seccotine, ce type! Dis donc, ta copine, c'est Miss Seccotine?*

SÉCENTISME [setʃɛntism] n. m. — 1933, Larousse, sous la forme ital. ; ital. *secentismo,* de *secento** «six cents», au sens de «dix-septième siècle».

♦ Didact. Caractère propre au dix-septième siècle, au secento, dans la littérature italienne (⇒ **Marinisme, pétrarquisme**), l'art italien.

L'essentiel du sécentisme *(littéraire)* réside dans le culte de la forme pour la forme, dans la phobie de la banalité, la recherche de l'expression ingénieuse, raffinée (...)   Paul ARRIGHI, la Littérature italienne, p. 47.

SECENTISTE [setʃɛntist] n. m. — 1891 ; 1832, sous la forme ital. ; ital. *secentisti,* de *secento* «six cents» (pour désigner les années en 1600). → Secento.

♦ Didact. Artiste du dix-septième siècle italien (surtout au pluriel).

SECENTO ou SEICENTO [setʃɛnto] n. m. — 1933, Larousse ; mot ital. «six cents», pour désigner les années en 1600. → Trecento, quattrocento.

♦ Didact. (Hist., arts, littér.). Le dix-septième siècle (dont les années sont mille *six cent...*), lorsqu'il s'agit de l'Italie.

DÉR. **Sécentisme.**

SÉCESSION [sesesjɔ̃] n. f. — V. 1508 ; *cecession* «sédition», 1354 ; lat. *secessio,* de *secedere* «se retirer».

♦ **1.** Action par laquelle une partie de la population d'un État se sépare, de façon pacifique ou violente, de l'ensemble de la collectivité, et en vue de former un État distinct ou de se réunir à un autre. ⇒ **Dissidence, révolte, séparation, séparatisme** ; et aussi **autonomie, indépendance.** *La sécession de la plèbe romaine et sa retraite en armes sur le mont Aventin.*

1   Il y eut certainement des violences, et la tradition même nous montre la plèbe recourant aux armes pour abattre les décemvirs. Mais son arme la plus puissante

fut la «sécession», qui menaçait Rome de la fondation d'un État rival, capable même de s'allier à l'ennemi. La peur fit fléchir la résistance des patriciens (...)   J. BAYET, Trad. PAÏS, *in* GLOTZ, Hist. romaine, t. I, p. 10.

2   Le rêve de quelques Français exaltés, en Afrique du Nord, serait la «sécession» : ils n'en parlent qu'à voix basse.   F. MAURIAC, Bloc-notes 1952-1957, p. 185.

Hist. *La guerre de Sécession,* entre le Nord et le Sud des États-Unis (1861-65).

♦ **2.** (1834). Action de se séparer d'un groupe. Loc. *Faire sécession :* se détacher, se séparer de (qqn, un groupe).

3   (...) à moins de faire sécession à l'égard des autres, de m'enfoncer dans un individualisme qui me conduit à l'égoïsme et à l'impuissance, je suis «embarqué» : la politique, que je le veuille ou non, est une dimension de ma vie.   Roger GARAUDY, Parole d'homme, p. 186.

CONTR. **Annexion, fédération, réunion.**

DÉR. **Sécessionniste.**

SÉCESSIONNISME [sesesjɔnism] n. m. — 1870 ; de *sécessionniste.*

♦ Doctrine qui prône la sécession*. Attitude, tendance sécessionniste. ⇒ **Séparatisme.**

SÉCESSIONNISTE [sesesjɔnist] adj. et n. — 1861 ; de *sécession.* → Sécessionnisme.

♦ Qui fait sécession, qui lutte pour la sécession. *Les États sécessionnistes du Sud.* — N. (1866). *Les sécessionnistes.* ⇒ **Autonomiste, séparatiste.**

SÉCHAGE [seʃaʒ] n. m. — 1797 ; *saichage* «droit exigé par un seigneur pour ce qui séchait dans son four», 1339 ; de *sécher.*

♦ Action de faire sécher ; opération, ou ensemble d'opérations destinées à éliminer le liquide (eau, en général) contenu dans un corps quelconque. ⇒ **Dessiccation, évaporation.** *Séchage à l'air libre, au soleil, sur un étendoir* (⇒ **Étendage**). *Séchage à l'air chaud, à l'étuve, au four, par courant d'air froid ou chaud* (⇒ **Ventilateur**), *par chauffage direct, par contact, aux rayons infrarouges...* (⇒ **Évaporateur, séchoir**). *Séchage du linge* (⇒ **Blanchissage, essorage**). *Séchage du bois, des colles, du caoutchouc, des fruits, des étoffes* (⇒ **Apprêt**), *du tabac... Séchage des fourrages. Séchage du café en parche, en cerises.*

SÉCHARD [seʃaʀ] n. m. — D. i. ; probablt de *sécher.*

♦ Régional (Genève). Vent du Nord-Est.

La bâche fut bientôt enlevée et la voile hissée ; un joli «séchard» la faisait claquer comme un drapeau.   Guy DE POURTALÈS, la Pêche miraculeuse, p. 114.

1. SÈCHE [sɛʃ] n. f. ⇒ Seiche.

2. SÈCHE [sɛʃ] n. f. — 1688 ; *seiche,* 1640 ; fém. subst. de *sec.*

Marine.

♦ **1.** Banc (de sable, de vase, etc.) qui est à sec à marée basse.

♦ **2.** Vergue* sèche (sans voile).

HOM. **Sèche** (fém. de sec), **seiche.**

3. SÈCHE [sɛʃ] n. f. — 1881 ; orig. incert., p.-ê. du fém. substantivé de *sec.*

♦ Fam. Cigarette. ⇒ **Cibiche.**

SÉCHÉ, ÉE [seʃe] adj. ⇒ Sécher (p. p. adj.).

SÈCHE-CHEVEUX [sɛʃʃəvø] n. m. invar. — 1933 ; de *sécher,* et *cheveux.*

♦ Appareil électrique pour sécher les cheveux après lavage. ⇒ **Séchoir.** *Sèche-cheveux portatif. Sèche-cheveux des coiffeurs.* ⇒ **Casque.**

Pour les photographes d'un journal, tu n'hésites pas à faire mousser dans ta tignasse un shampooing aux œufs, à t'offrir au sirocco brûlant d'un sèche-cheveux, à te soumettre à la loi de la mise en plis et du crêpage à la brosse.   P. GUTH, Lettre ouverte aux idoles, «Antoine», p. 71.

SÈCHE-LINGE [sɛʃlɛ̃ʒ] n. m. — 1966 ; de *sécher,* et *linge.*

♦ Appareil domestique ou industriel pour sécher le linge en brassant celui-ci dans un flux d'air chaud. (On dit aussi *sécheuse,* n. f.). — Plur. *Des sèche-linges.*

SÈCHE-MAINS [sɛʃmɛ̃] n. m. invar. — xxᵉ ; de *sécher,* et *main.*

♦ Appareil servant à sécher les mains par émission d'air chaud.

SÈCHEMENT [sɛʃmɑ̃] adv. — xvᵉ; *sekement,* xɪɪᵉ, au fig.; de *sèche,* fém. de *sec.*

♦ **1.** (Déb. xɪvᵉ). Vx. En lieu sec, à l'abri de l'humidité (cf. Buffon, *in* Littré).

♦ **2** (1636). Mod. D'une manière sèche*. ⇒ **Brusquement.** — *Contours sèchement marqués. Frapper sèchement la balle.* ⇒ **Brutalement, violemment.**

1 Pas une vapeur, pas un brouillard, pas un voile. Des bois faisant des taches noires sur une terre de cendres blanches, ces bouquets de verdure sombre se dressant sèchement çà et là. Un paysage du Midi rayonnant jusqu'au fond (...)
Ed. et J. DE GONCOURT, *Journal,* 17 avr. 1866, t. III, p. 37.

♦ **3.** Cour. Avec froideur, indifférence, dureté. *Dans ma chambre, je prie plus sèchement* (→ Prière, cit. 1, Rousseau). *Parler, répliquer, refuser sèchement.* ⇒ **Durement, froidement, rudement** (→ Approuver, cit. 15; oiseux, cit.; présentation, cit. 2).

2 Et à ce propos, me permettez-vous une remarque, baron? dit l'universitaire, — Quoi? Qu'est-ce que c'est? dit sèchement M. de Charlus (...)
PROUST, *Sodome et Gomorrhe,* Pl., t. II, p. 1105.

♦ **4.** Sans charme ni grâce. *C'est écrit, c'est raconté bien sèchement* (→ aussi Problème, cit. 3).

SÉCHER [seʃe] v. — Conjug. *céder.* — xɪɪᵉ; *séchier,* v. 1170; lat. *siccare,* de *siccus* «sec».

★ **I.** V. tr. ♦ **1.** Rendre sec* (I., A., 3.). ⇒ **Dessécher, déshydrater.** — (Sujet n. de personne). *L'argile* (cit. 4) *qu'on sèche au soleil.* — (Sujet n. de chose). *« Comme tombe une fleur que la bise* (cit. 1) *a séchée »* (Malherbe). ⇒ **Flétrir; faner.** *La chaleur, le soleil sèche les feuilles.* ⇒ **Grésiller, racornir** (→ Étioler, cit. 1). *Les chaleurs de l'été ont séché la terre* (→ Manque, cit. 3). — *Le froid sèche la peau.* — Spécialt. Essuyer. *Sécher ses yeux* (→ Réarranger, cit.). — Spécialt. Déshydrater. *Sécher des viandes* (→ 1. Feu, cit. 22). *Sécher des figues* (cit. 1), *des pruneaux* (cit. 2), *des raisins* (→ Liquoreux, cit.). ⇒ **Étuver.**

♦ **2.** Absorber ou évaporer (un liquide). *Sécher l'encre* (cit. 3) *fraîche* (cit. 27). Absolt. *Poudre* (cit. 9) *à sécher.* — (Sujet n. de chose). *La chaleur a séché les sources, les ruisseaux.* ⇒ **Assécher, sec** (mettre à), **tarir** (→ aussi, par métaphore, Resurgir, cit. 1). Littér. *Sécher les larmes* (cit. 23) *de qqn, ses pleurs* (→ Change, cit. 5). ⇒ **Étancher;** et, fig. (1670), **consoler.** *« Toi qui sèches les pleurs* (cit. 3) *des moindres graminées »* (Rostand).

1 (...) le vent printanier, à mesure, séchait ma sueur (...)
COLETTE, *la Naissance du jour,* p. 133.

♦ **3.** Fam. *Sécher un verre :* le boire tout entier. ⇒ **Cul** (faire cul sec).

2 Elle lui servit un petit verre d'alcool qu'il sécha d'un trait puis en réclama un second, un troisième.
Francis CARCO, *les Belles Manières,* p. 124.

♦ **4.** Fig. ⇒ **Assécher.**

3 (...) ces longs détails de chicanes ennuyeuses, qui sèchent l'esprit de l'écrivain (...)
RACINE, *Disc. à l'Académie.*

♦ **5.** (1878). Argot scol. *Sécher un cours, la classe :* ne pas y assister, les manquer volontairement. *Elle a séché les maths pour aller en boîte avec son copain.* — Absolt. *Tu vas au cours cet après-midi? Non, je sèche.*

3.1 (...) le lendemain du retour des vacances, encombrées de rumeur de foules et de moteurs; les aveuglants après-midi où l'on sèche le lycée, où l'on erre dans la ville (...)
Jacques LAURENT, *les Bêtises,* p. 94.

Par ext. Manquer l'assistance à (une réunion, une rencontre, une cérémonie).

3.2 Nous fûmes gratifiés de deux messes quotidiennes, la sienne faisant double emploi avec celle de l'oblat, mais ne pouvant, par politesse, être *séchée.*
Hervé BAZIN, *Vipère au poing,* p. 118.

♦ **6.** (1866). Argot scol., vx. Mal noter (un candidat) de manière à recaler*. — Priver (un élève) de sortie.

★ **II.** V. intr. (V. 1155). ♦ **1.** Devenir sec* (I., 3.) par une opération (⇒ **Séchage**) ou naturellement. *Grappes* (cit. 5) *de maïs qui sèchent à l'air. Prairies où sèchent les regains* (cit. 1). — *Sécher sur pied. Arbres* (cit. 19) *qui sèchent sur pied*. Fig. ⇒ **Pied.** — *Des linges* (cit. 5) *séchaient aux fenêtres* (cit. 5). — *Faire sécher, mettre* (cit. 21) *sécher, à sécher du linge* (→ Étendre, cit. 5). ⇒ **Essorer, étendre.** — *La boue a séché* (→ Kaki, cit. 1).

4 Hourdequin, absorbé, songeait que la laine était tombée à huit sous la livre; et il fallait se dépêcher de la vendre, pour qu'elle ne séchât pas trop, ce qui lui enlevait son poids.
ZOLA, *la Terre,* II, I.

♦ **2.** (V. 1265). S'évaporer. *Laisser sécher l'encre dans l'écritoire* (cit. 3).

5 Gamelin restait stupide de douleur. De maigres larmes séchaient dans ses yeux ardents.
FRANCE, *Les dieux ont soif,* VII.

S'assécher (cours d'eau).

5.1 Eh bien, je n'aurais jamais cru que madame se remarierait... si tôt... L'a-t-elle pleuré son premier! ses yeux avaient l'air de deux ruisseaux. Après ça, plus les ruisseaux coulent vite... plus ils sèchent vite!
E. LABICHE, *le Clou aux maris,* 1.

♦ **3.** (1560). Fig. (Sujet n. de personne). Vx (langue class.). ⇒ **Dépérir** (cit. 1), **languir** (cit. 2). *Sécher d'impatience* (cit. 12), *d'envie.* ⇒ **Pied.**

6 Comment voulez-vous qu'une génération naissante se condamne à sécher de dépit et de frayeur?
RENAN, *l'Avenir de la science,* XXI, Œ. compl., t. III, p. 1072.

♦ **4.** (1866). Fam. Rester sec, être embarrassé pour répondre. *Il a séché en histoire. L'examinateur l'a fait sécher.* ⇒ **Coller, échouer.**

7 (...) elle avait eu quatorze et avait été félicitée par le jury. Elle aurait obtenu la mention « très bien » si elle n'avait «séché» dans son examen d'espagnol.
PROUST, *À l'ombre des jeunes filles en fleurs,* Pl., t. I, p. 911.

▶ **SE SÉCHER** v. pron. (1538).

♦ **1.** (Passif). Devenir sec. *Aider le fourrage à se sécher* (→ Moyette, cit.). *La langue se sèche* (→ Fébricitant, cit.). — Fig. *Vous les verrez se sécher d'ennui* (cit. 23).

♦ **2.** (1671). Réfl. Se rendre sec. *Se sécher et se réchauffer* (cit. 9) *devant le feu. Se sécher avec une serviette.* ⇒ **Éponger** (s'), **essuyer** (s').

▶ **SÉCHÉ, ÉE** p. p. adj. (V. 1160).
Rendu sec, devenu sec. *Tiges, feuilles séchées* (→ Noircir, cit. 1; papyrus, cit. 4). *Herbe à demi séchée* (→ Faneur, cit. 1). Par métaphore. *« Le soir nous la vîmes séchée »* (→ Fleurir, cit. 6, Bossuet). — *Draps mal séchés* (→ Inconfort, cit. 1). *Couleur de sang séché* (→ Peinturlurer, cit. 2). — (1797). Spécialt. *Poisson séché ou fumé* (→ Article, cit. 17; réserve, cit. 11). *Hareng séché.* ⇒ **Saur.**

CONTR. Arroser, détremper, humecter, humidifier, imbiber, inonder, mouiller. — (Du p. p.) Frais.
DÉR. Séchage, sécheresse, séchérie, sécheur, séchoir.
COMP. Sèche-cheveux, sèche-linge, sèche-mains.

SÉCHERESSE [seʃʁɛs; seʃʁɛs] n. f. — 1120; de *sécher.*
État ou caractère de ce qui est sec.

★ **I.** Concret. **A.** ♦ **1.** État de ce qui est sec, de ce qui manque d'humidité. *La sécheresse de la terre, du sol.* ⇒ **Aridité** (→ Causse, cit. 1). *Sécheresse de la langue, du palais* (→ Ardeur, cit. 5).

1 Madrid est, comme Rome, entouré d'une campagne déserte, d'une aridité, d'une sécheresse et d'une désolation dont rien ne peut donner l'idée.
Th. GAUTIER, *Voyage en Espagne,* p. 47.

2 (...) une sécheresse interne, une complète absence de salive lui boisaient la gorge, la langue, provoquaient sur les endroits de la peau restés sensibles une impression de mat insupportable.
COCTEAU, *les Enfants terribles,* p. 215.

♦ **2.** (Mil. xɪvᵉ). Absolt. Temps sec, conditions atmosphériques caractérisées par l'absence ou l'insuffisance des précipitations. ⇒ **Climat.** *Temps, période de sécheresse* (→ Chaleur, cit. 3; épancher, cit. 12). *Sécheresse anormale, prolongée* (→ Herbe, cit. 9; languissant, cit. 4).

3 La terre souffrait d'une terrible sécheresse, pas une goutte d'eau n'était tombée depuis six semaines (...)
ZOLA, *la Terre,* III, I.

3.1 Il est arrivé une grande sécheresse, un fléau de Dieu sur tout le royaume, et il n'y avait plus d'eau dans les rivières, ni dans les réservoirs, et tout le monde mourait de soif, les arbres et les plantes d'abord, puis les troupeaux de bêtes, les moutons, les chevaux, les chameaux, les oiseaux et enfin les hommes, qui mouraient de soif dans les champs, au bord des routes, c'était une chose terrible à voir, et c'est pour cela qu'on s'en souvient encore (...)
J.-M. G. LE CLÉZIO, *Désert,* p. 137.

♦ **3.** (Mil. xvɪɪɪᵉ; personnes). Vx. Maigreur (cit. 7, par métaphore).

B. (Mil. xvɪɪᵉ). Caractère de ce qui manque d'ampleur, de douceur. *Sécheresse des lignes, d'un dessin. Une certaine sécheresse cassante* (cit. 3) *d'allures.*

4 Mais la race est distinguée : quelque chose d'intelligent, de sobre, d'économe; la figure un peu sèche, et taillée à vives arêtes. Ce caractère de sécheresse et de sévérité est tout particulier à la petite Genève de Sedan (...)
MICHELET, *Hist. de France,* III.

★ **II.** Abstrait. ♦ **1.** (Mil. xvɪɪᵉ). Fig. ⇒ **Dureté** (cit. 6), **froideur, insensibilité.** *Sécheresse de cœur* (→ Exalter, cit. 16; et aussi gratitude, cit. 6; macérer, cit. 5). *Se durcir et s'armer de sécheresse* (→ Façonner, cit. 14). — *Répondre avec sécheresse* (→ Licence, cit. 5).

5 Mˡˡᵉ de Méri dit que je lui ai écrit fort sèchement; c'est peut-être en elle qu'est la sécheresse, comme une piqûre n'est pas dans l'épine.
Mᵐᵉ DE SÉVIGNÉ, 828, 7 juil. 1680.

Littér. *Une, des sécheresses. « Des sécheresses de vieux sceptique »* (Maupassant, *Notre cœur,* I, 1).

♦ **2.** Relig. Absence de ferveur (→ Purgatif, cit.).

6 Pensez ainsi dans les sécheresses, que votre âme est une misérable terre. Ne faites donc qu'exposer en l'oraison cette terre à son divin soleil, qui a causé ses aridités, mon cher ami, mais par son ardeur, mais n'en faites pas davantage. Car cette soif de votre pauvre âme dit toutes les choses à Dieu par son humble exposition : comme c'est lui qui vous a retiré toute l'humeur et l'onction pour les choses divines, il sait bien aussi qu'il ne faut que de l'eau céleste pour contenter votre soif.
BOSSUET, *Lettre de piété..., À des religieuses,* CLXXVIII.

6.1 (...) cette maladie mortelle de la foi que l'Église appelle la *sécheresse.*
Ed. et J. DE GONCOURT, *Sœur Philomène,* p. 57.

7 Le mystique connaît la sécheresse intérieure de l'époux, le sentiment de l'abandon.
F. MAURIAC, *Souffrances et Bonheur du chrétien,* p. 45.

♦ **3.** Caractère de ce qui manque de charme, de richesse. *Séche-resse du style.* ⇒ **Austérité.**

8 Qu'importe que mon compagnon ait relevé de sa fantaisie la sécheresse d'un vieux manuscrit ! M. BARRÈS, le Jardin sur l'Oronte, p. 11.

♦ **4.** Vx. Manque d'argent (Mme de Sévigné, t. X, p. 408). → Être à sec*.

CONTR. Fraîcheur, humidité. — Abondance. — Fécondité, fertilité, luxuriance. — Attendrissement, compassion, onction, sensibilité.

SÉCHERIE [seʃʀi; sɛʃʀi] n. f. — 1333, régional ; *secherye* «séche-resse», XIIIe ; de *sécher.*

♦ **1.** Lieu où l'on fait sécher diverses matières ou produits. *Séche-rie de poisson.*

♦ **2.** Installation industrielle destinée au séchage (des poissons, des peaux, du bois, des tissus).

♦ **3.** (1835, *in* Littré). Lieu sec, dans une forêt.

SÉCHERON [seʃʀɔ̃; sɛʃʀɔ̃] n. m. — XVIe ; «échalas», XIIIe ; de *sec.*

♦ Régional (Est). Pré à flanc de montagne.

SÉCHEUR, EUSE [seʃœʀ, øz] adj. et n. — 1871 ; *seicheur* «per-sonne qui fait sécher qqch.», 1611 ; de *sécher.*

♦ **1.** Adj. Rare. Qui sert à sécher. *Appareil sécheur.*

♦ **2.** N. m. Techn. Appareil de séchage. *Sécheur de vapeur :* appareil destiné à empêcher l'eau mêlée à la vapeur d'entrer dans les cylin-dres. — (1898, *Année sc. et industr.* 1899, p. 359). Appos. *Cylindre sécheur.*

(1907). Séchoir industriel.

♦ **3.** N. f. (1876). SÉCHEUSE : machine pour sécher (le linge). *Une sécheuse de linge.* ⇒ **Sèche-linge, séchoir.**

(1920). Partie d'une couveuse* où les poussins qui viennent d'éclore sont séchés.

SÉCHOIR [seʃwaʀ] n. m. — 1660 ; *sechor* «poêle à frire» ; de *sécher.*

♦ **1.** Lieu aménagé pour le séchage (du linge, des peaux, etc.). *Séchoir à chanvre* (⇒ **Haloir**), *à tabac* (hangar* à tabac).

1 Il (...) le fit entrer dans une grande chambre située au second étage (...) Cette pièce inhabitée servait de séchoir en hiver (...) BALZAC, la Femme de trente ans, Pl., t. II, p. 797.

2 C'était un ancien séchoir de teinturier, une baraque de quinze mètres de long sur dix de large, dont les planches et le plâtre laissaient passer tous les vents du ciel. ZOLA, l'Œuvre, p. 306.

♦ **2.** [a] (1902, Colette, *in* D.D.L.). Dispositif composé de tringles, sur lequel on étend les objets que l'on veut faire sécher. *Séchoir de blanchisseuse, séchoir à lessive.* ⇒ **Tendoir.**

3 *(Le grenier)* est vaste et sombre, les draps de la lessive pendent aux rouleaux de bois du séchoir. WILLY (COLETTE), Claudine en ménage, 1902, *in* D.D.L., II, 16.

[b] (1876). Appareil servant à faire sécher des matières humides par évaporation accélérée. ⇒ **Étuve.** *Séchoir rotatif. Séchoir à air chaud, à vapeur. — Séchoir à cheveux ;* absolt, *séchoir.* ⇒ **Cas-que, sèche-cheveux.**

4 *(Les)* garçons des salons de coiffure qui la tenaient *(cette histoire)* des clientes se la hurlant confidentiellement d'une cabine à l'autre dans le tiède vrombisse-ment des séchoirs (...) Claude SIMON, le Vent, p. 114.

♦ **3.** Argot. Prison.

5 Tu vas passer la nuit au séchoir, et ce qui te tombera sur les endosses, je m'en bats l'œil ! Roger BORNICHE, le Gringo, p. 63.

SÉCLUSION [seklyzjɔ̃] n. f. — Mil. XXe ; dér. sav. du lat. *seclusum,* supin de *secludere,* de *se,* et *claudere* «fermer». → Clore.

Didactique.

♦ **1.** Isolement protectif (d'un organisme) par rapport au milieu. — Fonction physiologique permettant cet isolement (écorce des végétaux ; carapaces ; comportements protectifs...).

♦ **2.** Physiol. *Séclusion pupillaire :* adhésion du bord pupillaire de l'iris au cristallin.

SÉCOLLE [sekɔl] pron. pers. ⇒ **Sézigue.**

SECOND, ONDE [s(ə)gɔ̃, ɔ̃d] adj. et n. — V. 1155 ; *secunt* (v. 1119), *secund* (v. 1138) ; lat. *secundus* «suivant», rac. *sequi* «suivre».

★ **I.** Adj. (généralement avant le n.) et n. ♦ **1.** Qui vient après une chose de même nature ; qui suit le premier dans une succession, un ordre quelconque. ⇒ **Deuxième.**

REM. **1.** *Second* n'étant pas étymologiquement un numéral, l'usage le préfère à *deuxième* lorsque l'idée de réitération prime celle de rang ou que deux objets seulement sont considérés (ex. : *Second Empire,* mais *deuxième République*).

2. Il se place en général devant le nom, mais peut être postposé avec les mots *livre, chapitre, titre.*

Faire qqch. une seconde fois. ⇒ **Re-.** *Pour la seconde fois* (→ Affi-ner, cit. 1). *En second lieu :* après, ensuite, d'autre part. ⇒ **Deuxiè-mement, secundo** (→ Guerre, cit. 40 ; moi, cit. 65). *Second ser-vice* (→ Plat, cit. 28). *Seconde manche* (1. Manche, cit. 16). *De seconde main** (cit. 72) : qui vient d'un intermédiaire, indirecte-ment. *Second mariage* (→ Bigamie, cit. 1). *Épouser qqn en secon-des noces*. Son second fils.* ⇒ **Cadet.** *Second tome, chapitre* (→ Authentique, cit. 15), *acte* (→ Huer, cit. 1). ⇒ **Deux.** *La seconde moitié* (→ Horrifique, cit. 1). *Seconde partie du baccalau-réat* (→ Recaler, cit.). *Classes, élèves du second degré,* du secon-daire. *Second* (ou *deuxième*) *cycle universitaire* (licence, maîtrise). Gramm. *Seconde personne* (*tu* au sing., *vous* au plur.). → Impératif, cit. 3.

1 (...) le plus fort de tous nos amours n'est ni le premier, ni le dernier, comme beau-coup le croient ; c'est le second. BARBEY D'AUREVILLY, les Diaboliques, «Le plus bel amour...», p. 101.

(Personnes). *Second violon, second ténor...,* qui joue, chante une partie plus basse que le premier violon, le premier ténor... (sans idée de hiérarchie). — N. *La seconde des filles Barrel* (→ Mûrir, cit. 11). *Le second de la paire* (→ 2. Patiner, cit. 2).

Dans une déclaration, un texte présentant deux objets. *Elle avait du caractère* (cit. 57) *plutôt que du génie, le premier peut donner le second, le second ne peut donner le premier.* ⇒ **Dernier.**

♦ **2.** (Fin XIVe). Personnes ; n. abstraits désignant une classe. Qui n'a pas la primauté, qui vient après le plus important, le meilleur (opposé à *premier*). *Second sujet*. Seconde vendeuse. Jouer les seconds rôles. —* Mar. *Enseigne de seconde classe. Un homme de second plan* (→ Jouer, cit. 39). *De second ordre.* ⇒ **Inférieur, médio-cre, mineur** (→ Histrion, cit. 2 ; hysope, cit. 3 ; imposer, cit. 48 ; récitatif, cit. 1). *Article de second choix, de seconde qualité. Film de seconde catégorie* (cf. De série B). *De seconde zone. Billet de seconde classe.*

N. *Le second, la seconde. Le second d'une course, d'une classe. « Voltaire n'est que le second dans tous les genres »* (→ Piédestal, cit. 3, Diderot). *J'aime mieux être le premier* (cit. 12) *au village que le second à Rome.*

Techn. (vocabulaire professionnel). *Second de cuisine.* Ellipt. *Second cuisine. — Second balance* (en boucherie).

Loc. adv. (Déb. XVIIe, *en segond ;* 1672, *capitaine en second*). EN SECOND : en tant que second dans un ordre, une hiérarchie. *Capi-taine en second. Passer en second :* passer après, comme moins important. ⇒ **Secondaire.**

SECOND À... (latinisme signifiant «qui cède le pas à, inférieur à», et qui ne s'emploie de nos jours que dans le tour négatif suivant). (XVIe). Littér. À NULLE AUTRE SECONDE OU À NUL AUTRE SECOND (rare) : qui a la première place, la primauté (→ Corriger, cit. 17). Syn. : *à nul autre pareil.*

2 Et c'est une richesse à nulle autre seconde. MOLIÈRE, Tartuffe, II, 2.

Loc. *Au second degré. Lire un texte, voir un film au second degré* (supra cit. 35).

Placé après le nom.

2.1 Cette malheureuse équipe seconde est déjà énervée quand elle arrive sur le ter-rain (...). Jean PRÉVOST, Plaisirs des sports, p. 139.

♦ **3.** (Fin XIIe). Qui constitue une nouvelle forme d'une chose unique ou le deuxième individu représentant une même notion. ⇒ **Autre.** *Le rêve* (cit. 5) *est une seconde vie.* «Et le rapide oubli, second lin-ceul des morts» (→ Asile, cit. 25). *Seconde nature* (cit. 7 et 23 ; et → aussi Habitude, cit. 45 à 48). *Don de seconde vue*. — Second souffle*. — Un second printemps* (cit. 5), *une seconde jeunesse* (cit. 8). ⇒ **Nouveau.** *Une seconde mère* (cit. 4 ; et → aussi Notaire, cit. 2).

3 Qu'ils cherchent dans l'Épire une seconde Troie (...) RACINE, Andromaque, I, 2.

4 «Étant autrefois sans loi, je vivais». Oh! parvenir à cet état de seconde inno-cence, à ce ravissement pur et riant. GIDE, Journal, «Numquid et tu ».

(Attesté XIXe ; *in* Larousse, 1876). Vén. *Cerf à sa second tête :* cerf de trois ans.

N. Littér. *Une femme telle qu'on n'en rencontrerait pas la seconde, une seconde* (→ Étonnant, cit. 12). SANS SECOND, SANS SECONDE : sans pareil, unique, inégalable.

5 Ne durât-il qu'un jour *(cet hymen),* ma gloire est sans seconde
D'être du moins un jour la maîtresse du monde. CORNEILLE, Pompée, II, 2.

6 Voilà la source d'un comique sans second, à mon goût ; il n'est pas destructeur ; il est purgé de toute ironie. André SUARÈS, Trois hommes, «Dostoïevski », V.

♦ **4.** (1690). Toujours après le nom. Qui dérive d'une chose première, primitive. *Causes* secondes. Propriétés* (cit. 19) *premières d'où dérivent les qualités secondes.*

Math. Se dit du symbole affecté de deux accents (a", b") désignant d'autres éléments dans un même ensemble. a" *se lit a seconde. A prime* (⇒ 1. Prime, I., 2.) *et A seconde.*

Qui se manifeste simultanément, constitue un dédoublement. *État second* : état pathologique d'une personne qui se livre à une activité coordonnée étrangère à sa personnalité manifeste, et généralement oubliée lorsque cet état cesse. *État second des somnambules, des hypnotiques* (cit. 4). — Cour. *Être dans un état second,* anormal.

★ **II. N. A.** ♦ **1.** (Fin xvᵉ). *Le second, la seconde.* → ci-dessus I., 1., 2.

Alpin. *Second de cordée** : celui qui, en escalade, assure le premier de cordée.

Boxe. Soigneur.

♦ **2. N. m.** (1587). Personne qui aide qqn (en se conformant à ses vues, ses désirs). ⇒ **Adjoint, aide, allié, appui, assesseur, assistant, auxiliaire, bras** (droit), **collaborateur, lieutenant.** *Malheur à celui qui est seul et qui tombe sans avoir de second pour le relever* (→ Deux, cit. 3). *Constant était un second digne de Mᵐᵉ de Staël* (→ Interlocuteur, cit. 1). *Elle était son second.*

Allus. hist. *Un brillant second* (expression appliquée à l'Autriche dans une dépêche de Guillaume II au ministre autrichien des Affaires étrangères, 1906). Spécialt. Mar. Officier* du bord qui commande immédiatement après le commandant (→ Hamac, cit. 6 ; hisser, cit. 7). *Grade de second.*

♦ **3. N. m.** (xvᵉ). Celui qui assiste un duelliste et lui sert de témoin* (→ Enfiler, cit. 3).

6.1 — Duc, répliqua le marquis (...) je ne servirais pas de témoin et de second à quelqu'un qui ne serait point né. Je connais personnellement le baron (...) Je me porte son garant.
— (...) j'accepte le duel ; M. le Chevalier de Vidalinc, mon ami, sera mon second. Veuillez vous entendre avec lui. Toutes armes et toutes conditions me sont bonnes.

Th. GAUTIER, le Capitaine Fracasse, IX.

♦ **4. N. m. et f.** (1885, Zola). Second vendeur, seconde vendeuse dans un grand magasin ; vendeur, vendeuse qui vient après le chef de rayon.
N. f. Couturière qui assiste la première, dans un atelier de haute couture.

B. N. m. ♦ **1.** (1740). Second étage, dans une maison (→ Fuir, cit. 22 ; horizon, cit. 14 ; ménage, cit. 13). *Habiter au second* (→ Fuser, cit. 4).

♦ **2.** *Mon second* : le second élément d'une charade. *Mon premier..., mon second..., mon tout...*

C. N. f. ♦ **1.** Classe de l'enseignement secondaire qui précède la première*. *Élève, professeur de seconde* (→ Invendu, cit.).

♦ **2.** (1671). Mus. Intervalle* entre deux degrés. *De do à ré il y a une seconde.* — Deuxième degré de l'échelle diatonique.

♦ **3.** (1706, *botte de seconde*). Escr. Seconde position de l'épée, dans la ligne du dehors, la pointe basse, le poignet en pronation. ⇒ **Garde.**

♦ **4.** (1690). Typogr. Seconde épreuve. *Lire des épreuves en seconde.* ⇒ **Tierce.**

♦ **5.** (1890, Zola). Seconde classe, dans les véhicules de transport public. *Voiture de seconde* (→ Réserver, cit. 1). *Voyage en seconde. Les secondes* : les places de seconde. *Une seconde aller et retour pour Paris.*

7 À la gare, on a pris des secondes. Ça sentait fort le saucisson quand même dans le compartiment tout comme en troisième.

CÉLINE, Voyage au bout de la nuit, p. 359.

♦ **6.** (1935). Seconde vitesse d'une automobile. *Passer en seconde* (→ Klaxonner, cit.).

CONTR. **Premier, primitif.** — **Adversaire, compétiteur.**
DÉR. **Secondement, seconder.**

SECONDAIRE [s(ə)gɔ̃dɛʀ] adj. — 1370 ; *secundaire,* 1287 ; lat. *secundarius* «de second rang», de *secundus.* → **Second.**

♦ **1.** Qui vient au second rang, est de moindre importance (par la taille, l'intérêt, etc.) ; souvent opposé à *primaire.* → Atoll, cit. 1 ; fléchir, cit. 12 ; perpendiculaire, cit. 2. *Planètes* secondaires ou satellites* (→ Graviter, cit. 1). *Édicules* (cit. 1) *secondaires d'un sanctuaire.* ⇒ **Adventice.** *Caractères sexuels secondaires.* — *Personnage secondaire,* de second plan (→ Grimoire, cit. 5). — *Ne jouer qu'un rôle secondaire.* ⇒ **Accessoire.** *Problèmes secondaires,* qui passent en second (→ Prédication, cit. 1). *C'est secondaire !* : c'est de peu d'importance.

♦ **2.** (Fin xviiiᵉ). Qui constitue un second ordre dans le temps. — (1845). *Enseignement* secondaire,* qui succède à l'enseignement primaire et le complète. (On dit aussi *du second degré.)* → 1. Bourse, cit. 14. *Écoles, études secondaires.* — N. m. (xxᵉ). *Les professeurs du secondaire.*

1 Et puis, c'était un moyen d'échapper à cette déformation cuistre qu'exerce sur de jeunes esprits le secondaire français (...) MONTHERLANT, les Lépreuses, XV.

L'instruction obligatoire — le secondaire venait à peine d'être rendu gratuit — c'était l'égalité. F. GIROUD, Si je mens, p. 24.

2

(1789, *roches secondaires*). Géol. *Ère* (cit. 8) *secondaire,* et, n. m. (déb. xxᵉ), *le secondaire* : ère géologique (environ 130 millions d'années) qui succède au primaire, comprenant le trias*, le jurassique* et le crétacé*, caractérisée par le calme orogénique en Europe, les sédimentations, l'apogée des reptiles, l'apparition des oiseaux et des mammifères. ⇒ **Mésozoïque.** *Les dinosauriens du secondaire* (→ Reptile, cit. 8). *Les nérinées*, mollusques du secondaire.*

Caractérologie. Se dit des personnes chez qui les circonstances présentes ne provoquent pas immédiatement des réactions, mais laissent des traces durables et profondes, susceptibles d'orienter les expériences nouvelles (opposé à *primaire**) ⇒ aussi **Secondarité.** *Les émotifs actifs secondaires.* — N. m. *Les secondaires.*

♦ **3.** Qui se produit en un deuxième temps, une deuxième phase dérivant de la première. *Sédiments secondaires ou détritiques* (cit.). *Tissus générateurs* (cit. 1) *et tissus secondaires. Effets secondaires d'une réaction chimique.*

(1871). Chir. Se dit d'un temps opératoire postérieur à un autre, après un intervalle libre.

♦ **4.** (Idée causale). Qui dérive ou dépend (de qqch. d'autre). *Bois secondaire, liber secondaire.*

(1743). Méd. *Accidents secondaires d'une maladie,* consécutifs à l'infection primaire. *La roséole, le «collier de Vénus», accidents secondaires de la syphilis.* — *Effets secondaires d'un traitement* : manifestations pathologiques indésirables provoquées par un médicament. Psychol. *Élaboration secondaire dans le rêve** (cit. 10).

Phys. *Émission secondaire d'électrons,* se produisant à l'arrivée d'un rayonnement primaire si les caractéristiques du rayonnement réémis sont différentes du premier. — *Enroulement secondaire,* et n. m. (1933), *le secondaire* : dans un transformateur, une bobine d'induction, *Bobinage* destiné à être relié aux appareils d'utilisation, par oppos. au *primaire*.* — *Forêt secondaire,* poussée sur le terrain d'une forêt primitive détruite. — Techn. *Arbre secondaire, dans une transmission.* — Gramm. *Radical* (cit. 4) *secondaire.* — Écon. *Secteur secondaire,* et, n. m., *le secondaire,* se dit des activités productrices de matières transformées (⇒ **Industrie**).

(...) nécessité (...) d'employer plus de monde à la satisfaction de produits vitaux, donc recul vers certaines activités du secondaire et surtout du primaire (...)

A. SAUVY, Croissance zéro?, p. 288.

3

CONTR. **Capital, cardinal, central, dominant, essentiel, fondamental, primordial, principal.** — **Primaire, primitif.**
DÉR. **Secondairement, secondarité.**

SECONDAIREMENT [s(ə)gɔ̃dɛʀmɑ̃] adv. — 1586 ; *secumdairement, secundairement,* 1377 ; de *secondaire.*

♦ D'une manière secondaire (1.). ⇒ **Accessoirement** (→ Dieu, cit. 16 ; infectieux, cit.).

SECONDARITÉ [s(ə)gɔ̃daʀite] n. f. — 1945 ; de *secondaire.*

♦ Caractérologie. Mode de retentissement* (4.) dans lequel les événements de la vie psychique suscitent un effet durable et profond (opposé à *primarité*). ⇒ aussi **Secondaire.**

Les trois aspects principaux de la secondarité sont : le prolongement des impressions, la systématisation de la vie mentale, et la puissance d'inhibition.

R. LE SENNE, Traité de caractérologie, p. 96.

1. SECONDE [s(ə)gɔ̃d] n. f. ⇒ **Second** (II., C.).

2. SECONDE [s(ə)gɔ̃d] n. f. — 1671 ; du lat. *minutum secundum* «partie *menue* résultant de la *seconde* division de l'heure ou du degré».

★ **I.** ♦ **1.** (Abrév. : *s*). Soixantième partie de la minute ; unité fondamentale de temps* égale à $\frac{1}{86\,184}$ de jour sidéral, dans les systèmes C.G.S., M.T.S. et M.K.S., définie à partir de la période d'une radiation de césium 133. «*La* SECONDE *est la durée de 9 192 631 770 périodes de la radiation correspondant à la transition entre les deux niveaux hyperfins de l'état fondamental de l'atome de césium 133* » (13ᵉ Conf. gén. des Poids et Mesures, 1967). *Il y a 3 600 secondes dans une heure. Division de la seconde.* ⇒ **Tierce.** *Instantané pris au 1/100 de seconde. Épreuve sportive mesurée au cinquième, au dixième, au centième de seconde. Vitesse par seconde* (→ Onde, cit. 15). *Trois mètres seconde, par seconde. Coucou* (cit. 4) *qui bat les secondes ; aiguille des secondes d'un chronomètre* (→ Régler, cit. 13).

Trois mille six cents fois par heure, la Seconde
Chuchote : *Souviens-toi !* — Rapide avec sa voix
D'insecte, Maintenant dit : je suis Autrefois,
Et j'ai pompé ta vie avec ma trompe immonde !

BAUDELAIRE, les Fleurs du mal, «Spleen et Idéal», LXXXV.

1

Loc., techn. *Arrêt, départ à la seconde* : dispositif d'arrêt et de départ de l'aiguille des secondes pendant la mise à l'heure d'une montre.

Par métonymie. *Seconde sautante :* aiguille des secondes.

♦ **2.** Temps très bref. ⇒ **Instant.** *Réfléchir quelques secondes* (→ Imprudence, cit. 3). *Une seconde de plus il l'éventrait* (cit. 4). *Ce fut l'affaire* (cit. 30) *d'une seconde. Dans une seconde* (→ Jamais, cit. 16), *en une, en deux secondes* (→ Gagner, cit. 65; métamorphoser, cit. 6; pied, cit. 27) : tout de suite, aussitôt, en un clin d'œil. *En une fraction de seconde* (→ Rejoindre, cit. 9) : très rapidement*. *À la seconde où...* (→ Approche, cit. 6). *Jusqu'à la dernière seconde* (→ Raccrocher, cit. 1). *Une seconde ! :* attendez un instant. *Sans attendre une seconde :* aussitôt.

2 Une seconde encore, et la barricade était prise.
HUGO, les Misérables, IV, XIV, III.

3 Enfin, sur de nouvelles instances, il dit qu'il voulait bien entrer une seconde. — Une seconde, mon vieux, pas plus, parce que, vous savez, j'ai à faire.
COURTELINE, Messieurs les ronds-de-cuir, 2ᵉ tableau, III.

4 Quinette pâlit, sourit, se donna l'air de l'homme qui comprend, avec une seconde de retard, une plaisanterie spirituelle.
J. ROMAINS, les Hommes de bonne volonté, t. II, XVIII, p. 208.

★ **II.** (1677). Géom. Unité d'angle égale au 1/60 de la minute*, au 1/3 600 du degré (symb. ˮ). *Cercle gradué en degrés, minutes et secondes.*

COMP. Parsec.

SECONDEMENT [s(ə)gɔ̃dmɑ̃] adv. — 1529; *segondement*, 1284; de *second.*

♦ En second lieu. ⇒ **Deuxièmement, secundo** (→ Premièrement, cit.).

SECONDER [s(ə)gɔ̃de] v. tr. — Mil. xivᵉ, *segonder*; «répéter, se répéter», xiiiᵉ; de *second.*

★ **I.** Vx (langue class.). ♦ **1.** Venir après (qqch.), suivre, découler de... *«Jusqu'ici les effets secondent sa promesse»* (Racine, *Mithridate*).

♦ **2.** Égaler (qqn) par l'imitation.

★ **II.** (1559). Mod. ♦ **1.** Aider (qqn) en tant que second, ou comme un second. ⇒ **Aider, assister, servir, soutenir; collaborer.** *Assistant, équipe qui seconde un médecin* (→ Domicile, cit. 5). *Ce mollasson* (cit.) *ne la secondait pas. Secondez-moi bien tous* (→ Encourager, cit. 1).

1 (...) comme il n'est secondé que par une servante (...) et que nous sommes vingt clients, il s'empresse, bondit d'un bout à l'autre de la salle (...)
GIDE, Journal, 1911, Feuillets.

♦ **2.** (Mil. xviᵉ, Ronsard). Favoriser* (les actions de qqn). *Seconder les desseins de qqn* (→ Plaisanter, cit. 7) → aussi Faire le jeu* de.

♦ **3.** (Sujet n. de choses). *Les circonstances l'ont beaucoup secondé. Être secondé par les circonstances* (cf. Avoir le vent en poupe).

2 Pour animer les récits et les fictions dont les siècles passés sont le théâtre, il faut que l'érudition même seconde l'imagination, et la rende, s'il est possible, témoin de ce qu'elle doit peindre, et contemporaine de ce qu'elle raconte.
Mᵐᵉ DE STAËL, De l'Allemagne, II, VI.

CONTR. Contrarier, desservir, empêcher, entraver, gêner.

SECONDIPARE [s(ə)gɔ̃dipaʀ] adj. — 1904; lat. *secundus* «second», et *-pare.*

♦ Didact. Qui a accouché deux fois, en parlant d'une femme. — Qui a eu deux portées, en parlant d'une animal femelle.

SÉCOT, OTE [seko, ɔt] adj. et n. — Av. 1850, Balzac; de *sec,* et suff. *-ot.*

♦ Fam. Sec, maigre. *Une gamine un peu sécote.* — N. *Un petit sécot.* — N. m. (Rare). *Le sécot :* la maigreur sèche.

1 (...) sa vilaine graisse jaune des premières années avait fondu, et il *(Coupeau)* tournait au sécot, il se plombait, avec des tons verts de macchabée pourrissant dans une mare.
ZOLA, l'Assommoir, t. II, X, p. 135.

2 (...) un petit brun sécot à dégaine de saltimbanque qui portait un nom italien et un grand blond de tournure assez élégante (...)
Michel LEIRIS, Fourbis, p. 118.

SECOUAGE [s(ə)kwaʒ] n. m. — 1875; de *secouer.*

♦ Action de secouer (1.). *Le secouage des tapis, de la salade.* — Techn. *Secouage des feuilles de tabac.*

SECOUANT, ANTE [s(ə)kwɑ̃, ɑ̃t] adj. — Fin xixᵉ, A. Daudet; de *secouer,* 4.

♦ Qui secoue, qui constitue un choc, une émotion. ⇒ **Émotionnant.**

SECOUÉE [s(ə)kwe] n. f. — Fin xviᵉ, *une secouée de bride* «saccade»; repris fin xixᵉ, A. Daudet; de *secouer.*
Régional.

♦ **1.** Fait de secouer, de remuer rapidement qqch.; mouvement brusque de ce qui est secoué. ⇒ **Secousse.**

♦ **2.** (1897, Loti). Brusque et fort coup de vent.

♦ **3.** (Fin xixᵉ, Daudet). Fam. Querelle vive, heurt entre personnes. — (1916, Barbusse). Correction; réprimande (reçue par une personne «secouée»).

1 Et le Tardivaux qui gueulait pareillement, avec toute la fureur de l'honneur militaire, qui en avait pris une bonne secouée sur sa figure, bien atteinte par les poings de Torbayon qui lui avaient fendu la lèvre et cassé les deux dents.
G. CHEVALLIER, Clochemerle, p. 195.

♦ **4.** (1916). Fam. Grande quantité, grand nombre.

2 (...) pour finir, j'en ai vu, d'un seul coup, toute une secouée à un gueuleton.
H. BARBUSSE, le Feu, t. I, I, IX, p. 52.

SECOUEMENT [s(ə)kumɑ̃] n. m. — 1528; de *secouer.*

♦ Littér. Fait de secouer (2.). *Un secouement de tête* (→ Inébranlable, cit. 8).

Il est étrange, ce Rollinat, avec son air de petit paysan maladif, sa délicate figure tiraillée, et le perpétuel secouement nerveux de ses cheveux noirs.
Ed. et J. DE GONCOURT, Journal, 14 juin 1883, t. VI, p. 187.

SECOUER [s(ə)kwe] v. tr. — 1539; réfection d'après les formes *secouons, secouez*; de l'anc. franç. *sequeurre,* lat. *succutere* «agiter par-dessous», de *sub quatere.*

♦ **1.** Remuer* avec force, dans un sens puis dans l'autre (et généralement à plusieurs reprises). ⇒ **Agiter, hocher** (vx); **secousse.** *Secouer un goupillon* (cit. 3) *Secouer qqch. dans un crible* (cit. 2), *les grains dans un van* (⇒ **Vanner**). *Les ménagères* (cit. 9) *secouaient leur tapis. Épousseter*(§) *un tapis en le secouant. Secouer la salade. Secouer un arbre, une branche* (pour faire tomber les fruits). ⇒ **Gauler, locher.** → Poire, cit. 4; prunier, cit. 1. — Loc. fig. *Secouer le cocotier :* obliger une personne âgée à céder sa place pour l'occuper soi-même (par allus. aux vieillards obligés chez certaines peuplades, à grimper sur un cocotier que l'on secouait pour qu'ils tombent). *Secouer une porte pour l'ouvrir. «Je sais que le fruit tombe au vent qui le secoue»* (→ Mouvoir, cit. 8). *Déflagration, explosion qui secoue les vitres.* ⇒ **Ébranler, vibrer** (faire). — *Voiture qui secoue ses passagers.* ⇒ **Ballotter, brimbaler, cahoter.**

1 (...) quand la tempête secoue la barque, ce n'est pas l'heure que deux matelots satisfassent leur haine (...)
M. BARRÈS, Leurs figures, VI.

2 Les mulets des attelages secouent les pompons rouges de leurs colliers et les résilles flottantes de leurs chasse-mouches (...)
Louis BERTRAND, le Livre de la Méditerranée, p. 30.

Secouer qqn pour le réveiller (→ Heure, cit. 31). ⇒ **Bousculer.** Loc. *Secouer qqn comme un prunier* (cit. 2). — Méd. ⇒ **Succussion.**

(Sujet n. de chose). *Les sanglots, les hoquets qui le secouaient. Une histoire qui nous secouait de rires* (→ Irrépressible, cit. 3). *Un tremblement nerveux secouait son corps.* ⇒ **Saccader** (rare). — Agiter. *Sa respiration* (cit. 2) *secouait ses flancs. Un grand frisson* (cit. 4) *lui secouait les épaules.*

Absolt. *Être agité.*

2.1 Après le déjeuner il partait en barque avec Pierre; la mer secouait beaucoup à cause du vent. Ils avaient des couvertures pour si le temps changeait, cinglaient au large. «Il ferait bon dormir», disait Jean bercé par le vent, la lame et ébloui par la lumière éparse et remuante (...)
PROUST, Jean Santeuil, Pl., p. 381.

♦ **2.** (1559). Mouvoir brusquement et à plusieurs reprises (une partie de son corps). *Secouer les épaules* (→ Bouffi, cit. 1). *Secouer la tête,* en signe d'assentiment, de doute, d'improbation, etc. ⇒ **Hocher** (→ Entêtement, cit. 5; nier, cit. 13). — *«Semblables aux lions secouant leurs crinières»* (→ Immortel, cit. 17).

♦ **3.** (1550). Se débarrasser de (qqch.) par des mouvements vifs et répétés. *Secouer la poussière, la neige de ses vêtements.*

3 Secoue la vermine de tes haillons ! Relève-toi de ton ordure !
FLAUBERT, la Tentation de saint Antoine, III.

Loc. fig. *Secouer la poussière* (cit. 4 et 5) *de ses pieds, de ses souliers :* partir* pour toujours. — Vx. *Secouer la poudre* du passé. — *Secouer le joug** (cit. 8), *et fig., secouer l'autorité de qqn, l'oppression, un esclavage...* ⇒ **Affranchir** (s'), **libérer** (se); **indépendance** (1.); → Asservissement, cit. 2; liberté, cit. 22; libre, cit. 18.

4 Un siècle de plus, et leur expulsion devenait impossible, ou le motif d'une longue guerre entre ces moines et le souverain dont ils avaient peu à peu secoué l'autorité.
DIDEROT, Suppl. au voyage de Bougainville, I.

5 Et tu hésites à secouer cette dépendance, à t'en délivrer ?
VILLIERS DE L'ISLE-ADAM, Axël, III, 1.

Loc. métaphorique, pop. *Secouer ses puces* (cit. 4) : se décider à agir. *Secouer les puces* (cit. 5) *à qqn :* le secouer (ci-dessous, 5.). (1538). Fig. *Secouer les préjugés. Secouer une angoisse, une obsession* (→ Articuler, cit. 13), *sa paresse, sa torpeur...*

6 (...) elle secoua sa nonchalance, quitta son fauteuil avec une vivacité qu'on n'aurait pas attendue d'elle (...) Th. GAUTIER, le Roman de la momie, II.

♦ **4.** (1588). Surtout au passif. Ébranler par une commotion* physique ou morale ; faire impression* sur (qqn). ⇒ **Agiter, ébranler** (6.). *Des femmes passionnées* (cit. 8) *que l'émotion secoue.* — *Cette maladie, cette opération l'a bien secoué.* ⇒ **Traumatiser.**

7 Comme par un courant électrique qui vous meut, j'ai été secoué par mes amours, je les ai vécus, je les ai sentis ; jamais je n'ai pu arriver à les voir ou à les penser.
PROUST, Sodome et Gomorrhe, Pl., t. II, p. 1127.

♦ **5.** (1666). Fig., fam. *Secouer qqn :* le réprimander*, le morigéner*, ou encore, l'inciter à l'action, à l'effort ⇒ **Bousculer, harceler, tourmenter ; malmener, maltraiter, sabouler** (vx).

8 Il continuait, il finit en menaçant des rigueurs de l'autorité et de la rancune des saisons ceux qui voteraient mal. Tous se regardèrent. En voilà un qui les secouait et dont il était bon d'être l'ami !
ZOLA, la Terre, IV, V.

▶ **SE SECOUER** v. pron. (réfléchi).

♦ **1.** (1538). *Chien qui se secoue.* ⇒ **Ébrouer** (s'). *Se secouer en dansant.* ⇒ **Trémousser** (se).

♦ **2.** (XVIIIᵉ, Voltaire). Se décider à l'action, faire effort pour chasser l'abattement. ⇒ **Réagir, réveiller** (se). → Ne pas se laisser abattre*. *Elle se secouait ; elle voulait prendre une résolution virile* (→ Lisière, cit. 5, Balzac). *Allons, secouez-vous, faites de l'exercice.* ⇒ **Dégourdir** (se), **réveiller** (se).

▶ **SECOUÉ, ÉE** p. p. adj.

♦ **1.** *Le chalutier repartit ballotté* (cit. 1), *secoué...* (⇒ **Fatiguer**). *Vitres secouées* (→ Fracas, cit. 3).

♦ **2.** Fig. *Secoué, frappé par le sort, la destinée* (→ Battu* d'orages). *Il en était tout secoué,* frappé, choqué. ⇒ **Remué.**

DÉR. Secouage, secouant, secouée, secouement, secoueur. — V. Secousse.

SECOUEUR, EUSE [s(ə)kwœʀ, øz] n. — 1611 ; de *secouer.*

♦ **1.** Rare. Personne qui secoue qqch. — Techn. *Secoueurs de rames de papier.*

♦ **2.** N. m. (1782). Techn. Instrument de fonderie, pour détacher les pièces des moules de sable.

♦ **3.** N. m. (1904). Techn. Dispositif d'une batteuse, pour débarrasser les pailles des grains qu'elles pourraient entraîner.

SECOURABLE [s(ə)kuʀabl] adj. — V. 1170 ; *socurable,* v. 1155 ; de *secourir.*

♦ **1.** Qui secourt, qui aide volontiers les autres. ⇒ **Bon, fraternel, humain, obligeant.** *Si officieux* (cit. 3), *si secourable.* — *Secourable aux malheureux.* — *Secourable bonté* (→ Agissant, cit. 4). *Adresse secourable* (→ Ignorance, cit. 18).

1 Qui désignai-je, à votre avis,
Par ce rat si peu secourable ?
Un moine ? Non, mais un dervis :
Je suppose qu'un moine est toujours charitable.
LA FONTAINE, Fables, VII, 3.

2 Un malfaiteur bienfaisant, un forçat compatissant, doux, secourable, clément, rendant le bien pour le mal, rendant le pardon pour la haine, préférant la pitié à la vengeance (...)
HUGO, les Misérables, V, IV.

3 (...) ayant consacré à des œuvres bienfaisantes une grande partie de sa fortune, n'ayant gardé que ce qui lui permettrait de demeurer jusqu'à sa mort utile et secourable aux pauvres (...)
MAUPASSANT, l'Inutile Beauté, « Champ d'oliviers », I.

Loc. *Tendre à qqn une main secourable, pour l'aider, le soulager.* ⇒ **Secours.**

♦ **2.** (Fin XVIᵉ). Vx. Qui peut être secourue, en parlant d'une place de guerre.

SECOUREUR, EUSE [s(ə)kuʀœʀ, øz] adj. et n. — XVᵉ ; *sucureor,* v. 1160 ; *secourrere,* fin XIVᵉ ; de *secourir.*

♦ **1.** Rare. Qui secourt. — N. ⇒ **Sauveteur** (courant).

1 Le Curé de Courgis se regarde comme le Père de tous ses Paroissiens, l'arbitre des différends, le consolateur et le secoureur des Malades.
RESTIF DE LA BRETONNE, la Vie de mon père, p. 274.

2 (...) un voyage de dix-huit heures, agrémenté d'une collision à Serquigny ; quatre ou cinq morts et une vingtaine de blessés (...) Tant secoureurs que secourus m'ont paru décents, certainement éduqués déjà par la guerre (...)
GIDE, Journal, 2 mars 1916.

♦ **2.** Membre d'une secte protestante écossaise (XVIIIᵉ-XIXᵉ siècles).

SECOURIR [s(ə)kuʀiʀ] v. tr. — Conjug. *courir.* — XIIIᵉ ; adapt. d'après *courir,* de *sucurre* (Chanson de Roland), *secorre ;* lat. *succurrere,* de *sub,* et *currere* « courir sous..., vers... ».

♦ **1.** Aider (qqn) à se tirer d'un danger pressant ; assister dans le besoin. ⇒ **Assister, obliger ; secours** (porter, prêter* secours), **tendre** (les bras, les mains...). → Pitié, cit. 1. *Secourir qqn contre un ennemi. Secourir une place forte assiégée. Secourir les faibles* (cit. 33), *les opprimés.* ⇒ **Défendre, intervenir** (en faveur de), **proté-**

---

ger. *Secourir les pauvres* (→ Mendicité, cit. 1 ; nécessiteux, cit. 2). ⇒ **Subvenir** (aux besoins). *La famille qu'elle secourait* (→ Intolérance, cit. 2). ⇒ **Soutenir** (cf. Faire qqch. pour...). — Par ext. *Secourir les besoins, les misères* (→ Rebuter, cit. 5). ⇒ **Soulager.** — Pron. *Se secourir mutuellement.*

1 En ce monde il se faut l'un l'autre secourir. LA FONTAINE, Fables, VI, 16.

2 (*Zadig*) croyait que les lois étaient faites pour secourir les citoyens autant que pour les intimider. VOLTAIRE, Zadig, VI.

3 Il faut s'empresser de secourir ceux qui en ont besoin ; mais dans le commerce ordinaire de la vie, laissons la bienveillance naturelle et l'urbanité faire chacune leur œuvre (...) ROUSSEAU, Rêveries..., IXᵉ promenade.

♦ **2.** (1559). Apporter un secours moral à.

4 Une prière jaillit de lui, courte et désespérée, faite avec cette voix intérieure qui ne passe point par la bouche et dont les croyants implorent le Sauveur : *Mon Dieu, secourez-moi.* MAUPASSANT, l'Inutile Beauté, « Champ d'oliviers », II.

♦ **3.** (Le sujet peut être un n. de choses). Venir au secours de. « *Secourir la nature* » (→ Médecine, cit. 2). *Il est plus gêné* (cit. 13) *que secouru par l'abondance de ses souvenirs.* « *Ou qu'un beau désespoir* (cit. 12) *alors le secourût* » (Corneille).

5 Et j'ai dit au poison perfide
De secourir ma lâcheté.
BAUDELAIRE, les Fleurs du mal, « Spleen et Idéal », XXXI.

▶ **SECOURU, UE** p. p. adj.

Qui reçoit un secours, des secours. — N. *Les secoureurs* (cit. 2) *et les secourus.*

6 Il y gagnait matériellement, puisque les secourus devenaient des salariés, et qu'il recevait du travail en échange. GIRAUDOUX, De pleins pouvoirs à sans pouvoirs, IV, p. 86.

DÉR. Secourable, secoureur, secouriste.

SECOURISME [s(ə)kuʀism] n. m. — 1943 ; de *secouriste.*

♦ Méthode de sauvetage et d'aide aux victimes d'un accident, aux blessés, etc. ⇒ **Secours.** « *Un certificat de "médecine de catastrophe", qui inclut des notions de "secourisme nucléaire"* » (le Point, 24 mai 1982, p. 121). *Pratiquer le secourisme.* ⇒ **Secouriste.**

SECOURISTE [s(ə)kuʀist] n. — 1835 ; à propos des convulsionnaires, 1750 ; de *secours.*

♦ Personne qui fait partie d'une organisation de secours pour les blessés, les victimes d'accidents, de catastrophes, etc. — Personne appliquant les méthodes de sauvetage du secourisme*. *Les secouristes arrivèrent sur les lieux de l'accident.* ⇒ **Sauveteur.** *Secouriste de la Croix-Rouge, de la Protection civile.*

SECOURS [s(ə)kuʀ] n. m. — Fin XIIᵉ ; *socors,* 1050 ; *sucurs,* 1080 ; *secors,* v. 1175 ; lat. pop. *succursum,* subst. du supin de *succurrere.* → Secourir, succursale.

♦ **1.** Ce qui sert à qqn pour sortir d'une situation difficile, pressante (danger, besoin) et qui vient d'un concours extérieur. ⇒ **Aide, appui, assistance, auxiliaire** (fig.), **confort** (vx), **coup** (de main), **facilité, moyen, protection, providence** (fig.), **réconfort, ressource, service, soutien.** *Les secours que qqn apporte, donne, porte à qqn. Considérons* (cit. 50) *seul, sans secours étranger.* « *Nous donnons du secours aux autres pour les engager à nous en donner...* » (→ Pitié, cit. 4, La Rochefoucauld). *Chercher, demander* (→ Fraternel, cit. 1), *implorer* (→ Enfant, cit. 3) *un secours de qqn, du secours. Invoquer, requérir un secours. Aller, se porter ; courir, venir, voler* au secours de qqn. — (Dans des loc. verb. sans article). *Porter, prêter secours à qqn* (→ Prendre, cit. 123). ⇒ **Assister, secourir** (→ Tendre les bras*). — Vx. *Prêter son secours* (→ Mystère, cit. 4). — *Laisser qqn sans secours* (→ Opprimer, cit. 9 ; et aussi à la grâce* de Dieu).

1 (...) mais dès l'instant qu'un homme eut besoin du secours d'un autre, dès qu'on s'aperçut qu'il était utile à un seul d'avoir des provisions pour deux, l'égalité disparut, la propriété s'introduisit, le travail devint nécessaire et les vastes forêts se changèrent en des campagnes riantes qu'il fallut arroser de la sueur des hommes, et dans lesquelles on vit bientôt l'esclavage et la misère germer et croître avec les moissons. ROUSSEAU, De l'inégalité parmi les hommes, II.

AU SECOURS. *Appeler* (cit. 8 et 9), *crier* (cit. 27) *au secours. Appeler qqn à son secours.* Ellipt. *Au secours !* : cri d'appel à l'aide (→ Holà, cit. 2 ; larynx, cit. 1). Loc. fig. *Voler au secours de la victoire* (→ Hurler, cit. 7).

♦ **2.** (Mil. XVIIᵉ). Aide matérielle ou financière. *Secours aux indigents.* ⇒ **Bienfaisance.** *Secours mutuel.* ⇒ **Entraide.** *Associations de secours mutuel, d'assistance et de prévoyance.* ⇒ **Mutualité.** — (*Un, des secours*). ⇒ **Aumône, charité** (spécialt), **don ; subside, subvention** (→ Gêner, cit. 24). *Secours publics distribués par l'État ou par une personne morale.* ⇒ **Allocation.** *Recevoir des secours. Secours aux sinistrés, aux sans-abri.*

2 (...) après avoir réduit, par des aumônes démesurées, une fortune assez considérable au plus étroit nécessaire, il allait de porte en porte chercher dans la bourse d'autrui des secours qu'il n'était plus en état de puiser dans la sienne.
DIDEROT, Jacques le fataliste, Pl., p. 548.

♦ **3.** (XIIIᵉ). Vx ou littér. Aide militaire, moyens de défense ; troupes envoyées pour aider la résistance. ⇒ **Défense, rescousse** (→ Pied, cit. 34). *Attendre des secours. Porter secours aux assiégés et les délivrer.* ⇒ **Intervenir.**

3   Le Roi écrivait et signait un mot qui, deux ans après, devait le mener à la mort : « Il faut s'assurer, avant tout, des *secours* de l'étranger. »
                    MICHELET, Hist. de la Révolution franç., IV, XII.

♦ **4.** (1671, Molière). Soins qu'on donne à un malade, à un blessé dans un état dangereux ; ensemble des moyens et procédés nécessaires pour secourir des personnes en danger (→ Faiblesse, cit. 9). *Un secours attendu.* Plus cour. au plur. *Des secours.* — Collectif. *Du secours. Secours d'urgence. Premiers secours aux asphyxiés, aux noyés. Secours en montagne.* ⇒ **Sauvetage.** — *Boîte de secours* (vx) ; *poste de secours* (1890), où l'on peut trouver médicaments, soins, etc. (⇒ **Ambulance**). *Société de secours aux blessés.* ⇒ **Secourisme, secouriste** (→ Croix*-Rouge). *Équipe de secours.* — *Courir chercher du secours* (→ Précipiter, cit. 12), *des secours.*

♦ **5.** Relig. Aide surnaturelle. *Demander à Dieu son secours* (→ Austérité, cit. 15). ⇒ **Grâce.** *Le secours d'en haut* (→ Croix, cit. 9). *Notre-Dame du Bon Secours.* ⇒ **Asile** (fig.), **providence.**

4   Je craignais que le ciel, par un cruel secours,
  Ne vous offrît la mort que vous cherchiez toujours.   RACINE, Andromaque, I, 1.

5   Le troisième jour, Claude expirait, privée des secours de la religion, et on refusa de l'enterrer en terre chrétienne.   ARAGON, les Beaux Quartiers, I, VI.

♦ **6.** (Dans : *d'un... secours*). Ce qui est utile, sert dans une situation délicate. *Le silence lui serait d'un meilleur secours que la contrition* (cit. 3). Loc. *Être d'un grand secours à qqn* (opposé à *n'être d'aucun secours à qqn*). — Vx. ⇒ **Moyen** (→ Expansif, cit. 1).

♦ **7.** (XVIᵉ). **DE SECOURS** : qui est destiné à servir en cas de nécessité, d'urgence, de danger... *Porte, issue, sortie de secours,* à utiliser en cas d'incendie. — *Accessoire de secours* (→ Pare-brise, cit. 3). *Roue* de secours* (→ aussi De rechange*). *Éclairage de secours.* — *Train de secours,* utilisé pour le dégagement des voies, le relevage du matériel accidenté. — *Poste de secours. Terrain (d'aviation) de secours. Un lit de secours.* — *Procédures, matériels de secours* (en informatique).

CONTR. Abandon, déréliction.

SECOUSSE [s(ə)kus] n. f. — V. 1462 ; de l'anc. franç. *secourre* «secouer». → Secouer.

♦ **1.** Mouvement brusque qui ébranle, met en mouvement un corps. ⇒ **Agitation, choc, commotion, ébranlement, saccade, tremblement, tressaut.** *Forte, violente secousse.* ⇒ **À-coup, soubresaut** (→ Grincer, cit. 8). *Se déplacer par secousses* (→ Minute, cit. 1). *Sans secousse.* ⇒ **Progressivement.** *Wagon qui s'arrête avec une secousse* (→ Frein, cit. 14). ⇒ **À-coup, cahot, trépidation.** — *Donner des secousses à la corde* (→ Ligne, cit. 25). *Une secousse du poignet* (→ 2. Meule, cit. 2). — (1690). Spécialt. *Les secousses d'un volcan* (→ Ébullition, cit. 3). *Secousses de la terre, du sol, secousses telluriques.* ⇒ **Sismique** (→ Observatoire, cit. 2). *Légère secousse.* ⇒ **Frisson.**

1   (...) il la poussa d'une secousse si rude, qu'elle s'en alla, défaillante, tomber assise contre le mur.   ZOLA, la Terre, III, II.

2   Au wagon-restaurant où, à cause des secousses, je buvais mon eau d'Évian par le nez (...)   F. MAURIAC, la Robe prétexte, XXII.

3   Romain visait, tirait, manquait (...) La secousse lui entrait dans l'épaule (...)
                    C.-F. RAMUZ, la Grande Peur..., VI.

Méd. *Secousse musculaire.* ⇒ **Convulsion, spasme.**

♦ **2.** (1580). Fig., vieilli. Choc psychologique. ⇒ **Convulsion.** *Les secousses des révolutions* (→ Halte, cit. 7). — (D'une maladie, d'un deuil). *Cette nouvelle a été pour lui une terrible secousse.* ⇒ **Choc.**

4   Il dort ! cette riche nature a succombé à tant de secousses : il n'y a que nous autres qui sachions nous prêter à la douleur, il lui manque notre insouciance.
                 BALZAC, les Ressources de Quinola, III, 19.

♦ **3.** Loc. fig. (Déb. XVIIIᵉ, Fénelon). *Par secousses :* d'une manière irrégulière ; par accès (→ Pratiquer, cit. 3). *En une secousse :* en un éclair, très rapidement (G. Sand, *François le Champi*, p. 120). *Sans secousse :* paisiblement.

5   Le papier était rare et ménagé. Les imprimeurs travaillaient par secousses et au hasard, sans feu, sans électricité, sans plomb et sans main-d'œuvre.
                 G. DUHAMEL, Cri des profondeurs, VIII.

Loc. (1580). Vx. *À secousse, par secousse :* par à-coups.

♦ **4.** (1888). Fig., fam. (généralt en tournure négative). *Il n'en fiche pas une secousse :* il ne fait rien. ⇒ **Oisiveté, paresse.** *Tu peux y arriver, mais il va falloir en mettre une sacrée secousse.*

CONTR. Calme.

1. SECRET, ÈTE [səkRɛ, ɛt] adj. — V. 1175 ; lat. *secretus* «séparé, secret», p. p. de *secernere* «écarter».

♦ **1.** Qui n'est connu que d'un nombre limité de personnes ; qui est ou doit être tenu caché des autres, du public. ⇒ **Caché, impénétrable.** *Garder, tenir une chose secrète.* ⇒ **Celer** (cit. 5), **enfouir** (fig.), **taire, voiler ; discret, discrétion** (→ Faire, garder le silence* sur...). *Cause, raison secrète* (⇒ **Dessous**). *Le nœud* (cit. 21 et 23) *secret*

---

d'un événement. Desseins (→ Juste, cit. 17), *projets secrets. Ordres secrets, instructions secrètes* (→ Gage, cit. 10). *Divulguer* (cit. 1) *un entretien secret. Manœuvres secrètes et concertées* (⇒ **Cabale**), *illicites...* (⇒ **Clandestin, furtif, ténébreux**). *Intrigues, menées secrètes* (⇒ **Sourd, sournois, souterrain**). *Le nom de l'auteur est secret, est gardé, tenu secret* (⇒ **Anonyme**). — *Procédés* (cit. 4) *secrets, recette tenue secrète.* ⇒ **2. Secret.** — *Vie secrète. Drames* (cit. 13) *secrets. « Je suis le Roi secret des secrètes amours »* (→ Nuit, cit. 39). *L'Histoire* (cit. 10) *secrète.* — *Lettres, mémoires secrets, où sont divulguées des choses secrètes.* ⇒ **Intime.** — Spécialt, vx. *Maladies secrètes :* maladies vénériennes, «honteuses».
Spécialt (informations militaires, politiques). *Documents secrets* (→ Parler, cit. 51), *très secrets, ultra-secrets* (angl. *top secret*). *Dossier secret. Renseignements secrets.* ⇒ **Confidentiel.** — *Association, société secrète* (→ Maçonnerie, cit. 2). *Caractères, codes secrets.* ⇒ **Cryptogramme, cryptographie ; chiffre** (→ Encre sympathique*). — *Comité secret, conseil secret ; assemblée, délibération secrète. Négociations secrètes. Articles* (cit. 4) *secrets d'un traité. Fonds secrets,* dont un gouvernement peut disposer hors du budget normal, sans avoir à en rendre compte.

1   Ah ! quelle faute ! (...) Laisser près du roi ce renard de jésuite, sans lui avoir donné mes instructions secrètes, sans avoir un otage, un gage de sa fidélité à mes ordres !
               A. DE VIGNY, Cinq-Mars, VII.

(1893). **POLICE SECRÈTE,** ou, n. f., **LA SECRÈTE** : ensemble des policiers en civil dépendant de la Sûreté nationale, de la Préfecture de police. — *Services secrets :* services dépendant soit du ministère de l'Intérieur, soit du ministère de la Défense nationale (deuxième Bureau), soit directement du Premier ministre. ⇒ **Espionnage.** *Agent secret.* ⇒ **Espion.**

♦ **2.** (1690). Qui appartient à un domaine réservé, qui n'est pas ouvert à tous (en matière de connaissances, de pratiques sociales) ; qui est impénétrable à cause du mystère qui l'entoure. ⇒ **Ésotérique, hermétique, occulte** (cit. 10). *Sciences secrètes. Tradition secrète* (⇒ Gnose, cit. 2). *Rites secrets.*

2   Le regard d'un homme accoutumé à tirer de ses capitaux un intérêt énorme contracte nécessairement (...) certaines habitudes indéfinissables, des mouvements furtifs, avides, mystérieux, qui n'échappent point à ses coreligionnaires. Ce langage secret forme en quelque sorte la franc-maçonnerie des passions.
              BALZAC, Eugénie Grandet, Pl., t. III, p. 485.

♦ **3.** (1538 ; *segrai,* v. 1160). **a** Vx. ⇒ **Retiré.** *«Dans un vallon secret... »* (→ Ramage, cit. 1).

b (1550). Qui n'est pas facile à trouver, en parlant d'un lieu, d'un emplacement. ⇒ **Caché, dérobé, discret.** *Cacher dans un endroit secret.* ⇒ **Cache.** *Escalier secret* (→ Occasion, cit. 5). *Porte, issue secrète.* — *Tiroir secret* (→ Perquisition, cit. 2) — Par ext. *Combinaison secrète d'un coffre-fort*.*

♦ **4.** (1580, Montaigne). Qui ne se manifeste pas, qui correspond à une réalité profonde. ⇒ **Intérieur.** *Pensées secrètes. Les replis* (cit. 3 et 4) *secrets, les détours secrets de l'âme, du cœur. Plaisir* (→ Humilier, cit. 21) *sentiment secret ; haine secrète.* ⇒ **Renfermé.** *Notre vie secrète* (⇒ **Intérieur,** cit. 2). — *Le sens secret d'un livre, la réalité secrète.* ⇒ **Caché, énigmatique, ignoré, inconnu, invisible, mystérieux, obscur.** *Un secret pressentiment, inexplicable.*

3   Parmi les déplaisirs où son âme se noie,
  Il s'élève en la mienne une secrète joie (...)   RACINE, Andromaque, I, 1.

4   Là, il s'est fait à vivre en profondeur : car toute l'œuvre de Dostoïevski est une vie dans la profondeur et dans la vérité secrète, qui est l'unique vérité, sans doute.
          André SUARÈS, Trois hommes, «Dostoïevski», V.

5   Je suis la part secrète de ton âme. Toutes les âmes ont leur part secrète (...) C'est là que reposent les forces cachées, les rêves de l'âme, ses puissances magiques (...)
          H. BOSCO, Un rameau de la nuit, p. 308.

♦ **5.** (Personnes). Vx. Qui dissimule sa vraie nature, sa conduite (→ Dissimulé, renfermé). *Intrigante secrète et qui joue les dévotes* (→ Patelin, cit. 5). *Démasquer un ennemi secret* (→ ci-dessus 1. : *Agent secret*).

♦ **6.** (V. 1360 ; *secré,* mil. XIIᵉ). Qui ne se confie pas, qui se tient sur la réserve, sur son quant-à-soi.

a Vx. Discret.

b ⇒ **Caché, mystérieux** (→ Étranger, cit. 6). *Un peu secret et reclos* (cit. 2). ⇒ **Dissimulé, renfermé, réservé.** *Homme secret et silencieux* qui garde* tout pour lui* (→ fam. Boutonné* jusqu'au menton).

6   (...) être secret (...) et impénétrable dans ses motifs et dans ses projets (...)
          LA BRUYÈRE, les Caractères, X, 35.

CONTR. Accessible, apparent, ostensible, ouvert, public, visible. — **Bavard, communicatif, indiscret.**
DÉR. Secrètement.
HOM. — Formes du v. secréter.

2. SECRET [səkRɛ] n. m. — 1100, en Poitou ; répandu en 1380 ; *segrei,* 1138 ; du lat. *secretum,* subst. neutre de *secretus.* → 1. Secret.

♦ **1.** Ensemble de connaissances, d'informations qui doivent être réservées à quelques-uns (tenues *secrètes*), que le détenteur ne doit pas révéler. ⇒ **Mystère.** *«Rien ne pèse tant qu'un secret »* (→ Difficile, cit. 1). *Détenir* (cit. 2) *un secret, en être dépositaire* (cit. 3 et 5). *Dissimuler, garder* (cit. 39 à 41), *tenir* un secret.* ⇒ **Discret, discrétion.** → **Bouche** (cit. 13) *cousue. Ensevelir, enfouir un secret* (⇒ **Tombeau,** fig.). *Dire, divulguer, ébruiter* (cit. 1), *éventer* (cit. 4 à 6), *livrer* (cit. 12 et 13), *publier* (cit. 1), *trahir, vendre un secret :* le révéler. → **Révélation** (cit. 1); *crier sur les toits*, vendre la mèche*... Confier un secret à qqn; le glisser* (cit. 41) *dans l'oreille, le verser dans le cœur d'un confident* (→ aussi **Confier,** cit. 13). *Le secret a transpiré. Épier, découvrir, dévoiler, mettre au jour, pénétrer, percer, surprendre, violer un secret* (→ aussi **Découvrir le pot*** aux roses, le dessous des cartes*). — *Secret grave, terrible, inviolable, sacré* (cf. **Le saint des saints**).

1 Tout le monde convient que le secret doit être inviolable; mais on ne convient pas toujours de la nature et de l'importance du secret : nous ne consultons le plus souvent que nous-mêmes sur ce que nous devons dire et sur ce que nous devons taire; il y a peu de secrets de tous les temps, et le scrupule de les révéler ne dure pas toujours.
LA ROCHEFOUCAULD, *Réflexions diverses,* 5.

2 Tout dépositaire de secret ne doit jamais conserver de papiers s'ils peuvent compromettre un ami qui n'est plus, et qui les mit sous notre garde.
BEAUMARCHAIS, la *Mère coupable,* III, 8.

3 Oui, Madame; je vois maintenant que ce secret qui était ma souffrance, et qui était aussi mon seul bien, tout le monde le connaît.
A. DE MUSSET, *Carmosine,* III, 8.

4 Il était (...) agaçant comme un renseigné qui tire vanité des secrets qu'il détient et brûle de divulguer (...)
PROUST, la *Prisonnière,* Pl., t. III, p. 305.

5 On s'est débarrassé de lui parce qu'il détenait un secret (...) qu'il m'avait confié, un secret considérable et d'ailleurs beaucoup trop important pour lui. On avait peur de lui, comprenez-vous ?
GIDE, les *Caves du Vatican,* III, 14.

Le secret, les secrets de qqn, son secret. L'aveu (cit. 11) *d'un secret. Confier, dire, épancher* (cit. 9), *laisser échapper son, ses secrets. Ne rien trahir de ses secrets* (→ **Bavard,** cit. 8). *Ce que l'on cache, ce que l'on se cache. N'avoir pas de secret, n'avoir aucun secret pour qqn :* ne rien lui cacher. — (Sens affaibli). *C'est un secret :* je ne peux vous le dire. *Dire qqch. comme un secret.* ⇒ **Chuchoter.** *Faire un secret de tout* (⇒ **Cachotterie**), *de son nom* (⇒ **Anonymat, anonyme**).

6 Dès qu'il existe un secret entre deux cœurs qui s'aiment, dès que l'un d'eux a pu se résoudre à cacher à l'autre une seule idée, le charme est rompu, le bonheur est détruit.
B. CONSTANT, *Adolphe,* V.

Spécialt. Les secrets de la police. Secret d'État : information dont la divulgation, nuisible aux intérêts de l'État, est punie de sanctions. *Secrets de la Défense nationale* (renseignements militaires, économiques...). — *Hist. Clercs du secret :* notaires royaux, aux XIVᵉ et XVᵉ siècles, devenus secrétaires* d'État au XVIᵉ siècle. — *Dr. Révélation ou violation de secret* (→ ci-dessous, 9. : *secret professionnel*).

7 (...) il est clair que les secrets d'État ne sont pas bien gardés en démocratie.
FRANCE, le *Mannequin d'osier,* XII, Œ., t. XI, p. 377.

8 Certes, il n'ignorait pas que dans les affaires de contre-espionnage la police collabore avec les militaires; mais il avait l'impression qu'on lui abandonne les besognes faciles, ou d'exécution subalterne, pour réserver aux officiers spécialisés, en particulier à ceux du deuxième bureau, la grande lutte autour des secrets.
J. ROMAINS, les *Hommes de bonne volonté,* t. IV, XIX, p. 206.

Loc. Le secret de Polichinelle : un faux secret, connu de tous. — *Vx. Le secret de la comédie* (même sens).

9 (...) un colossal secret de Polichinelle, qui chemine, avec des silences renseignés, des sous-entendus, de petits rires énigmatiques (...)
MARTIN DU GARD, *Jean Barois,* II, La tourmente, IV.

◆ **2.** (1690, *du secret;* XVIIIᵉ, *dans le secret*). **DU, DANS LE SECRET :** dans la connaissance réservée à quelques-uns. *Être du secret, dans le secret.* ⇒ **Confidence.** *Mettre qqn dans le secret* (cf. **Donner le mot**). *Le secret d'un complot* ⇒ **Complicité, connivence, conspiration**). — *Fam. Être dans le, dans les secrets des dieux.*

10 Nous autres, fonctionnaires, nous ne sommes pas dans les secrets des dieux. On nous laisse entendre les choses d'une façon si enveloppée, qu'enfin c'est presque nous qui en décidons, affaire de rapidité d'esprit.
ARAGON, les *Beaux Quartiers,* I, XXIV.

◆ **3.** (1560). Ce qui ne peut pas être connu ou compris (parce que cela constitue un secret [1.] ou que ce n'est pas apparent). ⇒ **Mystère** (→ **Chuchoterie,** cit.). *Le secret, les secrets des cœurs, des consciences, pli, recoin, repli, tréfonds* (→ **Incompréhensible,** cit. 9). *Dans le secret du (de son) cœur*.* ⇒ **For** (intérieur). *Le secret de la vie privée.* « *Mon âme a son secret, ma vie a son mystère* » (cit. 11, Arvers).

11 Tous les secrets d'amour que le sommeil exprime,
Mon âme les ressent,
Et le matin je pense avoir commis un crime
Dans mon lit innocent.
THÉOPHILE DE VIAU, *Pour Mˡˡᵉ de M..., in* Œ. poétiques.

12 Ce qui n'a pas de secret n'a pas de charmes. FRANCE, le *Lys rouge,* XXVI.

13 Voulut-elle seulement imiter les héroïnes des romans de l'*Œuvre des bons livres,* qui ont toujours l'air de détester celui que, dans le secret, elles adorent ?
F. MAURIAC, la *Robe prétexte,* XXI.

Les secrets de la nature (→ **Génération,** cit. 1; *impénétrable,* cit. 13), *de l'homme, de la vie. L'atome livre ses secrets. Déchiffrer, percer les secrets...* ⇒ **Arcane, obscurité.**

14 Le secret de la Vie est dans les tombes closes (...)
LECONTE DE LISLE, *Poèmes tragiques,* « Le secret de la vie ».

15 C'est par la chimie à un bout, par l'astronomie à un autre, c'est surtout par la physiologie générale que nous tenons vraiment le secret de l'être, du monde, de Dieu, comme on voudra l'appeler.
RENAN, *Souvenirs d'enfance,* IV, Œ. compl., t. II, p. 852.

Les secrets de la politique, de la diplomatie. ⇒ **Coulisse, dessous** (fig.).

◆ **4.** (1560). Explication, raison cachée. *Avoir, trouver le secret de l'affaire.* ⇒ **Clef, raison** « *Voilà tout le secret de la timidité* » (→ **Maître,** cit. 46). ⇒ **Motif.**

◆ **5.** Vx. Confidence, action de confier un secret (au sens 1.). (Cf. Mᵐᵉ de Sévigné, 485, 1ᵉʳ janv. 1676).

◆ **6.** (1549). Moyen* pour obtenir un résultat, connu seulement de quelques personnes qui se refusent à le répandre. ⇒ **Art.** → Inventer, cit. 2. *Une recette dont le secret était transmis de mère à fille* (→ **Cuisinière,** cit. 4). *Les secrets du métier* (→ **Lutte,** cit. 2). ⇒ **Truc.** *Le secret du bonheur.* ⇒ **Recette** (fig.). *Des secrets pour...* (suivi de l'infinitif). → **Médecine,** cit. 2. — **LE SECRET DE** (et inf.) : *le moyen particulier de ...* (→ **Déguiser,** cit. 4). *Le secret d'écrire* (cit. 63), *c'est de... Le secret de réussir* (cit. 11). *Par plais.* « *Le secret d'ennuyer est celui de tout dire* » (cit. 86, Voltaire), le moyen infaillible. — *Loc. Une de ces formules ramassées* (cit. 21) *dont il avait le secret,* qu'il était seul à trouver.

16 Les procédés étaient de tradition. Il y avait quantité de secrets et de tours qui se passaient de maître à compagnon; de père en fils, du cédant au cessionnaire.
VALÉRY, *Regards sur le monde actuel,* p. 261.

Dr. Secret de fabrique, protégé contre la divulgation (Code pénal, art. 418). *Secret de fabrication.* ⇒ **Procédé.**

◆ **7.** (1560). **DANS LE SECRET, EN SECRET :** dans un lieu retiré, caché; dans l'isolement, la retraite (vx); dans une situation où l'on n'est pas observé. *Loc. Dans le secret* (→ **Bout,** cit. 47), *en secret. Vivre dans le secret.* ⇒ **Ombre.**

17 Seule et dans le secret je le foule à mes pieds (...) RACINE, *Esther,* I, 4.

EN SECRET (*en secrei,* v. 1160) : sans que personne ne le sache. *Faire, préparer qqch. en secret.* ⇒ **Cachette** (en), **catimini** (en), **silence** (dans le). → **Balancer,** cit. 8; *état,* cit. 63; 1. *fraise,* cit. 2; *lamenter,* cit. 9; *on,* cit. 20. *Il a fui en secret* (→ **Sans tambour*** ni trompette).

18 Faut-il donc s'accommoder d'être lu en secret, presque en cachette, faut-il que l'œuvre d'art mûrisse comme un beau vice doré tout au fond d'âmes solitaires ?
SARTRE, *Situations II,* p. 295.

◆ **8.** (1734, Lesage). **AU SECRET :** dans un lieu où l'on enferme un prisonnier en l'empêchant de communiquer avec l'extérieur. ⇒ **Cellulaire** (II. : *régime cellulaire*). → **Impatienter,** cit. 4. *Mettre au secret* (→ **Pistole,** cit. 2). *Mise au secret d'un inculpé pendant dix jours, par interdiction d'* « *interdiction de communiquer* ».

19 Elle imagina que la prison était ce que les enfants l'imaginent tous, elle confondit la *mise au secret* avec l'emprisonnement. La mise au secret est le superlatif de l'emprisonnement, et ce superlatif est le privilège de la justice criminelle.
BALZAC, la *Cousine Bette,* Pl., t. VI, p. 231.

19.1 (...) il frappait méthodiquement, penché en avant, l'oreille contre le mur (...) « Inutile, dit une voix tranquille. Il n'y a personne à côté. Quand un prévenu est au secret, on le place entre deux cellules vides. »
Roger VAILLAND, *Bon pied, bon œil,* p. 142.

◆ **9.** (1611). Discrétion, silence sur une chose qui a été confiée ou que l'on a apprise. *Demander, exiger, requérir le secret* (→ **Découvrir,** cit. 36). — *Vieilli. Être capable de secret* (→ **Honnête,** cit. 34). *Être d'un secret inviolable* (cit. 2). — *Vx. Un homme de secret.*

Spécialt. Exiger le secret pour une délibération, un procès (cf. **Huis clos**). *Le secret des préparatifs militaires.* — *Dr. Le secret d'État,* « obligation qui s'impose à toute... personne de conserver le secret d'une négociation ou d'une expédition dont elle a été chargée » (Capitant). — REM. Pour le sens cour. de *secret d'État,* ⇒ ci-dessus, 1. — REM. *Secret professionnel :* obligation de ne pas divulguer des faits confidentiels appris dans l'exercice de la profession, hors des cas prévus par la loi. *Secret professionnel des médecins, pharmaciens, sages-femmes, avocats, notaires... Se retrancher derrière le secret professionnel. Transgression du secret professionnel.* — *Relig. Le secret de la confession** (→ **Pénitence,** cit. 4).

20 Le secret est l'âme de toute opération militaire. P.-L. COURIER, *Pamphlets politiques,* « Pétition... » (1816).

21 Le médecin (...) a remplacé le prêtre, Monsieur, et il est obligé au secret de la confession comme le prêtre (...)
BARBEY D'AUREVILLY, les *Diaboliques,* « Le bonheur dans le crime », p. 136.

Loc. **SOUS LE SCEAU DU SECRET :** sous la condition d'une discrétion absolue. *Annoncer* (cit. 5), *confier, dire qqch. sous le sceau du secret.*

◆ **10.** (1690). Mécanisme qui ne joue que dans certaines conditions connues de certaines personnes. *Le secret d'un écrin, d'un coffret* (→ **Fond,** cit. 2). — *Le secret d'un chiffre, d'un code.* ⇒ **Clef.** — **À SECRET :** muni d'un secret. *Porte* (cit. 5), *portefeuille* (cit. 2), *mallette à secret.* — *Fig. Un problème* (cit. 3) *à secret,* dont la solution dépend d'un moyen particulier.

21.1 Les cœurs des femmes sont comme ces petits meubles à secret, pleins de tiroirs emboîtés les uns dans les autres; on se donne du mal, on se casse les ongles, et on trouve au fond quelque fleur desséchée, des brins de poussière ou le vide !
FLAUBERT, l'*Éducation sentimentale,* III, IV.

22   — Elle a un coffre à la banque, une case, vous savez. Ça se ferme à secret.
              J. ROMAINS, les Hommes de bonne volonté, t. II, v, p. 47.

CONTR. Révélation.

3. SECRET [səkʀɛ] n. m. — Av. 1876, → Secréter ; de 1. *secret* ou
2. *secret* (secret de métier, procédé secret).

♦ Techn. Solution de nitrate de mercure, utilisée pour la confection
du feutre en chapellerie (⇒ **Secréter**).

DÉR. Secréter.

SECRÉTAGE [səkʀetaʒ] n. m. — 1790 ; de *secréter*.

♦ Techn. Opération qui consiste à secréter les peaux, le poil. *Le
secrétage assure au poil un pouvoir feutrant.*

SECRÉTAIRE [s(ə)kʀetɛʀ] n. — 1370, *secretaire* ; «tabernacle»,
v. 1180 ; «confident, dépositaire des secrets», 1265, encore au XVIIᵉ,
Malherbe, Corneille, Saint-Amant ; du lat. *secretarium* «retiré», de
secretus → Secret.

★ **I.** ♦ **1.** N. m. Anciennt. Celui qui est attaché à une personne de
haut rang pour rédiger, transcrire et parfois expédier des lettres, des
dépêches, etc., de caractère officiel. Par ext. Ministre*, agent gouvernemental ou diplomatique. Anciennt. *Secrétaire des commandements du prince. Secrétaire d'état* (expression empr. de l'espagnol,
en 1559, selon Pasquier, *in* Lacurne) ou *secrétaire du roi : officier
«qui signe toutes les lettres qui s'expédient dans les grandes ou
petites Chancelleries au nom du Roi»* (Furetière). *Secrétaires du
Cabinet. — Les secrétaires et ministres d'État, au XVIIIᵉ siècle.*
⇒ **Ministère** (cit. 9) ; **gouvernement.** *Secrétaire d'État aux Affaires
étrangères, à la Guerre, à la Marine, à la Maison du Roi.* — Mod.
⇒ **Sous-secrétaire** (d'État).
(Angl. *secretary of State*). *Secrétaire d'État,* se dit aussi du ministre
des Affaires étrangères des États-Unis, de celui du Vatican.
SECRÉTAIRE D'AMBASSADE*. **a** Anciennt. «Celui qu'on met auprès
d'un ambassadeur pour écrire les dépêches qui regardent la négociation» (Furetière). → Ministre, cit. 9.
b Mod. Agent diplomatique d'un grade inférieur à celui de
ministre, d'ambassadeur (*Secrétaire expéditionnaire, secrétaire
rédacteur, secrétaire de légation, de deuxième, de première classe,*
dans la hiérarchie instituée en 1800).

♦ **2.** (1636). Personne qui rédige certaines pièces (procès-verbaux,
lettres expédiées...), s'occupe de l'organisation et du fonctionnement
d'une assemblée, et, par ext., d'une société, d'un organisme, d'un
service administratif. Anciennt. *Secrétaires du Conseil :* les greffiers
du Conseil d'État et des Finances. *Secrétaires de la Cour* (du Parlement). — Mod. *Secrétaires du bureau** (2.) de l'Assemblée nationale. Secrétaire général législatif, administratif d'une assemblée
politique.* — *Secrétaire perpétuel* (cit. 2) *de l'Académie française.
Secrétaire(s) d'une Société savante... Secrétaires d'un syndicat ★*
(→ Meneur, cit. 44), *d'un parti* politique. *Secrétaire de cellule*
(→ Communiste, cit. 1). *Le premier secrétaire du parti* (communiste) *est le premier personnage de la hiérarchie du pouvoir, dans
les pays socialistes.* ⇒ **Parti** (cit. 36).

1   Chaque syndicat, chaque Bourse du travail, chaque Fédération, a son secrétaire,
  qui en est le centre et l'organe de transmission.
              J. ROMAINS, les Hommes de bonne volonté, t. V, XXIV, p. 230.

Admin. Fonctionnaire, agent ou employé(e) chargé(e) de la direction de certains services : *secrétaire général de la Présidence de la
République ; secrétaire général de ministère* (→ Main, cit. 50), *de
préfecture* (→ Préfectoral, cit.), ou d'un service d'écritures *(secrétaire de mairie*). Secrétaire d'Administration,* chargé de travaux de
rédaction. — *Magistrat secrétaire du Parquet.* — *Secrétaire (général) d'enseignement supérieur.*
Secrétaire général : titre employé dans les sociétés privées, les organismes publics ou privés (cf. Directeur administratif). *Secrétaire
général des Nations Unies.* — REM. Dans ce sens on dira d'une femme
qu'elle est *secrétaire général* (n. m.) ou *secrétaire générale* (n. f.). —
Secrétaire de rédaction, dans une organisation rédactionnelle, notamment de presse (journal, revue, etc.) : personne qui assiste le rédacteur en chef ; (dans un journal) personne qui met en forme les nouvelles (sédentaire, à la différence du reporter). *Secrétaire général,
premier secrétaire de la rédaction* (quand il y a plusieurs secrétaires de rédaction).
Secrétaire de production (au cinéma) : personne qui assiste le producteur.

♦ **3.** (XVIIᵉ). Personne qui écrit, rédige pour le compte de qqn
(Mᵐᵉ de Sévigné, Voltaire, *in* Littré). — Par ext. :
2   — Ah ! si l'on avait un secrétaire de ses ivresses !
          Ed. et J. DE GONCOURT, Journal, Fin janv. 1852, t. I, p. 16.
Employé(e) capable d'assurer la rédaction du courrier, de répondre
aux communications téléphoniques, etc., pour le compte d'un patron
(→ Correspondance, cit. 8 ; grossoyer, cit. 2). *Secrétaire particulier*
(→ Factotum, cit. 2). *Il, elle est secrétaire. Le patron et son secré-*

taire, et sa secrétaire. — *Secrétaire archiviste, comptable, copiste*
(employé aux écritures), *interprète, traducteur... Secrétaire com-
mercial(e), secrétaire de direction* (surtout n. f.). *Une secrétaire sténodactylographe. Secrétaire médical* (n. m.), *secrétaire médicale* (n.
f.), qui assiste un médecin, un dentiste... *Diplôme, métier de secrétaire.* ⇒ **Secrétariat** (3.).

(...) le secrétaire particulier ne vient, ne s'obtient, ne se découvre, ne se développe   3
que dans les serres chaudes d'un gouvernement représentatif.
           BALZAC, les Employés, Pl., t. VI, p. 924.
Après le déjeuner du secrétaire (...) on se remet à l'ouvrage. Si je sors, le secré-   4
taire m'accompagne ; il a un crayon et un papier. Je dicte toujours (...) Ce que
je demande, c'est qu'on soit exact (...) et qu'on sache écrire lestement sous la
dictée.
           Alphonse DAUDET, le Petit Chose, II, II.
Secrétaire de séance : personne désignée ou choisie par une assemblée pour dresser le procès verbal de ses travaux et débats.

♦ **4.** (1690). Vx. Manuel contenant des modèles de lettres, un répertoire des formules.

(...) la présidente fit ces variations admirables que les mères pourront consulter,   5
comme autrefois on consultait le *parfait secrétaire.*
          BALZAC, le Cousin Pons, Pl., t. VI, p. 596.

★ **II.** (1765). Meuble à tiroirs destiné à ranger des papiers et
qui comprend un panneau rabattable servant de table à écrire
(⇒ **Bureau ; bonheur-du-jour**). → Joli, cit. 10, Laclos ; meuble,
cit. 3 ; pal, cit. *«N'ayant pas de secrets, il se passait facilement de
secrétaire»* (→ 2. Commode, cit. 1). *Secrétaire droit, «en armoire».
Secrétaire en pente,* dit *«en dos d'âne». Secrétaire à cylindre*
(→ Étude, cit. 52, Balzac). *Secrétaire surmonté d'une armoire.*
⇒ **Scriban.**

Enlevée brusquement à la fleur de l'âge, elle n'eut que le temps, en expirant, de   6
confier à Mᵐᵉ d'Épinay une clef ; cette clef était celle d'un secrétaire qui renfermait des lettres à détruire (...)
          SAINTE-BEUVE, Causeries du lundi, 10 juin 1850.
Le secrétaire, à droite de l'armoire, n'est pas non plus fermé à clef. Mathias en   7
rabat la tablette vers l'avant, ouvre l'un après l'autre les nombreux tiroirs, inspecte
le fond des niches.
          A. ROBBE-GRILLET, le Voyeur, p. 235.
Par ext. Meuble sur lequel on écrit et où l'on range ses papiers.

★ **III.** (1780, Buffon : «il doit sans doute [ce nom] de *secrétaire*
à ce paquet de plumes qu'il porte au haut du cou»). Serpentaire*
(oiseau).

DÉR. Secrétairerie, secrétariat.
COMP. Sous-secrétaire.

SECRÉTAIRERIE [s(ə)kʀetɛʀʀi] n. f. — Mil. XVIᵉ ; *secretererie*,
1493 ; *secretairie*, 1407 ; de *secrétaire.*

♦ **1.** Bureau, service d'un secrétaire (I., 1.). — Vx. Fonction de
secrétaire.

(...) monsieur Laudigeois, depuis vingt ans à la mairie, attendait comme récom-   1
pense de ses longs services la secrétairerie obtenue par Colleville.
          BALZAC, les Petits Bourgeois, Pl., t. VII, p. 96.

♦ **2.** (1845). Ensemble des employés de ce service.

♦ **3.** (XIXᵉ). Poste, fonction du cardinal secrétaire d'État au Vatican.
— Services de ce secrétaire d'État.

(...) les dîners diplomatiques et les dîners de consécration épiscopale avaient lieu   2
à la Secrétairerie d'État, chez le cardinal secrétaire.   ZOLA, Rome, VI, p. 246.

SECRÉTARIAT [s(ə)kʀetaʀja] n. m. — 1587, didact. ; répandu XIXᵉ ;
de *secrétaire.*

♦ **1.** Fonction, poste de secrétaire (→ Nocturne, cit. 2). *« Le secrétariat de l'Académie étant venu à vaquer »* (d'Alembert, *in* Littré).
Secrétariat d'État. Secrétariat général. Secrétariat de direction.

♦ **2.** (1680). Temps de fonction d'un secrétaire.

♦ **3.** Bureaux, services dirigés par un secrétaire, un secrétaire général (dans une administration, une assemblée, une compagnie, une
société...). *Passez au secrétariat. Un secrétariat bien organisé.* —
Le personnel d'un tel service (secrétaire(s), employés, etc.). *Le
recrutement du secrétariat. Fonctionnaires du Secrétariat des
Nations Unies.* — *Secrétariat de rédaction* (dans un journal, un
organe de presse).

♦ **4.** (1933). Métier de secrétaire (I., 3.). *École de secrétariat. Préparation au secrétariat.*

Elle leva la tête : Tu as reparlé à papa de ce secrétariat ? (...) — Nous te convain-   3
crons, dis-je. Tu sais ce que je ferais si j'étais toi : j'apprendrais tout de suite
à taper à la machine.   S. DE BEAUVOIR, les Mandarins, p. 59.

SECRÈTE [səkʀɛt] n. f. ⇒ 1. **Secret.**

SECRÈTEMENT [səkʀɛtmɑ̃] adv. — V. 1355 ; *secreement*, XIIᵉ ;
secredement, v. 1120 ; de *secret.*

♦ D'une manière secrète (1. Secret, 1. et 3.). ⇒ **Cachette** (en),
catimini (en), **clandestinement, dérobée** (à la), **furtivement, manteau**
(sous le), **ombre** (dans l'ombre), **secret** (en), **sourdement, sourdine**

(en). → Enlèvement, cit. 3 ; financier, cit. 3 ; parure, cit. 3. *Écrire secrètement* (→ Intendant, cit. 1). *Être secrètement averti* (→ Malle, cit. 1). ⇒ **Confidentiellement**. *Agir secrètement* (cf. En sous main). *Délibérer secrètement à huis* clos. Secrètement et illégalement.* ⇒ **Fraude** (en), **tapinois** (en). *Voyager, séjourner secrètement.* ⇒ **Incognito** (→ Sans tambour* ni trompette). — Spécialt. D'une manière non apparente, sans rien exprimer. *Attendre et désirer secrètement* (→ Illégitime, cit. 1). ⇒ aussi **In petto, intérieurement** ; et → Par devers* soi, à part* soi, entre Dieu* et soi.

Chacun des projets secrètement préparés par cette conjuration est un crime à son départ.   GIRAUDOUX, De pleins pouvoirs à sans pouvoirs, III, p. 81.

CONTR. Ouvertement.

SECRÉTER [s(ə)kʀete] v. tr. — Conjug *sécréter* (ci-dessous). — 1776 ; de 3. *secret.*

♦ Techn. Frotter avec le *secret* (solution de nitrate de mercure) les poils qui adhèrent aux peaux, afin qu'ils puissent ensuite se feutrer plus facilement. *Secréter des peaux, des poils.*

DÉR. Secrétage, secréteur.

SÉCRÉTER [sekʀete] v. tr. — Change é en è devant une syllabe muette : *il sécrète,* sauf à l'indicatif futur et au conditionnel prés. : *il sécrétera, il sécréterait.* — 1798 ; de *sécrétion.*

♦ **1.** Physiol. Produire (une substance) par sécrétion. *Glandes qui sécrètent des diastases* (cit. 2).

♦ **2.** Produire (une substance), laisser s'écouler lentement.

1   (...) les murs, peints de couleurs sans nom, sécrètent une sueur visqueuse.
               G. DUHAMEL, Récits des temps de guerre, II, Les maquignons.

Par métaphore. (→ Crasse, cit. 5 ; perfidement, cit. 1). *Sécréter l'ennui* (cit. 22). ⇒ **Distiller, exsuder.**

2   (...) cette classe qui s'éveille, qui lit et qui cherche à penser n'a pas produit de parti révolutionnaire organisé et sécrétant sa propre idéologie comme l'Église sécrétait la sienne au moyen âge.   SARTRE, Situations II, p. 145.

DÉR. Sécréteur.

SÉCRÉTEUR [s(ə)kʀetœʀ] n. m. — 1806 ; de *secréter.*

♦ Techn. Ouvrier qui procède au secrétage des peaux.

REM. Le fém. *secréteuse* est virtuel.

SÉCRÉTEUR, TRICE [sekʀetœʀ, tʀis] adj. — 1753 ; une première fois au fém. au XVIᵉ ; de *sécréter.*

♦ Physiol. animale ou végétale. Qui opère la sécrétion, qui sert à la sécrétion. *Canaux sécréteurs, glandes sécrétrices* (→ Résineux, cit. 2).
Se dit d'une personne dont les liquides organiques contiennent les antigènes des groupes sanguins A, B et O.

SÉCRÉTINE [sekʀetin] n. f. — 1902 ; l'adj. *sécrétinique* en 1904 *in Rev. gén. des sc.,* nº 6, p. 319 ; du rad. de *sécrétion.*

♦ Physiol. Hormone produite par la muqueuse du duodénum, qui a la propriété d'exciter la sécrétion du suc pancréatique et, à un degré moindre, de la bile et de la salive.

SÉCRÉTION [sekʀesjɔ̃] n. f. — 1752 ; «séparation», 1495 ; lat. *secretio* «séparation, dissolution».

♦ **1.** Phénomène physiologique par lequel un tissu (spécialt, l'épithélium glandulaire) produit une substance spécifique, qui peut soit s'introduire dans le sang par osmose *(sécrétion interne),* soit s'écouler à la surface d'une muqueuse ou être déversée par un canal excréteur *(sécrétion externe).* ⇒ **Excrétion** (infra cit. 2). *Glandes à sécrétion interne* ou *endocrines* (cit. 1), *à sécrétion externe* ou *exocrines.* ⇒ **Glande.** — *Produits de la sécrétion du foie* (→ 2. Intestin, cit.). *Sécrétion du suc gastrique par l'estomac. Sécrétion anormalement élevée.* ⇒ **Hypersécrétion.**

(...) Brown-Séquard, attribuant une sécrétion à chaque cellule de l'organisme, donnait d'emblée à la notion de sécrétion interne son maximum d'extension (...) Bientôt (...) l'importance des sécrétions internes sera pleinement reconnue, et l'étude des mécanismes hormonaux deviendra l'un des chapitres classiques de la physiologie animale.   Jean ROSTAND, Esquisse d'une histoire de la biologie, p. 189.

Par ext. (Physiol. végétale). *Sécrétion de la gomme, de la résine.*

Par métaphore. « *Le cerveau fait organiquement la sécrétion de la pensée* » (1. Pensée, cit. 14, Cabanis).

♦ **2.** *(Une, des sécrétions).* La substance ainsi produite (enzyme, hormone, mucus, sébum, sérosité, etc.).

Par ext. *Sécrétions végétales* (résine, latex, etc.).

DÉR. Sécréter, sécrétine.
COMP. Hypersécrétion.

SÉCRÉTOIRE [sekʀetwaʀ] adj. — 1711 ; de *sécrét(ion),* et suff. *-oire.*

Physiologie.

♦ **1.** Qui a rapport à la sécrétion. *Troubles sécrétoires* (→ Émotion, cit. 11).

(À *l'émotivité*) s'associe un ensemble de perturbations physiologiques (...) Ce sont essentiellement des réactions motrices, sensitives et sensorielles, vaso-motrices et sécrétoires, et des réactions viscérales.
               Jean DELAY, la Psycho-physiologie humaine, p. 25-26.

♦ **2.** (1904). *Nerfs sécrétoires* : filets nerveux agissant directement sur la sécrétion des glandes.

SECTAIRE [sɛktɛʀ] adj. et n. — 1561 ; «partisan exalté», 1566 ; de *secte,* et suff. *-aire.*

♦ **1.** N. (1584). Vx. Membre d'une secte*, caractérisé par son intolérance, son adhésion sans réserve. *Les sectaires de X.* ⇒ **Sectateur.**

1   Le docteur Templeton (...) était devenu à Paris un des sectaires les plus ardents des doctrines de Mesmer.
               BAUDELAIRE, Trad. E. POE, Histoires extraordinaires, « Souv. Aug. Bedloe ».

Spécialt. Membre d'une secte hétérodoxe, hérétique (qualifié de *sectaire* par les tenants de l'orthodoxie). ⇒ **Adepte.** → Formalité, cit. 4.

♦ **2.** (1871). **a** N. Mod. Personne qui fait preuve d'intolérance et d'étroitesse d'esprit, en politique, religion, philosophie. *C'est une sectaire.*

b Adj. *Il, elle est un peu sectaire.* ⇒ **Fanatique, intolérant.** *Des partisans sectaires. Un anticlérical, un communiste sectaire* (le mot ne s'emploie guère en parlant des tendances qui sont généralement rejetées ; on ne dirait pas : *un fasciste sectaire,* qui paraît pléonastique).

2   (...) j'ai l'impression qu'il n'est pas très homme de parti, qu'il l'est en tout cas beaucoup moins que d'autres, qu'il n'a rien de sectaire, du prisonnier de comité (...)
               J. ROMAINS, les Hommes de bonne volonté, t. II, XI, p. 111.

CONTR. Éclectique, libéral, tolérant.
DÉR. Sectarisme.

SECTARISME [sɛktaʀism] n. m. — 1891 ; de *sectaire.*

♦ Attitude sectaire. ⇒ **Intolérance.** *Sectarisme et dogmatisme.*

SECTATEUR, TRICE [sɛktatœʀ, tʀis] n. — 1403 ; lat. *sectator,* de *secta.* → Secte.

♦ Didact. ou littér. Personne qui adhère sans réserves à une secte, professe des opinions, des croyances déjà formées et adoptées par un groupe. ⇒ **Adepte, partisan, séide** (péj.). → Ostentateur, cit.

a Vx (non péj.). *Leibniz et ses sectateurs* (→ Continuité, cit. 4).

Ô grands philosophes ! que ne réservez-vous pour vos amis et pour vos enfants ces leçons profitables ? vous en recevriez bientôt le prix, et nous ne craindrions pas de trouver dans les nôtres quelqu'un de vos sectateurs.
               ROUSSEAU, Disc. sur les sciences et les arts, II.

b Péj. et vieilli. Partisan d'une doctrine jugée erronée, d'une religion rejetée (par le locuteur).

SECTE [sɛkt] n. f. — V. 1300 ; *siecte,* v. 1155 ; lat. *secta,* de *sequi* « suivre ».

♦ **1.** Groupe organisé de personnes qui ont une même doctrine au sein d'une religion. *Membre d'une secte.* ⇒ **Adepte, sectaire** (1., vx), **sectateur.** *Les sectes d'une église, d'une religion ; des sectes religieuses.* ⇒ **Communion, église.** *Sectes juives, protestantes. Sectes hérétiques.* ⇒ **Hérésie.** *Sectes des religions d'Orient, d'Extrême-Orient.* ⇒ **Religion** (supra cit. 23).

1   Toute secte, en quelque genre que ce puisse être, est le ralliement du doute et de l'erreur. Scotistes, thomistes, réaux, nominaux, papistes, calvinistes, molinistes, jansénistes, ne sont que des noms de guerre.
Il n'y a point de secte en géométrie ; on ne dit point un euclidien, un archimédien. Quand la vérité est évidente, il est impossible qu'il s'élève des partis et des factions. Jamais on n'a disputé s'il fait jour à midi.
               VOLTAIRE, Dict. philosophique, Secte, I.

Spécialt. Groupe d'inspiration religieuse ou mystique dont les adeptes vivent en communauté, sous l'influence psychologique d'une ou plusieurs personnes. *Le problème de l'influence des sectes sur les jeunes. Suicide collectif des membres d'une secte.*

REM. Dans ce sens, on n'emploie pas *sectaire* ni *sectateur.*

♦ **2.** (1630). Vx. Ensemble de personnes qui professent une même doctrine. ⇒ **École** (IV., 1.), **philosophie** (6. : philosophies antiques, médiévales).

Mod., péj. ⇒ **Coterie, parti** (supra cit. 31) ; → Épuration, cit. 1.

2   (...) à cette époque la propagande des sectes dissidentes, trotskistes, syndicalistes, révolutionnaires ou anarchistes, qui ne me touchait que faiblement ou pas du tout, ne diminuait en rien le prestige des grands partis (?). Ces sectes pullulaient et se déchiraient entre elles, mais chacune ne groupait qu'une poignée d'hommes.
               Raymond ABELLIO, les Militants, t. II, p. 62.

3   Bien que l'art ne soit pas une religion, la secte obéit, comme les créateurs, à la définition même de la foi : «adhésion totale du cœur et de l'esprit».
MALRAUX, l'Homme précaire et la Littérature, p. 266.

SECTEUR [sɛktœʀ] n. m. — 1542, adj. *(cercle secteur d'une sphère)*; lat. *sector* «coupeur», à l'époque classique et attesté tardivement comme terme de géométrie; de *secare* «couper». → Section.

♦ **1.** (1564). Géom. *Secteur circulaire* : portion de la surface d'un cercle délimitée par deux rayons et l'arc correspondant. — (1835). Volume engendré par un secteur de cercle tournant autour du rayon. *Secteur elliptique. Secteur sphérique.*

♦ **2.** (1762). Techn. Instrument ou dispositif comportant une portion de surface de cercle. *Secteur astronomique :* instrument d'astronomie qui est formé d'un arc de 20° à 30° muni d'une lunette. ⇒ **Sextant.** *Secteur à disque, secteur tournant.*

Mécan. (Dans une automobile). Pièce qui transmet le mouvement de la vis à la timonerie de direction.

Inform. Bloc d'informations consécutives sur une piste de disque magnétique.

♦ **3.** (1904). Partie d'un front ou d'un territoire qui constitue le terrain d'opérations d'une unité (généralement une division); → Front, cit. 32; 1. manœuvre, cit. 6; offensive, cit. 2. *Un secteur calme* (→ Cantonner, cit. 1).

(1923). Milit. *Secteur postal* (abrév. : *S. P.*) : portion d'une zone d'opérations affectée d'un numéro conventionnel qui remplace sur les adresses toute autre indication de lieu, de manière que l'ennemi ne puisse connaître la nature ni l'emplacement des régiments engagés. — *Sous-secteur :* zone d'action d'un régiment.

♦ **4.** Fam. (Sens probablement issu de la langue militaire à la suite de la guerre de 1914-1918). Endroit, lieu. ⇒ **Coin** (*supra* cit. 23). *Il va falloir changer de secteur. Je n'ai rien trouvé dans le secteur.*

♦ **5.** Division artificielle (d'un territoire) en vue d'organiser une action d'ensemble, de répartir les tâches. ⇒ **Zone.** *Secteur de forêt.* — Subdivision administrative d'une ville (du point de vue des services municipaux, des circonscriptions électorales, de la police, etc.). ⇒ aussi **Quartier.** *Il se présente aux élections dans le 13ᵉ secteur de Paris.* — *Secteur sauvegardé :* quartier de ville ancienne protégé des destructions et rénovations abusives.

1   (...) il avait su arrondir vers l'ouest le territoire qui lui était réservé. De sorte qu'il ravitaillait maintenant le meilleur secteur de la région parisienne, la Normandie et ses abords, ainsi qu'un large morceau de Bretagne.
J. ROMAINS, les Hommes de bonne volonté, t. III, XIII, p. 178.

(1907). Subdivision d'un réseau de distribution d'électricité (du point de vue technique et administratif). *Panne de secteur,* qui affecte tout le *secteur* et non pas seulement un immeuble ou un appartement. *Magnétophone à branchement piles-secteur.*

2   Les «pannes de secteur» (...) étaient très fréquentes et quelquefois de longue durée; les habitants de l'île avaient donc conservé leurs anciens appareils d'éclairage, qu'ils entretenaient en état de service comme par le passé.
A. ROBBE-GRILLET, le Voyeur, p. 228.

Méd. *Secteur psychiatrique :* en France, Dispositif psychiatrique placé sous la responsabilité d'un *médecin-chef de secteur,* et correspondant à un territoire donné (environ 70 000 habitants). *Politique, psychiatrie de secteur.* ⇒ **Sectorisation.**
Zone, partie d'un ensemble caractérisée par la présence de phénomènes particuliers. *Secteur chaud d'un cyclone.* — Anat. Subdivision (d'un organe parenchymateux). *Les secteurs des lobes droit et gauche du foie.*

♦ **6.** (xxᵉ). Écon. Ensemble d'activités et d'entreprises qui ont un objet commun ou qui entrent dans la même catégorie (du point de vue de la gestion, du régime de la propriété). *Secteur primaire*, secondaire*, tertiaire*. Augmentation des prix dans le secteur agricole. Le secteur coopératif* (cit. 1). Secteur privé :* ensemble des entreprises privées d'un pays. *Secteur nationalisé, secteur public :* ensemble des entreprises qui dépendent de la collectivité publique, et, spécialt, de l'État (entreprises nationalisées, régies, etc.); → Nationalisation, cit. *Secteur semi-public :* ensemble des organismes de droit privé placés sous la tutelle des pouvoirs publics.

3   Il vint donc à certains États l'idée de se substituer temporairement à l'industrie défaillante (...) en animant eux-mêmes, par une intervention directe, certains secteurs de l'économie nationale.
GIRAUDOUX, De pleins pouvoirs à sans pouvoirs, IV, p. 85 (1939).

Technique, économie.

3.1   On appelle «secteur» l'ensemble des entreprises exerçant à titre principal la même activité, et «branche» un ensemble d'établissements fabriquant la même catégorie de produits.
L.-V. VASSEUR, J.-J. BIMBENET et M. HILLAIRET, les Industries de l'alimentation, p. 77.

Admin. *Les secteurs d'une administration. Secteurs médicaux.*

♦ **7.** Domaine; partie. *Un secteur de la science, de la culture* (→ Nombre, cit. 5; philosophie, cit. 10).

4   La psychologie d'introspection repérait (...) une zone de la conscience (...) mais

le psychologue croyait encore que la conscience n'est qu'un secteur de l'être et il décidait d'explorer ce secteur (...)
MERLEAU-PONTY, Phénoménologie de la perception, p. 72, *in* MATORÉ, l'Espace humain, p. 64, n. 17.

DÉR. V. Sectoriel, sectorisation.
COMP. Sous-secteur.

SECTILE [sɛktil] adj. — V. 1560, Paré; lat. *sectilis* «fendu», de *sectum,* supin de *secare.*

♦ Didact. Qui peut se détacher, en parlant d'un organe. *Queue sectile des lézards.*

DÉR. Sectilité.

SECTILITÉ [sɛktilite] n. f. — V. 1970; de *sectile.*

♦ Didact. Caractère de ce qui est sectile. — Minér. Propriété de ce qui peut être coupé.

SECTION [sɛksjɔ̃] n. f. — 1564, en math., «intersection»; «scission», 1366; «action de couper», 1380; lat. *sectio* «action de couper», de *secare.*

★ **I.** ♦ **1.** Géom. Génération d'une figure par l'intersection* de deux autres. — (1671). Figure ainsi engendrée. *Section plane* (par un plan). *Section conique* (ou, n. f., *conique**). ⇒ **Ellipse, hyperbole, parabole** (→ Intéresser, cit. 21; repasser, cit. 13). — *Section droite d'un prisme ou d'un cylindre :* section par un plan perpendiculaire aux arêtes et aux génératrices. — (1694). *Point de section :* point commun à deux lignes* qui se coupent. ⇒ **Intersection.**

♦ **2.** Surface, forme que présente une chose coupée (réellement ou fictivement) selon un plan transversal. ⇒ **Profil** (*infra* cit. 5). *Pied de table à section carrée* (→ Gaine, cit. 13). — Hydrogr. *Section mouillée* d'un cours d'eau.*

1   Le débit d'un cours d'eau est le volume qui passe pendant l'unité de temps (seconde) par la «section mouillée», c'est-à-dire par la surface qu'enveloppe le *périmètre mouillé.*
E. DE MARTONNE, Traité de Géographie physique, t. I, p. 458.

2   (...) quelqu'un a imaginé de changer le tuyau, on en a mis un qui a une section double, alors le jet d'eau a diminué de hauteur (...)
ARAGON, la Semaine sainte, XV.

♦ **3.** (1690). Représentation graphique d'un ensemble artificiel complexe (édifice, navire, véhicule, machine, etc.) qu'on suppose coupé selon un plan vertical perpendiculaire à la longueur. ⇒ 2. **Coupe** (B., 4.). *Section transversale, longitudinale.* — Mar. *Maîtresse section d'un navire* (ou *maître-couple*).

♦ **4.** Didact. Opération qui consiste à couper (un cordon nerveux, un tendon, etc.). ⇒ suff. **-tomie.** — Manière dont une chose est coupée, divisée (⇒ **Division**). — Esthétique. *Section dorée, section d'or.* ⇒ **Nombre** (*infra* cit. 10 : nombre d'or).
Aspect qu'une chose présente à l'endroit où elle est coupée. ⇒ **Coupure.** *Section irrégulière, nette.* — Endroit où une chose est coupée (→ Moelle, cit. 8).

★ **II.** (Abstrait). Élément, partie (d'un ensemble, d'un groupe). ⇒ **Division.** ♦ **1.** (D'un groupe humain). *Section locale d'un parti politique, d'un syndicat, d'une société secrète.* ⇒ **Cellule** (*supra* cit. 11), **groupe** (→ aussi Nomenclature, cit. 4). — Ancient. *Section française de l'Internationale ouvrière (S. F. I. O.).* — *Section syndicale. Section syndicale d'entreprise.*

(1790). *Section de commune :* personne morale qui possède et qui gère des biens affectés à l'utilité collective des habitants demeurant sur une portion déterminée d'une commune. — (Mil. xxᵉ). *Section électorale :* subdivision de la commune qui dispose d'une représentation spéciale à l'intérieur du conseil municipal et dont les habitants forment un collège à part pour les élections municipales. — Dans une grande ville, Groupe d'électeurs qui votent dans un même bureau; ce bureau lui-même. *La 24ᵉ section du 16ᵉ arrondissement de Paris.* — Hist. Subdivision de Paris (1790-1795) :

3   Évariste Gamelin, peintre, élève de David, membre de la section du Pont-Neuf, précédemment section Henri IV, s'était rendu de bon matin à l'ancienne église des Barnabites, qui depuis trois ans, depuis le 21 mai 1790, servait de siège à l'assemblée générale de la section et où, sous les voûtes (...) voyaient maintenant les patriotes en bonnet rouge assemblés pour élire les magistrats municipaux et délibérer sur les affaires de la section.
FRANCE, Les dieux ont soif, I.

(1789). *Section d'un tribunal :* division d'une chambre* chargée de juger des affaires de même nature. *Section d'un conseil de prud'hommes* (cit.). *Sections du Conseil* d'État. Section contentieuse.* — *Section d'une classe de l'Institut de France.*

(1798). Milit. Subdivision d'une compagnie ou d'une batterie, qui comprend de trente à quarante hommes. *Les groupes* (*infra* cit. 12) *d'une section. Une section de fantassins* (→ Baïonnette, cit. 2). *Section de mitrailleuses* (→ Dos, cit. 24), *d'engins* (cit. 4). *Section d'état-major. École de section* (→ Lieutenant, cit. 6). *Chef de section :* gradé qui commande une section (adjudant, adjudant-chef, aspirant, sous-lieutenant, lieutenant).

4   (...) le lieutenant Rochas, à qui le capitaine Beaudoin avait donné un ordre, passa devant les tentes de sa section.
ZOLA, la Débâcle, I, II.

Section homogène : partie d'une entreprise, d'un atelier où le coût est proportionnel à une unité d'œuvre (heure de main-d'œuvre, kilogramme du produit, etc.).

♦ **2.** (1655). *Partie**. *Sections d'un ouvrage, d'un traité, d'un code. Chapitre divisé en sections* (⇒ **Paragraphe**). *Les ouvrages de cette bibliothèque sont répartis en huit grandes sections* (⇒ **Classement**).

♦ **3.** (1949). Partie (d'un trajet). *Section d'un parcours, d'une route, d'une voie ferrée.*

5   Les grandes sections rectilignes du canal sont raccordées par des courbes d'eau d'une grâce parfaite.   J.-R. BLOCH, *Sur un cargo,* p. 118.

Partie d'une ligne d'autobus, de tramway qui constitue une unité indivisible pour le calcul du prix. *Ce trajet comprend trois sections. Changement, fin de section.*

6   L'autobus J ne connaissait pas encore le système des sections, qu'on essayait depuis trois ans sur les lignes hippomobiles. Le trajet coûtait six sous en première classe.
       J. ROMAINS, *les Hommes de bonne volonté,* t. I, XXII, p. 259.

♦ **4.** (V. 1945). *Section rythmique d'un orchestre de jazz,* formée par les instruments qui ont à charge de marquer le tempo, qu'ils jouent un rôle strictement rythmique (percussions, batterie) ou un rôle à la fois rythmique et harmonique (piano — spécialement la main gauche —, basse à cordes ou à vent, guitare, banjo, etc.). — *Section mélodique* (II.).

♦ **5.** (Mil. xxᵉ). Phys. nucl. *Section efficace :* mesure de la probabilité d'interaction d'une particule avec une autre particule ou avec un noyau déterminé.

CONTR. Parallélisme.
COMP. et DÉR. Bissection, sectionnaire, trisection.

SECTIONNAIRE [sɛksjɔnɛʀ] adj. et n. m. — 1793 ; de *section.*

♦ Hist. Qui est relatif, qui appartient à une section parisienne de l'époque révolutionnaire. — N. m. Membre de l'une de ces sections. ⇒ **Section** (II., 1.).

(Les agents ennemis) délibèrent dans nos administrations, dans nos assemblées sectionnaires ; ils s'introduisent dans nos clubs (...)
       ROBESPIERRE, *Disc.* du 25 déc. 1793.

SECTIONNEMENT [sɛksjɔnmɑ̃] n. m. — 1871 ; de *sectionner.*

♦ **1.** (Abstrait). Division* en plusieurs sections (II.), en plusieurs éléments. *Le sectionnement d'une circonscription électorale.*

♦ **2.** (Concret). Opération qui consiste à couper qqch. ; le fait d'être coupé, tranché. *Le sectionnement d'une artère. Le sectionnement d'un fil métallique.*

SECTIONNER [sɛksjɔne] v. tr. — 1871 ; autre sens, 1796 ; de *section.*

♦ **1.** (Abstrait). Diviser* un ensemble en plusieurs sections. ⇒ **Fractionner.** *Sectionner un département en quatre circonscriptions électorales.*

♦ **2.** (Concret) Chir. Couper. *Sectionner un tendon.* — (Dans le langage courant). Couper* (surtout accidentellement). *Il a eu un doigt sectionné par une presse à découper.*

▶ **SE SECTIONNER** v. pron.
Se diviser en plusieurs éléments. ⇒ **Séparer** (se) ; → Famille, cit. 5. — Être coupé. *Le câble s'est sectionné sous l'effet de la surcharge.*

▶ **SECTIONNÉ, ÉE** p. p. adj. *Zone, circonscription sectionnée en deux.* — *Tendon, nerf, membre sectionné.* — *Câble sectionné net.*
DÉR. Sectionnement, sectionneur.

SECTIONNEUR [sɛksjɔnœʀ] n. m. — 1924, Poiré, *Suppl.* ; de *sectionner.*

♦ Électr. Appareil qui sert à couper le courant sur une section de ligne électrique pour y permettre les réparations. ⇒ **Disjoncteur.**

SECTORIEL, IELLE [sɛktɔʀjɛl] adj. — 1963 ; de *secteur,* d'après l'angl. *sectorial,* de *sector,* de même orig. que *secteur.*
Didactique.

♦ **1.** Sciences humaines. Relatif à un secteur ; effectué par secteurs. *Analyse sectorielle de productivité. Revendications sectorielles.* « *La mer n'est encore considérée que comme un problème sectoriel parmi tant d'autres* » (*le Monde,* 18 févr. 1977, p. 23). — Par secteurs. *Croissances sectorielles* (en économie). *Fluctuations sectorielles.* — *Études, monographies sectorielles. Prévisions sectorielles.* — *Organisation, réorganisation sectorielle. Actions sectorielles et ponctuelles.*

♦ **2.** Math. En forme de secteurs de cercles ; relatif aux secteurs.

SECTORISATION [sɛktɔʀizasjɔ̃] n. f. — 1968 ; comp. sav. de *secteur,* et *-isation.*

♦ Admin., écon. Organisation par secteurs. « *Le Conseil d'État annule un arrêté sur la "sectorisation" des universités parisiennes* » (*le Monde,* 11 févr. 1977, p. 11).

Spécialt. Organisation par secteurs de l'assistance psychiatrique.

SECTORISER [sɛktɔʀize] v. tr. — V. 1960 ; de *sectorisation.*

♦ Admin., écon. Organiser, répartir par secteurs.

SÉCU [seky] n. f.

♦ Fam. ⇒ **Sécurité** (sociale).

SÉCULAIRE [sekylɛʀ] adj. — 1611 ; *seculare,* 1549 ; fin xiiᵉ, « séculier » ; du lat. *sæcularis,* de *sæculum* « siècle ».

♦ **1.** (Seulement dans des expressions tirées du latin). Didact. Qui a lieu tous les cent ans. *Jeux séculaires.* Par ext. *Le Poème séculaire,* d'Horace *(Carmen sæculare),* chanté à l'occasion des jeux séculaires. — (1718). *Année séculaire :* celle qui termine le siècle.

♦ **2.** (1745). Cour. Qui date d'un siècle, qui dure depuis un siècle. ⇒ **Centenaire.** *Plusieurs fois séculaire* (→ Apophyse, cit. 1 ; graine, cit. 4). — Qui existe ou dure depuis des siècles. ⇒ **Âgé, ancien.** *Des arbres séculaires* (→ Bras, cit. 45 ; maintenir, cit. 13). *Travail, œuvre séculaire* (→ Aboutissant, cit. 1 ; géographique, cit. 2). *Habitudes séculaires* (→ Coutume, cit. 5). *Prescription séculaire* (→ Légitime, cit. 1).

1   Des habitations trois fois séculaires y sont encore solides, quoique construites en bois (...)   BALZAC, *Eugénie Grandet,* Pl., t. III, p. 480.

2   Les autres l'écoutaient, gênés et heureux au fond de ce qu'il osait dire, la haine séculaire, indomptable, du paysan contre les possesseurs du sol.
       ZOLA, *la Terre,* I, IV.

♦ **3.** (1796, Laplace). Astron. *Inégalité, variation, perturbations séculaires,* dont la période* doit se calculer par siècles.

3   La théorie des inégalités séculaires et périodiques du mouvement des planètes, fondée sur la loi de la pesanteur universelle, a donné aux tables astronomiques une précision qui prouve la justesse et l'utilité de cette théorie (...)
       LAPLACE, *Exposition du système du monde,* IV, 3.

Écon. *Mouvements séculaires :* mouvements de longue durée, qui semblent présenter un caractère cyclique.

DÉR. Séculairement.

SÉCULAIREMENT [sekylɛʀmɑ̃] adv. — 1842 ; de *séculaire.*

♦ Littér. Depuis des siècles, depuis très longtemps.

Il devait lire d'un ton monotone, voulu, séculairement imposé sans doute pour l'empêcher de plaire à ses auditeurs ou de se faire lui-même valoir (...)
       HUYSMANS, *l'Oblat,* III.

SÉCULARISATION [sekylaʀizasjɔ̃] n. f. — 1567 ; de *séculariser.*
Didactique, religion.

♦ **1.** Passage d'une communauté régulière, d'un religieux à la vie séculière (clergé diocésain), ou à la vie laïque. ⇒ **Laïcisation.** *Bulle de sécularisation.*

♦ **2.** Passage (d'un bien de communauté religieuse ou d'établissement ecclésiastique) dans le domaine de l'État ou d'une personne morale de droit public. *La sécularisation des biens du clergé* (2 nov. 1789). ⇒ **National** (bien nationaux). — Par anal. (en parlant de fonctions jusqu'alors réservées au clergé). *Sécularisation de l'enseignement public* (⇒ **Laïcisation**).

♦ **3.** (xxᵉ). Autorisation pour un religieux de porter l'habit séculier. Autorisation de quitter son institut et de revenir de l'état régulier à l'état séculier. *Indult de sécularisation.*

SÉCULARISER [sekylaʀize] v. tr. — 1586 ; dér. sav. du lat. ecclés. *sæcularis.* → Séculier.
Didactique, religion.

♦ **1.** Faire passer à l'état séculier*. ⇒ **Sécularisation.** *Séculariser un monastère.* — Au p. p. *Religieuse sécularisée.*

Il y a l'infirmière du quartier, qui est une religieuse sécularisée, revenue de bien des choses.   J. ROMAINS, *les Hommes de bonne volonté,* t. IX, VIII, p. 75.

♦ **2.** (1765). Faire passer (un bien, une fonction) de l'état ecclésiastique à l'état laïque. *Les biens du clergé ont été sécularisés. Sécu-*

lariser l'enseignement (→ Laïciser). Pron. *À mesure que le pouvoir se sécularisait* (→ Moins, cit. 10).

DÉR. Sécularisation.

SÉCULARISME [sekylaʀism] n. m. — 1889, *in* D.D.L.; de *sécular(iser)* et *-isme*.

♦ Didact., relig. Tendance séculière (d'un mouvement religieux).

SÉCULARITÉ [sekylaʀite] n. f. — 1170; lat. médiéval *sæcularitas*, de *sæcularis*. → Séculier.

♦ Didact. État du prêtre séculier.

SÉCULIER, IÈRE [sekylje, jɛʀ] adj. — Déb. XIIIᵉ; *seculer*, v. 1190; du lat. *sæcularis*, employé par les auteurs ecclés. au sens de «profane», de *sæculum*, au sens de «monde, paganisme». → Siècle.

♦ **1.** (Déb. XIVᵉ). Qui appartient au siècle (II.), à la vie laïque (par oppos. à *ecclésiastique*). ⇒ **Laïque, temporel.** *Aucune autorité ecclésiastique ni séculière* (→ Dogmatiser, cit.). *Tribunaux séculiers.* ⇒ **Juridiction.**

La source la plus empoisonnée de tous les malheurs des Grecs *(dans l'empire byzantin)*, c'est qu'ils ne connurent jamais la nature ni les bornes de la puissance ecclésiastique et de la séculière (...) Cette grande distinction, qui est la base sur laquelle repose la tranquillité des peuples, est fondée non seulement sur la religion, mais encore sur la raison et la nature (...)
MONTESQUIEU, Grandeur et Décadence des Romains, XXII.

Loc. *Le bras* séculier.*

♦ **2.** (Déb. XIIIᵉ). Qui vit dans le siècle, dans le monde (par oppos. à *régulier*). *Clergé, prêtre séculier.* Par ext. *Habit* (cit. 18) *séculier. Bénéfices séculiers.* — N. m. (*seculer*, v. 1190). *Un séculier* : un prêtre (cit. 2) séculier (par oppos. à *moine, religieux*).

DÉR. Séculièrement.

SÉCULIÈREMENT [sekyljɛʀmɑ̃] adv. — XIIᵉ, *seculerment;* de *séculier.*

♦ Didact., relig. D'une manière séculière. — (Au sens 1.). *Juger séculièrement une affaire.* — (Au sens 2). *Vivre séculièrement,* dans le siècle (II.), le monde; comme un séculier.

SECUNDO [s(ə)gɔ̃do], Académie [sekɔ̃do] adv. — 1419, *in* D.D.L.; adv. lat., de *secundus.* → Second.

♦ Secondement, en second lieu. ⇒ **Deuxièmement.**

REM. *Secundo* s'emploie en corrélation avec *primo* (cit.; → aussi Capital, cit. 8; édification, cit. 2), et s'écrit souvent : 2°.

SECUNDOGÉNITURE [s(ə)gɔ̃doʒenityʀ; sekɔ̃doʒenityʀ] n. f. — 1819; de *secundo,* et (*primo)géniture.*

♦ Didact., rare. Autorité, pouvoir, domaine réservé au second né d'une dynastie (opposé à *primogéniture*).

Au point de vue politique, l'emprise espagnole s'impose à Milan et à Naples, où les rois de France ne s'établiront plus, pas même pour le domaine d'une secundogéniture.
V.-L. TAPIÉ, le Baroque, p. 20.

SÉCURISANT, ANTE [sekyʀizɑ̃, ɑ̃t] adj. — V. 1960; de *sécuriser.*

♦ Psychol. et cour. Propre à sécuriser, à apporter un sentiment apaisant de sécurité. *Atmosphère sécurisante.* ⇒ **Apaisant** (cour.). *Avoir un effet sécurisant.* — (Personnes) *Il est apaisant, sécurisant avec les enfants. Une mère sécurisante.*

1 Ce n'est que si le malade a la possibilité, dans la relation analytique, de s'installer dans un sentiment de *sécurité* que le moi peut, ainsi abrité contre la vieille peur, commencer le défoulement de tout le matériel psychique toxique (...) Mais, pour que le climat sécurisant qui va permettre cette métamorphose pénètre jusqu'aux couches obscures du psychisme, il faut que le malade le ressente comme (...) à l'opposé de celui qui l'a jadis traumatisé.
S. NACHT, Guérir avec Freud, *in* la Nef, n° 31, p. 171-172 (1967).

2 (...) ils ont dit que ce système était à la fois dépaysant et sécurisant, ils n'ont pas peur des mots, surtout elle (...) Gérard et Brigitte ont objecté que la sécurisation avait du bon mais que ça enlevait du sel à l'aventure.
Christine DE RIVOYRE, Fleur d'agonie, p. 133.

CONTR. Angoissant, traumatisant.

SÉCURISATION [sekyʀizasjɔ̃] n. f. — 1968; de *sécuriser.*

♦ Psychol. et cour. Action de sécuriser. *Procédés de sécurisation. La sécurisation est une condition sine qua non du traitement des névroses.*

Les petites superstitions de la quotidienneté sont alors non pas supprimées mais «surdéterminées», supplantées par de grandes élaborations idéologiques, envers de la rationalité : horoscopes, réviviscences de religion. Ce qui n'empêche pas mais plutôt favorise un besoin de sécurisation, de moralisme et d'ordre (moral). La sécurité devient à partir d'une certaine époque institutionnelle.
Henri LEFEBVRE, la Vie quotidienne dans le monde moderne, p. 87 (1968).

SÉCURISER [sekyʀize] v. tr. — 1968, *le Monde;* du rad. de *sécurité.*

♦ Psychol et cour. Apporter, donner un sentiment de sécurité. ⇒ **Apaiser, calmer** (cour.), **rassurer.** *Sécuriser un enfant, un élève.* — Au p. p. *Des enfants peu sécurisés.* — (Choses). *Où l'on est sécurisé. Un univers sécurisé.*

CONTR. Angoisser, traumatiser.
DÉR. Sécurisant, sécurisation.

SÉCURIT [sekyʀit] adj. et n. m. — XXᵉ; marque déposée, de *sécurité.*

♦ Verre de sécurité de cette marque. «*Une décoration ultra-moderne, caractérisée par l'utilisation du "sécurit" transparent, du polyester, de l'acier et de l'éclairage fluorescent*» (Science et Vie, n° 595, p. 106).

Puis, le mirage du goudron luisant de pluie, sous la chaleur, l'insecte qui s'écrase dans une mort barbouillée sur le sécurit, et les paris stupides avec les arbres (...)
Geneviève DORMANN, la Fanfaronne, p. 147.

Appos. *Verre* (cit. 0.2) *sécurit.*

SÉCURITÉ [sekyʀite] n. f. — 1190, puis v. 1480; encore peu employé au XVIIᵉ; lat. *securitas,* de *securus* «sûr»; doublet sav. de *sûreté.*

♦ **1.** État d'esprit confiant et tranquille de celui qui se croit à l'abri du danger. ⇒ **Abandon** (cit. 6), **assurance, calme** (cit. 10), **confiance, tranquillité.** *Une sécurité bienheureuse* (cit. 9). *Éprouver, goûter une entière sécurité* (→ Garder, cit. 20; ramasser, cit. 10). *Sentiment, impression* (cit. 32) *de sécurité* (→ Innocuité, cit.). — Loc. (1588, Montaigne). *En toute sécurité* : en éprouvant une entière sécurité. ⇒ **Assurer, rassurer.** → Velours (jouer sur le). *Dormir en toute sécurité.* ⇒ **Oreille** (sur ses deux).

Quelle est donc en effet l'insolente sécurité de cet homme, qui ose dormir tranquille, tandis qu'une femme, qui a à se plaindre de lui, ne s'est pas encore vengée ?
LACLOS, les Liaisons dangereuses, XX. 1

♦ **2.** (1780). **a** Situation, conditions entraînant la protection, l'absence relative de dangers pour les personnes et qui détermine la confiance (→ ci-dessus, 1.). *Assurer, garantir la sécurité de qqn. La sécurité des personnes* (→ Implacable, cit. 10). «*La sécurité des foyers*» (→ Carabinier, cit. 2). *Veiller sur la sécurité d'un homme d'État.* ⇒ **Protéger.** — (Sans compl. de pers.). *Sécurité matérielle* (→ Avenir, cit. 25), *économique* (→ Optimum, cit. 3). *Sécurité intellectuelle, morale,* de qui n'est pas objectivement menacé dans ces domaines (au sens subjectif, → ci-dessus, 1.). — (Sur le plan collectif). *La sécurité des individus et des biens.* — *Sécurité publique.* ⇒ **Ordre, paix.** Absolt. *Assurer le calme et la sécurité dans un territoire. Rétablir la sécurité par la force, par une législation appropriée,* etc. ⇒ **Police** (→ Rallier, cit. 2). *Sécurité menacée par des troubles sociaux, par la criminalité, par le terrorisme, par l'instabilité politique.*

REM. La défense de la *sécurité* peut servir d'alibi aux abus de pouvoir et l'insécurité créée par les systèmes répressifs est rarement évoquée, le mot est donc employé avec les mêmes connotations que *ordre.* — *Tenter de concilier sécurité et liberté dans une loi.*

La sécurité des individus dans les sociétés modernes ne repose pas sur la terreur des supplices.
FRANCE, le Mannequin d'osier, XI, Œ., t. XI, p. 359. 2

La sécurité de la vie publique, comme celle du corps individuel, est fondée sur l'automatisme de sa défense.
GIRAUDOUX, De pleins pouvoirs à sans pouvoirs, V, p. 121. 3

Loc. *Compagnies républicaines de sécurité* (abrév. : *C. R. S.*) : formations mobiles mises à la disposition des préfets pour assurer l'ordre. — *Sécurité militaire* : service des forces armées chargé d'assurer la protection de l'institution militaire contre la subversion. ⇒ **Contre-espionnage, police, sûreté.** *Officier de sécurité,* chargé de la sécurité militaire. — *Sécurité nationale* (→ Harmonie, cit. 37). *Organes de renseignements et de sécurité* (→ Obsidional, cit. 3). *Sécurité internationale* ou *collective,* reposant sur des garanties internationales (notamment protection mutuelle entre les nations qui adhéraient à la S. D. N.). ⇒ **Droit** (international). *Pacte de sécurité. Conseil de sécurité* : un des organes principaux de l'O. N. U. (→ Paix, cit. 20).

Dr. pén. *Quartier de haute sécurité* : dans un établissement pénitentiaire, Quartier où l'on affecte les détenus jugés dangereux, soumis à une surveillance renforcée (haute surveillance*).

EN SÉCURITÉ : se dit des personnes qui sont à l'abri du danger. ⇒ **Sûreté** (en). *Être en sécurité* (→ Habitat, cit. 4). *Se sentir en sécurité* (→ ci-dessus, 1.).

b (1945; *Social Security,* en angl., 1935). SÉCURITÉ SOCIALE : organisation destinée «à garantir les travailleurs et leurs familles contre les risques de toute nature susceptibles de réduire leur capacité de gain, à couvrir les charges de maternité et les charges de famille qu'ils supportent» (Ordonnance du 4 octobre 1945). ⇒ **Assurance.** *Prestations de la Sécurité sociale. Financement, gestion de la Sécurité sociale. Carte d'immatriculation à la Sécurité sociale.*

Le plan de Sécurité sociale, défini par ce texte, comporte l'institution de cais- 4

ses uniques, à compétence territoriale, appelées à remplacer les multiples caisses d'assurances sociales publiques ou d'initiative privée (...) et à gérer les risques «*Accidents du travail*». L'ordonnance du 4 octobre 1945 avait également prévu l'intégration aux caisses de Sécurité sociale des caisses d'allocations familiales, en leur conservant toutefois leur autonomie (...) En second lieu, l'ordonnance du 4 octobre a innové en confiant la gestion des caisses aux assurés eux-mêmes, sous le contrôle de l'Administration.
DALLOZ, Petit dict. de droit, 1951, Sécurité sociale, 1.

Abrév. fam. : SÉCU, n. f. (av. 1960 *in* D. D. L.). *« Des personnes immatriculées sécu »* (*Charlie-Hebdo*, 12 janv. 1978).

[c] Absence ou faiblesse relative de risques d'accidents ; mesures prises pour diminuer ces risques. *La sécurité des passagers, des usagers, des voyageurs. Sécurité dans le domaine des transports, chemins de fer, avions. « Pour votre confort et votre sécurité, nous vous conseillons de rester attachés pendant le vol. » Mesures pour améliorer la sécurité routière. L'absence de sécurité sur certaines routes. Études de sécurité dans le domaine automobile. Mesures de sécurité passive* (aménagement des véhicules). — *Sécurité routière*, ensemble des mesures destinées à assurer la protection des usagers de la route contre les risques d'accident. *Mesures de sécurité prises dans le travail en milieu professionnel.*
(xxᵉ ; *in* Larousse, 1933). DE SÉCURITÉ : se dit des dispositifs, appareils, etc., destinés à assurer ou à améliorer la sécurité des personnes. ⇒ **Sûreté**. *Dispositif de sécurité. Ceinture* de sécurité. Verre de sécurité.* ⇒ **Sécurit**. *Glissière, rail de sécurité*, disposés le long des routes dangereuses, des autoroutes ou des pistes automobiles. *Cran, manette de sécurité d'une arme.*

5 Sous le nom papelard de dispositif de sécurité, des pièges sont tendus et de dispositif en dispositif nous vivrons comme les captifs de la sécurité, esclaves du dispositif pullulant.
Jacques PERRET, le Machin, « Le vélo », p. 75.

♦ **3.** (Choses). Fait de fonctionner, de s'effectuer sans trouble, sans difficulté majeure. *La sécurité de fonctionnement d'un appareil.* ⇒ **Fiabilité**. *La sécurité des transactions* (→ Enregistrement, cit. 1). DE SÉCURITÉ : qui assure un fonctionnement sûr ; utile en cas de danger. *Stock de sécurité*, pour parer aux éventualités. → Répondre, cit. 12. — Loc. *Marge*, volant de sécurité. Coefficient de sécurité.*

♦ **4.** Par métonymie. UNE SÉCURITÉ. [a] Situation sûre, où l'on est à l'abri.

6 Un petit avenir bien modeste, une petite sécurité, une retraite, un traitement.
N. SARRAUTE, le Planétarium, p. 274.

[b] Dispositif de sécurité (2.). *Mettre une sécurité à une arme.*
CONTR. **Anxiété, défiance, détresse, insécurité. — Danger, insécurité ; désordre.**

1. SEDAN [sədɑ̃] n. m. — 1803 ; du nom de la ville de l'Est de la France.

♦ Drap fin et uni, fabriqué à l'origine à Sedan. *Du sedan.*

2. SEDAN [sədɑ̃] n. m. — 1946, cit. ; mot amér. (1915, dans ce sens), angl. *sedan* (1625) « voiture à cheval à une place », orig. incert., p.-ê. de l'ital. *sede* « siège », plutôt que rattaché — comme le supposait S. Johnson — à la ville française.

♦ Rare et vieilli. Forme de carrosserie automobile, conduite intérieure à cabine surélevée pour quatre passagers.
L'auto est encore toute neuve. Elle n'a que quatre mois, et n'a fait que trois mille huit cents kilomètres. C'est une Chevrolet, sedan.
J. ROMAINS, les Hommes de bonne volonté, t. XXVII, p. 207 (1946).

SÉDATIF, IVE [sedatif, iv] adj. et n. m. — 1314 ; lat. médiéval *sedativus*, dér. sav. du lat. *sedatum*, supin de *sedare* « calmer ».

♦ Méd. Calmant, qui modère l'activité fonctionnelle exagérée d'un organe ou d'un appareil. *Potion sédative. Vertu, propriété, action sédative* (→ Anodin, cit. 1). Pharm. *Eau sédative* : lotion ammoniacale camphrée.
Un produit sédatif, légèrement hypnotique, un de ces produits dont ont grand besoin tous les agités, tous les anxieux, tous les cinglés qui composent le plus clair de nos sociétés modernes.
G. DUHAMEL, Cri des profondeurs, II.
N. m. (Fin xvᵉ). *Un sédatif* : un médicament sédatif. ⇒ **Calmant**. *Sédatif psychique.* ⇒ **Psycholeptique**.

SÉDATION [sedasjɔ̃] n. f. — 1314 ; lat. *sedatio*, de *sedatum*. → Sédatif.

♦ Méd. Apaisement au moyen d'un sédatif. ⇒ **Calme**. *Sédation de la douleur.*

SÉDENTAIRE [sedɑ̃tɛʀ] adj. et n. — 1075, attestation isolée ; 1492 ; lat. *sedentarius*, de *sedere* « être assis ».

♦ **1.** Qui se passe, s'exerce dans un même lieu ; qui n'entraîne aucun déplacement (en parlant d'une occupation). *Vie, habitudes, profession* (cit. 4), *situation, travaux sédentaires* (→ Aversion, cit. 16 ; cérébral, cit. 1 ; établir, cit. 48 ; quitte, cit. 6).

♦ **2.** (1611). Personnes. Qui ne quitte guère son domicile ou son bureau. ⇒ **Casanier, cul** (cul-de-plomb), **pantouflard**. *Il est trop sédentaire, il reste dans sa coquille...* (→ Impropre, cit. 6 ; poussif, cit. 1).

1 Je vous ai dit qu'il s'était formé un cercle autour d'elle ; elle le retrouva au retour ; mais, de vive et alerte qu'elle était, elle devint sédentaire (...) Elle sortait rarement, comme son mari, et on ne passait guère le soir sous sa fenêtre sans voir la lumière de sa lampe.
A. DE MUSSET, Nouvelles, « Emmeline », III.
N. (rare au fém.). *C'est un sédentaire.* Cf. Homme de foyer, de cabinet (vx), pantouflard.

2 Ils ont un système de pensée (...) de sédentaires, de tranquilles et de fonctionnaires (...) engagés des deux épaules dans de bonnes carrières, et qui demandent de la tranquillité.
Ch. PÉGUY, Note conjointe, « Sur Descartes », p. 240.

♦ **3.** (1611). Fixe, attaché à un lieu. ⇒ **Permanent**. *On fut obligé de rendre le Parlement* (cit. 1) *sédentaire.* Ancienn. *Garde nationale, troupes sédentaires* (par oppos. à *mobile*). *Marchand* (cit. 3) *ambulant ou sédentaire.* — Se dit de populations qui vivent en un lieu fixe, ne sont pas nomades. *Population, peuples sédentaires* (par oppos. à *nomades*) → Économie, cit. 4. — N. *Les sédentaires.*

3 (...) tout autour d'Alep, on rencontre des séries de villages de semi-nomades, semi-sédentaires, devenus pour la plupart à peu définitivement sédentaires.
A. BERNARD et N. LACROIX, *in* J. BRUNHES, la Géographie humaine, t. I, p. 409.

♦ **4.** Fig. *Notre mémoire est sédentaire* (→ Casanier, cit. 2, Proust).

♦ **5.** Anat. *Os sédentaire* : protubérance de l'ischion*.
CONTR. **Actif, bohème. — Ambulant, errant, mobile, nomade.**
DÉR. **Sédentairement, sédentariser, sédentarisme, sédentarité.**

SÉDENTAIREMENT [sedɑ̃tɛʀmɑ̃] adv. — 1578 ; de *sédentaire*.

♦ Littér., rare. De façon sédentaire (→ Poisson, cit. 7). *Vivre sédentairement.*

SÉDENTARISATION [sedɑ̃taʀizasjɔ̃] n. f. — 1934, *in* D. D. L. ; de *sédentariser*.

♦ Adoption d'un mode de vie sédentaire.

1 Les connaissances du temps et de l'espace ne sont pas étrangères aux primitifs d'avant la sédentarisation agricole (...).
A. LEROI-GOURHAN, le Geste et la Parole, t. II, p. 68.

2 La sédentarisation implique la sacralisation du sol. La possession exclusive d'un territoire par un groupe et sa consécration religieuse se justifient par les ancêtres mythiques, par les héros, demi-dieux et dieux de la tribu. À côté des tables généalogiques, constituant une mémoire et une méthode de classement social des lieux et des temps, les jalons peuvent se compter parmi les signes scripturaires primitifs. Avant l'agriculture sédentarisée ou en dehors d'elle, chasseurs et cueilleurs, bergers nomades, balisent les territoires, définissent des parcours, des itinéraires, des frontières.
Henri LEFEBVRE, la Vie quotidienne dans le monde moderne, p. 284.

SÉDENTARISER [sedɑ̃taʀize] v. tr. — 1910 ; « fixer un employé », 1930 ; de *sédentaire*.

♦ Géogr. Rendre sédentaire. ⇒ **Fixer**. — Pron. *Se sédentariser* : devenir sédentaire. — Au p. p. *Nomades sédentarisés.*
DÉR. **Sédentarisation.**

SÉDENTARISME [sedɑ̃taʀism] n. m. — 1922, cit. ; de *sédentaire*.

♦ Géogr. État, vie sédentaire (opposé à *nomadisme*).
(...) le nomadisme pastoral peut constituer et constitue souvent un progrès sur le sédentarisme passif et humilié (...)
Lucien FEBVRE, la Terre et l'Évolution humaine, p. 321 (1922).

SÉDENTARITÉ [sedɑ̃taʀite] n. f. — 1819 ; de *sédentaire*.

♦ **1.** Didact. Mode de vie d'une population sédentaire (3.), opposé à *nomadisme*.

♦ **2.** Littér. Fait d'être, de rester sédentaire (2.).
(...) il y a des cas (...) où, la sédentarité immobilisant les jours, le meilleur moyen de gagner du temps, c'est de changer de place.
PROUST, À l'ombre des jeunes filles en fleurs, Pl., t. I, p. 644.

SEDIA GESTATORIA [sedjaʒɛstatɔʀja] n. f. — Déb. xxᵉ (*in* Larousse 1904) ; mots italiens.

♦ Liturgie cathol. Chaise sur laquelle on porte le pape au cours de certaines cérémonies. ⇒ **Gestatoire** (chaise).

SÉDIMENT [sedimɑ̃] n. m. — 1560, Paré, en méd. ; lat. *sedimentum* « dépôt », de *sedere* « être assis, séjourner ».

♦ **1.** Méd. Dépôt dû à la précipitation de matières en suspension ou en dissolution dans un liquide. *Les sédiments organiques de l'urine, d'un échantillon de sang.*

♦ **2.** (1715). Géol., cour. Dépôt naturel dont la formation est due à l'action des agents dynamiques externes. ⇒ **Couche, formation** ;

roche. *Sédiments marins* (littoraux, bathyaux, pélagiques, abyssaux...). → Dépôt, cit. 16; géosynclinal, cit. *Sédiments terrestres* (d'eau douce, fluviaux, lacustres, de sources; glaciaires; éoliens...). ⇒ **Alluvion.** *Sédiments classés d'après leur mode de formation* (⇒ **Sédimentation**), *leur composition chimique* (type carbonaté, siliceux, silico-alumineux), *leur âge* (*sédiments secondaires...*).

1   La plupart de nos collines ne se sont donc pas formées par des dépôts successifs amenés par un mouvement uniforme et constant; il faut nécessairement admettre (...) des intervalles considérables de temps entre les dates de la formation de chaque banc, pendant lesquels intervalles certaines espèces de coquillages auront (...) multiplié sur ce banc, et formé le lit coquilleux qui le surmonte : il faut accorder encore du temps pour que d'autres sédiments de graviers et de matières pierreuses aient été transportés et amenés par les eaux pour recevoir ce dépôt de coquilles.   BUFFON, Hist. nat. des minéraux, De la pierre calcaire.

2   Il importe de distinguer le sédiment originel de la roche sédimentaire modifiée, qui a subi, postérieurement à son dépôt, une série de transformations physiques et chimiques dont les unes (...) ont lieu sur le fond même des mers, sitôt que le sédiment s'est déposé, tandis que les autres ont lieu beaucoup plus tard, sous l'influence de la pression et de la température, ou, postérieurement à l'émersion du dépôt, sous l'action des agents atmosphériques.
    Émile HAUG, Traité de géologie, VIII, t. I, p. 94.

Par métaphore, fig. → Pédagogique, cit. 2.

3   L'esprit des femmes est ainsi fait des sédiments successifs apportés par les hommes qui les ont aimées, de même que les goûts des hommes conservent les images confuses et superposées des femmes qui ont traversé leur vie (...)
    A. MAUROIS, Climats, I, III.

DÉR. Sédimentaire, sédimentation, sédimenter.
COMP. Sédimentologie.

SÉDIMENTAIRE [sedimɑ̃tɛʀ] adj. — 1838; de *sédiment*.

◆ Géol. Produit ou constitué par un sédiment. *Terrains, formations sédimentaires. Roches sédimentaires.* ⇒ **Roche** (classification), **sédimentation** (→ Plutonique, cit.). *Principales roches sédimentaires.* ⇒ **Roche** (Tableau des roches).

Lucien Cayeux, qu'on peut regarder comme le véritable créateur de la pétrographie des roches sédimentaires, a défini celles-ci comme des *associations de minéraux et d'organismes fossiles* (...) Nous sommes enclin, personnellement, à étendre encore la définition (...) : «Les roches sédimentaires sont des associations de minéraux, d'organismes fossiles et de solutions salines».
    Pierre URBAIN, les Roches sédimentaires, *in* Encycl. Pl., la Terre, p. 766.

SÉDIMENTATION [sedimɑ̃tasjɔ̃] n. f. — 1861; de *sédiment*.

◆ **1.** Géol. Formation, mode de formation des sédiments. *Sédimentation détritique* (matériaux arrachés par l'érosion), *organogène* (restes animaux), *chimique* (précipitation dans l'eau). *Les glaciers* (cit. 1) *sont de puissants agents de sédimentation.*

◆ **2.** Méd. Formation de sédiment. *Sédimentation sanguine :* chute des hématies qui forment un dépôt en fond d'un tube contenant du sang qu'on a rendu non coagulable. *Vitesse de sédimentation,* dont la détermination, dans certaines affections comme le rhumatisme, offre un intérêt pronostique.

SÉDIMENTER [sedimɑ̃te] v. tr. — Mil. xxᵉ; de *sédiment* ou de *sédimentation*.

◆ Former par sédimentation. — (Surtout au pron. : *se sédimenter,* et au p. p., *sédimenté, ée*) «*Dans une centaine d'années* (l'anse de l'Aiguillon) *sera complètement sédimentée, affirme* (...) *un spécialiste de l'Institut géographique national*» (*l'Express,* 18 août 1974, p. 34).

SÉDIMENTOLOGIE [sedimɑ̃tɔlɔʒi] n. f. — Mil. xxᵉ; angl. *sedimentology,* H. Wadell, 1932. → Sédiment, et -logie.

◆ Géol. Discipline qui a pour objet l'étude de la sédimentation. «*Les premières analyses de granulométrie et de sédimentologie par microscopie...*» (*la Recherche,* déc. 1979, p. 1295).

DÉR. Sédimentologique. — (Du même rad.) **Sédimentologue.**

SÉDIMENTOLOGIQUE [sedimɑ̃tɔlɔʒik] adj. — Mil. xxᵉ; de *sédimentologie.*

◆ Didact. De la sédimentologie. *Étude, analyse sédimentologique.*

SÉDIMENTOLOGUE [sedimɑ̃tɔlɔg] n. — Mil. xxᵉ; de *sédiment,* et -logue, d'après *sédimentologie.*

◆ Géol. Spécialiste de sédimentologie. «*La parole est aux botanistes et aux sédimentologues qui seuls peuvent apporter à l'archéologue des précisions sur la profondeur d'eau à cette période d'occupation d'un site littoral*» (*la Recherche,* nº 113, juil.-août 1980, p. 785).

SÉDIOLE [sedjɔl] n. f. — 1817, Stendhal; ital. *sediola.*

◆ Vx. Petite voiture à cheval à une place, en usage en Italie.

SÉDITIEUSEMENT [sedisjøzmɑ̃] adv. — V. 1355; de *séditieux.*

◆ Rare. D'une manière séditieuse.

SÉDITIEUX, EUSE [sedisjø, øz] adj. et n. — 1356; lat. *seditiosus,* de *seditio.* → Sédition.

◆ **1.** (Personnes). Qui prend part à une sédition, est disposé à faire une sédition. ⇒ **Factieux, insoumis** (→ 2. Fronde, cit. 3; pain, cit. 10). — N. (1413). ⇒ **Agitateur, rebelle.** *L'idéal* (cit. 6) *du conspirateur et du séditieux.*

Ah! le gueux! le brigand! le chenapan! le vaurien! le séditieux! Ce sont ses propos sur le gouvernement qui l'ont mené là. C'est un rebelle.
    HUGO, l'Homme qui rit, II, VI, I.

◆ **2.** (Choses). Qui tend ou provoque à la sédition. *Attroupements* (cit. 1), *manifestations, cris, actes séditieux* (→ Destructif, cit. 3). *Parole séditieuse* (→ 2. Critique, cit. 39). *Écrits séditieux.* ⇒ **Incendiaire.**

DÉR. Séditieusement.

SÉDITION [sedisjɔ̃] n. f. — 1209; lat. *seditio,* de *sed-* marquant la séparation, et *itum,* supin de *ire* «aller».

◆ Révolte concertée contre l'autorité publique. ⇒ **Agitation, insurrection** (cit. 1), **révolte.** *Sédition populaire* (→ Infailliblement, cit. 1), *militaire.* ⇒ **Pronunciamento, putsch** (→ Dictature, cit. 1). *Esprit de sédition.* ⇒ **Indiscipline** (→ Libéralisme, cit. 1).

(...) les révoltes meurtrières, les guerres sanglantes de ville à ville et de corporation à corporation se sont apaisées; on ne trouve qu'une sédition à Gand, en 1536, aisément réprimée, sans grande effusion de sang, dernière et faible secousse, qu'on ne peut point comparer aux formidables insurrections du xvᵉ siècle.
    TAINE, Philosophie de l'art, t. II, p. 26.

Par métaphore. «*Le dedans n'est que trouble et que sédition*» (→ Dehors, cit. 14, Corneille).

SÉDUCTEUR, TRICE [sedyktœʀ, tʀis] n. et adj. — 1370; *seducitor,* 1160; lat. ecclés. *seductor, seductrix,* de *seducere.* → Séduire.

◆ **1.** Vx. Personne qui séduit* (1.) qqn. ⇒ **Corrupteur.** *Révolutions qui livrent les peuples à des séducteurs* (→ Liberté, cit. 22). — Adj. *L'esprit séducteur :* le démon. *Le serpent séducteur et corrupteur* (cit. 4).

Te voilà, séducteur,
De ligues, de complots pernicieux auteur (...)   RACINE, Athalie, v, 5. 1

◆ **2.** (1690). Mod. Celui qui séduit une fille, une femme; celui qui fait habituellement des conquêtes. *Punir une fille abusée* (cit. 8) *en même temps que le séducteur. Un séducteur.* ⇒ **Apprivoiseur, bourreau** (des cœurs), **casse-cœur** (vx), **don Juan, enjôleur, galant, homme** (à femmes, à bonnes fortunes), **larron** (d'honneur), **lovelace, suborneur, tombeur.** ⇒ Aguet, cit. 1; fascinant, cit.; fuir, cit. 26; opposer, cit. 4. *Un séducteur professionnel.*

De ces précieux documents, la Marquise Origo (...) a tiré un livre. Elle aurait pu être tentée de prendre parti, de faire de Byron un séducteur cynique enlevant une malheureuse étrangère à son mari, pour l'abandonner après satiété (...)
    A. MAUROIS, la Vie de Byron, Préface. 2

◆ **3.** N. m. et f. (xviiᵉ). Rare. Personne séduisante. ⇒ **Charmeur, ensorceleur, fascinateur, magicien.** *C'est un séducteur. Une séductrice, une sirène.*

◆ **4.** Adj. (1546, Rabelais). En amour. *Pouvoir séducteur* (→ Représentation, cit. 9). — Par ext. Séduisant (avec l'idée d'un charme quasi magique).

Ce Mallarmé a vraiment une parole séductrice, avec de l'esprit qui n'est jamais méchant, mais soutenu d'une pointe de malice.
    Ed. et J. DE GONCOURT, Journal, 7 janv. 1895, t. IX, p. 224. 3

SÉDUCTIBLE [sedyktibl] adj. — 1818; du lat. ecclés. *seductibilis,* de *seducere.* → Séduire.

◆ Littér. Qui peut être séduit.

J'admirais la sottise de Napoléon de n'avoir pas su gagner un être aussi séductible (*Mᵐᵉ de Staël*) et destiné à produire tant d'effet sur des Français.
    STENDHAL, Correspondance, 17 juin 1818, *in* LITTRÉ, Suppl.

SÉDUCTIF, IVE [sedyktif, iv] adj. — Mil. xxᵉ; de *séduction,* et suff. *-if.*

◆ Didact. Qui est de la nature de la séduction.

(...) tout cela est dissuasion séductive, et le projet obscur en est moins de séduire que de ne jamais se laisser séduire.   J. BAUDRILLARD, De la séduction, p. 164.

SÉDUCTION [sedyksjɔ̃] n. f. — V. 1160; rare av. xviiᵉ; lat. *seductio,* au sens moral en lat. ecclés.; de *seducere.* → Séduire.

◆ **1.** Vx. Action de séduire* (1.), de corrompre. *Le démon* (cit. 19) *avec tous les charmes de la séduction. Ces fautes où nous entraîne la séduction des exemples* (→ Fragilité, cit. 8). — Spécialt (en parlant d'une fille séduite). ⇒ **Conquête.** «*Une séduction ordinaire*» (cit. 9, Laclos). — Dr. *Séduction dolosive,* par laquelle on amène une femme (par manœuvre frauduleuse, abus d'autorité ou promesse de mariage) à consentir à des relations hors mariage. ⇒ **Adultère.** *Rapt* de séduction* (→ 1. Greffe, cit. 1), *par séduction.* ⇒ **Détournement.**

1 (...) employer la voie de l'instruction pour corrompre une femme est de toutes les séductions la plus condamnable ; et vouloir attendrir sa maîtresse à l'aide de romans est avoir bien peu de ressources en soi-même.
ROUSSEAU, Julie ou la Nouvelle Héloïse, I, XIII.

♦ **2.** (XVIIe). Cour. Action de séduire* (2. et 3.), d'entraîner par un charme irrésistible. ⇒ **Attirance** (cit. 4), **ensorcellement, fascination** (cit. 6). *Déployer* (cit. 17) *toutes ses ressources de séduction. Facultés, puissance de séduction* (→ Fringant, cit. 7 ; héroïque, cit. 15). *Exercer* (cit. 32) *un don de séduction irrésistible, une séduction particulière* (→ Imitation, cit. 9).

2 (...) une région escarpée, morte, figée, mais attirante comme la mer, pleine d'un pouvoir de séduction mystérieuse. MAUPASSANT, Au soleil, « Aux eaux ».

3 Tout art cherche à plaire. Il est mise en œuvre de moyens de séduction, qui lui sont propres (...) Quand il s'agit d'un art du langage, séduire, c'est à la fin persuader. Roger CAILLOIS, l'Art poétique, p. 37.

♦ **3.** (XVIIIe). Moyen de séduire, charme, attrait puissant. ⇒ **Agrément, allèchement, amorce, ascendant, autorité, blandice, influence, magie, mirage, prestige...** *La séduction de la femme.* ⇒ **Beauté** (→ Attacher, cit. 52 ; question, cit. 8). *Exercer une grande séduction sur... — Au plur. Les séductions de la jeunesse* (→ Fille, cit. 22), *de la grâce* (cit. 67). *La nuit* (cit. 3) *a ses beautés et ses séductions. Céder, succomber aux séductions de...*

4 Une séduction puissante s'exhalait de cette jeune fille. À vouloir en détailler les causes, on ne les retrouvait pas ; cependant on ne cessait pas d'en sentir l'action. C'était une de ces créatures qui entraînent, qui enivrent, qui ensorcellent, et qui ne vous disent ni pourquoi, ni comment.
J.-A. DE GOBINEAU, Nouvelles asiatiques, p. 44.

♦ **4.** (XXe). Psychan. *Scène de la séduction :* « scène réelle ou fantasmatique, où le sujet (généralement un enfant) subit passivement, de la part d'un autre (le plus souvent un adulte), des avances ou des manœuvres sexuelles » (Laplanche et Pontalis). — *Théorie de la séduction :* « Théorie élaborée par Freud entre 1895 et 1897, et abandonnée par la suite, qui attribue au souvenir de scènes réelles de séduction le rôle déterminant dans l'étiologie des psychonévroses » (Laplanche et Pontalis).

SÉDUIRE [seduiʀ] v. tr. — Conjug. conduire. — 1440 ; *suduire,* 1120 au sens 3 ; du lat. *seducere* « mener à part, séparer », sens moral dans le lat. ecclés. ; de *ducere* « conduire ».

♦ **1.** Vx. Détourner (qqn) du droit chemin, détourner du bien, faire tomber en faute. ⇒ **Corrompre** (cit. 11). *Démons attentifs* (cit. 15) *à vous séduire.* « *... De séduire le cœur d'une faible mortelle* » (→ Gloire, cit. 35, Racine). *Séduire par l'argent.* ⇒ **Acheter** (→ Délation, cit. 2). *Séduire des témoins* (vx). ⇒ **Suborner.**

1 Pallas de ses conseils empoisonne ma mère ;
Il séduit chaque jour Britannicus mon frère. RACINE, Britannicus, II, 1.

2 Sur les plaintes qu'on prétend que M. Goëzman, conseiller au parlement, fait de moi, disant que j'ai tenté de corrompre sa justice, en séduisant madame Goëzman par des propositions d'argent qu'elle a rejetées, je déclare que l'exposé fait ainsi est faux (...) BEAUMARCHAIS, Mémoires... dans l'affaire Goëzman, p. 24.

♦ **2.** (1538). Mod. Amener (qqn) à se donner sexuellement (spécialt, en parlant d'un homme qui amène une femme à s'abandonner à lui, hors mariage). ⇒ **Abuser, apprivoiser** (vx), **débaucher, déshonorer, mal** (mettre à), **suborner, tomber.** *Chercher à séduire une femme* (→ Cajoler, cit. 6 ; façon, cit. 51 ; honnête, cit. 14 ; renfermer, cit. 1). *Femme qui se laisse séduire.*

3 Probablement quand il l'aurait séduite, Jacqueline, et qu'elle serait enceinte, le scandale serait si formidable, surtout si l'on songe à la vocation ecclésiastique du Don Juan, que son père serait obligé d'écarter Armand pour quelque temps de Sérianne. ARAGON, les Beaux Quartiers, I, XIV.

♦ **3.** Vx (vieilli au passif). Détourner du vrai, faire tomber dans l'erreur. ⇒ **Abuser, décevoir, éblouir, égarer, piper, tromper.** *Être séduit par des apparences* (cit. 19), *de spécieux prétextes, des arguments captieux... Les hérétiques qui veulent séduire les fidèles* (→ Fortifier, cit. 5).

4 — Quoi ? ses discours vous séduiront au point...
— Tais-toi, pendard (...) MOLIÈRE, Tartuffe, III, 6.

5 Tu le savais. Pourquoi me laissais-tu séduire ?
De leur furtive ardeur ne pouvais-tu m'instruire ? RACINE, Phèdre, IV, 6.

♦ **4.** (XVIIe). Convaincre (qqn), en persuadant ou en touchant, avec l'intention plus ou moins consciente de créer l'illusion, en employant tous les moyens de plaire. ⇒ **Conquérir.** *Chercher à séduire qqn.* ⇒ **Affriander, allécher, amorcer, appâter, cajoler, embobeliner, enjôler, entortiller, flatter...** (et aussi **briller** (faire), **chatoyer** (faire), **miroiter** (faire). *Séduire un client par des boniments.* ⇒ **Engager, prendre** (→ aussi Enjôleur, cit. 4 ; moralité, cit. 5). *Forcer* (cit. 6) *les électeurs ou les séduire. Elle l'a séduit à force d'agaceries* (→ Manège, cit. 9). ⇒ **Filet** (attirer dans ses). — Absolt. *La volonté de séduire, c'est-à-dire de dominer* (→ But, cit. 15 ; et aussi éloquence, cit. 7 ; enchantement, cit. 7 ; menteur, cit. 5).

6 Elle le séduisit à force de paroles, elle l'entraîna par ses lèvres doucereuses. BIBLE (SEGOND), Proverbes, VII, 21.

---

7 Toutes ces femmes parées voulaient plaire, séduire, et tenter quelqu'un. Elles s'étaient faites belles pour les hommes, pour tous les hommes, excepté pour l'époux qu'elles n'avaient plus besoin de conquérir.
MAUPASSANT, Pierre et Jean, V.

8 Observez encore que l'argument n'a point du tout l'apparence de ces preuves ou astuces, par quoi nous tentons de séduire un adversaire.
J. PAULHAN, Entretien sur des faits divers, p. 140.

9 (...) le visage humain est avant tout l'instrument qui sert à séduire. En se mirant, l'homme prépare, aiguise, fourbit ce visage, cet outil de séduction.
G. BACHELARD, l'Eau et les Rêves, I, II.

Littér., rare. *Séduire qqn à qqch. :* l'y entraîner par séduction.
Pour nous séduire à la dictature, il faudra trouver autre chose.
Francis PONGE, le Parti pris des choses, p. 113. 9.1

♦ **5.** [a] (Sujet n. de choses). Attirer de façon puissante, parfois irrésistible (sans créer ou entretenir d'illusion). ⇒ **Attacher, captiver, charmer, entraîner, fasciner, plaire.** *Ce qui l'inquiétait tout en le séduisant* (→ Garder, cit. 63). *Une vie qui m'aurait séduit.* ⇒ **Tenter** (→ Excentricité, cit. 6 ; 1. part, cit. 16). *Plans, projets, thèses... qui séduisent l'esprit* (→ Exécution, cit. 12 ; population, cit. 4). *Ce collier me séduisait.* ⇒ **Œil** (donner, taper dans l').

10 On aime un type *(de femme ou d'homme),* c'est-à-dire la réunion, dans une seule personne, de toutes les qualités humaines qui peuvent nous séduire isolément dans les autres. MAUPASSANT, Fort comme la mort, II, IV.

[b] (Sujet n. de personne.) *Être séduit par qqn, par sa personnalité.* — Absolt. *Elle avait tout pour séduire* (→ Épanouir, cit. 24).

▶ **SÉDUIT, ITE** p. p. adj.
(Au sens 2.). *Femme, fille séduite. Séduite et abandonnée.*
(Sens 3.). *Séduit par la vanité, leurré par l'espérance* (→ Allécher, cit. 2).
(Sens 4., 5.). Convaincu, persuadé. *Être amusé et séduit par qqn* (→ 1. Part, cit. 28).
CONTR. Choquer, déplaire.
DÉR. Séduisant.

SÉDUISANT, ANTE [seduizɑ̃, ɑ̃t] adj. — 1542 ; *suduiant* « fourbe », 1080 ; de *séduire.*

♦ **1.** Qui séduit, ou peut séduire. — (Au sens 1.). Vx. Illusoire, trompeur. ⇒ **Flatteur** (3.). → Empirisme, cit. 1.

♦ **2.** (Aux sens 2. et 3.). Qui peut séduire grâce à son charme ou en employant les moyens de plaire. *Femme séduisante.* ⇒ **Affriolant, aguichant, charmant** (2.), **désirable...** (→ Affoler, cit. 1). *Homme séduisant* (→ Engageant, cit. 2).

1 Était-ce la perspective d'un prochain veuvage, celle d'une dotation, ou l'espoir de porter un nom promis à l'Histoire, qui rendirent les militaires si séduisants ?
BALZAC, la Paix du ménage, Pl., t. I, p. 993.

2 On parlait de lui comme d'un homme très séduisant, presque irrésistible. Lorsque j'interrogeais les femmes qui faisaient le plus son éloge, pour savoir d'où lui venait cette puissance, elles répondaient toujours, après avoir quelque temps cherché : — Je ne sais pas... c'est du charme.
MAUPASSANT, l'Inutile Beauté, « Un portrait. »

♦ **3.** (1760, Voltaire ; choses). Qui attire fortement. *Beauté, grâce séduisante.* ⇒ **Enchanteur** (cit. 6) ; **enivrant.** *Visage séduisant.* ⇒ **Agréable, aimable** (→ Glabre, cit. 3). — (Sens affaibli). Qui plaît, tente. *Idées, thèses, systèmes séduisants* ⇒ Développer, cit. 12 ; esthétique, cit. 4). *Séduisante nouveauté* (→ Infini, cit. 20). *Propositions séduisantes.* ⇒ **Tentant.** *Style séduisant.* ⇒ **Brillant, chatoyant, fleuri.**

3 Il revêtit un sweater d'un ton vraiment très séduisant, cerna son cou d'une écharpe bleu pâle, toucha ses cheveux d'une goutte de parfum et rejoignit ses amis.
Maurice BEDEL, Jérôme 60° latitude Nord, p. 102.

CONTR. Ingrat, repoussant, répugnant.

SEDUM [sedɔm] ou **SÉDON** [sedɔ̃] n. m. — 1714 ; *cedon,* 1680 ; mot lat., « joubarbe ».

♦ Bot. Orpin (plante ; *Crassulacées*).
(...) il tenait à la main un gros bouquet de *sedum,* une fleur jaune qui vient dans le caillou des vignobles (...) BALZAC, Illusions perdues, Pl., t. IV, p. 1014.

SEERSUCKER [siʀsœkœʀ] n. m. — 1842, Académie, *Compl., sersucker* ; mot anglais.

♦ Anglic. Tissu de coton gaufré, écossais ou rayé (parfois mélangé à du polyester). *Une chemise, un maillot de bain en seersucker.* « *Peignoir matelassé (...) extérieur en seersucker* » (l'Express, 2 févr. 1980, p. 25).

SÉFARADE [sefaʀad] n. et adj. — 1875, *Sepharadim* ; de l'hébreu *Sefarad* « Espagne ».

♦ Hist. Juif d'Espagne et du Portugal (au moyen âge). — Mod. *Les séfarades* (ou *sefardin,* ou *sefaraddin*), communautés juives des pays méditerranéens (hors d'Israël). — Au sing. Juif originaire des pays méditerranéens (opposé à *ashkenaze*).

(Une censure) opprime la production poétique séfarade, plus lyrique, plus libre, plus individualiste, au nom d'une culture (ashkenaze) plus communautaire (...)
R. BARTHES, *in* le Nouvel Obs., 16 janv. 1978, p. 66.

Adj. *« Une famille de juifs séfarades »* (*l'Express*, 7 juin 1980, p. 67).

SÉGALA [segala] n. m. — 1868, Heuzé ; mot dialectal, du rad. de *seigle* dans ses formes mérid. ; cf. anc. provençal *segal*, ital. *segala*.

♦ Régional (Massif Central). Terre à seigle (terre acide sur socle cristallin) de certains plateaux. *Le Ségala* (nom propre) : la région entre l'Aveyron et le Tarn.

SÉGESTRIE [seʒɛstʀi] n. f. — 1839 ; dér. sav. du lat. *segestria* « fourrure ».

♦ Zool. Araignée sédentaire, qui vit dans un tube soyeux qu'elle tisse dans les creux des murs, sous les écorces, etc.

SÉGHIA [segja] n. f. ⇒ Séguia.

SEGMENT [sɛgmɑ̃] n. m. — 1536 ; lat. *segmentum*, de *secare* « couper ».

♦ **1.** Géom. Portion. *Segment de droite :* portion d'une droite, délimitée par deux points fixes ou extrémités (→ 1. Radiation, 2.). *Segment de droite orienté,* doté d'un sens, ayant une origine et une extrémité. — *Segment de cercle* ou *segment circulaire :* portion de cercle comprise entre un arc et la corde qui le sous-tend. — *Segment de sphère* ou *segment sphérique :* portion de sphère comprise entre deux plans parallèles.
Ling. Unité minimale, dans certaines techniques d'analyse.
Sociol. Élément séparable, dans un élément social plus vaste.

♦ **2.** (XVIIIe). Littér. Élément linéaire ou longitudinal. ⇒ **Morceau, partie.**

1   Le segment de l'espace où plongeaient le rayon visuel et la pensée du docteur (...) fort circonscrit et entouré de vapeur grisâtre, était tout simplement bleu (...)
HUGO, l'Homme qui rit, I, II, IV.

♦ **3.** (1765, *Encyclopédie : segments de feuilles*). ⓐ (Chez les animaux supérieurs et l'homme). Se dit d'une partie d'un organe distincte des autres, quoique continue avec elles. *Segments de l'intestin* (→ Cæcum, cit. ; duodénum, cit.), *des membres* (cit. 4) *inférieurs et supérieurs* (→ Épaule, cit. 1 ; jambe, cit. 1). *Segments des membres des insectes.* ⇒ **Article.**

ⓑ Chez les Annélides, les Arthropodes, L'une des parties successives du corps qui présentent (à peu près) la même structure. ⇒ **Métamère.** Spécialt. Anneau (abdomen des insectes, par exemple).

2   Dans chaque segment de sangsue se trouve un système complet d'organes, un centre nerveux, des anses et des renflements vasculaires, une paire de lobes gastriques, des organes respiratoires, des vésicules séminales. Aussi a-t-on remarqué qu'un de ces segments peut vivre quelque temps, quoique séparé des autres.
MICHELET, Hist. de France, III.

Bot. *Segments d'une tige* (→ Ramification, cit. 1).

♦ **4.** Mécan. *Segment de piston :* anneau élastique logé dans la paroi d'un piston et destiné à assurer l'étanchéité dans le cylindre. Absolt. *Il faut changer les segments.* Autom. *Segment de frein :* pièce en forme de croissant sur laquelle est rivée une garniture spéciale, dont le frottement contre le tambour de frein opère le freinage.

♦ **5.** Inform. Élément d'un programme, qui peut être isolé de manière à être exécuté sans que le programme entier soit modifié. — Sous-ensemble d'adresses d'une mémoire.

DÉR. **Segmentaire, segmenter.** — V. **Segmental.**

SEGMENTAIRE [sɛgmɑ̃tɛʀ] adj. — 1838 ; de *segment*.
Didactique, sciences naturelles.

♦ **1.** Qui appartient, correspond à un segment. — (Chez l'homme). Méd. *Anesthésie segmentaire,* correspondant à un territoire innervé par une ou plusieurs racines nerveuses rachidiennes. — (Chez les animaux). *Organes segmentaires des vers.* ⇒ **Néphridie.** *Élément, division segmentaire des annélides.* ⇒ **Métamère.**

♦ **2.** Formé de segments. *Organisme segmentaire.*

♦ **3.** Qui s'effectue par segments, par segmentation. *Division segmentaire.*

♦ **4.** Qui correspond à un segment social. *« Les groupes segmentaires de cultivateurs de riz »* (J. Ziegler, *Main basse sur l'Afrique*, p. 202).

SEGMENTAL, ALE, AUX [sɛgmɑ̃tal, o] adj. — Mil. XXe ; de *segment*, d'après l'anglais *segmental*.

♦ Didact. Relatif à un segment, d'un segment. — Ling. *Trait pertinent segmental,* appartenant à un phonème.
COMP. **Suprasegmental.**

SEGMENTATION [sɛgmɑ̃tasjɔ̃] n. f. — 1864, *Rev. des cours sc.*, t. I, p. 453 ; de *segmenter*.

♦ **1.** Division en segments. ⇒ **Fractionnement, fragmentation.** — Inform. Décomposition en segments (5.) d'un programme informatique.
Séparation spontanée des segments (d'un organe, d'un organisme).

♦ **2.** Embryol. Ensemble des divisions successives de l'œuf* fécondé, depuis la fécondation jusqu'au stade de la blastula ⇒ **Blastomère ; morula.** *La segmentation se poursuit par la gastrulation et la différenciation des organes. Cavité de segmentation* ⇒ **Blastocèle.** — *Segmentation totale,* qui intéresse la totalité de l'œuf (œufs oligolécithes et hétérolécithes qui, du point de vue de leur aspect général au cours de la segmentation, sont dits *holoblastiques*). — *Segmentation totale et égale,* lorsque tous les blastomères sont de même taille (cas exceptionnel : certains œufs oligolécithes) ; *segmentation totale et inégale,* qui conduit à l'apparition des blastomères de petite taille (micromères) localisés au pôle supérieur de l'œuf, et des blastomères plus gros (macromères) du pôle inférieur. *Segmentation partielle,* qui n'intéresse qu'une partie de l'œuf (œufs télolécithes et centrolécithes, dits aussi méroblastiques du point de vue de leur aspect pendant la segmentation). — *Segmentation* (totale) *radiaire, bisymétrique, bilatérale. Segmentation méridienne, latitudinale :* selon un plan méridien, latitudinal.

(...) la première phase du développement est la *segmentation* de l'œuf, par une série de divisions cellulaires, qui le fractionnent en cellules de plus en plus nombreuses et indifférenciées, les *blastomères*. Cette segmentation revêt des formes variées, dépendant avant tout de la taille de l'œuf et de la quantité de vitellus qu'il renferme.   Maurice CAULLERY, l'Embryologie, p. 30.

SEGMENTER [sɛgmɑ̃te] v. tr. — 1873 (*Année sc. et industr.* 1874, p. 154) ; de *segment*.

♦ Diviser, partager en segments. ⇒ **Découper.** *Segmenter un énoncé :* l'analyser en segments. *Segmenter un programme informatique.*

▶ **SE SEGMENTER** v. pron.
Se diviser ; être divisé en segments (3.). *Œuf qui commence à se segmenter.*

▶ **SEGMENTÉ, ÉE** p. p. adj.
Divisé en segments. Spécialt. *Œuf segmenté.* ⇒ **Segmentation.** *Groupe social segmenté. Programme informatique segmenté.*

Du trottoir je voyais la fenêtre de la chambre d'Albertine, cette fenêtre autrefois toujours noire, le soir, quand elle n'habitait pas la maison, que la lumière électrique de l'intérieur, segmentée par les pleins des volets, striait de haut en bas de barres d'or parallèles.   PROUST, la Prisonnière, Pl., t. III, p. 330.

DÉR. et COMP. **Segmentation. — Bisegmenter.**

SÉGRAIRIE [segʀɛʀi ; segʀeʀi] n. f. — 1685 ; *segrairie* « office de *segrayer* (garde forestier) », 1286 ; du bas lat. *secretarius.* → Secrétaire.

♦ Eaux et forêts. Possession indivise d'un bois (avec l'État ou des particuliers) ; ce bois. *Visiter une ségrairie. Garde d'une ségrairie* ⇒ **Ségrayer.**

SÉGRAIS [segʀɛ] n. m. — 1690 ; anc. franç. *segrée, segrai*, du lat. *secretum.* → Secret.

♦ Eaux et forêts. Bois séparé des grands bois, qu'on exploite à part.

SÉGRAYER [segʀeje] n. m. — 1463 ; *segreer*, 1336 ; du lat. *secretarium* (→ Secrétaire), au sens de « garde forestier », de *secretum* « lieu écarté ».

♦ **1.** Dr. anc. Garde d'une ségrairie.

♦ **2.** Mod. Propriétaire d'un bois possédé par indivis.

SÉGRÉGABILITÉ [segʀegabilite] n. f. — Mil. XXe ; dér. sav. de *ségrégation*, et suff. *-abilité*, de *-able*.

♦ Sc. Aptitude et tendance, pour les plus gros grains d'un mélange, à se séparer des autres par gravité (pendant le transport, en cas de secousses, etc.).

SÉGRÉGATIF, IVE [segʀegatif, iv] adj. — Av. 1846, Bescherelle ; *ségrégativement*, adv., 1772, Rousseau ; de *ségrégation*.

♦ **1.** Qui tient de la ségrégation, opère ou constitue une séparation.
C'est un amour ségrégatif, celui du propriétaire qui emporte sa proie.
R. BARTHES, Mythologies, p. 179.

♦ **2.** (xxᵉ). Qui favorise la ségrégation raciale. ⇒ **Ségrégationniste.** — Par ext. Qui favorise une ségrégation. *Procédure d'examens ségrégative. Un habitat ségrégatif.*

SÉGRÉGATION [seɡʀeɡɑsjɔ̃] n. f. — 1550; *segregacion*, 1374; lat. *segregatio*, de *segregare*, proprt «séparer du troupeau». → Agréger.

♦ **1.** Didact. Action de mettre à part, de séparer d'un tout; fait de séparer (en parlant d'éléments d'une masse ou d'un groupe).

♦ **2.** Techn. Séparation des phases d'un alliage lors de sa solidification; séparation, par ordre de densité, des phases d'un mélange. — Biol. Séparation, au sein d'une espèce, des individus les plus faibles, qui, au lieu de disparaître, émigrent et se développent dans un autre milieu.

♦ **3.** Domaine humain. **a** Anciennt. Pratique de l'isolement des habitations, des établissements des colonisateurs, dans les pays colonisés.

b *Ségrégation (raciale)* : séparation absolue, organisée et réglementée, de la population de couleur d'avec les blancs (dans les écoles, les transports, les magasins, etc.). *La ségrégation qui était pratiquée par certains États du Sud des États-Unis est interdite par les lois fédérales. Ségrégation et apartheid* en Afrique du Sud.* (xxᵉ). Par ext. Séparation imposée, plus ou moins radicale, de droit ou de fait, de personnes, de groupes sociaux ou de collectivités, suivant la condition sociale, le niveau d'instruction, l'âge, le sexe (⇒ **Sexisme**). *Ségrégation sociale, scolaire. La ségrégation par le logement. La ségrégation des jeunes.*

L'idée de ségrégation telle qu'elle a été formulée en 1870 par la législation « Jim Crow » n'est pas en flagrante contradiction avec le Credo américain ; elle s'appuie sur le slogan « Égaux, mais différents ». On sait que l'idée « d'égalité dans la différence » en fait manifeste toujours un refus de l'égalité. La ségrégation a amené aussitôt la discrimination.
S. DE BEAUVOIR, l'Amérique au jour le jour, p. 238.

CONTR. **Déségrégation.**
DÉR. **Ségrégationnisme, ségrégationniste, ségrégué.**

SÉGRÉGATIONNISME [seɡʀeɡɑsjɔnism] n. m. — V. 1950; de *ségrégation*.

♦ Politique de ségrégation raciale; opinions et méthodes procédant de l'idée de ségrégation.

CONTR. **Antiségrégationnisme.**

SÉGRÉGATIONNISTE [seɡʀeɡɑsjɔnist] adj. et n. — V. 1950; de *ségrégation*.

♦ **1.** Partisan de la ségrégation raciale. *Des manifestations ségrégationnistes.* — N. *Un, une ségrégationniste.*

1 Les deux communautés s'affrontèrent avec violence *(à Birmingham, Alabama)*. Inquiets, les hommes d'affaires consentirent à signer une trêve, fondée sur la déségrégation des restaurants dans un délai de 90 jours et l'égale admission des Noirs à un certain nombre d'emplois. Mais les ségrégationnistes, s'estimant trahis, refusèrent de reconnaître cet accord et recoururent une fois encore à la violence (...)
Claude FOHLEN, les Noirs aux États-Unis, p. 120.

♦ **2.** Relatif à la ségrégation. *Troubles, bagarres ségrégationnistes.* — Où règne la ségrégation.

2 Récemment, en Californie, des partisans ont expérimenté un boycott original contre les super-marchés ségrégationnistes (...)
Claude FOHLEN, les Noirs aux États-Unis, p. 95.

CONTR. (du 1.) et COMP. **Antiségrégationniste.**

SÉGRÉGER [seɡʀeʒe] v. ⇒ **Ségréguer.**

SÉGRÉGUÉ, ÉE [seɡʀeɡe] adj. — V. 1955 (→ Ségréguer); de *ségrégation*, d'après l'angl. *segregated.*

♦ Où des mesures de ségrégation sont en vigueur; où règne un régime de ségrégation raciale.

1 Les répugnances des cadres militaires ne disparurent qu'avec la guerre de Corée : l'expérience montra que des unités ségréguées se comportaient plus mal au feu que les unités amalgamées.
Claude FOHLEN, les Noirs aux États-Unis, p. 54.

On trouve la var. *ségrégé, ée* [seɡʀeʒe].

2 L'isolement, sur des groupes de faible densité, joue génétiquement un rôle très important et tout groupe de quelques milliers d'individus, ségrégé ou insularisé, tend au cours du temps à acquérir les caractères d'une race homogène.
A. LEROI-GOURHAN, le Geste et la Parole, t. I, p. 176.

SÉGRÉGUER [seɡʀeɡe] ou (plus cour.) **SÉGRÉGER** [seɡʀeʒe] v. tr. — 1954, *in* D.D.L.; de *ségrégation* ou angl. *to segregate.* Didactique.

♦ **1.** Séparer par la ségrégation.

♦ **2.** Fig. Séparer, mettre à part.

1 (...) un amant ou époux qu'on devine mais qu'on ne peut ségréger de la portion de foule vers laquelle le mouvement des lèvres est dirigé (...)
Michel LEIRIS, Fourbis, p. 126 (1968).

2 Comme eux *(les organismes)* elles *(les idées)* tendent à perpétuer leur structure et à la multiplier, comme eux elles peuvent fusionner, recombiner, ségréger leur contenu, comme eux enfin elles évoluent et dans cette évolution la sélection, sans aucun doute, joue un grand rôle.
Jacques MONOD, le Hasard et la Nécessité, p. 208.

SÉGUEDILLE [seɡədij] n. f. — 1687; var. *séquidille* en 1630 et encore employée par certains auteurs; esp. *seguidilla*, dimin. de *seguida* «suite».

♦ Danse espagnole, sur un rythme rapide et très marqué à 3/4, avec accompagnement de guitare et castagnettes; musique et chant qui accompagnent cette danse (→ 2. Basque, cit. 2).

SEGUIA ou **SEGHIA** [seɡja] n. f. — 1897, Gide; arabe *sāqiyăh*, même sens. → Sakièh.

♦ Canal d'irrigation, en Afrique du Nord.

Ruisseaux couverts, canaux (feuilles et fleurs mêlées) — qu'on appelle «seghias» parce que les eaux y sont lentes. GIDE, les Nourritures terrestres, VII.

SEICENTO [setʃento] n. m. ⇒ **Secento.**

1. SEICHE [sɛʃ] n. f. — 1270; du lat. *sepia*, grec *sépia.*

♦ Mollusque céphalopode *(Dibranchiaux décapodes)*, à coquille interne en forme de bouclier (dite *sépion* ou *os de seiche*), pourvu d'une glande (dite *poche à encre*) sécrétant un liquide brun foncé (⇒ **Sépia**) qu'il peut projeter pour s'abriter en cas d'attaque. ⇒ **Calmar.** *On met dans les cages des os de seiche pour que les oiseaux s'y aiguisent* (cit. 7) *le bec.* ⇒ **Biscuit** (de mer). *Œufs de seiche.* ⇒ **Raisin** (de mer).

REM. On écrit parfois *sèche.*
HOM. **Sèche** (fém. de *sec*).

2. SEICHE [sɛʃ] n. f. — 1742, cit.; de *sèche* (1730, selon Trévoux) «écueil à fleur d'eau»; de *sec.*

♦ Régional. Vague stationnaire du lac Léman, consistant en une «oscillation sur place sans progression» (Baulig), due à une différence de pression atmosphérique aux deux extrémités du lac.

Un phénomène beaucoup moins rare que nous offre le *Lac Léman*, est une espèce de flux et reflux qu'on y remarque sous le nom vulgaire et ridicule de *seiches;* cette espèce de flux et reflux (...) doit être vraisemblablement produit par la fonte des neiges, conformément au détail exact et savamment raisonné qu'en a fait M. Jallabert dans *l'hist. de l'acad. des Scienc. ann. 1742.*
Encyclopédie (DIDEROT), Léman (1765).

Géogr. Oscillation de la surface d'un lac (analogue aux *seiches* du Léman).

HOM. **Sèche** (fém. de *sec*).

SÉIDE [seid] n. m. — 1819, Hugo; sans doute antérieur : employé en 1803 par Bernadotte, selon B. Constant, dans un texte cité par Chateaubriand : (→ Électriser, cit. 1); de *Séide*, francisation de l'arabe *Zăyd*, nom de l'affranchi du prophète Mahomet, pris par Voltaire comme personnage de la tragédie de «Mahomet» (1741), et vu comme un serviteur fanatiquement dévoué.

♦ Adepte fanatique des doctrines et exécutant aveugle des volontés (d'un maître, d'un chef). ⇒ **Sectateur.** (Souvent péj., en parlant des *séides* d'un chef politique. → Sbire; cf. aussi Homme de main).

1 Mais j'ai au moins un conseil à te donner, c'est de te défier de ton enthousiasme pour les hommes qui parviennent vite, et surtout pour Bonaparte. Tel que je te connais, tu serais un Séide, et il faut se garantir du *Séidisme* quand on est Français, c'est-à-dire susceptible d'être atteint de ce mal contagieux (...) nous aimons infiniment mieux nous donner corps et âme à celui qui se charge de penser pour nous et d'être responsable, quitte à rire, après, de nous et de lui.
A. DE VIGNY, Servitude et Grandeur militaires, III, IV.

2 (...) Savary va (...) pendant dix ans, apparaître comme fatal au grand homme qu'il servira en séide aveugle (...) Un assez pauvre homme, dévoué corps et âme à Napoléon (...) un de ces dangereux séides dont le dévouement agrée à un despote, même quand il l'a finalement desservi (...)
Louis MADELIN, Hist. du Consulat et de l'Empire, Avènement de l'Empire, VI.

SEIGLE [sɛɡl] n. m. — 1350; *soigle*, 1172, *segle*, 1225; dér. du lat. *secale*, ou empr. anc. provençal *segle* — la forme populaire est *soile, seille*, encore utilisée dans les parlers régionaux.

♦ **1.** Plante monocotylédone herbacée *(Graminées)* du groupe des céréales, dont les grains produisent une farine panifiable (n. sc. : *secale*). ⇒ **Blé** (blé de la Saint-Jean, blé trémois). *Paille de seigle.* ⇒ **Glui.** *Blé et seigle cultivés ensemble.* ⇒ **Champart, méteil.** *Hybride de blé et de seigle.* ⇒ **Triticale.** *Mélange fourrager de seigle et de vesces.* ⇒ **Hivernage.** *Maladies du seigle.* ⇒ **Ergot, rougeole, rouille.** *Seigle ergoté,* dit blé cornu. *Terre à seigle.*

1 On n'a point de blé par ici, rien qu'un peu de seigle et pas beaucoup, juste ce qu'il nous en faut pour faire notre pain (...)
C.-F. RAMUZ, la Grande Peur..., VIII.

2 La ligne idéale traversait un champ de seigle mûr, dont la blondeur était celle de la chevelure des jeunes Polonais (...) Jean GENET, Journal du voleur, p. 50.

Les seigles : les champs de seigle (→ Épouvante, cit. 3 ; moire, cit. 3).

♦ **2.** Grain du seigle ; farine qu'on en tire. *Pain* de seigle* (→ Expédition, cit. 16 ; raisin, cit. 2).

SEIGNEUR [sɛɲœʀ] n. m. — V. 1205 ; *seignur*, 1080 ; *senior*, v. 980 ; du lat. *seniorem*, accus. de *senior, -oris* « aîné, plus âgé », terme de respect en lat. ecclés. ; le cas sujet de l'anc. franç. *(sendra)* a disparu devant *sire** (→ aussi Sieur). — REM. En anc. franç. *seignor* est le cas régime de *sire*.

♦ **1.** Hist. Homme de qui dépendent des terres, des personnes, dans le système des relations féodales. ⇒ **Maître ; sire, suzerain ; seigneurie.** *Seigneurs féodaux** (cit. 2). *Relations du seigneur et de ses inférieurs.* ⇒ **Féal** (cit. 2), **homme** (cit. 161), **lige, vassal, vassalité, vasselage ; aveu** (cit. 1), **baise-main, hommage** (cit. 3). *Possessions, terres* d'un seigneur* (baronnie, châtellenie, marquisat. ⇒ **Baron, châtelain, comte, marquis, vicomte...**). *Armoiries, blason d'un seigneur. Domaine concédé par le seigneur.* ⇒ **Fief, tenure.** *Seigneur terrien*, palatin*. Droits du seigneur.* ⇒ **Féodal, féodalité.** *Seigneur censier*. Ban* (1. Ban, 1., 2.) *du seigneur* (⇒ **Banneret**). *Le château, les terres d'un seigneur. Grand, haut, puissant seigneur. Petit seigneur.* ⇒ **Hobereau** (cit. 2).

1   Ah ! ces bourgeois d'aujourd'hui, c'était pis encore que les seigneurs d'autrefois : oui : ils avaient tout gardé, dans le partage, et ils ne faisaient des lois que pour eux, ils ne vivaient que de la misère du pauvre monde ! Les autres l'écoutaient, gênés et heureux au fond de ce qu'il osait dire, la haine séculaire, indomptable, du paysan contre les possesseurs du sol.   ZOLA, la Terre, I, IV.

Loc., anciennt. *Le droit du seigneur* : le droit dit « de cuissage* ».

Par ext. Maître, possesseur (d'un pays). ⇒ **Prince, souverain.**

Loc. *Seigneur et maître** (*infra* cit. 10) : celui qui a une autorité absolue sur... (→ Coutume, cit. 7 ; dévorer, cit. 21).

Par plais. *Mon seigneur et maître* : mon mari (→ Puissance, cit. 6).

Prov. *Tant vaut le seigneur, tant vaut la terre.* — (1606). Cour. *À tout seigneur tout honneur** (*supra* cit. 63). — Allus. hist. *La race des seigneurs* (all. *Herrenvolk*) : la race aryenne.

♦ **2.** (1225 ; *senior*, X^e). Titre honorifique donné jusqu'à la fin de l'Ancien Régime (et parfois encore après) aux personnages de haut rang*. ⇒ **Cavalier** (II.), **gentilhomme, grand** (n. m.) ; **noble** (n. m.). REM. Dans ce sens *grand seigneur* est plus fréquent de nos jours que *seigneur* (→ Appartenir, cit. 26 ; comte, cit. 2 ; enterrer, cit. 20 ; folie, cit. 27 ; pension, cit. 1). *Un seigneur généreux* (cit. 14). *« Tout bourgeois veut bâtir* (cit. 24) *comme les grands seigneurs. »*

2   (...) un grand seigneur méchant homme est une terrible chose (...)   MOLIÈRE, Dom Juan, I, I (1665).

Vx. *Être vêtu comme un seigneur*, richement (⇒ **Prince**). *Trancher du seigneur* : être arrogant, prétentieux (→ Glacer, cit. 24).

Loc. mod. **GRAND SEIGNEUR** : personne riche, de condition sociale élevée ; au fig., personne noble* par sa conduite, par ses sentiments ou qui se prétend tel. *Vivre en grand seigneur*, dans le luxe... (→ An, cit. 8). *Faire le grand seigneur* : être très généreux, dépenser sans compter et de façon ostentatoire. *En grand seigneur* : avec noblesse. *Des façons* (cit. 45) *de grand seigneur.*

3   L'amour que je connais maintenant n'a plus rien d'un quémandeur anxieux. Il est grand seigneur. De quoi est fait le grand seigneur ? De son privilège. De quoi est fait son privilège ? Du droit qu'il a d'être brute.   J. ROMAINS, Quand le navire..., v.

Littér. (et non péj.). *X ? C'est un seigneur !*, un grand seigneur. — *« Les grands seigneurs du peloton »* (1939, *in* D.D.L.).

(1050). Vx (langue class.). Terme de civilité. ⇒ **Monsieur.** *Le seigneur Harpagon* (→ Humain, cit. 12). — Dans la tragédie, Terme désignant les principaux personnages masculins (toujours de haut rang). *Seigneur correspond à « Madame »* (→ Arrêter, cit. 62 ; attacher, cit. 95 ; demande, cit. 2 ; inquiéter, cit. 12 ; moi, cit. 45). — REM. En appellatif *seigneur*, employé seul, correspond à *monseigneur** ; il était plus souvent suivi du nom de famille ou d'un nom de fonction ; — *Le Grand Seigneur* : le sultan.

4   (...) Seigneur Sanguisuela, lui dit-il, ne pourriez-vous pas me prêter mille ducats ? — Seigneur capitaine, répondit l'usurier d'un air doux et bénin, je ne les ai pas (...)   A.-R. LESAGE, le Diable boiteux, VIII.

♦ **3.** Fig. (Du sens 1. ou 2.). Maître. ⇒ **Prince** (II., 2.), **roi.** *Les seigneurs du conte et de la chronique* (→ Fringant, cit. 6). *L'homme « Seigneur visible de la nature invisible »* (→ Paradis, cit. 7). *Le seigneur Temps* (→ Irréversible, cit. 1).

5   (...) j'ai commencé de piloter les bougres, bonzes, pontifes, magnats et autres seigneurs des sciences et de la politique, au fur et à mesure qu'ils se présentaient pour prendre place, les uns sur l'estrade et les autres dans la salle.   G. DUHAMEL, Chronique des Pasquier, VI, XVIII.

♦ **4.** (XIIe ; *seinor*, X^e). LE **SEIGNEUR** : Dieu* (spécialt dans le judéo-christianisme), en tant que souverain des créatures (→ 1. Loi, cit. 40 ; nom, cit. 24 ; prier, cit. 6). *« Tu aimeras le Seigneur ton Dieu »* (cit. 45). → Fardeau, cit. 14. *Le Seigneur tout puissant* (→ Hysope, cit. 4). *La droite** (2. Droite, cit. 11) *du Seigneur. Le jour du Seigneur.* ⇒ **Dimanche, sabbat ; dominical.** *Louez* (cit. 1) *le Seigneur.*

L'oint (cit. 5) *du Seigneur. Belle du Seigneur*, roman de A. Cohen. — *Seigneur Dieu ! Seigneur !* : exclamations.

6   Et les flots bleus, que rien ne gouverne et n'arrête, Disaient, en recourbant l'écume de leur crête : C'est le Seigneur, le Seigneur Dieu !   HUGO, les Orientales, XXXVII.

Fig., par plais. *La vigne*, les vignes du Seigneur.*

(Dans le catholicisme). *Notre-Seigneur Jésus-Christ.*

REM. Flaubert emploie le fém. *seigneuresse* :

7   Coiffée d'un hennin, elle priait à deux genoux derrière un vitrage de plomb. Seigneuresse des Castilles ou des Flandres, elle se tenait assise, avec une fraise empesée et un corps de baleines à gros bouillons.   FLAUBERT, l'Éducation sentimentale, I, V.

DÉR. **Seigneurage, seigneuriage, seigneurial, seigneurie.**

SEIGNEURAGE [sɛɲœʀaʒ] n. m. — Mil. XXe ; de *seigneur*, et altér. de *seigneuriage**.

♦ Écon. Différence entre la valeur nominale et la valeur intrinsèque d'une monnaie.

SEIGNEURIAGE [sɛɲœʀjaʒ] n. m. — XIIIe ; réfection de l'anc. franç. *seignorage* (v. 1165), dér. du v. *seigneurier* ; de *seigneur*.

♦ Féod. Droit du seigneur. Spécialt. Droit de battre monnaie (pour certains seigneurs ou souverains).

SEIGNEURIAL, ALE, AUX [sɛɲœʀjal, o] adj. — 1408 ; n. m. « seigneur », 1372 ; réfection d'après *seigneur*, et suff. *-al*, de l'anc. adj. *seignoril*, 1080, de *seignor, seignur*. → Seigneur.

♦ **1.** (1174, *seignourel*). Féod., hist. Du seigneur* (1.). *Droits seigneuriaux* (→ Dîme, cit. 3). *Demeure* (⇒ **Château**), *terre seigneuriale.* ⇒ **Seigneurie.** — *D'un seigneur, d'un grand seigneur* (2.). *Un dais* (cit. 2) *seigneurial.*

L'évêque avait conservé le droit seigneurial de nommer les juges au tribunal criminel.   MICHELET, Hist. de la Révolution franç., IV, V.

♦ **2.** (1534). Digne d'un seigneur. ⇒ **Magnifique, noble, princier.** *Un vrai logis seigneurial* (→ Honneur, cit. 88).

SEIGNEURIE [sɛɲœʀi] n. f. — 1130 ; *seignorie* « rang élevé ; supériorité ; influence », XIe-XIIIe ; de *seigneur, seignor*.

♦ **1.** Pouvoir, droits du seigneur (1.) sur les terres (→ Privilégier, cit. 1) et sur les personnes. ⇒ **Châtellenie.**

♦ **2.** (1264). Droits féodaux attachés à une terre seigneuriale (mouvance active). → Guinguette, cit. 3.

♦ **3.** (1165). Terre d'un seigneur (1.). ⇒ **Fief ; baronnie, comté, duché, vicomté** (→ Mouvance, cit. 1 ; pied, cit. 34). *Hiérarchie des seigneuries. « Un nom de seigneurie »* (Molière, *l'École des femmes*, I, 1).

♦ **4.** Fig., vx. Coutumes féodales, « vertus seigneuriales, chevaleresques » (Littré).

♦ **5.** (XIVe). Précédé d'un possessif : *Votre, Sa.* Titre donné à certains dignitaires (pairs* d'Angleterre, de France sous la Restauration...). Par plais. *Votre seigneurie...* (→ Jà, cit. 2).

Et cette mère, qui s'honorait de se dire la serve de ma Seigneurie, me donnait son nom et son adresse (...)   Valery LARBAUD, Barnabooth, Journal, II, 15 mai.

SEILLE [sɛj] n. f. — 1180 ; du lat. *situla*. → Seau.

♦ **1.** Régional. Seau de bois à oreilles évidées pour y passer un cordage.

♦ **2.** (XIXe). Grand récipient en bois, en toile.

1   Mais, sitôt qu'à genoux je m'abreuvais à la « seille », paf ! de sa grosse main Rouquet m'y faisait plonger la tête (...)   F. MISTRAL, Mes origines, « Mémoires et récits », II.

2   L'eau douce dormait au fond d'un trou. Au bout du long câble, la seille montait en se balançant dans les longues mousses.   J. GIONO, Naissance de l'Odyssée, Prologue, Pl., t. I, p. 7.

DÉR. **Seillée, seillon, seillot.**

SEILLÉE [seje ; sɛje] n. f. — Mil. XXe, en franç. écrit, mais mot dialectal (Sologne) ; de *seillée* « contenu d'un seau », de *seille* « seau », lat. *situla*.

♦ Pisciculture. Carpillon de l'été (que l'on vendait autrefois au seau). — Syn. : *feuille*, n. f.

SEILLON [sɛjɔ̃] n. m. — 1355, « petit seau » ; repris *in* Littré, Suppl. (1877) ; de *seille*.

Régional.

♦ **1.** (Fin XIXᵉ). Baquet peu profond pour recueillir le vin qui s'égoutte, au soutirage. *Seillon de cuverie.*

♦ **2.** Seille pour le transport du lait.

HOM. Sayon.

SEILLOT [sɛjo] n. m. — 1842 ; de *seille.*

♦ Petite seille (2.). — On écrit parfois *seilleau.*

SEIME [sɛm] n. f. — 1665 ; *seine,* 1607 ; de l'anc. franç. *semer* « dépérir », du bas lat. *semare, de semis* « moitié », ou de l'anc. provençal *sem* « incomplet, imparfait » ; ital. *scemo,* du bas lat. *semus* « incomplet, à moitié vide », var. de *semis* « moitié ».

♦ Vétér. Maladie du sabot des équidés, fentes extérieures de la couronne à la sole.

HOM. Sème, formes du v. semer.

SEIN [sɛ̃] n. m. — 1150 ; « espace entre la poitrine et le vêtement », 1120 ; du lat. *sinus* « pli, courbe », d'où « pli de la toge en travers de la poitrine, lorsqu'elle était relevée sur l'épaule », fig. « poitrine ».

★ **I.** ♦ **1.** Vx (langue class.) ou littér. Partie antérieure du thorax humain, où se trouvent les mamelles (en parlant de l'homme, et, plus souvent, de la femme, *poitrine** étant un mot rare dans la langue classique). — *Mon sein n'enferme pas un cœur qui soit de pierre* (cit. 2). *Presser* (→ Palpiter, cit. 4), *serrer qqn, qqch. sur, contre son sein. Il montrait son sein nu* (→ 1. Mèche, cit. 7). *Sein qui palpite* (→ Appel, cit. 13). *Dans le sein, sur le sein de qqn :* dans ses bras, contre sa poitrine. *Dans le sein d'un père* (→ Endormir, cit. 15). — Par métaphore. *Tel accent échappé de votre sein* (→ Immensité, cit. 5 ; et aussi harmonie, cit. 29, Lamartine). — Loc. *Réchauffer un serpent* dans son sein.*

Par ext. Vêtements qui couvrent la poitrine. *« Il tira le traité de son sein... »* (Voltaire *in* Littré).

1   J'ai trouvé le billet enfermé dans son sein.   RACINE, Bajazet, IV, 5.

(XIIIᵉ). Par métaphore. *Le sein d'Abraham, de Dieu.* ⇒ **Paradis** (→ Remords, cit. 4).

2   (...) le Dieu qui a créé l'homme avec une parcelle de sa propre intelligence possède une bonté sans limites, et recevra, après la mort terrestre, ce chef-d'œuvre dans son sein.   LAUTRÉAMONT, les Chants de Maldoror, I.

(1681). *Le sein de l'Église* :* la communion* des fidèles de l'Église catholique. *Au sein de l'Église* (→ Fraude, cit. 9 ; personne, cit. 33). Fig. ⇒ **Cœur.** *Le sein d'un ami* (→ Aveu, cit. 16). *S'épancher* (cit. 19) *dans le sein de sa mère* (→ aussi 2. Chagrin, cit. 9).

♦ **2.** (1538). Vx. LE SEIN : la poitrine* (de la femme). ⇒ **Buste, gorge.** → Appas, avantages, rondeurs. *Les contours du sein. Les globes* (cit. 3) *de son sein.* « *Couvrez* (cit. 17) *ce sein que je ne saurais voir.* » *Sein d'albâtre** (cit. 5), *sein neigeux* (cit. 1). — *Une Andalouse au sein bruni* » (→ Lionne, cit. 7). « *Le tendre sein de la jeune hamadryade* » (cit. 2). *Sein maigre* (1. Maigre, cit. 7).

Mod. Le sein, en tant qu'il sert à l'allaitement. *Donner le sein à un enfant.* ⇒ **Allaiter.** *Nourrir* un bébé au sein.* ⇒ **Nourrice.** *Prendre, sucer le sein de sa mère, de sa nourrice.* ⇒ **Téter.**

3   Ce petit être ne connaît absolument que notre sein. Il n'y a pour lui que ce point brillant dans le monde, il l'aime de toutes ses forces, il ne pense qu'à cette fontaine de vie, il y vient et s'en va pour dormir, il se réveille pour y retourner (...) Ses lèvres ont un amour inexprimable, et, quand elles s'y collent, elles y font à la fois une douleur et un plaisir (...)   BALZAC, Mémoires de deux jeunes mariées, Pl., t. I, p. 247.

4   C'est une dame de la ville, une jeune mère qui a voulu gracieusement offrir le sein à l'enfant de son amie, afin que cet enfant et le sien, ayant bu la vie aux mêmes sources, en gardent le même goût (...)   FRANCE, le Jardin d'Épicure, p. 31.

Psychan. *Relation au sein :* la première relation d'objet (de désir) pour l'enfant (selon Mélanie Klein). *Le « bon », le « mauvais » sein.*

♦ **3.** Mod. (*Académie,* 1798 : *sein droit, gauche* ; le pluriel n'est attesté qu'au XIXᵉ). Chacune des mamelles* de la femme. ⇒ **Téton ;** fam. **lolo, néné, nichon, pare-choc, robert, rotoplo.**

REM. Ce sens de *sein* est le plus courant de nos jours (→ Agrafe, cit. 2 ; astrakan, cit. 2 ; bomber, cit. 2 ; ébène, cit. 2 ; échancrure, cit. 4). *Le globe* d'un sein. Bouts, boutons* (cit. 5), *pointes* (cit. 5) *des seins.* ⇒ **Mamelon, tétin** (vx) ; **aréole.** *Sein borgne*. Seins fermes ; fermeté des seins* (→ Fierté, cit. 8). *Elle a de beaux seins, des seins superbes* (cf. fam. Il y a du monde à l'avant-scène, au balcon, à l'étalage, elle a de ça, du pour et du contre...). *Seins ronds. Gros seins, seins de nourrice. Elle a gros seins.* ⇒ **Mamelu.** *Seins plats* (cf. fam. Œufs sur le plat) ; *seins pendants, tombants* (→ fam. Calebasse). — *Sous-vêtement pour soutenir les seins.* ⇒ **Soutien-gorge.** — Par exagér. *Elle n'a pas de seins :* elle est plate* (cf. fam. Planche à pain). — *Faux seins.*

5   La nudité des seins était pathétique (...) et (...) la majesté maternelle y remplaçait la pureté virginale. À la pointe d'une des mamelles il y avait une perle blanche. C'était une goutte de lait, gelée.   HUGO, l'Homme qui rit, I, III, II.

6   Ses deux petits seins haut remontés étaient si ronds qu'ils avaient moins l'air de faire partie intégrante de son corps que d'y avoir mûri comme deux fruits (...)   PROUST, la Prisonnière, Pl., t. III, p. 79.

Les seins, organes glandulaires produisant le lait. ⇒ **Glande** (mammaire). — *Crevasse des seins. Cancer* (cit. 1) *au sein.*

6.1   Elle enleva sa chemise, prit le bon torchon rude pour s'essuyer, puis elle souffla la bougie et elle s'approcha de la fenêtre qui soufflait des étoiles et du vent. Elle passa le torchon épais sous ses seins, bien autour, puis dessus avec la main ronde. Elle faisait comme quand on essuie des petits melons tachés par la boue d'arrosage. Et c'est vrai, avec toutes ces veines et ce bout dur comme un bout de tige, on dirait bien des petits melons, et craquants entre les doigts, et durs.   J. GIONO, le Grand Troupeau, I, Pl., t. I, p. 569.

Rare. Mamelle de l'homme.

6.2   Et Jean, se sentait une angoisse qui le creusait juste au milieu du corps entre les deux seins.   PROUST, Jean Santeuil, Pl., p. 821.

♦ **4.** (1672). Vieilli ou littér. LE SEIN (**d'une femme**) : partie du corps de la femme où elle porte l'enfant qu'elle a conçu. ⇒ **Entrailles** (cit. 5), **flanc, utérus, ventre** (→ Barbare, cit. 3 ; chair, cit. 43 ; 1. fer, cit. 13 ; fruit, cit. 31).

7   Dans quel sein vertueux avez-vous pris naissance ?   RACINE, Esther, III, 4.

8   Nous sentant alors jumeaux du même sein, elle ne conçut point que les confidences se fissent à demi entre frères abreuvés aux mêmes sources.   BALZAC, le Lys dans la vallée, Pl., t. VIII, p. 831.

♦ **5.** (XVIᵉ ; « intérieur », XIIᵉ). Par métaphore, fig. Partie intérieure, intime (d'une chose) comparée à la poitrine, au cœur (→ ci-dessus, 1.) ou aux entrailles (ci-dessus, 4.). ⇒ **Giron.** — *Le sein de la terre** (→ Aride, cit. 3 ; laboureur, cit. 2), *des flots, de l'Océan* (→ Constellation, cit. 2). — *Au sein, dans le sein de... :* au plus profond, au milieu de... « *Elle est au sein des flots* (cit. 6), *la jeune Tarentine* ». *Le sein de la nature* (→ Atome, cit. 9 ; et aussi plonger, cit. 14).

(Abstrait). *Au sein de l'abondance* (→ Avare, cit. 16), *du bonheur* (→ Épargner, cit. 14), *du plaisir* (→ Prude, cit. 2). ⇒ **Milieu** (au). — *Au sein des plaisirs* (→ Éteindre, cit. 36). ⇒ **Dans, parmi.**

9   Je ne sais rien de tel pour l'explication des idées et des doctrines que la réalité des faits et la détermination précise des circonstances au sein desquelles elles ont été conçues (...)   SAINTE-BEUVE, Proudhon, p. 81.

10   Je suis l'esprit, vivant au sein des choses mortes.   HUGO, la Légende des siècles, LXI.

Cour. AU SEIN DE : à l'intérieur de... Cf. Dans le cadre de.

11   S'ils sont raisonnables, ils laisseront chaque pays s'administrer lui-même au sein d'une fédération européenne. Quelque chose dans le genre de nos États-Unis.   SARTRE, la Mort dans l'âme, p. 13.

★ **II.** Au sens étym. ♦ **1.** Mar., vx. Courbure d'une voile gonflée par le vent.

♦ **2.** (1534). Vx (lat. *sinus*). Golfe. *Le sein Persique* (Montesquieu).

12   (...) on peut facilement, par le moyen des traîneaux, aller en un jour de Finlande en Laponie, et traverser sur les glaces le sein Bothnique (...).   J.-F. REGNARD, Voyage en Laponie, p. 81.

HOM. Ceint, cinq (dans certains cas), sain, saint, seing.

SEINE ou **SENNE** [sɛn] n. f. — XIIIᵉ, *saine,* attestation isolée ; *seine,* 1694 ; du lat. *sagena,* mot grec.

♦ Techn., pêche. Filets disposés en nappe, et formant un demi-cercle. *Senne tournante. Seine remorquée,* pour la pêche à la sardine. ⇒ **Traîne.**

1   Des hommes agenouillés tirent une immense *seine,* dont les lièges frôlent les cygnes (...)   Ed. et J. DE GONCOURT, Journal, 28 nov. 1870, t. IV, p. 111.

2   (...) les filets fixes, à ralingue, les tramails, la senne qui pourrait t'enfermer dans son cercle et les terribles chaluts qui draguent le fond (...)   Jean CAYROL, Histoire de la mer, p. 116.

DÉR. Seiner.
HOM. Cène, saine, scène.

SEINER ou **SENNER** [sene] v. tr. et intr. — 1716, *seiner* ; *senner,* 1876 ; de *seine* ou *senne.*

♦ Techn., pêche. Pêcher à la seine.

SEING [sɛ̃] n. m. — 1373 ; aussi au sens de « marque, signe d'authenticité », 1283 ; du lat. *signum.*

♦ **1.** Vx. Signature (→ Désavouer, cit. 1).

Pour ne point perdre de temps, il s'en retourna en son logis (...) et là, il écrivit, au-dessus du seing de dom Fernand, une promesse de mariage (...)   SCARRON, le Roman comique, I, XXII.

♦ **2.** (1660). Dr. SEING PRIVÉ : signature d'un acte non enregistré devant notaire (→ Approuvé, cit. ; date, cit. 6 ; législation, cit. 2 ; notarié, cit. 4). *Acte sous seing privé* (ou *sous-seing privé*).

COMP. Blanc-seing, contreseing, sous-seing.
HOM. Ceint, cinq (dans certains cas), sain, saint, sein.

SÉISM-, SÉISMO- ⇒ Sismo-.

SÉISMAL, ALE, AUX [seismal, o] adj. ⇒ **Sismal.**

SÉISME [seism] n. m. — 1904 ; *sisme,* 1890 ; grec *seismos* « tremblement de terre », dér. du v. *seiein* « secouer », dans une transcription littérale, « ce qui a amené la prononciation *sé-isme* d'après les mots terminés en *isme* » ; la forme normale serait *sisme.*
Didactique.

♦ **1.** Ensemble des secousses, des déformations brusques de l'écorce terrestre qui constituent un « tremblement* de terre ». *Séismes sensibles à l'homme* (⇒ **Macroséisme**), *aux seuls instruments* (⇒ **Microséisme**). *Intensité d'un séisme* (échelle de secousses de I à XII). *Épicentre, foyer profond d'un séisme. Séisme dû à des éboulements, effondrements, glissements ; à des explosions volcaniques ; d'origine tectonique. Séisme sous-marin,* produisant des vagues de fond.

♦ **2.** Fig. Bouleversement.
(...) l'impossible tâche de peindre en révolution et en séisme cet intermède patriarcal (...) GIRAUDOUX, De pleins pouvoirs à sans pouvoirs, p. 178.

DÉR. et COMP. **Macroséisme, microséisme.** — (Du même rad. grec) **Séismique, séismographie, -logie,** etc. V. **Sismal, sismique, sismo-.** — **Isosiste.**

SÉISMICITÉ [seismisite] n. f. ⇒ **Sismicité.**

SÉISMIQUE [seismik] adj. ⇒ **Sismique.**

SÉISMOGRAPHE [seismɔgʀaf] n. m. ⇒ **Sismographe.**

SÉITÉ [seite] n. f. — Av. 1784, Diderot ; dér. sav. du lat. *se* « soi ». → Ipséité.

♦ Didact. (philos., scolast.). La qualité du soi (⇒ **Soi**), opposée à la *quiddité*.* → Pour-soi (opposé à *en-soi*).

SEIZAIN [sɛzɛ̃] n. m. — 1505 ; *sezain,* adj. « seizième », déb. XIII⁰ ; de *seize.*
Anciennement.

♦ **1.** Quart d'une once. — Hist. Ancienne monnaie, valant un quart d'écu*.

♦ **2.** (Fin XVIᵉ). Poème de seize vers.

♦ **3.** (1669). Drap de laine.

SEIZAINE [sɛzɛn] n. f. — 1765 ; « nombre de seize », au moyen âge ; de *seize.*

♦ Techn. Petite corde utilisée par les emballeurs.

SEIZE [sɛz] adj. numéral et n. m. — 1250 ; *seze* au XIIᵉ ; du lat. *sedecim,* de *sex* « six », et *decem* « dix ».

★ **I.** ♦ **1.** Adj. numéral cardinal. En chiffres, 16. *Seize égale dix plus six, ou huit plus huit. Seize ans* (→ Aurore, cit. 24 ; bambin, cit. 2 ; muse, cit. 6 ; potache, cit. 2). *Poésie de seize vers* (seizain). *Seize canons* (→ Calibre, cit. 1). — *Seize cents* ou *mille six cents. Un paquebot* (cit. 2) *de seize mille tonnes.*

♦ **2.** Adj. numéral ordinal. Seizième. *Le numéro seize. Louis seize* (XVI). *Chapitre, page seize. In-seize.* — N. m. *Le seize juillet.*

★ **II.** (V. 1155). N. m. *Le seize, un seize* (nombre, quantité). *Dix et six font seize.*
(...) le billet de cent francs que j'avais caché, plié en seize (...) Jean GENET, Journal du voleur, p. 49.
Seizième jour du mois. *Il est né le seize.* — Immeuble, pièce... portant le numéro 16. — Élément, personne (concurrent) portant le numéro 16.

DÉR. **Seizain, seizaine, seizième.**

SEIZIÈME [sɛzjɛm] adj. et n. — 1665 ; *sezime,* 1138 ; *sezième,* v. 1300 ; de *seize.*

♦ **1.** Adj. numéral ordinal. Dont le numéro, le rang est seize (16ᵉ). *Le seizième siècle* (→ Langue, cit. 45 ; lignée, cit. 4). *Le seizième arrondissement, à Paris.* N. m. *Les beaux quartiers du seizième.* Adj. Qui présente les caractères sociaux du seizième arrondissement de Paris.

Artifice de ces voix de femmes — si seizième. Variations individuelles sur le même fond sonore qui est celui de tout un milieu — et que l'on retrouve chez les petites filles, pareilles déjà aux mamans.
Claude MAURIAC, le Dîner en ville, p. 131.

N. m. *Le seizième (XVIᵉ) :* le seizième siècle. *Les poètes du seizième.*

♦ **2.** N. m. Seizième partie, fraction d'un tout divisé également en seize. *Un seizième de...*

♦ **3.** N. f. Mus. Intervalle de seize degrés.

♦ **4.** N. f. Aux cartes, Série de six cartes de même couleur qui se suivent et comptent seize points, au piquet.

DÉR. Seizièmement, seiziémiste.

SEIZIÈMEMENT [sɛzjɛmmã] adv. — 1797 ; *seizièmement,* 1636 ; de *seizième.*

♦ En seizième lieu.

SEIZIÉMISME [sɛzjemism] n. m. — Mil. XXᵉ ; de *seizième* (siècle).

♦ Didact. Étude du seizième siècle littéraire français.
Son *Tableau de la poésie française au XVIᵉ siècle (de Sainte-Beuve)* est traditionnellement salué comme la première œuvre sérieuse du seiziémisme.
V.-L. SAULNIER, la Littérature française de la Renaissance, p. 10.

SEIZIÉMISTE [sɛzjemist] adj. et n. — Mil. XXᵉ ; de *seizième* (siècle).

♦ Didact. Relatif à l'étude du XVIᵉ siècle (langue, littérature), en France. — N. Spécialiste de l'histoire, de la langue ou de la littérature du XVIᵉ siècle. *M. X, seiziémiste réputé et spécialiste de Montaigne.*

SÉJOUR [seʒuʀ] n. m. — XVᵉ ; *sujurn,* 1080 ; *séjur* « repos, attente, arrêt, durée », (1138), en anc. franç., dans de nombreuses loc. : *prendre, avoir séjour, être à séjour* ; encore « arrêt, retard » au XVIIᵉ (Corneille, Racine), et « repos » au XVIIIᵉ (Buffon) ; dér. de *séjourner.*

♦ **1.** Fait de séjourner, de demeurer un certain temps en un lieu. ⇒ **Habitation, résidence** (→ 1. Bien, cit. 8). *Le séjour de Luther à la Wartburg* (→ Minnesinger, cit.). *Le séjour de qqn dans une région, quelque part, chez qqn. Séjour forcé. L'ennui du séjour à bord* (cit. 4)... — Vx. *Être de séjour :* séjourner. — Vieilli. *Le séjour de* (et compl. de lieu), dans..., à... *Le séjour de la campagne* (cit. 13), *des petites villes* (→ République, cit. 4). *Interdire à qqn le séjour d'une ville, d'un pays :* bannir qqn de (ce lieu). ⇒ **Bannissement, exil** (cit. 4). (Sans compl. ; dans : *de séjour*). Mod. *Interdit de séjour* (→ Interdire, p. p., 2.). — *Carte* de séjour. Taxe de séjour.*
La nouvelle éclate en juillet que le Roi accorde passage aux Autrichiens qui vont étouffer la révolution des Pays-Bas. Le passage ? ou le séjour ? (...) Qui sait s'ils ne resteront pas, si le beau-frère Léopold ne logera pas fraternellement à Mézières ou à Givet ? MICHELET, Hist. de la Révolution franç., IV, III. **1**

♦ **2.** Temps où l'on séjourne (→ Borner, cit. 16 ; 1. droit, cit. 16). *Long* (→ Grippe, cit. 5), *court* (→ Habitation, cit. 1), *bref séjour* (→ Parloir, cit. 4). ⇒ **Arrêt, pause.** *De longs séjours. Des séjours irréguliers dans, à... Dix mois de séjour* (→ Exigu, cit.). *Un séjour en prison* (cit. 5). *Séjour d'apprentissage.* ⇒ **Stage.** *Séjour d'été à la campagne.* ⇒ **Villégiature.** *Pendant votre séjour dans la région, chez nous... Séjour à l'hôtel, à l'hôpital.*
Un long séjour, beaucoup de patience, surtout un jugement droit et sain, qualité plus utile que l'imagination chez un voyageur (...) MÉRIMÉE, Hist. de Pierre le Grand, Appendice, Études sur la Russie. **2**
Par ext., vieilli. (Sujet n. de chose). *Le long séjour des eaux sur la terre* (cf. Buffon, *in* Littré). *Le séjour des neiges* (→ Denteler, cit. 1). — Mar. Temps de relâche (vieilli).
Il vint en tête au chirurgien du château (...) que ces souffrances dont le retour était si opiniâtre, ne pouvaient avoir pour cause que le séjour d'un corps étranger qui était resté dans les chairs, après l'extraction de la balle. DIDEROT, Jacques le fataliste, Pl., p. 732. **3**

♦ **3.** SALLE DE SÉJOUR, et, ellipt, SÉJOUR : salle où l'on se tient habituellement (pour traduire l'angl. *living-room*). ⇒ **Living.** *Un trois pièces : séjour, deux chambres.*

♦ **4.** (Déb. XIIIᵉ). Littér. Lieu où qqn séjourne, demeure pendant un certain temps. ⇒ **Endroit ; habitation.** → Arrêter, cit. 73 ; furtif, cit. 3. *Un séjour solitaire* (→ 1. Penser, cit. 66). *Heureux* (cit. 55), *plaisant séjour. Séjour enchanteur, paradisiaque* (→ Paradis* terrestre). *Un séjour de délices* (→ Hôtel, cit. 7). — Vx. Construction où l'on vit. ⇒ **Demeure.** « *Plus me plaît le séjour qu'ont bâti* (cit. 1) *mes aïeux.* »
Si nous quittions notre séjour ? **4**
LA FONTAINE, Fables, VII, 12 (→ Ailleurs, cit. 1).
(...) il faut que la terre soit un séjour bien étranger pour la vertu, car elle ne fait qu'y souffrir. MARIVAUX, la Vie de Marianne, I. **5**
Poét., vx. *Le terrestre séjour :* la terre (→ 1. Idéal cit. 5, Lamartine). *L'humide séjour :* la mer. *Le séjour éternel*.* *Le séjour des anges, des bienheureux, des élus, des saints.* ⇒ **Ciel, paradis.** *Le*

céleste séjour. Le séjour des dieux de la Grèce. ⇒ **Olympe.** *Le séjour des morts.* ⇒ **Élysée** (1.), **enfer** (→ aussi Égyptien, cit. 1; gorger, cit. 1).

SÉJOURNER [seʒuʀne] v. intr. — 1530; *sujurner,* 1138; du lat. pop. **subdiurnare,* de *sub,* et bas lat. *diurnare* «vivre longtemps; durer», du lat. class. *diurnus* «jour»; le sens trans. ancien de «mettre au repos» subsiste au p. p. *séjourné* «reposé», au XVIIIᵉ; le sens de «retarder, attendre» a vécu jusqu'au XVIIᵉ.

♦ **1.** Rester assez longtemps (dans un lieu), avoir sa demeure (dans un lieu) sans toutefois y être fixé. ⇒ **Demeurer; habiter.** → Foyer, cit. 15; hospitalité, cit. 4. *Rousseau n'a séjourné que peu de temps à Ermenonville* (→ Herborisateur, cit. 2). *Séjourner chez des amis, à l'hôtel.* ⇒ **Arrêter** (s'), **camper.**

♦ **2.** S'installer (pour un moment). *Séjourner sous un arbre* (→ Mensuellement, cit.).

♦ **3.** (1600). Sujet n. de choses. Rester longtemps à la même place. *Les neiges séjournent longtemps sur les terres* (→ Effondrer, cit. 1). *Eau qui séjourne dans un fond.* ⇒ **Croupir, stagner.**

Fig. *L'amour séjourne dans son cœur* (→ Net, cit. 2).

CONTR. Passer.
DÉR. Séjour.

SEL [sɛl] n. m. — V. 1150; du lat. *sal.* → Salade, saucisse, saumure, saupoudrer.

★ **I.** Cour. ♦ **1.** Substance blanche, friable, soluble dans l'eau, d'un goût piquant, et qui sert à l'assaisonnement et à la conservation des aliments. *Le sel (sel commun, ordinaire) est du chlorure de sodium plus ou moins pur* (→ ci-dessous, II., 2.). *Sel marin* (→ Imprégner, cit. 1). *Sel gemme** (cit. 2). *Extraction du sel dans les marais* (cit. 5) *salants* (⇒ **Salin, saline),** *dans les mines de sel* (gemme). → par métaphore, Cristallisation, cit. 4, Stendhal. — *Sel ignigène,* produit par évaporation d'une saumure extraite du sous-sol par sondage* (⇒ **Saline**). *Meulons, mulons* (cit.), *pilots de sel. Paléage du sel. «Culture, récolte» du sel marin.* — *Du point de vue géologique, le sel est une roche plastique. Gisements, massifs, dômes de sel.*

REM. Chimiquement, le *sel naturel* (sel marin...) renferme, outre le chlorure de sodium, de petites quantités d'autres sels (au sens II., 2.): chlorure de calcium, de magnésium, des sulfates divers.

Épuration, désulfatage du sel. Séchage, traitement du sel. Sel dénaturé. — *Sel fin,* produit par évaporation des saumures. *Grain de sel* (au fig.). ⇒ **Grain.** *Cristaux de sel.* ⇒ **Trémie.** *Égruger du sel. Sel de cuisine* (→ Pilastre, cit. 2). — GROS SEL : sel en cristaux assez gros. *(Au) gros sel,* se dit d'une viande cuite dans son bouillon et servie avec du gros sel. *Bœuf au gros sel* (vx), et, par appos., *bœuf gros sel.* — Loc. *À la croque au sel.* ⇒ **Croquer** (*supra* cit. 3). — *Avec un peu de sel.* ⇒ **Demi-sel.** *Pincée, poignée de sel* (→ Fricot, cit. 2). Anciennt. *Pain de sel.* ⇒ **Salignon.** *Pierre imprégnée de sel* (pour les animaux) ⇒ **Salègre; assalier** (pierre d') → *Mettre, remettre du sel dans un plat.* ⇒ **Saler.** *Régime sans sel.* ⇒ **Déchloruré.** *Enlever le sel d'une salaison.* ⇒ **Dessaler.** — Anciennt. *Impôt sur le sel* («Salage», vx). ⇒ **Gabelle** (cit. 2 et 3). *Ferme* du sel. Fraude sur le sel.* ⇒ **Saunier** (faux). Vx. *Faux sel* : sel de contrebande. — *Propriétés antiseptiques. Usages alimentaires* (fabrication des fromages, salaisons...), *thérapeutiques, industriels* (industries chimiques, conservation des peaux...) *du sel. Faire fondre la neige à l'aide de sel* (→ aussi Reneiger, cit.). *Grenier à sel.* — *Le sel crépite, fuse dans le feu. Crépitation du sel.* Loc. *Partager, offrir le pain et le sel, en marque d'amitié, d'hospitalité.* — Allus. bibl. *La femme de Loth fut changée en statue de sel* (→ Métamorphose, cit. 2). — *Le sel de la terre* : l'élément actif, vivant, l'élite (→ ci-dessous, cit. 1, Bible; et aussi nerveux, cit. 12, Proust).

1   Vous êtes le sel de la terre; si le sel perd sa force, avec quoi le salera-t-on? Il n'est plus bon à rien qu'à être jeté dehors, et à être foulé aux pieds par les hommes.
    BIBLE (SACY), Évangile selon saint Matthieu, V, 13.

2   (...) Jésus-Christ nous marque trois caractères éminents de ses disciples : «D'être le sel de la terre (...)». Le sel assaisonne les viandes; il en relève le goût; il en empêche la fadeur; il en prévient la corruption.
    BOSSUET, Méditations sur l'Évangile, XIᵉ journée.

3   Défense de détourner une once des sept livres obligatoires pour un autre emploi que pour «pot et salière». Si un villageois a économisé sur le sel de sa soupe pour saler un porc et a sauvé ainsi un peu de viande en hiver, gare aux commis! Le porc est confisqué et l'amende est de 300 livres.
    TAINE, les Origines de la France contemporaine, II, t. II. p. 248.

4   — Ainsi, dit-il, en usaient les anciens. Ils offraient le sel en signe d'hospitalité... Mon père lui présenta du sel gris dans le sabot qui était accroché à la cheminée. L'abbé en prit à sa convenance et dit : — Les anciens considéraient le sel comme l'assaisonnement nécessaire de tous les repas et ils le tenaient en telle estime qu'ils appelaient sel, par métaphore, les traits d'esprit qui donnent de la saveur au discours.
    — Ah! dit mon père, en quelque estime que vos anciens l'aient tenu, la gabelle aujourd'hui le met encore à plus haut prix (...)
    — Il faut croire, dit-elle (*ma mère*) que le sel est une bonne chose, puisque le prêtre en met un grain sur la langue des enfants qu'on tient sur les fonts du baptême. FRANCE, la Rôtisserie de la reine Pédauque, II, Œ., t. VIII. p. 12.

(...) cette grotte de sel gemme, où des mineurs portent leurs flambeaux derrière les transparents pendants de l'ombre, et passent en tirant leurs chariots neigeux.   5
    ARAGON, le Paysan de Paris, p. 214.

Loc. fig. *Poivre et sel.* ⇒ **Poivre.** — *Mettre un grain* (cit. 16) *de sel sur la queue d'un oiseau.*

(Par anal. de fonction). *Sel de céleri* : assaisonnement fait de céleri réduit en poudre. — *La cuisine chinoise utilise comme sel le glutamate de sodium.*

Franç. d'Afrique. SEL VÉGÉTAL : sel tiré de la cendre de végétaux, riche en chlorure de potassium. Syn : *sel indigène, potasse.*

♦ **2.** (XVIIᵉ). Fig. Ce qui donne du piquant, de l'intérêt (⇒ **Relever**).

a *Le sel de...* «*L'estime pour l'ennemi est le sel de la guerre*» (Alain, *Propos,* 2 avr. 1921).

b *Du sel.* Ce qui donne un intérêt* vif et piquant aux discours, aux ouvrages de l'esprit. ⇒ **Esprit** (V., 3.), **finesse, gaieté, piment, piquant.** *Une plaisanterie pleine de sel.* ⇒ **Spirituel.** *Cela ne manque pas de sel. Le sel d'un récit* (→ In petto, cit. 2). *Le sel gaulois* (→ Excrément, cit. 4). — *Sel attique** (cit. 6 et 7). — *Mettre, mêler son grain de sel.* ⇒ **Grain** (cit. 19 et 19.1).

C'est un excellent esprit. Ses ouvrages sont pleins de sel attique. Ils sont parsemés de pensées fines et brillantes. Il a des tours neufs, des expressions hardies et toujours heureuses.   A.-R. LESAGE, le Diable boiteux, XI.   6

★ **II.** Sc. ♦ **1.** (XVIᵉ). Hist. des sc. Un des éléments (avec le soufre, le mercure), dans la doctrine de Paracelse (XVIᵉ). *Boyle (1664) distingue les acides, les alcalis et les sels.*

Vers la fin du XVIIᵉ siècle, pour certains chimistes, la théorie considérant l'acide et l'alcali comme constituant universel devait se substituer à celle des principes de Paracelse. Pour d'autres (...) l'un des cinq principes fondamentaux, le sel, était constitué d'acide et d'alcali (...)   M. DAUMAS, la Physique et la Chimie, in Encycl. Pl., Hist. de la science, p. 876.   7

(Jusqu'à Lavoisier, et dans des locutions). Solide soluble et ininflammable ressemblant au sel (I. : chlorure de sodium) en ce qu'il est produit par une évaporation de liquide. *La chimie du XVIIIᵉ siècle distingue les sels acides, alcalins et neutres* (ces derniers seuls sont des sels au sens moderne). *L'acide oxalique, les vitriols étaient appelés sels. Cristallisation* (cit. 1) *d'un sel.*

Spécialt (encore de nos jours, dans des expressions désignant des substances particulières, qui sont aussi des sels au sens moderne). *Sels médicinaux,* servant de médicaments (⇒ aussi **Alcalin,** n. m.). *Sels de bain. Sel amer d'Epsom, de Sedlitz* (sulfate de magnésium), *sel ammoniac* (parfois Salmiac : chlorure d'ammonium), *sel de citron* (tétraoxalate de potassium, utilisé pour dissoudre les taches d'encre), *sel de Glauber* ou *sel admirable* (sulfate décahydraté de sodium), *sel d'oseille* (oxalate acide de potassium), *sel de Rochelle* ou *de Seignette* (tartrate de sodium et de potassium, employé dans la préparation des lithinés, et dont les cristaux sont utilisés en ferro-électricité), *sel rose* (stannichlorure d'ammonium, utilisé comme mordant en teinture), *sel de Saturne* (acétate de plomb*), *sel de Vichy* (bicarbonate de sodium). *Sel volatil* ou *sels anglais* (sesquicarbonate d'ammonium).

Absolt. *Des sels* : des sels anglais. *Respirer* (cit. 11) *des sels. Être ranimé par des sels* (→ Évanouir, cit. 26; rappeler, cit. 4). Par métaphore :

J'aurais pu (...) lui planter sous le nez, si cela m'avait plu, les sels anglais d'une réponse.   8
    BARBEY D'AUREVILLY, les Diaboliques, «Le bonheur dans le crime», p. 179.

Esprit des sels. ⇒ **Esprit** (II., 2.).

♦ **2.** (Fin XVIIIᵉ; Lavoisier). Chim. Composé chimique dans lequel l'hydrogène d'un acide a été (en totalité ou en partie) remplacé par un métal. *Les sels se forment par action des acides* (ou des anhydrides d'acides) *sur les bases* (ou les oxydes métalliques); *par action des acides sur les métaux,* etc. *Étude chimique des sels.* ⇒ **Halo.**

REM. Les *sels* portent les noms dérivés de ceux des acides, suivis du nom du métal; la désinence -*ure* désigne les sels correspondant aux hydracides (désignés par la désinence -*hydrique*); la désinence -*ate,* les sels correspondant à l'acide oxygéné ou à l'anhydride le plus courant (désignés par le suff. -*ique*); le suff. -*ite,* les sels correspondant aux acides et anhydrides contenant moins d'oxygène que les précédents (suff. -*eux*); le préf. *hypo-* désigne les sels en -*ite* provenant d'acides (en -*eux*) encore moins oxygénés; le préf. *per-,* les sels en -*ate* provenant d'acides (en -*ique*) plus oxygénés (ex. : chlorure [NaCl], hypochlorite [NaClO], chlorite [NaClO$_2$], chlorate [NaClO$_3$], perchlorate [NaClO$_4$] de sodium).

Sel acide, se dit de celui dans lequel une partie seulement de l'hydrogène de l'acide a été remplacée par un métal. (ex. : bicarbonate de sodium NaHCO$_3$). *Sel basique*,* formé lors de la neutralisation incomplète d'un acide par une base et renfermant une proportion d'oxyde basique supérieure à la quantité théorique, ex. : nitrate basique de bismuth (BiO) NO$_3$ qui, hydraté, constitue le «bismuth*» des pharmaciens. *De nombreux sels sont des solides cristallisés à la température ordinaire et renferment souvent des molécules d'eau de cristallisation* (⇒ **Hydrate**).

Sels minéraux du protoplasme (cit. 1). *Perte des sels minéraux.* ⇒ **Déminéraliser.** *Sels d'argent* (protargol...), *d'or* (cit. 7). *Sels de morphine*.* — Biochim. *Sels biliaires,* contenus dans la bile, qui favorisent l'émulsion des graisses et activent la lipase pancréatique. ⇒ **Bile.**

DÉR. et **COMP.** — (Des formes anciennes, *sal, sau,* et du lat. *sal*) **Salade, salage, salègre, saler, salicole, salicorne, saliculture, salière, salifier** (et dér.), **salignon, salin, salinage, saline, saliner, saloir, salpêtre, salure, sauce, saucisse, saugrenu, saumâtre, saumure** (et dér.), **saunage, sauner, saunier** (et dér.), **saupiquet, saupoudrer** (et dér.). — **Demi-sel, pèse-sel.**
HOM. Celle, selle.

SÉLACIEN, IENNE [selasjɛ̃, jɛn] adj. et n. — 1827 ; dér. sav. du grec *selakhos* « poisson cartilagineux ».
Zoologie.

♦ **1.** Adj. Qui est cartilagineux.

♦ **2.** N. m. pl. LES SÉLACIENS : ordre de poissons chondrichthyens (ou cartilagineux) dits aussi élasmobranches, plagiostomes, au squelette entièrement formé de cartilage*, à la peau recouverte d'écailles en plaques, qui comprend les raies* et les requins* (ou squales). — Au sing. *Un sélacien.*

SÉLAGINACÉES [selaʒinase] n. f. pl. — xxᵉ ; *sélaginées,* 1846 ; de *sélagine,* et suff. *-ées,* puis *-acées.*
Botanique.

♦ **1.** Vieilli. Famille de cryptogames vasculaires appartenant à l'ordre des *Lycopodiales* et réduite à un seul genre, la sélaginelle*. (Dans ce sens on dit aussi *sélaginellées.*)

♦ **2.** Mod. Famille de plantes angiospermes (ordre des *Tubiflorales*), proches des Scrofulariacées *(Dicotylédones gamopétales). Les sélaginacées comprennent des plantes d'Afrique australe et de Madagascar (6 genres ; 120 espèces) ; elles sont caractérisées par la présence de glandes sécrétant du carbonate de calcium.* — Au sing. *Une sélaginacée.*

SÉLAGINE [selaʒin] n. f. — 1843, Landais ; du lat. *selago,* sorte de sabine (genévrier).

♦ Bot. Plante dicotylédone *(Sélaginées ;* nom sc. : *selago),* arbrisseau à petites fleurs bleues groupées en corymbes, qui passe pour avoir été une plante sacrée pour les druides.
DÉR. Sélaginacées.

SÉLAGINELLE [selaʒinɛl] n. f. — 1827 ; du lat. *selago, inis.* → Sélagine.

♦ Bot. Plante cryptogame vasculaire ptéridophyte *(Lycopodiacées),* vivace, à fines feuilles denticulées terminées par une épine, cultivée comme ornementale.

SÉLAM [selam] n. m. — 1771, Trévoux ; de l'arabe *salam* « salut ». → Salamalec.

♦ Bouquet de fleurs dont l'arrangement symbolique forme un code (→ Emblématique, cit. 2) au Moyen-Orient.

1 Nous ne connaissons pas le langage des fleurs, comme dans l'Orient ; mais sans savoir faire un *sélam,* nous savons fort bien ce que signifie l'envoi d'un bouquet.
Ch. PAUL DE KOCK, la Grande Ville, t. I, p. 36.

2 (...) une mode qui tenait de la devise, du *sélam,* de l'allusion, de l'à-propos, du *rébus* et du portrait de famille (...)
Ed. et J. DE GONCOURT, la Femme au XVIIIᵉ s., VIII.

SÉLANDRE [selɑ̃dʀ] n. m. — xiᵉ, *salandre, chalandre ;* du bas grec *khelandrion.* → Chaland.

♦ Ancienn. Navire de transport (du temps des croisades).

SELDJOUKIDE [sɛldʒukid] adj. et n. — 1846, Bescherelle ; du nom turc *Saldjuq,* de l'éponyme de cette dynastie.

♦ Hist., arts. Relatif à la dynastie qui régna sur l'Orient musulman aux XIᵉ et XIIᵉ siècles. *L'art seldjoukide.*

Tissus seldjoukides (XIᵉ-XIIᵉ siècles) C'est sans doute au temps du premier partage de l'empire seldjoukide entre Ortokides et Zenguides que remonte le grand tissu du Kunstgewerbe Museum de Berlin, provenant d'un reliquaire de Siegburg, avec des aigles à deux têtes aux oreilles pointues et aux bajoues pendantes (...)
Michèle BEAULIEU, les Tissus d'art, p. 43.

SELECT invar., ou **SÉLECT, ECTE** [selɛkt] adj. — 1831, cf. Jacquemont, *Correspondance,* t. II, p. 197 ; *sélecte,* attestation isolée, XVIIᵉ ; angl. *select* « choisi » ; lat. *selectus.*
Familier, vieilli.

♦ **1.** Vx. De qualité supérieure ; chic. *Un papier à lettre très sélect.*

♦ **2.** Vieilli ou stylistique. Choisi, distingué en parlant des gens, des réunions mondaines... ⇒ **Chic, élégant.** *Le monde sélect. Réception très select* (ou *sélecte,* plus rare). — REM. La forme invariable en genre

peut donner *selects* au pluriel. *Les bars les plus select,* ou : *les plus selects.*

1 (...) les allusions farces à des choses ou à des faits, connus du monde *select* et pourri de l'intelligence.
Ed. et J. DE GONCOURT, Journal, 7 janv. 1892, t. IX, p. 8.

2 La clientèle de la ville haute, plus sélecte, demandait des couronnes de fil de fer, de la perle, et même de la porcelaine (...)
ARAGON, les Beaux Quartiers, I, II.

3 Cette plage était l'endroit select, le plus ultra-chic de l'Allemagne du Nord.
CÉLINE, Rigodon, p. 73.

SÉLECTER [selɛkte] v. tr. — 1903, in *Rev. gén. des sc.,* nº 12, p. 681, *(sélecter des cocons de vers à soie) ;* du rad. de *sélection,* ou angl. *to select.*

♦ Techn. Effectuer une opération de sélection sur (une machine). Obtenir par une opération de sélection.

SÉLECTEUR, TRICE [selɛktœʀ, tʀis] adj. et n. — 1905, *Année sc. et industr.* 1906, p. 61, au sens 2. ; du rad. de *sélection.*

★ **I.** N. m. Techn. ♦ **1.** Appareil pour affiner le cuivre, le séparer des impuretés.

♦ **2.** Dispositif permettant d'effectuer une opération de sélection par relais électromagnétique à deux positions.

♦ **3.** Pédale ou levier de changement de vitesses (d'une motocyclette).

♦ **4.** Commutateur à plusieurs directions. *Les sélecteurs d'un central téléphonique.*

★ **II.** Adj. Qui opère une sélection. Photogr. *Écran sélecteur* (qui ne livre passage qu'à des rayons déterminés).
(Personnes). *Un orienteur professionnel sélecteur des candidatures examinera les dossiers.* — N. ⇒ **Sélectionneur.**

Qu'est-ce qui, dans la nature, pourrait bien jouer le rôle de l'homme choisisseur, sélecteur de caractères ?
Jean ROSTAND, Esquisse d'une histoire de la biologie, p. 148 (1945).

SÉLECTIF, IVE [selɛktif, iv] adj. — 1871 ; du rad. de *sélection,* ou angl. *selective.*

♦ **1.** Qui constitue une sélection, un choix, qui opère une sélection. *Classement sélectif. Recrutement sélectif. Mémoire sélective.*

♦ **2.** (1931). Se dit d'un poste récepteur de radio qui peut recevoir dans de bonnes conditions plusieurs émissions de fréquences voisines. ⇒ **Sélectivité.**

♦ **3.** *Filtre sélectif.* ⇒ **Sélectivité** (4.).
DÉR. Sélectivement, sélectivité.

SÉLECTION [selɛksjɔ̃] n. f. — 1609, « choix », rare et didact. ; du lat. *selectio ;* repris à l'angl. 1801, au sens II.

★ **I. A.** ♦ **1.** (Ce sens n'est devenu courant que postérieurement aux emplois du II.). Action de choisir les objets, les individus qui conviennent le mieux. *Faire une sélection parmi les candidats. Sélection et classification de faits* (→ Histoire, cit. 19). *Une sélection rigoureuse* (→ Franc-maçonnerie, cit. 2). *La concurrence* (cit. 9), *instrument de sélection. Sélection professionnelle.*

Maintenant il faut faire une complaisante et continuelle sélection de ce qu'on y regarde, des coins que l'on y fréquente *(à Stamboul).*
LOTI, les Désenchantées, VI, L.

Chim., techn., pharm. *Sélection entre des substances. Sélection primaire, secondaire.*

♦ **2.** (1908). Choix des athlètes ou des joueurs retenus pour participer à une compétition. *Match, épreuve de sélection* (⇒ **Critérium**). *Comité de sélection.*

♦ **3.** Techn. Opération par laquelle on dirige une impulsion vers l'un des organes d'un système binaire.

♦ **4.** Ling. Opération par laquelle le locuteur choisit une unité sur l'axe paradigmatique*. *Axe des sélections* (opposé à *axe des combinaisons*).

B. Par métonymie. Ensemble des choses, des personnes ainsi choisies. *Une sélection des meilleurs romans, poèmes* (anthologie), *tableaux...* ⇒ **Choix** (4.). *Une sélection de films. La sélection française au Festival du cinéma de Cannes.*

C'est toujours avec un nouveau plaisir (...) que je vois groupée autour de moi cette sélection d'intelligences (...)
COURTELINE, Messieurs les ronds-de-cuir, 4ᵉ tableau, II.

Sports. Personnes sélectionnées.

La sélection : tous jeunes et sains. Pas de maladies.
MONTHERLANT, les Olympiques, p. 95 (1924).

★ **II.** (1801 ; angl.). ♦ **1.** Zootechn. Choix d'animaux reproducteurs ayant les caractères, les aptitudes qu'on désire perpétuer dans l'espèce (→ **Appareillement**, cit.; **éleveur**, cit.; et aussi reproduction*). *La sélection animale a pour base l'étude de la variation au sein d'une espèce, d'une race, et celle des lois de l'hérédité.* — Par ext. *Sélection dans l'espèce humaine.* ⇒ **Eugénique** (cit. 2). → **Haras**, cit. 4.

♦ **2.** (1866, *De l'origine des espèces* par voie de sélection naturelle*, trad. de Darwin). Biol. SÉLECTION NATURELLE : théorie de Darwin sur l'évolution, selon laquelle l'élimination* naturelle des individus les moins forts, les moins aptes dans la « lutte* (cit. 11) pour la vie » (ou concurrence* vitale) permet à l'espèce de se perfectionner de génération en génération. *Transformisme expliqué par la sélection* (⇒ **Darwinisme**), *par l'adaptation* (⇒ **Lamarckisme**).

3   (...) l'évolution se sera faite par une série d'accidents s'ajoutant les uns aux autres, chaque accident nouveau se conservant par sélection s'il est avantageux à cette somme d'accidents avantageux antérieurs que représente la forme actuelle de l'être vivant.   H. BERGSON, l'Évolution créatrice, p. 54.

4   Et, surtout, la médecine, la chirurgie, l'hygiène, l'assistance, le développement des idées philanthropiques devaient concourir à gêner toujours davantage la fonction épuratrice de la sélection naturelle.   Jean ROSTAND, l'Homme, IX.

DÉR. Sélectionner, sélectionnisme, sélectionniste. — (Du même rad.) Sélecter, sélecteur, sélectif.

SÉLECTIONNER [selɛksjɔne] v. tr. — 1899; de *sélection*.

♦ **1.** Choisir par sélection. *Sélectionner des élèves pour un concours, des athlètes pour une épreuve.* — *Sélectionner des graines à semer. Sélectionner des poissons, des animaux reproducteurs.*

♦ **2.** Choisir selon des critères déterminés, dans un ensemble, les éléments qui conviennent. — (Sujet n. de chose). *La mémoire sélectionne et modifie les souvenirs* (→ **Élaboration**, cit. 5).

♦ **3.** Absolt. Effectuer une sélection, par élimination d'une partie. *Le sport « sélectionne durement »* (Montherlant.)

▶ **SÉLECTIONNÉ, ÉE** p. p. adj. (1928). *Athlètes sélectionnés,* choisis après une épreuve, un concours, etc., pour participer à une autre épreuve. — N. *Un sélectionné, une sélectionnée.* — *Candidats sélectionnés pour un concours.* (Choses). Trié, choisi. *Produits, fruits sélectionnés* → De premier choix*.

DÉR. Sélectionneur.

SÉLECTIONNEUR, EUSE [selɛksjɔnœʀ, øz] n. — 1923; adj., d'un appareil « qui permet la sélection »; de *sélectionner*.

♦ **1.** Techn. Personne dont le métier est de sélectionner des choses. *Sélectionneur de graines, de cuir* (qui trie les peaux).

♦ **2.** Psychotechnicien (qui s'occupe de sélection professionnelle). *Le sélectionneur fait passer des tests.* ⇒ **Sélecteur** — Celui ou celle qui sélectionne les sportifs. *Sélectionneur-entraîneur.*

SÉLECTIONNISME [selɛksjɔnism] n. m. — 1923, Larousse; de *sélection*.

♦ **1.** (De *sélection*, II.). Théorie darwinienne de la sélection naturelle. ⇒ **Darwinisme.**

♦ **2.** (De *sélection*, I., 1.). Tendance à pratiquer la sélection (dans l'enseignement).

SÉLECTIONNISTE [selɛksjɔnist] adj. et n. — 1923, Larousse; de *sélection*.

♦ **1.** (De *sélection*, II.). Du sélectionnisme, en biologie. — N. Partisan de cette théorie. *« Les premiers sélectionnistes ne possédaient pas de réponses très convaincantes. Si les gènes individuels étaient vraiment la cible de la sélection, comme on le croyait généralement, et si chaque gène avait une valeur sélective distincte, alors il était en vérité difficile d'expliquer la progression évolutive et l'adaptation croissante »* (*Sciences et Avenir*, n° 409, mars 1981, p. 47).

♦ **2.** (De *sélection*, I., 1.). Partisan de la sélection (dans l'enseignement). — Adj. (Choses). Qui institue ou favorise la sélection.

SÉLECTIVEMENT [selɛktivmɑ̃] adv. — 1871; de *sélectif*.

♦ D'une manière sélective, par une sélection.

SÉLECTIVITÉ [selɛktivite] n. f. — 1933, Larousse; de *sélectif*. Sciences.

♦ **1.** Radio. Qualité d'un récepteur capable de distinguer, par une discrimination des fréquences, le signal cherché des signaux de fréquences voisines. *Sélectivité variable.*

♦ **2.** Chim. Aptitude à opérer un choix, à discerner des éléments dans un mélange.

♦ **3.** Variation de l'effet photoélectrique en fonction du rayonnement incident, caractérisé par sa longueur d'onde.

♦ **4.** Propriété (d'un filtre) d'absorber certaines couleurs.

-SÉLÈNE ⇒ Séléno-.

SÉLÉNHYDRIQUE [selenidʀik] adj. — 1848, *in* D.D.L.; de *sélén(ium)*, et *-hydrique*.

♦ Chim. *Acide sélénhydrique :* acide gazeux (H_2Se) obtenu par l'action de l'acide chlorhydrique sur un séléniure.

SÉLÉNIATE [selenjat] n. m. — 1820; de *séléni(um)*, et suff. *-ate*.

♦ Chim. Sel de l'acide sélénique. *Séléniate de plomb.*

SÉLÉNIÉ, ÉE [selenje] adj. — 1842; de *sélénium*.

♦ Chim. Qui contient du sélénium.

SÉLÉNIEN, IENNE [selenjɛ̃, jɛn] adj. — 1842; dér. sav. du grec *selênê* « Lune ».

♦ Didact. De la Lune. — N. ⇒ **Sélénite.**

SÉLÉNIEUX [selenjø] adj. m. — 1827; de *sélénium*.

♦ Chim. Se dit d'un acide du sélénium, H_2SeO_3, qui se présente en cristaux, et de l'oxyde (anhydride) correspondant.

SÉLÉNIFÈRE [selenifɛʀ] adj. — 1842; de *sélénium*, et *-fère*.

♦ Didact. Qui contient naturellement du sélénium. *Minerai sélénifère.*

SÉLÉNIO- Élément qui entre dans la composition de quelques mots de chimie, et signifie « sélénium » (ex. : *séléniocyanate, séléniophosphorique, séléniophosphore, séléniosulfure...*).

SÉLÉNIQUE [selenik] adj. — 1842; de *sélénium;* on trouve en 1578 le même mot formé sur *selênê* signifiant « relatif à la Lune ».

♦ Chim. Se dit d'un acide du sélénium, H_2SeO_4, liquide huileux, et de l'anhydride correspondant.

1. SÉLÉNITE [selenit] n. m. — 1842; de *sélénium*.

♦ Chim. Sel produit par la combinaison de l'acide sélénieux avec une base.

2. SÉLÉNITE [selenit] n. f. — 1611; du grec *selênê* « Lune » (parce qu'on croyait ce minéral sous l'influence de l'astre), et suff. *-ite*.

♦ Vx. Sulfate de calcium*, gypse.

DÉR. Séléniteux.

3. SÉLÉNITE [selenit] n. et adj. — 1812, probablt antérieur → 2. Sélénite; du grec *selênê* « Lune ».

♦ **1.** Anciennt. Habitant de la lune (dont l'existence fut parfois présumée, avant les progrès de l'astronomie moderne et de l'astronautique). *Les Terriens et les Sélénites.*

On a toujours mêlé l'imaginaire avec sa garde-robe, depuis la fée jusqu'au sélénite, en passant par le troubadour.   MALRAUX, l'Homme précaire et la Littérature, p. 252.

♦ **2.** (Av. 1969). Relatif à la Lune. ⇒ 1. **Lunaire.** *« Les cosmonautes ont planté le drapeau américain sur le sol sélénite »* (le Monde, 22 juil. 1969).

SÉLÉNITEUX, EUSE [selenitø, øz] adj. — 1757; de 2. *sélénite*.

♦ Chim., vx. Relatif à la sélénite (sulfate de calcium). *Eau séléniteuse,* qui contient de la sélénite, eau dure.

SÉLÉNIUM [selenjɔm] n. m. — 1817; du grec *selênê* « Lune », à cause de sa ressemblance avec le *tellure*, tiré de *tellus* nom lat. de la Terre, dont la Lune est le satellite.

♦ Chim. Corps simple (symb. *Se;* poids at. 78,96; n° at. 34; dens. 4,8; température de fusion 217°C), qui existe sous diverses formes allotropiques. *On trouve le sélénium à l'état de séléniure* dans la nature. Sélénium amorphe, vitreux, cristallisé, rouge ou gris...* (ce dernier a une conductibilité électrique variable lorsqu'il est exposé à la lumière et on l'emploie dans certaines cellules photo-électriques).

(1904, *Rev. gén. des sc.*, n° 1, p. 5). *Pile à sélénium.*

DÉR. Sélénié, sélénieux, sélénique, 1. sélénite, séléniure.
COMP. Sélénhydrique, sélénifère, sélénio-.

SÉLÉNIURE [selenjyʀ] n. m. — 1826; de *sélénium*, et suff. *-ure.*

♦ Chim. Combinaison du sélénium avec un autre corps simple ou plusieurs, sel de l'acide sélénhydrique. *La zorgite, séléniure double de plomb et de cuivre, est l'un des minéraux dont on tire le sélénium.*

SÉLÉNO-, -SÉLÈNE Éléments, du grec *selênê* « Lune » qui entrent dans la composition de quelques mots savants.

SÉLÉNODÉSIE [selenɔdezi] n. f. — V. 1970; de *séléno-*, et *(géo)désie.*

♦ Didact. Étude de la surface de la Lune (utilisant notamment les photographies et les mesures au laser effectuées par satellites).

SÉLÉNODONTE [selenɔdõt] adj. — Déb. xxᵉ; *sélénodon*, 1876; de *séléno-*, et suff. *-donte.*

♦ Zool. Se dit des mammifères artiodactyles dont les molaires présentent sur leurs surfaces l'aspect d'un croissant (de lune). *Ruminants sélénodontes.* — N. m. *Un, des sélénodontes.*

SÉLÉNOGRAPHIE [selenɔgʀafi] n. f. — 1667, *le Français moderne*; de *séléno-*, et *-graphie.*

♦ Astron. Étude descriptive de la Lune (notamment, à des fins cartographiques).

DÉR. Sélénographique.

SÉLÉNOGRAPHIQUE [selenɔgʀafik] adj. — 1685; de *sélénographie.*

♦ Astron. Qui a rapport à la sélénographie. *Carte sélénographique.*

SÉLÉNOLOGIE [selenɔlɔʒi] n. f. — V. 1969; de *séléno-*, et *-logie.*

♦ Didact. Étude de la Lune (notamment physicochimique, géologique, la *sélénographie** étant descriptive). « *Le professeur H. Urey, prix Nobel de chimie converti à la sélénologie* » (*le Monde*, 20 déc. 1972, p. 20).

SÉLÉNOLOGUE [selenɔlɔg] n. — 1969, in *le Monde*; de *séléno-*, et *-logue.*

♦ Didact. Scientifique spécialisé dans l'étude de la Lune. « *Un sélénologue réputé (...) pense que ce cratère pourrait avoir été formé par l'impact d'une comète...* » (*le Monde*, 14 déc. 1972, p. 40).

1. SÉLEUCIDE [seløsid] n. m. — 1839; lat. *seleucis, seleucidis*, grec *seleukis* « sorte de grive qui se nourrit de sauterelles ».

♦ Zool. Oiseau passeriforme (*Paradiséidés*) de Nouvelle-Guinée, paradisier d'une variété à plumage noir velouté moiré de violet.

2. SÉLEUCIDE [seløsid] adj. et n. — xIxᵉ; de la dynastie perse de *Séleucos* (v. ~ 310-64).

♦ Didact. (hist.). De la dynastie hellénistique qui régna sur la Perse du ~ ivᵉ au iᵉʳ siècle.

1. SELF [sɛlf] n. f. — 1894, in *Höfler*; mot anglais.

♦ ⇒ **Self-inductance** et **self-induction** (bobine de).

2. SELF [sɛlf] n. m. — Mil. xxᵉ; mot anglais, « soi ».

Anglicisme.

♦ **1.** Méd. Spécificité immunologique de l'individu (opposé à *non-self*).

♦ **2.** Psychan., psychol. ⇒ **Moi, soi; personnalité.** *Le « faux self »* (Winnicot).

3. SELF [sɛlf] n. m. — 1961, in *Höfler*; abrév. de *self-service.*

♦ Fam. Self-service.

SELF- Élément, de l'angl. *self* « soi-même ». ⇒ **Auto-.**

REM. Outre les comp. traités ci-dessous, on rencontre un certain nombre d'anglicismes en *self-*, parfois directement formés en anglais :
(...) Cyrus Smith n'ayant à sa disposition ni cardeuses, ni peigneuses, ni lisseuses, ni étireuses, ni retordeuses, ni « mule-jenny », ni « self-acting » pour filer la laine (...).   J. VERNE, l'Île mystérieuse, t. II, p. 449 (1874).
REM. Le mot est attesté en 1867 (D.D.L.).

SELF-CONTROL [sɛlfkõtʀol] n. m. — 1883; mot angl., de *self*, et *control* « contrôle ».

♦ Anglic. Contrôle, maîtrise de soi. *Garder son self-control.*

L'Hindou adore posséder le self-control (c'est-à-dire se tenir en main), mot qu'il prononce encore plus souvent que le mot « adorer » et avec délectation.
                          Henri MICHAUX, Un barbare en Asie, p. 81.

SELF-DÉFENSE [sɛlfdefãs] n. f. — 1873, in *Höfler*; 1869 comme mot angl., in *Höfler*; 1899 en zool. in *Année sc. et industr.* 1900, p. 151; angl. *self defense*, de *self-*, et *defense* « défense ».

♦ Anglic. Procédé de défense où la personne attaquée n'utilise que sa force, son habileté (et non pas des armes). Spécialt. Défense individuelle contre un agresseur, sans armes, au moyen de procédés appropriés (sports de combat, judo, karaté, etc.).

C'étaient des spécialistes de la Self-défense et du tir.
                          Roger BORNICHE, le Gringo, p. 277.

SELF-GOVERNMENT [sɛlfgɔvɛʀment; sɛlfgɔvɛʀnmãt] n. m. — 1831; mot angl. « gouvernement par soi-même ».

Anglicisme.

♦ **1.** Système anglais d'administration dans lequel les citoyens décident de toutes les affaires qui les concernent en particulier. — Fig. : → Cybernétique, cit.

♦ **2.** Par ext. Autonomie (d'un pays).

La nature a seule préparé la situation. Le caractère des habitants, la pratique du *self government* ont fait le reste, sans doute.
            L. SIMONIN, Une visite aux grandes usines
            du pays de Galles, *in* le Tour du monde, 1865, t. II, p. 338.

SELF-IMPÉDANCE [sɛlfɛ̃pedãs] n. f. — xxᵉ; de *self-*, et *impédance.*

♦ Phys. À une paire d'extrémités d'un réseau électrique, Rapport d'une certaine différence de potentiel au courant résultant en ces points, tous les autres circuits restant ouverts.

SELF-INDUCTANCE [sɛlfɛ̃dyktãs] n. f. — 1893, in *Höfler*; mot angl. (1897), de *self-*, et *inductance.*

♦ Phys. (Anglic.). Grandeur définie par le rapport du flux magnétique engendré par un circuit électrique ou une partie de ce circuit, au courant qui parcourt ce même circuit. On dit aussi *inductance** et *auto-inductance.* — Abrév. : *self.*

DÉR. Selfique.

SELF-INDUCTION [sɛlfɛ̃dyksjõ] n. f. — 1882; de *self-*, et *induction.*

Anglicisme, physique.

♦ **1.** SELF-INDUCTION (phys.) : propriété d'un courant* électrique en vertu de laquelle il tend à s'opposer à un changement quelconque de son intensité. *Coefficient de self-inductance* ou *de self-induction :* rapport de la force électromotrice à la vitesse de variation de l'intensité du courant (unité de mesure, le Henry).

♦ **2.** SELF n. f. (1904). [a] Self-induction. *Phénomènes de self. Bobines de self,* produisant un courant de self-induction.

[b] Bobine* de self. *Une self antiparasite, une self d'arrêt. Une self de sortie. Une self double.* — Dispositif comportant des bobines de self :

Dans la cabine de télégraphie, Gouédic, dépoitraillé, se livrait à un travail dérisoire : il alignait sur sa table les bobines des selfs, des vis minuscules, tout un démontage que le roulis bouleversait.   Roger VERCEL, Remorques, p. 104.

SELFIQUE [sɛlfik] adj. — 1925, in *Höfler*; de *self-(inductance).*

♦ Techn. (Électr.). Relatif à la self-inductance. *Les « phénomènes parasites dus à la nature selfique ou inductive des circuits »* (*Ingénieurs et Techniciens*, n° 200, p. 26).

SELF-MADE-MAN [sɛlfmɛdman] n. m. — 1878; mot angl. « homme (*man*) qui s'est fait (*made*) lui-même (*self*) ».

♦ *Un self-made-man :* un homme « qui s'est fait lui-même », qui ne doit sa réussite matérielle et sociale qu'à ses propres efforts, à son travail (et non à la fortune ou aux relations de ses parents, de

sa famille ; s'oppose à *fils de famille, héritier, successeur*, etc.).
→ Fils* de ses œuvres.

1 Mme de Nettencourt commença d'expliquer à ses amies que M. Brunel était un self-made-man, il faisait des affaires, il avait eu des débuts très durs, il était colossalement, mais alors colossalement riche.   ARAGON, les Cloches de Bâle, I, II.

REM. Le plur. - à l'anglaise - est : *des self-made men.*

2 (...) les *self-made men,* les anciens saute-ruisseaux ou petits gratte-papier qui moururent multi-millionnaires (...) on cite le cas des Carnegie, Rockefeller, Pullman, Remington (...)   Claude FOHLEN, le Travail au XIXe siècle, p. 114.

SELF RESPECT [sɛlfʀɛspɛ] n. m. — D. i. ; expr. angl., de *self* « soi-même », et *respect* « respect, estime ».

♦ Anglic. Estime de soi-même.

Il fut choqué par la grossièreté et la vulgarité de ce très petit seigneur, qui froissait son goût esthétique et tranchait si laidement sur le « self-respect » des Anglais.
      Guy DE POURTALÈS, la Pêche miraculeuse, p. 328.

SELF-SERVICE [sɛlfsɛʀvis] n. m. — 1949, *in* Höfler ; mot anglais.

♦ Anglic. Libre service*. Par appos. *Restaurant, pompe à essence, magasin self-service.*

(...) c'était l'heure de dîner. Avec l'argent qui lui restait, Besson décida d'aller manger au self-service.   J.-M. G. LE CLÉZIO, le Déluge, p. 191.

Ellipt (fam.). Restaurant self-service. *Déjeuner rapidement dans un self. Aller au self.*

SELIN [səlɛ̃] ou SELINUM [selinɔm] n. m. — 1795, Lamarck, *selin* ; lat. *selinum,* du grec *selinon* « persil », qui avait donné par ailleurs *céleri*.

♦ Bot. ou régional. Plante à fleurs blanches ou jaunâtres *(Ombellifères),* type du genre *selinum,* poussant dans les prairies humides.

SELLAGE [sɛlaʒ ; sɛlaʒ] n. m. — XIXe ; de *seller.*

♦ Action de seller (un cheval). *Un sellage difficile.*

SELLE [sɛl] n. f. — XIIIe ; *sele,* v. 1050 ; du lat. *sella* « siège », et « selle de cheval », en lat. populaire.

★ I. ♦ 1. (V. 1050, *sele*). Vx. Petit siège de bois à trois ou quatre pieds sans dossier (escabeau ou tabouret). *Avoir le cul* (cit. 4) *sur la selle* (Mme de Sévigné). Loc. fig. *Être assis entre deux selles* (⇒ Chaise) : hésiter entre deux choses ; risquer de voir échapper l'une et l'autre. ⇒ Échouer.

♦ 2. (Déb. XIIIe). Vx. Chaise* percée. — On disait aussi : *selle nécessaire.*

(XVe). Mod. *Aller* (cit. 92) *à la selle.* ⇒ Déféquer ; → Aller au cabinet, à la garde-robe (vx).

(Fin XIVe, au sing. ; de nos jours, au pluriel). *Les selles :* les matières fécales. ⇒ Excrément (→ Fondement, cit. 8). *Analyse d'urine et de selles.*

0.1 J'écartais mes fesses avec mes mains et je poussais, un ! han ! deux ! han !, avec des mouvements de rameur, et je n'avais qu'une hâte, rentrer dans ma chambre et m'allonger. C'était bien de la constipation, n'est-ce-pas ? Ou est-ce que je confonds avec la diarrhée ? Tout s'embrouille dans ma tête, cimetières et noces et les différentes sortes de selles.   S. BECKETT, Premier amour, p. 15.

♦ 3. (1676). Techn. (art). Escabeau surmonté d'un plateau tournant sur lequel le sculpteur pose la matière à modeler.

1 Rodin fait tourner sur les selles, les terres, grandeur nature, de ses six otages de Calais, modelés avec une puissante accusation réaliste (...)
      Ed. et J. DE GONCOURT, Journal, 17 avr. 1886, t. VII, p. 92.

♦ 4. (1691). Techn. Caisse de calfat, sur laquelle celui-ci s'assoit et qui contient ses outils. — Masse de bois portée par trois pieds sur lequel le charron* place le moyeu de la roue. ⇒ Trépied. — Banc de bois pour étendre et poncer les peaux*, utilisé en mégisserie. — (1723). En papeterie, Planche inclinée qui reçoit les feuilles de papier au sortir de la presse, dans la papeterie artisanale. *Feuilles entassées sur la selle. Selle de parcheminier.* — Banc sur lequel on dispose les carreaux de céramique avant de les poser (⇒ Sellée).

♦ 5. (V. 1534). Anc. Planche de blanchisseuse. *Bateau de selle :* bateau-lavoir.

★ II. (1080, *sele*). ♦ 1. Pièce de cuir incurvée, placée sur le dos du cheval, qui sert de siège au cavalier. ⇒ aussi Bardelle, bât. *Parties de la selle.* ⇒ Arçon (cit. 2), pommeau (cit. 5), quartier, troussequin (→ Étrier, cit. 3). *Coussinet de selle* (⇒ Panneau). *Bourre de selle. Sangle, contre-sangle, fonte, étrier, étrivière, porte-étrier, porte-fer attachés à une selle. Selle de femme,* pour monter en amazone*. — (1690). *Cheval* (cit. 6) *de selle,* qui sert de monture*. — *Monter un cheval sans selle.* → À cru, à poil. *Se mettre en selle :* monter à cheval (→ Dénouer, cit. 2). *Sauter sur sa selle* (→ Houssine, cit. 1).

2 Elle allait à cheval sur une selle d'homme, en dépit de l'invention des selles de femme introduite en Angleterre au quatorzième siècle par Anne, femme de Richard II.   HUGO, l'Homme qui rit, II, I, III, III.

Le cheval qu'il montait était la pie de M. d'Arboise lui-même. Il avait une selle arabe qui jetait des feux par tous ses clous.   J. GIONO, Jean le Bleu, VII.

EN SELLE. *Être en selle* (→ Armer, cit. 18). *Bien en selle,* ferme sur ses étriers. ⇒ aussi Assiette. *Se maintenir en selle* (→ Excéder, cit. 8). — Fig. *Être bien en selle :* être affermi dans sa position. *Mettre qqn en selle,* lui mettre le pied à l'étrier*. *Se remettre en selle :* se rétablir.

(1594, *in* D. D. L.). Loc. fig., vx. *Selle à tous chevaux :* chose qui convient à tout, banalité (→ Proverbe, cit. 2).

♦ 2. (Fin XIXe). Petit siège de cuir, triangulaire, généralement muni de ressorts, adapté à un cycle. *Selle de vélo, de moto, de scooter... Joues, bec d'une selle. Hausser, baisser une selle. Selle et tan-sad d'une moto. Double selle d'un scooter.*

4 Les cahots le réjouissaient. Car il connaissait ainsi l'élasticité des bandages, la résistance du cadre, la souplesse de la selle (...)   J. ROMAINS, les Copains, II.

♦ 3. (1739). Région de la croupe entre le gigot et la première côte chez le mouton, l'agneau, le chevreuil... *De la selle d'agneau. Plat servi dans ce morceau. Une selle de chevreuil* (→ Relevé, cit. 42).

♦ 4. Anat. *Selle turcique*⇒ Turcique.

♦ 5. Zool. Groupe d'anneaux produisant le mucus destiné à la ponte, chez le lombric.

DÉR. Sellée, 1. seller, sellerie, sellette, sellier.
COMP. Boute-selle, enseller.
HOM. Celle, sel.

SELLÉ, ÉE [sele ; sɛle] adj. ⇒ Seller.

SELLÉE [sele ; sɛle] n. f. — 1803 ; de *selle,* I., 4.

♦ Techn. Série de carreaux de céramique disposés avant la pose sur le banc appelé *selle.*

HOM. Scellé, sceller, 1. seller, 2. seller.

1. SELLER [sele ; sɛle] v. tr. — 1090 ; de *selle.*

♦ Munir (un cheval) d'une selle. *Seller son cheval* (→ Destrier, cit. 1). — Au p. p. *Cheval sellé et bridé, prêt à partir.*

DÉR. Sellage.
COMP. Déseller, reseller.
HOM. Scellé, sceller, sellée, 2. seller.

2. SELLER (SE) [sele ; sɛle] v. pron. — 1798 ; orig. incert., p.-ê. altér. de *sceller.*

♦ Vx. Se durcir en surface (en parlant d'un terrain). — On dit aussi *seller,* v. intr.

HOM. Scellé, sceller, sellée, 1. seller.

SELLERIE [sɛlʀi] n. f. — 1319 ; de *selle,* ou de *sellier.*

★ I. (1390 ; de *selle*). Ensemble de selles, de harnais. (→ Harnais, cit. 14). *La sellerie d'une écurie de courses.* — Lieu (remise, resserre) où l'on range ces harnachements.

★ II. (De *sellier*). Métier, commerce du sellier, ouvrages de sellier. *Articles de sellerie :* selles, harnais, colliers, brides, bâts... coussins et garnitures pour voitures. *Cuirs, peaux, basanes, toiles utilisés en sellerie. Bourrellerie* et sellerie. Sellerie-garniture :* fabrication des pièces garnissant l'intérieur des véhicules. *Sellerie-maroquinerie :* fabrication et entretien des articles de maroquinerie et de voyage en cuir.

SELLETTE [sɛlɛt ; sɛlɛt] n. f. — XIIIe ; de *selle.*

♦ 1. Petite selle (I., 1.). ⇒ Tabouret. — Spécialt, anciennt. Petit siège* bas sur lequel on faisait asseoir les accusés pour les interroger. *Accusé sur la sellette* (→ Condamnation, cit. 1).

(Déb. XVIIe). Loc. fam., mod. SUR LA SELLETTE. *Être sur la sellette :* être accusé ; par ext., être la personne dont on parle, dont on examine les torts et les mérites. *Mettre, tenir qqn sur la sellette,* l'interroger, le questionner comme un accusé.

1 — Un candidat se met sur la sellette et, reprit Achille avec feu, j'ai le droit d'interroger sa vie avant de l'investir de mes pouvoirs.
      BALZAC, le Député, Pl., t. VII, p. 661.

(1680). Vx. Miséricorde* (d'une stalle).

♦ 2. (1611). Techn. anc. Pièce d'une charrue, sur laquelle s'appuie le timon.

♦ 3. Petite selle (II., 1.) ; pièce du harnais d'un cheval de trait, qui porte au lieu d'étriers les courroies soutenant les brancards.

2 *(Le soleil couchant)* allongeait à hauteur d'homme une lumière roussâtre, qui faisait étinceler les moyeux des roues, les poignées des portières, le bout des timons les anneaux des sellettes (...)   FLAUBERT, l'Éducation sentimentale, II, IV.

♦ 4. (1876). Petite selle de sculpteur. — Par ext. Sorte d'escabeau étroit, petit meuble destiné à porter une statue (⇒ **Gaine**), une plante verte, etc.

3 *(Épreuve de dessin.)* À l'endroit le plus éclairé de la classe, Roubaud a disposé deux cercles de chaises ; au centre de chacune *(sic)* une sellette. Que va-t-on poser là-dessus ? (...) L'examinateur factotum disparaît et revient porteur de deux cruches de verre à anse. WILLY (COLETTE), Claudine à l'école, p. 219.

♦ 5. (1774). Techn. Petit siège suspendu à une corde utilisé par les ouvriers du bâtiment.

♦ 6. (1765). Techn. Établi, chevalet de vannier.

♦ 7. (Mil. xxᵉ). Pièce servant à fixer les câbles, au sommet d'un pylône de pont suspendu.

♦ 8. (1904). Agric. *Déchaussement en sellette* (façon donnée à la vigne).

SELLIER [selje] n. m. — XIIIᵉ ; de *selle*.

♦ 1. Fabricant et marchand de selles, d'ouvrages de sellerie*. ⇒ **Bâtier, bourrelier** (→ Oser, cit. 1 ; poil, cit. 4). *Métier, commerce du sellier. Alène*, paumelle*, pied-de-biche* de sellier. Le sellier travaille le cuir*.* — *Sellier garnisseur :* spécialiste de sellerie*-garniture.

REM. Le fém. *sellière* est virtuel.

♦ 2. Loc. *Façon sellier :* exécution du travail du cuir, par coutures à la main et astiquage des tranches.

HOM. Cellier.

SELON [s(ə)lɔ̃] prép. — 1125, *sulunc* ; probablt du lat. pop. *sublongum* « le long de », de *longum* « long ».

♦ 1. Vx. Le long de. *Selon la rive.*

♦ 2. En se conformant à. **ⓐ** En prenant pour règle pour guide, pour modèle. ⇒ **Conformément** (à), **suivant** (→ Forme, cit. 63 ; initiative, cit. 8). *Faire qqch. selon les règles.* ⇒ **Dans** (*supra* cit. 16 : dans les règles). *« Je viens selon l'usage antique* (cit. 1) *et solennel... »* (Racine).

Littér. (Formant avec un nom une sorte de locution adjectivale). *Des êtres, une personne selon mon cœur* (→ 1. Idéal, cit. 1 ; posséder, cit. 25). *La monarchie selon la Charte* (→ Esprit, cit. 171). — *Un mari qui soit selon mes vœux* (→ Fille, cit. 4). *Il est selon mon cœur de...* (→ Blanchir, cit. 7).

ⓑ En prenant (telle forme), en suivant (tel chemin), en obéissant à (telle loi naturelle), etc. *La réflexion* (cit. 1) *se fait selon un angle égal à l'angle d'incidence* (→ aussi Mouvant, cit. 5).

ⓒ En proportion* de. *Ils m'avaient tous donné quelque chose, chacun selon ses petits moyens* (2. Moyen, cit. 20). — *À chacun selon ses besoins, selon ses mérites. Que chacun soit placé selon sa capacité et rétribué selon ses œuvres* (cit. 13).

ⓓ Loc. conj., littér. **SELON QUE**, suivi de l'indic. : de la manière que ; dans la mesure où... (→ Brûler, cit. 17 ; justice, cit. 8).

1 Or, les prêtres, selon qu'au livre il est écrit,
S'assemblèrent, troublés, chez le préteur de Rome.
HUGO, la Légende des siècles, II, VIII.

♦ 3. Si l'on se rapporte à. **ⓐ** SELON servant à introduire un mot, une phrase que l'on présente comme une sorte de citation. *Selon la forte expression du moyen âge, il faut qu'il serve son fief* (→ Posséder, cit. 36). *Selon ses propres termes. Selon l'expression consacrée* (→ Kermesse, cit. 2).

ⓑ Servant à introduire une réserve ou indiquant que la pensée exprimée n'est qu'une opinion parmi d'autres possibles. ⇒ **Après** (d'après), **suivant**. *C'est là, selon moi, la bonne philosophie.* ⇒ **Sembler** (ce me semble). → Assortir, cit. 20. — (Suivi d'un n. de chose). *Selon quelques traditions* (→ Papier, cit. 1). *Selon l'opinion, le témoignage de...*

2 (...) en revenant du village, comme je vous le disais, après avoir fait, selon moi, la sottise ; selon vous, la belle œuvre de donner mon argent.
DIDEROT, Jacques le fataliste, Pl., p. 576.

ⓒ Du point de vue de ; si l'on juge d'après tel principe, tel critère. *Des gens infâmes* (cit. 9), *même selon les lois des hommes.* — *Selon toute apparence* (→ Rêve, cit. 9). *Selon toute vraisemblance* (→ Exploiter, cit. 5).

ⓓ Relig. *Évangile selon saint Jean :* évangile de saint Jean (→ Prône, cit. 3). ⇒ aussi **Évangile** (cit. 7).

♦ 4. Employé dans une phrase marquant l'alternative et indiquant que la réalisation de l'une ou de l'autre des possibilités exprimées dépend des diverses circonstances qui se présentent (→ Ligue, cit. 4, La Fontaine). *L'ombre s'allongeait ou se rétrécissait* (cit. 7), *selon le mouvement du terrain. Selon les circonstances. Selon les cas* (→ Repère, cit. 5).

Loc. conj. SELON QUE, suivi de l'indic. ⇒ **Suivant** (que). *« Selon qu'il vous menace, ou bien qu'il vous caresse* (cit. 19) *La cour autour de*

vous, ou s'écarte ou s'empresse » (Racine). *« Selon que vous serez puissant ou misérable... »* (→ Blanc, cit. 12, La Fontaine).

3 Bézuquet, maintenant, marche à grands pas devant sa porte, tour à tour rose ou vert selon qu'il passe devant l'un ou l'autre de ses bocaux.
Alphonse DAUDET, Tartarin sur les Alpes, VII.

4 La pluie, la neige, la gelée, le soleil, devinrent ses ennemis ou ses complices, selon qu'ils nuisaient ou qu'ils aidaient à sa fortune. F. MAURIAC, Destins, XII.

♦ 5. SELON (vx), ou C'EST SELON (mod.) : cela dépend des circonstances, du point de vue où l'on se place (→ Cela dépend*, peut-être).

Je vous reverrai avant mon départ ?... c'est selon.
DUMAS, le Comte de Monte-Cristo, II, XVII.

CONTR. Contre, dépit (en dépit de).

SELTZ [sɛlts] ⇒ **Eau** (II., A., 2.) : *eau de Seltz.*

SELVE [sɛlv] n. f. — 1900, J. Brunhes, *selva* ; empr. au port. du Brésil *selva*, du lat. *silva.* Cf. l'anc. franç. *selve* « forêt », 1080.

♦ Géogr. Forêt vierge des pays équatoriaux (surtout à propos de l'Amazonie). — On trouve souvent cet emprunt sous sa forme d'origine *selva*.

DÉR. Selvatique.

SELVATIQUE [sɛlvatik] adj. — 1972 ; in *la Clé des mots* ; de *selve*.

♦ Géogr. Relatif à la selve, à la forêt équatoriale.

SÉMA- Élément, du grec *sêma* « signe ». ⇒ **Sémio-**.

SEMAILLE [s(ə)maj] n. f. — V. 1268, au sing. ; fin XIIᵉ, *semmailhes*, au sens 2 ; dér. de *semer* ou issu du lat. *seminalia*, plur. neutre de *seminalis*, de *semen* « semence, graine » ; de nos jours, s'emploie presque exclusivement au pluriel.

♦ 1. (1549). Travail qui consiste à semer, à ensemencer (⇒ **Ensemencement, semis**) ; période de l'année où l'on fait ce travail. — REM. *Semailles* s'emploie surtout en parlant des céréales. — *Les semailles et la moisson* (→ Cesser, cit. 1). *Semailles de printemps, d'automne* (→ 2. Fumer, cit. 3). *Semailles en ligne, à la volée.* — Littér. *Les Semailles et les Moissons,* ouvrage de Troyat.

1 (...) dans les labours restés nus, on avait commencé les semailles de printemps. Partout, au milieu des mottes grasses, des hommes marchaient, avec le geste, l'envolée continue de la semence. ZOLA, la Terre, V, VI.

(XVIᵉ). Époque où l'on sème les graines.

Au sing. (rare). *Faire la semaille.*

♦ 2. Graine* qu'on sème ou qu'on a semée. *Une couche de limon* (1. Limon, cit. 2) *avait étouffé les semailles.*

2 (Il) répétait toujours : « Il y a de quoi faire », heureux de jeter l'or à la volée comme des poignées de semailles (...)
Alphonse DAUDET, le Nabab, t. I, XI, p. 214.

♦ 3. Fig., par métaphore (rare au sing.).

3 Tandis que la République est un fruit, on en fait en France une semaille. Ailleurs, elle suppose des hommes libres, en France elle doit se faire tutrice et institutrice. H.-F. AMIEL, Fragments d'un journal intime, 8 sept. 1870.

Ici, le Père reprit avec plus d'ampleur encore l'image pathétique du fléau. Il évoqua l'immense pièce de bois tournoyant au-dessus de la ville, frappant au hasard et se relevant ensanglantée, éparpillant enfin le sang et la douleur humaine « pour des semailles, qui prépareraient les moissons de la vérité ».
CAMUS, la Peste, p. 112.

SEMAINE [s(ə)mɛn] n. f. — XIIᵉ ; *sameine*, 1050 ; du lat. ecclés. *septimana*, fém. de *septimanus* « relatif au nombre sept », de *septem* « sept ».

★ I. ♦ 1. ⓐ Dans les calendriers* de type occidental et chrétien, Chacun des cycles de sept jours (⇒ **Dimanche, lundi, mardi, mercredi, jeudi, vendredi, samedi**) dont la succession, indépendante du système des mois et des années, partage conventionnellement le temps en périodes égales qui règlent le déroulement de la vie religieuse, professionnelle, sociale, familiale... — REM. L'Organisation internationale de standardisation recommande de considérer le lundi comme le premier jour de la semaine. → Dimanche, REM. *Qui a lieu une fois* (⇒ **Hebdomadaire**), *deux fois* (⇒ **Bihebdomadaire, semihebdomadaire**), *trois fois la semaine, par semaine* (⇒ **Trihebdomadaire**). *Au milieu ou à la fin* (cit. 2) *de la semaine prochaine.* — Fam. *La semaine des trois jeudis* (vx), ou, de nos jours (fam.), *des quatre jeudis*.* — Littér. *La Semaine* ou *la Création du monde,* poème de Du Bartas.

1 L'Occident chrétien, fidèle au calendrier julien puis grégorien, a combiné ce legs des Romains avec des éléments divers empruntés au calendrier juif. D'abord, une division du temps sans aucune relation avec les mois, très ancienne puisqu'on en trouve l'origine dans un chapitre de la *Genèse,* la semaine, période de sept jours se reproduisait indéfiniment sans tenir compte des années.
A. CORDOLIANI, in Encycl. Pl., l'Histoire et ses méthodes, p. 44.

ⓑ Cette période, considérée du point de vue du nombre et de la répartition des heures de travail. *La semaine de quarante heures* (cit. 14).

1.1 La semaine de quarante heures violée un peu partout, notamment dans la métallurgie où le patronat voulait rattraper ses pertes, une nouvelle vague de grèves sauvages submergea la France, mais cette fois le gouvernement fit évacuer les usines par la force.   Raymond ABELLIO, les Militants, t. II, p. 281.

SEMAINE ANGLAISE (1911, *in* D.D.L.) : organisation du travail, d'abord en usage en Angleterre, qui accorde aux travailleurs, outre le repos du dimanche, celui du samedi après-midi ou même du samedi tout entier.

1.2 (...) le lendemain samedi, profitant de la semaine anglaise, il alla trouver un médecin du quartier pour lui exposer son cas.   M. AYMÉ, le Passe-muraille, p. 8.

Fin de semaine. Au Canada (ou en français central pour éviter l'anglicisme *week-end*). *Bonne fin de semaine !*

c L'ensemble des jours ordinaires, des jours ouvrables, par opposition au dimanche et aux jours de fête. (→ Museler, cit. 1). *Pendant la semaine. En semaine ou le dimanche ?*

2 Le dimanche, à Chanteilles, la promenade du boulevard de la Preste était la grande occupation de l'après-midi (...) Mais en semaine cette partie de la ville était assez peu fréquentée...   J. GREEN, Léviathan, I, VI.

♦ **2.** (Fin XIIᵉ). Période de sept jours, quel que soit le jour initial. *La première semaine de novembre. Dans une semaine, deux semaines à compter d'aujourd'hui* (→ D'aujourd'hui en huit*, en quinze). *Pendant une semaine, deux semaines* (→ Pendant huit* jours, quinze* jours). — *Il lui faudra cinq ou six semaines de repos pour se rétablir complètement.*

♦ **3.** (Au sens de cycle ou de période de sept jours). **LA SEMAINE DE...**, SEMAINE (et adj.), pour indiquer le caractère particulier d'une semaine, l'événement qui la marque. *La semaine de la rentrée. La semaine de Toussaint* (→ Aspect, cit. 24). *La semaine des fêtes* (Noël, jour de l'An). — (Dans la liturgie cathol.). **SEMAINE SAINTE** : semaine qui précède le jour de Pâques (du dimanche des Rameaux au Samedi saint compris) ; → Opiner, cit. 1. *La Semaine sainte,* roman d'Aragon. — Vx. *La grande semaine : la Semaine sainte.* — *Semaine de la Passion** (supra cit. 2). — Hist. *La semaine sanglante :* la dernière semaine de la Commune, marquée par une lutte très acharnée et une répression très dure (21-28 mai 1871).

♦ **4.** (XXᵉ). Période consacrée à des manifestations particulières destinées à attirer l'attention sur un problème social, à recueillir des fonds pour une œuvre, à faire connaître un produit... *La semaine de bonté. Semaine de la sécurité. Semaine commerciale. Semaine des vins de France.*

♦ **5.** Loc. **À LA SEMAINE.** *Chambre louée à la semaine, au mois* (→ Meubler, cit. 8). — (1740). Vx. *Prêter à la petite semaine, à très court terme et à taux très élevé. Prêteur à la petite semaine* (→ For, cit. 2). Loc. fam. **À LA PETITE SEMAINE.** *Une politique, une diplomatie à la petite semaine,* qui ne résulte pas d'un plan d'ensemble, de prévisions à longue échéance. *Gouverner à la petite semaine,* par une série d'expédients. ⇒ **Jour** (au jour le jour).

3 Cérizet, au fait des besoins de tous les malheureux, faisait cette usure de ruisseau nommée le prêt à la petite semaine (...)
                                     BALZAC, les Petits Bourgeois, Pl., t. VII, p. 127.

♦ **6.** Fonction, service d'une semaine.

(1694). Loc. **DE SEMAINE,** se dit d'un service que les membres d'un groupe assurent chacun à tour de rôle pendant une semaine. *Être de semaine* (→ Prendre son tour* de...). — Spécialt (milit.). *Service de semaine. Officier, sous-officier de semaine* (→ Planton, cit.).

♦ **7.** (1552, attestation isolée ; 1823). Salaire d'un ouvrier pour une semaine de travail. *Il a déjà dépensé la moitié de sa semaine.* — Somme qu'on donne à un enfant pour ses menues dépenses de la semaine. *Donner, régler sa semaine à un employé de maison,* le congédier.

3.1 — Voici vingt sous... je vous en donnerai autant toutes les semaines.
— Elle me donne ma semaine !... Envoyez-moi tout de suite en demi-pension... avec un petit panier !   E. LABICHE, le Clou aux maris, 17.

♦ **8.** (Dans la Bible). *Semaine d'années :* intervalle de sept ans, entre deux années sabbatiques.

★ **II.** ♦ **1.** (1871, Littré). Bracelet, bague à sept anneaux. ⇒ **Semainier.** — Par appos. *Un bracelet semaine.*

♦ **2.** *Une semaine de :* un groupe de sept (objets semblables).

4 Il s'était fait fabriquer une semaine de pipes d'écume de mer, d'une minceur charmante, baptisées de noms délicieux, et qui se succédaient l'une après l'autre.
                               GONCOURT, Journal, 27 juin 1878, t. VI, p. 23.

DÉR. Semainier.

SEMAINIER, IÈRE [s(ə)mɛnje, jɛʁ ; s(ə)mɛnje, jɛʁ] n. — V. 1200 ; de *semaine.*

★ **I.** Personne qui assure un service particulier pendant une semaine (dans un collège, un chapitre, une communauté religieuse). ⇒ **Hebdomadier.** — (1765). Chacun des deux comédiens qui sont conjointement chargés, pendant une semaine, des détails relatifs à

---

la composition et à l'exécution du répertoire, à la Comédie-Française.

★ **II.** N. m. ♦ **1.** (1904). Comptab. État des salaires dus aux ouvriers pour une semaine de travail.

♦ **2.** (1828). Agenda de bureau divisé selon les jours de la semaine. — (1904). Bracelet à sept anneaux. ⇒ **Semaine** (II., 1.). — Par plais. Ensemble de sept objets.

Je retrouvais celui qui, ne sachant emplir lui-même ses stylos, portait sur lui tout un « semainier » qu'il allait, une fois par semaine, regarnir (...)
                                                    GIDE, Ainsi soit-il, p. 38.

(1876). Anciennt. Boîte qui contient un manche de rasoir et sept lames interchangeables.

(...) il n'avait jamais oublié l'aimable figure, les cravates de mousseline blanche, ni le semainier de rasoirs à manche de nacre dans leur étui de galuchat.
                                      MARTIN DU GARD, les Thibault, t. I, p. 262.

(XXᵉ). Petit meuble à sept tiroirs.

SEMAISON [s(ə)mɛzɔ̃] n. f. — XIIIᵉ ; de *semer.*
Vieux.

♦ **1.** Action de semer ; saison des semailles.

♦ **2.** (1842). Ensemencement naturel par dispersion des graines arrivées à maturité.

SEMALE [s(ə)mal] n. f. — 1772 ; néerl. *smal.*
Anciennement.

♦ **1.** Embarcation hollandaise à fond plat.

♦ **2.** Bateau de pêche de la mer du Nord.

SÉMANOTE [semanɔt] n. m. — 1876 ; comp. sav. du grec *sêma* « signe, marque », et *nôtos* « dos ».

♦ Zool. Genre d'insectes coléoptères longicornes (*Cérambycidés*) des régions du centre et du nord de l'Europe.

SÉMANTÈME [semɑ̃tɛm] n. m. — 1921 ; de *sémantique.*
Linguistique.

♦ **1.** Vieilli. Élément du mot qui est le support de sa signification, considéré en tant que représentation autonome (par oppos. au *morphème** qui indique les relations logiques entre les significations). ⇒ **Lexème ; racine.** *« Dans les langues indo-européennes le sémantème peut être considéré comme approximativement exprimé par la racine »* (Marouzeau).

♦ **2.** (1964). Ensemble des sèmes* spécifiques d'une unité linguistique, dits *sèmes nucléaires* (opposé à *classème* et à *virtuème*).

SÉMANTICIEN, IENNE [semɑ̃tisjɛ̃, jɛn] n. — XXᵉ ; *sémantiste,* 1897 ; de *sémantique.*

♦ Didact. Spécialiste de sémantique.

(...) je me suis tenu à l'écart des travaux des linguistes et des sémanticiens, car il me semblait déceler (...) dans la complexité de leur démarche, une volonté terroriste d'éloigner de leur champ d'investigation tous ceux qui ne sont pas vraiment des spécialistes.   Jacques MERLINO, les Jargonautes..., p. 12.

SÉMANTIQUE [semɑ̃tik] n. f. et adj. — 1883 ; mot créé par Michel Bréal, par oppos. à *phonétique,* d'après le grec *sêmantikos,* littéralt « qui signifie », de *sêmainein* « signifier » ; 1875, langue militaire, « technique des signaux » ; *symentique,* adj., 1561, attestation isolée.

★ **I.** N. f. ♦ **1.** Didact. Étude méthodique du langage considéré du point de vue du sens* (⇒ **Onomasiologie, sémasiologie**), théorie visant à rendre compte des phénomènes signifiants dans le langage. *Sémantique linguistique, psycholinguistique. Sémantique analytique, structurale. Sémantique descriptive, statique, synchronique. Sémantique évolutive, historique, diachronique.* ⇒ aussi **Filiation** (des sens). *Sciences voisines de la sémantique :* étymologie, lexicologie, stylistique... *Faits linguistiques étudiés par la sémantique :* relations du signifiant au signifié ; causes et formes des changements de sens : extension, restriction, spécialisation, vieillissement, affaiblissement, néologisme, métaphore, analogie, passage du concret à l'abstrait (et inversement), contagion, emprunt, changement de niveau stylistique, etc. ; synonymie, polysémie ; collision phonétique ; structure du vocabulaire... (⇒ **Lexicologie**).

L'étude où nous invitons le lecteur à nous suivre est d'une espèce si nouvelle qu'elle n'a même pas encore reçu de nom (...) les lois qui président à la transformation des sens, au choix d'expressions nouvelles, à la naissance et à la mort des locutions, ont été laissées dans l'ombre (...) Comme cette étude, aussi bien que la phonétique et la morphologie, mérite d'avoir un nom, nous l'appellerons la sémantique (du verbe *sêmainein*) c'est-à-dire la science des significations.
                               Michel BRÉAL, Essai de sémantique (1897).

Étude des significations de tout système de communication, en particulier d'une langue naturelle. *Sémantique lexicale traditionnelle*

(→ ci-dessus). *Sémantique de l'énoncé, de la phrase. Sémantique analytique* (componentielle); *sémantique structurale, paradigmatique* (champs sémantiques*); *sémantique syntagmatique. Sémantique générative et sémantique interprétative* (de la grammaire générative classique).

2 Dans le domaine linguistique, *sémantique* (...) désigne l'étude des phénomènes signifiants dans les langues naturelles, opposée à celle d'autres «composantes» de ces langues (la répartition variant profondément selon les modèles). Selon les contextes, *sémantique* peut concerner le rapport entre expression et contenu (au sens de Hjelmslev), dans une langue naturelle, à tous les niveaux; ou bien les différences d'organisation du sens par rapport aux formes *(sémantique comparée* ou *contrastive); ou* enfin, dans les théories générales, les lois valant pour toutes les langues naturelles. Dans ce dernier emploi, qui concerne explicitement les universaux du langage, on peut distinguer une approche *interprétative* et une approche «générative». La première analyse des traits différentiels et des règles combinatoires repérables en surface induit des lois sous-jacentes; la seconde construit hypothétiquement les lois organisant le passage des universaux (de nature logique) aux structures apparentes (...) En linguistique descriptive, en anthropologie, etc., *sémantique* s'emploie à propos de domaines spécifiques. Selon les cas, on parlera de sémantique morphologique *(morpho-sémantique),* de *sémantique lexicale* (qui fut longtemps la seule sémantique [...]), de *sémantique de la phrase (Satzsemantik* en allemand), *du discours,* etc. Selon les procédures, il pourra s'agir de sémantique structurale synchronique, de sémantique diachronique, de sémantique analytique ou componentielle, de sémantique comparée, etc. (souvent, et sauf précision explicite, ces procédures s'appliquent à l'objet lexical).
Alain REY, Théories du signe et du sens, t. II, p. 286-287.

♦ **2.** (Sens repris à l'angl. : Carnap, Korzybski). Nom de diverses disciplines à caractère plus philosophique que linguistique. *Sémantique philosophique :* branche de la logique symbolique, théorie générale des signes et de la signification (le langage étant considéré comme un cas particulier). — *Sémantique générale :* étude sociale, psychologique et logique du signe.

♦ **3.** (Angl. *semantics,* Ch. Morris). Log. Étude générale des relations entre les signes et leurs référents (opposée à la syntaxe* et à la pragmatique*, et constituant avec elles une sémiotique*).

★ **II.** Adj. ♦ **1.** Qui est relatif à la sémantique, qui est du domaine de la sémantique. *Aspect sémantique du langage* (→ Rythmique, cit. 2), *développement, différence, usure sémantique* (→ Famille, cit. 2; mettre, cit. 21; pléonasme, cit. 3). — (Trad. all., J. Trier). *Champ sémantique :* ensemble de mots et de notions qui se rapportent à un même domaine conceptuel ou psychologique (Les linguistes emploient aussi les expressions : *réseau associatif, champ linguistique, champ notionnel, sphère de pensée, carrefour linguistique,* etc.). — *Composante sémantique,* d'une description linguistique, d'une grammaire générative.

Psycholinguistique. *Échelle de différenciation sémantique.*

Log. *Système sémantique :* tout système comportant un ensemble de symboles (son vocabulaire), des lois de formation ou règles permettant de former des propositions, des lois de désignation et des lois de vérité.

♦ **2.** Se dit d'une phrase qui a un sens. *Phrase sémantique* (par opposition à *asémantique*).

DÉR. Sémantiquement.

SÉMANTIQUEMENT [semãtikmã] adv. — xxᵉ; de *sémantique.*

♦ Didact. Du point de vue de la sémantique; quant à la signification. *Analyser une phrase syntactiquement et sémantiquement.*

SÉMANTISME [semãtism] n. m. — xxᵉ; de *sémantique,* et *-isme.*

♦ Didact. Contenu sémantique; ensemble de valeurs prises en charge par un ou des signes.

Dans la désignation des animaux, un des traits les plus caractéristiques est constitué par les taches sur le corps. La presque totalité des animaux tachetés tirent leur nom de ce sémantisme (cf. *vairon, marcassin, maquereau,* etc.).
Pierre GUIRAUD, Patois et dialectes français, p. 18.

SÉMAPHORE [semafɔʀ] n. m. — 1812; comp. sav. du grec *sêma* «signe», et *-phore.*

♦ **1.** Mât, poste établi sur le littoral et grâce auquel on peut communiquer par signaux optiques avec les navires en vue. ⇒ aussi **Télégraphe** (aérien); → Mouiller, cit. 9. *Sémaphore installé sur la jetée d'un port*.

1 Le sémaphore de l'île a procuré à ces messieurs un moment de gaîté; tous ses cônes noirs dehors, il signalait éperdument : «Mer non maniable au large; prenez garde, oh, prenez garde!»
J.-R. BLOCH, Sur un cargo, p. 168.

♦ **2.** Dispositif (mât muni d'un bras mobile) qui indique si une voie de chemin de fer est libre ou non (⇒ **Signal**).

De notre poste d'observation, nous pouvons surveiller les abords de la gare. Les quais sont déserts. Rien ne bouge. Les sémaphores et les étoiles clignotent. 2
B. CENDRARS, Moravagine, in Œ. compl., t. IV, p. 172.

DÉR. Sémaphorique, sémaphoriste.

SÉMAPHORIQUE [semafɔʀik] adj. — 1829; de *sémaphore.*

♦ Techn. Relatif à un sémaphore, transmis par un sémaphore. *Poste, signal sémaphorique.*

SÉMAPHORISTE [semafɔʀist] n. — 1920; de *sémaphore.*

♦ Techn. Personne qui a la charge d'un sémaphore.

SÉMASIOLOGIE [semazjɔlɔʒi] n. f. — 1890, P. Larousse, *Deuxième Suppl.* au sens de «sémantique»; all. *Semasiologie,* 1825, H. K. Reisig; comp. sav. du grec *sêmasia* «signification», et *-logie.*

♦ Ling. Science des significations, partant du mot pour en étudier le sens (opposé à *onomasiologie**). ⇒ **Sémantique.**

DÉR. Sémasiologique.

SÉMASIOLOGIQUE [semazjɔlɔʒik] adj. — D. i.; de *sémasiologie.*

♦ Didact. De la sémasiologie.

SEMBLABLE [sãblabl] adj. — V. 1200; de *sembler.*

♦ **1.** SEMBLABLE à : qui ressemble* à..., qui a de la ressemblance* avec... ⇒ **Analogue, comparable, pareil, similaire.** *Une demeure* (cit. 11) *rigoureusement semblable à ses voisines. Tout semblable à...* (→ Haridelle, cit. 2), *parfaitement semblable à..., tout à fait semblable à...* (→ Épilepsie, cit. 2; jumeau, cit. 1). *Assez semblable à...* (→ Affleurement, cit. 2; approcher, cit. 5). *«En cela peu semblable au reste des mortelles»* (→ Flatteur, cit. 8, La Fontaine). *Rendre qqch. semblable à...* ⇒ **Assimiler.** — *Rester semblable à soi-même :* rester tel qu'on a toujours été. *Des hommes semblables à nous, à moi...* (→ Ilotisme, cit. 2; inconnaissable, cit. 3).

Le Seigneur Dieu dit aussi : Il n'est pas bon que l'homme soit seul; faisons-lui un 1
aide semblable à lui. BIBLE (SACY), Genèse, II, 18.
(L'orgueil) Qui nous rend triomphants et semblables aux Dieux ! 2
BAUDELAIRE, les Fleurs du mal, «Le vin», CVII.

(Dans un sens affaibli, pour introduire une comparaison.) ⇒ **Comme, goût** (dans le), **manière** (à la). *« Le poète est semblable au prince des nuées »* (→ aussi Amandier, cit.; pensée, cit. 18). *Cette estimable feuille qui, semblable aux Académies de province, ne faisait jamais parler* (cit. 33) *d'elle.*

Je n'oublierai jamais les jardins de la France 3
Semblables aux missels des siècles disparus ARAGON, le Crève-cœur, p. 46.

(Sans compl. en *à).* Qui ressemble à la chose en question. ⇒ **Même.** *Il prit le diamant, et en fit faire un faux tout semblable* (→ Gage, cit. 2; et aussi intempérie, cit. 4; métamorphose, cit. 2; rappeler, cit. 18). *Et autres choses semblables* (→ Indéfini, cit. 1; marque, cit. 10). *Dans des circonstances semblables* (→ Oblation, cit. 2). *Rien de semblable.* ⇒ **Commun** (→ Lumière, cit. 19). *Un trou ou quelque chose de semblable* (→ Blottir, cit. 1). — (Placé devant le nom. — REM. Cet emploi doit pas être confondu avec l'emploi ci-dessous. 3.). *«Hélas* (cit. 3) *quand reviendront de semblables moments?»* (La Fontaine). *Rancé courut de semblables dangers* (→ 1. Parler, cit. 29; et aussi fanatisme, cit. 2). *En semblable occasion* (→ Fiasco, cit. 2).

C'est par de telles ou semblables interruptions qu'il ne donne pas le loisir à celui 4
qui lui parle de respirer (...)
LA BRUYÈRE, les Caractères de Théophraste, «Du grand parleur».

♦ **2.** (Déb. XIIIᵉ). Au plur. (en parlant de deux ou plusieurs choses comparées entre elles dans leur apparence, leur forme...). Qui se ressemblent entre eux. ⇒ **Même** (de même forme...); et préf. **homéo-, homo-.** *Semblables ou identiques* (cit. 3). *Aussi semblables que deux amandes philippines* (cit.). *Êtres absolument semblables entre eux* (→ Patron, cit. 4). ⇒ **Jumeau.** *Trois êtres semblables, mais non égaux, constituent la famille* (cit. 15). *Deux âmes aussi semblables en tout que les nôtres* ⇒ **Parent** (→ Admirer, cit. 1). *Processus semblables.* ⇒ **Parallèle.**

Pour que l'union soit bonne, il faut que les êtres qu'elle rapproche soient sembla- 5
bles, et différents. É. DE SENANCOUR, De l'amour, p. 9.

(1484). Math. Qui se correspondent dans une similitude. *Triangles semblables,* qui ont leurs angles égaux chacun à chacun et leurs côtés homologues* proportionnels. ⇒ **Similitude.** *Figures semblables.* — *Termes semblables d'un polynôme,* ceux qui ne diffèrent que par le coefficient.

— Tu te rappelles bien quelles sont les propriétés de deux triangles semblables. 5.1
— Oui, répondit Harbert. Leurs côtés homologues sont proportionnels.
J. VERNE, l'Île mystérieuse, t. I, p. 179.

♦ **3.** (XVIIᵉ). Antéposé; emploi démonstratif à valeur affective. De cette nature. ⇒ **Tel.** *« Pourquoi donc me donner un semblable conseil ? »* (→ Demander, cit. 48, Molière; et aussi gascon, cit. 4, la Fontaine).

De semblables sornettes (→ Forger, cit. 12). *Impossible, en semblable pays, de philosopher* (cit. 5).

♦ **4.** N. **Un, une semblable; le, la semblable de...** (vx) : chose semblable (cf. Descartes, *in* Littré). ⇒ **Équivalent, pendant.** — Être semblable. *Ne pas avoir de semblables* (→ Blasement, cit.). *Vous et vos semblables les diseurs de phébus* (cit. 2, La Bruyère). ⇒ **Congénère, pareil.** — Spécialt. (Souvent précédé d'un possessif). Être humain, considéré comme semblable aux autres. ⇒ **Prochain** (→ Intolérant, cit. 5; moi, cit. 22; planète, cit. 4). *Aimer* (cit. 4) *ses semblables; humilier son semblable* (→ Aumône, cit. 14). « *Hypocrite lecteur, mon semblable, mon frère...* » (cit. 19, Baudelaire).

6   Du haut d'un quatrième, c'est étonnant comme des hommes, une masse d'hommes ne semblent plus des individus, des êtres humains, des semblables, du prochain, mais une espèce de troupeau (...)
Ed. et J. DE GONCOURT, Journal, 14 févr. 1866, t. III, p. 20.

7   (...) entre tout ce qui vit existe un lien secret, une similitude, qui engendre aussi bien la haine que l'amour. Le semblable caresse ou dévore un semblable.
VALÉRY, Eupalinos, « Dialogue de l'arbre », p. 201.

8   L'homme, qui n'aime rien laisser perdre, fait exception pour les corps de ses semblables. Il lui paraît encore plus sacrilège de s'en servir que de les abandonner.
Roger CAILLOIS, le Rocher de Sisyphe, p. 100.

CONTR. Autre, contraire, différent, distinct; antagonique, contradictoire, disparate, dissemblable, dissimilaire, divergent, divers, incomparable, opposé.
DÉR. Semblablement.

SEMBLABLEMENT [sãblabləmã] adv. — Fin XIIᵉ, repris v. 1370; de *semblable*.

♦ Rare. D'une manière semblable. ⇒ **Pareillement.** (Renvoyant à ce qui précède). De la même façon; aussi bien. « *Semblablement où est la reine...* » (→ Jeter, cit. 5, Villon).

SEMBLANCE [sãblãs] n. f. — V. 1120; de *sembler*.

♦ Vx ou par archaïsme. Apparence, extérieur, ressemblance. *Dieu m'a créé à son image* (cit. 28) *et semblance* (→ aussi Prisonnier, cit. 11).

1   Ce n'était plus l'angoisse de ma première visite à la tombée de la nuit devant le rideau d'un noir absolu passé lequel je devenais aveugle, c'était un sentiment beaucoup plus mélangé : celui d'un enfant qui, jouant à certains jeux, affronte des dangers qu'il sait bien n'être que la semblance de véritables dangers (...)
Michel LEIRIS, Fourbis, p. 39.

(En relation avec le verbe *sembler*). Apparence; ce qui semble à quelqu'un.

2   Au cent cinquantième échelon, il lui sembla que le nombre des échelons supérieurs n'avait guère diminué. Au deux centième échelon, cette semblance devint une certitude (...)
R. QUENEAU, le Chiendent, p. 121 (1932).

SEMBLANT [sãblã] n. m. — 1080; en anc. franç. « ressemblance; apparence extérieure, mine, manière d'être; avis, pensée »; de *sembler*.

♦ **1.** Vx. Apparence (opposé au *réel*). *La pensée qu'ils nous cachent* (cit. 22) *sous tant de beaux semblants* (→ aussi Feindre, cit. 6; hypocrite, cit. 24). « *Et votre cœur, paré de beaux semblants d'amour...* » (→ Promettre, cit. 18, Molière). « *Discerner* (cit. 4) *le mal qui se cache sous un tel semblant de bien* ». ⇒ **Manteau.** — Mod. **Faux-semblant** : apparence trompeuse. — Absolt. *Le semblant coûte aussi cher que le réel* (→ Plume, cit. 19).

1   Les mensonges que j'étais sans cesse obligée de faire, mon imagination les colora bientôt des semblants d'un silence qu'il convenait de garder sur une nécessité inéluctable. PROUST, les Plaisirs et les Jours, p. 148.

(1636). *Un semblant de...* : quelque chose qui n'a que l'apparence de... (se dit en parlant de ce qui n'est pas réellement ce qu'on le nomme). ⇒ **Manière, simulacre.** *Donner à qqn un semblant de satisfaction. Un semblant de renommée* (→ Coterie, cit. 2), *de triomphe* (→ Parcelle, cit. 4). — Fam. (en parlant de choses concrètes). *Un semblant de vieille vinasse* (→ Mélanger, cit. 2).

2   Quelque amour t'est venu, comme on en voit sur terre,
    Une ombre de plaisir, un semblant de bonheur.
A. DE MUSSET, Poésies nouvelles, « Nuit de mai ».

3   On nous marie, vous savez de quelle manière (...) Et pourtant ce semblant de ménage à l'européenne (...) représente déjà un progrès qui nous flatte.
LOTI, les Désenchantées, II, VII.

4   Un semblant de jardinet longeait le mur (...)
G. DUHAMEL, Salavin, VI, IV.

♦ **2.** (V. 1155). Loc. verb. (cour.). **Faire semblant** (« montrer, laisser voir », en anc. franç.). *Faire semblant de...* : se donner l'apparence de..., faire comme si... ⇒ **Affecter, feindre.** *Faire semblant de rire* (→ Amuser, cit. 16), *d'y croire* (→ Pactiser, cit. 1), *de comprendre* (cit. 13)..., *de ne pas prendre garde* (cit. 41)... Ellipt. *Il ne dort pas, il fait semblant.* — (Avec déplacement de la négation*). « *Vous ne faisiez pas hier semblant de nous voir* » (La Bruyère, IX, 50). « *Je ne fis pas semblant de m'en apercevoir* » (Lesage, *Gil Blas*, XI, VII).

5   Eh quoi! tu fais semblant de ne me pas connaître? CORNEILLE, Mélite, III, 4.

6   Il fait semblant d'écrire en chiffre, à peu près comme un acteur fait semblant de manger ou de boire; et peut-être le fait-il pour se donner la sensation d'être de connivence avec soi-même (...)
VALÉRY, Variété, Études littéraires, t. I, Pl., p. 568.

7   Son mari, lui, resta muet; mais il me regarda d'un air dur; il croyait que j'avais fait semblant d'oublier. F. MAURIAC, le Nœud de vipères, II, XVIII.

Vx. *Faire semblant que...,* suivi de l'indic. *Faites semblant que cela vous plaît* (Académie).

Vx. *Avoir l'air de...* — REM. Littré, qui ne signale que ce sens, cite pourtant des textes où l'expression a le sens de « feindre », sens qui est aujourd'hui le seul vivant.

Vx. *Ne faire aucun semblant de rien.* — Mod. *Ne faire semblant de rien* : feindre l'ignorance ou l'indifférence, s'abstenir de toute réaction afin de dissimuler* ses projets (→ Mine* de rien).

8   — Quoi? vous laisser battre de la sorte! — Mon Dieu, je n'ai pas voulu faire semblant de rien; car je suis violent, et je me serais emporté.
MOLIÈRE, les Précieuses ridicules, 14.

9   (...) il se donnait des peines infinies pour m'apprendre, *sans faire semblant de rien,* qu'il avait des chevaux (...)
STENDHAL, Mémoires d'un touriste, t. I, p. 260.

SEMBLER [sãble] v. intr. — 1080, *Chanson de Roland;* du bas lat. *similare* « ressembler », de *similis* « semblable ».

Paraître*. — REM. *Sembler* est plus subjectif, moins précis que *paraître*.

★ **I.** (Tour personnel). ♦ **1.** **Sembler à qqn** (suivi d'un attribut) : avoir l'air*, présenter telle apparence pour qqn. « *Que vous êtes joli!* (cit. 5) *Que vous me semblez beau!* » (La Fontaine), que vous avez belle apparence. « *Ces jours si longs pour moi lui sembleront trop courts* » (cit. 8), il les trouvera* trop courts. « *Tout vous est aquilon* (cit. 1), *tout me semble zéphyr* », tout est pour moi comme... (→ aussi Canon, cit. 1; patrie, cit. 13).

(Suivi d'un inf.). Donner l'impression, l'illusion de... *L'atmosphère* (cit. 8) *lui sembla s'être raréfiée. Chaque heure me semble durer* (cit. 5) *une journée.*

♦ **2.** (Sans compl. indirect). Paraître. (Suivi d'un attribut). *Cela semble suffisant, être suffisant.* « *Rien ne semble vrai, qui ne puisse sembler faux* » (cit. 1, Montaigne). « *Vous changez de couleur, et semblez interdite* » (cit. 16). ⇒ **Mine** (avoir la). — Être semblable à. ⇒ **Ressembler** (à). « *L'enfer semble une gueule* (cit. 6, Hugo) *effroyable qui mord* ». — (Suivi d'un inf.). « *Il ne va pas, il court, il semble avoir des ailes* » (cit. 17). « *L'imagination* (cit. 22) *semble créer quand elle ne fait qu'arranger* ». — (Avec ellipse de *être*). *Il semblait au bord de l'aveu* (→ Bloquer, cit. 5), *au comble de l'irritation* (→ Bracelet, cit. 1).

★ **II.** **Il semble...** v. impers. ♦ **1.** **Sembler à qqn** (suivi d'un adjectif attribut, et construit comme le verbe *être*) : être apparemment pour qqn. *Il me semble superflu de démontrer...* (→ Ponctuer, cit. 2; et aussi querelle, cit. 10). — Ellipt. *Il semblait évident que c'était un complot* (→ Moment, cit. 21; et aussi précieux, cit. 7).

1   (...) il lui semblait nécessaire que quelque chose de divin s'accomplît.
FRANCE, les Désirs de Jean Servien, VI.

Sembler bon*. *Il nous a semblé bon de le dire.* ⇒ **Agréer, plaire.** *Quand bon me semblerait* (→ Glu, cit. 5; et aussi instinct, cit. 3). *Exiler qui bon lui semble* (→ Monarque, cit. 2). *Si bon* (cit. 116) *leur semble. Faire tels changements que bon lui semblera* (→ Déposition, cit. 1). *Ce que bon lui semblait* (→ Fourrière, cit.).

♦ **2.** **Il semble que...** : les apparences donnent à penser..., on a l'impression* que... ⇒ **Dire** (on dirait que).

[a] Suivi de l'indic., sous la forme affirmative, pour marquer que les choses sont ainsi selon toute apparence (→ Antipathie, cit. 3; identité, cit. 5; parole, cit. 6), ou du cond. (→ Adhérent, cit. 1; déposer, cit. 6).

[b] Suivi du subj. en phrase affirmative, pour marquer un certain doute (→ Amasser, cit. 4; austérité, cit. 14), en phrase négative (→ Machine, cit. 4), et en phrase interrogative (→ Inévitable, cit. 8). — REM. La concordance des temps se fait normalement après *il semblait..., il sembla* (→ Abois, cit. 3; anéantir, cit. 8).

2   Corneille est plus moral, Racine plus naturel. Il semble que l'un imite SOPHOCLE, et que l'autre doit plus à EURIPIDE. LA BRUYÈRE, les Caractères, I, 54.

3   (...) il semblait que des charbons ardents sortissent de ses lèvres (...)
FRANCE, Thaïs, II.

4   L'impersonnel *il semble* (que), parce qu'il marque une apparence en rapport avec la disposition d'esprit du sujet parlant, amène tantôt le subjonctif, tantôt l'indicatif. Cependant, lorsque ce verbe, pris affirmativement, a un complément d'objet secondaire, la tendance de la langue littéraire moderne est de le faire suivre de l'indicatif (...) S'il n'y a pas de complément d'objet, le mode du verbe en subordination dépend de la pensée (...)
Cette différence dans l'assurance ou la certitude fait comprendre les modes dans les phrases que voici : « *Il semblait* que cette masse était devenue monstre et n'eût qu'une âme » (HUGO, Mis., II, I, 9) [...] « Chez Ronsard, Corneille, Hugo (...) *il semble que* l'émotion aboutisse au mot et *s'y tienne* » (GIDE, Incidences...).
G. et R. LE BIDOIS, Syntaxe du franç. moderne, § 1274.

(1273). Ellipt et en incise. Vx. *Ce semble* (→ Améthyste, cit. 1; concitoyen, cit. 3). — Mod. *Semble-t-il* (→ Apprivoiser, cit. 17; autrement, cit. 18), *semblait-il* (→ Liguer, cit. 2; parfaire, cit. 3).

♦ **3.** **Il me (te, lui...) semble que...** : je (tu, ...) crois, je pense que... — [a] Suivi de l'indic., presque toujours en phrase affirmative (→ Abîmer, cit. 6; acte, cit. 3; ailé, cit. 5; appauvrir, cit. 2; faim, cit. 4) ou du cond. (→ Goujat, cit. 7; incorporer, cit. 4).

b Suivi du subj. exceptionnellement à l'affirmatif (→ Mortifier, cit. 5), régulièrement en phrase négative et interrogative.

5 (...) il me semble que ce ne serait pas trop tard pour recommencer notre vie.
F. MAURIAC, le Nœud de vipères, I, XI.

6 Je me sens ici plus loin des miens que je ne pouvais l'être au Tchad même. Et il me semble que, loin d'eux, ma pensée s'endorme : qu'il fallait leur constante attention pour la tenir en éveil. GIDE, Journal, 14 mars 1943.

Il semble à... suivi d'un n. de pers. *Il semblait à Jeanne que son cœur s'élargissait* (Maupassant, *Une vie*, I, p. 17).

(Ellipt et en incise). ⇒ **Croire, juger, penser.** — Vieilli ou littér. *Ce me semble* (→ Brûler, cit. 6; dénouer, cit. 7; impudent, cit. 6; jauger, cit. 2). — Mod. *Me semble-t-il* (→ Irréductible, cit. 1), *me semblait-il* (→ Nom, cit. 3), *lui semblait-il* (→ Doigt, cit. 10), *m'a-t-il semblé* (→ Questionner, cit. 2). — Plus cour. *Il me semble* (→ Quereller, cit. 8). *À ce qu'il me semble* (→ Incommodité, cit. 6), *à ce qu'il m'a semblé* (→ Manifester, cit. 11). ⇒ **Avis** (à mon), **selon.**

7 — (...) J'ai bien, ce me semble, le droit de trouver que l'air de Djelabad vous réussit à merveille (...) Pierre BENOIT, Bethsabée, I.

8 (...) les futures Albertine que je pourrais rencontrer, et qui, me semblait-il, pourraient m'inspirer (...) PROUST, le Temps retrouvé, Pl., t. III, p. 988.

♦ **4. IL ME (TE, LUI...) SEMBLE...**, suivi directement de l'inf. *Il me semble assister* (→ Giorno, cit. 2). *Il me sembla voir ma grand-mère* (cit. 2). *Il me semblait n'avoir fait...* (→ Ignorance, cit. 19). *Il lui semblait suivre...* (→ Aggravation, cit.), *avoir trouvé...* (→ Centre, cit. 15). *Il nous semble les connaître* (→ Réminiscence, cit. 3). — Vx (avec *de*). *« Il m'a semblé d'entendre »* (Molière, *le Dépit amoureux*, v. 1461).

♦ **5. Vx. IL ME (LUI...) SEMBLE DE...**, suivi d'un compl. marquant le propos, le sujet considéré. *« Demandant à Léandre ce qu'il lui semblait de cette personne »* (Molière, *les Fourberies de Scapin*, I, 2), ce qu'il pensait de... *Que te semble de cette personne?* (→ Part, cit. 26). — Loc. mod. et soutenue. *Que vous en semble? Que* (cit. 32) *te semble de cette nouvelle acquisition?*, qu'en penses-tu? — (Avec ellipse du compl.). *« Que vous semble? »* (Racine, *Bajazet*, IV, 3).

DÉR. Semblable, semblance, semblant.

SÈME [sɛm] n. m. — 1943, E. Buyssens; autonomisation de l'élément *sem-*, du grec *sêmeion* «signe», par rapprochement avec *phonème, morphème*, etc. → *-ème.*

♦ **1.** Ling. Élément simple, dans l'analyse du sens d'un mot; trait différentiel minimal du contenu. *Sèmes nucléaires,* propres à une unité.

♦ **2.** Sémiotique. Unité constituant un acte de communication minimal (un signe, un signal peut être formé d'un ou plusieurs sèmes). *Ainsi compris, le sème est dans la langue un énoncé.*

HOM. Seime.

SEMÉ, ÉE [s(ə)me] p. p. adj. ⇒ **Semer.**

SÉMÉIO- ⇒ Sémio-.

SÉMÉIOLOGIE [semejɔlɔʒi] n. f., **SÉMÉIOTIQUE** [semejɔtik] n. f. et adj.⇒ **Sémiologie** (I.), **sémiotique** (I.).

SÉMÉLIDÉS [semelide] n. m. pl. — Mil. XXe; p.-ê. du nom propre *Sémélé,* grec *Semelê,* et *-idés.*

♦ Zool. Famille de mollusques bivalves, à coquilles allongées ou rondes, de grande taille. — Au sing. *Un sémélidé.*

SEMELLE [s(ə)mɛl] n. f. — 1268; étym. discutée; selon Bloch et Wartburg, altér. picarde de *lemelle,* dont la première syllabe, prise pour l'article, a été remplacée par *se,* du lat. *ipse,* qui a longtemps concurrencé *ille* en tant qu'article; du lat. *lamella,* dimin. de *lamina* «lame»; P. Guiraud suppose un comp. **sub-lamella,* d'après le lat. class. *sublamina, lamella* et *lamina* étant synonymes.

★ **I. ♦ 1.** Pièce constituant la partie inférieure de la chaussure. *Les semelles de souliers* (→ Frottement, cit. 6; granit, cit. 2); *de bottes* (→ Chauffer, cit. 2; 1. pas, cit. 34). *Semelles de cuir, de caoutchouc, de crêpe. Espadrilles* (cit.) *à semelles de cordes. Doubles, triples semelles. Semelles cloutées* (→ Raclement, cit. 3). *Remettre des semelles.* ⇒ **Cordonnier, ressemelage; remontage.** — Loc. *Marcher en traînant les semelles* (→ Dehors, cit. 9). *Battre** (cit. 26) *la semelle* : avoir froid (ancienn, voyager à pied, vagabonder). — Allus. hist. *On n'emporte* (cit. 9) *pas la patrie à la semelle de ses souliers.* — Par compar. :

1 Immédiatement après avoir été comme disséqué par monsieur Hochon en tranches semblables à des semelles d'escarpins, le bouilli fut remplacé par trois pigeons.
BALZAC, la Rabouilleuse, Pl., t. III, p. 1002.

2 Mon père était courbé sur un vieux soulier. Il le tenait serré contre lui et il coupait les bords de la semelle au tranchet. J. GIONO, Jean le Bleu, VI.

2.1 (...) je me contentais de ces galoches, à semelles de bois, qu'on commençait à fabriquer (...) S. DE BEAUVOIR, la Force de l'âge, p. 518.

♦ **2.** (1690). Pièce découpée de feutre, de liège... qu'on met à l'intérieur d'une chaussure. *Mettre des semelles dans des souliers un peu trop larges.*

3 (...) des souliers à boucles d'acier bronzé, fourrés de semelles en crin (...)
BALZAC, Une fille d'Ève, Pl., t. II, p. 66.

♦ **3.** (1636). Partie (d'un bas, d'une chaussette) correspondant à la plante du pied. *Chaussette à pointe, semelle et talon renforcés.* — Pièce d'étoffe renforçant cette partie.

♦ **4.** Partie médiane du dessous d'un ski, entre la spatule et le talon. *La semelle «comporte une rainure médiane (...) et (...) est bordée longitudinalement par des carres»* (J. Franco, *le Ski,* p. 8, 1967).

♦ **5.** Fam. Tranche de viande dure, coriace.

3.1 À lui-même on sert la plus effarante semelle qui hanta jamais les cauchemars d'un cordonnier hypocondriaque; on y a joint quelques clous en charbon de bois. Il lui faut quelques instants pour comprendre que l'on intitule le tout bifteck aux pommes (...) R. QUENEAU, le Chiendent, p. 81.

★ **II.** (1611). Longueur d'un pied. Spécialt (t. d'escr. à l'origine). *Rompre d'une semelle* (→ Lâche, cit. 8). Loc. cour. *Ne pas reculer d'une semelle* (→ Plomb, cit. 3); au fig. : montrer de la fermeté*. *Ne pas bouger, ne pas avancer* d'une semelle.* ⇒ **Immobile.** — *Ne pas quitter qqn d'une semelle.*

3.2 Et dans son ombre, ne le quittant pas d'une semelle, la mère, plus petite (...) ZOLA, la Terre, p. 24.

4 (...) le capitaine de gendarmerie (...) ne le quittait jamais d'une semelle (...)
CÉLINE, Voyage au bout de la nuit, p. 29.

★ **III.** Techn. ♦ **1.** (1690). Pièce plate, de bois ou de métal, servant d'appui ou de renfort et disposée perpendiculairement à l'âme*. *Semelle constituant une fondation* simple. Semelle d'un rail.* ⇒ **Patin.** *Semelle d'un palier de machine,* supportant le bâti de la machine.

♦ **2.** Charpenterie. Pièce appliquée sous une autre et servant à la renforcer. *Semelles de poutre, de tables, de sablières...* ⇒ **Boisage, comble, étai, 3. ferme.**

♦ **3.** Artill. Planchette de bois disposée entre les deux flasques d'un affût (→ Caronade, cit. 1).

♦ **4.** Mar. *Semelle de dérive :* assemblage de planches ou de tôles placé des deux côtés de petits navires à fond plat, afin de diminuer la dérive. — *Semelle d'étambot,* constituant la pièce inférieure du cadre de l'hélice.

COMP. Dessemeler, ressemeler.

SÉMÈME [semɛm] n. m. — V. 1960; angl. *sememe,* Bloomfield, 1926; du grec *sêmeion* «signe» et *-eme,* → *-ème.*

♦ Ling. Faisceau de sèmes* correspondant à un lexème.

SEMENCE [s(ə)mɑ̃s] n. f. — V. 1119, au sens II, I; du latin médiéval *sementia,* lat. class. *sementis* «semailles, semence».

★ **I. ♦ 1.** (V. 1155). Organe ou fragment de végétal capable de produire un nouvel individu et plus spécialement les graines (cit. 4) qu'on sème (→ Féconder, cit. 2) ou qu'on enfouit (→ Hersage, cit. 2). ⇒ **Sémination.** *Rendre cent fois la semence* (→ Engrais, cit. 13). *La semence prend, germe* (cit. 2), *pourrit...* (→ Hacher, cit. 11). *Trier les semences* (→ Propriété, cit. 15). *Choix, essai des semences. Chaulage, trempage, pralinage... des semences. Blé de semence,* réservé pour servir de semence. ⇒ **Grain.** *Pommes de terre de semence.*

♦ **2.** (1538). Par métaphore ou fig. Germe d'où naît qqch. ⇒ **Cause.** *Semence de division* (cit. 9), *d'ambition* (→ Germer, cit. 6), *d'honneur* (→ Hantise, cit. 1), *de foi* (→ Moisson, cit. 6)... *Les semences d'une révolution* (→ Arriver, cit. 58), *de l'ennui* (cit. 28), *des péchés* (→ Excuse, cit. 9), *des vertus* (→ Fécond, cit. 7; et aussi cheminer, cit. 3; éclore, cit. 7; extirper, cit. 1).

1 Celui qui sème la bonne semence, c'est le Fils de l'homme; le champ, c'est le monde; la bonne semence, ce sont les fils du royaume; l'ivraie ce sont les fils du malin; l'ennemi qui l'a semée, c'est le diable (...)
BIBLE (SEGOND), Évangile selon saint Matthieu, XIII, 37-38.

2 De toutes les semences confiées à la terre, le sang versé par les martyrs est celle qui donne la plus prompte moisson.
BALZAC, la Recherche de l'absolu, Pl., t. IX, p. 479.

3 (...) l'esprit classique qui fournit les idées fournit aussi leur véhicule, et les théories du dix-huitième siècle sont comme ces semences pourvues d'ailes, qui volent d'elles-mêmes sur tous les terrains.
TAINE, les Origines de la France contemporaine, II, t. II, p. 80.

4 Les vérités découvertes par l'intelligence demeurent stériles. Le cœur seul est capable de féconder ses rêves. Il verse dans tout ce qu'il aime. C'est par le sentiment que les semences du bien sont jetées sur le monde.
FRANCE, les Opinions de J. Coignard, XXII, Œ., t. VIII, p. 510.

♦ **3.** Franç. d'Afrique. Semailles, ensemencement (cette valeur reprend celle du latin *sementis*).

★ II. ♦ 1. Liquide séminal du mâle. ⇒ **Aura** (seminalis), **sperme** (→ Germe, cit. 5; incube, cit. 2).

5 Plus robustes, plus sains que vous, nous nous sommes aperçus que vous nous sur-passiez en intelligence; et sur-le-champ, nous avons destiné quelques-unes de nos femmes et de nos filles les plus belles à recueillir la semence d'une race meilleure que la nôtre.   DIDEROT, Suppl. au voyage de Bougainville, III.

6 La perte de la semence destinée à propager l'espèce humaine, chère fille, est le seul crime qui puisse exister. Dans ce cas, si cette semence est mise en nous aux seules fins de la propagation, je vous l'accorde, l'en détourner est une offense. Mais s'il est démontré qu'en plaçant cette semence dans nos reins, il s'en faille de beaucoup que la Nature ait eu pour but de l'employer toute à la propagation, qu'importe, en ce cas, *Thérèse*, qu'elle se perde dans un lieu ou dans un autre?   SADE, Justine..., t. I, p. 46.

♦ 2. (V. 1120). Fig. (lang. biblique). Descendance, postérité (d'un mâle).

★ III. ♦ 1. Par anal., joaill. Petite parcelle. *Semences de diamants.* — (1418). *Semences de perles* : perles de très petite dimension.

♦ 2. (1803). Techn. Clou à tête plate et à tige courte de sec-tion généralement quadrangulaire, utilisé en particulier par les tapissiers.

DÉR. Semenceau.

COMP. Ensemencer.

SEMENCEAU [s(ə)mɑ̃so] n. m. — 1842; de *semence.*

♦ 1. Agric. Betterave repiquée.

♦ 2. Tubercule réservé à l'ensemencement. *Semenceau de pomme de terre.*

SEMEN-CONTRA [semɛ̃kɔ̃tra] n. m. invar. — V. 1560; mots lat., *semen contra (vermes)* proprt « semence contre les vers ».

♦ Pharm. anc. Capitules de certaines armoises (armoise maritime), contenant de la santonine, employés comme vermifuge. ⇒ **Amer.**

SEMER [s(ə)me] v. tr. — Conjug. *lever.* — V. 1155; lat. *seminare*, de *semen, seminis* « semence ».

★ I. ♦ 1. Répandre en surface ou mettre en terre (des semences*) après une préparation appropriée du sol. ⇒ **Planter; poquet, rayon-nage, satif, semis.** *Semer des grains* (→ Enlever, cit. 34; germe, cit. 8), *du blé* (→ Humus, cit. 1), *de l'orge* (cit. 2)... *Semer des légumes* (→ Grimper, cit. 5; jardiner, cit. 1). *Semer des trèfles* (→ Esparcette, cit.). *Semer des arbres* (cit. 21)... Absolt. *Les pay-sans sont en train de semer.* ⇒ **Semaille** (→ Fuyant, cit. 10; méri-ter, cit. 10). *Semer à claire-voie, à la volée...* — Pron. (sens passif). → Chanvre, cit. 1.

1 Le laboureur m'a dit en songe : Fais ton pain,
Je ne te nourris plus, gratte la terre et sème.
                              SULLY PRUDHOMME, les Épreuves, « Un songe ».

Par métaphore. *Grain* (cit. 10) *de sénevé qu'on sème. Celui qui sème le bon grain* (cit. 9). Prov. *Qui sème le vent récolte la tempête* (→ aussi Moissonner, cit. 6). *« L'homme aujourd'hui sème la cause* (cit. 6), *Demain Dieu fait mûrir l'effet ». Semer en terre ingrate :* ne recueillir qu'ingratitude; échouer. *« Je fondais* (cit. 2) *sur le sable et je semais sur l'onde »*, mes efforts étaient condamnés à res-ter vains.

2 *(La maison de Hohenzollern)* a compris avant tous les autres hommes que, pour récolter plus sûrement la victoire, il faut commencer par semer la haine.
                              FUSTEL DE COULANGES, Questions contemporaines, p. 69.

Par anal. Répandre du naissain (d'huîtres).

2.1 Ces huîtres mères furent ensuite régulièrement semées au fond de la baie de Saint-Brieuc, dans les sillons tracés d'avance au moyen de bouées.
                              Louis FIGUIER, l'Année scientifique et industrielle 1865, p. 291 (1864).

♦ 2. Rare. Ensemencer*. ⇒ **Cultiver.** *Semer des terres. « Comme le champ semé en verdure foisonne »* (cit. 4). *« Il avait de plant vif semé cette étendue »* (cit. 9).

3 (...) le reste est laissé « en jachère », c'est-à-dire que la terre est labourée sans être semée, en attendant d'être remise en culture.
                              Ch. SEIGNOBOS, Hist. sincère de la nation franç., VII.

♦ 3. (Fin XIVᵉ). Par anal. du sens 1. Répandre (de petits objets) en dispersant, en disséminant. ⇒ **Jeter.** *Le petit Poucet avait semé du pain sur son chemin* (→ Miette, cit. 2). *Semer des joyaux, des fleurs sur...* (→ Abbaye, cit. 1; couvrir, cit. 18; jonchée, cit. 2). — Par métaphore. *Semer des chausse-trapes* (cit. 4), *des pièges, des embûches...* (⇒ **Dresser**). — *Semer de l'argent*, en distribuer ou en dépenser partout. *Semer l'argent :* être prodigue. ⇒ **Jeter.**

4 Beaucoup semaient le bien d'une main vigilante,
Qui n'ont pu récolter qu'une moisson sanglante.
                              A. DE VIGNY, Livre moderne, « Le trappiste ».

5 Les habitations semées çà et là par les champs semblaient éloignées de cent lieues les unes des autres.   MAUPASSANT, Clair de lune, « Conte de Noël ».

♦ 4. (XIIIᵉ). Fig. *Semer des bruits* (cit. 37), *des calomnies* (cit. 7), *une nouvelle* (→ Cause, cit. 39)... ⇒ **Propager.** *Semer des beautés, des traits d'esprit dans un ouvrage* (→ Détail, cit. 10; fourmiller, cit. 5).

---

6 J'ai semé les voluptés sur tous mes pas, et c'est par là que je suis célèbre dans tout l'univers.   FRANCE, Thaïs, II.

Répandre en diffusant*. *Semer la terreur, l'effroi* (→ Forcené, cit. 7; héros, cit. 7), *la ruine, la mort. Semer partout la désunion, la discorde, la division...* ⇒ **Mettre.**

7 Tandis qu'on vous verra d'une voix suppliante
Semer ici la plainte, et non pas l'épouvante (...)   RACINE, Britannicus, I, 4.

8 Nous sommes habitués maintenant aux horribles machines de guerre qui sèment la ruine et la mort sur d'immenses territoires.
                              G. DUHAMEL, Refuges de la lecture, I.

♦ 5. Littér. SEMER (un lieu) DE... : parsemer. *« Je leur semai de fleurs* (cit. 9) *le bord des précipices »* (Racine). ⇒ **Embellir.** *L'aurore* (cit. 20) *sème de topazes le chemin de la lumière. Semer ses propos de jurons* (cit. 1). ⇒ **Remplir.** — (Surtout au p. p. adj.). *Mer semée d'écueils* (cit. 3). *La Seine, semée d'îles* (→ Dérouler, cit. 9). *Plaine semée de villages* (→ Rapiécer, cit. 2). *Prés* (cit. 2) *semés de violettes.* ⇒ **Couvrir.** *Étoffe semée de brillants* (cit. 88), *de fleurs* (cit. 8), *de lis, de paillettes* (cit. 1)... *« Le dôme* (cit. 4) *obscur des nuits, semé d'astres sans nombre »* (Hugo). ⇒ **Étoilé.** *Routes, voies semées de dangers, de surprises, de problèmes...* (→ Épreuve, cit. 23; impalpable, cit. 2; peindre, cit. 9). — Blason. Se dit de l'écu ou des meubles quand ils sont ornés de petites piè-ces en nombre indéterminé.

9 (...) un ancien écusson armorié, dont le champ d'azur, par un singulier hasard, porte une bande semée de trois lyres d'or.
                              NERVAL, Lorely, « Souvenirs de Thuringe », II.

10 La vie est semée de ces miracles que peuvent toujours espérer les personnes qui aiment.   PROUST, À la recherche du temps perdu, Pl., t. I, p. 500.

★ II. Fam. **♦ 1.** (1867). Vieilli. Quitter (qqn), lui fausser compagnie (→ Planter là).

11 — Zut! Allez vous promener! Vous me portez sur les nerfs. Là-dessus, le poète, agacé, haussait les épaules, et me semait.
                              COURTELINE, Boubouroche, « Petit historique » (1893).

♦ 2. (1906). Se débarrasser de la compagnie de qqn, lui échapper, particulièrement en le devançant. *Il a réussi à semer ses poursui-vants* (→ aussi Performance, cit. 2). *Il a semé tous les concurrents à la course.* ⇒ **Distancer.**

12 (...) elles étaient plus libres au Bosphore que dans leurs grandes maisons d'hiver à Khassim-Pacha, trouvaient mille prétextes pour venir en ville et semaient leurs esclaves en route (...)   LOTI, les Désenchantées, IV, xxv.

▶ SEMÉ, ÉE p. p. adj. Voir à l'article.

SEMÉ, n. m. (1849) : motif décoratif formé de petits éléments régu-liers. ⇒ **Semis.**

CONTR. Récolter; accumuler, amasser, entasser.

DÉR. Semaille, semaison, semeur, semis, semoir. — V. Semence.

COMP. Clairsemé; parsemer, ressemer, sursemer.

SEMESTRE [s(ə)mɛstʀ] n. m. — Fin XVIᵉ; adj. « semestriel » du XVIᵉ (Ronsard) au XVIIIᵉ (Regnard, Voltaire); lat. *semestris*, adj., de *sex* « six », et *mensis* « mois ».

♦ 1. Première ou deuxième moitié d'une année (civile ou scolaire); période de six mois consécutifs (→ Limpide, cit. 6). *Semestre de janvier, d'hiver, premier semestre; semestre de juillet, d'été, second semestre de l'année.*

♦ 2. (1829). Rente, traitement, pension qui se paye par semestre, tous les six mois. *Payer, toucher le semestre échu.*

1 (...) l'idée lui vint de demander à son frère ce premier trimestre, ou même le semestre, soit quinze cents francs, dès que Jean serait en possession de son héri-tage.   MAUPASSANT, Pierre et Jean, III.

♦ 3. Emploi, service qui dure la moitié de l'année. Hist. *Sous l'Ancien Régime, certaines compagnies* (Grand Conseil, Chambre des Comptes) *servaient par semestres, chaque moitié* (appelée, par ext. *semestre*) *siégeant six mois.*

♦ 4. (1718). Vx. Congé de six mois des militaires.

2 — Et vous retournez dans votre pays en semestre? demanda le colonel. — Non, mon colonel, ils m'ont mis en demi-solde (...)   MÉRIMÉE, Colomba, II.

DÉR. Semestriel.

SEMESTRIEL, ELLE [s(ə)mɛstʀijɛl] adj. — 1823; de *semestre.*

♦ Qui a lieu, qui se fait chaque semestre. *Assemblée semestrielle. Revue semestrielle* ou *bisannuelle. Paiements, examens semestriels.*

DÉR. Semestriellement.

SEMESTRIELLEMENT [s(ə)mɛstʀijɛlmɑ̃] adv. — 1873; de *semestriel.*

♦ Une fois par semestre; tous les six mois.

SEMEUR, EUSE [s(ə)mœʀ, øz] n. — V. 1180; de *semer.*

♦ 1. Personne qui sème* du grain; ouvrier agricole chargé des semailles (→ Fuyant, cit. 10; herseur, cit. 1; poignée, cit. 3). « Le *geste auguste* (cit. 14) *du semeur.* » — Bibl. *La parabole* (cit. 2) *du semeur.*

1 (...) ce grand geste sempiternel du semeur semant son grain dans des lieues de sillon.   E. FROMENTIN, Dominique, II.

Littéraire :

2 (...) la brise semeuse de pollens, qui caressait tout à l'heure la terre moite, est devenue tempête de suroît (...)   J.-R. BLOCH, la Nuit kurde, p. 16.

Par métaphore. *La Nature est une semeuse d'hommes* (→ Ensemencer, cit. 5). — *La Semeuse,* figure symbolique sur certaines pièces de monnaie, certains timbres.

♦ **2.** N. f. SEMEUSE : machine agricole qui sert à semer.

2.1 — Qu'est-ce que c'est tout ça?
— Des machines agricoles.
— Comment?
— Des moissonneuses-lieuses, des faucheuses, des râteleuses, des semeuses.
— Alors, je lui dis, vous faites tout faire par les femmes?
       J. GIONO, Que ma joie demeure, Pl., t. II, p. 653.

♦ **3.** N. (XVᵉ). SEMEUR, EUSE DE... : celui, celle qui sème, répand, propage. *Semeur de troubles, de discorde.* ⇒ **Agitateur.** *Un semeur de faux bruits, de fausses nouvelles.* — Le fém. est rare.

3 *(Mercure)* fauteur de troubles, semeur de discordes, et le moment venu négociateur.   Émile HENRIOT, Mythologie légère, p. 63.

SEMI- Premier élément (invariable) de mots scientifiques, techniques ou de l'usage général, du lat. *semi* « demi ». ⇒ **Demi-.**

Outre les mots ayant acquis un sens spécifique ou une fréquence notable, on peut signaler de nombreux emplois occasionnels :

ⓐ Adjectifs. Ex. : *semi-aride, semi-clandestin, semi-colonial, semi-débutant* (1926, *in* D.D.L.), *semi-développé, semi-étatique, semi-féodal, semi-gouvernemental, semi-industrialisé, semi-légal, semi-mécanisé* (1868, *in* D.D.L.), *semi-mobile* (→ Articulation, cit. 2), *semi-officiel, semi-osseux* (→ Impropre, cit. 5), *semi-permanent, semi-politique* (1934, L. Daudet, *in* D.D.L.), *semi-présidentiel, semi-privé, semi-rural.*

1 On pense d'autre part qu'il *(le cœlacanthe)* a un habitat semi-abyssal qu'il ne quitte pour gagner les régions superficielles que pendant l'été austral.
       R. et M.-L. BAUCHOT, les Poissons, p. 66.

2 (...) les agressions climatiques dans les régions semi-désertiques de ce pays sont souvent imprévisibles (...)   Sciences et Avenir, avr. 1981, p. 61.

3 (...) ils se livreraient, en conséquence, à une licence d'actes semi-républicains.
       BABEUF, le Tribun du peuple, 24 févr. 1796, p. 255, *in* D.D.L., II, 11.

4 Les mots *captivité, emprisonnement* levaient devant ses yeux des images ténébreuses et semi-romantiques.
       GIDE, les Caves du Vatican, III, *in* Romans, Pl., p. 767.

5 (...) cultiver *in vitro* des cellules tumorales dans un milieu semi-solide (...)
       la Recherche, mars 1981, p. 370.

6 Dans le plan où se forme le spectre de l'étoile, on dispose un masque semi-transparent reproduisant le spectre d'une étoile ayant à peu près le même type (...)
       la Recherche, mars 1981, p. 338.

7 Beauté sauvage de ce chant semi-triste; allégresse musculaire; enthousiasme farouche.   GIDE, Voyage au Congo, *in* Souvenirs, Pl., p. 688.

ⓑ Noms (avec la valeur de « partiel; atténué »). Ex. : *semi-activité, semi-anarchie, semi-automatisation, semi-caravane* (d'après *semi-remorque**), *semi-carbonisation, semi-fonctionnaire, semi-indifférence, semi-obscurité, semi-philosophe* (1797, *in* D.D.L.), *semi-preuve* (→ 1. Masser, cit. 3), *semi-professionnel, semi-vulgarisation.*

8 La politique de Ballande, c'est celle de la France. Je refuse l'indépendance. Je suis pour le maintien du statut actuel *(de la Nouvelle-Calédonie)* : une semi-autonomie dans le cadre de la République.   le Nouvel Obs., 2 févr. 1981, p. 39.

9 Hormis quelques rares poches d'industries, le reste du pays ne serait plus qu'un semi-désert.   l'Express, 14 févr. 1981, p. 59.

10 (...) les chevaux passés sans transition de leur nonchalante semi-immobilité au mouvement (...)   Claude SIMON, la Route des Flandres, p. 142.

11 (...) une boule coloriée, accrochée au plafond, éclabousse de lumière, en tournant, la salle entière plongée dans une semi-pénombre.
       J. CAU, la Pitié de Dieu, p. 28.

SEMI-ARGENTÉ, ÉE [s(ə)miaʀʒɑ̃te] adj. — Mil. XXᵉ; de *semi-,* et *argenté.*

♦ Techn. *Verre semi-argenté,* recouvert d'une couche d'argenture très mince, à la fois transparente et réfléchissante.

SEMI-ARIDE [s(ə)miaʀid] adj. — 1925; de *semi-,* et *aride.*

♦ Géogr. Qui n'est pas complètement aride, qui est en bordure des régions arides. → Irrigation, cit. 2. *Les steppes semi-arides.*

SEMI-AUTOMATIQUE [s(ə)miɔtɔmatik] adj. — 1896; de *semi-,* et *automatique.*

♦ Qui est en partie automatique.

(Abstrait). « *Un processus moteur semi-automatique (...)* » (Bergson, *Matière et Mémoire,* p. 119).

Spécialt. *Arme, fusil semi-automatique :* arme dont le chargement est automatique, mais où le tireur, après avoir armé et tiré, doit recharger et réarmer.

SEMI-AUTOPROPULSÉ, ÉE [s(ə)miotopʀɔpylse] adj. — Mil. XXᵉ; de *semi-,* et *autopropulsé.*

♦ Techn. (milit.). *Projectile semi-autopropulsé,* dont la vitesse initiale est obtenue par les procédés de propulsion classiques et qui est accéléré par fusée en cours de trajectoire. — Par ext. (en parlant de l'arme). *Mortier semi-autopropulsé.*

SEMI-AUTOPROPULSION [s(ə)miotopʀɔpylsjɔ̃] n. f. — Mil. XXᵉ; de *semi-,* et *autopropulsion.*

♦ Techn. (milit.). Propulsion (d'un projectile semi-autopropulsé*).

SEMI-AUXILIAIRE [s(ə)miɔksiljɛʀ] adj. et n. m. — XXᵉ; de *semi-,* et *auxiliaire.*

♦ Gramm. Verbe qui, construit avec un infinitif, peut servir d'auxiliaire (de temps, d'aspect). Ex. : *aller, devoir, faire, laisser, pouvoir...*

SEMI-BALISTIQUE [s(ə)mibalistik] adj. — 1958; de *semi-,* et *balistique.*

♦ Techn. (milit.). *Engin semi-balistique :* engin à très longue portée dont la trajectoire est d'abord balistique, puis comporte un vol plané ou une série de rebonds dans l'atmosphère.

SEMI-BRÈVE [s(ə)mibʀɛv] n. f. — 1690, Furetière; de *semi-,* et *brève.*

♦ Mus. anc. La plus petite valeur dans la musique médiévale, avant l'usage de la « minime ». *Longues, brèves et semi-brèves.*

SEMI-CHENILLÉ, ÉE [s(ə)miʃ(ə)nije] adj. — Mil. XXᵉ; de *semi-,* et *chenillé.*

♦ *Véhicule semi-chenillé,* à chenilles motrices et roues directrices. — N. m. *Un semi-chenillé.* ⇒ **Half-track** (anglic.).

SEMI-CIRCULAIRE [s(ə)misiʀkylɛʀ] adj. — 1314, Mondeville; de *semi-,* et *circulaire.*

♦ Qui est en forme de demi-cercle. ⇒ **Demi-circulaire.** — Anat. *Canaux semi-circulaires :* canaux osseux et membraneux du labyrinthe de l'oreille interne, au nombre de trois, recourbés en fer à cheval et jouant un rôle important dans l'équilibration.

SEMI-COKE [s(ə)mikɔk] n. m. — 1937; de *semi-,* et *coke.*

♦ Techn. Produit de la distillation de la houille, coke imparfait.

SEMI-CONDUCTEUR, TRICE [s(ə)mikɔ̃dyktœʀ, tʀis] n. m. et adj. — 1897, répandu v. 1945; de *semi-,* et *conducteur.*

♦ N. m. Phys. Élément dont la conductivité électrique, intermédiaire entre celle des métaux et celle des isolants, est obtenue par addition (⇒ **Dopage**) d'impuretés *(indium, arsenic)* dans une structure cristalline *(germanium, sélénium, silicium). Jonctions** de *semi-conducteurs formant des diodes*, des transistors. Utilisation des semi-conducteurs dans les redresseurs, les détecteurs, les cellules photo-électriques.* — Adj. *Substances semi-conductrices. Propriétés semi-conductrices d'un composant.*

Le caractère semi-conducteur n'est pas l'apanage exclusif d'un petit nombre de composés chimiques, regardés comme des curiosités de laboratoire. Il est extrêmement répandu et intéresse les chimistes en raison du point de vue nouveau que fournit l'étude de la conductibilité électrique (...)
       J.-P. SUCHET, Chimie-physique des semi-conducteurs, p. 205.

SEMI-CONDUCTIBILITÉ [s(ə)mikɔ̃dyktibilite] n. f. — V. 1970; de *semi-,* et *conductibilité,* d'après *semi-conducteur.*

♦ Phys. Propriété des corps semi-conducteurs.

SEMI-CONSERVE [s(ə)mikɔ̃sɛʀv] n. f. — Mil. XXᵉ; de *semi-,* et *conserve.*

♦ Techn. Conserve (solide, liquide) partiellement stérilisée à la chaleur, stabilisée parfois par un antiseptique. *Les laits de semi-conserve.*

Le procédé de chauffage par contact direct lait-vapeur permet d'obtenir un lait quasi stérile sans aucune altération (...)
Le nouveau lait (...) devra recevoir une dénomination nouvelle, car il ne peut être appelé ni pasteurisé, ni stérilisé. Certains auteurs ont proposé *semi-conserve* (...)
       André ECK, le Lait et l'Industrie laitière, p. 38-39.

Spécialt. Produit non stérilisé constitué par des produits alimentaires, notamment des poissons ou autres animaux marins soumis à un traitement préservateur (d'après la Confédération Française des Industries de Traitement des Produits des Pêches). — Procédé de préparation de ces produits. *Poissons traités en semi-conserve :* hareng, anchois.

SEMI-CONSONNE [s(ə)mikõsɔn] n. f. — 1893 ; de *semi-*, et *consonne*.

♦ Phonét. Voyelle qui joue le rôle d'une consonne dans la syllabation (en français, *i, u* et *ou*, qui se prononcent [j], [ɥ] et [w], devant une voyelle prononcée. Ex : *lieu* [ljø], *lui* [lɥi], *jouet* [ʒwɛ]. ⇒ **Semi-voyelle, yod.**

SEMI-CRISTAL, AUX [s(ə)mikristal, o] n. m. — xxᵉ ; de *semi-*, et *cristal*. Cf. *semi-cristallin*, in *Rev. gén. des sc.*, 15 avr. 1905, p. 313.

♦ Sc., techn. Verre composé de silice, d'oxyde de plomb, de baryte, de chaux et de soude.

SEMI-DIESEL [s(ə)midjezɛl] n. m. — 1924, *Larousse mensuel* ; de *semi-*, et *diesel*.

♦ Techn. Moteur diesel à refroidissement de la chambre de combustion par l'eau de circulation.

SEMI-DIRECT, ECTE [s(ə)midiʀɛkt] adj. — 1877, Littré, *Suppl.* ; de *semi-* et *direct*.

♦ *Train semi-direct*, qui s'arrête seulement dans quelques gares (à la différence du *direct*, qui va d'un point à un autre sans arrêt intermédiaire, et de l'*omnibus*, qui dessert toutes les stations d'une ligne).

SEMI-DISTILLATION [s(ə)midistilasjõ] n. f. — Mil. xxᵉ ; de *semi-*, et *distillation*.

♦ Techn. Distillation (du charbon) à basse température.

SEMI-DISTILLÉ, ÉE [s(ə)midistile] adj. — Mil. xxᵉ ; de *semi-*, et *distillé*.

♦ Techn. Traité par semi-distillation. *Boulets semi-distillés.*

SEMI-DOMINANCE [s(ə)midɔminãs] n. f. — Mil. xxᵉ ; de *semi-*, et *dominance*.

♦ Biol. Dominance incomplète (d'un caractère génétique).

SEMI-DOUBLE [s(ə)midubl] adj. — 1690, Furetière ; de *semi-*, et *double*.

♦ **1.** Liturgie. Se dit des fêtes, des offices de solennité intermédiaires entre les simples et les doubles (→ Nocturne, cit. 3).

♦ **2.** Bot. Se dit d'une fleur dont une partie seulement des organes sexuels est remplacée par des pétales.

SEMI-DUR, DURE [s(ə)midyʀ] adj. et n. — D. i. (xxᵉ) ; de *semi-* et *dur*.

♦ Franç. d'Afrique. Construit en matériaux légers (banco*, etc.) sur un soubassement en maçonnerie (en dur*). — N. m. *Construction en semi-dur.*

SEMI-ÉTOILE [s(ə)mietwal] n. f. — Mil. xxᵉ ; de *semi-*, et *étoile*.

♦ Astron. Équivalent français de *quasar*. — REM. On pourrait dire aussi *quasi-étoile*.

SEMI-FINI, IE [s(ə)mifini] adj. — V. 1964 ; de *semi-*, et *fini*.

♦ Écon., industr. Se dit de produits qui ont subi une transformation (opposé à *matières premières*), mais doivent en subir d'autres avant d'être commercialisés (opposé à *produits finis*). ⇒ **Semi-ouvré.** *Produits semi-finis* ou *semi-produits*.

SEMI-FLOSCULEUX, EUSE [s(ə)miflɔskylø, øz] adj. — xviiiᵉ, Tournefort ; in Brunot, *Hist. de la langue française*, t. VI, p. 614 ; de *semi-*, et *flosculeux*.

♦ Bot. Se dit d'une plante dans laquelle toutes les fleurs du capitule sont des demi-fleurons (fleurs à corolle en languettes).

SEMI-FLUIDE [s(ə)miflɥid ; s(ə)miflyid] adj. — 1904, n. m. ; de *semi-*, et *fluide*.

♦ Didact. Qui est en partie fluide, ou très peu fluide.

N. m. Système solide formé d'éléments minuscules et à la surface duquel des forces tangentielles peuvent se produire.

SEMI-GLISSEUR [s(ə)miglisœʀ] n. m. — 1959 ; de *semi-*, et *glisseur*.

♦ Techn. (mar.). Bateau dont la vitesse relative normale (vitesse en mètres-seconde divisée par la racine carrée de sa longueur en mètres) est intermédiaire entre 1,3 et 3 («second régime»). *Les semi-glisseurs ont une carène allongée, un avant fin et un arrière plat, leur déplacement est faible.*

(...) le semi-glisseur constitue un agréable bateau de croisière, pour climats ensoleillés ; il sera en tout cas, beaucoup moins onéreux d'achat et d'entretien que le bateau lourd capable de la même vitesse ; cependant le semi-glisseur naviguant dans un régime de transition, son architecture aura beaucoup de difficultés pour établir un compromis entre puissance, vitesse, déplacement et tenue à la mer.
J. GIORDAN, le Yachting, p. 91.

SEMI-GOTHIQUE [s(ə)migɔtik] adj. — 1846, Bescherelle ; de *semi-*, et *gothique*.

♦ Didact. Se dit d'une écriture gothique comportant aussi des caractères romains *(onciale).*

SEMI-HEBDOMADAIRE [s(ə)miɛbdɔmadɛʀ] adj. — 1875 ; *in* Littré, *Suppl.* ; de *semi-*, et *hebdomadaire*.

♦ Rare. ⇒ **Bihebdomadaire.**

SEMI-LÉTAL, ALE, AUX [s(ə)miletal, o] adj. — V. 1960 ; de *semi-*, et *létal*.

♦ Didact. À demi létal*. Syn. : *sublétal.*

SEMI-LIBERTÉ [s(ə)milibɛʀte] n. f. — 1928 in D.D.L. ; de *semi-*, et *liberté*.

♦ Liberté partielle. — (1968). Spécialt. Régime accordé à un interné, sous certaines conditions. *Foyer de semi-liberté* (en psychiatrie).

SÉMILLANT, ANTE [semijã, ãt] adj. — 1546 ; soit de l'adj. *semilleus* (v. 1250), du verbe *sémiller* (xiiiᵉ-xivᵉ), plus rare que *asemiller* «se développer», et *semille* «mouvement, ruse...» ; dér. probable de *semer* «lancer la semence», d'où «s'agiter» (Bloch-Wartburg).

♦ D'une vivacité plaisante, agréable. ⇒ **Frétillant, fringant, gai** (→ Badiner, cit. 7), **vif.** — (Souvent avec une valeur plaisante ou ironique, pour railler un comportement, notamment amoureux, jugé déplacé). *La sémillante sexagénaire était accompagnée d'un charmant jeune homme.*
Fig. *Imagination sémillante* (Marivaux, le Paysan parvenu, p. 11). *Esprit sémillant. Pédantisme sémillant et joli* (→ Marivaudage, cit. 1).

Tout cela fut dit de bonne grâce, avec cet air sémillant, dont les Russes ont hérité depuis que les Français, qui passent pour l'avoir inventé, l'ont perdu. [1]
J.-A. DE GOBINEAU, Nouvelles asiatiques, p. 22.

(...) chacun d'eux me paraissait charmant, et particulièrement A. Maurois (qui peut être sémillant à l'excès, mais se montrait hier réservé, plein de qualités ombreuses (...) ah ! je l'aimais beaucoup. GIDE, Journal, 9 janv. 1930. [2]

SÉMILLON [semijõ] n. m. — 1836 ; mot régional du Midi, dimin. de l'anc. franç. *seme* «semence», xivᵉ ; lat. *semen*.

♦ Agric. Cépage blanc de la Gironde, donnant des raisins très sucrés.

SEMI-LUNAIRE [s(ə)milynɛʀ] adj. — 1721 ; de *semi-*, et *lune*, d'après *lunaire*.

♦ Didact. En forme de croissant, de demi-lune (on a dit aussi *semi-luné*). Anat. *Os semi-lunaire*, ou, n. m., *le semi-lunaire* : un des huit petits os du carpe (poignet). *Cartilage semi-lunaire de l'articulation du genou. Ganglion semi-lunaire* : volumineux ganglion nerveux, sensitif du nerf trijumeau, situé vers la pointe du rocher de l'os temporal. — *Repli semi-lunaire* : paupière nictitante.

SEMI-MENSUEL, ELLE [s(ə)mimãsɥɛl] adj. — 1877 ; de *semi-*, et *mensuel*.

♦ Qui paraît, se produit deux fois par mois. ⇒ **Bimensuel** (qui devrait plutôt signifier «bimestriel, paraissant tous les deux mois»).

SEMI-MÉTAL [s(ə)mimetal] n. m. — Mil. xxᵉ ; de *semi-*, et *métal*, d'après *semi-conducteur*.

♦ Phys. Corps possédant en partie les caractéristiques électriques des métaux. « ... *d'autres solides comme les semi-métaux et les semi-conducteurs fortement dopés...* » (*la Recherche*, avr. 1981, p. 449).

SEMI-MICROANALYSE [s(ə)mimikʀoanaliz] n. f. — V. 1970; de *semi-*, et *microanalyse*.

♦ Chim. Analyse chimique portant sur des masses petites (quelques centigrammes), mais supérieures à celles de la microanalyse.

SÉMINAIRE [seminɛʀ] n. m. — 1551; aussi «pépinière», et sens fig. au xvɪᵉ; empr. lat. *seminarium* (Concile de Trente, 1545), en lat. class. «pépinière», de *seminare* «semer».

♦ **1.** Établissement religieux catholique où l'on prépare les jeunes clercs à recevoir les ordres. ⇒ **Communauté** (→ Dénomination, cit. 2; hébreu, cit. 5; laïque, cit. 5). *Le séminaire* (ou *grand séminaire*) *du diocèse. Enseignement, études dans un séminaire. Élèves du séminaire.* ⇒ **Séminariste.** *Des «cuistres de séminaires»* (→ Errement, cit. 1, Saint-Simon). — *Petit séminaire :* école* secondaire catholique où l'on élève les enfants en vue du recrutement du clergé (→ Grade, cit. 3; pépinière, cit. 3).

1   Je convins avec Tiberge de nous mettre ensemble au séminaire de S(ain)t-Sulpice, lui pour achever ses études de théologie, et moi pour commencer les miennes.
      Abbé PRÉVOST, Manon Lescaut, I.

2   Au séminaire, il est une façon de manger un œuf à la coque qui annonce les progrès faits dans la vie dévote.   STENDHAL, le Rouge et le Noir, I, XXVI.

(1718). Les maîtres et les élèves du séminaire. — (Mil. xvɪɪᵉ). Temps d'étude au séminaire. *Pendant son séminaire.* — (xɪxᵉ). Bâtiments d'un séminaire.

♦ **2.** (1636). Lieu où l'on forme* des jeunes gens. ⇒ **Pépinière** (fig.).

3   (...) Venise et Naples étaient, au xvɪɪɪᵉ siècle, les grands séminaires de musique vocale, non seulement d'Italie, mais d'Europe.
      R. ROLLAND, Voyage musical..., VII, I.

♦ **3.** (1893, G. Paris, *in* D.D.L.; de l'all. *Seminar*). Groupe de travail dirigé par un professeur ou un asssistant et dans lequel les étudiants participent activement. ⇒ **Cours.** Réunion d'ingénieurs, de techniciens, de spécialistes pour l'étude de certaines questions. ⇒ **Colloque.** *Séminaires de vente pour la formation de prospecteurs qualifiés.*

4   (...) sans parler des séminaires, voire *séminaires champêtres,* vaste confrontation des directeurs et des agents de la Compagnie pour lesquels on prévoit la location d'un hôtel entier pendant une ou deux semaines.
      Pierre DANINOS, Un certain Monsieur Blot, p. 30.

SÉMINAL, ALE, AUX [seminal, o] adj. — 1372, *vertu séminale;* lat. *seminalis,* dér. de *semen* «semence».

♦ **1.** (1555). Didact. Relatif au sperme, aux spermatozoïdes. Vieilli. *Liqueur séminale.* ⇒ **Sperme** (→ aussi Germe, cit. 3). *Pertes séminales* (spermatorrhée). *Vésicules séminales.*

♦ **2.** (1611). Vieilli. Relatif à la graine de la plante. — Bot. *Lobes séminaux, feuilles séminales* (vx) : les cotylédons. *Capsule séminale.*

SÉMINARISTE [seminaʀist] n. m. et adj. — 1609; de *séminaire.*

♦ **1.** N. m. Élève d'un séminaire. ⇒ **Scolastique** (→ Élément, cit. 6; odeur, cit. 4; 1. ordination, cit.). *Mener une vie de séminariste* (→ Calmer, cit. 12).

— Les enfants de ma sœur furent pendant toute ma jeunesse de séminariste, de vicaire et de curé l'espoir de la famille.
      M. JOUHANDEAU, Chaminadour, II, Enf. de ma sœur.

♦ **2.** Adj. (1829, Sainte-Beuve). Rare. Relatif au séminaire. «*Patois* (cit. 3) *séminariste*» (Baudelaire). *Une ville administrative, militaire et séminariste* (→ Fonctionnaire, cit. 1, Sainte-Beuve).

SEMI-NASAL, ALE, ALS ou **AUX** [s(ə)minazal, o] adj. et n. f. — Mil. xxᵉ; de *semi-*, et *nasal.*

♦ Didact. (phonét.). *Consonne semi-nasale :* consonne produite par la réalisation d'une consonne nasale, puis d'une consonne orale quasi simultanées, au même point d'articulation. *Une consonne semi-nasale.* — N. f. *Une semi-nasale.*

SÉMINATION [seminasjɔ̃] n. f. — 1765, *Encyclopédie;* du lat. *semen.*

♦ Didact. Dispersion naturelle des graines d'une plante. ⇒ **Dissémination.**

SÉMINIFÈRE [seminifɛʀ] adj. — 1803, Boiste, au sens 2; de *semen,* et *-fère.*

♦ **1.** (1812). Anat. Qui conduit le sperme (on dit aussi *séminipare,* 1897). *Conduits, tubes séminifères.* ⇒ **Inséminer.**

♦ **2.** Bot. Qui porte des graines.

SÉMINIPARE [seminipaʀ] adj. — 1897, A. Prenant, *in l'Année biol.;* dér. sav. de *semen,* et *-pare.*

♦ Didact. Qui forme le sperme.

SEMI-NOMADE [s(ə)minɔmad] adj. et n. — 1830 *in* D.D.L.; de *semi-*, et *nomade.*

♦ Géogr. Caractérisé par le semi-nomadisme; qui pratique le semi-nomadisme. *Populations semi-nomades.* — N. *Les semi-nomades et les sédentaires.*

SEMI-NOMADISME [s(ə)minɔmadism] n. m. — 1906; de *semi-*, et *nomadisme.*

♦ Géogr. Genre de vie alliant l'agriculture à l'élevage nomade (notamment en bordure des déserts).

SÉMINOME [seminom] n. m. — xxᵉ; de *séminal,* et *-ome.*

♦ Pathol. Tumeur cancéreuse du testicule ou de l'ovaire, constituée par la prolifération de cellules germinales jeunes, non différenciées.

SÉMIO-, SÉMÉIO- Élément, du grec *sêmeion* «signal» (⇒ Séma-), qui entre dans quelques mots didactiques.

SÉMIO-CULTUREL, ELLE [semjokyltyʀɛl] adj. — V. 1970; de *sémio-*, et *culturel.*

♦ Didact. Relatif à une culture et à un système de signes donnés.

SEMI-OFFICIEL, ELLE [s(ə)miɔfisjɛl] adj. — 1800, *in* D.D.L.; de *semi-*, et *officiel.*

♦ Qui est inspiré par le pouvoir, par les autorités, sans avoir un caractère officiel. ⇒ **Officieux.**

SÉMIOGENÈSE [semjoʒənɛz; semjoʒenɛz] n. f. — V. 1970; *sémio-*, et *genèse.*

♦ Didact. Formation des signes et des systèmes de signes.

SÉMIOGRAPHIE [semjoɡʀafi] n. f. — 1836; grec *sêmeiographos* «qui écrit en signes autres que ceux de la graphie normale»; de *sêmeion* «signe» (→ Sémio-), et *graphos.* Didactique.

♦ **1.** Vx. Sténographie.

♦ **2.** (Mil. xxᵉ). Mod. Notation des informations cartographiques selon des symboles convenus.

SÉMIOLOGIE [semjolɔʒi] n. f. — 1752, au sens I; aussi *séméiologie;* comp. du grec *sêmeion* «signe», et *-logie.*

★ **I.** Méd. **SÉMIOLOGIE** ou **SÉMÉIOLOGIE** : partie de la médecine qui étudie les signes des maladies (symptomatologie*). — REM. On a dit aussi *sémiotique.* ⇒ **Diagnostic.**

Il nous a été donné récemment de suivre pendant un temps assez long un malade porteur d'une lésion néoplasique interpédonculaire chez lequel une série de symptômes ont attiré notre attention en raison de leur intérêt physiologique. Nous voudrions les rapporter brièvement car ils éclairent et précisent une partie de la sémiologie de la région infundibulaire et interpédonculaire.
      B. CENDRARS, Moravagine, Œ. compl., t. IV, p. 255.   1

★ **II.** ♦ **1.** (1910, Saussure). «Science qui étudie la vie des signes au sein de la vie sociale...» (Saussure, *Cours de linguistique générale,* Introd., 3). *La sémantique est une partie de la sémiologie.*

♦ **2.** Science étudiant les systèmes de signes (langues, codes, signalisations, etc.), et, spécialt (Buyssens, Prieto), les signes et systèmes de signes intentionnels. *Sémiologie des codes et des signaux.* — *Sémiologie littéraire, théâtrale... :* étude des faits littéraires, théâtraux... en tant que systèmes de signes.

Le mythe relève d'une science générale extensive à la linguistique et qui est la sémiologie.   R. BARTHES, Mythologies, p. 195.   2

(Dans un sens plus large). Science générale des signes. ⇒ **Sémiotique.** *Sémiologie graphique :* étude des systèmes de signes mis en œuvre par la représentation graphique des phénomènes, des lieux (cartographie), etc.

♦ **3.** (1946, Hjelmslev). *Une sémiologie :* un système signifiant non scientifique (opposé à *une sémiotique*).
DÉR. Sémiologique.

SÉMIOLOGIQUE [semjɔlɔʒik] adj. — 1846 ; Bescherelle ; de *sémiologie*.

★ **I.** Méd. Symptomatologique. *Démarche, taxinomies sémiologiques.*

★ **II.** (1916, Saussure). Didact. Relatif à la sémiologie (II.). ⇒ **Sémiotique** (adj.).

1   Pour nous (...) le problème linguistique est avant tout sémiologique, et tous nos développements empruntent leur signification à ce fait important. Si l'on veut découvrir la véritable nature de la langue, il faut la prendre d'abord dans ce qu'elle a de commun avec tous les autres systèmes du même ordre (...).
     F. DE SAUSSURE, Cours de linguistique générale, Introd., II, p. 35.

2   (...) le côté énergétique et économique du freudisme a été deux fois affirmé : une fois dans la lecture même de Freud, contre toute réduction sémiologique, afin de sauver la spécificité même de la psychanalyse et de la maintenir à la flexion de la force et du sens (...).
     P. RICŒUR, Une interprétation philosophique de Freud, *in* la Nef, n° 31, p. 122.

SÉMIOLOGUE [semjɔlɔg] n. — Mil. xxᵉ ; de *sémiologie*.

♦ Didact. Spécialiste de sémiologie. → Sémioticien.

(...) au vœu d'une science sémiologique succède la science (souvent fort triste) des sémiologues (...)   R. BARTHES, Roland Barthes, p. 75.

SÉMIOPTÈRE [semjɔptɛʀ] n. m. — Déb. xxᵉ ; du grec *sêmeion* « signe », et *-ptère*.

♦ Zool. Oiseau passereau de la famille des Paradiséidés. ⇒ **Paradisier.**

SÉMIOSIS [semjozis] n. f. — V. 1970 ; mot grec, par l'angl. (Peirce, puis Ch. Morris).

♦ Didact. (chez Peirce). Relation entre le signe (ou *representamen*), l'objet auquel il renvoie et son interprétant, qui constitue le processus du signe.
Processus signifiant, en général.

(...) le savoir déserte la littérature qui ne peut plus être ni *Mimésis*, ni *Mathésis*, mais seulement *Sémiosis*, aventure de l'impossible langagier, en un mot : *Texte* (...)   R. BARTHES, Roland Barthes, p. 123.

SÉMIOTICIEN, IENNE [semjɔtisjɛ̃, jɛn] n. — V. 1965 ; *séméioticien*, 1765, Encyclopédie, art. *Signe*, au sens médical ; de *sémiotique*.

♦ Didact. Spécialiste de la sémiotique. ⇒ **Sémanticien, sémiologue.**

SÉMIOTIQUE [semjɔtik] n. f. et adj. — V. 1560, Paré, *séméiotique* ; 1555, au sens I ; grec *sêmeiotikê*, de *sêmeion* « signe ».
Didactique.

★ **I.** Vx. ♦ **1.** N. f. SÉMIOTIQUE ou SÉMÉIOTIQUE : étude systématique des symptômes, en médecine. ⇒ **Sémiologie** (I.), **symptomatologie.**

♦ **2.** Adjectif :
1   La division qu'Érotien a adoptée est en livres sémiotiques ; livres relatifs à la recherche des causes (...).
     É. LITTRÉ, Introduction aux Œ. compl. d'Hippocrate, t. I, p. 99 (1839).

★ **II.** (1966 ; angl. *semiotics*, 1964, antérieurement *semiotic*, Ch. Peirce, puis Ch. Morris ; grec *sêmeiotikê*, employé par Locke ; concurrencé au xixᵉ par *sematology*, 1831. — 1954, Hjelmslev, comme adj. et au sens 2). Mod.

♦ **1.** N. f. Théorie générale des signes (des « représentations »), des systèmes de signes et des processus signifiants. ⇒ **Signe, signification ; sémiosis, sens.** *La sémiotique a d'abord été définie comme un aspect de la logique**. *Sémiotique pure, descriptive, appliquée* (Ch. Morris). *Aspects de la sémiotique.* ⇒ **Syntaxe** (logique) ; **sémantique ; pragmatique.** *La sémiotique étudie les signes dans toutes leurs formes et leurs manifestations, chez l'animal* (⇒ **Zoosémiotique**) *et chez l'homme* (anthroposémiotique), *chez les êtres vivants en général, qu'il s'agisse de signes visuels, auditifs, olfactifs, chimiques... Fonction de communication** *et fonction d'expression**, *en sémiotique.* — *Principaux objets de la sémiotique :* comportements animaux (écologie, éthologie, zoosémiotique) ; comportements humains dans l'espace (⇒ **Kinésique, proxémique**) et le temps culturels ; expression et communication humaine ; phénomènes culturels, tels que littérature *(sémiotique littéraire)*, peinture *(sémiotique picturale)*, musique *(sémiotique musicale)*, cinéma (« filmo-sémiologie »), théâtre, opéra, etc. — REM. La répartition des emplois de *sémiotique* et *sémiologie* est plus une question de référence historique (tradition anglo-saxonne : *sémiotique* ; ou tradition saussurienne : *sémiotique*) que de définition rigoureuse ; cependant les théoriciens qui suivent Hjelmslev font la distinction.

♦ **2.** (1954, Louis Hjelmslev, la *Stratification du langage*). UNE SÉMIOTIQUE : un système signifiant (spécialt un tel système, non linguistique). *Sémiotique-objet et métasémiotique. Sémiotique dénotative, dont aucun plan (expression et contenu) n'est une sémiotique. Sémiotique connotative, dont le plan de l'expression est une sémiotique (avec elle-même expression et contenu). Sémiotique métalinguistique, dont le plan du contenu est une sémiotique.* — (Opposé à *sémiologie*). Système signifiant scientifique. *Chaque science constitue une sémiotique.*

♦ **3.** Adj. De la théorie générale des signes ; de la signification sous toutes ses formes. ⇒ **Sémantique** (adj.), **sémiologique.** Psychol. *Fonction sémiotique :* capacité humaine à utiliser des signes, des symboles (→ Fonction symbolique*).

2   (...) l'apparition de la représentation dans le développement individuel n'est pas due au langage seul mais à une fonction sémiotique bien plus large, comprenant en plus le jeu symbolique, l'image mentale, le dessin et toutes les formes différées et intériorisées d'imitation (celle-ci constituant le terme de transition entre les fonctions sensorimotrices et représentatives).
     J. PIAGET, Épistémologie des sciences de l'homme, p. 277.

COMP. (Du n. f.) **Zoosémiotique.**

SEMI-OUVERT, ERTE [s(ə)miuvɛʀ, ɛʀt] adj. — Mil. xxᵉ ; de *semi-*, et *ouvert*.

♦ Math. Ouvert d'un côté, fermé de l'autre. *Intervalle semi-ouvert.*

SEMI-OUVRÉ, ÉE [s(ə)miuvʀe] adj. — Mil. xxᵉ ; de *semi-*, et *ouvré*.

♦ Techn., industr. Se dit d'un produit partiellement élaboré. ⇒ **Semi-fini.**

SEMI-PÉLAGIQUE [s(ə)mipelaʒik] adj. — xxᵉ ; de *semi-*, et *pélagique*.

♦ Didact. (Techn.). Qui concerne les fonds marins de profondeur moyenne. *Chalut semi-pélagique.*

SEMI-PERMÉABLE [s(ə)mipɛʀmeabl] adj. — 1903, Rev. gén. des sc., n° 19, p. 1013 ; de *semi-*, et *perméable*.

♦ Phys. *Membrane semi-perméable,* qui permet le passage de certaines substances tout en en arrêtant d'autres (utilisée comme cloison dans les mesures de pression osmotique). ⇒ **Colloïde.**

SEMI-POLAIRE [s(ə)mipolɛʀ] adj. — Mil. xxᵉ ; de *semi-*, et *polaire*.

♦ Phys. *Liaison semi-polaire* (ou *de coordinence*), de deux atomes dont l'un fournit à l'autre les électrons de valence.

SEMI-PORTIQUE [s(ə)mipɔʀtik] n. m. — Mil. xxᵉ ; de *semi-*, et *portique*.

♦ Techn. Appareil de levage intermédiaire entre le portique et le pont roulant (un rail au sol ; un rail fixé à un bâtiment). « *Manutention automatique (...), ponts-roulants, portiques et semi-portiques* » (*Ingénieurs et Techniciens*, n° 200, p. 13).

SEMI-PRÉCIEUSE [s(ə)mipʀesjøz] adj. f. — 1953 ; de *semi-*, et *précieux*.

♦ *Pierre semi-précieuse :* pierre* fine. *Des gemmes semi-précieuses.*

SEMI-PRODUIT [s(ə)mipʀɔdɥi] n. m. — Mil. xxᵉ ; de *semi-*, et *produit*.

♦ Écon. Produit partiellement élaboré (⇒ **Semi-fini, semi-ouvré**) et qui doit subir d'autres opérations avant d'être mis sur le marché.

SEMI-PUBLIC [s(ə)mipyblik] adj. — 1928 in D.D.L. ; de *semi-*, et *public*.

♦ Qui est en partie public et en partie privé. *Services semi-publics.* « *Un groupe de chercheurs, soutenu par un consortium d'entreprises semi-publiques* » (le Point, 13 avr. 1981, p. 104).

SÉMIQUE [semik] adj. — V. 1960 ; de *sème*.
Didactique.

♦ **1.** Ling. Qui concerne la structure du contenu (⇒ **Sémantique**) et les éléments différentiels, ou *sèmes*, qu'on peut en dégager. *Analyse sémique. La structure sémique de la signification d'un mot, d'une expression* (⇒ **Sémème**).
Des sèmes. *Pauvreté, richesse sémique.*

♦ **2.** *Acte sémique,* constituant un sème.

SEMI-REMORQUE [s(ə)miʀmɔʀk] n. f. — V. 1950 ; de *semi-*, et *remorque*.

♦ Remorque de camion dont la partie antérieure, sans roues, s'adapte au dispositif de traction ; ensemble formé par cette remorque et le tracteur. *Des semi-remorques.* — Appos. *Véhicule semi-remorque.* — Abrév. fam. *Un semi* (1956, Prigniel).

SEMI-RIGIDE [s(ə)miʀiʒid] adj. — 1924 ; de *semi-*, et *rigide*.

♦ Partiellement rigide. Spécialt. *Dirigeable semi-rigide* (à enveloppe flexible et charpente rigide).

SEMIS [s(ə)mi] n. m. — 1742, Buffon ; de *semer*.

★ **I.** Action ou manière de semer* ; opération par laquelle on met les graines en terre. ⇒ **Ensemencement, semailles.** — REM. *Semis* s'emploie plus spécialement à propos de l'ensemencement des jardins (horticulture) et des graines d'arbres de forêts (sylviculture). — *Semis du blé, des fleurs... Semis à la main, à la volée, au semoir, au plantoir... Semis en planches, en rayons ; en poquets ; sur couches. Multiplier* par greffe ou par semis. Semis en place* (des betteraves).

1   J'ai fait des semis considérables et des plantations assez vastes (...) je ne doutais pas du succès d'un semis fait avec tous ces soins (...)
     BUFFON, Hist. nat. des végétaux, II, Mém. Acad. 1742.

★ **II.** (1765). Chose semée. ♦ **1.** Plant provenant de graines*, terrain ensemencé et jeunes plantes qui y poussent. ⇒ **Plant.** *Un beau semis de fleurs, un semis vigoureux. Couvrir, protéger un semis.* ⇒ **Pailler.** *Éclaircir un semis (de betteraves...).* ⇒ **Démarier.** *L'envahissement d'un semis par les herbes* (cit. 7). *Semis d'arbrisseaux, de bois* (→ Mulot, cit. 1). *Mettre un semis en pépinière*.*

2   Tout de suite, les petits semis, les plantes fraîchement repiquées, les végétaux qui demandent un arrosage quotidien se hâteraient de dépérir.
     G. DUHAMEL, Fables de mon jardin, VIII.

♦ **2.** (1841, comme t. de mode). Ornement formé d'un motif de petite taille fréquemment répété. *Un semis de fleurs de lis.* — *Semis de violettes sur un habit* (cit. 15). — Fig. *Un semis de taches,* « *de petites dépressions* » (→ Marteler, cit. 5) : un ensemble, une quantité de...

3   (...) les étoiles, renversées aussi, faisaient dans le fond du gouffre imaginaire comme un semis de petites taches de phosphore.   LOTI, Mᵐᵉ Chrysanthème, II.

SEMI-SUBMERSIBLE [s(ə)misybmɛʀsibl] n. m. — V. 1970 ; de *semi-*, et *submersible*.

♦ Techn. Plate-forme de forage en mer à coque submergée.

SÉMITE [semit] n. — 1845, Bescherelle ; de *Sem*, nom d'un des fils de Noé (Genèse, x, 11), qui, selon la Bible, vécut six cents ans et dont la postérité, avec celle de ses deux frères, Cham et Japhet, forma « tous les peuples de la terre ».

♦ **1.** Qui appartient à un groupe ethnique originaire d'Asie occidentale, dont les peuples parlèrent ou parlent des langues apparentées (sémitiques*). *Les Arabes sont des Sémites. Il ne faut pas parler de races sémites, mais de langues sémites* (→ Racial, cit. 2).

Nous ne devons aux Sémites ni notre vie politique, ni notre art, ni notre poésie, ni notre philosophie, ni notre science (...) Nous leur devons la religion.
     RENAN, Disc. au Collège de France, 21 févr. 1862, Œ. compl., t. II, p. 328.

♦ **2.** (Fin XIXᵉ). Abusivt. Israélite, juif. Adj. *Avoir un type sémite,* israélite. — REM. Les caractères attribués aux *Sémites* par Renan, et qui s'appliquaient surtout dans son esprit aux Arabes, ont été prêtés aux Juifs par les tenants de l'antisémitisme.

COMP. **Antisémite.**

SÉMITIQUE [semitik] adj. et n. m. — 1813 ; *Semitik,* en all., fin XVIIIᵉ ; de *Sémite, Sem*.

♦ **1.** Adj. Relatif aux Sémites (vieilli en emploi général ; on dit plutôt *sémite*).

1   (...) on y voyait aussi des Afghans, à peau bistrée, des Arabes, ayant le type primitif des belles races sémitiques (...)   J. VERNE, Michel Strogoff, p. 254.

Ling. Qui appartient à un groupe de langues d'Asie occidentale et d'Afrique, présentant des caractères communs (racines trilittères — le plus souvent trois consonnes —, richesse en consonnes, etc.). *L'ougaritique est une langue sémitique. Les langues sémitiques forment avec l'égyptien, les parlers libyco-berbères et le couchitique la famille des langues chamito-sémitiques. Alphabet sémitique.*

2   Dès le XVIIᵉ siècle (...) on avait reconnu que les Hébreux, les Phéniciens, les Carthaginois, les Syriens, Babylone (...) les Arabes, les Abyssins, avaient parlé des langues tout à fait congénères. Eichhorn, au siècle dernier, proposa d'appeler ces langues *sémitiques*, et ce nom, tout inexact qu'il est, peut continuer d'être employé.
     RENAN, Disc. au Collège de France, 21 févr. 1862, Œ. compl., t. II, p. 321.

♦ **2.** N. m. (n. de langues). *Le sémitique oriental* (akkadien), *occi-*

---

dental (groupe du Nord : cananéen, phénicien*, hébreu* ; araméen ; syriaque ; — groupe du Sud : arabe*, éthiopien).

SÉMITISANT, ANTE [semitizã, ãt] adj. et n. — 1907 ; de *sémite*, et *-isant*.

♦ Didact. Qui étudie les langues et les civilisations sémitiques.

SÉMITISME [semitism] n. m. — 1862, Renan ; de *sémite*.

♦ **1.** Didact. Caractère propre aux langues sémitiques, aux peuples et aux civilisations sémites (Phéniciens, Arabes, Juifs, etc.).

♦ **2.** (Fin XIXᵉ). Vx. Abusivt. Caractères particuliers et influence des Juifs. — REM. Le mot appartient au vocabulaire des théoriciens racistes de la fin du XIXᵉ s., dont l'antisémitisme se présente comme une « lutte contre le sémitisme ».

(...) il s'agit de l'éternelle lutte entre le sémitisme et l'aryen. Le sémitisme a dit dans le monde : *Je crois* (...) Le sémitisme a toujours mis un obstacle à la science (...)   J. SOURY, cité par M. BARRÈS, Mes cahiers, t. II, p. 118.

SEMI-TON [s(ə)mitɔ̃] n. m. — XIVᵉ ; de *semi-*, et *ton*.

♦ Mus. Demi-ton*, en plain-chant.

SEMI-TUBULAIRE [s(ə)mitybylɛʀ] adj. — 1890, Encycl. Berthelot, art. *Chaudière* ; de *semi-*, et *tubulaire*.

♦ Techn. *Chaudière semi-tubulaire :* chaudière comprenant des tubes, mais dont la surface de chauffe est constituée en partie par les parois ou par des bouilleurs.

SEMI-VOYELLE [s(ə)mivwajɛl] n. f. — 1845, Bescherelle ; de *semi-*, et *voyelle*.

♦ Phonét. Consonne susceptible d'être énoncée isolément, comme une voyelle, dans les langues anciennes (lat. *semivocalis* ; grec *hêmiphônos*). — (Dans les langues modernes). ⇒ **Semi-consonne.**

SEMNOPITHÈQUE [sɛmnopitɛk] n. m. — 1816, Cuvier ; comp. du grec *semnos* « vénérable, majestueux », et *-pithèque*, de *pithêkos* « singe ».

♦ Zool. Mammifère simien (⇒ **Singe**) d'assez grande taille, à longue queue, qui vit en groupes nombreux dans les régions forestières d'Asie méridionale.

SEMOIR [səmwaʀ] n. m. — 1328 ; de *semer*.

♦ **1.** Sac ou caisse où le semeur place le grain. *Un semoir de toile* (→ Main, cit. 19).

♦ **2.** (Av. 1876, Larousse). Instrument ou machine (cit. 13) agricole destinés à distribuer le grain que l'on sème (→ Scarificateur, cit.). *Semoir mécanique* (→ Parcelle, cit. 2), *en lignes, à la volée. Semoir à sacs indépendants.* — Par anal. *Semoir à engrais ou distributeur.*

SEMONCE [səmɔ̃s] n. f. — XIIIᵉ ; *summonse, somonse,* XIᵉ ; fém. substantivé de *semons,* p. p. de *semondre*.

♦ **1.** Vx. Invitation, ordre de comparaître. ⇒ **Convocation.** — Hist. Appel du roi, des seigneurs à leurs vassaux (ban, arrière-ban...). — Fig. « *Les semonces d'amour* » (→ Assaillir, cit. 4, La Fontaine).

♦ **2.** (1803, *coup de semonce*). Mod., spécialt, mar. Ordre de montrer ses couleurs, de s'arrêter. *Coup de semonce :* coup de canon appuyant cet ordre. ⇒ **Sommation.**

♦ **3.** (Mil. XVIIᵉ). Avertissement sous forme de reproches*. ⇒ **Admonestation, réprimande.** *Une verte semonce* (→ Attendre, cit. 99). → Abattage, engueulade (pop.)... *Faire des semonces, la semonce à qqn* (→ Laisser, cit. 23).

Gênés par la surveillance et les semonces de Christophe, qui prenait au sérieux son rôle de chef de famille, les deux petits avaient tenté de se révolter (...)
     R. ROLLAND, Jean-Christophe, Le matin, I, p. 144.

DÉR. **Semoncer.**

SEMONCER [səmɔ̃se] v. tr. — 1540 ; *semonser,* XIIIᵉ ; de *semonce*. Avertir* ou réprimander par une semonce.

♦ **1.** Vieilli. Faire une semonce (3.) à... ⇒ **Critiquer, réprimander.**

Mozart qui joua sans partition devant Joseph II et fut semoncé.
     J. GREEN, Journal 1958-1967 (Vers l'invisible), 3 févr. 1959, p. 79.   1

♦ **2.** (1842). Mar. Obliger (un navire) à montrer ses couleurs par une semonce. — Fig., au p. p. :

(...) ils sont descendus déjeuner tous les deux, semoncés par le second coup de clochette, vers midi et demi (...)   Hervé BAZIN, Cri de la chouette, p. 121.   2

SEMONDRE [səmõdʀ] v. tr. — V. 1175; *somondre*, 1050; du lat. *submonere* (*e* bref en lat. pop.) «avertir secrètement».
Vx ou régional (encore *in* G. Sand, *François le Champi*).

♦ **1.** Inviter, convier. ⇒ **Convoquer.**

♦ **2.** (XIIᵉ). Pousser, amener qqn à faire qqch.

SEMOULE [s(ə)mul] n. f. — 1694; *semole* au XVIᵉ; ital. *semola*; du lat. *simila* «fleur de farine». Cf. *simie, simbre* «gâteau», en ancien français.

♦ Grains de céréales concassés et débarrassés de leurs enveloppes. *Semoule de blé, de froment* (et, absolt, *semoule*), *de maïs, de riz. Potages, soupes; entremets à la semoule. Gâteau de semoule. Semoule pour le couscous*, *pour les pâtes* alimentaires.*
Le dîner des hôtes, car l'on appelait au cloître le déjeuner dîner et le dîner souper, était composé d'un bouillon épaissi par des îles réunies de semouille *(sic)* (...)
HUYSMANS, l'Oblat, III.
N. B. Cette orthogr. correspond à la prononciation ancienne, encore donnée par Littré.
En appos. *Sucre semoule*, en grains plus gros que le sucre en poudre.

DÉR. Semoulerie, semoulier.

SEMOULERIE [s(ə)mulʀi] n. f. — 1934; de *semoule*.
Technique.

♦ **1.** Fabrication, industrie de la semoule.

♦ **2.** Atelier, usine où l'on fabrique de la semoule. *La semoulerie d'une usine de pâtes alimentaires.*

SEMOULIER, IÈRE [s(ə)mulje, jɛʀ] n. — Mil. XXᵉ; de *semoule*.

♦ Techn. Personne qui fabrique de la semoule, qui travaille dans la semoulerie (industriel; ouvrier).

SEMOUN [səmun] n. m. Vx. ⇒ **Simoun.**

SEMOUSSAGE [s(ə)musaʒ] n. m. — 1875, P. Larousse; à rapprocher de l'anc. v. *cimousser*, t. de chapellerie (1753, *Encyclopédie*, art. *Chapeau*); du lat. *cimussa* «lisière», ital. *cimossa* «bord».

♦ Techn. Séchage et essorage des feutres (premier feutrage à sec), dans la fabrication des chapeaux.

SEMOUSSEUSE [s(ə)musøz] n. f. — Mil. XXᵉ; de *semoussage*, et *-euse.*

♦ Techn. Plaque de fonte sur laquelle on effectue le semoussage.

SEMOUSTAT [s(ə)musta] n. m. — Attesté en provençal au XIXᵉ, Mistral; du v. rhodanien *semousta*, provençal *sumousta* «tirer le vin de la cuve avant fermentation», anc. franç. *semouster* «fouler les raisins», d'un lat. pop. *submustare*, de *mustum.* → Moût.

♦ Régional (Provence). Vin tiré de la cuve avant que la fermentation ne soit complètement effectuée. ⇒ **Surmoût.**
Ulysse chancela.
— Vous êtes malade? demanda le parfumeur interloqué.
— Non! C'est le semoustat! J. GIONO, Naissance de l'Odyssée, p. 98.

SEMPER VIRENS [sɛpɛʀviʀɛs] n. m. et adj. invar. — 1762; mots lat. «toujours vert».

♦ **1.** Vx. Variété de chèvrefeuille aux feuilles toujours vertes.

♦ **2.** Adj. invar. (1904). Se dit de diverses plantes qui ont des feuilles toute l'année, spécial quand des espèces voisines perdent leurs feuilles à l'automne.

SEMPERVIRENT, ENTE [sɛpɛʀviʀɑ̃, ɑ̃t] adj. — Mil. XXᵉ; de *semper virens*, francisé.

♦ Bot. *Plante sempervirente.* ⇒ **Semper virens** (2.).

SEMPERVIVUM [sɛpɛʀvivɔm] n. m. invar. — 1562; mots lat. «toujours vif».

♦ Bot. Joubarbe. — REM. Ce mot s'emploie parfois dans la langue non didactique, lorsqu'on veut insister sur les propriétés particulières de la plante.
(...) cette espèce autochtone, je crois, de *sempervivum* qui jouit de la propriété effrayante de continuer à se développer n'importe quelles conditions et cela aussi bien à partir d'un fragment de feuille que d'une feuille : froissée, piquée, déchirée, brûlée, serrée entre les pages d'un livre à tout jamais fermé, cette écaille glauque (...) se porte bien. A. BRETON, l'Amour fou, V, p. 105.

SEMPITERNEL, ELLE [sɛpitɛʀnɛl; sɑpitɛʀnɛl] adj. — V. 1265; dér. sav. du lat. *sempiternus*, de *semper* «toujours», et *æternus* «éternel».

♦ **1.** Vx (langue class.). Éternel. *La vie sempiternelle.*

♦ **2.** Plais. Éternel, qui semble durer depuis toujours (→ Reposer, cit. 9). *Des remontrances, des récriminations sempiternelles.* ⇒ **Continuel, perpétuel.**
Rien n'a changé (...)
Le jet d'eau fait toujours son murmure argentin
Et le vieux tremble sa plainte sempiternelle.
VERLAINE, Poèmes saturniens, «Melancholia», III.
La connaissance finirait par lasser dans l'éternité; et Vénus aussi bien se lassa de celle des sempiternels habitants de l'Olympe, toujours les mêmes.
Émile HENRIOT, Mythologie légère, p. 32.
(Avec un poss.). Habituel, inséparable. *Avec son sempiternel parapluie...*

♦ **3.** (1532). Vx. En parlant des personnes. (→ Génération, cit. 15). N. f. Vx. *Une sempiternelle* : une très vieille femme.

DÉR. Sempiternellement.

SEMPITERNELLEMENT [sɛpitɛʀnɛlmɑ̃; sɑpitɛʀnɛlmɑ̃] adv. — 1546; de *sempiternel.*

♦ Par plais. Éternellement, sans arrêt. ⇒ **Continuellement, éternellement.**
(...) faire taire enfin un «lamento» odieux, sempiternellement marmotté et larmoyé à mon oreille. COURTELINE, Messieurs les ronds-de-cuir, IIIᵉ tableau, III.

SEMPLE [sɑpl] n. m. — 1765; probablt var. de *simple*, désignant l'une des ficelles attachées à la chaîne; cf. angl. *simple.*

♦ Vx ou techn. Dans le tissage de la soie «un nombre de ficelles *(qui)* tiennent chacune par un bout à un œil-de-perdrix (...) et sont attachées par le bas à un bâton qu'on appelle bâton de *semple*» (*Encyclopédie*, 1765). *Le semple, dans le métier à tisser la soie, servait à lever la chaîne.*

SEN [sɛn] n. m. — 1878; mot japonais.

♦ Monnaie divisionnaire du Japon et de divers pays d'Extrême-Orient. *Le yen* vaut cent sens.*

SÉNAIRE [senɛʀ] n. m. et adj. — XVIᵉ, Ronsard; lat. *senarius*, lui-même dér. de *seni*, distributif de *sex* «six».

♦ **1.** *Sénaire ïambique* : vers latin de six pieds, correspondant au trimètre ïambique des Grecs et employé surtout dans la comédie et la tragédie.

♦ **2.** Adj. Qui comporte six parties; qui se divise par six. *Rythme ternaire ou sénaire.*
On commet des erreurs flagrantes, si l'on néglige de vérifier (...) l'exclusion effective des deux événements partiels.
Nous emprunterons un exemple typique au lancement d'un seul dé (comme la question est facile, nous raisonnerons directement sur le dé, sans recourir au sac sénaire S, qui compliquerait le langage, en nécessitant une correspondance entre les points obtenus et les couleurs conventionnelles de boules).
Marcel BOLL, les Certitudes du hasard, p. 34.

SÉNARMONTITE [senaʀmõtit] n. f. — 1871; de *Sénarmont*, nom d'un minéralogiste français.

♦ Minér. Oxyde naturel d'antimoine* (Sb_2O_3), qui se présente sous forme de cristaux cubiques groupés en masses grenues ou compactes.

SÉNAT [sena] n. m. — V. 1213; *sened, sené* au XIIᵉ; lat. *senatus*, étymologiquement «conseil des anciens»; cf. lat. *senex* «vieillard».

♦ **1.** [a] Conseil souverain de la Rome antique sous la république (maintenu sous l'Empire, mais avec des pouvoirs très diminués). ⇒ **Curie** (→ Empereur, cit. 3; province, cit. 1). *Le sénat et le peuple romain* (S. P. Q. R. dans les inscriptions antiques, abrév. de : *Senatus populusque romanus*). *Décision votée par le Sénat de Rome.* ⇒ **Sénatus-consulte.**

[b] Conseil, assemblée politique (des républiques de l'Antiquité, du moyen âge ou des temps modernes), dont le recrutement, le rôle et l'importance ont varié selon les époques et les cités. *Le sénat de Carthage* (→ aussi Annuel, cit.). *Le sénat de Sparte* (ou *gerousia*), *d'Athènes* (ou *boulê*) (→ aussi Aréopage, cit. 3; démocratie, cit. 7). *Le sénat de Venise, de Gênes.*
Ai-je mis dans sa main le timon de l'État
Pour le conduire au gré du peuple et du sénat? RACINE, Britannicus, I, 1.

♦ **2.** *Sénat de Pologne* : assemblée formée de grands du royaume nommés par le roi et qui, réunie à la Chambre des députés, constituait la *Diète.*

♦ **3.** (En France, sous le Consulat, le Premier et le Second Empire). *Sénat conservateur* ou, simplement, *sénat* : assemblée spécialement chargée de veiller au respect de la constitution (d'où son nom) et dont le rôle était plus celui d'un conseil constitutionnel que d'une assemblée législative (→ Empereur, cit. 6; idolâtrie, cit. 5; parlementarisme, cit. 1).

♦ **4.** (À l'époque contemporaine, dans certains régimes démocratiques à deux assemblées). Celle des deux assemblées* législatives qui est élue au suffrage indirect ou dont les membres représentent des collectivités territoriales (⇒ aussi **Chambre** : Chambre haute). *Membre du Sénat.* ⇒ **Sénateur.** *Le Sénat de la IIIᵉ, de la Vᵉ République* (sous la IVᵉ République, l'assemblée élue au suffrage indirect portait le nom de *Conseil* de la République). *Le Sénat français siège au palais du Luxembourg. Le Parlement* (cit. 5) *comprend l'Assemblée nationale et le Sénat.* ⇒ aussi **Congrès.** *Navette d'un projet de loi entre la Chambre et le Sénat.* — À l'étranger. *Le sénat italien* (→ Faussaire, cit. 6), *des États-Unis* (→ Fédération, cit. 3).

2   (...) le budget voyage de la Chambre au Sénat ; tout le monde sait dès le début de la cérémonie, qu'après quelques minauderies de vieille pudique et offensée, la haute assemblée acceptera une «formule transactionnelle »
A. MAUROIS, Bernard Quesnay, XIII.

♦ **5.** Édifice où siège un sénat. *Les couloirs du Sénat.*

DÉR. Sénateur.

SÉNATEUR [senatœʀ] n. m. — V. 1165; *senator,* v. 1130; lat. *senator, senatoris,* de *senatus.* → Sénat.

♦ **1.** Membre d'un sénat* (1., 2.). *Sénateurs romains, sénateurs de l'ancienne Rome* (⇒ Pères conscrits* ; et aussi dictateur, cit. 3; environner, cit. 5). *Bande de pourpre qui ornait la tunique des sénateurs.* ⇒ **Laticlave** (cit.). — *Sénateur de Venise* (→ aussi Remplir, cit. 9).

1   César est poignardé par les sénateurs ; Christ est souffleté par les valets. À plus d'outrage, on sent le dieu.   HUGO, les Misérables, V, I, II.

♦ **2.** (De *Sénat,* 4.). Mod. *Sénateurs et députés*.* ⇒ **Parlementaire** (→ Patronage, cit. 2).

REM. 1. Sous la IVᵉ République, le terme de *sénateur* fut remplacé par l'expression *conseiller de la République.* → Sénat (4.).

2. On appelle parfois les sénateurs *pères conscrits* (par allus. à la formule romaine).

2   (...) le sénateur Maupas, en jaquette à petites raies bleues, culotté de blanc, guêtré de ventre de biche, un vrai sénateur d'opéra-comique, qui a l'amabilité de pacotille des gens officiels de tous les gouvernements.
Ed. et J. DE GONCOURT, Journal, 10 juil. 1870, t. IV, p. 7.

♦ **3.** Loc. fam. (Par allus. à la gravité des sénateurs romains ; locution popularisée par La Fontaine, 1668). *Aller* (1. Aller, cit. 83) *son train de sénateur* : avoir une démarche majestueuse, une allure très lente (→ Reste, cit. 5). — Allus. littér. «*Plus* (cit. 33) *de mot sénateur ! plus de mot roturier !*» (Hugo).

♦ **4.** (Argot de métier, de sport...). Celui qui a une situation assise et quasi inamovible (dans une entreprise, une équipe, etc.).

DÉR. Sénatorerie. V. Sénatorial.

SÉNATORERIE [senatɔʀʀi] n. f. — 1803; de *sénateur.*

♦ Hist. Sous le Consulat et le Premier Empire, Dotation* accordée à un sénateur.

(...) la dignité des sénateurs était déclarée inamovible et héréditaire ; à leur titre de majorat était attachée la dotation des sénatoreries ; la constitution rendait ces titres et majorats transmissibles aux descendants du possesseur (...)
CHATEAUBRIAND, Mémoires d'outre-tombe, t. III, p. 299.

SÉNATORIAL, ALE, AUX [senatɔʀjal, o] adj. — 1518; du lat. *senatorius,* de *senator* → Sénateur.

♦ **1.** Qui est relatif, qui appartient à un sénat, aux sénateurs. *Ordre sénatorial* (dans l'ancienne Rome) : classe (cit. 4) dans laquelle se recrutaient les sénateurs. *Aristocratie sénatoriale. Cens sénatorial.*

♦ **2.** Du Sénat (4.). *Élections sénatoriales. La commission sénatoriale des Affaires étrangères.*

La république romaine a dû la conquête du monde à la constitution du privilège sénatorial.   BALZAC, le Médecin de campagne, Pl., t. VIII, p. 440.

SÉNATORIEN, IENNE [senatɔʀjɛ̃, jɛn] adj. — 1690; du lat. *senatorius,* de *senator.* → Sénateur.

♦ Antiq. rom. Relatif au sénat de Rome, aux sénateurs romains. «*Maison sénatorienne ; famille, race sénatorienne*» (Académie).

SÉNATRICE [senatʀis] n. f. — Av. 1703, Saint-Évremond; bas lat. *senatrix,* fém. de *senator.* → Sénateur.

♦ Hist. Femme d'un sénateur (à Rome, à Venise, en Pologne...).

SÉNATUS-CONSULTE [senatyskɔ̃sylt] n. m. — 1477; *senatconsult,* 1356; lat. *senatus consultum* «décision du sénat».

♦ **1.** Antiq. rom. Décret, décision du sénat (→ Affranchissement, cit. 1 ; extension, cit. 9). *Des sénatus-consultes.*

♦ **2.** (V. 1800). Hist. En France, sous le Consulat, le Premier et le Second Empire, Acte émanant du sénat* (3.) conservateur et qui avait force de loi (→ Laboratoire, cit. 8). *Senatus-consulte organique du 28 floréal an XII,* établissant l'Empire.

SENAU [səno] n. m. — 1687; néerl. *snauw.*

♦ Mar. (anc.). Ancien navire à deux mâts gréé en brick (avec en plus un mât de tapecul) et dont le grand mât portait une *baguette de senau.* — *Baguette* ou *mât de senau* : espar allant de la hune au pont un peu en arrière du bas-mât et sur lequel venait s'appuyer la mâchoire de la corne. — *Voile de senau,* qui prend appui sur une *baguette de senau.*

Presque au point du jour il nous vint de l'ouest une brise carabinée, qui vers midi se changea en tempête, si bien que toute la toile fut réduite à la voile de senau et à la misaine.   BAUDELAIRE, Trad. E. POE, les Aventures d'A. Gordon Pym, VI.

SÉNÉ [sene] n. m. — XIIIᵉ; lat. médiéval *sene;* arabe *sănās,* nom d'un arbrisseau d'Arabie.

♦ **1.** Pulpe des gousses de la casse* (dites *follicules de séné*), que l'on utilise comme remède pour ses propriétés laxatives et purgatives (⇒ aussi **Catholicon, tamar**) ; → Déterger, cit. 2. — Loc. littér. «*Je vous passe la casse* (2. Casse, cit.), *passez-moi le séné.*» — *Passez-moi la rhubarbe, je vous passerai** (cit. 107) *le séné.*

♦ **2.** (1771, *séné bâtard*). Plante légumineuse du genre *cassia* (ou *casse*), arbrisseau produisant ces gousses (→ ci-dessus 1.). *Séné d'Europe* ou *faux séné.* ⇒ **Baguenaudier.** *Séné des Provençaux.* ⇒ **Globulaire.** *Séné des prés.* ⇒ **Gratiole.**

SÉNÉCHAL [seneʃal] n. m. — V. 1119, *seneschal;* d'un francique *siniskalk* (attesté sous la forme latinisée *siniscalcus*) «serviteur *(skalk)* le plus âgé» (gotique *sinista*). → Maréchal.

Histoire.

♦ **1.** Officier de la cour chargé de présenter les plats à la table du roi. ⇒ **Dapifer.** — Titre donné à certains grands officiers royaux ou seigneuriaux. *Grand-sénéchal* (→ Grand, cit. 4), qui gouvernait la maison du roi et avait en outre des attributions militaires, financières et judiciaires (cette charge fut laissée vacante à partir de 1191). *Le connétable* (cit.) *était sous les ordres du grand-sénéchal. Grand-sénéchal de France. Joinville, sénéchal de Champagne.*

Le comte d'Anjou demanda et obtint le titre de sénéchal du roi de France. C'était le droit de mettre les plats sur la table; mais la féodalité ennoblissant tous les offices domestiques (...)   MICHELET, Hist. de France, IV, IV.

♦ **2.** (1690, Furetière). Officier royal qui, dans certaines provinces, exerçait des fonctions analogues à celles d'un bailli* (1.), pour la justice, les finances, etc. *Lieutenant d'un sénéchal.* ⇒ 2. **Mage.** *Les prévôts*, officiers de justice inférieurs aux sénéchaux.*

DÉR. Sénéchaussée.

SÉNÉCHAUSSÉE [seneʃose] n. f. — V. 1155, *seneschaucée;* de *sénéchal.*

Histoire.

♦ **1.** Étendue de la juridiction d'un sénéchal.

♦ **2.** Lieu où se tenait le tribunal du sénéchal. — (1690). Ce tribunal.

SÉNEÇON ou SENEÇON [sənsɔ̃] n. m. — XIIIᵉ, *senecions;* du lat. *senecio,* de *senex* «vieillard», à cause des poils blancs de la plante au printemps.

♦ Plante dicotylédone *(Composacées),* arbrisseau ou herbe, annuelle ou vivace selon les variétés (→ Herbier, cit. 1). *Séneçon vulgaire* ou *commun; séneçon jacobée*.*

1   Une graine de séneçon reste bizarrement captive entre deux branchettes d'un arbuste.   G. DUHAMEL, Problèmes de civilisation, p. 39.

2   Il est midi, chardonneret.
Le seneçon est là qui brille.   René CHAR, les Matinaux, p. 27.

SÉNÉGALAIS, AISE [senegalɛ, ɛz] adj. et n. — 1765, *Encyclopédie,* art. *Nègres;* de *Sénégal,* mot indigène, nom d'un fleuve et d'un pays d'Afrique occidentale.

♦ Qui est originaire du Sénégal, qui lui appartient. *La population, l'économie sénégalaise. Piroguier, débardeur sénégalais* (⇒ **Laptot,** vx). — N. Habitant du Sénégal. *Les Sénégalais sont des Peuls, des Wolofs, des Sérères, des Mandingues. Langues sénégalaises* (groupe nigéro-sénégalais, sénégalo-guinéen...). — Anciennt. *Tirail-*

leurs sénégalais, et, n. m., *une compagnie, un bataillon de Sénégalais.*

Qui pourra vous chanter si ce n'est votre frère d'armes, votre frère de sang.
Vous Tirailleurs sénégalais, mes frères noirs à la main chaude, couchés sous la glace et la mort ?   L. S. SENGHOR, Hosties noires, « Poème liminaire », p. 7.

DÉR. Sénégalisme.

SÉNÉGALI [senegali] n. m. — 1760, Brisson ; de *Sénégal*, finale empr. à *bengali.*

♦ Oiseau passeriforme *(Amadinidés)* originaire d'Afrique, de petite taille, au plumage brun fauve avec plastron rouge.

SÉNÉGALIEN, IENNE [senegaljɛ̃, jɛn] adj. — 1892, Goncourt ; de *Sénégal.*

♦ **1.** Vx. *Une chaleur sénégalienne*, tropicale, « saharienne ».

Par ces chaleurs sénégaliennes, des nuits d'insomnie, peuplées dans leurs courts ensommeillements, de cauchemars.
   Ed. et J. DE GONCOURT, Journal, 18 août 1892, t. IX, p. 51.

♦ **2.** Géogr. Du Sénégal. *Le climat sénégalien constitue l'une des variétés principales du climat africain.*

SÉNÉGALISME [senegalism] n. m. — V. 1970 ; de *Sénégal, Sénégalais.*

♦ Ling. Fait de langue (régionalisme, africanisme) propre au français du Sénégal. *Dictionnaire de sénégalismes.* Gouvernance *est un sénégalisme.*

SÉNÉSCENCE [senesɑ̃s] n. f. — 1876 ; dér. sav. du lat. *senescere* « vieillir ».

Didactique.

♦ **1.** Physiol., méd. Ensemble des processus physiologiques par lesquels un organe ou un sujet évolue (⇒ **Vieillir**) au cours de la période de la vie qui succède à l'époque de la pleine vigueur et de l'activité vitale maximale. ⇒ **Vieillissement ; involution.** *Sénescence des tissus. Étude de la sénescence, lutte contre la sénescence* (gérontologie, gériatrie).

[1] L'accélération de la sénescence indique toujours la présence d'une lésion organique ou morale dans le corps vieillissant.
   Alexis CARREL, l'Homme, cet inconnu, V, III.

Par ext. *Sénescence psychique* : ensemble des modifications psychologiques entraînées par le vieillissement.

♦ **2.** Ensemble des particularités non pathologiques qui caractérisent le sujet dans la période avancée de sa vie. ⇒ aussi **Présénilité, sénilité, vieillesse.**

[2] La *sénescence* est la perspective biologique sous laquelle apparaît dans son âge avancé l'homme conservant les attributs d'une santé normale.
Il ne faut la confondre ni avec la vieillesse (notion purement chronologique) ni, comme on le fait parfois, avec la sénilité (notion pathologique).
   Ch. BARDENAT, in POROT, Manuel alphabétique de psychiatrie, 1952, art. *Sénescence.*

COMP. Présénescence.

SÉNESCENT, ENTE [senesɑ̃, ɑ̃t] adj. — Fin XIVᵉ ; repris XIXᵉ ; cf. lat. *senescens, entis*, p. prés. de *senescere.*

♦ Didact., physiol., méd. Qui présente les caractères physiques ou psychologiques de la sénescence (2.). *Sujet sénescent.* — N. (surtout n. m.). *Hygiène du sénescent.*

SENESTRE [senɛstʁ ; senɛstʁ] ou **SÉNESTRE** [senɛstʁ] adj. — 1080 ; du lat. *sinister* « qui est à gauche ». → Sinistre.

♦ **1.** Vx. ⇒ **Gauche.** *La main senestre* (→ Justice, cit. 44, Ronsard).

♦ **2.** (1658). Mod., blason. *Le côté senestre de l'écu :* le côté gauche pour l'écuyer qui est censé le porter (c'est-à-dire le côté droit pour l'observateur).

♦ **3.** (1904). *Coquille sénestre :* coquille de mollusque qui s'enroule dans le sens inverse de celui des aiguilles d'une montre (si on la regarde par le sommet).

[1] — (...) j'eusse volontiers payé d'un doigt ma découverte.
— Quelle découverte ?
— Cette coquille (...)
— Mais c'est tout simplement une olive porphyre, genre olive, ordre des pectinibranches, classe des gastéropodes, embranchement des mollusques...
— Oui (...) Mais au lieu d'être enroulée de droite à gauche, cette olive tourne de gauche à droite !
— Est-il possible ?
— Oui, mon garçon, c'est une coquille sénestre !
— Une coquille sénestre ! (...)
   J. VERNE, 20 000 lieues sous les mers, XXII.

[2] Comme il est peu de « gauchers » parmi les hommes, il est peu de coquilles qui, vues par le sommet, montrent une spirale qui s'écarte de ce point en procédant

de droite à gauche (...) la statistique des dextres et des sénestres accuse une forte préférence pour les premières.
   VALÉRY, Variété, Études philosophiques, Œ., t. I, Pl., p. 891.

♦ **4.** Loc. adv. (Vx ou t. de blason). *À sénestre :* sur le côté gauche, à gauche.

♦ **5.** N. f. (V. 1190). Vx. La main gauche, en escrime.

CONTR. Dextre, 2. droit.
DÉR. Sénestré.

SÉNESTRÉ, ÉE [senɛstʁe] adj. — 1690 ; de *senestre.*

♦ Blason. Se dit d'une pièce de l'écu qui est accompagnée d'une autre à sénestre. *Pal sénestré d'une croix.*

SÉNESTRO- Élément, du latin *sinister* « gauche ». Syn. : *lévo-.*
CONTR. Dextro-.

SÉNESTROCHÈRE [senɛstʁoʃɛʁ] n. m. — 1690 ; comp. sav. de *senestre*, et le grec *kheir* « main » ; → Dextrochère.

♦ Blason. Bras gauche représenté sur l'écu.

L'écusson de M. Dambreuse, occupant un carré de velours, s'y répétait trois fois. Il était *de sable au senestrochère d'or, à poing fermé, ganté d'argent*, avec la couronne de comte, et cette devise : *Par toutes voies.*
   FLAUBERT, l'Éducation sentimentale, III, IV.

SÉNESTROGYRE [senɛstʁoʒiʁ] adj. — 1871 ; de *sénestre*, et *-gyre.* → Dextrogyre, lévogyre.

♦ Chim., vx. Lévogyre*.

SENESTRORSUM ou **SÉNESTRORSUM** [senɛstʁɔʁsɔm] adj. invar. et adv. — 1904 ; 1875, var. *sinistrorsum* ; adapt. d'après *sénestre* de l'adv. lat. *sinistrorsum* « vers la gauche ».

♦ Didact. (bot., zool.). Qui tourne de droite à gauche (dans le sens contraire de celui des aiguilles d'une montre). ⇒ **Senestre** (3.). *Enroulement senestrorsum d'une coquille de mollusque, d'une vrille végétale.* — REM. On dit aussi *sinistrorsum.*

CONTR. Dextrorsum.

SÉNEVÉ [senve] n. m. — 1256 ; dér. de l'anc. franç. *seneve* (XIIᵉ), accentué sur *e* initial et lui-même issu du lat. *sinapi* (ou *sinapis, senapis, sinape*), du grec *sinapi.* → Sanve, sinapis.

♦ Moutarde* ; graine de cette plante. — Spécialt. Moutarde des champs *(Sinapis arvensis).* ⇒ **Sanve.** — (Dans le langage biblique). *« Si vous aviez de la foi* (cit. 28) *comme un grain de sénevé ». Parabole du grain de sénevé.* ⇒ **Grain** (cit. 10). — REM. Certains pensent que le *sénevé* de l'Évangile était la *salvadore de Perse.*

SÉNIEUR [senjœʁ] n. m. — XVᵉ-XVIᵉ ; lat. *senior, seniorem* ; → Seigneur, senior.

♦ Hist. Titre que portait autrefois le doyen de certaines communautés. *Le sénieur de Sorbonne.*

SÉNILE [senil] adj. — XVᵉ, puis 1512 ; repris 1812 ; lat. *senilis*, de *senex* « vieillard ».

♦ **1.** (Choses). De vieillard* ; qui est propre à la vieillesse, qui est causé par la vieillesse. *Tremblement sénile. Manie, entêtement, égoïsme sénile. Des idées puériles et en même temps séniles* (→ Passementerie, cit. 2). *Amours séniles.*

[1] *(Le prêtre)* récitait les formules sacrées d'une voix sénile mais encore bien accentuée.
   Th. GAUTIER, Voyage en Russie, I, VIII.

[2] Ne crois pas, Lamia, que je nourrisse des rancunes impuissantes et des colères séniles contre ce peuple (...)
   FRANCE, l'Étui de nacre, « Procurateur de Judée ».

Didact. Qui constitue une maladie, un processus ou un ensemble de processus propres à la vieillesse. *Débilité, gangrène sénile. Plaques séniles :* lésions cérébrales des cellules pyramidales, chez les personnes âgées. *Involution sénile :* ensemble des phénomènes de régression (physiologique, psychologique, intellectuelle) d'un organe *(involution sénile de l'utérus)* ou de l'organisme tout entier, dus à la vieillesse (⇒ **Sénilité**). *Démence sénile.* ⇒ **Démence.**

Méd. *Arc sénile :* anneau blanchâtre autour de la cornée des vieillards.

♦ **2.** Fam. (Personnes). Dont les facultés, la conduite, les idées sont celles d'une personne très affaiblie par l'âge. *Malgré ses quatre-vingts ans, il n'est pas du tout sénile. Un vieillard sénile.* — REM. Dans ce sens (« affaibli par l'âge ») l'expression *vieillard sénile* peut s'employer, mais le sens premier du mot (« de vieillard ») en fait un pléonasme pour les usagers cultivés.

[3] Et certes j'ai peut-être plaisanté devant elle *(une journaliste)* sur le thème de l'Académie, décrit la tristesse qu'inspire à un vieil homme une assemblée de vieux

hommes ; mais comment aurais-je pu tenir sur mes confrères les propos qu'elle me prête touchant « ces vieillards séniles » ? Pléonasme imbécile qui montre assez que ceci vient d'elle et non de moi.   F. MAURIAC, Bloc-notes 1952-1957, p. 374.

CONTR. **Enfantin, juvénile.**
DÉR. **Sénilement, sénilisme, sénilité.**
COMP. **Présénile.**

SÉNILEMENT [senilmɑ̃] adv. — Fin XIXᵉ, Daudet ; de *sénile.*

♦ Littér. De manière sénile ; comme un vieillard. *Trembler sénilement.*

SÉNILISME [senilism] n. m. — 1903 in *Rev. gén. des sc.,* 15 juil. 1903, p. 694 ; de *sénile,* et *-isme.*

♦ ⇒ **Gérontisme.**

SÉNILITÉ [senilite] n. f. — 1836 ; de *sénile.*

♦ **1.** Caractère de ce qui est sénile* (1.) ; état d'une personne sénile* (2.). *La sénilité de ses propos. Il commençait à donner des marques de sénilité.* ⇒ **Décrépitude, vieillesse** (→ Tomber en enfance*).

Il se saupoudrait le visage d'ingrédients qui simulaient des taches de maladies graves, des rugosités, et il jouait admirablement la sénilité d'un centenaire.
BALZAC, les Petits Bourgeois, Pl., t. VII, p. 221.

♦ **2.** Didact. État pathologique entraîné par le processus régressifs de vieillissement, caractérisé par une atteinte irréversible des facultés physiques et intellectuelles (à distinguer de *sénescence,* → Sénescence, cit. 2). ⇒ aussi **Présénilité.** *Sénilités locales,* dans lesquelles un système organique est affecté de façon prédominante. *Troubles psychiques de la sénilité.* ⇒ **Affaiblissement** (intellectuel), **démence** (sénile), **presbyophrénie.** — *Sénilité précoce :* troubles dus à un dysfonctionnement glandulaire, affectant l'adulte jeune.

COMP. **Présénilité.**

SENIOR [senjɔʀ] n. et adj. — V. 1890 ; angl. *senior,* du lat. *senior* « plus âgé ». → Seigneur.

♦ Sports. Catégorie dans laquelle sont classés les concurrents plus âgés que les « juniors » (l'âge de passage d'une catégorie à l'autre varie selon les sports). *Catégorie senior. Joueurs seniors. Championnat des seniors. Un senior.*

SÉNIORITÉ [senjɔʀite] n. f. — V. 1970 ; angl. *seniority,* de *senior.* → Senior.

♦ Anglic. (Didact. : ethnol., etc.). Prééminence et garanties déterminées par l'ancienneté* (2.) dans une fonction ou dans une maison.

SENISSE [sənis] n. f. — 1871 ; mot dialectal issu du bas lat. **cinisia,* de *cinis, cineris* « cendre ».

♦ Régional. Poussière de houille qui est entraînée dans la fumée d'un feu de forge.

SENNE [sɛn] n. f. ⇒ Seine.

SENNER [sene] v. tr. et intr. ⇒ Seiner.

SENNEUR [senœʀ] adj. m. — 1844, *seineur,* Hautefeuille, *in* Littré ; de *seiner* (1716) « pêcher à la seine ». → Seine.

♦ Techn., pêche. Qui utilise la senne pour pêcher (se dit d'un navire). *Thonier senneur muni d'installations frigorifiques.*

SENONAIS, AISE [sənɔnɛ, ɛz] adj. — 1876 ; dér. sav. du lat. *Senones,* nom du peuple gaulois de cette région.

♦ Didact. De Sens, ville de l'Yonne.

SE NON È VERO, È BENE TROVATO [senɔnɛveʀo, ɛbɛn(e)tʀɔvato] Proverbe italien (« *si ce n'est pas vrai, c'est (du moins) bien trouvé* »), qu'on emploie en français à propos d'une anecdote, d'une explication suspecte, mais ingénieuse, intéressante...

SÉNONIEN, IENNE [sənɔnjɛ̃, jɛn] adj. et n. m. — 1843 ; de *Senones,* n. lat. pour *Sens.*

♦ Didact. (géol.). Se dit de l'étage du crétacé supérieur (néocrétacé), situé entre le turonien et le danien.

SEÑOR, SEÑORA [seɲɔʀ, seɲɔʀa ; senjɔʀ, senjɔʀa] n. — 1830, Musset ; → Coller, cit. 4 ; mot esp. du lat. *senior ;* cf. ital. *signor,* franç. *seigneur.*

♦ Monsieur, madame, en Espagne. *La señora X. — Une señora :* une dame.

Quand Gilieth ne sera plus, ô rose de Salé, je t'épouserai ; tu deviendras une vraie señora.   P. MAC ORLAN, la Bandera, XV.

SEÑORITA [seɲɔʀita ; senjɔʀita] n. — XXᵉ ; esp. *señorita* « demoiselle ». → Ninas.

♦ **1.** N. f. Mademoiselle, en Espagne. — Demoiselle.

♦ **2.** N. m. Petit cigare de la Régie française. — REM. Le mot s'emploie surtout au pluriel. *Un paquet de señoritas* [seɲɔʀitas].

1. SENS [sɑ̃s] ; [sɑ̃] jusqu'au XIXᵉ. n. m. — 1080, *Chanson de Roland ;* lat. *sensus* « action, manière de sentir ; sentiment ; pensée ; signification ».

★ I. ♦ **1.** Faculté d'éprouver les impressions que font les objets matériels (⇒ **Sensation**) ; chaque système récepteur unitaire d'une modalité spécifique de sensations, correspondant, en gros, à un organe déterminé. *Les cinq sens selon Aristote.* ⇒ **Goût, odorat, ouïe** (cit. 1 et 2), **tact** ou **toucher, vue** (→ Exercice, cit. 9 ; receler, cit. 1). *On ajoute aujourd'hui le sens kinesthésique* (sens articulaire, musculaire) *et le sens spatial cutané* (sens du lieu de la peau). *Sens chromatique :* vision des couleurs. *Sens externes* (cit. 2) *et sens internes. Organes* (cit. 3) *perçus par un sens.* ⇒ **Sensible.** *Sentir par tous les sens* (→ Aimer, cit. 37). *Acuité et finesse* (cit. 2) *des sens.* ⇒ **Sensoriel.** *Sens délicats* (→ Friandise, cit. 6). *Nos sens n'aperçoivent* (cit. 11) *rien d'extrême. « Les sens abusent* (cit. 10) *la raison par de fausses apparences »* (Pascal). *Erreurs* (cit. 3, 8), *illusions* (cit. 4) *des sens* (→ Aspect, cit. 33 ; hallucination, cit. 10). *Les sciences exactes* (cit. 18) *ne dépendent pas de nos sens. Affecter, troubler les sens.* ⇒ **Saisir** (→ Attentif, cit. 4 ; épouvanter, cit. 12 ; et aussi confondre, cit. 8). *Reprendre l'usage de ses sens,* ou, par ext., *ses sens,* reprendre connaissance après un évanouissement, une émotion violente (→ Proférer, cit. 1).

Pour ce qui est des sens extérieurs, tout le monde a coutume d'en compter cinq, à cause qu'il y a autant de divers genres d'objets qui meuvent les nerfs, et que les impressions qui viennent de ces objets excitent en l'âme cinq divers genres de pensées confuses.   DESCARTES, Principes de la philosophie, IV, 191.   1

Pour rendre la nature, Théophile Gautier faisait seulement appel à ses yeux. Depuis, tous les sens des auteurs ont été mis à contribution pour le *rendu* en prose d'un paysage.   Ed. et J. DE GONCOURT, Journal, 8 juin 1884, t. VI, p. 224.   2

(*L'organe des sens*) est donc un immense clavier, sur lequel l'objet extérieur exécute tout d'un coup son accord aux mille notes, provoquant ainsi, dans un ordre déterminé et en un seul moment, une énorme multitude de sensations élémentaires correspondant à tous les points intéressés du centre sensoriel.
H. BERGSON, Matière et Mémoire, p. 144.   3

La notion courante de la vérité exclusive du fait, tel qu'il est révélé par les sens, est radicalement détruite par une assertion comme celle-ci, d'un physicien contemporain, Max Planck : « L'image du monde physique s'écarte, en sa structure, de plus en plus du monde des sens ».   DANIEL-ROPS, le Monde sans âme, VIII.   4

Avoir un sixième sens. — (Occultisme). Aptitude à percevoir des messages occultes.

Vx. Au sing. collectif. L'individu sensible, la sensibilité corporelle. — Relig. *La peine du sens :* la peine du feu en enfer (peine corporelle par opposition aux peines morales ou dam*). — REM. On opposait autrefois le *sens intérieur* au *sens extérieur. Le sens extérieur ne peut appréhender* (cit. 1) *la nature de Dieu.*

Loc. *Tomber sous les sens* (→ Monosyllabe, cit. 1), ou (plus cour.) *tomber sous le sens* (→ Histoire, cit. 19 ; langage, cit. 5) : être perçu directement par les sens. ⇒ **Palpable, perceptible, tangible, visible.** — Fig. Aller de soi, s'imposer comme une vérité qu'on ne peut mettre en doute. ⇒ **Évident** (→ Industrie, cit. 11).

Philos. anc. (empr. du grec, chez Aristote). *Le sens commun :* faculté de l'âme qui met en commun les données de tous les sens (→ Espèce, cit. 2), correspondant à l'emploi moderne de « perception ». → ci-dessous, II., *supra* cit. 16.

(...) la réception de la lumière, des sons, des odeurs, des goûts de la chaleur, et de telles autres qualités, dans les organes des sens extérieurs ; l'impression de leurs idées dans l'organe du sens commun et de l'imagination, la rétention ou l'empreinte de ces idées dans la mémoire (...)   5
DESCARTES, Traité de l'homme, Pl., p. 873.

♦ **2.** (Au pluriel). LES SENS : source de plaisirs. *Plaisirs des sens* (→ Chair, cit. 47 ; flatter, cit. 5). ⇒ **Volupté.** *Chatouillement* (cit.), *transport des sens* (→ Ambre, cit. 1). *Échauffer, exciter les sens. Sens usés, blasés* (cit. 3 et 8).

Et, traitant de mépris les sens et la matière,
À l'esprit comme nous donnez-vous toute entière,   6
MOLIÈRE, les Femmes savantes, I, 1.

(Chez l'être humain). Instinct sexuel*, besoin de le satisfaire, plus ou moins vif et plus ou moins réprimé selon les individus. ⇒ **Chair, libido.** *Ardeur* (cit. 26) *du cœur et des sens.* ⇒ **Amoureux, sensuel ; chaleur, concupiscence, sensualité, tempérament.** *Éveil du cœur et des sens* (→ Ascétique, cit. 1). *Calme des sens. Fureur, fièvre des* *sens* (→ Avilir, cit. 25; croître, cit. 13). ⇒ **Salacité.** *Avoir des sens* (→ Lent, cit. 4). *Être esclave de ses sens* (→ Pour, cit. 5). *Objet qui trouble, allume les sens* (→ Avant-goût, cit. 3). *Plaisir, félicité* (cit. 5), *ivresse* (cit. 13) *des sens. Insatisfaction des sens* (→ Frigidité, cit. 2). *Mortification des sens* (→ 3. Mal, cit. 48). *Les sens s'endorment* (cit. 24) *avec la continence. Commerce des sens :* relations sexuelles (→ Épurer, cit. 1), amour* physique.

7 (...) ses sens étaient embrasés par le spectacle de ces actrices aux yeux lascifs et relevés par le rouge, à gorges étincelantes, vêtues de basquines voluptueuses à plis licencieux, à jupes courtes, montrant leurs jambes en bas rouges à coins verts (...)
BALZAC, Illusions perdues, Pl., t. IV, p. 719.

8 Elle est bien jeune encor! — Son âme exaspérée
Et ses sens par l'ennui mordus
S'étaient-ils entr'ouverts à la meute altérée
Des désirs errants et perdus? BAUDELAIRE, les Fleurs du mal, CX.

9 La profondeur, la mélancolie de l'expression, glaçaient ses sens que suffisait au contraire à éveiller une chair saine, plantureuse et rose.
PROUST, Du côté de chez Swann, Pl., t. I, p. 192.

9.1 Mme Kielland donnait auprès de lui les signes d'un grand désordre des sens; elle gémissait, joignait et disjoignait les doigts, se mordait les lèvres, les joues, la langue!
— Encore, disait-elle, pâmée. Maurice BEDEL, Jérôme 60° latitude Nord, p. 98.

♦ **3.** LE SENS DE..., LE SENS (et adj.) : « faculté de connaître d'une manière immédiate et intuitive (comme celle que paraissent manifester les sensations proprement dites) », Lalande. *Le sens de l'orientation, de l'équilibre* (→ Raccrocher, cit. 7). *Le goût* (bon goût), *le plus subtil des sens* (→ Malpropre, cit. 3). *Le sens de Dieu* (→ Concept, cit. 2), *du sacré, du merveilleux* (→ Garder, cit. 47). *Le sens de l'humain. Le sens des réalités, de la réalité* (→ Enfoncer, cit. 41), *de l'efficacité* (→ Discipliner, cit. 3). *Le sens pratique, le sens politique* (cit. 16), *national* (→ Aliénation, cit. 1). — *Sens des responsabilités* (→ aussi Fuite, cit. 7), *des hiérarchies* (→ Heurter, cit. 18), *des affaires.* ⇒ **Instinct, notion.** — *Sens artistique* (→ Amenuisement, cit. 2), *esthétique* (cit. 10); *sens du beau* (→ Prosaïque, cit. 3). *Avoir le sens du comique* (cit. 7), *du ridicule* (→ Humour, cit. 5), *de l'humour. Perdre le sens de la mesure* (→ Hyperbole, cit. 2). — Spécialt. (Vieilli). *Sens interne* ou *intime.* ⇒ **Conscience** (I.). — Mod. *Sens moral** (cit. 1). ⇒ **Conscience** (II.).

10 La poésie est une folie rythmée. Or vous n'êtes pas fou et vous n'avez pas le sens du rythme. A. MAUROIS, les Silences du colonel Bramble, VII.

10.1 Heureux ceux qui n'ayant point failli à leur lourde tâche, auront su penser et vouloir dans le sens de l'humain et de l'Universel, sans égard aux contingences du présent. M. AYMÉ, Travelingue, p. 90.

★ **II.** Vx. Faculté de bien juger. ♦ **1.** ⇒ **Discernement, entendement, jugement, raison.** *Un grand sens* (→ Haut, cit. 45; héros, cit. 10). *Le droit sens* (→ 1. Fougue, cit. 7). *Observations pleines de sens* (→ Gâteau, cit. 5). ⇒ **Sagesse.** *Avoir trop de sens pour...* (→ Méfiance, cit. 2). *Hors de leur sens* (→ Orgie, cit. 1). — Loc. *De sens rassis** (vx), au jugement calme (→ Ivresse, cit. 1). *De sens froid* (vx), par confusion avec *de sang* froid* (→ Langoureux, cit. 1). *« Je n'attendrai point de sens froid cette joie »* (Mme de Sévigné, 588, 14-15 oct. 1976).

11 (...) je suis un homme résistant, de sens froid; je sais écarter l'idée d'un événement redoutable (...) J. CHARDONNE, Éva, p. 31.

♦ **2.** (1167). **BON SENS.** a Philos. (chez Descartes). Vx. Raison*. *« Le bon sens est la chose du monde la mieux partagée »* (cit. 20).

b Mod., cour. Capacité de bien juger, sans parti pris, sans passion, en présence de problèmes, de questions qui ne peuvent être résolus par un raisonnement rigoureux, scientifique. — REM. *Bon sens* est un véritable nom composé auquel on peut joindre une épithète. ⇒ **Raison; jugeote, sagesse** (→ Éblouir, cit. 10; esprit, cit. 128; mobilité, cit. 4). *Le bon sens dispense* (cit. 11) *de savoir. Le droit naturel est fondé sur le bon sens* (→ Équité, cit. 19). — Loc. *En dépit** (cit. 9) *du bon sens. — Un peu de bon sens* (→ Entrailles, cit. 13; incertain, cit. 6). *Le simple bon sens* (→ Cause, cit. 50). *Grand, robuste bon sens* (→ Étendard, cit. 8; quintessencier, cit. 2). — (1781). *Gros* (cit. 28) *bon sens :* bon sens rudimentaire, sans finesse, qui se satisfait de peu. — *Homme, gens de bon sens,* sensés (→ Avis, cit. 1; habileté, cit. 18; recevable, cit. 1). ⇒ **Sensé.** *Sans bon sens* (→ Croire, cit. 71). ⇒ **Insensé.** Par ext. (Choses). *Cela n'a pas de bon sens :* c'est insensé, déraisonnable.

12 Le bon sens n'exige pas un jugement bien profond *(il)* se forme d'un goût naturel pour la justesse et la médiocrité; c'est une qualité du caractère plutôt encore que de l'esprit.
VAUVENARGUES, Introd. à la connaissance de l'esprit humain, I, VII.

13 Ça n'a pas de bon sens, dit-elle. Je vous attends depuis le mois de juin, et nous sommes à la mi-septembre (...) ZOLA, Nana, VI.

14 Le bon sens est excellent et nécessaire au fond de notre esprit, mais à la condition qu'une inquiétude élevée le surveille et lui rappelle au besoin l'infini de son ignorance; sinon il n'est que la routine des parties basses de notre intelligence.
MAETERLINCK, la Vie des abeilles, VII, I.

Par ext. *Avoir son bon sens, être dans son bon sens :* être sain d'esprit, avoir toute sa tête*.

15 Ne suis-je pas dans mon bon sens? MOLIÈRE, Amphitryon, I, 2.

♦ **3.** SENS COMMUN (lat. *sensus communis*) : manière de juger, d'agir commune à tous les hommes (qui équivaut au bon sens). → Égarement, cit. 5; projet, cit. 3. *Avoir du sens commun* (→ Connaître, cit. 16). — (1625, *in* D. D. L.). *N'avoir pas de sens commun, le sens commun* (→ Imbécile, cit. 5). *Choquer* (cit. 8), *heurter* (cit. 16) *le sens commun.* — (Choses). *Solution qui n'a pas le sens commun* (→ Représenter, cit. 18), inepte, insensée (→ aussi ci-dessus, I., *supra* cit. 5 et le rapprochement des deux acceptions chez Rousseau, cit. 16).

Il me reste à parler dans les livres suivants de la culture d'une espèce de sixième sens, appelé sens commun, moins parce qu'il est commun à tous les autres hommes, que parce qu'il résulte de l'usage bien réglé des autres sens, et qu'il nous instruit de la nature des choses par le concours de toutes leurs apparences. 16
ROUSSEAU, Émile, II.

Quand on a raison vingt-quatre heures avant le commun des hommes, on passe pour n'avoir pas le sens commun pendant vingt-quatre heures. 17
RIVAROL, Philosophie, « Fragments et pensées », Notes.

Non, se disait-il, toujours, elle pourrait être ma fille; ça n'a pas le sens commun. 18
LOTI, les Désenchantées, IV, XXIX.

♦ **4.** (Dans *à mon, à son sens..., dans le sens, en un sens,* etc.). Manière de comprendre, de juger (d'une personne). ⇒ **Avis, gré, opinion, point** (de vue), **sentiment.** *À mon sens, à son sens* (→ Autre, cit. 100; chose, cit. 3; menace, cit. 4; parfaire, cit. 4). *Abonder** (cit. 8), *donner dans le sens de qqn,* être de son opinion. *Agir dans le sens de qqn,* en épousant ses intentions.

(...) c'est lui qui méritait la croix, c'est moi qui l'ai, et je dois agir dans le sens du gouvernement qui me la donne. STENDHAL, le Rouge et le Noir, II, VII. 19

Une illusion, c'est l'esprit qui pense dans son sens. 20
J. PAULHAN, Entretien sur des faits divers, p. 114.

(Loc. avec *en*). Manière de voir; point de vue particulier. *Les hommes en un sens ne sont point légers* (cit. 24), d'une certaine manière. ⇒ **Manière** (→ aussi Antérieur, cit. 1; réfléchir, cit. 8). *En un certain sens, on peut dire que...* (→ Devenir, cit. 14; gageure, cit. 6). ⇒ **Mesure.** *En ce sens que...* (→ Dessécher, cit. 9; monarque, cit. 2; neutralité, cit. 3). *Il faut qu'il change d'attitude, je lui parlerai en ce sens* (→ aussi Discréditer, cit. 3; pointe, cit. 16). — REM. De « manière de voir » est sortie l'acception « orientation » qui elle-même a donné des figurés très proches des expressions ci-dessus.

Thérèse avait moins d'esprit que lui, en ce sens qu'elle était naturellement rêveuse et paresseuse à causer (...) G. SAND, Elle et Lui, II. 21

★ **III.** (De II., 4.). ♦ **1.** Cour. Idée ou ensemble intelligible d'idées que représente un signe* ou un ensemble de signes. ⇒ **Signification.** *Le sens d'une allégorie* (cit. 2), *d'un oracle* (cit. 2). *Sens obscur d'un mythe* (cit. 3), *sens caché d'une prophétie* (→ Charnel, cit. 4), *d'un texte* (⇒ **Clef**). *Rite dont le sens originel échappe* (→ Politesse, cit. 5). *Sens d'un geste, d'un sourire... Mots et sens d'une leçon* (cit. 2). *Sens littéral et sens philosophique d'un texte.* ⇒ **Lettre; esprit** (→ Ésotérique, cit. 1; libre, cit. 7). *Chercher un sens moral* (→ Emblématique, cit. 1), *allégorique à...* ⇒ **Caractère** (*infra* cit. 29). *Le son et le sens d'un vers, le fond* (cit. 58) *et la forme* (→ Hémistiche, cit. 1). — (Dans des expressions négatives). Sens intelligible, assignable. *Expressions, rêves* (cit. 10) *dénués de sens* (→ Musique, cit. 25). *Propos dépourvus* (cit. 2) *de sens. Mots vides de sens* (⇒ **Verbiage;** → Devoir, cit. 3), *qui n'ont pas de sens* (→ Inconciliable, cit. 2). — *Mots pleins de sens* (→ Dru, cit. 5). *Se tromper sur le sens.* ⇒ **Contresens, faux** (sens), **non-sens.** — Gramm. *Sens actif, passif* d'un mot :* signification liée au fait que le sujet est actif ou passif (→ -ible, cit.).

Pour examiner les prophéties, il faut les entendre; car, si on croit qu'elles n'ont qu'un sens, il est sûr que le Messie ne sera point venu; mais si elles ont deux sens, il est sûr qu'il sera venu en Jésus-Christ. PASCAL, Pensées, X, 642. 22

Quand je songe à cette fable 23
Dont le récit est menteur
Et le sens est véritable (...) LA FONTAINE, Fables, V, 10.

(...) le parler d'un vieillard est dans l'oreille des jeunes gens ce qu'est le parler des jeunes gens dans l'oreille des vieillards, un bruit dont le sens échappe. 24
BALZAC, Une ténébreuse affaire, Pl., t. VII, p. 559.

Le poème — cette hésitation prolongée entre le son et le sens. 25
VALÉRY, Rhumbs, p. 217.

Dans l'amitié véritable, tout est clair, tout est paisible; les paroles ont un sens pour les deux amis. F. MAURIAC, le Jeune Homme, V. 26

♦ **2.** Ce qu'un signe (notamment un signe du langage) signifie. ⇒ **Acception, signification, signifié, valeur.** *Le mot** (cit. 4) *et le sens.* ⇒ **Sémantique.** *Mot qui a un sens* (→ Définition, cit. 5; étymologie, cit. 3, 4 et 5), *plusieurs sens.* ⇒ **Monosémie, polysémie.** → Élargissement, cit. 4; misérable, cit. 13; protocole, cit. 3. *Donner, fixer le sens d'un mot* (→ Erroné, cit. 3); *chercher le sens d'un mot dans un dictionnaire** (→ Génération, cit. 11). *Filiation, classification de sens* (→ Exemple, cit. 36; lexicographe, cit. 3). — *Prendre un mot dans un sens* (→ Anarchie, cit. 1; expressionnisme, cit. 1; responsabilité, cit. 6). *Au sens de...* (→ 1. Bigorne, cit.). *Au sens politique du terme* (→ Hellénistique, cit. 3). *Au sens pascalien du mot* (→ Évasion, cit. 5). — *Sens primitif* (→ Affaiblir, cit. 14), *premier* (→ Enchaînement, cit. 5), *originel* (→ Ascèse, cit. 5). *Sens plus ou moins compréhensif* (cit. 5). *Sens étroit* (cit. 24), *restreint* (→ Humilier, cit. 40), *strict* (→ Gouvernemental, cit. 1). ⇒ **Stricto sensu.** *Sens large* (→ 3. Droit, cit. 61), *général* (→ Homme, cit. 1), *étendu...* ⇒ **Lato sensu.** *Sens plein, fort. Dans tout le sens du mot.* ⇒ **Force.** *Sens vague, ambigu* (cit. 2); *précis* (→ 1. Fou, cit. 27), *clair* (→ Didactique, cit. 2), *transparent, éclairé par un contexte*. Sens concret, matériel* (→ Influencer, cit. 2), *sens propre** (→ Replacer, cit. 2). *Sens abstrait, moral** (cit. 11). *Sens figuré*. Sens défavorable* (→ Impulsif, cit. 2), *péjoratif. Sens usé* (→ Écrire, cit. 63), *vieux. Altération* (cit. 4), *extension,* *changement de sens* (→ Accident, cit. 6). *Sens nouveau.* ⇒ **Néologisme** (cit. 2 et → Fixer, cit. 9). *Mots de sens opposés* (⇒ **Antonyme**), *voisins* (⇒ **Synonyme**). *Mot à double sens* (→ Irritation, cit. 3). *Jeu sur le sens des mots.* ⇒ **Calembour** (cit. 4), **équivoque** (cit. 5).

27 Il n'y a rien de plus, il ne peut rien y avoir de plus dans un *sens de mot* que ce que chaque esprit a reçu des autres, en mille occasions diverses et désordonnées, à quoi s'ajoutent les emplois qu'il en a faits lui-même, tous les tâtonnements d'une pensée naissante qui cherche son expression.
VALÉRY, Regards sur le monde actuel, Œ., t. II, Pl., p. 952.

28 De tout temps, le sens des mots s'est altéré ou dévalué ou compliqué. Feuilletez un dictionnaire étymologique, vous constaterez qu'au cours des siècles, un grand nombre d'entre eux ont désigné successivement des objets différents.
M. AYMÉ, le Confort intellectuel, p. 43.

29 On parle de synonymie lorsque plusieurs mots ont le même sens, et de polysémie lorsqu'un seul mot a des sens différents (...) Si nous avions des termes séparés pour chaque notion, le fardeau mémoriel deviendrait insupportable. La polysémie nous permet d'exploiter rationnellement le potentiel des mots, en leur rattachant plusieurs sens distincts. Le prix de cette rationalisation est le risque d'ambiguïté, de confusions pathologiques (...)
S. ULLMANN, Précis de sémantique franç., p. 199.

Didact. *Le sens* (signification) *et le référent* d'un signe. Étude du sens dans la langue.* ⇒ **Sémantique.** — *Sens dénotatif**, correspondant à la dénomination d'un référent («chose»). *Sens connotatif* (⇒ **Connotation**). — *Effet de sens :* signification prise par un ou plusieurs signes dans le discours.

♦ **3.** Idée intelligible à laquelle un objet de pensée peut être rapporté et qui sert à justifier son existence. ⇒ **Raison** (d'être). *Question, distinction qui a un sens* (→ Gauche, cit. 16). *L'absurde* (cit. 1) *a un sens. Sens et non-sens*. N'avoir de sens et de réalité que relativement* (→ Grâce, cit. 35). *Psychan. Sens* (ou *signification*) *d'un symptôme. Pour Freud l'oubli* (cit. 3) *a un sens. — Sens d'une institution* (→ Monastique, cit. 2). *Cela n'avait pas de sens* (→ Exister, cit. 7). *Le sens de la vie* (→ Critère, cit. 7 ; enseigner, cit. 17), *de l'univers* (→ Dépouiller, cit. 10). *Trouver, donner un sens à l'existence* (→ Rétorquer, cit. 2). *Le sens de nos actes* (→ Provisoire, cit. 3) ; *d'un travail* (→ Foule, cit. 12).

30 (...) ce qui donne un sens à la vie donne un sens à la mort.
SAINT-EXUPÉRY, Terre des hommes, VIII, III.

31 Les plus modestes de nous attendent une religion, une morale, et le sens de la vie enfin révélé.
J. PAULHAN, les Fleurs de Tarbes, p. 15.

32 J'ai dit que j'aime ; voilà la promesse. À présent, il faut que je me sacrifie pour que par moi le mot d'amour prenne un sens, pour qu'il y ait de l'amour sur terre.
SARTRE, Situations I, p. 225.

Avoir du sens. ⇒ **Significance, signifier.** *Pour les logiciens, la tautologie et la contradiction n'ont pas de sens. Phrase dépourvue de sens.* ⇒ **Asémantique.**

CONTR. (De II.) Absurdité, aliénation, déraison, folie.
DÉR. Sensé, sensément.
COMP. Contresens, forcené, insensé, non-sens.
HOM. Cens, 2. sens.

2. SENS [sɑ̃s] n. m. — Déb. XIIᵉ, *sen ;* germanique *sumo* «direction», avec influence de *sens.*

★ **I.** ♦ **1.** Math., cour. Ordre dans lequel un mobile parcourt une série de points ; mouvement orienté. *Une direction de droite a deux sens opposés. Direction Nord-Sud dans le sens du Sud au Nord, ou dans le sens du Nord au Sud.* — (Alg.). *Sens positif et sens négatif d'une droite orientée. Sens d'une rotation décrivant un cercle fixe :* à droite *(dextrorsum)* quand le mobile, représenté par un homme qui marche, a le centre de rotation à sa droite ; à gauche *(sinistrorsum)* quand le centre est à sa gauche. *Le sens à droite est nommé sens des aiguilles d'une montre* (cit. 5) ou *sens rétrograde ; le sens à gauche, sens direct, positif* ou *trigonométrique. Donner un sens à un mouvement.* ⇒ **Orienter.** — Mécan. *Sens d'une force*.* — Électr. *Sens du courant.* — Biol. *Croissance, mouvement... dans un sens déterminé.* ⇒ **Tropisme.**

Cour. *Aller dans un sens.* ⇒ **Direction** (II., 1.). — REM. *Direction* est employé couramment, à tort, pour *sens.* — *Sens d'un cours d'eau.* ⇒ **Fil.** *Dans le même sens* (→ 1. Canon cit. 9 ; morue, cit. 1). *En sens inverse* (→ Association, cit. 21), *en retournant au point de départ* (→ aussi **Réversible.** *Mobiles, voitures qui vont en sens inverse* (→ Ombrageux, cit. 1). *Inverser un sens.* ⇒ **Inversion.** *En sens contraire* (→ Magnétisme, cit. 1). *Faire un trajet dans les deux sens* (cf. Aller et retour). *Ouvrir, tourner, visser... dans le bon sens, dans le mauvais sens. Dans le sens opposé* au sens convenable ou ordinaire.* ⇒ **Contre-, contre-courant, contrepoil, contresens, rebours** (à). — *Voie à sens unique,* où les véhicules vont obligatoirement dans le même sens, ne peuvent se croiser. *Sens interdit,* opposé au *sens unique,* dans une voie à sens unique. *Panneau de sens interdit. Sens obligatoire. Sens giratoire,* par lequel on doit contourner un refuge. *Signe figurant le sens.* ⇒ **Flèche.**

33 Comme la chose qu'ils voyaient venait à eux et qu'ils allaient à elle, ces deux marches en sens contraire abrégèrent la distance (...)
DIDEROT, Jacques le fataliste, Pl., p. 542.

34 La circulation est terrifiante ; les larges routes sont divisées en six pistes, trois dans chaque sens, délimitées par des lignes blanches, et on a le droit de doubler soit à droite, soit à gauche (...)
S. DE BEAUVOIR, l'Amérique au jour le jour, p. 110.

— Eh bien, répondit automatiquement Trouscaillon *(l'agent),* voilà. Faut d'abord prendre à gauche, et puis ensuite à droite (...) Naturellement, dans tout ça, y aura des sens interdits (...)
R. QUENEAU, Zazie dans le métro, X.

♦ **2.** (Abstrait). Ordre (des éléments d'un processus).
L'amateur de Musset s'affine et l'abandonne pour Verlaine. Tel, nourri précocement de Hugo, se dédie tout entier à Mallarmé. Ces passages spirituels se font, en général, dans un certain *sens* plutôt que dans l'autre, qui est beaucoup moins probable : il doit être rarissime que le *Bateau Ivre* transporte à la longue vers *Le Lac.* VALÉRY, Variété, « Théorie poétique et esthétique », Œ., t. I, Pl., p. 1281.

(Fin XIXᵉ). Succession ordonnée et irréversible (des états d'une chose en devenir). *Le sens de l'évolution* (→ 1. Politique cit. 14). *Variations biologiques qui se font dans le même sens.* ⇒ **Orthogénèse.** *Aller dans le sens de la science et du progrès* (→ Propriété, cit. 15). *Le sens de l'histoire.*

37 Ajoutons que la religion du fait prétend aussi trouver, et à elle seule, le «sens de l'histoire», la «philosophie de l'histoire», et que, là encore, elle illustre une faiblesse d'esprit dont les âges qui nous précèdent semblaient exempts (...)
Julien BENDA, la Trahison des clercs, p. 193.

38 (...) beaucoup de penseurs depuis Kant et Hegel (Ranke, Comte, Spencer, Haeckel, Marx, etc,) croient à une unité de l'histoire humaine, à une *marche,* à un *sens* de l'évolution. L'être ne peut être saisi. Assignant une finalité particulière au mouvement, Teilhard de Chardin écrira : Du haut en bas de la série des êtres, tout se meut, tout se hisse, s'organise dans un même sens qui est celui de la plus grande conscience (...)
G. MATORÉ, l'Espace humain, p. 156.

Par métaphore ou fig. **DANS LE, DANS UN SENS :** en se dirigeant dans un domaine, selon une modalité (à l'exclusion de tout autre). *Forcer qqn à agir dans un sens* (→ 1. Arbitre, cit. 7). *Sens dans lequel s'oriente notre activité* (→ Regretter, cit. 9). *Intelligence exercée* (cit. 7) *toujours dans le même sens. Glissement* (cit. 7) *dans le sens autoritaire. Intervenir dans un sens modérateur* (→ Reculade, cit. 1).

39 (...) l'imagination travaille le plus généralement où va la joie — ou tout au moins où va une joie ! — dans le sens des formes et des couleurs, dans le sens des variétés et des métamorphoses (...)
G. BACHELARD, l'Eau et les Rêves, p. 2.

★ **II.** ♦ **1.** Direction* ; position* d'une droite dans un plan, d'un plan dans un volume. *Sens vertical, horizontal. Le sens de la longueur* (→ Grand, cit. 12), *de la diagonale* (⇒ **Biais**). *Dans quel sens ? En long, en large...* ⇒ **Épaisseur, hauteur, largeur, longueur, profondeur.** *Objet, tableau placé dans le bon sens* (→ Droit) ; *dans le mauvais sens* (→ À l'envers*, de travers*, la tête* en bas...). *Changer le sens de qqch.* ⇒ **Renverser** (cit. 6), **retourner.** *Le droit fil*, le biais, sens d'un tissu* (→ aussi Contre-fil, contre-biais). *Tailler dans le sens du bois,* en suivant les fibres. *Tourner de tout sens* (vx), *en tout sens, de n'importe quel côté** (→ Examiner, cit. 3 ; 1. plan cit. 2).

En tout sens, dans tous les sens (→ Miroiter, cit. 2 ; patrouille, cit. 4 ; précoce, cit. 4). Par ext. Partout. *Fouiller* (cit. 32) *en tous sens.*

40 (...) il n'apercevait plus que l'envers du décor, le bariolage des vieilles affiches, collées dans tous les sens.
ZOLA, Nana, V.

♦ **2.** Loc. **SENS DESSUS DESSOUS** [sɑ̃d(ə)sydsu] loc. adv. (1562, Ronsard, dans la forme moderne ; pour *c'en dessus dessous,* anc. franç., littéralt «ce (qui est) en dessus (étant) dessous», par rapprochement sémantique ; écrit dès le XVIIᵉ *sans dessus dessous*). Dans une position telle que ce qui devrait être dessus se trouve dessous et inversement. ⇒ **Envers** (à l'). ; régional **boucheton** (à). *Mettre un meuble, une voiture sens dessus dessous.* ⇒ **Capoter, culbuter, renverser, retourner** (→ aussi Capotage). Par ext. Dans un grand désordre. *Le salon était encombré* (cit. 7) *et sens dessus dessous. Il a mis tout sens dessus dessous.* ⇒ **Bouleverser, bousculer, chambarder.** Fig. Dans une grande confusion, dans un état de trouble. ⇒ **Retourné, troublé.**

41 La mort, le sang, la guerre, et les meurtres épais
Ont assiégé leur terre, et cent sortes de vices
Ont sens-dessus-dessous renversé leurs polices.
RONSARD, Disc. des misères de ce temps, « Remontrance peuple de France. »

42 Elle aimait à faire des chansons et des vers sur les gens qui lui déplaisaient. Si elle m'eût trouvé assez de talent pour lui aider à tourner ses vers, et assez de complaisance pour les écrire, entre elle et moi nous aurions bientôt mis Chambéri sens dessous dessus.
ROUSSEAU, les Confessions, V.

43 La turbulence, la franchise même, chaque fois qu'il va téléphoner, l'abbé Gandarillas met ces demoiselles du bureau de Postes sens dessus dessous. Monseigneur lui interdit le bureau de Postes.
M. JOUHANDEAU, Chaminadour, II, IX, Gandarillas.

44 On criait les journaux au dehors, les résultats de l'élection présidentielle. Cela mit le restaurant sens dessus dessous. Les gens sortirent, un camelot entra. On s'arrachait les feuilles. Poincaré élu ! Vive Poincaré !
ARAGON, les Beaux Quartiers, II, IX.

SENS DEVANT DERRIÈRE [sɑ̃d(ə)vɑ̃dɛʀjɛʀ] loc. adv. (Même évolution que ci-dessus). Surtout régional, de nos jours. Dans une position telle que ce qui doit être devant se trouve derrière et inversement. *Mettre un tablier, un pull-over sens devant derrière.*

HOM. Cens, 1. sens.

SENSASS, SENSAS [sɑ̃sas] ou **SENSA** [sɑ̃sa] adj. invar. (fam.). ⇒ **Sensationnel.**

SENSATION [sãsasjõ] n. f. — 1370, «opération (action) des objets sur les sens», le mot semble rare jusqu'à Malebranche, Bossuet; bas lat. *sensatio* «compréhension».

♦ **1.** Physiol., psychol. Phénomène psychophysiologique par lequel une stimulation externe ou interne (⇒ **Impression,** III.) a un effet modificateur spécifique sur l'être vivant et conscient; état ou changement d'état ainsi provoqué (observable par une réaction), à prédominance affective (plaisir, douleur) ou représentative (perception). ⇒ 1. **Sens** (I.), sensibilité (cit. 3); **sensitif, sensoriel.** — REM. La *sensation* est parfois considérée comme un état limite théorique (en psychol. humaine), la réalité observable étant la perception*. — *Interprétation perceptive de la sensation.* ⇒ **Percevoir.** *Sensations externes et internes* (⇒ **Cénesthésie**). *Sensation et système nerveux.* ⇒ **Nerf, nerveux.** *Le cerveau, considéré comme «siège des sensations».* ⇒ **Sensorium.** *Éprouver* une sensation.* ⇒ **Sentir.** *Sensations auditives* (⇒ **Son**), *gustatives, du goût* (cit. 1; ⇒ **Saveur**), *olfactives* (⇒ **Odeur**), *visuelles, de la vue* (⇒ **Couleur, lumière**); *tactiles, du tact, du toucher* (→ **Palpable,** cit. 1). *Sensations thermiques, de chaud et de froid* (2. Froid, cit 14). *Sensation agréable* (⇒ **Plaisir,** cit. 21); *douloureuse, pénible* (⇒ **Douleur,** cit. 5, **malaise, souffrance**). *Une sensation vague, indéfinissable. Produire une sensation vive et douloureuse* (→ **Cuire,** mordre, pincer, piquer...). *Sensation d'acidité* (aigreur), *d'agacement, d'alourdissement* (digestion...), *d'astriction, de brûlure, de chatouillement, d'étouffement, d'oppression, de picotement, d'urtication, de vertige... Sensations de faim, de soif. — Sensation «subjective», sans objet.* ⇒ **Hallucination** (→ **Objet,** cit. 3).

1 Voilà beau temps que la sensation est reléguée au magasin des accessoires; c'est un rêve de la psychologie; pour le coup, ce n'est qu'un mot.
SARTRE, Situations I, p. 240.

2 Chez les animaux possédant un système nerveux différencié, l'éveil de la sensation se produit au niveau de centres recevant le message sensoriel (...) L'existence et la réalité de l'éveil d'une sensation peuvent être établies par la corrélation entre des modifications observables (...) et les conditions de la stimulation (...)
DURUP et PIÉRON, Voc. de la psychologie, art. *Sensation.*

REM. 1. Avant le XIXᵉ s., le mot *sensation* désigne un concept plus large (cet emploi persiste dans la langue générale); la sensation a un contenu affectif (émotion) et représentatif (perception). *Les sensations,* «manières d'être... modifications de l'esprit» (Malebranche), «modifications de notre âme» (Condillac). *Traité des sensations,* célèbre ouvrage de Condillac. «*Toutes nos connaissances* (cit. 1) *viennent des sensations*» (→ aussi Expérience, cit. 30, Buffon; et cf. Rousseau, *Émile,* p. 44).

3 (...) l'équivoque du terme *sensation,* aussi généralement employé dans la doctrine de Condillac, que le mot *pensée* l'était dans celle de Descartes, pour exprimer indistinctement tous les modes *passifs* comme *actifs de l'âme* : ceux qui *affectent* comme ceux qui *représentent*; ceux qui sont dans la *sensibilité* pure, sans être dans la *conscience,* comme ceux qui s'éclairent de cette lumière intérieure, et sont inséparables du *moi,* si même ils ne le constituent.
MAINE DE BIRAN, Du physique et du moral de l'homme, II, § 1.

4 Le temps était loin où j'avais bien petitement commencé à Balbec par ajouter aux sensations visuelles, quand je regardais Albertine, des sensations de saveur, d'odeur, de toucher. Depuis, des sensations plus profondes, plus douces, plus indéfinissables s'y étaient ajoutées, puis des sensations douloureuses. Bref Albertine n'était (...) que le centre générateur d'une immense construction qui passait par le plan de mon cœur. Robert, pour qui était invisible toute cette stratification de sensations, ne saisissait qu'un résidu (...)
PROUST, la Fugitive, Pl., t. III, p. 438.

2. *Sensation et sentiment.* Au XVIIᵉ s., les philosophes emploient d'abord *sentiment* (Descartes), puis les deux mots comme synonymes (Malebranche, Bossuet). Pour Condillac, la *sensation passive* est un *sentiment*; pour Buffon «*la sensation n'est qu'un ébranlement dans le sens*» (un phénomène physiologique; → aussi Nerf, cit. 6), et le *sentiment* est la «*sensation devenue agréable ou désagréable*». Depuis le XIXᵉ s., les mots s'opposent ou appartiennent à des domaines nettement séparés. → **Sentiment.**

♦ **2.** Le fait, la faculté d'être sensible aux stimulations. ⇒ **Sensibilité.** *Philosophie de la sensation.* ⇒ **Sensualisme.**

5 (...) cet enfant avait une faculté que je n'ai jamais rencontrée, poussée à ce développement, chez aucun autre : la faculté de la sensation. Je n'ai jamais vu un enfant jouir, comme lui, du parfum d'une fleur, de la vue d'une jolie femme bien habillée, du confort d'un bon fauteuil, du toucher d'une chose agréable.
Ed. et J. DE GONCOURT, Journal, 16 avr. 1874, t. V, p. 95.

♦ **3.** Cour. État psychologique à forte composante affective, généralement intense (distinct du *sentiment* par son caractère passif, et par un caractère physiologique plus marqué). ⇒ **Émotion, impression;** → Éprouver, cit. 28. *Sensation subtile, vive, forte... Sensation agréable, délicieuse.* ⇒ **Bien-être, euphorie** (→ Fixer, cit. 6). *Sensation enivrante* (cit. 2), *exquise* (cit. 7). *Sensation agréable produite par l'idée d'un bien futur.* ⇒ **Avant-goût.** *La sensation de l'attente* (cit. 20). *Une sensation d'écœurement* (cit.), *de fatigue... La sensation que...* (→ Arrêter, cit. 8; fasciner, cit. 3), *de...* (→ Intrus, cit. 3). *Accroître* (⇒ **Exciter**), *diminuer les sensations* (⇒ aussi **Blaser**). *Sensations violentes* (⇒ **Délire, ébranlement**) — Par ext. Connaissance immédiate et intuitive. ⇒ **Intuition, sentiment.** *Avoir la sensation aiguë, la certitude que...* (→ Réalité, cit. 9).

6 Je ne puis dire quelles sensations j'éprouvai quand je me trouvai à la porte de la maison : j'étais ému, tremblant, palpitant (...) RIVAROL, Rivarolina, III.

7 Et, de nouveau, il eut la sensation d'être soulevé : ivresse joyeuse de l'acte; con-

---

fiance sans limite; activité vitale tendue à son paroxysme; et, par dessus tout, exaltation de se sentir superbement grandi.
MARTIN DU GARD, les Thibault, t. II, p. 142.

Spécialt. Émotion forte; plaisir, jouissance. *Avide de toutes les sensations* (→ Écumeur, cit. 2). *Grisé* (cit. 3) *de sensations.*

♦ **4.** (Dans des loc.). Forte impression* produite sur plusieurs personnes (⇒ **Admiration, effet, étonnement, surprise**). **FAIRE SENSATION** ⇒ Nom, cit. 23). *Elle a fait sensation sur l'assistance.*

7.1 Cette jeune personne nommée *Rosalie,* venait d'atteindre sa quatorzième année, elle réunissait tous les charmes les plus capables de faire sensation; une taille de nymphe, une figure ronde, fraîche, extraordinairement animée, des traits mignons et piquants (...) SADE, Justine..., t. I, p. 103 (1791).

8 Bientôt, chez Chérie devenue déraisonnablement mondaine, il n'y eut plus qu'une seule et unique pensée : *faire sensation,* là où elle se montrait. Être remarquée, être signalée, être trouvée jolie par tout le monde (...) ce fut là son effort, son travail. Ed. et J. DE GONCOURT, Chérie, LXXIV.

Loc. adj. À SENSATION : qui fait ou qui est destiné à faire sensation (souvent par des moyens grossiers). *Presse, spectacle, littérature à sensation.* ⇒ **Sensationnel.**

DÉR. Sensationnel, sensationnisme, sensationniste.

SENSATIONNALISME [sãsasjonalism] n. m. — 1909, *in* D.D.L.; de *sensationnel.*

♦ Goût, recherche du sensationnel. «*Ce goût du sensationnel que vous appelez souvent d'un terme un peu barbare, mais qui est au moins clair, et qui est le sensationnalisme*» (O. R. T. F., 31 janv. 1970). — REM. On écrit aussi *sensationalisme.*

SENSATIONNALISTE [sãsasjonalist] adj. — Attesté 1965 (J.-F. Revel) mais probablt antérieur. → Sensationnalisme; de *sensationnel, sensationnalisme.*

♦ Qui relève du sensationnalisme. — REM. On écrit aussi *sensationaliste.*

SENSATIONNEL, ELLE [sãsasjonɛl] adj. — 1875, *Revue des deux mondes* in D.D.L.; «relatif à une, aux sensation(s)», 1837, Balzac; de *sensation,* d'après l'angl. *sensational.*

♦ **1.** Qui fait sensation, produit une vive impression dans le public. *Une nouvelle sensationnelle; un événement sensationnel.*
N. m. Ce qui fait sensation. *Éditeur, rédacteur en chef qui recherche le sensationnel* (→ aussi Marcher, cit. 31).

1 Et notre littérature non plus n'exigerait pas avec tant de soin le sensationnel, la surenchère et l'audace, si elle ne voulait nous faire oublier qu'elle est littérature, qui use de mots et de phrases. J. PAULHAN, les Fleurs de Tarbes, p. 55.

♦ **2.** Qui est très remarquable et fait sensation.

2 (...) il est lui-même ingénieux et travaille à plusieurs inventions sensationnelles.
R. QUENEAU, Loin de Rueil, I, II.

♦ **3.** (Moins cour.). Qui est fait, écrit pour faire sensation. Syn. : *à sensation.*

3 On s'accorde à estimer méritoire qu'un roman soit sensationnel ou, comme on dit, palpitant. Roger CAILLOIS, Babel, p. 143.

♦ **4.** (Intensif). Fam. Très grand. — (Dans des contextes mélioratifs). Remarquable. ⇒ **Formidable** (fam.), **exceptionnel.** — (Dans des contextes péjoratifs). Extrême (→ cit. 4, ci-dessous).

4 Pourquoi pas? dit Julie avec une mauvaise foi sensationnelle. Sait-on jamais?
R. QUENEAU, le Dimanche de la vie, p. 124.

5 (...) c'est seulement à force de donner et de recevoir des coups de poing qu'il a réussi à... — Pas recevoir, dis-je : au temps de sa gloire il avait la réputation d'avoir un jeu d'esquive sensationnel. Claude SIMON, le Vent, p. 127.

Par abrév. : *sensas(s)* au sens 2. (fam.). *Sensass! C'est sensass!* — REM. Sans être vieilli, cet emploi, attesté en 1955, n'est plus à la mode. → Super.

6 «C'est ici que mon scénario devient sensass!» s'écria M. Rouflon (...)
P. GUTH, le Naïf locataire, p. 112.

CONTR. Inaperçu, neutre; médiocre, quelconque.
DÉR. Sensationnalisme, sensationnaliste.

SENSATIONNISME [sãsasjonism] n. m. — 1878; de *sensation.*

♦ Didact., philos. Philosophie qui considère la sensation comme la source des connaissances (le mot normal est *sensualisme*,* qui prête à confusion, par suite de l'acception prise par *sensuel,* en français).

SENSATIONNISTE [sãsasjonist] adj. et n. — Av. 1869, cit.; de *sensation.*
Didactique.

♦ **1.** Philos. Du sensationnisme, de la philosophie de la sensation. ⇒ **Sensualiste** (cit. Sainte-Beuve).

M. Cousin, pour désigner l'École adverse du XVIIIᵉ siècle qui rattachait l'idée aux sensations, l'a dénommée *École sensualiste.* Pour être exact, il eût fallu dire *sensationniste.* SAINTE-BEUVE, Mes poisons, p. 90.

♦ **2.** (Fin XIXᵉ, Goncourt). Vx. Impressionniste.

SENSÉ, ÉE [sɑ̃se] adj. — 1629 ; de *sens*, d'après le lat. *sensatus* ; a remplacé l'anc. franç. *sené*. → Forcené.

♦ **1.** Qui a du sens (1. Sens, II.), du bon sens. ⇒ **Éclairé, raisonnable, sage.** *Homme sensé* (→ Avis, cit. 19 ; honneur, cit. 37 ; et aussi père, cit. 15). *La femme la plus sensée* (→ Crime, cit. 19).

Les êtres sensibles ne sont pas des êtres sensés. Le sentiment n'est pas le raisonnement, la raison n'est pas le plaisir, et le plaisir n'est certes pas une raison.
    BALZAC, Petites misères de la vie conjugale, Pl., t. X, p. 920.

♦ **2.** (En parlant des choses conformes à la raison). ⇒ **Droit, judicieux, rationnel.** *Dire* (cit. 101) *des choses sensées* (→ Franc-parler, cit. 1). *Observations, vues sensées et justes* (→ Inintelligence, cit. 1 ; inspecteur, cit. 2).

CONTR. **Absurde, déraisonnable, extravagant, forcené, fou, furieux, impertinent, insensé.**

DÉR. **Sensément.**
HOM. **Censé.**

SENSÉMENT [sɑ̃semɑ̃] adv. — 1640 ; de *sensé*.

♦ Rare, vx. D'une manière sensée. *Agir sensément.*

HOM. **Censément.**

SENSEUR [sɑ̃sœʀ] n. m. — V. 1970 ; angl. *sensor*, v. 1960.

♦ Anglic. Dispositif sensible. Spécialt. Organe d'un système de stabilisation permettant de définir l'orientation réelle (d'un satellite). *Senseur solaire, terrestre,* dirigé vers le Soleil, la Terre. *Senseur d'élévation solaire. « Le principe du guidage par laser des bombes ou missiles est simple : un avion vise la cible à l'aide du faisceau lumineux (...) Un "senseur" situé dans le nez de la bombe détecte la lumière laser réfléchie par la cible »* (*le Nouvel Obs.,* juil. 1972, p. 18).

HOM. **Censeur.**

SENSIBILISABLE [sɑ̃sibilizabl] adj. — 1871, Littré, en photogr. ; de *sensibiliser*.

♦ Qui peut être sensibilisé. — Spécialt (photogr.). *Papier sensibilisable.*

SENSIBILISATEUR, TRICE [sɑ̃sibilizatœʀ, tʀis] adj. et n. f. — 1858, *agent sensibilisateur* (photogr.), in *Année sc. et industr.* 1859, p. 247 ; du rad. de *sensibilisation*.

♦ **1.** Qui sensibilise, peut sensibiliser. — Chim. Qui favorise une réaction. *Rôle sensibilisateur de l'eau. Bain sensibilisateur.* N. m. *Sensibilisateur chromatique :* colorant qui, ajouté à une émulsion, la rend sensible à certaines radiations.

♦ **2.** N. f. (1903 ; cf. *antisensibilisatrice,* n. f., *Rev. gén. des sc.* 15 mars 1905, p. 235). (Biol.). **SENSIBILISATRICE,** substance qui apparaît dans le sérum d'un animal auquel on a injecté un microbe (vaccination) ou un antigène (→ ci-dessous, cit.).

(...) l'hémolyse est la conséquence de l'action de deux substances, une thermolabile, détruite à 56°, et qui existe dans tout sérum, on l'appelle *alexine* ou complément ; une, plus résistante à la chaleur, qui prend naissance seulement dans le corps de l'animal immunisé et est spécifique de la substance étrangère injectée ; elle possède la propriété de se fixer sur le globule étranger, comme le mordant sur une étoffe, pour permettre l'action de l'alexine ; on appelle cette substance *sensibilisatrice.*
    R. FABRE et G. ROUGIER, Physiologie médicale, p. 54.

SENSIBILISATION [sɑ̃sibilizasjɔ̃] n. f. — 1871 ; «action de rendre sensible (la pensée)», 1801 *in* D. D. L. ; du lat. *sensibilis.* → Sensible.

Action de sensibiliser ; son résultat.

♦ **1.** Photogr. Action de sensibiliser à la lumière, de rendre plus sensible à l'aide d'un sensibilisateur. *La sensibilisation d'une plaque.*

♦ **2.** Méd. Modification produite dans l'organisme par un agent physique, chimique ou biologique qui, précédemment supporté sans inconvénients, déclenche des manifestations pathologiques. ⇒ **Allergie, anaphylaxie** (cit. 1), **intolérance.**

♦ **3.** Fig. Fait de susciter l'intérêt d'une personne ou d'un groupe, sa curiosité ou ses sentiments ; l'état qui en résulte. *La sensibilisation de l'opinion à un problème.*

CONTR. **Accoutumance.**

SENSIBILISER [sɑ̃sibilize] v. tr. — 1861 ; p. p., «rendu sensible (II., 1.), concret», 1835 ; du rad. lat. de *sensible.*

♦ **1.** (1861, Sainte-Beuve). Vx et rare. Rendre sensible* (I., 2.), douer ou pénétrer de sensibilité. *Sensibiliser la nature.* Au p. p. :

[1] (...) ce théisme doucement rationalisé et sensibilisé, à ravir un Bernardin de Saint-Pierre et à attendrir un Marmontel, n'est pas du tout la religion de Fénelon (...) mais c'est bien la religion de l'abbé de Saint-Pierre.
    SAINTE-BEUVE, Causeries du lundi, 12 août 1861.

Rendre sensible à la douleur, irritable. *« Sensibiliser l'amour-propre »* (A. Daudet, 1876, *in* Littré, *Suppl.*).

♦ **2.** (1865). Techn. (photogr.). Rendre sensible* (1., 3.) à l'action de la lumière. *Sensibiliser une plaque, un papier. Couche de gélatine sensibilisée* (→ Héliogravure, cit.). — Par métaphore :

La maladie sensibilise l'homme pour l'observation, comme une plaque de photographie.
    Ed. et J. DE GONCOURT, Journal, 27 mars 1865, t. II, p. 206. [2]

♦ **3.** (xxᵉ). Méd. Rendre sensible* (I., 1.) un être vivant, un organe, un tissu... à un agent physique, chimique ou biologique. ⇒ **Anaphylaxie, sensibilisation.**

♦ **4.** Fig. Rendre sensible (à qqn), faire réagir (qqn) à... (surtout au p. p.). *Se trouver sensibilisé à certains événements, à certains propos. L'opinion publique est aujourd'hui sensibilisée à ce problème. « Pays " sensibilisés" par l'innovation »* (*le Monde,* 12 nov. 1967). *« (Le public) se sensibilise aux formes nouvelles »* (*l'Express,* 27 nov. 1967).

Que m'importe, si je n'ai point de billet de la loterie, que tel ou tel numéro sorte de l'urne ? Je ne suis pas « sensibilisé » à cet événement. [3]
    VALÉRY, Variété, « Études philosophiques », t. I, Pl., p. 898.

DÉR. **Sensibilisable.**

SENSIBILISME [sɑ̃sibilism] n. m. — 1821, J. de Maistre ; de *sensible,* et suff. *-isme.*

♦ Didact., vx. Système qui fait prévaloir la sensibilité (en psychologie) ; sensibilité humaine.

SENSIBILITÉ [sɑ̃sibilite] n. f. — 1314 ; bas lat. *sensibilitas,* de *sensibilis.* → Sensible.

Propriété d'un être, d'un organe, d'un objet sensible* (I.).

J. Lachelier a fait (...) remarquer qu'il serait fâcheux de renoncer au mot *sensibilité,* qui est bien français et dont le sens est réellement un sous toutes ses formes (...). « Réceptivité d'impressions, avec tendance à réagir sur ces impressions » (...) Il serait en effet regrettable et même impossible de proscrire un mot aussi usuel, quand le contexte ne laisse pas de place à une confusion ; ce n'est pas toujours le cas. [1]
    A. LALANDE, Voc. de la philosophie, art. *Sensibilité.*

♦ **1.** Propriété qu'a un être vivant (ou un de ses organes) d'être informé des modifications du milieu extérieur comme de son milieu intérieur et d'y réagir d'une façon adéquate. ⇒ **Excitabilité, impression, réceptivité, sensation.** — REM. On parle souvent, en ce sens, de *sensibilité physique* (→ Psychologie, cit. 1). — *On distingue traditionnellement outre la sensibilité propre aux cinq sens* classiques (⇒ **Sensoriel**), *la sensibilité générale superficielle* (thermique, douloureuse) *et la sensibilité profonde* (musculaire, articulaire, viscérale, osseuse). ⇒ **Cénesthésie, kinesthésie ;** → Estomac, cit. 7 ; excitation, cit. 3 ; moelle, cit. 8 ; peau, cit. 3. *Sensibilité des organes, des antennes* (cit. 2), *de la rétine* (→ Excitation, cit. 13), *d'un nerf* (cit. 1)...
Sensibilité différentielle : sensibilité à une différence entre deux stimulations... *Sensibilité amortie* (cit. 6) *par l'habitude. Usure de la sensibilité* (→ Anesthésie, cit. 2 ; et aussi blaser, cit. 7). *Surmenage, exaltation de la sensibilité* (→ Impressionnabilité, cit. ; jeu, cit. 81). *« La sensibilité est une sorte de guitare* (cit. 7) *que les objets extérieurs font vibrer »* (Flaubert). — *Troubles, anomalies de la sensibilité.* ⇒ **Analgésie, anesthésie, hyperesthésie.**

La sensibilité est, dans le corps vivant, une propriété qu'ont certaines parties de percevoir les impressions des objets externes, et de produire en conséquence des mouvements proportionnés au degré d'intensité de cette perception. [2]
    FOUQUET, *in* Encycl. (1765), art. *Sensibilité.*

Les manifestations de la sensibilité et de la sensoricité sont nombreuses, chacune faisant appel (...) à des récepteurs spécialisés, et se transmettant vers les centres par des conducteurs individualisés (...) [3]
Parmi les messages qui peuvent ainsi venir aux centres et les informer, les uns peuvent n'atteindre que des centres relativement inférieurs, demeurer inconscients (...) les autres entrent dans le champ de la conscience, donnent naissance à une sensation qui pourra devenir perception (...) En même temps, la conscience s'imprègne de quelque chose de particulier, d'une tonalité spéciale, agréable ou désagréable, que les psychologues désignent du nom de charge affective de la sensation.
    R. FABRE et G. ROUGIER, Physiologie médicale, p. 413.

♦ **2.** Propriété de l'être humain sensible (I., 2.), traditionnellement distinguée de l'*intelligence* ou de l'*esprit* et de la *volonté.* ⇒ **Affectivité, cœur, émotivité, entrailles, fibre.** *Sensibilité vive, extrême, exquise...* (→ Délice, cit. 2 ; exercer, cit. 6 ; frémissant, cit. 6 ; inanimé, cit. 4 ; ordinaire, cit. 14 ; paysage, cit. 4). — *Sensibilité de l'artiste,* sa sensibilité d'homme doublée de l'aptitude à la faire passer dans sa création. ⇒ **Émotion, passion, sentiment** (→ Ardent, cit. 24 ; fulguration, cit. 2 ; nuire, cit. 11 ; renouveler, cit. 8). *La sensibilité de Racine, de Rousseau, de Chopin,...* — (En parlant d'une génération, d'une époque, considérée en particulier à travers ses œuvres et de ses écrivains et de ses artistes). *La sensibilité romantique,* propre aux artistes, aux hommes de l'époque romantique. *Sensibilité moderne et sensibilité classique* (→ Distinguer, cit. 2 ; expression, cit. 28).

Le dirai-je ! Pourquoi non ? La sensibilité n'est guère la qualité d'un grand génie (...) Ce n'est pas son cœur, c'est sa tête qui fait tout (...) Au reste, lorsque j'ai prononcé que la sensibilité était la caractéristique de la bonté de l'âme et de la [4]

médiocrité du génie, j'ai fait un aveu qui n'est pas trop ordinaire, car si Nature a pétri une âme sensible, c'est la mienne.
DIDEROT, Paradoxe sur le comédien, Pl., p. 1039-1074.

5 Fabre d'Églantine a dit : « La sensibilité de Marat ». Et ce mot a étonné ceux qui confondent la sensibilité avec la bonté, ceux qui ignorent que la sensibilité exaltée peut devenir furieuse. Les femmes ont des moments de sensibilité cruelle. Marat, pour le tempérament, était femme et plus que femme, très nerveux et très sanguin.
MICHELET, Histoire de la Révolution franç., IV, VI.

6 *La sensibilité (...) a horreur du vide.* Elle réagit spontanément contre la raréfaction des excitations (...) Le tracement d'un décor sur une surface trop nue, la naissance d'un chant dans un silence trop ressenti, ce ne sont que des réponses, des compléments, qui compensent l'absence d'excitations (...) Cette analyse (...) conduit à modifier assez profondément la notion que l'on a d'ordinaire de la sensibilité. On groupe sous ce nom des propriétés purement réceptives (...) mais (...) il faut aussi lui attribuer des vertus productives.
VALÉRY, Variété, Théorie poétique et esthétique, t. I, Pl., p. 1409.

Par ext. Qualité d'une œuvre empreinte de la sensibilité de l'artiste. *Page, musique pleine de sensibilité* (→ Intérêt, cit. 30 ; mugir, cit. 3).

Spécialt. Caractère d'une personne sensible (I., 2.). ⇒ **Amour, attendrissement, compassion, humanité, pitié, sympathie, tendresse** (→ 1. Flétrir, cit. 15). *Affectation de sensibilité.* ⇒ **Sensiblerie.** *Sensibilité prête à servir toute grande cause* (cit. 59 ; → aussi 2. Idéal, cit. 9). *Être dépourvu de sensibilité* (→ Obliger, cit. 18). *Sensibilité émoussée* (cit. 11).

7 Il y a une sensibilité physique et organique, qui, purement passive, paraît n'avoir pour fin que la conservation de notre corps et celle de notre espèce par les directions du plaisir et de la douleur. Il y a une autre sensibilité que j'appelle active et morale qui n'est autre chose que la faculté d'attacher nos affections à des êtres qui nous sont étrangers.
ROUSSEAU, Rousseau juge de Jean-Jacques, 2e dialogue.

8 — Jacques, vous êtes un barbare ; vous avez un cœur de bronze.
— Non, monsieur, non, j'ai de la sensibilité ; mais je la réserve pour une meilleure occasion.   DIDEROT, Jacques le fataliste, Pl., p. 673.

9 L'émotion débordait, la noblesse morale ruisselait, le cœur se fondait en effusions éperdues ; les écluses étaient lâchées à la redoutable sensibilité germanique ; elle diluait l'énergie des plus forts, elle noyait les faibles sous ses nappes grisâtres : c'était une inondation (...)   R. ROLLAND, Jean-Christophe, La révolte, I, p. 388.

Faculté d'éprouver de la compassion, de la sympathie. *Sensibilité pour...* (vieilli), *sensibilité à...* : *intérêt profond porté à... Sensibilité pour les malheurs d'autrui* (→ Épaisseur, cit. 3). *La sensibilité de l'homme aux petites choses* (→ Insensibilité, cit. 3). — Aptitude à être particulièrement touché par... *Être d'une grande sensibilité aux moindres reproches* (Académie). ⇒ **Susceptibilité.**

10 Mme de Clèves s'était bien doutée que ce prince s'était aperçu de la sensibilité qu'elle avait eue pour lui (...) Ce lui était une grande douleur de voir qu'elle n'était plus maîtresse de cacher ses sentiments et de les avoir laissés paraître au chevalier de Guise.   Mme DE LA FAYETTE, la Princesse de Clèves, II.

♦ **3.** Aptitude à détecter et à amplifier de faibles variations (d'une grandeur) ; aptitude à réagir rapidement (à un contact, une action physique, mécanique) ⇒ **Sensible,** (I., 3.) ; **délicatesse, finesse.** *Sensibilité d'une balance, d'un instrument de mesure ; du papier et des plaques photographiques* (→ Exposition, cit. 13 ; gélatine, cit.), *d'une anche de hautbois. Sensibilité d'un explosif.* Par métaphore. *Réactif* (cit. 3) *d'une extrême sensibilité.*

Spécialt (sc. et techn.). *Sensibilité d'un matériau à la rupture. Sensibilité à l'entaille* : accroissement de la sensibilité à la rupture lorsque la surface devient hétérogène. — Degré de réaction d'un explosif sous l'effet d'une excitation.

11 Ce phénomène est connu sous le nom de *sensibilité thermique* des propergols solides.   J.-F. THÉRY, les Carburants nouveaux, p. 78.

Aptitude d'un récepteur à capter les signaux. *La sensibilité, « pour un tuner c'est la possibilité de recevoir des signaux très faibles. Cette sensibilité est exprimée en microvolts du signal nécessaire pour une réception convenable »* (*Lexique des termes de haute fidélité,* « Fisher handbook », 1966).

(Écologie). *Sensibilité du milieu aux interventions humaines.*

Par anal. (psychol.). *Sensibilité d'un test,* son degré d'aptitude à la discrimination et au classement des individus.

CONTR. **Insensibilité ; apathie, froideur, glace ; aridité, cruauté, dessèchement, dureté, endurcissement.**

SENSIBLARD, ARDE [sɑ̃siblaʀ, aʀd] adj. et n. — XXe ; de *sensible,* et suff. péj. *-ard.*

♦ Fam. Qui est d'une sensibilité excessive, geignarde ; qui fait preuve de sensiblerie*.

Je ne suis pas un sensiblard, dit-il.
Paul VIALAR, les Invités de la chasse, p. 115.

SENSIBLE [sɑ̃sibl] adj. — XIIIe ; du lat. *sensibilis,* au sens passif « qui peut être senti », en lat. class., au sens actif « qui peut sentir », en lat. médiéval ; de *sentire* « sentir ».

★ **I.** (Sens actif). Qui peut sentir ou est particulièrement apte à sentir. ♦ **1.** Capable de sensation et de perception. *Les êtres sensibles* (→ Heureux, cit. 35 ; imagination, cit. 3 ; 2. palais, cit. 2). *La nature* (cit. 47) *n'est point animée ni sensible.* — (En parlant du corps, des organes). *La pulpe sanguine et sensible* (→ Chair, cit. 24). *Neurones, terminaisons sensibles* (→ Réflexe, cit. 1).

Il semble en effet que si je suis obligé de ne faire aucun mal à mon semblable, c'est moins parce qu'il est un être raisonnable que parce qu'il est un être sensible, qualité qui, étant commune à la bête et à l'homme, doit au moins donner à l'une le droit de n'être point maltraitée inutilement par l'autre.   1
ROUSSEAU, De l'inégalité parmi les hommes, Préface.

(..) si le système nerveux n'est pas sensible jusqu'à la douleur ou jusqu'à l'extase,   2
il ne nous communique que des commotions moyennes, et des satisfactions vulgaires.   MAUPASSANT, la Vie errante, II.

Relativement plus sensible (que la moyenne, qu'une référence). *Oreille* (cit. 18 et 21), *ouïe sensible.* ⇒ **Fin.** *Antennes* (cit. 3) *très sensibles.*

Philos. Qui appartient à la sensibilité (1.). *Intuition* sensible. Excitation sensible.* ⇒ **Sensitif, sensoriel.**

Sensible à... : excitable par..., capable de sentir, de percevoir... *L'œil n'est pas sensible aux radiations infrarouges* (→ Rayonnement, cit. 4). *Être sensible aux choses extérieures* (→ Indifférent, cit. 12 ; influence, cit. 3). *Sensible à la chaleur et au froid* (→ Période, cit. 1). ⇒ **Craindre.** *Sensible au plaisir, à la douleur* (→ Hypocondrie, cit. 4 ; moscovite, cit. 1).

(Sans compl. en *à*). Qui est particulièrement sensible à la douleur, que le moindre contact rend douloureux ou fait souffrir. *Partie du corps, régions sensibles, devenues sensibles* (→ Accoutumance, cit. 4 ; mamelon, cit. 1). *Endroit* (cit. 15), *point sensible.* ⇒ **Névralgique** (cit. ; et → Calus, cit. 2). — *Une femme trop sensible.* ⇒ **Délicat, vulnérable ; sensitive.** *Il est sensible, mais pas douillet*.* — Fig. *Avoir l'épiderme* sensible.* — *Rendre moins sensible.* ⇒ **Désensibiliser, insensibiliser.**

Sans être goutteux, il avait les pieds si sensibles, il marchait si difficilement qu'il   3
gardait des souliers en veau d'Orléans par toutes les saisons.
BALZAC, Ursule Mirouët, Pl., t. III, p. 289.

Leur adresse, qui consistait à frapper sur les parties les plus sensibles, comme le   4
visage et le bas-ventre (...)   LAUTRÉAMONT, les Chants de Maldoror, IV.

♦ **2.** (Personnes). Capable de sentiment*, dont la vie affective est intense ; apte à ressentir profondément les impressions et à y intéresser sa personne tout entière. ⇒ **Émotif, impressionnable.** *Êtres, âmes, cœurs sensibles* (→ Affection, cit. 7 ; dur, cit. 19 ; étourdir, cit. 15 ; fond, cit. 32 ; montrer, cit. 38 ; perdre, cit. 57 ; raffinement, cit. 4). *Ce que le XVIIIe siècle appelait l'homme sensible* (→ Incompris, cit. 2). *Femmes à la fois intellectuelles et sensibles* (→ Matrone, cit. 1). *« Les grands poètes sont les êtres les moins sensibles (...) ils observent* (cit. 14), *étudient (...) »* (Diderot).

Ô Julie ! que c'est un fatal présent du ciel qu'une âme sensible ! Celui qui l'a reçu   5
doit s'attendre à n'avoir que peine et douleur sur la terre. Vil jouet de l'air et des saisons, le soleil ou les brouillards, l'air couvert ou serein, régleront sa destinée, et il sera content ou triste au gré des vents. Victime des préjugés il trouvera dans d'absurdes maximes un obstacle invincible aux justes vœux de son cœur (...) Il cherchera la félicité suprême sans se souvenir qu'il est homme : son cœur et sa raison seront incessamment en guerre, et des désirs sans bornes lui prépareront d'éternelles privations.   ROUSSEAU, Julie ou la Nouvelle Héloïse, I, XXVI.

Il est sensible à l'excès. Sombre et tendre, pensif et violent, d'humeur parfois exu-   6
bérante, le plus souvent taciturne, est fort et extrême.
André SUARÈS, Trois hommes, « Dostoïevski », I.

Particulièrement capable d'éprouver les sentiments d'amour, de charité, ou de pitié et d'humanité ; prompt à compatir à la souffrance d'autrui. ⇒ 1. **Aimant** (cit. 1), **bon, compatissant, généreux, humain, tendre.** *Sensible et humanitaire* (→ Affranchissement, cit. 3), *porté à la bienfaisance* (cit. 4). *Cœur trop compatissant, trop sensible* (→ Discernement, cit. 6 ; domaine, cit. 6). *Larmoyeur* (cit. 2), *pleureur* (cit. 2) *et sensible.*

Oui, ma fille, il est vrai qu'un père est toujours père (...)   7
Je perle un cœur sensible, et vous l'avez percé (...)   CORNEILLE, Polyeucte, V, 3.

N. *Un, une sensible* : une personne sensible. *C'est un sensible, un grand sensible.*

Il y a des sensibles pour qui la vue dans les yeux des autres des larmes qu'eux-   8
mêmes retiennent, est exaspérante.   PROUST, la Prisonnière, Pl., t. III, p. 108.

Sensible à... : qui se laisse toucher par..., qui ressent* vivement... ⇒ **Accessible, réceptif.** *Sensible aux maux d'autrui, à la misère du peuple...* (→ Aimer, cit. 4 ; amaigrir, cit. 1). *Sensible à la flatterie* (cit. 4), *à la louange* (cit. 2), *à la popularité* (cit. 1), *à certains procédés* (→ Gens, cit. 28 ; invincible, cit. 2). — *Croyez bien que j'y suis sensible.* ⇒ **Flatter.** *Sensible à la beauté* (→ Associer, cit. 27), *à la cadence* (cit. 2), *au charme* (→ Désuet, cit. 1), *à la fraîcheur* (cit. 13)... *Sensible à la force d'une argumentation* (cit. 3), *à une objection, à l'imaginaire* (cit. 9), *aux influences...*

♦ **3.** (En parlant d'objets matériels). Capable de réaction. *Balance sensible.* — Photogr. *Pellicule, plaque, papier... sensible, ultra-sensible* (⇒ **Rapide**). *Mesurer la sensibilité d'une surface sensible.* ⇒ **Sensitométrie.** — *Qui réagit à..., est soumis à l'action de...* — Par métaphore. *Faire vibrer la corde* sensible.*

(...) des plus secrets métaux dégageant tout ce qui écoute et frémit, il sut faire   9
des lames si sensibles qu'elles s'émussent à la seule approche de la main (...)
CLAUDEL, Connaissance de l'Est, La cloche.

Mus. *Note sensible,* ou n. f., *la sensible* : septième degré de la gamme diatonique, qui se trouve un demi-ton au-dessous de la tonique.

Les musiciens français, en dénommant les divers degrés de l'échelle, semblent   10
s'être inspirés surtout des fonctions harmoniques des degrés V et VII. Le Ve degré, base exclusive de l'Accord Général, a reçu l'étiquette justifiée de Dominante. Le

VIIe degré, le *si*, qui paraît avoir, disaient nos pères, tant de « sensibilité » pour l'*ut*, a été baptisé Sensible.
M. EMMANUEL, Hist. de la langue musicale, t. I, p. 47.

Sensible à... Navire, vaisseau sensible au plus léger mouvement du gouvernail. → Hippogriffe, cit. 2.

★ **II.** (Déb. XIVe). Sens passif. Qui peut être senti ou se fait particulièrement sentir.

♦ **1.** Qui peut être perçu par les sens (notamment par oppos. à *intelligible*, cit. 3). ⇒ **Charnel, matériel, palpable, phénoménal, tangible, visible.** *Le monde, la nature, les objets sensibles* (→ Énigme, cit. 7 ; idée, cit. 5 et 10). *Faits sensibles.* ⇒ **Phénomène.** *Apparences sensibles* (→ Imitation, cit. 12 ; réalité, cit. 4). *Qualités* (cit. 2) *sensibles. Minimum, seuil, degré sensible* (→ Guiderope, cit.). *Marques, signes, miracles* (cit. 2 et 6) *sensibles* (→ Attendre, cit. 81 ; pitié, cit. 6). *Coloration légère* (cit. 18) *à peine sensible* (→ aussi Frapper, cit. 45). ⇒ **Imperceptible** (cit. 2). — *Sensible à...,* qui peut être perçu par... (tel ou tel sens). ⇒ **Perceptible.** *Ébranlements* (cit. 1) *sensibles au tact. Sensible à l'œil* (→ Graphique, cit. 4), *à l'organisme* (→ Oxygène, cit. 5).

♦ **2.** Qui peut être perçu par une intuition* analogue à l'intuition* sensible. ⇒ **Apparent, clair, évident.** *Il rendait sensible, évidente, l'aggravation* (cit.) *de la maladie. Rendre une opposition plus sensible* (→ Antithèse, cit. 4). *Chaque jour plus sensible* (→ Avoir, cit. 93). *Effets déjà sensibles* (→ Crise, cit. 9). *Différences qui commencent à être sensibles* (→ Individu, cit. 4). *Preuve sensible* (→ Cesser, cit. 12). — *Sensible à... :* intuitivement senti par... « *Dieu sensible au cœur* » (cit. 161, Pascal). *Rendre sensible à certains* (→ Inconnu, cit. 6). *L'harmonie sensible à l'intelligence* (→ Joli, cit. 12).

11   Le déshonneur est sûr, mon malheur m'est visible (...)
Mais le détail encor ne m'en est pas sensible,
Et mon juste courroux prétend s'en éclaircir.
MOLIÈRE, Amphitryon, II, 2.

12   — Tu me dis « vous » tout d'un coup ? Tu es fâchée ?
— Oh ! non, seulement j'aime bien alterner, il ne faut pas user le tutoiement, c'est si agréable quand ça reste sensible.
A. MAUROIS, Bernard Quesnay, XI.

Assez grand, assez intense pour être perçu, senti, et, par suite, non négligeable. ⇒ **Appréciable, important, notable.** *Une baisse sensible des prix* (→ Optimisme, cit. 6). *Accroissement, progrès* (cit. 12), *amélioration sensible* (→ Galbe, cit. 5).

♦ **3.** (Vieilli). Qui se fait douloureusement sentir. ⇒ **Pénible.** *Une trop sensible douleur* (→ Après, cit. 10 ; et aussi étrange, cit. 3). *Les maux qui pouvaient m'être les plus sensibles* (→ Haïr, cit. 8). *Un affront* (cit. 3) *si sensible. L'indécence* (cit. 5) *avec laquelle nous étions traités m'était sensible. Cette perte lui a été très sensible.* ⇒ **Affecter.** *Il lui aurait été très sensible qu'on l'accusât* (→ Homme, cit. 131).

13   Si vous m'aimiez, Madame, il vous serait sensible
De voir qu'à d'autres vœux mon cœur fût accessible.
CORNEILLE, Othon, I, 4.

CONTR. Insensible ; inanimé ; aride, bronze (de), cruel, desséché, dur, étroit, froid, glacial, imperméable, réfractaire ; intelligible ; caché, insaisissable.
DÉR. Sensibilisme, sensiblard, sensiblement, sensiblerie. V. Sensibiliser, sensibilité, sensitométrie.
COMP. Hypersensible, insensible, suprasensible.

SENSIBLEMENT [sãsibləmã] adv. — 1314 ; de *sensible*.

♦ **1.** Vieilli. De façon à être perçu par les sens ou l'intuition. ⇒ **Visiblement.** *Jamais ces vertus ne se montrèrent plus sensiblement* (→ Équité, cit. 9). *Sensiblement vérifié* (→ Incroyable, cit. 4). — Au témoignage des sens, autant que les sens ou l'intuition puissent en juger. « *Horizontal* (cit. 1), *du moins sensiblement* » (Fontenelle). *Sensiblement le même* (→ Génération, cit. 20 ; 2. port, cit. 8). *Sensiblement synonymes* (→ Peu, cit. 57). *Températures sensiblement égales* (la différence ne pouvant être notée qu'à l'aide d'instruments précis).

♦ **2.** Cour. D'une manière appréciable, notable. ⇒ **Notablement.** *Se refroidir, s'agrandir... sensiblement* (→ Geler, cit. 13 ; limite, cit. 4). *Dépasser, déborder sensiblement* (→ Métèque, cit. 2 ; prémisse, cit. 2)... *Sensiblement au-dessous* (→ Homme, cit. 100). *Différer, s'écarter sensiblement* (→ Onomatopée, cit. 3 ; portraire, cit. 2).

♦ **3.** Vx. D'une manière qui affecte péniblement. *Sensiblement touché.* ⇒ **Vivement** (→ Cruellement, cit. 1). « *Croyez qu'il me déplaît* (cit. 6) *et très sensiblement (...)* » (Rotrou).

CONTR. Insensiblement.

SENSIBLERIE [sãsibləri] n. f. — 1782, Mercier ; de *sensible*.

♦ Sensibilité outrée et déplacée, compassion un peu ridicule. ⇒ **Affectation** (→ Dérision, cit. 3 ; opposer, cit. 25). *La sensibilité dégénère en sensiblerie dans la comédie larmoyante du XVIIIe siècle.*

1   Quelque temps avant la Révolution, les gens de bon ton avaient adopté une certaine philosophie *sentimentale* qui était l'art de se dispenser d'être vertueux. Cette philosophie avait son jargon, sa sensibilité, son accent, ses gestes même. Le

zèle simulé, les modulations tendres, les expressions affectueuses qui composaient l'extérieur des personnes de la bonne compagnie, au récit d'une action immorale ou des disgrâces de la vertu, ont fait donner à cette sensibilité feinte et stérile le nom de *sensiblerie*.
L.-S. MERCIER, le Nouveau Paris (1799), II, LXX.

(...) les jeunes hommes rudes comme lui, s'ils aiment bien à jouer avec les bêtes, n'ont guère de sensiblerie pour elles ; mais son cœur se fendait, à marcher là derrière cette grand'mère en enfance, emportant son pauvre chat par la queue.
LOTI, Pêcheur d'Islande, III, XVI.

SENSITIF, IVE [sãsitif, iv] adj. — 1265 ; lat. médiéval *sensitivus*, de *sensum*, supin de *sentire*.

♦ **1.** Didact., vieilli. Qui concerne la sensation*, qui appartient à la sensibilité* ; des sens. ⇒ aussi **Sentir.** *Facultés* (cit. 3) *sensitives. L'âme* (cit. 2 et 4) *sensitive. Partie intelligente et partie sensitive* (de l'homme). → Esprit, cit. 54.

À mesure que l'être sensitif devient actif, il acquiert un discernement proportionnel à ses forces ; et ce n'est qu'avec la force surabondante à celle dont il a besoin pour se conserver, que se développe en lui la faculté spéculative propre à employer cet excès de force à d'autres usages.
ROUSSEAU, Émile, II

Mod. Physiol. Qui transmet les sensations. ⇒ **Sensoriel.** *Nerfs moteurs et nerfs sensitifs* (→ Curare, cit.). *Fibres sensitives* (→ Excitation, cit. 12), se dit des fibres nerveuses qui conduisent « des messages des sensibilités générales et *(ne sont)* pas en relation avec un organe sensoriel spécialisé » (Piéron).

♦ **2.** Vieilli. Formé de sensations. *Opérations sensitives et intellectuelles* (cit. 1).

♦ **3.** (1587). Littér. Qui est doué de sensibilité, et, spécialt, d'une sensibilité aiguë, dont la vie affective a une grande importance, qu'un rien peut blesser. ⇒ **Sensible.**
N. m. « *Le sensitif et le tourmenté qu'il était* » (P. Bourget). ⇒ **Sensitive** (2.).

♦ **4.** Psychiatr., caractér. *Personnalité sensitive :* personnalité pathologique réactionnelle (Kretschmer) dont un trait essentiel est l'asthénie et qui associe à une grande sensibilité aux jugements d'autrui (hyperémotivité, timidité, dépendance, vulnérabilité) une incapacité d'extérioriser ses sentiments profonds et une tendance au repliement sur soi (débats intérieurs, scrupules, anxiété), le sujet pouvant rechercher dans des attitudes antagonistes (réactions sthéniques, méfiance, orgueil) une compensation à son insatisfaction. — N. *Un sensitif, une sensitive* ⇒ aussi **Sensitive,** n. féminin.
Délire de relation des sensitifs : délire de compensation développé par des sujets de personnalité sensitive vivant de manière conflictuelle leurs relations avec l'entourage (On dit aussi *délire de relation, délire sensitif de relation, délire d'interprétation sensitif, paranoïa sensitive*).

DÉR. Sensitive, sensitivité.
COMP. Sensitivo-moteur, sensitivo-sensoriel.

SENSITIVE [sãsitiv] n. f. — 1665 ; *herbe sensitive*, 1639 ; de *sensitif*.

♦ **1.** Mimosa* *(Légumineuses)* d'une variété (⇒ **Mimeuse**) dont les feuilles se rétractent au contact. — Par compar. *Impressionnable*, sensible, susceptible* comme une sensitive.*

♦ **2.** Personne très sensible, qui se replie (cit. 3), se rétracte (cit. 1) facilement (→ Frissonnement, cit. 2). *C'est une sensitive.*

Il suffisait d'un mot pour la faire changer de couleur ; c'était une sensitive.
SARTRE, Huis-clos, 5.

SENSITIVITÉ [sãsitivite] n. f. — Mil. XIXe ; de *sensitif*.

♦ Rare. Caractère d'un être, d'une personne sensitive (Sensitif, 3.). ⇒ **Sensibilité.**

Je ne le disais pas, je ne disais rien ; mais je devins peu à peu d'une sensibilité ou plutôt d'une sensitivité si vive que mon âme ressemblait à une plaie vive. Tout ce qui la touchait y produisait des tiraillements de souffrance, des vibrations affreuses et par suite de vrais ravages.
MAUPASSANT, Après, Pl., t. II, p. 1248.

SENSITIVO-MOTEUR, TRICE [sãsitivomotœr, tris] adj. — 1857 ; de *sensitif*, et *moteur*.

♦ Didact. Qui concerne à la fois la sensibilité et la motricité.

SENSITIVO-SENSORIEL, ELLE [sãsitivosãsorjɛl] adj. — de *sensitif*, et *sensoriel*.

♦ Didact. Qui concerne la sensibilité générale et la sensibilité fournie par les organes des sens.

SENSITOMÉTRIE [sãsitometri] n. f. — 1904, *Rev. gén. des sc.*, n° 5, p. 268 ; de *sensitomètre* « appareil à mesurer la sensibilité photographique » (*Rev. gén. des sc.*, 15 mars 1904, p. 268) ; du rad. de *sensible*, et suff. -*métrie*.

♦ Didact., techn. (photogr.). Étude, mesure de la sensibilité des émulsions photographiques.

DÉR. **Sensitométrique.**

SENSITOMÉTRIQUE [sɑ̃sitɔmetʀik] adj. — 1904, *Rev. gén. des sc.*, 15 mars 1904, p. 268 ; de *sensitomètre.*

♦ Didact. De la sensitométrie.

SENSORIALITÉ [sɑ̃sɔʀjalite] n. f. — Mil. xxᵉ ; de *sensoriel.*
REM. L'adj. *sensorial* (1830, vx) ne semble pas en rapport.

♦ Didact. Sensibilité d'ordre psycho-physiologique. ⇒ **Esthésie.**

SENSORICITÉ [sɑ̃sɔʀisite] n. f. — xxᵉ ; du rad. de *sensoriel,* et suff. *-ité.*

♦ Didact. Ensemble des modalités sensorielles. ⇒ **Sensoriel.**

SENSORIEL, ELLE [sɑ̃sɔʀjɛl] adj. — 1839 ; la forme *sensorial* (1830) est vieillie ; *sensoire,* 1541 ; du bas lat. *sensorium* « organe d'un sens ».

♦ Physiol., psychol. Qui concerne la sensation, sur le plan psycho-physiologique, et, spécialt, les modalités différentes de la sensation (« organes des sens »). *Modalité sensorielle* (vue, ouïe, odorat, goût, tact). *Messages sensoriels ; récepteurs sensoriels.* ⇒ **Sens** (I.). *« Sensations sensorielles »* (Pradines), représentatives. *Impression sensorielle* (→ Excitabilité, cit. 3). *Organe sensoriel* (→ Impression, cit. 47). *Excitation sensible ou sensorielle* (→ Réflexe, cit. 1). *Nerf sensoriel,* en relation avec un organe spécialisé (par oppos. à *sensitif*). *Privation* sensorielle.*

1   Toutefois le plaisir d'espèce commune, le fait purement sensoriel, avait reçu assez aisément un rôle fonctionnel honorable et limité : on lui avait assigné un emploi généralement utile dans le mécanisme de la conservation de l'individu, et de toute confiance dans celui de la propagation de la race ; et je n'y contredis pas.
        VALÉRY, Variété, Théorie poétique et esthétique, t. I, Pl., p. 1298.

2   Ces trois plans de l'esthétique physiologique mettent en jeu des rapports variables les différents instruments du dispositif sensoriel : sensibilité viscérale, sensibilité musculaire, gustation, olfaction, tact, audition et équilibre, vision.
        A. LEROI-GOURHAN, le Geste et la Parole, t. II, p. 96.

REM. *Sensoriel* et *sensible* (ou *sensitif*) peuvent être synonymes dans l'usage général. *Plaisirs* (cit. 21) *sensoriels* (des sens) *et plaisirs spirituels.*

DÉR. **Sensorialité, sensoricité.**
COMP. **Sensorimoteur, psychosensoriel, sensitivo-sensoriel.**

SENSORIMÉTRIE [sɑ̃sɔʀimetʀi] n. f. — Mil. xxᵉ ; de *sensori(el),* et *-métrie.*

♦ Didact. Partie de la psychophysiologie qui étudie l'apparition et les variations des sensations en fonction des variations de la stimulation (mesure des seuils, etc.).

DÉR. **Sensorimétrique.**

SENSORIMÉTRIQUE [sɑ̃sɔʀimetʀik] adj. — xxᵉ ; de *sensorimétrie.*

♦ Didact. De la sensorimétrie.

SENSORIMOTEUR, TRICE [sɑ̃sɔʀimɔtœʀ, tʀis] adj. — 1879 ; de *sensori(el),* et *-moteur.*

♦ Didact. (physiol., psychol.). Qui concerne à la fois la sensibilité, la sensation et la motricité (→ Appel, cit. 14). *Intelligence* (cit. 11) *sensorimotrice.*

(Pavlov) a découvert les deux systèmes de signalisation, l'un purement sensorimoteur, l'autre lié au langage (...).
        J. PIAGET, Épistémologie des sciences de l'homme, p. 156.

SENSORIUM [sɑ̃sɔʀjɔm] n. m. — 1736, Voltaire, citant Newton ; du bas lat. *sensorium,* dér. de *sentire.* → Sensoriel.

♦ Didact., vx. Le centre commun des sensations, et, spécialt, des sensations différenciées (système nerveux central ; cerveau...).

SENSUALISME [sɑ̃sɥalism] n. m. — 1803, Bloch-Wartburg ; 1804, De Gérando ; mot répandu par V. Cousin ; dér. du lat. *sensualis* « des sens ».

♦ **1.** Hist. de la philos. Doctrine philosophique d'après laquelle toutes les connaissances viennent des sensations* ⇒ **Sensationnisme.** *Le sensualisme de Condillac.*

♦ **2.** (Morale). Caractère sensuel, recherche des plaisirs des sens. ⇒ **Sensualité.**

Hélène était d'un sensualisme précoce. Elle aimait d'instinct le luxe et raffinait comme elle pouvait sur l'ordinaire de la maison.
        FRANCE, Jocaste, Œ., t. II, II, p. 23.

Esthétique. Doctrine selon laquelle la beauté s'identifie à l'agréable.

SENSUALISTE [sɑ̃sɥalist] adj. et n. — 1801, Villiers, *Philosophie de Kant, in* D.D.L., répandu par Victor Cousin ; de *sensualisme.*

♦ Philos. Qui appartient au sensualisme, ou le soutient. ⇒ **Sensationniste.** — N. *Un sensualiste du XVIIIᵉ siècle.*

Une petite iniquité s'est introduite (...) depuis 1817 (...) M. Cousin, pour désigner l'École adverse du XVIIIᵉ siècle qui rattachait l'idée aux sensations, l'a dénommée l'*École sensualiste.* Pour être exact, il eût fallu dire *sensationniste.* Le mot *sensualiste* appelle naturellement l'idée d'un matérialisme pratique qui sacrifie aux jouissances des sens ; (...) rien ne s'applique moins à Condillac (...) Mais il est toujours bon de flétrir en passant son adversaire ; il lui en reste quelque chose.
        SAINTE-BEUVE, Mes poisons, p. 90, *in* FOULQUIÉ, Dict. de la langue philosophique, art. *Sensualisme.*

SENSUALITÉ [sɑ̃sɥalite] n. f. — 1490 ; « sensibilité » (au sens 1.), 1190 ; du lat. impérial *sensualitas* « sensibilité », de *sensualis.* → Sensuel.

♦ **1.** Tempérament, appétits et goût d'une personne sensuelle (2.). ⇒ **Plaisir, volupté.** *Peindre* (cit. 12), *c'est user d'un don de sensualité délicieuse. Sensualité délicate* (→ Inviter, cit. 3), *élégante* (→ Manger, cit. 25). *Sensualité gastronomique* (cit. 2).

1   (...) elle avait pris à sa ceinture un gros bouquet de résédas, et elle se mit à le respirer avec une sensualité qu'on n'eût, certes, pas attendue d'une femme comme elle, si peu faite pour les rêveuses voluptés.
        BARBEY D'AUREVILLY, les Diaboliques, « Le dessous des cartes... », p. 260.

2   Il a connu le premier ma sensualité (...) Cette sensualité qui m'empêchait d'apprendre la musique, donnant un plus haut prix à l'ivresse d'entendre qu'à la joie de me sentir habile, cette sensualité qui faisait de moi une goutte d'eau traversée de soleil, traversée des formes et des couleurs du monde, portant en vérité, comme la goutte d'eau, la forme, la couleur, le son, la sens dans ma chair.
        J. GIONO, Jean le Bleu, VII.

♦ **2.** Plus cour. (Dans le domaine de l'amour physique). ⇒ **Chair, concupiscence, désir, érotisme, luxure.** *Sang brûlant* (cit. 9) *de sensualité* (→ aussi Explosion, cit. 4). *Sensualité débridée* (cit. 5), *ardente.* ⇒ **Lubricité.** *Avec la sensualité d'un animal jeune* (→ Coller, cit. 12 ; gorge, cit. 24). *Leur sensualité païenne* (→ Hypocrisie, cit. 7). — *Sensualité dans le regard* (→ Nacré, cit.).

3   (...) la sensualité est la condition mystérieuse, mais nécessaire et créatrice, du développement intellectuel. Ceux qui n'ont pas senti jusqu'à leur limite, soit pour la maudire, soit pour la maudire, les exigences de la chair, sont, par là même, incapables de comprendre toute l'étendue des exigences de l'esprit.
        Pierre LOUŸS, Aphrodite, Préface.

4   (...) Phèdre n'est plus ici qu'une tigresse en chaleur et son comportement déborde du plus charnel amour, de sensualité. Elle doit être poussée, je le répète, à la limite de la décence et ne devient pénible que si Hippolyte ne justifie en rien les transports de Phèdre.
        GIDE, Attendu que..., p. 201.

(Au plur.). Plaisirs sensuels (→ Exigeant, cit. 1 ; renoncer, cit. 12).

CONTR. **Ascétisme, austérité, chasteté, frigidité.**

SENSUEL, ELLE [sɑ̃sɥɛl] adj. — 1370 ; du lat. impérial *sensualis* « relatif aux sens, doué de sensation » ; semble avoir d'abord signifié « sensible, qui touche tous les sens ». Cf. Bossuet, « *opérations sensuelles* » ; → aussi Assujettir, cit. 25. → Sensualisme.

♦ **1.** Propre aux sens, émanant des sens (1. Sens, I., 2.). *Appétits, plaisirs sensuels.* ⇒ **Érotique, grossier** (→ Appétence, cit. 1). *Amour sensuel.* ⇒ **Animal, charnel, impur, matériel** (→ Platonique, cit. 3 ; possession, cit. 12 ; renforcer, cit. 1). *Humeur, ardeur, ivresse* (cit. 5), *joies* (cit. 30), *voluptés... sensuelles* (→ Bref, cit. 3 ; ferveur, cit. 2 ; paume, cit. 1).

1   D'autre part, elle avait une vie sentimentale intense, qui ne se confondait nullement avec ces prurits sensuels.
        J. ROMAINS, les Hommes de bonne volonté, t. III, VIII, p. 128.

♦ **2.** (Personnes). Porté à rechercher et à goûter tout ce qui flatte les sens. ⇒ **Épicurien, sybarite, voluptueux.** *Plus cérébral* (cit. 3) *que sensuel. Sensuel et non gourmand* (cit. 1). *Il n'est pas humain parce qu'il n'est pas sensuel* (→ Altruisme, cit. 2). — Spécialt (dans le domaine de l'amour physique). ⇒ **Amoureux, concupiscent, lascif, lubrique, luxurieux, paillard, salace.** *Maîtresse sensuelle* (→ Épuiser, cit. 21 ; facile, cit. 30).

2   Ne croyez pas qu'on soit plus sensuel, à mesure qu'on est plus passionné.
        André SUARÈS, Trois hommes, « Dostoïevski », IV.

3   Cette société aristocratique où il pénétrait enfin avec bonheur, société tout imprégnée encore des mœurs du XVIIIᵉ siècle, était sensuelle et non sentimentale.
        A. MAUROIS, Byron, II, XVI.

4   Lucienne était-elle sensuelle ? Ou le deviendrait-elle aisément ? À certains moments, Lucienne avait des vivacités de regard, des palpitations de lèvres ou de narines, de beaux soulèvements du buste, qui semblaient annoncer les dons voluptueux, et qui, je l'avoue, me rendaient très impatient de l'épreuve.
        J. ROMAINS, le Dieu du corps, V.

N. (rare). *C'est un sensuel, une sensuelle.* ⇒ **Épicurien,** cit. 3.

♦ **3.** Qui annonce ou évoque un tempérament voluptueux. *Regard sensuel.* ⇒ **Libidineux** (→ Déshabiller, cit. 2). *Nez* (cit. 8) *sensuel* (→ Hardi, cit. 7). *Bouche sensuelle* (→ Lippu, cit.).

5 Elle avait une peau lisse d'un brun doré, très chaud, des membres souples, les chairs fermes, les dents saines et quelque chose dans tout son être de sensuel et d'animal dont elle savait l'effet.   Francis CARCO, les Belles Manières, p. 99.

CONTR. **Cérébral, spirituel ; ascète, ascétique, austère, frigide, froid.**
DÉR. **Sensuellement.**
HOM. **Censuel.**

SENSUELLEMENT [sãsyɛlmã] adv. — xvᵉ, au sens 1. de « sensiblement » ; de *sensuel*.

♦ D'une manière sensuelle.

(...) cet homme qui n'était pas musicien, qui n'était pas artiste, qui avait le cœur le plus sec, le plus dénué de toute poésie, de toute bonté profonde, était pris sensuellement par ces musiques, qu'il ne comprenait pas, mais d'où se dégageait pour lui une force de volupté.
R. ROLLAND, Jean-Christophe, Foire sur la place, I, p. 679.

SENSU STRICTO [sɛ̃systrikto] loc. adv. ⟹ **Stricto sensu.**

SENTANT, ANTE [sãtã, ãt] adj. — V. 1360, Froissart ; de *sentir*.

♦ Littér. Qui éprouve des sensations. *Des êtres vivants et sentants.*

SENT-BON [sãbɔ̃] n. m. — 1530 ; de *sentir* (II.) *bon.*

♦ Fam. (enfantin). *Du sent-bon.* ⟹ **Parfum.**

Si tu me prêtes du sent-bon, je te dirai les cinq parties du monde.
J. RENARD, Bucoliques, Œ., t. II, Pl., p. 268.
Adj. « (...) du papier sent-bon » (R. Sabatier, *les Noisettes sauvages*, p. 113).

SENTE [sãt] n. f. — V. 1155 ; du lat. *semita.*

♦ Régional ou littér. Petit chemin, sentier (→ Retour, cit. 7). *Les sentes du bois* (→ Inextricable, cit. 2).

1 Nous avancions la main dans la main, ou moi la précédant de quelques pas, si la sente était trop étroite.   GIDE, Si le grain ne meurt, I, VIII, p. 210.
2 En d'autres, obstrué par les éboulis, il (le plateau) n'offrait qu'une étroite sente, sur laquelle deux personnes ne pouvaient marcher de front.
J. VERNE, l'Île mystérieuse, t. I, p. 128.

Par métaphore. « *Sa pensée se trouvait ramenée sur les sentes familières* » (Duhamel, *le Voyage de P. Périot*, p. 88).

SENTENCE [sãtãs] n. f. — 1190, relig., « jugement de Dieu » ; du lat. *sententia*, dér. de *sentire* « juger ».

♦ **1.** Dr. Jugement rendu par un tribunal d'instance, un conseil de prud'hommes, un arbitre. ⟹ **Arrêt, décret, jugement, verdict.** *Sentence arbitrale* (cit.). ⟹ **Arbitrage.** *Prononcer, confirmer, casser, commuer une sentence. Sentence équitable, juste* (→ **Justice**) ; *injuste. Sentence comminatoire ; condamnatoire.* ⟹ **Condamnation, condamner.** *Sentence rendue exécutoire à l'étranger.* ⟹ **Exequatur.**

Spécialt. *Sentence capitale* (cit. 1), *de mort.*

1 L'amertume des réflexions répandues dans l'*Essai* n'étonnera donc pas : c'est sous le coup d'un arrêt de mort, entre la sentence et l'exécution, que j'ai composé cet ouvrage.   CHATEAUBRIAND, Mémoires d'outre-tombe, t. II, p. 77.

Dr. canon. *Sentence fulminatoire ; fulminer* une sentence.* ⟹ aussi **Anathème.** *Sentence d'interdit ; d'excommunication* (→ Coupable, cit. 4).

♦ **2.** Décision, jugement, opinion* favorable ou défavorable (→ Jurisprudence, cit. 3). — Par métaphore. *La fatale sentence de la mort* ⟹ Inopinément, cit. 1).

2 (...) tout le bourg, en proie à une douloureuse impatience de connaître la sentence prononcée par le médecin de Paris.
BALZAC, le Curé de village, Pl., t. VIII, p. 752.

Relig. (premier emploi attesté). Jugement de Dieu contre les pécheurs.

♦ **3.** (1509). Vieilli. Pensée, opinion (sur une question de morale...) exprimée d'une manière dogmatique et littéraire. ⟹ **Adage, aphorisme, apophtegme, axiome** (cit. 3), **dicton, maxime** (cit. 10), **mot, parole, pensée, phrase.** *Devise*, proverbe* en forme de sentence. Moralité* qui s'exprime par une sentence. Frapper* (cit. 8) *la sagesse en sentences ; s'exprimer par sentences.* ⟹ **Sentencieux ; sentencieusement.**

3 Les jeunes gens sont bien déçus, qui viennent à moi dans l'espoir de m'entendre prononcer quelques sentences mémorables. Les aphorismes ne sont pas mon fait.
GIDE, Journal, 30 avr. 1944.

DÉR. **Sentencier.**

SENTENCIER [sãtãsje] v. — Conjug. *méfier.* — Déb. xivᵉ ; de *sentence.*

★ **I.** V. tr. Vx. ♦ **1.** Ordonner (qqch.) par jugement. ⟹ **Juger.**

♦ **2.** Condamner (qqn) par une sentence. — Au p. p. *Coupables sentenciés.* — (Av. 1850, Chateaubriand). N. *Un, une sentenciée.*

★ **II.** V. intr. Didact., rare. ♦ **1.** Prononcer des sentences.

♦ **2.** Parler sentencieusement. — Transitif :

Il vaut mieux que les enfants rougissent des parents que les parents des enfants, sentencie Meussieu Pic.   R. QUENEAU, le Chiendent, p. 274.

SENTENCIEUSEMENT [sãtãsjøzmã] adv. — 1555 ; de *sentencieux.*

♦ Littér. D'une manière sentencieuse (2.), avec une gravité excessive. *Parler, dire sentencieusement* (→ Huile, cit. 34).

— Quand on est bonne mère, ça fait tout pardonner, dit sentencieusement madame Maloir, restée seule avec madame Lerat.   ZOLA, Nana, II.

SENTENCIEUX, EUSE [sãtãsjø, øz] adj. — xiiiᵉ ; lat. *sententiosus*, de *sententia* « sentence ».

♦ **1.** Vx. Qui contient des sentences, des maximes. *Discours sentencieux. Poésie sentencieuse.* ⟹ **Gnomique** (→ aussi Épître, cit. 3, Du Bellay).
Qui s'exprime avec des sentences, des maximes morales. *Laconique* (cit. 2) *et sentencieux dans ses propos.*

1 (César) mourut avec décence sous le poignard de ses assassins vertueux. Jour des Ides de mars, jour à jamais funeste où des brutes sentencieuses détruisirent ce monstre charmant !   FRANCE, les Opinions de J. Coignard, X, Œ., t. VIII, p. 413.

♦ **2.** (xviiᵉ). Péj. ou iron. D'une gravité affectée ou excessive. ⟹ **Dogmatique ; emphatique, grave, pompeux, solennel.** *Air, discours, ton sentencieux* (→ Incompatible, cit. 7). *Cet air pédant, ce ton de voix sentencieux* (→ Marquer, cit. 36). *D'une platitude sentencieuse.* ⟹ **Prudhommesque.**

(Personnes). *Il est un peu sentencieux.*

2 Finaud sous ses airs puérils, sentencieux dans ses propos mais espiègle dans ses attitudes il riait à tout instant, et, par-dessus ses lunettes, regardait avec insistance les gens dans les yeux.   MARTIN DU GARD, les Thibault, t. IV, p. 65.

DÉR. **Sentencieusement.**

SENTEUR [sãtœr] n. f. — Fin xivᵉ ; dér. de *sentir.*

♦ **1.** Littér. ou style soutenu. Sensation olfactive, émanation qui la provoque. — REM. *Senteur* est plus subjectif qu'*odeur** et *parfum** ; le mot désigne les odeurs agréables ou désagréables, faibles ou pénétrantes, mais plus souvent des émanations agréables. *Senteur* est fréquent dans la langue littéraire, mais rare dans l'emploi courant. *Les humides senteurs du fleuve* (→ Bien-être, cit. 2), *la fraîche senteur des bois* (→ Javelle, cit. 1). *La senteur violente des myrtes* (→ Aromate, cit. 5). *Senteurs pénétrantes* (→ Enfler, cit. 22). *Exhaler des senteurs ineffables* (→ Mouchoir, cit. 3). *La senteur chaude du bétail* (→ Ferrer, cit. 1). *La senteur du gibier.* ⟹ **Fumet.** *La senteur du goudron* (→ Calfat, cit. 2 ; et aussi goudron, cit. 1 ; quai, cit. 2). *Une senteur de tanière* (→ Désordre, cit. 3).

1 (...) la brise alanguie de la Syrie nous apporte indolemment la senteur des tubéreuses sauvages.   CHATEAUBRIAND, Mémoires d'outre-tombe, t. VI, p. 117.
2 L'air tiède, où se mêlait à l'odeur des côtes, des ajoncs, des trèfles et des herbes, la senteur marine des roches découvertes, l'animait encore en le grisant doucement (...)   MAUPASSANT, Pierre et Jean, VI.
2.1 Une senteur forte s'était répandue, la senteur des simples dont sa robe se trouvait imprégnée.   ZOLA, l'Œuvre, p. 84.
3 Des pelouses, des bassins, s'élevait une senteur fraîche que traversait, par effluves, l'odeur des pétunias, des géraniums.
MARTIN DU GARD, les Thibault, t. VI, p. 168.
4 (...) les abeilles ont depuis longtemps regagné la ruche, et les senteurs, dont la symphonie savante m'avait appelé dehors, se sont, depuis longtemps aussi, fondues en une seule énonciation, l'odeur mâle du vent de mer.
J.-R. BLOCH, la Nuit kurde, Prélude, p. 17.

♦ **2.** Loc. DE SENTEUR : très odorant. Spécialt. Se dit de préparations odorantes. *Eau, pâte de senteur* (→ Entretenir, cit. 21).
Cour. POIS DE SENTEUR : gesse* odorante, plante grimpante cultivée pour ses fleurs.

SENTI, IE [sãti] adj. et n. m. — xxᵉ ; de *sentir ;* → Sentir.

♦ **1.** Adj. ⟹ **Sentir.**

♦ **2.** N. m. (Philos.). Ce qui est senti, ressenti ; le résultat de la faculté de sentir (cf. Le pensé, le vécu).

SENTIER [sãtje] n. m. — Mil. xiiᵉ ; *senter*, 1080 ; p.-ê. d'un lat. pop. *semitarius* (cf. anc. provençal *semdier*), dér. de *semita.* → Sente.

♦ **1.** Chemin étroit, utilisé par les piétons, dans la campagne, la montagne, les bois... ⟹ **Chemin** (cit. 56), **sente.** *Sentier de forêt* (⟹ **Faux-fuyant, laie, layon**). *Sentier étroit* (cit. 3) ; *creux* (cit. 14). — Loc. *Sentier de chèvres*, montueux, âpre et difficile (→ Moitié, cit. 13). — *Sentier frayé* (1. Frayer, cit. 1), *praticable* (cit. 2). — *Sentier bourbeux, fangeux* (cit. 1). *Sentier rectiligne ; qui serpente*

(→ Ocre, cit. 3), *tortueux. Sentier qui abrège.* ⇒ **Raccourci** (cit. 6). *Frayer*, tracer un sentier. S'engager, marcher dans un sentier.*

1 Sous l'arcade où le jour s'émousse,
De feuilles en feuilles tombant,
Le sentier ancien dans la mousse
Trace encor son étroit ruban.
                    Th. GAUTIER, Émaux et Camées, « Château du souvenir. »

2 Le sentier de cette crique, plein de nœuds et de coudes, presque à pic, et meilleur que les chèvres que pour les hommes, aboutissait à la plate-forme où était la planche. Les sentiers de falaise sont habituellement d'une déclivité peu tentante ; ils s'offrent moins comme une route que comme une chute ; ils croulent plutôt qu'ils ne descendent.   HUGO, l'Homme qui rit, I, I, I.

♦ **2.** Fig., littér. Voie morale, généralement considérée comme difficile, étroite... ⇒ **Chemin** (fig.). *Les sentiers de la justice* (→ Haut, cit. 134), *de la vertu* (→ Intégrité, cit. 7)... « *Cet homme marchait pur loin des sentiers obliques* » (→ Candide, cit. 1). ⇒ **Voie.** *Les sentiers qui mènent au pouvoir.* ⇒ **Avenue** (fig.). *Les sentiers de la routine*.* — Loc. *Sentiers battus* ⇒ **Battre,** cit. 90 et *supra*).

3 Allez au milieu de l'Église ; informez-vous des voies que les anciens lui ont laissées, et suivez ces sentiers.   PASCAL, Pensées, XIV, 903.

Loc. *Être sur le sentier de la guerre* (adapt. de l'angl., à propos des Indiens d'Amérique du Nord), prêt à partir en guerre.

SENTIMENT [sɑ̃timɑ̃] n. m. — 1314, Mondeville, réfection de *sentement* (1190-xve) ; dér. de *sentir.*

★ **I.** ♦ **1.** Vieilli. Le fait ou la possibilité de sentir, d'éprouver, de percevoir (⇒ **Sens, sensation,** 2., **sensibilité**). — Activité psychique consciente (⇒ Analogie, cit. 6 ; faillir, cit. 5). « *Nul sentiment, point d'âme* (cit. 6), *en elle tout est corps* ». *L'instinct* (cit. 11) *des animaux, sentiment ou mouvement d'une machine...* (Bossuet). *Les nerfs* (cit. 1 et 6), *organes du sentiment.* — *Privé de sentiment, sans sentiment :* inanimé, inconscient (→ Assaillir, cit. 3). *Perdre le sentiment, l'usage du sentiment.*

1 Ensuite il se baissa, la poussa durement, et reconnaissant qu'elle était sans sentiment et presque sans vie, il la prit par le milieu du corps, l'étendit sur un canapé.   DIDEROT, Jacques le fataliste, Pl., p. 630.

♦ **2.** Vx. État (ou modification) psychologique suscité par une stimulation. ⇒ **Perception, sensation** (1. ; et REM.). *Le sentiment de la lumière* ⇒ Ondulation, cit. 1 ; rétine, cit.)

2 Elle avait dans le wagon, comme dans une voiture de paysan, le sentiment des moindres montées, des moindres descentes.   GIRAUDOUX, Suzanne et le Pacifique, II.

♦ **3.** Techn. (chasse). L'odorat des chiens de chasse ; l'odeur qu'ils perçoivent. ⇒ **Sentir.**

3 (Les chiens) flairèrent les pierres, la rocaille du chemin, froide et sans sentiment.   Paul VIALAR, Chasse aux hommes, I.

★ **II.** Mod. ♦ **1.** Conscience plus ou moins claire ; connaissance relative à un objet complexe et abstrait (pour lequel les données sensorielles seraient insuffisantes) et qui comporte des éléments affectifs et intuitifs (par oppos. à *raisonnement*). ⇒ **Connaissance** (intuitive), **impression ; pressentiment.** *Avoir le sentiment de son isolement* (cit. 2), *de sa faiblesse et de son abandon* (→ Maître, cit. 27). — « *La nuit tombante ramena le sentiment de l'hiver* » (→ Branchage, cit. 3).

4 Le sentiment de nos forces les augmente.   VAUVENARGUES, Réflexions et maximes, LXXV.

Intuition. *Un sentiment naturel et immédiat* (cit. 1) *de Dieu. Le sentiment même de l'évidence* (→ Erreur, cit. 24). Spécialt. *Le sentiment intérieur, intime.* ⇒ **Cœur** (II., 4.), **conscience.** *Le sentiment de l'existence* (cit. 4).

5 Souvent, on a le sentiment d'une vérité dont on n'a pas l'opinion, et alors il est possible qu'on dirige sa conduite d'après ce qu'on sent, et non d'après ce qu'on pense.   Joseph JOUBERT, Pensées, IX, XLVII.

♦ **2.** Capacité de sentir, d'apprécier un ordre de choses, une valeur morale, esthétique, etc. ⇒ **Instinct** (IV.), **sens.** *Le sentiment de la réalité* (cit. 10 et 12), *du réel, du beau* (→ Rapport, cit. 10), *de la beauté*, de la nature* (cit. 67). — *Le sentiment du droit* (→ Indignation, cit. 5), *de l'honneur* (→ Obliger, cit. 3). *Le sentiment du ridicule* (→ Démêler, cit. 4). — *Le sentiment religieux, national, patriotique* (ces expressions sont plutôt comprises au sens III de nos jours).

6 Quoi qu'on en dise, le Français, surtout en province, n'a nullement le *sentiment des arts ;* je me hâte d'ajouter qu'il a celui de la *bravoure,* de *l'esprit* et du *comique.*   STENDHAL, Mémoires d'un touriste, t. I, p. 350.

Absolt, vx. Capacité de sentir, d'apprécier intuitivement. *Les choses de sentiment,* celles qu'on doit sentir (→ Aptitude, cit. 3). « *Connaître par instinct* (cit. 31) *et sentiment* » (Pascal).

♦ **3.** Vieilli ou littér. Jugement, opinion qui se fonde sur une appréciation subjective, sur une croyance (et non sur un raisonnement logique). ⇒ **Avis, idée, jugement, opinion,** 1. **pensée** (II., 4.), **point** (de vue). *Les sentiments de l'Académie sur « Le Cid ». Exposer, soutenir son sentiment* (→ Ésotérique, cit. 2 ; espace, cit. 4). *Démordre* (cit. 3) *de son sentiment. Ils sont tous du même sentiment.* ⇒ **Unanime.** *Changer de sentiment. Opposition de sentiments.* ⇒ **Dissentiment.** « *Le sentiment d'autrui* (cit. 11) *n'est jamais pour lui*

plaire ». — *J'ai le sentiment que...* (→ Affliger, cit. 16). — *À mon sentiment.* ⇒ **Avis, gré.** *Au sentiment des connaisseurs* (cit. 1), *de bien des gens* (→ Dessous, cit. 19). — Au plur., vx. « *Parler à sentiments ouverts* » (Molière).

7 Le maréchal *(de Gramont)* dit au Roi : « Sire, Votre Majesté juge divinement bien de toutes choses : il est vrai que voilà le plus sot et le plus ridicule madrigal... » Le Roi se mit à rire, et lui dit : « (...) je suis ravi que vous m'en ayez parlé si bonnement ; c'est moi qui l'ai fait ». — « Ah ! Sire, quelle trahison ! Que Votre Majesté me le rende, je l'ai lu brusquement ». — « Non, Monsieur le Maréchal : les premiers sentiments sont toujours les plus naturels ».   Mme DE SÉVIGNÉ, 59, 1er déc. 1664.

8 (...) chacun lui fit hommage.
Le renard seul regretta son suffrage,
Sans toutefois montrer son sentiment.   LA FONTAINE, Fables, VI, 6.

Sentiment commun, général (cit. 14). ⇒ **Opinion, sens** (1. Sens, II.). *Dans le sentiment populaire* (→ Descendre, cit. 23).

9 Le sentiment commun est contre vos maximes.   MOLIÈRE, les Femmes savantes, IV, 3.

★ **III.** Cour. ♦ **1.** Tendance affective assez stable et durable, moins violente que l'émotion ou la passion ; état qui en résulte. ⇒ **Émotion, passion ; affectivité, sensibilité.** *Les sentiments opposés aux actions* (⇒ **Acte, action**) ; *aux idées, à la raison* (⇒ **Raison**). *Relatif aux sentiments et aux actes* (par oppos. à *logique, intellectuel*). ⇒ **Moral.** — *Les divers sentiments* (→ Impression, cit. 23 ; plaire, cit. 7), *les sentiments du moi* (cit. 57). ⇒ **Âme, caractère, cœur** (II.), **courage** (vx), **personnalité.** *Sentiments fondamentaux.* ⇒ **Amour** (cit. 12), *angoisse, envie* (cit. 7), *espoir, haine* (cit. 5), *inquiétude, joie, tristesse ;* et aussi **admiration, adoration, affection, amitié, antipathie, anxiété, attachement, bonté** (cit. 4), **colère, commisération, confiance** (cit. 7), **contrariété, convoitise, cordialité, crainte, douleur** (morale), **gêne, honte, horreur, impatience** (cit. 5), **jalousie** (cit. 24), **malaise, mépris, peine, peur, pitié, plaisir, pudeur, satisfaction, sympathie...** *Passion et sentiments* (→ 1. Calme, cit. 10). *Un sentiment indéfinissable* (cit. 2), *vague. Un sentiment d'antipathie* (cit. 4), *d'émulation... Être fermé, inaccessible, insensible à certains sentiments. Éprouver, feindre des sentiments* (→ Créature, cit. 9 ; renforcer, cit. 2). *Faire connaître épancher* (cit. 8), *exprimer* (cit. 9), *manifester ses sentiments* (⇒ **Expression ; attitude, comportement**). *Cacher, contenir, enfermer un sentiment, ses sentiments* (→ Durcir, cit. 2 ; plénitude, cit. 1). *Donner libre cours à ses sentiments.* ⇒ **Effusion, élan, expansion, transport ; vibrer.** *Faire naître* (⇒ **Inspirer**), *susciter, exciter, nourrir des sentiments* (→ Enflammer, cit. 8). ⇒ **Attendrir, émouvoir.** *Rendre moins vifs les sentiments.* ⇒ **Attiédir.** *Les sentiments que l'on porte* à qqn* (→ Nature, cit. 12), *que l'on a à son égard.* ⇒ **Disposition ; vouloir** (du bien, du mal). *Sentiments qui changent, varient.* ⇒ **Inconstance.** *Passer* par des sentiments variés, opposés. Sentiments défunts* (⇒ Embaumer, cit. 2), *évanouis* (cit. 22)... — *Sentiments tendres, délicats* (⇒ **Délicatesse**), *honnêtes* (→ Contrefaire, cit. 5), *élevés* (→ Fier, cit. 16), *généreux, nobles* (→ Discours, cit. 19 ; présenter, cit. 11), *sublimes* (→ Élévation, cit. 11). *Beaux* (cit. 85), *bons, grands* (cit. 72) *sentiments.* — *Sentiments froids, pauvres, tièdes.* ⇒ **Tiédeur.** *Sentiments ardents, forts, vifs.* ⇒ 1. **Feu** (IV., 3.), **passion ;** et aussi **blesser, brûler, brûlure, chaleur, saisissement.** *Sentiments instinctifs, innés, naturels* (→ Protection, cit. 1). *Sentiments acquis, imposés par l'éducation* (→ Amas, cit. 13). *Sentiment intérieur, intime, profond* (cit. 16 et 18), *sincère. Sentiments de convention* (cit. 13 et 14) ; *tout faits* (cit. 270). *Sentiments communs* (→ Assemblage, cit. 23), *plats. Étroitesse de sentiments.* — *Sentiments dénaturés, barbares* (cit. 23), *cruels, mauvais, bas* (cit. 32), *brutaux* (cit. 3)... — *Sentiments égoïstes ou altruistes* (→ Maternel, cit. 3). *Sentiments sociaux et moraux* (Ribot, *Psychologie des sentiments,* II, VIII). *Sentiment esthétique, intellectuel* (Ribot, *Psychologie des sentiments,* II, IX et X). *Sentiment patriotique* (cit. ; ⇒ **Fibre,** fig.), *religieux*.* — Psychol., psychan. *Sentiment de culpabilité*. Sentiment d'infériorité*, de supériorité* (→ Gêne, cit. 7). ⇒ aussi **Complexe.** *Éléments représentatifs, intellectuels des sentiments. La logique* (cit. 6) *des sentiments* (œuvre de Ribot).

Psychan. *Sentiments ambivalents.* ⇒ **Ambivalence.** Psychiatr. *Sentiments euphoriques.* ⇒ **Euphorie.** *Sentiments dépressifs* (tristesse, douleur morale, anesthésie affective, pessimisme, hypocondrie). — *Sentiments vitaux* (peur, colère, douleur, plaisir, désir, etc.) *et sentiments complexes* (passions, sentiments sociaux).

10 Tous les autres sentiments entrent ensuite dans celui de l'amour, comme des métaux qui s'amalgament avec l'or : l'amitié, l'estime, viennent au secours ; les talents du corps et de l'esprit sont encore de nouvelles chaînes.   VOLTAIRE, Dict. philosophique, Amour.

11 Mais un vrai sentiment ne se partage pas, il doit être entier, ou il n'est pas.   BALZAC, le Lys dans la vallée, Pl., t. VIII, p. 838.

12 Un sentiment naît, grandit, s'épanouit, se dessèche comme une plante, par une évolution parfois ralentie, parfois rapide, toujours inconsciente.   Paul BOURGET, le Disciple, IV, IV.

13 La familiarité tenait lieu, dans toutes relations, de ces sentiments purs qui assurent l'intégrité des êtres et des cités, l'estime, le mépris, l'indignation, l'admiration.   GIRAUDOUX, De pleins pouvoirs à sans pouvoirs, p. 195.

14 Nous savons qu'un sentiment est une manière définie de vivre notre rapport au monde qui nous entoure et qu'il enveloppe une certaine compréhension de cet univers. C'est une tension de l'âme, un choix de soi-même et d'autrui, une façon de

dépasser les données brutes de l'expérience, bref un projet tout comme l'acte volontaire.   SARTRE, Situations III, p. 262.

Expression des sentiments dans l'art (→ ci-dessous, 7.). *Bons sentiments et littérature* (cit. 16 et 17).

15 La haine, la colère, la vengeance, la révolte contre la destinée, la passion, mais terrible et farouche, l'amour aux fureurs implacables, l'ironie sanglante, le désespoir hautain, l'égarement fatal, voilà les sentiments que doit et peut exprimer la tragédie (...)   Th. GAUTIER, Portraits contemporains, Rachel.

16 Les beaux sentiments sont, les trois quarts du temps, des sentiments «tout faits». Le véritable artiste, consciencieusement, n'habille jamais que sur mesure.
                GIDE, Journal, 20 juin 1931.

17 Je n'ai jamais cru qu'on faisait de la bonne littérature avec de mauvais sentiments. Mais je pense que les bons sentiments ne sont jamais donnés d'avance : il faut que chacun les invente à son tour.   SARTRE, Situations II, p. 53.

Les sentiments de qqn pour qqn, sentiment amoureux. ⇒ **Amour; aimer.** *Ses sentiments pour elle* (→ Morsure, cit. 3). *Partager les sentiments de qqn* (→ Épouser, cit. 4). *Les sentiments éteints* (→ Relique, cit. 10). — Au sing. *Le sentiment que qqn inspire* (→ Autant, cit. 20).

18 C'était une tendresse élargie au delà des sens, jusqu'au sentiment pur (...)
                ZOLA, Nana, XIII.

19 (...) ce dont je suis sûr, c'est que personne ne pourra vous apporter un sentiment pareil au mien, aussi profond, aussi ancien, resté aussi vivace, en dépit de tout !
                MARTIN DU GARD, les Thibault, t. VI, p. 162.

Loc. fam. *Au sentiment :* par sentiment.

20 Venir me dire ça en pleine poire à moi qui me suis donnée au sentiment, qui l'ai sorti pendant un an, qui l'ai cajolé, qui lui ai choisi ses cravates et toujours mon Petit Paul par-ci, mon petit Paul par-là.   M. AYMÉ, le Chemin des écoliers, VII.

♦ **2.** Vx. Zèle, dévouement.

♦ **3.** Ressentiment. «*Sans aucun sentiment résous-toi de le voir*» (Corneille, *Horace*, V, 3).

♦ **4.** Fam. et absolt. *Les sentiments :* les inclinations altruistes, opposé à *l'égoïsme,* à *l'intérêt* (→ ci-dessous, cit. 21, Balzac) ou encore aux *démonstrations d'affection, de tendresse* (→ ci-dessous, cit. 22, Mauriac). Iron. *Ça n'empêche pas les sentiments* (se dit pour commenter une action malveillante, brutale...).

21 Dans ce monde égoïste, une foule de gens vous diront que l'on ne fait pas son chemin par les sentiments, que les considérations morales trop respectées retardent leur marche (...)   BALZAC, le Lys dans la vallée, Pl., t. VIII, p. 888.

22 J'étais un enfant féroce pour qui prétendait m'aimer. J'avais horreur des *sentiments.*   F. MAURIAC, le Nœud de vipères, I, II.

♦ **5.** (Dans les formules de politesse). *Sentiments* (au plur.), s'emploie dans les formules épistolaires. *Sentiments dévoués, distingués, respectueux.* ⇒ **Considération.** *Meilleurs sentiments.*

23 J'ai reçu un télégramme de l'asile : «Mère décédée. Enterrement demain. Sentiments distingués ».   CAMUS, l'Étranger, I, I.

♦ **6.** Absolt. *Le sentiment :* la vie affective (→ Quintessencier, cit. 1 ; sentir, cit. 17). *Le sentiment* opposé à *l'action* (cit. 10), *à la raison, à la réflexion* (cit. 11). Fam. Démonstrations sentimentales. *Pas tant de sentiment ! Faire du sentiment.* — *Au sentiment. Le faire* (cit. 78) *au sentiment. Tu ne m'auras pas au sentiment.*

24 (...) si c'est la raison qui fait l'homme, c'est le sentiment qui le conduit.
                ROUSSEAU, Julie ou la Nouvelle Héloïse (1761), III, VII.

25 Ce n'est pas la *connaissance* du réel qui nous fait aimer passionnément le réel. C'est le *sentiment* qui est la valeur fondamentale et première. La nature, on commence par l'aimer sans la connaître, sans bien la voir, en réalisant dans les choses un amour qui se fonde ailleurs.
                G. BACHELARD, l'Eau et les Rêves, p. 155.

♦ **7.** L'expression des sentiments, des phénomènes affectifs, de la sensibilité. ⇒ **Émotion.** *Pensée animée par le sentiment* (→ Colorer, cit. 12). *Sentiment et poésie**. *Ouvrage empreint* (cit. 12) *d'un sentiment vrai.* ⇒ **Émouvant, sensible, vibrant...** *Elle a chanté avec beaucoup de sentiment.*

26 Ce Chardin avait bien raison de dire à un de ses confrères, peintre de routine : «Est-ce qu'on peint avec des couleurs ? — Avec quoi donc ? — Avec quoi ? Avec le sentiment... »   DIDEROT, Salon de 1769, Chardin.

27 Le réel est une partie de l'art ; le sentiment complète.
                Camille COROT, raconté par lui-même..., p. 89.

★ **IV.** (1843). Vx. Bijou formé d'un assemblage de tresses de cheveux, «séparées par des plaques ciselées et émaillées» (*le Moniteur de la mode,* in D. D. L.).

CONTR. Inconscience, insensibilité, logique, raisonnement ; action. — Froideur, indifférence.

SENTIMENTAL, ALE, AUX [sɑ̃timɑ̃tal, o] adj. — 1769, trad.

de *The sentimental journey,* de Sterne, dont le traducteur écrit «le mot anglais *sentimental* n'a pu se rendre en français par aucune expression qui pût y répondre, et on l'a laissé subsister»; le mot angl. était récent (1749), dérivé de *sentiment,* de même orig. que le mot français.

♦ **1.** Qui concerne le sentiment (III.), la vie affective, et, spécialt, les sentiments tendres, l'amour... ⇒ **Affectif.** *La vie sentimentale.* ⇒ **Amoureux** (→ Cristalliser, cit. 5 ; 1. gens, cit. 21). *L'éducation sentimentale,* roman de Flaubert. *Difficultés sentimentales* (→ Analyse, cit. 3). *Le plan* (cit. 7) *spirituel et le plan sentimental. Les Destinées sentimentales,* roman de Chardonne.

Il aura même la jalousie du passé, maladie des très jeunes gens aux débuts de 1 leur vie sentimentale. Rougeole sentimentale.
                Valery LARBAUD, Amants, heureux amants..., II.

♦ **2.** Qui provient de causes subjectives et affectives (par oppos. à *réaliste, intéressé*). *Une passion* (cit. 24) *sentimentale pour la terre. Attachement sentimental pour un pays, pour sa maison...* (→ Isolationnisme, cit.).

♦ **3.** Qui est sensible, émotif, donne de l'importance aux sentiments tendres, amoureux et les manifeste volontiers. ⇒ **Tendre; fleur** (cit. 15 : fleur bleue) ; → 1. Idéal, cit. 7. — REM. *Sentimental* suppose attendrissement, rêverie ; il s'oppose parfois à *passionné* et le plus souvent à *sensuel. Écolier sentimental* (→ Pernicieux, cit. 7).

(...) de tempérament plus sentimentale qu'artiste, cherchant des émotions et non 2 des paysages.   FLAUBERT, Mme Bovary, I, VI.

(...) comme rien ne nous rend moins «sentimental» que la passion, j'étais, somme 3 toute, ravi de ne pouvoir écrire et qu'ainsi Marthe continuât de désespérer Jacques.   R. RADIGUET, le Diable au corps, p. 102.

(...) les mêmes personnes qui se faisaient sentimentales en Allemagne se seraient 4 montrées ailleurs légères et dédaigneuses.
                Mme DE STAËL, De l'Allemagne, II, p. 214.

Par ext. *Le docteur O'Grady, qui avait la bière* (cit. 3) *sentimentale, que la bière rendait sentimental* (cf. Avoir le vin triste).

N. *Un, une sentimentale :* une personne sentimentale. *Dans la caractérologie de Le Senne, les* sentimentaux *sont des émotifs** *non actifs secondaires**.

♦ **4.** Qui comporte, exprime une affectivité un peu mièvre ou artificielle (⇒ **Romanesque**) et ne manifeste pas une pensée solide. *Lieds* (cit. 1), *romances, poésies sentimentales. Déclamations* (→ Égrillard, cit. 5) *niaiseries sentimentales* (→ Amplification, cit. 2). *Un discours politique bien sentimental.*

CONTR. Actif, pratique.
DÉR. Sentimentalement, sentimentaliser, sentimentalisme, sentimentalité.

SENTIMENTALEMENT [sɑ̃timɑ̃talmɑ̃] adv. — 1845, Bescherelle ; de *sentimental.*

♦ **1.** D'une manière sentimentale, par le sentiment, la tendresse. *Tenir à qqn sentimentalement* (→ Comédie, cit. 14).

Je fis tresser les deux mèches ensemble et je les portai sentimentalement sur mon cœur pendant mes six mois d'absence.
                Th. GAUTIER, les Jeunes-France, Contes humoristiques, « Laquelle des deux ».

♦ **2.** Sur le plan des sentiments, en ce qui concerne la vie sentimentale, amoureuse (par oppos. à la vie professionnelle, à la santé, etc.). *Dans ses affaires et sentimentalement, tout va bien, mais elle se sent un peu fatiguée.* — REM. Sans être familier, ce sens appartient à l'usage courant relâché.

SENTIMENTALISER [sɑ̃timɑ̃talize] v. — 1845 ; de *sentimental.*
Littéraire.

♦ **1.** Rendre sentimental (qqn) ; donner un caractère sentimental à (qqch.). ⇒ **Affectiviser.** «*La "pensée" chrétienne-aristocrate (...) qui pourrit tout, subjectivise tout, sentimentalise tout...* » (*Charlie-Hebdo,* 12 janv. 1978, p. 18). — *Sentimentaliser des tableaux* (Goncourt).

♦ **2.** V. intr. S'exprimer de manière sentimentale.

Je veux étudier l'amour, non comme le Don Juan, qui s'amusent sans écrire, non comme les littérateurs qui sentimentalisent nuageusement, mais comme les savants sérieux.   Charles CROS, le Collier de griffes, Pl., p. 224 (1873).

SENTIMENTALISME [sɑ̃timɑ̃talism] n. m. — 1801 ; de *sentimental.*

♦ Affectation de sensibilité ; tendance sentimentale (en littérature, en art...).

On faisait là de l'esprit et du paradoxe comme partout ; mais cela était empreint de sentimentalisme, et même d'une sorte de mysticisme qui se rattachait facilement aux impressions superstitieuses de personnes issues, pour la plupart, de la vieille Armorique.   NERVAL, le Marquis de Fayolle, V.

SENTIMENTALITÉ [sɑ̃timɑ̃talite] n. f. — 1804 ; de *sentimental.*

♦ **1.** Caractère très ou trop sentimental (d'une personne). *Il est d'une sentimentalité excessive, ridicule, un peu fade.*

Parmi ces pièces allégoriques il faut compter *le Triomphe de la sentimentalité,* une petite comédie de Goethe, dans laquelle il a saisi très ingénieusement le double ridicule d'enthousiasme affecté et de la nullité réelle. Le principal personnage de cette pièce paraît engoué de toutes les idées qui supposent une imagination forte et une âme profonde (...)   Mme DE STAËL, De l'Allemagne, t. II, 26, p. 25.

Caractère mièvre, fade (d'une œuvre, d'un écrit). *Un récit d'une sentimentalité écœurante* (→ À la guimauve*, à l'eau* (II., B.) de rose).

♦ **2.** *(Une, des sentimentalités).* Vieilli. Attitude sentimentale, geste sentimental. «*Les sentimentalités de cheveux, de fleurs et de médaillons* » (Flaubert, *Correspondance,* 260, 24 juin 1850).

SENTINE

SENTINE [sɑ̃tin] n. f. — 1190, au fig.; xɪvᵉ, au sens propre; lat. *sentina* «fond de cale» et fig. «rebut, lie»

♦ **1.** Mar. Endroit de la cale* où s'amassent les eaux. *Vider la sentine d'un navire à la pompe. Eaux croupies dans une sentine.*

♦ **2.** Littér. Lieu sale et humide. ⇒ **Cloaque** (→ Ordure, cit. 2).

1 Les sentines et les égouts jouaient un grand rôle au moyen âge, au Bas-Empire et dans ce vieil Orient. HUGO, les Misérables, V, ɪɪ, ɪɪ.

Fig. *Une sentine de vices :* un lieu de corruption.

2 (...) l'odieux Bicêtre (...) cette horrible sentine de vices, de folie, de misère, et d'infection. JAURÈS, Hist. socialiste..., La Constituante, t. I, p. 292.

SENTINELLE

SENTINELLE [sɑ̃tinɛl] n. f. — 1546, Rabelais; xvᵉ, Basselin, *in* Littré; *faire la sentinelle;* ital. *(far la) sentinella,* de *sentire* «entendre», lat. *sentire.* → Sentir.

♦ **1.** (Dans quelques expressions). Guet, surveillance que fait un soldat. *Faire la sentinelle* (vx), *faire sentinelle* (→ Emballer, cit. 2; guet, cit. 1).
En sentinelle. Être en sentinelle (→ Pertuisanier, cit.). *Cavalier* (⇒ **Vedette**), *matelot* (⇒ **Vigie**) *en sentinelle.* — Par ext. Surveillance exercée par une personne qui se tient immobile; attente. *Les concierges et larbins en sentinelle* (→ Côtelette, cit. 3). *Être, rester en sentinelle.* ⇒ **Épier, surveiller.**

♦ **2.** Soldat, personne armée qui a la charge de veiller, de faire le guet devant un lieu occupé par l'armée, de protéger un lieu public, etc. ⇒ **Factionnaire, guetteur, garde** (→ Garnison, cit. 3; guetter, cit. 2). *Sentinelle en faction.* ⇒ **Guet.** *Abris pour les sentinelles.* ⇒ **Abrivent, échauguette** (anciennt), **guérite** (cit. 1). *Placer, disposer des sentinelles* (→ Évasion, cit. 4). ⇒ **Poster.** *Relever la sentinelle. Sentinelle au garde-à-vous, qui présente les armes. Cri des sentinelles.* ⇒ **Qui-va-là, qui-vive.** (cit. 2). *Sentinelle avancée*, perdue...* (cf. Enfant perdu, fig.).

1 Une sentinelle, le mousquet au bras et enveloppée dans son manteau, se promène le long du rempart. Elle se penche entre les noirs créneaux de moment en moment, et observe d'un œil attentif l'ennemi dans son camp.
Aloysius BERTRAND, Gaspard de la nuit, Nuit d'après la bataille, ɪ.

2 (...) il fut arrêté par un soldat de la garde consulaire (...) En s'apercevant de l'obstination de l'inconnu, la sentinelle lui présenta sa baïonnette en matière d'*ultimatum.* BALZAC, la Vendetta, Pl., t. I, p. 860.

3 Ce soir, dans la sonorité d'une nuit de gelée, s'entend sur tout le rempart, à chaque instant répété, en sa mélopée saisissante : «Sentinelles, prenez garde à vous!» dans le bruit continu de coups de canon (...)
Ed. et J. DE GONCOURT, Journal, 13 nov. 1870, t. IV, p. 103.

Fig. Gardien* (cit. 7), surveillant.

♦ **3.** Par compar., trivial. Excrément humain, étron (dressé ou isolé, comme une *sentinelle,* 2.).

4 Il sait qu'en argot un étron, c'est une sentinelle.
— J'vais poser une sentinelle, dit-il. Jean GENET, Journal du voleur, p. 239.

Par ext. *Chien qui pose une sentinelle.*

SENTIR

SENTIR [sɑ̃tiʀ] v. tr. — Conjug. *partir.* — 1080, Chanson de Roland; du lat. *sentire.*

★ **I.** V. tr. (En parlant d'un être sensible*, I.). ♦ **1.** Être informé, par la voie sensorielle ou la voie de la sensibilité* (superficielle ou profonde), quant à (une qualité, un fait, un objet sensible); avoir la sensation* ou la perception* de... ⇒ **Percevoir.** *Sentir la chaleur* (→ 1. Marron, cit. 2), *le froid, la fraîcheur* (→ 1. Mousse, cit. 3). *Sentir une pression* (→ Durcir, cit. 1), *une étreinte* (cit. 5). *Sentir sous sa main un battement* (→ 1. Noyer, cit. 16), *un mouvement* (→ Phlegmon, cit.), *une résistance* (→ 1. ...) *Une saveur âcre* (cit. 1) *qu'elle sentait dans sa bouche. Sentir une douleur, un frisson* (→ Fatal, cit. 8; fourreau, cit. 1), *une contraction à l'épigastre* (cit. 1)...*Anesthésique* (cit. 1) *grâce auquel on ne sent rien. Malade qui ne sent pas son mal* (→ Optimisme, cit. 1). *Je ne sens jamais la fatigue* (→ Merci, cit. 21). *Elle ne sentait plus sa faim* (cit. 5). *Sentir un plaisir, le plaisir* (→ Immatériel, cit. 2; inciter, cit. 3; naître, cit. 9). — *Sentir un souffle* (→ Gonfler, cit. 3). *Ces pluies* (cit. 3) *si fines qu'on ne sent pas les gouttes.* «*Ne sentant ni pluie ni frimas*» (→ Démon, cit. 11, Chateaubriand). *Sous sa paume il sentit le drap* (cit. 2) *rêche de la tunique. Sentir par tous les sens l'objet qu'on aime* (cit. 37). — Absolt. *Exercer* (cit. 3) *les sens, c'est apprendre à sentir. Nous sentons malgré nous* (→ Frapper, cit. 34). *La main* (cit. 15) *sent et se agit.* — Fam. *Sentir ses bras, ses jambes,* y sentir des douleurs, des courbatures (→ ci-dessous cit. 3). *Ne plus sentir ses jambes, ses pieds,* les avoir presque insensibles du fait d'un excès de fatigue.

1 (...) il fallait un terme particulier pour exprimer cette sorte d'affectivité. On a choisi le terme sensibilité organique au lieu d'irritabilité, comme plus propre à signifier cette propriété générale, en vertu de laquelle chaque partie de l'organisation vivante sent les impressions qu'elle reçoit immédiatement.
MAINE DE BIRAN, Du physique et du moral de l'homme, I, § V.

2 Tels des enfants, s'ils ont pris un oiseau des cieux,
S'appellent en riant et s'étonnent, joyeux,
De sentir dans leur main la douceur de ses plumes.
HUGO, les Contemplations, V, x.

3 — Ah! ma petite, dit Palmyre de sa voix dolente, on voit bien que tu es jeune

---

(...) Demain, tu sentiras tes bras. Mais elles n'étaient point seules, tout Rognes fauchait et fanait dans les prés, autour d'elles. ZOLA la Terre, II, ɪv.

Apaisement factice, qui ne dura qu'un instant. Comme un blessé qui, d'abord, n'a pas senti le coup, mais dont la plaie s'ouvre soudain et saigne, une douleur aiguë le pénétra (..) MARTIN DU GARD, les Thibault, t. VII, p. 246.   4

Avoir la sensation de (une odeur, une chose odorante). ⇒ **Flairer, renifler.** *Sentir une odeur* (→ Farine, cit. 2; léger, cit. 12; nez, cit. 1), *un parfum* (→ Fort, cit. 23), *des émanations* (→ Oiseau, cit. 7), *une haleine* (→ Halener). *Sentir une mauvaise odeur.* ⇒ **Prise** (prendre une). *L'ogre sentait la chair fraîche* (1. Frais, cit. 23). *Sentir une plante, une fleur* (→ Jasmin, cit. 23). *Cheval qui sent l'écurie* (fig. ⇒ **Écurie**). *Sentir qqch. de loin*.* ⇒ **Subodorer** (au propre et au fig.). — Par ext. Appliquer son odorat à... ⇒ **Humer, respirer.** *Sentir un flacon de sels. Sentez-moi ce foie gras!*

(Les chevaux) marquent au contraire beaucoup d'empressement pour revenir au gîte (...) après avoir été excédés de fatigue, le lieu du repos est un lieu de délices, ils le sentent de loin, ils savent le reconnaître au milieu des plus grandes villes (...) BUFFON, Hist. nat. des animaux, Le Cheval.   5

Et grave, il dit : Je sens une odeur de panthère,
Comme si je passais dans les monts de Tunis.
HUGO, la Légende des siècles, XV, ɪɪ, vɪ.   6

Loc. fam. *Ne pas pouvoir sentir qqn,* avoir pour lui la plus vive aversion, comme si son odeur était insupportable. ⇒ **Détester, haïr**; et aussi **souffrir** (ne pouvoir).

Un Garçon aussi raisonnable, aussi rangé, qui n'a aucun des défauts de nos jeunes Parisiens : car, vrai, Monsieur Edmond, je ne les saurais sentir.
RESTIF DE LA BRETONNE, la Vie de mon père, p. 86.   6.1

♦ **2.** Avoir ou prendre conscience* de..., d'une façon plus ou moins nette. ⇒ **Sentiment** (II., 1.). *Ils sentent leur supériorité* (→ Abuser, cit. 17). *Je sens ma faute* (→ Excuser, cit. 17), *mon malheur* (→ Dessiller, cit. 2), *mon insuffisance* (cit. 2), *ma faiblesse* (→ Moment, cit. 14). *Ne pas sentir sa force. Sentir en soi une présence* (→ Fureur, cit. 3), *un dieu* (→ Indicible, cit. 5). «*Que de vie je sens au fond de mon âme!*» (→ Langage, cit. 29, Chateaubriand). «*Ils sentent alors leur néant sans le connaître*» (→ Ennui, cit. 23, Pascal). *Je ne sens pas trop mon âge* (→ Jouvence, cit. 3). *Sentir amèrement* (cit. 2) *le vide de son existence. Sentir un besoin* (→ Heureux, cit. 36; marge, cit. 5).

Le plus grand de nos besoins, le seul auquel nous pouvons pourvoir, est celui de sentir nos besoins; et le premier pas pour sortir de notre misère est de la connaître.
ROUSSEAU, Julie ou la Nouvelle Héloïse, VI, vɪ.   7

La meilleure santé, c'est de ne pas sentir sa santé.
J. RENARD, Journal, 14 juil. 1896.   8

♦ **3.** Connaître ou reconnaître par l'intuition* (⇒ **Instinct**). *Sentir en qqn un caractère, une qualité* (→ Assujettir, cit. 20; frénésie, cit. 5; incliner, cit. 22; magnétiser, cit. 2). ⇒ **Deviner, discerner, pénétrer.** *J'ai senti sous le laconisme* (cit. 3) *de vos lettres un peu d'affection. Je ne sens point entre eux et leur œuvre de relation* (cit. 3) *secrète. Sentir le prix* (cit. 14), *la force* (→ Ensorcellement, cit. 2), *la faiblesse* (cit. 21), *l'avantage* (→ 1. Gens, cit. 15), *l'inanité* (cit. 4) *de... (qqch., qqn).* ⇒ **Découvrir.** *Sentir par avance* (cit. 10), *d'avance* (→ Hélas, cit. 9), *à l'avance* (→ Approche, cit. 23)... ⇒ **Pressentir, prévoir.** «*Ce* mais! (cit. 31, Rostand) *Sentez-vous tout ce que ce* mais *veut dire?*» (→ aussi 2. Idéal, cit. 15; naturel, cit. 30. ⇒ **Comprendre.** *Expression dont le sens n'est plus senti* (→ 1. Devoir, cit. 30), *qui est sentie comme...* (→ Reprendre, cit. 10). *Avec son flair* (cit. 4) *inquiet elle le sentait.* Absolt. *Raisonner là où il faut sentir est le propre des âmes sans portée* (→ Mesquin, cit. 4). — (Compl. n. de personne). *Par une seconde vue, il connut, sentit les héros* (cit. 13; → aussi Donneur, cit. 5). — Spécialt (par une intuition mystique). «*C'est le cœur qui sent Dieu, et non la raison*» (→ Foi, cit. 31, Pascal; et aussi âme, cit. 16).

Ce que notre instinct sentait, sans l'expliquer, c'est à notre raison de le prouver aujourd'hui. R. ROLLAND, Vie de Tolstoï, p. 5.   9

Ils éprouvaient aussi un remords, ou mieux une vexation, d'amour-propre, de ne pas avoir senti plus tôt ce qu'il y avait chez Laulerque, sous la pétulance, de réflexions étendues, de conviction raisonnée, et de sang-froid presque effrayant.
J. ROMAINS, les Hommes de bonne volonté, t. IV, X, p. 107.   10

♦ **4.** Avoir un sentiment* (II., 2.) esthétique de (qqch.). ⇒ **Apprécier, goûter**; et → Goût, cit. 15. *Sentir le beau* (→ Prédiction, cit. 2), *le mérite d'un livre* (→ Faveur, cit. 26), *les délicatesses* (cit. 7) *d'un art...* (→ aussi Attique, cit. 7). *La musique déroute* (cit. 2) *ceux qui ne la sentent pas. L'homme de goût sent ce qui échappe aux hommes moins exercés* (cit. 47).

En France, l'esprit étouffe le sentiment. De ce vice national procèdent tous les malheurs de l'art y éprouvent. Nous comprenons à merveille l'art en lui-même, nous ne manquons pas d'une certaine habileté pour en apprécier les œuvres, mais nous ne les sentons pas. BALZAC, Des artistes, I, *in* Œ. diverses, t. I, p. 351.   11

Notre certitude, c'était notre émotion et notre sensation de la beauté; et quand nous nous retrouvions, le dimanche, aux concerts Lamoureux (...) une atmosphère extraordinaire se composait. Nous sortions du cirque en fanatiques de l'art (...) Nous avions *senti*; et ce que nous avions senti nous donnait la force de résister à toutes les occasions de dispersion (...) de la vie (...)
VALÉRY, Variété, Théorie poétique et esthétique, Œ., t. I, Pl., p. 1381.   12

Et j'ai décidé de reprendre le haut, je trouve la lumière trop jolie. Mais je crois que la toile ne vient pas mal. Je la sens. Je l'ai dans les doigts.
M. AYMÉ, le Vin de Paris, «La bonne peinture», p. 173.   12.1

♦ **5.** (Dans le domaine affectif). Être affecté agréablement ou désagréablement par (qqch.). ⇒ **Éprouver** (cit. 23); **ressentir**; et aussi

émotion; sentiment (III.). *Sentir de l'amour* (→ Amitié, cit. 11; cacher, cit. 13; feindre, cit. 3). *«Son cœur de ce qu'il sent n'est pas bien sûr lui-même»* (→ Croire, cit. 39, Molière). *Sentir un désappointement* (cit. 3), *une sorte d'effroi* (cit. 2), *la colère* (→ Emporter, cit. 49), *la peur* (→ 2. Froid, cit. 20), *une pitié profonde* (→ Grandeur, cit. 27), *de l'admiration* (→ Monument, cit. 5), *le remords* (cit. 6)... *«Je sens des extases, des ravissements inexprimables...»* (→ Nature, cit. 51, Rousseau). *«Que personne avant nous n'a senti la douleur»* (cit. 15, Musset). *Les gens qui ne sentent rien.* ⇒ **Insensible** (→ Étourdir, cit. 15). *Moins on sent une chose, plus on est apte* (cit. 2) *à l'exprimer. «Le cœur sent rarement ce que la bouche* (cit. 16) *exprime». Sentir les impressions qu'on doit rendre* (cit. 46).

13 Je veux croire que vous sentez ce que vous dites, et je ne doute point que vos paroles ne soient sincères (...) MOLIÈRE, les Fourberies de Scapin, I, 3.

14 Hippolyte est sensible, et ne sent rien pour moi! RACINE, Phèdre, IV, 5.

15 (...) qui ne sent que l'amour ne sent pas ce qu'il y a de plus doux dans la vie. ROUSSEAU, les Confessions, III.

16 C'est une chose belle et entraînante que la lutte d'un peuple qui ne veut pas mourir, et je sens pour la Turquie un peu de cet élan que je sentirais pour mon pays, s'il était menacé comme elle, et en danger de mort. LOTI, Aziyadé, III, XXXVIII.

Absolt. *Façon de sentir et façon de penser* (→ Emprunter, cit. 17; fuseau, cit. 5; intelligent, cit. 6). *Une manière* (cit. 4) *de sentir vive et forte* (→ aussi Lyrique, cit. 5). *«Bien écrire* (cit. 50), *c'est tout à la fois bien penser, bien sentir et bien rendre»* (Buffon). *Sentir vivement, profondément* (→ Entrailles, cit. 12; indulgent, cit. 5). *«J'ai trop vu, trop senti, trop aimé dans ma vie»* (→ Oublier, cit. 7, Lamartine). *Sentir par sentiments «tout faits»* (→ Faire, cit. 270, Péguy). — REM. Dans cet emploi absolu, *sentir* n'a pas une valeur strictement affective et peut recouvrir certains des sens précédemment étudiés.

17 On dirait que mon cœur et mon esprit n'appartiennent pas au même individu. Le sentiment plus prompt que l'éclair vient de remplir mon âme, mais au lieu de m'éclairer il me brûle et m'éblouit. Je sens tout et je ne vois rien. Je suis emporté mais stupide; il faut que je sois de sang-froid pour penser (...) Cette lenteur de penser jointe à cette vivacité de sentir (...) je l'ai même seul et quand je travaille. ROUSSEAU, les Confessions, III.

18 Je sens, est le seul mot de l'homme qui ne veut que des vérités. Et ce qui fait la certitude de mon être, en est aussi le supplice. Je sens, j'existe pour me consumer en désirs indomptables, pour m'abreuver de la séduction d'un monde phantastique *(sic)*, pour rester atterré de sa voluptueuse erreur. É. DE SENANCOUR, Oberman, LXIII.

19 Il a seulement senti durant toute sa vie; et, à cet égard, sa sensibilité est montée à un degré qui passe tout ce que j'ai vu jusqu'ici; mais elle lui donne un sentiment plus aigu de peine que de plaisir. SAINTE-BEUVE, Causeries du lundi, 29 avr. 1850.

N. m. *Le sentir* : le fait de sentir.

♦ **6.** *Sentir*, employé comme verbe de perception* avec d'autres compléments que le complément d'objet direct, et dans un des sens ci-dessus (surtout les sens 1. à 3.).

a (Suivi d'une infinitive). *Il sentait une sourde agitation* (cit. 15) *le gagner. «J'ai cru sentir le temps s'arrêter* (cit. 61) *dans mon cœur»* (Musset). *Sentant passer la mort* (→ Attarder, cit. 6), *augmenter* (cit. 4) *son inquiétude. Il sentit battre le pouls* (cit. 4).

b (Suivi d'une complétive). *«Je sens que je suis en train de devenir dieu»* (→ Apothéose, cit. 2). *Même quand l'oiseau marche, on sent qu'il a des ailes* (→ Même, III., REM. 1.). *Il sentait que cette aventure lui ferait tort* (→ Empêtrer, cit. 8). *Tout le monde sent bien, sent aisément que...* (→ Assembler, cit. 7; fonction, cit. 13). ⇒ **Apparaître** (il apparaît), **constater, savoir.** *Je sais et je sens que...* (→ 1. Goûter, cit. 5). *«Ou* (cit. 37) *plutôt je sentis que je l'aimais toujours»* (Racine).

c (Suivi d'une interrogative indirecte). *Sentir combien il est difficile* (→ Impérieux, cit. 9), *en quoi il se différencie* (→ Minauderie, cit. 4), *quelle farce...* (→ Ni, cit. 3), *à quel point...* (→ Retrouver, cit. 21).

d (Suivi d'un attribut du compl). *«Et que je te sens froide en te touchant, ô mort...»* (→ Noir, cit. 31, Hugo). *«Un riche laboureur* (cit. 3), *sentant sa mort prochaine»* (La Fontaine).

e (Suivi d'un compl. déterminé par une relative). *Il sentit quelqu'un qui lui tapait sur l'épaule* (→ Ficher, cit. 4). *Je sentis une main qui prenait hardiment* (cit. 1) *la mienne. Je sentais comme une fontaine de miséricorde qui s'épanchait* (cit. 14) *du haut du ciel.* — REM. Ce tour, qui équivaut à une infinitive ou à une complétive, a quelque chose de plus vif et de plus direct : «le terme qui sert d'antécédent se dégage avec plus de relief» (Le Bidois).

20 (...) ayant été appelée pour aider un jeune Arabe, blessé aux jambes, à marcher depuis la salle jusqu'à l'auto qui devait l'emporter, elle le sentit appuyé totalement contre elle, elle sentit ce bras serré autour de son cou dans un enlacement où était la force des muscles, elle sentit cette main veloutée qui lui effleurait la joue (...) MONTHERLANT, le Songe, II, XVI.

♦ **7. FAIRE SENTIR (qqch.) À (qqn)** : faire que qqn sente... (aux sens 2 à 5). *Il lui fit sentir l'imprudence de son équipée* (cit. 4). *Une chose dont il faut faire sentir l'extravagance* (cit. 3) *à ceux qui... Faire sentir à qqn que...* (→ Dieu, cit. 35; hôte, cit. 10; protection, cit. 7). — (Avec ellipse du compl. indirect). *Je voudrais essayer ici de faire sentir ce défaut* (→ Doigt, cit. 13). *La Providence fait sentir sa main* (cit. 60) *de temps en temps. Faire sentir le rythme* (⇒ **Marquer**), *une lettre* (⇒ **Prononcer**).

(...) il faut, avec une seule teinte noire, rendre la couleur générale du maître, faire sentir s'il est clair ou ténébreux, chaud ou froid, blond ou bleuâtre, clair comme Paul Véronèse ou ténébreux comme Caravage, chaud comme Rubens ou froid comme Holbein (...) Th. GAUTIER, Souvenirs de théâtre..., «Noces de Cana». 21

(...) on ne peut même pas dire que le beau-père lui «fit sentir» (...) qu'il avait quelque chose à faire pour mériter sa bonne fortune, pour faire ses preuves. F. MALLET-JORIS, le Jeu du souterrain, p. 70. 21.1

Se faire sentir : devenir sensible* (II.). ⇒ **Apparaître, exercer** (s'), **manifester** (se). *Douleur qui se fait sentir* (→ Inflammation, cit. 3). *Les passions se font plus tôt sentir dans ces climats* (→ Majeur, cit. 5). *Le besoin ne s'en fait pas sentir* (→ Pronunciamiento, cit. 2). *Contrecoup, effet, phénomène, action... qui se fait sentir* (→ Bosse, cit. 4; hellénisation, cit. 2; palpitation, cit. 4; planète, cit. 2; protection, cit. 6).

★ **II.** (Déb. XIVe; avec un compl. qui n'exprime pas l'objet de l'action, mais une qualité du sujet). ♦ **1.** Dégager, répandre une odeur de... ⇒ **Fleurer, odorer.** *Cellier* (cit. 2) *qui sent le bois. Le marché* (cit. 26) *maure sentait le suint. La pièce sent le renfermé, le moisi* (cit. 6). *Son manteau sent le mouillé* (cit. 14). *Cela sent l'huile, l'ail...* (→ Odeur, cit. 3). — Loc. *Sentir son fruit* (vieilli) : répandre une odeur désagréable, sui generis. — Des fleurs qui ne sentent rien (→ Académie, cit. 5). — (Suivi d'un adj. employé adv.). *Les lilas qui sentent si bon,* qui répandent une si bonne odeur. ⇒ **Embaumer** (→ 1. Flétrir, cit. 2). *Ce poisson sent mauvais. Pipe qui sent fort. «Une femme en toilette fine, charmante et sentant frais»* (→ Parfumer, cit. 2, Flaubert). — Avec le compl. redoublé par l'adj. *Ça sent bon la rose.*

(...) une puanteur fade montait de tout ce linge sale remué. — Oh! la, la, ça gazouille! dit Clémence, en se bouchant le nez. — Pardi! si c'était propre, on ne nous le donnerait pas (...) Ça sent son fruit, quoi! ZOLA, l'Assommoir, V, t. I, p. 178. 22

L'été aussi tout sentait fort. Il n'y avait plus d'air dans la cour, rien que des odeurs. CÉLINE, Voyage au bout de la nuit, p. 245. 23

Absolt. Sentir mauvais. ⇒ **Puer.** *Cette viande commence à sentir. «C'est, dit-il, un cadavre* (cit. 1), *ôtons-nous, car il sent»* (La Fontaine). — Exhaler une odeur. *C'est donc ça qui sentait* (→ Fourrure, cit. 3).

C'est un garçon qui ne se lave pas, je vous l'affirme. Il doit sentir des pieds, et d'ailleurs. J. ROMAINS, les Hommes de bonne volonté, t. VIII, VIII, p. 80. 24

Par métaphore. *Sentir le fagot*, le brûlé*, le roussi*. Sentir le sapin*. Sentir la hart*, la corde*, le gibet*, l'échelle*. Ouvrage qui sent l'huile*, la lampe*, la lime*. Style livresque* (cit. 2) *qui sent l'encre.* Prov. *La caque* sent toujours le hareng. — Ça sent mauvais, ça commence à sentir mauvais* : les choses tournent mal, prennent une fâcheuse tournure.

— Ça sent mauvais, dit Charlot. 25
— Ça sent le roussi.
— Non, je dis : s'ils brûlent les archives, ça sent mauvais.
— Eh bien oui : ça sent mauvais, ça sent le roussi. C'est ce que je dis.
Ils rirent. SARTRE, la Mort dans l'âme, p. 65.

♦ **2.** Vieilli. Avoir un goût, une saveur de... *Cette carpe sent la vase* (Académie). *Vin qui sent le terroir;* par métaphore. ⇒ **Terroir.**

♦ **3.** Fig. Donner une impression de..., évoquer à l'esprit l'idée que... ⇒ **Indiquer, révéler.** *Plaisanteries, ton qui sent le corps de garde, la garnison* (→ Fredaine, cit. 3), *la barrière* (→ Gras, cit. 34). *Sentir l'école*. Muscadin* (cit. 2) *dont les manières sentent la bonne compagnie. Ces vers sentent un peu le mirliton* (cit. 2). *Rien en lui ne sent le métier* (→ Honnête, cit. 19). *La littérature sentait le factice* (cit. 9). *Sentir l'hérésie.* — Vieilli (avec un possessif devant le compl.). *«Certain enfant qui sentait son collège...»* (→ Gâter, cit. 25, La Fontaine). — REM. Dans cet emploi figuré, le sens propre est parfois rappelé par une expression comme *à plein nez, d'une lieue* (cit. 5), *de loin,* etc.

Tout cela sent un peu sa comédie (...) MOLIÈRE, le Bourgeois gentilhomme, III, 13. 26

Mme de Vercellis ne m'a jamais dit un mot qui sentît l'affection, la pitié, la bienveillance. ROUSSEAU, les Confessions, II. 27

Ces gentilshommes de province, qui sentaient encore à plein nez leur monarchie (...) BARBEY D'AUREVILLY, les Diaboliques, «Le bonheur dans le crime», p. 139. 28

(...) Justin fléchit le genou, en un geste charmant qui sentait un peu son théâtre, et il demanda la permission de lui baiser le bout des doigts. G. DUHAMEL, Chronique des Pasquier, II, XX. 29

Ce langage sent un peu trop le poète (→ Humainement, cit. 3). *Cela sent le pédant* (cit. 6), *le magister* (cit. 2). *Cette phrase qui sent l'étranger* (→ Ignorant, cit. 8). — (Avec un possessif devant le compl.). *«Votre conseil sent son homme qui a envie de se défaire de sa marchandise»* (cit. 1, Molière). *«Ils sentent leurs bourgeois qui ont pignon* (1. Pignon, cit. 5) *sur rue»* (Pascal).

Ne voix-tu rien en moi qui sente l'écolier? CORNEILLE, le Menteur, I, 1. 30

Tu as une vie moins canaille que la mienne et qui sent plus son gentilhomme! FLAUBERT, Correspondance, 71, déc. 1842. 31

▶ **SE SENTIR** v. pron.

♦ **1.** (Passif). Être senti. *«La maladie se sent, la santé peu ou point»* (→ Oindre, cit. 3, Montaigne). *«Le vrai bonheur ne se décrit* (cit. 7) *pas, il se sent»* (Rousseau). *L'approche de l'ennemi se sen-*

tait à... (certains signes). → 2. Garde, cit. 13. *« Les principes se sentent, les propositions se concluent »* (cit. 21, Pascal). *Mais voyons, ça se sent!,* c'est une chose qu'on sent, qui n'a pas besoin de démonstration.

♦ **2.** (Réfléchi direct). *Se sentir* (vx) : se posséder avoir conscience de soi, de ses forces ; être maître de soi. — (De nos jours, sous la forme négative). *« À ces mots, le corbeau ne se sent pas de joie »* (cit. 15, La Fontaine), est hors de soi par excès de joie. ⇒ **Transporté.** — Fam. *Tu ne te sens plus ? :* tu perds la tête ? tu n'es pas un peu fou ?

32 Je suis dans une colère, que je ne me sens pas. MOLIÈRE, le Mariage forcé, 4.

33 Ah ! que vous m'obligez ! Je ne me sens pas d'aise. RACINE, les Plaideurs, I. 7.

(Suivi d'une infinitive). Avoir l'impression de. *Ces heures où l'on en arrive à ne plus se sentir vivre,* à ne plus sentir qu'on vit (→ Accablant, cit. 5 ; et aussi archet, cit. 2). *Il se sentait renaître* (cit. 6). *Il se sentit rougir* (→ Gauchement, cit. 2). — (Inf. à valeur de passif). *« De mille doux frissons* (cit. 16) *vous vous sentez saisir »* (Molière), vous sentez que vous êtes saisi (→ aussi Jamais, cit. 26). *Il se sentit mordre au gras de la jambe* (→ Pelu, cit. 1).

34 *De ses bras innocents je me sentis presser »* (RAC., Ath., 254). Que la proposition infinitive s'unisse à son complément par *de* ou *par,* sa supériorité sur le participe passé passif tient à ce qu'elle énonce l'action d'une manière vive et frappante, et qu'elle ne l'énonce pas comme faite, mais comme se faisant au moment qu'indique la phrase. G. et R. LE BIDOIS, Syntaxe du franç. moderne, § 1254.

Loc. fam. *Il (ne) se sent plus pisser :* il se laisse aller à la prétention.

(Suivi d'un attribut, ou d'un adv., d'un compl. d'état, de lieu, etc.). Avoir l'impression, le sentiment d'être... ⇒ **Trouver** (se). *Se sentir joyeux ou triste* (→ Âme, cit. 57). *Se sentir apte* (cit. 6) *à..., capable* (cit. 14) *de... Se sentir libre* (→ Liberté, cit. 34)... — *Se sentir dépaysé* (cit. 6), *fini* (cit. 32), *intimidé* (cit. 7). *« Je me sentis connue encor* (cit. 17) *plus que blessée »* (Valéry). *Se sentir sans courage pour affronter* (cit. 4)..., *en état de...* (→ Escrime, cit. 2), *d'humeur à...* (→ Mener, cit. 23), *dans son tort* (→ Aggraver, cit. 5). *Se sentir bien*, se sentir mal*...* — *Se sentir l'obligé* (cit. 21) *d'un autre, le seul dépositaire* (cit. 4) *du vrai...*

35 Sur l'esplanade du Kremlin, le panorama de Moscou développé devant soi, on se sent vraiment ailleurs (...) Th. GAUTIER, Voyage en Russie, I, XVII.

36 Il se sentait mieux, moins impatient, moins mécontent (...) MAUPASSANT, Pierre et Jean, III.

37 (...) Vous vous sentez bien ? — Ça va, mon Capitaine. SAINT-EXUPÉRY, Pilote de guerre, V.

38 Elle comprit et s'éloigna, triste — se sentant si peu de chose aux yeux du bien-aimé, dès qu'un ami ou même un simple camarade était là. F. MAURIAC, l'Enfant chargé de chaînes, V.

(Vieilli). *Se sentir de... :* se ressentir* de... *Enfants malsains* (cit. 1) *qui se sentent de la langueur de leur père. « Le vers se sent toujours des bassesses* (cit. 12) *du cœur »* (Boileau).

39 M. de Nemours y vint peu de temps après habillé magnifiquement et comme un homme qui ne se sentait pas de l'accident qui lui était arrivé. Il paraissait même plus gai que de coutume (...) Mᵐᵉ DE LA FAYETTE, la Princesse de Clèves, II.

40 Les affections domestiques exerçant un grand empire sur le cœur des Anglais, leur poésie se sent de la délicatesse et de la fixité de ces affections (...) Mᵐᵉ DE STAËL, De l'Allemagne, II, II.

(1830). Fam., vx. *Ne pas se sentir de froid :* avoir très froid (cf. H. Monnier, *Scènes populaires,* I, p. 60, 1835).

Fam. (régional). *Se sentir de faire qqch.,* s'en ressentir, en avoir envie.

40.1 Madeleine, je veux te dire, si tu te sens de m'attendre, attends-moi. — C'est pas possible autrement, Olivier. Les autres, c'est rien pour moi. J. GIONO, le Grand Troupeau, II ; Pl., t. I, p. 591.

♦ **3.** (Réfl. ind.). Sentir comme étant en soi ou à soi. *« Je me sens un cœur à* (cit. 6) *aimer toute la terre »* (→ Appétit, cit. 23). *Se sentir une vocation* (→ Destiner, cit. 9), *une responsabilité* (→ 1. Lancer, cit. 22). *Il se sentait pour lui des tendresses fugitives* (cit. 15). *Je ne me suis jamais senti grand goût pour...* (→ Glorieux, cit. 8). *Je ne m'en sens pas le courage* (→ Caisson, cit. 2). — *Cette espèce d'oppression* (cit. 5) *qu'elle se sentait dans la poitrine. Se sentir au cœur, dans le cœur une envie, un vide...* (→ Fringant, cit. 7 ; idolâtrer, cit. 3). — (Avec un attribut). Sentir en soi comme étant... *Il se sentait le cœur plus libre* (→ Accuser, cit. 22), *la tête un peu légère* (→ Faiblesse, cit. 10), *le visage en feu* (1. Feu, cit. 68)...

41 C'est à moi de savoir si vos menaces m'impressionnent. Mais quant à me sentir, vis-à-vis de vous, la moindre obligation de discrétion, ou de quoi que ce soit, vous plaisantez. J. ROMAINS, les Hommes de bonne volonté, t. II, XI, p. 116.

♦ **4.** Récipr. (Direct). *Ils ne peuvent pas se sentir* (au sens 1, spécialt) : ils se détestent. — (Indirect). *Se sentir les coudes*.*

▶ **SENTI, IE** p. p. adj.

Spécialt (art). Qui est empreint de sensibilité et de sincérité. *Cela est senti. Des œuvres où il n'y a rien de senti* (→ Phraséologie, cit. 4). — *Bien senti :* exprimé avec force et conviction. *Discours, reproches bien sentis* (→ Prune, cit. 3). *Quelques coups de gueule bien sentis* (→ Prune, cit. 3).

42 (...) elle a pris la lettre et la lui a présentée en disant les plus belles choses du monde et les mieux senties, je ne sais pas où elle les a prises, Dieu lui dictait (...) BALZAC, le Père Goriot, Pl., t. II, p. 887.

43 Profitez-en pour placer quelques mots bien sentis. C'est le moment. J. ROMAINS, Volpone, I, 3.

N. m. ⇒ **Senti.**

DÉR. et COMP. Ressentir, sentant, sent-bon, senteur, senti, sentiment. — V. Consentir, dissentiment, pressentir.

1. SEOIR [swaʀ] v. intr. — Ne s'emploie plus qu'au participe passé : *sis,* mais se trouve encore à l'indicatif présent, à l'impératif et à l'infinitif, dans la langue classique. — XIIᵉ, *seeir;* du lat. *sedere.*

♦ **1.** Vx. Être assis. Spécialt (encore au XVIIᵉ, Pascal, Saint-Simon). Être assis sur un trône, dans une assemblée. ⇒ **Siéger.** *La Cour royale séant à Paris.* — Pron. *« Sieds-toi »* (Corneille, *Cinna,* V, 1). ⇒ **Asseoir** (s').

♦ **2.** Mod. (Au p. prés. substantivé). ⇒ 1. **Séant.**

▶ **SIS, SISE.** p. p. adj.

Dr. Situé. *Domaine sis, maison sise à tel endroit, sise à l'écart* (1. Écart, cit. 14).

DÉR. et COMP. Séance, séant. — Surseoir.
HOM. 2. Seoir, soir.

2. SEOIR [swaʀ] v. intr. — *Il sied, ils siéent* (rare) ; *il seyait ; il siérait, ils siéraient ; seyant.* → Seyant. — XIIᵉ ; lat. *sedere,* au sens de « être fixé dans l'esprit, être la volonté de quelqu'un ».

♦ Vieilli ou littér. Être considéré comme convenable, comme agréable, correct, normal. ⇒ **Aller, convenir.** *La pénombre de la chambre ne lui seyait pas* (→ 1. Écarter, cit. 2). — Spécialt. Aller bien, en parlant d'un vêtement, d'un ornement. ⇒ **Habiller.** *Sa coiffure* (cit. 6) *lui seyait à ravir. Tout lui seyait bien* (→ Assortir, cit. 17). ⇒ **Seyant.** — (Abstrait). *Cet air qui sied à...* (→ Racheter, cit. 8 ; régiment, cit. 3). — *Le deuil sied à Electre,* titre français d'un drame de Eugène O'Neil (l'anglais porte *becomes* « convient à, va bien »). — Impers. ⇒ **Convenir ; 2. séant.** *Il sied de se défier de ce qui vous flatte* (cit. 16). *Il sied qu'on travaille* (→ Rentier, cit. 1). *Comme il sied.* — Iron. *Il vous sied, il lui sied bien de...* ⇒ **Appartenir** (→ Fashionable, cit. 2 ; impertinence, cit. 6). *Lui sied-il bien d'être amoureux ?* (→ Moquer, cit. 16).

1 Il pensa qu'une si jolie parure et des manières si enjouées siéraient à l'âge et à l'esprit fin de la petite Marie, mais que cette veuve avait la plaisanterie lourde et hasardée et qu'elle portait sans distinction ses beaux atours. G. SAND, la Mare au diable, XII.

2 Sur la tête, elle portait ce voile de soie noire nommé *mezzaro,* que les Génois ont introduit en Corse, et qui sied si bien aux femmes. MÉRIMÉE, Colomba, V.

3 Très humble comme il sied à qui ne veut déplaire. J.-M. DE HEREDIA, les Trophées, Moyen âge et Renaiss., « Suivant Pétrarque ».

4 (...) ses amis du *Matin* et d'ailleurs appelaient Louis-Louis, prénom gentil qui seyait à sa carrure, comme une cravate de tulle à un rhinocéros. COLETTE, l'Étoile Vesper, p. 63.

CONTR. et COMP. Messeoir.
DÉR. et COMP. Séant (cf. Bienséant, malséant).
HOM. 1. Seoir, soir.

SÉOUDIEN, IENNE [seudjɛ̃, jɛn] adj. — XXᵉ ; de *Séoud,* nom propre.

♦ De l'Arabie séoudite (sa'ūdite). — N. *Les Séoudiens.* — REM. La forme *Saoudien, ienne* est due à l'infl. de l'angl. *saudi,* plus proche de l'arabe.

SÉOUDITE [seudit] adj. — XXᵉ ; de *Ibn Séoud,* francisation du nom propre *Ibn Sa'ūd.*

♦ *Arabie séoudite* (voir Dictionnaire universel des noms propres à Arabie sa'ūdite).

SEP [sɛp] n. m. ⇒ **Cep** (2.).

SÉPALAIRE [sepalɛʀ] adj. — 1877, Littré, *Suppl. ;* de *sépale.*

♦ Bot. Du sépale.

SÉPALE [sepal] n. m. — 1790 ; lat. bot. *sepalum,* créé sur le grec *skepê* « enveloppe », et terminaison de *petalum.*

♦ Bot. Chaque foliole du calice (d'une fleur). *Fleur à un* (⇒ **Monosépale**), *à deux, trois sépales* (di-, trisépale) ; *à sépales soudés* (⇒ **Gamosépale**).

DÉR. Sépalaire, sépaloïde.
COMP. Gamosépale, monosépale.

SÉPALOÏDE [sepalɔid] adj. — 1871 ; de *sépale,* et *-oïde.*

♦ Bot. En forme de sépale.

SÉPARABILITÉ [separabilite] n. f. — 1700; de *séparable*.

♦ Qualité de ce qui est séparable (de qqch.), de ce qui est formé d'éléments séparables. *Séparabilité d'un gaz.*

SÉPARABLE [separabl] adj. — 1372; lat. *separabilis*.

♦ **1.** Qui peut se séparer, être séparé (d'autre chose, d'un ensemble). *Élément, pièce séparable.* — Ling. *Particule séparable,* qui peut être séparée du mot avec lequel elle se combine (spécialt, en allemand, préverbe susceptible d'être séparé du verbe). ⇒ **Isolable.**

♦ **2.** (1626). Qui peut être divisé en parties. → Indivisible, cit. 1.

♦ **3.** (Fin XVIIᵉ). Fig. *Cette liberté* (cit. 25) *paraît difficilement séparable des notions d'égalité.*

CONTR. Inséparable.
DÉR. Séparabilité.

SÉPARATEUR, TRICE [separatœʀ, tʀis] adj. et n. — V. 1560; lat. *separator,* de *separare.* → Séparer.

♦ **1.** Adj. Qui sépare, a la propriété, la capacité de séparer (surtout au sens I., 1.). — Phys. *Pouvoir* séparateur d'un instrument d'optique.*

1   (...) sa solitude introublée au fond du salon, où tout le monde l'avait laissé fort tranquille (...) lui montrait assez les abîmes séparateurs qu'aucune considération n'aurait pu le déterminer à franchir, pour descendre confraternellement jusqu'à ces asticots de l'intelligence.   Léon BLOY, le Désespéré, p. 208.

2   Le chimiste dut s'obstiner, faute de moyen plus pratique. Toute secousse séparatrice fût en effet demeurée impuissante.
     Raymond ROUSSEL, Impressions d'Afrique, p. 70.

♦ **2.** N. m. **ⓐ** (1859, cit.). Appareil destiné à séparer les composants d'un mélange. *Séparateur d'eau, d'huile. Séparateur par centrifugation.* ⇒ **Centrifugeur.** — *Séparateur aspirateur* (utilisé en meunerie). — *Séparateur d'isotopes :* spectromètre de masse utilisé pour séparer des corps isotopes.

3   Il faut, de toute nécessité, en arriver à l'adoption des *séparateurs.* Comme leur nom l'indique, ces appareils sont destinés à opérer, au sein des fosses, la séparation des solides et des liquides.
     L. FIGUIER, l'Année scientifique et industrielle 1860, p. 328 (1859).

ⓑ Appareil (dépoussiéreur, épurateur, filtre) permettant d'isoler certains éléments. — Cloison isolante entre les plaques d'un accumulateur. — *Séparateur thermique,* capable de séparer, de prélever dans un débit gazeux le gaz comprimé (plus chaud que le gaz détendu).

Chir. dent. Instrument servant à écarter une dent de sa voisine. *Le séparateur facilite l'obturation de la face mésiale ou distale de la dent.*

ⓒ Régional (Canada). Sur une voie de communication, Dispositif longitudinal destiné à séparer deux courants de circulation automobile. Adj. *Îlot séparateur.*

ⓓ Inform. Symbole d'un langage de programmation servant à la délimitation des unités syntaxiques.

SÉPARATIF, IVE [separatif, iv] adj. — 1800; déb. XVIIᵉ «qui opère une séparation» (à propos du feu); du bas lat. *separativus* «disjonctif», de *separatio,* de *separare.* → Séparer.

♦ Qui établit, constitue une séparation. ⇒ **Séparer.** *Mur séparatif, ligne séparative* (démarcation, frontière, etc.). — Gramm. *Particule séparative* ou *privative* (ex. : *a-, in-*).

SÉPARATION [separasjɔ̃] n. f. — 1314; lat. *separatio,* du supin de *separare.* → Séparer.

♦ **1.** Le fait de séparer (une chose en plusieurs parties, des choses, des personnes), de se séparer, d'être séparé. ⇒ **Décollement, démembrement, désagrégation, désunion, disjonction, dislocation, dispersion, rupture** (1.); et aussi le préf. **Di-** ou **dis-**. *Séparation des éléments d'un mélange. Séparation des isotopes par diffusion* (gazeuse, thermique, à travers une membrane), *centrifugation, distillation, électrolyse,* etc. — *Facteur de séparation :* rapport des valeurs de la richesse relative à l'isotope à séparer. *Coefficient de séparation. Un commencement de séparation* (→ Dilatation, cit. 1). — *La séparation du bon grain de l'ivraie, d'avec l'ivraie.*

1   *(La justice s'exerce)* comme la justice du Jugement Dernier, comme la séparation du bon et du méchant.
     GIRAUDOUX, De pleins pouvoirs à sans pouvoirs, I, p. 19.

Spécialt. *La séparation d'une province, d'une colonie* (⇒ **Indépendance, scission, sécession, séparatisme**), *d'une secte* (⇒ **Dissidence, schisme**). — Dr.; admin. *Séparation des attributions, des compétences*...* ⇒ **Distinction.** *Séparation d'une partie d'un compte...* ⇒ **Distraction.** *Séparation des autorités administratives et judiciaires.* — (1791). *Séparation des fonctions, des pouvoirs** (2. Pouvoir, *supra* cit. 16) : principe constitutionnel selon lequel les fonctions de l'État (législative, exécutive, judiciaire) doivent être exercées par des organes distincts jouissant d'une certaine indépendance (→ Garan-

tie, cit. 6). — (1878). *Séparation des Églises et de l'État,* principe d'après lequel les organisations religieuses (Églises, etc.) sont considérées comme des groupements de droit privé (→ Lettre, cit. 30; radical, cit. 3). — (1804). Dr. privé. *Séparation des patrimoines :* priorité accordée aux créanciers d'une succession sur les créanciers des héritiers. — Littér. *Le principe de la séparation des genres dans la littérature classique.*

Math. *Séparation des variables.*

Techn. Qualité de deux signaux stéréophoniques répartis dans leurs deux canaux.

Par ext. Le fait de se distinguer, d'être différent (⇒ **Différence**) et de ne pas avoir de relations.

2   (...) la séparation des classes, qui est plus prononcée en Allemagne que partout ailleurs, parce que la société n'en adoucit pas les nuances, nuit à quelques égards à l'esprit proprement dit.   Mᵐᵉ DE STAËL, De l'Allemagne, I, II.

♦ **2.** (Mil. XVIᵉ; «brouille», XIVᵉ). Personnes. Le fait de se séparer, de se quitter* (⇒ **Partir**) ou de cesser d'être ensemble, d'avoir des relations*. *La séparation d'une personne et d'une autre, d'une personne d'avec une autre. Sa séparation de sa femme, d'avec sa femme. La séparation de deux amants.* ⇒ **Rupture.** *Le déchirement* (cit. 3) *d'une première séparation. Après six ans de séparation...* (→ Irréconciliable, cit. 5). — *La minute* (→ Endiguer, cit. 3), *le moment de la séparation...* (→ Pathétique, cit. 6). — *La séparation dernière :* la mort. ⇒ **Perdre, perte** (→ 1. Mère, cit. 10).

3   Ma séparation d'avec Albertine, le jour où Françoise m'avait dit : « Mademoiselle Albertine est partie», était comme une allégorie bien affaiblie de tant d'autres séparations. Car bien souvent, pour que nous découvrions que nous sommes amoureux, peut-être même pour que nous le devenions, il faut qu'arrive le jour de la séparation.   PROUST, la Fugitive, Pl., t. III, p. 506.

4   C'était comme au moment d'une séparation, quand on s'embrasse très fort et qu'on sait parfaitement bien qu'on ne se verra plus jamais.
     G. DUHAMEL, Chronique des Pasquier, III, XI.

Par ext. Le fait de ne pas être ensemble, de ne pas être unis. ⇒ **Éloignement, exil.** *Séparation totale* (→ Compréhensible, cit. 1).

5   Cette séparation dans l'union, cette réciprocité de liberté dans le ménage, cette tolérance absolue n'est pas un trait du mariage, elle en est le caractère. Il n'y a plus guère de ménage sans coadjuteur.
     Ed. et J. DE GONCOURT, la Femme au XVIIIᵉ siècle, t. I, p. 242.

Dr. *Séparation de fait* (ou *séparation amiable*) : état de deux époux qui ont convenu de vivre séparément. — Loc. (1636). *Séparation de corps,* résultant d'un jugement rendu à la demande des époux (comme le jugement de divorce*; Code civil, art. 306) et qui entraîne une atténuation des effets du mariage* (→ Communauté, cit. 5; divorce, cit. 3; honte, cit. 12).

(1636). *Séparation de biens :* «régime matrimonial* dans lequel chacun des époux conserve la propriété de ses biens personnels (...), à charge de contribuer aux dépenses du ménage» (Capitant). *Séparation de biens conventionnelle* (stipulée dans le contrat* de mariage), *judiciaire* (résultant d'un jugement).

(1845). *Séparation de dettes,* stipulée par une convention entre époux (sous le régime de la communauté).

♦ **3.** (1549). Ce qui empêche un objet, un lieu, etc., d'être réuni à un autre, de former un tout avec lui. Objet ou espace qui sépare. *Séparation entre deux surfaces, deux zones, deux pays.* ⇒ **Borne**(s), **démarcation, frontière.** *Barrière, haie, mur servant de séparation* (→ Héberge, cit.). *Faire la séparation d'une pièce avec une autre* (→ Balustre, cit. 3). *Former séparation.* — *Surface, ligne de séparation* (→ Optique, cit. 2; pâte, cit. 10). ⇒ aussi **Solution** (de continuité). — Par ext. Cloison. *Établir une séparation amovible entre deux pièces.*

♦ **4.** Fig. Différenciation, distinction. ⇒ **Discrimination, cloison** (fig.), **coupure, fossé** (fig.), **limite, mur** (fig.). *Établir une séparation entre les plaisirs* (cit. 21) *sensoriels et les plaisirs spirituels* (→ aussi 1. Logique, cit. 6). *Tirer une ligne de séparation entre le règne* (cit. 1) *animal et végétal. L'analyse* établit des séparations.*

6   S'il fallait pousser un peu plus loin dans l'analyse, l'on ajouterait ici que la séparation commune entre le signe et la chose, le mot et l'idée, relève de la méthode de connaissance la plus simple, mais aussi la plus savante, qui soit à notre portée (.).
     J. PAULHAN, les Fleurs de Tarbes, p. 72.

CONTR. Addition, agglomération, agglutination, assemblage, conjonction, connexion, fusion, incorporation, jonction, mélange, raccordement, réunion, union; contact, contiguïté; adhésion, alliance, annexion, association, assimilation; hymen, mariage; cumul. — Approche, retrouvailles; conciliation, confrontation, joint, lien, raccord; continuité; correspondance, identité, ressemblance, similitude.

SÉPARATISME [separatism] n. m. — 1721, relig.; 1860, polit.; de *séparatiste.*

♦ Tendance à la sécession; mouvement séparatiste.

Ce qui se passe en ce moment dans la Ruhr, l'empressement des industriels allemands à chercher des arrangements avec nous (...) cette situation éveille à Berlin et à Londres des sentiments curieux. À Berlin, c'est l'inquiétude. On semble y redouter le particularisme des gens d'affaires autant sinon plus que le séparatisme rhénan.   J. BAINVILLE, l'Allemagne, t. II, p. 100.

SÉPARATISTE [separatist] n. et adj. — 1650, en parlant d'une secte anglaise; 1845, polit., adj.; XVIIIᵉ, «francophile, à l'étranger»; angl. *separatist,* de *to separate.* → Séparer.

♦ **1.** Relig. (vx). Membre d'une communauté dissidente d'une Église ; partisan d'une séparation par rapport à l'Église à laquelle il appartient.

Les *séparatistes* d'Écosse forment une secte qui eut pour premier chef Robert Brown, sous Édouard IV et Élisabeth, et dont le principal caractère est de s'être séparé de l'Église d'Angleterre.
    Pierre LAROUSSE, Grand Dictionnaire universel, art. *Séparatiste* (1875).

♦ **2.** (1871, à propos des États-Unis). Personne qui demande, qui cherche ou qui fait une séparation politique, l'autonomie* par rapport à un État, une fédération. ⇒ **Autonomiste, dissident, sécessionniste.** *Les séparatistes du Sud* (sudistes) *aux États-Unis, les séparatistes irlandais.*

♦ **3.** Adj. (1845). Favorable à une séparation (religieuse ou politique). *Une province séparatiste.* ⇒ **Sécessionniste ; autonomiste.** — De séparation. *Mouvement séparatiste.*

DÉR. Séparatisme.

SÉPARÉMENT [sepaʀemɑ̃] adv. — 1370, *separeement ;* du p. p. adj. *séparé.* → Séparer.

♦ En séparant, en étant séparé(s). ⇒ **Part** (à). *Dépenses faites conjointement ou séparément* (→ Avarie, cit. 2). *Faire juger une demande séparément* (→ Disjonction, cit.). *Aucune partie détachée de l'organisme ne peut vivre séparément* (→ Individu, cit. 6). *Plats qui cuisent séparément* (→ Oille, cit.). *Livres qui peuvent se lire séparément* (→ Épauler, cit.), *séparément l'un de l'autre.* — *Considérer séparément* (→ aussi Mésestimer, cit. 2). *Traiter séparément la politique* (2. Politique, cit. 10) *et la morale. Mener séparément deux affaires.*

CONTR. Bloc (en), **conjointement, ensemble, front** (de), **simultanément.**

SÉPARER [sepaʀe] v. tr. — 1314 ; lat. *separare.* → Sevrer.

★ **I.** Faire cesser d'être ensemble ou de former un tout. — REM. Au sens concret, *séparer* est très général : il est moins usité que les verbes qui ont une acception plus précise. ⇒ **Casser, couper, décoller, démembrer, dénouer, désunir, détacher, disjoindre, écarter, espacer, fendre, fragmenter, morceler, rompre** (I.), **scier, sectionner, trancher.** *Séparer une chose d'une autre, d'avec une autre* (⇒ **Isoler**), *d'un ensemble, d'un tout* (⇒ **Distraire, enlever, ôter**). *Séparer deux pièces liées d'une machine* (déclencher, décliquer). *Ouvrir* en séparant (disjoindre, entrouvrir). *Séparer les éléments d'une collection.* ⇒ **Dépareiller, disperser.** — Fig. *La mort sépare l'âme du corps.* — Par ext. *Séparer une armée de ses arrières.* ⇒ **Couper.**

♦ **1.** Mettre à part (les éléments différents d'un tout hétérogène). ⇒ **Analyser, cribler, débrouiller, démêler, dissocier, trier.** *L'expérimentateur sépare successivement chacun de ces corps* (→ Différenciation, cit. 2). *Séparer selon la classe, la catégorie...* ⇒ **Classer, ranger.** *Séparer une substance d'un composé* (⇒ **Extraire**), *un corps de ses impuretés* (⇒ **Épurer, monder**). *Séparer par centrifugation* (centrifuger), *distillation* (distiller), *diffusion, etc. Séparer et extraire les gaz de la houille.*

Par métaphore. *« Comme un crible, la Révolution sépare des intérêts d'abord confondus »* (→ Animer, cit. 46). — *Séparer la paille* (cit. 7) *et le grain* (cit. 7), *le bon grain de l'ivraie. Dieu sépara la lumière des ténèbres* (→ Jour, cit. 1). — *« Il séparera les uns d'avec les autres »* (Évangile ; → 2. Droit, cit. 9). — *Séparer les personnes d'origine, de races différentes* (⇒ **Ségrégation**).

♦ **2.** (Compl. au pluriel). Faire cesser d'être ensemble (des personnes, des animaux, et, par ext., des choses mobiles). *Séparer des choses par la force.* ⇒ **Arracher.** *Séparer des amants, des amoureux* (→ Enlever, cit. 25). *Séparer deux cœurs* (⇒ Assembler, cit. 19). *La mort les a séparés.* — *Séparer deux animaux qui formaient un couple.* ⇒ **Déparier, désaccoupler.**

Dr. *Séparer juridiquement deux époux :* prononcer la séparation*. ⇒ **Démarier** (1.) ; **séparation.** *Séparer une femme de son mari, un mari de sa femme.*

1 (...) je vous prie de me séparer d'un mari avec lequel je ne saurais plus vivre.
    MOLIÈRE, George Dandin, III, 7.

2 Le Christ a dit qu'il était venu pour séparer l'époux de la femme, la mère de ses enfants, le frère de la sœur, l'ami de l'ami ; et sa prédiction ne s'est que trop fidèlement accomplie.
    DIDEROT, Entretien d'un philosophe avec la maréchale de***.

(1559). Spécialt. Empêcher (deux personnes) de se battre en s'interposant. *Séparer deux combattants,* interrompre leur combat, les empêcher de se battre (→ Canaille, cit. 5). *Séparer deux boxeurs, en brisant le corps-à-corps.*

3 (...) une altercation s'est produite entre Sir David Osborne et M. Biggar. Le premier a giflé le second, qui a répondu par un coup de poing. Les huissiers les ont séparés.
    Pierre BENOIT, Mlle de la Ferté, III.

Par ext. *Séparer les vaisseaux d'une flotte, les voitures d'un convoi.*

♦ **3.** (1552). Compl. n. de personne. Fig. Empêcher les liens, les rapports affectifs, moraux entre... *Séparer deux amis.* ⇒ **Brouiller, creuser** (un abîme, un fossé*), **désunir** (cit. 6), **éloigner.** — (Sujet n. de chose). *La haine, l'inimitié*, la mésintelligence qui les sépare*

(→ Incompatibilité, cit. 2 et 4). *L'hostilité qui sépare l'oppresseur* (cit. 5) *de l'opprimé. « Le sang les avait joints, l'intérêt les sépare »* (→ Autant, cit. 3).

Par ext. *Séparer un pays de ses alliés.* ⇒ **Détacher.** — *Leurs passions les séparent de Dieu* (→ Église, cit. 3). *Séparer l'homme de lui-même* (→ Évangile, cit. 3).

♦ **4.** (1629). Abstrait. Considérer comme étant à part, comme ne devant pas être confondues (deux qualités ou notions). ⇒ **Classer, dégager** (*infra* cit. 17), **départ** (faire le), **départager, départir, différencier, discerner, discriminer, distinguer, isoler, scinder.** *Séparer une chose d'une autre* (→ Brillant, cit. 33 ; idéologue, cit. 1 ; persuasion, cit. 1). *Deux vérités qu'il ne faut jamais séparer* (→ 1. Peuple, cit. 12). *Il ne faut pas séparer la théorie et la pratique.* Absolt. *Opération de l'esprit qui sépare, isole.* ⇒ **Abstraction, analyse.** Percevoir à part, isolément. ⇒ **Pouvoir** (séparateur).

On admet en général que l'on peut séparer deux points de l'objet si la distance des centres des taches de diffraction qu'ils produisent dans le plan image est égale à la distance du centre de l'une de ces taches à la frange circulaire obscure la plus voisine (...)   L. DE BROGLIE, Physique et Microphysique, p. 104.   4

★ **II.** ♦ **1.** Rare. (Construit avec *en*). Diviser (un tout, un ensemble) en plusieurs parties. ⇒ **Décomposer, dissoudre.** — Phys. *Séparer la lumière en ses longueurs d'onde* (→ Nacre, cit. 1). — *Séparer l'armée ennemie en plusieurs tronçons.* ⇒ **Désagréger.** Vx (sans compl. second). *Séparer des troupes,* les dissoudre, les renvoyer (cf. Mme de Sévigné, *in* Littré). *Séparer une assemblée.* — Fig. *Séparer une société en parties hostiles.* ⇒ **Partager** (*infra* cit. 14).

♦ **2.** Couper, diviser ou isoler (dans l'espace) par une séparation (3). *Séparer une pièce en deux par une cloison.* ⇒ **Cloisonner.** Disposer en divisant. *Séparer sa chevelure, ses cheveux par une raie.*

★ **III.** ♦ **1.** (1690). Sujet n. de chose. Constituer une séparation (3) ; être placé, disposé entre* des choses, des personnes, de manière à les empêcher d'être ensemble, réunies. ⇒ **Diviser, interposer** (s'), **obstacle** (former). *Une épée* (cit. 8) *séparait leurs corps. La cloison qui nous séparait* (→ Latte, cit. 1). — *Le rideau sépare la scène de la salle. Des haies séparaient les allées* (→ Pépinière, cit. 1). *Frontière* (cit. 3) *qui sépare deux pays.* ⇒ aussi **Démarcation.** — Absolt. *Les montagnes séparent, mais les fleuves réunissent* (cit. 3) plutôt.

J'ai couru les deux mers que sépare Corinthe (...)   RACINE, Phèdre, I, 1.   5
Le mur des Pyrénées nous sépare de l'Espagne, plus que la mer ne la sépare elle-même de l'Afrique.   MICHELET, Hist. de France, III.   6

Par métaphore. *« Que nos rideaux fermés nous séparent du monde »* (→ Lassitude, cit. 4). — Fig. *Cloisons* (cit. 5) *qui séparaient les castes.*

Le sujet désigne un espace (cit. 12), une distance. *Le court intervalle* (cit. 4) *qui le séparait d'eux. Le chemin qui sépare ces deux villes* (→ Hygiène, cit. 7). *Étoiles que séparent des abîmes* (→ Proche, cit. 6). Fig. *La distance* (cit. 12) *qui nous sépare d'autrui.*

Le sujet désigne le temps. *Cette humanité* (cit. 12) *dont nous sommes séparés par une trentaine de siècles. Les moments qui séparent d'un événement* (→ Attente, cit. 9).

♦ **2.** (Fin XVIIe). Abstrait. Constituer une différence. *Caractère qui sépare une espèce. Les différences qui séparent l'homme naturel* (cit. 7) *de l'homme civilisé.* ⇒ **Opposer.**

▶ **SE SÉPARER** v. pron. (Fin XIVe).

♦ **1.** Cesser d'être avec, de former un tout avec... *L'écorce de cet arbre s'est séparée du bois.* — (En parlant des personnes). *Se séparer de qqn,* le quitter*. ⇒ **Partir.** Récipr. *Nous nous séparâmes avec force* (cit. 77) *poignées de main.* — (1636). Par ext. Cesser d'employer (⇒ **Chasser, remercier**), de vivre avec... ⇒ **Abandonner, dégager** (se), **déprendre** (se), **quitter** (III., 3). *Se séparer d'un employé. Se séparer de son conjoint.* ⇒ **Divorcer** (cit. 4). — Récipr. *Amants, époux qui se séparent.* ⇒ **Casser, rompre ;** → Car, cit. 3, Racine ; employer, cit. 8. *Il s'est séparé d'elle.*

Nous séparer ! Qui ? Moi ? Titus de Bérénice !   RACINE, Bérénice, III, 3.   7
On apprit dans Paris, quelques jours plus tard, que le baron et la baronne d'Étraille s'étaient séparés à l'amiable pour incompatibilité d'humeur.
    MAUPASSANT, les Sœurs Rondoli, « Rencontre ».   8

Fig. Cesser d'être d'accord avec, d'être solidaire. ⇒ **Désolidariser** (se).

(1798). Vén. Quitter la harde. *Le cerf cherche à se séparer, à se séparer de sa voie.*

♦ **2.** Laisser, ne plus garder (une chose) avec soi. *Il ne se sépare jamais de son plan de Paris* (→ Exploration, cit. 5). *Se séparer de son or* (1. Or, cit. 15).

♦ **3.** Être distinct de... ⇒ **Distinguer** (se). *Secte qui se sépare nettement d'une autre.* — (Récipr.). *Les philosophes se séparent en différentes sectes* (→ Erreur, cit. 31 ; et aussi famille, cit. 30).

♦ **4.** (Au sens II. de *séparer*). Se diviser en plusieurs éléments. *Se séparer en deux.* ⇒ **Dédoubler** (se). — (V. 1398). *Chemin, branche, rivière qui se sépare en deux.* ⇒ **Fourcher** (I. ; vx).

(Déb. XVIIe). Cesser d'être réuni, d'être constitué en corps. *Cortège qui se sépare.* ⇒ **Disloquer** (se). *Assemblée qui se sépare,* cesse ses travaux (→ Inamovible, cit. 1).

▶ **SÉPARÉ, ÉE** p. p. adj.

♦ **1.** (1314). Mis à part; disjoint*, détaché d'un tout ou écarté* de ce qui était avec. ⇒ **Éloigné, isolé.** *Tête séparée du corps.* ⇒ **Coupé.**

♦ **2.** (XVIIe). Personnes. *Amants* (cit. 13) *séparés* (→ Hagard, cit. 4). *Nous ne pouvions vivre un instant séparés* (→ Attachement, cit. 17). *Chez nous, musulmans, hommes et femmes vivent séparés* (→ Harem, cit. 3). *Les citoyens ne sauraient vivre toujours seuls et séparés* (→ Anachorète, cit. 1). ⇒ **Épars.** — Spécialt. *Époux séparés (de corps, de biens...).* ⇒ **Séparation.**

9 — (...) D'ailleurs, l'homme qui épouse est-il tenu de rembourser?
— Oui; nous nous marions séparés de biens.
— Et nous de corps, dès que mariage n'est pas quittance.
BEAUMARCHAIS, le Mariage de Figaro, III, 15.

10 Jacques, est-ce que nous n'avons pas été séparés encore assez longtemps? est-ce que nous tolérons encore cet obstacle entre nous? Est-ce qu'il faut que la mort encore nous sépare? CLAUDEL, l'Annonce faite à Marie, IV, III.

Par ext. *Séparé du monde, des autres hommes* (→ aussi Abstrait, supra cit. 8).

11 (...) séparés des autres hommes, mais en même temps séparés entre eux : le maître, son neveu, Barthélemy, Joseph (...) C.-F. RAMUZ, la Grande Peur..., XII.

♦ **3.** (Abstrait). Distinct. *Problèmes, domaines, séparés.* ⇒ **Indépendant.** *Chaque cas séparé* (→ 1. Général, cit. 8). Absolt. *Choses sacrées, c'est-à-dire séparées* (→ Religion, cit. 18).

12 Je crois qu'il n'y a pas là deux mondes séparés, le spirituel et le matériel, et qu'il est vain de les opposer. Ce sont deux aspects d'un même et unique univers (...) GIDE, Journal, 15 mai 1949.

13 Elle découvrait que la vie conjugale forme un ordre séparé, et que les mérites ou les preuves qu'elle contient ne valent qu'entre ses limites. J. ROMAINS, les Hommes de bonne volonté, t. V, I, p. 8.

♦ **4.** Qui est à part, éloigné ou isolé par une séparation, un espace... *Villa séparée de la rue par une grille* (cit. 11). *Lits* (cit. 19) *séparés par une ruelle. Pays séparés par une ligne* de démarcation, *une frontière.* — (Dans le temps). *Événements séparés par une longue période.*

14 (...) une époque encore bien rapprochée de la nôtre, mais qui en semble séparée par un gouffre de deux mille ans, tant elle est différente. Th. GAUTIER, les Grotesques, III, p. 83.

Table séparée, dans un restaurant. ⇒ **Particulier.** — Sc. *Composé d'éléments séparés.* ⇒ **Discret** (II.); **discontinu.**

♦ **5.** Perçu en lui-même comme distinct. *Sons séparés* (→ Bruit, cit. 18). *Points lumineux séparés.*

CONTR. Adapter, agglomérer, agglutiner, appliquer, assembler, attacher, coller, conglutiner, connecter, cramponner, entrelacer, grouper, incorporer, lier; approcher, raccorder, rapprocher, rejoindre, réunir. — Annexer. — Mélanger, mêler. — Allier, assembler, associer, attacher, coaliser, réunir, unir. — Assimiler, bloquer (1.), combiner, concilier, confondre, confronter, consolider (dr.), constituer, cumuler, englober, mêler. — (Du pron.) Accointer (s'), rencontrer (se). — Adhérer, fusionner. — (Du p. p.) Adhérent, conjoint; connexe, lié; continu.

SÉPHIROT [sefiʀɔt] n. m. pl. — 1871, Littré; mot hébreu, pluriel de *sephira* «grandeur, splendeur».

♦ Didact. (relig. judaïque). Perfections de l'essence divine, au nombre de dix.

SÉPIA [sepja] n. f. — 1804; ital. *seppia,* du lat. *sepia,* nom scientifique de la seiche*.

♦ **1.** (1835; 1791, *seppie*). ⇒ **Seiche.**

1 (...) la Providence n'a oublié personne : si elle a donné à la sépia (poisson de l'Adriatique) cette couleur noire qui lui sert à produire un nuage au sein duquel elle se dérobe à son ennemi (...) BALZAC, Physiologie du mariage, Pl., t. X, p. 720.

♦ **2.** Liquide noirâtre sécrété par certains mollusques céphalopodes (seiche...).

♦ **3.** (1804). Matière colorante d'un brun profond (d'abord extraite du mollusque) servant à exécuter des lavis, à rehausser des dessins (cit. 1). *Bâton, crayon de sépia.*

1.1 (...) on écrit avec des roseaux et une sorte de sépia qui peut s'effacer facilement. E. DELACROIX, Journal 1823-1850, 28 avr. 1832, t. I, p. 183.

♦ **4.** (1838). Dessin, lavis exécuté avec cette matière (→ Laver, cit. 8). *Une sépia de l'époque baroque.*

2 Ces égouts débordent la ville jusqu'à des profondeurs bibliques, comme Jean Valjean dépasse l'homme, mais le peut. Ce qui, dans *Les Misérables* échappe aux sépias fantastiques de Hugo, vient du Balzac qu'aurait dû illustrer Daumier (...) MALRAUX, l'Homme précaire et la Littérature, p. 112.

SÉPIOLE [sepjɔl] n. f. — 1812; lat. *sepiola,* dimin. de *sepia* «seiche».

♦ Zool. Mollusque céphalopode comestible, de forme arrondie, voisin de la seiche (appelé aussi *souchot*).

SÉPIOLITE [sepjɔlit] n. f. — Déb. XXe, *Nouveau Larousse illustré;* de l'all. *Sepiolith* (1847); du grec *sêpion* «os de seiche» (→ Sépia), et *-lithe.*

♦ Didact., minér. Silicate hydraté naturel de magnésium (syn. : *écume de mer, pierre de savon*). ⇒ **Magnésite** (2.). — L'orthographe étymologique serait *sépiolithe.*

SÉPION [sepjɔ̃] n. m. — XXe (*in* Larousse, 1933); dér. sav. du lat. *sepia* «seiche». → Sépia.

♦ Zool. Coquille dorsale des mollusques céphalopodes; «os» de la seiche.

SEPPUKU ou **SEPUKU** [sepuku] n. m. — Attesté mil. XXe; mot japonais.

♦ Didact. Suicide rituel, au Japon. *L'honorable seppuku* ⇒ **Harakiri.** — REM. Les spécialistes préfèrent ce mot, normal en japonais, alors que *hara-kiri,* forme archaïque d'origine chinoise, est un vulgarisme.

SEPS [sɛps] n. m. — 1562; lat. *seps, sepis;* grec *sêps.*

♦ Zool. Reptile saurien aux membres très courts. *Le seps est insectivore et vivipare.*

-SEPSIE, -SEPTIQUE Élément de mots savants, tiré du grec *sêpsis* «putréfaction», et *sêptikos,* du grec *sêpein* «pourrir». ⇒ **Antiseptique, asepsie, aseptique.** → aussi Septicémie, septique.

SEPT [sɛt] adj. numéral — XIIe; v. 1050, *set;* v. 980, *sep;* du lat. *septem.*

♦ **1.** Adj. numéral cardinal. Six plus un (en chiffres : 7, VII). ⇒ préf. **Hepta-** (→ aussi ci-dessous les dér. et comp.). *Les sept jours de la semaine*. Les sept collines de Rome. Les sept sages de la Grèce* (→ Aucun, cit. 31). *Les sept merveilles du monde* (→ Mausolée, cit. 1). *Les sept couleurs du prisme, de l'arc-en-ciel* (→ aussi Magicien, cit. 8; perle, cit. 5). *Les sept planètes** (anciennt), *les sept étoiles de la Pléiade* (cit. 2). *Les sept arts libéraux du moyen âge. Les sept notes de la gamme. Lyre* (cit. 2) *à sept cordes. Bottes* (2. Botte, cit. 1) *de sept lieues.* — (Dans la tradition et la liturgie des juifs et des chrétiens). *Les sept vaches* grasses et les sept vaches maigres* (→ Abondance, cit. 10). *Le chandelier** (cit. 2) *à sept branches.* — *Les sept péchés capitaux* (→ Gourmand, cit. 2). *Les sept sacrements. Les sept psaumes de la pénitence. Les sept paroles du Christ* (prononcées sur la croix). *Notre-Dame des Sept-Douleurs. Filles oblates des Sept-Douleurs.* — Littér. *Les Sept contre Thèbes,* tragédie d'Eschyle. — Hist. *Guerre de Sept ans* (1756-1763).

1 Sept princes, Wurtemberg et Mecklembourg, Nassau,
Saxe, Bade, Bavière et Prusse, affreux réseau.
Ils dressent dans la nuit leurs tentes sépulcrales.
Les cercles de l'enfer sont là, mornes spirales;
Haine, hiver, guerre, deuil, peste, famine, ennui.
Paris a les sept nœuds des ténèbres sur lui.
Paris devant son mur a sept chefs comme Thèbe *(sic)*
HUGO, l'Année terrible, «Octobre», III.

En combinaison avec un autre numéral. *Vingt-sept ans* (→ Pédagogique, cit. 1). *Sept cents gardes nationaux* (→ Ramasser, cit. 5). *Mille sept cents francs.*

♦ **2.** Adj. numéral ordinal. Septième*. *Charles sept* (écrit ordinairement *Charles VII*). *Le pape Pie VII. Le sept août. Sept heures* (cit. 40) *du matin. Chapitre sept.*

Loc. (vx). *Numéro sept :* crochet de chiffonnier.

♦ **3.** N. m. invar. (1690). Le nombre sept. *Caractère sacré du nombre sept. Trois et quatre font sept.* Spécialt. Le chiffre ou le numéro sept. *Confondre un quatre avec un sept.* — (1664, pour un dé). Jeu. Carte qui présente sept marques. *Le sept de carreau, carte principale au lindor*, au nain* jaune. Amener un sept. Brelan de sept.* — *Le septième jour du mois où l'on est ou dont on parle. Il est arrivé le sept. Son chèque est daté du sept.* — L'immeuble qui porte le numéro *sept* dans une rue, une avenue, etc., la chambre qui porte le même numéro.

2 Dieu a imprimé partout dans l'univers le caractère sacré du nombre sept, dit Joachites. Dans le *ciel étoilé,* tout a été fait par sept. Toute la mysticité ancienne est pleine du nombre sept : c'est le plus mystérieux des nombres apocalyptiques, des nombres du culte Mithriaque et des mystères d'initiation.
É. DE SENANCOUR, Oberman, XLVII.

Un sept soixante cinq : un pistolet d'un calibre de 7,65 mm.

COMP. et DÉR. (Mots formés directement sur *sept* ou apparentés au lat. *septem*) Dix-sept. Cf. Septain, septante, septembre, septemvir, septénaire, septennal, septentrion, sept-huitième, septidi, septième, septillion, septime, septimo, septuagénaire, septuagésime, septuor, septuple.
HOM. Cet, cette, set.

SEPTAIN [sɛptɛ̃] n. m. — 1521 ; v. 1160, *setain* «septième» ; 1317, n. m. «groupe de sept» ; de *sept*.

Didactique.

♦ **1.** (Déb. XIVᵉ, *septer*). Dr. anc. Redevance sur le sel.

♦ **2.** Poème ou strophe de sept vers (sur trois ou, plus rarement, deux rimes).

♦ **3.** (1836). Corde faite de sept torons.

SEPTAL, ALE, AUX [sɛptal, o] adj. — Mil. XXᵉ ; du lat. *septum* «cloison, paroi» ; cf. le *Sept transversal,* le diaphragme, 1605. → Septum.

♦ Didact. (bot.). Relatif aux cloisons de l'ovaire.

SEPTANTE [sɛptɑ̃t] adj. numéral cardinal. — V. 1265 ; réfection, d'après le lat., de *setante* (v. 1120), issu du lat. pop. **septanta,* class. *septuaginta.*

♦ **1.** Vx ou dialectal (Belgique, Suisse romande, encore vivant dans une partie de l'Est de la France, depuis la Belgique jusqu'à la Provence). Soixante-dix (→ Espérance, cit. 25). *Vous me devez septante-trois francs. Ça s'est passé en mil neuf cent septante-sept.* — REM. En Belgique comme en Suisse, le mot est absolument usuel, *soixante-dix* étant marqué comme français de France. → Nonante.

1 (...) voilà vingt ans qu'on laisse perdre ainsi de la belle herbe, de quoi nourrir septante bêtes tout l'été (...)   C.-F. RAMUZ, la Grande Peur..., .

N. f. *Être sur ses septante,* ses soixante-dix ans.

1.1 C'est la vieille Barbe qui, sur ses septante comme elle est, en est encore à hurler de toute la force de son ventre pour crier que son homme va se pendre.
    J. GIONO, Solitude de la pitié, «Jofroi de la Maussan», Pl., t. I, p. 497.

♦ **2.** N. m. pl. (1647). Relig. *Les Septante :* les soixante-dix (ou soixante-douze) traducteurs de la Bible. *La traduction, la version des Septante,* ou, ellipt, *la Septante,* n. f.

2 De ces traductions *(de la Bible en grec)* la plus réputée vit le jour à Alexandrie (...) La légende rapportait sa rédaction au temps de Ptolémée Philadelphe (285-246). Ce monarque aurait demandé au Grand-Prêtre de Jérusalem soixante-douze jours (...) En réalité, il s'agissait d'un travail de longue haleine, commencé vraisemblablement au milieu du IIIᵉ siècle et terminé dans le dernier tiers du IIᵉ siècle avant Jésus-Christ ; peut-être même un peu plus tard. C'est là ce qu'on nomme *la Septante,* en souvenir des soixante-dix ou soixante-douze traducteurs, dont nous venons de parler.   Ch. GUIGNEBERT, le Monde juif..., p. 288.

DÉR. Septantième.

SEPTANTIÈME [sɛptɑ̃tjɛm] adj. numéral ordinal. — 1538 ; *septantiesme,* 1530 ; de *septante.*

♦ Vx ou régional (Belgique, Suisse romande). Soixante-dixième.

SEPTE [sɛpt] n. m. — XXᵉ (*in* Larousse, 1933) ; lat. *sæptus* «fermé, clos». → Septal.

♦ Didact. (zool.). Lame calcaire de certains polypiers (Tétracoralliaires). ⇒ **Septum.**

SEPTEMBRAL, ALE, AUX [sɛptɑ̃bral, o] adj. — 1534, *purée septembrale* «vin», Rabelais ; de *septembre.*

♦ (1871). Rare. De septembre. — Par plais. *Purée septembrale :* le vin. ⇒ **Purée.**

SEPTEMBRE [sɛptɑ̃br] n. m. — XIIIᵉ ; réfection, d'après le lat., de *setembre* (v. 1155) ; issu du lat. *september,* ce mois étant le septième de l'année romaine, qui commençait en mars.

♦ Neuvième mois de l'année actuelle (⇒ **Fructidor,** et **Vendémiaire,** dans le calendrier républicain). *Le mois de septembre a trente jours. Septembre, mois des vendanges.* — Fam. *Purée** (2.) *de septembre.* ⇒ **Septembral.**

C'est une matinée de la seconde quinzaine de septembre (...) Le ciel est moins haut qu'en août, et les rayons du soleil, les soirs, restent longtemps étendus sur les prairies avant de s'évanouir.
    Valery LARBAUD, Enfantines, «Le couperet», VIII.

Hist. *Massacres de septembre :* massacre des prisonniers dans les prisons parisiennes par certains éléments révolutionnaires fanatiques (du 2 au 5 septembre 1792). ⇒ **Septembrisades, septembriser, septembriseur** (→ Gaudriole, cit. 2). — *22 septembre 1792 :* proclamation de la République et début de l'an I de la République. — *Lois de septembre* (1835) : lois d'exceptions votées après l'attentat de Fieschi. — *4 septembre 1870 :* date de la déchéance de Napoléon III et de la proclamation de la Troisième République. *La rue du Quatre-Septembre, à Paris.*

DÉR. Septembral, septembriser, septembriste.

SEPTEMBRISADES [sɛptɑ̃brizad] n. f. pl. — 1798 ; de *septembriser.*

♦ Hist. Massacres de septembre*. — Par plais. (en parlant d'un massacre de gibier) → Coquin, cit. 11, A. Daudet.

SEPTEMBRISER [sɛptɑ̃brize] v. tr. — 1793 ; de (massacres de) *septembre.*

♦ Hist. (langue des révolutionnaires de 1793). Exécuter sommairement et en masse (comme pendant les massacres de septembre*). — Par métaphore :

On dénonce un monument, on massacre un tas de pierres, on septembrise des ruines. À peine si nos pauvres églises parviennent à se sauver en prenant cocarde.
    HUGO, Littérature et Philosophie mêlées, 1832.

DÉR. Septembrisades, septembriseur.

SEPTEMBRISEUR [sɛptɑ̃brizœr] n. m. — 1792 ; de *septembriser.*

♦ Hist. Homme qui prit part aux massacres de septembre* (→ Déguerpir, cit. 2). — REM. On trouvait aussi la forme *septembriste* [sɛptɑ̃brist] n. m. (1792 ; de *septembre*).

Il n'y a plus en France, et je dirai ailleurs, d'état intermédiaire : ou Jésuites ou septembriseurs ; il faut subir l'un ou l'autre régime.
    E. DELACROIX, Journal 1850-1854, 5 mai 1854, t. II, p. 350.

SEPTEMBRISTE [sɛptɑ̃brist] n. m. ⇒ **Septembriseur.**

SEPTEMVIR [sɛptɛmvir] n. m. — 1636 ; mot lat. comp. de *septem* «sept», et *vir* «homme».

Antiquité romaine.

♦ **1.** Chacun des sept magistrats membres d'une commission chargée du partage des terres.

♦ **2.** Titre que portaient sept prêtres qui présidaient aux festins sacrés (⇒ **Épulon**).

REM. L'adj. *septemviral, ale, aux* [sɛptɛmviral, o] est attesté (1797, *in* D.D.L.).

SEPTÉNAIRE [sɛptenɛr] adj. et n. m. — XVᵉ ; rare avant le XVIIᵉ ; lat. *septenarius,* de *septem.* → Sept.

★ **I.** Adj. (didact. et vx). Qui contient sept éléments ; qui dure sept jours ou sept ans. *Division de la vie humaine en cycles septénaires.* — Qui est élu, nommé pour sept ans (on dit de nos jours *septennal*). *Parlement septénaire* (Saint-Simon, Condillac).

1 Les fêtes religieuses rendirent ainsi ce nombre *(sept)* sacré chez tous les peuples. De là l'idée des cycles septénaires, liée à celle du grand Cataclysme.
    É. DE SENANCOUR, Oberman, XLVII.

★ **II.** N. m. ♦ **1.** Vx. Chacune des périodes de sept ans par lesquelles on divisait la vie de l'homme, à compter de sa naissance (⇒ **Climatérique,** 1.).

(1855). Didact., méd. Espace de sept jours dans la durée d'une maladie. — (1897). Occultisme. Nombre biblique, symbole de la création.

2 (...) la Norme lumineuse où se manifeste le Septénaire *(sic).*
    Léon BLOY, la Femme pauvre, I, VIII.

♦ **2.** (1876). Métrique lat. Vers latin de sept pieds et demi qui correspond à un tétramètre des Grecs. *Septénaire trochaïque, ïambique.*

SEPTENNAL, ALE, AUX [sɛptenal, o] adj. — 1330, attestation isolée ; repris en 1722 ; empr. bas lat. *septennalis,* de *septem* «sept», et *annus* «année».

♦ Didact. Qui dure sept ans, qui est élu pour sept ans, qui s'exerce pendant sept ans, qui se reproduit tous les sept ans. *Période, assemblée, présidence septennale. Pouvoirs septennaux.*

DÉR. Septennalité, septennat.

SEPTENNALITÉ [sɛptenalite] n. f. — 1829 ; de *septennal.*

♦ Didact., rare. Caractère de ce qui est septennal. *Septennalité d'un mandat, d'une présidence, d'une assemblée.*

SEPTENNAT [sɛptena] n. m. — 1873 ; 1823, *in* Bloch-Wartburg sans indication de sens ; du rad. de *septennal,* d'après les noms de fonctions en -*at,* tels que *décanat,* etc.

♦ Durée de sept ans (d'une fonction, d'une magistrature). — Spécialt. Période pendant laquelle un président de la République est en fonction, en France. *Pendant le septennat de Loubet.* — Hist. *Loi du Septennat,* qui confiait le pouvoir exécutif à Mac-Mahon pour une durée de sept ans (20 novembre 1873).

M. Coty, au début de son septennat, s'étant laissé photographier devant une table intime où la bouteille Dumesnil *(marque de bière)* semblait remplacer par extraordinaire le litron de rouge, la nation entière entra en émoi ; c'était aussi intolérable qu'un roi célibataire.   R. BARTHES, Mythologies, 1957, p. 76.

SEPTENTRION [sɛptɑ̃tʀijɔ̃] n. m. — 1380 ; v. 1155, *septentriun* ; lat. *septentrio*, sing. tiré du plur. *septentriones* (littéralt « les sept [*septem*] bœufs de labour [*triones*] »), qui désignait les sept étoiles de la Grande ou de la Petite Ourse, à laquelle appartient l'étoile polaire.

♦ **1.** Vx ou littér. (surtout en poésie). Le nord*.

1   L'étendue d'un palais se mesure d'orient en occident, ou du midi au septentrion (...)
       Joseph JOUBERT, Pensées, XXIIII, CCXVI.

♦ **2.** Poét. La constellation de la Grande ou de la Petite Ourse (→ Franchir, cit. 20, Hugo).

2   Et ce sont, dans les cieux que nos yeux réverbèrent,
   Au-dessus de nos fronts tremblants sous leur rayon,
   Les sept astres géants du noir septentrion.
       HUGO, les Contemplations, VI, XXV.

SEPTENTRIONAL, ALE, AUX [sɛptɑ̃tʀijɔnal, o] adj. — XIVe, rare jusqu'au XVIe ; lat. *septentrionalis*, de *septentrio*. → Septentrion.

♦ Didact. Du nord*, situé au nord (⇒ **Arctique, hyperborée**). — REM. À la différence de *septentrion*, le mot *septentrional* est d'un emploi fréquent dans la langue didactique, comme adjectif correspondant normalement à *nord*. *La partie septentrionale de l'Afrique* (→ Dromadaire, cit. 1). *Europe septentrionale.* ⇒ **Nordique**. *Latitudes septentrionales* (→ Œil, cit. 10). *Hémisphère septentrional.*

CONTR. Austral, méridional.

SEPT-HUITIÈME [sɛtɥitjɛm] n. m. — XXe ; de *sept*, et *huitième*.

♦ Mode. Manteau un peu plus court que la longueur normale. → Trois-quart, n. m. « *Un sept-huitième rétro, épaulé, étroit dans le bas* » (*l'Express*, 17 nov. 1979, p. 36).

SEPTICÉMIE [sɛptisemi] n. f. — 1847 ; comp. sav. du lat. *septicus* (→ Septique), et -*émie*.

♦ Méd., cour. État pathologique provoqué par le développement de germes pathogènes dans le sang, leur dissémination dans l'organisme et l'action des toxines qu'ils produisent. *Bacilles, vibrion de la septicémie* (→ Prolifération, cit. 1). *Septicémie suraiguë* (ou *gangrène gazeuse*) *survenant après une blessure. Septicémie veineuse, péritonéo-intestinale.*

DÉR. Septicémique.

SEPTICÉMIQUE [sɛptisemik] adj. — 1857 ; de *septicémie*.

♦ Méd. Relatif à la septicémie. *Complications septicémiques. Entérite septicémique.* — Atteint de septicémie. — N. *Un, une septicémique.*

SEPTICIDE [sɛptisid] adj. — 1808, Boiste ; du lat. *septum* « paroi » (→ Septum), et *cædere* « fendre ».

♦ Didact. (bot.). Relatif à la séparation des parois radiales des loges des fruits déhiscents. *Déhiscence septicide.* — *Capsule septicide*, qui se sépare en plusieurs loges.

L'ovaire *(dans la fleur du lin)* se transforme à maturité en une capsule septicide à cinq loges (...)   Jacques LOURD, le Lin et l'Industrie linière, p. 24.

SEPTICITÉ [sɛptisite] n. f. — Déb. XIXe, Fourcroy ; de *septique*.

♦ Didact. Caractère de ce qui est septique*, infectieux. *La septicité d'un microbe, d'une plaie.*

SEPTICOLORE [sɛptikɔlɔʀ] n. m. — 1791, *septicolor* ; comp. sav. du lat. *septum* « sept » et *-colore*, d'après *tricolore*.

♦ Zool. Petit passereau à livrée variée et très vive (genre des callistes).

SEPTIDI [sɛptidi] n. m. — 1793 ; comp. sav. d'après le lat. *septimus* « septième », et *dies* « jour ».

♦ Hist. Septième jour de la décade dans le calendrier républicain.

SEPTIÈME [sɛtjɛm] adj. et n. — 1538 ; 1487, *septiesme* ; 1287, *septieime* ; v. 1138, *setime* ; a éliminé l'anc. franç. *sedme* (v. 1050) ; de *sept*.

★ **I.** Qui succède au sixième. ♦ **1.** Adj. numéral. Ordinal de sept. « *Dieu se reposa* (1. Reposer, cit. 10) *le septième jour* » (Bible). « *À la septième fois, les murailles* (cit. 2) *tombèrent* » (Hugo). *Le Septième Sceau,* film d'Ingmar Bergman. — (Déb. XXe ; *être dans son septième*, fin XVIIe). *En être à son septième mois* : être au septième

mois de sa grossesse. — *Être au septième ciel.* ⇒ **Ciel** (I.). Anat. *La septième paire crânienne* : la septième paire de nerfs crâniens. — (1921). *Le septième art* : le cinéma. — Franç. d'Afrique. *Septième jour* : cérémonie funèbre célébrée le septième jour qui suit le décès.

♦ **2.** N. (1871). Personne qui occupe la septième place. *Arriver septième dans une compétition.*

♦ **3.** N. f. (1812). *La septième* (classe) : classe préparatoire à la sixième, deuxième année du cours moyen, dans l'enseignement primaire français (élèves de dix ans environ). *Un élève de septième.*

★ **II.** Fraction d'un tout divisé également en sept. ♦ **1.** Adj. numéral (1672). *La septième partie* (d'une longueur, d'un volume).

♦ **2.** N. m. (1694). *Le septième d'une longueur.* — Le septième terme d'une série. *Habiter dans le septième*, le septième arrondissement de Paris. *Un appartement au septième*, au septième étage d'un immeuble.

(...) le tyran Dimanche réduit la semaine active à six jours, c'est-à-dire prend aux Anglais le septième de leur capital.   HUGO, l'Archipel de la Manche, XVII.

★ **III.** N. f. (1671). Mus. Intervalle de sept degrés (→ Majeur, cit. 2). *Septième diminuée* (→ Musicien, cit. 2). *Septième majeure, mineure.*

DÉR. Septièmement.

SEPTIÈMEMENT [sɛtjɛmmɑ̃] adv. — 1479, *septiesmement* ; de *septième*.

♦ En septième lieu. ⇒ **Septimo.**

SEPTIFÈRE [sɛptifɛʀ] adj. — 1808, Boiste ; de *septi-* (→ Septicide), et -*fère*.

♦ Didact. (bot.). Qui porte des cloisons.

SEPTILLION [sɛptiljɔ̃] n. m. — 1520, *septilion* ; de *sept*.

♦ Un million de sextillions (10^{42}).

SEPTIME [sɛptim] n. f. — 1859, *in* Petiot ; lat. *septimus* « septième ».

♦ Escrime. L'une des lignes d'engagement (ligne gauche basse ; main en supination). *Parade de septime* ou *septime.*

SEPTIMO [sɛptimo] adv. — 1846 ; mot lat. « septièmement », de *septem*. → Sept.

♦ Rare. En septième lieu (après *primo, secundo*, etc.). ⇒ **Septièmement.**

SEPTIQUE [sɛptik] adj. — 1538, cf. *le Français moderne*, XIX, p. 20 ; lat. *septicus*, lui-même empr. du grec *sêptikos*, de *sêpein* « pourrir ».

♦ **1.** Méd., vx. Qui produit la putréfaction*. — (Depuis Pasteur). Qui produit l'infection. *Bactérie, microbe septique. Vibrion septique* (→ Microbe, cit. 2).

♦ **2.** Méd. Qui présente de l'infection causée par des microbes ou leurs toxines ; qui s'accompagne d'infection. *Blessure, plaie, fièvre* (cit. 5) *septique.*

♦ **3.** (1910 ; angl. *septic tank*, 1896). Cour. FOSSE SEPTIQUE : fosse d'aisances aménagée spécialement pour que les matières s'y transforment, sous l'action de microbes anaérobies, en composés minéraux inodores et inoffensifs.

CONTR. Antiseptique, aseptique.
DÉR. Septicité.
COMP. V. Antisepsie, antiseptique, asepsie, aseptique.
HOM. Sceptique.

-SEPTIQUE ⇒ -sepsie.

SEPT-MÂTS [sɛtmɑ] n. m. ⇒ Mât.

SEPTMONCEL [sɛmɔ̃sɛl ; sɛtmɔ̃sɛl] n. m. — 1868 ; 1803, *du Sept-Moncel*, *in* D.D.L. ; du nom d'un village du Haut-Jura.

♦ Fromage de lait de vache, à pâte douce persillée (⇒ **Bleu**), fabriquée à Sept-Moncel (Jura) et dans sa région.

SEPT-ŒIL [sɛtœj] n. m. invar. — 1768, sous la forme *setueille*, v. 1220 ; de *set, sept*, et *œil, ueil*.

♦ Régional. Poisson serpentiforme, analogue à la lamproie, portant à la tête sept marques semblables à des yeux.

SEPTOMYCÈTES [sɛptɔmisɛt] n. m. pl. — Mil. xxᵉ ; de *septo-*, lat. *septum*, et *-mycètes*.

♦ Bot. Groupe de champignons dont l'appareil végétatif comporte un tissu cloisonné. — Au sing. *Un septomycète.*

SEPTORIE [sɛptɔʀi] n. f. — 1875 ; dér. sav. du grec *sêptos* «pourri». → Septique.

♦ Bot. Champignon *(Ascomycètes, Pyrénomycètes)* qui se développe sur les feuilles et les fruits.

SEPTOTOMIE [sɛptotɔmi] n. f. — Mil. xxᵉ ; de *septo-*, lat. *septum*, et *-tomie*.

♦ Méd. Ablation de la cloison nasale.

SEPTUAGÉNAIRE [sɛptɥaʒenɛʀ] adj. et n. — V. 1380 ; bas lat. *septuagenarius*.

♦ Didact. ou littér. Dont l'âge est compris entre soixante-dix et soixante-dix-neuf ans. *Un vieillard septuagénaire.* — N. *Un, une septuagénaire.*

> J'ai soixante-sept ans, je suis tout près d'être septuagénaire. À cet âge, en littérature généralement les injures s'arrêtent (...)
> Ed. et J. DE GONCOURT, Journal, 2 févr. 1889, t. VIII, p. 14.

SEPTUAGÉSIME [sɛptɥaʒezim] n. f. — xiiiᵉ ; lat. ecclés. *septuagesima (dies)* «soixante-dixième (jour)». → Sexagésime, etc.

♦ Liturgie cathol. Le troisième dimanche avant le premier dimanche du temps de carême.

> Les trois dimanches qui les ouvrent *(les trois semaines précédant le carême)* sont appelés dimanches de la *Septuagésime*, de la *Sexagésime* et de la *Quinquagésime*, parce que le premier dimanche de carême portant le nom de *Quadragésime* (carême est un dérivé et un abrégé de ce mot), on est remonté en rétrogradant (...) Il n'y faut pas chercher un compte exact de jours, ainsi, par ex., *Dominica in Septuagesima* désigne le dimanche qui se trouve dans les *septante* jours avant Pâques, en réalité le soixante et unième.
> R. LESAGE, Dict. de liturgie romaine, art. *Septuagésime.*

SEPTUM ou **SÆPTUM** [sɛptɔm] n. m. — V. 1560, Paré, *sæptum* ; *septum*, xxᵉ ; mot lat. «cloison, paroi».

♦ Didact. (anat.). Cloison délimitant deux cavités de l'organisme. *Septum lingual* ou *médian :* lame verticale et médiane de la langue. *Septum lucidum,* entre les deux ventricules latéraux du cerveau. *Septum nasal.* ⇒ **Cloison ; septotomie.** *Septum interventriculaire, inter-auriculaire du cœur.*

> (...) les femmes avaient le septum nasal percé pour admettre une barrette composée de disques alternativement blancs et noirs enfilés et serrés sur une fibre rigide.
> Claude LÉVI-STRAUSS, Tristes tropiques, p. 295.

Septe* (des polypiers).

COMP. V. **Septomycètes, septotomie.**

SEPTUOR [sɛptɥɔʀ] n. m. — 1829 ; de *sept,* d'après *quatuor.*

♦ Mus. Composition vocale ou instrumentale à sept parties. — (xxᵉ). Formation musicale de sept exécutants (⇒ aussi **Orchestre**).

> À côté de ce Septuor, certaines phrases de la Sonate, que seules le public connaissait, apparaissaient comme tellement banales qu'on ne pouvait pas comprendre comment elles avaient pu exciter tant d'admiration.
> PROUST, la Prisonnière, Pl., t. III, p. 263.

SEPTUPLE [sɛptypl] adj. et n. m. — 1458, adj. ; bas lat. *septuplus,* du lat. class. *septem* «sept».

♦ Qui est répété sept fois, qui vaut sept fois (la quantité désignée) ou qui est formé de sept choses de nature plus ou moins semblable (⇒ **Multiple**). *Une valeur septuple.* — N. m. (1484). Ce qui est égal à sept fois (ce qu'indique le complément). *Gagner le septuple de sa mise.*

DÉR. Septupler.
COMP. Sous-septuple.

SEPTUPLER [sɛptyple] v. — 1493, attestation isolée ; repris 1771 ; de *septuple.*

Didactique.

♦ **1.** V. tr. Multiplier par sept, porter à une valeur sept fois plus grande. *Septupler la mise.*

♦ **2.** V. intr. (1871). Devenir sept fois plus élevé. *Ses bénéfices ont septuplé en deux ans.*

SEPUKU [sepuku] n. m. ⇒ **Seppuku.**

SÉPULCRAL, ALE, AUX [sepylkʀal, o] adj. — 1487, *sépulchral* ; du lat. *sepulcralis,* de *sepulcrum.* → Sépulcre.

♦ **1.** Vx. Propre à un sépulcre, aux sépulcres. ⇒ **Funéraire.** *Chapelle, colonne, statue sépulcrale. Urnes sépulcrales.* ⇒ **Columbarium.**

> La citerne d'Élie, le sépulcre de Zabulon et quelques grottes sépulcrales avec des restes de pilastres et de peintures complètent le tableau de tout ce que Seyda doit au passé. NERVAL, Voyage en Orient, Druses et Maronites, IV, II.

♦ **2.** (1654). Fig., mod. Qui évoque la tombe, la mort. *Visage sépulcral.* ⇒ **Funèbre.** — (1718). *Voix sépulcrale,* caverneuse.

> Ce salon sépulcral, exhalant une odeur d'église, disait assez sous quelle main de fer, au fond de quelle existence rigide elle restait pliée. ZOLA, Nana, III.

> Par intervalle un cri troublait ce champ muet,
> Et l'on voyait un corps gisant qui remuait.
> Nous étions fusillés l'un après l'autre ; un râle
> Immense remplissait cette ombre sépulcrale.
> HUGO, la Légende des siècles, Pl., p. 613.

SÉPULCRE [sepylkʀ] n. m. — Déb. xiiᵉ ; *sepulcra,* v. 980, *Passion du Christ,* en parlant du tombeau du Christ, extension de sens au xvᵉ ; lat. *sepulcrum.*

♦ **1.** Tombeau*. — REM. Ne se dit, en dehors du style noble, que des tombeaux chez les anciens, et du tombeau du Christ. *Le sépulcre de Notre-Seigneur, le Saint-Sépulcre* (→ Infester, cit. 1). *Ordre du Saint-Sépulcre :* ordre de chevalerie, hospitalier et militaire (sous l'autorité du Père Gardien du tombeau du Christ, puis du Patriarche de Jérusalem, et enfin de la Papauté). *Sépulcres des pharaons* (→ Entrée, cit. 21 ; monument, cit. 5). ⇒ **Monument** (funéraire). *Les catacombes* (cit. 1) *et leurs sépulcres. Sépulcre d'un prince* (→ Guerroyer, cit. 1). — Allus. bibl. *Sépulcres blanchis** (Évangile selon saint Matthieu, XXIII, 27).

> C'est là, dans le caveau des capucins, que Marie-Thérèse, pendant trente années, entendait la messe en présence même du sépulcre qu'elle avait fait préparer pour elle, à côté de son époux. Mᵐᵉ DE STAËL, De l'Allemagne, I, VII.

> Il est bon d'aiguiser les stylets sur des tombes.
> Pourtant c'est jouer gros. La tête est de l'enjeu,
> Messieurs les assassins ! et nous verrons. — Pardieu !
> Ils font bien de choisir pour une telle affaire
> Un sépulcre, — ils auront moins de chemin à faire. HUGO, Hernani, IV, I.

♦ **2.** (1642). Par métaphore ou fig. Lieu abandonné où sont conservés des vestiges anciens. — (Concret). Lieu sombre, froid et humide. *Un véritable sépulcre* (→ Humide, cit. 6 ; et aussi étude, cit. 6).

SÉPULTURE [sepyltyʀ] n. f. — V. 1110 ; lat. *sepultura,* de *sepultum,* supin de *sepelire* «ensevelir».

♦ **1.** (V. 1155). Vx ou littér. Inhumation*, considérée surtout dans les formalités et cérémonies qui l'accompagnent. ⇒ **Funérailles, obsèques.** *Donner la sépulture à un mort.* ⇒ **Ensevelir.** *La privation de sépulture, chez les anciens* (→ Épisode, cit. 1 ; frapper, cit. 27). *Rendre à un défunt les honneurs* (cit. 106) *de la sépulture.* — (1694). *Droit de sépulture dans le cimetière d'une commune :* droit d'y être enterré. *Sépulture ecclésiastique :* ensemble des honneurs et des prières réservés au chrétien mort dans la communion de l'Église. — (1689). *Être privé de sépulture :* ne pas être enterré religieusement.

> (...) je l'aidai personnellement dans les préparatifs de cette sépulture temporaire. Nous mîmes le corps dans la bière, nous le portâmes à son lieu de repos. BAUDELAIRE, Trad. E. POE, Nouvelles histoires extraordinaires, «Chute de la maison Usher.»

♦ **2.** Lieu où est déposé le corps d'un défunt. — REM. Ce terme très général peut désigner, selon les cas, soit une simple fosse* (cit. 3) ou tombe*, individuelle ou commune (→ Élévation, cit. 4 ; entendre, cit. 34), soit un tombeau* (→ Faiseur, cit. 1), soit un édifice (→ Expectative, cit. 1). ⇒ aussi **Catacombe, caveau, cimetière, hypogée, nécropole...** *Violation** de sépulture.

> (...) des sépultures grecques, byzantines, musulmanes, couvraient ce vieux sol de Macédoine où les grands peuples du passé ont laissé leur poussière. LOTI, Aziyadé, I, XII.

> C'était une de ces spacieuses sépultures familiales ou, de lustre en lustre, les places sont âprement réclamées et prises. Une huitaine d'inscriptions couvraient la stèle. G. DUHAMEL, le Voyage de P. Périot, I.

> Talou, voulant rendre à Velbar un hommage suprême, chargea Séil-kor d'enterrer glorieusement le corps du zouave au milieu du côté ouest de la place des Trophées.
> Copiant le modèle des sépultures françaises, Séil-kor, aidé de plusieurs esclaves, déposa le cadavre à l'endroit désigné (...) Raymond ROUSSEL, Impressions d'Afrique, p. 283.

SÉQUANIEN, IENNE [sekwanjɛ̃, jɛn] adj. — 1892, *Journal amusant,* in D.D.L. ; du lat. *Sequana* «la Seine».

♦ Géol. Se dit d'un étage du jurassique* et de ce qui s'y rapporte. — N. m. *Le séquanien.*

SÉQUÉ, ÉE [seke] adj. — xxᵉ (*in* Larousse, 1933); dér. sav. du lat. *secare* « couper ».

♦ Bot. *Feuille séquée,* dont le lobe est divisé jusqu'à la nervure médiane.

SÉQUELLE [sekɛl] n. f. — 1369; lat. *sequela* ou *sequella* « suite de gens, conséquence », de *sequi* « suivre ».

♦ **1.** Vieilli. (Péj.). Suite de gens attachés aux intérêts de qqn (→ Discrédit, cit. 1; gars, cit. 3). — (1690). Vx. Série (→ Inexistant, cit. 2), suite (de mots sans intérêt, etc.). *Une séquelle de platitudes.*

♦ **2.** (1904; angl. *sequel,* lat. médical *sequela,* 1793). Pathol. (généralement au pluriel). Se dit des suites et complications, plus ou moins tardives et durables, d'une maladie. ⇒ **Reliquat.**

(...) il avait souffert d'une pleurésie grave dont les séquelles ont gâté la fin de sa longue vie.   G. DUHAMEL, Inventaire de l'abîme, VI.

♦ **3.** (xxᵉ). Effet ou contrecoup inévitable, mais isolé et passager, d'un événement. ⇒ **Conséquence.** *Les séquelles de la guerre d'Algérie.*

SÉQUENÇAGE [sekɑ̃saʒ] n. m. — V. 1970; de *séquencer.*

♦ Sc., techn. Disposition selon une ou plusieurs séquences (5.). *« Ces techniques de "séquençage" (des molécules) ont déjà de nombreuses applications en recherche fondamentale »* (*Sciences et Avenir,* nov. 1980, p. 14).

SÉQUENCE [sekɑ̃s] n. f. — V. 1170; du bas lat. *sequentia* « suite, succession », de *sequi* « suivre ».

♦ **1.** Liturgie. Chant rythmé qui prolonge le verset de l'alleluia (à la Messe) ou le trait. ⇒ **Hymne, prose.**

♦ **2.** (1583). Cartes. À certains jeux, comme le piquet, Série d'au moins trois cartes de même couleur qui se suivent (tierce, quatrième, quinte, seizième...); à d'autres, comme le poker*, Série de cinq cartes qui se suivent, de couleur quelconque (on dit aussi *suite*).

♦ **3.** (V. 1925). Au cinéma, « Suite de plans* constituant un tout sous le rapport d'une action dramatique déterminée » (Cohen-Séat). ⇒ **Découpage, film.** *À la différence de la scène de théâtre, la séquence peut grouper des objets et des événements situés dans les lieux et les décors les plus divers. Plan-séquence.* ⇒ **Plan.**

♦ **4.** (xxᵉ). Ling. Suite ordonnée de termes. *Selon Bailly, la langue française est caractérisée par la séquence progressive, qui correspond à une tendance analytique* (sujet-prédicat; thème-propos; déterminé-déterminant). *Séquence anticipatrice,* suivant un ordre inverse.

1   Il me faisait observer que les mythes impliquent des séries, — il disait *séquences,* — d'énoncés articulés en récits (...)   ARAGON, Blanche..., I, II, p. 29.

♦ **5.** Techn., sc. Suite ordonnée d'éléments.

2   Le temps pendant lequel un des tubes explorateurs est relié à l'émetteur est si bref (...) qu'un seul point de l'image monochrome est exploré pendant ce temps. On passe aussitôt après à un point de l'image correspondant à la couleur suivante. D'où le nom de « séquence de points » donné à ce procédé.
          P. GRIVET et P. HERRENG, la Télévision, p. 124.

Inform. Suite ordonnée d'opérations. ⇒ **Programme.**

Astron. *Séquence polaire internationale* : série d'étoiles utilisée comme étalon quand est déterminé l'éclat relatif des astres.

DÉR. **Séquencé, séquencement, séquencer, séquenceur, séquentiel.**

SÉQUENCÉ, ÉE [sekɑ̃se] adj. — V. 1970; de *séquence.*

♦ Chim. Se dit d'un copolymère dont la chaîne principale est formée de séquences alternées de monomères de type différent. *« Pour obtenir des copolymères séquencés ou greffés, il faut donc procéder en plusieurs étapes... »* (*la Recherche,* mars 1973, p. 276).

Math., sc. ⇒ **Séquencer.**

SÉQUENCEMENT [sekɑ̃smɑ̃] n. m. — V. 1970; de *séquencer* ou de *séquence.*

♦ Inform. Mise en séquence.

SÉQUENCER [sekɑ̃se] v. tr. — V. 1970; de *séquence.*

♦ Techn., sc. Mettre, disposer en séquence (5.). — Au p. p. *« La réalisation de fonctions logiques séquencées »* (*la Recherche,* nov. 1980, p. 1256).

DÉR. **Séquençage, séquencement.**

SÉQUENCEUR [sekɑ̃sœR] n. m. — 1971, cit.; adapt. angl. *sequencer* (1966); de *séquence.*

♦ Sc. Dispositif qui commande une suite ordonnée de processus. *« Les relais d'ordre ne peuvent être excités que si deux séquenceurs, au moins, ont délivré la commande correspondante »* (*l'Aéronautique et l'astronautique,* nº 39, 1973-1, p. 11). *Séquenceur de protéines.*

Les différents acides aminés se comportent tous de la même façon pendant cette suite de réactions. Laissant de côté la troisième étape, la conversion, Edman, en 1966, dans son laboratoire de Melbourne, en Australie, mit au point un appareil qui accomplit automatiquement les opérations nécessaires. L'idée fondamentale était de trouver un moyen mécanique permettant de faire successivement les réactions, les extractions et les séchages. C'est ce qui a été réalisé en étalant les solutions en films très minces par centrifugation dans une coupe cylindrique. Ce film se prête particulièrement à l'extraction par un solvant non miscible, puis au séchage sous pression réduite. Le schéma du séquenceur d'Edman permet d'expliquer plus clairement la façon dont fonctionne l'appareil.
          la Recherche, nº 9, févr. 1971, p.176.

SÉQUENTIEL, IELLE [sekɑ̃sjɛl] adj. — V. 1957, d'après *les Mots dans le vent;* de *séquence.*

Didactique.

♦ **1.** Relatif à une séquence, une suite ordonnée (opposé à *simultané*). ⇒ **Récurrent, successif.** *Méthode séquentielle. « Le radar convient pour les opérations suivantes : (...) contrôle d'approche, contrôle séquentiel... »* (*France-Europe,* nº 16, p. 60).

Les protéines sont de très grosses molécules, de poids moléculaire variant de 10 000 à 1 000 000 ou plus. Ces macromolécules sont constituées par la polymérisation séquentielle de composés de poids moléculaire environ 100, appartenant à la classe des « acides aminés ».
          Jacques MONOD, le Hasard et la Nécessité, p. 69 (1970).

♦ **2.** Partagé en séquences. *Ordre séquentiel des termes.* — Qui commande une suite ordonnée d'opérations. *Machines séquentielles industrielles.* ⇒ **Séquenceur.** *« Programmateur séquentiel »* (*Science et vie,* nº 592, p. 65). *Fichier séquentiel; traitement séquentiel,* en informatique.

DÉR. **Séquentiellement.**

SÉQUENTIELLEMENT [sekɑ̃sjɛlmɑ̃] adv. — Mil. xxᵉ; de *séquentiel.*

♦ Didact. Selon une ou plusieurs séquences (5.). *« Divers éléments (...) du génome mis en œuvre séquentiellement »* (*la Recherche,* mars 1981, p. 389).

SÉQUESTRANT, ANTE [sekɛstRɑ̃, ɑ̃t] adj. — V. 1970; de *séquestrer.*

Rare.

♦ **1.** Qui séquestre.

♦ **2.** Méd. Qui produit une séquestration (II.) osseuse. *Ostéomyélite séquestrante.*

♦ **3.** N. m. (1973; *in la Clé des mots*). Agent chimique empêchant, bloquant une réaction, spécialt, une précipitation.

SÉQUESTRATION [sekɛstRasjɔ̃] n. f. — 1403; lat. *sequestratio,* du supin de *sequestrare.* → Séquestrer.

★ **I.** ♦ **1.** Dr. (rare). Mise sous séquestre.

♦ **2.** (1810, Code pénal). Infraction consistant à séquestrer (2.) qqn. ⇒ **Arrestation** (cit. 1), **détention, emprisonnement** (→ Indice, cit. 2). ⇒ aussi **Internement** (arbitraire). *Délit de séquestration.*

♦ **3.** Isolement rigoureux (→ Ascétique, cit. 1). ⇒ **Collocation, internement.**

1   (...) il déclare que le travail est impossible en prison : le travail ne pouvant s'obtenir que dans une séquestration volontaire et non forcée.
          Ed. et J. DE GONCOURT, Journal, 1ᵉʳ oct. 1890, t. VIII, p. 138.

2   Il songeait à ces années de sa vie déjà dépensées au service, dans la séquestration des navires de guerre, sous le fouet de la discipline (...)
          LOTI, Mon frère Yves, VI.

♦ **4.** Techn. Mesure sanitaire d'isolement (des bêtes) en cas d'épizootie.

★ **II.** (Mil. xxᵉ). ♦ **1.** Méd. Nécrose (d'un os). ⇒ **Séquestre** (II.).

3   Au maxillaire supérieur, l'ostéomyélite se complique d'abcès multiples. La séquestration est moins totale (*qu'au maxillaire inférieur*).
          P.-L. ROUSSEAU, les Dents, p. 50.

Séquestration pulmonaire : présence d'un territoire pulmonaire isolé de la petite circulation et du système bronchique, vascularisé par une artère issue de l'aorte et présentant des kystes (malformation congénitale).

♦ **2.** Chim. Formation de complexes possédant de nombreux ions minéraux, bloquant les réactions de précipitation. ⇒ **Séquestrant.**

SÉQUESTRE [sekɛstR] n. m. — 1281; lat. *sequestrum* ou (au sens I., 2.) du lat. *sequester.*

★ I. ♦ 1. Dr. Dépôt (cit. 2) d'une chose litigieuse entre les mains d'un tiers en attendant le règlement de la contestation. ⇒ **Saisie.** *Séquestre conventionnel* (résultant d'une convention des parties), *judiciaire* (ordonné par justice). *Séquestre d'intérêt général*, résultant d'une mesure de sûreté générale. *Mettre en, sous séquestre. Biens placés sous le séquestre* (→ Restitution, cit. 2) ; *sous séquestre. Lever le séquestre.* — (1876). Dr. internat. Mainmise d'un État belligérant sur les biens que possèdent sur son territoire l'État ennemi et ses ressortissants.

1   Le logis qui leur faisait face, appartenait à des criminels d'État, était sous le séquestre.   BALZAC, Maître Cornélius, Pl., t. IX, p. 910.

Figuré :

2   Le septicisme subjectif a pu m'obséder par moments ; il ne m'a jamais fait sérieusement douter de la réalité ; ses objections sont par moi tenues en séquestre dans une sorte de parc d'oubli ; je n'y pense jamais.
      RENAN, Souvenirs d'enfance..., VI, Œ. compl., t. II, p. 907.

(1451). *Bien mis sous séquestre. Gardien de séquestres.* — (1690). Loc. Vx. *Mettre qqn en séquestre*, à l'écart de la société.

♦ 2. (1380 ; lat. *sequester*). Rare. Dépositaire, en cas de séquestre. *Choisir, nommer un séquestre.*

★ II. (1808). Pathol. Petit fragment d'os détaché au cours d'un processus de nécrose osseuse (infection d'une fracture, ostéomyélite). ⇒ **Séquestrant, 2., séquestration, II., 1.** *Extraction d'un séquestre* ⇒ **Séquestrectomie.**

★ III. N. f. (Fin XIXᵉ). Anciennt. Cellule où l'on enfermait un puni (élèves, etc.).

DÉR. V. Séquestrer.
COMP. Séquestrectomie ou séquestrotomie.

SÉQUESTRÉ, ÉE [sekɛstre] adj. et n. ⇒ Séquestrer.

SÉQUESTRECTOMIE [sekɛstrɛktɔmi] ou SÉQUESTROTOMIE [sekɛstrɔtɔmi] n. f. — Mil. XXᵉ ; de *séquestre*, et *-ectomie* ou *-tomie.*

♦ Méd. Extraction d'un séquestre (II.) d'un os vivant.

SÉQUESTRER [sekɛstre] v. tr. — 1463 ; *séquestré* « isolé », mil. XIIIᵉ ; lat. *sequestrare*, de *sequestrum* « dépôt ». → Séquestre.

♦ 1. Dr. Mettre sous séquestre (→ Contumace, cit. 1).

♦ 2. (1810). Tenir arbitrairement et illégalement une personne enfermée. ⇒ **Détenir, emprisonner** (→ Arrestation, cit. 1 ; arrêter, cit. 35, Code pénal).

1   Les gardiens, au nombre de dix, avaient été soudainement terrassés, puis bien goudronnés, puis soigneusement emplumés, puis enfin séquestrés dans les caves. Ils étaient restés emprisonnés ainsi plus d'un mois (...)
      BAUDELAIRE, Trad. E. POE, Histoires grotesques et sérieuses, « Le système du Dr Goudron... ».

♦ 3. (V. 1560). Cour. Enfermer et isoler rigoureusement (qqn). ⇒ **Claustrer, garder, renfermer.** *On ne séquestrait pas alors les fous* (cit. 6)... ⇒ **Interner.**

1.1   Cela est bon pour ces pays, où l'on séquestre les Filles ; où on les élève à part, comme si on les destinait à en faire des Recluses.
      RESTIF DE LA BRETONNE, la Vie de mon père, p. 282.

2   (...) j'ai connu une femme qu'un homme qui l'aimait était arrivé véritablement à séquestrer ; elle ne pouvait jamais voir personne, et sortir seulement avec des serviteurs dévoués.   PROUST, le Temps retrouvé, Pl., t. III, p. 706.

Pron. (1567). *Se séquestrer.*

▶ **SÉQUESTRÉ, ÉE** p. p. adj. (Sens 1.). *Biens séquestrés.* — (Sens 2.). *Une jeune fille séquestrée. Enfants séquestrés.* — N. *Un séquestré, une séquestrée. La séquestrée de Poitiers*, l'un des récits des *Souvenirs de cours d'assises*, de Gide. *Les Séquestrés d'Altona*, pièce de Sartre (1960). ⇒ **Prisonnier.** — (Sens 3.). « *La raison (...) N'habite* (cit. 6) *pas longtemps chez les gens séquestrés* » (La Fontaine). *Femmes annihilées* (cit. 1), *séquestrées.*

DÉR. Séquestrant. — (Du même rad. lat.) Séquestration.

SEQUIN [sək̃ɛ] n. m. — 1595 ; *sechin*, 1570 ; *chequin*, 1540 ; *essequin*, 1400 ; ital. *zecchino*, mot vénitien ; arabe *sikkī* « pièce de monnaie ».

♦ 1. Ancienne monnaie d'or de Venise, qui avait cours en Italie et dans le Levant (→ Jeter, cit. 10 ; maravédis, cit. ; messager, cit. 1). *Un collier* (cit.3) *de sequins.*

1   Ce n'était certes pas un avare ordinaire (...) — À quel taux se font les sequins de Venise ? demanda-t-il brusquement à son futur apprenti. — Trois quarts, à Bruges ; un à Gand.   BALZAC, Maître Cornélius, Pl., t. IX, p. 920.

2   Tous nos bons paysans viendront, parce qu'on t'aime.
Et tu leur jetteras des sequins d'or, toi-même,
De façon que cela tombe dans leur bonnet.
      HUGO, la Légende des siècles, Pl., p. 321.

♦ 2. (Fin XIXᵉ). Petit disque de métal blanc ou jaune, cousu sur un tissu pour servir d'ornement. *Foulard, corsage, jupe à sequins.*

SÉQUOIA [sekɔja ; sekwaja] n. m. — 1872, Littré ; lat. mod. *sequoia* ; 1847, Endlicher, en lat. bot. : l'arbre avait d'abord été appelé *washingtonia* ou *wellingtonia* ; du nom d'un célèbre chef cherokee *See-Quayah.*

♦ Arbre conifère (*Taxodiacées*), originaire de Californie, aux dimensions gigantesques. ⇒ **Wellingtonia.** *Le séquoia est le plus grand arbre connu. Bois de séquoia.*

1   Autour de ces grands sequoias croissent toutes les espèces de conifères : pins, sapins, cèdres, ifs, mélèzes, cyprès. Sur les plus hautes cimes montent les écureuils, pour manger les pignons.
      L. SIMONIN, De Washington à San Francisco (1868),
      in le Tour du monde, 1874, t. I, p. 234.

2   (...) je me penche de-ci, de-là, pour reconnaître le frêne record et, à l'odeur qui persiste, le cèdre argenté, le séquoia à bourre rouge qui, tous deux, faisaient leurs six mètres de tour.   Hervé BAZIN, Cri de la chouette, p. 156.

SÉRAC [serak] n. m. — 1779, Saussure ; par anal. de forme, du savoyard et suisse roman *sérai* (déb. XVᵉ), *sérat* (1572). → Séré ; lat. pop. **seraceum*, du lat. class. *serum* « petit-lait ».

♦ 1. (D'abord régional mais devenu relativement courant dans l'usage général ; aussi t. de géogr.). Dans un glacier, Bloc de glace qui se forme, aux ruptures de pente, quand se produisent des crevasses transversales élargies par la fusion.

   Chut !... Chut !..., faisait Inebnit montrant du bout de son piolet la ligne menaçante des séracs gigantesques et tumultueux, aux assises branlantes, et dont la moindre secousse pouvait déterminer l'éboulement.
      Alphonse DAUDET, Tartarin sur les Alpes, X.

♦ 2. Régional. ⇒ **Séré.**

SÉRAIL [seraj] n. m. — Fin XIVᵉ ; var. *serrail*, XIVᵉ ; ital. *serraglio*, du turco-persan *serâï* « palais, hôtel ».

♦ 1. Palais du sultan, et de certains hauts dignitaires, dans l'ancien empire ottoman (→ Esplanade, cit. 4 ; janissaire, cit. 1 ; pause, cit. 2). *Le vieux sérail à Istanbul.* « *Nourri dans le sérail, j'en connais les détours* » (cit. 1, Racine), vers souvent cité en parlant de quelqu'un qui a une longue expérience d'un milieu, d'un corps constitué... *Des sérails.*

1   J'avais été un des premiers à le voir, quand il quitta cette restraite du vieux sérail où l'on vient en Turquie les prétendants au trône (...)   LOTI, Aziyadé, II, XII.

2   (...) je parle ici à un homme vieilli dans le sérail et qui sait à quels faux-fuyants oblige parfois la terrible lutte pour la paix (...) L'homme vieilli dans le sérail eut un fin sourire édifié.   COURTELINE, Messieurs les ronds-de-cuir, IIIᵉ tableau, III.

Mus. *L'Enlèvement au sérail*, opéra-comique de Mozart (1772).
Pharm. *Pastilles* (cit. 1) *du sérail :* pastilles* qui, à l'origine, étaient importées de Constantinople.

♦ 2. (1580). Vx. Harem* (→ Enchanteur, cit. 5 ; eunuque, cit. 3 ; odalisque, cit. 2 ; place, cit. 37). — (V. 1570). Les femmes du harem (→ Houri, cit. 3, fig. ; odalisque, cit. 1).

3   (...) des canapés profonds comme des alcôves, mettaient là une paresse molle, une vie somnolente de sérail.   ZOLA, Nana, X.

SÉRAN [serã] n. m. — V. 1265, *serans* ; *cerens*, XIᵉ ; orig. incert., vraisemblablement celtique ; p.-ê. d'un gaul. *ker-* « cerf », d'où « peigne », par compar. avec les cornes du cerf (Wartburg), ou d'un dér. du lat. *cirrus* « mèche de cheveux », qui pourrait être **cerriniciare*, d'où *cerencier*, avec un redoublement de suffixe (P. Guiraud).

♦ 1. Carde* servant à diviser la filasse de chanvre ou de lin. ⇒ **Sérançoir.**

♦ 2. (1871). Chanvre de seconde qualité.

DÉR. Sérancer.

SÉRANÇAGE [serãsaʒ] n. m. — 1845 ; *sérancement*, 1636 ; de *sérancer.*

♦ Techn. Peignage (du chanvre, du lin). — Atelier où l'on sérançait.

SÉRANCER [serãse] v. tr. — Conjug. *placer.* — 1600 ; *chierenchier*, XIIIᵉ ; de *séran*, ou directement d'un dér. lat. de *cirrus.* → Séran.

♦ Techn. Peigner (le chanvre, le lin) avec le séran.

DÉR. Sérançage, séranceur, sérançoir.

SÉRANCEUR [serãsœr] n. m. — 1765 ; *cherancheresse*, fém., XVIᵉ ; de *sérancer.*

♦ Techn. Ouvrier procédant au sérançage. — Le fém. *séranceuse* est virtuel.

SÉRANÇOIR [serãswar] n. m. — 1845 ; *cheranchoir*, fin XVIᵉ ; de *sérancer.*

♦ Techn. Syn. de *séran* (1.).

SÉRANCOLIN [seʀɑ̃kɔlɛ̃] n. m. ⇒ **Sarancolin.**

SERAPEUM [seʀapeɔm] n. m. — 1765, *Encyclopédie*, *sérapéon*; mot lat., du grec *serapeion*.

♦ Archéol. Nécropole du Hâpî (le taureau Apis), en Égypte. À l'époque hellénistique, Temple où l'on adorait les divinités gréco-égyptiennes.

SÉRAPHIN [seʀafɛ̃] n. m. — 1080; lat. ecclés. *seraphim* ou *seraphin*, mot hébreu, sous la forme du pluriel de *saraph* «brûler». → Abreuver, cit. 10.

♦ **1.** Relig. hébraïque et chrétienne. Ange de la première hiérarchie (→ Courber, cit. 22; nadir, cit. 2). *Les séraphins sont représentés avec trois paires d'ailes.* «*Les noirs séraphins*» (→ Élargir, cit. 9, Musset).

Elle ne retrouvait des forces que dans cette illusion d'un paradis de gloire, où elle entrait, escortée par les séraphins, bienheureuse éternellement.
ZOLA, Lourdes, p. 282.

♦ **2.** Fig., fam. *C'est un vrai séraphin,* une personne d'une grande douceur, d'une grande bonté, «un ange».

DÉR. (Du même rad. lat.) **Séraphique.**

SÉRAPHIQUE [seʀafik] adj. — V. 1460; lat. ecclés. *seraphicus*, de *seraphim*. → Séraphin.

♦ **1.** Relig. Propre aux séraphins. *Harpes* (cit. 5) *séraphiques. Vision séraphique* : extase où saint François d'Assise vit un séraphin crucifié. *L'ordre séraphique* : l'ordre franciscain. *Le docteur séraphique,* saint Bonaventure (Franciscain).

1 Au moyen âge, le développement exagéré de l'homme spirituel et intérieur, la recherche du rêve sublime et tendre, le culte de la douleur, le mépris du corps, conduisent l'imagination et la sensibilité surexcitées jusqu'à la vision et l'adoration séraphiques. TAINE, Philosophie de l'art, t. II, p. 157.

♦ **2.** (Déb. xixᵉ). Fig., littér. Qui évoque les séraphins, les anges. ⇒ **Angélique, éthéré.** *Idéalité* (cit. 2), *immatérialité* (cit. 2), *amour séraphique.*

2 Les femmes se demandaient comment la jeune étourdie était devenue, en une seule toilette, la séraphique beauté voilée qui semblait, suivant une expression à la mode, avoir une âme blanche comme la dernière tombée de neige sur la plus haute des Alpes (...) BALZAC, le Cabinet des antiques, Pl., t. IV, p. 384 (1836).

3 Or, ce jour-là, c'était le plus beau qu'eût encore
Versé sur l'univers la radieuse aurore;
Le même séraphique et saint frémissement
Unissait l'algue à l'onde et l'être à l'élément. HUGO, la Légende des siècles, II, I.

Iron. ⇒ **Angélique.** «*Une voix séraphique*» (Gide).

SÉRAPIAS [seʀapjas] n. m. — 1876; lat. *seraias*, mot grec.

♦ Bot. Orchidée sauvage, à fleurs souvent d'un rouge sombre.

SERBE [seʀb] adj. et n. — 1842; xviiᵉ, *servien*, de *Servie*, anc. nom de la Serbie; transcription franç. du serbe *srb.*

♦ De Serbie (→ Numérique, cit. 1; relation, cit. 13). — N. *Un Serbe, une Serbe* (→ Joug, cit. 8). *Les Serbes, Serbes de Lusace.* — N. m. *Le serbe* : la langue serbe. ⇒ **Serbo-croate.**

COMP. **Serbo-croate.**

SERBO-CROATE [seʀbokʀɔat] adj. et n. — 1869; de *serbe*, et de *croate*.

♦ Qui appartient à la Serbie et à la Croatie. — N. m. *Le serbo-croate* : langue slave du groupe méridional, parlée en Yougoslavie : Serbie, Bosnie-Herzégovine, Monténégro (caractères cyrilliques), Croatie (caractères latins), aujourd'hui langue officielle de la République yougoslave (y compris la Slovénie et la Macédoine, qui ont aussi leurs langues particulières).

SERDAB [seʀdab] n. m. — Mil. xxᵉ; du persan *sard-āb* «salle souterraine».

♦ Archéol. Dans les tombes et les monuments funéraires de l'ancien Empire égyptien, Petite salle contenant les effigies du mort.

(...) une table d'offrandes et des effigies destinées à servir de support à l'âme du mort pendant les cérémonies; ces effigies sont cachées dans une petite pièce attenante (nommée *sardāb*) à celle de la stèle, mais sans autre communication avec elle qu'une véritable chatière.
G. CONTENEAU et V. CHAPOT, l'Art antique, p. 24.

SERDEAU [seʀdo] n. m. — V. 1460; altér. de *sert d'eau* «celui qui sert de l'eau».

Anciennement, ou histoire.

♦ **1.** Officier de bouche de la table du roi (→ Échanson).

♦ **2.** (1680). Lieu où l'on plaçait les plats desservis de la table du roi.

SÉRÉ [seʀe] n. m. — 1528; *serai*, déb. xvᵉ; du lat. *serum* «petit-lait». → Sérum; et aussi Sérac.

♦ Régional (Savoie, Suisse), vx. Fromage blanc rendu compact. «*Les bons fromages appelés* tomes, chevrotains *ou* sérés» (J. Gourdault, *la France pittoresque,* t. 23, p. 472; *in* D.D.L.).

1. SEREIN, EINE [seʀɛ̃, ɛn] adj. — 1549; *serain*, v. 1175; lat. pop. **seranus*, du lat. class. *serenus.*

♦ **1.** (En parlant des conditions atmosphériques.) Littér. Qui est à la fois pur* (II., 2.) et calme*. ⇒ **Beau** (beau temps). *Ciel toujours serein* (→ Feu, cit. 53). *Air serein* (→ Morfondre, cit. 4; parfumer, cit. 7). *Jours sereins* (→ Muable, cit.). *Nuits sereines* (→ Constel-ler, cit. 3). «*La lune* (cit. 3) *était sereine et jouait sur les flots*» (Hugo). — (Avec une valeur morale). ⇒ **Sérénité.** «*Tous les jours se levaient clairs* (cit. 6) *et sereins pour eux*» (Racine). *Douce et sereine atmosphère* (→ Béguinage, cit. 1). ⇒ **Heureux, nuage** (sans). «*S'élancer* (cit. 9) *vers les champs lumineux et sereins*» (Baudelaire). — Par métaphore. *Un coup de tonnerre* dans un ciel serein.

C'était aux premiers temps du globe; et la clarté
Brillait sereine au front du ciel inaccessible (...)
HUGO, la Légende des siècles, II, «Sacre de la femme», I.

Par ext. (parce que la transparence de l'œil n'est pas troublée). Méd. *Goutte* sereine.*

♦ **2.** (Mil. xviiᵉ). Abstrait. Dont le calme provient d'une noblesse, d'une hauteur ou d'une paix morale qui n'est pas troublée. ⇒ **Paisible, tranquille.** *Âme* (cit. 65) *sereine* (→ Alourdir, cit. 4; garder, cit. 52; inaccessible, cit. 19). *Esprit serein* (→ Mère, cit. 16). *Cette paix* (cit. 35) *sereine de Pascal* (→ Divin, cit. 3). *Foi, force sereine* (→ Déséquilibre, cit. 3; rêve, cit. 15).

♦ **3.** (1636; *serin,* v. 1240). Qui indique la maîtrise de soi, le calme. *Visage serein* (→ Effarement, cit. 1). *Front candide* (cit. 4) *et serein.* ⇒ **Placide.** «*Nature au front serein, comme vous oubliez !* » (→ Métamorphose, cit. 9, Hugo). *Physionomie ouverte et sereine* (→ Exprimer, cit. 17). *Regard serein* (→ Avenant, cit. 2; éphé-mère; cit. 7). *Voix grave et sereine* (→ Profond, cit. 9).

♦ **4.** Insensible aux passions ou à l'esprit de système (→ Impartial, objectif). *Une histoire, une critique sereine. Jugement serein.*

♦ **5.** Calme, sans oppositions violentes, en parlant d'une situation sociale. *La rencontre s'est déroulée dans une atmosphère sereine. Un climat social plus serein. La rentrée parlementaire devrait être sereine.*

CONTR. Nuageux. — Affairé, agité, anxieux, emporté, fâché, fou, fougueux, furibond, furieux, inquiet, troublé.
DÉR. Sereinement.
COMP. Rasséréner. — V. aussi **Sérénité.**
HOM. 2. Serein, serin.

2. SEREIN [seʀɛ̃] n. m. — 1580; var. *sierain* et *serain* «soir», proprt «(heure) calme», xiiᵉ; anc. franç. *sérée* «soirée»; du lat. *serenus,* avec infl. de *serum* «heure tardive», de *sero* «tard».

♦ Littér. ou régional. Humidité ou fraîcheur qui tombe avec le soir après une belle journée. «*Le serein mouille un peu les bancs sous la charmille*» (→ 1. Frais, cit. 6, Hugo). *Être exposé* (cit. 13) *au serein. Prendre le serein,* en éprouver les effets malfaisants.

Que fais-tu là si tard, ma petite Ninette?
Il est temps de dormir. — Tu prendras le serein. 1
A. DE MUSSET, Premières poésies, «À quoi rêvent les jeunes filles», II, 2.

Je sortirai dans la rosée, au lever du soleil, pour cueillir les fruits de notre terre; 2
j'irai dans le serein du soir voir si les poules reposent dans les branches des arbres,
si la bête sauvage et vorace ne les a pas enlevées.
Jacques ROUMAIN, Gouverneurs de la rosée,
in Littératures de langue franç. hors de France, p. 167.

HOM. 1. Serein, serin.

SEREINEMENT [səʀɛnmɑ̃] adv. — xxᵉ; 1932, Mauriac, → Injuste, cit. 5; de 1. *serein.*

♦ Littér. D'une manière sereine* (1. Serein, 2.). *Discuter, abor-der sereinement les problèmes* (→ Avocat, cit. 17; hargneusement, cit. 1). *Faire sereinement une œuvre* (cit. 15).

SÉRÉNADE [seʀenad] n. f. — 1555; ital. *serenata* «musique du soir», d'abord «belle nuit», du lat. *serenus.* → 2. Serein.

♦ **1.** Anciennt. Concert (cit. 13), accompagné ou non de voix (⇒ **Chant**) qui se donnait la nuit sous les fenêtres de qqn qu'on voulait honorer (et, spécialt, une femme aimée). *Donner une sérénade à sa belle.*

La mode des *sérénades* est passée depuis longtemps, ou ne dure plus que parmi 1
le peuple; et c'est grand dommage : le silence de la nuit, qui bannit toute distraction, fait mieux valoir la musique et la rend plus délicieuse.
ROUSSEAU, Dict. de musique, «Sérénade».

2 | Les donneurs de sérénades
Et les belles écouteuses
Échangent des propos fades
Sous les ramures chanteuses.   VERLAINE, Fêtes galantes, « Mandoline ».

♦ **2.** (1703). Mus. Pièce de musique vocale ou instrumentale, composée en principe pour être jouée en plein air et la nuit (→ Nocturne, cit. 4), devenue plus tard un genre de composition libre en plusieurs mouvements, écrite de préférence pour instruments à vent (bois). ⇒ **Divertissement.** *Sérénades de Mozart, de Haydn.*

♦ **3.** (1660). Par antiphr. (fam.). Concert de cris. ⇒ **Charivari, tapage.** *Leur bébé a donné une sérénade à tout l'immeuble.* — (xxe). Fig., fam. Reproches très vifs. ⇒ **Engueulade** (fam.).

CONTR. Aubade.

SÉRÉNISSIME [serenisim] adj. — xiiie, puis 1441 ; ital. *serenissimo,* superl. de *sereno* « serein ».

♦ Titre honorifique donné à certains princes ou hauts personnages. *Altesse sérénissime* (→ Assurer, cit. 33 ; forteresse, cit. 2 ; griffonner, cit. 4 ; majesté, cit. 9). — Hist. *La sérénissime république* : la république de Venise.

On les appelle grands, nobles, sérénissimes ;
Ils sont comme des feux allumés sur les cimes (...)
                          HUGO, la Légende des siècles, XX, II.

SÉRÉNITÉ [serenite] n. f. — xive ; *sereniteit,* 1190 ; lat. *serenitas,* de *serenus.* → 1. Serein.

♦ **1.** (Fin xive). Littér., rare. État serein (du ciel). ⇒ 1. **Serein** (1.). *Sérénité du ciel* (cit. 35 ; → aussi Encapuchonner, cit. 2). *Sérénité lumineuse* (cit. 6).

1 | Il était là seul avec lui-même, recueilli, paisible, adorant, comparant la sérénité de son cœur à la sérénité de l'éther, ému dans les ténèbres par les splendeurs visibles des constellations et les splendeurs invisibles de Dieu (...)
                          HUGO, les Misérables, I, I, XIII.

♦ **2.** Fig. État, caractère d'une personne sereine (⇒ 1. **Serein,** 2.). ⇒ **Calme** (cit. 18), **égalité** (d'âme), **équanimité, placidité, tranquillité.** *La sérénité de l'âme, de l'esprit en paix* (cit. 5), *d'une vie sainte* (→ Quaker, cit. 1). *Retrouver la sérénité* (→ Angoisse, cit. 9). ⇒ **Bien-être, bonheur.** *Sérénité dans l'âme, dans l'esprit* (→ Éthéré, cit. 2 ; expirer, cit. 7). *Sérénité olympienne* (→ Pétard, cit. 4). *La joie de Mozart est faite de sérénité* (→ Cristallin, cit. 3). *Accueillir* (cit. 6), *envisager avec sérénité* (→ Apaisant, cit. 2). *La sérénité considérée comme un idéal.* ⇒ **Ataraxie** (cit. 2 ; et → Ascèse, cit. 5 ; indifférence, cit. 3). *« Sérénité funèbre »* (Colette). — *La sérénité d'un visage, d'une physionomie...* (→ Altérer, cit. 9 ; heureux, cit. 48 ; nimbe, cit. 2). Par anal. *La sérénité d'un paysage.* ⇒ **Paix** (→ Apparent, cit. 9 ; communiquer, cit. 9).

2 | Je retrouvais le calme auprès d'une femme, de qui la sérénité s'étendait autour d'elle, sans que cette sérénité eût rien de trop égal, car elle passait au travers d'affections profondes.   CHATEAUBRIAND, Mémoires d'outre-tombe, t. IV, p. 338.

Spécialt. Impartialité, objectivité. *La sérénité de l'historien. La sérénité du raisonnement et de la logique* (→ Passion, cit. 28).

♦ **3.** (1471). Vx. Titre d'honneur qu'on donnait à certains princes (→ Majesté, cit. 10).

CONTR. Affairement, affolement, agitation, anxiété, angoisse, appréhension, effroi, émotion, emportement, énervement, frayeur.

SERENO [sereno] n. m. — 1923, Larousse ; mot esp., « veilleur de nuit ». → 2. Serein, sérénade.

♦ Hist., folklore. Veilleur de nuit qui annonçait les heures, en Espagne.

SÉRÈRE ou **SERER** [serer] adj. et n. — D. i. ; mot de cette langue.

♦ Des populations africaines du Sénégal qui vivent entre Thiès et l'embouchure de la Gambie. *Littérature, poésie sérère* (ou *sérer, serrer*). — N. *Les Serer, les Sérères.* — N. m. Langue parlée par les Sérères du Sénégal (env. 500 000 locuteurs), l'une des principales langues du pays, avec le wolof et le peul.

REM. Les spécialistes emploient les formes *sérèr* ou *serer.*

SÉREUX, EUSE [serø, øz] adj. — V. 1363 ; dér. du lat. *serum* « petit-lait ». → Sérum.

♦ **1.** Anc. méd. Qui est mêlé d'eau (ou de flegme), en parlant d'une humeur* (lait, cit. 2 ; sang). — *Partie séreuse du sang* : le sérum. *« Séreux est presque synonyme d'aqueux »* (*Encyclopédie*).

♦ **2.** Vx. Relatif à l'épanchement de certains liquides organiques (*« séreux »,* au sens 3. ; liquide céphalorachidien, etc.). *Apoplexie séreuse* (→ Flamber, cit. 11).

♦ **3.** (xixe). Relatif à la sécrétion de liquides lacunaires et interstitiels (lymphe* interstitielle, liquide de l'œil, de l'oreille interne), et, spécialt, de ceux qui servent à faciliter le glissement de parties en contact (*liquides séreux* ou *sérosités*). *Membrane séreuse,* et, n. f. (1825), *la séreuse :* fine membrane de tissu conjonctif qui tapisse certaines cavités internes de l'organisme (plèvre, péricarde, synoviale articulaire, gaine synoviale d'un tendon dite *gaine séreuse*). *Séreuses secondaires* ou *bourses séreuses* des tissus sous-cutanés (⇒ aussi **Hygroma**). *Cavité, tunique séreuse* (→ Enveloppe, cit. 3). — Pathol. *Exsudat* séreux ; exsudation, infiltration séreuse* (œdème, phlyctène). *Liquide séreux* s'emploie par oppos. à *liquide suppuré, pus...* *Synovite séreuse.*

♦ **4.** Du sérum sanguin (⇒ **Sérique**). *Anémie séreuse.*

DÉR. Sérosité.
COMP. Sous-séreux.
HOM. Céreux.

SERF, SERVE [ser(f), serv] n. et adj. — 1050, saint Alexis ; *serv,* fin xe ; du lat. *servus* « esclave ».

♦ **1.** N. Hist. Sous la féodalité, Homme ou femme qui n'avait pas de liberté personnelle complète, était attaché à une terre (⇒ **Glèbe,** spécialt), frappé de diverses incapacités et assujetti à des obligations. ⇒ **Corvée** (cit. 1), **formariage** (cit.), **mainmorte** ou **mortaille ; capitation, redevance...** *À la différence des esclaves* antiques, les serfs avaient la personnalité et leur famille était reconnue.* ⇒ **Servage, servile.** *Serfs de corps et de poursuite,* qui pouvaient être revendiqués par le seigneur en cas de fuite (droit de poursuite). *Serfs d'héritage,* qui redevenaient libres en abandonnant leur tenure (déguerpissement). *Rendre un serf libre.* ⇒ **Affranchir, affranchissement, émancipation, manumission.** *Droits payés par les serfs* (capitation, etc. ⇒ **Redevance**). *Serfs taillables et corvéables à merci.*

Le serf végète entre eux deux *(le seigneur et le prêtre),* une moitié dans un enfer, une moitié dans l'autre. À sous ses pieds nus la fatalité qui pour lui s'appelle la glèbe (...) Il est terre à demi. Il rampe, traîne, pousse, porte, geint, obéit, pleure. Il est vêtu d'une loque, il a une corde autour des reins qui, à la moindre infraction, lui monte au cou ; son maître ne le rencontre qu'à coups de bâton ; ses enfants sont des petits, sa femme, hideuse d'infortune, est à peine une femelle (...)
                          HUGO, Post-Scriptum de ma vie, L'Esprit, Promontorium somnii, III. | 1

(Dans d'autres sociétés féodales plus récentes). *Les serfs russes* (→ Gouvernement, cit. 18), *japonais...*

Vx. Personne qui n'est pas de condition libre. ⇒ **Esclave, ilote,** etc. (Cf. Raynal, *in* Littré).

Fig., littér. Esclave, serviteur (→ Estomac, cit. 17). *Il est serf des engagements qu'il doit prendre* (→ Gage, cit. 22). *La serve de votre Seigneurie* (→ Honorer, cit. 31).

♦ **2.** Adj. ⇒ **Servile.** *Condition serve. Terres serves.* Fig. *Travail libre et travail serf* (→ Pire, cit. 7). — (1561). Vx. *Serf arbitre :* volonté déterminée (opposé à *libre arbitre*. ⇒ 2. **Arbitre**).

Le territoire fut racheté, les âmes ne l'ont pas été. Je les vois serves toujours, serves de cupidité et de basses passions, serves d'idées, ne gardant de cette histoire sanglante que l'adoration de la force et de la victoire, — de la force qui fut faible, et de la victoire vaincue.   MICHELET, Hist. de la Révolution franç., IV, IX. | 2

Cet homme régnait sur cent kilomètres carrés de neige. Les paysans retrouvaient, à sa vue, des postures serves. Il ne battait pas monnaie, ni ne levait d'impôt, mais réquisitionnait à l'occasion et savait toujours terrifier, par les imprévus de sa rudesse démente, des civils qui ne dépendaient nullement de lui et les soldats livrés à sa merci.   Jacques LAURENT, les Bêtises, p. 11. | 3

CONTR. Bourgeois, noble, seigneur. — **Indépendant, libre.**
DÉR. (Du lat. *servus*) Servage, servile, servir, servitude.
HOM. Cerf.

SERFOUETTE [serfwet] n. f. — 1600 ; *sarfouette,* 1578 ; *cerfouette,* 1534 ; de *serfouir.*

♦ Outil de jardinage, pioche légère dont le fer est large et carré d'un côté et pointu de l'autre. ⇒ **Piochon.**

Quant aux loups, je n'en ai cure avec ma serfouette. Disant cela, il pendit hardiment sa serfouette à sa ceinture, et partit d'un pas délibéré.
                          Charles NODIER, Contes, « Trésor des fèves et Fleur des pois ».

SERFOUIR [serfwir] v. tr. — 1800 ; *sarfouir,* 1549 ; *seurfouir,* fin xive ; altér. de *cerfoïr* (xiiie) ; d'un lat. pop. *circumfodere* « fouir autour », du lat. class. *fodere.* → Fouir.

♦ Agric. Sarcler, biner avec la serfouette. Par ext. *Serfouir une plante,* gratter la terre autour.

DÉR. Serfouette, serfouissage.

SERFOUISSAGE [serfwisaʒ] n. m. — 1812 ; *serfouage,* fin xvie ; de *serfouir.*

♦ Agric. Opération par laquelle on ameublit superficiellement le sol autour du collet des plantes. ⇒ **Binage, labour.**

SERGE [serʒ] n. f. — 1360 ; *sarge,* v. 1175 ; d'un lat. pop. *sarica,* altér. de *serica,* plur. de *sericum* « étoffe de soie », grec *sêrikos,* de *sêr* « ver à soie », dér. de *Sêres* « Sères », peuple d'Asie.

♦ **1.** Vieilli. Tissu formant des côtes obliques assez fines. *Serge de* *soie, de coton, de laine. Croisure de la serge.* (On dit *sergé*, de nos jours). ⇒ **Lingette** (vx), **sayette.**

♦ **2.** Mod. Tissu sergé, en laine. *La serge est une étoffe serrée et solide. Lit* (→ Mobilier, cit. 2), *rideaux* (→ Pente, cit. 13) *de serge. Vêtements, jaquette* (cit. 4), *corsage* (→ Pilou, cit.), *robe, tailleur de serge* (→ Dissimuler, cit. 9 ; gonfler, cit. 9).

C'étaient, sous l'humble serge ou l'hermine royale,
Les bons et grands enfants de la guerre loyale.
                              HUGO, la Légende des siècles, XX, « Premier jour ».

DÉR. Sergé, serger ou **sergier, sergerie, sergette.**

SERGÉ, ÉE [sɛʀʒe] n. m. et adj. — 1820 ; adj., 1771 ; de *serge.*

♦ Techn. Armure « carrée » comportant un même nombre de fils de chaîne et de fils de trame (duites). *Le sergé est l'une des trois armures de base. Le croisé, la gabardine sont des sergés ; les chevrons, les diagonales en sont dérivés. Le tweed, la flanelle sont des toiles ou des sergés. — Tissu* de sergé. — Adj. Armure sergée. Les tissus d'armure sergée comprennent, outre les sergés proprement dits, le coutil, le molleton, les croisés* (coton), *le casimir, le « cachemire d'Écosse »* (laine).

SERGENT [sɛʀʒɑ̃] n. m. — Déb. XIIIᵉ ; *serjant,* 1050, saint Alexis ; du lat. *servientem,* accusatif de *serviens,* p. prés. de *servire,* au sens de « être de service, au service de... » ; a signifié « serviteur domestique » (auxiliaire, militaire, artisan, etc.) avec un rang supérieur au « valet », dans la hiérarchie).

★ **I.** ♦ **1.** Vx ou hist. Officier de justice chargé des poursuites, saisies, etc. (⇒ **Huissier**). *Sergent à verge,* qui avait le droit de vendre les biens saisis. *Sergent royal,* qui appartenait à une juridiction royale. *Sergent fieffé,* qui agissait au nom du seigneur. (1690). *Sergent de querelle,* qui assistait aux duels. *Sergent des tailles,* qui percevait l'impôt. — *Sergent de justice* (→ Haut-de-chausses, cit. 2). *Tirer qqn de la main des sergents* (→ Excusable, cit. 5).

1 Oui, vous êtes sergent, Monsieur, et très sergent.
   Touchez là. Vos pareils sont gens que je révère (...)
                              RACINE, les Plaideurs, II, 4 (→ aussi Nourrir, cit. 2).

(1829). Vieilli. **SERGENT DE VILLE** : agent* de police ; gardien de la paix (→ Noce, cit. 5 ; obtenir, cit. 2 ; poivrot, cit.). *Escouade* (cit. 2) *de sergents de ville.* ⇒ **Sergot** (vx) ; **constable** (anglais).

2 Comme aussi les sergents de ville :
   J'avais une estime pour eux !
   Protecteurs de la paix civile,
   De l'ordre gardiens valeureux (...)
                              VERLAINE, Invectives, XLV.

♦ **2.** ⓐ Au moyen âge, Soldat *(sergents d'armes, de pied...),* officier. — (1534). *Sergent de bataille* : officier commandant environ 150 hommes *(sergent-major).* Vx. Bas officier instructeur.

ⓑ Mod. Le grade* le plus bas, dans la hiérarchie des sous-officiers d'infanterie, du génie, d'aviation... (correspond au maréchal* des logis). → Galon, cit. 4. *Sergent instructeur*. Sergent-fourrier*.* — Anciennt ou fig. *Sergent racoleur* (cit. 2), *recruteur*.*

3 Soldat de fortune, il avait porté le sac, caporal en Afrique, sergent à Sébastopol, lieutenant après Solférino (...)   ZOLA, la Débâcle, I, I.

SERGENT-CHEF : sous-officier d'un grade immédiatement supérieur à celui de sergent (inférieur à *adjudant*). *On s'adresse au sergent-chef en disant « chef ».* — (1798 ; « sergent de bataille », 1587). **SERGENT-MAJOR** : sous-officier (intermédiaire entre sergent-chef et adjudant), chargé de la comptabilité d'une compagnie. *Sergent-fourrier* assistant du sergent-major. Plume sergent-major* : plume métallique (marque commerciale, ce type de plume ayant été utilisé dans l'administration militaire, avant de l'être dans les écoles). — N. f. *Une sergent-major.*

4 Ou bien, elle écrit une dictée le doigt crispé sur le sergent-major.
                              Geneviève DORMANN, la Passion selon saint Jules, p. 205.
5 (...) ces plumes sergent-major dont plus personne ne se sert.
                              Philippe BERNERT, S. D. E. C. E. Service 7, p. 250.

★ **II.** (1549 ; même métaphore que *valet,* probablt avec influence de *serre-joint*). Menuis. Presse à vis dont se sert le menuisier pour tenir serrées des pièces à assembler. Syn. : *serre-joint.*

DÉR. Sergot.

SERGER [sɛʀʒe] ou SERGIER [sɛʀʒje] n. m. — 1669, *serger ; sergier,* 1313 ; *sargier,* XIVᵉ ; de *serge.*

♦ Vx. Fabricant, marchand de serges.

SERGERIE [sɛʀʒəʀi] n. f. — XVᵉ, *sargerie ;* de *serge.*

♦ Vx. Fabrication, commerce des serges, des tissus sergés.

SERGETTE [sɛʀʒɛt] n. f. — 1669 ; *sargette,* 1366 ; dimin. de *serge.*

♦ Vx. Serge légère et mince. — Serge de laine mêlée de soie, fabriquée en Flandre et en Picardie aux XVIIᵉ et XVIIIᵉ siècles.

SERGOT [sɛʀgo] n. m. — 1873 ; altér. de *sergent.*

♦ Vx, fam. Abréviation de *sergent de ville,* ou syn. de *sergent.*

1 C'était un vieux sergot, un homme d'une quarantaine d'années. Crainquebille s'approcha doucement de lui et, d'une voix hésitante et faible, lui dit : — Mort aux vaches !   FRANCE, Crainquebille, VIII.

On a écrit aussi *sergo* (1868).

2 « La rue du Chemin-Vert, savez-vous ? — Demandez aux sergos. » Aux sergos !
                              Germain NOUVEAU, le Manouvrier, 1878, Pl., p. 445.

SÉRIAL [seʀjal] n. m. — 1921, *in* Höfler ; angl. *serial* « de série ».

♦ Anglic., cin. (surtout plur.). Chacun des films d'une série à épisodes ; l'un des films, considéré isolément, de la série.

SÉRIALISATION [seʀjalizasjɔ̃] n. f. — 1966 ; de *sérialiser.*

♦ **1.** Rare. Action de diviser en catégories. ⇒ **Sériation.**

♦ **2.** (D'abord chez J.-P. Sartre ; repris par d'autres auteurs, → cit. *infra*). Perte du sentiment d'appartenance à une (ou : à la) collectivité humaine, surgissement d'une anomie conduisant les membres d'un groupe à vivre chacun pour soi et dans l'hostilité envers les autres une condition que tous partagent.

Il y a sérialisation quand les individus, vivant dans la dispersion une condition commune, se rendent ennemis les uns des autres : ainsi dans une panique ou dans un embouteillage.   S. DE BEAUVOIR, Tout compte fait, p. 146 (note en bas de page).

♦ **3.** (V. 1970). Inform. Opération consistant à sérialiser (une information).

SÉRIALISER [seʀjalize] v. tr. — 1966 ; dér. sav. de *sériel.*

♦ **1.** Rare. Diviser en séries (des objets, des personnes).

♦ **2.** (D'abord chez J. P. Sartre, → Sérialisation). Opérer la sérialisation de (un groupe ; ses membres).

(...) dans les ghettos comme dans les camps, les nazis ont sérialisé leurs victimes avec une adresse machiavélique, de manière qu'elles deviennent ennemies les unes des autres et soient réduites à l'impuissance.
                              S. DE BEAUVOIR, Tout compte fait, p. 146.

♦ **3.** (V. 1970). Inform. Transformer en une information sous forme sériée (une information fournie sous forme parallèle).

DÉR. Sérialisation.

SÉRIALISME [seʀjalism] n. m. — Mil. XXᵉ ; du rad. de (musique) *sérielle,* et *-isme.*

♦ Didact. (mus.). Caractère, doctrine de la musique qui procède par séries* (cit. 5) de 12 sons. ⇒ **Dodécaphonisme.**

(...) les représentants du sérialisme intégral le plus intransigeant.
                              A. GOLÉA, le Point (revue), 1961.

SÉRIALS [seʀjal] n. m. pl. ⇒ **Sérial.**

SÉRIATION [seʀjasjɔ̃] n. f. — 1871 ; de *sérier.*
Didactique.

♦ **1.** Le fait de sérier (des problèmes, des questions).

♦ **2.** Math. Relation asymétrique transitive entre les éléments d'une série.

(...) on croit pouvoir distinguer dans l'intelligence des enfants de sept-huit ans des structures de sériation A < B < C... construites par tâtonnements successifs. Or, la logique caractérise ces sériations comme une ordination des relations asymétriques, connexes et transitives : il suffit alors d'examiner si les sujets capables de sériation deviennent également aptes à conclure que X < Z (sans les voir ensemble) lorsque X < Y et Y < Z (ces deux faits étant seuls constatés par eux). Or c'est ce que l'on observe, alors que ce n'était nullement le cas auparavant.
                              J. PIAGET, Épistémologie des sciences de l'homme, p. 61.

SÉRICI- Premier élément de composés, tiré du lat. *sericus* « de soie » (⇒ Serge, étym.). Voir ci-dessous à l'ordre alphabétique, et aussi **sérigraphie.**

SÉRICICOLE [seʀisikɔl] adj. — 1836 ; de *sérici-,* et *-cole.*

♦ Techn. Qui concerne la production de la soie (élevage des vers à soie). *Établissement séricicole.* ⇒ **Magnanerie.** — Var. : *séricole.*

Si l'on en juge par les emplacements de foyers aux quatre coins des pièces, les claies grillagées entassées un peu partout et la renommée séricole de la région, les anciens locataires devaient être des magnans.
                              A. SARRAZIN, la Traversière, p. 238.

SÉRICICULTEUR [seʀisikyltœʀ] n. m. — 1858, *in Année sc. et industr.,* II, p. 141 ; de *sérici-,* et *-culteur.*

♦ Techn. Éleveur de vers à soie. ⇒ **Magnanier.**

SÉRICICULTURE [seʀisikyltyʀ] n. f. — 1845; de *sérici-*, et *-culture*.

♦ Techn. Élevage des bombyx du mûrier, ou vers à soie*. *Termes de sériciculture.* ⇒ **Incubation; encabaner, hivernage, magnan** (et dér.). — Var. : *sériculture.*

Il décrivait maintenant le mas des Grives, en vantait l'extraordinaire solitude, racontait l'histoire des bergers obligés par Louis XIV à se construire des maisons, puis celle de la magnanerie. Charlotte lui avait dit s'être passionnée pour la sériciculture dans les premiers temps de son séjour au mas.
A. BILLY, Sur les bords de la Veule, p. 128.

SÉRICIGÈNE [seʀisiʒɛn] adj. — 1871, Littré; de *sérici-*, et *-gène*.

♦ Didact. Qui produit la sécrétion d'où l'on tire la soie. *Glandes séricigènes du bombyx* (ver à soie), et, par anal., *d'autres larves d'insectes, des araignées* (filières). *Chenilles, papillons séricigènes.*

SÉRICIGRAPHIE [seʀisigʀafi] n. f. ⇒ **Sérigraphie.**

SÉRICINE [seʀisin] n. f. — 1878; dér. sav. du lat. *sericus* « soie » (→ Sérici-), suff. *-ine*.

♦ Chim. Scléroprotéine (deuxième protéine après la fibroïne) de la soie. *« La glande ou réservoir qui stocke la fibroïne et sécrète la séricine »* (*la Recherche*, déc. 1979, p. 1229).

SÉRICITE [seʀisit] n. f. — 1878; du lat. *sericus* « soie », et *-ite*.

♦ Minér. Silicate naturel de la famille des micas.

SÉRIE [seʀi] n. f. — 1715; lat. *series*.

♦ **1.** Math. Suite de nombres ou d'expressions mathématiques formés suivant une loi connue et dont on considère la somme. La série des inverses $\frac{1}{2} + \frac{1}{3} + \frac{1}{4} + \frac{1}{5} \dots \frac{1}{n}$ ou *série harmonique. Les termes* d'une série.* — (1876). *Série convergente,* telle que la somme de ses *n* premiers termes tend vers une limite* quand *n* croît indéfiniment. *Série divergente,* telle que la somme de ses *n* premiers termes ne tend pas vers une limite (→ aussi Expression, cit. 16). — *Développer une fonction en série :* trouver une série convergente dont la somme représente cette fonction. Didact. (log., etc.). Suite de termes ordonnés d'après la variation d'un ou plusieurs caractères déterminants. *Série chronologique :* suite de valeurs prises par une grandeur au cours du temps. *Série statistique :* suite des mesures de fréquence avec laquelle une variable aléatoire peut prendre des valeurs données. — Chim. organ. Suite de composés dérivés les uns des autres et qui ont une même formule générale. *La série des hydrocarbures saturés comprend le méthane, l'éthane, le propane, le butane... ayant pour formule* C_nH_{2n+2} — *Séries (familles) radioactives*.*

1 Celui des effets qui est le premier dans l'ordre de la succession, n'est pas pour cela principe de la série entière; mais toute la série, depuis le premier jusqu'au dernier terme, a son principe réel dans une cause ou force unique qui ne se transforme dans aucun de ses effets, et reste toujours identique avant, pendant et après l'apparition de ses effets.
MAINE DE BIRAN, Du physique et du moral de l'homme, Introd., § II.

♦ **2.** (Fin XVIIIᵉ). Cour. Suite déterminée et limitée de choses de même nature formant un ensemble, ou considérées comme telles. ⇒ **Séquence, suite.** *Tracer une figure en reliant une série de points* (→ Géométrique, cit. 2). *Série d'objets.* ⇒ **Brochette, chapelet, rang** (→ 1. Friper, cit. 1). *Série d'instruments.* ⇒ **Jeu.** *Série de couleurs* (⇒ **Clavier, gamme**), *de sons* (⇒ **Échelle**). *Ordinaux* (1. Ordinal, cit.) *qui classent dans une série.* ⇒ **Échelon, numéro.** *Série de chiffres.* ⇒ **Tranche.** *Série complète, ininterrompue. Compléter la série. Série de poèmes.* ⇒ **Cycle.** *Émission d'une série de timbres. L'homme est l'aboutissement d'une longue série de transformations* (→ Évolution, cit. 16). *Série de malheurs, d'ennuis, de catastrophes.* ⇒ **Cascade, cortège, kyrielle, procession, ribambelle.** — (1895). *Série noire :* suite de catastrophes. — REM. *Série* est parfois employé au sens imprécis de *suite.*

2 (...) il avoua toute une série de volumes sur des vies de Saints (...)
HUYSMANS, Là-bas, XII.

3 (...) les huit clairons (...) du bataillon qui sonnent, en traversant les patelins exotiques, la série complète des marches du Sud.
P. MAC ORLAN, Quai des brumes, IV.

Loc. (jeu de mots, dû à J. Prévert, sur *série noire,* → ci-dessus, pour désigner des livres policiers à couverture noire de Marcel Duhamel). *Série noire :* nom d'une célèbre collection de romans « noirs » (romans d'aventures criminelles). — *Une atmosphère de série noire, une histoire digne de la série noire :* une atmosphère, une histoire comparables à celles des romans policiers violents.

3.1 S'il se trouve que l'intérêt de la patrie recoupe les intérêts d'une famille puissam-

ment riche, cela compose un scénario comme celui qui se déroule en ce moment, et donne de la copie toute faite aux fournisseurs habituels de la *série noire.*
F. MAURIAC, le Nouveau Bloc-notes 1958-1960, p. 160.

(1875). Au billard, Suite de points réussis d'affilée par un joueur.

4 On exultait au Café des Arts. La veste tombée, Respellière faisait une série. Les boules du billard avaient l'air happées les unes vers les autres.
ARAGON, les Beaux Quartiers, I, XXV.

(1921). Boxe. Suite rapide de coups.

4.1 Il place une série à la tête, je gare les mâchoires, et un coup preste me brûle le nez. La première reprise est finie. Jean PRÉVOST, Plaisir des sports, p. 84.

(1922). Éducation physique. Enchaînement de mouvements faisant travailler tous les groupes musculaires.

Comm. *Série de prix :* catalogue de l'administration ou des syndicats dans lequel chaque acte de chaque métier est tarifé et auquel les parties se réfèrent pour établir les devis. *Prix de série,* figurant dans la série. — Collection des vêtements de confection, de chaussures, etc. comportant toutes les tailles. *Soldes des fins de séries.*

Mus. Suite des douze demi-tons de la gamme chromatique, utilisée comme unité dans la musique atonale dodécaphonique. ⇒ **Sériel** (→ Objet, cit. 11; et ci-dessous, cit. 5, Cœuroy).

5 La tonique régulatrice *(du système tonal))* ayant disparu, il était nécessaire, pour éviter l'amorphe et l'anarchique, d'imaginer des contraintes. Celles-ci se fondent sur la série (d'où le nom de musique sérielle). Avant de composer, le musicien range à sa guise les douze demi-tons en une suite ou série où chacun ne figure qu'une fois, mais où ils doivent figurer tous (...) Elles sont ensuite soumises à des règles strictes qui rappellent celles du contrepoint (...)
André CŒUROY, Dict. mus. *in* G. PICON, Panorama des idées contemporaines, p. 469.

(1893). Techn. Partie de forêt sur laquelle est assise une coupe annuelle.

Télév. Suite d'émissions ayant le même propos, animée par le même personnage, chaque émission formant un tout. *Une série policière.*

♦ **3.** Petit groupe constituant une subdivision d'un classement. *Division en séries. Ranger par séries.* Par ext. *Ranger qqn dans la série des monomanes* (→ Idée, cit. 37). ⇒ **Catégorie, classe.**

(1859). Sports. Chaque groupe de coureurs, de joueurs, sélectionnés pour les épreuves de qualification*. — Épreuve éliminatoire précédant les épreuves de qualification pour la finale. *Il vient de courir la première série du quatre cents mètres. Il a été éliminé en série.* — (1905). Degré dans un classement sportif. *Joueur de tennis classé dans la première série.* Par ext. *Il est première, deuxième série* (s'emploie aussi dans le classement des joueurs de bridge). — *Tête de série.*

Ensemble de yachts, définis par leurs caractéristiques mesurées (rating) et courant ensemble. *Séries monotypes :* bateaux faits sur le même plan. *Séries handicap,* formées de yachts de croisière, souvent différents.

Cin. *Film de série B,* à budget réduit et tournage plus rapide que les grandes productions. *Un très bon film policier de série B.* — *Un western de série Z,* de la dernière catégorie.

♦ **4.** (Dans des expressions). Grand nombre d'objets identiques fabriqués à la chaîne (→ Fabrication, cit. 2). *Fabrication en série* (1903, *in* D.D.L.). *Fabriqué en série, en grande série.*

6 Un lit (...) venait en droite ligne d'un grand magasin de Paris où les meubles de ce genre sont fabriqués en séries de mille. J. GREEN, Adrienne Mesurat, I, XIII.

Voiture de série. Prix de série, abaissé grâce à une production industrielle répétitive. *Série et qualité* (→ Collectif, cit. 3; et aussi envahir, cit. 6). *Machine hors série,* qui fait l'objet d'une commande particulière. — Fam. *Travailler en série, faire de la série :* fabriquer en abondance mais sans que la qualité des objets soit excellente. — Fig. *Formation des mots en série* (→ Dérivation, cit. 2; et aussi machine, cit. 36).

HORS SÉRIE : absolument différent du commun, et, par ext., de toute première qualité, valeur. *Un collaborateur hors série. Un destin hors série.*

Électr. EN SÉRIE (ou *en cascade;* opposé à *en parallèle*) : se dit d'un montage bout à bout de conducteurs, tel qu'ils soient traversés par un même courant.

DÉR. Sériel, sérier.

SÉRIEL, ELLE [seʀjɛl] adj. — 1874; *sérial,* 1835; on a dit aussi *sériaire;* de *série.*

Didactique.

♦ **1.** Qui forme une série, qui est disposé en série; qui se rapporte à une, à la série. *Ordre sériel.*

♦ **2.** (1947). *Musique sérielle,* fondée sur la série* (cit. 5) de douze sons. ⇒ **Dodécaphonique.**

DÉR. Sérialiser, sérialisme.

SÉRIER [seʀje] v. tr. — 1815, au p. p., « disposé par séries »; de *série.*

♦ (XXᵉ). Classer, disposer par séries selon l'importance. ⇒ **Échelon-**

ner, diviser. *Il faut sérier les questions, les problèmes pour mieux les résoudre.* — Au p. p. *Difficultés sériées.*

CONTR. **Bloquer.**
DÉR. **Sériation.**

SÉRIEUSEMENT [seʀjøzmɑ̃] adv. — V. 1380 ; de *sérieux.*
D'une manière sérieuse.

♦ **1.** (1580 ; de *sérieux*, I., 1.). Avec sérieux, avec réflexion et application. *Traiter sérieusement les choses futiles* (→ Important, cit. 5). *Parler, discuter, s'appliquer sérieusement* (→ Mûrir, cit. 5).

1 Plus on va, plus on voit que, dans ce monde, rien ne se traite sérieusement que les choses légères, et légèrement que les choses sérieuses.
Ed. et J. DE GONCOURT, Journal, 23 avr. 1867, t. III, p. 89.

♦ **2.** (1655 ; de *sérieux*, I., 2.). Sans rire, sans raillerie* ; sans plaisanter. *Dire sérieusement une chose drôle. Parlez-vous sérieusement ?* — Ellipt. *Sérieusement, êtes-vous disposé à...*

2 — (...) Vous êtes insupportable. On ne sait jamais si vous parlez sérieusement.
FRANCE, Jocaste, I, Œ., t. II, p. 50.

♦ **3.** (De *sérieux*, I., 3.). Réellement, effectivement. ⇒ **Bon** (tout de), **vraiment ;** → fam. Pour de vrai*, pour de bon*. *Vouloir sérieusement être sage* (→ Avance, cit. 35). *Croire sérieusement que...* (→ Atonie, cit. 3).

♦ **4.** (De *sérieux*, I., 6.). Fortement. *Pédaler* (cit. 2) *sérieusement dans une côte. Inquiéter sérieusement qqn* (→ Diplomatiquement, cit. 2), **inquiétant.** *Danger. risque sérieux* (→ Météore, cit. 2). *Accrochage* (cit. 2) *sérieux. Rechutes chaque fois plus sérieuses* (→ Aggravation, cit.).

CONTR. **Burlesquement, facétieusement, légèrement, plaisamment.** — **Rire** (pour), **légère** (à la).

SÉRIEUX, EUSE [seʀjø, øz] adj. et n. m. — 1370, *choses sérieuses ;* d'un bas lat. *seriosus,* lat. class. *serius,* à propos des choses.

★ **I.** Adj. ♦ **1.** (1580). Personnes. Qui prend en considération ce qui mérite de l'être et agit en conséquence ; «avec le sentiment de l'importance de ce qu'il fait» (Foulquié). ⇒ **Posé, raisonnable, rassis, réfléchi, sage** (→ Avancer, cit. 8 ; badinerie, cit. 4 ; peser, cit. 25). *L'homme sérieux ne s'engage pas à la légère* (→ aussi Gaieté, cit. 9). *Écolier sérieux.* ⇒ **Appliqué, bon, soigneux.** *Rendre qqn sérieux* (→ Lui mettre du plomb* dans la tête). *Souriant et sérieux* (→ Intelligence, cit. 22). *Un air pas sérieux* (→ Galvauder, cit. 4). *Cela ne fait pas sérieux !*

1 On peut avoir, tout ensemble, un air sérieux dans l'esprit, et dire souvent des choses agréables et enjouées ; cette sorte d'esprit convient à toutes personnes et à tous les âges de la vie. Les jeunes gens ont d'ordinaire l'esprit enjoué et moqueur, sans l'avoir sérieux, et c'est ce qui les rend souvent incommodes.
LA ROCHEFOUCAULD, Réflexions diverses, 16.

(Choses). Qui est fait dans cet esprit, avec science, avec soin. *Un travail sérieux. De sérieuses études. Sa thèse, ses théories ne sont pas sérieuses.* (Dans la conversation). *Des arguments sérieux, peu sérieux.* — (À l'impér. ou dans des tours négatifs). *Allons, il faut être sérieux ! Soyons sérieux !* (→ fam. Faut pas déconner*). *C'est pas sérieux.*

♦ **2.** (1580). Qui ne rit pas, ne manifeste aucun amusement, aucune gaieté. ⇒ **Froid, grave.** *Un homme sérieux qui ne badine* (cit. 5) *jamais. Morne, sérieux, silencieux* (→ Parier, cit. 3). Loc. fam. *Sérieux comme un pape :* très sérieux. — Par ext. *Air sérieux* (→ Honnêteté, cit. 5 ; joyeux, cit. 5). ⇒ **Sévère.** *Visage* (→ Attentif, cit. 6 ; doute, cit. 7), *front* (cit. 15) *sérieux ; bouche sérieuse* (→ Relever, cit. 23).

2 (..) il doit me trouver une figure sérieuse, ce qui, pour les enfants, veut dire triste.
STENDHAL, la Chartreuse de Parme, II, XXVIII.

♦ **3.** (1871). Sur qui (ou sur quoi) l'on peut compter ; qui ne change pas, ne ment pas. ⇒ **Sûr** (→ Faire, cit. 266 ; respecter, cit. 7). *Client sérieux,* qui a l'intention d'acheter, qui achète beaucoup. *Un client sérieux,* comédie de Courteline. *Être sérieux en affaires. «Si pas sérieux s'abstenir»* (dans les offres d'emploi, de mariage). — Comm. *Maison sérieuse* (→ 1. Marque, cit. 6). — *Renseignement sérieux.* ⇒ **Positif.** *Amitié sérieuse.* ⇒ **Réel, sincère, solide.** Fam. *Alors c'est sérieux, vous partez ? :* vous partez vraiment*, réellement ? *Ce n'est pas sérieux :* c'est une plaisanterie*.

2.1 C'est un conseil désintéressé que je vous donne, c'est un beau-frère qui vous parle, c'est la supplication d'un père de famille, c'est une adjuration éperdue, c'est pas du bidon, c'est tout ce qu'il y a de plus sérieux.
R. QUENEAU, le Dimanche de la vie, p. 67.

♦ **4.** (1690). D'une femme. Réservée dans son comportement amoureux ; chaste, fidèle. ⇒ **Honnête** (spécial), **rangé.** *Jeune fille sérieuse. Femme pas* (2. Pas, cit. 39) *sérieuse.* (D'un homme). Qui est trop entreprenant. *Allons, vous n'êtes pas sérieux !*

(Choses). Convenable ; où il n'y a rien de grivois. *L'atmosphère était gaie, mais très sérieuse.* ⇒ **Convenable.**

♦ **5.** (Choses). Qui ne peut prêter à rire, qui mérite considération. ⇒ **Important** (cf. De conséquence). *C'est une chose bien sérieuse que de mourir* (→ Badinage, cit. 3). *Les choses sérieuses* (→ Bouf-

fon, cit. 8 ; frivole, cit. 6 ; légèrement, cit. 7). *Assez de bêtises, revenons aux choses sérieuses. Affaire sérieuse* (→ Puérilité, cit. 2). *À demain les affaires sérieuses. Le jeu* (cit. 2) *et les activités sérieuses.* — Par ext. ⇒ **Bon, valable.** *Avoir des raisons sérieuses de croire que...* (→ Détresse, cit. 10).

♦ **6.** (XXe). Qui compte, par la quantité ou la qualité (le plus souvent avant le nom). *Une sérieuse augmentation. Faire un sérieux effort. Un sérieux coup de poing* (→ aussi 1. Point, cit. 44).

2.2 — Merci ! pardon ! cinq cents francs ! monsieur le baron ! Et l'homme, bouleversé, saluant, saisissant le billet, l'examina.
— Cinq cents francs ! reprit-il, ébahi. Et il bégaya à demi-voix : Un fafiot sérieux !
HUGO, les Misérables, V, IX, IV.

(1718). Qui est important, en parlant de ce qui met en péril. ⇒ **Dangereux, dramatique, grave** (1. Grave, cit. 24), **inquiétant.** *Danger, risque sérieux* (→ Météore, cit. 2). *Accrochage* (cit. 2) *sérieux. Rechutes chaque fois plus sérieuses* (→ Aggravation, cit.).

3 Il peut venir d'une seconde à l'autre : un quart d'heure de retard n'est rien ; vingt minutes c'est déjà plus sérieux (...)
Valery LARBAUD, Enfantines, «L'heure avec la figure».

4 Ce n'est pas grave mais c'est sérieux. Il avait la poitrine faible (...) Il n'est plus question qu'il retourne en classe. Repos, repos et repos.
COCTEAU, les Enfants terribles, p. 45.

♦ **7.** (1580). Qui n'est pas fait, dit pour l'amusement. *Littérature, conversation, propos* (→ Génital, cit. 1), *livres, journaux sérieux* (→ Bagatelle, cit. 9). *Lecture trop sérieuse pour un enfant. Peinture sérieuse* (→ Miniature, cit. 2). *Musique sérieuse,* classique. — (1757). Hist. littér. *Le genre sérieux,* défini par Diderot comme intermédiaire entre le genre tragique et le genre comique (*Entretiens sur le Fils naturel,* III).

5 Il n'était pas permis à la bibliothèque publique de donner à lire l'Esprit des Lois : mais, au milieu de cette gêne, les romans de Crébillon circulaient dans les mains de tout le monde ; les ouvrages licencieux entraient, les ouvrages sérieux étaient seuls arrêtés.
Mme DE STAËL, De l'Allemagne, I, VI.

6 Or, que demande le riche, que demande le grand nombre, en fait de productions intellectuelles ? Est-ce de la littérature sérieuse, est-ce de la haute philosophie ? (...) Nullement. C'est de la littérature amusante, ce sont des feuilletons, des romans, des pièces spirituelles.
RENAN, Réflexions sur l'état des esprits (1849), II, Œ. compl., t. I, p. 221.

★ **II.** N. m. — REM. On a dit *sériosité* (vx). ♦ **1.** (1663). État de celui qui ne rit pas, ne plaisante pas. ⇒ **Gravité.** — (1707). *Garder, tenir son sérieux :* demeurer grave. *C'était si comique* (cit. 12) *que je ne pus garder, tenir mon sérieux. J'arrêtais sa gaieté par mon sérieux* (→ Léger, cit. 29). *Le sérieux opposé à l'enjouement* (cit. 1 et 3). *Avec sérieux ; avec un sérieux anglais* (→ Gamin, cit. 11 ; garçon, cit. 24).

7 (...) ils avaient échangé un mutuel coup de coude, mais ils conservaient leur sérieux, l'œil fixe, impassibles, avec, seulement, aux coins des lèvres, un léger pli de grosse rigolade intérieure.
COURTELINE, le Train de 8 h 47, I, VII.

♦ **2.** (1670). Qualité d'une personne sérieuse (I., 1.), appliquée. *Être capable* (cit. 6) *de sérieux. Manque de sérieux. Avec sérieux.* ⇒ **Application, conviction** (→Amateur, cit. 7 ; folâtre, cit. 2). — *Esprit de sérieux,* par lequel on fait tout avec application et gravité (souvent péj.). — Philos. Attitude d'esprit de celui qui s'en tient aux valeurs reçues.

8 Le sérieux d'un esprit tranquille porte un air doux et serein. Le sérieux des passions ardentes est sauvage, sombre et allumé.
VAUVENARGUES, Introd. à la connaissance de l'esprit humain, I, XVII.

9 (...) un manque de sérieux, une puérilité, une fausseté de jugement, qui attristent.
RENAN, l'Instruction supérieure en France, II, Œ. compl., t. I, p. 88.

10 (L'angoisse) s'oppose à l'esprit de sérieux qui saisit les valeurs à partir du monde et qui réside dans la substantification (...) des valeurs.
SARTRE, L'Être et le Néant, p. 77.

♦ **3.** (1713). Caractère d'une chose sur laquelle on peut compter ou qu'on doit prendre en considération. ⇒ **Sériosité.** *Le sérieux d'un projet, d'un propos.* — **PRENDRE (qqch.) AU SÉRIEUX :** considérer comme réel (⇒ **Croire** [à...]), ou attacher de l'importance à (→ Canevas, cit. 5 ; difficile, cit. 21 ; mystère, cit. 9 ; peur, cit. 12). *Prendre au sérieux les inventions des poètes* (→ Platonique, cit. 2). *Il ne faut pas prendre ses larmes, ses menaces, ses insultes trop au sérieux* (→ Au tragique*). ⇒ **Formaliser** (se). — *Prendre qqn au sérieux,* considérer qu'il parle, agit avec sérieux. *Il faut prendre les enfants au sérieux.* — Pron. (1860). *Se prendre au sérieux :* attacher à ce qu'on est, à ce qu'on dit ou fait, une importance exagérée (→ Botte, cit. 3 ; et, par ext., diablerie, cit. 5).

11 Birotteau prenait tous les compliments au sérieux.
BALZAC, César Birotteau, Pl., t. V, p. 459.

12 Il faut toujours qu'un bord du monde tourne le dos à l'autre, pour se croire seul du son côté, et une partie de la terre se rie de l'autre partie, pour se prendre elle-même au sérieux. Chacun s'estime davantage de ce qu'il mésestime.
André SUARÈS, Trois hommes, «Ibsen», I.

♦ **4.** (XXe). Aspect menaçant, dangereux. *Le sérieux de la situation exige qu'on prenne des mesures énergiques.*

♦ **5.** Hist. littér. Genre sérieux, dans les ouvrages. *Le sérieux et le grave* (cit. 16).

CONTR. **Badin, désinvolte, distrait, étourdi, évaporé, facétieux, folâtre, frivole, futile, gamin, inconséquent, léger, puéril.** — V. aussi **Bouffon, clown, fantaisiste, guignol, hurluberlu.** — **Blagueur, enjoué, gai, ironique, rieur.** — **Crapuleux, faux, simulé.** — V. aussi **Crapule, coquin, fumiste, sauteur.** — **Coureur, courtisane,** débauché, dissipé. — **Bouffe, burlesque, cocasse, comique, folichon, frivole, gratuit, plaisant ; et aussi badinage, bagatelle, bêtise, billevesée, blague, chanson, comédie, enfantillage, folie, futilité.** — **Dérisoire ; bénin.** — **Amusant ; croustilleux, égrillard, graveleux, grivois, leste, libertin.** — **Hilarité, enjouement, gaieté, ironie, rire.** — **Désinvolture, frivolité, imprudence, légèreté, négligence.**

DÉR. Sérieusement.

SÉRIGRAPHIE [seʀigʀafi] n. f. — 1949 ; de séri(ci)-, et -graphie.

♦ Techn. Procédé d'impression sur toutes sortes de matières (bois, verre, etc.) à l'aide d'un écran ou trame de soie (dont on laisse libres les mailles correspondant à l'image à imprimer).

REM. On dit, on écrit aussi *séricigraphie* [seʀisigʀafi] (1953, Quillet).

DÉR. Sérigraphique.

SÉRIGRAPHIQUE [seʀigʀafik] adj. — Mil. xxᵉ ; de *sérigraphie*.

♦ Techn. De la sérigraphie, par la sérigraphie. *Impression sérigraphique.* — On a dit, on écrit aussi *séricigraphique.*

SERIN [s(ə)ʀɛ̃] n. m. — 1478 ; orig. incert., p.-ê. masc. de l'anc. n. f. *sereine* « sirène », du grec *seirên* « sirène, animal ailé » ; P. Guiraud préfère évoquer un gallo-roman *cerinus* « jaune », avec *i* long, du rad. de *cire*.

♦ **1.** Oiseau passeriforme *(Passereaux, Fringillidés).* → Éclore, cit. 1. *Serin des Canaries* (⇒ **Canari**), *serin cini. Le serin a une livrée jaune ; recherché pour son chant, il est élevé en cage. Serin mâle, serin femelle.* ⇒ **Serine.**

REM. On emploie le plus souvent *serin* pour désigner la femelle.

1 (...) c'était pour mes trois sœurs que j'avais acheté un serin. Elles l'avaient enfermé dans une cage, au-dessus de la porte, et les passants s'arrêtaient, chaque fois, pour écouter les chants de l'oiseau, admirer sa grâce fugitive et étudier ses formes savantes. LAUTRÉAMONT, les Chants de Maldoror, VI.

(1809). Par ext. *Jaune serin, queue de serin :* jaune clair et vif (→ Égayer, cit. 5).

Adj. invar. (1834). *Serin :* jaune serin. «... *un claque et des gants serin* » (Ch. Paul de Kock et Labie, *le Commis et la grisette, in* D.D.L., II, 22).

♦ **2.** (1821). Homme niais, nigaud. ⇒ **Sot** (→ Gerbe, cit. 4 ; homme, cit. 108). *Quel serin ! C'est un grand serin.* — Adj. *Il est un peu serin.* — Au fém. (rare). V. **Serine,** 2.

2 — (...) Et puis, ma fille, que t'es serine ! pourquoi lui faire dire non, à ce têtu, qui dira toujours non, ensuite ? ZOLA, la Terre, II, IV.

3 Des maîtres ayant moins d'autorité sur leurs domestiques et plus godiches ! (...) Vrai, on n'est pas serins, comme ils l'étaient (...) O. MIRBEAU, le Journal d'une femme de chambre, p. 359.

DÉR. Serine, seriner, serinette.
HOM. 1. Serein, 2. serein.

SERINAGE [s(ə)ʀinaʒ] n. m. — 1867 ; de *seriner.*

♦ Action de seriner (au propre et au figuré).

SERINE [s(ə)ʀin] n. f. — D. i. ; de *serin.*
Rare.

♦ **1.** Serin femelle.

♦ **2.** Femme niaise.

D'autres emmènent leur bonne *(au marché ...).* Mais alors elles s'exposent dans le marché à recevoir les sottises des marchandes (...) :
— Ah ! voyez donc c'te grande serine qu'on mène à l'école.
Ch. PAUL DE KOCK, la Grande ville, t. I, p. 217.

1. SÉRINE [seʀin] n. f. — 1856, *in* Littré ; de *sér(um)*, et *(album)ine.*

♦ Biochim. Substance albuminoïde qui se trouve en abondance dans le plasma et le sérum sanguins. (On dit aussi *sérum-albumine*).

HOM. 2. Sérine.

2. SÉRINE [seʀin] n. f. — 1901 ; de *séricine*, 1878, « matière gélatineuse tirée de la soie brute » ; de *sérici-.*

♦ Biochim. Acide aminé trouvé dans divers hydrolysats de protéines (en particulier dans les protéines de la soie), présent dans l'organisme sous forme de dérivés phosphorylés et participant à la synthèse des glucides.

HOM. 1. Sérine.

SERINER [s(ə)ʀine] v. tr. — 1808 ; « chanter comme un oiseau », 1555, attestation isolée ; de *serin.*

A. ♦ **1.** Apprendre (un air) à un serin, un oiseau en le répétant avec la serinette. *Seriner un air à un oiseau.*

♦ **2.** (1842). Fig., cour. Répéter* continuellement (une chose) à qqn

pour (la) lui faire apprendre. *Des pensionnaires étrangères* (cit. 5) *à qui elle serine un peu de français.*

1 Rien n'est stupide comme de faire apprendre par cœur ; cependant si on n'exerce pas la mémoire, elle s'atrophiera, et ils leur serinèrent les premières fables de La Fontaine. FLAUBERT, Bouvard et Pécuchet, X.

2 Cela se passait dans une cave située sous le Café. Un pianiste, vaguement compositeur, serinait de vieux airs à des candidats faméliques.
Edmonde CHARLES-ROUX, l'Irrégulière, p. 138.

B. ♦ **1.** Faire apprendre à (un oiseau) des airs. *Seriner un oiseau.*

3 Il prenait sa maîtresse comme elle était, et pour ce qu'elle était, une bête charmante, dont le parlage ne le choquait pas plus que les notes d'un oiseau qu'on n'a pas seriné. Ed. et J. DE GONCOURT, Manette Salomon, p. 219.

♦ **2.** Par ext. *Seriner qqn,* lui répéter souvent la même chose ; spécialt, l'ennuyer, l'importuner par une répétition fastidieuse. *Tu nous serines avec ton refrain.*

4 Ce qui nous frappe surtout, c'est le long ânonnement que les acteurs mettent à dire. Ils commencent à répéter, à réciter un peu comme des enfants. On sent le besoin qu'ils ont d'être serinés, montés, chauffés.
Ed. et J. DE GONCOURT, Journal, 10 nov. 1865, t. II, p. 248.

5 Écoute, Babette, laisse-la faire ses cours. Ne nous serine pas avec tes questions. De toute façon, t'es comme tout le monde, Babette, t'y piges que dalle à ce qu'elle raconte (...) Yanny HUREAUX, la Prof, p. 198.

DÉR. Serinage.

SERINETTE [s(ə)ʀinɛt] n. f. — 1739, De Brosses, *Lettres d'Italie,* 1ᵉʳ juil. 1739 ; de *serin.*

♦ **1.** Vx. Petit orgue mécanique dont on joue en actionnant une manivelle et avec lequel on apprend un air aux serins, aux oiseaux chanteurs.

1 (...) des pendules à musique qui annonçaient chaque quart d'heure par un petit air de serinette tiré des opéras français.
NERVAL, Voyage en Orient, « Femmes du Caire », III, VII.

♦ **2.** Fig., vx. Personne qui répète qqch. comme une mécanique.

2 Elle se procura d'ailleurs une fort belle collection de phrases et d'idées, soit par ses lectures, soit en s'assimilant les pensées de ses habitués, et devint ainsi une espèce de serinette dont les airs partaient dès qu'un accident de la conversation en accrochait la détente. BALZAC, la Muse du département, Pl., t. IV, p. 63.

SERINGA ou SERINGAT [s(ə)ʀɛ̃ga] n. m. — 1600, *seringa ; seringat*, fin xviᵉ ; *syringa*, 1715 ; lat. bot. *syringa*, du lat. d'orig. grecque *syrinx* « roseau ».

♦ Bot. et cour. Plante dicotylédone *(Saxifragacées),* arbrisseau buissonnant, aux fleurs blanches odorantes (→ Fort, cit. 23). N. sc : *Philadelphus.*

La voiture roulait, et les chèvrefeuilles et les seringats débordaient des clôtures des jardins, envoyaient dans la nuit des bouffées d'odeurs amollissantes.
FLAUBERT, l'Éducation sentimentale, I, V.

SERINGAGE [s(ə)ʀɛ̃gaʒ] n. m. — 1871, Littré ; de *seringuer.*

♦ **1.** Hortic. Arrosage des plantes en pluie fine.

♦ **2.** Action de seringuer (1).

♦ **3.** Argot. Action de tirer avec une arme à feu, de « seringuer » (⇒ **Seringuer,** 3.) quelqu'un.

SERINGUE [s(ə)ʀɛ̃g] n. f. — xviᵉ ; *ceringue*, xiiiᵉ ; var. *siringue* jusqu'au xviᵉ ; du lat. médical *syringa*, grec *syrinx* « roseau, flûte ».

♦ **1.** Vx. *Seringue à lavement*.* ⇒ **Irrigateur, lavage** (d'intestin) ; → Polissonnerie, cit. 2. — Mod. Petite pompe*, utilisée pour introduire des fluides dans l'organisme ou les en retirer (→ Piquer, cit. 6). *Corps de pompe* (canon), *piston, canule, embout d'une seringue. Seringue à injections* hypodermiques, seringue injectrice ; seringue de verre* (→ 1. Piston, cit. 1). *Seringue de Pravaz* (→ Morphine, cit. 2). *Seringue à instillation* (⇒ **Instiller**).

1 Je pris deux ampoules dans une boîte que j'avais apportée. Je brisai la pointe de ces deux ampoules, aspirai le contenu de l'une d'entre elles avec la seringue, passai dans la chambre pour faire la piqûre et revins laver ma seringue avec le contenu de l'autre ampoule G. DUHAMEL, Cri des profondeurs, XI.

♦ **2.** (xviᵉ). Petit instrument de jardinier servant à de menus arrosages, à projeter des insecticides. *Seringue à arrosage.* — *Jouet en forme de seringue.* ⇒ **Clifoire.**

♦ **3.** (xxᵉ). Instrument utilisé pour réaliser des décorations en pâtisserie.

♦ **4.** (1808). Loc. fam. *Chanter comme une seringue,* faux, très mal.

2 (...) Poisson salua les dames d'un brusque signe de tête et entonna une chanson à boire, Les Vins de France ; mais il chantait comme une seringue (...)
ZOLA, l'Assommoir, I, p. 288.

♦ **5.** Pop., vx. Importun*.

♦ **6.** (1885). Argot milit. Fusil, arme à feu.

3 Ces miteux qui couraient en braillant, qui sautaient dans la tranchée ! (...) à trente

mètres, on leur a balancé nos œufs *(grenades)* dans les pattes (...)! Ils foutaient le camp en lâchant des coups de seringue au petit bonheur.
                                Roger VERCEL, *Capitaine Conan*, XIV, p. 242.

DÉR. Seringuer.

SERINGUER [s(ə)ʀɪɡe] v. tr. — 1547 ; de *seringue*.

♦ **1.** Injecter à l'aide d'une seringue.

1 *(Il)* se croit en butte à des persécutions de médecins, qui l'attendent dans le corridor, pour lui seringuer de la morphine.
                                Ed. et J. DE GONCOURT, *Journal*, 3 févr. 1892, t. IX, p. 10.

Par métaphore (croisement possible avec *seriner*). Inculquer.

2 (...) tout cela était tellement (...) contraire à ce qu'on avait pu lui seringuer à l'instruction pour le faire entrer dans sa caboche de sous-off que, manifestement, il était à bout de nerfs (...)
                                B. CENDRARS, *la Main coupée, in* Œ. compl., t. X, p. 52.

Injecter dans. *Seringuer une plaie.*

♦ **2.** Hortic. Arroser en pluie fine à l'aide d'une seringue ou d'une pompe (des plantes de serre, des arbres fruitiers, etc.).

Figuré :

3 Nous avons vu Nathan ce matin, il est au désespoir ; mais tu vas lui faire un article où tu lui seringueras des éloges par la figure.
                                BALZAC, *Illusions perdues*, Pl., t. IV, p. 788.

♦ **3.** (1927). Argot. Tirer sur (qqn) ; tuer ou blesser avec une arme à feu, généralement automatique (cf. Sulfateuse « mitraillette »).

DÉR. Seringage.

SERINGUERO [seʀɪŋɡweʀo] n. m. — 1890, Encycl. Berthelot, art. *Caoutchouc* ; mot port., de *seringa*, nom port. de certains hévéas.

♦ Géogr. Récolteur de caoutchouc par saignées des hévéas, dans la forêt brésilienne.

La récolte du latex d'*Hevea* en Amazonie (...) se fait encore aujourd'hui d'une manière très empirique (...) Chaque récolteur *(seringueiro)* exploite un lot de forêt vierge (...) comprenant 80 à 150 *Hevea* dispersés dans la forêt. L'exploitation dure environ six mois et se fait en saison sèche. La saignée a lieu tous les jours ou tous les deux ou trois jours (...)
                                A. CHEVALIER et J. LE BRAS, *le Caoutchouc*, p. 48.

SÉRIOLE [seʀjɔl] n. f. — 1810, Risso ; niçois *serriola* ; du lat. *serra* « scie ».

♦ Poisson osseux *(Seriola)* des mers tempérées chaudes, voisin des Scombridés. « *Sur les côtes de Monténégro, on a toutes chances d'accrocher des murènes, des raies, beaucoup de maquereaux et des sérioles* » *(Au bord de l'eau,* n° 366, p. 74). *La sériole est élevée, notamment par les pisciculteurs japonais.*

SÉRIOSITÉ [seʀjozite] n. f. — Fin XVIe ; lat. médiéval *seriositas*, de *seriosus*. → Sérieux.

♦ Vx (langue class.). Caractère sérieux. ⇒ **Sérieux** (n. masculin).

SÉRIQUE [seʀik] adj. — 1933 ; de *sérum*.

♦ Méd. Relatif au sérum*. *Accident sérique :* réaction allergique provoquée par l'injection d'un sérum animal ou humain. *Réaction sérique immédiate, tardive.*

HOM. Cérique.

SERMENT [seʀmã] n. m. — V. 1290 ; *seirement, serement,* déb. XIIe ; *sagrament,* 842, *Serments* de Strasbourg ; du lat. *sacramentum,* de *sacrare* « rendre sacré ».

♦ **1.** Affirmation ou promesse solennelle faite en invoquant un être ou un objet sacré* (qui sert de garantie et sur lequel le jureur transfère sa responsabilité), et, par ext., une valeur morale reconnue, comme gage de sa bonne foi. ⇒ **Jurement.** *Serment sur la divinité* (→ Prendre Dieu à témoin*), *sur la croix, sur l'Évangile... Serment sur l'honneur*. ⇒ **Parole** (I., 6.). — (1664). *Faire (le) serment de* (suivi de l'inf.). ⇒ **Engager** (s'), *jurer. Se lier* par *un serment.* ⇒ **Obligation.** *Les chaînes* (cit. 8) *des serments. Délier qqn d'un serment.* « *D'un serment solennel qui peut nous dégager?* » (cit. 12, Corneille). *Fidélité à un serment.* ⇒ **Fidèle** (→ Foi, cit. 6). *Respecter, tenir ; rompre, violer* un *serment.* ⇒ **Parjure** (cit. 1 ; → Manquer, cit. 7). *Serment fallacieux, trompeur. Formules de serment* (→ ci-dessous, cit. 2, Brunot ; et aussi que je meure*, je veux mourir si..., sur ma vie*, etc.).

1 (...) c'est un crime de faire un serment injuste, et un second de le tenir.
                                ROUSSEAU, *Julie ou la Nouvelle Héloïse*, III, XX.

2 Le serment n'en a pas été moins prescrit par les Autorités. Le premier texte que nous possédons en français est celui d'un Serment. On ne jure officiellement en France sur l'Évangile. Mais il y a des formules juridiques : **Sur mon honneur et ma conscience** *la réponse du jury est : non.* Quant aux formes usuelles du serment, elles sont multiples : *sur l'honneur, sur la tête de mes enfants, sur les cendres de ma mère, foi d'honnête homme,* etc. : *Mon bon Monsieur,* **je vous jure le Bon Dieu** qu'il n'est entré personne ici (V. H., Mis., *Fantine,* V).
                                F. BRUNOT, *la Pensée et la Langue*, p. 502.

Dr. Attestation solennelle de la vérité d'un fait (en vue de la preuve*) ou de la sincérité d'une promesse. *Serment extra-judiciaire ; judiciaire* (⇒ **Décisoire** [et **litisdécisoire**], **supplétoire**). *Engagement sous serment.* ⇒ **Caution** (juratoire). *Délation de serment.* — (1549). *Déférer* le serment à l'une des parties. Prestation* (cit. 4) *de serment. Lever la main droite pour* (1538) *prêter* serment. *Témoigner sous serment.* — *Faux serment,* contraire à la vérité et puni par la loi ; cour. serment contraire à la vérité. — *Serment des jurés*.*

3 (...) quand on est en train de mentir, un faux serment de plus ou de moins ne compte pas.   J. ROMAINS, *Volpone*, II, I, 1.

Engagement solennel (personnel ou réciproque) prononcé en public. *Serment politique :* promesse de fidélité à une autorité, un gouvernement. *Serment professionnel, prononcé par les officiers ministériels* (avocats*, etc.). — Hist. *Hommage et serment de vassal à son seigneur, serment d'allégeance*.* ⇒ **Féodalité.** — *Le serment du Jeu de Paume.* ⇒ **Jeu** (III., 1.) ; → Ivresse, cit. 9. *Serment à la constitution civile du clergé.* — (1790). *Serment civique.* ⇒ **Assermenté, insermenté** (cit.). *Serment national, patriotique* (sous la Révolution).

4 (...) le préfet leur remettrait l'arrêté qui les réintégrait dans tous leurs droits après leur prestation de serment et leur adhésion aux lois de l'Empire.
                                BALZAC, *Une ténébreuse affaire*, Pl., t. VII, p. 543.

La formule, le texte d'un tel engagement. *Serment d'Hippocrate,* énonçant les principes de déontologie médicale. — Ling. *Serments de Strasbourg,* le plus ancien texte connu en langue romane.

♦ **2.** (1670). Promesse* ferme, affirmation insistante. ⇒ **Protestation** (cit. 3). *Serment de joueur* (1740), *d'ivrogne** (1808) : promesses jamais tenues, sans valeur (→ Quinzaine, cit. 2). — *Les Serments indiscrets,* comédie de Marivaux. — (En parlant de ce qu'on se promet à soi-même). → Autant, cit. 40 ; cesse, cit. 6. — Spécialt. Promesse de fidélité, d'amour durable (→ Inconstant, cit. 7 ; passer, cit. 67). *Les premiers serments* (→ 1. Échanger, cit. 6).

5 J'avais juré (...) de ne plus le refaire, mais ces serments ressemblent à des serments d'ivrognes qui jurent de ne plus boire.
                                Ed. et J. DE GONCOURT, *Journal*, 28 nov. 1891, t. VIII, p. 228.

6 Comme dans les amitiés puériles, nous avions fait le serment de tout nous dire.
                                F. MAURIAC, *le Nœud de vipères*, I, I.

♦ **3.** (Fin XIIIe). Vx. Juron, imprécation (Boileau, *Satires,* IV).

COMP. Assermenter, insermenté.
HOM. Serrement.

SERMON [seʀmõ] n. m. — 1080 ; « discours » (du Christ sur la terre), v. 980 ; lat. *sermo* « conversation », puis « discours, sermon ».

♦ **1.** Discours prononcé en chaire* par un prédicateur (en partic. catholique). ⇒ **Homélie, prédication, prône.** *Sermon catholique et prêche** protestant. *Faire un sermon.* ⇒ **Prêcher** (cit. 3), **prédicateur ; prêtre.** *Sermon sur un passage, un verset de l'Écriture* (⇒ **Texte**), *prononcé à la messe, après l'Évangile. Sujet d'un sermon* (→ Gagner, cit. 28). *Suite des sermons de l'Avent*, du carême** (⇒ **Station**). *Sermon dominical*. Sermon banal, plat* (⇒ **Capucinade,** vx), *édifiant, onctueux ; plein d'onction.* — *En plein sermon* (→ Modèle, cit. 1). — *Genre littéraire du sermon* (éloquence de la chaire). *Sermons de Bossuet* (sur la parole de Dieu, sur la mort...), *de Bourdaloue, de Massillon, de Fléchier...*

1 Nous entendîmes, après dîner, le sermon du Bourdaloue, qui frappe toujours comme un sourd, disant des vérités à bride abattue (...)
                                Mme DE SÉVIGNÉ, 794, 29 mars 1680.

2 (...) Ursus, adroit, désarma Sa Grâce en lui récitant un sermon de lui, Ursus, sur le saint jour de Christmas, que l'archevêque, charmé, apprit par cœur, débita en chaire et publia, comme de lui archevêque.
                                HUGO, *l'Homme qui rit*, I, I, Chap. prélim., I.

Par anal. *Le sermon sur la montagne,* au cours duquel Jésus énuméra les huit béatitudes* (*Évangile selon saint Matthieu,* V, 7 ; *Évangile selon saint Luc,* VI, 20). — *Les sermons prononcés par Bouddha.*

♦ **2.** (V. 1131). Péj. ou iron. Discours moralisant, généralement long et ennuyeux. ⇒ **Catéchisme** (fig.), **exhortation, harangue, remontrance ; sermonner** (→ Assommant, cit. 2 ; exhorter, cit. 1 ; laïus, cit. 2). *Un sermon en trois points* (cit. 80).

3 (...) je te dirai encore, ma jolie prêcheuse, qu'il est inutile de vouloir donner le change à mes droits, et qu'un amour affamé ne se nourrit point de sermons.
                                ROUSSEAU, *Julie ou la Nouvelle Héloïse*, I, XLV.

4 — C'est l'usage des pères, lorsque leurs enfants partent pour la capitale, de leur faire un petit sermon. Ne fréquentez point mauvaise compagnie ; rendez-vous agréable à vos supérieurs, par l'exactitude à remplir vos devoirs ; conservez votre religion ; fuyez les filles de mauvaise vie, les chevaliers d'industrie, et surtout ne signez jamais de lettres de change.
                                DIDEROT, *Jacques le fataliste*, Pl., p. 696.

DÉR. Sermonnaire, sermonner.

SERMONNAIRE [seʀmɔnɛʀ] adj. et n. m. — 1584 ; de *sermon*.

♦ **1.** Adj. (1798). Rare. Du sermon (1.). « *Le genre sermonnaire* » (Académie).

♦ **2.** N. m. Auteur de sermons; prêtre* qui prononce des sermons. ⇒ **Prédicateur.**

C'est un fondement du gouvernement de l'Église que l'art de sonder les cœurs. De là ces analyses des passions humaines et ces portraits de nous-mêmes que les sermonnaires chrétiens sont si habiles à nous présenter.
    Émile FAGUET, Études littéraires, XVII⁰ siècle, « Bossuet », III.

♦ **3.** N. m. (XVI⁰). Recueil de sermons. *Sermonnaire pour le carême.*

SERMONNER [sɛRmɔne] v. — V. 1160; de *sermon.*

♦ **1.** V. intr. (v. 1112, *sermuner*). Vx. Prononcer un sermon, prêcher (→ Landerira, cit. 2).

♦ **2.** V. tr. (Mod.). Adresser des conseils ou des remontrances à (qqn). ⇒ **Catéchiser, haranguer, moraliser, morigéner** (cit. 2; → Importance, cit. 16). *Prendre qqn à part pour l'endoctriner et le sermonner.* ⇒ **Chambrer** (fig.).

1   Le jour où l'Hélicon m'entendra sermonner,
     Mon premier point sera qu'il faut déraisonner.
              A. DE MUSSET, Poésies nouvelles, « Après une lecture », X.

2   D'autres fois, quand M. le curé (...) apercevait Charles qui polissonnait dans la campagne, il l'appelait, le sermonnait un quart d'heure et profitait de l'occasion pour lui faire conjuguer son verbe au pied d'un arbre. FLAUBERT, Mᵐᵉ Bovary, I, I.

DÉR. Sermonneur.

SERMONNEUR, EUSE [sɛRmɔnœR, φz] n. — V. 1220; de *sermonner.*

♦ **1.** N. m. Vx. Prédicateur (La Bruyère, XV, 27).

♦ **2.** N. Mod. Personne qui aime à sermonner les autres. *Un sermonneur politique* (Rousseau, *Du Contrat social,* III, VI). — Adj. (Fin XIX⁰). *Il est un peu trop sermonneur.*

Si je pouvais te parler j'aurais à te dire, à te recommander bien des choses que je ne puis t'écrire, mais que tu dois deviner de moi qui étais ton sermonneur ordinaire.   SAINTE-BEUVE, Correspondance, 17, 28 juin 1824.

SÉRO- Élément, tiré de *sérum,* qui entre dans la composition de mots médicaux. Ex. : *séroagglutination,* n. f. (*Rev. gén. des sc.,* 15 nov. 1904, p. 1006), *sérofibrineux, euse,* adj. (*Rev. gén. des sc.,* 15 juil. 1904, p. 663) et les suivants.

SÉRODIAGNOSTIC [seRodjagnɔstik] n. m. — 1896; de *séro-,* et *diagnostic.*

♦ Méd. Diagnostic de certaines infections, fondé sur la recherche, dans le sérum du malade, d'anticorps spécifiques (qui provoquent diverses réactions lorsqu'on ajoute au sérum les antigènes correspondants). *Sérodiagnostic de la brucellose, de la sporotrichose, de la syphilis.*

SÉRODIAGNOSTIQUE [seRodjagnɔstik] adj. — Déb. XX⁰ (*in* Porot, 1952, p. 219 b); de *séro-,* et *diagnostique,* d'après *sérodiagnostic.*

♦ Méd. Propre à un sérodiagnostic. *Recherches bactériologiques et sérodiagnostiques.*

SÉROLOGIE [seRolɔʒi] n. f. — 1916; de *séro-,* et *-logie.*

♦ Sc. Étude des sérums, de leurs propriétés, notamment du point de vue de l'immunologie.

DÉR. Sérologique, sérologiste.

SÉROLOGIQUE [seRolɔʒik] adj. — Mil. XX⁰; de *sérologie.* → Sérum.

♦ Méd. Qui se rapporte à la sérologie. *Examens de sang, examens sérologiques.*

SÉROLOGISTE [seRolɔʒist] n. — Mil. XX⁰; de *sérologie.* → Sérum.

♦ Méd. Spécialiste en sérologie. « *Il y a d'abord les erreurs de laboratoire qui peuvent être multiples, indépendamment de la valeur scientifique du sérologiste* » (J. et H. Payenneville, *le Péril vénérien,* p. 46.)

SÉROMUCOÏDE [seRomykɔid] n. m. — XX⁰; de *séro-, mucus,* et *-oïde.*

♦ Chim., biol. Glycoprotéine du sérum sanguin (nom générique).

SÉROPROPHYLAXIE [seRopRofilaksi] n. f. — XX⁰; de *séro-,* et *prophylaxie.*

♦ Méd. Administration de sérums riches en anticorps, destinée à

assurer une protection rapide mais temporaire, en cas de risques accrus de contagion d'une maladie infectieuse.

SÉRORÉACTION [seRoReaksjɔ̃] n. f. — Déb. XX⁰, *séro-réaction, Rev. gén. des sc.,* 30 mars 1903, p. 339; de *séro-,* et *réaction.*

♦ Biol. Agglutination des microbes d'une culture en présence d'un sérum provenant d'un organisme (animal ou humain) immunisé.

SÉROSANGUIN, INE [seRosɑ̃gɛ̃, in] adj. — 1837; de *séro-,* et *sanguin.*

♦ Biol. Se dit d'un mélange de sérum et de sang. *Tumeur sérosanguine.*

SÉROSITÉ [seRozite] n. f. — 1495; du rad. de *séreux*.* → Sérum.

♦ **1.** Anc., méd. Humeur* séreuse; partie séreuse (ou « aqueuse ») d'une humeur (lait, sang; cf. Paré, Descartes).

♦ **2.** (1810). Mod. (surtout au plur.). Liquides organiques transparents, jaunâtres (lymphe interstitielle, etc.), et, spécialt, liquide contenu dans les cavités des séreuses* et (1835; pathol.) liquide des hydropisies*, œdèmes*, phlyctènes*, vésicules... (lorsqu'il n'est pas suppuré). *Les sérosités se composent d'eau, de matières minérales* (sels) *et organiques* (protéides, urée, fibrine, etc.).

SÉROTHÉRAPIE [seRoteRapi] n. f. — 1890; *sérumthérapie,* 1901, *in* D.D.L.; de *séro-,* et *-thérapie.*

♦ Méd. Emploi thérapeutique des sérums sanguins provenant d'organismes (animaux ou humains) immunisés contre diverses maladies.

DÉR. Sérothérapique.

SÉROTHÉRAPIQUE [seRoteRapik] adj. — 1894; de *sérothérapie.*

♦ Méd. De la sérothérapie; qui a trait à la sérothérapie, qui la concerne.

1. SÉROTINE [seRotin] n. f. — 1753, Buffon; du lat. *serotinus,* de *sérus* « tardif ».

♦ Zool. Mammifère chiroptère (*vespertilio serotinus,* Linné), chauve-souris* commune.

HOM. 2. Sérotine.

2. SÉROTINE [seRotin] n. f. — 1871; bas lat. *serotinus,* de *serus* « tardif ».

♦ Physiol. Muqueuse superficielle de l'utérus, en contact avec le placenta.

HOM. 1. Sérotine.

SÉROTONINE [seRotonin] n. f. — Après 1948; de *séro-* (→ Sérum), *ton(ique),* et *-ine.*

♦ Biol., chim. Substance aminée élaborée par certaines cellules de l'intestin et du tissu cérébral, transportée vers les tissus par les plaquettes sanguines et jouant un rôle physiologique important comme vasoconstricteur, régulateur de la motilité intestinale et médiateur de l'activité du système nerveux central. *Rôle de la sérotonine dans la régulation du sommeil.*

La sérotonine, ou 5-hydroxy-tryptamine, a été isolée du sérum et possède des propriétés hypertensives qui lui ont valu son nom. Cette molécule est un dérivé simple d'un acide aminé très répandu : le tryptophane.
    A. GALLI et R. LELUC, les Thérapeutiques modernes, p. 37.

SÉROUAL [seRwal] ou SÉROUEL [seRwɛl] n. m. ⇒ **Saroual.**

SÉROVACCINATION [seRovaksinasjɔ̃] n. f. — 1923; de *séro-,* et *vaccination.*

♦ Didact. (méd.) Immunisation par l'action d'un sérum associé à un vaccin*.

SERPE [sɛRp] n. f. — XIII⁰; *sarpe,* déb. XIII⁰; d'un lat. pop. **sarpa,* dér. de *sarpere* « tailler ».

♦ Outil (de bûcheron, de jardinier...) formé d'une large lame tranchante recourbée en croissant, muni d'un manche et destiné à tailler le bois (⇒ **Taille**), à élaguer, émonder* (cit. 2). ⇒ **Ébranchoir, échardonnette** (ou **échardonnoir**), **fauchard, fauchette, faucille, gouet, serpette, serpillon, volain,** 3. **volant, vouge** (→ Arbre, cit. 11). *Serpe à bois.*

1   Saint-Jean avait une serpe courte à lame très large, pointue comme une feuille d'iris, en croissant de lune, bien en main, emmanchée de lanières de cuir, avec une coquille de fer pour protéger le poing.
J. GIONO, Batailles dans la montagne, Pl., t. II, p. 992.

Loc. (1694). D'un visage, le plus souvent. *Taillé, fait à la serpe, à coups de serpe :* aux traits rudes et anguleux, aux méplats accusés (→ À coups de hache*).

2   Le berger *(Soulas),* très grand, très maigre, avec un visage long, coupé de plis, comme taillé à la serpe dans un nœud de chêne (...)   ZOLA, la Terre, II, I.

DÉR. Serpette, serpillon.

SERPENT [sɛʀpɑ̃] n. m. — 1080, *Chanson de Roland ;* parfois fém. en anc. franç., du lat. *serpentem,* accus. de *serpens* «le rampant», de *serpere* «ramper», euphémisme pour *anguis* «serpent», dont on évitait de prononcer le nom.

♦ **1.** Reptile à corps cylindrique, très allongé, dépourvu de membres apparents, appartenant au groupe des Ophidiens*. ⇒ **Reptile.**
— REM. Dans la langue courante, *serpent* s'applique aussi à des Sauriens serpentiformes non ophidiens. — *Les serpents* (ou Ophidiens) *ont de nombreuses vertèbres portant des côtes, des yeux protégés par une écaille transparente (sans paupière), une langue bifide et rétractile. Étude des serpents.* ⇒ **Erpétologie, ophiographie.** *On distingue plus de deux mille espèces de serpents.* — *Écailles des serpents. Mue des serpents.* ⇒ **Muer.** *Serpent ovipares*, ovovivipares*.* — *Serpents venimeux, non venimeux. Poisons* (névrotoxine, hémorragine) *des venins de serpents. Serpents aglyphes** (sans crochets à venin ; ⇒ **Colubriformes**), *à crochets sillonnés* (placés en arrière [opistoglyphes] ou en avant [protéroglyphes] de la bouche), *à crochets cannelés* (solénoglyphes). *Langue de serpent* (⇒ **Dard,** poét.). *Le serpent siffle, darde sa langue. Morsure de serpent* (⇒ **Piquer, piqûre,** par ext.). *« Ce fut le serpent qui creva »* (cit. 19, Voltaire). — *Les serpents avancent par reptation*. Anneaux, replis d'un serpent.* ⇒ aussi **Nœud** (cit. 14). *Serpent qui rampe, se faufile* (cit. 6), *glisse entre les pierres* — Par compar. *Se tordre, se tortiller comme un serpent, comme un ver. — Serpent qui fascine un oiseau. Combat d'une mangouste* (2. Mangouste, cit.) *et d'un serpent. — Charmeur de serpent :* en Orient, Homme qui donne en spectacle des serpents venimeux qu'il tient en respect en les «charmant» au son d'un instrument de musique (flûte, etc.). ⇒ 1. **Psylle** (cit. 1). *« On dirait un serpent qui danse »* (→ Marcher, cit. 9). *Adoration, culte des serpents.* ⇒ **Ophiolâtrie, ophite.** — *Le serpent et la lime,* fable de La Fontaine (V, 16).

1   (...) des serpents oiseleurs sifflent, suspendus aux dômes des bois, en s'y balançant comme des lianes.   CHATEAUBRIAND, Atala, Prologue.

2   Deux haillons transparents, deux nasses en gros tulle couleur d'araignée, témoignent que le printemps a dégainé d'eux-mêmes les deux grands serpents. Ils sont neufs (...) Mais où est le col, le flanc, la tête? Un pavage d'émail habite ces cylindres, par leur propre poids oppressés.
COLETTE, Prisons et Paradis, «Serpents».

3   (...) je regardai, éperdu, se lever, avec une lenteur menaçante et sournoise, le monstre enroulé sur le seuil. Cette chose se dépliait et d'elle-même mollement tirait des anneaux noirs d'une substance indéfinissable. Peu à peu cette vie sans nom et ce déroulement sans origine, en ondes dénouées d'une masse confuse, créaient sur le seuil un reptile. Il oscillait. Par ondulations il reformait sans cesse son corps indéfiniment dilué sous la fluidité de sa matière. Maintenant on pouvait distinguer un serpent énorme, dont la terrible tête plate se dandinait à un mètre du sol. Pas un serpent de nos pays, mais une bête tropicale, chargée de venins sûrs, et rapide à mordre (...)   H. BOSCO, le Jardin d'Hyacinthe, p. 159.

3.1   Si la musique agit sur les serpents ce n'est pas par les notions spirituelles qu'elle leur apporte, mais parce que les serpents sont longs, qu'ils s'enroulent longuement sur la terre, que leur corps touche à la terre par sa presque totalité ; et ses vibrations musicales qui se communiquent à la terre l'atteignent comme un massage très subtil et très long (...)
A. ARTAUD, le Théâtre et son double, Idées/Gallimard, p. 124.

Peau de serpent : peau préparée, tannée, du serpent (⇒ **Cuir**). *Un étui en peau de serpent* (→ Camper, cit. 4), *en serpent.*

(Qualifié, dans des noms d'espèces). *Serpent à collier :* couleuvre à collier, dite aussi *serpent d'eau.* — (1611). Vx. *Serpent cornu ;* mod. *serpent à cornes* (1904) : vipère à cornes, ou *céraste.* — (1765). *Serpent à lunettes* [a] Aspic (dit aussi *serpent de Cléopâtre*). [b] — **Cobra, naja.** — (1680). *Serpent à sonnettes.* ⇒ **Crotale.** *Serpent corail.* ⇒ **Élops.** — *Serpent devin :* le boa* constrictor. — *Serpent cracheur,* qui projette son venin. — *Serpent à deux têtes, serpent à deux queues.* ⇒ **Amphisbène.** — *Serpent minute* : serpent minuscule (d'où son nom, du port. *minuto*) du genre *typhlops.* — *Serpent ratier,* mangeur de rats. — *Serpent fouet* : petit serpent très mince. — *Serpent loup :* serpent du genre *lycodon.* — En franç. d'Afrique. *Serpent boa :* python. *Serpent cracheur* ou *cracheur :* naja.

3.2   (...) les colons eurent la désagréable surprise d'apercevoir Top s'arrêter devant un serpent de grande taille, qui mesurait quatorze ou quinze pieds de longueur. Nab l'assomma d'un coup de bâton. Cyrus Smith examina ce reptile, et déclara qu'il n'était pas venimeux, car il appartenait à l'espèce des serpents-diamants dont les indigènes se nourrissent dans la Nouvelle-Galle du Sud. Mais il était possible qu'il en existât d'autres dont la morsure est mortelle, tels que les vipères-sourdes, à queue fourchue, qui se redressent sous le pied, ou ces serpents ailés, munis de deux oreillettes qui leur permettent de s'élancer avec une rapidité extrême.
J. VERNE, l'Île mystérieuse, t. I, p. 209.

3.3   Une fois, j'avais regardé un serpent de très près. Je les aime comme j'aime les belettes, les fouines, les perdreaux, les hases, les petits lapins, tout ce qui n'a pas la hantise de la mort et l'hypocrisie de l'amour. Les serpents sont d'admirables bêtes paisibles et sensuelles, nées au plus creux du

---

monde, dans l'endroit où doit se trouver l'essence des granits, des basaltes et des porphyres ; ils sont vraiment d'une beauté et d'une grâce extraordinaires.
J. GIONO, Jean le Bleu, Pl., t. II, p. 81.

En parlant de sauriens non ophidiens. (1791). *Serpent de verre :* orvet. (1768). *Serpent d'eau :* se dit de certains poissons anguiformes (anguille, congre...).

4   C'était une bête longue de près de deux mètres et épaisse comme une bouteille... elle s'approchait de l'homme et elle ouvrait sa grande mâchoire silencieuse aux dents de scie. Antonio toucha le congre à pleines mains au moment où le serpent d'eau balançait sa queue devant lui.   J. GIONO, le Chant du monde, I, II.

♦ **2.** Animal fabuleux, rampant et allongé ; représentation symbolique ou religieuse de serpent. ⇒ **Monstre** (cit. 4) ; **amphisbène,** 1. **basilic, guivre, hydre.** *Chimère*, dragon** *à queue de serpent. Les deux serpents du Caducée. Le serpent Python** (1). *Les serpents, attributs de Furies** (1), *de la Méduse. «Pour qui sont ces serpents... »* (→ Enfer, cit. 2, Racine). — *Dieux serpents,* dans certaines religions. *Le serpent à plumes* Quetzalcoatl, divinité de l'Amérique précolombienne (toltèque, puis maya). — T. biblique. *Le serpent d'airain :* emblème sauveur fait par Moïse, inspiré par Yahvé, pour guérir son peuple des morsures de serpents (*Nombres,* XXI, 4).

5   (...) le serpent aux ailes d'or, qui déroulait autour de l'arbre de la science sa spirale d'azur, était pétri de lumière et d'amour.   FRANCE, Thaïs, II, p. 144.

(V. 1112, *marin serpent*). *Le serpent de mer :* animal fabuleux serpentiforme, de grande taille, dangereux ; animal ou objet marin mal identifié. Loc. *C'est le serpent de mer,* c'est un sujet rebattu, un cliché. Cf. Le monstre du Loch Ness.

6   Voilà quelques années encore, les grands travaux de la mer, le canal sous la Manche, le canal des Deux-Mers, n'apparaissaient dans les journaux qu'en été, dans l'absence d'autres chroniques, aux époques du grand serpent de mer.
GIRAUDOUX, De pleins pouvoirs à sans pouvoirs, p. 93.

(1550). Symbole de l'esprit du mal, du malin, dans la Bible (Genèse). *Le serpent qui tenta Ève* (dans le paradis terrestre), et l'incita à manger le fruit de l'arbre de la science du bien et du mal. ⇒ **Démon, tentateur** (cf. Genèse, III). *La Vierge est souvent représentée terrassant le serpent.* — Fig. Celui qui séduit*, trompe, induit au mal (→ Corrupteur, cit. 4 ; Ève, cit.).

7   Il devait être et fut, pour l'Ève ennuyée de son paradis de la rue du Rocher, le serpent chatoyant, coloré, beau diseur, aux yeux magnétiques, aux mouvements harmonieux, qui perdit la première femme.
BALZAC, Une fille d'Ève, Pl., t. II, p. 93.

Alchim. *Le serpent :* le mercure (cit. 1).

Par compar. (de formes allongées et tortueuses). *En forme de serpent, comme un serpent.* → ci-dessous, 4.

7.1   La Seine semble un gros serpent roulé, couché immobile, dont on n'aperçoit ni la tête ni la queue (...) et la terre entière a l'air d'une immense cuvette de prés et de forêts qu'enferme à l'horizon une montagne basse, lointaine et circulaire.
MAUPASSANT, De Paris à Heyst, Pl., t. II, p. 1282.

♦ **3.** (XIIIᵉ). Par métaphore, fig. (par allus. aux caractères traditionnels de finesse, de prudence (cit. 4 et 5), de ruse..., attribués au serpent).

[a] Personne méchante, perfide. *Un de ces serpents de la littérature* (→ Folliculaire, cit. 1). — *Langue de serpent.* ⇒ **Langue.** — *Un serpent qu'on réchauffe* dans son sein* (→ Hypocrisie, cit. 17 ; récompense, cit. 4). — *Une prudence, une ruse de serpent,* extrême.

[b] Action, parole trompeuse, mensongère, dangereuse et perfide. *Le serpent, les serpents de la calomnie, de l'envie, de la médisance.*

[c] Chose dangereuse, sentiment dangereux, nuisible. *« L'ambition, serpent insidieux »* (cit. 6).

7.2   Le jour de son mariage!... Ah! voilà donc pourquoi il ne m'embrassait pas, moi! *(Tragiquement.)* Oh! je sens les serpents de la jalousie! *(À Amédée.)* Ne t'en va pas! je te reprends!   E. LABICHE, le Clou aux maris, 16.

Loc. *Un serpent caché sous les fleurs* :* un danger caché sous des apparences flatteuses.

♦ **4.** (Déb. XVIIᵉ). Par anal. de forme. Chose longue et mince, sinueuse ou lovée comme un serpent. *Cheveux en longs serpents noirs* (→ Boucle, cit. 5). *Le long serpent de ses bois* (→ 1. Glycine, cit.). *Serpents de feu.*

8   (...) ces espèces de tire-bouchons *(de cheveux)* que les prédicateurs appelaient, dans ce temps-là, des serpents, pour en dégoûter les jolies filles, sans avoir jamais pu y parvenir.
BARBEY D'AUREVILLY, les Diaboliques, «Le bonheur dans le crime», p. 157.

9   Le vaste bateau glissait, jetant sur le ciel, qui semblait ensemencé d'étoiles, un gros serpent de fumée noire (...)
MAUPASSANT, Contes de la Bécasse, «La peur».

10   Maintenant les canaux tortueux qui traversent la ville sont un long serpent de barques amalgamées qui s'avance dans les vociférations (...)
CLAUDEL, Connaissance de l'Est, «Marée de midi».

(1908). Techn. Cordage fixé sous la nacelle d'un ballon, et qui sert d'amortisseur en cas de descente brusque.

(1636). Mus. Ancien instrument à vent, en bois et en cuir, dont le tube était recourbé plusieurs fois. *L'ophicléide** a remplacé le serpent.* — Par métonymie. Instrumentiste qui jouait du serpent.

♦ **5.** Loc. *Œil de serpent.* ⇒ **Œil-de-serpent.** — *Langue de serpent.* [a] Ophioglosse (plante). [b] Outil à deux pointes. — *Bois de serpent.* ⇒ **Serpentine.**

♦ **6.** (1972). Écon., fin. Marge de fluctuation des cours, autorisée sans intervention obligatoire des banques centrales, pour un ensemble de monnaies déterminé. *Le serpent monétaire européen. Être, entrer dans le serpent. Sortir du serpent.* « *Le retour du franc dans le "serpent" monétaire européen* » (*le Point*, 19 mai 1975, p. 54). — *Le serpent communautaire, européen.*

DÉR. Serpente, serpenteau, serpenter, serpentueux.
COMP. Serpentiforme.

SERPENTAGE [sɛʀpɑ̃taʒ] n. m. — V. 1970 ; de *serpenter*.

♦ Techn. Mouvement d'oscillation (d'un avion) autour de l'axe de lacet (mot proposé pour traduire l'angl. *snaking*).

SERPENTAIRE [sɛʀpɑ̃tɛʀ] n. — XIIIᵉ ; lat. *serpentaria, -tarius*, dér. de *serpens*.

★ **I.** N. f. (Nom de plantes). *Serpentaire commune* : arum* draculus, ou *petit dragon.* — *Serpentaire de Virginie* : aristoloche* serpentaire. *Renouée serpentaire* : bistorte.

★ **II.** N. m. (1819 ; lat. zool. *serpentarius*). Oiseau rapace diurne (*Accipitriformes* ; *aegypiidées*) qui se nourrit de reptiles (d'où son nom) et de petits mammifères et dont le mâle porte une huppe érectile. (Appelé aussi *messager, sagittaire, secrétaire.*)

SERPENTANT, ANTE [sɛʀpɑ̃tɑ̃, ɑ̃t] adj. — Déb. xixᵉ, Poisson *in* Littré ; de *serpenter.*

♦ Qui serpente. ⇒ **Sinueux, tortueux.** *Contours serpentants, courbes serpentantes* (→ Rampant, cit. 1).

(...) mais la ligne qui sépare ces deux grandes divisions est fort différente d'une ligne droite. Elle est excessivement serpentante (...)
STENDHAL, Mémoires d'un touriste, t. I, p. 90.

SERPENTE [sɛʀpɑ̃t] n. f. — V. 1280, « serpent » ; fém. de *serpent.* Rare.

♦ **1.** Vx. Serpent femelle (La Fontaine, *Psyché*).

♦ **2.** Monstre (cit. 6) en forme de serpent.

Il y avait encore des fées en ce temps-là (...) la reine Titania, la reine Mab, la sage Viviane, élevée par Merlin dans l'art des enchantements, Mélusine, dont Jean d'Arras écrivit l'histoire et qui devenait serpente tous les samedis (...)
FRANCE, les Sept femmes de Barbe-Bleue, p. 96.

♦ **3.** (1680). Spécialt. *Papier à la serpente, papier serpente*, et, n. f., *serpente* : papier très fin et transparent utilisé pour faire des éventails (au XVIIIᵉ siècle), pour protéger les gravures des livres ou les empêcher de maculer le texte et qui, à l'origine, portait un serpent en filigrane.

SERPENTEAU [sɛʀpɑ̃to] n. m. — Fin xvᵉ ; *serpentel*, v. 1160 ; dimin. de *serpent.*

♦ **1.** Jeune serpent nouvellement éclos.

♦ **2.** (1629). Techn. Petite fusée volante à mouvement sinueux. — On dit aussi *souris.*

Après qu'on eut mangé, mille et mille fusées,
S'élançant vers les cieux, ou droites ou croisées,
Firent un nouveau jour, d'où tant de serpenteaux
D'un déluge de flamme attaquèrent les eaux (...)   CORNEILLE, le Menteur, 1, 5.

♦ **3.** (1690). Vx. Boucle de cheveux longue et sinueuse (Hamilton, *in* Littré).

♦ **4.** Fig., littér. Signe tortueux, paraphe (→ Hiéroglyphe, cit. 5).

SERPENTEMENT [sɛʀpɑ̃tmɑ̃] n. m. — 1765 ; « chemin tortueux », 1614 ; de *serpenter.*

♦ **1.** Rare. Le fait de serpenter (cit. 3). *Le serpentement d'un chemin. — Un, des serpentements* : courbe, ondulation de ce qui serpente.

Il trouve nos danses trop sautillantes, trop brisées, tandis que dans ces danses, c'est une succession de mouvements engendrant et produisant un serpentement, une ondulation.   Ed. et J. DE GONCOURT, Journal, 23 juil. 1891, t. VIII, p. 209.

♦ **2.** Math. *Point de serpentement* : point d'une courbe pour lequel la tangente et la courbe ont un contact d'ordre pair supérieur à deux.

SERPENTER [sɛʀpɑ̃te] v. intr. — V. 1340 ; dér. de *serpent.*

♦ **1.** Aller ou être disposé suivant une ligne sinueuse, avec de nombreuses courbes, des tours* et détours. ⇒ **Dérouler** (se), **onduler.** *Qui serpente.* ⇒ **Sinueux, tortueux.** *Chemin* (cit. 23), *sentier* (→ Grimper, cit. 11 ; ocre, cit. 3) ; *rivière, ruisseau..., ligne qui serpente* (→ aussi Enfoncer, cit. 35 ; ondulation, cit. 9). *Ornements, bijoux qui serpentent* (→ Harmonie, cit. 48 ; perle, cit. 5).

1   Cette voie lumineuse et toujours frémissante de foule et de voitures, serpente lon-

---

guement de la ville haute à la ville basse, avec ses tournants, ses places étroites, ses descentes rapides (...)   NERVAL, Lorely, « Rhin et Flandre », IV.

(...) la queue de la robe de brocart serpentait autour de ses petits pieds.   2
FRANCE, le Crime de S. Bonnard, III, Œ., t. II, p. 365.

(La page du Traité de la Peinture de Vinci) où il est dit que l'être vivant se   3
caractérise par la ligne onduleuse ou serpentine, que chaque être a sa manière propre de serpenter, et que l'objet de l'art est de rendre ce serpentement individuel.
H. BERGSON, la Pensée et le Mouvant, p. 264.

♦ **2.** Rare, littér. (Reptiles). Ramper avec des mouvements sinueux. *De hideux reptiles* (cit. 2) *serpentaient.*

♦ **3.** (xviiiᵉ). Fig., littér. S'introduire, passer de manière insidieuse.

DÉR. Serpentant, serpentement.

SERPENTIFORME [sɛʀpɑ̃tifɔʀm] adj. — 1824 ; de *serpent*, et *-forme.*

♦ Didact. Qui a la forme, l'aspect d'un serpent.

(...) un sentiment général d'horreur, suscité moins par ses pattes, ses dents *(du*   1
rat), que par sa queue froide et serpentiforme (...)
COLETTE, De ma fenêtre, 24 avr. 1941, p. 109.

Les poissons serpentiformes. — Ce sont des poissons chez lesquels la longueur du   2
corps l'emporte nettement sur les autres dimensions. Citons l'anguille, son cousin le Congre et la Murène bien connue en Méditerranée. Ce sont des animaux au corps très long, de section circulaire.
R. et M.-L. BAUCHOT, les Poissons, p. 14.

1. SERPENTIN, INE [sɛʀpɑ̃tɛ̃, in] adj. — V. 1130 ; lat. *serpentinus*, de *serpens*. → Serpent.

♦ **1.** Qui serpente, a la forme d'un serpent qui rampe. *Courbe, ligne serpentine.* ⇒ **Flexueux, onduleux** (cit. 3), **sinueux** (→ 1. Placer, cit. 17). — Spécialt. *Ligne serpentine* (en patinage à glace). *Mouvement serpentin* (→ Imprimer, cit. 12). *Danse serpentine* (→ aussi Évoquer, cit. 19). *Armatures d'acier serpentines* (→ Faisceau, cit. 1).

(...) les lignes sinueuses, serpentines de son beau corps, ondulent avec une élégance   1
souveraine et raffinée (...)   TAINE, Philosophie de l'art, t. II, p. 231.

(...) le dessinateur, pour donner l'impression de vitesse, ayant représenté la cra-   2
vate (celle qu'avait maternellement nouée la femme de son ami) fouettant l'air en ligne serpentine sur le côté et au-dessus de son épaule (...)
Claude SIMON, le Palace, p. 77.

♦ **2.** (V. 1165). Vx. Du serpent (souvent figuré en moy. franç. : « équivoque, hypocrite, méchant... »). — (1678). *Cheval qui a la langue serpentine*, toujours en mouvement.

♦ **3.** (1534). Qui est marqué de taches rappelant la peau de serpent. *Marbre serpentin, pierre serpentine.* ⇒ aussi **Rubané.** — *Colonne serpentine*, en marbre veiné, rubané.

N. f. ⇒ **Serpentine.**

2. SERPENTIN [sɛʀpɑ̃tɛ̃] n. m. — Fin xvᵉ ; de *serpentin*, adj.

♦ **1.** Artill. « Chien* de l'arquebuse à mèche » (Littré). — Bouche à feu à canon allongé. ⇒ **Couleuvrine.**

♦ **2.** (1564). Tube en spirale ou à plusieurs coudes. — Spécialt. Ce tube utilisé dans les appareils de distillation ou de chauffage.

Bouvard ferma le robinet du serpentin pour se précipiter vers les conserves.
FLAUBERT, Bouvard et Pécuchet, II.

♦ **3.** (1892). Cour. Accessoire de cotillons, petit ruban de papier coloré qui se déroule quand on le lance (→ Clown, cit. 2). *Lancer des serpentins et des confetti.*

♦ **4.** Piste qui serpente d'une extrémité à l'autre d'un manège.

SERPENTINE [sɛʀpɑ̃tin] n. f. — Fin xiiiᵉ ; « sorte de serpent », fin xiiᵉ ; a désigné aussi (xvᵉ) une bouche à feu (→ 2. Serpentin) et une figure de manège en ligne sinueuse ; de *serpentin*, adjectif.

♦ **1.** Minér. Roche métamorphique, produit de l'altération des péridotites (⇒ **Péridot**), dont la masse est traversée de petits filons fibreux (*la chrysotile* utilisée pour la fabrication de l'amiante*). *La serpentine est verte et parcourue de taches sinueuses ; on l'utilise, taillée et polie, en décoration. Serpentine ollaire**, mélange de calcaire et de serpentine. — REM. Le mot désignait diverses pierres d'aspect rubané, en ancienne minéralogie (→ Gabbro, cit. Buffon).

♦ **2.** (La racine passant pour guérir les morsures de serpent). Arbre exotique (Apocynacées ; *Ophioxylon serpentinum*) dont le bois (dit *bois de serpent*) était utilisé comme remède (sudorifique et fébrifuge).

♦ **3.** Ligne sinueuse.

— Il y a des lignes (...) qui sont des monstres : la droite, la serpentine régulière, surtout deux parallèles. E. DELACROIX, Journal 1823-1850, 1843, p. 199.

DÉR. (De 1.) **Serpentineux.**

SERPENTINEUX, EUSE [sɛʀpɑ̃tinø, øz] adj. — 1801; «méchant», déb. xvᵉ; de *serpentine*.

♦ Minér. Qui est formé de serpentine (1.).

SERPENTUEUX, EUSE [sɛʀpɑ̃tɥø, øz] adj. — 1836, Mérimée; dér. sav. de *serpent*, probablt d'après *sinueux*.

♦ Littér., rare. En forme de serpent. ⇒ **Sinueux.**

SERPER [sɛʀpe] v. tr. — 1611; *sarper*, déb. xviᵉ; anc. ital. *serpare*, *sarpare*, de *serpe* «serpent», et en mar. «partie de la proue où était placée l'ancre»; du lat. pop. **serpem*, accus. de **serpes*, altér. de *serpens*. → Serpent.

♦ Mar. Vx. *Serper* (ou *sarper*) *l'ancre*, la déraper (à bras ou avec un palan). — Absolt. *Le navire serpe.*

SERPETTE [sɛʀpɛt] n. f. — 1538; *sarpeste*, v. 1350; dimin. de *serpe*.

♦ Petite serpe servant à tailler la vigne, à émonder* les arbres, à parer les plaies du bois scié (→ Greffoir, cit. 1). *Serpette de jardinier, de vigneron. Serpette à cueillir, de fleuriste.* — *Serpettes jardinières* ou *couteaux-serpettes*, réunissant plusieurs instruments.

L'instrument que nous avions sous les yeux confondait toutes nos idées. Le tranchant était en dedans comme celui d'une serpette (...)
NERVAL, Lorely, «Du Rhin au Mein», VIII.

SERPIÉRITE [sɛʀpjeʀit] n. f. — xxᵉ (*in* Larousse 1933); du nom de l'industriel italien, G. *Serpieri*, mort en 1897.

♦ Minér. Sulfate hydraté naturel de cuivre et de zinc (minerai).

SERPIGINEUX, EUSE [sɛʀpiʒinø, øz] adj. — V. 1560; de *serpigine*, xvᵉ; lat. pop. **serpigo, ginis*, du lat. impér. *serpedo* «dartre, érysipèle», de *serpere* «ramper». → Herpès.

♦ Méd. Se dit d'affections de la peau (ulcères, érysipèles, etc.) qui, au fur et à mesure qu'elles guérissent sur certains points de leur périphérie, se développent sur d'autres.

SERPILLIÈRE [sɛʀpijɛʀ] n. f. — 1403; *sarpillere*, 1302; «*or et argent et rice* (riche) *sarpilliere*», xiiᵉ; orig. douteuse, le premier sens étant mal établi; p.-ê. du lat. pop. *sirpicularia* «étoffe de jonc», de *scirpus* ou *sirpus* «jonc»; a désigné au moyen âge une étoffe de laine ou une sorte de sayon; → aussi Suroît, cit. Hugo; mais les variantes dial. en *ch-* (*charpillère*) suggèrent à P. Guiraud une parenté avec *charpiller*, de *charpie*, ce qui correspond mieux au sémantisme du mot.

♦ **1.** Vx. **a** Toile grossière tendue devant une boutique pour la protéger du soleil.

b Vx. Grosse toile d'emballage (→ Pleuviner, cit. 1).

♦ **2.** (1542; *sarpillière*, 1345). Vx. Tablier de grosse étoffe, porté dans certains corps de métiers.

1 Un jeune garçon en serpillière le cajolait pour obtenir des capsules, afin d'utiliser son fusil (...) FLAUBERT, l'Éducation sentimentale, III, I.

♦ **3.** (xxᵉ). Mod. Pièce de toile épaisse (généralement à tissage gaufré) qui sert à laver les carrelages, à éponger, etc. ⇒ **Toile** (à laver), **torchon; loque, wassingue** (régional). → Crasse, cit. 4. *Passer la serpillière sur le carrelage. Nettoyer à grands coups de serpillière. Tordre, faire égoutter une serpillière.*

2 Pour apaiser l'impatience de l'attente, il prit une serpillière qui trempait dans une cuvette d'émail et, pour la troisième fois, lava sur le béton une surface encore humide afin d'en effacer les dernières traces de sang qu'avait pu y laisser sa boucherie. M. AYMÉ, le Vin de Paris, «Traversée de Paris», p. 27.

3 Laissez, dit-elle au bout d'un moment. Vous ne savez pas étancher. Donnez-moi la serpillière. Ensuite, vous la tordrez, si vous voulez, avec vos grandes mains.
Robert MERLE, Week-end à Zuydcoote, p. 229.

SERPILLON [sɛʀpijɔ̃] n. m. — 1530; *sarpillon*, 1272; de *serpe*, *sarpe*. → Serpe.

♦ Vx. ou régional. Petite serpe. ⇒ **Serpette.**

SERPOLET [sɛʀpɔlɛ] n. m. — Déb. xviᵉ; provençal *serpolet*, dimin. de *serpol*, issu du lat. *serpullum*, grec *herpullos*. → aussi 1. Pouliot.

♦ Régional ou littér. Plante odoriférante *(Labiacées)*, dite aussi *thym* bâtard*, *thym sauvage*, qui est utilisée comme assaisonnement

(→ 1. Bouquet, cit. 3; esparcette, cit.). *Les lapins sont très friands de serpolet.*

(...) l'herbe qui est ici est meilleure et sent bon comme le serpolet.
LOTI, Aziyadé, I, XIV.

SERPULE [sɛʀpyl] n. f. — 1800; lat. zool. *serpula*, Linné, «petit serpent» en lat. classique.

♦ Zool. Ver marin *(Annélides polychètes)* vivant dans un tube calcaire.

SERRA [sɛʀa] n. f. ⇒ **Sierra.**

SERRAGE [sɛʀaʒ] n. m. — 1845; mar., «serres d'un navire», 1643; de *serrer.*

♦ **1.** Opération qui consiste à serrer qqch.; son résultat. *Le serrage des freins. Serrage de deux pièces métalliques au moyen de boulons et d'écrous.* ⇒ **Assemblage.** *Défaut de serrage.* ⇒ **Jeu** (*supra* cit. 86). — *Coin, collier, vis de serrage.*

Le fait de se bloquer par dilatation, pour le piston et le cylindre d'un moteur à deux temps, et, par ext., pour le moteur. *Serrage du moteur*, fam., *du moulin* (d'une moto). — Absolt. *Abandon par serrage* (dans une course). *X a fait un serrage. «Serrages et casses pour le duo Lafond-Roche»* (*Moto-Revue,* 6 mai 1981, p. 14).

♦ **2.** Dispositif de serrage. — Techn. Organe mécanique utilisé pour effectuer une pression. — Sur un tour, Avance que l'on imprime à l'outil, par tour de la pièce travaillée.

SERRAN [sɛʀɑ̃] n. m. — 1554; de *serre* «scie de mer», xiiiᵉ; lat. *serra*, proprt «scie», à cause des bords dentelés du préopercule de ce poisson.

♦ Poisson *(Acanthoptérygiens, Serranidés)* à la chair estimée, commun dans l'Atlantique et surtout dans la Méditerranée. (On l'appelle aussi *perche* de mer*).

SERRANTE [sɛʀɑ̃t] n. f. — 1821; de *serrer* (fermer) *la porte*, d'après Esnault.

♦ Argot. Serrure.

(...) la serrure centrale — une petite serrante sans force ni complication — porte des traces d'effraction. A. SARRAZIN, l'Astragale, p. 204.

SERRATE [sɛʀat] adj. — 1843; empr. lat. *serratus*, de *serra* «scie».

♦ Didact. *Monnaies serrates :* monnaies romaines à bordure dentelée (ce qui indiquait qu'elles étaient en argent pur).

SERRATIFORME [sɛʀatifɔʀm] adj. — 1846; du lat. *serratus*, de *serra* «scie», et *-forme*.

♦ Hist. nat. Qui est découpé en forme de lame de scie.

SERRATULE [sɛʀatyl] n. f. — 1732; *serratula*, 1562; mot lat., proprt «petite scie».

♦ Plante dicotylédone *(Composacées)*, vivace, apparentée aux chardons, à feuilles dentelées, qu'on appelle aussi *sarrette*.*

1. SERRE [sɛʀ] n. f. — xiiᵉ, au sens I., 1.; de *serrer.*

★ **I.** ♦ **1.** Vx. Action de serrer. ⇒ (mod.) **Serrage, serrement.**

♦ **2.** (Mil. xviᵉ). Techn. **a** Chacun des pressurages* successifs (d'une substance). — Spécialt. *Donner une deuxième serre au raisin.*

b (1723). Serrage du sable dans un moule de fonderie.

♦ **3.** (V. 1188, «branche du mors d'un cheval»). Par métonymie, vx. Pièce qui serre. **a** Presse ou pinces pour la serre (2., b.), en fonderie.

b (1812). Orfèvr. Petit cadre pour assujettir l'or, l'argent fondu dans un moule.

c (1538). Mar. Pièce longitudinale qui croise intérieurement les couples d'un navire. *Les serres sont des profilés ou des pièces d'assemblage.*

Cet ensemble sera lié par des serres extérieures rapprochées d'environ quinze centimètres, clouées sur les membrures.
Bernard MOITESSIER, le Cap Horn à la voile, p. 19.

0.1

★ **II.** (1549; même valeur que I., 3., «chose qui serre»). Surtout au plur. **LES SERRES** : griffes ou pattes de certains oiseaux, spécialt des rapaces*. ⇒ **Main** (*infra* cit. 111), **ongle** (*infra* cit. 11). *Serres d'un aigle, d'un vautour* (→ Cubitière, cit.; garantir, cit. 14). *Serres d'une mouette, d'un corbeau* (→ Éclabousser, cit. 8; empêtrer, cit. 1).

1 Un balancement d'ailes rejeta le rapace sur une branche de la fourche où l'y fixa une serre, tandis que l'autre se crispait dans le vide (...)
L. PERGAUD, De Goupil à Margot, p. 98.

2 Il ramassa l'oiseau, un bel oiseau brun de plumage, taché de blanc (...) les serres noires et brillantes se repliaient, inertes, au bout des pattes vernies de jaunes.
M. GENEVOIX, Raboliot, IV, I.

(1690). Fig. *Les serres d'un avare, d'un usurier.* — (XIXe). *Tenir dans ses serres* : retenir (qqn) prisonnier.

★ **III.** (De *serrer* «ranger»). ♦ **1.** (V. 1175). Vx. Endroit clos où l'on conserve qqch. Vx. *Serre à légumes.* ⇒ **Resserre.**

♦ **2.** (1660). Mod. Construction (ou installation démontable) vitrée, parfois chauffée artificiellement, où l'on met les plantes à l'abri (notamment pendant l'hiver), où l'on cultive les végétaux exotiques ou délicats, où l'on fait les semis particulièrement fragiles. *Serre pour les orangers.* ⇒ **Orangerie.** *Coffre utilisé comme petite serre.* ⇒ **Bâche, châssis.** *Serre froide, tempérée, chaude, humide, sèche. Légumes précoces obtenus dans une serre à forcer.* ⇒ **Forçage, forcerie.** *Le vitrage, les vitres d'une serre* (→ Chaperon, cit. 2 ; plumet, cit. 2). *Serre protégée contre la gelée par des paillassons** (1.). *Les serres d'un horticulteur, d'un pépiniériste, d'un jardin botanique. Effet de serre :* rétention de l'énergie calorifique du soleil, par absorption de l'atmosphère.

Salon-serre. ⇒ aussi **Jardin** (d'hiver).

3 Luxe tout nouveau que ces salons-serres, qui n'ont guère plus de vingt ans de date (...) Avec son goût de bric-à-brac, la princesse a semé dans cette serre qui contourne son hôtel au milieu des plus belles plantes exotiques, toutes sortes de meubles de tous les pays, de tous les temps, de toutes les couleurs, de toutes les formes (...)
Ed. et J. DE GONCOURT, Journal, 25 déc. 1867, t. III, p. 137.

4 (...) en face d'eux s'ouvrait la serre, un large jardin d'hiver plein de grands arbres des pays chauds abritant des massifs de fleurs rares.
MAUPASSANT, Bel-Ami, II, VII.

EN SERRE(S). *Cultures en serre. Horticulture en serres. Mettre une plante en serre.* ⇒ 2. **Enserrer.**

Fig., par métaphore. *Une plante de serre, de serre chaude.* ⇒ **Plante** (2. Plante, cit. 6 et *supra*). — *Développer un talent,... en serre chaude,* dans des conditions à la fois très favorables et artificielles (→ aussi Secrétaire, cit. 3).

♦ **3.** (Mil. XXe). Techn. Vivier.

DÉR. **Serriste.**

---

2. SERRE [sɛʀ] n. f. — V. 1190, «montagne», continué dans les dialectes du Centre et du Sud-Ouest ; en anc. provençal, «colline, coteau, monticule», XIIIe ; repris par les géographes au XXe ; lat. *serra* «scie» ; cf. esp. *sierra*.

♦ Géogr. Colline étroite et allongée résultant de la fragmentation d'un plateau par des vallées parallèles.

---

3. SERRE [sɛʀ] n. m. — XIXe, pour *sert* (1836) ; probablt de *servir*, par un dér. substantif «service».

♦ Loc. argotique. *Faire le serre (le sert) :* faire le guet ; faire un signe d'avertissement (à qqn). *Être en serre :* guetter, surveiller.

Un flic du coin qu'est signalé ... un mauvais alors! ... Pedro l'accordéon dans le coup qu'est en serre à l'angle du «Bragance» ... emballe ... rugit de son instrument ... ça veut dire du pet! ...
CÉLINE, le Pont de Londres, p. 142-143.

SERRE- Premier élément de mots composés, tiré du v. *serrer*.

REM. 1. Ces composés sont traditionnellement écrits *serre-*, mais on pourrait les souder en un mot graphique.

2. Le plur. est parfois considéré comme invariable, mais l'application de la règle générale est préférable.

SERRÉ, ÉE [sɛʀe ; seʀe] p. p. adj. ⇒ **Serrer.**

SERRE-BOSSE [sɛʀbɔs] n. m. — 1690 ; de *serre-*, et *bosse.*

♦ Mar. anc. Chaîne ou cordage qui sert à suspendre une ancre* par une de ses pattes et à diminuer ainsi l'effort que le mouilleur (2.) doit supporter. — *Des serre-bosses.*

SERRE-BOUCHON [sɛʀbuʃɔ̃] n. m. — 1875 ; de *serre-*, et *bouchon.*

♦ Dispositif métallique qui retient le bouchon de certaines bouteilles de boisson gazeuse. — *Des serre-bouchons.*

SERRE-CÂBLE [sɛʀkɑbl] n. m. — XXe ; de *serre-*, et *câble.*

♦ Techn. Dispositif pour assujettir une boucle, etc., à un câble. *Des serre-câbles.*

L'extrémité *(du câble d'acier)* fut enfilée par la gorge des poulies, limitée par des guides-câbles, et tirée jusqu'à la poulie terminale, à l'extrémité de la flèche de ren-

---

voi. Une boucle y fut ensuite formée et bloquée avec un soin tout particulier par trois serre-câbles successifs : le souvenir de notre accident au Gouffre de la pierre Saint-Martin, dû au défaut de serrage de la boucle d'attache, nous rendait particulièrement attentifs à ces détails.
H. TAZIEFF, Histoire de volcans, p. 115.

SERRE-ÉCROU [sɛʀekʀu] n. m. — 1904 ; de *serre-*, et *écrou.*

♦ Techn. Clef pour serrer et desserrer les écrous d'une bicyclette. *Des serre-écrous.*

SERRE-FILE [sɛʀfil] n. m. — 1678 ; de *serre-*, et *file.*

♦ **1.** Gradé (ou soldat) placé en surveillance derrière une troupe qui défile (et qui, à l'origine, avait pour mission de faire serrer les files). *Des serre-files.* — Par appos. *Sous-officier serre-file.*

1 On entendait çà et là un serre-file prendre son accent des grands jours pour lâcher dans les jambes de ses hommes quelques : «Une! Deux! Une! Deux!»
J. ROMAINS, les Hommes de bonne volonté, t. XVI, XII, p. 93.

En serre-file : en marchant le dernier, dans un défilé.

2 Dans le cavalier qui se tenait en serre-file à la queue du peloton, elle venait de reconnaître son vaurien de neveu Bobislas.
M. AYMÉ, le Passe-muraille, p. 160.

♦ **2.** (1835). Mar. Navire qui est placé le dernier dans une ligne de combat, dans un convoi.

HOM. Serre-fils.

SERRE-FILS [sɛʀfil] n. m. invar. — 1869, ex. ci-dessous ; de *serre-*, et *fil.*

♦ Techn. (électr.). Dispositif qui sert à connecter deux fils électriques. *Bornes** d'un serre-fils. «On relie rapidement ces fils à l'appareil, au moyen de boutons de cuivre munis de vis de pression (...) qu'on nomme (...) bornes, serre-fils, serre-lames»* (*Année sc. et industr.* 1870, p. 133 [1869]).

HOM. Serre-file.

SERRE-FLANC [sɛʀflɑ̃] n. m. — XXe ; de *serre-*, et *flanc.*

♦ Techn. Pièce d'une presse qui maintient les côtés de la matière à presser. *Des serre-flancs.*

SERRE-FREIN ou **SERRE-FREINS** [sɛʀfʀɛ̃] n. m. — 1871 ; de *serre-*, et *frein.*

♦ Techn. Employé des chemins de fer chargé de la manœuvre des freins qui ne sont pas actionnés à partir de la locomotive. *Des serre-freins.* — REM. On dit aussi quelquefois *garde-frein**.

SERRE-JOINT ou **SERRE-JOINTS** [sɛʀʒwɛ̃] n. m. — 1845, Bescherelle ; de *serre-*, et *joint.*

♦ Techn. Outil utilisé dans le travail du bois, qui maintient serrées les unes contre les autres des planches assemblées ou collées (notamment par leurs tranches, ou *joints*). ⇒ **Sergent** (II.). *Des serre-joints.*

SERRE-LIVRES [sɛʀlivʀ] n. m. invar. — Av. 1950 ; de *serre-*, et *livres.*

♦ Objet de bureau, formé généralement de deux parties indépendantes et symétriques, qui sert à maintenir plusieurs livres serrés les uns contre les autres, debout sur leur tranche. *Serre-livres de marbre orné d'un motif de bronze.* (Syn., plus cour. : *presse-livres*).

SERREMENT [sɛʀmɑ̃] n. m. — 1529 ; déb. XVIe, *sarrement* ; de *serrer.*

A. ♦ **1.** Action de serrer (rare, sauf dans la loc. *serrement de main*). *Serrement de main* (cit. 27) ou, plus rarement, *de mains* (→ Platonisme, cit. 3) : poignée* de main ; fait de serrer la main de qqn dans la sienne.

1 Le plus grand bonheur que puisse donner l'amour, c'est le premier serrement de main d'une femme qu'on aime.
STENDHAL, De l'amour, XXXII.

♦ **2.** Fait d'être serré, contracté. ⇒ **Contraction, oppression.** *Un serrement de la gorge* (cit. 17). — (1671). Fig. : *Serrement de cœur :* angoisse, tristesse (→ Hôtel, cit. 12).

2 (...) tous les clochers de la ville sonnent des coups espacés, un glas universel, jamais entendu. Elle comprend cette annonciation lugubre. Rien autour d'elle ne semble plus réel ; seulement des vibrations dans les oreilles et un effroyable serrement de cœur.
J. CHARDONNE, les Destinées sentimentales, p. 337.

♦ **3.** Vx. Fermeture.

B. (1871). Par métonymie. Techn. Cloison, barrage qui s'oppose, dans une mine, à l'invasion des eaux.

HOM. Serment.

SERRE-NEZ [sɛʀne] n. m. invar. — 1871; de *serre-*, et *nez.*

♦ Techn. Petit instrument avec lequel on serre le nez d'un cheval pour l'immobiliser quand on le ferre ou l'opère. — REM. On dit aussi *tord-nez, torche-nez, trousse-nez.*

HOM. Cerner.

SERRE-PAPIERS [sɛʀpapje] n. m. invar. — 1720; de *serre-*, et *papier.*

♦ **1.** Vieilli. Petit meuble de bureau, sorte de casier où l'on range des papiers.

♦ **2.** (1740). Vx. Petite salle où l'on rangeait des papiers.

♦ **3.** Rare. Presse-papiers (→ Intitulé, cit. 1).

Il y avait encore sur le coffre (...) un serre-papier fait d'un pied momifié couleur de bronze florentin (...) Ed. et J. DE GONCOURT, Manette Salomon, p. 132.

SERRER [seʀe; sɛʀe] v. tr. — Fin XIe, au sens A., 2., mais le sens A., 1. est étymologique; lat. pop. **serrare*, altér. du lat. tardif *serare* «fermer avec une barre *(sera)*, clore» (peut-être par croisement avec *ferrum* «fer»), de *sera* «barre, verrou».

A. V. tr. ♦ **1.** [a] Vx. Fermer (une porte, une boîte).

[b] Enfermer (des hommes, des animaux) dans un lieu clos, un espace étroit (→ Parc, cit. 1, Marot).

[c] (V. 1240). Régional. (Le mot le plus usuel est *ranger*). Mettre à l'abri des intempéries, en réserve; remiser. *Serrer du vin, des pommes de terre dans une cave, du blé dans un grenier, des marchandises dans des magasins* (→ Fertilité, cit. 2; germer, cit. 3; requin, cit. 4). — Mettre en place, en ordre, en lieu sûr*. ⇒ **Cacher, enfermer, enserrer** (vx), **placer, ranger** (cit. 3), **renfermer;** → Frottement, cit. 6; havresac, cit. 1; pierre, cit. 26. *Serrer des bijoux dans une cassette, du linge dans un placard. « Laurent, serrez ma haire avec ma discipline »* (cit. 1, Molière).

1 Un simple grenier, où, du temps de Jacques, on serrait en hiver les jeux de jardin (...) P. BENOIT, Mlle de la Ferté, p. 101.

1.1 — Je ne trouve pas mes gants! où as-tu mis mes gants? (...)
— Tu es insupportable! Tu les as serrés toi-même dans le tiroir de la commode (...) E. LABICHE, Les 37 sous de M. Montaudoin, 7.

1.2 (...) la grande armoire de noyer où était serré le linge. Ed. et J. DE GONCOURT, Sœur Philomène, p. 53.

♦ **2.** [a] (Sujet n. de personne ou de chose). Saisir ou maintenir vigoureusement, de manière à ne pas laisser échapper, à comprimer, à écraser... ⇒ **Empoigner, harper** (2. Harper, vx), **pincer** (*supra* cit. 1), **presser;** → Arracher, cit. 26; frottement, cit. 6. *Serrer qqch. dans un étau** (au propre et au fig.), *avec des tenailles.* ⇒ **Mordre** (I., 2.). *Serrer qqch. dans sa main, entre ses dents, entre ses bras, ses genoux* (→ Casser, cit. 3; guimbarde, cit. 1; oreiller, cit. 3). *Serrer qqch. sur son flanc* (cit. 2), *contre soi. Serrer le cou à qqn.* ⇒ **Étrangler.** *Serrer le gavion* (cit., vx), *la gorge, le kiki* (fam.) *à qqn.* — Loc. Vx. *Que la fièvre te serre, t'étouffe* (→ Molière, *l'Avare,* II, 5).

Absolt. (→ Cou, cit. 11; diabète, cit.). *Tenir fermement, mais sans serrer. Serrez bien* (→ Prise, cit. 8).

2 *(Pays)* qui nous aurait échappé plus d'une fois, si nous ne le tenions serré, comme dans des pinces et des tenailles, entre quatre villes françaises d'un génie rude et fort : Nantes et Saint-Malo, Rennes et Brest. MICHELET, Hist. de France, III.

3 Il lui avait pris le poignet avec une brutalité sauvage, et il le serrait si violemment qu'elle se tut, une plainte lui déchirant la gorge. MAUPASSANT, l'Inutile Beauté, I.

[b] (Sujet et compl. n. de personne). Prendre (qqn) entre ses bras et le tenir étroitement pressé (contre soi). ⇒ **Caresser, embrasser** (cit. 9), **enlacer, entourer, étreindre** (*supra* cit. 1); → Enthousiasme, cit. 16; étreinte, cit. 8. *Serrer qqn à l'étouffer* (cit. 9).

(XVIe). *Serrer la main* (cit. 24), *les mains, le bras de qqn,* pour lui manifester son affection, le réconforter, etc.

4 Tous les mots qui jamais ne viennent
Les mots qu'on remet à demain
De serrer ma main dans la tienne
Longuement simplement ma main (...) ARAGON, le Roman inachevé, p. 208.

[c] Loc. *Serrer la main à qqn :* lui prendre la main en l'abordant, en le quittant etc. (geste de politesse). ⇒ **Main** (*supra* cit. 22); **poignée** (de main), **shake-hand;** → Maître, cit. 100; préséance, cit. 2. — *Ils ne se serrent plus la main :* ils sont brouillés, ils ne se saluent plus. — Fam. *Serrer la cuiller, la pince à qqn :* lui serrer la main.

[d] (V. 1265). Le sujet désigne une sensation, un sentiment pénible. Faire peser une sorte de pression, d'oppression sur (la gorge, le cœur). ⇒ **Angoisse, oppression.** *Crampe* (cit. 1) *qui serre le gosier. Ce nœud* (cit. 5) *qui lui serrait la gorge.* ⇒ **Étrangler** (*supra* cit. 13), **étreindre** (*supra* cit. 8). *Amertume* (cit. 2), *chagrin, douleur, émotion; tristesse qui serre le cœur.*

Pronominal :

5 C'était un de ces jours froids et tristes où les cœurs se serrent, où les esprits s'irritent, où l'âme est sombre, où la main ne s'ouvre ni pour donner ni pour secourir. MAUPASSANT, Contes, « Le gueux », p. 295.

(XVe). Vx (langue class.). Étouffer (dans des imprécations). *Que la fièvre, la peste te serre!*

[e] Spécialt. (Compl. n. de chose). Écraser, comprimer pour extraire le suc, le jus. ⇒ **Épreindre** (vx), **presser;** → Moût, cit. 2.

♦ **3.** Maintenir appliqué avec force contre qqch. — Spécialt (t. de manège). *Serrer l'éperon à un cheval :* presser un cheval de l'éperon. — Assujettir fortement. ⇒ 2. **Caler, coincer.** *Serrer une plaque sur un châssis au moyen de vis.* ⇒ **Assembler** (2.), **visser.** — Imprim. *Serrer une forme :* fixer solidement (à l'aide de coins, etc.) la composition dans la forme* (→ Pédaler, cit. 1).

♦ **4.** (V. 1175). Disposer (des choses), faire placer (des personnes) plus près les unes des autres. ⇒ **Presser** (I., 4.), **rapprocher.** *Serrer les lignes, les mots en écrivant.* — Absolt. *Serrez, tout doit tenir sur une seule page.* — Milit. *Serrez les rangs!* ou, absolt, *Serrez!*

Fig. *Serrer l'expression, le style.* — (1690). Absolt. Écrire, rédiger d'une manière plus concise. *Serrez, votre style est diffus.*

♦ **5.** (XIIe). Maintenir (la mâchoire, la main, etc.) énergiquement fermée; contracter. *Serrer les dents** (cit. 9). *Serrer les lèvres, la bouche, les mâchoires.* ⇒ 2. **Contracter, crisper, pincer** (*supra* cit. 7). → Assombrir, cit. 12; haineux, cit. 5; hostile, cit. 8. — *Serrer les poings** (cit. 1). — Maintenir rassemblés ou rapprochés. *Serrer les genoux.* ⇒ **Joindre** (I., 1.). — *Serrer les épaules* (cit. 2). — Fam. *Serrer les fesses**. — (1668). *Animal qui serre la queue,* en signe de peur, de soumission, de désappointement (→ Bas, cit. 63).

♦ **6.** [a] (V. 1670). Diminuer le volume de (un ensemble d'éléments en faisceau, etc.) en rapprochant les éléments et en les maintenant étroitement assemblés par un lien. *Serrer un fagot.* ⇒ **Attacher** (*supra* cit. 1), **lier.** *Serrer une gerbe.* — Au p. p. *Une gerbe* (cit. 4) *serrée dans un ruban vert pâle.* ⇒ **Entourer** (de). — (1691). Mar. *Serrer une voile,* la plier et l'assujettir le long de la vergue. ⇒ aussi **Carguer.** *Serrer les huniers* (→ 1. Cape, cit. 6).

[b] (Déb. XVIe). Compl. n. de chose, désignant le lien. Appliquer plus étroitement, tendre avec force la bande, le lien, etc., qui entoure une chose, qui la maintient (→ 1. Mèche, cit. 5; nouer, cit. 1). *Serrer une corde avec un garrot**. ⇒ **Bander** (*supra* cit. 4). *Serrer un corset.* ⇒ **Lacer.** *Serrer un ceinturon.* ⇒ **Boucler** (*supra* cit. 1). *Serrer sa ceinture d'un cran* (cit. 5). — Loc. fam. *Se serrer la ceinture.* ⇒ **Priver** (se). — *Serrer, tenir serrés les cordons de sa bourse :* être très économe, peu généreux. — Fig., vx. *Serrer le bouton** (cit. 11) ou, mod., *la bride à qqn* (→ ci-dessous, 7. : *serrer la vis*). *Serrer un nœud,* en réduire le volume en tirant sur ses extrémités, pour le rendre plus solide et plus difficile à défaire.

[c] (XIXe). Spécialt. Appliquer étroitement (un vêtement) contre le corps (→ 2. Enceinte, cit. 3). *Serrer un peignoir* (cit. 4) *autour de sa taille.* — (Le sujet désigne le lien). *Une ceinture de cuir* (cit. 6) *serrait leur robe à la taille.*

Serrant autour de lui son caban ciré, Bernard, penché en avant pour protéger son visage ruisselant, suivit lentement la longue allée. 6
A. MAUROIS, Bernard Quesnay, XXX.

[d] (Sujet n. de chose). Épouser étroitement la forme de...; tenir à l'étroit. *Un jersey* (cit. 2) *qui serrait son buste étroit.* ⇒ **Mouler** (4.). *Chaussures qui serrent le pied.* ⇒ **Comprimer, gêner** (*infra* cit. 2). — *Se serrer la taille dans une ceinture de cuir.* — Loc. fam. (vieilli; syn. mod. : *se serrer la ceinture,* ci-dessus). *Se serrer le ventre :* se priver, limiter ses dépenses.

Vous êtes seul, vous, vous pouvez vous serrer le ventre. Mais nous avons femme et enfants. Enfin, nous avons tout mis en gage (...) 7
BALZAC, les Ressources de Quinola, III, 8.

♦ **7.** (1690). Tourner, faire mouvoir (un élément mobile, un organe de fixation, un volant, une manette, etc.) de manière à rapprocher deux choses l'une de l'autre, à fixer une pièce, à mettre un dispositif en position fermée... *Serrer un frein* (cit. 13). *Serrer les freins à bloc, à fond.* ⇒ **Bloquer.** *Serrer un robinet, un joint. Serrer un écrou* (2. Écrou, cit. 1). *Serrer un boulon avec une clef** (*infra* cit. 21), *une vis avec un tournevis** (⇒ aussi **Visser**). — *Serrer la vis d'un pressoir.*

Loc. fig. (1889). *Serrer la vis à qqn,* le traiter avec sévérité, le mater. ⇒ **Contraindre;** → Dompter, cit. 4.

L'Amérique nous tient, elle serrera la vis à loisir, sous le regard de Nasser. 7.1
F. MAURIAC, Bloc-notes 1952-1957, p. 283.

♦ **8.** Aller tout près, tout contre. [a] (Escrime*). Pousser en avant avec force. *Serrer la botte* (à son adversaire) : avancer sur lui en le pressant vigoureusement. — Loc. fig. (vx). *Serrer la botte à qqn au cours d'une discussion :* le presser.

[b] (V. 1160). Milit., vieilli. *Serrer une place, une ville,* l'entourer, l'isoler ou la presser. ⇒ **Encercler.**

c Pousser (qqn) contre un obstacle de manière à lui couper la retraite, à le gêner dans ses mouvements, ses manœuvres. *Serrer l'ennemi contre le fleuve. Serrer qqn dans un coin.* ⇒ **Coincer, rencogner.** — *Véhicule qui serre un cycliste contre le trottoir.* — *Serrer de près un fuyard,* le traquer, le talonner. ⇒ **Poursuivre, presser** (II., 2.). — Fig. *Serrer de près :* presser, attaquer avec mordant et vigueur dans une discussion.

(V. 1660). Spécialt. *Serrer une femme de près,* lui faire une cour pressante.

8 (...) un grand soldat basané, qui la chatouillait, et la serrait de très près.
ARAGON, les Beaux Quartiers, I, XXVII.

d Argot. Arrêter, incarcérer (→ Pincer, cit. 17).

(1906). Dévaliser (qqn) en le serrant entre deux agresseurs, un complice le dépouillant (cf. Carco, *in* Cellard et Rey, qui emploie aussi *serreur,* n. m., dans ce sens).

e (1648). Longer, raser, passer au plus près de... ⇒ aussi **Approcher** (s'), **frôler.** *Voiture qui serre le trottoir. Serrer sa droite (sa gauche) :* marcher, conduire un véhicule en se tenant tout près du côté droit (gauche) de la route. — (T. de turf). *Serrer la corde* (I., 3.). — (V. 1785). Mar. *Serrer la terre,* s'en rapprocher autant qu'il est possible. — (1678). *Serrer le vent :* naviguer au plus près. ⇒ **Pincer** (*supra* cit. 15).

f (1845). Abstrait. *Serrer de près :* analyser, définir, exprimer avec précision. *Serrer de plus près une idée* (→ Église, cit. 13). *Cette traduction ne serre pas le texte d'assez près.*

B. V. intr. (Mil. XIIIᵉ, dans un autre sens). ♦ **1.** (1876). Se rapprocher de..., venir tout contre. *Serrer à droite, sur sa droite.*

♦ **2.** Fam. Diminuer ses dépenses; compter.
8.1 L'hôtel me reviendrait trop cher : je ne suis pas riche, je dois serrer.
Hervé BAZIN, le Cri de la chouette, p. 35.

▶ **SE SERRER** v. pron.

♦ **1.** (1845; «se tapir», 1538). Comprimer sa taille (dans un corset, une ceinture). *« Cette jeune fille s'abîme la santé à force de se serrer »* (Littré).

Fig., fam. Restreindre son train de vie, s'abstenir de toute dépense inutile.

♦ **2.** (1553). Se mettre tout près de..., tout contre (qqn, qqch.). *Se serrer contre un mur.* ⇒ **Coller** (se). *Se serrer contre qqn.* ⇒ **Blottir** (se), **pelotonner** (se); → Appétit, cit. 26. — (1549). Se placer tout près les uns des autres. ⇒ **Rapprocher** (se); → Mouton, cit. 3. — Fig. *«À force de se serrer contre l'ennemi, les provinces se sont trouvées un peuple »* (→ Préciser, cit. 2, Michelet).
9 (...) on occupait un bout seulement de la grande table, où l'on se serrait pour être plus ensemble.
ZOLA, Nana, VI.

♦ **3.** (Sens réciproque indirect). *Se serrer les coudes** (*supra* cit. 7).

▶ **SERRÉ, ÉE** p. p. adj. (XIIᵉ au sens 5., 6.).

♦ **1.** Comprimé, contracté. *Avoir la gorge serrée.* — Fam. *Avoir l'intestin serré :* être constipé.
Cœur serré de détresse (cit. 3), *par l'angoisse.* ⇒ **Angoisser** (→ Perler, cit. 2). — Absolt. *Avoir le cœur* (cit. 37) *serré :* avoir de la peine*. ⇒ aussi **Presser** (vx, *supra* cit. 20).
Plaque serrée (sur un châssis).
Dents, mâchoires serrées. Poings serrés.

♦ **2.** Dont les éléments sont rapprochés. *Bouquet serré.* — *Nœud trop serré.* — *Freins serrés. Écrou très serré.*

♦ **3.** (1662). Vx. Qui occupe une faible surface, un faible volume, qui est borné, gêné par des limites étroites. *Ville serrée entre la montagne et une rivière, dans le méandre d'un fleuve, à l'intérieur de ses remparts.* ⇒ **Enserrer.** *Vallée profonde et serrée.* ⇒ **Étroit** (1.), **resserré.**
10 (...) le sol est-il ingrat et stérile, ou le pays trop serré pour les habitants?
ROUSSEAU, Du contrat social, II, XI.
11 À l'autre bout, c'est Brest (...) fort, arsenal et bagne, canons et vaisseaux, armées et millions, la force de la France au bout de la France : tout cela dans un port serré, où l'on s'étouffe entre deux montagnes chargées d'immenses constructions.
MICHELET, Hist. de France, III.

♦ **4.** **a** (1809). En parlant d'un vêtement. Qui s'applique étroitement sur le corps. ⇒ **Collant** (2.). *Veston serré à la taille.* ⇒ **Ajusté** (→ Étriquer, cit. 6). *Tunique courte et serrée* (→ 1. Franc, cit. 3).
12 (...) un membre de l'Institut en costume, habit boutonné, serré et pincé à la taille, maigre, sec, la démarche vive, la tournure jeune.
HUGO, Choses vues, I, 1847, « Visite à la Conciergerie ».

b (Personnes). *Un grand garçon* (cit. 7) *serré dans sa tunique.* ⇒ **Boudiner** (fam.), **brider, sangler** (1.). *Femme serrée dans son corset* (→ **Corseter**). *Momie égyptienne serrée dans ses bandelettes.* ⇒ **Emmailloter** (→ Linceul, cit. 2).

♦ **5.** (V. 1155). En parlant de personnes ou de choses qui sont placées tout près les unes des autres. *Ils sont serrés comme des harengs* (cit. 4) *dans votre salon.* ⇒ **Entasser** (*supra* cit. 6), **presser** (*supra* cit. 19), **tasser.** *Une multitude de tombes serrées, accumulées,*

---

empiétant (cit. 3) *les unes sur les autres.* — *En rangs serrés.* — *Serré entre des objets* (→ En sandwich*).

Le village, un gros village, un bourg, apparaissait à quelques centaines de mètres, 12.1
serré autour de l'église, une église de briques rouges devenues noires avec le temps.
MAUPASSANT, Clochette, *in* Contes et nouvelles, t. II, Pl., p. 851.

♦ **6.** (V. 1112). Dont les éléments constitutifs sont très rapprochés et laissent peu de vide entre eux. ⇒ **Compact, dense** (*supra* cit. 1). *Duvet serré.* ⇒ **Épais;** → Fourrure, cit. 7. *Herbe serrée.* ⇒ **Dru.** *Pluie serrée. Écriture* (cit. 7) *serrée,* aux lettres très rapprochées. *Typographie serrée. Tissu serré. Filet, réseau serré* (→ aussi Rets, cit. 2, fig.). — Milit. *Ordre** (*supra* cit. 11) *serré. Grouper ses hommes en une masse serrée.* ⇒ **Masser** (*supra* cit. 3). — Techn. *Bois serré et compact.* ⇒ **Plein** (*infra* cit. 17).

- (...) As-tu vu que les grappes sont déjà massives et teintes en bleu, si serrées 13
qu'une guêpe n'y entrerait pas? COLETTE, la Naissance du jour, p. 160.

(1694). T. de manège. *Cheval serré du devant (du derrière),* dont les pieds de devant (de derrière) sont trop rapprochés.

(1973). Cin., télév. *Montage serré,* obtenu par des coupures et des raccords sans transition du support d'enregistrement sonore ou visuel.
Un café, un express (bien, très) serré, fort. ⇒ **Tasser.**
Techn. *Moteur* (de moto) *serré,* ayant subi un serrage*.

♦ **7.** (1559). Abstrait. Qui dit beaucoup en peu de mots. ⇒ **Concis.** *Style serré* (→ 1. Maille, cit. 7). *Un parler nerveux* (cit. 2), *court et serré.* — D'une stricte exactitude, d'une précision minutieuse; qui ne laisse rien passer. ⇒ **Précis, rigoureux** (*supra* cit. 4). *Étude, traduction serrée. Critique, discussion serrée d'une doctrine.* — *Une gestion financière plus serrée.* ⇒ **Pointu** (fam.). *Contrôle serré.*

Sa logique serrée autant que narquoise et de bonne humeur était persuasive. 14
Georges LECOMTE, Ma traversée, p. 45.

Par métonymie. *Un écrivain serré.* ⇒ **Concis.** *Un logicien* (cit. 3) *serré.* ⇒ **Rigoureux.** (Au propre et au fig.). *Un jeu serré :* un jeu prudent, mené avec une constante vigilance (→ ci-dessous, 9. : *jouer serré*). — *Une lutte, une partie serrée,* difficile, acharnée, où les adversaires sont de force sensiblement égale. *Un match serré.*

— (...) Tu ne comprends donc pas que nous jouons une partie serrée, et que, pour 15
la gagner, nous ne devons nous relâcher sur aucun point?
GIDE, Robert, III, II, 1.

♦ **8.** Fig. Embarrassé par les difficultés financières. ⇒ **Étroit** (*supra* cit. 8), **gêné.** *Une vie serrée et mesquine.*

(1668). Fam. Qui n'aime pas dépenser son argent. ⇒ **Avare,** 1. **chiche** (1.), **économe.**

Le Seigneur Harpagon est (...) de tous les mortels le plus dur et le plus serré. 16
MOLIÈRE, l'Avare, II, 4.

(...) elle s'inventa des courses ménagères ici et là (...) toutefois plus serrée de 17
bourse qu'avant les événements d'août, comme si quelque chose en elle s'était un peu contracté.
MONTHERLANT, les Lépreuses, I, I.

♦ **9.** En fonction d'adverbe. **a** De manière serrée. *Un garrot qu'il noua serré* (→ Bretelle, cit. 1). *Écrivez plus serré. Semer serré.*

b (1847). Fig., vieilli. *Il vivait petitement* (cit. 3) *et fort serré.* ⇒ **Chichement.** — (Déb. XVIIᵉ). *Jouer serré :* jouer avec prudence*, réserve*; agir sans se compromettre* (→ ci-dessus, 7. : *jeu serré*). — *Discuter serré,* avec acharnement, pied à pied. ⇒ **Ferme** (1. Ferme, *supra* cit. 13).

Que veut dire ceci? c'est un piège sans doute, jouons serré. 18
STENDHAL, le Rouge et le Noir, I, XXIX.

Ton grand-père (...) portait le melon et le costume rayé, avec la chaîne de montre 19
en argent sur le ventre (...) raconte Bojena (...) il était serré, presque pingre.
F. MALLET-JORIS, le Jeu du souterrain, p. 158.

c (1559). Vx. Fortement. *Il gèle serré :* il fait très froid. *Dormir serré,* profondément. — *Mentir serré,* avec effronterie.

CONTR. Relâcher. — Écarter, éclaircir, espacer. — Desserrer, ouvrir. — (Du p. p.) Large. — Ample. — Clairsemé, écarté. — Lâche.
DÉR. et **COMP.** Desserrer, enserrer, entre-serrer, resserrer. — Serrage, 1. serre, serrement, serreur, serrure.
HOM. — (De certaines formes du v.) Serre. — Formes du v. servir (par ex. : *je serre* et *je sers*).

SERRES [sɛʁ] n. f. pl. ⇒ 1. Serre, II.

SERRE-TÊTE [sɛʁtɛt] n. m. — 1573; de *serre-,* et *tête.*

♦ **1.** Ancienn. Ruban qui servait à serrer un bonnet de nuit autour de la tête.

Jacques dit à son maître, en attachant le serre-tête à son bonnet de nuit (...) 1
DIDEROT, Jacques le fataliste, Pl., p. 579.

♦ **2.** Ruban, bandeau, objet circulaire flexible qui maintient les cheveux. ⇒ aussi **Bandeau** (→ Écheveau, cit. 4). *Des serre-têtes.* — Coiffe, bonnet, casque, qui enserre les cheveux. *Serre-tête d'aviateur, de skieur, de joueur de tennis.* — REM. Les dict. font traditionnellement le mot invariable : *des serre-tête.*

(...) elle l'ôtait *(sa perruque)* pour jouer aux cartes avec ma grand-mère, et elle 2
restait en serre-tête noir, ce qui lui donnait l'air d'un vieux curé (...)
G. SAND, Histoire de ma vie, III, II.

3 Lui-même, avait revêtu sa tenue de vol. Et quelle tenue! Combinaison toute déchirée (...) Serre-tête rongé par le vent et les pluies (...)
                              J. KESSEL, Vent de sable, « Vers le Sud », p. 99.

SERRE-TOUT [sɛʀtu] n. m. invar. — 1888, A. Daudet *in* G. L. L. F. ;
de *serre-*, et *tout*.

♦ Fam., vx. Débarras ; lieu où l'on range (« serre ») divers objets.

SERRE-TUBE [sɛʀtyb] n. m. — 1904 ; de *serre-*, et *tube*.

♦ Techn. Clé munie d'une chaîne, pour le vissage des tubes cylindriques. *Des serre-tubes.*

SERREUR, EUSE [sɛʀœʀ, øz] n. — Attesté xxᵉ ; de *serrer*.
Rare.

♦ **1.** Personne qui serre (qqch.). *« Le mainteneur du carcan, le serreur du bâillon »* (P. Daix, *in* D. D. L.).

♦ **2.** Argot. Malfaiteur qui dévalise (qqn) en le serrant*.

SERRICORNE [sɛʀikɔʀn] adj. et n. — 1839, n. m. pl. ; comp. sav.
d'après le lat. *serra* « scie », et *corne*.

♦ Zool. Adj. *Insecte serricorne*, dont les antennes sont découpées en
dents de scie.
N. m. pl. LES SERRICORNES : ancienne division des coléoptères
(coléoptères serricornes possédant cinq articles aux tarses). — Au
sing. : *un serricorne.*

SERRISTE [sɛʀist] n. — Av. 1973 ; de 1. *serre*.

♦ Techn. Spécialiste des cultures en serres.

SERRURE [sɛʀyʀ ; seʀyʀ] n. f. — V. 1170 ; *seredure*, fin xiᵉ ; de *serrer* « fermer ». → Serrer (A., 1.).

♦ **1.** Dispositif fixe (à la différence du cadenas*) qui permet de
verrouiller une porte, un tiroir, un coffre, etc. ⇒ argot **Serrante.** —
REM. *La serrure, à la différence du loquet*, de la targette* ou du verrou* simple constitue toujours un mécanisme assez complexe ; elle
suppose la possibilité d'emploi d'une clef* ou un système à combinaisons, par pièces mobiles incorporées : serrures alphabétiques, à
secret.* — Serrure d'une porte* (1. Porte, cit. 21). Serrure d'une
portière d'automobile, de wagon. Serrure d'une armoire; d'un coffre-fort, d'un tiroir, d'une valise, d'une serviette; de certains sacs
à main. Éléments, accessoires d'une serrure.* ⇒ **Auberon, auberon-
nière, bec** (bec-de-cane), **béquille** (3.), **bouterolle** (4.), **broche** (I.,
2.), **cache-entrée, came, canon** (II., 1.), **cramponnet, écusson** (4.),
gâche, gâchette, 1. garde (*infra* cit. 87), **gorge** (*infra* cit. 34), **hâture,
moraillon, mortaise, palastre, pêne*, 2. pignon, 1. platine** (1., g),
ressort... Serrure de sûreté*. ⇒ aussi **Verrou** (de sûreté) *. Serrure
bénarde*, à pompe* (2. Pompe, 3.). Serrure à combinaisons, à
secret* (II., 9.) Fabrication, réparation des serrures* ⇒ **Serrurerie;
serrurier.** Forcer une serrure avec une pince monseigneur*. Clef
qui permet d'ouvrir plusieurs serrures.* ⇒ **Passe-partout.** Crocheter
une serrure avec un rossignol* (3.). Serrure incrochetable. Brouiller* (supra cit. 2) une serrure. — (Fin xviiᵉ). Fig., vx. Avoir la serrure brouillée : être fou*. — Donner un tour* de clef à une serrure. Remettre la clef (cit. 2) dans la serrure. Laisser la clef sur
la serrure (→ Ostensiblement, cit. 3). Regarder par le trou de la
serrure, à travers la serrure (→ Idée, cit. 49).*

1 (...) la grille, qui, selon toute apparence, tournait rarement sur ses gonds oxydés,
était assujettie à son chambranle de pierre par une serrure épaisse qui, rouge de
rouille, semblait une énorme brique.   HUGO, les Misérables, V, III, VII.

2 En ce temps-là dans les hôtels les domestiques
Surveillaient les voyageurs par le trou de la serrure.
                              ARAGON, le Roman inachevé, p. 127.
Loc. fam. *Vous avez la serrure, nous avons la clef** (supra cit. 1).

♦ **2.** Ch. de fer. Dispositif de sécurité qui permet de bloquer le
levier d'un signal ou d'un aiguillage de manière à interdire certaines manœuvres. *Serrure Bouré. Serrure électrique.*

DÉR. Serrurerie, serrurier.

SERRURERIE [sɛʀyʀʀi ; seʀyʀʀi] n. f. — 1393 ; *serrëurie*, v. 1268 ;
de *serrure*.

♦ **1.** Cour. Métier de serrurier, de fabrication et commerce des
clefs*, des cadenas, fabrication et réparation, vente et pose des serrures* et des verrous.
(...) dans l'atelier de serrurerie, un tintamarre de marteau battant en cadence faisait une grosse sonnerie argentine.   ZOLA, l'Assommoir, II, t. I, p. 56.

♦ **2.** Techn. Confection de certains ouvrages en fer. ⇒ aussi **Quin-
caillerie.** *Serrurerie d'art, décorative :* travail du fer forgé (appli-
ques, ferrures diverses, grilles, etc.). ⇒ **Ferronnerie.** — *Serrurerie
de bâtiment :* balcons, grilles, rampes, fers pour vitrages, gonds,

charnières, espagnolettes... *Serrurerie de charronnage.* — *Grosse
serrurerie :* poutres métalliques, etc.

♦ **3.** (xvᵉ, repris 1694). Articles de serrurerie (au sens 1. ou 2.).
Vendre de la serrurerie de luxe.

SERRURIER [sɛʀyʀje ; seʀyʀje] n. m. — V. 1260 ; de *serrure*.

♦ **1.** Cour. (→ Serrurerie, 1.). Artisan, ouvrier qui fait, répare, vend
ou pose des serrures, des verrous, etc., qui fabrique les clefs
(→ Apprêter, cit. 2 ; 1. pompier, cit. 2). *Établi, forge de serrurier.
Outillage du serrurier :* bouterolle, ciseau mousse, crochet, étampe,
étau, lime, râpe (II.), tenaille (à chanfrein, à vis)... *Sac dans lequel
le serrurier met ses outils.* ⇒ **Ferrière.** — Par appos. *Ouvrier serrurier.*

(Marie-Antoinette) bonne, bornée, pleine de hauteur, fort galante, et se moquant
fort de l'ouvrier serrurier nommé Louis XVI si différent de l'aimable comte
d'Artois.   STENDHAL, Vie de Henry Brulard, 43.

♦ **2.** Techn. (→ Serrurerie, 2.). Entrepreneur, ouvrier qui fabrique ou
pose certains ouvrages en fer. *Serrurier mécanicien. Serrurier charron. Serrurier en bâtiment.* — REM. La forme féminine, *serrurière*,
est virtuelle.

SERT [sɛʀ] n. m. (argot) ⇒ 3. **Serre.**

SERTÃO [sɛʀtɑ̃], cour. [sɛʀtao] n. m. — 1875 ; mot port. du Brésil.

♦ Géogr. Zone semi-aride du Brésil (élevage extensif). — REM. En
portugais, le mot désigne au Brésil toute zone semi-désertique et peu
cultivée ou inculte.

Reste enfin tout ce qu'au Brésil on désigne du nom vague et commode de l'« Intérieur ». On parle aussi du « Sertão » et le mot s'applique à toute région mal connue, peu peuplée, lointaine et quelque peu mystérieuse. São Paulo avait encore un
Sertão aux environs de 1935 mais l'avance du peuplement vers l'ouest en a marqué le terme. Voici dix ans, le Sertão était à Goias et au Mato Grosso (...)
Sertão encore l'Amazonie, mais Sertão forestier, équatorial.
                              Pierre MONBEIG, le Brésil, p. 36.

SERTE [sɛʀt] n. f. — 1765, *Encyclopédie* ; de *sertir*.

♦ Techn. En joaillerie, Opération qui consiste à sertir (1.) une pierre
précieuse. ⇒ **Sertissage, 1.**
HOM. Certes.

SERTI [sɛʀti] n. m. — 1876 ; p. p. de *sertir*.

♦ Techn. Ouvrage serti. *Un beau serti.*

SERTIR [sɛʀtiʀ] v. tr. — 1642 ; *sartir* « ajuster, joindre (avec des coutures) », xiiᵉ ; du lat. pop. *sartire*, issu du p. p. *sartus*, du lat. class. *sarcire* « raccommoder ».

♦ **1.** Insérer (une pierre) dans la monture d'un bijou, dans le chaton d'une bague. ⇒ 1. **Chatonner, enchâsser, monter** (II., 5.). *Diamants de famille sertis dans de vieilles montures* (cit. 3). — (Sujet
n. de chose). Maintenir enchâssé. *Une bague dont le chaton sertis-
sait une opale* (cit. 1). — Par métaphore. *« Ses yeux froids* (1. Froid,
cit. 6) *où l'émail sertit le bleu de Prusse »* (Verlaine).

Au fond du chœur, un dôme de verre étincelait comme s'il était bâti de pierres
précieuses habilement serties.
                              BALZAC, Jésus-Christ en Flandre, Pl., t. IX, p. 261.   1

(Le château de Loyola) est englobé, serti comme un joyau précieux, dans
l'immense et redoutable couvent issu de lui (...)
                              LOTI, Figures et choses..., « À Loyola », II.   2

Serti de... : incrusté de... *Des calices, des ciboires sertis de gemmes* (→ Orfèvrerie, cit. 2).

Qu'a-t-il donc besoin (...) de cannes au pommeau serti de pierres précieuses (...)
                              Émile HENRIOT, Portraits de femmes, p. 339.   3

♦ **2.** (1904). Techn. *Sertir une cartouche de chasse :* refouler à l'intérieur, au moyen du *sertisseur** (cit.), le carton de la douille,
pour que le bourrelet ainsi formé fixe la rondelle qui retient
les plombs.

♦ **3.** (1871). Techn. Assujettir, sans soudure, deux pièces métalliques
(plaques de fer-blanc, etc.) en les rabattant l'une sur l'autre. — (xxᵉ).
Assujettir un œillet sur un article en cuir (par écrasement au maillet, ou à la pince à sertir).

♦ **4.** (xxᵉ). Techn. (broderie). Passer un fil autour d'un motif déjà
brodé.

▶ **SERTI, IE** p. p. adj. *Pierre, bague sertie.* — *Cartouche sertie.
Pièces serties.* ⇒ aussi **Serti,** n. m.

CONTR. et COMP. Dessertir.
DÉR. Serte, sertissage, sertisseur, sertissoir, sertissure.

SERTISSAGE [sɛʀtisaʒ] n. m. — 1871 ; de *sertir*.

♦ **1.** Opération qui consiste à sertir (1.) une pierre précieuse. ⇒ **Serte.** — Manière dont une pierre est sertie. ⇒ **Sertissure.** *Sertissage en chaton, en pleine matière, à jour.*

♦ **2.** (xxᵉ). Techn. Opération par laquelle on sertit (3.) deux pièces métalliques. — (xxᵉ). Opt. Montage d'une lentille dans une pièce métallique.

♦ **3.** (xxᵉ). Techn. En broderie, Fil qui entoure un motif.

CONTR. Dessertissage.

SERTISSEUR, EUSE [sɛʀtisœʀ, øz] n. — 1845 ; de *sertir*.

Technique.

♦ **1.** Ouvrier-bijoutier spécialisé dans le sertissage des pierres.

♦ **2.** Ouvrier (ouvrière) qui procède au sertissage des pièces métalliques.

♦ **3.** N. m. (1902). Instrument qui sert à sertir (2.) les cartouches de chasse.

Les belles douille bleues, violettes, vertes, chamois, tricolores, étaient alignées devant elle, sur une table, où était vissé le sertisseur. Réglant méticuleusement les chargeurs de cuivre, elle donnait à chacune sa dose de poudre, sa bourre, sa dose de plomb, son petit carton blanc. Puis, quand elle les avait serties, elle inscrivait, sur chacune d'elles, le numéro du plomb. Pierre BENOIT, Kœnigsmark, v.

♦ **4.** N. f. (Mil. xxᵉ). **SERTISSEUSE** : appareil utilisé pour sertir les boîtes de conserve. — Appareil pour sertir les œillets.

SERTISSOIR [sɛʀtiswaʀ] n. m. — xxᵉ ; de *sertir*.

Technique.

♦ **1.** Outil de sellier maroquinier, servant à faire pénétrer la peau dans une pièce où elle doit être sertie (fermoir, etc.).

♦ **2.** Sertisseur (3.).

Et encore des armes, un fusil à baguette et deux colts de collection, des sertissoirs, des coupe-douilles. René MASSON, Drugstore, p. 64.

SERTISSURE [sɛʀtisyʀ] n. f. — 1328 ; de *sertir*.

Technique.

♦ **1.** Partie du chaton d'une bague qui entoure une pierre et la maintient.

♦ **2.** (1701). Manière dont une pierre précieuse est sertie. (On dit aussi *sertissage*).

SÉRUM [seʀɔm] n. m. — 1538 ; *sérot*, 1478 ; lat. *serum* «petit-lait».

♦ **1.** Vx. Liquide qui se sépare de la masse coagulée quand on fait cailler du lait. (On dit aussi *lactosérum*, et, cour., *petit-lait*).

♦ **2.** Biochim. *Sérum sanguin* : partie liquide (⇒ **Séreux,** 1., vx) du sang constituée par le plasma débarrassé de fibrine, liquide transparent jaunâtre, de composition complexe (environ 80 % d'eau), renfermant des matières azotées (protéines, urée, créatine, créatinine), des glucides, des éléments minéraux, des enzymes, divers produits du métabolisme. ⇒ **Plasma ; sérosité** (vx) ; préf. **séro-.** *Complément du sérum* (⇒ **Alexine**) : substance protéique non spécifique (à la différence des antigènes). *Le plasma est constitué par le sérum et la fibrine.* ⇒ **Plasma** (2.), **sang** (1. Sang, *supra* cit. 1). *Relatif au sérum.* ⇒ **Séreux** (4.). *Du sérum.* ⇒ **Sérique.**

Lorsque la coagulation et la rétraction du caillot sont terminées, on a alors un caillot, constitué par les globules emprisonnés dans un réseau de fibrine, qui flotte dans le sérum : ce dernier est, en définitive, le plasma privé de la fibrine. R. FABRE et G. ROUGIER, Physiologie médicale, p. 61.

♦ **3.** (1888). *Sérum thérapeutique* : préparation à base de sérum (2.) d'animal immunisé ou de convalescent, qui contient un anticorps spécifique (ou un produit de sécrétion glandulaire) et qui est utilisée en injections sous-cutanées à titre curatif ou préventif (→ Énergie, cit. 13 ; épidémie, cit. 4 ; nombre, cit. 17). *Importance des sérums en thérapeutique.* ⇒ **Sérothérapie.** *Sérums et vaccins* (⇒ aussi **Immunité,** II.). *Sérum antimicrobien, antidiphtérique, antitoxique. Sérum antivenimeux contre les morsures des serpents. — Sérum de Bogomoletz. Sérum antilymphocytaire* (S. A. L.), diminuant l'activité des lymphocytes.

Loc. *Sérum de vérité.* ⇒ **Penthiobarbital, pentothal ; narco-analyse.**

♦ **4.** (1883). Méd. *Sérum chirurgical, sérum artificiel* : solution de chlorure de sodium en proportion variable (additionnée parfois d'autres sels) qui est utilisée en injections sous-cutanées pour certains lavages. — *Sérum physiologique* ou *de Quinton* (à base d'eau de mer).

DÉR. Sérique.
COMP. Sérum-albumine, sérum-globuline. — V. aussi **Séro-,** et composés.

SÉRUM-ALBUMINE [seʀɔmalbymin] n. f. — 1903, *Rev. gén. des sc.*, 15 mai 1903, p. 503 ; angl. *serum albumin.* → Sérum, et albumine.

♦ Biochim. Albumine représentant la principale protéine du plasma sanguin, qui joue un rôle dans le maintien de la pression osmotique et dans le transport de diverses substances auxquelles elle s'unit (acides gras, bilirubine, médicaments, etc.). ⇒ **Sérine.** *Des sérum-albumines*

SÉRUM-GLOBULINE [seʀɔmglɔbylin] n. f. — 1903, *Rev. gén. des sc.*, 15 mai 1903, p. 503 ; angl. *serum globulin.* → Sérum, et globuline.

♦ Biochim. Ensemble des globulines du sérum sanguin, comprenant toutes les protéines sériques à l'exclusion de la sérum-albumine. *Certaines sérum-globulines jouent un rôle essentiel dans les processus d'immunisation* (immunoglobulines, gammaglobulines).

SÉRUMTHÉRAPIE [seʀɔmteʀapi] n. f. ⇒ **Sérothérapie.**

SERVAGE [sɛʀvaʒ] n. m. — V. 1155 ; de *serf*.

♦ **1.** Condition du serf*. *Esclavage antique et servage féodal* (→ Charte, cit. 1 ; production, cit. 3).

Dans plusieurs parties de la province (la Bretagne), le servage était inconnu : les domaniers et quevaisiers (1), quelque dure que fût leur condition, étaient libres de leurs corps, si leur terre était serve. MICHELET, Hist. de France, III.

(1) Paysan soumis au quevage (capitation).

♦ **2.** (Fin xiiᵉ). Fig. État de dépendance. ⇒ **Esclavage, servitude** (→ Énergie, cit. 11 ; pain, cit. 7). *«L'infini servage de la femme»* (cit. 87, Rimbaud). — Vx (poét.). Soumission totale de l'amant* à sa maîtresse. — Rare. *Le servage de qqn à...*

(...) Bonami n'était pas toujours bienveillant en parlant des Réveillon, et il assurait aux yeux du monde son indépendance et sa dignité, qu'on aurait pu croire compromises par son servage bien connu à cette famille, et en ne lui épargnant pas les critiques. PROUST, Jean Santeuil, Pl., p. 740.

SERVAL [sɛʀval] n. m. — 1761, Buffon, citant une trad. d'un ouvrage italien de 1683 ; port. *cerval* «cervier». → Cerf.

♦ Zool. (Plus cour. en franç. d'Afrique). Mammifère carnivore (*Félidés*), appelé aussi *chat-tigre d'Afrique*, haut sur pattes, au pelage fauve tacheté de noir. *Fourrure de serval. Des servals.*

SERVAN [sɛʀvã] n. m. ⇒ 3. **Servant.**

1. SERVANT [sɛʀvã] adj. m. — Déb. xiiiᵉ ; p. prés. de *servir*.

♦ (Vx, sauf dans quelques expressions). Qui sert, est employé à servir* (I.). — (1611). *Gentilshommes* servants.* — (1718). Relig. *Frères servants* : frères convers* employés aux modestes besognes. — *Cavalier*, chevalier* (cit. 6) *servant.*

Dr. Qui est assujetti à une servitude*. ⇒ **Asservi.** *Fonds servant* (par oppos. à *fonds dominant*).

2. SERVANT [sɛʀvã] n. m. — Déb. xiiᵉ, «serviteur» ; «celui qui honore (Dieu)», v. 1112 ; p. prés. de *servir*.

♦ **1.** (Déb. xiiiᵉ). Vx. Cavalier servant d'une dame ; amoureux. — Loc. (1830). Vx. *Servant d'amour* (→ Harpe, cit. 2).

♦ **2.** (1812). Relig. (liturgie cathol.). Clerc ou laïque qui sert le prêtre pendant la célébration de la messe basse, en l'aidant et lui répondant.

Récemment, à la fin d'une messe dans une ville de Hollande, un prêtre voit qu'il reste des hosties dans le ciboire et dit au servant : «Jetez-les». J. GREEN, Journal 1958-1967 (Vers l'invisible), p. 492.

♦ **3.** (1812). Artill. Chacun des artilleurs qui se tiennent de chaque côté de la pièce (cit. 17) et sont chargés de l'approvisionner pendant le tir (→ Prolonge, cit. 2). *Les servants d'une pièce d'artillerie.* — Par anal. *Servant de radar.*

Mais Honoré s'occupait du chargement de sa pièce. Les deux servants du centre revenaient déjà de chercher la gargousse et le projectile au caisson, où veillaient le brigadier et l'artificier ; et, tout de suite, les deux servants de la bouche, après avoir introduit la gargousse, la charge de poudre enveloppée de serge, qu'ils poussèrent soigneusement à l'aide du refouloir, glissèrent de même l'obus... ZOLA, la Débâcle, II, v.

(...) un «coup d'honneur» que, lors d'une prochaine séance, je viendrais tirer à sa pièce. L'équipe de quelques hommes que commandait mon mentor comprenait, avec les servants, un pointeur et un tireur. Michel LEIRIS, Fourbis, p. 148.

♦ **4.** (1894). Sports (tennis, ping-pong, paume). Joueur qui met en jeu la balle de service*.

♦ **5.** (1569). Vx. Petite étagère posée sur un buffet. ⇒ **Servante** (2.).

3. SERVANT ou **SERVAN** [sɛʀvɑ̃] n. m. — xxᵉ; mot occitan.

♦ Vitic. Cépage blanc de raisins de table.

SERVANTE [sɛʀvɑ̃t] n. f. — V. 1330; fém. de 1. *servant.*

★ **I.** ♦ **1.** Vieilli ou régional. Jeune fille ou femme employée comme domestique. ⇒ **Bonne, femme** (III. : femme de chambre, etc.), **domestique** (→ Casserole, cit. 1; collier, cit. 15; épargner, cit. 13; lessiver, cit. 1; ménage, cit. 7; porte, cit. 10; service, cit. 7). *Servante de ferme* (→ Gouge, cit. 2), *d'hôtel* (→ Infante, cit. 3), *d'auberge, de cabaret* (→ Infidélité, cit. 8). *Servante de comédie.* ⇒ **Soubrette...** — (1754). *Servante-maîtresse* (→ Maître, cit. 101). — Par métaphore :

1 Cosette montait, descendait, lavait, brossait, frottait, balayait, courait, trimait, haletait, remuait des choses lourdes (...) Nulle pitié; une maîtresse farouche, un maître venimeux. La gargotte Thénardier était comme une toile où Cosette était prise et tremblait. L'idéal de l'oppression réalisé par cette domesticité sinistre. C'était quelque chose comme la mouche servante des araignées.
HUGO, les Misérables, II, III, II.

2 Pendant un demi-siècle, les bourgeoises de Pont-l'Évêque envièrent à Mᵐᵉ Aubain sa servante Félicité. Pour cent francs par an, elle faisait la cuisine et le ménage, cousait, lavait, repassait, savait brider un cheval, engraisser les volailles, battre le beurre, et resta fidèle à sa maîtresse — qui cependant n'était pas une personne agréable.
FLAUBERT, Trois contes, « Un cœur simple », I.

3 La servante au grand cœur dont vous étiez jalouse,
Et qui dort son sommeil sous une humble pelouse,
BAUDELAIRE, les Fleurs du mal, « Tableaux parisiens », C.
REM. Le syntagme *servante au grand cœur* est souvent repris, par allus. à ce poème.

♦ **2.** (Déb. xviiiᵉ). T. de dévotion. Femme qui sert Dieu fidèlement. *Servantes du Christ, de Dieu* (→ Bénédiction, cit. 4; mondain, cit. 3).

♦ **3.** (1655). Vx (t. de politesse). *Votre très humble* (cit. 16) *servante.* ⇒ **Serviteur** (*supra* cit. 2).

♦ **4.** Par métaphore. *La main* (cit. 2), *cette fière servante.*

4 (...) la technique n'est que la servante de l'invention. Or la servante, gonflée d'orgueil, est en train d'oublier sa maîtresse.
G. DUHAMEL, Manuel du protestataire, IV.

★ **II.** Vieilli. ♦ **1.** (1746). Petit meuble de salle à manger (table, étagère) servant de desserte ou placé à côté d'un convive.

5 (...) ces fêtes familières du prince de Conti; dont les soupers même se passent de livrées, grâce aux servantes placées sous la main des convives aux quatre coins des tables.
Ed. et J. DE GONCOURT, la Femme au XVIIIᵉ s., t. I, p. 63.

♦ **2.** (Fin xviiiᵉ). Techn. Support de hauteur réglable, utilisé notamment pour soutenir l'extrémité qui ne repose pas sur l'établi d'une pièce longue. *Servante de forgeron, de menuisier...*

♦ **3.** (1879). Petite lampe de théâtre. « *Une servante, une flamme de gaz prise à l'embranchement de la rampe* » (Zola, *Nana*, IX).

6 L'avare lumière d'une « servante » à deux ampoules tient lieu de rampe. Ces deux points lumineux, suspendus dans le noir, me piquent les yeux (...)
COLETTE, l'Envers du music-hall, p. 116.

SERVE [sɛʀv] adj. et n. f. ⇒ **Serf.**

SERVENTOIS [sɛʀvɑ̃twa] n. m. ⇒ **Sirvente.**

SERVEUR, EUSE [sɛʀvœʀ, øz] n. — xixᵉ; *serveor* « serviteur », v. 1240; 1739, Restaut, « servant » au sens liturgique (→ 2. Servant, 2.); de *servir.*

♦ **1.** Garçon de restaurant spécialement chargé du service de la table; femme chargée de servir les clients (dans un restaurant, un café). ⇒ **Barmaid** (→ On, cit. 53).

1 Ils commandèrent du vin rouge. La serveuse fit le tour du bar, portant avec une prudence gauche la bouteille et les trois verres fourrés l'un dans l'autre.
A. ROBBE-GRILLET, le Voyeur, p. 56.

2 Successivement, de chacun de leurs hôtes, les serveuses, dont un carnet habite la poche et les cheveux un petit crayon, rapprochent leurs ventres serrés d'une façon si touchante que les cordons du tablier : elles se livrent de mémoire à une rapide estimation. C'est alors que la vanité est punie et la modestie récompensée. Pièces et billets bleus s'échangent sur les tables : il semble que chacun retire son épingle du jeu.
Francis PONGE, le Parti pris des choses, p. 72-73.
Domestique qu'on prend en extra pour servir à table.

♦ **2.** Sports (tennis, ping-pong, paume). ⇒ 2. **Servant, 4.** (opposé à *relanceur*).

3 Celui qui, le premier, lance la balle en l'air est dénommé « serveur » (ou servant) et son adversaire *relanceur.*
Henri COCHET, le Tennis, p. 82.

4 Pour la mise en jeu, le serveur doit frapper la balle de façon qu'elle touche la table de son côté avant de franchir le filet pour retomber du côté du relanceur (...)
Jean DAUVEN, Technique du sport, Le ping-pong, p. 80.
Au jeu de cartes. Joueur qui donne, qui sert les cartes.

♦ **3.** N. m. (xxᵉ; « aide-mineur », 1871). Techn. Ouvrier chargé d'alimenter une machine. *Serveur de broyeur, d'élévateur.* — « Organisme exploitant un système informatique permettant à un deman-

deur la consultation et l'utilisation directes d'une ou plusieurs banques de données » (*Journ. off.*, 17 janv. 1982).

♦ **4.** N. f. (xxᵉ). **SERVEUSE.** ⇒ **Verseuse.**

SERVI [sɛʀvi] p. p. adj. ⇒ **Servir.**

SERVIABILITÉ [sɛʀvjabilite] n. f. — 1859; *serviableté*, 1530; de *serviable.*

♦ Caractère d'une personne serviable. ⇒ **Gentillesse, obligeance.**

(...) pour qui me prenez-vous? Je ne suis pas un maquignon. J'ai des chevaux, bien sûr, j'en prête. Par serviabilité. À mes amis.
ARAGON, la Semaine sainte, p. 114.

CONTR. Égoïsme.

SERVIABLE [sɛʀvjabl] adj. — V. 1210; « utilisable, dressable », xiiᵉ; de *servir.*

♦ Qui est toujours prêt à rendre service. ⇒ **Bon, brave, complaisant, obligeant, officieux** (→ Honneur, cit. 111; prix, cit. 24). *Il, elle est très serviable. Il n'a pas été serviable avec moi.* — Littér. *Serviable à qqn. Serviable aux gens* (→ Entremettre, cit. 1).

Aglaé (et non Apollonie) Savatier (et non Sabatier) était célèbre alors par sa beauté, déjà utile aux arts et serviable à leurs enfants, ayant posé comme modèle pour plus d'un peintre (...)
Émile HENRIOT, Portraits de femmes, p. 384.

DÉR. Serviabilité, serviablement.
CONTR. Égoïste.

SERVIABLEMENT [sɛʀvjabləmɑ̃] adv. — 1610; de *serviable.*

♦ Rare. D'une manière serviable.

SERVICE [sɛʀvis] n. m. — V. 1155; *servise* « obligations du vassal », dans un sens juridique et militaire, mil. xiᵉ, Alexis; « obligation envers Dieu, célébration du culte », xiiᵉ-xiiiᵉ; par ext., « bons offices » et sens spéciaux, à partir du xivᵉ; lat. *servitium* « esclavage, servitude », de *servire.* → Servir.

★ **I.** Obligation de servir (I., A., 1.) qqn ou qqch.; ce qui doit être fait pour remplir cette obligation. **A.** Obligations, devoirs envers une autorité; activité qui en résulte. ♦ **1.** Féod., hist. Charges de l'inférieur (⇒ **Vassal**) envers le supérieur. *Le service d'un seigneur, d'un suzerain. Service de cour, de conseil, de guerre* (→ ci-dessous, 3.).

♦ **2.** Relig. Ensemble des charges, des obligations envers la divinité. **ⓐ** *Le service des dieux* (→ Proprement, cit. 5). *Se consacrer au service de Dieu, à l'état de clerc, de prêtre.* — Spécialt. *Service divin* (cit. 6). ⇒ **Culte, liturgie.**

ⓑ Ensemble de pratiques religieuses destinées à honorer Dieu. ⇒ **Cérémonie, culte.** *Aller, se rendre au service divin.* — Spécialt. *Service religieux* : célébration solennelle de l'office. ⇒ **Messe, office.** *Service funèbre, mortuaire.* ⇒ **Funérailles** (→ Liturgie, cit. 1). — Absolt. *Le service sera célébré à 10 heures.* — *Service anniversaire*. — (1690). *Service du bout de l'an* (premier anniversaire). ⇒ **Obit.**

1 Une pie s'envola brusquement entre les d'Hauteserre et Michu, qui, superstitieux comme les gens primitifs, crut entendre sonner les cloches d'un service mortuaire.
BALZAC, Une ténébreuse affaire, Pl., t. VII, p. 566.

♦ **3.** Ensemble des devoirs des individus, des citoyens envers le souverain, l'État, la société (ou une autorité qui les représente); activité de ceux qui accomplissent ces devoirs. *Le service de l'État* (→ Avancer, cit. 55). *Service social et profit individuel* (→ Coopération, cit. 3).

ⓐ (1798; l'emploi du mot pour désigner le concept de « service armé » est ancien : mil. xiiiᵉ, *service de l'ost* [armée]). Activités militaires (obligatoires ou volontaires) exercées pour le compte d'un maître, d'un pouvoir. *S'enrôler* (cit. 2) *au service d'un rebelle. Mourir au service de l'Espagne* (→ Passer, cit. 51). — Absolt. *Le métier des armes, la vie militaire* (→ Arme, cit. 17). *Quitter le service. Prendre, reprendre du service. États** (I., 4.) *de service. Temps de service* (→ Campagne, cit. 5). *Service actif.* — *Le service militaire*, participation du citoyen à la défense nationale. *Service militaire obligatoire*, ou *obligations** *militaires. Être impropre, propre au service militaire* ⇒ **Racoleur**, cit. 2; ⇒ **recruteur**, cit. 2). *Le service armé*, impliquant l'obligation de porter les armes, de combattre en cas de conflit. *Service auxiliaire**. *Bon pour le service (armé)*. — Fig., fam. *Être bon pour le service* : être en bonne santé, dispos.

2 Tout Français, sauf les exceptions fixées par la loi, doit le service militaire et celui de la garde nationale.
CONSTITUTION de 1848, art. 102.

3 (...) le système du service militaire obligatoire, qui mettait debout la nation (*la Prusse*) en armes, instruite, disciplinée (...)
ZOLA, la Débâcle, I, I.

Admin. **SERVICE NATIONAL, CIVIL.** — Cour. **SERVICE MILITAIRE**, et, absolt., **SERVICE** : période pendant laquelle un citoyen remplit ses obligations militaires (à l'exclusion des périodes, rappels, mobilisations). → Être sous les armes*, sous les drapeaux*. *Faire son ser-*

vice, partir pour le service. ⇒ **Régiment.** *Pendant son service,* le temps où il faisait son service. *À son retour du service* (→ Maraude, cit. 1). — *Service de l'aide technique, service de la coopération.*

4 Les années de service militaire ont laissé dans les esprits une impression indélébile ; c'est un fonds de souvenirs riches, bon teint et toujours prêts, où l'on a l'habitude depuis dix, quinze ou vingt ans, de puiser des sujets de conversation (...)
H. BARBUSSE, le Feu, I, II.

4.1 (...) j'aimais le commandement, le gouvernement des hommes, je dis bien *des* hommes, dans leur masse, et non de tel ou tel homme en particulier, dont j'étais alors peu curieux. Et je l'aimais avec succès, car il fut vite clair que je savais commander. Ce fut bien là le plus étonnant sujet de réflexion que me fournit cette année de service que j'avais cru inutile. Raymond ABELLIO, les Militants, p. 64.

Spécialt. (Admin.). *Le service national, en France* (1971), *comprend un service actif légal et des périodes d'exercice ; il inclut* le service militaire, *le* service de défense, *le* service de l'aide technique *et le* service de la coopération.

b Obligation d'accomplir un travail déterminé ; ce travail, effectué pour l'État, pour une autorité. *Service civil* (→ Participer, cit. 2). — Hist. *Service du travail obligatoire (S. T. O.), institué en 1943.* — Absolt. Activités professionnelles au service de l'État (→ Preuve, cit. 11). *Avoir dix ans de service dans une administration. États de service d'un fonctionnaire.*

c (1080). Activité particulière, travail que l'on doit accomplir au cours d'un service (au sens large). ⇒ **Fonction.** *Service de surveillance* (⇒ **Garde**), *de nettoyage* (⇒ **Corvée**). *Service intérieur.* *Assurer* (cit. 18) *le service* (médical) *de la division. En service commandé :* occupé à un travail imposé par la fonction. *Exempté de service.* — *Être de service,* occupé par sa fonction à telle heure, tel jour. *Officier de service.* ⇒ **Garde** (de). Cf. De jour, de semaine (→ aussi 1. Grave, cit. 25). — *Marin en service.* ⇒ **Quart** (2.) ; → Cordage, cit. 3.

5 (...) la scène était noire, le pompier de service, achevant sa ronde, promenait une lanterne. ZOLA, Nana, V.

d Par métonymie. Les personnes qui sont chargées d'un tel service. **SERVICE D'ORDRE :** personnes qui assurent le bon ordre, la discipline, la surveillance (réunions, assemblées...). → Attroupement, cit. 7. *Service d'honneur :* personnes qui forment une escorte d'honneur, dans une cérémonie.

♦ **4.** (Déb. XIXᵉ). Dr. Charge, servitude. *Services fonciers* (→ Immeuble, cit. 2). — Dr. fisc. Prestation accomplie par un créancier de l'État *(service fait).*

♦ **5.** **a** (1080). Obligations d'une personne dont le métier est de servir un maître (⇒ **Domestique, serviteur**) ; par ext., situation, fonction de domestique (dans : *au, en, de service*). ⇒ **Domesticité, emploi.** *Années de service* (→ Gage, cit. 19 ; médaille, cit. 5). *Fin de service* (congé). *Être en service chez qqn.* ⇒ **Condition** (en). — **DE SERVICE.** *Gens de service,* de maison (→ Gai, cit. 10). — (XXᵉ). *Femme de service,* chargée du travail de nettoyage (dans une collectivité, un hôpital, etc.).

AU SERVICE DE... *Entrer* (cit. 26) *au service de qqn. Avoir plusieurs domestiques à son service* (→ Céder, cit. 2). — Fig. *L'imagination doit avoir à son service l'habileté* (→ Faculté, cit. 6).

6 Jacquelin, homme de quarante ans, gros et court, rougeot, brun, à figure de matelot breton, était au service de la maison depuis vingt-deux ans. Il servait à table, il pansait la jument, il jardinait, il cirait les souliers de l'abbé, faisait les commissions, sciait le bois, conduisait la carriole, allait chercher l'avoine, la paille et le foin au Prébaudet (...) BALZAC, la Vieille Fille, Pl., t. IV, p. 262.

b Manière qu'un serviteur a de servir son maître. *Le service de qqn, son service est bien, mal fait. Votre service est négligé.* — Ce qu'un maître exige de son serviteur (→ Difficile, cit. 25).

7 Les femmes de cette Normandie insulaire sont, est-ce un blâme ? est-ce un éloge ? difficilement servantes. Deux dans la même maison ont quelque peine à s'accorder. Elles ne se font aucune concession ; de là un service peu souple, très intermittent, et fort cahoté. HUGO, l'Archipel de la Manche, XIV.

(Avec la valeur de c, → ci-dessous) :

7.1 Le garçon, lui, prit un air dégoûté ; cependant, il fit son service avec abnégation. Pierrot lui lâcha un gros pourboire, avec abnégation.
R. QUENAU, Pierrot mon ami, p. 142.

c Travail de celui qui est chargé de servir les clients (d'un hôtel, d'une compagnie de transport) ; manière dont ce travail est fait. *Le service est médiocre dans cet hôtel*. — Rémunération de ce travail. *Service compris. Repas à 50 francs, service compris,* y compris la rémunération du personnel. *20 % de service.* ⇒ **Pourboire.** — Par métonymie. *Le service :* le personnel. *N'oubliez pas le service.*

7.2 Quand elle eut reposé le verre, elle prit le ticket et lut le prix : 1,50 service compris (...) J.-M.G. LE CLÉZIO, la Fièvre, p. 42.

d Loc. (1842 : *escalier de service*). **DE SERVICE :** affecté aux domestiques, aux livreurs... *Cour* (cit. 2), *entrée, escalier** (→ Graffiti, cit. 1), *porte de service.*

B. Spécialt. (à table). ♦ **1.** (XIIᵉ). Action, manière de servir* (I., A., 1.) les convives, le service (II., 1.) les plats, à table (que celui qui sert soit ou non un domestique). ⇒ **Garçon, serveur.** *Faire le service soi-même, dans une cantine. Restaurant libre service* (traduction de l'angl. *self-service*), où les clients se servent* eux-mêmes. — Ellipt. *Manger dans un libre service.*

8 Ma bonne tante me fit même assister à un grand souper donné par Mˡˡᵉ Simon.

Je me souviens encore de l'éclat des lumières et de la magnificence du service, il y eut au milieu de la table un surtout avec des statues d'argent.
STENDHAL, Vie de Henry Brulard, 9.

♦ **2.** **a** (1370). Vx. Tous les plats qu'on apportait en même temps sur la table. *Un grand dîner à trois services* (→ Confectionner, cit. 1 ; et aussi gala, cit. 5).

b Mod. (et abusivt, selon l'Académie). Chaque partie d'un repas ordonné. *Premier, second service.* ⇒ **Plat.** — *Premier, second service :* première, seconde série de repas servis à la fois (dans une cantine, un wagon-restaurant, par exemple).

♦ **3.** (Fin XVᵉ). Assortiment d'objets utilisés pour servir à table. — *Service à café, à thé* (tasses, sucrier, cafetière ou théière). → Désaffecté, cit. 1. — *Service à liqueurs* (verres, carafes...). ⇒ **Cabaret** (1.). — (1508). *Service de table :* linge de table. ⇒ **Nappage.** — Absolt. Ensemble assorti de plats, assiettes, saladiers, etc. ⇒ **Vaisselle.** *Service de porcelaine* (cit. 1 et 3), *service complet de Sèvres* (→ 2. Facture, cit.).

9 Tout le service de table, porcelaines, cristaux, argenterie, pièces de surtout, ne laisse rien à désirer, mais n'a pas de caractère particulier, excepté toutefois de charmantes petites cuillers en platine niellé d'or avec lesquelles on déguste les friandises du dessert, le café et le thé. Th. GAUTIER, Voyage en Russie, I, X.

10 (...) les femmes taillent des robes d'été dans un service de table, des napperons et des serviettes dans des mouchoirs en coton (...)
COLETTE, Naissance du jour, p. 78.

(V. 1930, *in* Cellard et Rey). Loc. fig., fam. *Service trois pièces :* parties génitales de l'homme (pénis et testicules).

★ **II.** Ce que l'on se fixe comme un devoir : obligation morale qui résulte d'une décision personnelle ; ce que l'on fait pour satisfaire cette obligation. ⇒ **Servir** (I., A., 2.). ♦ **1.** (XIIIᵉ ; *en vostre servise*). Fait de se mettre à la disposition de (qqn), par obligeance* (dans : *à, pour le service de qqn, son service*). *Je suis tout à votre service pour... À votre service !* (formule de politesse). *Que puis-je, qu'y a-t-il pour votre service ?*

11 — (...) Il voudrait vous prier d'une chose instamment.
— Hé bien ! quand il voudra, je suis à son service.
MOLIÈRE, le Dépit amoureux, III, 2.

(1538). Vx (langue class.). *Gens de service,* obligeants. ⇒ **Serviable.** *Un homme de service.* — « *De grâce acceptez mon service* » (Corneille, *le Cid,* II, 2), que je me mette à votre service.

12 Les personnes de mérite et de service sont utiles aux grands, ceux-ci leur sont nécessaires (...) LA BRUYÈRE, les Caractères, XI, 96.

Vx. *Assurer qqn de ses services, de ses « très humbles services »* (Mᵐᵉ de Sévigné, 1437, 24 nov. 1695), de son dévouement. — Mod. **AU SERVICE DE... :** pour servir, en se dévouant à... (une cause). *Zèle au service d'une cause. Au service de la paix* (→ Congrès, cit. 2), *de la raison* (→ Éréthisme, cit. 1). ⇒ aussi **Secours** (au). *Au service de l'Allemagne,* œuvre de Barrès.

♦ **2.** (V. 1155). **UN, DES SERVICES :** ce que l'on fait pour qqn ; avantage qu'on lui procure bénévolement. ⇒ **Aide, appui, assistance, bénéfice, bien, bienfait** (cit. 1), **office** (III.), **soin** (→ Amitié, cit. 4 ; ardéjon, cit.). *Les services mutuels que se rendent les particuliers* (→ Échanger, cit. 3). *Demander* (cit. 12 et 13) *un service à qqn.* ⇒ **Faveur.** — (1610). *Rendre* (cit. 5) *des services. Rendez-moi ce service :* faites-moi l'amitié*, le plaisir* de... *Petits services* (⇒ Estime, cit. 14). *Un grand, un signalé* service. Ce que coûte* (cit. 12) *un service. Récompense* d'un service.* — *Rendre un mauvais service à qqn,* lui nuire* en croyant agir dans son intérêt. ⇒ 2. **Desservir** (2.). → Fadaise, cit. 7.

13 Un service au-dessus de toute récompense
À force d'obliger tient presque lieu d'offense (...)
CORNEILLE, Suréna, III, 1 (1674).

14 (...) ne rendez pas de tels services que vous forciez les gens à l'ingratitude, car ceux-là deviendraient pour vous d'irréconciliables ennemis (...)
BALZAC, le Lys dans la vallée, Pl., t. VIII, p. 895.

15 Je connais des gens qui rendent service comme l'ours de la fable avec son pavé. Ils se font prier, ils vous marchandent, et lorsqu'ils vous croient suffisamment plein d'une reconnaissance éternelle, ils vous assomment d'un affreux bienfait.
A. DE MUSSET, Bettine, 17.

16 Un service n'oblige que celui qui le rend.
N. ROQUEPLAN, cité par A. SCHOLL, *in* le Matin, 22 oct. 1887.

Au sing. Fait d'aider, de servir (I., 2.) qqn. — Vx. *Faire service à... :* aider (→ Fort, cit. 1).

Loc. (1610, d'Urfé). **RENDRE SERVICE À (qqn),** l'aider, lui être utile. ⇒ **Obliger** (→ Attache, cit. 16 ; homme, cit. 114 ; jusque, cit. 50). — Fam. *Ça peut toujours rendre service :* ça peut servir. — Par métaphore, fig. *Rendre service* (rare ; → ci-dessous, cit. 18), *des services à une cause...* (→ aussi Exciper, cit. 1 ; jeu, cit. 15). *Les immenses services rendus par une institution* (→ Nuancer, cit. 4).

17 Il serait oiseux de s'appesantir sur les services, vraiment éminents, qu'une telle découverte est appelée à rendre à la Société et au Progrès.
VILLIERS DE L'ISLE-ADAM, Contes cruels, « L'affichage céleste ».

18 (...) le souci de rendre service à mon pays, à mes proches et à ceux qui me sont chers, est la seule chose qui me retienne à la vie et puisse me faire oublier un peu mon chagrin. GIDE, Robert, I, 9.

♦ **3.** (Mil. XIIᵉ). Plur. Ce qu'on fait pour qqn au cours d'une activité rémunérée, d'un travail régulier... *Je suis obligé de me priver de vos services* (→ Place, cit. 42).

19 Monsieur, agréez que je vienne vous rendre visite et vous offrir mes petits services pour toutes les saignées et les purgations dont vous aurez besoin.
MOLIÈRE, le Malade imaginaire, III, 8.

Loc. OFFRES DE SERVICE. *Offres de service d'un représentant* (cit. 5) *de commerce.*

Dr. *Louage de services ou contrat de travail.* ⇒ **Louage** (cit. 6). *Prix des services.* ⇒ **Rémunération** (→ Indice, cit. 14).

♦ **4.** (1875). Écon. Activité qui représente une valeur* économique sans correspondre à la production d'un bien* matériel (→ Entreprise, cit. 12 ; exportation, cit. 5). *Prix des services* (surtout au plur. ; opposé à *biens*). *Part des biens et des services dans le revenu national* (→ aussi Secteur tertiaire*). *Prestation de services. Société de services. Secteur économique des services.* ⇒ **Tertiaire** (secteur).

★ **III.** (Action de servir qqch.). ♦ **1.** Ensemble d'opérations par lesquelles on sert (I., B., 2.), on fait fonctionner qqch. *Service d'un canon.* — Par ext. *La machine qui faisait le service de l'express* (→ Immobiliser, cit. 2).

20 Il y a quelque chose de solennel dans la gravité sérieuse et la lenteur réfléchie, avec lesquelles les hommes chargés du service d'une pièce, exécutent les opérations de la charge. Ed. et J. DE GONCOURT, Journal, 16 oct. 1870, t. IV, p. 69.

♦ **2.** Zootechn. Le fait, pour l'étalon, de servir* la jument.

♦ **3.** (XVIIᵉ, *in* Richelet, Furetière). Sports (paume, volley-ball, ping-pong...). Action de servir la balle. — (1894). Au tennis. Coup exécuté du fond du court en frappant la balle au-dessus de la tête (quelquefois par en dessous : *service* dit « à la cuiller »), dans un emplacement défini et dans des conditions d'alternance prévues par les règles. *Changement, faute de service. Il a un bon service.* — Par ext. (Jeux de ballon). Passe faite avec précision, du pied ou de la main.

♦ **4.** (1867, *in* Littré). Distribution. *Le service d'un journal aux abonnés. Recevoir une service gratuit.*
Loc. (XXᵉ). *Service de presse :* envoi (d'un livre, d'un disque...) aux journalistes, à la critique (abrév. : *S. P.,* souvent marqué sur les exemplaires). *Recevoir un livre en service de presse.* « *Les disques que je reçois en service de presse et que le facteur, au petit matin, dépose à même le sol, dans l'entrée de l'immeuble* » (*Actuel,* févr. 1980, p. 99). — Par métonymie. Exemplaires envoyés gratuitement (aux journalistes, aux prescripteurs). *Recevoir des services de presse.* — *Le service quotidien d'une agence de presse :* la totalité des dépêches envoyées aux journaux.

(1871, *in* Littré, aussi *billet de service*). Invitation à un spectacle (cf. Billet de faveur).

Fin. *Le service d'un intérêt au prêteur* (→ Emprunteur, cit. 2).

Admin. *Timbres pour le service intérieur* (n'ayant pas cours dans l'Union postale universelle). → aussi ci-dessous, IV., 1.

♦ **5.** (1508). Vieilli. Activité utile ; usage. ⇒ **Utilité.** *Mot d'un service assez rare* (→ 1. Morose, cit. 1). *Ses doigts* (cit. 3) *se refusaient à tout service.*

21 Il n'est rien qui n'ait reçu son ordre et qui n'ait trouvé son service.
CLAUDEL, Feuilles de saints, p. 61.

Mod. Usage, fonctionnement (dans les expressions : *mettre en service* [1883, *in* D.D.L.], *hors service,* hors d'usage ; cf. argot milit. H. S. [aʃɛs] : usé, bon à réformer, et, fig., éreinté).

★ **IV.** (1835, Académie). Ensemble organisé d'activités destinées à remplir un besoin (fonction) ; organe qui en est chargé.

♦ **1.** Fonction d'utilité commune, publique ; activité organisée qui la remplit. *Le service des transports, des postes. Préposé* (cit. 3) *à un service. Services généraux, nationaux, publics, sociaux...* (→ ci-dessous, 2.). — (1907, *in* D.D.L.). *Service de nuit,* assuré à tour de rôle par les pharmaciens d'un quartier, d'une ville, d'une région rurale. — Milit. *Le service intérieur* (→ Discipline, cit. 11), *le service en campagne :* l'organisation matérielle des armées au repos ou en campagne (cantonnement, transports, etc.). — (Transports). *Le service de telle capitale* (⇒ **Desserte**), *de telle ligne*... Service de jour, de nuit. Services aériens, maritimes. Service rapide. Service d'autocars, de bus* (au départ d'une gare, d'une aérogare...).

Absolt. LE SERVICE : le travail, les activités professionnelles (d'abord dans les activités d'utilité publique : armée, administration). *Tableau de service* (→ Observance, cit. 2). *Règlements* (cit. 2), *note de service. Réunion de service. Il est interdit de fumer pendant le service. Être à cheval sur le service,* très pointilleux. — (1901). **Fam.** *Il est service-service.*

22 Il n'était pas méchant, mais pire : il était *service* (...) il restait au front ce qu'il était au quartier : un officier rigide qui voulait être craint et non pas aimé.
R. DORGELÈS, le Cabaret de la belle femme, p. 45.

22.1 Nos deux sentinelles n'ont pas quitté le train, ils se sont assis à nos places... eux doivent aller jusqu'à Berlin... ils n'ont ni mangé ni dormi... service !... service ! ...
CÉLINE, Rigodon, p. 76.

♦ **2.** (Mil. XIXᵉ ; 1876, *in* P. Larousse). **ⓐ** Organisation chargée d'une branche d'activités correspondant à une fonction d'utilité sociale. ⇒ **Organisation ; organe, organisme ; département, direction, office** (I., 6.), **permanence.** *Organiser, réorganiser ; former, dissoudre un service. Centralisation, répartition des services. Les bureaux, le personnel d'un service.* — *Chef*, sous-chef de service.* — *Ser-*

vices administratifs. Les services d'un ministère (cit. 11). *Services généraux, départementaux* (→ Département, cit. 2). *Service d'aide sociale à l'enfance* (a remplacé l'Assistance sociale). — Dr. *Services votés :* services à l'égard desquels l'autorisation d'engager une dépense est votée. — *Les services d'un établissement hospitalier. Les grands services chirurgicaux* (→ Amputer, cit. 1 ; et aussi consultation, cit. 5). *Le service du professeur X... Service ouvert* (ou *libre*) *de psychiatrie, en hôpital général ou psychiatrique* (opposé à *service fermé*).
Service de l'exploitation, du matériel, dans les chemins de fer.

Milit. Grande organisation de l'armée (à l'exclusion des unités combattantes). ⇒ **Armée** (cit. 14). *Service des transmissions, de l'intendance, du matériel. Services auxiliaires** (cit. 3). *Les dépôts et les services de l'intérieur,* en temps de guerre (→ Gratter, cit. 4). *Service de santé*. Service cinématographique de l'armée.* — Par ext. *Les services d'une entreprise*, d'une société.* ⇒ **Bureau** (I., 4.). *Services de publicité, de contentieux, des réclamations...*

22.2 Le ministère du Ravitaillement commença par réquisitionner une dizaine d'immeubles aux alentours de la rue Saint-Vincent, pour y installer les services de la P. D. L. (production et distribution Lafleur). Il y avait entre autres la direction artistique, le service des transports (...) le service technique, la direction du matériel, la direction du personnel.
M. AYMÉ, le Vin de Paris, « La bonne peinture », p. 235.

ⓑ (1876). Branche d'activité importante, correspondant à une mission d'intérêt général, national. *Services généraux d'une nation.* ⇒ **État** (III., 3.). *Services sanitaires, des postes, etc.*

ⓒ SERVICE PUBLIC : « institutions administratives, mission d'intérêt général, régime de droit public » (au XIXᵉ siècle), puis « entreprise d'intérêt général, gérée directement ou non par l'Administration, selon des règles exorbitantes du droit commun » (B. Chenot, *in* Romeuf). — REM. L'extension des règles de ce régime à des institutions qui ne sont pas des collectivités publiques, ainsi que le développement de collectivités publiques soumises aux règles communes du droit civil ou commercial (entreprises publiques), font que cette expression d'usage courant est employée dans un sens assez vague. — *Service public et fonction* publique.* ⇒ aussi **Fonctionnaire.** *Services publics traditionnels : Défense nationale* (armée), *justice, police, administration préfectorale. Établissement* (cit. 10) *et services publics.*

23 L'extension des services publics, en plaçant entre les mains de l'État des intérêts chers à tous, a mis la société entière dans la dépendance du gouvernement.
RENAN, Philosophie de l'hist. contemporaine, III, Œ. compl., t. I, p. 63.
Services sociaux : organismes privés ou publics chargés des questions sociales (de la famille, de l'enfance, du travail, de l'hygiène et de la santé, de l'aide sociale...). *Service social d'une entreprise, d'une usine.*
Services d'archives. Service éducatif des services d'archives. — *Les services d'un journal, d'une agence de presse. Services généraux* (*service des informations générales, service sportif, etc.*) *et service régional d'un journal régional. Le service photo.*
Les services d'un aéroport : services *d'embarquement, de contrôle, services à l'arrivée...*
Les services d'une entreprise. Le service des expéditions, des ventes. — (Av. 1969). *Service après-vente :* service commercial chargé d'assurer la livraison, l'entretien, les réparations des articles achetés (appareils ménagers, radio-télévision, ameublement, etc.). Abrév. cour. : *S.A.V.* — (Dans des syntagmes construits par apposition). *Les « services vacances » d'une agence de tourisme.* « *Un service-dépannage de clés* » (*l'Express,* 5 oct. 1970, *in* P. Gilbert).

ⓓ Franç. d'Afrique. Bureau, lieu de travail. *Partir, aller au service, au bureau, à son travail.* ⇒ **Servir.**

SERVIDUMBRE [sɛʀvidumbʀ(ə)] n. f. — 1859 ; mot esp., « ensemble des domestiques ».

♦ Littér., rare (empr. de Hugo à l'espagnol ; → Richomme, cit.). Maison (d'un gentilhomme espagnol), ensemble de ceux qui le servent.

SERVIETTE [sɛʀvjɛt] n. f. — 1328 ; de *servir.*

♦ **1.** Pièce de linge dont on se sert à table ou pour la toilette, pour éviter de se salir, pour s'essuyer, etc. (→ Ordre, cit. 8). *Serviette de table* (→ Assiette, cit. 16 ; marmiton, cit. 1 ; propreté, cit. 5). *Nouer* (cit. 3), *plier, déplier sa serviette. Rond* de serviette. Serviette à thé.* — Arts. Motif de décoration figurant une serviette pliée (→ ci-dessous, cit. 1, Balzac). — Loc. fam. *Il ne faut pas mélanger les torchons* avec les serviettes.*

1 (...) ses ornements (*d'un pavillon Louis XV*) consistent en serviettes au-dessous des fenêtres, comme aux colonnades de la place Louis XV (...)
BALZAC, Un début dans la vie, Pl., t. I, p. 674.

2 Daniel mit sa serviette sur ses genoux, Hannequin noua sa serviette autour de son cou, Brunet prit la serviette en papier sur la table, la froissa et s'essuya les lèvres. Jeannine poussa Charles dans la grande salle à manger presque déserte, aux vitres striées de lueurs crayeuses, et elle lui étala sa serviette sur la poitrine.
SARTRE, le Sursis, p. 95.
Serviette en papier, serviettes jetables.

Serviette de toilette. ⇒ **Essuie-mains** (→ Fraîcheur, cit. 18 ; gris, cit. 6). *S'essuyer avec une serviette. Serviette de bain.*

Manager qui jette la serviette sur le ring. — Syn. : *jeter l'éponge** (→ Opposer, cit. 23).

3 Mais quand un de ses soigneurs lui offrit de jeter dans le ring la serviette qui est le signal de la défaite acceptée et de l'abandon, il cracha une gorgée de sang et se répandit en imprécations féroces.   Louis HÉMON, Battling Malone, II.

(Mil. xxᵉ). *Serviettes hygiéniques :* bandes de tissu absorbant (gaze, coton...) que les femmes utilisent pendant les règles. ⇒ **Tampon.** — Syn. : *Serviette périodique.*

Serviette éponge ou *serviette-éponge.* ⇒ **Éponge.**

♦ **2.** (1840, argot des avocats). Cour. Sac à compartiments, rectangulaire, généralement pliant, avec ou sans poignée, servant à porter des papiers (cit. 23), des livres... ⇒ **Porte-documents, portefeuille** (→ Battre, cit. 69). *Serviette de cuir* (→ Protubérance, cit. 3). *Serviette d'avocat, de professeur, d'écolier.* ⇒ **Cartable.** *Il a abandonné la serviette pour l'attaché-case*.*

4 C'était une belle serviette neuve, en cuir fauve, avec un fermoir nickelé ; un modèle courant, mais cossu, et tout à fait digne de franchir le seuil d'un cabinet ministériel (...)   MARTIN DU GARD, les Thibault, t. VII, p. 23.

♦ **3.** T. de vénerie. Marque blanche du pelage d'une bête fauve, sous la queue.

5 Si nous avons parlé, par exemple, du *derrière blanc* d'un chevreuil, ce n'est point par coupable ignorance. Nous savons qu'en vénerie cette tache blanche s'appelle *la serviette ;* mais nous avons préféré l'oublier.   M. GENEVOIX, la Dernière Harde, Note de l'auteur.

COMP. Porte-serviettes.

SERVILE [sɛʀvil] adj. — V. 1355 ; lat. *servilis,* de *servus* «esclave».

♦ **1.** a̲ (V. 1370). Propre aux esclaves ou aux serfs ; à l'état d'esclave ou de serf. ⇒ **Serf** (adj.). *Condition, travail servile* (→ Propriété, cit. 3). — Hist. rom. *Guerres, émeutes* (cit. 6) *serviles* (→ Libération, cit. 1). — Féod. *Tenure* servile.*

b̲ Vx. Propre à un domestique. — Relig. *Œuvres serviles :* travail manuel et salarié. *Profession servile* (→ Besogne, cit. 7). Théol. *Crainte servile* (par oppos. à *crainte filiale*) : crainte de Dieu en tant que vengeur du péché.

1 Quand on ne voit en Dieu que le vengeur du péché, celui qui détient le pouvoir de châtier, la crainte qu'on éprouve est une crainte *servile :* c'est la peur du serviteur ou de l'esclave tremblant devant le maître (...)   B. OLIVIER, l'Espérance, in Initiation théologique, t. III, p. 587.

1.1 Cet état ne peut être basé que sur le travail indigène équitablement rémunéré. Le travail à peu près gratuit, si voisin du travail servile, ne peut être qu'une solution transitoire.   L.-H. LYAUTEY, Paroles d'action, p. 14.

♦ **2.** (V. 1370). Fig., plus cour. (Dans l'ordre moral). Qui a un caractère de soumission avilissante et de bassesse indigne d'un homme libre. *Âme servile.* ⇒ **Laquais** (de), **valet** (de). *Adulateur* (cit. 1) *servile.* ⇒ **Bas, complaisant, humble, obséquieux, rampant.** *C'est un flatteur servile.* ⇒ (fam.) **Lèche-cul, pied-plat** (→ Avoir l'échine* souple). *Sous Napoléon, la littérature fut libre, la science servile* (→ Honneur, cit. 55, Chateaubriand). *Nation servile* (→ Fronder, cit. 6). *Assujettissement* (cit. 3), *obéissance, fidélité* (cit. 1) *servile. Flatterie, voix servile* (→ Glacer, cit. 27).

2 Tant de noble orgueil ; et dans la vie une admiration presque servile des supérieurs. Un si haut désir d'indépendance ; et, en fait, une docilité absolue.   R. ROLLAND, Jean-Christophe, L'aube, II, p. 29.

♦ **3.** (1718 ; dans l'ordre intellectuel et esthétique). Qui est étroitement soumis à un modèle, dépourvu d'initiative et d'originalité. *Copistes ignorants et serviles* (→ Mode, cit. 7). *Traducteur servile. Imitation* (cit. 19) *servile.* ⇒ **Pastiche** (cit. 3). *Servile moutonnerie* (cit. 2).

♦ **4.** (1842). Ling. *Lettres serviles :* dans certaines langues sémitiques, Lettres employées pour noter les modifications de racines qui caractérisent les genres, nombres, modes, etc.

CONTR. Libre. — Conquérant.
DÉR. Servilement, servilisme, servilité.

SERVILEMENT [sɛʀvilmɑ̃] adv. — 1538 ; «en qualité d'esclave», v. 1370 ; de *servile.*

♦ **1.** D'une manière servile* (2.), basse. *Obéir, flatter, imiter servilement.*

1 Il fait servilement sa cour à tous les grands seigneurs de l'armée, et s'il se trouve chez le duc Eugène lorsque celui-ci se débotte, Thersite fait un mouvement pour lui présenter ses souliers (...)   VAUVENARGUES, Caractères, II.

♦ **2.** (Mil. xvɪɪᵉ). D'une manière servile* (3.), sans originalité. *Marcher servilement dans les mêmes voies* (→ Analogue, cit. 3).

2 Là, pendant une demi-heure, Talou, émettant une voix de fausset assez pure, s'efforça de copier servilement les exemples fournis par Carmichaël, qui, tout surpris en constatant l'étrange facilité du monarque, déployait un zèle infatigable et sincère.   Raymond ROUSSEL, Impressions d'Afrique, p. 303.

SERVILISME [sɛʀvilism] n. m. — 1794 ; de *servile.*

♦ Rare. Esprit de servilité, habitude de la servilité.

L'ambitieux se rêve au faîte du pouvoir, tout en s'aplatissant dans la boue du servilisme.   BALZAC, la Peau de chagrin, Pl., t. IX, p. 14.

SERVILITÉ [sɛʀvilite] n. f. — 1542, mais rare jusqu'au xvɪɪɪᵉ ; de *servile.*

♦ **1.** Caractère, comportement servile* (2.), bas. ⇒ **Bassesse, complaisance, humilité, obséquiosité** ; et aussi **cabriole, courbette, génuflexion, prosternation ; ployer, prosterner** (se), **ramper.** *L'obéissance* (cit. 3) *n'est pas la servilité. La déférence* (cit. 5) *ne doit pas devenir servilité. Il y a dans l'adulation* (cit. 1) *une idée de servilité.*

Chose singulière : les poètes ont du cœur, les savants proprement dits sont serviles et lâches. Quelle n'a pas été la servilité et la bassesse envers le pouvoir de M. Cuvier ! Elle faisait horreur même au sage Sutton Sharpe. Au Conseil d'État, M. le baron Cuvier était toujours de l'avis le plus lâche.
          STENDHAL, Vie de Henry Brulard, 24.

♦ **2.** (V. 1760). Fig. Caractère servile* (3.), sans originalité. *Imiter* (cit. 2) *avec une servilité naïve.* ⇒ **Calquer.** *Servilité d'une traduction, d'une adaptation.*

CONTR. Liberté.

SERVIR [sɛʀviʀ] v. — xᵉ ; *diavle servir* «rendre un culte au diable», fin ɪxᵉ ; du lat. *servire* «être esclave ; être soumis ou dévoué à...».

★ **I.** V. tr. **A.** (Compl. n. de personne). ♦ **1.** Littér. ou style soutenu. S'acquitter d'obligations, de tâches envers (une personne, une institution, à qui, à quoi on obéit*). *L'honneur de servir Votre Majesté dans les grands emplois* (cit. 11). *Il avait très bien servi l'État et le roi* (→ Militaire, cit. 7). *Les hommes qui, par l'épée ou la parole, avaient bien servi l'empire* (→ Forum, cit. 2). *«Servir tout le monde* (cit. 65) *c'est ne servir personne»* (Balzac). *Servir la société* (→ Omnipotent, cit. 1). — *«Et qui sert son pays n'a pas besoin d'aïeux»* (cit. 4, Voltaire).

1 Rois, quand il était Empereur, les frères du héros l'ont servi de tout leur dévouement et de toute leur obéissance, met mot d'ordre de ce prodigieux génie (...)   Th. GAUTIER, Souvenirs de théâtre, «Les Bonaparte».

Hist. (Dans les sociétés organisées hiérarchiquement sur un modèle féodal ou analogue). *Servir un maître, un seigneur, un suzerain.* — Absolt. *Le vassal servait.*

Spécialt. (Par les armes, en accomplissant un service militaire). *La noblesse* (cit. 20) *devait servir le prince à la guerre,* se battre pour lui. *Les Huns servirent les Romains en qualité d'auxiliaires* (cit. 8). ⇒ **Solde** (être à la). *Servir sa patrie.*

(1538). Absolt. *Servir dans les armées royales* (→ Noble, cit. 22), *à la Légion* (cit. 7), *dans telle ou telle arme* (cit. 15), *comme marin* (cit. 1), *dans le rang* (cit. 6), *pendant trois ans* (→ Devancer, cit. 4). ⇒ **Soldat.** *Servir sous un chef* (→ Héroïsme, cit. 3), *avec qqn* (→ 2. Général, cit. 3)... ⇒ **Marcher.**

2 Les mots de notre langage familier ont quelquefois une parfaite justesse de sens. C'est bien *servir,* en effet, qu'obéir et commander dans une Armée. Il faut gémir de cette Servitude, mais il est juste d'admirer ces esclaves. Tous acceptent leur destinée avec toutes ses conséquences, et, en France surtout, on prend avec une extrême promptitude les qualités exigées par l'état militaire.
          A. DE VIGNY, Servitude et Grandeur militaires, I, III.

3 Il y en eut certainement qui refusèrent de servir dans les états-majors, qui revinrent au feu avant même d'être guéris (...)
          ALAIN, Propos, 19 mai 1921, «Ressorts de la peur et du courage».

Franç. d'Afrique. Occuper un emploi régulier, un poste. ⇒ **Service.**

(V. 1050 ; le sujet désigne un subordonné, un domestique). *Servir le prêtre pendant la messe.* ⇒ 2. **Servant.** *Secrétaire qui sert fidèlement un ambassadeur* (→ Grippe, cit. 3). *Maçon servi par un apprenti* (→ Assise, cit. 1). *Servir un maître en tant que domestique.* ⇒ **Servante, serviteur** (→ Attachement, cit. 18 ; discrétion, cit. 16 ; gage, cit. 20). — Prov. *«Nul ne peut servir deux maîtres»* (cit. 4, Évangile). — *Être obligé de servir les autres* (→ Apprendre, cit. 10). *On n'arrive plus à se faire servir,* à trouver des domestiques. — Prov. *On n'est jamais si bien servi que par soi-même :* le mieux est de faire soi-même les choses. — (V. 1155). Absolt ou intrans. *L'air grognard* (cit. 2) *des valets qui servent en rechignant.* — Par ext. (Comme si on était un domestique). *Votre mère se fatigue à vous servir* (→ Dorloter, cit. 3). *Grands marchands qui considèrent les fonctionnaires comme créés pour les servir* (→ Diplômer, cit. 2). *Les enfants finissent par se faire servir* (→ Ordre, cit. 47).

4 Et j'ai des serviteurs, et ne suis point servi.
          MOLIÈRE, les Femmes savantes, II, 7.

5 (...) il était pauvre, il sera riche ; il servait, il sera servi (...)
          Charles NODIER, Contes, «Paul ou la ressemblance».

6 À tort ou à raison, j'en voulais à ma mère de ce que j'étais. Il me semblait que j'expiais le malheur d'avoir été, depuis l'enfance, exagérément couvé, épié, servi.
          F. MAURIAC, le Nœud de vipères, I, II.

6.1 Ils *(deux enfants de chœur)* servaient le prêtre comme on sert une pièce d'artillerie. Le servant est celui qui passe les munitions. Ils servaient avec la même foi, le même dévouement, la même promptitude : que ce fût pour l'encens, pour l'eau bénite, pour les répons.   Jean GENET, Pompes funèbres, p. 63.

(Fin xɪᵉ). *Servir qqn à table,* lui présenter, lui apporter les plats, ou lui remplir son assiette, son verre. *Servez Madame d'abord. Les filles* (cit. 43) *de cuisine devaient servir plus de cent ouvriers agricoles* (→ aussi Popote, cit. 3). — *Donnez-moi votre assiette, je vais vous servir.* — (Passif). *Être servi, bien servi. Reprenez du gâteau, vous avez été bien mal servi. « Madame est servie »,* formule par laquelle un domestique (cit. 9) annonce à la maîtresse de maison qu'on peut passer à table. — Absolt. Faire le service à table *(servir et desservir). Elle ne sait pas servir à table. Les garçons* (cit. 26) *qui servaient.*

7 — Ah! bah! Et pourquoi? demanda Michu qui s'assit à sa table en disant à sa femme : — Sers-moi, je meurs de faim.
BALZAC, Une ténébreuse affaire, Pl., t. VII, p. 576.

8 Quand il la reconnut, occupée à débarrasser une table d'un tas énorme de vêtements, il courut la chercher. — Tenez! mademoiselle, servez donc ces dames qui attendent.
ZOLA, Au Bonheur des Dames, IV, t. I, p. 135.

9 L'auberge était pleine des buveurs du dimanche soir. On servit les nouveaux venus dans une arrière-salle.
MARTIN DU GARD, les Thibault, t. III, p. 84.

(1768). Par anal. (De commerçant à client). *Servir un client,* lui fournir, lui vendre ce qu'il demande (→ Obliquité, cit. 5). *Le boucher nous a mal servis aujourd'hui,* ne nous a pas donné de la bonne viande.

(Jeux de cartes). *Être servi :* à certains jeux, Avoir en mains des cartes satisfaisantes, ne pas en demander d'autres. — Fig. *En fait d'embêtements, nous avons été servis depuis quelque temps!,* nous en avons eu beaucoup.

(V. 1155). Vx. (Dans le langage de la galanterie). *Servir une dame,* être son cavalier* servant, être son amant (1.), fidèle et dévoué. — (Av. 1648). Vieilli. (Dans le langage de la politesse). *Pour vous servir,* formule marquant qu'on est à la disposition de qqn, tout dévoué à ses ordres (→ Négociant, cit. 4; quinola, cit.). ⇒ **Oui** (*supra* cit. 1).

10 Cloris, que dans mon cœur j'ai si longtemps servie
Et que ma passion montre à tout l'Univers.
MAYNARD, la Belle Vieille.

Relig. Rendre un culte (à la divinité). *Servir Dieu* (cit. 36 et 47; et → 1. Oratoire, cit.), *certains dieux* (cit. 42).

♦ **2.** (V. 1265; en dehors de toute obligation civique, sociale, professionnelle...). Apporter à (qqn) une aide, un appui utile, en y employant sa peine, son crédit, etc. ⇒ **Aider, appuyer, seconder, service** (rendre); cf. Agir dans l'intérêt. *Il est très habile et vous servira mieux que moi* (→ Occuper, cit. 7). *Le philosophe* (cit. 3) *songe moins à plaindre les malheureux qu'à les servir* (→ aussi Presse, cit. 13). *Ceux qui peuvent le servir* (→ Pousser, cit. 62). *Servir qqn auprès de qqn* (→ Employer, cit. 7).

11 Force lui fut de rentrer sans avoir pu remercier la bonne amie qui l'avait si bien servi.
G. SAND, la Petite Fadette, XXI.

(Le compl. désigne des choses humaines : sentiments, idées...). *Servir l'amour, la passion, les intérêts... de qqn* (→ Agir, cit. 25; fortune, cit. 38; hasarder, cit. 20). *« Sers ma fureur* (cit. 5), *Œnone, et non pas ma raison »* (Racine). *Servir une cause* (cit. 58 et 59). ⇒ **Dévouer** (se). *Luther a, sans le vouloir, servi l'esprit nouveau* (→ Réforme, cit. 1).

12 — (...) qu'ai-je besoin, se dit-elle *(Mme Cibot),* de me donner des associés? faisons ma pelote, et après je prendrai tout ce qu'ils m'offriront pour servir leurs intérêts (...)
BALZAC, le Cousin Pons, Pl., t. VI, p. 685.

(1669; sujet n. de chose; compl. n. de personne). Être utile, favorable à... ⇒ **Favoriser.** *Mon étourderie m'avait servi* (→ Latin, cit. 5). *Mal servi par la chance* (→ Grincheux, cit. 1). *Le sort, le hasard m'a servi* (→ Remettre, cit. 25). — (Compl. n. de chose). *Leur extravagance* (cit. 2) *sert leurs desseins. Ces injures* (cit. 9) *ont servi sa renommée.*

13 L'insurrection *(en 1830),* servie par ces conditions exceptionnelles favorables, aboutit à une révolution.
Ch. SEIGNOBOS, Hist. sincère de la nation franç., XVIII.

14 (...) il jouait à la Bourse, spéculait, commanditait des inventions nouvelles; et, doué d'un certain flair malgré sa légèreté, servi aussi par son esprit d'aventure, il misait parfois sur une entreprise fructueuse.
MARTIN DU GARD, les Thibault, t. III, p. 50.

(1865). Par euphém. Chasse à courre (t. de vénerie). Achever (une bête forcée), avant la curée. *Servir une bête au poignard, à la carabine.*

14.1 Il (...) dégaina son couteau de chasse et dit (...)
« Je ne pense pas que madame la baronne veuille le servir (...) »
(...) l'usage immémorial (...) voulait que l'animal fût servi par un maître présent, ou à défaut par un piqueux, mais jamais par un invité.
M. DRUON, la Chute des corps, I, IV, p. 39.

B. (XIIe; compl. n. de chose). ♦ **1.** (V. 1175). Mettre (une chose) à la disposition de qqn (pour qu'il la consomme, en fasse usage, etc.). *Servir qqch. à qqn. Servir un repas* (cit. 2), *un excellent poisson* (→ Repas, cit. 6), *du vin blanc* (→ Pinard, cit. 2), *une tasse de café* (→ Lieu, cit. 33)... *On leur servit à boire, à manger, à goûter.* ⇒ **Donner** (→ Inviter, cit. 2). — (Sans compl. second). *Servir le dîner* (cit. 4 et 5), *le dessert* (cit. 3), *la soupe* (→ Hôte, cit. 6), *des liqueurs* (→ Repas, cit. 7). *À table! c'est servi,* les plats sont prêts et disposés sur la table (→ Reptation, cit. 2). *« Le brouet fut par lui servi sur une assiette »* (cit. 13, La Fontaine; → aussi Fromage, cit. 3). *On ne doit pas servir la caille autrement que rôtie* (→ Fugace, cit. 2). — Absolt. *Servez chaud! Servez sans attendre!*

15 Quand le faisan est cuit, servez-le couché avec grâce sur sa rôtie; environnez-le d'oranges amères (...)
A. BRILLAT-SAVARIN, Physiologie du goût, t. II, p. 192.

Par métaphore ou fig. Donner, présenter. *Servir à qqn un plat de sa façon*. *« Et de servir à point un dénouement bien cuit »* (→ Mala-

droit, cit. 7, Musset). *Deviner les idées de qqn afin de les lui* (cit. 5) *servir anticipées* (→ aussi Permettre, cit. 3). *On nous sert toujours les mêmes arguments, les mêmes expressions.* ⇒ **Débiter** (→ Apporter, cit. 19). *Servir un compliment.* ⇒ **Présenter.**

16 Mais un maudit galant m'est venu brusquement
Servir à la traverse un mauvais compliment (...)
CORNEILLE, Place royale, IV, 4.

17 Car, au fond de moi-même, avouons que je donne raison à Studler. Les objections pâteuses que je lui ai servies ne comptent pour rien.
MARTIN DU GARD, les Thibault, t. III, p. 218.

(1893). *Servir des cartes,* en donner au joueur qui en demande. — (1669, absolt). *Servir la balle,* ou, absolt, *servir :* mettre la balle en jeu (autrefois au jeu de paume, aujourd'hui au tennis, au volley-ball, etc.). *À vous de servir.* ⇒ **Service; serveur.**

(1835). Finances. *Servir une rente* (cit. 2), *une pension à qqn.* ⇒ **Faire.** *Servir un intérêt, des dividendes.*

18 — Pardon, ça semble juste, ce que demande le père. On pourrait lui servir huit cents francs, puisque c'est huit cents francs qu'il louerait son bien (...)
ZOLA, la Terre, I, II.

♦ **2.** Mettre (une chose) en état de se dérouler ou de fonctionner normalement, en remplissant les conditions nécessaires à cet effet ou en l'approvisionnant du nécessaire. *Servir la messe*. *Servir et desservir* (cit. 2) *la table* (→ Cabrioler, cit. 1). — Par métaphore. *« Table toujours servie au paternel foyer »* (→ Mère, cit. 8, Hugo). — *Servir une pièce d'artillerie,* l'alimenter en munitions et faire les manœuvres nécessaires au tir. ⇒ 2. **Servant.**

19 Les artilleurs (...) mirent cette seconde pièce en batterie près de la première (...) Quelques instants après, les deux pièces, vivement servies, tiraient de front contre la redoute (...)
HUGO, les Misérables, V, I, XIV.

C. (1688). Zool. (Animaux). Couvrir, monter (la femelle). ⇒ **Saillir.** *Servir la jument.*

★ **II.** V. tr. ind. SERVIR À..., DE... ♦ **1.** (1080 au sens 1.). Vx (au sens I., 1. de servir). *« On ne peut servir à deux maîtres »* (Furetière).

Spécialt. Vx. Être utilisé en tant qu'objet érotique, sexuel.

19.1 Quoi! tu frémis de l'obligation de servir successivement à quatre beaux grands garçons comme ceux-là; mais sais-tu bien qu'il y a dix mille femmes à Paris qui donneraient la moitié de leur or ou de leurs bijoux pour être à ta place.
SADE, Justine..., t. I, p. 39 (1791).

♦ **2.** (XIIe). Être utile (à qqn), être utilisé (par qqn); faire du profit. *Un édifice qui servira aux générations futures* (→ Confiner, cit. 9). *L'espadon* (cit. 2) *qui a servi à Goliath. La guitare* (cit. 5) *qui servit à la Péri... Un petit cabinet attenant* (cit. 3) *qui lui servait pour sa toilette. L'histoire* (cit. 13) *sert aux rois. Ce qui peut lui nuire* (cit. 6) *et ce qui peut lui servir* (→ Admettre, cit. 15). — Absolt. *Est neuf* (cit. 1 et 2) *ce qui n'a pas servi. La pile de cette lampe* (cit. 21) *peut encore servir. Des paroles qui ne devraient servir qu'une fois* (→ Profaner, cit. 5). *Choses qui servent toujours* (→ Assise, cit. 4). — **Profit** (faire des). *Choses qui ne servent jamais* (→ Professeur, cit. 1), *qui ne peuvent plus servir.* ⇒ **Temps** (avoir fait son). *Un vêtement qui a beaucoup servi.* ⇒ **Usagé.**

20 Venise avait déçu Jacques comme un décor gondolé à force de servir (...)
COCTEAU, le Grand Écart, p. 21.

(V. 1175). Vieilli (latinisme, dans lequel le pronom neutre est employé comme « accusatif de relation »). *« Mais que sert le mérite* (cit. 7) *où manque la fortune? »* (Corneille), en quoi le mérite est-il utile...? (→ aussi Inconstant, cit. 1). *« Que nous sert cette queue? »* (cit. 1, La Fontaine). — (Tour impersonnel). *« Que sert d'interdire ce qu'on ne peut pas empêcher »* (→ 7. Gide; → aussi 1. Air, cit. 30; étendre, cit. 22). *« Rien ne sert de courir*, il faut partir à point »* (vers proverbial de La Fontaine, qui est pour beaucoup dans la survivance de ce tour). → Aléatoire, cit. 2; et aussi 1. être, cit. 20, Gide).

SERVIR DE... (et pronom). *Tous les discours ne serviront de rien.* ⇒ **Inutile** (→ Excuser, cit. 6). *De quoi sert-elle?* (→ Foi, cit. 14, La Fontaine; et aussi oraison, cit. 3, Molière). *De quoi me sert ce peu de science?* (→ Pire, cit. 14, Duhamel). — REM. Cet emploi de la préposition *de* est à rapprocher de celui où elle introduit un complément de mesure. Aussi *servir de,* dans ce sens, peut-être suivi d'un adverbe de quantité : *de peu me sert...,* déjà dans un texte du XIIIe s. (Coucy, X), et encore chez Pascal : *il servirait de peu...* (les *Provinciales,* II). *L'âge ne sert de guère* (cit. 19, Molière). ⇒ aussi **Profiter** (→ Haïr, cit. 6).

♦ **3.** SERVIR À..., POUR... (suivi d'un compl. de destination, de but ou de conséquence). Être utile, utilisé à..., pour... — *Servir à...* (et inf.). *Le couteau qui lui servait à dépecer...* (→ Prêtre, cit. 7). *Cela put me servir à comprendre* (→ Encombrer, cit. 4; et aussi 1. politique, cit. 9). *Le réel* (cit. 6) *nous sert à fabriquer un peu d'idéal.* — *Servir à qqch. Voilà donc à quoi* (cit. 8) *me sert la médecine* (→ aussi Douter, cit. 35; enterrer, cit. 10). — (Sans le compl. qui désigne l'utilisateur). *Choses qui servent à la satisfaction de nos besoins* (→ Capital, cit. 2). *Falsifier* (cit. 2) *des denrées servant à l'alimentation.* ⇒ **Propre.** *Le monde sert à cela* (→ Détourner, cit. 13). *À quoi servent les cérémonies?* (→ Attirail, cit. 9; et aussi désordre, cit. 17). — Impers. *À quoi servirait-il de...?* (→ Gredin, cit. 3). *À quoi sert d'engager* (cit. 21) *la discussion, de se quereller?* (→ Dispute, cit. 4).

Très cour. *Ne servir à rien* : ne pas avoir d'utilité (→ Cheval, cit. 8 ; épine, cit. 12 ; gratuit, cit. 8). *Ça sert à rien, ce truc-là !*

21 Il faut de l'inutile dans le bonheur. Le bonheur, ce n'est que le nécessaire. Assaisonnez-le-moi énormément de superflu (...) Je veux du superflu, de l'inutile, de l'extravagant, du trop, de ce qui ne sert à rien. HUGO, les Misérables, V, v, VI.

22 (...) je suis peiné de vous savoir malade. Si la sympathie en ces occasions pouvait servir à quelque chose, vous seriez guérie.
FLAUBERT, Correspondance, 953, 24 janv. 1863.

♦ **4.** (1530). SERVIR DE... (suivi d'un compl. de manière à valeur d'attribut). Être utilisé en guise de..., utile à titre de... ⇒ **Fonction** (faire), **lieu** (tenir). «*Aux plus infortunés la tombe sert d'asile*» (cit. 24, La Fontaine). *Servir de modèle* (→ Attrait, cit. 16), *de joujou* (→ Bondir, cit. 5), *de passe-temps* (→ Boucler, cit. 2)... *à qqn. Que cela vous serve de leçon* (cit. 21). *Un homme qui lui sert d'appui* (cit. 38 et 39), *de répondant* (cit. 1), *de repoussoir* (cit. 2), *d'exemple* (→ Douche, cit. 3), *de guide* (→ Fier, cit. 23)... «*Je vous rends votre fils et je lui sers de père*» (cit. 19, Racine). — (Sans le compl. qui désigne l'utilisateur). «*Le deuil enfin sert de parure*» (→ Atour, cit. 2, La Fontaine). *Perches servant de jalons* (cit. 1). *Un signe qui puisse servir de repère* (cit. 2). *Servir de preuve* : prouver. *Mur servant de séparation* (→ Héberge, cit.). *Garantir* (cit. 13), *c'est servir de garant. Servir de messager* (cit. 3). ⇒ **Office** (faire). — Vx. (Avec un article, un «présentatif» devant le compl.). «*Tout ce que les uns ont pu dire (...) n'a servi que d'un argument* (cit. 2) *aux autres*» (Pascal).

23 (...) vos lettres nous ont servi d'un grand amusement.
Mme DE SÉVIGNÉ, 846, 28 août 1680.

24 Je fis entrer l'inconnu dans la chambre qui me sert de cabinet de travail, salon, et salle à manger, le cas échéant. APOLLINAIRE, l'Hérésiarque..., p. 39.

★ **III.** V. intr. (→ ci-dessus les emplois absolus, I., A. et B.).

▶ **SE SERVIR** v. pron.

♦ **1.** (1835). Réfl. Prendre* de ce qui est sur la table. *Servez-vous, servez-vous mieux. Servez-vous de rôti, de vin* : prenez du rôti, du vin. — Réfl. indir. *Elle se servit de salade, de la salade* (→ Manger, cit. 20). — Par métaphore. *Avant de partager les bénéfices, il a commencé par se servir.* — (1851). *Se servir chez un marchand,* acheter*, habituellement chez lui. ⇒ **Fournir** (se).

25 Pour table, un grand plateau de cuivre, pour chaises, des coussins ; pour se servir, les doigts. Jérôme et Jean THARAUD, Rabat, VIII.

♦ **2.** (1538 ; avec un compl. de moyen ou d'instrument à valeur de compl. d'objet secondaire ; proprt «s'aider de»). SE SERVIR DE... : faire usage de, utiliser. ⇒ **Employer, user** (de) ; et aussi **usager**. — REM. Il s'agit bien à l'origine d'un complément d'instrument ; *se servir de...* signifie proprt «s'aider* de...». — *Se servir de ses doigts* (cit. 1), *de ses jambes* (→ Humain, cit. 9), *de ses poings* (→ Pugilat, cit. 1)... *Se servir d'un instrument* (→ Précis, cit. 5), *d'un outil* (cit. 1), *d'une arme contondante* (cit. 1)... *La barre de fer dont il se servait comme d'un levier* (→ Coussinet, cit. 3). *La manière de se servir de...* ⇒ **Emploi** (mode d'). «*Reconnaître* (cit. 4) *un objet usuel consiste surtout à savoir s'en servir*» (Bergson). *Se servir d'un mot* (→ Moi, cit. 62 ; et aussi an, cit. 20 ; impulsion, cit. 1). *Se servir d'un stratagème.* ⇒ **Emprunter** (→ Attraper, cit. 6). *Déployer* (cit. 13) *la force pour n'avoir pas à s'en servir.* «*Je me sers d'animaux* (cit. 20) *pour instruire les hommes*» (La Fontaine). *Agiter avant de s'en servir.* — (Compl. n. de personne). ⇒ **Employer.** *Servant de leurs anciens esclaves pour...* (→ Asservir, cit. 4 ; et aussi gens, cit. 10). *Il se servit d'un de ces gens comme témoin* (→ Postiche, cit. 5). *Il voulait se servir de toi,* t'utiliser à son profit. (→ Gueux, cit. 8). ⇒ **Exploiter.**

26 La chevelure (...) conserve alors, jusque dans l'âge avancé de la personne qui se sert de l'Huile Céphalique, ce brillant, cette finesse, ce lustre qui rendent si charmantes les têtes des enfants. La Manière de s'en servir est jointe à chaque flacon et lui sert d'enveloppe. BALZAC, César Birotteau, Pl., t. V, p. 441.

27 Elle avait beaucoup d'esprit, dont elle se servait à tromper son mari.
FRANCE, les Sept Femmes de Barbe-bleue, p. 19.

28 (La poésie) se sert des mots comme la prose. Mais elle ne s'en sert pas de la même manière ; et même elle ne s'en *sert* pas du tout ; je dirais plutôt qu'elle les sert. Les poètes sont des hommes qui refusent d'*utiliser* le langage.
SARTRE, Situations II, p. 63.

♦ **3.** Récipr. Rare. «*Une espèce de république dont les membres (...) se secourent et se servent mutuellement*» (Montesquieu, *Lettres persanes,* CVIII).

Spécialt. *Se servir l'un de l'autre* : se rendre mutuellement service ; s'utiliser l'un l'autre.

28.1 Ce qu'il y avait de beau dans notre amitié, c'est que, jusqu'à présent, nous ne nous étions jamais servis l'un de l'autre. GIDE, les Faux-monnayeurs, I, 1, in Romans, Pl., p. 934.

♦ **4.** Passif. *Ce vin doit se servir très frais,* être servi très frais.

▶ **SERVI, IE** p. p. adj.

♦ **1.** *Personne servie (par qqn) ; bien, mal servie. Clients servis. Joueur servi* (→ ci-dessus, *être servi*).

♦ **2.** (Choses). *Plats servis.* — *Rente servie. Table servie, bien servie* (→ Passer, cit. 42).

CONTR. — Commander, dominer. — Desservir, désobliger, gêner. — Nuire, perdre (se).

DÉR. et COMP. 1. Servant, 2. servant, serveur, serviable, serviette. — Desservir, resservir. — V. aussi Asservir, service...

SERVITE [sɛʀvit] n. m. — 1680 ; du lat. ecclés. *servitæ,* c'est-à-dire *servi beatæ Mariæ* «serviteurs de la bienheureuse Marie».

♦ Relig. Membre d'un ordre de moines mendiants, fondé à Florence en 1233, qui se consacre à la prédication et à l'apostolat missionnaire. *L'ordre des Servites était souvent appelé* «ordre des Blancs-Manteaux».

SERVITEUR [sɛʀvitœʀ] n. m. — XIVe ; *servitor* «celui qui est dévoué à Dieu», 1050 ; bas lat. *servitor,* de *servire.* → Servir.

♦ **1.** (V. 1225, *servitour*). Littér. Celui qui sert* (I., 1.) qqn envers lequel il a des devoirs, des obligations. ⇒ **Ministre** (vx). *Serviteur dévoué* (cit. 12), *de l'État, du prince...* «*Le souverain est le premier serviteur de l'État*» (Frédéric II). «*Serviteurs qui pillez la maison*» (→ Appétit, cit. 15, Hugo). *L'État, agent* (cit. 8) *et serviteur du citoyen.* — *Serviteur de Dieu* : celui qui est au service de Dieu (prêtre, religieux, etc.). → Face, cit. 11 ; 1. louer, cit. 1 ; mondain, cit. 3. *Serviteur de Mahomet* (→ Ramadan, cit. 3). — Fig. *Le serviteur d'une dame,* son cavalier servant.

(V. 1155, *servitur*). Vieilli. Domestique* attaché à la personne ou à la maison d'un employeur. *Les maîtres et les serviteurs* (→ Dérision, cit. 2 ; égalité, cit. 7 ; familiarité, cit. 7). ⇒ **Famille** (cit. 2 et 4). *Braves* (cit. 13), *fidèles serviteurs* (→ Gage, cit. 20 ; et aussi livrée, cit. 6). *Renvoyer* (cit. 6), *congédier un serviteur* (→ Irréprochable, cit. 3).

1 Il y avait, à la Borderie, les cinq charretiers pour cinq charrues, trois batteurs, deux vachers ou hommes de cour, un berger et un petit porcher, en tout douze serviteurs, sans compter la servante. ZOLA, la Terre, II, I.

Péj. ⇒ **Valet.** *Les plus obséquieux serviteurs de Napoléon* (→ Honneur, cit. 55). *Les Anglais et leurs serviteurs français.* ⇒ **Satellite, suppôt** (→ Odieux, cit. 4). — Fig. *Le mot* (cit. 1) *est le serviteur de l'idée.*

♦ **2.** (1564). Vx. (Dans des formules de politesse). *Votre très humble et très obéissant serviteur* (→ Considération, cit. 11 ; et aussi désirer, cit. 8 ; protocole, cit. 1). *Je suis votre serviteur* (ellipt. : *votre serviteur,* ou *serviteur),* formule de salut, de remerciement poli, (iron.) «pour dire à qqn qu'on se moque de lui, qu'on ne se soucie point de lui», ou «pour faire entendre qu'une proposition ne plaît ou ne convient pas» (Académie, 1694). — Bien, cit. 32. *Serviteur de..., serviteur à...* (pour dire : «ne pas vouloir de, n'avoir pas de goût pour»). — REM. Le mot *servante* était employé par les femmes dans les mêmes sens.

2 Je louerai, si l'on veut, son train et sa dépense (...)
Mais pour louer ses vers, je suis son serviteur (...) MOLIÈRE, le Misanthrope, IV, I.

Mod., repris par plais. dans l'expression *votre serviteur* («soi-même») quand on s'adresse à qqn.

♦ **3.** Loc. (1680). Vx. *Faire serviteur, faire un* (et adj.) *serviteur :* faire la, une révérence.

♦ **4.** Franç. d'Afrique. Serveur, garçon de restaurant, de bar.

CONTR. — Dominateur, maître.

SERVITUDE [sɛʀvityd] n. f. — V. 1265 ; *servitute,* v. 1180 ; bas lat. *servitudo,* lat. class. *servitus, servitutis,* d'où *servitute,* également en anc. français.

A. ♦ **1.** État de dépendance*. — Vx. Esclavage (→ Affranchi, cit. 2 ; ilote, cit. 1). *Éléments de la plèbe* (cit. 1) *romaine tombés dans une demi-servitude.* — Servage*.

1 Enfin en 1167, le pape Alexandre III déclare (...) «que tous les chrétiens devaient être exempts de la servitude». C'est en vertu de cette loi que longtemps après, le roi Louis Hutin, dans ses chartes, déclara que tous les serfs qui restaient encore en France devaient être affranchis (...) VOLTAIRE, Essai sur les mœurs, LXXXIII.

♦ **2.** (1420 ; *servitute,* XIIIe). Mod. État de dépendance totale d'un individu soumis à un maître. ⇒ **Abaissement, asservissement, infériorité, soumission, sujétion** ; et aussi, par métaphore, **bagne, cage, chaîne, joug.** «*La servitude abaisse* (cit. 10) *les hommes jusqu'à s'en faire aimer*» (Vauvenargues). *Dans l'obéissance* (cit. 2), *l'obéissance et la servitude* (→ Écraser, cit. 11). *La servitude où l'homme tient la femme* (→ Égalité, cit. 13). *La servitude ouvrière* (→ Artifice, cit. 12). *Servitude et Grandeur militaires,* œuvre de Vigny (1835).

2 Quelle différence entre un soldat et un chartreux, quant à l'obéissance ? car ils sont également obéissants et dépendants, et des exercices également pénibles. Mais le soldat espère toujours devenir maître, et ne le devient jamais (...) au lieu que le chartreux fait vœu de n'être jamais que dépendant. Ainsi ils ne diffèrent pas dans la servitude perpétuelle, que deux ont toujours, mais dans l'espérance, que l'un a toujours, et l'autre jamais. PASCAL, Pensées, VII, 539.

3 La Servitude militaire est lourde et inflexible comme le masque de fer du prisonnier sans nom, et donne à tout homme de guerre une figure uniforme et froide.
A. DE VIGNY, Servitude et Grandeur militaires, I, III.

4 Catherine-Nicaise-Elisabeth Leroux (...) pour cinquante-quatre ans de service dans la même ferme, une médaille d'argent — du prix de 25 francs ! (...) Alors on vit s'avancer sur l'estrade une petite vieille femme de maintien craintif (...) des manches de sa camisole rouge dépassaient deux longues mains (...) à force d'avoir servi,

elles restaient entr'ouvertes, comme pour présenter d'elles-mêmes l'humble témoignage de tant de souffrances subies (...) Ainsi se tenait, devant cet humble ménage de deux êtres, qui, toujours ensemble, se connaissaient jusqu'à ne plus dire un mot nouis, ce demi-siècle de servitude.   FLAUBERT, Mᵐᵉ Bovary, II, VIII.

Par ext. Situation de dépendance psychologique ; absence de liberté.

4.1   Certes, il ne songeait pas à se marier, car il ne se sentait pas le courage de se condamner à la mélancolie, à la servitude conjugale, à cette odieuse existence de deux êtres, qui, toujours ensemble, se connaissaient jusqu'à ne plus dire un mot qui ne soit prévu par l'autre (...)   MAUPASSANT, Duchoux, Pl., t. II, p. 997.

♦ **3.** (xvᵉ). Vieilli ou littér. État d'une nation privée de son indépendance, ou d'un peuple privé de sa liberté politique. ⇒ **Oppression** (cit. 2). *Mettre, réduire en servitude.* ⇒ **Asservir** (cit. 1), **subjuguer.** *Tomber dans la servitude* (→ aussi Avilissement, cit. 7). *Les nobles âmes qui réclamèrent contre la servitude de la France* (→ Prosterner, cit. 6).

5   L'ambition des principaux profita de ces circonstances pour perpétuer leurs charges dans leurs familles ; le peuple, déjà accoutumé à la dépendance, au repos et aux commodités de la vie, et déjà hors d'état de briser ses fers, consentit à laisser augmenter sa servitude pour affermir sa tranquillité ; et c'est ainsi que les chefs, devenus héréditaires, s'accoutumèrent (...) à se regarder eux-mêmes comme les propriétaires de l'État dont ils n'étaient d'abord que les officiers (...)   ROUSSEAU, De l'inégalité parmi les hommes, II.

B. ♦ **1.** (V. 1265). Littér. Ce qui crée ou peut créer un état de dépendance. ⇒ **Contrainte, lien, obligation, tyrannie.** *Les servitudes de la condition humaine* (→ Renoncer, cit. 26). *Délivré de toute servitude* (→ Patrie, cit. 14), *de toute sorte de servitudes* (→ Avocat, cit. 6). ⇒ **Émanciper** (s'). *Les servitudes bureaucratiques* (→ Élévation, cit. 6), *de la mode* (→ Journal, cit. 12). *Une servitude grammaticale* (→ Quoique, cit. 1).

5.1   (...) cette espèce d'inépuisable et vague réserve où se tiennent ceux que nous n'avons rencontrés que quelques heures ou que quelques jours, sans passé, sans avenir, échappant à ces fatidiques servitudes auxquelles sont habituellement soumis les humains, c'est-à-dire principalement de passer par des phases successives (l'enfance, l'adolescence, et à la fin l'inévitable décrépitude), de changer de visage, de vêtements, d'avoir un nom (...)   Claude SIMON, le Palace, p. 27.

♦ **2.** (Fin xvᵉ). Dr. ⓐ Dr. civ. «Charge établie sur un immeuble pour l'usage et l'utilité d'un autre immeuble appartenant à un autre propriétaire» (Capitant). ⇒ **Hypothèque, service** (I., A., 4.). *Supporter une servitude, être frappé d'une servitude. Comment s'établissent ou s'éteignent* (cit. 21) *les servitudes* (Code civil, art. 637 à 710). *Servitude continue,* qui s'exerce sans le fait actuel de l'homme et par le seul établissement de l'état des lieux (ex. : [1690] *servitude de vue). — Servitude discontinue,* qui a besoin du fait actuel de l'homme (ex. : *servitude de passage). Servitude conventionnelle, légale, naturelle, du fait de l'homme. Servitude rurale, urbaine. Servitude d'appui*, d'échelage*, d'écoulement* des eaux, d'égout*, de pacage* ou pâturage, de passage*, de puisage*, de vaine pâture*, de vue... Servitude «non œdificandi»* (consistant en l'obligation de ne pas bâtir sur un fonds), *«non altius tollendi»* (obligation de ne pas bâtir au-delà d'une certaine hauteur).

ⓑ (Fin xvᵉ). Dr. publ. Restrictions au droit de propriété immobilière, pour une raison d'intérêt général ou d'utilité publique. — (1936). *Servitude aérienne* (imposée aux propriétaires de terrains aux abords des aérodromes), *militaire* (imposée aux propriétés privées dans le voisinage des places de guerre et ports militaires). *Servitude de halage*, de marchepied*, d'alignement* et de reculement*, de voirie*...*

ⓒ Dr. internat. publ. *Servitudes internationales :* limitation de la compétence territoriale d'un État au profit d'un ou de plusieurs États étrangers, de la communauté internationale.

6   (...) l'abus des sentiers est une des grandes plaies de la campagne. Le dixième des procès portés devant les tribunaux de paix a pour cause d'injustes servitudes. L'on attente ainsi, presque impunément, au droit de propriété dans une foule de communes.   BALZAC, le Médecin de campagne, Pl., t. VIII, p. 433.

7   La première comprenait, sur tout son périmètre bordant les fortifications, une zone large de quelques centaines de mètres, où une servitude interdisait toute construction. La seconde comprenait vingt-sept ouvrages militaires (...) entourés de terrains frappés de la même servitude.   GIRAUDOUX, De pleins pouvoirs à sans pouvoirs, V, p. 124.

8   Les Muselier y accédaient par une large trouée ménagée dans une haie, sans avoir la garantie d'un droit de servitude.   M. AYMÉ, la Vouivre, p. 20.

♦ **3.** (1871). Mar. *Bâtiments de servitude :* bateaux destinés au service des ports, des rades (chalands, pontons, maries-salopes, citernes, etc.). — Milit. *Véhicule de servitude,* capable d'assurer des fonctions variées (missions de combat, mais aussi transport de matériel, de personnes, évacuation sanitaire, etc.). ⇒ **Utilitaire.**

CONTR. Affranchissement, émancipation, franchise, liberté. — Domination, maîtrise, omnipotence.

SERVO- Premier élément de mots techniques, tiré du lat. *servus* «serviteur», et marquant un asservissement* mécanique.

SERVOCOMMANDE [sɛʀvokɔmɑ̃d] n. f. — Mil. xxᵉ ; de *servo-,* et *commande.*

♦ Techn. Mécanisme auxiliaire assurant automatiquement, par amplification d'une force, le fonctionnement d'un ensemble.

(...) certains constructeurs d'automobiles présentent comme un perfectionnement l'emploi d'un automatisme surabondant dans les accessoires, ou un recours systé-

matique à la servocommande même quand la commande directe n'excède nullement la force physique du conducteur.

      Gilbert SIMONDON, Du mode d'existence des objets techniques, p. 26 (1969).

SERVODIRECTION [sɛʀvodiʀɛksjɔ̃] n. f. — Mil. xxᵉ ; de *servo-,* et *direction.*

♦ Techn. Servocommande qui amplifie les mouvements donnés à la direction (dite alors *assistée)* par le conducteur d'un véhicule. *Servodirection hydraulique.* — REM. On écrit aussi *servo-direction.*

SERVOFREIN [sɛʀvofʀɛ̃] n. m. — 1922 ; de *servo-,* et *frein.*

♦ Techn. Mécanisme qui amplifie le résultat de l'effort de l'opérateur (sur une pédale, une commande de frein). — REM. On écrit aussi *servo-frein.*

SERVOMÉCANISME [sɛʀvomekanism] n. m. — 1932, *servo-mécanisme,* dans un dictionnaire anglais-français *(in* D.D.L.) ; de *servo-,* et *mécanisme.*

♦ Techn. Système asservi à une information extérieure permettant de maintenir l'équilibre de la réponse et de la commande quelles que soient les variations de celle-ci et les perturbations (→ Régulateur, cit. 1). *Un servomécanisme sert à commander et à contrôler, avec une faible puissance, un mouvement complexe, qui nécessiterait une puissance très supérieure.* «À la base, les informations sont recueillies par des détecteurs de houle commandant les variations d'incidence par l'intermédiaire de servomécanismes» (Science et Vie, nᵒ 98, 1972, p. 136). — REM. On écrit aussi *servo-mécanisme.*

SERVOMOTEUR [sɛʀvomotœʀ] n. m. — 1869 ; de *servo-,* et *moteur.*

♦ Techn. Organe moteur servant à diriger et à répéter le mouvement (d'un moteur, d'un engin). *Des servomoteurs.* — REM. On écrit aussi *servo-moteur.*

(...) mais dans la chambre du servo-moteur, les deux barres, deux roues inégales axées l'une sur l'autre et qui répétaient chaque mouvement du timonier de passerelle, les deux barres inutiles ne bougeaient plus.

      Roger VERCEL, Remorques, p. 116.

SERVORÉGLEUR [sɛʀvoʀeglœʀ] n. m. — V. 1970 ; de *servo-,* et *régleur.*

♦ Techn. Mécanisme permettant un réglage automatique de l'image de télévision.

SERVOVALVE [sɛʀvovalv] n. f. — V. 1970 (1973, in *la Clé des mots) ;* de *servo-,* et *valve.*

♦ Techn. Valve commandée par servomoteur*.

SES [se] adj. poss. ⇒ 1. **Son.**

SÉSAME [sezam] n. m. — 1570 ; *sisame,* 1500 ; *susseman,* v. 1240 ; *suseman,* v. 1298 ; lat. *sesamun,* grec *sêsamon,* d'orig. arabe *(semsem).*

★ **I.** Plante dicotylédone, herbacée *(Gesnéracées),* oléagineuse, originaire de l'Inde. *Graine, huile de sésame. On tire le zinzolin* du sésame. Le sésame est parfois classé dans les céréales.*

1   Le *sésame oriental* est originaire de l'Inde ; mais de temps immémorial on le cultive dans tout l'Orient. On mange ces semences cuites dans du lait (...) on les mange aussi grillées (...) On tire aussi de ces semences (...) une huile presque aussi bonne que celle de l'olive (...)
      A. GALLAND, les Mille et une Nuits, t. I, p. 180, note 1.

★ **II.** (Mil. xixᵉ). Par allus. au conte d'Ali-Baba, où la formule «*Sésame, ouvre-toi»* ouvre la caverne aux trésors (cf. Galland, t. III, p. 272 : «*au lieu de sésame,* il dit : *orge, ouvre-toi»,* etc.). Mot, formule (cit. 4) magique qui fait accéder à qqch., obtenir qqch. (→ 1. Porte, cit. 26).

2   Le principal y est, puisque dans le cérémonial de la profession, l'oblat doit réciter le fameux «Suscipe» qui est, en quelque sorte, le sésame ouvrant toute grande la porte jusqu'alors entrebâillée de l'Ordre (...)   HUYSMANS, l'Oblat, IV.

COMP. (Du même rad.) **Sésamoïde.**

SÉSAMOÏDE [sezamɔid] adj. — 1552 ; grec *sésamoeidês* «qui ressemble au (grain de) sésame».

♦ Didact. Arrondi comme un grain de sésame. — Anat. *Os sésamoïdes :* petits os du carpe* et du tarse*. — N. m. *Un, les sésamoïdes.* — On dit aussi *sésamoïdien.*

SESBANIA [sɛsbanja] ou **SESBANIE** [sɛsbani] n. f. — 1848 ; *sesban,* 1730 ; lat. bot. *sesbanus,* fin xviᵉ ; arabo-persan *sisabân.*

♦ Bot. Arbrisseau des régions tropicales *(Papilionacées)*, cultivé dans l'Inde pour la filasse qu'on tire des tiges.

SESQUI- Élément, du lat. *sesqui* « une fois et demie », entrant dans la composition de termes scientifiques. ⇒ **Sesquialtère, sesquioxyde, sesquisulfure.**

SESQUIALTÈRE [sɛskɥialtɛʀ] adj. — 1377 ; lat. *sesquialter*.

♦ **1.** Math. Qui est dans le rapport de 1,5 à 1. *Nombres sesquialtères* (9 et 6, par exemple).

♦ **2.** *Rythme sesquialtère*, comprenant les pieds où l'un des deux demi-pieds vaut les deux-tiers de l'autre.

SESQUIOXYDE [sɛskɥiɔksid] n. m. — 1829 ; de *sesqui*, et *oxyde*.

♦ Chim. Oxyde contenant une fois et demie la quantité d'oxygène du protoxyde.

SESQUISULFURE [sɛskɥisylfyʀ] n. f. — 1842, Académie, *Compl.* ; de *sesqui-*, et *sulfure*.

♦ Chim. Combinaison formant un sulfure plus riche de 1,5 par rapport aux monosulfures (et moins riche que les bisulfures). « *Les allumettes au sesquisulfure de phosphore* » (*Année sc. et industr.* 1899, p. 228).

SESSILE [sesil] adj. — 1611, *verrue sessile* ; lat. *sessilis*.

♦ **1.** Anat., pathol. Qui n'est pas porté ou relié par un pédicule. *Organe, tumeur sessile.* — Zool. *Faune sessile*, composée d'espèces fixées à un substratum (telles les Ascidies, les Hydraires...). — Opposé à *vagile*.

♦ **2.** (V. 1774). Bot. Qui est inséré directement sur un axe (tige...) sans pédoncule. *Feuille, fleur sessile.*

CONTR. (Du sens 2.) **Pédonculé, pétiolé.**

SESSION [sesjɔ̃ ; sɛsjɔ̃] n. f. — Mil. xivᵉ ; « fait d'être assis », déb. xiiᵉ ; lat. *sessio*, de *sessum*, supin de *sedere* « être assis ».

★ **I.** ♦ **1.** (En moyen français). Séance (d'une assemblée).

♦ **2.** (1680). Relig. cathol. Séance (d'un concile, d'un synode épiscopal).

★ **II.** (1789 ; dans un texte à propos du Parlement anglais, 1657 ; angl. *session*, du lat. *sessio*). ♦ **1.** Dr. Période pendant laquelle une assemblée* délibérante est apte à exercer ses attributions, à tenir séance*. ⇒ **Assise,** II., fig. ; **siéger.** *Sessions ordinaires*, fixées par la loi. *Sessions extraordinaires* (→ Parlement, cit. 6 ; permanence, cit. 3). *Ouverture, clôture* d'une session.* — (xixᵉ). Par anal. *Sessions d'un tribunal, de la cour d'assises* (→ Assesseur, cit. 2).

1   Mon affaire était inscrite à la dernière session de la cour d'assises, et cette session se terminerait avec le mois de juin.   CAMUS, l'Étranger, II, III.

2   L'Assemblée générale tient une session annuelle régulière et, lorsque les circonstances l'exigent, des sessions extraordinaires.   Charte des Nations Unies, Art. 20.

♦ **2.** Période de l'année pendant laquelle siège un jury d'examen, ont lieu les examens. *Sessions de juin, d'octobre* (→ Licence, cit. 4).

♦ **3.** Publicité. Temps d'écoute auquel doit correspondre un programme spécifique.

HOM. **Cession.**

SESTERCE [sɛstɛʀs] n. m. — 1537 ; lat. *sestertius*.

♦ Antiq. rom. Monnaie romaine d'argent, qui valait deux as et demi. *Grand sesterce :* monnaie de compte de mille sesterces.

  Les as de bronze, avec, d'un côté ma tête de Janus, de l'autre une proue de navire, les drachmes, les pièces d'or de 60 sesterces serrant dans leurs petites cages rondes un aigle qui voudrait s'envoler (...) tout cela était fini depuis des siècles.   J.-M. G. LE CLÉZIO, la Fièvre, p. 41.

SET [sɛt] n. m. — 1893 ; « cercle, milieu mondain », 1833, *in* Höfler, encore chez Paul Bourget ; mot angl., de *to set* « placer, poser ».

Anglicisme.

♦ **1.** Au tennis, Série de jeux au moins égale à six, gagnée par le premier joueur qui obtient deux jeux d'avance. *Gagner un set par six-zéro, six-quatre, neuf-sept. Partie* en trois* (chez les femmes), *en cinq sets* (chez les hommes). *Balle de set*, qui décide du gain du set.

♦ **2.** (1922). Vx. Plateau où se tourne un film.

♦ **3.** (1933). *Set* ou *set de table :* série de napperons assortis remplaçant la nappe dans un service de table. « *Assorti au jardin ses*

sets de table, au parasol et aux coussins » (*l'Express*, 17-23 juil. 1967). — Abusivt. Chacun des napperons d'un set.

HOM. **Cet, cette** (fém. de *ce*), **sept.**

SÉT-, SÉTI- Élément, du lat. *sæta* « soie », entrant dans la composition de termes didactiques. ⇒ **Sétifère, sétiforme.**

SÉTACÉ, ÉE [setase] adj. — 1803 ; du lat. *sæta* « soie, poil », et suff. *-acé*.

♦ Sc. nat. Qui a la forme, l'aspect d'une soie de porc. — On dit aussi *sétiforme*.

HOM. **Cétacé.**

SÉTÉRÉE [seteʀe] n. f. — 1276 ; de *setier*, et suff. *-érée*.

♦ Ancienn. Mesure agraire correspondant à la surface qu'on peut ensemencer avec un setier* de grains. « *L'arpent ou la sétérée d'un village était trois ou quatre fois plus petit ou plus grand que celui d'un village voisin* » (*Année sc. et industr.* 1868, p. 67).

SETIER [sətje] n. m. — Fin xiᵉ, *sestier* ; du lat. pop. *sestarium*, class. *sextarius* « sixième ».

Anciennement.

♦ **1.** Mesure de capacité pour les grains (entre 150 et 300 litres environ). *Demi-setier.* ⇒ **3. Mine.**

  Aux uns, maître Tabourot prêtait un sac d'orge (...) aux autres, un setier de blé pour un sac de farine.   1
   BALZAC, le Médecin de campagne, Pl., t. VIII, p. 368.

(xviᵉ ; *stier*, 1355). *Sétérée*. *Posséder un setier labourable.*

  Cette saison, tenez ! des dix-neuf setiers que je possède, eh bien ! j'ai eu à peine la force d'en cultiver le quart, juste de quoi manger, du blé pour nous et de l'herbe pour les vaches (...)   ZOLA, la Terre, I, II.   2

♦ **2.** Mesure pour les liquides, valant huit pintes*. *Quart de setier.* ⇒ 1. **Roquille.** — Vieilli. *Demi-setier :* quart de litre. *Un demi-setier de vin.*

DÉR. **Sétérée.**

SÉTIFÈRE [setifɛʀ] adj. — 1839 ; de *séti-*, et *-fère*.

♦ Didact. Qui porte des soies. ⇒ **Sétigère.**

SÉTIFORME [setifɔʀm] adj. — 1842, Académie, *Compl.* ; de *séti-*, et *-forme*.

♦ Didact. ⇒ **Sétacé.**

SÉTIGÈRE [setiʒɛʀ] adj. — 1842, Académie, *Compl.* ; de *séti-*, et lat. *gerere* « porter ».

♦ Didact. Qui porte des soies. ⇒ **Sétifère.** — Zool. *Pore sétigère :* gros pore planté d'une soie, sur le front de certains insectes. *Péristome à collerette sétigère de certains bryozoaires.*

SÉTON [setɔ̃] n. m. — 1503 ; *sedon*, v. 1363 ; *secton*, 1478 ; lat. médiéval *seto*, de l'anc. provençal *sedon*, de *seda*, lat. *sæta*. → Soie.

♦ Méd. Faisceau de crin passé sous la peau (les deux extrémités sortant par deux orifices différents) utilisé pour assurer un drainage continu. ⇒ **Dilatant.**

  Je suis encore au lit, avec un séton dans le cou, ce qui est un hausse-col moins pliant encore que celui d'un officier sa mâchoire close, de la garde nationale (...)   1
   FLAUBERT, Correspondance, 84, Fin janv.-déb. févr. 1844.

  Au troisième plan se dressait une herse d'or, derrière laquelle l'ânesse Mileñkaya 1.1
tendait une auge remplie de son intact sa mâchoire close, traversée de haut en bas par un séton.   Raymond ROUSSEL, Impressions d'Afrique, p. 108.

Blessure, plaie en séton, à deux orifices cutanés, d'entrée et de sortie, faits par un projectile ayant traversé les tissus mous.

  Elle a été blessée en séton par un volumineux éclat de ferraille qui lui a déchiré 2
la cuisse.   G. DUHAMEL, Récits des temps de guerre, III, XXVI.

SETTER [setɛʀ ; sɛtɛʀ] n. m. — 1828, *in* Höfler ; mot angl., de *to set* « s'arrêter ».

♦ Chien d'arrêt de taille moyenne, à poils longs et ondulés. *Setter irlandais*, au poil uniformément roux. *Des setters.*

SEUIL [sœj] n. m. — V. 1352 ; *suel, suil, sueil*, xiiᵉ-xiiiᵉ ; *soil*, xiiiᵉ, refait sur des mots en *-euil* ; lat. *solea* « sandale », « plancher » en bas lat.

♦ **1.** (V. 1175, *sueil*). Dalle ou pièce qui forme la partie inférieure de la baie d'une porte (→ Chaumière, cit. 3 ; hospitalité, cit. 3 ; oublier, cit. 1). *Seuil surélevé, formant marche. Seuil de pierre, de bois. Racler* (cit. 2) *ses sabots sur le seuil.* — (Premier emploi).

Entrée (d'une maison, d'une bâtisse); partie du sol qui entoure la porte d'entrée. ⇒ **Pas** (de la porte). *Passer* (cit. 90 et 93), *franchir le seuil,* pour entrer ou sortir (→ Motif, cit. 11; nimber, cit. 3). *Ils vivaient sur leur seuil* (→ Protéger, cit. 8). *Dès le seuil* (→ Genre, cit. 45) : en entrant, dès la porte d'entrée.

1 Vous, dès que cette reine, ivre d'un fol orgueil
De la porte du temple aura passé le seuil (...) RACINE, Athalie, v, 3.

2 Comme j'allais y frapper moi-même, je vis M. de Seipse pousser la porte, sans doute laissée entr'ouverte : il passa le seuil, et je le suivis.
André SUARÈS, Trois hommes, « Pascal », I.

3 En bas surtout, la porte est accueillante. Elle offre un seuil de pierre très usé, où ont frotté bien des semelles, qu'ont adouci des milliers de passages calmes.
H. BOSCO, le Jardin d'Hyacinthe, p. 14.

Par anal. *Le seuil d'une forêt.* ⇒ **Lisière, orée.**

Par métaphore. ⇒ **Entrée.** *Au seuil de la vie* (⇒ **Début; aube, aurore**), *de la mort* (→ Bourreau, cit. 2). *Sur le seuil de l'hiver* (→ Faner, cit. 16). ⇒ **Commencement.** *Au seuil de son discours.* ⇒ **Entrée** (en matière), **liminaire.** — *Impressions qui ne franchissent* (cit. 12) *pas le seuil de la conscience* (→ ci-dessous, 3.). ⇒ **Subliminal.**

4 L'impression d'une circulation aisée, et d'un très léger spasme viscéral, qu'un nerveux ne peut guère éviter quand il atteint le seuil de l'allégresse physique.
J. ROMAINS, les Homme de bonne volonté, t. IV, XX, p. 215.

Par ext. Passage à un niveau supérieur (dans une évolution). *L'apparition de la vie, de la pensée... constituent des seuils* (cf. Teilhard de Chardin, *le Phénomène humain,* p. 80, 189). ⇒ **Pas, passage.**

♦ **2.** (Fin XIVe). Techn. Pièce formant la partie inférieure d'une ouverture et sur laquelle vient s'appliquer l'élément mobile. *Seuil de pont-levis, d'écluse, de vanne, de cale sèche.*

(1907; à cause de l'exhaussement de la plupart des seuils [1.]). Élévation, exhaussement d'un fond fluvial (haut-fond, gué), marin ou glaciaire (verrou). *Seuil rocheux* (→ Fjord, cit. 2). *Le seuil de Naurouze.*

♦ **3.** (1865, *seuil de la conscience,* in *Année sc. et industr.* 1866, p. 332; trad. all. *Schwelle,* Herbart). Physiol., psychol. Niveau d'intensité minimale d'un stimulus*, au-dessous duquel une excitation n'est plus perçue. ⇒ **Limite.** *Au seuil.* ⇒ **Liminaire.** *Seuil absolu* : minimum de stimulation entraînant une sensation. *Seuil différentiel* : intensité la plus basse séparant deux stimuli déterminant deux sensations distinctes. — *Seuil d'audibilité. Seuil de sensation douloureuse* (de l'audition). *Seuil de luminance, de luminescence* (absolu ou différentiel). *Seuil d'excitation; seuil des émotions* (→ Excitabilité, cit. 2). — *Seuil sensoriel.*

♦ **4.** (XXe). [a] Phys. Limite (inférieure ou, très rarement, supérieure) au-delà de laquelle un phénomène physique ne provoque plus un effet donné. *Seuil photo-électrique. Seuil de comptage. Effet de seuil. Seuil d'énergie* : énergie minimale au-dessous de laquelle une particule incidente ne produit plus une réaction (endothermique, nucléaire) donnée. *Amélioration du seuil d'un récepteur radio* : accroissement du rapport signal-bruit.

[b] Biol. *Seuil d'élimination* : concentration au-dessus de laquelle une substance du sang passe dans l'urine. *Seuil d'activité d'une culture microbienne.*

[c] Math. Niveau d'un facteur variable dont le franchissement détermine une brusque variation du phénomène lié à ce facteur. ⇒ **Saut.**

♦ **5.** Limite*. *Le seuil critique du surpeuplement.* ⇒ **Point** (critique). — Écon. *Seuil de rentabilité* : point de la production à partir duquel est couvert l'ensemble des frais.

SEUL, SEULE [sœl] adj. et n. — V. 1175; *sols,* 980; *sol,* v. 1050; lat. *solus.*

★ **I.** Attribut; souvent renforcé. *Tout seul.* ♦ **1.** Qui est sans compagnie*, qui est séparé des autres. ⇒ **Isolé, solitaire; solitude.** — REM. Sauf quand il s'agit d'un isolement matériel dans un espace limité, le mot est plus faible que ses synonymes. *Être seul, tout seul* (→ Méchant, cit. 11; mouvement, cit. 19). — *Elle tricotait, seule dans sa cuisine* (→ Jeu, cit. 83). *Je me croyais seul dans l'église* (cit. 16). *« J'étais seul, l'autre soir, au Théâtre Français »* (→ Presque, cit. 2). — *Seul comme un ermite* (cit. 5), *seul dans sa retraite. Vivre seul* (→ Calfeutrer, cit. 1; non, cit. 56) *dans une maison isolée* (→ 1. Garde, cit. 13). *Sortir* (→ Promener, cit. 11), *marcher, cheminer* (cit. 4) *seul. « Regarde! je viens seul m'asseoir sur cette pierre »* (→ Flot, cit. 2). *Le paysan* (cit. 7) *travaille seul. Coucher seul* (→ Linceul, cit. 3). — *Parler seul, tout seul.* ⇒ **Monologue, soliloque** (→ Diseur, cit. 4; franchir, cit. 17). *Jouer seul,* sans partenaire. ⇒ **Soliste; solo.**

1 Vous bâillez, disait une femme à son mari. — Ma chère amie, lui dit celui-ci, le mari et la femme ne sont qu'un, et, quand je suis seul, je m'ennuie.
CHAMFORT, Caractères et anecdotes, « Ennui d'un mari ».

2 J'ai marché devant tous, triste et seul dans ma gloire.
A. DE VIGNY, Livre mystique, « Moïse ».

2.1 On ne connaissait à Phileas Fogg ni femme ni enfants —, ce qui peut arriver aux gens les plus honnêtes —, ni parents ni amis —, ce qui est plus rare en vérité.

Phileas Fogg vivait seul dans sa maison de Saville-row, où personne ne pénétrait. De son intérieur, jamais il n'était question. Un seul domestique suffisait à le servir.
J. VERNE, le Tour du monde en 80 jours, p. 5.

2.2 Elle était tellement seule, et chez elle, qu'elle faisait le vide en tout ce grand appartement, le vide absolu. Elle l'habitait, l'emplissait, l'animait seule; il y pouvait entrer beaucoup de monde, et tout ce monde pouvait parler, rire, même chanter; elle y serait toujours seule, avec un sourire solitaire, et, seule, elle le rendrait vivant, de son regard de portrait.
MAUPASSANT, Un portrait, Pl., t. II, p. 1054.

3 Elle ne pensait clairement à rien, ne désirait rien que se trouver seule, derrière une porte bien close, à l'abri, seule. BERNANOS, Sous le soleil de Satan, p. 213.

4 Rester seul, délibérément, dans une société où chaque jour davantage votre intérêt évident est de vous agréger, c'est cette forme d'héroïsme que je vous convie ici à saluer. MONTHERLANT, Solstice de juin.

SEUL AVEC... *Être seul avec qqn,* être avec lui et sans autre compagnon ou sans témoin (→ Caramel, cit.; prémunir, cit. 1). *« Il vivait seul avec sa bonne et ses deux valets dans sa ferme »* (→ Madré, cit. 2). — Par métaphore, fig. *Seul avec la nature* (cit. 69), *avec ses pensées* (→ Recours, cit. 4), *avec soi-même* (→ Mouvement, cit. 36). — **SEUL CONTRE...** *Être, se trouver seul contre tous. Se trouver seuls* (à deux ou à plusieurs, sans personne d'autre). → Déclin, cit. 3; monstre, cit. 11. — (Au plur.). *Enfin seuls!,* titre d'un tableau du Salon de 1881, devenu célèbre.

4.1 « Ma petite maman, je dîne ce soir tout seul chez Réveillon », voulant expliquer par là qu'il allait goûter non la fièvre malsaine d'un grand dîner, mais plutôt l'innocente félicité, les agréments vertueux d'une causerie sérieuse avec un bon ami. Mais Mme Santeuil (donnant) à ce même *tout seul* le sens de *sans ses parents, avec des femmes, pour nous préparer à une nuit d'orgie,* sentit la colère qu'elle se réservait de répandre à son heure sur Jean (...)
PROUST, Jean Santeuil, Pl., p. 414.

(Choses). *Cette maison, seule dans la campagne.* — Fig. *Un malheur* n'arrive jamais seul.

5 Triste fleur qui croît seule et n'a pas d'autre émoi
Que son ombre dans l'eau vue avec atonie.
MALLARMÉ, Poésies, « Hérodiade », II.

Loc. **SEUL À SEUL** : en tête à tête, en particulier. *Combat seul à seul.* ⇒ **Singulier.** — REM. Ce tour, traditionnellement considéré comme invariable, s'écrit encore souvent *seul à seul* en parlant d'un masculin et d'un féminin (cf. Molière, Gide, Daniel-Rops, etc., *in* Grevisse), mais les auteurs modernes (depuis Beaumarchais : → 2. Quart, cit. 1) font généralement l'accord de chaque adjectif : *seul à seule* (→ Émouvant, cit. 1, Verlaine; gaver, cit. 5, Larbaud), *seule à seul* (→ ci-dessous, cit. 7, Richepin), *seuls à seuls* (Giraudoux, *in* Grevisse).

6 Pourquoi ne veux-tu pas me dire ce qu'elle t'a confié hier, seule à seul?
A. DE MUSSET, Carmosine, III, 3.

7 Je veux lui répéter, seule à seul, que je l'aime.
Jean RICHEPIN, Par le glaive, III, 8.

8 — Je suis particulièrement heureuse de pouvoir vous parler (...) seul à seule.
GIDE, les Faux-monnayeurs, I, XVIII.

REM. 1. *Seul,* attribut, est parfois détaché en tête de phrase. *Seul, en avant, il marchait* (→ Herse, cit. 2).

2. L'inversion du sujet n'est possible que si *seul* n'est pas réellement attribut (→ ci-dessous REM., *supra* cit. 24).

♦ **2.** Qui n'a pas ou qui a peu de relations avec les autres hommes (→ Indépendant, cit. 9). *« Il n'y a que le méchant qui soit seul »* (→ Appeler, cit. 37). — Spécialt. Qui n'a pas les amitiés, les appuis, les liens familiaux habituels, normaux. ⇒ **Abandonné, esseulé.** *Me voici donc seul sur la terre* (→ Raffinement, cit. 4). *Il restait seul dans la vie* (→ Incohérent, cit. 4). *Se trouver seul au monde* (→ Orphelin, cit. 5). *Laisser qqn seul.* ⇒ **Esseuler.**

9 Britannicus est seul. Quelque ennui qui le presse,
Il ne voit dans son sort que moi qui s'intéresse (...) RACINE, Britannicus, II, 3.

10 Il n'y a d'amis, d'épouses, de pères et de frères que dans la patrie. L'exilé partout est seul. F. DE LAMENNAIS, Paroles d'un croyant, XLI (1834).

11 Égoïste par force, dit Toussaint. Seul. Seul dans le temps, seul sur la terre. Mourir demain sans laisser de vide en personne. J. GIONO, le Chant du monde, II, II.

Psychol., philos. Qui n'a pas de relations, de communication réelle avec un autre être (→ Coudoiement, cit. 2). *L'homme est seul* (→ Individuel, cit. 7). *Se sentir seul. Être seul à deux* (→ Monologuer, cit. 2). — REM. Dans ce sens, *seul* peut être modifié par un adverbe de comparaison : *il est un peu seul, très seul, moins seul.*

12 Rester seul avec sa responsabilité; être seul en face du destin.
MARTIN DU GARD, les Thibault, t. IV, p. 177.

13 J'étais seul. Hors de moi, en moi, j'étais seul. Et seul j'avais toujours été. Seul, ce soir, j'allais être. Et demain, seul; et ensuite, toute la vie. Devant la mort, dans la mort même, s'il devait y rester quelque sentiment de mon être, j'éprouverais cette amertume, de n'avoir rien ni personne qui pût, même pour mon épouvante, pénétrer ma solitude (...) H. BOSCO, Un rameau de la nuit, p. 217.

14 — Où sont les hommes? reprit enfin le petit prince. On est un peu seul dans le désert (...) SAINT-EXUPÉRY, le Petit Prince, XVII.

♦ **3.** (Avec *de* ou *dans,* et un complément). Unique. *Il croit qu'il est seul de son espèce* (→ Naïveté, cit. 6). *Seul dans son genre* : sans égal*. ⇒ aussi **Singulier.**

15 Le luxe suprême, pour une femme de chez moi, c'est de porter un chapeau qui soit seul de son modèle dans toute la ville de Paris.
G. DUHAMEL, Scènes de la vie future, XV.

★ **II.** Épithète. ♦ **1.** (Placé après le nom). Qui n'est pas avec d'autres semblables, qui est « seul de sa substance » (Damourette et Pichon). *Un homme seul* (→ Compagnie, cit. 5). *La France seule,* sans alliés. — Loc. (Ancient). *Compartiment pour dames seules,* non accompagnées par des messieurs. — *Une phrase* (cit. 9) *seule occupait toute une veille. L'autorité* (cit. 10) *seule ne fait jamais bien.* — REM. Dans ces exemples, *seul* a la valeur forte de « à lui, à elle seule » (→ ci-dessous, 2., REM.).

(Danse). *Les pas de deux et les pas* (1. Pas, cit. 42) *seuls.* — *Cavalier seul.* ⇒ **Cavalier** (cit. 9). — Mus. *Voix seule*, qui se fait entendre seule. ⇒ **Solo.**

♦ **2.** (Placé avant le nom, entre l'article ou un « présentatif » et le nom). Qui est unique, « seul de son espèce » (Damourette et Pichon). ⇒ **Un, unique ; mono-, uni-** (→ Aimer, cit. 36).

UN SEUL, UNE SEULE... *« Un seul être vous manque et tout est dépeuplé »* (cit. 11). *Nous ne voyons jamais qu'un seul côté* (cit. 15) *des choses. Relatif à une seule personne ou catégorie.* ⇒ **Exclusif, singulier ; individuel.** — *Une seule fois* (→ Ouverture, cit. 9). *Maison à un seul étage* (→ Logement, cit. 6). — Loc. *Comme un seul homme* (→ Armée, cit. 2 ; et aussi humanité, cit. 10). — *D'une seule pièce* (cit. 33). — *D'un seul coup* (cit. 71), et, fam., *d'un seul coup d'un seul.* — *Un seul et même**, marque l'identité (→ Bout, cit. 15 ; dureté, cit. 5 ; inconstant, cit. 2). — *Ensemble à un seul élément.* ⇒ **Singleton.** — (Renforçant une négation). *Pas un seul petit morceau* (cit. 1)... *Ne... pas, ne... plus un seul.* ⇒ 2. **Pas.** *Je vous prie de ne pas dire un seul gros mot* (→ Blesser, cit. 22). — *Ne... qu'un seul* (condamné par les puristes comme pléonastique). — Cf. aussi avec *seul* épithète. *« Il n'y a pas que l'amour seul qui donne de la jalousie »* (Musset, *les Confessions d'un enfant du siècle*, IV, 1). — Vx. *N'avoir pas pour un seul ennemi*, en avoir plus d'un. Cf. N'avoir pas (2. Pas, cit. 20) qu'un ennemi (que Littré qualifie de « locution barbare »). — REM. Jusqu'au XVIIe siècle, *seul*, dans cette acception, pouvait parfois se placer après le nom. *« Tout le royaume pleure la mort de son défenseur, et la perte d'un homme seule est une calamité publique »* (Fléchier, *Oraison funèbre de Turenne*).

16 *Notre style est très bon, et je serais un sot,
    Madame, de vouloir y changer un seul mot.*
                                        MOLIÈRE, *les Femmes savantes*, V, 3.

17 *Il aurait pu prononcer un mot, un seul. Il n'a pas prononcé ce mot, je ne lui en fais pas grief.*
                                        G. DUHAMEL, *Salavin*, I, I.

LE SEUL, LA SEULE... *Un chien est la seule garde du Prince* (→ Cerbère, cit. 1). *À la seule idée de...* (→ Fatal, cit. 8), *à la seule pensée* (→ Monter, cit. 18). — *Le seul bien désirable* (→ Déposséder, cit. 3). *Les seules bonnes années de ma vie* (→ Impérissable, cit. 2). *« À ta façon* (cit. 37), *la seule bonne ».*

(Avec une forme verbale). *Entrée réservée aux seuls adhérents, aux adhérents seulement**, exclusivement. ⇒ **Privilège.** *« Aux seuls enfants d'Aaron* (Dieu) *commit ses sacrifices »* (→ Office, cit. 1).

(Sans l'article). *Il était seul juge* (→ Relever, cit. 24). *Il deviendrait seul et unique propriétaire* (→ Libérer, cit. 5). *L'illusion* (cit. 33) *seul vrai bien des hommes.*

(Avec un possessif). *Sa seule joie* (cit. 18) *sur la terre. Mon seul luxe* (cit. 10), *ma seule excuse* (cit. 5). — (Démonstratif). *Avec cette seule différence que...* ⇒ **Simple.**

REM. *Le seul...* (comme *le premier**, *le dernier...*) doit à sa valeur de superlatif d'entraîner dans la relative l'emploi du subjonctif. *C'est la seule consolation que l'on puisse attendre* (→ Abreuver, cit. 5). *Le seul portrait* (cit. 3) *gravé que j'aie vu d'elle. Le seul bruit qu'on entendît* (→ Frémissement, cit. 5 ; et aussi Générosité, cit. 8 ; géranium, cit. 3 ; lumière, cit. 9). On met parfois l'indicatif si l'on veut insister sur le caractère de certitude, de réalité de l'idée verbale. *« Les Français furent les seuls qui réussirent dans ce genre d'éloquence »* (Voltaire, *le Siècle de Louis XIV*, XXXII).

18 *La mort est le seul dieu que j'osais implorer.*
                                        RACINE, *Phèdre*, IV, 6.

19 (...) *pour moi, je ne puis vous pardonner rien : je suis le seul qui vous connais et qui vous aime assez pour vous avertir de toutes vos fautes.*
                                        FÉNELON, *Télémaque*, IV.

20 (...) *le souvenir d'un rêve, le plus doux, le seul que j'aie fait, le seul que je ferai sur la terre.*
                                        A. DE MUSSET, *Carmosine*, I, 8.

21 (...) *le seul d'entre nous pour qui la venue de Swann devint l'objet d'une préoccupation douloureuse, ce fut moi.*
                                        PROUST, *Du côté de chez Swann*, Pl., t. I, p. 23.

LE SEUL, UN SEUL... (avec à et l'infinitif).

22 (...) *Sommes-nous le seul jeune ménage à élever un chat, un chien ?*
                                        COLETTE, *la Chatte*, p. 164.

23 (...) *cet homme supérieur* (...) *dont j'étais seul à connaître les exceptionnels mérites.*
                                        G. DUHAMEL, *la Pierre d'Horeb*, XII.

REM. Cette construction se rencontre aussi avec *seul* attribut.

★ **III.** Avec une construction apparente d'attribut (ou d'épithète) mais avec une valeur adverbiale. ♦ **1.** « En fonction d'apposition *(pour marquer)* que l'idée verbale s'applique exclusivement au mot auquel il se rapporte » (G. et R. Le Bidois, *Syntaxe du français moderne*, § 951). **a** (En tête de phrase). *« Seuls dans leurs doctes vers ils pourront vous apprendre... »* (cit. 39). *Seuls, une révolution, un chambardement* (cit. 1) *général peuvent...* (→ aussi Féconder, cit. 7). *Seul de tous les animaux, l'homme sait...* (→ Récipient, cit. 2). — REM. Dans cet emploi, *seul* peut entraîner l'inversion du sujet.

24 *« Seuls doivent compter les faits positifs »* (P. HAZARD) ... Dans ces phrases *(avec inversion du sujet)*, l'adjectif *seul*, tout en se rapportant grammaticalement au sujet postposé avec lequel il s'accorde en genre et en nombre, prend en réalité la valeur d'un adverbe. Il marque que l'action verbale est faite exclusivement par

---

le nom sujet, et équivaut donc à l'adverbe *seulement*, ou à la locution restrictive *ne... que* (...)
Que *seul*, dans ce genre de tour, n'est pas attribut, c'est ce que montrent les phrases où le verbe est une copule suivie elle-même d'un attribut authentique : « Quelquefois *seul était rose* dans sa figure blanche, le bout de son nez... » (PROUST, V, 249) ; (...) *seul* est *(ici)* une apposition au sujet.
                            R. LE BIDOIS, l'Inversion du sujet, p. 189.

b (Après le nom). *Le résultat seul décide si...* (→ Calculer, cit. 6). *C'est du mystère* (cit. 9) *seul qu'on a peur. « Le vrai seul est aimable »* (cit. 8). → aussi Art, cit. 51 ; oublier, cit. 7. *Dieu seul est grand, mes frères* (cit. 20). — (Après un pronom). *Celui... à qui seul appartient* (cit. 20) *la gloire... Lui* (cit. 22) *seul est Dieu. Moi* (cit. 48) *seul connaissais...* — (Après un verbe). *Le désir qui fait seul le charme de la vie* (→ Illusion, cit. 33). *« On dirait qu'ils ont seuls l'oreille d'Apollon »* (→ Audace, cit. 27). *L'égoïsme et la haine ont seuls une patrie* (cit. 11).

25 *Ce ne sont pas mes premiers souvenirs que je prétends écrire ici, mais ceux-là seuls qui se rapportent à cette histoire.*   GIDE, la Porte étroite, I.

26 *Pas un bruit. Des mouches seules grésillaient.*
                                        SAINT-EXUPÉRY, Courrier Sud, III, IV.

c (Avant le nom). Littér. *Les seuls chrétiens ont été astreints* (cit. 2) *à...* — REM. On dirait aujourd'hui : *seuls, les chrétiens*, ou *les chrétiens seuls.*

♦ **2.** Sans aide. *Faire une chose seul, tout seul* (→ Gant, cit. 15 ; mesure, cit. 31). — Fam. *Tout seul comme un grand* (→ Coltiner (cit. 1) *un paquet tout seul. « J'ai lu, j'ai vu, je pense et j'écris seul »* (→ Exempt, cit. 9). *Débrouillez-vous tout seul*, par vos propres moyens**.

(1880). Sports (hippisme). *Gagner tout seul*, sans avoir à lutter. — (1886). *Il a gagné tout seul l'étape* (en cyclisme). — (Avec un sujet n. de chose). *Aucune récolte ne lève* (1. Lever, cit. 25) *toute seule. Le feu ne prend pas tout seul* (→ Pin, cit. 2), il y faut une intervention humaine. — Par ext. *Cela va, cela ira tout seul*, facilement, sans difficulté. ⇒ **Facile.**

27 *Ne pas monter bien haut, peut-être, mais tout seul !*
                                Edmond ROSTAND, Cyrano de Bergerac, II, 8.

(Renforçant un pronom personnel). *À lui seul, tout seul* (→ Caqueter, cit. 2). *Il ne doit sa réussite qu'à lui seul* (→ Fils* de ses œuvres). ⇒ aussi **Moi** (cit. 49 et 50). — Fam. (Avec un pronominal). *Il s'est invité* (cit. 6) *tout seul :* personne ne l'a invité.

28 (...) *certaines âmes à elles seules valent un peuple* (...)
                    R. ROLLAND, Jean-Christophe, La révolte, III, p. 549.

29 *Eux seuls m'avaient empêché de recevoir le dernier adieu d'Isa* (...)
                                F. MAURIAC, le Nœud de vipères, II, XVII.

30 *Que pouvait-il faire à lui seul ? Que pouvaient-ils faire à deux ou à trois dans les décombres de leur tranchée ?*
                    J. ROMAINS, les Hommes de bonne volonté, t. XVI, VII, p. 56.

♦ **3.** (Renforçant une loc. causale ou finale). *Du seul fait* (cit. 22) *que..., de... Pour la seule raison* (cit. 60) *que...* ⇒ **Simple.** *De cela seul* (→ Dieu, cit. 11), *par cela seul* (→ Interroger, cit. 8 ; montrer, cit. 38 ; plaire, cit. 4). — *À seule fin* (altér. de *à celle fin*). ⇒ 1. **Fin** (cit. 36). — Par pléonasme. *À cette seule fin.* — *Dans la seule vue de...* (→ Prédire, cit. 3). *Dans le seul but. Pour cela seul que...*

31 *Je m'astreins pourtant à ce petit effort quotidien à seule fin de ne point laisser se rouiller ma plume.*   GIDE, Journal, 14 mai 1940.

★ **IV.** N. *Un seul, une seule :* une seule personne (→ ci-dessus, II., 2.). *Le despotisme* (cit. 2) *d'un seul. La folie* (cit. 19) *est le rêve d'un seul. Un seul de..., d'entre eux* (→ Haut, cit. 12 ; et aussi 1. palette, cit. 3). *Une seule entre les maisons royales* (→ Fixité, cit. 5). — *Vous n'êtes pas le seul ! :* il y en a bien d'autres dans votre cas. *Le seul à faire, qui puisse faire qqch. J'étais le seul avec une blouse* (→ Frapper, cit. 43).

32 *En ce temps de suffrage universel, de conduite des affaires et de gouvernement du pays par tous les citoyens, jamais, jamais, la volonté d'un seul, qu'il soit Favre ou Thiers, n'aura disposé plus despotiquement des destinées de la France, avec une ignorance plus entière de tous ses citoyens, sur tout ce qui se passe, sur tout ce qui se fait en leur nom.*
                    Ed. et J. DE GONCOURT, Journal, 27 févr. 1871, t. IV, p. 174.

CONTR. Chœur (en), **combiné, deux, différent, plusieurs...** — **Ensemble.**
DÉR. Seulabre, seulement, seulet.
COMP. Esseulé.

SEULABRE [sœlabʀ] adj. — 1926, Bourdet, *Fric-frac* ; de *seul*, et suff. argotique *-abre*.

♦ Argot. Seul.

Un jeunot est assis sur l'aile de ta voiture. Il discute avec des copains (...) *des frimes pas rassurantes. Là aussi, tu voudrais être flic, mais seulabre, tu préfères t'écraser.*   Martin ROLLAND, la Rouquine, p. 258.

SEULEMENT [sœlmã] adv. — XIIe ; de *seul*.

♦ **1.** Sans rien d'autre ; en excluant ce qui n'est pas mentionné, en restreignant à... (→ Pas davantage**, pas plus, rien de plus**, en tout** et pour tout, pour tout potage**). ⇒ **Rien** (que...). *« Et trois ou quatre seulement... »* (→ Éternellement, cit. 3). *Quelques... seulement ; quelques-uns, quelques jours seulement* (→ Période, cit. 1 ;

avantageux, cit. 9; logement, cit. 6; luxe, cit. 3; moitié, cit. 12).
«Non pas tous les imposés, mais ceux-là seulement qui...»
(→ Imposer, cit. 51). — *«Il lira seulement l'histoire de ma vie»*
(→ Dépit, cit. 6). ⇒ **Exclusivement, uniquement.** *Ce sont seulement
des noms* (cit. 39). *Je sais seulement que...* (→ Néant, cit. 5; et
aussi mérite, cit. 1; méthode, cit. 1). — *L'usage seulement fait
la possession»* (→ Avare, cit. 13). ⇒ **Seul.** — *Des phrases seulement devinées.* ⇒ **Simplement** (→ Malentendu, cit. 6).

1   (...) c'est une maison de famille et qu'il a héritée de son père; mais (...) il veut
    s'en défaire, seulement parce qu'elle est trop petite (...)
                                    LA BRUYÈRE, les Caractères de Théophraste, « De l'ostentation ».

2   Mon amour c'est seulement ton bonheur
    Et ton bonheur c'est seulement ma volonté
                                    APOLLINAIRE, Ombre de mon amour, p. 20.

PAS SEULEMENT : en ne se limitant pas à la chose mentionnée.
L'homme ne vit pas seulement de pain (cit. 12). → En tout* et pour
tout. *Pas seulement... mais* (→ Bête, cit. 3; expliquer, cit. 8), *plus
seulement... mais* (→ Fureur, cit. 9). *Non pas seulement..., mais*
(cit. 24). — **NON SEULEMENT.** ⇒ **Non** (cit. 41 à 45).

REM. *Ne... seulement que...* est généralement considéré comme un
pléonasme; cependant ce tour est parfois nécessaire à la clarté de
l'expression. («*Déjà, elle ne faisait plus seulement que de se résigner»* : il y avait en elle un autre sentiment que la résignation (Martin
du Gard, *les Thibault*, III, 2, *in* Grevisse). «*C'est merveille Qu'il n'ait eu
seulement que la peur pour tout mal»* (cit. 2, La Fontaine), phrase qui
présente un double pléonasme (avec *tout*).

Vx. *Tant seulement.* ⇒ **Tant.**

♦ **2.** (Modifiant un terme temporel). Pas avant (tel moment). *Il
s'avisa* (cit. 33) *seulement après coup :* il ne s'avisa qu'après
coup. ⇒ **Ne** (... que). *Seulement quand...* (→ Bourrer, cit. 1), *seulement vers dix heures* (→ Inhumer, cit. 2). *Ce jour-là seulement*
(→ Naturalisme, cit. 2). *Alors seulement...* (→ Fléchir, cit. 18). —
Il vient seulement d'arriver : il arrive à l'instant, il ne fait* *
que d'arriver.*

Régional. **PAS SEULEMENT** (employé après un verbe central) : même
pas.

2.1 C'était le bruit des voix, le bruit des chaises (...) Ma femme avait beau taper dans
    la cloison, ils ne l'entendaient pas seulement.   M. AYMÉ, Travelingue, p. 254.

♦ **3.** (En phrase négative ou interrogative). *Ne... seulement pas :* ne...
pas même* (*supra* cit. 21). → Négliger, cit. 7, Laclos. — *Sans...
seulement :* sans même* (→ Dénouer, cit. 11).

REM. 1. De nos jours, ce tour est plutôt populaire (→ Plumer, cit. 7).
2. La construction *ne... pas seulement,* dans ce sens, est amphibolo-
gique (→ Cabotinage, cit. 1 ; platement, cit. 1, Stendhal).

3   — (...) on arrive, et puis on refout le camp, sans avoir seulement le temps d'ava-
    ler sa soupe!   ZOLA, la Débâcle, I, II.

4   — (...) on a vu ce matin ramasser (...) le portefeuille (...) — Parole d'honneur, je
    n'en ai seulement point eu connaissance.
                                    MAUPASSANT, Miss Harriet, « La ficelle ».

5   À son âge, est-ce qu'on connaît seulement ses désirs?
                                    GIDE, la Symphonie pastorale, I, 10 mars.

6   (...) M. de Coëtquidan ne savait seulement pas comment on charge un fusil (...)
                                    MONTHERLANT, les Célibataires, I, I.

♦ **4.** Loc. de souhait. **SI SEULEMENT :** si encore*, si au moins* (II.,
2). *Si seulement je pouvais dormir* (→ Pression, cit. 2; et aussi
entrain, cit. 3 ; fluxion, cit. 3). — Dans le même sens. *Que je trouve
seulement M. Lalique, tu verras que...* (→ Pétrin, cit. 2).

7   Si seulement!... ainsi commencent les récriminations les plus vaines. Il faut
    prendre son parti de ses maux.   GIDE, Journal, 19 nov. 1929.

♦ **5.** Vx ou régional (Belgique, Suisse...). *Seulement* (placé après un
verbe à l'impératif, et servant à atténuer la valeur impérative de
la phrase). *Écoutez seulement* (cf. Écoutez un peu). *Venez seulement.*

8   — (...) ouvre-moi seulement, et je te le dirai après.
                                    MOLIÈRE, la Jalousie du barbouillé, 11.

9   (...) l'air est aussi beau qu'il s'en puisse faire. Écoutez seulement.
                                    MOLIÈRE, le Bourgeois gentilhomme, I, 2.

10 — Allez-y seulement, Barthélemy; ça vous soulagera. Depuis le temps que vous
    remâchez votre histoire.   C.-F. RAMUZ, la Grande Peur..., V.

♦ **6.** (1694; en tête de proposition). Sert à introduire une restriction,
une atténuation (en soulignant l'existence d'une *seule* chose à ajouter,
à préciser). ⇒ **Mais; cependant, néanmoins, toutefois.** *N'allez pas
croire que Tartarin eut peur. Non! seulement il se gardait* (cit. 78;
→ aussi Malheureux, cit. 14; midi, cit. 4, Chateaubriand; moi,
cit. 10; poudre, cit. 18). *Je vous aiderais bien; seulement je n'ai
pas d'argent.* ⇒ **Malheureusement.**

11 Leurs temples sont trois fois hauts comme le tien (...) seulement ils ne sont pas
    solides (...)   RENAN, Souvenirs d'enfance..., II, Œ. compl., t. II, p. 755.

SEULET, ETTE [sœlɛ, ɛt] adj. — V. 1228; *solet*, v. 1160; de *seul*,
et suff. *-et, -ette* (cit. Ronsard).

♦ Vx (archaïsme) ou plaisant. Tout seul (s'emploie surtout au fém.).
«Seulette suis, et seulette veux être», début d'une ballade de
Christine de Pisan.

(...) il est question encore d'un bois mystérieux où l'on va *seulette,* et où l'on ren-   1
contre le *roi,* la *reine,* le *diable* et *l'amour* (..)
                                    G. SAND, Histoire de ma vie, XI.

(...) Aubin rôdait dans le jardin, seulet, ou venait entrouvrir ma porte (...)   2
                                    Hervé BAZIN, Cri de la chouette, p. 144.

SÈVE [sɛv] n. f. — XIIIᵉ; du lat. *sapa* «vin cuit et réduit» et proba-
blt «sève».

♦ **1.** Liquide nutritif tiré du sol par les poils absorbants des racines ou élaboré dans les feuilles et qui circule dans les plantes vasculaires*. *Sève ascendante ou brute; descendante ou élaborée, plus
épaisse* (→ Coaguler, cit. 2). *Sève en travail; montée de la sève
au printemps* (→ Ramée, cit. 3; et aussi arbre, cit. 33). *Arbre
en pleine sève,* après la montée de la sève du printemps. *Écoulement accidentel de sève.* ⇒ **Pleur.** *Arrêt de la sève descendante.*
⇒ **Baguage** (cit. 1); **broussin.** *Odeur de sève* (→ Croupir, cit. 8).
Bois coupé qui a encore de la sève (→ Bois* vert).

(...) les plantes supérieures se montrent en possession d'un double appareil de nutri-   1
tion : les racines puisent dans le sol des aliments essentiellement formés d'eau et de
sels minéraux; par la fonction chlorophyllienne, les feuilles prennent dans l'air
du gaz carbonique. Entre les racines et les feuilles, par l'intermédiaire de la tige,
un double appareil circulatoire irrigue l'organisme : un appareil ascendant, appareil ligneux, composé de vaisseaux dans lesquels circule la sève ascendante, dite
encore « sève brute », faite surtout de la solution saline que les racines ont absorbée,
et un appareil descendant, appareil libérien, comprenant des tubes libériens, où
circule la sève descendante, ou sève élaborée; elle contient de l'eau et des sels
minéraux, mais aussi des substances organiques qui résultent de la fonction chlorophyllienne, et en particulier des glucides, des acides organiques, des protides, etc.
La sève brute était très fluide et très riche en eau, la sève élaborée est plus visqueuse et moins aqueuse; dans les feuilles, où s'est faite la transformation de la
première en la seconde, le torrent circulatoire a subi une perte d'eau très sensible,
du fait de la transpiration. Sur leur trajet, les deux systèmes circulatoires répandent dans tout le végétal les substances qu'ils véhiculent, et qui servent de nourriture aux diverses cellules qui le constituent.
                                    F. MOREAU, *in* Encycl. Pl., Botanique, Introd., p. 13.

(...) les troncs eux-mêmes, meurtris, perdaient leur sève par les trous de l'écorce.   2
                                    ZOLA, la Terre, II, II.

J'ai reçu du Midi un petit fagot de « tailles » d'amandier, sacrifiées annuellement   3
à la montée de la sève.   COLETTE, Belles saisons, p. 7.

♦ **2.** (1697, Bossuet). Fig. Principe vital. *Une sève généreuse, le sang
des Bonaparte* (→ Rejeton, cit. 3). ⇒ **Activité, énergie, force, puissance, vie, vigueur, vitalité.** *La sève intellectuelle de la société*
(→ Pomper, cit. 5). *Débordant de sève* (→ aussi Approcher, cit. 42;
regorgeant, cit.).

Toutes les fois que, de nos jours, on a pu faire entrer dans la régularité française   4
un peu de sève étrangère, les Français y ont applaudi avec transport.
                                    Mᵐᵉ DE STAËL, De l'Allemagne, II, I.

Autrefois, j'agitais rameaux, feuilles et fleurs dans le vent et je recevais ainsi les   5
messages du vaste monde. Une sève généreuse, montée des profondeurs, me tourmentait toute l'année, comme un perpétuel printemps.
                                    G. DUHAMEL, Inventaire de l'abîme, II.

Est-ce que ça vaut la peine? Crois-tu que j'aie du talent? Mais oui, mon cher   6
trésor... tu es le plus fort, le plus intelligent... Tirant ainsi sa sève... Pompant sa
vie... «Oui, vous vous connaissez aussi bien que moi. Vous savez comme il a besoin
d'être rassuré, soutenu...»   N. SARRAUTE, le Planétarium, p. 143.'

♦ **3.** (1538). Techn. Qualité d'un vin qui a de l'arôme et du bouquet.
Un vin qui a de la sève.
DÉR. Séveux.

SÉVÈRE [sevɛʀ] adj. — Fin XIIᵉ, *sever,* rare av. XVIᵉ; lat. *severus.*

★ **I. ♦ 1.** (Personnes). Après le nom, en épithète. Qui ne permet pas,
ou n'admet pas qu'on manque à la règle; prompt à punir ou à blâmer. *Juge* (→ Dieu, cit. 33), *père, tuteur* (→ Argus, cit. 3), *duègne*
(→ Éternel, cit. 40) *sévère. Maître trop sévère* (→ Foudroyer,
cit. 13). ⇒ **Autoritaire, dur, rude.** *Très sévère.* ⇒ **Impitoyable, implacable, inexorable;** fam. **vache.** *Il est sévère, il ne badine, ne plaisante, ne rigole pas; il n'entend pas la plaisanterie. Moraliste*
(cit. 1) *sévère. Sévère et puritain* (cit. 2). ⇒ **Grave, rigoriste.** *Critique* (2. Critique, cit. 25), *censeur, auditeur sévère* (→ Champi,
cit.). *Sévère mais juste. Puriste trop sévère.* ⇒ **Intransigeant**
(→ Purisme, cit. 2). *Être sévère à qqn* (vx). — *Sévère pour qqn*
(→ Exiger, cit. 12; lyre, cit. 8). *Sévère pour les fautes de qqn*
(→ Malfaçon, cit.), *sur le chapitre de... Sévère à l'égard de qqn,
envers qqn. Ils devenaient sévères pour la qualité du travail.* ⇒ **Difficile, exigeant, strict.**

(...) elle avait une très haute valeur morale; mais elle était sévère pour les   1
autres; elle n'admettait aucune faute, ni presque aucun travers; elle passait
pour froide et dédaigneuse.   R. ROLLAND, Jean-Christophe, Antoinette, p. 833.

Vx. *Femme sévère,* qui ne permet pas qu'on lui fasse la cour.

♦ **2.** (1499). Par métonymie. Qui exprime l'intention de punir, de blâmer. *Ton, voix sévère* (→ Cas, cit. 18; commotion, cit. 4). *Regard
sévère* (→ Indulgent, cit. 11).

Par ext. Qui impose par la gravité, le sérieux. ⇒ **Grave.** *Prendre un
air sévère* (→ Imprimer, cit. 11). *Visage sévère* (→ Ardent, cit. 26;
hérisser, cit. 37). *Front sévère.* ⇒ **Sourcilleux.** *Il était sévère, calme,
réservé* (→ Humeur, cit. 58). *Homme roide* (cit. 5) *et sévère.*
⇒ **Austère, froid, rabat-joie.**

(...) adossés au mur, tous pâles, graves, sévères, presque sinistres, les soixante-dix   2
proscrits de Jersey.   HUGO, Choses vues, I, 1853.

3   (...) l'aspect un peu sévère de la femme, le sérieux de sa physionomie, le milieu de gravité mélancolique, dans lequel elle se tenait, quand j'étais encore un tout petit enfant, m'imposaient une certaine intimation auprès d'elle, et comme une petite peur de sa personne, pas assez vivante, pas assez humaine.
Ed. et J. DE GONCOURT, Journal, 30 août 1892, t. IX, p. 53.

♦ **3.** (Choses). Qui punit durement. ⇒ **Dur.** *Verdict, condamnation sévère.* ⇒ **Salé.** *Ordre sévère* (→ Envoyer, cit. 8). *Loi trop sévère* (→ Assembler, cit. 19 ; équité, cit. 7). ⇒ **Draconien.** — *Qui blâme, qui critique sans indulgence. Un jugement, une critique, un goût* (cit. 16) *sévère. Mot sévère* (→ Affameur, cit.). ⇒ **Aigre, amer, âpre, cinglant.**

4   Quand Lope de Vega même et Calderon donnaient des nouveautés, ils trouvaient des juges sévères dans leurs admirateurs (...)   A.-R. LESAGE, Gil Blas, X, v.

Fam. Difficile à supporter. *C'est un peu sévère.* — (1830, *in* D. D. L.). *En voilà une sévère !* ⇒ **Raide.**

4.1   Ah ! ciel ! qui avait pu s'attendre ? (...) Ah ! ben ! ah ! voilà d'une sévère !
Henri MONNIER, Scènes populaires, I, « La victime du corridor », p. 305 (1835).

5   — En voilà une sévère, dit Pierrotin. Ah ! ça, messieurs, aucun de vous n'est donc venu par ici ?   BALZAC, Un début dans la vie, Pl., t. I, p. 672.

♦ **4.** (1788). Qui se caractérise ou frappe par l'absence d'ornement, n'a rien pour charmer, pour séduire dès l'abord. ⇒ **Austère.** *La beauté sévère de Junon* (→ Proposition, cit. 2). *Élégance* (cit. 7) *un peu sèche et sévère.* ⇒ **Triste.** *Le dorique* (cit. 2) *est simple, imposant, sévère. Dessin sévère.* ⇒ **Dépouillé** (→ Chaîne, cit. 26). *Sujet sévère.* ⇒ **Aride** (→ Longueur, cit. 10). — N. *Passer du grave au doux* (cit. 39), *du plaisant au sévère.*

Arts. Se dit du style de céramique grecque qui succède au style archaïque (520-460 av. J.-C.).

♦ **5.** Qui contraint avec force, rigueur. ⇒ **Rigoureux, strict.** *Morale* (→ Astreignant, cit.), *police* (cit. 5), *éducation* (cit. 8) *sévère. Instructions* (cit. 10), *mesures sévères* (→ Contentieux, cit. 1). *Régime* (cit. 5), *jeûne sévère* (→ Jamais, cit. 34). *Sévère économie* (→ 2. Avoir, cit. 1). *Tenir une comptabilité sévère* (→ Ordre, cit. 20). ⇒ **Exact.**

6   Mais tel était l'enchevêtrement des contreforts, que Cyrus Smith dut procéder à leur exploration avec une sévère méthode.
J. VERNE, l'Île mystérieuse, t. II, p. 757 (1874).

★ **II.** (1914 ; angl. *severe*). Emploi critiqué. *Très grave*, très difficile*. Pertes sévères dans un engagement militaire. Sévère défaite. Lutte sévère.* ⇒ **Chaud** (→ Mener, cit. 28). *Obstacles sévères* (→ Hippique, cit.).

CONTR. Accommodant, bonasse, clément, complaisant, compréhensif, coulant, doux, indulgent, large. — Affectueux, enjoué, facétieux, tendre. — Agréable, attendrissant, badin, charmant, gracieux, orné, plaisant. — Relâché, indulgent. — Léger.
DÉR. Sévèrement.

SÉVÈREMENT [sevɛrmɑ̃] adv. — 1539 ; de *sévère.*

♦ **1.** D'une manière sévère, avec sévérité. ⇒ **Âprement, durement, rigoureusement.** *Punir sévèrement* (→ Esclave, cit. 15 ; exemple, cit. 2). *Être jugé sévèrement :* être blâmé (→ Estime, cit. 13). *Traiter* sévèrement qqn. Sévèrement élevé par son oncle* (→ Matrone, cit. 2) ; *sévèrement rappelé à l'ordre* (cit. 32).

1   Tel nous juge ici sévèrement, qui, peut-être, en sa vie a perdu dix infortunées !
BEAUMARCHAIS, le Mariage de Figaro, III, 16.

2   (...) plus sévèrement pieuse que jamais, presque une sainte, si on pouvait être une sainte sans miséricorde.   BARBEY D'AUREVILLY, Une histoire sans nom, XI.

3   Quant à Ayrton et à Pencroff, ils poussèrent à l'eau la pirogue et se disposèrent à traverser le canal pour occuper séparément deux postes sur l'îlot. De cette façon, des coups de feu, éclatant sur quatre points différents, donneraient à penser aux convicts que l'île était à la fois suffisamment peuplée et sévèrement défendue.
J. VERNE, l'Île mystérieuse, t. II, p. 626 (1874).

♦ **2.** (De *sévère*, I., 2.). *Regarder sévèrement* (→ Figurer, cit. 7). Avec gravité (→ Lascivement, cit. 1).

♦ **3.** (De *sévère*, II.). ⇒ **Gravement, sérieusement.** *Malades sévèrement atteints* (→ Lépreux, cit. 2).

CONTR. Légèrement.

SÉVÉRITÉ [severite] n. f. — XVIe ; *severiteit,* fin XIIe ; lat. *severitas,* de *severus.* → Sévère.

★ **I. A.** ♦ **1.** Caractère ou comportement d'une personne sévère (I., 1.). *La sévérité d'un professeur* (→ Fort, cit. 9), *d'un chef* (→ Armature, cit. 3). *La sévérité produit l'obéissance* (cit. 2). *Élever un enfant avec sévérité. Avoir de la sévérité pour qqn, qqch.* (→ Émigration, cit. 5). *Sévérité envers soi-même* (→ Essentiel, cit. 5). *Juger* (→ Profiteur, cit. 3), *se juger avec sévérité* (→ Infériorité, cit. 2). *Grande sévérité.* ⇒ **Dureté.**

1   Peut-être ne haïssons-nous pas la sévérité quand elle est justifiée par un grand caractère, par des mœurs pures, et qu'elle est adroitement entremêlée de bonté.
BALZAC, la Peau de chagrin, Pl., t. IX, p. 75.

2   L'une d'elles *(les pensées de Talleyrand)* livre bien son état d'âme parfaitement équilibré : *Quand on a trop de sévérité ou trop d'indulgence, on s'expose à traiter les faiblesses comme des crimes et les crimes comme des faiblesses.*
Louis MADELIN, Talleyrand, V, XXXIX.

Vx. *Sévérité d'une femme* (→ Fard, cit. 4 ; 1. ombre, cit. 49).

♦ **2.** (1530). Caractère sévère (I., 2.). *Sévérité du regard* (→ Misanthropie, cit. 1). ⇒ **Gravité ; sérieux.** *Sévérité du caractère* (→ aussi Dispersion, cit. 4). *La profonde joie* (cit. 9) *a plus de sévérité que de gaieté.*

♦ **3.** (Choses). Caractère sévère (I., 3.) ; importance, gravité (d'une punition). *La sévérité d'un châtiment, d'une peine.*

♦ **4.** (Av. 1690). Absence de séduction, d'ornement. *Sévérité d'une tenue sombre. Sévérité d'un style* (⇒ **Froideur**) ; *d'un sujet* (⇒ **Aridité**).

♦ **5.** Caractère sévère (I., 5.) ; rigueur (d'une contrainte). *Sévérité de l'éducation, des mœurs.* ⇒ **Austérité, rigidité, rigorisme** (→ aussi Honneur, cit. 27). *Sévérité de la défense.* ⇒ **Âpreté** (→ Augmenter, cit. 12).

3   On n'y va point pour rencontrer l'objet auquel on désirerait de plaire : la sévérité des mœurs et la tranquillité de l'âme concentrent, en Autriche, les affections au sein de sa famille.   Mme DE STAËL, De l'Allemagne, I, VIII.

B. *(Une, des sévérités).* Action ou jugement sévère. *Des sévérités inexorables.* ⇒ **Cruauté** (→ Humilier, cit. 39). *Les sévérités du harem* (→ Porte-drapeau, cit. 2).

4   (...) si célèbre par ses sévérités que les libéraux de Milan appelaient des cruautés.
STENDHAL, la Chartreuse de Parme, I, VI.

★ **II.** (De *sévère,* II.). Gravité ; caractère dangereux. — REM. Ce sens, comme celui de l'adjectif qui lui correspond, est critiqué comme anglicisme abusif ; il est néanmoins déjà ancien dans l'usage médical (→ ci-dessous, cit. 5).

5   (...) le docteur, aussitôt appelé, déclara « préférer » la « sévérité », la « virulence » de la poussée fébrile qui accompagnait ma congestion pulmonaire (...) à des formes plus insidieuses et *larvées.*
PROUST, À l'ombre des jeunes filles en fleurs, Pl., t. I, p. 496.

CONTR. Clémence, complaisance, compréhension, débonnaireté, indulgence, mansuétude. — Badinage, facilité. — Abandon, douceur, enjouement, séduction. — Laisser-aller, relâchement. — Faveur.

SÉVEUX, EUSE [sevø, øz] adj. — XVIe ; de *sève.*

♦ Vx. Qui a rapport à la sève.

SÉVICE [sevis] n. m. — XIVe ; *cevige,* fin XIIIe ; du lat. *sævitia* « violence », de *sævire.* → Sévir.

♦ **1.** (Au plur.). Dr. « Mauvais traitements corporels, voies de fait, considérés par le Code civil comme une cause de divorce (art. 231) et comme une cause de révocation des donations pour ingratitude (art. 955, § 2) » (Capitant). — Cour. Mauvais traitements corporels exercés sur qqn qu'on a sous son autorité, sous sa garde. ⇒ **Brutalité.** *Excès* (cit. 19), *sévices ou injures, causes de divorce.* ⇒ **Coup, violence.** *Exercer des sévices sur qqn.* ⇒ **Brutaliser.**

1   (...) des sévices graves, des mauvais traitements ne lui auraient pas été plus sensibles.   ZOLA, la Terre, IV, I.

♦ **2.** Fig., littér. (Au sing. comme au pluriel).

2   L'insomnie est un sévice de la nuit sur l'homme.
HUGO, l'Homme qui rit, II, IV, I.

SÉVIR [sevir] v. intr. — Conjug. *finir.* — Fin XVIe ; « être en colère », déb. XVe ; du lat. *sævire* « être furieux, user de violence ».

♦ **1.** Exercer la répression avec rigueur. ⇒ **Punir** (absolt). *Sévir contre des personnes rebelles* (→ Inertie, cit. 4). — *Sévir contre des abus.* ⇒ **Réprimer.** *Il faut sévir.*

1   Tes législateurs sévissent ou ne sévissent pas : s'ils sévissent, ce sont des bêtes féroces qui battent la nature ; s'ils ne sévissent pas, ce sont des imbéciles qui ont exposé au mépris leur autorité par une défense inutile.
DIDEROT, Suppl. au voyage de Bougainville, III.

2   Le commandement est débordé. Il a presque honte à sévir.
MARTIN DU GARD, les Thibault, t. VI, p. 37.

♦ **2.** (1846 ; sujet n. de chose). Exercer ses ravages (en parlant d'un fléau). *Lieu où sévit une maladie* (→ Invraisemblable, cit. 1). *Le froid sévit.* — Par ext. Régner, exercer son action (en parlant de ce qui est pénible, néfaste, détestable ou considéré comme tel). *Matérialisme qui sévit* (→ Occulte, cit. 4).

(Sujet n. de personne). Plais. Exercer une activité pénible pour autrui, inutile, ridicule. *Le vieux professeur X sévit toujours en faculté.*

3   (...) Thérapia, sorte de village cosmopolite, défiguré par des hôtels monstres où sévissent, le soir, des orchestres de café-concert (...)
LOTI, les Désenchantées, IV, XVIII.

P. prés. adj. :

4   (...) le docteur Lipp le fou, qui, maître des transports une heure en 1918, en avait profité pour déclarer à la Suisse et au Wurtemberg une guerre qu'il croyait toujours sévissante et qu'il avait hâte de conclure.
GIRAUDOUX, Siegfried et le Limousin, p. 252 (1922).

SEVRAGE [səvraʒ] n. m. — 1741 ; *sevrement,* v. 1380 ; de *sevrer.*

♦ **1.** Action de sevrer (1.) un nourrisson. ⇒ aussi **Ablactation.** *Le* *sevrage doit se faire progressivement en supprimant peu à peu les tétées.* — Par ext. Temps nécessaire au sevrage. *Pendant le sevrage.* — **EN SEVRAGE.** *Enfant en sevrage.*

Comment voulez-vous que des enfants à la mamelle se prennent de trop grande amitié, quand c'est tout au plus s'ils connaîtront leurs mains d'avec leurs pieds quand ils seront en sevrage ?   G. SAND, la Petite Fadette, I.

♦ **2.** Méd. Privation (soit accidentelle, soit volontaire ou provoquée) de drogue, pour un toxicomane. *Sevrage forcé, brusque. Cure de sevrage.* ⇒ **Désintoxication.** *Sevrage par méthode lente, rapide. Accidents du sevrage.*

♦ **3.** (1812). Arbor. Action de sevrer (une marcotte, un greffon).

SEVRER [səvʀe] v. tr. — Conjug. *lever.* — Fin XIIe ; « séparer », 1080 ; du lat. pop. *seperare*, class. *separare ;* doublet de *séparer*.*

♦ **1.** Cesser progressivement d'allaiter, d'alimenter en lait (un enfant), pour lui donner une nourriture plus solide (→ Rassasier, cit. 2). *Sevrer un nourrisson.* ⇒ **Sevrage.**

1   On sèvre trop tôt tous les enfants. Le temps où l'on doit les sevrer est indiqué par l'éruption des dents, et cette éruption est communément pénible et douloureuse.   ROUSSEAU, Émile, I.

2   Je suis si favorisée dans mon métier de nourrice que je sèvrerai notre Armand en décembre. Un an de lait suffit. Les enfants qui tettent *(sic)* trop deviennent des sots.   BALZAC, Mémoires de deux jeunes mariées, Pl., t. I, p. 263.

Sevrer un veau, un poulain.

Méd. Priver (un toxicomane) de drogue.

♦ **2.** (1660). Hortic. Séparer du pied mère (une marcotte, un greffon).

♦ **3.** (V. 1170). Littér. **SEVRER (qqn) DE...** : priver* (qqn) de qqch. d'agréable. ⇒ **Frustrer.** *Sevrer qqn de délices* (→ Adieu, cit. 7), *de plaisirs* (→ 1. Marasme, cit. 2).

3   Pardonnez-moi mon babil, mademoiselle : j'arrive d'Allemagne. Depuis un an je n'ai pas entendu parler correctement le français, je suis sevré de visages français et rassasié d'allemands (...)   BALZAC, le Bal de Sceaux, Pl., t. I, p. 122.

▶ **SE SEVRER** v. pron. *Se sevrer d'un plaisir.* ⇒ **Abstenir** (s'). → aussi Rassasiant, cit. 1.

4   Je me suis sevré volontairement de tant de choses que je me sens riche au sein du dénûment le plus absolu.   FLAUBERT, Correspondance, 98, fin juin-début juil. 1845.

▶ **SEVRÉ, ÉE** p. p. adj. *Enfant sevré,* qui ne tète plus (→ Nouveau, cit. 14). *Toxicomane sevré* (aussi n. : *Les « conditions* [...] *que le sevré va retrouver à sa sortie »,* Porot, 1952, art. *Sevrage*). — Fig. *Être sevré de plaisirs.*

CONTR. Nourrir.
DÉR. Sevrage.

SÈVRES [sɛvʀ] n. m. — 1845 ; de *Sèvres,* près de Paris.

♦ Porcelaine fabriquée à la manufacture de Sèvres, fondée en 1756. *Un sèvres de toute beauté. Il collectionne les sèvres et les saxes.*

HOM. Formes du v. **sevrer.**

SÉVRIENNE [sevʀijɛn] n. f. — 1904 ; de *Sèvres,* près de Paris.

♦ Élève, ancienne élève de l'École normale supérieure de jeunes filles (naguère installée à Sèvres).

SÉVRUGA [sevʀyga] adj. et n. m. — Mil. XXe ; mot russe.

♦ Caviar fourni par l'esturgeon de la variété *sévruga* (l'un des caviars les plus appréciés). — Plur. *Des sévrugas* ou *des sévruga. « Le béluga, meilleur que le sévruga (...)? Pour quelques snobs qui jugent uniquement sur les prix, peut-être! Mais il est des sévruga sublimes (...) »* (*l'Express,* 29 déc. 1979, p. 63). — REM. On écrit aussi *sevruga, sévrouga.*

1. SEX-, SEXA- Élément, du lat. *sex* « six » et *sexageni* « soixante ». ⇒ aussi **Sexpartite, sext-** (de *sextus*), **sextolet, sextuor.**

2. SEX- Premier élément de mots composés, généralement empruntés à l'anglais, au sens de « sexualité ». ⇒ **Sex-shop.** — REM. On trouve d'autres composés, comme *sex-show,* n. m. (*l'Express,* 4 août 1979), *sex-symbol,* n. m. (*le Nouvel Obs.,* 2 mars 1981), et des jeux de mots.

(...) ces dames, indignées par une affiche assez leste placardée près du pont de Gournay, en vinrent à déplorer la grande sexploitation (...)   Hervé BAZIN, Cri de la chouette, p. 51.

SEXAGE [sɛksaʒ] n. m. — V. 1970 ; de *sexe.*

♦ Agric. Opération qui consiste à déterminer le sexe des poussins. ⇒ **Sexeur.**

SEXAGÉNAIRE [sɛksaʒenɛʀ] adj. et n. — 1425 ; lat. *sexagenarius.*

♦ (Personnes). Qui a de soixante à soixante-neuf ans (→ Représenter, cit. 14). — N. *Un, une sexagénaire* (→ Pain, cit. 7 ; et aussi pourcentage, cit. 3).

SEXAGÉSIMAL, ALE, AUX [sɛksaʒezimal, o] adj. — 1724 ; du lat. *sexagesimus* « soixantième ».

♦ Didact. Relatif au nombre soixante ; qui a pour base ce nombre. *Division sexagésimale* (du degré en minutes, de la minute en secondes). *Système sexagésimal.*

Le balancier de l'horloge battait la seconde avec une régularité mathématique. Chaque joueur pouvait compter les divisions sexagésimales qui frappaient son oreille.   J. VERNE, le Tour du monde en 80 jours, XXXIV, p. 324.

SEXAGÉSIME [sɛksaʒezim] n. f. — V. 1380 ; lat. ecclés. *sexagesima (dies)* « soixantième (jour) ». → Sexagésimal.

♦ Relig. cathol. Dimanche qui précède de deux semaines le premier dimanche du Carême (il suit la septuagésime* et précède Pâques d'environ soixante jours).

SEX-APPEAL [sɛksapil] n. m. — 1930 ; *sexe-appeal,* 1929, *in* Höfler ; *appel du sexe,* 1927, *in* Höfler ; mot amér., « attrait du sexe », de *appeal* « appel ».

♦ Anglic. Attrait sexuel, charme d'une personne qui excite le désir. *Avoir du sex-appeal* (→ Du chien* ; et aussi pur, cit. 10). *Elle a du sex-appeal, elle est sexy*.*

1   Au sortir de ma conférence, une vieille dame m'interroge : « En somme, ce pauvre Pétain, il était existentialiste : il était bien embarrassé pour choisir... » J'ai l'impression que Pétain a eu beaucoup de *sex-appeal* aux yeux des vieilles dames françaises d'Amérique.   S. DE BEAUVOIR, l'Amérique au jour le jour, 14 févr. 1947, p. 80.

2   (...) elle s'inquiétait d'avoir mérité des compliments trop discrets qui exprimaient plutôt le charme d'une jeune fille que celui d'une femme. Pour le sex-appeal, elle avait encore plus d'inquiétudes (...) Il lui revint en mémoire certain compliment grossier, traduisant évidemment une émotion sensuelle, qu'un homme avait formulé dans la rue à propos de ses jambes.   M. AYMÉ, Travelingue, p. 111-112.

SEXDIGITAIRE [sɛksdiʒitɛʀ] adj. — 1762, Bonnet ; de 1. *sex-,* et lat. *digitus* « doigt ».

♦ Didact. (Personnes). Qui possède six doigts* à la main ou au pied. — N. *Un, une sexdigitaire.* — Syn. : *sexdigité.*

SEXDIGITAL, ALE, AUX [sɛksdiʒital, o] adj. — 1798 ; de 1. *sex-,* et lat. *digitus* « doigt ».

♦ Didact. Qui présente six doigts (main, pied). ⇒ **Sexdigité.** *La personne qui a une main sexdigitale est dite* sexdigitaire (ou sexdigitée).

SEXDIGITÉ, ÉE [sɛksdiʒite] adj. — 1907 ; de 1. *sex-,* lat. *digitus* « doigt », et suff. *-é.*

♦ Didact. Qui possède six doigts à une main ou à un pied. — Syn. : *sexdigitaire.*

SEXDIGITISME [sɛksdiʒitism] n. m. — 1762 ; de 1. *sex-,* lat. *digitus* « doigt », et suff. *-isme.*

♦ Didact. Conformation d'un individu (⇒ **Sexdigitaire, sexdigité**) ou d'un membre (⇒ **Sexdigital**) qui possède, qui présente six doigts.

SEXE [sɛks] n. m. — V. 1265 ; *ses,* fin XIIe ; rare av. XVIe ; lat. *sexus,* rad. *sectus* « séparation, distinction ».

★ **I.** (Chez les humains). ♦ **1.** Conformation particulière qui distingue l'homme de la femme en leur assignant un rôle déterminé dans la génération et en leur conférant des caractères différenciés (caractères *sexuels* primaires et secondaires). *Enfant, personne du sexe masculin* (⇒ **Garçon, homme**), *du sexe féminin* (⇒ **Fille, femme**). *Différenciation des sexes. Individu de l'un ou l'autre sexe* (→ Attentat, cit. 8 ; 2. marin, cit. 5). *Individu qui possède les deux sexes.* ⇒ **Androgyne** (cit. 1), **hermaphrodite** (cit. 7). *Changer de sexe.* ⇒ **Transsexuel.** *Sexe légal,* celui qui figure sur l'état* civil. *Comme si je n'avais point eu de sexe* (→ Imaginer, cit. 4). *Doutes sur le sexe d'un personnage* (→ Ondoyant, cit. 1).

1   De Bacchus, Vénus eut les Grâces ; d'Anchise, Énée ; et de Mercure, l'Androgyne, ce monstre charmant qui semble avoir hésité dans le choix du son sexe, entre celui d'une mère si belle et celui d'un père aussi vif, et finit, pour sortir de peine, par prendre les deux.   Émile HENRIOT, Mythologie légère, p. 37.

Loc. plais. *Discuter sur le sexe des anges* (cit. 27).

♦ **2.** (*Le sexe de qqn, son sexe*). Fait d'appartenir à la classe des hommes, des femmes ; qualité d'homme ; qualité de femme (physique, psychique, social). *Les habits de son sexe* (→ Flotter, cit. 17).

Les fonctions, les austères devoirs de leur sexe (→ Femme, cit. 52 ; infidélité, cit. 9). *« Le fer ne connaîtra ni le sexe ni l'âge »* (cit. 49). *Égalité, inégalité des sexes* (→ Égal, cit. 12). *Femme qui s'élève au-dessus de son sexe* (→ Bâtir, cit. 18). ⇒ aussi **Féminité, virilité.**

1.1 (...) l'infâme me plaçant sur un canapé dans l'attitude propice à ses exécrables projets, me faisant tenir par deux de ses Moines, essaie de se satisfaire avec moi de cette façon criminelle et perverse qui ne nous fait ressembler au sexe que nous ne possédons pas, qu'en dégradant celui que nous avons (...)
         SADE, Justine..., t. I, p. 149.

REM. Dans certains contextes (→ ci-dessous, cit. 2.1, Flaubert) le mot ne peut plus être employé, à cause du sens 6.

2 (...) dans ces vêtements propres du lundi, elle avait l'air d'un petit homme, rien ne lui restait de son sexe, que le dandinement léger des hanches.
         ZOLA, Germinal, I, II.

2.1 Une chose l'étonnait, c'est qu'il n'était pas jaloux d'Arnoux ; et il ne pouvait se la figurer autrement que vêtue, tant sa pudeur semblait naturelle, et reculait son sexe dans une ombre mystérieuse.
         FLAUBERT, l'Éducation sentimentale, I, V.

3 (...) nous nous connaissons un peu : lorsque la vie me laisse bien seul avec moi, je découvre en moi des aspirations et des sentiments de femme ; et je ne doute pas que celles qui savent voir en elles-mêmes n'aperçoivent, au delà de leur riche cœur de femme, l'esprit lucide et bien ordonné d'un homme. Mais, comme nous ne pourrons jamais voir clair en nous, connaîtrons-nous jamais cette part de l'autre sexe que nous contenons tous, et toutes ?
         Valery LARBAUD, Fermina Marquez, VI.

4 Vu le grand nombre de femmes qui combattent du côté adverse, il ne saurait y avoir d'égard au sexe de ces militantes.   MALRAUX, l'Espoir, II, II, VIII.

♦ **3.** (Mil. XVIe). Par ext. Ensemble des hommes et des femmes. *Le sexe masculin,* (1857) *le sexe fort* (→ Lâcheté, cit. 8), *viril* (→ Fuir, cit. 9) : les hommes. — *Le sexe féminin* (cit. 2), *le sexe faible,* (v. 1640) *le beau sexe* (→ 1. Bien, cit. 19) : les femmes. — Vieilli. *Ce sexe volage* (→ Apprendre, cit. 49), *trompeur* (→ Engendrer, cit. 4) : les femmes. — *Condition des sexes dans la société* (→ 1. Penser, cit. 61). *Le Deuxième Sexe* (titre d'un ouvrage de S. de Beauvoir) : les femmes.

4.1 Elle est déjà formée ? (...) Ce sont les petits ennuis du deuxième sexe.
         R. QUENEAU, le Dimanche de la vie, p. 155.

REM. Alors que le syntagme *beau sexe* est nettement archaïque, *sexe fort* et *sexe faible,* qui s'emploient encore, voient leur emploi et leur sens contestés.

4.2 Je prétends que le sexe fort est l'aimable sexe auquel nous devons les épouses qui nous possèdent et que nous autres *(les hommes)* nous sommes le sexe faible.
         A. ROBIDA, le Vingtième Siècle, p. 219 (av. 1900).

4.3 Pour mon compte, je n'ai jamais eu l'idée de nommer sexe faible le sexe qui fait l'enfant. Mais je dirai plutôt faible par état le sexe actif et entreprenant qui cherche passage, qui va par ruse et détour, et ainsi ne cesse jamais d'obéir.
         ALAIN, Propos, 20 août 1924, la Pensée féminisée.

(1892, *in* D.D.L.). Loc. *Le troisième sexe :* les homosexuels.

Spécialt. Personnes considérées dans leurs différences et dans leurs vies sexuelles. — *Conjonction* (cit. 5), *union des sexes* (→ Jalousie, cit. 24). ⇒ **Accouplement.** *Rapports sexuels avec le sexe opposé* (⇒ **Hétérosexualité**), *dans un même sexe* (⇒ **Homosexualité; homosexuel).**

5 N'avez-vous pas encore remarqué que le plaisir, qui est bien en effet l'unique mobile de la réunion des deux sexes, ne suffit pourtant pas pour former une liaison entre eux ?   LACLOS, les Liaisons dangereuses, CXXXI.

6 Les deux sexes mourront chacun de son côté.
         A. DE VIGNY, Poèmes philosophiques, « Colère de Samson ».

♦ **4.** (Déb. XVIIe). Absolt. Vx ou plais. *Le sexe :* l'ensemble des femmes (→ Archive, cit. 7 ; commander, cit. 32 ; impératif, cit. 7). *Les personnes du sexe* (→ Occasion, cit. 9). *Un admirateur du sexe*

6.1 Le dimanche seulement... Vous vous plairez beaucoup ici... les promenades sont délicieuses... et le sexe donc ! elles ont toutes le nez retroussé... ce qui est un signe.
         E. LABICHE, Un monsieur qui a brûlé une dame, 7.

7 On nous a tellement mis en garde contre la malice de celles que nos vieux traités de morale appellent si drôlement les *personnes du sexe !*
         BERNANOS, Journal d'un curé de campagne, p. 150.

♦ **5.** (1889, Bourget ; probablt d'après l'angl. *sex*). LE SEXE : l'ensemble des questions sexuelles. ⇒ **Sexualité** (2.). *L'obsession* (cit. 4) *du sexe.* ⇒ **Érotisme.**

8 (...) ce besoin d'épanchement sentimental qui accompagne chez les très jeunes gens les premiers élans du sexe.   Léon BLUM, Du mariage, II (1907).

9 Sade niera Dieu au nom de la nature (...) La nature, pour lui, c'est le sexe ; sa logique le conduit dans un univers sans loi où le seul maître sera l'énergie démesurée du désir.   CAMUS, l'Homme révolté, p. 57.

♦ **6.** (1897 ; certains dict. donnent des dates plus anciennes pour ce sens, probablt par confusion sémantique). *Le sexe de qqn ; un, des sexes.* Organe sexuel, parties sexuelles (d'un être humain) ; organes génitaux externes. *Vêtement qui cache le sexe.* ⇒ **Cache-sexe.** *Le sexe d'un enfant.* ⇒ **Zizi** (fam.). *Le sexe de l'homme, d'un homme.* ⇒ **Pénis, phallus, testicules, verge** ; fam. et vulg. ou érotique (verge) **biroute, bite, braquemart, chibre, dard, gland, manche, nœud, paf, pine, quéquette, queue, trique, zob** ; (testicules) **burettes, burnes, couilles, roubignolles, roupettes...** *Sexe de la femme, d'une femme.* ⇒ **Vulve ; clitoris, lèvres, nymphes** ; fam. et vulg. ou érotique **abricot, chagatte, chatte, con, cramouille, cul** (spécialt), **minette** (Minet, I., 3.), **motte, moule.**

10 Le nègre restait planté penaud devant le comptoir avec son petit caleçon orange autour du sexe.   CÉLINE, Voyage au bout de la nuit, p. 129.

11 D'un coup, les jambes et les cuisses furent dénudées, violentes, convulsives, la chemise se rabattit, et la foule eut une espèce de ricanement, parce qu'on voyait le sexe et les poils.   ARAGON, les Beaux Quartiers, II, XXVI.

---

12 Ce sexe de fille — le premier parmi ceux que j'ai vus qui fût chargé d'un potentiel érotique suffisant pour que pût lui être appliqué le mot « con » — c'est dans le soleil d'un jour d'été qu'il m'est apparu, sur une plage de sable fin, toute fourmillante à l'heure du bain.   Michel LEIRIS, Fourbis, p. 105.

★ **II.** (XIXe). Biol. Ensemble des caractères et des fonctions qui distinguent le mâle de la femelle en leur assignant un rôle spécifique dans la reproduction, par la production de gamètes* mâles ou femelles. *Sexe gonadique,* déterminé par le type des glandes sexuelles (gonades mâles ou gonades femelles). *Sexe chromosomique,* conditionné par les chromosomes sexuels (dans l'espèce humaine : une paire de chromosomes xx chez la femme, une paire de chromosomes xy chez l'homme). *Hérédité liée au sexe* (angl. : *sex-linked*). *Maladies récessives liées au sexe.* — *Sexe d'une fleur. Fleur qui a un sexe* (unisexuée) ; *les deux sexes* (hermaphrodite ou bisexuée), qui a des étamines et un pistil. *Présence des deux sexes chez le même individu* (⇒ **Bisexué, monoïque**) ; *présence d'un seul sexe* (⇒ **Unisexué, dioïque**). *Individu de sexe femelle qui se reproduit seul.* ⇒ **Parthénogénèse.**

13 (...) le sexe n'est pas déterminé par la présence exclusive de gènes d'une certaine catégorie sexuelle, mais par une certaine proportion entre les gènes de l'une et de l'autre catégories.   Jean ROSTAND, Idées nouvelles de la génétique, p. 70.

DÉR. Sexage, sexeur, sexisme, sexué.
COMP. Sexologie, sexonomie, sexophobe, sexothérapie. — (D'après l'angl.) V. Sex-shop, sexy. — (Du rad. lat.) V. Sexupare.

SEXENNAL, ALE, AUX [sɛksenal, o ; sɛksɛnal, o] adj. — 1843 ; lat. *sexennis,* de *sex* « six », et *annus* « an ».

♦ Didact. Qui a lieu tous les six ans, qui dure six ans.

DÉR. Sexennalité.

SEXENNALITÉ [sɛksenalite ; sɛksɛnalite] n. f. — XXe ; de *sexennal.*

♦ Didact. Caractère d'un événement sexennal.

SEXEUR [sɛksœʀ] n. m. — 1979 ; de *sexe.*

♦ Techn. Personne chargée de repérer le sexe des poussins. ⇒ **Sexage.** « (...) les sélectionneurs ont fait en sorte que l'on puisse reconnaître le sexe à la couleur du duvet : la poulette est rouge, le coquelet blanc. On évite ainsi de recourir à une main-d'œuvre spécialisée : les sexeurs de poussins » (*le Monde,* 3 juil. 1979, p. 32).

SEXISME [sɛksism] n. m. — V. 1965 ; de *sexe,* d'après *racisme* ; autre sens, 1948.

♦ Attitude de discrimination à l'égard du sexe féminin. ⇒ **Phallocentrisme.** *Le sexisme est une forme de discrimination analogue au racisme.*

DÉR. Sexiste.

SEXISTE [sɛksist] n. et adj. — 1972 ; de *sexisme,* d'après *raciste.*

♦ Personne dont les modes de pensée et le comportement sont plus ou moins consciemment imprégnés de sexisme. *Il est sexiste et phallocrate.* — Adj. Propre au sexisme. *Offres d'emploi sexistes.* *« (...) refuser les schémas "sexistes" du répertoire. Jeter aux orties les personnages d'épouses pleurnichardes, de Mata Hari enivrantes, de soubrettes idiotes »* (*l'Express,* 24 juil. 1972).

SEXOLOGIE [sɛksɔlɔʒi] n. f. — 1933, A. Thérive, *in* D.D.L. ; de *sexe,* et *-logie.*

♦ Didact. Étude des phénomènes sexuels normaux et anormaux et du traitement des troubles sexuels. ⇒ **Érotologie.** *Sexologie clinique.* ⇒ **Sexothérapie.** *Sexologie et éducation sexuelle.*

1 (...) la sexologie moderne, dérivée de la psychanalyse, est comme celle-ci le produit de races puritaines qui n'ont jamais su accepter et exalter l'amour physique en tant que force religieuse d'*élévation* et en ont sans cesse rabaissé le sens au niveau des énergies brutes. Croyant en réduire l'énigme, elles en ont saccagé le mystère. Au contraire à une race solaire qui a toujours su magnifier l'amour et qui fut même la première au monde à diviniser la Femme dans son essence, à la prendre pour image terrestre de l'inépuisable, de l'insondable, de l'inaccessible et à épouser en elle l'aventure d'une transcendance sans péché.
         Raymond ABELLIO, Ma dernière mémoire, t. I, p. 168.

2 J'ai un instinct de conservation très développé. J'avoue aussi que la sexualité ne s'était jamais offerte à ma méditation sous la forme de sexologie. Il m'avait toujours semblé que lorsque la sexualité tend à se muer en sexologie, la sexologie ne peut plus grand-chose pour la sexualité.
         R. GARY, Au-delà de cette limite votre ticket n'est plus valable, p. 116.

DÉR. Sexologique, sexologue.

SEXOLOGIQUE [sɛksɔlɔʒik] adj. — Mil. XXe ; de *sexologie.*

♦ Didact. Qui se rapporte à la sexologie. *« Allez donc vous y retrouver dans le dédale du folklore sexologique : thérapie individuelle, conseil conjugal, thérapie de couple, ou de groupe, groupes femmes, relaxation, musicothérapie, thérapie par le cheval, la mer, la poterie, le tennis, j'en passe et des meilleures...* » (*F Magazine*, mars 1981). *Les « tâtonnements de cette nouveau-née, scandaleusement presque inconnue en France : la thérapeutique sexologique, inventée par les Américains Masters et Johnson »* (G. Zwang, in *l'Express*, 11 déc. 1972, p. 97).

SEXOLOGUE [sɛksɔlɔg] n. — 1949, in D.D.L. ; de *sexologie*.

♦ Didact. Spécialiste de sexologie. *Sexologue théoricien. Sexologue thérapeute.* ⇒ **Sexothérapeute.** « *Les travaux d'une sexologue norvégienne* » (Christine Arnothy, *Chances,* p. 149). — Appos. *Médecin sexologue.*

Hirschfeld, Pearl et d'autres avaient déjà estimé que la puissance sexuelle de l'homme atteignait son plus haut degré pendant les années de puberté. Cette hypothèse a été confirmée par les recherches statistiques de Kinsey. Les résultats et les conclusions du sexologue américain avaient surpris nombre de personnes convaincues que la puissance masculine était à son apogée (...) vers 30 ans.
Dʳ A. HENRI, la Puissance masculine dans la vieillesse,
in Dʳ WILLY, la Sexualité, t. II, p. 176.

Abrév. fam. « *Si la mode prend, les "sexo" bénéficieront encore de nouvelles clientes (...)* » (*F Magazine*, mars 1981, p. 53).

SEXONOMIE [sɛksɔnɔmi] n. f. — 1911, *Larousse mensuel* ; de *sexe*, et *-nomie*.

♦ Didact. Étude des phénomènes et lois biologiques dont dépendent la production et la répartition des sexes.

SEXOPHOBE [sɛksɔfɔb] adj. et n. — Mil. xxᵉ ; de *sexe*, et *-phobe*.

♦ Qui hait le sexe, la sexualité. — Nom :

Ils regardaient le monde avec sympathie et se rangeaient du côté de l'amour contre les sexophobes et du côté du bonheur simple contre le Grand Bonheur.
Michel DEL CASTILLO, Tanguy, p. 243.

SEXOTHÉRAPEUTE [sɛksoteʀapøt] n. — V. 1970 ; de *sexothérapie*.

♦ Personne qui pratique la sexothérapie. ⇒ **Sexologue.**

Mais Masters et Johnson n'ont encore eu le temps de former qu'un nombre restreint de sexothérapeutes travaillant au rythme de deux couples par mois. Piteux rendement !   G. ZWANG, in l'Express, 11 déc. 1972, p. 97.

SEXOTHÉRAPIE [sɛksoteʀapi] n. f. — V. 1970 ; de *sexe*, et *thérapie*.

♦ Didact. Traitement des troubles sexuels. ⇒ **Sexologie.** « *Les instituts de* sexothérapie *créés aux États-Unis sous l'impulsion de Masters et Johnson* » (*le Monde*, 11 sept. 1974, in P. Gilbert).

DÉR. **Sexothérapeute.**

SEXPARTITE [sɛkspaʀtit] adj. — Mil. xxᵉ ; de 1. *sex-*, et lat. *partitus* « divisé ».

♦ Archit. *Voûte sexpartite :* voûte d'ogive divisée en six (par un arc doubleau supplémentaire).

SEX-RATIO [sɛksʀasjo] n. f. — Mil. xxᵉ (1948, in Höfler) ; mot angl., de *sex* « sexe », et *ratio* « pourcentage », lat. *ratio* → 1. Ratio.

♦ Anglic. Didact. (démographie). Rapport entre le nombre des individus de sexe masculin et ceux de sexe féminin. *Sex-ratio d'une population. Sex-ratio des décès.* — REM. On trouve parfois le mot au masculin. «(*Il est*) *possible de déterminer certaines caractéristiques démographiques telles que le sex-ratio, l'âge approximatif au moment du décès (...)* » (*la Recherche*, oct. 1980).

SEX-SHOP [sɛksʃɔp] n. m. ou f. — 1970 ; mot angl., de *sex* « sexe », et *shop* « boutique ».

♦ Anglic. Boutique d'affiches, d'écrits et d'objets pornographiques. « *Et dire que le drôle tonnait contre les sex-shops et le dévergondage de la jeunesse !* » (M. Clavel, in *le Nouvel Obs.*, 21 août 1972, p. 38). « *La pornographie (...) se trouve aujourd'hui accessible à un large public par le biais des sex-shops, cinémas et revues spécialisées* » (*la Recherche*, juin 1979, p. 682). — REM. On trouve aussi le mot au féminin (cf. C. Arnothy, *Toutes les chances plus une,* p. 93).

SEXT- Élément, du lat. *sextus* « sixième ». ⇒ 1. **Sex-;** sexte, sextidi, sextillion.

SEXTANT [sɛkstɑ̃] n. m. — 1666 ; antiq. rom., « sixième partie de l'as », 1553 ; lat. sc. *sextans* (Tycho-Brahé), lat. class. *sextans* « sixième », de *sex* « six ».
Didactique, technique.

♦ **1.** Astron., mar. Instrument composé d'un secteur circulaire (un

sixième de cercle) articulé (le rayon du milieu est une alidade*), d'une lunette et d'un miroir, et qui permet, par la mesure de l'angle d'un astre au-dessus de l'horizon, de faire le point* (1. Point, cit. 7). *La boussole et le sextant firent faire d'immenses progrès à la navigation*.* ⇒ aussi **Octant.**

Si l'ingénieur eût possédé un sextant, appareil qui permet de mesurer avec une grande précision la distance angulaire des objets par réflexion, l'opération n'eût offert aucune difficulté. Ce soir-là, par la hauteur du pôle, le lendemain, par le passage du soleil au méridien, il aurait obtenu les coordonnées de l'île. Mais, l'appareil manquant, il fallait le suppléer.
J. VERNE, l'Île mystérieuse, t. I, p. 173.

Par anal. Instrument construit selon des principes techniques différents, mais remplissant la même fonction de mesure des angles. *Sextant périscopique à poursuite automatique,* utilisé en navigation aérienne. *Sextant asservi aux radiations électromagnétiques de certains astres.* ⇒ **Radiosextant.**

♦ **2.** (1721). Math. Arc* de soixante degrés.

COMP. **Radiosextant.**

SEXTE [sɛkst] n. f. — 1610 ; « sixième heure du jour », 1433 ; de *sexte hore* (v. 1265), lat. ecclés. *sexta hora*.

♦ **1.** Antiq. Troisième des quatre parties du jour ; heure à laquelle elle commençait (autour de midi — entre 11 h 30 et 12 h 30 —, à la fin de la sixième heure).

♦ **2.** Liturgie cathol. Petite heure (cit. 44) de l'office qui se récite après tierce, à la sixième heure de la computation juive (vers 12 heures).

SEXTETTE [sɛkstɛt] n. m. — Mil. xxᵉ ; adapt. de l'angl. *sextet*.

♦ Mus. Groupe de six musiciens, en jazz. — REM. On trouve aussi la forme angl. *sextet*. «*Le sextet de Benny Goodman, enregistré en 1945. Un fameux cru !*» (*l'Express*, 21 août 1972, p. 8).

SEXTIDI [sɛkstidi] n. m. — 1793 ; de *sexti-*, lat. *sextus*, et lat. *dies* « jour ».

♦ Hist. Sixième jour de la décade républicaine. ⇒ **Calendrier** (républicain).

SEXTIL [sɛkstil] adj. et n. m. — 1690 ; lat. *sextilis*.

♦ Astrol. Aspect* que présentent deux planètes écartées de soixante degrés. *Aspect sextil.* — N. *Le sextil.*

SEXTILE [sɛkstil] adj. fém. — 1798 ; dér. sav. du lat. *sextus* « sixième ».

♦ Hist. *Année sextile :* année qui possédait un sixième jour complémentaire, dans le calendrier républicain. ⇒ **Bissextile.**

SEXTILLION [sɛkstiljɔ̃] n. m. — xvIᵉ ; moy. franç. *sixlion*, 1538 ; de *sexti-*, lat. *sextus*, et finale de *million*.

♦ Vx. Mille quintillions. — (1948). Mod. Un million de quintillions, soit 10^{36}.

SEXTINE [sɛkstin] n. f. — 1548, « sixain » ; var. *sestine*, 1626 ; repris 1872, Banville ; ital. *sestina*.

♦ Hist. littér. Poème à forme fixe composé de six sixains sur deux rimes (avec six mêmes mots revenant à la rime dans un ordre différent pour chaque strophe) et d'un tercet. *Les sextines de Pétrarque.*

Particulièrement potentielle me paraît la *sextine*. Elle se compose de six strophes de six vers et d'une demi-strophe de trois vers (...) La sextine s'écrit de préférence en alexandrins (...) La sextine remonte, paraît-il, à Arnaut Daniel (1180?-1210). Pétrarque (1304-1374) l'a utilisée. Elle fut remise en service par le comte Ferdinand de Gramont (1815-1897) ; après avoir traduit Pétrarque (en 1842), il publia des sextines dans *Chant du Passé* en 1854, recueil déjà signalé comme rarissime par Théodore de Banville, et dans *Olim* en 1882.
R. QUENEAU, Bâtons, chiffres et lettres, p. 329-330.

SEXTO [sɛksto] adv. — 1617, in D.D.L. ; adv. latin.

♦ Rare. Sixièmement (dans une énumération commençant par *primo, secundo,* etc.).

SEXTOLET [sɛkstɔlɛ] n. m. — 1890, in P. Larousse, *Deuxième Suppl.* ; dér. sav. du lat. *sex* « six », d'après *triolet*.

♦ Mus. Groupe de six notes égales qui s'exécutent dans le même temps que quatre notes de même valeur. ⇒ **Triolet.**

SEXTUOR [sɛkstɥɔʀ] n. m. — 1775; du lat. *sex* «six», d'après *quatuor*.

♦ **1.** Mus. Composition vocale ou instrumentale à six parties.

♦ **2.** (1838). Orchestre de chambre formé de six instruments. *Le sextuor entama* (cit. 14) *son morceau final.* ⇒ **Sextette.**

SEXTUPLE [sɛkstypl] adj. et n. m. — 1450; bas lat. *sextuplus.*

♦ **1.** Qui vaut six fois une quantité donnée. ⇒ **Multiple.** *Valeur, nombre, quantité sextuple. Douze est sextuple.* — N. m. *Le sextuple de deux.*

♦ **2.** Formé de six choses semblables.

(...) elle est coiffée du bonnet de la liberté, ses mamelles sont sextuples, à la façon égyptienne, car les Égyptiens avaient pressenti Fourier (...)
BALZAC, les Comédiens sans le savoir, Pl., t. VII, p. 46.

DÉR. Sextupler.
COMP. Sous-sextuple.

SEXTUPLER [sɛkstyple] v. — Déb. XVIII\ᵉ; *septupler*, 1493; de *sextuple.*

♦ **1.** V. tr. Multiplier par six.

♦ **2.** V. intr. Devenir sextuple. *Les prix ont sextuplé en vingt ans.*

SEXUALISATION [sɛksɥalizɑsjɔ̃] n. f. — 1914, dans un texte technique sur la psychanalyse (*in* D. D. L.); répandu mil. xxᵉ (attesté 1942, Bachelard, *l'Eau et les rêves*, p. 48); de *sexualiser.*

♦ **1.** Cour. Le fait de se sexualiser, de devenir sexuel.

♦ **2.** (1953). Didact. Le fait d'acquérir des caractères sexuels. ⇒ **Sexe** (II.).

Les glandes génitales secrètent des produits morphogènes, qui diffèrent de nature suivant le sexe, et qui déterminent la formation de l'appareil génital, externe ou interne; mais ces substances n'ont pas ou n'ont guère d'action générale sur l'organisme. La sexualisation est d'abord locale.
Jean ROSTAND, l'Aventure humaine, *in* D. D. L., II, 4.

SEXUALISER [sɛksɥalize] v. tr. — 1917, *in* D. D. L.; de *sexuel.*

♦ **1.** Donner un caractère sexuel (II., 2.) à (qqch.). *La psychanalyse a sexualisé la psychologie traditionnelle.* — Pron. *Se sexualiser.*

P. p. adj. *«Entre la vie quotidienne de la femme d'aujourd'hui et l'image clinquante, sophistiquée, sexualisée qu'en offrent la presse, la télévision et la publicité, s'étend un gouffre de contradictions»* (*l'Express,* 9 juin 1969, *in* P. Gilbert).

♦ **2.** Didact. Donner des caractères sexuels (I., 1.) à (un organisme). — Pron. *Se sexualiser.*

DÉR. Sexualisation.

SEXUALISME [sɛksɥalism] n. m. — 1923; «état d'un être pourvu d'un sexe», 1775; de *sexuel,* et *-isme.*

♦ Littér. Sexualité considérée comme un principe.

Si une chose était absente de moi c'est bien le sexualisme, je m'en fous. Ce qui importe dans l'orgie, c'est le Dieu, ce n'est pas le plaisir (...)
C. ROCHEFORT, le Repos du guerrier, II, I, p. 136.

DÉR. Sexualiste.

SEXUALISTE [sɛksɥalist] adj. et n. — 1941; de *sexualisme.*

♦ Littér. Qui considère la sexualité comme un principe.

Jung, avec des préoccupations morales et religieuses, promeut l'inconscient individuel, et une interprétation symbolique du complexe d'Œdipe, contre son interprétation sexualiste.
Daniel LAGACHE, la Psychanalyse, p. 13.

SEXUALITÉ [sɛksɥalite] n. f. — 1838; de *sexuel.*

♦ **1.** Biol. Caractère de ce qui est sexué, ensemble des caractères propres à chaque sexe. *Aspects de la sexualité chez les êtres vivants. Sexualité des plantes.* ⇒ **-game; hermaphrodisme; dioïque, monoïque;** et aussi **reproduction.** *Anomalies de la sexualité chez l'être humain.* ⇒ **Androgynie, gynandrie, hermaphrodisme, intersexualité, pseudo-hermaphrodisme...**

♦ **2.** (1924, «... ces trois essais sur la sexualité, de Freud», Morand, *Lewis et Irène,* II, 8). Ensemble des comportements relatifs à l'instinct sexuel et à sa satisfaction; vie sexuelle. *La sexualité dans les civilisations.* ⇒ **Amour, concubinage, couple, inceste, mariage, prostitution, union** (libre); et aussi **érotisme, pornographie.** *La sexualité dans l'art* (→ Pénétrer, cit. 10). *Enquête sur la sexualité des Français. Étude de la sexualité.* ⇒ **Sexologie.** *Sexualité considérée comme normale.* ⇒ **Hétérosexualité.** *Troubles de la sexualité* (→ Exhibitionniste, cit. 2). ⇒ **Anaphrodisie, dyspareunie, érotisme,**

frigidité, impuissance, nymphomanie, perversion (sexuelle), satyriasis...

La prolifération d'écrits ayant pour thème le sexe, la sexualité, le plaisir sexuel et ses excitants normaux ou anormaux, confirme l'hypothèse. Et aussi l'utilisation publicitaire et commerciale du sexe. Érigée en essence, la sexualité confisque les signes du désir. [1]
Henri LEFEBVRE, la Vie quotidienne dans le monde moderne, p. 317.

Psychan. (Au sens élargi de *sexuel*). Ensemble des pulsions de la libido et des comportements liés à la libido. *Sexualité orale, anale, prégénitale. Sexualité génitale* (⇒ **Génitalité**) : sexualité au sens courant. *Trois études sur la théorie de la sexualité,* de Freud.

L'œuvre de Freud témoigne expressément de la distinction nécessaire entre la génitalité, dont les manifestations apparaissent à la puberté en fonction des modifications endocriniennes hormonales et humorales, et la sexualité dont les manifestations apparaissent chez l'enfant, dès les premières années de la vie. L'existence de cette sexualité infantile n'est plus à démontrer; or le développement de cette sexualité infantile, si important pour le développement de la sexualité future de l'adulte, paraît dépendre non point d'influences hormonales mais d'influences sociales, parmi lesquelles en particulier les influences parentales, génératrices essentielles des complexes affectifs. Dès l'origine la sexualité est tout entière compénétrée d'instances affectives. [2]
Jean DELAY, la Psycho-physiologie humaine, p. 53.

COMP. Asexualité, intersexualité, transsexualité, unisexualité. — V. aussi Bisexualité, hétérosexualité, homosexualité, monosexualité.

SEXUÉ, ÉE [sɛksɥe] adj. — 1874; *in Année sc. et industr.* 1875, p. 454; du rad. lat. de *sexus* «sexe».

♦ **1.** (Choses). Qui se fait par la conjonction des sexes (II.). *Reproduction*, génération sexuée* (→ Fécondation, cit. 1; gamète, cit. 1). *La parthénogénèse est dérivée de la reproduction sexuée.* — On dit parfois *sexuel** en ce sens.

♦ **2.** (Êtres vivants). Qui a un sexe, qui est mâle ou femelle (ou les deux, chez les êtres vivants hermaphrodites, végétaux supérieurs en particulier). *Les végétaux et les animaux supérieurs sont sexués. Créatures sexuées.* — (Êtres humains). Qui présente les caractères de son sexe.

Elle était nue et sexuée, vaguement teintée selon les couleurs de la femme.
Pierre LOUŸS, Aphrodite, 1896, *in* D. D. L., II, 5.

CONTR. Asexué.
COMP. Ambisexué, asexué, intersexué, monosexué, unisexué.

SEXUEL, ELLE [sɛksɥɛl] adj. — 1742; bas lat. *sexualis,* de *sexus* «sexe, organes sexuels».

★ **I.** ♦ **1.** Biol. Relatif au sexe (II.); qui se rapporte aux conformations et aux fonctions de reproduction particulières du mâle et de la femelle, de l'homme et de la femme. *Différenciation sexuelle. Caractères sexuels primaires, secondaires* (→ Gynécologie, cit. 1); *dimorphisme sexuel. Élément sexuel* (→ Générateur, cit. 2); *parties sexuelles* (→ Fructification, cit. 1). ⇒ **Génital** (chez les animaux). *Glandes sexuelles.* ⇒ **Ovaire, testicule.** *Hormones* sexuelles.*

La seconde *(question)* c'est : Pourquoi la sculpture, tant ancienne que moderne, a dépouillé les femmes de ce voile que la pudeur de la nature et l'âge de puberté jettent sur les parties sexuelles, et la laissé aux hommes? [1]
DIDEROT, Salons (1765), «Sur la sculpture».

♦ **2.** Vx. Sexué. *Reproduction sexuelle ou asexuelle.*

★ **II.** Cour. (Chez l'être humain). ♦ **1.** (1798). Qui concerne les différences, les comportements, les caractères dus au sexe.

♦ **2.** (1835). Qui concerne la sexualité, et, spécialt, les comportements directement liés à la satisfaction des besoins érotiques, à l'amour physique. *L'acte sexuel.* ⇒ **Charnel** (vieilli); **accouplement, amour** (physique), **coït** (→ Homme, cit. 130; orgasme, cit.). *Pratiques sexuelles dites normales, déviantes, perverses. Activités sexuelles solitaires* (⇒ **Masturbation**), *hétérosexuelles, homosexuelles* (⇒ **Hétérosexualité, homosexualité**). *Commerce sexuel* (vx). *Rapprochement* (cit. 1) *sexuel. Relations sexuelles. Rapports sexuels.* ⇒ **Rapport** (absolt). → 2. Hymen, cit. 1. — *Activités sexuelles. Vie sexuelle.* ⇒ **Sexualité.** *Avoir une vie sexuelle active, satisfaisante; insuffisante, réprimée, refoulée...* — *Perversions* sexuelles. Inversion* sexuelle.* — *Instinct sexuel.* ⇒ **Charnel, érotique** (cit. 3; et → Eunuque, cit. 4; freudien, cit. 2). *Pulsions sexuelles.* ⇒ **Désir, sens.** *Absence d'appétit sexuel, inhibition sexuelle* ⇒ **Anaphrodisie, frigidité** (cit. 3 et 4). — *Désir sexuel.* ⇒ **Désir.** *Plaisir sexuel.* ⇒ **Plaisir.** — *Symbole sexuel* (on emploie aussi l'anglic. *sex-symbol*).

Il est bien connu que les excès sexuels gênent l'activité intellectuelle. On dirait que l'intelligence demande pour se manifester dans toute sa puissance, à la fois la présence des glandes sexuelles bien développées, et la répression temporaire de l'appétit sexuel. [2]
Alexis CARREL, l'Homme, cet inconnu, IV, VII.

Qui concerne la sexualité. *Éducation sexuelle. Information sexuelle.*

(Personnes). Quant à la sexualité. *Obsédé* sexuel.*

♦ **3.** (xxᵉ). Sens élargi. Psychan. Qui concerne les pulsions, l'activité de la libido. ⇒ **Libidinal.** *Activités sexuelles prégénitales de l'enfant. Stades oral, anal et génital du plaisir sexuel :* stades des instincts de la libido, qui se présentent dans cet ordre chronologique mais qui se trouvent plus ou moins représentés et de façon plus ou moins exclusive chez l'adulte. *Régression* sexuelle.* ⇒ aussi **Refoulement, sublimation.** — N. m. *Le sexuel.*

3 (...) dès qu'on distingue « sexuel » et « génital », la notion de sexualité devient floue. « Le sexuel chez Freud, c'est l'aptitude intrinsèque à déclencher le génital », dit Dalbiez. S. DE BEAUVOIR, le Deuxième Sexe, I, p. 78.

DÉR. Sexualiser, sexualisme, sexualité, sexualiser, sexuellement.
COMP. Asexuel, bisexuel, hétérosexuel, homosexuel, intersexuel, monosexuel, psychosexuel, transsexuel, unisexuel.

SEXUELLEMENT [sɛksɥɛlmɑ̃] adv. — 1896, in D. D. L.; de *sexuel.*

♦ **1.** Biol. Relativement au sexe (II.).

♦ **2.** Cour. Relativement à la sexualité (2.), aux actes, aux émotions, aux tendances qu'elle implique. ⇒ **Sexuel** (II.). *La réunion de deux êtres sexuellement faits l'un pour l'autre* (→ 1. Physique, cit. 6). *Satisfait sexuellement.*

SEXUPARE [sɛksypar] adj. — 1904; lat. *sexus* « sexe », et *-pare.*

♦ Biol. Qui engendre des individus mâles et femelles.

SEXY [sɛksi] adj. invar. — Répandu v. 1950 (1954); en parlant d'une œuvre, 1925, in D. D. L.; mot anglo-américain familier, de *sex* « sexe ». Anglicisme.

♦ **1.** (Personnes; surtout femmes). Qui a du sex-appeal, fait valoir le sex-appeal. *Elle est sexy.*

1 Mais la blonde, en face, elle, oui, je la trouve vachement sexy! H. TROYAT, la Pierre, la Feuille et les Ciseaux, p. 87.

♦ **2.** (Choses). Qui excite le désir sexuel. *Mode, robe sexy. Pose sexy.* ⇒ **Érotique, libidineux, sensuel.**

2 (...) me vient l'idée d'un livre (ou d'un film) où il n'y aurait ainsi que des traits de sexualité seconde (rien de pornographique); on y saisirait (on tenterait d'y saisir) la « personnalité » sexuelle de chaque corps, qui n'est ni sa beauté, ni même son air « sexy », mais la façon dont chaque sexualité s'offre immédiatement à lire (...) R. BARTHES, Roland Barthes, p. 167.

SEYANT, ANTE [sɛjɑ̃, ɑ̃t] adj. — 1871; var. mod. de *séant**, de *seoir,* d'après les formes de l'imparfait *seyait.*

♦ Qui va bien, qui donne un aspect agréable à la personne qui le porte. ⇒ **Avantageux.** *Une robe* (→ Parement, cit. 2), *une coiffure seyante* (→ Représentation, cit. 8). ⇒ **Coiffant.** *Un diadème... qui lui était seyant* (→ Joaillerie, cit.). — Fig. Séant; convenable.

(...) ne pas chercher à être par pure vanité de paraître; mais bien parce qu'il est *seyant* d'être tel. GIDE, Journal, fin nov. 1890.

SÉZIGUE [sezig] pron. pers., troisième pers. — 1836; *seszigues,* 1835; de *zigue* (→ Zig), et possessif *ses.* → Mézigue, tézigue.

♦ Pop. Lui, elle; soi. *Ça, c'est pas pour sézigue, je le garde.* ⇒ **Cézigue.** — Syn. : *sécolle.*

S. F. [ɛsɛf] n. f. — V. 1970; initiales de *science-fiction.*

♦ *La S. F. :* la science-fiction. *Roman, film, bande dessinée de S. F.* « *La S.-F., en France, sort définitivement de son ghetto après 1968* » (l'*Express,* 11 août 1980, p. 27). — On trouve aussi *SF.*

S. F. I. O. [ɛsɛfio] n. et adj. — 1905; initiales de *Section française de l'Internationale ouvrière.*

♦ **1.** N. f. *La S. F. I. O. :* le parti socialiste (2.).

♦ **2.** Adj. invar. Socialiste*, membre du parti politique appelé S. F. I. O., ou apparenté à ses tendances. *Un politicien S. F. I. O. Ils sont plutôt S. F. I. O. que radicaux.* — N. *Les S. F. I. O.* — REM. Le mot est parfois transcrit d'après sa prononciation, avec une intention plaisante.

(...) le blé afficherait ses idées réactionnaires (...) le vignoble penche ouvertement du côté essefiot (...) Jacques PERRET, Bâtons dans les roues, p. 26.

SFORZANDO [sfɔrdzɑ̃do] adv. — 1834; n. m., 1799; mot ital., de *sforzare* « forcer », de *forza* « force ».

♦ Mus. (indication de mouvement, d'exécution). En passant progressivement et passagèrement du piano au forte. — N. m. *Un sforzando :* un passage à jouer, joué sforzando.

SFUMATO [sfumato] n. m. — 1758, Cochin, in Brunot (t. VI, p. 787); mot ital., « enfumé ».

♦ Arts. Modelé vaporeux (en peinture). *Le sfumato de Vinci, du Corrège.*

(...) il m'a semblé que par le *sfumato* l'œil tournait autour de la partie dessinée, et que l'art indiquait ce qu'on est obligé de cacher (...) J'ai dit ce que j'ai vu : que, là, les contours me semblaient noyés dans une vapeur légère.
DIDEROT, Pensées détachées sur la peinture.

SGANARELLISER [zganarelize] v. tr. — 1934; de *Sganarelle,* personnage moliéresque.

♦ Littér., plais. Tromper (un mari). ⇒ **Cocufier.**

(...) cette disgrâce que toute la tradition gauloise, depuis Rabelais et les Fabliaux, jusqu'à notre grand Molière, a raillée avec verdeur (...) Lédard venait d'apprendre qu'il était, comment dirai-je?... sganarellisé par sa femme (...)
Roger VERCEL, Capitaine Conan, IV, p. 83.

S. G. D. G. [ɛsʒedeʒe] — 1923, in Larousse; sigle.

♦ Abréviation de *Sans garantie* du gouvernement. Breveté S. G. D. G.*

SGRAFFITE [zgrafit] n. m. — 1680, *sgrafit,* « mot écorché de l'italien » (Richelet); *sgraffito,* 1765; *sgraffite,* 1835; ital. *sgraffito* « égratigné » (cf. *sgraffito,* 1765, *Encyclopédie*).

♦ Peint. Procédé de décoration murale en camaïeu, par grattage d'un enduit clair sur un fond de stuc sombre. ⇒ **Fresque** (2.; abusivt).

SHADOW BOXING [ʃadoboksiŋ] n. m. — 1912, in Petiot; mot angl., de *shadow* « ombre », et *boxing* « boxe ».

♦ Sports. Anglic. Exercice qui consiste à boxer dans le vide, en général devant un miroir. — Ellipt. *Faire du shadow.* « *Sac, punching-ball, shadow et culture physique* » (L. Tomasini, *in l'Équipe,* 16 oct. 1972, p. 6).

SHAH [ʃa] n. m. ⇒ **Schah.**

SHAKE-HAND [ʃɛkɑd, ʃɛkɛnd] n. m. — V. 1840, Musset; attestation isolée, v. 1790 (→ ci-dessous, cit. 1); de la loc. angl. *to shake* (secouer), et *hand* (la main).

♦ Faux anglic. (Vx ou plais.). Poignée de main. ⇒ **Salut.** *Un vigoureux shake-hand.*

Puis, après le *shake-hand* amical, nous lâchâmes la bride. 1
J.-J. CASANOVA, Mémoires (écrits entre 1785 et 1798), *in* le Franç. moderne, juil. 1954, p. 181.

REM. On a écrit aussi *shakehand* et *un shake-hands.*

Mme de Lucenay tendit sa belle main au jeune duc. Celui-ci allait donner un shake-hands *(sic)* à sa cousine, mais (... *elle) lui* dit gaiement : — Baisez-la (...) vous avez vos gants (...) Eugène SUE, les Mystères de Paris, t. VI, p. 292 (1842). 2

Elle était de ces femmes à qui c'est un si grand plaisir de serrer la main qu'on est reconnaissant à la civilisation d'avoir fait du shake-hand un acte permis entre jeunes gens et jeunes filles qui s'abordent. 3
PROUST, À l'ombre des jeunes filles en fleurs, Folio, p. 590 (1918).

1. SHAKER [ʃekœr] n. m. — 1835; mot angl., de *to shake* « secouer, trembler ».

♦ Anglic. Membre de la secte américaine des trembleurs. ⇒ **Quaker.**

Comme je revenais de Troie on me dit que j'avais manqué l'occasion d'assister aux cérémonies religieuses des Shakers, établis depuis 1787 à New-Lebanon (...) La secte des Shakers, fondée par une Anglaise nommée Ann Lee, se compose de huit mille personnes environ. Ces chrétiens font consister la sainteté dans le célibat et dans la chasteté la plus absolue; ils pratiquent la communauté de biens et considèrent la danse comme la principale pratique du culte.
L. DEVILLE, Voyages dans l'Amérique septentrionale (1854), *in* le Tour du monde, 1861, t. I, p. 239.

2. SHAKER [ʃekœr] n. m. — 1895; mot angl., de *to shake* « secouer ».

♦ Récipient métallique, formé d'une double timbale, que l'on utilise pour la préparation des cocktails* et boissons glacées. ⇒ **Gobelet.**

(...) il secouait le shaker, l'ouvrait, faisait couler une mousse jaune dans les verres avec des gestes d'une précision légèrement superflue : il jouait au barman. 1
SARTRE, l'Âge de raison, p. 181.

Il regardait ce bar, ses shakers, sa barre nickelée, comme de vieilles choses amicales. MALRAUX, la Condition humaine, p. 139. 2

SHAKESPEARIEN, IENNE [ʃɛkspirjɛ̃, jɛn] adj. — 1784, cit.; var. *shakspearien,* Gautier, in les *Jeunes-France,* 1833; de *Shakespeare.*

♦ De Shakespeare; qui évoque son théâtre. *Drame shakespearien.*

C'est parce que nous regrettons *(sic)* les beautés perdues, par la gêne françoise et la régularité grecque, que nous avons engagé l'Auteur à traiter son sujet avec toute la liberté shakespearienne. 1
RESTIF DE LA BRETONNE, la Prévention nationale, I, 1784, in D. D. L., II, 14.

Homme double, ô poète, expliquez-moi ce mystère ou j'en perdrai le sens. Possé- 2

dez-vous vraiment le don d'ubiquité ? J'aimerais tant l'avoir. Être et ne pas être ! C'est tout simplement shakespearien.
Francis CARCO, Ombres vivantes, p. 264.

SHAKO [ʃako] n. m. — 1828 ; *schako*, 1761 ; hongrois *scákó*.

♦ Anciennt. Coiffure militaire rigide, à visière, imitée de celle des hussards hongrois. ⇒ **Képi**. *Shako de cavalier** (hussard, chasseur, voltigeur) (→ Fût, cit. 4) ; *de fantassin* (après 1792). *Bourdalou, coiffe, sous-mentonnière, soutache d'un shako.*

1 On aperçoit (...) les lourds shakos enguirlandés de torsades (...)
HUGO, les Misérables, II, I, v.

2 Ils étaient petits, maigres, perdus dans leur capote trop large, trop longue, dont les manches couvraient leurs mains, gênés par la culotte rouge, trop vaste, qui les forçait à écarter les jambes pour aller vite. Et sous le shako raide et haut, on ne voyait plus qu'un rien du tout de figure.
MAUPASSANT, Petit soldat, Pl., t. II, p. 485.

Mod. (En France). *Shako de saint-cyrien, orné du casoar*. Shako de garde républicain à pied.*

SHAMA [ʃama] n. m. — 1933 ; mot hindi, probablt par l'angl. (*shama*, 1839).

♦ Zool. Passereau (*Turdidés*) de l'Inde et de l'Indonésie, à plumage noir, roux et blanc. *Le shama est recherché pour son chant, comme oiseau de cage ; il est insectivore.* — Syn. : *merle des roches.*

SHAMAN [ʃaman] ou **SHAMANISME** [ʃamanism] n. m. — ⇒ **Chaman, chamanisme.**

SHAMISEN [ʃamisɛn] n. m. — 1882, Metchnikoff, *in* Encycl. Berthelot, art. *Japon* ; mot japonais.

♦ Instrument de musique japonais traditionnel, à trois cordes. *Le shamisen est formé d'une caisse de résonance carrée tendue de peaux, d'un long manche muni de chevilles ; ses trois cordes sont tendues entre ces chevilles et un chevalet, et pincées au moyen d'un plectre* (bachi). *Le shamisen est surtout utilisé pour la musique narrative, l'accompagnement musical du théâtre bunraku et kabuki.*

1 Dans le silence, commencèrent à tinter des notes de guitare (...)
— Il joue du shamisen. Toujours, lorsque quelque chose l'a troublé : hors du Japon, c'est sa défense (...)
MALRAUX, la Condition humaine, p. 162.

2 Ce texte (*du bunraku*) est mi-parlé, mi-chanté ; ponctué à grands coups de plectre par les joueurs de shamisen, il est à la fois mesuré et jeté, avec violence et artifice.
R. BARTHES, l'Empire des signes, p. 68.

Var. (incorrecte) : *samisen.*

SHAMPOOINER ou **SHAMPOUINER** [ʃãpwine] v. — 1960 ; *shampooinguer*, 1894, attestation isolée, *in* Höfler ; de *shampo(o)ing.*

♦ Faire un shampooing à (qqn ; des cheveux). *Shampooiner à sec des cheveux.* — Par ext. *Shampooiner une moquette.* — On écrit aussi *shampoigner, champouigner, champouiner.*

Elle nourrissait Monique et l'enfant, envoyait des colis à Georges et, dans un salon de beauté, shampooinait à tour de bras.
F. MALLET-JORRIS, la Maison de papier, p. 49.

DÉR. Shampooingneur ou **shampouineur.**

SHAMPOOING [ʃãpwɛ̃] n. m. — 1877, *in* Littré, *Suppl.* ; mot angl., de *to shampoo* « masser », du hindi *châmpna, châmpo* « masser, presser ».

♦ **1.** Lavage des cheveux et du cuir chevelu au moyen d'une lotion. *Se faire faire un shampooing chez le coiffeur.*

— Monsieur veut-il une friction ? — Non. — Un shampooing alors ? — Pas davantage. — Monsieur a tort, cela rafraîchit le cuir chevelu et détruit les pellicules. D'une voix mourante, l'on finit par accepter le shampooing (...) Alors une rosée coule, goutte à goutte, sur votre tignasse (...) puis bientôt cette rosée qui pue se change en mousse, et stupéfié, l'on s'aperçoit dans la glace, coiffé d'un plat d'œufs à la neige que de gros doigts crèvent (...)
HUYSMANS, De tout, I, « Le coiffeur ».

♦ **2.** (1890, *in* Höfler). Par métonymie. Produit dont on se sert pour ce lavage. *Acheter un shampooing. Un shampooing sec.* — Collectivt. *Acheter du shampooing.*

Par ext. *Shampooing pour moquette. « Shampooing cirant qui nettoie le sol sans le faire briller »* (le Nouvel Obs., 7 mars 1977).

Var. graphiques : *shampoing, champoing.*

DÉR. Shampooiner ou **shampouiner.**

SHAMPOOINGNEUR, EUSE [ʃãpwiŋœʀ, øz] ou, cour., **SHAMPOUINEUR, EUSE** [ʃãpwinœʀ, øz] n. — 1955, *shampooingneur, euse,* in Dict. des Métiers ; de *shampooiner.*

♦ **1.** Personne qui, dans un salon de coiffure, s'occupe surtout de faire les shampooings. — On écrit aussi *shampoigneur (-euse), champouigneur (-euse).*

♦ **2.** N. f. (1964, *in* Höfler). Appareil servant à appliquer une mousse nettoyante sur les sols et sur les moquettes. *Une shampouineuse électrique.*

SHANTUNG ou **SHANTOUNG** [ʃãtuŋ] n. m. — 1909, dans des revues de mode ; nom d'une province de la Chine, par l'anglais.

♦ Tissu de soie pure ou de soie sauvage (tussah), sorte de pongé grossier. ⇒ aussi **Tussor.**

Le déshabillage, la fraîcheur, sur la peau, d'un kimono de shantung bleuâtre lavé vingt fois, dissipent ma migraine commençante.
COLETTE, la Vagabonde, 1910, p. 215.

S. H. A. P. E. ou **SHAPE** [ʃɛp] n. m. — 1951 ; abrév. de *Supreme Headquarters of Allied Powers in Europe.* — REM. Le mot angl. *shape* signifie « forme ».

♦ Anglic. Commandement suprême des forces alliées stationnées en Europe, dans le cadre de l'O. T. A. N. *Le Shape a eu son siège à Rocquencourt, près de Paris, de 1951 à l'été 1966.*

SHA'RIA [ʃaʀja] n. f. — Attesté mil. xxᵉ ; mot arabe.

♦ Didact. Loi islamique. *« En cas de viol, de meurtre, d'adultère, de vol, la sha'ria, la loi islamique, est appliquée* (en Arabie séoudite) *dans toute sa rigueur »* (l'Express, 27 janv. 1979, p. 80).

SHARPIE [ʃaʀpi] n. m. — 1900, *in* Höfler ; mot angl., 1864, nom amér. d'un voilier long, pointu et à fond plat ; de *sharp,* adj., « aigu, pointu ». → Pointu, n. m.

♦ Voilier de régate d'un type ancien, dérivé du bateau de pêche de ce nom, à fond plat et à dérive. *Des sharpies. Le sharpie est un dériveur.* — Par appos. *Des « dériveurs sharpie »* (J. Giordan, le Yachting, p. 66).

HOM. Charpie.

SHEBAT [ʃebat] n. m. — 1876, *schebat ;* mot hébreu.

♦ Didact. Onzième mois de l'année religieuse (cinquième mois de l'année civile), dans le calendrier hébreu. — On écrit parfois *schébat.*

SHENTIT [ʃɛntit] n. m. — xxᵉ ; mot égyptien ancien.

♦ Didact. (égyptologie). Pagne d'étoffe dont les extrémités relevées sont retenues sous la ceinture.

SHÉRIFF [ʃeʀif] n. m. — 1680 ; *chérif,* 1601 ; mot angl., *sheriff,* de même rac. que *shire* « comté » (attesté en français, *scheray,* 1547).

♦ **1.** Magistrat du comté, responsable de l'application de la loi (nomination des jurés, etc.), en Angleterre.

1 Les shériffs des comtés étaient jadis choisis par le peuple ; mais Édouard II, et après lui Henri VI, ayant repris cette nomination pour la couronne, les shériffs étaient devenus une émanation royale (...) Les shériffs de Galles et de Chester possédaient de certaines prérogatives fiscales. Toutes ces charges subsistent encore en Angleterre, mais, usées peu à peu au frottement des mœurs et des idées, elles n'ont plus la même physionomie qu'autrefois.
HUGO, l'Homme qui rit, II, IV, VI.

REM. Dans ce sens, et parfois au sens 2., on écrit aussi *shérif.*

♦ **2.** (1835, Tocqueville). Officier du comté, chargé du maintien de l'ordre, de l'exécution des sentences, etc., aux États-Unis. — Spécialt. (Fin xixᵉ). Ce personnage, dans l'Ouest. *Le personnage du shériff dans les histoires de l'Ouest* (westerns). ⇒ **Marshall.** *Étoile de shériff. L'élection du shériff.*

2 Ayant appris qu'Adams, shérif de Santa Clara, et Rowland, shérif de Los Angeles, s'étaient mis en campagne et battaient le pays à la recherche des assassins, il se porta au-devant des agents de police, tout prêt à se livrer lui-même et, moyennant récompense, à conduire les shérifs sur les traces du voleur.
W. HEPWORTH DIXON, la Conquête blanche (1875), trad. de l'angl. par H. VATTEMARE, in le Tour du monde, 1876, t. I, p. 126.

3 « Je demanderai toujours pour vous un billet au shériff » fit l'hôtelier, « vous vous en servirez ou ne vous en servirez pas... »
Paul BOURGET, Outre-Mer, 1895, p. 228.

HOM. Chérif.

SHERPA [ʃɛʀpa] n. m. — V. 1950 ; mot du Népal, nom d'un peuple montagnard.

♦ Guide de haute montagne, dans les régions himalayennes. *La victoire sur l'Everest d'Edmund Hillary et du sherpa Tensing.*

Voici quelques mois, un journal de mode avait pris la peine de faire photographier ses mannequins au pied de l'Himalaya (...) en compagnie de sherpas.
Jean-Louis CURTIS, in le Figaro, 4 oct. 1967.

SHERRY [ʃeʀi] n. m. — 1823; *cherry*, 1819; mot angl., transcription de *Jerez*.

♦ Xérès (→ Pudding, cit.). — Par métonymie. Verre de xérès.

Les muids, cerclés de saule, à la bonde odorante, ne révèlent rien des essences précieuses qu'ils renferment : sherrys pâles et secs pour l'apéritif, sherrys de table, doux, d'un brun chaud, dont les ondes lourdes se propagent lentement du palais dans le gosier.   Paul MORAND, Londres, 1933, p. 311.

(1857, *in* Höfler). *Sherry-cobler* [ʃeʀikɔblœʀ] : cocktail fait de sherry (xérès), d'eau-de-vie, de citron et de sucre.

HOM. Chéri, cherry.

SHETLAND [ʃetlɑ̃d] n. m. — 1894, var. *schetland*, *in* Höfler; mot angl., nom d'un groupe d'îles au nord-est de l'Écosse.

♦ **1.** Laine des moutons des îles Shetland. *Un pull-over de, en shetland.* Tissu de laine d'Écosse. *Tailleur en shetland.*

(1960). Par métonymie. N. m. *Un shetland :* un pull-over de shetland.

♦ **2.** Poney originaire des îles Shetland. — Chien, variété de colley des Shetland.

SHIISME ou **SHI'ISME** [ʃiism] n. m. ⇒ **Chiisme.**

SHIITE ou **SHI'ITE** [ʃiit] adj. et n. ⇒ **Chiite.**

SHILLING [ʃiliŋ] n. m. — 1656; *chelin*, 1558; mot anglais.

♦ Ancienne unité monétaire anglaise, valant un vingtième de la livre*, ou douze pence. ⇒ **Penny.** (→ Prélever, cit. 3). *Pièce d'un demi-shilling* (six pence). — On a écrit aussi *shelling, schelling* (Voltaire). — REM. Depuis l'adoption du système décimal, le shilling n'existe plus.

1   (...) et, lorsque je lui (*à l'apothicaire*) demandai mon opium, il me le donna comme l'aurait fait l'homme le plus ordinaire; bien plus, il me rendit sur mon shilling ce qui lui parut être la moitié d'une pièce de monnaie, qu'il prit dans un tiroir de bois.   A. DE MUSSET, l'Anglais mangeur d'opium, 1828, Pl., t. III, p. 43.

2   (...) sans compter que cette bienheureuse anglomanie lui permettait dans certains cas de substituer le *bill* à la note et de détailler les dépenses de ses voyageurs par *shillings* au lieu de francs.   Paul BOURGET, la Terre promise, 1892, p. 119.

HOM. Schilling.

SHILOM [ʃilɔm] n. m. — V. 1970; de l'angl., mot d'emprunt oriental.

♦ Petite pipe en forme d'entonnoir, dont le fourneau est dans le prolongement du tuyau, et dans laquelle on fume le haschisch. «*Pas besoin de tirer sur le shilom, le nuage de hasch (...)*» (*l'Express*, 23 avr. 1981, p. 155).

SHIMMY [ʃimi] n. m. — 1930; *shemee*, 1920; mot argotique amér., altér. du franç. *chemise*, dans une chanson de 1918 où l'on trouvait *I'm just shaking my shimmy* «Je ne fais que secouer ma chemise».

♦ **1.** Danse américaine, voisine du fox-trot*, qui s'exécute avec un tremblement des épaules (en vogue vers 1920-1930, en France).

1   J'apprenais aussi maintenant, avec une certaine Mᶦᶦᵉ Gladys, le shimmy et le fox-trot, et lorsque ma mère recevait, j'étais souvent tiré du lit, habillé, traîné dans le salon et invité à réciter des fables de La Fontaine, après quoi, ayant dûment levé les yeux vers le lustre, baisé la main de ces dames et fait claquer un pied contre l'autre, j'étais autorisé à me retirer.
                                      R. GARY, la Promesse de l'aube, 1960, p. 70.

♦ **2.** (1925). Autom. Tremblement ou flottement des roues et du train avant.

♦ **3.** Fig. Rare. Tremblement.

2   Le cinéma est une espèce de shimmy visuel qui nous secoue sur place.
              CLAUDEL, l'Élasticité américaine, 1936, *in* Œ. en prose, Pl., p. 1205.

HOM. Chimie.

SHINTÔ [ʃinto] ou **SHINTOÏSME** [ʃintɔism] n. m. — 1765; jap. *shintô* «voie des dieux».

♦ Didact. Religion première du Japon (officielle de 1868 à 1945); polythéisme animiste se traduisant souvent par l'exaltation de l'empereur et de la nation japonaise. *Divinités du shintoïsme.* ⇒ **Kami.**

Le shintô considère que les dieux, les hommes et toute la nature sont nés des mêmes ancêtres (...)   S. DE BEAUVOIR, Tout compte fait, p. 301.

DÉR. Shintoïste.

SHINTOÏSTE [ʃintɔist] ou **SHINTO** [ʃinto] n. m. et adj. — 1904; de *shintoïsme.*

♦ Didact. Qui se rapporte au shintoïsme. *Temples shintoïstes et temples bouddhistes. Culte shinto. Torii* d'un sanctuaire shintoïste (ou *shintô*).

1   Les temples shintoïstes ont un caractère populaire. Ils sont largement ouverts au public.   S. DE BEAUVOIR, Tout compte fait, p. 301.

Les prêtres shintoïstes donnent souvent, dans les cours ou dans certains pavillons, de grandes fêtes, avec de la musique et des danses sacrées.
                                      S. DE BEAUVOIR, Tout compte fait, p. 302.

Adj. et n. *(Un, une shintoïste).* Adepte du shintoïsme.

SHIPCHANDLER [ʃipʃɑ̃dlœʀ] n. m. — 1850, Flaubert, *in* Höfler; *ship chandler*, rare av. 1928, Mac Orlan, *in* Höfler; mot angl. *ship-chandler*, de *ship* «bateau», et *chandler* «épicier, fournisseur».

♦ Anglic. Commerçant qui tient un magasin de fournitures générales pour les bateaux.

J'étais employé chez un courtier maritime à Barcelone. On gagne bien sa vie. Vous pensez, j'étais en combinaison avec un schipchandler *(sic)*.
                                      P. MAC ORLAN, la Bandera, IV (1931).

Abrév. fam., mar. : *ship.*

SHIPPER [ʃipœʀ] n. m. — Mil. xxᵉ; mot angl., «commerçant qui exporte et importe», de *to ship* «envoyer par bateau».

♦ Anglic. Comm. Maison spécialisée dans la commercialisation du coton. — On dit aussi *embarqueur, affréteur.*

Toutes ces maisons *(spécialisées dans la commercialisation du coton)* assurent l'achat de la récolte — soit directement, soit après intervention d'un acheteur primaire —, son égrenage, son classement, son stockage et son financement, sa vente et son embarquement vers les pays utilisateurs. Cette dernière fonction leur a valu le nom de *shippers,* embarqueurs ou affréteurs, sous lequel on les désigne le plus fréquemment.
                    Pierre DE CALAN, le Coton et l'industrie cotonnière, 1961, p. 24.

HOM. Chipeur.

SHIRTING [ʃœʀtɛ̃g; ʃœʀtiŋ] n. m. — 1855; mot angl., de *shirt* «chemise».

♦ Anglic. Tissu de coton d'armure toile, utilisé pour la lingerie courante. *Chemise de nuit en shirting.*

SHIT [ʃit] n. m. — V. 1970; mot angl., «merde», employé dans ce sens dans l'argot de la drogue.

♦ Argot de la drogue. Haschisch. «*Des maillons* (des cafés) *où l'on peut trouver le* dealer *qui vend du* shit» (*le Nouvel Obs.,* 3 mars 1975, p. 42).

Par contre, pour ceux que la petite histoire des mots intéresse, précisons que le mot «shit» (merde en bon français), largement utilisé pour qualifier la drogue, est né en Europe, par le bon vouloir des G.I.'s américains stationnant en Allemagne et découvrant le haschisch jusque-là inconnu aux États-Unis. La couleur de la chose expliquant le reste.   Jacques MERLINO, les Jargonautes..., p. 64.

SHOCKING [ʃɔkiŋ] interj. et adj. invar. — 1842, Balzac; mot angl., de *to shock* «choquer».

♦ **1.** Interj. (dans la bouche d'anglophones). C'est choquant*, inconvenant! — Nom :

Au contraire! (...) ça m'a sauvé! (...) Milord se voyant à table avec un domestique, perd tout à coup l'appétit, se lève, me lance un shocking (...) paye et disparaît (...) mais trop tard! (...)   E. LABICHE, la Chasse aux corbeaux, IV, 2.

♦ **2.** (1866, cit.) Adj. invar. Vx ou plais. Choquant*.

Comme le puritanisme protestant a pénétré dans toutes les classes de la société et descendu tous les échelons de la famille humaine, et comme l'exhibition de tout ou partie du corps a été déclarée immodeste, *shocking,* il s'en est suivi que les négresses ont été forcées de s'affubler des défroques rebutées des Européennes, et de copier les modes des blanches (...)
                    F. BOUYER, Voyage dans la Guyane française (1862-1863),
                                      in le Tour du monde, 1866, t. I, p. 343.

Après la défaite de l'armada, le castillan fut chez Élisabeth un élégant baragouin de cour. Parler anglais chez la reine d'Angleterre était presque *shocking.*
                                      HUGO, l'Homme qui rit, I, I, II.

Quant à se demander ce qu'il valait en soi, personne n'y songeait, pas plus pour l'admettre maintenant qu'autrefois pour le condamner. Il n'était plus *shocking.* C'était tout ce qu'il fallait. À peine se rappelait-on qu'il l'avait été, connaissait-on son nom plus, au bout de quelque temps, si le père d'une jeune fille était un voleur ou non.   PROUST, le Temps retrouvé, Pl., t. III, p. 727.

(1860). N. m. Vx. *Le shocking.*

Ce qui est certain, c'est que le même sujet effleuré seulement par une plume française, aurait rapidement tourné au *shocking* tandis qu'ici il n'y a que grâce et décence.   BAUDELAIRE, les Paradis artificiels, Un mangeur d'opium (1860).

SHOGUN ou **SHOGOUN** [ʃɔgun] n. m. — 1872, *shogoun; siogoun,* 1866, cit.; mot jap., du chinois *chiang* «conduire», et *chung* «armée».

♦ Hist. Général en chef des armées, au Japon, du xiiᵉ au xixᵉ siècle (à l'origine, «général en chef contre les barbares», c'est-à-dire les Aïnous). *Décerné à l'origine pour la durée d'une campagne, le titre de shogun tendit rapidement à devenir héréditaire. Suzerains directs des daïmios*, *les shoguns furent les détenteurs du pouvoir temporel et les véritables maîtres du Japon.*

Peu de temps après, l'on apprit que deux généraux de Koublaï-Khan allaient attaquer le Japon, à la tête d'une expédition de trois cents grosses jonques de guerre, trois cents voiliers rapides et trois cents barques de transport. Le mikado ordonna

des prières publiques et des processions aux principaux temples de Kamis. Le sio-goun *(sic)* organisa la défense nationale. Sur tous les points des côtes de Tsousima et de Kiousiou, où les Mongols tentèrent d'opérer leur descente, ils furent battus et repoussés.
A. HUMBERT, le Japon, *in* le Tour du monde, 1866, t. II, p. 316.

REM. On écrit aussi *shōgun* (→ Bushi, cit.). La graphie *shogoun* tend à disparaître, au moins chez les spécialistes.

DÉR. Shogunal, shogunat.

SHOGUNAL, ALE, AUX [ʃɔgunal, o] adj. — 1904, *shogounal;* de *shogun.*

♦ Hist. D'un shogun japonais. *Le gouvernement shogunal,* ou *bakufu* («gouvernement de la tente»).

SHOGUNAT [ʃɔguna] n. m. — 1933; *shogounat,* 1875; de *shogun.*

♦ Hist. Dignité de shogun*, au Japon.

SHOJI ou SHÔJI [ʃoʒi] n. m. invar. — Attesté xxᵉ; mot japonais.

♦ Didact. Cloison coulissante des maisons japonaises traditionnelles, faite de papier translucide monté sur un cadre de bois. — REM. La graphie *shōji,* avec tiret sur le *o,* est usuelle dans les textes spéciali-sés ou érudits.
(...) l'invention du volet de bois (...) que l'on fait glisser le jour dans un coffre de rangement incorporé au mur a permis en effet l'éclairement de la véranda par une rangée de *shōji* extérieurs, de nos jours généralement revêtus de vitres.
D. et V. ELISSEEV, la Civilisation japonaise, p. 277.

SHOOT [ʃut] n. m. — 1893, *in* Petiot, écrit *shot;* mot angl., de *to shoot* «lancer, tirer».

Anglicisme.

★ **I.** Sports (football). Tir (au but) ou dégagement puissant. *Un bon shoot.*

★ **II.** (V. 1960; mot anglo-amér.). Américanisme (argot de la drogue). Piqûre, injection d'un stupéfiant. *Un shoot de morphine, d'héroïne.* «*Ce qui met les drogués dans un état encore plus terrible qu'après le shoot d'héroïne*» (*l'Express,* 29 janv. 1973). — (1978). L'usage de la drogue par piqûres.

DÉR. Shooter.
HOM. Choute.

SHOOTER [ʃute] v. — 1900, au sens I.; de *shoot.*

Anglicisme.

★ **I.** V. intr. ♦ **1.** Exécuter un shoot (I.), un tir (au but ou de déga-gement). ⇒ **Botter, dégager, tirer.** — Trans. *Shooter un penalty.*
1   (...) Dabek allait s'emparer de la balle, celle-ci revenant dans les pieds de Mar-connot qui shootait sur le poteau (...)   René FALLET, le Triporteur, p. 408.
2   Il a envie de frapper sur quelque chose ou sur quelqu'un. Hier, il a shooté dans le cabot puceux de la concierge et l'a expédié dans une poubelle (...)
J. CAU, la Pitié de Dieu, p. 48.

Transitif :
3   «— Ce n'est pas tout d'en réchapper, il faut encore en sortir. La mort, ce n'est pas le pire. Le pire, c'est la suite.»
Il shoota un caillou. La suite de la mort. Était-ce un fou ?
C. ROCHEFORT, le Repos du guerrier, p. 30.

Graphie francisée :
4   Mais c'est mon ballon! allez je choute bang et bang!
Tony DUVERT, Paysage de fantaisie, p. 136.

♦ **2.** Prendre rapidement des photos.
5   En quelques minutes, Reinal, qui avait apporté deux Leica, shoota sous tous les angles et fit soixante-dix photographies.   Paul RIBEAUD, le Paria, p. 96.
6   Comme dans le vocabulaire du cinéma, «shooter», c'est prendre la photo à faire. Il s'y mêle une nuance d'efficacité dans la rapidité du réflexe. «Dépêche-toi de shooter!»   Robert BEAUVAIS, le Français kiskose, p. 109.

★ **II.** V. tr. (V. 1968; de *shoot,* II.; angl. *to shoot*). Argot de la dro-gue. Piquer en injectant un stupéfiant. «*Un mec m'a shooté. C'était mieux que l'acide* (le L.S.D.)» (*le Nouvel Obs.,* 3 mars 1975). — Pron. *Se shooter.* ⇒ **Piquer** (se), III. «*Je connais une jeune fille qui a été mise en prison aux Baumettes pour toxicomanie. Certes, elle ne se shoote plus*» (*l'Express,* 29 janv. 1973). «*Non seulement il picole mais il se shoote*» (Geneviève Dormann, *Fleur de péché,* p. 13). Absorber de la drogue. «*On se "shoote" en les absorbant d'un coup* (des calmants)» (*le Point,* 26 mars 1979, p. 95).
Fam. Absorber qqch. d'agréable. «*On peut se shooter au Picon-Bière, à la Gauloise, au lait-fraise (...)*» (P. de Nussac, *in Signa-tures,* nº 133, 1981).

DÉR. (Du I.) Shooteur. — (Du II.) Shooteuse.

SHOOTEUR, EUSE [ʃutœʀ, øz] n. m. — 1906; «tireur au pigeon», 1874, *in* Petiot; de *shooter.*

♦ Anglic. (Dans les jeux de ballon). Celui, celle qui tire bien (spécialt, au football).

SHOOTEUSE [ʃutøz] n. f. — 1972; de *shooter* (II).

♦ (D'abord argot de la drogue, puis répandu dans l'usage général en milieu urbain). Seringue hypodermique pour l'injection des stupé-fiants.
Cela n'a pas été rose chaque jour. Ils avaient, tous deux, conservé des traces de leur manie de la persécution. La shooteuse, surtout, était encore là, obsédante, dans leur tête.   Claude OLIVENSTEIN, Il n'y a pas de drogués heureux, p. 251.

SHOPPING [ʃɔpiŋ] n. m. — 1906; attestations isolées, 1804 et 1868; mot angl., de *shop* «boutique».

♦ Anglic. Le fait d'aller de magasin en magasin pour regarder (cf. Lèche-vitrines) et acheter. — En franç. du Canada, on dit *magasinage. Faire du shopping.* ⇒ **Magasiner.** — On a écrit aussi *shoping.*
1   Comptez-vous pour rien le plaisir du *shoping,* en voyage ? Flâner devant ce qui se porte ou se mange est aussi nécessaire au curieux du monde que la visite au port (...) à la cathédrale (...)
Émile HENRIOT, la Rose de Bratislava, III (1948).
2   Une foule de perceptions viennent former brusquement une impression éblouis-sante (...) le temps qu'il fait, la saison, la lumière, l'avenue, la marche, les Pari-siens, le shopping, tout cela tenu dans ce qui a *déjà* vocation de souvenir (...)
R. BARTHES, Fragments d'un discours amoureux, p. 25.

SHOPPING CENTER [ʃɔpiŋsɛntœʀ] n. m. — 1954, R. Cartier, *in* Höfler; mot. amér., de *shopping*, et *center* «centre».

♦ Américanisme. Aux États-Unis et au Canada, Centre commercial comprenant un magasin à prix unique, divers magasins de détail et un parc de stationnement (au Québec, on dit *centre d'achat*). — En Europe, Grande surface de vente groupant divers commerces, un parc de stationnement, des bureaux et des services intégrés, et sou-vent des salles de cinéma et de spectacles (équivalent proposé : *centre commercial*). «*Le luxe (...) qui vous permet, de votre appar-tement, d'être en relation directe avec le shopping-center attaché à l'immeuble*» (*le Point,* 9 oct. 1972, p. 119; publicité).

SHORT [ʃɔʀt] n. m. — 1910, *in* Höfler; angl. *shorts,* de *short* «court».

♦ Culotte courte (pour le sport, les vacances). *Short de tennis, de boxeur. Short militaire. Le bermuda* est plus long que le *short. Porter un short, des shorts. Être en shorts.*
1   Cette année, il y a des shorts multicolores avec des imprimés de gratte-ciel, de palmiers, de poissons (...)   Pierre DANINOS, Un certain Monsieur Blot, p. 199.
2   Son vêtement découvrait plus qu'il n'habillait la peau lisse, élastique. Un vieux short s'arrêtait bien au-dessus des genoux, les manches de la vieille chemise bien au-dessus des coudes.   J. KESSEL, le Lion, p. 46.

REM. La graphie francisée et plaisante *chorte* est attestée (cf. M. Aymé, J. Perret, R. Queneau).
3   Théorème prenait son portefeuille sur la cheminée et, avant de le glisser dans la poche fessière de son chorte, en extrayait une photo.
M. AYMÉ, le Passe-muraille, «Les Sabines».

SHORT STORY [ʃɔʀtstɔʀi] n. f. — 1955; mot angl., 1898, de *short* «court», et *story* «histoire».

♦ Œuvre romanesque en général plus courte et moins élaborée que la nouvelle*, dans les littératures de langue anglaise. ⇒ aussi **Conte.**

SHOW [ʃo] n. m. — 1930, *in* Höfler; comme mot angl., 1773, Vol-taire, *in* D.D.L.; au sens général de «exhibition», fin xixᵉ; mot angl., «spectacle», de *to show* «montrer».

Anglicisme.

♦ **1.** Spectacle de variétés centré sur une vedette ou exclusivement réservé à une vedette. ⇒ **One man show.** *Show télévisé.* — Plur. *Des show* ou *des shows. Show à l'américaine.*
(...) il en raconte sans fin sur un petit gars qui vient de débuter chez Barclay, ou le *show* de fin d'année de Sacha Distel (...)   ARAGON, Blanche..., II, III, p. 217.

♦ **2.** (V. 1971). Apparition publique démonstrative, le plus souvent dans un but de propagande politique. *Faire un show devant les journalistes. Il a fait son show.*

COMP. One man show, show-business.
HOM. Chaud, chaux.

SHOW-BIZ [ʃobiz] n. m. — 1954, P. et R. Gosset; altér. américaine de *show-business* [ʃobiznɛs].

♦ Fam. Show-business. «*Les requins du show-biz (...); ces trusts du show-biz*» (*le Nouvel Obs.,* 5 déc. 1977). — (Écrit *showbiz*). «*Le milieu du showbiz*» (*le Point,* 27 avr. 1981).

SHOW-BUSINESS [ʃobiznɛs] n. m. — 1955, *in* Höfler; mot amér., de *show**, et *business* «affaires, commerce».

♦ Anglic. Industrie, métier du spectacle. *Star, vedette du show-business. Entrer, faire carrière dans le show-business. Les coulisses du show-business.* — Abrév. : *show-biz.*

Tu as le physique. Je l'ai tout de suite remarqué. Tu as ce qu'on appelle le magnétisme animal. Crois-moi, je m'y connais. Je suis du métier, j'ai fait le tour. Des physiques comme ça, il n'y en a plus aujourd'hui dans le spectacle. C'est devenu le show-business, ça s'est perdu.
                                É. AJAR (R. GARY), l'Angoisse du roi Salomon, p. 57.

SHRAPNEL ou **SHRAPNELL** [ʃrapnɛl] n. m. — 1871, *shrapnel; shrapnell*, 1876; d'abord *obus à la Shrapnell;* mot angl., du nom de son inventeur, *Shrapnel,* écrit *Shrapnell* (1761-1842).

♦ Obus rempli de balles, qu'il projette en éclatant (→ Fusée, cit. 11; rafale, cit. 5).

1   Le 13 juin 1940, alors que le front croulait de toutes parts, en revenant d'une mission de convoyage en Bloch-210 je fus blessé par un éclat sur le terrain de Tours, au cours d'un bombardement. La blessure était légère et je laissai le shrapnel dans ma cuisse (...)   R. GARY, la Promesse de l'aube, 1960, p. 251.

2   En 1917, je suis revenu avec le bras immobile, le coude fracassé par un shrapnel.
                                Roger GARAUDY, Parole d'homme, p. 17.

SHUNT [ʃœt] n. m. — 1881; mot angl., de *to shunt* «dériver». Anglicisme.

♦ **1.** Électr. Résistance, placée en dérivation, généralement aux bornes d'un appareil qu'elle sert à protéger. ⇒ **Court-circuit.** *Le shunt permet de réduire, dans une proportion définie, l'intensité du courant qui le traverse.*

♦ **2.** (Mil. XXᵉ). Méd. Court-circuit dans la circulation du sang, par ouverture anormale entre deux cavités cardiaques ou abouchement anormal d'un vaisseau entre le système artériel et le système veineux, d'où résulte un mélange des sangs artériel et veineux. ⇒ **Anastomose, pontage.** *«(...) shunt artério-veineux (qui) permet alors un raccordement rapide et aisé avec le dialyseur»* (*la Recherche,* janv. 1974).

(...) les pressions des cavités droites, s'élevant toujours, finissent par atteindre celles des cavités gauches et même les dépassent. Alors le *shunt,* le court-circuit, hésite, balance, puis s'inverse. Le sang bleu des cavités droites passe dans les gauches (...)   Cl. D'ALLAINES, la Chirurgie du cœur, p. 97.

♦ **3.** Cin. ⇒ **Fondu.**
DÉR. Shunter.

SHUNTAGE [ʃœtaʒ] n. m. — 1920, *in* Höfler; de *shunter.*

♦ Anglic. Techn. Opération qui consiste à pourvoir d'un shunt*. — Syn. franç. : *montage en dérivation.*

SHUNTER [ʃœte] v. tr. — 1881, *l'Électricien, in* Höfler; de *shunt.* Anglicisme.

♦ **1.** Techn. Munir d'un shunt, monter en dérivation. ⇒ **Court-circuiter.** *Shunter les inducteurs d'un moteur de locomotive électrique.*

P. p. adj. *Condensateur shunté.*

♦ **2.** (Mil. XXᵉ). Méd., chir. Munir d'un shunt un circuit sanguin. ⇒ **Anastomoser.**

♦ **3.** Fam. Court-circuiter (fig.). *Ne va pas voir ton chef de service; tu le shuntes et tu t'adresses directement au directeur du personnel.*

DÉR. Shuntage.

Si [ɛsi] Symbole chimique du silicium*.

1. SI [si] conj. et n. m. invar. — 842, *Serments de Strasbourg;* moins souvent employé en anc. franç. que *se* (var. *sed*), qui perdra du terrain au XVIᵉ pour être éliminé entièrement au XVIIᵉ; lat. *si.*

REM. Cette étymologie traditionnelle permet de distinguer nettement le *si* conj. dérivant de *si* et le *si* adv. dérivant de *sic;* cependant Bréal, Meillet, etc., ont montré qu'en latin *si* et *sic* étaient à l'origine un seul et même mot.

★ **I.** (Hypothétique). Introduit une «donnée d'hypothèse» qui correspond soit à une condition (à laquelle correspond une conséquence dans la principale), soit à une simple supposition, une éventualité. ⇒ **Cas** (en cas que..., au cas, dans le cas où...), **supposé** (que...).

A. (Dans une phrase qui comporte normalement deux membres complets en corrélation).

♦ **1.** (Hypothèse pure et simple, avec l'indicatif dans les deux membres de la phrase). *«Et si le fouet* (cit. 2, Hugo) *se casse, il frappe avec le pied».* ⇒ **Quand.** *Si le locataire* (cit. 1) *a été troublé dans*

sa jouissance, il a droit à... S'il s'était dépêché, il disait...* (→ Pédaler, cit. 3). — **Fois** (toutes les fois que). — Spécialt. (Supposition relative à l'avenir, avec le futur dans la conclusion, et le présent dans la donnée). → Maison, cit. 14. *« Et s'il* (cit. 24) *n'en reste qu'un, je serai celui-là ».* — (Avec l'impératif au lieu du futur). *Si vous avez une lunette* (cit. 7) *assez forte, braquez-la sur l'étoile...*

1   (...) si je suis triste, je me trouve grotesque et ça me fait rire; quand je suis gai, je fais des plaisanteries tellement stupides que ça me donne envie de pleurer.
                                GIDE, les Faux-monnayeurs, III, XVI.

Fam. *Si oui :* si la réponse est affirmative. *Viendrez-vous? si oui, apportez...*

Pop. (Précédé de *pour*) :

1.1   Après le déjeuner il partait en barque avec Pierre; la mer secouait beaucoup à cause du vent. Ils avaient des couvertures pour si le temps changeait, cinglaient au large.
                                PROUST, Jean Santeuil, Pl., p. 381.

♦ **2.** (Potentiel, avec l'imparfait de l'indicatif dans la donnée et le conditionnel présent dans la conclusion). *Si l'on y regardait bien, on verrait...* (→ Lutin, cit. 1). *Il faudrait, si c'était possible* (ellipt.), *intervenir.* — (Avec substitution de l'imparfait au conditionnel dans la principale). *Au bout de vingt ans, si le travail marchait, ils pouvaient avoir une rente* (→ 1. Manger, cit. 39). *« Si Napoléon l'emportait que devenait notre liberté? »* (Chateaubriand, *Mémoires d'outre-tombe,* III, 1ʳᵉ ép., 6, 16).

2   Fontanet me confia que, si l'on faisait encore du Coquempot en huitième, il s'engageait comme mousse sur un grand navire.
                                FRANCE, le Livre de mon ami, Livre de Pierre, II, VII.

♦ **3.** (Irréel). ⓐ La condition se rapportant au présent (avec l'imparfait de l'indicatif dans la donnée et le conditionnel présent dans la conclusion). *« Si vous étiez vivants, vous prendriez Narbonne »* (Hugo, *Aymerillot). Si j'étais de vous, que de vous.* ⇒ **1. De** (cit. 89 et 90). *Si je ne te connaissais pas, je te dirais que...* (→ Calcul, cit. 5).

Loc. fam. *Si ma tante en avait* (ou *en avait deux*), *on l'appellerait mon oncle* (pour tourner en dérision une hypothèse hautement improbable, une condition irréalisable invoquée comme échappatoire, etc.).

ⓑ La condition se rapportant au passé (avec, normalement, le plus-que-parfait de l'indicatif dans la donnée et le conditionnel passé dans la conclusion). *La majesté* (cit. 7) *des rois d'Angleterre serait demeurée inviolable si elle n'avait point voulu attirer à soi les droits de l'Église.* — REM. Dans la langue littéraire, on peut trouver, dans ce cas, le subjonctif plus-que-parfait soit dans la donnée, soit dans la conclusion, soit dans l'une et l'autre. *«Le nez* (cit. 11) *de Cléopâtre : s'il eût été plus court, toute la face de la terre aurait changé»* (Pascal). *«Si ses yeux l'avaient pu, ils l'eussent fait sortir par les fenêtres»* (Flaubert, *Mᵐᵉ Bovary,* II, X). *«Si vous fussiez tombé, l'on s'en fût pris à moi»* (→ Faute, cit. 40).

ⓒ (Avec combinaison du plus-que-parfait et du conditionnel présent ou de l'imparfait et du conditionnel passé). *Si vous ne m'aviez point fermé la bouche* (cit. 15), *je vous en dirais davantage* (⇒ aussi 1. Mage, cit.). *Si Bonaparte fût resté lieutenant* (cit. 5) *d'artillerie, il serait encore sur le trône.* — *Si vous ne vous cachiez* (cit. 50) *pas de vos bienfaits, vous auriez eu plus tôt mon remerciement. «Si je n'étais César, j'aurais été Brutus »* (Voltaire, *la Mort de César,* I, 1).

ⓓ (Avec substitution de l'imparfait de l'indicatif au conditionnel dans la conclusion) :

3   — Si tu n'étais pas venue me surprendre, je repartais sans t'avoir vue (...)
                                GIDE, la Porte étroite, VIII.

4   «Si ces maraudeurs avaient eu plus d'audace, Bonaparte *demeurait* prisonnier» CHAT., Mém. O.-T., III, II, p. 315; l'écrivain aimait ce tour, il le prodigue dans une phrase mémorable que : «Si... je n'avais pas été jeté à l'écart par des hommes aveugles, le cours de nos destinées *changeait;* la France *reprenait* ses frontières, l'équilibre de l'Europe *était* rétabli; la Restauration, devenue glorieuse, aurait pu vivre encore longtemps...» *Ibid.,* III, XV, p. 410. Dans la dernière partie de cette phrase, Chateaubriand est revenu au conditionnel passé (qui est le mode le plus ordinaire en pareil cas); mais on voit là combien l'imparfait l'emporte en valeur expressive.   G. et R. LE BIDOIS, Syntaxe du franç. moderne, § 1623.

♦ **4.** (Suivi d'un conditionnel, en dérogation à la règle grammaticale) :

4.1   Si ta haine m'envie un supplice si doux,
Ou si d'un sang trop vil ta main serait trempée,
Au défaut de ton bras prête-moi ton épée.   RACINE, Phèdre, II, 5.

REM. Ici, Racine supprime l'intermédiaire logique : *«si tu penses qu'en me tuant toi-même, ta main serait trempée d'un sang trop vil.»*

♦ **5.** *Si c'était... qui... que...* (suivi de l'indicatif ou du subjonctif) :

5   Mais que diraient-ils si c'étaient eux-mêmes qui fussent coupables d'irréligion?
                                VOLTAIRE, Lettres philosophiques, XIII.

6   (...) si c'était Françoise ou Simone qui avait peint ce portrait, tout le monde l'admirerait (...)   A. MAUROIS, Bernard Quesnay, XXVI.

7   — Si c'était au prix de la guerre qu'il fallût acheter le mot volupté, je m'en passerais.   GIRAUDOUX, La guerre de Troie n'aura pas lieu, I, 6.

♦ **6.** (Présentation de deux ou plusieurs données). ⓐ (*Si* répété, quand il n'y a pas de lien logique entre les données). → Morigéner, cit. 4.

ⓑ (*Si* remplacé par *que* et le subjonctif, dans le cas contraire). ⇒ **1. Que** (cit. 37; et *supra*).

ⓒ (Avec ellipse du verbe dans la ou les données suivantes) :

7.1 *Si j'épouse, Hermas, une femme avare, elle ne me ruinera pas ; si une joueuse, elle pourra s'enrichir ; si une savante, elle pourra m'instruire (...).*
LA BRUYÈRE, les *Caractères*, III, 44.

7.2 *Si sa conduite avait été excellente, le pardon était accordé ; si médiocre, le fouet était modéré ; si méchante, la correction était (...) bien rigoureuse.*
RESTIF DE LA BRETONNE, la *Vie de mon père*, p. 250.

♦ **7.** (Donnée renforcée). *Même si..., si même...* ⇒ **Même.** *Encore si..., si encore...* ⇒ **Encore** (*supra* cit. 22). *Si jamais...* ⇒ **Jamais.** *Que si...* ⇒ 1. **Que** (cit. 55 ; et *supra*). *Excepté* si, sauf* si...*

B. (*Si*, dans une phrase dont la conclusion est irrégulière : sous-entendue, incomplète, etc.).

♦ **1.** (Dans une phrase de comparaison). *« J'ai plus de souvenirs que si j'avais mille ans »*, que je n'en aurais si j'avais mille ans. *Il se retira d'un pas* (1. Pas, cit. 34) *aussi léger que si ses semelles eussent été doublées de feutre. — Elle s'est mise à sourire, comme si elle m'avait trouvé ridicule* (→ Horripilant, cit. 2). *Ils y inventorièrent* (cit. 1) *tout, comme si elle était morte. Comme si de rien n'était.* ⇒ 1. **Être** (*infra* cit. 76). *Elle attendit, comme si elle eût senti le besoin d'une pause* (→ Marge, cit. 5 ; et aussi pilori, cit. 1). *« Je me contemplai comme si j'eusse été un autre, ou plutôt comme si j'étais redevenu moi-même »* (Mauriac, le *Nœud de vipères*, I, IV). *« Le mois suivant, il est gras et replet comme s'il n'avait pas quitté la table d'un financier, ou qu'il eût été renfermé dans un couvent de Bernardins »* (Diderot, le *Neveu de Rameau*). *— C'était comme si...* (→ Malgré, cit. 4). *C'est comme si on chantait*. — Loc. didact. Tout se passe comme si... —* (Exclamativement, avec une nuance d'ironie, de surprise, d'indignation, etc.). *« Comme si la raison pouvait mépriser aucun fait d'expérience ! »* (Barrès, la *Colline inspirée*, I). — REM. Dans ce cas, *comme si* peut être suivi du conditionnel (→ Avec* cela que...).

8 *Comme si le père Octave n'aurait pas pu me prêter son auto !*
MONTHERLANT, les *Célibataires*, II, IX.

♦ **2.** (En phrase interrogative, pour présenter une éventualité, ou une «supposition d'ordre pratique orientée vers une conséquence relative à l'action» [G. et R. Le Bidois], une suggestion en liaison avec une conclusion implicite). *« Et si elle se fâche ? si elle rompt ? Tant pis »* (Romains, les *Hommes de bonne volonté*, t. III, XVIII, p. 236). *« Elle ajouta : — Si tu m'accompagnais, ô père ? — Non ! »* (Flaubert, *Salammbô*, XIII). *« David, si c'était moi qui te la donnais, la couronne (...) »* (Gide, *Saül*, 8). *« Si Monsieur voulait bien descendre »* (Gide, *Isabelle*, I, p. 20).

♦ **3.** *Ou si...* (introduisant le second terme d'une interrogation directe double). *« Est-ce pour rire, ou si tous deux vous extravaguez (...) »* (Molière, le *Médecin malgré lui*, I, 5). *« Êtes-vous souffrant, ou si c'est un méchant caprice ? »* (Musset, le *Chandelier*, III, 3). *« Voudriez-vous qu'on vous serve à part ? ou si vous mangerez dans la même salle que ces Messieurs ? »* (Gide, *Si le grain ne meurt*, IX).

♦ **4.** (En phrase exclamative, sans conclusion explicite, «pour marquer un fait dont la réalisation aurait des conséquences qu'on peut imaginer sans peine», Sandfeld). *«Ah ! si mon cœur osait encor se renflammer !»* (→ Aimer, cit. 40, La Fontaine). *« Fuyons... Mais si l'ingrat rentrait dans son devoir ! Si la foi dans son cœur retrouvait quelque place... ! »* (Racine, *Andromaque*, II, 1). *«... Dieu ! s'il allait me parler à l'oreille ! S'il était là, debout et marchant à pas lents... ! »* (Hugo, *Hernani*, IV, 2). *« Son égoïsme paternel pensa aussitôt : — Si c'était la mienne qui avait été frappée ! »* (R. Rolland, *Jean-Christophe*, Nouvelle journée, IV).

♦ **5.** (Optatif). ⇒ **Pourvu** (que). *« Ô Spark ! mon cher Spark, si tu pouvais me transporter en Chine ! Si je pouvais seulement sortir de ma peau pendant une heure ou deux ! Si je pouvais être ce monsieur qui passe ! »* (Musset, *Fantasio*, I, 2). *Si seulement je pouvais dormir !* (→ Pression, cit. 2). *« Si je pouvais changer (...) ce qu'il y a dans cette tête-là »* (Proust, *À la recherche du temps perdu*, t. I, p. 320).

9 L'homme est ainsi bâti : quand un sujet l'enflamme,
L'impossibilité disparaît à son âme.
Combien fait-il de vœux, combien perd-il de pas,
S'outrant pour acquérir des biens ou de la gloire ?
« Si j'arrondissais mes États !
Si je pouvais remplir mes coffres de ducats !
Si j'apprenais l'hébreu, les sciences, l'histoire »
LA FONTAINE, *Fables*, VIII, 25.

(Souhait appliqué au passé, regret). *Si j'avais su ! Oh ! si j'avais pu me défendre* (→ Paralyser, cit. 6). *«Ah ! s'il avait pu l'empêcher ! si elle avait pu se fouler le pied avant de partir... »* (Proust, *À la recherche du temps perdu*, t. I, p. 301). *« Ô si l'on eût vu ceux* (les ouvrages) *de ma première jeunesse... »* (Rousseau, les *Confessions*, IV).

(Introduisant une hypothèse rejetée, qualifiant les idées d'un interlocuteur). *Si tu crois que ça va se passer comme ça...* (tu te trompes). *« Si tu t'imagines*, fillette, fillette... »* (Queneau).

C. (Dans des loc. figées).

♦ **1.** (*Si* amenant une espèce d'incidente ou de parenthèse). *S'il vous plaît.* ⇒ **Plaire** (*supra* cit. 38). — *Si vous voulez. Si on veut*. Si je ne m'abuse*, si je ne me trompe*. Si j'ose ainsi parler. Si j'ose dire*. Si je puis dire* (parfois exclamativement : *si on peut dire !*).

Si je vous comprends bien. Hardi menteur s'il en fût* (→ 1. Être, cit. 32). *Son seul mérite, si mérite il y a... Si tant* est que...*

10 *Si je vous comprends bien, ce grand machin blanc, là, c'est le Casino ?*
J. ROMAINS, les *Hommes de bonne volonté*, t. VIII, XXIV, p. 249.

♦ **2.** *Si ce n'est...* ⇒ **Sinon.** **a** (Sens hypothétique). *Même si ce n'est pas..., en admettant que ce ne soit pas.* ⇒ **Moins** (à moins que). *Un des meilleurs, si ce n'est le meilleur...*

b (Sens restrictif). ⇒ **Excepté, sauf.** *« Jésus leur défend de rien emporter si ce n'est des sandales et un bâton »* (Flaubert, la *Tentation de saint Antoine*, III). *Je ne demande rien, si ce n'est qu'on me rende justice. — Si ce n'est que.* ⇒ **Excepté** (cit. 13), **sauf** (que).

11 *(...) vous n'aurez rien à craindre de la justice ou des parents du mort, si ce n'est quand il vous faudra descendre à la ville pour y renouveler vos munitions.*
MÉRIMÉE, *Mosaïque*, «Mateo Falcone».

12 *(Mars) pourrait aussi bien être le frère des Furies, des Amazones et de Méduse, bien qu'il n'y ait pas de rapport entre eux, si ce n'est leur férocité.*
Émile HENRIOT, *Mythologie légère*, p. 78.

D. N. m. invar. Hypothèse, supposition. *Avec des si, on mettrait Paris dans une bouteille.* — REM. Ce *si* substantivé ne doit pas être confondu (comme le fait Littré) avec l'ancien *si* substantivé au sens d'«objection», qui représente l'adverbe «pourtant». ⇒ 2. **Si.**

12.1 *Si donc — que de «si» encore ! — si donc la mer ne devenait pas trop mauvaise, si le vent ne sautait pas dans l'est, s'il ne survenait aucune avarie, au bâtiment, aucun accident à la machine, l'Henrietta, dans ses jours comptés du 12 décembre au 21, pouvait franchir les trois mille milles qui séparent New York de Liverpool.*
J. VERNE, le *Tour du monde en 80 jours*, 1873, p. 296.

13 *(Je préfère à l'Histoire l'histoire naturelle)* où le *«si»* devient instrument d'expérience et permet de nouvelles constatations.
GIDE, *Journal*, nov. 1943.

★ **II.** (Non hypothétique, «pour marquer la validité simultanée de deux faits», Sandfeld).

♦ **1.** (Introduisant une comparaison-opposition, avec une valeur concessive). *« De même qu'il est vrai que..., une fois admis pour vrai que... »* — REM. Dans cette construction, qui correspond au tour latin *ut... ita..., si* appelle souvent, dans la proposition qui suit, un adversatif ou restrictif comme *néanmoins, ne... pas moins, au contraire,* etc. (→ Inversion, cit. 4). — *« Si la vie et la mort de Socrate sont d'un sage, la vie et la mort de Jésus sont d'un Dieu »* (cit. 39, Rousseau). *S'il continuait de lire les Anciens, il ne les respectait guère* (→ Parodier, cit. 1). *Si rien au monde ne vaut une mère, rien n'est pire qu'une marâtre* (cit. 2 ; → aussi Attaquer, cit. 33 ; loin, cit. 28 ; maléfice, cit. 1).

14 *Si elle (la science) laisse, si elle laissera toujours sans doute un domaine de plus en plus rétréci au mystère, et si une hypothèse pourra toujours essayer d'en donner l'explication, il n'en est pas moins vrai qu'elle ruine, qu'elle ruinera à chaque heure davantage les anciennes hypothèses (...)*
ZOLA, *Rome*, XVI.

15 *(...) écrites durant la guerre, elles (ces pages) gardent un reflet certain de l'angoisse et du désarroi de ce temps ; et si, sans doute, je les signerais encore, je ne les écrirais peut-être plus.*
GIDE, *Numquid et tu...?* (1916-1919).

♦ **2.** (En corrélation avec une explication, une précision). *Si... c'est, c'est que, c'est parce que... Si l'Église condamne la magie* (cit. 2) *et la sorcellerie, c'est qu'elles militent contre les intentions de Dieu* (→ aussi Recommencer, cit. 6). *« S'il s'acharne à rabaisser le génie, c'est par dépit de n'en point avoir »* (Romains, les *Hommes de bonne volonté*, t. IV, XXII, p. 247). *« Si j'ai parlé de mon amour, c'est à l'eau lente (...) »* (Régnier, *Jeux rustiques*, Odelette, IV). *Si jamais quelqu'un aurait dû réussir, c'est bien lui.*

REM. On peut rapprocher de cet emploi des tours tels que : *c'est bien le diable* (cit. 20) *si... ; (c'est) à peine** (cit. 35) *si... ; c'est tout juste, c'est tout au plus** (cit. 97) *si... ; (c'est) tant* mieux, tant* pis si... ; c'est ma faute si...* (→ Faute, cit. 41).

♦ **3.** (Introduisant une proposition à valeur de complétive). *Ne pas s'étonner** (cit. 30 à 32) *si... C'est miracle* (cit. 17) *si... « Ne te plains pas si je te laisse seule »* (René Bazin, la *Terre qui meurt*, p. 225). *Douter* (cit. 10 à 13) *si... S'assurer** (cit. 55) *si... S'inquiéter si...* (→ Bourrasque, cit. 11 ; recette, cit. 5). *Cela m'est égal si...* — REM. La parenté de *si* et de *que* apparaît dans l'emploi qu'on fait de *si* pour éviter la rencontre de deux *que.* ⇒ 1. **Que** (*infra* cit. 41).

♦ **4.** (Introduisant une interrogative indirecte). *Demander* si... Vous voulez savoir si...* (→ 1. Logique, cit. 3). *Savoir* si... Vous verrez bien si je fais mal* (2. Mal, cit. 22). *Dis-moi si... S'informer* si... Hésiter* si...*

16 *C'est une grande question s'il s'en trouve de tels (esprits)...*
LA BRUYÈRE, les *Caractères*, XVI, 15.

(Dans une interrogation indirecte transformée en interrogation directe qui reprend une question antérieure, par ellipse du verbe d'interrogation) :

17 *— (...) Mais n'as-tu pas vu passer un homme, dis-moi ? — Si j'ai vu passer un homme ?*
MÉRIMÉE, *Mosaïque*, «Mateo Falcone».

♦ **5.** (Emploi exclamatif où *si* est proche du *si* intensif). ⇒ 2. **Si ; combien.**

18 *Regarde le soleil s'il est rouge* (MAUPASS., *Cl. de lune, Le loup*). *« Vous pensez s'ils étaient fiers ! »* (J. ROMAINS, *Sur les quais de la Villette*, Le lynchage de la rue Rodier, p. 176)... En linguistique synchronique, ces emplois font la soudure avec ceux où *si* va exprimer une intensité de réalité. La locution exclamative «tu parles» s'annexe (...) dans le parler très négligé, des sous-phrases ayant ce sens

exclamatif ; ex. : «— Vous parlez s'ils se foutent de nous» (J. ROMAINS, *Les hommes de bonne volonté*, t. V, chap. XXVII, p. 275).

J. DAMOURETTE et É. PICHON, *Essai de grammaire*, § 2167.

♦ **6.** (Valeur causale). Puisque. «*Comment l'aurais-je fait, si je n'étais pas né ?*» (La Fontaine, *Fables*, I, 10). «*Ah ! si du fils d'Hector la perte était jurée, Pourquoi d'un an entier l'avons-nous différée ?*» (cit. 2, Racine). «*Nous disons : — A quoi bon l'âtre sans étincelles ? A quoi bon la maison où ne vont plus leurs pas... ? Qui donc attendons-nous s'ils ne reviendront pas ?*» (Hugo, *les Contemplations*, VI, Claire). — REM. Certains grammairiens interprètent cependant : «s'il est vrai qu'ils ne reviendront pas». — «*Qu'est-ce que ça fait, si tu as toujours autour de toi des gens pour t'aimer ?*» (Zola, *Pot-Bouille*, IX). — REM. Cet emploi de *si* s'explique par le fait qu'on passe facilement du sens de «étant admis pour vrai que» à «étant donné que».

COMP. Sinon.

HOM. 1. Ci, 2. ci, 2. si, 3. si, scie, six.

2. SI [si] adv. — 842 ; du lat. *sic* «ainsi». → aussi 1. Si.

★ **I.** (Adv. marquant l'affirmation ou l'opposition).

♦ **1.** Vx. De cette manière, ainsi. — Vx. *Si que :* de sorte que.

Spécialt, vx. (Employé avec un verbe, généralement avec *faire*, et servant à affirmer une idée en opposition avec la proposition négative qui précède). «*Je ne me pendrai pas ? Et vraiment si ferai, Ou de corde je manquerai*» (La Fontaine, *Fables*, IX, 16). — (Vieilli). *Si fait.*

1 «*Si fait,* mon cher hôte, *si fait,* reprit-il (...) en réponse à une objection de M. Verdurin» PROUST, *Swann*, II, 55. Ce *fait* n'est pas le participe passé de *faire*, mais une forme figée du présent de l'indicatif. On disait autrefois : *Si* (ainsi) *fais-je, si fait-il ;* bientôt le sens du tour s'obscurcit, on cessa d'énoncer le sujet, et la 3e personne subsista seule, en perdant sa valeur verbale.

G. et R. LE BIDOIS, *Syntaxe du franç. moderne*, § 1755.

♦ **2.** (Dans une réponse, pour contredire l'idée négative que vient d'exprimer l'interlocuteur). «*Vous ne partez pas demain ? — Si*». — (Avec renforcement). *Mais si. Ma foi si.* — Fam. *Que si.* — Vx. *Si bien.*

REM. 1. Comme le mot *si* apporte une contradiction à l'interlocuteur, il est peu poli de l'employer dans certains cas (quand on parle à un supérieur, par ex.) ; on peut alors le remplacer par une formule comme *je vous demande pardon,* etc.

2. *Oui* est parfois employé à la place de *si* après une proposition négative. → Oui (*supra* cit. 6).

2 — Monsieur Bénassis (...) ne me ferez-vous pas l'honneur de vous reposer un moment, chez moi ?
— Si bien, répondit-il. BALZAC, *le Médecin de campagne*, Pl., t. VIII, p. 405.

3 — Ce n'est pas du poison, cette affreuse liqueur ? Dis ? — Si ! c'est du poison. Mais j'ai la joie au cœur. HUGO, *Ruy Blas*, V, 4.

QUE SI, renforce la réponse.

3.1 — Mais, madame, je n'en sais pas
— Ah ! que si (...)
Henri MONNIER, *Scènes populaires*, t. I, p. 166 (1833).

4 — (...) Ils n'ont pas besoin l'un de l'autre. — Que si.
J. ROMAINS, *les Hommes de bonne volonté*, t. XI, XIV, p. 137.

(En subordonnée complétive). *Il dit que si.*

5 — (...) C'est trop vieux. Ça ne peut plus servir. Il protesta que si.
GIDE, *les Faux-monnayeurs*, I, XI.

(Soulignant une affirmation et répondant à une objection, à une question sous-entendue). ⇒ **Oui.** «*Sans m'en douter, je vous agaçais, je vous froissais* (cit. 22)... *Si ! si ! Je vous ai souvent froissée*» (sous-entendu : ne protestez pas). → aussi Phlébite, cit.

(Placé après un nom ou un pronom, dans une phrase coordonnée ou juxtaposée). ⇒ **Oui.** «*Vous n'êtes pas un peu fatigué après cette promenade ? — Moi, si*».

♦ **3.** Vx. Pourtant (on a dit également, dans le même sens, *si est-ce que*). — *Et si :* et pourtant ; et avec cela, et de plus. — *Mais si.*

6 Déjà depuis longtemps je tâche à le comprendre,
Et si plus je l'écoute, et moins je puis l'entendre (...) MOLIÈRE, *Sganarelle*, 22.

7 (...) il se mit à trembler et à étouffer comme de fièvre. Et si, il n'était malade que de mourir (...) G. SAND, *François le Champi*, XXIV.

♦ **4.** N. m. *Un si,* une objection*, une difficulté. *Des mais* et des *si.* — REM. Il ne faut pas confondre ce *si* avec *si,* conjonction substantivée. ⇒ 1. Si.

8 L'un alléguait que l'héritage
Était frayant et rude, et l'autre un autre si. LA FONTAINE, *Fables*, VI, 4.

♦ **5.** Franç. d'Afrique. Oui (en réponse à une interrogation non négative). «*Vous avez de l'eau ? Si*». «*Tu viens demain ? Si, monsieur*» (I. F. A.). — En réponse à une interrogation négative, *si* équivaut à *non* en français central (approbation de la négation).

★ **II.** (Adverbe d'intensité).

A. (Devant un adj. ou un adv.). À ce point, à un tel degré. ⇒ **Aussi** (*supra* cit. 32), **tellement.** — REM. *Si* ne s'emploie devant un participe que lorsque celui-ci est pris comme adjectif : *je n'eusse pas été si méprisé si je n'avais été si livré* (cit. 37), *si ouvert, si nu.* C'est ainsi que cette phrase de Mme de Sévigné nous paraît vieillie : «*Cette année 89*

si prédite, si marquée (cit. 53), *si annoncée pour de grands événements*». — *Ce n'est pas si facile.* — «*(...) moi, héron, que* (1. Que, cit. 5) *je fasse Une si pauvre chère... ?*» (La Fontaine). «*Lui, naguère si beau, qu'il est comique et laid !*» (→ Gauche, cit. 4, Baudelaire) «*Le ciel est, par-dessus le toit, Si bleu, si calme !*» (→ 1. Palme, cit. 4, Verlaine). *Pas* (2. Pas, cit. 23) *si loin ! pas si haut ; redescendons. Je joue si mal* (→ Non, cit. 12). *Pourquoi me réveiller si matin ?* (cit. 11). — Vx. *Si très.* — *Si,* portant sur une locution verbale qui contient un nom *(avoir si faim, avoir si peur)* ou sur un nom adjectival. «*Ne sois pas si femme de bien*» (Molière, *Amphitryon*, I, 4).

9 J'avais si peur d'entendre encore quelque chose de plus fâcheux (...)
CYRANO DE BERGERAC, *le Pédant joué*, II, 4.

10 Jamais il ne s'était senti si misérable, si inutile, si petit garçon.
ZOLA, *Nana*, XIII.

11 Jamais, et nulle part, dans une aire aussi restreinte et dans un intervalle de temps si bref, une telle fermentation des esprits, une telle production de richesses, n'ont pu être observées.
VALÉRY, *Variété*, *Essais quasi politiques*, in Œ., t. I, Pl., p. 1098.

B. (Joint à un adj. ou à un adv. et en corrélation avec la conjonction *que,* avec un relatif ou avec la préposition *de,* pour introduire une consécutive).

♦ **1.** SI... QUE (avec l'indicatif ou le conditionnel dans la consécutive, quand la principale est à la forme affirmative). ⇒ **Tellement** (que). *Elle est si tendre et si jolie que l'on voudrait la manger* (1. Manger, cit. 9). «*Quelle mâle gaieté* (cit. 13), *si triste et si profonde Que, lorsqu'on vient d'en rire, on devrait en pleurer !*» (Musset). «*Le coup* (cit. 27) *passa si près que le chapeau tomba*» (Hugo).

12 Je l'entendis ; les gens comme elle ne questionnent jamais aussi bas qu'ils croient le faire ; ils y vont si étourdiment, qu'ils n'ont pas le temps d'être discrets.
MARIVAUX, *la Vie de Marianne*, V, p. 228.

13 Nous nous sommes enfuis le jour d'une bataille,
Si vite et si tremblants et d'un pas si pressé
Que nous ne savons plus où nous l'avons laissé !
HUGO, *la Légende des siècles*, X, III.

14 Sara paraissait si timide, elle avait si peur d'être importune, sa modestie, sa rougeur, son embarras, étaient si naturels, que Nicolas s'abandonna entièrement au charme.
NERVAL, *les Illuminés*, «Confidences de Nicolas», IV.

SI BIEN QUE... *Je fis si bien* (1. Bien, cit. 107), *des pieds, des poings, des dents, de tout, que je l'arrachai de sa place.* — *Faire tant et si bien que...* ⇒ **Tant.** — «*La chétive* (cit. 1) *pécore S'enfla si bien qu'elle creva*» (La Fontaine).

SI BIEN QUE... (toujours suivi de l'indicatif ou du conditionnel, même quand la principale est négative, et formant une véritable locution conjonctive qui équivaut à «de sorte* que»). — *Si bien que* (après une ponctuation forte). → Machine, cit. 5 ; et aussi ci-dessous, cit. 15, Flaubert.

15 Une hardiesse infernale s'échappait de ses prunelles enflammées, et les paupières se rapprochaient d'une façon lascive et encourageante ; — si bien que le jeune homme se sentit faiblir sous la muette volonté de cette femme qui lui conseillait un crime.
FLAUBERT, *Mme Bovary*, III, VII.

♦ **2.** Vx ou littér. (En corrélation avec la conjonction *que* ou avec un relatif suivi du subjonctif, la principale étant à la forme négative ou interrogative). «*Il n'est peine si grande Qu'un rien ne suspende Pour un rien* (cit. 91) *de temps...* » (Valéry).

16 Il n'y a chose si innocente où les hommes ne puissent porter du crime, point d'art si salutaire dont ils ne soient capables de renverser les intentions, rien de si bon en soi qu'ils ne puissent tourner à de mauvais usages.
MOLIÈRE, *Tartuffe*, Préface.

17 Il n'est fruit si délicieux dont un souvenir amer ne risque de gâter la saveur et le parfum. G. DUHAMEL, *les Plaisirs et les Jeux*, IV, VI.

18 Pourtant il ne date pas de si loin qu'il n'en devienne méconnaissable.
J. ROMAINS, *les Hommes de bonne volonté*, t. V, XV, p. 111.

♦ **3.** Vx ou littér. SI... QUE DE..., SI... DE... (suivi de l'inf. ; tour qui n'est guère usité qu'avec une principale négative ou interrogative). ⇒ **Assez** (pour). «*Serait-elle bien si malicieuse* (cit. 1) *que de s'être tuée pour me faire pendre ?*» (Molière). «*Mais je ne me crois pas si chéri du Parnasse* (cit.) *Que de savoir orner toutes ces fictions*» (La Fontaine). «*Qui te rend si hardi de troubler mon breuvage ?*» (cit., La Fontaine).

19 Non qu'il fût si fat que de croire qu'il ne pouvait déplaire.
F. MAURIAC, *le Fleuve de feu*, I, p. 46.

★ **III.** (Adv. de comparaison). Au même degré (que). ⇒ **Aussi.**

♦ **1.** (Joint à un adj. ou à un adv. et en corrélation avec *que,* dans une proposition négative ou interrogative). «*Rien ne nous rend si grands qu'une grande douleur*» (cit. 14, Musset). *On n'est jamais si bien servi que par soi-même.* «*Hélas ! fus-je jamais* (cit. 6) *si cruel que vous l'êtes ?*» On n'est jamais si aisément trompé que quand on songe à tromper les autres (→ Finesse, cit. 12).

♦ **2.** Vx. (Dans une proposition affirmative). «*Madame à sa tour monte Si haut* (cit. 90) *qu'elle peut monter*» (chanson de Malbrough). — REM. Ce tour a subsisté dans quelques expressions. *Si peu que vous voudrez* : aussi peu que vous voudrez. *Si peu que rien :* très peu, autant dire rien.

20 Soyez si tendre et si émouvant que vous voudrez (...) LA FONTAINE, *Psyché*, I.

★ **IV.** SI... QUE... (et subj.), introduit une concession impliquant une idée de degré variable. ⇒ **Pour** (pour... que...), **quelque** (quelque... que...). — REM. Le nom sujet s'invertit régulièrement quand *si... que* encadre un attribut : *si bref que soit un écrivain, il en dit toujours trop* (→ Long, cit. 12). — *Si haut* (cit. 126) *que nous nous placions pour juger notre temps, l'historien futur le jugera de plus haut encore.* — *Si peu* (cit. 54) *que... Si peu que ce soit.* ⇒ **Peu** (*supra* cit. 52).

20.1 Rien, si beau cela soit, n'équivaut à ce que *(ce)* soit elle.
PROUST, Jean Santeuil, Pl., p. 571.

21 Soit cette phrase, que nous empruntons à Littré : « *Si mince qu'il puisse être,* un cheveu fait de l'ombre »; la proposition soulignée manifeste tout de suite avec beaucoup de force sa valeur rationnelle de concessive-oppositive : mais on y découvre sans peine une autre valeur plus secrète, et qui n'est pas moins essentielle. Car sans énoncer le moins du monde une hypothèse, elle ne laisse pas, grâce à la supposition qu'elle implique, de posséder une valeur hypothétique ; le membre souligné revient en effet à dire : *même si on le suppose aussi mince que possible,* un cheveu, etc.   G. et R. LE BIDOIS, Syntaxe du franç. moderne, § 1650.

22 Il arrive (...) qu'on trouve le futur de l'indicatif après *si... que* : « Mais *si loin* que la haine De cette destinée aveugle et sans pudeur Ira, j'y veux aller » (MUSS., *Vœux stériles*) ; «On pourrait s'opposer à ce que le patrimoine de ces enfants, *si petit qu'il sera,* fût aventuré dans une véritable spéculation» (BECQUE, *Corbeaux*, II, 10). Dans ces deux exemples, la concession porte, non sur un fait présent ou accompli, mais sur un fait qui se prolongera dans l'avenir (ex. de Musset), ou sur un jugement que le locuteur a de bonnes raisons de laisser dans l'incertitude du futur (ex. de Becque).   G. et R. LE BIDOIS, Syntaxe du franç. moderne, § 1586.

Pour l'emploi, incorrect, de *aussi... que* pour *si... que.* ⇒ **Aussi.**

POUR SI... QUE... ⇒ **Pour** (cit. 75).

(Sans *que* et avec inversion du pronom sujet) :

23 Le moindre effort! Et si petit soit-il, c'est encore un trop grand effort !
G. DUHAMEL, Défense des lettres, I, II.

REM. Ce tour est rare avec un nom sujet.

24 *Si légère soit l'atteinte,* rien ne rend au papier sa candeur première.
André SUARÈS, Valeurs, p. 197.

CONTR. Non.
COMP. Ainsi, aussi, sitôt.
HOM. 1. Ci, 2. ci, 1., 3. si, scie, sis.

3. SI [si] n. m. invar.

— Déb. XVIIᵉ ; des initiales de *Sancte Iohannes* dans l'hymne de saint Jean-Baptiste. → Ut.

♦ Mus. Septième note de la gamme d'*ut. Jouer un si. Un si naturel, un si bémol.* — Signe qui représente cette note. Tonalité de *si. La messe en si,* de J.-S. Bach. *Si majeur,* si *mineur.*

S. I. ou SI

Sigle de *système** (II., 3.) *international d'unités.*

SIAL [sjal] n. m.

— 1918 ; formé en all. par Wegener (1878), de *Si* et *Al,* symboles chimiques du *silicium* et de l'*aluminium.*

♦ Géol. Couche superficielle du globe terrestre où domine le silicate d'aluminium. ⇒ **Lithosphère.**

DÉR. Sialique.

SIAL-, SIALO-

Élément, du grec *sialon* «salive», entrant dans la composition de termes médicaux. ⇒ **Sialadénite, sialagogue, sialogène, sialographie, sialophagie, sialorrhée.**

SIALADÉNITE [sjaladenit] n. f.

— 1871 ; de *sial-,* et *adénite.*

♦ Méd. Inflammation des glandes salivaires.

SIALAGOGUE [sjalagɔg] adj. et n. m.

— 1741 ; de *sial-,* et *-agogue.*

♦ Méd. Qui accroît la sécrétion de salive. ⇒ **Sialogène, salivant.** — N. m. *Un sialagogue.*

SIALIQUE [sjalik] adj.

— Mil. XXᵉ ; de *sial.*

♦ Géol. Du sial, couche superficielle du globe terrestre. *Ophialites «déposés sur fond sialique (...), comme la chaîne hercynienne d'Europe occidentale»* (la Recherche, févr. 1974, p. 180).

SIALIS [sjalis] n. m.

— 1802, Latreille ; mot lat. zool., désignant en grec un oiseau.

♦ Zool. Insecte au corps brun *(Nécroptères)* dont la larve est aquatique.

SIALO- ⇒ Sial-.

SIALOGÈNE [sjalɔʒɛn] adj.

— 1895 ; de *sialo-,* et *-gène.*

♦ Didact. (physiol.). Qui provoque la salivation. *Substance sialogène.* ⇒ **Sialagogue, salivant.**

SIALOGRAPHIE [sjalɔgrafi] n. f.

— XXᵉ ; de *sialo-,* et *-graphie.*

♦ Méd. Radiographie des canaux excréteurs de salive après injection d'un liquide opaque.

SIALOPHAGIE [sjalɔfaʒi] n. f.

— 1923, *in* Larousse ; de *sialo-,* et *-phagie.*

♦ Didact. (physiol.). Déglutition constante et anormale de la salive.

SIALORRHÉE [sjalɔre] n. f.

— 1842, Académie, *Compl.* ; de *sialo-,* et *-rrhée.*

♦ Méd. Syn. de *ptyalisme*.*

SIAM [sjam] n. m.

— 1792, *in* D.D.L. ; de *Siam,* pays d'où le jeu a été importé sous Louis XIV.

♦ Vx. Jeu de quilles* dans lequel la boule est remplacée par un disque au bord taillé en biseau, et qui roule en décrivant une courbe.

(...) le moule s'échappa ; il roula par terre aussi prestement que s'il avait été lancé par un joueur de siam ou par un discobole (...)
Charles NODIER, Contes, « Fée aux miettes », VIII.

SIAMOIS, OISE [sjamwa, waz] adj. et n.

— 1686, n. f. ; de *Siam.*

★ **I.** Adj. et n. ♦ **1.** (1765). Du Siam. ⇒ **Thaïlandais.** *Le peuple siamois. Pagodes* (cit.) *siamoises. Couleurs siamoises* (→ Navire, cit. 4). *Langue siamoise.* — N. m. Ling. *Le siamois,* avec le laotien, la seule langue littéraire du groupe thaï (Indochine et Chine du Sud).

N. Habitant, habitante du royaume de Siam (lequel prit le nom de Thaïlande en 1939), ou personne qui en est originaire. *Un Siamois, une Siamoise. Les Siamois.*

(1930 ; *chat de Siam,* 1907). **CHAT SIAMOIS** : chat d'une race svelte à poil ras, à la tête triangulaire et aux yeux bleus, importé du Siam à la fin du XIXᵉ siècle (→ Frotter, cit. 30 ; 2. mort, cit. 12). — N. m. *Un siamois :* un chat siamois.

♦ **2.** (1872, *in* P. Larousse). **FRÈRES SIAMOIS, SŒURS SIAMOISES** : jumeaux, jumelles rattachés l'un à l'autre par deux parties homologues de leurs corps : tête, bas du dos, région épigastrique (comme les «frères siamois», jumeaux originaires du Siam, présentés en France en 1829). — Fig. Amis inséparables (→ Frère, cit. 12).

Mesdemoiselles Mangebois sont les filles de notre défunt juge de paix, célèbre pour avoir fait trancher la membrane de deux sœurs siamoises que deux forains de Limoges se disputaient.   GIRAUDOUX, Intermezzo, 1, 5.   1

(...) quand elle (*la fragmentation de l'œuf*) est précoce, les deux jumeaux ont chacun son chorion et son placenta ; tardive, ils ont même chorion et même placenta ; plus tardive encore, les deux individus ne se séparent qu'incomplètement, ils sont des frères ou sœurs siamois.   Jean ROSTAND, l'Homme, II.   2

★ **II.** N. f. ♦ **1.** (1686). *Siamoise :* ancienne étoffe de soie et coton (apportée à Louis XIV par les ambassadeurs du Siam). *Un vieux lit* (cit. 22) *de jour de siamoise flambée.*

♦ **2.** (1890). *Siamoise :* canapé en S sur lequel les occupants se trouvent vis-à-vis.

SIBÉRIEN, IENNE [siberjɛ̃, jɛn] adj. et n.

— 1610, nom de peuple (*in* D.D.L.) ; adj., 1740 ; de *Sibérie,* région septentrionale de l'Asie.

♦ **1.** Qui se rapporte à la Sibérie, à ses habitants. *La toundra sibérienne.* — N. *Les Sibériens.*

♦ **2.** Fig. *Un froid sibérien,* très rigoureux, glacial (→ aussi Mansarde, cit. 3).

(...) un chantier de bûches, que n'aurait pas brûlé, pendant tout un hiver sibérien, la cheminée d'un burgrave.   Ed. et J. DE GONCOURT, Journal, 16 oct. 1870, t. IV, p. 69.

COMP. Transsibérien.

SIBILANCE [sibilãs] n. f.

— 1871 ; de *sibilant.*

♦ Méd. Caractère sibilant. — Par ext. Bruit sibilant. *Sibilance des poumons.*

SIBILANT, ANTE [sibilã, ãt] adj.

— Av. 1824, Nysten, mot de Laënnec ; du lat. *sibilans,* p. prés. de *sibilare* «siffler». → Sifflant.

♦ Méd. Qui produit un sifflement. — (1834). *Râle sibilant qu'on entend à l'auscultation, dans la bronchite.*

Littéraire :

— Oh! dit le roi, vraiment je souffre beaucoup, mon compère. J'ai l'oreille sibilante, et des râteaux de feu qui me raclent la poitrine.   HUGO, Notre-Dame de Paris, II, X, v (1831).   1

2 (...) elle passait le bout de sa langue vipérine sur ses lèvres sibilantes (...)
BARBEY D'AUREVILLY, les Diaboliques, « Dessous de cartes... », p. 245.

DÉR. Sibilance.

SIBILATION [sibilɑsjɔ̃] n. f. — Av. 1672; « action de souffler (du vent) », déb. xvɪᵉ; bas lat. *sibilatio* « sifflement », de *sibilare* « siffler ».

♦ Didact. Action ou manière de siffler; sifflement.

SIBYLLE [sibil] n. f. — 1552; *sibille*, v. 1380; *sebile*, v. 1213; du lat. *Sibylla*, mot grec.

♦ **1.** Devineresse*, femme inspirée qui prédisait l'avenir (cit. 10), dans l'Antiquité. ⇒ **Pythie.** *La sibylle de Cumes. Antre, oracle d'une sibylle. Vertu divinatrice* (cit. 1) *des sibylles* (→ Pythie, cit. 3). *Les sibylles auraient annoncé au monde païen la venue du Rédempteur. — Les sibylles de Michel-Ange, à la Sixtine.*

1 Une captive en deuil, la sibylle d'Endor,
S'indignait, murmurant de lugubres syllabes.
HUGO, la Légende des siècles, VI, ɪɪɪ, ɪɪ, Pl., p. 72.

2 (...) je ne me mêle pas de prophétiser, laissant ce soin aux pucelles, qui vaticinent à l'exemple des sibylles telles que la Cumane, la Persique et la Tiburtine (...)
FRANCE, les Opinions de J. Coignard, Œ., t. VIII, vɪɪ, p. 388.

♦ **2.** (1546). Littér. ⇒ **Cartomancienne, devineresse, voyante.** *Consulter une sibylle.*

DÉR. Sibyllin, sibyllique.

SIBYLLIN, INE [sibilɛ̃, in] adj. — 1564; *sibilin*, v. 1355; de *sibylle*.

♦ **1.** Didact. De sibylle. *Un antre sibyllin. Oracles, livres, vers sibyllins.* ⇒ **Sibyllique** (→ Pontife, cit. 1).

♦ **2.** (Fin xɪxᵉ). Littér. Dont le sens est caché, symbolique comme celui des oracles. ⇒ **Énigmatique, ésotérique, mystérieux, obscur.** *Phrases elliptiques et sibyllines* (→ Interrogateur, cit. 1).

Quant au présent, pour autant que je pouvais interpréter les paroles sibyllines de Françoise (...)
PROUST, la Prisonnière, Pl., t. III, p. 98.

(Personnes). Qui s'exprime de manière sibylline. *Il a été un peu sibyllin à ce sujet.* ⇒ **Obscur.**

CONTR. Clair, compréhensible, intelligible, lumineux.

SIBYLLIQUE [sibilik] adj. — 1874; de *sibylle*.

♦ Didact. et rare. Qui se rapporte aux sibylles et à leur faculté de prévoir l'avenir. ⇒ **Sibyllin** (1.).

SIC [sik] adv. — 1842; mot lat., « ainsi ».

♦ Se met entre parenthèses à la suite d'une expression ou d'une phrase citée pour souligner qu'on cite textuellement, si étranges que paraissent les termes.
Fam. (après un n., avec une valeur adjective; emploi répandu par l'hebdomadaire satirique *le Canard enchaîné*). Prétendu, supposé. *La sincérité-sic, le socialisme-sic.*

SICAIRE [sikɛʀ] n. m. — Fin xɪɪɪᵉ; du lat. *sicarius*, de *sica* « poignard ».

♦ **1.** Didact. Terroriste zélote*, dans l'antiquité hébraïque. *Les sicaires et les assassins*.*

Révolutionnaires, ils s'opposaient aux pouvoirs établis (*les Zélotes*); terroristes, ils n'hésitaient pas à tuer sans phrases ceux qu'ils jugeaient traîtres à la cause juive; on les nommait encore *sicaires* ou *assassins*.
DANIEL-ROPS, le Peuple de la Bible, IV, ɪɪɪ.

♦ **2.** (Fin xɪxᵉ, Renan). Vx ou littér. Tueur à gages. ⇒ **Mercenaire.** *Les sicaires des rois étrangers* (→ Représentation, cit. 11).

SICCATEUR [sikatœʀ] n. m. — 1923; du lat. *siccare* « sécher ».

♦ Agric. Support de bois, de fils de fer pour laisser sécher le fourrage. *Siccateur horizontal dit « cavalier »; vertical dit « perroquet ».*

SICCATIF, IVE [sikatif, iv] adj. et n. m. — 1723; *seccitif*, 1495; bas lat. *siccativus*, de *siccare* « sécher ».

♦ **1.** Qui fait sécher. Spécialt. Qui active la dessiccation des couleurs, en peinture. *Huile siccative. — N. m.* (1812). *Un siccatif :* un produit siccatif. ⇒ **Siccativant.** *L'huile lithargée est un bon siccatif. Mêler le siccatif aux couleurs.*

1 Avant de retoucher, passer légèrement un siccatif, de manière à faire revenir le ton et à imbiber les endroits où est le mastic.
E. DELACROIX, Journal, 15 déc. 1850, t. II, p. 44.

2 Point de siccatif de Harlem, ni de siccatif de Courtray, tout à l'huile grasse ordinaire (...) Inutile de vous recommander cela (...)
Ed. et J. DE GONCOURT, Manette Salomon, p. 421.

♦ **2.** (1876). Méd. Qui favorise la cicatrisation par son action desséchante.

DÉR. Siccativant, siccativité.

SICCATIVANT [sikativɑ̃] n. m. — xxᵉ; de *siccatif*.

♦ Techn. Préparation destinée à accroître la siccativité des huiles, vernis, peintures. ⇒ **Siccatif** (n. m.).

SICCATIVITÉ [sikativite] n. f. — 1949, *in* Larousse; de *siccatif*.

♦ Techn. Aptitude à faire sécher les matières colorantes liquides par polymérisation. ⇒ **Siccatif.**

La siccativité de l'huile de lin provient de la présence d'acides gras non saturés à une ou plusieurs doubles liaisons entre les atomes de carbone.
Jacques LOURD, le Lin et l'Industrie linière, p. 73.

SICCITÉ [siksite] n. f. — 1425; lat. *siccitas*, de *siccus* « sec ».

♦ Didact. Qualité, état de ce qui est sec. ⇒ **Sécheresse.** — Chim. *Évaporer une solution jusqu'à siccité.*

Fig. (Rare) :

Puis c'était toujours, dans les lieux consacrés, cette siccité d'âme, ce ressort cassé des élans, ce silence qui se faisait soudain en lui, alors qu'il eût voulu se consoler en Lui parlant.
HUYSMANS, En route, I, ɪx.

SICILIEN, IENNE [sisiljɛ̃, jɛn] adj. et n. — xvɪᵉ; lat. médiéval *sicilianus*, de *Sicilia* « Sicile ».

♦ **1.** Qui se rapporte à la Sicile, à ses habitants. *Population sicilienne, paysan sicilien* (→ Foncé, cit. 9). *La maffia* sicilienne. Cassate sicilienne. Les temples siciliens. Vases siciliens :* vases grecs retrouvés en Sicile. — Hist. *Vêpres* siciliennes. — N. Les Siciliens :* les habitants de la Sicile.

N. m. *Le sicilien,* dialecte du groupe italien.

♦ **2.** Géol. Se dit de l'étage du quaternaire marin s'étendant du Calabrien au Tyrrhénien. — N. m. *Le sicilien.*

DÉR. Sicilienne.

SICILIENNE [sisiljɛn] n. f. — 1740; fém. de l'adj. *sicilien*.

♦ **1.** Mus. Danse sicilienne. — Air à danser dont la mesure est à 6/8 ou 6/4, en vogue au xvɪɪɪᵉ siècle.

♦ **2.** (1874). Comm. Étoffe de soie.

1 Confection d'automne en sicilienne noire brodée de perles d'acier.
MALLARMÉ, la Dernière Mode, 20 sept. 1874, *in* D. D. L., ɪɪ, 5.

2 (...) des poults de soie et des siciliennes à gros grain, des foulards et des surah légers (...)
ZOLA, Au Bonheur des dames, XIV, t. II, p. 248 (1883).

SIC ITUR AD ASTRA [sikituʀadastʀa]. Citation latine (Virgile, *l'Énéide,* ɪx, 641), tirée du vers connu *Macte* animo! generose puer, sic itur ad astra* « Courage! noble enfant, c'est ainsi qu'on s'élève jusqu'au ciel ».

1. SICLE [sikl] n. m. — V. 1170; lat. ecclés. *siclus*, grec *siklos*, de l'hébreu *chegel* « monnaie », proprt « poids ».

♦ Antiq. juive. Poids (de 6 grammes) et monnaie d'argent, chez les Hébreux.

HOM. Cycle, 2. sicle.

2. SICLE [sikl] n. m. — 1904; origine incertaine.

♦ Une des quatre figures du tarot.

HOM. Cycle, 1. sicle.

SIC TRANSIT GLORIA MUNDI [siktʀɑ̃zitglɔʀjamundi]. Pensée de l'*Imitation de Jésus-Christ* : « Ainsi passe la gloire du monde ».

SICULE [sikyl] n. m. — D. i.; lat. *siculus* « sicilien ».

♦ Ling. Langue indo-européenne du groupe italique, parlée dans l'Antiquité, en Sicile.

SIDA [sida] n. m. — 1983; acronyme de *Syndrome Immuno-Déficitaire Acquis*.

♦ Maladie souvent mortelle, se caractérisant par une chute brutale des défenses immunitaires de l'organisme.

SIDE-CAR ou **SIDECAR** [sajdkaʀ; sidkaʀ] n. m. — 1912; « cabriolet irlandais, à deux sièges accolés dos à dos », 1888; de l'angl. *side* « côté », et *car* « voiture ».

Anglicisme.

♦ **1.** Habitacle caréné à une roue et pour un passager, sur le côté d'une motocyclette. *Conducteur d'une moto et passager du side-car.* — (1922). Par ext. L'ensemble du véhicule. *Conduire un side-car. Les side-cars sont des cycles à moteur.*

1   Aïno conduisait le side-car avec application, insensible à l'odeur fétide de l'huile, à la rapsodie des ratés (...)   Paul MORAND, Ouvert la nuit, p. 182.

2   Ces sidecars roux hérités de l'armée américaine couraient déjà les routes comme des parasites.   GIRAUDOUX, Siegfried et le Limousin, p. 301.

3   Devant la préfecture de police, une colonne de side-cars était immobile : les soldats casqués assis sur leurs sièges mangeaient à l'ombre des platanes.
     Jacques LAURENT, les Bêtises, p. 60.

Abrév. *Un side* [sajd].

4   Le side frôle le bord déchiqueté de la route au-dessus du ravin : vingt mètres de granit à pic.   J. GIONO, l'Esclave, Pl., t. I, p. 785.

5   Ceux qui ont une moto ou un side (...) mais, passé vingt ans, ils ont tous une bagnole (...)   ARAGON, Blanche, I, I, p. 12.

♦ **2.** (1936, M. Dekobra, *in* Höfler). Cocktail américain (un tiers de Cointreau, un tiers de jus de citron, un tiers de cognac). *Des side-cars.*

6   Le soir, au Falstaff, au College Inn, nous buvions avec éclectisme des bronx, des side-car *(sic)*, des baccardi, des alexandra, des martini; j'avais un faible pour les cocktails à hydromel des Vikings (...)   S. DE BEAUVOIR, la Force de l'âge, p. 21.

DÉR. Side-cariste ou sidecariste.

SIDE-CARISTE ou **SIDECARISTE** [sajdkaʀist; sidkaʀist] n. — 1913, *la Vie au grand air*, *in* Höfler; de *side-car*.

♦ Pilote d'un side-car. *Un side-cariste de l'armée.*

SIDÉR- ⇒ Sidéro-.

SIDÉRAL, ALE, AUX [sideʀal, o] adj. — 1520; lat. *sideralis*, de *sidus, sideris* « astre ».

♦ **1.** Didact. Qui a rapport aux astres. ⇒ **Astral.** *Observations sidérales. Milieu sidéral* (→ Étoile, cit. 19). — (1805). *Révolution sidérale* : retour d'un astre au même point du ciel; durée réelle de sa révolution autour du Soleil. — (1762). *Année sidérale* : intervalle de temps qui s'écoule entre deux passages successifs du Soleil au même point de la sphère céleste et qui équivaut à 365,2564 jours solaires moyens. — (1835). *Jour sidéral* : durée d'une rotation complète de la Terre sur son axe par rapport aux étoiles fixes, qui équivaut à 23 h 56 mn 4,1 s du temps solaire moyen. *Heure* (cit. 1) *sidérale.*

♦ **2.** Littér. Des astres, d'un astre. *Pluie sidérale* (→ Étinceler, cit. 3). *Obscurité sidérale* (→ Printemps, cit. 2). *L'espace sidéral.* ⇒ **Cosmique, intersidéral.** — Qui vient des astres. *Une lumière sidérale. Influences sidérales, en astrologie.*

1   Jamais on ne verra l'étoile
Ni l'azur apparaître au plafond sidéral.
     HUGO, la Légende des siècles, XLIX, XIV, Pl., p. 627.

2   Une lumière étincelante mais froide tombait du ciel clair (...) une clarté pure, blanche, sidérale, ne paraissant pas venir du soleil, et telle qu'on en imagine lorsque le rêve nous transporte dans une autre planète.
     Th. GAUTIER, Voyage en Russie, I, V.

Qui parcourt l'espace sidéral.

3   (...) j'ai vu (...) le premier navire aérien, le premier navire sidéral lancé dans l'infini par des êtres pensants (...)
     MAUPASSANT, l'Homme de Mars, Pl., t. II, p. 1009.

♦ **3.** Littér. et rare. Qui ressemble à un astre, qui rayonne. *Une beauté « sidérale d'éclat »* (Barbey d'Aurevilly, *in* G. L. L. F.).

COMP. Intersidéral.

SIDÉRANT, ANTE [sideʀɑ̃, ɑ̃t] adj. — 1871; de *sidérer*.

♦ **1.** Méd. Provoquer une sidération* (2.). *Fièvre sidérante.*

♦ **2.** (xxᵉ). Cour. Qui stupéfie, plonge dans la stupeur. ⇒ **Stupéfiant.** *Une nouvelle sidérante. C'est absolument sidérant !*

SIDÉRATION [sideʀasjɔ̃] n. f. — 1611; *sidération*, 1549, « gangrène »; lat. *sideratio*, de *sidus, sideris* « astre ».

♦ **1.** Astrol. Action subite de l'influence d'un astre* sur la vie, la santé d'une personne.

♦ **2.** (1754). Méd. Anéantissement subit des forces vitales avec état de mort apparente sous l'effet d'un choc émotionnel intense ou encore sous l'effet d'un agent électrique. *Sidération de l'apoplexie; d'une grave dépression* mentale.

SIDÉRAZOTE [sideʀazɔt] n. m. — 1923; de *sidér-*, et *azote*.

♦ Chim. Nitrure naturel de fer.

1. SIDÉRÉ, ÉE [sideʀe] adj. — 1923; dér. sav. du grec *sidêros* « fer ».

♦ Didact. Qui contient du fer.

2. SIDÉRÉ, ÉE [sideʀe] p. p. adj. ⇒ **Sidérer.**

SIDÉRÉMIE [sideʀemi] n. f. — xixᵉ; de *sidér-*, du grec *sidêros*, et -*émie.*

♦ Méd. Teneur en fer du sérum sanguin.

SIDÉRER [sideʀe] v. tr. — Conjug. *céder.* — 1894; d'abord au p. p. adj., *sidéré* « influencé par les astres », 1530; lat. *siderari* « subir l'influence (funeste) des astres ».

♦ **1.** Méd. Mettre dans un état de sidération* (2.).

♦ **2.** (xxᵉ). Cour. Frapper de stupeur. ⇒ **Abasourdir, stupéfier.** *J'ai une nouvelle qui va vous sidérer. Ça alors, vous me sidérez !*

▶ **SIDÉRÉ, ÉE** p. p. adj.
Vx (sens 1.). *Sidéré par la foudre.*
(1922). Mod. (sens 2.). *Être sidéré par une nouvelle.* ⇒ **Coi, hébété, immobile, stupéfait.** *Complètement sidéré.*

DÉR. Sidérant.

SIDÉRITE [sideʀit] n. f. — 1611; *pierre siderite*, 1549; lat. *sideritis*, grec *sideritis* « pierre de fer ».

♦ **1.** Vx. Aimant.

♦ **2.** (1803). Mod. Sidérose*.

SIDÉRO-, SIDÉR- Élément, du grec *sidêros* « fer », entrant dans la composition de termes scientifiques ou techniques.

SIDÉRODENDRON [sideʀodɛ̃dʀɔ̃] n. m. — 1875, *in* P. Larousse; *sidérodendre*, 1842, *in* Académie, *Compl.*; de *sidéro-*, et -*dendron.*

♦ Bot. Plante dicotylédone (*Rubiacées*), arbre de l'Amérique tropicale, au bois dur et rougeâtre appelé *bois de fer.*

SIDÉRODERMIE [sideʀodɛʀmi] n. f. — xixᵉ; de *sidéro-*, et -*dermie.*

♦ Méd. Infiltration diffuse de pigments ferrugineux dans la peau, lui donnant une coloration bronzée.

SIDÉROGRAPHIE [sideʀogʀafi] n. f. — 1835; de *sidéro-*, et -*graphie.*

♦ Techn. (Rare). Gravure sur acier.

SIDÉROLITHE [sideʀolit] n. f. — 1864 (*in Année sc. et industr.* 1865, p. 50); *sidéralite* « coquillage », 1842, *in* Académie, *Compl.*; de *sidéro-*, et -*lithe.*

Sciences.

♦ **1.** Minéralogie. Minerai de fer.

♦ **2.** (Mil. xxᵉ). Astron. (d'après *aérolithe*). Météorite* comportant du fer et des composés minéraux.
REM. On écrit parfois *sidérolite.*

SIDÉROLITHIQUE [sideʀolitik] adj. — 1864; de *sidéro-*, et -*lithique.*

♦ Géol. Qui est riche en concrétions ferrugineuses. *Formations, terrains sidérolithiques.*

SIDÉROPÉNIE [sideʀopeni] n. f. — xxᵉ; de *sidéro-*, et grec *penia* « pauvreté ».

♦ Méd. Diminution du fer dans l'organisme et particulièrement dans le sang (forme d'anémie dite également *anémie ferriprive*).

SIDÉROPHILINE [sideʀofilin] n. f. — Mil. xxᵉ; de *sidérophile* (*cellules sidérophiles*, 1903; *in Rev. gén. des sc.*, nᵒ 9, p. 525), de *sidéro-*, et -*phile.*

♦ Chim., biol. Protéine (globuline) du plasma sanguin, capable de fixer le fer.

SIDÉROSE [sideʀoz] n. f. — 1845 ; de *sidér-*, et *-ose*.

♦ **1.** Chim. Carbonate ferreux naturel $FeCO_3$, minerai de fer à faible teneur. — On dit aussi *fer* spathique*.

♦ **2.** (1894). Méd. Pneumoconiose due à l'inhalation de poussières de fer. — On dit, on écrit aussi *sidérite**.

SIDÉROSTAT [sideʀɔsta] n. m. — V. 1865, Foucault, d'après *Rev. des cours sc.*, t. V, p. 259 (1868) ; de *sidéro-*, et *-stat*, d'après *héliostat*.

♦ Astron. Appareil permettant d'observer un astre dans une direction fixe, en compensant le déplacement dû au mouvement de rotation de la Terre. *Sidérostat polaire. Sidérostat pour l'observation du Soleil*. ⇒ **Héliostat**.

Une combinaison de miroirs plans, solidaires d'une monture équatoriale, comme dans le cœlostat ou le sidérostat de Foucault, réfléchit la lumière de la nébuleuse sur la fente du spectrographe qui peut être fixe.
H. ANDRILLAT, *in* Encycl. Pl., Astronomie, p. 484.

SIDÉROTECHNIE [sideʀɔtɛkni] n. f. — 1839 ; de *sidéro-*, et *-technie*.

♦ Vx. Métallurgie du fer, sidérurgie.

SIDÉROTHÉRAPIE [sideʀɔteʀapi] n. f. — Mil. xxᵉ ; de *sidéro-*, et *-thérapie*.

♦ Didact. Emploi thérapeutique du fer et de ses composés.

SIDÉROXYLON [sideʀɔksilɔ̃] ou **SIDÉROXYLE** [sideʀɔksil] n. m. — 1765 ; de *sidéro-*, et *-xyle*.

♦ Bot. Plante dicotylédone *(Sapotacées)*, arbre ou arbuste des régions tropicales qui fournit un bois très dur dit bois *de fer-blanc*. *Le sidéroxylon du Maroc ou arganier produit des fruits oléagineux comestibles*.

SIDÉRURGIE [sideʀyʀʒi] n. f. — 1812 ; dér. sav. du grec *sidérourgos* « forgeron ».

♦ Cour. Métallurgie* du fer, de la fonte, de l'acier et des alliages ferreux. *Les forges*, les hauts fourneaux*, les convertisseurs de la sidérurgie*. ⇒ **Métallurgie**. *La sidérurgie lorraine*.
DÉR. Sidérurgique, sidérurgiste.
COMP. Électrosidérurgie.

SIDÉRURGIQUE [sideʀyʀʒik] adj. — 1871 ; de *sidérurgie*.

♦ Cour. Qui appartient à la sidérurgie. *Production sidérurgique* (→ Dénationalisation, cit. 2). *Usine sidérurgique*. ⇒ **Métallurgique**.

SIDÉRURGISTE [sideʀyʀʒist] n. — xxᵉ ; de *sidérurgie*.

♦ Métallurgiste qui produit des métaux ferreux, et en particulier l'acier.

SIDI [sidi] n. m. — 1847, Nerval, *Voyage en Orient*, t. II, p. 352 ; arabe mod. *Sidi* ; arabe class. *sặyyĭdi* « mon seigneur ».

♦ **1.** Monsieur, seigneur (en pays arabe).

♦ **2.** (1928). Péj. et vx. Indigène nord-africain. *Des sidis*. — REM. Le terme, malgré son origine très honorable, est devenu dans la bouche de certains racistes une injure méprisante, comme *bicot* ou *bougnoul*.

Que ce me soit l'occasion d'espérer que vous n'êtes pas de ceux qui traitent les Nords-Africains de bicots ou de sidis. Non pas qu'il y ait dans sidi quoi que ce soit qui puisse choquer un homme de langue arabe, au contraire : la sitt est une madame, et les sidis, des messieurs. Mais je ne sais que trop que ceux qui emploient sidi le font avec une intention bien appuyée de mépris.
R. ÉTIEMBLE, *Poétique comparée*, Cours de Sorbonne, 1959-60, p. 42.

SIÈCLE [sjɛkl] n. m. — xiiiᵉ ; « vie terrestre », v. 1050 ; *seule*, fin ixᵉ, au sens II. ; *secle*, 1080, *Chanson de Roland* ; du lat. *seculum*. → Séculaire, séculier.

★ **I.** Longue période de temps. ♦ **1.** Période de cent ans dont le début (ou la fin) est déterminé par rapport à un moment arbitrairement défini (⇒ aussi **Ère** ; **chronologie**), et, spécialt, par rapport à l'ère* chrétienne. *Le premier siècle* (de l'ère chrétienne), *le quatrième siècle de l'hégire ; le dixième siècle avant Jésus-Christ, avant l'ère chrétienne, avant le Christ. Dix siècles*. ⇒ **Millénaire**. *Le millésime d'un siècle* (1400, 1500...). *Le dix-septième siècle* (xviiᵉ siècle) *commence le 1ᵉʳ janvier 1601 et se termine le 31 décembre 1700*. « *Ce siècle avait deux ans* » (→ Consul, cit. 4). *Début, milieu* (cit. 4), *fin d'un siècle* (→ Millénium, cit.). *Fin* de siècle*. — *Le quatorzième, le quinzième siècle italien*. ⇒ **Trecento**,

quattrocento. — *Le siècle dernier* (→ Matière, cit. 3). *Un jardin de l'autre siècle*, du siècle dernier, précédent (→ Pépinière, cit. 1)...

Il y avait six ans qu'elle y était quand j'y vins, et elle en avait alors vingt-huit, étant née avec le siècle.
ROUSSEAU, les Confessions, II. [1]

♦ **2.** (Mil. xiiiᵉ, *siegle*). Période de cent ans (ou environ), considérée comme une unité historique présentant certains caractères déterminés. *On fait commencer le xviiiᵉ siècle français en 1715* (mort de Louis XIV). *La Renaissance* (cit. 3), *ce grand siècle* (xviᵉ siècle). *Le dix-huitième* (→ Précéder, cit. 1), *le dix-neuvième siècle* (→ Ambiant, cit. 2). *Le grand* (cit. 68) *siècle* (spécialt) : le xviiᵉ siècle français (Michelet emploie l'expression à propos du xviiiᵉ s.). *Le siècle des Lumières* (cit. 34), *des philosophes* : le xviiiᵉ siècle. « *Le stupide dix-neuvième siècle* » (L. Daudet).

Voltaire ! quel que soit le nom dont on le nomme,
C'est un cycle vivant, c'est un siècle fait homme !
LAMARTINE, Premières méditations, XVIII. [2]

Par ext. *Le siècle de...* (suivi d'un nom propre), désigne une période assez longue de l'histoire d'un peuple, dominée par une personnalité. *Le siècle de Périclès, d'Alexandre, d'Auguste, de Léon X* (→ Peinture, cit. 10) *ou des Médicis, de Louis XIV* (→ Gourme, cit. 3). *Le siècle d'Homère, de Virgile. Le Siècle de Louis XIV*, œuvre de Voltaire (1751).

Avant le siècle que j'appelle de Louis XIV, et qui commence à peu près à l'établissement de l'Académie française (...)
VOLTAIRE, le Siècle de Louis XIV, I, Introd. [3]

C'est dommage que le règne d'Anne n'ait duré que douze ans, sans quoi les Anglais ne se feraient pas beaucoup prier pour dire le siècle d'Anne comme nous disons le siècle de Louis XIV.
HUGO, l'Homme qui rit, II, I, V, III. [4]

♦ **3.** (Déb. xviiᵉ, d'Aubigné). Longue période de temps (⇒ **Époque**), définie par ses caractères saillants. *Un siècle barbare, cruel, ardent* (cit. 23). *Être d'un siècle sceptique* (→ Nier, cit. 5). *Un siècle d'or* (cit. 31). *Au siècle d'aujourd'hui* (cit. 23), *où nous sommes* (→ Babel, cit. 4). *Tourner le dos à son siècle* (→ Regret, cit. 11). *Partager* (cit. 9) *les idées de son siècle*.

Suivez les inclinations des hommes, et vous en remarquerez qui semblent être venus au monde trop tard : ils sont d'un autre siècle.
DIDEROT, Jacques le fataliste, Pl., p. 559. [5]

Je suis venu trop tard dans un monde trop vieux.
D'un siècle sans espoir naît un siècle sans crainte (...)
A. DE MUSSET, Poésies nouvelles (1833-1852), « Rolla », I. [6]

Le siècle : l'époque où l'on vit. *Le Siècle*, journal politique fondé en 1836. *Les mœurs*, les idées du siècle. Le mal** (3. Mal, cit. 24) *du siècle. Confession d'un enfant du siècle*, de Musset. *Les Petits Enfants du siècle*, roman de C. Rochefort (1961).

Et Dieu ? — Tel est le siècle, ils n'y pensèrent pas.
A. DE VIGNY, Livre moderne, « Amants de Montmorency », III. [7]

Loc. fam. (discours journalistique). *Du siècle* : unique dans son genre. *L'événement du siècle. Combat, match, rencontre du siècle. Le marché du siècle* : le plus gros contrat commercial du siècle ; par hyperbole : un très gros contrat. *Le hold-up, le casse du siècle*.

♦ **4.** Durée de cent années. *La tradition orale ne dépasse* (cit. 6) *jamais le siècle. Trois fois en un siècle* (→ Guerre, cit. 30). *Un lit* (cit. 7) *vieux d'un bon siècle*. ⇒ **Centenaire**. *Un peuple qui vit avec trois siècles de retard* (cit. 5). *Vivre un siècle* (→ Plastronner, cit. 2). *Depuis un quart de siècle* (→ 2. Neuf, cit. 21), *pendant un demi-siècle* (→ Panier, cit. 7). — « *Quarante siècles vous contemplent* » (→ Pyramide, cit. 2).

Réponds ; un siècle est comme une heure
Devant mon regard éternel.
HUGO, Odes et Ballades, I, X. [8]

Loc. *De siècle en siècle* : d'âge* en âge (→ Détruire, cit. 37 ; immuable, cit. 5).

♦ **5.** **LES SIÈCLES** (au plur.) : une très longue période. ⇒ **Temps**. *Le cours*, la suite des siècles* (→ Grammaire, cit. 10). *Depuis des siècles*. ⇒ **Ancien, passé** (→ Attachement, cit. 20 ; hisser, cit. 3), **séculaire**. — Fig. *Des siècles de siècles* (→ Revoir, cit. 3). — *Les siècles passés, évanouis* (cit. 19). — (1674, *les siècles à venir* ; 1687). *Les siècles futurs* : l'avenir, la postérité.

Absolt. *Les siècles* : le temps. *La poussière* (→ 1. Retraite, cit. 18), *le secret* (→ Jongler, cit. 2), *l'usure des siècles*, du passé (→ Dieu, cit. 15). « *Rome (...) avec sa robe de siècles* » (→ Législateur, cit. 4). — Littér. *Les siècles ont habillé* (cit. 6) *de mousse une fontaine* (→ aussi Brute, cit.).

Littér. *La Légende des siècles*, œuvre de V. Hugo (1859).

L'épanouissement du genre humain de siècle en siècle, l'homme montant des ténèbres à l'idéal (...) voilà ce que sera (...) ce poème dans son ensemble (...)
HUGO, la Légende des siècles, Préface. [9]

Relig. *Jusqu'à la consommation** (cit. 4), *la fin des siècles* (→ Régner, cit. 3) : éternellement. *Dans tous les siècles des siècles*. — (1530). Par exagér. Fam. *Un long* temps. Les jours m'ont duré* (cit. 4) *des siècles. Il y a des siècles qu'on ne vous a vu*.

♦ **6.** Vx et poét. *Le siècle de* (suivi du nom de l'un des quatre métaux symbolisant chacun l'un des quatre âges de l'humanité). *Le siècle d'or, d'argent, d'airain, de fer*. ⇒ **Âge**. — Spécialt, mod. *Siècle d'or** (B., 2.). → aussi ci-dessus, I., 3. *Le siècle d'or de la littérature espagnole*.

★ **II.** (xᵉ). Relig. *Le siècle :* la vie du monde*, qui change avec les époques (par oppos. à la vie spirituelle, religieuse, dont les valeurs sont intemporelles et immuables). ⇒ **Monde.** *Les affaires* (→ Avant, cit. 59), *les plaisirs du siècle.* ⇒ **Séculier** (→ Renoncer, cit. 10 ; et aussi disjoint, cit. 2 ; esprit, cit. 174). *Les heureux, les grands du siècle. Vivre dans le siècle, selon le siècle.*

10 Beaucoup de linge, d'essences, de pommades, de futilités ; c'est un jeune homme du siècle, occupé de ses plaisirs. STENDHAL, le Rouge et le Noir, II, XXIII.

11 — Vous devriez avoir des liens spirituels avec les hommes de votre âge. Il faut chercher dans le siècle des épreuves que votre superbe refuse sans raison.
ARAGON, les Beaux Quartiers, I, XI.

REM. C'est un prêtre qui parle.

SIÈGE [sjɛʒ] n. m. — 1080, «lieu où l'on s'établit, demeure ; place où l'on se tient assis» ; du lat. pop. *sedicum* ou *sedica,* qui suppose un verbe *sedicare,* du lat. class. *sedere* «être assis». → Seoir.

★ **I.** ♦ **1.** Vx. Endroit où qqn, qqch. est établi. *Le siège d'un empire :* la capitale (→ Établir, cit. 6).

♦ **2.** Mod. Lieu où se trouve la résidence principale (d'une autorité, d'un tribunal, d'une société...) ; (1538) locaux où sont installées (ces autorités, sociétés). *Le siège d'un évêché* (⇒ **Cathédral**), *d'un diocèse* (cit. 2). — *Siège d'un tribunal,* localité où il tient régulièrement ses séances. ⇒ **Juridiction, justice.** — *Siège d'une assemblée, d'un parlement.* — Par ext. *«Siège des opérations»* (d'une compagnie de commerce). Cf. Raynal, *in* Littré.

Loc. (1936). **SIÈGE SOCIAL :** lieu où se trouve concentrée la vie juridique d'une société*. ⇒ **Domicile.** — *Siège d'exploitation,* où s'exerce effectivement l'activité technique, commerciale. — *Le siège d'un parti, d'un organisme.* ⇒ aussi **Résidence.** *Le siège du gouvernement.*

Absolt (le contexte étant clair). *Rendez-vous au siège.*

Techn. (*siège* étant suivi d'un numéro d'ordre). Unité d'exploitation minière. *«Je travaillais au siège 9/17 du groupe d'Hénin-Liétard»* (J. Lenoir, *Nouveau tour du monde par deux enfants). Chef de siège,* ingénieur qui dirige une telle unité.

0.1 Le *siège,* nom donné à l'ensemble de l'exploitation *(minière),* comprend : un puits d'extraction et d'entrée d'air, un puits de service et de retour d'air, éventuellement des puits secondaires ; l'étendue terrestre et souterraine correspondant à l'importance du gisement, enfin les installations de surface nécessaires à l'épierrage et au lavage du charbon brut, à l'administration et aux locaux de services, ainsi qu'à la fourniture de l'énergie. Les «sièges» importants complètent généralement cette installation par un ensemble, souvent complexe, d'usines de transformation, de telle sorte que la compagnie se trouve en mesure de fournir directement des produits propres à la consommation. Jean ROMEUF, le Charbon, p. 37.

Techn. Partie d'un corps de robinet ou d'obturateur sur laquelle s'appuie une soupape ; partie correspondante de la soupape.

♦ **3.** (V. 1265). Littér. Lieu où réside, où se trouve concentrée la cause (d'un phénomène). *Le principal siège de l'âme* (cit. 19, Descartes). *Le siège des sensations* (→ Atmosphère, cit. 11), *de la raison* (→ Cœur, cit. 14). ⇒ aussi **Base, centre.** — Spécialt. *Le siège d'une douleur* (→ Diffus, cit. 4), *d'une maladie* (⇒ **Foyer,** III., 2.) : l'endroit de l'organisme où un phénomène physiologique est considéré comme la cause du symptôme.

1 (...) une distinction de sièges attribuée à l'exercice de chaque faculté, telle que certains physiologistes se sont crus autorisés à la supposer, se réfère nécessairement elle-même à un système fondé sur une méthode de division tout à fait différente (...) indépendant (...) de toutes les considérations physiologiques.
MAINE DE BIRAN, Du physique et du moral de l'homme, I, § IV.

★ **II.** ♦ **1.** (V. 1138, *sege*). Vx, sauf en loc. Lieu où s'établit une armée*, auprès ou autour d'une place forte, pour l'investir.

Mod. Ensemble des opérations menées pour prendre une place forte. ⇒ **Poliorcétique** (→ Arracher, cit. 14 ; goujat, cit. 1). *Opérations au cours d'un siège.* ⇒ **Approche** (travaux d'), **assaut, attaque, blocus, cheminement, contre-approche, contre-mine** (et **contre-miner**), **investissement, sortie.** *Travaux de siège.* ⇒ **Circonvallation, contrevallation, sape, tranchée.** *Engins de siège.* ⇒ **Machine** (de guerre) : beffroi, bélier (II., 1.), corbeau (II., 1.), hélépole, 1. onagre, tour, etc. *Artillerie, pièce de siège.* — *Mettre le siège devant une ville.* ⇒ **Assiéger, bloquer, investir.** *Soutenir* un siège. *Place qui résiste aux sièges.* ⇒ **Inexpugnable ; imprenable.** *Capitulation*, reddition après un siège.* ⇒ aussi **Chamade.** — (1871). *Guerre* de siège. — *Le siège de Troie,* conté dans l'Iliade. *Le siège d'Orléans par les Anglais* (→ Rendre, cit. 3). *Le siège de Paris,* en 1870.

Loc. *Lever le siège,* se dit de l'armée assiégeante qui renonce à prendre la place assiégée, et se retire. *La levée d'un siège.* ⇒ aussi **Déblocage, Déblocument.** — Fig. *Lever le siège :* s'en aller*, quitter* la place. ⇒ **Partir, retirer** (se).

2 Je ne songe point à vous parler de la levée du siège de Bude : cette petite nouvelle (...) ne vaut pas la peine d'en parler (...)
Mᵐᵉ DE SÉVIGNÉ, 942, 26 nov. 1684.

3 Quand le café fut servi (...) les convives bientôt levèrent le siège.
FLAUBERT, Mᵐᵉ Bovary, II, II.

(1835 ; autre sens, 1811). ÉTAT (cit. 47) DE SIÈGE : régime spécial comportant la mise en application d'une législation exceptionnelle qui soumet «les libertés individuelles à une emprise renforcée de l'autorité publique» (Capitant). *État de siège militaire* (dans une place attaquée ou investie), *politique* (déclaré sur tout ou partie du territoire national). *Proclamer l'état de siège.*

(...) la ville reste en état de siège et toute circulation est interdite à partir de huit heures du soir. GIDE, Journal, 10 mai 1943.

Loc. *Mon siège est fait,* réponse de l'abbé de Vertot, auteur en 1719 d'une histoire du siège de Rhodes par Soliman II, quand lui parvinrent des documents qu'il n'avait pas attendus. — Fig. *Avoir son siège fait,* son opinion* arrêtée. ⇒ **Parti** (II.).

5 Ceux qui étaient informés de sa mission pensaient que c'était un homme qui n'avait pas son siège fait, et ne le renseignaient qu'avec plus de zèle.
J. ROMAINS, les Hommes de bonne volonté, t. VIII, XIII, p. 160.

♦ **2.** (Mil. xvᵉ). Par métaphore et·vx. Dans le voc. de la galanterie*. ⇒ **Assiéger.** *Faire le siège d'une femme* (→ Humilier, cit. 35).

★ **III.** Endroit où une personne s'assied. ♦ **1.** (Fin xiiᵉ). Objet manufacturé disposé pour qu'on puisse s'y asseoir. ⇒ **Ameublement, meuble ; banc, banquette, berceuse, bergère, borne** (spécialt), **boudeuse, canapé, causeuse, chaire, chaise, coin-de-feu, divan, escabeau, fauteuil, guérite, pouf** (III., 2.), **prie-dieu, selle** (1.), **sellette, sofa, stalle, strapontin, tabouret, trépied, trône, vis-à-vis.** *Siège à une, à plusieurs places ; siège à dossier, sans dossier, siège à une place sans dos* (chaise). *Les bras*, le dossier*, les pieds... d'un siège. Garniture des sièges ; sangles* (sanglage), *ressorts* (guindage), *rembourrage d'un siège. Siège bas* (cit. 1 ; → Pose, cit. 4), *haut. Siège canné* (cit.), *capitonné, dur, rembourré. Siège de tapisserie, de paille,* dont le fond est en tapisserie, en paille. *Siège de bois, de rotin, métallique... Sièges pliants.* ⇒ **Chaise** (longue), **pliant** (n. m.), **transatlantique.** *Siège de salon, de cuisine, de bureau, de jardin. Sièges d'un parloir, d'une exèdre*. Siège ancien, de style ; sièges Louis XV* (→ Composite, cit. 2). *Siège boiteux* (cit. 6). *Siège dépaillé. Embourrer* (vx), *rembourrer, rempailler... un siège* (→ aussi Rempailleur, cit.). *Faire recouvrir des sièges. Housses* pour sièges.* — *Offrir, avancer un siège. Prenez un siège :* asseyez-vous. *«Prends* (cit. 76) *un siège, Cinna (...)».* S'asseoir sur le bord d'un siège* (→ Articuler, cit. 6). *Se lever, sauter de son siège* (→ Ciel, cit. 27 ; et aussi imperceptible, cit. 11).

6 (...) et les sièges, de toutes les formes, de toutes les grandeurs, éparpillés au hasard dans l'appartement, chaises longues, fauteuils énormes ou minuscules, poufs et tabourets, étaient couverts de soie Louis XVI ou de beau velours d'Utrecht, fond crème à dessins grenat. MAUPASSANT, Bel-Ami, I, II.

(xivᵉ). Partie (d'un siège) où l'on s'assied. *«Les parties* (de la chaise) *sont le siège, le dossier..., les pieds»* (*Encyclopédie,* 1765). *Siège recouvert d'une galette*.* — *Le siège d'une selle* (opposé au *pommeau,* etc.).

7 Adrienne heurta le dossier d'un fauteuil (...) et recula en apercevant sur le siège un coussin un peu aplati (...)
J. CHARDONNE, les Destinées sentimentales, p. 270.

Par ext. *Le siège d'un cacolet, d'une balançoire.* — (1680). Partie (d'une voiture) sur laquelle on s'assied. *Sièges d'une voiture* à cheval. Monter sur le siège* (du cocher). — *Manège à sièges tournants* (→ Limonaire, cit.). — *Siège avant, arrière, d'une automobile.* ⇒ aussi **Banquette, coussin.** *Siège baquet*. Siège-auto :* siège de sécurité pour enfant dans une automobile. *Sièges transformables* (d'automobile, d'avion). *Siège éjectable de pilote.*

8 (...) les voitures nouvelles ont des sièges devant et derrière pour que les domestiques y soient bien assis (...) G. SAND, Histoire de ma vie, III, VI.

Place assise (dans un moyen de transport). *Les sièges d'un avion. Coût d'exploitation au siège-kilomètre* (ch. de fer).

(1721). Spécialt. Vasque (d'un *cabinet* d'aisance). *Siège à l'anglaise. Siège d'aisance. Ouverture du siège.* ⇒ **Lunette.**

♦ **2.** (V. 1283). Dr. Place où se tient assis un magistrat, un député en fonction. ⇒ **Siéger.** *Siège curule*.*

(1936). *Jugement rendu sur le siège,* aussitôt la clôture des débats (sans que les juges se soient retirés pour délibérer). *Magistrature du siège,* assise (opposée à la *magistrature du parquet,* debout). ⇒ **Asseoir** (p. p.).

Spécialt. Place, et, par ext., fonction de député, ou place honorifique à pourvoir par élection*. ⇒ **Fauteuil** (d'académicien). *Siège de député* (→ Opinion, cit. 4 ; 3. poste, cit. 8). *Candidats et sièges* (→ Liste, cit. 4).

♦ **3.** Relig. Dignité d'évêque, de pontife (symbolisée par le siège qu'occupe le prélat). *Siège épiscopal, patriarcal, primatial, pontifical.* ⇒ **Saint-Siège.** — (1688). *Le siège apostolique...* — Absolt. *Cet évêque a occupé le siège dix ans. Vacance du siège.*

★ **IV.** (1538). Seult dans quelques emplois. Partie du corps humain sur laquelle on s'assied. ⇒ **Fondement ; fesse**(s). *Bain* de siège.* — (1835, in D.D.L.). *Présentation du siège,* dans un accouchement. *Enfant qui se présente par le siège,* le bassin le premier. — Ellipt. (langue médicale). *C'était un accouchement difficile, un siège.*

★ **V.** (xxᵉ). Techn. (Partie sur laquelle qqch. repose). Partie d'un corps de robinet sur laquelle repose une soupape. — Partie d'une soupape en contact avec son appui.

DÉR. Siéger.

SIÉGER [sjeʒe] v. intr. — Conjug. *céder* et *bouger.* — 1611, au sens A., 4. ; de *siège.*

A. (Sujet n. de personne). ♦ **1.** (1690). Occuper une place dans une assemblée*, un tribunal*, avoir une fonction élective ou délibérante... ⇒ **Siège** (III., 2.).

♦ **2.** (Personnes). Tenir séance*. *Député* (cit. 3), *juge qui siège* (→ Famille, cit. 23 ; plaideur, cit. 2). ⇒ **Séant, session.** *Le procureur siégera au banc du ministère public* (→ 1. Palais, cit. 7).

♦ **3.** (Déb. XVIIIᵉ). Être assis sur le siège réservé à celui qui occupe une fonction honorifique (→ Occuper* le siège, le fauteuil* de...). ⇒ aussi **Trôner.** *Siéger au fauteuil* (de président). ⇒ **Présider** (II., 1.). *Siéger au haut bout* de la table.

1   Monsieur Fraisier, petit homme sec et maladif (...) se leva de dessus un fauteuil de canne, où il siégeait sur un rond en maroquin vert.
                 BALZAC, le Cousin Pons, Pl., t. VI, p. 674.

2   Oui, quand le genre humain dressera à ce siècle unique le monument qu'il lui doit, quand au sommet de la pyramide siégeront ensemble Voltaire et Rousseau, Montesquieu, Diderot, Buffon, sur la pente et jusqu'au bas siégeront aussi les grands esprits de la Constituante, et à côté d'eux les grandes forces de la Convention.
                 MICHELET, Hist. de la Révolution franç., V, XI.

♦ **4.** (1611). Relig. Tenir le siège (III., 3.) épiscopal, pontifical.

B. (Sujet n. de chose). ♦ **1.** (1812). Avoir son siège dans tel endroit. *« La Cour des comptes siège à Paris »* (Académie). *L'O. N. U. siège à New York ; l'U. N. E. S. C. O. à Paris.*

♦ **2.** Tenir séance (d'une assemblée, d'un tribunal).

♦ **3.** (Correspond à *siège*, I., 3., spécialt). Se produire, se trouver dans tel endroit. ⇒ **Résider.** *Le mal, la douleur siège là.*

SIEMENS [simɛns ; sjemɛ̃s] n. m. — 1949 ; du nom d'un ingénieur allemand.

♦ Phys. Unité d'admittance électrique. — Symb. : *S.*

SIEN, SIENNE, plur. SIENS, SIENNES [sjɛ̃, sjɛn] adj. poss., pron. poss. de la troisième pers. et n. — Fin XIIᵉ ; *suon*, 842 ; *sœn*, 1080 ; *suen*, XIᵉ ; de l'accusatif lat. *suum* en position tonique ; le fém. *sienne* est analogique et a remplacé l'anc. forme *soue*, du lat. *sua.*

Qui est à lui (à elle), lui appartient ; qui se rapporte à lui (à elle). — REM. Comme tous les adjectifs et pronoms dits «possessifs», *sien, le sien*, etc., peut marquer, non seulement l'appartenance ou la possession, mais un simple rapport personnel ; il équivaut alors au complément déterminatif «de lui, d'elle».

★ **I.** Adj. poss. ♦ **1.** Vx ou littér. (En fonction d'épithète). À lui, à elle, à soi ; de lui, d'elle, de soi. ⇒ **Son.** — Précédé d'un déterminatif (article, indéfini ou démonstratif). *Un sien familier :* un familier à lui, un de ses familiers (→ Infester, cit. 1, Montaigne). — REM. *Sien* se prononce [sjɛn] devant un nom commençant par une voyelle ou un h muet (*un sien ami*) [sjɛnami].

1   (...) le patron jura qu'un vieux sien matelot était un cuisinier estimable (...)
                 MÉRIMÉE, Colomba, I.

(Placé après le nom). Littér. *Une langue* (cit. 45) *sienne, qu'il fait lui-même* (→ aussi Parfum, cit. 16).

2   Quelle belle solitude que celle d'un jeune homme de Semur ou de Moulins, pour se former une opinion *sienne* sur cinq ou six sujets !
                 STENDHAL, Mémoires d'un touriste, t. I, p. 61.

3   Et, aujourd'hui, il en existait une au monde, qu'il avait voulue, qu'il avait achetée en l'épousant, et qui s'était refusée ensuite. Cette femme sienne, il ne l'avait pas eue, il ne l'aurait jamais.
                 ZOLA, Rome, XII.

♦ **2.** (Attribut). *Cette terre est sienne,* lui appartient, est à lui. *Regarder une chose comme sienne* (→ Disposition, cit. 12). *Donner un bon mot pour sien* (→ Relever, cit. 10). *Faire* (cit. 138 et 139) *une chose sienne. Faire siennes les affirmations, les opinions de qqn.* ⇒ **Embrasser** (*supra* cit. 15) ; → Marchander, cit. 10. — *« Dieu prodigue ses biens À ceux qui font vœu d'être siens »* (→ Gros, cit. 2, La Fontaine). — Vieilli. *Elle est devenue sienne,* sa femme.

4   Ainsi ce rang est sien, cette faveur est sienne (...)   CORNEILLE, Polyeucte, II, 1.

5   L'abbé Birotteau, l'un de ces hommes que Dieu a marqués comme siens en les revêtant de douceur, de simplicité (...)
                 BALZAC, le Lys dans la vallée, Pl., t. VIII, p. 1001.

6   (...) leur constante tendresse était faite de cette fécondité triomphante, car elle devenait plus sienne à chaque enfant qu'elle lui donnait.   ZOLA, Travail, III, II.

7   Sur la Piave, il avait reçu une balle autrichienne dans la cuisse (...) pendant ces deux jours, la balle, avec toute la souffrance qui irradiait d'elle, avait été la partie la plus sienne de lui-même (...)   Roger VAILLAND, la Loi, p. 289.

★ **II.** Pron. poss. (Mil. XVIIᵉ). LE SIEN, LA SIENNE, LES SIENS, LES SIENNES (pour désigner l'objet ou l'être lié à la troisième personne par un rapport de parenté, de possession, etc.). *Votre fils et le sien. Elle prodiguait le bien d'autrui autant que le sien* (→ Dissipation, cit. 1). *« Tout homme a deux pays* (1. Pays, cit. 12), *le sien et puis la France »* (Bornier).

7.1   Elle posa de nouveau sa main sur la table. Il suivit son geste des yeux et péniblement il comprit, souleva la sienne qui était de plomb et la posa sur la sienne à elle.
                 M. DURAS, Moderato cantabile, p. 149.

(Renforcé par *propre*). *Un homme est plus fidèle* (cit. 9) *au secret d'autrui qu'au sien propre.*

---

8   (...) la princesse de Parme admettait fort bien qu'on pût se plaire davantage dans la société de Mᵐᵉ de Germantes que dans la sienne propre.
                 PROUST, le Côté de Guermantes, Pl., t. II, p. 457.

(Attribut). *Cette vie qui était la sienne dès trois ans* (→ Impunément, cit. 9). *Il s'était fourvoyé* (cit. 7) *dans un métier qui n'était pas le sien.*

★ **III.** N. ♦ **1.** (V. 1175). Vx. LE SIEN (toujours au masc. sing.). Ce qui est à lui (à elle), son bien, sa propriété (→ Fumée, cit. 9, Rabelais). *« Le pauvre laboureur du sien est dévêtu »,* est dépouillé de ce qui lui appartient (→ Guerre, cit. 2, Ronsard). *« Être content du sien »,* de ce qu'on possède (cf. La Fontaine, *Fables,* V, 1). — Prov. *Chacun* le sien n'est pas trop.* ⇒ **Chacun** (*supra* cit. 14).

♦ **2.** (XVIIᵉ). Mod. *Y mettre du sien :* contribuer à, favoriser qqch. par sa bonne volonté. ⇒ **Mettre.**

♦ **3.** N. f. pl. (1601). Fam. FAIRE DES SIENNES : faire des folies, des fredaines, des sottises (→ Renom, cit.). — (En parlant d'une chose). Produire des effets fâcheux.

8.1   — Voyons (...) parlez ! (...)
   — Eh bien, mon ami (...) voilà ma femme qui fait des siennes (...)
   — Quoi donc ? (...)
   — Elle vient de me faire sommation par huissier d'avoir à la recevoir dans le domicile conjugal !
                 E. LABICHE, Moi, III, 3.

9   C'est que le champagne commençait à faire des siennes parmi les convives. Joë voulait danser une gigue sur la nappe. Les dames, au moindre mot un peu gai, se renversaient avec des rires aigus de personnes qu'on chatouille (...)
                 Alphonse DAUDET, le Nabab, X.

10   Même mort, il peut encore faire des siennes.
                 F. MAURIAC, le Nœud de vipères, I, X.

♦ **4.** (V. 1240). LES SIENS (toujours au masc. plur.) : sa famille, sa parenté*, ses amis, ses partisans*, ses compagnons... (cf. Les miens, les vôtres, les leurs). *Elle eut peur pour les siens* (→ Frappeur, cit. 3). *Il fut désavoué* (cit. 6) *par les siens. On n'est jamais trahi que par les siens. Les hommes que Dieu veut recevoir au nombre des siens* (→ Éprouver, cit. 9). — Allus. hist. *Dieu reconnaîtra* (*supra* cit. 10) *les siens.*

11   Depuis le soir où il avait laissé s'échapper devant son frère l'infâme secret découvert par lui, il sentait qu'il avait brisé les dernières attaches avec les siens.
                 MAUPASSANT, Pierre et Jean, IX.

HOM. (Du fém.) **Sciène.**

SIENNOIS, OISE [sjɛnwa, waz ; sjɛnwa, waz] adj. et n. — Attesté XVIIᵉ ; de *Sienne.*

♦ De Sienne, ville de Toscane. *La région siennoise.* — N. Personne qui habite Sienne ou qui en est originaire. *Un Siennois, une Siennoise. Les Siennois.*

Arts. Relatif au style particulier des artistes siennois du XIIIᵉ au XVᵉ siècle. *L'architecture siennoise. L'école siennoise de peinture. Les maîtres siennois. Une madone siennoise.*

   La distance apparaît beaucoup moins grande entre Guido de Sienne, par exemple, et Duccio, qu'entre Cimabue de Florence et Giotto (...) Du moins quant à l'intelligence de la forme, car on ne peut imaginer sentiment plus profond que celui du maître siennois (...) Assise à part, les fresquistes siennois n'ont guère peint qu'à Sienne ou dans le bourg très isolé de San Gimignano (...) Le seul Siennois qui ait paru comprendre les leçons de Giotto, Pietro Lorenzetti, est justement celui de tous qui est resté le plus longtemps (...) méconnu (...)
         Élie FAURE, Introd. à l'art italien, II, *in* Histoire de l'art, L'art médiéval, p. 331.

SIERRA [sjeʀa] n. f. — 1669, *in* D. D. L. ; mot esp., «scie», à cause des sommets aigus.

♦ Dans les pays de langue espagnole, Relief allongé «dont le sommet peut être plat aussi bien qu'aigu» (Baulig). ⇒ **Montagne** (→ Espagnol, cit. 3). *La sierra Nevada.* — REM. On dit *serra* dans les pays de langue portugaise.

0.1   Je vais dans la sierra que battent les éclairs ;
   Leur cime me ressemble ; un souffle est dans les airs,
   Il m'enlève. Je pars.   HUGO, la Légende des siècles, XXI, III.

1   (...) peu à peu (...) la lumière se retire vers les hautes cimes, et toute la plaine est depuis longtemps dans l'obscurité que le diadème d'argent de la sierra étincelle encore (...)   Th. GAUTIER, Voyage en Espagne, p. 158.

1.1   Le coucher d'un soleil de septembre ensanglante
   La plaine morne et l'âpre arête des sierras
         VERLAINE, Poèmes saturniens, «La mort de Philippe II».

2   Tolède (...) a la couleur, la rudesse, la fière misère de la sierra où elle campe (...)
         M. BARRÈS, Du sang..., p. 32.

SIESTE [sjɛst] n. f. — 1715, Lesage ; *siesta,* 1660 ; esp. *siesta,* du lat. *sexta (hora)* «sixième heure, midi».

♦ Repos (accompagné ou non de sommeil) pris après le repas de midi. ⇒ **Méridienne** (→ Entendre, cit. 63 ; 1. kief, cit. 1 ; ressaisir, cit. 4). *Faire la sieste* (→ Matinée, cit. 5). *Faire une petite sieste. L'heure de la sieste.* — Par ext. Sommeil, assoupissement (→ aussi 2. Pêcher, cit. 3).

1   Le monde stupéfié s'affaisse lâchement et fait la sieste, une sieste qui est une espèce de mort savoureuse où le dormeur, à demi éveillé, goûte les voluptés de son anéantissement.   BAUDELAIRE, le Spleen de Paris, XXV.

2   Le sommeil de la sieste : un curieux sommeil, où, au milieu de l'évanouissement de

l'être, il y a, dirais-je, une perception poétique de ce qui se passe autour de ce sommeil.   Ed. et J. DE GONCOURT, Journal, 10 mai 1892, t. IX, p. 33.

3 Mes siestes, qui naguère étaient d'une demi-heure au plus, durent parfois près de deux heures, sans préjudice aucun pour le long sommeil de la nuit.
                                                    GIDE, Journal, 10 janv. 1943.

DÉR. Siester.

SIESTER [sjɛste] v. intr. — 1872; de *sieste.*

♦ Rare. Faire la sieste.
Et vous n'avez pas chaud, à siester ici? me demanda-t-elle (...) Je ne sieste pas.   H. BOSCO, le Mas Théotime, p. 245.
REM. Le mot est courant en franç. d'Afrique (cf. I.F.A.).

SIEUR [sjœʀ] n. m. — 1242; ancien cas régime de *sire*.*

♦ **1.** (XIIᵉ-XVIIIᵉ). Vx. Titre honorifique pour un homme. ⇒ **Monsieur.**

♦ **2. Mod. Dr.** Qualificatif dont on fait précéder un nom d'homme, dans le style judiciaire (→ 2. Régaler, cit. 1; répandre, cit. 4). *Le sieur un tel, les sieurs tel et tel.*
(...) il y a sur l'original (...) «je déclare que jamais Bertrand ni Beaumarchais, ou Beaumarchais ni Bertrand», comme on voudra; mais sans aucun mot de «sieurs»; car cela m'a singulièrement frappé, en lisant au greffe cette déclaration (...)
                                    BEAUMARCHAIS, Mémoires... dans l'affaire Goëzman, p. 177.

♦ **3.** (1644). Péj. ou iron. *Le sieur un tel* (→ Instruction, cit. 15; montrer, cit. 2; prosaïquement, cit. 2).

COMP. Monsieur.
HOM. Scieur.

SIEVERT [sivɛʀt] n. m. — 1979 (XVIᵉ Conférence des poids et mesures); nom propre.

♦ **Phys.** Unité de mesure d'équivalent de dose d'une radiation ionisante (dose physique multipliée par un facteur d'efficacité biologique).

SIF [sif] n. m. — Mil. XXᵉ; arabe *sayf*, proprt «lame (de sabre)».

♦ **Géogr.** Crête asymétrique, aiguë, d'une dune de sable.

SIFFLABLE [siflabl] adj. — 1758; de *siffler.*

♦ **1.** Qui peut être sifflé. *Air sifflable.*

♦ **2.** Qui mérite d'être sifflé, conspué.

SIFFLAGE [siflaʒ] n. m. — 1788; de *siffler.*

♦ **Vétér.** Râle sifflant. ⇒ **Cornage.**

SIFFLANT, ANTE [siflɑ̃, ɑ̃t] adj. et n. f. — 1552; de *siffler.*

♦ **1.** Qui produit un bruit aigu, qui consiste en un sifflement ou est accompagné d'un sifflement. *Bruit, son sifflant.* ⇒ **Aigu, sibilant; stridulation.** *Rumeur* (→ Acéré, cit. 2), *note* (cit. 8) *sifflante. L'aile sifflante des palombes* (→ Pin, cit. 2). — **Méd.** *Râle sifflant, respiration, toux sifflante. Râle sifflant du cheval.* ⇒ **Cornage.** — *Voix sifflante.* — Fig. *Un mépris* (cit. 13) *sifflant.*
Elle dit à mon père qu'elle se sentait mieux (...) Tout en elle trahissait le mensonge : sa respiration sifflante, ses joues creuses, son décharné, ses mains transparentes.   F. MAURIAC, la Robe prétexte, IX.

♦ **2.** (1701). **Phonét.** *Consonne sifflante,* ou, n. f. (1835), *une sifflante :* consonne fricative* dont l'émission est caractérisée par un bruit de sifflement. ⇒ **Aigu, sibilant.** *Sifflante sonore* [z], *sourde* [s]. *Prononcer les sifflantes comme des chuintantes.* ⇒ **Chuinter.**

SIFFLARD [siflaʀ] n. m. — XXᵉ; aphérèse de *sauciflard*,* avec influence de *siffler.*

♦ **Fam.** Saucisson.
On se tape des sandwiches d'avant-guerre (...) sifflard, calendos, rillettes! (...)
                                    A. BOUDARD, Bleubite, p. 53, *in* CELLARD et REY.

SIFFLÉ, ÉE [sifle] p. p. adj. ⇒ **Siffler.**

SIFFLEMENT [sifləmɑ̃] n. m. — XIVᵉ; *schieulement*, XIIᵉ; *ciflement, siflement,* fin XIIᵉ; de *siffler.*

♦ **1.** Action de siffler; son émis en sifflant. ⇒ **Siffler** (I., 1.). — **REM.** (En parlant d'une personne qui siffle). *Sifflement* désigne en général un son non modulé d'appel (→ Sifflet). — *Bref sifflement d'appel.* → **Psitt.** *Sifflement admiratif. Sifflement de l'oiseleur.* ⇒ **Frouée.** *Sifflement d'une locomotive, d'un train* (→ Excursion, cit. 3). — *Sifflements de la respiration d'un malade, d'un asthmatique* (→ aussi Dormir, cit. 8). — *Le sifflement des oiseaux* (→ Chevêche, cit.; cri, cit. 26), *du merle* (→ aussi Grisou, cit. 1). — *Le sifflement*

d'un serpent. — Le sifflement de la vapeur. ⇒ **Bruissement, chuintement, cornement.**

(...) d'une voix qui ressemblait au sifflement d'une vipère forcée dans son trou.   1
                                    BALZAC, Ursule Mirouët, Pl., t. III, p. 443.

Par métaphore (du cri du serpent) et fig. Son d'une voix sifflante. *Des sifflements de mépris, de rage.* ⇒ **Siffler** (II., 5.).

♦ **2.** (Fin XIVᵉ). Le fait de siffler (I., 4.). *Le, les sifflements du vent*.* *Le sifflement des balles* (→ Exploser, cit. 1; projectile, cit. 2), *d'une flèche.*
Un sifflement. Tiens, une balle perdue. Une balle? Allons donc! C'est un merle!   2
C'est drôle comme c'était pareil (...)   H. BARBUSSE, le Feu, I, XII.

♦ **3.** Coup de sifflet. *Les sifflements d'un agent de police.*
Action de siffler (II., 3.) pour désapprouver (cf. Boileau, Delille, *in* Littré).

♦ **4. Physiol.** *Sifflement d'oreilles :* «désordre auditif caractérisé par une sensation de sifflement continuel» (*Voc. de psychologie,* Piéron).
Un grand bruit d'oreilles se joignit à cela, et ce bruit était triple ou plutôt qua-   3
druple, savoir : un bourdonnement grave et sourd, un murmure plus clair comme d'une eau courante, un sifflement très aigu, et le battement que je viens de dire (...)   ROUSSEAU, les Confessions, VI.

♦ **5. Techn.** Bruit parasite aigu perçu dans un récepteur radio, provenant d'amorçages d'oscillations dus à un mauvais fonctionnement, à un réglage défectueux.

SIFFLER [sifle] v. — V. 1155; du bas lat. *sifilare*, lat. class. *sibilare* (cf. dial. *sibler, subler*; → aussi Sibilant); le lat. pop. et les langues romanes possèdent plusieurs variantes de *sibilare.*

★ **I.** V. intr. ♦ **1.** ⓐ (Personnes). Émettre, produire un son aigu en faisant échapper l'air par une ouverture étroite (bouche, tuyau, instrument). ⇒ **Sifflet...** *Savoir siffler. Siffler en mettant deux doigts dans sa bouche, siffler avec une herbe. Siffler pour appeler, pour avertir. Siffler au spectacle,* pour protester (→ ci-dessous, II., 3.) ou parfois, à la mode américaine, pour approuver. *Moduler* un air en sifflant* (→ ci-dessous, II.).
Il traversa la Joncière, il alla à la carrière du Chaumois, sifflant et chantant pour   1
se faire remarquer; mais il ne rencontra que le blaireau qui fuyait dans les chaumes, et la chouette qui sifflait sur son arbre.
                                    G. SAND, la Petite Fadette, XXI.

Elle était arrêtée devant une affiche, Costals devant une autre, à quelques mètres   2
d'elle. Il siffla pour la faire venir, comme un souteneur.
                                    MONTHERLANT, les Lépreuses, I, V.

(Au moyen d'un sifflet). *Agent de police qui siffle.* — **Mar.** *Siffler sur le bord :* rendre les honneurs au sifflet (cit. 1) de manœuvre (à un personnage de marque qui franchit la coupée).

ⓑ (Choses, instruments). *La locomotive* (→ Lampe, cit. 20), *le train siffle.* — Par ext. *Le mécanicien sifflait éperdument* (→ Haletant, cit. 8), *sifflait au disque,* faisait fonctionner le sifflet. — *Les mots sifflaient dans sa bouche* (→ Hoquet, cit. 8).

♦ **2.** (1690). Personnes, animaux; organes de la respiration. Produire un son aigu, lorsque la respiration est gênée. *Malade, dormeur qui siffle.* — *Respiration qui siffle.* ⇒ **Sibilant, sifflant.** *Son nez siffle* (→ Rhume, cit. 5).
Produire un sifflement en parlant (par un défaut de prononciation, en marquant trop les sifflantes*...). ⇒ aussi **Assibilation; assibiler.**

♦ **3.** (V. 1530; animaux). Émettre un cri* analogue à un sifflet. *Le loriot siffle* (→ Chanter. *«Un oiseau siffle dans les branches»* (→ Merle, cit. 1).
Le jars siffle comme un tuyau d'arrosage.   J. RENARD, Journal, 12 juil. 1899.   3

(En parlant des serpents*). → 1. Aspic, cit. 2; dérouler, cit. 7; lover, cit. 1. *«Pour qui sont ces serpents qui sifflent sur vos têtes?»* (→ Enfer, cit. 2, Racine).

♦ **4.** (Déb. XVIIᵉ, d'Aubigné). Produire un son aigu par un frottement, par un mouvement rapide de l'air. *Le vent, la bise, la bourrasque* (cit. 4) *siffle...* (→ Démon, cit. 11; gibet, cit. 4; neiger, cit.). *Un courant* (2. Courant, cit. 9) *d'air sifflait sous les préaux.* — *Balles** (cit. 9), *bombes* (cit. 3), *obus, flèches* (cit. 11) *qui sifflent.* — *Les poulies grinçaient* (cit. 7), *piaulaient, sifflaient.* — *Siffler aux oreilles :* être perçu comme un sifflement (→ Couteau, cit. 6). — Par métaphore (en parlant de la calomnie, des sarcasmes) :
Sa fidèle Nanon paraissait-elle au marché, soudain quelques lazzis, quelques plain-   4
tes sur son maître lui sifflaient aux oreilles (...)
                                    BALZAC, Eugénie Grandet, Pl., t. III, p. 613.

Le vent siffle aux brèches des voûtes;   5
Une plainte sort des beffrois (...)   HUGO, Odes et ballades, Ballades, XIII.

Il y avait des moments d'un grand silence, puis les chênes parlaient, puis les saules,   6
puis les aulnes; les peupliers sifflaient de gauche et de droite comme des queues de chevaux, puis tout d'un coup ils se taisaient tous.
                                    J. GIONO, le Chant du monde, I, VII.

Sortir d'un orifice avec un son aigu. *La vapeur* (→ Purgeur, cit.), *le gaz* (cit. 6) *siffle, chuinte*...* (→ Papillon, cit. 10).

♦ **5.** *Les oreilles lui sifflent :* il éprouve une sensation de sifflement (sans cause extérieure). ⇒ **Corner.**

★ II. V. tr. **♦ 1.** (1547). Moduler (un air) en sifflant. ⇒ **Siffloter** (→ Balader, cit. 2; courbature, cit. 4). *Siffler un air. Siffler qqch.* (un air...) *à qqn. Je vais te siffler cette chanson.*

7   Je sifflai d'abord cette Polonaise de Bach qui me venait toute seule aux lèvres (...) puis je sifflai un menuet de Haydn et un menuet de Mozart.
J. GIONO, Jean le Bleu, IV.

Par ext. *Siffler un oiseau,* lui apprendre un air en le lui sifflant. ⇒ **Seriner.** — Fig. et vx. Instruire (qqn) de ce qu'il doit dire, faire (cf. Guez de Balzac, *in* Littré).

♦ 2. (XIXᵉ). Appeler* (qqn, un animal) en sifflant. *Siffler son chien*.* ⇒ **Hucher** (→ Imiter, cit. 4). *Siffler une femme. Agent qui siffle un contrevenant.*

7.1   (...) on peut regarder les jolies femmes, tout le long de la route, les siffler au passage.
J.-M. G. LE CLÉZIO, le Déluge, p. 236.

(1900). Sports. Signaler en sifflant. *L'arbitre a sifflé une faute, la mi-temps.*

7.2   Avant chaque mêlée, les avants espèrent un instant que c'est la fin qu'on va siffler, et ils appuient sur l'adversaire comme sur l'aiguille des minutes, mais l'arbitre juge le temps d'après sa montre.
Jean PRÉVOST, Plaisirs des sports, p. 137.

Anc. (Mar.). *Siffler un commandement,* le répéter au sifflet pour qu'il soit entendu sur tout le bord (hunes, beaupré, etc.).

♦ 3. (1549). Désapprouver* bruyamment (par des sifflements, des cris, etc.) une personne qui se produit en public, et, par ext., une œuvre, un auteur... (au théâtre*, etc.). ⇒ **Conspuer, chahuter, huer** (2.); → Honnir, cit. 1. *Se faire siffler,* conspuer...

8   (...) chacun (...) admire un certain poème (...) et siffle tout autre.
LA BRUYÈRE, les Caractères, I, 49.

9   En cinq minutes, elle applaudit avec enthousiasme et siffle avec frénésie le même acteur (...)
MAUPASSANT, la Vie errante, La Sicile.

Fig. et vieilli. Accueillir avec dérision. ⇒ **Persifler.** *« Si vous faites cette proposition, on vous sifflera »* (Académie).

♦ 4. (Av. 1850; « boire », v. intr., dès le XVᵉ). Fam. Avaler, boire d'un trait (→ Bistrot, cit. 3). *Le crieur d'imprimés... « ce gai siffle-litre »* (Mallarmé, *Chanson bas,* VII). *Il a tout sifflé d'un coup.*

10   (...) un état de bonne humeur, entretenu toute la soirée par les verres de punch et de champagne sifflés au passage sur les plateaux de la desserte.
Alphonse DAUDET, le Nabab, XV.

10.1   Saturnin, gêné, avale son rhum.
— Un autre, commande-t-il et la tournée.
— Au quai! répond le patron. (C'est le marin qui lui a appris cette locution.) Yves Le Toltec siffle son alcool avec décision (...)
R. QUENEAU, le Chiendent, p. 99.

♦ 5. Vieilli ou littér. Dire d'une voix sifflante (de mépris, de colère).

11   Ce reptile vous a sifflé que j'étais là pour trahir vos secrets!
BEAUMARCHAIS, la Mère coupable, III, 9.

12   Le petit homme siffle avec dédain :
— Des nigauds, fait-il, des ignorants, des culs-terreux qui ne savent pas lire.
BERNANOS, Sous le soleil de Satan, I, III.

▶ SIFFLÉ, ÉE p. p. adj. *Un air mal sifflé.* — Conspué, hué. *Pièce sifflée.* *« L'endroit le plus sifflé »* (Voltaire). *Langages sifflés.*

CONTR. (De II., 3.) **Acclamer, applaudir, approuver.**
DÉR. Sifflable, sifflage, sifflant, sifflement, sifflet, siffleur, siffleux, siffloter. — V. **Sifflard.**
COMP. V. **Persifler.**

SIFFLET [siflɛ] n. m. — 1250; var. *sibilet, siblet,* XIIIᵉ; de *siffler.*

♦ 1. **ⓐ** Petit instrument servant à émettre un son aigu, forme d'un tuyau court à ouverture en biseau*. *Sifflet cylindrique, à bec... Sifflet à roulette,* dans lequel une petite roue ou une boule modifie le son. *Appeau à sifflet,* imitant un cri d'oiseau. — Par ext. *Sifflet de chevrier,* sorte de flûte de Pan à son aigu. ⇒ **Pipeau.**

1   C'est très difficile à trouver dans Nagasaki, très difficile surtout à expliquer en japonais, un sifflet de marine, de forme consacrée, courbe avec une petite boule terminale, pour moduler les trilles et les sons enflés des commandements officiels.
LOTI, Mᵐᵉ Chrysanthème, XLVIII.

Loc. fam. *Cela lui pend* au nez comme un sifflet de deux sous.*

(1902, *in* Petiot). Sports. *Tenir le sifflet :* être arbitre. — Par métonymie. *C'est un bon, un mauvais sifflet.* ⇒ **Arbitre.**

ⓑ Dispositif produisant un son aigu (sur une machine, etc.). *Sifflet à vapeur, à air comprimé. Sifflet d'alarme, sifflet avertisseur. Sifflet d'une chaudière, d'une locomotive. Bouée sonore, à sifflet. Appel* de sifflet.* ⇒ aussi **Signal.** *Manœuvrer au sifflet.*

ⓒ **COUP DE SIFFLET :** son produit dans un sifflet par un souffle, une expiration vive et forte; ce souffle, cette expiration. — Par anal. Action de siffler* de quelque manière que ce soit; le son ainsi produit. ⇒ **Sifflement.** *Coups de sifflet aigus, courts, prolongés* (→ Modulation, cit. 2; oreille, cit. 11). *Les coups de sifflet d'un train.*

2   Le coup de sifflet du départ résonne, aigu, vertigineux et prolongé.
Charles CROS, Sur trois aquatintes de Henry Cros.

Sports. *Au coup de sifflet* (de l'arbitre), spécialt : au début du match. *Coup de sifflet final :* signal d'arrêt de la partie.

Spécialt. Sifflement pour conspuer. *Injures et coups de sifflet* (→ Bourrasque, cit. 10).

♦ 2. **ⓐ** Bruit d'un sifflet; coup de sifflet. ⇒ **Sifflement.** *Les sifflets stridents d'une locomotive*￼* (cit. 2; → aussi Chemin de fer, cit. 3). *Les sifflets déchirèrent la nuit* (→ Rafle, cit.).

3   Le sifflet plaintif d'un train en manœuvre rompait seul le triste silence.
R. ROLLAND, Jean-Christophe, La révolte, III, p. 628.

ⓑ Cri (d'un animal qui siffle). *Les sifflets, le sifflet d'un oiseau* (→ Ramage, cit. 5).

ⓒ Fait de siffler pour manifester son mécontentement; bruit de ceux qui sifflent. *Huées* (cit. 3) *et sifflets.* ⇒ **Charivari.** *Les sifflets du parterre* (cit. 11). *S'en aller sous les sifflets et les huées.* ⇒ **Tollé.**

4   Il y a (...) des sifflets qui sont plus doux pour l'orgueil que des bravos.
FLAUBERT, Correspondance, 303, 16 janv. 1852.

5   Le lever du rideau, les trois coups : ces choses solennelles que nous attendions avec un battement de cœur, nous ont totalement échappé. Puis tout étonnés, nous entendons un sifflet, deux sifflets, trois sifflets, une tempête de cris à laquelle répond un ouragan de bravos.
Ed. et J. DE GONCOURT, Journal, 5 déc. 1865, t. II, p. 257.

♦ 3. Fig. *« Le conduit qu'on nomme le sifflet, par où entre l'air de la respiration »* (Descartes, *Discours de la méthode,* V, 5). — Fam. et vx. Gorge. *Serrer le sifflet.* — Loc. (Fin XVIᵉ). **COUPER LE SIFFLET** À **(qqn),** lui couper la gorge (→ 1. Mèche, cit. 3).

6   Cet oiseau-là aussi m'embête, grogna-t-il. Faudrait le... tu comprends... couic... entre les deux pouces... Ah! ah! ça lui casserait le sifflet.
A. ARNOUX, le Rossignol napolitain, Les écus et le collier, p. 187.

Mod. Couper* la parole, empêcher de s'exprimer (par la stupeur, l'étonnement, la peur...). ⇒ **Interloquer.** *Tu ne t'y attendais pas à celle-là, hein, ça te coupe le sifflet?*

♦ 4. Loc. adj. ou adv. (1793). Par anal. de forme avec l'ouverture du sifflet. **EN SIFFLET :** en biseau*. *Tailler en sifflet. Greffe en sifflet. Fracture en sifflet du tibia et du péroné. Joint en sifflet :* réunion de deux coupes obliques. ⇒ **Assemblage.** — (1895). Sports (aviron). *Attaquer en sifflet :* plonger la pelle de l'aviron dans l'eau en biais.
Sifflet : forme en sifflet; biseau.

7   Il eut l'idée d'appliquer le système du sifflet, la coupe en biseau de la colonne, système sans lequel il eût été presque impossible de la jeter à bas (...)
Ed. et J. DE GONCOURT, Journal, 3 déc. 1878, t. VI, p. 40.

♦ 5. (V. 1880, Villiers). Spécialt. Vx. Frac, habit à queue (dont l'extrémité est en sifflet). ⇒ **Queue-de-pie.**

CONTR. Acclamation, applaudissement, approbation.

SIFFLEUR, EUSE [siflœr, øz] adj. et n. — 1537; de *siffler.*

A. ♦ 1. (Personnes). Qui siffle, qui a l'habitude de siffler (→ Reprendre, cit. 21). *Des enfants siffleurs.* — N. *Un infatigable siffleur.*

♦ 2. Personne qui manifeste son improbation en sifflant. *Faire taire les siffleurs.*

(...) maintenant, le plan des siffleurs est bien visible : c'est de tuer toutes les scènes et les mots à effet. Ce qu'il y a de meilleur dans la pièce est ce qu'il y a de plus sifflé (...)
Ed. et J. DE GONCOURT, Journal, 11 déc. 1865, t. II, p. 259.

B. ♦ 1. (Choses). *Vent siffleur. Le « vol siffleur des faux »* (Verlaine, *in* G. L. L. F.).

♦ 2. (Animaux). *Oiseau siffleur* (→ Bengali, cit.; mangue, cit.). — *Cheval siffleur* ou *corneur.*
N. m. Variété de canard sauvage.

CONTR. (De A., 2.) **Applaudisseur, approbateur.**

SIFFLEUX [siflø] n. m. — fin XVIIIᵉ, *siffleur,* 1634; de *siffler.*

♦ En franç. du Canada. Marmotte.

SIFFLOTEMENT [siflɔtmɑ̃] n. m. — 1885; de *siffloter.*

♦ Action de siffloter; air siffloté.

SIFFLOTER [siflɔte] v. — 1841; de *siffler,* et suff. *-oter.*

♦ 1. (Personnes). V. intr. Siffler négligemment en modulant un air. *Siffloter et chantonner. Siffloter en marchant, en travaillant.* — V. tr. *Siffloter un air, un motif* (→ Popote, cit. 2).

1   (...) il sifflote entre ses dents l'air du *Forgeron de la Paix,* qu'il a appris de vous à la longue.
COURTELINE, Boubouroche, II.

♦ 2. (Choses). Émettre un léger sifflement.

2   Puis, près du feu où sifflotait la flamme bleue des souches d'olivier, elle tricotait

le trousseau de sa bondissante progéniture, tandis que la tante Marie ourlait des langes (...)   M. PAGNOL, la Gloire de mon père, t. I, p. 32.

DÉR. Sifflotement, sifflotis.

SIFFLOTIS [sifloti] n. m. — 1885, A. Daudet ; de *siffloter.*

♦ Rare. Sifflotement.
Mais la cruauté même de cette voix fascinait comme un sifflotis de serpent.
                J. GIONO, Naissance de l'Odyssée, p. 70.

SIFILET [sifilɛ] n. m. — 1775, Buffon, *« le sifilet ou manucode à six filets »* (Œuvres, t. VI, p. 12) ; de *six,* et *filet.*

♦ Paradisier* dont le mâle porte sur la tête six longues plumes en filaments, garnies de barbes à leur extrémité. — On l'appelle aussi *parotie,* n. f.

SIGILL-, SIGILLO- Élément, du lat. *sigillum* « sceau », entrant dans la composition de termes didactiques. ⇒ (Du même rad.) **Sigillaire, sigillé...**

SIGILLAIRE [siʒillɛʀ ; siʒilɛʀ] adj. et n. f. — 1456 ; bas lat. *sigillarius,* du lat. *sigillum* « statuette, cachet », de *signum* « empreinte ». → Signe.
Didactique.

★ **I.** ♦ **1.** Adj. Muni d'un sceau, d'un cachet. *Anneau sigillaire,* portant un chaton à empreinte servant de sceau. *Médaille sigillaire.*

♦ **2.** Relatif aux sceaux, à la sigillographie. *Histoire sigillaire,* par les sceaux.

★ **II.** N. f. (1821). Paléont. Arbre fossile du carbonifère *(Lycopodinées),* dont le tronc porte des empreintes régulières en forme de cachet.

SIGILLAIRES [siʒilɛʀ ; siʒillɛʀ] n. f. pl. — 1721 ; lat. impérial *sigillaria,* de *sigillum* « statuette ».

♦ Didact. Dans l'Antiquité romaine, Fêtes qui succédaient aux Saturnales, et où des statuettes étaient offertes.

SIGILLATEUR [siʒilatœʀ ; siʒillatœʀ] n. m. — 1721 ; bas lat. *sigillator,* de *sigillum.*
Didact. (antiq. romaine).

♦ **1.** Prêtre qui marquait les animaux destinés au sacrifice.

♦ **2.** Marchand de statuettes.

SIGILLÉ, ÉE [siʒile ; siʒille] adj. et n. f. — V. 1350, *terre sigillée ;* lat. *sigillatus.*

♦ Didact. Marqué d'un sceau* (2.), d'une empreinte. *Terre sigillée :* terre fine d'un jaune rougeâtre, dont se servaient les Turcs pour y imprimer leurs sceaux. ⇒ **Bolaire** (terre). — *Céramique sigillée, vase sigillé.* — N. f. *Sigillée :* terre rouge décorée à l'aide de moules spéciaux *(sigillation).*

SIGILLOGRAPHE [siʒillɔgʀaf ; siʒilɔgʀaf] n. — Attesté xxᵉ ; de *sigillographie.*

♦ Didact. Spécialiste de la sigillographie, des sceaux.
(...) une éminente sigillographe publie (...) des études exhaustives sur les sceaux des souverains pour les différentes provinces belges.
                Y. METMAN, la Sigillographie, *in* Encycl. Pl., l'Histoire et ses méthodes, p. 434.

SIGILLOGRAPHIE [siʒillɔgʀafi ; siʒilɔgʀafi] n. f. — 1852 ; de *sigillo-,* et *-graphie.*

♦ Didact. Étude scientifique des sceaux (1., 2.), et, spécialt, des sceaux de chartes médiévales. *La sigillographie* (ou *sphragistique) et la numismatique, sciences annexes de l'histoire, de l'archéologie, de la diplomatique.*

DÉR. Sigillographe, sigillographique.

SIGILLOGRAPHIQUE [siʒillɔgʀafik ; siʒilɔgʀafik] adj. — 1853 ; de *sigillographie.*

♦ Didact. Relatif à la sigillographie. *Études sigillographiques.*

SIGISBÉE [siʒisbe] n. m. — 1739 ; ital. *cicisbeo,* d'orig. obscure, p.-ê. expressive (cf. vénitien *cici* « babillage de femme ») ; pour Guiraud, *cici* pourrait représenter un doublet de *citare,* de *cire* « amener à la suite », et *-bée* par le lat. *beare* « rendre heureux ».

♦ Vx ou iron. Cavalier* servant d'une femme, compagnon* empressé et galant. ⇒ **Patito** (vieux).
Ce furent aussi les Espagnols qui importèrent en Italie l'usage qui, après les brigands, choque le plus les voyageurs moroses que l'Angleterre verse sur le continent. Je veux parler des *cavaliers servants* ou *sigisbées.*   1
                STENDHAL, Promenades dans Rome, t. II, p. 221.
Figure-toi que cette demoiselle a pour sigisbée un monsieur... un polisson ! qui capitonne son boudoir sous mon nom.   E. LABICHE, les Petites Mains, II, 5.   2

SIGLAISON [siglɛzɔ̃] n. f. — 1964 ; de *sigle.*

♦ Didact. Formation de sigles à partir des premiers éléments (lettres, noms des lettres, syllabes) des mots d'un syntagme. *La siglaison est l'un des procédés de création de mots.*

SIGLE [sigl] n. m. — 1759 ; n. f., 1712 ; lat. jurid. *sigla* « signes abréviatifs ».

♦ Didact. Lettre initiale (ou suite d'initiales) employée comme signe abréviatif. ⇒ **Abréviation.** *Sigle simple, composé. Sigles des inscriptions et manuscrits anciens.* — *Le sigle H. L. M.* (→ Habitation, cit. 10). *Dérivés formés sur un sigle* (ex. : *cégétiste,* de *C. G. T.).* — Symbole de plusieurs unités et constantes, en physique.

DÉR. Siglaison, sigler, siglique.

SIGLER [sigle] v. tr. — Mil. xxᵉ ; de *sigler.*

♦ Désigner par un sigle ; traiter (une expression) en la transformant en sigle. *« Habitation à loyer modéré » est siglé en H. L. M.* — Pron. Figuré et plaisant :
Faut-il en conclure que le monde, en se siglant, accentue ses particularismes, ses nationalismes ?   Jean THÉVENOT, Hé ! la France, p. 43.

SIGLIQUE [siglik] adj. — 1975, *in* Larousse ; de *sigle.*

♦ Didact. et rare. Qui se rapporte au sigle. *Appellation siglique d'une entreprise.*

SIGMA [sigma] n. m. — 1654 ; mot grec.

♦ Didact. Dix-huitième lettre de l'alphabet grec (ς, σ, Σ), notant la sifflante sourde [s].

DÉR. Sigmatique, sigmatisme, sigmoïde.

SIGMATIQUE [sigmatik] adj. — 1871, *in* Littré ; dér. sav. de *sigma.*

♦ Didact. Se dit des formes linguistiques de certaines langues qui possèdent un infixe *s. Aoriste, parfait sigmatique en grec.*

SIGMATISME [sigmatism] n. m. — 1829 ; de *sigma.*
Didactique.

♦ **1.** Emploi fréquent du sigma (en grec), des sifflantes.

♦ **2.** (1904). Vice de prononciation caractérisé par la difficulté ou l'impossibilité de prononcer le son [s].

SIGMOÏDAL, ALE, AUX [sigmɔidal, o] adj. — Mil. xxᵉ ; de *sigmoïde.*

♦ Didact. En forme de sigma. ⇒ **Sigmoïde** (1.).
Le graphique représentant la variation d'activité d'un tel enzyme en fonction de la concentration d'un effecteur (y compris le substrat) est presque toujours « sigmoïdal ».   Jacques MONOD, le Hasard et la Nécessité, p. 93.

SIGMOÏDE [sigmɔid] adj. et n. m. — 1654 ; grec *sigmoeidês ;* de *sigma,* et *-oïde.*
Didactique.

♦ **1.** Qui a la forme d'un sigma majuscule (Σ). — Anat. *Valvules sigmoïdes* (ou *semi-lunaires),* à l'entrée de l'aorte et de l'artère pulmonaire. *Anse, côlon sigmoïde* (ou *côlon* pelvien), → ci-dessous, 2. *Cavités sigmoïdes* (du cubitus, du radius).

♦ **2.** N. m. *Le sigmoïde :* partie mobile du gros intestin, en forme d'anse, descendant du côté gauche de la cavité pelvienne et se continuant par le rectum (syn. : *côlon pelvien). Artères du sigmoïde.* ⇒ **Sigmoïdien.**

DÉR. Sigmoïdal, sigmoïdien, sigmoïdite.
COMP. Sigmoïdectomie.

SIGMOÏDECTOMIE [sigmɔidɛktɔmi] n. f. — xxᵉ (*in* Larousse, 1964) ; de *sigmoïde,* et *-ectomie.*

♦ Méd. Ablation (totale ou partielle) du côlon sigmoïde.

SIGMOÏDIEN, IENNE [sigmɔidjɛ̃, jɛn] adj. — xxᵉ (in Larousse, 1964) ; de sigmoïde.

♦ Anat. Du sigmoïde (2.). Artères sigmoïdiennes.

SIGMOÏDITE [sigmɔidit] n. f. — xxᵉ (in Larousse, 1923) de sigmoïde, et -ite.
Médecine.

♦ **1.** Inflammation du sigmoïde.

♦ **2.** Inflammation des valvules sigmoïdes du cœur.

SIGNAL, AUX [siɲal, o] n. m. — 1552 ; seignal, v. 1265 ; « quillon d'une épée », v. 1220 ; « signe distinctif, cachet », déb. xiiiᵉ ; réfection, d'après signe, de l'anc. franç. seignal ; du bas lat. signale, neutre subst. de l'adj. signalis, rad. signum « signe ».

♦ **1.** Signe convenu (geste, son...) fait par qqn pour indiquer le moment d'agir. Donner le signal de l'assaut, du tir, du départ. Signal de fuite. Signal au clairon pour appeler. ⇒ **Appel.** Attendre le signal (→ Guerrier, cit. 3). Entendre le signal (→ Crisper, cit. 3). Obéir à un signal. — À mon signal, vous applaudirez. Au signal (→ Choriste, cit.), à ce signal (→ Hymne, cit. 2).
Donner le signal de (une action, un événement) : déclencher, provoquer. Invité qui donne le signal du départ en se levant. — (Choses). Répression qui donne le signal de la rébellion (cit. 2). ⇒ **Annoncer, provoquer.**

1   (Il) faisait signe à ses amis de la cour de remarquer les plus beaux endroits, et donnait le signal des applaudissements ; on y répondait de quelques loges (...)
         A. DE VIGNY, Cinq-Mars, XXVI.

(1718). Fait par lequel une action, un processus commence. ⇒ **Annonce** (→ Glace, cit. 4 ; nuit, cit. 4). Le signe et le signal de la vie organique (→ Dissymétrique, cit.). — Spécialt. Signe servant d'avertissement et déclenchant un certain comportement (la réponse) quand le conditionnement est réalisé. Le signal se substitue à l'excitant normal dans le réflexe conditionné. Réponse à un signal. « Chez les insectes, les signaux odorants, parfois bien plus que les signaux visuels, jouent un rôle primordial dans la vie et la survie des espèces » (la Recherche, avr. 1981).

Spécialt. (Psychan.). Signal d'angoisse : selon Freud, « Dispositif mis en action par le moi, devant une situation de danger, de façon à éviter d'être débordé par l'afflux des excitations. Le signal d'angoisse reproduit sous une forme atténuée la réaction d'angoisse vécue primitivement dans une situation traumatique, ce qui permet de déclencher des opérations de défense » (Laplanche et Pontalis).

♦ **2.** Signe (ou système) conventionnel destiné à faire savoir qqch. à qqn, à véhiculer une information. Convenir d'un signal pour communiquer avec qqn. Signal sonore, acoustique, phonique. ⇒ **Cloche, gong, sifflet, sirène, sonnerie.** Signal d'alarme*, d'alerte. ⇒ **Avertisseur** (→ Peureux, cit. 1). Signaux visuels, optiques (fixes ou mobiles). ⇒ **Disque, drapeau, mât, sémaphore.** — Géod. Signal fixe. ⇒ **Mire.** Signaux lumineux. ⇒ **Fanal, feu, fusée, lanterne, projecteur, voyant** ; et aussi **pyrotechnie.** Signal radio-électrique. Répétiteur* de signaux. — Spécialt (pour les communications entre véhicules et l'utilisation des parcours). ⇒ **Signalisation.** Signaux d'un navire. — Mar. Signaux (absolt), ou signes flottants. ⇒ **Flamme, pavillon, pavois.** Signaux à bras : signaux alphabétiques par position des bras. Signaux phoniques employés par mauvaise visibilité (sifflet, sirène, corne de brume). Signaux de détresse, par fusée, détonations, son continu. ⇒ **S.O.S.** Signaux de port, permettant la navigation près des ports, l'entrée dans les bassins (boules*, pavillons et feux indiquant la hauteur de l'eau ; balisage*). — (Ch. de fer). Dispositif (disque, feu...) réglant la circulation sur les voies (→ Fermer, cit. 17 ; naître, cit. 17). Conducteur (cit. 6) qui distingue un signal. — Signaux des véhicules automobiles. ⇒ **Avertisseur, klaxon ; feu** (de position, clignotant...), **flèche, phare.** — Signaux de route (feux*, panneaux de signalisation, poteaux indicateurs). Signaux de danger, d'interdiction, de localisation. Respecter un signal. S'arrêter au signal lumineux.

2   Les trois coups sonnaient ; c'est un signal bien connu dans les villages de France, et qui, après les diverses sonneries de la matinée, annonce le commencement immédiat de la messe.   STENDHAL, le Rouge et le Noir, II, XXXV.

2.1   Le train était arrêté devant un signal tourné au rouge qui fermait la voie.
         J. VERNE, le Tour du monde en 80 jours, p. 249.

3   S'il ne traverse pas assez vite (le piéton), le voilà soudain perdu dans le flot des monstres déchaînés par un nouveau dispositif de signaux.
         G. DUHAMEL, Manuel du protestataire, IV.

Didact. Message ou effet à transmettre, véhiculant de l'information au moyen d'un système de communication ; forme physique (tension électrique, etc.) sous laquelle se transmet une information. Circuit, code, comparateur, générateur, système de signaux. Composante, élément, intervalle, onde, vitesse de signal. Ligne à signal constant. Signal de référence, de suppression, de synchronisation, de télévision, signal vidéo. Signal d'accusé de réception, d'appel, d'arrêt, de correction, de déclenchement, d'erreur, de ligne, de mise en marche, de rappel, de réponse, de repos... Signal d'espacement, d'interruption, d'intervention, d'occupation de la ligne... — Signal radio-

électrique des radiocommunications. Signal de télévision. Signal vidéo*. Émission, réception, sélection... des signaux. ⇒ **Émetteur, réception, relais.** Signal distinctif d'un émetteur récepteur, ou indicatif d'appel*. Signaux de radioguidage*. ⇒ **Radiophare.** Signaux horaires hertziens : signaux émis de la Tour Eiffel, donnant l'heure deux fois par jour. Signaux continus ; signaux séparés (ou discrets). — (Opposé à bruit, désignant le stimulus physique ne correspondant à aucun message). Rapport signal-bruit, rapport de leurs valeurs respectives (parfois exprimé en décibels). ⇒ **Bruit.** — Spécialt. Niveau de signal : différence entre le signal transmis et un niveau de référence. — Représentation analogique d'un phénomène physique. ⇒ **Capteur.**

Didact. (sémiologie, sémiotique). Signe naturel ou fabriqué qui fait agir le récepteur d'une certaine façon ; signe volontairement produit pour être un indice. La phrase peut être considérée comme un signal formé de signes. — Ling. Fonction de signal : fonction du langage lorsqu'il agit sur le récepteur (⇒ **Conatif**), opposée aux fonctions de symbole et de symptôme.

DÉR. Signaler (II.). — V. aussi Signaliser.

SIGNALÉ, ÉE [siɲale] p. p. adj. ⇒ Signaler.

SIGNALEMENT [siɲalmã] n. m. — 1718 ; de signaler (II., 2.).

♦ Description physique (d'une personne qu'on veut faire reconnaître). Le signalement d'un criminel, publié dans les journaux (→ Instantané, cit. 2). Les douaniers ont votre signalement (→ Frontière, cit. 2). Signalement anthropométrique* : signalement sommaire porté sur la carte* d'identité. Donner le signalement de qqn. Répondre (cit. 19) à un signalement. Être identifié* d'après un signalement.

La fleuriste avait donné un signalement très précis de l'acheteur qui avait fait la commande ; or, ce signalement ne correspondait en aucune façon à celui de Jacques.   MARTIN DU GARD, les Thibault, t. III, p. 172.

SIGNALER [siɲale] v. — 1572, seignaler ; 1562, au p. p., segnalé « remarquable » ; de l'ital. segnalato, p. p. de segnalare « rendre illustre », de segno « signe ».

★ **I.** ♦ **1.** V. pron. Se signaler : se faire remarquer* en bien ou en mal. ⇒ **Distinguer** (se), **illustrer** (s'). « Par des faits glorieux tu te vas signaler » (→ Poursuivre, cit. 14). Se signaler par son courage. Tyran qui se signale par ses répressions.

1   Êtes-vous pauvre, signalez-vous par des vertus ; êtes-vous riche, signalez-vous par des bienfaits.   Joseph JOUBERT, Pensées, V, LXXXII.

(Sujet n. de chose). Être remarqué. Un siècle qui s'est signalé par sa barbarie. Perle (cit. 5) qui se signale par un rose unique (→ Être remarquable* par).

♦ **2.** V. tr. (xviiᵉ). Vx. Rendre remarquable par une action. Guerriers qui signalent leur audace (cit. 3). — (Sujet n. de chose). Caractériser en rendant remarquable.

2   (...) il faut dire, sans éclater, que les religions auront signalé un âge de l'humanité, mais qu'elles ne tiennent pas au fond même de la nature humaine et qu'elles disparaîtront un jour.   RENAN, l'Avenir de la science, V, Œ. compl., t. III, p. 813.

♦ **3.** P. p. adj. (1562 ; → étymologie). Littér. (Dans certaines loc. ; généralt avant le nom). Signalé : remarquable, notable. Un signalé service. ⇒ **Insigne.**

4   J'en conviens, cette vie est austère, mais elle ne durera pas, et je vous en promets la plus signalée récompense.   DIDEROT, Jacques le fataliste, Pl., p. 608.

(Après le nom). Un service signalé.

★ **II.** (1773 ; de signal). ♦ **1.** Annoncer* par un signal (ce qui arrive, un mouvement). Le train omnibus (cit. 3) est signalé. Signaler son approche par un bruit, un chant (→ Envoyer, cit. 22). Automobiliste qui tend le bras pour signaler qu'il va tourner. ⇒ **Avertir** (→ Faire signe*). Signaler des travaux sur la route. ⇒ **Baliser.** — (Sujet n. de chose). Appel de sirène, panneau pour signaler un danger (→ Hurler, cit. 16).

5   Chaque îlot signalé par l'homme de vigie
   Est un Eldorado promis par le Destin (...)
         BAUDELAIRE, les Fleurs du mal, « Révolte », CXXVI, II.

Par ext. Montrer par un signe. ⇒ **Désigner, indiquer.** Il signalait d'une œillade (cit. 2) discrète sa boutonnière.

♦ **2.** (1835 ; signaler un soldat « l'inscrire », 1680). SIGNALER (qqch.) À (qqn) : faire remarquer ou connaître en attirant l'attention (⇒ **Appeler*, attirer l'attention* sur...). Signaler à l'acquéreur les inconvénients d'une propriété. ⇒ **Avertir** (→ Insister, cit. 9). Signaler à qqn les qualités d'une œuvre, lui faire reconnaître* (→ Finement, cit. 2). Signaler une faute à qqn (→ Disséquer, cit. 4 ; malgré, cit. 12). — (Sans compl. en à). Comme l'avaient déjà signalé certains observateurs. ⇒ **Déclarer, montrer, souligner** (→ Imitateur, cit. 3). — (Avec l'attribut). Signaler qqn comme coupable. ⇒ **Dénoncer.** — P. p. Locution signalée comme nouvelle. ⇒ **Mentionner** (→ Quoi, cit. 13). — Signaler que... : faire connaître, remarquer, observer* que... ; mettre en lumière* (→ Mutinerie, cit. 2 ; régulier, cit. 4). — Journal qui signale la présence de qqn (→ Horizontal, cit. 6). — Par ext. Être le signe de... *Changements qui signalent une évolution.* ⇒ **Déceler, marquer.**

SIGNALER (qqn) À (le complément désigne un sentiment impliquant un jugement moral ou esthétique) : proposer comme objet de... *Signaler qqn à l'admiration publique* (⇒ **Citer, désigner**), *au mépris public* (→ Mettre au pilori*). *Signaler à la bienveillante attention de qqn* (→ aussi Animadversion, cit. 2). — Loc. *Rien à signaler* (abrév. : R. A. S.), formule par laquelle un informateur assure qu'aucun événement digne d'être signalé n'est intervenu (d'abord militaire).

▶ **SIGNALÉ, ÉE** p. p. adj. (1778).
Indiqué par un signal, par une signalisation. *Carrefour, direction signalée.* — → aussi ci-dessus, I., 3.

DÉR. Signalement, signalétique, signaleur.

SIGNALÉTIQUE [siɲaletik] adj. et n. f. — 1835 ; de *signaler* (II., 2.).

♦ **1.** Didact. Qui donne un signalement. *Fiche signalétique.* ⇒ **Anthropométrique.** — *Bulletin signalétique,* qui signale des références bibliographiques, documentaires.

1 (...) cette face glabre et basanée coupée par les épais sourcils du même noir en train de s'argenter que les cheveux en brosse (se révélant dans leur surgissement dru sitôt le képi retiré) et, pimentant tout cela, un accent que je sus être de l'est pyrénéen quand nous eûmes fait connaissance, ces divers traits m'apparurent d'emblée comme les marques signalétiques d'une figure prête à se laisser emporter dans l'imbroglio de la guerre comme dans celui d'une *comedia dell'arte.*
Michel LEIRIS, Fourbis, p. 142.

♦ **2.** Didact. Qui concerne les signaux, la signalisation. — N. f. **a** *La signalétique :* l'activité sémiotique des organismes, en ce qui concerne les signaux.

b Étude des signaux (parmi les signes).

2 Le théâtre tient à tous les thèmes apparemment spéciaux qui passent et reviennent dans ce qu'il écrit : la connotation, l'hystérie, la fiction, l'imaginaire, la scène, la vénusté, le tableau, l'Orient, la violence, l'idéologie (que Bacon appelait un «fantôme de théâtre»). Ce qui l'a attiré, c'est moins le signe que le signal, l'affiche : la science qu'il désirait, ce n'était pas une sémiologie, c'était une *signalétique.*
R. BARTHES, Roland Barthes, 1975, p. 179-180.

♦ **3.** N. f. Admin. Ensemble des éléments d'une signalisation (dans un réseau de transport).

SIGNALEUR [siɲalœʀ] n. m. — 1869, in *Année sc. et industr.* 1870, p. 139 ; de *signaler* (II., 1.).

♦ Techn. (milit.). Marin, soldat, employé chargé de la signalisation.

SIGNALISATEUR, TRICE [siɲalizatœʀ, tʀis] n. — 1947 ; de *signaliser.*

♦ Qui sert de signalisation.

(Feuillets... criblés) de repères en forme d'étoiles, de croix, de petits serpenteaux signalisateurs comme au long des routes.
COLETTE, l'Étoile Vesper, 1947, p. 187, *in* D.D.L., II, 6.

SIGNALISATION [siɲalizasjɔ̃] n. f. — 1909 ; de *signaliser.*

♦ **1.** Emploi, disposition des signaux* destinés à assurer la bonne utilisation d'une voie et la sécurité des usagers. *Signalisation des ports* ; des voies de chemin de fer* (cit. 8). ⇒ **Éclairage, sémaphore, signal.** *Contrôle des disques de signalisation.* ⇒ **Enclenchement.** — Ponts et chaussées. *Signalisation routière* (bornes, signaux* de route, feux, lignes, cataphotes...). *Panneaux de signalisation.* — Aviat. *Signalisation des aérodromes, des pistes...*

♦ **2.** (1933, *in* Larousse). Ensemble des signaux utilisés pour communiquer (visuels, lumineux, acoustiques). *Signalisation à courant simple, à fréquence commune, à répétition de signaux. Signalisation automatique, différentielle, sélective en fréquence.*

♦ **3.** Psychol. *Système de signalisation :* ensemble des signaux (signaux concrets, mots, alphabet morse, etc.) déclenchant des réflexes conditionnés.

SIGNALISER [siɲalize] v. tr. — 1909 ; de *signal,* d'après l'angl. *to signalize.*

♦ Munir d'une signalisation. *Signaliser une route, une côte.* ⇒ **Baliser.**

DÉR. Signalisateur, signalisation.

SIGNATAIRE [siɲatɛʀ] n. — 1789 ; *signandaire,* XVIIe-XVIIIe ; du rad. de *signature.*

♦ Personne qui a signé une lettre, et, spécialt, un acte, un traité, une proclamation. *Le signataire d'un effet de commerce.* ⇒ **Émetteur.** *La signataire d'un contrat, d'une pétition. Les signataires d'un contrat, d'un traité* (co-signataires), *d'une déclaration* (→ Houppe,

---

cit. 3), *d'une pétition* (→ Paix, cit. 19 ; pétitionner, cit.), *d'une protestation* (→ Procureur, cit. 3).

COMP. Co-signataire.

SIGNATION [siɲasjɔ̃] n. f. — Attesté mil. XXe ; lat. ecclés. *signatio,* de *signatum,* supin de *signare* «marquer d'un signe».

♦ Relig. Fait de marquer du signe de la croix, au cours du baptême, de la confirmation.

SIGNATURE [siɲatyʀ] n. f. — 1430, sens 1 et 3 ; lat. jurid. *signatura* (cf. Du Cange), du lat. class. *signator* «signataire».

♦ **1.** Inscription du nom (d'une personne) sous une forme particulière et constante pour affirmer l'exactitude, la sincérité d'un écrit ou en assumer la responsabilité. ⇒ **Seing ; contre-seing.** *La signature de qqn, sa signature. Signature au bas d'une lettre.* ⇒ **Souscription ;** et aussi *post-scriptum. Signature sur un acte*, une attestation, un aval, un contrat, une convention, une déposition (⇒ **Approbation**), *un chèque* (cit. 1), *une lettre de change. Chèque sans signature. Il manque la, votre signature. Signature en marge d'un écrit* (⇒ **Émargement**), *au dos d'un billet* (⇒ **Endos ; endosser**), *au bas d'une feuille blanche* (⇒ **Blanc-seing**). —*Apposer** (cit. 4), *faire, mettre sa signature.* ⇒ **Signer.** *Signature simple, compliquée, ouvragée* (cit. 2), *soulignée, paraphée.* ⇒ **Paraphe** (cit. 1). *Signature claire, illisible* (cit. 2). *Signature abrégée.* ⇒ **Monogramme, paraphe ; initiale.** *Marque*, empreinte qui imite la signature de qqn.* ⇒ **Griffe.** *Sans signature.* ⇒ **Anonyme.** — *Contrefaire**, *imiter* (cit. 23) *une signature.* ⇒ **Contrefaçon, faux** (en écriture) ; **faussaire** (cit. 3). *Légaliser une signature.* ⇒ **Légalisation.**

1 J'ai dû aller pour une journée à Orléans, avec mon oncle, pour donner des signatures chez le notaire, au sujet de la successsion d'une grand-tante.
MONTHERLANT, les Lépreuses, I, IV.

2 — C'est une pétition contre la guerre, dit la demoiselle. Nous recueillons des adhésions par milliers... Elle retourna la page : le verso était couvert de signatures, serrées les unes en dessous des autres, horizontales, obliques, montantes, descendantes, à l'encre noire, à l'encre violette, à l'encre bleue. Certaines s'étalaient largement, en grosses lettres anguleuses, et d'autres, avares et pointues, se serraient honteusement dans un petit coin.
SARTRE, le Sursis, p. 246.

Dr. *Chaque associé a la signature,* la signature sociale (qui engage la société).

♦ **2.** Engagement* signé. *Donner sa signature.* ⇒ **Garantie.** *Faire honneur* (cit. 94) *à, honorer* (cit. 27) *sa signature. Protester* (cit. 10) *sa signature.*

3 — Voilà donc, s'écria Croisilles, voilà donc ce qui reste de trente ans de travail et de la plus honnête existence, faute d'avoir eu à temps, au jour fixe, de quoi faire honneur à une signature imprudemment engagée !
A. DE MUSSET, Nouvelles, Croisilles, III.

3.1 Deux cent mille francs en compte courant à la banque de France... Caisse exactement ouverte de trois à cinq... jamais de protêts, bonne signature, parole en barre !
E. LABICHE, les Petites Mains, I, 13.

♦ **3.** (1430). Action de signer* ; opération par laquelle un écrit, un acte est signé (→ Mariage, cit. 5). *Extorquer* (cit. 1) *une signature.* ⇒ **Extorsion.** *Je me retire avant la signature* (→ Notarié, cit. 4).

4 — (...) Votre arrêté de nomination sera ce soir à la signature (→ ...)
COURTELINE, Messieurs les ronds-de-cuir, 6e tableau, I.

♦ **4.** Dr. canon. *Signature en cour de Rome :* minute originale de la concession d'une grâce par le pape. — *Tribunaux de la signature,* au Vatican.

♦ **5.** Nom ou marque de l'auteur, apposé sur une œuvre. *La signature d'un tableau. Expertiser, authentifier une signature. La signature d'un grand couturier.* ⇒ **Griffe, marque.** — Fig. *Ce livre porte une signature célèbre,* il est signé* d'un nom célèbre. ⇒ aussi **Sceau.**

5 — Et à quoi reconnaissez-vous le Frankenthal ? — Et la signature ! dit Pons avec feu. Tous ces ravissants chefs-d'œuvre sont signés.
BALZAC, le Cousin Pons, Pl., t. VI, p. 552.

6 C'est par malentendu qu'on s'adresse à l'écrivain, il croit qu'on lui demande son travail, dont on n'a que faire, alors qu'on n'en veut qu'à sa signature, qui paie.
SARTRE, Situations II, p. 291.

7 (...) les signatures d'élèves découvertes au microscope dans les oreilles et les narines des femmes de Rubens. COCTEAU, Journal d'un inconnu, p. 41.

Par métonymie. Auteur. *Les plus grandes signatures de la presse américaine.*

Fig. et littér. Ce qui révèle la personnalité d'un auteur, d'un artiste. *Ce texte anonyme porte la signature d'un grand écrivain.*

♦ **6.** (1669). Industries graphiques (imprim., reliure, etc.). Repère (chiffre, lettre ; index) placé en première page ou au dos de chacun des cahiers d'un ouvrage à relier et qui permet de les classer dans le bon ordre, avant les opérations de façonnage. — Le cahier lui-même. *Il manque les signatures 6 dans cette série de corps d'ouvrages.*

DÉR. (Du même rad.) Signataire.

SIGNE [siɲ] n. m. — Fin Xe, *Alexis* ; lat. *signum* ; doublet de *seing**, qu'il a remplacé.

★ **I.** ♦ **1.** Cour. Chose perçue qui permet de conclure à l'existence ou la vérité (d'une autre chose absente à laquelle elle est liée).

1 Nous définirons (...) le signe comme *la partie d'une expérience susceptible d'évoquer l'expérience totale.* S. ULMANN, Précis de sémantique franç., p. 12.

Être le signe de... ⇒ **Annoncer, dénoter, manifester, prouver, révéler, témoigner** (de)... *Le rire* (2. Rire, cit. 2), *signe de la joie.* ⇒ **Annonce, expression, indication, indice, manifestation, marque** (IV.), **preuve.** *La fumée est le signe du feu. Ce comportement est un signe de médiocrité* (→ Impraticable, cit. 3). — *Signe* (et adj.). *Signe avant-coureur* (cit. 6) *d'un changement. Signe précurseur, prémonitoire de qqch.* ⇒ **Annonce, promesse.** *Signe évident, visible, perceptible de qqch. Savoir, reconnaître, sentir, prévoir à certains signes que...* ⇒ **Augurer** (→ Désespérance, cit. 5). *C'est signe que... :* cela annonce, prouve que... (→ Opérer, cit. 2 ; perdre, cit. 35). ⇒ **Symptomatique.**

2 Carpettes secouées, signe de propreté, ménage bien tenu.
CÉLINE, Voyage au bout de la nuit, p. 222.

SIGNE EXTÉRIEUR. *Les signes extérieurs* (cit. 6) *de l'amitié, du respect* (→ Essence, cit. 14). ⇒ **Démonstration.**

2.1 Les grands laquais en livrée figés sur les marches de l'escalier d'honneur, le majordome chamarré vous précédant lentement à travers les vastes étendues de parquets glissants, tous les fastes et les signes extérieurs de la puissance et de la grandeur, tout le cérémonial (...) avaient du bon.
N. SARRAUTE, le Planétarium, p. 94.

(1936). Dr. et cour. *Signes extérieurs de richesse :* éléments du train de vie qui constituent un indice de hauts revenus pour l'administration fiscale.

2.2 Dans la ligne de ces hôtels de luxe il y a encore d'autres choses qui font trop signes extérieurs de richesse pour n'être pas indésirables : le grand restaurant où l'on va tout exprès pour faire un bon dîner (...) le gala quel qu'il soit (...) les première classe en chemin de fer (...) les bagages trop nombreux, trop élégants et trop lourds (...) les appartements tout neufs installés par un ensemblier ou les trop beaux logis garnis de meubles de collection et d'une foison d'œuvres d'art (...)
Michel LEIRIS, Fourbis, p. 93-94.

Loc. *Signe de... :* témoignage concret de... *Donner des signes de...* ⇒ **Manifester, témoigner.** *Donner des signes de fatigue, d'impatience, de distraction* (→ Diminuer, cit. 17).

SIGNE DE VIE (→ Marmottement, cit.). *Ne pas donner signe de vie* (paraître mort, par ext., être absent) : ne donner aucune nouvelle.

2.3 (...) depuis quinze jours que je suis rentré à Paris, je n'ai pas voulu vous donner signe de vie (...) Sacha GUITRY, N'écoutez pas, Mesdames !, p. 153.

Méd. *Signe clinique, signe pathologique,* que le médecin trouve lors de l'examen du patient ou qu'il provoque intentionnellement pour poser un diagnostic. ⇒ **Symptôme ; séméiologie.** *Signes indicatifs, diagnostiques* d'une grossesse* (cit. 2).

(Fin X[e]). Relig. Phénomène naturel considéré comme relevant de l'action de Dieu ; (déb. XIIe) miracle. *Signes et prodiges.*

Phénomènes naturels (météores, etc.) dont l'observation réglait la conduite des hommes et dévoilait l'avenir. *Observation des signes chez les Romains.* ⇒ **Auspice, présage, prodige ; augure.** *Signes terrifiants des dieux* (→ Prodige, cit. 2). ⇒ **Avertissement, miracle.** *Signes favorables* (→ Aruspice, cit.), *défavorables.* — Loc. *Les signes des temps :* les signes qui, selon les prophètes, font savoir que les temps messianiques sont arrivés. — Fig. (→ ci-dessous, I., 2.).

3 Le soir vous dites : Il fera beau demain, car le ciel est sombre et rougeâtre. Vous savez donc juger les apparences du ciel ; et vous ne savez point reconnaître les signes des temps ! BIBLE (SACY), l'Évangile selon saint Matthieu, XVI, 2, 4.

Loc. (XVIIIe). BON, MAUVAIS SIGNE. *Être un bon,* ou (XVIIe) *un mauvais signe.* ⇒ **Augure** (fig.) ; **présage** (fig.). *Voilà un excellent signe.* — (Sans article). *C'est bon signe* (→ Négatif, cit. 14 ; roulette, cit. 1). *C'est bon signe que...* (→ Intolérance, cit. 7), *quand...* (→ Ranger, cit. 4).

4 (...) lorsque le médecin fait rire le malade, c'est le meilleur signe du monde.
MOLIÈRE, le Médecin malgré lui, II, 4.

4.1 Alors que je reprends l'omnibus... mais voilà que je me retrouve à côté d'une autre petite... de l'œil ! du nez ! de la dent ! que je lui pousse le coude... Elle ne dit rien... bon signe ! E. LABICHE, Un gros mot, 6.

♦ **2.** Élément ou caractère (d'une personne, d'une chose) qui permet de distinguer, de reconnaître. ⇒ **Attribut, caractère.** *Signe distinctif, caractéristique* (→ Cicatrice, cit. 4). *Signes particuliers consignés par la carte d'identité. Signes particuliers : néant,* formule administrative (pièces d'identité, documents d'état-civil, etc.), parfois reprise pour évoquer la banalité, l'insignifiance. *Son mari, c'est le brave Français moyen, signes particuliers néant* (→ Incolore*, inodore*, sans saveur). *Signes de distinction*, de reconnaissance*. Chose reconnaissable* (cit. 3) *à quelque signe, à ce signe que...* (→ Religion, cit. 11). ⇒ **Caractéristique** (→ aussi Langue, cit. 29).

5 Il m'adresse aux honnêtes gens, il m'écarte des méchants ; il m'a appris à les reconnaître à des signes prompts et délicats.
DIDEROT, Éloge de Richardson.

Loc. SIGNE DES TEMPS (→ ci-dessus, I., 1.), fig. : ce qui semble caractériser l'époque où l'on vit (souvent péj.). → Appétit, cit. 24 ; gouvernementalisme, cit.

Spécialt. Vx. Marque, tache naturelle sur la peau.

Par ext. Marque faite pour distinguer. ⇒ **Marque.** *Marquer d'un signe.* ⇒ **Signer** (II.). → Don, cit. 15. *Signe sur le front* (→ Don, cit. 16 ; enseignant, cit. 2).

★ **II.** ♦ **1.** Objet matériel simple (figure, geste, couleur...) qui, par rapport naturel ou par convention, est pris, dans une société donnée, pour tenir lieu d'une réalité complexe. ⇒ **Symbole.** — *Signe sonore, par geste ; signe visuel. Le noir, signe de deuil. Signes graphiques.* ⇒ **Figure, image, représentation.** — Astron. *Signes abréviatifs astronomiques, qui symbolisent les astres les plus connus.* — *Les signes du zodiaque.* ⇒ **Zodiaque.** *Signe de feu, de terre, d'eau.* — Math. *Signes des nombres.* ⇒ **Chiffre.** *Signes des opérations ; les signes plus, moins, multiplié par... divisé par... Signe positif, négatif des nombres relatifs* (en algèbre). *La règle des signes* (→ Nombre, cit. 6). *Égal et de même signe, et de signe contraire* (→ Position, cit.). *L'indice*, signe de position.* — Opt. *Convention de signe,* dans l'utilisation des formules des lentilles et des miroirs. — *Signes utilisés en chimie.* ⇒ **Notation.** *Signes cabalistiques*, magiques. Signes musicaux ; signes d'expression.* ⇒ **Musique** (*infra* cit. 18). → Noter, cit. 10. *Signes chorégraphiques*.*

6 En quelque étude que ce puisse être, sans l'idée des choses représentées, les signes représentants ne sont rien. On borne pourtant toujours l'enfant à ces signes, sans jamais pouvoir lui faire comprendre aucune des choses qu'ils représentent.
ROUSSEAU, Émile, II.

7 Quand vous avez abstrait de l'objet, par l'attention, toutes les qualités sensibles l'une après l'autre, que reste-t-il ? rien, dira-t-on, qu'un signe ou le nom même (...)
MAINE DE BIRAN, Examen des leçons de philosophie, § III.

8 Il frappe le livre, et considère le signe du macrocosme... Il saisit le livre, et prononce les signes mystérieux de l'Esprit. Il s'allume une flamme rouge, l'Esprit apparaît dans la flamme. NERVAL, Trad. GŒTHE, Faust, I.

9 Il me souvient des signes à la craie
Qu'on découvrait au matin sur les murs
Sans en pouvoir déchiffrer les secrets (...) ARAGON, les Yeux d'Elsa, p. 22.

♦ **2.** Didact. **ⓐ** (Philos., sémiotique). Tout objet perceptible qui est « le représentant d'autre chose qu'il évoque à titre de substitut » (Benveniste) ; « quelque chose qui tient lieu de quelque chose pour quelqu'un à quelque égard et en quelque mesure » (d'après Ch. S. Peirce). — *Qualité de signe.* ⇒ **Signifiance.** *Procès du signe.* ⇒ **Sémiosis.** *Science générale des signes.* ⇒ **Sémiotique.** *Signes naturels,* fournis par la nature. *Signes conventionnels. Signes motivés et signes arbitraires* (comme ceux du langage → ci-dessous, b). *Signes codés ou non codés.* ⇒ **Code.** *Élément sensible* (⇒ **Expression, signifiant**) *et élément non sensible* (⇒ **Contenu, signifié**) *d'un signe.*

Classification, typologie des signes (chez Peirce) : icone*, indice* et symbole* ; *légisigne* (signe établi par une loi), *qualisigne* (signe qui est une qualité) et *sinsigne* (chose individuelle, événement unique qui est un signe) ; *rhème* (signe qui est un terme, représente une fonction prépositionnelle), *dicisigne* (signe d'existence effective, formé d'un sujet et d'un prédicat) et *argument* (signe d'une loi générale ou type). — (Chez Morris). *Signes désignatifs, prescriptifs, appréciatifs.* — (Chez Sebeok). *Les signes appartiennent à six catégories :* signal, symptôme, icone, indice, symbole, nom.
Systèmes de signes. Fonctionnement des signes. Relations des signes entre eux (⇒ **Syntaxe**), *des signes à ce à quoi ils renvoient* (⇒ **Sémantique**), *des signes à leurs usagers* (⇒ **Pragmatique**), *en logique* (⇒ **Sémiotique**).

ⓑ Ling. Unité linguistique formée d'une partie sensible ou *signifiant** (sons, lettres) et d'une partie abstraite ou *signifié*. Le morphème, le mot* (cit. 1), *l'idiome* (locution, expression) *sont des signes. L'arbitraire* du signe. Les signes appartiennent à la première articulation* du langage.*

♦ **3.** (Dans l'écriture). Caractère ayant une valeur stable dans un système graphique, une écriture. ⇒ **Caractère, graphie** (cit. 2). *Signes de choses* (⇒ **Pictogramme**), *signes d'idées* (⇒ **Idéogramme**). → Copte, cit. 1. *Signes de sons.* ⇒ **Lettre.** *Signes phoniques*. Ensemble des signes d'une langue.* ⇒ **Alphabet.** *Les signes alphabétiques :* les caractères, les lettres. *Signes orthographiques* ; diacritiques** (→ Orthographe, cit. 5). *Signes de ponctuation*. Signes typographiques* (guillemets, tirets...). *Signe typographique signifiant « et ».* ⇒ **Esperluette.** *Signe abréviatif.* ⇒ **Abréviation, sigle, symbole.** *Signes sténographiques*. Signes secrets.* ⇒ **Chiffre** (cit. 3) ; **cryptographie.** *Système de signes notant la parole, chez les Incas.* ⇒ **Quipou.** — Par ext. Caractère d'imprimerie (→ Pédaler, cit. 1).

9.1 Leur plan géométrique représentait ce signe typographique &, qui signifie *et cætera* en abrégé. Or, en isolant la boucle supérieure du signe, par laquelle s'échappait le vent du sud et de l'ouest, on parviendrait sans doute à utiliser sa disposition inférieure. J. VERNE, l'Île mystérieuse, t. I, p. 42 (1874).

10 La langue est un système de signes exprimant des idées, et par là, comparable à l'écriture, à l'alphabet des sourds-muets, aux rites symboliques, aux formes de politesse, aux signaux militaires, etc., etc. Elle est seulement le plus important de ces systèmes. SAUSSURE, Cours de linguistique générale, p. 33.

10.1 Entre le Moustérien final et le Chatelperronien, de 50000 à 30000 avant notre ère, apparaissent simultanément les premières habitations et les premiers signes gravés, simples alignements de traits parallèles.
A. LEROI-GOURHAN, le Geste et la Parole, t. II, p. 139.

♦ **4.** Emblème (d'une société, d'une religion, d'une fonction). ⇒ **Emblème, insigne.** *Porter un signe à la boutonnière* (cit. 1). *Signes héraldiques.* ⇒ **Armoirie, blason.** *Signes de ralliement*.*

Loc. SIGNE DE LA CROIX (calque du lat. *signum crucis*), emblème des chrétiens. ⇒ **Croix.** *Constantin fit peindre le signe de la croix sur son étendard* (cf. *In hoc signo vinces* « par ce signe tu vaincras »). —

Par ext. *Signe de la croix*, (cour.) *signe de croix*, le geste qui l'évoque (→ 1. Ressortir, cit. 1). *Faire un signe de croix.* ⇒ **Signer** (I.; se).

♦ **5.** (1690, Furetière). Astrol. Chacune des douze parties de l'écliptique (représentées chacune par une figure) que le Soleil semble parcourir dans l'intervalle d'une année tropique. *Signes du zodiaque*. *Signe où se trouve une planète* (cit. 2). *Être né sous le signe de Saturne* (→ Pituiteux, cit. 1), pendant la période où le Soleil traverse cette partie de l'écliptique. ⇒ **Horoscope.** *Le signe d'une personne.*
Loc. fig. SOUS LE SIGNE DE... : dans une atmosphère de, dans des conditions créées par... *Être né sous le signe de la chance. La réunion eut lieu sous le signe de la bonne humeur* (→ aussi Front, cit. 34).

11 Le Salon de 33 s'est ouvert «sous le signe de...», sous le signe de quoi? C'est sûrement sous le signe de quelque chose. Depuis un an ou deux, tout est «sous le signe». Quand un financier barbote, c'est «sous le signe de la reprise économique». Quand un monte-en-l'air vous refait votre appartement, c'est «sous le signe de la reprise individuelle»
J. ROMAINS, les Hommes de bonne volonté, t. XXVII, I, p. 17.

♦ **6.** (XVIᵉ). Mouvement volontaire, imagé ou conventionnel, destiné à communiquer avec qqn, à faire savoir qqch. ⇒ **Geste, signal.** — REM. En ce sens, *signe* s'oppose généralement à *langage. Communication par signes. Répondre par signes* (→ Léthargie, cit. 1). *Sur un signe, le taxi s'arrêta* (→ Croiser, cit. 5). *S'exprimer* (cit. 38) *par signes et par gestes* (1. Geste, cit. 9). — Loc. *Signe d'intelligence*, par lequel deux personnes marquent leur compréhension réciproque.

12 (...) par signes (qui en amour sont incomparablement plus attractifs, efficaces et valables que paroles).
RABELAIS, Tiers livre, XIX.

12.1 (...) à travers leur dédale de gestes, d'attitudes, de cris jetés dans l'air, à travers des évolutions et des courbes qui ne laissent aucune portion de l'espace scénique inutilisée, se dégage le sens d'un nouveau langage physique à base de signes et non plus de mots. A. ARTAUD, le Théâtre et son double, Idées/Gall., p. 81.

Signe de... (et n. désignant la partie du corps qui fait le signe). *Signe de tête. Signe de tête affirmatif* (cit. 2), *approbatif* (cit. 1) ; *négatif* (→ Dialoguer, cit. 2) : hochement de tête de haut en bas ; de droite à gauche (dans notre culture). *Désigner, montrer par un signe de tête. — Un signe de la tête, de la main.*

13 (...) il m'a semblé qu'en se séparant·ils se faisaient quelques signes de la tête, comme quand l'un dit oui et que l'autre dit non.
DIDEROT, Jacques le fataliste, Pl., p. 581.

(V. 1350). FAIRE SIGNE (que... ; de...). *Il fit signe qu'il était d'accord. Elle fait signe d'entrer.*
FAIRE SIGNE (à qqn). *Faire signe à qqn de la main* (→ Mousquet, cit. 2). *Faire signe pour appeler* (→ Accourir, cit. 3 ; bac, cit. 2). *Faire signe de venir* (→ Légèreté, cit. 2). *Il lui fit signe qu'il n'avait qu'à le suivre* (→ Imperceptible, cit. 6). — Par ext. *Faire signe à qqn*, entrer en contact avec lui (par lettre, téléphone, etc.).

14 Veux-tu que je te laisse? Il me fit signe que non (...)
A. HERMANT, Souvenirs du vicomte de Courpière, II.

15 (...) il faudrait d'abord que je voie un petit peu ce qu'on en pense... Oui, comme ça, préparer l'opinion. Ensuite, je te ferais signe... — Entendu.
C.-F. RAMUZ, la Grande Peur..., II.

Faire un signe à qqn. Je vous ferai un petit signe dès que possible.
EN SIGNE DE... : pour exprimer, faire connaître, rendre manifeste. *La main droite étendue en signe d'hommage. Secouer son mouchoir* (cit. 66) *en signe d'adieu. — Fumer le calumet* (cit. 1) *en signe de paix.*

DÉR. Signet.
COMP. Intersigne.
HOM. Cygne.

SIGNÉ, ÉE [siɲe] p. p. adj. ⇒ **Signer.**

SIGNER [siɲe] v. tr. — XIVᵉ ; *sei seigner*, 1080, *Chanson de Roland*, sens I.; «marquer, signaler», en anc. franç.; du lat. *signare* «mettre un signe».

★ **I.** Vx. Faire le signe de croix* sur..., pour bénir. — Mod. SE SIGNER (v. pron.) : faire le signe de la croix sur soi (→ Prêtre, cit. 1). *Se signer en entrant dans une église.*

★ **II.** (Déb. XIIᵉ). Techn. Marquer d'un signe. *Signer les bois de charpente, les pièces d'orfèvrerie* (au poinçon).

★ **III.** (1523). Cour. ♦ **1.** Revêtir de son nom* écrit d'une manière particulière (⇒ **Signature**) pour confirmer un écrit, engager sa responsabilité. *Celui qui signe.* ⇒ **Signataire, soussigné.** *Signer un billet, une lettre ; un contrat*, un pacte (cit. 5), un traité. — Par ext. *Signer la paix* (cit. 24), le traité de paix. — Fig. Se réconcilier*. — *Signer un engagement, un pouvoir* (2. Pouvoir, cit. 5), *un chèque, un récépissé... Signer qqch. en blanc* (cit. 26). *Signer un projet, une décision pour l'approuver, s'y associer.* ⇒ **Contresigner, souscrire** (à) ; *viser. Signer un édit* (cit. 3), *une loi, une nomination* (cit. 2) ; *une condamnation... —* Au p. p. *Un rescrit* (cit. 1) *signé du roi. La grâce* (cit. 44) *signée par l'archiduchesse.*

Le soir même, on nous remit un questionnaire considérable qu'il nous fallut remplir et signer (....)
G. DUHAMEL, Scènes de la vie future, I.

Absolt. *Signer au bas de la page* (→ Formulaire, cit. 3), *en marge.* ⇒ **Émarger.** *Signer et parapher** (cit. 1). *Signer de son vrai nom, d'un faux nom.* — Par ext. *Signer de ses initiales, d'une croix.* — Loc. *Persiste et signe*, formule par laquelle on termine une déclaration auprès de la justice.

2 — Alors, dit la demoiselle, est-ce que vous signez? — J'ai pas de porte-plume, dit Zézette. La demoiselle lui tendit un stylo. Zézette le prit et signa au bas de la page. Elle calligraphia son nom et son adresse à côté de la signature (...)
SARTRE, le Sursis, p. 247.

P. p. adj. *Lettres signées.* — Absolt. *Signé : Un Tel.*

3 (...) il narre qu'un individu est mené à la pêche par un ami, qui jette l'épervier et retire une pierre sur laquelle est écrit : Je n'existe pas. *Signé :* Dieu. Et l'ami athée lui dit : Tu vois bien!
Ed. et J. DE GONCOURT, Journal, Dimanche, nov. 1858, t. I, p. 202.

Par métaphore. *Signer qqch. de son sang* (au fig.) : perdre la vie (ou être blessé) dans une action (→ aussi Martyr, cit. 1).

♦ **2.** (XIXᵉ). Attester qu'on est l'auteur* de (une œuvre) en apposant son nom, sa signature. ⇒ **Attester, authentifier.** *Signer un tableau, un roman.* — P. p. adj. *Une vignette de bois signée de lui* (→ Illustration, cit. 9). — Abusivt. *Cette émission est signée X...*

4 Ingres, jugeant fidèle la copie que son élève Amaury Duval a faite du portrait de *Monsieur Bertin*, accepte de la signer. Mais nous n'acceptons pas sa signature.
MALRAUX, les Voix du silence, p. 366.

♦ **3.** Écrire, apposer comme signature. *Signer son nom* (→ Franciser, cit. 3). — Spécialt (en parlant d'un écrivain). Dédicacer (un ouvrage). *M. X signera ses livres de 5 à 7 à la librairie Y.*

▶ SIGNÉ, ÉE p. p. adj. (1690 ; «qui porte une marque», XVᵉ). Voir à l'article. — Spécialt (sens II.). *Pièces* (cit. 10) *signées. Meuble signé. Ce meuble vaut beaucoup plus cher, il est signé.*
(Sens IIII., 1.). *Testament signé. Lettres signées ou non* (→ Encens, cit. 10).
(Après 1850). Fig. Dont les caractères permetttent de reconnaître l'auteur. *Une calomnie* (cit. 6) *signée. Ça, c'est signé!* (→ C'est bien* de lui, d'elle).

5 Le stylet est l'arme de choix de l'assassin : chacun de ses crimes est «signé».
N. SARRAUTE, le Planétarium, p. 271.

(Sens III., 2.). *Tableau signé, toile signée. Œuvre non signée, mais d'attribution certaine. Œuvre non signée et anonyme** (→ Connaisseur, cit. 2). *Gravure signée. Reliure signée.* — (D'un objet fabriqué et revêtu d'une marque connue). *Une robe signée* (d'un grand couturier). — REM. La langue publicitaire use et abuse de l'expression, pour les objets les plus divers *(une voiture signée X, des couverts signés Y...).*

SIGNET [siɲɛ] n. m. — 1377 ; «petit sceau», XIIIᵉ ; var. *sinet*, v. 1300 ; de *signe.*

♦ **1.** Réunion de petits rubans pour marquer les pages d'un missel, d'un bréviaire.

♦ **2.** (1718). Ruban fixé par un bout à la tranche-file du haut d'un livre, et servant à marquer un endroit du volume.
Par ext. Bande mince d'une matière souple (carton, matière plastique, etc.), qui sert au même usage. *Signets publicitaires en bristol d'une librairie. Utiliser un ticket de métro comme signet.*

SIGNIFIANCE [siɲifjɑ̃s] n. f. — V. 1155 ; *senefiance*, 1080 ; *signefiance*, 1119 ; de *signifier.*

♦ **1.** Vx. Signe, marque ; signification.
Au revoir, mademoiselle! une phrase bien simple assurément, mais qui prenait du son de voix dont elle était prononcée des signifiances menaçantes et terribles.
Th. GAUTIER, le Capitaine Fracasse, XIII.

♦ **2.** Didact. (ling., sémiotique). Fait d'avoir du sens* ; caractère de ce qui signifie, de ce qui est un signe. — Opposé à *non-signifiance, insignifiance* ayant une autre valeur.

SIGNIFIANT, ANTE [siɲifjɑ̃, ɑ̃t] adj. et n. m. — 1553, adj. ; n. m., «celui qui fait connaître qqch. par des signes», 1344 ; de *signifier.*

♦ **1.** Adj. **a** Qui signifie, transmet un sens.

1 Plus un humoriste est intelligent, moins il a besoin de déformer la réalité pour la rendre signifiante.
GIDE, Journal, 1ᵉʳ janv. 1910.

2 Le corps, dans la tradition biblique, c'est l'homme tout entier en tant qu'il s'extériorise en un mouvement signifiant.
Roger GARAUDY, Parole d'homme, p. 245.

b (1910, Saussure). Qui a du sens, de la signifiance* ; qui fonctionne en tant que signe*. *Les unités signifiantes du langage*, ses signes. *La sémiologie, la sémiotique étudient les systèmes signifiants. Structure signifiante. Les figures* (syllabes...) *ne sont pas signifiantes, alors que les morphèmes le sont.*

♦ **2.** N. m. (1910). Ling. Manifestation matérielle du signe ; suite de phonèmes ou de lettres, de caractères, qui constitue le support d'un sens (opposée et liée au *signifié*; → Signifié, cit. 1 et 2). «*Signifiant*» *est synonyme de «image acoustique», chez Saussure.*

3 Mais surtout, le style est en quelque sorte le commencement de l'écriture : même timidement, en s'offrant à de grands risques de récupération, il amorce le règne du signifiant. R. BARTHES, Roland Barthes, p. 80.

CONTR. (De 1., a) **Insignifiant. — Asémantique.**

SIGNIFICATEUR [siɲifikatœʀ] n. m. — 1552; bas lat. *significator*, du lat. class. *significatum*, supin de *significare*. → Signifier.

♦ Astrol. Planète jouant un rôle dans un thème de nativité.

SIGNIFICATIF, IVE [siɲifikatif, iv] adj. — V. 1480; bas lat. *significativus*, de *significare*. → Signifier.

♦ **1.** Vx. Qui signifie. *Pouvoir significatif d'un mot.* ⇒ **Signifiant.** *Chiffres significatifs,* indispensables à la représentation d'une grandeur numérique. *Les deux derniers zéros de 10 300 ne sont pas significatifs.*

♦ **2.** (V. 1560). Mod. Qui signifie nettement, exprime clairement qqch. (→ Exprimer, cit. 10). *Le plus significatif des symboles* (→ Procréation, cit.). *Les chiffres sont plus significatifs que les discours* (→ Denier, cit. 5). ⇒ **Éloquent, expressif, parlant.** *Faits significatifs* (→ Matière, cit. 15; miracle, cit. 6). Dont on peut donner une interprétation. *Les résultats de l'élection sont, ne sont pas significatifs.* Qui est important, marquant. *Une œuvre significative.*

♦ **3.** Qui est le signe, la preuve, d'une chose; qui renseigne sur qqch. ou confirme une opinion, une assertion. ⇒ **Révélateur** (→ Instinct, cit. 33). *Visage d'un rose significatif* (signe d'une maladie). → Grenu, cit. 1. *Il est très significatif que...* (→ Irrespect, cit. 3). — (Avec un compl. en *de*...). *Comportements significatifs d'un grand changement.* ⇒ **Révélateur.**

1 Tous les muscles, tous les os, toutes les articulations, tous les détails de l'homme physique, ont une vertu significative; chacun d'eux peut exprimer divers caractères. TAINE, Philosophie de l'art, t. II, p. 331.

2 (...) il était flanqué de narines étonnamment mobiles, significatives, pour certaines femmes, d'une cupidité sans mesure (...) Léon BLOY, le Désespéré, p. 155.

CONTR. **Énigmatique, incompréhensible.**
DÉR. **Significativement.**

SIGNIFICATION [siɲifikasjɔ̃] n. f. — Fin XIVᵉ; *significatium,* v. 1120; lat. *significatio,* de *significatum,* supin de *significare*. → Signifier.

★ **I.** ♦ **1.** Ce que signifie (une chose, un fait). ⇒ **Sens** (1., III.).
REM. Bien que *sens* et *signification* soient souvent employés l'un pour l'autre, *signification* est plus net et plus objectif que *sens.* — *Déchiffrer les significations des choses* (→ Réel, cit. 7). *La signification d'une allégorie* (⇒ **Clef**; → Pierre, cit. 27), *d'un emblème.* ⇒ **Contenu** (→ Franc-maçonnerie, cit. 1). *La signification morale d'un fait* (→ Authenticité, cit. 8). *La particule* (cit. 3) *n'a aucune signification. Sans signification.* ⇒ **Insignifiant** (cit. 3); **non-sens.** — *La signification du monde, de la vie.*

1 Je ne sais pas si ce monde a un sens qui le dépasse. Mais je sais que je ne connais pas ce sens et qu'il m'est impossible pour le moment de le connaître. Que signifie pour moi une signification hors de ma condition? Je ne puis comprendre qu'en termes humains. Ce que je touche, ce qui me résiste, voilà ce que je comprends. CAMUS, le Mythe de Sisyphe, p. 73.

♦ **2.** (V. 1283). D'un signe, d'un ensemble de signes, et spécialt, d'un mot. ⓐ Rapport réciproque qui unit le signifiant et le signifié.

ⓑ Sens (d'un signe) en situation, (d'un signe linguistique) en discours.

ⓒ Cour. Sens. *Dictionnaire* (cit. 4) *qui donne les diverses significations d'un mot.* ⇒ **Acception, contenu, définition** (cit. 5), **valeur.** *Des exemples* (cit. 36) *qu'on cherche à faire entrer dans le cadre des significations. Vraie signification d'un mot* (→ Refrapper, cit.). *Avec toute sa signification.* ⇒ **Force.** *Attacher une signification à un terme* (→ Liberté, cit. 25). *Mot qui reçoit une signification* (→ Galamment, cit. 3; liberté, cit. 19). — Gramm. *Degrés* de signification des adjectifs et des adverbes* (positif, comparatif, superlatif).

2 Ce qu'il (Ponge) reproche au mot, c'est de coller trop exactement à sa signification la plus banale, d'être à la fois exact et pauvre. Mais en y regardant mieux, il y distingue des boursouflures, des décollements, des sens adventices, toute une dimension secrète et inutile, faite de son histoire (...) et des maladresses de ceux qui en ont usé. N'y a-t-il pas dans cette profondeur ignorée les éléments d'un rajeunissement des termes! SARTRE, Situations I, p. 251.

♦ **3.** Statist. *Seuil de signification :* degré de confiance susceptible d'être accordé à une affirmation, exprimable par le système des probabilités.

★ **II.** (1347). Dr. Action de signifier (un jugement, un exploit). ⇒ **Dénonciation, notification.** Remise par un huissier (cit. 6 et 7) de la copie d'un acte de procédure ou exploit à son destinataire (→ Justice, cit. 22). *Signification d'un jugement*, d'une requête* (→ Gros, cit. 45). *Les significations, demandes et poursuites relatives à un acte* (→ Élection, cit. 4). *Signification à domicile, à personne, au parquet, en mairie.*

SIGNIFICATIVEMENT [siɲifikativmɑ̃] adv. — 1819; de *significatif.*

♦ Didact. D'une manière significative*. «*Parmi les disparus, 32 victimes de cancers divers ont été dénombrées. Et, chez elles, le "bon" cholestérol était, au contraire, "significativement" plus élevé que la normale*» (*l'Express,* févr. 1981).

(*C'est dans «Vautrin*») bien plus encore que dans le *Père Goriot* ou dans les *Illusions,* qu'il le faut surprendre et qu'il s'y confesse bien plus significativement. GIDE, Journal, 26 avr. 1918.

SIGNIFIÉ, ÉE [siɲifje] adj. et n. m. — Fin XIIᵉ; de *signifier.*

★ **I.** Adj. Qui est représenté par un signe, des signes. *Poésie qui se passe de la ponctuation* (cit. 2) *signifiée.* Ling. *Chose signifiée,* à laquelle se rapporte le concept ou sens.

1 Signifiant, signifié et chose sont les trois termes présents dans toute constellation significative (...) En suivant l'exemple de quelques linguistes, nous appellerons *nom* le signifiant du mot et *sens* son signifié. S. ULLMANN, Précis de sémantique franç., p. 20.

★ **II.** N. m. (1910, Saussure). Ling. Contenu* du signe. ⇒ **Sens** (opposé et lié au *signifiant*). *L'étude des signifiés.* ⇒ **Sémantique.** *Signifié dénotatif, connotatif. Le signifié est synonyme de «concept»* (ou de «*notion*») *chez Saussure, mais en est distinct dans les théories postérieures. Le signifiant, le signifié* (propres au système d'une langue), *le concept* (ou *notion*), indépendant d'une langue particulière, *et le référent. Signifié analysé en sème.* ⇒ **Sémème.**

2 L'Elmen, c'était un langage où les mots n'étaient jamais les mêmes. Un homme, ou une table, ça pouvait se dire Bagoo, puis Stirnk, puis Ex, Tiplan, Azaz, Willahotosgueriynn etc., comme ça, indéfiniment, suivant le moment, suivant le contexte. Et c'était un langage, puisque au moins pour une personne au monde, il y avait un signifiant et un signifié. J.-M. G. LE CLÉZIO, la Fièvre, p. 144.

SIGNIFIER [siɲifje] v. tr. — Fin XIIᵉ; *senefier* (1080), *signefier* (v. 1119); lat. *significare,* de *signum* «signe», et *facere* «faire».

★ **I.** ♦ **1.** (Choses, faits). Avoir pour sens (III., 1.), avoir le sens de...; être le signe de... ⇒ **Dire** (vouloir dire). *Le geste signifie « je m'en moque »* (→ aussi Indélicatesse, cit.; poncif, cit. 3). *Mythe qui signifie que...* (→ Foie, cit. 5). *Que signifie cet affublement?* (cit. 2). ⇒ **Dénoter.** *Que signifient ces sacrifices?* (→ Matérialisme, cit. 5). ⇒ **Rimer** (à). *Qu'est-ce que cela signifie?,* se dit pour exprimer son mécontentement. *Ceux pour qui Noël* (cit. 3) *ne signifie rien* (→ Contorsion, cit. 4; oisif, cit. 1). *Cela ne signifie pas grand-chose.* — Spécialt. *Cela ne signifie rien :* ce n'est pas un signe, une preuve (de la chose dont il est question). — Par ext. Avoir pour contenu, ou pour corrélatif, pour conséquence. *Liberté ne signifie pas nécessairement désordre* (→ Autorité, cit. 20). ⇒ **Équivaloir, impliquer** (→ aussi Honorable, cit. 1; labeur, cit. 3).

1 Épouser une veuve, en bon français, signifie faire sa fortune; il n'opère pas toujours ce qu'il signifie. LA BRUYÈRE, les Caractères, VI, 61.

2 Toute forme signifie; et la forme humaine, vivante et en agitation, envoie, dans l'espace autour, des milliers de télégrammes. ALAIN, Propos, 17 juil. 1922, Signes ambigus.

♦ **2.** (Le sujet désigne un signe). Avoir pour sens (III., 2.). → Obtempérer, cit. 1. *Rigolo signifie amusant* (cit. 3). *Fantaisie* (cit. 3) *signifiait autrefois imagination.* ⇒ **Désigner** (→ S'entendre). *Ils lui demandèrent si peuple* (cit. 8) *signifiait plebs ou populus. Ce mot peut signifier le contraire de ce qu'il semble dire* (→ Galant, cit. 3). ⇒ **Exprimer, indiquer.** — Avoir pour sens étymologique. *Abbé* (cit. 1) *signifie père.*

♦ **3.** (Sujet n. de personne). Exprimer* par un mot, une expression. *Se servir d'un mot pour signifier une chose, qqch.* (→ Perception, cit. 3), *pour signifier que...* (→ Pédaler, cit. 3). Absolt. Dire* qqch., parler de qqch. «*Les épithètes* (cit. 1) *seront recherchés pour signifier, et non pour remplir ton vers*» (Ronsard). ⇒ **Signifiant.**

3 Signe ambigu, donc; aussi périlleux, et pour les mêmes causes, que l'hémistiche célèbre, prononcé par une jeune princesse : «Il m'appelle à régner». Le poète avait tort. Au théâtre il ne faut point signifier en même temps deux choses. ALAIN, Propos, 2 nov. 1921, Art du comédien.

★ **II.** ♦ **1.** (V. 1160). Faire connaître par des signes, des termes exprès; déclarer* avec autorité. *Signifier sa volonté, ses intentions à qqn* (→ Immoler, cit. 19). *Signifier à qqn l'interdiction de...* ⇒ **Renouer,** cit. 5). — Intimer. *Signifier à qqn de faire qqch.* ⇒ **Sommer** (cf. Mettre en demeure de). *On lui signifie qu'il faut mourir dans deux heures* (→ Exécution, cit. 19; et aussi demande, cit. 5).

4 (...) son chef le fit appeler et lui signifia qu'à l'avenir il lui défendait de s'absenter. Il avait abusé des congés; l'administration était décidée à le renvoyer, s'il sortait une seule fois. ZOLA, Thérèse Raquin, IX.

4.1 Il ne suffit pas au photographe de nous signifier l'horrible pour que nous l'éprouvions. R. BARTHES, Mythologies, p. 105.

4.2 Vous êtes dupe de multiples mirages en apportant vos signifiés aux signifiants évanescents, images, objets, mots — et vos signifiants aux signifiés, déclamations et

déclarations, propagandes par lesquelles on vous signifie ce que vous devez croire et être.
    Henri LEFEBVRE, la Vie quotidienne dans le monde moderne, p. 53.

♦ **2.** (1636). Dr. Faire savoir légalement. ⇒ **Dénoncer, notifier.** *Signifier à qqn son congé* (→ 1. Lieu, cit. 16). ⇒ **Donner.** *Signifier un exploit* (cit. 7) *par un huissier* (cit. 6). ⇒ **Exploiter ; signification.**

5 (...) va au Palais, et retire du greffe des Expéditions le jugement de Vandenesse contre Vandenesse, il faut le signifier ce soir, s'il est possible.
    BALZAC, Un début dans la vie, Pl., t. I, p. 720.

DÉR. Signifiance, signifiant, signifié.

SIGNOR [siɲɔʀ] n. m., **SIGNORA** [siɲɔʀa] n. f. — Mot ital., du lat. *senior.*

♦ En Italie, Monsieur, Madame. *Le signor Francesco* (→ Nolis, cit.). *La signora Dorothée* (→ Importunité, cit. 4).

SIKH, SIKHE [sik] adj. et n. — Attesté XIXᵉ ; du sanskrit *çishya* « disciple ».

♦ Membre d'une communauté religieuse de l'Inde fondée au XVIᵉ siècle. *Les sikhs, dont la communauté compte plus de six millions de personnes, sont installés principalement au Pendjab.* — Adj. « *Les troupes sikhes du mahradja...* » (G. Lejean, in *le Tour du monde*, 1866, p. 218).

SIL [sil] n. m. — 1562 ; mot latin.

♦ Techn. anc. Argile* ocreuse avec laquelle les anciens faisaient des poteries rouges ou jaunes.

HOM. Cil, scille.

SILANE [silan] n. m. ⇒ **Silicane.**

SILANOL [silanɔl] n. m. — Mil. XXᵉ ; de *silane (silicane),* et *alcool.*

♦ Chim. Composé silicé de structure analogue à un alcool tertiaire.

SILENCE [silãs] n. m. — 1190 ; lat. *silentium.*

★ **I.** Le fait de ne pas se faire entendre, de ne pas s'exprimer.

A. Concret. ♦ **1.** Le fait de ne pas émettre de son par la voix (de ne pas parler, de ne pas crier, de ne pas chuchoter, etc.) ; état, attitude d'une personne qui reste sans parler pendant un certain temps. ⇒ **Taire** (se) ; **mutisme ; silencieux, muet.** *Levant l'index* (cit. 3) *à sa bouche, elle me fit un signe de silence.* ⇒ **Chut.** *Un silence approbateur, boudeur* (⇒ **Bouder**), *morne* (→ Démordre, cit. 4), *glacial* (cit. 4), *interrogateur* (cit. 1), *obstiné. Un silence significatif, éloquent* (→ 1. Parler, cit. 4). *Un silence religieux* (→ Humblement, cit. 6). *Silence pythagorique** (cit.). *Silence prescrit par la règle d'un ordre religieux. Garder le silence.* ⇒ **Taire** (se) ; → Avaler sa langue ; demeurer bouche* close, cousue ; se tenir coi* ; ne pas desserrer les dents*, les lèvres ; fermer la bouche ; ne pas dire un mot* ; ne pas parler ; ne pas piper* mot ; mettre sa langue* dans sa poche ; et aussi fureteur, cit. 4 ; partager, cit. 25. *Rester emmuré* (cit. 2), *se murer* (cit. 6), *se renfermer dans son silence.* — (XVᵉ). *Imposer silence à qqn, le faire taire.* → 1. Avocat, cit. 5 ; docteur, cit. 5. — *Réduire qqn au silence* (cf. Fermer la bouche ; couper la chique ; clouer le bec). *Rompre le silence* (→ Fixité, cit. 4). — Loc. prov. *La parole est d'argent, le silence est d'or :* il est bien de savoir parler, mais il est encore mieux de savoir se taire à propos.

1 Nous sommes parents de M. de Chauvelin ; et comment croyez-vous que le roi se venge ? Par la torture pour Damiens, par l'exil pour le parlement, mais pour nous autres, par un mot, ou pis encore, par le silence. Savez-vous ce que c'est le silence du roi, lorsque, son regard muet, au lieu de vous répondre, il vous dévisage en passant et vous anéantit ?
    A. DE MUSSET, Contes, « La mouche », II.

Faire silence : se taire. *Faites silence ! Un peu de silence, s'il vous plaît !* — (1718). Ellipt. (valeur interj.). *Silence ! taisez-vous* (→ Permettre, cit. 18). « *Qui donc ose* (cit. 111) *parler lorsque j'ai dit : silence !* » (Hugo). — (Cin.). *Silence, on tourne !* — Milit. *Silence dans les rangs !* Par ext. *Silence dans la salle !*

2 La Guillaumette (...) fit la blague de rendre l'appel, le litre tenu à bout de bras, à la façon d'une chandelle : — Silence à l'appel ! Manque personne, mon lieutenant !
    COURTELINE, le Train de 8 h 47, II, I.

2.1
    DANIEL.
Eh bien, monsieur Perrichon ?
    PERRICHON
Vous voyez... je suis calme... comme le bronze ! (Apercevant sa femme et sa fille). Ma femme, silence !
    E. LABICHE, le Voyage de M. Perrichon, III, 13.

(Déb. XXᵉ). *Minute de silence :* hommage que l'on rend aux morts en demeurant debout, immobile et silencieux.

EN SILENCE : sans parler. « *Un soir, t'en souvient-il, nous voguions en silence* » (→ Cadence, cit. 6, Lamartine). *Regarder, écouter en silence.*

♦ **2.** (Mil. XVIIᵉ). *Un, des silences.* Moment où l'on se tait. *Conversation coupée de silences.* ⇒ **Arrêt** (temps d'arrêt), **interruption, pause,**

réticence (1.) ; → Redite, cit. 4. *Il y eut un silence* (cf. Un ange passe).

3 Il cause en s'écoutant avec de mortels silences, lentement, mot à mot, goutte à goutte, comme s'il distillait ses effets, faisant tomber autour de ce qu'il dit une froideur glaciale.
    Ed. et J. DE GONCOURT, Journal, 1ᵉʳ nov. 1865, t. II, p. 246.

B. Abstrait. ♦ **1.** Le fait de ne pas exprimer son opinion, ses sentiments, de ne pas répondre à une question ou de ne pas divulguer ce qui est secret ; attitude, état d'une personne qui refuse ou qui n'a pas la possibilité de s'exprimer. « *Seul le silence est grand, tout le reste est faiblesse* » (cit. 32, Vigny). *Le silence de qqn. Acheter le silence et la complicité de qqn* (⇒ aussi **Corruption**). *Le silence dont il entoure ses projets.* ⇒ **Mystère.** *Discrétion* (cit. 15) *et silence absolu.* ⇒ **Secret.** « *Le silence des peuples est la leçon des rois* », phrase de l'oraison funèbre de Louis XV, prononcée par Mgr de Beauvais en 1774 et reprise par Mirabeau en juillet 1789, quand on vint annoncer la visite de Louis XVI à l'Assemblée. *Le silence de Dieu, de la nature.* « *(...) au silence éternel de la Divinité* » (→ Dédain, cit. 4, Vigny).

4 Les âmes se pèsent dans le silence, comme l'or et l'argent se pèsent dans l'eau pure, et les paroles que nous prononçons n'ont de sens que grâce au silence où elles baignent !
    MAETERLINCK, le Trésor des humbles, Le silence, I.

5 On a dit que le silence était une force ; dans un tout autre sens, il en est une terrible à la disposition de ceux qui sont aimés. Elle accroît l'anxiété de qui attend (...) On a dit aussi que le silence était un supplice (...) Ainsi le silence le rendait fou, en effet, par la jalousie et par le remords. D'ailleurs, plus cruel que celui des prisons, ce silence-là est prison lui-même (...) il se retrouvait piétinant dans le désert réel du silence sans fin.
    PROUST, le Côté de Guermantes, Pl., t. II, p. 122.

(Qualifié). *Un silence prudent, obstiné, farouche.* — Allus. littér. « *J'imite de Conrart le silence prudent* » (cit. 6, Boileau), allusion à Conrart (1603-1675), premier Secrétaire perpétuel de l'Académie française, qui n'avait presque rien publié de son vivant.

Par ext. Le fait de ne pas mentionner (qqch.), dans un texte, un discours. *Le silence de la loi, du code.* → Déni, cit. 3 ; 1. duel, cit. 5.

Loc. *La conspiration du silence,* par laquelle un ensemble de personnes conviennent de garder qqch. secret. *La loi du silence,* qui interdit aux membres d'associations de malfaiteurs, de sociétés secrètes, de renseigner la police sur les agissements (même quand ils en sont les victimes).

(Dans des constructions verbales). *Garder le silence.* — (XIVᵉ). *Passer qqch. sous silence,* éviter d'en parler*. ⇒ **Taire** (se taire sur) ; cf. aussi Faire des réticences. *Ce fragment* (cit. 8) *de ma vie que je passe sous silence.* — Par ext. *La loi passe cette circonstance sous silence.* ⇒ **Omettre, taire.** — *Faire le silence, garder le silence sur...* cf. Tirer le rideau sur... ; garder une chose secrète (1. Secret ; et aussi impudeur, cit. 3). *Faire silence sur qqch.* ⇒ **Taire** (qqch.). *Condamner qqn au silence. Réduire, forcer* (cit. 8) *qqn au silence.* — Par ext. *Réduire qqn au silence,* l'empêcher de répliquer, le confondre. — *Réduire au silence* (même sens). — Par ext. *Réduire l'opposition au silence.* ⇒ **Bâillonner, museler.** — *Imposer silence à qqn. Imposer silence aux calomnies, aux rancunes,* à ses passions, à sa colère, à sa rancœur. ⇒ **Calmer, surmonter, vaincre.**

6 (...) mais la raison d'État, mais la convenance voulaient qu'il imposât silence aux scrupules de sa fierté, et il le fit.
    J.-A. DE GOBINEAU, Nouvelles asiatiques, p. 269.

Ellipt. *Silence sur cette histoire !* Cf. Pas un mot, motus. — Par ext. « *Honte* (cit. 17) *au mensonge et silence à la haine.* »

EN SILENCE. *Obéir, souffrir en silence,* sans se révolter, sans se plaindre (→ aussi 2. Froid, cit. 16 ; résigner, cit. 12). *Subir les affronts en silence* (cf. Réprimer sa colère, son dépit). — *En silence, dans le silence.* ⇒ 2. **Secret** (7.). « *Et ce n'est pas pécher que pécher en silence* » (→ Éclat, cit. 13, Molière). *Aimer en silence* (→ Courtois, cit. 4 ; inconfortable, cit. 2).

♦ **2.** Le fait de ne pas répondre à une lettre, d'interrompre des relations épistolaires. *Rompre le silence.* ⇒ **Écrire** (cf. Donner de ses nouvelles, donner signe de vie). *Son silence m'inquiète.* — *Récrire* (cit. 3) *après six mois de silence.*

★ **II.** ♦ **1.** (1380 ; *silenche,* XIVᵉ). Absence de bruit, d'agitation ; état d'un lieu où aucun son n'est perceptible, pendant un certain temps. ⇒ **Calme, paix** (cit. 38). *Le calme et le silence nécessaires au savant* (→ Étude, cit. 6). *Un silence écrasant, claustral* (cit.), *épouvantable* (cit. 4), *absolu* (→ Gaulis, cit.), *éternel* (→ Imposture, cit. 7), *profond* (→ Langueur, cit. 14 ; 1. piquet, cit. 4). « *Le silence éternel de ces espaces infinis m'effraie* » (cit. 2, Pascal). *Un silence de mort,* total, lugubre. *Il règne dans la salle un silence absolu* (cf. On entendrait voler une mouche, trotter une souris). *Un silence que rien n'interrompt, ne trouble.* Intervalle (cit. 12) *de silence. Rue, ville pleine* (cit. 38) *de silence, plongée dans le silence.* ⇒ **Silencieux** (→ Fuir, cit. 36). *Le silence de la forêt* (cit. 4), *de la nuit, des cloîtres, de la campagne assoupie* (→ Mécontent, cit. 4 ; mélancolie, cit. 5 ; rouler, cit. 20). « *Le soir ramène* (cit. 13) *le silence...* ». « *J'ai besoin du silence et du calme des bois* » (cit. 2, Boileau). « *Je cherche le silence et la nuit pour pleurer* » (cit. 3, Corneille). — *Le Silence de la mer,* roman de Vercors (1942).

7 Le silence a peut-être ses degrés. Peut-être Godefroid, déjà saisi par le silence des rues Massillon et Chanoinesse où il ne roule pas deux voitures par mois, saisi par

le silence de la cour et de la tour, dut-il se trouver comme au cœur du silence, dans ce salon gardé par tant de vieilles rues, de vieilles cours et de vieilles murailles.

BALZAC, Mme de la Chanterie, Pl., t. VII, p. 242.

7.1 Aucun bruit dans la forêt que le frémissement léger de la neige tombant sur les arbres. Elle tombait depuis midi, une petite neige fine qui poudrait les branches d'une mousse glacée qui jetait sur les feuilles mortes des fourrés un léger toit d'argent, étendait par les chemins un immense tapis moelleux et blanc, et qui épaississait le silence illimité de cet océan d'arbres.

MAUPASSANT, les Prisonniers, Pl., t. II, p. 408.

7.2 Enfin il y eut de nouveau du large et de l'espace vide dans la rue et dans les deux cafés, et pendant qu'on dînait, il y eut aussi, dans le ciel, comme un oiseau, un épais silence, lourd et seul. Dans ce silence il n'y avait ni bise ni bruit de pas, ni soupir d'herbe, ni bourdon de guêpes ; il était seulement du silence, rond et pesant, plein de soleil comme une boule de feu.

J. GIONO, Solitude de la pitié, Pl., t. I, p. 445.

EN SILENCE : sans faire de bruit. ⇒ **Silencieusement.** *Les vagues déferlaient en silence* (→ Glauque, cit. 2). *Marcher en silence* (cf. À pas de loup).

Phys., physiol. Absence de son*, de sensation auditive. — *Zone de silence :* phénomène dû à la réflexion des ondes et qui se produit en particulier dans la propagation des ondes hertziennes à grande distance (réflexion des ondes sur les couches ionisées de la haute atmosphère).

♦ **2.** (1751). Mus. Absence ou interruption momentanée du son musical, indiquée par des signes particuliers. — Ces signes eux-mêmes. *On distingue sept silences : la* pause* (3.), *la* demi-pause*, *le* soupir*, *le* demi-soupir*, *le quart de soupir, le huitième de soupir, le seizième de soupir.* — Par plaisanterie :

8 — Qu'on juge : cette partie ne se composait, exclusivement, que de *silences*. Or, même pour les personnes qui ne sont pas du métier, qu'y a-t-il de plus difficile à exécuter que le *silence* pour le Chapeau-chinois (...) Et c'était un CRESCENDO de silences que devait exécuter le vieil artiste !

VILLIERS DE L'ISLE-ADAM, Contes cruels, « Secret de l'anc. musique ».

♦ **3.** (XXᵉ). Milit. *Silence radio :* interruption de toute émission électromagnétique destinée à éviter de signaler sa position à l'adversaire.

CONTR. Parole ; bavardage, cailletage, faconde ; aveu, confession ; correspondance. — Bruit ; agitation, animation, bruissement, clameur, cohue ; cri, fracas, hourvari, tapage, vacarme.

DÉR. Silencer, silenceur.

SILENCER [silɑ̃se] v. tr. — 1874, Barbey d'Aurevilly ; de *silence*.

♦ Littér. et rare. Plonger (qqn, un lieu...) dans le silence.

SILENCEUR [silɑ̃sœʀ] adj. m. — V. 1970 ; de *silence*, et suff. *-eur*.

♦ Techn. *Bloc silenceur,* terme proposé pour traduire l'anglicisme *silent-bloc*.

SILENCIAIRE [silɑ̃sjɛʀ] n. — 1611 ; adj., « qui reste silencieux », 1567, repris fin XIXᵉ, Bloy, « qui réduit qqn au silence » ; bas lat. *silentiarius,* du lat. class. *silentium.* → Silence.

Didactique

♦ **1.** N. m. Hist. Huissier qui veillait au bon ordre des réceptions, sous le Bas Empire romain (il était chargé de « faire taire »). — (1876, Larousse). Garde de l'Empereur. — À Byzance, Ordonnateur des audiences impériales.

♦ **2.** N. m. et f. (1771). Littér. et rare. Personne qui parle peu, qui garde le silence.

♦ **3.** N. m. et f. (1819). Relig. Religieux, religieuse tenu(e) de garder le silence.

SILENCIEUSEMENT [silɑ̃sjøzmɑ̃] adv. — 1792 ; de *silencieux*.

♦ **1.** Sans parler, sans faire de bruit. ⇒ **Silence** (en). Cf. À la muette. « *Tout à coup une porte s'ouvre : entre silencieusement le vice appuyé* (cit. 42) *sur le bras du crime* » (Chateaubriand). *Marcher silencieusement* (cf. À pas de loup). *Chat qui bondit silencieusement* (→ Frotter, cit. 30).

♦ **2.** Fig. En secret, sans faire d'éclat, sans attirer l'attention sur soi. *Préparer silencieusement l'avenir* (→ Illuminer, cit. 24). *Intrigues ourdies silencieusement.*

1   Habitant de Cythère, enfant d'un ciel si beau,
Silencieusement tu souffrais ces insultes
En expiation de tes infâmes cultes.

BAUDELAIRE, les Fleurs du mal, CXVI.

2   Elle revêt ta robe, ô pureté première !
Et se repose en Dieu silencieusement.

LECONTE DE LISLE, Poèmes barbares, « Le Bernica ».

CONTR. Bruyamment.

SILENCIEUX, EUSE [silɑ̃sjø, øz] adj. et n. m. — 1524, *choses* ; lat. *silentiosus,* de *silentium.* → Silence.

★ **I.** Adj. ♦ **1.** (1611). Qui s'abstient de parler, de crier, etc. ; qui est peu communicatif, n'aime pas parler. *Rester, être silencieux :* gar-

der le silence, rester, demeurer... en silence. ⇒ **Muet ;** → Avoir un bœuf* sur la langue, ménager* ses paroles ; ne pas prononcer une syllabe*. *Rester silencieux pour marquer sa désapprobation* (→ Indirect, cit. 1), *sa réticence* (⇒ **Réticent**). *Il demeurait abattu et silencieux.* ⇒ **Morne.** *Une personne froide, digne* (cit. 14), *silencieuse.* ⇒ **Calme, discret, réservé, secret, taciturne.** — *La majorité* silencieuse.

1   Obstinément silencieuse, elle baissait un front étroit et têtu.

F. MAURIAC, la Robe prétexte, XXI.

N. (Surtout au plur.). *C'est un silencieux. Les silencieux.* → Intimidant, cit. 1.

(Choses). Qui ne s'accompagne pas de paroles.
Repas silencieux (→ Muet, cit. 14). — Qui ne s'exprime pas par des mots, des cris, des pleurs... *Douleur, rage, fraternité, désapprobation silencieuse* (→ Harassant, cit. 1 ; lier, cit. 18 ; mésestimer, cit. 5).

2   Le trajet fut silencieux. Tous deux semblaient perdus en des songeries profondes. Assis l'un en face de l'autre, dans le wagon, ils se regardaient sans parler, constatant l'un et l'autre qu'ils étaient pâles.

MAUPASSANT, l'Inutile Beauté, « L'épreuve », III.

♦ **2.** Qui se fait, qui se passe sans bruit, en silence*, en sourdine*. *Mouvements silencieux, démarche silencieuse.* ⇒ **Feutré** (cit. 8), ouaté. *Danse* (cit. 3) *silencieuse. Oiseaux de proie au vol silencieux* (→ aussi Entrevoir, cit. 4). — (D'un lieu). *Dans lequel le silence* (II.) *et le calme règnent. Cloître, faubourg, quartier silencieux.* ⇒ **Endormi, muet** (*supra* cit. 16). → Entourer, cit. 10 ; paix, cit. 41. *Maison, rue silencieuse* (→ Assiduité, cit. 8 ; entresol, cit. 2). — Par ext. Insonore. *Revêtement silencieux.*

2.1   Un couvent de chartreux ou un établissement de sourds-muets n'eussent pas été plus silencieux que cette habitation. Le bruit n'y existait pas ; on n'y marchait pas, on y glissait ; on n'y parlait pas, on y murmurait.

J. VERNE, le Docteur Ox, p. 8.

♦ **3.** Méd. Indolore. *Point appendiculaire silencieux.*

2.2   Ce stade de début *(de la carie)* est en général silencieux, quoique certains sujets (...) accusent une sensibilité aux aliments sucrés (...)

P.-L. ROUSSEAU, les Dents, p. 40.

♦ **4.** Qui fonctionne avec un minimum de bruit, avec un faible niveau sonore. *Moteur, aspirateur silencieux.* — *Voiture silencieuse. Rendre silencieux un appareil.* ⇒ **Insonoriser.** — Radio. *Accord silencieux,* se dit d'un commutateur de réglage qui tend à diminuer le bruit de fond.

★ **II.** N. m. ♦ **1.** Dispositif servant à atténuer le bruit produit par les étincelles d'un émetteur.

♦ **2.** (1898). Pot d'échappement.

♦ **3.** (Mil. XXᵉ). Dispositif qui étouffe le bruit d'une arme à feu. *Pistolet, revolver à silencieux.*

3   (*L'écrivain M. Blanchot*) s'efforce de construire de singulières machines de précision — qu'on pourrait nommer des « silencieux » comme ces pistolets qui lâchent leurs balles sans faire de bruit — où les mots sont soigneusement choisis pour s'annuler entre eux (...)   SARTRE, Situations I, p. 294.

4   « Je viens de descendre Sézenac (...) il dormait, je me suis servi de mon silencieux, ça n'a fait aucun bruit. » (...) il était entré dans le pavillon, un revolver au poing, il avait posé le canon sur une tempe vivante, et Sézenac était mort (...)

S. DE BEAUVOIR, les Mandarins, p. 562-563.

CONTR. Babillard, bavard, causeur ; criard, crieur, hurleur, tapageur. — Bruyant, sonore.

DÉR. Silencieusement.

SILÈNE [silɛn] n. m. — 1765 ; de *Silène* (lat. *Silenus*), par allus. au demi-dieu ventru de la mythologie, en raison du calice gonflé de cette fleur.

★ **I.** Représentation de Silène.

1   Un jeune silène entièrement nu, ciselé de main de maître dans un argent patiné, tenait abaissée l'une des branches vieillies du candélabre, semblant comme à dessein diriger la lumière sur les courbes pulpeuses des seins de Solange de Cléda, que découvrait son décolleté.   Salvador DALI, Visages cachés, p. 41.

★ **II.** ♦ **1.** Bot. Plante dicotylédone herbacée (*Caryophyllées*) du groupe des *Silénées,* aux nombreuses variétés dont certaines sont ornementales (→ Mignardise, cit. 5). *Silène enflé, comique, penché, à bouquet...*

2   Il y en a quatre ou cinq races.
— Des herbagères, dit Randoulet. C'est de la fétuque (....) et ça du silène, et ça de la vollaire.   J. GIONO, Que ma joie demeure, Pl., t. II, p. 618-619.

♦ **2.** (1791). Zool. Papillon du genre des satyres.

SILENTBLOC [silɑ̃tblɔk] n. m. — 1928 ; nom déposé, de l'angl. *silent* « silencieux », et *bloc*.

♦ Techn. Petit bloc en caoutchouc traité et comprimé, interposé entre des pièces dont le mouvement relatif est très faible, pour absorber les bruits, les vibrations. *Remplacer les silentblocs de la fixation du moteur, dans une automobile.*

REM. Les équivalents français proposés sont *bloc silenceur, silenceur, support élastique* (la Banque des mots, 4, 212).

SILÉSIENNE [silezjɛn] n. f. — 1906; *toile cilesie*, 1687; de *Silésie*, pays où fut d'abord fabriqué ce tissu.

♦ Tissu mi-soie, mi-laine, servant notamment à faire des doublures, à recouvrir des parapluies, etc.

Jacques-Étienne déroula sa canne-parapluie et gagna lentement les quais, le fourreau autour de son poignet, sous ce dais de silésienne grise.
ARAGON, la Semaine sainte, II.

SILEX [silɛks] n. m. — 1556; mot latin.
Géologie.

♦ **1.** *(Le, du silex).* Roche siliceuse* constituée de silice* plus ou moins bien cristallisée sous forme de quartz et plus ou moins hydratée, et qui se présente en milieu calcaire sous forme de rognons* généralement alignés en cordons. *Silex formés en milieu calcaire, argileux* (ménilites), *gypseux* (nectiques). *Silex pyromaque.* ⇒ **Caillou, pierre** (à fusil, à briquet). *Silex meulier*. Empierrement de silex* dit *pétrosilex* (→ Crisser, cit. 2; marquer, cit. 41). — Archéol. *Armes préhistoriques en silex.* Par métaphore. *Couper* (cit. 10) *comme du silex.*

— Autrefois, sur cette falaise, dit Bloyé, il y a eu des hommes qui n'avaient que des armes de pierre, des outils de silex. Ils ont laissé des haches, des colliers.
P. NIZAN, le Cheval de Troie, I, I.

♦ **2.** *(Un, des silex).* Objet en silex. — Spécialt. Outil préhistorique en silex. ⇒ **Pierre** (taillée). → Main, cit. 15; néolithique, cit.

DÉR. Silexé.
COMP. Silexiforme.

SILEXÉ, ÉE [silɛkse] adj. — 1876; de *silex.*

♦ Techn. *Pâte silexée :* en poterie, Pâte riche en silex.

SILEXIFORME [silɛksifɔrm] adj. — 1876; de *silex*, et *-forme.*

♦ Didact. En forme de silex.

SILHOUETTAGE [silwetaʒ; silwɛtaʒ] n. m. — Mil. xxᵉ; de *silhouetter.*

♦ Techn. (photogr.). Opération de retouche qui consiste à rendre uni le fond d'un portrait photographique jusqu'au contour du sujet.

SILHOUETTE [silwɛt] n. f. — 1788; *à la silhouette*, 1759, expression qui semble désigner des objets faits « à l'économie », c'est-à-dire d'une exécution sommaire; de *Silhouette*, nom d'un ministre des Finances, impopulaire et chansonné pour ses mesures d'économie ou ayant, selon certains, l'habitude de tracer ce genre de profils.

♦ **1.** (1765, Rousseau). Vx. *Profil, portrait à la silhouette*, et, absolt, *silhouette :* dessin au trait de profil exécuté en suivant l'ombre projetée par un visage (et souvent transformé en découpage qu'on reporte sur un fond blanc ou noir).

1 (...) monsieur, voici deux mauvaises esquisses que j'ai faite faire, faute de mieux, par une manière de peintre qui a passé par Neuchâtel. La grande est un profil à la silhouette, où j'ai fait ajouter quelques traits en crayon pour mieux déterminer la position des traits; l'autre est un profil tiré à la vue.
ROUSSEAU, Correspondance, 7 avr. 1765 (cf. aussi les Confessions, XII).

♦ **2.** Ombre projetée dessinant nettement un contour. ⇒ **Ombre** (ombre chinoise), cit. 40. → Encadrer, cit. 7; fantasmagorique, cit. 3; pommeau, cit. 4.

♦ **3.** Forme qui se profile* (cit. 1) en noir sur un fond clair. *« Deux ou trois ibis dessinaient* (cit. 5) *leur silhouette grêle sur le bleu calciné qui leur servait de fond* » (Gautier). → aussi Émerger, cit. 3; fuyant, cit. 10; héron, cit. 3.

2 Le soir la cime de mes arbres éclairée par derrière, grave sa silhouette noire et dentelée sur l'horizon d'or.
CHATEAUBRIAND, Mémoires d'outre-tombe, t. VI, éd. Levaillant, p. 165.

Par ext. Forme ou dessin aux contours schématiques. *Silhouette des arbres reflétée* (cit. 22) *par un étang* (cit. 3; et → Dormant, cit. 2). *Silhouette d'un édifice* (cit. 2). *Blocs aux fantasques silhouettes* (→ Porte-à-faux, cit. 1).

♦ **4.** (Av. 1850). Allure ou ligne générale (d'un corps humain) telle qu'elle apparaît ou se trouve figurée sommairement. *Il imitait ses façons, copiait* (cit. 8) *sa silhouette fameuse. L'élégante silhouette féminine* (→ Harmonieux, cit. 10). *Silhouette tracée par un écrivain* (→ Emmêler, cit. 2; fuyant, cit. 8).

3 Elle était gentille, pas jolie, une ébauche de femme où il y avait de tout, une de ces silhouettes que les dessinateurs crayonnent en trois traits sur une nappe de café (...)
MAUPASSANT, l'Inutile Beauté, « Mouche ».

4 Sa silhouette m'amuse, sa dégaine de gamine maigrelette, sans hanches sans derrière, d'une minceur agressive et élégante.
COLETTE, Belles saisons, p. 156.

(In Larousse, 1904). *Silhouettes de tir :* cibles découpées en forme

de silhouettes humaines (debout, couché, à genou). *Silhouette mobile.*

DÉR. Silhouetter.

SILHOUETTER [silwete; silwɛte] v. tr. — 1869; *se silhouetter*, 1865, Sainte-Beuve; de *silhouette.*

♦ Représenter en silhouette, en faisant un croquis qui ne dessine que la silhouette. *Dessinateur de mode qui silhouette un mannequin.* — Fig. (→ Demi-monde, cit. Sainte-Beuve, 1863). — Pron. (1865). *Se silhouetter :* apparaître en silhouette. ⇒ **Découper** (se), **dessiner** (se), **détacher** (se), **profiler** (se).

1 Déjà les tours de Notre-Dame se silhouettaient entre les vieilles maisons du quai Saint Michel et la haute masse carrée de la Préfecture de Police, quand je reconnus sur ma droite un très quelconque petit hôtel que j'avais habité.
Francis CARCO, Ombres vivantes, p. 220.

▶ **SILHOUETTÉ, ÉE** p. p. adj.

2 (...) c'est une pièce faite rapidement, pas assez fouillée, et où Thuringe et les parlementaires de son entour ne sont que silhouettés.
Ed. et J. DE GONCOURT, Journal, 23 févr. 1894, t. IX, p. 149.

3 (...) je la revois encore maintenant, silhouettée sur l'écran que lui fait, au fond, la mer, et séparée de moi par un espace transparent et azuré, le temps écoulé depuis lors, première image, toute mince dans mon souvenir (...)
PROUST, À l'ombre des jeunes filles en fleurs, Pl., t. I, p. 829.

DÉR. Silhouettage.

SILICAGEL [silikaʒɛl] n. m. — xxᵉ; de *silice*, et *gel;* nom déposé.

♦ Techn. Gel de silice obtenu par dessication, et utilisé pour son pouvoir absorbant de l'eau comme desséchant des gaz et des vapeurs et comme catalyseur.

SILICANE [silikan] n. m. — 1949; de *silicium*, et *-ane.* → Méthane, éthane.

♦ Chim. Composé hydrogéné du silicium, ou siliciure d'hydrogène, dont la formule est analogue à celle des hydrocarbures (ex. : *silicoéthane, silicométhane*). On dit aussi : *silane* [silan].

SILICATAGE [silikataʒ] n. m. — Mil. xxᵉ; de *silicate.*

♦ Techn. Emploi de produits composés de silicates (pour traiter des matériaux calcaires). ⇒ **Silicatation, silicatisation.**

SILICATATION [silikatɑsjɔ̃] n. f. — 1878; de *silicate.*

♦ **1.** Chim. Passage d'un oxyde métallique à l'état de silicate.

♦ **2.** (xxᵉ). Techn. Traitement d'une substance par la silice. ⇒ **Silicatage, silicatisation.**

SILICATE [silikat] n. m. — 1818; de *silice.*

♦ Chim., minéralogie. Combinaison de silice avec un oxyde métallique. *Classifications des silicates d'après leur structure :* nésosilicates (silicates à tétraèdres SiO_4 non liés entre eux), *sorosilicates* (association de tétraèdres SiO_4 en petit nombre ayant en commun un atome d'oxygène), *inosilicates* (silicates où les tétraèdres SiO_4 sont alignés comme dans l'asbeste), *phyllosilicates* (silicates à feuillets de tétraèdres SiO_4 comme dans le mica), *tectosilicates* (assemblages tridimensionnels de tétraèdres SiO_4 et AlO_4 où chaque atome d'oxygène est commun à deux tétraèdres). *Seuls les silicates alcalins sont solubles. Silicates naturels :* émeraude*, aigue-marine*, œil-de-chat, lapis-lazuli* (d'où était autrefois extrait l'outremer), leucite*, zéolites*, talc*, kaolinite (⇒ **Kaolin**), argiles* (par ex. : la montmorillonite, constituant important des terres arables, utilisée comme catalyseur), feldspaths* (albite, anorthite, orthose), pyroxènes*, amphiboles*, serpentines*, amiante, etc.

DÉR. Silicatage, silicatation, silicaté, silicater, silicatiser.

SILICATÉ, ÉE [silikate] adj. — 1872; de *silicate.*

♦ Chim. Qui contient un, des silicates; à base de silicate. *Minéraux, roches silicatées. Liant silicaté* (→ Macadam, cit. 2). ⇒ **Ciment.**

« (...) les planètes internes (Mercure, Vénus, la Terre et Mars) sont composées d'éléments plus lourds, en particulier de roches silicatées » (la Recherche, 20 mars 1981).

SILICATER [silikate] v. tr. — xxᵉ; de *silicate.*

♦ Chim., techn. Mélanger avec un silicate dans le cas des matériaux de construction et d'empierrage.

SILICATISATION [silikatizɑsjɔ̃] n. f. — 1872; de *silicatiser.*

♦ Chim., techn. Traitement de différentes matières (papier, bois, pierres tendres, etc.) par un silicate alcalin pour en assurer la conservation ou la consolidation avec un silicate alcalin. ⇒ **Silicatage, silicatation.**

SILICATISER [silikatize] v. tr. — 1876 ; de *silicate.*

♦ Chim., techn. Imprégner d'un silicate. ⇒ **Silicater.**
DÉR. **Silicatisation.**

SILICE [silis] n. f. — 1787, G. de Morveau ; dér. sav. du lat. *silex, silicis.* → Silex.

♦ Chim., minéralogie et cour. Oxyde de silicium (SiO_2), corps solide de grande dureté (raye le verre), insoluble dans l'eau, blanc ou incolore, très abondant dans la nature à l'état libre ou combiné (constituant plus de la moitié de la croûte terrestre). *Silice pure cristallisée* (quartz*, tridymite et cristobalite) ; *formes colorées* (pierres précieuses) : améthyste, quartz rose, fumé ou enfumé, fausse topaze, œil-de-chat ou crocidolite. *Les calcédoines sont constituées de quartz et de silice plus ou moins hydratés. Silice d'infusoires* (⇒ **Kieselguhr**). *Silice fondue* ou *vitreuse* ou *verre de silice* (parfois improprement appelée *quartz*), silice non cristallisée, servant à fabriquer des instruments d'optique (transparence à l'ultraviolet) et des appareils de laboratoire et industriels, etc. *Gel de silice :* précipité de silice plus ou moins hydraté. *Gel de silice desséché.* ⇒ **Silicagel.**
DÉR. **Siliceux, silicification, silicifié, silicique. — V. Silicium.**
COMP. **Silicicole, silicide, silicifère, silicose.**
HOM. **Cilice.**

SILICEUX, EUSE [silisø, øz] adj. — 1780 ; de *silice.*

♦ Chim., minéralogie et cour. Formé de silice, contenant de la silice. *Roches siliceuses*, d'origine organique, chimique, détritique (⇒ **Grès**, cit. 4 ; **sable**, cit. 3). *Terrain siliceux.*

SILICICO- ou **SILICO-** Éléments, du rad. de *silicique, silicium,* servant à désigner, en chimie, la présence de silicium dans un composé (ex. : *silico-aluminate, silico-alcalin*, acide *silico-benzoïque*, acide *silicoanhydrique, silicocyanure, silicoéthane, silicométhane* (⇒ **Silane, silice** et dér.).

En définitive, les sols silico-argileux de consistance moyenne (...) donnent des filasses abondantes et de bonne qualité.
Jacques LOURD, le Lin et l'Industrie linière, p. 38.

SILICICOLE [silisikɔl] adj. — 1871 ; de *silice,* et *-cole.*

♦ Bot. Se dit des plantes qui poussent bien en terrain siliceux.

SILICIDE [silisid] n. m. — 1871 ; de *silice,* et *-ide.*

♦ Chim. *Les silicides :* famille de corps comprenant la silice et ses combinaisons. — Au sing. *Un silicide :* un corps de cette famille.

SILICIÉ, ÉE [silisje] adj. — 1876 ; de *silicium.*

♦ Chim. Qui contient du silicium. *Alliage silicié.*

SILICIFÈRE [silisifɛR] adj. — 1871 ; de *silice,* et *-fère.*

♦ Techn. Qui contient de la silice.

SILICIFICATION [silisifikasjɔ̃] n. f. — 1871 ; de *silice,* et suff. *-ication.*
Chimie.

♦ **1.** Action de s'imprégner de silice.

♦ **2.** Transformation (de certaines roches) en silice (⇒ **Silicifié**).

♦ **3.** Fossilisation par la silice. *«À partir de là, les périodes humides vont alterner avec les plus arides, les lacs à crocodiles, poissons, mollusques avec les silicifications et la formation des massifs de dunes (ergs)»* (la Recherche, févr. 1974).

SILICIFIÉ, ÉE [silisifje] adj. — 1871 ; de *silice.*

♦ Chim. Transformé en silice.

SILICIQUE [silisik] adj. — 1818 ; de *silice.*

♦ Vx. *Anhydride silicique :* la silice. *Acides siliciques :* acides hypothétiques qu'on supposait en dériver et auxquels on faisait correspondre les silicates.

SILICIUM [silisjɔm] n. m. — 1829 ; découvert et nommé en 1809 par Berzelius ; de *silice.*

♦ Chim. Corps simple (poids at. 28,09 ; n° at. 14 ; dens. 2,42 ; point de fusion 1420° ; symb. *Si*), de couleur grise, métalloïde cristallisant dans le système cubique, du groupe du carbone. *Le silicium est très abondant dans la nature sous forme de combinaisons oxygénées* (silice et silicates). *Le silicium sert à fabriquer des semiconducteurs.*

SILICIURATION [silisjyRasjɔ̃] n. f. — 1877 ; de *siliciure.*

♦ Chim. Transformation en siliciure*.

SILICIURE [silisjyR] n. m. — 1830 ; de *silice.*

♦ Chim. Combinaison de silicium et d'un élément. *Siliciure de carbone* (SiC), *de magnésium, de cuivre,* etc. ⇒ **Carborundum.**
DÉR. **Siliciuration.**

SILICO- ⇒ Silicico-.

SILICOCALCAIRE [silikokalkɛR] adj. — Mil. xxᵉ ; de *silico-,* et *calcaire.*

♦ Minéralogie. Qui contient des silicates et du carbonate de calcium.

SILICOCALCIUM [silikokalsjɔm] n. m. — Mil. xxᵉ ; de *silico-,* et *calcium.*

♦ Chim., minéralogie. Alliage de silicium et de calcium (contenant aussi du fer et de l'aluminium).

SILICOCHLOROFORME [silikoklɔRɔfɔRm] n. m. — 1876 ; de *silico-,* et *chloroforme.*

♦ Chim. Liquide ainsi dénommé par suite de l'analogie de sa formule, $SiHCl_3$, avec celle du chloroforme $CHCl_3$.

SILICOL [silikɔl] n. m. — 1949, Larousse ; de *silico-,* et *-ol.*

♦ Chim. Mélange de soude et de ferrosilicate.

SILICOMANGANÈSE [silikomãganɛz] n. m. — xxᵉ ; de *silico,* et *manganèse.*

♦ Techn. Alliage ferreux comportant plus de 50 % de manganèse et 20 % de silicium.

SILICOMÉTHANE [silikometan] n. m. — Mil. xxᵉ ; de *silico-,* et *méthane.*

♦ Chim. Hydrogène silicié SiH_4 (de structure analogue au méthane).

SILICONAGE [silikonaʒ] n. m. — Mil. xxᵉ ; de *siliconer.*

♦ Techn. Opération par laquelle une surface est garnie de silicone. Spécialt, chir. *« Le siliconage impose (...) certaines servitudes techniques et demande un personnel qualifié, des appareils compliqués. Mais si le sang était recueilli sans plus de précautions — même dans des récipients siliconés — il coagulerait et, par conséquent les plaquettes deviendraient inutilisables »* (Science et Vie, n° 594, p. 119, 1967).

SILICONE [silikon] n. f. — 1876 ; de *silicium.*

♦ **1.** Vx. Composé résultant de l'action de l'acide chlorhydrique sur le siliciure de calcium.

♦ **2.** (xxᵉ). Mod. (Au plur.). Nom générique des dérivés du silicium renfermant des atomes d'oxygène et des groupements organiques, tel le groupement CH_4 dans les *méthylsilicones,* et se présentant sous forme d'huiles, de résines et d'élastomères (analogues au caoutchouc). ⇒ **Plastique** (matières plastiques). *Huiles de silicones,* pouvant être utilisées pour le graissage à des températures relativement élevées. *Résines de silicones,* utilisées comme isolants électriques à haute température. *Les méthylchlorosilanes permettent de revêtir d'un film hydrofuge de silicone des objets à base de cellulose* (papier, coton, laine, soie), *le verre, la porcelaine,* etc.
DÉR. **Siliconer.**

SILICONÉ, ÉE [silikone] adj. — Mil. xxᵉ ; de *siliconer.*

♦ Techn. Garni de résine de silicone (isolant à haute température).

Les sources de chaleur *(pour une grillade)* sont variées (...)
— au contact d'une surface chauffée avec ou sans gril interposé mais sans apport de matières grasses ; la poêle siliconée est à ce point de vue précieuse (...)
François LÉRY, Technique de la cuisine, p. 80.

SILICONER [silikɔne] v. tr. — xxᵉ; de *silicone.*

♦ Techn. Garnir de silicone. « *Tout le matériel* (de transfusion sanguine)... *doit être siliconé : ainsi la tendance physiologique des plaquettes* (sanguines) *à adhérer aux parois est-elle réduite au maximum* » (*Science et Vie*, n° 594, p. 119, 1967).

DÉR. **Siliconage, siliconé.**

SILICOSE [silikoz] n. f. — 1945; de *silice*, et *-ose.*

♦ Méd. Affection due à l'action de poussières de silice sur les poumons. ⇒ **Pneumoconiose, silico-tuberculose.** *La silicose atteint les mineurs, tailleurs de pierre, polisseurs, rodeurs de verre...*

DÉR. **Silicotique.**

SILICOTIQUE [silikɔtik] adj. — Mil. xxᵉ; de *silicose.*

♦ Didact. De la silicose. *Symptômes silicotiques.* N. *Un, une silicotique :* une personne affectée de silicose.

SILICO-TUBERCULOSE [silikɔtybɛʀkyloz] n. f. — 1956; de *silicose*, et *tuberculose.*

♦ Méd. Silicose compliquée de tuberculose.

SILICULE [silikyl] n. f. — 1771; *siliquule*, lat. *silicula.*

♦ Bot. Silique courte.

SILIONNE [siljɔn] n. f. — Mil. xxᵉ; nom déposé, formé sur *sili(ce)*, et *(ray)onne.*

♦ Techn. Fibre continue de verre, appelée antérieurement « rayonne de verre », dans laquelle les fils « *sont constitués par un nombre élevé de brins unitaires dont le diamètre ne dépasse pas 5 à 7 μ* » (R. Thiébaut, *la Filature*, p. 122). *Les fibres de silionne n'ont aucune élasticité; elles se collent à l'aide d'une colle cellulosique.*

Deux principaux procédés sont utilisés *(pour le fibrage du verre)* : l'étirage mécanique qui donne les filaments continus appelés « silionne », et l'étirage par fluide qui donne des fibres discontinues appelées *verranne.*
　　　　J.-C. DESJEUX et J. DUFLOS, les Plastiques renforcés, p. 28.

SILIQUE [silik] n. f. — 1762; « cosse », v. 1271; lat. *siliqua.*

♦ Bot. Fruit* sec déhiscent, composé de deux carpelles, dont la cavité d'abord unique est tardivement divisée en deux par une fausse cloison (cit. 3). ⇒ **Capsule.** *Siliques de la giroflée, du chou.* ⇒ **Crucifère.**

DÉR. **Siliqueux.**

SILIQUEUX, EUSE [silikø, øz] adj. — 1798; « en forme de cosse », 1549; de *silique.*

♦ Bot. Dont le fruit est une silique*.

SILLAGE [sijaʒ] n. m. — 1574; *seillage*, xvᵉ; de l'anc. franç. *siller*, d'abord *seiller*, xvᵉ. → Sillon.

♦ 1. Mar., cour. Trace qu'un bâtiment laisse derrière lui à la surface de l'eau. ⇒ **Houache** (→ Hélice, cit. 3; onde, cit. 1; pavillon, cit. 7). Par ext. Vitesse de marche du navire (la trace dépend de cette vitesse). — Par anal. *Le sillage d'un poisson dans l'eau* (→ Nageoire, cit. 3), *d'une couleuvre* (cit. 3) *dans l'herbe.*

♦ 2. Trace d'un passage. *Le sillage d'un couple dans une foule* (→ Polka, cit. 1). — *Rester dans le sillage de qqn*, le suivre au milieu d'une foule.

1　— Suivez-moi, dit Antoine, en lui touchant doucement l'épaule. « Je passe devant ». Elle se raidit, et s'élança dans son sillage.
　　　　MARTIN DU GARD, les Thibault, t. V, p. 237.

2　Les avions avaient réapparu, il y en avait un qui laissait derrière lui un sillage blanc.
　　　　SARTRE, le Sursis, p. 328.

Loc. fig. (1919). *Être, marcher dans le sillage de qqn*, en suivant sa trace, en s'abritant derrière son exemple et ses succès (→ Exister, cit. 23; fringant, cit. 6).

3　Intellectuellement, il est toujours, non pas à la remorque de quelqu'un, car la remorque suppose un lien, une amarre, mais dans le sillage d'un maître à qui rien ne l'attache en réalité qu'une curiosité aiguisée.
　　　　A. BILLY, Sainte-Beuve..., p. 273.

♦ 3. Cour. *Le sillage d'un parfum :* l'odeur laissée par une personne parfumée qui passe.

Phys. Partie d'un fluide (liquide, air) que laisse derrière lui un corps en mouvement; perturbations qui s'y produisent.

♦ 4. Techn. Veine de prolongement d'une mine de houille.

SILLE [sij] n. m. — 1762; du grec *sillos.*

♦ Didact. Poème parodique et satirique, chez les anciens Grecs.

SILLER [sije] v. intr. — Fin xvıᵉ; *seigler*, mil. xvıᵉ; *sillier*, v. tr., « marquer de sillons, de cicatrices », v. 1330; de *sillon*, ou directement d'un lat. pop. **seculare.* → Sillon.

♦ Littér. et rare. Tracer son sillon, tracer son sillage (navire).

SILLET [sijɛ] n. m. — 1642; var. *cillet;* ital. *ciglietto*, de *ciglio* « sourcil, crête ».
Technique (musique).

♦ 1. (1642). Petite pièce de bois collée sur le manche de certains instruments à cordes, juste au-desssous de la tête, pour empêcher que les cordes n'appuient sur la touche. *Le sillet d'un violon.*

(Le violon) assura ses cordes dans les encoches du chevalet et du sillet et attaqua la plus mordante sérénade du monde.　　A. ARNOUX, Suite variée, p. 7.

Pièce sur laquelle repose l'attache qui maintient le cordier d'un violon ou d'un instrument de la même famille (alto, basse, contrebasse).

♦ 2. (Mil. xxᵉ). Ensemble des saillies longitudinales incrustées sur le manche d'un instrument à cordes pour marquer l'emplacement des notes.

SILLON [sijɔ̃] n. m. — 1538; *sellon*, xıııᵉ; *seillon* « bande de terre, planche de labour », xıııᵉ-xvıᵉ; → grain, cit. 8; moissonner, cit. 1; p.-ê. selon Wartburg de l'anc. franç. *silier* « rejeter de la terre », lat. vulg. *seliare*, d'un rad. gaul. *selj-;* cf. rhéto-roman *saglia* « bande étroite, au milieu d'un pré fauché, sur laquelle on étend l'herbe »; selon Guiraud, de *seiller*, du lat. pop **seculare*, de *secare* « couper, scier ». → Scie.

♦ 1. Longue tranchée ouverte dans la terre par la charrue. ⇒ **Billon, raie, rayon, rigole.** *Tracer, creuser, ouvrir un sillon* (→ Aiguillon, cit. 1; continuité, cit. 3; motteux, cit.). ⇒ **Dérayer, enrayer, labourer.** *Sillon bien droit* (→ Rectitude, cit. 3). *La herse* (cit. 1) *abat la crête des sillons* (→ Hersage, cit. 2). *Au creux des sillons* (→ Enlever, cit. 34).

Au joug de bois poli le timon s'équilibre,
Sous l'essieu gémissant le soc se dresse et vibre;
L'homme saisit le manche, et sous le coin tranchant,
Pour ouvrir le sillon, le guide au bout du champ.
　　　　LAMARTINE, Jocelyn, 9ᵉ époque.

1

Loc. métaphorique et fig. (xıxᵉ). *Faire, tracer son sillon :* accomplir, poursuivre sa tâche laborieuse, avec persévérance (→ Hier, cit. 3).

(Au plur.; xvııᵉ). Poét. *Les sillons :* les champs cultivés, la campagne (→ Blondissant, cit. 3; fouler, cit. 4; inodore, cit. 2). « *Qu'un sang impur abreuve* (cit. 3) *nos sillons* ». *En forme de sillon.* ⇒ **Sulcature, sulciforme.**

♦ 2. (Fin xvıᵉ). Ligne, rayure creusées plus ou moins profondément (sur une surface). *Sillons sur un visage.* ⇒ **Pli, ride** (→ Face, cit. 7; labourer, cit. 10; raviner, cit. 1).

Anat. ⇒ **Fissure, rainure, scissure.** *Les sillons du cerveau :* les rainures qui séparent les circonvolutions (cit. 1). *Sillons du cœur, du foie... Sillon interlabial* (→ Lèvre, cit. 31). — Méd. *Sillon de la gale :* lésion cutanée caractéristique de la gale.

Le menton gras, creusé d'un sillon au milieu.　　2
　　　　R. ROLLAND, Musiciens d'autrefois, Notes sur Lully, ı.

Embryol. *Sillon primitif*, dans l'axe longitudinal de l'embryon, formé par l'accolement des moitiés droite et gauche des lèvres du blastopore (lui-même transversal).

Sc. nat. Strie d'une coquille (cit. 4), d'un test. — *Sillons d'une tige.* ⇒ **Vallécule.**

Zool. Ligne creuse sur une surface (chez les insectes, les arachnides, etc. : *sillon antennaire, sillons tarsaux, sillons oculaires...*).

Géol. Dépression allongée et étroite. ⇒ **Fente.**

Techn. (ch. de fer). Zone (d'un graphique) où plusieurs trains de même vitesse se succèdent à brefs intervalles. *Le sillon d'un train :* l'espace de temps, la zone du graphique de marche qui le suit et où on peut faire circuler un train de même vitesse.

♦ 3. (1889, cit.). Spécialt et cour. Trace produite à la surface du disque par l'enregistrement phonographique. ⇒ **Microsillon; piste.**

Celui-ci (le parleur) est constitué par un mince diaphragme en mica, au centre duquel est une pointe en acier, qui ouvre un sillon plus ou moins profond dans la cire, suivant la nature et l'intensité du son émis.　　2.1
　　　　L. FIGUIER, l'Année sc. et industr. 1889, p. 98 (1888).

Loc. Techn. *Technique du sillon fermé :* procédé de la musique concrète qui consiste à enregistrer un fragment de chaîne sonore délimité par la durée d'un sillon de disque et qui se répète indéfiniment.

Du temps du tourne-disque *(d'enregistrement)* le matériau inépuisable et surabondant, c'étaient (...) les coupes du sillon fermé. Il est probable que, sans cette chirurgie, la musique concrète aurait stagné.　　2.2
　　　　Pierre SCHAEFFER, la Musique concrète, p. 21.

♦ **4.** (1611). Poét. Trace*, ligne. ⇒ **Sillage.** *Des sillons d'or* (→ Brillant, cit. 4), *de poussière* (→ Ondoiement, cit. ; rampant, cit. 1). *« Qu'un sillon passager* (cit. 2) *dans le fleuve éternel. »*

3 Sa chute *(de l'aigle)* fit dans l'air un foudroyant sillon (...)
HUGO, les Chants du crépuscule, V, IV.

♦ **5.** Hist. relig. *Le Sillon,* revue fondée en 1894 par P. Renaudin et Marc Sangnier, qui devint l'organe du catholicisme social et libéral et du mouvement dit *sillonniste,* condamné finalement par Pie X en 1910.

COMP. Intersillon, microsillon.
DÉR. Sillonner, sillonnisme, sillonniste.

SILLONNER [sijɔne] v. tr. — Déb. XVIIe ; *seillonner, seilonner,* 1538 ; de *sillon.*

♦ **1.** Vx. (Sujet n. de personne). Labourer en ouvrant des sillons (→ Bœuf, cit. 4).

♦ **2.** (Le sujet désigne ce qui sillonne). Marquer en formant des sillons, des fentes. *Crevasses, fissures qui sillonnent le sol, un mur...* (→ Arrêter, cit. 6 ; gouffre, cit. 2 ; impraticable, cit. 4 ; lézarde, cit. 1). *Rides qui sillonnent un visage.* ⇒ **Rider** (→ Joue, cit. 2 ; précoce, cit. 4). — Au p. p. *Chemin sillonné d'ornières* (cit. 1).

♦ **3.** (Fin XVIIe). Traverser d'un bout à l'autre en laissant une trace, un sillage. *Les navires qui sillonnent la Méditerranée. Les éclairs qui sillonnent le ciel.*

1 (...) mais le détroit (...) est sillonné en ce moment par de grands voiliers d'autrefois qui descendent vers la Marmara, toutes leurs ailes ouvertes.
LOTI, Suprêmes visions d'Orient, II.

Mil. XIXe. (Le sujet désigne une voie). Traverser, parcourir. *Le réseau* (cit. 3) *de sentiers qui sillonnait les ajoncs.* — (Passif et p. p.). *Ville sillonnée en tous sens de petites ruelles.*

2 Après avoir parlé de routes, je dois parler des pays qu'elles sillonnent et qu'elles alimentent. Th. GAUTIER, Souvenirs de théâtre, Statist. départ. Ain.

Par ext. Parcourir. *Les voitures sillonnent les routes, sillonnent le pays.* — Au p. p. *Corps sillonné par des décharges* (cit. 3) *nerveuses.*

3 J'ai suivi longtemps un étroit sentier entre les pelouses, sans rencontrer âme qui vive, pendant que les autos sillonnaient la route, à ma droite (...)
SARTRE, Situations III, p. 108.

SILLONNISME [sijɔnism] n. m. — Déb. XXe ; de *sillon,* 5.

♦ Hist. Mouvement du Sillon de Marc Sangnier.

SILLONNISTE [sijɔnist] adj. et n. — Déb. XXe ; du mouvement du *Sillon.* → Sillon, 5.

♦ Hist. Relatif au mouvement catholique libéral et social appelé le *Sillon. Journal sillonniste.* — Adj. et n. (Des personnes). Qui appartient au Sillon.
Un de mes frères, Jean, celui qui devait entrer au Séminaire, était sillonniste.
F. MAURIAC, le Nouveau Bloc-notes 1958-1960, p. 337.

SILO [silo] n. m. — 1823 ; « cachot souterrain », 1685 ; esp. *silo* et anc. provençal *sil,* XIIIe ; du lat. *sirus,* grec *siros.*

♦ **1.** Excavation souterraine, et, par la suite, réservoir (au-dessous ou au-dessus du sol) où l'on entrepose les produits agricoles pour les conserver. ⇒ **Dock, élévateur, fosse, grenier, magasin.** *Silos à blé, à céréales* (en maçonnerie, métalliques), *à fourrages verts* (silo-meule, silo-cuve, silo-fosse, silo-tour...), *à pulpes, à racines et à tubercules* (permanents, temporaires). *Mettre des grains, du blé en silo.* ⇒ **Ensiler.**

♦ **2.** Techn. Site souterrain de lancement de missiles.

♦ **3.** (1972, *in* P. Gilbert). Techn. Garage à étages. *Silo à voitures.*

♦ **4.** Péj. (Par métaphore du 1.). *Silo à habiter ; silo à bureaux* (1973-74, *in* P. Gilbert) : immeuble moderne à nombreux étages et à forte densité d'occupation. ⇒ **Clapier.**
DÉR. Silotage.

SILOTAGE [silota3] n. m. — 1923 ; de *silo.*

♦ Techn. Ensilage*.

SILPHE [silf] n. m. — 1803 ; grec *silphê* « blatte, mite ».

♦ Zool. Insecte coléoptère *(Silphidés),* au corps noir, plat et large, le plus souvent coprophage ou nécrophage. *Les larves d'une espèce de silphes s'attaquent aux betteraves.*
DÉR. Silphidés.
HOM. Sylphe.

SILPHIDÉS [silfide] n. m. pl. — 1904 ; *silphidées,* 1836 ; de *silphe.*

♦ Zool. Famille d'insectes dont le *silphe** est le type. — Au sing. *Un silphidé.*

SILPHIUM [silfjɔm] ou SILPHION [silfjɔ̃] n. m. — 1839 ; « résine végétale estimée dans l'Antiquité », 1732 ; lat. bot. *silphium,* Linné, empr. à un mot lat. d'orig. grecque de sens différent.

♦ Bot. Plante vivace *(Composacées)* à grandes feuilles, à fleurs jaunes, poussant en milieu humide. *Le silphium a servi de condiment dans l'Antiquité.*

(....) les condiments étaient très largement utilisés *(dans la Grèce antique)* (...) le cumin, le coriandre (...) le silphion de Carthage, l'ail, la ciboule (...)
François LÉRY, Technique de la cuisine, p. 9.

S'IL TE PLAÎT [siltəplɛ] loc. ⇒ Plaire (I., 3.).

SILURE [silyʀ] n. m. — 1558 ; lat. *silurus,* grec *silouros.*

♦ **1.** Poisson physostome *(Siluridés),* de grande taille, qui vit sur les fonds vaseux des grands cours d'eau (Danube, Nil ; → Plat, cit. 24), des lacs et de certaines mers (mer Noire, Caspienne). ⇒ **Poisson-chat.**

♦ **2.** Franç. d'Afrique. Poisson à bordillons développés (quelle que soit son espèce). Syn. : *poisson-chat.*
Elle avait (...) fouillé le lit du marigot au fond duquel dormait depuis des lunes (...) Konko-le-Silure, le poisson nu et moustachu.
Birago DIOP, Contes et lavanes, p. 47, *in* I. F. A.
DÉR. Siluridés.

SILURIDÉS [silyʀide] n. m. pl. — 1904 ; de *silure,* et suff. du grec *eidos* « forme ».

♦ Zool. Famille de poissons dont le *silure** est le type. — Au sing. *Un siluridé.*

SILURIEN, IENNE [silyʀjɛ̃, jɛn] adj. — 1839 ; angl. *silurian,* mot créé par Murchison, 1835 ; du lat. *Silures,* nom d'un peuple breton qui habitait la région du Shropshire, où ce type de terrain fut découvert.

♦ Géol. Se dit des terrains représentatifs d'une période de l'ère primaire* et de ce qui s'y rapporte. *Système silurien. Faune silurienne.* — N. m. *Le silurien,* cette période.

SILVANER [silvanɛʀ] n. m. — 1868, P. Larousse, art. *Cépage ;* mot autrichien.

♦ **1.** Cépage blanc cultivé surtout en Allemagne, en Alsace, en Autriche et en Suisse. Syn. : *gros plant du Rhin.*

♦ **2.** Vin blanc produit avec ce cépage. *Le riesling, le silvaner sont des vins d'Alsace répandus..*

SILVÉROÏDE [silveʀɔid] n. m. — 1890, P. Larousse, *Deuxième Suppl.,* art. *Alliage ;* angl. *silveroid,* de *silver* « argent », et -*oid* (franç. -*oïde*) « semblable à l'argent ».

♦ Métall. Alliage de cuivre et de nickel (45 %) avec un peu de plomb, d'étain ou de zinc. — On écrit aussi *silvéroïd.*

SILVES [silv] n. f. pl. — 1671, du lat. *silvae* « forêts », titre de recueils, notamment les *Silves* de Stace.

♦ Littér. lat. Nom donné, d'après le recueil de Stace, à de petits poèmes légers, d'inspiration variée, ayant un air d'improvisation.

S'IL VOUS PLAÎT [silvuplɛ] ⇒ Plaire, I., 3. ; S. V. P.

SIMA [sima] n. m. — 1918, en franç., mot créé par Suess ; des symboles chimiques *Si* et *Ma,* du silicium et du magnésium.

♦ Géol. Matériau fondamental de la croûte terrestre, dont les éléments caractéristiques sont la *silice* et le *magnésium.* ⇒ **Sial.**

SIMAGRÉE [simagʀe] n. f. — XIIIe ; l'explication par *si m'agrée* « ainsi cela m'agrée » est anecdotique ; selon Guiraud, de *sim, sime* « singe », lat. *simus,* var. de *simius,* et *agrée* « agrément ».

♦ Rare au sing. Comportement affecté, destiné à attirer l'attention, à tromper. ⇒ **Affectation** (→ Amour, cit. 12 ; complaisance, cit. 10 ; modeste, cit. 3 ; plat, cit. 14). *Faire des simagrées.* ⇒ **Chichi, façon, grimace, manière, minauderie, mine, singerie.** *Les simagrées de la fausse dévotion.* ⇒ **Hypocrisie** (cit. 12), **momerie** (→ Dévot, cit. 8 ; hypocrite, cit. 19). *Je me suis laissé prendre à vos simagrées* (→ Malgré, cit. 9).

0.1 Je vous l'ai dit, à peine fus-je entrée que chacun s'avança vers moi ; *Clément* fut le plus hardi, sa bouche infecte fut bientôt collée à la mienne ; je me détourne avec horreur, mais on me fait entendre que toutes ces résistances ne sont que des sima- grées qui deviennent inutiles, et que ce qui me reste de mieux à faire est d'imi- ter mes compagnes.   SADE, *Justine...*, t. I, p. 145.

1 Je m'étais fait arracher les confidences de mes chagrins avec autant de simagrées que s'en permettent les jeunes personnes avant de s'asseoir au piano (...)
                                             BALZAC, *Honorine*, Pl., t. II, p. 291.

2 Ils allaient et venaient avec des simagrées enfantines, se souriaient, se balançaient, s'inclinaient, sautillaient pareils à deux vieilles poupées qu'aurait fait danser une mécanique ancienne (...)   MAUPASSANT, *Contes de la Bécasse*, « Menuet ».

Au sing. collectif. (Littér.). ⇒ **Comédie.**

3 Sans doute il entrait de la simagrée dans l'exagération de nos sentiments l'un pour l'autre, mais nullement d'hypocrisie (...)
                                             GIDE, *Si le grain ne meurt*, I, VI, p. 172.

SIMANDRE [simɑ̃dʀ] n. f. — 1876 ; adapt. du grec *sêmantron* « signal », de *sêmainen* « faire un signal ».

♦ Didact. Instrument à percussion (lames de métal, de bois), en usage dans les monastères byzantins.

SIMARRE [simaʀ] n. f. — 1606 ; *cimarre*, XVIIe ; ital. *zimarra* ; cf. aussi moy. franç. *chamarre* et *samarre*, de l'esp. *zamarra*. → Chamar- rer.

♦ **1.** Anciennt. Longue robe d'homme ou de femme, d'une riche étoffe. *Seigneurs en simarre de velours* (→ Rotonde, cit. 3).

1 Il y eut un moment où Charles X, habillé d'une simarre de satin cerise galonnée d'or, se coucha tout de son long aux pieds de l'archevêque.
                                             HUGO, *Choses vues*, II, I.

♦ **2.** Mod. Robe de dessous de certains magistrats (→ Habillement, cit. 7 ; hermine, cit. 5 ; retrousser, cit. 1). *La simarre du chancelier ou garde des Sceaux.*

♦ **3.** Soutane d'intérieur, avec camail adhérent et fausses manches.

2 Mais, à ce moment, un cardinal entra, vêtu de l'habit de ville, la ceinture et les bas rouges, la simarre noire, lisérée et boutonnée de rouge.
                                             ZOLA, *Rome*, p. 79.

SIMARUBA [simaʀuba] n. m. — 1729, *simarouba* ; *chimalouba*, 1665 ; mot guyanais.

♦ Bot. Plante dicotylédone *(Simarubacées)*, arbre de l'Amérique tropicale. *Le simaruba amer et le simaruba officinal ont des raci- nes dont l'écorce contient de la quassine**. — REM. On a écrit aussi *simarouba*.

DÉR. **Simarubacées.**

SIMARUBACÉES [simaʀybase] n. f. pl. — 1858 ; var. *simarouba- cées*, 1855 ; *simaroubées*, 1827 ; de *simaruba*.

♦ Bot. Famille de plantes phanérogames angiospermes, classe des dicotylédones dialypétales, comprenant des arbres des régions tro- picales *(quassia, simaruba, ailante).* — Au sing. *Une simarubacée.*

SIMBLEAU [sɛ̃blo] n. m. — 1690 ; probablt corruption de *cingleau*, de 2. *cingler.*

Technique.

♦ **1.** Cordeau de charpentier, servant à tracer des cercles (trop grands pour être faits au compas). ⇒ **Ligne.**

♦ **2.** (XXe). Appareil servant à vérifier une ligne de mire, et qui maté- rialise l'axe du canoɲ d'une arme.

HOM. **Simblot.**

SIMBLOT [sɛ̃blo] n. m. — 1723 ; var. probable de *semple* ; cf. Ency- clopédie, art. *Dessin*, t. IV, p. 892 ; cependant l'Oxford, art. *Simple*, franç. *semple*, cite un ouvrage de 1890 d'après lequel un nommé *Sim- blot* aurait inventé ce type de *semple.*

♦ Technol. Dans les anciens métiers à tisser, Semple* utilisé dans la fabrication de la gaze.

HOM. **Simbleau.**

SIMIEN, IENNE [simjɛ̃, jɛn] adj. et n. m. pl. — 1842 ; lat. *simia* « singe ».

Zoologie.

♦ **1.** Propre aux singes ; relatif aux singes.

♦ **2.** N. m. pl. LES SIMIENS : sous-ordre de l'ordre des Primates*,

comprenant les singes proprement dits (anthropoïdes, catarrhiniens, platyrrhiniens). — Au sing. *Un simien.* ⇒ **Singe.**

COMP. **Prosimiens.**

SIMIESQUE [simjɛsk] adj. — 1843, Balzac, *la Muse du Départe- ment* : « *l'imitation simiesque* » ; dér. du lat. *simia.* → Simien.

♦ Qui tient du singe, qui évoque le singe. *Visage, grimace, agilité* (cit. 2) *simiesque. Mains, doigts simiesques.* — (Personnes). *Il est un peu simiesque.*

(...) un grand type des Martigues brun et jovial qui effectuait généralement sa livraison assisté par un Oranais à la face plate et olivâtre, aux grands yeux sombres et à l'allure simiesque de valet de picador, avec qui nous allions boire l'anis notre distribution terminée (...)   Michel LEIRIS, *Fourbis*, p. 219.

SIMILAIRE [similɛʀ] adj. — V. 1560 ; *parties similaires*, 1539 ; dér. du lat. *similis* « semblable ».

♦ **1.** Vx. (Anat., phys.). Homogène (cit. 7). — Math. Proportionnel.

♦ **2.** (1611, repris 1878 en écon. polit.). *Produits similaires*, ou, n. m. pl., *les similaires* : produits nationaux de même nature que ceux qui sont importés (cit. 1) de l'étranger. — Cour. Qui est à peu près de même nature, de même ordre. ⇒ **Analogue, assimilable, com- parable, semblable.** *Hôtels, pensions ou établissements similaires* (→ Habitation, cit. 4). *Une idée, un style similaire* (→ Enténébrer, cit. 5 ; opéra-comique, cit.). *Un mouvement similaire* (→ Parou- sie, cit.).

(...) le Dr Brown-Séquard (...) ranime des impuissants avec des injections de par- ties distillées de lapins et de cobayes. Qui sait si ces élixirs de longue vie (...) n'étaient pas composés de substances similaires ou analogues ?
                                             HUYSMANS, *Là-bas*, XV.

CONTR. **Différent, dissemblable, dissimilaire.**
DÉR. **Similairement, similarité.**

SIMILAIREMENT [similɛʀmɑ̃] adv. — 1891, Goncourt ; de *simi- laire.*

♦ Rare. D'une manière similaire. ⇒ **Semblablement.** *Similairement, on pourrait dire que...*

SIMILARITÉ [similaʀite] n. f. — 1755 ; de *similaire.*

♦ Caractère des choses, des éléments similaires. ⇒ **Ressemblance.** *Une similarité frappante. Il y a une certaine similarité entre les deux cas.*

SIMILI [simili] n. — 1881 ; de *simili-.*

★ **I.** N. m. ♦ **1.** Techn. Imitation (d'une matière ou chose pré- cieuse). *Du simili* : de l'imitation. ⇒ **Faux ; clinquant.**

Ici encore règne le simili, l'une des découvertes les plus précieuses du monde bour- geois, puisqu'elle fait gagner de l'argent sans diminuer l'apparence de la marchan- dise.   R. BARTHES, *Mythologie*, p. 159.

♦ **2.** (1904). Techn. Cliché obtenu par similigravure.

♦ **3.** (Mil. XXe). Coton similisé.

★ **II.** N. f. Fam. Similigravure. *Une simili.*

DÉR. (Du II.) **Similiste.**

SIMILI- Élément, du lat. *similis* « semblable », marquant qu'il s'agit d'une imitation. ⇒ **Pseudo-.**

1 Ils n'aboutissent qu'à faire un échafaudage, extérieur, non un monument, de simili- science, de semble-science, de fausse science, de prétendue, de soi-disant science, de feinte science, d'imitation de science (...)
                                             Ch. PÉGUY, *Victor-Marie, comte Hugo*, p. 203.

2 À l'extrémité de l'étang la plus proche de l'orée du sentier, il y avait (me semble- t-il) un pont à parapets de simili bois, avec de fausses branches en ciment (...)
                                             Michel LEIRIS, *Fourbis*, p. 74.

REM. L'élément a eu un grand succès vers la fin du XIXe s. (*simili-drame*, 1885, *in* D.D.L. ; *simili-luxe*, 1901, *in* D.D.L.) ; il est aujourd'hui produc- tif, avec des noms abstraits (*simili-révolution* ; *simili-testament*, *in* P. Gil- bert) ou de personnes (*simili-intellectuel, simili-aventurier*, *in* P. Gilbert).

3 M. Prudhomme, seul.
— Dieu ! où s'arrêtera-t-on ?
Tout est similimatière.
On arrivera à faire
D'la similimitation...
Rocs en similicarton,
Fontain' z'en similipierre,
Nous verrons du porc la chair
Être en similicochon (...)   Le Journal amusant, 14 août 1875, *in* D. D. L., I, 14.
COMP. Voir à l'ordre alphabétique.

SIMILIBRONZE [similibʀɔ̃z] n. m. — 1878 ; de *simili-*, et *bronze*.

♦ Techn. Alliage imitant le bronze. *Similibronze de laiton (85 %)
et de zinc (15 %).* — On écrit aussi *simili-bronze*.

J'achèterai un cadre en simili-bronze. Ou blanc avec des dorures.
                                    R. CAU, la Pitié de Dieu, p. 40.

SIMILICUIR [similikɥiʀ] n. m. — Mil. xxᵉ ; de *simili-*, et *cuir*.

♦ Matière plastique imitant le cuir. *Un sac, une veste en similicuir.*
— On écrit aussi *simili-cuir*.

(...) les coussins de simili-cuir des sièges portaient encore la trace plissée de ceux
qui y avaient été assis.   J.-M. G. LE CLÉZIO, le Déluge, p. 197.

SIMILIGRAVEUR [similigʀavœʀ] n. m. — 1907 ; de *similigravure*.

♦ Spécialiste en similigravure* ; retoucheur de cliché. ⇒ **Similiste.**

SIMILIGRAVURE [similigʀavyʀ] n. f. — 1890 ; de *simili-*, et *gravure*.

♦ Techn. Photogravure « en demi-teinte » au moyen de réseaux ou
trames à travers lesquels sont photographiés les objets. — Cliché
ainsi obtenu. (Par abrév. : *la, une simili*).

Dans la seconde *(filière : la presse)*, la mutation se produisit lorsque entrèrent en
jeu le câblogramme et la similigravure.
                        MALRAUX, l'Homme précaire et la Littérature, p. 217.

DÉR. Similigraveur.

SIMILIMARBRE [similimaʀbʀ] n. m. — 1878 ; de *simili-*, et *marbre*.

♦ Techn. Stuc imitant le marbre.

SIMILIPIERRE [similipjeʀ] n. f. — 1875 ; de *simili-*, et *pierre*.

♦ Techn. Pierre factice. ⇒ **Carton-pierre.**

SIMILISAGE [similizaʒ] n. m. — 1935 ; de *similiser*.

♦ Techn. Traitement des fibres de coton (sorte de mercerisage effectué en soumettant les fils à une tension) permettant de leur donner
un aspect soyeux.

SIMILISER [similize] v. tr. — 1935 ; au p. p., 1909 ; de *simili-(soie)*.

♦ Techn. Traiter par similisage. — Au p. p. *Coton similisé,* merce-
risé. Abrév. : *du simili.*

DÉR. Similisage.

SIMILISTE [similist] n. m. — 1901, *in* D.D.L. ; de *simili*, II.

♦ Techn. Spécialiste en similigravure, retoucheur de cliché. ⇒ **Similigraveur.**

SIMILITUDE [similityd] n. f. — V. 1220 ; lat. *similitudo*, de *similis* « semblable ».

♦ **1.** Relation unissant deux choses exactement semblables. ⇒ **Analogie, harmonie, ressemblance.** *Association* (cit. 16) *des images par
similitude ou par contiguïté. Répétition* (cit. 4) *et similitude complète. Différence ou similitude* (→ Comparaison, cit. 2). *Similitude de...* : en fait de... (→ Exergue, cit. 3). ⇒ **Communauté, conformité, concordance, identité, parité.**

1 (...) et nous, pour le plus exprès exemple de similitude, nous servons de celui des
œufs. Toutefois il s'est trouvé des hommes, et notamment un en Delphes, qui
reconnaissait des marques de différence entre les œufs, si qu'il n'en prenait jamais
l'un pour l'autre (...)   MONTAIGNE, Essais, III, XII.

2 Nous avons déjà parlé de ces êtres qui, nés d'un même œuf, ont reçu exactement
le même patrimoine héréditaire, les mêmes chromosomes ; et nous avons noté la
similitude de leurs traits physiques.   Jean ROSTAND, l'Homme, V.

(1765). Géom. Produit, dans un plan, d'une rotation et d'une
homothétie* de même centre. ⇒ **Homologue, homothétie.** *Rapport
de similitude. Angle, centre de similitude.* — Transformation permettant de passer d'une figure à une autre semblable.

♦ **2.** (V. 1265). Vx. Comparaison* (cit. 11) fondée sur l'existence de

qualités communes à deux choses (→ Fertilité, cit. 4). ⇒ **Assimilation ;** et aussi **parabole.**

(...) tous les endroits dont le ministre *(Jurieu)* abuse étaient constamment des comparaisons, des similitudes,, ou si vous voulez, des métaphores, puisque des métaphores ne sont autre chose que des similitudes abrégées, et encore des similitudes
tirées des choses sensibles pour les transporter aux divines.
                        BOSSUET, Avertissements aux protestants, VI, I, XI.

**CONTR. Contraste, différence, disconvenance, disparité, dissimilitude, distance,
écart ; distinction, séparation.**

SIMILOR [similɔʀ] n. m. — 1742 ; de *simili-*, et *or*.

♦ Métal imitant l'or. ⇒ **Chrysocale** (→ Collier, cit. 2 ; oseille, cit. 1).

(...) vous ne verrez pas arriver chez vous un garçon bijoutier qui, vous présentant
une tabatière ou un écrin, avec facture, vous emportera de l'argent, troqué contre
du strass ou du similor.   BALZAC, Code des gens honnêtes, I, I, I, *in* Œ. diverses, t. I, p. 74.

SIMONIAQUE [simɔnjak] adj. — 1491 ; *symoniaque*, 1372 ; lat.
ecclés. *simoniacus*, de *simonia*. → Simonie.

♦ Didact., littér. Coupable ou entaché de simonie*. N. *Les simonia-
ques* (→ Bénéfice, cit. 7 ; canon, cit. 1).

L'escroc n'inspire pas les mêmes sentiments que l'officier lâche, le prêtre simoniaque ou le juge corrompu, parce que ces gens en uniforme, infidèles à leur vocation, deviennent des usurpateurs.   MALRAUX, Antimémoires, 1972, p. 154.

SIMONIE [simɔni] n. f. — V. 1138 ; lat. ecclés. *simonia*, du nom de
Simon le Magicien, qui avait voulu acheter les apôtres Pierre et Paul ;
cf. les Actes des Apôtres, VIII, 9-24.

♦ Relig. ou littér. « Volonté réfléchie d'acheter ou de vendre à prix
temporel une chose intrinsèquement spirituelle (...) ou une chose
temporelle en telle connexion avec une chose spirituelle que la première ne peut aucunement se réaliser sans l'autre (...) ou que
la chose spirituelle devient objet, même partiel, du contrat » (Dr.
canon, 727, § 1) ; pratique qui en résulte. ⇒ **Trafic** (→ Collateur, cit).

Ce qu'on voit ici *(aux lieux saints)* de turpitudes, de bassesses, de simonie, de
choses ignobles en tout genre, dépasse la mesure ordinaire.
                        FLAUBERT, Correspondance, 266, 20 août 1850.

SIMONIEN, IENNE [simɔnjɛ̃, jɛn] adj. et n. ⇒ **Saint-simonien.**

SIMONIZATION [simɔnizasjɔ̃] n. f. — 1946, cit. ; de *simonizer*,
de *Simoniz*, nom déposé.

♦ Anglic. Le fait d'enduire (une carrosserie) du produit de la marque *Simoniz* pour lui donner un éclat durable.

Il y a un certain nombre de raccords à faire à la peinture. Avec mon mélange qui
est déjà tout préparé, et le pistolet, ce ne sera pas très long. Ensuite un bon coup
de polish, et une simonization par là-dessus. J'étendrai le produit, et tu frotteras.
Tu verras, c'est amusant.
                        J. ROMAINS, les Hommes de bonne volonté, t. XXVII, 1946, p. 193.

SIMONIZER [simɔnize] v. tr. — V. 1946 ; → Simonization ; angl. *to
simonize*, de *Simoniz*, nom déposé d'un produit lustrant.

♦ Anglic. Lustrer (une carrosserie) avec le produit de la marque *Simoniz.*

DÉR. Simonization.

SIMOUN [simun] n. m. — 1828 ; *semoun*, 1822 ; *simoon*, d'après
l'angl. 1791 ; *samun*, directement de l'arabe, 1777 ; arabe *sâmūm*, de
sãmmã « empoisonner ».

♦ Géogr. Vent violent, extrêmement chaud et sec, qui souffle sur les
régions désertiques de l'Arabie, de la Perse et du Sahara. ⇒ **Khamsin ; sirocco.**

Du Caire à Beni-Souëf, rien de bien curieux. Nous avions mis dix jours à faire ces
25 lieues, à cause du Khamsin ou Simoûn (meurtrier) qui nous a retardés. Rien
de ce qu'on dit sur lui n'est exagéré. C'est une tempête de sable qui vous arrive.
Il faut s'enfermer et se tenir tranquille (...) Le soleil, ces jours-là, a l'air d'un disque de plomb ; le ciel est pâle (...)
                        FLAUBERT, Correspondance, 252, 13 mars 1850.

REM. On a employé la graphie *semoun* au xIxᵉ s.

Un nuage farouche arriva, d'où sortit (...)
Le semoun, près duquel l'ouragan est petit
                        HUGO, la Légende des siècles, VI, I, IV
                        (cf. aussi Ibid., III ; la Fin de Satan, I, I).

SIMPLE [sɛ̃pl] adj. et n. m. — Déb. xIIᵉ ; lat. *simplex* « formé d'un
seul élément », et, fig., « pur, ingénu, naturel... », les sens figurés semblent plus anciens en français.

★ **I.** Personnes. (En général postposé). ♦ **1.** (V. 1175). Qui agit selon
ses sentiments, avec une honnêteté naturelle et une droiture spontanée. ⇒ **Bon, bonasse, bonhomme, brave** (I., B., 4.), **candide, droit,** 2.
franc (cit. 7) ; → Rond, cit. 2. *Un homme simple et rude* (→ Éprou-

ver, cit. 8). *La croyance de l'homme simple* (cf. *La foi du charbonnier*). *Corneille, cet homme simple et grand* (cit. 55). — *Âme* (→ 1. Partir, cit. 29), *caractère, cœur simple*. ⇒ **Enfantin, ingénu, innocent** (1.), **naïf** (4.), **pur** (→ Dessécher, cit. 7). *Un cœur simple*, conte de Flaubert. *Bon sens simple et solide*. ⇒ **Gros** (gros bon sens).

1 Il faisait cela simplement, — avec une simplicité exagérée. Il avait le tort de dire un peu trop qu'il était simple et sincère : mais le plus fort, c'est qu'il l'était.
                       R. ROLLAND, Jean-Christophe, Dans la maison, II, p. 1001.

2 Tout est simple et tout vient à point. Sois simple toi-même et direct comme la flèche. Droit au but (...)   GIDE, Œdipe, I.

Qui agit avec naturel, sans manifester de fierté*, de prétention. ⇒ **Modeste, réservé**. *Il a su rester simple dans les honneurs.*

Par ext. *Geste* (→ Dérober, cit. 8), *pose* (cit. 3) *simple*, sans affectation. ⇒ **Naturel** (→ aussi ci-dessous, II., B., 3.).

♦ **2.** (V. 1165). Qui a peu de culture, de finesse, d'intelligence, qui se laisse facilement tromper. ⇒ **Niais, niaise** (vx), **nice** (vx), **simplet**. *Simple et crédule, sans malice*. *Personnes simples, d'entendement épais* (cit. 18). — *Esprit simple, mal dégrossi*. → Primitif, cit. 5.

SIMPLE D'ESPRIT : qui n'a pas une intelligence normalement développée. ⇒ **Arriéré** (cit. 3), **faible, idiot, innocent**. *Il, elle est presque simple d'esprit. Des gens simples d'esprit. Un, une simple d'esprit*, débile mental (→ Annihiler, cit. 2).

3 Pour que Pascal supportât la vie, il était nécessaire qu'il crût. Il a eu la foi la plus vive. Et la preuve, c'est qu'elle était triste. Les simples d'esprit sont seuls joyeux : cette récompense leur est acquise.   André SUARÈS, Trois hommes, «Pascal», II.

♦ **3.** Qui ignore ou dédaigne la délicatesse, le raffinement des mœurs, des usages. *Un homme simple, de mœurs rustiques. Simple dans sa mise* (→ Exact, cit. 5). — *Un air simple et campagnard et fruste*. ⇒ aussi **Primitif**. *Vie simple et frugale*. ⇒ **Patriarcal** (→ Cailletage, cit.). *Goûts simples*. ⇒ **Simplicité** (et ci-dessous, II., B., 3.).

♦ **4.** Qui est d'un rang peu élevé; de condition modeste. ⇒ **Humble**. *Des gens simples* (cf. De petites gens). — (Antéposé). *Les simples gens* (→ aussi infra II., A., 3.).

♦ **5.** (En parlant d'événements de la vie sociale). Sans décorum, sans cérémonie. *Un repas tout simple*, à la bonne franquette* (→ Familial, cit.). *Une réception très simple.*

4 (...) après des discussions, on avait résolu que la noce se ferait très simple, en famille, à cause de la situation de la mariée (...)   ZOLA, la Terre, II, VII.

♦ **6.** Adj. et n. (Fin XIIᵉ). Qui est peu intelligent, peu développé intellectuellement (syn. de *simple d'esprit*). *Il est un peu simple. — Un esprit simple.*

4.1 C'était un grand garçon brun, sérieux, sévère, naïf, d'esprit simple, court et obstiné, un de ces hommes qui passant dans la vie sans jamais en comprendre les dessous, les nuances et les subtilités, qui ne devinent rien, ne soupçonnent rien, et n'admettent pas qu'on pense, qu'on juge, qu'on croie et qu'on agisse autrement qu'eux.   MAUPASSANT, la Confession*, t. II, p. 219.

N. (XIIIᵉ). *Un, une simple :* une personne simple, à l'esprit simple.

4.2 Ce berger Séverin, un simple, une sorte de brute, élevé dans un parc à moutons, ayant grandi sur les côtes au milieu de ses bêtes trottantes et bêlantes, ne connaissant guère qu'elles au monde, avait cependant conservé au fond de l'instinct d'épargne du paysan.   MAUPASSANT, le Lapin, Pl., t. II, p. 970.

★ **II.** Choses. (Au sens latin de «non complexe»).

A. (Fin XIIᵉ). Sens absolu. — REM. Aux sens 1 et 2, l'adj. est postposé en épithète; au sens 3, antéposé.

♦ **1.** Philos. Qui n'est pas composé; qu'il est impossible d'analyser. ⇒ **Incomplexe, irréductible; un**. *« La monade (...) n'est autre chose qu'une substance simple (...) c'est-à-dire sans parties »* (Leibniz). *Idée, notion simple*, indécomposable.

5 (...) ne traitant ici des choses qu'autant qu'elles sont perçues par l'entendement, nous n'appelons simples que celles dont la connaissance est si claire et si distincte que l'esprit ne les puisse diviser en un plus grand nombre dont la connaissance soit plus distincte : telles sont la figure, l'étendue, le mouvement, etc.
                      DESCARTES, Règles pour la direction de l'esprit, XII.

♦ **2.** Qui (au niveau considéré) n'est pas composé de parties, est indivisible.

a Didact. ⇒ **Indécomposable, indivisible**. *Couleur, radiation* (cit.) *simple*. ⇒ **Élémentaire**. — *Corps simples*, en chimie. ⇒ **Élément**.

6 Une machine se compose de pièces multiples, originellement séparées. Une fois ces pièces assemblées, elle devient simple. Elle est organisée, comme l'être vivant, pour une fonction déterminée. Comme lui, elle est à la fois simple et complexe. Mais elle est primairement complexe et secondairement simple. Au contraire, l'être humain est primitivement simple et secondairement complexe.
                     Alexis CARREL, l'Homme, cet inconnu, III, XIII.

7 L'étude des corps chimiquement bien définis a, en effet, conduit à les partager en deux classes bien distinctes : les «Corps composés» qui peuvent être dissociés en corps plus simples à l'aide d'opérations chimiques appropriées et les «Corps simples» ou «éléments chimiques» qui résistent à toute tentative de décomposition par voie chimique.   L. DE BROGLIE, Physique et Microphysique, p. 12.

b Sc., cour. Qui n'est double ou multiple. *Rangs simples de perles. Billet simple* (opposé à *aller et retour*). *Un aller simple. Nœud simple*. — *Hernie* (cit. 1) *simple*. — *Épithélium* (cit. 1) *simple*, formé d'une seule couche de cellules. — Hist. nat. *Fleur simple*, qui n'est pas ramifiée. *Antenne simple*, non ramifiée. — Dr. *Comptabilité* en partie simple. *Acte notarié simple* (→ En brevet). — Liturgie. *Office, fête simple* (opposé à *double* ou *semi-*

double). — *Poignets simples. Tricot à mailles simples. Simple épaisseur. En simple* (opposé à *en double*).

Gramm. Qui n'est pas composé. *Mot simple, nom simple*. — *Temps* simples d'un verbe. Passé* (1. Passé, cit. 18 et 20) *simple*.

Mécan. *Machines* simples*, qui servent d'éléments aux machines composées. *Pendule* (cit. 2), *poulie simple. Charrue simple*.

N. m. *Le simple et le complexe, et le composé. Le simple et le double. Varier du simple au double.*

♦ **3.** (Déb. XIIᵉ). Avant le nom. Qui est uniquement (ce que le substantif implique), à l'exclusion de tout autre caractère (non exprimé). ⇒ **Pur, seul**. *La simple vérité* (→ Âge, cit. 27) : la vérité toute nue, sans apprêt. *Une simple allusion* (cit. 3). *De simples présomptions* (cit. 2). *Simple formalité* (cit. 11). *Une simple petite lampe* (cit. 10). ⇒ **Ordinaire**. — REM. Dans cet emploi, *simple* a souvent une valeur restrictive quasi adverbiale (cf. Seulement, simplement; rien de plus, rien d'autre). *La rosette ou le simple ruban* (cit. 4); *par intuition* (cit. 2) *et non par simple analyse* (→ aussi 1. Or, cit. 26). *Simple police** et police correctionnelle.

(Personnes). *Le simple citoyen :* celui qui n'a pas de charges, de fonctions particulières (→ Maître, cit. 30). *Simple figurante* (cit. 2), *ouvrière* (→ Prêter, cit. 14). *De simples salariés* (→ Assistant, cit. 5). — Loc. *Simple soldat*. ⇒ **Soldat**. Syn. : *homme de troupe* (cf. Sans grade).

REM. Dans ce sens, *simple* s'employait parfois après le nom. On dit encore, en droit, *banqueroute** (cit. 2) *simple* (non frauduleuse). — *Pur et simple*. → Pur.

7.1 Un incapable qui a été cinq ans militaire et qui finit simple soldat !
                      R. QUENEAU, le Dimanche de la vie, p. 56.

B. Sens relatif (postposé). Formé de peu d'éléments.

8 (...) le mécanisme et le dynamisme prennent le mot *simplicité* dans deux sens très différents. Est simple, pour le premier, tout principe dont les effets se prévoient et même se calculent : la notion d'inertie devient (...) plus simple que celle de liberté (...) l'abstrait plus simple que le concret (*Mais souvent*) la prétendue notion simple (...) a été obtenue par la fusion de plusieurs notions plus riches (...) qui se sont neutralisées l'une l'autre dans cette fusion même (...) Envisagée de ce nouveau point de vue, l'idée de spontanéité est incontestablement plus simple que celle d'inertie, puisque la seconde ne saurait ni se comprendre ni se définir que par la première (...)   H. BERGSON, Essai sur les données immédiates de la conscience, p. 106.

♦ **1.** Qui est formé d'un petit nombre de parties, d'éléments (par rapport à d'autres choses de même espèce). *Les objets les plus simples* (→ Ligne, cit. 2; ordre, cit. 6). *Les phénomènes les plus simples sont nécessairement les plus généraux* (1. Général, cit. 8). *Idées, notions* (→ Isoler, cit. 6), *propriétés simples* (→ Reconstituer, cit. 1). *Réduit à sa plus simple expression** (cit. 18 et supra). *La plus simple des religions* (→ Manichéisme, cit.). *Les êtres ne sont jamais si simples qu'on le croit* (→ Dessous, cit. 16). — *Animal, organisme simple*. ⇒ **Élémentaire** (→ Gant, cit. 12).

9 Autant celle (la peine) qui avait jailli de lui pour Prinet mort était simple, pure, inexprimable à cause de cette simplicité, autant celle-ci, complexe, brouillée par l'intelligence, appelait la parole.   MONTHERLANT, le Songe, II, XV.

10 C'est que, parmi les paroles, sont les nombres, sont les paroles les plus simples.
                      VALÉRY, Eupalinos, p. 69.

Action simple. Récit, intrigue, histoire simple, où il y a peu d'incidents accessoires. ⇒ **Court** (et aussi cf. Qui est facile à suivre. → ci-dessous, 2.).

11 Au lieu d'une action simple, chargée de peu de matière (...)
                    RACINE, Britannicus, 1ʳᵉ préface.

♦ **2.** (Fin XIIIᵉ). Qui, étant formé de peu d'éléments, est aisé à comprendre, à utiliser (opposé à *compliqué, difficile*). → Français, cit. 19. *Problème, mécanisme simple*. ⇒ **Compréhensible**. *La situation est simple* (→ Raffiner, cit. 4). — Par ext. → 1. **Commode, facile**. *Un moyen* (2. Moyen, cit. 7) *simple, sûr. Le côté simple et naturel des choses* (→ Bizarre, cit. 8). ⇒ **Clair, limpide**. *Compliquer les choses simples* (→ Maniéré, cit. 2).

12 Ce qui est simple est toujours faux. Ce qui ne l'est pas est inutilisable.
          VALÉRY, Mauvaises pensées et autres, Œ., t. II, Pl., p. 864.

(En attribut). *Il eût été bien simple*. (→ aussi Biais, cit. 7). *Simple comme bonjour** (cf. C'est tout bête, bête comme chou). *Ce serait trop beau* (cit. 63), *trop simple. Trouver tout simple que...* (→ Inepte, cit. 6). *Il est plus simple de...* (→ Prendre, cit. 79). — Fam. *C'est simple, tout simple :* cela va sans dire, c'est évident. *Ce n'est pas simple, pas si simple*. — *C'est bien simple*, se dit pour présenter une évidence ou résumer une question. *Il a perdu des millions, il a hypothéqué sa maison..., c'est bien simple : il est ruiné.*

13 — Qu'avez-vous donc, mon cher patron ? dit du Tillet. Ne feriez-vous pas pour moi demain ce que je fais aujourd'hui pour vous ? N'est-ce pas simple comme bonjour ?
                BALZAC, César Birotteau, Pl., t. V, p. 501.

14 Moi, c'est simple : je ne dis jamais rien à mon père. Et il n'en est pas plus malheureux pour cela !   Valery LARBAUD, Enfantines, «Le couperet», VI.

N. m. *Le simple et le difficile, et le compliqué.*

♦ **3.** Qui comporte peu d'éléments ajoutés, peu d'ornements* et constitue un ensemble harmonieux par son homogénéité.

REM. Cet emploi implique à la fois l'absence de complication et la manifestation d'une simplicité de mœurs, de goût (→ ci-dessus, I., 3.).

— *Architecture* (cit. 4) *simple, mais majestueuse* (→ aussi Dorique, cit. 2). — Loc. *Simple et de bon goût* (fig., formule qui renforce *simple*). — *Tout simple. Un mouchoir* (cit. 3) *tout simple et sans broderie. Simple et uni.* — *Habits simples et modestes* (→ Avilissement, cit. 2). « *Cotillon* (cit. 1) *simple et souliers plats.* » « *Belle, sans ornements, dans le simple appareil D'une beauté qu'on vient d'arracher au sommeil* » (cit. 11, Racine). — Loc. *Dans le plus simple appareil :* déshabillé, nu.

(En parlant de la langue, du style). Sans affectation, ni prétention ; peu orné. ⇒ **Aisé, familier** (I., 5.). *Parler une langue simple* (→ Correctement, cit. 2), *trop simple* (⇒ **Pauvre**). *Style simple* (→ Complexe, cit. 1 ; didactique, cit. 2), *simple et nu* (⇒ **Dépouillé**). *Ton aisé, simple* (→ Auteur, cit. 33).

N. m. *Rechercher le simple et le familier.* ⇒ **Simplicité.** — Rhét. Le genre le moins élevé. *Le simple, le tempéré et le sublime.*

15 (...) l'époque prochaine et infaillible où il n'y aura plus rien de rare en littérature que le commun, d'extraordinaire que le simple, et de neuf que l'ancien.
Charles NODIER, Contes, « Fée aux miettes », Préface.

Qui comporte peu d'opérations, peu d'ingrédients. *Une cuisine simple et savoureuse. Un plat, un repas simple* (→ ci-dessus, I. 3.).

★ **III.** N. m. ♦ **1.** (XIIIᵉ). Médicament simple (II.), formé d'une seule substance ou qui n'a pas subi de préparation ; plante* utilisée comme remède. ⇒ **Médicinal** (→ Aromate, cit. 3 ; propriété, cit. 17). *Cueillir des simples.*

16 (...) Tante Bégou de son vivant se connaissait aux herbes de montagnes (...) elle avait composé sur la fin de ses jours un élixir incomparable en mélangeant cinq ou six espèces de simples que nous allions cueillir ensemble dans les Alpilles.
Alphonse DAUDET, Lettres de mon moulin, « Élixir R. P. Gaucher ».

17 Elle a détourné toutes les boîtes où sont les simples, les herbes sèches pliées dans du papier journal : la camomille, la mauve, la sauge, le thym, l'hysope, l'aigremoine, l'aspic, l'artémise (...)
J. GIONO, Colline, p. 102.

♦ **2.** (1894). Partie de tennis entre deux adversaires (opposé à *double*). *Simple dames.* ⇒ **Single** (anglicisme).

CONTR. (Du sens I) **Astucieux, dissimulé, fin, hypocrite, retors, rusé, trompeur ; affecté, affété, apprêté, cérémonieux, compassé, contraint, digne, empesé, façonnier, formaliste ; crâneur, fier, orgueilleux, poseur.** — **Déluré, intelligent, malin.** — (Du sens II) **Combiné, complexe, composé, composite, divers, double, multiple.** — **Bizarre, compliqué, difficile, ésotérique ; romanesque** (histoire, récit). — **Ampoulé, apprêté, bouffi, boursouflé, brillanté, chamarré, chargé ; académique, emphatique, étudié, fardé, fastueux, hyperbolique, luxueux, magnifique, maniéré, recherché, tourmenté ; ambitieux.**
DÉR. **Simplement, simplesse, simplet, simplex.**

SIMPLEMENT [sɛ̃pləmɑ̃] adv. — V. 1160 ; de *simple*.
D'une manière simple (II.).

♦ **1.** Au sens fort. D'une manière simple. — Avec simplicité, sans complication, sans affectation (cit. 6). *Dire qqch. simplement.* ⇒ **Bonnement** (cit. 3), **clairement** (cf. Sans détour, tout uniment ; et → Exempt, cit. 15 ; précieux, cit. 14). *S'exprimer simplement.* ⇒ **Aisément, clairement, naturellement, sobrement** (→ Pompeux, cit. 6). *Sentiments simplement rendus* (→ Naturel, cit. 18). *Avouer, reconnaître simplement une erreur.* ⇒ **Franchement, sincèrement.** — *S'habiller simplement* (→ Nipper, cit. 1 ; et aussi meubler, cit. 9). *Recevoir qqn simplement, sans cérémonie*.* ⇒ **Franquette** (à la bonne). *Vivre simplement et tranquillement* (→ Philosophe, cit. 8).

(Au sens II, B, de *simple*). Sans complexité, sans complication. *Mécanismes conçus très simplement.* Péj. Schématiquement. *Ils voient les choses un peu simplement* (→ Cellule, cit. 11).

♦ **2.** Sens faible (→ Simple, II., A., 3.). Avec la valeur restrictive de *seulement*. *Il est simplement riche, intelligent,* il n'est que...
Plus cour. **TOUT SIMPLEMENT.** *Un air ni fier ni dangereux, mais tout simplement impassible* (cit. 4 ; → aussi Probable, cit. 1 ; quiproquo, cit. 2). — *Nous voulions simplement démontrer...* ⇒ **Uniquement** (→ Immoralité, cit. 5). « *Ce ne sont pas des soldats (...) ce sont simplement des hommes* » (→ Guerrier, cit. 3) : ce ne sont que* des hommes. — Iron. *C'est le crime de faux témoignage, simplement* (→ Mariolle, cit. 5 ; et aussi rien* que ça). — *Simplement,* en tête de phrase. ⇒ **C'est-à-dire** (que...), **seulement** (→ Œillade, cit. 2). *Tout simplement...* (→ Engouer, cit. 2).

1 (...) depuis son mariage, don Blas fut moins féroce ; les exécutions devinrent plus rares. Au lieu de faire fusiller les condamnés par derrière, ils furent simplement pendus. STENDHAL, Romans et nouvelles, « Le coffre et le revenant ».

2 Nous avons tous de grandes prétentions à la force d'âme. En France, nul homme, fût-il médiocre, ne consent à passer pour simplement spirituel.
BALZAC, la Femme de trente ans, Pl., t. II, p. 755.

Loc. *Purement** (cit. 3) *et simplement :* sans condition ni réserve.

SIMPLESSE [sɛ̃plɛs] n. f. — 1343 ; *simplece*, v. 1131 ; *simplesce*, fin XIIᵉ ; de *simple*.
Vieux ou littéraire.

♦ **1.** Caractère doux et ingénu, simplicité, candeur naturelle.

♦ **2.** Simplicité d'esprit, niaiserie.
Enfermé au secret, sans communication, et n'ayant pour conseillers que la mémoire qui rappelle les faits, le bon sens qui les met en ordre et la candeur qui

les produit au jour, c'est ici que la simplesse d'un homme ordinaire est plus pressante que toute l'habileté du plus subtil rhéteur.
BEAUMARCHAIS, Mémoires... dans l'affaire Goëzman, p. 99.

SIMPLET, ETTE [sɛ̃plɛ, ɛt] adj. — V. 1180 ; de *simple*.

♦ **1.** (Personnes). Qui est un peu simple* d'esprit, trop candide. ⇒ **Ingénu, naïf, niais, simple.**
N. (rare au fém.). ⇒ **Simple** (et simple d'esprit).

1 (...) le simplet était le fils naturel de l'adjoint au maire.
J.-M. G. LE CLÉZIO, le Déluge, p. 244.

♦ **2.** (Choses). D'une excessive simplicité. *Un raisonnement simplet,* naïf et schématique. *Une mélodie assez simplette* (→ Malin, cit. 17).

2 (*Ils attachent*) une idée de naïve complaisance au rôle qu'il (*Joseph*) joua dans la nativité. Cette impression de débonnaireté un peu simplette se trouve encore aggravée par l'habitude de superposer à la personne du saint celle de l'autre Joseph qui se déroba aux avances de la femme du Putiphar.
M. AYMÉ, le Vin de Paris, « La grâce », p. 87.

♦ **3.** Loc. adv. (Régional). *À la simplette :* très simplement.

3 Mais, ce fut fait à la simplette. Pour la conduite de ce qu'il faut faire, ou de ce qu'il faut dire, on pouvait se fier à la ménagère. Elle était franche comme de l'or.
J. GIONO, Présentation de Pan, Pl., t. I, p. 776.

CONTR. **Fier.**

SIMPLEX [sɛ̃plɛks] adj. invar. et n. m. — XXᵉ ; de *simple*.

♦ Se dit d'un système permettant la transmission de signaux non simultanés. *Circuits simplex. Opération simplex.*
N. m. (1975). Inform. « Mode de transmission unidirectionnel » de l'information (*Voc. de l'informatique*).
HOM. **Simplexe.**

SIMPLEXE [sɛ̃plɛks] n. m. — V. 1950 ; de *simple*.

♦ Math. Ensemble formé par les parties d'un ensemble*.
HOM. **Simplex.**

SIMPLICITÉ [sɛ̃plisite] n. f. — V. 1120 ; lat. *simplicitas* ; de *simplex*. → Simple.
Caractère d'une personne, d'une chose simple.

★ **I.** (Personnes, actes...). ⇒ **Simple** (I.).

♦ **1.** (XIIᵉ). Honnêteté naturelle, sincérité directe, sans détour. ⇒ **Droiture, franchise** (II.). *Caractère fait de simplicité et de générosité* (→ Mâle, cit. 12). *Simplicité de cœur* (→ Foyer, cit. 9).

1 La physionomie de cette femme respirait une simplicité, une franchise, qu'Antoine n'avait jamais rencontrées ailleurs. MARTIN DU GARD, les Thibault, t. I, p. 25.

Comportement naturel et spontané, absence (réelle ou apparente) de prétention et d'affectation. ⇒ **Abandon, modestie** (cit. 2), **naturel** (→ Oubli, cit. 12) ; raffinement, cit. 3). *Simplicité réelle, vraie* (→ Hauteur, cit. 29), *affectée* (2. Affecter, cit. 13). *Jouer la simplicité* (→ 1. Dame, cit. 12). *Manquer de simplicité* (cf. Faire des chichis, des manières, de la pose).

2 (...) l'ingénuité d'une fille qu'on croirait être dans sa première jeunesse, et l'humble simplicité d'un génie qui s'ignore, respirent dans ces lettres (...)
CHATEAUBRIAND, Mémoires d'outre-tombe, t. II, p. 261.

3 La simplicité des Tite-le-Long ne leur permettait d'être de plain-pied tout de suite qu'avec Dieu et avec les bêtes, mais avec personne d'autre.
M. JOUHANDEAU, Tite-le-Long, XIX.

Loc. adv. *En toute simplicité :* avec beaucoup de naturel (souvent ironique).

Par plais. (d'une attitude, d'un comportement instinctif, contraire aux mœurs, aux usages reçus).

4 Vous comprenez, monsieur Letondu !
Monsieur Letondu vous emm..., répondit Letondu avec une grande simplicité.
COURTELINE, Messieurs les ronds-de-cuir, I, I.

♦ **2.** Caractère de bonté* naïve, et, spécial (péj.), de naïveté exagérée. ⇒ **Bonhomie, candeur, ingénuité, naïveté, simplesse** (→ Bêtise, cit. 2). *Des matoises* (cit. 2) *qui affectent la simplicité. Sainte simplicité* (lat. *sancta simplicitas*, souvent iron.). *Avoir la simplicité de croire...* ⇒ **Crédulité.**

5 Il me demanda d'abord si j'avais toujours eu la simplicité de croire que je fusse aimé de ma maîtresse. Abbé PRÉVOST, Manon Lescaut, I.

Par euphém. Manque d'intelligence. ⇒ **Bêtise, niaiserie** (cit. 1). *Simplicité d'esprit.*

♦ **3.** (1559). Caractère d'une personne qui a des goûts simples (I., 3.) ; qui dédaigne ou néglige le luxe, les raffinements de la civilisation. ⇒ **Austérité.** *Une simplicité antique, spartiate* (→ aussi Foyer, cit. 8). — *Simplicité des mœurs*,* de la vie pastorale* (→ Faner, cit. 2), *patriarcale, rustique...* — Loc. adv. *En toute simplicité :* très simplement. *Nous vous invitons en toute simplicité,* à la bonne franquette*. *Nous vous recevrons en toute simplicité, entre nous.*

6 Il vivait avec une simplicité digne des héros de Plutarque. Le soir il examinait les procès, le matin il soignait ses fleurs, et pendant le jour il jugeait.
BALZAC, le Cabinet des Antiques, Pl., t. IV, p. 435.

★ **II.** (Déb. XIVᵉ). Choses.

♦ **1.** Caractère de ce qui n'est pas composé ou décomposable (⇒ **Simple**, II., A.; → Insécable, cit.; inséparabilité, cit. Descartes); de ce qui a peu d'éléments (⇒ **Simple**, II., B.). *La simplicité des phénomènes de la géométrie* (cit. 3). *La loi des grands nombres rétablit la simplicité dans la moyenne* (→ Individuel, cit. 1; et aussi complexité, cit. 2).

7 On se figure trop facilement que la simplicité, que nous concevons comme logiquement antérieure à la complexité, l'est aussi chronologiquement; comme si ce qui, relativement à nos procédés analytiques, est plus simple, avait dû précéder dans l'existence le tout dont il fait partie.
RENAN, l'Avenir de la science, Œ. compl., t. III, XVI, p. 969.

8 (...) cette mer si infiniment variée dans son effrayante simplicité (...)
BAUDELAIRE, le Spleen de Paris, XXXIV.

Simplicité d'une action, d'un sujet de roman (peu complexe et facile à suivre). → Dont, cit. 9; entrer, cit. 40.

♦ **2.** (1538). Caractère de ce qui est facile à comprendre, à utiliser ou à exécuter. *La simplicité d'un problème.* ⇒ **Facilité**. *D'une simplicité enfantine.*

♦ **3.** Qualité de ce qui n'est pas chargé d'éléments superflus (ornements, etc.), et, spécialt, de ce qui obtient un effet esthétique (beauté*, harmonie) avec peu de moyens (⇒ **Économie**). *Simplicité d'un monument, d'une architecture* (→ aussi Coupole, cit. 3). — *Élégance* (cit. 7) *faite de simplicité.* — *Simplicité du style, de la langue, de l'expression.* ⇒ **Familiarité, naturel** (→ Attique, cit. 8; invention, cit. 8). *Simplicité naturelle, spontanée; simplicité raffinée* (cit. 7), *recherchée...* — (Avec infl. du sens I, 3). *Caractère de ce qui est sans apprêt, sans aucun luxe* (→ Marabout, cit. 5).

9 La maison, dont la simplicité touchait au dénuement, était à un seul étage comme toutes ses voisines (...) A. ROBBE-GRILLET, le Voyeur, p. 46.

CONTR. (De I.) Détour, dissimulation, duplicité, hypocrisie, rouerie, ruse. — Affectation, afféterie, apparat, cabotinage, cant, cérémonie, chichi, chiqué, crânerie, embarras, esbroufe, façon, fatuité, fierté, forfanterie, gloriole, hauteur, orgueil, pose, prétention. — Astuce, finesse, habileté, malice. — Faste, luxe, raffinement. — (De II.) Complexité, complication détour, difficulté, bouffissure, boursouflure, emphase, enflure, fard (fig.), recherche... (style).

SIMPLIFIABLE [sɛ̃plifjabl] adj. — 1872; de *simplifier*.

♦ Qui peut être simplifié. *Fraction simplifiable. Méthode aisément simplifiable.*

Math. *Élément simplifiable* : dans un ensemble muni d'une loi de composition interne notée multiplicativement, Élément qui peut être supprimé, à droite ou à gauche de chacun des deux composants sans modifier leur relation.

SIMPLIFIANT, ANTE [sɛ̃plifjɑ̃, ɑ̃t] adj. — XIXᵉ (av. 1869, Sainte-Beuve, in G. L. L. F.); de *simplifier*.

♦ Littér. Qui simplifie, rend plus simple. ⇒ **Simplificateur**.

(...) des forces humaines plus cachées, plus simples, plus simplifiantes.
G. BACHELARD, l'Eau et les Rêves, p. 7.

SIMPLIFICATEUR, TRICE [sɛ̃plifikatœʀ, tʀis] adj. et n. — 1852, Sainte-Beuve; du rad. de *simplification*.

♦ Qui a pour but ou pour effet de simplifier. *Hagiographie* (cit. 3), *légende simplificatrice. Méthode simplificatrice. Esprit simplificateur.*

Son regard *(celui de De Gaulle)* sur la France et sur l'Europe est simplificateur, mais non simpliste. F. MAURIAC, Bloc-notes 1952-1957, p. 71.

SIMPLIFICATION [sɛ̃plifikasjɔ̃] n. f. — 1470; de *simplifier*.

♦ Action de simplifier; résultat de cette action (→ Réduire, cit. 13). *Une simplification trop sommaire* (→ Amputer, cit. 4). ⇒ **Schématisation**. *Simplification d'un exposé, d'un texte.* ⇒ **Abrégé**.

L'humanité n'est pas simple; il faut en prendre son parti; et toute tentative de simplification, d'unification, de réduction par le dehors, sera toujours odieuse (...)
GIDE, Nouveaux prétextes, p. 168.

Simplification d'une fraction : action de ramener ses termes à l'unité la plus petite.

CONTR. Complication.
DÉR. V. Simplificateur.

SIMPLIFIER [sɛ̃plifje] v. tr. — 1494; *simplefier*, 1403; lat. médiéval *simplificare*, de *simplex, icis* (→ Simple), et *facere*.

♦ **1.** Rendre plus simple (II., B.), moins complexe, moins difficile ou moins chargé d'éléments accessoires. ⇒ **Réduire** (II., 3. et 6.). *Simplifier des lois, une organisation, un système, un mécanisme. Simplifier les formalités* (cit. 7). *Simplifier un récit, une histoire...*, en l'abrégeant, en la réduisant à l'essentiel. *Le monde est simplifié*

(→ Géant, cit. 14). — Math. *Simplifier une fraction* (en réduisant également les deux termes). — Pron. *Se simplifier* : devenir moins complexe (cit. 3).

1 Ces machines, dont l'objet est d'abréger l'art, ne sont pas toujours utiles. Si un ouvrage est à un prix médiocre (...) les machines qui en simplifieraient la manufacture, c'est-à-dire qui diminueraient le nombre des ouvriers, seraient pernicieuses (...) MONTESQUIEU, l'Esprit des lois, XXIII, XV.

2 (...) il simplifia l'enterrement de Fantine, et le réduisit à ce strict nécessaire qu'on appelle la fosse commune. HUGO, les Misérables, I, VIII, V.

Allusion littéraire.

3 La liberté simplifie tout ce que complique l'autorité.
E. DE GIRARDIN, in P. LAROUSSE, Dict. univ.

♦ **2.** (Abstrait). Présenter, représenter sans tenir compte de la complexité. *Il faut simplifier ce problème pour l'exposer. Simplifier excessivement qqch. Un esprit qui simplifie tout.* ⇒ **Schématiser**.

(1833). Absolt. *Il simplifiait, expliquait..., humanisait* (cit. 2). *Pour simplifier, nous dirons...*

4 D'autre part, l'art italien, comme l'art grec et en général tout art classique, simplifie pour embellir; il élimine, efface, réduit le détail; c'est là son procédé pour donner plus de valeur aux grands traits (...)
TAINE, Philosophie de l'art, t. II, p. 32.

▶ **SIMPLIFIÉ, ÉE** p. p. adj. (1771). *Masques* (1. Masque cit. 3) *abstraits et simplifiés jusqu'au style.* ⇒ **Stylisé**. *Modèle simplifié.* ⇒ **Schématisé**. *Solution simplifiée et approchée. Image* (cit. 63) *très simplifiée.* ⇒ **Schématique**. *Méthode simplifiée. Écritures simplifiées* (sténographie, sténotypie). *Formule simplifiée.*

5 Manque de psychologie, incompréhension de la nature (...) Ils se fabriquaient une vie et des êtres enfantins, simplifiés, schématiques.
R. ROLLAND, Jean-Christophe, Buisson ardent, II, p. 1352.

CONTR. Broder, compliquer, développer, entortiller.
DÉR. Simplifiable, simplifiant, simplification.

SIMPLISME [sɛ̃plism] n. m. — 1829; de *simpliste*.

♦ **1.** Vx. Tendance à tout simplifier.

♦ **2.** Par ext. (du sens fouriériste). Tendance à simplifier outre mesure, en négligeant des caractères importants. *Simplisme schématiseur.* — *Le simplisme d'un mot, d'une formule* (→ 2. Politique, cit. 13). «*Empêcher la sexologie de tomber dans le simplisme*» (F Magazine, mars 1981).

♦ **3.** (1870). Grande simplicité de moyens. *Morceau* (cit. 14) *d'un simplisme archaïque.*

SIMPLISTE [sɛ̃plist] adj. — 1600, rare «herboriste, marchand de simples», n. m., 1578; de *simple*.

♦ Qui ne considère qu'un aspect des choses et simplifie outre mesure. *Esprit simpliste. Arguments, raisonnements simplistes. Moralisme* (cit. 2) *simpliste.* ⇒ **Élémentaire, rudimentaire, sommaire**. — N. (1842). Personne simpliste.

DÉR. Simplisme.

SIMULACRE [simylakʀ] n. m. — V. 1170; lat. *simulacrum* «représentation, image», de *simulare* «simuler».

♦ **1.** Vx. Image*, représentation figurée (→ Momie, cit. 2). — Statue, idole païenne. *Adorer, briser les simulacres.* — REM. Le mot, qualifié de vieux par Furetière, Trévoux (1740, 1771) est encore employé aux XVIIIᵉ et XIXᵉ siècles.

1 Chère amie, ouvrez-moi votre maison sans crainte; elle est pour moi le temple de la vertu; partout j'y vois son simulacre auguste, et ne puis servir qu'elle auprès de vous. ROUSSEAU, Julie ou la Nouvelle Héloïse, VI, VII.

Par métaphore, vieilli et poét. Image, évocation au moyen d'images.

2 N'importunons point la mythologie; n'ennuyons point les apparences; ayons un profond respect pour les simulacres. HUGO, l'Homme qui rit, II, III, IX.

♦ **2.** (1552). Littér. Apparence* sensible qui se donne pour une réalité. ⇒ **Fantôme** (fig.). → Image, cit. 52; objet, cit. 3. — Spécialt. *Fausse apparence*, illusion. ⇒ **Mensonge** (infra cit. 14), **ombre** (supra cit. 45). *Le bonheur est un simulacre. Le simulacre d'une charge supposée* (→ Marquis, cit. 1), *un simulacre d'autonomie* (→ Réserve, cit. 18). ⇒ **Semblant**.

3 (...) ce combat n'est plus que comme un simulacre de bataille; la défaite est déjà consommée en son cœur. GIDE, Saül, V, 1.

♦ **3.** [a] Objet qui en imite un autre.

4 (...) alors que toutes les vitrines des confiseurs se garnissaient de simulacres d'œufs en toutes sortes de matières sucrées, en prévision de ce dimanche de Pâques (...)
Michel BUTOR, l'Emploi du temps, p. 243.

4.1 Quel sens prêter à cela : un homme forme de cire et de couleurs le simulacre d'une femme, la pare de toutes les ressemblances, l'oblige à vivre (...)
Yves BONNEFOY, l'Anti-Platon, Poèmes p. 13.

4.2 Un simulacre peut être copie exacte, ou schème abstrait et déjà conventionnel. L'image qu'il rend actuelle peut être simple reviviscence, ou rappel, évocation, invocation du fait fixé en elle. Le simulacre est souvent devenu rite, c'est-à-dire intention de susciter réellement l'événement représenté.
Henri WALLON, l'Évolution psychologique de l'enfant, p. 153.

b (Mil. xviiie). Action simulée*. *Faire le simulacre de...* ⇒ **Feindre ; frime, simulation**. *Habile simulacre.* ⇒ **Imitation**.

5 Il se prit la tête à deux mains et fit le futile simulacre de se la vouloir arracher.
R. QUENEAU, Zazie dans le métro, II.

SIMULATEUR, TRICE [simylatœʀ, tʀis] n. — xvie ; « contrefaiteur », 1274 ; lat. *simulator*, de *simulare*. → Simuler.

♦ **1.** Personne qui simule, affecte un sentiment, prend une attitude trompeuse (→ Faux bonhomme*, hypocrite) ; qui imite, contrefait les autres (⇒ **Contrefaiseur**). — Personne qui simule une maladie pour se soustraire à un travail (⇒ **Tire-au-flanc**), etc. Spécialt. Sujet qui pratique la simulation*.

1 Lange n'avait plus guère qu'un divertissement : il jouait son propre personnage, il se donnait la comédie. Cette comédie trompait parfois les femmes. Lange disait : — Les simulateurs sont des hommes qui se défendent le mieux contre eux-mêmes.
P. NIZAN, le Cheval de Troie, I, II.

♦ **2.** N. m. (1954). Appareil qui permet de représenter artificiellement un fonctionnement réel. *Essayer un satellite artificiel dans un simulateur. Simulateur d'ambiance spatiale.* ⇒ **Simulation** (chambre de). *Simulateur de vol.* « *Tous les simulateurs de vol sont constitués des mêmes éléments plus ou moins développés ; le poste de pilotage est strictement conforme à celui de l'appareil simulé (...)* » (*Sciences et Avenir*, no spécial « L'avion de demain »). Didact. Ce qui est capable de simuler.

2 Instrument d'anticipation s'enrichissant sans cesse des résultats de ses propres expériences, le simulateur est l'instrument de la découverte et de la création.
Jacques MONOD, le Hasard et la Nécessité, p. 197.

SIMULATION [simylɑsjɔ̃] n. f. — V. 1398 ; *simulacion*, v. 1220 ; lat. *simulatio*, de *simulatum*, supin de *simulare*.

♦ **1.** Dr. Création d'un acte apparent qui ne correspond pas à une opération réelle ; déguisement d'un acte véritable sous l'apparence d'un autre. *Simulation d'une reconnaissance de dette* (qui cache une donation, par ex.). *Simulation frauduleuse.*

♦ **2.** Le fait de simuler (un sentiment, une émotion, une maladie...). ⇒ **Affectation, comédie, feinte, imitation**. *La simulation d'une émotion, d'un sentiment par qqn. Une simulation réussie. C'est de la simulation.* ⇒ **Frime**.

1 Le vrai courage est la quantité de simulation disponible ; et s'il n'y a pas simulation, il y a insensibilité et non courage.
VALÉRY, Mauvaises pensées et autres, Œ., t. II, Pl., p. 844.

Psychol., psychiatrie. Manifestation extérieure qui tend, plus ou moins consciemment, à remplacer, à exagérer ou à prolonger un symptôme pathologique. *Simulation d'infirmités, de maladies, de troubles mentaux (simulation mentale). La simulation comprend « tous les degrés de sincérité, depuis le pithiatisme* de bonne foi jusqu'à l'imposture la plus cynique »* (Porot). → aussi Hystérique, cit. 2).

♦ **3.** Comportement par lequel un comportement observé est simulé.

2 C'est le puissant développement et l'usage intensif de la fonction de simulation qui me paraissent caractériser les propriétés uniques du cerveau de l'Homme. Cela au niveau le plus profond des fonctions cognitives, celui sur quoi le langage repose et que sans doute il n'explicite qu'en partie. Cette fonction n'est pas exclusivement humaine cependant. Le jeune chien qui manifeste sa joie en voyant son maître se préparer à la promenade imagine évidemment, c'est-à-dire simule par anticipation, les découvertes qu'il va faire, les aventures qui l'attendent, les frayeurs délicieuses qu'il éprouvera, sans danger, grâce à la rassurante présence de son protecteur. Plus tard, il simulera tout cela à nouveau, pêle-mêle, en rêve.
Jacques MONOD, le Hasard et la Nécessité, p. 194.

♦ **4.** (Mil. xxe). Représentation du comportement de systèmes physiques (par des calculateurs analogiques, numériques, etc.) en simulant par des signaux* appropriés les grandeurs réelles. ⇒ **Modèle**. *Chambre de simulation :* enceinte où l'on produit une atmosphère définie pour tester du matériel ou le personnel (vols spatiaux). ⇒ **Simulateur**.

Par ext. Méthode, technique permettant de produire de manière explicite (en général formalisée) un processus quelconque (s'emploie en sciences humaines, en linguistique, en économie, etc.). *Simulation de gestion.*

COMP. **Sursimulation.**

SIMULER [simyle] v. tr. — xive ; lat. *simulare*. → Sembler.

♦ **1.** Dr. Faire paraître comme réel, effectif (ce qui ne l'est pas). *Simuler une vente, une donation.*

♦ **2.** (1375). Donner pour réel, par son comportement, ce qui ne l'est pas (en imitant l'apparence de la chose réelle à laquelle on veut faire croire). ⇒ **Affecter** (2. Affecter, 4.), **contrefaire** (2.), **feindre, jouer** (*supra* cit. 66), **semblant** (faire), **simulacre**. *Simuler la froideur* (→ Désaccord, cit. 2), *un mal de tête pour s'éclipser* (⇒ **Prétexter**). *Soldat qui simule une maladie (pour « tirer au flanc* »). Simuler l'importance, la distinction* (cf. Faire du chiqué).

1 Elles simuleront l'ivresse de la passion, si elles ont un grand intérêt à vous tromper ; elles l'éprouveront, sans s'oublier.
DIDEROT, Sur les femmes.

Suivi d'un infinitif, avec ou sans *de*.

Il simula n'avoir point écouté, et continua : — Vous n'avez jamais été aussi jolie qu'aujourd'hui. 2
MAUPASSANT, l'Inutile Beauté, I.

Toute sa vie elle avait simulé d'être malade. 3
DRIEU LA ROCHELLE, Charleroi, p. 13, *in* SANDFELD.

Feindre, imiter* (cit. 4) sans vouloir tromper. ⇒ **Représenter**. — Avoir un comportement consistant à reproduire, à imiter. Didact. Produire une simulation. → Simulation, cit. 2.

♦ **3.** Av. 1850. (Choses). Donner l'impression de ..., paraître* comme... *Cannelures qui simulent les plis d'une étoffe* (→ Godet, cit. 8 ; et aussi rugosité, cit. 1).

♦ **4.** (Mil. xxe). Techn. Représenter artificiellement un fonctionnement réel. ⇒ **Simulateur** (2.).

Produire la simulation* (4.) de (un processus, un phénomène, un fonctionnement).

▶ **SIMULÉ, ÉE** p. p. adj. (1375, *peinture simulée* ; mil. xvie en droit). *Vente simulée. — Une gravité simulée* (→ Institution, cit. 17). *Une amabilité simulée, de commande*.* ⇒ **Faux. Coup simulé.** ⇒ **Feinte. Réconciliation, paix simulée.** ⇒ **Plâtré.** — Représenté ou imité (sans intention de tromperie). *Ornements simulés* (→ Encadrer, cit. 2). ⇒ aussi **Postiche.** *Arcade, fenêtre simulée, aveugle.*

Les larmes qu'on verse au théâtre sur les maux simulés, qui ne font pas le mal de la réalité cruelle, sont bien douces. 4
BEAUMARCHAIS, Un mot sur la Mère coupable.

(...) de derrière les colonnades simulées, du fond des couloirs postiches ménagés dans le revers des battants (...) 5
Charles CROS, Poèmes, « Le meuble ».

CONTR. (Du p. p.) **Sérieux, vrai.**
DÉR. (Du même rad.) **Simulateur, simulation.**

SIMULIE [simyli] n. f. — 1839 ; lat. zool. *simulium*, 1802, Latreille, du lat. *simulare* « feindre ».

♦ Zool. Insecte diptère, moustique piqueur très dangereux pour le bétail.

SIMULTANÉ, ÉE [simyltane] adj. — 1740 ; 1701 comme n. f. ; lat. médiéval *simultaneus*, du lat. class. *simultas*, avec un changement de sens par rapprochement avec *simul* « ensemble ».

♦ **1.** Se dit d'événements distincts qui sont rapportés à un même moment du temps. ⇒ **Concomitant, synchrone**. *On dit que deux événements sont simultanés pour un observateur, lorsqu'ils se passent au même temps marqué par une horloge reliée d'une manière fixe à cet observateur (deux événements simultanés pour un observateur peuvent ne pas l'être pour un autre, en mouvement par rapport au premier.* ⇒ **Relativité**).

Exécuterons-nous rien au théâtre ? On n'y peut jamais montrer qu'une action, tandis que dans la nature il y en a presque toujours de simultanées, dont les représentations concomitantes, se fortifiant réciproquement, produiraient sur nous des effets terribles. DIDEROT, Entretiens sur le fils naturel, II (1757). 1

♦ **2.** Qui se produit en même temps, dans la même période de temps (→ Idée, cit. 32 ; œuvre, cit. 28 ; parade, cit. 11 ; permanence, cit. 5). *L'emploi simultané de deux synonymes.* ⇒ **Commun** (→ Loufoque, cit. 1). *Existence simultanée.* ⇒ **Coexistence, coexister.** — Vx. *Enseignement simultané,* donné simultanément à plusieurs, collectif (opposé à *enseignement individuel*). *Traduction simultanée,* donnée en même temps que parle l'orateur. *Traducteur, interprète, spécialiste en traduction simultanée, dans une organisation internationale.* — N. f. *La simultanée :* la traduction simultanée.

Cet homme (*Lord Hertford*) qui possédait deux cent cinquante pendules, peut-être les deux cent cinquante pendules les plus admirables, qui aient été jamais fabriquées au monde, n'avait dans la vie qu'une préoccupation, c'était l'accord simultané de la marche de toutes ces pendules, auquel il n'a jamais pu arriver. 2
Ed et J. DE GONCOURT, Journal, 31 déc. 1893, t. IX, p. 138.

♦ **3.** *Partie simultanée,* ou, n. f., *une simultanée :* partie jouée par un joueur d'échecs (en général un expert : maître, grand maître, etc.) contre plusieurs adversaires, sur plusieurs échiquiers.

♦ **4.** Loc. adj. et adv. EN SIMULTANÉ. **a** Techn. *Position en simultané* (d'un bureau télégraphique).

b Sports. *Travail en simultané,* de deux, de plusieurs gymnastes.

CONTR. **Alternatif, récurrent, séquentiel, successif.**
DÉR. **Simultanéisme, simultanéité, simultanément.**

SIMULTANÉISME [simyltaneism] n. m. — V. 1908 ; de *simultané*.

Histoire littéraire.

♦ **1.** École poétique (Barzun, Divoire) concevant le lyrisme sous forme de chants simultanés.

♦ **2.** (1949). Procédé de narration qui consiste à présenter sans transition des événements simultanés (appartenant à des actions parallèles). *Le simultanéisme des romans de Dos Passos.*

♦ **3.** Au cinéma, Présentation simultanée d'images en contact destinées à représenter divers événements se produisant au même moment.

DÉR. Simultanéiste.

SIMULTANÉISTE [simyltaneist] adj. et n. — V. 1917 ; de *simultanéisme*.

♦ Hist. littér. Qui utilise le simultanéisme. *Écrivain simultanéiste.* — Propre au simultanéisme. *Procédés simultanéistes. « Ici, on ne nous propose pas de siroter le passé comme un vieux calva mais voici, sur un même plan — et grâce à la construction "simultanéiste" du récit —, les barges d'Utah Beach et les drakkars scandinaves, la guerre de Cent Ans et le Crédit agricole, le journal de Gouberville et celui de vingt heures. Moralité : ces gens d'ici et de maintenant sont, d'abord, des gens de toujours »* (le Nouvel Obs., 15 juin 1981).

SIMULTANÉITÉ [simyltaneite] n. f. — 1754 ; de *simultané*.

♦ Caractère de ce qui est simultané ; existence simultanée de plusieurs choses. ⇒ **Coïncidence, contemporanéité, correspondance, synchronisme** (→ Embrasser, cit. 21 ; état, cit. 25). *La simultanéité de deux événements, d'un événement et un autre. — Les théories de la relativité** (cit. 4) *ont conduit à abandonner la conception absolue de la simultanéité. — Gramm. « La relation de simultanéité est marquée par* quand, lorsque..., *par* comme... *et par* pendant que, tandis que, aussi longtemps que, tant que »* (Le Bidois, *Syntaxe du franç. mod.*, § 1399).

Quand je suis des yeux, sur le cadran d'une horloge, le mouvement de l'aiguille (...) je ne mesure pas de la durée, je me borne à compter des simultanéités, ce qui est bien différent (...) La durée prend (...) la forme illusoire d'un milieu homogène, et le trait d'union entre ces deux termes, espace et durée, est la simultanéité, qu'on pourrait définir l'intersection du temps avec l'espace.
H. BERGSON, Essai sur les données immédiates de la conscience, p. 80-82.

Simultanéité réelle, apparente (dans le fonctionnement d'un ordinateur). *Les techniques de partage de temps donnent au déroulement de programmes une simultanéité apparente.*

CONTR. Succession.

SIMULTANÉMENT [simyltanemɑ̃] adv. — 1788 ; de *simultané*.

♦ Au même instant ; en même temps. ⇒ **Ensemble** (1. Ensemble, 2.). *Plusieurs examens se passaient simultanément* (→ Examinateur, cit. 1). *Entre deux termes variant simultanément...* (→ Fonction, cit. 17). *Agir simultanément...* ⇒ **Avec, conjointement.** *Conduire, mener plusieurs affaires simultanément.* ⇒ **Front** (de).

Quelques cris avaient été jetés, mais simultanément, mais sans qu'aucun spectateur se doutât des impressions de son voisin (...)   A. DE VIGNY, Cinq-Mars, V.

CONTR. Successivement.

SINAGOT [sinago] n. m. — 1904 ; de *Sené*, localité du golfe du Morbihan.

♦ Mar. anc. Bateau traditionnel du Morbihan, barque de pêche demi-pontée à deux mâts gréés de voiles au tiers, sans foc.

SINANTHROPE [sinɑ̃tʀɔp] n. m. — 1931, *sinanthropus* (Teilhard de Chardin), découvert en 1929 ; de *sino-*, et *-anthrope*.

♦ Didact. Individu appartenant à une espèce fossile d'Hominidés *(homo erectus Pekinensis)*, dont les restes ont été découverts en Chine. ⇒ **Homme** (cit. 6).

L'industrie des Archanthropes asiatiques n'est pas encore complètement élucidée ; les Sinanthropes ont livré des milliers d'outils taillés dans une roche quartzeuse de qualité tout à fait impropre à faire ressortir le détail de leurs possibilités de fabricants.   A. LEROI-GOURHAN, le Geste et la Parole, t. I, p. 136.

DÉR. Sinanthropien.

SINANTHROPIEN, IENNE [sinɑ̃tʀɔpjɛ̃, jɛn] adj. et n. m. — Mil. xxᵉ ; de *sinanthrope*.

♦ Didact. Du sinanthrope. — N. m. *Les Sinanthropiens :* hominidés de la famille zoologique du Sinanthrope.

SINAPIS [sinapis] n. m. — 1876 ; mot lat. « sénevé ; moutarde ».

♦ Didact. (bot.). Moutarde (ou sénevé).

SINAPISATION [sinapizasjɔ̃] n. f. — Av. 1834, Mérat, *Dictionnaire de la thérapie ; cinapisation*, 1478 ; de *sinapiser*.

♦ Méd. « Rubéfaction de la peau produite par l'essence de moutarde » (Garnier).

SINAPISER [sinapize] v. tr. — V. 1363 ; lat. médical, *sinapizare*, grec *sinapizein*, de *sinapi* « moutarde ». → Sanve.

♦ Méd. Additionner, mêler ou saupoudrer (un médicament, cataplasme, etc.) de farine de moutarde.

Figuré :

On te sinapisera le cœur sur cette montagne et tu pourras ensuite reprendre la lutte avec une vigueur nouvelle qui déconcertera plusieurs sages.
Léon BLOY, le Désespéré, p. 44.

▶ **SINAPISÉ, ÉE** p. p. adj. (Plus cour.). *Bain sinapisé. Cataplasme sinapisé.* ⇒ **Sinapisme.** *Papier sinapisé.* ⇒ **Rigollot** (marque).

DÉR. Sinapisation. — (Du même rad.) Sinapisme.

SINAPISME [sinapism] n. m. — V. 1560 ; lat. d'orig. grecque *sinapismus*, de *sinapi*. → Sinapiser.

Médecine.

♦ **1.** Traitement révulsif, application d'un cataplasme à base de farine de moutarde* (le thapsia* ...) et qui est destiné à produire la rébufaction ou la révulsion (→ Farine, cit. 5). ⇒ **Sinapisation.**

♦ **2.** Plus cour. Ce cataplasme ou emplâtre. ⇒ **Dérivatif, révulsif.** *Brûlure d'un sinapisme. Poser* (cit. 7) *des sinapismes.*

S'il se manifeste des symptômes de raison, s'il parle, couche-le sur un long sinapisme, de manière à l'envelopper de moutarde depuis la nuque jusqu'à la chute des reins.   BALZAC, le Père Goriot, Pl., t. II, p. 1065.   1

Barnier, au pied du lit, posait sous le drap des sinapismes sur les jambes de la malade.   Ed. et J. DE GONCOURT, Sœur Philomène, p. 136.   2

SINCÈRE [sɛ̃sɛʀ] adj. — 1475 ; lat. *sincerus* « pur, naturel ».

♦ **1.** Qui est disposé à reconnaître la vérité et à faire connaître ce qu'il pense et sent réellement, sans consentir à se tromper soi-même ni à tromper les autres. ⇒ **Franc*** (2. Franc, cit. 4), **vrai.** *Sincère et loyale* (cit. 4), *de bonne foi* (→ Murmure, cit. 3). *Droite* et *sincère* (→ Malice, cit. 5). *« Je veux qu'on soit sincère (...) »* (→ 1. En, cit. 28, Molière). *« Ni fade adulateur* (cit. 2), *ni parleur trop sincère ». — Âme, cœur, conscience sincère* (→ 1. Boire, cit. 29 ; enfer, cit. 19 ; épancher, cit. 25 ; probe, cit.). *Nature sincère.* ⇒ **Ouvert.** *— Je crois être sincère en disant que...* (→ Rester, cit. 5). *Être sincère avec qqn, vis-à-vis de qqn, en disant quelque chose.*

J'ai raisonné comme un étourdi, soit ; mais j'ai été sincère avec moi-même ; et c'est tout ce qu'on peut exiger de moi.
DIDEROT, Entretien d'un philosophe avec la maréchale de ***.   1

Dès les premières causeries que nous eûmes, je me vis comme contraint par eux de jouer un faux personnage, de ressembler à celui qu'ils croyaient que j'étais resté, sous peine de paraître feindre ; ou, pour plus de commodité, je feignis donc d'avoir les pensées et les goûts qu'on me prêtait. On ne peut à la fois être sincère et le paraître.   GIDE, l'Immoraliste, II, II.   2

(1763, Rousseau). En art. Qui exprime un contenu de conscience effectivement ressenti ; qui dit sa vérité. ⇒ **Authentique** (→ Non, cit. 16). *Un investigateur* (cit. 1), *un observateur sincère, attentif et scrupuleux.* ⇒ **Scrupuleux, véridique, vrai.** *Biographe sincère* (→ Hagiographe, cit. 3).

La chose la plus difficile, quand on a commencé d'écrire, c'est d'être sincère. Il faudra remuer cette idée et définir ce qu'est la sincérité artistique. Je trouve ceci, provisoirement : que jamais le mot ne précède l'idée. Ou bien : que le mot doit toujours être nécessité par elle ; il faut qu'il soit irrésistible, insupprimable et de même pour la phrase, pour l'œuvre tout entière. Et pour la vie entière de l'artiste, il faut que sa vocation soit irrésistible (...) La crainte de ne pas être sincère me tourmente depuis plusieurs mois et m'empêche d'écrire.   GIDE, Journal, 31 déc. 1891.   3

(Comme épithète d'un substantif-qualificatif). Qui est tel réellement et en toute bonne foi. ⇒ **Véritable.** *Ami sincère* (→ Haine, cit. 26 ; mystère, cit. 10). *Ligueur* (cit. 1), *partisan* (cit. 3) *sincère. Un catholique sincère* (→ Préoccuper, cit. 4).

N. *Un sincère, une sincère :* une personne sincère. *Les sincères.*

Nos cérémonies ont perdu une partie de leur sens ; nous croyons pour la plupart devoir nous en excuser dans l'indifférence ou l'ironie. Il faudra bien que viennent d'autres temps où les sincères croiront de nouveau à la fête.
Hervé BAZIN, Cri de la chouette, p. 199.   3.1

Certes, les sincères, les désintéressés ne manquent pas.
A. SAUVY, Croissance zéro ?, p. 276.   3.2

♦ **2.** Qui est le fait d'une conscience sincère ; qui est réellement pensé ou senti. *Aveu* (cit. 10, 13 et 15) *sincère. Repentir sincère* (→ Déraciner, cit. 5). *Compliments, louanges sincères* (→ Inespéré, cit. 3 ; maître, cit. 91). *Réponse sincère* (→ Hérisser, cit. 16). *Une recherche* (cit. 3) *sincère de la vérité. Offre sincère.* ⇒ **Sérieux** (→ Happer, cit. 2). *Je vous présente* (cit. 10) *mes excuses les plus sincères. Actes* (cit. 5), *procédés sincères* (→ Habileté, cit. 8). *Compte, rapport sincère.* ⇒ **Exact, fidèle, véridique.** — *« La foi qui n'agit* (cit. 29) *point, est-ce une foi sincère ? ». Des sentiments sincères. Amitié* (cit. 20), *amour, attachement* (→ Maître, cit. 59), *zèle* (→ Entendre, cit. 91), *admiration* (→ Attaquer, cit. 34) *enthousiasme* (→ Factice, cit. 7), *commisération* (cit. 4), *affliction* (→ Dévergondage, cit. 2 ; 1. parler, cit. 22) *... sincère.* — (Dans le lang. de la politesse). *Sincères condoléances. Sincères salutations. Sentiments sincères.*

(Littér., arts). *L'autobiographie* (cit. 1), *qui paraît le plus sincère de tous les genres* (→ Égotisme, cit. 1 ; et aussi 1. goûter, cit. 9). *Histoire sincère de la nation française,* ouvrage de Seignobos.

4   Les Mémoires ne sont jamais qu'à demi-sincères, si grand que soit le souci de vérité : tout est toujours plus compliqué qu'on ne le dit.
                                                GIDE, Si le grain ne meurt, I, X, p. 282.

♦ **3.** (1807). Authentique* (5.), non truqué*. *Créance sincère et véritable* (→ Affirmer, cit. 5). *Un rôle* (cit. 1) *de contributions sincère. Élections générales et sincères* (→ Gouvernant, cit. 11).

CONTR. Artificieux, astucieux, comédien, dissimulé, double, faux, fourbe, hypocrite, imposteur, menteur, trompeur ; affecté, compassé, équivoque, étudié, factice, fallacieux, feint, mensonger.
DÉR. Sincèrement.

SINCÈREMENT [sɛ̃sɛʁmɑ̃] adv. — 1528 ; de *sincère.*

♦ **1.** D'une manière sincère. ⇒ **Bonnement, franchement** (→ À cœur* ouvert, de bonne foi*). *Croire* (→ Ancêtre, cit. 1), *vouloir, souhaiter sincèrement qqch.* (→ Bouleverser, cit. 10 ; faible, cit. 37 ; impossibilité, cit. 7). *S'enthousiasmer* (cit. 4), *admirer sincèrement qqn, qqch.* (→ 1. Louer, cit. 4). *Pardonner sincèrement* (→ Cordialement, cit. 2). *Il était sincèrement humain* (cit. 16). — (Dans les formules de politesse, en fin de lettre). *Sincèrement à vous, sincèrement vôtre.*

♦ **2.** Ellipt. (en tête de proposition, pour appuyer une assertion). *Très sincèrement, je souhaite que... Sincèrement, je ne le crois pas,* pour parler sincèrement. *Sincèrement, vous ne le saviez pas ?*
CONTR. Artificieusement, faussement.

SINCÉRITÉ [sɛ̃seʁite] n. f. — V. 1280, « pureté » ; lat. *sinceritas,* de *sincerus* « pur, intact ». → Sincère.
Caractère sincère*.

♦ **1.** (xvᵉ). Qualité d'une personne sincère (1.). ⇒ **Franchise, loyauté** (cit. 1). *La sincérité de qqn envers qqn, sa sincérité. Sincérité parfaite* (→ Doute, cit. 10 ; ligne, cit. 51), *absolue* (→ Programme, cit. 1), *profonde* (→ Opposition, cit. 8). ⇒ **Ouverture** (de cœur). *Renoncer à la sincérité* (→ Façonnier, cit. 17). *Avouer, protester* (cit. 1), *juger... avec sincérité* (→ Éphèbe, cit. 4 ; ingénuité, cit. 1). — Loc. EN TOUTE SINCÉRITÉ (→ Fluor, cit. 1 ; rixe, cit. 2). *En toute sincérité, je ne le pense pas.* ⇒ **Sincèrement.**

1   Et la sincérité dont son âme se pique
     A quelque chose, en soi, de noble et d'héroïque.
                                MOLIÈRE, le Misanthrope, IV, 1.

2   La sincérité est une ouverture de cœur. On la trouve en fort peu de gens, et elle que l'on voit d'ordinaire n'est qu'une fine dissimulation, pour attirer la confiance des autres.
                                LA ROCHEFOUCAULD, Maximes, 62.

3   La sincérité me paraît l'expression de la vérité ; la franchise, une sincérité sans voiles ; la candeur, une sincérité douce ; l'ingénuité, une sincérité innocente ; l'innocence, une pureté sans tache.
                                VAUVENARGUES, De l'esprit humain, III, XLV.

4   Le mot *sincérité* est un de ceux qui me devient le plus malaisé de comprendre. J'ai connu tant de jeunes gens qui se targuaient de sincérité (...) Certains étaient prétentieux et insupportables ; d'autres, brutaux ; le son même de leur voix sonnait faux (...) En général se croit sincère tout jeune homme à convictions et incapable de critique.   GIDE, Nouveaux prétextes, p. 169.

(Littér., art). *Sincérité artistique* (→ Sincère, cit. 3). ⇒ **Authenticité** (cit. 9). *Sincérité de l'écrivain* (→ 1. Dire, cit. 19 ; je, cit. 8 ; 2. mèche, cit. 2). ⇒ aussi **Exactitude, vérité.**

5   Il n'y a plus que Saint-Sulpice où l'on écrive comme à Port-Royal, c'est-à-dire avec cet oubli total de la forme qui est la preuve de la sincérité.
                                RENAN, Souvenirs d'enfance, IV, I, Œ. compl., t. II, p. 830.

Rare. *(Une, des sincérités).* Attitude, comportement, réaction sincère. → Régicide, cit. 2.

♦ **2.** (Déb. xvIIᵉ). Caractère de ce qui est sincère (2.). *Vous doutez* (cit. 24) *de la sincérité de mes paroles* (→ aussi Excuse, cit. 6). *La sincérité de ma foi* (→ Puis, cit. 4), *de mes sentiments, de ses convictions... Leurs lettres sont d'une parfaite sincérité* (→ Guinder, cit. 7). — (Littér., art). → Pastorale, cit. 5. *La manière* (cit. 13) *est le défaut de sincérité dans le sentiment.*

6   Dans ses jugements sur *Mérope, Zaïre, Sémiramis* et *Rodogune,* ce n'est point telle ou telle invraisemblance particulière qu'il relève ; il s'attaque à la sincérité des sentiments et des caractères (...)   Mᵐᵉ DE STAËL, De l'Allemagne, II, VI.

7   Si nous avons été réellement touchés, la sincérité de notre émotion passera chez les autres.   COROT, raconté par lui-même..., p. 86.

8   Ils échangeraient des confidences sur leur passé, leurs goûts, leurs rêveries, avec une liberté, une sincérité d'accent qu'ils n'avaient jamais connues entre eux (...)
                                J. ROMAINS, les Hommes de bonne volonté, t. V, XX, p. 148.

♦ **3.** (1842). Caractère authentique et sincère (3.) ; absence de trucage. ⇒ **Authenticité.** *La sincérité et la régularité de l'exécution du budget* (→ Contrôle, cit. 1). *Mettre en doute la sincérité de certaines élections.*

9   À l'arrivée, le lieutenant Grappa se saisit de mes papiers, en vérifia la sincérité, les recopia (...)   CÉLINE, Voyage au bout de la nuit, p. 140.

CONTR. Artifice, astuce, bluff, cachotterie, cabotinage, comédie, dissimulation, esbroufe, fausseté, fourberie, hypocrisie, imposture, insincérité ; affectation, déguisement.

SINCHE [sɛ̃ʃ] n. f. — 1769, *seinche ;* provençal *sencho,* de *senher, cenher* « entourer », lat. *cingere* « ceindre ».

♦ Régional. Grand filet de pêche utilisé en Méditerranée ; pêche avec ce filet.

SINCIPITAL, ALE, AUX [sɛ̃sipital, o] adj. — 1793 ; de *sinciput.*

♦ Didact., vx. Du sinciput.

SINCIPUT [sɛ̃sipyt] n. m. — 1538 ; mot latin « moitié de la tête », de *semi,* et *caput.*

♦ Anat. (Vx). Partie supérieure de la voûte du crâne (opposé à *occiput*).
DÉR. Sincipital.

SINDON [sɛ̃dɔ̃] n. m. — 1732 ; lat. *sindon,* grec *sindôn* « fin tissu de lin ».

♦ Vx. ⇒ **Suaire** (saint). — REM. On a formé sur ce mot les dér. *sindologie,* n. f. (*la Recherche,* citant la revue amér. *Science,* mars 1979, p. 296) : « recherches scientifiques sur le Saint Suaire » et *sindologiste,* n. (1979, *la Recherche*) : « spécialiste de l'étude du Saint Suaire ».

SINÉCURE [sinekyʁ] n. f. — 1820 ; 1803, n. m. ; *sinecura,* 1715 ; angl. *sinecure,* du lat. *sine cura,* abrév. de *beneficum sine cura* « bénéfice ecclésiastique sans souci, sans travail ».

♦ **1.** Charge ou emploi où l'on est rétribué sans avoir rien (ou presque rien) à faire ; situation de tout repos*. *Tous les régimes ont leurs sinécures et leurs prébendiers* (cit. ; → aussi Croire, cit. 54 ; intransigeant, cit. 1).

1   (...) d'écœurants petits snobs, riches pour la plupart, en tout cas oisifs, ou lotis de quelque sinécure dans quelque ministère — ce qui est tout comme.
                                R. ROLLAND, Jean-Christophe, Foire sur la place, II, p. 742.

2   Comme tu te trompes. Les petites qui me passent entre les mains, j'en garderais bien quelques-unes ici, je leur trouve de véritables sinécures (...)
                                R. QUENEAU, les Fleurs bleues, p. 100.

♦ **2.** Par ext. (Considéré comme abusif par les puristes). Chose insignifiante, sans importance. — Loc. *Ce n'est pas une sinécure :* ce n'est pas une mince affaire.

3   Crois-tu qu'on s'enivre pour s'amuser ? Être ivrogne ce n'est pas une sinécure (...) Si tu savais l'attention et la persévérance qu'il faut ! Toujours à remplir des verres et à les vider.   J. ANOUILH, la Répétition, p. 77.
DÉR. Sinécuriste.

SINÉCURISTE [sinekyʁist] n. — 1829 ; de *sinécure.*

♦ Vx. Bénéficiaire d'une sinécure (cf. Vidocq, Balzac, *in* D. D. L.).

SINE DIE [sinedje] loc. adv. — 1890 ; P. Larousse, *Deuxième Suppl. ;* mots latins, « sans jour fixé ».

♦ Dr., admin. Sans fixer de date pour une autre réunion, une autre séance. *Ajourner, renvoyer un débat, une affaire sine die,* à un avenir (indéterminé).

SINE QUA NON [sinekwanɔn] loc. adj. — 1565 ; mots du latin des écoles, littéralt « (condition) sans laquelle non ».

♦ S'emploie seulement dans l'expression *condition sine qua non.* ⇒ **Condition** (cit. 25 ; et *supra*).

N'oubliez pas qu'en ce qui concerne la Franco, au cas où l'affaire du Scénario marcherait, *je choisirai mon metteur en scène.* Ce sera la condition sine qua non (...)   A. ARTAUD, Correspondance, 16 févr. 1929, *in* Œ. compl., t. III, p. 143.

SINFONIA [sinfɔnja] n. f. — xxᵉ ; mot ital. « symphonie ».

♦ Hist. mus. Pièce pour orchestre (avant la symphonie* de structure sonate).

SINFONIETTA [sinfɔnjɛta] n. f. — 1934, la *Sinfonietta* d'Albert Roussel ; mot ital., dimin. de *sinfonia.* → Symphonie.

♦ Mus. Symphonie écrite pour un orchestre réduit, ou symphonie de courte durée.

SINGALETTE [sɛ̃galɛt] n. f. — 1933 ; de *Saint-Gall,* ville suisse, important centre de fabrication de mousselines.

♦ Mousseline de coton très claire et très apprêtée, dont on fait surtout des patrons.

SINGE [sɛ̃ʒ] n. m. — 1119 ; lat. *simius,* var. de *simia.*

A. ♦ **1.** Mammifère primate *(Simiens*),* caractérisé par une face nue, un cerveau développé, des membres inférieurs plus petits que les membres supérieurs, et des mains (les *grands singes* sont les animaux les plus proches de l'homme).

REM. 1. Dans son emploi le plus courant, *singe* a toujours désigné tous les simiens connus ; mais, à diverses époques, le mot a eu des emplois spéciaux. → ci-dessous 2.

2. De nos jours, on appelle parfois improprement *singes* d'autres primates : lémuriens (ou prosimiens), tarsiens, comme l'aye-aye ou chiromys, l'indri, le maki ou lémur, le loris, le tarsier.

Singes catarrhiniens de l'ancien continent, à cloison nasale étroite, à formule dentaire identique à celle de l'homme, à queue non préhensile ou sans queue : Colobidés (⇒ **Nasique,** II., **semnopithèque**), Cercopithécidés (⇒ **Cercopithèque, macaque,** 1. **magot, rhésus...**), Papioïdés (⇒ **Babouin, cynocéphale, drill, hamadryas, mandrill, papion**), Hylobatidés (⇒ **Gibbon**), Anthropoïdés (⇒ **Anthropoïde, chimpanzé, gorille, orang-outang** ou **jocko**). *Singes platyrrhiniens* du nouveau continent :* Cébidés (⇒ **Alouate** ou **hurleur, atèle, lagotriche, saï, saïmiri, saki, sapajou** ou **capucin, sajou**), Callithricidés ou Hapalidés (⇒ **Ouistiti, sagouin, tamarin**). *Les grands singes. Singes anthropomorphes*. Primates fossiles voisins des singes supérieurs.* ⇒ **Anthropopithèque, pithécanthrope, sinanthrope.** *Différence, intervalle* (cit. 6) *entre l'homme et le singe.* ⇒ **Homme** (cit. 6), **hominidés** (cit.). → Caractère, cit. 13. *L'homme ne descend* (cit. 33) *pas du singe. Le Singe nu* (The Naked Ape), ouvrage de Desmond Morris, l'homme. *— Les singes sont improprement nommés quadrumanes* ; ils sont surtout arboricoles et frugivores ; ils sont caractérisés par la conformation des membres* (mains, cit. 111 et *supra* ; *pouces opposables*,* cit.), *la structure du cerveau, les mamelles pectorales..., caractères qui les rapprochent de l'espèce humaine. Abajoues, queue préhensile de certains singes. — Caractère imitateur du singe.* ⇒ **Imitation** (cit. 4 et 9). — *Image culturelle du singe en Occident :* animal du démon, malin, malfaisant. *Le singe, drôle et malfaisant* (→ Chien, cit. 19). *Gambades, agilité, mimiques des singes. Singe habillé, travesti. Montreur de singes* (→ Divertir, cit. 11). ⇒ aussi **Fagotin** (vx). — Littér. *Le Singe et le Dauphin, le Singe et le Chat,* fables de La Fontaine (→ aussi Art, cit. 65).

0.1   Mais c'est un singe, un macaque, un sapajou, une guenon, un orang, un babouin, un gorille, un sagouin ! Notre demeure a été envahie par des singes, qui ont grimpé par l'échelle pendant notre absence !

Et, en ce moment, comme pour donner raison au marin, trois ou quatre quadrumanes se montraient aux fenêtres, dont ils avaient repoussé les volets, et saluaient les véritables propriétaires du lieu de mille contorsions et grimaces.

         J. VERNE, *l'Île mystérieuse,* t. I, p. 376.

1   Ces quatre mains, rapportées à ce petit crâne, définissent l'imitation simiesque ; la ressemblance fait apparaître aussitôt l'immense différence. Et plus le singe imite l'homme, plus la différence se montre.

         ALAIN, *Propos,* 3 août 1921, Crânes et mains.

1.1   Et Tokor tend l'oreille pour reconnaître dans l'inextricable conflit des clameurs, celles de ses singes rouges, américains, invisibles dans les parties surélevées des feuillages (...) Et macaques noirs, graciles et souples, bondissant, hamadryas, puissants mandrills, babouins de rocailles, ouistitis, sajous blonds, frileux dans leur bruine de toison papyrus, cercopithèques draconiens, sourcilleux comme des anciens de Verdun (...) Puis les saïmiris spiralés et les marimondas élastiques, folâtres aux longs organes syncrétiques et furibonds : les queues dont il faut énumérer les capacités prodigieuses : elles nouent et dirigent, agiles, hardies, préhensiles et comme linguales, à la fois papilleuses et capillaires dans cette espèce d'intime succion des lianes, et vibrantes, lancées-phalliques, et pour ainsi dire voyantes, créatrices d'un *um-welt* aérien, véloce (...) On distinguait les aisselles, les belles gorges orangées des singes. Chimpanzés vifs, éveillés, vacarmeux. Rares orang-outans flasques, placides, aux demi-calvities de très vieilles Chinoises schizophrènes. Singes verts (...)

         P. GRAINVILLE, *les Flamboyants,* p. 42-43.

(Qualifié ; désignant une espèce). *Singe hurleur :* alouate. *Singe araignée :* atile. *Singe siffleur. Singe pleureur* ou patas. *Singe laineux :* lagotriche. *Singe lion :* bélada. — (En franç. d'Afrique, cf. I.F.A.). *Singe noir :* colobe magistrat. *Singe rouge :* cercopithèque à poils roux ; colobe bai (Côte d'Ivoire). *Singe vert :* cercopithèque callitriche.

Singe mâle, singe femelle (⇒ **Guenon, singesse**). — Spécialt. Singe mâle. *Un singe et une guenon.*

♦ **2.** Spécialt, vx. **[a]** (XVIIᵉ). *Grand singe,* opposé à *guenon,* cit. 3 (petit singe), à *sagouin** (jeune singe).

[b] *Singe sans queue,* opposé à *guenon* (cit. 1), à *cercopithèque :* « singe à queue ».

♦ **3.** (Mil. XVIIᵉ). Loc. métaphorique, fig. *Être adroit, agile, souple ; malin, méchant comme un singe ; malice de singe* (→ Pécore, cit. 3). *Laid* comme un singe :* très laid ... DE SINGE. *Face, museau* (cit. 2), *grimaces de singe.* ⇒ **Simiesque.** *Un vieux singe qui s'y connaît* (cit. 19) *en grimaces.* — Loc. prov. (Mil. XIXᵉ). *On n'apprend pas à un vieux singe à faire la grimace :* on n'apprend pas les ruses à un homme plein d'expérience. — Par plais. *Le singe imite l'homme,* se dit pour se moquer d'un imitateur, d'un suiveur. — *Des propos à faire rougir un singe* (par allus. à l'impudicité des singes). *Faire le singe,* des grimaces, pour amuser. ⇒ **Singerie.**

2   Il gambillait, d'une adresse à se rattraper des mains, des pieds, du menton, quand les échelons manquaient.   ZOLA, *Germinal,* IV, VI.

3   — Vous savez, ma petite, vous faites bien de ne pas courir, car (...) ce n'est pas à un vieux singe comme moi qu'on en conterait.   HUYSMANS, *En ménage,* XII.

Loc. fig. *Payer en monnaie de singe :* récompenser ou payer par de belles paroles*, des promesses* creuses, comme les montreurs de

---

singe qui s'acquittaient du péage en faisant faire des tours à leur animal (on dit aussi *payer de grimaces*). ⇒ **Moquer** (se). — Par ext. *Monnaie de singe :* fausse récompense, paiement de dupe.

3.1   Simplement, les lapins furent baptisés carpes et la guerre, pacification. C'est cette monnaie de singe à l'usage des militants de tous les partis (...) que j'ai jetée au nez de l'homme qui, le 6 février 1956, a donné le coup de barre fatal.

         F. MAURIAC, *Bloc-notes 1952-1957,* p. 379.

B. Fig. ♦ **1.** (Mil. XVIIᵉ). Personne laide, contrefaite, qui ressemble à un singe. ⇒ **Magot ; simiesque.** *Un vieux singe.* — Terme de dérision à l'adresse d'une personne à qui on attribue un des caractères traditionnels du singe (malice, méchanceté, lubricité...).

4   Trois ou quatre figures joyeuses, les yeux en larmes, m'ont alors montré l'enfant. Ma chère, j'ai crié d'effroi. — Quel petit singe ! ai-je dit.

         BALZAC, *Mémoires de deux jeunes mariés,* Pl., t. I, p. 247.

♦ **2.** (1538). Imitateur ; personne qui contrefait (cit. 2), imite... (→ Attendre, cit. 72 ; dupe, cit. 2 ; précieux, cit. 9). — Adj. *« Peuple caméléon* (cit. 1), *peuple singe du maître »* (⇒ **Singer**).

♦ **3.** Techn. Instrument servant à copier des dessins. Dessin d'imitation (argot de Polytechnique).

♦ **4.** Pop., vieilli. Compositeur typographe (cf. Balzac, *les Illusions perdues,* Pl., t. IV, p. 465).

♦ **5.** (XVIIIᵉ, péj. depuis XIXᵉ). Fam. Patron*. — (En argot du compagnonnage, le *singe,* le plus fin et le plus adroit, prime sur le *chien* — le compagnon —, sur le *renard* — l'aspirant —, et sur le *lapin* — l'apprenti).

Apprenti.

5   « Ce n'est pas encore un maçon, mais c'est déjà un singe ! » disait plaisamment Harbert, en faisant allusion à ce surnom de « singe » que les maçons donnent à leurs apprentis. Et si jamais nom fut justifié, c'était bien celui-là ! *(Il s'agit de Jup, un véritable singe).*   J. VERNE, *l'Île mystérieuse,* t. I, p. 395 (1874).

Pop., vx. Propriétaire (→ Crèche, cit. 3), homme d'affaires, bourgeois (cf. Balzac, *les Petits Bourgeois,* Pl., t. VII, p. 229).

6   (...) Ribouldingue, le ciboulot illuminé par une idée pyramidale, se dit que sa femme, employée en qualité de domestique chez des bourgeois rupins, pourrait rendre de signalés services, attendu qu'elle serait renseignée sur les cachettes où ses « singes » remisaient leur cagnote et que la bande pourrait travailler à coup sûr.

         L. FORTON, *les Aventures des Pieds-Nickelés, in l'Épatant,* 1909, p. 64.

C. ♦ **1.** (1895 ; argot milit.). Fam. et vieilli. Viande. Spécialt. Bœuf en conserve. ⇒ **Corned-beef.**

7   C'était du singe français. Alexandre était content d'avoir pu mettre la main sur du singe français. Le singe anglais ne revenait pas si bien. Trop de gras, pas assez de maigre. Il diminuait de moitié à la cuisson. Le singe français prenait une belle couleur en rissolant.   Robert MERLE, *Week-end à Zuydcoote,* p. 44.

♦ **2.** Techn. Treuil horizontal monté sur deux chevalets (on dit aussi *singe mécanique*).

8   L'appareil qui permet la propulsion individuelle sur une corde de chanvre ou de nylon (...) est le *singe mécanique* (...)   Félix TROMBE, *la Spéléologie,* p. 47.

DÉR. Singer, singeresse, singerie, singesse, singeur.

SINGER [sɛ̃ʒe] v. tr. — 1770 ; de *singe.*

♦ **1.** Imiter maladroitement ou d'une manière caricaturale (qqn, qqch.) pour se moquer. ⇒ **Contrefaire, imiter.** *Singer les manières de qqn.* ⇒ **Emprunter** (→ aussi Marquer, cit. 24).

1   Quand le gros père Guerbet avait singé madame Isaure (...) en se moquant de ses airs penchés, en imitant sa petite voix (...)

         BALZAC, *les Paysans,* Pl., t. VIII, p. 239.

2   Puis vient la petite propriété, qui veut singer la grande.

         Ch. PAUL DE KOCK, *la Grande Ville,* t. I, p. 65.

♦ **2.** Mimer, simuler. ⇒ **Parodier.** *Il avait singé la passion* (→ Courtisane, cit. 2). — (Sujet n. de chose). *La volupté singe la mort* (→ Agonie, cit. 9).

3   Sandier faisait rire la classe. Il singeait son père, le général, en récitant ses leçons d'histoire en ne respectant pas même sa sainte religion puisqu'il eut le mauvais goût, durant tout un trimestre, de faire croire à ses maîtres qu'il se sentait irrésistiblement attiré par l'état religieux.

         Geneviève DORMANN, *la Fanfaronne,* 1959, p. 12.

Pron. (réfléchi).

4   La plupart des hommes meurent à vingt ou trente ans : passé ce terme, ils ne sont plus que leur propre reflet ; le reste de leur vie s'écoule à se singer eux-mêmes, à répéter d'une façon de jour en jour plus mécanique et plus grimaçante ce qu'ils ont dit, fait, pensé, aimé, au temps où *ils étaient.*

         R. ROLLAND, *Jean-Christophe,* L'adolescent, I, p. 238.

(Récipr.). S'imiter mutuellement.

SINGERESSE [sɛ̃ʒʀɛs] adj. f. — XVIᵉ, Montaigne ; de *singe.*

♦ Vx. ou littér. (avec un nom féminin). Qui singe, imite ; qui tient du singe. *Des façons* (cit. 47) *singeresses.*

SINGERIE [sɛ̃ʒʀi] n. f. — V. 1350 ; de *singe.*

★ **I.** ♦ **1.** Grimace*, gambade, tour comique. *Faire des singeries* (→ Distraire, cit. 12).

♦ **2.** Démonstration hypocrite* ou exagérée. ⇒ **Affectation, agace-**

rie, **façon**(s), **manière**(s), **minauderie, simagrée**. *« Nous nous pipons de nos propres singeries et inventions... »* (Montaigne, *Essais*, III, XII).

♦ **3.** Fig. Imitation maladroite ou caricaturale. *« La "manière" n'est que la singerie de l'art »* (cit. 54).

Qu'est pourtant un écrivain, et surtout un romancier, qui anime des marionnettes sur le papier, en tirant de lui la singerie de leurs sentiments et de leurs actions ? Comédien aussi. Paul LÉAUTAUD, Propos d'un jour, p. 118.

★ **II.** ♦ **1.** (1869). Techn. Réunion, troupe de singes ; ménagerie, cage de singes. *La singerie du Jardin des plantes.*

♦ **2.** (1752). Arts. Sujet décoratif comportant des singes. *Les singeries de Huet* (XVIIIᵉ siècle).

SINGESSE [sɛʒɛs] n. f. — V. 1180 ; de *singe*.

Vieux.

♦ **1.** Femelle du singe. ⇒ **Guenon** (cf. Goncourt, *Journal*, t. IX, p. 204).

♦ **2.** (1887). Fig., péj. Fille laide. *Une petite singesse* (→ Imbécillité, cit. 4).

SINGEUR, EUSE [sɛʒœʀ, øz] n. et adj. — Fin XVIIIᵉ ; « marchand de singes », XVIᵉ ; « simiesque », 1611 ; de *singe*.

♦ Qui singe. ⇒ **Imitateur**. — Le fém. ancien était *singeresse** (adj. f.).

SINGLE [siŋɡœl] n. m. et adj. — 1898 ; mot angl. « seul », XIVᵉ ; de l'anc. franç. *sengle* « seul », v. 1120.

Anglicisme.

♦ **1.** Tennis. Simple.

♦ **2.** Adj. (Tourisme). Occupé par une seule personne (chambre, cabine, wagon-lit). Recomm. off. : *individuel, elle*. — N. m. *Un single*.

SINGLETON [sɛ̃ɡlətɔ̃] n. m. — 1767 ; angl. *singleton* — relevé seulement en 1876 —, de *single* « seul », de l'anc. franç. *sengle* « seul » ou du lat. *singulus*.

Anglicisme.

♦ **1.** Dans certains jeux de cartes (boston, whist, bridge), Unique carte d'une certaine couleur, dans la main d'un joueur.

♦ **2.** (XXᵉ). Math. Ensemble constitué d'un seul élément.

SINGULAIRE [sɛ̃ɡylɛʀ] adj. — XXᵉ ; en moy. franç., « particulier », 1314 ; de *singul(ier)*.

♦ Log. Qui concerne une seule proposition. *La négation est un opérateur singulaire.*

SINGULARISATION [sɛ̃ɡylaʀizasjɔ̃] n. f. — XXᵉ ; de *singulariser*.

♦ **1.** Didact. Individualisation* par un caractère singulier, unique.

♦ **2.** Fait de se singulariser.

SINGULARISER [sɛ̃ɡylaʀize] v. tr. et pron. — 1555 ; « traiter dans le détail », 1530 ; répandu XVIIIᵉ ; dér. sav. du lat. *singularis*. → Singulier.

♦ V. tr. Distinguer* des autres par qqch. de peu courant. Spécialt, péj. Distinguer par une chose extraordinaire, « singulière » (II., 4.). *« Ayez une conduite qui vous distingue, et non qui vous singularise »* (Académie). ⇒ **Remarquer** (faire).

1 Ayant perdu leur mère très jeunes, elles s'étaient élevées toutes seules, assez mal, gâtées par leur père, l'aînée hantée du rêve de chanter sur les théâtres, la cadette folle de peinture d'une hardiesse de goût qui la singularisait.
ZOLA, Germinal, V, I.

▶ **SE SINGULARISER** v. pron. (1684).

(Souvent péj.). Se faire remarquer* par qqch. d'extraordinaire. ⇒ **Particulariser** (se) ; → 1. Général, cit. 3.

1.1 Quel est l'homme qui ne réformerait pas à l'instant ses goûts, ses affections, ses penchants sur le plan général, et qui n'aimerait pas mieux être comme tout le monde, que de se singulariser s'il en était le maître ?
SADE, Justine..., t. I, p. 191.

2 Mon opinion sur les paysages des montagnes fit dire que je cherchais à me singulariser ; il n'en était rien.
CHATEAUBRIAND, Mémoires d'outre-tombe, t. II, p. 345.

3 Mais *se singulariser*, c'est très bête ! On se brouille avec tout le monde.
J. VALLÈS, le Bachelier, IX.

REM. *Se singulariser* s'oppose par ses connotations à *se distinguer*, presque toujours mélioratif.

CONTR. Généraliser.

DÉR. Singularisation.

SINGULARITÉ [sɛ̃ɡylaʀite] n. f. — XIVᵉ ; *singulariteit*, v. 1190, au sens 5 ; bas lat. *singularitas* « unicité », de *singularis*. → Singulier.

♦ **1.** (XIVᵉ). Vx. ou didact. Caractère de ce qui est singulier (I.), unique. *La singularité de notre époque* (→ Éternel, cit. 15).

1 Combien (...) de ridicules répandus parmi les hommes, mais qui par leur singularité ne tirent point à conséquence (...) Ce sont des vices uniques (...) qui sont moins de l'humanité que de la personne.
LA BRUYÈRE, les Caractères, XI, 158.

Sc. Objet individualisé, singulier (I.). → Lumière, cit. 20.

2 (...) les corpuscules étaient essentiellement conçus comme localisés, doués d'individualité et constituant dans l'espace des sortes de singularités mobiles à existence permanente. L. DE BROGLIE, Physique et Microphysique, p. 168.

Ling. Trait distinctif du singulier* ou de l'unicité.

♦ **2.** (V. 1398). Littér. Caractère rare et exceptionnel de ce qui se distingue (en bien ou en mal). *La rareté, la singularité du geste.* ⇒ **Beauté** (*infra* cit. 16). *Idées d'une singularité et d'une justesse* (cit. 6) *remarquables*. — Caractère étonnant, remarquable, de ce qui est singulier (II., 2.). ⇒ **Bizarrerie, étrangeté, excentricité, originalité**. *Le goût de la singularité*. ⇒ **Extraordinaire** (II., 2.). *La singularité de sa vie* (→ Exciter, cit. 8).

3 (...) la forêt vierge qui borde leur pays et en fait toute la singularité.
STENDHAL, Mémoires d'un touriste, t. I, p. 164.

♦ **3.** (*Une, des singularités*). Action singulière ; chose singulière. ⇒ **Anomalie, bizarrerie** (cit. 6), **exception**. *Les singularités d'une mode.* ⇒ **Caprice**. — Rare. Opinion, idée singulière. ⇒ **Paradoxe**.

4 Il aurait voulu passer quelques années dans un régiment, et ensuite donner sa démission jusqu'à la première guerre qu'il lui était assez égal de faire comme lieutenant ou avec le grade de colonel. C'est un exemple des singularités qui le rendaient odieux aux hommes vulgaires. STENDHAL, Armance, I.

♦ **4.** (1544). Vx. Caractère de celui qui veut se faire remarquer. ⇒ **Singulariser** (se), **singulier** (II., 4.). → Affectation, cit. 6.

5 (*Le libertin*) renonce à sa foi par un esprit de singularité, pour avoir le ridicule avantage de ne pas penser comme les autres, de dire ce que personne ne dit (...)
BOURDALOUE, Sermon sur la religion chrétienne, II.

♦ **5.** (Fin XIIᵉ). Vx (langue class.). Excellence.

CONTR. Pluralité. — Banalité.

SINGULATIF, IVE [sɛ̃ɡylatif, iv] n. m. et adj. — 1921 ; du lat. *singulus* « isolé ». → Singulier.

♦ Ling. Dans les langues slaves, « formation dérivée qui fournit un singulier à une forme de pluriel, ou plus généralement qui caractérise un individu en l'opposant à un ensemble » (J. Marouzau, *Lexique de terminologie linguistique*). — Adjectif :

Nous avons en français un singulier et un pluriel : mais la distinction de l'unité et de la pluralité, qui constitue pour nous le seul aspect de cette catégorie. Il y a des langues qui possédaient ou possèdent encore un duel (...) Il y a dans la catégorie du nombre d'autres distinctions que nous n'exprimons pas (...) Ainsi celle de l'aspect collectif et de l'aspect singulatif (...) Toutes les discussions auxquelles se livrent certaines grammaires sur la façon d'orthographier « gelée de groseille » ou « gelée de groseilles » (...) se ramènent (...) à une confusion du pluriel et du collectif (...) J. VENDRYES, le Langage, p. 114.

CONTR. Collectif.

SINGULET [sɛ̃ɡylɛ] n. m. — Mil. XXᵉ ; dér. sav. du lat. *singulus*, d'après *octet*, etc.

Science.

♦ **1.** Raie spectrale qui reste unique avec les spectrographes de plus grand pouvoir séparateur.

♦ **2.** Appos. *État singulet*, de deux particules dont le spin total est nul. « *Un système composé de deux particules de spin 1/2 dans un état singulet (...) qui se déplacent librement dans des directions opposées* » (la Recherche, mai 1980, p. 513).

SINGULIER, IÈRE [sɛ̃ɡylje, jɛʀ] adj. et n. m. — 1295 ; *singular*, 1140 ; *singuleir*, 1190 ; lat. *singularis* « seul ». → Singularité.

★ **I.** ♦ **1.** (*Singuler*, 1172). Gramm. Qui concerne un seul individu (opposé à *pluriel*). *Nombre* singulier* (→ ci-dessous, III. : le singulier). — Loc. *Proposition singulière*, dont le sujet est un seul individu*. *Terme singulier*. — Philos., log. Qui est unique*, qui est un individu (I., 1.). → Existence, cit. 9. *Sujet singulier* (d'une proposition singulière).

1 Imaginez-vous le désordre incomparable qu'entretiennent dix mille êtres essentiellement singuliers ? VALÉRY, Monsieur Teste, Œ., t. II, Pl., p. 49.

1.1 Le roi Paul portait une chemisette à manches courtes, la reine Frédérique une robe imprimée, c'est-à-dire non plus singulière, mais dont le dessin peut se retrouver sur le corps de simples mortels (...) R. BARTHES, Mythologies, p. 34.

1.2 Dans la diversité infinie des phénomènes singuliers, la science ne peut chercher que les invariants. Jacques MONOD, le Hasard et la Nécessité, p. 135.

♦ **2.** Vx. Individuel, particulier (à...) ; distinct*. *« Cette fermeté d'âme, à vous si singulière »* (Molière, les Femmes savantes, V, 1).

2 Je lis dans les lettres de Diderot à Falconet : « ... On doit quelquefois plus à une erreur singulière qu'à une vérité commune ». GIDE, Journal, 5 déc. 1924.

♦ **3.** Loc. cour. (1588). *Combat** (cit. 8) *singulier*, entre une personne et un seul adversaire. Par anal. *Entretien singulier* (→ Entortiller, cit. 3).

★ **II.** (xive; «unique, remarquable», sens 3). Qui se distingue des autres par des caractères, des traits individuels qu'on remarque.

♦ **1.** a (1549). Littér. Différent des autres. ⇒ **Extraordinaire** (cit. 2), **irrégulier, isolé, particulier, spécial, unique.** *Une foule de talents évidents, trop reconnus..., pas assez singuliers...* (→ Négliger, cit. 14). *«Quelques faits uniques et singuliers, qui sortent de l'ordre commun»* (Massillon, *in* Littré). *Nature, personnalité singulière* (→ 1. Fort, cit. 19).

b Sc. *Point singulier :* point qui présente des caractères propres à lui seul. ⇒ **Singularité, 1. point.**

♦ **2.** (xviie). Cour. Qui excite l'étonnement, est digne d'être remarqué (en bien ou en mal), par des traits peu communs. ⇒ **Biscornu, bizarre, curieux** (3.), **étonnant** (2.), **étrange** (II.), **inusité, rare.** *Des opinions* (→ Approuver, cit. 14), *des idées singulières. Éprouver qqch. de singulier* (→ Drôle, cit. 11). *Un caractère piquant et singulier* (→ Poitrine, cit. 13). *Un charme très singulier* (→ Madone, cit. 4). *Tête d'une forme très singulière* (→ Élargissement, cit. 2). *Accoutrement singulier et comique**. ⇒ **Hétéroclite.** *Choses singulières.* ⇒ **Curiosité** (3.). — *Esprit fantasque et singulier* (→ Hétéroclite, cit. 3). *Sa mémoire avait des défaillances singulières.* ⇒ **Anormal, inexplicable** (→ Dénonciation, cit. 2). — *Bêtise, médiocrité singulière,* extrême.

3 On dit que les bords de la rivière sont charmants et hérissés de rochers singuliers (...) STENDHAL, Mémoires d'un touriste, t. II, p. 57.

4 Une blonde d'Italie ou d'Espagne, c'est toujours une espèce de beauté fort singulière et qui a du prix par sa rareté. NERVAL, les Filles du feu, «Corilla».

5 (...) le double cas Verlaine-Villon est un cas singulier. Il nous offre un caractère rare et remarquable. VALÉRY, Variété, Études littér., Œ., t. I, Pl., p. 429.

(Valeur affaiblie). Bizarre ou inexplicable. ⇒ **Drôle** (II., 2.), **bizarre, étrange.** *C'est une affaire, une histoire bien singulière. N'est-il pas singulier que...* (et subj.). → Fameux, cit. 4. *C'est singulier* (→ Immortalité, cit. 1 ; mitre, cit. 2). — (Avant le nom). *Avoir une singulière aptitude* (cit. 1 et 8), *faculté* (cit. 9), *disposition* (→ Gravité, cit. 7), *propension* (cit. 1) *à, pour... Cette singulière cérémonie* (cit. 5). *Les singuliers appétits de la grossesse* (→ Envie, cit. 36). *Un singulier personnage* (→ Huileux, cit. 4).

6 Je trouve singulier que je sois informée de vos projets par le général Larivière. FRANCE, le Lys rouge, IV.

Iron. Étrange, au point d'être contraire à ce qu'il devrait être. *Singulière manière de consoler...* (→ 1. Dire, cit. 36 ; et aussi immanent, cit. 1).

♦ **3.** Vx. D'une qualité rare. ⇒ **Excellent, unique.** *Des gens de vertu singulière* (→ Où, cit. 14). *Un mélange ethnique* (cit. 3) *d'une qualité singulière.* — *«Cet homme est singulier dans son art»* (Académie, 1694).

♦ **4.** (Mil. xviie). Vieilli. En mauvaise part (les emplois modernes tirent plutôt leur valeur péjorative du contexte ; → ci-dessus II., 2.). Qui affecte d'être différent des autres. ⇒ **Singulariser** (se) ; **excentrique, original.**

★ **III.** ♦ **1.** N. m. (*Singuler,* v. 1190). Catégorie grammaticale (⇒ **Nombre,** II.) qui exprime l'unité. *Le singulier et le pluriel* (cit. 1). *Le singulier est le nombre* des mots qui désignent un objet conçu ou envisagé comme unique. Singulier collectif* (la foule, une collection, un millier). *Singulier générique* (l'homme est un mammifère). *Mots qui n'ont pas de singulier* (dépens, mœurs), *qui n'ont pas le même sens* (lunette, lunettes), *le même genre* (amour, orgue) *au singulier et au pluriel. Au singulier* (→ Observation, cit. 10 ; 1. part, cit. 15). *La première personne* (cit. 19) *du singulier. Nous* (*supra* cit. 20), *représentant un singulier.*

7 (...) il n'a pas l'air âgé, regardez, le cheveu est resté jeune (Car depuis trois ou quatre ans le mot «cheveu» avait été employé au singulier par un de ces inconnus qui sont les lanceurs des modes littéraires... À l'heure actuelle on dit encore «le cheveu», mais de l'excès des modes littéraires renaîtra le pluriel). PROUST, Sodome et Gomorrhe, Pl., t. II, p. 929.

♦ **2.** Log. Ce qui relève d'un seul individu (opposé à *général*). ⇒ **Singularité.**

8 — Pour revenir à notre conversation de l'autre jour, dit Pierre, il me semble que vous préférez le singulier au général, le particulier à l'universel. Préférence affective et non affirmation raisonnée, je crois.
— Oui, c'est cela. Je préfère ce qui existe à ce qui n'existe pas. R. QUENEAU, le Chiendent, p. 95 (1932).

CONTR. Collectif ; banal, commun, général, ordinaire. — **Normal ; fréquent, régulier.** — **Pluriel.**

DÉR. Singulièrement.

SINGULIÈREMENT [sɛ̃gyljɛʀmɑ̃] adv. — 1317 ; *singuleirment,* 1190 ; *singularment* «l'un après l'autre», 1140 ; de *singulier.*

D'une manière singulière.

♦ **1.** Didact. De façon à ne concerner qu'une seule personne. ⇒ **Individuellement, personnellement.** *«Un homme (...) singulièrement choisi de Dieu»* (Bossuet).

♦ **2.** (V. 1360). En se distinguant (des autres). ⇒ **Particulièrement.** *Des combats où la cavalerie donna* (cit. 66) *singulièrement. Lutte contre la Société, et singulièrement contre l'État* (→ Individualisme, cit. 5). ⇒ **Notamment, principalement.**

♦ **3.** (Sens affaibli). Cour. Beaucoup*. ⇒ **Considérablement, énormément.** *Un exercice* (cit. 10) *de style qui m'a singulièrement aiguisé les idées* (→ aussi Provin, cit. 2). *«Il y a eu singulièrement de courage»* (Balzac). — (Modifiant un adjectif). Très. *Drogue singulièrement odorante* (→ 2. Fin, cit. 11). *Fourré* (cit. 40) *singulièrement épais.*

♦ **4.** Littér. D'une manière singulière (II., 2.), étonnante, remarquable ou bizarre. *Il était singulièrement accoutré.* ⇒ **Bizarrement, curieusement, étrangement** (→ Effigie, cit. 8 ; et aussi retrouvaille, cit. 2). *Il s'y prend, il se conduit singulièrement,* inexplicablement.

Il y a assurément en France bien des beautés de l'art et de la nature qui valent mieux que ceci ; mais je n'en ai point vu de plus singulière ni de plus singulièrement placée ; cela ne ressemble à rien qu'au palais des contes de fées. Ch. DE BROSSES, Lettres d'Italie, IX, 16 juil. 1739.

CONTR. Collectivement, communément ; peu ; ordinairement.

SINGULTUEUX, EUSE [sɛ̃gyltɥø, øz] adj. — 1828 ; dér. sav. lat. *singultus.* → Sanglot.

♦ Littér., rare. Entrecoupé de sanglots. Méd. *Respiration singultueuse.*

(...) elle ouvrait une large écluse de ces gloussements singultueux qui donneraient à penser à tout l'univers que les forces d'une pauvre mère sont décidément épuisées (...) Léon BLOY, la Femme pauvre, I, XXI.

SINISATION [sinizasjɔ̃] n. f. — Mil. xxe ; de *siniser.*

♦ Didact. Expansion de la civilisation chinoise (dans les pays de civilisation moins évoluée).

(...) la Chine a longuement préparé son originalité culturelle (...) Il a fallu près de quatre millénaires (...) pour répandre ce caractère particulier sur l'immense territoire qui la compose ; ce travail de sinisation est encore en activité aujourd'hui. Jeannine AUBOYER, les Arts de l'Extrême-Orient, p. 17-18 (1942).

SINISER [sinize] v.[·] — Mil. xxe ; de *sin(o)-,* et *-iser.*

Didactique.

♦ V. tr. Répandre la civilisation chinoise dans (un pays) ; rendre chinois, quant à la culture. *«Le danger, c'est le retour en arrière, le révisionnisme. Il faut "siniser" le marxisme. C'est le "retour à la Chine"»* (l'Express, 25 oct. 1965, in P. Gilbert).

1 La Chine forme, aux yeux de ceux qui cherchent à la pénétrer, un tout un peu mystérieux (...) des invasions y ont déferlé, des dynasties étrangères s'y sont même imposées, mais, au cours du temps, la Chine les a assimilées, absorbées, les sinisant malgré elles. Jeannine AUBOYER, les Arts de l'Extrême-Orient, p. 17 (1942).

▶ **SE SINISER** v. pron.

Adopter la culture chinoise ; tendre à devenir chinois, culturellement.

2 Son destin (de la dynastie Kin) fut comparable à celui des Kitans, et peut-on dire, au destin commun des dynasties étrangères de la Chine. Dispersés sur l'immense territoire du pays soumis, ils se sont vite sinisés, et abandonnant leurs vertus guerrières, succombèrent devant l'assaut des nouveaux barbares : les Mongols. A. MEILLET et M. COHEN, les Langues du monde, p. 385.

DÉR. Sinisation.

SINISTRALITÉ [sinistʀalite] n. m. — xxe ; dér. sav. du lat. *sinister* «gauche».

♦ Didact. Le fait d'être gaucher.

1. SINISTRE [sinistʀ] adj. — V. 1415 ; *senester* «gauche», 1080, *Chanson de Roland ;* «contraire, défavorable», xive ; lat. *sinister* «qui est à gauche» (→ Senestre), à cause de l'interprétation des auspices, où la gauche est défavorable.

♦ **1.** Didact., littér. Qui fait craindre un malheur, une catastrophe. ⇒ **Funeste** (2.), **mauvais** (1.), **menaçant.** *Augure** (2. Augure, cit. 1), *présage** (→ Hurlement, cit. 1). *sinistre. Sinistres prophéties* (→ Fulminer, cit. 8). *Le corbeau, les chouettes* (→ Potence, cit. 3), *oiseaux sinistres, de mauvais augure.* — *Bruits, craquements sinistres.* ⇒ **Effrayant.**

Cour. Qui, par son aspect, semble menaçant ou simplement accablant. ⇒ **Effrayant, funèbre, lugubre.** *La tombée des nuits devenait sinistre* (→ Désolation, cit. 2). *«L'ombre autour d'eux s'emplit de sinistres clartés».* → Étincelle, cit. 2, Hugo (cet adj. est fréquent chez Hugo, avec une valeur proche de *sombre, terrible :* → Reculer, cit. 5 ; rêverie, cit. 10 ; 1. roc, cit. 1). *Un silence sinistre* (→ Catacombe, cit. 5).

1 L'aspect de cette partie de plaisir était sinistre ; l'approche de l'hiver avait fait tomber presque toutes les feuilles des grands chênes du parc ; et les branches noires se détachaient sur un ciel gris comme les branches des candélabres funèbres ; un

léger brouillard semblait annoncer une pluie prochaine ; à travers le bois éclairci et les tristes rameaux, on voyait passer lentement les pesants carrosses de la cour, remplis de femmes vêtues de noir uniformément (...) les meutes donnaient *des voix éloignées*, et le cor se faisait entendre quelquefois comme un soupir (...) Tout était languissant et triste.   VIGNY, Cinq-Mars, XIX.

2   Sur ce géant, grandeur jusqu'alors épargnée,
     Le malheur, bûcheron *sinistre*, était monté (...)   HUGO, les Châtiments, V, XIII, I.

(XIXᵉ). Par exagér. Triste et désolé. *Ce petit préau sinistre* (→ Entamer, cit. 6). *Paysage sinistre.* Fam. *Leur réception était sinistre, triste, ennuyeuse.*

♦ **2.** [a] (1725). Vieilli (en parlant de l'apparence d'une personne). Sombre et méchant, inquiétant. *Air, apparence, mine sinistre.* ⇒ **Patibulaire.** *Sa prunelle sinistre* (→ Correcteur, cit. 2). *Regard sinistre.*

3   — Je surprends vos yeux attachés sur mon visage ; est-ce que vous me trouvez l'air sinistre (...) Eh bien ! si je vous fais peur, nous n'avons qu'à nous séparer.
                                            DIDEROT, Jacques le fataliste, Pl., p. 539.

[b] (Sens affaibli). Triste et ennuyeux. ⇒ **Sombre.** *Un air froid et sinistre. C'est un homme de grande valeur, mais il est un peu sinistre.* ⇒ **Grave, sévère, triste.**

4   (...) je me trouvais mêlé, dans une grande salle, à des confrères tondus comme des aspirants à la guillotine, aux mains exsangues, esthétisant prétentieusement, le monocle dans l'œil, — des confrères correctement *sinistres*, ainsi que le Baudelaire que j'ai entrevu une fois.
                                            Ed. et J. DE GONCOURT, Journal, 3 oct. 1876, t. V, p. 218.

♦ **3.** Littér. Malfaisant, dangereux par lui-même (et non en tant que signe). *Un sinistre avenir* (→ Menacer, cit. 8). *Les desseins les plus sinistres* (→ Conspiration, cit. 2).

5   Qu'ils mettent ce malheur au rang des plus sinistres.
                                            RACINE, Britannicus, V, 6.

♦ **4.** (1886, Bloy). Avant le nom, cour. (intensif). *Un sinistre voyou* (→ Naufrageur, cit. 2), *une sinistre crapule.* ⇒ **Dangereux, pernicieux, sombre.** — *Un sinistre imbécile.* ⇒ **Triste.** *Une sinistre farce* (2. Farce, cit. 6 et 8). ⇒ **Macabre, mauvais.**

DÉR. Sinistrement, sinistrose.
HOM. 2. Sinistre.

2. SINISTRE [sinistʀ] n. m. — 1485 ; ital. *sinistro*, même orig. que 1. *sinistre.*

♦ **1.** Événement catastrophique, naturel (causé par les éléments, les intempéries) qui occasionne des dommages*, des pertes* (incendie, inondation, naufrage, tremblement de terre, etc.). → Flamboiement, cit. 3 ; malveillance, cit. 4. *Le sinistre a fait des morts, des blessés, des sans-abri.*

6   (...) un sinistre dont Paris entier causait, l'incendie des Quatre Saisons, le grand magasin (...) Les journaux débordaient de détails : le feu mis par une explosion de gaz (...) Du reste, les pertes énormes se trouvaient couvertes (...)
                                            ZOLA, Au Bonheur des Dames, XIV.

Par ext. Drame, catastrophe.

6.1 Parce que tu as été malheureux avec ta femme, tu vois des sinitres partout (...) Le fait est qu'on doit passer un mauvais quart d'heure quand on découvre la chose (...)   E. LABICHE, Célimare, I, 3 (1925).

♦ **2.** (1783). Dommages ou pertes subis par des objets assurés. *Évaluer, payer le sinistre. Déclaration des sinistres.* — *Dossier d'assurances concernant un sinistre. « Rédacteur sinistres »* (dans les offres d'emploi).

7   — Pardon, monsieur, pourriez-vous me dire où il faut s'adresser pour faire rembourser les objets brûlés ? Il répondit avec un timbre sonore : — Premier, à gauche, au bureau des sinistres. Ce mot l'intimida davantage encore (...)
                                            MAUPASSANT, les Sœurs Rondoli, Le parapluie.

DÉR. Sinistré.
HOM. 1. Sinistre.

SINISTRÉ, ÉE [sinistʀe] adj. et n. — 1870 ; de 2. *sinistre.*

♦ **1.** Adj. Qui a subi un sinistre. *Navire sinistré. Région sinistrée.*

♦ **2.** (1875). N. Personne qui a subi des dommages, du fait d'un sinistre. *Les sinistrés d'une inondation.* ⇒ **Inondé** (n.). *Indemniser, aider les sinistrés.*

(...) cette sorte de curiosité maladive et nerveuse qui amène après un grand incendie les malheureux sinistrés, ruinés et sans asile, sur les décombres de leur maison.
                                            Alphonse DAUDET, le Nabab, XVIII.

SINISTREMENT [sinistʀəmɑ̃] adv. — Mil. XVᵉ ; «méchamment», 1403 ; de 1. *sinistre.*

♦ D'une manière sinistre. *Une sorte de rire, sinistrement burlesque* (→ Bramement, cit. 2).

Héritage fatal d'une vieille hydropique,
Le beau valet de cœur et le valet de pique
Causent sinistrement de leurs amours défunts.
                                            BAUDELAIRE, les Fleurs du mal, Spleen et Idéal, LXXV.

SINISTRO- Élément de termes didactiques, du lat. *sinister* «gauche». ⇒ **Sinistrocardie, sinistrogyre, sinistrovolubile ;** et aussi **senestrorsum.**

SINISTROCARDIE [sinistʀokaʀdi] n. f. — XXᵉ ; de *sinistro-*, et *-cardie.*

♦ Anat. Déplacement du cœur à gauche.

SINISTROGYRE [sinistʀoʒiʀ] adj. — 1904 ; de *sinistro-*, et *-gyre.*

♦ Didact. (D'une écriture). Dont tous les traits, y compris ceux qui devraient être dirigés vers la droite, sont dirigés vers la gauche.

SINISTRORSUM [sinistʀoʀsɔm] n. m. ⇒ **Senestrorsum.**

SINISTROSE [sinistʀoz] n. f. — 1908, sens technique ; de 1. *sinistre.*

♦ Psychol. État mental de certains sinistrés ou accidentés qui s'exagèrent leur infirmité (pithiatisme, simulation) et développent des tendances revendicatrices.

Par ext. (emploi non technique, fréquent dans le discours journalistique). Pessimisme excessif, disposition marquée à croire que les événements prendront une tournure défavorable, néfaste.

SINISTROVOLUBILE [sinistʀovolybil] adj. — 1871 ; de *sinistro-*, et *volubile.*

♦ Bot. Qui s'enroule de droite à gauche, en parlant d'un organe végétal. *Tige sinistrovolubile.*

SINITÉ [sinite] n. f. — 1957 ; de *sin(o)-*, et suff. *-ité.*

♦ Didact. Ensemble des caractères, des manières de penser, de sentir propres à la civilisation chinoise.

(...) car il s'agit toujours d'un exotisme figé qui éloigne le corps dans le fabuleux ou le romanesque : Chinoise munie d'une pipe à opium (symbole obligé de la sinité)...   R. BARTHES, Mythologies, p. 147.

SINO- Élément signifiant «de la Chine», du lat. médiéval *sinae*, n. grec (Ptolémée) d'une ville d'Extrême-Orient *(sino-coréen, enne ; sino-indien, ienne ; sino-tibétain, aine).* ⇒ **Sinologie, sinologue.**
HOM. Cyno-.

SINOLOGIE [sinɔlɔʒi] n. f. — 1814, *in* D.D.L. ; de *sino-*, et *-logie.*

♦ Didact. Ensemble des études relatives à la Chine (langue, civilisation, histoire).
DÉR. Sinologique.

SINOLOGIQUE [sinɔlɔʒik] adj. — XIXᵉ (probablt début : → Sinologie et sinologue) ; de *sinologie.*

♦ Didact. Qui se rapporte à la sinologie*.

SINOLOGUE [sinɔlɔg] n. — 1814, *in* D.D.L. ; de *sino-*, et *-logue.*

♦ Didact. Savant spécialiste de la Chine. *Elle est sinologue. Les grands sinologues japonais. M. Granet, sinologue français.* — Spécialiste des réalités chinoises, de la politique chinoise.

SINON [sinɔ̃] conj. — V. 1490 ; *se... non, nun*, 1080, Chanson de Roland ; de *si*, conj., et *non.*

★ **I.** (Introduisant une exception ou une restriction hypothétique).

♦ **1.** (En corrélation avec une proposition négative). En dehors de..., abstraction faite de... ⇒ **Excepté, sauf, si** (si ce n'est). *Ne... pas...* (ou *ne... plus*)..., *sinon* ⇒ Inappétence, cit. 2 ; incidemment, cit. 1). *Ne... rien, sinon...* (→ Existence, cit. 4 ; générosité, cit. 3 ; puissance, cit. 3). *Ne... jamais, sinon...* (→ Arborer, cit. 1 ; hors, cit. 2 ; jaloux, cit. 30) — Vx (dans le même sens). *« Et ne nous laissent rien sinon que le regret »* (cit. 6, Ronsard. → aussi Fétu, cit. 3).

Que saisir sinon qui s'échappe,
Que voir sinon qui s'obscurcit,
Que désirer sinon qui meurt,
Sinon qui parle et se déchire ?

                                            Yves BONNEFOY, Poèmes,
                        « Du mouvement et de l'immobilité de Douve », p. 44.

(Avec l'indéfini *autre* dans la négative). *Je ne vois pas qu'ils pussent autre chose pour lui, sinon empêcher...* (→ Loisir, cit. 2 ; et aussi lâche, cit. 2). — REM. Cet emploi de *sinon* permet d'éviter la rencontre de deux *que : je ne sus lui répondre* (cit. 7) *autre chose, sinon que ce n'était rien* (→ aussi Certain, cit. 2 ; ignorance, cit. 19).

1

♦ 2. (En corrélation avec une proposition interrogative, pour introduire une réponse anticipée, que l'on présente comme étant la seule possible). *Si ce n'est. À quoi cette poésie peut-elle servir, sinon à égarer notre bon sens?* (→ Désordre, cit. 17). *« Qui peut de vos desseins* (cit. 2) *révéler le mystère, Sinon quelques amis engagés à se taire? ». Qu'est-ce qu'un poème en prose, sinon un aveu de son impuissance?* (cit. 4). *Que trouve-t-on, sinon...* (→ Occultiste, cit.). *Pourquoi..., sinon pour...* (→ Largesse, cit. 3). *Contre quoi, sinon contre...?* (→ Poser, cit. 40). — (Avec *autre* dans l'interrogation). *Quoi d'autre, sinon...?* (→ aussi 1. Louer, cit. 2).

♦ 3. Loc. conj. (1559; *senon que...*, XIVᵉ). Vieilli. *Sinon que... :* avec cette réserve que... ⇒ **Excepté** (que), **sauf** (que)... *« Galant homme sinon qu'il était quelque peu paillard »* (cit. 1, Rabelais). Cf. *Si ce n'est que.*

★ II. (XVIᵉ; introduisant une concession, une restriction).

♦ 1. En admettant que ce ne soit pas...

ⓐ (Dans une sorte de parenthèse, en corrélation avec *au moins* ou *du moins*). → Hendéca-, cit. 1. *Il faut travailler, sinon par goût, au moins par désespoir* (→ Amuser, cit. 13). *Rencontrer, sinon l'approbation, du moins l'indulgence.* ⇒ **Défaut** (à défaut de). → 3. Fort, cit. 78.

ⓑ (Sans corrélation avec *au moins* ou *du moins*). *Il eut pour un morceau de pain, légalement, sinon légitimement* (cit.), *les plus beaux vignobles,* sinon légitimement, du moins légalement. *La morale de ces fables est pleine de saveur, sinon toujours de moralité* (→ Moraliste, cit. 4). *On est près de réfléchir, sinon de s'émouvoir* (→ Patatras, cit. 1).

♦ 2. (Pour marquer une concession de pure forme et surenchérir sur l'affirmation). *Une force indifférente sinon ennemie,* pour ne pas dire ennemie, peut-être même ennemie (→ Remorquer, cit. 2).
REM. Dans ce tour (1., b et 2.), où *sinon* n'est pas en corrélation avec *du moins,* il peut y avoir une équivoque selon que la concession est réelle ou purement rhétorique (→ par ex. : Apparition, cit. 5; force, cit. 17).

★ III. (Emploi absolu). *Si la condition, la supposition (énoncée) ne se réalise pas.* ⇒ **Autrement, faute** (de quoi), **sans** (quoi). → Languir, cit. 6; fascicule, cit. 1; guinder, cit. 1; obstruction, cit.; patient, cit. 1. *Plains* (cit. 4) *-moi!... sinon je te maudis! Obéissez! sinon...* ⇒ **Menace.**
REM. 1. Si la proposition qui précède est négative, la donnée exprimée par *sinon* prend alors une valeur positive : *Elle n'avait pas encore quitté Paris, sinon elle fût repassée au Foyer* (→ Prendre, cit. 7), si elle avait déjà quitté Paris, elle serait repassée. — *Ou sinon...* → Ou (cit. 25; et *supra*).
2. *Sinon* peut être placé ailleurs qu'en tête de la proposition :

2 Mais cette pensée était mienne, et ce n'est pas à eux que je la dois. Elle serait sinon sans valeur.   GIDE, *Journal*, 4 nov. 1927.

SINOPHILE [sinɔfil] adj. — Mil. XIXᵉ; de *sino-*, et *-phile.*

♦ Didact. Qui aime, apprécie la Chine. — N. *Un, une sinophile. Sentiments amicaux des sinophiles* ou *sinophilie* [sinɔfili] n. f.
HOM. Cynophile.

SINOPHOBE [sinɔfɔb] adj. — XXᵉ (1973, *in* D.D.L.); de *sino-,* et *-phobe.*

♦ Didact. Qui déteste la Chine, hait la Chine. — N. *Les sinophobes. Sentiments hostiles des sinophobes,* ou *sinophobie* [sinɔfɔbi] n. f.

SINOPLE [sinɔpl] n. m. — V. 1260; *sinopre* « rouge », v. 1138; « vert », XIVᵉ, par une évolution obscure, par un changement de sens inexpliqué; lat. *sinopis,* grec *sinôpis* « terre rouge de Sinope », rouge minéral employé en peinture.

♦ Blason. Un des émaux* héraldiques, de couleur verte, représenté en gravure par des lignes diagonales descendant de gauche à droite (→ Gueules, cit. 1).

Des yeux pers (car la comtesse portait de sinople, étincelé d'or, dans son regard comme dans ses armes).
             BARBEY D'AUREVILLY, les Diaboliques, Dessous de cartes..., p. 229.
Didact. Couleur verte.

SINOQUE ou SINOC [sinɔk] adj. et n. — 1926; p.-ê. régional *sinoc,* n. m., « bille à jouer » (1902, Esnault), avec infl. de *cigare, citron* « tête ».

♦ Fam. (et vieilli). Fou, folle; imbécile.
Et tout ce qu'il m'a dit, tout à l'heure (...) il est fou (...) il est sinoque!
             J. PRÉVERT, le Jour se lève (dialogue), *in* l'Avant-Scène, nᵒ 53, p. 32.
(...) il n'y a rien de tel pour vous donner du génie que d'avoir un oncle cinglé ou une grand-mère sinoque.   R. QUENEAU, Loin de Rueil, p. 37.
N. *C'est un vieux sinoc.*

REM. On écrit parfois *cinoque, synoque* (Queneau, *Pierrot mon ami,* p. 99).
HOM. Synoque.

SINUER [sinɥe] v. intr. — 1912, cit.; *sinné,* p. p., « découpé, lobé », 1789 en bot.; du lat. *sinuare* « courber ». → Sinus.

♦ Décrire, suivre une ligne sinueuse; être sinueux; faire des détours, des sinuosités. ⇒ **Serpenter** (→ Évidemment, cit. 1).

On les voit *(les routes)* traverser les clairs arpents du blé (...)   1
(...) L'une s'éloigne à droite et puis sinue à gauche.
             VERHAEREN, les Blés mouvants, « Les routes » (1912).
Le sentier de Guirrebourru chemine longtemps et sinue entre les haies.   2
             H. BOSCO, Antonin, p. 289.
Maillat se leva si brusquement que son pied heurta le boûton d'eau, et le ren-   3
versa (...) Maillat regardait l'eau qui sinuait doucement sur la poussière du sol.
             Robert MERLE, Week-end à Zuydcoote, p. 245 (1949).
« Brighton »!... C'était écrit sur la borne, à quatorze milles en face de nous (...) La   4
route sinuait à flanc de falaise. On a foncé dans les averses. En bas, l'Océan grondait (...)   CÉLINE, Mort à crédit, p. 105.

SINUEUSEMENT [sinɥøzmɑ̃] adv. — Av. 1892, Taine, *in* D.D.L.; de *sinueux.*

♦ Littér. D'une manière sinueuse; avec des sinuosités.

SINUEUX, EUSE [sinɥø, øz] adj. — 1539, *ulcère sinueux;* lat. *sinuosus* « en courbe », de *sinus* « courbe ». → Sinus.

♦ 1. (1552). Qui présente une suite de courbes irrégulières et dans des sens différents. ⇒ **Courbe, flexueux, ondoyant, ondulé, onduleux, serpentin.** *Ligne sinueuse* (→ Friandise, cit. 6; himation, cit.). *Allée, rampe sinueuse* (→ Effluve, cit. 2). *Cours sinueux d'une rivière. Côte sinueuse.* ⇒ **Anfractueux.**

Les rues étroites, inégales, sinueuses, pleines d'angles et de tournants, étaient admi-   1
rablement choisies; les environs des Halles en particulier, réseau de rues plus
embrouillé qu'une forêt.   HUGO, les Misérables, IV, X, IV.
(...) les lignes sinueuses, serpentines de son beau corps, ondulent avec une élégance   2
souveraine et raffinée (...)   TAINE, Philosophie de l'art, t. II, p. 231.
Et il n'avait nulle envie d'expliquer ses démarches sinueuses à cet ami naturelle-   3
ment franc (...)   FRANCE, le Mannequin d'osier, II, Œ., t. XI, p. 255 (1897).

♦ 2. Fig. Qui fait preuve de sinuosité* (3.). ⇒ **Tortueux.** *Un raisonnement sinueux.*

CONTR. Direct, droit.
DÉR. Sinueusement.

SINUOSITÉ [sinɥozite] n. f. — 1549; du lat. *sinuosus.* → Sinueux.

♦ 1. (Rare). Caractère sinueux. ⇒ **Courbure, galbe.** *« La sinuosité des côtes de la mer »* (Académie).

♦ 2. (1552). Une, des sinuosités. *Ligne sinueuse, courbe d'une ligne sinueuse.* ⇒ **Anfractuosité, coude, courbe, détour, onde, ondulation, retour.** *Les sinuosités d'une rivière.* ⇒ **Méandre** (→ 1. Brouillard, cit. 4). *Les sinuosités d'une pente, d'un terrain.* ⇒ **Pli, repli** (→ Marquer, cit. 30).

(...) cette porte est l'entrée d'un boyau, aussi obscur que long, des sinuosités duquel   1
ta frayeur en entrant t'empêcha, sans doute, de t'apercevoir (...)
             SADE, Justine, t. I, p. 161.
Le sol était singulièrement ondulé; et (...) le chemin, comme s'il voulait se main-   2
tenir à l'intérieur des vallées, décrivait des sinuosités si compliquées, qu'il m'était
actuellement impossible de deviner dans quelle direction était situé le joli village
de B..., où j'avais décidé de passer la nuit.
             BAUDELAIRE, Trad. E. POE,
             Histoires grotesques et sérieuses, « Cottage Landor ».

♦ 3. (1845). Fig. Moyen indirect de faire ou d'éluder qqch. ⇒ **Détour.** *Les sinuosités de ses manœuvres, de son raisonnement.*

1. SINUS [sinys] n. m. invar. — 1539; mot lat. « courbe ». → Sein.
Anatomie.

♦ 1. Cavité irrégulière (de certains os). *Sinus de la face,* de certains os de la face *(sinus frontal, maxillaire, sinus sphénoïdaux).* Spécialt (cour.). *Inflammation des sinus* (de la face). ⇒ **Sinusite.**

♦ 2. Renflement circonscrit ou dilatation d'un segment de certains vaisseaux. — (1904). *Sinus veineux du crâne* (caverneux, coronaire, latéraux). *Sinus carotidien,* à la bifurcation de l'artère carotide primitive. *Sinus de la rate :* capillaires très larges de la pulpe rouge. (1876). *Sinus du cœur :* portion du tube cardiaque primitif qui forme l'oreillette droite, et où se trouve le point d'origine des contractions cardiaques (appelé *nœud sinusal*, nœud de Keith et Flack, nœud sino-auriculaire).

DÉR. Sinusal, sinusite.
COMP. Sinusectomie.
HOM. 2. Sinus.

2. SINUS [sinys] n. m. — 1557; lat. médiéval *sinus*, modification par confusion avec 1. *sinus*, de l'arabe *djǎyb* «demi-corde de l'arc double», proprt «pli ou ouverture d'un vêtement».

Géométrie, mathématiques.

♦ **1.** Vx. «Ligne droite tirée d'une extrémité d'un arc perpendiculairement sur le rayon qui passe par l'autre extrémité» (d'Alembert, in *Encyclopédie*). — Vx. *Sinus total* : sinus du quart de cercle, «c'est la même chose que le rayon» (d'Alembert). — Vx. *Sinus verse* : partie du rayon comprise entre le sinus et l'arc.

♦ **2.** Mod. *Sinus d'un angle* : mesure de la projection sur un axe directement perpendiculaire à l'un de ses côtés d'un vecteur unitaire porté par son autre côté. *Fonction sinus* : fonction dite «circulaire», qui fait correspondre les sinus à la mesure de l'arc correspondant (abrév. : *sin. a*). ⇒ **Trigonométrique**, et aussi **cosinus, tangente**. *La cosécante est l'inverse du sinus.* — *Sinus hyperbolique**.

DÉR. Sinusoïde.
COMP. Cosinus, sinus-verse.
HOM. 1. Sinus.

SINUSAL, ALE, AUX [sinyzal, o] adj. — 1922; de *sinus* (du cœur). → 1. Sinus.

♦ Méd. Relatif au lieu d'origine des contractions cardiaques. *Nœud sinusal.*

SINUSECTOMIE [sinyzɛktɔmi] n. f. — Mil. xxᵉ (*in* Larousse, 1953); de 1. *sinus*, et *-ectomie*.

♦ Chir. Suppression du sinus* (1. Sinus, 1.) frontal par résection de la paroi antérieure et du plancher.

SINUSITE [sinyzit] n. f. — 1904, Larousse; de 1. *sinus*.

♦ Cour. Inflammation des sinus de la face, consécutive à l'inflammation de la muqueuse nasale. *Ce rhume m'a donné de la sinusite. Avoir de la sinusite. Une grosse sinusite.*

SINUSOÏDAL, ALE, AUX [sinyzɔidal, o] adj. — 1871; de *sinusoïde*.

♦ **1.** Math. Relatif à la sinusoïde. — Se dit de la variation d'une fonction, d'une grandeur indépendante, si cette variation est analogue à celle de la fonction sinus. *Mouvement sinusoïdal, pendulaire**. *La fonction sinusoïdale est à la base de tous les mouvements vibratoires* (courants alternatifs, ondes hertziennes).

♦ **2.** Qui fait des sinuosités, des zigzags.

DÉR. Sinusoïdalité.

SINUSOÏDALITÉ [sinyzɔidalite] n. f. — 1939; de *sinusoïdal*.

♦ Littér. Forme sinusoïdale.

(...) il y a l'S dont la forme autant que le sifflement me rappelle, non seulement la torsion du corps près de tomber, mais la sinusoïdalité de la lame *(du Kriss)*.
Michel LEIRIS, l'Âge d'homme, p. 31.

SINUSOÏDE [sinyzɔid] n. f. — V. 1750-1760; de 2. *sinus*.

♦ **1.** Math. Courbe représentative de la fonction sinus (ou cosinus), dans un repère orthonormé (à vecteurs unitaires de même module et perpendiculaires), la variable étant exprimée en radians. *Forme en S des sinusoïdes.*

♦ **2.** Fam. (argot scol.). *Faire des sinusoïdes*, des zigzags, des S.

DÉR. Sinusoïdal.

SINUS-VERSE [sinysvɛrs] n. m. — 1685; de 2. *sinus*, et *verse*, adjectif.

♦ Math. Différence entre le rayon et le cosinus (d'un angle, d'un arc).

SIONISME [sjɔnism] n. m. — 1886, mot créé par N. Birnbaum, de *Sion*, nom d'une des montagnes de Jérusalem, et, par ext., de la ville elle-même.

♦ Mouvement politique et religieux visant à l'établissement puis à la consolidation d'un État juif *(la Nouvelle Sion)* en Palestine. *Le sionisme a précédé la création de l'État d'Israël.*

DÉR. Sioniste.
COMP. et CONTR. Antisionisme.

SIONISTE [sjɔnist] adj. et n. — 1886; de *sionisme*.

♦ Relatif ou favorable au sionisme. *Mouvement, congrès sioniste. Activités sionistes.* N. *Les sionistes* : les partisans du sionisme.

Le génie de Théodore Herzl, fut de voir que pour sortir de leur exil temporel, à l'aube des temps modernes, les Juifs devaient être dotés d'une *direction politique* dont le but fût de recréer l'État d'Israël. L'Organisation Sioniste mondiale naquit de cette vision. Elle sut accomplir sa mission en moins d'un demi-siècle (...)
A. CHOURAQUI, Histoire du judaïsme, p. 123.

CONTR. et COMP. Antisioniste.

SIOUX [sju] n. et adj. invar. — 1776; var. *sion*, adj. invar.; cf. aussi le fém. *siouse* chez Chateaubriand *«langue siouse»*, cf. ci-dessous, cit., altér. de *nadoweisiw* «petit serpent», appellation donnée par les Chippewa aux Sioux, qui s'appelaient eux-mêmes *Dakotas*.

♦ **1.** Personne appartenant à une population indienne de l'Amérique du Nord, aujourd'hui confinée dans les réserves du Dakota, de l'Iowa et du Montana. *Dans les histoires de Peaux-Rouges, les Sioux apparaissent comme des ennemis particulièrement rusés.*

Les Sioux, que leur tradition fait venir du Mexique sur le haut Mississipi, ont étendu l'empire de leur langue depuis ce fleuve jusqu'aux montagnes Rocheuses, à l'ouest, et jusqu'à la rivière Rouge, au nord : là se trouvent les Cypowois *(Chippewa)*, qui parlent un dialecte de l'algonquin et qui sont ennemis des Sioux. La langue siouse siffle d'une manière assez désagréable à l'oreille : c'est elle qui a nommé presque tous les fleuves et tous les lieux à l'ouest du Canada, le Mississipi, le Missouri, l'Osage, etc.
CHATEAUBRIAND, Voyage en Amérique, Langues indiennes.

N. m. *Le sioux* : la langue des Sioux, de la «grande famille Hoka-Siou» (Meillet) des langues américaines (→ Iroquois, cit. Chateaubriand).

♦ **2.** Loc. fam. *Des ruses de Sioux*, très habiles (allus. aux ruses de guerre des tribus sioux).

Fam. Astucieux. *C'est sioux! Il est drôlement sioux* (souvent prononcé [sjuks]).

SIPHO- Premier élément de mots savants, du lat. *sipho, onis*, grec *siphôn, ônos* «petit tube». ⇒ **Siphomycètes**.

SIPHOÏDE [sifɔid] adj. — 1845; de *siphon*, et *-oïde*.

♦ Techn. En forme de siphon. *Bonde siphoïde* : fermeture hydraulique pour les récipients non munis de siphon. *Évier à bonde siphoïde. Vase siphoïde* : appareil de fermeture à soupape et piston, permettant d'introduire des liquides gazeux dans un récipient.

SIPHOMYCÈTES [sifomisɛt] n. m. pl. — 1934, Quillet; de *sipho-*, et *-mycètes*.

♦ Bot. Ordre de champignons à mycélium en tube allongé («siphon») non cloisonné. — Au sing. *Un siphomycète.*

SIPHON [sifɔ̃] n. m. — 1680; *sifon* «trombe», v. 1320; «tuyau pour tirer du vin», 1546; lat. *sipho*, grec *siphôn* «tube creux, siphon».

♦ **1.** Tube courbé utilisé pour transférer un liquide d'un niveau donné à un niveau inférieur, en passant par un niveau supérieur aux deux autres. *Amorcer** *un siphon. Systèmes divers de siphons destinés à aspirer les liquides* (utilisés dans les égouts, etc.). — Sc. Appareil permettant de faire écouler un liquide ou de faire communiquer deux liquides. *Siphon de raccord, de raccord rapide. Siphon de sol*, de gros diamètre, avec grille. *Baromètre** *à siphon. Siphon capillaire*, pouvant fonctionner avec quelques gouttes. — Méd. Appareil servant au lavage de certaines cavités naturelles.

(1680). Cour. Tube recourbé en forme de S, placé à la sortie des appareils sanitaires, de façon à empêcher la remontée des mauvaises odeurs. ⇒ **Hydraulique** (installation). *Siphon d'évier. Le siphon est bouché.*

♦ **2.** (1871). Bouteille en verre épais, hermétiquement close, remplie d'une boisson gazeuse et munie d'un dispositif aspirateur. *Siphon d'eau de Seltz**.

Tous les pêcheurs du bief en vérité y étaient installés déjà au bistrot, avant nous, jaloux d'apéritifs et retranchés derrière leurs siphons.
CÉLINE, Voyage au bout de la nuit, p. 360.

♦ **3.** (1871, Littré). Zool. Chez les lamellibranches, Prolongements des orifices d'entrée et de sortie de l'eau en longs tubes qui s'avancent hors de la coquille. — Bot. Mycélium* continu du mucor*, formant comme un tube allongé sans cloisonnement cellulaire.

♦ **4.** (Mil. xxᵉ). Partie d'un conduit naturel souterrain envahi par l'eau. *Les spéléologues ont dû franchir plusieurs siphons.*

DÉR. Siphoïde, siphonal, siphonner.
COMP. Siphomycètes, siphonophores.

SIPHONAL, ALE, AUX [sifɔnal, o] adj. — 1904, Larousse; de *siphon*.

♦ Didact. D'un siphon.

HOM. Siphonales.

SIPHONALES [sifɔnal] n. f. pl. — Mil. xxᵉ; de *siphon*.

♦ Bot. *Les siphonales* : ordre d'algues vertes dont le thalle est constitué par une cavité renfermant le cytoplasme et de nombreux noyaux sans cloison *(structure siphonnée). Les siphonales ont joué un rôle géologique important jusqu'au tertiaire.* — Au sing. *Une siphonale.*

HOM. Siphonal.

SIPHONNAGE [sifɔnaʒ] n. m. — xixᵉ; *siphonage*, 1875; de *siphonner*.

♦ **1.** Méd. Action de siphonner* (2.).

1 Nous avions rédigé (...) des communications à la *Société de chirurgie*, notamment sur le siphonnage de certaines plaies du thorax (...)
G. DUHAMEL, la Pesée des âmes, XIII.

♦ **2.** Action de siphonner (1.). ⇒ **Siphonnement.**

2 Il boit en faisant un bruit de siphonnage.
SAN-ANTONIO, J'ai essayé : on peut, p. 15.

SIPHONNÉ, ÉE [sifɔne] adj. — 1937; de *siphonner* au sens de «vider» (dont le cerveau est vidé comme par un siphon*, 2.).

♦ Fam. Fou. ⇒ **Cinglé, timbré, toqué.** *Il est complètement siphonné.*

SIPHONNEMENT [sifɔnmɑ̃] n. m. — 1871, Littré; de *siphonner*.

♦ Action de siphonner (1.). *Vider un récipient par siphonnement.* ⇒ **Siphonnage,** 2.

SIPHONNER [sifɔne] v. tr. — 1877; de *siphon*.

♦ **1.** Transvaser (un liquide) à l'aide d'un siphon; faire fonctionner un siphon.

♦ **2.** Méd. Laver en utilisant un siphon.

DÉR. Siphonnage, siphonné, siphonnement.

SIPHONOPHORES [sifɔnɔfɔʀ] n. m. pl. — 1842; de *siphon*, -o-, et -*phore(s)*.

♦ Zool. Classe d'Anthozoaires* *(Cnidaires)*, comprenant des petites méduses transparentes, teintées de rose ou de bleu, vivant en colonies qui flottent en haute mer. ⇒ **Physalle.** — Au sing. *Un siphonophore.*

SIPO [sipo] n. m. — Mil. xxᵉ; mot de la Côte-d'Ivoire.

♦ Techn. Bois d'un arbre africain, de couleur rougeâtre, à grain fin, susceptible d'un beau poli (utilisations voisines de celles de l'acajou).

(...) le sipo *(Entandrophragma utile)* qui constitue 15 % des importations en grumes. C'est un bois surtout employé en menuiserie industrielle, décoration et ameublement. J.-C. REGGIANI, Industries et Commerce du bois, p. 28.

SIPUNCULIENS [sipɔ̃kyljɛ̃] n. m. pl. — Mil. xxᵉ; cf. *sipunculidés*, 1876; dér. du lat. *sipunculus*, var. de *siphunculus* «petit tuyau», dimin. de *sipho, onis* (→ Siphon), d'où *siponcle* (zool.) au xixᵉ (1839, Boiste, *Nomenclature d'histoire naturelle*).

♦ Zool. Embranchement d'animaux métazoaires cœlomates, rattaché aux vers (autrefois groupé avec les priapuliens et les échiuriens dans le groupe des géphyriens), et comprenant de petits organismes marins (de 15 mm à 50 cm) à trompe (à introvert) invaginable portant des tentacules et des crochets, et à long corps vermoïde. *Les sipunculiens vivent dans le sable depuis la zone intercotidale jusqu'aux fonds de 4 000 m.* — Au sing. *Un sipunculien.*

SIR [sœʀ] n. m. — 1779; mot angl., du franç. *sire*.

♦ Titre d'honneur chez les Anglais qui précède le prénom et le nom de la personne désignée. *Sir Winston Churchill.* — REM. Sir peut s'employer devant le prénom seul, mais jamais devant le nom de famille seul.

(1876; appellatif). Monsieur (avec une nuance de respect hiérarchique plus marquée que *monsieur* en français).

HOM. Sœur.

SIRDAR [siʀdaʀ] n. m. — 1765, *serdar* «commandant des forces turques en Moldavie»; du persan *serdar*, de *ser* «tête», et *dar* «qui possède».

Histoire.

♦ **1.** Chef militaire, dans l'Empire ottoman.

♦ **2.** (V. 1900). Titre donné à l'officier général anglais qui commandait les troupes du Khédive en Égypte (le plus célèbre fut Kitchener).

SIRE [siʀ] n. m. — V. 1050; en parlant de Dieu, v. 980; lat. *senior*. → Seigneur.

♦ **1.** Vx. Titre donné à un seigneur féodal (→ Porte-flambeau, cit. 1). *«L'histoire et chronique du très chrestien roy S. Loys... escripte par feu messire Jehan Sire, seigneur de Jonville»* (1547, titre de l'éd. orig.). *Le noble sire* (→ Mortier, cit. 2; et aussi déguiser, cit. 14; qualité, cit. 17, La Fontaine). — (xiiᵉ). Titre honorifique que prenaient des bourgeois pourvus de certains offices (→ An, cit. 6). Par plais. *Sire Loup, sire Corbeau* (→ Chez, cit. 15; mesure, cit. 4, La Fontaine).

♦ **2.** (xiiᵉ). Vx. Monsieur. *Le bon sire, le beau sire* (→ Simuler, cit., Molière). — Loc. mod. (Déb. xxᵉ). **PAUVRE SIRE** : pauvre homme (→ Oser, cit. 16). **TRISTE SIRE** : triste individu, homme peu recommandable.

(...) Manerville est un pauvre sire, sans esprit, mou comme du papier mâché, se laissant manger la laine sur le dos, incapable de quoi que ce soit.
BALZAC, le Contrat de mariage, Pl., t. III, p. 179.

♦ **3.** (xiᵉ). Titre qu'on donne à un souverain* quand on s'adresse à lui. ⇒ **Majesté** (→ Affaire, cit. 4; futilité, cit. 1; 2. montre, cit. 4; révolte, cit. 1; roi, cit. 4). *«Non, l'avenir n'est à personne! Sire! l'avenir* (cit. 13) *est à Dieu»* (Hugo). *Sire, votre Majesté...*

HOM. Cire, cirre.
DÉR. Sirerie.

1. SIRÈNE [siʀɛn] n. f. — 1377; *sierine*, attestation isolée, *sereine*, fin xiᵉ; *sereine*, par croisement avec l'adj. *serein*, fin xiᵉ; bas lat. *sirena*, du lat. class. *siren*, grec *seirên*.

★ **I.** ♦ **1.** Animal fabuleux, à tête et à torse de femme et à queue de poisson, qui passait pour attirer, par la douceur de son chant, les navigateurs sur les écueils (→ Inconciliable, cit. 3). *Ulysse et les sirènes (l'Odyssée,* XII). *Chants des sirènes. Écouter le chant des sirènes :* se laisser charmer, séduire.

1 Montrant son sein, cachant sa queue,
La sirène amoureusement
Fait ondoyer sa blancheur bleue
Sous l'émail vert du flot dormant.
Th. GAUTIER, Émaux et Camées, «Cærulei oculi».

2 J'aurais cru voir affaire à une sirène au sens le plus conventionnel de ce mot, car il me semblait bien que ce charmant spectre nu jusqu'à la ceinture qu'elle portait fort basse se terminait par une robe d'acier ou d'écailles (...)
ARAGON, le Paysan de Paris, p. 29.

(1694, Bossuet). Fig. Femme douée d'un dangereux pouvoir de séduction (→ Abrutissement, cit. 1; pernicieux, cit. 5).

3 Vous me jugez donc très dangereuse? Une sirène, n'est-ce pas, la sirène des anciens mélodrames qui entraîne à leur perte les vieux jeunes gens?
Edmond JALOUX, Fumées dans la campagne, XIV.

Blason. Représentation d'une sirène. ⇒ **Mélusine.**

♦ **2.** Pathol. Monstre à membres inférieurs soudés et incurvés (en queue de poisson).

★ **II.** (1820, nom donné par *Cagniard de La Tour* à son appareil parce qu'il émettait des sons dans l'eau). Phys. Appareil destiné à produire un son de hauteur variable et permettant de mesurer cette hauteur.

(1888, Maupassant). Cour. Puissant appareil sonore destiné à produire un signal, utilisé d'abord sur les navires dans les ports (→ Hurler, cit. 16; pleurer, cit. 15; rumeur, cit. 5), parfois sur les avions, et par la suite pour divers signaux. *Sirène d'alerte, d'alarme,* signalant une menace de bombardement par un son modulé du grave à l'aigu, puis au grave (→ Avion, cit. 6; lumineux, cit. 3). *Sirène d'usine,* annonçant la reprise et la cessation du travail (→ Minutage, cit. 1). *La sirène d'une voiture de police.*

4 (...) la sirène de la jetée hurla tout près de lui. Sa clameur de monstre surnaturel, plus retentissante que le tonnerre, rugissement sauvage et formidable fait pour dominer les voix du vent et des vagues se répandit dans les ténèbres sur la mer invisible ensevelie sous les brouillards. MAUPASSANT, Pierre et Jean, IV.

5 C'était l'époque où il y avait continuellement des raids de gothas; l'air grésillait perpétuellement d'une vibration vigilante et sonore d'aéroplanes français. Mais parfois retentissait la sirène comme un appel déchirant de Walkure — seule musi-

que allemande qu'on eût entendue depuis la guerre — jusqu'à l'heure où les pompiers annonçaient que l'alerte était finie (...)
PROUST, le Temps retrouvé, Pl., t. III, p. 777.

DÉR. (De II.) **Siréner**.

2. SIRÈNE [siʀɛn] n. f. — 1808 ; lat. zool. *siren*, Linné, auquel Garden avait signalé cet animal comme doué d'une voix agréable. → Sirène.

♦ Zool. Sorte de salamandre des marais des États-Unis, type de la famille des sirénidés. — REM. On trouve souvent la forme savante *siren, le genre siren*.

DÉR. **Sirénidés, siréniens**.

SIRÉNER [siʀene] v. intr. — Mil. xxᵉ (*in* Quillet) ; de 1. *sirène* (II.).

♦ Faire retentir une sirène, l'actionner pour produire un signal.

1 Vainement une jeep militaire essayait en sirénant d'obtenir le passage.
Cécil SAINT-LAURENT, les Passagers pour Alger, p. 392.

2 Sirénant à travers un brouillard que le vent déchirait sans le dissoudre, le Helena s'était introduit dans le port de Vladivostok.
Cécil SAINT-LAURENT, Clarisse, p. 32.

SIRÉNIDÉS [siʀenide] n. m. pl. — 1848 ; lat. zool. *sirenes*, 1843, Fitzinger, ou *sirenidæ*, 1845, Bonaparte ; de *siren*. → 2. Sirène.

♦ Didact. Zool. Ordre d'Amphibiens groupant des animaux autrefois inclus parmi les Urodèles, et possédant un corps allongé, des poumons, des branchies, des pattes antérieures réduites, mais qui sont dépourvus de pattes postérieures. — Au sing. *Un sirénidé.*

Les Sirénidés habitent le sud-ouest des États-Unis et renferment deux genres : *Siren* avec 4 doigts et 3 paires de branchies ; *Pseudo-branchus* avec seulement 3 doigts et une seule paire de branchies. Jean GUIBÉ, les Batraciens, p. 112.

SIRÉNIENS [siʀenjɛ̃] n. m. pl. — 1811 ; de *sirène*, suff. *-iens*, ces animaux ayant été appelés *sirènes* ou *femmes marines*.

♦ Zool. Ordre de mammifères placentaires aquatiques, au corps pisciforme, dont la tête est reliée au tronc par un cou et les membres antérieurs terminés par cinq doigts réunis. ⇒ **Dugon, lamantin.** — Au sing. *Un sirénien.*

SIRERIE [siʀʀi] n. f. — 1694 ; de *sire*.

♦ Dr. anc. Titre attaché à une terre dont le seigneur était dénommé *Sire. Ériger une terre en sirerie.*

SIREX [siʀɛks] n. m. — 1808, Boiste ; lat. sc. *sirex*, mot créé par Linné.

♦ Zool. Insecte hyménoptère, térébrant *(Siricidés)*, dont la femelle est pourvue d'une tarière puissante. Syn. : *mouche à scie.*

SIRLI [siʀli] n. m. — 1778, Buffon, qui le rapproche du «*shirleed* de M. Edwards» ; onomat., comme l'angl. *to shirl, shrill* «pousser un cri perçant».

♦ Zool. Oiseau passériforme *(Alaudidés)*, alouette de taille moyenne, vivant en Europe sud-orientale et sur les hauts plateaux d'Afrique.

SIROCCO [siʀɔko] n. m. — 1575 ; *ciroch*, 1538 ; *siroch*, 1552, Rabelais ; *siloc*, v. 1265 ; ital. *scirocco* ; p.-ê. arabe *šărqĭ* «(vent) de l'est» ; cf. le mot marocain *chergui*, appellation de ce vent.

♦ Dans les régions méditerranéennes, Vent de sud-sud-est, chaud et sec, d'origine saharienne, «résultat du régime anticyclonal qui s'établit sur le Nord du continent africain et des dépressions qui se forment souvent sur le bassin occidental de la Méditerranée» (de Martonne).

Le siroco charrie du feu ; il sèche la sueur sur le visage à mesure qu'elle apparaît, brûle les lèvres et les yeux, dessèche la gorge.
MAUPASSANT, Au soleil, Province d'Oran.

REM. On trouve aussi la graphie fautive *siroco*, et la forme ital. *scirocco* (1893, *in* D. D. L.).

SIROP [siʀo] n. m. — V. 1175 ; lat. médiéval *syrupus, sirupus* ; arabe *šărāb* «boisson».

♦ **1.** Solution de sucre dans de l'eau, dans du jus de fruit, ou dans une eau additionnée de substances aromatiques ou médicamenteuses introduites par macération, décoction, adjonction d'alcoolats ou d'essences. — Par métonymie (plus cour.). Boisson formée de sirop étendu d'eau. *Un verre de sirop. Clarifier, filtrer, édulcorer... un sirop. Sirop simple, sirop de sucre* (1808, *in* D. D. L.), base des confitures, des bonbons et de tous les *sirops composés* (→ Pavot, cit. 1). ⇒ aussi **Mélasse**. *Sirops de fruits, de cassis, de groseille, de fram-*

boise, *de mûre, de fraise, de coing, de citron* (citronnade), *d'orange* (orangeade), *de grenade* (grenadine)... → Bézoard, cit. 1 ; fantaisie, cit. 12 ; pot, cit. 18. *Moût* (cit. 1) *réduit en sirop. Sirop d'orgeat** (cit.). *Sirop à base de miel.* ⇒ **Acétomel.** *Sirops aux liqueurs* (kirsch, rhum, etc.), servant dans la pâtisserie. *Sirop de café. Sirop violat.* — *Sirops pharmaceutiques*, dans lesquels le sirop de sucre aromatisé masque le goût des médicaments (→ Écœurer, cit. 2 ; panade, cit. 1). *Sirop contre la toux* (⇒ **Béchique, capillaire, pectoral**), *antiscorbutique* (⇒ **Dépuratif**), *à base d'opium* (⇒ **Diacode**)... ⇒ aussi **Julep, looch.**

1 L'une apporte pour la toux des sirops de jujube, d'althéa, de corail et de tussilage ; l'autre, pour conserver les poumons de Sa Révérence, s'est chargée de sirops de longue-vie, de véronique, d'immortelle et d'élixir de propriété (...)
A.-R. LESAGE, le Diable boiteux, IV.

Par ext. État liquide d'une confiture avant son refroidissement en gelée.

Techn. Jus de betterave ou de canne concentré (dans les sucreries).

♦ **2.** (Au Québec). **SIROP D'ÉRABLE** : sève d'érable à sucre, bouillie et concentrée. «*Les immenses chaudrons noirs servent à bouillir le sirop d'érable*» (Anne Hébert).

♦ **3.** **SIROP DE MAÏS**, composé de dextrine, de maltose et de dextrose, obtenu par hydrolyse de fécules de maïs.

♦ **4.** (1750). Fam. Vin. *S'envoyer un coup de sirop. —Avoir un coup de sirop, être dans le sirop* : être ivre, et aussi être abruti (→ Dans le cirage*).

1.1 Surtout mon p'tit loup n'bois pas trop,
Tu sais qu't'es teigne
Et quand t'as un p'tit coup d'sirop
Tu fous la beigne. A. BRUANT, « À Saint-Lazare ».

♦ **5.** (1680). Par plais. *Sirop de grenouille, de parapluie* : l'eau (cit. 11).

2 Cet animal de Mes-Bottes était allumé ; il avait bien déjà ses deux litres ; histoire seulement de ne pas se laisser embêter par tout ce sirop de grenouille que l'orage avait craché sur ses abattis. ZOLA, l'Assommoir, III, t. I, p. 105.

Eau. *Il est tombé au sirop.* ⇒ **Flotte, jus.**

3 Au clapot, son bachot soulève ... son beau galure tombe au jus ... Il se penche, il veut faire un effort ... Il perd sa rame ... Il s'affole ... Il rebiffe ... Il bascule ... Il tombe au sirop exact comme «les Joutes Lyonnaises» en arrière «plat cul»! ... Heureusement qu'il sait nager ...! CÉLINE, Mort à crédit, p. 95.

♦ **6.** Situation embrouillée, inextricable. *Je l'ai eu au sirop*, en l'embrouillant, en lui racontant des blagues.

4 (...) je me trouve peut-être grillé dans mon quartier. Mais ça, tu t'en fous. Le flic, je l'avais au sirop tranquillement et sans me fatiguer. Probablement que ça ne contrariait... M. AYMÉ, le Vin de Paris, «Traversée de Paris», p. 64.

5 Le maître d'hôtel frimant du côté de la table, le Marcel, dont la tactique dans ce sirop est la respectabilité à tout prix, doit à contrecœur prendre place près de Johnny, sur la banquette de velours, et serrer la main du Grand, largement tendue.
Albert SIMONIN, Hotu soit qui mal y pense, p. 131.

DÉR. **Siroter.** — (Du même rad.) V. **Sirupeux.**

SIROPER [siʀɔpe] v. — 1621, au sens 1 ; de *sirop*. Rare.

★ **I.** V. tr. ♦ **1.** Vx. Méd. Traiter, soigner par des sirops.

♦ **2.** (1876). Vx. Édulcorer avec un sirop.

♦ **3.** (1938). Mod. Cuis. Tremper (un entremets) dans un sirop.

★ **II.** V. intr. (1890). Prendre la consistance d'un sirop.

SIROTER [siʀɔte] v. — 1690 ; de *sirop*.

★ **I.** V. tr. Fam. Boire à petits coups en savourant. ⇒ **Déguster** (→ Boisson, cit. 3 ; lamper, cit. 2). *Siroter son café, une fine.*

1 On voit par là que c'est conséquemment aux principes, et par suite d'une pratique bien entendue, que les vrais amateurs *sirotent* leur vin *(they sip it)* ; car, à chaque gorgée, quand ils s'arrêtent, ils ont la somme entière du plaisir qu'ils auraient éprouvé s'ils avaient bu le verre d'un seul trait.
A. BRILLAT-SAVARIN, Physiologie du goût, t. I, p. 57.

★ **II.** V. intr. Boire.

2 Mathieu avait l'ambition de comprendre tous les Français, de se faufiler parmi tous les rangs sociaux, de siroter à tous les cafés de Paris (...)
Marie-Claire BLAIS, Une liaison parisienne, p. 22.

DÉR. **Siroteur.**

SIROTEUR, EUSE [siʀotœʀ, øz] n. — 1680 ; de *siroter*.

♦ Fam. Celui, celle qui aime à siroter. *C'est un sacré siroteur.* ⇒ **Buveur.**

SIRTAKI [siʀtaki] n. m. — V. 1965 ; mot grec popularisé par un film.

♦ Danse populaire grecque.

Chrysoula chanta et dansa le *sirtaki, le hasapiko,* tout ce qu'on lui jouait avec un entrain fou. Michel DÉON, les Poneys sauvages, p. 226.

SIRUPEUX, EUSE [siʀypφ, φz] adj. — 1742; dér. sav. du lat. *sirupus.* → Sirop.

♦ **1.** De la nature, de la consistance du sirop (→ Mélasse, cit. 1). ⇒ **Doux, visqueux.** *Un liquide sirupeux. Cet alcool est trop sirupeux pour mon goût,* chargé de sucre.

♦ **2.** (xxᵉ). Fig. (Péj.). *Musique sirupeuse,* facile, mièvre. *Des compliments sirupeux. Un film fade et sirupeux.* ⇒ **Guimauve.**

SIRVENTE [siʀvãt], **SIRVENTÈS** [siʀvãtɛs; siʀvɛtɛs] ou **SERVENTOIS** [sɛʀvãtwa] (forme franç.) n. m. — xiiiᵉ, *sirvente; serventois,* xiiᵉ; *syrvantes,* 1762; du provençal *sirvent* « serviteur ».

♦ Hist. littér. Poème moral ou satirique, inspiré le plus souvent de l'actualité politique, divisé en couplets que chantait le troubadour ou le trouvère.

On peut en juger par ce qui nous reste du troubadour Bertrand de Born. Son unique jouissance était de jouer quelque bon tour à son seigneur le roi Henri II (...) puis, quand tout était en feu, d'en faire un beau sirvente dans son château de Hautefort (...)   MICHELET, Hist. de France, IV, v.

SIS, SISE [si, siz] adj. — 1290; de *seoir.*

♦ Dr₋, littér. Situé. *Domaine sis à tel endroit. Maison sise à l'écart* (1. Écart, cit. 14).

Dans cette maison idéalement belle, sise au milieu de jardins enchantés — où les fleurs abondent, où l'eau ruisselle, où l'herbe reste verte malgré l'impitoyable soleil — je pense aux deux pièces que j'habite, à Paris.   J. GREEN, Journal 1958-1967 (Vers l'invisible), 18 juil. 1959, p. 139.

HOM. Ci, scie, si, six.

SISAL [sizal] n. m. — 1911; de *Sisal,* port du Yucatan.

♦ Agave (*Agave rigida*) dont les feuilles fibreuses servent à faire une matière textile. — Par métonymie. Cette matière. *Corde, tapis en sisal. Usine de traitement du sisal* (sisalerie).

SISITTE, SISSITTE [sisit] loc. verb. — xxᵉ; altér. enfantine de *assis,* de *s'asseoir;* var. régionales : *faire sis-sis,* etc.

♦ (Dans le langage des petits enfants et en leur parlant). *Faire sisitte :* s'asseoir. *Sisitte :* assieds-toi.

1   *(Il)* pointe l'index vers la chaise la plus proche. « Sisitte, une seconde », dit-il.   Hervé BAZIN, Qui j'ose aimer, 12, p. 110.

On trouve aussi la graphie *sisite.*

2   Arrêt! sisite... repos!.. le troisième étage de la gare?.. nous n'y sommes pas! je compte... cinquante marches au moins!..   CÉLINE, Rigodon, p. 110.

SISM-, SISMO-, SÉISM-, SÉISMO- Éléments du grec *seismos* « secousse, tremblement ». — REM. La forme normale des comp. de *seismos* est *sism-* (→ Sistre*, de *seistron*); cependant la forme « analytique » de *séisme** et l'emploi des formes en *seism-* dans les langues germaniques et notamment l'anglais font qu'on utilise aussi les composés en *séismo-.*

COMP. V. à l'ordre alphab.; V. aussi **Isosiste** ou **isoséiste.**

SISMAL, ALE, AUX [sismal, o] adj. — 1871; de *sism(o)-, séism(o)-,* et *-al.*

♦ Géogr. Qui se rapporte au tremblement de terre. *Ligne sismale,* qui suit l'ordre d'ébranlement dans un tremblement de terre. — Var. : *séismal, ale, aux* [seismal, o] (1824).

SISME [sism] n. m. — 1889, cit.; grec *seismos* « secousse, tremblement ».

♦ Vx. Séisme.

Partout où se manifeste un tremblement de terre, le sol est faillé ou fracturé. Le sisme suppose la faille, mais la réciproque n'est pas vraie (...)   L. FIGUIER, l'Année scientifique et industrielle, 1890, p. 242 (1889).

SISMICITÉ [sismisite] n. f. — 1904; de *sismique, séismique.*

♦ Didact. Degré de fréquence et d'intensité des phénomènes sismiques en un lieu donné. *Axe de la plus grande sismicité. Sismicité superficielle et orogénie*. Régions à forte sismicité.* — Var. : *séismicité* [seismisite].

SISMIQUE [sismik] adj. — 1871, *séismique,* 1863; de *sisme, séisme*.

♦ **1.** [a] Relatif aux séismes*, aux tremblements de terre. *Mouvements, phénomènes sismiques. Propagation des ondes sismiques.*

Activité sismique : sismicité. *Vague sismique* dite *tsunami*. Secousse sismique* (pléonasme si l'on considère l'étymologie).

(...) le sol était tout secoué par un frémissement continu, comme sismique.   GIDE, Journal, 27 avr. 1943.

Sujet aux séismes. Zone sismique.*

[b] *Prospection sismique.* → ci-dessous 2. *Sondage sismique continu* (écho-sondage).

Var. : *séismique* [seismik].

♦ **2.** N. f. Techn. Méthode de prospection fondée sur la capacité des ondes sonores à subir, après avoir été provoquées artificiellement, des réfractions, des réflexions. *Sismique marine. Sismique pétrolière.* «*Avec une bonne sismique et deux ou trois forages on arrive à évaluer (...) la quantité d'hydrocarbures en place* » (*Sciences et Avenir,* sept. 1979).

DÉR. **Sismicité.**

SISMO- ⇒ **Sism-.**

SISMOGÉNIQUE [sismɔʒenik] adj. — 1923; de *sismo-,* et *-génique.*

♦ Didact. Qui cause les tremblements de terre. — On dit aussi *séismogénique* [seismɔʒenik].

SISMOGRAMME [sismɔgram] n. m. — 1903 (*Rev. gén. des sc.,* 30 oct. 1903, p. 1018), var. *séismogramme,* 1904; de *sismo-,* et *-gramme;* signalé à **sismographe.**

♦ Didact. Tracé d'un sismographe* (cit.). Var. : *séismogramme* [seismɔgram]. « *La comparaison des séismogrammes réels avec les sismogrammes synthétiques* » (*la Recherche,* nov. 1973, p. 980).

SISMOGRAPHE [sismɔgraf] n. m. — 1871; *séismo-,* 1878; de *sismo-, séismo-,* et *graphe.*

♦ Sc. Instrument de mesure qui enregistre les mouvements d'un point de l'écorce terrestre, sous forme de sismogrammes*. — *Utilisation du sismographe en prospection marine.* ⇒ **Sismométrie.** *Sismographe électromagnétique.*

(...) les anciens sismoscopes et sismomètres n'ont guère qu'un intérêt rétrospectif, les plus perfectionnés d'entre eux conservant seulement la trace du moment où se produit la secousse principale. Les sismographes aujourd'hui employés sont (...) des pendules verticaux ou des pendules horizontaux (...) Les sismographes modernes enregistrent les secousses sur des bandes de papier déroulées (...) fournissant ainsi des graphiques de l'ensemble du tremblement de terre, auxquels on donne le nom de *sismogrammes.*   Émile HAUG, Traité de géologie, t. I, p. 338, 339.

Var. : *séismographe* [seismɔgraf].

DÉR. **Sismographie.**

SISMOGRAPHIE [sismɔgrafi] n. f. — 1902, Jarry; *séismo-,* 1923; de *sismographe, séismographe.*

♦ Sc. Mesure au moyen du sismographe*.

DÉR. **Sismographier, sismographique.**

SISMOGRAPHIER [sismɔgrafje] v. tr. — xxᵉ; de *sismographie.*

♦ Sc. Mesurer à l'aide du sismographe. — Figuré, littéraire :

(...) Picasso ne crée pas *des* œuvres. Il sismographie seulement son œuvre complète : dessinant sans relâche la bande dessinée de sa vie, l'électrocardiogramme de ses sentiments.   Claude ROY, Nous, 1972, p. 368.

SISMOGRAPHIQUE [sismɔgrafik] adj. — 1904; de *sismographie.*

♦ Sc. Qui se rapporte à la sismographie*.

SISMOLOGIE [sismɔlɔʒi] n. f. — 1890, P. Larousse, *Deuxième Suppl.; séismo-,* 1904; de *sismo-,* et *-logie.*

♦ Sc. Étude des séismes. *Traité de sismologie. Sismologie et volcanologie.*

Par ext. Étude des mouvements de l'écorce terrestre, et en particulier de ceux qui sont déterminés artificiellement (explosions, etc.) pour la prospection du sous-sol. ⇒ aussi **Sismique,** 2.

DÉR. **Sismologique, sismologue.**

SISMOLOGIQUE [sismɔlɔʒik] adj. — 1881, *Année sc. et industr.* 1882, p. 269; *séismo-,* 1903; de *sismologie.*

♦ Sc. Relatif à la sismologie*, à son objet. *Études sismologiques. Phénomènes sismologiques.* ⇒ **Sismique.**

SISMOLOGUE [sismɔlɔg] n. — 1909; de *sismologie*.

♦ Sc. Personne qui étudie la sismologie; spécialiste des mouvements de l'écorce terrestre. ⇒ aussi **Volcanologue.**

SISMOMÈTRE [sismɔmɛtʀ] n. m. — 1890; de *sismo-*, et *mètre*.

♦ Techn. Appareil de mesure des chocs. *Les sismomètres sont utilisés en sismologie, en sismique* (2.).
Var. : *séismomètre* [seismɔmɛtʀ]. *Les « étonnants capteurs qui détectent les ondes : des gravimètres, extensomètres et clinomètres complétés par des séismomètres plus classiques »* (*Sciences et Avenir*, mai 1978, p. 80).
DÉR. Sismométrie.

SISMOMÉTRIE [sismɔmetʀi] n. f. — Mil. XXᵉ; de *sismomètre*.

♦ Techn. Étude et mesure des mouvements du sol, de la propagation des ondes sismiques, au moyen d'instruments appropriés (⇒ **Sismographe, sismomètre**).

SISMOTHÉRAPIE [sismɔteʀapi] n. f. — 1904, Larousse; de *sismo-*, et *thérapie*.

♦ Didact. Méd. Traitement par des convulsions provoquées à l'aide du courant électrique (électrochoc*) ou de diverses substances (choc insulinique, choc au cardiatol).
En psychiatrie certains états dépressifs sont traités à l'aide de chocs répétés (sismothérapie ou convulsivothérapie).
                    A. GALLI et R. LELUC, les Thérapeutiques modernes, p. 66.
Mode de traitement consistant à imprimer à l'organisme ou à une partie de l'organisme des vibrations raides et de peu d'amplitude. ⇒ **Massage; vibromasseur.**

SISON [sizɔ̃] n. m. — 1545; mot lat., du grec *sisôn* « cheveux tressés ».

♦ Bot. Plante dicotylédone (*Ombellifères*), comprenant des herbes à racines et à fruits aromatiques.

SISSONE [sisɔn] n. f. — 1691; orig. incert.; p.-ê. du nom du comte de Sissone, François César de Roussy.

♦ Danse. *Pas de sissone*, et, ellipt., *sissone* : « saut* dont l'appel se fait sur les deux pieds et la retombée sur un seul » (M. Bourgat, *Technique de la danse*).

SISTERSHIP [sistœʀʃip] n. m. — 1915, écrit *sister-chip* (sic); 1934, *in* Höfler; mot angl., de *sister* « sœur », et *ship* « navire » (mot féminin).
Anglicisme.

♦ Navire identique, construit suivant le même modèle (que les autres de la série). *« À bord de l'*Euroliner *et de son "sistership", chaque générateur de gaz possède deux compresseurs jumelés »* (*Science et Vie*, nº hors série, « Marine », 1972). *Des sisterships.*
(des) ennuis de machine (...) ce qui était fréquent à bord du Lutetia *ainsi qu'à bord de son* sistership *le* Massilia, *les deux magnifiques paquebots de la Sud-Atlantique étant surmenés, à bout (...)* B. CENDRARS, Bourlinguer, IV, p. 48.
On écrit aussi *sister-ship*.

SISTRE [sistʀ] n. m. — 1527, Marot; lat. *sistrum*, grec *seistron*, de *selein* « agiter ». → Séisme, sismo-.

♦ Antiq. (d'abord en Égypte). Instrument de musique à percussion, formé d'un cadre courbe traversé de plusieurs baguettes mobiles et sonores et garni d'un manche. *Sistre isiaque* (→ Faucille, cit. 3). *Tambours et sistres* (→ Mener, cit. 32).

1 (...) selon qu'il est écrit au livre de l'*Âne d'or*, quand il eut trouvé le chapelet de fleurs de rosier pendant au sistre de Cérès, déesse des blés.
                    Clément MAROT, Préface au Roman de la Rose (1527).
2 (...) une fois que vous tenez le sistre sur lequel on chante Dieu, vous ne le quittez plus.   BALZAC, Séraphita, Pl., t. X, p. 577.
HOM. Cistre.

SISYMBRE [sizɛ̃bʀ] n. m. — 1581; *sisimbre*, attestation isolée, XVᵉ; lat. *sisymbrium*, grec *sisumbrion*.

♦ Bot. Plante dicotylédone (*Cruciféracées*), herbacée, dont une variété était utilisée comme remède contre l'enrouement. Syn. : *herbe aux chantres* ou *vélar*.

SISYPHE [sizif] n. m. — 1876; lat. zool. *sisyphus*, du nom propre *Sisyphus*, grec *Sisuphos*, fils d'Éole, condamné à hisser perpétuellement un rocher sur une montagne; allus. probable au comportement de l'insecte avec sa boule d'excrément.

♦ Zool. Petit bousier* noir (*Coléoptères*) des régions tempérées chaudes d'Europe et d'Asie.

SITA [sita] n. m. invar. — XXᵉ; sigle de la Société industrielle de transports automobiles.

♦ Fam. (à Paris). Véhicule chargé du ramassage des ordures (d'après les initiales de la compagnie).
Les *Sita* ramassaient les poubelles; les ouvriers qui se rendaient au travail regardaient Lartois d'un air goguenard (...)   1
                    M. DRUON, les Grandes Familles, IV, XI, p. 236.
Matin gris. Les *Sita* ne passent plus qu'à 10 heures; une statuette de plâtre gît   2
au milieu de la rue.   S. DE BEAUVOIR, la Force de l'âge, p. 401.

SITAR [sitaʀ] n. m. — Attesté 1904, *Nouveau Larousse illustré*; répandu v. 1965; mot hindi.

♦ Mus. Instrument de musique originaire du Nord de l'Inde, à cordes pincées, à caisse de résonance hémisphérique, long manche et touchettes amovibles, comptant le plus souvent sept cordes et pouvant comporter, comme éléments additionnels, des cordes sympathiques et une calebasse de résonance à l'extrémité du manche. *Le sitar s'apparente à la vînâ, au luth. Sitar et surbahar*. (On écrit aussi *sitâr*).
DÉR. Sitariste.
HOM. Cithare.

SITARCHIE [sitaʀʃi] n. f. — 1876, grec *sitarkhia*, de *sitarkhos*, de *sitos* « blé, nourriture ».

♦ Didact. Intendance des vivres, dans la Grèce antique, détenue par un *sitarque* [sitaʀk] n. m. (1876).

SITARIS [sitaʀis] n. m. — 1876, P. Larousse, cf. *sitaride*, 1839, Boiste; lat. zool. *sitaris* (1802, Latreille), du grec *sitarion* « un peu de blé », de *sitos* « blé, nourriture ».

♦ Zool. Insecte coléoptère qui vit en parasite dans le nid de certaines espèces d'abeilles solitaires.

SITARISTE [sitaʀist] n. — Mil. XXᵉ; de *sitar*.

♦ Musicien, musicienne qui joue du sitar. *« Une très haute technologie* (sic), *créant l'envoûtement. Le sitariste Nikil Banerjee en donnera la preuve »* (*le Monde*, 5 oct. 1973).
HOM. Cithariste.

SITE [sit] n. m. — 1576, par l'ital. *sito* « situation, place, position », 1302; lat. *situs*, qui avait donné l'anc. franç. *site* « emplacement, place » (déb. XIVᵉ).

♦ **1.** Paysage* (considéré du point de vue de l'esthétique, du pittoresque). ⇒ **Panorama.** *Site imposant* (cit. 8), *grandiose, majestueux, plaisant, riant. Site alpestre* (→ Romantisme, cit. 1). *Constructions en harmonie* (cit. 39) *avec le site. Protection des sites.*
Dans le ciel de l'Attique, le stable dessin de cette colonnade inscrit le sanctuaire   1
juste comme il faut dans le site qui lui convient.
                    Roger CAILLOIS, le Rocher de Sisyphe, Civilisation, p. 58.
C'est très rare en Amérique que les sites remarquables ne soient pas classés et   2
protégés; je me demande comment le Niagara n'a pas été déclaré parc ou monument national.   S. DE BEAUVOIR, l'Amérique au jour le jour, p. 91.
(XVIIᵉ-XVIIIᵉ). Peint. Vx. Disposition naturelle des éléments d'un paysage, utilisé par le peintre.

♦ **2.** Configuration du lieu*, du terrain où s'élève une ville, manière dont elle est située* (considérée du point de vue de son utilisation par l'homme : communications, facilités de développement, etc.). ⇒ **Situation.** *Site d'une place de guerre* (1660, d'Aubigné). *Le site de Lyon, au confluent du Rhône et de la Saône. Site urbain. Respecter le site*, en construisant, en aménageant une zone (⇒ **Sitologie**). — (Trav. publ.). *Aménagement des sites de barrages de la Durance.* — *Site archéologique*, où l'on effectue des fouilles. *« Le Pr. Chevallier a pu lancer l'évaluation de plus de 100 000 sites archéologiques sur le seul territoire français (...) La notion même de site archéologique éclate. Cette notion est débordée (...) par la découverte des (...) ensembles régionaux... »* (*Sciences et Avenir*, juin 1980, p. 82). — (1965). Admin. *Site propre* : endroit réservé à la circulation des véhicules de transport en commun.

♦ **3.** (1923). Didact. (topographie, artill.). *Angle de site* ou *site* : angle que forme, avec sa projection sur le plan horizontal, une ligne joignant un observateur à un point visé. *Pointage en site et en gisement* (artill.). *Le site s'évalue en millièmes.*

♦ **4.** Biol. *Site d'un gène* : le plus petit élément d'un gène susceptible de subir une mutation ou d'être séparé des éléments voisins par recombinaison au sein du même gène.
COMP. Sitogoniomètre, sitologie, sitomètre.
HOM. Formes du v. **citer**; Scythes (n. de peuple).

SIT-IN [sitin] n. m. invar. — 1967 ; mot angl., de *to sit in* «prendre place, s'installer».

♦ Anglicisme. Forme de contestation non violente consistant à s'asseoir par terre en groupes pour occuper des lieux publics. *Faire du sit-in. Les étudiants ont organisé des sit-in.* «(Les détenus) *regagnent leurs cellules spontanément après un sit-in dans la cour*» (*l'Express*, 5 août 1974). «*Les étudiants distribuent des tracts, organisent des sit-in autour de la caserne...*» (*le Nouvel Obs.*, 23 déc. 1972, p. 41).

SITIO- Premier élément de mots sav., du grec *sition* «aliment, blé».

SITIOMANIE [sitjɔmani] n. f. — 1885 ; t. dû à Magnan ; de *sitio-*, et *-manie*.

♦ Psychiatrie. Boulimie névrotique.

SITIOPHOBIE [sitjɔfɔbi] n. f. — 1871, Littré ; de *sitio-*, et *-phobie*.

♦ Psychiatrie. Refus de s'alimenter. — REM. L'usage a consacré le terme, bien que le comportement désigné réponde rarement au mécanisme obsessionnel des phobies.

SITKA [sitka] n. m. — 1923 ; du nom d'une île de l'Alaska ; mot russe.

♦ Comm. Fourrure de renard teinte et repiquée de poils d'une autre provenance.

Qu'un renard rouge soit passé au noir puis piqueté de blanc çà et là avec des poils de blaireau, et mis en vente sous le nom de «sitka», il n'y a à cela rien à dire, parce que chacun sait, ou doit savoir, qu'un «sitka» est ce renard teint et repiqué.
R. THÉVENIN, les Fourrures, p. 122.

SITOGONIOMÈTRE [sitogɔnjɔmɛtʀ] n. m. — 1923 ; de *site* (3.), et *goniomètre*.

♦ Techn. Instrument qui sert à mesurer les angles de site.

SITOLOGIE [sitɔlɔʒi] n. f. — 1974 ; de *site*, et *-logie*.

♦ Didact. Étude des sites et des moyens de les préserver au moment d'y introduire des constructions.
DÉR. Sitologue.

SITOLOGUE [sitɔlɔg] n. — 1973, cit. ; de *sitologie*.

♦ Spécialiste en sitologie*. «*Il faut peut-être nous résigner à voir apparaître, comme professions annexes de l'architecture les plasticiens, les paysagistes et sitologues diplômés*» (J. Cellard, in *le Monde*, 7-8 oct. 1973).

SITOMÈTRE [sitɔmɛtʀ] n. m. — Mil. xxᵉ, *sitemètre, in* Larousse 1949 ; de *site* (3.).
Technique.

♦ **1.** Ancienn. Appareil utilisé pour déterminer l'angle de site et l'azimut d'un avion invisible (avant le radar).

♦ **2.** Instrument pour déterminer le site d'un point.

SITOSTÉROL [sitɔsteʀɔl] n. m. — 1959 ; du grec *sitos* «blé», et *stérol*.

♦ Biochim. Substance lipidique (stérol) d'origine végétale, abondante dans l'huile de coton, de soja, de maïs, de seigle.

SITÔT [sito] adv. — xviᵉ ; *si tost que*, xiiiᵉ ; de 2. *si*, et *tôt*.

★ **I.** Adv. de temps. ♦ **1.** Vx. Aussi rapidement, au bout d'un temps si bref. «*De cette fleur* (cit. 16) *si tendre et sitôt moissonnée*» (Racine).

♦ **2.** (En corrélation avec *que* dans une comparaison). Aussi vite (que). «*Gageons, dit celle-ci, que vous n'atteindrez point / Sitôt que moi ce but*» (cit. 4, La Fontaine). — REM. Quand le contexte donne son sens plein à *tôt* on écrit, en deux mots, *si tôt*. ⇒ **Tôt.**

♦ **3.** Littér. *Sitôt après...* : immédiatement après... *Presque sitôt après sa mort.* ⇒ **Aussitôt** ; → 2. Plongeon, cit. 3, Gide. «*Sitôt ensuite...*» (Gide, *Journal*, 10 avr. 1933).

♦ **4.** Vx. *Pas sitôt... que. Il ne fut pas sitôt parti que je me mis à travailler* : «immédiatement après qu'il fut parti, je me mis à travailler». ⇒ **Plutôt.** → aussi Bavette, cit. La Fontaine ; fait, cit. 40, Lesage.

★ **II.** Loc. Cour. ♦ **1.** (1777). Loc. adv. PAS DE SITÔT, ou, plus fré-

quemment, DE SI TÔT. ⇒ **Tôt.** *Cette espérance ne devait pas se réaliser de sitôt.*

♦ **2.** Loc. conj. (1275 ; *si tost que*). SITÔT QUE... (suivi de l'indic.) : immédiatement après que..., juste au moment où... ⇒ **Aussitôt** (que), **dès** (que) ; → 1. Rechange, cit. 2. — (Avec une nuance causale). *Ils ne sentent guère la plaisanterie, sitôt qu'elle est un peu fine* (→ Attique, cit. 7). — (Avec disjonction). *Sitôt donc que...* (→ 1. Reposer, cit. 13).

♦ **3.** (xixᵉ). (Dans une participiale). *Sitôt la porte close, il s'avança,* dès que la porte fut close... (→ Fielleux, cit. 1). *Sitôt entré, il salua* (→ Moutardier, cit.). *Sitôt dit, sitôt fait.*

Accoutumé à ses servantes sitôt quittées que conquises, il rêva de cette jeune fille désinvolte (...)   COLETTE, la Maison de Claudine, p. 16.   1

Sitôt quitté Sardou, Goncourt commence (...)   GIDE, Journal, 19 janv. 1902.   2

★ **III.** (xixᵉ). Littér. (Employé comme préposition devant un nom). ⇒ **Aussitôt, dès.** *Sitôt le seuil* (→ Pénombre, cit. 4).

Les enfants morts sitôt le jour (...) ne seront point exemptés de ces supplices.   3
FRANCE, le Jardin d'Épicure, p. 234 (1895).

SITOTROGUE [sitotʀɔg] n. f. — Déb. xxᵉ ; comp. sav. du grec *sitos* «blé», et *trôgein* «manger».

♦ Zool. Insecte lépidoptère *(Tinéidés)*, communément appelé alucite*, dont la chenille ronge l'intérieur des grains des céréales.

SITTELLE [sitɛl] n. f. — 1778, Buffon, *Œuvres*, t. VII, p. 105 ; dimin. du lat. zool. *sitta* (Linné), du grec *sittê* «oiseau analogue au pic, au pivert».

♦ Oiseau *(Passereaux, Sittidés)*, appelé aussi *grimpereau, pic maçon, pic bleu, torchepot*, qui se nourrit d'insectes et de graines et qui grimpe avec agilité sur les troncs. — REM. On écrit aussi *sittèle*.

Une sittelle chante dans le tilleul encore nu, elle jette ses notes pressées dont j'avais fait le motif même de la symphonie pascale, quand j'étais enfant.   1
F. MAURIAC, le Nouveau Bloc-notes, p. 320.

(...) malgré la pluie, une sittelle torchepot grimpait en tapant du bec sur le tronc d'un petit sycomore.   Jacques PERRET, Bande à part, p. 120.   2

SITUABLE [sitɥabl] adj. — 1720 ; de *situer*.

♦ Qu'on peut situer. *La scène est situable à tel endroit, n'importe où.*

Dans les grands systèmes religieux de l'Occident, il n'y a donc pas de difficulté à tenir la mort pour vraie, elle a toujours lieu dans un monde, elle est un événement du plus grand monde, événement situable et qui nous situe nous-mêmes quelque part.   M. BLANCHOT, l'Espace littéraire, p. 114.

SITUATION [sitɥasjɔ̃] n. f. — 1375, «position (des étoiles)» ; de *situer*.

★ **I.** (Concret). ♦ **1.** Le fait d'être dans un lieu (→ Pénétration, cit. 1). — Place qu'occupe une personne dans un espace (→ Orchestique, cit.) ; manière dont une chose est disposée, située* ou orientée (dans un système de repères). ⇒ **Disposition, emplacement, endroit, lieu, position.** *La situation du radius est oblique, et celle du cubitus* (cit.) *droite* (Paré). *Mots qui désignent une situation particulière :* après, avant, bas, dessous, dessus, haut, sur, sous ; chez, contre, dans, devant, hors, parmi, proche, sous, sur, vers, etc. ⇒ **Position.** — Vx. *Géométrie de situation* (analysis situs) : la topologie.

(1447). Cour. Emplacement (d'un édifice, d'une ville). *Situation d'une maison exposée au soleil levant, au midi.* ⇒ **Exposition** (C., 1.), **orientation** (B.). *Situation d'une forteresse, d'une place.* ⇒ **Assiette** (II., 1.), **position** (*supra* cit. 4). — *Situation d'une ville, d'un village.* ⇒ **Site** (2.) ; → Entrepôt, cit. 3 ; garantir, cit. 16.

♦ **2.** Vx. Attitude*, posture d'une personne (cf. Rousseau, *l'Émile,* 1).

★ **II.** (Abstrait ; xviiᵉ). ♦ **1.** Vx. Disposition morale, état psychologique (de qqn). *L'influence* (cit. 16) *d'un bon souper sur la situation de leur esprit.*

♦ **2.** Ensemble des circonstances dans lesquelles une personne se trouve ; ensemble des relations qui unissent (qqn, une collectivité) à son milieu, à la société ; ensemble des données qui caractérisent une évolution, une action (à un moment donné). ⇒ **Circonstance**(s), **condition, état, place.**

a (Personnes). *Situation d'une personne, durant un temps.* ⇒ **État** (*supra* cit. 29), **position.** *Se trouver, se voir dans telle situation* (→ Positif, cit. 10). *Retomber finalement dans la même situation.* → Se retrouver au même point*, à la case départ. *Examiner la situation sous toutes ses faces. Dominer la situation. Situation brillante* (→ Aussi, cit. 33), *heureuse, avantageuse, prospère.* ⇒ **Prospérité** (→ Dans une bonne passe*). *Être dans une triste situation* (→ Mal en point*, en mauvaise posture*, dans de sales draps*, n'être pas à la noce*). *Situation critique, délicate* (→ Jouer, cit. 53), *désespérée, fâcheuse.* ⇒ **Affaire**(s). *Renverser la situation. Retournement de la situation. Situation fausse* (→ Louvoiement, cit.; perfidement, cit. 1). *Situation cornélienne.* — Loc. fam. *Être dans une situation intéressante :* attendre un enfant, être enceinte.

1   Chaque jour, la situation entre les époux devenait plus tendue, plus insoutenable. Un éclat, qui devait tout briser, était imminent.   ZOLA, Thérèse Raquin, XXX.

Situation de fortune. Situation financière, pécuniaire (cit. 3), *matérielle* (→ 3. Plan, cit. 5). — *Situation de famille* (→ Inquiéter, cit. 18), *familiale* (→ Orientation, cit. 1). — Spécialt (dans les relations de couple). *Situation irrégulière* (cit. 4), *équivoque* (→ Légation, cit.). *Régulariser, légitimer* (cit. 2) *sa situation,* en épousant la personne avec qui on a une liaison.

2   Néanmoins, pendant les derniers mois de son séjour à l'étranger, sa situation était devenue précaire : il se trouvait, pour l'instant, dans l'impossibilité de toucher à ses capitaux (...)   MARTIN DU GARD, les Thibault, t. III, p. 50.

Loc. (1738). *Être en situation de...* (suivi de l'inf.). ⇒ **Capable ;** → En mesure*, en passe* de...; être bien placé* pour... ⇒ **Pouvoir.**

b (XVIIIᵉ). Ensemble des circonstances dans lesquelles un pays, une collectivité se trouve. *La situation actuelle de la France, de l'Afrique. Situation politique* (→ Discourtois, cit. 2). *Situation de fait.* ⇒ **Conjoncture, état** (de choses). *Situation critique.* ⇒ **Crise.** *Gouvernement qui domine* (cit. 20) *la situation; ministre qui reste maître* (cit. 57) *de la situation* (→ Commander, diriger les événements*). *Situation internationale tendue.* — *Rétablir une situation militaire désespérée* (→ aussi Extrémité, cit. 4). — *Situation économique, sociale. La situation est bonne, médiocre, mauvaise, meilleure.*

♦ **3.** Philos., sociol. et psychol. Ensemble des relations concrètes qui, à un moment donné, unissent un sujet ou un groupe au milieu et aux circonstances dans lesquels il doit vivre et agir. *Situation limite* (Jaspers). *Morale de situation. La psychologie étudie l'homme en situation.* — Psychol. *Test de situation.* — *Situations,* recueils d'articles et d'essais de Sartre.

3   Ma position au milieu du monde (...) c'est-à-dire la découverte des dangers que je cours dans le monde, des obstacles que je peux y rencontrer, des aides qui peuvent m'être offertes (...) voilà ce que nous nommons la *situation.*
                                        SARTRE, l'Être et le Néant, p. 633.

(1964). **EN SITUATION :** dans une situation aussi proche que possible de la réalité. *Mettre les gens en situation.*

♦ **4.** Spécialt. **a** (1718). Théâtre, littér. Moment, passage caractérisé par une scène importante, révélatrice (→ Intrigue, cit. 11; naturel, cit. 21; obtenir, cit. 8). *Situation dramatique, comique* (→ 2. Rire, cit. 3). *Mot, vers de situation,* qui tire sa force, sa beauté de la situation où se trouve le personnage qui le prononce. — *Ce mot est bien en situation.*

b Dr. *Situation juridique* (→ Gérance, cit.; et aussi neutralité, cit. 5). — *Situation administrative d'un fonctionnaire.* ⇒ **Position.** — *Situation militaire.*

Condition qui est faite à (une personne, un groupe) dans la société. *La situation des esclaves chez les Hébreux* (→ aussi 3. Mosaïque, cit.). *La situation des Indiens des réserves* (cit. 18).

♦ **5.** Rang, rôle, importance (d'une personne) dans la société; fortune qui donne ce rang. ⇒ **Condition** (I., 4.), **degré** (de l'échelle sociale), **état** (II., 2.), **fortune** (III., 2.), **position, rang.** *Penser à la situation de ses enfants.* ⇒ **Avenir.** *Les diverses situations sociales* (→ Avatar, cit. 6). *Être placé dans une haute* (cit. 42) *situation, jouir d'une situation élevée* (→ Être au pinacle*, au sommet*).

4   Il n'avait pas à proprement parler de situation, mais il avait ce qu'on appelle une grande situation, et ces plus grandes situations ne donnent pas toujours. Quand un provincial ou un étranger demandait qui c'était, on disait toujours : « C'est très difficile à vous expliquer, ce que c'est. Mais enfin c'est quelqu'un de très bien, c'est tout ce qu'il y a de mieux. »   PROUST, Jean Santeuil, Pl., p. 727.

REM. La première occurrence concerne la valeur ci-dessous.

(1873). Emploi, poste (le plus souvent en parlant d'un travail salarié, non manuel, régulier, stable, impliquant un rang assez élevé dans la hiérarchie). ⇒ **Emploi** (*supra* cit. 11), **fonction, place** (III., 5.), **position** (cit. 13), 3. **poste** (I., 2.). *Situation assise, stable, brillante. Se faire une situation dans une entreprise* (→ Faire son trou*). *Perdre sa situation. Ce n'est pas une situation, à peine un travail, un job...*

5   (...) je ne souhaite pas à mon fils d'être un artiste de génie. Je préférerais, avec son intelligence réelle et toutes les relations de son père, le voir parvenir un jour, dans les ambassades ou dans la haute administration, à une situation importante, rémunératrice et considérée.   PROUST, Jean Santeuil, Pl., p. 203.

♦ **6.** (1770). Fin. Tableau qui présente les éléments constituant le doit et le avoir, le patrimoine d'une personne ou d'une entreprise à une date déterminée (⇒ aussi **Bilan**). *Établir une situation* (→ Renommée, cit. 4). *Fournir une situation à la banque. État* (cit. 63) *de situation. Situation de trésorerie. Situation d'un compte*

(⇒ **Position,** II., 6.), *d'une caisse. Situation nette :* les fonds propres d'une entreprise, son actif diminué des dettes.

DÉR. Situationnisme.

SITUATIONNISME [sityasjɔnism] n. m. — 1958 (→ Situationniste); de *situation,* dans des slogans comme « créer la situation qui rende impossible tout retour en arrière ».

♦ Mouvement gauchiste de contestation profonde dirigé contre les structures existantes et les gens en place, attaquant toutes les valeurs reconnues, affirmant notamment que l'idéologie capitaliste se réalise en un spectacle auquel participent toutes les institutions et les rôles sociaux, et prônant les valeurs de poésie, de fête et de jeu.

DÉR. Situationniste.

SITUATIONNISTE [sityasjɔnist] adj. et n. — 1958 : *l'Internationale situationniste,* revue; de *situationnisme.*

♦ Du situationnisme. *Groupe situationniste. Les étudiants situationnistes.*

1   Comme l'affirment les situationnistes, « un modèle social universellement dominant, n'est qu'apparemment combattu par de fausses contestations (...) illusions qui (...) renforcent ce modèle ».   De la misère en milieu étudiant, p. 45.

2   (...) au début des années 60, en dénonçant les formes oppressives issues de statut non plus de la *production* mais de la *consommation,* et en saluant l'apparition, à côté des ouvriers, de nouvelles minorités révolutionnaires, les étudiants « situationnistes » ont amorcé un retournement décisif.
                                        Raymond ABELLIO, les Militants, p. 156.

N. *Un, une situationniste :* partisan du situationnisme. (1969). Abrév. fam. : *situ. Il est situ. Les situs* [sity].

SITUER [situe] v. tr. — V. 1450, sens 2 ; au p. p., v. 1290 ; lat. médiéval *situare,* de *situs* « situation ».

♦ **1.** (1549). Placer effectivement en un certain lieu*, disposer d'une certaine manière (par rapport à un système de coordonnées, de repères); bâtir, établir* sur un terrain, orienter dans une direction (⇒ **Site,** 2. ; situation, I. 1.). *Situer dans un décor évocateur un chalet suisse* (→ Platitude, cit. 6). — P. p. adj. (Cour.). Placé (de telle façon). ⇒ **Sis.** *Une île située par 60⁰ de latitude* (cit. 3) *sud. Maison située rue X* (→ Notaire, cit. 3 ; et aussi permuter, cit. 1). — *Villa située face au midi.* ⇒ **Exposé, orienté.** *Ville située dans une plaine, en plaine, au milieu des montagnes.* (XVIIᵉ). Par métaphore. Littér. et vx. *Avoir l'âme bien située.* ⇒ **Placer ;** → Blaser, cit. 6 ; prostituer, cit. 6.

♦ **2.** (1450). Placer* par la pensée en un lieu déterminé de l'espace. ⇒ **Localiser** (1.). *Toutes s'accordaient pour situer le magot* (2. Magot, cit. 3) *dans la cave.* — Par ext. *Artiste qui situe une scène en tel endroit...* (→ aussi Portement, cit. 2).

♦ **3.** Mettre effectivement ou par la pensée à une certaine place dans un ensemble, une hiérarchie, à un certain point de la durée, en une certaine portion de temps. *Situer qqn à un niveau infime* (cit. 3). *Situer un événement à telle époque, à telle date.* Fam. *On ne le (la) situe pas bien :* on ne voit pas quelle sorte de personne c'est, quel est son milieu, etc.

1   Elle me regarda fièrement comme une femme trop haut située pour que l'injure puisse l'atteindre (...)   BALZAC, le Lys dans la vallée, Pl., t. VIII, p. 828.

▶ **SE SITUER** v. pron. (1677, Bossuet, « se donner une attitude »).

♦ **1.** (Choses). Être placé en un certain lieu (dans le temps, l'espace). *Sa maison se situe sur une colline.* ⇒ **Trouver** (se). *L'histoire se situe de nos jours.* ⇒ **Lieu** (avoir).

♦ **2.** (Personnes). Se placer, se mettre en un certain lieu.

2   Ces vieux poèmes sont si près de la vérité que le lecteur, comme l'humble combattant, doit toujours faire un effort pour se situer dans l'ensemble et se représenter ce qui se passe.   G. DUHAMEL, Refuges de la lecture, I.

(Mil. XXᵉ). Préciser sa position par rapport à (qqch. d'abstrait). *Se situer par rapport à la politique.*

▶ **SITUÉ, ÉE** p. p. adj. Voir à l'article.

DÉR. Situable, situation.

SIUM [sjɔm] n. m. — 1765 ; lat. *sium,* du grec *sion,* même sens.

♦ Bot. Chervis. — Genre de plantes *(Ombellifères)* à fleurs blanches, appelées communément *berles. Sium à feuilles larges* ou *ache* d'eau.

SIX [sis] adj. numéral et n. m. — Fin XIVᵉ ; *sis,* 1080, *Chanson de Roland ;* lat. *sex.*

REM. On prononce [si] devant un nom commençant par une consonne ; [siz] devant un nom commençant par une voyelle ou un *h* muet, [sis] dans les autres cas.

♦ **1.** Adj. numéral cardinal. Six (en chiffres 6, VI) égale cinq plus un, deux fois trois. ⇒ préf. **Hexa-, sexa-, sext-**. *Elle vivait six mois en Bretagne et six mois à Paris* (⇒ aussi **Semestre**) ; → Parasitisme, cit. 2. *Étoile à six branches* (→ Ombrer, cit. 1). *Vers latin de six pieds.* ⇒ **Hexamètre, sénaire.** *Poème de six vers* (sizain). — Mus. *Intervalle comprenant six degrés* (sixte). — (1906). *Une six-cylindres :* une voiture dont le moteur possède six cylindres. — *Les Six-Jours :* épreuve cycliste sur piste où chaque équipe tourne pendant six jours, par relais de deux coureurs. *« La nuit des six jours »,* œuvre de P. Morand, in *Ouvert la nuit. Coureur des Six-Jours.* ⇒ **Six-dayman.** — *La guerre des Six Jours* (menée par Israël). — Littér. *Six personnages en quête d'auteur,* pièce de Pirandello.

1   À leur tour, ils ouvrent la portière et je les vois monter dans une six cylindres (...)
                                        Paul MORAND, l'Europe galante, p. 75.

N. m. pl. (Jusqu'à 1981). *L'Europe des Six,* ou, ellipt., *les Six :* les six pays membres de la Communauté économique européenne (Marché commun) : Allemagne, Belgique, France, Hollande, Italie, Luxembourg.

2   Si les trois premières années du Marché commun ont été favorables à l'union des Six, cette Europe naissante reste encore très éloignée de la perfection.
                                        Georges ELGOZY, l'Europe des Européens, Avant-propos.

♦ **2.** Adj. numéral ordinal. Sixième. *Charles six* (Charles VI). *Page six.* Littér. *Le six décembre. Le Six Octobre,* tome I des *Hommes de bonne volonté* (Romains). — *Il est six heures.*

♦ **3.** N. m. (toujours [sis]). Le nombre, le numéro six. *Deux fois trois font six. Marqué d'un six.* — (Fin XIIe). Carte, face de dé, de domino présentant six marques. *Un six de cœur* (cit. 19). *Le double-six* (ou double six) *aux dominos.* — Le sixième jour du mois où l'on est, ou dont on parle. *Sa lettre du six.* — Immeuble qui porte le numéro *six* dans une rue, une avenue, etc. *Le six bis.* — Chambre, pièce portant le numéro six. *Monsieur le six,* surnom de Sade.

3   Qu'ils nous permettent de le leur dire, c'est une conception de joueurs de dominos. Le monde moderne a mis le double six. Bergson a mis le six et blanc. Et eux ils mettent le double blanc.
                                        Ch. PÉGUY, Note conjointe, Sur Descartes, p. 280.

(1690). Le chiffre notant ce nombre. *Un six mal fait, mal écrit. Un six romain* (VI).

DÉR. **Sixième, sizain** ou **sixain, sizaine, sizette.** — V. aussi **Sixte.**
COMP. **Six-blancs, six-huit, six-quatre-deux** (à la), **six-seize.**
HOM. (Dans certains cas) 1. **Ci,** 2. **ci ; scie,** 1. **si,** 2. **si, sis** (de *seoir*).

SIXAIN [sizɛ̃] n. m. ⇒ **Sizain.**

SIXAINE [sizɛn] n. f. ⇒ **Sizaine.**

SIX-BLANCS [siblɑ̃] n. m. invar. — 1656, Molière, *le Dépit amoureux,* IV, 4, mais antérieur, cette monnaie ayant été créée sous Henri II ; de *six,* et *blanc.*

♦ Hist. Ancienne monnaie qui valait trente deniers, soit deux sous et demi. *Un six-blancs.*

SIX-CYLINDRES [sisilɛ̃dʀ] n. f. — 1914 ; n. m., 1906. ⇒ **Six.**

SIX-DAYMAN [siksdɛman] n. m. — 1922 ; anglicisme fictif, de *six* « six », *day* « jour », et *man* « homme », d'après les *Six-Jours.*

♦ Anglic. (Argot sportif). Cycliste qui participait aux Six-Jours. ⇒ **Six** (1.). *Des six-daymen.*

Comme pas mal des processionnaires n'avaient pratiqué la bicyclette qu'à des époques déjà reculées, leur maladresse flagrante fut cause de plusieurs chutes dignes de six-daymen du Vél'd'Hiv.   René FALLET, le Triporteur, p. 156.

SIX-HUIT [sisɥit] n. m. invar. — 1703 ; de *six,* et *huit.*

♦ Mus. *Mesure à six-huit* ($\frac{6}{8}$) : mesure à deux temps dont la noire pointée est l'unité de temps. — N. m. Ellipt. *Un six-huit :* un morceau ayant une telle mesure.

Les soprani, les ténors, les basses, attaquent avec des cris de rage l'*allegro furioso,* et, d'un *six-huit* dramatique, ils font un *six-huit* de quadrille.
                                        J. VERNE, le Docteur Ox, p. 55.

SIXIÈME [sizjɛm] adj. numéral ordinal et n. — 1538 ; *sesime,* v. 1155 ; *seixime,* v. 1190 ; *sisieme,* v. 1213 ; de *six.*
Ordinal de six.

♦ **1.** Qui suit le cinquième. *Le sixième livre* (1. Livre, cit. 38) *de l'Énéide. Le sixième arrondissement de Paris* (→ Patronage, cit. 2). — N. f. (1666). Sixième classe. *Les élèves de la sixième, de sixième* (→ Étude, cit. 19). *Être, entrer en sixième* (→ 1. Porter, cit. 19). N. (Attesté après 1850). Personne, chose qui est au sixième rang. *Je suis le sixième à passer.* — N. m. *Un sixième* (étage) *sans ascenseur.*

(XIXe). Vx. *Le sixième de janvier :* le sixième jour. ⇒ **Six** (le six janvier).

♦ **2.** (1606 ; *sizeme,* déb. XIVe). Se dit d'une fraction ou d'un tout divisé également en six. *La sixième partie de son volume.* — N. m. *Le sixième d'une longueur. Cinq sixièmes.*
DÉR. **Sixièmement.**

SIXIÈMEMENT [sizjɛmmɑ̃] adv. — XVe ; de *sixième.*

♦ En sixième lieu. ⇒ **Sexto.**

SIX-QUATRE [siskatʀ] n. m. invar. — 1812, *mesure à six-quatre ;* de *six,* et *quatre.*

♦ Mus. (Rare). *Mesure à six-quatre* ($\frac{6}{4}$) : mesure à deux temps dont la blanche pointée est l'unité de temps. — N. m. Ellipt. *Un six-quatre :* un morceau ayant une telle mesure.

SIX-QUATRE-DEUX (À LA) [alasiskatdø] loc. adv. — 1867, Delvau ; de *six, quatre,* et *deux ;* p.-ê. par allusion au tracé rapide des chiffres 6, 4 et 2 superposés et enchaînés, formant un profil sommaire, ou encore énumération dans un jeu de hasard.

♦ Fam. Avec précipitation, à la hâte ; sans soin, sans recherche. ⇒ **Vite.**

(...) des flics qu'étaient prétentieux et chanteurs qui lui dévoraient des fortunes à la six quatre deux, des six, sept Livres par ménesse (...)
                                        CÉLINE, Guignol's band, 1951, p. 80.

SIX-SEIZE [sissɛz] n. m. invar. — 1812, *mesure à... ;* de *six,* et *seize.*

♦ Mus. (Rare). *Mesure à six-seize* ($\frac{6}{16}$) : mesure à deux temps dont la croche pointée est l'unité de temps. — N. m. Ellipt. *Un six-seize :* un morceau ayant une telle mesure.

SIXTE [sikst] n. f. — 1611, en mus. ; spécialisation au fém. de l'anc. adj. *sixte,* var. orthogr. de *siste* « sixième » (1080), francisation du lat. *sextus,* d'après *six.*

♦ **1.** Mus. Sixième degré de la gamme diatonique. — Intervalle de six degrés (→ Majeur, cit. 2). *Sixte majeure, mineure, augmentée, diminuée. Accord de quinte* et sixte* (⇒ **Consonance**).

♦ **2.** (1766). Escrime. L'une des parades en ligne haute. *Parade de sixte.*

♦ **3.** (1752). Jeu de cartes. Parties en six coups par six joueurs possédant six cartes.

SIX-VINGTS [sivɛ̃] adj. numéral cardinal. — XIVe ; *six vinz,* XIIIe ; de *six* (sis), et *vingt.*

♦ Vx (langue class. et régionale). Cent vingt (dans le système vigésimal de numération). *« Six-vingts mille livres de revenu »* (La Bruyère).

SIZAIN [sizɛ̃] n. m. — V. 1370 ; *sixain,* 1611 ; *sisain* « sixième », adj., v. 1180 ; *sisain,* 1299 ; de *six.*

♦ **1.** (Mil. XIVe). Assemblage de six objets. — (Mil. XVIe). Spécialt. Paquet de six jeux de cartes.

♦ **2.** (1667). Petite pièce de poésie, strophe composée de six vers et construite sur deux ou trois rimes (⇒ **Stance**).

♦ **3.** (1871, Littré). Barrique de cent dix litres.
REM. On a aussi écrit *sixain* [sizɛ̃].

SIZAINE [sizɛn] n. f. — 1398, *sixaine ;* 1377, *sisenne ;* 1260, désignant une redevance ; de *six.* → Dizaine.

♦ **1.** (1560). Vx (écrit *sixaine*) ou rare. Demi-douzaine.

♦ **2.** (XXe). Groupe de six enfants d'une unité de scoutisme. *Une sizaine de louveteaux.*

SIZERIN [sizʀɛ̃] n. m. — 1775, Buffon ; flamand *sijsje ;* cf. aussi all. *Zeisig* « tarin, serin ».

♦ Linotte, commune dans les forêts du Nord de l'Europe et de l'Amérique.

Aldrovande a trouvé au sizerin beaucoup de ressemblance avec le chardonneret, et l'on sait qu'un chardonneret approche fort d'un tarin qui aurait du rouge sur la tête.   BUFFON, Hist. nat. des oiseaux, Le sizerin.

SIZETTE [sizɛt] n. f. — 1758 ; de *six.*

♦ Anciennt. Jeu de cartes, qui se jouait à six, avec un jeu de trente-six cartes.

SKA [ska] n. m. — 1980; mot angl., de *shank-rock*.

♦ Danse intermédiaire entre le rock anglais et le reggae, à la mode chez les *rudies* (ou *rude boys*), jeunes Anglais qui ont succédé aux punks. *« Le ska a débarqué à Paris avec la nouvelle année. Il fait "un tabac" au Palace auprès des 16-18 ans (...) ravis par ce rock aux sonorités pour eux désuètes (...) très vif, très dansant »* (le *Point*, 4 févr. 1980, p. 70). — Adj. *Groupe ska. « Une allure assez ska »* (*Actuel*, févr. 1980, p. 99).

SKAAL [skɔl] interj. et n. m. — 1927; mot suédois, *skål*.

♦ Formule que l'on prononce lorsqu'on porte un toast à qqn, dans les pays scandinaves. *Faire skaal avec qqn :* se porter mutuellement un toast à la manière scandinave.

Il n'osait lever les yeux de son assiette car, pour peu que son regard rencontrât celui d'un des convives, il fallait qu'il répondît à la santé qu'on lui portait en buvant au-delà de sa capacité moyenne.
— *Skaal*, disaient ces aimables buveurs. Ils prononçaient *Skôl*, vidaient leur verre sans quitter Jérôme des yeux et exprimaient par ce mot et par ce geste qu'ils lui souhaitaient la santé, le bonheur, le succès.
Maurice BEDEL, Jérôme 60⁰ latitude Nord, VII, p. 77.

SKAÏ [skaj] n. m. — V. 1955; nom déposé.

♦ Tissu enduit de matière synthétique et imitant le cuir. ⇒ **Simili-cuir.**

Elle souffle, relève sa mèche, revient s'asseoir sur son siège de skaï noir dont le soleil a bu l'auréole de sueur laissée par le directorial postérieur.
Yanny HUREAUX, la Prof, 1972, p. 324.

SKALDE [skald] n. m. ⇒ **Scalde.**

SKATE-BOARD [skɛtbɔrd; skɛtbɔrd] n. m. — 1977; mot anglo-américain (v. 1960), de *skate* « patin », et *board* « planche ».

♦ Anglic. Planche montée sur roulettes, utilisée comme jeu sportif (analogue aux patins à roulettes). Syn. franç. : *planche à roulettes.* ⇒ **Planche.**
Pratique de la planche à roulettes.
(1977). Abrév. : *skate*, n. m. *« Pour s'acheter un skate, une panoplie disco (...) trois enfants sur quatre thésaurisent »* (l'*Express*, 23 déc. 1978, p. 64).
REM. Le mot et ses dérivés ont eu une grande vogue entre 1977 et 1981; le recul de ce sport, au profit du patin à roulettes (autre mode venue des États-Unis) l'a rendu beaucoup plus rare.

DÉR. Skateur.

SKATEUR, EUSE [skɛtœR, øz] n. — V. 1979, francisation de *skater* (1977); de *skate-board*.

♦ Anglic. Celui, celle qui fait de la planche à roulettes. *« Les skateurs* (ont) *par arrêté de la Mairie de Paris, les pistes de patins à roulettes du jardin du quai St-Bernard (...) »* (F *Magazine*, avr. 1980, p. 19). — Var. : *skate-boarder, skater.*

SKATING [skɛtiŋ] n. m. — 1871, Joanne in Höfler; *skating-club*, 1870; mot angl., de *to skate* « patiner ».
Anglicisme. Vieux.

★ I. Patinage avec des patins* à roulettes (→ Galène, cit.).

★ II. 1875; var. *skating-rink* (de *ring* « cercle, piste »), 1875. Lieu, piste où l'on pratique ce sport.

1 (...) le tapage du skating s'apaisait, et le bourdonnement circulaire s'était une minute arrêté (...)   A. DAUDET, Numa Roumestan, XV, Le skating (1881).
2 Les deux couples fréquentaient un skating. Ils y allèrent. Ils connaissaient les professeurs et le barman.   COCTEAU, le Grand Écart, p. 81.

SKEET [skit] n. m. — 1948, *in* Petiot; mot amér. « tirer ».

♦ Anglic. (Sports). Tir au pigeon d'argile (cf. Tir au pigeon, tir au plateau d'argile). ⇒ **Ball-trap.**

SKELETON [skɛlɔtɔn] n. m. — 1898; mot angl., abrév. de *skeleton toboggan*, de *skeleton* « squelette ».

♦ Anglic. (Sports). Toboggan* métallique bas conduit par un pilote casqué et couché sur le ventre (*skeletoniste*, n. m., 1935, *in* D.D.L.).

SKÉNITE [skenit] n. f. — Mil. XXᵉ; du nom d'Alexander *Skene*, médecin américain.

♦ Méd. Inflammation des glandes de Skene (de la paroi de l'urètre chez les femmes).

SKETCH [skɛtʃ] n. m. — 1879, *in* Höfler; mot angl., « esquisse ».

♦ Courte scène, généralement comique et rapide, parfois improvisée, interprétée par un nombre restreint d'acteurs. ⇒ **Comédie, pantomime, saynète** (→ Comprendre, cit. 13; nudité, cit. 3). *Sketches au music-hall, au cirque, au cinéma. Un sketch de music-hall. Film à sketches.*

Ce jeune homme fit représenter de petits sketches, dans des décors et avec des costumes de lui, et qui ont amené dans l'art contemporain une révolution au moins égale à celle accomplie par les Ballets russes.
PROUST, la Fugitive, Pl., t. III, p. 605.

SKI [ski] n. m. — 1841, *skie*, à propos de la Norvège; répandu fin XIXᵉ — on disait *patin :* « en faisant usage de skies ou patins de neige » (l'*Année sc. et industr.* 1898, p. 362) —, la forme *skier*, n. m., est attestée isolément en 1678; mot norvégien, *ski*, prononcé [ʃi].

♦ **1.** Lame plate et allongée (de bois, métal, plastique...) relevée à l'avant, dont on se chausse pour glisser sur la neige. *Un ski, des skis. Une paire de skis. Mettre, attacher ses skis. Parties du ski.* ⇒ *Carre, fixation, spatule, talon.* — *Aller en skis* (→ Bicyclette, cit. 1; plupart, cit. 7), *à skis* ou *à ski.* — *Farter* ses skis. Mettre ses skis sur une galerie, sur le toit d'une voiture.*

Sur l'*Inlandsis* de cette terre (le Groenland) deux Lapons qui accompagnaient le   0.1
célèbre explorateur suédois (Nansen) avaient parcouru, en se servant de ski, une
distance considérable en un temps relativement court... (Dans la relation de son
voyage, M. Nansen consacre un long chapitre au patinage sur les ski. La place
nous fait défaut ici pour le résumer. Les gravures ci-jointes suppléent d'ailleurs à
cette lacune; elles montrent les véritables tours de force que l'on peut exécuter
avec ces patins.
Trad. de Fridtjof NANSEN, la Première Traversée du Groenland (1888),
in le Tour du monde, 1891, t. I, p. 131.

Il cherchait en vain, de ses doigts engourdis, à dénouer les courroies qui main-   1
tenaient ensemble ses skis et ses bâtons (...) — Laissez-moi faire, interrompit la
jeune fille. En un instant, elle vint à bout des lanières, aida Jérôme à chausser
ses patins, les lui fixa aux pieds, vérifia les boucles, les ardillons, chaque pièce de
l'appareil (...)   Maurice BEDEL, Jérôme 60⁰ latitude Nord, X.

(...) l'usage est assez courant, je crois, chez les sportifs notamment, de dire « à   2
ski(s) » : « Armand Salacrou descend à ski la vallée Blanche » (Fig. littér., 12 avr.
1958)... « On circulait à skis » (B. Beck, *Léon Morin, prêtre*, X) ... « Elle s'arrêta
pour sourire à un client qui rentrait d'une promenade à ski » (H. Troyat, *Tendre
et violente Élisabeth*, p. 149).   M. GREVISSE, Problèmes de langage, t. I, p. 99.

♦ **2.** *Le ski :* la locomotion en skis, la pratique utilitaire ou sportive (« sports d'hiver ») des skis pour se déplacer, descendre des pentes. *Faire du ski.* ⇒ **Skier.** *Pratiquer le ski et le patinage, le ski et la montagne. Aimer le ski. Ski d'hiver, d'été. Exercices, techniques de ski :* dérapage, descente (et schuss), chasse-neige, christiania, godille, slalom, virages. *Épreuves de ski.* ⇒ **Course, descente, saut, slalom.** *Faire du ski sur pistes, hors pistes.*
De ski. Champion de ski. Moniteur de ski. — *Pantalons de ski* (fuseaux). *Chaussures de ski :* chaussures adaptables aux fixations des skis, puis chaussures spéciales (le plus souvent en matière plastique) réservées à la pratique du ski (inutilisables pour la marche).
(Déb. XXᵉ). *Ski alpin*, pratiqué sur pente raide, sur des pistes aménagées. *Championnats de ski alpin* (slalom, descente). — *Ski nordique*, sur terrain plat ou sur pente douce, généralement pratiqué sur de longues distances. — *Ski de fond :* ski nordique sur longues distances, *sportif* (compétition) ou *de randonnée. Ski hors piste.*
Ski à voile, où le skieur est entraîné par une voile en forme de parachute (l'*Express*, 30 déc. 1978, p. 75).

♦ **3.** (1935). SKI NAUTIQUE : sport nautique rappelant l'aquaplane*, mais dans lequel on chausse deux longs patins. *Elle fait du ski nautique et du surf*.*

♦ **4.** (1933, Larousse). Techn. Patin d'atterrissage (sur certains avions, hélicoptères).

DÉR. Skier.
COMP. Après-ski, ski-bob.

SKIABLE [skjabl] adj. — 1927, cit.; de *skier*.

♦ Où l'on peut faire du ski. *Piste skiable. Neige skiable.* — REM. La formation du mot est anormale, puisqu'il ne correspond pas à un emploi transitif de *skier*.

Et elle reprit le petit air qu'elle sifflait. C'était une chanson américaine, qui lui venait volontiers aux lèvres, quand les choses allaient à son goût, quand la neige était skiable (...).
Maurice BEDEL, Jérôme 60⁰ latitude Nord, XVIII, p. 212-213 (1927).

SKIAGRAPHIE [skjagRafi] n. f. — 1803, *sciagraphie.* ⇒ **Sciographie.**

SKIASCOPIE [skjaskɔpi] n. f. — 1900; comp. sav. du grec *skia* « ombre », et *-scopie*.

♦ Méd. Examen de l'ombre pupillaire pour déterminer le degré de réfraction de l'œil. On dit aussi *kératoscopie, pupilloscopie, rétinoscopie*.

SKIATRON [skjatʀɔ̃] n. m. — Mil. xxe (*in* Larousse 1964), comp. sav. du grec *skia* «ombre», et deuxième élément d'*(élec)tron*.

♦ Techn. Tube cathodique dont l'écran absorbe les rayons lumineux émis par une source extérieure.

SKI-BOB [skibɔb] n. m. — V. 1965; de *ski-*, et angl. *to bob* «se balancer».

♦ Anglic. Véhicule léger, analogue à une bicyclette et monté sur skis. — *Le ski-bob :* la locomotion en ski-bob, le sport du ski-bob. *Faire du ski-bob. Des ski-bobs.* Équivalent francisé : ⇒ **Véloski.**

SKIDOO [skidu] n. m. — V. 1970; mot angl. de *to skidoo* (*in* Webster).

♦ Anglic. (au Canada). Motoneige (ou *scooter des neiges*). — REM. Cet anglicisme, courant au Québec (→ cit.), se rencontre aussi en français de France. — «*Quatorze skidoos, ou scooters des neiges équipés de chenilles, seront chargés sur le brise-glace*» (*l'Express*, 1er sept. 1979, p. 95).

(...) ce n'est pas parce que tu t'appelles McPherson, que t'as un petit port de plaisance, un petit stand à hot dogs, un petit club de skidoo et un fils qui lit les nouvelles en anglais à la TV que tu vas pouvoir opposer des fins de non-recevoir insurmontables. Réjean DUCHARME, l'Hiver de force, 1973, p. 271.

SKIER [skje] v. intr. — 1894, *in* Petiot; de *ski*.

♦ Aller en skis, faire du ski. *Savoir skier. Elle ne skie pas très bien. Nous avons skié toute la journée* (→ aussi Fin, cit. 8; fuseler, cit. 3). *Patiner et skier. Aller aux sports d'hiver pour skier.*

DÉR. Skiable, skieur.

SKIEUR, EUSE [skjœʀ, ɸz] n. — 1904, on disait *patineur* même après l'emprunt du mot *ski;* var. *skier* «soldat chaussé de skis», n. m., 1905; de *skier*.

♦ **1.** Personne qui se déplace en skis, qui pratique le ski. *Skieurs qui descendent une pente; prennent le remonte-pente*. *Skieur de fond, de descente, de slalom.* ⇒ **Fondeur; descendeur; slalomeur.**

1 Des skieurs à tête verte, à tête jaune (...) s'élançaient, viraient derrière une dune de neige neuve, et s'éteignaient dans son ombre (...) COLETTE, Belles saisons, p. 51.

(Qualifié). Personne qui sait (plus ou moins bien) skier. *Une excellente skieuse.*

Loc. *Éclaireur skieur :* fantassin appartenant à une unité de haute montagne (chasseurs alpins, etc.).

♦ **2.** *Skieur, skieuse nautique,* qui pratique le ski nautique.

2 (...) nu et brun, courbé en avant, un skieur nautique tiré par un canot automobile glissait sur cette vapeur. SARTRE, le Sursis, p. 27.

SKIFF [skif] n. m. — 1851; angl. *skiff*, de l'anc. franç. *esquif*, lombard *skif*.

♦ **1.** Bateau de sport très long, canot* effilé et plat, pour un seul rameur. ⇒ **Outrigger** (→ Embarcation, cit. 2). *Course de skiffs* (championnats d'aviron).

♦ **2.** Skiffeur.

Il y avait sur l'autre rive un skiff aux bras vides; je n'aime pas les skiffs et leur air d'éternels condamnés à la solitude. R. GARY, Au-delà de cette limite votre ticket n'est plus valable, p. 139.

DÉR. Skiffeur.

SKIFFEUR, EUSE [skifœʀ, ɸz] n. — 1876, *in* Petiot; de *skiff*.

♦ Personne qui conduit un skiff; celui, celle qui rame (en course). Syn. : *skiff* (2.).

SKIP [skip] n. m. — 1927, *in* Höfler; mot angl. (1815).

♦ Anglic. Mines. Grande benne guidée sur rails, utilisée pour l'extraction du minerai des puits inclinés ou verticaux. *Remontée par skips.*

(...) on assiste à une tendance très marquée du remplacement de la cage par le skip, sorte de cage indépendante, destinée uniquement au transport du charbon. Son emploi nécessite une recette au fond munie d'un culbuteur qui permet de verser le contenu du wagon directement dans le skip au moyen d'une trémie. Le skip se généralise par un fond articulé formant trappe. Jean ROMEUF, le Charbon, p. 40.

1. SKIPPER [skipɛʀ; skipœʀ] n. m. — 1773; mot angl., du moy. néerl. *schipper*, de *schip* «bateau».
Anglicisme. Marine.

♦ **1.** (xviiie-xixe). Vx. Commandant d'un navire marchand.

♦ **2.** (1937). Rare. Barreur* d'un voilier de régates. — Équivalent français : *barreur.*

♦ **3.** (V. 1960). Mod. Patron, chef de bord d'un yacht de croisière, de course au large. ⇒ **Capitaine.** «*Les skippers ont besoin de cette agence* (d'affrètement) *pour trouver des passagers*» (*Bateaux*, no 100, p. 42).

Il *sait* aussi que la place du skipper se trouve sur le pont quand ça chauffe ou quand ça risque de chauffer. Sur le pont pendant quarante-huit heures ou plusieurs jours, c'est la règle du jeu. Il a sorti la tête parce qu'un marin ne dort jamais tout à fait (...) Il avait senti que le temps s'arrangeait (...) et peut-être pensait-il que je voudrais larguer un ris. Mais si Loïck était le skipper, il voudrait rester encore un peu dans le cockpit, seul, pour ne pas risquer de se trouver gêné dans cette fusion de l'homme et de son bateau.
Bernard MOITESSIER, Cap Horn à la voile, p. 73.

2. SKIPPER [skipe] v. tr. — Mil. xxe; de 1. *skipper*.
Anglicisme. Marine.

♦ **1.** Rare. Barrer* (un voilier de régates).

♦ **2.** Commander (un yacht de croisière, de course au large), en être le skipper. *X skippera cette nouvelle unité pendant la course.*

SKUNKS [skɔ̃ks; skɔ̃s] n. m. — 1764, Buffon, *scunck* «nom de la mouffette»; *scunk* «fourrure», 1875; angl. *skunk*, de l'algonquin *segankw;* la forme plurielle des catalogues, *skunks*, a été prise pour un singulier à la fin du xixe.

♦ Fourrure de la mouffette, à poils demi-longs, noire à bandes blanches. *Étole* (cit. 2), *manteau de skunks.*
REM. On a écrit aussi *sconse* [skɔ̃s], *skuns* [skɔ̃s].

SKYE-TERRIER [skajtɛʀje] n. m. — 1885, *in* Höfler; *skye*, 1868, *in* Höfler; mot angl., du nom de l'île de Skye, *terrier;* → Terrier.

♦ Anglic. Chien d'agrément, terrier à longs poils. *Des skye-terriers.*

SLAB [slab] n. m. — Mil. xxe; mot angl., de l'adj. *slob* «visqueux».

♦ Anglic. Techn. Caoutchouc de qualité inférieure, obtenu à partir de latex non filtré.

SLACKS [slaks] n. m. pl. — 1945; mot angl., «pantalons».

♦ Anglic. Pantalons de toile (spécialt, pour femmes). *Porter des slacks.* ⇒ **Jeans.**

Nicole tire par-dessus la ceinture de ses slacks à pattes d'éléphant son chandail touristique (...). Réjean DUCHARME, l'Hiver de force, 1973, p. 16.

SLALOM [slalɔm] n. m. — 1908; mot norvégien.

♦ **1.** Course de ski, consistant en une descente sinueuse avec passage obligatoire entre plusieurs paires de piquets (⇒ 1. **Porte,** III., 4.); le parcours ainsi effectué. *Course de slalom, descente en slalom. Slalom géant :* longue descente avec des portes plus espacées. *Slalom spécial* (ellipt., *le géant, le spécial*).
Le slalom, en tant que discipline spécifique constituant une branche du ski sportif. *Elle a fait beaucoup de slalom, mais c'est en descente qu'elle est la meilleure.*

♦ **2.** (1941). Parcours sinueux en ski nautique (analogue au véritable slalom entre des portes).

(...) regardant les skieurs rebondir sur l'eau bleue, dans le vrombissement des canots automobiles : un matin, nous assistâmes à un concours de slalom.
S. DE BEAUVOIR, la Force de l'âge, p. 385.

♦ **3.** Fam. *Faire du slalom entre les voitures :* avancer en faisant de nombreux détours pour éviter les voitures. *Conduire dans Paris, c'est souvent un drôle de slalom!*

DÉR. Slalomer.

SLALOMER [slalɔme] v. intr. — 1939; de *slalom*.

♦ **1.** Skier en slalom. — Disputer une épreuve de slalom* (1.).

♦ **2.** Fig. et fam. Avancer en zigzag, en évitant des obstacles. *La moto slalomait dangereusement entre les voitures.*

1 (...) une demoiselle du Prado, tout ce qu'il y a de comme il faut, s'est mise à slalomer entre les tables, un détour à tout casser, rien que pour vous éviter.
Edmonde CHARLES-ROUX, Elle, Adrienne, p. 334.

2 Roger Dekker est éblouissant de dextérité. Il slalome parmi les cars à une vitesse folle. Roger BORNICHE, Flic story, p. 98.

SLALOMEUR, EUSE [slalɔmœʀ, ɸz] n. — 1936; de *slalomer*.

♦ Skieur, skieuse qui pratique le slalom. *C'est plutôt un slalomeur qu'un descendeur. Une slalomeuse très rapide.* «*Nos slalomeuses, débarrassées de leurs affreux casques...*» (*le Monde*, 1er févr. 1977, p. 14).

SLANG [slãg] n. m. — 1856; mot angl., d'orig. obscure. P. Guiraud suppose une source française, par l'anc. franç. *eslanguer*, de *langue*.

♦ **1.** Argot* anglais, que ce soit en Grande-Bretagne, en Amérique du Nord, en Australie, etc.
(...) un roman policier de James Hadley Chase, *No orchids for Miss Blandish*. Ce roman se passe aux États-Unis. On y emploie couramment le slang américain, mais son auteur est Anglais et résidant en Angleterre.
R. QUENEAU, Bâtons, chiffres et lettres, p. 168.

♦ **2.** Ling. Argot anglais (de métiers, de groupes sociaux). *Un slang*.

SLAPSTICK [slapstik] n. m. — Mil. xxᵉ; mot anglo-américain, employé au music-hall et au cirque, passé au cinéma avec les films de Mack Sennett.

♦ Anglic. Techn. (cinéma). Succession de gags* de nature mécanique et purement physique (tartes à la crème, chutes, carambolages, etc.).

SLAVE [slav] adj. et n. — 1713, n.; *sclave*, xviiᵉ; du lat. médiéval *sclavus* (→ Esclave), rac. *slov-*.

♦ Se dit de peuples d'Europe centrale et orientale dont les langues sont apparentées. *Peuples slaves. Éléments germains, slaves ou mongols* (→ Centre, cit. 14). *Union slave*. ⇒ **Panslavisme.** *Avoir le type slave.* — Loc. *Le charme slave.*
1 Cette jeune fille devait avoir de seize à dix-sept ans. Sa tête, véritablement charmante, présentait le type slave dans toute sa pureté — type un peu sévère, qui la destinait à devenir plutôt belle que jolie, lorsque quelques années de plus auraient fixé définitivement ses traits. J. VERNE, Michel Strogoff, 1876, p. 56.

(Personnes). *Elle est slave, mais j'ignore si elle est russe, polonaise ou ukrainienne.*

N. *Un, une Slave. Les Slaves* (→ Racial, cit. 2). *Les Slaves du Nord, du Sud* (Bulgares, Yougoslaves). *Les Hongrois ne sont pas des Slaves.*
2 Elle a, cette femme, un charme à la fois mourant et ironique tout à fait singulier, et auquel se mêle la séduction des Slaves : la perversité intellectuelle des yeux et le gazouillement ingénu de la voix.
Ed. et J. DE GONCOURT, Journal, 7 déc. 1885, t. VII, p. 69.

Ling. *Langues slaves* : langues indo-européennes qui comprennent le vieux slave ou slavon*, le bulgare, le polonais*, le russe*, le serbo-croate*, le slovène, le slovaque, le tchèque, ainsi que des dialectes d'Occident. *Langues slaves écrites en alphabet cyrillique*, en alphabet latin.*

N. m. *Vieux slave.* ⇒ **Slavon.**

DÉR. Slavisant, slaviser, slavon, slavophile.

SLAVISANT, ANTE [slavizã, ãt] n. et adj. — 1906; *slaviste*, 1876; de *slave*.
Didactique.

♦ **1.** N. Linguiste spécialiste des langues slaves. ⇒ **Slaviste.**

♦ **2.** Adj. Qui a certains caractères slaves, propres aux cultures slaves.
Toute la peinture abstraite slave ou slavisante (je pense à Kupka) est à tendance ou aboutissement plus ou moins passionnel soit mystique, soit métaphysique rejoignant sous cet angle, l'Expressionnisme.
Maurice GIEURE, la Peinture moderne, p. 83.

SLAVISER [slavize] v. tr. — 1890, *in* D.D.L.; de *slave*.

♦ Didact. Rendre slave (linguistiquement; culturellement; démographiquement). — Pron. *Population qui s'est progressivement slavisée.*

SLAVISTE [slavist] n. — 1876; de *slave*, et suff. -*iste*.

♦ Spécialiste des langues, des civilisations slaves. ⇒ **Slavisant.** «*André Mazon était le doyen et le plus illustre des slavistes français*» (*l'Express*, 24-30 juil. 1967).

SLAVISTIQUE [slavistik] n. f. — xxᵉ; all. *Slavistik*. → Slaviste.

♦ Didact. Linguistique des langues slaves.

SLAVON, ONNE [slavõ, ɔn] adj. et n. — 1759; *slavonien*, 1540; *esclavon*, 1512; de *Slavonie*, anc. région d'Europe centrale.

♦ Adj. Qui se rapporte à la Slavonie, à ses habitants. — N. *Un Slavon, une Slavonne.* — Ling. *Le slavon* : la langue liturgique des Slaves orthodoxes, au moyen âge (traduction des Évangiles par les apôtres Cyrille et Méthode au ixᵉ siècle). On dit aussi *vieux slave* ou *vieux bulgare*.

SLAVOPHILE [slavɔfil] n. — 1852; d'abord en parlant des Russes hostiles à l'occidentalisation; de *slave*, et suff. -*phile*.
Didactique.

♦ **1.** Personne qui aime les Slaves, les civilisations slaves. — Adj. *Français slavophile.*

♦ **2.** Hist. Russe attaché aux valeurs traditionnelles slaves, et opposé à l'influence occidentale (des pays non slaves : Allemagne, Angleterre, France), dans la seconde moitié du xixᵉ siècle et au début du xxᵉ. — Adj. *Tendances slavophiles.*

DÉR. Slavophilie.

SLAVOPHILIE [slavɔfili] n. f. — 1923; de *slavophile*.

♦ Didact. Tendance des slavophiles. — Hist. Opinions, attitudes des slavophiles russes (xixᵉ-xxᵉ siècles).

SLEEPING-CAR [slipiŋkaʀ] ou SLEEPING [slipiŋ] n. m. — 1868, *sleeping-car*, L. Simonin in *le Tour du monde*, t. XVII, p. 239; *sleeping*, 1884; angl. *sleeping*, de *to sleep* «dormir», et *car* «voiture».

♦ Anglic. Vieilli. Wagon-lit (→ Couloir, cit. 4).
1 Ce wagon était un sleeping-car, qui, en quelques minutes, fut transformé en dortoir. Les dossiers des bancs se replièrent, des couchettes soigneusement paquetées se déroulèrent par un système ingénieux, des cabines furent improvisées en quelques instants, et chaque voyageur eut bientôt à sa disposition un lit confortable, que d'épais rideaux défendaient contre tout regard indiscret.
J. VERNE, le Tour du monde en 80 jours, 1873, p. 226-227.
2 Le gardien du sleeping cause avec deux femmes qui se proposent de louer deux lits; la porte s'ouvre, je rentre au plus vite sous ma couverture; l'homme s'avance, décroche les rideaux avec lesquels il obstrue le seul côté par lequel je pouvais humer de l'air. Je suis, cette fois, vraiment inhumé dans un cercueil houleux qui flotte. HUYSMANS, De tout, « Le sleeping-car ».

Loc. *La Madone des sleepings*, titre d'un roman célèbre de Maurice Dekobra (1925). *Une madone des sleepings* : une voyageuse internationale séduisante et séductrice.
3 Quand je m'installai dans le rapide de Berlin, il me sembla entrer dans la peau d'une grande voyageuse internationale, presque d'une madone des sleepings.
S. DE BEAUVOIR, la Force de l'âge, p. 186.

Un sleeping : une place dans une voiture-lit.
4 Dis à mademoiselle Nervais qu'elle nous retienne deux sleepings dans le train de nuit, fit-il à Alain. Paul VIALAR, Mon seul amour, p. 60.

SLICE [prononc. angl. : slajs] n. m. — 1924, au golf; angl., «coup en biseau», proprt «tranche (de pain...)».
Anglicisme.

♦ **1.** Tennis. Coup qui consiste à frapper la balle de haut en bas et latéralement.
(...) si le *slice* est fait de la droite vers la gauche, la trajectoire aura tendance à s'écarter vers la droite; et inversement s'il est fait de la gauche vers la droite, elle tendra à s'écarter vers la gauche. Henri COCHET, le Tennis, p. 103.

♦ **2.** Golf. Coup qui fait dévier la balle à droite.

SLICER [slajse] v. tr. — 1933, au golf; de l'angl. *to slice* «couper en tranches».

♦ Anglic. Frapper, travailler (la balle) en faisant un slice (au tennis, golf...). *Slicer une balle* (→ Choper). — Au p. p. *La balle slicée est une balle coupée. Service slicé* (tennis).

1. SLIP [slip] n. m. — 1903; 1861 comme mot angl., *in* Höfler; mot angl., du v. *to slip* «glisser».

♦ Techn. (marine). Plan incliné permettant de faire glisser ou rouler des charges d'un point haut jusqu'au niveau de la mer, et inversement. *Slip d'un chantier naval*, muni d'un chariot roulant sur des rails et permettant de mettre à l'eau ou de hisser des unités petites ou moyennes. *Slip d'un baleinier*, utilisé pour hisser par l'arrière les cétacés tués jusqu'au pont où ils sont dépecés.
HOM. 2. Slip.

2. SLIP [slip] n. m. — 1913; faux anglicisme, de *slip* «combinaison de femme» (1761), vêtement qui se glisse (*to slip*).

♦ Caleçon sans jambes échancré très haut sur les cuisses, à ceinture basse, que l'on porte comme sous-vêtement ou comme culotte de bain. ⇒ **Cache-sexe.** *Slip d'homme, de femme. Slip de bain. Le slip d'un deux-pièces, d'un bikini.*
1 Je déplorais que des cortèges de beaux garçons nus ou en slips, graves ou rieurs (...) n'eussent accompagné Jean d'un lit de parade à sa tombe.
Jean GENET, Pompes funèbres, p. 20.
2 (...) ça serait tout juste pour ça, pour ce que je t'ai dit, cuire la tambouille, repasser mes liquettes, repriser mes slips (...)
R. QUENEAU, les Fleurs bleues, p. 100.
HOM. 1. Slip.

SLOGAN [slɔgã] n. m. — 1931 ; 1930, à propos de la publicité américaine ; « cri de guerre d'un clan écossais », 1842 ; angl. *slogan* (v. 1850) ;
mot écossais gaélique, *sluagh* « troupe », et *gairm* « cri ».

♦ Formule (cit. 14) concise et frappante, utilisée par la publicité,
la propagande politique, etc. ⇒ **Devise.** *Slogan publicitaire, politique... Lancer, répéter un slogan.*

1   (...) en français le mot a subi une évolution inverse de celle qu'il a connue en
anglais ; il a désigné d'abord (...) la « devise » commerciale, avant de s'appliquer,
vers 1933, par une extension toute naturelle, aux formules de propagande politique, valeur qu'il a conservée, comme il est normal à une époque où les « mots
d'ordre » politiques s'inspirent de plus en plus, dans leur forme comme dans leur
emploi, des procédés de la réclame.
         M. GALLO, Essai sur la langue de la réclame contemporaine,
         « Le slogan », p. 521.

2   Nous devons à l'Amérique et, de façon plus générale, à la grande presse, le goût
dangereux du *slogan,* de la phrase à effet, dont un ministre croit se faire à la foi
un programme et une plate-forme et dont il se fait plutôt un maître.
         A. MAUROIS, le Côté de Chelsea, p. 94.

3   (...) la petite feuille d'une agence de coupures de presse qui portait en grosses lettres le slogan : « voit tout » (...)   MONTHERLANT, Pitié pour les femmes, p. 156.

SLOOP [slup] n. m. — 1835 ; « corvette de guerre », 1752 ; du néerlan-
dais *sloep,* même rac. que *chaloupe.*

♦ Mar. Petit bateau à voiles à un seul mât. ⇒ **Smack.** (Var. graphique : *sloup*). *Bateau gréé en sloop.*

1   Dans les mers il n'est pas rare
Que la foudre au lieu de phare
Brille dans l'air,
Et que sur l'eau qui se dresse
Le sloop-fantôme apparaisse
Dans un éclair.   HUGO, la Légende des siècles, XXXVII.

2   Le bateau (...) serait ponté dans toute sa longueur, percé de deux écoutilles qui
donneraient accès dans deux chambres séparées par une cloison, et gréé en sloop,
avec brigantine, trinquette, fortune, flèche, foc, voilure très maniable, amenant
bien en cas de grains, et très favorable pour tenir le plus près.
         J. VERNE, l'Île mystérieuse, t. I, p. 428.

Spécialt, mod. Bateau à voile à mât unique (à la différence du
ketch, du yawl et de la goélette) gréant seulement un foc comme
voile d'avant (à la différence du cotre, qui grée foc et trinquette).
La plupart des yachts modernes sont des sloops. Sloop marconi.*

SLOUGHI [slugi] n. m. — 1853, cit. ; *slougui,* 1848 ; arabe maghré-
bin *slūgī* « lévrier ».

♦ Lévrier d'Afrique du Nord. *Des sloughis.*

1   Il va sans dire qu'il ne s'agit point de la chasse à courre avec les *slougui ;* notre
homme n'a jamais pratiqué que la chasse à pied (...)
         E. FROMENTIN, Un été dans le Sahara, p. 170 (Juin 1853) [publ. 1857].

2   Les sloughis, quand la personne aimée aimait les sloughis, vous regardaient de
haut et devaient baisser la tête pour vous lécher.   GIRAUDOUX, Églantine, p. 83.

SLOVAQUE [slɔvak] adj. et n. — 1842, Gautier, *l'Orient,* t. I, p. 40 ;
de *Slovaquie.*

♦ Qui se rapporte à la Slovaquie, région orientale de la Tchécoslovaquie actuelle. *Les Slovaques sont des Slaves*. Les parlers slovaques et tchèques* (langues slaves écrites en alphabet latin) forment le tchécoslovaque.*

(Personnes). *Les populations slovaques.*

N. *Un, une Slovaque.*

COMP. Tchécoslovaque.

SLOVÈNE [slɔvɛn] adj. et n. — 1825 ; de *Slovénie.*

♦ Qui se rapporte à la Slovénie, République yougoslave du nord-
ouest, à ses habitants. — N. *Un, une Slovène.* — N. m. *Le slovène :*
la langue slave* voisine du serbo-croate (alphabet latin).

SLOW [slo] n. m. — 1925 ; Miomandre, *la Danse,* p. 60 ; angl.
slow « lent ».

♦ Danse lente à pas glissés sur une musique à deux ou à quatre
temps (sorte de fox-trot lent ; on a dit aussi *slow-fox,* 1930, *in* Höfler).
Danser un slow.

C'était un slow sans rythme, immobile. Ils se contemplaient à dix centimètres, sans
aucune expression, sans se sourire, sans se reconnaître, semblait-il (...)
         F. SAGAN, Aimez-vous Brahms, p. 175.
Musique lente, pour la danse. *L'orchestre attaquait un slow.
Des slows.*

SLUM [slœm] n. m. — 1927 ; mot angl. (1825), « taudis ».

♦ Anglic. Taudis ; habitation vétuste, délabrée (d'abord en milieu
anglo-saxon). *« Les enfants élevés dans les "slums" américains »*
(*l'Express,* 16 oct. 1972, p. 179).

SLUSH [slœʃ] n. m. ou f. — 1886, J. Verne ; mot anglais.

♦ Anglic. (employé au Québec [slɔʃ] n. f.). Neige à demi fondue ; boue
formée de neige fondante.

Sm [ɛsɛm] Symbole chimique du *samarium*.*

SMACK [smak] n. m. — 1875 ; mot angl. d'origine néerlandaise.

♦ Mar. Ancienn. Grand sloop à voile de fortune qui naviguait sur
les côtes de Hollande et d'Écosse.

S. M. A. G. [smag] Sigle de salaire minimum agricole garanti. *Le
S. M. I. G. et le S. M. A. G.*

SMALA [smala] n. f. — 1847 (cit. 1), *smala ; smalah,* 1845 ; arabe
d'Algérie *zmālăh* « famille, maisonnée » ; à l'occasion de la prise de la
Smala d'Abd-el-Kader.

♦ **1.** Réunion de tentes abritant la famille, les équipages d'un chef
arabe qui le suivent dans ses déplacements.

1   (...) la tente d'Abd-el-Kader, prise avec la Smala, fort belle, avec des arabesques
rouges et jaunes brodées en soie (...)
         HUGO, Choses vues, I, 1847, « Fête chez le duc de Montpensier ».
REM. Dans ce sens, on écrit aussi *smalah.*

♦ **2.** (1869, Flaubert, cit.). Fam. Famille ou suite nombreuse qui vit
aux côtés de quelqu'un, qui l'accompagne partout. *Il arrive avec
toute sa smala.*

1.1   (...) et il parlait de s'embarquer au Havre, lui et toute sa smala.
— Comment ! Avec sa femme ?
— Sans doute ! Il est trop bon père de famille pour vivre tout seul.
         FLAUBERT, l'Éducation sentimentale, III, IV.

2   — Il est marié ? — Marié, certes, et père d'une trimbal(l)ée d'enfants. Toute la
smala se débarqude depuis deux jours.   Alphonse DAUDET, le Nabab, VI.

3   La smala, compréhensive, avait filé chez les Maxlon et Bertille restée seule avec
moi truffait le silence de phrases inachevées.
         Hervé BAZIN, Cri de la chouette, p. 137.

SMALT [smalt] n. m. — 1570 ; *semalte,* 1536 ; ital. *smalto* « émail ».

♦ Techn. Colorant bleu, dit *bleu d'azur,* obtenu en fondant du minerai de cobalt grillé avec du quartz et de la potasse. *Bleu de smalt
ou smalt. Le smalt est utilisé pour azurer le papier, le linge. Smalt
pour mosaïques.* ⇒ **Smalte.**

DÉR. **Smalte, smaltine.**
HOM. **Smalte.**

SMALTE [smalt] n. m. — 1876 ; de *smalt.*

♦ Techn. Verre coloré utilisé en mosaïque.

Tous les fonds des mosaïques chrétiennes sont en cela semblables au fond d'or ; et
puisqu'il ne s'agit pas de la représentation plus ou moins illusionniste d'un spectacle sacré, mais bien d'une figuration sacrée, l'artiste ne peut unir ses personnages
au fond qui leur préexiste (ou créer à la fois ces personnages et ce fond) que par
des formes et des couleurs étrangères à l'apparence. C'est pourquoi la mosaïque
emploie systématiquement les smaltes *visibles.* Rome l'avait fait à des fins décoratives ; lorsque sa mosaïque rivalisait avec la peinture, elle employait des smaltes minuscules.
         MALRAUX, la Métamorphose des dieux, p. 130 (1957).

HOM. **Smalt.**

SMALTINE [smaltin] n. f. — 1845 ; de *smalt.*

♦ Minér., techn. Arséniure naturel de cobalt. *La smaltine est utilisée dans la fabrication du smalt.*

SMARAGDIN, INE [smaʀagdɛ̃, in] adj. — 1752 ; « émeraude »,
v. 1510 ; lat. *smaragdinis,* du grec, de *smaragdos* « émeraude ».

♦ Didact. D'un vert d'émeraude.

DÉR. (Du même rad.) **Smaragdite.**

SMARAGDITE [smaʀagdit] n. f. — 1796 ; du rad. de *smaragd(in),*
et suff. *-ite.*

♦ Minér. Silicate naturel de couleur verte.

SMART [smaʀt] adj. invar. — 1898 ; comme mot angl., 1851, *in*
Höfler ; franç. du Canada, 1880, au sens angl. « astucieux, malin » ;
mot anglais.

♦ Anglic. Fam., vx. Élégant, chic, à la mode. ⇒ **Sélect.**

1   (...) sa surprise qu'il habitât ce quartier qui devait être si triste et « qui était si
peu *smart* pour lui qui l'était tant ».
         PROUST, Du côté de chez Swann, Pl., t. I, p. 196.

2   Qui donc aurait pu penser de telles horreurs de Madame, qui recevait des archevêques et des nonces du pape, et dont le Gaulois, chaque semaine, célébrait les

vertus, l'élégance, la charité, les dîners smart et la fidélité aux pures traditions catholiques de la France?

O. MIRBEAU, le Journal d'une femme de chambre, p. 127.

REM. Le mot semble réapparaître (assez rarement) depuis 1970. *« C'est rare qu'un type réponde. Il doit s'agir d'une agence smart »* (le Nouvel Obs., 28 nov. 1977, p. 79).

SMASH [smaʃ] n. m. — 1893 ; mot angl., « coup violent, qui écrase ».

♦ Anglic. Au tennis, Coup violent pris au-dessus de la tête, qui écrase la balle au sol et la fait rebondir hors de la portée de l'adversaire. *Faire un smash sur un lob de l'adversaire.* ⇒ **Smasher.** — Coup semblable, au ping-pong, au volley-ball. — *Des smashes.*

DÉR. Smasher.

SMASHER [smaʃe] v. intr. — 1912 ; *smacher*, 1906, Sports modernes illustrés, p. 206 ; de *smash.*

♦ Anglic. Faire un smash (au tennis, au ping-pong, au volley-ball). — Au p. p. *Balle smashée.*

DÉR. Smasheur.

SMASHEUR, EUSE [smaʃœʀ, øz] n. — 1933 ; de *smasher.*

♦ Anglic. Joueur habile à smasher (au tennis, etc.).

S. M. E. [ɛsɛmø] n. m. — 1978 ; sigle.

♦ Sigle de *système monétaire européen* (accord signé en 1978).

SMECTIQUE [smɛktik] adj. — 1842 ; *smectin,* n. m., 1740, « terre à foulon » ; grec *smêkitkos,* de *smêgma* « savon ».

Didactique.

♦ **1.** Minéral. *Argile smectique :* terre à foulon (pour dégraisser la laine).

♦ **2.** (xxᵉ). Phys. Se dit d'un caractère particulier de l'état d'un liquide, où les molécules ne peuvent se déplacer qu'à l'intérieur des couches parallèles d'espacement régulier. *Phase smectique* (« cristaux liquides »).

SMECTITE [smɛktit] n. f. — 1768 ; *smectin,* 1694 ; *smectis,* 1765 ; du grec *smêktis gê* « terre (gê) qui nettoie », de *smekhein* « nettoyer ». → Smectique.

♦ Didact. Terre smectique*.

SMEGMA [smɛgma] n. m. — 1812 ; « composition utilisée par les Grecs pour se frotter la peau », 1765 ; grec *smêgma* « substance savonneuse ».

♦ Méd. Matière blanchâtre ressemblant au savon, qui s'accumule dans le repli du prépuce chez l'homme et entre le clitoris et son capuchon chez le femme, par desquamation de cellules épithéliales des muqueuses.

S. M. I. C. [smik] n. m. — 1971 ; sigle.

♦ (En France). Sigle pour *salaire minimum interprofessionnel de croissance.* ⇒ **Salaire.** *« Le S. M. I. C. a un inconvénient (...) il déclenche la hiérarchie. Quand on donne 20 F au malheureux souspayé, il faut donner dix fois plus à un homme qui en a beaucoup moins besoin »* (le Nouvel Obs., 30 oct. 1972). *Être payé au S. M. I. C.* ⇒ **Smicard.**

Je pensais : bon, enfin, il y en a même qui réussissent à vivre avec le smic. — Tu pourrais venir prendre tes repas régulièrement avec moi, au lieu de manger n'importe quoi. É. AJAR (R. GARY), l'Angoisse du roi Salomon, p. 196 (1979).

REM. Remplace *S. M. I. G.* depuis 1970.

DÉR. Smicard.

SMICARD, ARDE [smikaʀ, aʀd] n. — V. 1969 ; de *S. M. I. C.*

♦ Fam. (En France). Celui, celle « qui est au S. M. I. C. », qui ne touche que le salaire minimum ; salarié de la catégorie la plus défavorisée. (Syn. fam. : *manœuvre léger ; manœuvre-balai*). *« En 1973 deux smicards sur trois sont des femmes »* (Paris-Match, avr. 1974). *« Un "smicard" sur cinq est un immigré »* (l'Express, 16 avr. 1973). *Une smicarde.* — REM. Remplace *smigard.*

S. M. I. G. [smig] n. m. — 1964 ; sigle.

♦ Vx. (En France). Sigle pour *salaire minimum interprofessionnel garanti* (remplacé par S. M. I. C.).

DÉR. Smigard.

SMIGARD, ARDE [smigaʀ, aʀd] n. — V. 1960 ; de *S. M. I. G.*

♦ Fam. (En France). Personne qui est au S. M. I. G. — REM. Le mot s'emploie encore, alors que le S. M. I. G. a été remplacé par le S. M. I. C. ⇒ **Smicard.**

Le salaire (le S. M. I. G.) fut fixé d'après le budget type d'un manœuvre *célibataire* (...) Par la suite le budget de référence (...) fut quelque peu amélioré (...) Il fut admis que le Smigard amortirait son pardessus en cinq ans au lieu de six (...) et disposerait désormais d'un logement pourvu de w.-c. privés.

Jean-Paul COURTHÉOUX, la Politique des revenus, p. 70.

SMILAX [smilaks] n. m. — 1690 ; *semilax, sinilax,* 1583 ; lat. *snilax* « liseron », mot grec.

♦ Bot. Plante vivace *(Liliacées)* à baies rouges, dont une espèce est la salsepareille*. *« Le smilax aimé des bacchantes »* (Gide, in G. L. L. F.). — REM. On faisait de cette plante le type d'une famille affine des liliacées, les *smilacées.*

SMILLAGE [smijaʒ] n. m. — 1845 ; de *smiller.*

♦ Techn. Taille (d'une pierre) à la smille ; façon donnée aux pierres smillées.

SMILLE [smij] n. f. — 1676 ; p.-ê. du lat. *smila,* grec *smilê* « ciseau ».

♦ Techn. Marteau* à deux pointes avec lequel le maçon pique* les moellons pour en régulariser les faces (var. : *esmille*).

DÉR. Smiller.

SMILLER [smije] v. tr. — 1676 ; de *smille.*

♦ Techn. Tailler (un moellon) à la smille. — P. p. adj. *Moellon smillé,* taillé à la smille. Par ext. *Pierre smillée,* présentant naturellement ou sous l'effet des contraintes internes de la construction de nombreuses petites cassures.

DÉR. Smillage.

SMITHSONITE [smitsɔnit] n. f. — 1832 ; de *Smithson,* qui l'analysa en 1803.

♦ Minéral. Carbonate naturel de zinc.

SMOCKÉ, ÉE [smɔke] adj. — 1977, in l'Express ; de *smocks.*

♦ Garni de smocks. *Robe « smockée aux épaules et à la taille »* (l'Express, 16 sept. 1979, p. 171).

SMOCKS [smɔk] n. m. pl. — 1929, Vogue, in Höfler ; angl. *to smock* « froncer avec des fils entrecroisés », de *smock-frock,* blouse de paysan ainsi travaillée, de *smock* « chemise », et *frock* « blouse ».

♦ Anglic. Fronces décoratives, rebrodées en diagonale sur l'endroit du tissu, avec des soies de couleur.

DÉR. Smocké.

SMŒRREBRŒD [smœʀbʀœd] n. m. — 1927 ; mot scandinave, de *brod* « pain », et *smorre* « beurre ».

♦ Canapé (2.), tranche de pain beurrée avec une garniture (souvent : de salade, de poisson fumé, etc.), dans les pays scandinaves.

C'est une petite restauration ouverte dans l'été, dit Uni. On vient là pour boire la bière et manger les *smœrrebrœd.* — Les quoi ? questionna Jérôme. — Les petites choses avec le pain, le beurre, le poisson, la salade, les *smœrrebrœd,* enfin !

Maurice BEDEL, Jérôme 60⁰ latitude Nord, VI, p. 70.

SMOG [smɔg] n. m. — 1905 ; répandu v. 1960 ; mot angl., de *smoke* « fumée », et *fog* « brouillard ».

♦ Anglic. Brouillard épais formé de particules de suie et de gouttes d'eau, dans certaines régions humides et industrielles (d'abord en parlant de Londres). — Par métaphore. *Cette affaire « aurait pu (...) couvrir les projets de coopération franco-britanniques d'un "smog" particulièrement dense »* (Ingénieurs et Techniciens, nᵒ 200, p. 45).

L'Australie, dans son immense territoire, souffre de smog et de diverses dégradations, plus que bien d'autres pays moins peuplés.

A. SAUVY, Croissance zéro?, 1973, p. 208.

SMOKING [smɔkiŋ] n. m. — 1890; *smoking-jacket*, 1888, P. Bourget; angl. *smoking-jacket* « veste d'intérieur », proprt « pour fumer »; l'emploi de *smoking* seul est absurde en anglais, dans ce sens.

Faux anglicisme.

♦ **1.** Veston de cérémonie en drap et à revers de soie que les hommes portent lorsque l'habit* n'est pas de rigueur. — Par ext. (sens le plus courant). Costume composé de ce veston, du pantalon à galon de soie et du gilet (cf. Habit, tenue de soirée). *Se mettre* (cit. 67) *en smoking. Veste, veston, pantalon de smoking. Smoking bleu de nuit; blanc.* — Abrév. fam. : *smok.*

1 Le public remarquait tout de suite (...) cet Hercule en « smoking » (puisqu'en France on donne à toute chose plus ou moins britannique le nom qu'elle ne porte pas en Angleterre (...) PROUST, le Côté de Guermantes, Pl., t. II, p. 481.

2 Nous rions des Anglais qui, tous les soirs, jusque dans les hôtels où ils sont souvent seuls, se mettent en smoking pour dîner.
Francis CARCO, Nostalgie de Paris, p. 123.

3 (...) un monsieur en smoking, une fleur à la boutonnière, ayant renoncé à son domicile, ronflait, la bouche ouverte.
Paul MORAND, Ouvert la nuit, « La nuit catalane », p. 56.

♦ **2.** (1924, Colette, *in* D.D.L.). Vx. Ensemble féminin, formé d'une veste noire sur jupe; la veste seule. « *Un smoking en faille noire bordé de tresse, posé sur une jupe d'alpaga écossais gris noir et blanc* » (*Femina*, avr. 1926, *in* D.D.L., II, 16).

♦ **3.** Techn. Chapeau en feutre foncé dont le bord est doublé de satin.

SMOLT [smɔlt] n. m. — 1866; mot anglais.

♦ Anglic. Pêche. Petit saumon de printemps.
(...) les Smolts qui descendent après un temps bref passé en eau douce reviennent Madeleinaux un ou deux ans plus tard.
R. et M.-L. BAUCHOT, les Poissons, p. 123.

SMORZANDO [smɔʀdzãndo] adv. — 1834; mot ital., de *smorzare* « amortir, éteindre, étouffer ».

♦ Mus. (indication d'exécution). En affaiblissant le son (⇒ **Diminuendo**). — N. m. *Un smorzando :* un passage joué smorzando.

CONTR. Sforzando.

SMYRNIOTE [smiʀnjɔt] adj. et n. — 1876, *in* P. Larousse; de *Smyrne*, et suff. *-iote.* → Chypriote.

♦ De Smyrne. — N. *Un, une Smyrniote.*

Sn [ɛsɛn] en chimie; [stɛn] en mécanique. — Chim. Symbole de l'étain (lat. *stannum*). — Mécan. Abrév. de *sthène.*

SNACK-BAR [snakbaʀ] ou **SNACK** [snak] n. m. — 1933, Morand (à Londres) *snack-bar; snack*, 1958; mot américain, de *snack* « repas léger et hâtif ».

♦ Anglic. Café-restaurant où l'on sert des plats rapidement. ⇒ **Fast-food.** *Des snack-bars. Manger dans un snack.* — Au Québec, on dit *casse-croûte.*

1 (...) un snack-bar (...) Un bar, avec quinze tabourets, dix petites tables de quatre couverts (...) Il expliqua l'avantage des snack-bars. Que les automobilistes d'aujourd'hui n'aiment pas perdre de temps dans les auberges. Qu'ils préfèrent manger sur le pouce, pendant qu'on leur fait le plein d'essence; et que, s'ils ne veulent pas quitter leur siège, on leur porte un sandwich, avec du vin dans un gobelet de carton. Roger VAILLAND, 325 000 francs, p. 71-72.

En appos. *Garage, station-service-snack-bar.*

2 Les livres sont de grands catalogues, et les pensées sont des cendriers-réclames sur les tables des cafés-snack bars. J.-M. G. LE CLÉZIO, les Géants, 1973, p. 31.

REM. 1. Au Québec, au sens de l'anglais. *Prendre un snack,* un repas rapide.

3 J'entrais manger. Venez, je vous paie un snack!
Réjean DUCHARME, l'Hiver de force, 1973, p. 21.

2. En France, la forme *snack-bar* semble reculer devant *snack.*

S. N. C. F. [ɛsɛnseɛf] n. f. — Sigle.

♦ Sigle pour *société nationale des chemins de fer français. Il travaille à la S. N. C. F.*
Avouez qu'on ne peut rien trouver de plus laid que le paysage ferroviaire d'autrefois, dit-il. Maintenant la S. N. C. F. et l'E. D. F.¹ font un remarquable effort pour sauvegarder la beauté des sites français.
S. DE BEAUVOIR, les Belles Images, p. 55.

1. L'Électricité de France.

SNEAKER [snikœʀ] n. m. — 1967; mot anglo-américain, nom de marque déposée, de *to sneak* « se glisser furtivement ».

♦ Anglic. Chaussure de toile à semelle de corde ou à semelle élastomère remontant sur le pourtour.

SNIFF [snif] interj. et n. m. — 1946, au sens II, cit.; mot anglo-amér., de *to sniff* « renifler », empr. (au sens I) par le répertoire d'onomatopées des bandes dessinées.

★ **I.** Onomatopée, bruit de reniflement (animal ou humain : pleurs, etc.).
Allez! Cherche Médor, cherche! ...
Ouah! Ouah! Cherche! Cherche! Sniff! Sniff!
J.-M. G. LE CLÉZIO, la Fièvre, p. 17. [1]

★ **II.** N. m. ♦ **1.** Vx. Alcool grossier.
Les sous-offs avaient le vin mauvais et ils étaient jaloux. Ils étaient jaloux de voir dans ces invraisemblables bistros des cantonnements de l'arrière « les bouffeurs de gamelle » déboucher des flacons de « sniff » (quand il y en avait) alors qu'eux en étaient réduits au gros rouge (...)
B. CENDRARS, la Main coupée (1946), *in* Œ. compl., t. X, p. 135. [2]

♦ **2.** Prise (d'un stupéfiant). *Prendre un sniff.* « *Il s'envoie deux énormes sniffs* » (*Actuel*, févr. 1980, p. 37).

DÉR. Sniffer.

SNIFFER [snife] v. — 1978, *in Libération*; de *sniff*, II., ou de l'angl. *to sniff* « renifler ».

♦ Anglic. (argot de la drogue). Priser (un stupéfiant). *Sniffer de la cocaïne.* « *Précocement en quête de défonce, les jeunes ne se contentent plus de renifler ces odeurs étranges* (des colles blanches), *ils les "sniffent" jusqu'à s'en rendre malades* » (*l'Express*, 29 mars 1980, p. 117).
(...) je sniffais dans l'ombre du comptoir, malade de ne pouvoir t'approcher, soulagé parce que tu quittais toujours le *Quick* seule.
Jeanne CORDELIER, la Passagère, p. 49.

SNIPE [snip] n. m. — 1931; mot anglais.

♦ Anglic. Mar. Petit voilier de régate d'un modèle ancien, dériveur monotype à bouchain vif, à bôme très haute.

SNIPER [snipœʀ; snajpœʀ] n. m. — Mil. xxᵉ; mot angl., de *to snipe.*

♦ Anglic. Tireur isolé.
Quelques balles de « snipers » sifflèrent à leurs oreilles.
Guy DE POURTALÈS, la Pêche miraculeuse, p. 305.

SNOB [snɔb] n. et adj. — 1857; angl., 1848 (Thackeray, *le Livre des snobs, The Book of Snobs*), de *snob* « cordonnier », qui a désigné en argot de Cambridge celui qui n'était pas de l'Université, et, par ext., une personne vulgaire dans ses manières et dans ses goûts; l'étymologie par le latin *sine nobilitate* a été proposée après coup.

♦ Personne qui cherche à être assimilée aux gens distingués de la haute société, en faisant étalage des manières, des goûts, des modes qu'elle lui emprunte sans discernement, ainsi que des relations qu'elle y peut avoir. *La langue française est anglicisée par les snobs* (→ Sabir, cit. 3). *Une snob.* ⇒ **Snobinette** (Proust, → Gendelettre, cit.).
Adj. (1905; « magnifique », 1888). Qui manque de simplicité. ⇒ **Sophistiqué.** *Il est un peu snob.* ⇒ **Poseur.**

1 (Legrandin) aimait beaucoup les gens des châteaux et se trouvait pris devant eux d'une si grande peur de leur déplaire qu'il n'osait leur laisser voir qu'il avait pour amis des bourgeois, des fils de notaires ou d'agents de change, préférant, si la vérité devait se découvrir, que ce fût en son absence, loin de lui « par défaut »; il était snob. PROUST, Du côté de chez Swann, Pl., t. I, p. 128.

1.1 « Cette société sera pour moi un sujet de peintures que je ferai sans ressemblance si je les fais sans modèle. Combien ces vices spéciaux (qui) sont la flore psychologique à cette région spéciale de la vie et du monde qu'on appelle *le monde*, sont intéressants pour un psychologue, et la fleur la plus vénéneuse, mais aussi la plus répandue dans cette terre pourrie, le snobisme! » Et soit que sa perspicacité se plaise à punir cruellement chez les autres la honte de ressentir déjà ces atteintes en lui, soit plutôt que parler de son mal, même pour le flétrir, soit encore le nourrir et le flatter, le romancier doublé d'un snob se fera le romancier des snobs. PROUST, Jean Santeuil, Pl., t. I, p. 428.

2 (Wagner) a permis à quantité de snobs, de gens de lettres et de sots de croire qu'ils aimaient la musique (...) GIDE, Journal, 25 janv. 1908.

3 Le vrai « snob » est celui qui craint d'avouer qu'il s'ennuie quand il s'ennuie; et qu'il s'amuse, quand il s'amuse.
VALÉRY, Mélange, Instants, Œ., t. I, Pl., p. 389.

Plur. *Des snobs.* — Adj. *Il a des manières snobs.* — Invar. *Elles sont snob* (Maurois, *le Cercle de famille*, p. 173). *Dans quelques cercles snob* (Montherlant, *in* Grevisse).

REM. P. Daninos a redonné une nouvelle vigueur au mot avec son livre intitulé *Snobissimo.*

DÉR. Snobard, snober, snobinard, snobinette, snobisme.

SNOBARD, ARDE [snɔbaʀ, aʀd] n. — 1946; de *snob*, et suff. péj. *-ard.* → Snobinard.

♦ Fam. Rare. Snob déplaisant. « *C'est bon pour les snobards* » (B. Vian, *l'Écume des jours*, XLIII, p. 144). ⇒ **Snobinard.**

SNOBER [snɔbe] v. tr. — 1921 ; de *snob*.

♦ **1.** Traiter (qqn) de haut, le mépriser par snobisme.

1 À cette invitation M. de Charlus se contenta de répondre par une muette inclinaison. « Il ne doit pas être commode tous les jours, il a un air pincé », chuchota à Ski le docteur qui, étant resté très simple malgré une couche superficielle d'orgueil, ne cherchait pas à cacher que Charlus le snobait.
PROUST, Sodome et Gomorrhe, Pl., t. II, p. 932.

♦ **2.** (Répandu v. 1960). Dédaigner, traiter (qqn) de haut (sans référence obligée au snobisme mondain).

2 J'étais surpris, donc je devais prendre. Charmé, donc désirant. J'étais snobé, donc séduit. J'étais Français, donc je devais séduire. (On voit que j'étais sot).
Claude ROY, Nous, 1972, p. 218.

Snober une réunion, une manifestation, s'abstenir d'y assister, d'y participer. *Snober un club, une invitation. Snober un prix littéraire.*

SNOBINARD, ARDE [snɔbinaʀ, aʀd] adj. et n. — 1955, *Combat* ; de *snob*.

♦ Fam. et péj. Un peu snob. *Avoir un petit côté snobinard.* — N. *Un snobinard.* ⇒ **Snobard.** *Une petite snobinarde.* ⇒ **Snobinette.**

SNOBINETTE [snɔbinɛt] n. f. — 1888, cit. ; de *snob*, p.-ê. avec infl. de *midinette*.

♦ Vieilli. Femme, jeune fille snob. ⇒ **Snobinarde.**

1 (...) ces paons-femelles que l'on pourrait appeler les snobinettes de l'amour.
Paul BOURGET, la Physiologie de l'amour moderne, p. 121-122 (1888).

2 (...) et puis la vie du peuple, ce n'est pas assez distingué pour intéresser vos snobinettes.
PROUST, le Côté de Guermantes, Pl., t. II, p. 154.

Adjectif :

3 C'est un gage du tempérament généreux de Mme Jeanne Champion qu'elle « sauve » tous ses personnages, même ceux qui s'annonçaient détestables, telles la tante bossue ou la fiancée snobinette.
L. ESTANG, « Les miroirs Jumeaux » de Jeanne Champion, *in* le Figaro littéraire, 8-14 sept. 1967.

SNOBISME [snɔbism] n. m. — 1857, trad. de Thackeray, *in* Höfler ; angl. *snobism* (1856) ; de *snob*.

♦ Comportement de snob. *Proust avait une réputation de snobisme* (→ Mondain, cit. 7). *Son snobisme, ses prétentions nobiliaires* (→ Marquisat, cit.). *Snobisme mondain, littéraire, artistique* (→ Avant-garde, cit. 2). *Admirer qqch., suivre la mode par snobisme.* ⇒ **Affectation, pose.** *Engouement dû au snobisme.*

1 (...) les femmes les plus titrées de France se firent présenter chez elle (...) la joie d'être ainsi choyée, admirée, d'être appelée, attirée, recherchée partout, firent éclater dans son âme une crise aiguë de snobisme.
MAUPASSANT, Notre cœur, II, V.

2 Qu'est-ce donc, en effet, que le snobisme ? C'est l'alliance d'une docilité d'esprit presque touchante et de la plus risible vanité.
Jules LEMAITRE, les Contemporains, t. VII, p. 96.

3 Dans la vie mondaine où aucun objet intérieur et désintéressé n'est donné à l'activité, on peut dire que tout se formalise (...) Du reste la vie mondaine est occupée par trois choses qui constituent à vrai dire le formalisme presque tout entier : le snobisme, c'est-à-dire l'admiration de ce qui chez les autres est indépendant de leur personnalité, la médisance (...)
PROUST, Jean Santeuil, Pl., p. 628.

Par métonymie. Rare. Ensemble de snobs, des snobs.

4 (...) tout Paris défila devant le catafalque de lady Asthiner, comme avait défilé dans Piccadilly tout le snobisme de Londres.
Jean LORRAIN, le Crime des riches, p. 178 (1905).

SNOW-BOOT [snobut] n. m. — 1888 ; faux anglicisme (le composé n'existe pas en anglais) ; « bottine de neige », de *boot* (→ Boots) et *snow* « neige ».

♦ Vieilli. Bottillon, bottine de caoutchouc qui se porte par-dessus la chaussure par temps de neige ou de pluie. *Une paire de snow-boots.*

Dans le vestibule où je demandai aux valets de pied mes snow-boots que j'avais pris par précaution contre la neige (...) ne me rendais pas compte que c'était peu élégant, j'éprouvai, du sourire dédaigneux de tous, une honte qui atteignit son plus haut degré quand je vis que Madame de Parme n'était pas partie et me voyait chaussant mes caoutchoucs américains.
PROUST, le Côté de Guermantes, Pl., t. II, p. 546.

SOBRE [sɔbʀ] adj. — V. 1170 ; lat. *sobrius*.

♦ **1.** (V. 1180). Qui mange, boit avec modération, ne consomme que l'indispensable. ⇒ **Modéré, tempérant** (→ Austérité, cit. 9 ; indigestion, cit. 3). *Sobre et de goûts très simples.* ⇒ **Économe, frugal.** — (1753). (Animaux). Qui se contente de manger, de boire à longs intervalles. — (Déb. xxe). Fam. *Être sobre comme un chameau* (→ Incommunicable, cit. 9). — Par ext. *Vie chaste et sobre* (→ Force, cit. 6). ⇒ **Austère.**

1 J'ai toujours remarqué que les gens faux sont sobres, et la grande réserve de la table annonce assez souvent des mœurs feintes et des âmes doubles.
ROUSSEAU, Julie ou la Nouvelle Héloïse, I, XXIII.

(Mil. xviiie). Spécialt. Qui boit peu ou ne boit pas d'alcool.

L'homme sobre est souvent cruel, et d'ordinaire,
L'économe de vin est prodigue de sang (...)
HUGO, la Légende des siècles, XVI, I.

♦ **2.** (V. 1170). Littér. Qui est mesuré, modéré (dans un domaine). *Sobre en paroles.* ⇒ **Concis.** — **SOBRE DE...** *Sobre de compliments, de pratiques extérieures* (→ Pieux, cit. 2). ⇒ **Continent, réservé.**

3 (...) je me souvenais du joueur d'échecs, sobre de gestes, froid de paroles (...)
E. FROMENTIN, Une année dans le Sahel, p. 284.

4 Nadia, elle aussi, fut longtemps, sinon muette, au moins sobre de toute parole inutile.
J. VERNE, Michel Strogoff, p. 296 (1876).

♦ **3.** (1559). Cour. Qui manifeste de la mesure, de la simplicité. *Vêtement de coupe* (2. Coupe, cit. 3) *sobre. Élégance sobre et sans ornements.* ⇒ **Classique, discret, simple.** *Ligne sobre d'une automobile, d'un meuble.* — *Art sobre et raffiné* (cit. 6). *Style sobre et dense.* ⇒ **Dépouillé.**

CONTR. Buvant (vx), glouton, goinfre, goulu, gourmand, intempérant, ivre, ivrogne. — Copieux, dispendieux. — Brillanté, chamarré, criard, compliqué, développé, éclatant, emphatique, orné, prolixe...
DÉR. Sobrement.

SOBREMENT [sɔbʀəmɑ̃] adv. — 1190 ; de *sobre*.

♦ **1.** Avec modération, tempérance. *Boire sobrement,* peu. *Vivre sobrement* (→ Instituer, cit. 4).

♦ **2.** Avec mesure, retenue. *Parler sobrement.* ⇒ **Simplement** (→ aussi Nymphe, cit. 3). *Habillée, décolletée* (→ Roux, cit. 1) *sobrement.* ⇒ **Discrètement.** *Traiter sobrement un sujet.*

SOBRIÉTÉ [sɔbʀijete] n. f. — V. 1180 ; lat. *sobrietas*.

♦ **1.** Comportement d'une personne qui boit et mange avec modération* (cit. 4). ⇒ **Sobre** (1.) ; **austérité, économie, frugalité** (→ 1. Patience, cit. 3 ; paysan, cit. 5 ; résistance, cit. 5). *Des gourmands honteux, des fanfarons* (cit. 7) *de sobriété.* — *La sobriété du chameau.*

1 La sobriété est l'amour de la santé, ou l'impuissance de manger beaucoup.
LA ROCHEFOUCAULD, Maximes, 593.

(xive). Le fait de ne pas boire ou de boire peu d'alcool. *Santé, sobriété* (slogan de plusieurs campagnes antialcooliques).

♦ **2.** (xiiie). Littér. Modération, réserve (dans une activité quelconque). *Sobriété de gestes, de paroles.* ⇒ **Continence, retenue.** « ... *Et veut que l'on soit sage avec sobriété* ». ⇒ **Mesure** (→ Extrémité, cit. 14). *Sobriété dans la tenue.* ⇒ aussi **Circonspection, discrétion.**

2 (...) on peut dire que la misère est un maître, non seulement de pensée, mais de style ; elle apprend la sobriété à l'esprit, comme au corps.
R. ROLLAND, Jean-Christophe, Le matin, I, p. 142.

Sobriété du style (→ Épithète, cit. 3 ; mesquin, cit. 2), *des moyens* (→ Partition, cit. 2).

CONTR. Gloutonnerie, goinfrerie, gourmandise, intempérance, ivresse, ivrognerie. — Excès, prolixité, recherche ; complication, éclat.

SOBRIQUET [sɔbʀikɛ] n. m. — Fin xvie ; *soubriquet*, xve ; *soubzbriquet* « coup sous le menton », xive ; orig. douteuse ; selon P. Guiraud, d'abord « geste de dérision », *briquet*, de *briquer* « battre le briquet ».

♦ Surnom moqueur, et, par ext., surnom familier. ⇒ **Nom** (d'emprunt), **surnom** ; → Lin, cit. 1 ; pressier, cit. *Sobriquet injurieux, plaisant, ridicule* (Académie). *Donner, prendre un sobriquet.* — Par anal. Désignation imagée et familière (→ Rossignol, cit. 5).

Jadis les gens du peuple n'étaient connus que par un sobriquet tiré de leur profession, de leur pays, de leur conformation physique ou leurs qualités morales. Ce sobriquet devenait le nom de la famille bourgeoise qu'ils fondaient lors de leur affranchissement.
BALZAC, la Recherche de l'absolu, Pl., t. IX, p. 526.

SOC [sɔk] n. m. — V. 1155 ; soit du gaulois **succos* (cf. irlandais *socc*), soit (P. Guiraud) du lat. *soccus* « chaussure », influencé par ce mot gaulois.

♦ Lame métallique triangulaire qui tranche horizontalement la bande de terre que le coutre a piquée, dans une charrue (→ Labour, cit. 1 ; laboureur, cit. 2 ; 2. mancheron, cit. 1). ⇒ **Rasette.** *Pointe, tranchant du soc. Le soc est fixé à la partie antérieure du cep*, sous les versoirs. Charrue à plusieurs socs* (⇒ **Bissoc, brabant, polysoc, trisoc**). *Nettoyer un soc au débouchoir*.* — REM. On désigne souvent par *soc* l'ensemble formé par *le soc et les versoirs*.* — *L'oreille du soc* (Académie).

1 Des pluies battantes, après de grands soleils, avaient durci l'argile du sol, si profondément, que le soc et le coutre détachaient avec peine la bande qu'ils tranchaient, dans ce labour à plein fer.
ZOLA, la Terre, V, III.

2 C'est un soc ; un soc nu comme un couteau. Un soc têtu, aiguisé, arrogant, avec le flanc creux des bêtes qui courent à travers la colline ; une belle peau sans un pli.
J. GIONO, Regain, II, I.

Partie analogue d'une arracheuse (à betteraves, etc.).

Par métaphore (→ Aride, cit. 6 ; coutre, cit. 3).

COMP. Bissoc, polysoc, trisoc.
HOM. Socque.

SOCCA [sɔka] n. f. — Attesté xxᵉ ; mot niçois.

♦ Régional (Nice). Fine galette de farine de pois chiches, de grand diamètre.

SOCCER [sɔkœʀ] n. m. — 1913, in Petiot ; mot angl., argot de sports.
Anglicisme.

♦ 1. Vx. (En France). Joueur de football-association.

♦ 2. (Au Canada). Football. — REM. En français standard, l'opposition *football* (pour *football association*) versus *rugby* (pour *football rugby*) est établie. En anglais des États-Unis, et en français canadien, *football* désignant ce qu'on nomme en France *rugby* (ou *football*) *américain*, un autre mot est requis pour désigner ce qu'on nomme en français standard *football*.

SOCIABILITÉ [sɔsjabilite] n. f. — 1665 ; de sociable.

♦ 1. Didact. Caractère de l'être sociable, aptitude à vivre en société. — Sociol. (Gurvitch). Principe des relations entre personnes, qui forment les éléments les plus simples de la réalité sociale. *Sociabilité spontanée, organisée ; active, passive.*

1 (...) on voit du moins, au peu de soin qu'a pris la nature de rapprocher les hommes par des besoins mutuels et de leur faciliter l'usage de la parole, combien elle a peu préparé leur sociabilité, et combien elle a peu mis du sien dans tout ce qu'ils ont fait pour en établir les liens.
ROUSSEAU, De l'inégalité parmi les hommes, I.

2 Heureux temps ! *(le XVIIIᵉ s.)* toute la vie alors était tournée à la sociabilité ; tout était disposé pour le plus doux commerce de l'esprit et pour la meilleure conversation.
SAINTE-BEUVE, Causeries du lundi, 20 mai 1850.

3 (...) au retour aussi bien qu'à aller, à chaque station montaient avec nous ou nous disaient bonjour du quai des gens de connaissance ; sur les plaisirs furtifs de l'imagination dominaient ceux, continuels, de la sociabilité, qui sont si apaisants, si endormeurs.
PROUST, Sodome et Gomorrhe, Pl., t. II, p. 1098.

4 Les jeunes gens bavardaient avec Stéphanie ; la taquinaient. Elle s'étonnait de ne pas leur en vouloir, de ne pas voir ces ennemis en tous ces futurs fiancés, de retrouver avec dix tout ce qu'elle croyait avoir répudié pour toujours, ces modes de sociabilité inférieure qui s'appellent la gaieté, le flirt, la danse.
GIRAUDOUX, les Aventures de Jérôme Bardini, p. 65.

♦ 2. (Mil. xvIIIᵉ). Cour. Caractère d'une personne sociable, de commerce* facile. ⇒ Facilité ; égalité (d'humeur) ; civilité (→ 1. Goûter, cit. 12). *Un remarquable esprit de sociabilité* (→ Éloignement, cit. 7).

♦ 3. (XIXᵉ, Chateaubriand). Littér. Caractère d'un groupe qui favorise les relations humaines, et, spécialt, les relations intellectuelles ou mondaines. « *Paris, capitale de la sociabilité humaine* » (Valéry). → Fleur, cit. 33.

CONTR. Insociabilité.

SOCIABLE [sɔsjabl] adj. — 1596 ; « qui se joint facilement » (choses), 1522 ; lat. sociabilis, de sociare « associer ».

★ I. ♦ 1. Didact. Capable de vivre en association permanente avec ses semblables. ⇒ Social (I.), société. *L'homme est un animal* sociable (→ Excellence, cit. 7). *L'homme* (cit. 80) *sociable,* opposé au « sauvage » (Rousseau). — *Insectes sociables.*

♦ 2. (V. 1630). Qui est capable de relations humaines aimables, recherche la compagnie, le commerce de ses semblables. ⇒ Accommodant, affable, agréable, aimable, bon, praticable (vx), traitable (→ Entêter, cit. 9 ; étanche, cit. 3 ; exercer, cit. 44 ; replongeant, cit. 5). *Rendre plus sociable.* ⇒ Apprivoiser. *Être sociable et même familier*. — *Caractère*, *humeur, manières sociables.* ⇒ Facile ; bon (caractère).

♦ 3. Littér. Qui favorise les relations sociales (en parlant d'un milieu). ⇒ Avenant, engageant.

D'abord, tout près du Dauphiné, la grande et aimable ville de Lyon, avec son génie éminemment sociable, unissant les peuples comme les fleuves.
MICHELET, Hist. de France, III.

★ II. N. m. (1889). Vx. Vélocipède à deux places situées côte à côte (remplacé v. 1890 par le tandem*).

CONTR. Sauvage, solitaire. — Abrupt, acariâtre, bourru, farouche, incommode, individualiste, misanthrope.
COMP. et CONTR. Insociable.

SOCIABLEMENT [sɔsjabləmɑ̃] adv. — 1630 ; de sociable.

♦ Rare. D'une manière sociable*. « *Il s'est conduit assez sociablement* » (Littré).

SOCIAL, ALE, AUX [sɔsjal, o] adj. — 1557 ; vie socielle, 1375 ; « associé », 1352 ; « agréable aux autres », 1506 ; lat. socialis « sociable, capable de vivre en communauté » ; et « relatif aux alliés », de socius « compagnon ».

★ I. De la société*.

♦ 1. (Répandu xvIIIᵉ ; cf. Rousseau, *Contrat social,* 1761). [a] Relatif à un groupe d'individus, d'hommes, conçu comme une réalité distincte (⇒ Société, II., 2.) ; qui appartient à un tel groupe et participe de ses caractères (opposé à *biologique, psychique, individuel,* etc.). — *Vie sociale,* en société (→ 2. Devoir, cit. 23 ; habitude, cit. 3 ; remords, cit. 3 ; rendre, cit. 16). *Rapports sociaux, relations sociales,* des hommes dans la société. *Le langage* (cit. 4) *est un acte social.* — *État* (cit. 104 et 106) *social,* de la société, du groupe humain. *Organisation, institution sociale* (→ Initiative, cit. 5). « *Tout le mécanisme social repose sur des opinions* » (cit. 12, Comte). *L'ordre* (cit. 25) *social. Évolution, transformation sociale* (→ Déplorer, cit. 2). *Contraintes* (cit. 5) *sociales, pression sociale* (→ Obliger, cit. 3).

Mais certains défauts, certaines qualités sont moins attachés à tel individu, à tel autre, qu'à tel ou tel moment de l'existence considéré au point de vue social. Ils sont presque extérieurs aux individus, lesquels passent dans leur lumière comme sous des solstices variés, préexistants, généraux, inévitables. 0.1
PROUST, le Temps retrouvé, Pl., t. III, p. 970.

[b] Qui forme une société ou un élément de société. *Cellule sociale* (→ Agréger, cit. 2). *Groupe social.* ⇒ Groupe, groupement, société. *La famille* (cit. 16 et 18), *élément social. L'édifice*, le *corps* (cit. 38) *social.* — Qui constitue les hommes en communauté, en société. *Contrat* (cit. 4 et 6), *pacte* (cit. 1), *traité social* (→ Équilibre, cit. 21, Rousseau).

[c] Relatif aux rapports entre les personnes, à la sociabilité* ou au groupe. ⇒ Homme (cit. 46). → Individu, cit. 15. *Notre personnalité* (cit. 3) *sociale. Thérapeutiques sociales en psychiatrie.* ⇒ Occupationnel, psychothérapie (collective, de groupe).

[d] Didact. *Faits, phénomènes* (cit. 1) *sociaux,* ceux qui résultent des relations* réciproques entre les membres du groupe (interprétation du psychologisme) ou du tout organique que forme la société* (sociologisme). *Psychologie sociale,* qui étudie l'interaction entre l'individu et les groupes auxquels il appartient. — N. m. *Le social est le comportement de l'individu dans ses rapports avec ses semblables.*

Voilà donc un ordre de faits qui présentent des caractères spéciaux : ils consistent en des manières d'agir, de penser et de sentir, extérieures à l'individu, et qui sont douées d'un pouvoir de coercition en vertu duquel ils s'imposent à lui (...) ne sauraient se confondre avec les phénomènes organiques (...) ni avec les phénomènes psychiques (...) Ils constituent donc une espèce nouvelle et c'est à eux que doit être donnée et réservée la qualification de sociaux. 1
É. DURKHEIM, les Règles de la méthode sociologique, p. 6.

Le social, ce n'est pas autre chose qu'un certain comportement de l'individu dans ses rapports avec autrui et spécialement ses semblables (...) Le social dépasse d'ailleurs le domaine psychologique puisque, surtout chez les Insectes, il peut aboutir à une différenciation morphologique des individus en fonction de leur tâche dans la société. 2
Paul CHAUCHARD, Sociétés animales, société humaine, p. 7.

Animaux sociaux, qui vivent en société. ⇒ Sociable (I., 1.). *Les hyménoptères sociaux.*

♦ 2. Qui étudie la société. *La science sociale :* la sociologie (avant la création du mot). *Les sciences sociales* (→ Opinion, cit. 36) : les sciences humaines envisagées sous un point de vue sociologique (économie* politique ; droit ; géographie, psychologie sociale). ⇒ aussi Humain (sciences humaines).

« La réalité non philosophique ? La vie réelle ? N'est-ce pas justement ce dont s'occupent les sciences dites humaines ou sociales depuis plus d'un siècle : l'économie politique, la psychologie, la sociologie, l'histoire. Sciences parcellaires, certes, elles fragmentent cette énorme réalité que la philosophie laisse hors d'elle. C'est à ces savants qu'appartient le réel. C'est d'eux et de leurs démarches que peut sortir l'unité du réel et du rationnel, à travers la fragmentation. 2.1
Henri LEFEBVRE, la Vie quotidienne dans le monde moderne, p. 46.

♦ 3. (1844, in D. D. L.). En parlant de la répartition des individus dans la société, du point de vue de la division du travail et de ses effets sociaux. *Classes** (cit. 9), *couches* (cit. 10) *sociales. Milieu* (→ Individuel, cit. 8), *rang** *social.* ⇒ Condition, rang, statut. *Différences* (cit. 9), *distinctions* (cit. 8), *inégalités* (cit. 5), *injustices sociales. Échelle* (cit. 13) *sociale. hiérarchie sociale.*

Spécialt. *Travail social. Propriété sociale,* collective. ⇒ Socialisme. *Fonctions d'utilité sociale,* publique (⇒ Service).

♦ 4. (1530 ; repris 1765, *Encyclopédie :* « mot nouvellement introduit dans la langue pour désigner les qualités qui rendent un homme utile, dans la société »). Vieilli. Qui est favorable à la vie en commun (⇒ Sociable). *Vertus, qualités, tendances sociales* (→ Émotif, cit. 2). *Esprit* (cit. 178) *social* (→ Flexible, cit. 7). — *L'homme* (cit. 86), *animal, être social* (→ 1. Politique, cit. 2).

♦ 5. Relatif à la vie mondaine, aux relations du monde, de la société. → Nom, cit. 28, Proust. *Relations sociales. Convenances, conventions* (cit. 10) *sociales* (→ Magistrat, cit. 5).

3 (...) il faut attendre jusqu'au milieu du règne de Louis XIV pour que la vie sociale, se détachant de ce point unique et retombant sur elle-même, reflue à Paris, s'élance, se ramifie, batte partout, circule dans mille hôtels.
Ed. et J. DE GONCOURT, la Femme au XVIIIᵉ s., t. I, p. 68.

4 (...) je crus que j'allais m'évanouir. Mais l'instinct social est devenu si fort en nous que nous arriverions, je crois, à mourir en feignant l'indifférence.
A. MAUROIS, Climats, I, XIV.

♦ 6. (V. 1830). Relatif aux rapports entre les classes de la société (opposé à *politique, économique*). → Crise, cit. 13. — *La question** (cit. 9) *sociale. Mouvement social* (→ Balayer, cit. 16; résultant, cit. 4). *Paix sociale* (→ Classe, cit. 6; radical, cit. 3); *révolution sociale* (→ Despotisme, cit. 6). *Conflits sociaux. Justice sociale.* — Hist. *École sociale*, ou « sociétaire » : école phalanstérienne de Fourier. *République sociale.*

5 Si jamais, dans ce grand concile des intelligences où se débattent de la presse à la tribune tous les intérêts généraux de la civilisation du dix-neuvième siècle, il *(l'auteur)* avait la parole (...) il ne demanderait qu'une chose pour commencer : la substitution des questions sociales aux questions politiques.
HUGO, Littérature et Philosophie mêlées, But de cette publication (1834).

N. f. (1848). *La sociale* : la république socialiste.

5.1 D'une fenêtre, quelqu'un cria : À bas la guerre! Vive la sociale!
H. TROYAT, les Semailles et les Moissons, p. 387.

5.2 Bien que, reprit-il, ce Bourget soit une réactionnaire, alors que moi, je suis pour la Sociale, je ne le leur ai pas caché, à M. Nicolas et à M. William, qu'aux élections, moi, je voterai rouge.
Cécil SAINT-LAURENT, Clarisse, p. 382.

Spécialt. Qui concerne les conditions matérielles des travailleurs et leur amélioration. *Revendication* (cit.) *sociale. Lois* (→ Dynamisme, cit.), *mesures sociales. Climat social* : état des rapports entre employeurs et salariés. (Personnes). *Partenaires** (5.) *sociaux.*

6 On assiste (...) à un élargissement considérable du champ d'application de la notion même de « social ». Limitée d'abord aux relations employeurs-salariés, cette notion s'étend (...) à l'ensemble de la communauté nationale (économie de service et économie de besoin)... On tend aujourd'hui à repenser l'économique à travers le social (...) Le salaire n'apparaît plus seulement comme un coût des entreprises mais aussi comme un revenu (...) De ce fait, le mot social, sans perdre sa signification d'un effort vers plus de justice, tend à reprendre le sens plus large qu'il avait à l'origine, concernant l'organisation de la société tout entière.
A. PIETTRE, in ROMEUF, Dict. des sciences économiques, art. Social.

7 Les lois sociales, c'est bien joli, mais c'est les fonctionnaires qu'en profitent et les commerçants qui paient.
R. QUENEAU, le Dimanche de la vie, p. 169.

Abusif. *Semaine sociale*, où sont débattues des questions sociales. — *Avoir une politique sociale*, favorable aux revendications sociales. — N. m. *Le social. Faire du social* (→ aussi 2. Neuf, cit. 8).

8 L'écrivain qui, aujourd'hui, ne prend pas parti et délaisse le social est en état de péché mortel aux yeux de ses contemporains!
J. GREEN, Journal 1958-1967 (Vers l'invisible), 4 sept. 1962, p. 341.

♦ 7. (Av. 1871, Littré). Qui est destiné à servir au bien de tous, à garantir un minimum de bien-être aux plus défavorisés.

(En parlant d'institutions, etc.). *Assurances* sociales. Sécurité* sociale. Service* social.* — *Droit social.*

(Personnes). *Assistante sociale.* — (Au Québec). *Aide sociale* : allocations, aides destinées aux personnes dont les ressources sont insuffisantes.

♦ 8. (1723). Relatif à une association de personnes ayant un but, des intérêts communs. ⇒ **Société** (III., 3.). *Raison sociale.* ⇒ **Raison.** *Capital social.* ⇒ **Capital.** *Part sociale.* ⇒ **Part** (*supra* cit. 9.2). *Siège social.* ⇒ **Siège.** *Avoir la signature sociale.*

★ II. (V. 1355; du lat. *socialis*, dans l'expression *bellum socialis*). *Guerre sociale*, ou *des alliés*, faite par Rome contre ses « alliés » (les Italiens) qui réclamaient la situation des citoyens.

DÉR. Socialement, socialiser.
COMP. Antisocial, social-démocrate.

SOCIAL- Premier élément de composés. ⇒ **Social-chrétien, social-démocrate, social-démocratie, socialo-.**

SOCIAL-CHRÉTIEN, ENNE [sɔsjalkʀetjɛ̃, ɛn] adj. et n. — V. 1945; de *social*, et *chrétien*.

♦ Polit. Se dit du parti démocrate-chrétien, en Belgique. *« (...) le gouvernement, divisé entre socialistes et francophones, entre sociaux-chrétiens et socialistes (...) »* (*le Nouvel Obs.*, 6 avr. 1981). — N. *Les sociaux-chrétiens.*

SOCIAL-DÉMOCRATE [sɔsjaldemɔkʀat] adj. et n. — 1910; all. *Sozial-demokrat.*

♦ Polit. Se dit des socialistes allemands. *Partis sociaux-démocra-*

---

tes. — Par ext. Partisan de la social-démocratie. — N. *Les sociaux-démocrates.*

DÉR. Social-démocratie.

SOCIAL-DÉMOCRATIE [sɔsjaldemɔkʀasi] n. f. — 1899, *in* D.D.L.; de *social-démocrate.*

♦ Polit. Socialisme allemand, de tendance réformiste. — On a écrit aussi *sociale-démocratie.* *« Aujourd'hui, on est pour ou contre le centre; pour ou contre la sociale-démocratie; on est surtout pour l'autonomie de l'Alsace-Lorraine »* (*l'Illustration*, 2 févr. 1907). Par ext. (dans le langage des révolutionnaires). Socialisme réformiste. ⇒ **Réformiste.**

En « nationalisant » la classe ouvrière du centre, en lui inculquant la notion des lois « naturelles » de l'économie qui, comme par la force des choses, impliqueraient la surexploitation du travailleur noir, brun ou jaune, la social-démocratie européenne, américaine, japonaise assure à l'impérialisme son âge d'or et accepte, dans les pays du Tiers Monde, le maintien de la domination la plus meurtrière que l'humanité ait connue.
Jean ZIEGLER, Main basse sur l'Afrique, p. 50.

SOCIALEMENT [sɔsjalmɑ̃] adv. — 1530; *sociellement* « en société », 1300; de *social.*

♦ 1. Vx. Quant aux relations sociales (I., 5.), mondaines (→ 1. Parler, cit. 16).

♦ 2. (1767). Mod. Du point de vue social (I., 1.), quant aux rapports humains dans la société, et, spécialt, aux rapports entre classes sociales (→ Social, I.). *Pays linguistiquement* (cit.) *unifié et groupes socialement différenciés.*

SOCIALISANT, ANTE [sɔsjalizɑ̃, ɑ̃t] adj. et n. — 1840; de *socialisme.* → Communisant.

♦ 1. Qui tend au socialisme, à une politique socialiste. *La gauche socialiste ou socialisante. Un radical vaguement socialisant*, qui n'est pas vraiment socialiste. — (Choses). *« Une orientation plus socialisante de la fiscalité »* (J.-P. Courthéoux, *la Politique des revenus*, p. 27). *Un socialisme socialisant*, pur, idéologique.

Si un socialisme efficace, réaliste, immédiat, eût été en cause (...) Mais il ne s'agissait pas d'un socialisme socialisant. Il s'agissait, comme il s'agit toujours, d'un socialisme oratoire, d'un socialisme littéraire, d'un socialisme de conférence, d'un socialisme de réunion publique.
Ch. PÉGUY, in J. VIARD, les Œuvres posthumes de Charles Péguy, 1901 (in D.D.L., II, 15).

N. *Les socialisants. « (Les) pacifistes et* (les) *socialisants de "tout poil" »* (Martin du Gard, *les Thibault*, VII).

♦ 2. Didact. Qui met l'accent sur les problèmes sociaux. *Une thèse historique socialisante.*

SOCIALISATION [sɔsjalizasjɔ̃] n. f. — 1836; de *socialiser.*

♦ 1. Vx ou didact. Le fait de développer des relations sociales (I., 1., 2.), de former en un groupe social, en société. *La socialisation des hommes* (→ Fête, cit. 1).

1 (...) le développement de l'enfant et de l'adolescent, notamment *(... le)* détail des processus de socialisation qui modifient la plupart de leurs caractères psychologiques. On a, en particulier, montré à cet égard que la socialisation ne se réduit nullement aux contraintes spirituelles ou matérielles exercées par l'adulte, dans la famille ou à l'école, mais que la « coopération » entre contemporains peut aussi jouer un rôle essentiel, notamment dans le développement des sentiments moraux.
J. PIAGET, Épistémologie des sciences de l'homme, p. 172.

♦ 2. (1840). Mod. Le fait de mettre sous un régime communautaire, collectif (→ Collectiviste, cit. 2). *Socialisation sous forme coopérative, étatiste* (étatisation). *La socialisation des moyens de production* (→ Dictature, cit. 5). *Socialisation et nationalisation.*

2 Et cette idée, que la socialisation de l'enseignement, que l'universalisation d'une culture humaine suffirait à réconcilier toutes les anciennes classes dans l'humanité de la cité socialiste n'est pas pour nous déplaire.
Ch. PÉGUY, la République..., p. 18.

SOCIALISER [sɔsjalize] v. tr. — 1786; de *social.*

♦ 1. Vx ou didact. Rendre social (I., 2.), faire vivre en société. — (Rare). Faire apparaître ou développer les caractères, les rapports sociaux (I., 1.) entre des hommes. *Groupe plus ou moins socialisé.*

1 Le désir de confidence répondait tout naturellement chez elle au besoin de « socialiser » une situation, qu'elle ne mettait pas son orgueil à regarder comme singulière.
J. ROMAINS, les Hommes de bonne volonté, t. V, III, p. 20.

2 (...) ce qui est vrai du milieu rural jusqu'au XXᵉ siècle n'est plus vrai depuis des siècles du milieu urbain, et particulièrement des fractions les plus socialisées que sont les classes religieuse et militaire. Pour elles, du temps abstrait dépendent la marche et la survie du groupe social.
A. LEROI-GOURHAN, le Geste et la Parole, t. II, p. 146.

♦ 2. (1859). Administrer, gouverner par le socialisme*. — Au p. p. *Pays socialisé*, rendu ou devenu socialiste.

♦ 3. (1865, « placer sous le régime de l'association »). Gérer ou diriger au nom de la société entière (⇒ **Socialisme**). *Socialiser la propriété.* ⇒ **Collectiviser** et aussi **étatiser, nationaliser.**

DÉR. **Socialisation.**

SOCIALISME [sɔsjalism] n. m. — 1831, «l'individualisme doit ramener au socialisme», in *le Semeur* du 23 nov. 1831 ; mot répandu et défini par P. Leroux (1833) ; de *social*, avec infl. de l'angl. (*socialism*, Owen, 1822) et de l'ital. *socialismo* (1803).

♦ **1.** Doctrine d'organisation sociale qui entend faire prévaloir l'intérêt, le bien général sur les intérêts particuliers, au moyen d'une organisation convenable (opposé à *libéralisme*) ; organisation sociale qui tend aux mêmes buts, dans un souci de progrès social (⇒ **Progressisme**). *Socialisme démocratique, libéral ; autoritaire* (→ Égalitarisme, cit. 1). *Socialismes associationnistes : mutualliste* (⇒ **Mutuellisme**), *coopératif* (⇒ **Coopératisme**), *corporatiste, collectiviste* (⇒ **Collectivisme**). *Socialisme municipal.* — (1890). *Socialisme d'État. Socialisme étatique.* — *Socialisme égalitaire* (cit. 1 ; ⇒ **Égalitarisme**). *Socialisme ouvrier, prolétarien* (dictature du prolétariat). *Socialisme agraire* (cit.). — *Socialisme réformiste* et socialisme révolutionnaire*. Socialisme utopique* (⇒ **Utopie**) ; *expérimental* (sans doctrine rigide préétablie) ; *socialisme scientifique* (le marxisme, opposé aux *socialismes utopistes*). — *Le socialisme de Babeuf, de Saint-Simon* (⇒ **Saint-simonisme**, cit.), *de Fourier* (⇒ **Fouriérisme**), *de Proudhon* (⇒ **Proudhonisme**), *de Cabet, de Blanqui. Le socialisme de Marx* (⇒ **Marxisme**) *et de ses disciples et continuateurs* (⇒ **Léninisme, stalinisme ; maoïsme...**).

1 Nous définirons (...) le socialisme comme une forme de société dont les bases fondamentales sont les suivantes :
1° *Propriété sociale des instruments de production ;*
2° *Gestion démocratique de ces instruments ;*
3° *Orientation de la production en vue de satisfaire les besoins des hommes.*
G. BOURGIN et P. RIMBERT, le Socialisme, p. 13.

Le socialisme : les socialistes ; en France, de nos jours, les partis de gauche non communistes et non libéraux (→ Enseignement, cit. 3 ; individualisme, cit. 6, Jaurès). — En Angleterre. ⇒ **Travaillisme.** — En Allemagne. ⇒ **Social-démocratie.** ⇒ aussi **Social-chrétien.**

2 Un des agitateurs les plus actifs du socialisme catholique français.
ZOLA, Rome, p. 15.

♦ **2.** Philos. polit. (dans le vocab. marxiste). Phase transitoire de l'évolution sociale, après l'élimination du capitalisme, mais avant que le communisme* (3.) puisse être instauré. *Le socialisme soviétique.*

DÉR. (Du même rad.) **Socialisant, socialiste.**
COMP. **National-socialisme ; radical-socialisme.**

SOCIALISTE [sɔsjalist] adj. et n. — 1830, n. ; adj., 1842 ; pendant la Révolution (1798) «antirévolutionnaire» ; de *social.*

♦ **1.** Relatif à l'une des doctrines ou des organisations sociales appelées socialismes* ; qui fait profession de socialisme (→ Électeur, cit. 1). *Organisation* (→ Dresser, cit. 25), *doctrine, politique* (→ Fonder, cit. 8) *socialiste. Théoricien socialiste* (→ Idée, cit. 55).

1 Il (*Sénégal*) connaissant Mably, Morelly, Fourier, Saint-Simon, Comte, Cabet, Louis Blanc, la lourde charretée des écrivains socialistes, ceux qui réclament pour l'humanité le niveau des casernes, ceux qui voudraient diviser dans un lupanar ou la plier sur un comptoir ; et, du mélange de tout cela, il s'était fait un idéal de démocratie vertueuse, ayant le double aspect d'une métairie et d'une filature, une sorte de Lacédémone américaine où l'individu n'existerait que pour servir la Société, plus omnipotente, absolue, infaillible et divine que les Grands Lamas et les Nabuchodonosors.
FLAUBERT, l'Éducation sentimentale, II, II.

Le Parti socialiste (français) ou P. S. *Section française de l'Internationale ouvrière,* plus cour. : S. F. I. O. [ɛsefijo]. *Parti socialiste unifié,* plus cour. : P. S. U. [peɛsy]. *Parti socialiste anglais* (⇒ **Travailliste**), *allemand* (⇒ **Social-démocrate**), *belge* (⇒ **Social-chrétien**). *Les partis socialistes italiens* → Leurre, cit. 6. *Les internationales socialistes.* — N. *Un, une socialiste* (→ Communiste, cit. 2 ; individualisme, cit. 3).

2 Le socialiste par raison peut avoir tous les défauts du riche ; le socialiste par sentiment doit avoir toutes les vertus du pauvre.
J. RENARD, Journal, 9 janv. 1905.

Loc. *Socialistes patriotes* (en 1919). *Les socialistes-révolutionnaires et les sociaux-démocrates.*

♦ **2.** Qui appartient à un parti se réclamant du socialisme. *Parti socialiste et prolétarien*.* — Spécialt (de nos jours en France). *Du Parti socialiste français. Les conseils municipaux socialistes* (→ 1. Ban, cit. 7). — N. *Les socialistes et les radicaux, et les communistes...* (→ Communiste, cit. 3 ; front, cit. 34 ; gauche, cit. 17).

(1922) Var péj. et vx. *Socialeux.* — Mod. ⇒ **Socialo.**

♦ **3.** Relatif au socialisme organisé dans certains pays. *Union des républiques socialistes soviétiques* (U. R. S. S.). *La bureaucratie socialiste* (→ Idéologie, cit. 9).

CONTR. **Antisocialiste ; capitaliste.**
DÉR. **Socialistique.**

SOCIALISTIQUE [sɔsjalistik] n. f. — 1851 ; de *socialiste.*

♦ Vx, péj. Qui se rattache au socialisme.

Un jeune écrivain qui a écrit de bonnes choses, mais qui fut emporté ce jour-là par le sophisme socialistique (...) attaqua Balzac dans la Semaine.
BAUDELAIRE, les Drames et les Romans honnêtes, in D.D.L., II, 2.

SOCIALITÉ [sɔsjalite] n. f. — XVIᵉ ; de *social.*

♦ **1.** Vx. ⇒ **Sociabilité.**

♦ **2.** Caractère social, propre à la société.

(...) moyen de *socialité,* si l'on veut, mais point de *sociabilité* (...) la socialité veut que chacun travaille pour soi et s'inquiète peu des autres.
E. DELACROIX, Journal, 29 juin 1854, t. II, p. 382.

SOCIALO [sɔsjalo] n. m. — 1904, J. Renard, in D.D.L. ; de *socialiste.*

♦ Fam., vx (généralement péj.). Socialiste. Syn. : *socialeux.*

SOCIALO- Élément, de *social,* entrant dans la composition de mots politiques (le plus souvent polémiques) pour désigner le socialisme, les socialistes. Ex. : *socialo-traître* (Romains, *les Hommes de bonne volonté,* t. V, p. 225), *socialo-patriotard* (→ Pur, cit. 14). — REM. Les formes en *social-* sont plus fréquentes. V. à l'ordre alphabétique. Outre les mots signalés plus loin, on peut noter des composés plus occasionnels : *social-réformisme,* n. m. (1926, trad. Lénine, in D.D.L.) ; *social-traître,* n. m., surnom donné aux sociaux-démocrates par les bolchéviques.

Des durs, mais sans emploi. En Allemagne, ils croient toujours pouvoir liquider le nazisme tout seuls et traitent les sociaux-démocrates de «social-traîtres». Thaelmann, devenu le chef du parti communiste allemand, déclare que la social-démocratie est toujours l'ennemi principal et que «l'arbre fasciste ne doit pas cacher la forêt social-démocrate». Raymond ABELLIO, les Militants, p. 122.

Pour désigner un lien entre le socialisme et un autre parti ou groupement politique. Ex. : *socialo-communiste,* adj. et n. (1972, in *la Banque des mots,* 11, p. 104, qui donne de très nombreux exemples : *accord, alliance, dialogue, front, programme, union ; coalition, gouvernement, union... socialo-communiste*). — REM. L'emploi du mot est presque toujours celui des opposants.

SOCIATRIE [sɔsjatʀi] n. f. — 1972 ; de *socio-,* et *-iatrie.*

♦ Didact. Psychothérapie du comportement social.

SOCIÉTAIRE [sɔsjetɛʀ] adj. et n. — 1788 ; a signifié «social», «socialiste», «associationniste» (Fourier) ; de *société.*

♦ **1.** Qui fait partie d'une société d'acteurs. (1798). *Membre sociétaire de la Comédie-Française.* — N. *Sociétaire de la Comédie-Française* (⇒ Même, cit. 6) ; membre de la Société des Comédiens-Français, coopté et rémunéré, en principe, sur les bénéfices.

♦ **2.** En parlant d'autres sociétés (III., 2.), d'associations. ⇒ **Associé** (cit. 7). → Informateur, cit. 1.

DÉR. **Sociétariat.**

SOCIÉTARIAT [sɔsjetaʀja] n. m. — 1871 ; de *sociétaire.*

♦ Admin. Qualité de sociétaire*. *Cooptation au sociétariat de la Comédie-Française.*

SOCIÉTÉ [sɔsjete] n. f. — V. 1165 ; lat. *societas* «association», de *socius* «compagnon, associé, allié». → Social.

★ **I.** (XIIᵉ). Relations entre des personnes qui ont ou qui mettent qqch. en commun.

♦ **1.** Vx. Contrat d'association*. *Faire société avec...* : s'associer (→ Commun, cit. 5, La Fontaine). *Ouvrage fait en société,* en collaboration.

Mod. Dr. *Contrat de société* (Code du commerce, art. 1832). *Société coopérative :* «contrat (...) par lequel plusieurs personnes conviennent de mettre qqch. en commun (...) pour effectuer à meilleur compte des opérations dans leur intérêt commun» (Capitant, *Voc. jurid.*). Cf. ci-dessous, le sens III.

♦ **2.** ⓐ (XVIᵉ, Montaigne). Vx. Relations entre des personnes ; vie en compagnie, en groupe. ⇒ **Commerce** (II., 1.), **relation** (→ 1. Reposer, cit. 14). *Une société, un ménagement d'intérêts* (→ Amitié, cit. 6). — *Les douceurs* (cit. 12) *de la société. Dans la société* (→ Appeler, cit. 37). — Vieilli. Relations mondaines ; vie sociale. *Les plaisirs* (cit. 34) *de la société.*

Le plaisir de la société entre les amis se cultive par une ressemblance de goût (...). 1
LA BRUYÈRE, les Caractères, V, 61.

Loc. Vx. *Faire société à qqn.*

1.1 Eh bien, elle me fait société... elle découpe... elle est très-adroite !... elle parle, elle babille, elle gazouille... elle me raconte sa vie de pension.
E. LABICHE, Moi, II, 7.

b ... DE SOCIÉTÉ : qui s'exerce en société, dans les réunions mondaines ou amicales, familiales, etc. (1761). *Talents de société.*

(1834). Cour. *Jeux de société* : jeux distrayants qui peuvent se jouer à plusieurs.

c Franç. d'Afrique. Fait de s'associer, de mettre en commun les biens, les moyens de plusieurs personnes ; groupe, coopérative créé(e) par initiative personnelle (d'après I. F. A.). — Loc. *Faire société* : se réunir pour une opération économique commune. — Fam. (même sens que a, ci-dessus). Se réunir entre amis.

♦ **3.** Relations habituelles avec une ou plusieurs autres personnes. ⇒ **Compagnie** (I.) ; → Cramponner, cit. 2. *La société des femmes.* ⇒ **Fréquentation** (→ Goût, cit. 14). *« N'ayant de société que moi-même »* (→ Raffinement, cit. 4, Rousseau). — *En société, dans la société de qqn.* ⇒ **Commun, compagnie** (en). → Avantageux, cit. 15. ⇒ aussi **Avec.**

2 Mes livres font ma joie, et presque ma seule société.
P.-L. COURIER, Correspondance, IV, 10 sept. 1793.

★ **II.** (XVIIe-XVIIIe). **A.** ♦ **1.** Vx (sauf dans : *en société* et *de société*). État particulier à certains êtres, qui vivent en groupes plus ou moins nombreux et organisés. ⇒ **Sociabilité** (opposé à *nature, sauvagerie*). → Homme, 80, Rousseau ; égalité, cit. 5, Montesquieu. ⇒ **Communauté, union** ; **communion** (humaine). — Loc. *Vivre en société, vie* en société. *Le besoin de la société* (→ Homme, cit. 82).

3 Nous naissons, nous vivons pour la société.
BOILEAU, Satires, X.

4 La société est l'union des hommes, et non pas les hommes ; le citoyen peut périr, et l'homme rester. MONTESQUIEU, l'Esprit des lois, X, III.

♦ **2.** (Ce sens se dégage aux XVIIe et XVIIIe s. du précédent ; → Oppression, cit. 1 ; 2. politique, cit. 10, Rousseau). Ensemble des individus entre lesquels existent des rapports durables et organisés (⇒ **Relation**, III., 1.), le plus souvent établis en institutions* et garantis par des sanctions ; milieu* humain par rapport aux individus, ensemble des forces du milieu agissant sur les individus (contrainte sociale). ⇒ **Communauté, corps** (corps social), **groupe, humanité, monde** (II., 4.). *Société civile, politique. L'homme et la société.* ⇒ **Homme** (cit. 83 à 85) ; **individualisme** (cit. 5). *Relatif à la société.* ⇒ **Collectif, public, social.** *Rôle, travail de chacun dans la société* : fonction* sociale. *Place de la femme dans la société. — La société se venge, punit* (cit. 7 ; → Punition, cit. 1). *Payer sa dette envers la société.* ⇒ **Organisation de la société.** ⇒ **Ordre** (I., 5. : ordre social). *Castes* (cit. 2), *classes*, *degrés, milieux* (cit. 28) *de la société* (→ Bon, cit. 54 ; 2. dîner, cit. 3). — *Évolution, mouvement* (→ Philosophie, cit. 10) *de la société. La société sans classe* (→ Dialectique, cit. 5).

5 La société humaine peut être considérée en deux manières. Ou en tant qu'elle embrasse tout le genre humain, comme une grande famille. Ou en tant qu'elle se réunit en nations ; ou en peuples composés de plusieurs familles particulières, qui ont chacune leurs droits. La société considérée de ce dernier sens, s'appelle *société civile.* On la peut définir (...) société d'hommes unis ensemble sous le même gouvernement et sous les mêmes lois.
BOSSUET, Politique tirée de l'Écriture, I, VI, III, Conclusion.

(Après 1650). *Une, des sociétés.* Groupe social humain, limité dans le temps et dans l'espace (→ Gouvernement, cit. 20, Montesquieu). *Les sociétés humaines* (→ Convulsion, cit. 9 ; flexueux, cit. 3). *Sociétés dites primitives** (4. ; → Inégalité, cit. 9 ; primitivisme, cit.). *Les sociétés modernes, contemporaines, industrialisées. — Les valeurs d'une société* (→ Raz, cit. 2). ⇒ **Civilisation, culture ; religion** (cit. 19). *Mœurs, coutumes*, conventions*, usages... dans une société. Les sociétés chrétiennes* (→ Place, cit. 30) ; *esclavagiste, féodale* (→ Posséder, cit. 11), *capitaliste* (→ Rapprocher, cit. 3), *socialiste* (3.). *Société industrielle* (→ Redonner, cit. 4). — *Sociétés nationales* : les nations, les peuples. ⇒ **État** (III.). — *Sociétés closes et sociétés ouvertes* (→ Démocratie, cit. 8, Bergson). *Les valeurs d'une société.* ⇒ **Civilisation, culture, idéologie, religion.**

6 Humaine ou animale, une société est une organisation ; elle implique une coordination et généralement aussi une subordination d'éléments les uns aux autres ; elle offre donc, ou simplement vécu ou, de plus, représenté, un ensemble de règles ou de lois.
H. BERGSON, les Deux Sources de la morale et de la religion, p. 22.

7 (...) une société est (...) un être vivant, mais qui se distingue des autres en ce qu'il est avant tout constitué par une conscience. Une société est une conscience vivante, ou un organisme d'idées.
A. ESPINAS, Des sociétés animales, p. 361 (Paris 1878).

8 Chaque être vivant, chaque individu, chaque tendance s'efforce de rompre ou de désagréger le puissant appareil d'abstractions, le réseau de lois et de rites, l'édifice de conventions et de consentements qui définit une société organisée.
VALÉRY, Regards sur le monde actuel, Œ., t. II, Pl., p. 971.

Loc. *La société* (ou : *une société*) *d'abondance. Société de consommation*.

8.1 Les anathèmes des jeunes contre la société de consommation vont souvent dans le même sens, nous le savons, que la crainte des hommes mûrs de voir tarir les ressources de la planète. A. SAUVY, Croissance zéro ?, 1972, p. 30.

8.2 Pense aux atrocités qui se déroulent dans le monde moderne, à ce sentiment de l'absurde qui nous gagne tous, à la nécessité de lutter contre tant d'oppression, de tabous, contre l'étouffement de notre société de consommation (...)
F. MALLET-JORIS, le Jeu du souterrain, p. 18.

♦ **3.** Didact. Groupe* social, important ou non, permanent ou non, organisé ou spontané... ⇒ **Association, collectivité, communauté** (2.), **masse, réunion** ; et aussi **église, parti...** ; **clan, famille, tribu** (→ Assouplissement, cit. ; religion, cit. 20). *Sociétés partielles et société globale* (→ ci-dessus).

Toute société partielle, quand elle est étroite et bien unie, s'aliène de la grande. 9
ROUSSEAU, Émile, I.

(...) il existe des sociétés, c'est-à-dire des agrégats d'êtres humains. Parmi ces agré- 10 gats, les uns sont durables, comme les nations, d'autres éphémères comme les foules, les uns très volumineux comme les grandes églises, les autres très petits comme la famille quand elle est réduite au couple conjugal. Mais, quelles que soient la grandeur et la forme de ces groupes et de ceux qu'on pourrait énumérer — classe, tribu, groupe professionnel, caste, commune — (...) ils sont formés par une pluralité de consciences individuelles, agissant et réagissant les unes sur les autres.
FAUCONNET et MAUSS, in Grande Encycl. (BERTHELOT), art. Sociologie.

♦ **4.** (1753, Buffon). Groupe social (d'animaux). → Éclaircir, cit. 15. *Sociétés animales* (→ ci-dessus, cit. 6).

Pour un témoin extérieur, il n'y a, en effet, de commun à une société de fourmis 10.1 et à une société humaine que l'existence de traditions qui assurent, d'une génération à l'autre, la transmission des chaînes opératoires permettant la survie et le développement du groupe social.
A. LEROI-GOURHAN, le Geste et la Parole, t. II, p. 11.

B. ♦ **1.** (XVIIe). Ensemble de personnes réunies pour une activité commune ou par des intérêts communs. *La ville est partagée en diverses sociétés* (→ Assemblage, cit. 11). *« Je réunis autour* (1. Autour, cit. 11) *de moi une société d'écrivains ».* ⇒ **Entourage.** *Société mêlée.*

♦ **2.** (1860, in D. D. L.). Sens concret. Vieilli ou par plais. Groupe de personnes actuellement réunies. ⇒ **Assemblée, compagnie.** *Toute la société se mit debout* (→ 1. Patron, cit. 7 ; et aussi 1. foudre, cit. 4). Fig. *Une société de rosiers* (→ Pépinière, cit. 1). — *Un cabinet de société* (→ Sabler, cit. 3).

Mais il s'interrompit brusquement, en voyant entrer mademoiselle Saget, qui avait 10.2 poussé la porte de la boutique, après avoir aperçu de la chaussée la nombreuse société causant chez les Quenu-Gradelle.
ZOLA, le Ventre de Paris, II, 1873, in D. D. L., II. 16.

Loc. *Bonsoir, la société !*

♦ **3.** Les personnes qui ont une vie mondaine*, sociale (I., 3.). Par ext. *Les couches plus aisées ou plus oisives de la société.* ⇒ **Monde** (III., 2.). — (1871). Loc. LA BONNE SOCIÉTÉ. *Les usages de la bonne société.* ⇒ **Bienséance, convenance**(s), **éducation.** — (1835). LA HAUTE SOCIÉTÉ. Cf. Les gens du beau monde. — *La société la plus choisie* (cit. 23). — Absolt. LA SOCIÉTÉ. ⇒ **Aristocratie, gentry, gratin** (fig.), **haut** (la « haute »)... ; → High-life, cit. 2. *Prendre place, se répandre* (cit. 11 et 13), *être introduit*, reçu dans la société* (→ Hiérarchie, cit. 12). *Fréquenter* la société. — Les plus brillants* (cit. 11) *partis de la société rouennaise* (→ aussi Faubourg, cit. 4). — Hist. *La cour, la société, le clergé* (→ Désagrément, cit. 4).

(...) une bonne éducation, et l'audace de se mêler à ce que l'orgueil des gens riches 11 appelle la société. STENDHAL, le Rouge et le Noir, II, XLI.

(...) cette partie de la société qu'on appelle « la société » (...) 11.1
PROUST, Jean Santeuil, Pl, p. 435.

Le public de l'écrivain *(au XVIIe siècle)* reste strictement limité. Pris dans son 12 ensemble, on l'appelle *la société* et ce nom désigne une fraction de la cour, du clergé, de la magistrature et de la bourgeoisie riche.
SARTRE, Situations II, p. 134.

REM. Ce sens tend à vieillir.

★ **III.** (1467 ; répandu XVIIe). Groupe organisé et permanent, institué pour un but précis.

♦ **1.** Compagnie ou association religieuse. ⇒ **Congrégation.** *La société de Jésus* (→ Diffamation, cit. 1), et, absolt (vx), *la société.* ⇒ **Jésuite.** — *La société des amis* (Quakers).

♦ **2.** Organisation fondée pour un travail commun ou une action commune. *Société scientifique, savante* (⇒ **Institut**), *des gens de lettres* (⇒ aussi **Académie, cercle**...). *Société poétique* (⇒ **Athénée**), *philharmonique* (cit.), *chorale*, de musique... Société des Comédiens-Français* (⇒ **Sociétaire**). *Société des auteurs. Société sportive.* ⇒ aussi **Club.** *Société de bienfaisance, de coopération, d'entraide, de secours* (Croix-Rouge, etc.). Hist. *Sociétés philanthropiques du XVIIIe siècle. Sociétés politiques de la Révolution française : société des Droits de l'Homme* (les Cordeliers) ⇒ Ramifier, cit. 4), *des Amis de la Constitution* (Feuillants), *des Jacobins.* ⇒ **Club.** *Être admis, reçu dans une société.* ⇒ **Récipiendaire.** *Les membres d'une société.*

Je ne me pardonnerais pas d'être entré par mégarde dans une société de pêcheurs 13 à la ligne. — (...) je veux dire dans une petite bande de gens qui se payent de mots comme les autres, de grades et de rites, de menus jeux de société (...) qui s'offrent de petites distractions (...)
J. ROMAINS, les Hommes de bonne volonté, t. IX, XXIII, p. 191.

(1842). *Société secrète* : association qui se constitue et fonctionne en secret, souvent afin de poursuivre des menées subversives (politiques, sociales...). ⇒ Maçonnerie, cit. 2 ; partial, cit. 1. *Être affilié à une société secrète. Société secrète des carbonari*.* ⇒ **Carbonarisme, charbonnerie.**

(1804). Dr. *Société de fait,* résultant d'une collaboration effective sans contrat (→ ci-dessous, 3.) ni statuts.

◆ **3.** (1636). Dr., cour. Personne juridique issue du *contrat de société* (I., 1.), et considérée comme propriétaire d'un patrimoine (patrimoine social). *Sociétés civiles*, qui ont pour objet principal des opérations civiles, non commerciales (à l'exception des sociétés à objet civil et à forme commerciale, considérées comme sociétés commerciales). *Société civile immobilière* (S. C. I.). *Société civile professionnelle. Société coopérative, mutuelle.* ⇒ **Coopérative, mutualité.** *Société de crédit* (agricole, maritime...), qui fournit à ses adhérents des fonds, des crédits. *Société de crédit mobilier*, d'épargne, de prévoyance, d'assurance* (mutuelles), de capitalisation. — (1636; société anonyme, 1673). Spécialt. **SOCIÉTÉ COMMERCIALE ;** absolt, **SOCIÉTÉ** : société qui réalise des opérations commerciales* à but lucratif (opposé à *association*, à *société civile*). ⇒ **Affaire, compagnie** (3.), **entreprise** (I., 3.), **établissement** (II., 3.). *Droit des sociétés.* — *Société par intérêts* : «société dans laquelle la part sociale (de chaque associé), appelée intérêt, n'est transmissible qu'en vertu d'une clause expresse et avec le consentement des coassociés» (Capitant). ⇒ aussi **Raison** (sociale). *Société en nom collectif*, comportant pour chaque associé l'obligation personnelle et solidaire au paiement des dettes. *Société en commandite simple. Société en participation** (cit. 4, et *supra*). *Société léonine*. Convention de croupier** (3.), *dans une société.* — *Sociétés par actions* (V.), comportant des associés à responsabilité limitée (et parfois illimitée : garants ou commandités) dont la part sociale est représentée par des titres, négociables en Bourse, de valeur identique (actions). *Société anonyme** (cit. 5, et *supra*). *Société de services. Société de conseil, société conseil*, qui vend ses conseils. *Société de services et de conseils en informatique.* — *Statuts*, *règlement d'une société.* Constituer, fonder, former (⇒ **Constitution**), dissoudre, liquider une société (⇒ **Liquidation**). *Apport de capitaux, de fonds* dans une société.* ⇒ aussi **Fournissement**. *Répartition des capitaux, des bénéfices d'une société.* ⇒ **Actionnaire, intérêt, part.** *Comptabilité, bilan, dividendes, réserves d'une société. Société à capital variable.* — *Direction, conseil* d'administration, comité d'entreprise, gérant, fondé de pouvoir*..., assemblée* générale d'une société. Siège* d'une société.* — *Activité d'une société. Société financière, industrielle, immobilière*...* (⇒ **Omnium**). *Société privée, semi-publique, d'État, nationale...* — *Société d'aménagement foncier et d'établissement rural* (S. A. F. E. R.). *Sociétés d'intérêts collectifs agricoles. Groupement, consortium*, union* de sociétés. Entreprise, monopole qui contrôle plusieurs sociétés.* ⇒ **Cartel, holding, trust...** *Sociétés multinationales.* ⇒ **Multinational, n. f.** — Arithm. *Règle de société*, permettant le calcul des parts revenant à chaque associé.

14   Ce n'est donc pas en multipliant les offres d'alliance et les concessions à de telles couches sociales que l'on ira vers le socialisme. Elles n'ont qu'un seul point commun avec la classe ouvrière : la haine des trusts et des sociétés multinationales.
         Roger GARAUDY, Parole d'homme, p. 220.

◆ **4.** Dr. internat. Association* d'États (→ Puissance, cit. 25). Hist. *La Société des Nations* ou *S. D. N.* (remplacée par l'Organisation des Nations Unies depuis 1946). → Organisme, cit. 4.

CONTR. (De I., 2.) **Isolement, solitude.**
DÉR. Sociétaire.

SOCINIANISME [sɔsinjanism] n. m. — 1691; de *socinien*, de *Socin, Sozini*, hérétique italien.

◆ Relig. Doctrine hérétique de Socin qui rejette la Trinité, la divinité de Jésus.

SOCINIEN, ENNE [sɔsinjɛ̃, ɛn] adj. et n. — 1688, Bossuet; de *Socin* (F. P. *Sozini*, hérétique italien).

◆ Relig. Qui suit la doctrine hérétique de Socin, rejetant la Trinité (⇒ **Unitarien**), la divinité (cit. 2) de Jésus. *Un socinien, une socinienne :* un, une adepte du socinianisme.

DÉR. Socinianisme.

SOCIO [sɔsjo] n. f. — Fam. ⇒ **Sociologie.**

SOCIO- Élément, du rad. de *social, société* entrant dans la composition de termes didactiques. — Outre les mots traités ci-dessous, on rencontre de nombreuses formations didactiques et scientifiques : *sociodémographique*, adj. (*le Monde*, 15 juin 1965, *in* Gilbert), *socio-écologie*, n. f., et *socio-écologique*, adj. (*Science et Vie*, *in la Clé des mots*, 1973), *socio-ethnique*, adj. (Leroi-Gourhan, 1979, *le Geste et la Parole*); *sociofamilial, ale, aux*, adj. (*le Nouvel Obs.*, 6 avr. 1981, p. 57), *sociopathe*, adj. (*Sciences et Avenir*, n° 16, p. 16), *sociopathie*, n. f. (Porot, 1975, p. 580 b); *socioreligieux, euse*, adj. (1965, *Sciences et Avenir*); *sociopsychologique*, adj. (1959, *in* Gilbert); *sociotechnique*, adj. (1973, *in* Gilbert). — REM. Ces composés s'écrivent avec ou sans trait d'union, la tendance étant de souder les deux éléments, sauf si le deuxième commence par un o- et en général par une voyelle.

SOCIO-AFFECTIF [sɔsjoafɛktif] adj. — 1969; de *socio-*, et *affectif.*

◆ Didact. Qui se rapporte à l'affectivité dans ses rapports avec l'environnement social. «(...) accompagner l'enfant dans son développement cognitif et socio-affectif» (*la Recherche*, n° 124, p. 895).

SOCIO-ANALYSE [sɔsjoanaliz] n. f. — V. 1960; de *socio-*, et *analyse.*

◆ Didact. Technique psychologique et psychanalytique sociométrique (sociodrame, psychodrame).

L'on peut nommer socio-analyse une telle recherche. Elle suppose une intervention dans la situation existante, la quotidienneté d'un groupe. L'intervention socio-analytique dissocie les aspects de la situation quotidienne, mêlés d'une fausse évidence, en un lieu et un temps. Elle associe des expériences jusque là extérieures. Elle procède ensuite par induction et transduction. Ainsi l'action oppositionnelle antistalinienne au sein des partis communistes fut en son temps une remarquable socio-analyse (...)
     Henri LEFEBVRE, la Vie quotidienne dans le monde moderne, p. 345 (1968).

DÉR. Socio-analyste, socio-analytique.

SOCIO-ANALYSTE [sɔsjoanalist] n. — V. 1960; de *socio-*, et *analyste*, d'après *socio-analyse.*

◆ Didact. Spécialiste en socio-analyse*.

SOCIO-ANALYTIQUE [sɔsjoanalitik] adj. — V. 1960; de *socio-analyse.*

◆ Didact. De la socio-analyse* (cit.).

SOCIOBIOLOGIE [sɔsjobjɔlɔʒi] n. f. — V. 1980; angl. *sociobiology*, v. 1975; de *socio-*, et *biologie.*

◆ Didact. Étude des fondements biologiques des comportements sociaux. «Il devrait y avoir deux sociobiologies, car il y a deux problématiques : celle de l'homme et celle de l'animal, dit le généticien Albert Jacquart» (*l'Express*, 5 avr. 1980). «La sociobiologie et ses enjeux politiques» (*la Recherche*, avr. 1980).

DÉR. Sociobiologique (2.), **sociobiologiste.**

SOCIOBIOLOGIQUE [sɔsjobjɔlɔʒik] adj. — 1970; de *socio-*, et *biologie*, d'après l'anglais.

◆ **1.** Didact. Qui se rapporte à la fois à l'ordre social et au biologique.

Quant aux plus hautes qualités humaines, le courage, l'altruisme, la générosité, l'ambition créatrice, l'éthique de la connaissance, tout en reconnaissant leur origine socio-biologique, affirme aussi leur valeur transcendante au service de l'idéal qu'elle définit.   Jacques MONOD, le Hasard et la Nécessité, p. 222.

◆ **2.** (V. 1980; de *sociobiologie*). Qui se rapporte à la sociobiologie*.

SOCIOBIOLOGISTE [sɔsjobjɔlɔʒist] n. — 1979; de *sociobiologie.*

◆ Didact. Spécialiste en sociobiologie. «L'éléphant de mer est considéré par les socio-biologistes comme un exemple parfait de sélection sexuelle» (*la Recherche*, nov. 1979).

SOCIOCENTRISME [sɔsjosɑ̃tʀism] n. m. — 1960; de *socio-*, et *centrisme.*

Didactique.

◆ **1.** Fait de considérer l'aspect sociologique comme primordial. ⇒ **Sociologisme.**

Le phénomène est très comparable en sociologie, la réflexion initiale sur la société est à la fois dominée par un sociocentrisme idéologique, héritage d'une très longue tradition, et par les préoccupations normatives qui laissent indifférenciées la sociologie et la politique (ce qui ne signifie pas que les progrès de l'objectivité en sociologie ne puissent pas avoir d'incidences politiques).
     J. PIAGET, Épistémologie des sciences de l'homme, p. 31 (1970).

◆ **2.** Fait de prendre pour critères les valeurs, les idées... propres à la société à laquelle on appartient (→ Ethnocentrisme).

(...) il faut approfondir la comparaison entre ce que nous observons et nos propres concepts et institutions. Quand nous nous y efforçons, nous sommes en même temps au cœur de la sociologie comparée, ou si l'on préfère comparative. Toute procédure (...) si raffinée qu'en puisse être la typologie, laisserait intact le sociocentrisme de l'observateur.
     Louis DUMONT, la Civilisation indienne et nous, p. 6, 1964.

SOCIOCRATIE [sɔsjokʀasi] n. f. — V. 1840, Comte; de *socio-*, et *-cratie.*

◆ Didact. (chez Comte). Pouvoir exercé par le corps social entier (opposé à *démocratie*, à *aristocratie*, etc.).

SOCIOCULTUREL, ELLE [sɔsjokyltyʀɛl] adj. — 1948, *socioculturel*, in D. D. L.; de *socio-*, et *culturel.*

◆ Didact. Qui concerne à la fois les structures sociales et la culture qui en dépend; relatif à la culture d'un groupe social ou d'un type de groupe social. — REM. On écrit aussi *socio-culturel*. « *La santé mentale paraît n'avoir de sens qu'à l'intérieur d'un système socio-culturel* » (F. Cloutier, *la Santé mentale*, p. 7).

SOCIODRAMATIQUE [sɔsjodʀamatik] adj. — Mil. xxᵉ ; de *socio-*, et *dramatique*, d'après *sociodrame*.

♦ Psychol., psychiatrie. Propre au sociodrame ; qui utilise le sociodrame.

SOCIODRAME [sɔsjodʀam] n. m. — 1950 ; de *socio-*, et *drame*, d'après l'angl. *sociodrama*, terme créé par Moreno. → aussi Psychodrame.

♦ Psychol., psychiatrie. Technique de psychothérapie de groupe reposant sur l'improvisation de scènes dramatiques, sur un thème donné très large, par des personnes composant un groupe, dans un but de catharsis collective. ⇒ **Psychodrame.**

Le sociodrame est une technique qui permet d'explorer l'image véridique des maux sociaux d'un groupe, c'est-à-dire la vérité affective et souvent camouflée sous la structure sociale réelle et sous les conflits qu'elle provoque (...)
Guy PALMADE, citant MORENO, la Psychothérapie, p. 108 (1951).

DÉR. V. Sociodramatique.

SOCIO-ÉCONOMIQUE [sɔsjoekɔnɔmik] adj. — 1966, *le Monde* ; de *socio-*, et *économique*.

♦ Didact. Relatif aux phénomènes sociaux, économiques et à leurs relations. *Enquête, étude socio-économique. Conditions socio-économiques.* ⇒ aussi **Socioprofessionnel.**

L'obstacle principal est le coût et, par contrecoup, les difficultés socio-économiques, donc politiques. A. SAUVY, Croissance zéro ?, p. 235 (1973).

SOCIO-ÉDUCATIF, IVE [sɔsjoedykatif, iv] adj. — 1965, *le Monde* ; de *socio-*, et *éducatif*.

♦ Didact. Relatif à l'éducation de la collectivité.

SOCIOGENÈSE [sɔsjoʒenɛz ; sɔsjoʒenɛz] n. f. — V. 1960 ; de *socio-*, et *-genèse*.
Didactique.

♦ **1.** Genèse sur le plan sociologique.

1 Il faut distinguer (...) une *sociogenèse* des connaissances, relative à leur développement historique au sein des sociétés et à leur transmission culturelle, et une *psychogenèse* (...)
J. PIAGET, Logique et Connaissance scientifique, Encycl. Pl., p. 65.

2 (...) quand nous parlons de psychogenèse ou de sociogenèse, de psychothérapie ou de sociothérapie, nous n'imaginons pas pour autant que la psyché ou le socius soient des entités indépendantes de l'ensemble de l'organisme qui en constitue le substrat. Tout se passe comme si ces suprastructures mentales étaient capables de réagir sur les infrastructures organiques dont elles dépendent et réciproquement.
Jean DELAY, Introd. à la médecine psychosomatique, p. 7 (1961).

♦ **2.** Spécialt. Méd., psychiatrie. Rôle joué par l'environnement social d'un sujet dans la production, le développement et l'évolution des troubles mentaux ou psychosomatiques dont il souffre. *Organogenèse, psychogenèse et sociogenèse. Le courant antipsychiatrique a fait de la sociogenèse un facteur étiologique de premier plan.*

DÉR. Sociogénétique.

SOCIOGÉNÉTIQUE [sɔsjoʒenetik] adj. — 1968, Larousse ; de *sociogenèse*.

♦ Didact. De la sociogenèse. *Méthodes sociogénétiques.*

SOCIOGÉOGRAPHIQUE [sɔsjoʒeɔgʀafik] adj. — 1966 ; de *socio-*, et *géographique*.

♦ Didact. Qui concerne la géographie sociale. On écrit aussi *socio-géographique*. « *Les particularismes socio-géographiques (...) l'influence probable des disciplines sportives pratiquées chez les Anglo-saxons* » (*France-Europe*, nᵒ 16, p. 64).

SOCIOGRAMME [sɔsjogʀam] n. m. — Mil. xxᵉ (*in* Larousse 1964) ; de *socio-*, et *gramme*.

♦ Didact. En sociologie descriptive, Figure ayant pour objet de représenter l'ensemble des relations individuelles entre les différents membres d'un groupe.

SOCIOGROUPE [sɔsjogʀup] n. m. — 1973, R. Lafon ; de *socio-*, et *groupe*.

♦ Psychol. sociale. Groupement où dominent les liens fonctionnels, les membres y étant jugés en fonction de leur rôle (opposé à *psychogroupe*).

SOCIOLÂTRIE [sɔsjolɑtʀi] n. f. — V. 1840, A. Comte ; de *socio-*, et *-lâtrie*.

♦ Didact. (chez Comte). Culte de la société.

SOCIOLECTE [sɔsjolɛkt] n. m. — 1974 ; de *socio-*, d'après *dialecte*.

♦ Usage langagier spécifique d'un groupe social, à l'exception des usages liés à la zone géographique (dialectes). Syn. : *dialecte social*. *La notion de sociolecte ne peut être mise sur le même plan que celle de dialecte.*

Chaque fiction est soutenue par un parler social, un sociolecte, auquel elle s'identifie : la fiction, c'est ce degré de consistance où atteint un langage lorsqu'il a exceptionnellement pris et trouve une classe sacerdotale (prêtres, intellectuels, artistes) pour le parler communément et le diffuser.
R. BARTHES, le Plaisir du texte, p. 46.

SOCIOLINGUISTE [sɔsjolɛ̃gɥist] n. — V. 1966 ; de *socio-(linguistique)*, et *linguiste*.

♦ Didact. Spécialiste de sociolinguistique.

SOCIOLINGUISTIQUE [sɔsjolɛ̃gɥistik] n. f. et adj. — V. 1950 ; de *socio-*, et *linguistique*, d'après l'anglais.

♦ Didact. Étude scientifique des relations entre langage, culture et société (distingué ou non de *sociologie du langage*, de *linguistique sociale*). ⇒ **Ethnolinguistique.** *La planification linguistique se base sur la sociolinguistique.* — Adj. *Étude sociolinguistique. Problèmes sociolinguistiques de bilinguisme, de contact des langues.*

DÉR. Sociolinguiste.

SOCIOLOGIE [sɔsjolɔʒi] n. f. — 1830 ; mot créé par A. Comte, *Cours de Philosophie positive*, t. IV, « Je crois devoir hasarder (...) ce terme nouveau (...) exactement équivalent à mon expression (...) de *physique sociale* » ; de *socio-*, et *-logie*.

♦ **1.** Étude scientifique des faits sociaux humains (⇒ **Homme, société**), considérés comme appartenant à un ordre particulier, et étudiés dans leur ensemble ou à un haut degré de généralité. *La sociologie, corpus des sciences sociales* (Durkheim) *ou philosophie des sciences sociales* (Worms). *La sociologie dépend de la biologie** (au sens large), *de l'anthropologie.* — *Sociologie positiviste et normative* (Comte), *marxiste, évolutionniste* (Spencer), *psychologique* (Tarde, *Esquisse d'une sociologie*, 1898), *philosophique, rationaliste, empirique. La sociologie, science des institutions* (Mauss, Durkheim). — *Objet de la sociologie* : étude des formes sociales (structures et fonctions) et de leur évolution ; typologie des groupes (liaisons sociales élémentaires : masse, communauté [⇒ **Sociabilité**] étudiées par la *microsociologie* ; groupements particuliers [⇒ **Peuple** ; **clan, nation, tribu**...], classes sociales, sociétés* globales dont s'occupe la *macrosociologie*). *Sociologie statique, dynamique.* — *Sociologie et psychologie** (sociale), *histoire*, ethnologie, ethnographie. Sociologie géographique* (rurale, industrielle, urbaine...), *démographique, économique* (des systèmes et des fluctuations économiques, de la production, du travail, de la consommation...), *politique* (des régimes, des partis, électorale) ; *sociologie de la connaissance, du droit, des religions, du langage, de l'art, de la littérature* (→ aussi Géographie, économie, psychologie... sociales, et les comp. en *socio-* : *sociolinguistique, socio-esthétique*, etc.). — *Méthodes de la sociologie* : *monographies, enquêtes, sondages* ; *statistique**.

(...) le terme sociologie (...) n'a pas encore réussi à mériter, depuis le début de ce siècle, le sens général de *corpus* de l'ensemble des sciences sociales qu'avaient rêvé pour lui Durkheim et Simiand. Prise dans son acception (...) de réflexion sur les principes de la vie sociale et sur les idées que les hommes ont entretenues et entretiennent à ce sujet, la sociologie se ramène à la philosophie sociale (...) et si on voit en elle, comme c'est le cas dans les pays anglo-saxons, un ensemble de recherches positives portant sur l'organisation et le fonctionnement des sociétés du type le plus complexe, la sociologie devient une spécialité de l'ethnographie (...)
Cl. LÉVI-STRAUSS, Anthropol. structurale, p. 4.

(1924). Par abrév., fam. *Faire de la socio, cours de socio.*

Le reste du temps, il fit de la socio et de l'ethno.
Claude COURCHAY, La vie finira bien par commencer, p. 255.

♦ **2.** Par ext. Étude de toutes les formes de sociabilité et de sociétés. *Sociologie animale et éthologie.*

Dans le domaine social, le problème se pose de façon différente. La sociologie animale est suffisamment avancée pour qu'on puisse confronter les attitudes de politesse chez les loups, les danses nuptiales des oiseaux, la reconnaissance des détails caractéristiques du jeune, du mâle, de la femelle, les assemblées périodiques chez de nombreux animaux, avec des manifestations identiques dans le comportement social de l'homme.
A. LEROI-GOURHAN, le Geste et la Parole, t. II, p. 85.

DÉR. Sociologique, sociologisme, sociologue.
COMP. Macrosociologie, microsociologie (cf. ci-dessus à l'article), **psychosociologie.**

SOCIOLOGIQUE [sɔsjolɔʒik] adj. — 1850, *in* D.D.L. ; de *sociologie*.

♦ 1. De la sociologie. *Analyse, étude, notion, vocabulaire... sociologique* (→ Inopérant, cit. 2; primitif, cit. 4).

♦ 2. Par ext. (abusivt). Relatif aux faits étudiés par la sociologie. *Un phénomène sociologique.* ⇒ **Social.**

DÉR. Sociologiquement.

SOCIOLOGIQUEMENT [sɔsjɔlɔʒikmã] adv. — 1907; de *sociologique.*

♦ Didact. Du point de vue de la sociologie (→ Homme, cit. 86).

Voilà donc un bon reportage, bien efficace sociologiquement, et qui nous renseigne sans tricher sur l'idée que notre bourgeoisie se fait de ses écrivains.
R. BARTHES, Mythologies, p. 30 (1957).

SOCIOLOGISANT, ANTE [sɔsjɔlɔʒizã, ãt] adj. — V. 1970; de *sociologie, sociologique,* et *-isant.*

♦ Didact. Influencé par la sociologie. *Une linguistique sociologisante.*

SOCIOLOGISME [sɔsjɔlɔʒism] n. m. — 1907; de *sociologie.*

♦ Didact. Théorie suivant laquelle la sociologie suffit à rendre compte des faits sociaux (indépendamment de la psychologie, de la physiologie, etc.) et même de résoudre certains problèmes moraux ou esthétiques (Guyau). ⇒ **Sociocentrisme** (1.).

1 En cherchant à éviter le sociologisme (privilège de totalité reporté sur une science parcellaire) et non sans critiquer cette science, la sociologie, le propos est d'ordre sociologique.
Henri LEFEBVRE, la Vie quotidienne dans le monde moderne, p. 219.

2 (...) tous ces systèmes souffrent des deux vices fondamentaux qui affectent et même infectent aujourd'hui toutes les «sciences» dites de l'homme au point qu'on peut parler à leur sujet d'une véritable pollution intellectuelle de l'époque : le sociologisme et le causalisme. Le sociologisme d'abord, car ces systèmes procèdent tous d'une conception abstraite et statistique de l'homme «moyen» réputé être l'homme en soi ou, si l'on préfère, d'une assimilation proprement policière de l'homme total à l'homme social, en sorte que leur échappent certaines exigences essentielles mais non socialisables de l'être.
Raymond ABELLIO, les Militants, p. 130.

SOCIOLOGISTE [sɔsjɔlɔʒist] adj. — Mil. xxᵉ; 1893, «sociologique»; de *sociologie.*

♦ Didact. Du sociologisme. *Tendances, explications sociologistes en histoire.*

SOCIOLOGUE [sɔsjɔlɔg] n. m. — 1888, Goncourt, *Journal,* VII; var., *sociologiste,* 1890; de *sociologie.*

♦ Savant qui s'occupe de sociologie; spécialiste des travaux sociologiques (→ Économiste, cit. 3; grégarisme, cit. 3; rite, cit. 3). — Étudiant en sociologie.

SOCIOMATRICE [sɔsjɔmatʀis] n. f. — 1966, cit.; de *socio-,* et *matrice* «tableau».

♦ Didact. (sociol.). Tableau, carte sur lesquels on reporte les réponses faites aux tests sociométriques. *Les questions figurent en abscisses sur les sociomatrices, et les réponses en ordonnées.*

Sur le plan individuel la sociométrie a établi toute une série d'indices individuels : expansivité, antipathie, popularité ou isolement, relations de réciprocité, cliques, etc. Au niveau du groupe, il est possible d'établir une sociomatrice, de calculer des indices de cohésion et de satisfaction affective.
Paul FRAISSE, la Psychologie expérimentale, p. 125.

SOCIOMÉTRIE [sɔsjɔmetʀi] n. f. — 1946, G. Gurvitch, *in* D.D.L.; angl. *sociometrics,* 1937; de *socio-,* et *-métrie.*

♦ Didact. Méthode d'application de la mesure aux relations humaines, aux manifestations de la sociabilité. — REM. Le sens initial, défini par Moreno, était beaucoup plus restrictif que les emplois postérieurs.

Après que Moreno ait imaginé, sous le nom de «sociométrie», une technique d'estimation des jugements de valeur portés par chaque membre d'un groupe sur chacun des autres, on s'est efforcé de traiter les petits groupes comme des sortes de Gestalts dynamiques en déterminant les lois de polarisation, les facteurs de leadership, etc.
J. PIAGET, Épistémologie des sciences de l'homme, p. 175 (1970).

DÉR. Sociométrique, sociométriste.

SOCIOMÉTRIQUE [sɔsjɔmetʀik] adj. — 1946, G. Gurvitch, *in* D.D.L.; de *sociométrie.*

♦ Didact. De la sociométrie*. *Test sociométrique. Méthodes sociométriques* : méthodes quantitatives appliquées à la sociologie.

SOCIOMÉTRISTE [sɔsjɔmetʀist] n. — Mil. xxᵉ (*in* Larousse 1968); de *sociométrie*.

♦ Didact. Spécialiste de la sociométrie, des enquêtes et analyses sociométriques.

SOCIOPATHOLOGIE [sɔsjɔpatɔlɔʒi] n. f. — Mil. xxᵉ; de *socio-,* et *pathologie.*

♦ Didact. Étude des perturbations qui peuvent intervenir dans les relations de l'individu avec le milieu social auquel il appartient.

SOCIOPERSONNEL, ELLE [sɔsjɔpɛʀsɔnɛl] adj. — 1972, *in* Gilbert; de *socio-,* et *personnel.*

♦ Didact. Qui concerne les aspects sociologiques de la personnalité, des individus. *Une pédagogie sociopersonnelle.*

SOCIOPHOBIE [sɔsjɔfɔbi] n. f. — Mil. xxᵉ; de *socio-,* et *-phobie.*

♦ Didact. (psychopath.). Trouble mental se traduisant par «une tendance à l'isolement, à la crainte des implications sociales» (Sheldon, *in* Piéron, *Vocabulaire de psychologie,* 1951).

DÉR. Sociophobique.

SOCIOPHOBIQUE [sɔsjɔfɔbik] adj. — 1951; de *sociophobie.*

♦ Didact. (psychopath.). Relatif à la sociophobie; atteint de sociophobie.

SOCIOPOLITIQUE [sɔsjɔpɔlitik] adj. — Mil. xxᵉ; de *socio-,* et *politique.*

♦ Didact. Qui concerne en même temps les données sociales et politiques. *Implications sociopolitiques d'un événement.* (Les H.L.M.) *« microcosme de la réalité française situé en dehors des schémas sociopolitiques classiques »* (*l'Express,* 12 juin 1981, p. 152). — On écrit aussi *socio-politique.*

(...) dans l'hypothèse où le souci d'amortir la nature, de préserver l'avenir, entraîne quelques sacrifices dans le présent, nous devons bien penser qu'une telle transformation appellera des changements dans le système socio-politique.
A. SAUVY, Croissance zéro?, p. 301.

SOCIOPROFESSIONNEL, ELLE [sɔsjɔpʀɔfesjɔnɛl] adj. — V. 1950; de *socio-,* et *professionnel.*

♦ Didact. Se dit des catégories servant à classer la population dans les statistiques (économiques, professionnelles). On dit aussi *socio-économique,* dans ce sens. *Catégories socioprofessionnelles.* — Relatif à l'aspect social de l'activité professionnelle. *Personne dont l'adaptation socioprofessionnelle est mauvaise.*

(...) le revenu des ménages n'a été décomposé, au point de vue socioprofessionnel qu'(...) en très grandes catégories seulement : exploitants agricoles, salariés agricoles, patrons de l'industrie et du commerce, professions libérales et cadres supérieurs, autres salariés, non actifs.
Jean-Paul COURTHÉOUX, la Politique des revenus, p. 47.

SOCIOPSYCHANALYSE [sɔsjɔpsikanaliz] n. f. — V. 1970; de *socio-,* et *psychanalyse.*

♦ Didact. Application des méthodes psychanalytiques à l'étude des phénomènes sociaux.

SOCIOPSYCHIATRIE [sɔsjɔpsikjatʀi] n. f. — Av. 1972 (*in* Manuila); de *socio-,* et *psychiatrie.*

♦ Didact. Partie de la psychiatrie qui a pour objet de maintenir ou rétablir une adaptation sociale satisfaisante de l'individu. (On dit aussi *psychiatrie sociale*).

SOCIOTHÉRAPEUTIQUE [sɔsjɔteʀapøtik] adj. — Av. 1975 (→ ci-dessous, cit.); de *socio-,* et *thérapeutique,* d'après *sociothérapie.*

♦ Didact. Relatif à la sociothérapie. *« L'essor (...) de la psychopharmacologie en même temps que la révolution psychanalytique et que le mouvement sociothérapeutique ont profondément modifié le paysage psychiatrique contemporain »* (H. Sztulman et M. Porot, *in* Porot, 1975, p. 61 b).

SOCIOTHÉRAPIE [sɔsjɔteʀapi] n. f. — Mil. xxᵉ; de *socio-,* et *-thérapie.*

Didactique.

♦ 1. Psychothérapie qui vise à l'intégration harmonieuse de l'individu à un groupe ou à l'amélioration des relations dans un groupe, et utilise à cet effet les relations interindividuelles au sein du groupe (⇒ **Sociodrame**).

Toutes les méthodes qui utilisent l'environnement à des fins thérapeutiques relèvent d'une véritable sociothérapie.
François CLOUTIER, la Santé mentale, p. 72.

♦ **2.** Ensemble de mesures sociales mises en œuvre pour permettre à un malade mental de se réintégrer dans son milieu.
DÉR. V. **Sociothérapeutique.**

SOCIUS [sɔsjys] n. m. — xxᵉ ; mot latin.

♦ Didact. L'élément social, dans le comportement ou la vie mentale d'un être vivant. *« La psyché et le socius »* (→ Sociogenèse, cit. 1).

SOCKET [sɔkɛt] n. m. — 1935 ; mot angl., « talon ».

♦ Anglic. Golf. Faute qui consiste à frapper la balle avec le talon *(socket)* du club* (on fait alors un « fer » ou un « bois »).
HOM. 1. Socquette, 2. socquette.

SOCLE [sɔkl] n. m. — 1636 ; ital. *zoccolo* « sabot », du lat. *socculus,* dimin. de *soccus.* → Socque.

♦ **1.** Base, le plus souvent quadrangulaire, sur laquelle repose un édifice (→ Modern-style, cit. 1), une colonne (→ Octo-, cit. 3), ou qui sert de support à une statue (⇒ **Acrotère, piédestal ;** → Épater, cit. 8), une pendule, une lampe (cit. 22 ; et → Réservoir, cit. 2), un vase... ⇒ **Gaine.** *Le socle d'un lit, d'un canon* (→ Engin, cit. 4).
Dans un premier temple latéral, trône un Bouddha géant assis dans son lotus — idole dorée de quinze à vingt mètres de haut, montée sur un énorme socle de bronze. LOTI, Mᵐᵉ Chrysanthème, XL.

♦ **2.** Techn. Base des montants d'un chambranle (⇒ **Plinthe**) ; lame de marbre reposant sur la base du chambranle. — *Socle de marche :* plinthe continue au-dessus des marches, contre le mur d'une cage d'escalier.
Bande de tôle sur le haut d'une grille en fer, en fonte.
Base en saillie (d'un meuble).

♦ **3.** (1909, Martonne). Plate-forme, soubassement géologique. *Socle continental,* sur lequel reposent les mers peu profondes. ⇒ **Plateau** (→ Massif, cit. 14). *Reliefs sous-marins constituant le socle de récifs océaniques. Socle sur lequel reposent des couches de couverture* (terrains tabulaires).
DÉR. Socleur.

SOCLEUR [sɔklœʀ] n. m. — 1974, in *la Clé des mots ;* de *socle.*

♦ Techn. Artisan qui fabrique des socles (1.). *Socleur d'art.*

SOCQUE [sɔk] n. m. — 1611 ; lat. *soccus* « sorte de pantoufle ; chaussure des auteurs comiques ».

♦ **1.** Antiq. rom. Chaussure basse que portaient les acteurs de la comédie.
Par métonymie. (Littér.). Symbole du genre comique (⇒ **Cothurne,** cit. 3).

♦ **2.** (1690). Chaussure sans quartier, généralement à semelle de bois (portée par certains religieux, ou à la campagne, etc.). ⇒ **Patin, sabot** (→ Sandale, cit. 1).
Les socques de la vieille Marthe claquaient déjà sur les marches — clic, clac —, et plus sourds, dans l'herbe humide — floc, floc.
BERNANOS, Sous le soleil de Satan, II, II.

♦ **3.** (1842). Chaussure en cuir, en bois, qui se porte par-dessus la chaussure ordinaire pour la protéger. ⇒ aussi 1. **Claque,** II., 1.
HOM. Soc.
DÉR. 2. Socquette.

1. SOCQUETTE [sɔkɛt] n. f. — V. 1930 ; nom déposé, de l'angl. *sock* ou du lat. *soccus,* et dimin. franç. *-ette* comme dans *chaussette.*

♦ Chaussette qui ne couvre que le tiers du mollet, environ. *Socquettes de skieur* (→ Fuseau, cit. 3). *Socquette de laine, de nylon. Une paire de socquettes.* — REM. Le mot, étant un nom de marque, devrait s'écrire avec un S majuscule, ce qui n'est pas l'usage.

HOM. Socket, 2. socquette.

2. SOCQUETTE [sɔkɛt] n. f. — xxᵉ ; dér. de *socque ;* cf. les mots dialectaux *socquet* « mauvaise chaussure », *socati* « cordonnier ».

♦ Rare. Petite socque.
Une foule taciturne (...) mais bruyante des pieds car tout le monde allait chaussé de sabots et de soquettes *(sic)* de bois qui claquaient sur les pavés (...)
B. CENDRARS, Bourlinguer, p. 251.

HOM. Socket, 1. soquette.

SOCRATIQUE [sɔkratik] adj. et n. m. — 1540, in D.D.L. ; lat. *socraticus,* grec *sôkratikos.*
Didactique.

♦ **1.** Adj. Propre à Socrate, ou qui l'évoque. *Philosophie, dialogues* (cit. 6), *argumentations socratiques. Ironie* socratique. La maïeutique socratique.*
Cette figure socratique à nez camus était couronnée par un très beau front, mais si bombé qu'il paraissait être en surplomb sur le visage.
BALZAC, Une ténébreuse affaire, Pl., t. VII, p. 449. 1
Vx. *Amour socratique :* pédérastie (Voltaire, *Dictionnaire philosophique*).
Ne parlait-il pas avec emphase, référant à sa jeunesse, « de la naissance d'une certaine fleur pédérastique », de l'aube de sa « carrière socratique » ? 2
Marie-Claire BLAIS, Une liaison parisienne, p. 126.
REM. Ce sens a donné naissance au verbe *socratiser* (1875, Sade), euphémisme savant pour *sodomiser*.

♦ **2.** N. m. (1861). Disciple de Socrate. — *Les petits socratiques :* les fondateurs des écoles cynique, cyrénaïque, mégarique.
DÉR. Socratiquement, socratiser.

SOCRATIQUEMENT [sɔkratikmɑ̃] adv. — Av. 1672, La Mothe le Vayer ; de *socratique.*

♦ Didact. À la manière de Socrate.

SOCRATISER [sɔkratize] v. intr. — 1734, Trévoux ; de *Socrate,* et *-iser.*

♦ Didact. Philosopher, moraliser à la manière de Socrate.

1. SODA [sɔda] n. m. — 1837 ; *soda-water,* 1814, et var. *sodavatre,* 1846 ; angl. *soda-water ;* cf. anc. franç. *soda, sode* « soude », v. 1370.

♦ Boisson à base d'eau gazeuse bicarbonatée, ordinairement additionnée de sirop de fruits (citron, orange, framboise, etc.) ou accompagnant une boisson alcoolisée forte. *Donnez-moi un whisky avec du soda, avec un peu de soda.* — Appos. *Un whisky soda.*
Avec des pièces de monnaie, Bogo le Muet achetait des sandwichs, du chocolat, des sodas, et du bubble-gum. J.-M. G. LE CLÉZIO, les Géants, p. 287.
REM. Le mot a été normalisé au Québec pour fournir des syntagmes traduisant des expressions anglaises avec *soda* (soda à l'orange, soda orange), *water* (soda tonique : tonic water), et *beer* (soda [au] gingembre : ginger beer ; soda [à l'] épinette : spruce beer ; soda racinette : root beer).
HOM. 2. Soda.

2. SODA [sɔda] n. m. — 1904 ; du lat. médiéval *soda* « soude ».

♦ Chim. Carbonate de sodium hydraté, à l'état naturel. ⇒ **Natron.**
HOM. 1. Soda.

SODALITE [sɔdalit] n. f. — 1846, *sodalithe ;* du lat. médiéval sc. *soda* « soude* », et suff. *-lite,* pour *-lithe.*

♦ Minéral. Alumino-silicate naturel de sodium chloré, feldspathoïde de couleur généralement bleu marine. *La sodalite est considérée comme une pierre dure. Sodalite sculptée. Bijou en sodalite.*

SODALITÉ [sɔdalite] n. f. — 1737 ; « confrérie », 1374 ; lat. *sodalitas* « compagnie ».

♦ Littér., rare (latinisme). Compagnonnage, fraternité.
Réellement, il *(Béranger)* a le goût très prononcé de l'amitié buvante et chantante, de la sodalité.
SAINTE-BEUVE, Nouveaux lundis, I, « Corresp. de Béranger », p. 172.

SODATION [sɔdasjɔ̃] n. f. — Mil. xxᵉ (in Larousse 1975) ; de *sodium,* et *-ation.*

♦ Chim. Fixation de sodium sur un composé.

SODDITE [sɔdit] n. f. — Mil. xxᵉ ; angl. *soddyite,* du nom du chimiste anglais Frederick Soddy, et suff. *-ite.*

♦ Chim. Minerai d'uranium, silicate contenant plus de quatre-vingts pour cent d'oxyde d'uranium.

SODÉ, ÉE [sɔde] adj. — 1872 ; du rad. de *soude.* → Soude.

♦ Chim. Qui contient de la soude. *Chaux* sodée.* — Qui contient du sodium. *Alcool sodé. Camphre sodé.*

SODICO- Élément de mots chimiques désignant des sels doubles où le sodium est présent.

SODIQUE [sɔdik] adj. — 1831, Berzelius ; de *sodium.*

♦ Chim. Relatif au sodium*, à la soude. *Sels sodiques.*

SODIUM [sɔdjɔm] n. m. — 1808 ; mot créé en angl. par Davy en 1807 ; 1808, en franç., Gay-Lussac et Thénard ; de l'angl. *soda*. → Soude.

♦ Chim. Corps simple (symb. *Na ;* masse at. 22,990, nᵒ at. 11), le plus abondant des métaux précieux alcalins (c'est le 7ᵉ par ordre d'abondance des éléments de la croûte terrestre, mais il ne se rencontre qu'à l'état combiné), blanc d'argent (dens. 0,971 ; point de fusion 97,5 ºC), très mou, qui se ternit très rapidement à l'air (avec formation superficielle d'oxyde, d'hydroxyde et de carbonate de sodium), brûle à l'air, réagit violemment avec l'eau (possibilité d'explosion) avec formation de soude et dégagement d'hydrogène. ⇒ **Natrium.** *Le sodium entre dans la constitution des tissus animaux ; il est employé dans les laboratoires comme desséchant* (de l'alcool, par exemple), *comme réducteur métallique, comme agent de synthèse, et dans l'industrie pour la préparation des oxydes et du cyanure de sodium, de colorants, de produits pharmaceutiques,* etc. — *Composés du sodium : oxydes de sodium ; hydroxydes de sodium* (ou *soude* caustique, lessive de soude). Sels de sodium : bicarbonate de sodium* (dit sel de Vichy, en pharm.)*, carbonate de sodium* (cristaux*)*, carbonate hydraté de sodium naturel* (⇒ **Natron,** 2. **soda**)*, chlorure de sodium* (⇒ **Sel**)*, cyanure, iodure* (→ Noyer, cit. 2)*, nitrate* (salpêtre du Chili ou caliche)*, silicate de sodium* (→ Kaolin, cit.)*, sulfate de sodium* (thénardite ou mirabilite : *sulfate décahydraté ;* glaubérite : *sulfate double de sodium et de calcium,* etc.)*, thiosulfate de sodium* (hyposulfite de soude, en pharm., photogr.)*, tétraborate de sodium* (borax), etc.

— Vous connaissez la composition de l'eau de mer. Sur mille grammes on trouve quatre-vingt-seize centièmes et demi d'eau, et deux centièmes deux tiers environ de chlorure de sodium ; puis, en petite quantité, des chlorures de magnésium et de potassium, du bromure de magnésium, du sulfate de magnésie, du sulfate et du carbonate de chaux. Vous voyez donc que le chlorure de sodium s'y rencontre dans une proportion notable. Or, c'est ce sodium que j'extrais de l'eau de mer et dont je compose mes éléments.
— Le sodium ?
— Oui, monsieur. Mélangé avec le mercure, il forme un amalgame qui tient lieu du zinc dans les éléments Bunzen. Le mercure ne s'use jamais. Le sodium seul se consomme, et la mer me le fournit elle-même. Je vous dirai en outre, que les piles au sodium doivent être considérées comme les plus énergiques, et que leur force électro-motrice est double de celle des piles au zinc.
J. VERNE, Vingt mille lieues sous les mers, p. 119-120.

Nuage de sodium : masse de sodium lâchée en altitude, qui devient fluorescente et permet, par l'observation de ses transformations, l'étude des vents en atmosphère élevée.

DÉR. Sodico-, sodique.

SODOKU [sɔdɔku] n. m. — 1916 ; du japonais *so* «rat», et *doku* «poisson».

♦ Méd. Maladie infectieuse transmise par la morsure de rongeurs (notamment du rat).

SODOMIE [sɔdɔmi] n. f. — 1333, dans les minutes d'un procès criminel ; de *Sodome,* ville de Palestine dont, selon la Genèse (XIII, XVIII et XIX), «la corruption était montée à son comble» et qui fut détruite avec *Gomorrhe* par le Seigneur.

♦ Pratique du coït anal (notamment dans l'homosexualité masculine). *Sodomie homosexuelle, hétérosexuelle.*

1 Ce crime est appelé sodomie, ou péché contre nature, très fort détestable et abominable selon toutes les lois et droits de Dieu et des hommes, et à punir par la mort. DAMHOUDÈRE, 1555, *in* Glossaire des homosexualités, p. 21.

2 Puisque nous causons de bardaches, voici ce que j'en sais. Ici c'est très bien porté. On avoue sa sodomie et on en parle à table d'hôte. Quelquefois on nie un petit peu, tout le monde alors vous engueule et cela finit par s'avouer. FLAUBERT, Correspondance, t. I, Pl., p. 572.

REM. S'est dit autrefois pour *bestialité**.

SODOMISATION [sɔdɔmizasjɔ̃] n. f. — D. i. ; de *sodomiser*.

♦ Action de sodomiser (qqn).

La première sodomisation fait très mal. Michel DÉON, les Vingt Ans du jeune homme vert, p. 169.

SODOMISER [sɔdɔmize] v. tr. — 1587 ; de *sodomie*.

♦ Pratiquer la sodomie sur (une personne). ⇒ vulg. **Enculer.** (Au passif). «*Une fois sodomisé (...)* il (le violé, dans une prison) *est objet de haine et de dégoût*» (*l'Express,* 21 avr. 1979, p. 187).

Pronominal (réciproque) :

(...) ils étaient laids sales tarés mal bâtis mal vêtus et crétins ils avaient des parents ils ne se sodomisaient pas le soir, ils ne se regardaient pas nus ils ne masturbaient seuls (...) Tony DUVERT, Paysage de fantaisie, p. 108.

DÉR. Sodomisation.

SODOMITE [sɔdɔmit] n. m. et adj. — V. 1130 ; «habitant de Sodome» ; XIIIᵉ, au fig. ; du lat. ecclés. *sodomita.*

♦ **1.** Celui qui se livre à la sodomie, et, spécialt, homosexuel (actif ou passif). ⇒ aussi **Pédéraste,** cit. 1. — REM. Certains disent *sodo-*

miste (cf. Proust, Sodome et Gomorrhe, I, Pl., p. 631-632, pour qui le mot est un dérivé de *Sodome,* comme *gomorrhéen* de *Gomorrhe*).

1 «On dit *sodomite,* Monsieur», répondait Verlaine au juge qui lui demandait s'il était vrai qu'il fût *sodomiste.* GIDE, Journal, Feuillets, 1918.

Spécialt. Celui qui subit le coït anal ; homosexuel passif.

♦ **2.** Adj. De la sodomie. «*Les sodomites jouissances*» (Sade, *Justine,* t. I, p. 205). Var. : *sodomiste.*

2 (...) j'aperçus un homme grand et gros, en feutre mou, en longue houppelande et sur la figure mauve duquel j'hésitai si je devais mettre le nom d'un acteur ou d'un peintre également connus pour d'innombrables scandales sodomistes. PROUST, le Temps retrouvé, t. III, Pl., p. 763.

REM. On trouve aussi les formes *sodomique* [sɔdɔmik] (v. 1860, Proudhon) et *sodomitique* [sɔdɔmitik] (fin xvᵉ).

SŒUR [sœʀ] n. f. — 1549 ; *soer,* 1080, en anc. franç. ; *suer,* cas sujet v. 1130 ; *seror,* cas régime ; var. : *seour, sorour,* etc. ; du lat. *soror.*

A. ♦ **1.** Personne de sexe féminin, considérée par rapport aux autres enfants des mêmes parents : *sœur germaine* (1. Germain, cit. 1) ; ou encore d'un même père : *sœur consanguine* (cit. 1) ; ou d'une même mère : *sœur utérine.* ⇒ dans ces deux derniers cas **Demi-sœur.** *Les frères* (cit. 1) *et les sœurs sont des collatéraux parents au deuxième degré.* ⇒ **Parenté.** *Sœur aînée* (grande sœur)*, puinée, cadette* (petite sœur)*.* → École, cit. 3 ; insignifiant, cit. 7 ; pétrir, cit. 8. *Sœurs jumelles, siamoises. La sœur de qqn* (→ Lequel, cit. 3)*. Ma sœur, sa sœur...* (→ 1. Dire, cit. 53 ; enterrer, cit. 10)*. Des sœurs à elle* (→ Bourgeoisement, cit. 1)*. Frères et sœurs* (→ Fécondité, cit. 2)*. Amour entre frère et sœur.* ⇒ **Inceste** (cit. 2)*. Bien qu'elles ne fussent ni sœurs, ni cousines, il y avait entre elles un air de famille* (cit. 6).

1 Ces jeunes gens touchent à l'âge où vient l'amour ; quoique élevés comme frères et sœurs, ils savent bien qu'ils ne sont autrement, et je n'ai peut-être que trop longtemps tardé à détourner ce piège de leur innocence. Charles NODIER, Contes, «Baptiste Montauban».

Mythol. *Les neuf sœurs, les doctes sœurs :* les Muses (1. Muse, cit. 1 ; et → Facile, cit. 15)*. Les sœurs filandières* (cit. 1) : les trois Parques (cit. 3).

REM. En français d'Afrique, *sœur,* comme *frère,* désigne souvent la demi-sœur ; pour préciser, on dira *sœur (de) même père, (de) même mère.*

(1861). *Et ta sœur !* Loc. fam., refrain d'une chanson de café-concert. Se dit ironiquement pour inviter qqn à se mêler de ce qui le regarde, ou pour couper court à des propos insupportables ou invraisemblables.

2 — Tu crois qu'ils entreront à Tolède ? — Et ta sœur ? — T'emballe pas, Pepe ! MALRAUX, l'Espoir, I, II, II, VII.

Loc. fam. *La main de ma sœur dans la culotte d'un zouave* (l'origine de la loc. n'est pas connue).

Exclam. *Ma sœur !* (cf. Ma mère !).

2.1 Si les bourres s'amenaient, rafflaient tout ?... Oh ! là là ! ma sœur !... CÉLINE, Guignol's band, p. 36 (1951).

(1538). **SŒUR DE LAIT** : fille d'une nourrice, par rapport à un de ses nourrissons (→ Monde, cit. 54 ; quel, cit. 1) ; celle qui a eu la même nourrice qu'un autre enfant.

♦ **2.** Par ext. (Franç. d'Afrique).

ⓐ Fille de l'oncle paternel, de la tante maternelle (de la personne considérée). ⇒ **Cousine** (franç. standard).

ⓑ Femme, fille de la même classe d'âge (qu'une autre femme), dans la société considérée.

♦ **3.** (Appellatif). Nom qu'on donne à une personne pour laquelle on a la tendresse que peut inspirer une sœur. «*Mon enfant, ma sœur...* » (→ Enfant, cit. 28.3, Baudelaire).

Spécialt. Appellation dont usaient les anciens chrétiens (→ Piétiste, cit. 1).

Appellation utilisée en français par certains Africains et Maghrébins, pour souligner la communauté de race, de culture. *Sœur, ma sœur...*

♦ **4.** Titre donné aux religieuses dans la plupart des ordres ou des communautés. *La sœur Thérèse* (→ Grabataire, cit. ; grille, cit. 6)*. Sœur Angélique* (→ Innocent, cit. 17)*.* — Nom de religieuses non cloîtrées appartenant à des ordres charitables et enseignants (→ Institution, cit. 20 ; pire, cit. 9 ; religieusement, cit. 2)*. Sœur infirmière. Sœurs de la Charité.* ⇒ **Charité** (filles de la)*. Sœurs de Saint-Paul-de-Chartres, sœurs de la Miséricorde. Sœurs grises :* sœurs hospitalières du tiers ordre de saint François. *Petites sœurs des pauvres :* congrégation fondée en 1842. — Littér. *Sœur Philomène,* roman des Goncourt (1861). → Revenir, cit. 20.

3 — (...) Là-haut, il y a le Dʳ Barradères et une sœur.
— Oui, la sœur Luce, de Saint-Joseph. C'est moi qui l'ai envoyée chercher. Pierre BENOIT, Mˡˡᵉ de la Ferté, IV.

Loc. fam. **BONNE SŒUR** : religieuse. *Une bonne sœur.* ⇒ **Nonne.** *Les curés et les bonnes sœurs.*

♦ **5.** (Appellatif). Nom que se donnent entre elles les femmes appartenant à certaines associations (ex. : franc-maçonnerie), certains mouvements de revendication féministes.

♦ **6.** Argot, fam. Femme, fille. ⇒ **Frangine.** *Une chouette sœur.*

B. (xvie). Fig. (→ Opiniâtreté, cit. 1, Montaigne). Se dit de choses qui sont apparentées. « *Donnez, riches ! L'aumône est sœur de la prière* ». « *L'avarice, compagne* (cit. 7) *et sœur de l'ignorance* ». « ... *D'un monde où l'action n'est pas la sœur du rêve* » (cit. 19 ; → aussi Contraire, cit. 15). *Toutes les passions sont sœurs* (→ Exciter, cit. 5). *Les misères et les grandeurs sont sœurs jumelles* (cit. 2). (En appos.). *Âme sœur,* se dit d'une personne qui est faite pour en bien comprendre une autre, de sexe opposé.

4   Les âmes sœurs finissent par se trouver quand elles savent s'attendre.
Th. GAUTIER, le Capitaine Fracasse, XXI.

(Formant un composé). *Cellules-sœurs :* cellules identiques provenant de la division simple d'une cellule (dite cellule-mère). — *Des sociétés-sœurs,* filiales d'une même maison-mère.

DÉR. Sœurette.
COMP. Belle-sœur, demi-sœur.
HOM. Sir.

SŒURETTE [sœRɛt] n. f. — 1611 ; «religieuse», 1458 ; de *sœur.*

♦ Terme d'affection envers une sœur (une sœur plus jeune, le plus souvent). *Oui, sœurette !*

SOFA [sɔfa] n. m. — 1690 ; *sapha,* 1560 ; arabe *suffah* «estrade à coussins, coussin».

♦ **1.** Hist. Estrade élevée, couverte de tapis, de coussins, «où l'on reçoit les personnes les plus remarquables», en Orient *(Encyclopédie). Le grand vizir donnait des audiences sur un sofa.*

1   Chez les Turcs tout le plancher est couvert d'un tapis de pied, et du côté des fenêtres ils élèvent une estrade qu'ils appellent sopha. Il y a de petits matelas de deux à trois pieds de large couverts d'un autre petit tapis plus précieux encore que les autres. Les Turcs sont assis sur ce tapis comme les tailleurs qui travaillent en France les jambes croisées, et ils s'appuient contre la muraille, sur de grands carreaux de velours, de satin (...)
DU LOIR, Voyages (1654), p. 70, in Dict. de TRÉVOUX (1740), art. *Sofa.*

♦ **2.** (1657). Cour. Lit de repos à trois appuis, servant aussi de siège. ⇒ **Canapé, divan** (→ Bacchante, cit. 4 ; palissandre, cit. ; plonger, cit. 16).

2   Le sofa sur lequel Hassan était couché
Était dans son espèce une admirable chose.
Il était de peau d'ours, — mais d'un ours bien léché :
Mœlleux comme une chatte, et frais comme une rose.
A. DE MUSSET, Premières poésies, « Namouna », I.

SOFFITE [sɔfit] n. m. — 1676 ; ital. *soffitto,* lat. pop. *suffictus,* class. *suffixus,* p. p. de *suffigere* «figer par-dessous, suspendre».
Didactique. (Architecture).

♦ **1.** Dessous d'un ouvrage.

♦ **2.** Dessous d'un larmier.

♦ **3.** Plafond à caissons décorés de rosaces (→ Galerie, cit. 12).

(...) l'ancien plafond d'Abdérame, en bois de cèdre et de mélèze, s'était conservé avec ses caissons, ses soffites, ses losanges et toutes ses magnificences orientales (...)
Th. GAUTIER, Voyage en Espagne, p. 239.

SOFI [sɔfi] n. m. ⇒ **Soufi.**

SOFTWARE [sɔftwɛR] n. m. — 1966, *le Monde ;* mot amér., argot des ingénieurs, de *soft* «doux, mou», et *ware,* suff. d'instruments ; formé en même temps que *hardware.*

♦ Anglicisme. Les moyens d'utilisation, programmes, etc., d'un système informatique, opposés aux éléments matériels *(hardware).* — (1971). Par abrév. *Le soft. Le software d'un ordinateur comprend une bibliothèque de programmes, un système d'exploitation des programmes d'assemblages.* ⇒ **Analyse, programmation.** — Recomm. off. : logiciel*.

Quatre clous dans le mur et ses doigts, c'était là son métier à tisser. Le « hardware » et le « software » des ordinateurs que je connais à présent, franchit l'espace et le temps. Quelqu'un a dit que demain n'était plus à attendre, mais à inventer.
Driss CHRAÏBI, la Civilisation, ma Mère, in Littér. de langue franc., p. 395.

SOGDIEN, IENNE [sɔgdjɛ̃, jɛn] adj. et n. — 1765, *Encyclopédie ;* de *Sogdiane,* lat. *Sogdiana,* région de l'ancien Empire perse, en anc. perse *Sughda.*

♦ Didact. De la Sogdiane, région d'Asie située entre les rivières Iaxarte (Syr-Daria) et Oxus (Amou-Daria), et qui fut conquise par Cyrus, par Alexandre, puis dépendit de l'empire séleucide, du royaume de Bactriane, de l'empire parthe, de l'empire perse, et, après la conquête musulmane, de l'empire turc.

N. m. *Le sogdien,* langue du groupe oriental de la famille iranienne (moyen iranien).

SOI [swa] pron. pers. — V. 1175 ; *sei,* 1050 ; lat. *se,* en position accentuée (forme tonique). → Se.
Pronom personnel réfléchi de la 3e personne. → Lui, III. ; et aussi Elle, eux (cf. fam., Sa pomme, sézigue).

★ **I.** Se rapportant à des personnes.

REM. 1. *Soi* est le plus souvent en corrélation avec un sujet indéterminé ou général (tel que on* ; chacun, tel, quiconque ; nul, personne ; un relatif), ou employé sans sujet exprimé (avec un verbe à l'infinitif, un verbe impersonnel, un nom, un adjectif (→ Réfléchir, cit. 6, Brunot).
2. *Soi* et *lui* sont en concurrence après chacun* (REM. 3).
3. *Soi* employé pour renforcer *on,* après *que* comparatif, est parfois considéré comme étant en fonction de sujet. *On a souvent besoin d'un plus petit que soi* (→ Obliger, cit. 9).
4. *Soi* ne peut être sujet d'un verbe à un mode personnel, mais il peut s'employer en apposition du sujet, ou se rapporter à un verbe sous-entendu :

1   Lui mourra peut-être, et le voisin, et encore d'autres, mais soi, on ne peut pas mourir (...)
R. DORGELÈS, les Croix de bois, VI.

2   Ces problèmes n'existaient pas. Mais qu'est-ce qui existait ? Soi. Soi. Hélas ! Que faisait-on de soi ?
Charles PLISNIER, la Vertu du désordre, p. 225.

A. Représentant un sujet indéterminé. ♦ **1.** En fonction d'attribut (avec un verbe à l'infinitif ou reprenant un indéterminé tel que *on, chacun, quiconque). Être soi* (→ Lutter, cit. 5 ; originalité, cit. 5 ; 1. pouvoir, cit. 29). *Devenir, rester soi,* ou, plus souvent, *soi-même :* le même, la même*.

3   Mourir ! Ne plus être ! Ne plus être soi ! S'évader de la tyrannie des choses ! Échapper à l'hallucination de soi-même !
R. ROLLAND, Vie de Michel-Ange, p. 30.

4   Henri Beyle est à mes yeux un type d'esprit bien plus qu'un homme de lettres. Il est trop particulièrement soi pour être réductible à un écrivain.
VALÉRY, Variété, « Études littéraires », *in* Œ., t. I, p. 582.

5   Tant qu'on est seul on ne peut être soi. Les nigauds de moralistes disent qu'aimer c'est s'oublier ; vue trop simple ; plus on sort de soi-même et plus on est soi-même ; mieux aussi on se sent vivre.
ALAIN, Propos, 27 déc. 1907, Amitié.

C'EST... SOI. *Ce qu'on aime dans un autre, c'est soi* (→ Nôtre, cit. 9). *Ce n'est pas soi qu'on voit, mais une image* (cit. 1). — Fam. « *En voiture, on a plus confiance quand c'est soi qui conduit que quand c'est un autre* » (exemple oral cité par Damourette et Pichon).

6   Il n'y a personne qui ne connaisse quelque douleur d'estomac ; celle que vous sentez est plus piquante et plus pesante, et cela se passe dans un endroit si intérieur et si intime, c'est tellement soi qui souffre, que j'admire et j'ai toujours admiré votre douceur et votre patience (...)
Mme DE SÉVIGNÉ, 774, 24 janv. 1680.

♦ **2.** En fonction de complément d'objet direct (après *ne... que...). N'aimer* que soi* (→ Amour-propre, cit. 2), *n'estimer que soi* (→ Orgueil, cit. 2). ⇒ aussi **Soi-disant.**

♦ **3.** Complément prépositionnel (emploi le plus fréquent). À SOI. ⇒ **Sien.** *Ne songer qu'à soi* (→ Désunir, cit. 7). ⇒ **Égoïste, intéressé.** *Avoir à soi...* ⇒ **Propre** (en). → Jalousie, cit. 24. *Rapporter* tout à soi.* — (Vx). *Être à soi,* libre, indépendant. *Revenir* à soi :* reprendre ses esprits. — DE SOI. ⇒ **Personnel, propre.** *Conscience de soi. Contrôle, maîtrise* (cit. 2) *; estime, respect de soi* (→ Obliger, cit. 3). *Don* (1. Don, cit. 4), *oubli* (cit. 14) *de soi. Bonne opinion* (cit. 20), *de soi. Culte de soi.* ⇒ **Égotisme,** cit. 4. *Être fier, infatué* (→ Guère, cit. 22), *plein, satisfait... de soi* (ou : *de soi-même ;* → ci-dessous). *Ne jamais parler de soi aux autres* (→ Plaire, cit. 13). *Être maître** (cit. 40) *de soi. Autour de soi* (→ Immobile, cit. 13). *Hors de soi.* ⇒ **Hors** (II., C. ; → Niaiserie, cit. 6). — EN SOI. *Confiance** en soi. Avoir* (→ Intérieur, cit. 3), *porter en soi...* (→ Disposition, cit. 14 ; faire, cit. 23). — POUR SOI. *Garder* (cit. 42) *qqch. pour soi. Chacun** (cit. 14) *pour soi* (→ Égoïste, cit. 2). — SUR SOI. *Avoir sur soi.* ⇒ **Porter.** *Prendre** sur soi :* prendre la responsabilité de... — *Devant* (→ Horizon, cit. 2), *derrière* (→ Lame, cit. 9). — *Par devers** soi.* — *Malgré soi* (→ Cambrer, cit. 3). — *Entre soi* (→ Famille, cit. 22 et 24). — *Chez soi. Rentrer chacun chez soi.* — N. m. *Le chez-soi.* ⇒ **Chez.** — *À part** (supra cit. 31) *soi* (altér. de *à par soi).*

7   (...) tout dans la nature songe à soi et ne songe qu'à soi. Que cela fasse du mal aux autres, qu'importe, pourvu qu'on se trouve bien ? (...)
DIDEROT, Jacques le fataliste, Pl., p. 721.

8   Tirant tout de soi seul, rapportant tout à soi,
Sa volonté suprême est sa suprême loi.
LAMARTINE, Premières méditations poétiques, XXXIV.

9   L'homme est l'être qui ne peut sortir de soi, qui ne connaît les autres qu'en soi, et, en disant le contraire, ment.
PROUST, la Fugitive, Pl., t. III, p. 450.

10 Le pire n'était pas d'être seul. Le pire était d'être avec soi, et de ne pouvoir vivre avec soi, de ne pas être maître de soi, de se renier, de se combattre, de se détruire soi-même.
R. ROLLAND, Vie de Michel-Ange, p. 26.

11 Comme on voit devant soi un objet, il voyait devant lui ce fait (...)
MONTHERLANT, les Célibataires, II, VIII.

B. Représentant un sujet de personne déterminé. ⓐ Vx (langue class.). (→ Agir, cit. 25, Corneille ; après, cit. 34 et 35, Racine ; incestueux, cit. 1, Boileau). ⓑ Mod. Dans les cas où *lui (elle, eux)* serait ambigu (ex. : *Jean-Christophe* « *s'acharnait à détruire sa foi* (d'un jeune homme) *dans l'art, sa foi en soi* » (→ Persifler, cit. 3). — Loc. *Un homme sûr de soi.* ⇒ **Sûr,** *supra* cit. 2. *Perdre toute sa confiance en soi. Il regardait droit devant soi.* — REM. *Soi* est préférable à *lui, elle,* lorsqu'on veut insister sur le caractère réfléchi de l'action verbale (→ ci-dessous, le sens « fort », C.). *Valéry ne s'est jamais laissé distraire* (cit. 7) *de soi par autrui.*

12   Actuellement on constate, chez beaucoup d'auteurs, une forte tendance à se servir de *soi,* même dans les cas où le sujet est une personne déterminée (...) Ex. Il se sentit plus maître de soi (J.-K. Huysmans, *En route,* p. 277) ... Pris, comme un malade, d'une grande pitié de soi, il chassait les images pénibles (A. France, *Le Mannequin d'osier,* p. 118) ... Tous ceux qui ont devant soi un long avenir (R. Rolland, *Annette et Sylvie,* p. 19) ... Elle avait en soi cette facilité (C. Mendès).
         K. NYROP, Grammaire historique, t. V, p. 251.

13   (...) Joseph Pourat, c'était le nom de l'ordonnance, s'expliquait trop bien dans sa simple cervelle que le comte fût à peine maître de soi (...)
         Paul BOURGET, le Disciple, VI. — N. B. *Maître de lui* serait ambigu.

(xxᵉ). Renforcé par *seul. Ne penser qu'à soi seul.*

Représentant un nom féminin ou un pluriel (exemples empruntés à la *Syntaxe du Franç. mod.* de G. et R. Le Bidois) : « *Elle s'attristait de rencontrer, si près de soi, des personnes de cette espèce* » (R. Bazin, *les Oberlé*) ; « *Mᵐᵉ Swann... n'avait pas craint d'introduire chez soi...* » (Proust, *À l'ombre des jeunes filles en fleurs,* I, 123).

14   Ils n'ont pas de soins de famille, ils ne songent guère qu'à soi.
         A. THÉRIVE, la Revanche, III, p. 38.

C. Philos. ♦ 1. Représentant un sujet n. de personne, déterminé ou non, avec la valeur forte du substantif *le soi* (→ ci-dessous, IV.). *La présence à soi :* la conscience. — **POUR SOI,** se dit de la manière d'être, d'exister, de l'être conscient. ⇒ aussi **Pour-soi,** n. m.

15   Avoir conscience, c'est exister pour soi, mais être une chose ou une substance en soi n'est pas exister *pour soi-même* ou se sentir exister.
         MAINE DE BIRAN, Œuvres, VIII, 123
         in FOULQUIÉ, Dict. de la langue philosophique, art. *Soi.*

16   Le système agissant, puisqu'il est un être libre, sera donc pour soi, ou la conscience, telle est la synthèse à laquelle nous aspirons. Le pour soi, ou la conscience, telle est la synthèse à laquelle nous aspirons.
         HAMELIN, Essai v, § 2, *in* LALANDE, Voc. de la philosophie, art. *Pour soi.*

♦ 2. Hist. de la philos. PAR SOI : qui existe de par sa propre essence (lat. *a se*). *Dieu est par soi.*

★ II. Représentant un sujet n. de chose. **♦ 1.** Complément prépositionnel. *Cela va de soi* (⇒ **Aller**) : c'est tout naturel, cela tombe sous le sens (→ Opprimer, cit. 8). *Cela parle de soi,* se dit d'une chose évidente.

DE SOI (vx) : considéré seul, indépendamment des circonstances. « *La paix* (cit. 12) *est fort bonne de soi* ».

EN SOI : de, par sa nature*, abstraction faite de toute autre chose (→ ci-dessous, 2. ; aussi douleur, cit. 21). *Une fin* (cit. 35) *en soi.* — *Exister par soi* (→ Guillemet, cit. 3). « *Hâtons-nous ; le temps fuit* (cit. 17), *et nous traîne avec soi* ». *Paris est à soi seul...* (→ Capitale, cit. 3).

17   (*La diligence descendait*) entraînant après soi un long panache de poussière.
         FLAUBERT, Mᵐᵉ Bovary, II, VIII.

18   La ville tire à soi la vie des villages.
         Henri POURRAT, Vent de mars, p. 100.

♦ 2. Philos. (Scolast.). **EN SOI,** se dit de la substance opposée à l'accident. On dit aussi *par soi* (lat. *per se*). Chez Platon, Qui existe indépendamment du contenu de l'esprit. ⇒ **Essence.** — En réalité, conformément à l'entendement pur et indépendamment de l'apparence — Chez Kant, Indépendamment de la connaissance humaine, sensible et raisonnable. *Le noumène* est une chose en soi. — Indépendamment de toute connaissance. *Discussions sur la possibilité de connaître la chose en soi* (→ Phénoménologie, cit. 2). — Chez Sartre et les existentialistes, se dit du mode d'être de ce qui n'est pas conscient. N. m. *L'en-soi et le pour-soi.* ⇒ **En-soi.**

19   (...) le terme d'en-soi, que nous avons emprunté à la tradition pour désigner l'être transcendant, est impropre. À la limite de la coïncidence avec soi (...) le soi s'évanouit pour laisser place à l'être identique.
         SARTRE, l'Être et le Néant, p. 118.

19.1   Connaître, c'était (...) prêter ma conscience au monde, l'arracher au néant du passé, aux ténèbres de l'absence ; il me semblait réaliser l'impossible liaison de l'en soi et du pour soi lorsque je me perdais dans l'objet que je regardais, dans les moments d'extases physiques ou affectives, dans l'enchantement du souvenir, dans le pressentiment enthousiaste de l'avenir.
         S. DE BEAUVOIR, Tout compte fait, p. 38.

★ III. SOI-MÊME : forme renforcée de *soi.* ⇒ **Même** (I., 2.), REM. 1. et 2. ; **lui** (III., 2.).

REM. 1. Comme la forme simple *soi, soi-même* renvoie surtout à un sujet indéterminé ; mais il a mieux résisté au remplacement par *lui, lui-même* (ou *elle, eux-mêmes*) avec un sujet déterminé.

2. *Soi-même* ne renvoie jamais à une chose.

[a] En apposition du sujet. *Faire qqch. soi-même,* en personne (→ Bouillon, cit. 12). — (Déb. xxᵉ). Fam. « *Vous êtes l'abbé Pellegrin* — *Soi-même...* » (Clément Vautel cité par Sandfeld). *Mais c'est monsieur le directeur soi-même !* : lui-même.

[b] Attribut. *Être soi-même* (→ Exquis, cit. 14). *L'heure* (cit. 10) *où l'on est enfin soi-même.* — Avec le présentatif *c'est...*

Ce que l'on aime le mieux chez les autres, c'est soi-même. Lorsque je rencontre un autre moi-même, il y a chez moi un accroissement de forces (...)   20
         LOTI, Aziyadé, III, XL.

(...) Ce vœu cher aux amants : être à la fois soi-même et un autre que soi.   21
         SARTRE, Situations I, p. 42.

[c] Renforçant *se*. *Se connaître* (cit. 35 et 38), *se juger* (cit. 12) ; *se consoler* (cit. 17), *se convaincre* (cit. 10) *soi-même. Se fuir* (cit. 36) *soi-même.*

Au fond (...) il vous renie comme s'il se reniait soi-même, comme s'il reniait le meilleur de soi.   22
         Edmond JALOUX, *in* Œuvres libres, nᵒ 130, p. 27.

[d] Complément d'objet (après ne... que, une comparative). *Aimer la justice plus que soi-même* (→ Prochain, cit. 8). *Aimer son prochain comme soi-même.*

On a beau chercher, on ne trouve jamais que soi-même.   23
         FRANCE, le Petit Pierre, XIV.

[e] Complément prépositionnel. *Des choses* (cit. 35) *qu'on ne peut dire qu'à soi-même. Se suffire à soi-même.* — *Seul avec soi-même.* — *Conscience* (cit. 4), *domination* (cit. 6), *gouvernement* (cit. 6) ; *estime* (cit. 11), *respect de soi-même* (→ Honneur, cit. 6). *Sortir de soi-même* (→ Place, cit. 27). — *Confiance* (→ Fondamental, cit. 2), *foi* (cit. 23) *en soi-même. Descendre* (cit. 16), *pénétrer* (→ Montagne, cit. 8), *se renfermer, rentrer* *en soi-même.* Prov. *On n'est jamais si bien servi que par soi-même. Charité bien ordonnée commence par soi-même.* — *Indulgent* (cit. 3) *pour soi-même. Complaisance* (cit. 13) *envers autrui* (cit. 22) *et envers soi-même. Vis-à-vis de soi-même* (→ Poser, cit. 39).

On ne peut tout seul garder la foi en soi-même.   24
         F. MAURIAC, le Nœud de vipères, II, VI.

Dans le même instant, il s'était dit à soi-même : « J'aime Donna Lucrezia ».   25
         Roger VAILLAND, la Loi, p. 141.

★ IV. N. m. (1751). LE SOI. **♦ 1.** La personnalité, le moi de chacun, de chaque sujet. ⇒ **Moi** (II., 3.). → Identité, cit. 9. — Spécialt. *Le soi et le non-soi,* éléments dont la synthèse est la « conscience », la « personne » (Renouvier).

— (...) qu'est-ce que la discipline sinon l'empire du soi sur soi (...) ?   26
         Paul BOURGET, la Geôle, III.

♦ 2. Psychan. (Trad. de l'all. *Es* oppos. à *Ich* : je). *Le soi* (ou *le* « *ça* »). Ensemble des pulsions inconscientes. *Le soi, le moi et le sur-moi.*

(All. *Selbst*). Chez Jung, Ensemble du psychisme, inconscient et conscient.

♦ 3. La conscience ; l'être en tant qu'il est pour lui-même (→ ci-dessus, *en-soi* et *pour-soi,* cit. Sartre).

(...) c'est cette notion même de *soi* qu'il faut étudier, car elle définit l'être même de la conscience (...) Par nature (*le soi*) est un *réfléchi,* comme l'indique assez la syntaxe et, en particulier, la rigueur logique de la syntaxe latine (...) Le *soi* renvoie, mais il renvoie précisément au *sujet.* Il indique un rapport du sujet avec lui-même (...) une dualité particulière puisqu'elle exige des symboles verbaux particuliers (...)   27
         SARTRE, l'Être et le Néant, p. 118.

♦ 4. Loc. *Un autre soi-même* (→ Efficacité, cit. 5) : un ami intime. ⇒ **Alter-ego.**

S'attacher au combat contre un autre soi-même,
Attaquer un parti qui prend pour défenseur
Le frère d'une femme ; l'amant d'une sœur.   28
         CORNEILLE, Horace, II, 3.

CONTR. Autrui.

COMP. En-soi, pour-soi (à l'article) ; **chez*-soi, quant-à-soi** (à l'ordre alphab.). — **Soi-disant,** adj.

HOM. 1. Soie, 2. soie, soit.

SOI-DISANT [swadizɑ̃] adj. invar. — V. 1435 ; de *soi,* et *disant,* reste de la syntaxe du moyen français où *soi* pouvait être complément d'objet.

♦ 1. (Personnes). Qui dit, qui prétend être telle ou telle chose (→ Se dire*, se prétendre*). *Les soi-disant gastronomes* (cit. 1), *astrologues* (→ 1. Mage, cit. 5). — REM. *Soi-disant,* formé avec un participe présent ayant pour objet direct *soi,* est normalement invariable. On l'a accordé au xviiᵉ s. (cf. Tallemant, Mᵐᵉ de Sévigné, *in* Littré : « ces sorcières ou *soi-disantes* »), et encore au xviiiᵉ s. :

Enfin quand Goëzman fut si longtemps à chercher, répétant toujours *la soi-disante audience* (...) le greffier lui plume en l'air, et nos six yeux fixés sur elle, que M. de Chazal, commissaire, lui dit avec douceur : « Eh bien ! madame, qu'entendez-vous par la *soi-disante audience* ? »   1
         BEAUMARCHAIS, Mémoires ... dans l'affaire Goëzman, p. 62.

♦ 2. (xviiiᵉ). Personnes et choses. Qui n'est pas ce qu'il semble être, qui n'est pas vraiment... ⇒ **Prétendu ; censé, présumé.** — REM. Cette extension de sens justifie non seulement l'emploi de *soi-disant* en parlant des choses, emploi combattu par les puristes et abondamment illustré (cf. Marivaux, Flaubert, Fromentin, Montherlant, Barrès..., *in* Grevisse) ; mais aussi celui de *soi-disant* en parlant des personnes à qui l'on conteste un caractère qu'elles n'affirment pas elles-mêmes : « *les caillettes et les cafards, ou soi-disant tels, que le Conseil mettait en avant* » (→ Cabaler, cit. 2, Rousseau). « *Le soi-disant escroc était un honorable diplomate* » (phrase qualifiée d'« ineptie », de « faute... primaire » par A. Thérive, *Querelles de langage,* I, p. 128).

(...) les soi-disant fanatiques de l'antiquité, qui ne sont pas capables de discerner une statue grecque d'une statue romaine.   2
         Th. GAUTIER, Portraits contemporains, « Simart ».

3 J'ajoute que, dans l'immense majorité des cas, la soi-disant liberté de pensée reste parfaitement illusoire. GIDE, Journal, 29 août 1933.

4 *(Cette locution)* n'est donc tout à fait en situation qu'appliquée à un nom de personne : «Plus, sa fille, au moins *soi-disant* telle, ...» RAC., *Plaid.*, 452-53; «La *soi-disant* comtesse» DAUDET, *Jack* (la personne qui se dit comtesse). Par analogie on a appliqué l'expression aux choses; avant tout à celles que l'on peut présenter comme personnifiées : «La bureaucratie *soi-disant* militaire» M. PRÉVOST, *L'homme vierge*, I, 57; «... Des liaisons *soi-disant* indestructibles» FROMENTIN, *Domin.*, II ; ... et, semblablement, même à plus d'une autre chose dont la personnification n'est guère concevable : (Il étala) «des bronzes antiques ou *soi-disant* tels» (prétendus tels) TH. GAUTIER, *Le pied de momie*.
G. et R. LE BIDOIS, Syntaxe du franç. moderne, § 266.

♦ **3.** (Av. 1834, Béranger). Loc. adv. Prétendument, d'une manière apparente, présumée... *Soi-disant pour... parce que... Il aurait soi-disant démissionné.*

5 Flore poussa un cri de joie en acceptant ce charmant souvenir, qu'elle épingla vite à sa ceinture; il fut convenu que, vis-à-vis de Lécurou, elle se serait soi-disant payé elle-même cette fantaisie.
Raymond ROUSSEL, Impressions d'Afrique, p. 274.

♦ **4.** (xxᵉ). Loc. conj. Fam. *Soi disant que :* on prétend, il paraîtrait que.

6 Un petit môme que j'ai dessalé, que j'ai pris la peine d'éduquer et qui se permet d'être incorrect, qui prétend m'envoyer rebondir du jour au lendemain, soi-disant qu'il serait trop jeune pour avoir une femme.
M. AYMÉ, le Chemin des écoliers, VII, (1946).

1. SOIE [swa] n. f. — V. 1175; *seide*, v. 1100, *seie*, v. 1150; du lat. *seta*, var. de *saeta* «soie, crin, poil»; d'où, par anal., en lat. médiéval dès le xiiᵉ, *sericum* «soie, matière textile».

★ **I.** ♦ **1.** Poil long et rude de certains animaux (porc et sanglier). ⇒ **Sétacé, sétifère.** *Brosse, pinceau en soie de sanglier.* ⇒ **Saie.** — Poil long (de certains chiens [cit. 11], de divers mammifères).

1 J'admirais cette humble planche de cordonnier, cet encrier d'un sou, ce porte-plume où la plume était liée au bois par une soie de porc (...)
J. GIONO, Jean le Bleu, I.

Loc. (Vieilli). *Un habillé de soie :* un porc.

♦ **2.** (1611). Vétér. Maladie de porc, qui affecte un des côtés du cou, où se forme une houppe d'une quinzaine de soies. — REM. On dit aussi *soyon*.

♦ **3.** (1812). Bot. Poil isolé, raide, au sommet d'un organe foliacé, sur une graine.

★ **II.** ♦ **1.** (Déb. xiiᵉ). Substance filiforme sécrétée par les larves de quelques lépidoptères (dites «vers à soie»), essentiellement constituée par deux protéines (séricine et fibroïne), utilisée comme matière textile. ⇒ **Bombyx, cocon** (cit. 2), **magnanerie** (cit. 1), **mûrier** (cit.), **sériciculture, ver** (ver à soie). *Préparation de la soie grège* (ou *brute, crue, écrue*) : triage des cocons, étouffage, battage, dévidage, tirage aboutissant au *fil de soie,* qu'on enroule en écheveaux et en pelotes. ⇒ aussi **Dégommer, dégorger.** *Filage, filature de la soie. Moulinage* (ou *ouvraison*) *de la soie,* transformant la *soie grège* en *soie moulinée* (ou *ouvrée*). ⇒ **Cuire, décruser;** et aussi **tordage.** — (1876). *Soie torse* (⇒ **Organsin**). — *Soie folle* (⇒ **Effiloche**). *Soie en pantine,* apprêtée pour passer à la teinture. *Déchets de soie.* ⇒ **Bourre, fleuret, schappe.** *Teinture de la soie au kamala, à l'acide picrique... Production, marchés de la soie* (→ **Entrepôt,** cit. 5). *Conditionnement des soies. Industrie de la soie. Les ouvriers de la soie.* ⇒ **Canut, soyeux.** — *Tissage de la soie. Étoffes, tissus de soie* (→ **Déployer,** cit. 3; épaule, cit. 5; immobile, cit. 10; mercier, cit. 1). *Principaux tissus de soie.* ⇒ **Bombasin, brocart, crêpe, faille, foulard, gros** (de Naples, de Tours), **gros-grain, lampas, levantine, marceline, pékin, pongé, reps, satin, surah, taffetas, tussor...** *Tissus de soie et laine* (⇒ **Alépine, popeline, silésienne...**), *soie et coton* (⇒ **Filoselle...**). *Étamine, gaze, jersey, moire, mousseline, tulle, velours, voile... de soie. Tricot de soie* (→ **Maillot,** cit. 3). *Filet de soie* ⇒ **Filoche.** *Ornements de soie.* ⇒ **Campagne, dentelle, floc, flocon, guipure, houppe.** *Fil, bobine, cordon, cordonnet... de soie* (→ **1. Lancer,** cit. 23; moire, cit. 1). *Broderies de soie, soie à broder* (→ **Gant,** cit. 6; harde, cit. 3). ⇒ **Nuer.** *Corde de soie* (→ **Pendre,** cit. 5). — *Échelle* de soie, en cordes de soie. — *Tissu de soie.* ⇒ **Soierie** (→ **Fabriquer,** cit. 7; satin, cit. 3). *Vêtements, chemises, robes... de soie* (→ **Agrémenter,** cit. 1; dentelle, cit. 3; draper, cit. 3; gandoura, cit. 1; mouler, cit. 7). *Châle, foulard* (cit. 4), *mouchoir* (cit. 8), *cravate, ruban... de soie* (→ **Depuis,** cit. 22; lavallière, cit. 3). *Doublures de soie.* ⇒ **Lustrine, ouate.** *Chapeau recouvert de soie* (→ **Effacer,** cit. 1). *Redingote* (cit. 2) *à revers de soie. Rideaux de soie* (→ **Courtine,** cit. 2; galamment, cit. 2). *Un froufrou* (cit. 3) *de soie.* — *Bas de soie,* faits d'un tissu élastique à petites mailles.

2 (...) la férocité du Gaulois nous est restée; elle est seulement cachée sous la soie de nos bas et de nos cravates.
CHATEAUBRIAND, Mémoires d'outre-tombe, t. VI, p. 17.

3 Il vient des femmes enveloppées de la tête aux pieds dans des soies asiatiques étrangement lamées d'argent ou d'or (...)
LOTI, les Désenchantées, II, IV.

Techn. Fibre du coton (généralement au plur.). *Soies courtes, longues. Coton longue-soies, à longues soies. Soies brillantes, mates.*

4 Les deux variétés *(de cotonnier)* les plus courantes (...) sont le *Gossypium hirsutum* et le *Gossypium barbadense* (...) Elles se distinguent surtout par la longueur

des soies. Le *Gossypium hirsutum* produit des cotons à soies moyennes, c'est-à-dire ne dépassant pas 28 à 29 mm (...) *Le Gossypium barbadense* produit des cotons à soies plus longues.
Pierre DE CALAN, le Coton et l'Industrie cotonnière, p. 9-10.

Loc. (1899 cit.; opposée à *soie naturelle,* appellation interdite en 1934). *Soie artificielle.* ⇒ **Rayonne.**

5 On a beaucoup remarqué à l'Exposition de 1889 le petit appareil, établi dans la galerie des machines qui produisaient des fils minces et brillants, désignés par l'exposant, M. de Chardonnet, sous le nom de soie artificielle.
L. FIGUIER, l'Année scientifique et industrielle, 1890, p. 414 (1889).

Loc. fig. (1828). *Papier* (cit. 6) *de soie :* papier translucide et brillant fait avec de la pâte de chiffon et de la pâte de bois (→ **Paquet,** cit. 3). — *Soie de verre* (on dit aussi *verrofibre*).

♦ **2.** Par anal. *Soie sauvage :* matière filamenteuse produite par certaines chenilles de l'Inde, de la Chine et du Japon. *Tissus de soie sauvage.* ⇒ **Tussah.** — Filament sécrété par les glandes séricigènes* de l'araignée et de certains insectes (cit. 4). — (1791; *soie d'orient,* 1690). *Soie végétale :* poils qui entourent les grains de certaines plantes, et qu'on a essayé d'utiliser comme textile. — (xxᵉ). *Soie marine,* ou *soie de mer.* ⇒ **Byssus, soyeux;** aussi **sérici-.**

♦ **3.** (Mil. xviᵉ). Fil de pêche en soie. — (xxᵉ). *Soie à mouche :* ligne spéciale pour la pêche au lancer à la mouche.

♦ **4.** Par anal. Ce qui rappelle la soie; ce qui est soyeux. *La soie de ses cheveux.*

♦ **5.** Loc. Poét. Par métaphore, fig. *Jours filés* (ou *tissés*) *de soie et d'or :* des jours heureux.

6 (...) parlons d'Emmeline (...) Il faut lui faire, à cette enfant, une existence de soie et d'or (...)
D'où je conclus qu'il y a lieu d'augmenter la dot.
E. LABICHE, la Poudre aux yeux, II, 7.

Loc. fam. (1932). *Péter dans la soie :* être bien vêtu; être riche.

★ **III.** Argot (jeu de mot sur *soie* «matière dont est fait le vêtement» et *soi*). *Sur la soie :* aux trousses. *Tomber sur la soie de qqn,* lui tomber dessus.

2. SOIE [swa] n. f. — 1680; xvᵉ, *saye* «cheville d'un couvercle», var. *soyée, soyette, sée,* xivᵉ; cf. Du Cange, *Suppl., sayus* «cheville»; orig. incertaine.

Technique.

♦ **1.** Prolongement en pointe de la lame d'un couteau (ou d'une épée, etc.) qu'on encastre dans le manche ou la poignée. ⇒ **Talon.**

♦ **2.** Partie d'un arbre vilebrequin recevant une bielle.

HOM. Soi, 1. soie, soit.

SOIERIE [swari] n. f. — 1424; *sayerie* «étoffe de soie», 1328; *soyerie,* 1379; de *soie.*

♦ **1.** *Les soieries :* les tissus de soie, par oppos. aux autres étoffes (→ **Draper,** cit. 4; essaim, cit. 2; majesté, cit. 18; nacarat, cit. 2). *De riches soieries. La mode est cet automne aux soieries et aux lamés. Une soierie d'un coloris délicat.*

♦ **2.** (1694; sing. collectif). *La soierie :* l'industrie et le commerce de la soie. *Être dans la soierie.*

♦ **3.** (1694). Vieilli. Établissement industriel pour la filature et le tissage de la soie. *Les soieries de Lyon.*

♦ **4.** (1871). Techn. Manière d'apprêter la soie.

SOIF [swaf] n. f. — Fin xiiᵉ; var. *sei, soi,* xiiᵉ; le f semble dû à une fausse analogie avec des mots du type *nois* «neige» au cas sujet, *noif* au cas régime; du lat. *sitim,* accus. de *sitis.*

♦ **1.** Sensation correspondant à un besoin de l'organisme en eau, et résultant d'un double mécanisme : dessication locale de la muqueuse de la bouche et du pharynx (→ **Fermer,** cit. 32), déshydratation ou «augmentation de la concentration des liquides dans l'organisme» (Fabre et Rougier) ⇒ **Dipsomanie, potomanie** (didact.). *La soif,* cette sensation, en général. *Une, des soifs,* cette sensation éprouvée momentanément par qqn. *Une soif ardente* (cit. 15), *dévorante* (cit. 4), *horrible* (cit. 3). *La soif de qqn, sa soif. Notre soif était terrible, semblait inextinguible.* — **AVOIR SOIF,** éprouver cette sensation (→ **1. Boire,** cit. 5; dégourdir, cit. 3). *Avoir grand-soif* (→ **Rafraîchir,** cit. 1), *soif à avaler la mer et les poissons. Avoir très soif. Avoir toujours soif.* ⇒ **Assoiffé.** — *Souffrir de la soif* (→ **Mendiant,** cit. 3; oser, cit. 25). *Brûler, haleter de soif* (→ **Eau,** cit. 18). ⇒ **Tirer** (la langue). — (1788). *Mourir de soif, dans le désert.* Par hyperb. *Mourir de soif :* éprouver une soif intense (→ **Brûler,** cit. 54; 1. carpe, cit. 3; fatiguer, cit. 24; marchand cit. 6). — *Crever de soif* (même sens). — «La soif s'en va en buvant» (1. Boire, cit. 6, Rabelais). *Apaiser* (→ **Boisson,** cit. 1), *étancher sa soif.* — Loc. (1690). *Boire, se désaltérer* (cit. 5) *à sa soif,* autant qu'on en éprouve le besoin. — Fam. *Il fait soif :* on a soif (de : il fait chaud). — *Donner soif.* ⇒ **Altérer. Allumer, entre-**

tenir la soif (de qqn). → Givrer, cit. 3 ; 1. irritant, cit. 5. — Loc. prov. *Une poire* pour la soif.* Vieilli. *C'est la faim* (cit. 11) *et la soif ensemble, c'est la soif* (cit. 16) *la faim et la soif. On ne saurait faire boire un âne* qui n'a pas soif. Quand l'un a soif l'autre veut boire :* ils s'entendent très bien.

1   La soif qu'on éprouve ne ressemble à rien de ce que tu connais ; elle est incessante, toujours égale ; tout ce qu'on boit ici l'irrite au lieu de l'apaiser ; et l'idée d'un verre d'eau pure et froide devient une épouvantable tentation qui tient du cauchemar.   E. FROMENTIN, *Un été dans le Sahara*, XI.

1.1   Ils étaient les hommes et les femmes du sable, du vent, de la lumière, de la nuit. Ils étaient apparus, comme dans un rêve, en haut d'une dune, comme s'ils étaient nés du ciel sans nuages, et qu'ils avaient dans leurs membres la dureté de l'espace. Ils portaient avec eux la faim, la soif qui fait saigner les lèvres, le silence dur où luit le soleil, les nuits froides, la lueur de la Voie lactée, la lune (...)   J.-M. G. LE CLÉZIO, *Désert*, p. 9.

Rester sur sa soif : n'avoir pas assez bu pour étancher sa soif. Fig. Éprouver encore le besoin d'une chose, n'être pas satisfait. *L'auteur laisse le lecteur sur sa soif,* ne lui apprend pas tout ce qu'il voudrait savoir.

2   Un concert sans Wagner ou Beethoven et nous demeurions sur notre soif.   G. DUHAMEL, *Biographie de mes fantômes*, XI.

(1888). Fam. *Boire jusqu'à plus soif,* beaucoup, outre mesure. — Fig. *Jusqu'à plus soif :* à satiété (→ 1. Boire, cit. 30).

2.1   Il reviendrait tous les jours, jusqu'à plus soif.   Michel DÉON, *la Corrida*, p. 135.

Boire sans soif (→ Amour, cit. 19). N. (fam.). *Un boit-sans-soif.* ⇒ **Soiffard.**

♦ **2.** (1553). Manque d'eau (ressenti comme une souffrance, pour la terre, le sol, la végétation...) → Abreuver, cit. 1 ; étancher, cit. 5. *Vallée dévorée* (cit. 29) *de soif. Une terre qui craque de soif et se fendille* (cit. 2). — *Les rosiers ont soif, il faut les arroser.*

♦ **3.** (XIVᵉ ; *soi,* XIIᵉ). Fig., littér. **SOIF DE...** : désir passionné et impatient. *La soif de l'or* (→ Avare, cit. 2), *de l'argent* (→ Excusable, cit. 6), *des richesses* (→ Insatiable, cit. 3), *du gain* (→ Ardent, cit. 3), *des conquêtes* (→ Esclavage, cit. 3)... *Cette soif de bien-être* (→ Appétit, cit. 24), *de bonheur* (→ Désaltérer, cit. 2), *d'honneurs* (→ Forcer, cit. 32), *de vengeance* (→ Désarmer, cit. 7)... *Soif de sang. Notre soif d'infini* (→ Cerner, cit. 1), *de l'inconnu* (→ Horrible, cit. 10), *de clarté* (→ Lumière, cit. 27). *La soif de connaître* (⇒ Curiosité), *de commander* (→ Amour, cit. 46). — **AVOIR SOIF.** *Avoir soif d'affection* (cit. 13), *de simplicité* (→ Cerveau, cit. 7), *d'espace* (→ 2. Carrière, cit. 3)... *Mon âme a soif d'être étonnée* (cit. 14). — Littér. *Les dieux ont soif,* roman d'A. France (1912) : c.-à-d. les dieux ont soif de sang, le monde est cruel.

3   Criez après l'Enfer, de l'enfer il ne sort
Que l'éternelle soif de l'impossible mort.   D'AUBIGNÉ, *les Tragiques*, VII, « Jugement » (1616).

4   On sait assez que l'inquiétude de cet âge est une soif d'aimer, et le propre de la soif est de n'être pas excessivement difficile sur la nature du breuvage que le hasard lui présente.   STENDHAL, *De l'amour*, IV.

5   (...) je n'aspire plus qu'à rentrer dans ma solitude et à quitter la carrière politique. J'ai soif d'indépendance pour mes dernières années.   CHATEAUBRIAND, *Mémoires d'outre-tombe*, t. V, p. 45.

6   *(La jalousie)* est une soif de savoir grâce à laquelle, sur des points isolés les uns des autres, nous finissons par avoir successivement toutes les notions possibles, sauf celle que nous voudrions.   PROUST, *la Prisonnière*, Pl., t. III, p. 86.

DÉR. et **COMP.** Assoiffer. — Soiffard ou soiffeur, soiffer.

SOIFFARD, ARDE [swafaʀ, aʀd] ou **SOIFFEUR, EUSE** [swafœʀ, øz] adj. et n. — 1843, *soiffard(e)* ; *soiffeur,* 1839 ; *soiffeuse,* 1843 ; de *soif,* et suff. péj. *-ard,* ou suff. *-eur, euse.*

♦ Qui est toujours prêt à boire, qui boit exagérément (du vin, de l'alcool). ⇒ **Ivrogne.**

1   (...) je courais au Lion, sur la place Darcy, rendez-vous d'une jeunesse guerrière et soiffarde, à qui la guerre, comme à moi, créait momentanément des loisirs.   Émile HENRIOT, *la Rose de Bratislava*, II.

1.1   Elle était très contente avec ça. Surtout que tu sois pas soiffard. Ça a fait une très bonne impression.   R. QUENEAU, *le Dimanche de la vie*, p. 40.

N. *Un sacré soiffard* (→ Prospérer, cit. 2) — REM. La forme *soiffeur* est vieillie.

2   Quel était le risque le plus fâcheux : passer pour un soiffeur insatiable, ou paraître ne pas trouver à son goût un cru excellent ?   J. ROMAINS, *les Hommes de bonne volonté*, t. VIII, V, p. 32.

3   Les plus obstinés soiffeurs quittent leur chopine.   G. CHEVALLIER, *Clochemerle*, p. 107.

REM. On écrit parfois *soifard.*

SOIFFER [swafe] v. intr. — 1802, *in* Esnault ; de *soif.*

♦ Fam., vx. Boire (du vin, de l'alcool).

SOIFFEUR, EUSE [swafœʀ, øz] n. ⇒ **Soiffard.**

SOIGNANT, ANTE [swaɲɑ̃, ɑ̃t] adj. — Mil. XXᵉ ; cf. anc. franç. *soignant, soignante* « concubine », à partir du XIIᵉ ; de *soigner.*

♦ Méd. Qui donne les soins.
L'équipe soignante comprend au minimum, en plus du psychiatre et du personnel infirmier, un psychologue et une assistante sociale.   François CLOUTIER, *la Santé mentale*, p. 82.

Aide soignant, aide soignante : personne qui assiste les infirmiers et infirmières.

SOIGNÉ, ÉE [swaɲe] adj. — 1690 ; de *soigner.*

♦ **1.** Dont on a pris soin ; qui prend soin de sa personne. ⇒ **Avenant, net, ordonné, propre.** *Individu pas très soigné de sa personne. Soignées dans leur mise* (→ Imposer, cit. 41). ⇒ **Élégant.** — (Choses). *Mains soignées* (→ Jouer, cit. 14). *Ville propre et soignée* (→ Pouillerie, cit.). ⇒ **Coquet ; tenir** (bien tenu).

♦ **2.** (XVIIIᵉ). Fait avec soin. *Travail soigné.* ⇒ **Consciencieux, délicat, minutieux** (→ Flipot, cit.) ; et aussi *fini* (n. m.). *Plat soigné* (→ Gobichonner, cit. ; mitonner, cit. 2 ; 2. régaler, cit. 1), *cuisine soignée. Langue soignée* (→ Imparfait, cit. 14), *style soigné.* ⇒ **Étudié, poli, recherché.**

♦ **3.** (*In* Littré) Fam., iron. Réussi dans son genre ; fort (en parlant d'une chose désagréable). *Il lui a flanqué une raclée, quelque chose de soigné ! L'addition était soignée !*

SOIGNER [swaɲe] v. — XIVᵉ, « procurer, fournir » ; *songnier,* 1298 ; *soignier,* v. 1175 ; bas lat. *soniare,* francique **sunnjôn* « s'occuper de », anc. saxon *sunnea* « soin ».

★ **I.** V. intr. (1538 ; *soigner de,* v. 1360). Vx. Être préoccupé ; avoir soin de, veiller à (⇒ **Songer**). « *... Que vous soigniez à fortifier un camp et à prendre une ville* » (Voiture, *Lettres*, 83).

★ **II.** V. tr. (XVIᵉ ; *soigner de* [*qqn, qqch.*], après 1350). ♦ **1.** S'occuper* du bien-être et du contentement de (qqn), du bon état de (qqch.). *Soigner et câliner* (cit.) *qqn.* ⇒ **Bichonner, chouchouter, choyer, dorloter, panser** (vx) ; **soin.** *Soigner un client* (→ 1. Pratique, cit. 18), *un électeur ; des relations...* ⇒ **Cultiver.** *Soigner un enfant.* ⇒ **Élever.** Fam. *Soigner qqn aux petits oignons*.* — *Soigner des fleurs* (→ Légume, cit. 2). *Soigner un arpent de terre* (→ Propriété, cit. 15). ⇒ **Cultiver.** *Soigner ses outils* (→ Efficacité, cit. 4). ⇒ **Conserver, entretenir.** *Soigner ses ongles* (→ Maquillage, cit. 4). — Par antiphr. (fam.) *Soigner qqn,* lui nuire, le voler. *Ils nous ont soignés avec leur addition.* ⇒ **Arranger, soigné.**

1   — Eh bien ! Jacques, voilà comme tu me soignes ! Que s'en est-il fallu que je me sois enfoncé un côté, cassé le bras, fendu la tête, peut-être tué ?   DIDEROT, *Jacques le fataliste*, Pl., p. 736.

2   Un proverbe espagnol nous dit : « La femme, comme la chatte est à qui la soigne ». Je la soignais si bien, et j'étais si heureux qu'elle se laissât faire !   Pierre LOUŸS, *la Femme et le Pantin*, XII.

♦ **2.** (Mil. XVIIIᵉ). Apporter du soin* (5.) à (ce qu'on fait). *Soigner un travail, un exercice ; soigner sa prononciation, son style* (→ 2. Loupe, cit. 5), *ses effets* (cit. 34). *Soigner la cuisine.* ⇒ **Mitonner.** — Par ext. *Soigner sa mise. Soigner les détails*.* ⇒ **Fignoler, lécher, peaufiner.**

3   À la vérité, les actions importantes de sa vie étaient savamment conduites ; mais il ne soignait pas les détails, et les habiles au séminaire ne regardent qu'aux détails.   STENDHAL, *le Rouge et le Noir*, I, XXVI.

Sports. *Soigner sa forme :* entretenir ses qualités physiques. *Boxeur qui soigne son gauche, joueur de tennis qui soigne ses services, ses revers.*

♦ **3.** (1636). Plus cour. S'occuper de rétablir la santé (de qqn). *Soigner des malades* (→ Équiper, cit. 7 ; habit, cit. 19), *des blessés* (→ Oflag, cit.), *des vieillards* (→ Grandeur, cit. 25). *Le médecin* a le pouvoir de soigner et de guérir** (cit. 7). ⇒ aussi **Garde-malade, infirmier.** *Faire soigner qqn.* (→ Impérieux, cit. 7) *pour une maladie.* ⇒ **Traiter.** — Loc. fig., fam. *Il faut te faire soigner ! :* tu es fou.
S'occuper de guérir (un mal). *Remède* pour soigner les brûlures* (cit. 2). *Soigner son rhume. Maladies* soignées dans un hôpital** (cit. 4). — Fig. *Soigner la misère* (→ Excellence, cit. 4). Fam. *Il faut soigner ça !* (en parlant d'un comportement fâcheux, anormal).

4   C'est donc de la jalousie gratuite, l'essence même de la jalousie, celle qui est parce qu'elle est ! Faut soigner cela !   MAUPASSANT, *Pierre et Jean*, II.

5   *(Esculape)* soignait même les plus bénignes maladies en divertissant ses malades par des chansons et des historiettes, et cela donnait de bons résultats.   Émile HENRIOT, *Mythologie légère*, p. 85.

▶ **SOIGNÉ, ÉE** p. p. adj. *Un client soigné, bien soigné. Carré de jardin bien soigné.* — *Malades mal soignés.* — N. *Les soignants et les soignés.* → Soigné, adj.

▶ **SE SOIGNER** v. pron.

♦ **1.** S'occuper de son bien-être. *Il se ménage et se soigne*

(→ Ménager sa petite santé*). *Les gens de cette sorte se soignent bien* (→ Bouchonner, cit. 3).

♦ **2.** S'occuper de son apparence physique (par les soins du corps, la mise). *Attacher une grande importance à se soigner. Se soigner et s'endimancher* (cit. 3).

♦ **3.** Faire ce qu'il faut pour guérir. *Soignez-vous bien* (→ Gaillard, cit. 4). *Malade qui refuse de se soigner.*

♦ **4.** (Passif). Être soigné. Pouvoir ou devoir être soigné. *La tuberculose se soigne bien.* — Fig., fam. *Ça se soigne !* (à propos d'un comportement fâcheux, anormal).

6 Toute maladie contagieuse est un mal qui se soigne en famille.
GIRAUDOUX, De pleins pouvoirs à sans pouvoirs, II, p. 34.

CONTR. **Blesser, envenimer, maltraiter ; bâcler, négliger.** — **Embroussaillé, inculte, malpropre, négligé, sale ; bâclé, salopé.**
DÉR. **Soignant, soigné, soigneur, soigneux, soin.**

SOIGNEUR [swaɲœʀ] n. m. — 1903 ; de *soigner*.
REM. Le fém. *soigneuse* est virtuel.

♦ **1.** Celui qui est chargé de soigner, d'entretenir la forme de (un sportif ; spécialt, un boxeur, un catcheur). ⇒ **Masseur** (→ Opposer, cit. 23 ; serviette, cit. 3). — (Au cours d'un match). Celui qui se tient au coin du ring assigné à l'un des boxeurs, et qui est chargé de le soigner entre les reprises.

1 Les soigneurs s'acquittèrent de leur tâche ordinaire avec indifférence (...) Les mains d'Andy Clarkson en frictionnant et massant le corps nu de Pat, exprimaient à leur manière leur déconvenue, et leur dédain pour ces muscles qui n'avaient pas su vaincre.
Louis HÉMON, Battling Malone, XIV.

2 (...) qu'il se taise, le soigneur qui me souffle dans l'oreille ; je suis appuyé trop en arrière, et je me meurtris le croupion sur ce tabouret carré ; je n'en finirai pas (...)
Jean PRÉVOST, Plaisirs des sports, p. 74.

♦ **2.** Celui qui prend soin de (qqch., une opération). *Soigneur de métier à filer. Soigneur de tissage :* calandreur. *Soigneur de bestiaux :* éleveur.

SOIGNEUSEMENT [swaɲøzmɑ̃] adv. — Déb. XIIIᵉ ; *soniousement*, 1190 ; de *soigneux*.

♦ **1.** D'une façon soigneuse, avec soin*. *Recoller* (cit.) *soigneusement une enveloppe. Soigneusement enveloppé* (→ 1. Bouquet, cit. 5), *conservé* (→ Piétiste, cit. 1), *racommodé* (→ Haillon, cit. 1) ; *peigné* (→ Impérial, cit. 4), *rasé* (→ Rouler, cit. 32). *Parquet soigneusement ciré* (→ Propreté, cit. 4). *Soigneusement revu* (→ Authentique, cit. 6). ⇒ **Bien** (adv.), **précieusement**. *Préparer* (→ Leçon, cit. 5), *examiner* (→ Gouffre, cit. 2), *éviter soigneusement qqch.* (→ Mauvais, cit. 16 ; résistance, cit. 10).

1 Fermez soigneusement votre porte ce soir.
MOLIÈRE, l'Étourdi, III, 7.

2 (...) dès que je ne veillais pas à soigneusement respirer (...)
GIDE, l'Immoraliste, I, IV.

♦ **2.** (1672). Vx (langue class.). Exactement, fidèlement.

SOIGNEUX, EUSE [swaɲø, øz] adj. — XVIᵉ ; *sonious*, fin XIIᵉ ; *soigneus*, v. 1320 ; de *soigner*.

A. (Personnes). ♦ **1.** *Soigneux de qqch.,* qui soigne, qui a soin, prend soin de... *Être soigneux de ses intérêts* (→ Madré, cit. 2). ⇒ **Curieux** (vx), **préoccupé, soucieux** (de). *Soigneux de sa personne* (→ Malpropre, cit. 1 ; miasme, cit. 3). ⇒ **Soigné** (1.).

Louis-Philippe était un homme rare (...) soigneux de sa santé, de sa fortune, de sa personne, de ses affaires (...)
HUGO, les Misérables, IV, I, III.

(1538). *Soigneux à* (vx), *soigneux de* (vieilli), et l'infinitif.

♦ **2.** (1651). Qui soigne ce qu'il fait, son ouvrage ; qui apporte du soin (II., 2.) à ce qu'il fait (→ Registre, cit. 1). ⇒ **Appliqué, diligent, minutieux, zélé.** *Servante adroite, soigneuse et fidèle* (cit. 3).

♦ **3.** (1872). Qui est propre et ordonné, qui ne salit pas, n'abîme pas ses affaires. *Avoir l'air propre* (cit. 29) *et soigneux.*

B. (1552). Choses. Qui est fait avec soin ; avec application, précision, méthode (d'une action, d'un travail). ⇒ **Soigné.** *Ce n'est pas du travail très soigneux. Triage soigneux* (→ Monnaie, cit. 11). *De soigneuses recherches.* ⇒ **Sérieux.** — REM. *Soigneux* s'applique à l'action, *soigné** au résultat de l'action, à l'aspect d'une chose.

CONTR. **Indifférent** (à), — **Désordonné, négligent, sale.** — **Grossier, sommaire.**
DÉR. **Soigneusement.**

SOIN [swɛ̃] n. m. — 1580 ; *aveir soign de*, 1080, *Chanson de Roland* ; de *soigner*.

♦ **1.** Pensée qui occupe l'esprit, relative à un objet auquel on s'intéresse ou à un objet à réaliser ; le fait de « soigner » (I., vx) de songer* à... ⇒ **Cure** (vx), **étude** (vx), **préoccupation, souci.** — Vieilli ou littér. *Le soin exclusif de sa personne* (cit. 11). *Le soin de la mort* (→ Effrayer, cit. 1), *des convenances* (→ À-propos, cit. 2). *Son trop peu de soin des choses temporelles* (→ Attacher, cit. 13). — *Le*

soin majeur de ma vie (→ Largesse, cit. 2). *Le soin de plaire* (→ Agencer, cit. 1). ⇒ **Soigneux** (A., 1.). *L'unique soin des enfants* (→ Ascendant, cit. 6). — Mod. *Mon premier soin fut de...* (→ Briser, cit. 18 ; place, cit. 5).

1 Le goût du plaisir nous attache au présent. Le soin de notre salut nous suspend à l'avenir.
BAUDELAIRE, Journaux intimes, « Mon cœur mis à nu », XLII.

Vx (langue classique). Préoccupation qui inquiète, tourmente. ⇒ **Inquiétude, souci.** *Dévorés* (cit. 33) *de soins et d'inquiétudes.* — Par ext. Défiance, soupçon.

2 Seigneur, tant de prudence entraîne trop de soin :
Je ne sais point prévoir les malheurs de si loin.
RACINE, Andromaque, I, 2.

Effort, mal qu'on se donne pour obtenir ou éviter qqch. Je n'épargnerai ni mes pas ni mes soins... (→ Exemption, cit. 1). *Malgré tous leurs soins* (→ Différer, cit. 9). ⇒ **Précaution.**

3 Et les soins défiants, les verrous et les grilles
Ne font pas la vertu des femmes ni des filles.
MOLIÈRE, l'École des maris, I, 2.

4 Cette femme vaut bien sans doute que je me donne tant de soins ; ils seront un jour mes titres auprès d'elle (...)
LACLOS, les Liaisons dangereuses, XXI.

Loc. cour. (1538). **AVOIR, PRENDRE SOIN DE...** (avec l'inf.) : penser à, s'occuper de... ⇒ **Songer, veiller** (à). → Faire attention* à, prendre garde* à... *Avoir soin de fermer les volets* (→ Black-out, cit. 1). *Prendre soin de distinguer des choses approchantes* (cit. 3). ⇒ **Précaution.** *On a pris grand soin de leur affirmer que...* (→ Objection, cit. 4). *Ne pas prendre soin de...* : négliger*, oublier de...

5 Qu'on ait soin de me tenir un bouillon prêt (...)
MOLIÈRE, le Malade imaginaire, I, 2.

6 (...) un soldat déposa aux pieds de l'officier le filet plein de poissons, qu'il avait eu soin d'emporter.
MAUPASSANT, Mademoiselle Fifi, « Deux amis ».

AVOIR SOIN QUE... (avec subj.). → Désir, cit. 4. *Ils ont grand soin que leurs aveux soient dissimulés* → Avertir, cit. 24. — *Prendre soin que...* : faire en sorte* que... — REM. Dans la langue classique, on pouvait employer en pareil cas *soin* avec l'article.

♦ **2.** Occupation, travail dont une personne est chargée. ⇒ **Charge, devoir, mission, responsabilité.** *Avoir le soin d'une chose* (→ Bienfaisance, cit. 5). *On lui confia le soin de la maison* (→ Patelinage, cit. 1), *de l'affaire.* ⇒ **Conduite.** *Sollicité par d'autres soins* (→ Astreindre, cit. 4). — (Avec un inf.). *On me donnait le soin de fournir* (cit. 1) *la maison. Laisser à d'autres le soin de...* (→ Manœuvrier, cit. 2 ; race, cit. 19).

7 (...) s'il croyait en un Dieu tout-puissant, il cesserait de guérir les hommes, lui laissant alors ce soin.
CAMUS, la Peste, p. 143.

♦ **3.** **AVOIR, PRENDRE SOIN DE...** (qqch., qqn) : soigner (II., 1.), s'occuper du bien-être de (qqn), du bon état de (qqch.). *Avoir soin de sa personne.* ⇒ **Ménager** (se). *Avoir soin, prendre soin d'un troupeau* (→ Pasteur, cit. 3 ; réserver, cit. 11). *Prendre soin de son corps* (cit. 4), *de ses affaires.* ⇒ **Conserver, entretenir.** *Les Français n'ont soin de rien* (→ 1. Feu, cit. 72). — REM. La disjonction du verbe et de son compl. *(soin)* est archaïque, comme l'emploi du déterminant.

8 Et puis prenez de tels fripons le soin.
Que les parents sont malheureux qu'il faille
Toujours veiller à semblable canaille !
LA FONTAINE, Fables, I, 19.

9 (...) permettez que ce soit moi qui prenne soin de vos vieux jours ! C'est un devoir, monsieur, que je remplirai avec joie.
BEAUMARCHAIS, le Mariage de Figaro, II, 18.

10 S'il avait soin de lui-même et de ses habits, il n'aurait pas l'air d'un va-nu-pieds !
BALZAC, la Rabouilleuse, Pl., t. III, p. 908.

♦ **4.** Plur. **ⓐ** (1672). **LES SOINS** : actes par lesquels on soigne (II., 1.) qqn, qqch. ⇒ **Attention, empressement, ménagement, prévenance, service, sollicitude.** *L'enfant a besoin des soins d'une mère* (→ Maternel, cit. 2). *Soins maternels* (cit. 4) ; *assidus, attentifs, diligents* (cit. 2), *vigilants... Être avide* (cit. 11) *de soins et d'amour. Plein de soins pour...* (→ 2. Gentil, cit. 10). *Confier* (cit. 2) *un enfant aux soins d'une parente, d'un maître* (→ Main, cit. 89 ; paternel, cit. 2). *Aux bons soins de Monsieur X,* se dit d'une lettre confiée à qqn. — *Les soins du ménage :* les travaux d'entretien et de direction de la maison. *Soins domestiques* (→ Dépendant, cit. 3 ; ménagère, cit. 6). — Vieilli. *Donner des soins à une machine* (→ Dactylographe, cit. 2).

11 Que ne suis-je auprès de vous, ô mon amie, pour vous rendre les soins que vous m'avez prodigués avec tant d'amitié, de zèle et de bienveillance !
RENAN, Souvenirs d'enfance..., Œ. compl., t. II, p. 793.

ⓑ (1655, t. de galanterie). Vx. Actions agréables à qqn, destinées à séduire, attacher. ⇒ **Assiduité(s), hommage.** *Le temps où vous me rendîtes vos premiers soins* (→ Hommage, cit. 8).

Loc. (1657). **PETITS SOINS** : attentions délicates, petits services de la galanterie, de l'amour. ⇒ **Cajolerie, douceur, égard, gâterie...** « *Petits soins* », lieu de la carte de Tendre.

12 Billet-Doux, Petits-Soins (...) sont des terres inconnues pour eux.
MOLIÈRE, les Précieuses ridicules, 4.

Mod. *Être aux petits soins pour qqn.* (→ Par, cit. 15). ⇒ **Cajoler, choyer, couver.**

13 (...) le père prend des airs graves et inquiets ; tous sont aux petits soins pour moi, tous parlent du bonheur d'être mère.
BALZAC, Mémoires de deux jeunes mariées, Pl., t. I, p. 239.

13.1 — Enfin, on ne peut pas dire, il ne semble pas même comprendre ce que nous faisons pour lui (...) Nous le nourrissons matin et soir, nous sommes aux petits soins.
ZOLA, le Ventre de Paris, t. I, p. 244.

c (1690). Spécialt. Actions par lesquelles on donne à son corps une apparence nette et avenante. *Les soins du corps.* ⇒ **Hygiène** (corporelle). *Soins de toilette* (→ Entremêler, cit. 2; retourner, cit. 1), *de beauté* (→ Ablution, épilation, massage...; coiffeur, esthéticienne, manucure, pédicure...). *Ses mains ignorent les soins de la brosse* (→ Négliger, cit. 4). — *Soins funèbres.* ⇒ **Toilette** (funèbre).

d (XVIe; au sing., XVIIe). Actions par lesquelles on conserve ou on rétablit la santé. ⇒ **Soigner** (II., 2.). *Médecin qui donne des soins à un malade.* ⇒ **Assister** (→ Créer, cit. 15; hasarder, cit. 9). *Premiers soins donnés à un blessé.* ⇒ **Secours.** *Recevoir des soins* (→ Après, cit. 27) *dans une clinique, un hôpital. Soins à domicile.* — *Soins infirmiers,* donnés par un infirmier ou un aide-soignant. *Soins médicaux dentaires; soins préventifs* (cit. 2); *soins énergiques* (→ 2. Enrayer, cit. 2). ⇒ aussi **Traitement.**

14 Les bulletins vous instruisent mieux que je ne pourrais le faire (...) du fâcheux état de notre malade. Tout entière aux soins que je lui donne, je ne prends sur eux le temps de vous écrire, qu'autant qu'il y a d'autres événements que ceux de la maladie. LACLOS, les Liaisons dangereuses, CLIV.

15 Alors, semblable aux médecins d'un esprit libéral et généreux qui tantôt font payer leurs soins et tantôt les donnent (...) BAUDELAIRE, Curiosités esthétiques, XV, VIII.

(Au Québec). *Soins primaires* (d'après l'angl.) : soins généraux (préventif, curatif) et mesures éducatives offerts au public.

♦ **5.** (1538). *Le soin* : manière appliquée, ordonnée, exacte, scrupuleuse (de faire qqch.). ⇒ **Application** (cit. 7), **diligence** (vx), **exactitude, minutie, sérieux.** ⇒ **Curieux** (vx), **soigneux** (2.); **soigner** (II., 2.). *Mettre du soin* (→ Cacher, cit. 44; ratisser, cit. 1), *apporter du soin à faire qqch.* (→ Reprise, cit. 8). *Laver des taches avec soin* (→ Minutieusement, cit.). ⇒ **Soigneusement.** *Chercher avec soin, examiner avec grand soin* (→ Dénoncer, cit. 14; drachme, cit. 1). *Exécuter avec beaucoup de soin, un soin minutieux.* ⇒ **Fignoler, lécher, perler** (I.). *Trop de soin* (→ Raccord, cit. 1). ⇒ **Délicatesse, recherche.** *Tassés sans soin ni méthode* (→ Ballotter, cit. 8).

16 Elle posait un pied devant l'autre avec le soin que l'on apporte inconsciemment aux gestes les plus ordinaires lorsqu'un impérieux sujet de méditation s'est emparé de l'âme (...) J. GREEN, Adrienne Mesurat, II, XV.

17 Vieux diplomates apportant à combattre l'âge le soin qu'ils donnaient aux affaires de leur pays. ARAGON, les Cloches de Bâle, II, II.

Ordre et propreté; aspect soigné*. Être arrangé avec soin. Devoir présenté avec soin, sans aucun soin. Un enfant sans soin. Le soin redouble en Hollande (→ Propre, cit. 26). *La netteté du faire, le soin du détail* (→ Précieux, cit. 6).

CONTR. Abandon, mépris. — Traitement (mauvais). — Incurie, négligence, nonchalance.

SOIN-SOIN [swɛ̃swɛ̃] adj. ⇒ **Souasoua, tsoin-tsoin.**

SOIR [swaʀ] n. m. — V. 1160; *ser,* 980; *seir,* 1080; lat. *sero,* adv. «tard», de *serus* «tardif».

♦ **1.** Déclin et fin du jour* (I., 1.); moments qui précèdent et qui suivent le coucher du soleil. ⇒ **Crépuscule** (du soir), **déclin** (du jour), **nuit** (tombée de la nuit, début de la nuit); **vespéral.** *Le soir descend* (→ Manteau, cit. 9). *Le soir tombe** (→ Ardent, cit. 36; lion, cit. 16). *Le soir vient* (→ Brasier, cit. 3). *La tombée du soir* (→ Imprégner, cit. 5). *La fraîcheur* (⇒ **Serein**), *la lumière du soir. «Les soirs d'or...»* (→ Héroïsme, cit. 8). *La mélancolie* (cit. 15) *du soir. «Le soir est l'automne du jour»* (cit. 26). — *«Tu réclames le Soir; il descend; le voici»* (→ Envelopper, cit. 8, Baudelaire). *«L'or somptueux d'un soir»* (→ Noir, cit. 2). *«Pâle étoile* (cit. 11) *du soir»* (Musset). — *Prière, office du soir.* ⇒ **Complies, vêpres** (→ Monter, cit. 15; orienter, cit. 5). *L'Angélus* (cit. 2) *du soir.* *Repas du soir* (→ Gamelle, cit. 1). *Concert du soir.* ⇒ **Sérénade.** *Salut du soir.* ⇒ **Bonsoir, nuit** (bonne nuit). *Les images du soir sont liées à l'idée du passé.* ⇒ **1. Hier** (cit. 3).

1 J'aime les soirs sereins et beaux, j'aime les soirs
Soit qu'ils dorent le front des antiques manoirs (...) HUGO, les Feuilles d'automne, XXXV, I.

1.1 L'arc de l'Étoile se dessinait sur le rideau de feu du ciel. Une poussière d'or, un brouillard de clarté rouge voltigeait, c'était un de ces soirs délicieux qui sont les apothéoses de Paris. MAUPASSANT, l'Inconnue, Pl., t. II, p. 444.

2 Un soir d'été, un de ces beaux soirs chauds où vient se reposer dans l'adoration toute la peine de la journée, nous prolongions la veillée sur la terrasse. GIDE, Si le grain ne meurt, I, V, p. 151.

Fig., poét. L'Occident.

(Compl. circonstanciel). LE SOIR, AU SOIR : à la fin du jour (→ Exercer, cit. 44; portique, cit. 2). ⇒ **Brun** (à la brune). → Entre chien* et loup. *«Les grands chars* (cit. 5) *gémissants qui reviennent le soir».* *Sur le soir* (→ Apporter, cit. 5), *vers le soir* (→ Pirogue, cit. 3). — *Au soir.* *«Quand vous serez bien vieille, au soir à la chandelle»* (→ 1. Feu, cit. 25). — *Chaque soir, tous les soirs.* — *Ce soir.*

3 Parfois ils tombent assis sur une chaise, ils s'étirent; un destin monotone les accable.
— Vivement ce soir, qu'on se couche ! Eugène DABIT, Hôtel du Nord, VII.

Le soir et le matin; du matin au soir; du soir au matin : tout

le temps. ⇒ **Matin** (cit. 9, 10). *«De la belle aube au triste soir»* (→ Naviguer, cit. 7).

♦ **2.** (Partie de la journée). **a** Vx. Deuxième partie de l'après-midi.

b La partie de la journée pendant laquelle le soleil décline, se couche et le début de la nuit, jusqu'à minuit. ⇒ **Après-midi, soirée.** Spécialt. Les dernières heures du jour et les premières de la nuit (opposé à *après-midi*). *Sortir le soir* (→ Robe, cit. 12). *«J'étais seul, l'autre soir, au Théâtre-Français»* (→ Presque, cit. 2, Musset). *Ce soir, j'irai au cinéma. À ce soir. Rentrer très tard le soir.* — *Séance du soir.* ⇒ **Soirée; nocturne.** *La presse du soir* (→ Radiodiffuser, cit.). — *Dès le soir de l'arrivée* (→ Différent, cit. 9). *Le Grand Soir* (1892, selon Guerlac) : le jour de la Révolution sociale.

4 (...) le mot révolution a été galvaudé. Il y a eu la révolution nationale-socialiste, la révolution nationale (...) C'étaient les prolos de Zola qui parlaient du Grand Soir, en buvant des coups de rouge. C'était la phrase romantique du mouvement ouvrier (...) Roger VAILLAND, Bon pied, bon œil, p. 29.

5 Chaque époque est vouée à un certain prosélytisme, chrétien sous saint Paul, marxiste aujourd'hui, et Lénine en effet ressemble à saint Paul par son art de pédagogue, qui consiste à expliquer patiemment, à temps et à contretemps, au point que le Grand Soir pour l'un tient le même rôle que la parousie pour l'autre. Raymond ABELLIO, Ma dernière mémoire, t. I, p. 26.

6 Tu seras le Gustave Hervé de «Ce Soir»
Ou de n'importe quel autre soir sauf du grand
O! Déroulède des faubourgs
E. L. T. MESENS, Poèmes, «Le revers de ses médailles ou deux mots au "camarade" Aragon», p. 142.

(Après un nom désignant un jour). *Lundi, mardi soir. Demain soir. Hier soir* (→ Appétit, cit. 18). *Avant-hier soir* (→ 1. Baume, cit. 6). — AU SOIR (quand le nom est précédé d'un déterminant). *Le mardi soir,* ou *au soir. La veille, le lendemain au soir. La veille* (→ Joue, cit. 3), *le quinze, le jour de Noël au soir. Demain soir* (→ Reprendre, cit. 31), *le dimanche soir* (→ Causette, cit.). *À demain soir.* — REM. *Les samedis soir* (Mauriac), *tous les samedis soirs* (Stendhal). Cf. Grevisse. ⇒ **Matin.**

7 Il nous renseigna en nous rapportant une scène qui s'était passée la veille au soir au château (...) G. LEROUX, le Parfum de la dame en noir, p. 187.

Par ext. *Un soir, un beau soir* (→ Obligeant, cit.) : un beau jour*.

c En franç. d'Afrique. Après-midi*.

♦ **3.** (Dans le décompte des heures*). Temps qui va de midi à minuit (ou : de 4 ou 5 heures à minuit, les premières heures après midi étant dites de *l'après-midi*). — *Six heures* (cit. 23) *du soir* (→ Parloir, cit. 2; particulier, cit. 6; et aussi lutte, cit. 4; prier, cit. 10). — *Journal du soir.*

♦ **4.** (1753). Par métaphore (fig., poét.). ⇒ **Fin.** *Le soir de la vie.* ⇒ **Vieillesse** (→ Incliner, cit. 36; matin, cit. 21). *«Rien ne trouble sa fin, c'est le soir d'un beau jour»* (→ Approcher, cit. 40, La Fontaine).

CONTR. Aurore, jour, matin.
DÉR. Soirée.
COMP. Bonsoir.
HOM. Seoir.

SOIRÉE [swaʀe] n. f. — 1564; réfection de *serée,* 1180; de *soir.*

♦ **1.** **a** Temps compris entre le déclin du jour et le moment où l'on s'endort. ⇒ **Veillée; soir.** *Les après-midis et les soirées. Dans, pendant la soirée. Les soirées d'hiver* (→ Évoquer, cit. 9). *Les chaudes soirées de juillet* (→ Brûler, cit. 61). *La soirée était charmante* (→ Promenade, cit. 1). — *Consacrer, passer ses soirées à... Finir la soirée* (→ 1. Retraite, cit. 5). *Les soirées se passaient dans les salons, les bals, les concerts...* (→ Nature, cit. 65; remplir, cit. 13). — *Les Soirées de Saint-Pétersbourg,* œuvre de J. de Maistre (1821).

EN SOIRÉE : qui a lieu dans la soirée (autre sens en 2.).

b En franç. d'Afrique. Après-midi (syn. : *soir*).

♦ **2.** (1764; *serée,* 1636). Réunion mondaine ou intellectuelle qui a lieu le soir, après le repas du soir. ⇒ **Fête, réception, réunion** (→ Ennuyeux, cit. 11). *Une soirée, un raout* (cit.). *Donner* (cit. 35) *soirée. Aller dans une soirée, à une soirée. Soirée gaie* (→ s), *aimable, charmante.* — Loc. (iron.). *Charmante soirée!,* se dit d'une soirée, et, par ext., de toute chose désagréable. — *Soirée dansante* (⇒ **Bal**), *littéraire. Les soirées de Médan,* où se réunissaient Zola, Maupassant, Huysmans... — *Le clou* de la soirée.* — *Costume* (→ Location, cit. 2), *robe* (cit. 12), *tenue* DE SOIRÉE, très habillé(e) [spécialt, *smoking,* ou, anciennt, *jaquette*]. *Tenue de soirée de rigueur.*

Je ne m'étais pas fait beau, hier soir, comme le billet m'y invitait (tenue de soirée recommandée), pour aller à l'Opéra-Comique (...) F. MAURIAC, Bloc-notes 1952-1957, p. 82.

♦ **3.** (Mil. XIXe). Séance de spectacle qui se donne le soir (opposé à *matinée*). ⇒ **Entracte,** cit. 2. *Projeter un film en soirée.* — *Spectacle donné en soirée. Une soirée débat à la télévision.* ⇒ aussi **Nocturne.**

CONTR. Jour, matin, matinée; après-midi.
DÉR. Soiriste.

SOIRISTE [swaʀist] n. m. — 1888 ; de *soir(ée)*.

♦ Vx. Journaliste chargé de rendre compte des soirées mondaines (cf. Chroniqueur mondain).

SOI-SOI [swaswa] adj. ⇒ **Souasoua**.

SOISSONS [swasõ] n. m. pl. — 1845 ; de *haricots de Soissons*, 1768 ; de *Soissons*, ville du Nord de la France.

♦ Haricots blancs de Soissons (haricots nains ou à rames). — Sing. collectif. *Du Soissons*.

SOIT [swa] conj. et adv. — V. 1175 ; troisième pers. du sing. du subj. présent de *être**.

★ **I.** ♦ **1.** Soit... soit (conj. marquant l'alternative). ⇒ **Ou**. *Soit l'un, soit l'autre. Des causes, soit morales, soit physiques* (→ 1. Général, cit. 2). *Soit une science abstraite, soit encore une science toute physique* (→ Psychologie, cit. 1). *Soit en bien, soit en mal* (→ Imagination, cit. 14) ; *soit avant, soit après* (→ Inscrire, cit. 1). *Soit comme...* (→ Favori, cit. 13), *de...* (→ Règle, cit. 7), *pour...* (→ Oreille, cit. 21), *etc.* — *Soit que..., soit que...* (suivi du subj.). (→ 1. Froid, cit. 29 ; natte, cit. 5). ⇒ **1. Que** (que..., que...).

1 Soit indifférence, soit crainte superstitieuse, elle ne parlait jamais de religion.
          Alphonse DAUDET, l'Évangéliste, p. 76.

REM. **1.** *Soit... que... ou.* → Ou (cit. 10, 15 *et supra*). *Soit qu'il se meuve ou non* (→ Milieu, cit. 25).

2. *Soit que...* (suivi du subj. ; peut être suivi d'une autre construction) : *« Soit qu'il eût deviné sa pensée, soit pour lui dire un dernier adieu... »* (Mérimée, *Colomba*, VIII, *in* Le Bidois).

3. *Soit..., soit...* (suivi d'un verbe au sing.) souligne l'alternative (« *Soit le pape, soit Venise mettrait (...) la main sur Rimini* » [Montherlant, *Malatesta*, I, 4, *in* Grevisse]) ou au pluriel, pour marquer la coexistence de deux éléments au moins (« *Mais, soit la poésie, soit l'ironie, soit quelque illuminisme (...) ont alors tout sauvé* » [Clouard, *in* Grevisse]).

2 Mais soit qu'elle sentît plus que lui la gêne de ces confidences, soit pour quelque autre raison, elle trouva des prétextes pour venir moins souvent.
          R. ROLLAND, Jean-Christophe, Les amies, p. 1212.

3 Souvent *soit* est perçu comme un *ou* affaibli, rappelant (...) le *sive* latin, et parfois tout proche de *et* (...) Mais il arrive qu'inversement *soit* (...) ait plus de force que *(ou)* ∴. et par exemple serve à construire une alternative majeure, ou étant réservé à une alternative secondaire :
 ... tenant quelque temps les yeux baissés, soit de honte ou de crainte, soit pour recueillir un peu ses esprits. (Fléchier [?], *Grands jours d'Auvergne*, fol. 16).
          G. ANTOINE, la Coordination en français, t. II, p. 1112.

4 (...) soit que je me sentisse trop fatigué, soit que m'attirât davantage, dans les petites rues, le spectacle de la débauche (...)
          GIDE, Si le grain ne meurt, II, I, p. 291.

♦ **2.** (XXᵉ ; subjonctif lexicalisé du v. *être* présentant une hypothèse ou une supposition). *Soit les deux hypothèses suivantes...* ⇒ **Être** (étant donné, soit...). — À savoir*, c'est-à-dire. *Des signes qui tombent sous le sens, soit bruit, son, image...* (→ Langage, cit. 5).

★ **II.** Adv. (XIIIᵉ) d'affirmation (valeur de concession). Soit [swat]. ⇒ **Bien, bon** (cf. Admettons, je veux bien... passe encore..., va pour ; → Aller). *Soit : je te pardonne* (→ Faveur, cit. 22 ; et aussi inspirer, cit. 4 ; 1. penser, cit. 35).

5 (...) il la pria *de lui jouer encore quelque chose.* — Soit, pour te faire plaisir !
          FLAUBERT, Mᵐᵉ Bovary, III, IV.

HOM. Soit, soient (formes du v. être) ; 1. soie, 2. soie.

SOIT-COMMUNIQUÉ [swakɔmynike] n. m. — 1878 ; de *être*, et *communiquer*.

♦ Dr. crim. *Ordonnance de soit-communiqué*, rendue par le juge d'instruction lorsque la procédure est complète, et pour la transmettre au parquet.

SOIXANTAINE [swasãtɛn] n. f. — 1399 ; *seisanteine*, v. 1155 ; de *soixante*.

♦ **1.** Nombre de soixante ou environ. *Une soixantaine de personnes, de jours.*

♦ **2.** Âge de soixante ans. *Approcher de la soixantaine, friser* (cit. 8) *la soixantaine.* ⇒ **Sexagénaire**.

SOIXANTE [swasãt] adj. numéral et n. m. invar. — V. 1380 ; *seisante*, 1080, *seissante*, v. 1130 ; *soissante*, puis *soixante*, d'après le lat. *sexaginta*. → Sexa-.

♦ **1.** Numéral cardinal invar. Six fois dix (60). *Soixante ans* (→ Âge, cit. 5 ; fille, cit. 29), *soixante jours...* ⇒ **Soixantaine ; sexagénaire, sexagésime**. *Soixante mille. Soixante et un, soixante-deux ; soixante-quatre* (→ Patrouilleur, cit.). *Soixante et quelques* (cit. 15). — *Soixante et dix* (→ Augmenter, cit. 13), ou, plus souvent, *soixante-dix* (70). ⇒ **Septante** (vx ou régionale : Belgique,

Suisse). *Soixante-douze, ... soixante-dix-neuf. Un canon de soixante-quinze* (millimètres). ⇒ **Soixante-quinze**.

(Ordinal). *Page soixante. L'an mille huit cent soixante-dix. Les événements de mai soixante-huit* (1968). ⇒ **Soixante-huitard**.

♦ **2.** N. m. invar. (XIIᵉ). Le nombre soixante. — Le numéro soixante.

DÉR. Soixantaine, soixantième.
COMP. Soixante-dix.

SOIXANTE-DIX [swasãtdis] adj. numéral et n. m. invar. — D. i. ; de *soixante*, et *dix*.

♦ Soixante plus dix. ⇒ ci-dessus **Soixante**. — Ellipt. *La guerre de soixante-dix*.

DÉR. Soixante-dixième.

SOIXANTE-DIXIÈME [swasãtdizjɛm] adj. et n. m. — D. i. ; de *soixante-dix*.

♦ Ordinal de soixante-dix. *La soixante-dixième candidate. Le soixante-dixième.* — (Fraction). *Un soixante-dixième du total.*

SOIXANTE-HUITARD, ARDE [swasãtɥitaʀ, aʀd] adj. et n. — V. 1970 ; de *mil neuf cent soixante-huit*, d'après *quarante-huitard*.

♦ Fam. De mai* soixante-huit. *« Le mirage soixante-huitard d'une existence qu'on prendrait à plein cœur sans la subir »* (F. *Magazine*, févr. 1981, p. 43). *Les mythes soixante-huitards. Un « vétéran de l'épopée soixante-huitarde »* (l'Express, 19 déc. 1979, p. 147). — N. *Les soixante-huitards.*

SOIXANTENAIRE [swasãtnɛʀ] n. m. — 1954, *in* Grevisse ; de *soixante*.

♦ Rare. Soixantième anniversaire.

SOIXANTE-QUINZE [swasãtkɛ̃z] n. m. invar. — V. 1916 ; de « canon de *soixante-quinze* » (millimètres).

♦ Canon de soixante-quinze millimètres. *Des soixante-quinze sur affûts.*

SOIXANTIÈME [swasãtjɛm] adj. et n. m. — V. 1307, *soixantième* ; *seissantisme*, 1138 ; *sexantime*, v. 1200 ; de *soixante*.

♦ **1.** Numéral ordinal de soixante. *Dans sa soixantième année.* — Subst. *Il est le, elle est la soixantième de la liste.*

♦ **2.** La fraction d'un tout divisé également en soixante. *La soixantième partie.* — N. m. *Deux soixantièmes.*

DÉR. Soixantièmement.

SOIXANTIÈMEMENT [swasãtjɛmmã] adv. — 1636 ; de *soixantième*.

♦ En soixantième lieu.

SOJA [sɔʒa] n. m. — 1842, *soya* « sauce contenant des graines de soja » ; *soya*, 1866 ; mot mandchou ; déjà *soi, soui*, 1765 ; vient du jap. *soy*, par l'angl. *soja*, sous l'infl. de l'allemand.

♦ **1.** Plante dicotylédone (*Légumineuses-Papilionacées*) d'origine exotique, semblable au haricot, dont les graines sont comestibles, et les fanes utilisées comme fourrage. *Farine, huile de soja. Tourteaux de soja. Le soja consommé cru est toxique.*

♦ **2.** Plante originaire de l'Inde, voisine de la précédente, et utilisée comme légume dans l'alimentation en Extrême-Orient. *Nouilles (chinoises) de soja.*

Le soja que l'on trouve dans les restaurants chinois est originaire de l'Inde. Ce n'est pas du vrai soja bien qu'on l'appelle « soja vert » en raison de la couleur de sa graine. Cette dernière, très peu huileuse, est utilisée dans la cuisine chinoise sous la forme de graines germées.   Sciences et Avenir, avr. 1980.

Loc. fam. (d'après *western spaghetti*). *Western soja* : film d'action et d'aventures analogue aux westerns (lutte manichéenne du bon contre les méchants, scènes de combat au sabre comparables aux duels au revolver des films américains, etc.), tourné en Extrême-Orient (notamment à Hong-kong) et mettant en scène des héros asiatiques.

SOKOLS [sɔkɔls] n. m. pl. — 1904 ; mot slave « faucon ».

♦ Sports. Sociétés de gymnastique, dans les pays slaves. *« (...) dans l'impressionnant nouveau stade olympique d'Alger, les "Algériades", qui évoquaient la Prague des sokols »* (J.-L. Bory, *in* le Nouvel Obs., 24 juil. 1972).

1. SOL [sɔl] n. m. ⇒ **Sou.**

2. SOL [sɔl] n. m. — 1538; *soul*, xvᵉ; du lat. *solum.*

♦ **1.** Partie superficielle de la croûte terrestre, à l'état naturel ou aménagée pour le séjour de l'homme; zone, surface (de la superficie terrestre ou d'un espace aménagé par l'homme). *Sol dur et battu* (→ Aligner, cit. 2), *raboteux* (⇒ **Aspérité**; → Cygne, cit. 3), *ferme* (cit. 3); *raviné, cailouteux* (→ Raclement, cit. 3), *détrempé* (→ Relayer, cit. 1). *Sol qui mollit* (cit. 1), *s'effondre* (cit. 4), *se dérobe. Mouvement, moutonnement* (cit. 2), *ondulation du sol.* ⇒ **Relief.** — *Sols aménagés. Sol cimenté* (cit. 1), *de terre battue* (→ Grange, cit. 2), *en asphalte* (→ Rustique, cit. 4). *Sol d'une maison. Sol fait de lames de chêne.* ⇒ **Plancher** (→ Loger, cit. 19). — *Sur le sol. Pieds qui reposent sur le sol* (→ Appui, cit. 1), *quittent le sol* (→ Bostonner, cit.). *Tomber* (→ Croquis, cit. 1), *rouler sur le sol* (→ Former, cit. 29). — Gymn. AU SOL. *Exercices au sol : bascule, pirouette, roue, roulade, saut, etc. Posé au sol* (→ Frémissant, cit. 3), *à même le sol* (→ Mat, cit. 5). *Vitesse* au sol. Au ras* (cit. 8) *du sol. Essai au sol.* — DU SOL. *À un mètre, à quelques pieds du sol* (→ Dévaster, cit. 4; enfoncer, cit. 32). *Se rapprocher du sol.* — *Raser le sol* → Aplatir, cit. 4; calomnie, cit. 3. *En rasant le sol.* ⇒ **Rase-mottes** (en). *Se pencher* (cit. 6) *jusqu'à toucher le sol. Joncher* (cit. 3) *le sol* (→ Fouir, cit. 1; nid, cit. 3). *Creuser, fouir* (cit. 3) *le sol.* ⇒ **Excavation.** *La canonnade* (cit.) *fait trembler, ébranle* (cit. 27) *le sol.*

1   (...) nous nous enfournâmes bravement dans un couloir dont le sol n'était ni planchéié ni carrelé, mais en simple terre naturelle.
                              Th. GAUTIER, *Voyage en Espagne*, p. 15.

Phys. *Onde de sol,* qui se propage à la surface du sol.

Loc. adj. (1954). SOL-SOL, SOL-AIR, se dit d'un engin, d'une fusée ou d'un missile lancé à partir du sol contre un objectif terrestre ou aérien. « *Les euromissiles (Pershing 2 et missiles de croisière sol-sol)* » (*le Point,* 27 avr. 1981, p. 76).

♦ **2.** Terre, surface de terre (considérée comme objet de propriété). ⇒ **Fonds, tréfonds.** *S'approprier* (cit. 5) *le sol. L'attachement au sol, à la propriété* (→ Fixité, cit. 1). *Le sol natal, paternel.* ⇒ **Patrie** (cit. 12; et → Replanter, cit. 3), **pays.** *Le sol français, notre sol.* ⇒ **Territoire** (→ Forteresse, cit. 1; incursion, cit. 3). *Le sol breton, ibérique* (→ Issu, cit. 2; reconquête, cit. 1).

♦ **3.** (xviiᵉ). Didact. et cour. « Formation naturelle de surface à structure meuble, d'épaisseur variable, résultant de la transformation de la roche sous-jacente sous l'influence de divers processus physiques, chimiques et biologiques » (A. Demolon). *Science du sol.* ⇒ **2. Pédologie, pédologue.** *Genèse des sols :* désagrégation et altération des roches, leur transformation en *sols autochtones, résiduels,* et *de transport. Évolution des sols,* sous l'influence du climat, du temps, de la végétation... *Types de sols : sols dits zonaux,* où prédomine l'influence du climat *(sols polaires, podzoliques* ou « *podzols », bruns, rouges, latéritiques; sols des zones désertiques et subdésertiques, sols steppiques bruns* ou *noirs* [⇒ **Tchernoziom**], *sols de prairie...). Sols dits intrazonaux,* qui ont subi une évolution anormale par rapport à l'ensemble de la zone où on les observe. *Sols dits azonaux,* non évolués, qui doivent tous leurs caractères à la roche mère. — *Constituants des sols :* sable, calcaire, substances colloïdales (de nature minérale ou organique : argile et humus, cit. 2). → Fertilité, cit. 1. *Propriétés physiques des sols :* rapports du sol avec l'air, l'eau, la chaleur solaire (→ Arrosage, cit.; capillarité, cit.; causse, cit.; dessèchement, cit. 2; gel, cit. 4; inonder, cit. 3). *Fertilité du sol,* dépendant de ses propriétés physiques, et de l'intervention de l'homme (action sur les constituants du sol, travail du sol). ⇒ **Amendement** (→ Engrais, cit. 1; extensif, cit. 1; hersage, cit. 2; intensif, cit. 1). *Éléments du sol indispensables à la végétation,* éléments assimilables (azote, phosphore, soufre, potassium, calcium, magnésium, etc.). *Propriétés biologiques des sols,* dues à leur richesse en micro-organismes, causes de divers phénomènes : formation d'humus, nitrification, fixation de l'azote, etc. — (Dans le langage courant) ⇒ **Terre; terrain, terroir.** *Pauvreté, appauvrissement, richesse du sol* (→ Essence, cit. 17; européen, cit. 1). *Conquête, culture, exploitation* (cit. 3) *du sol.* ⇒ **Glèbe** (→ Déprédation, cit. 4; exotique, cit. 5). *Sol vierge, dénudé. Produits, productions du sol* (→ Gourmandise, cit. 6; inappréciable, cit. 2), *influence du sol.* ⇒ **Tellurisme.** Fig. *Le sol social* (→ Plante, cit. 7).

2   Jusqu'à la fin du xixᵉ siècle, l'idée de l'évolution du sol n'avait guère été envisagée. Géologues et agronomes étaient d'accord pour reconnaître l'existence du sous-sol, dont l'étude revenait aux premiers, puis de la terre arable (...) dont l'étude revenait aux seconds (...) C'est à une équipe de minéralogistes et géologues russes, sous la direction de Dokoutchaiev, que l'on est redevable des nouvelles conceptions réunies sous le nom de pédologie (...) Elles résultent principalement de la constatation que, dans une même zone climatique, des roches très différentes peuvent arriver à donner des sols dont les caractères essentiels sont identiques, tandis que la même roche mère, sous des climats variés, donnera des sols foncièrement dissemblables.
                              B. GÈZE, *in* Encycl. Pl., la Terre,
                              Altération des roches et formation des sols, p. 1112.

COMP. Sous-sol.
HOM. 1., 3., 4., 5. **Sol,** 1., 2., 3., 4. **sole.**

3. SOL [sɔl] n. m. — V. 1220; première syllabe de *solve,* début du troisième vers de l'hymne latine de saint Jean-Baptiste.

♦ Septième degré de l'échelle fondamentale, cinquième degré de la gamme d'ut; signe qui représente cette note (→ Mezzo, cit. 2). *Sol naturel, dièse, bémol* (→ Modulation, cit. 5). *Clef* de sol. Gamme, ton de sol. Sol bémol majeur,* gamme majeure ayant 6 bémols à la clef. *Sol dièse mineur,* gamme mineure relative de *si* majeur, ayant 5 dièses à la clef et dont la sensible est *fa double dièse.* — *Concerto en sol majeur,* de Ravel.

(Mademoiselle) se mettait à son clavecin (...) Cependant, comme il fallait faire quelque chose, je lui prenais les mains que je lui plaçais autrement. Je me dépitais, je criais : « *Sol, sol, sol,* Mademoiselle, c'est un sol. » *La mère :* « Mademoiselle, est-ce que vous n'avez point d'oreilles? Moi qui ne suis pas au clavecin et qui ne vois pas sur votre livre, je sens qu'il faut un *sol* (...) »
                              DIDEROT, le Neveu de Rameau, Pl., p. 449.

DÉR. V. **Solfège, solfier.**
HOM. 1., 2., 4., 5. **Sol,** 1., 2., 3., 4. **sole.**

4. SOL [sɔl] n. m. — 1933; mot angl., av. 1869; de *solution,* franç. *solution.*

♦ Chim. Solution* colloïdale. *L'aérosol, sol dont le milieu de dispersion est l'air.*

HOM. 1., 2., 3., 5. **Sol,** 1., 2., 3., 4., **sole.**

5. SOL [sɔl] n. m. — 1961, attesté; mot esp. «soleil».

♦ Unité monéraire du Pérou.
HOM. 1., 2., 3., 4. **Sol,** 1., 2., 3., 4. **sole.**

SOLACIER [sɔlasje] v. tr. — V. 1175, «réconforter»; de l'anc. franç. *solaz, soulas* «réconfort, consolation»; lat. *solacium,* de *solari* «fortifier».

♦ Vx (archaïsme, par ex. chez Chateaubriand). Consoler (qqn); égayer, rendre plus agréable (qqch.). — V. pron. *Se solacier :* se divertir (Rousseau, *in* Littré).

SOLAIRE [sɔlɛʀ] adj. — V. 1119, *an solaire;* autres emplois, xvᵉ; lat. *solaris,* de *sol* «soleil».

♦ **1.** Relatif au soleil*, à sa position ou à son mouvement apparent dans le ciel. *Année* solaire, dont la durée est comprise entre deux passages du soleil au méridien d'un lieu. *Heure solaire :* division du jour solaire. *Calendriers lunaire et solaire. Cycle solaire utilisé dans le comput*.* — *Éclipse solaire.* — Mar. *Vents solaires :* dont la direction reste celle du soleil. *Brise solaire.* — Astrol. *Influences solaires* (⇒ **Astral**). — (Myth., hist. des religions). *Culte, mythe solaire. Dieu solaire.*

1   Pour Charles Ploix, le drame mythologique fondamental — thème monotone de toutes les variations — est, comme on le sait, le drame du jour et de la nuit. Tous les héros sont *solaires;* tous les dieux sont des dieux de la lumière. Tous les mythes racontent la même histoire : le triomphe du jour sur la nuit.
                              G. BACHELARD, l'Eau et les Rêves, p. 208.

♦ **2.** Du soleil. *Lumière, rayonnement* (cit. 4), *rayons solaires* (→ Exposer, cit. 30). *Chaleur* (→ Fleurer, cit. 2), *énergie, rayonnement solaire. Spectre* solaire.* — *Observation, spectroscopie solaire. Couronne solaire :* halo irrégulier autour du soleil, formé d'atomes ionisés et d'électrons libres. *Atmosphère solaire.* ⇒ **Photosphère; chromosphère, couronne.** *Taches, protubérances, facules solaires.*

(xviiiᵉ). *Système solaire :* ensemble des corps célestes formé par le soleil et son champ de gravitation (astéroïdes, planètes et satellites, comètes, météores). ⇒ aussi **Galaxie.** *Translation du système solaire.* ⇒ **Apex.** Par anal. *Système analogue (autour d'une étoile).* → Lune, cit. 9; monde, cit. 3.

2   *(Képler)* découvrit seul les trois lois fondamentales du système solaire (...) Elles lui coûtèrent une tension d'esprit, qui lui tourmenta presque jusqu'à la démence. Première loi. — Les planètes décrivent des ellipses tournant autour du Soleil, qui occupe l'un des foyers.
Loi des aires : deuxième loi. — Les aires balayées par le rayon vecteur allant du Soleil à une planète sont proportionnelles au temps.
Après ces deux lois, les épicycles et excentriques rentraient pour toujours dans le néant.
La troisième loi, qu'il nomme sesquialtère (proportion 3/2), plus difficile à percevoir, lui coûta dix-sept ans de combinaisons et de calculs; les carrés des temps des révolutions planétaires sont proportionnels aux cubes des grands axes de leurs orbites.
                              Paul COUDERC, Dans le champ solaire, p. 15.

(Mil. xxᵉ). *Vent solaire :* émission par le soleil (chromosphère et photosphère) d'ondes électromagnétiques et de particules, qui se heurtent au champ magnétique terrestre (et n'atteignent pas le sol). « *Le flux de matière émise par le Soleil s'étend sur des millions de kilomètres. La terre baigne dans cette atmosphère du Soleil. Notre planète reçoit en effet en permanence un "vent solaire" fait de particules de toutes sortes et d'atomes ionisés* » (*Science et Vie,* nᵒ 700, janv. 1976, p. 60).

Constante solaire : quantité de calories reçue du Soleil par la Terre, par minute et par cm² de surface perpendiculaire aux rayons solaires. — *Sursaut* solaire.*

♦ **3.** (1690). Qui utilise la lumière solaire. *Cadran** (cit. 1) *solaire ; horloge solaire.* ⇒ **Gnomon.**

♦ **4.** (1882, cit.). Qui fonctionne grâce à l'énergie dégagée par le rayonnement solaire ; qui utilise l'énergie solaire. *Fours solaires. Moteurs solaires. Piles solaires :* batterie de diodes photoélectriques au silicium, qui transforme l'énergie des photons en énergie électrique (⇒ **Photoélectricité**).

2.1 On désigne sous le nom d'appareils solaires des dispositifs destinés à recueillir l'énergie radiante du soleil et à la convertir en chaleur thermique (...) Les plus connus de ces appareils sont les réflecteurs solaires (...)
L. FIGUIER, l'Année scientifique et industrielle 1883, p. 80 (1882).

(V. 1970). Qui fonctionne à l'énergie solaire. *Chauffage solaire. Chauffe-eau solaire.* — Par ext. *Habitation, maison solaire,* où des piles solaires assurent le chauffage. *Toit solaire,* équipé de piles solaires. — *Avion solaire* (in *le Nouvel Obs.,* 2 mars 1981). Relatif à l'énergie solaire. « *La politique solaire française...* » (*le Monde,* 16 févr. 1979, *in* Gilbert). *Le domaine solaire. L'âge solaire.*

REM. Ces extensions récentes sont quelque peu abusives, par rapport à la sémantique normale de l'adjectif.

N. m. *Le solaire :* l'ensemble des techniques et procédés d'utilisation de l'énergie solaire (faisant partie des « énergies nouvelles », ou « énergies renouvelables », ou « énergies douces »). « *Se battre pour le solaire* » (*le Nouvel Obs.,* 2 mars 1981).

♦ **5.** Qui protège du soleil. ⇒ **Antisolaire.** *Lunettes, verres solaires.*

♦ **6.** (Mil. xvııᵉ). Fig., vx. Radieux, rayonnant (Mᵐᵉ de Sévigné, Saint-Simon, *in* Littré).

Littér. (se rapportant à un nom concret — de chose ou de personne) :

2.2 Je la voyais, en imagination, ouvrant un beau sourire solaire et fermant à demi les paupières pour mieux faire briller ses yeux.
G. DUHAMEL, le Désert de Bièvres, p. 268-269.

2.3 Et devant moi, il y avait ce garçon solaire, torse nu, pieds nus, comme vêtu seulement de ses boucles et de son sifflet.
Christine DE RIVOYRE, le Petit Matin, p. 24-25.

Poét. Qui éclaire, illumine l'esprit. ⇒ **Éblouissant, éclatant.**

3 (...) la liberté rayonne de France. C'est là un fait solaire. Aveugle qui ne le voit pas !
HUGO, les Misérables, II, II, III.

♦ **7.** (1810). *Plexus solaire.* ⇒ **Plexus.** — *Du plexus solaire. Syndrome solaire,* observé en cas d'irritation du plexus solaire.

COMP. **Luni-solaire.**
HOM. **Sol-air.**

SOLANACÉES [sɔlanase] n. f. pl. — 1874 ; *solanées,* 1787 ; dér. sav. du lat. *solanum* « morelle », et suff. *-acées,* employé en lat. bot. (1542).

♦ Bot. Famille de plantes phanérogames angiospermes *(Dicotylédones Gamopétales),* herbes annuelles ou vivaces des régions tempérées et surtout tropicales. *Principales solanacées.* ⇒ **Aubergine, belladone, coqueret, datura, jusquiame, lyciet, solandra, mandragore, morelle, pétunia, piment, pomme de terre, tabac, tomate.** — Au sing. *Une solanacée.*

SOLANALES [sɔlanal] n. f. pl. — xxᵉ ; dér. du lat. *solanum,* et suff. *-ales.*

♦ Bot. Ordre de plantes à fleurs comprenant les solanacées et des espèces voisines. — Au sing. *Une solanale.*

SOLANDRA [sɔlɑ̃dʀa] n. m. — 1871, *solandre ;* lat. bot. *solandra,* du nom de *Solander,* naturaliste suédois, 1735-1782.

♦ Bot. Arbrisseau sarmenteux *(Solanacées)* à feuilles charnues et à grandes fleurs solitaires et terminales, cultivé en Amérique centrale comme plante ornementale.

SOLANDRE [sɔlɑ̃dʀ] n. f. — 1664 ; orig. incertaine.

♦ Vétér. Crevasse ou pli du jarret chez le cheval. ⇒ **Malandre.**

SOLANÉES [sɔlane] n. f. pl. — 1787 ; du lat. *solanum,* et suff. *-ées.*

♦ Vx. Solanacées. — Au sing. *Une solanée.*

SOLARIGRAPHE [sɔlaʀigʀaf] n. m. — V. 1964 ; du lat. *solaris* « solaire », et *-graphe.*

♦ Sc. Appareil pour mesurer le rayonnement solaire. Syn. : *pyranographe.*

SOLARIMÈTRE [sɔlaʀimɛtʀ] n. m. — 1933 ; du lat. *solaris* « solaire », et *-mètre.*

♦ Sc. Appareil servant à mesurer le rayonnement solaire.

SOLARISATION [sɔlaʀizasjɔ̃] n. f. — 1878, *in* D.D.L. ; de *solariser.*

♦ Photogr. Insolation de la plaque sensible pendant le développement, dans le but d'obtenir des effets spéciaux. *Procédés de solarisation.* « *Les procédés de solarisation permettent d'accuser les ombres, de jouer avec la gamme des gris, d'inverser les valeurs...* » (*l'Express,* 24 juil. 1967).

SOLARISER [sɔlaʀize] v. tr. — 1949, Larousse ; du lat. *solaris* « solaire ».

♦ Photogr. Pratiquer la solarisation de (la plaque sensible).

DÉR. **Solarisation.**

1. SOLARIUM [sɔlaʀjɔm] n. m. — 1765 ; lat. *solarium* « lieu exposé au soleil, terrasse ou balcon ».

♦ **1.** Antiq. rom. Terrasse surmontant certaines maisons.

♦ **2.** (1909). Méd. Établissement où l'on pratique l'héliothérapie.

♦ **3.** (1964). Lieu où l'on prend des bains de soleil.

HOM. 2. **Solarium.**

2. SOLARIUM [sɔlaʀjɔm] n. m. — 1876 ; *solaire,* 1736 ; lat. *solarium* « cadran solaire ».

♦ Zool. Mollusque gastéropode des mers chaudes, appelé aussi *cadran.*

HOM. 1. **Solarium.**

SOLDANELLE [sɔldanɛl] n. f. — xvᵉ ; *sousdanelle* « viande à la vinaigrette », v. 1240 ; du provençal *soldana,* de *soltz,* germanique *Sülze,* ou de l'ital. *soldo* « sou », en raison de la forme des feuilles ; selon Guiraud, à rapprocher du lat. médical *soldanea.* → **Soude.**

♦ **1.** Régional. Liseron *(Convolculus soldanella ; Convolvulacées)* des plages sablonneuses, dit aussi *chou de mer* ou *chou marin,* autrefois employé comme purgatif.

♦ **2.** (1780). Plante dicotylédone *(Primulacées)* herbacée, indigène, vivace, qui croît dans les prés et les rochers des régions montagneuses et qui peut fleurir sous la neige.

SOLDAT [sɔlda] n. m. — 1475 ; dans l'expr. *à la soldate,* 1532 ; a remplacé *soudard,* encore au xvıᵉ sous la forme *soldard, souldart...,* et devenu péj. ; *soldat* est empr. à l'ital. *soldato* « celui qui est payé », de *soldare* « payer un solde ».

★ **I.** ♦ **1.** Homme qui sert dans une armée, en temps de paix (⇒ **Militaire**) ou en temps de guerre (⇒ **Combattant**), comme mercenaire ou engagé volontaire à la solde d'un prince ou d'un État, ou, aujourd'hui, en vertu d'une obligation civique (service* militaire, mobilisation, ⇒ **Appelé**), ou professionnelle (armée de métier). ⇒ **Engagé.** — REM. Dans ce sens, *soldat* inclut en principe tous les grades et rangs, mais le mot connote plutôt les rangs inférieurs (II.). ⇒ **Gendarme** (vx), guerre (cit. 1 et 2) ; **militaire** (cit. 1 et 2) ; **armée** (cit. 15), **troupe** (→ Galon, cit. 4 ; guerre, cit. 41 ; habituel, cit. 1 ; loi, cit. 20 ; obéissance, cit. 4). *Nos soldats :* nos troupes, notre armée → Canon (chair à). *Soldats des différentes armes.* ⇒ **Artilleur, cavalier, fantassin, parachutiste, train** (des équipages). *Soldats irréguliers.* ⇒ **Franc-tireur, guerillero, partisan.** — *Soldats de l'antiquité.* ⇒ **Auxiliaire, frondeur, hoplite, légion, phalange, vélite...** *Soldats du moyen âge et de l'Ancien Régime.* ⇒ **Arbalétrier, archer, arquebusier, carabinier, pertuisanier, piquier.** *Soldats de la Révolution* (⇒ **Réquisitionnaire**), *de la Commune* (⇒ **Fédéré**), *de la Garde* nationale* (⇒ **Moblot**)... *Anciens soldats d'Afrique.* ⇒ **Goumier, méhariste, spahi, tabor, tirailleur, zouave.** *Soldats de la Légion*.* ⇒ **Légionnaire.** *Soldats étrangers* (dans l'histoire). ⇒ **Bachi-bouzouk, cipaye, evzone, janissaire, mamelouk, milicien, palikare, pandour, papalin...** — *Le métier de soldat* (→ Père, cit. 4 ; poète, cit. 9).

1 (...) je vous mets au défi de m'expliquer comment, par quel miracle, il est devenu si facile de faire avec n'importe quel boutiquier, clerc d'argent de change, avocat ou curé, un soldat ? (...) Le monde a connu un temps où la vocation militaire était la plus honorée après celle du prêtre, qui ne lui cédait qu'à peine en honneur.
BERNANOS, les Grands Cimetières sous la lune, p. 11.

Littér. Homme de guerre ; chef militaire. *Desaix, soldat plein d'allant* (cit. 3). *Charlemagne, le terrible soldat* (→ Barbe, cit. 19). ⇒ **Conquérant, guerrier.** « *Le premier qui fut roi fut un soldat heureux* » (cit. 4). *Un vrai, un grand soldat,* se dit d'un chef qui incarne toutes les vertus militaires.

Loc. (Argot milit. 1914-1918). *Jouer au petit soldat :* faire le malin.

Loc. (1587). *Simple soldat :* homme de guerre sans commandement et sans grade.

♦ **2.** (xvııᵉ). Homme de troupe. (De nos jours). Militaire non gradé des armées de terre (fantassin) et de l'air (aviateur). ⇒ **Bidasse,** gazier (fam.), **pioupiou, troufion** (vx), **troupe** (homme de), **troupier**. *Soldat de deuxième, de première classe.* ⇒ **Pompe** (deuxième). *Les soldats et leurs chefs* (→ Ardeur, cit. 41; armée, cit. 2; foyer, cit. 17). *Soldats et officiers* (cit. 7), *et sous-officiers* (→ Fantassin, cit. 1; peuple, cit. 23; relever, cit. 22; présenter, cit. 4). *Jeunes soldats.* ⇒ **Bleu, conscrit, recrue.** *Soldat chevronné, vieux soldat.* ⇒ **Briscard** (vieilli), **vétéran.** *Soldat de fortune. Soldat d'élite. Mauvais soldat.* ⇒ **Fricoteur, fuyard, traînard; tire-au-flanc...** *Soldat des compagnies disciplinaires.* ⇒ **Bataillonnaire, fourbi** (argot). *Situation du soldat.* ⇒ **Classe, contingent, conscription, démobilisation, engagement, enrôlement, incorporation, libération, livret** (militaire), **matricule, mobilisation, rabiot, sort** (tirage au), **temps...**; **ajourné, rappelé, réformé, rengagé, réserviste, sursitaire, territorial, volontaire.** *Soldat qui déserte* (⇒ **Déserteur**), *soldat insoumis, réfractaire. Prêt du soldat. Vie, activité du soldat.* ⇒ **Appel, bivouac, campement, cantonnement, caserne, chambrée, corvée, dépôt, exercice, faction, garnison, logement** (billet de), **manœuvre, permission, port** (d'armes), **revue, salut...** *École du soldat* (infanterie). *Soldat exempté, consigné, puni.* ⇒ **Police** (salle de), **prison.** *Affectations, missions d'un soldat.* ⇒ **Brancardier, démineur, factionnaire, garde, garde-voie, grenadier, guetteur, guide, jalonneur, ordonnance, patrouilleur, pionnier, planton, pourvoyeur, sapeur, sentinelle, tireur, voltigeur...** *Tenue** (⇒ **Uniforme; béret, calot, casque, casquette**), *équipement* du soldat* (⇒ **Arme, équipement;** et aussi **bidon, cantine, gamelle, musette, paquetage**). *Tenue de combat du soldat.* ⇒ **Battle-dress, treillis.** — *Soldats de l'Empire* (⇒ **Grognard**), *de la Grande Guerre* (⇒ **Poilu**). *Tombe du Soldat inconnu* (sous l'Arc de Triomphe), *où repose la dépouille anonyme d'un soldat de la guerre de 1914-1918.*

2 La valeur est, dans les simples soldats, un métier périlleux qu'ils ont pris pour gagner leur vie. LA ROCHEFOUCAULD, Maximes, 214.

3 Il (...) lui demanda quel était le sujet de la guerre. Par tous les dieux, dit le soldat, je n'en sais rien; ce n'est pas mon affaire; mon métier est de tuer et d'être tué pour gagner ma vie; il n'importe qui je serve (...) Si vous voulez savoir pourquoi on se bat, parlez à mon capitaine. VOLTAIRE, Le monde comme il va.

4 On me fit apprendre la position du soldat sans armes avec une perfection si grande, que je servis de modèle, depuis, au dessinateur qui fit les planches de l'ordonnance de 1791 (...) A. DE VIGNY, Servitude et Grandeur militaires, II, VIII.

5 — Un incapable qui a été cinq ans militaire et qui finit simple soldat. R. QUENEAU, le Dimanche de la vie, p. 56.

Soldat jouant aux cartes, tableau de Le Nain. *Querelle de soldats,* tableau de Rubens.

♦ **3.** (1675). Fig. *Soldat de...,* qui combat pour la défense ou le triomphe (d'une croyance, un idéal). — *Les soldats du droit* (cit. 40). ⇒ **Champion, défenseur, serviteur.** *Soldat du Christ, de la liberté...* ⇒ **Jésuite, salut** (armée du).

♦ **4.** (Déb. XIXᵉ). **SOLDAT DE PLOMB** : figurine de plomb, et, par ext., d'une autre matière, représentant un soldat. *Collection de soldats de plomb.* ⇒ aussi **Plomb.**

★ **II.** (1791). Zool. Individu ayant pour fonction de défendre la communauté des agressions extérieures, chez les animaux sociaux (fourmis, termites, etc.).

DÉR. (Du I.) **Soldate, soldatesque.**

SOLDATE [soldat] n. f. — 1617; de *soldat*.

♦ **1.** Femme soldat.

Les fils nés de ces unions *(d'un homme et d'une Amazone)* étaient tués dès leur naissance; les filles élevées avec soin. L'âge venu, leurs mères en faisaient des soldates, en commençant par leur brûler le sein droit, pour qu'elles puissent mieux tirer à l'arc. Émile HENRIOT, Mythologie légère, p. 151.

♦ **2.** (xxᵉ). Auxiliaire féminin de l'armée.

SOLDATESQUE [soldatesk] adj. et n. f. — V. 1570; *soldadesque* «qui a un caractère soldat», 1556; de *soldat*.

Péjoratif.

★ **I.** Adj. Propre aux soldats; caractéristique des mœurs prêtées aux soldats. *Langage soldatesque* (→ Embêter, cit. 1; lascar, cit. 1). *Gaietés* (cit. 17) *soldatesques.*

★ **II.** N. f. ♦ **1.** (1668; *soldatesque,* 1577). Singulier collectif. Soldats brutaux et indisciplinés. *Les violences, les excès de la soldatesque.* Vx. *(Une, des soldatesques).* Troupe de soldats sans tenue qui se livre à des excès.

♦ **2.** (Déb. XIXᵉ). Péj. *La soldatesque* : l'armée.

1 Il aimait le soldat, point la soldatesque, mais, par-dessus tout, il verrait avec horreur les chefs militaires se détourner (à son exemple) de leur rôle de soldats pour prétendre à confisquer l'État ou à le dominer. Louis MADELIN, Hist. du Consulat et de l'Empire, De Brumaire à Marengo, VII.

Les soldats, la troupe.

2 *(Nous)* chantions ensemble l'Artilleur de Metz ou quelque autre refrain apprécié de la soldatesque. Michel LEIRIS, Fourbis, p. 198-199.

1. SOLDE [sold] n. f. — 1465; *à la solde de...,* 1413; *sous,* n. m. pl., 1170; *soulde,* 1430; ital. *soldo* «sou». → Soudoyer.

♦ **1.** Ancienn. Somme d'argent régulièrement versée à des mercenaires, à une troupe (par un prince, un seigneur, un État...).

♦ **2.** (Déb. XIXᵉ). Mod. Rémunération versée aux militaires, et, par ext., à certains fonctionnaires civils assimilés. ⇒ aussi **Demi-solde.** *Solde du soldat* (⇒ **Prêt**), *du matelot* (⇒ **Matelotage**). → Devant, cit. 13; famélique, cit. 6; habillement, cit. 1; retraite, cit. 12. *Toucher, déléguer* (cit. 1) *sa solde. Solde mensuelle. Une solde d'homme de troupe, de sergent, de capitaine. Solde budgétaire* (selon l'indice du grade). *Solde à l'air* : indemnité supplémentaire versée aux aviateurs, aux parachutistes. — *Service de la Solde* : service de l'intendance chargé des soldes.

1 Ce militaire dévoué profita des prévisions illusoires de la loi pour affirmer qu'il équiperait et armerait sur-le-champ les réquisitionnaires, et qu'il tenait à leur disposition un mois de la solde promise par le gouvernement à ces troupes d'exception. BALZAC, les Chouans, Pl., t. VII, p. 770.

2 Un peu plus d'aisance encore leur était venue, sa solde de quartier-maître aidant. LOTI, Matelot, XXVIII.

♦ **3.** Loc. (1413). **À LA SOLDE DE QQN,** payé par... ⇒ **Mercenaire.** (→ Royaliste, cit. 4). *Avoir qqn à sa solde,* le payer pour qu'il vous serve (→ Envoyer, cit. 5; page, cit. 4). ⇒ **Soudoyer, stipendier.** *Tenir qqn à sa solde. Être à la solde de qqn.*

3 (...) l'opinion accusait maintenant, très nettement, les assassins d'avoir été non seulement au service des Bourbons, mais à la solde d'*Albion.* Louis MADELIN, Hist. du Consulat et de l'Empire, Avèn. Empire, V.

♦ **4.** Franç. d'Afrique. Salaire (en général); paye.

4 Ce n'est pas pour la solde, patron, c'est tout juste pour changer de vie. S. TRAORÉ, 25 ans d'escalier (Dakar-Abidjan, 1975), in I. F. A.

DÉR. 1. **Solder.**
COMP. **Demi-solde.**
HOM. 2. **Solde,** forme des v. 1., 2. **solder.**

2. SOLDE [sold] n. m. — 1675, *une solde,* n. f.; *salde,* 1598; *saulde,* 1607; ital. *soldo* et (B.) déverbal de 2. *solder;* au XVIIᵉ, parfois confondu avec *soute* et *soulte;* du lat. *solvere.* → Soulte.

A. ♦ **1.** (1675, au fém.; 1784, au masc.). Comptab. Différence qui apparaît, à la clôture d'un compte, entre le crédit et le débit. ⇒ **Balance, bilan, dette.** *Solde créditeur, débiteur. Solde du compte de pertes et profits.* ⇒ **Bénéfice, résultat.** — Absolt. *Solde débiteur* : ce qui reste à payer sur un compte. ⇒ **Appoint, complément, reste.**

♦ **2.** (Mil. XIXᵉ). Comm. *Solde de marchandises, solde* : marchandises (démodées ou défraîchies) qui sont vendues au rabais. — **EN SOLDE.** *Marchandises, articles vendus en solde, mis en solde,* à prix baissé. ⇒ **Promotion** (en).

♦ **3.** (V. 1900). Plur. *Soldes* : articles mis en solde. ⇒ **Coupon, série** (fin de). *Vente de soldes.* ⇒ **Braderie.** *Acheter des soldes. Des soldes intéressants. Leurs soldes ne sont que des rossignols.* (Abusivt employé au féminin).

B. (1598, *in* D.D.L.; de 2. *solder*). Action de solder, paiement du solde (1. Solde, 1.) débiteur. — Loc. *Pour solde de tout compte.* ⇒ **Règlement.**

HOM. 1. **Solde,** formes des v. 1., 2. **solder.**

1. SOLDER [solde] v. tr. — 1789; de 1. *solde*.

Vieux.

♦ **1.** Avoir (des troupes) à son service; payer (des mercenaires).

♦ **2.** **a** (Déb. XIXᵉ). Vx. Avoir (qqn) à sa solde. ⇒ **Payer** (→ Adjoindre, cit. 1; main, cit. 55).

1 L'État pourrait solder le Talent, comme il solde la Baïonnette; mais il tremble d'être trompé par l'homme d'intelligence, comme si l'on pouvait longtemps contrefaire le génie. BALZAC, Louis Lambert, Pl., t. X, p. 411 (1833).

b Franç. d'Afrique. Donner une «solde», une paye, un salaire à (qqn). ⇒ **Salarier.** *Être soldé* : recevoir sa paye.

c Vx. Payer ce qui est dû à (qqn).

2 (...) je vais faire abattre toute la futaie de mon parc, et, dans deux mois d'ici, vous serez soldé, nous ne sommes encore au moment des coupes, mais n'importe, j'aime autant être débarrassé de cette affaire (...) Louise MICHEL, la Misère, t. II, p. 251.

Spécialt. Vx. Régler sa solde à (qqn qui travaille comme salarié).

3 Elle avait travaillé auparavant dans une maison de commerce. Elle y soldait les ouvrières; et il y avait pour chacune d'elles deux livres, dont l'un restait toujours entre ses mains. FLAUBERT, l'Éducation sentimentale, III, IV.

HOM. 2. **Solder.**

2. SOLDER [solde] v. tr. — 1675; ital. *saldare,* francisé en *solder,* par attr. de 1. *solde,* et infl. de *souder,* cité dans le même sens *in* Furetière et Académie, 1694.

♦ **1.** Comptab. Arrêter, clore (un compte) en établissant le solde, en faisant la balance. — (1679). Acquitter (un compte, une facture, une dette...) en payant ce qui reste dû (→ Appoint, cit. 1). — Absolt.

Solder recta (→ 2. Flanquer, cit. 3). — (1835). *Solder qqn,* lui payer ce qu'on lui devait encore.

1   (...) il y a cette différence que, dans le cas de l'achat, le commerce se fait à proportion des besoins de la nation qui demande le plus ; et que, dans le cas de
l'échange, le commerce se fait seulement dans l'étendue des besoins de la nation
qui demande le moins : sans quoi cette dernière serait dans l'impossibilité de solder
son compte.   MONTESQUIEU, l'Esprit des lois, XXII, I.

♦ **2.** V. pron. (1871). S**E SOLDER** (d'un bilan). *Se solder en..., par... :* faire apparaître, à la clôture, un solde consistant en... (un débit ou un crédit). *Le budget de cette année se solde par un déficit de... :* la balance des recettes et des dépenses fait apparaître un déficit de... — (1879, cit.). Fig. Aboutir en définitive à..., se traduire finale-ment par... (→ Nationaliste, cit. 3).

2   Le mois de décembre a été toujours un mois néfaste pour moi ; il se solde, cette
année, par une session aux assises, pendant le temps le plus froid de l'hiver le plus
glacial.   Ed. et J. DE GONCOURT, Journal, 2 déc. 1879, t. VI, p. 70.

♦ **3.** (Mil. XIXᵉ, *in* Littré). Mettre en solde, vendre en solde. ⇒ **Brader, liquider ; solde** (A., 2.). *Démarquer et solder des invendus. Je vous le solde à cinq francs* (→ Prix, cit. 3).

3   Il était parti dans l'aube du printemps, après avoir soldé à un collègue son vieux
fonds de clous et de fers.   ARAGON, les Beaux Quartiers, I, X.

CONTR. (Du 1.) **Encaisser.**
DÉR. (Du 2.) **Soldeur.**
HOM. 1. **Solder.**

SOLDEUR, EUSE [sɔldœʀ, øz] n. — 1887 ; de 2. *solder.*

♦ Commerçant (et, spécialt, libraire) qui tient des soldes perma-nents (articles démarqués, invendus, etc.). *L'édition s'est mal ven-due et a fini chez les soldeurs.*

1. SOLE [sɔl] n. f. — V. 1354 ; « semelle », fin XIᵉ ; lat. pop. **sola,* du lat. *solea,* par attr. de *solum* « sol ».

♦ Partie cornée formant le dessous du sabot chez le cheval, le mulet, l'âne, etc. *Ulcération de la sole du cheval.* ⇒ **Crapaud.**

HOM. 2., 3., 4. **Sole,** 1., 2., 3., 4., 5. **sol.**

2. SOLE [sɔl] n. f. — XIVᵉ ; réfection, d'après les dér. *solin, solive* de l'anc. franç. *suele, seule,* du lat. pop. **sola.* → 1. Sole.

♦ **1.** (1680). Techn. Pièce de bois posée à plat et servant d'appui dans les charpentes.

♦ **2.** Mar. Vx. Fond d'un bateau plat.

♦ **3.** (1842). Partie d'un four qui reçoit les produits à traiter. *Sole plane, concave. Sole acide, basique,* participant à la réaction (avec la silice ou la dolomie comme constituants).

DÉR. Solin, solive.
COMP. Entresol.
HOM. 1., 3., 4. **Sole,** 1., 2., 3., 4., 5. **sol.**

3. SOLE [sɔl] n. f. — 1374 ; emploi fig. du précédent ; comparable à celui de *planche,* en agriculture.

♦ Agric. Chacune des parties d'une terre soumise à l'assolement* (cit.) et à la rotation.

DÉR. et COMP. Assoler, dessoler.
HOM. 1., 2., 4. **Sole,** 1., 2., 3., 4., 5. **sol.**

4. SOLE [sɔl] n. f. — XIIIᵉ ; anc. provençal *sola,* du lat. pop. **sola.* → 1. Sole.

♦ Poisson (cit. 4 et 7) anacanthinien *(Pleuronectidés),* plat, ovale, couvert d'écailles fines, qui vit sur les fonds sableux à proximité des côtes, et dont la chair est très estimée (→ Enfouir, cit. 4). *Pêcher des soles. Sole de Douvres. Filets* (cit. 5) *de sole. Sole grillée, frite, au four. Sole meunière, normande...*

(...) Une sole frite, cela est excellent pour commencer une convalescence, mais
pour mettre le malade debout, il faut une bonne côtelette.
                                        HUGO, les Misérables, V, V, III.

Abusif (au Canada). Limande à queue jaune. — *Sole grise.* ⇒ **Plie.**

HOM. 1., 2., 3. **Sole,** 1., 2., 3., 4., 5. **sol.**

SOLÉAIRE [sɔleɛʀ] adj. et n. — 1793 ; *solaire,* 1560, jusqu'au XVIIIᵉ ; du lat. *solea.* → 1. Sole.

♦ Anat. *Muscle soléaire :* muscle large et épais de la face posté-rieure de la jambe (qui va du tibia et du péroné au tendon d'Achille, sur le calcanéum), l'un des principaux muscles de la mar-che et du saut. — N. m. *Le soléaire.*

SOLÉCISER [sɔlesize] v. intr. — 1552, *solœciser,* Rabelais ; de *solécisme,* d'après le grec *soloikizein.*

♦ Littér. Faire des solécismes.

M. Hanotaux ne pouvait-il donc se divertir à soléciser sans sortir de chez soi (...)
        A. JARRY, Spéculations, « Hannetons, Hameçons et Hanotaux »,
                                        in Œ. compl., t. VII, p. 27 (1901).

SOLÉCISME [sɔlesism] n. m. — 1488 ; *solœcisme,* attestation iso-lée, 1265 ; lat. *solœcismus,* grec *soloikismos,* de *Soloi, Soles,* ville de Cilicie dont les colons athéniens parlaient un grec incorrect (selon les Athéniens d'Athènes).

♦ **1.** Emploi syntaxique fautif de formes par ailleurs existantes (opposé à *barbarisme*). → Conduite, cit. 21, Molière ; insuffisance, cit. 3 ; partir, cit. 11 ; réussir, cit. 12.

♦ **2.** (Mil. XVIᵉ, Rabelais). Fig., littér. Erreur, faute par rapport à l'usage (dans le comportement, etc.). *« Quels solécismes de con-duite ! »* (Marivaux, *Seconde surprise,* III, 1).

SOLEIL [sɔlɛj] n. m. — 1080 ; *solelz,* V. 980 ; lat. pop. **soliculus,* class. *sol.*

A. Astre (→ Idée, cit. 11, Descartes). ♦ **1.** Astre qui donne la lumière et la chaleur à la terre, et rythme la vie à sa surface (→ poét. L'astre* du jour, du monde, le roi* du jour). *Le cercle, le disque, le globe, l'orbe du soleil. « Le soleil ni la mort* (cit. 12) *ne se peuvent regarder fixement »* (cit. 1, La Rochefoucauld). *Josué arrêtant le soleil* (→ Fixer, cit. 16). — *Le cours, la course du soleil. Le soleil apparaît, se lève** (→ Incendie, cit. 6, Rousseau), *surgit.* ⇒ **Aube, aurore, matin** (cit. 3). *Le lever** (cit. 2) *du soleil ; des levers de soleil. Soleil levant* (cit. 1 et 3). — Par ext. *Le soleil levant :* l'est, l'orient. ⇒ **Levant.** *L'Empire du Soleil levant :* le Japon. — Loc. *Se lever* (cit. 30) *avant, avec le soleil* (→ Promesse, cit. 10). — *Le soleil monte* (→ Haleine, cit. 31), *est haut. Soleil au zénith* (à l'équateur). ⇒ **Asciens.** *Le soleil baisse* (→ 1. Ombre, cit. 4), *est bas* (1. Bas, cit. 7), *se couche. Soleil couchant** (cit. 1). *Soleils couchants* (Hugo, *les Feuilles d'automne*). *Le coucher du soleil* (→ Chêne, cit. 6 ; coucher [2. Coucher, cit. 2] de soleil). — Poét. *Le soleil mourant* (→ Éventail, cit. 7). *« Le soleil s'est noyé dans son sang qui se fige »* (cit. 1). — *Le soleil se cache, disparaît, réapparaît. Nuage, nuée qui couvre, voile le soleil* (→ Déployer, cit. 9). *Le soleil perce la brume, les nuages. Halo autour du soleil. Faux-soleil.* ⇒ **Parhélie.** — *L'ardeur* (→ Glacer, cit. 8), *la clarté, la lumière, la chaleur, l'éclat, les feux* (cit. 62 et 64), *la splendeur du soleil.* ⇒ **Jour.** *Le soleil brille, luit, darde ses rayons.* — Prov. *Le soleil brille pour tout le monde.* — *Rais* (cit. 2 et 3), *rayons* (cit. 2 et 3) *du soleil, de soleil.*

1   Soleil, source de feu, haute merveille ronde,
Soleil, l'âme, l'esprit, la beauté du monde,
Tu as beau t'éveiller de bon matin, et choir
Bien tard dedans la mer (...)   RONSARD, Églogues, I, « Bergerie ».

2   Le soleil, qui s'inclinait déjà à l'occident, pénétrait jusqu'à nous, malgré l'opulente épaisseur des ombrages, et son disque d'or de feu, descendant comme un
incendie derrière un vaste groupe de nuages, leur prêtait des teintes si chaudes et
si animées, qu'on eût pu se croire sous un ciel de la Grèce.
                                        RIVAROL, Rivaroliana, III.

LE SOLEIL DE MINUIT : le soleil, visible près de l'horizon dans les instants voisins de minuit, dans les régions polaires.

3   Cette fois, ce fut au soleil de minuit, qui les éclairait du haut de l'horizon toujours avec son même aspect d'astre mort.   LOTI, Pêcheur d'Islande, I, VI.

Le soleil ne se couche jamais sur mon empire, phrase attribuée à Charles-Quint. — *Le soleil d'Austerlitz,* qui se leva le matin de la victoire d'Austerlitz (2 déc. 1805).

4   (...) quand le jour se levait, on vit que le brouillard n'enveloppait pas les hauteurs
qu'un soleil brillant allait, cinq heures, éclairer, — *le soleil d'Austerlitz.*
        MADELIN, Hist. du Consulat et de l'Empire, Avènement Empire, XXV.

Loc. *Sous le soleil :* sur la terre (→ Sous le ciel*, sous la lune*, sublunaire). — Loc. prov. *Rien de nouveau* (cit. 8) *sous le soleil.*

♦ **2.** (V. 1170). Lumière du soleil ; temps ensoleillé*. *Soleil oblique* (→ Étinceler, cit. 11), *perpendiculaire* (cit. 1). *Le soleil pénètre* (→ Obscur, cit. 1), *donne* (cit. 62) *dans...* (→ Fournaise, cit. 5). — *Soleil pâle, timide. Soleil ardent, brûlant, radieux* (→ Éclai-rage, cit. 1 ; navire, cit. 7). *Soleil de plomb* (→ Dévorant, cit. 5). *Un chaud* (→ Blême, cit. 5), *un « gras »* (→ Exhaler, cit. 4), *un lourd soleil* (→ Par, cit. 21). *Un beau soleil. « Au soleil luisant, clair et beau »* (→ 1. Froidure, cit. 5). *Le soleil d'été, d'hiver ; de midi. Le soleil des tropiques* (→ Nonchalance, cit. 7), *d'Afrique.*

4.1   Le dimanche semblait à Jean le jour du soleil, peut-être parce que ce jour-là on ne
le réveillait pas et qu'il ouvrait les yeux aux rayons du soleil de dix heures, déjà,
depuis longtemps répandu dans le village, comme un ami qui vous a laissé dormir, mais quand vous vous éveillez a déjà les belles couleurs de quelqu'un qui près
de vous travaille depuis déjà plusieurs heures sans bruit, aux rayons du soleil et
aussi aux sons balancés des cloches. Ces beaux rayons souriants assis sur sa chaise
lui semblaient, aussi bien que les cloches de la grand-messe, savoir que c'était
dimanche. Il peut pleuvoir plus tard le dimanche, il n'en sentait pas moins dans
les rues sombres, sous le ciel gris, quelque chose comme le soleil qui était là incognito, dans le chant des cloches, dans le lever tardif, dans la foule qui se promenait lentement dans les rues ; c'était comme un soleil intérieur qui même sous la

pluie, par l'orage, le réjouissait comme le soleil et, comme un jour de grande fête, rendait la pluie moins triste et le ciel bas moins lourd.
PROUST, Jean Santeuil, Pl., p. 336.

Il fait (cit. 203) *soleil, du soleil, grand soleil, beau temps.* — *Les pays du soleil,* ceux où il fait souvent un temps ensoleillé.

Rayons, rayonnement du soleil (opposé à *ombre*).

Le soleil dore (cit. 2 et 3), *empourpre les choses* (⇒ **Coloration**). *« Le soleil des vivants n'échauffe* (cit. 1) *plus les morts »* (Lamartine). *Briller* (cit. 8), *étinceler, s'iriser* (cit. 1), *resplendir au soleil,* par l'effet du soleil (→ **Éblouir**, cit. 21). — *Dans le soleil :* dans la pleine lumière du soleil (→ **Fourchée**, cit.). — *Effet de soleil* (→ **Éclairer**, cit. 3), *coup de soleil* (→ **Hippodrome**, cit. 3). *Le paysage* (cit. 3) *n'est créé que par le soleil.* — *Le soleil commence à chauffer. Fondre comme neige au soleil. Herbe grillée, rôtie par le soleil. Vigne desséchée* (⇒ **Brouir**), *fruits cuits par le soleil. Le soleil mûrit les fruits, jaunit les blés. Un endroit calciné* (cit. 3), *consumé, dévoré* (cit. 30) *de soleil. « Et de tous les côtés au soleil exposé »* (→ **Chemin**, cit. 14, La Fontaine). *Bois desséché, disjoint par le soleil* (⇒ **Ébarouir**). *Étoffe qui passe au soleil.* — *Loc. Un déjeuner de soleil.* ⇒ **Déjeuner** (*infra* cit. 4). — *Le soleil frappe* (cit. 13), *tape. Visages boucanés* (cit. 2), *bronzés, brûlés, cuits* (cit. 19), *dorés, hâlés* (cit. 1), *noircis du soleil, par le soleil.* ⇒ **Hâle.** *Être aveuglé, ébloui par le soleil. Se garantir* (cit. 21), *se protéger du soleil.* ⇒ aussi **Brise-soleil, parasol** (cit. 1 et 3). *Lunettes, chapeau de soleil* (→ **Porte-manteau**, cit. 4). *S'exposer au soleil pour brunir, bronzer.*

5 Le plus souvent il fallait ramer, et ramer aux heures de soleil. Oh ! les pleins midis tombant d'aplomb sur la rivière, il me semble qu'ils me brûlent encore.
Alphonse DAUDET, Contes du lundi, « Le pape est mort ».

6 Ô Soleil ! toi sans qui les choses
Ne seraient que ce qu'elles sont !
Edmond ROSTAND, Chantecler, I, 2.

BAIN DE SOLEIL (à l'origine à propos de l'héliothérapie) : exposition au soleil (dans un but thérapeutique ou pour brunir). *Robe bain de soleil :* robe d'été qui laisse les bras et le dos nus. — **COUP DE SOLEIL** (« insolation », au XIXe) : légère brûlure causée par le soleil.

7 Les paupières closes (...) Lewis écoutait cette bourdonnante chanson, si spéciale, des bains de soleil. Il pensait à ce mot d'aveugle : *j'entends le soleil.*
Paul MORAND, Lewis et Irène, I, VIII.

Au plur. (poét.). *Brillants* (cit. 5) *soleils. « Les soleils mouillés (...) »* (→ **Ciel**, cit. 33). *Les soleils couchants* (→ **Endormir**, cit. 21). — *Par ext. Le soleil noir de la Mélancolie* (cit. 16, Nerval ; → aussi **Inconsolé**, cit. 2).

8 Pourquoi gémissiez-vous, spectres épouvantés ?
Je ne serais ; mais, ô chiens qui hurliez sur les plages,
Après tant de soleils qui ne reviendront plus.
LECONTE DE LISLE, Poèmes barbares, « Les hurleurs ».

(Lieu). *Ce qui est exposé à la lumière du soleil. Lutte* (cit. 14) *du soleil et de l'ombre. Se mettre au soleil, chercher le soleil. En plein* (cit. 30) *soleil. Plein soleil,* film de R. Clément. — *Loc. fig. Une place au soleil :* une place en vue, une situation où l'on profite de certains avantages. → **Étirer**, cit. 5 ; *image,* cit. 38 ; *moi,* cit. 35, Pascal. — *Fig. Avoir des biens au soleil* (→ **Positif**, cit. 9), des propriétés immobilières (⇒ **Riche**).

Loc. prov. Ôte-toi de mon soleil, réponse de Diogène à Alexandre, qui lui offrait sa faveur.

Adj. invar. (1898). *D'un blond doré, lumineux.*

♦ **3.** (Mil. XVIIe). LE SOLEIL, considéré comme un personnage divin, objet d'un culte* (→ **Dualisme**, cit. 1). *Amon Râ, Apollon* ou *Phébus, dieux* du Soleil. Les Incas (cit. 1), *fils du Soleil. Le char*, *les chevaux* (→ **Aurore**, cit. 19) *du Soleil.* ⇒ **Phaéton.** — REM. Dans ce sens, comme en astron., on écrit souvent *Soleil,* avec un S majuscule.

9 Noble et brillant auteur d'une triste famille,
Toi, dont ma mère osait se vanter d'être fille,
Qui peut-être rougis du trouble où tu me vois,
Soleil, je te viens voir pour la dernière fois.
RACINE, Phèdre, I, 3.

♦ **4.** Didact. (astron.) et cour. — REM. Le *Soleil* était considéré comme une planète* jusqu'à l'adoption du système copernicien et comme un astre fixe entre cette époque et la fin du XVIIIe s. (Lambert, Herschel). *Astre producteur et émetteur d'énergie, étoile moyenne du type jaune (rayon valant environ 100 fois celui de la Terre, masse valant 330 000 fois celle de la Terre), masse gazeuse à peu près sphérique, autour de laquelle gravitent, sur des orbites elliptiques, plusieurs planètes parmi lesquelles se trouve la Terre*.* ⇒ **Hélio-, solaire; luni-solaire.** *Température de radiation* (5 870 °C)*, densité moyenne* (1,4) *du Soleil. Parties du Soleil.* ⇒ **Chromosphère, couronne, photosphère.** *Protubérances* et éruptions chromosphériques, taches*, facules* du Soleil. Granulation de la surface du Soleil.* ⇒ **Photosphère.** *Énergie émise par le Soleil :* lumière*, rayonnement* solaire. *Production d'énergie par le Soleil* (⇒ **Étoile**, cit. 17 et 18). *Spectre visible, invisible, ultraviolet ; température de brillance, de couleur, de radiation du Soleil. Étude du Soleil, observation, photographie, spectroscopie, radio-astronomie du Soleil* (⇒ **Hélio- :** héliomètre, hélioscope, hélistat...). — *Le Soleil, centre du système solaire* (→ **Cercle**, cit. 1 ; *graviter,* cit. 1 ; *planète,* cit. 3). *Attraction* (cit. 3) *entre le Soleil et les planètes. Orbite elliptique d'une planète autour du Soleil* (qui en occupe un des foyers). ⇒ **Orbite; aphélie, périhélie.** *Mouvement propre au Soleil vers son apex.*

Voici le passage qui assurerait à lui seul sa gloire, où Copernic met le Soleil au centre du Système et affirme la translation de la Terre : « Nous ne rougirons donc pas de déclarer que cette orbite de la Lune et le centre de la Terre tournent en un an autour du Soleil dans cette grande orbite, dont le Soleil est le centre. Le Soleil sera immobile et toutes les apparences seront expliquées par le mouvement de la Terre. Le rayon de cette orbite, quelque grand qu'il soit, n'est pourtant rien encore en comparaison de la distance des étoiles fixes. » 10
Tout s'explique alors simplement : 1° à l'opposition, la distance de la Terre à une planète supérieure sera minimum ; 2° les stations et reculs de cette dernière résultent de la combinaison de sa vitesse angulaire avec celle, plus grande, de la Terre ; 3° enfin, déduction essentielle, le plan découvert par Copernic contient encore en lui-même les moyens de calculer sans peine les proportions relatives des orbites planétaires.
Paul COUDERC, Dans le champ solaire, p. 11.

D'après Eddington, le Soleil ne remonte pas à plus de 5 trillions d'années, quelle qu'ait pu être sa masse initiale (...) Si l'on admet que le Soleil conserve indéfiniment son rayonnement actuel, son avenir est fort vaste ; il pèse 2.10^{33} grammes et dilapide 130.10^{12} tonnes par an : le quotient indique une possibilité de 15 trillions d'années. Cette durée est le minimum, puisqu'une étoile réduit sa dépense à mesure qu'elle s'appauvrit. 11
Paul COUDERC, Dans le champ solaire, p. 163.

J'ai vu, grâce au coronographe qu'il *(le professeur Lyot)* a inventé, jaillir de la couronne du Soleil, de la surface extérieure, les grandes gerbes des éruptions solaires, ces aigrettes, ces panaches de gaz en fusion dont l'éclair se mesurait (...) en centaines de milliers de kilomètres. 12
Claude ROY, Jules Supervielle, p. 43-44.

Mouvement apparent du Soleil. ⇒ **Écliptique, équinoxe** (cit.), **solstice.** *Éclairement de la Terre* (⇒ **Jour, nuit ; hiver, été**)*, de la Lune, des planètes* (⇒ **Phase, syzygie**) *par le Soleil.*

De tous les astres mobiles, le plus remarquable est le Soleil : au cours de son mouvement, son point directeur peut être considéré comme décrivant sur la sphère céleste un grand cercle appelé écliptique, qu'il parcourt en un an. 13
J. DELHAYE, Notions fondamentales d'astrométrie,
in Encycl. Pl., Astronomie, p. 263.

Par ext. Un soleil : une étoile autour de laquelle graviterait un système planétaire (→ **Graviter**, cit. 4 ; *lune,* cit. 9 ; *monde,* cit. 2 ; *ressembler,* cit. 10).

B. *Par métaphore, fig.* ♦ **1.** **a** (XVe). *Ce qui brille, éclaire, répand son influence bienfaisante comme le soleil sa lumière. « La gloire* (cit. 21) *est le soleil des morts ».* — *Être près du soleil,* du pouvoir. *Adorer le soleil levant :* faire sa cour au pouvoir naissant.

Spécialt (Carloix, in Littré). *Puissance royale.* — *Vx. Personne éminente, remarquable* (cf. Racine, Fénelon, Voltaire). *Loc. Le Roi-Soleil :* Louis XIV.

b (1530, *soleil sophistique*). *Vx.* L'or, en alchimie.

♦ **2.** *Littér. Un rayon de soleil dans sa vie.* ⇒ **Ensoleiller** (fig.). *Vous êtes, tu es mon soleil, ma joie, mon bonheur.*

♦ **3.** *Vx, poét. Journée* (cf. J.-J. Rousseau, Lamartine, *in* Littré ; et aussi *Lune,* cit. 13, Chateaubriand).

♦ **4.** (1485). *Image traditionnelle du soleil, cercle* d'où partent de nombreux rayons divergents... Le soleil, emblème de Louis XIV* (→ **Devise**, cit. 1). *Soleil dessiné sur une rose* (1. Rose, cit. 12) *des vents.* — (1679). *Spécialt. Ostensoir. Un grand soleil d'or* (→ **Encensoir**, cit. 1). — *Par appos.* Couture. *PLISSÉ SOLEIL,* à plis divergents. — Papet. *Format*soleil :* format de papier de 60 sur 80 cm (en simple), le papier portant un soleil en filigrane.

Blason. *Disque entouré de rayons (huit droits et huit ondoyants alternés).*

(XXe). *Figure des tarots représentant un soleil.*

♦ **5.** (1752 ; *soleil de feu,* 1694). *Pièce d'artifice*, cercle monté sur pivot, garni de fusées qui le font tourner en lançant leurs feux. (On dit aussi *gerbe tournante ;* ⇒ **Bouquet, girandole.**)

(Un poème) éclate et tourne sur lui-même comme une fusée, des soleils en sortent qui tournent et explosent en nouveaux soleils (...) 14
SARTRE, Situations III, p. 257.

♦ **6.** (1882). *Tour complet autour d'un axe horizontal. Faire un soleil.* — **GRAND SOLEIL.** *Faire le grand soleil à la barre fixe.* — (1895). *Automobile qui capote, fait un soleil.*

Corps allongé, pointes de pieds tendues, muscles déliés, je tournais en soleil autour de la barre (...) 15
A. MAUROIS, Mémoires, I, III.

(1895). *Faire, piquer un soleil :* tomber. → **Faire panache*.**

♦ **7.** (1640 ; *herbe au soleil,* 1600). *Fleur de l'hélianthe, grande fleur à pétales jaune vif entourant un cœur plus foncé.* ⇒ **Tournesol.**

De ce cirque descendait pour rejoindre le parc un plant de ces immenses disques jaunes qu'on nomme des soleils, et par-dessus la basse clôture on apercevait des prés voisins que Jean avant d'être venu là n'avait jamais vus et qui s'étendaient au soleil, servant de pâture à quelques vaches. 15.1
PROUST, Jean Santeuil, Pl., p. 305.

♦ **8.** (1884, Esnault). *Fam. Piquer un soleil :* rougir violemment. ⇒ **Fard.**

Mais à peine avait-il dit ces mots que le duc piqua ce qu'on appelle un soleil, car il connaissait, sinon les mœurs, du moins la réputation de son frère. 16
PROUST, Sodome et Gomorrhe, Pl., t. II, p. 718.

CONTR. Brouillard, brume, ombre, pluie ; obscurité.
DÉR. Soleillade, soleillée, soleilleux.
COMP. Ensoleillé ; pare-soleil. — Solunaire. — V. Parasol.

SOLEILLADE [sɔlɛjad] n. f. — 1888 ; mot provençal ou franç. régional de Provence ; de *soleil.*

♦ *Régional* (Provence). *Rayonnement, lumière du soleil.*

SOLEILLÉE [sɔleje; sɔlɛje] n. f. — 1875; de *soleil*.

♦ Régional. Rayonnement du soleil.

SOLEILLEUX, EUSE [sɔlɛjø, øz] adj. — 1584; «solaire», 1582; de *soleil*.

Rare.

♦ **1.** Qui est souvent exposé au soleil; où le soleil brille fort, souvent. → Cramponner, cit. 9. *Un pays soleilleux* (→ Marli, cit.). ⇒ **Ensoleillé** (courant).

♦ **2.** (xxᵉ). Ensoleillé. *Un jour soleilleux,* au cours duquel le soleil brille.

SOLEMENT [sɔlmɑ̃] n. m. — 1803; anc. franç. *solement* «soubassement, fondation»; de 2. *sol,* et suff. *-ement.*

Technique.

♦ **1.** Ravalement soutenant le système d'écoulement des eaux d'un toit.

♦ **2.** (1836). Filet de plâtre autour des dormants des portes et fenêtres.

SOLEN [sɔlɛn] n. m. — 1694; mot lat.; du grec *solên,* proprt «étui».

♦ Zool. Mollusque lamellibranche, ordre des isomyaires, à coquille droite allongée, qui vit enfoncé verticalement dans le sable, et appelé communément *couteau*, manche de couteau. Les solens sont comestibles.*

Un enfant pieds et jambes nus poudrés de sel il cherche des crabes des coques des solens il dit bonjour dans le vent glacé qui nous frappe au visage.
Tony DUVERT, Paysage de fantaisie, p. 224.

SOLENNEL, ELLE [sɔlanɛl] adj. — 1380; *sollempnel,* 1250; *solene,* 1190; lat. relig. *solennis,* class. *sollennis,* proprt «qui revient tous les ans», les fêtes annuelles étant assez peu fréquentes pour être célébrées avec faste.

♦ **1.** Vx ou littér. Qui est célébré avec pompe, par des cérémonies publiques. *Fêtes solennelles* (→ Pied, cit. 19; 1. fou, cit. 13). *Messes, noces solennelles* (→ Invocation, cit. 4; 2. pale, cit.). *Communion* solennelle (par oppos. à *communion privée*). Sacrifice auguste et solennel (→ Autel, cit. 6). — Mod. Qui se fait avec apparat. *Séance solennelle de l'Académie* (→ Pointe, cit. 25). *Entrée solennelle.* — Poét. *«L'ombre était nuptiale* (cit. 3), *auguste et solennelle»* (Hugo).

1   Je viens, selon l'usage antique et solennel,
    Célébrer avec vous la fameuse journée
    Où sur le mont Sina la loi nous fut donnée.   RACINE, Athalie, I, 1.
2   (...) ils décidaient que des honneurs solennels seraient rendus aux restes de Pie VI, mort exilé en France (...)
    MADELIN, Hist. du Consulat et de l'Empire, De Brumaire à Marengo, VIII.

♦ **2.** (Mil. xiiiᵉ, dr.). Accompagné de formalités, d'actes publics qui lui donnent une importance particulière. ⇒ **Authentique, formel, manifeste, officiel, public.** *Arrêts* (cit. 9) *rendus en forme* solennelle. *Acte* (→ Hommage, cit. 3), *contrat, serment solennel; déclaration* (→ 3. Droit, cit. 7; fortifier, cit. 6), *promesse* (→ Pacte, cit. 2), *abjuration solennelle* (→ Métropolitain, cit. 1).

♦ **3.** (xivᵉ). Qui a une gravité propre ou convenable aux grandes occasions. *Air solennel* (→ Résultat, cit. 7). *Ton solennel* (→ Aigu, cit. 6; héroï-comique, cit. 6; mener, cit. 4). ⇒ **Affecté, grave, cérémonieux, critique, emphatique, magistral, pédant, pompeux, pontifiant, sentencieux.** *Gestes solennels et hiératiques** (cit. 4). ⇒ **Majestueux.** *Site solennel.* ⇒ **Imposant** (cit. 8). — (xixᵉ). *Personne solennelle,* grave et un peu guindée, légèrement ridicule. (→ Long, cit. 41; redingote, cit. 2).

3   Elle n'était devenue cependant ni sérieuse ni sévère, et la douce gravité de ses discours n'ôtait rien à leur aimable aménité, mais elle affectait de donner à nos entretiens un tour plus solennel et une direction plus élevée (...)
    Charles NODIER, Contes, « La fée aux miettes », XXI.
4   Cette place, toujours solennelle et en temps ordinaire un peu triste, s'emplit aujourd'hui dimanche de la foule vive et gaie.   LOTI, Ramuntcho, I, IV.

CONTR. Intime, privé. — Familier.
DÉR. (V. Solennité). — Solennellement, solenniser.

SOLENNELLEMENT [sɔlanɛlmɑ̃] adv. — 1379; *solempnelment,* 1223; *sollemnement,* 1180; de *solennel.*

♦ **1.** D'une manière solennelle, en grande pompe. *Mariage célébré solennellement dans une cathédrale. Inaugurer* (cit. 2), *introniser* (cit. 1) *solennellement* (qqch., qqn).

♦ **2.** (xivᵉ). Publiquement, dans les formes. *Démentir, réaffirmer solennellement* (→ 3. Droit, cit. 8; gentilhomme, cit. 4).

♦ **3.** (1833, Balzac). Gravement, cérémonieusement. *Marchand qui étale* (cit. 1) *solennellement sa marchandise.*

SOLENNISATION [sɔlanizasjɔ̃] n. f. — 1694; *solemnisacion,* 1396; de *solenniser.*

♦ Didact. Le fait de solenniser (qqch.).

Mais le mot danse nous suggère le contraire de ce qu'il signifie dans l'Inde, qui ignore le bal. La danse des dieux est une solennisation du geste, comme la musique sacrée est une solennisation de la parole.
MALRAUX, Antimémoires, Folio, p. 284.

SOLENNISER [sɔlanize] v. tr. — 1360; *sollempnizer,* 1309; du bas lat. *sollemnizare.*

♦ **1.** Fêter de façon solennelle, avec pompe. *Solenniser un événement.*

♦ **2.** (Av. 1850). Rendre solennel. *Solenniser une réception.*

Cette guerre extraordinaire, il fallait la solenniser par une grave et retentissante déclaration, comme par un coup de canon on solennise un grand événement.
JAURÈS, Hist. socialiste, La République, t. IV, p. 81.

DÉR. Solennisation.

SOLENNITÉ [sɔlanite] n. f. — V. 1120; *sollempnité,* v. 1112; lat. *solennitas,* de *solennis.* → Solennel.

♦ **1.** *(Une, des solennités).* Fête solennelle (→ Exposition, cit. 7; faiseur, cit. 5). ⇒ **Fête** (cit. 4 et 5). *La pompe* (1. Pompe, cit. 2), *l'appareil des solennités* (→ Clinquant, cit. 4). *Habits* (cit. 22) *qui ne sortent de l'armoire que pour les solennités* (→ Les grandes occasions*, infra cit. 22).

1   (...) pour réchauffer la réception, mettre un courant de sympathie dans toute cette solennité mondaine, il présentait les gens entre eux, les jetait, sans les avertir, dans les bras les uns des autres (...)
    Alphonse DAUDET, Numa Roumestan, IX, p. 166.

♦ **2.** (xiiiᵉ). *La solennité de...,* caractère solennel (1.). ⇒ **Apparat, cérémonie; cérémonial,** 1. **pompe.** Spécialt. Liturgie. *Degrés de solennité des fêtes. — Solennité d'une séance, d'un discours* (cit. 10; → Emphase, cit. 5).

2   Je désire que, contrairement au service de saint Thomas d'Aquin, la cérémonie mortuaire de Crouy se déroule avec toute la solennité dont il plaira au Conseil d'honorer ma dépouille.   MARTIN DU GARD, les Thibault, t. IV, p. 226.

♦ **3.** (Fin xiiiᵉ). Surtout plur. Formes d'un acte solennel (2.). ⇒ **Formalité.** *Avec les solennités requises* (→ Authentique, cit. 2; légaliser, cit. 1).

♦ **4.** (Déb. xixᵉ). *La solennité...* Caractère solennel (3.), gravité, affectée. ⇒ **Emphase; majesté** (→ Renonciation, cit. 1). *Parler avec solennité.* ⇒ **Pontifier.** *Une solennité vaniteuse* (→ 1. Augure, cit. 3), *prétentieuse* (cit. 2). — *La solennité de qqn : raideur empesée* (cit. 4) *de qqn.*

SOLÉNO- Élément de mots didactiques, du grec *solên, solenos* «canal, tuyau».

SOLÉNOCONQUES [sɔlenɔkɔ̃k] n. m. pl. — Av. 1892, in *Dict. des Dict.;* lat. sc. *solenoconcha,* de *soleno-* «tube, canal», et *concha* «coquille».

♦ Zool. Ordre unique de mollusques compris dans la classe des Scaphopodes. — Au sing. *Un solénoconque.*

REM. S'emploie comme syn. de *scaphopode.*

SOLÉNODONTE [sɔlenɔdɔ̃t] n. m. — xxᵉ; de *soléno-,* et *-odonte.*

♦ Zool. Mammifère insectivore des Antilles (ainsi nommé à cause de sa trompe).

SOLÉNOGLYPHE [sɔlenɔglif] adj. et n. m. — 1902; de *soléno-,* et *-glyphe.*

♦ Zool. *Serpent solénoglyphe,* dont la denture est constituée par des crochets placés en avant de la mâchoire supérieure et traversés de canalicules à venin. *Reptiles, serpents solénoglyphes.* — N. m. *Les solénoglyphes piquent en redressant leurs crochets et en frappant de la tête.* — Au sing. *La vipère est un solénoglyphe.*

SOLÉNOÏDAL, ALE, AUX [sɔlenɔidal, o] adj. — 1890, P. Larousse, *Deuxième Suppl.,* art. *Solénoïde;* de *solénoïde.*

♦ Didact. Du solénoïde. *Champ solénoïdal. Aimant solénoïdal,* créant le même champ magnétique qu'un solénoïde.

SOLÉNOÏDE [sɔlenɔid] n. m. et adj. — 1842; inventé par Ampère en 1822; de *soléno-,* et *-oïde.*

♦ Techn. Bobine cylindrique de révolution constituée par une ou plusieurs couches de fil conducteur enroulé et traversé par un courant qui crée sur son axe un champ magnétique qui lui est proportionnel. — Adj. *Spirale solénoïde* (→ Influence, cit. 19).

En 1822, Ampère invente le «solénoïde» en démontrant qu'un fil métallique enroulé en hélices fournit, quand il est parcouru par un courant continu, le véritable équivalent d'un aimant.
L. DE BROGLIE, Physique et Microphysique, p. 249.

DÉR. Solénoïdal.

SOLERET [sɔlʀɛ] n. m. — Fin XIIᵉ; de l'anc. franç. *soller* «soulier».

♦ Archéol. Partie de l'armure*, faite de lames métalliques articulées, qui protégeait le pied. *Soleret à la poulaine; soleret arrondi.*

SOLÉTARD [sɔletaʀ] n. m. — 1723, *soletard;* orig. incert., probablt rattaché à 2. *sol.*

♦ Techn. Anciennt. Terre savonneuse qui servait au dégraissage des laines.

SOLEX [sɔlɛks] n. m. — V. 1945; marque déposée.

♦ Cyclomoteur de la marque de ce nom (→ Mobylette, autre marque), d'une conception particulièrement simple (moteur au-dessus de la roue avant et entraînant celle-ci par l'intermédiaire d'un galet en contact direct avec le pneumatique).
Après le parloir je roule, sans but, des kilomètres, le solex tout chaud et pétaradant entre mes jambes, jusqu'à ce que la fatigue et le soleil fassent danser le paysage (...)   A. SARRAZIN, la Traversière, p. 92.
Appos. *Vélo Solex.*
REM. Le mot devrait s'écrire avec un *S* majuscule, ce qui n'est pas toujours le cas.

SOLFATARE [sɔlfataʀ] n. m. ou f. — 1664, *solfatara,* in *le Français moderne;* 1751, *Encyclopédie,* forme actuelle; de l'ital. *Solfatara* ou *Zolfatara,* nom d'un volcan éteint près de Pouzolles, rac. *solfo* «soufre».

♦ Terrain volcanique qui dégage des émanations de vapeur et de gaz sulfureux chaud. *Solfatares d'Italie, d'Islande, du Mexique* (→ aussi 1. Fumer, cit. 7). On dit aussi *soufrière.*

1   On pouvait fréquemment observer, sur certaines déclivités, des traces de laves, très capricieusement striées. De petites solfatares coupaient parfois la route suivie par les ascensionnistes, et il fallait en longer les bords.
J. VERNE, l'Île mystérieuse, t. I, p. 124.

2   *(Ce roi)* Qui disait aux pays gisant aux pieds des monts
Sol inquiet, tremblant comme une solfatare (...)
HUGO, la Légende des siècles, X, v.

3   La vie démoniaque d'un amoureux est semblable à la surface d'un solfatare; de grosses bulles (brûlantes et boueuses) crèvent l'une après l'autre; quand l'une retombe et s'apaise, retourne à la masse, une autre, plus loin, se forme, se gonfle. Les bulles «Désespoir», «Jalousie».
R. BARTHES, Fragments d'un discours amoureux, p. 95-96.

DÉR. Solfatarien ou solfatarique.

SOLFATARIEN, IENNE [sɔlfataʀjɛ̃, jɛn] ou **SOLFATARIQUE** [sɔlfataʀik] adj. — 1889, cit. *infra;* de *solfatare.*

♦ Didact. Relatif à un solfatare, aux solfatares. *Activité solfatarienne* (→ Éruption, cit. 1).
Pendant la période solfatarienne, les émanations volatiles du cratère amenaient des dépôts d'acide basique, de sel ammoniac, de soufre et d'alun (...)
L. FIGUIER, l'Année scientifique et industrielle 1890, p. 245 (1889).

SOLFÈGE [sɔlfɛʒ] n. m. — 1798; *solfeggi,* 1868, Rousseau, *Dict. de musique;* de l'ital. *solfeggio,* du v. *solfeggiare,* rac. *solfa* «gamme», de 3. *sol,* et *fa.*

♦ **1.** Vx ou poét. Composition musicale destinée à servir d'exercice aux chanteurs (⇒ **Chant**), et, par ext., à tout musicien (→ Mi-voix, cit. 1). — L'exercice ainsi chanté (→ Instruire, cit. 4).

1   Les merles, qui, au crépuscule, rivalisaient d'entrain et lançaient aux quatre vents les harmonies de leurs solfèges, s'étaient tus depuis longtemps.
L. PERGAUD, De Goupil à Margot, «Tragique aventure de Goupil», I.

♦ **2.** (1798, Académie). Étude des principes élémentaires de la musique* et de sa notation. *Les instrumentistes, les chanteurs doivent apprendre le solfège. Méthode de solfège. Montrer* (cit. 17) *le solfège. Classe de solfège.*

2   (...) la musique adoucissait les mœurs, Pécuchet imagina de lui apprendre le solfège. Victor eut beaucoup de peine à lire couramment les notes (...)
FLAUBERT, Bouvard et Pécuchet, X.

♦ **3.** Livre expliquant les rudiments de la musique et de sa notation, accompagné d'exercices, de morceaux à solfier*. *Acheter un solfège.*

SOLFIER [sɔlfje] v. tr. — V. 1220; du lat. médiéval *solfa.* → Solfège.

♦ Mus. Lire* (un morceau de musique) en chantant et en nommant les notes. *Solfier un exercice en battant la mesure.* Absolt. *Élève qui solfie bien.*

Huit ou dix leçons de femme et fort interrompues, loin de me mettre en état de solfier ne m'apprirent pas le quart des signes de la musique. Cependant j'avais une telle passion pour cet art, que je voulus essayer de m'exercer seul.
ROUSSEAU, les Confessions, III.

SOLICITOR [sɔlisitɔʀ] n. m. — 1864; mot anglais.

♦ Anglic. Homme de loi britannique pouvant agir en tant qu'agent juridique (distinct de l'*attorney*).
Madame la duchesse, je vous présente Maître Pickwick, solicitor de la famille Madensale, dont voici l'unique représentant.
J. ANOUILH, le Voyageur sans bagage, p. 111.

SOLIDAGE [sɔlidaʒ] n. f. ou **SOLIDAGO** [sɔlidago] n. m. — 1839, *solidago;* du lat. **solidare* (Linné), à cause de ses propriétés vulnéraires.

♦ Bot. Plante herbacée *(Composacées)* vivace, à fleurs jaunes groupées en capitules, communément appelée *gerbe d'or.*

SOLIDAIRE [sɔlidɛʀ] adj. — 1462, selon Bloch et Wartburg; repris déb. XVIIᵉ (1611); du lat. jurid. *in solidum* «pour le tout» d'où «solidairement».

♦ **1.** Dr. Commun à plusieurs personnes, de manière que chacun réponde de tout. *Obligation ou engagement solidaire,* «dont les débiteurs sont obligés à une même chose, de manière que chacun puisse être contraint pour la totalité et que le paiement fait par un seul libère les autres envers les créanciers» (Capitant). *Caution, dette solidaire.* — (XVIIIᵉ). Personnes. Lié par un acte solidaire. *Débiteurs solidaires. Créanciers solidaires.*

♦ **2.** (1778). Cour. Se dit de personnes qui répondent en commun l'une pour l'autre d'une même chose (⇒ **Responsable**); qui se sentent liées par une responsabilité et des intérêts communs. *Partisans, syndiqués qui sont solidaires.* — (Au sing.). *Être solidaire de, avec qqn* (→ Indulgent, cit. 9); *avec ses collaborateurs* (→ Coopération, cit. 1).

(...) ces provinces, diverses de climats, de mœurs et de langage, se sont comprises, se sont aimées; toutes se sont senties solidaires. Le Gascon s'est inquiété de la Flandre, le Bourguignon a joui du souffert de ce qui se faisait aux Pyrénées; le Breton, assis au rivage de l'Océan, a senti les coups qui se donnaient sur le Rhin.   MICHELET, Hist. de France, III.

♦ **3.** (Déb. XIXᵉ). Se dit de choses qui dépendent l'une de l'autre, vont, fonctionnent ensemble* dans une action, un processus. ⇒ **Tenir** (se). *Raisonnements, efforts solidaires.* — (Au sing.). *Une concentration intellectuelle solidaire de l'effort* (cit. 6). → aussi Encéphalite, cit.; pictural, cit.

♦ **4.** (1861, Carnot). Au sens concret. Mécan. Se dit de pièces, d'organes liés dans un même mouvement par contact direct, par engrenage ou par un intermédiaire (courroie, chaîne...). ⇒ **Entraînement, transmission.** *Deux pignons solidaires. Bielle solidaire d'un vilebrequin.*

CONTR. Indépendant.
DÉR. Solidairement, solidariser, solidarisme, solidariste, solidarité.

SOLIDAIREMENT [sɔlidɛʀmɑ̃] n. f. — 1496, de *solidaire,* pour traduire le lat. jurid. *in solidum.* → Solidaire.

♦ **1.** Dr. D'une manière solidaire (1.). *Ils sont solidairement responsables* (→ aussi 2. Aval, cit. 3).

♦ **2.** Par une dépendance réciproque.

Il existe solitairement et forme un tout; il existe solidairement et fait partie d'un ensemble.   HUGO, la Légende des siècles, Préface de 1859.

SOLIDARISER [sɔlidaʀize] v. tr. — 1842; rare av. 1865; dér. sav. de *solidaire.*

♦ **1.** Dr. Rendre juridiquement solidaires (des personnes).
Dans le doute, l'accusation solidarise les deux accusés; mais leur système de défense est différent.   GIDE, Souvenirs de la cour d'assises, I. [1]

♦ **2.** Rendre solidaires (des personnes; une personne et une autre), établir une solidarité entre (des individus).
V. pron. (1870; en dr., 1868). *Se solidariser :* se rendre solidaire de qqn en partageant des responsabilités, en défendant des intérêts communs. *Se solidariser avec un ami, un collègue,* faire cause commune avec lui. ⇒ **Unir** (s').

Il y a même des cas où des gens d'un tout autre métier se solidarisent avec les grévistes.   ARAGON, les Beaux Quartiers, I, VII. [2]

♦ **3.** Rendre solidaires (des choses abstraites), les constituer en un ensemble, voir entre elles un lien (de causalité, etc.).

♦ **4.** (Concret). Rendre solidaire, joindre au moyen d'une pièce ou d'un organe mécanique ou de plusieurs; constituer la réunion, la jonction entre (des pièces, des parties de mécanisme). *Cet ingénieur* *a imaginé de solidariser les roues par une bielle. L'arbre de couche solidarise l'hélice et la machine.*

CONTR. Désolidariser.

SOLIDARISME [sɔlidaʀism] n. m. — Av. 1905, Bouglé, *Solidarisme et libéralisme;* de *solidaire,* et *-isme.*

♦ Philos. Doctrine qui fonde la morale, la politique et l'économie normative sur la solidarité* (2.).

SOLIDARISTE [sɔlidaʀist] adj. et n. — 1904; de *solidaire.*

♦ Philos. Du solidarisme. Partisan de cette doctrine.

Tous ces solidaristes, ils sont plus rouges que les rouges.
Vladimir VOLKOFF, le Retournement, p. 336.

SOLIDARITÉ [sɔlidaʀite] n. f. — 1693; de *solidaire.*

♦ **1.** Dr. **a** État des débiteurs, des créanciers solidaires. *Solidarité conventionnelle, stipulée* (→ Indivisibilité, cit. 2), *légale.* — REM. On a dit *solidité,* vx, en ce sens.

b (1804, Code civil). Caractère solidaire (1.) d'une obligation. *Solidarité active,* le tout est dû à chacun des créanciers. *Solidarité passive,* le tout est dû par chacun des débiteurs. *Solidarité conventionnelle. La solidarité met obstacle à la division de la créance ou de la dette divisible.*

♦ **2.** (1795). Cour. Le fait d'être solidaire (2.); relation entre personnes ayant conscience d'une communauté d'intérêts, qui entraîne, pour un élément du groupe, l'obligation morale de ne pas desservir les autres et de leur porter assistance. *Solidarité d'une personne et d'une autre, avec une autre; de deux personnes. Solidarité avec quelqu'un. Solidarité de classe, sociale, professionnelle.* ⇒ **Esprit** (de corps). *Par solidarité ministérielle* (cit. 1). *Solidarité nobiliaire* (cit. 2). *Solidarité entre gens du milieu, entre des malfaiteurs* (→ la loc. Les loups* ne se mangent pas entre eux). *Solidarité internationale* (→ Leurre, cit. 6). ⇒ **Fraternité.** *La solidarité dans le droit* (3. Droit, cit. 69) *social. Réaliser par l'union* et la solidarité une œuvre en commun* (→ Coopératif, cit. 1). *Organisation de solidarité.* ⇒ **Association, entraide, mutualité.** *Liens de solidarité.* ⇒ **Camaraderie** (→ Se serrer les coudes*; coude à coude*). *Sentiment de solidarité.*

1 On tremble pour Montauban quand on voit la sensibilité terrible qu'une telle chose allait exciter, la solidarité profonde qui, du Nord au Midi, liait dès lors tout le peuple. S'il n'y avait eu personne dans le Midi pour venger une telle chose, tout le Centre, tout le Nord, tout se serait mis en marche. L'outrage était senti au fond des moindres villages.   MICHELET, Hist. de la Révolution franç., III, VIII.

2 Il n'existe pas d'autre voie vers la solidarité humaine que la recherche et le respect de la dignité individuelle.
P. LECOMTE DU NOÜY, l'Homme et sa destinée, III, IX.

Politique de solidarité. Ministère de la solidarité nationale (1981). *Impôt de solidarité.*

Par métonymie. Ensemble de personnes solidaires. *Une nation* (cit. 1) *est une grande solidarité.*

♦ **3.** (1789). Choses. Le fait d'être solidaire (3.). ⇒ **Dépendance.** *Solidarité de deux phénomènes. Solidarité qui unit l'œuvre d'art aux circonstances* (→ 1. Fruit, cit. 24).

CONTR. Indépendance, individualisme.

SOLIDE [sɔlid] adj. et n. m. — 1314, en archit.; sens I, 1, déb. XVIᵉ; du lat. *solidus* «massif».

★ **I.** Adj. **A.** (Après le nom). ♦ **1.** Phys. et cour. Se dit d'un corps dans lequel les molécules sont très rapprochées les unes des autres et vibrent avec une très faible amplitude autour de leurs positions d'équilibre; (cour.) qui a de la cohésion, garde une forme relativement constante lorsqu'il n'est pas soumis à des forces extérieures. *L'état solide, un des trois états de la matière. Degré de dureté*, résistance variable des corps solides. La houille* (cit. 3), hydrocarbure solide. Rendre solide.* ⇒ **Concréter.** *Devenir solide.* ⇒ **Solidifier** (se). *Solution* solide. Physique de l'état solide :* branche de la physique qui s'occupe de la structure et des propriétés des solides (chaleur spécifique, conductivité, propriétés magnétiques et diélectriques, plasticité; structure des alliages des métaux; cristallographie...). — Qui a de la consistance, qui n'est pas liquide (tout en pouvant être plus ou moins mou). ⇒ **Consistant, dur.** *Nourriture* (cit. 2) *solide, qui se mange, par oppos. à liquide, qui se boit. Aliments solides* (→ Manie, cit. 6). — Par ext. Liquide, mais épais*. *Le lait* (cit. 2) *devient plus solide* (Rousseau). *Soupe puissante et solide* (→ Lester, cit. 2).

♦ **2.** Géom. Qui a trois dimensions. *Figure solide* (→ ci-dessous II., n. m.). *Mesures solides ou cubiques* (→ Longueur, cit. 5). *Angle solide :* nombre caractérisant l'ouverture d'un cône, exprimé en stéradians*.

B. ♦ **1.** (1636). Généralement après le nom. Cour. Qui résiste aux efforts, à l'usure; qui garde sa cohésion ou sa rigidité. ⇒ **Résistant.**

— (Constructions). *Mur solide. Construction solide. Cet échafaudage ne paraît pas très solide.* — (Objets fabriqués). *Bateau* (→ Chalutier, cit.), *chaise* (→ Meuble, cit. 6), *échelle* (→ Branlant, cit. 1), *maison solide* (→ Reconstruire, cit. 2). *Attention, cette vieille chaise n'est pas très solide!* — (Matières, matériaux). Qui ne se casse (⇒ **Incassable**), ne se déchire (⇒ **Indéchirable**) pas facilement. *Ce matériau est plus solide, moins solide que le bois, que l'acier. Papier, cuir solide.* ⇒ 1. **Fort.** *Liens, attaches solides. Rendre plus solide.* ⇒ **Consolider, renforcer.**

1 (...) elle se donna le régal d'un massacre, tapant les objets, prouvant qu'il n'y en avait pas un de solide en les détruisant tous.   ZOLA, Nana, XIII.

Par ext. **a** Qui s'use peu, fonctionne longtemps, résiste au temps et à l'usage. ⇒ **Inusable.** *Cette voiture est brillante mais pas très solide. Une montre, un mécanisme solide.* ⇒ **Robuste.**

b Qui ne s'altère pas. *Une couleur solide.*

c Qui garde sa position. ⇒ **Ferme, inébranlable, stable.** *Un treillage solide* (→ Grimpant, cit. 2). ⇒ **Fixe.** *Être solide sur ses jambes.* — (Abstractions). *Assiette* (cit. 4), *position aisée et solide* (→ Attitude, cit. 6). ⇒ **Assuré.**

♦ **2.** (Abstrait). Avant ou après le nom. Sur quoi l'on peut s'appuyer, compter; qui est à la fois effectif et durable. ⇒ **Indéfectible, indestructible, infrangible, positif, réel, sérieux, sûr.** *Son raisonnement repose sur des fondements solides* (par oppos. à *sur le sable*). *Solide diplôme* (cit. 2). *Il n'y a de solide et de durable que la famille* (→ Naturel, cit. 3). *Quelque chose de solide où prendre appui* (→ Enliser, cit. 2), *de plus solide que nos illusions* (→ Net, cit. 9). *Peu solide* (→ Château de cartes*). *Solide bonheur* (→ Époux, cit. 11). *Une garantie solide de la paix* (cit. 17) *du monde. Solide bon sens.* ⇒ **Gros** (→ Quintessencié, cit. 2). *Amitié solide, à toute épreuve*.* ⇒ **Fidèle.** *Argument, conviction* (cit. 4) *solide. Avoir de solides raisons* (→ Conduite, cit. 13). *Connaissances solides.* ⇒ **Exact.** *« Le solide secours de la philosophie »* (→ Âme, cit. 62).

On dit peu de choses solides lorsqu'on cherche à en dire d'extraordinaires.   2
VAUVENARGUES, Réflexions et maximes, 112.

L'esthétique ne repose sur rien de solide. C'est un château en l'air.   3
FRANCE, le Jardin d'Épicure, p. 217.

Par métonymie. *Des amis solides,* liés par une amitié solide (→ Poteau, cit. 8).

♦ **3.** (Avant ou après le nom). Qui est sérieux et important, n'a rien de léger ou de frivole. *Les qualités solides des Anglais* (→ Exclusif, cit. 10). *Elle a de solides qualités.*

♦ **4.** (XVIIᵉ, au moral; 1848, Sand, au physique). Parties du corps, organes... **a** Qui est massif, puissant. ⇒ **Fort, râblé.** *Un mâle* (→ Massif, cit. 4), *un gaillard* (→ Lâcher, cit. 14) *solide. Un solide gaillard.* — Qui a de la force et de la résistance. *Poing* (→ Éreintage, cit. 1), *poigne solide* (→ Gaillard, cit. 16). *Avoir les reins* (1.) *solides* (sens propre et figuré).

b Qui a une santé à toute épreuve, une grande endurance. ⇒ **Increvable** (fam.), **résistant, robuste, vigoureux** (→ Être de fer*, être bâti à chaux* et à sable). *Il était si solide qu'il se sauva de la maladie* (→ Rechuter, cit. 3). *Avoir le coffre, le cœur... solide. Avoir la tête solide.* — Au fig. Supporter le surmenage, les soucis en gardant les idées claires. — Par anal. Se dit des plantes robustes.

Levée avant les autres, faisant la soupe, balayant, récurant, les reins cassés par   4
mille soins, les vaches, le cochon, le pétrin, toujours couchée la dernière! Pour
n'en être pas crevée, il fallait qu'elle fût solide.   ZOLA, la Terre, I, V.

Sans chiqué, je dois bien convenir que ma tête n'a jamais été très solide. Mais   5
pour un oui, pour un non, à présent, des étourdissements me prenaient (...)
CÉLINE, Voyage au bout de la nuit, p. 97.

Loc. *Solide comme un roc, comme le Pont-Neuf,* très robuste.

Je vous dis, solide comme le Pont-Neuf. Comme le Pont-Neuf, oui, je me portais.   5.1
Le Pont-Neuf, bon Dieu.   M. AYMÉ, le Passe-muraille, p. 263.

c Milit. Qui offre une grande résistance à l'ennemi. *Une armée solide* (→ 1. Foudre, cit. 10; pivoter, cit. 5). — Loc. *Soldat solide au poste,* qui s'y maintient contre l'ennemi. — (1913, en sports). Fig. **ÊTRE SOLIDE AU POSTE :** remplir sans discontinuer les mêmes fonctions, exécuter le même travail en dépit des difficultés, du temps, etc. (→ Note, cit. 31); être inébranlable; avoir une robuste santé; être solide.

Sacrée Léonie, murmura-t-il, solide au poste (...)   5.2
R. QUENEAU, Pierrot mon ami, éd. L. de Poche, p. 41.

d Au moral. Qui est équilibré*, stable et sérieux. *Esprit solide et esprit* (cit. 95) *superficiel* (→ Femmelette, cit. 2). *Solides, pondérés, cartésiens* (cit. 1 et 2). *Un bon et solide professeur* (→ Étincelant, cit. 6).

Là est la France durable, moins brillante et moins inquiète, mais solide, la France   6
en soi.   MICHELET, Hist. de la Révolution franç., V, XI.

♦ **5.** (1871, Littré). Fam. Important, intense. ⇒ **Beau, bon.** *Un solide coup de poing. De solides revenus.*

Ça m'a redonné quand même le goût du travail et plein de courage cette solide   7
engueulade.   CÉLINE, Voyage au bout de la nuit, p. 204.

★ **II.** N. m. **A.** (1613). *Le solide, du solide :* ce qui est solide.

♦ **1.** (Concret; du sens I, A). Substance qui n'est ni molle ni liquide; qui résiste. *Marcher sur du solide.*

♦ **2.** (Concret; du sens I, B). Ce qui résiste; spécialt, ce qui s'use peu, fonctionne longtemps. *Acheter du solide. Ça, c'est du solide!*

♦ **3.** (Abstrait). Ce qui est sérieux, important. *Quitter le solide pour s'occuper de fadaises* (cit. 3).

8   Elle s'attachait au solide.   BALZAC, Ursule Mirouët, Pl., t. III, p. 299.

♦ **4.** (1661, Racine). Vx (langue class.). L'argent.

♦ **5.** Phys. L'état solide. *La physique, la chimie du solide.*

B. (1613, en géom.). *Un, des solides.* ♦ **1.** Géom. Figure à trois dimensions, limitée par une surface fermée, à volume mesurable et dont les points sont à des distances invariables. *Le cube* (cit. 2), *la sphère, les polyèdres sont des solides.* ⇒ aussi **Stéréo-**. *Solides idéaux* (1. Idéal, cit. 3). — Cristallographie. *Solides caractéristiques :* les sept formes cristallines élémentaires dont dérivent toutes les autres.

♦ **2.** (Mil. XIXe). Corps solide. *La limite de séparation entre les liquides et les solides* (→ Corps, cit. 2). *Structure cristalline des solides.* — *Solide d'égale résistance,* dont toutes les parties offrent la même résistance à un effort de rupture. *Propriétés mécaniques* (responsables des déformations par application d'une contrainte), *électriques, magnétiques, optiques, thermiques des solides.*

CONTR. (De I.). Fragile. — Liquide, gazeux. — Incertain, douteux. — Frêle, maladif, souffreteux. — Éventé, superficiel. — Faible.
DÉR. Solidement, solidien, solidifier. — V. Solidité, solidus.

SOLIDEMENT [sɔlidmɑ̃] adv. — 1529; de solide.

♦ **1.** D'une manière solide (II., 1.), de façon à retenir, à maintenir, à faire résister aux efforts, à l'usure. *Amarrer solidement un bateau* (→ Haler, cit. 1). *Objet solidement attaché* (→ Habitacle, cit. 3), *maintenu* (cit. 16). — *Tenir solidement.* ⇒ **Bon, dur.**

♦ **2.** Par métaphore. Fermement, de manière solide, inébranlable. *« Une bonne et ancienne famille du pays (...) solidement enracinée* (cit. 12) *dans ce terroir ».*

♦ **3.** Avec stabilité; de manière à tenir. *Solidement assis* (→ Moteur, cit. 5).
De façon sûre, durable. ⇒ **Sérieusement.** *Établir solidement son influence* (→ Docteur, cit. 1). *Hypothèse solidement corroborée. Solidement argumenté* (cit. 5).

♦ **4.** De façon puissante, massive. *Une femme solidement charpentée* (→ Robuste, cit. 1).

♦ **5.** Fam. Avec force. *Rosser solidement qqn* (→ Frire, cit. 5). *Il l'a solidement engueulé.*

CONTR. Fragilement. — Faiblement. — Insuffisamment, mal.

SOLIDIEN, IENNE [sɔlidjɛ̃, jɛn] adj. — 1861, *vibrations solidiennes;* de solide (I., A., 1.).

♦ Didact. Relatif à l'état solide, aux corps solides (par oppos. à *liquidien* et à *gazeux*).

SOLIDIFICATION [sɔlidifikasjɔ̃] n. f. — 1572, rare jusqu'à la fin XVIIIe (1789, *Annales de chimie*); comp. sav. de solide, et *-(i)fication;* les emplois mod. étant sentis comme dérivés de *solidifier.*
Action de solidifier, de se solidifier.

♦ **1.** Phys., chim. Passage direct de l'état liquide* à l'état solide*. *Solidification commençante* (apparition du premier cristal), *finissante* (disparition complète du liquide), lorsqu'on refroidit un liquide pur. *Solidification partielle. Température au point de solidification. Solidification d'un corps par le froid.* ⇒ **Congélation.**
Par métaphore :

1   (...) j'avais cru bien connaître le fond de mon cœur. Mais notre intelligence, si lucide soit-elle, ne peut apercevoir les éléments qui le composent et qui restent insoupçonnés tant que, de l'état volatil où ils subsistent la plupart du temps, un phénomène capable de les isoler ne leur a pas fait subir un commencement de solidification.   PROUST, la Fugitive, Pl., t. III, p. 420.

♦ **2.** Fig. Fait de devenir plus solide, plus ferme.

2   Un catcheur peut irriter ou dégoûter, jamais il ne déçoit, car il accomplit toujours jusqu'au bout, par une solidification progressive des signes, ce que le public attend de lui.   R. BARTHES, Mythologies, p. 23.

CONTR. Amollissement, fusion, liquéfaction.

SOLIDIFIER [sɔlidifje] v. tr. — 1783, Buffon; de solide, et -fier.

♦ **1.** Donner une consistance solide (I., A., 1.) à. *Solidifier une substance* (⇒ **Coaguler, concréter**) *par le froid* (⇒ **Congeler, figer, geler**). *La gelée* (cit. 3) *solidifie les canaux. Hirondelle qui solidifie les parois de son nid* (→ Filamenteux, cit.). — Pron. *Se solidi-*

fier : devenir solide (I., A., 1.). ⇒ **Durcir** (intrans.). *Ciment* (cit. 4) *qui se solidifie.*

♦ **2.** Par métaphore, fig. Rendre plus solide, plus épais, moins fluide.

▶ **SOLIDIFIÉ, ÉE** p. p. adj. *Laves solidifiées.* — Par métaphore. *« La lave refroidie et solidifiée des documents »* (Maurois, in G. L. L. F.).

CONTR. Fluidifier, fondre, liquéfier, vaporiser.

SOLIDITÉ [sɔlidite] n. f. — 1314; rare jusqu'au XVIIIe, où il est aussi employé au sens de « solidarité » (1.); lat. *soliditas,* de *solidus.* → Solide.

♦ **1.** Vx. État de ce qui est solide (I., A., 1.). ⇒ **Consistance.** *La solidité des corps* (→ Considérer, cit. 5). Fig. *Prendre forme et solidité* (→ Environ, cit. 10). ⇒ **Corps** (prendre corps).

♦ **2.** Vx. Géom. Espace limité par un solide (II., 2.). ⇒ **Volume** (cf. La Bruyère, *les Caractères,* XVI, 43).

♦ **3.** Cour. Qualité de ce qui est solide (I., B., 1.). ⇒ **Force, résistance, robustesse.** *Solidité d'une maison, d'un navire* (→ Ourque, cit.), *d'un meuble, d'un tissu, d'un vêtement. Donner de la solidité à un mur.* ⇒ **Consolider, fortifier, renforcer.** *La solidité d'une chaîne dépend du maillon le plus faible.* — *Solidité d'une couleur, d'une teinture* (→ Noir, cit. 43).

1   (...) la fresque ne convient pas aux climats humides, et sa solidité tant vantée ne résiste pas d'ailleurs à l'action de deux ou trois siècles (...)
Th. GAUTIER, Voyage en Russie, I, XV.

(En parlant des êtres vivants). *Avoir une solidité de roc* (→ Fléchir, cit. 13). *Solidité des membres* (→ Aplomb, cit. 3).

2   (...) nous n'avons dû notre salut qu'à notre habileté comme cavalier ainsi qu'à la solidité des jarrets de notre cheval (...)   A. JARRY, Ubu roi, IV, 4.

Qualité de ce qui est ferme, fixe, stable. ⇒ **Assiette, stabilité.** *Solidité d'une position.*

♦ **4.** Qualité de ce qui est solide (I., B., 2.), effectif et durable (→ Pérennité, cit. 2). *La solidité du mariage* (→ Homme, cit. 124), *des institutions* (cit. 16). *La solidité du raisonnement de la théorie est compromise, ébranlée, sapée.*

♦ **5.** Qualité de ce qui est bien établi, bien pensé, sérieux. *Solidité d'un raisonnement, d'une démonstration, d'une thèse. Solidité de jugement.* ⇒ **Fermeté.**

3   Sa raison faisait preuve de solidité dans ses jugements; ses saillies les plus folles recouvraient souvent un grand sens.
SAINTE-BEUVE, Causeries du lundi, 26 mai 1851.

4   (...) une dévotion de petites bougies et de petits pots de fleurs, une théologie de demoiselles, sans solidité (...)
RENAN, Souvenirs d'enfance..., III, Œ. compl., t. II, p. 808.

♦ **6.** Vx. Qualité d'une personne sérieuse, profonde, qui répugne aux choses légères et frivoles. *« Il est (...) d'une sagesse et d'une solidité qui surprend »* (Mme de Sévigné, 1263, 8 févr. 1690).
Mod. Qualité d'une personne en qui on peut avoir toute confiance (d'une grande compétence; d'un grand équilibre, etc.).

CONTR. Fluidité. — Fragilité. — Caducité, désagrégation, ébranlement, faiblesse, précarité, rupture.

SOLIDUS [sɔlidys] n. m. — XXe (in Larousse, 1964); mot lat. « solide ».

♦ Techn. Courbe qui donne la température de fusion commençante d'un mélange de titre variable, en fonction de son titre.

SOLIER [sɔlje] n. m. — V. 1170; *soler,* fin XIe; lat. *solarium,* de *solum* « base, sol ». → 2. Sol.

♦ Archéol. Espace aménagé en chambre au-dessus d'un étage. ⇒ **Grenier, soupente.**

SOLIFLORE [sɔliflɔr] n. m. — V. 1970; du lat. *solus* « seul », et *flor, floris* « fleur ».

♦ Rare. Vase étroit destiné à recevoir une seule fleur. *« Des milliers de soliflores des années 20 »* (*l'Express,* 12 mai 1979, p. 221).

SOLIFLUER [sɔliflye] v. intr. — Mil. XXe (in Larousse, 1953); de *solifluxion.*

♦ Didact. Être soumis à la solifluxion; glisser par solifluxion.

L'été, les eaux agissent aussi : sur les sables, trop peu argileux pour solifluer, elles creusent des ravineaux dans tous les fonds de vallée, elles évacuent les débris, étalent plus loin les alluvions.
V. ROMANOVSKY et A. CAILLEUX, la Glace et les Glaciers, p. 91.

DÉR. Solifluidal.

SOLIFLUIDAL, ALE, AUX [sɔliflцidal, o; sɔliflyidal, o] adj. — Mil. XXe (in Larousse, 1953); de *solifluer,* d'après *fluide.*

♦ Didact. Qui peut subir, ou qui a subi la solifluxion. *Sables soli-fluidaux.*

SOLIFLUXION ou, moins bien, **SOLIFLUCTION** [sɔliflyksjɔ̃] n. f. — Av. 1923 (Larousse); angl. *solifluction* (1906, Andersson); du lat. *solum* « sol », et *fluctio* « écoulement ».

♦ Géol. Glissement du sol (par ex., d'un sol argileux saturé d'eau sur un sous-sol imperméable).

SOLIFUGES [sɔlifyʒ] n. m. pl. — Mil. xxᵉ (*in* Larousse, 1964); bas lat. *solifuga* « tarentule », de *sol, solis* « soleil », et *fugere* « fuir ».

♦ Zool. *Les solifuges :* ordre d'arachnides velus, de grande taille (jusqu'à 7 cm). — Au sing. *Un solifuge.*

SOLILEM [sɔlilɛm] n. m. — 1904, Larousse, *solilemme;* mot alsacien.

♦ Régional (Alsace). Gâteau au beurre et aux œufs, voisin de la brioche.

SOLILOQUE [sɔlilɔk] n. m. — V. 1600; bas lat. *soliloquium* (ivᵉ, saint Augustin), de *solus* « seul », et *loqui* « parler ».

♦ **1.** Monologue (3.), ou monologue (4.) intérieur. Littér. *Les Soliloques,* de saint Augustin. *Les Soliloques du pauvre,* de J. Richepin.

1 Je me dis, je suis à ma place, puisque je vois jouer ma pièce, que j'y suis invité (...) On me trouvera ridicule, impertinent; eh que m'importe... Après ce petit soliloque je me raffermis si bien que j'aurais été intrépide si j'eusse eu besoin de l'être.
ROUSSEAU, les Confessions, VIII.

2 Ursus, était remarquable dans le soliloque. D'une complexion farouche (...)
HUGO, l'Homme qui rit, I, I, Chap. préliminaire, I (cf. Monologue, cit. 4).

♦ **2.** Discours d'une personne qui est seule à parler ou semble ne parler que pour elle, quoiqu'elle se trouve en compagnie et dans des conditions qui normalement appelleraient un échange de propos (→ Épancher, cit. 11).

3 D'Antin (...) en avait fort parlé au Roi, qui en dit du bien, mais qu'elle *(Madame de Lesdiguières)* ne convenait pas à cause du jansénisme dont elle était un peu suspecte. Ce fut un soliloque, auquel il ne lui fut pas répondu un mot.
SAINT-SIMON, Mémoires, III, XXXVI.

4 (...) il avait une verve, une éloquence, et un brio irrésistibles; et, comme chacun se taisait pour l'écouter, avec lui, à la satisfaction générale, la conversation dégénérait vite en soliloque.
Th. GAUTIER, Portraits contemporains, « Balzac », IV.

Spécialt, didact. (conceptualisé, dans les sciences de la communication : linguistique, sémiotique, etc.). Discours d'une personne sans allocutaire, ou dont l'allocutaire est muet.

5 En tout cas, c'est passionnant d'être amoureux d'une jeune fille muette. Cela vous entraîne au soliloque (...)
J. ANOUILH, la Répétition, II.

CONTR. Dialogue.
DÉR. Soliloquer.

SOLILOQUER [sɔlilɔke] v. intr. — 1888, Daudet; de *soliloque.*

♦ Se livrer à un, à des soliloques. ⇒ **Monologuer.**

(...) il ne parlait plus guère à personne, soliloquait en marchant (...)
Alphonse DAUDET, l'Immortel, XI.

SOLIN [sɔlɛ̃] n. m. — 1318, « soubassement d'une construction »; de 2. *sole.*

Technique.

♦ **1.** Espace compris entre deux solives.

♦ **2.** (1876). Petite bande d'enduit en plâtre permettant de raccorder les surfaces situées sur des plans différents; bourrelet de mortier ou de plâtre disposé à la jointure du toit et du mur (notamment pour empêcher les infiltrations).

SOLIPÈDE [sɔlipɛd] adj. et n. m. — 1556; lat. *solidipes,* proprt « au pied *(pes)* massif *(solidus)* », devenu *solipède* par fausse étym., comme composé de *solus* « seul, unique ».

♦ Zool. Dont le pied, non fendu, ne présente qu'un seul sabot (par oppos. à *fissipède*). *Le cheval, l'âne... sont des animaux solipèdes.* — N. m. pl. *Les solipèdes* (vx) : les équidés. — Au sing. *Un solipède.*

SOLIPSISME [sɔlipsism] n. m. — 1878; de l'anc. adj. *solipse,* du lat. *solus* « seul », *ipse* « même (moi-même) », et suff. *-isme.*

♦ **1.** Philos. Idéalisme limite, d'après lequel il n'y aurait pour le sujet pensant d'autre réalité que lui-même.

1 Il ne reste donc que deux solutions pour l'idéaliste : ou bien se débarrasser entièrement du concept de l'autre et prouver qu'il est inutile à la constitution de mon

expérience; ou bien affirmer l'existence réelle d'autrui (...) La première solution est connue sous le nom de solipsisme (...)
SARTRE, l'Être et le Néant, « L'écueil du solipsisme », p. 284.

♦ **2.** Par ext. Littér. Caractère d'une personne, d'un univers de pensée qui est entièrement centré sur soi, hors de toute décision philosophique.

2 La solitude de l'amoureux n'est pas une solitude de personne (l'amour se confie, il parle, se raconte), c'est une solitude de système : je suis seul à en faire un système (peut-être parce que je suis sans cesse rabattu sur le solipsisme de mon discours).
R. BARTHES, Fragments d'un discours amoureux, p. 251.

DÉR. Solipsiste.

SOLIPSISTE [sɔlipsist] adj. et n. — xxᵉ; de *solipsisme.*
Didactique.

♦ **1.** Adj. Propre au solipsisme; fondé sur le solipsisme.

(...) écrivains dont la vie s'est déroulée toujours dans le même cercle, de diamètre réduit, et qui, par conséquent, cherchent leur richesse dans une psychologie solipsiste périmée ou dans une sociologie de seconde main.
R. QUENEAU, Bâtons, chiffres et lettres, p. 162.

♦ **2.** Adj. et n. Partisan du solipsisme.

SOLISTE [sɔlist] n. — 1836; de l'ital. *solista.* → 1. Solo.

♦ **1.** Musicien ou chanteur qui exécute une partie de solo, ou qui interprète une œuvre écrite pour un seul instrument ou une seule voix (→ Entrechat, cit. 5). *Il, elle est soliste aux Concerts X. Une grande soliste de concerts.*

Le chef d'orchestre est un étrange soliste, un exécutant complexe, formé de cent vingt exécutants.
VALÉRY, Pièces sur l'art, *in* Œ., t. II, Pl., p. 1274.

♦ **2.** Par métaphore (en parlant d'animaux). → Grenouille, cit. 5; moustique, cit. 2.

SOLISTIMUM [sɔlistimɔm] n. m. — 1876; *solistime,* 1611; lat. *solistinum,* de *sollus* « entier, intact ».

♦ Didact. Dans l'Antiquité romaine, Présage tiré du fait que les poulets sacrés laissaient tomber des grains de leurs becs en se nourrissant.

SOLITAIRE [sɔlitɛʀ] adj. et n. — xiiᵉ; lat. *solitarius,* de *solus* « seul ».

★ **I.** Adj. ♦ **1.** ⓐ Qui vit seul*, dans la solitude. ⇒ **Esseulé, seul.** *« J'ai pu vivre aussi solitaire et retiré que dans les déserts les plus écartés »* (1. Écarté, cit. 29). *Mieux vaut vivre à deux* (cit. 3) *que solitaire. « On m'élevait* (cit. 36) *alors, solitaire et cachée ». Les gens, les âmes solitaires* (→ Amoindrir, cit. 4; fer, cit. 15; forger, cit. 6). *Animaux solitaires* (→ Blaireau, cit. 1; infréquenté, cit.).

ⓑ Qui vit, qui fait qqch. dans la solitude et s'y complaît (→ Désadapté, cit. 2; farouche, cit. 3; hargneux, cit. 1). — *Contemplatifs solitaires* (→ Nature, cit. 64; et aussi enthousiaste, cit. 3). *Les Rêveries du promeneur solitaire,* ouvrage de J.-J. Rousseau.

ⓒ Qui, même en compagnie, se sent seul. *« Hélas ! je suis, Seigneur, puissant et solitaire »* (→ Laisser, cit. 5). *« Toujours à ses côtés* (cit. 5), *et pourtant solitaire »* (→ aussi Indifférent, cit. 18).

1 Jamais on n'est solitaire, jamais on n'est triste, jamais morose et désolé quand on porte en soi la faculté divine de s'égarer dans les espérances, dès qu'on est seul.
MAUPASSANT, Monsieur Parent, « À vendre ».

2 Elle dort Longuement je l'écoute se taire
C'est elle dans mes bras présente et cependant
Plus absente d'y être et moi plus solitaire
D'être plus près de son mystère
ARAGON, les Yeux d'Elsa, p. 63.

ⓓ D'un être solitaire. *Humeur solitaire, mœurs solitaires* (→ Attendu, cit. 117).

2.1 Alors elle se mit brusquement à parler avec abondance, soulageant son cœur fermé, son pauvre cœur solitaire et broyé, vidant son chagrin (...)
MAUPASSANT, Rosalie Prudent, Pl., t. II, p. 700.

♦ **2.** Littér. (Choses). Qui est seul, non accompagné de choses de son espèce. *Un vase solitaire sur la cheminée.*

Spécialt. Bot. *Fleur solitaire* ou *isolée,* portée au sommet d'une hampe qui n'est pas ramifiée (par ex. : la tulipe). ⇒ **Inflorescence.** — (1904). *Animal solitaire.* — Loc., cour. *Ver solitaire :* le ténia. ⇒ **Ver.** — Archit. *Colonne solitaire,* isolée*. — Phys. *Électron solitaire,* qui n'a pas de symétrique à l'intérieur d'un atome.

♦ **3.** Qu'on accomplit seul, qui se fait ou se passe dans la solitude. *Vie solitaire.* ⇒ **Reclus** (→ Contemplation, cit. 7; déshabituer, cit. 2; ermite, cit. 3; réclusion, cit. 1). *Enfance solitaire et rechignée* (cit. 5). *Oraison* (cit. 2) *solitaire. Mes promenades solitaires et mes rêveries* (cit. 13). *Joies solitaires* (→ Individu, cit. 12). *Ivresse solitaire* (→ Biberon, cit. 2; excès, cit. 17). *« La méditation* (cit. 4) *est un vice solitaire ».*

3 (...) l'individu arraché à la société civilisée et contraint de retrouver, par son effort solitaire, tant d'arts et tant d'industries dont les bienfaits nous entourent (...)
TAINE, Philosophie de l'art, t. II, p. 261.

Loc. *Plaisir solitaire :* masturbation.

♦ **4.** (1240). Lieux. Où l'on est seul ; qui est inhabité ou éloigné des lieux habités. ⇒ **Abandonné, dépeuplé, écarté, retiré** (cit. 30), **sauvage** (→ Apparaître, cit. 2 ; passer, cit. 59 ; profanation, cit. 1 ; promener, cit. 10). *Maison, demeure solitaire* (→ Aspect, cit. 20 ; 1. ombre, cit. 5 ; pardon, cit. 6). *Dans sa chambre solitaire* (→ Dénouer, cit. 3). *Chemins* (cit. 19) *solitaires* (→ Éviter, cit. 13). *« Dans le vieux parc solitaire et glacé... »* (→ Forme, cit. 13, Verlaine).

4 L'endroit était solitaire. Il n'y avait que nous et très certainement (...) depuis longtemps personne n'était passé dans cette combe qui ne menait à rien, sinon à d'autres combes plus sauvages encore.   H. BOSCO, le Sanglier, p. 84.

★ **II.** N. ♦ **1.** (Fin XIIᵉ). Celui qui a choisi la vie érémitique ou monacale. ⇒ **Anachorète, ermite, moine** (cit. 1 ; et → Chambrette, cit. ; démon, cit. 14 ; recouvrer, cit. 3 ; renoncer, cit. 11). *Vivre en solitaire dans un couvent* (→ Bâtir, cit. 16), *un ermitage* (cit. 1). *Les solitaires* (au XVIIᵉ) : les Messieurs (cit. 2) de Port-Royal (→ Face, cit. 44).

(1680). Personne qui a l'habitude de vivre seule, qui se plaît dans la solitude. ⇒ **Misanthrope, sauvage.** ⇒ (fig.) **hibou, loup, loup-garou, ours** (→ Contemplation, cit. 2 ; cuirasse, cit. 3 ; désert, cit. 13 ; imboire, cit. ; participer, cit. 4). *Le solitaire de Combourg* (→ Inventer, cit. 19).

5 Le solitaire est un diminutif du sauvage, accepté par la civilisation.
HUGO, l'Homme qui rit, I, I, Chap. préliminaire, I.

6 (...) il est ce qu'on appelle un « solitaire », autrement dit un moine vivant à l'écart, dans sa cellule.   HUYSMANS, l'Oblat, IV.

EN SOLITAIRE : seul, sans être accompagné. *Traversée de l'Atlantique en solitaire. Faire de l'alpinisme en solitaire.*

♦ **2.** (1834). Vén. Sanglier mâle parmi les plus âgés (5 ans et au delà), qui a définitivement quitté toute compagnie*.

♦ **3.** (1798). Diamant monté seul, en particulier sur une bague* (→ Métronome, cit.).

♦ **4.** (1752). Jeu qui se joue seul, avec une planchette dans laquelle on doit déplacer des fiches selon certaines combinaisons. *Jouer au solitaire.* — Matériel avec lequel on joue à ce jeu. *Acheter un solitaire ancien en ébène et ivoire.*

♦ **5.** (1791). Oiseau de grande taille, des îles Mascareigne, qui fut exterminé au XVIIIᵉ siècle. *Le solitaire de la Réunion. Le solitaire de Rodriguez.*

CONTR. (De I., 1.) **Sociable.** — (De I., 3.) **Fréquenté.**
DÉR. **Solitairement, solitarisme.**

SOLITAIREMENT [sɔlitɛʀmɑ̃] adv. — V. 1190 ; de *solitaire.*

♦ En solitaire, dans la solitude, sans personne auprès de soi. *Vivre solitairement* (→ 2. Guignette, cit.).

En dépit de toute protestation de sympathie, l'être, dans sa chair, souffre toujours solitairement, et c'est aussi pourquoi la guerre est possible.
G. DUHAMEL, Récits des temps de guerre, I, Nuits en Artois, I.

SOLITARISME [sɔlitaʀism] n. m. — 1968, Larousse ; de *solitaire.*

♦ Psychiatrie. État d'isolement volontaire pathologique.

SOLITUDE [sɔlityd] n. f. — 1213, « état d'un lieu désert » ; lat. *solitudo,* de *solus* « seul ».

♦ **1.** (V. 1398). Situation d'une personne qui est seule* (I., 1.), de façon momentanée ou durable. ⇒ **Isolement** (cit. 5). *« La solitude est à l'esprit ce que la diète* (1. Diète, cit. 2) *est au corps ». Quelques heures de solitude chaque jour* (→ Écrasant, cit. 4 ; et aussi rêverie, cit. 13). *Solitude supportable, insupportable* (→ Indépendance, cit. 7 ; jeu, cit. 57). *La solitude lui pèse* (→ Effrayer, cit. 12). *Solitude complète* (→ 1. Part, cit. 16). *Savoir peupler* (cit. 4) *sa solitude. Avoir besoin de solitude* (→ Défriper, cit.), *le goût de la solitude* (→ Bruit, cit. 4). *Troubler la solitude de qqn.* (→ aussi Indiscret, cit. 4). *La solitude nécessaire à l'artiste* (→ Conquérir, cit. 7 ; élément, cit. 15 ; étude, cit. 35 ; mission, cit. 9). — *Solitude à deux,* d'un couple qui s'isole (→ Montée, cit. 7 ; noce, cit. 3).

1 (...) il la (l'âme) faut ramener et retirer en soi : c'est la vraie solitude, et qui se peut jouir au milieu des villes et des cours des Rois ; mais elle se jouit plus commodément à part.   MONTAIGNE, Essais, I, XXXIX.

2 SEUL ET LIBRE, ACCOMPLIR SA MISSION. Suivre les conditions de son être, dégagé de l'influence des Associations, même les plus belles. Parce que la Solitude seule est la source des inspirations. LA SOLITUDE EST SAINTE.
A. DE VIGNY, Stello, XL.

2.1 La solitude, ce n'est pas de vivre seule, c'est de vivre chez les autres, chez des gens qui ne s'intéressent pas à vous, pour qui vous comptez moins qu'un chien (...)
O. MIRBEAU, le Journal d'une femme de chambre, p. 109.

3 (...) à peine Albertine était-elle partie pour sa promenade que j'étais vivifié, fût-ce pour quelques instants, par les exaltantes vertus de la solitude.
PROUST, la Prisonnière, Pl., t. III, p. 25.

4 Robert a aussi réussi ce tour de force : il m'a protégé de l'isolement sans me priver de la solitude. Tout nous était commun : pourtant j'avais mes amitiés, mes plaisirs, mon travail, mes soucis à moi.   S. DE BEAUVOIR, les Mandarins, p. 47.

Situation d'une personne qui vit habituellement seule (I., 2.) ou presque seule, qui a peu de contacts avec autrui. ⇒ **Retraite.** *Vivre dans la solitude.* ⇒ **Cocon, coin, coque,** 1. **ombre, tanière.** *« La solitude effraye* (cit. 3) *une âme de vingt ans ». « Le commerce des livres* (1. Livre, cit. 26) *me console en la vieillesse et en la solitude ». Le monde* (cit. 45) *et la solitude* (→ aussi Davantage, cit. 15 ; renoncement, cit. 1).

5 Je suis né avec un amour naturel pour la solitude qui n'a fait qu'augmenter à mesure que j'ai mieux connu les hommes. Je trouve mieux mon compte avec les êtres chimériques que je rassemble autour de moi qu'avec ceux que je vois dans le monde (...)   ROUSSEAU, Première lettre à M. de Malesherbes, 4 janv. 1762.

5.1 Une solitude excessive est un aussi grand mal que le manque de solitude.
R. ROLLAND, Deux hommes se rencontrent, p. 121.

6 Les religieuses de la Providence expulsées, sœur Marie-Gabrielle s'est réfugiée chez Mᵐᵉ Macaire, et, après un demi-siècle de solitude, ne peut-elle reprendre l'habitude de la foule ?   M. JOUHANDEAU, Chaminadour, II, XIII.

(Av. 1648). État d'abandon, de séparation, où se sent l'homme, vis-à-vis de Dieu, des consciences humaines ou de la société. ⇒ **Isolement** (→ Rappeler, cit. 26). *Le Christ a vaincu la solitude humaine.* ⇒ **Déréliction** (→ Croix, cit. 11). *Solitude morale* (→ Horreur, cit. 22). *L'écrivain parle volontiers de sa solitude* (→ Écriture, cit. 17 ; et aussi œuvre, cit. 24). *Ce fardeau* (cit. 8) *terrible, la solitude ! L'individu et sa solitude* (→ Fonder, cit. 20).

7 Il savait d'expérience que la pire souffrance est dans la solitude qui l'accompagne.
MALRAUX, la Condition humaine, IV, 11 avril, 3 heures et demie.

8 Le sentiment d'une solitude universelle, quand je pensais à ce vieux prêtre, me glaçait. J'enfonçais dans un froid désespoir. L'absence de Dieu, d'une désolante évidence, me devenait aussi sensible que, dans le sanctuaire déserté, le silence des prières. J'étais seul.
H. BOSCO, Un rameau de la nuit, p. 217 (→ Seul, cit. 13).

♦ **2.** (V. 1265). Vieilli ou poét. Lieu solitaire* (3.) *« Fleuves, rochers, forêts, solitudes si chères... »* (→ Dépeupler, cit. 11). *S'écarter* (1. Écarter, cit. 18) *dans les solitudes. L'amour des solitudes* (→ 3. Mal, cit. 23). — Spécialt. ⇒ **Désert.** *« Des grands sphinx allongés au fond des solitudes »* (→ Attitude, cit. 7 ; et aussi gypaète, cit. 2).

9 Solitude, où je trouve une douceur secrète,
Lieux que j'aimai toujours (...)
LA FONTAINE, Fables, XI, 4. (→ Asile, cit. 21).

10 (...) nous voulions aller vivre comme des ermites dans une solitude rustique ?
G. DUHAMEL, Chronique des Pasquier, V, III.

(XVᵉ). Vx. Propriété, habitation dans un lieu solitaire. ⇒ **Thébaïde** (→ Dérouter, cit. 1 ; déranger, cit. 12 ; local, cit. 4).

Par métaphore, fig. *Paris est une solitude peuplée* (→ Désert, cit. 18 ; et aussi, cit. 11). *Solitude intérieure* (→ Désert, cit. 14).

11 (...) tout ce que les hommes se disent entre eux se ressemble (...) mais, dans l'intérieur de toutes ces machines isolées, quels replis, quels compartiments secrets ! C'est tout un monde que chacun porte en lui ! un monde ignoré qui naît et qui meurt en silence ! Quelles solitudes que tous ces corps humains !
A. DE MUSSET, Fantasio, I, 2.

Cour. Caractère, aspect, atmosphère solitaire (d'un lieu). *La mythologie* (cit. 2) *ôtait à la création sa grandeur et sa solitude* (→ aussi 3. Mal, cit. 11). *La solitude des forêts* (→ Exprimer, cit. 2 ; nature, cit. 65), *de l'océan* (→ Instinct, cit. 14), *de la nuit* (→ Mécontent, cit. 4). *Dans la solitude de sa chambre* (→ Frileux, cit. 2).

12 La solitude de cet endroit où il s'était commis tant de crimes avait quelque chose d'affreux.   HUGO, les Misérables, II, IV, I.

CONTR. **Compagnie, société.**

SOLIVAGE [sɔlivaʒ] n. m. — 1629 ; de *solive.*

♦ Techn. Ensemble des solives d'une construction.

SOLIVE [sɔliv] n. f. — Fin XIIᵉ, *souslive* ; de 2. *sole,* et *-ive.* → Censive.

♦ **1.** Chacune des pièces de charpente qui s'appuient sur les poutres et sur lesquelles sont fixées, en dessus les planches du plancher, en dessous les lattes du plafond. ⇒ **Sapine** (→ Languir, cit. 4 ; plus, cit. 4). *Assemblage des solives.* ⇒ **Chevêtre, doubleau, enchevêtrure.** *Intervalle entre deux solives.* ⇒ **Entrevous.** *Solives apparentes, décorées...* (→ Acanthe, cit. 2 ; cuisine, cit. 2 ; plafonner, cit. 1).

1 De larges solives de chêne rayaient le plafond, toutes bistrées et noircies par la fumée du foyer et des chandelles.   Th. GAUTIER, Mˡˡᵉ de Maupin, X.

2 (...) la maîtresse poutre et les solives du plafond, apparentes, avaient noirci à la longue, d'un ton sale de suie.   ZOLA, Lourdes, p. 137.

♦ **2.** Anciennt. Unité de mesure utilisée pour les bois équarris, et valant 102,8 dm³.
Pied, pouce de solive, mesures anciennes de volume.

DÉR. Solivage, soliveau.

SOLIVEAU [sɔlivo] n. m. — V. 1330; *souliviau;* régional, 1296, de *solive.*

♦ **1.** Petite solive. (→ Ber, cit.).

♦ **2.** Fig., littér. (Par allus. à la fable de La Fontaine : *Les grenouilles qui demandent un roi,* où Jupiter envoie aux grenouilles un *soliveau* «un roi tout pacifique», → Aventurer, cit. 2). Homme faible et débonnaire, sans autorité.

À vous voir ainsi, ma belle délicate, les pieds dans la fange et les yeux tournés vaporeusement vers le ciel, comme pour lui demander un roi, on dirait vraisemblablement une jeune grenouille qui invoquerait l'idéal. Si vous méprisez le soliveau (ce que je suis maintenant, comme vous savez bien), gare la grue *qui vous croquera* (...)   BAUDELAIRE, le Spleen de Paris, XI.

♦ **3.** Par compar. *Être, rester (quelque part) comme un soliveau,* immobile, inactif. — Fig. (compar. lexicalisée). *C'est un soliveau* (même sens).

SOLLICITATION [sɔlisitasjɔ̃] n. f. — Fin xvᵉ; «instigation», 1404; lat. *sollicitatio,* de *sollicitare.* → Solliciter.
Action de solliciter.

♦ **1.** Invite ou tentation insistante, susceptible d'entraîner. ⇒ **Appel, excitation.** *Le souvenir est pour moi une sollicitation salutaire* (→ Rappel, cit. 6). *Les sollicitations les plus aimables de la vie* (→ Morosité, cit. 2). *L'émotif* (cit. 3) *est sensible à des sollicitations insignifiantes.* ⇒ **Incitation, stimulation.**

1   (...) heureux chaque fois qu'une sollicitation nouvelle arrachait son esprit à ses douloureuses obsessions.   M. VAN DER MEERSCH, l'Élu, p. 92.

♦ **2.** (1664). Demande instante, démarche pressante. ⇒ **Demande, instance, prière, requête.** *Répondre aux ardentes* (cit. 29) *sollicitations d'un père.* Céder (cit. 16) *aux sollicitations de... Faire face aux sollicitations.* ⇒ **Assaut, attaque** (→ Finance, cit. 2). *Résister à leur sollicitation* (→ Boycotter, cit. 1; et aussi inflexible, cit. 3). *Obtenir sans aucune sollicitation et d'office* (cit. 5).

2   Mᵐᵉ de Souvré avait l'art, s'il s'agissait d'appuyer une sollicitation auprès de quelqu'un de puissant, de paraître à la fois aux yeux du solliciteur le recommander, et aux yeux du haut personnage ne pas recommander ce solliciteur (...)
                                   PROUST, Sodome et Gomorrhe, Pl., t. II, p. 649.

♦ **3.** (Fin xixᵉ). Techn. Action physique, force qui s'exerce sur un objet. *Un ouvrage de maçonnerie doit résister aux sollicitations. La manette répond à la moindre sollicitation.*

♦ **4.** Action psychologique ou physique exercée sur un être. *Ce cheval répond bien aux sollicitations.* (⇒ **Stimulation**).
Stimulation exercée pour obtenir l'apparition d'un comportement. *Techniques de sollicitation.*

SOLLICITER [sɔlisite] v. tr. — 1332, sens 2; lat. *sollicitare,* proprt «remuer totalement», de l'anc. mot *sollus* «tout», et *ciere* «mouvoir».

♦ **1.** Vieilli ou littér. Inciter (qqn) de façon pressante et continue de manière à entraîner. ⇒ **Appeler, convier, déterminer, inviter, porter, pousser, provoquer.** — *Solliciter qqn à qqch. Solliciter à la révolte, au mal* (Académie). (Sujet n. de chose). ⇒ **Attirer, tenter.** *La rue sollicite les passants* (→ Grouiller, cit. 8). *Sollicité par bien d'autres soins* (→ Astreindre, cit. 4), *par un charme* (→ Persuasion, cit. 4). — Vx. *Solliciter qqn de..., à...* (suivi de l'infinitif).

1   Un soir, en hiver, qu'il s'en retournait à son couvent, il fut attaqué par une de ces créatures qui sollicitent les passants; elle lui paraît jolie : il la suit (...)
                              DIDEROT, Jacques le fataliste, Pl., p. 655.

(V. 1355). Mod. Agir sur (qqch.) en éveillant, en entraînant, en stimulant. ⇒ **Exciter** (→ Fond, cit. 28). *Solliciter l'attention de qqn par des signes.* ⇒ **Attirer** (→ Promener, cit. 16). — Au p. p. *Instincts sollicités et fortifiés par l'épreuve* (→ Aptitude, cit. 7). *Centre nerveux sollicité dans l'acte réflexe* (cit. 1). *Production sollicitée par des besoins* (→ Biologie, cit. 2).

2   (...) ces livres qui sollicitent sans cesse ma curiosité et la fatiguent sans la satisfaire?   FRANCE, le Crime de S. Bonnard, V, *in* Œ., t. II, p. 470.
Inciter (un animal, un sujet humain) à agir. *Solliciter un cheval. Solliciter un singe sur lequel on fait des expériences psychologiques.* ⇒ **Stimuler.** *Solliciter des informateurs.*

♦ **2.** (1530). Prier (qqn), faire appel à (qqn) de façon pressante, en vue d'obtenir quelque chose. ⇒ **Assiéger, importuner, requérir;** et → Manche (tirer la), porte (frapper à la). *Les anciens plaideurs devaient «solliciter» leurs juges* (→ Épice, cit. 4). *Solliciter qqn de faire qqch.,* le prier de... — Vx. *Solliciter un procès, une affaire :* faire les démarches nécessaires à la conduite d'un procès. ⇒ **Solliciteur.** — Vx. *Solliciter qqn d'une chose,* la lui demander.

3   Ne me refusez pas la grâce dont je vous sollicite.   MOLIÈRE, l'Avare, II, 5.
4   J'ai eu le tort hier d'oublier de vous solliciter au sujet d'une décision académique (...)   SAINTE-BEUVE, Correspondance, 1166, 13 janv. 1841.

Par ext., vieilli. Demander (qqch.) «fortement et avec instance» (Académie). ⇒ **Implorer, réclamer** (→ Philhellène, cit.; préliminaire, cit. 2). — Demander dans les formes, comme le veut l'usage quand on s'adresse à une autorité ou à qqn d'influent. *Solliciter une audience, l'entrée* (cit. 9)... *Solliciter les suffrages* (⇒ **Briguer, rechercher**), *l'appui* (→ Foudroyer, cit. 16), *l'agrément, la recommandation... Solliciter une faveur, une grâce* (⇒ **Quémander, quêter**), *une gratification* (cit. 2), *une aumône* (⇒ **Mendier;** → Revendiquer, cit. 2). *Solliciter un emploi, une place* (cit. 43). ⇒ **Postuler.** *Solliciter qqch. de qqn* (→ Déranger, cit. 4; faussaire, cit. 6). *Monsieur le Ministre, j'ai l'honneur de solliciter de votre haute bienveillance...*

5   Toute distinction qu'il faut solliciter ne me tente pas; si l'on veut m'en donner, on sait bien où me trouver : mais, pour les démarches, je n'en suis pas.
                              Camille COROT, raconté par lui-même..., p. 138.
6   (...) il avait obtenu (...) un mandat dont il n'avait d'ailleurs jamais, comme on dit dans le style parlementaire, sollicité le renouvellement.
                              G. DUHAMEL, Chronique des Pasquier, VIII, II.

♦ **3.** (1863, Renan). Forcer l'interprétation de (un texte). → Interprétation, cit. 3, Renan. — Passif et p. p. *Sa déclaration a été fortement sollicitée.*

7   Au vrai, pour justifier son attentat contre une conscience libre, M. Bourgès-Maunoury a dû solliciter ce texte et lui faire dire ce qu'il ne dit pas.
                              F. MAURIAC, Bloc-notes 1952-1957, p. 227.

♦ **4.** Exercer une force sur. *Solliciter la manette des gaz.* — Au p. p. *Le mur, trop fortement sollicité, s'est écroulé.*

▶ **SOLLICITÉ, ÉE** p. p. adj. Voir à l'article ci-dessus.
CONTR. Obtenir.
DÉR. Solliciteur.

SOLLICITEUR, EUSE [sɔlisitœʀ, øz] n. — 1347, *soliciteur;* de *solliciter.*

♦ **1.** Vx. Personne qui sollicite (en son nom ou pour une autre) un procès, une affaire, en visitant les juges, etc. ⇒ **Solicitor** (anglic.).

♦ **2.** (1527). Mod. Personne qui sollicite (une faveur, un emploi...) auprès de quelqu'un d'influent ou d'une autorité (→ Qui, cit. 57; sollicitation, cit. 2). ⇒ **Demandeur, quémandeur;** et aussi **antichambre** (pilier d'). *Éconduire un solliciteur. Refuser de reparaître en solliciteuse* (→ Dignité, cit. 12).

Sur la morne table que recouvre le traditionnel tapis vert et que ne connaissent que trop les solliciteurs familiers des antichambres ministérielles (...)
                    COURTELINE, Messieurs les ronds-de-cuir, Vᵉ tableau, III.

SOLLICITUDE [sɔlisityd] n. f. — V. 1265; lat. *sollicitudo.*

♦ **1.** Vx ou archaïque. Soin*, préoccupation (→ Exercice, cit. 2; fosse, cit. 2; 1. mou, cit. 20; perspective, cit. 12; prévoir, cit. 3). *La sollicitude des choses à venir* (→ Incertitude, cit. 8, Montaigne). ⇒ **Inquiétude, souci.**
REM. Le mot était considéré comme archaïque au xviiᵉ s. → Étrangement, cit. 2, Molière.

♦ **2.** Mod. Attention soutenue, à la fois soucieuse et affectueuse, à l'égard d'un être cher, d'un travail. ⇒ **Intérêt.** *Tendre sollicitude.* ⇒ **Affection** (→ Homélie, cit. 5). *Sollicitude maternelle* (cit. 2). *Soigner qqn avec une sollicitude extrême* (→ 1. Coucher, cit. 3). *Regard plein de sollicitude* (→ Quêter, cit. 6). *Polir* (cit. 1) *un objet avec sollicitude.* — (*Une, des sollicitudes*). *Témoignage de sollicitude.*

1   (*Marius*) n'était point gagné et était peu attendri par toutes les sollicitudes et toutes les tendresses de son grand-père.   HUGO, les Misérables, V, V, II.
2   (...) il veillait sur lui avec une sollicitude inquiète, il lui donnait la main dans les mauvais pas, comme à une petite fille, il avait peur qu'il ne fût las, il avait peur qu'il n'eût chaud, il avait peur qu'il n'eût froid (...)
                    R. ROLLAND, Jean-Christophe, Le matin, II, p. 161.

CONTR. Indifférence.

SOLMISATION [sɔlmizasjɔ̃] n. f. — 1821, *in* D.D.L.; de *solmiser.*

♦ Mus. anc. Action de solfier dans le système de l'hexacorde, avant l'emploi de la gamme actuelle.

SOLMISER [sɔlmize] v. tr. — 1829; *solmifier,* 1703, Brossard; de 3. *sol, mi,* et suff. verbal.

♦ Mus. anc. Solfier dans le système des hexacordes.
DÉR. Solmisation.

1. SOLO [sɔlo] n. m. — 1703; mot ital., proprt «seul».

♦ **1.** Morceau ou passage qui est joué ou chanté par un seul (souvent avec accompagnement). *Des solos d'instruments* (→ Exhibition, cit. 2). *Solo de piano, de batterie* (en jazz). ⇒ **Chorus.** *Des solos ou des soli.* — Par anal. Partie d'un ballet dansé par un seul artiste. — Par appos. *Violon solo.* ⇒ **Soliste.**

1 Le baryton solo chante un chant pathétique que les chœurs entonneront « tutti » après un « Dies iræ » où l'on ne retrouve ni les accents terrifiants de Berlioz et de Verdi, ni les trompettes du Jugement, mais une simple fanfare de cors.
V. JANKÉLÉVITCH, Fauré et l'inexprimable, p. 328.

Par extension :

2 *(Des)* bavardages particuliers où la voix de l'orateur se détache en solo tonnant ou timide sur un accompagnement continu. Alphonse DAUDET, le Nabab, XVI.

♦ **2.** Loc. (1877). EN SOLO. [a] Sans accompagnement. *Jouer en solo.*

[b] Par ext. Fam. (À propos d'une activité qui se pratique en équipe). Seul, en solitaire. *Course en montagne en solo. Tour du monde en solo. — Camion qui circule en solo,* sans sa remorque.

♦ **3.** *Spectacle solo, en solo :* spectacle assuré par un seul artiste sur scène (cf. l'anglicisme *one man show**).

♦ **4.** (1933). *Faire solo :* aux tarots, jouer seul contre les autres joueurs.

CONTR. Chœur, ensemble.
HOM. 2. Solo.

2. SOLO [sɔlo] n. m. ou f. — D. et orig. inconnues.

♦ Franç. d'Afrique. Variété de papaye obtenue par sélection (I.F.A.). *Solo rouge.* — Appos. *Papaye Solo.*
HOM. 1. Solo.

SOLOGNOT, OTE [sɔlɔɲo, ɔt] adj. — XVIIᵉ, n. m., « laine des moutons solognots »; de *Sologne.*

♦ De Sologne, région de France comprise entre le val de Loire et la vallée du Cher. *Campagne solognote. — Race solognote de moutons.*

SOLONETZ [sɔlɔnɛts] n. m. invar. — Mil. xxᵉ; mot russe.

♦ Didact. (géogr., géol.). Sol salé ou halomorphe à alcali, comprenant du carbonate de sodium qui disperse l'argile (à la différence des solontchaks*).

SOLONTCHAK [sɔlɔ̃tʃak] n. m. — Mil. xxᵉ; mot russe.

♦ Didact. Sol salé, portant des sels solubles pouvant s'accumuler en surface sous forme d'efflorescences blanches. *A la différence des solonetz*, les solontchaks ne contiennent pas de carbonate de sodium.*

SOL-SOL [sɔlsɔl] adj. ⇒ 2. **Sol.**

SOLSTICE [sɔlstis] n. m. — V. 1265; *solsticium,* v. 1119; lat. *solstitium,* de *sol* « soleil », et *stare* « s'arrêter », parce que le Soleil semble être stationnaire pendant quelques jours.

♦ **1.** Cour. *Solstice d'hiver** (21 ou 22 déc.), *solstice d'été** (21 ou 22 juin) : jours, respectivement le plus court et le plus long de l'année (⇒ **Saison**).

1 Ce qui se déploie en lui *(Jaurès),* c'est une vision du mouvement de l'année. Le rythme processionnel des quatre saisons. La vie de l'humanité suspendue elle-même aux clous d'or des solstices. Le temps des moissons. Le temps des fruits.
J. ROMAINS, les Hommes de bonne volonté, t. IV, XXIII, p. 254.

♦ **2.** (1756). Astron. Chacune des deux époques où le Soleil* atteint son plus grand éloignement angulaire du plan de l'équateur; point de l'écliptique qui y correspond (→ Gnomon, cit.; inégal, cit. 1). *Les solstices sont sur le diamètre de l'écliptique* perpendiculaire à la ligne des équinoxes*. Colure* des solstices.* — Figuré, littéraire :

2 Mais certains défauts, certaines qualités sont moins attachés à tel individu, à tel autre, qu'à tel ou tel moment de l'existence considéré au point de vue social. Ils sont presque extérieurs aux individus, lesquels passent dans leur lumière comme sous des solstices variés, préexistants, généraux, inévitables.
PROUST, le Temps retrouvé, Pl., t. III, p. 970.

DÉR. Solsticial.

SOLSTICIAL, ALE, AUX [sɔlstisjal, o] adj. — 1379; de *solstice.*

♦ Didact. (astron). Relatif aux solstices. *Points solsticiaux. Époques solsticiales.*

SOLUBILISANT, ANTE [sɔlybilizɑ̃, ɑ̃t] adj. et n. — Mil. xxᵉ; de *solubiliser.*

♦ Didact. Qui rend soluble ou plus soluble. « *Le groupement solubilisant (...) la fonction solubilisante* » (E. Mayolle, les Industries du savon et des détergents, 1962, p. 27).

SOLUBILISATION [sɔlybilizasjɔ̃] n. f. — Mil. xxᵉ; de *solubiliser.*

♦ Didact. (phys., techn.). Le fait de rendre soluble ou plus soluble; opération par laquelle on rend soluble (un produit). ⇒ aussi **Dissolution.**

Le principe *(de la fabrication des pâtes chimiques)* est la solubilisation plus ou moins complète par un alcali de la lignine qui se trouve mêlée dans le bois à la cellulose (...) J.-C. REGGIANI, Industries et Commerce du bois, 1966, p. 117.

SOLUBILISER [sɔlybilize] v. tr. — 1877; de *soluble.*

♦ Techn. Rendre soluble par un traitement approprié. — Au p. p. Cour. *Cacao, café solubilisé.*
DÉR. Solubilisant, solubilisation.

SOLUBILITÉ [sɔlybilite] n. f. — 1753; de *soluble.*

♦ Caractère, propriété de ce qui peut se dissoudre. ⇒ **Dissolubilité.** *La solubilité du calcaire* (→ Dissolution, cit. 2). Chim. Proportion de substance qui peut être dissoute dans le solvant. *Coefficient de solubilité :* masse ou nombre de moles ou encore volume d'une substance dissoute dans une masse donnée (100 g, 1000 g, par ex.) ou dans un nombre de moles donné (100 ou 1 000) ou encore dans un volume donné (100 ou 1 000 cm³) de solvant, à saturation, pour une température et une pression déterminées.
CONTR. Insolubilité.

SOLUBLE [sɔlybl] adj. — V. 1270; « destructible », v. 1265; bas lat. *solubilis,* de *solvere* « délier, dissoudre ».

★ **I.** Qui peut se dissoudre (dans un liquide; par ex. : l'eau, l'alcool, un métal fondu, etc.). *Café soluble* ⇒ **Nescafé.** *Roche perméable, soluble* (→ Caverne, cit. 3). — *Ferment soluble* (opposé à *ferment figuré*) : agent susceptible de produire une fermentation; enzyme (→ Diastase, cit. 2). *Poisson soluble,* texte d'André Breton.

★ **II.** (1690). Qui peut être résolu. ⇒ **Résoluble.** *Problème soluble. Situation difficilement soluble.*

(...) cela devenait effroyable. Le premier goret venu aurait trouvé parfaitement soluble cette situation... Marchenoir ne voyait pas le moyen de s'en tirer à si peu de frais (...) Léon BLOY, le Désespéré, p. 72.
CONTR. et COMP. Insoluble.
DÉR. Solubiliser, solubilité, solucamphre.

SOLUCAMPHRE [sɔlykɑ̃fʀ] n. m. — xxᵉ; nom déposé; de *soluble,* et *camphre.*

♦ Pharm. Dérivé du camphre, soluble dans l'eau et employé comme cardiotonique.

L'huile camphrée, très longtemps employée *(pour « soutenir » le cœur)* a été remplacée par des dérivés du camphre, solubles dans l'eau (solucamphre).
A. GALLI et R. LELUC, les Thérapeutiques modernes, 1961, p. 73.

SOLUNAIRE [sɔlynɛʀ] adj. — 1957, Larousse mensuel, nov., p. 368; de *sol(eil),* et *lunaire.*

♦ Didact. Qui concerne à la fois le soleil et la lune. *Influences solunaires. — Heures solunaires,* où l'attraction de la lune et du soleil sont maximales, et qui détermineraient l'activité alimentaire des poissons. *Les heures solunaires seraient favorables à la pêche.*

SOLUTÉ [sɔlyte] n. m. — 1836; *solutum,* 1829; dér. sav. du lat. *solutus* « dissous ».
Pharmacie.

♦ **1.** Préparation médicamenteuse liquide formée par la dissolution* d'une substance solide dans un liquide. ⇒ **Solution.** *Soluté isotonique. Soluté physiologique :* sérum artificiel (solution de chlorure de sodium : 7,5 g par litre d'eau, etc.). *Solutés injectables.*

♦ **2.** Chim. Substance dissoute dans un solvant. *Dans une solution aqueuse de chlorure de sodium, le chlorure de sodium est le soluté, l'eau le solvant.*

SOLUTION [sɔlysjɔ̃] n. f. — V. 1360, sens II; *soluciun,* v. 1119; aussi « action de défaire, de dénouer », en moyen franç.; lat. *solutio,* de *solvere.*

★ **I.** ♦ **1.** (1314, chir.; plaie, fracture, etc.). SOLUTION DE CONTINUITÉ : interruption de la continuité (choses concrètes et abstraites); séparation, ce qui sépare. ⇒ **Interruption, hiatus, rupture.** *Sans solution de continuité :* joint, continu.

1 L'habit, démesurément plissé par devant et par derrière, forma comme une bosse au milieu du dos, et produisit entre le gilet et le pantalon une solution de continuité par laquelle se montra la chemise. BALZAC, l'Interdiction, Pl., t. III, p. 40.

2 Une révolution, qu'est-ce que cela prouve? Que Dieu est à court. Il fait un coup

d'État, parce qu'il y a solution de continuité, entre le présent et l'avenir, et parce que, lui, Dieu, il n'a pas pu joindre les deux bouts.

HUGO, les Misérables, IV, XII, II.

Méd. *Solution de continuité* : séparation des tissus qui sont normalement continus. — *Solution de contiguïté* : séparation de structures qui sont normalement en contact, sans être réunies ni continues.

♦ **2.** (1690). Chim. Action de dissoudre* (un solide) dans un liquide ; le fait de se dissoudre. ⇒ **Dissolution.** *Substance en solution. Solution complète. Solution à chaud.*

♦ **3.** Chim. et cour. (En parlant des liquides). Mélange homogène (ne formant qu'une seule phase*) de deux ou plusieurs sortes de molécules. — *Solution formée d'un gaz dissous dans un liquide, de plusieurs liquides miscibles. Solution liquide. Solution solide* : solide homogène dans lequel certains groupes d'atomes ou de molécules peuvent se trouver remplacés par d'autres sans en modifier la structure fondamentale (cristaux mixtes, isomorphes ; certains alliages). *Solution solide de substitution, d'insertion. Solution idéale, solution réelle. Chaleur de solution* (ou de dissolution). *Solution colloïdale,* ou *sol* (colloïdal), système hétérogène où des particules (en général de 1 à 100 millimicrons) d'une phase dispersée sont distribuées dans un milieu continu de dispersion (l'air pour les aérosols) ; on distingue les «suspensoïdes» (ex : sol d'argent dans l'eau ou collargol) et les «émulsoïdes» (ex : gélatine, albumine). *Solutions colloïdales hydrophobes, hydrophiles. Solution normale,* contenant un «équivalent-gramme» (p. at. divisé par la valence du corps) par litre de solution. *Solution molaire,* renfermant une mole de soluté par litre de solution. *Solution saturée*, à saturation*. Solution tampon,* dont la concentration en ions hydrogène (⇒ **pH**) ne change pas avec la dilution. *Chaleur, entropie, pression de solution.* — *Médicament en solution. Solution médicamenteuse, pharmaceutique.* ⇒ **Soluté, teinture.** *Solution mucilagineuse.* ⇒ **Mucilage.** *Solution de collodion. Titre* en alcool d'une solution alcoolique.*

3 La baisse de Londres était légère, ondulation à peine visible de la courbe montante des prix, mais elle tombait dans un marché si chargé de stocks qu'elle entraîna tous les courages, comme une goutte suffit à précipiter une solution sursaturée.

A. MAUROIS, Bernard Quesnay, XXI.

(1811). Cour. Liquide contenant un solide dissous. ⇒ **Solvant.**

★ **II.** (Abstrait). ♦ **1.** (V. 1360). Opération mentale qui, en substituant une pluralité analysable à un ensemble complexe d'éléments entremêlés, parvient à surmonter une difficulté, à résoudre une question, un problème théorique ou pratique (⇒ **Résolution**) ; spécialt, résultat de cette opération, les connaissances qu'elle implique et la réalité qui y correspond. ⇒ **Résultat.** *«Il n'y a pas de problèmes, il n'y a que des solutions»* (→ Marrant, cit., Gide). *Solution d'un problème mathématique. Solution d'une équation* (cit. 2). ⇒ **Racine** (→ Déduire, cit. 5 ; figure, cit. 5). *Chercher, trouver la solution d'une énigme.* ⇒ **Clef.** *Un problème sans solution.*

4 On sait qu'il arrive assez souvent que la solution désirée nous vienne après un temps de désintéressement du problème, et comme la récompense de la liberté rendue à notre esprit.

VALÉRY, Variété, «Théorie poétique et esthétique», in Œ., t. I, Pl., p. 1354.

5 (...) j'essayai de développer l'idée que les équations de la Mécanique ondulatoire admettraient toujours deux solutions couplées dont l'une, à singularité, représenterait réellement la structure du dualisme onde-corpuscule tandis que l'autre, continue, donnerait seulement l'aspect statistique du déplacement d'un nuage de corpuscules.

L. DE BROGLIE, Physique et Microphysique, p. 184.

♦ **2.** (En parlant de situations complexes et concrètes). ⇒ **Difficulté, problème.** Ensemble de décisions et d'actes qui peuvent résoudre une difficulté (→ Constant, cit. 3 ; contrat, cit. 4 ; difficile, cit. 14). *Accepter, préconiser* (cit. 3), *trouver une solution, la solution.* ⇒ **Moyen.** *Chercher des solutions. Solution grossière* (→ 2. Expédient, cit. 9), *hâtive, immédiate* (→ Panacée, cit. 3). *Solution de paresse* (cit. 7), *de facilité. Solution de remplacement. Ce n'est pas une solution!* (→ Cela n'arrange* rien). *C'est la meilleure solution.*

6 Contre leurs solutions bâtardes, anglo-françaises, soi-disant constitutionnelles, il présentait des théories (...) générales, universelles (...)

MICHELET, Hist. de la Révolution franç., IV, V.

7 (...) tout génie semble apporter à son art une solution définitive et exclusive (...)

GIDE, les Faux-Monnayeurs, II, III.

8 Voyez-vous (...) dans la vie il n'y a pas de solutions. Il y a des forces en marche : il faut les créer et les solutions suivent.

SAINT-EXUPÉRY, Vol de nuit, XIX.

9 (...) l'action historique ne s'est jamais réduite à un choix entre les données brutes, mais (...) elle a toujours été caractérisée par l'invention de solutions nouvelles à partir d'une situation définie.

SARTRE, Situations II, p. 314.

10 Six ans d'une guerre plus horrible qu'aucune autre par certains de ses aspects, ont fait dire, répéter et écrire partout comme la chose la plus évidente : «Il n'y a pas de solution militaire».

F. MAURIAC, le Nouveau Bloc-notes 1958-1960, p. 348.

Hist. *La solution finale* : le projet d'extermination des Juifs par les Nazis.

♦ **3.** Manière dont une situation compliquée se dénoue en une nouvelle situation ; événements qui la terminent. ⇒ **Achèvement, conclusion, dénouement, fin, issue, terminaison.** *Brusquer la solution d'une crise.*

Dr. Paiement. *Poursuivre un débiteur en justice jusqu'à parfaite solution.*

DÉR. Solutionner, solutionniste.

SOLUTIONNEMENT [sɔlysjɔnmɑ̃] n. m. — Déb. xxᵉ ; de *solutionner.*

♦ (Mot critiqué). Action de solutionner. ⇒ **Résolution.** *Le solutionnement d'une question difficile. Chercher un solutionnement rapide.*

SOLUTIONNER [sɔlysjɔne] v. tr. — 1795, cit. *infra* ; rare av. 1894 ; de *solution.*

♦ (Mot critiqué). Résoudre. *Solutionner un problème.*

1 Où en sommes-nous ? Cette question est souverainement, constamment importante. Elle devrait toujours être posée, solutionnée en tête de chaque harangue d'un écrivain révolutionnaire.

BABEUF, le Tribun du peuple, 10 déc. 1795, in D.D.L, II, 11.

REM. Ce verbe condamné par de nombreux puristes, est «solidement installé dans le monde du parlement et du journalisme» (Hanse). Il doit sa fortune au fait que *résoudre* est un verbe irrégulier, et à la prépondérance de la conjugaison en *-er* ; «enfin, et surtout, la langue tend à laisser transparaître dans le verbe un substantif correspondant» (G. Redard, *Journal de Genève,* 3 déc. 1955). Il semble être surtout utilisé dans la langue administrative.

2 Madame la Directrice, vous me résumerez, en quelques lignes le problème et surtout vous me donnerez les références exactes de votre établissement, cela me permettra d'aller en discuter au cabinet de M. le Ministre. Je dois m'y rendre à la fin de cette semaine. Peut-être cette affaire sera-t-elle d'emblée solutionnée.

Yanny HUREAUX, la Prof., p. 173.

DÉR. Solutionnement.

SOLUTIONNISTE [sɔlysjɔnist] adj. et n. — 1872, *solutioniste,* in D.D.L. ; de *solution,* et *-iste.*

♦ Rare. Qui recherche systématiquement des solutions. — Nom :

C'est que notre vie du dehors, à nous tous coloniaux et voyageurs, fait de nous les adversaires irréductibles de «l'esprit de bouton», des rivalités d'uniformes, d'administrations et de bureaux, de l'esprit mandarinal, parce que nous sommes toujours des solutionnistes, tandis que l'esprit auquel je m'attaque est essentiellement obstructionniste.

L.-H. LYAUTEY, Paroles d'action, p. 5.

SOLUTRÉEN, ENNE [sɔlytʀeɛ̃, ɛn] adj. et n. m. — 1868 ; de *Solutré,* en Bourgogne.

♦ Didact. Relatif à une période du paléolithique récent, en France, et à la culture qui y correspond. — N. m. *Le solutréen précède le magdalénien ; géologiquement, il fait partie du pléistocène. — (Un, les solutréens).* Les humains de cette période.

(...) le solutréen (...) n'est pas un homme mais une certaine façon de fabriquer un objet qui, selon toute vraisemblance, est la transposition en pierre des pointes de sagaie en matière osseuse. Rempli de son seul contenu réel, le fait solutréen ne relève plus que du commerce des idées : on pourra, un jour, lorsque la préhistoire sera plus avancée, montrer la progression de l'idée solutréenne à travers l'Europe des environs de 15 000 avant notre ère (...)

A. LEROI-GOURHAN, le Geste et la Parole, t. I, p. 202.

COMP. Solutréo-magdalénien.

SOLUTRÉO-MAGDALÉNIEN, IENNE [sɔlytʀeomagdalenjɛ̃, jɛn] adj. — xxᵉ ; de *solutré(en),* et *magdalénien.*

♦ Didact. Relatif aux époques solutréenne et magdalénienne.

Le cycle *solutréo-magdalénien* ne comprend pas, dans le solutréen, de peintures, mais des œuvres pariétales gravées et sculptées.

Félix TROMBE, la Spéléologie, p. 103.

SOLVABILITÉ [sɔlvabilite] n. f. — 1660 ; de *solvable.*

♦ Dr., littér. Fait d'être solvable ; possibilité de payer (ses dettes). *S'assurer de la solvabilité d'un acheteur ; certificat, garantie de solvabilité* (⇒ **Ducroire** ; et → Garant, cit. 2).

1 J'ajoute, qu'il n'avait presque jamais égard à la solvabilité de ses Acheteurs : non faute de jugement, mais par humanité.

RESTIF DE LA BRETONNE, la Vie de mon père, p. 155.

2 (...) dans le cas où vous auriez des craintes sur ma solvabilité, je vous offrirais, pour garants de l'exécution de nos conventions, messieurs Mongenod, banquiers, rue de la Victoire.

BALZAC, l'Initié, Pl., t. VII, p. 400.

CONTR. Insolvabilité.

SOLVABLE [sɔlvabl] adj. — 1328, rare av. xviᵉ ; du lat. *solvere.*

♦ Dr. ou style soutenu. Qui a les moyens de payer ses créanciers. *Débiteur solvable* (→ aussi Gaillard, cit. 21). *Caution solvable. Je ne sais pas s'il est solvable.*

CONTR. Insolvable.

DÉR. Solvabilité.

SOLVANT [sɔlvɑ̃] n. m. — 1890, P. Larousse, *Deuxième Suppl.*; dér. sav. du lat. *solvere* «dissoudre».
Chimie, pharmacie, technique.

♦ **1.** Substance (le plus souvent liquide, ex. : eau, alcool) qui a le pouvoir de dissoudre d'autres substances (⇒ **Dissolvant**). *Employer du white-spirit comme solvant. Solvant de dégraissage. Solvant sélectif.*

♦ **2.** Constituant (généralement liquide) d'une solution dans laquelle a été dissous un soluté (généralement solide).

SOLVATATION [sɔlvatasjɔ̃] ou **SOLVATISATION** [sɔlvatizasjɔ̃] n. f. — 1949, *solvation*; *solvatisation*, 1933; de *solvatiser* «combiner un corps dissous avec son solvant» (1933).

♦ Chim. Association moléculaire entre un soluté et son solvant. *Solvatation des ions.*
DÉR. Solvate.

SOLVATE [sɔlvat] n. m. — 1933, Larousse; de *solvatiser*.

♦ Chim. Corps obtenu par solvatation.

1. SOMA [sɔma] n. m. — 1902, cit.; grec *sôma* «corps».

♦ Biol. L'ensemble des cellules non reproductrices de l'organisme (opposé à *germen* [cit. 1 et 2]). ⇒ aussi **Hérédité.**
On sait qu'il y a deux parties dans l'homme, l'une apparente et périssable, l'ensemble des organes que nous appelons corps, le soma; et cette partie périssable comprend même la «petite agitation qui en résulte, dite la pensée ou l'âme» immortelle.
A. JARRY, le Surmâle, VIII, *in* Œ. compl., t. III, p. 193 (1902).
DÉR. Somation.

2. SOMA [sɔma] n. m. — 1890, P. Larousse, *Deuxième Suppl.*; mot sanscrit.

♦ Didact. Liqueur servant aux offrandes dans les sacrifices, dans l'Inde védique. *Le soma, boisson enivrante, avait une valeur symbolique.*

SOMALI, IE [sɔmali] ou **SOMALIEN, ENNE** [sɔmaljɛ̃, ɛn] adj. et n. — 1875; de *Somalie*.

♦ De la Somalie, pays d'Afrique du Nord-Est, bordant le golfe d'Aden et l'océan Indien, et voisine de l'Éthiopie. *L'économie somalie* ou *somalienne*. — Spécialt. De la population chamitique, musulmane qui habite la Somalie. — N. *Les Somalis. Une Somalie.*
Comme toutes les tribus somalies qui les environnent, les Ogadines sont entièrement nomades (...) RIMBAUD, Rapport sur l'Ogadine, 10 déc. 1883, *in* Correspondance, XCIII, Pl., p. 369.
N. m. *Le somali :* ensemble des parlers en usage chez les Somalis.

SOMATION [sɔmasjɔ̃] n. f. — 1953; de 1. *soma.*

♦ Biol. Acquisition, au cours du développement, de caractères qui modifient le soma sans modifier le germe, le support biochimique (chromosomes) du patrimoine génétique.
HOM. 1. Sommation, 2. sommation.

SOMATIQUE [sɔmatik] adj. — 1855; du grec *sômatikos* «du corps, corporel», de *sôma* «corps».

♦ **1.** Méd. Psychol. Qui concerne le corps (opposé à *psychique*). Qui est purement organique, qui provient de causes physiques. ⇒ **Physiologique.** *Aspects somatiques des crises d'angoisse* (⇒ **Psychosomatique**; → Nerveux, cit. 8). — Psychan. *Complaisance somatique.* ⇒ **Somatisation.**

♦ **2.** Biol. (Déb. xxᵉ; de 1. *soma*). Relatif au soma (opposé à *germinal* ou *germinatif*). *Cellules somatiques et gamètes* (→ Héréditaire, cit. 3). *Variation, mutation somatique.*
On appelle mutation somatique une mutation qui affecte, non pas une cellule germinale, mais une cellule du corps. Jean ROSTAND, l'Homme, VII.
DÉR. Somatiser.
COMP. Psychosomatique.

SOMATISATION [sɔmatizasjɔ̃] n. f. — Mil. xxᵉ; de *somatiser.*

♦ Psychol., psychan. et cour. Le fait de somatiser, de se somatiser. *La somatisation d'une angoisse.*

SOMATISER [sɔmatize] v. tr. — Mil. xxᵉ; de *soma(tique)*, cf. grec *sômatizein* «revêtir d'un corps, incarner».

♦ Psychan. et cour. Rendre somatique (1.) un trouble psychique. *Il a somatisé son angoisse.* Absolt. *Il somatise.* «*Je somatise, tu soma-*

tises, nous somatisons... Toquade? Ennoblie par le vocabulaire, la maladie n'est plus honteuse, puisqu'elle est "psychosomatique" » (*Elle,* 20 juil. 1978, p. 45).

▶ **SE SOMATISER** v. pron.
Devenir somatique (en parlant des symptômes).

▶ **SOMATISÉ, ÉE** p. p. adj. *Symptômes somatisés.*

SOMATO- Élément, du grec *sôma* «corps», entrant dans la composition de mots de biologie, de médecine. Ex. : *somato-agnosie*, n. f. (1951, Piéron) : fait de ne pas ressentir une partie du corps (⇒ **Asomatognosie**); *somatoblaste*, n. m. (1897, Cuénot); *somatocyte*, n. m. (mil. xxᵉ) : cellule du soma; *somatotonie*, n. f. (1951, Piéron) : composante de la personnalité, caractérisée par le courage, l'esprit d'aventure, l'extraversion, la claustrophobie; *somatotopie*, n. f. (1951, Piéron) : description, connaissance des correspondances entre régions encéphaliques et régions du corps.

SOMATOGÈNE [sɔmatɔʒɛn] adj. — 1961, cit. *infra*; de *somato-*, et *-gène.*

♦ Didact. Qui a son origine dans les tissus ou les organes. ⇒ **Physiogène.** — Opposé à *psychogène.*
Les mécanismes physiopathologiques peuvent être aussi bien mis en branle par des facteurs somatogènes, par exemple des drogues psychotropes, que par des facteurs psychiques, par exemple l'émotion (...)
Jean DELAY, Introd. à la médecine psychosomatique, «Notes et observations», p. 116 (1961).

SOMATOGENÈSE [sɔmatɔʒɛnɛz; sɔmatɔʒɛnɛz] n. f. — 1972, Manuila; de *somato-*, et *genèse.*

♦ Biol. Développement du corps, de l'organisme, à partir des cellules somatiques. «Acquisition des caractères corporels» *(Dict. de médecine et de biologie).*

SOMATOGNOSIE [sɔmatɔgnozi] n. f. — 1952, Porot; de *somato-*, et *-gnosie.*

♦ Didact. Conscience, représentation que l'individu a normalement de son propre corps. ⇒ **Schéma** (corporel). *Perturbations de la somatognosie.* ⇒ **Asomatognosie**; aussi **somato-** (somatoagnosie).

SOMATOLOGIE [sɔmatɔlɔʒi] n. f. — 1762; de *somato-*, et *-logie.*

♦ Vx, méd. Étude, anatomie des parties solides de l'organisme (ostéologie, myologie).

SOMATOPLEURE [sɔmatoplœr] n. f. — 1904, Larousse; t. créé en angl., 1874; de *somato-*, et grec *pleuron* «flanc». → Pleuro-, plèvre.

♦ Embryol. Feuillet externe du mésoderme qui tapisse la surface interne de la cavité embryonnaire primitive et dont dérivent notamment les feuillets pariétaux de la plèvre, du péricarde et du péritoine. *Somatopleure et splanchnopleure.*

SOMATOPSYCHIQUE [sɔmatopsiʃik] adj. — Mil. xxᵉ (1946, *in* D.D.L.); de *somato-*, et *psychique.*
REM. On écrit aussi *somato-psychique.*

♦ Méd. Qui concerne à la fois les caractères physiques (somatiques) du corps et les particularités psychiques d'un individu. *Constitution somatopsychique.*
Or, l'invention n'est pas du travail; elle ne suppose pas médiation jouée par l'homme somato-psychique, entre la nature et l'espèce humaine. L'invention n'est pas seulement une réaction adaptative et défensive; elle est une opération mentale, un fonctionnement mental qui est du même ordre que le savoir scientifique
Gilbert SIMONDON, Du mode d'existence des objets techniques, p. 247.
Spécialt. Relatif aux procédés physiques, chimiques, appliqués aux faits psychiques (l'opération inverse est dite *psychosomatique**). *L'électrochoc utilisé en psychiatrie fait partie de la méthode somato-psychique.*
(...) on peut désigner sous le nom de méthode somato-psychique l'ensemble des moyens physiques et chimiques aujourd'hui utilisés en psychiatrie dans le traitement des désordres psychologiques, ainsi l'électrochoc dans les mélancolies, la cure insulinique dans les schizophrénies, la chirurgie cérébrale (...)
Jean DELAY, Introd. à la médecine psychosomatique, note 5, p. 46 (1961).

SOMATOSTATINE [sɔmatostatin] n. f. — 1972, R. Guillemin, *Comptes-rendus de l'Académie des sciences*; de *somato-*, rad. *stat-*, et suff. *-ine.*

♦ Chim., biol. Hormone peptidique du cerveau, de quinze acides aminés, inhibant la sécrétion des hormones de croissance (insuline et glucagon). *Le gène de la somatostatine comprend 45 paires de base, capables de coder au moyen de 3 nucléotides l'intégration d'un acide aminé dans la chaîne peptidique.*

SOMATOTROPE [sɔmatotʀɔp] adj. — 1941, P. Rey ; de *somato-*, et *-trope.*

♦ Biol., méd. Qui agit sur le corps. *Hormones somatotropes :* hormones sécrétées par l'hypophyse, qui interviennent dans le développement du soma et favorisent la croissance du corps (opposé à *gonadotrope*).

DÉR. Somatotropique.

SOMATOTROPHINE [sɔmatotʀɔfin] n. f. — 1959 ; de *somato-*, et grec *trophê* «nourriture».

♦ Biochim. Hormone de structure polypeptidique, sécrétée par le lobe antérieur de l'hypophyse, qui stimule l'assimilation des protéines et la croissance des tissus. — On dit aussi *hormone de croissance, hormone somatotrope, somatostimuline, somathormone.*

SOMATOTROPIQUE [sɔmatotʀɔpik] adj. — 1973, *la Recherche ;* de *somatotrope.*

♦ Biol., méd. Relatif aux hormones somatotropes.

SOMBRE [sɔ̃bʀ] adj. — 1530 ; *sombre cop* (coup) «meurtrissure», 1374 ; probablt plus ancien, cf. le comp. *essombre* «obscurité», 1260, et l'adv. *sombrement* 1433 ; probablt dér. d'un ancien v. *sombrer* «faire de l'ombre», du bas lat. *subumbrare,* de *sub-*, et *umbra* «ombre».

REM. *Sombre,* sauf au sens II, 4, se place avant ou après le nom, l'antéposition étant littér. ou marquée.

★ **I. ♦ 1.** Qui est peu éclairé, reçoit peu de lumière. ⇒ **Noir, obscur.** *Pièce sombre. Sombre comme un caveau, un cachot, une prison, un souterrain, un tombeau... Basses et sombres églises* (→ Monument, cit. 8). *Sombre sous-bois.* ⇒ **Ombreux.** — Loc. *Coupe sombre* (par oppos. à *coupe claire, blanche).* ⇒ **Coupe.**

1 Nous irons dans des bois, sous des feuillages sombres
Où jamais le soleil n'a su forcer les ombres. THÉOPHILE DE VIAU, Élégie.

2 (...) tous les sbires de Grenade, en grande tenue, entouraient l'église si sombre de Saint-Dominique. À peine si en plein midi on y voit à se conduire.
STENDHAL, Romans et nouvelles, «Le coffre et le revenant».

Qui est obscurci, privé de lumière. ⇒ **Assombri.** *Ciel sombre et orageux.* ⇒ **Bas.** *Le ciel est moins sombre.* « *Les astres émaillaient* (cit. 4) *le ciel profond et sombre* » (Hugo). *Il fait sombre* (→ 1. Brouillard, cit. 6). — *Nuit* sombre.* ⇒ **Aveugle** (cit. 31), **noir.** « *Les sombres azurs de la nuit* » (→ Obscurité, cit. 4, Hugo).

3 La nuit vint deux heures plus tôt, tant le ciel était sombre.
MAUPASSANT, Contes de la Bécasse, «La peur».

N. m. Littér. *Le sombre de la nuit* (→ 1. Aube, cit. 5). ⇒ **Obscurité, ténèbres.**

Par ext. Qui donne peu de clarté. *Jour*, temps sombre,* blafard, crépusculaire.

4 Le jour, si c'est du jour que cette clarté sombre,
N'a l'air de se lever que pour regarder l'ombre (...)
HUGO, l'Année terrible, févr. 1871, v.

Peu clair, et par là triste, menaçant, sinistre. *Sombres abîmes* (cit. 8). *La terre morne* (1. Morne, cit. 3) *et sombre...*

5 Chicago, noirci par ses fumées, assombri par les brouillards du lac Michigan, est d'un rouge ténébreux et sinistre. Pittsburg est plus sombre encore.
SARTRE, Situations III, p. 103.

(Av. le nom). Mythol. *Les sombres bords* (→ Proie, cit. 7), *le sombre empire, les sombres rivages.* ⇒ **Enfer** (→ Infernal, cit. 2).

♦ **2.** (1694). En général après le nom. Qui est mêlé de noir (⇒ **Noirâtre**), ou se rapproche du noir. *Couleur, teinte sombre.* ⇒ **Foncé.** *Eau d'un bleu épais, sombre* (→ Plomber, cit. 6). *Vêtements* (→ Puce, cit. 7), *cheveux* (→ 1. Forêt, cit. 6) *sombres. Un lichen* (cit.) *sombre, brun, profond. Rouge* (cit. 17), *vert sombre* (→ Globe, cit. 11 ; île ; cit. 3).

♦ **3.** (D'un son, d'une voix). Grave ou voilé (→ Râpeux, cit. 2).

★ **II. Par métaphore ou fig. ♦ 1.** Par métaphore. Qui évoque des idées de ténèbres, de difficulté extrême ou de noirceur morale. « *Le vice toujours sombre dans son âme* » (→ Enfoncer, cit. 43). — Poét. Qui évoque la mort, le deuil, le danger. ⇒ **Brumeux** (poét.), **funèbre, ténébreux** (→ Bergerie, cit. 3, Chénier ; emmitoufler, cit. Baudelaire). Spécialt. Chez Hugo. ⇒ **Noir** (I., B., 5.). « *La pâle mort mêlait les sombres bataillons* » (cit. 5). — aussi Écueil, cit. 9 ; hurlant, cit. 1 ; 1. ombre, cit. 29 ; oubli, cit. 10.

♦ **2.** (Fin XVIe). Fig. Dont les pensées, les sentiments sont empreints de tristesse, d'abattement, de douleur ou d'inquiétude. ⇒ **Amer, assombri, morne, morose, noir** (I., B., 1.), **taciturne, ténébreux, triste** (→ Morosité, cit. 1). *Le plus sombre des misanthropes* (cit. 1). — Poét. *La sombre Envie* (cit. 8), *la sombre Jalousie* (cit. 16). — *Air, expression* (cit. 36), *physionomie* (cit. 1), *visage sombre,* d'une sévérité triste ou menaçante. ⇒ **Sinistre.** *Regard sombre. Caractère*

(→ Égrotant, cit. 2), *humeur* (→ Dérider, cit. 1), *tempérament sombre.* ⇒ **Atrabilaire, bilieux, mélancolique, pessimiste.** — Par ext. *Pensée sombre et noire* (cit. 22). *S'abîmer dans de sombres réflexions* (→ Broyer* du noir). *Une sombre colère* (→ Imprécation, cit. 4). « *Jusqu'au sombre plaisir d'un cœur mélancolique* » (cit. 2).

♦ **3.** (1689). Choses. D'une tristesse tragique ou menaçante. ⇒ **Funèbre, funeste, inquiétant, sinistre, tragique ; dantesque.** *Les heures les plus sombres de notre histoire. Avenir sombre* (→ Nombre, cit. 21). *Sombres calamités* (→ Palingénésie, cit. 1). — N. m. « *Du sombre, du lamentable, j'en ai vu dans mon existence...* » (Daudet, l'Immortel, p. 335).

6 Nous entrons dans un temps sombre, de complots, de violences. Dès septembre, tout devient obscur. MICHELET, Hist. de la Révolution franç., IV, IV.

Qui n'est pas clairement compréhensible, et paraît menaçant. *Il se tramait un sombre complot.*

♦ **4.** (Av. le nom). Fam. Déplorable, lamentable. *Un sombre mystificateur* (→ Loustic, cit. 5). *C'est un sombre idiot, une sombre brute. Une sombre histoire.*

7 (...) il se paya le cinéma qui dispersa tout ce carnaval au profit d'une sombre histoire de sombre assassinat. R. QUENEAU, Loin de Rueil, p. 142.

CONTR. Éclairé ; éblouissant, éclatant, enflammé, illuminé, luisant, rayonnant ; diaphane. — Blanc, clair, criard, frais, vif. — Gai, enjoué, jovial, joyeux, radieux, satisfait.
DÉR. Sombrement, 3. sombrer, sombreur.
COMP. Assombrir.

SOMBREMENT [sɔ̃bʀəmɑ̃] adv. — 1433 ; de *sombre.*

♦ **1.** D'une manière sombre, triste, sinistre. *Il la regardait sombrement. Elle réfléchissait sombrement aux années passées.*

♦ **2.** Rare. De manière sombre, avec des couleurs sombres.

Si les hommes sont aujourd'hui plus sérieux que les femmes, c'est qu'ils sont vêtus plus sombrement.
GIDE, les Faux-Monnayeurs, I, VII, in Romans, Pl., p. 980.

1. SOMBRER [sɔ̃bʀe] v. intr. — 1687 ; *sombrer sous les voiles,* 1654 ; *soussoubrer,* 1614 ; p.-ê. de l'esp. *zozobrar,* ou du port. *sossobrar,* «se renverser, chavirer».

♦ **1.** (D'un bateau). Cesser de flotter, s'enfoncer dans l'eau, faire naufrage. ⇒ **Abîmer** (s'), **chavirer, couler, disparaître, engloutir** (s'), **perdre** (se), **périr** (corps et biens). → Boucher, cit. 2 ; désespoir, cit. 17 ; étreinte, cit. 1. *Les rats* (cit. 5) *quittent le navire quand il va sombrer.*

1 Le navire en détresse tire des coups de canon d'alarme, mais il sombre avec lenteur... avec majesté. Celui qui n'a pas vu un vaisseau sombrer au milieu de l'ouragan, de l'intermittence des éclairs et de l'obscurité la plus profonde (...) celui-là ne connaît pas les accidents de la vie.
LAUTRÉAMONT, les Chants de Maldoror, II.

Par anal. (En parlant d'un enlisement). → Enliser, cit. 1.

♦ **2.** (1830). Fig. Échouer, disparaître. *Tous ses projets ont sombré.* — Disparaître, s'anéantir, se perdre. — *Son intelligence, sa raison a sombré.* — (1862). Personnes. **SOMBRER DANS** (qqch.) : être entraîné dans qqch. de tragique, ou qui anéantit. *Sombrer dans le sommeil* (→ Cataleptique, cit. ; dormir, cit. 9), *dans l'inconscience. Sombrer dans le désespoir* (→ Faillite, cit. 5), *dans la misère...* ⇒ **Enliser** (s'), **glisser, noyer** (se). *Un procès, où il pouvaient sombrer* (→ Ouvrir, cit. 23). — *Sombrer dans la démence, la folie.*

2 (...) elle s'était mise à boire pour échapper à elle-même, se sauver du présent, se noyer et sombrer quelques heures dans ces sommeils, dans ces torpeurs léthargiques (...) Ed. et J. DE GONCOURT, Journal, 21 août 1862, t. II, p. 41.

3 Hegel a tenté de le remplacer *(Dieu),* par son système, et le système a sombré ; Comte, par la religion de l'humanité, et le positivisme a sombré.
SARTRE, Situations I, p. 153.

4 Mais au moment de mes premières sorties seul, avec des camarades, à quinze ans, j'ai juré à maman de ne jamais sombrer dans la boisson (...)
J. ANOUILH, Ornifle, III.

CONTR. (Du 1.). Flotter.
HOM. 2. Sombrer, 3. sombrer.

2. SOMBRER [sɔ̃bʀe] v. tr. — 1296, in Du Cange, *Suppl. ;* lat. pop. **somarare,* du rad. gaulois **somaro-,* de **samo-* «été» (cf. all. *Sommer,* angl. *summer).*

♦ Agric. Donner une première façon, un premier labour à (une terre ; spécialt, à un vignoble).

HOM. 1. Sombrer, 3. sombrer.

3. SOMBRER [sɔ̃bʀe] v. tr. — 1872 ; «rendre sombre», 1611 ; de *sombre.*

♦ Rare, littér. Rendre sourd (la voix). ⇒ **Assourdir.** *Sombrer la voix.*
— Au p. p. *Une voix sombrée.*
HOM. 1. Sombrer, 2. sombrer.

SOMBRERO [sɔ̃bʀeʀo] n. m. — 1615; rare jusqu'au XIXe; *som-brère,* v. 1590; mot esp., de *sombra* « ombre ».

♦ Chapeau à large bord, porté surtout en Amérique latine. *Sombrero mexicain. Des sombreros. Les sombreros et les mantilles,* évocation de l'Espagne, du Mexique..., dans une chanson.
> Un autre rabattait sur son visage un vaste feutre taillé en sombrero.
> HUGO, l'Homme qui rit, I, I, II.

SOMBREUR [sɔ̃bʀœʀ] n. f. — 1823, *in* D.D.L.; de *sombre.*
Littéraire et rare.

♦ **1.** Caractère de ce qui est peu éclairé. *La sombreur de la pièce.* « *Dans la sombreur violette du vallon* » (A. Daudet, *in* G. L. L. F.).
> Sous le regard de Pierre Cortal, plus rien maintenant n'existait que la bouteille, les trois verres et le tapis; par-delà, sombreur décroissante et noir.
> Félix VALLOTON, Corbehaut, p. 150.

♦ **2.** Caractère de ce qui est d'une couleur sombre, foncée. *La sombreur de son vêtement,* « *de son regard* » (Huysmans, *in* G. L. L. F.).

♦ **3.** Caractère (d'une personne) triste. — Par ext. *La sombreur de son caractère.*

♦ **4.** Caractère (d'une chose) sinistre, tragique. « *La sombreur du temps* » (1823, *in* D.D.L.).

-SOME Élément, du grec *sôma* « corps » (ex. : *centrosome, chromosome, ribosome*).

SOMESTHÉSIE [sɔmɛstezi] n. f. — 1951, Piéron; du grec *sôma* « corps » (→ Somato-), et *-esthésie.*

♦ Didact. Sensibilité générale (cutanée, interne, posturale), excluant les perceptions fournies par les organes sensoriels. ⇒ aussi **Statesthésie.** *Somesthésie et schéma* corporel.*
DÉR. Somesthésique.

SOMESTHÉSIQUE [sɔmɛstezik] adj. — Av. 1975 *(in* Porot, art. *Schéma corporel);* de *somesthésie.*

♦ Didact. Relatif à la somesthésie. *Les informations visuelles, vestibulaires, somesthésiques.*

SOMITE [sɔmit] n. m. — 1893; en angl., 1869; du grec *sôma* « corps », et *-ite.*

♦ **1.** Embryol. Chacune des petites masses de tissu conjonctif résultant de la segmentation du mésoblaste situé de part et d'autre du tube neural (⇒ **Métamère, métamérie**), et dont dérivent par différenciation les segments correspondants des tissus mous et du squelette. Syn. : *métamère.*

♦ **2.** Zool. Chacun des anneaux (d'un arthropode).

SOMMABLE [sɔmabl; sɔmabl] adj. — 1942, cit. *infra;* de 2. *sommer,* et *-able.*

♦ Didact. Dont la somme peut être calculée; qui peut faire l'objet d'une sommation (2. Sommation).
> L'ensemble des observations est-il sommable? La limite semblait exister. Elle existait quand la perception directe était seule.
> VALÉRY, Cahiers, vol. 26, p. 77 (C.N.R.S.).

SOMMAIRE [sɔmmɛʀ; sɔmɛʀ] adj. et n. m. — 1538 (mais *sommairement* dès le XIIIe); du lat. *summarium* « abrégé », rac. *summa* « somme ».

★ **I.** ♦ **1.** Qui est résumé brièvement. *Description* (cit. 8), *projet* (→ Dresser, cit. 16), *note sommaire* (→ Épars, cit. 9). ⇒ **Court, petit.** *Exposé sommaire* (⇒ **Aperçu, argument...**).
> 1 Il est bien entendu que je vous fais là un exposé des plus sommaires, et qu'il faudrait, pour préciser la vue que je viens d'esquisser, consulter bien des livres (...)
> VALÉRY, Regards sur le monde actuel, *in* Œ., t. II, Pl., p. 1081.

♦ **2.** (1843). Qui est fait promptement, sans formalité ou sans grandes formalités. ⇒ **Expéditif.** *Exécution* sommaire* (au fig. → Malmener, cit. 2). *Jugement sommaire. Justice* (cit. 23) *sommaire et barbare.* — *Procédure sommaire. Matières sommaires,* affaires qui doivent être jugées promptement et avec peu de formalités.
> 2 Il est trop facile de s'émouvoir sur des exécutions sommaires (...) La moindre attaque envoie à une mort certaine une partie des combattants (...)
> ALAIN, Propos, 10 juil. 1921, L'esprit de guerre.

♦ **3.** Qui est réduit à la forme, à l'état le plus simple. ⇒ **Élé-**

---

mentaire, rudimentaire, succinct. *Le gourbi* (cit. 2), *abri sommaire. Repas sommaire. Examen sommaire.* ⇒ **Rapide, superficiel.** *Le désir de l'homme* (cit. 123) *est brutal et sommaire.*
> 3 (...) des monuments ou des constructions anciennes qu'un agencement sommaire rendrait infiniment plus spacieux et plus sains (...)
> GIRAUDOUX, De pleins pouvoirs à sans pouvoirs, III, p. 78.

★ **II.** (XIVe). N. m. Bref exposé; résumé. ⇒ **Abrégé, analyse, extrait, précis, résumé.** — Spécialt. *Sommaire d'un livre,* bref résumé des chapitres, en table des matières. *Sommaire d'une revue,* liste des articles et de leurs auteurs qui précède généralement le texte. *Qu'y a-t-il au sommaire?*
> 4 Nous engageons l'éditeur à supprimer désormais les titres des chapitres, qui ont le défaut d'indiquer les événements au lecteur. Ces maudits sommaires ressemblent à un voisin qui, au spectacle, croit nous faire plaisir en nous annonçant le sujet de chaque scène.
> BALZAC, le Feuilleton, XXX, *in* Œ. diverses, t. I, p. 415.

CONTR. Détaillé, long. — Complexe, minutieux.
DÉR. Sommairement.

SOMMAIREMENT [sɔmmɛʀmɑ̃; sɔmɛʀmɑ̃] adv. — XIIIe, *sommerement;* de *sommaire.*

♦ **1.** D'une façon sommaire, brièvement, en résumé. *Exposer* (→ Aphorisme, cit.), *énoncer* (→ Citation, cit. 2) *qqch. sommairement* (→ aussi En substance*).

♦ **2.** Sans formalités, rapidement. *Être sommairement jugé. Les condamnés ont été exécutés sommairement.*

♦ **3.** De façon sommaire (I., 3.), élémentaire. *Pièces meublées* (cit. 7) *très sommairement.* ⇒ **Simplement.** *Examiner sommairement qqch.* ⇒ **Rapidement.**
> Quinette ne l'a ouverte *(la malle)* qu'une fois (...) Il y a regardé, mais sommairement; comme un douanier, non comme un policier.
> J. ROMAINS, les Hommes de bonne volonté, t. II, II, p. 21.

1. SOMMATION [sɔmmasjɔ̃; sɔmasjɔ̃] n. f. — v. 1283; de 1. *sommer.*

♦ **1.** Dr. et cour. (La construction avec *de* et inf. n'est pas du lang. courant). Action de sommer (1. Sommer, 1.) qqn. ⇒ **Demeure** (mise en demeure). *Sommation de paraître en justice* (⇒ **Assignation, citation, intimation**), *de satisfaire à une obligation* (⇒ **Commandement**). *Avoir une sommation de payer une dette** (→ Exploit, cit. 8). *Sommation d'huissier.*
Spécialt. Chacun des trois avertissements successifs d'avoir à se disperser (« dispersez-vous »; « dispersez-vous, force doit rester à la loi »; tir d'une fusée éclairante rouge), donnés réglementairement par un responsable des forces de maintien de l'ordre aux participants d'un rassemblement illicite sur la voie publique.

♦ **2.** *Sommation de* (et inf.). ⓐ Droit :
> 1 *(Il)* frappa avec précaution (...) On ne répondit pas, il dut frapper plus fort, il osa appeler, en expliquant que c'était pour la sommation d'avoir à déguerpir.
> ZOLA, la Terre, IV, VI.

ⓑ Littér. Le fait de sommer (qqn) de faire qqch.; demande, invitation impérative. ⇒ **Injonction, ordre, ultimatum.** *Sommation aux poètes d'avoir à s'expliquer* (→ Hermétisme, cit. 2). *Sommation d'avoir à se battre.* ⇒ **Appel** (vx). — (Sans compl.) :
> 2 Aussi cette sommation n'est-elle point un ultimatum ou plutôt ce n'est pas un ultimatum comme ceux de la diplomatique et même du droit de la guerre. C'est une mise en demeure courtoise avant l'engagement d'un honorable combat.
> Ch. PÉGUY, Note conjointe, Sur Descartes, p. 195.

HOM. Somation, 2. sommation.

2. SOMMATION [sɔmmasjɔ̃; sɔmasjɔ̃] n. f. — 1611; v. 1450, *sommacion;* de 2. *sommer.*

♦ Didact. Action d'ajouter, fait de s'ajouter à qqch. (⇒ **Addition**).
> La perception d'une forme n'est pas une simple sommation d'impressions, à la manière des images composites de Galton. Elle est immédiate. Chaque image de l'objet est un système déterminé de rapports entre l'ensemble et ses éléments.
> Henri WALLON, l'Évolution psychologique de l'enfant, p. 172.

Spécialt. Math. Action d'effectuer une somme, spécialt, la somme des termes d'une série. *Sommation de quantités. Sommation infinitésimale* (→ Récurrence, cit. 3). *Le symbole de sommation est* Σ (sigma).
(V. 1900). Physiol. Effet produit par l'addition de plusieurs stimulations inopérantes de même espèce; accroissement progressif des effets d'une stimulation durable.

HOM. Somation, 1. sommation.

1. SOMME [sɔm] n. f. — V. 1175, *some* « substance d'un écrit »; *sume,* v. 1155; lat. *summa,* fém. substantivé de *summus* « qui est au point le plus haut ».

♦ **1.** (XIIIe). Quantité formée de quantités additionnées; résultat d'une addition*. *Faire la somme de deux nombres. Le nombre* (cit. 3), *collection d'unités considérées comme une somme.* —

Somme d'une série (⇒ 2. **Sommation**). *Somme algébrique* (symb. Σ) : suite d'additions ou de soustractions portant sur des nombres ou des expressions algébriques. *L'équation* (cit. 1), *somme de plusieurs termes.* — *Somme géométrique. La somme des trois angles d'un triangle* (→ 1. Précis, cit. 5).

1   C'est en apparence seulement qu'une somme est une unité. En fait les éléments qui la composent n'entretiennent que des relations de contiguïté et de simultanéité : ils sont là ensemble, voilà tout.   SARTRE, Situations III, p. 146.

Somme logique (symb. V), opération de réunion*, de disjonction* inclusive. ⇒ **Ou** (2.). — Opérateur de l'intégration* (symb. ∫). ⇒ **Intégrale.**

Inform. *Somme de contrôle,* effectuée à titre de vérification.

♦ **2.** (Fin XVIᵉ). Ensemble de choses qui s'ajoutent. ⇒ **Total.** *La somme des pertes humaines est incalculable* (→ Résulter, cit. 3). *La somme des fautes* (→ Hippique, cit.), *des hésitations* (cit. 8)..., *des conversations* (→ Rumeur, cit. 5). — Par ext. Quantité considérée dans son ensemble. ⇒ **Masse, quantité.** *Une somme de travail disproportionnée* (cit. 2). *Une somme donnée d'énergie* (cit. 1).

2   Une action ne prouve rien. C'est la masse des actions, leur poids, leur somme qui fait la valeur d'un être humain.   FRANCE, le Lys rouge, III.

Loc. adv. (V. 1160; calque du lat. *in summa*). **EN SOMME** : tout bien considéré. ⇒ aussi En conclusion*, au demeurant*, au fond*, tout compte* fait... *On pouvait dire bien des choses en somme* (→ Exemple, cit. 39). *C'est en somme assez facile* (→ Rôle, cit. 11).

Loc. adv. (1320, dr.). **SOMME TOUTE** : en résumé, au total* (cf. aussi Enfin, en définitive, à tout prendre...). *Somme toute, et pour tout résumer d'un mot* (→ Gamin, cit. 4). *C'était, somme toute, assez bien tourné* (→ Étudier, cit. 27). *Somme toute, il est ruiné.* ⇒ **Finalement.**

3   (...) une justification trop évidente d'une Révolution qui, somme toute, et en face de pareilles énormités a été légitime.
                    SAINTE-BEUVE, Causeries du lundi, 30 juin 1851.

♦ **3.** (V. 1380). *Somme d'argent*,* et, absolt, *somme :* quantité déterminée (d'argent). *La somme de 200 francs* (→ 2. Frais, cit. 4). *Une faible somme* (→ Allouer, cit.; et, fam., bagatelle, bouchée* de pain, rien). *Grosses* (→ Perte, cit. 9), *fortes sommes* (→ Emploi, cit. 7). *Des sommes considérables* (→ Gagner, cit. 9), *folles* (→ Indemniser, cit. 3). ⇒ aussi **Fonds.** *Somme globale* (→ Richard, cit. 2), *ronde. Arrondir une somme. Sommes exigibles* (cit. 1). *Créditer, débiter qqn d'une somme. Moyennant la somme de...* (→ Gréement, cit. 1). *Pour la modique somme de... Je n'ai pas la somme* (→ Rembarrer, cit. 4). *Somme d'une dépense.* ⇒ **Chiffre, montant.** — *Grosse somme. Un million, c'est une somme!*

4   (...) il méprisait profondément les personnes pour qui cinq cents francs ou plutôt, comme il le disait, « vingt-cinq louis » est « une somme » et les considérait comme faisant partie d'une race de parias à qui n'était pas destiné le Grand-Hôtel.
                    PROUST, À l'ombre des jeunes filles en fleurs, Pl., t. I, p. 663.

♦ **4.** (V. 1250). Didact. Œuvre qui résume toutes les connaissances relatives à une science, à un sujet. ⇒ **Compendium.** *Somme théologique, philosophique, encyclopédique* (→ Fresque, cit. 8). ⇒ **Encyclopédie.** — *La somme théologique,* de saint Thomas d'Aquin (XIIIᵉ siècle).

5   (...) on a souvent le sentiment que le poète dit tout ce qu'il sait et le reste, qu'il ne nous fait grâce de rien, que ces poèmes sont des sommes.
                    G. DUHAMEL, Refuges de la lecture, I.

DÉR. 2. Sommer.
HOM. 2. Somme, 3. somme.

2. SOMME [sɔm] n. f. — 1596; *some* « charge », déb. XIIᵉ; bas lat. *sagma,* devenu *sauma.*

♦ Loc. **BÊTE DE SOMME** : bête de charge qui porte les fardeaux*. *Le cheval* (vx, *sommier*), *le chameau, le dromadaire* (cit. 1) *utilisés comme bêtes de somme.* — Par compar., fig. Personne durement exploitée à des travaux pénibles (→ Esclavage, cit. 13). *Les Indiens servaient aux Espagnols de bêtes de somme* (→ Lassitude, cit. 1). *Travailler comme une bête de somme,* durement, en faisant des corvées*.

HOM. 1. Somme, 3. somme.

3. SOMME [sɔm] n. m. — V. 1120, *somne; sumne,* v. 1112; lat. *somnus,* d'après *sommeil.*

♦ **1.** Vx ou littér. Action de dormir, sommeil (→ Dormir, cit. 5; reprendre, cit. 6). *Dormir d'un bon* (→ Ajuster, cit. 18), *d'un profond somme* (→ Ours, cit. 4).

♦ **2.** (1678). Action de dormir considérée dans sa durée, généralement courte. *Faire un somme* (→ Coutume, cit. 16). — Plus cour. *Un petit somme. Faire un petit somme* (→ Prétendre, cit. 24). ⇒ **Roupillon** (fam.), sieste. Loc. *Ne faire qu'un somme,* dormir toute la nuit sans s'éveiller.

1   (...) As-tu bien dormi dans ton ancienne chambre?
Puis, sans attendre la réponse, se tournant vers Estelle : — Et cette petite n'a fait qu'un somme, elle aussi? (...)   ZOLA, Nana, VI.

(...) il venait revoir le baron Suire endormi, continuant son heureux somme, les mains jointes sur le ventre!   ZOLA, Lourdes, p. 19.   2

COMP. Assommer.
HOM. 1. Somme, 2. somme.

SOMMÉ, ÉE [sɔme; sɔme] adj. — V. 1354; dér. du lat. *summus* « le plus élevé ».

♦ Didact., vx ou littér. Garni au sommet (encore employé en vénerie, fauconnerie).

Et toujours la masse colossale du Kilimàndjaro, sommé de ses neiges, veillait sur les espaces brûlants et sauvages.   J. KESSEL, le Lion, p. 77.   1

(...) les tours de la basilique et celles du château, sommées d'étendards.
                    Jeanne BOURIN, la Chambre des dames, p. 365.   1.1

Techn. (blason), littér. Couronné, surmonté. *Lis sommé d'une étoile.* ⇒ **Sommer.**

(...) cet aigle aux deux têtes sommées de couronnes (...)   2
                    Th. GAUTIER, Voyage en Russie, XII.

(...) la fière devise régnait toujours au fronton du pavillon Joffre et sur le timbre   3
des papiers officiels où la panoplie des armes savantes : le canon de l'artilleur, la
hache du sapeur et l'ancre du marin, sommés de la cuirasse et du casque, s'enlevait sur un fond de drapeaux croisés.
                    Raymond ABELLIO, les Militants, t. II, p. 15.

SOMMEIL [sɔmɛj] n. m. — V. 1160; *summeil,* v. 1138, var. *sumeil; bas lat. *somniculus,* de *somnus* « sommeil ».

♦ **1.** État d'une personne qui dort; état physiologique normal et périodique caractérisé essentiellement par la suspension de la vigilance, la résolution musculaire, le ralentissement de la circulation et de la respiration. ⇒ **Dormir** (n. m., vx); **dormition** (théol.); **dodo** (enfantin); **somme** (3. Somme, 3.). *Sommeil naturel* (→ Narcotique, cit. 1). *Le sommeil renaît chaque jour* (→ Ennuyer, cit. 20). *Avoir besoin de sommeil* (→ Ressaisir, cit. 4). *Dix heures de sommeil* (→ Pâteux, cit. 2). *Les songes, les rêves du sommeil.* ⇒ **Rêve** (cit. 5 et 7). *Le rêve* (cit. 10), *gardien du sommeil* (selon Freud). *« Vivre est une maladie dont le sommeil nous soulage »* (→ 1. Mort, cit. 7, Chamfort). *Se réfugier dans le sommeil* (→ Retirer, cit. 16). — *Sommeil nocturne* (⇒ **Nuit**), *diurne* (⇒ **Méridienne, repos, sieste,** 3. **somme**). *Premier sommeil* : les premières heures qui suivent l'endormissement (→ Appesantissement, cit. 2; crever, cit. 9).

Didact. *Stades du sommeil selon les tracés encéphalographiques* (diminution de fréquence des ondes). *Sommeil lent,* ou *sommeil à ondes lentes, sommeil synchronisé, sommeil « orthodoxe »,* caractérisé par des ondes lentes et synchronisées. *Sommeil rapide,* dit depuis 1962 (M. Jouvet) *sommeil paradoxal* : sommeil correspondant aux périodes de rêve, caractérisé par l'atonie musculaire, l'augmentation et l'irrégularité du rythme cardiaque, des mouvements oculaires rapides, etc.

Doux (cit. 18), *bon sommeil* (→ Léger, cit. 7), *sommeil réparateur. Sommeil léger* (→ Appesantir, cit. 2); *lourd* (→ Inconnu, cit. 22), *profond* (→ Pioncer, cit.; résultat, cit. 3). *Dormir d'un sommeil de plomb,* très profondément (→ Ronfler, par ext.). *Avoir le sommeil dur* (cit. 7). *Sommeil inquiet* (→ Nerveux, cit. 6), *agité. Dormir* (cit. 17 et 18) *son sommeil* (→ Jaloux, cit. 13). *Dormir du sommeil du juste*,* profondément. — *Sommeil qui prend* (→ Écrouler, cit. 11), *surprend* (→ Côté, cit. 7), *gagne* (→ Gomme, cit. 2), *envahit* (cit. 12) *qqn.* ⇒ **Endormissement.** *S'abandonner, céder, succomber au sommeil* (→ Harasser, cit. 1). ⇒ **Endormir** (s'). — *Être dans le sommeil, en sommeil* (vx), *en plein sommeil. Surprendre qqn dans son sommeil. État hypnagogique** (→ Hypno-, cit. 2), entre la veille et le sommeil; *franges* (cit. 8) *du sommeil. Chercher, ne pouvoir trouver le sommeil* (→ Essayer, cit. 31). ⇒ **Insomnie** (cit. 3). *Le sommeil m'avait fui* (→ Faim, cit. 3). *Nuit blanche*, sans sommeil* (→ Jamais, cit. 9; matin, cit. 7). *Perdre le sommeil* (→ Malade, cit. 23). *Tirer qqn du sommeil* (→ Éveiller, réveiller. *Arracher qqn au sommeil* (→ Appareil, cit. 11), *du sommeil* (→ Éveiller, cit. 1). *Sortie du sommeil.* ⇒ **Réveil,** cit. 4; aussi *hypnopompique. Les yeux pleins de sommeil, lourds* (cit. 12) *de sommeil.* ⇒ **Endormi, ensommeillé, somnolent.** *États voisins du sommeil.* ⇒ **Assoupissement, demi-sommeil, somnolence, torpeur; soporeux.** *« (...) le dormeur peut toujours être réveillé, ce qui différencie le sommeil de la stupeur et du coma »* (Porot, 1975, p. 609, a). *Sommeils pathologiques.* ⇒ **Cataplexie, hypersomnie, léthargie, narcolepsie, somnambulisme, sopor.** *Troubles du sommeil. Qui a trait au sommeil.* ⇒ **Hypnique, morphéique.** — Loc. *Sommeil léthargique* (cit. 1), *cataleptique* (cit.). — 1871. *Maladie du sommeil.* ⇒ **Trypanosomiase.** — *Sommeil provoqué.* ⇒ **Hypnose, hypnotisme, narcose.** *Cure de sommeil.* ⇒ **Narcothérapie.** *Agents qui produisent le sommeil.* ⇒ **Anesthésique, dormitif, hypnotique, somnifère, soporatif, soporifique.** — Littér. *Personnification du sommeil. Le sommeil, fils de la nuit*.

L'activité libre qui coïncide avec la conscience du *moi* dans l'état de veille, est le   1
seul caractère qui différencie cet état de celui du sommeil, où l'activité du vouloir et de l'effort étant suspendue, le *moi* s'évanouit, quoique la sensibilité physique et l'imagination spontanée qui en dépendent puissent être en plein exercice.
                    MAINE DE BIRAN, Du physique et du moral de l'homme, § VIII.

Le sommeil occupe le tiers de notre vie. Il est la consolation des peines de nos   2 journées ou la peine de leurs plaisirs; mais je n'ai jamais éprouvé que le sommeil fût un repos. Après un engourdissement de quelques minutes une vie nouvelle commence (...) NERVAL, *Aurélia*, *Mémorables*.

3 C'est étonnant le matin, quand il faut passer du sommeil à une certitude douloureuse, à une réalité hostile, comme machinalement la pensée retourne au sommeil où elle se réfugie, et semble se pelotonner, pour ainsi dire, dans ses bras.
Ed. et J. DE GONCOURT, *Journal*, févr. 1861, t. I, p. 281.

4 (...) le sommeil, ce voyage aventureux de tous les soirs (...)
BAUDELAIRE, les *Paradis artificiels*, « poème du haschisch », III.

5 Quelquefois je n'avais rien entendu, étant dans un de ces sommeils où l'on tombe comme dans un trou (...) On appelle cela un sommeil de plomb; il semble qu'on soit, même pendant quelques instants après qu'un tel sommeil a cessé, un simple bonhomme de plomb. PROUST, le *Côté de Guermantes*, Pl., t. II, p. 88.

6 Nombreux sont les physiologistes qui ont attribué le sommeil à une perturbation du métabolisme des neurones cérébraux. ERRERA pense que le cerveau succombe à l'accumulation des déchets de son fonctionnement et à l'épuisement des réserves énergétiques. Le sommeil serait, en somme, comparable à la fatigue, et la mise au repos périodique permettrait l'élimination des déchets et la restauration de l'organe (...) Mais ceci n'explique pas pourquoi le sommeil survient sensiblement aux mêmes heures, même lorsque nous n'avons effectué aucun travail, et pourquoi l'ennui, ou la monotonie d'une conférence, entraînent la somnolence.
R. FABRE et G. ROUGIER, *Physiologie médicale*, Le sommeil, p. 649-650.

6.1 Le sommeil peut être considéré comme une inhibition corticale d'origine diencéphalique, et cette définition est en plein accord avec les constatations des neurophysiologistes appartenant aux écoles les plus diverses, l'école réflexologique de Pavlov le définissant comme une inhibition corticale de tous les analyseurs, l'école électro-encéphalographique de Bremer le définissant par le blocage des influx afférents à l'écorce tel que le réalisent les hypnotiques à localisation diencéphalique ou la déafférentation expérimentale du télencéphale, l'école chronaximétrique de Lapicque concluant que dormir c'est perdre la subordination de ses neurones et localisant dans le diencéphale le centre régulateur des chronaxies corticales.
Jean DELAY, la *Psycho-physiologie humaine*, p. 47.

(V. 1210; *sumeil*, v. 1155). Envie de dormir (dans des loc.). *Avoir sommeil* (→ Élancement, cit. 5), *très sommeil*. — *Bâiller**..., *tomber*, *mourir de sommeil* (→ Dormir* debout; le marchand de sable* est passé).

7 (...) ces soirs où je rentrais tard de la Raspelière, j'avais très sommeil.
PROUST, *Sodome et Gomorrhe*, Pl., t. II, p. 980.

8 Je tombais de sommeil et dormis dans le wagon.
G. DUHAMEL, *Chronique des Pasquier*, III, V.

♦ **2.** (Animaux). *Sommeil profond du chat* (→ Bourdonnement, cit. 2). — (1871). Par ext. Ralentissement des fonctions vitales pendant les saisons froides, chez certains êtres vivants. *Sommeil hiémal* (→ Léthargie, cit. 3), *hibernal*. ⇒ **Engourdissement, hibernation** (→ Abeille, cit. 4). *Sommeil de la nature qui cesse à la montée de la sève.*

♦ **3.** (xvie). Littér. *Sommeil éternel :* la mort (→ Endormir, cit. 30). *Dormir* (cit. 23) *son dernier sommeil*. « *Laissez-moi m'endormir* (cit. 31) *du sommeil de la terre* » (Vigny). *Veiller sur le sommeil d'un mort* (→ Effigie, cit. 1). ⇒ **Mort, repos** (fig.).

9 Le père et le fils dormaient, l'un, la gorge coupée, du sommeil éternel, l'autre du sommeil des ivrognes. MAUPASSANT, l'*Inutile Beauté*, « Champ d'oliviers », III.

♦ **4.** (1684). Fig. État de ce qui est provisoirement inactif. ⇒ **Calme, inactivité, inertie.** *Activité en sommeil.* ⇒ **Endormi** (fig.); *éclipse. La froide tranquillité, le sommeil de l'âme* (→ Insensible, cit. 18). *Sommeil de l'or* (1. Or, cit. 22). *Le sommeil de la nature.* — *Laisser, mettre une affaire en sommeil*, en suspens.

10 Quand les événements extraordinaires, les angoisses et les catastrophes viennent fondre tout à coup au milieu d'une vie heureuse et délicieusement uniforme, ces émotions inattendues, ces coups du sort, interrompent brusquement le sommeil de l'âme, qui se reposait dans la monotonie et la prospérité.
HUGO, *Bug-Jargal*, XXXIX.

CONTR. Éveil, réveil, veille, vigilance. — Activité.
DÉR. Sommeiller, sommeilleux.
COMP. Demi-sommeil. — Ensommeillé.

SOMMEILLANT, ANTE [sɔmɛjɑ̃, ɑ̃t] adj. — xvie; n. m., « sommeil », xve; de *sommeiller*.

♦ Rare. Qui dort à moitié. *L'enfant, déjà sommeillant, regardait dehors.* — Littér. (Choses). Qui ne bouge pas, semble dormir.

1 (...) des grandes ombres couchées et sommeillantes des chênes de la lisière du bois.
Ed. et J. DE GONCOURT, *Journal*, 16 oct. 1864, t. II, p. 180.

Qui existe à l'état latent.

2 Il n'y a pas de criminel si noir qu'il ne cherche en lui une lumière sommeillante.
ARAGON, la *Semaine sainte*, p. 428.

3 Elle avait trop d'astuce naturelle, astuce sommeillante, mais jamais endormie, pour s'être trompée une minute sur les intentions de Servigny (...)
MAUPASSANT, *Yvette*, Pl., t. II, p. 273.

SOMMEILLEMENT [sɔmɛjmɑ̃] n. m. — 1868, Goncourt; repris à l'anc. franç. *somillement* v. 1190; de *sommeiller*.

♦ Littér., rare. Le fait de sommeiller. — Fig. « *Une sorte de sommeillement d'idées* » (Goncourt, in G. L. L. F.).

SOMMEILLER [sɔmeje; sɔmɛje] v. intr. — V. 1265, *someiller*; *sumeiller*, v. 1120; de *sommeil*.

♦ **1.** Vx ou littér. Dormir, être en plein sommeil. « *La nuit quand tout sommeille* » (Académie).

♦ **2.** (V. 1330). Dormir d'un sommeil léger et pendant peu de temps (⇒ aussi **Somnoler**). *Si sur le point du jour parfois il sommeillait* (→ Éveiller, cit. 2). *Malade qui sommeille* (→ Paralyser, cit. 2). *Sommeiller dans son fauteuil* (→ Étendre, cit. 53), *au sermon* (→ Languir, cit. 9). — (Animaux). → Graisse, cit. 4.

1 Dans le break, en revenant, tous les hommes, hormis Jean, sommeillèrent. Beausire et Roland s'abattaient, toutes les cinq minutes, sur une épaule voisine qui les repoussait d'une secousse. MAUPASSANT, *Pierre et Jean*, VII.

2 (...) dans le grand fauteuil de paille, Malivoire veillait, sommeillant, à demi endormi et ne dormant pas encore.
Ed. et J. DE GONCOURT, *Sœur Philomène*, p. 271.

♦ **3.** (1871). Fig. Ne pas se manifester, exister à l'état latent. *Hérédité* (cit. 17) *qui sommeille au fond de qqn. Sa raison sommeillait* (→ Fil, cit. 8). *Une passion qui sommeille.* — Loc. prov. « *Tout homme a dans son cœur un cochon qui sommeille* » (A. Préault, 1879) : l'homme le plus réservé peut devenir salace à l'occasion.

♦ **4.** (1808). Choses. Être momentanément sans activité. *La nature sommeille pendant les mois d'hiver.* — « *Au bout de peu de mois, il ne paraissait plus que son intelligence avait sommeillé si longtemps* » (Gide, in G. L. L. F.).

CONTR. Réveiller (se).
DÉR. Sommeillant, sommeillement.

SOMMEILLEUX, EUSE [sɔmɛjø, øz] adj. et n. — 1265; *soumilleux*, xiie; repris xxe; de *sommeil*.

♦ **1.** Littér. Qui sommeille, est plein de sommeil.

1 Il avait par-dessus la tête du champagne, du swing, des nuits étirées dans une gaieté sommeilleuse (...) M. AYMÉ, le *Chemin des écoliers*, VII.

♦ **2.** N. (1926). Sujet atteint de la maladie du sommeil.

2 Je relève, dans un rapport administratif d'octobre 1925, ces quelques chiffres sur l'état de la population (...) :
Sommeilleux : 46. GIDE, *Voyage au Congo*, in *Souvenirs*, Pl., p. 730.

SOMMELIER, IÈRE [sɔməlje, jɛʀ] n. — 1250, « conducteur de bêtes de somme »; « officier chargé du transport des bagages », 1316; postérieurement, extensions diverses; anc. provençal *saumalier, saumadier*, de *saumada* « charge d'une bête de somme ».

♦ **1.** (xive). Ancien. Celui, celle qui a la charge de la table et des vivres, dans une maison, une communauté. *Sommelier de paneterie.* — Spécialt. Échanson (→ 2. Officier cit. 2).

♦ **2.** Mod. Personne chargée de la cave, des vins, dans un restaurant. *Maître d'hôtel et sommelier.* « *Anne-Marie X, meilleure sommelière de France* » (F *Magazine*, janv. 1981, p. 32).

1 Dans l'intérieur, allait et venait un gentil petit sommelier en herbe, une veste de velours grenat au dos, un grand tablier à bavette bleu sur le ventre, et dont la serviette passée dans le cordon de son tablier lui retombait par derrière comme un pagne blanc. Ed. DE GONCOURT, les *Frères Zemganno*, XLIII.

♦ **3.** (Déb. xxe). Régional (Suisse). *Sommelière*, n. f. : serveuse de café ou de restaurant.

2 C'est moi qui paye à présent; allons je *(ma fille)* chercher dans les cafés parce qu'il y a les sommelières.
C.-F. RAMUZ, *Si le soleil ne revenait pas*, Œ. compl., t. XVI, p. 104.
DÉR. Sommellerie.

SOMMELLERIE [sɔmɛlʀi] n. f. — 1504, *sommelerie*; de *sommelier*.

♦ **1.** Charge, fonction de sommelier.

♦ **2.** (V. 1534). Par ext. Lieu où le sommelier range le vin, etc.

1. SOMMER [sɔme; sɔme] v. tr. — V. 1250; lat. médiéval *summare* (attesté plus tard), de *summa* « résumé, conclusion ».

♦ **1.** Dr. *Sommer qqn à* (et l'inf.); *sommer qqn :* le mettre en demeure* de faire une chose, dans les formes établies; l'avertir* par une sommation. ⇒ **Signifier.** *Sommer qqn à comparaître, de comparaître* (cit. 2). ⇒ **Assigner, citer.**

1 Rien n'imposa à Thuriot : « Monsieur, dit-il au gouverneur, je vous somme au nom du peuple, au nom de l'honneur et de la patrie, de retirer vos canons, et de rendre la Bastille ». Et, se tournant vers la garnison, il répéta les mêmes mots.
MICHELET, *Hist. de la Révolution franç.*, I, VII.

♦ **2.** (V. 1330). Littér. *Sommer qqn de* (et l'inf.), lui commander impérativement de. ⇒ **Enjoindre, interpeller** (vx), **ordonner, requérir** (→ Formuler, cit. 2; justification, cit. 3; manifester, cit. 1; reproche, cit. 10). *Sommer qqn de sortir d'une manière formelle, menaçante.* ⇒ **Menace.**

2 Le chirurgien arriva un peu tard (...) il avait été sommé avec la plus grande politesse de venir donner ses soins à un homme blessé. MÉRIMÉE, *Colomba*, XIX.

♦ **3.** (1606). Vx. *Sommer une place*, lui ordonner de se rendre.
DÉR. 1. Sommation.
HOM. 2. Sommer, 3. sommer.

2. SOMMER [sɔmmɛ; sɔme] v. tr. — V. 1200; de 1. *somme*.

♦ Math., sc. Faire la somme de (plusieurs quantités). *Sommer les termes d'une série.* ⇒ **Additionner, totaliser.** — Intégrer.

DÉR. 2. Sommation.
HOM. 1. Sommer, 3. sommer.

3. SOMMER [sɔmme; sɔme] v. tr. — 1636; de l'anc. franç. *som* « sommet », ou de *sommé*.

♦ Techn. (blason) ou littér. Couronner*, orner au sommet. « (le clocher) *qui dominait tout, sommant les maisons d'un pinacle inattendu* » (Proust, *in* G. L. L. F.).

1 — C'était une buse des bois. Debout, elle sommait la bosse rugueuse de l'arbre, les serres implantées dans l'écorce.
M. GENEVOIX, Raboliot, éd. Presses de la cité, p. 218.

2 (...) un petit bulbe, tout branlant et rafistolé, que ne sommait aucune croix.
Edmonde CHARLES-ROUX, Elle, Adrienne, p. 291.

Au p. p. ⇒ **Sommé,** adjectif.
HOM. 1. Sommer, 2. sommer.

SOMMET [sɔmmɛ; sɔme] n. m. — V. 1112, *sumet;* de l'anc. franç. *som,* du lat. *summum.* → Summum.
Partie la plus élevée, extrême.

♦ **1.** Point ou partie qui se trouve en haut; endroit le plus élevé d'une chose verticale. ⇒ **Extrémité, haut** (*supra* cit. 70), **sommité** (vx). *Le sommet d'une maison* (⇒ **Comble, couronnement**), *d'une tour* (⇒ Galerie, cit. 3), *d'un toit* (⇒ **Pignon**), *d'un mât, d'un arbre. Monter au sommet d'un arbre.*
Spécialt. Point culminant* du relief. *Le sommet d'un mont, d'une montagne*.* ⇒ **Aiguille, antécime, cime** (cit. 1), **crête, dent, pic, pointe** (*sommets pointus, aigus*); **ballon, calotte, croupe,** 2. **dôme, mamelon** (*sommets arrondis*), **table** (*sommet aplati*); et aussi **faîte, front.** *Le sommet d'une colline, d'une éminence* (cit. 1), *des rochers* (→ Couper, cit. 28). *Sommets neigeux, rocheux... Jusqu'au sommet* (→ Gradin, cit. 2). *Monter sur le sommet, au sommet, parvenir au sommet. Au sommet de la côte, de la montée* (cit. 8), en haut. *Survoler les sommets des Alpes.* — (Au plur.). *Les sommets :* la montagne. *L'air pur des sommets.*
Sommet de la tête : la partie la plus haute de la voûte crânienne. ⇒ **Vertex** (→ Grec, cit. 15; raser, cit. 1). *Calotte posée sur le sommet du crâne. Sommet des cheveux* (→ Frimas, cit. 6), *d'un chignon.* — Méd. *Présentation du sommet,* de la tête lors de l'accouchement.

1 D'autres sommets des terres antérieurement submergées sont, comme Jersey, visibles. Ces pointes qui sortent de l'eau, sont des îles. C'est ce qu'on nomme l'archipel normand.
HUGO, l'Archipel de la Manche, I.

2 (...) le degré de blancheur des cheveux semblait en général comme un signe de la profondeur du temps vécu, comme ces sommets montagneux qui, même apparaissant aux yeux sur la même ligne que d'autres, révèlent pourtant le niveau de leur altitude au degré de leur neigeuse blancheur.
PROUST, le Temps retrouvé, Pl., t. III, p. 940.

3 Voici déjà beau temps que je n'ai plus coutume
De défier la neige et gravir les sommets
Dans l'éblouissement du soleil et des brumes
ARAGON, le Roman inachevé, p. 169.

Anat. Partie supérieure extrême. *Le sommet du cœur, du poumon, de la vessie.*

♦ **2.** (Mil. XIVᵉ). Par métaphore, fig. Ce qui est le plus haut, ce qui domine; degré le plus élevé, supérieur*, suprême*. ⇒ **Apogée, comble, pinacle, summum, zénith.** *Le sommet de l'échelle sociale, de la hiérarchie ·*: situation dominante*. *De la base* (cit. 17) *au sommet.* — *Arriver, être au sommet du pouvoir* (→ Extrême, cit. 9), *de la gloire, des honneurs.* — *Au sommet des valeurs morales* (→ Concret, cit. 3). ⇒ **Perfection.** *Les sommets du sentiment* (→ Merveilleux, cit. 7). *Aborder les sommets* (dans une conversation). → Légèrement, cit. 7.

4 Le sommet de la vie vous en dérobe le déclin : De ces deux pentes, vous n'en connaissez qu'une, celle que vous montez.
Th. JOUFFROY, Disc. de la distribution des prix au lycée Charlemagne (1840).

5 Il les aperçoit, semble-t-il, des sommets de l'intelligence, mais les sommets de certains sentiments, les sommets de la bonté, de la confiance, de l'indulgence et de l'amour, dans la lumineuse chaîne de montagnes de la sagesse, ne dominent-ils pas ceux de l'intelligence ?
MAETERLINCK, Sagesse et Destinée, XVII.

♦ **3.** (1958, par calque de l'angl. *summit conference*). *Au sommet :* avec les dirigeants suprêmes. *Conférence* (internationale) *au sommet. Conversations, discussions, décision au sommet* (par oppos. à *à la base*). *Réunion, rencontre au sommet.*

5.1 Quelles possibilités resteraient à la diplomatie française de mener son jeu particulier, au cas où les Américains donneraient dans le panneau de cette « conférence au sommet », le général de Gaulle le sait.
F. MAURIAC, le Nouveau Bloc-notes 1958-1960, p. 81.

(1964). Ellipt. Réunion de dirigeants. *Après le sommet américano-soviétique. Organiser un sommet. Le sommet se poursuit. Le sommet s'est soldé par un échec. Un sommet à trois. Sommet des deux grands, des pays en voie de développement.*

♦ **4.** *Le sommet de la voix :* le registre le plus aigu de la voix.

6 Christiane criait avec le sommet de sa voix que... c'était la première fois qu'elle voyait Édouard jaloux !
ARAGON, les Cloches de Bâle, I, II.

♦ **5.** (1680). Intersection de deux côtés (d'un angle, d'un polygone); point commun à trois faces au moins d'un polyèdre, aux génératrices d'un cône. *Sommet d'un angle* (cit. 1). *Les trois sommets d'un triangle. Sommet d'un cône, d'une pyramide.* — Intersection de la courbe et d'un axe de symétrie, dans une courbe* conique. *Les quatre sommets d'une ellipse, le sommet d'une parabole.* — Géogr. *Sommet d'un delta :* la première bifurcation des bras du cours d'eau. — *Sommet d'un méandre,* point de courbure maximale.

♦ **6.** Sc. nat. Extrémité supérieure, terminale d'un organe, d'une partie. *Sommet floral.* Spécialt. Point de départ des valves, chez les bivalves. Apex*, chez les gastropodes.

CONTR. Bas, base, col, pied.
DÉR. Sommière, sommital.

SOMMIER [sɔmje] n. m. — 1080, *sumer;* du bas lat. *sagmarium* « bête de somme ».

★ **I.** (XIIᵉ-XVIIIᵉ). Vx. Bête de somme (cf. encore La Fontaine, *Fables,* IV, 12).

★ **II.** (1395; cf. l'évolution de sens de *poutre*). ♦ **1.** Techn. **ⓐ** Élément de construction reposant sur des points d'appui et destiné à recevoir une poussée, à soutenir un poids.

ⓑ (1432). Archit. Pierre qui supporte la retombée d'une voûte, d'un cintre. *Sommiers d'un arc, d'une arcade.* ⇒ 1. **Claveau.** *Les sommiers reposent sur les impostes des piliers ou des pieds-droits.* — Pierres qui reposent sur les montants verticaux (d'une architrave, d'un linteau, d'une plate-bande*).

ⓒ Organe des fondations reliant les extrémités supérieures d'un groupe de pieux ou coiffant un puits (d'après *Encycl. du bâtiment,* t. II, p. 687).

ⓓ Pièce de charpente servant de linteau à une baie (croisée, porte, fenêtre...). ⇒ **Architrave, poitrail.** — (1871). Pièce métallique qui supporte les barreaux d'une grille.

ⓔ (1606). Poutre servant de support (dans le montage des cloches [cit. 4], pour recevoir le pivot d'un moulin, dans les anciens métiers à tisser, les anciennes presses à bras, etc.). ⇒ **Traverse.**

ⓕ Cerceau métallique qui maintient les douves, aux extrémités d'une futaille, d'un tonneau.

♦ **2.** (1549). Mus. Dans les instruments à cordes et à clavier, Pièce qui reçoit les chevilles servant à tendre les cordes. *Sommier de clavecin, de piano* (on dit aussi *sommier de chevilles*). Spécialt. *Sommier d'orgue*.*

1 (Le) ... sommier. Par là, il faut entendre la grande caisse qui supporte toute la tuyauterie et emmagasine l'air venu de la soufflerie (...) Simplement posé sur le sommier, le tuyau ne pourrait tenir en équilibre. Il est engagé à mi-hauteur dans une planche dite faux sommier (...)
Norbert DUFOURCQ, l'Orgue, p. 20.

★ **III.** (1673; « matelas, paillasse », 1492). Cour. Partie souple d'un lit, qui repose dans le cadre ou sur des pieds (divans, canapés-lits) et sur laquelle s'étend le matelas* (cit. 3). *Les premiers sommiers étaient des matelas de crin reposant sur un fond rigide* (⇒ **Paillasse**). *Sommier à ressorts,* formé d'une caisse de bois à barres transversales garnies de ressorts et recouvert de tissu (→ aussi Plainte, cit. 9). *Sommier fixe, à bords rigides; sommier à soufflets. Sommier métallique* (à ressorts, à toile métallique tendue). *Sommier à lattes de bois, sommier de mousse.*

★ **IV.** (1690, Furetière). « Employé par plaisanterie, ne représente pas, comme on l'a proposé, le lat. *summarium* "abrégé" » (Bloch-Wartburg).

♦ **1.** Gros registre*; dossier de documents financiers, juridiques, comptables (contributions, etc. ⇒ **Comptabilité**). — Spécialt. Registre de l'inscription hypothécaire.

♦ **2.** (Av. 1885, Hugo). Fam. *Les sommiers :* le service des casiers judiciaires, de l'anthropométrie (⇒ **Identité**).

2 — J'ai d'abord, dit Peltier, fait une vérification aux sommiers : Mˡˡᵉ Simone Chamboisseau a déjà eu affaire à la justice : trois mois avec sursis et cent francs d'amende pour violences à agent.
René FLORIOT, La vérité tient à un fil, p. 65-66.

SOMMIÈRE [sɔmjɛʀ] n. f. — 1870; « point où se coupent les limites de plusieurs champs », 1577; de l'anc. franç. *som* « sommet ».
Technique.

♦ **1.** Clairière dans une forêt.

♦ **2.** Chemin limitant les parcelles d'une forêt.

SOMMITAL, ALE, AUX [sɔmmital, o; sɔmital, o] adj. — 1964, Robert; de *sommet*.

♦ Didact. Qui est au sommet.

1 La frontière passait tout au long de cette crête, dont la fine découpure traçait comme le fil d'un couteau aiguisé de soleil. De l'ancien château, sur l'étroite terrasse sommitale, il ne restait qu'un pan de mur haut dressé et un grand éboulis de moellons (...) Raymond ABELLIO, les Militants, t. II, p. 66.

2 (...) la pierre sommitale des grandes pyramides (...) Raymond ABELLIO, les Militants, t. II, p. 151.

Par métaphore « *Une pyramide absolument dominée par une monarchie sommitale* » (*le Monde*, 26 juil. 1973).

SOMMITÉ [sɔmmite; sɔmite] n. f. — 1369; *sommetté*, attestation isolée, XIIIᵉ; bas lat. *sommitas, summitas*, de *summus*. → Sommet.

♦ **1.** Vx. Partie la plus élevée (d'une montagne, d'un édifice, d'un toit). ⇒ **Cime, haut, sommet.** — Par anal. *Les sommités les plus inaccessibles de la gamme* (→ Degré, cit. 11).

Vieilli. (Abstrait). *Les sommités d'un sujet*, les parties saillantes*.

♦ **2.** (XIVᵉ, *summité*). Didact. ou littér. Extrémité (d'une tige, d'une plante, d'un arbre...) « *Les sommités des trembles* » (Gautier, *Mˡˡᵉ de Maupin*, XI, p. 322). *Les sommités comestibles de l'asperge.* ⇒ **Pointe.** — (V. 1560). Spécialt. Extrémité d'une tige fleurie à petites fleurs groupées (inflorescence complexe). *Les sommités de la plante de haschisch* (→ Extrait, cit. 3).

1 Il alla fatalement à cette liqueur qui tire des sommités de l'absinthe (...) un enchantement pareil à celui que l'Asie et l'Afrique demandent au chanvre (...) Ed. et J. DE GONCOURT, Sœur Philomène, XLI, p. 230.

♦ **3.** (1825). Fig. Personnage éminent. ⇒ **Personnalité; lumière.** *Les sommités de la médecine, de la science.*

2 (...) il donna un dîner où se trouvèrent le Préfet, le Receveur-Général, le colonel du régiment en garnison, le Directeur de l'École de Marine, le Président du Tribunal, enfin toutes les sommités administratives. BALZAC, Illusions perdues, Pl., t. IV, p. 512.

3 Le comédien, à l'en croire, se classait définitivement parmi « les sommités de l'époque ». FLAUBERT, l'Éducation sentimentale, II, VI.

SOMNAMBULE [sɔmnɑ̃byl] n. et adj. — 1690, Furetière; comp. sav. du lat. *somnus* « sommeil », et *ambulare*. → -ambule.

★ **I.** N. ♦ **1.** Personne qui, pendant son sommeil, effectue par automatisme des actes coordonnés (spécialement la marche). ⇒ **Noctambule** (vx). → Poursuivre, cit. 15; quitter, cit. 10. *Un somnambule qui dort les yeux ouverts* (→ Extatique, cit. 4), *se lève, marche...* — *Gestes de somnambules*, faits inconsciemment d'une manière automatique (→ Endormir, cit. 34). *Agir en somnambule* (→ Nourrir, cit. 30). *Marcher comme un, comme une somnambule*, de façon étrange, mécanique.

1 Toi dont la large main cache les précipices
Au somnambule errant au bord des édifices.
BAUDELAIRE, les Fleurs du mal, « Révolte », CXX.

2 (...) en la voyant passer dans tout l'éclat de sa nonchalante beauté, on aurait pu la prendre pour une belle somnambule qui traversait ce monde en rêvant. A. DE MUSSET, Nouvelles, « Croisilles », IV.

3 Les amoureux sont comme les somnambules; ils ne voient pas seulement avec les yeux, mais avec le corps tout entier. BARBEY D'AUREVILLY, Une vieille maîtresse, I, VII.

4 (...) le somnambule, automate de chair et d'os, très voisin du cadavre en qui s'opèrent, jusqu'à ce qu'il soit arrivé à l'immobilité définitive du squelette, certains mouvements internes et inconscientes transformations. Michel LEIRIS, Fourbis, p. 53.

♦ **2.** (1812). Personne qui, dans un sommeil hypnotique, peut agir ou parler (→ Baudelaire, Trad. E. Poe, *Le Cas de M. Valdemar*). *Des yeux révulsés de somnambule* (→ Galvanique, cit. 1) — Spécialt. (⇒ **Voyant**). Personne qui prédit l'avenir en sommeil hypnotique. *Somnambule lucide*, extra*-lucide. Les prédictions des somnambules* (→ Croire, cit. 60). « *Tous les somnambules, tous les mages m'ont dit...* » (G. Brassens).

5 Alors je ne vois qu'un moyen... si nous consultions une somnambule? E. LABICHE, Deux merles blancs, II, 6.

★ **II.** Adj. (Déb. XXᵉ). ♦ **1.** Qui est atteint de somnambulisme. *Elle est somnambule.*

♦ **2.** Littér. Qui concerne le somnambulisme, qui semble le fait d'un somnambule. *Un pas somnambule.* ⇒ **Somnambulique.**

DÉR. Somnambuler, somnambulesque, somnambulique, somnambulisme.

SOMNAMBULER [sɔmnɑ̃byle] v. tr. — Mil. XXᵉ; de somnambule.

♦ Marcher, agir comme un somnambule, en somnambule. — Par métaphore (choses) :

La barque allait, somnambulant entre les arbres où commençaient à s'abattre les oiseaux de la bien proche aurore. René FALLET, le Triporteur, p. 306.

SOMNAMBULESQUE [sɔmnɑ̃bylɛsk] adj. — 1847; de somnambule.

Vieux.

♦ **1.** Qui concerne les somnambules (I., 1. ou 2.). « *Des facultés somnambulesques* » (Balzac, *in* G. L. L. F.).

♦ **2.** Qui fait penser à un somnambule (1.).

C'est une clarté, une lucidité étrange, un regard somnambulesque et extatique, quelque chose d'une agonie de bienheureuse qui contemplerait je ne sais quoi au delà de la vie. Ed. et J. DE GONCOURT, Journal, 8 sept. 1860, t. I, p. 263.

SOMNAMBULIQUE [sɔmnɑ̃bylik] adj. — 1786; de somnambule.

♦ **1.** Relatif au somnambulisme. *Crise somnambulique. Sommeil somnambulique.*

1 Cette femme (...) est dans le sommeil somnambulique. D'après les aveux et les manifestations de tous les somnambules, cet état constitue une vie délicieuse pendant laquelle l'être intérieur, dégagé de toutes les entraves apportées à l'exercice de ses facultés par la nature visible, se promène dans le monde que nous nommons invisible à tort. BALZAC, Ursule Mirouët, Pl., t. III, p. 322.

♦ **2.** Qui fait penser à un somnambule. *Une allure somnambulique.*

2 (...) le même regard éteint, fixe, somnambulique, le même visage aux chairs blafardes et molles (...) Claude SIMON, le Palace, p. 94.

3 Les jeux électroniques sont une drogue douce, ils sont pratiqués de la même façon, avec la même absence somnambulique et la même euphorie tactile. J. BAUDRILLARD, De la séduction, p. 216.

DÉR. Somnambuliquement.

SOMNAMBULIQUEMENT [sɔmnɑ̃bylikmɑ̃] adv. — 1900, cit. infra; de somnambulique.

♦ À la manière d'un somnambule, d'une manière automatique. ⇒ **Machinalement.**

Elle faisait son ouvrage machinalement, somnambuliquement, loin d'eux, là-haut, loin de nous, loin d'elle-même, le regard absent de leurs folies et des nôtres (...) O. MIRBEAU, le Journal d'une femme de chambre, p. 377.

SOMNAMBULISME [sɔmnɑ̃bylism] n. m. — 1765; de somnambule.

♦ **1.** État d'automatisme inconscient qui se manifeste par des actes coordonnés durant le sommeil (marche; automatisme ambulatoire). *Le somnambulisme est* « *un sommeil de l'esprit avec conservation de la motricité automatique (...) un rêve réalisé* » (Fabre et Rougier, *Physiologie médicale*, p. 655). *Somnambulisme naturel*, chez certains enfants et adolescents. *Somnambulisme névropathique* (hystériques, certains épileptiques). *Somnambulisme provoqué, magnétique.* ⇒ **Hypnose, hypnotisme, magnétisme; sommeil** (magnétique).

Paul subissait, parfois, de petites crises de somnambulisme. Ces crises, très courtes, passionnaient Élisabeth et ne l'effrayaient pas. Elles pouvaient seules obliger le maniaque à sortir du lit. Dès qu'Élisabeth voyait une longue jambe paraître et se mouvoir d'une certaine manière, elle ne respirait plus, attentive au manège de la statue vivante qui rôdait adroitement, se recouchait et se réinstallait. COCTEAU, les Enfants terribles, p. 64.

♦ **2.** Fig. État d'une personne très absorbée par ses pensées, une émotion, et qui agit dans une demi-inconscience. « *Il songea, dans son somnambulisme funèbre, qu'en se perdant il n'est pas défendu de sauver quelqu'un* » (Hugo, *in* G. L. L. F.).

SOMNESCENCE [sɔmnesɑ̃s] n. f. — Av. 1922, Proust; du lat. *somnus* « sommeil ».

♦ Rare. Sommeil. « *Provoquer la somnescence* » (Proust, *in* G. L. L. F. — N. B. : c'est le docteur Cottard qui parle).

SOMNIFÈRE [sɔmnifɛʀ] adj. et n. — V. 1502; lat. *somnifer*, de *somnus* « sommeil », et *ferre* « porter »; → -fère.

★ **I.** Adj. ♦ **1.** Rare. Qui provoque le sommeil. ⇒ **Anesthésique, dormitif** (vx), **hypnotique, narcotique, soporifique.** *Plante, médicament*, remède somnifère* (→ Hépatique, cit. 1). *L'opium est somnifère.*

C'est (la mandragore) une solanée somnifère et vénéneuse, comme un grand nombre de ses congénères, dont les propriétés narcotiques, anodines, réfrigérantes et hypnotiques étaient déjà connues du temps d'Hippocrate. Charles NODIER, Contes, « Fée aux miettes », Conclusion.

♦ **2.** (1723, J.-J. Rousseau, *in* Littré). Fam. Qui endort par l'ennui. ⇒ **Ennuyeux; endormant** (contr. : *amusant, distrayant*).

★ **II.** N. m. (1690, Furetière). Cour. Médicament destiné à faire dormir. *Prendre des somnifères pour combattre l'insomnie.* ⇒ **Narcotique, soporifique.** *Un puissant somnifère. Des somnifères légers. L'abus des somnifères et des calmants*.

SOMNILOQUIE [sɔmnilɔki] n. f. — Mil. XXᵉ; de somni-, et -loquie, du lat. *loquere* « parler ».

♦ Didact. Fait de parler pendant son sommeil.

SOMNO [sɔmno] n. m. — 1812; datif du lat. *somnus*, proprt «pour le sommeil».

♦ Techn. Table de chevet en forme de cippe, créée sous l'Empire.

SOMNOLENCE [sɔmnɔlɑ̃s] n. f. — V. 1387, *sompnolence*, sens 2; bas lat. *somnolentia*.

♦ **1.** (1530). État intermédiaire entre la veille et le sommeil, perte de conscience et engourdissement momentanés. ⇒ **Assoupissement** (cit. 3), **demi-sommeil, torpeur.** *Une somnolence s'emparait de lui* (→ Incliner, cit. 19). — Spécialt. Assoupissement peu profond mais insurmontable; tendance irrésistible à s'assoupir.

1   Nous profitâmes de la situation pour dormir un peu, chacun dans notre coin, mais sans nous abandonner trop à la somnolence, qui est parfois dangereuse par des températures aussi basses (...)   Th. GAUTIER, Voyage en Russie, I, XXI.

2   Là, des somnolences la prenaient; brisée par les veilles, elle sommeillait, elle cédait à l'engourdissement voluptueux qui s'emparait d'elle, dès qu'elle était assise.
ZOLA, Thérèse Raquin, XXIV.

♦ **2.** Fig. État d'inactivité, de mollesse. ⇒ **Atonie, engourdissement, mollesse, torpeur.** *Une somnolence boudeuse* (→ Désobligeant, cit. 2).

3   Ces recherches obstinées et secrètes, faites dans le monde occulte, donnaient à sa vie l'apparente somnolence des génies méditatifs.
BALZAC, l'Enfant maudit, Pl., t. IX, p. 694.

DÉR. V. Somnolent, somnoler.

SOMNOLENT, ENTE [sɔmnɔlɑ̃, ɑ̃t] adj. — Av. 1429, rare av. XIXᵉ; du rad. de *somnolence*.

♦ **1.** Qui est en état de somnolence, en demi-sommeil. ⇒ **Assoupi.** *Être somnolent après un bon repas. À demi somnolente, courbatue* (cit. 2).

♦ **2.** Sans activité, engourdi. ⇒ **Inactif, mou** (→ Neurasthénie, cit. 1). *Esprit* (cit. 58) *somnolent.* ⇒ **Lourd.** — Par ext. *La vie somnolente des casernes* (→ Faction, cit. 6). — (1877, Zola). D'un lieu. *Une bourgade somnolente.*

♦ **3.** (V. 1920). Fig. En sommeil, qui ne s'exprime pas. *La sympathie peut faire éclore* (cit. 10) *bien des qualités somnolentes.*

♦ **4.** (1835). Vx. Relatif à la somnolence. *État somnolent.*

♦ **5.** (Av. 1872, Gautier). Par métonymie, littér. Qui incite au sommeil, à l'engourdissement. *«Des lectures somnolentes»* (G. L. L. F.).

CONTR. Dispos, éveillé. — Actif, énergique.

SOMNOLER [sɔmnɔle] v. intr. — Av. 1846, Töpffer; du rad. de *somnolence*.

♦ **1.** Être dans un état de somnolence, dormir à demi (→ Geindre, cit. 3; parcours, cit. 1).

1   Tout de mon long sur la terre, la joue sur le bras, c'est pour moi un des plaisirs de la chasse au bois, de somnoler, à demi éveillé par le fourmillement de la terre (...)   Ed. et J. DE GONCOURT, Journal, 10 oct. 1874, t. V, p. 112.

♦ **2.** (Choses). Être inactif temporairement. *Le front* (cit. 30) *de Champagne, calme alors, somnolait.*

♦ **3.** Ne pas s'exprimer, exister à l'état latent. ⇒ **Sommeiller.**

2   Était-ce une de ces idées confuses qui semblent somnoler en nous sous la surface de nos idées claires, et qui, par moments, s'éveillent (...)
MARTIN DU GARD, les Thibault, t. III, p. 219.

SOMPTUAIRE [sɔ̃ptɥɛʀ] adj. — 1542, *sumptuaire*; lat. *sumptuarius*, dans *lex sumptuaria*.

♦ **1.** Didact. (Antiq. rom.) *Loi somptuaire*, réglant les dépenses, et, spécialt, restreignant les dépenses de luxe (Rousseau → Extirper, cit. 3). *Édit, règlement somptuaire* (Académie).

♦ **2.** Vx. Relatif aux dépenses. ⇒ **Financier.** *«Quelque austère que fût ma réforme somptuaire»* (Rousseau, *les Confessions*, VIII).

♦ **3.** (XXᵉ). Emploi critiqué; par confusion avec *somptueux** et parce que les *lois somptuaires* visaient les dépenses de luxe. De luxe. *Arts somptuaires*, non utilitaires (Réau). *Dépenses somptuaires. Taxes somptuaires*, sur les objets de luxe.

1   Une lettre indignée de Mrs Byron blâma ces dépenses somptuaires.
A. MAUROIS, la Vie de Byron, I, XII.

2   Comme de nombreux autres peuples d'Afrique, d'Asie ou d'Océanie les Balante pratiquent la consommation somptuaire ritualisée : le surplus est centralisé et est consommé lors des fêtes qui sont destinées à faire disparaître ce surplus. Le système est garant de l'égalité entre les hommes, les clans, les villages.
Jean ZIEGLER, Main basse sur l'Afrique, p. 202.

SOMPTUEUSEMENT [sɔ̃ptɥøzmɑ̃] adv. — 1380; de *somptueux*.

♦ D'une manière somptueuse, avec un grand luxe. *Somptueusement vêtus, parée* (1. Parer, cit. 15). *Traiter somptueusement qqn*

(→ Mesquinerie, cit. 3). *Ils vivent somptueusement, comme des rois*, des princes**.

CONTR. Frugalement, pauvrement, simplement.

SOMPTUEUX, EUSE [sɔ̃ptɥø, øz] adj. — 1342, *sumptueux*; lat. *sumptuosus*, de *sumptus* «dépense»; de *sumere* «prendre, employer».

♦ **1.** Vx. Qui a nécessité de grandes dépenses*. ⇒ **Coûteux.** *«Vingt ans de travaux somptueux»* (Molière, *la Gloire du Val-de-Grâce*).

♦ **2.** (Fin XIXᵉ). D'une beauté coûteuse (⇒ **Riche**), d'un luxe brillant. ⇒ **Beau, fastueux, luxueux, magnifique, princier, splendide, superbe.** — *Hôtel* (cit. 12), *mausolée* (cit. 3), *palais somptueux* (→ Obstruer, cit. 1). *Joyaux somptueux* (→ Lumière, cit. 12). *Somptueux cadeau* (→ Parenthèse, cit. 2). *Des habits somptueux. Une somptueuse robe de chambre* (→ Pois, cit. 4). — *Cortège, défilé somptueux* (⇒ 1. **Pompe**).

1   (...) l'idée naïve de ceux qui croient que la vie était plus belle quand on portait au lieu de l'habit noir, de somptueux costumes.
PROUST, la Prisonnière, Pl., t. III, p. 412.

2   L'auto, qui était puissante et somptueuse, n'enlevait rien à la réputation de rapacité du ménage.
J. ROMAINS, les Hommes de bonne volonté, t. III, XIII, p. 176.

(Employé emphatiquement dans l'usage publicitaire) :

3   Bourrelier (...) lut, à haute voix :
(...) les champs de bataille napoléoniens en Allemagne à prix réduits en car somptueux.   R. QUENEAU, le Dimanche de la vie, p. 197.

♦ **3.** (XXᵉ). Par ext. D'une beauté éclatante. *Des couleurs somptueuses.*

♦ **4.** (1596). Vx. Qui vit avec magnificence, fait des dépenses de luxe. *Un prince somptueux.* — Par ext. Mod. *Mener un train de vie somptueux.*

CONTR. Pauvre, simple. — Frugal.
DÉR. Somptueusement.

SOMPTUOSITÉ [sɔ̃ptɥozite] n. f. — V. 1465; lat. *sumptuositas*, de *sumptuosus*. → Somptueux.

♦ **1.** Beauté de ce qui est riche, somptueux. ⇒ **Beauté, luxe, magnificence, pompe, richesse, splendeur.** *La somptuosité d'un décor, d'un ameublement.*

1   L'or et l'argent scintillaient sur la soie et la gaze, qui abondaient dans leurs vêtements d'une magnificence et d'une somptuosité bizarres.
J.-A. DE GOBINEAU, Nouvelles asiatiques, p. 49.

♦ **2.** Beauté de ce qui est recherché, évoque le luxe. *La somptuosité d'un coloris.*

♦ **3.** (1559). Vx. Grande dépense dans le luxe; goût de la dépense et du luxe.

♦ **4.** (1846). Chose somptueuse. *«Les somptuosités du salon»* (Balzac, *la Cousine Bette*, Pl., t. VI, p. 289).

2   Pendant une heure, il rêva tout haut à ces existences magnifiques, pleines de génie, de gloire et de somptuosités, avec des entrées triomphales dans les villes...
FLAUBERT, l'Éducation sentimentale, II, II.

1. SON, SA, SES [sɔ̃, sa, se] adj. poss. 3ᵉ pers. — 842, *son*, *Serments de Strasbourg*; formes atones des adj. lat. *suus, sua, suos, suas.* → Sien. ⇒ Possessif, possession (cit. 18 et 19).

REM. 1. (Forme). En ancien français, la forme *sa* s'élidait en *s'* devant un mot féminin commençant par une voyelle ou un *h* muet (*Nicolete s'amie*, in *Aucassin et Nicolette*). Dès le XIIᵉ s., on a commencé à utiliser la forme masculine (*son amie*), qui s'est imposée au XVᵉ s.
2. (Fonction). *Son* (sa, ses) se rapporte à un «possesseur» unique, personne, chose ou indéfini masculin ou féminin, à la différence de certaines langues qui ont deux formes différentes (cf. angl. *his, her*, et all. *sein, ihr*). — *Son* renvoie aussi bien au sujet de la proposition (emploi réfléchi, lat. *suus*) qu'à un autre possesseur (lat. *ejus* «de lui, d'elle»); d'où parfois une ambiguïté quant au possesseur, que l'on peut éviter, notamment en renforçant le possessif par l'adj. *propre* dans le cas du réfléchi (→ Propre, *infra* cit. 4) ou par les locutions personnelles *à lui, à elle* → Lui, cit. 44 et *supra*); et, rarement, *de lui.* — Pour l'emploi de *son* dans une relative introduite par *dont* → Dont (III., *infra* cit. 16).
3. (Sens). → Mon (REM. 3.), où ce qui est dit de *mon* s'applique à *son.*
4. (Place). → Mon (REM. 4.).
5. (Répétition). → Mon (REM. 6.). Cf. En ses lieu et place; à ses risques et périls.

★ I. (Se rapportant à une personne). ♦ **1.** (Sens subjectif). Qui appartient, est propre, est relatif à la personne dont il est question lorsque cette personne est différente du sujet de l'énonciation et de l'allocutaire. — Possession. *«Le pauvre en sa cabane* (cit. 1) *où le chaume le couvre». «Le roi la chassa de son trône ainsi que de son lit»* (cit. 20). *Lui prendre son argent* (→ Longueur, cit. 7). *Avec son équerre et son marteau* (→ Maçon, cit. 1). — Appartenance à la personne physique ou morale. *«Voilà ses yeux, sa bouche, et déjà son audace»* (cit. 1). *Son corps fut formé pour loger* (cit. 17) *son âme. Appliquer son lorgnon* (cit. 1) *sur son œil droit.* — REM. Sur la substitution de l'article au possessif dans ce cas. → Le (1. *Le*, *supra* cit. 6); *mon* (*supra* cit. 5); *se* (I., 6.). — *Mon air froid m'attira* (cit. 38) *son aversion. Je n'ai jamais souhaité que son amour, que son approbation, que son estime* (→ Opprobre, cit. 7). *Être plus attaché* (cit. 90) *à sa vie qu'à son devoir. Employer stupidement son temps* (→ Loisir, cit. 8). *Il fait bien son travail* (→ Longer, cit. 2). *Rendre compte de sa mission* (cit. 1). — Appartenance habituelle, convenance. *Ce n'est pas son genre. Faire ses études* (cit. 23), *être reçu* (cit. 22) *à son examen. Reconnaître* (cit. 6) *son chemin. Elle a sa crise, ses douleurs. Prendre son bain.* Loc. *Il a ses têtes :* il y a des têtes qu'il aime (et non d'autres). — Participation à un milieu. *Dans son petit milieu* (cit. 30). *Son époque* (cit. 11), *sa patrie* (cit. 12). — (Expressions consacrées). *Sa Majesté :* le roi (→ Nommer, cit. 19; parer, cit. 1), la reine. *Sa Sainteté :* le pape (→ Prélat, cit.).

1 (...) le règne d'Anne semble une réverbération du règne de Louis XIV (...) Comme lui elle joue au grand règne ; elle a ses monuments, ses arts, ses victoires, ses capitaines, ses gens de lettres, sa cassette pensionnant les renommées, sa galerie de chefs-d'œuvre latérale à sa majesté. Sa cour, à elle aussi, fait cortège et a un aspect triomphal (...) HUGO, l'Homme qui rit, II, I, V, III.

2 Le champion qui a réalisé une performance, on ne sait quoi, un saut de six mètres (...) il faut qu'il retrouve chaque fois ses six mètres, et plutôt plus. J. ROMAINS, les Hommes de bonne volonté, t. XIII, p. 285.

3 Elle n'avait son dimanche qu'une semaine sur deux. ARAGON, les Beaux Quartiers, I, XIII.

(Devant un nom de personne). Rapports de parenté, de société, de travail... *Son fils* (cit. 3), *son mari* (cit. 3), *sa mère* (cit. 6 et 10)... *Son maître* (cit. 90), *son secrétaire* (→ Audience, cit. 10). *Un locataire* (cit. 2) *devenait son ennemi, son inférieur, son sujet...* — (Devant un nom propre; emploi hypocoristique, ironique ou méprisant). *Son Herbert...* (→ 2. Mal, cit. 27).

4 Son Monsieur Trissotin me chagrine, m'assomme. MOLIÈRE, les Femmes savantes, I, 3.

Appropriation très large (emplois stylistiques). *Morigéner* (cit. 4) *son monde. Posséder son latin. Connaître son code, ses chefs-lieux... Il gagne ses vingt mille francs bon an mal an. Faire* (cit. 164) *sa maligne. Sentir* son pédant. Il en est à sa dixième traversée.*

5 Est-ce qu'elle n'était pas toujours la brave machine obéissante (...) d'une si bonne vaporisation, qu'elle épargnait son dixième de charbon, de Paris au Havre ? ZOLA, la Bête humaine, VII.

(Employé comme « article possessif » dans la formation du superlatif). *Ses meilleurs amis* (→ Inquisiteur, cit. 1). *Un de ses plus forts* (cit. 9) *écoliers. Faire de son mieux.*

♦ **2.** (Sens objectif; devant un nom désignant une action ou un agent). De lui, d'elle. — (Action). *Son arrestation* (→ Rapprochement, cit. 5), *son élargissement* (→ Recommandation, cit. 8), *son supplice* (→ Demander, cit. 29)... *En son honneur* (→ Longuet, cit. 2), *en sa faveur* (→ Rebeller, cit. 1), *à sa louange* (cit. 9). *«(...) je pâlis* (cit. 1) *à sa vue ».* — (Agent). *Son représentant* (→ Marin, cit. 5), *son interprète* (→ Lorgnette, cit. 4), *son lecteur* (→ Mandarin, cit. 2), *ses juges, ses persécuteurs...* — REM. La langue classique usait volontiers de ce possessif à sens objectif; l'emploi en est limité de nos jours.

6 Créon, la Reine ici commande en mon absence ;
Disposez tout le monde à son obéissance (...) RACINE, la Thébaïde, I, 4.

7 (...) il me semblait que je l'aurais reconnu du premier coup tant sa pensée m'était devenue familière. MAUPASSANT, Miss Harriet, Mon oncle Jules.

★ **II.** (Se rapportant à une chose concrète ou abstraite). — REM. C'est dans ce cas surtout que *son (sa, ses)* se trouve en concurrence avec *en.* → En (2.). ♦ **1.** (Sens subjectif). Qui est propre ou relatif à la chose en question. *La lune* (cit. 7) *en son plein. La malachite* (cit.) *avec son éclat, ses nuances... La machine* (cit. 7) *et son rendement... La littérature* (cit. 13) *qui, dans son origine, a reçu du paganisme sa couleur et son charme. Tout mot a son idée, toute idée a son mot* (cit. 8). *Une distinction qui a son importance.*

♦ **2.** (Sens objectif). Devant un substantif d'action. *L'œuvre d'art n'est pas un phénomène accidentel, il faut chercher son explication, sa motivation* (cit. 1). *Sa représentation,* en parlant d'une pièce (→ Réalisation, cit. 4). — (Devant un nom d'agent). *La société s'incorpore même ses contempteurs* (cit. 2).

★ **III.** (Se rapportant à un indéfini). Avec *on. «À raconter ses maux souvent on* (cit. 40) *les soulage* (→ aussi Livresque, cit. 1). Sujet indéterminé sous-entendu. *Être content de son sort. Ça ne valait rien de laver* (cit. 4) *son linge sale devant le juge. Les seuls moyens de conserver sa liberté* (→ Non, cit. 56; et aussi long, cit. 21; louper, cit. 2). — (Avec *chacun*). ⇒ Chacun (*supra* cit. 15), **leur, notre, votre.** — (Avec d'autres indéfinis). *Personne* (cit. 25) *n'est satisfait de son état. Nul ne doit être inquiété* (cit. 4) *pour ses opinions. Qui veut voyager loin ménage sa monture.*

8 Le récit de ses fautes est pénible ; on veut les couvrir (...) LA BRUYÈRE, les Caractères, XI, 60.

9 Il n'est pas bon de tenter les autres ; Dieu envoie à chacun les tentations selon sa force, il est mal et peu sage de leur en fournir qu'ils ne puissent pas surmonter. GIDE, Journal, 13 oct. 1894.

HOM. (De *son*) 2. **Son,** 3. **son, sont** (forme du v. *être*). — (De *sa*) **Ça..., çà.** — (De *ses*) **C, ces.**

---

2. SON [sɔ̃] n. m. — V. 1160 ; anc. franç. *suen,* v. 1120 ; lat. *sonum.*

♦ **1.** Sensation auditive créée par les perturbations d'un milieu matériel élastique (spécialement l'air) ; ce phénomène physique.

REM. *Son* s'emploie dans des cas plus particuliers que *bruit* (musique, voix, choses heurtées) ou pour donner un caractère esthétique, affectif, à un bruit qu'on veut qualifier *(le son d'un moteur,* → Dense, cit. 2 ; *« Vive le son Du canon »,* la Carmagnole, chant révolutionnaire). ⇒ aussi **Bruit** (cit. 18). — *Écouter, entendre* (cit. 37), *percevoir un son.* ⇒ **Audition, oreille, ouïe** (et ci-dessous, 2.). *Un son agréable, doux, harmonieux, moelleux ; argentin, clair, cristallin, cuivré, délié, fin, flûté, éclatant, perçant, sifflant* (sifflement, sifflet), *strident* (stridence). *Un son plein, mat ; caverneux, creux* (⇒ **Résonance**). *Son faible, mourant...* ⇒ **Soupir** (poét.). *Des sons brefs, nets, secs, confus* (bourdonnement, clameur, rumeur ; ⇒ **Bruit**). *Sons répétés, en cadence*. Son puissant et prolongé* (beuglement, mugissement). *Son faux* (⇒ Disjoindre, cit. 1) ; *son aigrelet, nasillard. Sons discordants** (⇒ **Cacophonie, canard, couac ; désaccord**) ; *harmonieux* (⇒ **Eurythmie**). *Son pur* (→ *infra,* 2., b). — *Produire, rendre, faire entendre un son, des sons* (⇒ **Émettre, rendre** [*infra* cit. 30], **retentir, sonner, sonoriser**], se dit d'une substance heurtée qui vibre, d'un instrument*... *Son qui résonne, retentit, se fait entendre. Frapper un gong, battre le tambour pour produire des sons. Tirer des sons d'une trompette* (⇒ **Emboucher**), *d'une cloche* (⇒ **Sonner**), *de tout instrument* (⇒ **Jouer**). *Émettre et soutenir un son.* ⇒ **Nourrir.** *Son qui répond* à un autre. Réfléchir, répercuter, renvoyer un son.* ⇒ **Écho, répercussion.** Par métaphore. *Rendre un son authentique* (→ Nombre, cit. 28), *vrai...* ⇒ **Sonner** (sonner creux, faux). — *Le son des guitares* (cit. 1), *des violons. Le son d'une cloche*, d'une sonnette* (⇒ **Coup, sonnerie, sonnette**). — Loc. fig. *Son de cloche.* ⇒ **Cloche.** Prov. *Qui n'entend qu'une cloche** (*infra* cit. 5) *n'entend qu'un son.* — « *J'aime le son du cor... »* (→ Aboi, cit. 2, Vigny). « *Les parfums, les couleurs et les sons se répondent »* (cit. 43, Baudelaire). — *Au son, aux sons de...* : en écoutant, en suivant la musique de... (→ Marche, cit. 20 et 21). *Danser au son d'un orchestre, d'un accordéon* (ou *aux sons de...*). ⇒ **Rythme** (au). — Loc. *Proclamer* (cit. 1), *publier à son de trompe.*

1 Tous les chirurgiens et les apothicaires dansent au son des instruments et des voix, et des battements de mains, et des mortiers d'apothicaires. MOLIÈRE, le Malade imaginaire, 3e intermède.

2 En même temps il souleva son verre, et toucha celui de la grisette. De ce léger choc sortit un son clair et argentin (...) A. DE MUSSET, Contes, « Mimi Pinson », IV.

2.1 — Et pourquoi ne dirais-je pas ma messe ? demanda le curé. Expliquez-vous ! Le troisième ne tinta (...) J. VERNE, Un hivernage dans les glaces, p. 217.

3 Il prit donc le marteau de cuir et heurta plusieurs fois la plaque ronde de métal. Un son faible d'abord, s'en échappa, puis grandit, s'accentua, vibrant, aigu, suraigu, déchirant, horrible, plainte du cuivre frappé. MAUPASSANT, l'Inutile Beauté, « Champ d'oliviers », III.

4 Le son, lui-même, le son pur, est une sorte de création. La nature n'a que des bruits. VALÉRY, Eupalinos, p. 59.

Le son, les sons de la voix (de l'homme et de certains animaux dont le cri* est comparé à la voix humaine ou à de la musique). *Reconnaître le son de la voix de qqn. Sons articulés* (cit. 10 et 11), *inarticulés. Son de voix** (→ Doux, cit. 5). *Sons étranglés, sons gras, nasillants. Travail du son,* dans le chant*. ⇒ **Sonorité, timbre, voix.** *Filer* un son ; son filé.*

5 (...) il essaya d'imaginer les traits fins de Simone et le son de sa voix qui était à la fois clair et un peu voilé, comme les notes hautes d'un piano quand on appuie doucement sur la pédale. A. MAUROIS, Bernard Quesnay, XXVI.

6 Sans doute, les grands Singes émettent des sons variés, par quoi ils communiquent entre eux non moins que par la mimique corporelle ; ils produisent même des sons propres à certaines circonstances, à certaines émotions ; mais il s'agit là d'une simple *vocalisation affective* (...) Jean ROSTAND, l'Homme, I.

Spécialt. Élément du langage* parlé ; la combinaison de ces éléments. ⇒ **Phonème** (cit. 2), **phonétique** (cit.) ; **langue, parole, prononciation.** *Les mots* (cit. 1 et 2), *sons ou groupes de sons. Son fermé, ouvert* (⇒ **Voyelle**), *son nasal* (⇒ **Nasalisation, nasaliser**), *guttural. Similitude de sons,* dans le calembour. ⇒ **Consonance, homophonie.** *Notation des sons,* par l'écriture... *Signe notant plusieurs sons.* ⇒ **Polyphone.** — *Succession harmonieuse des sons.* ⇒ **Euphonie** (→ Poésie, cit. 3).

Absolt. *Le son,* l'élément perceptible du langage oral (opposé à *sens, signification*). *Le son et le sens* (→ Fond, cit. 58 ; parole, cit. 27).

Méd. Bruit caractéristique perçu à l'auscultation. *Matité* du son.*

♦ **2.** Sc. [a] Psycho-physiol. Sensation sonore. « Sensation engendrée par la stimulation des éléments sensoriels de l'oreille interne (cellules ciliées), le plus souvent par les ondes acoustiques » (*in* Piéron). ⇒ **Audition.** *Son « aural »* (de l'oreille), ajouté à celui qui provient d'un stimulus externe. *Son subjectif. Son intermédiaire* (dans le cas de l'action sur l'oreille de deux sons de fréquence différente).

7 Qu'est-ce qu'un son ? Tout simplement une sensation qui naît en nous à l'occasion d'un mouvement vibratoire transmis par l'air à notre tympan et de là à notre nerf acoustique. LOTI, Aziyadé, III, XL.

[b] Phys. (acoustique). Phénomène physique qui consiste en une perturbation dans la pression, la contrainte, le déplacement ou la vitesse des particules qui se propagent ensemble ou isolément dans un milieu matériel élastique. *Sons audibles,* engendrant une sensation auditive. *Le son est un mouvement vibratoire* à pression*

longitudinale, dans un milieu matériel. ⇒ **Onde.** *Son qui part, provient d'une source** (sonore). *Puissance du son,* dans une source (en ergs par seconde pour l'*énergie totale du son* et en watts pour la *puissance*). *Émettre un son.* ⇒ **Émission.** *Célérité, vitesse de propagation* (l'expression *vitesse du son,* courante, est impropre) *du son,* fonction du milieu de propagation et de la température (dans l'air 331 m/s à 0 °C). *Le mur* du son* (⇒ **Supersonique**). *Franchir le mur du son* (⇒ **Bang**). *Réfraction* et diffraction*, interférences** (battements), *réflexion du son, des ondes sonores* (⇒ **Écho ; catacoustique**). *Direction théorique du son.* ⇒ **Rayon.** *Intensité* (liée au carré de l'amplitude du mouvement vibratoire) ; *hauteur** (définie par la fréquence ; ⇒ **Diapason, ton**) *et timbre**(dépendant des harmoniques d'une fréquence) *d'un son. Niveau d'intensité* (en décibels), *niveau du son. Pression effective, instantanée ; niveau de pression du son* (en microbars). *Sons aigus*, sons graves*, sons du médium*. Limites des sons perceptibles (sons audibles ; infra- et ultra-sons). Mesure des sons* (en durée, rapport de fréquences, intensité... ⇒ **Échomètre, sirène ; bel, décibel, phone**). — *Son pur :* mouvement vibratoire sinusoïdal. — *Son simple :* mouvement vibratoire sinusoïdal ; *complexe* formé d'un *son fondamental* et des *harmoniques** (cit. 3) de *sa fréquence. Analyse des sons.*

c Mus., techn., cour. *Sons musicaux* (⇒ **Musique,** cit. 1 et 18) : sons audibles, simples ou complexes dont la hauteur (hauteur tonale) est déterminée (ils sont le plus souvent une durée, une intensité définissable, et un timbre* caractéristique. ⇒ **Instrument** (de musique), **voix ;** et aussi **note** (cit. 4) ; **gamme, ton, tonalité.** *Intervalle* de deux sons,* rapport de leurs fréquences : ex. *unisson* ⇒ **Rapport** (I.), octave (2.). *Sons simultanés.* ⇒ **Accord.** *Sons consonants, dissonants.* ⇒ **Consonance, dissonance.** *Organisation des sons par l'art musical.* ⇒ **Harmonie, mélodie, musique, polyphonie, rythme, temps.** — *Détection de l'emplacement où un son a été produit. Repérage par le son* ⇒ **Sonar.** *Enregistrement* du son* (sur disque, bande magnétique). *Son digital*, analogique*.* **Prise** (infra cit. 24) *de son. Reproduction du son, transmission du son.* ⇒ **Haut-parleur, magnétophone, microphone, phonographe, radiophonie.**

(1944). Spécialt. Signal sonore ; intensité d'un tel signal. *Baisser le son d'un poste* (de radio, de télévision). *Lecteur* de son. Systèmes de renforcement du son. Évanouissement du son dans le fading.* — *Ingénieur du son,* qui s'occupe de l'enregistrement, de la prise de son. *L'équipe du son* (au cinéma). *Le son se met en grève* (→ Raccord, cit. 2). — Par appos. *La bande-son d'un film.* ⇒ **Sonore.** *Spectacle « son et lumière »,* où un monument est illuminé de diverses manières tandis que se fait entendre une évocation sonore, musicale... de son histoire.

DÉR. Sonagramme, sonagraphe, sone, sonie, sonique. — (Du lat. *sonus*) V. Sonner, et dér., sono-, sonore, sonorité. — (De l'ital.) V. Sonate, sonnet.
COMP. Infra-son, ultra-son.
HOM. 1. Son, 3. son ; sont (forme du v. être).

3. SON [sõ] n. m. — V. 1398 (forme latinisée *seonnum,* 1243) ; *saon, seon* « rebut », 1197 ; p.-ê. anglo-saxon *seon,* ou lat. *secundus* « qui suit, secondaire » ; P. Guiraud postule un roman **saeto, onis, *saetonare,* dér. de **saetacius,* de *seas, saas* « crible », auquel une var. *seon, saon, son* correspondrait.

♦ **1.** Résidu de la mouture du blé (et d'autres graminées), provenant du péricarpe des grains. ⇒ **Issue, mouture.** *On moud* le blé* pour séparer les parties les plus nutritives du son.* ⇒ **Farine** (cit. 1) ; **blutage, moulin.** *Farine de son, mêlée de son.* ⇒ **Recoupe, remoulage, repasse** (deuxième mouture), **recoupette** (troisième mouture). — Ellipt. *Pain de son,* de farine de son. *Boule* de son,* pain de munition. Loc. fig. *C'est moitié farine moitié son,* un mélange impur, une chose indécise, équivoque. — *Pâtée* de son.* « *Le porc à s'engraisser coûtera* (cit. 4) *peu de son.* » Loc. *Faire l'âne pour avoir du son* (ou, vx, *du bran**). ⇒ **Âne** (→ Impair, cit. 4). — (1718). *Eau de son,* utilisée autrefois comme tisane émolliente.

[1] Il faut séparer le son de la partie vraiment alimentaire du froment. Cette partie broyée, moulue, plus exactement tamisée, est emportée par les camions jusqu'aux entrepôts, puis à la boulange. G. DUHAMEL, Problèmes de civilisation, p. 109.

♦ **2.** (1871). Son servant à bourrer. *Poupée de son.* Loc. fig. *Habits* de velours, ventre de son.*

♦ **3.** Loc. fig. (1871). *Taches de son :* taches de rousseur. *Taches de son sur la peau.* ⇒ **Éphélide ; furfuracé.** *Mains tachées de son* (→ Jeu, cit. 54).

[2] Et la fille, Céleste, une grande rousse aux cheveux brûlés, aux joues brûlées, tachées de son comme si des gouttes de feu lui étaient tombées sur le visage un jour qu'elle peinait au soleil. MAUPASSANT, Boule de suif, « L'aveu ».

HOM. 1. Son, 2. son, sont (forme du v. être).

SONAGRAMME [sonagram] n. m. — 1968, Larousse ; de 2. *son,* et *-gramme.*

♦ Didact. Représentation graphique d'un son obtenue à l'aide d'un sonagraphe. ⇒ **Sonogramme.**

SONAGRAPHE [sonagraf] n. m. — 1968, Larousse ; de 2. *son,* et *-graphe.*

♦ Didact. Appareil enregistreur des sons de la parole sur bande magnétique, permettant leur analyse spectrale. ⇒ **Sonographe.**

SONANTE [sonãt] n. f. — 1842 ; p. prés. fém. de *sonner.* Phonétique.

♦ **1.** Vx. Semi-voyelle.

♦ **2.** (1933, Marouzeau). Consonne présentant un faible obstacle au passage de l'air (opposé à *fricative* et à *occlusive*). *Les nasales, les liquides, les vibrantes sont des sonantes.*

SONAR [sonaʀ] n. m. — 1949 ; mot angl., de *So(und) N(avigation) a(nd) R(anging).*

♦ Techn. Équipement de détection et de communications sous-marines analogue au radar, et basé sur la réflexion des ondes sonores. ⇒ **Asdic** (vx). *Des sonars. Repérage des bancs de poissons au sonar.*
Loc. *Sonar de veille,* destiné à détecter les objets sous-marins par projection de faisceaux d'ultra-sons sous forme d'impulsions courtes. *Sonar d'attaque,* destiné à préciser le site et le gisement du but sous-marin.
Par anal. *Les sons émis par les dauphins, « un "sonar" naturel, infiniment plus précis que tous les sonars en usage »* (Paris-Match, 11 mars 1972, in Rey-Debove et Gagnon).

SONATE [sonat] n. f. — 1695 ; ital. *sonata,* de *sonare* « jouer sur un instrument à cordes ou à vent » (comme *cantata, toccata,* de *cantare, toccare*).

♦ **1.** Ancient. Pièce de musique instrumentale en plusieurs mouvements, alternativement lents et rapides, destinée à un petit nombre d'exécutants. *Sonate préclassique. La sonate, née en Italie, s'est répandue en Europe vers la fin du XVIIIe siècle* (Couperin, en France). *Sonate d'église,* pièce fuguée ; *de chambre,* suite de danses. *Sonate pour deux violons* (et basse continue). *Sonates pour clavecin,* de Scarlatti. — Allus. littér. *Sonate, que me veux-tu ?,* phrase attribuée à Fontenelle, que la musique instrumentale ennuyait. — (Depuis la fin du XVIIIe, Haydn, Mozart, puis Beethoven). Pièce à trois ou quatre mouvements présentant une structure caractéristique, dite *structure sonate* (→ ci-dessous 2.). *Sonates pour piano, violon, piano et violon. Allegro ; andante ou largo* (cit.), *adagio ; scherzo ; final d'une sonate. La « petite phrase » de la sonate de Vinteuil* (Proust, À l'ombre des jeunes filles en fleurs).
— *Sonate, que me veux-tu ?* — Elle ne voulait rien du tout, qu'être une sonate. R. ROLLAND, Jean-Christophe, Foire sur la place, I, p. 695.

♦ **2.** Mus. *Forme sonate :* structure ternaire, à deux thèmes, de l'*allegro de sonate,* qui sert de cadre à la plus grande partie de la musique instrumentale classique (sonates, trios, quatuors, concertos, symphonies). *La forme sonate comprend une exposition, un développement et une réexposition* (avec des reprises de thèmes).

DÉR. Sonatine.

SONATINE [sonatin] n.f. — 1821, in D. D. L. ; de *sonate.*

♦ Petite sonate, d'exécution relativement facile. *Les sonatines de Clementi.*

SONDAGE [sõdaʒ] n. m. — 1769 ; de *sonder.*

♦ **1.** Action de sonder, exploration locale et méthodique (d'un milieu) à l'aide d'une sonde ou de procédés techniques particuliers. *Sondage des profondeurs marines.* ⇒ **Bathymétrie** (cit.). *Sondage par ultra-sons, par le son,* par la mesure du temps de réflexion d'une onde sonore. — *Sondage aérologique, atmosphérique, sondage météorologique,* au moyen de ballons*-sondes. — (1773). Forage d'un sol, pour en connaître la nature (⇒ **Fondation**), rechercher des nappes d'eau, des gîtes minéraux (⇒ **Prospection**), établir un puits, etc. *Sondages à la tarière, au trépan, par percussion, par rotation... Tige, tour de sondage. Sondages de prospection pétrolière.*

[1] (...) pour voler la source du voisin, il faut la prendre au moyen d'un sondage pratiqué jusqu'à la même fissure du granit au-dessous de lui, et non pas au-dessus, à la condition (...) de se placer en deçà du barrage d'argile qui force les eaux à remonter. MAUPASSANT, Mont-Oriol, I, III.

[2] Mon travail consiste ici à lancer des ballons en l'air, et à les suivre à la lorgnette ; ça s'appelle « faire un sondage météorologique » S. DE BEAUVOIR, la Force de l'âge, p. 440.

♦ **2.** (1935). Introduction d'une sonde dans une cavité naturelle ou accidentelle de l'organisme. ⇒ **Cathétérisme, tubage.**

♦ **3.** (1838). Abstrait. Enquête, recherche, investigation discrète et rapide. — Statist. Prélèvement dans une population (⇒ **Échantillon**) en vue d'établir une série statistique ou de vérifier une loi de probabilité — (Mil. xxᵉ). *Enquête par sondage*, ou (cour.), *sondage d'opinion*, et, absolt., *sondage* : enquête visant à déterminer la répartition des opinions sur une question, dans une population donnée, en recueillant des réponses individuelles manifestant ces opinions. *Théorie de l'échantillonnage et méthode des sondages. Les sondages de l'Institut français d'opinion publique (I.F.O.P.). Société française d'enquête par sondages (SOFRES). Instituts de sondage. Ce qui paraît à travers les sondages. Sondage effectué sur un échantillon représentatif de la population. Sondage d'écoute*, permettant de connaître les taux d'écoute d'une station de radio, et, par ext., d'une chaîne de télévision.

SONDE [sɔ̃d] n. f. — V. 1175 ; de l'anc. nordique *sund* «mer, détroit», dans *sundgyrd* «perche à sonder», *sundrap* «corde pour souder» ; mais Diez supposait une dérivation sur *subundare*, de *sub* et *unda* «onde, mer», p.-ê. plus pertinente.

♦ **1.** [a] Instrument essentiellement composé d'un plomb* *(plomb de sonde)* attaché à une ligne* *(ligne de sonde)* divisée en brasses ou en mètres, qui sert à mesurer la profondeur de l'eau et à reconnaître la nature du fond. ⇒ **Bathymétrie.** *Jeter, mouiller la sonde* (→ Dessous, cit. 21 ; fond, cit. 8). *Naviguer à la sonde*, en utilisant fréquemment la sonde (dans des parages mal connus ou dangereux). *Suivre une ligne de sonde.* ⇒ **Isobathe.** Par métaphore. *Jeter la sonde* (→ Océan, cit. 5 ; et aussi dévider, cit. 3).

1   Un essai restait à tenter : la sonde ne marquait plus que quatre brasses sur un banc de sable qui traversait le chenal ; il était possible que la lame nous fît franchir le banc et nous portât dans une eau profonde (...)
       CHATEAUBRIAND, Mémoires d'outre-tombe, t. I, I, éd. Levaillant, p. 358.

Loc. **COUP DE SONDE** : fait de jeter la sonde et de mesurer la profondeur ; fig., rapide sondage d'opinion.

Pêche. Petite sonde utilisée par les pêcheurs.

[b] Profondeur déterminée à l'aide de la sonde. *Les sondes augmentent. Être sur les sondes* (sur un fond suffisant).

[c] (1694). Par anal. de a. Instrument ou appareil de mesure des profondeurs ou des altitudes (par procédés mécaniques, par réflexion ou diffraction d'une radiation...). — (1907). *Sonde aérienne* ⇒ **Ballon-sonde.** — Aviat. *Sonde radio altimétrique.* ⇒ **Radiosonde.** — *Sonde à rayons X*, pour déceler les variations dans la structure superficielle d'un métal.

♦ **2.** (1596). Instrument cylindrique, présentant ou non un canal central, destiné à explorer les canaux naturels ou accidentels ou à en évacuer le contenu ou y introduire une substance. ⇒ **Bougie, cathéter, drain, tube.** *Sonde rigide, flexible. Sonde œsophagienne, utérine, urétrale.* (→ Boutonnière, cit. 2). *Sonde cannelée, à double courant. Uriner à la sonde.* Par anal. Instrument servant à l'alimentation artificielle.

2   Mon imagination (...) ne me montrait avant la mort qu'une suite de souffrances, les rétentions, la gravelle, la pierre (...) M'étant aperçu que les sondes de Daran qui seules me faisaient quelque effet (...) ne me donnaient cependant qu'un soulagement momentané, je me mis à faire à grands frais d'immenses provisions de sondes pour pouvoir en porter toute ma vie (...)
       ROUSSEAU, les Confessions, VIII.

♦ **3.** (1752). Techn. [a] Appareil servant aux forages* et aux sondages. ⇒ **Tarière, trépan.**

[b] (1723). Petit instrument permettant de prélever une parcelle à l'intérieur d'un objet, d'un produit (alimentaire, par ex.) en vue d'en reconnaître le contenu, la qualité. *Sonde à fromage, à jambon, à melon* (cit. 3).

[c] *Sonde électronique* : appareil qui concentre des électrons sur une aire de petite dimension à la surface d'un objet, utilisé pour en faire une analyse chimique.

♦ **4.** (1968). Cour. *Sonde spatiale* : engin spatial non habité, comportant des instruments automatiques et des systèmes de transmissions capables d'envoyer des informations sur la Terre. *Sonde cosmique, interplanétaire.* «*Lancée le 12 juin, une sonde soviétique se pose en douceur sur le sol de Vénus*» (*le Monde*, 19 oct. 1967).

DÉR. Sonder.

SONDER [sɔ̃de] v. tr. — 1382 ; de *sonde.*

A. ♦ **1.** Chercher à mesurer au moyen de la sonde, soumettre à un sondage. *Sonder «les abîmes de la mer»* (→ Navigation, cit. 2), *une rivière, un gué... Machine à sonder les grands fonds. Sonder la hauteur des eaux.* ⇒ **Mesurer** (→ Plomb, cit. 8). — Absolt. (→ Embosser, cit. 2).

1   Il s'agissait, si je me souviens bien, d'abriter la flotte dans la rade d'Alexandrie ; mais impossible, disaient les compétences, le chenal n'a pas assez de profondeur. Lui réplique : « Il faut sonder ». Mais la Marine est un Grand Corps, qui ne reçoit point de conseil. Jamais Bonaparte ne put obtenir que l'on fît réellement et sérieusement ce sondage.   ALAIN, Propos, 8 mai 1921, L'homme nu.

Intrans. Plonger verticalement, en parlant des baleines.

1.1   C'est la première fois que je me trouve dans l'eau avec de grands cétacés et que j'observe leur technique de plongée. Le vieux mot des baleiniers : «sonder» prend dans mon esprit une signification plus concrète. Les baleines ne plongent pas obli-

quement, comme font les marsouins et les dauphins, mais se précipitent vers le fond à la verticale.
       J.-Y. COUSTEAU et F. DUMAS, le Monde du silence, p. 308.

Par métaphore. *Sonder la profondeur de ses abîmes* (cit. 4 ; → aussi Garder, cit. 41 ; profond, cit. 17).
Explorer au moyen d'un ballon-sonde. *Sonder l'atmosphère* (→ Radar, cit. 1).

♦ **2.** Reconnaître en utilisant une sonde (2.). *Sonder une plaie* (→ Noble, cit. 14). Par métaphore (→ Dénier, cit. 6). — (1694). Par ext. Évacuer l'urine de la vessie de. *Sonder un malade ; se faire sonder.*

2   Un vieux rétrécissement l'empoisonnait d'urine, lui barrait la vessie... Je n'en finissais pas de le sonder, de le débarrasser goutte à goutte...
       CÉLINE, Voyage au bout de la nuit, p. 383.

♦ **3.** (1690). Explorer par un forage, pour connaître la nature de... *Sonder un sol, un terrain.* ⇒ **Forer, percer.** — Par métaphore :

3   Ainsi le nouveau venu pouvait-il en ces jours incertains, sonder longuement le terrain sur lequel, à l'heure voulue, il s'avancerait.
       Louis MADELIN, Talleyrand, I, VI.

♦ **4.** Techn. Examiner à la sonde, pour vérifier le contenu de... *Sonder un paquet, des bagages à la douane.* — Milit. (vieilli). *Sonder un bois.* ⇒ **Fouiller.**

4   Après les chambres, nous avons pris les sièges. Les coussins ont été sondés avec ces longues et fines aiguilles que vous m'avez vu employer. Nous avons enlevé les dessus des tables.   BAUDELAIRE, Trad. E. POE, Histoires extraordinaires, « La lettre volée. »

5   (...) le vieux *(Fouan)* cherchait où son fils avait bien pu cacher le magot. C'était son tour de visiter la maison entière, de sonder les boiseries des armoires, de taper contre les murs, pour entendre s'ils sonnaient le creux.
       ZOLA, la Terre, V, I.

B. (Abstrait). ♦ **1.** (1553). Chercher à entrer dans le secret de... ⇒ **Approfondir, creuser, explorer, reconnaître, scruter.** *Dieu qui sonde les cœurs* (cit. 118). «*Qui peut sonder de Dieu l'insondable* (cit. 1) *pensée ?*» ⇒ **Pénétrer.** *Sonder l'avenir* ⇒ Clairvoyance, cit. 1), *le mystère de l'écriture* (→ Graphologue, cit. 2). *Sonder sa mémoire.* ⇒ **Consulter** (→ Empêtrer, cit. 7). *Sonder la disposition des esprits* (→ Émissaire, cit. 1). ⇒ **Ballon** (d'essai). Absolt. ⇒ **Enquérir** (s' ; cit. 7).

6   Je suis ce que je suis, ma conscience est bonne,
    Et Dieu, à qui le cœur des hommes apparaît,
    Sonde seul ma pensée et seul il la connaît.
       RONSARD, Discours des misères de ce temps, «À Loys des Masures».

7   Elle m'enveloppait de ce large et éclatant regard qui voulait sonder ma conscience et reconnaître au fond de mon cœur les orages amassés ou dissipés depuis la veille.
       E. FROMENTIN, Dominique, XIII.

♦ **2.** (1559). Chercher à connaître l'état d'esprit, les intentions de. *Sonder ses amis, l'opposition.* ⇒ **Confesser, interroger, pressentir, retourner, tâter** (→ Contraire, cit. 10). — *Sonder l'opinion.* ⇒ **Sondage.**

♦ **3.** (Mil. xxᵉ). Effectuer un sondage d'opinion sur (qqn). *Je n'ai jamais été sondée.* ⇒ **Interroger.**

▶ **SE SONDER** v. pron.

♦ **1.** (Réfl.). Descendre* en soi-même, examiner ses pensées.

♦ **2.** (Récipr.). Chercher à savoir ce que l'on pense réciproquement.

8   (...) ils demeurèrent quelques instants les yeux dans les yeux, tout près l'un de l'autre, tâchant de voir, de savoir, de se comprendre, de se découvrir, de se sonder jusqu'au fond de la pensée en une de ces interrogations ardentes et muettes de deux êtres qui vivant ensemble s'ignorent toujours, mais se soupçonnent, se flairent, se guettent sans cesse.   MAUPASSANT, le Legs, Pl., t. II, p. 344.

▶ **SONDÉ, ÉE** p. p. adj. *Des fonds sondés. Terrain sondé.* — Fig. *Avenir sondé.* — Spécialt. *Opinion sondée.* — *Les personnes sondées pensent que..., répondent que...* — N. «*Le sondage calculé avant les élections l'est nécessairement à partir des intentions de vote, autrement dit : de ce que le "sondé" veut bien dire ou avouer*» (*Sciences et Avenir*, mai 1981, p. 14). «*Les deux tiers des "sondés" sont en faveur de la science*» (*Sciences et Avenir*, oct. 1981, p. 120).

DÉR. Sondage, sondeur, sondeuse.

SONDEUR, EUSE [sɔ̃dœʀ, øz] n. — 1572 ; de *sonder.*

A. ♦ **1.** Techn. Personne qui fait des sondages, qui sonde (une matière, un milieu).

♦ **2.** (1871). Techn. Appareil de sondage. ⇒ **Sonde, sondeuse.** *Sondeur à ultra-sons.*

Techn. (pêche). Appareil utilisant la technique du sonar pour la détection des bancs de poissons.

1   Maintenant, sur la passerelle, le patron ne quitte plus des yeux l'écran du sondeur, où se lit en permanence, mètre après mètre, l'image du fond et où peuvent apparaître soudain, bonheur sans égal, les taches grisâtres plus ou moins denses qui indiquent la présence, à la verticale du bateau, de bancs de poissons.
       J.-M. DURAND-SOUFFLANT, 61° de latitude nord, vent force 9...,
                                              in le Monde, 27 janv. 1983, p. 26.

Adj. *Tube sondeur.*

♦ **3.** (1871). Rare. Personne qui fouille un endroit.

B. (Abstrait). ♦ **1.** (1599). Littér. Personne qui cherche à percer le secret de (qqch.), qui cherche à connaître l'état d'esprit de (qqn).

2 Les plongeurs du chaos, les sondeurs du désastre (...)
HUGO, la Fin de Satan, Appendice.

♦ **2.** Personne qui fait des sondages d'opinion.

3 (...) les sondages prennent un caractère de plus en plus démagogique, parce que, soucieux de plaire, les sondeurs d'opinion se refusent à placer les interrogés devant les réalités torturantes et les choix véritables.
A. SAUVY, Croissance zéro?, p. 255.

COMP. (Du sens A, 2) **Échosondeur.**

SONDEUSE [sɔ̃døz] n. f. — Mil. xxᵉ, in Larousse 1964 ; de sonder.

♦ Techn. Petite sonde pour les forages peu profonds. ⇒ **Sondeur.**

SONE [sɔn] n. f. ou m. — 1951, Piéron, Voc. de la psychologie ; de 2. son.

♦ Sc. Unité de sonie définie comme la force sonore d'un son pur de fréquence 1000 hertz à 40 décibels au-dessus du seuil d'audibilité. ⇒ **Phone.**

SONG [sɔ̃g] n. m. — 1952, cit. ; angl. song «chanson» (en général).

♦ Anglic. Jazz. Chanson populaire empruntée par les Noirs à la tradition culturelle blanche (opposé à blues, spiritual, work song...).

À la forme du ragtime, adoptée par le jazz pendant ses premières époques, se substitua celle des «songs», chansons populaires américaines blanches.
Lucien MALSON, les Maîtres du jazz, p. 12.

SONGE [sɔ̃ʒ] n. m. — V. 1155, sunge ; lat. somnium.

♦ **1.** Vx ou spécialt. Rêve. ⇒ **Rêve** (1., REM.) — Faire un songe (→ Concordance, cit. 2). Le sommeil et les songes (→ Dissoudre, cit. 4 ; inconnu, cit. 22). Le pays des songes : le sommeil, l'inconscience. Un coup violent l'envoya au pays des songes. Le songe et la réalité (→ Approche, cit. 21). Songes considérés comme prophétiques, comme des avertissements (cit. 4) divins, comme susceptibles d'une interprétation (cit. 5). ⇒ **Divination** (cit. 2), **onirocritie, oniromancie** (et → Entrebâiller, cit. 5 ; explication, cit. 2 ; expliquer, cit. 6 ; passer, cit. 84). Au théâtre, les songes de Darius, de Calpurnia, de Pauline, d'Athalie... **CLEF DES SONGES** : système d'interprétation traditionnel des rêves, de leurs images. — **EN SONGE.** Voir qqn, qqch. en songe (→ Échelle, cit. 7 ; frapper, cit. 17). «Le laboureur m'a dit en songe... » (→ Semer, cit. 1).

1 Je tâche en m'éveillant à rappeler les songes
Que j'ai fait (sic) en dormant,
Et dans le souvenir de leurs plaisants mensonges
Je revois mon amant. THÉOPHILE DE VIAU, Pour Mademoiselle de M...

2 (...) je tiens que, pour l'ordinaire, c'est notre nature sincère qui s'exprime dans les songes ; et songe n'est point mensonge, sinon en ce sens qu'il représente ce qu'on voudrait, non ce qui est. ALAIN, Propos, 3 déc. 1921, Persuasion.

(Fin xviiᵉ). Mythol. Les Songes, fils du Sommeil (→ Excepté, cit. 12). — Prov. Songe, mensonge.

♦ **2.** Par compar. Fiction, illusion*. La vie n'est qu'un songe, tout n'est ici-bas que songe (→ Assimilation, cit. 2 ; dieu, cit. 18 ; erreur, cit. 18 ; réveil, cit. 8). La vie est un songe, pièce de Calderon. Le Songe d'une nuit d'été, titre français d'une comédie de Shakespeare. S'évanouir (cit. 8) comme un songe. Mal passé n'est qu'un songe.

3 Enfin, comme on rêve souvent qu'on rêve, entassant un songe sur l'autre, la vie n'est elle-même qu'un songe, sur lequel les autres sont entés, dont nous nous éveillons à la mort. PASCAL, Pensées, VII, 434.

4 Rien n'est vrai, rien n'est faux ; tout est songe et mensonge.
Illusion du cœur qu'un vain espoir prolonge.
LAMARTINE, Harmonies..., III, XXXI.

♦ **3.** (V. 1220). Vieilli ou littér. Construction de l'imagination à l'état de veille. ⇒ **Chimère, illusion, imagination, fantasme, rêve.** La réalité était triste auprès (cit. 26) de mon songe. Ce nom éveille (cit. 13) en moi des mondes de songes. Nous poursuivons des songes (→ 1. Ombre, cit. 45), de vains songes. Le monde mobile des songes (→ Rêverie, cit. 16). «Je dicte (cit. 1), en me promenant, des songes que voici» (Montaigne). — Le songe, le domaine du songe : le rêve (supra cit. 18).

5 Ici a commencé pour moi ce que j'appellerai l'épanchement du songe dans la vie réelle. À dater de ce moment, tout prenait parfois un aspect double — et cela, sans que le raisonnement, manquât jamais de logique, sans que la mémoire perdit les plus légers détails de ce qui m'arrivait. Seulement, mes actions, insensées en apparence, étaient soumises à ce que l'on appelle illusion, selon la raison humaine (...) NERVAL, Aurélia, I, III.

6 Il faut qu'il y ait dans le poète un philosophe, et autre chose. Qui n'a pas cette quantité céleste de songe n'est qu'un philosophe.
HUGO, Post-Scriptum de ma vie, Promontorium somnii, I.

CONTR. **Réalité.**
DÉR. **Songerie.**

SONGEARD, ARDE [sɔ̃ʒaR, aRd] adj. — V. 1450, songeart ; de songer.

♦ Rare, vx. Qui rêve beaucoup, n'a pas le sens des réalités.

SONGE-CREUX [sɔ̃ʒkRø] n. m. et adj. invar. — Mil. xviiᵉ ; adj., 1580 ; «personne qui pense profondément», v. 1500 ; de songer, et creux en emploi adverbial.

♦ Personne qui nourrit son esprit de chimères. Des songe-creux.

1 On boit, on mange, on rampe, on chuchote, on oublie,
L'ordre n'est plus troublé par un noir songe-creux (...)
HUGO, la Légende des siècles, XLIX, I.

2 Bonaparte (...) estimait Sieyès trop spéculatif, un songe-creux politique (...)
Louis MADELIN, Talleyrand, VIII, I, p. 95.

Adj. «Une rêverie d'inventeur songe-creux» (Hugo, in G. L. L. F.).

SONGER [sɔ̃ʒe] v. tr. ind. et tr. — Conjug. bouger. — 1080, sunjer que ; sens 2 et 3, xiiiᵉ ; du lat. somniare.

♦ **1.** (1530). Vx. Faire un songe. ⇒ **Rêver** (4.). → Gronder, cit. 1, Montaigne. «Après avoir songé à vous» (Mᵐᵉ de Sévigné.) — Trans. «Douter si c'est une chose vraie ou qu'on ait songée» (La Bruyère). — Songer que... (→ Inanition, cit. 4).

1 Mais tant, ma chère, que tes rêves
N'auront pas reflété l'Enfer,
Et qu'en un cauchemar sans trêves,
Songeant de poisons et de glaives (...)
BAUDELAIRE, les Nouvelles Fleurs du mal, III, II.

♦ **2.** (1278, songier). Sans compl. Rêver, laisser errer sa pensée (⇒ **Rêverie**). «Chacun songe en veillant, il n'est rien de plus doux» (cit. 10). «Car que faire (cit. 41) en un gîte, à moins que l'on ne songe?» (La Fontaine). Songer tout seul (→ Garçon, cit. 7), dans la solitude (→ Méditer, cit. 3 ; et aussi attirant, cit. 9). «Tandis que je songeais, le coude sur mes livres... » (→ Moment, cit. 24 ; et aussi pleurer, cit. 28). — Appliquer sa pensée à un objet avec intensité, mais de façon non formelle (→ Heure, cit. 15 ; possession, cit. 15). ⇒ **Méditer, rêver** (I., 2.).

2 L'homme en songeant descend au gouffre universel.
HUGO, les Contemplations, VI, XXVI.

3 Le travail pense, la paresse songe. J. RENARD, Journal, 27 déc. 1887.

♦ **3.** (V. 1230). **SONGER À** (qqch). **a** Penser, réfléchir à (un problème qui préoccupe). Ceux qui vivent sans songer à la mort (→ Anéantir, cit. 1). Nous songeons à ce système (→ Issu, cit. 2), à des maux passés ou possibles (→ Attrister, cit. 12.1). «Il met bas (1. Bas, cit. 68) son fagot, il songe à son malheur» (La Fontaine). Songer à ce qu'on voit (→ Paquet, cit. 4), à ce qu'on dit (1. Dire, cit. 8, Molière). ⇒ **Attention** (faire). Songez bien à ceci (→ Piquer, cit. 24 ; et aussi 1. faux, cit. 19). Sans y songer (→ Assortissant, cit. 1 ; figure, cit. 23). — (1668, Molière). Vous n'y songez pas : c'est impossible, irréalisable. Vieilli. Songez-y bien! (avertissement, menace).

4 Vous vous moquez, Mercure, et vous n'y songez pas :
Sied-il bien à des Dieux de dire qu'ils sont las?
MOLIÈRE, Amphitryon, Prologue.

5 Comme je songeais à loisir à tout ceci, et que je me demandais quelquefois ce qui me plaisait particulièrement à imaginer dans l'ordre des choses poétiques, je pensais à une certaine pureté de la forme (...)
VALÉRY, Variété, Mémoires du poète, in Œ., t. I, Pl., p. 1490.

Vx. (Emploi transitif). «Songe-t-on le sens de ce mot... » (→ Mon, cit. 5, Valéry).

(Dans un sens affaibli). Avoir dans l'esprit, en tête. ⇒ **Considérer.** On dit plutôt «le genre (cit. 6) homme», si on songe aux individus..., «le concept d'homme», si on songe aux qualités... Je songe à une formule (→ Miracle, cit. 9). — Avoir présent à l'esprit. Si Napoléon eût songé à son infanterie, il eût gagné la bataille (→ Fatal, cit. 13).

b Évoquer par la mémoire, par l'imagination, ou par simple association d'idées. ⇒ **Imaginer, rappeler** (se). Songer au passé (→ Redevenir, cit. 1) ; à la patrie perdue (→ Rôder, cit. 2 ; et aussi 1. hypogée, cit. 5). «Et que je puis songer à la beauté des cieux» (→ Maintenant, cit. 6). «Mon enfant (cit. 28.3), ma sœur, Songe à la douceur... » (Baudelaire). — Songer à qqn, à ce qu'est ou ce qu'a été sa vie (→ Ennui, cit. 4 ; malheureux, cit. 4 ; nomade, cit. 2).

6 Songe, songe, Céphise, à cette nuit cruelle
Qui fut pour tout un peuple une nuit éternelle (...)
Songe aux cris des vainqueurs, songe aux cris des mourants (...)
RACINE, Andromaque, III, 8.

7 Si je songe à tes yeux je songe aux sources fraîches
Si je pense à ta bouche les roses m'apparaissent
Si je songe à tes seins le Paraclet descend APOLLINAIRE, Calligrammes, p. 183.

Faire songer à... : évoquer, faire penser à (→ Archange, cit. 3 ; entrechoquer, cit. 9 ; étendre, cit. 3). Vous me faites songer à Robinson (→ 1. Manger, cit. 41).

c (1538). Envisager en tant que projet qui demande réflexion, qui mérite attention et soin. Songer au mariage (cit. 11 ; et → Âge, cit. 37 ; oui, cit. 7). J'y songe (→ Fin, cit. 42) ⇒ **Vue** (avoir des vues). Il n'y faut pas songer, c'est impossible (→ Descente, cit. 4.1). Sans songer à mal*. ⇒ **Innocemment.** — (Suivi d'un inf.). *Avant de songer à détruire* (cit. 23) *un usage établi, on doit...* (→ aussi Glorifier, cit. 5). *Je songeai à écrire un portrait* (cit. 15). *Une autorité que nul ne songeait à discuter* (cit. 3 ; et → Franc-parler, cit. 2).

8 Et plus en criminel ils pensent m'ériger,
Plus, croissant en vertu, je songe à me venger. BOILEAU, Épîtres, VII.

9 Ce qu'on ne peut avoir, mieux vaut n'y point songer.
GIDE, le Roi Candaule, II, 1.

d Donner tous ses soins à..., se préoccuper de..., s'intéresser à...

REM. Ce sens fort paraît dû au contact homonymique (dans l'ancienne langue, et encore dans les patois) entre *songer* et *soigner* (John Orr, « *Songer, penser et soigner* », in *Revue de linguistique romane*, juil.-déc. 1962). ⇒ **Soigner** (I.), **soin.** — *Ne songer qu'à son profit* (→ Boutique, cit. 1), *qu'à l'honneur* (→ Espagnolisme, cit. 1). *Songer à son avancement* (→ Pousser, cit. 62), *au lendemain.* « *Monsieur* (cit. 7) *ne songe à rien, monsieur dépense tout...* ». — *Ne songer qu'à soi* (→ Apparence, cit. 13 ; désunir, cit. 7). *Il faut songer aux hommes de tous les pays* (1. Pays, cit. 1). *Songer aux autres.*

10 Mais, Monseigneur, si j'ai une extrême joie de voir que toutes les affaires de l'État dont vous avez le soin, ne vous empêchent pas de songer aux miennes (...)
SCARRON, Lettre à Fouquet, I, 225 (cité par J. ORR) « Songer, penser et soigner », in Revue de linguistique romane, juil.-déc. 1962.

(Suivi d'un inf.). ⇒ **Occuper** (s'), **soin** (avoir, prendre), **veiller.** *Chacun des trois ordres songea surtout à défendre ses intérêts* (→ Institution, cit. 13 ; et aussi joli, cit. 4). *Il faut toujours songer à...* (→ Différence, cit. 4 ; hors, cit. 14). *Ne songer qu'à...* (→ Braver, cit. 7 ; éterniser, cit. 9 ; rubrique, cit. 1).

♦ **4.** (Suivi d'une complétive ou d'une interrogative indirecte). Prendre en considération le fait que..., réfléchir au fait que... « *Mais songez que les rois veulent être absolus* » (cit. 2). *Avez-vous songé que...* (→ Destinée, cit. 15). *Quand on songe que...* (→ Innommable, cit. 3 ; œuvre, cit. 21). *Sans songer que...* (→ Durcir, cit. 2 ; fonds, cit. 14). ⇒ **Aviser** (s'). « *Songez-vous quel serment vous et moi nous engage !* » (cit. 9). *Songer combien...* (→ Peu, cit. 32 ; renoncer, cit. 15).

11 Examinez ma vie, et songez qui je suis. RACINE, Phèdre, IV. 2.

12 (...) songeant aux extrémités où peuvent se porter les femmes et comment elles passent avec rapidité de la tendresse la plus ardente à la plus froide insensibilité (...) FRANCE, Les dieux ont soif, XI.

13 Il songe à cette petite chose qui dort dans un berceau.
Il s'attriste de penser qu'il est peut-être là devant une chose qui bouleversera le monde, et qu'il ne peut le savoir (...) Surtout il songe que l'avènement au monde de cette petite chose est pour elle *(la mère)* une épreuve, dont ces femmes attentives ne soupçonnent pas la dureté.
Julien BENDA, Délice d'Éleuthère, p. 122 (cité par J. ORR).

(En incise). *Dans l'ascension* (cit. 11) *des êtres, songeait-elle,* ... (→ aussi Bourgeois, cit. 6 ; flairer, cit. 10). *Ils parlent tous, songeait Antoine...* (→ Interprétation, cit. 8).

Rare. Penser que..., imaginer que... « *L'univers m'embarrasse et je ne puis songer Que cette horloge existe* (cit. 1) *et n'ait point d'horloger* » (Voltaire). *Je n'ai jamais songé qu'il existât véritablement une Europe* (→ Expression, cit. 14).

CONTR. (Du sens 3) Omettre, oublier.

DÉR. et COMP. Songeard, songe-creux, songerie, songeur.

SONGERIE [sɔ̃ʒʀi] n. f. — 1495 ; *sougnarie,* XIIIᵉ ; de *songe.*
Vieilli ou littéraire.

♦ **1.** Action, fait de rêver, de laisser aller sa pensée. — Moment de rêverie*.

♦ **2.** Suite de pensées développées lors d'une rêverie (→ Assujettir, cit. 16 ; attacher, cit. 38 ; retour, cit. 26). « *Ma songerie, aimant à me martyriser...* » (→ Cueillir, cit. 10).
Elle aimait les lectures, les romans et les poésies, non pour leur valeur d'art, mais pour la songerie mélancolique et tendre qu'ils éveillaient en elle.
MAUPASSANT, Pierre et Jean, I.

SONGEUR, EUSE [sɔ̃ʒœʀ, øz] n. et adj. — Fin XIIᵉ, *songière,* adj., *songeor,* n. ; de *songer.*

★ **I.** N. ♦ **1.** Vx. Personne qui fait un rêve (cf. La Fontaine, *Fables* XI, 4).

♦ **2.** (1380). Rare. Personne qui aime la rêverie. ⇒ **Rêveur.**
REM. Chez Hugo, le *songeur* est à la fois penseur et poète, un voyant ; cf. par ex. « *Les Mages* », in *les Contemplations.*

0.1 Les prophètes chassaient le mal ; les personnages
Rendaient au Dieu vivant d'augustes témoignages ;
L'homme de ces temps inhumains,
Affreux, baignant de sang les champs, l'onde et les sables,
S'arrêtait, s'il voyait ces songeurs formidables,
Pâles et levant leurs deux mains. HUGO, la Légende des siècles, XLIV, II.

★ **II.** Adj. Cour. ♦ **1.** Perdu dans une rêverie empreinte de préoccupation. ⇒ **Pensif, préoccupé** (→ Brasser, cit. 1). *Rester songeur* (→ Écœurer, cit. 1). *Cette nouvelle me laissait songeur.*

1 Pendant un moment bien court, elle demeura songeuse et comme plongée dans une pensée infinie ; puis elle rougit de laisser voir sa préoccupation (...)
BALZAC, la Vendetta, Pl., t. I, p. 882.

Mon esprit, qui du doute a senti la piqûre,
Habile, âpre songeur, la rêverie obscure
Aux flots plombés plombés et bleus. HUGO, les Contemplations, VI, VI.

♦ **2.** (1830, Balzac). Qui trahit une préoccupation. *Un regard, un art, un visage songeur.*

DÉR. Songeusement.

SONGEUSEMENT [sɔ̃ʒøzmɑ̃] adv. — XVᵉ, Christine de Pisan ; de *songeur.*

♦ Littér. D'une manière songeuse. ⇒ **Rêveusement** (plus courant).
« Et vous l'admirez ? reprit le journaliste. — Bien sûr, je l'admire », dit la vieille femme, songeusement.
G. BAUER, les Billets de Guermantes, juin 1937, p. 161.

SONGHAI [sɔ̃gaj] adj. et n. (invar. au plur.). — 1917, Dupuis, *Essai de méthode pratique pour l'étude de la langue songoi ou songai ;* mot de cette langue.

♦ D'un ensemble d'ethnies africaines vivant sur la rive nord du fleuve Niger (notamment région du lac Dépa). *Groupe songhai de Haute-Volta, du Mali, du Niger.* — N. Personne appartenant à cet ensemble. — N. m. L'un des principaux parlers du groupe dit *songhai-zarma* (classé par Greenberg dans la famille « nilo-saharienne » ; rattachement discuté). — REM. On écrit aussi *songhay.* — *Les Songhay,* ouvrage de Jean Rouch (1954).

SONIE [sɔni] n. f. — 1964 ; de 2. *son.*

♦ Sc. Intensité d'un son appréciée par la sensation auditive qu'il détermine et qui est évaluée en *phones.* ⇒ aussi **Sone.**

SONIQUE [sɔnik] adj. — 1949 ; de *son.*
Physique.

♦ **1.** Du son. Spécialt. Relatif aux phénomènes qui se manifestent à des vitesses voisines de celle du son (⇒ **Supersonique**). *Barrière sonique, mur sonique.*

♦ **2.** Qui peut se déplacer à des vitesses égales ou légèrement supérieures à celle du son. *Avions soniques et subsoniques* (opposé à *supersonique*).

SONNAGE [sɔnaʒ] n. m. — 1339 ; de *sonner.*

♦ **1.** Vx. Action de sonner ; sonnerie*.

♦ **2.** (Mil. XXᵉ). Mod., techn. Épreuve au son permettant de déceler les défauts d'une pièce ou d'un assemblage métallique. *Sonnage des essieux d'une voiture de chemin de fer.*

SONNAILLE [sɔnaj] n. f. — V. 1300 ; de *sonner,* et suff. *-aille.*

♦ **1.** Cloche ou clochette attachée au cou d'un animal domestique, d'une bête de somme. ⇒ **Campane, clarine.**

1 (...) on a entendu que les bêtes s'agitaient, par une sonnaille secouée, une de ces closes qu'elles portent pendues autour du cou à une large courroie de cuir, — en beau bronze, avec des dessins dessus. C.-F. RAMUZ, la Grande Peur..., XII.

♦ **2.** (Au plur.). Son, bruit des sonnailles. *Sonnailles d'un cheval* (→ Grume, cit. 5), *des troupeaux** (→ Pâturage, cit.).

2 (...) l'espace environnant pouvait se mesurer aux sonnailles des troupeaux de chevaux et de bœufs, tantôt retentissantes et sonores, tantôt diminuées dans l'éloignement et n'arrivant plus que comme des notes perdues, enlevées dans un coup de mistral.
Alphonse DAUDET, Contes du lundi, « Paysages gastronomiques », L'aïoli.

DÉR. 1. Sonnailler, 2. sonnailler, sonnaillerie.

1. SONNAILLER [sɔnaje] n. m. — 1379, *sounaillier ;* de *sonnaille.*

♦ Régional ou techn. (Agric.). Animal qui porte une sonnaille, et qui va en tête du troupeau.
HOM. 2. Sonnailler.

2. SONNAILLER [sɔnaje] v. intr. — 1762 ; de *sonnaille,* ou de *sonner,* et suff. *-ailler.*

♦ Rare. Sonner, tinter en faisant un bruit désagréable.
Jamais plus, son trousseau de clefs qui sonnaillaient au cordon du tablier et qui étaient sa décoration, son Ordre du Mérite domestique.
Albert COHEN, le Livre de ma mère, p. 63.
HOM. 1. Sonnailler.

SONNAILLERIE [sɔnajʀi] n. f. — 1611, « sonnerie de clochettes », souvent péj. ; de *sonnaille,* et suff. collectif *-erie.*

♦ Fam. Rare. Ensemble de sonnailles, de bruits de cloches, sonnettes, etc.

(...) la nuit du Nouvel An à New York (...) quand les nègres de Harlem envahissent Broadway avec leurs cloches et leur sonnaillerie (...)
B. CENDRARS, Bourlinguer, p. 247.

SONNANT, ANTE [sɔnɑ̃, ɑ̃t] adj. — 1380, sonant; de sonner.

♦ **1.** Vx. Qui sonne, qui résonne. — (1718). Mod. *Argent sonnant*, en monnaie métallique, de bon aloi. — Loc. *Espèces, pièces sonnantes et trébuchantes.* ⇒ **Trébuchant.**

1 (...) la pensée des trente écus par mois, de ce bel argent sonnant qui s'en viendrait couler dans son tablier, qui lui tomberait comme ça du ciel, sans rien faire, la ravageait de désir. MAUPASSANT, le Petit Fût, Pl., t. II, p. 79.

♦ **2.** (1636). Rare. Qui sonne les heures. *Horloge* (cit. 3), *montre sonnante.*

♦ **3.** (1665). Cour. Qui est en train de sonner, en parlant de l'heure. ⇒ **Précis, battant, pétant, tapant.** (Rare sauf après *à* et un compte d'heures). *A cinq heures sonnantes.*

2 Cet été-là il prit le train pour la première fois, il alla voir Guttinguer à Saint-Germain : « C'est merveilleux ; à neuf heures du soir sonnantes je partais de Saint-Germain (6 lieues de Paris) et j'étais rendu à mon hôtel à 10 heures sonnantes ».
A. BILLY, Sainte-Beuve, sa vie et son temps, p. 295.

♦ **4.** Littér. Qui rend un son clair, pur... « *Les sonnantes eaux de ce fleuve ...* » (Claudel).

SONNER [sɔne] v. — XIIᵉ, soner; suner, 1080; du lat. sonare, de sonus.

★ **I.** V. intr. ♦ **1.** Didact. Produire un son éclatant, clair, facilement distinguable. « *Un son pur qui sonne au milieu des bruits* » (Valéry). — Spécialement :

ⓐ Vx. En parlant d'un instrument de musique. Produire le son qui lui est propre. — Mod. (D'un cuivre). *Le cor* (→ 2. Nasal, cit. 1), *la trompette sonne. Un orchestre, un instrument qui sonne bien.* ⇒ **Sonorité.**

ⓑ Vibrer, retentir sous un choc. ⇒ **Résonner, tinter.** *Faire sonner des pièces de monnaie* (⇒ **Sonnant,** dér.), *les dalles sous sa canne* (1. Canne cit. 2). → aussi Militarisme, cit. 2 ; 1. ombre, cit. 31. — *Des gifles* (cit. 4) *claquèrent, des coups de poings sonnèrent... — Sonner clair, plein, creux, mat ; sonner le fêlé.*

1 L'un des chantres vint faire le tour de la nef pour quêter, et les gros sous, les uns après les autres, sonnaient dans le plat d'argent.
FLAUBERT, Mᵐᵉ Bovary, III, X.

Loc. *Les oreilles lui sonnent.* ⇒ **Corner, tinter.**

Sonner (suivi d'un adj.). Rendre un son (qualifié). *Sonner creux* (cit. 3), *vide, plein.* Littér. *Sonner franc* (2. Franc cit. 17).

Spécialt. (D'une cloche, ou d'un gong, d'une cymbale, et, par ext., d'un timbre). ⇒ **Sonnerie.** *Cloche** (cit. 4), *clarine, sonnaille, sonnette... qui sonne* ⇒ **Carillonner, tinter.** *Sonner à toute volée*.* — Par ext. *On entend sonner le beffroi, l'église,* les cloches du beffroi, de l'église. *L'horloge* (cit. 4 et 5), *la pendule sonne, vient de sonner. Faire sonner un réveil. Le téléphone sonne.*

2 Les cloches sonnaient ; quand le battant frappait leur côté oriental, déjà tiède, le son était moitié plus tendre. GIRAUDOUX, Suzanne et le Pacifique, I.

ⓒ Se manifester, se signaler par une sonnerie particulière. *L'heure** (cit. 36 ; et, au fig. cit. 65) *qui sonne* (→ Coup, cit. 51). *Midi a sonné, est sonné* (→ ci-dessous, le p. p.). — Impersonnellement. « *Il sonne onze heures* » (Ramuz, la Grande Peur..., p. 135). — Fig. *Sa dernière heure a sonné :* l'heure de sa mort est arrivée*.

3 À chaque fois que l'heure sonne,
Tout ici-bas nous dit adieu.   HUGO, les Chants du crépuscule, V, II.

4 Vienne la nuit sonne l'heure
Les jours s'en vont je demeure   APOLLINAIRE, Alcools, p. 16.

ⓓ (1669). Être prononcé*, être marqué nettement dans la prononciation (→ Articulation, cit. 5). *Faire sonner le t d'une liaison* (cit. 2), *la fin* (cit. 12) *de ses phrases.* — (1580). Avec un adv. Avoir un certain son, donner une certaine impression. *Mot qui sonne bien à l'oreille*.* ⇒ **Harmonie** (→ Outsider, cit.). — Vx. *Sonner mal :* être malsonnant. — Fig. *Sonner faux :* donner une impression d'insincérité (→ Cordialité, cit. 2 ; menteur, cit. 3). *Une confession, un aveu qui sonne faux. Ce récit sonne faux,* ne semble pas fidèle. *Cela sonne très juste.* — (V. 1560). *Faire sonner :* proclamer, dire avec emphase (→ Retentissant, cit. 1). *Faire sonner bien haut ses mérites*.* ⇒ **Proclamer, vanter.**

Vx. Parler abondamment de..., répéter, insister sur...

♦ **2.** (1530). Sujet n. de personne. Faire fonctionner une sonnerie, spécialement pour appeler qqn, un domestique (→ Elle, cit. 1 ; geler, cit. 6 ; malle, cit. 1) ou pour se faire ouvrir (→ Guichet, cit. 3 ; nuit, cit. 44). *Entrez sans sonner. On sonne à la porte*.*

5 (...) nous entendions au bout du jardin, non pas le grelot profus et criard qui arrosait, qui étourdissait au passage de son bruit ferrugineux, intarissable et glacé, toute personne de la maison qui le déclenchait en entrant « sans sonner », mais le double tintement timide, ovale et doré de la clochette pour les étrangers (...)
PROUST, Du côté de chez Swann, Pl., t. I, p. 14.

5.1 On sonne !... C'est monsieur... je reconnais sa main !...
E. LABICHE, le Voyage de Monsieur Perrichon, II, 1.

★ **II.** Trans. indir. (1080). SONNER DE (vx) : faire rendre des sons (à un instrument). ⇒ **Jouer.** — Mod. Jouer (d'un instrument à vent, spécialt, d'un cuivre à embouchure). *Sonner du clairon, du cor* (→ Piqueur, cit. 2), *de la corne* (⇒ **Corner**), *d'une trompe* (→ Ranz, cit. 1). *Sonner de la trompette. Sonner aux champs** (→ ci-dessous, II., 4.). — Absolt. Spécialt. Jouer de la trompe de chasse. ⇒ **Sonneur.** *Une légère coupure* (cit. 2) *à la lèvre l'empêchait de sonner.*

5.2 Roland sonnait du cor. Sa face s'empourpra. Les Tyroliens s'éveillèrent, croyant à l'apparition du soleil, et des milliers de femmes s'empressèrent d'étendre le linge sur les prairies. Ce fut le fameux bal des couleurs de 1723.
R. DE OBALDIA, Tamerlan des cœurs, p. 9.

★ **III.** V. tr. (V. 980, au sens 3 ; 1080, sens 2). ♦ **1.** (V. 1690, Fénelon). Vx. Faire résonner, vibrer (un métal). — Mod. *Sonner une cloche* (→ Gong, cit. 5), *la cloche, les cloches.* — Spécialt. En faire frapper les deux côtés par le battant (par oppos. à *copter*, piquer**). — Fig., fam. *Se faire sonner les cloches.* ⇒ **Cloche.**

Par extension :

5.3 Il serait inouï que cette altière France
Par qui s'est envolé l'archange Délivrance,
Après avoir sonné les sublimes beffrois,
Et mis les nations hors du cachot des rois (...)   HUGO, la Légende des siècles, L.

Vx. Agiter, faire fonctionner (une sonnette).

5.4 (...) nous avons dans chaque chambre une sonnette qui communique dans la cellule du geôlier ; la Doyenne seule a le droit de la sonner, mais lorsqu'elle le fait en raison de ses besoins, ou des nôtres, on accourt à l'instant (...)
SADE, Justine..., t. I, p. 162 (1791).

♦ **2.** (1080). Vx. Mus. Jouer. *Les violons sonnèrent une danse* (⇒ Sonate, étym. ; **sonneur**). — Mod. Jouer de (un instrument à vent). *Sonner le clairon* (⇒ **Claironner**), *la trompe* de chasse* (⇒ **Forhuer,** 2. **grailler**).

♦ **3.** (*Ne sonner mot*, v. 980). Vx. Dire, prononcer. — Loc. *Ne pas sonner mot* (encore chez Michelet, *Hist. de la Révolution française,* t. II, p. 370). ⇒ **Taire** (se).

♦ **4.** Faire entendre (une sonnerie particulière) ; signaler, annoncer* par une sonnerie (de cloches, de cuivres...). — *Sonner les matines* (→ 2. Canon, cit. 7), *la messe, les vêpres* (→ Hébétement, cit. 2), *le tocsin.* Fig. *Sonner le glas** (cit. 5 et 6) *de... — Sonner l'alarme, le couvre-feu, la générale, la retraite* (1. Retraite, cit. 5), *le réveil* (cit. 5). « *Comme il sonna la charge, il sonne la victoire* » ⇒ **Embuscade,** cit. 5 ; ce* n'est Dieu. ⇒ **Sonnerie.** *Sonner l'hallali. Sonner trois coups brefs* (à la sonnette).

(*Sonner l'heure,* XVIᵉ). Le nom de l'instrument est le sujet. *La cloche sonne l'angélus* (→ Évoquer, cit. 17). — *Le clairon* (cit. 1) *sonne la charge.* — Spécialt. *La pendule sonne le coup de la demie.* ⇒ **Frapper.**

♦ **5.** Annoncer (le temps, l'heure) par une sonnerie. « *La pendule, sonnant minuit...* » (→ Engager, cit. 31). « *Vienne la nuit sonne l'heure...* » (Apollinaire, « Le pont Mirabeau »).

6 Au milieu de toutes ces convulsions de la cloche mêlée à l'émeute, l'horloge de Saint-Paul sonna onze heures, gravement et sans se hâter ; car le tocsin, c'est l'homme ; l'heure, c'est Dieu.   HUGO, les Misérables, IV, XV, II.

Par ext. *Sonner le dîner* (2. Dîner, cit. 4), *la fin de la classe.*

6.1 — Il y a dix minutes que c'est sonné, les avertit la patronne en les servant.
M. DURAS, Moderato cantabile, p. 82.

♦ **6.** (1532). Appeler* (qqn) par une sonnerie, une sonnette. *Sonner un domestique, une femme de chambre, l'infirmière de garde* (→ Précisément, cit. 2). Loc. fam. *On ne vous a pas sonné :* on ne vous a pas appelé, mêlez-vous de vos affaires. « *On vous a pas sonné, dit Zazie* » (R. Queneau, Zazie dans le métro, p. 104).

♦ **7.** (1486 ; répandu v. 1900). Fam. Assommer, étourdir (en heurtant la tête contre le pavé, et, par ext., d'un coup de poing...).

6.2 Et quand i' veut r'piquer au tas
Ou quand i' veut gueuler je l'scionne...
J'y crèv' la peau, je l'fous en bas...
Des fois, pour m'amuser, je l'sonne...   A. BRUANT, Dans la rue, p. 94.

6.3 (...) s'il connaissait l'auteur de cette idiote plaisanterie, il le sonnerait et comment !
R. QUENEAU, le Chiendent, p. 249.

Fig. Traiter brutalement, remettre durement à sa place. *Elle se fera sonner* (→ Retour, cit. 5).

6.4 Je ne sais pas. Il n'a jamais manqué une occasion de me sonner. Tu te souviens, le jour de la fausse perme, à Valenciennes ? J'ai été bon pour mes quinze jours d'arrêt fermes, et toi, oh, je ne te le reproche pas, tu es passé au travers !
Armand LANOUX, le Commandant Watrin, p. 132.

(Sujet n. de chose). Fatiguer, abrutir, mettre en mauvais état physique ou psychologique. *Sa maladie l'a sonné. La mort de sa fille l'a sonné.* — Absolument :

6.5 Et puis, trois ans de tropiques, ça sonne.
Claude COURCHAY, La vie finira bien par commencer, p. 254.

▶ **SONNÉ, ÉE** p. p. adj.

♦ **1.** (XIVᵉ). Annoncé par les cloches. *Messes, matines sonnées.* — Annoncé par une sonnerie... — Spécialt. *Il est midi sonné, trois heures* bien sonnées.* ⇒ **Passé** (→ Inaperçu, cit. 4). Fig. *C'est midi* (cit. 10) *sonné,* il est trop tard. ⇒ **Midi.** — (En parlant de l'âge). *Il a soixante ans bien sonnés,* révolus (→ Reste, cit. 28).

♦ **2.** (1931). Assommé, étourdi par un coup. *Boxeur sonné.*
⇒ **Groggy.**

7   (...) l'instant où le malade se frappe, instant aussi facile à discerner, pour le médecin, que l'est, pour les spectateurs, l'instant où un boxeur est sonné (...)
                               MONTHERLANT, les Lépreuses, II, XVIII.

Fig. Éprouvé par un événement pénible.

♦ **3.** (1927). Fam. Un peu fou. ⇒ **Cinglé, toqué.** *Il est complètement sonné, ce type!*

8   — C'est Lola, l'amie de Boris Serguine. Elle est sonnée.
     — Elle en a l'air, dit Daniel.   SARTRE, l'Âge de raison, p. 305.

DÉR. Sonnage, sonnaille, sonnerie, sonnette, sonneur. — Sonnant.

SONNERIE [sɔnʀi] n. f. — 1220 ; de *sonner.*

♦ **1.** Son de ce qui sonne (I., 1., b).

a *Sonneries des cloches* (→ Gamme, cit. 2). *Sonnerie d'une horloge* (cit. 4), *d'un timbre* (⇒ **Sonnette**), *du téléphone... La sonnerie électrique la fit sursauter* (→ Nom, cit. 26).

1   Tout à coup, tout près d'eux, une petite sonnerie ferme et claire vibra. C'était le timbre scellé dans le mur qui tintait.   HUGO, l'Homme qui rit, II, VII, IV.

2   Une sonnerie, ce n'est pas un bruit comme les autres ; c'est une vrille qui vous transperce soudain le corps, qui embroche vos pensées et qui arrête tout, jusqu'aux mouvements du cœur.   G. DUHAMEL, Salavin, I, I.

Par extension :

2.1   Pendant quelques secondes, une fine sonnerie de verres heurtés chanta dans l'ombre.   MAUPASSANT, le Champ d'oliviers, Pl., t. II, p. 1201.

(1893). Spécialt. Manière particulière de sonner les cloches, réglée par la liturgie. *Sonnerie de la messe, de l'élévation ; de l'angélus.*

3   Les *trois coups* sonnaient ; c'est un signal bien connu dans les villages de France, et qui, après les diverses sonneries de la matinée, annonce le commencement immédiat de la messe.   STENDHAL, le Rouge et le Noir, II, XXXV.

b Son d'un cuivre dont on sonne. *Sonnerie de clairon* (cit. 3). — (1825). Air joué à la trompette, à la trompe de chasse pour constituer un signal. Milit. ⇒ **Appel, bouteselle, breloque, champ** (aux champs), **chamade, charge, couvre-feu, diane, drapeau** (au), **extinction** (des feux), **générale, ralliement, rassemblement, retraite, réveil.** *Sonneries de cavalerie.* — Chasse. ⇒ **Débucher, hallali, quête, ton** (etc.).

4   Pendant un an, depuis la sonnerie du réveil jusqu'à la sonnerie de l'extinction des feux, Jerphanion a médité le militarisme.
         J. ROMAINS, les Hommes de bonne volonté, t. I, XV, p. 161.

♦ **2.** (1636). Par métonymie. **a** Ensemble des cloches (d'une église, etc.).

b (1663). Mécanisme qui fait sonner une horloge, une pendule, un réveille-matin (cit. 2), d'après la disposition des aiguilles. *Moteur, mouvement, pignons, marteau, timbre d'une sonnerie. Remonter la sonnerie.*

5   Au moment où il en franchissait la porte, une des nombreuses horloges suspendues au mur vint à sonner cinq heures. Ordinairement, les différentes sonneries de ces appareils, admirablement réglées, se faisaient entendre simultanément, et leur concordance réjouissait le cœur du vieillard ; mais, ce jour-là, tous ces timbres tintèrent les uns après les autres, si bien que pendant un quart d'heure l'oreille fut assourdie par leurs bruits successifs.
         J. VERNE, Maître Zacharius, p. 143.

c Appareil avertisseur, formé essentiellement d'un timbre que fait vibrer un marteau. *Sonnerie électrique,* dont le marteau est mû par les passages rapidement alternés du courant dans un électro-aimant*. ⇒ **Timbre** (I., 2., b). *Sonnerie téléphonique. Bouton d'appel d'une sonnerie.* ⇒ **Sonnette.** *Sonnerie à trembleur* (ou vibreur), où le son du timbre est étouffé.

6   Raymonde chercha près de son lit la sonnerie électrique et la pressa du doigt. Un timbre en haut vibra, et elles eurent l'impression que, d'en bas, on avait dû en percevoir le son distinct.   M. LEBLANC, l'Aiguille creuse, p. 7.

SONNET [sɔnɛ] n. m. — 1537 ; ital. *sonneto,* de l'anc. provençal *sonet* «chanson, chansonnette», de l'anc. franç. *sonet* (XIIᵉ), dér. de *son* «poème».

♦ Poème de quatorze vers en deux quatrains sur deux rimes (embrassées) et deux tercets. ⇒ **Poésie.** *Sonnet italien, français* (où la disposition des rimes des tercets est modifiée). *Les sonnets de Pétrarque ; de Marot, de Du Bellay, de Ronsard* (→ Odelette, cit.) ; *de Shakespeare... La querelle des sonnets, vers 1650 en France* («*Deux sonnets partagent* (cit. 15) *la ville...* »). *Le sonnet de Trissotin* (→ Dire, cit. 78), *d'Oronte* (→ Espoir, cit. 9). «*Un sonnet sans défauts* (cit. 37) *vaut seul un long poème*». — *Les sonnets de Heredia, de Mallarmé. Sonnets irréguliers de Baudelaire. Le sonnet des voyelles,* de Rimbaud. *Le sonnet d'Arvers* (→ Mystère, cit. 15).

1   Sonne-moi ces beaux sonnets, non docte que plaisante invention italienne, conforme de nom à l'ode, et différente d'elle seulement pour ce que le sonnet a certains vers réglés et limités (...)
         DU BELLAY, Défense et Illustration de la langue franç., II, IV.

2   Un sonnet vaut mieux qu'un long poème, et un verre de vin vaut mieux qu'un sonnet.   A. DE MUSSET, Fantasio, I, 2.

3   Le sonnet est fait pour le simultané. Quatorze vers *simultanés,* et fortement dési-

---

gnés comme tels par l'enchaînement et la conversation des rimes ; type et structure d'un poème *stationnaire.*   VALÉRY, Autres rhumbs, p. 145.

DÉR. Sonnettiste.

SONNETTE [sɔnɛt] n. f. — V. 1250, *sonete ; sonneste,* déb. XIIIᵉ ; de *sonner.*

★ **I.** ♦ **1.** Petit instrument métallique qui sonne (I., 1., b) pour avertir. ⇒ **Clochette** (→ rendre, cit. 2 ; globule, cit. 3). *Agiter une sonnette.* ⇒ **Sonner.** *La sonnette du président, dans une assemblée. La sonnette de la messe* (→ Précipitation, cit. 2). *Cordon* (→ Olive, cit. 3) *de la sonnette d'une porte d'entrée.* ⇒ aussi **Carillon.** *Bouton, poignée de sonnette* (actionnée à distance). *Bruit* (→ Oscillation, cit. 1), *coup de sonnette.* — Vieilli. *Sonnettes du bétail.* ⇒ **Clarine, sonnaille.**

1   Ah! que de visites de femmes dites d'avance par le coup de sonnette. La première fois que la femme vient se rendre, quelle pudeur, un tout petit tintement ! Et les fois suivantes, la sonnette carillonne, orgueilleuse comme l'amour qui s'affiche.
         Ed. et J. DE GONCOURT, Journal, sept. 1853, t. I, p. 48.

1.1   Jean, devançant sa tante, tira une petite sonnette qui, comme les sonnettes de campagne, continua longtemps à égrener les gouttes aigres d'un son clair.
         PROUST, Jean Santeuil, Pl., p. 780.

1.2   Elle prit sur la table une petite sonnette de cuivre à long manche de même métal et l'agita d'un geste gracieux.   R. QUENEAU, le Dimanche de la vie, p. 171.

(V. 1380). *Grelot. Sonnettes d'un bonnet de bouffon, de fou* (1. Fou, cit. 12, Baudelaire). *Les sonnettes d'un mulet.*

Mus. Instrument de musique composé de plusieurs rangs de clochettes.

(1904). Par ext. Timbre, sonnerie (électrique). *Coup de sonnette.* ⇒ **Sonnerie; appel.** *Un grelottement* (cit. 3) *de sonnette.* — Loc. **SONNETTE D'ALARME** (dans une banque, etc.). Fig. Ce qui avertit d'un danger.

1.3   (...) mes articles du *Figaro* troublent des intérêts puissants. Tout un système de sonnettes d'alarme se déclenche.   F. MAURIAC, Bloc-notes 1952-1957, p. 11.

2   (...) à ce moment même, dans l'hôtel du prince de Guermantes, ce bruit des pas de mes parents reconduisant M. Swann, ce tintement rebondissant, ferrugineux, intarissable, criard et frais de la petite sonnette qui m'annonçait qu'enfin M. Swann était parti et que maman allait monter, je les entendis encore (...)
         PROUST, le Temps retrouvé, Pl., t. III, p. 1046.

Bouton, poussoir qui sert à déclencher le mécanisme de la sonnerie. *Appuyer sur la sonnette.*

Loc. *Serpent à sonnettes.* ⇒ **Crotale.**

♦ **2.** (Av. 1854). Sonnerie produite par une sonnette. ⇒ **Drelin, dring.** *La sonnette de l'entracte* (→ Épouser, cit. 15). *Je n'ai pas entendu la sonnette.*

♦ **3.** (1874). Par anal. de fonction. (Techn.). Bout de fil que l'on fixe à la lisière d'une pièce de tissu pour signaler un défaut de tissage.

3   Avant de quitter l'usine, le tissu est soumis à un examen attentif destiné à déceler les défauts de tissage dont l'emplacement est marqué par un bout de fil, dénommé *sonnette.*   Pierre DE CALAN, le Coton et l'Industrie cotonnière, p. 51.

♦ **4.** (Fin XIXᵉ, Zola). Fam., vx. Boulette de boue séchée accrochée aux poils (d'un animal, d'une fourrure).

★ **II.** (1676 ; par analogie de sa manœuvre avec une sonnerie de cloche). Technique. ♦ **1.** Engin, formé d'un échafaudage élevé (analogue à la chèvre), qui sert à la manœuvre du mouton* ou du pilon de choc. ⇒ **Machine; bélier, hie.** *Sonnette à tiraude* (manœuvrée à la main), *à déclic* (à treuil), *à pilon* (mue par la vapeur, l'air comprimé, un moteur à explosion). *Enfoncer des pieux, des pilotis, à l'aide d'une sonnette.*

4   Il fallut donc enfoncer des pieux dans le lit de la rivière, afin de soutenir le tablier fixe du pont, et établir pour agir sur les têtes de pieux, qui devaient former ainsi deux arches et permettre au pont de supporter de lourds fardeaux.
         J. VERNE, l'Île mystérieuse, t. I, p. 390-391.

♦ **2.** Ensemble constitué par un treuil et un outil de forage, utilisé pour faire des sondages.

SONNETTISTE [sɔnetist ; sɔnɛtist] n. — 1878 ; de *sonnet.*

♦ Didact. Poète qui compose surtout (ou : qui ne compose que) des sonnets.

SONNEUR, EUSE [sɔnœʀ, φz] n. — 1260, *souneur,* aussi «musicien», «poète» jusqu'au XVIIᵉ ; de *soner,* puis *sonner.*
Rare au féminin.

★ **I.** ♦ **1.** N. m. Celui qui sonne les cloches. *Le sonneur d'une église* (→ Infirmité, cit. 9). *Dormir comme un sonneur* (que les cloches mêmes ne réveillent pas). — (1723). Par anal. Celui qui manœuvre la sonnette (II.), en tirant sur la corde appelée tiraude. — (1955). Par ext. Ouvrier mineur chargé de signaler par une sonnerie certaines manœuvres aux machinistes d'extraction.

1   Quasimodo était donc carillonneur de Notre-Dame. Avec le temps, il s'était formé je ne sais quel lien intime qui unissait le sonneur à l'église.
         HUGO, Notre-Dame de Paris, I, IV, III.

2   (...) en même temps que les sons de cloches retentissaient aux oreilles de tous les Illiersois, leur inspirant un sentiment de familiarité car ils connaissaient tous le

sonneur, mais aussi de respect, car bien avant ce sonneur, qui n'était sonneur que depuis deux ans, les cloches avaient, depuis qu'on était né, retenti chaque fois que quelqu'un était mort (...) chaque fois que quelqu'un se mariait (...)
PROUST, Jean Santeuil, Pl., p. 347.

♦ **2.** (⇒ **Sonner,** III., 2.). Vx ou régional. Musicien; personne qui sonne du clairon, de la trompe, etc. ⇒ **Ménétrier.** *Les Maîtres sonneurs* (de cornemuse), roman de G. Sand.

(En Bretagne). Joueur de biniou ou de bombarde. *Inviter des sonneurs pour un fest-noz*.*

REM. Le fém. *sonneuse* est rare (semble inusité au sens 1), mais reste virtuel.

★ **II. ♦ 1.** (1770). Oiseau (passereau du Brésil).

♦ **2.** (1904). Crapaud du genre *bombina.*

SONNEZ [sɔne] n. m. — 1666, Furetière, *in* Hatzfeld; altér. de *senes, sannes,* du lat. *senas* (accusatif fém.) «six par six».

♦ Vx. Coup qui amène les deux six, au trictrac. ⇒ **Dé** (cf. Boileau, Regnard, *in* Littré).

HOM. (Formes du v. **sonner**).

SONO [sɔno; sono] n. f. — Av. 1967; abrév. de *sonorisation.*

♦ Fam. Sonorisation; ensemble des appareils (⇒ **Amplificateur, haut-parleur**) destinés à diffuser la musique ou la parole dans un lieu public. *Une bonne, une mauvaise sono. La sono était pourrie,* ne marchait pas. *Une sono tonitruante, sophistiquée. La sono d'une boîte (de nuit), d'une salle de concert, d'une salle de conférence.*

Mais aujourd'hui il y a la SONORISATION (la SONO). Les ingénieurs du son transforment votre néant vocal en un ouragan de sons.
P. GUTH, Lettre ouverte aux idoles, p. 14.

SONO- Élément, du lat. *sonus* «son».

SONOCHIMIE [sɔnoʃimi] n. f. — 1981, *infra;* de *sono-,* et *chimie.*

♦ Didact. Utilisation des ultrasons en chimie. «*Alors que les ultrasons sont couramment utilisés en biologie et dans l'industrie, on ne connaît que très peu d'exemples en chimie. Peu d'applications en synthèse organique figurent dans la littérature et il ne semble pas que la sono-chimie ait dépassé le stade de l'étude phénoménologique ponctuelle*» (*la Recherche,* mars 1981, p. 339).

SONOGRAMME [sɔnogram] n. m. — 1972, Manuila; de *sono-,* et *-gramme.*

♦ Techn. sc. Représentation graphique de vibrations obtenue par sonographie. ⇒ **Sonagramme.**

SONOGRAPHE [sɔnograf] n. m. — 1972, Manuila; de *sono-,* et *-graphe.*

♦ Techn., sc. Appareil enregistrant les sons qu'il reproduit sous forme de signes lumineux ⇒ **Sonogramme.**

SONOGRAPHIE [sɔnografi] n. f. — V. 1972, cf. le précédent; de *sonographe.*

♦ Techn., sc. Utilisation du sonographe, enregistrement de données au moyen du sonographe. — Spécialt. Méd. «*Une prévision* (de la naissance de jumeaux) *est toutefois possible après douze semaines grâce à la sonographie qui utilise des ultra-sons pour fournir une image du fœtus...*» (*Sciences et Avenir,* mars 1978, p. 11).

SONOLUMINESCENCE [sɔnolyminesɑ̃s] n. f. — Mil. xxe, *in* Larousse 1968; de *sono-,* et *luminescence.*

♦ Sc. Émission de lumière par un liquide contenant des gaz dissous, sous l'action de vibrations ultrasoniques.

SONOMÈTRE [sɔnomɛtr] n. m. — 1698, puis 1793; du lat. *sonus* (sens 1.) ou de *sono-* (sens 2.), et *mètre.*

Science ou technique.

♦ **1.** Anciennt. Appareil à cordes vibrantes pour étudier les sons.

♦ **2.** (1890). Phys. Instrument de sensibilité proche de celle de l'oreille humaine, servant à étudier les sons.

DÉR. **Sonométrie.**

SONOMÉTRIE [sɔnometri] n. f. — 1842; de *sonomètre.*

♦ Techn. Étude des sons au sonomètre.

DÉR. **Sonométrique.**

SONOMÉTRIQUE [sɔnometrik] adj. — 1842; de *sonométrie.*

♦ Techn. Relatif à la sonométrie.

SONORE [sɔnɔr] adj. — 1560; lat. *sonorus,* de *sonus.* → Son.

♦ **1.** Vx. Qui produit un son, des sons. «*(Dieu) proféra une parole sonore*» (Bossuet, *in* Littré). — (1690). Mod. Didact. *Corps sonore* (→ Exciter, cit. 15; et ci-dessous, 4.).

♦ **2.** Qui a un son agréable et éclatant; qui sonne bien ou qui résonne fort. *Les sonores cymbales* (→ Crotale, cit. 1). *Cloche, sonnerie sonore.* ⇒ **Carillonnant.** *Galoches* (cit. 3) *lourdes et sonores,* qui résonnent sur le pavé. «... *comme un écho* (cit. 15) *sonore*» (Hugo). — *Voix sonore.* ⇒ **Ample, fort, plein, retentissant** (→ Inflexion, cit. 6). *Rire sonore.* ⇒ **Éclatant** (→ 2. Franc, cit. 8; et aussi humeur, cit. 37). *Un baiser, un soupir sonore.* ⇒ **Gros; bruyant.** *Parole sonore,* aiguë. ⇒ **Haut** (*infra* cit. 27). *Une langue sonore.*

Un langage sonore, aux douceurs souveraines,   1
Le plus beau qui soit né sur des lèvres humaines!
André CHÉNIER, Poèmes, «L'invention».

Dans la façon dont il riait, dont il parlait avec une voix plus sonore, dont il regar-   2
dait ses gens, à ses manières plus nettes, à son assurance plus grande, on sentait
l'aplomb que donne l'argent.   MAUPASSANT, Pierre et Jean, III.

(...) ils se déposaient mutuellement sur les deux joues des bécots sonores.   2.1
R. QUENEAU, le Dimanche de la vie, p. 52.

Par métaphore ou fig. Qui fait du bruit, sonne bien mais est vide de sens. *Formules* (→ Bout, cit. 39), *paroles* (→ Détourner, cit. 20) *sonores et creuses.* ⇒ **Ampoulé, emphatique, ronflant; phrase** (faire des). → Notion, cit. 6.

(...) je sens déjà que la bonté n'est qu'un assemblage de syllabes sonores; je ne   3
l'ai trouvée nulle part.   LAUTRÉAMONT, les Chants de Maldoror, II.

(1871). Phonét. *Consonnes sonores,* et, n. f., *une sonore* : «phonème dont l'émission s'accompagne des vibrations laryngales constitutives de la sonorité» (Marouzeau). *Sonores* [b, d, g] *et sourdes correspondantes* [p, t, k].

♦ **3.** (1718). D'un lieu. Où l'on entend un son, des sons (vieilli). → Plage, cit. 2.

Qui renvoie ou propage bien le son. *Voûte, salle sonore.* ⇒ **Résonner.** *Insonoriser un studio trop sonore.*

Quoique assourdis, les sanglots de Charles retentissaient dans cette sonore maison   4
(...)   BALZAC, Eugénie Grandet, Pl., t. III, p. 546.

La vieille église, toute vibrante et toute sonore, était dans une perpétuelle joie de   5
cloches.   HUGO, Notre-Dame de Paris, II, VII, III.

♦ **4.** (1831). Relatif au son, phénomène physique ou sensation auditive; qui est de la nature du son. *Ondes* (cit. 11), *vibrations sonores.* ⇒ **Son** (→ Gamme, cit. 2). *Source* sonore; tuyau* sonore. Force, intensité, puissance, niveau sonore; reproduction sonore. Objets* (cit. 11), *matériaux sonores de la musique* (cit. 18) «*concrète*». *Effets sonores :* bruits, sons spéciaux qui accompagnent l'image d'un film et ne sont ni des paroles ni de la musique. *Relief sonore,* dans la stéréophonie. *Fond sonore.* — *Le mot* (cit. 1), *signe sonore.* «... *aboli bibelot d'inanité sonore (...)*» (Mallarmé) — Techn. *Signal* sonore. Bouée* sonore.* — *Reproduction sonore. Cinéma, film sonore,* qui comporte l'enregistrement des sons et des bruits (lorsqu'on veut désigner spécialt les voix, les dialogues, on dit *parlant**). ⇒ **Sonoriser.** *Bande, piste sonore. Projecteur, écran sonore.*

Psychol. *Force sonore :* aspect de la sensation auditive, qualité subjective du niveau de sensation, qui dépend non seulement de l'intensité mais aussi de la fréquence du son. *Échelle de force sonore* (⇒ **Phone, sone**).

CONTR. **Muet, silencieux.** — **Mat, sec, sourd.**
DÉR. **Sonorement, sonoriser.**

SONOREMENT [sɔnɔrmɑ̃] adv. — xvie; de *sonore.*
Rare.

♦ **1.** D'une manière sonore, bruyante. *Il l'embrassa sonorement sur les deux joues.*

♦ **2.** Quant au son. *Ce film est sonorement très mauvais.*

L'emploi simultané de la rime enjambée et de la rime complexe permet l'emploi dans le vers français de tous les mots de la langue sans exception, même de ceux qui sont avérés sonorement impairs (...)   ARAGON, le Crève-cœur, p. 78.

SONORISATION [sɔnɔʀizasjɔ̃] n. f. — 1872 ; de *sonoriser*.

♦ **1.** Phonét. Passage d'une sourde à la sonore correspondante (opposé à *assourdissement*). *La sonorisation de* [p] *donne* [b].

♦ **2.** (1930). Ensemble des opérations par lesquelles on ajoute les éléments sonores appropriés à un spectacle purement visuel. *Montage et sonorisation d'un film. Sonorisation synchronisée.* ⇒ **Synchronisation.**

Dans ce spectacle la sonorisation est constante : les sons, les bruits, les cris sont cherchés d'abord pour leur qualité vibratoire, ensuite pour ce qu'ils représentent.
A. ARTAUD, le Théâtre et son double, Œ. compl., t. IV, p. 98 (1938).

REM. *Présonorisation* et *post-sonorisation* ont été proposés pour remplacer l'anglicisme *play-back*.

♦ **3.** (1949). Action de sonoriser (un lieu) ; ensemble des appareils utilisés à cet effet. ⇒ **Sono.** *Sonorisation d'une place pour un bal public. La sonorisation d'une église, d'une aérogare.*

SONORISER [sɔnɔʀize] v. tr. — 1872 ; de *sonore*.

♦ **1.** Phonét. Rendre sonore (une consonne sourde). — Pron. T *qui se sonorise en* d.

♦ **2.** Rendre sonore (ce qui était silencieux, muet). *Sonoriser un film d'amateur à l'aide du magnétophone.*

Par métaphore :

(...) les ruisseaux et les fleuves *sonorisent* avec une étrange fidélité les paysages muets (...) G. BACHELARD, l'Eau et les Rêves, p. 22.

♦ **3.** Munir d'un matériel de reproduction, de diffusion du son, et, spécialt, du son enregistré. *Sonoriser une salle de cinéma.*

▶ **SONORISÉ, ÉE** p. p. adj. *Consonne sonorisée. — Film mal sonorisé. — Salle sonorisée.*

DÉR. Sonorisation, sonoriste.

SONORISTE [sɔnɔʀist] n. — 1969 ; de *sonoriser*.

♦ Techn. Spécialiste de la sonorisation (3.).

SONORITÉ [sɔnɔʀite] n. f. — V. 1380, rare av. XVIIIe ; bas lat. *sonoritas*, de *sonus* « son ».

♦ **1.** Propriété de produire ou de conduire le son, les sons. *Une sonorité extrême de l'air* (→ Recueillement, cit. 5). — Rare. *Force sonore.* — Figuré :

1   Mais ce qu'il y a de dur, c'est l'aplomb de ces braves gens-là, leur sécurité dans la bêtise ! Ils sont bruissants à la manière des grosses caisses dont ils se servent ; leur sonorité vient de leur viduité.
FLAUBERT, Correspondance, 392, 21-22- mai 1853.

♦ **2.** Caractère particulier, qualité d'un son* (sensation auditive). *La sonorité d'un instrument* (cit. 8) *de musique :* la qualité (timbre, hauteur, intensité) des sons qu'il peut produire (→ Hautbois, cit. 1 ; instrumentation, cit.). *Une belle, une somptueuse sonorité. — La sonorité d'un poste de radio. — Sonorité douce, agréable d'une voix. Sonorité forte et claire.* ⇒ **Ampleur.** — (XIXe). Au plur. Inflexions, sons, tons particuliers d'une voix (→ Agressivité, cit. 1 ; doux, cit. 6).

2   (...) notre parole est plane, aux consonnes très adoucies ; elle est riche en diphtongues de sonorités exquises et subtiles.
VALÉRY, Regards sur le monde actuel, in Œ., t. II, Pl., p. 1114.

Littér. Caractère particulier des sons de la langue, utilisés esthétiquement en littérature, en poésie*. ⇒ **Harmonie** (→ Exploitation, cit. 8). *Mots riches de couleur* (cit. 27) *et de sonorité* (→ aussi Image, cit. 63). *Sonorités savantes, expressives... d'un écrivain* (allitérations, assonances, etc.).

Phonét. Résonance produite par la vibration des cordes vocales, qui accompagne l'émission des phonèmes sonores. — Caractère de ces phonèmes.

♦ **3.** (1835). Caractère d'un lieu, d'un édifice où les sons se transmettent, s'entendent plus ou moins bien ; qualité acoustique d'un local. *La salle eut tout à coup la sonorité d'un beffroi* (→ Organe, cit. 2). ⇒ **Résonance.** — Les sons ainsi transmis. *Voûte aux sonorités infinies* (→ Cantique, cit. 3).

3   (...) la steppe orientale où les sonorités s'étouffent dans l'illimité des distances et le feutrage de la neige. PROUST, la Prisonnière, Pl., t. III, p. 382.

SONOTHÈQUE [sɔnɔtɛk] n. f. — Mil. XXe, *in* Larousse 1964 ; de *sono-*, et *-thèque.*

♦ Didact. Collection d'enregistrements de bruits, d'effets sonores.

SONOTONE [sɔnɔtɔn] n. m. — Mil XXe ; marque déposée, de *sono-*, et *-tone.*

♦ Appareil de la marque de ce nom, destiné aux malentendants, constitué principalement d'un amplificateur placé près de l'oreille.

Le fil qui descend le long du cou de l'oncle José, on pourrait à la rigueur le prendre pour celui d'un sonotone si ses lèvres ne bougeaient pas à l'intention d'Elena.
Hervé BAZIN, Un feu dévore un autre feu, p. 13.

SOPHA [sɔfa] n. m. ⇒ **Sofa.**

-SOPHE, -SOPHIE Éléments, du grec *sophos* « sage, savant », *sophia* « sagesse, science », servant à former des composés savants déjà formés en grec (ex. : *philosophe, philosophie, théosophe, théosophie*).

SOPHIE [sɔfi] n. f. — 1859, *in* D.D.L. ; du prénom féminin.

♦ Loc. fam. vieillie. *Faire sa Sophie :* faire preuve d'affectation*, faire des manières (→ Faire la difficile*, faire la prude*...), en parlant d'une femme.

SOPHISME [sɔfism] n. m. — Fin XIIe, *soffime* ; *soufisme* « discours trompeur », v. 1160 ; lat. *sophisma*, grec *sophisma* « habileté », puis « artifice, ruse » du rad. de *sophia* « sagesse ».

♦ Argument, raisonnement faux malgré une apparence de vérité (⇒ **Paralogisme**) et généralement fait avec mauvaise foi. *Jongler* (cit. 3) *avec les sophismes.* — Log. Raisonnement conforme aux règles de la logique mais aboutissant à une conclusion manifestement fausse. *Sophisme mettant en évidence les limites d'application d'une règle de logique formelle* (cf. Preuve par l'absurde). *Le sophisme de la flèche de Zénon. Le sophisme du tas de blé.*

1   (...) encore qu'ils *(les passionnés)* ne fassent pas dans leur esprit ce raisonnement formel : Je l'aime, donc c'est le plus habile homme du monde : Je le hais, donc c'est un homme de néant ; ils le font en quelque sorte dans leur cœur : Et c'est pourquoi on peut appeler ces sortes d'égarements des sophismes et des illusions du cœur, qui consistent à transporter nos passions dans les objets de nos passions, et à juger qu'ils sont ce que nous voulons ou désirons qu'ils soient (...)
Logique de Port-Royal (1673), III, XIX, II.

2   — (...) Docteur, qu'est-ce que c'est que le sophisme de l'éphémère ? — C'est celui d'un être passager qui croit à l'immortalité des choses. — La rose de Fontenelle qui disait que de mémoire de rose on n'avait vu mourir un jardinier ? — Précisément ; cela est léger et profond.
DIDEROT, le Rêve de d'Alembert, Pl., p. 926.

2.1   Détestant les sophismes du libertinage et de l'irréligion (...)
SADE, Justine..., t. I, p. 3.

3   C'était un perpétuel cliquetis d'arguments, un champ clos de disputes, retentissant de sophismes et de questions subtiles.
RENAN, Vie de Jésus, XIII, Œ. compl., t. IV, p. 216.

4   De cette confusion entre le mouvement et l'espace parcouru par le mobile sont nés, à notre avis, les sophismes de l'école d'Élée (...)
H. BERGSON, Essai sur les données immédiates de la conscience, p. 84.

Littér. Erreur, illusion (sans idée de raisonnement, d'argumentation). *Les sophismes du cœur.*

SOPHISTE [sɔfist] n. — 1370 ; *soffistre*, 1236 ; lat. *sophistes*, mot grec, de même origine que *sophisme*.

♦ **1.** N. m. Didact. Chez les Grecs, Maître de rhétorique et de philosophie qui allait de ville en ville pour enseigner l'art de parler en public, les moyens de l'emporter sur son adversaire dans une discussion, de défendre, par des raisonnements subtils ou captieux, n'importe quelle thèse (→ Disputer, cit. 2 ; ironie, cit. 1). *Les sophistes étaient des formalistes. Sophistes et rhéteurs* (cit. 1). « *Le sophiste* », dialogue de Platon.

La Grèce fut la mère des ergoteurs, des rhéteurs et des sophistes. Nulle part ailleurs on n'a vu un groupe d'hommes éminents et populaires enseigner avec succès et avec gloire, comme faisaient les Gorgias, les Protagoras et les Polus, l'art de faire paraître bonne une mauvaise cause et de soutenir avec vraisemblance une proposition absurde, si choquante qu'elle fût.
TAINE, Philosophie de l'art, t. II, p. 102.

♦ **2.** (V. 1380). Personne qui use d'arguments, de raisonnements spécieux. « *De tous les sophistes, notre propre raison est presque toujours celui qui nous abuse le moins* » (→ Fonds, cit. 14).

REM. En parlant d'une femme, on dira soit *c'est une sophiste*, soit *c'est un sophiste.*

SOPHISTICATION [sɔfistikasjɔ̃] n. f. — 1370 ; « fait de subtiliser à l'excès », v. 1340 ; rare av. le XIXe (1864, *in Année sc. et industr.*) ; de *sophistiquer*.

♦ **1.** Vieilli. Action de sophistiquer, de frelater (une substance). ⇒ **Altération.**

1   (...) ce qu'il a trouvé, ce siècle, c'est la falsification des denrées, la sophistication des produits. Là, il est passé maître. Il en est même arrivé à adultérer l'excrément, si bien que les chambres ont dû voter, en 1888, une loi destinée à réprimer la fraude des engrais (...) HUYSMANS, Là-bas, VIII.

♦ **2.** (1968, angl. *sophistication*, de *to sophisticate* « sophistiquer »). Anglic. Fait de devenir sophistiqué ; caractère sophistiqué*, artificiel. *La sophistication d'une vedette.* ⇒ **Affectation, maniérisme.** *La sophistication d'un spectacle, d'un décor, d'une mise en scène, d'une présentation.*

♦ **3.** (1968). Anglic. Évolution (des techniques) dans le sens de la complexité. — Niveau d'élaboration très poussé. *La sophistication des matériels, des techniques. Une chaîne hi-fi d'une extrême sophistication. — Sophistication d'un programme informatique.*

2 Le marché des calculateurs évolue de manière très rapide en fonction des besoins des utilisateurs, mais en réalité ces besoins évoluent au même titre en fonction des moyens de calcul mis à la disposition des utilisateurs (...) Le niveau de «sophistication» atteint dans la solution de problèmes jadis traités simplement, voire non résolus faute de moyens, croît rapidement et nécessite des performances techniques de plus en plus grandes.
            Pierre MATHELOT, l'Informatique, 1969, p. 68.

SOPHISTIQUE [sɔfistik] adj. et n.f. — V. 1265, adj. et n.; lat. *sophisticus*, grec *sophistikos*. → Sophiste.
Didactique.

★ **I.** Adj. ♦ **1.** Qui est de la nature du sophisme, qui constitue un sophisme. *Argument, raisonnement sophistique.* ⇒ **Captieux, faux.**

♦ **2.** Qui est porté au sophisme, qui use volontiers de sophismes (→ Rapporteur, cit. 2). *Esprit sophistique.*

Il y avait deux risques : d'abord que cette interprétation de la loi parût sophistique, et que les gauches du Parlement, plus sensibles aux formes qu'aux nécessités, criassent au coup d'État, à la dictature.
            J. ROMAINS, les Hommes de bonne volonté, t. IX, II, p. 16.

♦ **3.** Relatif aux sophistes grecs. *L'école, le mouvement sophistique.*

★ **II.** N. f. ♦ **1.** (V. 1265). Philos. Art des sophistes grecs ; le mouvement, la tendance philosophique qu'ils représentaient (→ aussi Dialectique, cit. 4).

♦ **2.** (1842). Partie de la logique (aristotélicienne) qui traite des sophismes.

♦ **3.** (1847, Michelet). Emploi de sophismes. Littér. péj. *La sophistique du barreau :* les subtilités de la chicane. *Sa dialectique n'est que de la sophistique.*

DÉR. Sophistiquement.

SOPHISTIQUÉ, ÉE [sɔfistike] adj. — 1484 ; p. p. de *sophistiquer*.

♦ **1.** Vx. Frelaté. *Vin sophistiqué.*
(1588). Fig., mod. Alambiqué, affecté. *Style sophistiqué.*

1 On dit (...) que le comte de Guiche et Mᵐᵉ de Brissac sont tellement sophistiqués, qu'ils auraient besoin d'un truchement pour s'entendre eux-mêmes.
            Mᵐᵉ DE SÉVIGNÉ, 257, 16 mars 1672.

♦ **2.** (1952, trad. de l'amér. *sophisticated*). Mod. Qui se distingue dans son vêtement, son aspect physique par une recherche très élaborée, un style délibérément artificiel. *Une femme très sophistiquée.* — Par ext. *L'allure sophistiquée de certaines stars. Un endroit très sophistiqué. Une revue, une mise en page sophistiquée. Des plaisirs sophistiqués.*

2 Un peu de sens des réalités. Il faut que ces jouvenceaux si sophistiqués, si compliqués redescendent un peu sur terre, qu'ils apprennent ce que c'est que la vie.
            N. SARRAUTE, le Planétarium, p. 54.

♦ **3.** (1968). Anglic. critiqué. Fig. Recherché, complexe, évolué, où interviennent des techniques de pointe. *Matériel de guerre, ordinateur, chaîne hi-fi sophistiqués. Technologie sophistiquée.* « *Le vaisseau* (spatial) *Apollo ultra-sophistiqué* » (*Science et Vie,* déc. 1973).

SOPHISTIQUEMENT [sɔfistikmã] adv. — V. 1265 ; de *sophistique.*

♦ Didact. ou littér. D'une manière sophistique.

SOPHISTIQUER [sɔfistike] v. — 1370 ; bas lat. *sophisticari,* du grec *sophistikos.* → Sophiste, sophistique.

★ **I.** V. tr. ♦ **1.** Vx. Altérer frauduleusement (une substance). ⇒ **Altérer, dénaturer, falsifier, frelater.** *Sophistiquer du vin.* — Fig. Défigurer, déformer, corrompre. ⇒ **Gâter** (→ Étudier, cit. 17).

♦ **2.** (Mil. xxᵉ). Rendre particulièrement raffiné, sophistiqué (2.). *Sophistiquer sa toilette.*

★ **II.** V. pron. (réfl.). Devenir de plus en plus perfectionné. ⇒ **Sophistiqué** (3.). *Les armements se sophistiquent d'année en année.*

★ **III.** (1596). V. intr. Rare, littér. User de procédés sophistiques, de raisonnements subtils et captieux.

Éviter de sophistiquer, me défier des proliférations baroques, ne pas chercher toujours la petite bête, voilà ce qu'elle me conseille (...)
            Michel LEIRIS, Frêle bruit, p. 389.

DÉR. Sophistication (1.), sophistiqué, sophistiqueur.

SOPHISTIQUEUR, EUSE [sɔfistikœʀ, øz] n. — Av. 1493, au sens II. ; de *sophistiquer.*

★ **I.** (1636 ; de *sophistiquer* I., 1.). Vx. Personne qui sophistique, altère (des substances). ⇒ **Falsificateur.**

★ **II.** (Fin xvᵉ ; repris xvIIIᵉ ; de *sophistiquer* III.). Didact. ou littér. Personne qui abuse des raisonnements captieux, des sophismes.

SOPHORA [sɔfɔʀa] n. m. — 1846, *sophore ; sophora,* 1737 en lat. sc. chez Linné ; arabe *sophera.*

♦ Arbre exotique de grande taille *(Légumineuses, Papilionacées)* utilisé pour l'ornement des parcs, des avenues.

SOPHROLOGIE [sɔfʀɔlɔʒi] n. f. — 1972 ; terme créé en 1960 par le neuropsychiatre espagnol A. Caycedo ; du grec *sôs* «harmonie», *phrên* «esprit», et *-logie.*

♦ Didact. Étude des effets psychosomatiques produits par diverses techniques qui visent à créer des états particuliers de conscience (relaxation, autoconcentration, suggestion), ainsi que de leurs applications possibles en médecine. « *La sophrologie est la science de l'harmonie de l'esprit, qui va de la relaxation simple à l'hypnose profonde (...)* » (J. Gravrand, in *le Monde,* 24 nov. 1978, p. 16).

DÉR. Sophrologique, sophrologue, sophronique.

SOPHROLOGIQUE [sɔfʀɔlɔʒik] adj. — V. 1972 ; de *sophrologie.*

♦ Didact. De la sophrologie, qui concerne la sophrologie.

SOPHROLOGUE [sɔfʀɔlɔg] n. — 1978, *le Monde ;* de *sophrologie.*

♦ Didact. Spécialiste de la sophrologie. « *Un "sophrologue" qui déterminera si le (...) sujet est ou a été mis dans un état "sophronique" (...)* » (J. Gravrand, in *le Monde,* 24 nov. 1978, p. 16).

SOPHRONIQUE [sɔfʀɔnik] adj. — 1970 ; de *sophro(no)logie.*

♦ Didact. Qui concerne certains états de conscience spéciaux (⇒ **Sophrologie, sophrologue**).

SOPHRONISTE [sɔfʀɔnist] n. m. — 1740 ; grec *sôphronistês,* de *sôphronizein* «rendre modéré, réprimer, contenir».

♦ Antiq. grecque. Chacun des dix magistrats athéniens chargés de veiller à la bonne tenue des jeunes gens dans les gymnases.

SOPHRONITIS [sɔfʀɔnitis] n. m. — 1876, *in* P. Larousse ; lat. bot. *sophronitis,* du grec *sôphronisis* «leçon de sagesse, de modération».

♦ Bot. Orchidée originaire du Brésil.

SOPITIF, IVE [sɔpitif, iv] adj. — 1957, cit. 1 ; dér. sav. du lat. *sopitum,* de *sopio* «dormir, calmer».

♦ Didact. Qui apaise, qui calme.

1 (les crèmes ont une tout autre psychanalyse, d'ordre sopitif : elles abolissent les rides, la douleur, le feu, etc.).   R. BARTHES, Mythologies, 1957, p. 39.

2 (...) le lait est contraire au feu par toute sa densité moléculaire, par la nature crémeuse, et donc sopitive, de sa nappe (...)   R. BARTHES, Mythologies, p. 76.

SOPOR [sɔpɔʀ] n. m. — 1835 ; *sopeur,* 1803 ; mot lat. «sommeil profond».

♦ Méd. Assoupissement profond, état voisin du coma*.

SOPORATIF, IVE [sɔpɔʀatif, iv] adj. — 1478 ; dér. sav. du lat. *soporare* «endormir».

♦ **1.** Didact., vx. Qui a la propriété d'endormir. ⇒ **Soporifique.** *Le laudanum, l'opium, substances soporatives.* « *Un julep hépatique* (cit. 1), *soporatif et somnifère, composé pour faire dormir Monsieur* » (Molière).

♦ **2.** Fam., vx. Ennuyeux.

SOPOREUX, EUSE [sɔpɔʀø, øz] adj. — V. 1560 ; du lat. *sopor.*

♦ Méd., vx. *Affection soporeuse,* caractérisée par une tendance à l'assoupissement profond. *Maladie soporeuse.*

SOPORIFIQUE [sɔpɔʀifik] adj. et n. m. — xvIᵉ ; du lat. *sopor* «sommeil profond», et *-fique.*

♦ **1.** Qui provoque le sommeil. ⇒ **Somnifère ;** (vx) **dormitif, hypnotique, narcotique.** *Propriétés soporifiques de la morphine. Cachets soporifiques.*

1   (...) ces cachets soporifiques qu'il suffit d'avoir à la portée de la main pour n'avoir pas besoin d'eux et s'endormir.   PROUST, Sodome et Gomorrhe, Pl., t. II, p. 723.

N. m. *Un soporifique.* ⇒ **Somnifère.**

2   (...) sommeil naturel — le plus étrange de tous pour quiconque a l'habitude de dormir avec des soporifiques — (...)   PROUST, la Prisonnière, Pl., t. III, p. 124.

3   On, dit Gabriel, pourrait lui donner un soporifique pour qu'elle dorme jusqu'à au moins midi (...)   R. QUENEAU, Zazie dans le métro, Folio, p. 27.

♦ **2.** (1731). Fig., fam. Endormant, ennuyeux. *Un discours soporifique.* — N. m. *Ce livre est un vrai soporifique.*

SOPRANINO [sopranino] n. m. — xxᵉ ; mot ital., dimin. de *soprano.*

♦ Mus. Instrument dont le registre est encore plus élevé que celui du soprano. — Spécialt. Saxophone sopranino.

Le *Sopranino* se joue rarement , sauf dans les orchestres d'Harmonie. On le remplace autant que possible (ainsi, pour le *Boléro* de Ravel) par le *Soprano.*
  Ch. KOECHLIN, les Instruments à vent, p. 65.

SOPRANISER [sopranize] v. intr. — 1910, E. Rostand ; de *soprano.*

♦ Rare. Chanter d'une voix de soprano.

SOPRANISTE [sopranist] n. m. — Av. 1857 ; de *soprano.*

♦ Mus. Chanteur adulte (castrat ou non) qui a conservé une voix de soprano (⇒ **Haute-contre**).

SOPRANO [soprano] n. et adj. — 1768 ; mot ital. signifiant littéralt « qui est au-dessus ».

♦ **1.** N. m. La plus élevée des voix*. ⇒ **Dessus** (→ Jeu, cit. 70). *Le soprano est la plus aiguë des voix de femme ; c'est aussi la voix des jeunes garçons avant la mue. Voix intermédiaire entre le soprano et le contralto.* ⇒ **Mezzo-soprano.** *Chanteur adulte ayant conservé la voix de soprano, par castration* (⇒ **Castrat**) *ou autrement* (⇒ **Sopraniste**).

1   Mademoiselle Sontag (...) eut toute petite cet avantage inappréciable (...) de posséder une vraie voix de soprano : — le soprano naturel ne se rencontre qu'à de longs intervalles : le soprano ordinaire est un mezzo-soprano ou même un contralto travaillé, perfectionné, monté de ton par de persévérantes études et de grands efforts de gosier (...)   Th. GAUTIER, Portraits contemporains, « Madame Sontag ».

1.1   Sa voix de tête, montant avec une souplesse inouïe jusqu'à l'extrême limite du soprano, exécutait en se jouant les plus déconcertantes vocalises (...)
  Raymond ROUSSEL, Impressions d'Afrique, p. 302.

♦ **2.** N. m. et f. (1812). *Soprano* ou *soprane : personne qui a cette voix. Une soprano dramatique,* à voix brillante, de grande étendue, à vocalises aisées. *Soprano lyrique,* à voix plus puissante, brillante et moins agile. — Plur. *Des soprani,* ou *des sopranos.*

2   Sans répit, les douces voix de soprani chantaient le *Lauda Sion Salvatorem.*
  F. MAURIAC, la Robe prétexte, IV.

♦ **3.** Adj. Se dit des instruments dont la tessiture est la plus élevée (à l'exception du *sopranino*), dans une famille. *Saxophone soprano,* de forme généralement droite et de timbre comparable à celui de la clarinette.

DÉR. **Sopraniser, sopraniste.** V. **Sopranino.**
COMP. **Mezzo-soprano.**

SOQUETTE [sokɛt] n. f. ⇒ **Socquette.**

SORABE [sorab] adj. et n. — Attesté xixᵉ (*in* P. Larousse, 1876) ; nom de population.

♦ D'une population slave de Lusace. — N. *Les Sorabes.* N. m. Dialecte slave (slave occidental) parlé par les Sorabes.

SORBAIS [sorbɛ] n. m. — Mil. xxᵉ ; probablt nom de lieu.

♦ Fromage carré, analogue au maroilles (moins épais).
HOM. Sorbet.

SORBE [sorb] n. f. — 1512 ; çourbe, 1256 ; lat. *sorbum.*

♦ Fruit du sorbier. Syn. ⇒ **Corme.** *Les sorbes se consomment blettes ; on en tire une boisson fermentée qui ressemble au cidre.*
REM. Le mot est moins usuel que *sorbier.*
DÉR. **Sorbé, sorbier.**

SORBÉ, ÉE [sorbe] adj. — 1842 ; de *sorbe.*

♦ Agric. *Raisin sorbé, grappe sorbée,* dont les peaux, les raisins, sont couverts de taches par excès de maturité (par compar. avec le fruit du sorbier).

SORBET [sorbɛ] n. m. — 1553 ; ital. *sorbetto* ; turc *chorbet* ; arabe *šŭrbāt* « boisson ». → Sirop.

♦ **1.** Vx. Préparation orientale faite de citron, de sucre, etc. — Boisson obtenue en battant cette préparation avec de l'eau.

Ou encore ce style prompt, piquant, pétillant, servi à la minute, fait l'effet d'un sorbet mousseux et frais qu'on prendrait en été sous la treille.
  SAINTE-BEUVE, Causeries du lundi, 13 mai 1850.

♦ **2.** (1871, « sorbet [1.] glacé »). Mod. Préparation glacée (⇒ **Glace**), à l'eau et aux fruits ou à un parfum végétal, parfois additionnée de liqueur. *Sorbet au citron, à la noix de coco, au fruit de la passion, à l'orange, au café, au kirsch, au marasquin.* — Ellipt. *Un sorbet mandarine, orange.*

DÉR. **Sorbetière** ou **sorbétière.**
HOM. Sorbais.

SORBETIÈRE [sorbətjɛʀ] n. f. — 1803, « vase pour geler les sorbets (1.) » ; de *sorbet.*

♦ Ustensile, appareil pour préparer les sorbets et les glaces. *Sorbetière électrique.* (On dit aussi *sorbétière*).

SORBIER [sorbje] n. m. — 1256, *çorbier* ; de *sorbe.*

♦ **1.** Bot. et cour. Arbre *(Rosacées)* à carpelles réduits, à fleurs en corymbes, dont les fruits sont les cormes ou sorbes. *Sorbier alisier.* ⇒ **Alisier.** *Sorbier cultivé* (⇒ **Cormier**), dont les fruits comestibles (cormes) ressemblent à de petites poires. *Sorbier commun* ou *des oiseleurs* ou *des oiseaux :* arbre sauvage ou ornemental, à petits fruits d'un rouge orangé, recherchés des oiseaux.

Il y a en face de moi, sur l'autre bord, des sorbiers à grains de corail du plus bel effet : sorbier des oiseaux, — aviaria.   NERVAL, les Nuits d'octobre, xx.

♦ **2.** (1544). Cour. Sorbier commun. *Graines, baies de sorbier* (→ Grive, cit. 1 ; jacassement, cit. 2).

DÉR. **Sorbique, sorbitol.**

SORBIQUE [sorbik] adj. — 1836 ; en angl., *sorbic,* 1815 ; de *sorbier,* et *-ique.*

♦ Chim. *Acide sorbique :* acide diéthylénique qui se trouve avec l'acide malique dans les baies du sorbier.

1. SORBITE [sorbit] n. f. Vx. ⇒ **Sorbitol.**

2. SORBITE [sorbit] n. f. — 1933 ; du n. du géologue et métallurgiste anglais H. C. Sorby (1826-1908).

♦ Techn. Mélange de ferrite et de carbure de fer entrant dans la composition des aciers trempés.

SORBITOL [sorbitɔl] n. m. — 1949 ; *sorbite,* 1876 ; de *sorb(ier), it(e),* et *-ol.*

♦ Pharm. Polyalcool résultant de la réduction enzymatique du glucose ou du fructose, employé comme édulcorant artificiel et comme stimulant de l'excrétion biliaire.

SORBONARD, ARDE [sorbonar, ard] n. et adj. ⇒ **Sorbonnard.**

SORBONIQUE [sorbonik] adj. et n. f. — Fin xviᵉ ; n. m., 1541, « théologien catholique » ; de *Sorbonne,* d'abord nom d'un collège de théologie fondé au xiiiᵉ par Robert de *Sorbon.*

♦ **1.** Hist. Relatif à l'ancienne Sorbonne (école de théologie de Paris sous l'Ancien Régime).

♦ **2.** N. f. Anciennt. *La sorbonique :* la thèse soutenue en Sorbonne, qui constituait la troisième épreuve de la licence de théologie.

SORBONISTE [sorbonist] adj. et n. — 1534, Rabelais ; de *Sorbonne.*

♦ Vx. Diplômé de la Sorbonne. — N. *Un sorboniste.*

SORBONNAGRE [sorbonagʀ] n. m. — 1534, *sorbonagre* ; formation plaisante *(Sorbonne* et *onagre)* appliquée par Rabelais (II, 18) aux théologiens de l'ancienne Sorbonne.

♦ Fam., vieilli, péj. Universitaire de la Sorbonne.

(...) ce livre d'un Sorbonnagre, où les mœurs et croyances des populations arriérées sont exposées d'après cette belle idée directrice qu'il n'y a aucun rapport entre leur pensée et la nôtre ; et ce livre, malgré les efforts de l'auteur, prouve justement le contraire.   ALAIN, Propos, 17 mars 1922, Science et culture.

SORBONNARD, ARDE [sɔʀbɔnaʀ, aʀd] n. et adj. — Fin XIXᵉ; de *Sorbonne*, nom de l'université parisienne.
REM. On a écrit aussi *sorbonard*.

♦ Fam., péj. Étudiant, professeur de la Sorbonne. *Les sorbonnards et les khâgneux.* — Adj. *Esprit sorbonnard.*

Il m'emmena dans le jardin de l'École *(Normale Supérieure).* C'était pour une sorbonnarde un endroit assez prestigieux (...)
S. DE BEAUVOIR, *Mémoires d'une jeune fille rangée*, p. 243.

SORBONNE [sɔʀbɔn] n. f. — 1535, «thèse de licence en Sorbonne»; du nom de la célèbre université parisienne fondée par Robert de *Sorbon.* → Sorbonique.

♦ **1.** (1808). Pop., vx. Tête, esprit.

♦ **2.** (1803). Techn. Chez les ébénistes, les menuisiers, Fourneau où chauffe la colle.

Ateliers de décoration comprenant (...)
2) Sorbonne : a) Manipulation des couleurs (on y prévoit un bain-marie, des étagères pour les couleurs, etc.);
b) Magasin pour les couleurs, essences, huiles, colles, chaux, etc.
Lo DUCA, *Technique du cinéma*, p. 14.

♦ **3.** (V. 1970). Techn. Enceinte hermétique pour la manipulation des radioéléments. *Sorbonne blindée.* ⇒ aussi **Boîte** (à gants).

SORBONNIOT [sɔʀbɔnjo] n. m. — 1886, J. Vallès, *in* D.D.L.; de *Sorbonne.*

♦ Vieilli. Sorbonnard*.

SORCELLERIE [sɔʀsɛlʀi] n. f. — 1549; *sorcelerie*, 1220 pour *sorcererie*; anc. franç. *sorcerie*, v. 1138; de *sorcier.*

♦ **1.** Pratiques de sorcier; magie de caractère populaire ou rudimentaire, qui accorde une grande place aux pratiques secrètes, illicites ou effrayantes (invocation des morts, appel aux esprits malfaisants...). ⇒ **Magie** (cit. 2); et aussi **diablerie, ensorcellement, envoûtement, féerie** (vx), **goétie, grimoire, incantation, maléfice** (cit. 1), **messe** (noire), **pacte** (avec le diable), **philtre, sabbat, sort, sortilège, vénéfice.** *Personne qui s'adonne à la sorcellerie.* ⇒ **Sorcier.** *Lors de son procès, Jeanne d'Arc fut accusée de sorcellerie.*

1   Elle ne voulait faire mystère de rien à Landry, et, comme il avait toujours un peu peur de la sorcellerie, elle mit tous ses soins à lui faire comprendre que le diable n'était pour rien dans les secrets de son savoir.
G. SAND, *la Petite Fadette*, XXV.

2   La Sorcellerie, différente de la Magie en ce qu'elle n'est pas une science et par cela même n'affectant que les mentalités primitives, a été un des fléaux des siècles passés. Ses origines plongent dans la nuit antique (...) La Sorcellerie est une imploration constante, dans le Monde occidental, aux survivances des dieux du Paganisme. Elle est aussi une protestation conséquente aux religions dominantes : Christianisme ou Religion Réformée.
Jean PALOU, *la Sorcellerie*, p. 5.

Par métaphore. → Évocatoire (cit.).

♦ **2.** (1669). Chose, pratique efficace et incompréhensible. *Cela tient de la sorcellerie, c'est de la sorcellerie.* ⇒ **Magie** (fig.).

SORCIER, IÈRE [sɔʀsje, jɛʀ] n. — XIIᵉ; *sorcerius*, VIIIᵉ; lat. pop. *sortiarius* «diseur de sorts», du lat. *sors.*

♦ **1.** Personne qui pratique une magie de caractère primitif, secret et illicite (sorcellerie). ⇒ **Envoûteur, magicien** (cit. 4); et aussi **devin, invocateur** (vx). *Grimoires* (→ Article, cit. 5), *maléfices* (cit. 5), *philtres* (cit. 3) *des sorciers et des sorcières.* — (Dans les légendes). *Les sorciers passaient pour avoir fait un pacte avec le diable. Sorciers, sorcières qui font des images de cire pour envoûter* (cit. 1) *qqn, qui invoquent* (cit. 3) *Satan, vont au Sabbat* (cit. 1), *jettent des sorts. Homuncules fabriqués par les sorciers. Sorcier qui prend l'apparence d'un loup.* ⇒ **Loup-garou.** — (Dans la pratique sociale). *Sorciers et guérisseurs dans les campagnes* (→ aussi Médecine, cit. 3; rebouteur, cit.). *Sorciers et devins dans les religions* (⇒ **Chamanisme**). *Sorciers africains.* — *La sorcière, personnage des contes de fées*.* *Les trois sorcières de Macbeth* (→ aussi Chaudron, cit. 2). *La Sorcière, œuvre de Michelet. Procès de sorcières; sorcière condamnée au bûcher. Jeanne d'Arc fut brûlée comme sorcière.*

0.1   (...) et, après nous avoir tous examinés l'un après l'autre, il m'adressa la parole, et me dit que son esprit ne pouvait agir suivant son intention, parce que j'étais plus grand sorcier que lui, et que mon génie était plus puissant (...)
J.-F. REGNARD, *Voyage en Laponie*, p. 138.

1   Il parlait, justement, de sorciers inconnus qui provoquaient à leur gré les orages, groupés en rond dans un étang, la nuit, soulevant l'eau à grands coups de battoirs jusqu'à des trente pieds de hauteur, et poussant des cris affreux (...)
M. GENEVOIX, *Raboliot*, II, III.

2   Le sorcier se croit un être surnaturel. Chez quelques peuples, il l'est par droit de naissance, la profession étant héréditaire; mais partout, il doit subir un long noviciat, de dures épreuves (...) Même en faisant la part de l'imposture, il est convaincu de pouvoir à son gré faire la pluie et le beau temps, tuer, guérir, etc. Ses incantations ont une vertu irrésistible qui vient de lui.
Th. RIBOT, *la Logique des sentiments*, p. 108.

Loc. fig. *Chasse aux sorcières* (v. 1950-1955; trad. de l'anglo-amér., allusion aux femmes pourchassées et condamnées au bûcher comme sorcières dans l'Angleterre et l'Amérique puritaines du XVIIᵉ s.; expres-

---

sion appliquée d'abord aux activités anticommunistes du sénateur américain J. Mac Carthy). Poursuite systématique par un gouvernement ou un parti de ses opposants politiques; persécution organisée.

2.1   Il faut s'attendre qu'alors, bien des gens qui manœuvrent encore maintenant dans l'obscurité avec prudence jetteront le masque. Il serait erroné de commencer maintenant une chasse aux sorcières et de voir partout des fantômes.
F. MAURIAC, *le Nouveau Bloc-notes 1958-1960*, p. 163.

L'apprenti sorcier. ⇒ **Apprenti** (cit. 13).
Herbe aux sorcières : plante *(Onagrariacées)* vivace, à fleurs blanches ou rosées; verveine.

♦ **2.** (1656). Loc. fig. *Il ne faut pas être sorcier, grand sorcier pour...* ⇒ **Adroit, habile** (→ aussi Besicles, cit. 3).

♦ **3.** Adj. (Choses). **a** (Av. 1577). Littér. Qui agit comme le sorcier.

2.2   (...) ce sont les mains sorcières du Mal qui frôlent ses seins, l'intérieur de ses jambes, ah! comme le monde est habité, comme on se dépasse (...)
L. PAUWELS, *l'Amour monstre*, p. 86.

b (1904). Fam. *Ce n'est pas bien sorcier :* ce n'est pas bien difficile. ⇒ **Malin** (*supra* cit. 17); → Bouteille, cit. 5; patauger, cit. 4.

3   La mère Vergognat ne parut pas saisir la signification des mots et, prudemment, elle bafouilla : je ne saurais pas vous renseigner. — Ce n'est pourtant pas sorcier ce que je vous demande, reprit Mᵐᵉ Bavoil.
HUYSMANS, *l'Oblat*, II.

♦ **4.** N. f. (1588). Fig. Femme vieille, laide et méchante, bizarrement accoutrée.

4   Sa mère, qui habite avec elle, est une sorcière fardée, la bouche comme un marécage insalubre, les cheveux comme une chaise dépaillée, l'œil complice, malgré ses mains en oraison.
Paul MORAND, *l'Europe galante*, p. 10.

♦ **5.** N. m. (1635). Fig. (Vieilli). Homme, artiste qui captive par son adresse, son habileté, son art. ⇒ **Charmeur.** *Ce poète, ce musicien est un véritable sorcier.*

DÉR. Ensorceler, sorcellerie.

SORDIDE [sɔʀdid] adj. — V. 1363; lat. *sordidus*, de *sordes* «saleté».

♦ **1.** Qui est d'une saleté repoussante, qui dénote une misère extrême. ⇒ **Dégoûtant, sale.** *Taudis sordide* (→ Population, cit. 7), *guenilles sordides* (→ Haillon, cit. 4). — *Quartiers sordides.* ⇒ **Pouilleux.** — (Personnes). *Elle errait, haillonneuse* (cit. 1), *vermineuse, sordide.* ⇒ **Guenilleux.**

1   (...) les sordides masures au visage couvert de suie.
G. DUHAMEL, *Chronique des Pasquier*, IX, VIII.

♦ **2.** (Déb. XVIIᵉ). Fig. Qui est bassement, honteusement intéressé, d'une mesquinerie ignoble. *Avarice* (cit. 2) *sordide.* ⇒ **Crasse** (n. f., II., 2.), vil. *Économie, épargne* (cit. 3), *gain, intérêt sordide* (→ Pavillon, cit. 8). *Une sordide question d'argent.* ⇒ **Malpropre** (*infra* cit. 4), **mesquin.** *Crime sordide,* commis par simple intérêt (vol). — *Mener une vie presque sordide.* ⇒ **Chiche.** — (Personnes). *Une avare* (cit. 2) *et sordide famille.*

2   La vieille bourgeoisie française est connue dans le monde entier pour l'esprit d'intérêt sordide, qu'elle apporte au mariage.
R. ROLLAND, *Jean-Christophe*, «Antoinette», p. 889.

CONTR. Propre. — Désintéressé, généreux, noble.
DÉR. Sordidement, sordidité.

SORDIDEMENT [sɔʀdidmɑ̃] adv. — 1550; de *sordide.*

♦ D'une manière sordide, dans la plus grande avarice. *Vivre sordidement. Épargner sordidement.*

SORDIDITÉ [sɔʀdidite] n. f. — 1573, sens 2.; de *sordide.*

Littéraire.

♦ **1.** Caractère de ce qui est sordide, très sale.

1   De ma présence de jeune français sur ce rivage, de ma solitude, de ma condition de mendiant, de la poussière des fossés soulevée autour de mes pieds en minuscule nuage individuel pour chacun d'eux, renouvelé à chaque pas, mon orgueil tirait parti d'une consolante singularité que contrariait la banale sordidité de mon accoutrement.
Jean GENET, *Journal du voleur*, p. 78-79.

2   Deux pièces obscures. Une chienlit noire, avec des caisses empilées dans l'entrée, un réchaud à gaz démaillé, des cartes postales punaisées aux murs pour en voiler la sordidité.
SAN-ANTONIO, *J'ai essayé : on peut!*, p. 35.

♦ **2.** (XIXᵉ). Avarice, mesquinerie révoltante. ⇒ **Ladrerie, lésine.**

♦ **3.** Rare. *(Une, des sordidités).* Action, chose répugnante moralement. ⇒ **Saleté** *(supra* cit. 3).

CONTR. Désintéressement.

SORE [sɔʀ] n. m. — 1828; grec *sôros* «tas». → Sorite.

♦ Bot. Amas de sporanges sous la feuille d'une fougère. *Les sores peuvent être nus ou recouverts d'une indusie*.*

HOM. Saur, sors, sort; sors, sort (formes du v. **sortir**).

SORÉDIE [sɔʀedi] n. f. — 1842; *sorédion,* 1813; du grec *sôros* «tas».

♦ Bot. Capsule reproductrice des lichens.

SORGHO [sɔʀgo] n. m. — 1765; *sorgo,* 1553; *sorgue,* 1542; ital. *sorgo,* p.-ê. du lat. *syricus* «de Syrie»; cf. les formes du lat. médiéval *surgum, surcum, suricum;* P. Guiraud préfère le lat. *surculus,* de *surus* «piquet, pieu», d'où un *suricus «plante droite comme un piquet».

♦ Plante herbacée (n. sc. : *Andropogon Sorghum*), graminée originaire des régions tropicales, utilisée comme céréale. *Le sorgho commun* (appelé aussi houlque sorgho, millet à balais, gros panis, gros millet) *est utilisé comme fourrage; ses tiges servaient à la fabrication des balais. Sorgho doura* (gros mil), *utilisé dans certaines régions de l'Afrique, pour la préparation du couscous et dans la fabrication d'une bière.* ⇒ **Blé** (de Guinée), **kaoliang, mil, millet.** *Variété sucrière de sorgho* (n. sc. : *Andropogon Sorghum saccharum*).

Que la récolte du Sorgho de l'harmattan prochain soit bonne ou mauvaise, le mourant s'en désintéresse.
A. KOUROUMA, les Soleils des indépendances, p. 195, *in* I. F. A.

Par ext. (en franç. d.'Afrique : Bénin, Togo). *Sorgho sauvage :* grande herbe annuelle de la Savane.

REM. On écrit parfois *sorgo.*

SORGUE [sɔʀg] n. f. — 1628; moy. franç. *sorne* «soir», anc. provençal *sorn* «sombre». → Sournois.

♦ Argot ancien. Nuit.

1   Quelle bonne sorgue pour une crampe (quelle bonne nuit pour une évasion)!
HUGO, les Misérables, IV, VI, III.

2   Pour eux *(les hommes de la pègre)* l'idée de l'homme ne se sépare pas de l'idée de l'ombre. La nuit se dit la sorgue; l'homme, *l'orgue.* L'homme est un dérivé de la nuit.   HUGO, les Misérables, IV, VII, II.

SORHOPILA [sɔʀɔpila] n. m. — 1929, *in* Petiot; mot basque.

♦ Sports. Pré aménagé en terrain de pelote basque.

SORICIDÉS [sɔʀiside] n. m. pl. — 1876, *in* P. Larousse; dér. sav. du lat. *sorix, icis* «souris», et *-idés.*

♦ Zool. Famille de mammifères insectivores comprenant de petits animaux des bois et des prairies, à pelage velouté, à museau allongé riche en poils tactiles et vivant en général dans des terriers (musaraignes*, etc.). — Au sing. *Un soricidé.*

SORITE [sɔʀit] n. m. — 1558; lat. *sorites,* grec *sôreitês;* cf. *sôreuein* «entasser», *sôros* «tas», à propos du raisonnement (sophisme) du tas de blé : si l'on ôte un grain d'un tas de blé, il reste un tas de blé, etc.

♦ Log. Raisonnement composé d'une série de propositions agencées de telle sorte que l'attribut de chacune devienne le sujet de la suivante, jusqu'à la dernière (conclusion) qui a pour sujet le sujet de la première proposition et pour attribut l'attribut de l'avant-dernière *(Tout A est B, or tout B est C, or tout C est D, or tout D est E, donc tout A est E). Le sorite est un syllogisme étendu.*

SORNETTE [sɔʀnɛt] n. f. — V. 1420; p.-ê. de l'anc. franç. *sorne* «raillerie» ou du provençal *sorn* «sombre», pour désigner les histoires de la veillée, de la *sorne* (nuit), remotivation de «moquerie», de *sorner* «se moquer», à rattacher au lat. *sordere* «être méprisé» (P. Guiraud). → Sournois.

♦ Vieilli (surtout plur.). Propos frivoles et creux; affirmations qui ne reposent sur rien. ⇒ **Bagatelle** *(supra* cit. 5), **balançoire, baliverne, billevesée, calembredaine, conte, coquecigrue, fagot** *(supra* cit. 6). *« Des vers, des contes bleus* (cit. 7), *de frivoles sornettes »* (Boileau). *Conter, débiter, écouter des sornettes* (→ Profiter, cit. 10).

1   Trop nombreux sont en France, aujourd'hui, ceux qui ne s'intéressent plus qu'aux vieilleries ou qu'aux sornettes.   GIDE, Journal, 11 nov. 1924.

2   Mais je vous ai déjà expliqué que je n'y suis pour rien, que ce sont ces deux administrateurs qui m'ont empêché de tenir ma promesse.
— Inutile de me répéter toujours les mêmes sornettes.
René FLORIOT, La vérité tient à un fil, p. 30.

SORORAL, ALE, AUX [sɔʀɔʀal, o] adj. — 1752, dr.; *sororel,* 1533; du lat. *soror, sororis* «sœur».

♦ **1.** Vx ou didact. Relatif à la sœur, aux sœurs (→ Fraternel, cit. 3). *Héritage sororal.*

Ce quelque chose d'autre que j'entends ici, est une aspiration sororale, sans doute virile à l'intérieur de la féminité ; et qui, pour n'être point maternelle au sens empirique du terme, n'en est que davantage une qualité tutélaire, en même temps qu'une aptitude à s'associer pour le mal autant que pour le bien (...)
P. KLOSSOWSKI, la Révocation de l'Édit de Nantes, p. 43.

Ethnol. *Famille sororale,* dans laquelle le frère aîné a l'autorité sur le groupe formé par ses sœurs et leurs enfants.

♦ **2.** Relatif à la solidarité spécifique des femmes entre elles, à la «sororité» en tant qu'homologue féminin de la fraternité masculine.

REM. L'adjectif, naguère rare, est devenu aujourd'hui dans ce sens d'un usage relativement courant, avec les progrès des idées féministes (→ Sororité, cit. 2 et *supra*).

DÉR. Sororalement.

SORORALEMENT [sɔʀɔʀalmɑ̃] adv. — 1851, Barbey d'Aurevilly; de *sororal.*

♦ **1.** Rare. Comme une sœur.

♦ **2.** D'une manière sororale, dans un état d'esprit sororal (2.).

REM. L'usage de l'adv. a suivi une évolution comparable à celle de l'adj. (→ Sororal, REM.).

SORORAT [sɔʀɔʀa] n. m. — Mil. xxᵉ; du lat. *soror* «sœur».

♦ Sociol. Pratique du remariage d'un veuf avec la sœur de son épouse.

SORORITÉ [sɔʀɔʀite] n. f. — 1970; lat. *soror,* et *fraternité,* d'après l'angl. *sorority* au sens 1.

♦ **1.** Anglic. Groupement de femmes, équivalent d'une fraternité (4.), pour les femmes ou les jeunes filles. *Les sororités d'étudiantes, aux États-Unis.* — (Sous la forme anglaise du pluriel) :

Et j'avais gaspillé tous les dollars péniblement gagnés avec les stupides filles du samedi soir, les Sally, les Betty-Lou des sororities à colonnades néo-classiques.
Christine DE RIVOYRE, le Voyage à l'envers, p. 146.

♦ **2.** (Du lat. *soror).* Lien, solidarité existant entre les femmes considéré comme spécifique par rapport à la fraternité qui unit les hommes. *« La "sororité" est dorénavant entrée dans les mœurs et dans le langage (pas encore dans les dictionnaires)... La solidarité s'est développée (...). Plus les femmes feront ce qu'elles aiment, ce qu'elles veulent, plus elles s'épanouiront et plus elles aimeront les autres femmes »* (F Magazine, juil. 1981, p. 46).

(...) au nom de la fameuse sororité, ou solidarité féminine qu'elles s'en voudraient d'appeler «fraternité» et pourtant fraternité est un mot féminin (comme liberté et égalité).   Jacques MERLINO, les Jargonautes..., p. 93 (1978).

SORPTION [sɔʀpsjɔ̃] n. f. — Av. 1970 (*in* Quillet); lexicalisation du rad. de *absorption, adsorption, désorption.*

♦ Phys., chim. Fixation de molécules d'un gaz, à un niveau plus ou moins profond (⇒ **Absorption, adsorption**), par la surface d'un solide avec lequel il entre en contact. *Phénomènes de sorption diminuant l'efficacité d'un insecticide.*

SORS [sɔʀ] adj. et n. m. — xiiiᵉ, *sor; sor* «jaune brun», v. 1155; francique *saur → Saur.

♦ Techn. (Fauconn.). *Oiseau sors :* jeune oiseau de bas vol. *Autour sors,* qui n'a pas encore mué.

HOM. Saur, sore, sort; sors, sort (formes du v. **sortir**).

SORT [sɔʀ] n. m. — V. 980, au sens 2.; 1080, sens 5.; lat. *sors, sortis.*

♦ **1.** (V. 1120). Ce qui échoit, ce qui doit arriver à qqn du fait du hasard; des circonstances ou d'une prédestination supposée; traitement, situation qui est faite à une personne ou à une classe sociale. ⇒ **Destin, destinée, état** *(supra* cit. 28), **fortune, lot** (fig.), **position** *(supra* cit. 9). *Les infirmités sont le sort de la vieillesse.* ⇒ **Apanage.** *L'amélioration matérielle du sort du prolétariat* (cit. 3). ⇒ **Condition.** *Le sort qui m'attend.* ⇒ **Avenir.** *Avoir confiance dans son sort.* ⇒ **Étoile.** *Abandonner qqn à son sort* (→ Encroûter, cit. 1). *Décider, être arbitre* (1. Arbitre, cit. 12 et 13), *maître* (cit. 35) *de son sort, du sort de qqn* (→ aussi Importance, cit. 12; journée, cit. 5). *Accuser* (cit. 13) *son sort. Gémir, se plaindre de son sort. Envier, jalouser le sort du voisin* (→ 1. Geindre, cit. 8; heure, cit. 9). *Adoucir, améliorer le sort de qqn. Sort déplorable* (cit. 2), *affreux* (→ Fonctionner, cit. 4), *misérable* (→ 1. Goûter, cit. 5). *Sort enviable, heureux. «Mourir pour la patrie, C'est le sort le plus beau* (cit. 54), *le plus digne d'envie». «Mourir pour* *le pays est un si digne sort, Qu'on briguerait* (cit. 4) *en foule une si belle mort* » (Corneille).

1 Je ne crois point que la nature
Se soit lié les mains, et nous les lie encor,
Jusqu'au point de marquer dans les cieux notre sort.
                                    LA FONTAINE, *Fables*, VIII, 16.

2 Cinq pour cent des ouvriers en France, me disait récemment un de ceux qui ont le plus fait pour leur sort, sont logés dans des cités ouvrières (...)
                        GIRAUDOUX, *De pleins pouvoirs à sans pouvoirs*, IV, p. 104.

Le sort de Troie. ⇒ **Destin** (cit. 19). *Le sort des empires* (→ Mourir, cit. 44). *Le sort de notre langue* (→ Après, cit. 21). — *« Ces mots remplis d'impertinence Eurent le sort qu'ils méritaient »* (cit. 7).

3 Le soir, j'arrivai à Soissons, la vieille *Augusta Suessonium*, où se décida le sort de la nation française au sixième siècle.
                        NERVAL, *les Filles du feu, Angélique*, XII.

Issue. Il dit que le sort de la prochaine guerre reposerait (1. Reposer, cit. 5) *sur l'artillerie. Le hasard décide* (cit. 21) *du sort des batailles.* ⇒ **Aventure** (vx).

Faire un sort à qqch. : le mettre en valeur, lui accorder un traitement de faveur, une importance particulière. *Faire un sort à un mot* (→ Barricade, cit. 5).

4 Ponroy est un de ces types d'autrefois qui prennent des temps interminables et qui font un sort à chaque phrase.   A. MAUROIS, *Bernard Quesnay*, VII.

Fam. Faire un sort à une chose : en finir avec elle d'une manière radicale. *Faire un sort à de vieux vêtements* : les jeter, les donner, s'en débarrasser. *Faire un sort à une bouteille* (la boire), *à une tarte* (la manger).

♦ **2.** Puissance imaginaire qui est supposée fixer le cours de la vie; cause fictive de ce qui arrive par un concours fortuit de circonstances (souvent personnifiée comme le hasard, la fortune). ⇒ **Destin, destinée, fortune, hasard** (*supra* cit. 13). *« Quel heureux* (cit. 10) *sort en ce lieu vous amène? »* ⇒ **Rencontre.** *Le sort tourna bientôt.* ⇒ **Chance.** *Le mauvais sort.* ⇒ **Adversité, fatalité** (*supra* cit. 13). *Conjurer le mauvais sort. Être favorisé par le sort.* ⇒ **Fortuné, heureux** (*supra* cit. 1). *Les coups* (→ Abri, cit. 11), *les attaques* (cit. 9), *les cruautés* (cit. 17), *les caprices, les malices* (cit. 8), *les traverses du sort. Par une ironie du sort. « Le sort fait les parents, le choix fait les amis »* (cit. 16). — (Avec une majuscule). *« Dans la voie où le Sort a voulu t'appeler »* (→ Énergiquement, cit.).

5 Au lieu de la victoire, ce fut un désastre. Le sort tourna devant Pavie (1525) et le roi tomba prisonnier aux mains de l'ennemi (...)
                                    J. BAINVILLE, *Hist. de France*, VIII.

6 (...) la prudence superstitieuse des Provençaux, qui craindraient, en ne se plaignant pas, de réveiller le mauvais sort (...)
                        Edmond JALOUX, *Fumées dans la campagne*, I.

(Dans un juron). *Coquin* (cit. 10) *de sort! Bon sang de bon sort!*

7 Bon sang de bon sort, est-ce qu'il se sentait déjà vieillir, qu'il éprouvait comme ça cet échec?   ARAGON, *les Beaux Quartiers*, II, XVIII.

♦ **3.** (V. 1150, *geter sort* «jeter les dés»). Antiq. Dé dont on se servait pour rendre des oracles, dans l'antiquité.
Sorts virgiliens, homériques : divination au moyen d'un passage pris au hasard dans Virgile ou Homère (cf. Rabelais, III, 10, 11 et 12; et → aussi Profane, cit. 7). *Sort des saints*, au moyen de l'Écriture sainte.

♦ **4.** (V. 1150). Décision, désignation par le hasard (opposé à *choix, élection* [cit. 6]). *Tirer au sort* (→ Caporal, cit. 1) : décider, désigner par le recours au hasard (→ Tirer à la courte paille*). — Loc. (1636). *Tirer qqch. au sort*, en vue d'une distribution (→ Lot, cit. 2; pipe, cit. 2). *Tirage au sort* (→ Lot, cit. 3 et 6). — Spécialt. *Le tirage au sort*, qui désignait les jeunes gens pour le service militaire (→ Menace, cit. 6). — *Le sort tomba sur... — Le sort en est jeté* (→ Pharmacien, cit. 3) : la décision est prise irrévocablement, le choix est fait sans retour, quoi qu'il puisse en advenir (*Alea jacta est* : les dés* sont jetés).

8 Le suffrage par le sort est de la nature de la démocratie; le suffrage par choix est de celle de l'aristocratie.   MONTESQUIEU, *l'Esprit des lois*, II, II.

Le sort des armes : l'incertitude des combats, de la guerre. *Que le sort des armes décide* (→ 1. Arbitre, cit. 3). *Si le sort des armes nous donne la victoire.*

♦ **5.** (1080). Effet magique, généralement néfaste, attaché à une personne ou à une chose et qui résulte de certaines opérations de sorcellerie. ⇒ 2. **Charme** (1.), **enchantement, ensorcellement, maléfice, sortilège.** (Surtout dans : *jeter un sort*). *Jeter un sort à qqn.* ⇒ **Ensorceler** (cit. 8); → Impuissant, cit. 7. *Sorts jetés par des magiciens, des bergers, des sorciers** (→ Goétie, cit.).

9 (...) dès lors, désespéré et enfoncé dans la mélancolique croyance qu'un sort avait détruit la vigueur de ses muscles, on ne pouvait plus maintenant le décider à se prendre aux flancs, même avec un gringalet de *lignard*.
                        Ed. DE GONCOURT, *les Frères Zemganno*, XIX.

HOM. Saur, sore, sors; sors, sort (formes du v. **sortir**).

1. SORTABLE [sɔʀtabl] adj. — 1395; de 3. *sortir*, pour *sortissable*, antérieur.

♦ Vx. Propre à pourvoir, de nature à convenir. ⇒ **Convenable, décent, séant.** *« Un amant plus sortable à sa condition »* (Corneille, *la Veuve*, IV, 1).

Par le nom, monsieur de Morsauf était un parti sortable pour leur fille.   1
                        BALZAC, *le Lys dans la vallée*, Pl., t. VIII, p. 811.

(Sans compl. en *à*, amorçant le passage à 2. *sortable* «présentable») :
Puisqu'elle ne voulait pas se marier, il eût pu lui procurer une position sortable   2
dans une cour étrangère, comme institutrice.
                        Louise MICHEL, *la Misère*, t. II, p. 400.

2. SORTABLE [sɔʀtabl] adj. — 1963, *in* F. E. W.; de 1. *sortir*.
Familier.

♦ **1.** Que l'on peut sortir*, montrer en public. ⇒ **Mettable.** *Des vêtements sortables.*

♦ **2.** (Personnes). Qui présente bien, qui a de bonnes manières. *Tu n'es vraiment pas sortable.*

COMP. Insortable.

SORTANT, ANTE [sɔʀtɑ̃, ɑ̃t] adj. et n. — XVIIᵉ, «qui ressort»; de *sortir*.

★ **I.** Adj. ♦ **1.** (1835). Qui sort, se produit par le fait du hasard. *Les numéros sortants* (dans un tirage au sort, au jeu, à la loterie). ⇒ **Gagnant** (→ Lot, cit. 6).

♦ **2.** (1835). Qui cesse de faire partie d'un corps, d'une assemblée... *Député sortant* (→ Protection, cit. 5; réélire, cit.). *Élève sortant*, qui a terminé sa scolarité. *Malade sortant*, qui quitte l'hôpital.
Le Dr Barbentane était conseiller sortant. Serait-il réélu?   1
                        ARAGON, *les Beaux Quartiers*, I, XIV.

♦ **3.** Vén. Qui sort (d'une enceinte : bois, forêt). *Le cerf est sortant à tel endroit.* ⇒ **Rentrant.**
Mon limier ne me donne plus de voie sortante.   2
                        M. DRUON, *la Chute des corps*, II, IX, p. 174.

★ **II.** N. A. ♦ **1.** (1788). Personne qui sort d'un lieu. *Les entrants** *et les sortants se bousculaient à la porte.*

♦ **2.** (Mil. XXᵉ). Personne qui cesse de faire partie d'un corps constitué. *Trois sortants n'ont pas été réélus.* *« Sortez les sortants »* (slogan politique).

B. N. m. (Déb. XXᵉ). Techn. Partie, élément qui sort, fait saillie. *« Les rentrants* (cit. 4) *et les sortants factices »* (Proust).

SORTE [sɔʀt] n. f. — 1530; *sourte*, 1500; 1310, «société, compagnie»; du lat. *sors, sortis* «sort; rang, condition, catégorie»; d'où «comportement propre à une espèce de gens».

♦ **1.** Manière d'être; ce qui permet de caractériser un objet individuel parmi d'autres; ensemble d'objets ainsi caractérisés. ⇒ **Espèce, forme, genre.** *Classer, ranger, grouper des choses, des personnes en deux, en trois sortes.* ⇒ **Catégorie, classe, groupe.** *Plusieurs sortes d'âmes* (cit. 2), *d'états* (cit. 84), *de libertés* (cit. 17),... *Deux sortes d'esprits* (cit. 125, Pascal).

REM. Lorsque le complément est un mot abstrait, il peut se mettre au singulier. *Il y a tant de sortes d'amour* (cit. 12). *Plusieurs sortes d'avarice* (cit. 2); *diverses sortes de curiosité* (→ Apprendre, cit. 7).

(Au sing.). Une catégorie de... (→ aussi l'emploi affaibli, 2.). *Une sorte d'histoire* (cit. 7) *qui... La sorte de courage qu'il faut* (→ Proie, cit. 3). *Cette sorte de gens.* ⇒ **Catégorie, race.** *Un homme de sa sorte, de cette sorte.* ⇒ **Condition, trempe.** — *Tant de sortes de...* (→ Avaler, cit. 12). *Aucune sorte de frein* (→ Obéir, cit. 11). *Ni Dieu, ni vie, ni* (cit. 14) *être d'aucune sorte.* — Loc. Vx. *Sorte de...* après une négation. *Il n'y avait sorte de bassesse qu'il n'employât* : il employait toutes les sortes de bassesses imaginables (→ Cajoler, cit. 8). — *Choses de la même sorte.* ⇒ **Ordre** (II., *supra* cit. 33), **nature** (*infra* cit. 12). — (V. 1534). Vx. *De la première sorte* : excellent, remarquable, de premier ordre (→ Indubitablement, cit. 2). Mod. *Un nigaud de la pire sorte* (→ Prétention, cit. 8).

Il a commencé par dire de soi-même : *un homme de ma sorte*; il passe à dire :   1
un homme de ma qualité (...)
                        LA BRUYÈRE, *les Caractères*, VI, 21.
Il n'y a que d'une sorte d'amour, mais il y en a mille différentes copies.   2
                        LA ROCHEFOUCAULD, *Maximes*, 74.

TOUTE SORTE DE. Vieilli. (Indétermination). *Toute sorte d'incongruités* (cit. 4), *de petits métiers* (cit. 12).

REM. Lorsque *Toute sorte de...* est sujet, l'accord du verbe est généralement commandé par le complément : *Toute sorte de livres ne sont pas également bons* (Académie). L'accord avec *sorte* est exceptionnel (→ Faucille, cit. 2, Malherbe). *Mille détails* (cit. 13) *de toute sorte* (→ aussi Folâtrer, cit. 3).

TOUTES SORTES DE. Mod. (Multiplicité). *Toutes sortes de détours* (cit. 11), *d'herbes* (cit. 1), *de formes, d'oiseaux* (cit. 17), *de gens.* — *Objets de toutes sortes* (→ Pêle-mêle, cit. 3).

(...) la fontaine au delà était peuplée de toutes sortes de figures remplissant toutes sortes de vases, bidons, gamelles, outres noires, tonneaux.   3
                        E. FROMENTIN, *Un été dans le Sahara*, p. 120.

Techn. (Typogr.). Une certaine quantité du même caractère.

(...) des caractères qui valent six francs la livre, des chefs-d'œuvre de gravure (...)   4

tiens! Le vieux Séchard attrapa quelques cornets pleins de *sortes* qui n'avaient jamais servi et les montra.
BALZAC, *Illusions perdues*, Pl., t. IV, p. 473.

♦ **2.** (1644). UNE SORTE DE... : ce qu'on ne peut qualifier exactement, et qu'on rapproche d'autre chose. ⇒ **Espèce** (II., A., 1.), **façon** (I., 6.), **manière** (I., 4.). → Quelque chose comme*... *Une sorte d'affinité* (cit. 6), *d'étonnement* (cit. 6), *de fantasmagorie* (cit. 1), *de fascination* (cit. 4 et 7), *d'instinct* (cit. 22). *Une sorte de matamore* (cit. 2). *La pieuvre* (cit.) *est une sorte de roue.* — Vx. *Quelque sorte de...* (même sens). *Quelque sorte de temps* : un certain temps. — REM. Pour l'accord du verbe et de l'adjectif avec *une sorte de...* → Espèce (*supra* cit. 18).

5   Une sorte de poésie se dégageait de tout son être (...)
GIDE, *Si le grain ne meurt*, I, III, p. 86.

♦ **3.** (1530). Dans quelques expr. Façon particulière d'accomplir une action. ⇒ **Façon, guise** (vx), **manière**. **ⓐ** Vieilli. *De..., en (telle ou telle) sorte. Dieu agit toujours de même sorte* (→ 1. Loi, cit. 56). *D'autre sorte* (La Fontaine, *Fables*, III, 16). *De les considérer en cette sorte* (→ Équation, cit. 1). — (1549). Loc. vieillie. *De (la) bonne sorte, de belle sorte* (→ Hélas, cit. 12) : comme il faut, et, par iron., sévèrement.

6   C'est assez qu'on ait vu par là qu'il ne faut point
Agir chacun de même sorte.   LA FONTAINE, *Fables*, II, 10.

7   Vous voilà fagoté d'une plaisante sorte.   MOLIÈRE, l'Étourdi, IV, 1.

ⓑ Loc. adv. (1545). Mod., littér. DE LA SORTE : de cette façon. ⇒ **Ainsi** (→ Assassin, cit. 7; goujat, cit. 7; quelque, cit. 14).
Loc. adv. (1650); «en quelque manière que ce soit», dans la langue classique). EN QUELQUE SORTE : d'une certaine manière, et, par ext., presque*, pour ainsi dire (→ Irréversible, cit. 1; jugement, cit. 17). *Une vieille ridée, momifiée* (cit. 2) *en quelque sorte. Paisibles* (cit. 2) *et en quelque sorte heureux.* — Subst. *Les « peut-être », les « en quelque sorte »* (→ 1. Le, cit. 26).
Vieilli. *En aucune sorte* : d'aucune façon (cf. Molière, le *Misanthrope*, II, 4).

ⓒ Loc. conj. (XIIIᵉ). Mod. (Conséquence). DE SORTE QUE : de manière que, si bien que. ⇒ **Manière** (cit. 31). → Bot, cit.; injurier, cit. 3; main, cit. 96. *De telle sorte que...* ⇒ **Façon, manière** (→ Carte, cit. 23; fonds, cit. 8; refléter, cit. 4). *Bafoué* (cit. 4) *de telle sorte qu'il se fâcha.*
(XIIIᵉ). EN SORTE QUE... Vieilli ou littér. (conséquence, avec l'indic.). (→ Démentir, cit. 11; dentelle, cit. 5; 2. frais, cit. 11; jurer, cit. 13).

8   Elle était mise très simplement et voilée, en sorte que je ne pouvais voir son visage (...)   A. DE MUSSET, la Confession d'un enfant du siècle, III, III.

(Finalité, avec le subj.). *Faites en sorte... que vous arriviez avant moi.* ⇒ **Arranger** (s'arranger pour...), **tâcher** (→ Chaînon, cit. 1).

9   (...) fais en sorte que leurs chambres soient en ordre, que le déjeuner soit bon, enfin que nos hôtes soient le moins mal possible.   MÉRIMÉE, Colomba, XVI.

Faire en sorte de... suivi de l'inf. *Il fit en sorte d'assoupir* (cit. 6) *l'affaire.*

ⓓ DE SORTE À... (suivi de l'infinitif) : de manière* à.
10   Tu n'as pas toujours agi de sorte à dissiper leur malheureuse erreur.
FRANCE, le Procureur de Judée, p. 19.

COMP. V. **Assortir** (dér. et comp.).

SORTEUR, EUSE [sɔʀtœʀ, øz] adj. — 1871; de *sortir*.

♦ Rare. Qui sort de chez soi, aime sortir (pour se distraire, rendre des visites, etc.). *Il est très sorteur.*

On ne pouvait plus la retenir dans son taudis. Elle était devenue sorteuse.
CÉLINE, Voyage au bout de la nuit, p. 268.

CONTR. **Casanier.**

SORTI, IE [sɔʀti] p. p. adj. ⇒ **Sortir.**

SORTIE [sɔʀti] n. f. — 1400; de 1. *sortir*.

★ **I.** Action de sortir. ♦ **1.** Action de quitter un lieu, moment où (qqn) quitte un lieu. *La sortie de qqn d'un lieu, hors d'un lieu; sa sortie. La sortie d'un lieu. Depuis ma sortie du royaume* (→ Envi [à l'], cit. 3). ⇒ **Départ.** *Sortie de la foule.* ⇒ **Écoulement.** *La sortie des élèves; des ouvriers* (→ 2. Mineur, cit. 1; minutage, cit.). — *Sortie d'un malade hospitalisé.* — (Sans compl.). *Sortie sans permission.* ⇒ **Escapade, échappée** (vx), **évasion.** *Date d'entrée et de sortie dans un hôtel* (→ Logeur, cit. 2), *un hôpital. Porte de sortie* (au fig., issue. ⇒ **Porte**). *Faire une sortie remarquée, éclatante* (→ 1. Porte, cit. 14). — *À la sortie* : à l'endroit ou au moment où l'on sort. *À la sortie des théâtres* : lorsque les spectateurs sortent (→ Agitation, cit. 5).
(1835). Au théâtre. Action de quitter la scène. *Sortie d'un personnage* (→ Loup, cit. 10). *Fausse sortie.*

1   Suzanne fit ce qu'on nomme en style de coulisse une fausse sortie, elle se dirigea vers la porte.   BALZAC, la Vieille Fille, Pl., t. IV, p. 234.

2   Diable, diable, les gens de mon âge s'en vont autour de moi. Il faut cette année pousser les préparatifs de sa sortie de scène.
Ed. et J. DE GONCOURT, Journal, 13 mars 1891, t. VIII, p. 174.

Sports. Mouvement par lequel le gymnaste termine son travail aux agrès. *Sortie à l'écart. Sortie d'anneau. Une magnifique sortie.* — Franchissement de la fin d'un passage difficile par un alpiniste. *Sortie d'une cheminée.*

♦ **2.** **ⓐ** (1570). Attaque des assiégés pour sortir. *La sortie en masse* (→ Assiéger, cit. 2). *Sorties violentes* (→ Dégager, cit. 28).

ⓑ Mission de combat d'un avion.
Par anal. (Sports). *Le gardien de but a fait une sortie imprudente.*

ⓒ (1672). Fig. Attaque verbale. ⇒ **Algarade, catilinaire** (vx), **incartade** (vx), **invective, méchanceté, scène**; et aussi **compliment** (*infra* cit. 10). *Faire une sortie contre qqn* (⇒ **Attaquer, s'emporter**).

3   Ma misanthropie autorisait contre les hommes et contre les femmes de cyniques sorties (...)   BALZAC, Honorine, Pl., t. II, p. 291.

Parole incongrue qui échappe à qqn, ou dont il ne mesure pas la portée.

3.1   (...) c'est toujours avec lui ce même malaise. On ne sait jamais sur quel pied danser, on ne sait jamais ce qui peut arriver, il est capable de n'importe quelle sortie devant les gens (...)   N. SARRAUTE, le Planétarium, p. 43.

♦ **3.** Action de sortir pour faire qqch., spécialt pour se distraire, faire une course. *Une sortie pour prendre l'air.* ⇒ **Balade, échappée, promenade, tour.** *Courte sortie* (→ Personne, cit. 30). *Première sortie d'un convalescent* (→ Éreintant, cit.). *Argent réservé aux sorties* (→ Dépense, cit. 5). *Elle ferma les yeux* (cit. 26) *sur mes sorties du soir.*

4   Elle multiplia ses sorties, s'absenta jusqu'à quatre et cinq fois par semaine.
ZOLA, Thérèse Raquin, XXX.

Jour de sortie (d'une personne contrainte à séjourner quelque part). *Le jour de sortie des pensionnaires.*
Fam. ÊTRE DE SORTIE : avoir le projet de sortir; sortir pour se distraire. *Aujourd'hui, nous sommes de sortie.*
(1925). Choses. Faire défaut. *L'argent est de sortie.*

♦ **4.** (1926, «transport d'une marchandise, exportation»). Fait (pour un produit, une chose) d'être sorti, de sortir (d'un lieu). *Prix de sortie d'usine d'une automobile. Sortie d'un ouvrage des presses.* — *Sortie en touche du ballon.* — Spécialt. Fait de sortir d'un pays (pour des marchandises d'exportation). *Sortie des produits fabriqués* (→ Drawback, cit.). *Droit de sortie* (douane). *Sortie de devises.* — Mouvement des capitaux dépensés. *La sortie de quelques centimes* (→ Écrire, cit. 12).

♦ **5.** (1936). Somme dépensée. ⇒ **Crédit, dépense.** *Balance d'entrée, de sortie. Il y a eu plus de sorties que de rentrées ce mois-ci.*

♦ **6.** (xxᵉ). Fait d'être produit, livré au public. *La sortie d'un nouveau modèle de voiture. La sortie d'un livre.* ⇒ **Publication.** *La sortie d'un disque.*

♦ **7.** (1549). Action de s'écouler, de s'échapper (le compl. désigne un fluide). *Sortie des gaz* (⇒ **Échappement**), *des eaux* (⇒ **Écoulement, évacuation**), *d'une source* (⇒ **Émergence**).

♦ **8.** (Mil. xxᵉ). Techn. Fonctionnement effectif d'un mécanisme (par rapport à la commande); réponse d'un système à la commande (→ Régulateur, cit. 3). *Signal de sortie.* ⇒ (anglic.) **Output.** — Résultats qui sortent d'une calculatrice, d'une machine mécanographique. — *Édition** en clair de ces résultats.

4.1   (...) on est bien obligé de reconnaître que l'expérimentation destinée à décrire simplement les *inputs* et les *outputs* (par des relations répétées ou lois mais sans explication causale) est le produit d'un découpage en partie arbitraire. Nous avons déjà vu que le choix des *inputs* ou entrées suppose un découpage de l'univers par l'observateur. Mais la production ou présence des *outputs* ou sorties n'en est, on vient de le constater, pas moins relative au moment de la vie de l'organisme ou du sujet étudié, ce qui comporte un découpage dans le temps.
J. PIAGET, Épistémologie des sciences de l'homme, p. 148-149.

★ **II.** Action de faire sortir. — Sports. Action d'expulser du terrain un joueur fautif. «*La sortie de P. pour 4 fautes personnelles porta le coup de grâce aux tricolores*» (l'Équipe, nov. 1950, in Petiot).

★ **III.** ♦ **1.** (Fin xvⁱᵉ). Endroit par lequel les personnes, les choses sortent (⇒ **Issue**); porte de sortie. *Sorties secrètes d'une forteresse* (cit. 1). *Sortie de secours* d'un lieu public.* — *Panneau indiquant la sortie. Gagner la sortie* (→ Dû, cit. 2). *Par ici la sortie!* (fig. et fam. : sortez, allez-vous-en!). *Sortie de garage. Sortie de métro, en tête ou en queue* (1. Queue, cit. 25). *Sortie d'un tunnel. À la sortie d'un défilé* (→ 1. Feu, cit. 52), *des villages* (→ Plaque, cit. 7).

5   Le tunnel finissait en intérieur d'entonnoir (...) Jean Valjean arriva à l'issue. Là, il s'arrêta. C'était bien la sortie, mais on ne pouvait sortir. L'arche était fermée d'une forte grille (...)   HUGO, les Misérables, V, III, VII.

6   (...) un client pris de malaise avait pâli, s'était levé, avait chancelé et gagné très vite la sortie.   CAMUS, la Peste, p. 137.

(Temporel). *La sortie de l'hiver.*

♦ **2.** Voie de dégagement. *Sorties d'une autoroute.* ⇒ **Bretelle.** *À la sortie Mâcon Nord.* — Techn. *Sortie de piste* : voie de dégagement sur un aéroport.

♦ **3.** Techn. Prise d'un appareil de reproduction sonore sur laquelle on peut brancher un autre appareil qui reçoit alors le son reproduit.

★ **IV.** (1843). Vêtement qui se porte en sortant d'un lieu. (Vx). *Sor-*

tie de bal : vêtement chaud porté sur la robe de bal pour sortir. — (1904). Mod. **SORTIE DE BAIN** : peignoir* ou vêtement en tissu
éponge que l'on porte après le bain (chez soi, à la plage).

CONTR. Accès, entrée.

SORTILÈGE [sɔʀtilɛʒ] n. m. — V. 1213 ; lat. médiéval *sortilegium*, du lat. class. *sortilegus* « qui lit le sort », « devin ».

♦ **1.** Artifice de sorcier. ⇒ **Charme, diablerie, enchantement, ensorcellement, évocation** (de démons), **incantation, jettatura, sort.** *Sortilège malfaisant.* ⇒ **Maléfice, vénéfice.** *Soumettre par son sortilège.*
⇒ **Ensorceler** (cit. 8). *L'Enfant et les sortilèges,* fantaisie lyrique
de Ravel.

> Cet homme donc, par prières, par larmes,
> Par sortilèges et par charmes,
> Fait tant qu'il obtient du Destin
> Que sa chatte en un beau matin
> Devient femme (...)   LA FONTAINE, Fables, II, 18.

(xxᵉ). Fig. Action, influence qui semble magique (→ Laver, cit. 21).
Les sortilèges de la musique, du théâtre.

♦ **2.** Rare. Pratique des sorciers. ⇒ **Magie, sorcellerie** (→ Inconvénient, cit. 5).

1. SORTIR [sɔʀtiʀ] v. — Conjug. *partir*. — XIIᵉ, « échapper », rare av. XVIᵉ, a remplacé *issir* ; p.-ê. de 3. *sortir* « désigner par tirage au sort », ou du lat. pop. **surctus*, lat. class. *surrectus*, de *surgere* « jaillir ».

★ **I.** V. intr. (Avec l'auxiliaire *être*). **A.** Aller* hors (d'un lieu), du
dedans au dehors. ♦ **1.** (Sujet n. d'être animé). **SORTIR** (**d'un lieu**) :
aller hors (d'un lieu). *Sortir d'une maison et y rentrer* (cit. 16).
Sortir de chez soi. La faim me fait sortir de mon gîte (→ Bois, cit.
20). *Gibier qui sort du bois.* ⇒ **Débucher, débusquer.** *Sortir d'un
abri, de sa retraite.* ⇒ **Abandonner.** *Sortir de sa chambre les pieds*
(cit. 21) *en avant, les pieds devant* (mort). *Insulaires* (cit. 3) *qui
ne sont jamais sortis de leur île.* ⇒ **Quitter.** *« Nous n'en sortirons
que par la puissance des baïonnettes »* (Mirabeau ; → National,
cit. 5). *Sortir du lit* (→ Jour, cit. 8), *de voiture. Sortir de scène.*
⇒ **Exit.** *Avoir l'air de sortir d'une boîte*. Poussin qui sort de l'œuf*
(→ Indigner, cit. 6). ⇒ **Éclore.** *Sortir de sa chrysalide*. Sortir
sans autorisation d'un lieu.* ⇒ **Enfuir** (s'), **évader** (s'). — *Le paquebot sortit du port* (→ Fouetter, cit. 8). Impers. *Il en sortit un petit
carrosse* (→ Gris, cit. 24).

1 — Mais pourquoi ne sors-tu pas par la fenêtre ? — C'est une loi des diables et
des revenants, qu'ils doivent sortir par où ils sont entrés.
                          NERVAL, Trad. GOETHE, Faust, I, p. 64.

Absolt. Quitter une maison (et ses occupants). ⇒ **Absenter** (s'), **partir, retirer** (se). — *Prendre la porte*. Elle sortit en claquant la
porte* (→ Promener, cit. 18). *Sortir discrètement.* ⇒ **Éclipser** (s'),
esquiver (s'). *Permission de sortir.* ⇒ **Exeat.** *La foule sort.* ⇒ **Écouler** (s'). *Faire sortir qqn, la foule.* ⇒ **Évacuer.** *Sortez ! hors* d'ici*
(→ Déshonorer, cit. 11 ; *je vous chasse* (→ Huis, cit. 4). ⇒ **Décamper, déguerpir, déloger** (→ Débarrasser le plancher*). *Allez, sors,
que je ne te voie plus* (cf. Fiche le camp, fous le camp !).

2 M. le prince de Charolais, ayant surpris M. de Brissac chez sa maîtresse, lui dit :
« Sortez ! ». M. de Brissac lui répondit : « Monseigneur, vos ancêtres auraient dit :
Sortons. »   CHAMFORT, Caractères et anecdotes,
                                          « Le prince de Charolais et M. de Brissac ».

♦ **2.** Aller dehors*. *Il se fit une embellie* (cit. 2) *qui nous permit de
sortir. Personne ne sort par ce temps* (→ Heure, cit. 97). *Le malade
commence à sortir.* — Spécial. *Sortir pour se battre* (→ Homme,
cit. 107). *Sortons Monsieur!* (→ ci-dessus, cit. 2, Chamfort).
(Pléonasme). *Sors dehors !*

2.1 (...) le capitaine de Mortemart « que j'ai eu aux hussards, à Strasbourg, pas comme
les ballots d'ici, un qui savait commander, capable de déposer ses galons et de dire
à un gars : Sors dehors si t'es un homme ! (...)
                          MALRAUX, Antimémoires, éd. Gallimard, p. 308.

Se promener*. *Sortir quand il fait beau. Sortir en auto ; en bateau,
en caïque* (→ 1. Lisse, cit. 1).

♦ **3.** Aller hors de chez soi. *Elle n'était pas sortie depuis cinq ans*
(→ Perclus, cit. 3). *Être prêt à sortir* (→ Piaffer, cit. 1). *Il sort
paré comme une femme* (→ Ajustement, cit. 5). *Sortir en cheveux**
(vx), *sans chapeau. Sortir en taille, sans manteau.*
Aller en visite, dans le monde, au spectacle, pour se distraire.
⇒ **Sortie.** *Je commençai de sortir et de fréquenter les salons*
(→ Quitter, cit. 25). *Jeune fille qui ne sort pas le soir* (→ Robe,
cit. 12). *Elle sortait peu* (→ Jouer, cit. 20 ; réclusion, cit. 2). *Sortir avec des amis.*

♦ **4.** (Le sujet désigne un objet en mouvement, un fluide). **SORTIR**
(**d'un lieu**) : aller en dehors (d'un lieu). *D'une des cheminées sortaient des étincelles* (→ Gerbe, cit. 7). ⇒ **Échapper** (s'), **partir.**
« D'un aride (cit. 1) *rocher fit sortir des ruisseaux ».* ⇒ **Jaillir, sourdre.** *De sa fourrure* (cit. 6)... *sort un parfum si doux.* ⇒ **Dégager**
(se), **exhaler** (s'). *Presser un fruit pour faire sortir le jus. Chaque
parole qui lui sortait de la bouche* (→ Asthmatique, cit. 1). *« Malheureuse* (cit. 34), *quel nom est sorti de ta bouche ? »* — Impers.
(→ Jet, cit. 4).

---

3 L'eau sort *(de la source)* à la température de 18°. Elle est assez franchement
gazeuse.   J. ROMAINS, les Hommes de bonne volonté, t. V, XXII, p. 175.

♦ **5.** (Choses). **SORTIR** (**d'un lieu**) : aller hors (d'un contenant, d'un
lieu où ce qui est désigné par le sujet devrait se maintenir). *Liquide
qui sort d'un vase, rivière qui sort de son lit.* ⇒ **Déborder, répandre**
(se) ; et aussi **extravaser.** *Faire sortir un liquide.* ⇒ **Vidanger, vider.**
Porte qui sort de ses gonds*. — Loc. fig. *Sortir de ses gonds**
(cf. Être hors de soi de colère). — *Pièce qui sort d'une autre.*
⇒ **Déboîter, détacher** (se). *Véhicule qui sort des rails* (⇒ **Dérailler**),
de la route. La balle, le ballon est sorti du terrain, en touche*.
Fig. Ne plus être dans, ne plus appartenir à... *Souvenir qui sort de
la mémoire. Cela n'est sorti de la tête.* ⇒ **Oublier.** — *Objet, secret...
qui sort d'une famille,* qui ne lui appartient plus.

4 On pourrait peut-être penser que quand les prophètes ont prédit que le sceptre ne
sortirait point de Juda jusqu'au roi éternel, ils auraient parlé pour flatter le peuple,
et que leur prophétie se serait trouvée fausse à Hérode.
                                          PASCAL, Pensées, XI, p. 719.

5 (...) une maison que vous avez faite, où vous avez travaillé si fort, est-ce que ça
doit sortir de la famille ?   ZOLA, la Terre, V, V.

♦ **6.** (1501). Apparaître en se produisant à l'extérieur. *Plantes qui
sortent de terre ; bourgeons qui sortent.* ⇒ **Pousser.** *Une silhouette
sortait des ténèbres.* ⇒ **Émerger, percer, poindre ;** et aussi **éruption.**
— Fig. *La vérité sort enfin.* ⇒ **Manifester** (se).
Fig. Être livré au public, mis dans le commerce. *Les stocks sortaient* (→ Descendre, cit. 38). *Article qui vient de sortir.* ⇒ **Nouveauté.** *Les collections de printemps sont sorties.* — Être publié,
édité. ⇒ **Paraître.** *Son livre est sorti.* — *Le décret va sortir.*

♦ **7.** Être nettement visible sur un fond. ⇒ **Détacher** (se), **ressortir.**
La réglure du papier de musique doit être pâle afin que la note
(cit. 1) *sorte mieux.*

♦ **8.** (1636). Apparaître, être visible en totalité ou en partie hors de
qqch. ⇒ **Saillant, saillir.** *De son fourreau* (cit. 8) *sortaient deux
bras ronds. Une épaulette* (cit. 3) *sortait de dessous sa cuirasse.* ⇒ **Dépasser, passer.** *La tête du sphinx qui sortait du sable*
(→ Pyramide, cit. 3). Fam. *Les yeux lui sortent de la tête* : il a les
yeux saillants, exorbités.

♦ **9.** Se produire, être tiré, en parlant du numéro, etc., que désigne
le hasard (cit. 29), au jeu, au tirage au sort. *Chiffre qui n'est
sorti qu'une fois sur mille coups* (→ Nombre, cit. 8). *Impair sortit encore.* (→ 2. Pair, cit. 2). Par anal. *Question, sujet qui sort à
un examen.*

6 Si vous placez un louis sur un seul de ces trente-six numéros, et qu'il sorte, vous
aurez trente-six louis (...)   BALZAC, le Père Goriot, Pl., t. II, p. 967.

B. (Sujet n. de personne). **SORTIR DE qqch.** : cesser d'être dans un
lieu, dans un état, de faire une chose. ♦ **1.** (1553). Quitter le lieu
d'une occupation. *Sortir de table* : avoir fini de manger*. *Sortir du
confessionnal* (→ Grâce, cit. 32) ; *du spectacle* (→ Doré, cit. 5).
Absolt. *Écolier, ouvrier qui sort à six heures,* finit son travail à six
heures (→ aussi Débrayer).

♦ **2.** Quitter une occupation. *Sortir d'un repas, d'un entretien*
(→ Conversation, cit. 4). — Fam. Venir à bout (d'une occupation).
J'ai trop à faire, je n'en sors pas (→ ci-dessous, se sortir). — (1718).
Suivi de l'inf. Fam. *Sortir de travailler.* ⇒ **Venir** (de). — (1840). Loc.
fam. *Sortir d'en prendre* : n'être pas près de refaire ce qui a été
pénible, désagréable. *Merci bien, je sors d'en prendre !*

7 Le sieur Dairolles se rend au greffe, et ne va chez l'auteur de la *Gazette* qu'en
sortant de déposer.   BEAUMARCHAIS, Mémoires... dans l'affaire Goëzman, p. 35.

8 - Tu vas en prendre un verre avec moi, dit-elle.
   — Non, merci, je sors d'avaler le mien.   ZOLA, Germinal, II, III.

9 (...) elle va encore se rendre malade. C'est déplorable, trois semaines après sa bronchite. Dans ces cas-là, c'est moi qui suis le garde-malade. Vous comprenez que
je sors d'en prendre.   PROUST, Sodome et Gomorrhe, Pl., t. II, p. 900.

♦ **3.** (1538). Quitter un état, faire ou voir cesser une situation. *Sortir de l'enfance* (cit. 7), *de la misère* (→ Lutter, cit. 4), *de l'obscurité, de son ignorance* (→ Croupir, cit. 1). — Loc. littér. *Sortir
de la vie* : mourir. *« Rentre dans le néant* (cit. 22) *dont je t'ai fait
sortir ». Sortir d'une longue maladie* : être en voie de guérison.
La France, enfin sortie des guerres civiles... (→ Attention, cit. 8).
Sortir d'une impasse, d'une mauvaise affaire, d'un mauvais pas.
⇒ **Dégager** (se), **tirer** (se). → S'en sortir (et, ci-dessous, II., 4.).

10 Il jouait ses six derniers roubles, comme on sème dans les champs d'Eldorado,
pour en récolter dix mille, payer toutes ses dettes et sortir de la gêne.
               André SUARÈS, Trois hommes, « Dostoïevski », v.

(Sans article, dans quelques expressions). *Il est sorti d'affaire,
d'embarras,* tiré d'affaire... (→ Monnayer, cit. 2). *Il en sortira*
(→ Matelas, cit. 5). — (Avec l'attribut indiquant l'état dans lequel
on se trouve à l'issue d'une situation). *Sortir indemne* (cit. 1) *d'une
guerre, d'un accident.*
Abandonner un comportement naturel, habituel. *Sortir de son
assiette* (cit. 7 ; vx), *de son caractère* (cit. 54), *de son sang-froid*
(→ Bramer, cit. 3), *de son impartialité* (→ Échauffer, cit. 11), *de
sa réserve* (→ Retrancher, cit. 10). ⇒ **Départir** (se), **retirer** (se, vx).
— *Sortir de soi* (cit. 3) : devenir un autre, temporairement ; spécialt, cesser de s'intéresser uniquement à soi : autisme, narcissisme
(cit. 2), égoïsme...

11 (...) M. Julien ne s'est point donné de peine pour faire cette conquête, il n'est point
sorti pour madame de sa froideur habituelle.
                                          STENDHAL, le Rouge et le Noir, I, XIX.

12 L'idée que les hommes sont parfois capables de sortir de leur naturel apparent,
d'accomplir soudain avec éclat des actions imprévues, de renoncer au crime par
exemple, et de tomber à genoux en se frappant la poitrine, cette idée me semble
non seulement belle mais encore reposante et réconfortante.
                                          G. DUHAMEL, Chronique des Pasquier, VIII, VIII.

◆ **4.** (Fin xvᵉ). Ne pas se tenir à une chose fixée, passer outre.
⇒ **Dévier, écarter** (s'), **éloigner** (s'). → Faire un écart*. *Sortir d'un
sujet* (→ Lendemain, cit. 1). *Ne plus sortir d'une formule* (→ Agir,
cit. 37), *d'une opinion, d'une décision.* ⇒ **Démordre.** *Je ne sors pas
de là.* ⇒ **Persister.** *Sortir des règles prescrites* (→ Art, cit. 49), *de
la légalité* (→ 3. Droit, cit. 38). ⇒ **Transgresser.** *Sortir de son rôle*
(→ 1. Faste, cit. 3). ⇒ **Déborder, outrepasser.**

13 C'est sortir de l'humanité que de sortir du milieu. La grandeur de l'âme humaine
consiste à savoir s'y tenir; tant s'en faut que la grandeur soit à en sortir, qu'elle
est à n'en point sortir.   PASCAL, Pensées, VI, 378.

14 La noblesse, la fortune, l'argent, les titres, elle ne sortait pas de là.
                                          Alphonse DAUDET, Jack, I, I.

◆ **5.** (Sujet n. de chose). Cesser de faire partie de..., d'être concerné
par...; être en dehors de... *Cela sort de ma compétence, de mes
fonctions.* ⇒ **Échapper** (à). *Ce qui sort de la convention* (cit. 11).
Sortir de l'ordinaire : n'être pas ordinaire.

C. SORTIR DE : venir, être issu de... ◆ **1.** (1499). Sujet n. de chose.
Avoir son origine, sa source dans; être produit, formé par...
⇒ **Naître** (de), **provenir, venir** (de). *L'homme sort du néant* (cit. 3).
⇒ **Émaner.** *Ma conviction est sortie du cœur* (cit. 163). Fam. *Ça
sort du cœur!* : c'est direct et sincère. *Toute synthèse sort d'une
analyse* (cit. 7). — Impersonnel. *Il n'est rien sorti de nos recher-
ches* : nos recherches n'ont rien produit. *Que va-t-il en sortir?*
⇒ **Résulter; issue, résultat.** *Ils espéraient en voir sortir une défaite*
(→ Aliénation, cit. 1).

15 C'est promettre beaucoup; mais qu'en sort-il souvent?
Du vent.   LA FONTAINE, Fables, V, 10.

◆ **2.** (1640). Sujet n. de personne. Avoir pour ascendance. *Sortir
d'un sang noble* (cit. 23), *d'une famille distinguée* (→ Dont, cit. 5).
Des rois sortiront de vous (→ Multiplier, cit. 2). — Au p. p. *Un
homme sorti de si bas* (→ Cuirassé, cit. 4). Fam. *Se croire sorti de
la cuisse* de Jupiter.

16 Ses lectures pieuses lui rappelaient chaque jour combien de saints, de prélats, de
ministres tonsurés, de papes, sont sortis du peuple.
                                          J. ROMAINS, les Hommes de bonne volonté, t. III, VII, p. 120.

Avoir été formé (quelque part). *Ingénieur breveté* (cit.) *qui sort
d'une école. Un commis sortant de chez un banquier* (→ Partie, cit. 12). Plus cour. au p. p. *Officiers sortis de Polytechnique*
(→ Pépinière, cit. 2). *Nouvellement sorti de l'université* (cf. Frais
émoulu). *Officiers sortis du rang* (→ Populo, cit. 1).

(1715). Fig., fam. *D'où sortez-vous? D'où sort-il?* se dit à propos d'une personne dont l'ignorance ou les manières étonnent, cho-
quent.

◆ **3.** (Sujet n. de chose). Avoir été fait, fabriqué (quelque part). *Des
robes* (cit. 11) *qui sortent de chez les grands couturiers. Une œuvre
sortie de ses mains* (→ aussi Nature, cit. 62).

★ **II.** V. tr. ◆ **1.** (1534, Rabelais). Mener dehors (les êtres qui ne
peuvent sortir seuls). *Sortir un enfant, un malade. Sortir son chien.*

17 (...) *sortez ce cheval,* pour dire, *faites sortir ce cheval* (...) est très mal dit, encore
que cette façon de parler se soit rendue fort commune à la Cour, et par toutes
les provinces.   VAUGELAS, Remarques sur la langue franç., Sortir.

Fam. Accompagner qqn au spectacle, dans le monde, en prenant
l'initiative de cette sortie. *Sortir un ami de province* (⇒ **Sortable, 2.**).

18 *(Sa femme)* possédait avec cela une grâce apprêtée chez elle, une distinction pincée au dehors; somme toute, elle pouvait être sortie, sans honte, gardée chez
soi, sans lassitude.   HUYSMANS, En ménage, II.

◆ **2.** (1611). Mettre dehors (un objet), tirer (d'un lieu). *Sortir qqch.
de qqch. Sortez la voiture de la remise* (Littré). *Sortir un objet de
sa poche.* ⇒ **Prendre** (dans), **tirer** (→ Fouiller, cit. 28; graisseux,
cit. 1). *Sortir les mains de ses poches.* ⇒ **Enlever, ôter.** *Sortir un
objet d'une boîte, d'un emballage, d'un tas...* ⇒ **Dégager, extraire.**
Sortir une plante de terre. ⇒ **Déraciner.**

19 Je lui mande qu'elle sorte des mains de Poulard les papiers qui sont nécessaires (...)
                                          Mᵐᵉ DE SÉVIGNÉ, 1067, 2 oct. 1688.

20 — (...) Capitaine (...) pourriez pas m'aider?
— Bien sûr. À quoi? — À sortir ma voiture de la grange (...)
                                          SAINT-EXUPÉRY, Pilote de guerre, XVI.

Dégager qqn d'un lieu dont il ne peut sortir seul. *Sortir un blessé
des décombres* (→ aussi Mutilation, cit. 1).

(Sans compl. en *de*). Tirer (qqch.) d'un lieu. *Il faut tout défaire, tout
sortir* (→ Revue, cit. 4). *Sortir son couteau* (cit. 11), *son revolver*
(cit. 2). *Sortir le train, les roues d'un avion* (→ Rentrer, cit. 20).
— *Sortir sa langue* (→ Grain, cit. 1).

21 On sortait la bière sous les prières, on la cordait, elle était traînée (...)
                                          CAMUS, la Peste, p. 192.

◆ **3.** (1888, Courteline). Fam. (Sujet et compl. de personne). Faire

sortir, expulser (qqn). ⇒ **Enlever, vider** (cf. Jeter dehors). *À la
porte! Sortez-le! Se faire sortir* ⇒ fam. **virer.** — Sports. Éliminer.
Se faire sortir en demi-finale.

22 Avec ça que les femmes criant : «Flanelle! Flanelle! Y n'ont pas le sou; sortez-
les!» jetaient de l'huile sur le feu.   COURTELINE, le Train de 8 h 47, II, VIII.

◆ **4.** (1672). Compl. n. de personne. Faire sortir (d'un état, d'une
situation). *Je vais vous sortir d'affaire.* ⇒ **Délivrer, dépêtrer, tirer.**
Il faut le sortir de là. — (Sujet n. de chose). *Une pensée qui nous
sort de notre inertie* (→ Dialectique, cit. 4). *Cela nous sortira
de l'ordinaire.*

◆ **5.** (1938). Compl. n. de chose. Produire* pour le public, mettre
dans le commerce. *Usine qui sort cent paires de chaussures par
jour* (→ Main-d'œuvre, cit. 3). *La maison a sorti un nouveau
modèle. Éditeur qui sort un livre.* ⇒ **Publier.**

◆ **6.** (Sujet n. de personne). **SORTIR** qqch. à qqn. Fam. ⇒ 1. **Dire,
débiter, proférer.** *Sortir tout de go* (cit. 2) *ce qui passe par la tête.
Sortir des injures. Il nous en a sorti une bien bonne. Il nous a sorti
que c'était dépassé.*

23 — Si vous sortiez votre nouvelle théorie. GIDE, Corydon, II, II (1911).

▶ **SE SORTIR** v. pron.

◆ **1.** Fam. *Se sortir (d'un lieu)* : en sortir. *S'en sortir.*

24 (...) le furieux tourna sous irritation contre le binoclard séducteur, qui se sortait de
sa voiture.   R. QUENEAU, Pierrot mon ami, éd. L. de Poche, p. 25.

25 Tu vas foutre le camp? — Mais pourquoi? — Sors-toi de l'entrée! Salaud!
                                          Robert MERLE, Week-end à Zuydcoote, p. 190.

◆ **2.** Sortir d'un état, d'une situation (→ ci-dessus, II., 4.) par ses
propres efforts. ⇒ **Tirer** (se). *Se sortir d'un mauvais pas* (→ Doigté,
cit.).

◆ **3.** (1788). **S'EN SORTIR** : sortir, venir à bout d'une situation
pénible, dangereuse. *Le blessé, le malade s'en sortira.* ⇒ **Réchapper.** *Ceux qui s'en sont sortis.* ⇒ **Rescapé.** *Sa situation s'améliore,
il va s'en sortir.* ⇒ **Relever** (se), **reprendre** (le dessus). — Venir
à bout d'un travail long, difficile, délicat. *C'est trop difficile, il ne
s'en sort pas.* ⇒ **Arriver** (y), **débrouiller** (se).

26 Au reste, Huchon ne cessait de gémir : — Comment voulez-vous que je m'en sorte!
                                          J. ROMAINS, les Copains, VIII.

27 (...) il s'en sortait tout de même. Le docteur qui rabattait le drap, il venait d'examiner les réflexes, rassura le patient d'un sourire.
                                          ARAGON, les Beaux Quartiers, I, XXII.

▶ **SORTI, IE** p. p. adj. Voir à l'article.

CONTR. (Intrans.) **Accéder, entrer, rentrer; croupir, ensevelir** (s'). — (Trans.)
Abîmer, enchâsser, enfermer, enfoncer, enfouir, engager, introduire, rentrer.
DÉR. 2. **Sortable, sortie.** — **Sortant.**
COMP. Ressortir.

2. SORTIR [sɔʀtiʀ] n. m. — 1559; infinitif de 1. *sortir.*

◆ **1.** Vx ou littér. L'action de sortir.

1 (...) dès le sortir de ma première enfance (...) GIDE, Journal, 26 avr. 1929.

◆ **2.** Loc., mod. **AU SORTIR DE...** : en sortant, à la sortie (d'un lieu).
Au sortir des forêts (→ Advenir, cit. 1), *du village* (→ Performance, cit. 2), *du lit* (⇒ **Saut;** → Rechute, cit. 1). — En sortant (d'un état, d'une situation). ⇒ **Fin** (à la fin). *Au sortir de
l'hiver. Au sortir de l'adolescence* (→ Homme, cit. 153), *de l'exil*
(→ Apprendre, cit. 15), *de pareilles calamités* (→ Mieux, cit. 37).
— En quittant (une occupation, le lieu d'une occupation). *Au sortir de la messe* (→ Bénitier, cit. 1), *d'un entretien* (→ Discours,
cit. 8). ⇒ **Issue.**

2 J'ai connu la pauvreté à dix-huit ans, au sortir de l'aisance.
                                          CAMUS, la Peste, p. 270.

3. SORTIR [sɔʀtiʀ] v. tr. — Conjug. régulière, à la différence de 1.
sortir : il sortissait. — 1395, *sortir juridiction;* 1450; «tirer au sort», v.
1150; lat. *sortiri* «tirer au sort». → 1. Sortable.

◆ Dr. Obtenir. *La sentence sortissait son plein et entier effet.*
DÉR. 1. **Sortable.**

S. O. S. [ɛsoɛs] n. m. — 1908; suite de trois lettres aisément perceptibles de l'alphabet Morse que l'on a interprétée erronément *save our
souls* «sauvez nos âmes».

◆ **1.** Signal de détresse en Morse utilisé en radiotélégraphie et
comme signal lumineux, constitué de trois points, trois traits, trois
points. *S. O. S. utilisé en radiotélégraphie et en code lumineux*
(Scott) *correspond à* Mayday *en phonie. Envoyer, lancer un S. O. S.*

1 Toute l'année, nuit et jour, sans en excepter un seul jour, le *Cyclone* était prêt à
prendre la mer, dix minutes après qu'un *S. O. S.* lui parvenait du large.
                                          Roger VERCEL, Remorques, p. 17.

◆ **2.** Appel à secourir d'urgence des personnes en danger. *S. O. S. !* :
au secours! — Fam. Demande pressante d'argent. *J'ai envoyé un
S. O. S. à mes parents.*

(Utilisé dans des noms d'associations dont le but est de secourir, de venir en aide, suivi d'un autre mot désignant l'objet à sauvegarder ou caractérisant le mode d'action). « *L'association S. O. S. cathédrale* » (*l'Express*, 20 nov. 1972).

2 Il avait donné une partie de son appartement à une association qui s'appelait *S.O.S. Bénévoles*, où l'on peut téléphoner jour et nuit quand le monde devient trop lourd à porter et même écrasant, et c'est l'angoisse. On compose le numéro et on reçoit du réconfort, ce qu'on appelle l'aide morale, dans le langage. (...) Je roulais très lentement, pour ne pas arriver trop vite. Je connaissais déjà *S.O.S. Amitié* mais je ne savais pas qu'il y en avait d'autres (...)
É. AJAR (R. GARY), l'Angoisse du roi Salomon, p. 11.

SOSIE [sɔzi] n. — 1638, «*les Sosies*», titre d'une comédie de Rotrou, inspirée de l'*Amphitryon* de Plaute, où l'esclave Sosie se trouve en présence d'un second Sosie qui n'est autre que Mercure qui a pris ses traits ; cf. aussi l'*Amphitryon* de Molière, 1668 ; Voltaire emploie le mot en parlant de l'auteur d'un livre qu'on lui attribue faussement.

♦ Personne qui a une parfaite ressemblance avec une autre. ⇒ **Ménechme**. *Être le sosie de qqn* (→ Reproduire, cit. 3). *C'est votre sosie.*

(Au fém., rare). « *Ce mariage avec la sosie de ma lointaine amie* » (Bourget, *in* G. L. L. F.).

Psychiatrie. *Illusion des sosies* : trouble mnésique dans lequel le sujet tient ceux qu'il connaît non pour eux-mêmes, mais pour leur sosie. ⇒ **Dysmnésie**.

SOSOT, SOSOTTE [soso, sɔsɔt] adj. et n. — xxe ; redoublement de *sot*.

♦ Fam. Un peu sot. — N. « *Mégères, sosottes, coquettes, égoïstes, méchantes se disputaient la vedette* (dans les bandes dessinées) » (*F Magazine*, févr. 1980, p. 58).

SOSTENUTO [sɔstenuto] adv. — 1813 ; mot italien « soutenu ».

♦ Mus. (Indication d'exécution). De façon égale et soutenue. *Il faut jouer ce passage sostenuto.*

La musique du Dixième Nocturne s'avance comme une marche lente, méditative, et qui parfois s'élève jusqu'au grandiose. Le thème bien marqué que la main gauche joue «sostenuto» dans les basses annonce déjà, sous une forme réduite, le second motif du treizième nocturne.
V. JANKÉLÉVITCH, Fauré et l'Inexprimable, p. 247.

N. m. *Un sostenuto* : un passage joué sostenuto.

SOT, SOTTE [so, sɔt] adj. et n. — V. 1155, n. ; adj., xve ; orig. inconnue ; p.-ê. de *sopire* « endormir, engourdir », à condition que le *o* long du lat. se soit transformé en *o* bref dans un dér. *sopitus* (Guiraud).

A. ♦ **1.** Vieilli ou régional (langue parlée) ; légèrement affecté (langue écrite). — REM. En épithète, l'adj. antéposé ajoute à l'impression d'archaïsme.

ⓐ Adj. Qui a peu d'intelligence* et peu de jugement. ⇒ **Bête, borné, imbécile, idiot, inintelligent, stupide** ; (fam.) **sosot** (→ Déplaisant, cit. 1 ; maltraiter, cit. 8). *Un grand benêt* (cit. 1) *de fils aussi sot que son père.* — *Il est sot comme un panier* (cit. 6), *comme une carpe. Assez sot pour dire, faire...* (→ Chèrement, cit. 3 ; filer, cit. 12 ; patience, cit. 4). *«... les gens étaient sots de témoigner tant d'allégresse*» (cit. 4). ⇒ **Malavisé, poire.** *Elles sont trop sottes* (→ Plier, cit. 18). *Il n'est pas sot, point sot* (→ Facétie, cit. 1 ; fagotage, cit. 2 ; neuf, cit. 13), *pas si sot* (→ Grelot, cit. 3 ; lune, cit. 12). *«Ah ! les sottes gens* (cit. 33) *que nos gens !* » — Fam., avec un sens affaibli. *Qu'il est sot !* ⇒ **Béta.**

1 Non, non, elle n'était pas jolie. Toujours la même histoire : l'effet de l'illusion amoureuse. On n'est pas jolie quand on est aussi sotte. La beauté sans esprit n'est pas la beauté. Mieux vaut une laide avec de l'esprit.
Paul LÉAUTAUD, Journal littéraire, t. I, p. 81, note 1.

Vx. *Être sot de qqn*, amoureux. ⇒ **Assoté.**

Vx. Privé momentanément d'intelligence, de jugement (du fait de la surprise, de l'embarras...). ⇒ **Confus, déconcerté** (→ Maudire, cit. 5). *Le jeune homme est souvent sot et timide* (→ Circonspect, cit. 4). *Se trouver sot, tout sot.* ⇒ **Penaud** (→ Falot, cit. 2 ; pincer, cit. 22). — Par ext. *Faire sotte figure, sotte contenance.*

Vx (langue classique). Dupe.

ⓑ N. UN SOT, UNE SOTTE. ⇒ **Âne, crétin, niais.** « *Un sot trouve toujours un plus sot qui l'admire* » (cit. 4). « *Un sot n'a pas assez d'étoffe pour être bon* » (cit. 65). « *Un sot savant est sot plus qu'un sot ignorant* » (cit. 11). *Être un sot, n'être qu'un sot* (→ Énigme, cit. 2 ; impudent, cit. 1), *un sot en trois lettres* (Molière, *Tartuffe*, I, 1), *un grand sot* (→ Influer, cit. 6). *Triple sot ! Un jeune sot.* ⇒ **Béjaune, dadais.** *Jeune sotte.* ⇒ **Pécore, péronnelle.** *Comme un sot* (→ Muet, cit. 19 ; panneau, cit. 1 ; posséder, cit. 41). *Les sots* (→ Bâtir, cit. 36 ; bêtise, cit. 11 ; difficile, cit. 2 ; échouer, cit. 6 ; entendre, cit. 15). « *Les préjugés sont la raison des sots* » (→ Conclure, cit. 10).

2 — Et qui est ce sot-là qui ne veut pas que sa femme soit muette ?
MOLIÈRE, le Médecin malgré lui, II, 4.

3 Elle avait dix ans quand elle faillit étrangler, au détour d'un escalier, sa gouver-

nante, la digne Mⁱⁱᵉ Martinet, qui l'avait appelée *petite sotte*, huit jours auparavant (...)
J.-A. DE GOBINEAU, Nouvelles asiatiques, p. 29.

4 Mais d'esprit, ô le plus lamentable des êtres,
Vous n'en eûtes jamais un atome, et de lettres
Vous n'avez que les trois qui forment le mot : Sot !
Edmond ROSTAND, Cyrano de Bergerac, I, 4.

Fam. (dans un sens affaibli). ⇒ **Benêt, béta.** *Petit sot, grand sot*, se dit, de nos jours, en s'adressant à un enfant qui a commis une « sottise ».

(1584). Par euphém. (Vx). Cocu (→ Abus, cit. 8).

♦ **2.** (Av. 1453). Choses. (L'adj. épithète semble être le plus souvent antéposé). Qui ne dénote ni intelligence ni jugement. ⇒ **Absurde, inepte, ridicule.** *Une sotte envie de discourir* (cit. 4). *Sotte harangue* (cit. 6), *sottes médisances* (cit. 4)... *Sotte vanité* (→ Étalage, cit. 5 ; imprudence, cit. 1), *sotte fierté* (cit. 4). ⇒ **Vain** (vaine gloire). *Une sotte admiration* (→ Piper, cit. 4) ; *une admiration assez, très sotte. Sotte confiance.* « *Le sot projet qu'il a de se peindre !* » (cit. 28, Pascal à propos de Montaigne). *C'est une sotte chose* (→ aussi Glisser, cit. 39 ; perfectibilité, cit. 2), *il est sot de...* (→ Récompenser, cit. 6). *C'eût été trop sot* (→ Pommer, cit.). *Sotte affaire !* ⇒ **Fâcheux.** — Prov. *Il n'y a pas de sot métier* (cit. 11).

5 De toutes les fidélités, celle à soi-même est la plus sotte — dès qu'elle n'est plus spontanée.
GIDE, Prétextes, p. 87.

B. (xive). Hist. littér. Personnage de fou, de bouffon, acteur jouant dans les soties* du moyen âge (→ Fatrasie, cit. 2). *La fête des sots*, dérivée de l'ancienne Fête des fous. *Confréries de sots. Princes des sots.*

6 Son habillement était un vieux costume de bouffon (...) maître Gonin était le nom que tout le monde lui donnait, soit à cause de son habileté et de ses tours d'adresse, soit qu'il descendît effectivement de ce fameux jongleur qui fonda, sous Charles VI, le théâtre des Enfants-sans-Souci et porta le premier le titre de Prince des Sots (...)
NERVAL, Contes et facéties, « La main enchantée », IV.

CONTR. **Avisé, fin, habile, intelligent, spirituel. — Brillant, éveillé.**
DÉR. **Sosot, sottement, sottise. — (Du sens B.) Sotie.**
COMP. **Assoter, sot-l'y-laisse.**
HOM. (Du masc.) **Saut, sceau, seau.**

SOTCH [sɔtʃ] n. m. — xxe ; mot dial. du rad. prélatin *tsotto « trou, fosse ».

♦ Géogr. Grande dépression fermée, dans les Causses. ⇒ **Doline.**

SÔTER [sotɛr] adj. m. — xviiie ; mot grec, « protecteur ».

♦ Hist. (Épithète de dieux et de souverains hellénistiques). *Ptolémée Ier Sôtêr, protecteur.*

SOTERIA [sɔteʀja] n. f. — 1968 ; grec *sôteria* « salut », de *sôtêr* « sauveur ».

♦ Didact. Névrose poussant à la recherche excessive d'objets rassurants ou de situations protectrices.

SOTÉRIOLOGIE [sɔteʀjɔlɔʒi] n. f. — 1871 ; du grec *sôtêrion* « salut », et *-logie*.

♦ Relig. Doctrine du salut par un rédempteur (spécialt, par le Christ).

SOTIE ou **SOTTIE** [sɔti] n. f. — 1512 ; «sottise», v. 1190 ; de *sot*.

♦ Hist. littér. Farce de caractère satirique jouée par des acteurs en costume de bouffon, représentant différents personnages d'un imaginaire « peuple sot », allégorie de la société du temps (→ Fatrasie, cit. 2 ; moralité, cit. 7). « *Le jeu du prince des sots... Sottie, moralité et farce* », de Pierre Gringoire, composée contre le pape Jules II (1512).

Littérature moderne :

Pourquoi j'intitule ce livre *Sotie*? (...) Récits, soties (...) il m'apparaît que je n'écrivis jusqu'aujourd'hui que des livres *ironiques* (ou critiques, si vous le préférez), dont sans doute voici le dernier.
GIDE, les Caves du Vatican, Lettre à Jacques Copeau, 29 août 1913.

SOTIO [sɔtjo] n. m. — 1875, *in* P. Larousse ; mot bambara.

♦ Français d'Afrique. Petit morceau de bois provenant de quelques espèces végétales, dont on se sert pour se nettoyer les dents.

SOT-L'Y-LAISSE [solilɛs] n. m. invar. —1798 ; de *(le) sot l'y laisse*.

♦ Morceau à la chair très fine, de chaque côté de la carcasse d'une volaille, au-dessus du croupion (assez peu apparent pour que « le sot l'y laisse » par ignorance).

SOTNIA [sɔtnja] n. f. — 1872 ; mot russe, de *sto* « cent ».

♦ Didact. Escadron de cent cavaliers russes ou cosaques.

SOTTEMENT [sɔtmɑ̃] adv. — V. 1190 ; de *sot*.

♦ **1.** En faisant montre de peu d'intelligence (→ Balbutier, cit. 12 ; crédulité, cit. 3 ; impertinent, cit. 2 ; persuader, cit. 12). « *Tel excelle* (cit. 2) *à rimer, qui juge sottement* ». *Sottement prude* (cit. 4).

♦ **2.** D'une manière sotte, comme un sot. ⇒ **Bêtement, étourdiment, stupidement.** *J'ai sottement oublié ma brosse à dents.*

SOTTIE [sɔti] n. f. ⇒ **Sotie.**

SOTTISE [sɔtiz] n. f. — XIIIᵉ, *sotise* ; de *sot*.

A. ♦ **1.** Caractère d'une personne sotte ; manque d'intelligence et de jugement. ⇒ **Bêtise, idiotie, imbécillité, nigauderie, stupidité** (→ Bâtir, cit. 36 ; esprit, cit. 157). *La sottise et la vanité sont compagnes inséparables* (cit. 4). ⇒ **Fatuité,** cit. 7 ; **infatuation,** cit. 3 (→ Orgueilleux, cit. 7 ; prétention, cit. 8). « *Quand on court après* (cit. 47) *l'esprit, on attrape la sottise* ». *Avoir la sottise de... :* être assez sot pour (→ Embarrasser, cit. 13 ; étaler, cit. 4 ; grognard, cit. 2). *La sottise d'une classe, d'un milieu...* (→ Détester, cit. 9 ; empreinte, cit. 1).

1 Histoire de l'esprit humain, histoire de la sottise humaine ! comme dit M. de Voltaire.
FLAUBERT, Correspondance, 997, 17 oct. 1868.

2 Ce qu'on commence par sottise, ensuite par orgueil on l'appelle vertu.
GIDE, Philoctète, III, 3.

♦ **2.** Caractère (d'une chose, d'un acte) stupide. *La sottise de son discours, de ses livres. La sottise de sa proposition, de sa démarche, de sa réaction.*

B. *Une, des sottises.* ♦ **1.** (1538). Manifestation de ce défaut, parole ou action qui dénote peu d'intelligence. *Dire* (1. Dire, cit. 13), *débiter* (cit. 10), *écrire... des sottises.* ⇒ **Ânerie, absurdité, baliverne, bêtise...** (→ Désapprouver, cit. 3 ; discours, cit. 4 ; incognito, cit. 5 ; naïveté, cit. 9). *Les sottises imprimées* (→ Gêner, cit. 14, Beaumarchais). « *Le vers alexandrin n'est le plus souvent qu'un cache-sottise* » (Stendhal, *Racine et Shakespeare*, Préface).

3 Il y a des sottises bien habillées, comme il y a des sots très bien vêtus.
CHAMFORT, Maximes et pensées, Philos. et morale, LXXX.

Fam. (Régional). *Dire des sottises à qqn,* des mots injurieux.

4 Deschartres *(le précepteur)* battait cruellement mon pauvre frère et (...) se contentait de dire des sottises aux petites filles (...)
G. SAND, Histoire de ma vie, III, IV.

Faire, commettre (cit. 1) *une sottise.* ⇒ **Bévue, coup** (beau), **faute, maladresse** (cf. Faire des siennes, en faire de belles ; → aussi Démordre, cit. 3 ; gris, cit. 9 ; raisonnable, cit. 4). « *Les petits ont pâti des sottises des grands* » (→ Hélas, cit. 4). *Suite, enchaînement de sottises* (→ Avis, cit. 19 ; filet, cit. 10).

5 À un qui lui reproche de n'avoir pas (...) démissionné, il *(Talleyrand)* répond : « Si Bonaparte s'est rendu coupable d'un crime, ce n'est pas une raison pour que je me rende coupable d'une sottise ». Mais dans quelle mesure a-t-il considéré que la non participation au crime serait déjà une sottise ?
SAINT-AULAIRE, Talleyrand, p. 186.

6 Il y a une foule de sottises que l'homme ne fait pas par paresse et une foule de folies que la femme fait par désœuvrement.
HUGO, Post-Scriptum de ma vie, L'âme, Tas de pierres, VI.

Spécialt. Maladresse, acte de désobéissance (d'enfant). *Enfant qui a fait une sottise* (→ Menin, cit. 2). ⇒ **Bêtise.**

7 Quant à Rodolphe, il était d'une malice de singe ; il profitait toujours de ce que Christophe avait Ernst sur les bras, pour faire derrière son dos toutes les sottises possibles ; il cassait les jouets, renversait l'eau, salissait sa robe, et faisait tomber les plats, en fouillant dans le placard.
R. ROLLAND, Jean-Christophe, L'aube, II, p. 32.

♦ **2.** (Déb. XXᵉ). Chose de peu d'importance, d'intérêt. ⇒ **Babiole, bêtise, futilité.** *Il rêvassait, perdait son temps à des sottises. Elle s'est compromise pour une sottise.*

CONTR. Finesse, intelligence.
DÉR. Sottisier.

SOTTISIER [sɔtizje] n. m. — 1871 ; « recueil de chansons libres », 1718 ; de *sottise*.

♦ Recueil de sottises. Spécialt. Recueil de sottises ou de platitudes échappées à des auteurs connus. ⇒ **Bêtisier.**

1 (...) Bouvard et Pécuchet (...) copiaient un sottisier fait de citations tirées de tous les auteurs et jusqu'à Flaubert lui-même. Ce sottisier, on l'a trouvé dans les papiers de Flaubert, à côté même des feuillets du Dictionnaire *(des idées reçues)* on y voit des choses extraordinaires, des perles, des niaiseries échappées aux meilleurs et dont cette citation de Chateaubriand donne une idée : C'est (Bonaparte) un grand gagneur de batailles ; mais, hors de là, le moindre général est plus habile que lui.
R. DUMESNIL, Introd., in FLAUBERT, Bouvard et Pécuchet, Pl., t. II, p. 663.

2 Ne retenant que les textes dont les auteurs font autorité, j'ai constitué un sottisier aussi consternant que divertissant. S. DE BEAUVOIR, Tout compte fait, p. 138.

SOTTO VOCE [sɔtovɔtʃe] adv. — 1758, Rousseau, *Dict. de musique* ; mots ital. « voix douce ».

♦ Mus. À voix très sourde. *Chanter sotto voce.*

SOU [su] n. m. — V. 1200 ; *solt, sol,* XIIᵉ ; bas lat. *solidus, soldus* « pièce d'or massif », masc. substantivé de l'adj. *solidus* « massif ». → Solide.

♦ **1.** Anciennt ou hist. Monnaie, pièce d'or, puis d'argent, enfin de billon, valant (en France) le vingtième de la livre*, soit doit douze deniers*. *Des sous d'or, d'argent. Sou parisis, sous tournois.*
REM. Dans ce sens, on trouve aussi la forme archaïque *sol* (→ Apothicaire, cit. 3, Molière ; monnaie, cit. 11, Baudelaire ; nain, cit. 1, Ronsard).

♦ **2.** (1789). Mod. (mais anciennt en tant qu'unité monétaire). Pièce de cinq centimes*, valant 1/20 du franc ; monnaie de cette valeur. ⇒ fam. **Rond.** *Une flûte* (cit. 5), *un cigare d'un sou* (→ Gris, cit. 18). *Papier* (cit. 8) *à sept sous le rouleau.* — Loc. *Petit sou :* pièce d'un sou. — *Gros sou :* pièce de deux sous (ou décime). — *Une pièce de deux sous* (→ Piano, cit. 4). *Dix sous :* un demi-franc. *Ça ne vaut pas dix sous. Vingt sous :* un franc (pièce ou valeur). *Trente sous :* un franc cinquante (centimes). *Quarante sous :* deux francs (pièce ou valeur). *Une pièce de quarante sous* (→ Pile, cit. 2). *Cent sous :* cinq francs (pièce ou valeur). *Une pièce de cent sous* (→ Faiblesse, cit. 33).

1 Zola est de sa nature contempteur de l'argent. Il racontait, aujourd'hui, qu'avec la première pièce de vingt sous de son enfance, il avait acheté une bourse de dix-neuf sous dans laquelle il avait mis le sou qui lui restait.
Ed. et J. DE GONCOURT, Journal, 20 oct. 1881, t. VI, p. 117.

Loc., vx. *Le sou du franc :* remise d'un sou pour tout achat d'un franc, consentie par les commerçants aux gens de maison faisant des achats (anciennt *le sou par livre, pour livre*).

Loc., vieilli. *Propre* (cit. 30) *comme un sou.* Mod. *Propre comme un sou neuf* (se dit des personnes et des choses). ⇒ (fam.) **Nickel.**

1.1 Une commune populaire propre comme un sou neuf, qui ne connaît pas la famine. Ils veulent me faire admirer leur tracteur, et ne devinent pas que c'est eux que j'admire (...) MALRAUX, Antimémoires, Folio, p. 515.

♦ **3.** Pièce de monnaie (quelconque). *Zut, je n'ai plus de sous pour faire l'appoint.* ⇒ **Ferraille** (fam.), **monnaie, pièce.** *Des sous et des billets.*

(1936). MACHINE À SOUS, APPAREIL À SOUS : appareil où l'on joue des pièces de monnaie ; distributeur automatique.

2 Il gagnait souvent sa pitance à l'appareil à sous où, par haine de son père, il jouait sur le vert ou le jaune. ARAGON, les Beaux Quartiers, II, V.

♦ **4.** Mod., dans des loc., désignant une petite somme, au sing. ou au plur. après un petit nombre *(deux, quatre sous). Compter* (cit. 25), *économiser à sou, sou par sou.* ⇒ **Petit** (à petit). *Épargner sou sur sou* (→ Paysan, cit. 5). *Un sou est un sou :* il faut économiser, ne pas gaspiller. *Jusqu'au dernier sou* (→ Gruger, cit. 3). *Pas un sou de plus* (→ Prendre, cit. 28). *Ne pas faire grâce d'un sou* (→ Ruiner, cit. 9), *ne pas lâcher* (cit. 12) *un sou. Ça ne te coûtera pas un petit sou de plus. Supputer à un sou près* (→ Pécuniaire, cit. 3). — *N'avoir pas un sou* (⇒ **Radis, rond ;** → Écrire, cit. 36 ; fouiller, cit. 27). Loc. *N'avoir ni sou ni maille*. Il n'avait pas un sou vaillant* (→ Ruse, cit. 5). Par ext. *N'avoir pas le sou,* pas du tout d'argent* (→ Fringuer, cit. 2 ; panné, cit. 2 ; ratatouille, cit. 1). *Sans le sou :* sans argent. ⇒ **Pauvre** (→ Brûler, cit. 57 ; faiseur, cit. 18 ; funérailles, cit. 5). — N. m. *Un sans-le-sou.* ⇒ **Sans-le-sou.** — *N'avoir pas le premier sou pour. Il n'a pas un sou de jugeote.* ⇒ **Aucun.**

3 Mais croit-on que ce serait plus mal si nous partions ainsi, lui et moi, comme deux compagnons pas compliqués pour un sou qui ont décidé soudain de conquérir deux jolies filles (...) J. ROMAINS, les Hommes de bonne volonté, t. IV, XVIII, p. 195.

S'embêter à cent sous de l'heure (cit. 17). *Je ne donnerais pas deux sous, quatre sous de ses chances, de sa vie :* son succès, sa vie sont bien compromis. *Je m'en moque comme de quatre sous. Les quatre sous de qqn :* le peu d'argent qu'il a. Vx. *Sous de poche :* argent de poche* (Zola, *l'Œuvre*, p. 425).

D'un sou, de quatre (cit. 6) *sous :* sans valeur. « *Un bijou d'un sou* » (→ Rime, cit. 6, Verlaine). « *L'Opéra de quat'sous* », titre français d'une pièce de B. Brecht (littéralt *l'Opéra de trois groschen*), d'après *l'Opéra du gueux (Beggar's Opera)* de John Gay.

... pas pour un sou : pas du tout. *Il n'est pas jaloux pour un sou* (→ 2. Pas, cit. 39). *Il n'a pas de bon sens pour un sou.*

Cela vaut mille francs comme un sou : cela vaut largement mille francs.

♦ **5.** (Av. 1880). Fam. DES SOUS, LES SOUS : l'argent (→ Maintenant, cit. 7). *Réclamer des sous à l'État, à la commune* (→ Richard, cit. 1). *Être près** (cit. 10) *de ses sous. Garder ses sous. Ça fait des sous !,* pas mal d'argent. *Compter ses sous* (→ Fruitier, cit. 4).

4 Ceux qui font de leur cœur l'usine,
Où fermente l'envie et cuve la lésine ;
Ceux qui dorment, sans autre vœu,
Avec leurs sous, comme avec Dieu (...)
VERHAEREN, les Villes tentaculaires, « Le péché ».

5 (...) je n'ai pas osé prendre mon sac de montagne ; j'ai un ridicule paquet, avec mon costume de bain, mon réveil, et deux livres : il se défait tout le temps. Ce qui m'ennuie c'est que je n'ai presque plus de sous.
S. DE BEAUVOIR, la Force de l'âge, p. 411.

Loc. fam. GROS SOUS. ⇒ **Argent, finance.** *Parler* (cit. 88) *gros sous. Des histoires, des questions de gros sous,* d'intérêt.

REM. La forme *sol* se rencontre aussi dans ce sens (par archaïsme depuis le XIXᵉ s.). *Je n'avais pas un sol de rente* (→ Dispendieux, cit., Rousseau). *Faire qqch. pour un sol* (→ Prédire, cit. 3, Nerval).

COMP. Grippe-sou, sans-le-sou.
HOM. Soue, soûl, sous.

SOUABE [swab] adj. et n. — 1904, *les Souabes, in Nouveau Larousse illustré ; de Souabe*, nom francisé d'une région all. *Schwaben*, du lat. *Suevi* «les Suèves».

♦ De la Souabe. *Les écrivains de l'école souabe, au XIXᵉ siècle.*

SOUAGE [swaʒ] n. m. — 1332 ; de l'anc. franç. *soue* «corde» (déb. XIVᵉ) ; du bas lat. *soga*, mot gaulois *soca*.
Technique.

♦ **1.** Vx. Moulure en relief (d'une pièce d'orfèvrerie). ⇒ **Tore.**

♦ **2.** (XXᵉ). Mod. Moulure renforçant le pied (d'une pièce d'orfèvrerie).

SOUAHÉLI, IE [swaeli] ou SWAHILI [swaili] adj. et n. m. — 1875, *in* P. Larousse, *suaheli ;* de l'arabe *sawâhil*, par l'anglais.

♦ De la langue bantoue parlée sur et près de la côte *(Sahil)* africaine de l'Océan Indien, et répandue dans l'Afrique orientale (Kenya, Tanzanie, Ouganda, Rwanda, Burundi, Est du Zaïre...), écrite depuis le XVIᵉ siècle en caractères arabes, puis en caractères latins. *Langue souahélie.* — N. m. *Le souahéli. Le swahili est une langue sans tons ; il est parlé à 90 % en tant que langue seconde.*

Et je sais aussi le swahili, parce que les indigènes de toutes les races le comprennent (cet amalgame d'arabe et d'idiomes indigènes, imposé autrefois par les trafiquants d'esclaves, sert aujourd'hui de langue commune à toutes les tribus de l'Afrique orientale). J. KESSEL, le Lion, p. 23.

REM. On écrit aussi *souahili* [swaili], ou *swahéli, swahili* (1922), d'après l'anglais. Les spécialistes écrivent *swahili ;* au sens large, le terme englobe la langue bulu (Cameroun, Nord du Gabon). La langue est appelée par ses locuteurs *kiswahili ;* sa forme standard est fondée sur le dialecte de Zanzibar.

SOUA-SOUA [swaswa] adj. invar. — 1898, aussi adv. ; de l'arabe *soua-soua* «réussi».

♦ Argot. Réussi, joli, très bien (personnes et choses). *Elle nous avait préparé un dîner soua-soua.*

REM. On écrit aussi *soi-soi*, ou *soin-soin* par attr. de *soin*, et *tsoin-tsoin*.

SOUBASSEMENT [subasmã] n. m. — 1362 ; de l'anc. franç. *sousbasse*, de *sous*, et *bas*.

♦ **1.** (Fin XVᵉ). Partie inférieure d'une construction, sur laquelle porte l'édifice et qui repose elle-même sur les fondations. ⇒ **Assiette, assise, base, embasement, piédestal, stylobate.** *Le soubassement d'une colonne, d'une cheminée...* ⇒ **Podium, socle.**

1   Tout ce soubassement en granit de Finlande, rougeâtre et moucheté de gris, est assemblé, dressé, poli avec une perfection égyptienne, et portera, sans se lasser, le temple qui pèse sur lui pendant de longues séries de siècles.
Th. GAUTIER, Voyage en Russie, I, XV.

Partie inférieure des murs d'un appartement (souvent revêtue et décorée), d'une fenêtre (⇒ **Appui**).

Par métaphore. *La vieille ville et son soubassement de verdure* (→ Baigner, cit. 17).

♦ **2.** (1675). Vx (langue class.). Bande d'étoffe, de tapisserie, garnissant la base d'un lit.

♦ **3.** (XXᵉ). Géol. Socle sur lequel reposent les couches de couverture ; infrastructure.

♦ **4.** Techn. Support horizontal. *Soubassement d'un revêtement de sol. Soubassement d'un coffre.*

♦ **5.** Figuré. Base.

2   (...) les instincts mêmes, les réserves de vie, et les obscurs et sommeillants soubassements organiques des instincts. Ch. PÉGUY, la République..., p. 70.

SOUBATTRE [subatʀ] v. tr. — 1871 ; de *sous*, et *battre.*

♦ Agric. Taper sur le pis de (une brebis) pour faire venir le lait. *Soubattre des brebis.*

SOUBISE [subiz] n. f. — 1825 ; n. du prince de *Soubise* (1715-1787).

★ **I.** Sauce à base d'oignons, de beurre et de farine.

★ **II.** Ornement du bas de la manche des officiers et sous-officiers de zouaves et de tirailleurs, composé de tresses dorées portant de petits boutons.

SOUBRESAUT [subʀəso] n. m. — 1369, équit. ; provençal *sobresaut*, ou esp. *sobresalto*, formés comme *sursaut*, de *sobre* «sur», lat. *super*, et *saut, salto.* → Saut.

♦ **1.** Saut brusque et imprévu du cheval qui veut désarçonner son cavalier. Par anal. À-coup, secousse imprimée par un véhicule. ⇒ **Saccade, trépidation.**

Le chemin de traverse que nous suivions montait et descendait d'une façon assez abrupte à travers un pays bossué de collines et sillonné d'étroites vallées dont le fond était occupé par des lits de torrents à sec et tout hérissés de pierres énormes qui nous causaient d'atroces soubresauts, et arrachaient des cris aigus aux femmes et aux enfants. Th. GAUTIER, Voyage en Espagne, p. 224.   1

Danse. Saut vertical effectué avec le buste droit, les jambes serrées, la pointe des pieds allongée.

♦ **2.** (Av. 1714). Mouvement convulsif et violent (d'un corps, d'une partie du corps). ⇒ **Frisson, haut-le-corps, tressaillement** (→ Agiter, cit. 4 ; choquer, cit. 4 ; empêtrer, cit. 9).

Au léger bruit que fit ce léger accident la comtesse eut un soubresaut qui la souleva sur sa chaise. MAUPASSANT, l'Inutile Beauté, II.   2

Méd. Tressaillement spasmodique des tendons.

Elle avait la bave à la bouche, et tout le visage grimaçant, déformé de douleur, et secoué de petits soubresauts hideux comme l'éternument.
ARAGON, les Beaux Quartiers, II, X.   3

♦ **3.** Fig. Mouvement désordonné, irrégulier, intermittent. *Les soubresauts de la conscience* (→ Poétique, cit. 3).

DÉR. Soubresauter.

SOUBRESAUTER [subʀəsote] v. intr. — 1836, Académie (d'un cheval) ; de *soubresaut.*

♦ Littér. Faire des soubresauts. ⇒ **Sursauter, tressaillir.**

Alors, la poitrine se mettait à frémir, tressaillir et soubresauter, les grands yeux de vache lançaient des éclairs. M. AYMÉ, la Vouivre, p. 228.   1

Éperdu, haletant, il fuyait, livrant au vent ses cris de détresse : son corps immobile soubresautait sur le lit (...) il s'éveilla.
J. GIONO, Naissance de l'Odyssée, p. 99-100.   2

SOUBRESSADE [subʀəsad] n. f. — D.i. (XXᵉ) ; mot du français d'Afrique du Nord, du catalan (le mot viendrait de Mahon, capitale de Minorque) ou de l'esp., p.-ê. de *sobre*, et *asado* «grillé».

♦ Grosse saucisse pimentée, dont le goût est analogue à celui du chorizo*, de consistance molle, qui se mange froide.

Soubressade. Comme du chorizo basque mais en plus gros et qui serait pas fumé. Une sorte de saucisse rouge toute fraîche avec du sang d'cochon et l'reste. L'étymologie, ça serait du mahonnais sobrasada, cuite dans d'la braise. Ce qu'on est sûr, c'est qu'y faudrait être soubressadique pour croire que ça vient du soubresaut à cause que c'est très piquant.
Roland BACRI, Trésor des racines patahouètes, p. 161.

SOUBRETTE [subʀɛt] n. f. — 1630 ; provençal *soubreto*, fém. de *soubret* «affecté, qui fait le difficile» ; de *soubra* «laisser de côté», anc. provençal *sobrar* «être de trop», du lat. *superare.*

♦ **1.** Littér. Suivante ou servante de comédie. ⇒ **Lisette.** *Les soubrettes de Molière, de Regnard, de Marivaux...* (→ Effronté, cit. 4 ; perle, cit. 14).

Une soubrette est à vrai dire le grain de sel, *mica salis*, et le piment des comédies. Th. GAUTIER, le Capitaine Fracasse, VIII.   1

♦ **2.** Vieilli ou plais. Bonne, femme de chambre aimable et délurée.

Donnez une dizaine de mille francs à la soubrette, elle vous cachera dans la chambre à coucher de sa maîtresse (...) BALZAC, Splendeurs et Misères des courtisanes, Pl., t. V, p. 771.   2

SOUBREVESTE [subʀəvɛst] n. f. — XVᵉ ; ital. *sopravesta*, proprt «veste de dessus».

♦ Ancienn. Longue veste sans manches, que portaient les mousquetaires, les chevaliers de Malte, etc. ⇒ **Casaque, justaucorps.** — Par anal. (→ Dépouiller, cit. 2).

(...) la soubreveste bleu roi, marquée de la grande croix blanche à fleurs de lys (...) ARAGON, la Semaine sainte, p. 12.

SOUCHE [suʃ] n. f. — V. 1220 ; *coche*, fin XIᵉ, picard *chouque ;* gaul. *tsukka ;* cf. all. *Stock* «bâton» ; ou, selon l'anc. hypothèse de Diez, apparenté au lat. *soccus* «soque» ; selon Guiraud, croisement des deux sources.

★ **I. A.** ♦ **1.** Partie restante du tronc, avec les racines, quand un arbre (cit. 20) a été coupé. ⇒ **Estoc** (→ 2. Coupe, cit. 1 ; pilotis, cit. 1). *La souche d'un arbre mort. Enlever, arracher les souches en défrichant.* ⇒ **Essoucher.** *Brûler de vieilles souches* (→ Flamboyer, cit. 3 ; herbe, cit. 20).

Il y en a *(des paysans)* des grands et des petits, des gros rouges et des maigres qui ont l'air taillés dans une souche de pommiers.   0.1
MAUPASSANT, Tribunaux rustiques, Pl., t. II, p. 388.

Loc. compar. *Rester, être, dormir comme une souche*, inerte, immobile (→ Évanouissement, cit. 2 ; remuer, cit. 13).

♦ 2. Pied de la plante, en majeure partie enfoui dans le sol, comprenant les racines* et les organes associés (rejets, stolons et rhizomes). *Souche fibreuse, bulbeuse, pivotante* (⇒ **Pivot**), *rampante... Fûts* (cit. 2), *palmiers* (cit.) *poussant de la même souche.* — *Souche de vigne.* ⇒ **Cep** (→ **Cœur**, cit. 20; *phylloxéra*, cit.).
Par métaphore (→ **Rejeton**, cit. 2; *roman*, cit. 3).

1 Aussitôt que nous avons un moment de repos sous un gouvernement transitoire, la vieille Monarchie repousse sur ses souches, le vieux génie français reparaît (...)
CHATEAUBRIAND, *Mémoires d'outre-tombe*, t. VI, p. 238.

B. (1376). Fig. (Surtout dans des expressions). Personne qui est à l'origine d'une famille, d'une suite de descendants. ⇒ **Descendance, génération, lignée.** *La souche d'une famille princière, d'une dynastie. Faire souche* : être à la souche d'une famille, avoir des descendants. *De vieille souche* : de vieille famille ; et, fig., de bonne, de vieille race. (→ **Peintre**, cit. 1). *Français de souche,* dont les ascendants étaient français (opposé à *immigré, naturalisé*). — REM. Ce terme est nationaliste et généralement méprisant pour ceux qui n'en sont pas. — Dr. (Dans une succession). Auteur* commun à plusieurs personnes. *Partage par souches,* par héritier représenté, dans le cas où un héritier a plusieurs représentants (opposé au *partage par tête*).
Biol. Ensemble d'organismes d'une même espèce et provenant d'un même ancêtre (syn. : *lignée*). « *La société Studler, créée en 1963, exploitait une souche de poules pondeuses, la Warren, d'origine américaine* » (*le Monde*, 3 juil. 1979, p. 32).
Microbiol. *Souches de bactéries, de virus.* ⇒ **Clone.**
Turf. Origine d'une lignée (de chevaux).
(V. 1240). Fig. Origine, source. *Mot de souche latine* (→ **Ibère**, cit.). ⇒ **Famille.** *Un citadin de souche paysanne.*

C. ♦ 1. (Av. 1683). Partie de qqch. qui en forme la base. *Souche de clocher* : massif de maçonnerie servant de base à un clocher tronqué. *Souche d'une tourelle* : encorbellement lui servant de support. *Souche d'une cheminée* : partie maçonnée renfermant le ou les tuyaux, qui s'élève au-dessus d'un comble.

♦ 2. Techn. Cierge* postiche.

♦ 3. (1871). Objet enfoncé dans la corne du pied d'un cheval déferré.

♦ 4. (1753). Partie d'un tuyau qui affleure ou sort d'un bassin.

★ II. (1829). Partie d'un document qui reste fixée à un registre, à un carnet, quand on en a détaché la partie à remettre à l'intéressé (le contrôle restant possible par un simple raccord des deux parties). ⇒ **Talon, volant.** *Registre, carnet à souche(s). Souches d'un chéquier. Souche d'où l'on détache des actions, des titres.*

2 L'homme (...) revient avec un encrier et un cahier à souches dont les feuilles se détachent, s'envolent toutes seules. Belle chose que la richesse ! Signer sur son genou un chèque de deux cent mille francs (...) Alphonse DAUDET, *le Nabab*, I, II.

DÉR. 1. Souchet, soucheter, souchette, souchon.
COMP. Essoucher.

1. SOUCHET [suʃɛ] n. m. — 1354 ; de *souche*, à cause des rhizomes de la plante.

♦ Plante herbacée *(Cypéracées)* poussant au bord de l'eau. *Souchet comestible* (dit *amande de terre*) ; *souchet à papier* (⇒ **Papyrus**).
HOM. 2. Souchet, 3. souchet.

2. SOUCHET [suʃɛ] n. m. — 1624 ; altér. de **souchef*, de *souchever*.
Technique.

♦ 1. Pierre tendre de qualité inférieure, tirée du dernier banc d'une carrière.

♦ 2. (xxᵉ). Entaille horizontale pratiquée sous un bloc que l'on veut abattre lors d'un terrassement (→ **Souchèvement**).
HOM. 1. Souchet, 3. souchet.

3. SOUCHET [suʃɛ] n. m. — 1760 ; attestation isolée, 1438 ; orig. incert. ; p.-ê. de *souche*.

♦ Oiseau ansériforme, palmipède *(Anatidés),* canard migrateur au bec noir et très élargi à l'extrémité. *Le souchet* (ou *canard souchet, canard cuiller, bec large, rouge de rivière...*) *est recherché des chasseurs pour sa chair très fine.*

Vers la fin de l'été, la basse-cour possédait (...) une douzaine de souchets, dont la mandibule supérieure était prolongée de chaque côté par un appendice membraneux (...) J. VERNE, *l'Île mystérieuse*, t. I, p. 411.
HOM. 1. Souchet, 2. souchet.

SOUCHETAGE [suʃtaʒ] n. m. — 1669 ; *chouquetage* « contrôle sur les ventes de bois des forêts royales », 1611 ; de *soucheter*, et suff. -*age.*
Technique.

♦ 1. Comptage des souches, dans une forêt, quand les arbres ont été coupés.

♦ 2. (1690). Marquage des arbres à abattre.

SOUCHETER [suʃte] v. tr. — 1893, Hatzfeld ; de *souche,* et suff. -*eter.*

♦ Techn. Vérifier (une coupe, des arbres) par un souchetage.
DÉR. Souchetage, soucheteur.

SOUCHETEUR [suʃtœʀ] n. m. — 1638 ; de *soucheter,* et -*eur.*
→ Souchetage.

♦ Techn. Expert qui dirige un souchetage.

SOUCHETTE [suʃɛt] n. f. — 1904 ; « petite souche », 1583 ; de *souche,* parce qu'elle pousse sur les souches.

♦ Champignon basidiomycète à lames, à pied coriace, variété de collybie.

SOUCHÈVEMENT [suʃɛvmɑ̃] n. m. — 1904 ; *souschèvement,* 1876 ; de *souchever.*

♦ Techn. Entaille pratiquée parallèlement à la stratification dans une carrière (→ 2. Souchet).

SOUCHEVER [suʃve] v. tr. — 1676 ; de *sous,* et anc. franç. *chever* « creuser » (v. 1175), lat. *cavare.*

♦ Techn. Faire le souchèvement de (un lit de roches).
DÉR. Souchèvement.

SOUCHON [suʃɔ̃] n. m. — 1295 ; de *souche.*

♦ Rare. Petite souche.

SOUCHONG [suʃɔ̃g] n. m. — 1842 ; du chinois *siao-chung,* par l'anglais.

♦ Thé noir de Chine. — On écrit parfois *sou-chong, souchon.* — *Thé lapsang sou-chong.*

Ils *(les grands voiliers de la Compagnie des Indes)* venaient y déposer leurs caisses carrées de souchon, avant de repartir pour leurs courses folles dans les moussons indiens. Paul MORAND, *Londres*, IV, p. 314 (1933), *in* D. D. L., II, 18.

1. SOUCI [susi] n. m. — xivᵉ, *soucy* « chagrin, peine » ; *soussi,* v. 1200 ; le mot a connu un moment de défaveur et était considéré comme vieilli en 1700, cf. Brunot ; de *soucier.*

♦ 1. (*Un, des soucis*). État de l'esprit absorbé par un objet (⇒ **Soin**) et que cette préoccupation inquiète ou trouble, jusqu'à la souffrance morale. ⇒ **Peine** ; **alarme** ; **agitation, anxiété, cassement** (de tête), **contrariété, émoi, inquiétude, obsession, poids, tintouin** (fam.), **tourment, tracas.** *Être accablé* (cit. 11), *rongé de soucis* (⇒ **Dévorer,** cit. 25). *Se faire des soucis. Souci dévorant, lancinant* (→ **Apaiser**, cit. 14), *rongeant* (cit. 1). *De graves soucis. Les noirs soucis.* — *Oublier ses soucis* (→ **Brûler**, cit. 12). *Être soulagé d'un souci. Cela vous épargnerait bien des soucis.*

1 Tout lui était souci, chagrin, blessure : une expression qu'elle cherchait, une chimère qu'elle s'était faite, la tourmentait des mois entiers.
CHATEAUBRIAND, *Mémoires d'outre-tombe*, t. I, p. 118.

2 Une quantité de soucis, dont la plupart sont de petites craintes, de petites angoisses, de petites peurs d'être insuffisant ou d'être trahi, voire de petites humiliations (...) J. ROMAINS, cité par BÉNAC, *Dict. des synonymes,* art. *Souci.*

2.1 Les soucis dont le grignotement mutile, et le pire d'entre tous qui sans doute est l'idée de la mort, le merveilleux les tient en échec (...)
Michel LEIRIS, *Frêle bruit,* p. 363.

Le souci : l'inquiétude, l'angoisse que causent les dangers, les difficultés, les préoccupations... ⇒ **Chagrin.** — Vieilli. *Endurer un souci* (→ **Élargir,** cit. 9). « *Et l'importun souci qui me suit pas à pas* » (→ **Regret,** cit. 1, du Bellay). — Loc. mod. *Se faire du souci* : s'inquiéter (à propos de...). ⇒ **Bile ; biler** (se), **faire** (s'en faire) ; → *Se mettre martel** *en tête* ; *se faire de la bile**, *du mouron**, *de la mousse** (fam.), *du mauvais sang**. — Vx. *Être en souci de...,* en peine de... (→ **Endormir,** cit. 15).

3 Dans l'état où je suis, triste et plein de souci,
Si j'espère beaucoup, je crains beaucoup aussi. CORNEILLE, *Rodogune,* I, 2.

4 Donc, pourquoi lui, Magnus, en prendrait-il souci ?
LECONTE DE LISLE, *Poèmes tragiques,* « Lévrier de Magnus », II.

Être sans souci, sans soucis. ⇒ **Insouciant, insoucieux, sans-souci ; indifférent.**

♦ 2. (xiiiᵉ). *Le souci* : attitude subjective d'une personne qui recherche un résultat ; état d'esprit d'une personne qui forme un projet. ⇒ **Préoccupation, soin** ; → Préoccuper, cit. 7. — *Souci de...* : recherche d'une personne qui se soucie, se préoccupe de... (→ **Ailleurs,**

cit. 9; parure, cit. 7). *Dans le continuel souci du bonheur de tous* (→ Épandre, cit. 8). *Le souci de la vérité m'oblige à mettre les choses au point* (1. Point, cit. 17). *Le souci des convenances. Le souci du lendemain.* — (Suivi de l'inf.). *Un perpétuel souci de plaire, de ne pas se laisser surprendre.* — *Le souci que...* (suivi du subj.). *Le souci qu'on ne fasse pas de mal à son fils, qu'on la laisse tranquille.* — Littér. *Avoir souci de...* (→ Essuyer, cit. 16), *être en souci de...* (→ Manquer, cit. 37) : *s'occuper avec intérêt de...* — (Vx). *N'avoir souci de...* ⇒ **Cure.** *«Avoir, tenir à souci de...»* (Gide, *Journal,* 12 juin 1928). — Loc. cour. *C'est le cadet, le dernier, le moindre* (cit. 8) *de mes soucis :* cela ne m'intéresse pas du tout, cela m'est égal.

5   Vraiment à votre bien *(fortune)* on songe bien ici,
    Et c'est là pour un sage un fort digne souci!
                                     MOLIÈRE, les Femmes savantes, v, 3.

6   Le premier soir qu'il vint ici
    Mon âme fut à sa merci.
    De fierté je n'eus plus souci.   Ch. CROS, Nocturne.

7   (...) j'étais hypnotisé par cet élargissement sans fin où je souhaitais l'entraîner à ma suite, sans souci qu'il fût plein de périls (...)
                                     GIDE, Si le grain ne meurt, II, II, p. 369.

8   Le monde n'a de raisons de s'intéresser à elle *(la France)* que si, justement, elle n'est pas neutre, comme le sont des immortels devant les grands soucis de la vie des peuples, que ce soit la faim, la santé, le travail ou la réjouissance.
                                     GIRAUDOUX, De pleins pouvoirs à sans pouvoirs, v, p. 101.

♦ **3.** (1558). *Un, des soucis :* ce qui s'empare de l'esprit pour le troubler ou l'inquiéter; ce qui est cause de souci (1. ou 2.). ⇒ **Affaire, aria, désagrément, difficulté, embarras, ennui;** et fam. **embêtement, emmerdement, empoisonnement.** *Cet enfant est un souci perpétuel pour ses parents. Soucis financiers* (→ Hanter, cit. 16), *matériels, quotidiens, familiaux, professionnels. Elle a des soucis d'argent*. Enlever un gros souci à qqn* (→ Tirer une épine* du pied). *Avoir d'autres soucis, d'autres chats à fouetter.*

9   (...) cet argent qui vous semble une bagatelle, est pour moi un cuisant souci, car j'ai éprouvé qu'il était malaisé d'en gagner en demeurant honnête homme, ou même différemment.
                                     FRANCE, la Rôtisserie de la reine Pédauque, VI, Œ., t. VIII, p. 58.

Vx. Personne qui occupe l'esprit. *«Mon cher souci...»* (Corneille). — Littér. (D'une chose). *«Beauté, mon beau souci...»,* début d'un poème galant de Malherbe, titre d'une œuvre de V. Larbaud.

CONTR. Agrément, joie, plaisir. — Indifférence.
DÉR. Soucieux.
COMP. Sans-souci.
HOM. 2. Souci, 3. souci.

2. SOUCI [susi] n. m. — 1538, *soulci;* altér. par croisement avec 1. *souci,* de *soussie,* n. f. (v. 1280); *sousicle,* 1334; du bas lat. *solsequia* «tournesol», qui suit *(sequi)* le soleil *(sol).*

♦ Plante *(Composacées)* commune dans les champs *(souci des champs, petit souci). Souci des jardins,* cultivé pour ses fleurs jaunes ou orangées. — Par ext. *Fleur du souci. Vase garni* (cit. 14) *de soucis.*

(1765). *Souci d'eau, des marais :* le populage* ou le lysimaque*.

HOM. 1. Souci, 3. souci.

3. SOUCI [susi] n. m. — 1791; par compar. du papillon avec la fleur de ce nom.

♦ Rare. Papillon de jour dont les ailes bordées de noir sont de couleur orangée.

HOM. 1. Souci, 2. souci.

SOUCIANT, ANTE [susjɑ̃, ɑ̃t] adj. — XIIIᵉ, *soussiant;* de *se soucier.*

♦ Fam. ou régional. Qui cause du souci. ⇒ **Ennuyeux.**

Sur le seuil de la chambre, Padeg s'aperçut, avec inquiétude, que le lit n'avait pas été touché (...) Il se gratta la tête, bâilla : «Hum, murmura-t-il, tout ça c'est bien souciant.»   Antoine DOMINIQUE, le Gorille sans cravate, p. 150.

SOUCIER [susje] v. tr. et pron. — V. 1240, *se soussier de;* du lat. *sollicitare* (le second *i,* bref en lat. class., est devenu long en lat. pop.). → Solliciter.

♦ V. tr. (V. 1265). Vx. Causer de l'inquiétude à (qqn). ⇒ **Ennuyer;** et aussi 1. **souci** (→ Ni, cit. 44, La Fontaine).

1   Je relève dans Proust : «Cela ne me souciait pas davantage». Indéfendable, je crois bien.   GIDE, Journal, 30 janv. 1949.

2   (...) ils n'avaient aucun sentiment de la commodité, et rien ne les souciait moins que d'arranger à leur goût soit le logis héréditaires ou les logis de hasard qu'ils habitaient successivement.   A. HERMANT, les Épaves, II, II.

▶ **SE SOUCIER** v. pron.

♦ **1.** (V. 1265). Vx. Se faire du souci. ⇒ **Tourmenter** (se).

3   Quand vous vous soucieriez encore plus que vous ne faites, à quoi cela remédierait-il? à rien.   DIDEROT, Jacques le fataliste, Pl., p. 551.

♦ **2.** (V. 1240, *se soussier de*). SE SOUCIER DE (le plus souvent en contexte négatif ou restrictif) : prendre intérêt* à..., avoir la préoccupation de... ⇒ 1. **Souci** (2.); **embarrasser** (s'), **inquiéter** (s'), **préoccuper** (se). *Il se soucie toujours des autres* (→ Retrait, cit. 6). — *Ne pas se soucier de.* ⇒ **Désintéresser** (se), **moquer** (se). — *Arriver à quelque chose «sans faire effort et même sans s'en soucier»* (→ Chaleur, cit. 7). *Sans plus se soucier de rien* (→ Force, cit. 13). *Je ne m'en soucie guère* (→ Heureusement, cit. 7). Iron. *Je m'en soucie bien!* (→ Jurer, cit. 18). *Il s'en soucie comme d'une guigne* (1. Guigne, cit. 1 et 2), *comme de l'an quarante, comme de sa première chemise, comme un poisson d'une pomme :* il ne s'en soucie pas du tout. — *Se soucier de..., se soucier peu de...,* suivi d'un inf. *La compagnie des garçons qui ne se souciaient pas de plaire* (→ Masculin, cit. 2; et aussi cruel, cit. 7; 1. être, cit. 51). — Vx ou littér. *Se soucier..., suivi du subj.* (→ Faiblesse, cit. 34), *si...* (→ Exprimer, cit. 10).

4   Théoricien fantasque, il se souciait autant de renommée que d'une pipe cassée. Sa vie était en harmonie avec ses opinions.
                                     BALZAC, Massimilla Doni, Pl., t. IX, p. 348.

5   Il est, il vit, farouche, et sans se soucier
    Que le monde à ses pieds souffre, existe ou périsse (...)
                                     HUGO, la Légende des siècles, VI, VI, II.

6   Entendre du Wagner pendant quinze jours avec elle qui s'en soucie comme un poisson d'une pomme, ce serait gai!
                                     PROUST, Du côté de chez Swann, Pl., t. I, p. 301.

7   En fait, elle se souciait fort peu de penser. Elle se souciait de manger, boire, chanter, danser, crier, rire, dormir : elle voulait être heureuse (...)
                                     R. ROLLAND, Jean-Christophe, L'adolescent, III, p. 333.

(1559). *Ne pas se soucier de..., que... :* se soucier de ne pas...; ne pas tenir à..., ne pas désirer*, n'avoir guère envie* de..., craindre de... *Je ne me soucie pas de...* → Je ne prétends* *(supra* cit. 25) pas... *Personne ne se soucie de se faire repérer, en ce moment* (→ Filet, cit. 9). *Il ne se souciait pas de perdre son crédit à...* (→ 1. Mou, cit. 19).

8   Il était certain que maman ne reprendrait pas connaissance, de sorte que je ne me souciai pas d'appeler mes tantes auprès d'elle; j'étais jaloux de rester seul à la veiller.   GIDE, Si le grain ne meurt, II, II, p. 367.

DÉR. 1. Souci.
COMP. Insouciant.

SOUCIEUSEMENT [susjøzmɑ̃] adv. — Av. 1850, Balzac; de *soucieux.*

Littéraire.

♦ **1.** Avec inquiétude, d'un air soucieux. *Il se pencha soucieusement sur elle. Elle le regarda soucieusement.*

♦ **2.** (1876). Avec un soin particulier. *Elle emballait soucieusement ses affaires.*

(...) et déjà toute la montagne se prépare soucieusement à l'hiver.
                                     M. BARRÈS, la Colline inspirée, XIV.

SOUCIEUX, EUSE [susjø, øz] adj. — 1530; *soucieus,* v. 1280; considéré comme vieux et blâmé par les grammairiens, au XVIIᵉ (Brunot, *in* H. L. F., t. III, p. 121); de 1. *souci.*

♦ **1.** Qui est absorbé par le souci (1.), troublé par l'inquiétude, l'appréhension ou embarrassé pour agir, se décider. ⇒ **Inquiet, préoccupé** (→ Offrir, cit. 4; pire, cit. 13). *Rendre qqn soucieux.* ⇒ **Assombrir.** — (V. 1530). Par ext. *Air triste et soucieux.* ⇒ **Chagrin, pensif, songeur** (→ Austère, cit. 16). *Mine* (→ Ankyloser, cit. 2), *voix soucieuse* (→ Important, cit. 7).

1   Tu passais tendrement la main sur mon visage
    Et sur l'air soucieux que mon front avait pris
    T'attardant à l'endroit où les cheveux sont gris (...)   ARAGON, le Crève-cœur, p. 11.

♦ **2.** (1580). SOUCIEUX DE... : qui se préoccupe, a le souci* (2.) de... ⇒ **Occupé, préoccupé; attentif** (cit. 20), **curieux** (vx), **jaloux;** → Conserver, cit. 13; hermine, cit. 3. *Des gens soucieux de leur seul repos* (→ Nul, cit. 19). *Soucieux de réussir.* — *Soucieux que...* (suivi du subj.). ⇒ **Soucier** (se; 2.).

2   N'est-ce pas? nous irons, gais et lents, dans la voie
    Modeste que nous montre en souriant l'Espoir,
    Peu soucieux qu'on nous ignore ou qu'on nous voie.
                                     VERLAINE, la Bonne Chanson, XVII.

3   Il m'écoute patiemment, soucieux de me marquer sa déférence (...)
                                     GIDE, Journal, 23 févr. 1931.

♦ **3.** Littér. Où l'on se fait du souci (temps; lieu).

4   Il lui était venu pourtant son tic d'hiver. Elle ne l'avait d'habitude qu'après la Noël, quand les journées devenaient soucieuses. Elle branlait de la tête sans arrêt, comme pour dire secrètement non à tout.
                                     J. GIONO, Batailles dans la montagne, Pl., t. II, p. 870.

CONTR. Insoucieux.
DÉR. Soucieusement.

SOUCOUPE [sukup] n. f. — 1671; *soutecouppe,* 1615; *souscoupe,* 1640; ital. *sottocoppa,* d'après *sous-,* et *coupe.*

♦ **1.** Ancienn. Bassin plat, large coupe à pied, où l'on servait verres et carafes.

♦ 2. (1762). Mod. Petite assiette qui se place sous une tasse, un gobelet... pour recevoir le liquide qui pourrait verser, poser la cuiller, etc. (→ Bassin, cit. 2; mélanger, cit. 3). *Renverser son café dans sa soucoupe* (cf. fam. Faire un bain de pieds). *Pile de soucoupes, au café.*

1 — La même chose. La serveuse s'en alla et elle revint avec la bouteille de fine et une soucoupe. Elle versa la fine dans le verre de Philippe et posa la soucoupe sur les trois autres.　　　　　　　　　　　　SARTRE, le Sursis, p. 216.

Par métonymie, fam. Consommation, dans un café; son prix. *Régler les soucoupes.*

1.1 — À moi les soucoupes! qu'il annonce.　　CÉLINE, Guignol's band, p. 63.

Loc. fig. et fam. *Faire des yeux comme des soucoupes :* les écarquiller.

2 À chaque dossier que Rabourdin expliquait, à chaque carton ouvert, les petits yeux de Baudoyer devenaient grands comme des soucoupes.
　　　　　　　　　　　　BALZAC, les Employés, Pl., t. VI, p. 1062.

Loc. fig., fam. *Rond comme une soucoupe :* complètement ivre.

3 — Grand-père! c'est ta petite fille Sylvie qui te cherche. Montre-toi, vieux fourneau. Tu vas encore rentrer rond comme une soucoupe. Tu vas dégueuler dans l'escalier comme avant-hier.
　　　　　　　　　M. AYMÉ, le Vin de Paris, « La bonne peinture », p. 205.

Géol. *Dolines en soucoupes.*

Sports. Argot. Grand pignon du pédalier d'une bicyclette.

♦ 3. ⓐ (1947; trad. angl. *flying saucer*). SOUCOUPE VOLANTE : objet volant d'origine inconnue, généralement considéré comme extra-terrestre. → Objet volant non identifié (OVNI*). *De nombreux témoins prétendent avoir vu des soucoupes (volantes). Croire aux soucoupes volantes. Extra-terrestre qui sort d'une soucoupe volante.*

4 Le mystère des Soucoupes Volantes a d'abord été tout terrestre : on supposait que la soucoupe venait de l'inconnu soviétique, de ce monde aussi privé d'intentions claires qu'une autre planète.　　R BARTHES, Mythologies, p. 42.

REM. Le syntagme était très courant au début des années 50. Il a donné lieu notamment à la création des dérivés *soucoupiste** et *soucoupiser* (1952, A. Labarthe, *in* D.D.L.) : «obséder par l'idée des soucoupes volantes, imposer l'idée des soucoupes volantes à». Il semble en passe d'être détrôné par le sigle *O. V. N. I.* (→ ce mot), qui a lui même donné les dérivés *ovnilogie* et *ovniste.*

ⓑ (1974, le Monde; sur le modèle de *soucoupe volante*). SOUCOUPE PLONGEANTE : engin d'exploration sous-marine de forme circulaire et aplatie.

DÉR. (Du sens 3.) **Soucoupiste.**

SOUCOUPISTE [sukupist] n. — Attesté 1972, *Sciences et Avenir*, nº 307, mais probablt antérieur (→ Soucoupe, 3., REM.); de *soucoupe* volante.

♦ Fam. Partisan de l'existence des soucoupes (3.) volantes. — Adj. « *Les groupements "soucoupistes" privés...* » (*Sciences et Avenir*, sept. 1972, p. 705). ⇒ **Ovniste.**

SOUDABILITÉ [sudabilite] n. f. — 1871; de *soudable*, dér. de *souder.*

♦ Techn. Propriété de certains matériaux de pouvoir s'unir avec euxmêmes; aptitude à être soudé, à bien se souder.

SOUDABLE [sudabl] adj. — 1842; de *souder.*

♦ Qui peut être soudé.

SOUDAGE [sudaʒ] n. m. — 1459; de *souder.*

♦ 1. Techn. Opération par laquelle on soude, on assemble des éléments métalliques ou non «par fusion ou recristallisation de leur interface» par quelque procédé que ce soit (d'après Journ. off.); son résultat. ⇒ **Soudure; collage.** *Soudage à plat; au chalumeau. Soudage à arc. Soudage sous flux en poudre. Soudage vertical sous laitier fondu. Soudage par bossages, par points. Institut du soudage.*

♦ 2. Fig., littér. Union étroite, assemblage intime (Hugo, *in* G. L. L. F.).

SOUDAIN, AINE [sudɛ̃, ɛn] adj. et adv. — V. 1210; *sudein*, v. 1120; lat. pop. **subitanus*, class. *subitaneus*, de *subitus.* → Subit.

★ **I.** Adj. **♦ 1.** Littér. Qui arrive, se produit, intervient en très peu de temps, en provoquant une certaine surprise. ⇒ **Brusque, imprévu, instantané, prompt, rapide, subit.** *Réveil brusque et soudain* (→ Épilepsie, cit. 2). *Mouvement soudain* (soubresaut, sursaut... ; → au fig. Accès, bourrasque, etc.). *Douleur soudaine, aiguë* (cit. 12). *Flambée* (→ Dévorer, cit. 38), *illumination* (cit. 3 et 5) *soudaine. Manifestation soudaine.* ⇒ **Explosion** (fig.). *Sentiment, amour soudain* (cf. Coup de foudre). *Volonté soudaine.* ⇒ **Caprice.** — *Un mal soudain* (→ Jalousie, cit. 27). *Mort* (1. Mort, cit. 23), *perte soudaine* (→ Enlever, cit. 32). *Peur soudaine.* ⇒ **Panique.**

Il y a des morts si soudaines de jeunes filles, qu'elles ressemblent à des assassinats de la Mort.　　Ed. et J. DE GONCOURT, Journal, 21 févr. 1866, t. III, p. 22.　　1

♦ 2. (Vx). *Une œuvre soudaine et succincte* (→ Explorer, cit. 8). ⇒ **Rapide.**

(...) c'était un esprit droit, exact, mais peu soudain, s'ouvrant avec difficulté (...)　　2
　　　　　　　　　　　Th. GAUTIER, les Grotesques, VIII, p. 246.

★ **II.** Adv. **♦ 1.** (1487). Vx (langue class.). Dans l'instant* même (⇒ **Aussitôt**). — *Tout soudain* (→ 1. Flétrir, cit. 18). — Loc. conj. Vx. *Soudain que... :* aussitôt que (Corneille, *in* Littré).

♦ 2. (1549). Mod. D'un seul mouvement, sans transition ni retard. ⇒ **Soudainement;** → Tout d'un coup*. *Hier soir, soudain il s'est fâché* (→ Exaspérer, cit. 13). *Soudain calmé* (cit. 10). *Un désarroi* (cit. 4) *dont il eut soudain honte. — Et soudain...* (→ Prendre, cit. 108), *mais soudain...* (→ Moelle, cit. 3). *Voici, voilà* soudain... (→ Biche, cit. 1; petit, cit. 8). — (En tête de phrase). → Formule, cit. 2; gorge, cit. 23; juger, cit. 19; rafle, cit. 2. REM. L'inversion du sujet est fréquente après *soudain* («*Soudain retentit un glas rauque* », Gide, *Isabelle, in* Le Bidois, *Inversion du sujet*).

CONTR. **Lent, prévu; graduel, progressif.** — **Lentement, progressivement.**
DÉR. **Soudainement, soudaineté.**

SOUDAINEMENT [sudɛnmɑ̃] adv. — V. 1220; *sodainement*, 1130; de *soudain.*

♦ Littér. D'une manière rapide et imprévue; tout à coup.

REM. Alors que *soudain* (adv.) désigne la brusquerie, la rapidité d'un fait, *soudainement* caractérise la manière dont l'action se déroule. *Disparaître* (cit. 3) *soudainement. Survenir* (→ Mutation, cit. 2), *se trouver soudainement...* (→ Pince-sans-rire, cit. 6). — (Au début de la phrase). *Soudainement, le bois sec et léger prit flamme* (→ Langue, cit. 49).

Il y a des moments dans l'histoire de la pensée, et en particulier dans celle de la pensée scientifique, où tout à coup se produisent de grandes et rapides évolutions, où s'accomplissent soudainement des étapes décisives. Lentement et comme secrètement préparées pendant les périodes antérieures, ces mutations interviennent brusquement (...)　　　　　L. DE BROGLIE, Physique et Microphysique, p. 241.

CONTR. **Lentement; graduellement, progressivement.**

SOUDAINETÉ [sudɛnte] n. f. — V. 1460; *sodeineté*, XIIIᵉ; de *soudain.*

♦ Littér. ou style soutenu. Caractère de ce qui est rapide et imprévu. ⇒ **Brusquerie, rapidité.** *Foudroyante* (cit. 3) *soudaineté. La soudaineté des éclairs, de la pensée* (→ Journaliste, cit. 1). ⇒ **Vivacité.**

L'excès même de mon dénuement et la soudaineté de cette chute m'avaient jetée dans une sorte de sombre joie.　　J. ROMAINS, Lucienne, I.

CONTR. **Lenteur.**

SOUDAN [sudɑ̃] n. m. — V. 1196; → Sultan.

♦ Vx. Sultan.

HOM. Soudant.

SOUDANAIS, AISE [sudanɛ, ɛz] adj. et n. — xxᵉ; *soudanien*, 1845; de *Soudan* — de l'arabe *bilãdü-s-Súdãn* «le pays des Noirs».

♦ Du Soudan, zone climatique d'Afrique divisée en plusieurs régions : occidentale (Sénégal, Guinée), centrale, orientale ou égyptienne (→ Harmattan, cit.). — De la république du Soudan. — N. *Les Soudanais.*

Ling. *Langues soudanaises*, ou, n. m., *soudanais :* vaste famille de langues africaines, parmi lesquelles on distingue un groupe *soudanais central* (langues sara, bongo, etc.) et un groupe *soudanais oriental* (Afrique du nord-est : langues dites nilo-sahariennes, etc.; Afrique du sud-est : langues nilotiques, «para-nilotiques»).

REM. On a dit et écrit *soudanien, ienne*, adj. et n.

SOUDANT [sudɑ̃] adj. et n. m. — 1871, «qui se soude»; n. m., 1933; de *souder.*

♦ Métall. *Blanc soudant :* blanc éclatant du fer ou de l'acier suffisamment chauffé pour pouvoir être soudé. — N. m. *Chauffer une pièce au soudant,* au blanc soudant.

HOM. Soudan.

SOUDARD [sudaR] n. m. — Fin xivᵉ; *soudart*, av. 1370; de *soude* «solde». → Soudoyer, solde; on écrivait aussi *soudart*, au xviiᵉ.

♦ 1. (Jusqu'au xviiᵉ). Vx (ou par archaïsme, dans un contexte historique...). Soldat, mercenaire (→ Intellect, cit. 1; rapière, cit. 2; replier, cit. 6).

Il regarda celui qui s'avançait, et vit,　　　　　　　　　　　0.1
Comme le roi Saül lorsque apparut David,
Une espèce d'enfant au teint rose, aux mains blanches,
Que d'abord les soudards dont l'estoc bat les hanches
Prirent pour une fille habillée en garçon (...)　　HUGO, la Légende des siècles, X, III.

0.2 Permettez-le-nous, messire, qui n'êtes point soudard étranger, mais bien fils de ces pays.
Charles DE COSTER, la Légende d'Ulenspiegel,
in Littératures de langue franç. hors de France, p. 212.

♦ **2.** (1587). Homme de guerre brutal, grossier. ⇒ **Reître, traîneur** (de sabre).

1 (...) les moindres événements de ce voyage avaient développé chez Philippe les mauvais penchants du soudard : il était devenu brutal, buveur, fumeur, personnel, impoli ; la misère et les souffrances physiques l'avaient dépravé.
BALZAC, la Rabouilleuse, Pl., t. III, p. 880.

2 (...) pareils aux clameurs enragées
De soudards écumants qui montent à l'assaut.
LECONTE DE LISLE, Poèmes tragiques, «Lévrier de Magnus», IV.

SOUDE [sud] n. f. — Fin XVIᵉ ; *sode*, mil. XVIᵉ ; sens II., 1660 ; *soulde*, 1527 ; lat. médiéval *soda* ; arabe *suwwād*.

★ **I.** Plante *(Salsolacées)* qui croît près des rivages et dont les tiges calcinées produisent de la soude (II., 1.). *Le kali*, variété de soude.* — Loc. *Cendre de soude* : la soude (II., 1.). ⇒ **Charrée.**

★ **II. ♦ 1.** (Vx en sc.). Substance alcaline riche en carbonate de sodium, obtenue en brûlant certaines plantes marines (dont la soude, I. ; ⇒ **Salicorne**) imprégnées de sel (on l'appelait *alcali* végétal*). — (Par anal). *Soude de varech* : cendre de varech, riche en carbonate de sodium, en iode.

♦ **2.** (1806, *soude artificielle*). Carbonate de sodium obtenu par divers procédés industriels (procédé Solvay ; électrolyse), à partir du chlorure de sodium. *Soude à la chaux ; soude électrolytique. Cristaux de soude, ou «cristaux». La soude est utilisée pour la fabrication du verre, du savon*, des lessives*. Qui contient de la soude.* ⇒ **Sodé** (chaux sodée...).

La combustion de ces plantes fut entretenue pendant plusieurs jours, de manière que la chaleur s'élevât au point d'en fondre les cendres, et le résultat de l'incinération fut une masse compacte, grisâtre, qui est depuis longtemps connue sous le nom de «soude naturelle».
Ce résultat obtenu, l'ingénieur traita la graisse par la soude, ce qui donna, d'une part, un savon soluble, et, de l'autre, cette substance neutre, la glycérine.
J. VERNE, l'Île mystérieuse, t. I, p. 222.

♦ **3.** (1850, *in* D.D.L.). *Soude caustique* : hydroxyde de sodium NaOH. *L'hydrogénite, mélange de soude caustique et de ferro-silicium. Lessive de soude* : solution plus ou moins concentrée de soude caustique.

♦ **4.** Techn. (Dans l'ancienne nomenclature chimique, où les sels étaient considérés comme dérivés d'oxydes ; et encore en pharmacie, en agriculture). *Bicarbonate*, cacodylate* (cit.), *sulfate de soude ; borate* (tincal), *nitrate* (caliche) *de soude,* de sodium.

DÉR. Soudier.

SOUDER [sude] v. tr. — V. 1130 ; *solder* «joindre, unir» (→ 2.), fin XIᵉ ; lat. *solidare* «affermir», de *solidus*. → Solide.

♦ **1.** Joindre, réunir ou faire adhérer entre elles (des pièces d'une matière solide, de natures identiques ou différentes, et, spécialt, des pièces métalliques), soit par fusion d'une ou des deux parties en contact, soit par l'intermédiaire d'une composition fusible (⇒ **Braser**), soit par une réaction chimique ou physique capable d'unir leur interface. ⇒ **Soudage.** *Souder de l'acier.* ⇒ **Acérer.** *Rocher* un métal dans le verre, de la corne, du plastique.* — (1676). Loc. *Fer à souder* : masse métallique fixée par une tige à un manche et chauffée pour faire fondre la soudure. *Revercher* un étain avec le fer à souder. Lampe à souder,* munie d'un tube métallique produisant une flamme vive (⇒ **Chalumeau**). — (1562). Pron. *Certains métaux* (fer,...) *se soudent eux-mêmes par simple martelage en dessous de leur température de fusion. Le verre se soude à lui-même au-dessus de sa température de ramollissement.*

♦ **2.** Réunir* par adhésion, faire adhérer. *Souder les lèvres d'une plaie, les parties d'une fracture* (⇒ **Conglutiner, réduire**). — Pron. *Organismes* (cit. 3) *élémentaires distincts qui s'unissent, se soudent.*
Par ext. (surtout passif et p. p.). ⇒ **Joindre, réunir, unir.** *Hôtels soudés au bâtiment principal* (→ Galerie, cit. 2). *Les pieds soudés au plancher* (→ Penaud, cit. 2). — Ling. *Les éléments de «désormais»* (cit. 5) *sont soudés depuis longtemps.* ⇒ **Agglutination.**

♦ **3.** (V. 1268, *sauder*). Fig. (Personnes). Unir étroitement. *Ils étaient soudés autour de leur chef.* — Pron. *Se souder.*

Les cœurs s'ouvrent sans défiance, ils se soudent tout de suite, parce qu'il n'y a pas d'intérêt soupçonné sous les sentiments. Il se forme plus de liaison et de parenté d'âme en huit jours parmi les hommes de la nature qu'en dix ans parmi les hommes de la société. Cette famille et moi nous étions parents.
LAMARTINE, Graziella, III, IX.

▶ **SOUDÉ, ÉE** p. p. adj. (V. 1160).

♦ **1.** *Métaux soudés. Coutures soudées d'un ciré.*

♦ **2.** *Pétales, sépales soudés.*

♦ **3.** (→ ci-dessus, 3.).

♦ **4.** (1871). Réunies et proportionnées (bien ou mal), en parlant des

---

parties du corps du cheval (encolure, avant-main, corps, arrière-main).

CONTR. Dessouder, diviser, rompre, séparer ; concasser.
DÉR. Soudable, soudage, soudant, soudeur, soudure.
COMP. Dessouder, ressouder.

SOUDEUR, EUSE [sudœʀ, øz] n. — 1313 ; de *souder*.

♦ **1.** Ouvrier qui soude, spécialiste de la soudure. *Soudeur à l'arc électrique, au chalumeau. Soudeur au plomb* (dans les cuves à électrolyse, etc.). — *Soudeur de canalisations. Soudeur en bijouterie.* — REM. Le fém., rare, est virtuel : *une soudeuse en bijouterie.*

♦ **2.** N. f. (1933). Techn. Machine à souder. *Soudeuse orbitale.*

SOUDIER, IÈRE [sudje, jɛʀ] adj. et n. — 1796, n. f. ; adj., 1872 ; de *soude.*
Technique.

♦ **1.** Relatif à la soude (II.), à sa production. *Industrie soudière.*

♦ **2.** N. m. Ouvrier employé dans une fabrique de soude.

♦ **3.** N. f. **SOUDIÈRE** : usine, fabrique de soude (carbonate de sodium).

Si, comme je l'ai entendu dire, on peut aisément et abondamment décomposer le sel par l'aide de la limaille et rouille de fer, cela changeroit sans doute le plan d'emplacement des soudières, qu'il faudroit, comme de raison, rapprocher des mines et usines de fer (...)
Journal des Arts et Manufactures, Nivôse an IV, p. 297 (1796).

1. SOUDOYER [sudwaje] v. tr. — Conjug. *aboyer.* — V. 1460 ; *soldoier,* v. 1160 ; de l'anc. franç. *sold* «sou». → Soldat.

♦ **1.** Vx. Payer une solde* à (des gens de guerre, des mercenaires). *Soudoyer une armée* (→ Chef, cit. 5, La Fontaine).

♦ **2.** (1751). Mod. S'assurer à prix d'argent le concours de (qqn). ⇒ **Acheter, corrompre, stipendier** (cf. Graisser la patte). *Des hommes immoraux* (cit. 1), *soudoyés par l'étranger. Soudoyer qqn pour le faire parler ou l'empêcher de parler, pour en obtenir des faveurs spéciales. Ils ont été soudoyés ; ils se sont fait soudoyer.*

Je savais avoir mal fait en soudoyant une servante, mais je n'en avais nul regret.
FRANCE, le Crime de S. Bonnard, VI, Pl., t. II, p. 473.

2. SOUDOYER [sudwaje] n. m. — Mil. XIIᵉ, *soudoier* ; *soldeier,* 1080 ; de l'anc. franç. *sout, sold.* → Solde ; 1. soudoyer.

♦ Didact. (hist.). Homme d'armes à la solde d'un seigneur. ⇒ **Mercenaire, soudard** (1.).

SOUDRE [sudʀ] v. tr. — V. 1170, *souldre* ; lat. *solvere.*
Vieux (langue classique ; défectif : seulement infinitif).

♦ **1.** Résoudre*, trouver une solution à (un problème).

♦ **2.** (V. 1175). Dissoudre.

SOUDRILLE [sudʀij] n. m. — 1615 ; *souldrille,* v. 1570 ; de *soudard,* et *drille.*

♦ Vx, littér. Soldat, soudard (Verlaine, *in* G.L.L.F.).

SOUDURE [sudyʀ] n. f. — Mil. XIIIᵉ ; *soldeure,* fin XIᵉ, au sens A., 1. ; sens général en anc. franç. «cicatrice», «joint, assemblage» ; de *souder.*

A. ♦ 1. Alliage fusible (plomb, étain...) servant à souder les métaux. *Soudure grasse, à l'étain. Soudures jaunes, blanches* (cuivre et zinc). *Soudure d'un fer à souder.* — Techn. Plâtre servant aux raccords des enduits.

♦ **2.** (1314). Union, adhérence étroite de deux parties ; lieu de cette adhérence ; point (ou ensemble des points) de contact. ⇒ **Jonction.** *La soudure des épiphyses* (→ Gigantisme, cit. 2). *Soudure des sépales, des pétales d'une fleur.* — Ling. *Soudure des éléments d'un composé* (→ Mot, cit. 4). — Géogr., géol. *Soudure latérale de deux dépressions* (dolines...).

(1689 ; de personnes, XIIIᵉ). Action de réunir (des groupes), de se réunir. ⇒ **Fusionner.** *«C'est là que se faisait la soudure des deux armées»* (Duhamel, *in* G.L.L.F.).

♦ **3.** (1390). Cour. Opération par laquelle on réunit deux corps solides, et spécialt, deux métaux, de manière qu'ils forment une masse indivise. ⇒ **Assemblage, raccord, soudage.** *La soudure crée une cohésion alors que le boulonnage procède par adhésion.* — (1865, *Rev. des cours sc.*, t. II, p. 390). *Soudure autogène,* sans autre matière que les deux parties à souder. *Soudure par martelage, pression, laminage ; à l'arc électrique, à l'arc voltaïque ; par bombardement électronique. Soudure au laser. Soudure par diffusion,* sans fusion du métal. *Soudure par friction. Soudure hétérogène*, par l'intermédiaire d'un composé métallique (→ ci-dessus, 1.). *Soudure à l'étain des ferblantiers, des plombiers*, faite avec le fer à souder. *Faire un point de soudure. Soudure forte* (au cuivre, au zinc...). ⇒ **Brasure**. *Soudures à haute température, au chalumeau oxhydrique, oxyacétylénique, à la lampe à souder. Soudure au chalumeau à hydrogène atomique. Poste de soudure.* — *La soudure, opération de métallurgie, de plomberie ; de bijouterie et d'orfèvrerie...* (*soudures à l'or, à l'argent*). *Soudure du verre, de la corne, de l'écaille, du celluloïd, du plastique.*

1   (...) d'en bas, sous le fer promené d'une main soigneuse, on voyait grésiller la petite flamme blanche de la soudure.   ZOLA, l'Assommoir, IV, t. I, p. 144.

1.1   Chacun a ainsi, pour les gestes qui lui sont impartis, une aire bien définie quoique aux frontières invisibles : dès qu'une voiture y entre, il décroche son chalumeau, empoigne son fer à souder, prend son marteau ou sa lime et se met au travail. Quelques chocs, quelques éclairs, les points de soudure sont faits, et déjà la voiture est en train de sortir des trois ou quatre mètres du poste.
     Robert LINHART, l'Établi, p. 11-12.

Techn. Assemblage de tissus par ultrasons.

Par métaphore :

2   Les tronçons de l'aventure qui allait satisfaire sa haine étaient d'avance épars à sa portée. Il n'y avait qu'à les rapprocher et à faire les soudures. Ajustage amusant à exécuter. Ciselure.   HUGO, l'Homme qui rit, II, V, II.

♦ **4.** (Av. 1502). Partie soudée ; façon dont les pièces métalliques sont soudées. *Soudure solide. Tuyau dont la soudure se défait.*

3   J'ai observé qu'un des barreaux du balcon ne demandait qu'un effort pour être déchâssé de sa soudure (...)   Charles NODIER, Mademoiselle de Marsan, III,
     in Souvenirs de jeunesse, p. 303.

B. (1949 ; à propos des récoltes). Fig. *Faire la soudure :* satisfaire à la demande, aux besoins des consommateurs au moment où l'offre est la plus faible (avant une récolte, une importation, une rentrée). — Par ext. Assurer la transition entre deux systèmes ou deux personnes.

COMP. **Électrosoudure**.

SOUE [su] n. f. — 1823 ; anc. mot dial. ; lat. médiéval *sutis*, mot gaulois.

♦ Agric. ou régional. Étable à cochons (⇒ **Abri**). → Donner, cit. 61 ; goret, cit.

   J'allai voir Marthe que je trouvai en train de nourrir de beaux spécimens de la race craonnaise (...) de jeunes cochons dits *couards* (...).
Elle rit, en repoussant la porte de la soue (...)
     Hervé BAZIN, Cri de la chouette, p. 233.

HOM. **Sou, soûl, sous**.

SOUFFLAGE [sufla3] n. m. — 1675 ; *soufflaige* «action de souffler», 1480 ; de *souffler*.

♦ **1.** Mar. Augmentation de l'épaisseur, plus forte épaisseur (du bordage ; d'un bordé, par rapport aux autres). *Soufflage des préceintes.*
(1876). Techn. Exhaussement d'un pavage, par introduction de sable sous les pavés. — (1964). Soutènement du terrain d'une mine. — Désagrégation d'un béton armé. — Décollement de la fleur d'un cuir.

♦ **2.** (1723). Opération par laquelle on donne sa forme à un objet de verre en insufflant de l'air au moyen d'une tige creuse (canne) dans la masse de verre ramollie par la chaleur. ⇒ **Verrerie**.

   Et Harbert, gonflant ses joues, souffla tant et si bien dans la canne, en ayant soin de la tourner sans cesse, que son souffle dilata la masse vitreuse. D'autres quantités de substance en fusion furent ajoutées à la première, et il en résulta bientôt une bulle qui mesurait un pied de diamètre. Alors Cyrus Smith reprit la canne des mains d'Harbert, et, lui imprimant un mouvement de pendule, il finit par allonger la bulle malléable, de manière à lui donner une forme cylindro-conique.
L'opération du soufflage avait donc donné un cylindre de verre terminé par deux calottes hémisphériques qui furent facilement détachées au moyen d'un fer tranchant mouillé d'eau froide (...)   J. VERNE, l'Île mystérieuse, t. I, p. 420-421.

♦ **3.** (1871). Techn. En chapellerie, Séparation des poils lourds, impropres au feutrage, par une ventilation.
(1964). Métall. *Soufflage de la fonte :* procédé d'affinage dans lequel un courant d'air brûle les impuretés (dans les convertisseurs Bessemer, Thomas) et élève la température jusqu'à celle de l'acier* en fusion.
Boulang. *Soufflage de la pâte* (pâtonnage).

♦ **4.** Aviat. Effet produit par un écoulement d'air rapide.

COMP. **Sursoufflage**.

SOUFFLANT, ANTE [suflɑ̃, ɑ̃t] adj. et n. m. — V. 1280, *soflant* ; de *souffler*.

★ **I.** Adj. ♦ **1.** Qui respire avec difficulté. *Elle arriva, suante et soufflante, au bout du petit raidillon.*

1   Benedetta était restée assise sur le canapé, soufflante, à bout de courage et de force.   ZOLA, Rome, p. 251.

♦ **2.** Qui sert à souffler, à provoquer un effet de souffle. *Machine*

soufflante : soufflerie, soufflets, pompes. — *Bombe soufflante*, qui agit par le souffle.

♦ **3.** Fig., fam. Qui coupe le souffle. *C'est soufflant !* ⇒ **Époustouflant, étonnant, formidable, stupéfiant.**

★ **II.** N. m. (1836). Argot. Pistolet, revolver.

2   L'autre se dirigea vers le fond de la boutique puis revint avec un gros soufflant bleuâtre et une boîte de cartouches.   Pierre GOMBERT, le Prix d'un taxi, p. 129.

SOUFFLANTE [suflɑ̃t] n. f. — 1931, *in* D. D. L. ; de *souffler*.

♦ Techn. Compresseur utilisé pour le soufflage de l'air nécessaire au fonctionnement d'un haut fourneau ou d'un convertisseur. *Soufflante à gaz* (ou *à piston*).

SOUFFLARD [suflaR] n. m. — 1875 ; «canon», fin XVᵉ ; de *souffler*. Technique.

♦ **1.** Mines. Orifice par lequel un gaz naturel (grisou*, le plus souvent) se dégage brusquement ; jet de gaz.

♦ **2.** (1907). Géol. Dans une paroi de crevasse, Orifice, cheminée d'où s'échappe un gaz. — Dégagement brusque de vapeur d'eau, dans une zone volcanique.

SOUFFLE [sufl] n. m. — V. 1220, sens II. ; *sofle*, v. 1130 ; de *souffler*.

★ **I.** ♦ **1.** (1611). Mouvement naturel de l'air dans l'atmosphère. ⇒ **Bouffée** (cit. 2), **courant, haleine, rafale** (cit. 3) ; **vent**. *Un souffle d'air** (→ Immuable, cit. 2 ; polir, cit. 10), *de vent. Les souffles de l'autan* (cit. 3), *de la brise. Les premiers souffles de l'orage* (→ Gonfler, cit. 4). *Un souffle glacial* (cit. 1), *tiède* (→ Miséricordieux, cit. 2), *chaud et parfumé* (→ Aromate, cit. 5). *Le souffle du vent dans le feuillage.* ⇒ **Bruit.** — Spécialt. Faible agitation de l'atmosphère. *Pas un souffle de vent n'agitait* (cit. 2) *les arbres.* ⇒ **Brin.** « *Le beau lac de Némi qu'aucun souffle ne ride* » (→ Candide, cit. 3). *Fleurs agitées au moindre souffle* (→ Lys, cit. 13). — Fig. « *Un souffle, une ombre, un rien* » (cit. 84).

1   Les souffles de la nuit flottaient sur Galgala.   HUGO, la Légende des siècles, VI.

2   Parfois un souffle d'air chargé d'aromes des champs s'engouffrait sous le portail et, en soulevant sur son passage les longs rubans des coiffures, il allait faire vaciller sur l'autel les petites flammes jaunes au bout des cierges (...)
     MAUPASSANT, Contes de la Bécasse, « Les sabots ».

♦ **2.** (1636). Air, fluide déplacé par une différence de pression. ⇒ **Poussée.** « *Comme fond* (cit. 13) *une cire au souffle d'un brasier* ». *Souffle d'un ventilateur, d'une soufflerie ; d'une hélice, d'un réacteur.* — Spécialt. *Effet de souffle d'un explosif* (bombe, obus). ⇒ **Soufflant, souffler.**

3   La maison était calme et des profondeurs de la cage d'escalier montait un souffle obscur et humide.   CAMUS, l'Étranger, I, III.

♦ **3.** (1833 ; *bruit de souffle*, 1832, *in* D. D. L.). Bruit anormal perçu à l'auscultation, dans l'appareil respiratoire ou circulatoire, et qui ressemble au bruit d'une colonne d'air (ou de liquide) dans un conduit. *Souffles au cœur, souffles cardiaques, souffle cardio-pulmonaire* (systolique), *mitro-aortique* (souffle en écharpe), *extra-cardiaque* ou *anorganique. Souffle diastolique*. Souffles vasculaires.* Par ext. (cour.). *Avoir un souffle au cœur*, une lésion des orifices des valvules déterminant un souffle.

♦ **4.** (1949). Phys. Bruit* dans un récepteur d'ondes radioélectriques, ayant pour origine l'agitation thermique des atomes. « *Il est parfois utile d'annuler le fonctionnement du décodeur* (en stéréo) *ce qui réduit notablement le souffle* » (Science et vie, nº 105, p. 61, 1974).

★ **II.** ♦ **1.** Mouvement de l'air qu'une personne produit en expirant avec une certaine force. ⇒ **Souffler.** *Éteindre dix bougies d'un seul souffle.* — Par hyperb. *On le renverserait* d'un souffle : il est très faible.

4   Laissez. — Tous ces enfants sont bien là ! — Qui vous dit
Que la bulle d'azur que mon souffle agrandit
À leur souffle indiscret s'écroule ?   HUGO, les Feuilles d'automne, XV.

5   Une grande voix de fauve baryton, à long souffle, persiste à travers les sons acérés d'un chat ténor habile aux trémolos, aux chromatiques aiguës (...)
     COLETTE, la Naissance du jour, p. 33.

Absolt. *Le souffle :* le fait ou la capacité de souffler fort, longtemps. *Pour jouer du clairon, il faut du souffle.*

♦ **2.** (1553). Fait d'expirer*, air qu'on rejette par la bouche, en respirant. ⇒ **Bouffée, expiration, haleine.** *Exhaler un souffle empoisonné* (→ Haleine, cit. 6). *Le dernier souffle.* ⇒ **Soupir** (→ Expirant, cit. 3 ; 2. râle, cit. 3). *Recueillir le dernier souffle d'un agonisant* (⇒ **Mort, mourir**). *Défendre ses convictions jusqu'à son dernier souffle.*

6   Un jour, le dernier d'entre eux exhalera sans haine et sans amour dans le ciel ennemi le dernier souffle humain.   FRANCE, le Jardin d'Épicure, p. 26.

7   Que mon dernier souffle, emporté,
Dans les parfums du vent d'été,
Soit un soupir de volupté !   Charles CROS, Nocturne.

(1553). La respiration* ; son bruit. *Le souffle d'une respiration haletante* (cit. 5). *Le souffle ronflant d'un chien* (→ Ébrouement, cit. 3). *Souffle léger* (→ Parfum, cit. 4). *Souffle brutal* (→ Hoquet, cit. 5), *hâtif* (→ Démarche, cit. 1), *pénible* (→ Passer, cit. 74), *saccadé et court* (→ Étouffer, cit. 43)... ⇒ **Halètement.** *Un souffle harmonieux, symbole du beau style* (→ Écrire, cit. 52). — *Retenir son souffle* (→ Ramper, cit. 5). Loc. *Couper* (cit. 25.4) *le souffle* : interrompre la respiration régulière, et, fig., étonner vivement. *C'est à vous couper le souffle.* ⇒ **Soufflant.** —*Avoir le souffle court* : être vite essoufflé.

8   Pour elle une foule était un souffle ; et au fond ce n'est que cela. Les générations sont des haleines qui passent. L'homme respire, aspire et expire.
                                          HUGO, l'Homme qui rit, II, II, IX.

8.1 (...) en ce qui concerne, par exemple, la question du souffle, là où chez l'acteur le corps est appuyé par le souffle, chez le lutteur, chez l'athlète physique c'est le souffle qui s'appuie sur le corps.
     Cette question du souffle est en effet primordiale, elle est en rapport inverse avec l'importance du jeu extérieur.
                                          A. ARTAUD, le Théâtre et son double, Idées-Gallimard, p. 196.

9   Et j'entendais une respiration. Car on respirait à côté de moi ; il y avait un souffle ; l'haleine tiède m'en était parfaitement sensible. Quelqu'un était entré en silence dans l'église, à mon insu.   H. BOSCO, Un rameau de la nuit, p. 218.

10   Ciel ! Quelle noblesse ! Quelle hauteur ! La dame en a le souffle coupé.
                                          J.-R. BLOCH, la Nuit kurde, p. 68.

♦ **3.** (Dans des loc.). Respiration aisée, régulière.

À BOUT DE SOUFFLE. *Être à bout de souffle,* haletant de fatigue, et, par ext., épuisé (→ Caquetage, cit. 2) ; au fig. (→ À bout* de course) *«À bout de souffle»,* film de J.-L. Godard (1960). — *Reprendre souffle* (→ Change, cit. 5). ⇒ **Souffler** (I., 2., *supra* cit. 5 et 6). *Reprendre son souffle.*

(1909). *Athlètes bien en souffle* (→ Gymnase, cit. 4). — (1907). *Trouver son second souffle* : reprendre une respiration aisée après un moment d'essoufflement.

(1965, *in* Petiot). Fig. *Second souffle* : reprise d'une activité, regain d'énergie. « *L'U.R.S.S. est aujourd'hui à la recherche de son "second souffle"* » (*le Figaro,* 17 nov. 1966). *Trouver, prendre son second souffle. Donner son second souffle à une entreprise.* — «*Après plus de soixante films, il cherchait son deuxième souffle*» (*l'Express,* 16 janv. 1978).

(Av. 1871, Littré). *Le souffle, du souffle* : capacité à ne pas s'essouffler, à garder son souffle ; endurance. *Avoir, manquer* (⇒ **Poussif**) *de souffle.* — Fig. *Avoir du souffle,* une inspiration puissante, soutenue (→ ci-dessous, 4.).

11   (...) j'ai le cœur fatigué... (Je fume trop). Au bout de vingt ans, je perds le souffle.
                                          GIDE, Ainsi soit-il, p. 33.

12   (...) l'essoufflement est très intense, provoquant même une certaine sensation de malaise. Mais, bientôt, apparaît un phénomène physiologique assez curieux, désigné sous le nom de *second souffle.* Il consiste en un ralentissement du rythme, une diminution de la ventilation pulmonaire, donc (...) une diminution apparente du degré d'essoufflement bien que l'intensité du travail effectué reste constante (...)   R. FABRE et G. ROUGIER, Physiologie médicale, p. 802.

12.1 — Dites donc, mon petit, puisque vous êtes en souffle, ces jours-ci, vous ne voudriez pas, au lieu de leçon... (— Nous y voilà). — Au lieu de leçon, faire un petit assaut amical avec ce Monsieur ? Venez que je vous présente.
                                          Jean PRÉVOST, Plaisir des sports, p. 81.

(1910). Loc. fam. *Avoir du souffle* : être hardi, effronté. *Il a un certain souffle !* ⇒ **Aplomb, culot** (→ Il ne manque pas d'air*).

♦ **4.** (1562, spécialt ; XVIIᵉ). Par métaphore, fig. Influence* immatérielle de la force qui anime, inspire, crée... ⇒ **Aspiration** (divine), **aura, esprit, effluve, émanation.** *Le souffle créateur, divin, animateur.* ⇒ **Âme** (cit. 17 ; et → Animer, cit. 1 ; brûlant, cit. 10). *Communiquer par le souffle.* ⇒ **Insuffler.** *Le souffle de la grâce* (cit. 26). *Souffle prophétique* (cit. 1). *Le souffle vital, de la vie.* ⇒ **Âme, pneuma.** *— N'avoir plus qu'un souffle de vie* (⇒ **Frisson**) : être très faible, agonisant. — *En proie* (cit. 12) *à tous les souffles.* — *Un souffle de colère le soulevait* (→ Casser, cit. 6).

13   Enfin, le 5, à six heures moins onze minutes du soir, au milieu des vents, de la pluie et du fracas des flots, Bonaparte rendit à Dieu le plus puissant souffle de vie qui jamais anima l'argile humaine.
                                          CHATEAUBRIAND, Mémoires d'outre-tombe, t. IV, p. 80.

Spécialt. *Le souffle d'un écrivain, du génie...* ⇒ **Inspiration** (→ Inconnu, cit. 33 ; inspirer, cit. 2). *Un souffle puissant, qui emporte tout* (→ ci-dessus, 3., fig. : *avoir du souffle*).

14   (...) j'ai recherché, dans la bibliothèque de l'Institut, les travaux de Pasteur. Quelle ardeur, quel souffle, et, surtout, quelle admirable logique !
                                          G. DUHAMEL, Chronique des Pasquier, VI, XVII.

15   (...) ce que nous savons, c'est qu'il y avait dans certaines de vos œuvres antérieures un souffle... un souffle... qui emportait tout.   J. ANOUILH, Ornifle, I.

1. SOUFFLÉ, ÉE [sufle] adj. et n. m. ⇒ Souffler.

2. SOUFFLÉ [sufle] n. m. — 1829 ; de *souffler.*

♦ **1.** Mets ou entremets de pâte légère, fluide (blancs d'œufs battus en neige), et qui monte à la cuisson. *Soufflés au fromage, au poisson. Soufflé sucré, à la liqueur. Moule à soufflés.*

♦ **2.** Petite marmite en métal ou en faïence pour la préparation des soufflés.

SOUFFLEMENT [sufləmã] n. m. — XIIIᵉ ; *soflement,* v. 1120 ; de *souffler.*

♦ **1.** Rare. Action de souffler (qqch.). « *Le soufflement de bougeoirs* » (Goncourt, *in* G. L. L. F.), *d'une flamme (par qqn).*

♦ **2.** Bruit, mouvement d'air produit en soufflant. ⇒ **Souffle.** *Le soufflement d'une personne, d'un animal.*

♦ **3.** (1871). Dr. (Fig.). *Soufflement d'exploit* : destruction volontaire ou soustraction d'une copie d'exploit (délit).

SOUFFLER [sufle] v. — Fin XIIᵉ ; *sufler,* v. 1119 ; lat. *sufflare* «souffler sur...» ; de *sub,* et *flare* «souffler».

★ **I.** V. intr. (et tr. ind.). Déplacer l'air*, un fluide ; produire un courant d'air dans une direction déterminée.

♦ **1.** (1372). Déplacer un fluide ; produire un mouvement de l'air, un courant d'air dans l'atmosphère. *Le vent souffle* : il y a du vent* (→ Enveloppe, cit. 13 ; impétueux, cit. 2). *La bourrasque* (→ Linge, cit. 6), *la rafale* (→ Agrès, cit. 1) ; *l'âpre* (cit. 4) *bise, le mistral* (cit. 2) *souffle. Le vent soufflait doucement ; fort, en rafales, en tourbillons sur la côte.* ⇒ **Balayer ; aspirer, bouffer.** *Vent qui souffle de l'est* (cit. 1). — Impers. *Il soufflait une brise du sud* (→ Disperser, cit. 8). *Ça souffle !* : il y a beaucoup de vent.

1   La bise mord ta douce main,
     La haine souffle sur ta joie.   HUGO, les Contemplations, II, XX.

Par métaphore et fig. *Le vent de l'esprit soufflant en tempête* (→ Lyrique, cit. 7). *Un vent de fronde* (3. Fronde, cit. 5), *de révolte... soufflait.* Loc. *Regarder, voir d'où, de quel côté souffle le vent* (⇒ **Venir**) : observer*, scruter la tendance des événements.

2   Comment n'avait-elle pas prévu (...) que dans les cœurs les plus droits le désir souffle parfois comme un coup de vent qui emporte la volonté ?
                                          MAUPASSANT, Fort comme la mort, I, I.

(V. 1120). Bible. *L'Esprit* (*supra* cit. 2) *souffle où il veut* : l'inspiration divine est imprévisible. — Par ext. *Il y a des lieux où souffle l'Esprit* (cit. 4, Barrès).

♦ **2.** Expulser de l'air, par la bouche* ou par le nez, par une action volontaire (à la différence de l'acte réflexe de la respiration). ⇒ **Expirer, respirer ; exhaler** (*supra* cit. 11). ⇒ **souffle.** *Souffler fort. Souffler dans, sur ses doigts* (pour les réchauffer ; → Pauvresse, cit. 12), *sur sa soupe* (pour la refroidir). *Souffler sur une bougie,* pour l'éteindre (→ ci-dessous, II., 1.) ; *sur une braise* (cit. 1), *sur la flamme,* pour l'attiser (→ Foyer, cit. 4). — Loc. *Souffler sur le feu.* ⇒ **Exciter.** — *Souffler dans un tuyau* (→ Harmonique, cit. 3), *dans un piston* (cit. 2), *une trompe*, une trompette* (pour en tirer un son). ⇒ **Jouer, sonner**).

3   L'Esprit du vent soufflait dans ses clairons de fer (...)
     (...) L'Esprit de la tempête, avec ses mille bouches,
     Les appelant, soufflait dans ses trompes farouches.
     Mieux que taureaux beuglants et loups hurlants de faim,
     D'une égale vigueur, d'une haleine sans fin
     Il soufflait ! (...)   LECONTE DE L'ISLE, Poèmes barbares, « Le massacre de Mona ».

4   Elle avait l'habitude de souffler en l'air pour écarter de son sourcil une mèche indisciplinée qui retombait toujours.
                                          Valéry LARBAUD, Enfantines, « Rose Lourdin ».

Fig. et vx. *Souffler sur...* : détruire*, faire disparaître.

4.1 Nous étions si heureux ! Nous nous aimions tant ! Ah ! vous avez soufflé sur un beau rêve ; maintenant, je n'ai plus de mari. E. LABICHE, les Petites Mains, III, 10.

(Dans l'Écriture). *Dieu a soufflé sur...* : il a dispersé, détruit... — T. de magie, de sorcellerie. Ensorceler (en soufflant sur...). — Vieilli. *Les fées ont soufflé sur lui* : la chance lui sourit. — Fig. et fam. *Il n'y a qu'à souffler dessus* : c'est une chose très facile, qui s'obtient, se fait comme par enchantement (→ Feignant, cit. 2).

Spécialt. Souffler (2.) fort, avec bruit. *Allons, souffle ! sinon, tu n'éteindras pas toutes les bougies d'un coup.* —*Animal qui souffle* en manifestant sa colère (→ Fouir, cit. 3 ; haret, cit.), *son inquiétude* (→ Naseau, cit. 2).

(V. 1155, *sofler*). Respirer avec peine, en expirant fort, bruyamment. ⇒ **Haleter** (cit. 3), **essouffler** (s'). → Épuisement, cit. 2 ; marche, cit. 3. *Laisser souffler son cheval* (→ Halte, cit. 1 ; repos, cit. 9) : lui laisser reprendre souffle. ⇒ **Ébrouer** (s'). *Souffler comme un bœuf, comme un phoque* (cit. 3).

5   Je leur demanderais volontiers (*à ces prédicateurs*) qu'au milieu de leur course impétueuse, ils voulussent (...) reprendre haleine, souffler un peu, et laisser souffler leurs auditeurs.   LA BRUYÈRE, les Caractères, XV, 5.

(1688). Prendre un peu de relâche, de repos. ⇒ **Reposer** (se). *Donnez-moi le temps de souffler.*

6   — Rien ne presse, hasarda-t-il. Laissez-moi le temps de souffler, de grâce. Vous n'êtes pas à un jour près.   COURTELINE, Messieurs les ronds-de-cuir, VIᵉ tableau, II.

Vieilli. Ouvrir la bouche (pour parler). *Ne pas souffler, n'oser souffler. Ne pas souffler d'une chose* (→ ci-dessous, II., 6.).

7   La mère tremblait, comme si elle eût craint les torgnoles égarées. les enfants ne bougeaient plus, ne soufflaient plus, soumis, domptés.   ZOLA, la Terre, I, II.

♦ **3.** [a] (V. 1265). Techn. Faire fonctionner un soufflet, une soufflerie. *Souffler à l'orgue*.*

[b] (1611). Spécialt, vx. Actionner le soufflet de l'athanor ; se consacrer à l'alchimie (⇒ 1. **Souffleur**, 2.).

♦ **4.** Rejeter l'air par les évents, en parlant d'un cétacé. Mar. *Elle souffle !* : cri traditionnel par lequel la vigie d'un navire baleinier signalait la présence d'un cétacé venu respirer à la surface.

7.1 Je me perdais dans des spéculations quelque peu stériles, quand j'entendis la fameuse clameur des baleiniers : « *Elles soufflent !* » Un troupeau de baleines globicéphales cernait l'*Elie-Monnier* (...) Quand un globicéphale remonte à la surface, il souffle un jet de vapeur dans un halètement rauque. Le reste de son corps émerge ensuite lentement, détendu dans le repos.
J.-Y. COUSTEAU et F. DUMAS, le Monde du silence, p. 305.

★ **II.** V. tr. (Sujet n. de personne ou d'animal, sauf en quelques emplois ; → 3., 5.).

♦ **1.** (V. 1155). Envoyer un courant d'air, de gaz sur (qqch.). *Souffler le feu.* ⇒ **Activer, attiser.** *Souffler la forge* (cit. 5), en manœuvrant le soufflet. — *Souffler une bougie, une chandelle* (cit. 2), *une lampe* (cit. 12), *une lanterne* (cit. 7). ⇒ **Éteindre.** *Souffler la poussière*, pour la faire partir. — Techn. *Souffler le poil.* ⇒ **Soufflage** (2.). — Loc. (Chasse). *Le chien souffle le poil au lièvre* : il s'en approche à le toucher du museau.

♦ **2.** (1655). Fig. *Souffler qqch. à qqn* : le lui enlever. ⇒ **Approprier** (s'), **dérober, enlever, ôter, ravir** (→ Expéditif, cit. 3 ; fier, cit. 3). — (1671). Au jeu de dames. *Souffler un pion* : le prendre quand il n'a pas pris alors qu'il le pouvait (ancienne règle). → Damer, cit. 1. Absolt. *Souffler n'est pas jouer* : le fait de souffler un pion ne constitue pas un coup.

8 Souffler une maîtresse à un ami, c'est une rouerie trop commune pour moi.
A. DE MUSSET, les Caprices de Marianne, II, XVII.

♦ **3.** (V. 1940). Détruire par l'effet de souffle.

9 Quantité de maisons près du port ont été soufflées par les explosions (...)
GIDE, Journal, 19 déc. 1942.

♦ **4.** (1690). Techn. Envoyer de l'air, du gaz dans... (⇒ **Inspirer, insuffler**). *Souffler l'orgue*, au moyen de la soufflerie. — *Souffler le verre, l'émail.* ⇒ **Soufflage.** — *Souffler un veau, un mouton* : insuffler de l'air sous la peau pour la détacher. Gonfler de gaz. *Souffler un ballon.*
Souffler un navire : en épaissir un bordé, le bordage, par le soufflage*. Former en soufflant. *Souffler des bulles de savon dans un chalumeau.*

♦ **5.** (1559, le sujet désignant le vent). Envoyer, déplacer, pousser* (un fluide et ce qui s'y trouve). [a] (Sujet n. de chose). *Air soufflé par la gueule d'un four* (cit. 8). En parlant du vent (littér.) : *L'air soufflait l'inquiète* (cit. 11) *douceur du printemps.* — *Machine qui souffle des torrents de vapeur.* ⇒ **Vomir** (→ Frein, cit. 12 ; fumée, cit. 8).

10 (...) chaque fois qu'un garçon remontait de la cuisine, la porte battait, soufflait une odeur forte de graillon.
ZOLA, l'Assommoir, III, t. I, p. 104.

11 La huitième armée anglaise souffle un vent d'héroïsme qui fait battre le cœur.
GIDE, Journal, 10 avril 1943.

[b] (Sujet n. de personne). *Souffler la fumée par le nez, par la bouche* (→ 1. Fumer, cit. 27 ; pétuner, cit.). *Souffler de la fumée au nez de qqn* (⇒ **Camouflet**, étym.). *Souffler l'alcool* (→ Cramponner, cit. 5 ; haleine, cit. 2). ⇒ **Exhaler.** — (1580). Loc. fig. *Souffler le chaud et le froid* : changer d'avis*, d'opinion..., ou encore, faire alterner la douceur et la menace.

♦ **6.** (V. 1130, *ne mot sofler*). Dire, prononcer. *Ne pas souffler mot** : se taire. ⇒ **Sonner** (vx) ; → Garder, cit. 86 ; pénates, cit. 2. *Sans souffler mot* (→ Diable, cit. 40). — Dire à voix basse. *Souffler qqch. à l'oreille** (cit. 14) *de qqn* : lui dire en confidence. ⇒ **Chuchoter, glisser, insinuer, parler** (à l'oreille). — (En incise). *Chut, souffla-t-il* (→ Nouvelle, cit. 9). — Par ext. Suggérer. *Les choses que souffle la folie* (cit. 12). *On lui a soufflé les mesures à prendre, ce qu'il fallait faire, de ne pas répondre, qu'il devrait partir.*

12 Voilà ce que me souffle l'instinct qui m'a toujours, mieux que la raison, pris la main et fait cheminer dans l'ombre.
G. DUHAMEL, le Temps de la recherche, X.

13 — Sa Majesté a prononcé plusieurs noms. Et elle a prononcé le vôtre. — Quelqu'un le lui avait soufflé. — Personne ne lui avait soufflé. J'étais là.
MONTHERLANT, le Maître de Santiago, III, 3.

Dire discrètement (qqch. à qqn) pour aider. *Souffler une leçon* (→ Hésiter, cit. 29). — *Souffler une réplique, son rôle à un acteur au théâtre.* ⇒ **Souffleur.** — Par ext. *Souffler un acteur.*

13.1 Le jour (...) où vous souffliez *Angèle*, au moment où la femme du fils prend le père, on entendit un grand cri sous la scène (...)
GIRAUDOUX, Siegfried et le Limousin, p. 74.

14 Tout le monde connaît la scène des plaideurs, où le souffleur lassé de l'ineptie de l'avocat Petit-Jean, lui dit : Oh ! le butor ! et où Petit-Jean qui se croit soufflé et non injurié, répète : Le butor !
BEAUMARCHAIS, Mémoires... dans l'affaire Goëzman, p. 109.

15 (...) Mets-toi là, misérable.
Là, devant le balcon ! Je me mettrai dessous (...)
Et je te soufflerai tes mots.
Edmond ROSTAND, Cyrano de Bergerac, III, 3.

♦ **7.** (1940). Fam. Rendre stupéfait. ⇒ **Ahurir** (→ Couper le souffle*). *Son culot nous a soufflés* (⇒ **Soufflant**).

▶ **SOUFFLÉ, ÉE** p. p. adj. (1342).

★ **I.** (Choses). ♦ **1.** Gonflé (par le souffle, par un gaz).

16 (...) j'ai répondu légèrement à tant de bouffissures. Pardon ; vous fûtes écolier, sans doute, et vous savez qu'au ballon le mieux soufflé il ne faut qu'un coup d'épingle.
BEAUMARCHAIS, Mémoires... dans l'affaire Goëzman, p. 182.

(1798). Qui a gonflé à la cuisson. *Beignets soufflés. Omelette soufflée. Pommes* (de terre) *soufflées* (→ Pavé, cit. 8).
N. m. ⇒ 2. **Soufflé.**
Qui contient des inclusions de gaz. — Géol. *Roche bulleuse, soufflée.*
Léger, comme un ballon gonflé.

17 Une toilette folle, soufflée, aérienne, fait admirablement valoir cette gentillesse anglaise (...)
Th. GAUTIER, Portraits contemporains, Mme Anna Thillon.

♦ **2.** (Air, gaz). Produit, déplacé par un souffle. *Air soufflé.* ⇒ **Pulsé.** « *Contrôle de la température de l'air soufflé* » (la Vie du rail, 14 avr. 1963, p. 23).

♦ **3.** (Abstrait). Rendu artificiellement plus grand (en parlant d'une somme d'argent, des prix). ⇒ **Gonflé.** *Les cours sont un peu soufflés, méfiez-vous !*

18 Tu connais mieux que moi la valeur des pétroles en ce moment. Je crois que je n'ai pas de conseils à te donner (...) — Oui, bien sûr, je les connais... Mais Jardot me dit qu'en ce moment les cours sont soufflés...
N. SARRAUTE, le Planétarium, p. 278.

♦ **4.** Qui a subi l'effet d'un souffle. — (1869). Techn. *Poils soufflés*, traités par le soufflage. — Vx. *Papier soufflé*, sur lequel on a projeté une poussière de laine.
(Mil. XXe). Techn. (D'un produit pétrolier). Traité par l'air comprimé. *Bitume soufflé.* — Alimenté par surpression. *Foyer soufflé.*

♦ **5.** Cuis. *Sucre soufflé*, chauffé jusqu'à ce qu'il forme des bulles. — N. m. (1754). *Le soufflé* : le degré de cuisson du sucre qui le rend soufflé, intermédiaire entre le lissé et le boulé. *Petit soufflé ; gros, grand soufflé*, où les bulles ressemblent à des flocons.

19 La densité du sirop est fonction de la teneur en sucre. (...) On est : (...) — au *petit soufflé, (si)* une écumoire plongée dans le sirop en laisse sortir de petites bulles quand on souffle dessus (67,8 % — 109°)
François LÉRY, Technique de la cuisine, p. 41.

★ **II.** (Personnes). ♦ **1.** (1767, Diderot). Bouffi (→ Baudruche, cit.). — *Une figure soufflée.* ⇒ **Boursouflé.** — Par extension :

19.1 (...) il engraissait plutôt, mais de cette graisse soufflée que donnent souvent les excès.
Ed. et J. DE GONCOURT, Sœur Philomène, p. 236.

♦ **2.** (1935). Fig., fam. Abasourdi, très étonné, qui a le souffle coupé.

20 Cet arrangement déplut visiblement à M. Rezeau, qui l'accepta de mauvaise grâce. Quant à l'abbé (...), il en resta « soufflé ».
— J'avoue ne rien comprendre aux usages de cette maison, osa-t-il nous dire.
Hervé BAZIN, Vipère au poing, p. 84-85.

21 C'était clair comme de l'eau de roche, non ? Eh bien, non : ils étaient soufflés. Ils avaient pensé à tout sauf à ça !
Pierre DANINOS, Un certain Monsieur Blot, p. 134.

CONTR. Aspirer.
DÉR. Soufflage, soufflant, soufflard, souffle, soufflement, soufflerie, soufflet, souffleur, soufflure.

SOUFFLERIE [sufləʀi] n. f. — Attestation isolée, XIIIe ; de *souffler.*

♦ **1.** Vx. Action de souffler, d'alimenter un foyer en air, au moyen d'un soufflet.
(V. 1500). Vx. Travail de l'alchimiste.

♦ **2.** (1636). Ce qui sert à souffler ; machine soufflante et dispositifs qui conduisent le fluide soufflé. *La soufflerie d'un orgue. Soufflerie électrique. Soufflerie d'une forge, d'un four* (⇒ **Soufflante**).

♦ **3.** (1933). *Soufflerie aérodynamique* : installation permettant d'étudier les mouvements d'un fluide autour d'un matériel qui doit être soumis à de grandes vitesses. *Essais en soufflerie.* Ventilateur, collecteur, tunnel, chambre d'expérience, diffuseur d'une soufflerie.

SOUFFLET [suflɛ] n. m. — V. 1155 ; de *souffler*, par le passage sémantique de l'intrans. *souffler* à un verbe actif *souffler* « faire une joue gonflée (par un coup) ».

★ **1.** ♦ **1.** Instrument servant à souffler (II., 5.) de l'air, formé de deux tablettes reliées par un assemblage souple qui se déplie en faisant entrer l'air et se replie en le chassant, selon qu'on les écarte ou qu'on les réunit. *Âme* ou soupape, manches ou queues, tuyère d'un soufflet. Soufflet à deux vents ou à vent continu*, formé de deux parties dont l'une aspire pendant que l'autre souffle. *Soufflet domestique, de cheminée pour activer le feu* (→ Foyer, cit. 3). *Soufflet de forge** (cit. 4). *Soufflet d'une soufflerie* d'orgue.*

1 — Il a fallu que j'attise le feu avec un soufflet pendant qu'ils jetaient leurs papiers dedans. Je recevais toute la fumée dans la gueule.
SARTRE, la Mort dans l'âme, p. 65.

Clou à soufflet : clou de cuivre qui décore le manche d'un soufflet.
— Loc. fig. (vx) *Se soucier de qqch. comme d'un clou à soufflet* :
s'en moquer.

1.1 C'est un philosophe dans son espèce. Il ne pense qu'à lui ; le reste de l'univers
lui est comme d'un clou à soufflet.   DIDEROT, le Neveu de Rameau, Pl., p. 429.

(1819, Laennec). Méd., vx. *Bruit de soufflet* : bruit cardiaque rappelant celui de cet instrument. ⇒ **Souffle.**

♦ **2.** (1700, *soufflet de voiture* «capote pliante»; «voiture à capote
pliante», 1690). Par anal. de forme. Partie pliante ou souple entre
deux parties rigides, destinée à donner du volume, de l'ampleur, à
assurer une certaine souplesse... *Sac, malle, valise à soufflets latéraux. Poches, casquette à soufflets.* — *Soufflet de train* : passage
articulé entre deux voitures. *Plaque* (cit. 2) *d'un passage à soufflets. Soufflet d'appareil photographique* : partie pliée en
accordéon servant à éloigner l'objectif de la plaque, du film (dans
les anciens appareils ou appareils professionnels).

2   Il bondit, hors du compartiment, bouscula le contrôleur, franchit le soufflet, pénétra dans le wagon voisin (...)   Maurice BEDEL, Jérôme, 60° latitude Nord, II.

(1833). Pièce, souvent triangulaire, qui élargit un vêtement (pour
donner de l'aisance).

♦ **3.** (1820). Techn. Boursouflure dans la reliure d'un livre.

♦ **4.** (1964). Archit. Élément, de forme proche du quatre-feuilles,
dans les fenêtres de style flamboyant.

★ **II.** (1459 ; *soufflace*, XIVe ; à cause du bruit produit par le coup).
Vieilli ou littér. Coup du plat ou du revers de la main appliqué sur
la joue (cit. 4). ⇒ **Calotte, claque, gifle** (→ Giroflée* à cinq feuilles). *Le soufflet reçu par Don Diègue.*

3   — Viens me venger. — De quoi ? — D'un affront si cruel,
Qu'à l'honneur de tous deux il porte un coup mortel :
D'un soufflet.   CORNEILLE, le Cid, I, 5.

4   Je suis le soufflet et la joue !
Je suis les membres et la roue,
Et la victime et le bourreau !
                          BAUDELAIRE, les Fleurs du mal, «Spleen et Idéal», LXXXIII.

5   (...) Madeleine s'amusa à me mettre un peu de rose aux pommettes (...) Sans
doute *(ma mère)* crut-elle apercevoir sur ma joue l'empreinte fourchue de Satan;
elle m'exorcisa d'un soufflet.
                          S. DE BEAUVOIR, Mémoires d'une jeune fille rangée, p. 268.

(1580). Mod., fig., littér. ⇒ **Affront, outrage, mortification** (fig.).
→ Couleuvre, cit. 5. *C'est un soufflet à mes convictions*
(→ Démenti, cit. 4). ⇒ **Camouflet.**

DÉR. **Souffleter, souffletier, soufflette.**

SOUFFLETER [suflǝte] v. tr. — Conjug. *jeter.* — 1546 ; de *soufflet.*

♦ **1.** Vieilli. Frapper d'un soufflet. ⇒ **Gifler** ; et aussi **battre.** *Souffleter un enfant* (→ 1. Queue, cit. 2).

(Mil. XVIe). Par anal. *La bise* (cit. 6) *soufflette le visage.*

1   Il y a des soirs sinistres où la tramontane vous soufflette à tous les coins de
rues (...)   Valery, LARBAUD, Barnabooth, Journal, I, 24 avril.

♦ **2.** (Av. 1843). Mod., fig., littér. Humilier, insulter, outrager. *Ils fou-
droyaient* (cit. 12) *le crime, ils souffletaient le vice.*

▶ **SOUFFLETÉ, ÉE** p. p. adj.

♦ **1.** (1580). Qui a reçu un soufflet. — N. (rare) :

2   En me reconnaissant de même dans la rue, elle rit et m'envoya un baiser. Sur quoi,
une main, passant par la croisée, lui donna sur la joue un soufflet (...) la belle
souffletée disparut et le souffleteur, paraissant à sa place à la fenêtre, se pencha
(...)   FRANCE, la Rôtisserie de la reine Pédauque, XVII, Œ., t. VIII, p. 152.

Humilié.

♦ **2.** (Mil. XXe ; le v. ne paraît pas employé dans ce sens). Techn.
Papier souffleté (ou *soufflé*) : papier de tenture dont le décor est
produit par soufflage d'une poussière de laine qui se dépose aux
endroits garnis de colle (⇒ **Floqué**).

DÉR. **Souffleteur.**

SOUFFLETEUR, EUSE [suflǝtœR, øz] n. — 1611 ; de *souffleter.*

♦ Rare. Personne qui a donné un soufflet. ⇒ **Gifleur** ; → Souffleter,
cit. 2.

SOUFFLETIER [suflǝtje] n. m. — 1292 ; de *soufflet.*

♦ Techn. Ouvrier, artisan qui fabrique des soufflets (et en particulier des soufflets d'orgue).

SOUFFLETTE [suflɛt] n. f. — 1876, *in* P. Larousse ; «soufflet de
foyer», 1760, régional ; de *soufflet.*

Technique.

♦ **1.** Bulle d'air enfermée accidentellement entre la surface d'une
céramique et le moule.
Boursouflure d'un papier, à la surface (⇒ **Soufflure**).

♦ **2.** Dispositif qui souffle (un gaz), qui débite (un fluide sous pression). Spécialement : [a] (1933, *in* Larousse). Appareil utilisé pour
envoyer de l'air ou de l'eau sur un moule dans une fonderie.

[b] Robinet débitant de l'air comprimé.

[c] Petit appareil (poire en caoutchouc, piston à ressort, etc.) qui
permet de nettoyer des pièces délicates en enlevant leur
poussière au moyen d'un jet d'air soufflé. *Soufflette d'horloger.*

1. SOUFFLEUR, EUSE [suflœR, øz] n. et adj. — XIII[e] ; de *souffler.*

★ **I.** ♦ **1.** Vx. Personne qui souffle (→ aussi Ballon, cit. 1). Spécialt
(adj.). Qui respire avec peine. *Un cheval souffleur.* — N. m. (1871).
Mod. Techn. Ouvrier qui façonne le verre à chaud par soufflage (à
la bouche ou à l'air comprimé). *Souffleur à la canne, au chalumeau. Souffleur de bouteilles, de lampes électriques, de tubes,
de bonbonnes.*

♦ **2.** (1548). Vx. Personne qui fait fonctionner une machine soufflante (soufflet, soufflerie). *Souffleur de forge, d'orgue.*

(XIVe). Vx. Alchimiste. *Les souffleurs du grand-œuvre* (→ 2. Matras,
cit.).

♦ **3.** (1549). Dans un théâtre, Personne qui est chargée de prévenir les
défaillances de mémoire des acteurs en leur soufflant leur rôle
(→ Poncif, cit. 3). — Loc. (1800, *in* D.D.L.) *Le trou du souffleur*
(→ Flâner, cit. 3).

1   (...) cette ouïe fine de la comédienne habituée à saisir au vol le murmure du souffleur (...)   Th. GAUTIER, le Capitaine Fracasse, X.

2   Réjane, qui a une névralgie dans la mâchoire (...) ne peut donner que les attitudes de son rôle, que dit tout haut la souffleuse.
                          Ed. et J. DE GONCOURT, Journal, 13 déc. 1888, t. VII, p. 229.

♦ **4.** (1842). Techn. Appareilleur chargé de surveiller le transport et
la pose des pierres destinées à la construction.

★ **II.** N. f. **SOUFFLEUSE** Techn. ♦ **1.** (1890). Machine servant au
soufflage* des poils dans la fabrication du feutre.

♦ **2.** Appareil agricole pour la manutention des grains.

♦ **3.** (Mil. XXe, Canada). Chasse-neige muni d'un dispositif hélicoïdal
qui projette la neige à distance. Syn. : *fraiseuse.*

★ **III.** Adj. Géol. *Trou souffleur.* ⇒ **Soufflard.**

2. SOUFFLEUR [suflœR] n. m. — 1558 ; de *souffler.*

♦ Vx. Cétacé (cachalot, dauphin). → Poisson, cit. 2.

SOUFFLEUSE [sufløz] n. f. ⇒ 1. **Souffleur**, II.

SOUFFLURE [suflyR] n. f. — 1701 ; *suffleure* «action de souffler»,
1280 ; de *souffler.*

♦ **1.** Techn. Petite cavité contenant des gaz sous pression, qui se
forme pendant la solidification d'un ouvrage de métal, de verre.
(1890). Boursouflure de l'enduit d'un mur.
Boursouflure sur la surface d'un papier. ⇒ **Soufflette** (1.).

♦ **2.** Fig., littér., rare. Emphase, grandiloquence (du style). ⇒ **Boursouflure** (fig.).

SOUFFRANCE [sufRɑ̃s] n. f. — V. 1260 ; *sofrance*, v. 1175 ; de
souffrir, p.-ê. par l'interm. des lat. impér. et médiéval *sufferentia* «résignation, tolérance».

★ **I.** Vx ou dr. ♦ **1.** Fait de souffrir (I., 1. et 2.), de supporter.
⇒ **Endurance, patience.** « *Je prenne en moi mes préservatifs, qui sont
résolution et souffrance* » (Montaigne, III, XII).

♦ **2.** (V. 1360). Permission, tolérance. «*Par la permission ou souffrance de Dieu*» (Calvin, *Institution de la religion chrétienne*, 225).
— Dr. *Jour* (cit. 21) *de souffrance.* — *Chemin de souffrance*, où l'on
accorde le passage. — Mod. Action d'admettre un délai, un sursis.

♦ **3.** (V. 1220). Loc. cour. **EN SOUFFRANCE.** *Affaire en souffrance*,
en suspens, qui attend sa conclusion (→ par métaphore Désordre,
cit. 5). *Effets, quittances en souffrance*, impayés, qui sont encore
à recouvrer. ⇒ **Retard** (en). *Marchandises en souffrance*, qui n'ont
pas été retirées à l'arrivée (et qui restent donc à la consigne, à la
douane, etc.).

1   On parlait, ce soir, des cartons du *Figaro* portant : *affaires en souffrance.* Ce sont
les articles faits d'avance sur les gens qui sont en train de mourir, et qu'on garde,
même quand ils réchappent, pour éviter de payer un autre article dans l'avenir.
                          Ed. et J. DE GONCOURT, Journal, 1er mars 1888, t. VII, p. 185.

2   Comme les bagages laissés en souffrance dans une gare (...)
                          ARAGON, le Roman inachevé, p. 174.

★ **II.** (V. 1462). Mod., cour. ♦ **1.** *Une, des souffrances* (souvent au
plur.). Douleur, physique ou morale. ⇒ **Douleur.** *Souffrance physique, morale* (⇒ **Peine**). *Des souffrances atroces* (cit. 7), *insuppor-*

tables (→ Ahurir, cit. 1), *horribles* (→ Lamentable, cit. 5), *affreuses...* (→ Peler, cit. 2). ⇒ **Supplice.** *Une souffrance légère, indéfinissable.* ⇒ **Malaise.** *Les souffrances qu'il endure* (cit. 3 et 6). *Avoir sa part de souffrances.* ⇒ **Croix** (porter sa). *Éviter* (cit. 41) *au patient toute souffrance inutile. L'apaisement* (cit. 2) *de mes souffrances* (→ aussi Accalmie, cit. 2). *« Le pauvre par l'espoir* (cit. 7) *allège sa souffrance». Joindre ses souffrances à celles du Christ.* ⇒ **Passion** (→ Abandonner, cit. 35 ; conformer, cit. 3). *Coûter bien des souffrances.* ⇒ **Larme.** *Leurs souffrances ont été la matière de leurs œuvres* (→ Distance, cit. 4). *«J'aime la majesté* (cit. 22) *des souffrances humaines ».*

3   *(...) ces mots : «Mademoiselle Albertine est partie» venaient de produire dans mon cœur une souffrance telle que je sentais que je ne pourrais pas y résister plus longtemps ; il fallait la faire cesser immédiatement ; tendre pour moi-même comme ma mère pour ma grand-mère mourante, je me disais, avec cette même bonne volonté qu'on a de ne pas laisser souffrir ce qu'on aime : «Aie une seconde de patience, on va te trouver un remède, sois tranquille on ne va pas te laisser souffrir comme cela ».* PROUST, la Fugitive, Pl., t. III, p. 419.

4   *Il a eu ces jours-ci de grandes douleurs dans la tête ; des élancements dans tout le corps : de ces coups brusques et profonds qui atteignent l'os à travers la chair, et que l'homme compare naïvement à des souffrances qu'il n'a jamais ressenties mais qu'il suppose les plus cruelles, les plus sournoises, comme le coup de poignard.* J. ROMAINS, les Hommes de bonne volonté, t. IV, XXII, p. 245.

♦ **2.** *(La souffrance).* Fait de souffrir. *Culte, exaltation de la souffrance* (→ Ascétisme, cit. 5). *Souffrance rédemptrice* (cit. 2). *«Soyez béni, mon Dieu, qui donnez la souffrance Comme un divin remède* (cit. 10) *à nos impuretés »* (→ aussi Pureté, cit. 2). *Amélioration* (cit. 4) *par la souffrance. Le cœur n'apprend* (cit. 57) *que par la souffrance. La pitié* (cit. 9) *et la souffrance.*

5   *La souffrance, non, ce n'est pas un mot, messieurs les heureux. La pauvreté, j'y ai grandi ; l'hiver, j'y ai grelotté ; la famine, j'en ai goûté ; le mépris, je l'ai subi ; la peste, je l'ai eue ; la honte, je l'ai bue.* HUGO, l'Homme qui rit, II, VIII, VII.

6   *La souffrance ! quelle divine méconnue ! Nous lui devons tout ce qu'il y a de bon en nous, tout ce qui donne du prix à la vie ; nous lui devons la pitié, nous lui devons le courage, nous lui devons toutes les vertus.* FRANCE, le Jardin d'Épicure, p. 55.

♦ **3.** Littér. Ce qui cause de la souffrance, de la peine. *Son départ, sa mort fut une souffrance.*

Par exagér. *C'était pour lui une souffrance de parler* (→ Exhiber, cit. 3). ⇒ **Calvaire, épreuve.**

CONTR. Bonheur, indolence, joie, plaisir.

SOUFFRANT, ANTE [sufʀɑ̃, ɑ̃t] adj. — V. 1120, *suffrand*; p. prés. adj. de *souffrir*.

★ **I.** Vx. Patient. *Humeur souffrante.*

★ **II.** ♦ **1.** (1690). Littér. (Sujet n. humain, généralement collectif ou au plur.). Qui souffre* (II.) habituellement (du fait de sa nature, de sa situation...). *L'humanité souffrante* (→ Descendre, cit. 18). *Le peuple laborieux et souffrant* (→ Déserter, cit. 10). *Les êtres sensibles et souffrants* (→ Désert, cit. 2). — Spécialt. *L'Église** (*supra* cit. 3) *souffrante.*

1   *(...) Pascal, le seul homme du XVIIe siècle qui ait senti la crise religieuse entre Montaigne et Voltaire, âme souffrante où apparaît si merveilleusement le combat du doute et de l'ancienne foi.* MICHELET, Hist. de France, III.

Rare. (Sujet humain au sing.). *Un pauvre être souffrant.* — (Sujet nom de chose) :

1.1   *Hurlements convulsifs des grands arbres souffrants (...)*
HUGO, la Légende des siècles, XXI, II.

(Mil. XIIIe). N. (Rare au sing.). *Les souffrants, les pauvres* (→ Habit, cit. 19).

1.2   *Dans quelle religion tombait-il, pour que la religion des pauvres et des souffrants devînt une passion condamnable, simplement insurrectionnelle ?*
ZOLA, Rome, p. 102.

1.3   *On est vieux, on n'est plus bon qu'à cela ; tâcher*
D'être le doux passant, celui que vont chercher,
D'instinct, les accablés et les souffrants sans nombre (...)
HUGO, la Légende des siècles, LVII, II.

♦ **2.** (1834, Balzac). Cour. Qui est légèrement malade. ⇒ **Fatigué, indisposé** (→ Malade, cit. 20). *Je suis souffrante, j'ai pris froid en sortant du bal* (→ Fluxion, cit. 2 ; et aussi 1. grippé, cit., raviver, cit. 4). *Se sentir un peu souffrant.* ⇒ **Chose** (tout). — Par ext. ⇒ **Dolent, maladif.** *Un air souffrant* (→ Morbidesse, cit. 2). — Vx. *Sa santé demeurait souffrante* (Sainte-Beuve, *in* G. L. L. F.).

2   *Dans ta taille dolente et mollement couchée*
Et dans ton pur sourire amoureux et souffrant ?
A. DE VIGNY, Poèmes philosophiques, « Maison du berger », III.

SOUFFRE-DOULEUR [sufʀədulœʀ] n. m. — 1607, *in* D.D.L. ; de *souffrir*, et *douleur*.

♦ Personne qui est en butte aux mauvais traitements, aux tracasseries, aux plaisanteries et propos méchants de son entourage. *Être, devenir le souffre-douleur de ses camarades, d'un mari...* ⇒ **Victime** (→ Amuser, cit. 19 ; éruption, cit. 3).

1   *Parmi les dix-huit convives il ne rencontrait, comme dans les collèges, comme dans le monde, qu'une pauvre créature rebutée, un souffre-douleur sur qui pleuvaient les plaisanteries.* BALZAC, le Père Goriot, Pl., t. II, p. 860.

---

2   *(...) grâce à sa sensibilité frémissante, à sa timidité craintive et vite affolée, Saniette leur offrait un souffre-douleur quotidien.*
PROUST, À la recherche du temps perdu, Pl., t. II, p. 900.

REM. Certains écrivent aussi *souffre-douleurs.*

3   *Ah ! ta religion veut un souffre-douleurs ?*
Il te faut un Satan ? HUGO, Dieu, Appendice, II.

Apposé ou adjectif :

4   *Elle avait un valet de pied souffre-douleur, le pauvre Jules — qui est mort deux mois après elle, rongé par la tranquillité (...)* J. ANOUILH, la Répétition, p. 10.

SOUFFRETEUX, EUSE [sufʀətø, øz] adj. — V. 1265 ; *sufraitus*, v. 1120 ; de l'anc. franç. *soufraite* «dénuement, privation», lat. pop. *suffracta*, fém. subst. de *suffractus*, p. p. de *suffringere*, proprt «rompre par le bas», de *sub*, et *frangere* «briser», d'où l'anc. franç. *soufraindre* «tourmenter», et intr. «manquer de».

♦ **1.** Vx. Qui est dans le besoin ; pauvre, nécessiteux (→ Honteux, cit. 17).

♦ **2.** (1825 ; par attr. de *souffrir*, dont *souffreteux* a été senti comme dérivé). Vx. « Qui éprouve momentanément quelque douleur, quelque malaise » (Académie, 1835).

1   *La blanche et souffreteuse Amélie, couchée sur l'herbe, ressemblait à un narcisse abattu par l'orage, ou à un oiseau tombé de son nid avant d'avoir des ailes.*
CHATEAUBRIAND, les Natchez, XII, p. 390.

♦ **3.** (1832). Mod. Qui est de santé débile, qui est habituellement souffrant. ⇒ **Maladif, égrotant, malingre...** *Femme frêle* (cit. 7, Sand) *et souffreteuse. Maigrichonne* (cit. 3) *et souffreteuse* (→ aussi Amaigrir, cit. 5 ; coing, cit.). — Par ext. *Un air souffreteux. Une nature souffreteuse. Un tempérament souffreteux.*

2   *Puis un côté frappant chez lui (Zola), c'est le côté maladif, souffreteux, ultra-nerveux.* Ed. et J. DE GONCOURT, Journal, 14 déc. 1868, t. III, p. 186.

(D'une plante). Rabougri, qui se développe mal. *Un arbuste chétif, souffreteux.* ⇒ **Rachitique.**

CONTR. Florissant.

SOUFFRIR [sufʀiʀ] v. — Conjug. *couvrir.* — V. 1112 ; *suffrir*, 1080 ; *soferre*, 1050 ; lat. pop. **sufferire*, lat. *sufferre*, de *sub*, et *ferre* «porter».

★ **I.** V. tr. ♦ **1.** Littér. Supporter (qqch. de pénible ou de désagréable). ⇒ **Endurer, supporter.** *Souffrir avec constance les maux qu'on ne peut éviter* (cit. 26 et 27). *De quoi souffrir la famine.* (→ Réserve, cit. 9). ⇒ **Résister** (à). *Ils souffrent les maux de la guerre avec une patience* (cit. 2) *d'ange. Une constance* (cit. 2) *inébranlable à souffrir les plus indignes traitements. « Qui sait tout souffrir peut tout oser »* (cit. 1). *J'aurais souffert la mort* (→ Entêtement, cit. 3). *Souffrir un affront, des insultes.* ⇒ **Avaler, boire, essuyer.** — (Plur. cour. en emploi négatif). *Ne pouvoir souffrir la vue de qqch.* (→ Évaluer, cit. 5 ; horreur, cit. 42), *la laideur* (→ Intolérant, cit. 1), *la musique* (→ Mélomane, cit. 1)... ⇒ **Tolérer.** *Je ne pouvais souffrir sa manie de raisonner* (→ Immoralisme, cit. 1), *l'idée que...* (→ Glisser, cit. 23). *C'est une chose qu'on ne peut souffrir.* ⇒ **Intolérable.** — Fam. *Il ne pouvait souffrir les haricots verts* (→ Légume, cit. 4) : *il ne les aimait pas du tout, il les détestait.*

1   *Un vieillard, me trouvant trop sensible à je ne sais quelle injustice, me dit : «Mon cher enfant, il faut apprendre de la vie à souffrir la vie ».*
CHAMFORT, Caractères et anecdotes, Bon avis d'un vieillard.

2   *Comme Lamartine, il riait rarement, n'avait nul sens du comique, ne pouvait souffrir la caricature et ne goûtait ni Rabelais, ni La Fontaine.*
FRANCE, le Petit Pierre, I.

(Avec *de* et l'inf.). *Je ne pus souffrir de les voir si bien ensemble* (→ Alarmer, cit. 4 ; et aussi devant, cit. 20 ; estime, cit. 6).

(Compl. n. de personne). Supporter (qqn), supporter sa compagnie, sa présence, son activité... *Souffrir indifféremment toutes sortes de personnes* (→ Extravagant, cit. 1). *Des gens qu'on souffre auprès de soi* (→ Attentif, cit. 15), *dans l'État* (→ Horoscope, cit. 2). — (1677). Cour. (négatif). *Ne pas pouvoir souffrir qqn* (→ Flatter, cit. 36 ; fugitif, cit. 15). ⇒ **Sentir ;** fam. **blairer ;** et aussi **antipathie, haine.** *Personne ne peut le souffrir.* ⇒ **Désagréable, insupportable.** — Pron. (sens récipr.). *Des êtres qui ne peuvent se souffrir,* qui...

3   *(...) Tout est si corrompu (...) Ils ne souffrent autour d'eux que des serviles, que des chiens couchants (...)* MARTIN DU GARD, les Thibault, t. IV, p. 90.

4   *(...) des hommes qui, peut-être, ne peuvent se comprendre entre eux, ni même se souffrir (...)* G. DUHAMEL, Défense des lettres, II, VII.

(1690). Spécialt (en parlant d'une jument en chaleur). *Souffrir l'étalon :* tolérer son approche.

♦ **2.** (Compl. n. de chose) Littér., didact., style soutenu. Permettre, tolérer. *Il ne souffre aucune intervention entre lui et ses commis* (→ Exercer, cit. 29). *Ces chants pernicieux* (cit. 6) *qu'ils ont soufferts complaisamment.* — (Suivi d'une complétive au subj. introduite par *que*). *Souffrez que...* (→ Ajouter, cit. 4 ; appeler, cit. 36 ; arrêter, cit. 62 ; rêver, cit. 23). *Ne souffrez jamais que...* (→ Atelier, cit. 2). *Ne pouvoir souffrir que...* (→ 2. Brocard, cit. 2 ; coutume, cit. 3). — Pron. (passif). *«Une impertinence qui ne peut se souffrir »* (Molière).

5   S'il m'arrivait de me «convertir», je ne souffrirais pas que cette conversion
fût publique.   GIDE, Numquid et tu..., Avant-propos (éd. 1926).

Vx. *Souffrir qqch. à qqn, souffrir à qqn de faire qqch.*

6   Souffre un peu de relâche à mes esprits troublés (...)
             CORNEILLE, Polyeucte, II, 3.

(1640). Sujet n. de chose. ⇒ **Admettre** (*infra* cit. 18), **recevoir**
(*supra* cit. 29). *Les exercices de la piété souffrent des intervalles*
(→ Divertissement, cit. 2). *Des lois qui ne souffrent pas d'exception* (→ Déterminisme, cit. 2). *Les belles choses ne souffrent pas
de description* (cit. 3). ⇒ **Susceptible** (de). *Ce qui ne souffre point
de discussion* (→ Obéissance, cit. 6), *de contradiction* (→ Infailli-
bilité, cit. 5). *Un devoir qui ne souffre plus aucun retard*
(→ Remettre, cit. 28).

7   (...) il était bien préférable, pour obtenir un bon rendement, de ne cultiver (...)
qu'une seule «variété» de poire, si le mot de variété souffre un tel contresens.
             G. DUHAMEL, Scènes de la vie future, XV.

Loc. prov. *Le papier souffre tout :* on peut tout écrire, tout est possible sur le papier.

7.1   De là ma mauvaise humeur d'hier contre les pieux élans qu'on ne redoute pas de
confier à un journal intime, le papier souffrant tout.
           J. GREEN, Journal 1958-1967 (Vers l'invisible), 15 août 1962, p. 338.

♦ **3. Cour.** (Sujet n. de personne). Éprouver douloureusement, avec
souffrance* (→ Misérable, cit. 4). — *«Tout ce que j'ai souffert,
mes craintes, mes transports...»* (→ Essai, cit. 9 ; et aussi anesthé-
sier, cit. 1 ; bouche, cit. 21 ; malheureux, cit. 5). *Souffrir le martyre*
(cit. 10 et 11), *le supplice, d'atroces tortures* (→ Pendaison, cit.),
les tourments de l'enfer (→ Piqûre, cit. 3 ; et aussi rentrer, cit. 9).
Souffrir mille morts ; *souffrir mort et passion.*

8   Qui craint de souffrir, il souffre déjà ce qu'il craint.
             MONTAIGNE, Essais, III, 13.

(Dans un sens affaibli). ⇒ **Éprouver, subir.** *Souffrir une perte*
(→ Indiscipline, cit. 1), *une défaite* (→ Jeunesse, cit. 17).

★ **II. V. intr. Cour.** ♦ **1.** (1530). Sujet n. d'animé. Éprouver une souffrance, des douleurs (cit. 6) physiques ou morales ; avoir mal
(→ Chagrin, cit. 1 ; épuiser, cit. 22 ; plaindre, cit. 2). ⇒ **Languir.** *Souffrir comme un damné*, un martyr*. Souffrez-vous ?*
(→ Piqûre, cit. 5). *«Plutôt souffrir que mourir»* (cit. 4, La Fontaine. → aussi Audience, cit. 5 ; dévouer, cit. 9). *Chacun souffre ici-
bas.* ⇒ **Purgatoire.** *Cet animal souffre, a l'air de souffrir. Les morts* (cit. 2) *ne souffrent plus. Souffrir en silence, sans
une plainte. L'appétit* (cit. 28), *la peur de souffrir. Souffrir avec
qqn par sympathie*. *«Et nul ne se connaît tant qu'il n'a pas
souffert»* (→ Apprenti, cit. 9, Musset). *Souffrir pour la justice*
(→ Aimer, cit. 56 ; et aussi martyr, cit. 1). *Souffrir par une femme*
(→ Interférence, cit. 1). — *Faire souffrir qqn, un animal.* ⇒ **Affliger, endolorir, lanciner, martyriser, tourmenter, torturer.** *Un cancer*
(cit. 1) *qui la faisait beaucoup souffrir* (→ aussi Fracturer, cit. 2).
Il ne craint pas de me faire souffrir (→ Entamer, cit. 10 ; et aussi
larme, cit. 19). *Mes coquetteries* (cit. 7) *vous ont fait souffrir. La
peur de faire souffrir* (→ Cruauté, cit. 15).

9   Oh ! je ne savais pas qu'on souffrît à ce point !   HUGO, Hernani, V, 6.

10   Étrange chose, que l'homme qui souffre veuille faire souffrir ce qu'il aime !
            A. DE MUSSET, la Confession d'un enfant du siècle, IV, II.

11   (...) comment a-t-on le courage de souhaiter vivre (...) dans un monde où l'amour
n'est provoqué que par le mensonge et consiste seulement dans notre besoin de
voir nos souffrances apaisées par l'être qui nous a fait souffrir ?
           PROUST, la Prisonnière, Pl., t. III, p. 95.

12   Souffrir, c'est peut-être un enfantillage, une manière d'occupation sans dignité —
j'entends souffrir, quand on est femme par un homme, quand on est homme par
une femme.   COLETTE, la Naissance du jour, p. 31.

12.1   Souffrir est toujours idiot : c'est un des plus criminels bobards répandus par les
chefs de masses (...), et repris ensuite par les littérateurs (...), que souffrir soit
quelque chose de grand et de distingué.
           MONTHERLANT, Pitié pour les femmes, p. 42.

(Sujet n. de chose abstraite) :

12.2   (...) il est essentiel que l'infortune souffre ; son humiliation, ses douleurs sont au
nombre des lois de la Nature, et son existence, utile au plan général, comme celle
de la prospérité qui l'écrase ; telle est la vérité qui doit étouffer le remords dans
l'âme du tyran ou du malfaiteur (...)   SADE, Justine..., t. I, p. 54-55.

Fam. Avoir bien du mal, se donner beaucoup de peine. *J'ai souffert pour lui expliquer son problème. Nous avons gagné le match,
mais ils nous ont fait souffrir !*

♦ **2.** (1740). Sujet n. de personne. **SOUFFRIR DE** (le complément
désigne l'origine, la cause) : éprouver de la douleur, de la souffrance
à cause de... *Souffrir des dents, de la tête* (→ Croître, cit. 3).
⇒ **3. Mal** (avoir). *Souffrir d'une maladie de cœur* (→ Haletant,
cit. 4), *de rhumatismes* (→ Ficelle, cit. 1). *Souffrir d'un malaise*
(cit. 5), *d'une angoisse* (→ aussi mal de mer (→ Passage, cit. 2).
Souffrir du froid (→ Friperie, cit. 3), *de la faim et de la soif*
(→ Combat, cit. 7). — *Souffrir de certaines accusations* (cit. 8), *de
la désaffection* (cit. 1), *des infidélités* (cit. 11) *d'une femme. «Le
mal* (cit. 26) *dont j'ai souffert s'est enfui comme un rêve». Elle
souffrait cruellement de sa situation irrégulière* (cit. 4). — (Avec
de et l'inf.). *Je souffrais beaucoup d'être hideusement fagoté* (cit. 4 ;
→ aussi Attribuer, cit. 15 ; désordonné, cit. 2 ; jeune, cit. 15 ; justifier, cit. 22). *Souffrir de ce que...*

Les mots désespérés sont ses propos d'habitude : il souffre de la ville, il souffre   13
de la solitude, il souffre de soi-même et des autres (...)
          André SUARÈS, Trois hommes, «Dostoïevski», I.

J'aurais dû souffrir de ce que mes enfants, de nouveau, s'écartaient de moi.   14
          F. MAURIAC, le Nœud de vipères, II, XIX.

Je vois tes yeux secs et je sais que ton cœur est un enfer ; pas une trace de souf-   15
france, pas même l'eau d'une larme, tout est rougi à blanc. Comme tu dois souffrir de ne pas souffrir.   SARTRE, Morts sans sépulture, III, 2.

♦ **3.** (Sujet n. de personne ou de chose). **SOUFFRIR DE :** éprouver un
dommage, un préjudice. ⇒ **Pâtir.**
Souffrir d'un profond retard technique (→ Jaune, cit. 12). ⇒ **Victime** (être). *Vous pourriez bien en souffrir* (→ Il vous en cuira).
— (Sans compl. en *de*). *«Le pot* (cit. 3) *de terre en souffre»* (→ aussi
Goudron, cit. 2). *La grêle est tombée, les arbres ont beaucoup souffert.* ⇒ **Ravager** (→ Menu, cit. 2 ; ravage, cit. 4).

(...) mes rosiers et mes œillets ont souffert cette année, et j'ignore ce qui se passe   16
dans ma volière, tous mes oiseaux sont malades.   ZOLA, la Terre, IV, IV.

CONTR. (Du II.) **Jouir ; bénéficier.**
DÉR. Souffrant ; souffrance, souffroir.
COMP. Souffre-douleur.
HOM. Formes du v. **soufrer.**

SOUFFROIR [sufʀwaʀ] n. m. — 1863, Goncourt ; de *souffrir*, et
suff. *-oir.* → Mouroir.

♦ **Littér.**, rare. Lieu de souffrance.

SOUFI, IE [sufi] n. m. et adj. — 1834 ; *sof*, XVIIᵉ, confondu avec
sophi, titre des schahs ; de l'arabe *ṣūf* «laine», les premiers *soufis* étant
des ascètes qui portaient un vêtement de laine grossière.

♦ **Hist. relig.** Mystique de l'islam, adepte du soufisme. — Adj. *Phi-
losophie, poésie soufie.*
REM. On a dit et écrit *sofî.* Les spécialistes transcrivent *çoufî* ou *sūfî.*
DÉR. Soufisme, soufite.

SOUFISME [sufism] n. m. — 1853 ; de *soufi.*

♦ **Didact.** (hist. des relig.). Doctrine mystique qui s'est développée à
l'intérieur de l'islam. *Le Masnavi spirituel de Djelal el Din Roumi
est l'expression la plus complète du soufisme. L'œuvre de Ghazali
constitue une synthèse de l'islam et du soufisme.*

Le çoufisme représente une protestation contre le formalisme juridique en même
temps que contre la mondanité résultant des conquêtes. Il donne la primauté à
la religion du cœur, à l'amour de Dieu, aux valeurs de contemplation et d'ascèse,
le froc de laine, *çouf,* s'opposant au luxe des Oméïades et des Abbassides. Il est
moins une école d'extase passive qu'une voie d'initiation à une doctrine métaphysique traditionnelle et une méthode de réalisation spirituelle (méditation, retraite,
lutte contre le moi, litanies, poésie, musique, danse et, dans certaines confréries, jeux du fer et du feu), très originale malgré son caractère traditionnel et les
influences adventices chrétiennes, néoplatoniciennes et hindouistes.
          DERMENGHEM, Mahomet et la tradition islamique, p. 72-73.
REM. Les spécialistes transcrivent *çoufisme* ou *sūfisme.*

SOUFITE [sufit] adj. — XXᵉ ; de *soufi.*

♦ **Didact.** Relatif au soufisme. *La mystique soufite.*

SOUFRAGE [sufʀaʒ] n. m. — 1798 ; de *soufrer.*

♦ **1.** Opération qui consiste à soufrer (une étoffe). *Soufrage de la
laine, d'une couverture.*

♦ **2.** (1810). Enduction de soufre. *Le soufrage des allumettes.*

♦ **3.** (1872). Traitement (d'une plante de culture, et en particulier de
la vigne) au moyen de soufre pulvérisé. *Le soufrage de la vigne.*
⇒ aussi **Sulfatage.**

SOUFRE [sufʀ] n. m. — V. 1265 ; *sulfre,* v. 1120 ; lat. *sulfur, sulfuris.*

♦ **1. Ancienne.** L'un des trois principes actifs de l'ancienne chimie,
«substance homogène, liquide, oléagineuse, visqueuse et inflam-
mable, qui monte (...) en forme d'huile après l'esprit dans la distillation qui se tire de tous les corps» (Furetière, 1690). *Soufre des
philosophes, ou «père des métaux». Soufre d'antimoine. Fleur de
soufre.* — (1690). Par anal. *Foie de soufre :* sulfure de potasse des
pharmacopées (trisulfure de potassium). — *Lait de soufre :* sol colloïdal obtenu par action d'un acide sur une solution d'hyposulfite.
Soufre végétal : soufre de lycopode*.

♦ **2. Mod.** Corps simple (symb. *S ;* masse at. 32,066 ; nᵒ at. 16 ;
fusion à 119ᵒC ; ébullition à 444,6ᵒC) qui se rencontre dans la
nature soit à l'état d'élément (*soufre natif*), soit à l'état de sulfures.
Le soufre, métalloïde polymorphe (⇒ **Allotropie**). *Principales formes allotropiques du soufre : soufre orthorhombique* (dens. 2,07),
corps cassant, de couleur jaune citron, se transforment à 95,6ᵒC en
soufre clinorhombique (dens. 1,96) ; *soufre nacré* (instable) ; *soufre-
lambda, soufre-mu, soufre-mou* (ces trois dernières variétés sont
amorphes). *Le soufre, corps connu de toute antiquité, mais dont la*

nature élémentaire ne fut reconnue que par Lavoisier, était consi-
déré par les alchimistes comme une condensation de la matière du
feu contenue dans tous les corps combustibles (→ ci-dessus, 1.).
Soufre sublimé (ou *fleur de soufre*), obtenu par condensation brusque des vapeurs de soufre. *Soufre trituré, pulvérulent. Soufre*
brut. Soufre en canons, moulé en cylindres. *Soufre précipité* (ou
magistère de soufre) : soufre officinal obtenu dans certaines conditions. *Composés du soufre.* ⇒ **Bisulfure, hyposulfureux, mercaptan,**
oxysulfure, persulfure, pyrite, sulfate, sulfhydrique, sulfovinique, sul-
fure, sulfureux, sulfurique; et aussi préf. **thio(n)-**. — *Combiner un*
corps avec du soufre. ⇒ **Sulfurer.** *Enlever le soufre d'une subs-*
tance. ⇒ **Désulfurer.** *Le soufre, substance minéralisatrice* (→ aussi
Minéralisation, cit.). *Gisement* (⇒ aussi **Solfatare, soufrière**), *mine-*
rai de soufre. Traitement, raffinage du soufre par cristallisation,
fusion... Usages du soufre dans l'industrie, les métiers : fabrica-
tion du gaz sulfureux, de l'acide sulfurique, du sulfure de carbone,
des thiosulfates, de la pâte à papier, des insecticides, des fongici-
des; industrie du caoutchouc (⇒ **Vulcanisation**); *métallurgie; raf-*
finage des pétroles; fabrication de la poudre* noire, des pièces
d'artifice, de l'ébonite, de couleurs colorants; méchage des ton-
neaux; scellement du fer dans la pierre; moulage des médailles,
etc. *Utilisation du soufre dans l'agriculture* (protection de la vigne
contre l'oïdium), *en médecine* (pommade au soufre contre la gale;
fleur de soufre utilisée comme purgatif, etc.). *Imprégner de soufre.*
⇒ **Ensoufrer, soufrer.**

1   Les allumettes se brisaient entre ses doigts. Il réussit à en allumer une. Le soufre
    se mit à bouillir, à enflammer le bois avec une lenteur qui redoubla les angoisses
    de Laurent; dans la clarté pâle et bleuâtre du soufre, dans les lueurs vacillantes
    qui couraient, il crut distinguer des formes monstrueuses.
                                          ZOLA, Thérèse Raquin, XVII.

Odeur de soufre : odeur qui se dégage du soufre en combustion.
L'odeur pointue (cit. 3) *de la poudre et du soufre.* — *L'odeur*
de soufre : odeur infernale et satanique selon la légende (→ aussi
Enfer, cit. 15; repoussement, cit. 2).

Loc. fig. **SENTIR LE SOUFRE**, se dit d'écrits ou de propos peu orthodoxes, dont la liberté paraît diabolique.

2   (...) le magicien Urbain l'avait ensorcelée avec des roses que le diable lui avait
    données, et il est sorti de ses oreilles et de son cou des roses couleur de flamme,
    qui sentaient le soufre au point que monsieur le lieutenant criminel a crié que chac-
    un ferait bien de fermer ses narines et ses yeux, parce que les démons allaient
    sortir.   A. DE VIGNY, Cinq-Mars, II.

♦ **3.** (1782). Moulage en soufre (d'une médaille).

♦ **4.** (1742, *in* D.D.L.). Couleur d'un jaune clair semblable à celle
du soufre (→ Pivert, cit.). — Par appos. *Jaune* (cit. 10) *soufre.*

DÉR. **Soufré, soufrer, soufreux, soufrière.**
COMP. **Ensoufrer.**
HOM. Formes des v. **souffrir** et **soufrer.**

SOUFRÉ, ÉE [sufʀe] adj. — 1256, «qui renferme du soufre»; de *soufre.*

♦ **1.** Enduit, imprégné de soufre. *Eau soufrée. Casaque soufrée des*
hérétiques condamnés au bûcher. ⇒ **San-benito.** — (Mil. XIXᵉ). *Allu-*
mettes soufrées.
Mèche soufrée, servant à mécher* les tonneaux (→ Soufrer, 2.).

♦ **2.** (V. 1850). D'une couleur jaune soufre. ⇒ **Soufre** (4.). «*Un fla-*
con blanc soufré » (→ Exploser, cit. 1). *Une robe d'hyacinthe sou-*
frée (→ Étinceler, cit. 12).

♦ **3.** N. m. (Av. 1850). Papillon commun aux ailes jaune soufre
et noires.

SOUFRER [sufʀe] v. tr. — 1636; de *soufre.*

♦ **1.** Imprégner, enduire de soufre.

♦ **2.** (1680). Techn. Traiter au soufre, à l'anhydride sulfureux. *Sou-*
frer une étoffe, de la laine, de la soie, pour la blanchir. — *Sou-*
frer un tonneau, par la combustion d'une mèche *soufrée* (1.), afin
de l'assainir. ⇒ **Mécher.**

1   Une très légère buée bleue — on a soufré les tonneaux — épaissit l'air, sous
    les voûtes étoilées d'ampoules électriques.   COLETTE, Prisons et Paradis, p. 102.

♦ **3.** *Soufrer du vin :* le muter* avec de l'anhydride sulfureux. *Sou-*
frer un moût.

♦ **4.** (1857, *Année sc. et industr.* 1858, p. 401). *Soufrer la vigne :* la
traiter en répandant sur elle du soufre en poudre, afin de la protéger contre certaines maladies cryptogamiques (oïdium).

▶ **SOUFRÉ, ÉE** p. p. adj. Voir ce mot. — (Aux sens ci-dessus.) *Ton-*
neau soufré. — *Vin soufré. Vigne soufrée.*
Fig., littér. Imprégné d'une «odeur de soufre* »; quelque peu diabolique.

2   (...) la séduction des belles manières de cour, légèrement soufrées de libertinage
    désinvolte.   Claude ROY, Nous, p. 118.

DÉR. **Soufrage, soufreur, soufroir.**
HOM. Formes du v. **souffrir.**

SOUFREUR, EUSE [sufʀœʀ, øz] n. — 1872; de *soufrer.*
Technique.

♦ **1.** Ouvrier chargé de la préparation du soufre. *Ophtalmie des*
soufreurs. — Ouvrier agricole qui répand le soufre sur les vignes.

♦ **2.** N. f. (1907). **SOUFREUSE** : appareil qui sert à pulvériser le soufre sur la vigne, etc.

SOUFREUX, EUSE [sufʀø, øz] adj. — 1549; de *soufre.*

♦ **1.** Vx. Qui contient du soufre.

♦ **2.** Rare, littér. De couleur jaune soufre.

SOUFRIÈRE [sufʀijɛʀ] n. f. — 1497; de *soufre.*

♦ Lieu où l'on extrait le soufre. *La Soufrière,* nom d'un volcan de
la Guadeloupe.

SOUFROIR [sufʀwaʀ] n. m. — 1723; de *soufrer.*

♦ Techn. Étuve où l'on blanchit la laine en la soufrant.

SOUHAIT [swɛ] n. m. — Fin XIIᵉ; *sohet, sohait,* 1170; de *souhaiter.*

♦ **1.** Désir, exprimé ou non, d'obtenir qqch., de voir un événement
se produire. ⇒ **Aspiration, désir** (*supra* cit. 1), **envie, vœu, volonté**
(→ Raffoler, cit. 2). *Souhaits de bonheur* (⇒ **Bénédiction**), *de*
prospérité, de malheur (⇒ **Imprécation, malédiction**). *Importuner le*
ciel par des souhaits aveugles. ⇒ **Demande** (cit. 3). *Exprimer, for-*
mer, formuler des souhaits (→ Étoile, cit. 21). *Adresser des sou-*
haits à qqn. Accomplir, exaucer, réaliser un souhait (→ aussi
Attendre, cit. 64). *Remplir, décevoir, tromper les souhaits de qqn.*
⇒ **Attente** (*supra* cit. 26); → Événement, cit. 3. *Formules de sou-*
hait : ainsi* soit-il; Dieu* vous entende, vous assiste, vous bénisse;
plaise* au ciel que..., puissé-je..., puisse, puisse-t-il... ⇒ **1. Pouvoir**
(*supra* cit. 14). — *Le souhait, employé comme figure de rhétori-*
que. ⇒ **Optation.** — *Mode qui exprime le souhait dans certaines*
langues. ⇒ **Optatif.**

1   (...) si les souhaits que j'ai faits pour sa prospérité n'ont pas été remplis, ce n'est
    pas faute d'avoir été sincères.   DIDEROT, Jacques le fataliste, Pl., p. 641.

Spécialt. *Les souhaits de bonne année.* ⇒ **Vœu.** *Envoyer ses sou-*
haits. Meilleurs souhaits.

À VOS SOUHAITS : formule familière, plaisante à l'adresse d'une personne qui éternue (→ Que Dieu vous assiste*, vous bénisse*; et
aussi éternuement, cit. 2).

♦ **2.** Loc. adv. (XIIIᵉ). **À SOUHAIT** : d'une manière conforme à ce qu'on
souhaite; aussi parfaitement qu'on peut le désirer; autant que possible. ⇒ aussi **Abondamment, 1. gogo** (fam. : à gogo). «*Si j'étais nain*
(cit. 1) *j'aurais toute chose à souhait* » (Ronsard). *Une besogne qui*
marche à souhait (→ Intelligence, cit. 22). *Un vin liquoreux* (cit.)
à souhait. Il était riche à souhait (→ Rassasier, cit. 6).

2   Je m'enivre à souhait de l'arôme des fleurs,
    Et je m'endors, plongée en de molles chaleurs !
                  LECONTE DE LISLE, Poèmes barbares, «Légende des Nornes», II.

Iron. *Il est bête à souhait,* très bête.

CONTR. **Crainte.**

SOUHAITABLE [swɛtabl] adj. — V. 1500; de *souhaiter.*

♦ Qui peut ou qui doit être souhaité, recherché. ⇒ **Désirable,**
enviable (→ Apostolat, cit. 3; avantageux, cit. 3; émeute, cit. 4). *Ce*
n'est guère, ce n'est pas souhaitable. Une mise au point est haute-
ment souhaitable. Elle n'a pas les qualités souhaitables. ⇒ **Requis.**
— *Il est souhaitable de...,* suivi de l'inf. *Il est, il serait souhaitable*
que..., suivi du subj. (→ Hypothèque, cit. 5).

1   Depuis que la presse a annoncé votre courageuse et si difficile entreprise, j'ai eu
    maintes occasions de m'apercevoir à quel point elle était souhaitable, et j'ai fait
    bien souvent des vœux pour sa réussite.
                                  MARTIN DU GARD, Lettre à Paul Robert, 12 déc. 1954.

N. m. Ce qui peut être souhaité.

2   Le bien-être des hommes a pu bénéficier de certaines retombées, mais à nouveau
    de façon aléatoire, sans lien véritable avec le souhaitable.
                                  A. SAUVY, Croissance zéro?, p. 267.

SOUHAITER [swɛte; swəte] v. tr. — 1360; *sohaidier,* 1170; soit
d'un gallo-roman **subtushaitare,* du lat. *subtus* «sous», et francique
*haitan «ordonner, promettre»; soit (P. Guiraud), var. d'un **sous-aider,*
*sous-aidier («sous-agir pour...») postulant un lat. pop. **sub-adjutare.*

♦ **1.** Désirer, pour soi ou pour autrui, la possession, l'usage, la
présence (de qqch.), la réalisation (de un événement). ⇒ **Appe-**
ler (*supra* cit. 20), **aspirer** (à), **convoiter, demander, désirer** (*supra*
cit. 1), **envier, rechercher, rêver** (de), **vouloir.** «*J'ai souhaité*
l'empire (cit. 12) *et j'y suis parvenu* » (Corneille). — Vx. *Souhai-*
ter qqn : désirer le voir. Vx. *Souhaiter qqch. de qqn.* ⇒ **Attendre,**
espérer (→ 1. Porter, cit. 7; propre, cit. 22). — *Souhaiter* (suivi de

l'inf.) : exprimer sous forme de vœu. *Il souhaite conserver l'ordre social* (→ Révolter, cit. 8). — *Souhaiter de* (et l'inf.) : avoir envie de, former le souhait* de. *Chacun lui demande ce qu'il souhaite d'obtenir* (→ Révérer, cit. 4). — *Souhaiter que* (et le subj.). *Je souhaite que vous songiez quelquefois à moi* (cf. J'aimerais que...; j'aime à croire que...; → aussi 1. penser, cit. 22). *Il est, il serait à souhaiter que* (et le subj.). ⇒ **Souhaitable** (→ 1. Masse, cit. 23; passé, cit. 65). — Suivi d'un attribut d'objet (→ ci-dessous, cit. 2, Mérimée, et 3, Gide). *Je le souhaitais plus beau.* — *Souhaiter qqch. pour qqn* (→ Bosse, cit. 3; hilarité, cit. 1; patrie, cit. 2). *C'est la grâce que je vous souhaite.*

1   Enfin qui vous a dit que malgré mon devoir
    Je n'ai pas quelquefois souhaité de vous voir?
    — Souhaité de me voir! Ah! divine princesse (...)   RACINE, *Andromaque*, II, 2.

2   (...) Vous me souhaitez déjà pendu peut-être?   MÉRIMÉE, *Colomba*, VIII.

3   Mais il se ressaisit presque aussitôt, et d'une voix que j'aurais souhaitée moins assurée : — Ne m'accusez pas, mon père. GIDE, la *Symphonie pastorale*, I, 8 mars.

4   Je lui laissai entendre que je ne souhaitais plus de les voir ni lui, ni sa mère.
    F. MAURIAC, le *Nœud de vipères*, II, XVI.

5   (...) il souhaitait continuer ses études à Paris, puis écrire.
    A. MAUROIS, le *Cercle de famille*, I, XIV.

Iron. *Je vous souhaite bien du plaisir** (*supra* cit. 16). — Ellipt. et fam. *Je vous en souhaite* : je prévois pour vous bien des désagréments.

♦ **2.** (1690). Spécialt. *Souhaiter la bienvenue, le bonjour, le bonsoir à qqn.* ⇒ aussi **Complimenter** (→ Commander, cit. 2; préséance, cit. 2; salut, cit. 8). *Vous lui souhaiterez le bonjour de ma part. Souhaiter bon voyage, bonne route, bonne chance à qqn* (→ 1. Pas, cit. 29). *Souhaiter la fête de qqn* : lui présenter ses vœux à l'occasion de sa fête. — Fam. *Souhaiter la bonne année.* ⇒ **Vœu** (offrir ses vœux). — Ellipt. et fam. *Je vous la souhaite bonne et heureuse.*

5.1 (...) cette impression de mensonge, de néant, que donne au jour de l'an le monsieur qui, en vous apportant des marrons glacés, dit : «Je vous la souhaite bonne et heureuse» en ricanant, mais le dit tout de même.
    PROUST, le *Temps retrouvé*, Pl., t. III, p. 745.

♦ **3.** Vx (langue class.). Désirer une amélioration dans. *Ne rien souhaiter dans qqch.,* considérer comme parfait.

▸ **SOUHAITÉ, ÉE** p. p. adj. (1559).

Espéré*. *Cette unification des esprits reste beaucoup plus souhaitée qu'obtenue* (→ Partager, cit. 26).

6   Tous les changements, même les plus souhaités, ont leur mélancolie, car ce que nous quittons, c'est une partie de nous-mêmes; il faut mourir à une vie pour entrer dans une autre. FRANCE, le *Crime de S. Bonnard*, Œ., t. II, VI, p. 504.

CONTR. Craindre, regretter.
DÉR. Souhait, souhaitable.

SOUIL [suj] n. m. ⇒ **Souille**, 1.

SOUILLARD, ARDE [sujaʀ, aʀd] n. — Déb. XVIᵉ; *soillard*, 1356; de *soul.* → Souille.

♦ **1.** Vx. Domestique malpropre. ⇒ **Souillon.**

♦ **2.** N. m. (1872; pour désigner la dalle elle-même, 1842). *Souillard* : trou percé dans une dalle, dans l'épaisseur d'un mur, pour l'écoulement des eaux ménagères, pluviales, etc.

♦ **3.** Vx ou régional. Lieu bourbeux. ⇒ **Bourbier, souille.**

DÉR. Souillarde, souillardure.

SOUILLARDE [sujaʀd] n. f. — 1731; de *souillard.*

♦ **1.** Régional. Arrière-cuisine où on lave la vaisselle, où on dispose des garde-manger, etc.

1   Dans la souillarde, ainsi qu'elle le faisait depuis soixante ans, Marie de Lados lavait la vaisselle. F. MAURIAC, *Génitrix*, XII.

2   Piquemal aurait eu de la peine à s'enfuir, car la porte donnait dans une souillarde sans communication avec le dehors. G. SIMENON, *Maigret chez le ministre*, p. 178.

♦ **2.** (1836). Régional. Baquet où se lavait la vaisselle. — Techn. Grand baquet d'une savonnerie, destiné à recevoir les soudes lessivées.

SOUILLARDURE [sujaʀdyʀ] n. f. — 1753; var. anc. *souillardière,* 1759; de *souillard* «lieu bourbeux, etc.».

♦ Techn. (pêche). Bourrelet fait de vieux morceaux de filets renforçant la ralingue inférieure d'un filet et servant à le maintenir vertical.

SOUILLE [suj] n. f. — V. 1354, *seul;* de *soil* «abîme de l'enfer»; du lat. *solium* «cuve».

♦ **1.** Vén. Bourbier où le sanglier aime à se vautrer (on trouve aussi *soul,* n. m.).

1   Regardez un peu ma basse-cour (...) Le pourceau grogne dans sa souille (...) Le canard, ce porc de la gent volatile, se goberge hideusement dans la mare.
    HUGO, *Choses vues*, II, III, VI.

♦ **2.** Techn. Empreinte laissée dans la terre, la vase, par qqch. qui s'y est enfoncé. **[a]** (1538). Mar. Enfoncement que forme dans la vase, dans le sable, un navire échoué. ⇒ **Gîte.** *Le chalutier a fait sa souille en venant à l'échouage. Les pêcheurs cherchent des vers de vase à marée basse dans les souilles.*

(Mil. XXᵉ). Par ext. Excavation allongée, tranchée creusée sous l'eau (pour recevoir une canalisation, un câble électrique ou téléphonique, etc.). *Enfouir un oléoduc dans une souille.* ⇒ **Ensouiller.**

[b] (1933, *in* Larousse). Trace laissée dans le sol par un projectile qui a ricoché avant d'éclater.

♦ **3.** (Par ext. du sens 2., a., «trou rempli d'eau vaseuse, trouble»). Mar. Puisard qui recueille l'eau infiltrée par le presse-étoupe de l'arbre d'hélice.

2   (...) on voit miroiter une eau lourde dans un puisard qui se remplit de l'eau de mer qui suinte à travers les joints et les presse-étoupe des hélices et de l'huile chaude (...) c'est la souille (...)   B. CENDRARS, *Bourlinguer*, 2, p. 26.

DÉR. (De *souil*). Souillard, souiller.

SOUILLER [suje] v. tr. — V. 1155, *souillier; soilant,* v. 1100; de l'anc. franç. *soil.* → Souille.

♦ **1.** Littér. Salir* (d'abord et surtout, par une matière boueuse, humide). — Rare. (Sujet n. de personne). *Il souille de boue le lit avec ses souliers. Elle souille tout ce qu'elle touche.* ⇒ **Souillonner.** — (Sujet n. de la chose qui salit). *La boue qui souille les rues. Des ordures répandues souillaient le trottoir.* — (Plus cour. au passif et au p. p.). *Faubourg* (cit. 3) *souillé par la suie des usines.* ⇒ **Polluer.** *Souillé de boue, de terre* (→ Groin, cit. 2; 1. mort, cit. 21), *de mazout* (→ Graisseur, cit. 3). ⇒ **Sale.** *Couvertures souillées de punaises* (→ Mobilier, cit. 4). — *Être souillé de...* (et infinitif).

1   Vêtus de loques, souillés d'avoir été abandonnés dans leur ordure (...)
    ZOLA, la *Débâcle*.

Spécialt. Altérer l'état de propreté absolue ou d'asepsie. ⇒ **Corrompre, infecter.** *Souiller des compresses par maladresse* (→ Intempestif, cit. 3).

♦ **2.** Salir d'excréments, de déjections. *Malade qui souille ses draps* (→ Gâteux, étym.).

♦ **3.** Relig. Salir par le contact d'une chose impure* (cit. 3; → aussi Bouche, cit. 12; puritain, cit. 1). ⇒ **Contaminer.** — Salir par une sorte de profanation ou de sacrilège (1. Sacrilège, cit. 4). ⇒ **Profaner, violer** (→ Avilir, cit. 8; monastère, cit. 1; pécher, cit. 3).

2   (...) un cadavre est chose impure en Islam et on s'en défait au plus vite pour qu'il ne souille pas la maison.   Jérôme et Jean THARAUD, *Marrakech*, XVII.

Spécialt. *Souiller de sang ses mains* : être un meurtrier. «*Des lois et non du sang : ne souillez pas vos mains*» (→ Arrêter, cit. 52). ⇒ **Ensanglanter.** — Pron. (→ Poignard, cit. 1).

♦ **4.** (V. 1220). Par métaphore, fig. littér. (Compl. abstrait). Salir, altérer (qqch. qui aurait dû être préservé, respecté). ⇒ **Avilir, entacher, gâter, gangrener.** *Personne, chose qui souille la gloire, la vie, les écrits de qqn* (→ Dépouiller, cit. 4; désordre, cit. 19; gain, cit. 6; obscénité, cit. 2). *Souiller la couche*, le lit conjugal.* — *Souiller une femme.* ⇒ **Déshonorer** (cit. 8; et → Eunuque, cit. 2). «*Toi qu'un amour furtif* (cit. 1) *souilla de tant de crimes.*»

3   Jusqu'ici ma plume, hardie à dire la vérité, mais pure de toute satire, n'a jamais compromis personne; elle a toujours respecté l'honneur des autres, même en défendant le mien. Irais-je, en la quittant, le souiller de médisance, et la teindre des noirceurs de mes ennemis?
    ROUSSEAU, *Lettre à Christophe de Beaumont*, 18 nov. 1762.

4   (...) qu'est-ce donc que ce besoin de souiller, qui est chez la plupart, — souiller ce qui est pur en eux et dans les autres, — ces âmes de pourceaux, qui goûtent une volupté à se rouler dans l'ordure, heureux quand il ne reste plus sur la surface de leur épiderme une seule place nette (...)
    R. ROLLAND, *Jean-Christophe, L'adolescent*, III.

▸ **SOUILLÉ, ÉE** p. p. adj.

P. p. *Souillé de, par...* (→ ci-dessus, 1.). — Adj. *Draps souillés.* ⇒ **Sale.**

5   Elle fait basculer les deux jambes décharnées de la vieille femme, raidies en l'air (...) et elle tire prestement de dessous le corps, changé de place, l'alèse souillée (...)
    Ed. et J. DE GONCOURT, *Sœur Philomène*, I, p. 6.

Fig. *Purifier les lieux souillés* (→ Expiation, cit. 3).

CONTR. Blanchir, essuyer, laver; désinfecter, purifier. — Régénérer, sanctifier. — (Du p. p.) Immaculé, net, propre, pur.
DÉR. Souillon, souillure.

SOUILLON [sujɔ̃] n. — V. 1450, «valet de cuisine»; de *souiller.*

♦ **1.** N. m. Vx. Personne malpropre, qui se salit. *Cette fille est un souillon. Un petit souillon.*

1   J'allais mise comme un souillon, et elle était vêtue comme une dame.
    BALZAC, la *Cousine Bette*, Pl., t. VI, p. 225.

2   De l'autre côté de la grille (...) il y avait un autre enfant, sale, chétif, fuligineux (...) l'enfant pauvre montrait à l'enfant riche son propre joujou (...) ce joujou, que le petit souillon agaçait, agitait et secouait dans une boîte grillée, c'était un rat vivant!
    BAUDELAIRE, le *Spleen de Paris*, XIX.

Spécialt. Servante malpropre.

2.1 J'ai, spontanément, augmenté de cinquante francs par mois ma servante Mélanie qui est pourtant un souillon.   M. AYMÉ, le Passe-muraille, p. 238.

♦ **2.** N. f. Servante employée aux plus gros travaux. ⇒ **Gaupe** (vx).

3 (...) Mes amis qui venaient la surprendre à cinq heures la trouvaient le plus souvent fagotée comme une souillon.   A. HERMANT, les Épaves, III.

REM. En parlant d'une femme, d'une fille, le mot, même au sens 1., tend à ne s'employer qu'au féminin.

DÉR. **Souillonner.**

SOUILLONNER [sujɔne] v. tr. — XVIᵉ; de *souillon*.

♦ Rare. Salir, souiller en manipulant peu soigneusement.

SOUILLURE [sujyʀ] n.f. — 1630; *soilleüre*, v. 1280, au sens 2.; de *souiller*.

♦ **1.** Rare. *(Une, des souillures).* Marque laissée par ce qui souille (1.); saleté, tache (→ Parsemer, cit. 2). *L'hermine* (cit. 2) *vierge de souillure.* — (Mil. XXᵉ). Déchet, agent polluant.

♦ **2.** *La souillure :* le fait de souiller (2.). ⇒ **Contamination, pollution** (I., 1., vx). → Hécatombe, cit. 1; paria, cit. 1.

♦ **3.** Fig., littér. *(Une, des souillures; la souillure,* qualifié). Impureté morale. ⇒ **Avilissement, corruption, flétrissure, ordure** (cit. 8), **péché, tache, tare.** *Souillure morale* (→ Hermine, cit. 4), *du pécheur* (→ Assoupir, cit. 27; bain, cit. 4). *Pur de toute souillure* (→ Brûlant, cit. 9). *Les souillures de la vie* (→ Intransigeance, cit. 22). *« La mer y passerait sans laver* (cit. 25) *la souillure. »*

J'ai vu une femme honnête frissonner d'horreur à l'approche de son époux; je l'ai vue se plonger dans le bain, et ne se croire jamais assez lavée de la souillure du devoir.   DIDEROT, Sur les femmes.

CONTR. **Propreté, pureté; désinfection...**

SOUÏ-MANGA [swimɑ̃ga] n. m. — V. 1770, Commerson; mot malgache.

♦ Oiseau passeriforme *(Nectarinia),* colibri au bec long et recourbé, au plumage riche et brillant, qui vit surtout en Afrique tropicale.

REM. On écrit aussi *souïmanga.*

SOUK [suk] n. m. — 1848, comme mot emprunté (*in* D. D. L.); arabe *sūq* «marché».

♦ **1.** Marché des pays d'Islam, et, spécialt, marché couvert réunissant, dans un dédale de ruelles, des boutiques et ateliers de toute espèce. ⇒ **Bazar.** *Les labyrinthes* (cit. 9) *des souks.*

Dans la ville arabe, la partie la plus intéressante est le quartier des Souks, longues rues voûtées ou toiturées de planches, à travers lesquelles le soleil glisse des lames de feu (...) Ce sont les bazars, galeries tortueuses et entre-croisées où les vendeurs, par corporations, assis ou accroupis au milieu de leurs marchandises en de petites boutiques couvertes, appellent avec énergie le client ou demeurent immobiles dans ces niches de tapis, d'étoffes de toutes couleurs, de cuirs (...)   MAUPASSANT, la Vie errante, Tunis.

♦ **2.** (Mil. XXᵉ). Fig., fam. Lieu où règne le désordre, l'agitation, le bruit. *Quel souk! Qu'est-ce que c'est que ce souk!* ⇒ **Bazar, bordel...**

Désordre. *Il y a un de ces souks, chez lui!* — (Abstrait). *C'est le souk, dans ce bouquin :* c'est désordonné, confus, sans suite ni méthode.

SOUL [sul] adj. invar. et n. m. — 1962; mot amér., proprt «âme». Anglicisme.

♦ **1.** Adj. invar. *Musique soul :* musique des Noirs américains caractérisée par la pureté d'inspiration et la sincérité d'expression (par oppos. aux musiques considérées comme «commerciales»). *Jazz soul. «Une pop instrumentale très soul»* (le *Nouvel Obs.,* 28 août 1972, p. 9). — Par ext. *Atmosphère soul, le style soul.*

Par ext. Des Noirs américains (dans quelques domaines). *Nourriture soul* (d'origine créole). *Les restaurants soul d'Harlem.*

♦ **2.** N. m. Cette musique. *«Du soul exacerbé»* (le *Nouvel Obs.,* 31 juil. 1972, p. 7).

REM. On trouve aussi le syntagme anglais *soul music* [sulmjuzik], «musique soul», au fém.

« White monte ce groupe Earth, Wind and Fire, branché sur la soul music où peut vouloir donner des raisons d'espérer à la communauté noire » (l'*Express,* 10 mars 1979, p. 37). *«C'est ça le soul. Simple, voluptueux, poétique et déchirant. Le soul sanglote mais ne pleurniche jamais. Le soul est onctueux mais pas sirupeux. Le soul allie la force et la mélodie. Le funk fait bouger seul, le blues fait frémir ou pleurer, le soul rapproche les corps, son rythme roule des*

hanches, ça peut durer des heures et ça commençait à me manquer sérieusement » (*Actuel,* févr. 1983).

HOM. **Soûle.**

SOÛL, SOÛLE ou (vx) SAOUL, SAOULE [su, sul] adj. et n. m. — XIIIᵉ, *saoul; saul,* v. 1112; lat. *satullus,* de *satur* «rassasié». — REM. En poésie, on a employé l'orthographe *sou* (→ Lare, cit. 2).

★ I. ♦ 1. Vx. Qui a mangé et bu à satiété. ⇒ **Rassasié, repu** (Cf. Molière, *le Médecin malgré lui,* I, 1).

♦ **2.** Fig., littér. *Soûl de...* : rassasié, saturé de (qqch.) au point d'en être dégoûté (→ Note, cit. 23; pleurnicherie, cit. 1).

1 Mais Vitalis, saoul de plaisir lui aussi, las d'une même présence, obsédé de reproches, demeurait de glace devant ces fureurs nouvelles et plus tendres.   P.-J. TOULET, la Jeune Fille verte, VI.

♦ **3.** N. m. **a** (1646). Vx. *Tout le soûl* (Cf. Molière, *les Femmes savantes,* III, 6).

b (XVᵉ). Mod. (précédé d'un possessif). *Tout mon,... tout son,... tout leur soûl :* autant qu'on veut, à satiété. ⇒ **Content** (son), **suffisance** (sa). *Boire, manger, dormir tout son soûl. Rire, fumer tout son soûl* (→ 2. Bien, cit. 5; fumerie, cit. 2). *Se plaindre tout son soûl* (→ Endurer, cit. 8). — Vieilli (sans *tout*). *Mon, son soûl* (→ Gras, cit. 44).

2 Ma femme est morte, je suis libre!
Je puis donc boire tout mon soûl.
Lorsque je rentrais sans un sou,
Ses cris me déchiraient la fibre.   BAUDELAIRE, les Fleurs du mal, Le vin, CVI.

3 (...) seule, et la porte close, elle pourrait sangloter tout son saoul.   MARTIN DU GARD, les Thibault, t. VIII, p. 25.

★ II. Fam. ♦ **1.** (1534). Ivre*. ⇒ **Plein** (→ Paraître, cit. 56). — Loc. *Soûl comme un âne, un bourrin, une bourrique, un cachalot, un cochon. Soûl comme une grive* (cit. 2 et 3). *Soûl comme un Polonais.* — *Un peu soûl* (→ Bourreau, cit. 5). ⇒ **Gris.** *Fin* soûl* : complètement soûl. *Femmes bêtement soûles* (→ Fêtard, cit.). Loc. *Des raisonnements de femme soûle,* absurdes.

4 (...) je n'ai pas la permission de m'enivrer, fût-ce un jour par hasard. Ma vie doit être respectable. Songez donc : un de mes élèves me rencontrerait saoul dans la rue (...)   GIDE, les Caves du Vatican, III, 15.

♦ **2.** Fig. Enivré, grisé. *Soûls de paroles* (→ Galéjer, cit. 1). *Soûl de mouvement, de grand air.*

5 Enfin! Nous nous sentions Hommes! Nous étions pâles,
Sire, nous étions soûls de terribles espoirs (...)   RIMBAUD, Poésies, IV.

CONTR. **Jeun** (à).
DÉR. **Soûlard, soûlaud, soûler.**
COMP. **Dessouler.** — **Soûlographe, soûlographie.**
HOM. **Sou, soue, sous.** — (Du fém.) **Soûl.**

SOULAGEMENT [sulaʒmɑ̃] n. m. — Fin XVᵉ, *sollagement; soubzlegement,* 1384; de *soulager.*

♦ **1.** Action ou manière de soulager. *Le soulagement de qqn (par qqn). Le soulagement du peuple, d'une personne affligée.* ⇒ **Aide** (→ Atelier, cit. 6; pitié, cit. 3). — *Pour le soulagement de sa conscience.* ⇒ **Décharge.** — (Sans compl.). *Des paroles de soulagement,* qui soulagent. — *Un, des soulagements :* ce qui soulage. *Apporter* (cit. 36) *un soulagement à qqn, un soulagement à la douleur.* ⇒ **Adoucissement, allègement, remède** (→ Jouissance, cit. 4). *Porter un soulagement* (→ Onguent, cit. 2). *J'y trouvais un soulagement.* ⇒ **Délivrance** (cit. 6). *C'est pour lui un soulagement.* ⇒ **Consolation** (→ Céder, cit. 17; exploser, cit. 4).

1 Elle se résolut à souffrir la saignée,
Et le soulagement suivit tout aussitôt.   MOLIÈRE, Tartuffe, I, 4.

♦ **2.** (XVᵉ). État d'une personne qui se trouve soulagée. ⇒ **Apaisement, calme, détente, euphorie.** *Sensation de soulagement* (→ Dominer, cit. 6). *Procurer le, du soulagement à qqn. Éprouver du soulagement. Avec soulagement* (→ Main, cit. 43). *Soupir de soulagement.* ⇒ **Ouf.**

2 Les cris de «Chapeau!» redoublaient. Ils durent, pour avoir la paix, toucher les bords de leurs coiffures, ce qui détermina un «Ah!» de soulagement, éternisé en point d'orgue.   COURTELINE, Messieurs les ronds-de-cuir, 4ᵉ tableau, III.

Un, des soulagements. Éprouver un soulagement immédiat. Un vif soulagement, un soulagement rapide (→ Cuisant, cit. 6).

CONTR. **Aggravation, alourdissement; accablement, affliction.**

SOULAGER [sulaʒe] v. — XIIᵉ, *soulagier;* réfection, d'après *soulas**, de *suzlegier,* v. 1160 (en marine); lat. pop. **subleviare,* lat. class. *sublevare* «soulever, alléger», de *sub,* et *levare.* → Lever.

★ I. V. tr. ♦ **1.** SOULAGER (qqn, un animal) DE (qqch.) : débarrasser (qqn, un animal) de (un fardeau, une partie d'un fardeau), dispenser de (un effort, une fatigue). ⇒ **Décharger;** et aussi **alléger.** *Soulager qqn* (→ Fatiguer, cit. 24), *une bête de somme* (→ Beaucoup, cit. 10; paysan, cit. 2). *Soulager qqn de ses paquets, d'une partie* *de son travail.* Par plais. *Soulager qqn de son portefeuille* : le lui voler.

(1690). **SOULAGER** **(qqch.) DE (qqch.).** *Soulager un linteau de portail, le mur qui reçoit la retombée d'une voûte,* en diminuant la poussée. ⇒ **Décharger.**

0.1 (...) la pirogue n'aurait pu contenir les objets probablement renfermés dans cette caisse, qui devait être pesante, puisqu'il avait fallu la « soulager » au moyen de deux barils vides. J. VERNE, l'Île mystérieuse, t. I, p. 316.

Mar. *Soulager un navire, un mât, une voile* : diminuer l'effet sur eux de la poussée du vent en changeant l'orientation de la voilure ou la direction du cap.

Loc. *Soulager son ventre.* — V. pron. (Déb. XVIIᵉ). **SE SOULAGER** : satisfaire un besoin naturel. *Il est allé se soulager derrière un arbre.*

Par métaphore. *Soulager qqn d'un fardeau* (cit. 8 et 10), *d'un joug* (→ Faveur, cit. 19), *d'un poids.* ⇒ **Ôter.** *Soulager le peuple des impôts dont il est surchargé* (→ Épuisement, cit. 5).

1 À la sérénité qui se peint sur le visage de ces aimables enfants, on voit que cet entretien a soulagé leurs jeunes cœurs d'un grand poids. ROUSSEAU, Émile, V.

♦ **2.** (XIIᵉ). Fig. (Sujet n. de chose ou de personne). **SOULAGER** **(qqn)** : débarrasser partiellement (qqn) de ce qui pèse* sur lui, douleur, peine, remords, inquiétude, en l'aidant à les supporter. ⇒ **Apaiser, calmer, consoler.** *Médicament, piqûre, traitement... destinés à soulager un malade* (→ Cataplasme, cit. 2; morphine, cit. 4; piquer, cit. 6). *Pleurez* (cit. 7), *cela vous soulagera. Cette marche* (2. Marche, cit. 12) *le soulageait.* « *L'espoir* (cit. 9), *il est vrai, nous soulage...* ». ⇒ **Délivrer.** — *Il était soulagé d'avoir parlé* (1. Parler, cit. 23), *de s'être accusé* (cit. 22). — *Soulager la mémoire* (→ 1. Livre, cit. 23). ⇒ **Aider.** — *Soulager qqn de... :* le débarrasser de... (→ Frapper, cit. 2; réveiller, cit. 5).

2 Chevalier, confessez-vous-en à votre ami, cela vous soulagera. DIDEROT, Jacques le fataliste, Pl., p. 707.

(Sujet n. de personne).

3 (...) Rose ne put quitter le lit. On appela le docteur Finet, qui revint trois fois, sans la soulager. ZOLA, la Terre, III, II.

V. pron. (1675). **SE SOULAGER** : se libérer de ce qui oppresse (→ 1. Grief, cit. 4; journal, cit. 4; percer, cit. 3). ⇒ **Cœur** (débonder, déverser son).

REM. Ce sens est peu représenté dans la langue parlée, à cause de la valeur de *se soulager,* 1.

Aider, secourir (qqn accablé par la misère). *Soulager les malheureux* (→ Élargir, cit. 3), *le peuple* (→ Exaction, cit. 5; gorge, cit. 29). Vx. *Soulager qqn de... :* le soulager par..., avec...

4 — Eh! que veux-tu que je fasse de tant d'argent? (...) — Soulagez-en les pauvres, a reparti le banquier (...) A.-R. LESAGE, le Diable boiteux, VIII.

♦ **3.** (1642). Compl. n. de chose. **SOULAGER** **(qqch.)** : rendre moins pesant, moins pénible à supporter (des épreuves). ⇒ **Alléger.** *Soulager les maux de qqn* (→ Amant, cit. 11; aumône, cit. 9; charité, cit. 7), *ses besoins* (→ Aumône, cit. 3; fourmi, cit. 7), *sa misère* (cit. 9), *ses ennuis* (cit. 3). *À raconter ses maux, souvent on* (cit. 40) *les soulage. Soulager la douleur.* ⇒ **Endormir** (→ 1. Flèche, cit. 1).

5 (...) je vous donne (...) la possibilité de soulager et de vaincre, pendant toute votre vie, cette bizarre affection de l'Ennui, qui est la source de toutes vos maladies. BAUDELAIRE, le Spleen de Paris, XXIX.

★ **II.** V. intr. Mar. Subir un moindre effort. *L'arrière soulage.*

CONTR. Accabler, affliger, endolorir, gêner, oppresser, opprimer ; accroître, aggraver, alourdir.
DÉR. Soulagement, soulageur.

SOULAGEUR [sulaʒœʀ] n. m. — Déb. XXᵉ, cit. *infra ;* de *soulager.*

♦ Rare. Celui qui soulage. — REM. Le fém. *soulageuse* est virtuel.

Délivreurs et soulageurs d'âmes en détresse, évocateurs des chers disparus (...) Léon DAUDET, Un jour d'orage, IV, p. 105.

SOULANE [sulan] n. f. — XXᵉ ; anc. mot dial., béarnais *soulana* « lieu exposé au soleil », du lat. *sol* « soleil ».

♦ Géogr. Adret (dans les Pyrénées).

SOÛLANT, ANTE [sulɑ̃, ɑ̃t] adj. — 1904 ; *saoulant,* 1690, « qui rassasie (nourriture) » ; de *soûler,* 4.

♦ Fam. Qui ennuie, fatigue. *Il est soûlant, avec ses récriminations perpétuelles.*

SOÛLARD, ARDE [sulaʀ, aʀd] n. et adj. — 1690, *saoulard ; soûlart* « glouton », v. 1433 ; de *soûl.*

♦ Fam. Ivrogne. ⇒ **Soûlaud.**

Ils n'eurent pas de peine à se rendre maîtres des trois soulards qui, réveillés en sursaut, ne savaient même pas ce qui se passait (...) L. FORTON, les Aventures des Pieds-Nickelés, in l'Épatant, 1908, p. 8.

SOULAS [sulas] n. m. — V. 1175, *solas ;* « réconfort », v. 1090 ; lat. *solacium,* de *solari* « réconforter, calmer ».

♦ **1.** Vx (au XVIIᵉ, dans le style burlesque). Divertissement, plaisir.

♦ **2.** Archaïsme littér. Soulagement, consolation.

Quelle consolation pour Armand-Dubois! quel encouragement dans sa foi! quel soulas! GIDE, les Caves du Vatican, in Romans, Pl., p. 861.

SOÛLAUD, AUDE [sulo, od] ou SOÛLOT, OTE [sulo, ɔt] n. — 1802 ; *saoulaud* « glouton », 1690 ; de *soûl.*

♦ Fam. Ivrogne. *Un vieux soûlaud.* ⇒ **Soûlard.**

SOULCIE [sulsi] n. m. — XVIᵉ, « roitelet huppé » ; *moineau à la soulcie,* 1555 ; même mot que *souci* (plante), à nombreuses variantes *(sousie, solsie, soucie...)* ; lat. *solsequia.*

♦ Petit passereau à plumage brun rayé, un peu plus grand que le moineau.

SOÛLÉE [sule] n. f. — 1690 ; « rassasiement », v. 1180 ; de *soûler.*

♦ Fam., vx. Partie de plaisir où l'on se soûle, où l'on s'enivre. ⇒ **Soûlerie** (1.).

SOÛLER ou (vx) SAOULER [sule] v. tr. — 1553, *soûler ; saouler,* v. 1220 ; *saoler,* v. 1130 ; *savoler,* fin XIᵉ ; de *soûl*.

♦ **1.** Littér. *Soûler qqn de qqch. :* l'en rassasier. → Fisc, cit. 2 ; 3. mal, cit. 40.

1 Pendant quelques jours, il saoulerait de luxe cette petite fille pauvre, déclassée, déchue. F. MAURIAC, le Fleuve de feu, V.

2 Puisque vivre n'a su me saouler de la vie
Et qu'on n'est pas tué d'une grande douleur (...) ARAGON, les Yeux d'Elsa, p. 60.

♦ **2.** (1677). Cour. (à peine familier). Faire boire (qqn) jusqu'à ce qu'il soit ivre. ⇒ **Enivrer.** *Soûler les ilotes* (cit. 3).
Fam. (faux pron.). *Se soûler la gueule.*
(Sujet n. de chose). Rendre ivre. *Il en faut beaucoup pour le soûler. La bière l'a soûlé.* — Par anal. *Le haschich soûle.*

♦ **3.** (V. 1130). Fig. Griser. *On les soûlait de promesses irréalisables. Soûler un enfant de grand air.* — Poét. *Jardin soûlé d'odeurs* (→ Cuver, cit. 4).

3 C'est ça, la magie de l'argent. Son odeur suffit à saouler les hommes. J. ROMAINS, Volpone, I, 1.

(Sujet n. de chose). *Le mouvement, la danse la soûlait.*

♦ **4.** Fatiguer, ennuyer. *Tu nous soûles, avec tes histoires* (⇒ **Soûlant**). — (Sujet n. de chose). *Son bavardage me soûle.*

▶ **SE SOÛLER** v. pron.

♦ **1.** (Déb. XIIIᵉ). Vx. Se rassasier de (qqch.). *Se soûler de viande.* ⇒ **Gorger** (se). → aussi Chair, cit. 47.

♦ **2.** (1640). Boire à l'excès, se rendre ivre (→ Boire, cit. 10 ; ilote, cit. 4). *Il avait la gueule* (cit. 15) *de bois, comme s'il s'était soûlé la veille.*

♦ **3.** (1645, Corneille). Fig. S'enivrer, se griser (fig.). *Se soûler de son propre venin* (→ Poison, cit. 7).

DÉR. Soûlant, soûlée, soûlerie, soûlotter (se).

SOÛLERIE [sulʀi] n. f. — 1863 ; de *soûler.*
Familier.

♦ **1.** Beuverie. ⇒ **Muflée, soûlée** (vx). → Mastroquet, cit. 1 ; paye, cit. 1 ; ripaille, cit. 2. *Cette saveur nouvelle d'un lendemain* (cit. 9) *de soûlerie. Une soûlerie générale.*

♦ **2.** Ivresse. *Il était dans un état de soûlerie avancée. Ta soûlerie est finie?*

SOULEUR [sulœʀ] n. f. — 1640 ; « solitude », XIIIᵉ ; du lat. *solus* « seul ».

♦ Vx (encore considéré comme « familier » par Littré). Peur très vive ; serrement de cœur. « *Après lui avoir donné la souleur, je lui contai ce qui s'était passé* » (Saint-Simon, in Littré).

SOULEVÉ [sulve] n. m. — 1933, in Petiot ; de *soulever.*

♦ Sports (poids et haltères). Mouvement qui consiste à soulever le poids de terre, à un ou deux bras.

SOULÈVEMENT [sulɛvmɑ̃] n. m. — XIIIᵉ, « élévation morale » ; de *soulever.*

♦ **1.** Fait de soulever, d'être soulevé. — (1588). Vx. *Soulèvement*

d'estomac. — *Soulèvement du torse* (→ Redressement, cit. 1).
— *Les flots avaient des soulèvements subits.* (→ Aplanissement, cit.).

Par métonymie. État de ce qui est soulevé. *Soulèvements de la peau.*
⇒ **Boursouflure.**

(1669). *Soulèvement de cœur :* dégoût, nausée. ⇒ **Haut-le-cœur.**

Par métaphore, fig., littér. Élan passionné. ⇒ **Impulsion.** *Le soulèvement de tout son être* (→ Croire, cit. 68 ; ébranler, cit. 20). ⇒ **Transport.**

Vx. Mouvement d'indignation, hostilité. ⇒ **Déchaînement.**

Littér. Mouvement de ce qui s'enlève. *« Quel soulèvement poétique ! »* (Gide).

♦ **2.** (1872). Géol. Exhaussement de niveau, de caractère épirogénique ou tectonique. ⇒ **Surrection** (→ par métaphore Affleurer, cit. 1). *Montagnes formées par des glissements, des soulèvements.*

♦ **3.** (1559). Fig. Mouvement massif de révolte contre un oppresseur. ⇒ **Émeute, insurrection.** *Le soulèvement du peuple, d'une province* (→ Mutinerie, cit. 1 ; phalange, cit. 4).

Plus cour. *Un, des soulèvements. Organiser* (cit. 4) *un soulèvement. Soulèvement armé,* au moyen d'armes ou de troupes armées (→ Noyautage, cit. 1).

CONTR. Abaissement, affaissement, dépression.

SOULEVER [sulve] v. tr. — Conjug. *lever.* — XIIIᵉ, *souslever ; soslevar,* 980 ; de *sous,* et *lever,* d'après lat. *sublevare.*

♦ **1.** Lever* à une faible hauteur, lever au-dessus de son point d'appui. *Soulever un poids* (cit. 12), *un fardeau.* ⇒ **Élévateur, guindal, levage** (appareils de), **levier, louve, sonnette.** *Soulever qqch. de terre, dans l'air* (→ Pêcher, cit. 9). *Je ne peux pas soulever ce meuble.* ⇒ **Ébranler ; bouger, remuer.** *Soulever un fardeau avec peine* (cit. 28). *Soulever une lame* (cit. 2) *du parquet, une dalle. Soulever un couvercle, un loquet* (cit. 3), *un marteau* (cit. 6). — (Le compl. désigne une partie du corps). *Soulever ses mains* (→ Indécision, cit. 5), *ses ailes* (→ Hanneton, cit. 1). *Il ne pouvait plus soulever sa jambe. La tête soulevée sur deux oreillers* (→ Relever, cit. 35). — (Compl. n. de personne). *Soulever qqn* (→ Antée, cit. 1 ; effort, cit. 4 ; entraîner, cit. 7), *le soulever de terre* (→ Matelas, cit. 3).

1 Pour soulever un poids si lourd,
Sisyphe, il faudrait ton courage !
BAUDELAIRE, les Fleurs du mal, « Spleen et idéal », XI.

2 D'affreux êtres sortis des cercueils soulevés.
HUGO, la Légende des siècles, XV, III, XVI.

3 Plus forte, elle parut se souvenir des Cieux
Et souleva deux fois ses ailes argentées (...)
A. DE VIGNY, Livre mystique, Éloa, III.

4 Ma mère me suivit dans la cuisine. Elle souleva doucement, avec le bout de sa mouvette, le couvercle de la cocotte (...)
G. DUHAMEL, Salavin, I, III.

(Sujet n. de chose). *Balancelle qu'une grue* (cit. 7) *soulève. Ses ailes battent et le soulèvent* (→ Pivert, cit.).

(V. 1050). Relever*. *Soulever les rideaux* (→ Maestria, cit. 2), *la tenture* (→ Enfilade, cit. 2), *les voiles* (→ Montrer, cit. 29). *Soulever un coin du voile* (→ Habitude, cit. 26). *Soulever un drap* (→ Oreiller, cit. 5). ⇒ **Écarter.** *Soulever les plis, le volant d'une jupe* (cit. 2), *d'une cape* (→ Broder, cit. 11 ; festonner, cit. 4). *Soulever les boucles* (→ Glisser, cit. 41), *les nattes* (cit. 5), *les bandeaux* (→ Ondé, cit. 2). — Au p. p. *Cheveux soulevés en crêpés* (→ Fou, cit. 52).

5 (...) Mais enfin je vois cet homme collé tout contre le mur. Ça m'a saisie. J'ai été tout doucement à ma fenêtre. J'ai soulevé le rideau à peine, à peine.
J. ROMAINS, les Hommes de bonne volonté, t. II, VII, p. 76.

♦ **2.** (V. 1200). Faire s'élever. *Soulever la poussière* (cit. 3 ; et → Limpidité, cit. 3). *Les courants soulèvent une mer hachée. Canot* (cit. 2) *soulevé par la houle* (→ aussi Navire, cit. 11). ⇒ **Agiter.** *Obus soulevant des gerbes de terre* (→ Fumée, cit. 3). *Haleine* (cit. 7), *sanglot* (→ Larme, cit. 8), *rire* (cit. 3) *qui soulève la poitrine. « J'aime un sein qui palpite et soulève une gaze »* (cit. 1 ; → aussi Croiser, cit. 8 ; gonfler, cit. 2). — Loc. fig. *Soulever le cœur* (de, à qqn). ⇒ **Dégoûter.** *Ça me soulève le cœur. Soulever l'estomac :* donner la nausée.

6 Le mal dont j'ai souffert s'est enfui comme un rêve.
Je n'en puis comparer le lointain souvenir
Qu'à ces brouillards légers que l'aurore soulève,
Et qu'avec la rosée on voit s'évanouir.
A. DE MUSSET, Poésies nouvelles, Nuit d'octobre.

7 (...) de la terre réduite en poudre, le vent soulevait sur place de minces tourbillons, des sortes de fumées aveuglantes, étouffantes, exaspérant le supplice de la soif.
ZOLA, la Terre, IV, I.

Géol. Exhausser le niveau de...

♦ **3.** (V. 1175). Par métaphore, fig. (Sujet n. de chose abstraite). Animer, transporter (qqn). ⇒ **Entraîner, exalter.** *Un souffle généreux le souleva* (→ Allègrement, cit. 3 ; et aussi casser, cit. 6). *L'enthousiasme* (→ Ambiant, cit. 3), *le désir* (→ Revoir, cit. 10), *la terreur* (→ Furet, cit. 2), *la douleur les soulève* (→ Mouvement, cit. 11). *Avoir la sensation d'être soulevé* (→ Ivresse, cit. 6 ; et aussi lyrique,

cit. 5 ; renoncement, cit. 4). — Passif et p. p. *Être soulevé d'indignation, de dégoût.* ⇒ **Transporté.**

Paysans et paysannes soulevés de colère, comme si chacun eût été volé, comme si chacune eût été violée, voulaient voir rentrer le misérable pour lui jeter des injures. 7.1
MAUPASSANT, le Vagabond, Pl., t. II, p. 867.

Elle avançait, légère, et pour la première fois à l'élan de gratitude qui la soulevait vers Dieu, se mêlait une tendresse très humble, très humaine. 8
F. MAURIAC, la Pharisienne, XV.

♦ **4.** (1642). Animer de sentiments hostiles, indisposer (→ Innovation, cit. 2). *Soulever l'opinion.* ⇒ **Choquer** (→ Prôner, cit. 2). *Il a soulevé toute la critique contre lui.* — (1559). Spécialt. Exciter et entraîner à la révolte. ⇒ **Ameuter.** *Soulever le peuple* (→ Frondeur, cit. 2), *la rue* (cit. 6).

Lorsque le célèbre M. de la Rochefoucauld dit que l'amour-propre est le principe de toutes nos actions, combien l'ignorance de la vraie signification de ce mot *amour-propre* ne souleva-t-elle pas de gens contre cet illustre auteur ? 9
HELVÉTIUS, De l'esprit, Disc., I.

♦ **5.** (Av. 1848). Compl. n. de chose abstraite ; sujet n. de chose ou de personne. Exciter* puissamment. ⇒ **Provoquer.** *Soulever l'enthousiasme, l'intérêt* (cit. 25 et 26), *la curiosité...* (→ Décourager, cit. 3). *Soulever de l'inquiétude* (→ Lantiponner, cit. 2), *de la colère* (→ Protection, cit. 2). *Soulever le dégoût* (→ Fumier, cit. 5). *Soulever des applaudissements* (cit. 6), *des murmures* (cit. 3), *des protestations..., une tempête.* ⇒ **Déchaîner.** — Être cause de, faire naître. *Cela soulèvera des difficultés. Soulever un obstacle, une objection, un incident.* — Au p. p. *Les objections soulevées.*

Si vous n'aviez pas soulevé un incident inutile, dit le chancelier, vous auriez fini votre discours depuis longtemps (...) 10
HUGO, Choses vues, II, X, Le général Fabrier, 1847.

Les objurgations de son amant ne soulevaient en elle qu'indignation (...) 11
GIDE, les Faux-monnayeurs, I, IV.

(1835). Faire naître, faire que se pose. *Soulever une question, un problème.* ⇒ **Poser** (→ Cahier, cit. 6 ; 2. étalonner, cit.). *Soulever un débat, une discussion.*

La question sera soulevée à la prochaine session du Conseil général, à la révision 12
du cahier des charges. ARAGON, les Beaux Quartiers, I, XXIV.

♦ **6.** (1828). Fam. Enlever, prendre. *Soulever qqch.* (ou *qqn) à qqn. Il veut me soulever ma clientèle.* ⇒ **Emparer** (s').

Prendre subrepticement, voler. ⇒ **Escamoter, faucher, piquer.**

(...) il résolut d'abandonner sa valise (...) Il dirait qu'on la lui avait soulevée. 12.1
R. QUENEAU, le Dimanche de la vie, p. 96.

Séduire. *Soulever une femme. Il lui a soulevé sa fiancée. Elle lui a soulevé son ami.*

▶ **SE SOULEVER** v. pron.

♦ **1.** (XVIIᵉ). Réfl. Lever une partie du corps qui reposait sur un support. — S'élever à une faible hauteur. *Elle s'agrippe* (cit. 3), *se soulève* (→ aussi Jusqu'à, cit. 55 ; poignet, cit. 1 ; retomber, cit. 2). *Se soulever sur le coude* (→ Pouls, cit. 3), *sur des béquilles* (→ Enflammer, cit. 5).

♦ **2.** (V. 1175). Passif. Être levé, s'élever légèrement. *Eau qui se soulève. Ses paupières ne se soulevaient jamais* (→ Bouffi, cit. 1). *Je vis se soulever et s'abaisser sa poitrine* (cit. 17). *Le drap se soulevait à chaque aspiration* (cit. 7). — *Son cœur* se soulève : il a la nausée.

Leur front se penche, encore alourdi par le rêve, 13
Sous le long rideau blanc qui tremble et se soulève (...) RIMBAUD, Poésies, I, I.

♦ **3.** (1559). Réfl. Se révolter, exprimer son mécontentement, sa colère. ⇒ **Rebeller** (se). *Le prolétariat se soulèvera en bloc* (cit. 10) *contre cette politique.* ⇒ **Dresser** (se). *L'amour-propre se soulève contre la raison* (→ Indigner, cit. 3 ; et aussi revancher, cit. 2). ⇒ **Rebiffer** (se).

S'insurger. *Le peuple se soulève* (→ 1. En, cit. 30 ; étincelle, cit. 12 ; insurrection, cit. 1).

▶ **SOULEVÉ, ÉE** p. p. adj. *Rideau soulevé. Cheveux soulevés* (→ ci-dessus, 1.). — (Au sens 2). *Lames, vagues soulevées* (→ Dormir, cit. 35 ; rage, cit. 4 ; reflet, cit. 3).

Géol. *Terrain sédimentaire soulevé. Côte, plage soulevée.*

Pour les autres emplois → ci-dessus.

CONTR. Abaisser, affaisser, aplanir, déprimer.
DÉR. Soulevé, soulèvement.

SOULIER [sulje] n. m. — 1360 ; *sol(l)er,* fin XIᵉ ; du lat. pop. *subtelare,* du bas lat. *subtel* « courbe de la plante du pied », de *sub* « sous », et *talus* « cheville, talon ».

♦ **1.** **a** Vx. Chaussure à semelle* résistante, qui couvre le pied sans trop le dénuder, mais sans monter plus haut que la cheville. ⇒ **Chaussure.** *Souliers à la poulaine.*

b Mod. (souvent avec un qualificatif ou un complément de nature descriptive). Chaussure légère ou souple. *Souliers hauts, à talons hauts. Souliers fins, habillés, de bal.* ⇒ **Escarpin** (→ aussi Gronder, cit. 21). *Souliers de daim, de toile, de satin.* — Loc. (mod.). *Souliers vernis.*

♦ **2.** Mod. Chaussure épaisse, solide, couvrant bien le pied. *Une paire de souliers. Souliers d'hommes, de femmes. Souliers bas.* ⇒ **Richelieu.** *Souliers montants.* ⇒ **Brodequin.** *Souliers plats* (→ Agile, cit. 1), *sans talons* (→ Emboîter, cit. 3). *Cambrure d'un soulier. Souliers de marche, gros souliers* (→ Gras, cit. 28). *Porter des guêtres* (cit. 1 et 2) *sur ses souliers.* — *Souliers ferrés* (→ Excursion, cit. 2), *à clous* (→ Facteur, cit. 13), *à crampons; souliers de chasse* (→ Graisser, cit. 2). — *Souliers de cuir. Mettre des souliers avec un chausse-pied*. Souliers neufs qui blessent* (cit. 3). *User ses souliers. Lacer, délacer ses souliers. Forme* pour la fabrication des souliers.* — Allus. hist. *« On n'emporte* (cit. 9) *pas la patrie à la semelle de ses souliers »* (Danton).

1 Ô soldats de l'an deux! ô guerres! épopées! (...)
(...) Ils chantaient, ils allaient, l'âme sans épouvante
Et les pieds sans souliers! HUGO, les Châtiments, II, VII, I.

2 (...) il regardait deux gros souliers béants, verdis par l'âge, l'un debout, drôlement campé, l'autre à plat, montrant ses clous rouillés, son cuir gondolé, le retroussis de sa semelle, deux pauvres vieux souliers, pleins de lassitude infinie, plus misérables que des hommes. BERNANOS, Sous le soleil de Satan, II, XII.

En comp. *Souliers-sabots. Souliers-bottes* (Flaubert, *l'Éducation sentimentale*).

Mettre ses souliers dans la cheminée, à Noël (cit. 2). Loc. fig. (1672). *N'être pas digne de dénouer* (cit. 1) *les cordons des souliers de qqn* : lui être très inférieur en mérite. — (1834). Cour. *Être dans ses petits souliers,* très mal à l'aise (comme dans des souliers trop petits), être dans l'embarras.

3 (...) pendant que votre comtesse riait, dansait, faisait ses singeries, balançait ses fleurs de pêcher, et pinçait sa robe, elle était dans ses petits souliers, comme on dit, en pensant à ses lettres de change protestées, ou à celles de son amant.
BALZAC, le Père Goriot, Pl., t. II, p. 885 (1834).

4 (...) un voltairien enragé, auquel cette sœur de charité éclectique, un jour de Noël, mettait dans ses souliers les Contes de Voltaire, tandis qu'elle mettait un chapelet dans les souliers du Breton.
Ed. et J. DE GONCOURT, Journal, 28 juil. 1889, t. VIII, p. 64.

(XVIᵉ). Vx. *Ne pas se soucier d'une chose plus que de ses souliers, de la boue de ses souliers* : s'en moquer.

♦ **3.** Loc. fig. Régional. SOULIER DE NOTRE-DAME : plante *(Cypripedium)* appelée aussi *sabot* de Vénus.*

DÉR. Soleret.

SOULIGNAGE [suliɲaʒ] ou **SOULIGNEMENT** [suliɲmã] n. m. — XXᵉ, *soulignage; soulignement,* 1831; de *souligner.*

♦ **1.** Action de souligner. *Le soulignement, le soulignage des mots importants dans un texte.*

♦ **2.** (Surtout *soulignage*). *Un, des soulignages.* Trait qui souligne. *Des soulignages rouges. Faire des soulignages.*

SOULIGNER [suliɲe] v. tr. — 1706; *sous-ligner,* 1704; de *sous,* et *ligne.*

♦ **1.** Tirer une ligne, un trait sous (un mot, une suite de mots qu'on veut signaler à l'attention). *Souligner des termes* (→ Incroyable, cit. 5), *une phrase.*

♦ **2.** Border d'un trait qui met en valeur. *L'œil* (cit. 24) *noir souligné par le crayon.* — Au p. p. *Des à-plats soulignés par un cerne* (→ Linéament, cit. 4).

♦ **3.** Fig. (Sujet n. de chose). Mettre en valeur. ⇒ **Accentuer, ressortir** (faire). *Un grand faste* (cit. 6) *soulignait la majesté princière.*

1 Sans grande culture, mais doué d'une intelligence paradoxale et bavarde, dont son accent de vieil ouvrier parisien soulignait l'humour, il luttait, depuis des années, seul ou presque, pour faire vivre sa revue.
MARTIN DU GARD, les Thibault, t. V, p. 286.

♦ **4.** (1845). Fig. Accentuer, appuyer* (une parole, une intention d'un geste). *Les clins* (cit. 2) *d'œil dont il soulignait certaines saillies.*

2 C'était un homme à intentions, beau parleur, qui soulignait ses sourires et guillemetait ses gestes. HUGO, les Misérables, III, VII, III.

♦ **5.** Faire remarquer avec une insistance particulière. ⇒ **Évidence** (mettre en), **insister** (sur), **noter, préciser, relever, signaler.** *Critique qui souligne un fait* (→ Forme, cit. 59). *Souligner l'importance d'une découverte. Souligner que...* (→ Orateur, cit. 4). — Par ext. (sujet n. de chose). *Les derniers recensements ont souligné ce fait significatif* (→ Numérique, cit. 2).

▶ **SOULIGNÉ, ÉE** p. p. adj. *Le radio* (1. Radio, cit. 1) *est affiché, souligné en rouge.* — *Les faits soulignés.*

DÉR. Soulignage ou soulignement.

SOÛLOGRAPHE [sulɔgraf] n. et adj. — 1816; formation plaisante, de *soûl,* et *-graphe.*

♦ Fam. Ivrogne invétéré.

Quand il était avec moi il ne me disait rien, ou alors il faisait son coup du soûlographe. J.-M. G. LE CLÉZIO, le Déluge, p. 60.

SOÛLOGRAPHIE [sulɔgrafi] n. f. — 1835; formation plaisante, de *soûl,* et *-graphie.*

Familier.

♦ **1.** Ivrognerie, habitude de s'enivrer.

1 S'il (Séchard) avait peu de connaissances en haute typographie, en revanche il passait pour être extrêmement fort dans un art que les ouvriers ont plaisamment nommé la soûlographie, art bien estimé par le divin auteur du *Pantagruel,* mais dont la culture, persécutée par les sociétés dites de *tempérance,* est de jour en jour plus abandonnée. BALZAC, Illusions perdues, Pl., t. IV, p. 467.

♦ **2.** *Une, des soûlographies.* Excès de boisson. ⇒ **Débauche, orgie.** *Soûlographie perpétuelle* (→ Aléa, cit. 2).

2 (...) de nobles arbres avaient été mutilés ou détruits, pour abriter, de leurs expirants feuillages, les soûlographies sans conviction ou les sauteries en plein air achalandées par les putanats ambiants. Léon BLOY, le Désespéré, p. 237.

REM. On écrit aussi *saoûlographie* : *« les gueuletons succédant aux festins et les saoûlographies aux indigestions »* (Queneau, *le Chiendent,* p. 314). — L'Académie écrit *soulographie,* sans accent.

SOULOIR [sulwaʀ] v. intr. — V. 980, *solt,* troisième pers. indic. présent; subsiste encore au XVIIᵉ à l'imparfait *soulais;* du lat. *solere.*

♦ Vx. Avoir coutume de..., l'habitude de... (→ Dormir, cit. 3).

SOÛLOTTER (SE) [sulɔte] v. pron. — 1881, Vallès, *se saoûloter;* de *se soûler,* et suff. *-otter.*

♦ Fam., vx. Se soûler quelque peu.

SOULTE [sult] n. f. — 1581; *solte,* fin XIIᵉ; *soute,* XIIIᵉ; de *sout,* p. p. de l'anc. franç. *soldre,* « payer », XIIᵉ, lat. *solvere.*

♦ **1.** Dr. « Somme d'argent qui, dans un partage, compense l'inégalité des lots, et qui, dans un échange, compense la différence de valeur des objets échangés » (Capitant). ⇒ **Complément, compensation** (cf. Reste de compte, somme de partage, supplément d'échange). *Soulte de partage, d'échange. Payer une soulte* (→ Permuter, cit. 1). *Soulte due par un héritier à un autre, dans un partage de succession.*

Chère mère, dit Paul tout ému, dois-je accepter cet échange sans soulte?
BALZAC, le Contrat de mariage, Pl., t. III, p. 168.

♦ **2.** (1690, *soute*). Vx. Solde* d'un paiement, d'un compte.

SOUMAINTRAIN [sumɛ̃trɛ̃] n. m. — Attesté mil. XXᵉ (*in* Larousse, 1964); orig. incert., mot champenois, p.-ê. nom de lieu.

♦ Régional. Fromage fabriqué en Champagne, analogue au munster.

SOUMBALA [sumbala] n. m. — D. i.; mot africain.

♦ Franç. d'Afrique. Condiment obtenu à partir des fruits écrasés et fermentés du néré (Syn. : *moutarde de néré*). — Var. graphique : *sumbala;* var. : *soumârâ, soumbâra.*

SOUMETTRE [sumɛtʀ] v. tr. — V. 1380; *suzmetre,* v. 1120; lat. *submittere.*

♦ **1.** SOUMETTRE (qqn, qqch.) à (qqch., qqn). Mettre, maintenir dans un état de dépendance; ramener à l'obéissance. ⇒ **Imposer** (son autorité, son pouvoir à...). *Soumettre qqn à ses caprices, à sa tyrannie, à sa volonté, à sa puissance.* ⇒ **Contraindre.** *Son ascendant, son prestige lui soumet les esprits.* ⇒ **Attacher, captiver, conquérir, subjuguer** (→ Imposer, cit. 45). — Passif, p. p. *Être soumis aux ordres de...* (→ Marcher* sous les ordres de...). *Syndicat soumis à un parti politique; gouvernement soumis à des groupes financiers.* ⇒ **Dépendre** (de), **inféodé** (à). — *Pays soumis à un voisin plus puissant.* ⇒ **Satellite, vassal.** — Sans compl. en à :

1 L'humilité n'est souvent qu'une feinte soumission, dont on se sert pour soumettre les autres (...) LA ROCHEFOUCAULD, (cf. Artifice, cit. 6; et Humilité, cit. 3).

2 Les désirs, même les plus innocents, ont cela de mauvais qu'ils nous soumettent à autrui et nous rendent dépendants.
FRANCE, le Crime de S. Bonnard, Œ., t. II, III, p. 329.

(Choses). Faire dépendre. *Ce compositeur qui soumet entièrement la musique au rythme poétique.* ⇒ **Subordonner** (→ Retremper, cit. 5). — Passif, p. p. *Tous ces accidents sont soumis à des causes générales* (1. Général, cit. 2). *L'agriculture est étroitement soumise aux conditions météorologiques.* ⇒ **Dépendant** (de), **tributaire** (de).

♦ **2.** (V. 1120). Sans compl. en à. Mettre dans un état de dépendance par les armes, la force. *Soumettre un pays, une nation.* ⇒ **Assujettir** (*supra* cit. 1), **brusquer** (vx), **conquérir, dominer, maîtriser, ranger** (sous ses lois). *Se servant de leurs anciens esclaves pour en soumettre de nouveaux.* ⇒ **Asservir** (cit. 4), **enchaîner, opprimer** (*supra* cit. 1). *Soumettre le peuple.* ⇒ **Museler** (cf. Tenir en respect). *Soumettre des rebelles, une province révoltée.* ⇒ **Dompter, pacifier, réduire** (*supra* cit. 4).

3 Les Galls-Ambra de l'Italie occupaient toute la vallée du Pô, et s'étendaient dans la péninsule jusqu'à l'embouchure du Tibre. Ils furent soumis, dans la suite, par les Rasena ou Étrusques (...) MICHELET, Histoire de France, I, I.

Par ext. *Soumettre un caractère rebelle.* ⇒ **Apprivoiser, assouplir, discipliner, dompter.** — *Soumettre ses impulsions, son agressivité.*

♦ **3.** (V. 1190). SOUMETTRE (**qqch.**) À... (**qqch.**). Mettre dans l'obligation d'obéir à une loi*, à une règle*, d'accomplir un acte, une formalité*, etc. ⇒ **Assujettir** (*supra* cit. 11), **astreindre** (→ Asseoir, cit. 33 ; 3. droit, cit. 37 ; moins, cit. 1). — (Passif). *Le régime juridique auquel est soumis le redevable de l'impôt* (→ Contribuable, cit.). — (Choses). *Soumettre une activité à une réglementation.* ⇒ **Réglementer** (→ Recherche, cit. 8). — Passif, p. p. *Revenu soumis à un impôt. Contrat, testament soumis à des formalités particulières* (→ Expression, cit. 41).

♦ **4.** (1850). SOUMETTRE (**qqch.**) À (**qqn, qqch.**) : présenter, proposer (qqch.) à l'examen, au jugement, au choix (de qqn). ⇒ **Offrir** (*infra* cit. 20), **présenter, proposer** ; → aussi Attirer l'attention* sur... ; faire connaître* à... ; faire juger* par... *Soumettre une énigme, une question, un problème à qqn* (→ Notaresse, cit.). *Soumettre une œuvre à la critique. Soumettre qqch. à l'analyse* (cit. 4), *à l'observation. Soumettre un cas difficile au jugement de...* ⇒ **Appeler** (en appeler à). — **Par ext.** *Soumettre une théorie à l'épreuve des faits.* ⇒ **Éprouver** (*supra* cit. 4).

4 (Flaubert) se prit d'affection pour moi. J'osai lui soumettre quelques essais. Il les lut avec bonté (...) MAUPASSANT, Pierre et Jean, Le roman.

5 (...) je n'attends que le retour du dossier pour soumettre à la signature du Président de la République le décret d'autorisation. COURTELINE, Messieurs les ronds-de-cuir, 1er tableau, III.

♦ **5.** (Fin XVIe). SOUMETTRE (**qqn, qqch.**) À (**qqch.**) : l'exposer à une action, à un effet qu'on fait subir. *Soumettre un malade à un traitement énergique. Soumettre un sportif à un entraînement sévère. Soumettre de la houille* (cit. 4) *en vase clos à l'action de la chaleur.* ⇒ **Traiter** (par). — (Passif, p. p.). *Des animaux soumis à l'action de l'émanation du radium.* ⇒ **Exposer** (→ Radiumthérapie, cit.). — *Un corps qui n'est soumis à aucune force* (→ Inertie, cit. 1). *Roches soumises à l'érosion. — Activité économique soumise à des variations saisonnières.* ⇒ **Sujet** (à...).

▶ **SE SOUMETTRE** v. pron.

♦ **1.** Réfl. dir. (V. 1155). Obéir, se conformer. *Se soumettre en esclave* (cit. 9) *aux volontés de qqn.* ⇒ **Abaisser** (s'), **courber** (la tête), **fléchir, incliner** (s'), **plier** (se). « *C'est le devoir des femmes de se soumettre à leurs maris* » (→ Approuver, cit. 15, Balzac). ⇒ **Céder** (à), **obéir** (à), **reconnaître** (l'autorité de). *Se soumettre aux lois* (→ Poursuite, cit. 7 ; réforme, cit. 3), *à une règle, à un impératif, à un ordre.* ⇒ **Assujettir** (s'), **conformer** (se), **obtempérer.** *Se soumettre à l'arbitrage, à la décision de qqn.* ⇒ **Déférer** (3.). *Se soumettre à la raison, aux faits* (→ Non, cit. 20). — Absolt. *Se soumettre et baisser* (cit. 10) *la tête.* ⇒ **Humilier** (s'), **résigner** (se) ; → Courber le front* ; ployer* le genou ; cf. fam. baisser son froc. — *Se soumettre ou se démettre* (cit. 8 et 9). — *Rebelles qui se soumettent.* ⇒ **Abandonner** (le combat, la lutte), **livrer** (se), **rendre** (se) ; **soumission.**

5.1 (...) n'a-t-il plus besoin d'eux (les autres), prédomine-t-il par sa force, il abjure alors à jamais tous ces beaux systèmes d'humanité et de bienfaisance auxquels il ne se soumettait que par politique (...) SADE, Justine..., t. I, p. 198.

6 Jusqu'à présent j'avais accepté la morale du Christ (...) Pour m'efforcer de m'y soumettre, je n'avais obtenu qu'un profond désarroi de tout mon être. GIDE, Si le grain ne meurt, II, I.

Acquiescer à... ; accepter d'accomplir. Il se soumit à tout ce qu'on lui conseilla (cit. 3) *de faire.* ⇒ **Accepter, acquiescer, consentir, plier** (se). *Se soumettre à des formalités* (→ Résistance, cit. 13).

♦ **2.** (Réfl. ind.). Soumettre à soi-même. *Ils se soumirent les peuples avoisinants qu'ils domestiquèrent* (cit. 1). *Des animaux que l'homme ne s'est pas soumis* (→ Domestique, cit. 5).

(1762). Spécialt. *Mâle qui se soumet la femelle.* ⇒ **Accoupler** (s'), **couvrir, monter.**

▶ **SOUMIS, ISE** p. p. adj. (1652).

♦ **1.** Docile, obéissant. ⇒ **Discipliné, gouvernable, souple.** *Un cœur soumis.* ⇒ aussi **Conquis.** *Être très soumis devant qqn.* ⇒ **Humble** (→ Filer* doux ; être aux genoux* de... ; trembler* devant...). *Un fils respectueux et soumis.* ⇒ **Déférent, docile, obéissant.** *Un homme éteint, soumis, apathique* (cit. 3). ⇒ **Résigné.** « *Et mon cœur est soumis, mais n'est pas résigné* » (cit. 10, Hugo). — *Un chien soumis ; une bête soumise.*

7 (...) point ne convient de se montrer fier envers un prince faible et libéral quand on a été soumis devant un prince violent et despotique (...) CHATEAUBRIAND, Mémoires d'outre-tombe, t. III, p. 326.

Par ext. *Air, ton soumis* (→ Penaud, cit. 1). *Voix soumise* (→ Glacer, cit. 27).

8 (...) elle s'assoit à mes genoux et se conduit tout à fait devant moi comme une humble esclave devant son seigneur et maître : ce qui me convient assez ; car j'aime ces petites façons soumises et j'ai de la pente au despotisme oriental. Th. GAUTIER, Mlle de Maupin, IV.

♦ **2.** (1835 ; parce qu'elle se soumettait au contrôle administratif et sanitaire). Loc. vieillie. *Fille soumise :* prostituée (cf. Fille en carte).

9 Lucien et son compagnon le forçat ont pu se soutenir plus longtemps que Cogniard en face du monde, en tirant leurs ressources de la prostitution de la dite Esther, autrefois *fille soumise.* BALZAC, Splendeurs et Misères des courtisanes, Pl., t. V, p. 944.

CONTR. Affranchir, délivrer, émanciper. — **Exempter. Révolter.** — (De *se soumettre*) **Commander, maîtriser.** — **Contrevenir, désobéir, dresser** (se dresser contre), **insurger** (s'), **résister, révolter** (se) ; **braver.** — (De *soumis*) **Dominateur, impératif, impérieux ; autonome.** — **Désobéissant, farouche, indiscipliné, indocile, indompté, insoumis, insurgé, rebelle, récalcitrant, résistant.**

SOUMISSION [sumisjɔ̃] n. f. — 1549 ; *submission*, 1312, encore chez Corneille ; *soubmission*, 1507 ; lat. *submissio*, de *submittere*. → Soumettre.

♦ **1.** Disposition à se soumettre, à obéir ; attitude d'une personne qui est soumise, docile, humble, résignée... ; fait de dépendre de qqn ou de qqch. ⇒ **Docilité, obédience, obéissance** (cit. 3). *Soumission aveugle* (cit. 24), *totale... à qqn, à une autorité. Soumission à la discipline.* « *Une obéissance* (cit. 9) *entière et une soumission de tous les instants* ». *Soumission filiale à l'autorité souveraine de l'Église.* ⇒ **Humilité** (→ Oblitérer, cit. 3). — *Pays qui a subi sept cents ans d'esclavage et de soumission.* ⇒ **Asservissement, esclavage** (cit. 8), **servitude, sujétion, vassalité.** *Soumission basse et lâche.* ⇒ **Abaissement, servilité.** *Faire acte de soumission. Jurer soumission à qqn. Soumission à un parti, à une coterie.* ⇒ **Dépendance, inféodation.** — *Soumission aux règles et aux enseignements.* ⇒ **Acquiescement, assujettissement, conformité** (→ Reflet, cit. 11). *Soumission à un mal.* ⇒ **Résignation** (→ Population, cit. 4).

1 Les grandes calamités, en humiliant la raison, en émoussant la pointe des vives facultés, inspirent à l'humanité, comme les maladies à l'individu, un certain besoin de soumission, d'abaissement, d'humiliation. RENAN, Questions contemporaines, Réflex. sur l'état des esprits, Œ. compl., t. I, p. 216.

2 Il est aisé de fonder l'ordre d'une société sur la soumission de chacun à des règles fixes. Il est aisé de façonner un homme aveugle qui subisse, sans protester, un maître ou un Coran. SAINT-EXUPÉRY, Pilote de guerre, XXVI.

♦ **2.** (Fin XVIe, *submissions*). Au plur. (Vx). Témoignages, déclarations de respect et de *soumission* (au sens 1.). ⇒ **Hommage** (→ Acoquiner, cit. 1).

3 Mais enfin, le bruit que j'étais amoureux lui donna de si grandes inquiétudes et de si grands chagrins que je me crus cent fois perdu auprès d'elle. Je la rassurai enfin à force de soins, de soumissions et de faux serments (...) Mme DE LA FAYETTE, la Princesse de Clèves, III, p. 319.

♦ **3.** Action de se soumettre*, de cesser le combat, d'accepter une autorité contre laquelle on a mené la lutte. *La soumision définitive de la Gaule aux Romains.* ⇒ aussi **Conquête, réduction.** — Loc. *Faire soumission, sa soumission.* ⇒ **Rendre** (se). *Tribu arabe qui demande à faire sa soumission.* ⇒ **Aman.**

4 (...) à la Deira d'Abd-el-Kader, peu d'années avant la soumission de l'émir. E. FROMENTIN, Un été dans le Sahara, p. 78.

♦ **4.** (1707). Dr. admin. Acte écrit par lequel un concurrent à un marché par adjudication fait connaître ses conditions et s'engage à respecter les clauses du cahier des charges. ⇒ **Adjudication, entreprise, marché** (*supra* cit. 8), **offre** (*supra* cit. 9) ; **soumissionnaire, soumissionner.**

♦ **5.** (1936). Dr. Action de reconnaître une contravention dans le paiement de ses impôts.

CONTR. Commandement ; autonomie. — **Émancipation.** — **Arrogance, désobéissance, indocilité, insoumission, insubordination, insurrection, opposition, résistance, révolte.**

COMP. et DÉR. Insoumission, soumissionnaire, soumissionner.

SOUMISSIONNAIRE [sumisjɔnɛʀ] n. — 1687 ; de *soumission*.

♦ Dr. Personne qui fait une soumission. *Soumissionnaire qui a fait agréer ses conditions.* ⇒ **Adjudicataire.**

SOUMISSIONNER [sumisjɔne] v. tr. — 1796 ; « soumettre », 1629 ; de *soumission*.

♦ Dr. Proposer de fournir ou d'entreprendre (qqch.) en faisant une soumission. *Soumissionner pour trente millions. Soumissionner les travaux d'adduction d'eau dans une commune. Soumissionner la fourniture de...* ⇒ **Fournir** (II., 2.). — *Soumissionner à une adjudication.*

1 Si quelques-uns de ses confrères concluaient des marchés avec le gouvernement, sans avoir la quantité de drap voulue, il était toujours prêt à la leur livrer, quelque considérable que fût le nombre de pièces soumissionnées. BALZAC, la Maison du Chat-qui-pelote, Pl., t. I, p. 22.

2 Mon emprunt valaque (...) c'est dans quatre jours que l'on soumissionne (...) nous n'avons pas de concurrents (...) il y a là un coup de fortune (...) E. LABICHE, la Chasse aux corbeaux, III, 5.

3 — Je suis venu à Bruxelles parce que des affaires de construction m'y appellent. — Quelles affaires ? — La construction d'un aérodrome pour laquelle j'ai soumissionné. G. SIMENON, Maigret chez le ministre, p. 82.

SOUPAPE [supap] n. f. — 1547 ; *sourpape* « languette qui, dans un orgue, règle le passage de l'air », 1474 ; emploi figuré et plaisant de

souspape (xɪɪᵉ), «coup sous le menton (qui fait fermer brusquement la bouche)», mot comp. de *sous*, et de **pape* «menton, mâchoire inférieure», etc., à rapprocher de l'anc. franç. *paper*, lat. *pap(p)are* «manger»; → Papelard.

♦ **1.** Obturateur* mobile maintenu en position fermée par un ressort, par la pesanteur ou par la pression d'un fluide et qu'une pression exercée dans le sens inverse peut ouvrir momentanément. ⇒ **Valve.** *Soupape d'aspiration, de refoulement d'une pompe.* ⇒ **Clapet.** *La soupape d'un ballon* (→ Déperdition, cit. 1), *d'un orgue* (cit. 2), *d'un soufflet de forge* (⇒ **Ventillon**). — Spécialt. *Soupapes d'un moteur d'automobile,* qui servent à fermer les orifices d'admission et d'échappement dans la chambre de combustion. *Soupapes latérales. Soupapes en tête,* au-dessus de la culasse, la tête en bas. *Ressort de soupape. Les soupapes sont commandées par les culbuteurs ou par les poussoirs et par l'arbre à cames. Rodage de soupapes, faire roder les soupapes. Moteur sans soupapes.* — (1817, *in* D.D.L.). *Soupape de sûreté,* disposée sur la chaudière d'une machine à vapeur pour empêcher l'explosion qui résulterait d'une pression excessive. *Soupape d'admission d'air dans une machine à vapeur.* ⇒ **Reniflard.**

1   (...) le rugissement de l'eau se perdit dans une espèce de clameur aiguë, — un son tel que vous pouvez le concevoir en imaginant les soupapes de plusieurs milliers de steamers lâchant à la fois leur vapeur.
               BAUDELAIRE, Trad. E. POE, Histoires extraordinaires, «Une descente dans le Maelstrom».

2   Huit cylindres, deux arbres à cames attaquant directement l'un les soupapes d'admission, l'autre les soupapes d'échappement.   Pierre BENOIT, Alberte, IX.

♦ **2.** (*Soupape électrique* attesté 1883, probablt antérieur [1855]; *in* D.D.L. Par anal. de fonction; → valve). Électr. Dispositif qui, dans certaines conditions, ne laisse passer le courant que dans un sens. *Soupape électronique,* constituée par un tube électronique. *Soupape à gaz :* soupape électronique fonctionnant par l'ionisation d'un gaz. *Soupape à vide.*

♦ **3.** (1871). Fig. Ce dans quoi peut se déverser un excès de force psychique. *Soupape de sûreté.* ⇒ **Exutoire, issue.**

3   La race est plus nombreuse qu'on ne croit de ces dormeurs éveillés chez qui une destinée trop restreinte comprime des forces inemployées, des facultés héroïques. Le rêve est la soupape où tout cela s'évapore avec des bouillonnements terribles, une vapeur de fournaise et des images flottantes aussitôt dissipées.
               Alphonse DAUDET, le Nabab, V.

SOUPÇON [supsõ] n. m. — 1564; *sospeçon,* v. 1155; du lat. tardif *suspectio, -onis,* lat. class. *suspicio.* → Suspicion.

♦ **1.** Conjecture par laquelle on attribue à qqn des actes blâmables, des intentions mauvaises, etc.; crainte, plus ou moins fondée, au sujet de la conduite ou des projets d'une personne. ⇒ **Suspicion.** *De vagues soupçons. Concevoir, avoir des soupçons, porter ses soupçons sur qqn.* ⇒ **Soupçonner** (→ Motif, cit. 5). *Éveiller les soupçons de qqn.* → Mettre la puce (*supra* cit. 3) à l'oreille. *Écarter un soupçon qui vient à l'esprit. Être l'objet d'un soupçon* (⇒ **Suspect**). *Ses soupçons tombèrent sur... Apeuré* (cit. 2) *par ce soupçon qui pesait sur lui. Être au-dessus, à l'abri de tout soupçon* (→ Inconvénient, cit. 4). *Ne pas donner prise aux soupçons. Caractère porté aux soupçons.* ⇒ **Soupçonneux.** *Soupçons injustes, jaloux* (cit. 18 et 29), *outrageux. Les soupçons de la jalousie.* ⇒ **Doute** (cit. 19), **ombrage** (*supra* cit. 6). *Aigrir* (cit. 3) *les soupçons de qqn. Être bourrelé* (cit. 2) *de soupçons. — Soupçons d'infidélité* (→ 2. Flétrissure, cit.), *d'impiété* (→ Juron, cit. 1), *d'ostentation* (cit. 1).

1   Puis, une fois seule, je suis retombée dans l'enfer des hypothèses, dans le tumulte des soupçons. Par moments, la certitude d'être trahie me semblait être un baume, comparée aux horreurs du doute !
              BALZAC, Mémoires de deux jeunes mariées, Pl., t. I, p. 313.

(Déb. xɪɪɪᵉ). *Le soupçon :* le fait d'avoir des soupçons. «*L'ère du soupçon* », essai de Nathalie Sarraute. — Vx. *Fait d'être l'objet de soupçons* — Loc. (1660). *Tomber en soupçon :* être soupçonné.

♦ **2.** (Fin xvɪᵉ). Fait de concevoir, de conjecturer, de soupçonner*, de se douter de (qqch.). *Un bouquin* (2. Bouquin) *qui me manquait jusque-là, sans que j'eusse le moindre soupçon qu'il me manquât.* — Loc. *Avoir soupçon de... :* se douter de...

2   Il est fier de participer aux tractations secrètes de l'Église, de jouer un rôle dans des luttes dont le public n'a pas soupçon.
              J. ROMAINS, les Hommes de bonne volonté, t. V, XVIII, p. 135.

♦ **3.** (1657). Apparence* qui laisse supposer la présence ou l'existence d'une chose. ⇒ 1. **Ombre** (*supra* cit. 47); → Érotisme, cit. 3; exposition, cit. 9; jovialité, cit. 2. *Pourchasser le moindre soupçon d'obscurité ou d'amphibologie* (→ Mot, cit. 8).

(1798). Très petite quantité. *Rien que de l'eau chaude avec un soupçon de thé et un nuage de lait* (cit. 15). ⇒ **Nuage** (*supra* cit. 7), **peu** (un peu de). *Un soupçon de moutarde.* ⇒ **Pointe** (*supra* cit. 26). *Avoir un soupçon de barbe au menton.* ⇒ **Idée** (*supra* cit. 48).

3   Elle avait le nez pincé, le menton pointu, le visage presque triangulaire, des yeux qui avaient pleuré; mais elle mettait un *soupçon* de rouge qui ravivait ses yeux gris.   BALZAC, Une ténébreuse affaire, Pl., t. VII, p. 490.

---

4   Un soupçon de vulgarité dans le sublime, pour ramener le héros sur le plan humain et rendre Clio moins poseuse, j'aime assez cela.
              Émile HENRIOT, la Rose de Bratislava, VIII.

CONTR. Certitude.

DÉR. Soupçonner, soupçonneux.

SOUPÇONNABLE [supsɔnabl] adj. — 1611; *souspeçonnable* «suspect», xɪɪɪᵉ; autres formes au xɪvᵉ et au xvᵉ; de *soupçonner.* Rare. Le plus souvent en tournure de sens négatif.

♦ **1.** (Personnes). Qui peut être soupçonné, dans une affaire délictueuse, criminelle. *Il est difficilement soupçonnable, avec un tel alibi.*

♦ **2.** (Choses; comportements, sentiments, etc.). Que l'on peut soupçonner, pressentir, deviner. *Ce n'était pas soupçonnable de sa part.*

CONTR. Insoupçonnable.

SOUPÇONNER [supsɔne] v. tr. — V. 1265, *souspeçonner; souspechonner,* v. 1225; de *soupçon.*

♦ **1.** Concevoir des soupçons* (1.) au sujet de (qqn), faire peser des soupçons sur (qqn). ⇒ **Suspecter.** «*M'aller soupçonner ainsi, moi qui suis l'innocence* (cit. 7) *même* » (⇒ **Insoupçonnable**). — *Soupçonner qqn d'un crime* (→ Inceste, cit. 1). — *Soupçonner qqn d'être... de faire...* (→ Libertin, cit. 4). *Être soupçonné d'avoir commis un faux* (→ Nouvelle, cit. 4). — Absolt. *Le monde accuse* (cit. 8), *soupçonne et calomnie avec une déplorable facilité.* — Pron. (Sens récipr.). *Quand les partis en sont à se dénoncer* (cit. 16) *et à se soupçonner ainsi.*

1   Dans ce désordre, malheur à ceux que l'on soupçonne d'avoir contribué de loin ou de près aux maux du peuple.
              TAINE, les Origines de la France contemporaine, III, t. I, p. 29.

Loc. *La femme de César ne doit pas même être soupçonnée :* parole qu'aurait prononcée César quand il répudia sa femme Pompeia compromise par Clodius. On applique parfois cette phrase à une personne qui doit se garder de tout ce qui pourrait attirer les soupçons sur elle (→ Impeccable, cit. 3).

Par ext., littér. Mettre en doute. *Soupçonner la réalité d'un fait, l'honnêteté de qqn.* — Spécialt. *La police le soupçonne.* ⇒ **Suspect.**

♦ **2.** (xɪɪɪᵉ; le compl. désigne une action blâmable). Concevoir, conjecturer l'existence, la présence, la possibilité de (qqch.) d'après certains indices. ⇒ **Deviner, entrevoir** (*infra* cit. 5), **flairer** (*supra* cit. 10), **pressentir** (*supra* cit. 4). *Soupçonner un danger, un piège.* ⇒ **Défier** (se), **méfier** (se). *Tant d'exubérance laissait soupçonner une profonde angoisse.* — *Un monde idéal dont ils ne soupçonnent pas même l'existence.* ⇒ **Douter** (se), **imaginer; idée** (avoir idée de); → Intéresser, cit. 19.

2   (...) sans être un grand philosophe, chacun peut soupçonner la force que prennent les passions dans la solitude.   BALZAC, L'Initié, Pl., t. VII, p. 334.

3   Comme on peut passer à côté de sentiments profonds, parfois désespérés, sans même en soupçonner la présence !   A. MAUROIS, Ariel..., II, VI.

Soupçonner que..., suivi de l'indic. ⇒ **Croire, conjecturer, penser;** (→ 1. Général, cit. 16 ; outrecuidance, cit. 1). *J'ai lieu de soupçonner qu'elle est dans une situation difficile* (cit. 22). — (Suivi normalement du subj. quand la phrase est interrogative ou négative). *Il engloutissait avec une ardeur qui n'eût pas laissé soupçonner qu'il eût soupé déjà* (→ Rassasier, cit. 2).

DÉR. Soupçonner.

COMP. Insoupçonnable, insoupçonné.

SOUPÇONNEUSEMENT [supsɔnøzmã] adv. — 1872; *suspessonneusement* «de façon suspecte», v. 1300; de *soupçonneux.*

♦ Littér. D'une manière soupçonneuse. *Il la regardait soupçonneusement, avec suspicion*.*

SOUPÇONNEUX, EUSE [supsɔnø, øz] adj. — V. 1265, *soupçoneus; suspecenos,* fin xɪɪᵉ; de *soupçon.*

♦ **1.** (Personnes). Enclin aux soupçons. ⇒ **Défiant, méfiant** (→ Flairer, cit. 11; observateur, cit. 12; partial, cit. 1). «*Quiconque est soupçonneux invite* (cit. 5) *à le trahir* » (Voltaire). *Mari soupçonneux.* ⇒ **Jaloux** (→ Inquiétude, cit. 9). *Caractère soupçonneux.* ⇒ **Craintif, ombrageux.**

♦ **2.** (1690). Qui marque le soupçon. *Air soupçonneux* (→ Racoleur, cit. 2). *Observer qqn d'un œil soupçonneux.* ⇒ 2. **Critique** (*supra* cit. 38). *Visage, regard soupçonneux.*

CONTR. Crédule.

DÉR. Soupçonneusement.

SOUPE [sup] n. f. — V. 1195; *soppe,* mil xɪɪᵉ; bas lat. *suppa,* soit d'orig. germanique **suppa,* de même racine que le gotique *supôn* «assaisonner», soit (Guiraud) de l'adj. *suppus,* de *supinus* «couché, renversé», la tranche de pain étant placée à plat dans la soupière et un liquide étant versé sur elle.

★ **I.** Vx, dans des loc. ◆ **1.** Vx. Tranche de pain que l'on arrosait de liquide chaud : bouillon (cit. 8), lait, vin... ou que l'on y trempait. — Loc. (XIIIe). Vx. *Tailler des soupes ;* (mil. XVIe) *tailler la soupe :* couper du pain en tranches pour le mettre dans du bouillon. — (1664). *Tremper la soupe :* verser du bouillon sur les « soupes », ou tremper ces tranches de pain dans le bouillon.

0.1 La femme, armée d'une cuiller à pot, prenant de minces tranches de pain au fond d'une corbeille garnie d'un linge, trempait la soupe dans des tasses jaunes.
ZOLA, le Ventre de Paris, t. I, p. 37.

◆ **2.** Loc. fig. [a] (1846, Balzac, *la Cousine Bette*, Pl., t. VI, p. 458). Vx. *Tremper une soupe à qqn :* le rosser, le battre.

[b] Vx. *Ivre comme une soupe :* imbibé de vin ; ivre.

[c] (1752, *mouillé*). Mod. *Trempé* comme une soupe :* très mouillé.

◆ **3.** (1256, *soupe en vin ; soupe au perroquet*, 1690). Vx ou régional. *Soupe au vin, soupe au perroquet, à perroquet :* tranches de pain trempées dans du vin.

(XVe). *Soupe dorée :* tranches de pain trempées dans du lait chaud, des œufs battus, puis frites et sucrées. — Syn. : *pain perdu, pain des anges, pains dorés* (suivant les régions).

◆ **4.** (Mil. XXe ; trad. ital.). *Soupe anglaise :* pâtisserie italienne.

★ **II.** Mod. **A.** ◆ **1.** (Mil. XIVe). Bouillon ou potage épaissi par des tranches de pain (*soupes*, I.), des aliments solides (généralement non passés). ⇒ **Garbure, minestrone, potage.** *Soupe au pain.* ⇒ **Panade.** *Soupe aux légumes. Soupe aux choux* (cit. 2), *aux poireaux, aux pommes de terre. Soupe au riz, aux pâtes.* — *Soupe verte :* soupe aux herbes, aux poireaux, en hachis cuit au beurre. — *Soupe à l'oignon** (cit. 1). ⇒ **Gratinée.** — Vx. *Soupe de Palestine,* de topinambours (parfois appelés : artichauts de Jérusalem). — (1845). Vx. *Soupe économique, soupe à la Rumford* (du nom de Benjamin Thomson, comte de *Rumford,* philanthrope américain) : soupe aux légumes secs, très nourrissante, qui servit à la nourriture des indigents (→ Soupe populaire, ci-dessous). — Vieilli. *Soupe de maçon*,* très épaisse.

0.2 Mangez-vous beaucoup, ma petite ? — Quelques onces de pain par jour, Monsieur, lui répondis-je, de l'eau et un peu de soupe quand je suis assez heureuse pour en avoir. — De la soupe ! morbleu, de la soupe !
SADE, Justine..., t. I, p. 28.

1 Vous restez fidèle aux traditions, madame, dit Pierquin en recevant une assiettée de cette soupe au thym, dans laquelle les cuisinières flamandes ou hollandaises mettent de petites boules de viande roulées et mêlées à des tranches de pain grillé, voici le potage du dimanche en usage chez nos pères !
BALZAC, la Recherche de l'absolu, Pl., t. IX, p. 524.

2 Cette soupe était une espèce de puchero où le poisson remplaçait la viande et où le provençal jetait des pois chiches, de petits morceaux de lard coupés carrément, et des gousses de piment rouge, concessions du mangeur de bouillabaisse aux mangeurs d'olla podrida.
HUGO, l'Homme qui rit, I, II, II.

2.1 Au coin du trottoir, un large rond de consommateurs s'était formé autour d'une marchande de soupe aux choux. Le seau de fer-blanc étamé, plein de bouillon, fumait sur le petit réchaud bas, dont les trous jetaient une lueur pâle de braise.
ZOLA, le Ventre de Paris, t. I, p. 37.

Préparer, faire cuire la soupe. Faire la soupe (→ Légume, cit. 3 ; ménager, cit. 8). — *Manger la soupe, sa soupe* (→ Rare, cit. 12), *avaler* (cit. 4), *lamper* (cit. 3) *sa soupe.* — *Servir la soupe* (→ Hôte, cit. 9. — *La soupe est servie.* — *Assiette, assiettée* (cit. 2), *écuelle, écuellée, bol de soupe. Une pleine soupière de soupe fumante. Louche pour servir la soupe.*

Soupe à la viande. — *Soupe au poisson* (cit. 9), *soupe de poisson.* ⇒ **Bouillabaisse.** *La soupe du pêcheur* (dans les menus de restaurants) : soupe au poisson.

◆ **2.** (1694). SOUPE AU LAIT : soupe ou potage dans lequel le bouillon est remplacé par du lait. — Loc. fig. (Mil. XVIIIe, *s'élever comme une soupe au lait*). *Monter, s'emporter comme une soupe au lait :* se mettre facilement et rapidement en colère (par allus. au lait qui, près de bouillir, monte et déborde). ⇒ **Emporter** (s') ; → Emportement, cit. 7. — (1867, Delvau). *Une soupe au lait :* une personne irascible. — Adj. (XXe). *Il, elle est un peu, très soupe au lait.* ⇒ **Emporté.** *Un tempérament soupe au lait.*

2.2 (...) que voulez-vous ! je suis vif, je m'échauffe, je m'emporte comme une soupe au lait (...) et je deviens d'une brutalité.
E. LABICHE, Embrassons-nous, Folleville ! 2.

2.3 Marquée par les opinions de son mari, elle avait souvent avec son fils des désaccords qu'il ne soulignait pas mais dont elle s'agaçait. Si par hasard il la contredisait, elle prenait de brèves mais vives colères, car elle était soupe au lait.
S. DE BEAUVOIR, Tout compte fait, p. 105.

◆ **3.** Loc. fig. (du sens II., 1.). *Cela vient comme un cheveu sur la soupe.* ⇒ **Cheveu.** — Fam. *Marchand de soupe.* ⇒ **Marchand.** — Fam. *La soupe à la grimace.* ⇒ **Grimace.** — Fam. *Un gros plein de soupe :* un homme très gros, ventru. — Fam. *Cracher dans la soupe :* faire mine de mépriser un avantage, critiquer ce qui procure des moyens d'existence.

◆ **4.** (*La soupe,* symbole de la nourriture simple et substantielle). « *Je vis de bonne soupe, et non de beau langage* » (cit. 13, Molière, 1672). — Loc. (XVIIIe). Vx. *Manger la soupe, partager la soupe avec qqn :* partager son repas. — Vx. *Bouder sa soupe :* refuser de manger ; manquer d'appétit (→ ci-dessous, B.).

◆ **5.** (1690). Spécialt. Soupe épaisse constituant le plat unique dans certains repas communautaires (armée, prisons). ⇒ (milit.) **Ratatouille** (cit. 4), **rata.** *Corvée de soupe. Distribuer la soupe* (→ Roulante, cit. 6). « *La soupe est bonne ?* », question traditionnelle de l'officier, du général qui inspecte l'ordinaire* de la troupe. — Loc. prov. *La soupe fait le soldat* (→ ci-dessous, B.).

◆ **6.** Par ext. Potage, bouillon. *Tu veux de la soupe ou des hors-d'œuvre ? Allons, mange ta soupe ! Si tu ne manges pas ta soupe, tu ne grandiras pas.* — REM. Le mot, par rapport à *potage* ou *bouillon*, est plus familier et connote la simplicité familiale ; il reste très usuel dans l'usage enfantin. — *Soupe instantanée. Soupe en sachet.* « *Il fait réchauffer une soupe-minute en sachet* » (*Actuel,* févr. 1980, p. 84).

B. (Du sens II., A., 4. et 5.) ◆ **1.** (XVIIe). Nourriture ; repas. → 2. Marche, cit. 16 ; repos, cit. 4. — REM. Le mot a cette valeur figurée, du XVIIe au XIXe s., par référence à la fréquence de la soupe dans la nourriture quotidienne ; de nos jours, plutôt par référence à une nourriture simple, rurale ou militaire (→ ci-dessus, II., A., 5.). *C'est l'heure de la soupe. À la soupe ! :* à table* ! (→ Même, cit. 28).

3 Cela devait ressembler à... rentrer à la maison pour la soupe (...) C'était une façon de s'exprimer, probablement ; depuis plusieurs générations les pêcheurs eux-mêmes ne prenaient plus de soupe au repas de midi.
A. ROBBE-GRILLET, le Voyeur, p. 118.

(Av. 1914, Péguy). L'heure du repas. *Avant la soupe.*

◆ **2.** Loc. (*Soupe économique,* 1800, *in* D.D.L.). SOUPE POPULAIRE : repas sommaire servi gratuitement aux indigents ; établissement où on le sert (→ Larve, cit. 6) ; institution de bienfaisance qui distribue ces repas. *Il survit grâce à la soupe populaire et à l'Armée du Salut. Des clochards qui fréquentent la soupe populaire.*

◆ **3.** (XXe ; *faire ses soupes* « ses profits », où *soupe* a le sens I., mil. XVe). La nourriture, en tant que moyen de subsistance ; par métonymie, manière, possibilité de gagner sa vie, gagne-pain. ⇒ **Bifteck, pain.**

4 (...) le philosophe sérieux se demande avec angoisse à quoi servent ces phalanges improductives (...)
— A défendre la soupe des gens sérieux !
— La soupe !
E. LABICHE, les Vivacité du capitaine Tic, I, 4.

Loc. fam. *Par ici la bonne soupe !,* les avantages matériels, l'argent.

★ **III.** Fig. Liquides ; substances pâteuses. ◆ **1.** (Av. 1850, Balzac). Bouillie préparée pour la nourriture des animaux. ⇒ **Pâtée.** → Chenil, cit. 2.

(1871). Agric. Fourrage vert ou sec, infusé à l'eau, qu'on donne au bétail pour l'engraisser.

◆ **2.** Mélange aqueux ; eau remplie d'impuretés en cas de pollution. « *Les installations classiques de purification et de filtrage seraient impuissantes contre la "soupe" rhénane* » (le Nouvel Obs., 22 janv. 1973, p. 46).

◆ **3.** Fam. Explosif (pâteux).

◆ **4.** (1939, *in* Petiot). Neige saturée d'eau. *On ne pourra pas skier aujourd'hui : c'est de la soupe.*

◆ **5.** (V. 1980). Sc. *Soupe primitive, primordiale, soupe biologique :* l'eau des océans, contenant les éléments nécessaires à l'apparition de la vie.

5 C'est à partir de la « soupe primordiale », produit d'une évolution chimique, que la vie est censée avoir pris naissance. Quelque complexe moléculaire a dû devenir capable d'utiliser certains des ingrédients de cette solution organique pour se reproduire.
François JACOB, le Jeu des possibles, 1981, p. 44.

DÉR. 1. Souper, 2. souper, soupier, soupière.

SOUPÉ [supe] n. m. Vx. ⇒ 1. **Souper.**

SOUPENTE [supɑ̃t] n. f. — 1338, *souspente ;* de l'anc. v. *souspendre,* lat. *suspendere.* → Suspendre.

◆ **1.** Réduit, en planches ou en maçonnerie, aménagé dans la hauteur d'une pièce d'habitation, d'une cuisine, d'une écurie ou sous un escalier, pour servir de grenier, de logement sommaire. *Loger* (cit. 13) *dans une soupente. Caves et soupentes insalubres* (→ Étroit, cit. 25). — Spécialt. Petite pièce au-dessus d'un atelier d'artiste.

◆ **2.** (1508). Techn. Barre ou bande métallique soutenant la hotte d'une cheminée.

(1690, *souspente*). Assemblage de courroies constituant la suspension d'une voiture.

La voiture prit un train plus rapide ; le bruit des roues faisait se retourner les passants, le cuir de la capote rabattue brillait, le domestique se cambrait la taille, et les deux havanais l'un près de l'autre semblaient deux manchons d'hermine, posés sur les coussins. Frédéric se laissait aller au bercement des soupentes.
FLAUBERT, l'Éducation sentimentale, II, IV.

◆ **3.** (1964). Techn. Bateau transportant des matériaux sur les rivières, les canaux.

1. SOUPER [supe] n. m. — 980; du rad. de *soupe**.

♦ **1.** Vx ou régional (Belgique, Canada, Suisse, etc.). Repas du soir. ⇒ 2. **Dîner** (→ Cuisiner, cit. 2; frugal, cit. 1; jeun (à), cit. 3). *Apprêter* (cit. 9), *faire cuire le souper* (→ Maringouin, cit. 1). *C'est l'heure du souper. Donner un souper* (→ Capable, cit. 10). *Soupers élégants, réputés; soupers fins* (syntagme encore employé, mais compris au sens 2.). → Gagner, cit. 33; garçonnière, cit. 3; illuminé, cit. 24; inviter, cit. 3. *Exclu* (cit. 7) *de ses soupers.* — Vx. *Soupé.* « *Bon* (cit. 13) *soupé, bon gîte, et le reste** ».

0.1   (...) le souper des Moines est composé de trois plats de rôti, de six entrées relevées par une pièce froide et huit entremets, du fruit, trois sortes de vin, du café et des liqueurs : quelquefois, nous sommes à table toutes les huit avec eux; quelquefois ils obligent quatre de nous à les servir; et elles soupent après; il arrive aussi de temps en temps, qu'ils ne prennent que quatre filles à souper (...)
                        SADE, *Justine...*, t. I, p. 167.

1   Tristes réunions, que ces soupers de famille, le soir, autour de la lampe, sur la nappe tachée, au milieu des propos insipides et du bruit des mâchoires de ces êtres qu'il méprise, qu'il plaint, et qu'il aime malgré tout !
                R. ROLLAND, *Jean-Christophe*, Le matin, I, p. 145.

Vx. *Grand souper* : souper d'apparat.

♦ **2.** (V. 1830 ; → Orgie, cit. 4, Balzac ; minuit, cit. 1, Stendhal). Repas ou collation qu'on prend à une heure avancée de la nuit après le spectacle, au cours d'une soirée, etc. (→ Finir, cit. 34). ⇒ aussi **Réveillon**. *Souper aux chandelles.* — *Faire un souper fin dans un grand restaurant.*

2   Vers minuit, un joyeux souper terminait la séance de travail; on enlevait les crayons, les pinceaux, les pastels, et l'on attaquait le macaroni classique fait par un *Romain*, le salmis de gélinottes ou quelque grand poisson pêché dans la Néva, à travers les trous de la glace.   Th. GAUTIER, *Voyage en Russie*, I, XXI.

COMP. Après-souper.

2. SOUPER [supe] v. intr. — 1138; du rad. de *soupe**.

★ **I.** ♦ **1.** Vx ou régional. Prendre le repas du soir. ⇒ 1. **Dîner** (cit. 4 ; → aussi Digestion, cit. 2; espièglerie, cit. 2). *Souper chez qqn* (→ Convier, cit. 6; malhonnête, cit. 1), *avec qqn.* (→ Demander, cit. 47; hôtel, cit. 3). *Souper en ville* (→ Pleurer, cit. 10). *Je vous invite à souper* (→ Résultat, cit. 1). *Souper de* (tel ou tel aliment). → Démembrer, cit. 1.

1   C'est une chose importune de se coucher sans souper ; c'est une chose moins riante encore de ne pas souper et de ne savoir où coucher.
             HUGO, *Notre-Dame de Paris*, I, II, III.

2   On dînait chez elle à deux heures, on soupait à neuf.
             A. DE MUSSET, *Nouvelles*, « Margot », I.

3   Le voyageur n'osa pas entrer *(dans l'auberge)* par la porte de la rue. Il se glissa dans la cour, s'arrêta encore, puis leva timidement le loquet et poussa la porte.
  — Qui va là? dit le maître.
  — Quelqu'un qui voudrait souper et coucher.
  — C'est bon. Ici on soupe et on couche.   HUGO, *les Misérables*, I, II, I.

♦ **2.** (V. 1830). Faire un souper* (2.). *Elle soupait devant lui, en robe du soir* (→ Échancrer, cit. 2). *Souper dans un cabaret. Aller souper après le spectacle.*

4   Il ne faut pas se dissimuler que c'est là le restaurant des aristos. L'usage est d'y demander des huîtres d'Ostende (...) Ensuite, c'est la soupe à l'oignon (...) Ajoutez à cela un perdreau ou quelque poisson (...) du bordeaux, un dessert de fruits premier choix, et vous conviendrez qu'on soupe fort bien à la Halle.
           NERVAL, *les Nuits d'octobre*, XIV.

5   Dans les cabinets de restaurants où l'on soupe après minuit riait, à la clarté des bougies, la foule bigarrée des gens de lettres et des actrices.
           FLAUBERT, Mme Bovary, I, IX.

★ **II.** (1888 ; *soupé!* « assez ! », 1883, du sens I., 1.). Fam. *Avoir soupé de qqch.* : en avoir par-dessus la tête, assez (→ Fleur, cit. 14). *J'en ai soupé de t'entendre !*

6   Quand on lui demandait quelque chose, il répondait : « J'en ai soupé ». Et il avait soupé de tout (...)   O. MIRBEAU, *le Journal d'une femme de chambre*, p. 258.

7   J'en ai assez des œuvres réalistes et de l'étude du vrai, et du souci de l'exactitude (...) J'en ai soupé du réel !   Edmond JALOUX, la Fête nocturne, III.

DÉR. Soupeur.

SOUPÈSEMENT [supɛzmɑ̃] n. m. — 1872, Littré ; de *soupeser.*

♦ Rare. Action de soupeser, d'évaluer approximativement le poids d'un objet.

SOUPESER [supəze] v. tr. — 1200 ; de *sous*, et *peser.*

♦ **1.** Soulever et soutenir un moment dans la main pour juger approximativement du poids (→ Lippe, cit. ; melon, cit. 3).

1   Il soupesa de nouveau le manuscrit, et ne le trouva plus si lourd.
           A. HERMANT, *l'Aube ardente*, XII.

♦ **2.** (V. 1265). Fig. Peser, évaluer. *Soupeser des arguments, le pour et le contre.*

---

2   Tournez maintenant les yeux vers le Ciel, mon ami ! Après avoir soupesé le peu que vous quittez, regardez ce qui vous attend.
         MARTIN DU GARD, les Thibault, t. IV, p. 138.

DÉR. Soupèsement.

SOUPEUR, EUSE [supœʀ, øz] n. — XIIIe, *souperres;* de 2. *souper.*

♦ **1.** Vx. Dîneur.

♦ **2.** Mod. Personne qui participe, a l'habitude de participer à des soupers.

1   Cependant, l'assemblée était joyeuse, sans scandale. Il était convenu qu'on dansait entre gens du monde. Le tango, au surplus, rend grave ; et les plus gaies des jolies soupeuses, dès qu'elles se mettaient à la danse, reprenaient cet air inspiré, mais plein d'application, qui caractérise les adeptes de la nouvelle chorégraphie.
         G. LEROUX, *Rouletabille chez Krupp*, p. 66.

♦ **3.** N. f. (1815). Vx. Femme galante qui, dans un restaurant, entraînait les hommes, se faisant offrir à souper. ⇒ **Entraîneuse** (moderne).

2   La courtisane n'existe pas plus que le saint ; il y a des soupeuses et des lorettes, ce qui même est encore plus fétide que la grisette.
         FLAUBERT, Correspondance, 394, 1er juin 1853.

3   Les figurantes de ces établissements nocturnes, les soupeuses, ont une vie monotone et abrutissante presque autant que celle des malheureuses filles des maisons publiques.   GORON, l'Amour à Paris, t. II, p. 699 (v. 1900).

♦ **4.** N. m. (V. 1920, selon Cellard-Rey). Pervers sexuel qui consomme des morceaux de pain souillés d'urine (dans les « tasses ») ou qui recherche chez les femmes le sperme d'un coït récent.

4   L'autre l'attendait probablement en bas pour la renifler au sortir de mes bras. En argot, on les appelle des soupeurs, ces charognes-là.
         FALLET, Y a-t-il un docteur dans la salle?, p. 317.

1. SOUPIER, IÈRE [supje, jɛʀ] adj. et n. — 1576, dans plusieurs dialectes ; de *soupe.*

♦ **1.** Fam., régional. Qui aime la soupe.

♦ **2.** N. m. (1916). Argot milit. Soldat chargé de faire la soupe.

2. SOUPIER [supje] n. m. — 1723 ; altér. graphique de *sous-pied.*

♦ **1.** Vx. Banc de pierre le plus bas, dans une carrière.

♦ **2.** (1838 ; *pierre de soupié*, 1752). Moellon (d'abord tiré du banc de pierre inférieur).

SOUPIÈRE [supjɛʀ] n. f. — 1729 ; de *soupe.*

♦ **1.** Pièce de vaisselle, récipient large et profond, généralement à anses et à couvercle, dans lequel on sert la soupe ou le potage (→ Effluve, cit. 4 ; 2. louche, cit. 2). *Une soupière de porcelaine.*

♦ **2.** (1845). Par métonymie. Contenu d'une soupière*. Grande quantité de liquide (→ Plaire, cit. 36). *Il a fini la soupière.*

SOUPIR [supiʀ] n. m. — XIIIe; *sospir*, v. 1130; *souspir*, encore in Trévoux, 1740; de *soupirer.*

A. ♦ **1.** Inspiration ou respiration plus ou moins bruyante (⇒ **Bruit, gémissement, plainte, souffle**), qui vient rétablir l'équilibre respiratoire perturbé par certains états affectifs et émotionnels généralement pénibles (douleur, secret, gêne, inquiétude, lassitude, etc.). *Les soupirs et les plaintes des femmes en gésine* (cit. 2). *Soupirs et sanglots* (→ Renifler, cit. 2). « *La perte d'un époux* (cit. 2) *ne va point sans soupirs* » (→ aussi Plainte, cit. 3). « *Le comique, ennemi des soupirs et des pleurs* » (cit. 1). *Pousser* (→ Blanc, cit. 7; geignard, cit. 1), *faire* (→ Élancement, cit. 2), *exhaler* (→ Passer, cit. 23) *un soupir.* ⇒ **Hélas**. *Soupir qui gonfle* (cit. 2 et 4) *la poitrine et s'en exhale* (cit. 24). *De profonds soupirs entrecoupaient* (cit. 1) *toutes mes paroles. Avec un soupir* (→ Ceci, cit. 3; front, cit. 9), *dans un soupir* (→ Malheureux, cit. 26). *Grand, gros, profond soupir* (→ Mordre, cit. 22; mouler, cit. 1; mourant, cit. 9). *Soupir de résignation* (→ Manifester, cit. 3), *de satisfaction* (→ Retenir, cit. 14), *de soulagement* (cit. 2), *de plaisir. Le Pont des soupirs* : célèbre pont de Venise, qui menait aux prisons.

1   Bon Dieu! quelle douleur pour vous, et que je l'aurais bien partagée! comme je fais le soupir que je crois vous entendre faire.
         Mme DE SÉVIGNÉ, 787, 5 mars 1680.

2   Le plus grand nombre *(des courtisans)*, c'est-à-dire les sots, tiraient des soupirs de leurs talons, et, avec des yeux égarés et secs, louaient Monseigneur (...) et plaignaient le Roi de la perte d'un si bon fils.
         SAINT-SIMON, Mémoires, III, XLIX.

3   Chacun en proie à la terreur écoutait dans le plus profond silence les aspirations de la mourante, qui déjà s'étaient ralenties. Puis, par intervalles, un soupir profond annonçait encore la vie en trahissant tout un débat intérieur. Enfin, la mère ne respira plus.   BALZAC, la Grenadière, Pl., t. II, p. 204.

Spécialt. *Le dernier soupir*, du mourant (→ Plaisir, cit. 15). *Rendre le dernier soupir* : mourir. ⇒ **Expirer** (→ Éventrer, cit. 1; faiseur, cit. 2). *Recueillir le dernier soupir de qqn* : assister à sa mort.

♦ **2.** (XIIe). Vieilli, poét. Soupir qui témoigne d'un amour ardent et insatisfait ; expression douloureuse de l'amour (→ Arme, cit. 34 ; attraper, cit. 7 ; inexorable, cit. 8 ; insidieux, cit. 1 ; prouver, cit. 8). *L'objet de ses soupirs :* la personne qu'il (elle) aime. *« Je ne vous nierai* (cit. 14) *point, Seigneur, que ses soupirs M'ont daigné quelquefois expliquer ses désirs ».* Iron. *« Pour moi, je crois qu'au Ciel tendent tous vos soupirs... »* (→ Arrêter, cit. 19).

(1640). Par ext., littér. Expression poétique de la souffrance, de la mélancolie, du regret..., plainte lyrique. *Le ton consacré aux soupirs* (→ Corde, cit. 17). *Les « Méditations »* (cit. 8) *de Lamartine ne sont que des soupirs de l'âme* (→ aussi Effusion, cit. 7).

♦ **3.** Fig., littér. Chant ou son plaintif, mélancolique. ⇒ **Plainte** (*supra* cit. 8). *Les soupirs du rossignol* (→ Fraîcheur, cit. 2). *Des soupirs étouffés de cor* (→ Musicien, cit. 7). *Soupir du vent* (→ Bruit, cit. 20), *de la mer* (→ Grève, cit. 3). *« Les soupirs sortant des choses »* (→ Printemps, cit. 2, Hugo).

4   Je suis seul ! (...) Si les Dieux, les échos et les ondes
Et si tant de soupirs permettent qu'on le soit !
             VALÉRY, Poésies, « Charmes », in Œ., t. I, Pl., p. 123.

B. (1611). Mus. Silence* correspondant à la noire ; signe indiquant ce silence. ⇒ **Silence** (*supra* cit. 8). → Note, cit. 1. *Un demi-soupir*. Un quart de soupir,* correspondant à une double croche.

COMP. Demi-soupir.

SOUPIRAIL [supiʀaj] n. m. — V. 1380, *souspirail,* encore in Trévoux, 1740 ; *sospiral,* XIIIᵉ ; probablt de *soupirer* « exhaler », sur le modèle du lat. *spiraculum* « soupirail ». → Spiracle.

♦ **1.** Ouverture pratiquée dans le soubassement d'un rez-de-chaussée pour donner de l'air et du jour aux caves (1. Cave, cit. 4) et pièces en sous-sol. ⇒ **Fenêtre, regard** (→ Éclairage, cit. 4 ; livide, cit. 4 ; massif, cit. 7 ; pomme, cit. 3). *Soupiraux grillagés* (cit. 1). *Soupirail d'aération*.*

Cette salle ressemblait fort à un cachot : elle était voûtée ; un soupirail à barreaux, donnant sur une cour déserte, l'éclairait de haut et mal.
             MARTIN DU GARD, les Thibault, t. VI, p. 36.

♦ **2.** (1601). Vx. Ouverture dans l'écorce terrestre ; entrée d'une cavité, d'une caverne.

♦ **3.** (1636). Techn. Ouverture pratiquée dans une voûte.

SOUPIRANT, ANTE [supiʀɑ̃, ɑ̃t] adj. et n. m. — XIIIᵉ, *souspirant ;* de *soupirer.*

♦ **1.** Adj. Littér. Qui soupire, se plaint. *Soupirante mais consentante* (cit.). *Tendres et soupirantes histoires d'amour* (→ 2. Lai, cit.).

♦ **2.** N. m. (V. 1221). Vieilli ou plais. *Le soupirant de (une femme) ; son soupirant :* son amoureux. ⇒ **Galant** (→ Délicat, cit. 25 ; désorienter, cit. 3 ; mourant, cit. 4). *Vos soupirants, ses soupirants* (→ Fantaisie, cit. 22 ; goujat, cit. 6 ; œil, cit. 22).

SOUPIRER [supiʀe] v. — XIIᵉ ; *suspirer,* v. 980 ; lat. *suspirare,* de *sub* « sous », et *spirare* « souffler, respirer ».

★ **I.** V. intr. ♦ **1.** Pousser un soupir, des soupirs (→ Poitrine, cit. 11). *Pleurer et soupirer* (→ Élancer, cit. 8 ; langueur, cit. 7). *Gémir* (cit. 1) *et soupirer. Soupirer involontairement* (→ Haleine, cit. 16). *Soupirer de...* (et compl. de cause). *Soupirer d'aise* (→ Halte, cit. 5), *de regret* (→ Promenade, cit. 1). *« Soupirer à ses pieds moins* (cit. 5) *d'amour que de rage. »* — *Dire qqch. en soupirant* (→ Empêcher, cit. 3 ; perdre, cit. 69).

1   Et, lasse de parler, succombant sous l'effort,
Soupire, étend les bras, ferme l'œil, et s'endort.
             BOILEAU, le Lutrin, II.

2   (...) il se coucha si triste que, de toute la nuit, il ne fit que soupirer et rêver de malheur dans sa famille.
             G. SAND, la Petite Fadette, XXIX.

♦ **2.** (V. 1240). Littér., vieilli, archaïque. Pousser des soupirs amoureux ; être amoureux. *« Mais je suis trop barbon pour oser soupirer »* (→ Crever, cit. 13). *Amants* (cit. 11) *qui soupirent l'un pour l'autre* (→ aussi Coup, cit. 6 ; 1. harpe, cit. 2). *« L'amour... Fait soupirer les bois, les nids, les fleurs, les loups »* (→ Conjuguer, cit. 2, Hugo).

(1538). Vieilli ou littér. *Soupirer pour* (→ Âge, cit. 30 et 35 ; franchise, cit. 1) *qqn, qqch. :* éprouver un ardent désir pour une personne ou une chose, un sentiment d'insatisfaction ou le regret de l'avoir perdue... ⇒ **Aspirer, respirer.** — Vx ou littér. *Soupirer après...* *« Ce n'est pas le bonheur après* (cit. 50) *quoi je soupire ». « Ainsi, n'espérez pas qu'après vous je soupire »* (→ Étaler, cit. 12 ; et aussi autre, cit. 7). *Soupirer après les faveurs* (cit. 11) *de celle qu'on aime.*

3   Quand une malle-poste les croisait dans les rues, ils sentaient le besoin de partir avec elle. Le quai aux Fleurs les faisait soupirer pour la campagne.
             FLAUBERT, Bouvard et Pécuchet, I.

3.1   Un mot (classique) vient du corps, qui dit l'émotion d'absence : *soupirer :* « soupirer après la présence corporelle » : les deux moitiés de l'androgyne soupirent l'une après l'autre, comme si chaque souffle, incomplet, voulait se mêler à l'autre (...)
             R. BARTHES, Fragments d'un discours amoureux, p. 21.

♦ **3.** (V. 1530). Poét. Faire entendre de doux sons, murmurer. *« Que*

le vent qui gémit (cit. 8), le roseau qui soupire... ». *La brise soupire* (→ Harmonieux, cit. 2 ; respirer, cit. 3). *« ... une flûte* (1. Flûte, cit. 2) *invisible Soupire dans les vergers. »*

★ **II.** V. tr. (1389). ♦ **1.** Poét. Chanter sur le mode élégiaque. *« ... ce chant... Qu'un soir, au bord d'un lac* (cit. 2), *tu nous as soupiré ? »* (→ aussi Luth, cit. 4). *Les vers que je te soupire* (→ Inspirer, cit. 4). — Par analogie :

4   Celui qui ne sait pas, quand la brise étouffée
Soupire au fond des bois son tendre et long chagrin.
             A. DE MUSSET, Poésies nouvelles, « Après une lecture », XI.

Vx (langue classique). Se lamenter de, pleurer, déplorer. *« Être veuve à mon âge, et toujours soupirer la perte d'un mari »* (Corneille).

♦ **2.** Dire en soupirant. *Soupirer quelques plaintes. Elle lui soupira de se taire. Soupirer que... »* (En incise : → Bribe, cit. 2 ; caprice, cit. 9 ; rêche, cit. 5).

5   Cependant, elle soupira : — Ce qu'il y a de plus lamentable, n'est-ce pas ? c'est de traîner, comme moi, une existence inutile.   FLAUBERT, Mᵐᵉ Bovary, III, I.

DÉR. Soupir, soupirail, soupirant, soupireur.

SOUPIREUR [supiʀœʀ] n. m. — Fin XVIIᵉ, Scudéry ; « celui qui soupire », 1576 ; de *soupirer.*

♦ Vieilli, péj. Soupirant*.

Et puis vous n'êtes pas le premier qui me fasse la cour. Toute femme un peu en vue traîne un troupeau de soupireurs.   MAUPASSANT, la Porte, Pl., t. II, p. 909.

SOUPLE [supl] adj. — V. 1265, sens 2. ; *sople* « humble, abattu », v. 1130 ; lat. *supplex* « suppliant », proprt « qui se plie en se prosternant ».

REM. L'adjectif en épithète est normalement placé après le nom.

♦ **1.** (V. 1378). Concret. (Des membres du corps). Qui se plie et se meut avec aisance. *Poignet* (→ 1. Fleuret, cit.), *jambe* (→ Plié, cit. 2), *bras, membres souples* (→ 1. Fouine, cit. 1 ; posséder, cit. 32). ⇒ **Agile.** *Reins, hanches* (cit. 7), *taille souple* (→ Négligé, cit. 1 ; ployer, cit. 5). *Musculature* (cit. 1), *corps* (cit. 21) *souple* (→ Avantage, cit. 18 ; contourner, cit. 2 ; glisser, cit. 14). *Femme souple et leste* (cit. 3). *« ... le clown agile Plus souple qu'Arlequin »* (→ Bouffon, cit. 2). *Rester souple.* ⇒ **Décontracté.** — *Marche* (2. Marche, cit. 9), *démarche* (→ Onduleux, cit. 3), *allure souple.* ⇒ **Ailé, aisé, dégagé, félin, léger.** *Pas gaillard* (cit. 6) *et souple. Gestes souples* (→ Génération, cit. 18). — Fig. *Avoir l'échine*, les reins souples :* savoir s'adapter à toutes les circonstances, se soumettre, pour en tirer le meilleur profit (→ ci-dessous, 2.).

1   (...) cette démarche ailée, souple et précise qu'on trouve, si fréquente, presque habituelle chez les femmes d'Amérique.   CÉLINE, Voyage au bout de la nuit, p. 426.

(1549). Choses. Qu'on peut plier et replier facilement, sans casser ni détériorer. ⇒ **Élastique, flexible, maniable** (cit. 2). *Tiges souples de certains arbustes* (→ Grotte, cit. 2 ; lien, cit. 1). *Le tissu cartilagineux est souple* (→ Articulation, cit. 3). *Cheveux, moustaches* (cit. 5) *souples* (→ Chevelure, cit. 5 ; épaisseur, cit. 6 ; favori, cit. 11 ; plaquer, cit. 3). *Cuir souple* (→ Ganter, cit. 2). *Étoffe souple* (→ Éprendre, cit. 14 ; falbala, cit. 3 ; fuseler, cit.). *Chemise à col* (cit. 11) *souple* (opposé à *dur*). *Disque souple. Plastique souple.* — *Chapeau à bords souples* (→ Rajeunir, cit. 7). *Ressorts souples* (→ Membre, cit. 3). *Pâte encore souple.* ⇒ **Ductile, mou** (→ Croûte, cit. 7). *Rendre souple.* ⇒ **Assouplir.**

♦ **2.** Abstrait. **a** (Personnes). Qui est particulièrement docile, capable de s'adapter adroitement à la volonté d'autrui, aux exigences de la situation. ⇒ **Docile.** (cit. 19), *dociles et souples.* ⇒ **Compréhensif.** *Il faut être souple pour réussir.* ⇒ **Adroit, ondoyant** (→ Fortune, cit. 35). *Souple et insinuant* (cit. 2). *Caractère souple.* ⇒ **Liant.** *Souple comme un gant*. Souple aux volontés de qqn* (→ Docile, cit. 1). *Souple à suivre l'opinion* (→ Ondoyant, cit. 2).

2   Fénelon avait l'esprit le plus souple qui fût au monde. Les contraires ne s'y combattaient point, unis entre eux par un lien naturel, une facilité et une flexibilité onctueuse qui était répandue partout.
             Émile FAGUET, Études littéraires, XVIIᵉ s., « Fénelon », III.

3   Mais Colette était (...) trop souple pour ne pas s'adapter instantanément aux façons de Christophe. Elle n'avait même pas besoin de s'appliquer pour cela. C'était un instinct de la nature. C'était femme. Elle était souple sans forme.
             R. ROLLAND, Jean-Christophe, Foire sur la place, I, p. 733.

b (1580). Qui est capable d'adaptation, qui n'est pas systématique ni uniforme. *Esprit délié, délicat et souple* (→ Bœuf, cit. 9). *Imagination souple* (→ Opérer, cit. 4). — *Prose, langue souple* (→ Déplacer, cit. 10 ; généraliser, cit. 3). *Le dialogue* (cit. 6), *la plus souple des formes d'expression. Morale souple et morale raide* (→ Astreignant, cit.). *Une organisation, un règlement souple.*

c (1342). Qui donne une impression de gracieuse aisance et de liberté. ⇒ **Aisé.** *Coup de pinceau souple et gracieux* (→ 1. Ferme, cit. 8). *Dessin souple et large* (cit. 12). *Sculpture souple et moelleuse* (→ 3. Poli, cit.). *Formes, lignes, contours souples* (→ Hancher, cit. 4; moelleux, cit. 2; repentir [se], cit. 8; et aussi nervure, cit. 2). — *Un style souple et léger.*

CONTR. Coriace, dur, ferme, raide, rigide. — Buté, entier, étroit, indocile, inflexible, monolithique, récalcitrant.

DÉR. Souplement, souplesse.
COMP. Assouplir.

SOUPLEMENT [suplǝmã] adv. — Fin XIIᵉ; *supplement*, v. 1120; de *souple*.

♦ **1.** Avec de la souplesse dans les mouvements. *L'athlète retombait souplement. Courir, marcher, se faufiler souplement.*

♦ **2.** Sans rigidité, de façon non systématique, en s'adaptant aux circonstances. *Nuances* (cit. 2) *qui évoluent souplement. Appliquer souplement la loi, le règlement.*

SOUPLESSE [suplɛs] n. f. — V. 1265, *souppleces* «tours d'acrobate»; de *souple.*

★ **I.** Sports. Mouvement de gymnastique consistant à se renverser en arrière ou en avant, à passer par la position d'équilibre sur les mains et à se remettre debout. *Faire une souplesse. Souplesse arrière, avant.*

★ **II.** (1530, *tour de souplesse,* encore chez La Fontaine, *Fables,* VI, 6.). Cour. ♦ **1.** Caractère, propriété de ce qui est souple (1.). — (Choses). ⇒ **Élasticité, flexibilité, maniabilité.** *Souplesse d'une tige* (→ Ductilité, cit. 1), *d'une lame* (cit. 7) *d'acier, des cheveux...* (→ aussi Moustache, cit. 3). — (Parties du corps, membres). ⇒ **Agilité, légèreté.** *Souplesse du poignet* (→ Étude, cit. 47), *des membres* (→ Habitude, cit. 39; 2. marche, cit. 5). *Force et souplesse* (→ Forme, cit. 28; gymnastique, cit. 1). *Une souplesse de couleuvre* (→ Jaune, cit. 9), *de chatte* (→ Muscle, cit. 3), *de panthère* (cit. 3), *d'anguille* (→ 2. Patiner, cit. 1).

[1] Ta taille a la souplesse aimable du roseau (...)
                                        HUGO, la Légende des siècles, XXXIX, IV.

LOC. EN SOUPLESSE. *Passer en souplesse. Travailler en souplesse* (opposé à *en force*).

♦ **2.** [a] 1636. Caractère, qualité d'une personne souple (2.), docile, sachant s'adapter aux circonstances. ⇒ 2. **Adresse** (cit. 7), **compréhension, diplomatie** (cit. 3). *Manœuvrer* (cit. 11) *avec souplesse. Souplesse et bassesse* (cit. 13), *et courtisanerie* (cit. 1; → Manège, cit. 7). *Une, des souplesses. L'art des bassesses* (cit. 25) *et des souplesses.* ⇒ **Intrigue.**

[b] (1580). Faculté d'adaptation intellectuelle. ⇒ **Finesse.** *Souplesse d'esprit* (cit. 126), *de pensée. Son intelligence a plus de souplesse. Souplesse du style, d'une langue* (cit. 47), *de certaines constructions* (→ Désinence, cit. 2; gymnastique, cit. 16). — Par anal. *La souplesse avec laquelle les organismes vivants ont dû s'adapter* (→ Protoplasme, cit. 2). *Souplesse d'une organisation.*

[2] Le roman et la nouvelle ont un privilège de souplesse merveilleux. Ils s'adaptent à toutes les natures, enveloppent tous les sujets, et poursuivent à leur guise différents buts.   BAUDELAIRE, l'Art romantique, XX, IV.

[c] (1580). Aisance, liberté. *Souplesse du dessin, des lignes...* (→ Irréel, cit. 3). *Souplesse dans le modelé des chairs.* ⇒ **Morbidesse.**

CONTR. Ankylose, dureté, raideur, rigidité; aspérité, entêtement, intransigeance; automatisme.

SOUQUÉE [suke] n.f. — 1895, cit. *infra;* de *souquer.*

♦ Mar. Rare. Forte traction exercée en souquant. — Spécialt. Coup d'aviron énergique, puissant.

Et sous la forte souquée du garde-pêche, le miroir qui reflétait la vieille auberge se brisa en vingt morceaux chavirés au fond de la rivière avec les souvenirs qu'ils évoquaient.   Alphonse DAUDET, la Petite Paroisse, p. 79, *in* D.D.L., II, 9.

SOUQUENILLE [suknij] n. f. — 1680; *soschanie,* fin XIIᵉ; *souquenie,* XVIᵉ; aussi *siquenille* (Molière, *l'Avare,* 1668), *chiquenille* (1662, Sorel); moy. haut all. d'orig. slave *sukenie.*

♦ Vieilli. Surtout de palefrenier, de cocher. — Blouse de travail, robe grossière. *Souquenille de clown* (→ Grotesque, cit. 7; immatériel, cit. 8). *Souquenilles de moines* (→ Habit, cit. 18). *Souquenilles des Juifs du ghetto* (cit. 1).

[1] Un valet de l'auberge, qu'on avait affublé en portier de comédie, avec une souquenille mi-partie vert et jaune (...)   Th. GAUTIER, le Capitaine Fracasse, IX.

[2] Le vieux bohémien était là, dans une humble attitude, peu conforme avec l'effronterie naturelle à ses congénères. On eût dit qu'il cherchait plutôt à éviter les regards qu'à les attirer. Son lamentable chapeau, rôti par tous les soleils du monde, s'abaissait profondément sur sa face ridée. Son dos voûté se bombait sous une vieille souquenille dont il s'enveloppait étroitement, malgré la chaleur.
                                        J. VERNE, Michel Strogoff, p. 108 (1876).

SOUQUER [suke] v. — 1687; provençal *souca, soga, sougo,* d'orig. incert.; P. Guiraud invoque le bas lat. *soca* (VIIᵉ), et l'anc. franç. *sove* «corde».

★ **I.** V. tr. Mar. Tirer avec force sur (qqch.; un cordage). *Souquer une amarre. Souquer un nœud, un brêlage :* le serrer fortement en exerçant une traction sur le cordage. — Par ext. *Souquer un écrou :* le visser en serrant à bloc.

★ **II.** V. intr. ♦ **1.** (1868). Mar. Nager* énergiquement en tirant fortement sur les avirons. *Souquer ferme. Souque, matelot!*

[1] C'est une grosse barque, affirmait-il. C'est une barque en fer et ils doivent être nombreux dedans. Ces idiots ne se doutent pas que je puis les compter. Ils sont quatre aux avirons et souquent comme des novices.
                                        B. CENDRARS, la Main coupée, Œ. compl., t. X, p. 265.

♦ **2.** Fig., fam. Travailler, s'évertuer.

[2] Viens voir comme on a bien travaillé!
— (...) moi je donne les ordres, il exécute. Il souque dur (...)
                                        S. DE BEAUVOIR, les Mandarins, p. 214.

DÉR. Souquée.

SOURATE [suʀat] n. f. ⇒ **Surate.**

SOURCE [suʀs] n. f. — V. 1354; *sorse,* v. 1155; fém. substantivé de *sors, sours,* anc. p. p. de *sourdre.* → Ressource.

♦ **1.** Eau qui sort (⇒ **Sourdre**) de terre; issue naturelle ou artificielle (forage) par laquelle une eau souterraine se déverse à la surface du sol. ⇒ **Fontaine** (*supra* cit. 1). *Source d'une fontaine* (cit. 3). *Source qui s'élance en bouillonnant* (cit. 1), *jaillit* (cit. 3) *en nappe transparente. Murmure d'une source. Source alimentée par des infiltrations. Source vauclusienne.* ⇒ **Résurgence.** *Source permanente, pérenne, intermittente, périodique, saisonnière. Source qui tarit* (→ Avant, cit. 34). *Source pétrifiante* (ou *incrustante*). *Source ferrugineuse, salée, sulfureuse. Source d'eau minérale. Source thermale** (→ Baigneur, cit. 4). *La source de la Grande-Grille, à Vichy. Puiser de l'eau à une source* (→ Anse, cit. 6). *Importance des sources pour la répartition géographique de la population.* ⇒ 1. **Point** (*supra* cit. 1 : point d'eau), **puits.** *Capter, forer* (cit. 2), *dériver, exploiter une source* (→ Parti, cit. 4). *Personne qui recherche les sources cachées.* ⇒ **Sourcier.** *Débit* (1. Débit, cit. 6), *griffon* (cit. 4) *d'une source. Périmètre de protection d'une source contre la pollution. Couper une source. Source limpide, pure* (→ Canal, cit. 9). *Eau de source* (cf. Eau vive, eau de roche). — Loc. *Clair comme de l'eau de source. — Eau qui coule de source.* — Fig. *Couler** (cit. 16) *de source.* — Myth. *Les Naïades, divinités des sources.*

[1] Malgré leur crudité, j'aime ces eaux de source, et, voyant celle-là si limpide, je ne pus résister au désir d'en boire; je me penchai et j'en puisai à plusieurs reprises dans le creux de la main (...)   Th. GAUTIER, Mᵉˡˡᵉ de Maupin, XII.

[2] Cette station thermale avait commencé comme elles commencent toutes, par une brochure du docteur Bonnefille sur sa source. Il débutait en vantant les séductions alpestres du pays en style majestueux et sentimental (...) Puis brusquement, sans transitions, il était tombé dans les qualités thérapeutiques de la source Bonnefille, bicarbonatée, sodique, mixte, acidulée, lithinée, ferrugineuse, etc., et capable de guérir toutes les maladies.   MAUPASSANT, Mont-Oriol, I, I.

[3] Il y a d'extraordinaires beautés dans les sources; et les eaux qui filtrent sous la terre. Elles apparaissent aussi claires que si elles avaient traversé du cristal; il y a d'extraordinaires délices à les boire : elles sont pâles comme l'air, incolores comme si elles n'étaient pas, et sans goût; on ne s'aperçoit d'elles que par leur excessive fraîcheur et c'est comme leur vertu cachée.
                                        GIDE, les Nourritures terrestres, VI, p. 128.

(1690). Par anal., vieilli. *Source de gaz, de pétrole.*

Spécialt. Source qui donne naissance à un cours d'eau. *La source d'un fleuve* (cit. 5), *d'un ruisseau, d'une rivière* (→ Pente, cit. 9). *Les sources du Nil. Remonter un fleuve depuis l'embouchure jusqu'à sa source.* ⇒ **Amont.** *La Loire prend sa source au mont Gerbier-de-Jonc.*

♦ **2.** Par métaphore. «*Qui changera mes yeux en deux sources de larmes Pour pleurer* (cit. 27) *ton malheur?* » (Racine; → aussi Amer, cit. 10). *Ces yeux où l'âme se désaltère* (cit. 6) *comme à une vive source d'amour.* «*Il y a en vous une source inépuisable de grâces, une fontaine toujours jaillissante de séductions irrésistibles* ». ⇒ **Fontaine** (cit. 5, Gautier), **puits** (fig., *infra* cit. 7). *Une source inépuisable* (cit. 1 et 2), *intarissable* (cit. 1) *de plaisirs, de biens, de prospérité. Sa mémoire était une source inépuisable de faits divers.* ⇒ **Trésor** (→ Raconter, cit. 1).

♦ **3.** (V. 1190). Fig. Origine, principe. *Remonter à la source de...* ⇒ **Commencement, endroit** (vx), **point** (de départ); → Abondance, cit. 3. *Rechercher l'origine d'un mot en remontant jusqu'à la source* (⇒ **Étymologie**). *Art qui se rajeunit en se retrempant* (cit. 5) *à ses sources. Retour aux sources. — L'ambition, source de désordres.* ⇒ **Cause, ferment, générateur, germe, principe;** → Inévitablement, cit. 1. *La révolte source de vraie vie.* ⇒ 1. **Mère** (cit. 22). — *Prendre source, avoir sa source dans...* ⇒ **Sortir** (de); → Gourmandise, cit. 7; immoralisme, cit. 1. — *Être une source d'ennuis, de plaisir.* ⇒ **Créer, produire** (→ Privilège, cit. 10; rédempteur, cit. 2). *Le droit* (3. Droit, cit. 51) *universel, source de toutes les lois posi-*

tives. ⇒ **Base** (*supra* cit. 7), **fondement.** *Aucune action humaine n'a de source unique.* ⇒ **Cause** (cit. 21). « *Les Deux Sources de la morale et de la religion* », ouvrage de Bergson.

4 Un bien présent peut être dans l'avenir la source d'un grand mal ; un mal, la source d'un grand bien.   DIDEROT, Éloge de Richardson, p. 1096.

5 (...) j'appris ainsi par ma propre expérience que la source du vrai bonheur est en nous, et qu'il ne dépend pas des hommes de rendre vraiment misérable celui qui sait vouloir être heureux.   ROUSSEAU, Rêveries, 2ᵉ promenade.

6 Le mal est nécessaire. Il a comme le bien sa source profonde dans la nature et l'un ne saurait être tari sans l'autre.
FRANCE, M. Bergeret à Paris, XVII Œ., t. XII, p. 446.

Psychan. *Source de la pulsion :* « origine interne spécifique de chaque pulsion déterminée, soit le *lieu* où apparaît l'excitation (zone érogène, organe, appareil) soit le *processus* somatique qui se produirait dans cette partie du corps et serait perçu comme excitation » (Laplanche et Pontalis).

Ling. *Langue source* (dans le processus de traduction) : langue que l'on traduit (opposé à *langue cible**). *Dans un dictionnaire bilingue anglais-français, la langue source est l'anglais.*

Dr. fiscal. *Retenue** (*supra* cit. 1) *à la source.*

♦ **4.** Origine (d'une information, d'une nouvelle). *Citer sa source* (→ Pierrerie, cit. 3). *Information puisée aux meilleures sources, qui émane de source sûre. On apprend de source sûre que... Tenir, savoir de bonne source, de source officieuse* (cit. 6) *que...* (→ Envisager, cit. 13).

7 Les renseignements les plus contradictoires arrivaient à Paris des sources serbes et bulgares. Dans la nuit du 29 au 30 juin, les Bulgares auraient à l'improviste attaqué les Serbes (...)   ARAGON, les Beaux Quartiers, III, VII.

(1657). *Document**, *texte** original (→ Histoire, cit. 7 ; informer, cit. 17). *Vérifier d'après les sources toutes les propositions d'un texte* (→ Note, cit. 18). *Critique des sources* (→ Partial, cit. 3). *Sources de première main** (cit. 70). *Sources d'un historien.*

Œuvre antérieure, récit, légende, etc., qui a fourni à un artiste ou à un écrivain un thème, une idée (→ Iconographie, cit. 2). *Les sources des « Poèmes barbares ». Les sources du douanier Rousseau. Retrouver les sources d'un artiste.*

8 Ceux (...) qui cueillent les idées d'autrui, ont grand soin de cacher leurs *sources*.   GIDE, Journal, 10 janv. 1923.

♦ **5.** (1686). Système naturel ou artificiel, substance ou objet qui fournit de la chaleur, de la lumière, de l'énergie, des particules, etc. ; lieu, point à partir duquel la lumière, la chaleur, etc. rayonne et se propage. ⇒ **Foyer** (*infra* cit. 20). *Source de chaleur* (→ Isoler, cit. 1). *Quantité de chaleur fournie par la source chaude dans une machine* (→ Rendement, cit. 1). *Source d'énergie* (→ Houille, cit. 5 ; machine, cit. 3 ; rayonnement, cit. 4). *Le pétrole tend à remplacer le charbon comme source d'énergie. — Source de lumière* (→ Projectile, cit. 1 ; projection, cit. 1). *Source lumineuse* (→ Exposer, cit. 15 ; héliotropisme, cit. ; propager, cit. 4). *Source lumineuse ponctuelle* (→ 1. Point, cit. 15). *Source courbe, en doublet. Source d'égale énergie. Intensité énergétique, brillance d'une source. — Niveau d'une source sonore, exprimé en décibels. — Source radioactive, de neutrons, de radiations* (→ 1. Rayon, cit. 7). *Source quasi stellaire.* ⇒ **Quasar, radiosource.**

9 Si l'on dispose d'une source émettant dans diverses directions des électrons de même vitesse, on peut grâce à l'action de champs électriques ou magnétiques appropriés faire converger les trajectoires de ces électrons de façon à obtenir une image de la source qui les a émis.
L. DE BROGLIE, Physique et Microphysique, p. 312.

DÉR. Sourcier, 2. sourciller.

REM. Le dérivé *sourciller* et le v. *sourdre* étant rares, on trouve un dérivé *sourcer* « jaillir de source ».

10 (*La crue*) s'engouffre, toujours plus avant, dans les rues parallèles, sourçant d'abord des bouches d'égout, noyant dans l'ordre le caniveau, la chaussée, le trottoir (...)   Hervé BAZIN, Cri de la chouette, p. 9 (1972).

COMP. Ressourcement, ressourcer (se).

SOURCIER, IÈRE [sursje, jɛr] n. — 1781 ; *sourcier* « source », XVIᵉ ; *sourciere*, n. f., « vivier », 1384 ; de *source.*

♦ Personne qui possède ou prétend posséder l'art de découvrir les sources cachées, les nappes d'eau souterraines. ⇒ **Hydroscope, radiesthésiste.** *Baguette de coudrier, pendule, verge de sourcier* (⇒ **Radiesthésie, rhabdomancie**).

1 (...) ce sourcier dont le coudrier tremble et qu'il promène sur la terre jusqu'au trésor.   SAINT-EXUPÉRY, Courrier Sud, II, I.

2 Pour défendre la fille de Danaos contre l'attaque d'un satyre, Poseidon lance son trident qui s'enfonce dans la roche : « En le retirant, il en fait saillir trois filets qui deviennent la fontaine de Lerne. » On le voit, la baguette du sourcier a une bien vieille histoire ! Elle participe aussi à une bien vieille et bien simple psychologie ! Au XVIIIᵉ siècle, on l'appelle souvent la *verge de Jacob ;* son magnétisme est masculin. Même de nos jours, où les talents se mêlent, on ne parle guère de *sourcières.*
G. BACHELARD, l'Eau et les Rêves, p. 210.

SOURCIL [sursi] n. m. — XIIIᵉ ; *sorcil, surcil,* v. 1155 ; lat. *supercilium,* de *super,* et *cilium.* → Cil.

♦ **1.** Saillie arquée, plus ou moins prononcée, au-dessus de l'orbite (→ Arcade sourcilière*) ; ensemble des poils qui garnissent cette saillie. *Espace compris entre les sourcils.* ⇒ **Glabelle.** *Touffe de*

---

poils entre les sourcils. ⇒ **Taroupe.** *Les sourcils protègent l'œil contre la sueur et les poussières. Avoir de gros sourcils. Sourcils en auvent* (cit. 2), *broussailleux* (→ 1. Barbe, cit. 15), *circonflexes* (cit. 3), *épais* (cit. 21), *arqués et fournis* (→ Obombrer, cit. 1), *proéminents* (cit. 2). *Des sourcils de velours noir* (→ Nuance, cit. 7), *veloutés. L'arc* (cit. 13) *des sourcils. Épiler* (cit.) *ses sourcils* (→ aussi Pince, cit. 1). *Sourcil épilé, peint, enduit de khôl* (→ Fatal, cit. 9). *Crayon à sourcils,* pour peindre une ligne à l'emplacement des sourcils épilés. *Lever, crisper, remuer les sourcils.* ⇒ **Sourciller** (→ Embuer, cit. 2 ; rancunier, cit. 3). — **Froncer*** (cit. 1, 2 et 3) *les sourcils. Froncement* (cit. 1) *de sourcils, qui marque le mécontentement.*

(*Ses yeux*) étaient couverts par les arcs parfaits de deux sourcils que la nature avait dessinés avec autant de soin que les Circassiennes en mettent à les arrondir avec le pinceau ; mais un léger pli entre eux deux révélait une agitation forte et habituelle dans les pensées.   A. DE VIGNY, Cinq-Mars, II.

♦ **2.** (Av. 1559). Fig., vx. Air hautain, méprisant. ⇒ **Sourciller, sourcilleux.** « *Ni les sourcils de la fierté, ni les grimaces de l'hypocrisie...* » (cit. 4, Voltaire).

♦ **3.** (V. 1560). Anat. *Sourcil cotyloïdien,* ou *sourcil :* partie de l'os iliaque bordant la cavité cotyloïde.

♦ **4.** (1691). Techn. Partie supérieure (d'une porte) qui prend appui sur les pieds-droits.

DÉR. Sourcilier, sourciller, sourcilleux.
COMP. Entre-sourcils.

SOURCILIER, IÈRE [sursilje, jɛr] adj. — 1586 ; *surciller,* n. m., « arcade sourcilière » ; de *sourcil.*

♦ Anat. Relatif aux sourcils. *Muscle sourcilier.* — Vx. *Artère sourcilière,* sus-orbitaire. — Cour. *Arcade* (cit. 3) *sourcilière :* chacune des saillies que présente l'os frontal au-dessus de l'orbite et qui sont recouvertes par les sourcils (→ Buisson, cit. 5 ; buissonneux, cit. 2). *Le boxeur a eu l'arcade sourcilière fendue au cours du combat.*

L'autre était un petit homme maigre, de figure assez intelligente, nerveux, qui contractait avec une persistance remarquable ses muscles sourciliers.
J. VERNE, le Tour du monde en 80 jours, p. 36.

---

1. SOURCILLEMENT [sursijmã] n. m. — XXᵉ ; de 1. *sourciller.*

♦ Rare. Fait de sourciller. *Écouter des nouvelles terrifiantes sans un sourcillement.*

---

2. SOURCILLEMENT [sursijmã] n. m. — Fin XIXᵉ, Goncourt ; de 2. *sourciller.*

♦ Rare. Émergence (d'une eau de source).

---

1. SOURCILLER [sursije] v. intr. — 1320 ; *sorcillier,* déb. XIIIᵉ ; de *sourcil.*

♦ Manifester son trouble, son mécontentement (seulement en emploi négatif). *Ne pas sourciller :* rester impassible (→ 1. Flèche, cit. 4 ; imperceptible, cit. 5). — *Sans sourciller* (→ Hasarder, cit. 3) : sans hésiter, sans se troubler, sans être gêné. *Apprendre, écouter qqch. sans sourciller.*

1 Son jeune courage se plaisait au récit circonstancié des opérations les plus douloureuses ; il se disait : Je n'aurais pas sourcillé.
STENDHAL, le Rouge et le Noir, I, VII.

2 Mon oncle Gaston m'emmena (...) voir une innocente opérette de Mirande : *Passionnément ;* au retour, j'exprimai ma répugnance avec une vigueur qui surprit beaucoup mes parents : je lisais pourtant Gide et Proust sans sourciller.
S. DE BEAUVOIR, Mémoires d'une jeune fille rangée, p. 189.

DÉR. 1. Sourcillement.

---

2. SOURCILLER [sursije] v. intr. — 1702 ; de *source.*

♦ Vx. (Eau). Émerger, jaillir à la surface du sol en formant une source.

DÉR. 2. Sourcillement.

SOURCILLEUSEMENT [sursijøzmã] adv. — 1614, *sorcilleusement ;* de *sourcilleux.*

Littéraire.

♦ **1.** D'une manière sourcilleuse, avec arrogance. ⇒ **Dédaigneusement.** *Il le considéra sourcilleusement.*

♦ **2.** Avec minutie. *Le douanier examinait sourcilleusement son paquet.*

SOURCILLEUX, EUSE [sursijø, øz] adj. — 1548 ; *supercilieux,* 1477 ; lat. *superciliosus,* avec infl. de *sourcil.*

♦ **1.** Littér. Hautain ; sévère, renfrogné. *Visage renfrogné, sourcilleux et terrible* (→ Enjoué, cit. 1). *Air, front sourcilleux.*

1 Mon nom changea les dispositions du comte à mon égard. De froid et sourcilleux, il devint sinon affectueux, du moins poliment empressé (...)
BALZAC, le Lys dans la vallée, Pl., t. VIII, p. 802.

2 Le mémorialiste sincère est enchaîné de partout. Nombre de ses modèles sont ou peuvent devenir des témoins querelleurs, des contradicteurs sourcilleux.
G. DUHAMEL, Inventaire de l'abîme, VII.

♦ **2.** (XXe). Minutieux, pointilleux. *Administration sourcilleuse* (→ Appareil, cit. 14). ⇒ **Tatillon.**

♦ **3.** (1564). Vx ou littér. Haut, élevé. *Arbres, troncs sourcilleux* (→ Orgueilleux, cit. 8). *Mont, roc sourcilleux.*

DÉR. Sourcilleusement.

1. SOURD, SOURDE [SUR, SURd] adj. et n. — XIIIe; *sort,* v. 1050; lat. *surdus.*

★ **I.** Personnes. ♦ **1.** Qui perçoit insuffisamment les sons ou ne les perçoit pas du tout. ⇒ **Mal-entendant, sourdingue** (fam.); et aussi **surdité.** *Non tout à fait sourd mais dur** (cit. 6) *d'oreille. Sourd et muet* (cit. 2; et → Parler, cit. 1). ⇒ **Sourd-muet.** *Aveugle* (cit. 2) *et sourd de naissance. Devenir sourd* (→ Infirmité, cit. 9). *«Approchez, je suis sourd; les ans* (cit. 16) *en sont la cause »* (→ aussi Consultation, cit. 2). *« C'était une clameur* (cit. 1) *à rendre les gens sourds ».* ⇒ **Assourdir.** — Loc. *Sourd comme un pot :* complètement sourd. — Fam. *Il vaut mieux entendre cela que d'être sourd,* se dit de qqch. qu'on juge inepte ou choquant. — *Je ne suis pas sourd,* se dit à qqn qui crie fort ou se répète. — *Tu es sourd?,* se dit à qqn qui ne semble pas avoir entendu ou compris ce qu'on vient de lui dire.

1 Mais las! à mon retour une âpre maladie,
Par ne sais quel destin, me vint boucher l'ouïe,
Et dure m'accabla d'assommement si lourd,
Qu'encores aujourd'hui j'en reste demi-sourd.
RONSARD, Élégies, XVI.

2 Le silence était si absolu que je me croyais sourd.
J. RENARD, Journal, 30 mai 1890.

Être sourd d'une oreille : ne pas entendre par cette oreille. *Changez de côté, je suis sourd de l'oreille gauche depuis mon accident.*

(Qualifié). *Être un peu sourd :* entendre mal. *Elle est aux trois quarts sourde.*

N. (Fin XIVe). *Un sourd* (→ Morale, cit. 10), *une sourde* (→ Égosiller, cit. 2), *les sourds* (→ Parole, cit. 18). *Beaucoup de sourds « lisent » sur les lèvres les paroles prononcées.*

2.1 (...) à la façon des sourds pour qui les paroles prononcées sont perdues mais qui suivent la conversation les yeux fixés sur la bouche de l'interlocuteur, le baron de Berlinges, dès qu'on commençait à parler d'une façon générale, c'est-à-dire dès qu'il cessait d'écouter, ne perdait pas de vue la figure de celui qui parlait (...)
PROUST, Jean Santeuil, Pl., p. 717.

Crier (cit. 18) *comme un sourd,* très fort. *Frapper, battre*, cogner, taper... comme un sourd.*

2.2 Top *(un chien)* se battait avec une fureur véritable, sautant à la gorge des renards et les étranglant net. Jup *(un singe),* armé de son bâton, tapait comme un sourd, et c'était en vain qu'on voulait le faire reculer en arrière.
J. VERNE, l'Île mystérieuse, t. II, p. 469.

Ce n'est pas tombé dans l'oreille d'un sourd. Autant parler à un sourd, c'est comme si on parlait à un sourd, se dit à propos d'une personne têtue, qui ne veut rien entendre, qu'il est inutile de conseiller. *Faire le sourd :* faire la sourde oreille* (→ Feindre, cit. 9). — Prov. *Il n'est pire sourd que celui qui ne veut pas entendre :* l'incompréhension vient souvent d'un refus de comprendre.

Loc., iron. *Dialogue de sourds :* entretien où chacun reste ferme sur ses positions, et ne tient pas plus compte des raisons de l'autre que s'il était sourd.

(De l'organe de l'ouïe). *Oreille sourde, à demi-sourde.* — Loc. fig. *Faire la sourde oreille.* ⇒ **Oreille.**

(Animaux). *Ce chien est sourd, à moitié sourd.*

♦ **2.** (Déb. XIIIe). Fig. SOURD, SOURDE À... : qui fait comme s'il, elle n'entendait pas, qui refuse d'entendre, de connaître... ⇒ **Indifférent, insensible.** *« Rebelle* (cit. 1) *à tous nos soins, sourde à tous nos discours... ». Sourd à leurs prières.* ⇒ **Inexorable** (cit. 1). *Sourd aux avertissements* (cit. 2), *aux leçons* (cit. 14), *aux invitations* (cit. 3)... *Les richesses rendent sourd aux malheureux* (→ 2. Défier, cit. 6).

3 Faut-il donc, en ces jours d'effroi,
Rester sourd aux cris de ses frères,
Ne souffrir jamais que pour soi?
HUGO, Odes et Ballades, I, I.

4 Afin qu'à mon désir tu ne sois jamais sourde!
BAUDELAIRE, les Fleurs du mal, « Spleen et Idéal », XXIII.

★ **II.** Choses. ♦ **1.** (1552). Qui est peu sonore, ne retentit pas. *Bruit sourd.* ⇒ **Cotonneux, mou** (→ Hurler, cit. 10; océan, cit. 6). *Bourdonnement* (cit. 8), *mugissement* (cit. 1), *piétinement* (cit. 3), *craquement, roulement sourd* (→ Flamboyer, cit. 3; foudre, cit. 5). *« L'échafaud* (cit. 5) *qu'on bâtit n'a pas d'écho plus sourd. » Sourde rumeur. Coups sourds* (→ Battre, cit. 67; foulon, cit.). *Plainte, exclamation sourde.* ⇒ **Étouffé** (→ Douleur, cit. 6; foncer, cit. 5). *Sourds gémissements* (→ Épouvante, cit. 4). *Voix sourde.* ⇒ **Creux, enroué, indistinct, voilé** (→ Effrayer, cit. 13; entrecou-

per, cit. 8). *Les voix devenaient sourdes.* ⇒ **Assourdir** (→ Feutrer, cit. 2).

5 (...) l'ecclésiastique précipitait ses oraisons; elles se mêlaient aux sanglots étouffés de Bovary, et quelquefois tout semblait disparaître dans le sourd murmure des syllabes latines (...)
FLAUBERT, Mme Bovary, III, VIII.

Par métonymie. *Pédale* sourde d'un piano. Lime* sourde.*

(1845). Spécialt (phonét.). *Consonne sourde,* et, n. f., *une sourde :* « consonne dont l'émission ne comporte pas les vibrations glottales caractéristiques des sonores* et qui consiste essentiellement dans un bruit d'expiration ou souffle » (Marouzeau). → Phonation, cit. (⇒ **Sourdité**). *Occlusives sourdes, non aspirées* (ex. : *p, t, h, f*). *Fricatives sourdes* (ex : *f* en français).

(Déb. XVIe). Où le son est étouffé, qui a peu de résonance. *La neige rendait l'air* (cit. 6) *muet et sourd. La nuit était épaisse* (cit. 11) *et sourde. Pièces moelleuses et sourdes* (→ Appartement, cit. 5). — Poét. *Les antres sourds* (Boileau, *Satires,* VIII; et → Rugir, cit. 1; Hugo). — Techn. *Chambre* sourde.*

♦ **2.** (1765). Qui n'est pas vif (lumière, couleur). *Teintes sourdes, tons sourds d'un tableau.* ⇒ **Doux.** *Un vert sourd.* ⇒ **Mat** (→ Maquiller, cit. 1). *La sourde richesse de ses tons gris* (→ Exquis, cit. 11). — Par métonymie. *Lanterne* (cit. 6) *sourde.* — Par anal. *Une odeur sourde* (→ Bouffée, cit. 3).

6 Le ton local est gris, d'un gris sourd que la vive lumière du matin parvenait à peine à dorer.
E. FROMENTIN, Un été dans le Sahara, p. 240.

♦ **3.** (1718). Qui est peu prononcé, qui ne se manifeste pas nettement. *Douleur* (cit. 5) *sourde* (→ Manger, cit. 30). *Sourde inquiétude.* ⇒ **Vague** (→ Apurer, cit. 2). *Sourd pressentiment. Tristesse, colère sourde* (→ Fiévreux, cit. 2; irritation, cit. 1). Qui s'accomplit dans l'ombre, sans qu'on en ait clairement conscience. ⇒ **Caché, secret.** *Un sourd travail intérieur* (→ Idéalisation, cit. 2; métamorphose, cit. 5). *Fermentation sourde* (→ Explosion, cit. 7; ferment, cit. 2).

♦ **4.** (V. 1534). Clandestin, souterrain. ⇒ **Hypocrite, ténébreux.** *Sourdes machinations.* ⇒ **Intrigue** (cit. 5). *Sourdes menées, sourdes visées* (→ Ménager, cit. 10).

7 Dans ce gouvernement lui-même, une lutte sourde divisait les ministres (...)
Louis MADELIN, Hist. du Consulat et de l'Empire, De Brumaire à Marengo, XVI.

CONTR. (Du II) Aigu, éclatant, net, retentissant, sonore.
DÉR. Sourdaud, sourdement, sourdière, sourdingue, sourdité.
COMP. Sourd-muet, sourde-muette. — Assourdir.

2. SOURD [SUR] n. m. — 1552; *sort,* v. 1174; p.-ê. de 1. *sourd.*

♦ Régional. Salamandre* (1.).

SOURDAUD, AUDE [SURdo, od] n. — 1588; *sourdault,* adj., XVe; de 1. *sourd.*

♦ Vx, régional. Personne un peu sourde. — Adj. *Il devient sourdaud, par moments.*

SOURDEMENT [SURdəmã] adv. — V. 1190, *sordement;* de 1. *sourd.*

♦ **1.** Avec un bruit sourd. *Au loin les canons aboyaient* (cit. 4) *sourdement.* ⇒ **Gronder.** *Râler sourdement* (→ Jeu, cit. 33). *« (...) les grandes plaintes* (cit. 3) *Que l'humanité triste exhale sourdement. »*

1 (...) les voitures roulent sourdement sur la chaussée poudreuse et non pavée.
NERVAL, Voyage en Orient, Introd., V.

♦ **2.** (Fin XVIe). Fig. D'une manière sourde (3.), cachée. *Sourdement furieux* (→ Mécontent, cit. 40). *Masse* (cit. 20) *humaine sourdement travaillée par des fermentations. Agir sourdement* (→ Ralentir, cit. 3; et aussi désoler, cit. 5). *Duel engagé sourdement* (→ Propagande, cit. 4).

2 Elle ne savait rien des bruits qui grondaient sourdement contre elle dans le quartier.
FRANCE, Jocaste, X, Œ., t. II, p. 96.

SOURDIÈRE [SURdjεr] n. f. — 1871, Littré; de 1. *sourd.*

♦ Régional. Sourdine*, volet en bois, souvent matelassé, à l'intérieur d'une baie.

SOURDINAGE [SURdinaʒ] n. m. — 1933; de *sourdiner.*

♦ Techn. Opération par laquelle on sourdine (un support de ligne électrique).

SOURDINE [SURdin] n. f. — 1568; ital. *sordina,* de *sordo* « sourd ».

A. ♦ **1.** Milit. Petite pièce de bois qui servait à boucher la trompette afin d'en assourdir le son, pour donner un signal que l'ennemi ne devait pas entendre; la trompette ainsi bouchée; le signal ainsi donné. *Sonner la sourdine* (d'Aubigné).

♦ **2.** (1611). Cour. Dispositif qu'on adapte à des instruments à vent ou à cordes afin d'en amortir le son (d'où une modification du timbre). *Sourdine d'un violon, d'un cor..., d'une trompette**. *Sourdine en métal, en caoutchouc...* — (En jazz). *Trompette jouée avec la sourdine.* ⇒ **Oua-oua.** *Sourdine d'un piano.* ⇒ **Étouffoir, pédale.**

(1823). **EN SOURDINE.** *Jouer* (cit. 47) *en sourdine,* en utilisant une sourdine, et, par ext., en diminuant l'intensité du son. ⇒ **Doucement.** *Un refrain repris* (cit. 21) *en sourdine. Accompagnement en sourdine.*

1   (...) j'ai relu votre lettre pendant que la radio jouait en sourdine (...)
        MONTHERLANT, les Lépreuses, Épilogue, III.

♦ **3.** Loc. fig., vx. *À la sourdine* (→ 2. Parer, cit. 2). — Mod. **EN SOURDINE** : sans bruit, sans éclat. ⇒ **Discrètement, secrètement, silencieusement.**
Mettre une sourdine à... : modérer, tempérer. ⇒ **Diminuer.** *Mettre une sourdine à son enthousiasme, à ses prétentions* : les manifester moins bruyamment. ⇒ **Rabattre, ton** (baisser le).

2   Tout se passait d'ailleurs en sourdine, sauf dans les occasions solennelles : c'est ainsi qu'il y eut des batailles terribles au moment du mariage des enfants.
        F. MAURIAC, le Nœud de vipères, I, IX.

3   Ne vous étonnez donc pas si je vous demande de mettre désormais une sourdine à votre gaieté.   M. AYMÉ, le Chemin des écoliers, V.

B. ♦ **1.** (1743). Techn. Ressort empêchant le marteau d'une montre à répétition d'agir en frappant sur le timbre.

♦ **2.** Sourdière.

C. (1669). Par métonymie de A., 1. (Hist. de la mus.). Épinette* dont la sonorité était assourdie.
DÉR. Sourdiner.

SOURDINER [suʀdine] v. tr. — 1933 ; de *sourdine.*

♦ Techn. Empêcher de vibrer (un support de ligne électrique). — Au p. p. *Isolateurs sourdinés.*
DÉR. Sourdinage.

SOURDINGUE [suʀdɛ̃g] adj. et n. — 1926 ; de 1. *sourd,* et suff. argotique *-ingue.*

♦ Fam. (en général péj.). Sourd.

1   D'abord je m'étais pas trompé, mais il a mal entendu, il est sourdingue !
        Roger IKOR, les Fils d'Avrom, Les eaux mêlées, p. 369.

N. *Un, une sourdingue.* — Loc. comparative. *Comme un sourdingue :* comme un sourd*.

2   Il me fonçait dedans, avec la belle ardeur de ses vingt-cinq piges, comme un sourdingue.   Albert SIMONIN, Touchez pas au grisbi, p. 38.

SOURDITÉ [suʀdite] n. f. — 1924 ; «surdité», 1520 ; de 1. *sourd.* → Surdité.

♦ Phonét. Caractère d'un phonème sourd.
CONTR. Sonorité.

SOURD-MUET, SOURDE-MUETTE [suʀmɥe, suʀd(ə)mɥɛt] n. et adj. — 1564 ; de 1. *sourd,* et *muet* ; on a dit longtemps *sourd et muet* : cf. Diderot, *Lettre sur les sourds et muets* (1751).

♦ Personne atteinte de surdité congénitale entraînant la mutité (surdi-mutité). ⇒ **Mutité, surdité.** *Alphabet, langage mimique des sourds-muets* (→ Hagard, cit. 4). *Rééducation actuelle des sourds-muets* (ou *démutisation*), par accès au langage oral.

1   Partout, même à Paris, au sein de la civilisation la plus avancée, les sourds-muets étaient regardés comme une espèce d'êtres à part, marqués du sceau de la colère céleste. Privés de la parole, on leur refusait la pensée.
        A. DE MUSSET, Contes, «Pierre et Camille», II.

2   (...) je ne parle jamais sans m'écouter, comme le prouve l'exemple de ces sourds-muets, dans parce qu'ils sont sourds.   SARTRE, Situations I, p. 221.

Adj. *Société pour l'instruction et la protection des enfants sourds-muets.*

SOURDRE [suʀdʀ] v. intr. — V. 1138, *sourdre* ; «se présenter, surgir» (personnes), 1080 ; lat. *surgere.* — Seult inf. et troisième pers. indic. : *il sourd, ils sourdent ; il sourdait, ils sourdaient.*
Vx ou littéraire.

A. Concret. ♦ **1.** (De l'eau). Sortir de terre. ⇒ **Couler, filtrer, jaillir** ; et aussi **source.** — Par anal., en parlant des larmes (→ Orbite, cit. 1). — Par métaphore. (→ Geyser, cit. 2).

1   C'est un pays sans eau en apparence, mais où l'eau sourd et circule invisible.
        M. BARRÈS, la Colline inspirée, II.

1.1 Autour de lui, à travers les fenêtres fermées des demeures, sourdait l'odeur de cuisine.   J.-M. G. LE CLÉZIO, le Déluge, p. 196.

♦ **2.** (V. 1460). Par ext. (En parlant d'un arbre) → Germer, cit. 1. — Par métaphore. S'élever, naître, surgir.

---

2   Des moissons d'hommes et de peuples vont sourdre, germer, fleurir, au soleil de l'équité.   MICHELET, Hist. de la Révolution franç., Introd. II, V.

B. (V. 1155). Abstrait, littér. Se manifester progressivement. ⇒ **Paraître ; naître.** — Spécialt (sentiments, idées). «*Les réflexions qui devaient sourdre en mon âme*» (Balzac).

3   Mais à présent qu'il avait goûté au fruit de l'arbre, comment lutter contre ce qui sourdait en lui ?   F. MAURIAC, le Mal, VIII.

Sourdre de qqch., de qqn : en provenir.

4   La lettre du baron à M. Beauprêtre était le modèle-type de ces lettres qui sont au dernier point inutiles, puisqu'il sourd d'elles, sans erreur possible, qu'on ne tient pas à ce qu'on y demande (...)   MONTHERLANT, les Célibataires, I, V, p. 134.

SOURIANT, ANTE [suʀjɑ̃, ɑ̃t] adj. — 1830, Hugo ; attestation isolée XIIIe ; de 1. *sourire.*

♦ **1.** Qui sourit, qui est aimable et gai. *Il devenait souriant et communicatif* (cit. 3). *Souriante, heureuse de vivre* (→ Élégant, cit. 3 ; et aussi pourtant, cit. 3). *Une nymphe souriante* (→ Blanc, cit. 6, Gautier ; et aussi inflexion, cit. 3).

1   (...) ils sont toujours souriants, mais d'un sourire qui me semble d'année en année plus triste (...)   GIDE, Journal, 14 juin 1914.

Par ext. *Air, visage souriant.* ⇒ **Gai.** *Mine souriante* (→ Incliner, cit. 22). *Yeux souriants* (→ Paupière, cit. 5). — Fig. *Sagesse souriante* (→ Affleurement, cit. 2).

♦ **2.** Fig., poét. (Choses concrètes, naturelles) :

2   C'est un navire magnifique
     Bercé par le flot souriant (...)   HUGO, les Feuilles d'automne, IX (1831).

3   Le soleil souriant dorait les voiles blanches (...)
        A. DE VIGNY, Poèmes philosophiques, «Bouteille à la mer», IX.

CONTR. Grave, triste.

SOURICEAU [suʀiso] n. m. — 1373, *sourisseau* ; de 1. *souris.*

♦ Petit d'une souris, jeune souris. «*Le cochet, le chat et le souriceau*», fable de La Fontaine (VI, 5). *Un souriceau tout jeune* (cit. 8) *et qui n'avait rien vu.*

SOURICIER [suʀisje] n. m. et adj. — 1611 ; de 1. *souris.*

♦ Rare. Animal qui attrape les souris (⇒ **Ratier**). *Chat souricier.*

SOURICIÈRE [suʀisjɛʀ] n. f. — 1380 ; de 1. *souris.*

♦ **1.** Piège à souris. ⇒ **Ratière.** *Amorcer une souricière. Mettre un morceau de fromage dans une souricière.*

1   La souricière de Pullinger *(nom d'un inventeur du siècle dernier)* avait la particularité de se retendre seule. Elle était composée de deux planches à bascule et c'était la seconde (le rat étant attiré à son extrémité par la lumière grâce à une plaque de zinc à jour ? — et cette idée d'appâter avec de la lumière n'était-elle pas simplement admirable ?) qui remontait le mécanisme lorsqu'elle s'affaissait, son tour, sous le poids de l'animal.   Pierre GASCAR, les Bêtes, p. 98.

♦ **2.** (1782, *prendre en souricière,* Camille Desmoulins, *in* Brunot, H. L. F.). Piège tendu à des malfaiteurs ou des suspects par la police qui fait secrètement surveiller et cerner un endroit où elle sait qu'ils doivent se rendre. ⇒ **Rafle.** *Tendre, organiser une souricière* (→ Guet, cit. 6). *Se jeter, tomber dans une souricière.*

2   Bien qu'il fût ignorant des coutumes de la police, il comprenait à peu près qu'Aufrère et lui venaient de tomber dans une souricière, que ce piège était tendu non spécialement pour eux deux, mais pour les hôtes ordinaires de Legrain.
        G. DUHAMEL, Salavin, V, XVII.

Spécialt. [a] Lieu public mal famé et surveillé par la police, au XIXe siècle.

[b] (1794). *La souricière* : salle ou suite de salles où l'on plaçait provisoirement les prévenus, à la Préfecture de police de Paris.

3   (...) Mme Henry est une honnête femme ; sa cantine est fort propre ; mais il est mauvais qu'une femme tienne le guichet de la souricière du secret. Cela n'est pas digne de la Conciergerie d'une grande civilisation.
        HUGO, les Misérables, V, IV.

♦ **3.** (1862). Lieu où l'on se trouve coincé, d'où il est impossible de sortir. *Acculé au fond de l'impasse, il se trouvait dans une souricière.*

SOURIEUR, EUSE [suʀjœʀ, øz] adj. — 1874, Goncourt ; de 1. *sourire.*

♦ Rare. Qui sourit. «*Une bouche sourieuse*» (Goncourt, *in* G. L. L. F.).

SOURIQUOIS, OISE [suʀikwa, waz] adj. — 1668, La Fontaine ; de 1. *souris,* d'après des noms de peuples en *-ois* (ne semble employé que par La Fontaine).

♦ Littér. Des souris. «*Le peuple souriquois*» (La Fontaine, *Fables,* IV, 6). Cf. «La gent trotte-menu» (La Fontaine).

1. SOURIRE [suʀiʀ] v. intr. — V. 1175 ; *sozrire*, v. 1130 ; lat. *subridere*, de *sub* « sous », et *ridere*. → Rire.

♦ **1.** Prendre une expression rieuse ou ironique par un léger mouvement de la bouche et des yeux. *Se mettre à sourire* (→ Aimer, cit. 50 ; moi, cit. 8). *Essayer, s'efforcer de sourire* (→ Appliquer, cit. 28). *Ne pouvoir s'empêcher de sourire* (→ Fondeur, cit. 1). *Regarder, saluer qqn en souriant* (→ Indéfinissable, cit. 4 ; musculature, cit. 3). *Dire, répondre en souriant* (→ Dépense, cit. 2 ; hébreu, cit. 7 ; institution, cit. 17). *Elle souriait de ses yeux jeunes* (cit. 19). *Écarquiller les yeux en souriant* (→ Éveiller, cit. 21). *Sourire au milieu de ses larmes* (→ Quoique, cit. 17). *Sourire rarement* (→ Exquis, cit. 12). *Il est sinistre : il ne sourit jamais. Ne plus sourire* (→ Diable, cit. 17). *Sourire franchement* (→ Imbiber, cit. 8), *complaisamment, ironiquement, malignement* (→ Faute, cit. 18), *amèrement, tristement...* (→ Hésiter, cit. 24). *Sourire de joie et de tendresse* (→ Nature, cit. 27). *Il souriait, flatté* (cit. 13) *dans son orgueil. Sourire avec bonté, avec fatuité* (cit. 2), *avec tristesse* (→ Rendre, cit. 51), *d'un air modeste, désabusé...* (→ Notable, cit. 1). *Sourire du bout, du coin des lèvres, à part soi.* — Loc. *Sourire jaune* (cit. 4). — *Chose qui fait sourire, prête* (cit. 16) *à sourire* (→ Héritier, cit. 3 ; piano, cit. 2). — *Vous souriez, vous m'avez compris**.

1   Bonaparte sourit d'une manière qui frappa le capitaine : plus le visage est sérieux, plus le sourire est beau.
      CHATEAUBRIAND, Mémoires d'outre-tombe, t. IV, p. 73.

2   (...) les paupières mi-closes, la bouche entr'ouverte, elle sourit d'un sourire qui ressemblait à un baiser.   FRANCE, Histoire comique, III.

3   Elle a souri, bien que son visage exprimât certainement autre chose que la gaieté, ou l'ironie.   BERNANOS, Journal d'un curé de campagne, p. 166.

4   Grand-père souriait. Il ne savait guère que sourire, mais il le faisait si bien que grand-mère le regardait avec ravissement.   H. BOSCO, l'Âne Culotte, p. 38.

5   Cinq jours après sa naissance, le petit homme sait sourire.
      G. DUHAMEL, les Plaisirs et les Jeux, II, XI.

(1683). Par ext. *Visage, lèvres, yeux qui sourient* (→ Animer, cit. 30 ; arc, cit. 13 ; nuance, cit. 7).

6   (...) ce visage morne, qui sourit quelquefois, mais qui n'a pas la force de rire.
      A. DE MUSSET, Lorenzaccio, I, 4.

7   La bouche aux dents serrées, qui n'éclatait presque jamais de rire, souriait souvent, d'accord avec les grands yeux aux clins lents et rares, sourire cent fois loué, chanté, photographié, sourire profond et confiant qui ne pouvait lasser.
      COLETTE, Chéri, p. 11.

(XIIIᵉ). **SOURIRE À** (qqn) : lui témoigner par un sourire (2. Sourire) de l'affection, de la tendresse, de la sympathie, de la compréhension... ou simplement des égards de politesse, de courtoisie, de galanterie ; *adresser un sourire* (2. Sourire) *à qqn* (→ Consoler, cit. 5 ; dessillement, cit. ; dissimuler, cit. 7 ; étincelant, cit. 5). *Elle lui sourit à plusieurs reprises* (→ Effet, cit. 28). *Vous m'aviez souri* (→ Parce que, cit. 4). *À qui souriais-tu ?* (→ Lieu, cit. 3).

8   Sans une mère ni père ait daigné me sourire.   RACINE, Iphigénie, II, 1.

Par ext. *Sourire à qqch. « Souris à tes premiers amours »* (cit. 38).

♦ **2.** (Av. 1778). S'amuser, plaisanter, se moquer de qqch., ne pas le prendre au sérieux, marquer du dédain*, de l'incrédulité*, du mépris, du scepticisme... (en manifestant ou non son sentiment par l'expression de son visage). *Se contenter de sourire. Sa naïveté fait sourire, prête à sourire.* — **SOURIRE DE** (qqn, qqch.) : être amusé par, se moquer de. *Elle se mit à sourire de son accoutrement* (→ Aimer, cit. 54 ; incriminer, cit. 3 ; palefrenier, cit. 3).

♦ **3.** (1798). Fig. (Sujet n. de chose). **SOURIRE À** (qqn) : lui être agréable, convenable ou favorable*. *La chance me sourit. Ce projet, cette idée me sourit, ne me sourit guère.* ⇒ **Chanter, convenir, plaire** (→ Je, cit. 7). *Un mariage qui ne me sourit pas* (→ Embarquer, cit. 13).

9   Être beau, c'est-à-dire avoir en soi un charme qui fait que tout vous sourit et vous accueille ; qu'avant que vous ayez parlé tout le monde est déjà prévenu en votre faveur et disposé à être de votre avis ; que vous n'avez qu'à passer par une rue, ou vous montrer à un balcon pour vous créer, dans la foule, des amis ou des maîtresses.   Th. GAUTIER, Mˡˡᵉ de Maupin, V.

♦ **4.** Fig., littér. (Sujet n. de chose). Être radieux, rayonner, resplendir. *Le matin souriait* (→ Céleste, cit. 6).

10 L'éternel printemps souriait sur nos têtes.
      E. FROMENTIN, Un été dans le Sahara, p. 9.

▶ **SE SOURIRE** v. pron.

a (Récipr.). Sourire l'un à l'autre. *Se regardant et se souriant* (→ Prendre, cit. 120).

b (Réfl.). *Elle se souriait dans la glace.*

DÉR. 2. **Sourire** ; **souriant, sourieur,** 2. **souris.**
HOM. V. 1. **Souris.**

2. SOURIRE [suʀiʀ] n. m. — V. 1175 ; de 1. *sourire*. → 2. Souris.

♦ **1.** Action de sourire (1. Sourire), mouvement de la bouche (relèvement des commissures), expression du visage, des yeux, exprimant en général un état agréable, bienveillant ou non (moquerie, plaisir de nuire, etc.). *Apparition du sourire chez l'enfant.* ⇒ 2. **Rire** (cit. 5). *Avoir, faire un sourire* (→ Curiosité, cit. 13). *Avoir le sourire aux lèvres* (→ Cruel, cit. 25), *sur les lèvres, aux coins des*

lèvres (→ Brider, cit. 6). *Saluer avec un sourire* (→ Assistance, cit. 3). *Avouer, dire, répondre avec un sourire* (→ Hommasse, cit. 2 ; image, cit. 20 ; jet, cit. 10). *Distribuer, échanger des sourires, de petits sourires* (→ Flagorneur, cit. 2 ; 1. mine, cit. 24 ; mystérieux, cit. 9). *Recevoir un sourire* (→ Bienvenue, cit. 2). *La vivacité de son sourire* (→ Air, cit. 28). *Grâce* (cit. 69) *dans le sourire. Faire naître* (→ Enjouement, cit. 8), *exciter* (→ Faux, cit. 41) *le sourire. Arracher* (cit. 39) *un sourire à qqn.* — Littér. *Un sourire s'allume* (cit. 16), *fleurit* (→ Bonté, cit. 7), *flotte* (→ Galantin, cit.), *glisse* (cit. 28) *sur ses lèvres.* — *Minauderies* (cit. 3) *et sourires.* — *Un large sourire, un sourire épanoui, radieux ; béat. Un faible* (→ Bouche, cit. 5), *un léger sourire. Un sourire indécis, discret, furtif, réticent, contraint, pincé.., gai ; grave, froid* (→ Colorer, cit. 11), *triste... Un bon sourire* (→ Câlin, cit. 2). *Un sourire mauvais* (→ Cheveu, cit. 16), *féroce. « Dors-tu content, Voltaire, et ton hideux* (cit. 4) *sourire (...) » Un sourire enfantin, innocent, ingénu, angélique, céleste, affectueux* (cit. 3), *doux* (→ Enfant, cit. 4 ; hussard, cit. 3), *attendri* (→ Couver, cit. 2), *charmant, gracieux, divin, confiant. Sourire bienveillant, condescendant* (cit. 1), *indulgent, protecteur. Sourire fin, spirituel, malicieux, malin, complice* (→ Clignement, cit. 2), *ironique* (→ Ironie, cit. 10). *Un sourire méphistophélique, méprisant, moqueur, insolent, railleur..., amer* (→ Jeune, cit. 14), *désabusé* (cit. 9). *Un sourire lamentable* (cit. 5). *Un sourire singulier, inexprimable* (→ Allonger, cit. 3), *indéchiffrable* (cit. 5), *mystérieux, énigmatique. Le sourire de la Joconde* (→ Bienfaisance, cit. 4). — *Sourire de contentement, de joie, de satisfaction, de bonheur* (→ Extasier, cit. 5). *Sourire d'affection, de tendresse. Sourire de dédain, de mépris, de pitié, de résignation. Sourire de défi* (→ Désapprobation, cit. 2). *Sourire d'incrédulité. Sourire de complaisance, de connivence, d'intelligence.*

1   Tout l'esprit de Mᵐᵉ de Staël était dans ses yeux, qui étaient superbes. Au contraire, le regard de Rivarol était terne ; mais tout son esprit se retrouvait dans son sourire, le plus fin et le plus spirituel que j'aie vu, et dans les deux coins de sa bouche qui avaient une expression unique de malice et de grâce.
      RIVAROL, Rivaroliana, II.

2   (L'amant) regarde les yeux de ce qu'il aime, un seul sourire peut le mettre au comble du bonheur, et il cherche sans cesse à l'obtenir.
      STENDHAL, De l'amour, VIII.

3   (...) une fine joue couleur de pêche, relevée par le coin d'une lèvre de pourpre où le sourire voltige sur deux rangs de perles !   A. DE MUSSET, Carmosine, I, 8.

4   (...) la bouche se contracta pour exprimer ce sourire de contentement que l'on nomme familièrement *faire la bouche en cœur.*
      BALZAC, le Lys dans la vallée, Pl., t. VIII, p. 817.

5   Si vous n'avez rien à me dire,
    Pourquoi venir auprès de moi ?
    Pourquoi me faire ce sourire
    Qui tournerait la tête au roi ?   HUGO, les Contemplations, II, IV.

6   Ce sourire pouvait s'interpréter de façons diverses. C'était soit : « Mais non, je vous assure, je suis très bien, il ne fait pas froid du tout », soit le sourire qui pardonne.   R. RADIGUET, le Bal du comte d'Orgel, p. 41.

7   Lorsque l'art grec, encore lié à l'Égypte, avait découvert le sourire, il avait découvert aussi un nouvel équilibre du corps. On ne pourrait confondre LE COUROS DE MILO, même sans tête, avec une statue égyptienne.
      MALRAUX, la Métamorphose des dieux, p. 44.

Loc. fam. *Avoir le sourire* : être heureux, content, enchanté de ce qui est arrivé, montrer sa satisfaction. *Garder le sourire* : rester souriant, de bonne humeur en dépit d'un échec, d'une déception...

Par ext. *Le sourire des lèvres, d'une belle bouche* (→ Jalousie, cit. 23), *des yeux.* — Allus. littér. *Un sourire mouillé de larmes* (cf. Virgile, *l'Iliade*, VI, v. 484 ; → aussi Gaulois, cit. 8).

♦ **2.** Fig. *« Le sourire de l'âme, préférable au rire de la bouche »* (Voltaire, *l'Écossaise*, Préface). *Le sourire du printemps, du destin...* (→ aussi Fronton, cit. 4).

COMP. **Demi-sourire.**

1. SOURIS [suʀi] n. f. — V. 1220 ; *soriz*, v. 1160 ; du lat. *soricem*, accusatif de *sorex, soricis.*

♦ **1.** Petit mammifère rongeur *(Muridés)*, du genre *rat ;* spécialt, la souris commune *(mus musculus)*, au pelage gris, qui cause des dégâts dans les maisons, les granges où elle niche (→ Grignoter, cit. 1 ; rongeur, cit. 1). *Un nid de souris. Une portée de souris* (⇒ **Souriceau**). *Souris mâle, souris femelle. Le rat et la souris. Souris de laboratoire. Le chat* (cit. 1) *fait la chasse aux souris* (→ Dépeupler, cit. 4 ; fonder, cit. 19 ; gracieux, cit. 7 ; natif, cit. 3). — Loc. *Le chat* et la souris. S'amuser* (cit. 20), *jouer* (cit. 12) *avec qqn comme le chat avec la souris.* ⇒ aussi **Épier, guetter.** — Prov. *Quand le chat* est parti, les souris dansent.* — *Trou de souris* (→ Alerte, cit. 2). — Allus. littér. *« La montagne en travail enfante* (cit. 6) *une souris »* (→ Accoucher, cit. 2).

1   Dame souris trotte,
    Noire dans le gris du soir,
    Dame souris trotte,
    Grise dans le noir.   VERLAINE, Parallèlement, « Révérence parler », II.

2   Sans cesse allant et venant, se coulant le long des murs, il trottait avec une agilité de souris (...)   FRANCE, l'Anneau d'améthyste, I, Œ., t. XII, p. 5.

(XVIᵉ). Par ext. *Souris blanche :* variété de souris, élevée pour servir de sujet d'expérience en biologie, etc. — *Souris rousse* ou *agraire :* petite souris des champs. — *Souris naine* ou *rat des moissons,* qui niche dans les branchages et les hautes herbes. — (D'autres mammifères : abusivt en sc.). *Souris des bois*, ou (1768) *de terre*. ⇒ **Mulot.** — (1791). *Souris de montagne, souris montagnarde*, ou *souris des bouleaux*. ⇒ **Gerboise.** — (1812). *Souris d'eau*. ⇒ **Musaraigne.** *Souris à miel, souris des bois*, noms courants de diverses espèces de sariques. *Souris volante*. ⇒ **Acrobate** (2.).

(1777). *Souris de mer :* nom courant de divers poissons osseux, dont la baudroie.

Loc. compar. et fig. (1640). *Se cacher, rentrer dans un trou de souris :* se mettre furtivement, peureusement à l'abri. *On le ferait cacher, il se cacherait dans un trou de souris.* — *Se glisser, filer, trotter comme une souris*, silencieusement, furtivement. → **Étouffer**, cit. 26 ; furtif, cit. 14. — (1640). *On entendrait trotter une souris :* le silence est complet. Cf. On entendrait voler une mouche. — *Être éveillé comme une portée*, une nichée de souris.*

Techn. *Pas de souris* [a] Passage, escalier très étroit, dans des fortifications.

[b] Largeur réduite du giron d'une marche tournante.

♦ **2.** (1660 ; *gris de souris* ; allus. à la *souris grise*). Appos. *Gris souris :* ton de gris clair. → **Modern style**, cit. 2 ; pilastre, cit. 2. — (1762). De cette teinte. → **Jaquette**, cit. 3. *Velours souris.*

♦ **3.** Personnes. [a] (1640). Vx. *Faire la souris :* fouiller adroitement dans la poche d'un homme, le dépouiller.

[b] (1905 ; antérieurement dans des métaphores ; par allus. à l'activité du rongeur). Vx. Femme de petite vertu ; femme, en tant que « rongeuse », « ravageuse » (fam. *souris ravageuse*).

2.1 Ohé ! les souris !
Les rongeuses de monde !
Faisons sauter avec nous
Nos michets et nos marlous.
                                          A. **BRUANT**, *Dans la rue*, p. 55.

[c] (1938). Fam. Jeune femme, jeune fille. *Une chouette souris. Elle est marrante, cette souris.* — *La souris (d'un homme)*, sa *souris :* sa bonne amie. ⇒ **Nana.**

3 Elle est drôlement roulée, sa souris, et elle n'a pas dix-huit ans (...)
                                          SARTRE, *la Mort dans l'âme*, p. 177.

[d] (xxᵉ). Fam. *Souris d'hôtel :* femme qui s'introduit dans les chambres d'hôtel pour y voler. ⇒ **Rat** (d'hôtel).

[e] (1940). Fam. *Souris grise*, ou *souris* (à cause de la couleur de leur uniforme) : auxiliaire féminine des troupes d'occupation allemandes en France, de 1940 à 1944.

4 L'endroit n'était plus interdit aux Allemands et, pendant que j'avalais un ersatz de café, des « souris grises » disposaient sur leur table du beurre, de la confiture (...)
                                          S. DE **BEAUVOIR**, *la Force de l'âge*, p. 488.

♦ **4.** (1694 ; « partie charnue du bras, de la jambe », mil. XIIIᵉ). Par anal. (de forme). Bouch. Muscle charnu à l'extrémité du gigot, contre l'os.

(1690). Vx. Partie de la main entre le pouce et l'index. — Méd. *Souris articulaire :* petit fragment d'os ou de cartilage qui flotte librement dans une cavité articulaire et peut parfois en bloquer brièvement les mouvements.

♦ **5.** (1689). Vx (aux XVIIᵉ et XVIIIᵉ). Nœud de ruban mis dans la coiffure des femmes.

♦ **6.** (xxᵉ). Techn. Outil utilisé pour calibrer les trous obtenus par alésage, ou pour polir les faces d'un filetage. — (xxᵉ). Pyrotechnie. ⇒ **Serpenteau** (2.).

DÉR. **Souriceau, souricier, souricière, souriquois.**
COMP. **Chauve-souris.**

2. SOURIS [suʀi] n. m. — 1636 ; *sousris*, fin XVIᵉ ; *soubriz*, 1538 ; de 1. *sourire*, d'après *ris*.

♦ Vx. ⇒ 2. **Sourire** (→ Arracher, cit. 32 ; caressant, cit. 6 ; 1. grave, cit. 10).

SOURIVE [suʀiv] n. f. — 1769 ; de *sous-*, et *rive*.

♦ Techn. (pêche). Trou qui se forme sous les racines de grosses souches d'arbres, au bord de l'eau.

SOURNOIS, OISE [suʀnwa, waz] adj. — 1640, n. m., « celui qui fait le niais sans l'être » ; dér. probable du provençal *sourne*, anc. provençal *sorn* « sombre » ; cf. *sorne*, n. f., « soir, brune », au XVIᵉ, *in* Godefroy ; Richelet définit encore *sournois* par « sombre, mélancolique » ; P. Guiraud suppose une forme **sordinare*, qui expliquerait aussi *sornette*.

♦ **1.** (1680). Qui dissimule ses sentiments réels, le plus souvent dans une intention malveillante. ⇒ **Dissimulé, doucereux, fourbe.** *Rusé, cauteleux* (cit. 4), *sournois. Ennemi* (cit. 9) *sournois. Enfant sournois.* — (XIXᵉ ; d'un animal). *Le chat passe pour un animal sournois.* — (1668). N. *Un sournois, une sournoise.* ⇒ **Hypocrite.** *C'est un sournois.*

Ton petit précepteur m'inspire beaucoup de méfiance (...) Je lui trouve l'air de penser toujours et de n'agir qu'avec politique. C'est un sournois.
                                          STENDHAL, *le Rouge et le Noir*, I, XIV.

André (...) tourna vers son père un visage d'enfant sournois et rit en dissimulant sa bouche derrière sa main.
                                          J. **GREEN**, *Léviathan*, I, VII.

Caractère sournois. Des gens qui ont l'air sournois (→ Pisse-froid, cit. 1 ; et aussi raconter, cit. 10). *Face, mine sournoise.* ⇒ **Chafouin** (→ Diamant, cit. 9). *Regard sournois.* ⇒ **Dessous** (en).

(1862 ; conduite, actions). Qui est plein de sournoiserie, marque la sournoiserie. ⇒ **Insidieux, perfide.** *Hostilité, méchanceté* (cit. 4), *insolence, malveillance sournoise* (→ Efflorescence, cit. 2 ; incompréhension, cit. 2 ; langage, cit. 16). *Offensives subtiles et sournoises* (→ Éveil, cit. 4). *Louvoiements* (cit.) *sournois. Crimes, vices sournois.* ⇒ **Caché** (→ Indignité, cit. 2 ; raréfier, cit. 3).

La franche imitation n'a rien à faire avec le pastiche qui toujours reste besogne sournoise et cachée.   **GIDE**, *Prétextes*, p. 27.

♦ **2.** (xxᵉ). Fig. Qui évoque un être sournois ; qui ne se déclare pas franchement. *Douleur, souffrance sournoise* (→ Coup, cit. 3). *Un feu sournois qui rampe sous la brande* (cit. 2). *Bruit sournois* (→ Effarer, cit. 5).

CONTR. **Candide, expansif, franc.**
DÉR. **Sournoisement, sournoiserie.**

SOURNOISEMENT [suʀnwazmã] adv. — Fin XVIIᵉ ; de *sournois*.

♦ **1.** D'une manière sournoise. ⇒ **Dérobée** (à la). → Immiscer, cit. 2 ; libéralisme, cit. 3 ; privauté, cit. 3 ; raisonnable, cit. 6.

(...) souvent elle penchait sournoisement la tête, et lançait sur eux comme sur son frère un regard furtif vraiment extraordinaire.
                                          BALZAC, *la Femme de trente ans*, Pl., t. II, p. 777.

♦ **2.** (De *sournois*, 2.). *Le flot rampait sournoisement* (→ Heurter, cit. 6).

SOURNOISERIE [suʀnwazʀi] n. f. — 1814 ; var. *sournoisie*, Académie, 1836 ; de *sournois*.

♦ Caractère sournois, conduite (→ Innocent, cit. 3) sournoise. ⇒ **Dissimulation, fourberie.** *La sournoiserie de qqn. Il est d'une sournoiserie redoutable.*

(...) j'envisage les trésors de rouerie, d'audace tranquille, de sournoiserie ingénieuse, que tu as dû jeter par les fenêtres pour mener à bonne fin une mauvaise action (...)   **COURTELINE**, *Boubouroche*, Comédie, II, 1.

(Une, des sournoiseries). Action sournoise.

CONTR. **Candeur, franchise.**

SOUS [su] prép. — Fin XIIᵉ ; *soz*, Xᵉ ; var. *sos, sost, suz, sus, soubz, soubs...* en anc. franç. ; du lat. *subtus*, adv. en lat. class. et prép. en bas lat. ; en concurrence avec *dessous** (cit. 1 et 2) jusqu'au milieu du XVIIᵉ, où *dessous* s'est spécialisé comme adverbe.

(...) il faut toujours dire, *sur la table, sous la table* (...) et non pas *dessus la table, dessous la table* (...)   **VAUGELAS**, *Remarques sur la langue franç.*, p. 124.

★ **I.** Marquant la position « en bas » par rapport à ce qui est « en haut », ou « en dedans » par rapport à ce qui est « en dehors ». REM. Un grand nombre des expressions citées ci-dessous ont pris très tôt un sens figuré, signalé aux mots marqués d'un astérisque.

♦ **1.** (V. 1050, *soz*). À propos d'une chose qui est en contact avec une autre, qui s'appuie sur elle. ⇒ **Dessous** (en dessous de). *Un oreiller* (cit. 1) *sous la tête. Sentir sous son pied une masse* (cit. 4) *élastique. Sous le pas, les pas*. Couper l'herbe* sous le pied. Sous la main** (cit. 34 et 35). *Sous-main* (en). *Sous la patte*, sous la griffe*. Porter, tenir sous le bras*. Sous la dent*. Métal sous un laminoir* (cit. 1). *Sous presse*. Écrasé sous son automobile* (→ Occupant, cit. 2). *Sous un amas de cendres* (→ Reste, cit. 19). *Glisser un papier* (cit. 2) *sous le paillasson* (cit. 1). *Sous le joug*. Mes genoux se dérobaient, vacillaient sous moi.* — Par ext. *Courber, plier sous le faix*, le fardeau*, le poids*. Succomber, plier, fléchir sous le nombre, sous l'épreuve...* — (En parlant d'un milieu dont on considère la surface). *Sous l'eau, sous la surface de l'eau* (→ Fond, cit. 8). *Sous la terre, sous terre** (→ Inpace, cit. 1). ⇒ **Dans, en.** — Par anal. *Sous clef*, sous les verrous*. Sous le sceau* de... Sous scellés*.*

J'ai été enterré sous des morts, mais maintenant je suis enterré sous des vivants, sous des actes, sous des faits, sous la société tout entière, qui veut me faire rentrer sous terre.   **BALZAC**, *le Colonel Chabert*, Pl., t. II, p. 1103.

♦ **2.** (XIIIᵉ). À propos d'une chose qui en recouvre une autre totalement ou partiellement. *Mettre sous enveloppe*.* ⇒ **Dans.** *Sous un drap, une couverture, un édredon...* (→ Frictionner, cit. 1 ; mortuaire, cit. 1). *Sous des housses* (cit. 1). *Sous un habit* (→ Opprimer, cit. 7). *Chemise sale sous un habit propre* (cit. 25). *Sous les armes*. Sous cape*. Sous le manteau*. Cacher ses cheveux sous une perruque* (cit. 3). *Sous une cagoule* (cit. 3). *Sous le masque*. Muscles sous la peau* (→ Force, cit. 5). — *Le feu couve* (cit. 9) *sous la cendre*. Village sous la neige* (→ Fourrure, cit. 4). *Sous la pluie* (→ Appui, cit. 17). *Sous l'ombre* (cit. 11) *des arbres, à* l'ombre de... *Sous la lumière, la clarté...* (→ Plonger, cit. 9 ; port, cit. 5 ; reprise, cit. 5).

3 Sous le grain parfaitement fin, parfaitement pur de ce marbre, sous les plis impeccables, parfaitement harmonieux de ce vêtement, de ce revêtement, sous les plis antiques, inimitables, sous la draperie antique nous voulons savoir si un cœur bat pur, ou si ce ne serait pas un cœur cruel ; sous cette patine invinciblement dorée nous voulons savoir quel sang coule dans ces veines (...)

Ch. PÉGUY, *Victor-Marie, comte Hugo*, p. 171.

(xvᵉ). Derrière (abstrait ou concret). *Le vrai caché sous l'apparence** (cit. 11). *Sous des dehors** (cit. 18) *austères. Peindre* (cit. 19 et 22) *sous les traits de..., sous de fausses couleurs*. Apparaître sous une forme, sous la forme** (cit. 20 et 21) *de... Sous forme de feuilletons* (cit. 3). *Sous un nom, sous le nom** (cit. 12 et 24) *de... Sous le titre de mandements* (cit. 3). *Sous un prétexte, sous* (le) *prétexte*...* (cit. 5 et 10). *Sous ombre* de... Sous couleur** (cit. 33) *de... — Passer sous silence*. Cette littérature* (cit. 14), *sous son pessimisme apparent, est un chant... On sent une certaine froideur sous cette animation* (→ Prisme, cit. 1). *Sous le personnage* (cit. 8) *se laisse deviner le comédien.*

♦ **3.** (V. 1560). À propos d'une chose incorporée à une autre. *Avoir une ampoule, un(e) apostume* (cit.) *sous le pied,* à la partie inférieure de... *Pellicule* (cit. 1) *épaisse sous la langue d'un perroquet.*

♦ **4.** (À propos d'une chose qui en domine une autre, la surplombe, sans contact avec elle). *Sous le ciel* (cit. 23 ; et → Flot, cit. 3), *les étoiles* (→ Pied, cit. 1). — Prov. *Rien de nouveau* (cit. 8) *sous le soleil. Sous les arbres, sous les ombrages, sous la ramée* (cit. 1 et 2). *Sous la voûte* (→ Demi-tour, cit. 2), *le porche* (cit. 5). *Il a passé bien de l'eau sous le pont** (cit. 4). *Sous la tente* (→ Nomade, cit. 5). *Sous mon toit* (→ Pacte, cit. 3). *Tomber sous la table* (→ Force, cit. 4). *Rincer* (cit. 2) *sous le robinet. De vilaines poches sous les yeux* (→ Gonfler, cit. 15). *Passer sous le nez** (cit. 45). *S'abriter sous un parapluie* (cit. 5). *Chercher refuge* (cit. 3) *sous un auvent. Sous cloche*, sous globe*, sous verre*. — Sous les remparts* (→ Languissamment, cit. 3). ⇒ **Pied** (au pied de). *Sous la fenêtre, les balcons de qqn :* devant chez lui (→ Foyer, cit. 1 ; isabelle, cit.). — Spécialt. Loc. *Être sous voiles*. Naviguer sous pavillon* français.* — Milit. *Sous les drapeaux*.* — Admin. *Pièce sous telle cote*. Inscrit sous tel numéro*.* — Géogr. (dans des noms de lieux, pour marquer que le premier est à moindre altitude, en aval de l'autre). *La Ferté-sous-Jouarre.*

Qui se trouve exposé à... *Sous le feu*, le canon** (cit. 2) *de l'ennemi. Sous l'œil*, les yeux, le regard*...,* (fam.) *le nez* de...* ⇒ **Devant.** *Sous la curiosité de tous* (→ Malheureux, cit. 21).

Mar. *Sous le vent*.*

★ **II.** Fig. ♦ **1.** (1363). Marquant un rapport de subordination ou de dépendance. *Servir sous un roi, sous un chef* (→ Force, cit. 30 ; héroïsme, cit. 3 ; lignée, cit. 2). *Sous lui se sont formés tant de renommés capitaines* (cit. 2). — *L'équipe placée* (cit. 5) *sous ses ordres. Sous sa direction, sa coupe*, sa férule*, son autorité, son empire, sa responsabilité...* (→ Libre, cit. 2 ; maître, cit. 83 ; marin, cit. 5). *Sous l'inspection* (→ Place, cit. 44), *la présidence* (→ Martial, cit. 3), *le patronage* (cit. 2), *la protection* (cit. 3), *la garde, l'égide, les auspices*, le couvert*, l'invocation* (cit. 2), *le signe* de... Sous ses lois* (cit. 24 et 27), *la même loi* (cit. 21). *« Sous mon obéissance »* (vx ; → Demeurer, cit. 39). *Sous le régime capitaliste, socialiste. Être sous le coup* d'une accusation, d'une poursuite, sous l'influence* d'un remède.*

4 Je le sais, vous servez bien le Roi.
Je vous ai vu combattre et commander sous moi.   CORNEILLE, *le Cid*, I, 3.

Méd. *Sous l'action de. Un malade sous antibiotiques.* — *Sous la condition d'une juste indemnité* (cit. 1), *la seule condition que...* (→ Mathématique, cit. 7). *Sous condition*. Sous peine* de... Sous toutes réserves*, sous réserve* de... Sous bénéfice* d'inventaire. Sous promesse* (cit. 5) *de...* — Vx. *Sous l'espoir de...* (Corneille, *Cinna*, v. 1680) : dans l'espoir de...

♦ **2.** (Valeur temporelle). **ⓐ** (1559). *Pendant le règne de..., à l'époque de...* ⇒ **Multiforme,** cit. 1). *Sous Hugues Capet* (→ Français, cit. 7), *sous Louis XIV* (→ Maison, cit. 3). *Sous l'Ancien Régime, la Révolution* (→ Nomenclature, cit. 2), *l'Empire* (→ Macédoine, cit. 1), *la Restauration* (→ Louis, cit. 1)... *A Rome sous les rois, la République, les empereurs* (→ Frondeur, cit. 8 ; patricien, cit. 1 ; proscrire, cit. 1).

5 C'est commode, vous savez, de pouvoir dire, comme faisaient nos grands-pères : *Quand nous avons déménagé sous Louis-Philippe,* ou *c'est sous Charles X que la petite est née.* Au lieu de compter par années, de quoi est-ce que ça a l'air ?

ARAGON, *les Cloches de Bâle,* I, v.

ⓑ (1773 ; d'abord dans le « style mercantile », selon Féraud, et le style de la procédure). Avant que ne soit écoulé... (tel espace de temps), dans... (tant de temps). *Sous huitaine* (cit. ; → aussi 1. Rétracter, cit. 4). *Sous peu de temps, sous peu*.*

6 (...) mais si je m'expliquais pas nettement sous quinzaine, on me prierait de cesser des visites qui se remarquaient.   DIDEROT, *Jacques le fataliste*, Pl., p. 700.

7 (...) je pris la liberté de lui dire que je ne le croyais pas assez instruit de l'affaire, pour être en état de la rapporter sous deux jours.

BEAUMARCHAIS, *Mémoires... dans l'affaire Goëzman,* p. 12.

♦ **3.** (Valeur causale ; par extension de l'idée de dépendance). Par l'effet de..., du fait de l'influence de... *Sous les frictions* (cit. 2) *la chair tiédissait* (→ aussi Poli, cit. 2). *L'azur pâlit sous la chaleur* (→ Matinée, cit. 2). *Frémir sous la morsure* (cit. 4). *C'est sous leur pression que passa* (cit. 24) *le décret. Acte, phénomène qui se produit sous l'action, l'impulsion* (cit. 10), *l'influence* (cit. 19), *le coup, l'effet de...* (→ Mouiller, cit. 3 ; martel, cit. 1 ; 2. pupille, cit. 2). ⇒ **Par.**

Sous les caresses de son fils, son émoi se dissipait peu à peu (...)   8

Alphonse DAUDET, *Jack*, III, v.

♦ **4.** (1835 ; cf. en lat. *sub specie æternitatis* « du point de vue de l'éternité »). En considérant (par un aspect, par un côté). *Regarder un objet sous toutes les faces* (cit. 30). *Sous cet angle** (cit. 6 à 8), *cet aspect** (cit. 29 ; et → Pire, cit. 11). *Considérer la chose sous le jour commercial* (cit. 1), *la connaître sous son véritable jour* (cit. 19). *Sous ce point** (cit. 31 et 32) *de vue. Sous le rapport** (cit. 18) *de..., sous ce rapport, sous divers rapports* (→ Majestueux, cit. 6 ; milieu, cit. 28 ; raisonnement, cit. 4).

(...) Adrien Delatouche (...) tirait au but adverse sous un angle impossible.   9

René FALLET, *le Triporteur,* p. 96.

CONTR. Dessus (au-dessus de), **sur.**

SOUS- Préfixe servant à la formation de nombreux composés, où la préposition *sous* a valeur de préposition *(sous-main)* ou d'adverbe *(sous-jacent).* Ce préfixe est productif avec plusieurs valeurs.

ⓐ Position inférieure dans l'espace (adj. et noms). ⇒ **Infra-, sub-.** *Sous-sol*. Une sous-couche* de neige. Une galerie sous-fluviale*.* — On trouve d'autres formations, Ex. *Sous-plafond* (1973, in *la Clé des mots).* — Avec un adj. :

(...) tout autant que la splendeur aveuglante de la plage, que le flamboiement multicolore et les lueurs sous-océaniques des chambres (...)   1

PROUST, À l'ombre des jeunes filles en fleurs, Pl., t. I, p. 724.

Par métaphore. Caractère caché, secret. — Verbes. *Sous-entendre.* — Noms, adjectifs. *« Sous-conversation »* (N. Sarraute, *l'Usage de la parole*) : conversation non exprimée, masquée par les paroles échangées.

(...) quand nous parlions de la pluie et du beau temps, une sous-conversation se poursuivait où s'exprimaient encore nos attentes et nos craintes (...)   2

S. DE BEAUVOIR, *la Force de l'âge,* p. 576.

ⓑ Subordination ou infériorité (devant un n. de personne, de collectivité). ⇒ **Adjoint, second.** *Un sous-préfet. Un sous-lieutenant. Un sous-comité ministériel.*

Y a les ordonnances, et à un moment, y avait même les tampons des adjudants.   3
— Les cuistots et les sous-cuistots.   H. BARBUSSE, *le Feu*, t. I, I, IX.

Caractère inférieur, insuffisance qualitative (outre l'infériorité de grade). *Sous-cabotin* (1889, *in* D.D.L.) ; *sous-fasciste* (1937, Céline, *in* D.D.L.).

Les dynamiteurs allemands ou russes ne sont que des précurseurs ou, si l'on veut, des sous-accessoires de la Tragédie sans pareille (...)   4

Léon BLOY, *le Désespéré,* p. 257.

Il tâchait aussi de ne pas voir l'architecture de cette église moderne, — sous-imitation mal venue d'un art décadent, exécutée par quelque maçon dénué de pulchritude géométrique.   Léon BLOY, *le Désespéré,* p. 226.   5

(Avec un adj.). *Sous-compétitif, ive,* adj.

Après cela survint un autre tracas oiseux, celui des gilets de flanelle (...) Fallait-il les porter dessous ? ... Ou dessus la chemise ? ... Parapine *(un médecin)* se dérobait par un silence tenace à ces controverses sous-intellectuelles.   6

CÉLINE, *Voyage au bout de la nuit,* p. 388 (1932).

(Avec un n. abstr.). *Sous-compétitivité* (*l'Express,* 28 avr. 1981, p. 113).

Devant un nom de personnage connu ou non, désignant une œuvre d'art, *sous-* donne au composé le sens : imitation médiocre de la personne ou de la chose désignée par le second élément. *Un sous-Lawrence d'Arabie. Il fabrique des sous-Rodin. « Un sous-James Bond »* (*l'Express,* in *Banque des mots*). *Du sous-Zola, du sous-Balzac, un sous-Gide* (C. Mauclair, *in* D.D.L.).

Si les sous-Rembrandt et les succédanés de Michel-Ange nous irritent, c'est peut-être que la présence de Michel-Ange et de Rembrandt, non seulement dans nos musées mais aussi dans notre cœur, est plus réelle qu'aux temps où l'on admirait leurs imitateurs.   MALRAUX, *les Voix du silence,* p. 607.   7

(Avec la même valeur, devant un nom de chose, notamment un nom déjà dépréciatif). *« De la sous-crotte de bique »* (P. Souday, *in* D.D.L. ; 1928). ⇒ **Sous-merde.**

Une nouvelle presque très bien, quelque chose comme un sous-chef d'œuvre.   8

J. RENARD, *Journal,* Pl., p. 78.

Insuffisance quantitative, notamment dans les adjectifs calqués de l'anglais *(sous* + p. p. ⇒ **Sous-alimenté, sous-développé, sous-exploité** ; *sous* + n. ⇒ **Sous-développement**). ⇒ **Sous-adapté, sous-payé,** etc. *« L'augmentation du niveau de vie individuel, l'accès à une situation sous-privilégiée »* (J.-P. Courthéoux, *la Politique des revenus,* p. 79).

ⓒ Subdivision. ⇒ **Sous-classe, sous-genre,** et **sous-ensemble, sous-espèce, sous-famille ; sous-continent,** etc. *Sous-constituant,* n. m. (*Sciences et Avenir,* avr. 1981, p. 45). *Sous-culture* (ambigu), n. f. (*la Recherche,* avr. 1981, p. 500), etc. ; *sous-niveau,* n. m. (*la Recherche,* juil. 1978, p. 671) ; *sous-population,* n. f. (*la Recher-*

che, mars 1981, p. 370); *sous-problème*, n. m. (Piaget); *sous-secte*, n. f.

d Infériorité quantitative objective, sans aucun jugement de valeur (en science). Ex. *Sous-géante*, n. f. : étoile inférieure en volume aux géantes (mais supérieure aux étoiles de la séquence principale).

(Dans une hiérarchie). *Sous-tributaire*, n. m. (1893, *in* D. D. L.). ⇒ aussi **Sous-affluent**, etc.

REM. 1. Dans des composés plus anciens, dérivés de composés latins de *sub* (sourire, de *subridere*; soumettre, de *submittere*...), *sous-* est le plus souvent intégré au mot sous la forme *sou-*.

2. Certains composés sont entraînés par l'existence d'un comp. en *sur-*. «*Contrairement à ce que pense la majorité des sous-doués qui nous écoutent...*» (un procureur, cité par *le Nouvel Obs.*, 11 mai 1981, p. 75).

CONTR. Hyper-, super-, supra-, sur-.

SOUS-ABDOMINAL, ALE, AUX [suzabdɔminal, o] adj. — V. 1965; de *sous-*, et *abdominal*.

♦ Didact. (physiol.). Qui s'applique sur la partie inférieure de l'abdomen. *Ceinture sous-abdominale*.

SOUS-ACÉTATE [suzasetat] n. m. — 1823, *in* D. D. L.; de *sous-*, et *acétate*.

♦ Chim. Acétate contenant un excès de base.

SOUS-ACTIVITÉ [suzaktivite] n. f. — V. 1969; de *sous-*, et *activité*.

♦ Techn., admin. Activité inférieure à la normale. *Sous-activité d'une entreprise*. «*L'abandon de l'Airbus entraînerait le licenciement de sept mille personnes. La sous-activité industrielle qui en résulterait est évaluée à une perte de l'ordre de 300 millions*» (*le Monde*, 28 févr. 1969).

SOUS-ADAPTÉ, ÉE [suzadapte] adj. — Mil. xxᵉ; de *sous-*, et *adapté*.

♦ Didact. (géogr.). Se dit d'un cours d'eau dont l'écoulement est trop faible par rapport aux dimensions du lit et de la vallée.

SOUS-ADMINISTRATEUR, TRICE [suzadministratœʀ, tʀis] n. — Mil. xxᵉ; de *sous-*, et *administrateur*.

♦ Admin. Administrateur, administratrice en second. «*Son père (de Nasser) est sous-administrateur d'un bureau de poste*» (J. Ziegler, *Main basse sur l'Afrique*, p. 132).

SOUS-ADMINISTRATION [suzadministʀasjɔ̃] n. f. — Mil. xxᵉ; de *sous-*, et *administration*.

♦ Administration insuffisante. *Sous-administration de quartiers nouveaux. Souffrir de sous-administration*.

SOUS-ADMINISTRÉ, ÉE [suzadministʀe] adj. — Mil. xxᵉ; de *sous-*, et *administré*.

♦ Dont l'équipement et le personnel administratif sont insuffisants. *Ville sous-administrée*.

SOUS-ADMISSIBILITÉ [suzadmisibilite] n. f. — Mil. xxᵉ; de *sous-*, et *admissibilité*.

♦ Situation d'un candidat sous-admissible, fait d'être sous-admissible.

SOUS-ADMISSIBLE [suzadmisibl] adj. — Mil. xxᵉ; de *sous-*, et *admissible*.

♦ Se dit d'un candidat à un concours ayant franchi la première étape pour être admissible. (⇒ **Sous-admissibilité**).

SOUS-ADRESSE [suzadʀɛs] n. f. — V. 1965; de *sous-*, et *adresse*.

♦ Didact. Dans un article de dictionnaire, Entrée introduite à l'intérieur d'une entrée principale par une typographie spéciale (pour signaler une acception différente de l'acception principale, une expression, etc.).

SOUS-AFFERMER [suzafɛʀme] v. tr. — 1694; de *sous-*, et *affermer*.

♦ Écon. Affermer en partie ou en totalité ce qu'on a pris à ferme. ⇒ **Sous-ferme**.

SOUS-AFFLUENT [suzaflyɑ̃] n. m. — 1873, cit.; de *sous-*, et *affluent*.

♦ Géogr. Affluent d'un affluent (d'une rivière).
Vers midi, le guide tourna dans la bourgade de Kallenger, située sur le Cani, un des sous-affluents du Gange.   J. VERNE, le Tour du monde en 80 jours, p. 88 (1873).

SOUS-AFFRÈTEMENT [suzafʀɛtmɑ̃] n. m. — 1875; de *sous-affréter*.

♦ Dr. Fait de sous-affréter un navire; sous-location (d'un navire).

SOUS-AFFRÉTER [suzafʀete] v. tr. — 1845, Bescherelle, art. *Affréter*; de *sous-*, et *affréter*.

♦ Dr. Affréter un navire d'un affréteur. ⇒ **Sous-louer**.
DÉR. Sous-affrètement, sous-affréteur.

SOUS-AFFRÉTEUR, EUSE [suzafʀetœʀ, øz] n. — 1875; de *sous-affréter*.

♦ Dr. Personne qui sous-affrète un navire.

SOUS-AGENT [suzaʒɑ̃] n. m. — 1904; de *sous-*, et *agent*.

♦ Admin. Anciennt. Fonctionnaire d'un arsenal.

SOUS-AIDE [suzɛd] n. — 1586; de *sous-*, et 2. *aide*.
Rare.

♦ **1.** Personne qui est aide* en second.

♦ **2.** Anciennt. Chirurgien militaire du grade le plus bas.

SOUS-ALIMENTATION [suzalimɑ̃tasjɔ̃] n. f. — 1918; de *sous-*, et *alimentation*.

♦ Insuffisance* alimentaire capable à la longue de compromettre la santé ou la vie de l'homme; état anormal qui en résulte. *La sous-alimentation, fléau des pays pauvres. Anémie, mortalité consécutive à la sous-alimentation*. ⇒ **Faim**. *Être très affaibli par la sous-alimentation*.
(...) Alexis Carrel, promulguant dans l'*Homme, cet inconnu* que le prolétaire est condamné à son statut *per aeternum* en raison d'une sous-alimentation séculaire dont l'effet est irrémédiable.
           Julien BENDA, la Trahison des clercs, Préface de 1946, p. 12.
CONTR. Suralimentation.

SOUS-ALIMENTER [suzalimɑ̃te] v. tr. — 1925, *sous-alimenté*; de *sous-*, et *alimenter*.

♦ Alimenter d'une manière insuffisante (s'emploie surtout au p. p.). (⇒ **Sous-alimentation**). *Les peuples sous-alimentés. Prisonnier sous-alimenté*, mal nourri.
J'ai dit, précédemment, que la moitié de la population kabyle est en chômage et que les trois quarts sont sous-alimentés.   CAMUS, Actuelles III, p. 50.   1
(...) les choses peu réjouissantes que j'ai vues là-bas : conditions déplorables de vie où se trouvent la majorité des gens de couleur, misérablement logés quant au plus grand nombre et sous-alimentés (quand ce n'est pas la famine ainsi qu'il en est pour tant de paysans d'Haïti).   Michel LEIRIS, Fourbis, p. 10.   2
N. *Un sous-alimenté* (fém. rare) : une personne sous-alimentée.
(...) il y avait suffisamment de toiles pour nourrir chaque jour des milliers de sous-alimentés et leur rendre force et santé.   3
           M. AYMÉ, le Vin de Paris, «La bonne peinture», p. 216.
CONTR. Gaver, suralimenter.

SOUS-AMENDEMENT [suzamɑ̃dmɑ̃] n. m. — 1789; de *sous-*, et *amendement*.

♦ Dr. Amendement proposé ou apporté à un amendement.

SOUS-ANNEAU [suzano] n. m. — V. 1965; de *sous-*, et *anneau* au sens mathématique.

♦ Math. Sous-ensemble d'un anneau présentant lui-même la structure d'anneau.

SOUS-APONÉVROTIQUE [suzaponevʀɔtik] adj. — 1834; de *sous-*, et *aponévrotique*.

♦ Didact. Placé sous une aponévrose. *Inflammation sous-aponévrotique*.

SOUS-ARACHNOÏDIEN, IENNE [suzaʀaknɔidjɛ̃, jɛn] adj. — 1878 ; de *sous-*, et *arachnoïdien.*

♦ Didact. (anat.). Qui est situé au-dessous de l'arachnoïde.

SOUS-ARBRISSEAU [suzaʀbʀiso] n. m. — 1556, *soubs-arbrisseau* ; de *sous-*, et *arbrisseau.*

♦ Bot. Arbrisseau dont la tige n'est ligneuse qu'à la base et dont les ramifications nouvelles sont herbacées. *La sauge, le serpolet, le thym sont des sous-arbrisseaux.* ⇒ **Suffrutescent.**

SOUS-ARRONDISSEMENT [suzaʀɔ̃dismɑ̃] n. m. — 1871 ; de *sous-*, et *arrondissement.*

♦ Admin. Subdivision d'un arrondissement maritime.

SOUS-ASTRAGALIEN, IENNE [suzastʀagaljɛ̃, jɛn] adj. — 1871 ; de *sous,* 1. *astragale,* et suff. *-ien.*

♦ Anat. Situé au-dessous de l'astragale. *Articulation sous-astragalienne* (avec le calcanéum).

SOUS-ÂTRE [suzɑtʀ] n. m. — 1904 ; de *sous-*, et *âtre.*

♦ Techn. Partie d'une maçonnerie de cheminée située sous le foyer.

SOUS-BAIL [subaj] n. m. — 1690 ; de *sous-*, et *bail.*

♦ Dr. Bail que le preneur fait à un autre de ce qui lui a été donné à loyer ou à ferme. *Des sous-baux.* ⇒ **Sous-ferme, sous-location.**

SOUS-BANDE [subɑ̃d] n. f. — 1765 ; t. de chir. «bande de linge mise sous toutes les autres», 1680 ; de *sous-*, et 1. *bande.*

♦ Techn. (milit.). Bande de fer qui entre sur un affût de mortier.

SOUS-BANDÉ, ÉE [subɑ̃de] adj. — Mil. xxe ; de *sous-*, et p. p. de *bander.*

♦ Techn. Se dit d'un élément de charpente qui, portant sur deux points d'appui et chargé en son point central, travaillerait à la flexion si un tirant* inférieur ne le contraignait pas à travailler à la compression. *Poutre sous-bandée.*

SOUS-BARBE [subaʀb] n. f. — 1611 ; de *sous-*, et *barbe.* Vx ou technique.

♦ **1.** Vx. Coup sous le menton.

♦ **2.** (1690). Partie postérieure de la mâchoire inférieure du cheval, sur laquelle porte la gourmette. — (1871). Hippol. Pièce du harnais qui réunit les deux montants du licol.

♦ **3.** (1871). Mar. Cordage ou chaîne qui maintient le beaupré pardessous.

Tout est paré à midi : c'est l'étale théorique de la basse mer, l'ancre est crochée dans la sous-barbe, chaîne élongée sur le pont, bobine de mouillage à poste, aussières d'amarrage lovées (...)
Bernard MOITESSIER, Cap Horn à la voile, 1971, p. 165.

♦ **4.** (1871). Traverse d'une écluse de marais salant.

SOUS-BAS [subɑ] n. m. invar. — V. 1940 ; de *sous-*, et *bas.*

♦ Rare. Bas chaud de femme, destiné à être porté sous un bas fin. *Porter des sous-bas.*

SOUS-BIBLIOTHÉCAIRE [subibliɔtekɛʀ] n. — 1690 ; de *sous-*, et *bibliothécaire.*

♦ Bibliothécaire* en second.

SOUS-BIEF [subjɛf] n. m. — 1871 ; de *sous-*, et *bief.*

♦ Techn. Canal qui rejoint une décharge des eaux, au-dessous d'un bief.

SOUS-BITE [subit] n. m. — Mil. xxe ; de *sous-* dans *sous-lieutenant,* et *bite.* Cf. Bleu bite.

♦ Fam. (argot milit.). Sous-lieutenant.

Je prends Naugier et le sous-bite avec moi. C'est un truc à se rompre les reins. Le sous-bite est de réserve et Naugier s'en fout.
Jean LARTÉGUY, les Prétoriens, p. 160.

SOUS-BOIS [subwa] n. m. invar. — 1869 ; *south boys* «bois taillis», 1333 ; de *sous-*, et *bois.*

♦ **1.** Végétation qui pousse sous les arbres, dans les futaies des bois et des forêts ; partie de la forêt où pousse cette végétation. *Sousbois épais, obscur. Sous-bois qui s'éclaircit* (→ Futaie, cit. 3). *Feuilles mortes qui couvrent le sous-bois* (→ Grisaille, cit. 8).

La lumière s'infiltrait toujours davantage sous les buissons et les massifs de la brousse. Les sous-bois devenaient de légers réseaux d'or.
J. KESSEL, le Lion, I, II.

♦ **2.** (1893). Par ext. Représentation d'un sous-bois. *Les sous-bois de Courbet.*

SOUS-BRANCHE [subʀɑ̃ʃ] n. f. — 1959, *in* G. L. L. F. ; de *sous-*, et *branche,* fig.

♦ Didact. Subdivision d'une branche (d'un système).

SOUS-BRAS [subʀɑ] n. m. — 1951 ; de *sous-*, et *bras.*

♦ Fam. Partie du vêtement qui est sous le bras.

De temps à autre, il regardait la vieille en dessous, d'un coup d'œil rapide, remarquant au passage les sous-bras puissamment corrodés par la sueur (...)
R. QUENEAU, le Dimanche de la vie, p. 121-122.

SOUS-BRIGADIER [subʀigadje] n. m. — 1690 ; de *sous-*, et *brigadier.*

♦ **1.** Ancienn. Officier qui commandait sous le brigadier*.

♦ **2.** (1854, *in* D. D. L.). Mod. Douanier, gardien de la paix qui commande sous le brigadier et a le rang de caporal. — Au plur. *Des sous-brigadiers.*

SOUS-BUDGET [subydʒɛ] n. m. — 1969, *l'Express* ; de *sous-*, et *budget.*

♦ Admin. Subdivision d'un budget.

SOUS-CALIBRÉ, ÉE [sukalibʀe] adj. — Mil. xxe ; de *sous-*, et *calibre.*

♦ Techn. (artill.). *Projectile sous-calibré,* d'un calibre inférieur à celui du canon.

SOUS-CAPE [sukap] n. m. — 1871 ; de *sous-*, et *cape* (d'un cigare).

♦ Techn. Feuille de tabac intermédiaire entre la partie centrale du cigare (tripe) et la cape.

SOUS-CAPITALISATION [sukapitalizasjɔ̃] n. f. — Mil. xxe ; de *sous-*, et *capitalisation.*

♦ Écon. Insuffisance de l'épargne et des investissements. *La théorie de la sous-capitalisation explique les crises économiques par l'insuffisance du capital.*

CONTR. Surcapitalisation.

SOUS-CATÉGORIE [sukategɔʀi] n. f. — V. 1965 ; de *sous-*, et *catégorie.*

♦ Subdivision d'une catégorie. *« Les hôtels de tourisme étaient jusqu'à présent classés en catégories et à l'intérieur de chacune de ces catégories en sous-catégories »* (*le Monde,* 6 avr. 1965).

SOUS-CAUDAL, ALE, AUX [sukodal, o] adj. — xxe ; de *sous-*, et *caudal.*

♦ Sc. nat. Situé sous la queue. — (*In* Larousse, 1933). *Plumes sous-caudales des oiseaux,* couvrant la partie inférieure de la queue. ⇒ **Tectrice.**

SOUS-CAVAGE [sukavaʒ] n. m. — Mil. xxe ; de *sous-caver.*

♦ Techn. Creusement et exploitation de la partie inférieure du front de taille (dans une carrière).

SOUS-CAVE [sukav] n. f. — 1904, *in* D. D. L. ; de *sous-caver.*

♦ Techn. Excavation creusée par sous-cavage. ⇒ **Havage.**

SOUS-CAVER [sukave] v. tr. — Mil. xxᵉ; de *sous-*, et *(ex)caver*.

♦ Techn. Creuser à la partie inférieure.

DÉR. Sous-cavage, sous-cave.

SOUS-CHAPE [suʃap] n. f. — Mil. xxᵉ; de *sous-*, et *chape*.

♦ Techn. Profilé de gomme formant les flancs d'un pneu de bicyclette.

SOUS-CHARPENTIÈRE [suʃaʀpɑ̃tjɛʀ] adj. et n. f. — Mil. xxᵉ; de *sous-*, et *charpente*.

♦ Arbor. *Branches sous-charpentières :* branches secondaires de la charpente* d'un arbre. — N. f. « *Les branches secondaires sont les sous-charpentières ou sous-mères* » (H. Boulay, *Arboriculture et Production fruitière*, p. 48).

SOUS-CHEF [suʃɛf] n. m. — 1771; de *sous-*, et *chef*.

♦ Personne qui vient immédiatement après le chef dans certaines hiérarchies. *Sous-chef de bureau; sous-chef de dépôt, de magasin; sous-chef de gare* (→ 2. Prime, cit. 2). *Place* (→ 1. Manœuvre, cit. 8), *poste de sous-chef* (→ Piétiner, cit. 3). — Au plur. *Des sous-chefs.* — REM. *Sous-chef,* comme *chef,* se dit aussi des femmes. *Elle est sous-chef.* — Au fém. *La sous-chef.*

(Jérôme) trembla jusqu'au jour où, devenu sous-chef par hasard, il se vit certain d'une retraite honorable. BALZAC, les Petits Bourgeois, Pl., t. VII, p. 76.

Spécialt. Fonctionnaire supérieur attaché à la Cour des comptes.

SOUS-CLASSE [suklɑs] n. f. — 1871; de *sous-*, et *classe*.

♦ Sc. nat. Division d'une classe. — Au plur. *Des sous-classes.*

SOUS-CLAVICULAIRE [suklavikylɛʀ] adj. — 1871; de *sous-*, et *claviculaire*.

♦ Anat. Placé sous la clavicule (⇒ **Sous-clavier**); relatif à la partie du corps située sous la clavicule. *Région sous-claviculaire.*

SOUS-CLAVIER, IÈRE [suklavje, jɛʀ] adj. — V. 1560; de *sous-*, et rad. de *clavicule*.

♦ Anat. Qui est sous la clavicule. *L'artère sous-clavière,* et, n. f., *la sous-clavière. Muscle sous-clavier.* — On dit aussi *sous-claviculaire.*

SOUS-CODE [sukɔd] n. m. — 1972, *Dict. de linguistique;* de *sous-*, et *code*.

♦ Didact. Système de relations formant, à l'intérieur d'un code, une structure fonctionnelle. *Les usages d'une langue peuvent être considérés comme des sous-codes de la langue.*

SOUS-COMITÉ [sukɔmite] n. m. — 1875; de *sous-*, et *comité*.

♦ Comité nommé par un comité, constitué à l'intérieur d'un comité.

SOUS-COMMISSAIRE [sukɔmisɛʀ] n. m. — 1765; de *sous-*, et *commissaire*.

♦ Mar. Officier du commissariat de la marine, qui a rang de capitaine.

SOUS-COMMISSION [sukɔmisjɔ̃] n. f. — 1871; de *sous-*, et *commission*.

♦ Commission secondaire qu'une commission nomme parmi ses membres (pour préparer l'étude de questions, de dossiers particuliers). *Sous-commission parlementaire.*

SOUS-COMPTOIR [sukɔ̃twaʀ] n. m. — 1871; de *sous-*, et *comptoir*.

♦ Comm. Succursale d'un comptoir (2.).

SOUS-CONSOMMATION [sukɔ̃sɔmasjɔ̃] n. f. — 1926, Ch. Gide; de *sous-*, et *consommation*.

♦ Écon. Consommation inférieure à la normale. *Sous-consommation liée à la baisse du pouvoir d'achat.*

SOUS-CONTINENT [sukɔ̃tinɑ̃] n. m. — xxᵉ; *sous-continental*, 1893; de *sous-*, et *continent*.

♦ Géogr. Partie importante et nettement différenciée d'un conti-

nent. *Le sous-continent indien :* la péninsule indienne. *Le sous-continent sud-américain.*

SOUS-CORACOÏDIEN, IENNE [sukɔʀakɔidjɛ̃, jɛn] adj. — xxᵉ (*in* Larousse, 1933); de *sous-*, et *coracoïde*.

♦ Anat. Qui est situé sous l'apophyse coracoïde.

SOUS-CORPS [sukɔʀ] n. m. — xxᵉ (*in* Larousse, 1964); de *sous-*, et *corps* (V., 7., math.).

♦ Math. Partie d'un corps ayant elle-même la structure de corps* (V., 7.).

SOUS-CORTICAL, ALE, AUX [sukɔʀtikal, o] adj. — 1877; de *sous-*, et *cortical*.

♦ Didact. Qui est sous l'écorce (bot.), sous l'écorce terrestre (géol.) ou sous l'écorce cérébrale (anat.).

SOUS-COSTAL, ALE, AUX [sukɔstal, o] adj. — 1743; de *sous-*, et *costal*.

♦ Anat. Qui est situé sous les côtes. *Muscles sous-costaux.*

SOUS-COTATION [sukɔtasjɔ̃] n. f. — Mil. xxᵉ (1970, *in le Monde*); de *sous-*, et *cotation*.

♦ Fin. Cotation officielle inférieure à la cotation réelle.

SOUS-COUCHE [sukuʃ] n. f. — 1871; de *sous-*, et *couche*.

♦ Couche inférieure. « *Ces membranes (...) sont formées de deux couches distinctes superposées : une peau très fine (...) et une sous-couche de 100 à 200 microns* » (la Recherche, mars 1981, p. 326).

a Techn. Couche complémentaire fixée sur l'envers d'un revêtement de sol (pour le stabiliser). *Sous-couche tissée, alvéolée.*
Peint. Couche spéciale d'apprêt que l'on applique sur un support (plâtre, bois, etc.) destiné à être peint.

b Géol. *Sous-couche argileuse.*

c Alpin. Couche de neige sous la neige fraîche.

La sous-couche, un peu molle, était recouverte de neige poudreuse. 1
R. FRISON-ROCHE, Premier de cordée, p. 73 (1941).

d Sc. (aéron., hydraulique). Zone qui conserve une forme d'écoulement laminaire (fluides).

On distingue au sein de la « couche limite » : 2
— la « couche limite laminaire » (...)
— la « couche limite turbulente » qui ne longe pas tout à fait les parois et dans laquelle l'écoulement n'est plus tout à fait « laminaire » (la « couche limite laminaire » porte alors le nom de *sous-couche*). J. LARRAS, l'Hydraulique, p. 41.

e Photogr. Enduit partiellement opaque sous l'émulsion.

SOUS-CRÉPITANT [sukʀepitɑ̃] adj. m. — 1897, *in* D.D.L.; de *sous-*, et *crépitant*.

♦ Physiol. *Râle sous-crépitant,* que l'on entend dans certains cas de broncho-pneumonie, de congestion pulmonaire, de bronchite.

SOUSCRIPTEUR, TRICE [suskʀiptœʀ, tʀis] n. — 1679; au fém. fin xviiiᵉ, cf. Brunot; antérieurement *souscriveur*, 1675, vx; lat. *subscriptor*, de *subscribere*. → Souscrire.

♦ **1.** Personne qui souscrit. *Souscripteur d'un billet* à ordre, d'une lettre* de change, d'un emprunt.

♦ **2.** (1762). Personne qui prend part à une souscription. *Souscripteurs d'une œuvre charitable, humanitaire.* — (1721). Spécialt. Personne qui souscrit (à une publication). *Les souscripteurs recevront un exemplaire numéroté. Liste des souscripteurs.*

SOUSCRIPTION [suskʀipsjɔ̃] n. f. — Fin xviᵉ; *soubscription*, 1389; *subscription*, xiiiᵉ; lat. *subscriptio*, de *subscriptum*, supin de *subscribere*. → Souscrire.

♦ **1.** Rare. Action de souscrire (I., 2.). ⇒ **Signature.** *Souscription d'un contrat.*

Vx (1665). Signature d'une lettre*, accompagnée des formules de politesse. ⇒ **Suscription.** *La souscription de cette lettre n'était pas assez respectueuse* (Académie).

♦ **2.** (1717). Action de souscrire (II., 1.) à (une publication, un emprunt), engagement* de paiement; somme versée pour sa part par le souscripteur. ⇒ **Participation.** *Souscription à une publication* (⇒ **Abonnement**), *à un livre. Ouvrage vendu par souscription. Prix de souscription.* — (1762). *Bulletin de souscription,* ou *souscription.*

— *Souscription à un emprunt. Ouvrir une souscription. La souscription est close.* — *Souscription à une œuvre d'entraide culturelle...* (→ Hégélien, cit.). *Souscription nominale, anonyme.*

Règle générale qui a peu d'exceptions : Ne vous abonnez jamais à des souscriptions (...) 1° Quand la souscription est terminée, vous payez toujours l'ouvrage meilleur marché que les souscripteurs.
BALZAC, le Code des gens honnêtes, II, *in* Œ. diverses, t. I, p. 101.

♦ **3.** (xxᵉ). Méd. Partie d'une ordonnance médicale où le médecin précise la façon d'effectuer la préparation prescrite.

SOUSCRIRE [suskʀiʀ] v. tr. — Conjug. *écrire.* — 1541 ; *soubscrire,* 1506 ; *subscrit,* 1356, empr. lat. *subscribere.*

★ **I.** Trans. dir. ♦ **1.** (V. 1545). Vx. Écrire au bas. — Au p. p. Mod., didact. (gramm. grecque). IOTA SOUSCRIT, placé sous une voyelle longue.

♦ **2.** Revêtir (un acte) de sa signature. *Souscrire un contrat.* ⇒ **Approuver, signer.**

1   (...) il ordonnait (...) à tous doyens, etc., de souscrire dans un mois le Formulaire (...)   RACINE, Port-Royal, II.

♦ **3.** (1690). S'engager à payer, en signant. *Souscrire un billet* (cit. 8) *à qqn.* (→ Gueuserie, cit. 4 ; et aussi gémir, cit. 6). *Souscrire un abonnement*. L'emprunt a été souscrit en quelques jours.* — Au p. p. *Actions souscrites. Capital entièrement souscrit.*

2   (...) M. Pigalle (...) va disant que je me porte bien, et que je suis gras comme un moine (...) Jean-Jacques est plus enflé que moi, mais c'est d'amour-propre. Il a eu soin qu'on mît, dans plusieurs gazettes, qu'il a souscrit, pour cette statue, deux louis d'or ; mes parents et mes amis prétendent qu'on ne doit point accepter son offrande.   VOLTAIRE, Correspondance, 3661, 10 juil. 1770.

★ **II.** Trans. ind. SOUSCRIRE À. ♦ **1.** (1721). S'engager à payer pour une part. *Souscrire à une publication :* prendre l'engagement d'acheter, moyennant un prix convenu, un ouvrage encore non publié ou publié en partie, en versant une partie de la somme. — (xixᵉ). *Souscrire à un emprunt :* prendre une part d'un emprunt public (→ Confiance, cit. 10). Donner une somme d'argent pour une entreprise, une œuvre commune, en s'engageant par écrit. *Souscrire pour cent francs à une cotisation. Souscrire pour l'érection d'un monument.*

♦ **2.** (1588). Donner son adhésion. ⇒ **Accepter, acquiescer, adhérer, admettre, consentir.** *Souscrire à ce que dit qqn* (→ Maxime, cit. 5 ; 1. mort, cit. 12). «*J'y souscris quant à moi* » (→ 1. Bon, cit. 18). *Souscrire aux exigences de qqn.* ⇒ **Accéder** (→ Doux, cit. 36). *Un chrétien ne peut souscrire à la condamnation d'un innocent* (cit. 14). *J'y souscris.*

3   Monsieur, disposez de moi comme il vous plaira ; faites entrer vos gens ; qu'ils me dépouillent, qu'ils me jettent la nuit dans la rue : je souscris à tout. Quel que soit le sort que vous me préparez, je m'y soumets (...)
DIDEROT, Jacques le fataliste, Pl., p. 632.

4   Nous nous sommes, au début, soulevés contre certaines erreurs. Est-ce par lassitude que, plus tard, nous les laissons prospérer ? Sait-on ? Mais un jour vient où nous souscrivons à l'erreur, un jour vient où nous acceptons — comment cela s'est-il fait ? — de la propager nous-mêmes.
G. DUHAMEL, Récits des temps de guerre, IV, XXIV.

▶ SOUSCRIT, ITE p. p. adj. Voir ci-dessus I. *(Iota souscrit).*

CONTR. Émettre.

SOUS-CRITIQUE [sukʀitik] adj. — Mil. xxᵉ ; de *sous-,* et *critique.*

♦ Phys. at. Inférieur à la masse critique (de matière fissile).

SOUS-CUISSE [sukɥis] n. m. — 1833 ; de *sous-,* et *cuisse.*

♦ Chir. Bande, lanière passant sous la cuisse, servant à maintenir un bandage de corps, un suspensoir. — Au plur. *Des sous-cuisses.*

SOUS-CUL [suky] n. m. — 1890 ; de *sous-,* et *cul.*

♦ Argot scol., vieilli. Carré de drap, de tissu, sur lequel les écoliers s'assoient.

Ça m'agaçait de la voir toujours collée à son siège d'osier, en train de couver son sous-cul.   P. GUTH, Jeanne la mince, p. 29.

SOUS-CUTANÉ, ÉE [sukytane] adj. — 1753 ; de *sous-,* et *cutané.* Anat., médecine.

♦ **1.** Situé sous la peau. ⇒ **Sous-épidermique.** *Pannicule adipeux sous-cutané. Vaisseaux sous-cutanés.*

♦ **2.** (1893). Qui se fait sous la peau. ⇒ **Hypodermique.** *Injections sous-cutanées.*

SOUS-DATAIRE [sudatɛʀ] n. m. — 1598, *in* D.D.L. ; de *sous-,* et *dataire.*

♦ Relig. Officier de la chancellerie du pape, qui travaille sous les ordres du cardinal dataire.

SOUS-DÉVELOPPÉ, ÉE [sudevlɔpe] adj. et n. — 1952, Étiemble, *in* D.D.L. ; de *sous-,* et *développé,* d'après l'angl. *underdeveloped.*

♦ **1.** Adj. Écon. Qui est insuffisamment développé. *Une économie sous-développée,* qui, faute d'une productivité suffisante, ne permet pas à ses agents de connaître des niveaux de consommation satisfaisants (→ Rationnement, cit. 3). *Pays sous-développés,* qui ont une production insuffisante pour leur population, pour des raisons naturelles, techniques, financières, politiques... *Assistance médicale* (→ Population, cit. 4), *aide économique aux pays sous-développés.*

REM. On dit plutôt aujourd'hui *en voie de développement* ou *moins avancé.*

1   Tant de fables faciles pour tranquilliser les enfants : les paradis de Fra Angelico ; les merveilleux lendemains ; la solidarité, la charité, l'aide aux pays sous-développés. J'en refuse certaines, j'en accepte plus ou moins d'autres.
S. DE BEAUVOIR, les Belles Images, Gallimard, 1966, p. 191.

N. (1967). Par ext. Personne dont la patrie est considérée comme un pays économiquement sous-développé.

2   Le temps d'écrire *(un roman d'espionnage)* les frontières ne sont plus à la même place, il y a eu trois contre-révolutions, les vilains deviennent des sous-développés (...)   ARAGON, Blanche ou l'oubli, I, v, p. 82.

Pays sous-développé.

3   (...) les sous-développés sont beaucoup plus nombreux que les pays occidentaux, et la lutte a commencé dès que les colonies sont devenues des nations.
MALRAUX, Antimémoires, p. 561.

♦ **2.** (1958). Insuffisamment équipé, modernisé, productif. ⇒ **Sous-équipé.** *Secteur industriel sous-développé.*

4   L'économie de guerre et le développement de l'équipement au sein d'une économie sous-développée provoquent naturellement la limitation contrôlée de la consommation.   M. LENGELÉ, *in* J. ROMEUF,
Dict. des sciences économiques, 1958, art. *Rationnement.*

♦ **3.** (V. 1965). Par ext. Fam. Qui n'a pas atteint le niveau de développement intellectuel, culturel, considéré comme normal. — N. (1968). Retardé, arriéré. « *Rien ne permet d'envisager que nous sortions de l'état d'infantilisme et de "sous-développés" dans lequel nous sommes* » (le Monde, 11 janv. 1968).

SOUS-DÉVELOPPEMENT [sudevlɔpmɑ̃] n. m. — 1956 ; de *sous-développé,* d'après *développement.*

♦ **1.** Écon. Économie sous-développée ; état d'un pays sous-développé. « *Le tiers-monde existe-t-il encore ? En termes de misère et de sous-développement, plus que jamais* » (le Nouvel Obs., 5 juin 1978).

♦ **2.** État d'une personne, d'une collectivité, d'une région, etc., considérée comme sous-développée* (2.). ⇒ **Sous-équipement.** *Le sous-développement des équipements culturels. Sous-développement d'un secteur de l'industrie.* « *Au service de la recherche, les chercheurs doivent être de plus en plus nombreux, les installations de plus en plus perfectionnées. Il y a là une tâche indispensable dont la méconnaissance nous conduirait au sous-développement intellectuel, puis économique* » (le Monde, 2 oct. 1966).

SOUS-DIACONAT [sudjakɔna] n. m. — 1668, *in* D.D.L. ; de *sous-,* et *diaconat,* d'après le lat. ecclés. *subdiaconatus.*

♦ Relig. Le troisième des ordres ecclésiastiques, qui vient immédiatement au-dessous du diaconat (→ 1. Ordination, cit.). *Prendre le sous-diaconat* (→ Irrévocable, cit. 2). *Le sous-diaconat, premier des ordres majeurs.*

SOUS-DIACRE [sudjakʀ] n. m. — 1690 ; *souzdiacre,* xiiiᵉ ; *subdiacre,* v. 1190 ; de *sous-,* et *diacre,* d'après lat. ecclés. *subdiaconus.*

♦ Relig. Celui qui est promu au sous-diaconat. *Le sous-diacre doit faire vœu de célibat* (cit. 8).

SOUS-DIAPHRAGMATIQUE [sudjafʀagmatik] adj. — 1872 ; de *sous-,* et *diaphragmatique.*

♦ Anat. Qui est situé sous le diaphragme. *Artère sous-diaphragmatique.*

SOUS-DIRECTEUR, TRICE [sudiʀɛktœʀ, tʀis] n. m. — 1780, au masc. (*in* D.D.L.) ; de *sous-,* et *directeur.*

♦ Directeur, directrice en second. *Sous-directeur d'une société. La sous-directrice d'un pensionnat.*

SOUS-DOMINANTE [sudɔminɑ̃t] n. f. — Av. 1765, Encyclopédie, créé par Rameau (1683-1764) ; de *sous-,* et *dominante.*

♦ **1.** Mus. Quatrième degré de la gamme diatonique (en *ut,* le *fa*).

♦ **2.** (V. 1970). Discipline annexe à la discipline principale («dominante») s'intégrant obligatoirement dans le cursus de l'étudiant, à l'université. *Douze U. V.* (unités de valeur) *annuelles, dont quatre en sous-dominantes.*

CONTR. (Du 1) **Sus-dominante.**

SOUS-DOYEN [sudwajɛ̃] n. m. — 1690 ; de *sous-,* et *doyen.*

♦ Relig. Religieux au-dessous du doyen de chapitre. — Celui qui est le second en ancienneté ou en âge.

Notre doyen de l'Académie française va mourir, s'il n'est déjà mort, j'espère que le nouveau doyen sera plus alerte que lui, quand il aura quatre-vingt-cinq ans comme le sous-doyen.   VOLTAIRE, Lettre à Richelieu, 26 sept. 1768.

SOUS-ÉCHANTILLON [suzeʃɑ̃tijɔ̃] n. m. — 1970, *la Croix, in* G. L. L. F. ; de *sous-,* et *échantillon.*

♦ Didact. Subdivision d'un échantillon statistique, elle-même sélectionnée comme un échantillon.

SOUS-ÉCONOME [suzekɔnɔm] n. — 1872 ; de *sous-,* et *économe.*

♦ Adjoint, adjointe de l'économe.

SOUS-ÉCOULEMENT [suzekulmɑ̃] n. m. — Mil. xxᵉ ; de *sous-,* et *écoulement.*

♦ Didact. (géogr.). Écoulement souterrain (par rapport à un écoulement en surface de même origine).

La fantaisie des débits observés aux résurgences contrôlables, par rapport à ceux que l'on pourrait déduire de la pluviométrie et de l'importance des bassins versants, conduit à admettre, dans bien des cas, un sous-écoulement ou *under flow.*   Félix TROMBE, la Spéléologie, p. 36.

SOUS-ÉLÉMENT [suzelemɑ̃] n. m. — xxᵉ ; de *sous-,* et *élément.*

♦ Didact. Partie d'un élément pouvant être distinguée et considérée comme une unité. *Des «réactions chimiques entre deux bases (ou sous-éléments du DNA) pyrimidiques (thymine et cytosine) situées côte à côte sur un brin de DNA»* (la Recherche, juil. 1981, p. 827).

SOUS-EMBRANCHEMENT [suzɑ̃brɑ̃ʃmɑ̃] n. m. — 1890 ; de *sous-,* et *embranchement.*

♦ Sc. nat. Division venant après l'embranchement.

SOUS-EMPLOI [suzɑ̃plwa] n. m. — 1942 ; de *sous-,* et *emploi.*

♦ Écon. Emploi d'un nombre de travailleurs inférieur au nombre des travailleurs disponibles. ⇒ aussi **Chômage.** *Période de sous-emploi. Une politique de sous-emploi.*

Par ext. Utilisation insuffisante. *Le sous-emploi des machines dans une usine.*

CONTR. **Plein-emploi.**

SOUS-EMPLOYER [suzɑ̃plwaje] v. tr. — 1962, p. p. ; de *sous-,* et *employer.*

♦ Utiliser en partie seulement les capacités, le temps, les possibilités, etc. — (Personnes). *Sous-employer une partie du personnel disponible.* — (Au p. p.). *« Une partie de la population sous-employée dans l'agriculture découvre des sources d'activités nouvelles dans le tourisme d'hiver et d'été »* (le Monde, 29 juin 1966). — (Choses). *Sous-employer des équipements.* — Au p. p. *Installations sous-employées.*

Il estime qu'étant donné mes qualités, mon ceci, ma cela (...) bref je suis *sous-employé.*   Gilbert CESBRON, Voici le temps des imposteurs, p. 60.

SOUS-ENSEMBLE [suzɑ̃sɑ̃bl] n. m. — Mil. xxᵉ ; de *sous-,* et *ensemble* au sens mathématique.

♦ Math. Ensemble entièrement inclus dans un autre, et qui peut lui être égal. *Un sous-ensemble a un seul complémentaire, qui est un autre sous-ensemble. L'intersection de deux ensembles forme un sous-ensemble.*

(...) la probabilité est d'origine expérimentale.
(...) il suffit de postuler l'existence d'un ensemble de 32 éventualités expérimentalement indiscernables et de *choisir,* dans cet ensemble, un «sous-ensemble» de 4 éventualités nettement spécifiées.   Marcel BOLL, les Certitudes du hasard, p. 16.

SOUS-ENTENDRE [suzɑ̃tɑ̃dʀ] v. tr. — Conjug. *entendre.* — 1657, au p. p. ; trans., 1690 ; de *sous-,* et *entendre* (II., 3.)

A. (Sujet n. de personne). ♦ **1.** Laisser entendre (qqch.) sans le dire. ⇒ **Deviner** (laisser deviner), **suggérer.** *Il ne faut jamais rien sous-entendre avec les enfants* (→ Angle, cit. 1).

♦ **2.** Avoir dans l'esprit (une vérité), considérer (un fait), sans le dire à son auditeur, à son lecteur. *Pour comprendre ce passage, il faut suppléer deux propositions que Pascal a sous-entendues* (→ Pari, cit. 7). *Faire une restriction* (cit. 2) *mentale en sous-entendant quelque circonstance. Sous-entendre que...*

♦ **3.** (1706). Gramm. Ne pas exprimer (ce que la construction ou le sens permet de suppléer). — S'emploie surtout au passif. *Dans l'expression admirative «chapeau!», «je tire mon...» est sous-entendu.* ⇒ **Ellipse.**

B. (Sujet n. de chose). Impliquer ; supposer comme condition. *Son attitude sous-entend de l'indifférence, qu'il est indifférent.*

▶ **SOUS-ENTENDU, UE** p. p. adj. (Mil. xviiᵉ). *Une clause, une condition sous-entendue.* ⇒ **Implicite, inexprimé, tacite.** — Impers. *Il est sous-entendu que...* (→ Normal, cit. 1).

Gramm. Non exprimé, mais impliqué par le sens ou la syntaxe. — Ellipt. *Sous-entendu* (invar.) : en sous-entendant (que...).

DÉR. **Sous-entendu, sous-entente.**

SOUS-ENTENDU [suzɑ̃tɑ̃dy] n. m. — 1706, «figure de rhétorique» ; p. p. subst. de *sous-entendre.*

♦ Action de sous-entendre (A., 1.), de faire comprendre une chose sans la dire.

(...) mais cette soudaine entente de ce qu'on pense et de ce qu'on ne dit pas, ce génie du sous-entendu, la moitié de la langue française, ne se rencontre nulle part.   BALZAC, Honorine, Pl., t. II, p. 247.   1

Ce qui est sous-entendu ; allusion (souvent, allusion plus ou moins grivoise). ⇒ **Restriction, réticence** (1.) → Grâce, cit. 69 ; insinuation, cit. 3. *Des propos pleins de sous-entendus.* ⇒ **Double** (à double sens). *Parler par sous-entendus. Les sous-entendus d'un mot* (→ Élargissement, cit. 4).

Elle supportait l'insupportable : visites de famille, avanies, sous-entendus aigres de sa mère, bonhommes de son père, qui lui supposait un amant, sans y croire.   2
   R. RADIGUET, le Diable au corps, p. 125.

Explique-toi donc, dit Brunet. Je n'aime pas les sous-entendus.   3
   SARTRE, la Mort dans l'âme, p. 241.

SOUS-ENTENTE [suzɑ̃tɑ̃t] n. f. — 1586 ; de *sous-entendre,* d'après *entente.*

♦ Vx. Action de sous-entendre (A., 2.), restriction mentale, ce qu'on tait artificiellement à qqn.

SOUS-ENTREPRENEUR [suzɑ̃trəprənœr] n. m. — Décret du 2 mars 1848 ; → Marchandage, cit. 4 ; de *sous-,* et *entrepreneur.*

♦ Écon. Entrepreneur qui prend en sous-ordre une partie des travaux d'un autre entrepreneur. — Au plur. *Des sous-entrepreneurs.* ⇒ **Sous-traitant.**

SOUS-ÉPIDERMIQUE [suzepidɛrmik] adj. — 1833 ; de *sous-,* et *épidermique.*

♦ Sc. nat. Situé sous l'épiderme. ⇒ **Sous-cutané.**

SOUS-ÉPINEUX, EUSE [suzepinø, øz] adj. — 1751, *fosse sous-épineuse* (in D. D. L.) ; n. m., «muscle sous-épineux», 1721 ; de *sous-,* et *épineux.*

♦ Didact. (anat.). Placé au-dessous de l'épine de l'omoplate. *Muscle sous-épineux.*

SOUS-ÉPITHÉLIAL, ALE, AUX [suzepiteljal, o] adj. — 1897, in *Année biologique* ; de *sous-,* et *épithélial.*

♦ Anat. Qui est situé sous l'épithélium. *Réseau sous-épithélial de capillaires.*

SOUS-ÉQUIPÉ, ÉE [suzekipe] adj. — V. 1960 ; de *sous-,* et *équiper.*

♦ Écon. Qui est insuffisamment équipé. ⇒ **Sous-développé** (2.). *Région sous-équipée. Un port sous-équipé. Des universités sous-équipées. «Nos forces aéroterrestres et d'abord notre armée de terre restent dangereusement sous-équipées»* (le Monde, 7 oct. 1978).

CONTR. **Suréquipé** (V. suréquiper).

SOUS-ÉQUIPEMENT [suzekipmɑ̃] n. m. — V. 1960 ; de *sous-,* et *équipement.*

♦ Écon. État de ce qui est sous-équipé. *Sous-équipement d'une région en matière de transports collectifs. Sous-équipement hôtelier d'une ville.* ⇒ **Sous-développement.**

Avec une densité de population faible, un sous-équipement de la paysannerie évident, en 1959, 2,8 millions d'hectares seulement, sur les 50 millions utilisables, sont exploités. Jean ZIEGLER, Main basse sur l'Afrique, 1980, p. 103.

CONTR. Suréquipement.

SOUS-ESPACE [suzɛspas] n. m. — V. 1968 ; de *sous-*, et *espace (vectoriel)*.

♦ Math. Ensemble de vecteurs qui, dans un espace vectoriel, possèdent également la structure d'espace vectoriel.

SOUS-ESPÈCE [suzɛspɛs] n. f. — 1872 ; de *sous-*, et *espèce*.

♦ Hist. nat. Ensemble formé par les variétés d'une même espèce qui présentent plus de caractères communs entre elles qu'avec toutes les autres variétés de l'espèce.

SOUS-ESTIMATION [suzɛstimasjɔ̃] n. f. — 1898, in *Année biologique* ; de *sous-*, et *estimation*.

♦ Action de sous-estimer. *La sous-estimation d'un bien ; des pertes subies ; d'une œuvre d'art.*

CONTR. Majoration, surestimation.

SOUS-ESTIMER [suzɛstime] v. tr. — 1898 ; de *sous-*, et *estimer*.

♦ Estimer au-dessous de son prix*, de sa valeur. ⇒ **Dépriser, mésestimer, sous-évaluer.** *Sous-estimer une fortune. Sous-estimer son adversaire. Sous-estimer l'action des fantasmes* (→ Phantasme, cit. 2). — Pron. *Se sous-estimer.* ⇒ **Méjuger.**

(...) c'étaient les sentiments que je pouvais inspirer que ma jalousie me faisait trop sous-estimer. PROUST, Sodome et Gomorrhe, Pl., t. II, p. 1124.

Au p. p. *Des adversaires largement sous-estimés.*

CONTR. Surestimer.

SOUS-ÉTAGE [suzetaʒ] n. m. — 1869 ; de *sous-*, et *étage*. Didact., technique.

♦ 1. Végétation qui se développe sous la végétation principale (d'une forêt), sous la fûtaie, et qui forme un milieu de vie déterminé. ⇒ **Sous-végétation.** *Sous-étage de la hêtraie, de la chênaie.*

♦ 2. (1904). Géol. Subdivision d'un étage.

♦ 3. Fraction d'un étage (d'une mine).

SOUS-ÉVALUATION [suzevalɥasjɔ̃] n. f. — 1966 ; de *sous-*, et *évaluation*.

♦ Évaluation inférieure au cours, à la valeur réelle.

SOUS-ÉVALUER [suzevalɥe] v. tr. — 1856 ; de *sous-*, et *évaluer*.

♦ Estimer au-dessous de sa valeur marchande, de son prix réel. ⇒ **Minimiser, sous-estimer.** → Évaluer, cit. 2.

CONTR. Surestimer, surévaluer.

DÉR. Sous-évaluation.

SOUS-EXPLOITATION [suzɛksplwatasjɔ̃] n. f. — V. 1965 ; de *sous-exploiter*.

♦ Action de sous-exploiter ; résultat de cette action. *La sous-exploitation d'un gisement.*

SOUS-EXPLOITER [suzɛksplwate] v. tr. — V. 1965 ; de *sous-*, et *exploiter*.

♦ Exploiter de façon insuffisante. *Sous-exploiter les possibilités touristiques d'une région.* — Au p. p. *Région sous-exploitée.* ⇒ aussi **Sous-développé.**

SOUS-EXPOSER [suzɛkspoze] v. tr. — 1894 ; de *sous-*, et *exposer*.

♦ Photogr. Exposer insuffisamment (une pellicule, un film). — Au p. p. *Photo sous-exposée.*

CONTR. Surexposer.

SOUS-EXPOSITION [suzɛkspozisjɔ̃] n. f. — 1904, *Rev. gén. des sc.* nº 5, p. 272 ; de *sous-*, et *exposition*.

♦ Exposition insuffisante (d'une pellicule photographique).

CONTR. Surexposition.

SOUS-FAÎTE [sufɛt] n. m. — 1676 ; *sous-fest*, 1604 ; de *sous-*, et *faîte*.

♦ Techn. Pièce de charpente posée horizontalement au-dessous du faîte et dans la même direction. — REM. On dit aussi *sous-faîtage* [sufɛtaʒ] n. m. (1845).

SOUS-FAMILLE [sufamij] n. f. — Déb. xxᵉ, *Nouveau Larousse illustré* ; de *sous-*, et *famille*.

♦ Hist. nat. Division d'une classification venant après la famille, et appelée parfois *tribu*.
Ling. *Sous-famille de langues.*

SOUS-FERME [sufɛʀm] n. f. — 1663 ; de *sous-*, et 2. *ferme*.

♦ Dr. Vx. Convention par laquelle une ferme est sous-affermée*. ⇒ **Sous-bail.** — (1690). Hist. Subdivision des fermes du roi sous l'Ancien Régime.

SOUS-FERMIER, IÈRE [sufɛʀmje, jɛʀ] n. — 1684 ; de *sous-*, et *fermier*.

♦ 1. Vx. Personne qui prend des biens à sous-ferme.

♦ 2. N. m. (1696). Hist. Administrateur d'une sous-ferme, sous l'Ancien Régime.

SOUS-FIFRE [sufifʀ] n. m. — 1904 ; de *sous-*, et pop. *fifre* « homme maladroit », 1888, de *fifrelin*.

♦ Fam., péj. Subalterne, employé au bas de la hiérarchie. *Ne vous adressez pas à des sous-fifres, allez trouver le chef.*

SOUS-FLUVIAL, ALE, AUX [suflyvjal, o] adj. — 1969 ; de *sous-*, et *fluvial*.

♦ Techn., didact. Qui concerne les terrains situés sous le niveau de l'eau d'un cours d'eau.

SOUS-FRUTESCENT, ENTE [sufʀytesɑ̃, ɑ̃t] adj. — 1855, Nysten ; de *sous-*, et *frutescent*.

♦ Bot. Représenté par des sous-arbrisseaux. *Plante, espèce sous-frutescente.*

SOUS-GARDE [sugaʀd] n. f. — 1688 ; de *sous-*, et *garde*.

♦ Techn. Pièce de fer en demi-cercle sous la détente d'une arme à feu. *La sous-garde d'un fusil. Partie de la sous-garde qui protège la détente.* ⇒ **Pontet.**

SOUS-GENRE [suʒɑ̃ʀ] n. m. — 1855 ; de *sous-*, et *genre*.

♦ Sc. nat. Division intermédiaire entre le genre et l'espèce. Subdivision d'un genre littéraire.

D'ailleurs, nous trouvons dans le comique absolu et le comique significatif des genres, des sous-genres et des familles. La division peut avoir lieu sur différentes bases. BAUDELAIRE, Curiosités esthétiques, VI, VI. [1]

Parmi les genres en prose, aucun n'a connu un développement comparable à celui du roman : des « sous-genres », plus ou moins éphémères, sont nés ici ou là en Europe (...) : roman noir, roman historique, roman rustique.
M.-F. GUYARD, la Littérature comparée, p. 46. [2]

SOUS-GLACIAIRE [suglasjɛʀ] adj. — 1904, in D.D.L. ; de *sous-*, et *glaciaire*.

♦ Didact. (géogr.). Qui s'effectue à la base d'un glacier, au contact de la roche. *Écoulement, circulation sous-glaciaire.* — *Torrent sous-glaciaire.*

SOUS-GORGE [sugɔʀʒ] n. f. invar. — 1611 ; de *sous-*, et *gorge*.

♦ Techn. (hippol.). Partie de la têtière du caveçon qui passe sous la gorge du cheval. — Au plur. *Des sous-gorge.*

SOUS-GOUVERNEUR [suguvɛʀnœʀ] n. m. — 1806 ; « gouverneur en second d'un enfant », 1690 ; de *sous-*, et *gouverneur*.

♦ (En France). Chacun des deux adjoints au gouverneur de la Banque de France et au gouverneur du Crédit foncier, nommés par l'État.

SOUS-GRADUÉ, ÉE [sugʀadɥe] adj. et n. — 1930, P. Morand in Rey-Debove et Gagnon ; de *sous-*, et *gradué*, pour traduire l'angl. *undergraduate*.

♦ Étudiant américain (ou d'un système universitaire analogue) qui n'a pas encore son diplôme.

SOUS-GRAPHE [sugʀaf] n. m. — xxᵉ (*in* Larousse, 1975); de *sous-*, et *graphe*.

♦ Math. Graphe obtenu à partir d'un autre graphe par restriction des règles à une partie du graphe initial.

SOUS-GROUPE [sugʀup] n. m. — 1891; de *sous-*, et *groupe*.

♦ Didact. Groupe faisant partie d'un groupe plus important (dans une classification, une répartition). → Arrivisme, cit. Péguy. (1903, *Rev. gén. des sc.* nᵒ 4, p. 221). Math. Sous-ensemble qui, dans un groupe* mathématique, possède la structure de groupe pour la loi de composition du groupe initial.

SOUS-GROUPEMENT [sugʀupmã] n. m. — xxᵉ; de *sous-*, et *groupement*.

♦ Milit. Unité secondaire d'un groupement tactique.

SOUS-HÉPATIQUE [suzepatik] adj. — 1872; de *sous-*, et *hépatique*.

♦ Didact. Qui est situé sous le foie. *Veines sous-hépatiques.*

SOUS-HOMME [suzɔm] n. m. — 1903; de *sous-*, et *homme*.

♦ Péj. Celui qui n'a ni les qualités, ni la liberté requises par la dignité d'homme.

1 Si l'homme veut se faire Dieu, il s'arroge le droit de vie ou de mort sur les autres. Fabricant de cadavres, et de sous-hommes, il est sous-homme lui-même et non pas Dieu (...) CAMUS, l'Homme révolté, p. 302.

2 (...) c'était des espèces de bohémiens, des émigrants, des métèques, des épaves, des sous-hommes. S. DE BEAUVOIR, la Force de l'âge, p. 312.

SOUS-HUMAIN, AINE [suzymɛ̃, ɛn] adj. — Mil. xxᵉ; de *sous-*, et *humain*.

♦ Didact., littér. Qui est incompatible avec la dignité d'homme. *Des conditions de vie sous-humaines.*

SOUS-HUMANITÉ [suzymanite] n. f. — 1938, *in* D.D.L.; de *sous-*, et *humanité*, d'après *sous-homme*.

♦ Didact., littér. État de sous-homme; ensemble des sous-hommes.

1 En leur refusant — sauf à titre exceptionnel et individuel — toute place dans la cité européenne, en refoulant la quasi-totalité de l'humanité musulmane vers la sous-humanité (...) Pierre NORA, les Français d'Algérie, 1961, p. 131.

2 Le touriste appartient à une sous-humanité privée par nature de jugement et qui outrepasse ridiculement sa condition lorsqu'elle se mêle d'en avoir un. R. BARTHES, Mythologies, p. 131.

SOUS-HYOÏDIEN, IENNE [suzjɔidjɛ̃, jɛn] adj. — 1876; de *sous-*, et *hyoïdien*.

♦ Anat. Qui est situé sous l'hyoïde. *Muscles sous-hyoïdiens.*

SOUS-INDUSTRIALISATION [suzɛ̃dystʀijalizasjɔ̃] n. f. — V. 1970; de *sous-*, et *industrialisation*.

♦ Didact. État de ce qui est sous-industrialisé. *Sous-industrialisation d'un secteur de l'économie.*

SOUS-INDUSTRIALISÉ, ÉE [suzɛ̃dystʀijalize] adj. — V. 1969; de *sous-*, et p. p. de *industrialiser*.

♦ Didact. Se dit d'un secteur économique, d'une région, etc., dont l'industrialisation est insuffisante. *Des pays sous-industrialisés et sous-développés*.*

SOUS-INFORMATION [suzɛ̃fɔʀmasjɔ̃] n. f. — V. 1965; de *sous-*, et *information*.

♦ État d'une collectivité, d'une personne qui ne disposent pas d'une information suffisante. *La sous-information dans le domaine politique. Les pouvoirs publics ont engagé une campagne pour lutter contre la sous-information en matière de contraception. Sous-information et désinformation*.*

SOUS-INFORMÉ, ÉE [suzɛ̃fɔʀme] adj. — V. 1965; de *sous-*, et p. p. de *informer*.

♦ Qui est en état de sous-information. *Les responsables de cette entreprise se plaignent d'être sous-informés.*

SOUS-INGÉNIEUR [suzɛ̃ʒenjœʀ] n. m. — 1747; de *sous-*, et *ingénieur*.

♦ Technicien placé immédiatement au-dessous de l'ingénieur.

SOUS-INSPECTEUR, TRICE [suzɛ̃spɛktœʀ, tʀis] n. — 1781, *in* D.D.L.; de *sous-*, et *inspecteur*.

♦ Fonctionnaire placé immédiatement au-dessous de l'inspecteur.

SOUS-INTENDANCE [suzɛ̃tãdãs] n. f. — 1834; de *sous-*, et *intendance*.

♦ Admin. Charge de sous-intendant. — (1872). Bureaux, résidence du sous-intendant.

SOUS-INTENDANT [suzɛ̃tãdã] n. m. — 1834; de *sous-*, et *intendant*.

♦ **1.** Ancienn. Intendant militaire adjoint. — Intendant en second.

♦ **2.** (1945). Mod. Adjoint d'un intendant universitaire.

SOUS-INVESTISSEMENT [suzɛ̃vɛstismã] n. m. — 1968, *le Nouvel Obs.*; de *sous-*, et *investissement*.

♦ Écon., fin. Investissement inférieur à ce qui serait économiquement nécessaire.

SOUS-JACENT, ENTE [suʒasã, ãt] adj. — 1812; var. mod. de *subjacent* (1520), d'après *sous-*; du lat. *jacens*, de *jacere* «être étendu»; → Adjacent, jacent.

♦ **1.** Qui s'étend, qui est situé au-dessous. ⇒ **Inférieur, subjacent.** *Terrains sous-jacents* (→ 1. Radier, cit.). *Sable sous-jacent* (→ Infiltration, cit. 1). *Couches sous-jacentes et «sus-jacentes» de stratification.*

♦ **2.** (1834, Balzac). Abstrait. Qui est caché. *Sous-jacent à...* ⇒ **Latent, occulte.**

1 Ceci d'ailleurs expliquera plusieurs parties mystérieuses de l'histoire contemporaine, et les difficultés sous-jacentes que rencontraient les Ministres pendant la Restauration, sur le terrain politique. BALZAC, la Muse du département, Pl., t. IV, p. 55.

2 La profondeur est sous-jacente au sentiment, et non à l'intelligence. La profondeur est le privilège de l'âme religieuse, et de cette âme seulement. André SUARÈS, Trois hommes, «Dostoïevski», v.

Math. Se dit d'un ensemble obtenu en faisant abstraction, dans un ensemble, d'une ou de plusieurs lois de composition.

Ling. Se dit d'un élément impliqué dans une structure profonde ou intermédiaire et qui n'est pas réalisé en surface (grammaire générative transformationnelle).

SOUS-JUPE [suʒyp] n. f. — 1840; de *sous-*, et *jupe*.

♦ Jupon qui se porte sous une jupe, une robe ouverte ou transparente.

SOUS-LACUSTRE [sulakystʀ] adj. — 1872; de *sous-*, et *lacustre*.

♦ Géogr. Situé sous les eaux d'un lac. *Ravin sous-lacustre.*

SOUS-LIEUTENANCE [suljøtnãs] n. f. — 1677; de *sous-lieutenant*.

♦ Vx. Grade, fonction de sous-lieutenant.

SOUS-LIEUTENANT [suljøtnã] n. m. — 1669; «remplaçant d'un lieutenant de justice», 1479; de *sous-*, et *lieutenant*.

♦ Officier du grade inférieur à celui de lieutenant*. ⇒ **Sous-bite** (argot milit.). *Il était sous-lieutenant au 27ᵉ régiment de lanciers* (cit.). *Le sous-lieutenant X... On dit «mon lieutenant» à un sous-lieutenant.*

(1786). Mar. *Sous-lieutenant de vaisseau* : officier situé dans la hiérarchie militaire à un rang immédiatement inférieur à celui de lieutenant de vaisseau.

SOUS-LOCATAIRE [sulɔkatɛʀ] n. — 1563, *in* Bloch-Wartburg; de *sous-*, et *locataire*.

♦ Personne qui loue un bien (notamment un immeuble) à qqn qui en est lui-même locataire.

Le preneur est tenu des dégradations et des pertes qui arrivent par le fait des personnes de sa maison ou de ses sous-locataires. Code civil, art. 1735.

SOUS-LOCATION [sulɔkasjɔ̃] n. f. — 1804; de *sous-*, et *location*.

♦ Fait de sous-louer, contrat passé entre un locataire principal et un sous-locataire (→ Conclure, cit. 5).

SOUS-LOUER [sulwe] v. tr. — 1557 ; de *sous-*, et *louer*.

♦ **1.** Donner à loyer à qqn (ce dont on est soi-même locataire). → Céder, cit. 6 ; infime, cit. 4.

1   Lorsque Lisbeth vint tenir la maison, elle voulut aussitôt sous-louer le premier étage qui, disait-elle, payerait toute la location (...)
                  BALZAC, la Cousine Bette, Pl., t. VI, p. 412.

2   Il a songé à sous-louer l'appartement que lui offre son oncle, mais il ne trouve aucun amateur (...)
                  R. QUENEAU, le Chiendent, 1932, p. 209.

♦ **2.** Prendre en sous-location, louer au locataire principal.

3   (...) la concierge ne peut pas me donner de certificat *(de domicile)* vu que je sous-loue (...)
                  S. DE BEAUVOIR, la Force de l'âge, p. 416.

SOUS-MAIN [sumɛ̃] n. m. invar. et loc. adv. — 1559 ; de *sous-*, et *main*.

♦ **1.** Vx. Dessous secret des choses. — Loc. adv. (Fin XIXᵉ ; *sous-main*, loc. adv., 1559). Mod. EN SOUS-MAIN : secrètement, en cachette. ⇒ **Main** (cit. 14 et *supra : sous main*).

♦ **2.** N. m. invar. (1870, Littré). Cour. Accessoire de bureau, surface plane (papier, carton, buvard...) que l'on place sous le papier pour écrire (→ Écran, cit. 1 ; feuille, cit. 9). — Au plur. *Des sous-main de cuir.*

    (...) on renouvelait tous les matins les feuilles de buvard de son sous-main (...)
           Valery LARBAUD, Enfantines, « Devoirs de vacances », p. 178.

SOUS-MAÎTRE [sumɛtR] n. m. — 1410 ; de *sous-*, et *maître*.

♦ **1.** Vx. Celui qui remplace les maîtres, les professeurs, surveille les élèves, dans une école, une institution. ⇒ **Surveillant.** *Sous-maître dans une institution.*

♦ **2.** ⓐ Sous-officier de cavalerie du Cadre noir de Saumur.

ⓑ Contremaître, dans l'industrie du tissage.

SOUS-MAÎTRESSE [sumɛtRɛs] n. f. — 1800 ; de *sous-*, et *maîtresse*.

♦ **1.** Vx. Surveillante et adjointe d'enseignement dans certains établissements de jeunes filles. *Sous-maîtresse dans une institution de jeunes filles* (→ Inspecteur, cit. 2).

♦ **2.** (1868). Mod. Surveillante d'une maison de tolérance (avant leur interdiction légale). ⇒ aussi **Maquerelle** (mère maquerelle).

1   Par ici, fit la sous-maîtresse en pressant le va-et-vient de la porte de l'estaminet.
             Francis CARCO, les Belles Manières, 1945, p. 63.

2   Ernestine ne comptait pas passer toute sa vie à servir du vin blanc ou des demis. Non, ça non. Elle saurait mettre de l'argent à gauche. Belhôtel lui avait promis qu'elle serait sous-maîtresse du bordel qu'il allait acheter.
             R. QUENEAU, le Chiendent, 1932, p. 155.

SOUS-MAMMAIRE [sumamɛR] adj. — XXᵉ ; de *sous-*, et *mammaire*.

♦ Anat. Qui est situé sous le sein.

SOUS-MANCHE [sumɑ̃ʃ] n. f. — 1844, *in* D.D.L. ; de *sous-*, et *manche*.

♦ Vx. Manche (en tissu fin, en dentelle) placée sous la manche de certains vêtements féminins, et qui dépassait de celle-ci. — Syn. : *manche de dessous.*

SOUS-MARIN [sumaRɛ̃] adj. et n. m. — 1555, repris 1729 ; de *sous-*, et *marin*.

★ **I.** Adj. ♦ **1.** Qui est sous l'eau, dans la mer ou au fond de la mer. ⇒ **Immergé.** *Relief sous-marin. Source, vallée sous-marine. Roches* (→ Fond, cit. 8), *plantes sous-marines* (→ Faner, cit. 14, par métaphore).

1   À Ecré-Hou, on distingue, dit-on, parfois, à marée basse, les arbres aujourd'hui sous-marins de la forêt druidique noyée au huitième siècle.
             HUGO, l'Archipel de la Manche, XX.

Qui a été placé au fond de la mer. ⇒ **Immergé.** *Câble sous-marin.*

1.1   Ce fil traînait sur le sol, mais sur toute sa longueur il était entouré d'une substance isolante, comme l'est un câble sous-marin, ce qui assurait le libre transmission des courants.
           J. VERNE, l'Île mystérieuse, t. II, 1874, p. 787.

1.2   J'élève autour du fort un village et des hôtels sous-marins (...)
           A. ROBIDA, le Vingtième Siècle, p. 303 (av. 1900).

(1835). Qui s'effectue sous la surface de la mer, d'un océan (⇒ aussi **Subaquatique**). *Navigation sous-marine. Exploration sous-marine. Plongée sous-marine. Pêche, chasse sous-marine.* — *Archéologie sous-marine.*

Par ext. Qui sert à une activité sous-marine. *Fusil* sous-marin.*

(Personnes). Dont l'activité s'effectue sous la surface de la mer. *Plongeur, chasseur sous-marin. Explorateur sous-marin.* ⇒ **Aquanaute, océanaute.**

♦ **2.** (1857, cit.). Qui peut naviguer sous l'eau. *Bateau, navire sous-marin* (→ ci-dessous II., 1., *un sous-marin*).

Nos lecteurs connaissent le bateau sous-marin du docteur Payerne (...). Le *Nautilus (une cloche à plongeur)* emploie, pour descendre dans l'eau ou pour remonter à sa surface, le même moyen qui est mis en usage sur ce bateau sous-marin.
           L. FIGUIER, l'Année scientifique et industrielle, 1858, t. I, p. 350 (1857).   1.3

Capitaine Némo, dis-je (...) j'ai vu le *Nautilus* manœuvrer devant l'*Abraham Lincoln* et je sais à quoi m'en tenir sur sa vitesse. Mais marcher ne suffit pas (...) Comment atteignez-vous les grandes profondeurs, où vous trouvez une résistance croissante? (...) Comment remontez-vous à la surface de l'Océan? Suis-je indiscret en vous le demandant? — Aucunement, (...) puisque vous ne devez jamais quitter ce bateau sous-marin.   J. VERNE, Vingt mille lieues sous les mers, I, XII.   2

★ **II.** ♦ **1.** (1896). N. m. Navire capable de naviguer sous l'eau, en plongée*. ⇒ **Submersible** (3.), et aussi **bathyscaphe.** *Sous-marin qui plonge, fait surface... Sous-marin à moteurs diesel et électrique, à moteur diesel. Sous-marin à propulsion atomique* (par réacteurs), ou *sous-marin atomique, nucléaire. Armement classique* (canons, mitrailleuses, torpilles), *atomique* (missiles)... *d'un sous-marin. Sous-marin lanceur d'engins ; sous-marin de chasse. Sous-marin lance-missiles à propulsion nucléaire. Périscope*, schnorchel*, water-ballast d'un sous-marin.* — (Trad. de l'allemand). *Sous-marin de poche,* de très petites dimensions. — *Sous-marin scientifique,* utilisé pour la recherche (océanographique, géologique, archéologique...). *Sous-marin d'exploration.*

♦ **2.** Par métaphore. Personne qui agit secrètement. « (L'organisation) *envoie des "sous-marins"* noyauter les syndicats » (l'Express, 12 févr. 1973).

DÉR. Sous-marinier.
COMP. Anti-sous-marin.

SOUS-MARINIER [sumaRinje] n. m. et adj. — 1934 ; de *sous-marin*.

★ **I.** N. m. Marin faisant partie de l'équipage d'un sous-marin.

★ **II.** Adj. Qui concerne la navigation sous-marine, les sous-marins. « *Plus les forces nucléaires sous-marines croissent* (...), *plus le trafic sous-marinier s'accroît* » (la Recherche, juil. 1981, p. 820).

SOUS-MARQUE [sumaRk] n. f. — XXᵉ ; de *sous-*, et 1. *marque*.

♦ Produit fabriqué par une entreprise dépendant d'une autre plus connue. *Une grande marque et ses sous-marques.*

SOUS-MAXILLAIRE [sumaksilɛR] adj. — 1745 ; de *sous-*, et *maxillaire*. → Sus-maxillaire.

♦ Anat. Qui est placé sous la mâchoire. *Ganglions sous-maxillaires* (trois à six ganglions lymphatiques ; un ganglion nerveux). *Glande sous-maxillaire :* glande salivaire, située contre la face interne du maxillaire inférieur.

SOUS-MENTON [sumɑ̃tɔ̃] n. m. — Mil. XVIᵉ ; de *sous-*, et *menton*.

♦ **1.** Vx. Dessous du menton. — (1669). Double menton.

♦ **2.** Mod. Sc. nat. Pièce de la tête des insectes supportant le menton. *Le sous-menton limite la cavité buccale par-dessous.*

SOUS-MENTONNIER, IÈRE [sumɑ̃tɔnje, jɛR] adj. — XXᵉ ; de *sous-*, et *mentonnier*.

♦ Anat. Qui se trouve à la partie inférieure du menton. *Sillon sous-mentonnier. Fistule sous-mentonnière.* — REM. On dit aussi *sous-mental, ale, aux* [sumɑ̃tal].

SOUS-MENTONNIÈRE [sumɑ̃tɔnjɛR] n. f. — 1834, Landais, comme adj. ; n. f. en 1843, Landais ; → Sous-mentonnier.

♦ Anciennt. Bride du shako*.

SOUS-MERDE [sumɛRd] n. f. — 1896, Delesalle ; de *sous-*, et *merde*.

♦ Fam. Chose, personne nulle, lamentable (encore au-dessous de la « merde »).

SOUS-MINISTRE [suministR] n. m. — 1679 ; *subministre* « serviteur », 1549 ; de *sous-*, et *ministre*.

♦ **1.** Vx ou hist. Ministre en second.

♦ **2.** (XXᵉ). Secrétaire d'État, au Québec. « *Un projet de création de "parlementaires en mission", c'est-à-dire de ce qu'on appelle au Québec des "sous-ministres"* » (le Nouvel Obs., 16 oct. 1972, p. 33).

SOUS-MULTIPLE [sumyltipl] adj. et n. m. — 1552 ; de *sous-*, et *multiple*.

♦ N. m. *Le sous-multiple de...* ; *un sous-multiple* : grandeur contenue un nombre entier de fois dans une autre grandeur de même espèce. *Trois et cinq sont des sous-multiples de quinze.* ⇒ **Diviseur.** *Le décimètre, le centimètre sont des sous-multiples du mètre.* — Adj. *Grandeur, nombre sous-multiple d'un autre.*

CONTR. **Multiple.**

SOUS-MUQUEUX, EUSE [sumykø, øz] adj. — 1817 ; de *sous-*, et *muqueux*.

♦ Didact. (anat.). Qui se trouve ou se produit au-dessous d'une membrane muqueuse. *Tissu sous-muqueux. Glandes sous-muqueuses. Anesthésie sous-muqueuse.*

SOUS-NAPPE [sunap] n. f. — 1872, Littré, *Suppl.* ; de *sous-*, et *nappe*.

♦ Pièce d'étoffe ou tapis qu'on met sous la nappe.

SOUS-NASAL [sunazal] adj. m. — 1932, *in* Larousse ; de *sous-*, et *nasal*.

♦ Didact. *Point sous-nasal :* milieu du bord inférieur des narines.

SOUS-NATALITÉ [sunatalite] n. f. — Mil. xxᵉ ; de *sous-*, et *natalité*.

♦ Natalité insuffisante ou inférieure à une référence.

F. Boverat qui a pris appui, pendant toute sa vie, sur la sous-natalité française qu'il combattait, ne s'est jamais remis de la pleine réussite de son action.
A. SAUVY, Croissance zéro?, 1973, p. 170.

SOUS-NOIX [sunwa] n. f. — 1872, Littré ; de *sous-*, et *noix* (B., 2.).

♦ Techn. (bouch.). Morceau du veau faisant partie de la noix* (B., 2.), formé par les muscles de la partie postérieure de la cuisse.

SOUS-NORMALE [sunɔrmal] n. f. — 1762 ; *ligne sous-normale*, 1753 ; de *sous-*, et *normale*.

♦ Géom. Projection sur un axe de référence du segment de la normale en un point d'une courbe comprise entre ce point et son intersection avec cet axe.

SOUS-NUTRITION [sunytrisjɔ̃] n. f. — V. 1960 ; de *sous-*, et *nutrition*.

♦ Didact. Nutrition insuffisante. ⇒ **Malnutrition, sous-alimentation.**

SOUS-OCCIPITAL, ALE, AUX [suzɔksipital, o] adj. — xvIIIᵉ, cf. Brunot, H.L.F. t. VI, p. 604 ; de *sous-*, et *occipital*.

♦ Anat. et méd. Qui est situé ou qui s'effectue au-dessous de l'os occipital. *Ponction sous-occipitale. Nerf sous-occipital :* branche postérieure du second nerf cervical.

SOUS-OCCUPATION [suzɔkypasjɔ̃] n. f. — 1969, *le Monde* ; de *sous-*, et *occupation*.

♦ Occupation insuffisante (d'un local).

SOUS-OCCUPÉ, ÉE [suzɔkype] adj. — Mil. xxᵉ ; de *sous-*, et *occupé*.

♦ Insuffisamment occupé. *Des appartements sous-occupés.* — (Temporel) :

Après cette journée «sous-occupée», Benoît se traîne jusqu'à la maison.
G. CESBRON, Voici le temps des imposteurs, p. 70.

SOUS-ŒUVRE (EN) [ɑ̃suzœvr] loc. adv. — 1742 ; *par sous-œuvre, par dessous-œuvre*, 1694 ; de *sous-*, et *œuvre* ; → Œuvre (II., 2.).

♦ 1. (1755). Par les fondations, le fondement. *Reprise en sous-œuvre d'une construction*.*

♦ 2. (*In* Voltaire). Par la base*, en refaisant les parties essentielles. *Reprendre ses connaissances en sous-œuvre :* compléter ses connaissances en comblant ses lacunes, en reprenant les éléments, les principes.

(...) on croyait que la machine *(le monde)* venait d'être montée par Dieu même. Il n'en fut plus ainsi, aussitôt que l'humanité voulut se conduire elle-même et reprendre en sous-œuvre le travail instinctif des siècles.
RENAN, l'Avenir de la science, II, Œ. compl., t. III, p. 750.

SOUS-OFF [suzɔf] n. m. — 1861 ; apocope de *sous-officier*.

♦ Fam. ⇒ **Sous-officier.**

SOUS-OFFICIER [suzɔfisje] n. m. — 1791 ; «dignitaire allemand représentant un électeur, un grand officier», Encyclopédie, 1765 ; on disait (1680) *bas-officier* sous l'Ancien Régime.

♦ Militaire d'un grade supérieur à caporal ou à brigadier, mais inférieur aux officiers subalternes. *Sous-officier d'infanterie, de cavalerie, d'aviation...* ⇒ **Maréchal** (des logis), **sergent ; adjudant.** *Sous-officier de la marine de guerre :* officier* marinier. — *Sous-officier comptable, vaguemestre, tambour-major... Mess* des sous-officiers. Prêt, solde, galon de sous-officier.* ⇒ **Sardine** (fam.). *Sous-officier d'active* (→ Liste, cit. 2), *de réserve.* — Abrév. fam. : *sous-off.* «Les Sous-Offs», roman de L. Descaves (1889).

Il se sentait au cœur tous les instincts du sous-off lâché en pays conquis. [1]
MAUPASSANT, Bel-Ami, I, I.

Le père, lui, avait l'air d'un brave homme, ancien sous-officier, adoré de ses soldats. [2]
R. RADIGUET, le Diable au corps, p. 30.

Les confrères, quoique pénétrés de respect pour l'énormité du succès, le nomment entre eux, volontiers, le tringlot de la littérature. Telle est, en vérité, la physionomie précise du personnage et tel son degré de distinction. C'est un sous-officier du train et même un sous-off. [3]
Léon BLOY, le Désespéré, p. 198.

SOUS-OMBILICAL, ALE, AUX [suzɔ̃bilikal, o] adj. — 1878 ; de *sous-*, et *ombilical*.

♦ Anat. Qui est situé ou se produit au-dessous de l'ombilic. *Région sous-ombilicale.*

SOUS-ORBITAIRE [suzɔrbitɛr] adj. — 1765 ; de *sous-*, et *orbite*.

♦ Anat. Situé au-dessous de l'orbite. *Artère sous-orbitaire. Canal sous-orbitaire.*

SOUS-ORBITAL, ALE, AUX [suzɔrbital, o] adj. — V. 1965 ; de *sous-*, et *orbital*.

♦ Techn. (astronaut.). Se dit des caractéristiques d'un véhicule spatial avant la mise en orbite. *Vitesse sous-orbitale.*

SOUS-ORDRE [suzɔrdr] n. m. — 1690, *en sous-ordre* ; *un sous-ordre*, 1704 ; de *sous-*, et *ordre*.

A. ♦ 1. Dr. Procédure par laquelle les créanciers d'un débiteur, qui est lui-même créancier dans une procédure d'ordre, prennent sa place et se partagent le montant de ce qui lui revient. — REM. Ce sens n'est guère employé qu'en loc. adv. : *créancier en sous-ordre.*

♦ 2. (Fin xvIIᵉ). Loc. adv. *En sous-ordre :* en second, d'une manière subordonnée (cf. Saint-Simon, Voltaire, *in* Littré). *Travailler en sous-ordre* (⇒ **Subordination**). — En fonction d'adjectif :

Leur air de dédaigner ses ordres, l'aigreur de leurs réponses, leur grossièreté amère, leur entente sournoise pour blesser ses goûts, ses préférences, ses manies, leur espèce de domination en sous-ordre (...)
Ed. et J. DE GONCOURT, Manette Salomon, p. 407.

B. (1762). Employé subalterne qui n'a guère de responsabilités. ⇒ **Subordonné.** *Ils ont envoyé* (cit. 4) *un vague sous-ordre.* ⇒ **Sous-fifre.**

C. (Fin xixᵉ). Sc. nat. Division d'un ordre, dans une classification.

SOUS-OXYDE [suzɔksid] n. f. — 1873, *in* D.D.L. ; de *sous-*, et *oxyde*.

♦ Chim. Oxyde contenant moins d'oxygène que l'oxyde normal du même corps. *Un sous-oxyde de carbone.*

SOUS-PALAN [supalɑ̃] adj. et adv. — 1873, *livraison sous palan* ; de *sous-*, et *palan*.

♦ Mar. Se dit d'une marchandise qui doit être livrée au port prête pour l'embarquement. — On dit aussi *en sous-palan*, loc. adverbiale.

SOUS-PAYER [supeje] v. tr. — V. 1968 ; de *sous-* «insuffisamment», et *payer*.

♦ Payer insuffisamment ou au-dessous de la normale. *Sous-payer ses employés. Être sous-payé.*

Souvent ils n'ont pas même un jour de congé par semaine ; les conditions d'hygiène sont défectueuses ; ils sont sous-payés et la sécurité sociale n'existe pas pour eux.
S. DE BEAUVOIR, Tout compte fait, 1972, p. 297.

REM. On dit aussi *sous-rémunérer* (surtout au p. p.).

▶ **SOUS-PAYÉ, ÉE** p. p. adj. *Ouvriers sous-payés.*

SOUS-PÉRIOSTÉ, ÉE [supeʀjɔste] adj. — 1855, *in* D.D.L. ; de *sous-*, et *périoste*.

♦ Méd. Placé sous le périoste. *« L'effraction d'une collection sous-périostée dans le tissu cellulaire »* (P.-L. Rousseau, *les Dents*, p. 51).

SOUS-PÉRITONÉAL, ALE, AUX [supeʀitɔneal, o] adj. — 1904 ; de *sous-*, et *péritonéal*. Anatomie, médecine.

♦ **1.** Situé dans la cavité abdominale, hors du péritoine.

♦ **2.** (Mil. xxᵉ). Chir. Concernant des éléments anatomiques sous-péritonéaux. *Incision sous-péritonéale.*

SOUS-PEUPLÉ, ÉE [supœple] adj. — V. 1960 ; de *sous-*, et p. p. de *peupler*.

♦ Didact. Dont le peuplement est faible ; qui souffre de sous-peuplement. *Pays sous-peuplé. L'Afrique est un continent sous-peuplé.*
CONTR. Surpeuplé.

SOUS-PEUPLEMENT [supœpləmɑ̃] n. m. — V. 1960 ; de *sous-*, et *peuplement*, d'après *surpeuplement*.

♦ Didact. État d'un pays insuffisamment peuplé (pour la mise en valeur, le développement économique, etc.). ⇒ **Population.**
CONTR. Surpeuplement.

SOUS-PIED [supje] n. m. — 1803 ; « marchepied », 1477 ; « dessous de l'éperon », 1616 ; de *sous-*, et *pied*.

♦ Anciennt. Bande qui passe sous le pied pour maintenir tendu un pantalon, une guêtre (cit. 2). *Pantalons* (cit. 2) *à sous-pied.*

1 Sixte du Châtelet portait un pantalon d'une blancheur éblouissante, à sous-pieds intérieurs qui le maintenaient dans ses plis.
BALZAC, Illusions perdues, Pl., t. IV, p. 530.

2 Il avait de larges épaules, une taille étroite et il s'ajustait là-dessus de petits vestons bien serrés, ouverts en cœur sur son ventre plat et toujours boutonnés d'un bouton. Il portait des pantalons à sous-pied en damier noir et blanc.
J. GIONO, Jean le Bleu, Pl., t. II, p. 131.

SOUS-PLANAGE [suplanaʒ] n. m. — Déb. xxᵉ, *Nouveau Larousse illustré* ; de *sous-*, et *planage*.

♦ Techn. (chaudronnerie). Opération par laquelle on aplanit la surface de deux pièces métalliques assemblées à angle droit.

SOUS-PORTEUSE [supɔʀtøz] adj. f. — Mil. xxᵉ ; de *sous-*, et fém. de *porteur*.

♦ Techn. (radio). *Onde sous-porteuse :* onde modulée qui module à son tour une onde de fréquence plus élevée.

SOUS-POUTRE [suputʀ] n. f. — 1846 ; de *sous-*, et *poutre*.

♦ Techn. Poutre placée sous une autre poutre, pour la renforcer.

SOUS-PRÉFECTORAL, ALE, AUX [supʀefɛktɔʀal, o] adj. — 1842 ; de *sous-préfecture*, d'après *préfectoral*.

♦ Admin. Qui appartient, qui a rapport à une sous-préfecture, à un sous-préfet. *L'administration sous-préfectorale.*

SOUS-PRÉFECTURE [supʀefɛktyʀ] n. f. — 1800 ; de *sous-*, et *préfecture*.

♦ **1.** Partie du département* qu'administre un sous-préfet. ⇒ **Arrondissement.**

♦ **2.** (1830). Fonction de sous-préfet. *Obtenir une sous-préfecture.*

♦ **3.** (1845). Ville où réside le sous-préfet et où se trouvent les services administratifs qu'il dirige ; ces services. *Secrétaire en chef de la sous-préfecture.* — Par ext. Bâtiment où sont installés ces services.

♦ **4.** (1846, Bescherelle). Chef-lieu d'un arrondissement. *Les sous-préfectures d'un département.* — (Fin xixᵉ). Par ext. Loc. adj., péj. *De sous-préfecture :* de ville d'importance secondaire. *Un séducteur de sous-préfecture.*
DÉR. Sous-préfectoral.

SOUS-PRÉFET [supʀefɛ] n. m. — 1800 ; de *sous-*, et *préfet*.

♦ Fonctionnaire public placé à la tête d'un arrondissement (à l'exception des arrondissements de chefs-lieux de départements, administrés directement par les préfets). *Les sous-préfets, nommés par décrets, sont les représentants du pouvoir central dans les*

arrondissements (cit. 5) ; *ils instruisent les affaires administratives* (→ Administré, cit. 1 ; préfectoral, cit.).

M. le sous-préfet est en tournée (...) Pour cette journée mémorable, M. le sous-préfet a mis son bel habit brodé, son petit claque, sa culotte collante à bandes d'argent et son épée de gala à poignée de nacre (...)
Alphonse DAUDET, Lettres de mon moulin, « Ballades en prose », Le sous-préfet aux champs.
(D'une femme). *Elle est sous-préfet. Madame le sous-préfet.*
DÉR. Sous-préfète.

SOUS-PRÉFÈTE [supʀefɛt] n. f. — 1834 ; de *sous-préfet*.

♦ **1.** Femme d'un sous-préfet. *Madame la sous-préfète.*

♦ **2.** (1900, Robida, *le xxᵉ Siècle*, p. 152). Femme sous-préfet. — REM. L'usage français préfère le masculin en parlant d'une femme (*madame le sous-préfet*).

SOUS-PRIEUR, IEURE [supʀijœʀ] n. — 1666, fém. ; masc., 1690 ; *souprieur*, 1270 ; *souprieuse*, xivᵉ ; de *sous-*, et *prieur*.

♦ Relig. Religieux, religieuse qui aide le prieur, la prieure pour diriger un monastère.

SOUS-PRODUCTIF, IVE [supʀodyktif, iv] adj. — V. 1960 ; de *sous-*, et *productif*.

♦ Écon. Qui a un rendement insuffisant. *Agriculture sous-productive.*

SOUS-PRODUCTION [supʀodyksjɔ̃] n. f. — 1926 ; de *sous-*, et *production*.

♦ Production insuffisante. *Crise de sous-production.*
CONTR. Surproduction.

SOUS-PRODUIT [supʀodɥi] n. m. — 1873 ; de *sous-*, et *produit*.

♦ **1.** Produit secondaire obtenu au cours de la fabrication du produit principal (ex. : le goudron, dans la préparation du gaz d'éclairage). → Exploitation, cit. 5 ; goudron, cit. 4.

♦ **2.** (xxᵉ). Fig. Mauvaise imitation.

(...) toutes ces œuvres de subtile analyse, de soigneux démontage, tous ces sous-produits d'*Adolphe*, de *Dominique* et d'*Amiel*, avouent leur vanité.
DANIEL-ROPS, Ce qui meurt..., p. 96.

SOUS-PROGRAMME [supʀogʀam] n. m. — Mil. xxᵉ ; de *sous-*, et *programme*.

♦ Inform. Élément d'un programme d'ordinateur qui peut être réutilisé en plusieurs points du programme. — Sc. Subdivision d'un programme. *Les sous-programmes d'un programme de recherche.*

SOUS-PROLÉTAIRE [supʀoletɛʀ] adj. et n. — Mil. xxᵉ ; de *sous-*, et *prolétaire*, d'après *sous-prolétariat*.

♦ Prolétaire particulièrement exploité, non protégé par les lois, etc. — Abrév. fam. : *sous-prolo* [supʀolo] (M. Clavel, *in le Nouvel Obs.*, 11 sept. 1972, p. 60).
DÉR. Sous-prolétariser.

SOUS-PROLÉTARIAT [supʀoletaʀja] n. m. — 1945, trad. Marx *in* D.D.L. ; de *sous-*, et *prolétariat*.

♦ Partie la plus exploitée du prolétariat.

Les camps (*en U. R. S. S.*) étaient devenus une institution, aboutissant à la création systématique d'un sous-prolétariat ; on ne punissait pas des crimes par le travail : on traitait les travailleurs en criminels pour s'autoriser à les exploiter.
S. DE BEAUVOIR, les Mandarins, p. 334.

SOUS-PROLÉTARISER [supʀoletaʀize] v. tr. — 1969 au p. p. ; de *sous-prolétaire*, d'après *prolétariser*.

♦ Réduire à l'état de sous-prolétaire.

SOUS-PUBIEN, IENNE [supybjɛ̃, jɛn] adj. — 1812, Mozin ; de *sous-*, et *pubien*.

♦ Anat. Placé sous le pubis. *Fosses sous-pubiennes. Ligament, trou sous-pubien.*

SOUS-QUADRUPLE [sukwadʀypl] adj. et n. m. — 1872 ; de *sous-*, et *quadruple*.

♦ Math. Se dit d'un nombre entier qui est contenu quatre fois dans un autre. *Cinq est sous-quadruple de vingt.*

SOUS-QUALIFICATION [sukalifikɑsjɔ̃] n. f. — V. 1965; de *sous-*, et *qualification*.

♦ État d'une personne qui n'a pas la qualification nécessaire pour un emploi défini.

SOUS-QUALIFIÉ, ÉE [sukalifje] adj. — 1965, *l'Express;* de *sous-*, et *qualifié*.

♦ Qui n'a pas la qualification nécessaire pour remplir un emploi défini.

SOUS-QUINTUPLE [sukɛ̃typl] adj. et n. m. — 1872; *subquintuple* (du lat. *sub*), 1520; de *sous-*, et *quintuple*.

♦ Math. Se dit d'un nombre entier qui est contenu cinq fois dans un autre. *Le sous-quintuple de dix est deux.*

SOUS-RACE [suʀas] n. f. — 1873; de *sous-*, et *race*.

♦ Anthrop. Groupe à l'intérieur d'une race. *La sous-race congolaise, soudanaise.* — Au plur. *Les sous-races.*

SOUS-REFROIDISSEMENT [suʀfʀwadismɑ̃] n. m. — V. 1960; de *sous-*, et *refroidissement*.

♦ Techn. Opération qui consiste à descendre au-dessous de sa température de condensation le fluide condensé d'un appareil frigorifique, pour accroître le rendement de l'installation; résultat de cette opération.

SOUS-RÉGION [suʀeʒjɔ̃] n. f. — 1967, in *le Figaro;* de *sous-*, et *région*.

♦ Admin. Subdivision d'une région. — REM. Ce mot et son dérivé *sous-régional, ale, aux* [suʀeʒjɔnal, o] adj., sont attestés au Zaïre (I. F. A.).

SOUS-RÉMUNÉRER [suʀemyneʀe] v. tr. — V. 1968; de *sous-*, et *rémunérer*.

♦ ⇒ **Sous-payer.**

SOUS-RÉPARTITION [suʀepaʀtisjɔ̃] n. f. — 1876; de *sous-*, et *répartition*.

♦ Répartition secondaire, qui vient après une première répartition. *La sous-répartition des crédits budgétaires.*

SOUS-REPRÉSENTATION [suʀpʀezɑ̃tasjɔ̃] n. f. — 1968; de *sous-*, et *représentation*.

♦ Situation de personnes ou de choses dont le nombre est inférieur à ce qu'il devrait être proportionnellement dans un ensemble. *La sous-représentation des étudiants dans un organisme de gestion. Sous-représentation d'une catégorie professionnelle dans un échantillon.* «(Dans un site archéologique) *les bovidés montrent surtout leur squelette axial (...) avec sous-représentation des os des membres*» (*Sciences et Avenir,* mars 1981, p. 81).

SOUS-REPRÉSENTÉ, ÉE [suʀpʀezɑ̃te] adj. — V. 1966; de *sous-*, et p. p. de *représenter*.

♦ Qui est en état de sous-representation. *Région sous-représentée à l'Assemblée nationale.*

SOUS-SCAPULAIRE [suskapylɛʀ] adj. — 1721; «muscle sous-scapulaire», 1710; de *sous-*, et *scapulaire*. → 2. Scapulaire.

♦ Anat. Placé sous l'omoplate. *Muscle sous-scapulaire,* ou, n. m. le *sous-scapulaire :* muscle qui occupe la *fosse sous-scapulaire.*

SOUS-SECRÉTAIRE [suskʀetɛʀ] n. m. — 1640; de *sous-*, et *secrétaire*.

♦ 1. Vx. Secrétaire en second.

♦ 2. (1816). Haut fonctionnaire, membre d'un gouvernement à qui est dévolue une partie de la compétence d'un ministre. *Sous-secrétaire d'État* (→ Haut, cit. 42; inamovible, cit. 3).

Sous-secrétaire d'État aux colonies, en 1930, dans un ministère Chautemps renversé dans les trois jours, il se faisait appeler depuis «Monsieur le Ministre».
Raymond ABELLIO, les Militants, 1975, p. 199.

DÉR. **Sous-secrétariat.**

SOUS-SECRÉTARIAT [suskʀetaʀja] n. m. — 1834; de *sous-* secrétaire.

♦ Fonctions de sous-secrétaire. — Bureaux, services d'un sous-secrétaire d'État.

SOUS-SECTEUR [susɛktœʀ] n. m. — xxᵉ (*in* Larousse, 1933); de *sous-*, et *secteur*.

♦ Division d'un secteur* militaire (souvent confiée à un régiment).

SOUS-SEING [susɛ̃] n. m. — 1786; de *sous-*, et *seing*.

♦ Dr. Acte (contrat, etc.) fait entre des particuliers, sans l'intervention d'un officier ministériel. ⇒ **Seing** (acte sous seing privé); → Notoriété, cit. 2. *Obligation résultant d'un sous-seing.* ⇒ **Chirographaire.**

L'opération est magnifique! (...) je lui ai dit que vous étiez de moitié dans l'affaire, et il va venir tout à l'heure pour signer le sous-seing.
E. LABICHE, Moi!, III, 3.

SOUS-SEPTUPLE [susɛptypl] adj. et n. m. — 1876; de *sous-*, et *septuple*.

♦ Math. Se dit d'un nombre entier qui est contenu sept fois dans un autre. *2 est sous-septuple de 14.*

SOUS-SÉREUX, EUSE [suseʀø, øz] adj. — 1872; de *sous-*, et *séreux*.

♦ Anat. Qui est situé sous une membrane séreuse.

SOUS-SEXTUPLE [susɛkstypl] adj. et n. m. — 1876; de *sous-*, et *sextuple*.

♦ Math. Se dit d'un nombre entier qui est contenu six fois dans un autre. *Le sous-sextuple de 24 est 4.*

SOUSSIGNÉ, ÉE [susiɲe] adj. et n. — 1507, *soubsigné;* p. p. du v. *sous-signer,* en usage jusqu'au xviiᵉ.

♦ Dont la signature est au-dessous; qui a signé* plus bas. — REM. Cet adjectif ne s'emploie que dans des formules écrites, du type : *Je soussigné(e), nous soussignés...* (→ Nolis, cit.); *les clercs* (→ Régaler, cit. 1), *les liquidateurs* (cit. 1) *soussignés... Je soussigné X... déclare, reconnais que...* — N. *La soussignée, les soussignés.*

(...) ainsi qu'il le déclare et les a exhibés à nous notaire soussigné, en trois millions d'or ici joints (...)
BEAUMARCHAIS, la Mère coupable, V, 7.

SOUS-SOL [susɔl] n. m. — 1835; de *sous-*, et *sol*.

♦ 1. Couches de l'écorce terrestre qui se trouvent au-dessous du sol, des parties les plus superficielles. *Terrains arides à sous-sol calcaire* (→ Garrigue, cit. 3). *Les richesses du sous-sol* (mines, etc.).

Le sous-sol de Paris, si l'œil pouvait en pénétrer la surface, présenterait l'aspect d'un madrépore colossal. HUGO, les Misérables, V, II, II. [1]

(...) Jupiter eut le ciel, Neptune la mer, et Pluton le monde souterrain. Son nom synonyme de richesses vient de là : les plus grandes sont dans le sous-sol.
Émile HENRIOT, Mythologie légère, p. 72. [2]

Agric. Partie inférieure du sol (2. Sol), sous la terre arable. *Labour du sous-sol* (sous-solage), *effectué avec la charrue sous-soleuse** (ou *fouilleuse**).

♦ 2. (Av. 1860, Poitevin, *in* D.D.L.). Partie d'une construction, d'une maison aménagée au-dessous du rez-de-chaussée; étage souterrain (→ Local, cit. 7; rat, cit. 4). *Aménager un atelier dans le sous-sol de sa maison, dans son sous-sol.* — *Garage en sous-sol. L'ascenseur descend au sous-sol. Premier, second sous-sol.*

SOUS-SOLAGE [susɔlaʒ] n. m. — 1902, Encycl. Berthelot; de *sous-sol*, et *-age*.

♦ Agric. Labour profond effectué avec une charrue spéciale (*sous-soleuse*) qui remue le sous-sol sans le ramener à la surface.

Enfin, le sous-solage seul effectué avant plantation n'a d'effet que lorsqu'il brise une croûte dure (alios), faisant obstacle aux racines.
Henri BOULAY, Arboriculture et Production fruitière, p. 83.

SOUS-SOLER [susɔle] v. intr. — 1890; de *sous-*, *sol*, et suff. verbal, d'après *sous-soleuse*.

♦ Agric. Effectuer le sous-solage de (une terre). ⇒ **Sous-soleuse.**

SOUS-SOLEUSE [susɔløz] n. f. — 1890; *charrue sous-sol,* 1860; de *sous-*, *sol*, et suff. *-euse*.

♦ Techn. (agric.). Charrue remuant profondément la terre arable, spécialement agencée pour effectuer le sous-solage. — Appos. *Charrue sous-soleuse.*

Il faut que *(les engrais)* atteignent les couches où se trouvent situées les racines, ce qui n'est guère possible que (...) pour des engrais suffisamment solubles ou qui ne sont pas retenus par les couches superficielles du sol. Pour obvier à ce dernier inconvénient on a pensé enfouir les engrais en profondeur, par exemple, à l'aide d'une sous-soleuse.   Louis LEVADOUX, la Vigne et sa culture, p. 106.

SOUS-STATION [sustasjɔ̃] n. f. — 1900 ; de *sous-,* et *station.*

♦ Station secondaire d'un réseau de transport et de distribution de l'électricité*.

Cette unicité de milieu explique qu'il ne soit pas besoin de milieu d'adaptation pour le moteur d'usine, alors que le moteur de traction demande le milieu d'adaptation constitué par les redresseurs, placés dans la sous-station ou sur la locomotive.
          Gilbert SIMONDON, Du mode d'existence des objets techniques, 1969, p. 53.

SOUS-SYSTÈME [susistɛm] n. m. — 1877 ; de *sous-,* et *système.*

♦ Didact. Système faisant partie d'un système plus important.
⇒ **Sous-ensemble.**

Notre but, qu'on s'en souvienne, c'est ici de montrer qu'il n'y a pas de système de la quotidienneté malgré les efforts pour le constituer et le boucler. Il n'y a que des sous-systèmes, séparés par des lacunes irréductibles, et pourtant situés sur un *plan* ou liés à ce plan.
          Henri LEFEBVRE, la Vie quotidienne dans le monde moderne, 1968, p. 166-167.

SOUS-TANGENTE [sutɑ̃ʒɑ̃t] n.f. — 1690, *in* Hatzfeld ; de *sous-,* et *tangente.*

♦ Projection sur un axe du segment de tangente à une courbe compris entre le point de contact et le point d'intersection de cette tangente avec l'axe considéré.

SOUS-TASSE ou SOUTASSE [sutɑs] n. f. — 1890, Havard ; de *sous-,* et *tasse.*

♦ Soucoupe.

Elle noya le mégot de son cigare dans le bain de pieds qui croupissait dans sa soutasse.   R. QUENEAU, Pierrot mon ami, éd. L. de Poche, p. 38.
REM. Courant en Belgique (où *soucoupe* ne s'emploie pas en ce sens) et en Suisse.

SOUS-TÉGUMENTAIRE [sutegymɑ̃tɛʀ] adj. — 1897, *in l'Année biol.* ; de *sous-,* et *tégumentaire.*

♦ Anat., bot. Qui est situé sous un tégument. *Masse sous-tégumentaire.*

SOUS-TENDANT, ANTE [sutɑ̃dɑ̃, ɑ̃t] adj. et n. f. — 1762 ; *soustendante,* 1626 ; *subtendante,* 1690 ; de *sous-,* et p. prés. de *tendre,* d'après le lat. sc. *subtendens.*

♦ Didact. (géom.). Qui joint les extrémités d'un arc. — N. f. *Sous-tendante.* ⇒ **Corde.**

SOUS-TENDRE [sutɑ̃dʀ] v. tr. — 1872 ; « tendre à l'excès », 1845 ; de *sous-,* et *tendre,* d'après *sous-tendante.*

♦ **1.** Géom. Contenir entre ses côtés, ses extrémités ; constituer les extrémités d'un arc (en parlant de points), ou les joindre (en parlant d'une droite). *Points qui sous-tendent un arc, un angle ; droite qui sous-tend un arc* (⇒ **Corde).**

Tout ce qu'elle *(une église)* possède de remarquable, à part ses sombres voûtes de bois sous-tendues par d'énormes solives, c'est ce grand tableau (...)
          ARAGON, la Semaine sainte, p. 476.

♦ **2.** (xxᵉ). Fig. Servir de base, de principe d'unité à (un raisonnement, une politique, etc.). *« Les défauts de la société et ceux de l'État qui la sous-tend »* (*le Monde,* 18 janv. 1973). *Idées qui sous-tendent un programme.*

SOUS-TENSION [sutɑ̃sjɔ̃] n. f. — Mil. xxᵉ ; « tension artérielle insuffisante », *in* Larousse 1949 ; de *sous-,* et *tension.*

♦ Électr. Tension inférieure à la normale. — REM. On a dit aussi *sous-voltage.*
CONTR. **Surtension.**

SOUS-TENTORIEL, ELLE [sutɑ̃tɔʀjɛl] adj. — Mil. xxᵉ (*in* Garnier et Delamare, 1959) ; de *sous-,* et *tentoriel.*

♦ Anat. Situé au-dessous de la tente du cervelet. *Cavités ventriculaires sous-tentorielles de l'encéphale.*

SOUS-TITRAGE [sutitʀaʒ] n. m. — Mil. xxᵉ (1954, *in* D.D.L.) ; de *sous-titre.*

♦ Opération qui consiste à sous-titrer. — Ensemble des sous-titres (2.).

SOUS-TITRE [sutitʀ] n. m. — 1837, Balzac ; de *sous-,* et *titre.*

♦ **1.** Titre secondaire (placé sous ou après le titre principal). *Le sous-titre d'un livre, d'un roman* (→ Illumination, cit. 12). — *Sous-titres d'un journal* (→ Manchette, cit. 7). *Appel de titre et sous-titres.*

♦ **2.** (1912 ; d'après l'angl. *sub-title*). Court texte intercalé entre les images d'un film (d'abord titres des parties, puis texte explicatif, dans les films muets). — Syn. : *intertitre.* — (V. 1935). Mod. Traduction condensée du dialogue, projetée en surimpression en bas de l'image.

(...) un médiocre film français qui passait au « Continental » en version originale avec sous-titres non seulement pour secourir les spectateurs ignorant tout de notre langue, mais aussi pour aider ceux qui en avaient quelque teinture (...)
          Michel BUTOR, l'Emploi du temps, p. 242.

SOUS-TITRER [sutitʀe] v. tr. — 1923 ; de *sous-titre.*

♦ Mettre des sous-titres à (un film). — Au p. p. *Film en version originale sous-titrée.*

SOUS-TOILER [sutwale] v. tr. — Mil. xxᵉ ; de *sous-,* *toile,* et suff. verbal, ou directement de *toiler.*

♦ Mar. Garnir insuffisamment de toile, de voiles. *Sous-toiler un bateau.* — Au p. p. (plus cour.). *Être sous-toilé.*

(...) nous sommes presque toujours sous-toilés par manque de petites voiles maniables, car la route est encore longue, il faut songer au gréement et à l'équipage.
          Bernard MOITESSIER, Cap-Horn à la voile, 1971, p. 208.

SOUSTRACTIF, IVE [sustʀaktif, iv] adj. — 1842, en minéralogie ; du rad. de *soustraction.*

♦ **1.** Relatif à la soustraction ; qui doit être soustrait. *Signe soustractif. Quantité soustractive.*

♦ **2.** (xxᵉ). Élément géométrique servant à mesurer la quantité des décroissements dans un cristal.

SOUSTRACTION [sustʀaksjɔ̃] n. f. — 1484 ; *substraction,* v. 1370 ; *subtraction* « action d'enlever », v. 1155 ; du bas lat. *subtractio,* de *subtrahere.* → Soustraire.

♦ **1.** Vx. Action de soustraire (1. ou 2. ; Bossuet, Voltaire, *in* Littré). — (1636). Mod. Dr. Délit consistant à enlever une pièce d'un dossier. *Crime qui consiste, pour un fonctionnaire* public, à s'approprier des pièces qu'il détient en raison de ses fonctions. *La soustraction est un cas de forfaiture.* ⇒ aussi **Détournement** (2.), **vol.**

♦ **2.** (1520 ; *subtraction,* xiiiᵉ). Opération inverse de l'addition, par laquelle on retranche un ensemble d'un autre, pour obtenir la différence entre les deux. ⇒ **Soustraire** (3.) ; *décompte,* **déduction** (I.), *diminution. La soustraction fait partie des quatre règles* (7.) *ou opérations fondamentales de l'arithmétique* (⇒ **Calcul**). *Signe de la soustraction.* ⇒ **Moins** (−). *Les facteurs, le résultat* (⇒ **Reste**) *d'une soustraction. Le problème de l'impossibilité dans la soustraction (arithmétique) a conduit au concept de nombre négatif* (cit. 15). *Soustraction des nombres entiers, des fractions. Soustraction algébrique.*
CONTR. **Addition.**
DÉR. (Du même rad.) **Soustractif.**

SOUSTRAIRE [sustʀɛʀ] v. tr. — Conjug. *traire.* — xiiiᵉ ; *sustraire, sostraire,* xiiᵉ ; « retirer, enlever » en anc. franç. ; adapt. du lat. *subtrahere,* de *sub,* et *trahere.*

♦ **1.** (V. 1265 ; *sustraire,* v. 1120). *Soustraire (qqch.) à qqn* : enlever*, retirer* (qqch.) à qqn, de manière à l'en priver et, le plus souvent, par la ruse, la fraude. ⇒ **Approprier** (s'), **confisquer, dérober, détourner, divertir, ôter, prendre, ravir, vol, voler.** *On lui a soustrait son portefeuille.* ⇒ **Débarrasser** (de). *Soustraire de l'argent à qqn par une escroquerie.* ⇒ **Escroquer.**

Mᵐᵉ de Fontanin avait renoncé au divorce, mais elle avait soustrait à son mari la modeste fortune héritée de son père, le pasteur.
          MARTIN DU GARD, les Thibault, t. III, p. 50.

♦ **2.** (1588). *SOUSTRAIRE... à...* : enlever, faire échapper à (qqch. à quoi on est exposé). *Soustraire qqn, qqch. à la vue, aux regards* de... ⇒ **Cacher, dissimuler.** — *Soustraire qqn à un danger*, à un risque (⇒ **Préserver, protéger** [de]), à la mort (⇒ **Arracher** ; → Frauder, cit. 4), à une punition. *Soustraire qqn à l'autorité, à l'influence de...* (→ Isoler, cit. 1). ⇒ **Retirer.** *Soustraire qqn à un devoir, à une obligation.* ⇒ **Dégager, dérober, dispenser** (de).

Pour certains poètes, l'obscurité fut un voile subtil qui leur permettait de soustraire leur pensée à la curiosité indiscrète des inquisiteurs ou des politiques.
          G. DUHAMEL, les Refuges de la lecture, VII.

♦ **3.** (xiiiᵉ). Arithm. Retrancher* un nombre d'un autre pour trouver un troisième nombre qui, ajouté à celui que l'on a soustrait, donne l'autre. ⇒ **Décompter, déduire** (I.), **défalquer, distraire** (1.), **enlever, ôter.** *Soustraire 4 de 10.* — Absolt. *Savoir additionner et soustraire* (→ *Juste,* cit. 22). — *De cette somme, nous devons soustraire les frais généraux.* — (xvIIIᵉ). Par ext. *Soustraire mille francs de son compte en banque.*

3   Des cinq louis de Jean, de mon engagement, et des présents de mes parents et amis, j'avais fait une bourse dont je n'avais pas encore soustrait une obole.
DIDEROT, *Jacques le fataliste,* Pl., p. 536.
(Par un vol, dans un sens voisin du sens 1.). *Soustraire subrepticement des pièces d'un dossier.* — Au p. p. *Les documents soustraits du dossier confidentiel.*

▶ **SE SOUSTRAIRE** v. pron. (1559; *soi sotraire de,* v. 1207). S'affranchir*, se libérer*, de... (→ Braver, cit. 4; rapport, cit. 20). *Se soustraire au danger, au péril* (⇒ **Écarter, évader** [s'], **fuir**), *aux devoirs, à une obligation** (cit. 7; ⇒ **Échapper** [à], **éluder, esquiver, manquer** [à]). *Se soustraire aux influences** (cit. 5). — Contr. : *accepter, soumettre (se)...* — (1669). *Se soustraire à la vue, aux regards de qqn :* disparaître, s'en aller.

4   Puisque vous vous êtes soustrait de l'obéissance que l'on doit à son médecin (...)
MOLIÈRE, *le Malade imaginaire,* III, 5, note.

5   Elle sentait qu'il avait déjà pris un empire extraordinaire sur elle et elle ne pensait plus à s'y soustraire.
MÉRIMÉE, *la Double Méprise,* X.

▶ **SOUSTRAIT, AITE** p. p. adj. Voir ci-dessus.

CONTR. Donner, fournir, mettre. — Additionner, ajouter.

SOUS-TRAIT [sutʀɛ] n. m. — 1842; «fagots placés au fond d'un bateau pour que la marchandise ne soit pas mouillée», 1765; *soustré* «litière d'un animal», xIIIᵉ; lat. médiéval *substratum,* même sens, du lat. class. *substernere* «étendre dessous».

♦ Vx. Lit de paille que l'on place sous des gerbes de blé, dans une grange.

SOUS-TRAITANCE [sutʀɛtɑ̃s] n. f. — 1959; de *sous-traitant.*

♦ **1.** Dr. Opération confiée à un sous-traitant suivant les directives de l'entrepreneur principal. *Bourse de sous-traitance. Travailler en sous-traitance.*

1   Ses ateliers, destinés à la fabrication de tubes en tous genres, travaillaient en sous-traitance pour le compte de grosses firmes métallurgiques.
Pierre DANINOS, *le Jacassin,* p. 24.

♦ **2.** Recours à des sous-traitants. *Le développement de la sous-traitance.*

2   De grosses entreprises (...) dont les carnets de commandes (...) étaient en régression ont fait leur apparition sur le marché de la sous-traitance alors qu'auparavant elles l'alimentaient.
France Europe, nº 16, p. 32.

3   Au Japon (...) pas d'immigration, mais les grands trusts japonais font travailler la Corée du Sud, Formose, Hong Kong, par le système de la sous-traitance ou des filiales.
A. SAUVY, *Croissance zéro?,* p. 161.

SOUS-TRAITANT [sutʀɛtɑ̃] n. m. — 1656, *in* D.D.L.; de *sous-traiter.*

♦ **1.** Hist. Associé subalterne d'un fermier général (dit *traitant*), sous l'Ancien Régime.

♦ **2.** (1835). Dr. Personne qui est chargée d'une partie du travail concédé à un entrepreneur principal. ⇒ **Sous-entrepreneur.** *Soustraitant à forfait, à la tâche.*

Par extension :

1   De quel droit et au nom de qui la métaphysique s'en empare-t-elle, les linguistes, les sociologues, les ecclésiastiques et tous les sous-traitants des sciences et des techniques? Dieu même s'occupe de ma prairie comme si c'était un jardin des oliviers.
Jean CAYROL, *Histoire d'une prairie,* p. 62.

Adj. *Société sous-traitante.*

2   D'autres sont des entreprises sous-traitantes, travaillant pour de grandes firmes; elles sont extrêmement nombreuses car elles permettent d'abaisser le coût de la production.
S. DE BEAUVOIR, *Tout compte fait,* p. 287.

DÉR. Sous-traitance.

SOUS-TRAITÉ [sutʀete; sutʀete] n. m. — 1673, Colbert; p. p. substantivé de *sous-traiter.*

♦ **1.** Hist. (Ancien Régime). Convention passée entre un fermier général et un sous-traitant* (1.).

♦ **2.** (1835). Vieilli. Contrat entre un entrepreneur principal et un sous-traitant (louage d'ouvrage).

SOUS-TRAITER [sutʀete; sutʀete] v. intr. — 1673 au p. p.; de *sous-,* et *traiter.*

♦ **1.** Hist. (Ancien Régime). Prendre une partie de la ferme d'un fermier général.

♦ **2.** (1835). Dr. Devenir sous-traitant d'un entrepreneur principal. (1835). Trans. *Sous-traiter une affaire. L'entreprise a sous-traité la construction des entrepôts.*

♦ **3.** Faire appel à un sous-traitant. *La moitié de son chiffre d'affaires est sous-traitée.*

DÉR. Sous-traitant, sous-traité.

SOUS-TRIBU [sutʀiby] n. f. — 1903, *Rev. gén. des sc.,* nº 13, p. 730; de *sous-,* et *tribu.*

♦ Didact. Subdivision d'une tribu*.

SOUS-TRIPLE [sutʀipl] n. m. et adj. — 1872; *subtriple,* 1520; *soustreble,* xIIIᵉ; de *sous-,* et *triple.*

♦ Math. Se dit d'un nombre entier qui est contenu trois fois dans un autre. *Le sous-triple de 15 est 5.*

SOUS-TROCHANTÉRIEN, IENNE [sutʀɔkɑ̃teʀjɛ̃, jɛn] adj. — 1872; de *sous-,* et *trochanter.*

♦ Anat., méd. Qui est situé ou qui se produit au-dessous du grand et du petit trochanter.

SOUSTYLAIRE [sustilɛʀ] adj. — 1741; de *sous-,* et *style.*

♦ Techn. (gnomonique). *Ligne soustylaire :* ligne droite perpendiculaire au style d'un cadran solaire, dans un plan perpendiculaire à celui du cadran. — N. f. *La soustylaire.*

SOUS-UNGUÉAL, ALE, AUX [suzɔ̃gɥeal, o; suzɛ̃gɥeal, o] adj. — 1878; de *sous-,* et *unguéal.*

♦ Anat., méd. Qui se trouve ou se produit sous l'ongle. *Capillaires sous-unguéaux. Mélanome sous-unguéal.*

SOUS-UNITÉ [suzynite] n. f. — 1981, *la Recherche*; de *sous-,* et *unité.*

♦ Sc. Élément d'une unité moléculaire formé d'une chaîne de protéines. «*La molécule d'hémoglobine (...) est formée de quatre sousunités protéiques semblables deux à deux*» (*la Recherche,* mai 1981, p. 614).

SOUS-UTILISATION [suzytilizasjɔ̃] n. f. — 1947, *in* D.D.L.; de *sous-,* et *utilisation.*

♦ Utilisation insuffisante. «*Nous devons donc éviter double emploi ou sous-utilisation*» (*le Point,* 14 sept. 1981, p. 101).

SOUS-UTILISER [suzytilize] v. tr. — 1969, *Entreprise*; de *sous-,* et *utiliser.*

♦ Utiliser de façon insuffisante.

SOUS-VARIANT [suvaʀjɑ̃] n. m. — 1933, Larousse; de *sous-,* et *variant,* p. prés. de *varier.*

♦ Biol. L'un des types intermédiaires entre les variants, dans une descendance microbienne ou virale.

SOUS-VAU [suvo] n. m. — xxᵉ; de *sous-,* et *vau.*

♦ Techn. Pièce située sous le vau.

SOUS-VÉGÉTATION [suveʒetasjɔ̃] n. f. — 1893, *in* D.D.L.; de *sous-,* et *végétation.* → Sous-bois.

♦ Géogr. Végétation qui se développe sous celle d'une forêt. ⇒ **Sousétage.**

SOUS-VENTÉ, ÉE [suvɑ̃te] adj. — 1845, *se sous-venter,* v. pron., *in* D.D.L.; Littré, 1872; de *sous-, vent,* et suff. *-é* (dans la loc. *sous le vent;* usité d'abord au sens a).

♦ Mar. *Voilier sous-venté.* **a** Arrivé sous le vent du point qu'il cherchait à atteindre (du fait du courant, de la dérive, de fautes de barre ou de manœuvre, etc.). — REM. Le mot n'est généralement plus compris de nos jours dans cette acception.

b Mod. Qui n'a pas suffisamment de vent pour avancer à sa vitesse normale, pour être manœuvrant. *Derrière la jetée, nous risquons d'être sous-ventés, il faudra larguer le ris.*

SOUS-VENTRIÈRE [suvɑ̃tʀijɛʀ] n. f. — 1370; de *sous-,* et *ventre.*

♦ **1.** Courroie attachée aux deux timons d'une charrette, et qui passe sous le ventre du cheval. Sangle qui maintient la selle, en passant sous le ventre du cheval (⇒ **Harnais**).

1   (...) une belle jument blanche comme une jatte de lait (...) et qui, crottée jusqu'à la sous-ventrière (...)   Barbey d'Aurevilly, l'Ensorcelée, p. 28.

2   Le soleil donnait en plein sur lui, comme tantôt sur ma mère, et j'ai cru voir lui zébrant le flanc une sorte de bande ou raie rouge, peut-être une sous-ventrière, peut-être qu'il allait quelque part pour être attelé, à une carriole ou similaire.   S. Beckett, Têtes-mortes, p. 13.

♦ **2.** (1878). Par ext. (pop. et vx). Ceinture du pantalon. — Loc. fam. *Manger à s'en faire péter la sous-ventrière :* manger avec gloutonnerie, avec excès. ⇒ **S'empiffrer.**

SOUS-VERGE [suvɛʀʒ] n. m. invar. — 1780 ; de *sous-*, et *verge* « fouet ».

♦ **1.** Hippol. Cheval non monté, attelé à la droite du cheval monté par le conducteur, dans un attelage.

Adolphe, qui montait un porteur solide, une bête alezane, admirablement accouplée avec le sous-verge trottant près d'elle (...)   Zola, la Débâcle, II, t. I, p. 35.

♦ **2.** (1881). Fig. et vx. Second, subordonné, subalterne.

SOUS-VERRE [suvɛʀ] n. m. invar. — xxᵉ (1943, Quillet) ; de *sous-*, et *verre*.

♦ Image ou document que l'on place entre une plaque de verre et un fond rigide (réunis par une bande adhésive, etc.) ; ce dispositif. *Photos de famille dans un sous-verre.*

SOUSVERSE [suvɛʀs] n. m. — xxᵉ (*in* Larousse, 1975) ; de *sous-*, et *verse*.

♦ Techn. Évacuation à la partie inférieure d'une cuve, d'un bassin, etc. ; liquide évacué. — REM. Ce mot, à la différence des autres composés en *sous-*, s'écrit avec les deux éléments soudés, sans raison précise.

SOUS-VÊTEMENT [suvɛtmɑ̃] n. m. — 1907 ; cf. en anc. franç. *souvistement* « travestissement » (1205) ; de *sous-*, et *vêtement*.

♦ (Surtout au plur.). Vêtement de dessous, porté à même la peau. ⇒ **2. Dessous** (3.), **linge** (2. : linge de corps), **lingerie...** *Sous-vêtements d'homme, de femme. Sous-vêtements coordonnés. Une nouvelle ligne de sous-vêtements masculins.* — REM. Le mot est plus courant en parlant des sous-vêtements d'homme.

Pour moi la laine, la simple laine, a les propriétés d'un cilice (...) Il suffirait donc, pour me mortifier, d'adopter les sous-vêtements de laine.   G. Duhamel, Salavin, Journal, 13 mars.

SOUS-VÊTURE [suvetyʀ] n. f. — 1943 ; de *sous-*, et *vêture*, d'après *sous-vêtement*.

♦ Littér. et plais. Ensemble des sous-vêtements.

Une troisième était guettée avec ardeur par les satyres parce que le premier courant d'air avait permis d'espérer une sous-vêture réduite au minimum.   R. Queneau, Pierrot mon ami, p. 13.

SOUS-VIRAGE [suviʀaʒ] n. m. — V. 1960 ; de *sous-virer*.

♦ Autom. Réaction d'une automobile qui dérape par les roues avant, diminuant ainsi l'effet normal de la direction. ⇒ **Sous-virer** (cit.).

CONTR. Survirage.

SOUS-VIRER [suviʀe] v. intr. — V. 1960 ; de *sous-*, et *virer*.

♦ Techn. (autom.). Se dit d'une automobile qui dérape par les roues avant, l'axe médian s'orientant vers l'extérieur du virage. ⇒ **Sous-vireur.**

Dans le cas d'une voiture sous-vireuse s'engageant à vitesse trop élevée dans une courbe, le dérapage se fait par les roues avant (...). Le pilote a alors la possibilité de redresser très momentanément la direction, de freiner vigoureusement (...) et, sa vitesse ayant diminué, de braquer à nouveau : l'effet de sous-virage excessif ne se produisant plus si la vitesse a suffisamment diminué, la voiture s'engage enfin dans la courbe (...).
Qu'il s'agisse de faire survirer ou sous-virer une voiture, il faut toujours prendre garde d'effectuer ses réglages sans excès.   Johnny Rives, la Conduite des automobiles, p. 112.

CONTR. Surviver.
DÉR. Sous-virage, sous-vireur.

SOUS-VIREUR, EUSE [suviʀœʀ, øz] adj. — V. 1960 ; de *sous-virer*.

♦ Autom. Qui a tendance au sous-virage.

Lorsqu'une voiture dérape par ses roues avant on dit qu'elle est « sous-vireuse ». En effet, le glissement du train avant entraîne une diminution de l'effet normal de la

direction : l'axe médian de la voiture s'oriente vers l'extérieur du virage, parallèlement à la tangente de la courbe qu'il constitue.   Johnny Rives, la Conduite des automobiles, p. 45.

CONTR. Survireur.

SOUS-VOLTAGE [suvɔltaʒ] n. m. — 1965, *in* Gilbert ; de *sous-*, et *voltage*.

♦ Techn. Voltage inférieur à un voltage de référence.

CONTR. Survoltage.

SOUS-ZONE [suzon] n. f. — 1969, *in le Monde* ; de *sous-*, et *zone*.

♦ Admin. Subdivision d'une zone.

SOUTACHE [sutaʃ] n. f. — 1838 ; hongrois *sujtas* « bordure, galon ».

♦ **1.** Vx. Tresse de galon qui s'attachait au shako.

♦ **2.** (1857). Ouvrage de passementerie (tresse ou galon) servant d'ornement distinctif sur les uniformes, les képis (anciennt). — Galon destiné à cacher les coutures d'un vêtement (⇒ **Mignardise**), à servir de garniture. *Soutache rouge du pantalon des douaniers.*

Et mon orgueil vivant porte avec majesté   1
Le rouge justaucorps que brode la soutache.
      H. de Régnier, Flamma tenax, « L'orgueil ».

Michel Strogoff était vêtu d'un élégant uniforme militaire, qui se rapprochait de   2
celui des officiers de chasseurs à cheval en campagne, bottes, éperons, pantalon demi-collant, pelisse bordée de fourrure et agrémentée de soutaches jaunes sur fond brun.   J. Verne, Michel Strogoff, p. 34.

DÉR. Soutacher.

SOUTACHER [sutaʃe] v. tr. — 1849 ; de *soutache*.

♦ Orner de soutaches. — Par analogie :

On m'avait passé des gants en tricotage, on avait soutaché le haut de mes chaussettes d'un sournois élastique et on me tirait vers l'école par les deux bras.   1
      J. Giono, la Vierge morte, Pl., t. II, p. 21.

Au p. p. *Veste, redingote soutachée* (→ Fustanelle, cit. ; galon, cit. 1).

Ses yeux suivaient l'énorme bazar des uniformes, casques et bonnets d'ourson,   2
habits puérilement dorés, soutachés, galonnés, toute la vanité des épaulettes, le harnachement des hommes comme des chevaux de cirque, glands d'or, aiguillettes, plumets.   Aragon, la Semaine sainte, XV, p. 512.

SOUTAGE [sutaʒ] n. m. — Mil. xxᵉ ; de *souter*.

♦ Mar. Opération par laquelle un navire se ravitaille en combustible.

SOUTANE [sutan] n. f. — 1564 ; *sottane*, 1550 ; ital. *sottana*, proprt « vêtement de dessous », de *sotto* « sous ».

♦ **1.** Ancient. Longue robe ou tunique que portaient les ecclésiastiques, les médecins et les gens de justice (→ Bonnet, cit. 9).

♦ **2.** (1599). Pièce principale du costume ecclésiastique (cit. 4) traditionnel (largement abandonné dans de nombreux pays, dont la France), long vêtement que portent les clercs au moins dans les fonctions sacrées. *Soutane noire du prêtre* (→ Calotte, cit. 2), *violette de l'évêque* (→ Anneau, cit. 7), *rouge du cardinal, blanche du pape. Soutane d'intérieur.* ⇒ **Simarre.** *En soutane, vêtu d'une soutane* (→ Champion, cit. 2 ; extasier, cit. 2). — *Abandonner la soutane pour le costume de ville. Prêtre traditionaliste qui porte soutane.*

♦ **3.** (1694). *La soutane,* considérée comme symbole de l'état ecclésiastique. *Prendre, endosser la soutane :* devenir prêtre. — (xixᵉ). Fam. *La soutane :* les prêtres.

(...) il arriva que ce fut Macqueron, l'adjoint, jadis l'ennemi de la soutane, qui se   1
mit à la tête des mécontents, humiliés de n'avoir pas un curé à eux.
      Zola, la Terre, IV, IV.

Sainte-Beuve, qui aimait à vivre sur le bord du nid d'autrui, avait, pour le rôle de   2
confesseur, un goût inné. « Il était né pour porter la soutane », dit Pavie (...)
      A. Maurois, Olympio, IV, III.

DÉR. Soutanelle, soutanette, soutanier.
COMP. Ensoutaner.

SOUTANELLE [sutanɛl] n. f. — 1680 ; de *soutane*, par l'ital. *sottanella.*

♦ **1.** Vx. Petite soutane descendant aux genoux. *La soutanelle des abbés de la Régence.*

♦ **2.** (1904). Redingote à collet droit et sans revers portée par les prêtres dans certains pays (Angleterre, Amérique, Allemagne), avant qu'ils ne portent le costume de ville dit de clergyman.

SOUTANETTE [sutanɛt] n. f. — 1889, Verlaine ; dimin. de *soutane*.

♦ Rare. Petite soutane (des enfants de chœur). → Enfant (cit. 7).

SOUTANIER [sutanje] n. m. — 1886, L. Bloy ; de *soutane*.

◆ Péj., vx. Porteur de soutane, prêtre (cf. L. Bloy, *la Femme pauvre*, I, XIV ; Huysmans, *Là-bas*, XVI et XXII).

SOUTASSE [sutɑs] n. f. ⇒ **Sous-tasse**.

SOUTE [sut] n. f. — V. 1300, Joinville ; anc. provençal *sota*, de même sens (XIIIᵉ), de la prép. adv. *sota* « dessous », d'un lat. pop. *subta*, réfection de *subtus* « sous », d'après *supra* « sur ».

◆ **1.** Magasin situé dans la cale ou l'entrepont (d'un navire). *Soute à charbon* (→ Étanche, cit. 1), *à filins, à câbles, à voiles, à munitions ou aux poudres* (→ Réduit, cit. 6), *à vin* (→ Plein, cit. 69), *à provisions... Voyageur clandestin caché dans la soute.*

Le *Nan-Shan* avait une soute à charbon transversale, qui communiquait avec l'entrepont d'avant par une porte de fer ; on utilisait parfois cette soute comme cale à marchandise (...) le trou d'homme qui y donnait accès se trouvait le premier dans la coursive. GIDE, Trad. CONRAD, Typhon, IV, p. 118.

◆ **2.** (1939, Saint-Exupéry). Espace réservé au transport de marchandises, sur un avion de transport. *La soute d'un avion-cargo. Soute à bagages. Bagages de soute,* enregistrés pour être transportés dans la soute (opposé à *bagages de cabine*).

◆ **3.** N. f. pl. Techn. **SOUTES** : combustible liquide pour les navires.

DÉR. Souter, soutier.

SOUTENABLE [sutnabl] adj. — XVᵉ ; *soustenable,* v. 1260 ; de *soutenir*.

◆ **1.** Qui peut être soutenu par des raisons valables, plausibles. « *Cette opinion, cette proposition, cette cause est soutenable, n'est pas soutenable* » (Académie).

◆ **2.** (Déb. XVIᵉ). Vx (langue class.). Qui peut être enduré, supporté. « *Le joug en est-il devenu plus pesant et moins soutenable?* » (Bourdaloue, *Pensées*, le Jugement du religieux). — Mod. (en tournure de sens négatif). *Le spectacle de ce carnage n'était pas soutenable.*

CONTR. Insoutenable.

SOUTENANCE [sutnɑ̃s] n. f. — 1856 ; « soutien », v. 1265 ; *sostenance,* v. 1160 ; *soustenance* « subsistance », v. 1155 ; de *soutenant*.

◆ Action de soutenir (une thèse de doctorat, une maîtrise). *Assister à une soutenance de thèse. La soutenance a lieu mardi prochain.*

SOUTENANT [sutnɑ̃] n. m. — 1660 ; « celui qui se défend contre un assaillant », v. 1307 ; de *soutenir*.

◆ Vx. Personne qui soutient une thèse de doctorat. ⇒ **Soutenance** ; **thésard** (fam.). — REM. Le mot n'a pas de féminin ; à l'époque où il s'utilisait, les femmes n'avaient pas accès au doctorat.

DÉR. Soutenance.

SOUTÈNEMENT [sutɛnmɑ̃] n. m. — 1426 ; *sustenement* « soutien », v. 1119 ; de *soutenir*.

◆ (Dans des expr.). Action, manière de soutenir (une poussée, une pression). — (1721). *Mur de soutènement,* épaulant un remblai, une terrasse (→ Extraire, cit. 1 ; remblai, cit. 2). — Techn. *Soutènement marchant :* étançons qu'on déplace à mesure que le front de taille avance, dans les mines.

SOUTENEUR [sutnœʀ] n. m. — V. 1330, *souteneur ; sosteneor,* XIIᵉ ; de *soutenir*.

◆ **1.** Vx. Celui qui soutient, se fait le défenseur, le partisan. *Souteneurs d'un système* (→ Circonstance, cit. 11).

◆ **2.** (Av. 1850). Vx. Celui qui soutient un spectacle de ses applaudissements rétribués. ⇒ **Claque**.

◆ **3.** (1743). Celui qui vit de la prostitution d'une ou de plusieurs filles publiques, en se donnant l'apparence de les « soutenir », de les protéger. ⇒ **Entremetteur, protecteur, proxénète** ; fam. 2. **maquereau** ; pop. **alphonse, jules**.

1 Toute fille *faisant le vague* a un amant de cœur, qu'en termes de police, on nomme *souteneur,* et qu'en termes de dames de la halle, on appelle d'un nom plus expressif encore. A. DUMAS, Filles, in Ch. PAUL DE KOCK, la Grande Ville, t. II, p. 326.

2 La dégradation de la femme par la prostitution est une plaie hideuse, un véritable fléau social, sur lequel s'en greffe un autre, le souteneur (vulgo « maquereau »), lèpre des grandes villes, qui ferment du vol, de meurtre, de sinistre débauche, très souvent indicateur de police et, au besoin même, agent des mœurs. Léon DAUDET, la Femme et l'Amour, III.

SOUTENIR [sutniʀ] v. tr. — Conjug. *tenir.* — Déb. XIIIᵉ ; *sostenir,* fin IXᵉ ; d'un lat. pop. *sustenire,* class. *sustinere,* de *sus-,* et *tenere* → Tenir.

★ **I.** Maintenir dans une position de stabilité, d'équilibre, empêcher de tomber, arrêter la chute de... ⇒ **Maintenir, porter, supporter, tenir.** ◆ **1.** (Déb. XIIᵉ). Maintenir (qqch.) en place. *Soutenir un fardeau, un poids, un objet pesant, le corps, la caisse d'une voiture. Soutenir une construction, un mur, la poussée d'une force au moyen d'arcs-boutants* (⇒ **Arc-bouter, buter**), *de contreforts, d'un contre-mur, de contre-boutants* (⇒ **Contre-bouter**), *d'étançons* (⇒ **Étançonner**), *d'étais* (⇒ **Étayer**, cit. 1), *de pieux, de branches, de clayonnages* (⇒ **Clayonner**)... ⇒ **Appuyer, consolider ; soutènement.** *Soutenir avec une cale.* ⇒ **Accoter.** *Ce qui sert à soutenir.* ⇒ **Appui, armature, bâti** (d'une machine), **butée, carcasse, charpente, échafaudage** (cit. 2 et 3), 2. **étai** (cit. 1 et 2), **sommier, soupente, support, tréteau.** *Colonnes qui soutiennent un édifice* (→ Appui, cit. 15). — Au passif et p. p. *Salle soutenue par de lourds piliers* (→ Côte, cit. 6). *Solives soutenues par des poutres.* — *Les pilotis* (cit. 3) *qui soutiennent la maison. Cariatide, atlante soutenant une corniche. Console soutenant un balcon* (→ aussi Corbeau, encorbeller). *Entablement qui soutient la charpente d'un toit. Pierre principale qui soutient la voûte.* ⇒ **Voûte** (clef de voûte). *Une planche* (cit. 1) *de sapin soutenant quelques livres. Soutenir un pont au moyen de culées, de chevalets. Tins soutenant un navire en radoub. Tuteurs, échalas, rames qui soutiennent des arbres, des arbustes. Tringles soutenant des rideaux* (→ aussi Joufflu, cit. 2). — *Des oreillers* (cit. 2) *soutenaient ses bras. Ceinturon* (cit.) *soutenant une rapière.* — *Soutenir qqn. Des coussins la soutenaient* (→ Entasser, cit. 3). *Mes genoux tremblants ne pouvaient me soutenir* (→ Éblouissement, cit. 4).

1 (La place) est entourée de maisons soutenues par de grandes colonnes de granit bleuâtre d'une seule pièce et d'un bel effet. Th. GAUTIER, Voyage en Espagne, p. 42.

Par métaphore. *Le fil qui le soutenait allait se rompre* (→ Glaive, cit. 3). « *Lui seul De la religion soutient tout l'édifice* » (cit. 8). — Loc. *Comme la corde soutient le pendu :* de telle manière que l'on nuit à celui qu'on a l'air de défendre.

◆ **2.** (V. 1175). Maintenir debout, empêcher (qqn) de tomber, de s'affaisser. *Il la soutenait ainsi, en marchant* (→ Mollement, cit. 6). — « *Soutiens-moi, Fabian (...)* » (→ 1. Foudre, cit. 11, Corneille).

Au p. p. *Soutenu sous les bras par ses amis* (→ Embarrasser, cit. 20 ; et aussi 2. caler, cit. 3). *Talleyrand marchant soutenu par Fouché* (→ Appuyer, cit. 42).

2 (...) au milieu d'eux s'avançait Urbain, soutenu ou plutôt porté par six hommes vêtus en pénitents noirs, car ses jambes unies et entourées de bandages ensanglantés semblaient rompues et incapables de le soutenir. A. DE VIGNY, Cinq-Mars, V.

◆ **3.** (V. 1050). Empêcher (qqn) de défaillir, en rendant des forces. ⇒ **Conforter, fortifier, réconforter, remonter, réparer, stimuler, sustenter.** *Aliments qui soutiennent la vie du corps* (→ Assaisonner, cit. 3). *On lui a fait une piqûre pour soutenir le cœur.* — Absolt. *Cela soutient.* — Par métaphore. *Mangeons ce pain qui soutient l'homme* (→ Eucharistie, cit. 2, Bossuet). *L'esprit soutiendra le corps* (→ Grippe, cit. 7).

3 (...) vous en pourriez boire (*du vin*) le matin (...) et cela soutient toujours. PASCAL, les Provinciales, V.

◆ **4.** (1080). Le compl. désigne une chose abstraite. Empêcher de fléchir, de défaillir, en apportant aide, concours, secours, réconfort, encouragement... ⇒ **Aider, appuyer, encourager, épauler.** *Soutenir le courage* (→ Néophyte, cit. 1), *l'effort, l'ardeur, l'espoir, l'espérance de qqn. Soutenir les arts de son pays.* ⇒ **Favoriser, protéger.** *Soutenir un État* (→ Fastueux, cit. 3), *un empire* (→ Gloire, cit. 36), *un gouvernement* (→ Opposition, cit. 12 ; populaire, cit. 5), *la monarchie* (→ Patricien, cit. 1), *un parti.* — Au p. p. *La Commune* (cit. 4), *soutenue par les Fédérés. Société soutenue par le dévouement des chefs* (→ Église, cit. 11).

(Fin XIIᵉ). Le compl. désigne une personne. *Cet espoir le soutient. L'illusion qui l'avait soutenu jusqu'alors* (→ Fatigue, cit. 10). *Dieu vous envoie un secours pour vous soutenir* (→ Effectivement, cit. 1). *Dans ce dessein* (cit. 6) *il faut me soutenir. Elle m'a soutenu dans mes épreuves.* ⇒ **Aider, assister, épauler, réconforter, remonter, seconder, secourir ; épaule** (prêter l'), **main** (donner la). *Vendôme que soutient l'orgueil de sa naissance* (→ Élancer, cit. 2). — Absolt. *Espérance qui soutient* (→ Accablement, cit. 7).

4 Et pourquoi n'avouerais-je pas que ces amitiés, que des témoignages donnés çà et là par des inconnus, m'ont soutenu dans la carrière et contre moi-même et contre d'injustes attaques, contre la calomnie qui m'a si souvent poursuivi, contre le découragement (...) BALZAC, Avant-propos (1842), Pl., t. I, p. 15.

5 Il avait épousé depuis quelques années déjà une femme bonne, dévouée, aimante, sœur de charité du génie malade, qui le soutenait, le consolait, le soignait et l'aidait à supporter sa misère en la partageant avec un invincible courage. Th. GAUTIER, Portraits contemporains, Ph. Boyer.

Prendre parti pour (qqn). *Une mère qui soutient ses enfants contre leur père.*

(Fin XIIᵉ). Dans l'ordre financier. Aider à vivre, à subsister, par l'argent, des fonds, du crédit... *Appelé du Service national qui soutient sa famille.* ⇒ **Soutien**, 5. (soutien de famille). *Soutenir de ses capitaux une affaire, une entreprise, une maison.* ⇒ **Financer**

(→ Fort, cit. 77). *Sa banque a fait un gros effort pour le soutenir.* — Par ext. *Soutenir le crédit de qqn. Soutenir les cours par des achats en bourse. Soutenir une monnaie.*

6 Le franc n'était soutenu que par des artifices. Les capitaux fuyaient.
                                        A. MAUROIS, le Cercle de famille, II, XII.

♦ **5.** **a** (Fin XIIIᵉ). Par anal. Apporter son aide à (qqn, sa cause) dans une action, dans un combat, une lutte. ⇒ **Défendre.** *Soutenir la cause, la candidature de qqn. Soutenir un candidat aux élections. Il soutenait ses ministres tant qu'ils avaient la majorité* (cit. 3). *« Un ministère* (cit. 7) *qu'on soutient est un ministère qui tombe. » Soutenir qqn énergiquement, avec vigueur.* ⇒ **Cause** (prendre fait et cause). *Soutenir le parti de qqn.* ⇒ **Épouser.**

b En franç. d'Afrique. Subvenir aux besoins de (qqn). *Il soutient son frère et ses deux cousins.*

♦ **6.** (XIIIᵉ). Affirmer, faire valoir en appuyant par des raisons. *Soutenir une querelle, une controverse, une doctrine, une opinion :* continuer, persister à la défendre contre des adversaires, des contradicteurs, des opposants. *Soutenir la gageure*. Soutenir une idée, son point de vue, en avançant des motifs, des preuves, des raisons valables. Soutenir un projet devant le parlement.* — Spécialt. *Soutenir une thèse de doctorat.* ⇒ **Soutenance.** *Soutenir un procès.* ⇒ **Défendre, plaider.** *Soutenir ses droits.* ⇒ **Valoir** (faire valoir).

7 (...) j'ai consacré les dernières lueurs de mon intelligence à soutenir le parti de la vérité (...)   LOTI, Suprêmes Visions d'Orient, janv. 1921.

Invoquer des arguments à l'appui de (une opinion). *Invoquer une autorité, un témoignage, un fait, un argument à l'appui* de ce que l'on soutient.* ⇒ **Argumenter.** *Soutenir un paradoxe, une proposition comme vraie.* ⇒ **Assertion.** *Soutenir le pour et le contre.* ⇒ **Discuter, disputer** (→ Souffler* le chaud et le froid).

8 Si quelque autre l'avait dit,
   Je soutiendrais le contraire (...)   LA FONTAINE, Fables, IX, 1.

(1538). *Soutenir que...* ⇒ **Assurer, attester, écrire, enseigner, maintenir, prétendre, professer, répondre.** *Je soutiens qu'il faut dire...* (→ Paix, cit. 28). *Soutenir mordicus que...* ⇒ **Opiniâtrer** (s').

9 En sais-tu tant que moi ? J'ai cent ruses au sac.
   — Non, dit l'autre ; je n'ai qu'un tour dans mon bissac,
   Mais je soutiens qu'il en vaut mille.   LA FONTAINE, Fables, IX, 14.

♦ **7.** (Fin XIIIᵉ). Temporel. Faire durer. **a** Aider à se continuer, à se poursuivre, à ne pas baisser. — (1611). *Soutenir sa voix :* en prolonger le son. — (Danse). *Soutenir une attitude :* la conserver pendant un certain temps.

b (1812). ⇒ **Rehausser.** *Des tons vifs que soutenait encore l'éclat d'une peau satinée* (→ Coquette, cit. 10).

c (1663). *Soutenir la conversation, la discussion :* l'alimenter, la poursuivre, la ranimer, la réchauffer, ne pas la laisser languir (→ Paresse, cit. 6 ; réduire, cit. 18).

d *Soutenir l'attention, l'intérêt* (d'un auditoire, d'un lecteur).

10 Ainsi, *la comédie d'intrigue,* soutenant la curiosité, marche tout au travers du drame, dont elle renforce l'action, sans en diviser l'intérêt (...)
                                        BEAUMARCHAIS, Un mot sur la Mère coupable.

e (1636). Aider à ne pas déchoir, se montrer digne* de. *Soutenir sa réputation :* s'efforcer d'en être digne. *Soutenir son rang, sa dignité, l'honneur de sa maison* (→ Imputer, cit. 24), *un grand nom* (→ Abaisser, cit. 12), *un renom* (→ Immutabilité, cit. 3).

10.1 Je vous ai dit que j'avais quitté mon nom parce que ma position de fortune ne me permettait pas de le soutenir dignement.   E. LABICHE, le Baron de Fourchevif, 7.

f *Soutenir son propre effort.* ⇒ **Continuer, persévérer, persister, poursuivre.**

★ **II.** (1538). ♦ **1.** (Sujet n. de chose). Recevoir, subir sans fléchir (le poids d'une chose, la force qui s'exerce sur soi). ⇒ **Résister** (à), **supporter.** *Une digue qui soutient l'effort des eaux. Le chêne ne put soutenir la force du vent* (Littré). — *Les parois du récipient ne font que soutenir la pression de l'air* (→ Force, cit. 60).

(Sujet humain : personne, groupe, etc.). *Les guerres que les Grecs eurent à soutenir* (→ Éteindre, cit. 23 ; et aussi refouler, cit. 2). *Soutenir le combat, une lutte dans l'adversité* (cit. 1 ; → aussi Appréhension, cit. 5). *Soutenir sans faiblir une attaque, des assauts* (cit. 2) *de l'ennemi, le choc d'une armée* (→ Frais, cit. 33). ⇒ **Tenir.** *Soutenir un siège*.

11 (...) la nouvelle dynastie *(capétienne)* aurait de longues luttes à soutenir avant de reconstituer l'unité du royaume.   J. BAINVILLE, Histoire de France, IV, p. 47.

(1587, in D. D. L.). Loc. fig. *Soutenir le choc :* résister à une agression, supporter qqch. de pénible.

♦ **2.** (IXᵉ). **a** Vx. Supporter. *Soutenir la torture sans rien avouer.* ⇒ **Endurer, souffrir.** *Il n'a pu soutenir sa disgrâce, un tel déshonneur* (→ Ivre, cit. 10). — *Soutenir le poids de ses responsabilités.*

12 (...) le tonique d'une haine pour soutenir le poids d'une vie solitaire.
                                        BALZAC, Une ténébreuse affaire, Pl., t. VII, p. 491.

b (Mil. XVIIᵉ). Mod. *Ne pouvoir soutenir la présence, la vue de qqn :* ne pouvoir la supporter. *Soutenir le regard de qqn :* le regarder sans baisser les yeux.

Son visage exprimait la franchise et la bonté (...) On ne pouvait soutenir sans émotion le regard de ses yeux qui se mouillaient.   FRANCE, le Petit Pierre, XXII. 13

(...) les jeunes filles soutinrent hardiment tous les regards. L'aînée surtout : elle passa lentement devant nous, nous regarda tous, et ses paupières ne battirent pas une seule fois.   Valery LARBAUD, Fermina Marquez, I. 14

Soutenir la comparaison (avec qqn, avec qqch.) : *se montrer l'égal* (→ Émeraude, cit. 2). ⇒ **Défier, rivaliser.**

(...) cette terrasse peut soutenir la comparaison avec celle de Saint-Germain-en-Laye.   STENDHAL, le Rouge et le Noir, I, II. 15

▶ **SE SOUTENIR** v. pron.

♦ **1.** (V. 1160). Réfl. Se tenir* debout, se maintenir droit, conserver sa force. *Pris de vin, il ne pouvait se soutenir* (→ Prendre, cit. 125). *Elle se soutenait à peine* (→ Frisson, cit. 8). *Je ne me soutiens plus ; ma force* (cit. 3) *m'abandonne.*

(1647). Se maintenir dans une position d'équilibre. *Les oiseaux se soutiennent en l'air au moyen de leurs ailes.* ⇒ **Voler.** *Se soutenir à la surface.* ⇒ **Surnager.**

(V. 1639). Fig. Se maintenir. ⇒ **Continuer** (se), **durer, subsister.** *« Un empire fondé par les armes* (cit. 20) *a besoin de se soutenir par les armes. »* — *L'amour se soutient par l'exaspération des désirs* (→ Possession, cit. 13).

Athènes savait très bien que la démocratie ne peut se soutenir que par le respect des lois.   FUSTEL DE COULANGES, la Cité antique, IV, XI. 16

(V. 1650). En parlant de l'intérêt d'un ouvrage littéraire, d'un discours. Se continuer*, ne pas diminuer, ne pas se démentir. *L'intérêt de la pièce se soutient jusqu'au dernier acte.*

En parlant d'opinions. Être défendu, prétendu. *Cela ne peut se soutenir historiquement* (cit.).

♦ **2.** (Mil. XVIIᵉ). Récipr. S'aider mutuellement. ⇒ **Entraider** (s'). *Se soutenir l'un l'autre.*

▶ **SOUTENU, UE** p. p. adj.

♦ **1.** Appuyé, secondé.

♦ **2.** Accentué, prononcé. — Peint. *Les lignes plus soutenues* (→ Galbe, cit. 5). — Cour. *Couleur soutenue,* assez intense. *Ton franc et soutenu.*

♦ **3.** (Fin XVIIᵉ). Qui se soutient, est constant, régulier. ⇒ **Assidu, constant, persévérant, persistant.** *Travail constant* (cit. 3), *soutenu. Efforts soutenus. Attention soutenue* (→ Diffusion, cit. 3 ; 1. mat, cit.). *Marche régulière, soutenue* (→ aussi Gradation, cit. 5). — Mus. *Son soutenu. Note soutenue.*

♦ **4.** (1680). Style. Qui se maintient à un certain niveau dans la hiérarchie sociale des discours, évite toute familiarité. *Ce mot ne s'emploie que dans le style soutenu, dans l'usage soutenu.* ⇒ **Élevé, noble.**

CONTR. Abandonner. — Assaillir. — Attaquer. — Contester, démentir, protester. — Détruire. — Lâcher, relâcher, tempérer. — Succomber. — Tomber. — Entre-dévorer (s').

DÉR. Insoutenable. — Soutenable, soutenant, soutènement, souteneur, soutien.

SOUTER [sute] v. tr. — XXᵉ ; cf. *ensouter,* 1922 ; de *soute.*
Technique.

♦ **1.** Recevoir (du combustible). *Souter du mazout.* ⇒ **Mazouter.** *Souter du charbon.* — Absolt. *Le cargo est en train de souter.*

♦ **2.** Fournir en combustible (un navire).

DÉR. Soutage.

SOUTERRAIN, AINE [sutɛʀɛ̃, ɛn] adj. et n. m. — XIIᵉ, *souterrain* (encore en 1690, Furetière) ; *sozterrain,* v. 1130 ; de *sous,* et *terre,* d'après le lat. *subterraneus.*

★ **I.** Adj. ♦ **1.** Qui est sous terre. *Le blaireau se creuse* (cit. 19) *une demeure souterraine.* ⇒ **Terrier** (→ Après, cit. 16). *Galeries souterraines des catacombes* (cit. 1), *des égouts, du métro, des mines* (cit. 2). *Cavités souterraines.* ⇒ **Caverne** (cit. 3), **excavation, grotte.** *Un gouffre souterrain* (→ Géhenne, cit. 3). *Eau, nappe souterraine* (→ Infiltration, cit. 2 ; lac, cit. 4). *Chemin, passage souterrain.* ⇒ **Tunnel** (→ Foyer, cit. 18 ; jaillir, cit. 14). *Prenez le passage souterrain pour traverser les voies. Local souterrain.* ⇒ **Cave, caveau, crypte.** *Pièce souterraine* (→ Rue, cit. 3). *Abri souterrain, casemate souterraine. Cachot souterrain.* ⇒ **Basse-fosse.** — Qui se développe sous terre. *Tige souterraine* (rhizome), *racines souterraines...*

Des puits ronds et étroits, masqués au dehors par des couvercles de pierre et de branches, verticaux, puis horizontaux, s'élargissant sous terre en entonnoir, et aboutissant à des chambres ténébreuses, voilà (...) ce que Westermann trouva en Bretagne (...) Une des plus sauvages clairières du bois de Misdon, toute perforée de galeries et de cellules (...) Cette vie souterraine était immémoriale en Bretagne (...) quelques-unes de ces cryptes étaient aussi anciennes que les dolmens.   HUGO, Quatre-vingt-treize, III, I, II. 1

Qui se fait sous terre. *Transports, travaux souterrains* (→ Extraction, cit. 2 ; 2. mine, cit. 3). *Transformations souterraines*

(→ Cadavre, cit. 4). *Circulation souterraine* (→ Satellite, cit. 4). *Explosion atomique souterraine.*

♦ **2.** (1532). Fig. et littér. Caché. ⇒ **Secret, ténébreux.** *Pratiques, menées, intrigues, manœuvres souterraines* (→ Ameuter, cit. 1). *Travaux souterrains d'un ambitieux* (→ Pluie, cit. 8). — Obscur, qui ne se fait pas au grand jour. *La période souterraine du christianisme* (→ Embrasser, cit. 25). *Évolution souterraine.*

2 (...) je voudrais surtout attirer l'attention du lecteur sur cette faculté souffrante, souterraine et révoltée, qui traverse toute l'œuvre *(la Tentation de saint Antoine),* ce filon ténébreux qui illumine, — ce que les Anglais appellent le *subcurrent,* — et qui sert de guide à travers ce capharnaüm pandémoniaque de la solitude.
BAUDELAIRE, l'Art romantique, XVII, VI.

2.1 Alors Henri raconta à Jean ce qu'avaient caché au monde pendant quarante années l'attachement profond et la fidélité apparente de M. de Lomperolles à sa femme. Il éclaira brusquement la vie souterraine si bien gardée, aujourd'hui sans défense, qui s'étendait sous son autre vie, comme ces palais d'Orient au fond desquels il y a des cachots (...)
PROUST, Jean Santeuil, Pl., p. 718.

★ **II. N. m. ♦ 1.** (1701). Vx. Lieu souterrain, naturel ou artificiel (→ Hypogée, cit. 2 ; nourricier, cit. 2).

♦ **2.** (V. 1160, *sozterrain*). Passage souterrain, naturel ou pratiqué par l'homme (→ Lumière, cit. 16 ; remugle, cit. 1). *Les souterrains d'un château* (cit. 1). *Entrée secrète d'un souterrain* (→ Hermandad, cit.). *Ténèbres d'un souterrain.* ⇒ **Sombre** (→ Étouffer, cit. 18 ; faisceau, cit. 8). — Par métaphore. « *Le rêve* (cit. 5)... *est un souterrain vague qui s'éclaire peu à peu.* »

3 (...) il importe que nous bouchions le souterrain fait sous la galerie : le soldat peut découvrir en marchant la sonorité de l'endroit miné, appeler l'attention d'un inspecteur, et alors nous serions découverts (...)
DUMAS, le Comte de Monte-Cristo, t. I, XVII.

CONTR. Aérien. — Surface (en) ; **superficiel.**
DÉR. Souterrainement.

SOUTERRAINEMENT [suteʀɛnmɑ̃] adv. — Fin XVIIᵉ ; de *souterrain.*

♦ **1.** (1836). Rare. Par une voie souterraine ; sous terre.

♦ **2.** (1872, Littré). Fig. D'une manière souterraine, secrète (→ Échéance, cit. 4 ; fuser, cit. 1).

Il y a entre le principe du théâtre et celui de l'alchimie une mystérieuse identité d'essence. C'est que le théâtre comme l'alchimie est, quand on le considère dans son principe et souterrainement, attaché à un certain nombre de bases, qui sont les mêmes pour tous les arts (...)
A. ARTAUD, le Théâtre et son double, Idées/Gall., p. 71 (1938).

SOUTIEN [sutjɛ̃] n. m. — Mil. XIIIᵉ ; de *soutenir.*

A. ♦ 1. (1674). Rare. Action de soutenir (I., 1.). *Le soutien d'un mur par un contre-mur.* ⇒ **Adossement.** *Pièce de soutien.* ⇒ aussi **Soutènement.** — Bot. *Tissus de soutien,* qui assurent le port dressé de l'arbre.

♦ **2.** (1598). Ce qui soutient* une chose, la maintient en telle ou telle position. ⇒ **Appui** (cit. 13), **point** (d'appui), **support.** *Les os* (cit. 1) *servent de soutien aux parties molles du corps. Soutiens d'une construction, d'un édifice, d'un mur, d'une voûte.* ⇒ **Soutenir** (I., 1.). *Soutiens pour le coude, les bras, la tête...* ⇒ **Accotoir, appui** (2.), **dossier...**

♦ **3.** (1681). Blason. Ornement extérieur de l'écu, objets inanimés placés de part et d'autre de l'écu.

♦ **4.** Vx. (Au plur.). Brassière, soutien-gorge.

1 En entrant dans la première salle, chaque femme était obligée de quitter sa bouffante, ses soutiens, son corps, son faux chignon, et de vêtir une lévite blanche avec une ceinture de couleur.
NERVAL, les Illuminés, Cagliostro, IV.

B. (Abstrait). ♦ **1.** (1636). Fig. et vieilli. Action de soutenir les forces, d'empêcher de défaillir.

2 (...) Cette ambroisie est fade :
J'en eus au bout d'un jour l'estomac tout malade.
C'est un mets délicat, et de peu de soutien (...)
CORNEILLE, Illusions comiques, IV, 5.

♦ **2.** (Mil. XIVᵉ). Action de soutenir dans l'ordre moral, spirituel, financier, politique, militaire, social. ⇒ **Aide, appui** (fig., cit. 15), **défense, protection, secours.** *Le soutien de qqn, de qqch. par qqn. Le soutien de qqn, d'une institution :* le fait de le, de la soutenir. *Le soutien de qqn :* le fait qu'il soutienne (qqn, qqch.). *La proclamation et le soutien de ce système* (→ Milieu, cit. 28). — Milit. *Unité de soutien,* destinée à venir en aide à une autre unité. — *Promesse de soutien électoral* (cit. 2). *Politique de soutien au gouvernement.*

♦ **3.** (1683). Ce qui soutient. *Manque* (cit. 6) *de soutien. La foi est un soutien, un soutien moral. N'avoir d'autre soutien que l'égoïsme* (→ Individualisme, cit. 1). ⇒ fig. **Bastion, béquille** (cit. 3), **colonne.**

3 Pour le voyageur qui, des Pyrénées ou du fond de la Bretagne, venait lentement à Paris sous le soleil de juillet, ce chant fut un viatique, un soutien, comme ces *proses* que chantaient les pèlerins qui bâtirent révolutionnairement au moyen âge les cathédrales de Chartres et de Strasbourg.
MICHELET, Hist. de la Révolution franç., III, XII.

♦ **4.** (XXᵉ). Spécialt. Secours financier. *Apporter un soutien à qqn. Le*

soutien d'une monnaie, des cours d'une action. Soutien des prix : politique menée par un gouvernement pour assurer aux producteurs la vente de leurs marchandises à un certain prix. *Le soutien des prix agricoles.*

♦ **5.** (XVIIᵉ). Personne qui soutient (une cause, un parti, un groupe). ⇒ **Appui, auxiliaire, champion, défenseur, étai, pilier, pivot, protecteur.** *Les soutiens de ceux qu'on opprime* (cit. 2). *Soutien d'un système, d'une doctrine.* ⇒ **Adepte, partisan.** *Un des soutiens du parti* (→ Intérêt, cit. 16).

4 Dès sa première jeunesse elle fut (...) la consolation et le seul soutien de la vieillesse infirme du Roi son père.
BOSSUET, Oraison funèbre de Marie-Thérèse d'Autriche (1683).

5 (...) les plus fermes soutiens qu'aient trouvés nos rois dans leur lutte contre les féodalités, ce sont les banquiers et ce sont les juifs.
GIRAUDOUX, Bella, IV.

6 Le romantisme n'a sans doute pas eu de soutien plus puissant (encore que dissimulé) que Pierre Lasserre et les néo-classiques.
J. PAULHAN, les Fleurs de Tarbes, p. 147.

(1872 ; « *... enlever aux familles les soutiens qui les nourrissent...* », 1828, *in* D.D.L.). Loc. **SOUTIEN DE FAMILLE :**

7 Jeune homme dont l'activité est indispensable pour assurer la subsistance de sa famille et qui, de ce fait, peut obtenir des sursis d'incorporation jusqu'à l'âge de 25 ans (L. 31 mars 1928, art. 23), et pendant sa présence sous les drapeaux, faire bénéficier sa famille d'allocations journalières versées par l'État en compensation de son absence forcée (ibid., art. 24).
H. CAPITANT, Voc. juridique, Soutien de famille.

CONTR. Abandon. — Adversaire, opposant.
COMP. Soutien-gorge, soutien-pieds.

SOUTIEN-GORGE [sutjɛ̃gɔʀʒ] n. m. — V. 1904 ; de *soutien-,* et *gorge.*

♦ Sous-vêtement féminin servant à soutenir la poitrine. *Bretelles, bonnets d'un soutien-gorge. Soutien-gorge à armature. Soutien-gorge de maillot de bain* (deux-pièces*). ⇒ aussi **Balconnet, bustier.** — Au plur. *Des soutiens-gorge.* — REM. On trouve aussi le plur. : *des soutien-gorge.*

Loc. fig., fam. *Menteur comme un soutien-gorge :* très menteur.

SOUTIEN-PIEDS [sutjɛ̃pje] n. m. pl. — 1937 ; de *soutien,* et *pieds.*

♦ Rare. Ce qui sert à soutenir les pieds ; appui pour les pieds.

Comme si elle ne pouvait savoir encore qu'il aimait poser la plante de son pied nu sur le contrefort nu du sien, comme un crucifié sur le soutien-pieds de sa croix (...)
MONTHERLANT, le Démon du bien, p. 138.

SOUTIER [sutje] n. m. — 1882, la Science illustrée, t. II, p. 63 ; de *soute.*

♦ Matelot chargé de l'arrimage des objets d'équipement, d'approvisionnement, et spécialement du service de la soute à charbon (→ Graisseur, cit. 3). — REM. Le fém. *soutière* est virtuel.

SOUTIRAGE [sutiʀaʒ] n. m. — 1732 ; de *soutirer.*

♦ **1.** Action de soutirer (le vin, la bière...), spécialt, séparation du vin et de la lie. *Le soutirage du vin est une opération indispensable à sa conservation. Soutirage au siphon, à la cannelle.* En brasserie, *le soutirage consiste à faire passer le liquide de la cuve à un récipient plus petit* (tonneau, bouteille, boîte...).

♦ **2.** (XXᵉ). Techn. Fait de prélever une partie (d'un fluide sous pression, d'un distillat).

Le soutirage est une opération qui consiste à prélever en cours de détente une fraction de la vapeur et à l'utiliser pour le réchauffage de l'eau condensée. La chaleur dégagée par la condensation de la vapeur soutirée n'est donc plus perdue dans le condenseur, mais permet de réaliser des économies de combustible. Pratiquement, toutes les centrales modernes utilisent le cycle à soutirages.
M. CHASSELOUP et L. LE MAÎTRE, les Centrales thermiques, p. 14.

♦ **3.** (XXᵉ). Géogr. Prélèvement qu'un cours d'eau souterrain opère sur une nappe supérieure, un cours d'eau de surface. *Soutirage karstique.*

SOUTIRER [sutiʀe] v. tr. — 1723 ; *soustirer* « tirer un peu », XIIᵉ ; de *sous,* et *tirer.*

★ **I. ♦ 1.** Transvaser doucement (le vin, le cidre...) d'un récipient à un autre de façon à éliminer les lies et dépôts qui doivent rester dans le premier. ⇒ **Clarifier, élier.**

♦ **2.** (XXᵉ). Techn. Prélever une partie (d'un distillat, d'un fluide sous pression).

★ **II. ♦ 1.** (1773, Beaumarchais ; en raison de la valeur expressive du mot, plus que comme figuré). *Soutirer qqch. à qqn :* obtenir de lui sans violence, mais par des moyens peu délicats (ruse, pression, etc.), une chose qu'il ne céderait pas spontanément. ⇒ **Arracher, escroquer, extorquer.** *Soutirer à qqn de l'argent, une commission* (cit. 4), *une compensation* (cit. 2). → aussi Pourvoyeur, cit. 2.

1 On envoie chercher le libraire et sa femme ; on commence par leur soutirer la

minute de la fausse déclaration, parce qu'elle est de la main de ce magistrat ; on leur reproche ensuite aigrement leur inconstance.
BEAUMARCHAIS, Mémoires... dans l'affaire Goëzman, p. 27.

2 (...) j'ai tout lieu de craindre qu'il n'y ait là une intrigue montée pour te soutirer des promesses et te causer de la honte et de l'embarras (...)
G. SAND, la Petite Fadette, XXVIII.

DÉR. (Du I.) Soutirage, soutireur, soutireuse.

SOUTIREUR, EUSE [sutiRœR, øz] n. — 1880, in *l'Année sc. et industr.* 1881, p. 395 ; de *soutirer.*

♦ Techn. Personne qui effectue le soutirage des liquides.

SOUTIREUSE [sutiRøz] n. f. — XXᵉ ; *soutireur*, 1880 ; de *soutirer.*

♦ Techn. Machine utilisée pour faire passer le liquide d'une cuve de garde (bière, vin) dans un récipient (tonneau, bouteille, boîte, etc.) dans lequel se fera la commercialisation. *Soutireuse automatique.*

SOÛTRA ou SÛTRA [sutRa] n. m. — 1845, Bescherelle ; sanscrit *sūtra-,* pour les deux sens.
Didactique.

♦ **1.** Précepte sanscrit condensé en un style lapidaire. ⇒ **Aphorisme.** *Commentaire des sûtras de Pāṇini sur la grammaire sanscrite.*

1 Ce genre littéraire (...) est constitué de phrases concises, parfois inintelligibles sans le secours d'un commentaire ; il est inspiré par des soucis mnémoniques. Les soûtras védiques sont des descriptions du vieux rituel ; ils exposent dans le plus grand détail les actes de chaque cérémonie, solennelle ou privée (...)
L. RENOU, Histoire des littératures I, Encycl. Pl., p. 948.

2 Nul ne prévit Giotto dans saint François, Vézelay dans les Évangiles, Angkor dans les sutras et les textes védiques (...)
MALRAUX, l'Homme précaire et la Littérature, p. 322.

♦ **2.** Recueil didactique composé d'aphorismes de ce genre. *« Le Kâma soûtra »,* recueil d'aphorismes sur l'amour, par Vâtsyâyana. *« Le Yogasûtra »,* traité de yoga, par Patañjali.

SOUTRAGE [sutRaʒ] n. m. — 1789, *soustrage* ; mot gascon, *sostratge,* mil. XIVᵉ, de *soustra* ; lat. pop. **substrare,* du lat. class. *substratum,* supin de *substernere* « étendre dessous ».
Technique.

♦ **1.** Vx. Litière.

♦ **2.** (1869). Eaux et forêts. Fait d'enlever annuellement les sous-bois qui gênent l'exploitation d'une forêt.

SOUVENANCE [suv(ə)nɑ̃s] n. f. — XIIᵉ ; de 1. *souvenir.*

♦ **1.** Vx ou archaïsme stylistique. Mémoire (→ Essai, cit. 21).

♦ **2.** Mod., littér. Souvenir. *Avoir souvenance :* se souvenir (→ Pays, cit. 10 ; queue, cit. 28). *J'ai souvenance que... Garder, perdre souvenance de... A ma souvenance :* autant que je m'en souvienne.

J'ai pourtant conscience d'avoir raconté de mon enfance tout ce dont j'avais gardé souvenance (...)
GIDE, Journal, 5 oct. 1920.

COMP. Ressouvenance.

1. SOUVENIR [suvniR] v. intr. et pron. — Déb. XIIIᵉ ; *sevenir,* 1080 ; du lat. *subvenire* « se présenter à l'esprit », attesté en lat. impérial ; de *sub,* et *venire* « venir ».

★ **I.** V. intr. (Seulement en phrase impersonnelle). Littér. Revenir à la mémoire, à l'esprit. — *Il me souvient d'un temps...* (→ Inquiéter, cit. 17 ; et aussi livre, cit. 7 ; plaisance, cit. 1)... *Une des plus atroces angoisses dont il me souvienne* (→ Piaffer, cit. 2). *D'aussi loin* (cit. 44) *qu'il m'en souvienne. Du plus loin qu'il me souvienne. Autant qu'il m'en souvienne.* ⇒ **Souvenance.** *Te souvient-il de...* (→ Lent, cit. 1 ; orangerie, cit. 1 ; rang, cit. 6). *« Qu'il vous souvienne des Vikings ! »* (→ Réveiller, cit. 14). *« Un soir, t'en souvient-il ? nous voguions en silence »* (→ Cadence, cit. 6). *« C'était, il m'en souvient, par* (cit. 19) *une nuit d'automne. » Il ne me souvient pas de l'avoir entendu* (→ Inouï, cit. 1).

1 (...) alors il me souvient
Que je vis, et je sens mon âme qui revient !
HUGO, Hernani, I, 2.

2 — Te souvient-il de notre extase ancienne ?
— Pourquoi voulez-vous donc qu'il m'en souvienne ?
VERLAINE, Fêtes galantes, « Colloque sentimental ».

★ **II.** V. pron. SE SOUVENIR (XIVᵉ ; *sevenir,* XIIIᵉ ; sur le modèle de *se rappeler*). ♦ **1.** Avoir de nouveau présent à l'esprit (qqch. qui appartient à une expérience passée). ⇒ **Rappeler** (se), **remémorer** (se), **ressouvenir** (se), **retenir, revoir** (I., 4.). — REM. Le verbe *se souvenir* marque plutôt un phénomène passif, *se rappeler* une opération active ; mais les deux verbes sont très proches, et la construction de *se souvenir* a influé sur celle de *se rappeler* (⇒ **Rappeler,** infra cit. 21). — *Se souvenir d'une chose* (→ Connaître, cit. 22 ; enrichir, cit. 7 ; image, cit. 51). *Je m'en souviens comme si c'était hier, mieux que d'hier* (cit. 8). ⇒ **Représenter** (se). *Ne pas, ne plus se souvenir d'une*

chose (→ Convenir, cit. 4 ; déterrer, cit. 4). *Se souvenir de..., suivi d'un infinitif passé* (→ Effacer, cit. 4 ; gouffre, cit. 2 ; moi, cit. 64 ; rappeler, cit. 16). *Se souvenir, suivi de l'infinitif sans de* (Daudet, Bourget, Duhamel, etc., *in* Grévisse). *Se souvenir que..., suivi de l'indicatif* (→ Ennuyeux, cit. 8 ; expiatoire, cit. 3 ; instinct, cit. 37 ; préciser, cit. 3). — *Se souvenir de ce que...* (→ ci-dessous, cit. 6, Proust, et 7, Mauriac). — (Avec le subjonctif, en phrase négative). *« Je ne me souviens point que vous soyez venue »* (La Fontaine, *Fables,* III, 15). — *On se souvient que...,* formule par laquelle on rappelle qqch. à un lecteur, un auditeur (→ 2. Mi, cit. 3 ; plume, cit. 6). *Je ne me souviens pas comment..., avec qui..., pourquoi...* (→ Innocence, cit. 2). — Absolt. (→ Immoraliste, cit. 2). *Souviens-toi !* (→ Effrayant, cit. 2). *Je me souviens,* devise du Québec.

3 Oubliée par qui, je vous prie? Par ceux-là qui, ne sentant rien, ne peuvent se souvenir de rien.
BAUDELAIRE, l'Art romantique, XXII, III.

4 Je me souviens
Des jours anciens
Et je pleure.
VERLAINE, Poèmes saturniens, « Paysages tristes », V.

5 (...) percevoir finit par n'être plus qu'une occasion de se souvenir (...)
H. BERGSON, Matière et Mémoire, p. 68.

6 Me souvenant de ce qu'elle *(Albertine)* était sur mon lit (...)
PROUST, la Fugitive, Pl., t. III, p. 528.

7 Je me souvins de ce qu'une amie la pressait depuis longtemps de venir la rejoindre (...)
F. MAURIAC, le Nœud de vipères, I, IX.

8 J'ai fini par ne plus m'ennuyer du tout à partir de l'instant où j'ai appris à me souvenir. Je me mettais quelquefois à penser à ma chambre (...) je partais d'un coin pour y revenir en dénombrant mentalement tout ce qui se trouvait sur mon chemin.
CAMUS, l'Étranger, p. 112.

Se souvenir de qqn : penser à lui, l'évoquer (→ Ingrat, cit. 3 ; instant, cit. 7 ; intensité, cit. 5 ; passionnément, cit. 1 ; piquette, cit. 5). *Je ne me souvenais pas de lui.* ⇒ **Reconnaître, remettre.** — Spécialt (avec une nuance d'affection ou d'intérêt). *« Souvenez-vous d'un fils qui n'espère* (cit. 30) *qu'en vous ». Vous êtes bon de vous souvenir ainsi de moi* (→ Fortifiant, cit. 2).

9 S'il vous avait refusé son visa, même présenté par moi vous n'entriez pas. Il s'est peut-être souvenu de vous comme militant. En tout cas, pas comme mouchard.
J. ROMAINS, les Hommes de bonne volonté, t. IV, XVI, p. 170.

(Avec ellipse du pronom). *Faire souvenir :* rappeler. *Faire souvenir qqn de qqch.* (→ Menu, cit. 5). *Cela me fait souvenir de ma faiblesse* (cit. 18).

10 Tu me fais souvenir que j'ai tout oublié !
HUGO, Hernani, V, 3.

Spécialt (avec une nuance affective, reconnaissance ou rancune). *Se souvenir d'un bienfait. J'ai convenu* (cit. 12) *de mon tort de trop bonne grâce, pour que vous deviez vous en souvenir. Je m'en souviendrai !,* se dit pour marquer son ressentiment* et par forme de menace. *Il s'en souviendra longtemps !* ⇒ **Repentir** (se). — Allus. hist. *Souviens-toi du vase de Soissons !*

Fam. *Se souvenir de...* (et adverbe).

11 Si je m'en souviens de votre maman ? En voilà une question ! C'est comme si vous me demandiez si je me souviens de comment je m'appelle.
GIDE, les Faux-monnayeurs, *in* Romans, Pl., p. 965.

♦ **2.** (Mil. XVIᵉ). (En tour impér.). Ne pas oublier, penser à... *Souviens-toi de la fragilité* (cit. 5) *des choses humaines. Souviens-toi de m'écrire ces mots* (→ Lettre, cit. 6 ; et aussi air, cit. 17 ; noir, cit. 29). ⇒ **Occuper** (s'), **soin** (avoir). *Se souvenir que...* (→ Âge, cit. 34 ; animer, cit. 12 ; ignorance, cit. 13 ; image, cit. 43 ; maison, cit. 14 ; plateau, cit. 5). *Souviens-toi de qui tu es fils* (→ Forligner, cit. 2). ⇒ **Considérer.**

12 (...) je les prie de se souvenir que ce n'est pas à moi de changer les règles (...)
RACINE, Andromaque, 1ʳᵉ préface.

CONTR. Oublier.
DÉR. Souvenance, 2. souvenir.
COMP. Ressouvenir (se).

2. SOUVENIR [suvniR] n. m. — XIIIᵉ ; infinitif substantivé du précédent.

A. (Contenu de conscience). ♦ **1.** (Av. 1648). Mémoire* (cit. 1). *Rester, vivre dans le souvenir* (→ Année, cit. 6). *Tout se représente* (cit. 25) *à mon souvenir.* ⇒ **Pensée.** *Graver* (cit. 11) *ces images dans mon souvenir. Éteint* (cit. 60) *dans le souvenir. Lointain dans son souvenir* (→ Auréoler, cit. 1). *Chercher en son souvenir* (→ Globuleux, cit. 2). *L'absence l'avait idéalisé* (cit. 3) *dans son souvenir. « Aux yeux du souvenir que le monde est petit ! »* (→ Grand, cit. 16). — *De souvenir :* de mémoire* (→ Quoi, cit. 6). *Rappeler au souvenir* (→ Origine, cit. 13). — (XXᵉ). *Ayez la bonté de me rappeler* (cit. 10) *à son souvenir, à son bon souvenir,* de lui rappeler mon amitié, ma sympathie.

1 — Serais-je assez heureux, madame, pour être encore logé dans un coin de votre souvenir ?
BAUDELAIRE, la Fanfarlo.

♦ **2.** (XIIIᵉ). Fait de se souvenir. ⇒ **Souvenance ; ressouvenance** (→ Conscient, cit. 2 ; fusion, cit. 4 ; prise, cit. 7 ; rappel, cit. 6). *L'oubli* (cit. 4) *et le souvenir. « Le souvenir est voisin du remords »* (cit. 8). *Le thème du souvenir dans la poésie lyrique. — Le souvenir de... Avoir, n'avoir pas souvenir de...* (→ Fou, cit. 25 ; ramasseur, cit. 3). *Garder souvenir de...* (→ Afféterie, cit. 4), *le souvenir de...* (→ Incendie, cit. 2 ; marteler, cit. 7 ; pecque, cit. 3). *« Gardez de cette nuit, gardez* (cit. 56), *belle nature, Au moins le souvenir ! ». Conserver le souvenir de...* (→ Célébrer, cit. 3 ; observer, cit. 25). ⇒ **Commémoration, commémorer.** *Perdre le souvenir des bienfaits* (cit. 4). — *Souvenir qui subsiste* (→ Peur, cit. 5). *Un mensonge dont le souvenir m'a troublé toute ma vie* (→ Contrister, cit. 1; et aussi rancunier, cit. 1). *Aviver* (cit. 12) *le souvenir de qqch., un souvenir. Le temps en balayera* (cit. 14) *jusqu'au souvenir. La peur* (cit. 3), *une sensation atroce dont le souvenir seul donne des frissons d'angoisse. Au souvenir de... :* en se souvenant de (→ Émouvoir, cit. 24; nuage, cit. 11; roadster, cit.).

2 Oh! le souvenir, le souvenir! miroir douloureux, miroir brûlant, miroir vivant, miroir horrible qui fait souffrir toutes les tortures!
MAUPASSANT, la Femme de Paul, « La Morte ».

2.1 Car y a-t-il rien qui vous élève
Comme d'avoir aimé un mort ou une morte
On devient si pur qu'on en arrive
Dans les glaciers de la mémoire
A se confondre avec le souvenir
On est fortifié pour la vie
Et l'on n'a plus besoin de personne.
APOLLINAIRE, Alcools, p. 52.

3 La vue de la petite madeleine ne m'avait rien rappelé avant que je n'y eusse goûté (...) les formes (...) avaient perdu la force d'expansion qui leur eût permis de rejoindre la conscience. Mais, quand d'un passé ancien rien ne subsiste, après la mort des êtres, après la destruction des choses, seules, plus frêles mais plus vivaces, plus immatérielles, plus persistantes, plus fidèles, l'odeur et la saveur restent encore longtemps, comme des âmes, à se rappeler, à attendre, à espérer, sur la ruine de tout le reste, à porter sans fléchir, sur leur gouttelette presque impalpable, l'édifice immense du souvenir.
PROUST, Du côté de chez Swann, Pl., t. I, p. 47.

♦ **3.** (XIIIe). *(Un, des souvenirs).* Ce qui revient ou peut revenir à l'esprit, spontanément ou non, des expériences passées; image que garde et fournit la mémoire. ⇒ **Réminiscence, ressouvenir.** *Psychol. Reproduction, reconnaissance, localisation des souvenirs* (Bergson : Accumuler, cit. 12; apparition, cit. 13; appel, cit. 14; caractériser, cit. 5; choisir, cit. 7; figurer, cit. 6; reconnaître, cit. 4). *Les souvenirs remontent à fleur* (cit. 39 et 40) *de mémoire* (→ aussi Affleurer, cit. 2). *Les souvenirs renaissent* (→ Décliner, cit. 9), *s'éveillent* (cit. 27), *remontent à la surface de l'âme* (→ 1. Frais, cit. 13), *de la claire conscience* (→ Fond, cit. 28). *Ses souvenirs s'effaçaient* (→ Banalité, cit. 3). *Mémoire encombrée* (cit. 10) *de souvenirs.* « *J'ai plus* (cit. 56) *de souvenirs que si j'avais mille ans* ». *Chercher* (cit. 13), *rechercher* (cit. 3), *remuer* (→ Fébrile, cit. 1), *rassembler* (cit. 6) *des souvenirs. Chercher dans ses souvenirs* (→ Particulier, cit. 21). *Ils échangeaient, se communiquaient* (cit. 3) *leurs souvenirs* (→ Mémoire, cit. 9). *Chose qui éveille* (cit. 18), *réveille* (→ Échapper, cit. 43), *évoque* (→ Exposé, cit. 2) *des souvenirs. Souvenirs obsédants* (→ Analyser, cit. 3), *lancinants* (→ Assaillir, cit. 11), *douloureux, terrifiants* (→ Naufrage, cit. 3). *Agréables, tendres, doux, charmants... souvenirs* (→ Flux, cit. 3; irriter, cit. 18; 1. que, cit. 74). « *Un souvenir heureux* (cit. 53) *est peut-être sur terre Plus vrai que le bonheur* ». *Souvenir confus, vague, précis, durable...* — *Ce n'est plus qu'un souvenir,* se dit de ce qui appartient au passé, n'existe plus (→ Déniaiser, cit. 4; royauté, cit. 1).

4 Un souvenir subit lui entra dans l'esprit. Il se rappela l'inspecteur de la rue de Pontoise, et les deux pistolets qu'il lui avait remis et dont il s'était servi, lui Marius, dans cette barricade même; et non seulement il se rappela la figure, mais il se rappela le nom. Ce souvenir pourtant était brumeux et comme toutes ses idées.
HUGO, les Misérables, V, I, XIX.

4.1 Cet œil, cette voix, ce visage, je les connaissais. Mais d'où, de quand? Certes, j'avais rencontré ce garçon-là, je lui avais parlé, je lui avais serré la main. Cela datait de loin, de très loin, c'était perdu dans cette brume où l'esprit semble chercher à tâtons les souvenirs et les poursuit, comme des fantômes fuyants, sans les saisir.
MAUPASSANT, l'Infirme, Pl., t. II, p. 1046.

Les souvenirs de l'enfance, d'enfants, d'enfant (→ Cadre, cit. 9; délectable, cit. 1; gonfler, cit. 26; palimpseste, cit. 2). *Souvenirs du passé* (→ Pousser, cit. 54), *d'autrefois* (→ Ressusciter, cit. 9). *Les souvenirs de ses songes, de ses tristesses* (→ Enténébrer, cit. 5; réserve, cit. 10). *Souvenirs d'une journée* (→ Imprimer, cit. 7). *Souvenirs de lecture* (→ Indéfectible, cit. 3), *littéraires* (→ Fabriquer, cit. 16). *Souvenirs de guerre* (→ Ribote, cit. 2). *Ses souvenirs d'infirmière,* du temps où elle était infirmière (→ Inaction, cit. 5). *Garder, emporter* (cit. 4) *d'une chose un bon, un mauvais souvenir* (→ Entreprendre, cit. 22; limpide, cit. 6). ⇒ **Arrière-goût.** *Pays, ville qui laisse de bons, de mauvais souvenirs* (→ Exil, cit. 5; me, cit. 16). — *Évoquer le souvenir de qqn,* l'image qu'on garde de lui. ⇒ **Ombre.** *Évanouir, cit. 5). Le, les souvenirs de qqn,* que l'on a de qqn. *Peu à peu son souvenir s'évanouissait* (cit. 14), *le souvenir que j'avais d'elle.* « *Ton souvenir en moi luit* (cit. 12) *comme un ostensoir* ». *J'en ai gardé le meilleur souvenir. Des gens capables de laisser un bon souvenir* (→ Indigène, cit. 7). — *(Dans les formules de politesse). Croyez à mon bon, mon fidèle, mon affectueux... souvenir. Mes souvenirs à votre frère. Affectueux, meilleurs souvenirs.*

5 (...) il arrive que des souvenirs d'âges divers se superposent dans la mémoire, se fondent et composent un tableau.
FRANCE, le Petit Pierre, XVI.

6 (...) mais il en était à ce point de l'habitude où les souvenirs qu'on a d'une femme, qui viennent du temps où on l'aimait se détachent d'elle, ressemblent aux souvenirs usés qu'on aurait d'une femme morte.
P. NIZAN, le Cheval de Troie, I, II.

Psychan. Refoulement de souvenirs d'enfance. — *Souvenirs refoulés.* ⇒ **Refoulé,** n. m. *Souvenir-écran :* souvenir ou pseudo-souvenir d'enfance qui fait écran à un autre souvenir investi d'angoisse.

♦ **4.** SOUVENIRS, n. m. pl. Récit, narration des souvenirs. ⇒ **Mémoi-**

res. *Noter, écrire ses souvenirs* (→ Esquisse, cit. 3; être, cit. 44; là, cit. 39). *J'ai barbouillé* (cit. 9) *déjà beaucoup de papier avec mes souvenirs d'enfance. Souvenirs,* titre de nombreux mémoires* (2. Mémoire). → Faussaire, cit. 7; note, cit. 14. *Souvenirs d'égotisme,* de Stendhal. *Souvenirs d'enfance et de jeunesse,* de Renan. *Souvenirs de la maison des morts,* de Dostoïevski, etc.

7 — Un joli titre pour des souvenirs publiés de son vivant : SOUVENIRS DE MA VIE MORTE. Ed. et J. DE GONCOURT, Journal, 28 mai 1857, t. I, p. 147.

♦ **5.** (XIXe). EN SOUVENIR DE : pour garder le souvenir de (qqn, qqch.). *En souvenir de notre rencontre. Gardez ce livre en souvenir de moi;* absolt, *en souvenir.*

B. (Objets concrets). ♦ **1.** (1690). SOUVENIR DE... : ce qui fait souvenir de..., ce qui reste comme un témoignage du passé (→ Ornement, cit. 1). ⇒ **Monument.** *Des tableaux, souvenirs d'un luxe évanoui* (→ Disparaître, cit. 4). *Le nom de magot* (cit. 1) *est un souvenir des traditions médiévales. Souvenirs d'une victoire.* ⇒ **Trophée.**

♦ **2.** Objet qui rappelle la mémoire de qqn, qui fait qu'on pense à lui (→ Employer, cit. 9). *Il me les a offertes comme un souvenir de lui* (→ Encre, cit. 4). ⇒ **Cadeau.** *Léguer comme souvenir de qqn* (→ Roi, cit. 7). *Désirant un souvenir de son ami* (→ Pousser, cit. 26). Absolt. *Photos, souvenirs, reliques...* (cit. 7; et → Home, cit. 2).

8 Si pauvre qu'il fût, il trouvait moyen d'apporter un souvenir à chacun; et il n'oubliait la fête d'aucun de la famille. On le voyait arriver ponctuellement aux dates solennelles; et il tirait de sa poche quelque gentil cadeau, choisi avec cœur.
R. ROLLAND, Jean-Christophe, L'aube, III, p. 89.

♦ **3.** Bibelot qu'on vend aux touristes. *Magasin de souvenirs. Souvenirs de Dieppe, de Nice. Acheter, ramener quelques souvenirs* (d'un voyage).

9 J'irai jusqu'à dire que dans aucune langue il n'y a mieux pour la fabrication des « véritables morceaux d'anthologie » (...) bibelots d'étagère, sujets de pendule, souvenirs de Dieppe, tabatières à musique, dessous de lampe, cartes transparentes et œufs en bois (...) CLAUDEL, Positions et Propositions, I, p. 89.

CONTR. Oubli.
COMP. Ressouvenir.

SOUVENT [suvã] adv. — XIIIe ; *suvent,* 1080; *sovent,* v. 1050; du lat. *subinde* « immédiatement après », et, en lat. impérial « souvent ».

♦ **1.** Plusieurs fois*, à plusieurs reprises* dans un espace de temps limité. ⇒ **Fréquemment** (cit.); et → tout (à tout moment, à toute heure...). *J'ai souvent pensé à vous durant votre voyage* (→ Déplacement, cit. 2). *Bouquins souvent feuilletés* (→ Loqueteux, cit. 1). *Il venait souvent au moulin* (→ Œil, cit. 42). *Je te l'ai dit souvent* (→ Priver, cit. 6). *Changer souvent d'ajustement* (→ Propreté, cit. 1). « *Souvent femme* (cit. 41) *varie* ». *La puissance ne consiste pas à frapper* (cit. 26) *fort ou souvent, mais à frapper juste. Il arrive* (cit. 73) *souvent que...* ⇒ **Journellement.** — (Avec la négation). ⇒ **Guère.** *Il ne vient pas souvent ici :* il vient rarement ici. *Je ne vous écris pas souvent* (→ Mettre, cit. 72). *Il ne m'est pas arrivé souvent de renoncer* (cit. 17).

1 Tournez, tournez, bons chevaux de bois,
Tournez cent tours, tournez mille tours,
Tournez souvent et tournez toujours.
VERLAINE, Sagesse, III, XVII.

♦ **2.** (1538). (Pour marquer un fait d'ordre général). En de nombreux cas. ⇒ **Ordinaire** (d'). « *On a souvent besoin* (cit. 35) *d'un plus petit que soi* ». *L'égoïsme est souvent la clef de la pitié* (cit. 10). « *Souvent la peur d'un mal* (3. Mal, cit. 3) *nous conduit dans un pire* ». *Quand on est jeune, souvent on est pauvre* (→ Acquisition, cit. 1). *Réclamer leur silence, c'est souvent provoquer* (cit. 6) *leur indiscrétion. Souvent aussi, souvent même* (→ Liaison, cit. 3; mentir, cit. 5). — *Ces événements qui souvent ne produisent rien* (→ Révolution, cit. 5). — REM. La place de la négation par rapport à *souvent* n'est pas indifférente : *cette règle n'est pas souvent observée; cette règle souvent n'est pas observée* ou *n'est souvent pas observée* (dans le premier cas, on insiste sur la rareté de l'observation, dans le second, sur la fréquence de l'inobservation).

♦ **3.** (Au sens 1. ou 2.; précédé d'un adv. de quantité). *Bien souvent* (→ Accorder, cit. 22; addition, cit. 0.1), *très souvent* (→ Amusant, cit. 1), *fort souvent* (→ Indécision, cit. 4), *si souvent* (→ Anachronisme, cit. 5), *trop souvent* (→ Arrêter, cit. 20), *assez souvent* (→ Flou, cit. 6). *Peu souvent* (→ Acharner, cit. 3), *si peu souvent* (→ Rythme, cit. 6). *Aussi souvent que...* (→ Lansquenet, cit. 1). *Plus souvent* (→ Désespérance, cit. 4), *plus souvent que...* (→ Nature, cit. 58). Fam. *Plus souvent qu'à mon tour, qu'à son tour :* plus souvent qu'il n'est normal (pour moi, pour lui...). *De plus en plus souvent* (→ Parier, cit. 9). — *Le plus souvent :* dans la plupart des cas. ⇒ **Généralement, habituellement** (→ Advenir, cit. 3; âme, cit. 57; apparence, cit. 13). *Le plus souvent possible* (→ Apporter, cit. 19), *le moins souvent possible* (cit. 9).

2 (...) il est bien entendu qu'un soldat est aussi brave qu'insouciant, et grossier plus souvent qu'à son tour (...) CÉLINE, Voyage au bout de la nuit, p. 87.

(1853). Pop. *Plus souvent !,* exclamation servant de dénégation ironique, au sens de « sûrement pas », « jamais de la vie ». *Plus souvent que...,* marque le refus d'envisager, d'imaginer...

3 (...) Veillez-y-bien. Il ferait beau voir qu'un homme entrât dans la chambre des mortes ! — Plus souvent ! — Hein ! — Plus souvent ! — Qu'est-ce que vous dites ? — Je dis plus souvent. — Plus souvent que quoi ? — Révérende mère, je ne dis pas plus souvent que quoi, je dis plus souvent. — Je ne vous comprends pas. Pourquoi dites-vous plus souvent ? — Pour dire comme vous, révérende mère. — Mais je n'ai pas dit plus souvent. — Vous ne l'avez pas dit, mais je l'ai dit pour dire comme vous.   HUGO, les Misérables, II, VIII, III.

4 Plus souvent qu'elle se donnerait encore du tintouin, histoire de se faire bêcher ensuite.   ZOLA, Nana, IV.

5 Sans doute ceux-ci deviendraient-ils de bons chrétiens, de bons communistes ou militants de n'importe quoi, toujours prêts à payer d'avance. Mais pour lui, merci, plus souvent.   M. AYMÉ, Travelingue, p. 78.

CONTR. Jamais, rarement.

DÉR. Souventes fois ou souventefois.

SOUVENTES FOIS ou SOUVENTEFOIS [suvɑ̃tfwa] adv.
— V. 1283, — XIIᵉ ; *souventes fois*, v. 1175 ; *souventes feiz*, v.1050 ; de *souvent, et fois.*

♦ Vx. Régional ou par archaïsme. Souvent, maintes fois (cit. 6).

1 De plus, j'ai fait, comme vous savez, une amitié très longue avec votre fils Landry. Il m'a souventes fois parlé de vous (...)
     G. SAND, la Petite Fadette, XXXIII.

2 (...) ils eussent ignoré la vie nocturne de la forêt si quelque affût à la grosse bête, quelque relève de collets au taillis ne les eussent, souventes fois, tirés des draps avant que l'aube ne parût.   M. GENEVOIX, Forêt voisine, XIV.

3 Il n'est pire raseurs que les littéraires. Nonobstant, le roi des Sedangs m'a intéressé souventes fois, jadis ?   MALRAUX, Antimémoires, p. 411.
REM. C'est Cloppique, personnage au langage hybride et fleuri, qui parle.

1. SOUVERAIN, AINE [suvʀɛ̃, ɛn] adj. et n. — XIIᵉ, « supérieur », et t. de relig. (→ ci-dessous, I., 4.) ; adapt. du lat. médiéval *superanus*, lat. class. *superus*, de *super* « sur ».

★ **I. Adj.** ♦ **1.** (V. 1050, *suverain*). Qui est au-dessus des autres, dans son genre. ⇒ **Supérieur, suprême.** *Le souverain bien*. *Bonheur, plaisir souverain*, très grand*, extrême. *Adresse, habileté souveraine*. ⇒ **Magistral** (→ Prix, cit. 10). *Une impudeur* (cit. 2) *souveraine. Œuvre absolue, souveraine* (→ Copie, cit. 10). *Une loi souveraine*, absolue, suprême (→ Égalité, cit. 3 ; entraîner, cit. 13). — (Qualifiant un terme péj.). *Un mépris souverain*, extrême.

1 La bêtise, c'est l'aptitude au bonheur. C'est le souverain contentement. C'est le premier des biens dans une société policée.   FRANCE, Histoire comique, I.

(1538). D'une efficacité totale. *Un remède souverain*. ⇒ **Infaillible, sûr** (→ Étude, cit. 5). *Un onguent* (cit. 2) *souverain. Essayez ce remède, c'est souverain.*

2 *(Le baume tranquille)* est souverain à ces sortes de maux (...)
     Mᵐᵉ DE SÉVIGNÉ, 1273, 23 avr. 1690.

♦ **2.** (V. 1112, *suverain* ; v. 1130, *soverain*). De la souveraineté, du pouvoir souverain. *Dignité, puissance souveraine. Souverain seigneur.* ⇒ **Suzerain.** — Qui, dans son domaine, n'est subordonné à personne (→ Despote, cit. 3 ; état, cit. 109). *Autorité* (→ Interposer, cit. 6), *puissance souveraine* (→ Aristocratie, cit. 1 ; démocratie, cit. 1). ⇒ **Souveraineté ; empire, pouvoir ; règne, régner.** *Monarque souverain* (→ ci-dessous, II. : *le souverain*). *Le peuple souverain* (→ Démocratisation, cit. ; intelligent, cit. 2). — Par ext. *Les membres d'une famille souveraine* (princes, etc.).

Spécialt. *Le souverain pontife*. ⇒ **Pape.**

Dr. internat. Qui possède la souveraineté internationale, la capacité internationale normale. *État autonome* et souverain.* ⇒ aussi **Indépendant, libre.** *États dépendants ou mi-souverains, à capacité internationale restreinte.*

(1461 ; XIIIᵉ, *sovrain*). Qui juge sans appel, « qui échappe au contrôle d'un organe supérieur » (Capitant). *Juge, tribunal souverain.* Par métaphore (→ Esprit, cit. 40). *Cour* souveraine. Arbitre (1. Arbitre, cit. 13) *souveraine.* — *Décision souveraine, jugement* souverain. Assemblée souveraine* (contr. : *consultatif*).

♦ **3.** Fig. Qui a un empire, un pouvoir absolu. Vx. « *Et sur mes passions ma raison souveraine...* » (Corneille, *Polyeucte*, II, 2). — *La dame* (cit. 4) *souveraine de ses pensées.*

3 Sur lui, sur tout son peuple il vous rend souveraine.
     RACINE, Andromaque, IV, 1.

♦ **4.** (V. 1175). Qui possède la souveraineté divine. ⇒ **Divin.** *Le souverain Être* (→ Néant, cit. 11 ; repos, cit. 6). *Le souverain juge* (→ Jugement, cit. 2). « *Le fabricateur souverain...* » (→ Besacier, cit. 4, La Fontaine).

♦ **5.** Qui exprime une supériorité (ou un sentiment de supériorité) extrême. *Un air, un masque souverain et impérieux. Un coup d'œil souverain* (→ Regagner, cit. 2). — REM. Des expressions telles que *mépris souverain, indifférence souveraine,* qui relèvent à l'origine du sens 1., sont plutôt comprises dans ce sens 1., de nos jours.

★ **II. N.** (dér. du sens I., 2.). ♦ **1.** (V. 1283 ; *soverain*, v. 1160). Personne qui détient le pouvoir politique, l'autorité suprême. ⇒ **Souveraineté ; chef** (d'État), **maître** (*infra* cit. 16), **seigneur, suzerain.** *Le souverain d'un comté, d'un duché..., sous la féodalité* (comte, duc...). — *Le souverain d'une nation, d'un État :* chef d'État monar-

chique. ⇒ **Monarque, prince** (I., 1.), **roi.** *Souveraine.* ⇒ **Impératrice, princesse, reine.** *Souverain absolu.* ⇒ **Despote, dictateur, potentat, tyran** (→ Despotisme, cit. 1 ; payer, cit. 12). *Souverain constitutionnel. Minorité, régence ; avènement, couronnement d'un souverain* (⇒ **Couronne, trône**). *Souverain déchu, détrôné. Cour, maison d'un souverain. Résidences du souverain.* ⇒ **Château, palais.** *Allocation accordée à un souverain.* ⇒ **Liste** (civile). *La clémence du souverain. — Les sujets d'un souverain. — Titres de souverains.* ⇒ **César, dynaste ; bey, kan, négus, shah, sultan.** — Myth. *Le souverain des dieux :* Jupiter ; *le souverain des enfers :* Pluton.

4 Soyons bien persuadés que les souverains ne sont absolument que les représentants de l'état moral de la majorité de la nation qu'ils gouvernent, et qu'ils ne resteraient pas, trois jours, sur leurs trônes, s'ils étaient en contradiction avec cet état moral.   Ed. et J. DE GONCOURT, Journal, 8 sept. 1870, t. IV, p. 28.

♦ **2. N. m.** (1560 ; sens répandu par Montesquieu, Rousseau). Dr. La personne physique ou morale en qui réside la souveraineté (→ Démocratie, cit. 3 et 7 ; démocratique, cit. 2 ; législatif, cit. 2). *L'autorité* (cit. 6) *du souverain. Le traité, le « contrat » social entre le souverain et le « prince »* (*supra* cit. 3). → Équilibre, cit. 21.

5 Je dis donc que la souveraineté, n'étant que l'exercice de la volonté générale, ne peut jamais s'aliéner, et que le souverain, qui n'est qu'un être collectif, ne peut être représenté que par lui-même : le pouvoir peut bien se transmettre, mais non pas la volonté.   ROUSSEAU, Contrat social, II, I.

6 La devise de tout Français c'est : Vivre libre, l'égal de tous et membre du souverain.   M. ISNARD, Discours à l'Assemblée législative, 5 janv. 1792.

♦ **3.** (V. 1800). Par métaphore et fig. Maître, maîtresse. ⇒ aussi **Arbitre** (*infra* cit. 9). *La science maîtresse, le souverain d'alors* (→ Gouverner, cit. 32). *La souveraine de mon cœur* (→ Prouver, cit. 6).

7 Chacun est son propre souverain, non de par la loi, mais de par les mœurs. Souveraineté si entière et si mêlée à la vie qu'on ne la sent, pour ainsi dire, plus.   HUGO, l'Archipel de la Manche, XVII.

En souverain : souverainement. *La peur régnait en souveraine.*

8 (...) c'était, au début, une sorte de tourmente sombre, où la paix des cimetières d'alentour avait cependant fini par s'imposer en souveraine.
     LOTI, les Désenchantées, I, III.

DÉR. Souverainement, souveraineté.

2. SOUVERAIN [suvʀɛ̃] n. m. — 1829 ; adapt. de l'angl. *sovereign*, lui-même empr. au français.

♦ Monnaie d'or anglaise de valeur égale à la livre sterling. *Le souverain d'or* (20 shillings) *remplaça en 1817 la guinée* (21 shillings).

SOUVERAINEMENT [suvʀɛnmɑ̃] adv. — V. 1212 ; *souverainement*, fin XIIᵉ ; de *souverain.*

♦ **1.** (Déb. XIIIᵉ). D'une manière souveraine (I., 1.), suprême. ⇒ **Extrêmement, parfaitement** (2.). *Un être souverainement parfait.* ⇒ **Souverain** (I., 3.). → Caution, cit. 4 ; parfait, cit. 8. *Il chante, il joue souverainement.* ⇒ **Divinement, excellemment.** — *Il me déplaît souverainement.* ⇒ **Fort** (II., 2.). *Mépriser* (cit. 4) *souverainement* (→ Docile, cit. 2).

1 Je reviens de Versailles (...) ce qui plaît souverainement, c'est de vivre quatre heures entières avec le souverain, être dans ses plaisirs et lui dans les nôtres (...)
     Mᵐᵉ DE SÉVIGNÉ, 906, 12 févr. 1683.

2 (...) la première qualité de l'homme à bonnes fortunes est d'être souverainement impertinent.   ROUSSEAU, Julie ou la Nouvelle Héloïse, II, XXI.

3 (...) il avait justement le degré de tact nécessaire pour comprendre qu'il avait souverainement déplu au général.   STENDHAL, Lucien Leuwen, XLIII.

♦ **2.** (Fin XIVᵉ). Avec une autorité souveraine. *Décider souverainement, sans appel* (→ Dictatorial, cit. ; essai, cit. 17). *Exercer souverainement une domination.* → Parlage, cit. 2.

♦ **3.** (Mil. XIXᵉ). Avec une expression, une apparence de souveraineté, de supériorité. « *Il s'assit souverainement devant la table* » (→ Papier, cit. 20).

SOUVERAINETÉ [suvʀɛnte] n. f. — 1288 ; *suvrainetet*, 1120 ; « extrémité supérieure, sommet », en anc. franç. ; de *souverain.*

♦ **1.** (V. 1283, *sovraineté*). Qualité de souverain ; autorité suprême d'un souverain (1. Souverain, II., 1.), d'un prince... ⇒ **Couronne** (royale, impériale), **empire, pourpre, pouvoir, royauté.** *Les attributs de la souveraineté du prince* (→ Grâce, cit. 42). *La pleine souveraineté du roi* (→ Gouverner, cit. 31). *Souveraineté sur un territoire. Souveraineté absolue, tyrannique.* ⇒ **Omnipotence.** *Souveraineté héréditaire.*

(XVIIIᵉ). Le principe abstrait d'autorité* suprême, dans le corps politique (considéré comme provenant de la puissance divine, dans les doctrines du droit divin, comme provenant de la volonté générale : *souveraineté nationale* [→ Nation, cit. 4], *populaire* [cit. 3 ; → Peuple, cit. 12 et 16] ou comme un droit subjectif de l'État [notamment, selon Hegel]). *Souveraineté et pouvoir*, et puissance* (*infra* cit. 6), *et autorité* (cit. 15). *La souveraineté est inaliénable* (cit. 1). *Délégation, exercice de la souveraineté.* ⇒ **Mandat** (→ Député, cit. 5).

1 La souveraineté ne peut être représentée, par la même raison qu'elle ne peut être aliénée ; elle consiste essentiellement dans la volonté générale, et la volonté ne se représente point : elle est la même, ou elle est autre ; il n'y a point de milieu.
ROUSSEAU, *Du contrat social*, III, XV.

2 (...) le principe de la souveraineté du peuple est substitué au principe de la souveraineté royale, la monarchie héréditaire changée en monarchie élective.
CHATEAUBRIAND, *Mémoires d'outre-tombe*, t. V, p. 278.

Droit subjectif, individuel, à la décision politique ; participation à la souveraineté (nationale).

3 Au point de vue politique, il n'y a qu'un seul principe : la souveraineté de l'homme sur lui-même. Cette souveraineté de moi sur moi s'appelle Liberté.
HUGO, *les Misérables*, V, I, V.

♦ **2.** (xxᵉ). Caractère (d'un État, d'un organe) «qui n'est soumis à aucun autre État ou organe, alors même qu'il est lié par des règles supérieures» (Capitant) ; application de ce caractère aux entités politiques inférieures. ⇒ **État** (III., 3.). → *Régence*, cit. 3. *Souveraineté territoriale, domaine de souveraineté d'un État.* ⇒ aussi **Autonomie, indépendance.** *Souveraineté d'un État fédéral. Souveraineté exercée par un État souverain sur un autre État* (mandat, protectorat...), *sur un territoire colonial,* etc. ⇒ aussi **Condominium.**

♦ **3.** Fig. et littér. Autorité, puissance suprême. ⇒ **Empire** (par métaphore), **maîtrise, royauté** (fig.). *La souveraineté de la raison.*

4 Il faut donner la souveraineté domestique aux pères sur les enfants, aux maîtres sur les apprentis, et aux vieillards sur la jeunesse.
Joseph JOUBERT, *Pensées*, VIII, I.

(1663). Caractère sans appel (d'une décision).

CONTR. Dépendance.

SOUVLAKI [suvlaki] n. m. pl. — xxᵉ ; mot grec.

♦ Brochettes de mouton, en Grèce. *Manger des souvlaki.*

SOVIET [sɔvjɛt] n. m. — 1917 ; glosé «Sénat», à propos de la Serbie, 1843 ; glosé «tribunal suprême», 1840 ; mot russe signifiant «conseil».

♦ **1.** En Russie, Conseil de délégués ouvriers et soldats au moment de la révolution de 1917. *Le Soviet de Pétrograd fut l'artisan et l'organisateur de la Révolution russe de novembre 1917* (prise de pouvoir par les bolcheviks*). → aussi *Partageux* (cit.). — Dr. Chambre des représentants de la nation *(Soviet de l'Union)* et des républiques fédérées *(Soviet des nationalités),* formant le parlement de l'U.R.S.S. *(ou Soviet suprême). Le Présidium** (cit.) *du Soviet suprême.*

1 Louis peignit de grandes lettres molles sur le plâtre blanc. Il écrivit : les Soviets partout. Il dessina encore une faucille et un marteau.
P. NIZAN, *le Cheval de Troie*, I, VI.

♦ **2.** *La république des Soviets* : l'État russe, sous le régime bolchevik ; puis l'U.R.S.S. *Les Soviets* : l'Union soviétique (→ Non-agression, cit.).

♦ **3.** (Mil. xxᵉ). Par ext. À propos d'autres pays que l'U.R.S.S., Comité révolutionnaire ; conseil ouvrier.

2 (...) en Catalogne, les syndicats se préoccupaient d'établir des soviets, alors qu'ils auraient dû se soucier de faire marcher les usines.
S. DE BEAUVOIR, *la Force de l'âge*, p. 297.

DÉR. Soviétique, soviétologue.

SOVIÉTIQUE [sɔvjetik] adj. et n. — V. 1918, Dauzat ; de *soviet.*

♦ Relatif aux conseils ouvriers révolutionnaires, et, par ext., aux bolcheviks, puis à l'État fédéral socialiste groupant la Russie et plusieurs États d'Europe et d'Asie dans l'*Union des Républiques Socialistes Soviétiques* (U.R.S.S.) ou *Union soviétique. Le socialisme soviétique.* ⇒ aussi **Communisme.** *La politique soviétique de l'U.R.S.S. L'armée soviétique* : l'armée* rouge.

1 La Pologne, la Roumanie voient l'armée rouge s'approcher d'elles. Entre les armées de Trotsky et celles de la grande Catherine elles ne font pas de différences et elles ont raison (...) Soviétique ou non, la Russie est la Russie.
J. BAINVILLE, la Russie et la Barrière de l'Est, *in l'Action française*, 30 janv. 1920.

2 Il y a des jours où je soupçonne la société soviétique d'essayer une communauté réelle où pour longtemps l'homme croira à autre chose qu'à la mort (...)
— Seriez-vous communiste ? dit Maître Chatelain, qui avait entendu le mot soviétique.
P. NIZAN, *le Cheval de Troie*, I, V.

N. *Un, une Soviétique. Les Soviétiques et les Américains. C'est un Soviétique, mais il n'est pas russe : il est Ukrainien (Géorgien, Tadjihe,* etc.).

DÉR. Soviétiser, soviétisme.
COMP. Antisoviétique.

SOVIÉTISATION [sɔvjetizasjɔ̃] n. f. — 1920 ; de *soviétiser.*

♦ Action de soviétiser ; résultat de cette action.
Lénine a rêvé la soviétisation de toutes les nations par la force de l'armée russe.
Pierre HAMP, *les Chercheurs d'or*, p.157.

SOVIÉTISER [sɔvjetize] v. tr. — 1921, L. Durtain, in D.D.L. ; de *soviétique.*

♦ Soumettre à l'autorité ou à l'influence de la Russie soviétique. ⇒ **Russifier.** — Au p. p. : *Des États soviétisés.*
À mon sens, nous devrions entrer davantage dans les raisons de la politique russe. Quel aveuglement que de n'y voir qu'une méthode pour soviétiser le monde !
F. MAURIAC, *le Nouveau Bloc-notes 1958-1960*, p. 162.

DÉR. Soviétisation.

SOVIÉTISME [sɔvjetism] n. m. — 1920, in D.D.L. ; de *soviétique,* et suff. *-isme.*

♦ Vieilli. Système soviétique de gouvernement. *Soviétisme et bolchévisme.*

SOVIÉTO- Premier élément, entrant dans la composition d'adjectifs qui caractérisent les rapports entre l'Union soviétique et un autre État désigné par le second élément.

« *L'actuel condominium soviéto-américain (...) s'étend sur tous les organismes voués au désarmement* » (*le Nouvel Obs.,* 22 mai 1978, p. 38). *Initiative soviéto-allemande. Le conflit soviéto-chinois. Un traité soviéto-français. Relations commerciales soviéto-japonaises. — Entretien soviéto-polonais.*

Dans d'autres formations. « *L'expansion soviéto-communiste* » (*l'Express,* 12 juin 1981, p. 126).

SOVIÉTOLOGUE [sɔvjetɔlɔg] n. — 1960, *le Monde, in* D.D.L. ; de *soviet,* et *-(o)logue.*

♦ Spécialiste de la politique soviétique. → Kremlinologue.

SOVKHOZE [sɔfkoz] n. m. — 1932 ; russe *sovkhoz,* abrév. de *sov(ietskoïé) khoz(iaïstvo).* → Kolkhoze.

♦ Ferme pilote appartenant à l'État, en U.R.S.S.
À côté de l'hôtel, un sovkhoze a été créé en vue d'approvisionner celui-ci. J'y admire une écurie modèle, une étable modèle, une porcherie modèle, et surtout un gigantesque poulailler dernier cri.
GIDE, *Retour de l'U.R.S.S.,* III, p. 61 (1936).

SOVNARKHOZ [sɔvnaʀkoz] n. m. — 1957 ; mot russe, abréviation.

♦ Conseil dirigeant l'économie d'une région, en U.R.S.S.

1. SOYER, ÈRE [swaje, jɛʀ] adj. — 1842 ; *soytier,* 1611 ; de *soie.* Rare.

♦ Relatif à la soie. *Industrie soyère.*

2. SOYER [swaje] n. m. — 1877, Littré, *Suppl. ; soyersi,* 1875 ; étym. obscure.

♦ Vx. Verre de champagne frappé, qui se buvait avec une paille.

SOYEUX, EUSE [swaj∅, ∅z] adj. et n. — 1549 ; *sayeux,* 1488 ; *seiet, in la Chanson de Roland ; soyeux,* au sens de «couvert en soies (porc)», 1380 ; de *seie,* puis *soie*.

★ **I.** Adj. ♦ **1.** Vx. De soie. *La matière soyeuse produite par certains insectes.* — (En parlant d'une étoffe). *Damas* (cit. 2) *soyeux. Peluche* (cit. 1) *soyeuse.*

♦ **2.** (1690). Qui a l'apparence de la soie ; qui est doux et brillant comme la soie. *Cheveux fins et soyeux. Poil long et soyeux de l'épagneul* (cit.).

1 (...) sa longue et soyeuse moustache avait le blond fauve et presque jaune de la martre zibeline (...)
BARBEY D'AUREVILLY, *les Diaboliques,* «Dîner d'athées», p. 329.

Qui évoque une étoffe de soie. *Peau soyeuse* (→ Heureux, cit. 38).

★ **II.** N. m. (1898, Daudet ; «vendeur au rayon des soieries», 1834). Fabricant de soieries ; négociant en soieries. *Les soyeux de Lyon* (→ Faim, cit. 12 ; et aussi métier, cit. 27).

2 Est-ce que je sais si tu n'es pas à Javel ou à Montparnasse, dans les bras d'un truand ? ou à Lyon dans les bras d'un soyeux ? ou à Narbonne dans la couche d'un vinassier ?
M. AYMÉ, *le Passe-muraille,* «Les Sabines», p. 29.

SPACE OPERA [spɛsopɛʀa] n. m. — V. 1965 ; expr. amér., de *space* «espace», et *opera.*

♦ Anglicisme. «Œuvre de science-fiction caractérisée par une intrigue grandiose, de nombreux personnages et une narration couvrant un temps considérable» (*Dict. des anglicismes,* Rey-Debove et Gagnon). «*Un space opera de qualité, par le plus grand auteur polonais d'anticipation*» (*le Nouvel Obs.,* 23 déc. 1972, p. 11).

SPACIEUSEMENT [spasjøzmɑ̃] adv. — 1379 ; de *spacieux*.

♦ Rare. D'une manière spacieuse. *Être logé spacieusement.*

SPACIEUX, EUSE [spasjø, øz] adj. — 1379 ; *spacios*, v. 1120 ; lat. *spatiosus* ; de *spatium* « espace ». → Spatio-.

♦ Qui a une grande étendue*, où l'on est au large. ⇒ **Ample, étendu, grand, vaste.** — REM. *Spacieux* ne se dit plus guère d'un espace libre, de la mer..., du monde (→ Grand, cit. 14 ; matin, cit. 8) ; il se dit surtout des espaces aménagés par l'homme. — *Logement spacieux. Chambre* (→ Œil-de-bœuf, cit. 1), *cuisine* (cit. 2), *pièce spacieuse* (→ aussi Galetas, cit. 2). ⇒ **Vaste.** *Une voiture spacieuse.*

Le Cardinal seul entra dans une ample et spacieuse litière de forme carrée, dans laquelle il devait voyager jusqu'à Perpignan (...)   A. DE VIGNY, Cinq-Mars, VII.

CONTR. Étroit, petit, resserré.
DÉR. Spacieusement.

SPACIOLOGIE [spasjɔlɔʒi] n. f. — 1973, in *La Clé des mots* ; anglo-amér. *spaciology*, de *space* « espace », et *-logy*. → -logie.

♦ Géogr. Science de l'aménagement de l'espace (sur Terre).

SPADASSIN [spadasɛ̃] n. m. — 1548 ; n. propre, *in* Rabelais, 1532 ; ital. *spadaccino*, dér. de *spada* « épée ».

♦ **1.** Vx et péj. Homme d'épée, bretteur habile. ⇒ **Batteur** (de fer), **estafier, ferrailleur.**

Je suis un spadassin, non un assassin. Il est vrai que ma profonde science de l'escrime m'assure des chances, et que mon épée est presque infaillible ; mais, savoir bien le jeu, ce n'est pas tricher.   Th. GAUTIER, le Capitaine Fracasse, XX.

♦ **2.** (Fin XVIᵉ). Mod. et littér. Homme de main, assassin* à gages (à l'époque des armes blanches). ⇒ 2. **Bravo.**

Vous n'allez fréquenter que spadassins infâmes !   HUGO, Ruy Blas, I, 2.

♦ **3.** Adj. « *Cette benoîte population* (...) *prudhommesquement spadassine* » (→ Pérégriner, cit. 5, Rimbaud).

(...) chacun apportant ses petits mobiles secrets : complexes sanguinaires, lointaine hérédité spadassine, réveil cocardier (...)
   Jacques PERRET, Bande à part, p. 25.

SPADICE [spadis] n. m. — 1808 ; *spadix*, 1743 ; du lat. *spadix, icis* « branche de palmier », du grec.

♦ Bot. Inflorescence sur un axe unique (en épi, en panicule), enveloppée par une bractée protectrice. ⇒ **Spathe.** *L'inflorescence des palmiers dattiers* (qui produit le régime* de dattes) *est un spadice.*

SPADILLE [spadij] n. m. — Av. 1684, De Mère, *in* Dauzat ; empr. esp. *espadilla*, dimin. de *espada* « épée », figurant le pique*.

♦ Vx. L'as de pique, au jeu d'hombre.

SPAGHETTI [spageti] n. m. — 1923, Larousse ; n. m. sing. (*un spaghetti, des spaghettis*), 1893 ; mot ital., dimin. de *spago* « ficelle ».

♦ (*Des spaghettis*). Pâtes alimentaires en baguettes fines et longues. *Spaghettis sauce bolognaise* (tomate et viande). — REM. Le pluriel *des spaghetti*, sans s (cf. ci-dessous cit. Gide) n'est plus en usage. — Au sing. *Un spaghetti.*

Mes pensées m'échappent, semblables aux spaghetti qui glissent des deux côtés de ma fourchette.   GIDE, Journal, 22 juil. 1942.

(V. 1975). Par appos. (plais.). *Western spaghetti :* western tourné, produit en Italie.

SPAGIRIE [spaʒiʀi] n. f. — 1775 ; *spargirie*, 1611 ; de *spagirique*.

♦ Didact. et vx. Alchimie.

SPAGYRIQUE ou **SPAGIRIQUE** [spaʒiʀik] adj. — 1548, *spagirique* ; mot créé en lat. par Paracelse, du grec *spân* « extraire », et *agirein* « rassembler ».

♦ Didact. et vx. Alchimique. *L'art spagyrique.*

SPAHI [spai] n. m. — 1538, « cavalier turc », nombreuses var. (*spachi, spahiz*) ; turc *sipâhi*. → Cipaye.

♦ Soldat des corps de cavalerie maghrébins organisés par l'armée française en Afrique du Nord. *Chéchia, manteau* (cit. 6) *rouge des spahis. Le Roman d'un spahi*, de Pierre Loti.

Des cavaliers apparaissent (...) Fièrement campés sur leurs chevaux, ils sont beaux tous, avec leurs vestes rouges, leurs pantalons bleus, leurs grands chapeaux blancs rabattus sur leurs figures bronzées.
Ils sont douze, douze spahis envoyés en éclaireurs, sous la conduite d'un adjudant (...)   LOTI, le Roman d'un spahi, III, XXIV.

J'étais simple spahi, un petit spahi de vingt ans, tout blond, et crâne, souple et vigoureux, mon cher, un vrai soldat d'Algérie.
   MAUPASSANT, Mohammed-Fripouille, Pl., t. II, p. 334.

SPALACIDÉS [spalaside] n. m. pl. — Déb. xxᵉ ; de *spalax*, et *-idé*, grec *eidos* « forme ».

♦ Zool. Famille de mammifères rongeurs, dont le type est le spalax. — Au sing. *Un spalacidé.*

SPALAX [spalaks] n. m. — 1827 ; du grec *spalax* « taupe ». → Aspalax.

♦ Zool. Mammifère rongeur, petit animal trapu, sans queue, à oreilles courtes, à fourrure épaisse, qui creuse des galeries dans le sol (on l'appelle aussi *rat-taupe*). — On trouve également la forme *aspalax.*

DÉR. Spalacidés.

SPALLATION [spalasjɔ̃] n. f. — V. 1960 ; de l'angl. *to spall* « éclater ».

♦ Phys. Réaction nucléaire provoquée par des particules accélérées avec une si grande énergie que le noyau « éclate » en éjectant diverses particules.

SPALLIÈRE [spaljɛʀ] n. f. — Date incert. ; var. régionale de *espalière, espauliere*, cf. F. E. W. → Épaulière ; repris en archéologie.

♦ Didact. Pièce d'armure couvrant les épaules (→ Épaulière, 1.).

SPALTE [spalt] n. m. — 1791, in *le Français moderne* ; de l'ital. *spalto* « asphalte », bas lat. *asphaltus*, grec *asphaltos*.

♦ **1.** Vx (écrit *spalt*). Bitume de Judée. ⇒ **Asphalte.**

♦ **2.** (Déb. xxᵉ). Mastic de fontainier (fait à l'origine de *spalt* au sens 1.).

SPALTER [spaltɛʀ] n. m. — 1904 ; *spaltoir*, 1899 ; de l'all. *spalten* « fendre » ; cf. *Spalt, spalth* « pierre friable utilisée par les fondeurs », xviiᵉ.

♦ Techn. Brosse de peintre en bâtiment, utilisée pour faire les faux bois.

SPALTUNG [spaltuŋ] n. f. — V. 1970 ; mot all. spécialisé en psychol. par Bleuler « dissociation schizophrénique ».

♦ Psychan. Clivage du moi (chez Lacan, « refente »).

SPANANDRIE [spanɑ̃dʀi] n. f. — xxᵉ ; du grec *spanios* « rare », et *-andrie*.

♦ Biol. Rareté des mâles dans une espèce, la reproduction se faisant surtout par parthénogénèse*. *La spanandrie est courante chez certains crustacés.*

CONTR. Spanogynie.

SPANOGYNIE [spanoʒini] n. f. — xxᵉ ; du grec *spanios* « rare », et *-gynie*.

♦ Biol. Rareté des femelles dans une espèce. *La spanogynie est courante chez de nombreux insectes.*

CONTR. Spanandrie.

SPARADRAP [spaʀadʀa] n. m. — V. 1560 ; *speradrapu*, in Mondeville, 1314 ; lat. médiéval *sparadrapum*, tiré de *spargere* « étendre » (Garnier), et du franç. *drap*, ou de l'anc. franç. *esparer* « étendre », de *parer* (P. Guiraud).

♦ Tissu recouvert d'une matière « emplastique » (⇒ **Emplâtre**), dans laquelle on incorpore parfois un médicament. ⇒ **Diachylon** (toile de). *Sparadrap utilisé comme adhésif, agglutinant, dans un bandage*, etc. (→ Fixation, cit. 1).

(...) le sparadrap, collé sur sa joue, en tirait obliquement la peau tendue.   FLAUBERT, Mᵐᵉ Bovary, I, VI.

Sur les poignets, il colla deux fils avec des morceaux de sparadrap. Ensuite il prit les mains de la jeune esclave, et il colla deux autres fils sur les paumes des mains, avec deux autres sparadraps.   J.-M. G. LE CLÉZIO, les Géants, p. 270.

SPARDECK [spaʀdɛk] n. m. — 1813 ; mot angl., de *spar* « barre » (→ Épar, espar), et *deck* « pont ».

♦ Mar. Pont supérieur qui s'étend sans interruption de l'avant à l'arrière (sans dunette ni gaillard). — Pont léger qui recouvre les cabines et salons du pont supérieur, sur un paquebot.

1 Le pont supérieur de l'*Yseult*, le spardeck, — qui régnait du mât avant au mât arrière, et faisait terrasse au-dessus des appartements de réception (...)
Claude FARRÈRE, la Bataille, XVII.

2 Le mercredi 9 octobre, on attendait pour onze heures du matin, à Suez, le paquebot Mongolia, de la Compagnie péninsulaire et orientale, steamer en fer à hélice et à spardeck, jaugeant deux mille huit cents tonnes.
J. VERNE, le Tour du monde en 80 jours, p. 35 (1873).

SPARGANIER [spaʀɑ̃nje] n. m. — 1842; *sparganion*, 1829; *spargane*, 1811; *sparganium*, 1730, lat. bot.; du grec *sparganion*.

♦ Bot. Plante aquatique *(Typhacées)* communément appelée *rubanier, ruban d'eau.*

SPARGOUTE [spaʀgut] n. f. — 1872; var. pop. de *spergule*.

♦ Spergule* (plante).

SPARKLET [spaʀklɛt] n. m. — Déb. xxᵉ, in *Nouveau Larousse illustré*; mot angl., de *to sparkle* «pétiller».

♦ Techn. Ampoule métallique remplie d'anhydride carbonique liquide, et utilisée dans un siphon spécial, pour produire une boisson gazeuse (eau de Seltz, etc.).

SPARRING-PARTNER [spaʀiŋpaʀtnɛʀ] n. m. — 1925; mot angl., 1908, de *sparring* «combat», et *partner* «partenaire».

♦ Anglic. Sports. Boxeur servant, à l'entraînement, d'adversaire à un boxeur qui prépare un match.

SPART ou **SPARTE** [spaʀt] n. m. — 1532, *sparte*; lat. *spartum*, grec *sparton* «corde de genêt» *(spartos).*
Botanique.

♦ **1.** Plante monocotylédone *(Graminacées)*, appelée scientifiquement *lygeum spartum. Le spart* (ou *sparte*) *sert à faire des cordages, des nattes, des semelles d'espadrilles*, à fabriquer du papier, des tissus* (⇒ **Sparterie**).

♦ **2.** Alfa *(stipa tenacissima).* — Genêt d'Espagne utilisé en sparterie.

DÉR. **Spartéine, sparterie, spartex.**

SPARTAKISME [spaʀtakism] n. m. — 1916; de *spartakiste*.

♦ Hist. Mouvement des spartakistes.

SPARTAKISTE [spaʀtakist] n. et adj. — 1916; all. *Spartakist*, de *Spartakusbund* «groupe Spartacus», du nom du chef des esclaves romains révoltés en 71 av. J.-C.

♦ Hist. Membre d'un mouvement socialiste et communiste allemand animé par Karl Liebknecht et Rosa Luxemburg (1916-1919). — Adj. *Le groupe spartakiste.*

DÉR. **Spartakisme.**

SPARTÉINE [spaʀtein] n. f. — 1863; en angl., 1851; de *spart*.

♦ Méd. Alcaloïde ($C_{15} H_{26} N_2$) d'abord extrait du genêt à balais. *Le sulfate de spartéine est utilisé en médecine comme cardiotonique. Piqûre de spartéine* (→ Hasarder, cit. 9).

SPARTERIE [spaʀt(ə)ʀi] n. f. — 1752; de *spart* ou *sparte*, et -*erie*.

♦ **1.** Procédé de fabrication d'objets en fibres végétales assez souples et très résistantes, qui sont vannées ou tissées (jonc, alfa, sparte, crin végétal, etc.). *Sparterie grossière :* fabrication des mannes d'emballage, cabas, couffins, tapis-brosses; *sparterie fine :* chapeaux, étuis, etc.

♦ **2.** Textile végétal tissé ou utilisé dans des objets fabriqués. *Tapis, nattes, chapeaux de sparterie* (→ aussi Frontal, cit. 1).

♦ **3.** (1803). *(Une, des sparteries).* Ouvrages, objets, ainsi fabriqués. *Vendre de la sparterie.* Spécialt. Natte tressée, utilisée comme motif décoratif en sculpture (→ aussi ci-dessous, cit. 2, Huysmans).

1 (...) huit mules (...) caparaçonnées de la tête aux pieds de ces merveilleuses sparteries dont la Provence semble avoir emprunté aux Maures (...) l'art délicat.
Alphonse DAUDET, le Nabab, XI.

2 (...) mais quelle drôle d'idée que d'avoir été couvrir ses tours de tuiles de couleurs qui lui donnent l'aspect d'une sparterie ! HUYSMANS, l'Oblat, VIII.

SPARTEX [spaʀtɛks] n. m. — xxᵉ; de *spart*.

♦ Techn. Canevas de jute très apprêté qui imite la sparterie.

SPARTIATE [spaʀsjat] n. et adj. — 1580, Montaigne, *Essais*, I, XXXVII; lat. *Spartiatae*, grec *Spartiatês*, de *Spartê* «Sparte» (ville grecque).

★ **I.** N. ♦ **1.** Habitant de Sparte (→ Athénien, cit. 3; relique, cit. 4). *Les mœurs austères, les lois sévères des Spartiates.*

♦ **2.** Fig. Homme de mœurs austères, rigides.

1 Enjolras (...) tenait du spartiate et du puritain (...)
— Grantaire ! cria-t-il, va-t'en cuver ton vin hors d'ici. C'est la place de l'ivresse et non de l'ivrognerie. Ne déshonore pas la barricade !
HUGO, les Misérables, IV, XII, III.

★ **II.** Adj. ♦ **1.** Relatif à la ville grecque de Sparte, à ses habitants et à leurs mœurs. ⇒ **Lacédémonien.** *Brouet* spartiate.*

♦ **2.** Fig. Digne de Sparte, de sa réputation d'austérité, de courage stoïque. *Un courage spartiate. Des mœurs sévères et spartiates.* ⇒ **Rigide.** — Loc. adv. (1857). *À la spartiate :* d'une manière spartiate, sévère, austère (→ 1. Le, cit. 35).

2 Ce banquet, de deux cents personnes, hommes et femmes, fut vraiment spartiate, et pour l'austérité patriotique et pour la frugalité.
MICHELET, Hist. de la Révolution franç., IV, VII.

★ **III.** N. f. (1947, cit.). Sandale faite de lanières de cuir croisées.

3 Les pieds d'Angel dérapaient dans le sable chaud et il sentait les grains menus courir entre ses orteils, à travers la grille de cuir de ses spartiates.
B. VIAN, l'Automne à Pékin, p. 167 (1947).

SPARTINE [spaʀtin] n. f. — 1842; lat. sav. *spartina*, de *spartum*. → Spart.

♦ Bot. Graminacée halophile dont les glumes ressemblent à l'inflorescence des genêts, et qui se développe en eau de mer.

SPASME [spasm] n. m. — 1314; *espasme*, 1256; *espame*, 1244; du lat. *spasmus*, grec *spasmos*, de *spân* «tirer». → Pâmer.

♦ **1.** Contraction brusque et violente, involontaire, d'un ou de plusieurs muscles. *Court spasme.* ⇒ **Crispation.** *Série de spasmes.* ⇒ **Contracture, convulsion.** *Mouvements provoqués par un spasme.* ⇒ **Bâillement, éternuement, frisson, sanglot...** *Spasme fonctionnel.* ⇒ **Crampe.** *Spasmes généralisés, localisés. Spasmes toniques de la crise d'épilepsie. Spasmes cloniques de la chorée.* ⇒ **Myoclonie.** *Spasmes végétatifs de la tétanie. Spasmes psychogènes* (par ex., les tics). *Spasme cynique*. Spasme glottique* (→ Glotte, cit.) ou *laryngé* (faux croup*). ⇒ **Laryngospasme.** *Spasme hydrophobique* du larynx et du pharynx. Spasme de l'estomac* (⇒ **Tiraillement**), *de l'intestin; spasme viscéral* ⇒ Circulation, cit. 1). — *Remède contre les spasmes.* ⇒ **Anticonvulsif, antispasmodique, spasmolytique.**

1 Toute la nuit elle se débattit en des spasmes épouvantables, secouée de tremblements effrayants, déformée par de hideuses convulsions.
MAUPASSANT, Clair de lune, «Conte de Noël».

1.1 La généralisation du spasme à tous les viscères : œsophage, arbre respiratoire, circulation, a pour effet l'angoisse. Certains spasmes, comme dans l'orgasme vénérien, peuvent être source de jouissance. Mais ils sont souvent à la limite de la souffrance, le plaisir étant d'autant plus aigu qu'ils en sont plus proches, et sa stimulation étant parfois cherchée dans des excitations douloureuses.
Henri WALLON, l'Évolution psychologique de l'enfant, p. 19.

Réaction convulsive (spécialt, érotique). *Le spasme de l'orgasme.*

2 (...) quand Buteau l'eut possédée, elle fut emportée à son tour dans un spasme de bonheur si aigu, qu'elle le serra de ses deux bras à l'étouffer, en poussant un long cri. ZOLA, la Terre, V, III.

♦ **2.** Serrement. *Spasme de la poitrine* (→ Déceler, cit. 8; étreinte, cit. 4). — Fig. *La peur* (cit. 3), *spasme affreux de la pensée et du cœur.*

DÉR. (Du même rad.) **Spasmogène, spasmolytique, spasmophilie. — Spasmodique.**
COMP. **Angiospasme, blépharospasme, laryngospasme.**

SPASMODICITÉ [spasmɔdisite] n. f. — Mil. xxᵉ; de *spasmodique*.

♦ Physiol. Disposition aux spasmes (1.), aux contractures. (On dit aussi *spasticité* [spastisite]).

SPASMODIQUE [spasmɔdik] adj. — 1721; du grec méd. *spasmôdês* «qui a le caractère du spasme».

♦ **1.** Caractérisé, provoqué par le spasme (On dit moins cour. *spastique*). ⇒ **Convulsif.** *Troubles spasmodiques. Rire spasmodique* (→ Nerveux, cit. 12) : rire incoercible, violent, apparemment sans motif, qui prend la forme d'un accès subit pouvant se terminer par une crise de larmes. *Frisson* (cit. 17) *spasmodique.*

— Qu'est-ce qu'une angine de poitrine ?
— Une contraction spasmodique des muscles qui tapissent les artères.
M. VAN DER MEERSCH, l'Élu, p. 148.

♦ **2.** Sujet aux spasmes. *Estomac, intestin spasmodique,* qui a des spasmes.

♦ **3.** (xxᵉ). Fig. Brusque et interrompu. *Une résistance spasmodique. Des colères spasmodiques.*

DÉR. Spasmodicité, spasmodiquement.
COMP. Antispasmodique.

SPASMODIQUEMENT [spasmɔdikmɑ̃] adv. — 1835 ; de *spasmodique.*

♦ D'une manière spasmodique. *Une mélopée coupée* (cit. 32) *spasmodiquement de sanglots.*

1 L'infortunée avait perdu connaissance et se tordait spasmodiquement. Il fallut la ranimer, étancher le sang qui partait à flots, arrêter l'hémorragie, calmer les nerfs (...)　　　　　　　　　　　　Léon BLOY, le Désespéré, p. 130.
2 L'interne devint bleu roi et les veines de ses tempes se mirent à battre spasmodiquement.　　　　　　　　　　B. VIAN, l'Automne à Pékin, p. 193.

SPASMOGÈNE [spasmɔʒɛn] adj. — 1897 ; de *spasme,* et *-gène.*

♦ Didact. Qui provoque le spasme. *Zones spasmogènes :* régions du corps susceptibles de provoquer un accès spasmodique lorsqu'on exerce sur elles une pression. ⇒ **Hystérogène.**

SPASMOLYTIQUE [spasmɔlitik] adj. — Mil. xxᵉ ; de *spasme,* et *-lytique.*

♦ Didact. Qui supprime l'état spasmodique. — N. m. *Un spasmolytique.* ⇒ **Antispasmodique.**

(...) propriété hypnotique du phénergan et action centrale antithermique et analgésique du diparcol, également spasmolytique et sympatholytique.
　　　　　　　A. GALLI et R. LELUC, les Thérapeutiques modernes, p. 34.

CONTR. Spasmogène.

SPASMOPHILIE [spasmɔfili] n. f. — 1907, *Nouveau Larousse illustré, Suppl.* ; de *spasme,* et *-philie.*

♦ Didact. Tendance aux spasmes musculaires et viscéraux due à une excitabilité nerveuse et musculaire anormale. ⇒ **Tétanie.** — REM. L'adj. et n. spasmophilique est attesté.

SPASTICITÉ [spastisite] n. f. ⇒ **Spasmodicité.**

SPASTIQUE [spastik] adj. — 1812, Mozin ; lat. *spastius,* du grec *spastikos,* de *spasmos.* → Spasme.

♦ Didact. et rare. ⇒ **Spasmodique.**

SPATANGOÏDES [spatɑ̃gɔid] n. m. pl. — 1875 ; de *spatangue.*

♦ Zool. Ordre d'échinodermes comprenant des oursins irréguliers, et dont le spatangue est le type. — Au sing. *Un spatangoïde.*

SPATANGUE [spatɑ̃g] n. m. — 1803 ; *spatangus,* 1771 ; du lat. *spatangius,* grec *spataggês* «hérisson de mer».

♦ Zool. Animal échinoderme de la classe des échinides, oursin* irrégulier dont la bouche est placée en avant sur la face ventrale. *Le spatangue vit dans les sables vaseux.*

DÉR. Spatangoïdes.

SPATH [spat] n. m. — 1751, *Encyclopédie,* art. *Calcite* ; all. *Spat.* → Feldspath.

♦ Minér. et cour. (vieilli en sc.). Minéral à structure cristalline et lamellaire. *Spath brunissant :* variété de dolomie impure qui brunit à l'air. *Spath pesant* (vx). ⇒ **Baryline.** *Spath fluor.* ⇒ **Fluorine** (→ Cristal, cit. 1).

(1791). Mod. *Spath d'Islande* ou *cristal d'Islande.* ⇒ **Calcite.** *Spath adamantin :* variété brune de corindon.

Le premier, il *(Huyghens)* étudie et interprète les phénomènes de double réfraction du spath d'Islande découverts peu auparavant par le Danois Érasme Bartholin.
　　　　　　L. DE BROGLIE, Physique et Microphysique, p. 253.

DÉR. Spathique.
HOM. Spathe.

SPATHE [spat] n. f. — 1555 ; *espate,* 1360 ; lat. *spatha,* grec *spathê* «épée» et «bractée du palmier».

♦ **1.** Archéol. Épée à large lame des Gaulois et des Germains.

♦ **2.** (1743). Bot. Grande bractée en forme de sac, de cornet, involucre qui enveloppe une inflorescence nommée spadice*, chez les Aracées et les Palmiers. *Le cornet blanc de l'arum est une spathe.*

DÉR. Spathiflore, spathiflorales.
HOM. Spath.

SPATHIFLORALES [spatiflɔral] n. f. pl. — xxᵉ ; de *spathe,* et *floral.*

♦ Bot. Ordre de monocotylédones spathiflores *(Aracées, Palmiers).* — Au sing. *Une spathiflorale.*

SPATHIFLORE [spatiflɔr] adj. — 1875 ; de *spathe,* et *flore.*

♦ Bot. Dont les fleurs consistent en une spathe entourant l'inflorescence proprement dite.

SPATHIQUE [spatik] adj. — 1757 ; de *spath.*

♦ Didact. (minér.). Qui a une apparence analogue à celle du spath. *Fer spathique.*

SPATIAL, ALE, AUX [spasjal, o] adj. — 1889, cit. Bergson ; dér. sav. du lat. *spatium* «espace».

♦ **1.** Didact. Qui se rapporte, qui est relatif à l'espace. *Nature spatiale et temporelle d'une œuvre* (cit. 18), *géographique et historique. Temps spatial et temps intérieur* (→ Faiseur, cit. 16). *Petitesse spatiale de l'homme* (→ Corps, cit. 15). *Métaphore spatiale.*

Peut-être quelques-uns comptent-ils d'une manière analogue les coups successifs d'une cloche lointaine ; leur imagination se figure la cloche qui va et qui vient ; cette représentation de nature spatiale leur suffit pour les deux premières unités ; les autres unités suivent naturellement.
　　　　H. BERGSON, Essai sur les données immédiates de la conscience, I, p. 64.
Ainsi, dans une foule, je puis me cacher derrière vous, pour utiliser un fait de perspective spatiale.　　　　J. PAULHAN, Entretien sur des faits divers, p. 98.
Cristallographie. *Réseau spatial :* arrangement régulier à trois dimensions de points obtenus par des translations successives d'une maille élémentaire. *Groupe spatial :* groupe d'objets identiques placés en des points déterminés d'un réseau spatial. *Charge spatiale :* charge électrique occupant un certain volume.

♦ **2.** (V. 1960). Cour. Relatif à l'espace interplanétaire ou interstellaire. *Voyage, vol spatial. Rendez-vous spatial. Engins, navires spatiaux.* ⇒ **Cosmique.** *Capsule spatiale.* ⇒ **Spationef.** *Station spatiale. Navette spatiale. Centre national d'études spatiales.* — *Biologie, physiologie spatiale. Technologie spatiale.*

♦ **3.** (Mot «à la mode» qui ne semble pas s'être répandu). Magnifique, étonnant (avec la même valeur que *atomique* vers 1950).

Au cours d'un vernissage, un monsieur s'extasie : « Hadmirâble », devant une première toile. « Mhârvailleux », pour la seconde. Face à la troisième : « C'est... spatial » *(à retenir).*　　　　Pierre DANINOS, le Jacassin, p. 122.

DÉR. Spatialement, spatialiser, spatialité, spationaute, spationautique, spationef.
COMP. Aérospatial.

SPATIALEMENT [spasjalmɑ̃] adv. — xxᵉ ; de *spatial.*

♦ Didact. Relativement à l'espace. *Représenter spatialement un processus abstrait.*

SPATIALISATION [spasjalizasjɔ̃] n. f. — Mil. xxᵉ ; de *spatialiser.* Didactique.

♦ **1.** Action de spatialiser, fait d'être spatialisé.

(...) la Physique relativiste apparaît bien comme étant en opposition flagrante avec les vues de Bergson, précisément parce qu'elle pousse à l'extrême limite la spatialisation du temps et la géométrisation de l'espace (...)
　　　　　　L. DE BROGLIE, Physique et Microphysique, p. 197.
Physiol. Localisation dans l'espace d'un stimulus visuel ou auditif.

♦ **2.** (V. 1970). Adaptation (d'un matériel) aux conditions de l'espace.

SPATIALISER [spasjalize] v. tr. — 1907 ; de *spatial.*

♦ **1.** Donner à (qqch.) un caractère spatial (1.) ; donner les caractères de l'espace à. ⇒ **Spatialisation.** *« La matière se spatialise »* (Bergson).

Christophe de Savigny *(Tableau de tous les arts libéraux)* qui parvient à spatialiser les connaissances, à la fois selon la forme cosmique, immobile et parfaite du cercle, et celle, sublunaire, périssable, multiple et divisée de l'arbre.
　　　　　　Michel FOUCAULT, les Mots et les Choses, p. 53.
Ce qui apparaît à Bergson comme *sui generis* dans les réalités psychiques et vitales, c'est sans doute la durée pure, par opposition au temps spatialisé de la physique (...)
　　　　J. PIAGET, Logique et Connaissance scientifique, *in* Encycl. Pl., p. 29.

♦ **2.** (V. 1970). Adapter (un engin, un appareillage, etc.) aux conditions de l'espace (Journ. off., 18 janv. 1973).

DÉR. Spatialisation.

SPATIALITÉ [spasjalite] n. f. — 1907, Bergson ; de *spatial.*

♦ Didact. Caractère de ce qui est spatial.

SPATIO- Élément de mots didactiques, tiré de *spatial*. ⇒ **Spatio-temporel.**

Les Zuñi présentent actuellement une organisation spatio-sociale, relativement complexe. Les clans observés n'en semblent pas moins dériver de deux phratries primitives.   Roger CAILLOIS, l'Homme et le Sacré, p. 78.

SPATIONAUTE [spasjonot] n. — 1962 ; de *spatial*, d'après *aéronaute*.

♦ Didact. Membre de l'équipage d'un engin spatial. ⇒ **Astronaute.**

SPATIONAUTIQUE [spasjonotik] n. f. — V. 1973 ; de *spatial*, d'après *aéronautique*.

♦ Didact. Science de la navigation spatiale. ⇒ **Aéronautique.**

SPATIONEF [spasjonɛf] n. m. — 1963 ; du rad. de *spatial*, et *nef*, d'après *aéronef*.

♦ Didact. Vaisseau spatial. ⇒ **Astronef.**

SPATIO-TEMPOREL, ELLE [spasjotɑ̃pɔʀɛl] adj. — 1904 ; de *spatio-*, et *temporel*.

♦ Didact. Qui se rapporte à la fois à l'espace et au temps. — N. m. *Le spatio-temporel.*

SPATULE [spatyl] n. f. — 1464 ; *espatule*, 1377, encore au XVIIe ; lat. *spathula*, *spatula*, dimin. de *spatha*. → **Épée.**

★ **I.** ♦ **1.** Baguette de bois, de métal, d'ivoire..., large et aplatie à un bout, utilisée pour remuer, étaler, aplatir... ; instrument formé d'un manche et d'une lame large. *Spatule de pharmacien, de chirurgien. Spatule pour l'examen du pharynx.* ⇒ **Abaisse-langue.** — *Spatule de maçon* (⇒ **Gâche**), *de marbrier, de menuisier ; de sculpteur, de peintre...* — Ustensile de cuisine (pour les mélanges, la réduction des sauces). *Spatule de bois, de buis* (→ Saindoux, cit. 2).

Sur quoi, Gaston retournait étaler ses pommades avec une large spatule et appliquer ses pansements.   G. DUHAMEL, le Temps de la recherche, VIII.

♦ **2.** Extrémité évasée (d'un manche de cuiller, de fourchette).

♦ **3.** (1912). Extrémité antérieure relevée (d'un ski).

♦ **4.** *En spatule* : large et plat du bout. *Doigts en spatules* (→ Carré, cit. 1).

★ **II.** (1664). Zool. Oiseau ciconiiforme *(Échassiers)*, scientifiquement nommé *platalea*, à long bec noir et droit, en spatule, qui vit en colonies au bord de l'eau (→ Cuiller, cit. 4).

CONTR. (De I., 2.) **Talon.**
DÉR. **Spatulé, spatuler.**
COMP. **Spatuliforme.**

SPATULÉ, ÉE [spatyle] adj. — 1778 ; de *spatule*.

♦ Didact. En spatule, large et plat du bout. *Doigt... « courtaud, spatulé »* (Aragon, *les Beaux Quartiers*, p. 435). *Bec spatulé.*

SPATULER [spatyle] v. tr. — 1872 ; de *spatule*.

♦ Techn. Battre et secouer (le chanvre).

SPATULIFORME [spatylifɔʀm] adj. — XXe ; de *spatule*, et *-forme*.

♦ Didact. En forme de spatule.

SPEAKEASY [spikizi] n. m. — 1930, cit. ; mot amér., 1889 ; de *speak* « parler », et *easy* « facilement ».

♦ Local où l'on servait clandestinement des boissons alcoolisées, aux États-Unis, pendant la prohibition. — Plur. *Des speakeasies.*

Si l'on ouvre un journal ou un livre d'il y a cinq ou six ans et qu'on y cherche le terme speakeasy, on ne le trouvera point ; il est né de la prohibition, mais plus tard qu'elle. Le speakeasy (m. à m. : « cause-en-douce »), qui évoque le mot de passe chuchoté à voix basse, est un cabaret clandestin avec bar, où l'on sert de l'alcool et du vin.   Paul MORAND, New-York, 1930, p. 151.

SPEAKER [spikœʀ] n. m. — 1649 ; mot angl., proprt « celui qui parle », « orateur ».

♦ **1.** Président de la Chambre des Communes, en Angleterre. — (1876). Président d'une législation coloniale, puis de la Chambre des représentants, aux États-Unis.

1   Il était très respecté à la Chambre des Communes, respecté par toute la Chambre et en particulier par le Speaker *(le président)* (...)   A. MAUROIS, Ariel..., I, VI.

♦ **2.** (1931, sens qui n'existe pas en anglais ; « orateur » (vx), 1866 ;

« annonceur de résultats sportifs », 1904). Anglic. Celui qui, à la radio, à la télévision, annonce les programmes, présente les émissions, donne les nouvelles. *Des speakers. Le speaker d'un poste* (→ Retransmission, cit.). ⇒ **Annonceur, présentateur ; speakerine.**
— REM. Les puristes rejettent ce mot et proposent notamment *annonceur* (le mot anglais correspondant est *announcer*).

Sabotage de la prononciation de notre belle langue par les speakers de la radio.   2
       GIDE, Journal, 5 juil. 1944.

(...) je ne reproche rien au speaker qui, par profession, doit être psychologue. Il   3
connaît à fond son public, son innombrable public.
       F. MAURIAC, Bloc-notes 1952-1957, p. 367.

Un speaker donne au public les explications nécessaires. La journée s'est achevée   4
paisiblement ; il fait maintenant tout à fait nuit et l'on entend (à ce qu'il me semble) quelque chose comme une fanfare étouffée de retraite aux flambeaux suivie, à très peu d'intervalle, par un tintement de cloche marquant l'heure ou ordonnant un couvre-feu ; ces bruits, minimes et éloignés, à l'échelle du village lui-même, où tout s'éteint peu à peu. Que se passe-t-il ensuite ? Rien, je crois, pendant un certain temps. Seul le speaker, avec un sérieux tout professoral, pérore.
       Michel LEIRIS, Fourbis, p. 50-51.

DÉR. **Speakerine.**

SPEAKERINE [spikʀin] n. f. — V. 1950 ; de *speaker*, avec un suff. empr. à l'allemand.

♦ (Faux anglic.). Femme qui exerce le métier de speaker. *Les speakerines de la télévision.* ⇒ **Annonceuse, présentatrice, téléspeakerine.**

Là-dessus la speakerine (il s'agit de ce que le *Canard enchaîné* appelle la téléspeakerine) — je cherche sans le trouver l'équivalent en français de speakerine — nous annonça froidement qu'il n'y aurait pas de Hitchcock.
       F. MAURIAC, *in* l'Express, 22 oct. 1959 (cité par ÉTIEMBLE qui condamne ce mot formé d'« un morceau d'anglais et d'une désinence allemande à peine francisée »).

REM. Jacques Perret a risqué la graphie francisée *spiquerine* (les *Bâtons dans les roues*, in *Dict. des anglicismes*).

COMP. **Téléspeakerine.**

SPÉCIAL, ALE, AUX [spesjal, o] adj. — 1190 ; *especiel*, v. 1130 ; *especial*, 1150, parfois encore de nos jours dans la langue populaire ; lat. *specialis*, proprt « relatif à l'espèce » ; de *species* « espèce ».

★ **I.** ♦ **1.** Qui concerne, qui constitue une espèce (III., 1.), une sorte de choses (opposé à *général*). *Spécial et spécifique* (→ Générique, cit. 2). *Justice naturelle et justice* (cit. 6) *spéciale. Travaux généraux et monographies* (cit. 1) *spéciales. Des connaissances spéciales.* ⇒ **Spécialité** (→ Gros, cit. 28). *Leçons spéciales* (→ Amphithéâtre, cit. 4), *journaux* (cit. 8), *dictionnaires spéciaux* (→ Nomenclature, cit. 6). — *Mathématiques* spéciales.* — N. f. (1872). *Fam. La spéciale* : la classe de mathématiques spéciales. — Fam. *Maths spé. En un sens plus spécial* (→ Langue, cit. 25). ⇒ **Restreint.** — *Langue spéciale, vocabulaire spécial,* d'une spécialité.

Le couloir où il s'était terré, nul autre mot n'exprime mieux la situation, était muré   0.1
derrière lui. C'était un de ces culs-de-sac que la langue spéciale appelle branchements.   HUGO, les Misérables, V, III, I.

♦ **2.** [a] *Spécial à* : qui appartient, est propre à... (une chose, une personne, à l'exclusion des autres). ⇒ **Particulier, propre.** *Le nom spécial à l'espèce* (→ Genre, cit. 11). *Un parfum d'honnêteté spécial aux femmes laides* (→ Insoupçonnable, cit. 1).

[b] Qui est destiné, par des caractères particuliers, à l'usage exclusif d'une personne ou d'une chose. *Mesurer au moyen d'un appareil spécial* (→ Bathymétrie, cit.). ⇒ **Adéquat.** *Un uniforme spécial* (→ Marlou, cit.). *Commander un papier spécial* (→ Japon, cit.). *Mériter une mention spéciale* (→ Île, cit. 4). *Train, avion spécial.*

(...) les familles devaient (...) consentir à l'isolement de leurs malades dans les salles spéciales de l'hôpital.   CAMUS, la Peste, p. 66.   1

[c] Qui constitue une exception, qui est créé pour des circonstances qui sortent ou sont censées sortir de l'ordinaire. ⇒ **Extraordinaire** (→ D'exception). *Autorisation* (→ Médaille, cit. 1) *spéciale. Privilège spécial. Pouvoirs spéciaux. Fonds spéciaux* : fonds secrets. *Armes spéciales* : armes nucléaires, chimiques et bactériologiques (opposé à *armes classiques*). — *Édition spéciale* (→ 2. Camelot, cit. 2). Ellipt. *Spéciale dernière. Envoyé spécial* : personne envoyée par un journal dans un lieu pour une occasion précise (opposé à *correspondant*). → Interview, cit. 4. — N. *Un spécial.*

(...) lorsqu'on prévoit un événement important de nature à justifier l'envoi d'un   1.1
spécial.   Philippe GAILLARD, Technique du journalisme, p. 423.

(Dans un journal, etc.). *Spécial,* pour introduire une rubrique exceptionnelle. *Spécial beauté en page 58, avec notre esthéticienne conseil.* — Par plais. *Il a été nommé directeur du nouvel institut ? Ah, je vois ! Spécial copinage, quoi !* — (Publicité). Pour qualifier et promouvoir un produit que l'on présente comme remarquable, exceptionnel. *Spécial ! nouveau !*

♦ **3.** Qui présente des caractères particuliers dans son genre ; qui n'est pas quelconque. ⇒ **Particulier.** *Forme* (→ Antérieur, cit. 5), *accent* (→ Affaire, cit. 60), *cri* (→ Dessus, cit. 5), *timbre spécial d'une voix* (→ Distinguer, cit. 23). *Un cas spécial.* ⇒ **Individuel**

(→ D'espèce). *Des natures spéciales* (→ Idiosyncrasie, cit. 2). *Mentalité* (cit. 3) *spéciale*.

Qui n'est pas commun, habituel, ordinaire. ⇒ **Singulier**. *Un public spécial* (→ Jeu, cit. 72). *Rien de spécial à citer* (→ Hygiénique, cit. 1). *Des eaux-de-vie trop spéciales* (→ Honnête, cit. 35).

2   (...) et enfin surtout par ce génie tout spécial, ce tempérament unique qui lui a permis de peindre (...) l'*exception dans l'ordre moral*.
                    BAUDELAIRE, E. A. Poe, sa vie et ses œuvres, IV.

♦ **4.** Fam. Bizarre, non accepté par tous. *C'est un peu spécial, chez lui...*, très original, bizarre. *Il est spécial, ce type !* — Par euphém. (non fam.). *Mœurs spéciales*, homosexuelles ; déviantes par rapport à la norme sociale (« perversions »). *Avoir des goûts* (cit. 43) *spéciaux*.

3   (...) il y a aussi des poux de corps, de certaines parties du corps, de certaines parties spéciales, bien spéciales.   R. QUENEAU, Loin de Rueil, p. 127.

★ **II. N. m. ♦ 1.** (Surtout au Québec). Article, objet exceptionnel ou vendu à un prix spécial.

♦ **2.** Sports. Coup ou prise favorite, dans les sports de combat, les arts martiaux. *Tâche de lui placer ton spécial dès le début, pour l'impressionner.*

CONTR. Général, générique. — Quelconque ; normal, ordinaire, régulier. — Commun.

DÉR. Spécialement, spécialiser, spécialisme, spécialiste.

SPÉCIALEMENT [spesjalmɑ̃] adv. — XIIIᵉ ; *specialment*, v. 1120 ; de *spécial*.

♦ **1.** D'une manière spéciale (1.). En considérant une espèce, une sorte, une chose dans son genre. ⇒ **Particulier** (en). *Au profit de l'exécutif et spécialement du cabinet ministériel* (→ 1. Parlementaire, cit. 2). ⇒ **Notamment**. — Dans un sens restreint, spécialisé ; dont l'extension* est réduite. *Poilu* (cit. 2) *signifiait « homme » et spécialement « soldat ». Dans ce dictionnaire, « spécialement » est abrégé* spécialt.

♦ **2.** À l'exclusion des autres. ⇒ **Particulièrement**. *Être spécialement chargé d'une chose, de faire qqch.* (→ Cage, cit. 3 ; privilège, cit. 5 ; receveur, cit. 1).

1   La contemplation est la fin dernière de l'âme humaine, mais elle est très spécialement et, par excellence, la fin de la vie solitaire.
                    Léon BLOY, le Désespéré, p. 79.

♦ **3.** D'une manière adéquate. *Un emplacement, un lieu spécialement aménagé pour qqch.*, tout exprès.

2   Quand aux salles « spécialement équipées », il savait ce qu'il en était : deux pavillons hâtivement déménagés de leurs autres malades, leurs fenêtres calfeutrées (...)
                    CAMUS, la Peste, p. 74.

♦ **4.** D'une manière très caractéristique ; plus qu'une autre chose du même genre. ⇒ **Particulièrement**. *Les préoccupations d'intérêt sont spécialement sensibles* (→ Léger, cit. 34). *Les dominos* (cit. 3), *jeu spécialement silencieux. Fam. Est-ce que tu es pressé ? Pas spécialement.* Cf. Pas autrement, pas tellement, pas plus que ça.

3   — (...) Il était immédiat, aventureux.
    — (...) beau, ajoutai-je.
    — (...) non, pas spécialement beau, continua O' Patah en se renfrognant (...)
                  Paul MORAND, Fermé la nuit, p. 49.

CONTR. Généralement.

SPÉCIALISATION [spesjalizasjɔ̃] n. f. — 1830, A. Comte ; de *spécialiser*.

♦ **1.** Action de (se) spécialiser. *Spécialisation du sens d'un mot* (⇒ **Limitation**), *des fonctions d'un organe*. Écon. polit. *Spécialisation de l'industrie* : fait pour une industrie de se cantonner, pour une plus grande efficacité, dans une branche déterminée de la production. *Spécialisation et intégration* dans l'industrie moderne*. — Spécialisation d'une personne dans un travail* (→ Division* du travail), *une étude* (→ Prov. « Chacun son métier, les vaches* seront bien gardées »). *Spécialisation précoce, tardive* (dans le cours des études).

1   Le véritable moyen d'arrêter l'influence délétère dont l'avenir intellectuel semble menacé, par suite d'une trop grande spécialisation des recherches individuelles, ne saurait être, évidemment, de revenir à cette antique confusion de travaux (...) Il consiste au contraire, dans la perfectionnement de la division du travail elle-même. Il suffit, en effet, de faire de l'étude des généralités scientifiques une grande spécialité de plus.   A. COMTE, Cours de philosophie positive, Iʳᵉ leçon, II.

♦ **2.** Absolt. *La spécialisation* : fait lié à l'accroissement constant des connaissances, par lequel les intellectuels et les techniciens sont obligés de se cantonner dans une branche restreinte pour la posséder à fond et la faire progresser. ⇒ **Spécialiste, spécialité** (→ Encyclopédiste, cit. 4). *Spécialisation et culture*.

2   La multiplicité et la complexité de plus en plus grandes des diverses branches de la science et de la technique ont nécessité une spécialisation du plus en plus marquée et, dans tous les domaines, cette spécialisation tend à disjoindre des activités qui étaient longtemps restées unies et à isoler les unes des autres des catégories de chercheurs qui avaient longtemps et fructueusement collaboré. Alors se pose devant nous l'importante question de savoir si des efforts ne doivent pas être

---

faits pour maintenir en relations étroites la science pure et la science appliquée, pour les empêcher de s'éloigner l'une de l'autre (...)
              L. DE BROGLIE, Physique et Microphysique, p. 337.

SPÉCIALISER [spesjalize] v. tr. — 1819 ; attestation isolée, 1535 ; de *spécial*.

♦ **1.** Vx. « Indiquer d'une manière spéciale » (Littré). ⇒ **Spécifier**.

♦ **2.** (1875). Donner un emploi spécial (1.), déterminé et restreint. *Ma profession* (cit. 6) *me spécialise dans... Spécialiser les travailleurs* : les affecter à un travail précis.

0.1   C'est le principe de l'éducation allemande de spécialiser chaque Allemand. — Chaque Allemand ne connaît que sa spécialité, pour le reste il s'en remet au Gouvernement.   GIRAUDOUX, Siegfried et le Limousin, p. 174.

▶ **SE SPÉCIALISER** v. pron. (1823, « être désigné d'une manière particulière »).

Être cantonné, confiné dans un emploi spécial, restreint. *Ce dérivé tend à se spécialiser* (→ Mallette, cit.). — Se consacrer à une spécialité ; choisir une branche spéciale d'études, un métier, un travail déterminé. *Se spécialiser dans qqch.* (→ Ingénieur, cit. 3). *Médecin qui se spécialise* (→ Oculiste, cit. 1). ⇒ **Spécialiste**.

1   (...) l'esthétique tend à se spécialiser en autant de formes qu'il y a de talents.
             R. DE GOURMONT, le Livre des masques, p. 209.

2   Depuis qu'il s'était installé à Genève, pour suivre Jacques, il avait renoncé à la dactylographie, et s'était spécialisé dans les recherches historiques.
             MARTIN DU GARD, les Thibault, t. VI, p. 41.

▶ **SPÉCIALISÉ, ÉE** p. p. adj.

Qui a une spécialité. *Un personnel hautement spécialisé.* — *Ouvrier* (cit. 2 et 5) *spécialisé* (abrév. *O. S.*), sans C. A. P. (c'est en fait un ouvrier sans spécialisation professionnelle véritable). — *Industrie spécialisée* (→ Néolithique, cit.). — *Spécialisé en..., dans... Faussaire* (cit. 7) *spécialisé dans ces sortes de supercheries*. ⇒ **Spécialiste**.

3   Quinette avait employé une après-midi (...) à visiter (...) quelques libraires plus ou moins spécialisés dans la vente des publications politiques.
         J. ROMAINS, les Hommes de bonne volonté, t. III, v, p. 93 (1933).

4   Une autre partie des équipes (...) en l'absence de personnel spécialisé, conduisit les voitures des malades et des morts.   CAMUS, la Peste, p. 151.

CONTR. Généraliser.
DÉR. Spécialisation.

SPÉCIALISME [spesjalism] n. m. — 1876 ; de *spécial*.

♦ Rare. Caractère spécial ; spécialisation. *« (Spécialisme) désigne ainsi le refus de regarder ce qui se passe au-delà des frontières de sa discipline ; le refus de prendre au sérieux les implications diverses de son travail ; le refus d'élargir sa problématique. Seuls comptent alors les intérêts professionnels, étroitement définis, d'un petit groupe de spécialistes. Tous les scientifiques, cela va de soi, ne sont pas touchés par le "spécialisme" ».* (la Recherche, déc. 1979, p. 1283).

SPÉCIALISTE [spesjalist] n. — 1838, n. m. ; « intuitif, voyant », 1832, Balzac ; au fém., déb. xxᵉ ; dér. de *spécial*.

♦ **1.** Personne qui s'est spécialisée, qui a des connaissances approfondies dans un domaine déterminé et restreint (science, branche d'une science, sujet, métier...). *Un, une spécialiste de l'histoire du moyen âge, de l'étymologie* (→ aussi Requin, cit. 2), *de l'argot* (→ Bistrot, cit. 4). *Spécialiste de l'électronique, de l'embryologie...* ⇒ **Savant** (II., cit. 12). *Au dire des spécialistes* (→ Latin, cit. 12). *Déléguer tout pouvoir à des spécialistes.* ⇒ **Technicien** (→ Incompétence, cit. 3). *Hommes d'éducation* (cit. 13) *générale, par oppos. aux* spécialistes.

1   Les spécialistes ont tendance à s'enfermer dans leur spécialité, à vivre reclus en face de leurs difficultés ordinaires.
           G. DUHAMEL, Manuel du protestataire, IV.

2   Tous les spécialistes de la passion nous l'apprennent, il n'y a d'amour éternel que contrarié.   CAMUS, le Mythe de Sisyphe, p. 101.

2.1   (...) Pierre Lenoir se leva à cinq heures et demie pour se rendre au Racing-Club où il se proposait d'étudier une nouvelle méthode d'économie respiratoire, préconisée par un spécialiste finlandais du cinq mille mètres.
          M. AYMÉ, Travelingue, p. 23-24.

Spécialt. Médecin qui renonce à la médecine générale pour s'occuper d'organes ou de fonctions particulières, pour mettre en œuvre une thérapeutique spéciale (opposé à *généraliste**). ⇒ **Médecin**. *Le neurologue, spécialiste des maladies nerveuses* (→ Neurologie, cit.). *Consulter un spécialiste* (→ Guetter, cit. 10) *en rhumatologie*.

3   De quoi souffre-t-elle votre mère ?
    — D'un cancer au foie... Je la fais soigner par les premiers spécialistes de la ville... Leur traitement me coûte très cher (...)
         CÉLINE, Voyage au bout de la nuit, p. 202.

4   En médecine chaque spécialiste croit, et souvent de bonne foi, que chaque malade relève de sa spécialité.   A. MAUROIS, Un art de vivre, I, 7.

Adj. *Un historien, un médecin spécialiste*, spécialisé dans une branche de sa science. *Cette causerie est réservée aux auditeurs spécialistes* (de la branche dont il est question).

5   Rien, par exemple, n'est plus difficile que de convaincre le lecteur non spécialiste que, si un joueur de dés a amené les six deux fois coup sur coup, ce fait est une raison suffisante de parier gros que le troisième coup ne ramènera pas les six.
BAUDELAIRE, Trad. E. POE, Histoires grotesques et sérieuses,
« Mystère Marie Roget ».

♦ **2.** (xxᵉ). Fig. (fam.). Personne qui est coutumière d'une chose ; qui connaît, par expérience, tout de quelque chose. *Péguy, spécialiste de l'insistance* (cit. 4) *pesante. Un spécialiste de la guigne* (2. Guigne, cit. 2). — Adj. Fam. *Elle est spécialiste de ce genre de gaffes.*

6   Que vous ouvriez votre journal, votre radio, votre revue, c'est le romancier spécialiste du mariage qui vous parle du capitalisme (...) et le poète célibataire de la natalité.   GIRAUDOUX, De pleins pouvoirs à sans pouvoirs, I, p. 10.

CONTR. Amateur, dilettante.

SPÉCIALITÉ [spesjalite] n. f. — Déb. xivᵉ ; *especialite,* mil. xiiiᵉ ; lat. scolast. *specialitas,* de *specialis.* → Spécial.

♦ **1.** Didact. Caractère de ce qui est spécial. (1461). Dr. *Spécialité hypothécaire :* principe en vertu duquel tout acte constitutif d'hypothèque conventionnelle doit indiquer « l'espèce » du bien hypothéqué (nature, situation) et la somme pour laquelle l'hypothèque est consentie. — (xxᵉ). Dr. admin. *Spécialité administrative :* principe en vertu duquel les autorités ont chacune leur espèce d'attribution, et ne peuvent en sortir sans vice d'incompétence (qui ouvre le recours pour excès de pouvoir). — (1835). *Spécialité budgétaire :* règle du droit budgétaire par laquelle les crédits votés pour un chapitre ne peuvent servir à un autre.
Vx. Chose particulière, cas d'espèce (par oppos. à *une généralité*). *Le moindre détail des spécialités* (→ Descendre, cit. 14).

♦ **2.** (1836, Stendhal, *Correspondance,* Pl., t. III, p. 224). Ensemble de connaissances sur un objet d'étude limité (considéré comme partie d'un domaine plus vaste). ⇒ **Discipline.** *Spécialités nécessaires à l'édification d'une médecine complète* (→ Discipline, cit. 6). *Élévation d'une spécialité à la dignité de science* (→ Littérature, cit. 6). *Hommes éminents* (cit. 3) *des spécialités les plus différentes.* ⇒ **Branche, division** (du savoir). *Raseur* (cit. 2) *comme un savant qui ne voit rien au-delà de sa spécialité.* ⇒ **Spécialiste.** — *Langue, vocabulaire, lexique de spécialité,* propre à une branche particulière du savoir. ⇒ **Scientifique, technique ; professionnel.** Travail, métier qui exige des connaissances précises dans un domaine restreint. *Spécialité qui demande une haute qualification, une grande expérience. Choisir une spécialité.* ⇒ **Spécialisation, spécialiser** (se). *Qui prétend avoir toutes les spécialités n'en a aucune* (→ « Qui est propre à tout n'est propre* à rien »). *Les spécialités de la marine nationale,* ses métiers spécialisés.
Spécialité médicale : branche de la médecine dans laquelle un médecin acquiert une compétence spéciale par des études complémentaires, reconnues par un certificat. ⇒ **Spécialiste** (1.).

♦ **3.** Étude, activité, déterminée à laquelle se consacre qqn. *Spécialité exclusive, personnelle. La spécialité de qqn. Les sujets qui font sa spécialité* (→ Étude, cit. 45). *Interrogez-le là-dessus, c'est sa spécialité.* ⇒ **Domaine, partie.**

♦ **4.** ⓐ (1842). Par métonymie. *La spécialité d'un restaurateur,* plat dans lequel il excelle particulièrement. *Spécialité du Chef. C'est la spécialité de l'endroit* (→ Caramélé, cit.). *Spécialités régionales.*

1   Tout est devenu aujourd'hui *spécialité.* Un cuisinier un peu habile prétend avoir la *spécialité* de tel ou tel plat (...) la plupart des marchands de vin aubergistes ont sur leur vitrine ces mots : *Spécialité d'escargots.*
P. LAROUSSE, Dict. (1875), art. *Spécialité.*

ⓑ (1875). Pharm. Médicament qui est la spécialité d'un inventeur, d'un fabricant, est préparé industriellement, et est vendu sous un conditionnement qui en indique la formule. *Préparations* et spécialités pharmaceutiques.*

2   Nous ne sommes arrivés à ne plus doser les substances, à prescrire des remèdes tout faits, à nous servir de ces surprenantes spécialités qui encombrent les quatrièmes pages des feuilles.   HUYSMANS, Là-bas, VII.

♦ **5.** Fig. Fam. Comportement particulier et personnel. *Son fort, sa spécialité était de s'immiscer* (cit. 2) *dans ce qui ne le regardait pas.*

3   Là était sa spécialité : le fraternel coup de main donné à un ami et qui est le coup de pied destiné à lui casser les tibias, l'art délicat de vous passer à la fois la main dans le dos et le croc-en-jambe.
COURTELINE, Messieurs les ronds-de-cuir, ivᵉ tableau, II (1893).

♦ **6.** Vx. Spécialiste. *Consulter une spécialité.*

4   *(Des)* hommes auxquels on accorde une capacité convenue sur un point, soit la direction des arts, soit une mission importante. Cet admirable mot : *c'est une spécialité,* semble avoir été créé pour ces espèces d'acéphales politiques ou littéraires.
BALZAC, la Femme de trente ans, Pl., t. II, p. 758.

SPÉCIATION [spesjasjɔ̃] n. f. — Mil. xxᵉ ; en angl., 1906 ; du lat. *species* « espèce » ; cf. *spéciatif,* 1875.

♦ Biol. Formation d'espèces, de types ; différenciation. *« La répar-*

tition des populations (de manchots...) *la destruction parfois abusive de sous-espèces, ont incité les chercheurs à étudier leur spéciation* (...) *l'hypothèse de leur spéciation par isolement géographique a été envisagée »* (*la Recherche,* oct. 1978, p. 844).

SPECIES [spesjɛs] n. m. — 1839, Boiste ; mot lat., « espèce ».

♦ Didact. et rare. Ouvrage d'histoire naturelle qui décrit les caractères des espèces.

SPÉCIEUSEMENT [spesjøzmɑ̃] adv. — 1690 ; « brillamment », 1569 ; de *spécieux.*

♦ Littér. D'une manière spécieuse (2.), en trompant avec les apparences de la vérité. *Aveux spécieusement dissimulés* (→ Avertir, cit. 24).

(...) à l'aide d'une préface spécieusement arrangée on pourrait dissimuler des fautes et jeter aux yeux du public (...)
Th. GAUTIER, les Grotesques, VIII, p. 249.

SPÉCIEUX, EUSE [spesjø, øz] adj. — Fin xivᵉ ; empr. lat. *speciosus* « de bel aspect ».

♦ **1.** Vx ou archaïque (sans idée péj.). Qui a une belle apparence, est attrayant. ⇒ **Séduisant.**

1   Qui a vu la cour a vu du monde ce qui est le plus beau, le plus spécieux et le plus orné (...)   LA BRUYÈRE, les Caractères, VIII, 100.
2   (...) cette musique de Chopin (...) j'aime qu'elle nous soit dite à demi-voix, presque à voix basse, sans aucun éclat (...) sans cette assurance insupportable du virtuose, qui la dépouillerait ainsi de son plus spécieux attrait.
GIDE, Notes sur Chopin, in Classe de franç., 1956, p. 23.

♦ **2.** (1646). Mod. et littér. ⓐ Qui n'a qu'une belle apparence, qui est sans réalité, sans valeur. *Spécieux exemples des grammairiens* (→ 1. Exemplaire, cit. 3). *Argument, raisonnement* (→ 2. Politique, cit. 9), *généralisations* (cit. 4), *prétextes spécieux* (→ Apparence, cit. 19). ⇒ **Fallacieux, faux** (cf. Belles paroles).

3   (...) un spécieux babil, qui vous donne des mots pour des raisons, et des promesses pour des effets.   MOLIÈRE, le Malade imaginaire, III, 3.
4   Et, sous de spécieux prétextes de cafard,
Accoutume ma lèvre à des philtres infâmes.
BAUDELAIRE, les Fleurs du mal, CIX.
5   Le progrès eût été incontestable ; donc la décadence est incontestable. Raisonnement adroit, mais spécieux.   A. THIBAUDET, Gustave Flaubert, p. 270.

ⓑ Qui est destiné à induire en erreur, à tromper, avec une apparence de vérité. ⇒ **Captieux.** *Déclaration, question spécieuse* (→ Joliment, cit. 2 ; rendre, cit. 6). — N. m. *Le spécieux.*

6   (...) elle ajouta intérieurement avec cet art du spécieux qui est la part du plus humble dès qu'il s'agit de se mentir à soi-même : « Si j'étais vraiment curieuse, je me préoccuperais de savoir ce qu'elle peut faire avec mes clients. »
J. GREEN, Léviathan, I, VIII.

CONTR. Sérieux, vrai. — Honnête, sincère.
DÉR. Spécieusement, spéciosité.

SPÉCIFICATIF, IVE [spesifikatif, iv] adj. — 1314 ; dér. sav. de *spécifier.*

♦ Admin. Qui sert à spécifier. *Note spécificative.*

SPÉCIFICATION [spesifikasjɔ̃] n. f. — 1341 ; bas lat. *specificatio,* de *specificatum,* supin de *specificare.* → Spécifier.

♦ **1.** Didact. Action de spécifier (1.). *Sans spécification de l'heure ni du lieu, d'heure ni de lieu.* ⇒ **Précision.** *La spécification préalable de l'être* (→ Néant, cit. 1). — Log. Distinction des espèces d'un même genre.

♦ **2.** Définition d'une espèce, d'une chose, détermination de ses caractères. *Spécification d'un produit industriel* (→ Normalisation, cit.) : caractéristique, clause spécifiée dans son cahier des charges. *Les spécifications d'un édifice* (→ Module, cit. 1).

♦ **3.** (1685). Dr. Formation d'une chose nouvelle par le travail d'une personne sur la matière mobilière appartenant à une autre. *La spécification est une forme d'accession mobilière.*

SPÉCIFICITÉ [spesifisite] n. f. — 1834 ; de *spécifique.*
Didactique.

♦ **1.** Qualité de ce qui est spécifique (1.). → Intestinal, cit. *Spécificité d'un caractère.* — Physiol. *Spécificité sensorielle :* modalité sensorielle spécifique d'un système récepteur déterminé (autrefois considérée comme spécifique des stimuli, puis des organes des sens). — Pharm. *Spécificité d'un remède.* — Méd. *Spécificité immunologique* (d'une réaction entre un antigène et un anticorps), résultant de la capacité d'un antigène à provoquer la production d'un anticorps qui lui est spécifique, lorsqu'il est introduit dans l'organisme.

♦ 2. Qualité de ce qui est spécifique (2.). *La spécificité d'un art. Spécificité d'une maladie.*

La Suisse a toujours abondé en esprits de ce genre (...) qui, une fois sortis de leur milieu originel, manquent singulièrement d'universalité. Cela tient, sans doute, à la spécificité de leurs préoccupations, où le patriotisme local, la ferveur protestante et le moralisme ont une si grande part (...)
Émile HENRIOT, les Romantiques, p. 241.

SPÉCIFIER [spesifje] v. tr. — XIVᵉ ; *especefier*, mil. XIIIᵉ ; du bas lat. *specificare* ; de *species* «espèce», et *facere* «faire».

♦ 1. Désigner, mentionner ou caractériser (une chose) pour la distinguer* des choses du même genre. ⇒ **Indiquer, préciser.** *Spécifier ce qu'on souhaite :* l'exprimer avec précision, formellement (→ Discrétion, cit. 1). *Spécifier le numéro de l'arrondissement, la marque du produit demandé. La destination* (cit. 2) *de la somme n'est pas spécifiée. — Il a bien spécifié qu'il resterait deux jours.*

1   Il faudrait, dans ce cas, spécifier le temps, même le discours qu'il vous aura tenus (...) Ce sont ces petits détails qui donnent la vraisemblance (...)
LACLOS, les Liaisons dangereuses, LXXXIV.

2   (...) dans un nombre d'années que l'on ne saurait spécifier, mais qui n'est pas très éloigné (...)
BALZAC, Du droit d'aînesse, *in* Œ. diverses, t. I, p. 6.

3   — Cigarette, dit-il sans spécifier s'il s'agissait d'un ordre ou d'une prière.
R. QUENEAU, le Dimanche de la vie, p. 211.

♦ 2. (1690). Didact. Définir comme espèce. ⇒ **Caractériser, déterminer.** *Spécifier le caractère d'un despote* (cit. 5), *l'esprit nouveau du romantisme* (→ Discriminer, cit.).

CONTR. Généraliser.

DÉR. Spécificatif. — V. Spécification, spécifier.

SPÉCIFIQUE [spesifik] adj. — 1402 ; bas lat. *specificus*, de *specificare*. → Spécifier.

♦ 1. Didact. Propre à une espèce (biologique, logique), à une sorte de chose et à elle seule (→ Générique, cit. 2). *La faculté de se perfectionner, caractère** (cit. 13) *spécifique de l'espèce humaine. Caractères spécifiques de la culture extensive* (cit.). *Fixité générique et spécifique de la plante* (2. Plante, cit. 3). *Hérédité* (cit. 12) *spécifique et raciale. Nom** spécifique* (→ Générique, cit. 3). — Phys. *Poids** spécifique ; volume** spécifique. Chaleur spécifique :* quantité de chaleur nécessaire pour élever de 1°C la température de 1 g de la substance. — (1907). Comm. *Droits** spécifiques et droits ad valorem perçus par les douanes.* — Chim. *Réaction spécifique,* caractéristique d'une substance et d'elle seule. — Méd. *Causes spécifiques,* qui sont toujours liées à la même espèce de troubles. — (1890). *Microbe spécifique,* pathogène pour une seule maladie. *Remède spécifique,* ou, n. m. (1694), *un spécifique :* remède propre à guérir une maladie particulière (→ Drogue, cit. 5 ; génépi, cit. ; guérir, cit. 4 ; pharmacopée, cit.). *La quinine, remède spécifique du paludisme.*

1   Remarquez qu'il y a tous les ans un spécifique en faveur : un temps ce fut le sagou, un autre le salep ; on mangeait tout au salep ou au sagou (...) et toujours ces bons remèdes coûtent plus cher quand ils sont en vogue (...)
BALZAC, Code des gens honnêtes, II, *in* Œ. diverses, t. I, p. 113.

1.1   Certes, il n'était pas guéri, et les fièvres intermittentes sont sujettes à de fréquentes et dangereuses récidives, mais les soins ne lui manquèrent pas. Et puis, le spécifique était là, et non loin, sans doute, celui qui l'avait apporté !
J. VERNE, l'Île mystérieuse, t. II, p. 726 (1874).

2   (...) le remède spécifique de la vanité est le rire, et (...) le défaut essentiellement risible est la vanité.
H. BERGSON, le Rire, p. 133.

2.1   (...) une conscience attentive trouverait sans peine des différences spécifiques entre les diverses sensations de chaleur, comme aussi entre les sensations de froid.
H. BERGSON, Essai sur les données immédiates de la conscience, p. 35.

Cour. Propre à une chose et à elle seule. ⇒ **Caractéristique, propre, spécial** (2.), **sui generis.** *L'odeur spécifique des cahiers vierges* (→ 1. Livre, cit. 7).

♦ 2. Qui forme une espèce déterminée, ne peut se rattacher à autre chose ou en dépendre. *Impression spécifique* (→ 2. Chagrin, cit. 15). *La monnaie* (cit. 5) *est quelque chose de spécifique.* Méd. *Maladie spécifique,* dont l'étiologie est bien établie, qui est toujours provoquée par les mêmes causes et soignée par les mêmes remèdes. — (1862). Vieilli. *Maladie spécifique :* nom donné parfois à la syphilis (d'où *un spécifique :* un syphilitique).

3   Il était plus facile aux intellectuels de voir en la peinture la représentation d'une fiction, que d'y voir un langage spécifique (...)
MALRAUX, les Voix du silence, p. 87.

♦ 3. (Mil. XVIIᵉ). Vx (langue class.). Précis, déterminé.

DÉR. Spécificité, spécifiquement.
COMP. Aspécifique, interspécifique.

SPÉCIFIQUEMENT [spesifikmã] adv. — 1366 ; de *spécifique*.

♦ D'une manière spécifique (1.), propre. *Des mots spécifiquement franciques* (cit. 2). *Une trouvaille spécifiquement bourgeoise* (→ Manuel, cit. 2). ⇒ **Typiquement.**

SPÉCIMEN [spesimɛn] n. m. — 1662, Saint-Evremond ; mot lat. même sens, de *species*.

♦ 1. Individu qui donne une idée de l'espèce à laquelle il appartient ; unité ou partie d'un ensemble qui donne une idée du tout. ⇒ **Exemple, modèle.** *Les spécimens d'un art magnifique* (→ Dégoutter, cit. 6). *Habitation* (cit. 8) *qui est un spécimen du luxe des sots. Les deux spécimens les plus hideux* (cit. 5) *de la race humaine.* ⇒ **Représentant.**

1   La façade peinte à l'allemande figurait un treillage de fleurs jusqu'au premier étage, et présentait un charmant spécimen de ce style Pompadour si bien nommé rococo.
BALZAC, Honorine, Pl., t. II, p. 283.

2   Dans des temps où l'espèce de ces monstres *(les centaures)* avait déjà totalement disparu, plusieurs témoins dignes de foi ont assuré en avoir vu quelque dernier spécimen.
Émile HENRIOT, Mythologie légère, p. 146.

3   Il avait étudié de près les six spécimens, qui, une fois sortis de leur élément, continuaient à vivre, en gardant toutefois une complète immobilité.
Raymond ROUSSEL, Impressions d'Afrique, p. 354.

♦ 2. (1876). Exemplaire, fascicule ou feuillet publicitaire (d'une revue, d'un manuel). *Il est interdit de vendre les spécimens.* — Mention caractérisant des exemplaires ou reproductions sans valeur fonctionnelle (timbres, billets...). — Timbre-poste ayant valeur d'échantillon, revêtu de la mention : *specimen.* ⇒ **Échantillon.** *Les spécimens d'une revue. Spécimen publicitaire.* — Par appos. *Numéro spécimen, page spécimen,* d'une publication.

4   Un exemplaire spécimen était cousu sur chaque petite boîte.
R. QUENEAU, le Dimanche de la vie, p. 112.

♦ 3. (XXᵉ). Fam. et péj. Individu qui choque par son comportement. *Ne soyez pas trop surpris, c'est un drôle de spécimen.* ⇒ **Type.**

SPÉCIOSITÉ [spesjozite] n. f. — 1836 ; «beauté», 1512 ; dér. sav. de *spécieux.*

♦ Littér. et rare. Caractère de ce qui est spécieux (2.).

SPECTACLE [spɛktakl] n. m. — V. 1200 ; lat. *spectaculum*, de *spectare* «regarder».

♦ 1. Ensemble de choses, de faits qui offre au regard une vue remarquable, capable d'éveiller des sentiments, de provoquer des réactions ; le fait de voir, de contempler (de telles choses). ⇒ **Aspect** (*supra* cit. 1), **scène** (II., 4.), **tableau, vue.** *Spectacle qui s'offre* (2.) *aux yeux, au regard. Le spectacle de la nature* (→ Banquet, cit. 2 ; murmurer, cit. 5). *La baie de Naples présente un spectacle magique.* ⇒ **Panorama** (→ Grandiose, cit. 4). *Spectacle indécent, odieux, risible* (→ Haranguer, cit. 3).

1   Le spectacle de la relève de la garde, à Saint-James, les combla tellement qu'ils y retournèrent trois matins de suite, comme à un office.
J. ROMAINS, les Hommes de bonne volonté, t. V, XXVI, p. 262.

(1642). *Au spectacle de...* ⇒ **Vue** (à la vue de). *À ce spectacle, le peuple s'émut* (cit. 18). *Donner qqch. en spectacle :* l'exhiber. ⇒ **Exposer** (→ aussi Reste, cit. 18). — *Servir de spectacle à la foule, à des enfants cruels* (→ Exciter les moqueries*, être la risée* de...). — (1689). *En spectacle.* (Avec une idée d'excentricité, d'inconvenance, de vanité). *Se donner, s'offrir en spectacle :* s'exhiber, se montrer*, se faire remarquer.

2   Il *(Néron)* excelle à conduire un char dans la carrière,
À disputer des prix indignes de ses mains,
À se donner lui-même en spectacle aux Romains,
À venir prodiguer sa voix sur un théâtre (...)
RACINE, Britannicus, IV, 4.

Fig. *Le spectacle des vices et des vertus des siècles passés* (→ Histoire, cit. 3). *Le spectacle de tout un peuple qui se relève* (→ Relèvement, cit. 1).

♦ 2. (Fin XIIIᵉ). Représentation* (I., 4.) théâtrale, lyrique, cinématographique, chorégraphique, etc. ; pièce, film, ensemble des numéros, etc. qu'on présente au public au cours d'une même séance. *Spectacles de danses folkloriques.* ⇒ **Exhibition** (*supra* cit. 2). *Spectacle de music-hall, de variétés*, de cirque, de café-théâtre. Spectacle de ballets. Spectacle télévisé. Le clou* d'un spectacle. Spectacle imprévu.* ⇒ **Happening.** *Spectacle total,* qui rassemble diverses activités habituellement séparées. — *Spectacle à un seul personnage.* ⇒ **One man show.** — *Entrepreneur de spectacles* (→ Gratis, cit. 5). *Cote de succès des spectacles.* ⇒ **Box-office.** *Établissement de spectacles publics* (→ Entreprise, cit. 11). *Donner un spectacle au public.* ⇒ **Représenter.** *Spectacle de matinée, de soirée.* ⇒ **Séance.** *Cinéma* (cit. 6) *qui donne un spectacle permanent. Courir, fréquenter* (cit. 1) *les spectacles.* ⇒ **Sortir.** *Assister à un spectacle.* ⇒ **Spectateur.** — Littér. « *Lettre sur les spectacles* », pamphlet de Rousseau, sous forme de lettre adressée à d'Alembert. — « *Un spectacle dans un fauteuil* », recueil de Musset (2 pièces en vers et *Namouna*).

3   Un spectacle ennuyeux est chose assez commune,
Et tu verras le mien sans quitter ton fauteuil.
A. DE MUSSET, Premières poésies, « Au lecteur des deux pièces qui suivent ».

4   — Avez-vous un théâtre ?
— Aller au spectacle, s'écria Madame Grandet, voir des comédiens ! Mais, monsieur, ne savez-vous pas que c'est un péché mortel ?
BALZAC, Eugénie Grandet, Pl., t. III, p. 540.

4.1 Pour vaste que soit ce programme, il ne dépasse pas le théâtre lui-même, qui nous paraît s'identifier pour tout dire avec les forces de l'ancienne magie.
Pratiquement, nous voulons ressusciter une idée du spectacle total, où le théâtre saura reprendre au cinéma, au music-hall, au cirque, et à la vie même, ce qui de tout temps lui a appartenu. Cette séparation entre le théâtre d'analyse et le monde plastique nous apparaissant comme une stupidité.
A. ARTAUD, le Théâtre et son double, Idées/Gallimard, p. 122.

(Chez les Romains). Les jeux du cirque et de l'amphithéâtre, les naumachies, etc. ⇒ **Panem et circenses** (→ Attirer, cit. 19).
DE SPECTACLE. *Salle de spectacles :* cinéma, music-hall, théâtre...
⇒ **Salle**. → Hanter, cit. 3 ; 2. lieu, cit. 11 ; plâtrer, cit. 3. — Absolt.
Aller au spectacle (→ Fringale, cit. 1 ; 1. roman, cit. 13).
LE SPECTACLE : l'ensemble des activités concernant le théâtre, le cinéma, le music-hall, la télévision, etc. *Le monde, l'industrie du spectacle.* → les américanismes Show business (cit.), showbiz.
Spécialt. Les spectacles de variétés.

♦ 3. Vx. Mise en scène. — (1835). Loc. mod. *Pièce, revue à grand spectacle,* qui comporte une mise en scène somptueuse, impressionnante.

5 C'est le paradis moderne pour le peuple que ces pièces à grand spectacle du boulevard. Ce que la cathédrale gothique avec ses pompes et ses richesses était à l'imagination du moyen âge, le *truc* l'est au rêve du titi. Au ciel du faubourg Saint-Antoine, le corps de ballet remplace les Anges et les Dominations.
Ed. et J. DE GONCOURT, Journal, 12 févr. 1866, t. III, p. 18.

6 N'empêche que dans la croissance et le déclin des nations comme dans le mûrissement et la décadence des cultures ce ne sont pas ces clous de pièce à grand spectacle qui sont les éléments déterminants.
Michel LEIRIS, Fourbis, p. 21.

♦ 4. Ce qui est organisé pour être montré, pour agir comme un spectacle. *Le spectacle politique.* «*L'État-spectacle, essai sur et contre le star system en politique*», ouvrage de R.-G. Schwartzenberg.

DÉR. (Du même rad. lat.) **Spectaculaire.**

SPECTACULAIRE [spɛktakylɛʀ] adj. — Av. 1908, Faguet ; du rad. lat. de *spectacle.*

♦ 1. Cour. Qui parle aux yeux et à l'imagination ; qui est fait pour la montre, pour le public. ⇒ **Théâtral.** *Résultats plus spectaculaires que profonds et durables. Héroïsme* (cit. 13), *bravoure spectaculaire* (→ Panache, cit. 13). *Attitudes spectaculaires* (→ Isolement, cit. 4). Par ext. Impressionnant. *Accident spectaculaire.* — N. m. *Aimer le spectaculaire.*

1 (...) rien n'est moins spectaculaire qu'un fléau et, par leur durée même, les grands malheurs sont monotones.   CAMUS, la Peste, p. 198.

2 Le mot *spectaculaire* n'est pas dans le *Dictionnaire* de Littré, mais il est déjà dans le *Larousse.* Il y a lieu de penser qu'il sera d'usage courant d'ici quelques décennies et qu'il figurera dans le *Dictionnaire* de l'Académie. Mais nous sommes encore bien loin de la lettre S (...)
G. DUHAMEL, Problèmes de civilisation, p. 152 (1962).

3 (...) certains livres de vulgarisation cherchent surtout à frapper par l'aspect «spectaculaire» de certains résultats de la science ou de certaines anticipations des progrès à venir (...)
L. DE BROGLIE, Nouvelles perspectives en microphysique, p. 243.
Pittoresque. *Une région spectaculaire.*

♦ 2. Didact. Qui concerne les spectacles, le spectacle. ⇒ **Cinématographique, dramatique, théâtral...**

SPECTATEUR, TRICE [spɛktatœʀ, tʀis] n. — 1375 ; lat. *spectator,* de *spectare* «regarder».

♦ 1. Témoin d'un incident, d'un événement ; personne qui regarde qqch., qui voit un spectacle* (1.). ⇒ **Observateur, témoin.** *Être le spectateur de...* ⇒ **Assister** (à). *Poser pour les spectateurs.* ⇒ **Galerie** (supra cit. 9). *Entre quatre murs, sans spectateurs* (→ Bizarrerie, cit. 5). *Jouer le rôle du spectateur qui de sa fenêtre contemple une rixe* (cit. 2). *Spectateurs inertes* (cit. 4) *et impuissants des grands événements qui bouleversèrent l'Europe.*

1 Il était exact que Byron, homme sans aucune fatuité, n'avançait jamais s'il ne se savait rencontré. «Je puis affirmer, avait-il dit très justement, que je n'ai jamais séduit aucune femme.» Il avait été spectateur aussi surpris de ses succès amoureux que de ses succès littéraires.   A. MAUROIS, la Vie de Byron, II, XIX.

Personne qui regarde une peinture, une sculpture, un édifice (→ Emparer, cit. 8 ; musée, cit. 5 ; pont, cit. 11 ; repoussoir, cit. 1). *Tout morceau de peinture* (cit. 9) *ou de sculpture doit être une leçon pour le spectateur.*
La personne imaginaire qu'on prend comme référence quand on décrit un ensemble spatial. ⇒ **Observateur** (supra cit. 9). *L'arrière-plan, partie du paysage la plus éloignée de l'œil du spectateur.*

2 (...) si la scène se passe proche du spectateur, la figure placée la plus voisine de lui sera au moins huit ou dix fois plus grande que celle qui sera distante de huit ou dix toises de cette figure (...)   DIDEROT, Salons, v, «Casanove».

♦ 2. (1553). Personne qui assiste à un spectacle* (2.), à une cérémonie, à une manifestation sportive, qui regarde un cortège, un défilé, etc. ⇒ **Assistant** (I.), **auditeur.** *L'ensemble des spectateurs.* ⇒ **Auditoire, parterre** (supra cit. 10), **public** (II., 4.). *Lecteurs, auditeurs et spectateurs* (→ Public, cit. 6). *Spectateurs d'une émission de télévision.* ⇒ **Téléspectateur.**

---

3 Si je vais au théâtre pendant la représentation, je vois à chaque instant, dans les corridors où je me hasarde, des spectateurs sortir de leur loge et en jeter la porte avec indignation.   HUGO, Choses vues, II, IV, Joanny.

♦ 3. Par métaphore :

4 (...) je ne fis autre chose que rouler çà et là dans le monde, tâchant d'y être spectateur plutôt qu'acteur en toutes les comédies qui s'y jouent (...)
DESCARTES, Discours de la méthode, III.

CONTR. Acteur.
COMP. Téléspectateur.

SPECTRAL, ALE, AUX [spɛktʀal, o] adj. — 1859, Hugo ; → *Spectralement,* 1847 ; de *spectre.*

★ I. Qui a le caractère, l'apparence d'un spectre (I.) ; qui évoque les spectres, les revenants. ⇒ **Fantomatique** (→ Pérégriner, cit. 4). *Des teintes livides, spectrales, de monde lunaire* (cit. 2). — *Pâleur, voix spectrale.* ⇒ **Sépulcral.**

L'obscurité spectrale, informe, décevante,
Chimérique, me tient dans ces gouffres, béant
Et ployé sous le poids monstrueux du néant.
Je souffre.   HUGO, la Légende des siècles, «La fin de Satan», III, I, IV.

★ II. ♦ 1. D'un spectre (II.) ; qui apparaît, se manifeste est observé dans un spectre... *Couleurs spectrales,* du spectre de la lumière blanche. ⇒ **Prismatique.** *Raies* spectrales caractéristiques des divers éléments. Séries spectrales :* successions de raies correspondant à un élément déterminé *(série spectrale principale, diffuse, fondamentale...). Distribution spectrale de l'énergie :* répartition des puissances à des intervalles égaux en longueur d'onde ou en fréquence. *Caractéristiques spectrales d'un système photo-électrique* (relation entre la longueur d'onde et la sensibilité par unité d'intervalle), *d'un écran luminescent* (relation entre la longueur d'onde et la puissance rayonnée émise par unité de longueur d'onde). *Transmission spectrale :* rapport du flux incident au flux qui a traversé un milieu absorbant, pour une longueur d'onde déterminée.

♦ 2. (1861, «*l'analyse spectrale, nouvelle méthode d'analyse chimique de MM. Bunsen et Kirchhoff*», in *Année sc. et industr.* 1862, p. 106 sq.). Qui s'effectue à l'aide de l'étude des spectres. *Analyse spectrale :* ensemble des techniques d'étude des spectres (recherche qualitative ou quantitative). — Fig. «*Analyse spectrale de l'Europe*», titre d'un ouvrage de Keyserling.

DÉR. Spectralement.

SPECTRALEMENT [spɛktʀalmɑ̃] adv. — 1847, Balzac ; de *spectral.*

♦ Littér. À la façon d'un spectre (I.). *Apparaissant spectralement, avec sa figure hâve et ses cheveux défaits, elle avait de quoi effrayer.*

SPECTRE [spɛktʀ] n. m. — 1586 ; empr. lat. *spectrum.*

★ I. ♦ 1. Apparition, plus ou moins effrayante, d'un esprit (supra cit. 36), d'un mort... ⇒ **Fantôme** (cit. 6), **mort** (3. Mort, 3.), **revenant** (cit. 3 ; → Démon, cit. 21 ; essentiel, cit. 6 ; 1. mort, cit. 36 ; ossuaire, cit. 2). *Un spectre affreux, hideux* (→ Chair, cit. 7), *terrible... La mort* (1. Mort, cit. 20), *spectre masqué... Évoquer les spectres par la magie*. Le spectre du Commandeur, dans Dom Juan.
— Simulacre* d'une apparition, d'un esprit (→ ci-dessous, cit. 4, Giraudoux).

1 — Ah ! Monsieur, c'est un spectre (...) — Spectre, fantôme, ou diable, je veux voir ce que c'est.   MOLIÈRE, Dom Juan, V, 5.

2 (...) je vois presque à tout moment un spectre qui se présente devant moi sous une forme effroyable. J'ai beau me dire à moi-même que ce n'est qu'une illusion, qu'un fantôme qui n'a rien de réel, ses apparitions continuelles me blessent la vue et m'inquiètent.   A.-R. LESAGE, Gil Blas, II, XI.

3 Maintenant, sur une immense terrasse d'Elsinore (...) l'Hamlet européen regarde des millions de spectres.   VALÉRY, Variété I, p. 19.

4 — Je l'aurais parié... Et comment ont-ils vu le spectre ? Recouvert d'un suaire, évidemment, la tête faite d'une citrouille vidée et ajourée où l'on installe une lampe électrique ?   GIRAUDOUX, Intermezzo, I, 5.

4.1 L'autre surgit à l'heure où pleurent à genoux
Les mères et les sœurs, Rachel, Hécube, Electre ;
Le soir monstrueux fait apparaître le spectre ;
Il sort du vaste encrier de l'ombre qui descend ;
Il arrête la sève et fait couler le sang ;
Le jardin sous ses pieds se change en ossuaire ;
De l'horreur infinie il traîne le suaire ;
Il sort pour faire faire aux ténèbres le mal (...)
HUGO, la Légende des siècles, «Dieu», II, III.

Par anal. Image, vision vague et effrayante ; figure fantastique, sinistre.

5 La veuve à genoux pleure et sanglote, et la mère
N'est plus qu'un spectre assis sous un long voile noir.
HUGO, les Châtiments, IV, I.

♦ 2. (1694). Personne maigre* et hâve*, dont l'aspect effrayant fait penser à un cadavre. *Un air, une mine, une pâleur de spectre.*
⇒ **Spectral.**

♦ **3.** (1807). *Le spectre de... :* ce qui épouvante, effraye. *Le spectre de la guerre.* ⇒ **Épouvantail, menace.** *Le spectre allemand* (→ Réunion, cit. 5).

6   Spectre toujours masqué qui nous suis côte à côte,
Et qu'on nomme demain !   HUGO, les Chants du crépuscule, V, II.

♦ **4.** Rare. [a] (XXe). Tarsier.

[b] (1803). Roussette (chauve-souris ; → Vampire).

[c] (1876). Phasme (insecte).

★ **II.** (1720 ; du lat. *spectrum,* employé par Newton en anglais, en 1671).

♦ **1.** (Sens initial, optique). Cour. Images juxtaposées formant une suite ininterrompue de couleurs, et correspondant à la décomposition de la lumière* blanche par réfraction (avec un prisme*, par ex.) ou par diffraction (avec un réseau). ⇒ **Arc-en-ciel.** *L'extrémité rouge* (cit. 16) *du spectre.* — REM. Cette acception correspond au « spectre visible de la lumière blanche » ; elle est beaucoup moins générale que l'emploi scientifique moderne du mot. — Par métaphore. *Tout le spectre de la lumière intellectuelle a étalé ses couleurs...* (→ Dogme, cit. 2).

♦ **2.** Phys. Variation dans l'intensité ou dans la phase d'un rayonnement complexe, suivant la longueur d'onde, la fréquence, l'énergie ou d'autres quantités ; distribution (obtenue visuellement ou par enregistrement photographique, etc.) qui traduit cette variation (⇒ 2. **Radiation,** cit. Ch. Fabry) ; par ext. Distribution des fréquences d'un domaine continu et étendu. *Théorie quantique des spectres. Le spectre d'une étoile. Spectres stellaires. Le spectre solaire.* — (1875, *Année sc. et industr.* 1876, p. 29). *Spectre d'absorption,* résultant du passage de l'émission d'une source intense à travers un milieu absorbant, pour certaines longueurs d'ondes (absorption continue ou sélective). *Spectre de réflexion* (continue ou sélective). *Spectre d'émission,* produit par le rayonnement d'une source ; *spectre continu* (correspondant à une suite continue de longueur d'onde s'étendant sur un large intervalle) ; *spectre discontinu, de bandes* (avec les molécules : spectres formés de raies très rapprochées) *ou de raies** (4.) ; *spectre de lignes* (VX) : « *La distinction fondamentale (...) entre les spectres de lignes et les spectres de bandes* » (*Rev. gén. des sc.,* n° 3, 15 févr. 1903, p. 156). *Spectre de bandes non résolu. Spectre atomique,* composé de raies et correspondant au rayonnement des atomes excités. *Spectre d'arc,* obtenu en plaçant une substance entre des électrodes (on obtient souvent le spectre des éléments constitutifs et non celui du composé étudié). — *Spectre d'étincelles,* produit par une décharge électrique et qui correspond à la formation d'ions par le champ électrique. *Les spectres d'étincelles comportent plusieurs séries spectrales correspondant à des degrés d'ionisation de plus en plus élevés : 1er, 2e, etc., spectre d'étincelles. Spectre de flamme,* correspondant à des températures relativement basses. — *Spectre infrarouge,* entre le visible et les ondes électriques (se traduisant par des vibrations, des rotations ou des rotations et vibrations simultanées de molécules). → 1. Rayon, cit. 6. — *Spectre ultraviolet,* depuis les rayons X mous jusqu'au visible. *Spectre des micro-ondes,* entre l'infrarouge et les ondes hertziennes. *Spectre de diffusion* ou *spectre Raman.* — (1883, *in* D.D.L.). *Spectre magnétique,* obtenu en plaçant des particules d'un métal ferreux dans un champ magnétique. — *Spectre de résonance,* dans le visible, l'ultraviolet ou l'infrarouge. ⇒ **Résonance** (*supra* cit. 4). *Spectre des vibrations thermiques d'un solide. Spectre d'inversion,* qui s'observe dans le passage d'une forme moléculaire à une autre. — *Spectre normal,* dont la dispersion est linéaire en fonction des longueurs d'onde. *Spectre persistant,* avec l'excitation la plus faible (« raies ultimes »). *Spectre de diffraction,* obtenu avec un réseau de diffraction. ⇒ **Réseau** (5.). — *Spectre de particules* α : distribution de l'énergie ou du moment des particules α émises par un noyau radioactif. *Spectre des rayons* β, *des rayons* γ. *Spectre de rayons* X, produits par des rayons cathodiques tombant sur un élément (spectre continu avec des raies fines caractéristiques de l'élément). — *Spectre cannelé,* contenant des raies d'interférences. *Spectre de structure fine, hyperfine.*

7   *Le spectre visible du Soleil.* C'est en faisant tomber sur un prisme un pinceau de rayons solaires, qui pénétrait par une fenêtre étroite dans une chambre obscure, que Newton découvrit en 1704 que la lumière blanche était formée de la superposition d'une série de radiations de couleurs différentes. Nous savons aujourd'hui que le spectre solaire, tel qu'on l'obtient en formant, à l'aide d'un objectif astronomique, l'image du Soleil sur la fente d'un spectroscope, est un spectre continu sillonné de raies noires fines, les raies de Frauenhofer. On admet, depuis Kirchhoff, que le spectre continu est produit par la photosphère, tandis que les raies noires sont dues à l'absorption de certaines radiations de ce spectre continu par les gaz à basse pression, qui constituent la chromosphère et la couche inversante (...)
Georges BRUHAT, le Soleil, p. 33.

8   On observe, dans le spectre solaire, de très nombreuses raies. Les unes proviennent de l'émission du soleil et les autres composent les bandes d'absorption provenant du passage de ces radiations à travers l'atmosphère terrestre (...) Tous les résultats acquis depuis longtemps en ce qui concerne les parties visible et ultraviolette du spectre, ont été transposés récemment dans le domaine de l'infrarouge (...) des raies importantes pour la reconnaissance des éléments se trouvent dans l'infrarouge (...)   J. LECOMTE, le Rayonnement infrarouge, p. 347.
Résultat de la résolution d'un groupe de masses s'étendant sur une région déterminée. *Spectre de masse,* reflétant la distribution des masses dans les atomes ionisés, les molécules... (il permet de déterminer la proportion relative des isotopes d'un élément).

Le dénombrement des diverses sortes de noyaux, compte tenu de l'isotopie, a pu   9
être effectué notamment par la belle méthode des spectres de masse (...)
L. DE BROGLIE, Physique et Microphysique, p. 277.
Spectre de fuite : distribution des énergies des neutrons non réfléchis qui s'échappent du cœur d'un réacteur. — *Spectre « acoustique », « sonore »,* se dit du spectre des audiofréquences.

♦ **3.** Math. *Spectre d'une matrice,* correspondant aux valeurs propres de cette matrice. *Spectre d'une équation différentielle, d'une transformation (spectre ponctuel ; continu ; résiduel).*

SPECTRO- Premier élément, de *spectre,* qui entre dans la composition de mots savants. « *Différentes techniques spectroscopiques (spectrophotométrie d'absorption, spectrofluorimétrie, spectropolarimétrie...)* » in *la Recherche,* févr. 1971, p. 137.

SPECTROCHIMIQUE [spɛktroʃimik] adj. — Mil. XXe ; de *spectro-,* et *chimique.*

♦ Sc. Qui utilise l'analyse spectrale, en chimie. *Analyse spectrochimique.*

SPECTROCOLORIMÈTRE [spɛktrokolorimɛtʀ] n. m. — 1929, Piéron ; de *spectro-,* et *colorimètre.*

♦ Techn. Colorimètre qui fonctionne par sélection d'une zone spectrale.

SPECTROGRAMME [spɛktrogʀam] n. m. — XXe ; de *spectro-,* et *-gramme.*

♦ Phys. Photographie (ou dessin) reproduisant le spectre obtenu avec un spectrographe.

SPECTROGRAPHE [spɛktrogʀaf] n. m. — 1902 ; angl. *spectrograph,* av. 1884, t. dû à Draper ; de *spectro-,* et *-graphe.* Physique.

♦ **1.** Appareil permettant d'enregistrer un spectre, photographiquement ou par d'autres procédés, après avoir produit et sélectionné des radiations aussi bien visibles qu'invisibles. *Pouvoir de résolution d'un spectrographe.* — *Spectrographe de masse,* permettant de sélectionner des faisceaux de particules ionisées en se servant de la différence de leurs masses et en les plaçant dans un champ magnétique et dans un champ électrique. *Le spectrographe de masse permet d'enregistrer les trajectoires différentes des isotopes d'un corps ionisé.* — *Spectrographe magnétique. Spectrographe à vide,* pour l'étude de l'ultraviolet lointain. — *Spectrographe de vitesse,* servant à séparer selon leurs vitesses des corpuscules de même nature issus de la même source.

♦ **2.** (Mil. XXe). Appareil qui permet d'analyser une onde sonore.
DÉR. Spectrographie.

SPECTROGRAPHIE [spɛktrogʀafi] n. f. — 1934, *in* D.D.L. ; de *spectrographe.*

♦ Phys. Formation et étude des spectres pour étudier la constitution des atomes, des molécules (analyse élémentaire). *Spectrographie ultraviolette, infrarouge,* β, γ (des rayons β ou γ).
DÉR. Spectrographique.

SPECTROGRAPHIQUE [spɛktrogʀafik] adj. — 1934, *in* D.D.L. ; de *spectrographie.*

♦ Phys. Relatif à la spectrographie. *Analyse spectrographique.*

SPECTROHÉLIOGRAMME [spɛktroeljogʀam] n. m. — Av. 1953, *in* Quillet ; de *spectro-,* hélio-, et *-gramme* d'après l'angl. *spectroheliogram,* 1924, ou d'après le franç. *spectrohéliographe.*

♦ Phys. Photographie du Soleil dans une raie donnée du spectre, au moyen d'un spectrohéliographe ou de filtres.

SPECTROHÉLIOGRAPHE [spɛktroeljogʀaf] n. m. — 1904, *Rev. gén. des sc.,* n° 15, p. 920 ; angl. *spectroheliograph,* 1892, d'après *spectrograph* « spectrographe » ; de *spectro-,* hélio-, et *-graphe.*

♦ Astron. Appareil, formé d'un spectrographe à haute résolution et muni d'une fente qui permet de sélectionner une seule radiation, grâce auquel on obtient des photographies sensiblement monochromatiques du Soleil, de sa périphérie. — REM. Le *spectrohélioscope* remplit la même fonction pour des observations visuelles.

DÉR. V. **Spectrohéliogramme.**

SPECTROMÈTRE [spɛktʀɔmɛtʀ] n. m. — 1863, *Année sc. et industr.* 1864, p. 103; de *spectro-*, et *-mètre.* → Spectrométrie.

♦ Phys. Tout appareil d'étude des spectres (optiques ou électroniques).

DÉR. **Spectrométrie.**

SPECTROMÉTRIE [spɛktʀɔmetʀi] n. f. — 1872, Littré; de *spectro-*, et *-métrie.*

♦ Phys. Analyse spectrale, spectroscopie. *« La spectrométrie et la photométrie d'objets peu lumineux »* (*la Recherche*, mars 1980, p. 337).

SPECTROPHOTOMÈTRE [spɛktʀɔfɔtɔmɛtʀ] n. m. — 1890; de *spectro-*, et *photomètre.*

♦ Phys. Appareil qui permet de comparer les intensités des radiations simples de deux sources ou de connaître le facteur de réflexion d'un corps selon la nature de la lumière utilisée. *« Les États membres de l'Organisation météorologique mondiale ont mis en place un réseau d'une centaine de spectrophotomètres Dobson, mesurant par absorption de l'ultraviolet solaire, la quantité totale d'ozone »* (*la Recherche*, avr. 1981, p. 493).

SPECTROPHOTOMÉTRIE [spɛktʀɔfɔtɔmetʀi] n. f. — Fin xixᵉ, *spectrophotométrique*; de *spectro-*, et *photométrie.*

♦ Phys. Étude photométrique comparée des différentes régions spectrales de sources, à l'aide de spectrophotomètres à réseau ou à prisme. *« Recherches de spectrophotométrie photographique »* (*Rev. gén. des sc.*, nº 16, p. 883; 1903).

SPECTROPHOTOMÉTRIQUE [spɛktʀɔfɔtɔmetʀik] adj. — 1896, *Année sc. et industr.* 1897, p. 121; de *spectrophotométrie.*

♦ Phys. De la spectrophotométrie. — REM. On rencontre aussi l'adv. : *«(...) une décoloration qu'on peut suivre spectrophotométriquement »* (*la Recherche*, avr. 1978, p. 334).

SPECTROSCOPE [spɛktʀɔskɔp] n. m. — 1863; de *spectro-*, et *-scope.*

♦ Phys. Instrument qui disperse un rayonnement sous forme de spectre*, permettant d'en analyser les constituants ou d'étudier l'absorption de ces constituants par diverses substances. *Les spectromètres, spectroscopes permettant la mesure des spectres*, la mesure des longueurs d'onde des diverses radiations. ⇒ aussi **Spectrographe.** *Spectroscope à vision directe. Spectroscope à prisme, à réseau, à ondes courtes... Spectroscope de comparaison*, pour l'étude des déplacements de raies spectrales des étoiles. *Les spectroscopes sont utilisés en optique, en chimie, en astrophysique*, etc.

SPECTROSCOPIE [spɛktʀɔskɔpi] n. f. — 1864; de *spectro-*, et *-scopie.*

♦ Phys. Branche de la physique qui concerne la théorie des spectres, des états énergétiques, ainsi que les techniques d'étude qui y sont relatives. *Spectroscopie β :* branche de la physique nucléaire qui étudie la distribution de l'énergie ou du moment de particules β obtenues au cours de la désintégration (au spectromètre à scintillation ou au spectromètre magnétique). *Spectroscopie γ*, pour la mesure des énergies et des états de polarisation des rayons γ émis dans les réactions nucléaires. *Spectroscopie des micro-ondes, des radiofréquences. Utilisation de la spectroscopie en astrophysique, en biologie.*

DÉR. **Spectroscopique, spectroscopiste.**

SPECTROSCOPIQUE [spɛktʀɔskɔpik] adj. — 1864; de *spectroscopie.*

♦ Phys. Relatif à la spectroscopie; qui se fait à l'aide du spectroscope. *Analyse spectroscopique d'un rayonnement* (cit. 3).

SPECTROSCOPISTE [spɛktʀɔskɔpist] n. — 1876; de *spectroscopie.*

♦ Phys. Spécialiste de spectroscopie. *« L'un des plus éminents spectroscopistes... »* (*Rev. gén. des sc.*, 15 févr. 1903, p. 156). *Une spectroscopiste qualifiée.*

SPÉCULAIRE [spekylɛʀ] adj. et n. f. — 1556; du lat. *specularis* « relatif au miroir », de *speculum* « miroir ».

Didactique.

★ **I.** ♦ **1.** Qui réfléchit la lumière comme un miroir, en parlant d'un minéral. *Pierre spéculaire :* minéral qui peut se diviser en feuillets minces, transparents et capables de réfléchir la lumière. *Le poli spéculaire d'un alliage, d'un métal.*

Soudja-Sari, assise sur un tapis, se regarde dans un petit miroir fait de pierre spéculaire et emmanché dans un pied d'or finement ciselé (...)
　　　　　　　Th. GAUTIER, Fortunio, XXIV.

Fer spéculaire : variété d'oligiste qui se présente sous forme de cristaux hexagonaux au vif éclat métallique. — *Fonte spéculaire*, appelée généralement *spiegel**, de nos jours.

♦ **2.** (V. 1570). Relatif au miroir, produit par un miroir. *Image spéculaire.*

(1904). Graphologie. *Écriture spéculaire* ou *écriture en miroir**, que l'on observe dans certaines maladies mentales, où les lettres et les mots se succèdent de droite à gauche comme si l'écriture normale était réfléchie dans un miroir.

Psychiatrie. *Hallucination spéculaire :* hallucination visuelle au cours de laquelle le sujet croit voir sa propre image, comme s'il se regardait dans un miroir.

★ **II.** N. f. (1839) : fleur ainsi nommée à cause de la forme de ses corolles. Plante dicotylédone *(Campanulacées)*, herbacée, annuelle, dont une variété à fleurs violettes, couramment appelée *miroir de Vénus*, est cultivée dans les jardins.

DÉR. **Spécularité.**

SPÉCULARITÉ [spekylaʀite] n. f. — xxᵉ; de *spéculaire.*

♦ Didact. Caractère spéculaire (I., 2.).

Peut-on imaginer une théorie (... qui) briserait définitivement la spécularité du signe et l'hypothèque du référent ? 　J. BAUDRILLARD, De la séduction, p. 142.

SPÉCULATEUR, TRICE [spekylatœʀ, tʀis] n. — 1668, La Fontaine; « sentinelle », xivᵉ; du rad. de *spéculation*, d'après le lat. *speculator*, de *speculatum*, supin de *speculari.*

♦ **1.** Vx. Personne qui spécule (I.), observe les phénomènes célestes; astronome (cf. La Fontaine, *Fables*, II, 13).

♦ **2.** Vx ou littér. Personne qui se livre à des spéculations (2.), à des considérations théoriques.

♦ **3.** (1745). Personne qui fait des spéculations (3.) en Bourse, etc. ⇒ **Agioteur, boursicoteur** (→ Laine, cit. 5). *Manuel du spéculateur à la Bourse*, ouvrage de Proudhon (1856).

Les agents de change et les spéculatrices auront enfin un palais et une corbeille digne d'elles. 　A. ROBIDA, le Vingtième Siècle, p. 300. [1]

La Bourse ferma à sept heures juste, mais à partir de cette date elle ouvrit chaque jour pendant vingt minutes, à la vive joie des spéculateurs, dont un grand nombre, sans se préoccuper du résultat final, ne songeaient qu'à faire des coups d'audace sur la hausse et la baisse, en faisant circuler dans ce but des bruits de toutes sortes. 　Raymond ROUSSEL, Impressions d'Afrique, p. 324. [2]

SPÉCULATIF, IVE [spekylatif, iv] adj. — 1265; du lat. tardif *speculativus*, de *speculatum*, supin de *speculari.* → Spéculer.

♦ **1.** Philos. Qui s'occupe de théorie (sans considérer l'application, la pratique). *Les écrivains, les philosophes spéculatifs*, ou (1618), substantivé et vieilli : *les spéculatifs. Esprit, caractère spéculatif.* ⇒ **Contemplatif.** — (Choses). ⇒ **Théorique.** *Pensée spéculative.* ⇒ **Abstrait.** *Études spéculatives. Science non spéculative mais pratique* (→ Gnose, cit. 1). *Philosophie spéculative et philosophie pratique* (→ Nature, cit. 59, Descartes).

Moïse et Mahomet n'ont pas été des spéculatifs : ce furent des hommes d'action. 　RENAN, Vie de Jésus, IV, Œ. compl., t. IV, p. 114. [1]

Toute recherche de science pure commence en général par avoir un caractère purement spéculatif et désintéressé. Portant sur des phénomènes encore mal connus et par suite inutilisables dans la pratique, elle ne peut d'abord se donner comme but que d'établir les lois de ces phénomènes, d'en prévoir de nouveaux, d'essayer d'en faire la théorie et de les situer dans l'ensemble des connaissances déjà acquises (...) 　L. DE BROGLIE, Physique et Microphysique, p. 342. [2]

♦ **2.** (Mil. xviiiᵉ). Relatif à la spéculation (3.) boursière et commerciale; soumis à la spéculation. *Valeurs spéculatives* (→ Inconsidéré, cit. 4). *Vente spéculative.*

CONTR. **Objectif, pratique, réaliste.**
DÉR. **Spéculativement.**

SPÉCULATION [spekylɑsjɔ̃] n. f. — xiiiᵉ; du lat. tardif *speculatio, onis* « espionnage » ou « contemplation »; de *speculare.* → Spéculer.

♦ **1.** (V. 1370). Vx (encore dans Fénelon). Observation*. *La spéculation des astres.*

♦ **2.** Philos. Étude, recherche abstraite; considération théorique (surtout en matière de philosophie, de science). ⇒ aussi **Raisonnement** (*infra* cit. 9). *La spéculation et la pratique* (1. Pratique, cit. 1). ⇒ **Théorie.** *Les profondeurs* (cit. 11) *inouïes de l'abstraction et de la spéculation pure. Les spéculations des philosophes sur l'essence de la matière* (→ Divisibilité, cit.). *Spéculations mathématiques* (cit. 6), *techniques.*

1   Si un jour, les contribuables, pour admettre l'utilité du cours de mathématiques transcendantes au Collège de France, devaient comprendre à quoi servent les spéculations qu'on y enseigne, cette chaire courrait de grands risques.
RENAN, l'Instruction supérieure en France, Œ. compl., t. I, p. 69.

2   Lorsque le matérialiste se prétend *certain* de ses principes, son assurance ne lui peut venir que d'intuitions ou de raisonnements *a priori*, c'est-à-dire de ces spéculations mêmes qu'il condamne.   SARTRE, Situations III, p. 140.

♦ **3.** (1776). Opération financière ou commerciale, qui consiste à profiter des fluctuations naturelles du marché (cours des valeurs et des marchandises, prix des biens immeubles) pour réaliser un bénéfice. ⇒ **Arbitrage** (*infra* cit. 4). *Spéculation à la hausse* (par des achats), *à la baisse* (par des ventes). *Spéculation désastreuse, heureuse.* ⇒ **Affaire** (II., 1.), **opération** (6.) ; → Gouffre, cit. 22 ; palper, cit. 5. *Faire des spéculations.* ⇒ **Spéculer** (II., 2.).

La pratique de ces opérations, l'activité qu'elles constituent. *Spéculation en Bourse.* ⇒ **Boursicotage** (fam.), **jeu** (*supra* cit. 34). *Spéculation et affairisme. S'enrichir par la spéculation sur les blés.* (XXᵉ). *Spéculation illicite,* qui s'accompagne de manœuvres destinées à fausser le jeu normal de l'offre et de la demande. ⇒ **Accaparement,** 1. **agio** (3.), **agiotage.** *Essor du négoce et de la spéculation.* ⇒ **Commerce** (*supra* cit. 4 ; et → 1. Agio, cit. 1). *L'extension de la ville a donné lieu à une spéculation effrénée sur les terrains à bâtir.*

3   Les aliments nécessaires à l'homme sont aussi sacrés que la vie elle-même (...) Toute spéculation mercantile que je fais aux dépens de la vie de mon semblable n'est point un trafic, c'est un brigandage et un fratricide.
ROBESPIERRE, Discours sur les subsistances, 2 déc. 1792.

4   Les forêts disparaîtraient, si on les abandonnait à la spéculation privée ; il en faut cependant, et voilà pourquoi on les cultive comme choses d'État.
RENAN, l'Instruction supérieure en France, Œ. compl., t. I, p. 95.

♦ **4.** (1830). Fig. Action de miser sur quelque chose. ⇒ **Calcul, projet.**

5   Le mensonge devient donc pour elles *(les femmes)* le fond de la langue, et la vérité n'est plus qu'une exception ; elles la disent comme elles sont vertueuses, par caprice ou par spéculation.   BALZAC, Ferragus, Pl., t. V, p. 57.

CONTR. (Du sens 2.) 1. **Pratique.**

SPÉCULATIVEMENT [spekylativmɑ̃] adv. — 1622 ; de *spéculatif.*

♦ Vieilli. Du point de vue spéculatif ; en théorie. ⇒ **Théoriquement.**

Rien n'était plus logique, spéculativement. En fait, rien n'était plus faux.
MICHELET, Hist. de la Révolution franç., X, III.

SPÉCULER [spekyle] v. — 1345 ; du lat. *speculari* «observer», de *specula* «lieu d'observation», du v. *specere* «regarder» (forme archaïque).

★ **I.** V. tr. (Vx). Observer* les phénomènes naturels, et, spécialt (v. 1460), les astres. *Spéculer les astres.*

★ **II.** V. intr. ♦ **1.** (V. 1370). Philos. Se livrer à des spéculations (2.). ⇒ **Méditer** (2.), **penser** (1. Penser, I., 1.), **raisonner.**

1   Voici un philosophe qui spécule sur le monde, sur la connaissance ; il dispose de l'espace et du temps ; pense dans la plus grande généralité (...)
VALÉRY, Analecta, XXXIX.

♦ **2.** (1792, Robespierre). Cour. Faire des spéculations (3.) financières, commerciales... (→ Cours, cit. 21). *Spéculer à la hausse* (acheter pour revendre quand les prix ont monté), *à la baisse* (vendre pour racheter quand les prix ont baissé). *Spéculer en Bourse.* ⇒ **Agioter** (vx), **boursicoter** (fam.), **jouer** (*supra* cit. 29), **tripoter** (péj.). *Spéculer sur un marché. Spéculer sur le prix du terrain* (→ aussi Exploitation, cit. 11). *Spéculer sur les blés de manière illicite.* ⇒ **Accaparer.** — Péj. *Spéculer sur la misère publique.*

2   Quelles bornes les vampires impitoyables qui spéculeraient sur la misère publique mettraient-ils à leurs attentats, si, à toute espèce de réclamation, on opposait sans cesse des baïonnettes et l'ordre absolu de croire à la pureté et à la bienfaisance de tous les accapareurs.
ROBESPIERRE, Discours sur les subsistances, 2 déc. 1792.

♦ **3.** (1832). **SPÉCULER SUR** (qqch.) : compter dessus pour réussir dans ses projets, obtenir un profit. ⇒ **Jouer** (*supra* cit. 32 ; jouer sur ; et → Bâtir, cit. 36). *Spéculer sur la niaiserie* (cit. 2) *de son partenaire, de son adversaire.*

3   (...) le propriétaire, pensant naïvement spéculer sur la pauvreté d'un artiste d'avenir, acceptait toujours aussi volontiers que son locataire le payât d'un navet hâtivement bâclé.   M. AYMÉ, le Passe-muraille, « Les Sabines », p. 31.

SPÉCULOS [spekylos] n. m. — 1938, Montagne ; orig. incertaine.

♦ Régional (Belgique). Biscuit au sucre candi.

REM. On trouve aussi les formes *spéculoos* et *spéculaus* [spekylos].

À l'intérieur on ne préparait ni ornements liturgiques ni encensoirs, mais des gourmandises qui paraissaient pieuses et aromatisées, dites « spéculos », chez moi inconnues, à la saveur pénétrante de cannelle.
Georges BORGEAUD, le Voyage à l'étranger, II, p. 255.

SPÉCULUM [spekylɔm] n. m. — V. 1363, comme mot lat., suivi jusqu'au milieu du XIXᵉ d'un mot lat. qui le détermine : *speculum oris,* littéralt « miroir de la bouche », *speculum ani, uteri, oculi...*

♦ Méd. Instrument de chirurgie et de médecine dont la surface intérieure polie forme miroir et qui sert à élargir et à explorer certaines cavités (nez, oreille, et surtout vagin*). → Maladie, cit. 8. *Spéculum vaginal, anal, rectal.* — Absolt. *Un spéculum :* un spéculum vaginal. *Des spéculums.*

SPEECH [spitʃ] n. m. — 1829, V. Jacquemont, cit. ; mot angl. « discours ».

♦ Allocution, petit discours, notamment en réponse à un toast*. *Il nous a fait un petit speech.* « (...) *du ton approprié des speeches d'inspection* » (Jacquemont, *Lettre à Mérimée,* 28 nov. 1831).

1   Il n'y a que dans une nombreuse réunion, et alors nécessairement mêlée, que j'allonge le speech et me fais lourd à leur façon *(des Anglais).* Quand je suis sûr de mon petit auditoire, je parle par le plus court chemin, et m'épargne ainsi qu'à lui l'ennui du speech, que du reste j'ai perfectionné singulièrement.
V. JACQUEMONT, Lettre à M. Jacquemont père, 3 sept. 1829,
in Correspondance, t. I, p. 93-94.

2   (...) il a dit, car vous savez qu'en mourant tous les hommes célèbres font un dernier *speech* (mot anglais qui signifie *tartine parlementaire*)...
BALZAC, les Employés, Pl., t. VI, p. 959.

3   M. Santeuil écoutait avec admiration M. Duroc. C'étaient justement là des sujets dont il avait eu à s'occuper. Il regrettait de ne pas avoir entendu plus tôt ce petit speech qui lui eût fourni une phrase philosophique pour le début et pour la fin.
PROUST, Jean Santeuil, Pl., p. 441.

SPEED [spid] n. m. — 1968 ; mot angl., proprt « vitesse ».

♦ Argot de la drogue. Anglic. Amphétamine. ⇒ **L.S.D.** *Des speeds.* « *Hasch, speed, héroïne, tout y passe et circule ici comme des gourmandises* » (M. Chapsal, in *l'Express,* 4 sept. 1972, p. 95). — Adj. *Être speed,* speedé.

DÉR. Speedé.

SPEEDÉ, ÉE [spide] adj. — 1972, *in* Rey-Debove et Gagnon ; francisation de *speedy,* de *speed* au sens ci-dessus.

♦ Argot de la drogue. Anglic. Sous l'effet des amphétamines, du L.S.D. — Fig. « *C'est la philo / à l'heure zéro / du rock bien speedé* » (Chanson, in *l'Écho des savanes,* déc. 1977, p. 13).

SPEISS [spɛs ; spajs] n. m. — 1765 ; all. *Speise* ou *Speiss.*

♦ Techn. Mélange d'arséniures de cobalt, de nickel, de fer et de cuivre, renfermant une proportion appréciable d'argent, et obtenu au cours de la métallurgie du cobalt à partir de minerais arséniés du Canada.

SPÉLÉISTE [speleist] n. — V. 1960 ; de *spéléo(logie),* et *-iste.*

♦ Techn. Spéléologue qui s'occupe d'exploration souterraine sportive (sans but scientifique). « *Un jeune guide de la grotte me rejoint avec deux spéléistes qui se trouvaient passer par Han* » (*Science et Vie,* nº 590, p. 95).

SPÉLÉO- Premier élément de mots savants, tiré du grec *spêlaion* « grotte, caverne ».

SPÉLÉOLOGIE [speleɔlɔʒi] n. f. — 1893, S. Martel, *spéloeologie ;* cf. *Spelunca, Revue de la Société de Spéléologie,* 1895 ; de *spéléo-,* et *-logie.*

♦ (Didact., devenu cour. v. 1950). Exploration et étude scientifique des cavernes, des cavités du sous-sol (géologie*, eaux souterraines, météorologie du sous-sol, cristallographie, faune, vestiges humains, etc.). *Spéléologie scientifique, sportive. Aimer la spéléologie.* — Abrév. fam. : *spéléo.*

DÉR. Spéléologique, spéléologue.

SPÉLÉOLOGIQUE [speleɔlɔʒik] adj. — 1904 ; de *spéléologie.*

♦ Relatif à la spéléologie. *Explorations, recherches spéléologiques.*

SPÉLÉOLOGUE [speleɔlɔg] n. — 1904 ; *spéléologiste,* fin XIXᵉ ; de *spéléologie.*

♦ Spécialiste de la spéléologie ; explorateur des cavernes.

Il est assez rare (...) que le spéléologue soit seulement sportif. Sans avoir toujours ce que l'on pourrait appeler une formation scientifique, il s'intéresse (...) à un des aspects de la science des cavernes : hydrogéologie, physique, chimie, préhistoire, biologie, ce qui ne l'empêche pas (...) de conserver une mentalité d'explorateur et de découvreur (...)   Félix TROMBE, la Spéléologie, p. 6.
Abrév. fam. *Un, une spéléo.*

SPÉLÉONAUTE [speleonot] n. — 1965 ; de *spéléo-*, et *-naute*, d'après *astronaute*.

♦ Rare. Spéléologue qui se prête à des expérimentations d'ordre scientifique en séjournant longtemps en milieu souterrain. « *(...) le spéléonaute Antoine Senni reprend lentement contact avec le monde et avec le temps après un séjour de quatre mois sous terre et sans montre* » (*l'Aurore*, 8 avr. 1965, p. 3).

SPÉLÉOTOMIE [speleotɔmi] n. f. — Mil. xxᵉ ; de *spéléo-*, et *-tomie*.

♦ Chir. Ouverture d'une caverne tuberculeuse (pulmonaire ou rénale) permettant d'en évacuer le contenu et d'accélérer sa guérison.

SPÉLONQUE [spelɔ̃k] n. f. — V. 1265, Brunetto Latini ; du lat. *spelunca*, grec *spélugx*.

♦ **1.** Vx. Caverne, antre. Fig. Retraite isolée (cf. Saint-Simon, Mᵐᵉ de Staal, *in* Littré).

♦ **2.** (Mil. xxᵉ). Méd. Caverne pulmonaire.

SPENCER [spɛnsɛʀ] n. m. — 1797 ; du nom de lord *Spencer* (1782-1845) ; → Lord, cit. Balzac.

♦ **1.** Veste sans basques, remplaçant l'habit (4.) ou se portant par-dessus (→ Muscadin, cit. 2). — (1904). Milit. Sorte de dolman ajusté.

1 Ce vieillard, sec et maigre, portait un spencer couleur noisette, sur un habit verdâtre à boutons de métal blanc (...)
BALZAC, le Cousin Pons, Pl., t. VI, p. 526.

♦ **2.** (1845). Courte veste de femme ; corsage (2. ; → Lacer, cit. 3 ; nacarat, cit. 1). *Le canezou* (cit. 2, Hugo), *cette espèce de spencer en mousseline*.

2 Elle portait une sorte de spencer de velours vert, garni d'une épaisse bordure en duvet de cygne, dont la blancheur et la masse donnaient de l'élégance à son cou entouré de fins lacets, où pendaient des aigrettes d'argent.
NERVAL, Voyage en Orient, Nuits du Ramazan, I, VII.

SPÉOS [speos] n. m. invar. — 1860 ; mot grec « caverne ».

♦ Archéol. Temple d'Égypte creusé dans le roc. *Les spéos d'Abou-Simbel.*

(...) nous passons devant la montagne d'Assiout creusée de spéos comme une énorme ruche funéraire.
L. BERTRAND, le Livre de la Méditerranée, éd. Plon, 1923, p. 154.

SPERGULAIRE [spɛʀgylɛʀ] n. f. — 1876 ; de *spergule*, et *-aire*.

♦ Bot. Plante herbacée des champs *(Caryophyllacées)*, à fleurs souvent roses.
REM. On trouve aussi la forme latine *spergularia*, n. f., v. 1900.

SPERGULE [spɛʀgyl] n. f. — 1752, Trévoux ; *spergula*, 1615 ; du lat. médiéval *spergula*, francisé en *espargoule, espargoute*, dans des dialectes ; anc. provençal *espargula*, d'orig. discutée ; du lat. *asparagus* « asperge », ou de *spargare, spergere* « semer ».

♦ Bot. Plante dicotylédone *(Caryophyllacées)*, herbacée, dont une variété *(spergule des champs)* est appelée *fourrage de disette*.

SPERM- ⇒ Spermat-.

SPERMACÉTI [spɛʀmaseti] n. m. — 1509 ; *sperma ceti*, 1557 ; du lat. sc. *spermaceti* ; bas lat. *sperma*, mot grec « semence », et *cetius* « baleine ».

♦ Didact. et vx. « Sperme baleine », nom donné autrefois au blanc de baleine*, substance huileuse constituée principalement de palmitate de cétyle et que l'on extrait de la tête du cachalot. *Le spermacéti est utilisé en parfumerie.*

SPERMAT-, SPERMATO- ; **SPERM-, SPERMO-** Premiers éléments de mots savants, tirés du grec *sperma, spermatos* « semence, graine », au propre (en bot.) ou au figuré.

SPERMATHÈQUE [spɛʀmatɛk] ou **SPERMATOTHÈQUE** [spɛʀmatɔtɛk] n. f. — 1878, P. Larousse, *Premier Suppl.* ; de *spermo-, spermat-*, et *-thèque*.

♦ Didact. (biol.). Poche séminale de la femelle de certains animaux (insectes, amphibiens), où les spermatozoïdes sont gardés vivants permettant ainsi une fécondation et une ponte (→ Germe, cit. 3), qui s'effectuent quelquefois une ou deux années après l'accouplement.

(...) elle en vide le contenu *(du spermatophore* [1]*)* dans une poche spéciale, la spermathèque ou vésicule séminale. De là les spermatozoïdes remontent jusqu'aux ovaires en vue de la fécondation des ovules ; toutefois un certain nombre de spermatozoïdes demeurent dans le réceptacle permettant ainsi une fécondation retardée (...)
Jean GUIBÉ, les Batraciens, p. 58.
1. Cet organe se trouve chez les Amphibiens, Céphalopodes, etc.

SPERMATIDE [spɛʀmatid] n. f. — 1897 ; de *spermat-*, et *-ide*.

♦ Biol. Cellule sexuelle mâle, dont dérive le spermatozoïde. « *La seconde division des spermatocytes (qui aboutit à la formation des spermatozoïdes...)* » (*Rev. gén. des sc.*, 15 juin 1903, p. 612).

SPERMATIE [spɛʀmasi] n. f. — 1876 ; du lat. bot., du bas lat. *sperma* « semence ».

♦ Bot. Petite spore à un seul noyau de certains champignons. Gamète mâle libéré par les anthéridies des algues.

SPERMATIQUE [spɛʀmatik] adj. — 1314 ; du bas lat. *spermaticus*, grec *spermatikos*, de *sperma, spermatos* « semence ».
Didactique.

♦ **1.** Vx. Qui concerne la semence, les cellules reproductrices mâles des animaux. ⇒ **Séminal** ; sperme. *Liqueur, matière spermatique.* — (1721). *Animaux spermatiques, animalcules* spermatiques, vers spermatiques* : anciens noms des spermatozoïdes.

♦ **2.** *Conduit spermatique* ou *canal déférent* : conduit qui fait suite au canal de l'épididyme et s'étend jusqu'à la vésicule séminale où il verse le sperme. — (1690). *Artère spermatique*, qui va de l'aorte abdominale au canal inguinal et au corps de l'épididyme (⇒ **Testicule**). — (1690). *Veines spermatiques* : vaisseaux constitués par la réunion des veines testiculaires et épididymaires, qui remontent vers l'abdomen. *Varices des veines spermatiques.* ⇒ **Varicocèle.** *Cordon* spermatique.

SPERMATISME [spɛʀmatism] n. m. — 1872 ; de *spermat-*, et *-isme*.

♦ Hist. des sc. Théorie biologique selon laquelle le sperme contiendrait tous les éléments essentiels de l'embryon (syn. : *animalculisme*).

SPERMATISTE [spɛʀmatist] ou **SPERMISTE** [spɛʀmist] n. — 1872. → Spermatisme.

♦ Hist. des sc. Partisan du spermatisme. *Les spermatistes (ou animalculistes*)* s'opposaient aux ovistes (cit. 2).

Un autre champ de discussions naquit de la découverte, par LEEUWENHOEK, des animalcules spermatiques, c'est-à-dire des spermatozoïdes. Les uns y virent le véritable animal, c'étaient les *spermatistes* et, malgré leur petitesse, ils y étaient préformationnistes y admettaient la présence de l'être complètement développé (...)
Maurice CAULLERY, les Étapes de la biologie, p. 40.

SPERMATO- ⇒ Spermat-.

SPERMATOBLASTE [spɛʀmatɔblast] n. m. — 1896, *in* D.D.L. ; de *spermato-*, et *-blaste*.

♦ Biol. Cellule sexuelle primordiale, occupant les tubes séminifères du testicule.

SPERMATOCÈLE [spɛʀmatɔsɛl] n. f. — 1732, Trévoux ; de *spermato-*, et *-cèle*. → Spermat-.

♦ Méd. Tuméfaction due à l'accumulation du sperme dans le testicule ou l'épididyme.

SPERMATOCYTE [spɛʀmatɔsit] n. m. — 1895, *in* D.D.L. ; de *spermato-*, et *-cyte*. → Spermat-.

♦ Biol. Cellule provenant de la division d'une spermatogonie (→ Spermatogonie, cit.) et qui, après deux mitoses, devient une spermatide (puis un spermatozoaire, par des transformations structurales complexes).

On distingue les deux dernières générations de cellules ainsi formées [1] sous le nom de *spermatocytes* : spermatocytes de premier ordre* (ou *auxocytes*), qui, en se divisant, donnent chacun deux *spermatocytes de second ordre* (ou *préspermatides*) ; et ces derniers, à leur tour, par une dernière division, donnent deux *spermatides*, chacune de celles-ci se transformant en un *spermatozoïde*.
Maurice CAULLERY, l'Embryologie, p. 14.
1. → Spermatogonie, cit.

SPERMATOGENÈSE [spɛʀmatoʒɛnɛz] n. f. — 1878 ; de *spermato-*, et *-genèse*. → Spermat-.

♦ Biol. Ensemble des processus qui aboutissent à la formation des spermatozoïdes. ⇒ **Spermatocyte, spermatide, spermatogonie, spermatozoïde.** *La formation des grains de pollen des végétaux correspond à la spermatogenèse.*

DÉR. Spermatogénétique.

SPERMATOGÉNÉTIQUE [spɛʀmatoʒenetik] adj. — 1903, *Rev. gén. des sc.*, n° 1, p. 7 ; de *spermatogenèse.*

♦ Biol. De la spermatogenèse. *L'évolution spermatogénétique.*

SPERMATOGONIE [spɛʀmatogoni] n. f. — 1897, *l'Année biol.* ; de *spermato-,* et *-gonie.* → Spermat-.

♦ Biol. Cellule du tube séminifère qui forme par division les spermatocytes. ⇒ **Spermatogenèse.**

La formation des spermatozoïdes dans les acini du testicule, la spermatogenèse, est un processus très complexe. C'est avant tout, une multiplication cellulaire intense, par divisions répétées d'éléments qu'on appelle les *spermatogonies* et qui correspondent aux oogonies de l'ovaire.

Maurice CAULLERY, l'Embryologie, p. 14.

SPERMATOPHORE [spɛʀmatofɔʀ] n. m. — 1878, P. Larousse, *Premier Suppl.* ; de *spermato-,* et *-phore.* → Spermat-.

♦ Zool. Organe contenant des agglomérats de cellules reproductrices mâles, chez les céphalopodes.

SPERMATOPHYTES [spɛʀmatofit] n. f. pl. — 1890 ; de *spermato-,* et *-phyte.*

♦ Bot. Embranchement des plantes à organes de reproduction (fleurs) apparents et développés (« plantes à graines »). ⇒ **Phanérogame** ; → Angiosperme, cit. — Au sing. *Un spermatophyte.* — REM. On trouve aussi la forme *spermaphytes* [spɛʀmafit].

SPERMATORRHÉE [spɛʀmatɔʀe] n. f. — 1826, *in* D.D.L. ; de *spermato-* (→ Spermat-), et *-rrhée.*

♦ Méd. Émission ou écoulement de sperme en dehors de l'activité sexuelle volontaire. ⇒ **Perte** (séminale), **pollution** (I., 2.). → aussi Gonorrhée (étymologie).

SPERMATOZOÏDE [spɛʀmatozoid] n. m. — 1846 ; de *spermato-* (→ Spermat-), et grec *zôoeidês* « semblable à un animal » (→ Zoo-, et *-ide*) ; la forme *spermatozoaire* est vieillie.

♦ Biol. animale. Cellule reproductrice (⇒ **Gamète,** cit. 2), mâle, chez les animaux sexués. ⇒ **Spermie.** *Les 24 chromosomes* (cit.) *du spermatozoïde humain* (→ aussi Fille, cit. 19). *Fécondation* (cit. 3) *par fusion* (cit. 2) *des noyaux du spermatozoïde et de l'ovule. L'anthérozoïde* des végétaux correspond au spermatozoïde. Tête ou noyau* (⇒ aussi **Acrosome**), *filament* ou queue du spermatozoïde.*

L'autre cellule, la cellule paternelle ou *Spermatozoïde,* ne mesure que 55 millièmes de millimètre ; encore est-elle constituée dans la plus grande partie de sa longueur, par un simple filament ou queue, fixé à une petite tête qui correspond au noyau de l'ovule. Les spermatozoïdes se forment dans la glande testiculaire, où ils se renouvellent sans cesse. Une goutte de semence en contient plusieurs millions qui, grâce aux battements de leur queue, se déplacent dans le liquide à la manière de minuscules têtards. Jean ROSTAND, l'Homme, II.

SPERMATURIE [spɛʀmatyʀi] n. f. — xxᵉ ; de *spermat-,* et *-urie,* du grec *urein* « uriner ».

♦ Méd. Présence de spermatozoïdes dans l'urine.

SPERME [spɛʀm] n. m. — 1362 ; du bas lat. *sperma,* mot grec.

♦ **1.** (xiiiᵉ, *esperme* ; du lat. *sperma ceti*). Vx. *Sperme de baleine :* blanc de baleine. ⇒ **Spermacéti.**

♦ **2.** Alchim. Principe reproducteur des individus, dans les trois règnes : animal (qui correspond au sens mod. 3, ci-dessous), végétal (semence) et minéral (*sperme du mercure* [cit. 1] ; *sperme des métaux :* soufre).

♦ **3.** Cour. Liquide visqueux, opalin, formé par les spermatozoïdes et par le produit des sécrétions des glandes génitales* mâles (testicule*, canal déférent, vésicules séminales, prostate*...). ⇒ **Semence, séminal, séminifère** (→ vx. Liqueur séminale*, humeur prolifique*) ; vulg. 3. **foutre,** 1. (cit. 1). *Sperme humain, animal. Émission du sperme.* ⇒ **Éjaculation ; perte** (séminale), **pollution** (I., 2.), **spermatorrhée.** *Absence de sperme.* ⇒ **Aspermatisme, aspermie.** *Absence de spermatozoïdes dans le sperme.* ⇒ **Azoospermie.**

Tâche ne pas trop t'emmerder. Ne baise pas trop, ménage tes forces, une once de sperme perdu, c'est pire que dix livres de sang.

FLAUBERT, Correspondance, t. I, Pl., p. 638.

Sperme collecté pour l'insémination artificielle. Banque du sperme.

-SPERME, -SPERMIE Dernier élément de mots savants, du grec *sperma* « graine ». ⇒ **Angiosperme, asperme, aspermie, endosperme, épisperme, gymnosperme, monosperme, périsperme.**

SPERMICIDE [spɛʀmisid] ou SPERMATICIDE [spɛʀmatisid] adj. — V. 1965 ; de *sperme* ou *spermato-,* et *-ide.*

♦ Didact. (méd.). Se dit d'une substance qui, introduite dans le vagin, agit comme anticonceptionnel local en détruisant les spermatozoïdes. *Gelée, ovules spermicides.* — N. *Un spermicide.*

SPERMIE [spɛʀmi] n. f. — 1903, *Rev. gén. des sc.*, n° 15, p. 875 ; dér. sav. du grec *spermos,* et *-ie.*

♦ Vx. Spermatozoïde*.

Quel était le rôle exact de la spermie ? son apport ? son mode d'action ? Agissait-elle sur l'ovule par simple contact ? Ou pénétrait-elle au dedans de lui ? Pour accomplir la fécondation, une seule spermie suffisait-elle, ou bien en fallait-il plusieurs (...) C'est en 1875 seulement que le processus de la fécondation fut enfin éclairci par Oscar Hertwig.

Jean ROSTAND, Esquisse d'une histoire de la biologie, p. 173.

SPERMINE [spɛʀmin] n. f. — 1903, *Rev. gén. des sc.*, n° 16, p. 862 ; de *sperm(e),* et suff. de *(a)mine.*

♦ Chim., biol. Substance azotée basique contenue dans le sperme, que l'on trouve aussi dans d'autres tissus animaux.

SPERMISTE [spɛʀmist] n. ⇒ **Spermatiste.**

SPERMO- ⇒ **Spermat-.**

SPERMOCENTRE [spɛʀmosɑ̃tʀ] n. m. — 1897, A. Prenant, in *l'Année biol.* ; de *sperm(o)-,* et *centre.*

♦ Biol. Centrosome de spermatozoïde.

SPERMOCULTURE [spɛʀmokyltyʀ] n. f. — Mil. xxᵉ ; de *spermo-,* et *culture.* → Spermat-.

♦ Méd. Mise en culture d'un prélèvement de sperme pour la recherche de micro-organismes pathogènes.

SPERMODERME [spɛʀmodɛʀm] n. m. — 1872 ; « champignon », 1839, Boiste ; de *spermo-,* et *-derme.* → Spermat-.

♦ Bot. Tégument de la graine.

SPERMOGONIE [spɛʀmogoni] n. f. — 1855 ; « sorte d'algue », 1846, Bescherelle ; de *spermo-,* et *-gonie.* → Spermat-.

♦ Bot. Appareil producteur des spermatites, chez les champignons.

SPERMOGRAMME [spɛʀmogʀam] n. m. — Mil. xxᵉ ; de *spermo-,* et *-gramme.*

♦ Didact. (méd.). Résultats fournis par l'examen du sperme, en laboratoire.

SPERMOPHILE [spɛʀmofil] n. m. — 1839, Boiste ; du lat. zool. *spermophilus,* du grec *sperma* « graine », et *philos* « qui aime ». → *-phile.*

♦ Zool. Mammifère rongeur *(Sciuridés),* petit animal à pelage épais, à abajoues volumineuses, qui vit dans des terriers où il entasse des graines.

SPERRY [spɛʀi] n. m. — 1920 ; de *(gyroscope) Sperry,* ou *(gyrocompas) Sperry,* 1917.

♦ Techn. Gyrostat stabilisateur d'avion (antiroulis).

Plus de lune. Un bitume noir qui s'est dilaté jusqu'aux étoiles (...) Je ne tente même pas d'observer autre chose que mon compas et mon Sperry. Je ne m'intéresse plus à rien, sinon à la lente période de respiration, sur l'écran sombre de l'instrument, d'une étroite ligne de radium.

SAINT-EXUPÉRY, Terre des hommes, VII, II, *in* D.D.L., II, 16.

SPHACÈLE [sfasɛl] n. m. — 1554 ; du grec *sphakelos* « gangrène ».

♦ Méd. Vx. Gangrène sèche. — Fragment de tissu nécrosé qui se détache d'une plaie, d'un ulcère.

DÉR. Sphacéler.

SPHACÉLER [sfasele] v. tr. — Conjug. *céder.* — xviᵉ, Rabelais ; p. p. adj., v. 1560 ; de *sphacèle.*

♦ Méd. Vx. Gangrener.

SPHAGNACÉES [sfagnase] ou **SPHAGNALES** [sfagnal]
n. f. pl. — xxᵉ; *sphagnoïdés*, 1839, Boiste; du lat. bot. *sphagnum*
(Linné), lat. class. *sphagnos*, mot grec «mousse».

◆ Bot. Famille de plantes cryptogames *(mousses)*, ne comprenant
qu'un genre *(Sphagnum)* à nombreuses espèces. ⇒ **Sphaigne**. — Au
sing. *Une sphagnacée; une sphagnale.*

Toutes *(les Sphagnales)*, sauf une (...) sont spécialisées dans la vie aquatique : on
les trouve dans les lieux marécageux (...) Ce sont de grandes Bryophytes qui, dans
les eaux tranquilles (...) constituent des gazons serrés de tiges feuillées (...) Elles
croissent à leur sommet tandis que leur base se détruit; ce sont donc des plantes
immortelles.   F. MOREAU, Botanique, *in* Encycl. Pl., p. 623.

SPHAIGNE [sfɛɲ] n. f. — 1791; du lat. bot. *sphagnum*, grec *sphagnos*.

◆ Mousse des marais, de la famille des sphagnales, dont la décomposition est à l'origine de la formation de la tourbe.

(...) dans la saison où disparaissent sous le voile monotone des neiges, et la soie
argentée des sphaignes, et la marbrure foncée des granits (...)
                        Charles NODIER, Contes, «Trilby» (1822).

SPHÉN-, SPHÉNO- Premier élément de mots savants, tiré du
grec *sphên* «coin».

SPHÈNE [sfɛn] n. m. — 1801, *in* Haug; du grec *sphên* «coin».

◆ Minér. Minerai naturel de calcium (silico-titanate) dont les cristaux ont des faces et des clivages qui se croisent deux à deux
(en «coins»).

SPHÉNISCIDÉS [sfeniside] n. m. pl. — Déb. xxᵉ, *in* Larousse;
de *sphénisque*.

◆ Zool. Famille d'oiseaux palmipèdes groupant le sphénisque, les
manchots et le gorfou. ⇒ **Manchot**. — Au sing. *Un sphéniscidé.*

SPHÉNISQUE [sfenisk] n. m. — 1815, Cuvier; du grec *sphêniskos*
«petit coin, cheville».

◆ Zool. Oiseau palmipède, manchot* de l'Extrême-Sud africain
et américain.

SPHÉNODON [sfenɔdõ] n. m. — 1875, P. Larousse; de *sphéno-*,
et grec *odous, odontos* «dent».

◆ Zool. Reptile de la Nouvelle-Zélande, grand lézard qui est le
seul représentant actuel des Rhynchocéphales*. *« Le sphénodon
est, au même titre que le cœlacanthe, un véritable fossile vivant »*
(J. Guibé, *les Reptiles*). — Syn. : *hatteria.*

SPHÉNOÏDAL, ALE, AUX [sfenɔidal, o] adj. — 1690; de
sphénoïde.

◆ Anat. Relatif au sphénoïde. *Fente sphénoïdale*, ou *fente orbitaire
supérieure*, qui livre passage à des nerfs, à la veine ophtalmique...
Sinus sphénoïdaux : cavités du corps du sphénoïde.

SPHÉNOÏDE [sfenɔid] n. m. — V. 1560; grec *sphênoeidês*, → suff.
-oïde.

◆ Anat. Os constituant la partie antérieure et moyenne de la base
du crâne (derrière l'ethmoïde et devant l'occipital). → vx. Os basi-
laire (cit.). *Ailes* (deux petites et deux grandes), *corps, apophyses du sphénoïde. Sphénoïde antérieur, postérieur.* — Adj. *Os sphénoïde.*

SPHÉNOÏDITE [sfenɔidit] n. f. — xxᵉ; de *sphénoïde*, et -ite.

◆ Méd. Inflammation de la muqueuse du sinus sphénoïdal.

SPHÉNO-MAXILLAIRE [sfenomaksilɛʀ] adj. — 1770, *in*
D. D. L.; de *sphéno(ïde)*, et *maxillaire*.

◆ Anat. *Fente sphéno-maxillaire*, limitée en haut par la grande aile
du sphénoïde et en bas par le maxillaire supérieur.

SPHÉNO-PALATIN, INE [sfenopalatɛ̃, in] adj. — 1770, *in*
D. D. L.; de *sphéno(ïde)*, et *palatin*.

◆ Anat. Relatif au sphénoïde et au palais.

SPHÉNOPHYLLUM [sfenofilɔm] n. m. — 1875, *sphénophylle*,
P. Larousse; du lat. bot.; → suff. -phylle.

◆ Bot. Plante cryptogame vasculaire *(Ptéridophytes)*, fossile, de la
famille des Équisétinées, liane aux feuilles verticillées. *Par la*

structure de ses tiges, le *sphénophyllum se rapproche des lycopodiacées.*

SPHÈRE [sfɛʀ] n. f. — 1509; *espère*, fin xiiᵉ, d'après la forme lat.
spaera; d'abord t. d'astron.; lat. *sphaera*, transcription habituelle du
grec *sphaira*.

A. ◆ **1.** Surface constituée par le lieu des points situés à une même
distance d'un point donné; solide délimité par cette surface. *Centre,
rayon, diamètre d'une sphère. Grand, petit cercle* de la sphère.
⇒ **Hémisphère, sphérique** (segment). *Volume de la sphère* (→ Base,
cit. 5). — Par métaphore (en parlant de Dieu, chez Hermès Trismé-
giste, cf. Rabelais, III, 13; de l'univers, chez Pascal). *« C'est une sphère
infinie dont le centre* (cit. 1) *est partout, la circonférence nulle
part »*. — Astron. *Sphère céleste* : sphère fictive de très grand rayon,
à la surface de laquelle les corps célestes semblent situés pour un
observateur qui serait au centre de cette sphère (→ Équateur, cit.
1; heure, cit. 1). ⇒ **Axe** (astron.), **colure, équateur, horaire** (cercle),
horizon, méridien (II., 1.), **parallèle, pôle**. Vx. *Sphères du Soleil, de
la Lune, des planètes* : sphères concentriques auxquelles on imaginait attachés les divers astres, qu'elles emportent dans leur mouvement de rotation.

Les premiers astronomes en Asie et en Égypte s'aperçurent bientôt, par la pro-   [1]
jection de l'ombre de la terre dans les éclipses de lune, que la terre est ronde;
les Hébreux, qui avaient de fort mauvais physiciens, l'imaginèrent plate (...) Cette
imagination d'une terre étroite et plate a longtemps prévalu (...) enfin la raison et
le voyage de Christophe Colomb rendirent à la terre son ancienne forme sphérique. Alors on passa d'une extrémité à l'autre, on crut la terre une sphère parfaite,
comme on avait cru que les planètes faisaient leurs révolutions dans un vrai cercle.
                        VOLTAIRE, Éléments de la philosophie de Newton, III, IX.

Représentation matérielle de la sphère céleste ou terrestre. ⇒ **Globe,
mappemonde** (2.). *Sphère armillaire*.*

Ancienn. Sc. Orbite (d'un astre).

◆ **2.** *Sphère terrestre*, la Terre, considérée comme une sphère
déformée (légèrement aplatie aux pôles). → Homogène, cit. 1.
⇒ **Axe, équateur** (2.), **hémisphère** (géogr.), **méridien** (II., 2.), **parallèle**
(I., 2.), **polaire** (cercle), **pôle** (I., 1.), **tropique, zone**.

◆ **3.** Cour. Corps sphérique. ⇒ **Boule, globe**. → Graviter, cit. 4;
perle, cit. 5. — *Sphère de plongée. Sphère humide; sphère-sas.* —
(1913, *in* Petiot). Sports. Ballon rond. *Sphère de cuir.* — Chacune des
deux boules de fonte d'une haltère. *Barre* à sphères* : haltère.

B. (xviiᵉ). Fig. ◆ **1.** Domaine circonscrit (⇒ **Limite**) à l'intérieur
duquel s'exerce l'activité ou la connaissance de qqn. *Esprits bornés*
(cit. 23) *et resserrés dans leur petite sphère* (→ aussi Endroit, cit.
13). *Âme jetée hors de la sphère commune* (→ Fougueux, cit. 2).
Se tenir, rester dans sa sphère : ne pas sortir de ses attributions.
→ le sens 3.

(En parlant de choses). *La sphère des connaissances humaines, des
créations de l'art* (→ Réaliste, cit. 2). ⇒ **Étendue**.

Mes idées ne sont presque plus que des sensations, et la sphère de mon entende-   [2]
ment ne passe pas les objets dont je suis immédiatement entouré.
                        ROUSSEAU, Rêveries..., VIIᵉ promenade.

(...) ses désirs, ses envies, ses fantaisies, dans la sphère limitée des souhaits possi-   [3]
bles à un aveugle, il les contentait.   HUGO, l'Homme qui rit, II, II, X.

◆ **2.** Domaine, milieu. ⇒ **Région**. *Les sphères humaines* (→ Bond,
cit. 5), *célestes* (cit. 3), *supérieures* (→ Creuset, cit. 6). *Une sphère
inaccessible* (cit. 8) *au reste de l'humanité. Les sphères élevées de
la cour, du département* (→ Marchepied, cit. 3; népotisme, cit.). —
(1870). *Les hautes sphères de la politique, de la finance*, les
milieux dirigeants.

(...) voici que peu à peu, très lentement, dans la sphère différente et inférieure où   [4]
ils venaient d'être jetés ainsi que des épaves, ils reprenaient vie (...)
                        LOTI, Matelot, XIX.

◆ **3.** (1690). Phys. **SPHÈRE DE...** *Sphère d'action, d'activité* : partie
de l'espace où se manifeste une certaine force, un certain phénomène. ⇒ **Champ, zone**. — *Sphère d'influence* : zone territoriale dans
laquelle une ou plusieurs puissances reconnaissent à une autre un
droit d'intervention auprès des autorités locales (→ Rideau, cit. 6).
— *Sphère d'attribution* : domaine, matière qui sont de la compétence d'une autorité, d'un fonctionnaire. *Sphères d'activité,
d'influence, d'intervention...* (→ 3. Droit, cit. 69; honneur, cit. 116;
intervenir, cit. 1). *Sphère d'habitudes* (→ Routinier, cit.).

Vous commencez à entrevoir dans quelle sphère d'activité je vais vous introduire?   [5]
C'est plus intéressant que de nettoyer des pinceaux.
                        J. ROMAINS, les Hommes de bonne volonté, VI, p. 61.

COMP. **Aérosphère, asphère, asténosphère, atmosphère, hémisphère, lithosphère,
magnétosphère, mésosphère, planisphère, stratosphère.** — **Sphériacées, sphérocyte,
sphérocytose, sphéromètre, sphérophakie.**

SPHÉRIACÉES [sfeʀjase] n. f. pl. — xxᵉ; de *sphère*, et -*acées*.

◆ Bot. Groupe de champignons ascomycètes. Au sing. *Une sphéria-
cée.*

SPHÉRICITÉ [sfeʀisite] n. f. — 1671; de *sphérique*.

◆ État de ce qui est sphérique, forme sphérique. ⇒ **Rotondité**. Phys.

Aberration de sphéricité : distorsion due au fait que les rayons issus d'un point de l'objet ne convergent pas exactement en un point image correspondant (comme l'exigerait la théorie élémentaire). ⇒ **Aplanétisme.**

Dans la poterie une sphéricité rompue subtilement vers l'ouverture ou vers le fond répond à la fois au jeu de la fonction et à celui du goût, la symétrie légèrement déviée d'un biface évolué est mécaniquement justifiée mais détermine une estimation esthétique des formes. La sphéricité, la symétrie, la planéité, les surfaces courbes sont à la fois rationnelles quant à la fonction et séduisantes au-delà de la fonction. A. LEROI-GOURHAN, le Geste et la Parole, t. II, p. 134.

SPHÉRIQUE [sferik] adj. — 1370 ; du lat. *sphoericus.*

♦ **1.** En forme de sphère. ⇒ **Globeux** (vx), **rond** (→ Germinatif, cit. 1 ; mercure, cit. 3 ; colite). *Une bille parfaitement sphérique.*

♦ **2.** (1688). Géom. Qui appartient à la sphère ; propre à la sphère. *Segment*, fuseau* sphérique. Anneau sphérique :* volume engendré par un segment de cercle tournant autour d'un diamètre qui ne le traverse pas. *Secteur sphérique :* volume engendré par un secteur circulaire tournant autour d'un diamètre qui ne le traverse pas. *Calotte*, onglet* sphérique.* (1690). *Triangle sphérique :* partie de la surface d'une sphère, limitée par trois arcs de grands cercles. — Géogr. *Coordonnées* sphériques.* — Phys. *Miroir sphérique :* miroir dont la surface réfléchissante est une portion de sphère. *Aberration sphérique,* de sphéricité*. — Par ext. *Trigonométrie sphérique,* qui étudie les angles sphériques.

DÉR. **Sphéricité.**
COMP. **Asphérique.**

SPHÉRISTIQUE [sferistik] n. f. — XVIIIe ; empr. grec *sphairistikos,* de *sphaira* «balle». → Sphère.

♦ Antiq. Art de jouer à la balle, au jeu de paume.

SPHÉROCYTE [sferɔsit] n. m. — xxe ; de *sphère,* et *-cyte.*

♦ Méd. Globule rouge anormal, de forme biconvexe, que l'on trouve en quantité plus ou moins grande dans le sang dans certaines maladies (par exemple, dans certaines anémies hémolytiques).

SPHÉROCYTOSE [sferɔsitoz] n. f. — xxe ; de *sphère,* et *-cytose,* grec *kutos* «objet creux».

♦ Méd. Déformation en sphère des globules rouges (⇒ **Sphérocyte**).

SPHÉROÏDAL, ALE, AUX [sferɔidal, o] adj. — 1740 ; de *sphéroïde.*

♦ Didact. En forme de sphéroïde ; propre, relatif à un sphéroïde. — (1858, *Année sc. et industr.,* p. 36-37). Phys. *État sphéroïdal des liquides,* dans le phénomène de la caléfaction*.
REM. La forme *sphéroïdique* (1806) est archaïque.

SPHÉROÏDE [sferɔid] n. m. — 1556 ; du lat. d'orig. grecque *sphoeroides,* de *sphaira.* → Sphère, et *-oïde.*

♦ Didact. (géom.). Solide à peu près sphérique. *La terre est un sphéroïde* (→ Homogène, cit. 1). *Le sphéroïde terrestre* (→ Aplatissement, cit.).

Ces divers corps (planètes, lunes...) ne sont pas de véritables sphères, mais des sphéroïdes aplatis, des sphères comprimées dans la région des pôles et de l'axe imaginaire autour duquel elles tournent, l'aplatissement étant une conséquence de la rotation. BAUDELAIRE, Trad. E. POE, Eureka, XII.

DÉR. **Sphéroïdal, sphéroïdique.**

SPHÉROÏDIQUE [sferɔidik] n. f. Vx. ⇒ **Sphéroïdal.**

SPHÉROMÈTRE [sferɔmɛtr] n. m. — 1803 ; de *sphère,* et *-mètre.*

♦ Phys. Instrument servant à mesurer la courbure des surfaces sphériques (en particulier celles des verres d'optique).

SPHÉROPHAKIE [sferɔfaki] n. f. — xxe ; de *sphère,* et grec *phakos* «lentille».

♦ Méd. Anomalie congénitale du cristallin qui est de forme sphérique. — REM. On trouve aussi la forme *sphérophaquie.*

SPHÉRULE [sferyl] n. f. — xxe ; lat. *sphoerula,* de *sphaera.* → Sphère.

♦ Didact. Petit corps sphérique, petite sphère.

DÉR. **Sphéruleux.**

SPHÉRULEUX, EUSE [sferylφ, φz] adj. — 1904, *Rev. gén. des sc.,* n° 7, p. 361, *cellules sphéruleuses ;* de *sphérule.*

♦ Didact. D'une sphérule.

SPHEX [sfɛks] n. m. — 1808 ; empr. grec *sphêx* «guêpe».

♦ Zool. Insecte hyménoptère *(Sphégidés),* grande guêpe qui creuse des terriers où elle dépose ses proies préalablement paralysées (criquets, grillons et sauterelles). ⇒ **Guêpe** (ichneumon). *Sphex à ailes jaunes, à raies blanches.*

SPHINCTER [sfɛ̃ktɛr] n. m. — 1548, Rabelais ; mot lat., grec *sphigktêr,* de *sphiggein* «serrer».

♦ Anat. Muscle annulaire disposé autour d'un orifice naturel qu'il resserre et ferme en se contractant. ⇒ **Constricteur, orbiculaire.** *Sphincter externe, interne de l'anus, de l'urètre. Sphincter utérin, vésiculaire.*

À côté de la perversion de l'âme, de l'esprit et de l'idéal à laquelle se livrent ces traîtres à l'espèce, nos élucubrations sexuelles, vénales ou non, incestueuses ou non, prennent, sur les trois humbles sphincters dont dispose notre anatomie, toute l'innocence angélique d'un sourire d'enfant. R. GARY, la Promesse de l'aube, p. 81.

Spécialt. Sphincter anal.

DÉR. **Sphinctérien.**
COMP. **Sphinctéralgie.**

SPHINCTÉRALGIE [sfɛ̃ktɛralʒi] n. f. — *In* Larousse, 1923 ; de *sphincter,* et *-algie.*

♦ Méd. Douleur au niveau d'un sphincter.

SPHINCTÉRIEN, IENNE [sfɛ̃ktɛrjɛ̃, jɛn] adj. — 1878, P. Larousse ; de *sphincter.*

♦ Didact. Du sphincter (spécialt, du sphincter anal). *Contraction sphinctérienne. Éducation sphinctérienne des enfants.*

SPHINGE [sfɛ̃ʒ] n. f. — 1546 ; forme féminine de *sphinx*.* Rare.

♦ **1.** Sphinx (2.) féminin, à buste de femme.

♦ **2.** Métaphore ou fig. Femme énigmatique. ⇒ **Sphinx,** 3.

Elle *(Marlène Dietrich)* accepte les sept rôles que lui donne le réalisateur, des rôles de femme inaccessible et irréelle, de sphinge cruelle, irresponsable, d'espionne, de Vénus subversive et d'instrument de perdition. R. BENAYOUN, *in* le Point, 28 août 1978, p. 79. [1]

REM. On trouve aussi la graphie *sphynge.*

(...) son sourire de sphynge innocente, venue de si loin pour poser des énigmes et fermenter dans le lit d'un roi. HUYSMANS, la Cathédrale, II, p. 92. [2]

SPHINGOLIPIDE [sfɛ̃golipid] n. m. — xxe ; de *sphingo(sine),* et *lipide.*

♦ Chim., biol. *Les sphingolipides :* substances lipidiques contenant de la sphingosine, abondantes surtout dans le cerveau. ⇒ **Cérébroside, ganglioside, sphingomyéline...** *Un sphingolipide.*

DÉR. **Sphingolipidose.**

SPHINGOLIPIDOSE [sfɛ̃golipidoz] n. f. — Av. 1972 (*in* Manuila) ; de *sphingolipide.*

♦ Méd. Maladie enzymatique caractérisée par une surcharge intracellulaire de sphingolipides, plus ou moins diffuse dans l'organisme. ⇒ **Lipoïdose ; amaurotique** (idiotie).

SPHINGOMYÉLINE [sfɛ̃gomjelin] n. f. — xxe ; de *sphingo(sine),* et *myéline.*

♦ Chim., biol. Sphingolipide constitué par une combinaison de la sphingosine avec un acide gras et un dérivé phosphorylé de la choline, abondant dans les graines myéliniques des fibres nerveuses.

SPHINGOSINE [sfɛ̃gozin] n. f. — 1879 ; du grec *sphiggein* «enserrer étroitement».

♦ Chim., biol. Substance aminée à longue chaîne non saturée et deux fonctions alcool, qui entre dans la constitution d'un grand nombre de lipides complexes (sphingolipides*).

SPHINX [sfɛ̃ks] n. m. — 1552 ; var. *sphinge*, 1546, seule forme chez Furetière (→ Sphinge) ; lat. *sphinx, sphingis*, grec *sphigx, sphiggos*.

★ **I.** ♦ **1.** Mythol. Monstre fabuleux, lion ailé à tête et buste de femme, qui tuait près de Thèbes les voyageurs qui ne pouvaient résoudre l'énigme (cit. 1 et 4) qu'il leur proposait et qui se jeta du haut d'un rocher quand Œdipe fournit la solution (→ Aparté, cit. 1). *La légende d'Œdipe et du sphinx a inspiré de nombreux peintres* (Ingres, G. Moreau, etc.), *des écrivains...*

1   On t'a parlé du Sphinx, dont l'énigme funeste
    Ouvrit plus de tombeaux que n'en ouvre la peste,
    Ce monstre à voix humaine, aigle, femme et lion (...)   CORNEILLE, Œdipe, I, 3.

2   LA CHIMÈRE : (...) je plane sur les monts, je rase les flots (...) Mais toi, je te retrouve perpétuellement immobile (...)
    LE SPHINX : C'est que je garde mon secret ! je songe et je calcule. La mer se retourne dans son lit, les blés se balancent sous le vent, les caravanes passent, la poussière s'envole, les cités s'écroulent ; — et mon regard, que rien ne peut dévier, demeure tendu à travers les choses sur un horizon inaccessible.
                                                  FLAUBERT, la Tentation de saint Antoine, VII.

Par métaphore :

3   Là où se poursuit l'activité la plus équivoque des vivants l'inanimé prend parfois un reflet de leurs plus secrets mobiles : nos cités sont ainsi peuplées de sphinx méconnus qui n'arrêtent pas le passant rêveur, s'il ne tourne vers eux sa distraction méditative, qui ne lui posent pas de questions mortelles.
                                                  ARAGON, le Paysan de Paris, p. 18.

On trouve chez Apollinaire le dérivé *sphingerie* :

3.1   Et le troupeau de sphinx regagne la sphingerie
      À petits pas (...)   APOLLINAIRE, Alcools, p. 110.

♦ **2.** (XVIᵉ). Dans l'art égyptien, Statue de lion couché, à tête d'homme, parfois de bélier ou d'épervier, représentant une divinité. *« Le grand sphinx de Gizeh »* (→ Gigantesque, cit. 3 ; 1. noyer, cit. 12 ; pyramide, cit. 3). *« Des grands sphinx allongés au fond des solitudes »* (→ Attitude, cit. 7). — Par anal. *Sphinx de style Empire.*

4   (...) une chambre de l'Empire, parquetée en point de Hongrie, sans tapis, où le bronze plaquait partout le merisier, d'abord en tête de sphinx aux quatre coins du lit (...)   BARBEY D'AUREVILLY, les Diaboliques, « Rideau cramoisi », p. 58.

♦ **3.** (XIXᵉ). Par métaphore, fig. Personne ou entité énigmatique (cit. 4), figée dans une attitude mystérieuse. *Son air impénétrable* (cit. 20) *de jeune sphinx.*

5   (...) ce sphinx perfide, au sourire douteux, à la voix ambiguë, et devant lequel je me tenais debout sans oser entreprendre d'expliquer l'énigme !
                                                  Th. GAUTIER, Mˡˡᵉ de Maupin, XI.

6   La chose est pour la chose ici-bas un problème.
    L'être pour l'être est sphinx (...)   HUGO, les Contemplations, VI, XVI, III.

7   Tous les siècles, le front ceint de tours ou d'épis,
    Étaient là, mornes sphinx sur l'énigme accroupis (...)
                                                  HUGO, la Légende des siècles, « La vision d'où est sorti ce livre ».

★ **II.** (1736, Réaumur, nom donné à la chenille du papillon en raison de son attitude habituelle, l'avant du corps dressé ; 1762, nom du papillon, dans la classification de E.-L. Geoffroy). Insecte lépidoptère, type de la famille des *sphingidés*, grand papillon crépusculaire appelé aussi *demi-paon.* Par ext. Nom de divers lépidoptères de la même famille. *Sphinx tête-de-mort.* ⇒ **Achérontia, atropos.** *Sphinx des lauriers-roses* (→ Grillage, cit. 2), *des vignes* (→ Papillon, cit. 4), *du liseron, du troène...*

8   (...) le vol autour de ma lampe allumée des grands sphinx de nuit, de ces larges papillons de velours sombre qui portent sur leur corselet l'empreinte blanche d'une tête de mort.   Paul BOURGET, le Disciple, IV, § v.

SPHRAGISTIQUE [sfʀaʒistik] n. f. — 1851 ; dér. sav. du grec *sphragizein* « sceller », de *sphragis* « sceau ».

♦ Didact. et vieilli. Sigillographie. — Spécialt. Étude des cachets encrés (excluant les sceaux).

SPHYGMIQUE [sfigmik] adj. — 1872 ; du grec *sphugmos*. → Sphygmo-.

Didactique (médecine).

♦ **1.** Relatif au pouls.

♦ **2.** (XXᵉ). *Temps, période sphygmique* : période de la systole ventriculaire pendant laquelle le sang est chassé dans les artères.

SPHYGMO- Premier élément de composés savants (physiol., méd.), tiré du grec *sphugmos* « pouls, pulsation ».

SPHYGMOGRAMME [sfigmɔgʀam] n. m. — 1899 ; de *sphygmo-*, et *-gramme*.

♦ Méd. Tracé enregistré du pouls.

SPHYGMOGRAPHE [sfigmɔgʀaf] n. m. — 1859 ; de *sphygmo-*, et *-graphe*.

♦ Méd. Instrument destiné à enregistrer les pulsations artérielles.

SPHYGMOGRAPHIE [sfigmɔgʀafi] n. f. — 1878 ; de *sphygmo-*, et *-graphie*.

♦ Inscription du pouls à l'aide du sphygmographe.

SPHYGMOGRAPHIQUE [sfigmɔgʀafik] adj. — 1901 ; de *sphygmo-*, et *-graphique*.

♦ Relatif au sphygmographe, à la sphygmographie.

SPHYGMOMANOMÈTRE [sfigmomanɔmɛtʀ] n. m. — 1904 ; de *sphygmo-*, et *manomètre*.

♦ Techn. Appareil composé essentiellement d'un manomètre à mercure (⇒ **Sphygmomètre**) ou anéroïde et d'un manchon gonflable, qu'on enroule autour du bras, servant à mesurer la tension artérielle. — REM. On dit aussi *sphygmotensiomètre* [sfigmotɑ̃sjɔmɛtʀ].

SPHYGMOMÈTRE [sfigmɔmɛtʀ] n. m. — Av. 1857, cit. ; invention de l'appareil en 1833 ; de *sphygmo-*, et *-mètre*.

♦ Vx. Sphygmomanomètre où la tension se lisait sur un tube à mercure.

Qu'est-ce donc que le sphygmomètre ? C'est un tube de verre d'un diamètre très petit, contenant du mercure, et assez semblable à un thermomètre ; seulement, le réservoir est formé d'une membrane élastique (...) Le sphygmomètre est une invention française. En 1833, M. Paul Garnier, l'habile horloger-mécanicien qui s'est distingué plus tard dans la construction des horloges électriques, présenta à l'Académie des sciences, de concert avec le docteur Hérisson, le premier instrument de ce genre, qui fut accueilli avec beaucoup de curiosité et d'intérêt, et devint l'objet d'un rapport à l'Institut.
                                                  L. FIGUIER, l'Année scientifique et industrielle, 1858, I, p. 306 (1857).

SPHYRÈNE [sfiʀɛn] n. f. — 1802-1803 ; lat. *sphyroena*, grec *sphuraina*.

♦ Zool. Poisson acanthoptérygien *(Sphyrénidés)*, au corps allongé, à la mâchoire inférieure saillante. *Sphyrène commune* (appelée *spet*), qui habite la Méditerranée et l'Atlantique. *Sphyrène barracuda*, ou *barracuda*, ou *grande bécune**, pouvant atteindre cinq mètres de longueur, vivant dans la mer des Antilles.

SPI [spi] n. m. — Mil. XXᵉ ; abrév. de *spinnaker*.

♦ Mar., cour. Spinnaker*. *Drisse de spi ; bras* de spi. Avaleur* de spi.* « *Que le bateau soit petit ou gros, manœuvrer un "spi" au large, cela demande du muscle, de la technique...* » (le Nouvel Obs., 30 juil. 1973, p. 35). — *Toile à spi, toile de spi.* ⇒ **Spinnaker, 2.**

SPIC [spik] n. m. — 1256 ; *espig*, XIᵉ ; lat. *spicum (spica, spicus)* « épi », qui a désigné une herbe odoriférante en lat. médiéval.

♦ Lavande dont on extrait une essence odorante, dite *huile de spic*, ou *d'aspic**.

SPICA [spika] n. m. — 1707 ; n. f., 1555 ; empr. lat. *spica* « épi ».

♦ Méd. Bandage croisé (à la façon des épillets de blé), appliqué au niveau de la racine d'un membre. *Spica de l'aine.*

SPICCATO [spikato] adv. — 1765 ; mot ital., proprt « détaché ».

♦ Mus. (indication d'exécution). En détachant les notes. → Staccato. — N. m. *Un spiccato* : un passage joué spiccato.

SPICIFLORE [spisiflɔʀ] adj. — 1845 ; du lat. *spicus* « épi », et *-flore*.

♦ Bot. Dont les fleurs sont disposées en épi.

SPICIFORME [spisifɔʀm] adj. — 1842 ; comp. sav. du lat. *spicum* « épi », et *-forme*.

♦ Bot. En forme d'épi.

SPICILÈGE [spisilɛʒ] n. m. — 1697, Bayle, en parlant du *Spicilegium sine collectio...*, titre d'un vaste ouvrage d'érudition du bénédictin Luc d'Achery, 1655, où le mot était pris dans un sens fig. ; du lat. *spicilegium* « glanage », de *spicum* « épi », et *legere* « recueillir ».

Didactique, littéraire.

♦ **1.** Recueil d'actes, traités et documents inédits. Titre donné à certains recueils ou carnets de notes, essais et réflexions ; *le Spicilège* de Marcel Schwob (1896), de Montesquieu (édité en 1944).

♦ **2.** Rare. Recueil de poèmes. ⇒ **Anthologie.**

SPICULE [spikyl] n. m. — 1830; du lat. *spiculum* «dard».

♦ **1.** [a] Bot. Vx. Épillet.

[b] Zool. Nom des petits bâtonnets calcaires ou siliceux constituant le squelette des éponges.

♦ **2.** Corpuscule siliceux des animaux inférieurs, souvent en forme d'épine.

(...) les Acanthaires sont des Rhizopodes dont le squelette est constitué par 20 spi-cules radiaires qui rayonnent suivant des directions bien déterminées (...)
Paul BOUGIS, le Plancton, p. 21.

♦ **3.** (1905, *Rev. gén. des sc.*, n° 2, p. 60). Techn. Granulation pointue (défaut du métal).

♦ **4.** (1959). Astron. Jet de matière dans la chromosphère solaire, ayant l'apparence de flammes qui disparaissent en quelques minutes. *Les spicules et les protubérances.* « *Le filament photosphérique constituant la granulation se prolonge dans la chromosphère par les spicules et ceux-ci par les filaments coronaux* » (*Science*, juil. 1959, p. 13).

COMP. **Interspiculaire.**

SPIDER [spidɛʀ] n. m. — 1877; mot angl., «araignée», à cause des hautes roues et des sièges surélevés de cette voiture.

♦ **1.** Anciennt. Voiture hippomobile décapotable à quatre roues, proche du phaéton.

♦ **2.** (1931). Anciennt. Emplacement qui se trouvait ménagé à l'arrière des cabriolets automobiles, coffre muni d'un siège mobile et pouvant recevoir des passagers, des bagages, etc. → Phaéton, cit. 3.

C'était une auto à deux places, peinte en rouge, dont le spider avait été transformé en une espèce de grand coffre à tiroirs dans lesquels Barner mettait ses échantillons de fils.   M. DURAS, Un barrage contre le Pacifique, p. 206.

SPIEGEL [spigœl] n. m. — 1890; abrév. de l'all. *Spiegeleisen*, de *Spiegel* «miroir», et *Eisen* «fer»; ainsi nommé à cause de la cassure miroitante de cet alliage.

♦ Techn. Alliage de fer, manganèse et carbone, employé dans la fabrication de l'acier par le procédé Bessemer. — On dit aussi *fonte spéculaire**.

SPIN [spin] n. m. — 1938, cit. 1; 1926 en angl., Uhlenbeck et Goudsmit; mot angl., «rotation».

♦ Phys. nucl. Moment de la quantité de mouvement d'une particule élémentaire. *L'unité de spin est $\frac{h}{2}$* (*h* étant la constante de Planck). *Spin axial* (quand la particule tourne sur elle-même), *orbital* (quand elle tourne autour d'un centre de gravité). *Spin nucléaire* (rotation du noyau sur lui-même). *Nombre quantique de spin. Deux électrons peuvent présenter des axes de rotation parallèles, avec des spins de mêmes directions* (spins parallèles) *ou de directions opposées* (spins anti-parallèles). *Fonctions de spin :* fonctions spéciales introduites en mécanique ondulatoire dans la fonction d'onde.

[1]   Il y a pour l'électron, une dernière donnée que nous connaissons avec certitude : c'est sa «rotation propre» ou son «pivotement» [*en note :* ou encore son «spin» (mot qui, en anglais, veut dire «faire tourner»)].
Marcel BOLL, les Deux Infinis, p. 97 (1938).

[2]   L'impossibilité d'expliquer exactement par les théories quantiques les détails, la structure fine comme on dit, des spectres lumineux et X ainsi que certains phénomènes magnétiques complexes tels que les effets Zeeman anomaux, avait conduit à penser (*en 1925*) qu'en dehors de sa charge et de sa masse, l'électron devait encore posséder une autre caractéristique, le spin, qui serait une sorte de rotation interne et qui le douerait d'un moment cinétique propre et d'un moment magnétique propre.   L. DE BROGLIE, Physique et Microphysique, p. 22.

SPINA [spina] n. f. — 1886, *Encycl. Berthelot*, art. *Amphithéâtre ;* mot lat. «épine».

♦ Archéol. Mur partageant un hippodrome ou un cirque dans le sens de la longueur.

(...) *l'aiguille* de Vienne (Isère), ainsi nommée de l'obélisque qui domine le tout ; certains veulent y voir un monument funéraire, d'autres, un des éléments de la *spina* d'un cirque (...)   G. CONTENAU et V. CHAPOT, l'Art antique, p. 340.

SPINA-BIFIDA [spinabifida] n. m. — 1810; mots lat., «épine (dorsale) bifide».

♦ Méd. Malformation congénitale qui consiste en une fissure d'un ou de plusieurs arcs vertébraux postérieurs, pouvant se compliquer d'une hernie des méninges et de la moelle épinière.

SPINAL, ALE, AUX [spinal, o] adj. — 1534, du lat. *spinalis*, de *spina* «épine (dorsale)».

♦ Méd. Relatif ou qui appartient à la colonne vertébrale (⇒ **Rachidien**), ou à la moelle épinière (⇒ **Médullaire**). *Nerf spinal :* nerf crânien moteur. *Nerfs spinaux,* rachidiens. *Muscles spinaux :* muscles

des gouttières* vertébrales. *Ganglions spinaux :* renflements des racines postérieures des nerfs rachidiens.

COMP. **Cérébro-spinal.**

SPINALGIE [spinalʒi] n. f. — xxᵉ (*in* Larousse, 1933); comp. sav. du lat. *spina* «épine», et *-algie.*

♦ Méd. Douleur ou sensibilité douloureuse des apophyses épineuses des vertèbres.

SPINA-VENTOSA [spinavētoza] n. m. — 1741; mots lat., «épine venteuse».

♦ Méd. Tuberculose osseuse siégeant au niveau des phalanges des doigts et caractérisée par la boursouflure du corps de l'os avec amincissement de son tissu.

1. SPINELLE [spinɛl] n. m. — 1500; var. *espinelle*, xvıᵉ; de l'ital. *spinello*, du lat. *spina* «épine».

Didactique.

♦ **1.** *Spinelle* ou *rubis spinelle :* rubis d'une variété rouge pâle (aluminate de magnésium).

♦ **2.** Oxyde double d'un métal trivalent et d'un métal bivalent. *Spinelle de fer, de cobalt* (bleu Thenard), *de chrome* (rouge), *de titane* (bleu). *Les spinelles sont de grande dureté et réfractaires.*

HOM. 2. Spinelle.

2. SPINELLE [spinɛl] n. f. — 1846; dér. sav. du lat. *spina* «épine».

♦ Bot. Vx. Gros poil comparable à une petite épine.

HOM. 1. Spinelle.

SPINESCENT, ENTE [spinesã, ãt] adj. — 1808; empr. lat. *spinescens*, p. prés. de *spinescere* «se couvrir d'épines».

Botanique.

♦ **1.** Vx. Terminé en épine.

♦ **2.** Couvert d'épines. ⇒ **Épineux.**

SPINIFORME [spinifɔʀm] adj. — xxᵉ; du lat. *spina* «épine», et *-forme.*

♦ Didact. En forme d'épine. « *On trouve dans les gisements magdaléniens de petits hameçons spiniformes, à deux ou trois pointes* » (*la Recherche*, déc. 1979, p. 1209).

SPINNAKER [spinɛkœʀ; spinakɛʀ] n. m. — 1878, mais antérieur, → cit.; mot anglais.

♦ **1.** Mar. Voile d'avant triangulaire (triangle isocèle curviligne), légère, très creuse et de grande surface, à bordure et guindants libres, utilisée aux allures portantes (jusqu'au petit largue, en général) pour donner aux voiliers de plaisance le maximum de vitesse.

REM. L'abrév. *spi** est plus courante. On écrit parfois *spinacker.*

[1]   En 1863 la Biobé inaugura cette immense voile de fortune, le «spinnaker», sans laquelle il n'y a plus de yacht de course.
DARYL, Renaissance physique, 1888, *in* G. PETIOT.

[2]   Il fallut dix hommes pour mettre en place le spinnaker et le foc ballon strié de rouge.   Michel DÉON, les Poneys sauvages, p. 258.

♦ **2.** Comm. Tissu de nylon léger et solide servant à confectionner les spinnakers (1.), des sacs, des anoraks, etc. « *Pull-over en V, en spinacker* (sic) *bordé et doublé de jersey de laine très fin* » (*l'Express*, 6 févr. 1978, p. 29).

REM. On dit plus couramment *toile de spi.*

SPINORIEL, ELLE [spinɔʀjɛl] adj. — Mil. xxᵉ; de *spin*, probablt par un dér. emprunté.

♦ Phys. *Particule spinorielle*, douée de spin*.

SPINOSISME ou **SPINOZISME** [spinozism] n. m. — Av. 1778, *spinosisme; spinozisme*, 1697, Bayle; de *Spinoza*, philosophe hollandais, 1632-1677.

♦ Didact. Système philosophique de Spinoza. ⇒ **Panthéisme.** *L'arti-*

cle Spinoza *du* Dictionnaire *de Bayle est une longue réfutation du spinozisme.*

(1834). Par ext. Tout système moniste ou panthéiste.

DÉR. Spinosiste ou **spinoziste.**

SPINOSISTE ou SPINOZISTE [spinozist] n. et adj. — 1697, comme n. ; de *spinosisme.*

♦ Didact. Partisan du spinozisme.

C'était sans doute une extravagance qui venait de la folie, que de ne pas réunir dans la nature divine l'immortalité et le bonheur ; Plutarque réfute très bien cette absurdité des Stoïciens : je rapporte ses paroles un peu au long (...) parce qu'elles combattent le Spinozisme (...) Mais quelque folle que fût cette rêverie des Stoïciens, elle n'ôtait point aux Dieux leur bonheur pendant la vie. Les Spinozistes sont peut-être les seuls qui aient réduit la Divinité à la misère.
BAYLE, Dict. historique, art. *Spinoza.*

Du spinosisme ; propre au spinosisme. *Le panthéisme* spinosiste.*

SPINULE [spinyl] n. f. — 1842 ; 1611, n. m., «écharde» ; lat. *spinula,* dimin. de *spina* «épine».

♦ Bot., zool. Petite épine* (B. et D.).

SPIRACLE [spiʀakl] n. m. — 1924 ; «soupirail, ouverture», XVIᵉ ; du lat. *spiraculum.*

♦ Zool. Orifice de sortie de l'eau qui a passé sur les branchies, chez les têtards de batraciens anoures, chez les chondrychthiens. Pore abdominal de l'amphioxus.

SPIRAL, ALE, AUX [spiʀal, o] adj. et n. — 1534 ; lat. scolast. *spiralis,* de *spira* «spire».

♦ **1.** Adj. Rare (sauf en loc.). Qui a la forme* d'une courbe tournant autour d'un pôle dont elle s'éloigne. *Courbe, ligne spirale.*
(1680). *Ressort spiral :* ressort plat dont la lame décrit des spires autour d'un axe, et qui sert à régulariser la rotation des rouages. — *Pompe spirale,* et, subst., *spirale* (n. f.) : machine élévatoire d'eau, dont le tube est enroulé autour d'un tronc de cône (hélice conique).
Astron. *Nébuleuse, galaxie spirale :* nébuleuse (I., 2.) dont les étoiles sont groupées en une condensation centrale (noyau) et en *bras de spirale* ou *bras spiraux.* «*Les galaxies spirales avec un bulbe bien visible, mais sans bras spiraux*» (*la Recherche,* sept. 1980, p. 899).

♦ **2.** N. m. (1765). Ressort spiral. *Spiral de montre, de chronomètre. Spiral réglant.* — Plur. (rare dans l'usage cour.). *Des spiraux.*

♦ **3.** N. f. (XXᵉ). Nébuleuse spirale. ⇒ **Galaxie.** *Spirales normales, barrées.*

DÉR. Spiralement.

SPIRALE [spiʀal] n. f. — 1691 ; fin XVIᵉ, *espiralle ;* pour *ligne spirale.*

♦ **1.** ⓐ Vx. Hélice conique (seule l'hélice circulaire était appelée «hélice»).
ⓑ (1802). Cour. Courbe qui tourne autour d'un axe ou d'un point, forme un enroulement. ⇒ **Hélice** (seul terme correct en science), **volute** (→ Bandelette, cit. ; coquille, cit. 4). *Fumée qui déroule* (cit. 3) *sa spirale.* — Spécialt. *La spirale d'un escalier*.* ⇒ **Colimaçon, hélice, révolution, vis** (→ Envoler, cit. 3 ; profond, cit. 3). — (1800). EN SPIRALE : en hélice. ⇒ **Convoluté.** *Ressort à boudin en spirale. Tuyau* (⇒ **Serpentin**), *rouleau de fils* (⇒ **Torsade**), *outils* (⇒ **Tire-bouchon, vis, vrille...**) *en spirale. Ornements en spirale d'une colonne torse*.* — Par métaphore (→ ci-dessous, cit., Hugo). *La spirale du progrès.*

1   Car la pensée est sombre ! Une pente invisible
    Va du monde réel à la sphère invisible ;
    La spirale est profonde, et, quand on y descend,
    Sans cesse se prolonge et va s'élargissant (...)
    HUGO, les Feuilles d'automne, XXIX.

2   (...) des cheveux gris tombant en spirales sur les épaules, à la façon de 1830.
    FLAUBERT, Bouvard et Pécuchet, VIII.

3   (...) une petite spirale en dentelle de papier, qui, suspendue à la place d'un lustre, était destinée, selon mes conjectures, à attirer les mouches (...)
    FRANCE, le Crime de S. Bonnard, V, Œ., t. II, p. 406.

3.1 Le plus beau moment du retour, c'était la montée de la rue Caulaincourt. Dans ce temps-là, elle tournait en spirale tout autour de la Butte.
    M. AYMÉ, le Passe-muraille, p. 266.

(1914). Aviat. Virage serré, qui est prolongé par la descente moteur réduit, suivant une trajectoire hélicoïdale. — (Vol à voile). *Ascension en spirale du planeur dans une colonne thermique.* ⇒ **Spiraler.**
(1972, *in* Gilbert). Représentation graphique ou symbolique d'un mouvement d'une évolution ascendante. *La spirale des prix et des salaires. La spirale inflationniste.*

♦ **2.** Géom. Courbe plane qui décrit autour d'un point fixe (pôle) des révolutions* en s'en écartant de plus en plus. *Spirale d'Archimède,* où le rayon vecteur issu du pôle est proportionnel à l'angle polaire du point correspondant. *Spirale logarithmique,* qui coupe sous un même angle tous les rayons vecteurs. — En dessin, Courbe plane ouverte formée d'arcs de cercle raccordés : *spirale à deux, trois, quatre centres. Spirales décoratives.* — *En spirale. Tuyau en spirale de certains instruments de musique (cor...).* — Par métaphore :

Quelle spirale, que l'être de l'homme. Dans cette spirale, que de dynamismes qui s'inversent. On ne sait plus tout de suite si l'on court au centre ou si l'on s'en évade.
G. BACHELARD, Poétique de l'espace, p. 193, *in* MATORÉ, l'Espace humain, p. 53.

DÉR. Spiralé, spiralisation, spiraler.
COMP. Spiraloïde.

SPIRALÉ, ÉE [spiʀale] adj. — 1808, Boiste ; de *spirale.*

♦ Disposé en spirale ou (cour. ; incorrect en sc.) en hélice. ⇒ **Hélicoïdal.** — Bot. *Vrille spiralée.*

SPIRALEMENT [spiʀalmã] adv. — Fin XIXᵉ ; de *spirale.*

♦ Rare. En spirale.

Nous descendons spiralement, depuis quinze années, dans un vortex d'infamie, et notre descente s'accélère jusqu'à perdre la respiration.
Léon BLOY, le Désespéré, p. 137.

SPIRALER [spiʀale] v. intr. — 1901 ; de *spirale.*

Didactique, technique.

♦ **1.** Prendre la forme d'une spirale.

♦ **2.** (1939). En parlant d'un planeur, S'élever dans un courant d'origine thermique, en décrivant des spirales.

SPIRALISATION [spiʀalizasjõ] n. f. — Av. 1964 (*in* G. L. E.) ; de *spirale,* et *-isation.*

♦ Biol. Enroulement en hélice des chromosomes sur eux-mêmes, au moment de la prophase, dans la mitose.

SPIRALISER (SE) [spiʀalize] v. pron. — 1971, cit. ; de *spirale,* et *-iser.* → aussi Spiralisation.

♦ Biol. S'enrouler sur soi-même en hélice, en parlant d'un, des chromosomes. «*Dans le noyau au repos, les chromosomes existent sous forme de très fins filaments invisibles au microscope. Au cours de la prophase, ils se spiralisent, se raccourcissent et apparaissent, en fin de prophase fortement condensés et complètement individualisés*» (J. Beisson, *la Génétique,* p. 20). — P. p. adj. *Chromosome spiralisé* (opposé à *déspiralisé*).

DÉR. V. Déspiralisé.

SPIRALOÏDE [spiʀalɔid] adj. — XXᵉ (*in* Larousse, 1933) ; de *spirale,* et *-oïde.*

♦ Didact. En forme de spirale. *Mouvement spiraloïde.*

SPIRAMYCINE [spiʀamisin] n. f. — Mil. XXᵉ ; de *spire,* et *mycine.*

♦ Méd. Antibiotique produit par un streptomycète, employé surtout comme antiseptique intestinal, et actif dans les infections staphylococciques.

SPIRANT, ANTE [spiʀã, ãt] adj. et n. f. — 1872, Littré ; 1552, «respirant» ; du lat. *spirans,* de *spirare.* → Respirer.

Phonétique.

♦ **1.** Vieilli. Fricatif*.

♦ **2.** Mod. Se dit d'une consonne produite comme une fricative mais audible par résonance de l'air, correspondant souvent à l'articulation d'une occlusive relâchée. *Une consonne spirante.* Par ext. *La réalisation spirante d'un phonème.* — N. f. *Une spirante.* — On dit aussi *constrictive* et *continue.*

HOM. (Du fém.) Spiranthe.

SPIRANTHE [spiʀãt] n. f. — 1829 ; comp. sav. du grec *speira* «spire», et *anthos* «fleur».

♦ Bot. Orchidée indigène à fleur blanche odorante. *Le parfum de la spiranthe est proche de celui de la vanille.*

HOM. Spirante (V. Spirant).

SPIRATION [spiʀasjɔ̃] n. f. — Fin xvᵉ ; spiracion, 1285 ; lat. *spiratio* «vent, souffle», de *spiratum*, supin de *spirare* «souffler».
Religion.

♦ **1.** Vx. Inspiration divine.

♦ **2.** (xviiᵉ). Manière dont le Saint-Esprit procède du Père et du Fils.

SPIRE [spiʀ] n. f. — 1572 ; 1548, t. d'archit., «astragale, tore» ; du lat. *spira*, grec *speira*.

♦ **1.** Géom. Portion d'une spirale, d'une hélice qui fait une révolution complète autour du pôle, autour de son axe. ⇒ **Tour.** *Les spires d'un solénoïde, d'une vis.*

♦ **2.** Vx. Spirale. *Un tour de spire.*

1 il tient sa grosse locomotive à moteur un modèle ancien le ressort en spire et ça roule infernal ça monterait un escalier Tony DUVERT, Paysage de fantaisie, p. 144.

♦ **3.** (1771). Enroulement d'une coquille (→ Coquillage, cit. 5). *Les spires des gastéropodes.* — Ensemble du test (des gastéropodes) à l'exception du dernier tour.

♦ **4.** (1872). Cour. Tour d'un enroulement.

2 C'était une fine cordelette de chanvre, en parfait état, soigneusement roulée en forme de huit, avec quelques spires supplémentaires serrées à l'étranglement.
A. ROBBE-GRILLET, le Voyeur, p. 10.
DÉR. (Du même rad. lat.) Spirille. — V. Spiro-.
COMP. Spiramycine, spiriforme.

SPIRÉE [spiʀe] n. f. — 1752 ; spiræa, 1694 ; lat. *spiræa*, grec *speiraia* «couronne», la plante était parfois tressée en guirlandes.

♦ Bot. Plante dicotylédone *(Rosacées),* herbe ou arbrisseau à fleurs décoratives. *Spirée ulmaire* ou *reine des prés. Spirée filipendule*.* — *Spirée du Japon.* ⇒ **Kerrie.**

la lune s'est levée les lanternes et les fenêtres ouvertes du château éclairent les pelouses à massifs de spirées rouge cramoisi et de genêts d'Espagne
Tony DUVERT, Paysage de fantaisie, p. 200.

SPIRIFER [spiʀifɛʀ] n. m. — 1839, spirifère ; lat. zool. *spirifer,* proprt «qui porte des spires».

♦ Zool. Mollusque brachiopode fossile du primaire, dont l'appareil brachial est formé de deux rubans spiralés.

SPIRIFORME [spiʀifɔʀm] adj. — 1842, Landais ; de *spire,* et *-forme.*

♦ Didact. Forme d'hélice ou de spirale.

(...) des petits animalcules me couraient sur la peau dans les endroits les plus chatouilleux, ils étaient spiriformes et velus comme la trompe des papillons (...)
B. CENDRARS, Moravagine, in Œ. compl., t. IV, p. 101.

SPIRILLE [spiʀij] n. m. — 1864 ; 1842, Landais, en bot. ; lat. zool. *spirillum,* de *spira* «spire».

♦ Biol. Bactériacée (⇒ **Bactérie**) en forme de filament grêle, ondulé ou contourné en hélice lâche (si l'hélice est serrée, il s'agit de *tréponèmes*), à l'extrémité pourvue de flagelles. *Le genre des spirilles, le genre Spirille. Un spirille.*

COMP. Spirillose.

SPIRILLOSE [spiʀijoz ; spiʀijɔz] n. f. — 1903, Rev. gén. des sc., nº 18, p. 964 ; de *spirille,* et *-ose.*

♦ Méd. Maladie infectieuse provoquée par des spirilles.

SPIRITAIN [spiʀitɛ̃] n. m. — 1703 ; de *esprit.*

♦ Relig. (rare). Membre de la congrégation des *Pères du Saint-Esprit.*

SPIRITE [spiʀit] adj. et n. — 1857, Allan Kardec, Instructions pratiques sur les manifestations spirites ; angl. *spirit* «esprit», dans l'expression *spirit-rapper* «esprit frappeur».

♦ **1.** Adj. Relatif aux esprits des morts, à leurs manifestations supposées ; relatif au spiritisme. *Pratiques spirites.* — Psychiatrie. *Délire spirite,* dont le thème est puisé aux doctrines spirites.

♦ **2.** N. (1858). Personne qui évoque les esprits, par l'entremise d'un médium*. ⇒ **Nécromancien, psychopompe** (vx). → Identifier, cit. 6. — Personne qui s'occupe de spiritisme. ⇒ **Spiritiste.**

Cette théosophe, cette spirite, cette végétarienne décente, cette simulatrice qui exploite sa maigreur, sa décence, comme le très petit capital que la vie lui a concédé.   F. MALLET-JORIS, le Jeu du souterrain, p. 245.
DÉR. Spiritisme.

SPIRITISME [spiʀitism] n. m. — 1857, A. Kardec ; de *spirite.*

♦ Science occulte fondée sur l'existence, les manifestations et l'enseignement des esprits (évocation des esprits par les tables tournantes, etc.). ⇒ **Pneumatologie** (vx) ; nécromancie, occultisme, théosophie, typtologie. *Le spiritisme suppose la croyance* aux esprits*, la possibilité d'une communication* avec eux, avec ou sans médium*, et d'une matérialisation* de ces esprits.* ⇒ aussi **Divination, évocation, table** (tables tournantes) ; → Évoquer, cit. 5. *La métapsychique, la parapsychologie tentent d'étudier scientifiquement les phénomènes que le spiritisme attribue à l'intervention des esprits.*

Le spiritisme pose en dogme l'amélioration fatale de notre espèce. La terre un jour deviendra le ciel (...)   FLAUBERT, Bouvard et Pécuchet, VIII.
DÉR. Spiritiste.

SPIRITISTE [spiʀitist] adj. et n. — 1861 ; de *spiritisme.*

♦ Rare. Relatif au spiritisme. — Personne qui s'occupe de spiritisme.

SPIRITOSO [spiʀitozo] adv. — 1872 ; mot ital., de *spirito* «esprit».

♦ Mus. (indication d'exécution). Avec entrain, expression.

SPIRITROMPE [spiʀitʀɔ̃p] n. f. — 1878, P. Larousse ; comp. sav. de *spire,* et *trompe.*

♦ Zool. Trompe spiralée des papillons.

SPIRITUAL, ALS [spiʀituɔl(s)] n. m. — 1922, in Höfler ; mot angloamér. «religieux, sacré (du chant)» (1832), du franç. *spirituel* ; substantivé chez les Noirs (1867), puis dénommé par les Blancs *negro spiritual.* → Negro-spiritual.

♦ Negro-spiritual (les spécialistes disent plutôt *gospel, gospel song*).

(Les Noirs) nous révélèrent leurs *spirituals,* ces chants religieux, si naïfs et si douloureux, que la tristesse des anciens esclavages a comme arrachés à leur gorge pathétique.   Francis DE MIOMANDRE, la Danse, p. 61 (1935).

SPIRITUALISATION [spiʀitualizasjɔ̃] n. f. — 1672 ; de *spiritualiser.*

♦ **1.** Chim., vx. Opération par laquelle on spiritualise (2.) un corps.

♦ **2.** (1676). Le fait de dégager de la matière, de rendre spirituel (→ Incantatoire, cit. 3).

♦ **3.** (1845). Interprétation allégorique, mystique d'un texte (⇒ **Spirituel,** I., 3., a).

SPIRITUALISER [spiʀitualize] v. tr. — 1521, p. p. ; dér. de *spirituel.*

♦ **1.** Littér. Conférer un caractère spirituel (I., 3.), d'élévation morale ; dégager des choses sensibles, de la matière.

1 Elles *(quelques âmes vives)* cherchaient peut-être à corporiser leurs rêveries, ce qui est aussi difficile que de spiritualiser ses sensations.
BARBEY D'AUREVILLY, les Diaboliques, «Dessous de cartes...», p. 206.

2 (...) les traits mêmes de son visage, que ne spiritualise aucune flamme intérieure, sont mornes et comme durcis.   GIDE, la Symphonie pastorale, II, 10 mai.

(1690). Relig. Interpréter au sens spirituel, mystique.

♦ **2.** Chim., vx. Extraire les «esprits», les parties subtiles. ⇒ **Distiller, spiritueux.**

♦ **3.** (xviiᵉ). Vx. Ouvrir l'esprit à (qqn) ; former le jugement de (qqn).

CONTR. Matérialiser.
DÉR. Spiritualisation.

SPIRITUALISME [spiʀitualism] n. m. — 1694, Académie ; dér. de *spirituel,* I.

♦ **1.** Vx, péj. Théol. Doctrine mystique, proche du quiétisme.

♦ **2.** (1831 ; 1771, Trévoux, «immatérialisme»). Doctrine, théorie pour laquelle l'esprit constitue une réalité substantielle indépendante et supérieure (opposé à *matérialisme,* cit. 2). *Spiritualisme psychologique et moral,* pour lequel la pensée consciente procède d'un principe indépendant de la matière, du corps (⇒ **Âme**) et fonde un système de valeurs supérieures, propre à l'homme. *Spiritualisme métaphysique, ontologique,* selon lequel l'esprit (IV., 1.) est une substance indépendante, primitive, de laquelle dépendent la pensée et la liberté (alors que l'étendue, le mouvement dépendent de la matière). — *Spiritualisme absolu, pur,* pour lequel le seul absolu et la seule transcendance sont esprit. *Le spiritualisme de Leibniz* (idéalisme spiritualiste). — *Le spiritualisme conduit à la croyance en la survivance de l'esprit* (religions, spiritisme) *ou en l'éternité de la pensée, et souvent en la reconnaissance de l'existence d'un Dieu.*

1 (...) la doctrine leibnitzienne, repoussant fortement le matérialisme, tendra plutôt vers une sorte de spiritualisme universel et absolu, où il n'y aura plus de place pour les objets de nos représentations ; où le système entier de nos idées sensibles pourra disparaître sous les signes abstraits, les formes ou les catégories d'une pure logique.
MAINE DE BIRAN, Exposition de la doctrine philosophique de Leibnitz.

2 Il y a un spiritualisme (...) du premier degré, qui consiste à placer simplement l'esprit au-dessus de la nature, sans établir de rapport entre l'un et l'autre. Mais il y a un spiritualisme plus profond et plus complet, qui consiste à chercher dans l'esprit l'explication de la nature elle-même (...)
J. LACHELIER, *in* LALANDE, Voc. de la philosophie, art. *Spiritualisme.*

REM. Alors que les *idéalismes* ramènent l'être à la pensée, à l'esprit, *le spiritualisme* peut se contenter d'y croire en tant que réalité supérieure ; en outre il « s'attache à développer la place, dans l'être, de l'esprit » (M. Bernès) et constitue parfois plutôt une éthique, une tendance qu'une théorie (⟹ **Spiritualité** ; → Larme, cit. 24) :

3 Notre vraie doctrine, notre vrai drapeau est le spiritualisme, cette philosophie aussi solide que généreuse, qui commence avec Socrate et Platon, que l'Évangile a répandu (sic). On lui donne à bon droit le nom de spiritualisme, parce que son caractère est de subordonner les sens à l'esprit (...)
V. COUSIN, Du vrai..., VII, *in* FOULQUIÉ, Dict. de la langue philosophique, art. *Esprit.*

♦ **3.** (1878 ; angl. *spiritualism*). Vx. Spiritisme.

CONTR. **Matérialisme.**
DÉR. **Spiritualiste.**

SPIRITUALISTE [spiʀitɥalist] n. et adj. — 1771, Trévoux, n. ; de *spiritualisme.*

♦ **1.** (1831). Du spiritualisme, en tant que doctrine philosophique et attitude morale. *Doctrine, école spiritualiste. Croyance spiritualiste en un Dieu personnel* (→ Neutralité, cit. 3).

Si Israël avait eu la doctrine, dite spiritualiste, qui coupe l'homme en deux parts, le corps et l'âme, et trouve tout naturel que, pendant que le corps pourrit, l'âme survive, cet accès de rage et d'énergique protestation n'aurait pas eu sa raison d'être.   RENAN, Vie de Jésus, IV, Œ. compl., t. IV, p. 117.

♦ **2.** Partisan du spiritualisme. *Un philosophe spiritualiste.* — N. *Une spiritualiste. Un spiritualiste* (→ Étincelle, cit. 11).

♦ **3.** D'une haute spiritualité (→ Romantique, cit. 10).

♦ **4.** (1895, P. Bourget ; angl. *spiritualist*). Vx. Du spiritisme. ⟹ **Spirite.**

CONTR. **Matérialiste.**

SPIRITUALITÉ [spiʀitɥalite] n. f. — XVIᵉ ; 1283, *espiritualite* ; lat. *spiritualitas*, de *spiritualis*. → Spirituel.

♦ **1.** Relig., philos. Caractère de ce qui est spirituel (I., 1.), indépendant de la matière, du corps. ⟹ **Esprit** (III. et IV., 1.). *La spiritualité de Dieu, du Verbe* (→ Effigie, cit. 3), *de l'âme* (→ Histoire, cit. 11 ; immortalité, cit. 1).

1 La nature commande à tout animal, et la bête obéit. L'homme éprouve la même impression, mais il se reconnaît libre d'acquiescer ou de résister ; et c'est surtout dans la conscience de cette liberté que se montre la spiritualité de son âme ; car la physique explique en quelque manière le mécanisme des sens et la formation des idées, mais dans la puissance de vouloir ou plutôt de choisir, et dans le sentiment de cette puissance, on ne trouve que des actes purement spirituels, dont on n'explique rien par les lois de la mécanique.
ROUSSEAU, De l'inégalité parmi les hommes, I.

♦ **2.** Relig. Ensemble des croyances, des exercices qui concernent la vie de l'âme, le mysticisme religieux. *Livre de spiritualité.* — REM. Ce mot, souvent péj. dans la langue classique, désignait, comme *spiritualisme*, la doctrine des mystiques quiétistes. *La nouvelle spiritualité de Mᵐᵉ Guyon, de Fénelon* (cf. Bossuet, Saint-Simon, Voltaire, *in* Littré). — Ensemble des principes qui règlent la vie spirituelle d'une personne, d'un groupe. *La spiritualité de saint François.*

2 Elle prend tout ce qui lui convient du saint couvent, c'est-à-dire la spiritualité de la conversation (...)   Mᵐᵉ de SÉVIGNÉ, 1001, 25 oct. 1686.

♦ **3.** (Répandu XIXᵉ). Vie spirituelle (I., 3.) ; caractère de ce qui est spirituel ; aspiration (cit. 3) aux valeurs morales. *La sculpture réclame une spiritualité très élevée* (→ Exécution, cit. 13). *La gratuité* (cit. 4) *de l'œuvre littéraire, essence de la spiritualité. Mysticisme* (cit. 4) *et spiritualité.*

3 Selon le souhait de Sabine, sa peinture devenait de plus en plus belle et les critiques d'art disaient des choses très fines sur la spiritualité de ses toiles.
M. AYMÉ, le Passe-muraille, p. 56.

CONTR. **Animalité, matérialité.**

SPIRITUEL, ELLE [spiʀitɥɛl] adj. — V. 1265 ; *spiritueil*, v. 1200 (théol. et relig.), var. *espirituel, espirital...* ; lat. ecclés. *spiritualis*, de *spiritus* « esprit ».

★ **I.** Didact. De l'esprit* (III. et IV.). ♦ **1.** Relig. et philos. Qui est un esprit (III., 1.) ; de l'esprit (IV., 1.), considéré comme un principe indépendant (⟹ **Spiritualisme**). *Dieu*, les anges*, êtres spirituels.* ⟹ **Incorporel ; immatériel.**

1 C'est le propre d'une réalité spirituelle de ne jamais se changer en objet, ou de ne se connaître que dans l'acte même par lequel elle se fait.
L. LAVELLE, De l'âme humaine, p. 143, *in* FOULQUIÉ, Dict. de la langue philosophique, art. *Esprit.*

♦ **2.** (Fin XIIᵉ, *spiritueil*). Relig. De l'âme (cit. 16 et 20), qui concerne l'âme, en tant qu'émanation et reflet d'un principe supérieur (divin...). *Vie spirituelle. Père spirituel :* directeur de conscience ; spécialt, confesseur. — Vx. *Le médecin spirituel de qqn*, son directeur de conscience. — *Exercices spirituels. Les Lettres spirituelles*, de Fénelon. *Bouquet* spirituel.*

N. (Vx). *Les spirituels :* les franciscains mystiques, aux XIIIᵉ et XIVᵉ siècles ; les quiétistes, au XVIIᵉ siècle. « *Les nouveaux spirituels* » (Bossuet, *Lettre*, 31 oct. 1693).

(1728). Mus. *Concert spirituel*, de musique sacrée. *Musique spirituelle*, religieuse.

♦ **3.** (1642). Qui n'appartient pas au monde physique, à la nature sensible.

a Relig. (Opposé à *mondain*, à *temporel*). *Le royaume* (cit.) *spirituel de Jésus. Pouvoir spirituel* (de l'Église) *et pouvoir temporel* (des gouvernants de l'État). *Affaires spirituelles.* ⟹ **Religieux.** — (À l'intérieur de la religion même). *Miracles* (cit. 2) *sensibles et miracles spirituels. Communion spirituelle :* prière par laquelle on s'unit par l'esprit à ceux qui communient matériellement. ⟹ **Communion** (3.). Spécialt. *Sens spirituel d'un texte* (opposé à *sens littéral*). ⟹ **Allégorique, figuré, mystique.**

b Morale. De l'esprit (IV., 1. et 3.) ou selon l'esprit (⟹ **Moral**), par oppos. à *concret, matériel* (cit. 2 et 7), *physique, sensible* (⟹ aussi **Abstrait, intellectuel**). *Biens spirituels. Héritage* (cit. 12) *spirituel. Valeurs spirituelles d'une civilisation. Échanges spirituels et matériels* (→ Espéranto, cit.). *Filiation, parenté spirituelle. Fils* (cit. 15), *père* (cit. 21) *spirituel. Communion, famille spirituelle. Les Diverses Familles spirituelles de la France*, de M. Barrès. — *Vie spirituelle et vie intérieure* (cit. 2). *Plaisirs* (cit. 21) *spirituels* (opposé à *physiques* [1. Physique, cit. 2], *sensoriels*). *Amour spirituel*, chaste, platonique. — *L'Énergie spirituelle*, ouvrage de Bergson.

2 Le combat spirituel est aussi brutal que la bataille d'hommes ; mais la vision de la justice est le plaisir de Dieu seul.   RIMBAUD, Une saison en enfer, « Adieu ».

3 Je crois au monde spirituel, et tout le reste ne m'est rien. Mais ce monde spirituel, je crois qu'il n'a d'existence que par nous, qu'en nous ; qu'il dépend de nous, de ce support que lui procure notre corps.   GIDE, Journal, 15 mai 1949.

3.1 Tout en écoutant, Jean percevait confusément que ce qu'il y a de réel dans la littérature, c'est le résultat d'un travail tout spirituel, quelque matérielle que puisse en être l'occasion (une promenade, une nuit d'amour, des drames sociaux), une sorte de découverte dans l'ordre spirituel ou sentimental que l'esprit fait (...)
PROUST, Jean Santeuil, Pl., p. 481.

N. m. (1690). *Le spirituel :* le pouvoir spirituel. *Le spirituel et le charnel* (cit. 3 et 4), *et le temporel.*

4 La Révolution chrétienne a amené l'avènement du spirituel, c'est-à-dire de l'esprit lui-même, comme négativité, contestation et transcendance, perpétuelle construction, par delà le règne de la Nature, de la cité *antinaturelle* des libertés.
SARTRE, Situations II, p. 130.

5 Le spirituel commande la politique et l'économique. L'esprit doit garder l'initiative et la maîtrise de ses buts (...)   E. MOUNIER, *in* DUPRÉ, nᵒ 4588.

5.1 Une lettre de Jacques Maritain au sujet de mon livre et c'est celle d'un vrai spirituel qui voit tout par le dedans.
J. GREEN, Journal 1958-1967 (Vers l'invisible), 9 juin 1959, p. 120.

N. Rare. Personne douée de spiritualité.

♦ **4.** Rare. De l'esprit (IV., 6.), de la raison. ⟹ **Intellectuel, mental.** *Opération spirituelle* (→ Recréer, cit. 1).

★ **II.** Fin XVIᵉ, d'abord au sens d' « éclairé » : *une spirituelle* « une intellectuelle » (→ 1. Parler, cit. 82, Molière) ; puis « ingénieux » : « *l'invention des horloges est fort spirituelle* » (Furetière) ; correspond à *esprit*, au sens V, 2.

♦ **1.** (Personnes, comportements). Qui a de la vivacité, de l'à-propos, qui sait briller et plaire. ⟹ **Amusant, brillant, fin, humoriste, ingénieux, malicieux, salé** (3. ; vx) ; → Attirant, cit. 8 ; entendre, cit. 75 ; esprit, cit. 99 et 159 ; incisif, cit. 5. *Il est très spirituel, il a de l'esprit jusqu'au bout des doigts, des ongles. Gai et spirituel* ⟹ **Facétieux.** — *Air spirituel* (→ Genre, cit. 29), *physionomie* (→ 3. Fronde, cit. 1), *Minois* (cit. 1) *spirituel. Vivacité* (→ 3. Fronde, cit. 1), *méchanceté spirituelle.* ⟹ **Satirique.**

6 Beaumarchais, j'imagine, avec lequel il (Becque) a tant de parenté, devait avoir ce même air, dégagé, franc, courageux, frondeur, ces yeux vifs, pétillants, spirituels, cette bouche railleuse, d'où les mots semblaient sans cesse prêts à jaillir.
Paul LÉAUTAUD, le Théâtre de M. Boissard, XLIII.

7 (...) La physionomie n'est pas que dans les traits du visage. Il y a des mains spirituelles et des mains sans imagination.
FRANCE, le Crime de S. Bonnard, I, II, Œ., t. II, p. 310.

(Groupes). *Un milieu assez spirituel. Une société très spirituelle.*

♦ **2.** (Paroles, pensées, actions). Qui est plein d'esprit. ⟹ **Esprit** (V., 3.). *Histoire, plaisanterie* (cit. 4) *spirituelle.* ⟹ **Bon, fin.** *Pensée spirituelle* (→ Entendre, cit. 19 ; paradoxal, cit. 1). *Épigramme, mot* (cit. 33) *spirituel, joliment tourné. Dire quelque chose de spiri-*

tuel (→ Malhonnêteté, cit. 2). *Facétie plus grosse que spirituelle. Repartie spirituelle, pleine de sel*.* ⇒ **Piquant, vif.** *Un feu d'artifice, un feu roulant, de traits spirituels. Le genre spirituel. Ce n'est pas très spirituel!* ⇒ **Fin, malin.** — *Dessin spirituel, caricature spirituelle* (→ aussi Rentraiture, cit. 1). — Par antiphr.*Ah, c'est malin*, c'est spirituel!*

N. m. (Déb. xvɪᵉ, *espirituel*). Le genre spirituel.

8   Il y aurait ici une importante distinction à faire entre le *spirituel* et le *comique*. Peut-être trouverait-on qu'un mot est dit comique quand il nous fait rire de celui qui le prononce, et spirituel quand il nous fait rire d'un tiers ou rire de nous. Mais, le plus souvent, nous ne saurions décider si le mot est comique ou spirituel. Il est risible simplement.   H. BERGSON, le Rire, p. 79.

CONTR. Animal, charnel, matériel, palpable, sensuel, temporel, terrestre... — Balourd, béotien, bête, imbécile, lourd, niais, nigaud, plat, sot, stupide.
DÉR. Spiritualiser, spiritualisme, spirituellement.

SPIRITUELLEMENT [spiʀituɛlmɑ̃] adv. — 1541; *spiritueilment,* fin xɪɪᵉ; *espritelment,* xɪɪᵉ; de *spirituel.*
D'une manière spirituelle.

♦ **1.** (Correspond à *spirituel,* I.). En esprit, selon l'esprit (par oppos. à *charnellement, corporellement, matériellement*). → Gouvernement, cit. 15.

Relig. Au sens spirituel, mystique, par oppos. à *littéralement* (cit. 1). — D'une manière non temporelle *(régner spirituellement)*, non physique *(communier spirituellement avec le prêtre)*.

♦ **2.** (1636). Mod. (Correspond à *spirituel,* II.). Avec un esprit fin et vif (par oppos. à *bêtement, platement...*). ⇒ **Esprit** (VI., 3.). *Écrire* (→ Exprimer, cit. 12), *remarquer spirituellement* (→ Flagorner, cit. 3).

Ce n'est pas toujours par une métaphore qu'on s'exprime spirituellement : c'est par un tour nouveau; c'est en laissant deviner sans peine une partie de la pensée : c'est ce qu'on appelle *finesse, délicatesse ;* et cette manière est d'autant plus agréable, qu'elle exerce et qu'elle fait valoir l'esprit des autres.
      VOLTAIRE, Dict. philosophique, art. *Esprit,* ɪɪ.

Par ext. *Costumes spirituellement dessinés* (→ 1. Mode, cit. 8).

SPIRITUEUX, EUSE [spiʀituǿ, ǿz] adj. et n. m. — 1503; dér. sav. du lat. *spiritus,* au sens d'«esprit», II.

♦ **1.** Vx. Qui contient des esprits* (II., 1.) en abondance. *«Un sang chaud, subtil et spiritueux»* (Paré). *«La semence est fort spiritueuse»* (Furetière, 1690). — (xvɪɪᵉ). Spécialt et vieilli. ⇒ **Esprit** (II., 2.). *Eau, liqueur spiritueuse,* riche en «esprit-de-vin».

On le ramasse, on le rappelle à la vie avec des eaux spiritueuses ; je crois même qu'il fut saigné par le maître de la maison.
      DIDEROT, Jacques le fataliste, Pl., p. 560.

(1687). Mod. Qui contient une forte proportion d'alcool. *Des boissons spiritueuses.*

♦ **2.** N. m. (1834). Comm. Liqueur forte en alcool (se dit surtout dans le langage commercial et admin.). *Commerce de vins et spiritueux.* ⇒ **Alcool, boisson, liqueur.** *Taxe sur les spiritueux.*

SPIRLIN [spiʀlɛ̃] n. m. — 1803; *sperlin,* 1582; *esperlinge* «éperlan», 1396; du moy. néerl. *spierline,* qui a donné le franç. *éperlan.*

♦ Rare. Ablette d'eau douce.

1. SPIRO- Élément tiré du grec *speira* «spire», qui entre dans la composition de mots savants. ⇒ **Spirochète, spirographe.**

2. SPIRO- Élément tiré du lat. *spirare* «respirer», qui entre dans la composition de quelques mots savants. ⇒ **Spirographie, spiromètre.**

SPIROCERCOSE [spiʀosɛʀkoz] n. f. — Mil. xxᵉ; lat. sc. mod. *spirocerca,* de 1. *spiro-,* et grec *kerkos* «queue des animaux».

♦ Méd. vétér. Maladie du chien, provoquée par des larves de *spirocerca,* caractérisée par la formation de nodosités dans les parois de l'estomac et de l'œsophage.

SPIROCHÈTE [spiʀokɛt] n. m. — 1875; de 1. *spiro-,* et du grec *khaitê* «chevelure».

♦ Microbiol. Micro-organisme à corps grêle et ondulé se déplaçant par des mouvements propres (autrefois classé parmi les bactéries ⇒ **Spirille**). *Spirochète parasite et pathogène de la fièvre récurrente, de la syphilis* (⇒ **Tréponème**), *de l'angine de Vincent* (en symbiose avec le bacille fusiforme).

(La rose) témoin du virus et du spirochète, compagnon des sanies et de toutes les purulences (...)   Jean RAY, les Derniers Contes de Canterbury, p. 119.
DÉR. Spirochétose.

SPIROCHÉTOSE [spiʀoketoz] n. f. — 1909, Garnier-Delamare; de *spirochète,* et 2. *-ose.*

♦ Méd. Maladie causée par un spirochète (nom générique). Spécialt. Fièvre récurrente*.

SPIROGRAPHE [spiʀɔgʀaf] n. m. — 1839; lat. zool. *spirographis;* de 1. *spiro-,* et *graphis* «crayon, pinceau».

♦ Zool. Annélide sédentaire tubicole *(Serpulidés)* dont les branchies céphaliques, fines et ondulées, forment un beau panache. *Le genre des spirographes, le genre Spirographe. Un spirographe.*

SPIROGRAPHIE [spiʀɔgʀafi] n. f. — Mil. xxᵉ; de 2. *spiro-,* et *-graphie.*

♦ Didact. Enregistrement graphique du débit des gaz respiratoires.

SPIROÏDAL, ALE, AUX [spiʀoidal, o] adj. — 1868; *spiroïde,* 1842; grec *speiroeidès,* de *speira.* → Spire.

♦ Didact. En forme de spire, de spirale.

SPIROMÈTRE [spiʀomɛtʀ] n. m. — 1855; de 2. *spiro-,* et *-mètre.*

♦ Didact. Instrument servant à mesurer la capacité respiratoire des poumons. On dit, on écrit aussi *spiroscope* [spiʀoskɔp] n. m. (1875; de 2. *spiro-,* et *-scope).*
DÉR. Spirométrie.

SPIROMÉTRIE [spiʀometʀi] n. f. — 1857; de *spiromètre.*

♦ Didact. Mesure de la capacité respiratoire au moyen du spiromètre.
DÉR. Spirométrique.

SPIROMÉTRIQUE [spiʀometʀik] adj. — 1904; de *spirométrie.*

♦ Didact. De la spirométrie; fondé sur la spirométrie. *Test spirométrique.*

SPIROPHORE [spiʀofɔʀ] n. m. — 1876; de 2. *spiro-,* et *-phore.*

♦ Didact. Instrument destiné à pratiquer la respiration artificielle sur les asphyxiés.

SPIRORBE [spiʀɔʀb] n. m. — 1803; lat. zool. *spirorbis,* de *spira* «spire», et *orbis* «cercle».

♦ Zool. Annélide sédentaire tubicole *(Serpulidés),* de très petite taille, qui vit fixé aux rochers. *Les spirorbes sont très communs sur les côtes de France.*

SPIROSCOPE [spiʀoskɔp] n. m. ⇒ **Spiromètre.**

SPITTANT, ANTE ou **SPITANT, ANTE** [spitɑ̃, ɑ̃t] adj. — D. i.; mot d'orig. flamande.

♦ (Belgique). Pétillant. *Eau spittante.* — Au fig. *L'esprit spittant,* vif, déluré.

SPIZAÈTE [spizaɛt] n. m. — 1839; du grec *spiza* «pinson», *spizias* «épervier», et *aetos* «aigle».

♦ Zool. Oiseau rapace *(Aquilinés),* petit aigle huppé des régions chaudes.

SPLANCHN-, SPLANCHNO- Élément de mots savants, du grec *splagkhno-* «viscères», de *splagkhnon,* plur. *splagkna* «entrailles, viscères».
REM. Il apparaît d'abord en français dans *splanchnologie.*

SPLANCHNECTOMIE [splɑ̃knɛktomi] ou **SPLANCHNI-CECTOMIE** [splɑ̃knisɛktomi] n. f. — Mil. xxᵉ; de *splanchnique,* et *-ectomie,* grec *ektomê* «amputation».

♦ Chir. Résection d'un nerf splanchnique.

SPLANCHNIQUE [splɑ̃knik] adj. — 1729; du grec *splagkhnikos.* → Splanchn-.

♦ Anat. Qui appartient, a rapport aux viscères. — (1786). *Nerfs splanchniques,* au nombre de deux de chaque côté *(nerfs splanchniques pelviens, abdominaux ou inférieurs).* — *Cavités splanchniques* (crâne, thorax, abdomen).

DÉR. Splanchnicectomie.

SPLANCHNOCRÂNE [splăknokʀɑ̃] n. m. — xxᵉ ; de *splanchno-,* et *crâne.*

♦ Embryol. Partie du crâne embryonnaire dont dérive le massif osseux de la face, et, par ext., les os de la face (crâne facial). — On dit aussi *viscérocrâne.*

SPLANCHNOLOGIE [splăknɔlɔʒi] n. f. — 1654 ; de *splanchno-,* et *-logie.*

♦ Didact. Partie de l'anatomie qui traite des viscères.

SPLANCHNOPLEURE [splăknoplœʀ] n. f. — 1877, *in* Cottez ; t. créé (1875) en angl. → Splanchno-, et -pleure.

♦ Embryol. Feuillet interne des lames latérales de la portion ventrale du mésoblaste, qui donne naissance aux muscles lisses du myocarde, de l'endocarde et de l'endothélium des vaisseaux sanguins, à la plèvre pulmonaire et au péritoine viscéral. (On dit aussi *lame splanchnique*). *L'angioblastème qui donne naissance aux éléments sanguins est inclus initialement dans le splanchnopleure. Splanchnopleure et somatopleure.* — Zool. Membrane qui revêt l'épithélium de la paroi digestive, l'isolant du cœlome, chez les Bryozaires.

SPLANCHNOPTOSE [splăknoptoz] n. f. — xxᵉ (*in* Larousse, 1923) ; de *splanchno-,* et *ptose.*

♦ Méd. Descente des viscères abdominaux à la suite d'un relâchement anormal de leurs tissus de soutien. ⇒ **Ptose.**

SPLASH [splaʃ] onomat. et n. m. — xxᵉ ; écrit *splach,* 1873, cit. ; mot angl., de *to splash* « éclabousser ».

♦ Anglic. Onomatopée (fréquente dans les bandes dessinées) exprimant le bruit d'une chute dans l'eau, et, par ext., un choc quelconque. ⇒ **Floc, plouf.** — N. m. « *Le "splash" d'"Apollo"* (cabine spatiale américaine) *dans le Pacifique* » (*Paris-Match,* 2 août 1975, p. 55).

Var. graphique : *splach ;* var. graphique et phonique : *splatch* [splatʃ].

1   Le barbotage dura deux jours : un pied d'eau en moyenne (...) Splache, splache, splache, était la seule chose qu'on entendît.
    Trad. de Henry STANLEY, Voyage à la recherche de Livingstone (1871-1872), *in* le Tour du monde, 1873, t. I, p. 22.

2   (...) des bruits mous de vase, des « plouf » (...) des « splach ».
    Marie CARDINAL, les Mots pour le dire, p. 13.

N. m. Fig. Chute, échec ; fait de « tomber à l'eau ». « *Tout ce que souhaiteraient certains parents (...) tombe à l'eau dans un splatch lamentable* » (*F Magazine,* mai 1981, p. 115).

SPLEEN [splin] n. m. — 1763 ; *splene,* attestation isolée, var. *spline* au xviiiᵉ (1745) ; angl. *spleen* « mélancolie », proprt « rate » (siège des humeurs noires) ; lat. d'orig. grecque *splen.* → Splén-.

♦ Littér. ou vx. Mélancolie passagère, sans cause apparente, caractérisée par le dégoût de toute chose. ⇒ **Cafard, 2. chagrin, ennui, hypocondrie, neurasthénie, nostalgie.** « *J'ai le spleen, tristesse physique* (cit. 1), *véritable maladie* » (Chateaubriand). *Le spleen le prend* (→ Peine, cit. 36). *Spleen,* poèmes des *Fleurs du Mal* (*Spleen et idéal*) ; le *Spleen de Paris,* poèmes en prose de Baudelaire.

1   Vous ne savez pas ce que c'est que le *spline,* ou les vapeurs anglaises : je ne le savais pas non plus. Je le demandai à notre Écossais *(le P. Hoop)* dans notre dernière promenade, et voici ce qu'il me répondit : « Je sens depuis vingt ans un malaise général plus ou moins fâcheux, je n'ai jamais la tête libre. Elle est quelquefois si lourde que c'est comme un poids qui vous tire en devant... J'ai des idées noires, de la tristesse et de l'ennui ; je me trouve mal partout, je ne veux rien, je ne saurais vouloir, je cherche à m'amuser et à m'occuper, inutilement ; la gaieté des autres m'afflige. Je souffre à les entendre rire ou parler. Connaissez-vous cette espèce de stupidité ou de mauvaise humeur qu'on éprouve en se réveillant après avoir trop dormi ? Voilà mon état ordinaire, la vie m'est en dégoût (...)
    DIDEROT, Lettre à Sophie Volland, 28 oct. 1760.

2   C'est à propos de l'influence du climat que Montesquieu examine, au chapitre XII du Livre XIV, pourquoi les Anglais se tuent si délibérément. « C'est, dit-il, l'effet d'une maladie ... ». Les Anglais, en effet, appellent cette maladie *spleen,* qu'ils prononcent *splin,* mot signifie la rate. Nos dames autrefois étaient malades de la rate (...) Les Anglais ont le *splin,* ou la *splin,* et se tuent par humeur.
    VOLTAIRE, Commentaire sur l'Esprit des lois, XLVI, Du climat.

REM. Montesquieu écrit dans le passage commenté : « (...) la machine (...) est lasse d'elle-même ; l'âme ne sent point de douleur ; mais une certaine difficulté de l'existence (...) ».

3   (...) depuis ce matin, j'ai le spleen, et un tel spleen, que tout ce que je vois, depuis qu'on m'a laissé seul, m'est en dégoût profond. J'ai le soleil en haine et la pluie en horreur.
    A. DE VIGNY, Stello, II.

4   Il n'a fait que pleuvoir tout l'été, le vent m'agace, le vent ne décolère pas, Bla-

chevelle est très pingre, c'est à peine s'il y a des petits pois au marché, on ne sait que manger, j'ai le spleen, comme disent les Anglais, le beurre est si cher !
    HUGO, les Misérables, I, III, VI.

5   — Voyons, mon Chiffon, je ne pars pas pour ne plus revenir ! ... je ne vais pas faire le tour du monde, sois tranquille ! ... la France me suffit ... ailleurs, j'ai le spleen ! ...
    — Pourquoi dis-tu le spleen ? ... au lieu de dire le mal du pays ? ... il n'y a pas de honte à l'appeler comme ça ... je déteste qu'on parle anglais (...)
    GYP, le Mariage de Chiffon, 1894, p. 90.

DÉR. Spleenétique.

SPLEENÉTIQUE [splinetik] ou SPLÉNÉTIQUE [splenetik] adj. et n. — 1860, Ed. et J. de Goncourt, *Journal,* 4 mars 1776 ; *splénetique,* 1750 ; de *spleen,* d'après *splénétique* « splénique » (xivᵉ), lat. *spleneticus,* du grec *splên, splênos* « rate ». → Splén-.

♦ **1.** Adj. Vx ou littér. Relatif au spleen, qui exprime le spleen. ⇒ aussi **Splénétique, splénique.** *Des couleurs spleenétiques* (→ Tango, cit. 3).

1   (...) sous la coupole spleenétique du ciel, les pieds plongés dans la poussière d'un sol aussi désolé que ce ciel (...)
    BAUDELAIRE, le Spleen de Paris, VI.

2   (...) je soulevai avec lenteur mes yeux spleenétiques, cernés d'un grand cercle bleuâtre (...)
    LAUTRÉAMONT, les Chants de Maldoror, II.

3   (...) une constellation de lieux fort dissemblables mais chacun à peu près étiquetable, depuis les brillantes stations que hantaient des richards spleenétiques et découronnés menant une vie hors de ses gonds plus encore que dévergondée, jusqu'aux Sibéries réservées à ceux qui ne se conduisent pas comme le voudraient les gens en place (...)
    Michel LEIRIS, Frêle bruit, p. 58.

♦ **2.** N. (1864 ; 1832, *splénétique*). Vx ou rare. *Un spleenétique :* un individu mélancolique, souffrant de spleen.

4   Nous qui ne sommes à nous deux qu'un isolé, un spleenétique, un névropathe.
    Ed. et J. DE GONCOURT, Journal, t. II, p. 150 (1864).

5   (...) il n'avait jamais pris le temps de raisonner son horreur de vivre. Il dérivait sur le travail cet instinct (...) Et la vie, qui sait utiliser toutes choses pour son triomphe final, tirait de ce spleenétique un rendement propre à décourager les plus allègres mécaniques humaines.
    J.-R. BLOCH, Et compagnie, p. 106.

SPLÉN-, SPLÉNO- Élément tiré du grec *splên, splênos* « rate », qui entre dans la composition de quelques mots savants.

SPLENDEUR [splɑ̃dœʀ] n. f. — V. 1460 ; *splendur,* v. 1120 ; du lat. *splendor* « éclat ». → Resplendir.

♦ **1.** Littér. Grand éclat de lumière. ⇒ **Éclat, gloire.** *La terrassante splendeur des pleins midis* (cit. 2). Au plur. *Les splendeurs de l'aurore* (→ Gloire, cit. 23).

1   Le soleil a percé les brumes flottantes. Il monte et, soudain, c'est, par tout l'espace, un ruissellement de splendeur.
    Louis BERTRAND, le Livre de la Méditerranée, 1923, p. 150.

♦ **2.** (1552). Fig. Grand éclat d'honneur, de gloire*. « *La splendeur de son sort doit hâter sa ruine* » (→ Origine, cit. 1, Racine). *La splendeur de Salomon* (→ Disloquer, cit. 3). — *Splendeurs et misères des courtisanes,* œuvre de Balzac.

♦ **3.** Beauté* pleine de magnificence. ⇒ **Magnificence, pompe, somptuosité.** *Le faste* (cit. 4) *et la splendeur. La splendeur des draperies tombantes* (→ Nudité, cit. 6). — Loc. *Dans toute sa splendeur* (parfois ironique). *Voilà encore cet imbécile dans toute sa splendeur ! Du temps de leur splendeur.*
Situation splendide. *Pièces* (cit. 15) *d'or datant de la splendeur de Goa.*

2   Telle était la splendeur de ces monastères que Cluny reçut une fois le pape, le roi de France, et je ne sais combien de princes avec leurs suites, sans que les moines se dérangeassent.
    MICHELET, Hist. de France, III.

♦ **4.** (1836). (*Une, des splendeurs*). Chose splendide. *Les splendeurs de Vaux* (→ Étonner, cit. 38). ⇒ **Magnificence.** *Les splendeurs des temps passés* (→ Garde-meuble, cit.). *L'inauguration de cette splendeur* (un appartement). → Gaudir, cit. 2. *Quelle splendeur !* (→ aussi Haillon, cit. 3).

SPLENDIDE [splɑ̃did] adj. — 1491 ; lat. *splendidus,* de *splendere* « briller ».

Qui a de la splendeur (3.).

♦ **1.** Qui a de l'éclat, de la magnificence. ⇒ **Brillant, éblouissant, étincelant, glorieux, somptueux.** *Fête splendide* (→ Brillant, cit. 10), *équipages splendides* (→ Nourrir, cit. 34).

(Angl. *splendid isolation*). *Le « splendide isolement* » de l'Angleterre. — Fig. (→ Isolement, cit. 4).

♦ **2.** (1834). Qui est d'une grande beauté. ⇒ **Beau, magnifique, merveilleux, superbe.** *Un splendide panorama* (→ Distraire, cit. 6). *Des yeux splendides* (→ Éclairer, cit. 25). *Des amours splendides* (→ Rêver, cit. 34). *Splendide liberté d'esprit* (→ Grégaire, cit. 1). *C'est une fille splendide.* — Par antiphr. *Une splendide faute d'orthographe.*

CONTR. Modeste. — Affreux.

DÉR. Splendidement.

SPLENDIDEMENT [splãdidmã] adv. — V. 1500 ; de *splendide.*

♦ **1.** D'une manière splendide (1.). ⇒ **Brillamment, glorieusement, somptueusement.** *Le palais splendidement illuminé* (→ Fond, cit. 19).

♦ **2.** D'une manière splendide (2.). *Maison splendidement située.* ⇒ **Magnifiquement.** — Par antiphr. *Elle jurait splendidement* (→ Noix, cit. 2).

Suter s'était porté à sa rencontre avec une escorte de vingt-cinq hommes splendidement équipés.   B. CENDRARS, l'Or, *in* Œ. compl., t. II, p. 175.

SPLÉNECTOMIE [splenɛktɔmi] n. f. — 1823 ; 1822, *splénectomia* ; de *splén-*, et *-ectomie.*

♦ Chir. Ablation totale ou partielle de la rate.

SPLÉNÉTIQUE [splenetik] adj. et n. — 1362 ; lat. *spleneticus*, du grec *splên, splênos* «rate».

♦ **1.** Vx. ⇒ **Splénique.**

♦ **2.** ⇒ **Spleenétique.**

SPLÉNIQUE [splenik] adj. — 1690 ; 1555, n. m., «qui souffre de la rate» ; du lat. *splenicus*, grec *splênikos*, de *splên, splênos.*

♦ Anat. De la rate, relatif à la rate. *Artère, veine, nerf splénique.* Vx. *La glande splénique :* la rate. Pathol. *Leucémie splénique.*

SPLÉNISATION [splenizasjɔ̃] n. f. — 1823 ; de *splén-*, et *-isation.*

♦ Méd. Induration d'un tissu, spécialt, du tissu pulmonaire, qui devient comme celui de la rate.

SPLÉNITE [splenit] n. f. — 1806 ; *splenitis*, 1795, Bosquillon, trad. de Cullen ; 1752, «veine splénique» ; de *splén-*, et *-ite.*

♦ Pathol. Inflammation de la rate.

COMP. Périsplénite.

SPLÉNIUS [splenjys] n. m. — 1765, *Encyclopédie* ; du lat. sav. tiré du grec *splênion* «compresse».

♦ Anat. Muscle de la partie postérieure du cou et de la partie supérieure du dos.

SPLÉNO- ⇒ Splén-.

SPLÉNOCONTRACTION [splenokɔ̃traksjɔ̃] n. f. — xxᵉ ; de *spléno-*, et *contraction.*

♦ Méd. Contraction de la rate, à la suite d'un effort musculaire, d'une hémorragie importante ou sous l'effet de certaines substances (adrénaline, strychnine).

SPLÉNOGRAPHIE [splenɔgrafi] n. f. — 1808, Boiste ; de *splén(o)-*, et *-graphie.*

Médecine.

♦ **1.** Vx. Description de la rate.

♦ **2.** (xxᵉ). Mod. Radiographie de la rate après l'injection intraveineuse d'une substance opaque aux rayons X se fixant électivement dans l'organe.

SPLÉNOÏDE [splenɔid] adj. — 1872 ; de *spléno-*, et *-ide*, grec *eidos* «forme».

♦ Anat. Qui ressemble à la rate. *Tissu splénoïde.*

SPLÉNOME [splenom ; splenɔm] n. m. — xxᵉ (*in* Larousse, 1933) ; de *splén-*, et *-ome.*

♦ Méd. Tumeur de la rate.

SPLÉNOMÉGALIE [splenomegali] n. f. — 1904, *Rev. gén. des sc.*, nᵒ 1, p. 35 ; de *spléno-*, et *-mégalie.*

♦ Méd. Hypertrophie de la rate. *Splénomégalie tropicale.*

SPOLIATEUR, TRICE [spɔljatœr, tris] n. et adj. — 1488 ; lat. *spoliator, spoliatrix*, de *spoliare.* → Spolier.

♦ Didact., littér. Personne qui spolie. *Exactions* (cit. 4) *des spoliateurs.*

Adj. *Loi spoliatrice,* qui entraîne des spoliations.

SPOLIATION [spɔljasjɔ̃] n. f. — 1425 ; du lat. *spoliatio*, de *spoliare.* → Spolier.

Didactique.

♦ **1.** Action de spolier (→ Piraterie, cit. 2) ; son résultat. *Être complice* (cit. 2) *d'une spoliation.*

— (...) Croyez-vous que, sur des soupçons (...) j'irai me rendre le complice de la spoliation entière, de l'héritier de votre nom, d'un jeune homme plein de mérite?
BEAUMARCHAIS, la Mère coupable, I, 6.

La spoliation de tout un peuple, voilà la base de la puissance anglo-normande.
MICHELET, Hist. de France, II, v.

♦ **2.** Rare. *(Une, des spoliations).* Bien pris en spoliant. *Restituer* (cit. 1) *des spoliations.*

SPOLIER [spɔlje] v. tr. — V. 1460 ; lat. *spoliare.* → Dépouiller.

♦ Didact. Dépouiller (qqn) par violence, par fraude ou par abus de pouvoir. *Spolier qqn de son héritage.* ⇒ **Frustrer.** *Se faire spolier.* ⇒ **Gruger.** *Être spolié par qqn.*

Jason était le fils d'un roi d'Iolcos, en Thessalie, qui avait été détrôné par un usurpateur, nommé Pélias. Un oracle annonça que celui-ci serait détrôné à son tour par le fils du roi spolié.   Émile HENRIOT, Mythologie légère, p. 137.

▶ **SPOLIÉ, ÉE** p. p. adj. *Des héritiers spoliés.* — N. *Les spoliés et leur spoliateur.*

DÉR. (Du même rad.) Spoliateur, spoliation.

SPONDAÏQUE [spɔ̃daik] adj. — 1580 ; du lat. *spondaicus*, grec *spondeiacos*, de *spondeios.* → 1. Spondée.

♦ Didact. Composé de spondées. — Spécialt. *Vers spondaïque :* vers hexamètre, dont le cinquième pied est un *spondée.* → Dactylique.

1. SPONDÉE [spɔ̃de] n. m. — xivᵉ ; du lat. *spondeus*, grec *spondeios.*

♦ Didact. Pied de deux syllabes longues, en prosodie grecque et latine (→ Prosodie, cit. 1). *Dactyles et spondées.*

DÉR. (Du même rad.) Spondaïque.
HOM. 2. Spondée.

2. SPONDÉE [spɔ̃de] n. m. — Av. 1904, Larousse ; lat. impérial *spondum*, grec *spondeios*, de *spondê* «libation».

♦ Didact. Vase servant aux libations, dans l'antiquité grecque. — Air de flûte exécuté pendant les libations.

HOM. 1. Spondée.

SPONDIAS [spɔ̃djɑs] n. m. — 1765 ; du grec *spondias* «prunier sauvage».

Botanique.

♦ **1.** Plante dicotylédone *(Térébinthacées* ou *Anacardiacées),* arbre exotique, dont le fruit est une drupe comestible, appelé aussi *prunier d'Amérique, pommier de Cythère.*

♦ **2.** Fruit de cet arbre, dit aussi *pomme de Cythère.*

SPONDYLARTHRITE [spɔ̃dilartrit] n. f. — 1945, *in* D.D.L. ; de *spondyle* (1.), et *arthrite.*

♦ Pathol. Affection inflammatoire chronique de la colonne vertébrale avec ankylose douloureuse progressive, souvent associée à une atteinte des articulations entre le sacrum et les os iliaques (et appelée aussi, de ce fait, *pelvi-spondylite*). — On dit aussi *spondylose rhizomélique.* — *Spondylarthrite ankylosante.*

SPONDYLARTHROSE [spɔ̃dilartroz] n. f. — Mil. xxᵉ ; de *spondyle*, et *arthrose.*

♦ Méd. Arthrose de la colonne vertébrale. (On dit aussi *spondylose*).

SPONDYLE [spɔ̃dil] n. m. — 1532 ; *spondille*, 1314 ; lat. *spondylus*, du grec *spondulos, sphondulos* «vertèbre».

♦ **1.** Anat., vx. ⇒ **Vertèbre.**

♦ **2.** (1611). Zool. Mollusque lamellibranche, ordre des Anisomyaires, dont la coquille aux valves inégales porte de grosses épines.

DÉR. et COMP. Spondylarthrite, spondylarthrose, spondylite, spondylolisthésis, spondylose.

SPONDYLITE [spɔ̃dilit] n. f. — 1823 ; de *spondyle*, et *-ite.*

♦ Méd. Inflammation d'un ou de plusieurs corps vertébraux associée à celle des disques intervertébraux correspondants. *Spondylite infectieuse, traumatique.*

SPONDYLOLISTHÉSIS [spɔ̃dilolistezis] n. m. — 1907; de *spondyle*, et du grec *olisthésis* «glissement».

♦ Méd. Glissement en avant d'une vertèbre (surtout au niveau de la colonne lombaire).

SPONDYLOSE [spɔ̃diloz] n. f. — 1907; de *spondyle*, et 2. *-ose*.

♦ Méd. Affection d'ordre rhumatismal de la colonne vertébrale. *Spondylose rhizomélique.* ⇒ **Spondylarthrite.**

SPONG-, SPONGI-, SPONGIO- Élément tiré du lat. *spongia* «éponge», qui entre dans la composition de quelques mots savants.

SPONGIAIRES [spɔ̃ʒjɛʀ] n. m. pl. — 1827; dér. sav. du lat. *spongia* «éponge».

♦ Zool. Nom scientifique des éponges. ⇒ **Éponge.** *Spongiaires fossiles* (cit. 2). — Au sing. *Un spongiaire.*

SPONGICULTEUR [spɔ̃ʒikyltœʀ] n. m. — xxᵉ; de *spongi-*, et *-culteur.*

♦ Didact. Celui qui pratique la spongiculture.

SPONGICULTURE [spɔ̃ʒikyltyʀ] n. f. — 1907; de *spongi-*, et *culture.*

♦ Didact. Culture de l'éponge en parcs.

SPONGIEUX, EUSE [spɔ̃ʒjø, øz] adj. — xiiiᵉ; lat. *spongiosus*, de *spongia* «éponge».

♦ **1.** Qui est de la nature de l'éponge, la rappelle par quelque caractère. — De structure alvéolaire. *Tissu spongieux des os.* — De structure alvéolaire ou poreuse, et de consistance molle. *Masse spongieuse des poumons* (cit. 1). *Gâteau spongieux.*

♦ **2.** (1690). Cour. Qui est mou et s'imbibe*, retient les liquides. *Sol spongieux d'une prairie, des bois* (→ Nervure, cit. 1). *Une roche spongieuse.*

1 Ce lieu était un terrain marécageux (...) Le sol spongieux tremblait autour de nous, et à chaque instant nous étions prêts à être engloutis dans des fondrières.
CHATEAUBRIAND, Atala, Les chasseurs.

2 Tel point du champ de bataille dévore plus de combattants que tel autre, comme ces sols plus ou moins spongieux qui boivent plus ou moins vite l'eau qu'on y jette.
HUGO, les Misérables, II, I, V.

Spécialt, arbor. *Fruit spongieux,* cotonneux.

DÉR. Spongiosité.

SPONGIFORME [spɔ̃ʒifɔʀm] adj. — 1846; de *spongi-*, et *forme.*

♦ Didact. Qui a la forme, l'aspect d'une éponge.

SPONGILLE [spɔ̃ʒij] n. f. — 1827; du lat. zool. *spongilla*, de *spongia* «éponge».

♦ Zool. Animal spongiaire *(Silicisponges)*, éponge d'eau douce qui se fixe sur les pierres, le bois immergé.

SPONGINE [spɔ̃ʒin] n. f. — 1872; de *spongi-*.

♦ Didact., techn. Substance organique constituant les fibres soyeuses de certaines éponges. *Les éponges naturelles utilisées pour la toilette sont constituées de spongine.*

SPONGIO- ⇒ **Spong-.**

SPONGIOBLASTE [spɔ̃ʒjoblast] n. m. — xxᵉ; de *spongi(o)-*, et *-blaste.*

♦ Didact., embryol. Cellule nerveuse embryonnaire qui est à l'origine des cellules névrogliques.

SPONGIOCYTE [spɔ̃ʒjɔsit] n. m. — xxᵉ; de *spongio-*, et *-cyte.*

♦ Didact. Cellule de la corticosurrénale, dont le cytoplasme contient un grand nombre de vacuoles et qui joue un rôle important dans l'élaboration des hormones corticoïdes.

SPONGIOSITÉ [spɔ̃ʒjozite] n. f. — 1314; dér. sav. de *spongieux.*

♦ Didact. Caractère de ce qui est spongieux.

SPONGITE [spɔ̃ʒit] n. f. — 1644; lat. *spongitis*, de *spongia* «éponge».

♦ Minéralogie. Pierre poreuse qui ressemble à l'éponge.

SPONGOÏDE [spɔ̃gɔid] adj. — 1872; de *spong-*, et *-oïde.*

♦ Didact., méd. Qui a l'apparence de l'éponge.

SPONSOR [spɔ̃sɔʀ] n. m. — 1954, R. Cartier, *in* Höfler; mot angl. «parrain; répondant, caution», ayant pris aux États-Unis le sens de «bailleur de fonds», «commanditaire d'émissions»; du lat. *sponsor.*

♦ Anglic. Personne, organisme qui soutient financièrement une entreprise, un club sportif, etc., à des fins publicitaires. « *Les sponsors ou les publicitaires ont des pudeurs (...) Ils font beaucoup de mousse avec un peu de savon. C'est leur logique. Mais, derrière chaque coque, derrière chaque voile, se profile un sponsor. Ce sont eux qui financent le rêve, l'aventure, la victoire* » (le Nouvel Obs., 6 nov. 1978, p. 66, *in* Rey-Debove et Gagnon). — REM. Les équivalents franç. seraient *commanditaire* ou (avec des connotations différentes) *mécène, parrain.*

DÉR. Sponsoriser.

SPONSORING [spɔ̃sɔʀiŋ] n. m. — 1972, *in* Höfler; mot angl. des États-Unis.

♦ Anglic. Aide financière apportée à un sport, à des fins publicitaires, par une firme ou par un secteur commercial. *Les firmes internationales ont* « *découvert l'intérêt d'un sponsoring intelligent. C'est-à-dire poursuivi par une campagne qui prolonge, dans la presse, l'effet des citations* » (l'Express, 31 mai 1980, p. 124). « *Fini, le sponsoring, les subventions accordées aux clubs sportifs à condition que la marque du généreux donateur soit inscrite sur les voitures de course, les motos ou le survêtement des athlètes* » (le Nouvel Obs., 31 mai 1976, p. 49). — REM. Les équivalents français seraient *patronage, commandite* ou *parrainage.*

SPONSORISER [spɔ̃sɔʀize] v. tr. — Av. 1980; de *sponsor*, et suff. *-iser.*

♦ Anglic. Commanditer, financer à des fins publicitaires (un sport, une activité sportive). — REM. On trouve aussi la forme *sponsorer;* ces anglicismes pouvant être remplacés par *commanditer* ou *financer, parrainer, patronner.*

SPONTANÉ, ÉE [spɔ̃tane] adj. — 1541; *spontainne*, fém., 1284; bas lat. *spontaneus*, de *sponte*, ablatif de *spons, spontis* «volonté libre».

♦ **1.** (1690). Que l'on fait de soi-même, sans être incité ni contraint par autrui. ⇒ **Libre** (→ Coulpe, cit. 2). *L'accusé a fait des aveux spontanés. Association, coalition spontanée* (→ Boycotter, cit. 2; initiative, cit. 6). *Discipline spontanée* (→ Groupe, cit. 11).

♦ **2.** **a** Qui se fait de soi-même, sans avoir été provoqué. ⇒ **Naturel.** *La fausse couche, avortement* (cit. 2) *spontané. Phénomène spontané de l'émigration* (cit. 2). *Émission spontanée de rayons* (→ Radioactivité, cit.). *Désintégration spontanée.*

b Qui se fait sans cause apparente. — Biol. *Génération spontanée* (calque du grec, Aristote). ⇒ **Génération** (cit. 4, 5 et 6; au fig., cit. 12). *Théorie de la génération spontanée.* ⇒ **Spontanisme.**
Vx. *Maladie spontanée.* ⇒ **Essentiel.**

♦ **3.** Qui se fait sans que la volonté intervienne. ⇒ **Automatique, inconscient, involontaire.** *Actes réfléchis et distinctions spontanées* (→ Réceptif, cit.). *Évocation spontanée des idées* (→ Association, cit. 18). *Le rêve* (cit. 18) *est spontané.*

♦ **4.** (Mil. xixᵉ, absent de Littré). Cour. **a** (Actions, choses). Qui se fait, s'exprime directement, sans réflexion, calcul ni contrainte. *Réaction spontanée.* ⇒ **Instinctif** (cf. Premier mouvement). *Les élans spontanés d'un cœur libre* (→ Glacer, cit. 17). ⇒ **Cordial, sincère.** *Rien de moins apprêté, de plus spontané* (→ Demeurant, cit. 5). ⇒ **Direct.** *Style spontané* (→ Atticisme, cit. 4). *Lettre écrite d'un jet* (cit. 2), *spontanée, vigoureuse.*

1 (...) des mélodies spontanées, qui parlent simplement au cœur.
R. ROLLAND, Musiciens d'autrefois, Gluck, II.

2 (...) vous m'avez parlé de ma tristesse et de ma solitude avec une sympathie si simple, si évidemment spontanée, que j'ai aussitôt éprouvé un sentiment de confiance.
A. MAUROIS, Climats, II, III.

b (1860). Personnes. Qui exprime aussitôt ce qu'il ressent, comme il le ressent. *Un homme spontané* (→ Expression, cit. 22). *Il est très spontané. Elle n'est pas spontanée avec les inconnus.* — *Un caractère spontané.* ⇒ **Franc, naturel, primesautier.**

3 L'action spontanée n'a pas besoin d'être précédée de la vue analytique (...) L'homme spontané voit la nature et l'histoire avec les yeux de l'enfance (...)
RENAN, l'Avenir de la science, Œ. compl., t. III, xv, p. 935-937.

♦ **5.** (V. 1965). Qui échappe aux règles établies, est incontrôlé. ⇒ **Sauvage**. *Un spectacle de théâtre spontané* (⇒ **Happening**). *« Le caractère "spontané" des mouvements ne doit pas, en effet, faire ici illusion. En France les grèves sont presque toujours affaire de climat »* (*le Nouvel Obs.*, 19 janv. 1970, p. 14). *Grève spontanée.*

CONTR. Dicté, forcé, imposé. — Provoqué. — Volontaire. — Apprêté, compassé, composé, étudié, médité, prémédité ; calculateur.

DÉR. Spontanéisme, spontanéiste, spontanéité, spontanément, spontanisme.

SPONTANÉISME [spɔ̃taneism] n. m. — 1968 ; de *spontané*.
→ Spontanisme, qui a un tout autre sens.

♦ **1.** Polit. Doctrine ou attitude de ceux qui font confiance à la spontanéité révolutionnaire des masses, à la spontanéité créatrice de l'individu. — Par ext. *« Dans un monde où les hommes sont de plus en plus écœurés par les grandes machines qui les emprisonnent — politiques, administratives, industrielles, syndicales — le spontanéisme et le repli sur des petits groupes fraternels et actifs tendent naturellement à se développer »* (*le Monde*, 8 mai 1974).

♦ **2.** Attitude sociale et politique spontanée. ⇒ **Spontanéité**. *« Ils n'ont aucune organisation hiérarchique et font confiance à leur spontanéisme »* (*le Nouvel Obs.*, 29 juil. 1968).

SPONTANÉISTE [spɔ̃taneist] n. et adj. — 1969 ; de *spontané*.

♦ Polit. Partisan du spontanéisme. *Des groupes spontanéistes.* — Qui tient du spontanéisme. *« (...) il est possible de faire une mutation totalitaire de l'économie, soit vers la nationalisation bureaucratique, soit vers le happening spontanéiste de l'autogestion »* (E. Faure, in *le Nouvel Obs.*, 16 oct. 1972, p. 35). *Des maoïstes spontanéistes* (fam. *mao spontex*). *Des spontanéistes.*

SPONTANÉITÉ [spɔ̃taneite] n. f. — 1965 ; de *spontané*.

♦ **1.** Didact. Caractère de ce qui est spontané (1. et 2.). *La spontanéité d'un fait physiologique* (cit.).

1 S'il n'y avait aucune spontanéité dans les actions des hommes, ni dans rien de ce qui se fait sur la terre, on n'en serait que plus embarrassé à imaginer la première cause de tout mouvement.   ROUSSEAU, Émile, IV.

♦ **2.** Caractère de ce qui est spontané (3.), involontaire.

♦ **3.** Qualité de ce qui est spontané (4.). *La spontanéité d'une émotion* (→ Fleur, cit. 22), *d'un élan, d'une réponse...*

2 Elle obéissait à sa nature. Elle agissait, à son insu, avec la spontanéité irrésistible des plus magnifiques sensations. BARBEY D'AUREVILLY, Une vieille maîtresse, I, IX.

3 En Russie nous rencontrons à chaque pas, la vivacité, la spontanéité, la fantaisie, l'esprit créateur enfin.   André SIEGFRIED, l'Âme des peuples, VI, IV.

♦ **4.** Qualité d'une personne spontanée. ⇒ **Cordialité, fraîcheur, franchise, naturel**. *La spontanéité, qualité gentille* (→ Conscience, cit. 8). *Spontanéité et calcul* (→ 2. Franc, cit. 10). *Dire qqch. avec spontanéité* (→ Fameux, cit. 9). *Tuer sa spontanéité* (→ Impressionnable, cit. 3). *Il, elle manque un peu de spontanéité.*

CONTR. Apprêt, calcul.

SPONTANÉMENT [spɔ̃tanemɑ̃] adv. — 1660 ; *spontaneement*, 1381 ; de *spontané*.
D'une manière spontanée.

♦ **1.** Par soi-même ; sans y être incité, contraint. ⇒ **Sponte sua** (dr.). *Elle vint s'excuser spontanément* (→ De soi-même*, de sa propre initiative*). *Offrir* (cit. 4) *spontanément de l'argent. L'hypnotisé peut agir spontanément* (→ Hypnose, cit. 2). ⇒ **Librement**. *Sans être provoqué, sans cause apparente. Surgir spontanément* (→ Inné, cit. 4). *Entrer en combustion spontanément* (→ Étoile, cit. 17).

Quand le Babou renverse sur la nappe sa timbale toute pleine, il court spontanément l'annoncer à sa fidèle Anna (...)
   G. DUHAMEL, les Plaisirs et les Jeux, p. 80.

♦ **2.** Involontairement, sans réflexion. *Mettre toujours les choses là où on les mettrait spontanément* (→ Égarer, cit. 3), *d'instinct.* ⇒ **Instinctivement**. *La tendresse que je lui inspirais spontanément* (→ Caresser, cit. 6). ⇒ **Naturellement**.

CONTR. Contrecœur (à), forcément.

SPONTANISME [spɔ̃tanism] n. m. — xxᵉ ; de *spontané*, et *-isme*.
— REM. *Spontanéisme* a un tout autre sens.

♦ Hist. sc. Théorie de la génération spontanée.

Nous avons déjà noté l'étroite liaison qui existe, d'une part, entre l'épigénèse et le spontanisme, d'autre part, entre le préformationnisme et l'antispontanisme.
   Jean ROSTAND, Esquisse d'une histoire de la biologie, p. 64, note (1945).

REM. On a employé dans ce sens les mots *spontéparisme* (1907) et *spontépariste* (1872), de *spontaneus*, et *parere* « donner naissance ».

SPONTE SUA [spɔ̃tesɥa] loc. adv. — 1890, P. Larousse, *Deuxième Suppl.* ; loc. lat. « de sa (propre) volonté ».

♦ Dr. De son propre mouvement, sans y être contraint ou sollicité. *Faire une déposition sponte sua.* — Didact. Spontanément. *Des substances « susceptibles de déflagrer sponte sua à la moindre provocation accidentelle »* (*Année sc. et industr.*, 1899, p. 89).

SPOON [spun] n. m. — 1924 ; mot angl., proprt « cuiller ».

♦ Anglic. Au golf, Club* en bois à face ouverte. — Coup joué avec ce club.

SPORADICITÉ [spɔʀadisite] n. f. — 1872, Littré ; de *sporadique*.

♦ Didact. Caractère de ce qui est sporadique.

SPORADIQUE [spɔʀadik] adj. — 1669 ; grec *sporadikos* « dispersé », de *sporas, sporados* (cf. les îles *Sporades*), de *speirein* « semer ». → Sperme ; spore.

♦ **1.** Méd. Se dit d'une maladie* qui atteint un individu ou quelques individus isolément (opposé à *endémique, épidémique*).

♦ **2.** (1845). Sc. Dispersé, épars (dans l'espace). *Espèce végétale, espèce animale sporadique.* — (Géol.). *Blocs sporadiques.* — (1864). Astron. *Météores* (cit. 2) *sporadiques.*

♦ **3.** (xxᵉ). Cour. Qui apparaît, qui se produit de temps à autre, d'une manière irrégulière. *Tentatives sporadiques. Les faits sporadiques ou réguliers offerts par l'hérédité humaine* (→ Génétique, cit. 2). *Un fait sporadique.*

Mais alors pourquoi ces actions locales, sporadiques, qui pèsent à peine ? L'ennemi se donne peu de mal pour détraquer la caravane.
   SAINT-EXUPÉRY, Pilote de guerre, XVI.

CONTR. (De 3.) Constant, continu, perpétuel.

DÉR. Sporadicité, sporadiquement.

SPORADIQUEMENT [spɔʀadikmɑ̃] adv. — 1845, Bescherelle ; de *sporadique*.

♦ **1.** Didact. De manière sporadique, éparse.

♦ **2.** (Correspond à *sporadique*, 3.). Plus cour. D'une manière sporadique, rare et irrégulière. *Des réactions se produisent sporadiquement.*

CONTR. (De 2.) Constamment, perpétuellement.

SPORAGINEUX, EUSE [spɔʀaʒinø, øz] adj. — xxᵉ (1951, Gide, in G. L. L. F.) ; dér. sav. de *spore*, d'après les adj. lat. en *-inosus*.

♦ Bot. De la nature des spores*.

SPORANGE [spɔʀɑ̃ʒ] n. m. — 1817 ; de *spore*, et grec *aggos* « vase, réceptacle ».
Botanique.

♦ **1.** Organe qui renferme les spores, chez les cryptogames (algues, champignons, bryophytes — mousses... —, ptéridophytes — fougères..., ⇒ **Sore**). *Le sporange fait partie du sporogone.*

♦ **2.** Chez les phanérogames, Organe producteur des spores mâles (loge de l'anthère*) et femelles (nucelle de l'ovule).

DÉR. Sporangial.
COMP. Sporangifère.

SPORANGIAL, ALE, AUX [spɔʀɑ̃ʒjal, o] adj. — D. i. (xxᵉ) ; de *sporange*.

♦ Bot. Du sporange.

SPORANGIFÈRE [spɔʀɑ̃ʒifɛʀ] adv. — xxᵉ ; de *sporange*, *-i-*, et *-fère*.

♦ Bot. Qui porte des sporanges.

SPORE [spɔʀ] n. f. — 1817 ; auparavant, on disait *granule** (1.) ; du grec *spora* « semence », de *speirein* « semer ».
Biologie.

♦ **1.** Corpuscule formé d'une ou de quelques cellules, qui assure, directement ou non, la reproduction de nombreuses espèces végétales (cryptogames...) et de protozoaires (sporozoaires). — *Spores des bactéries* (bactéries sporogènes), *des algues, des champignons** : *spores internes et externes* (⇒ **Conidie**), souvent produites par des appareils spéciaux : *ascospores* (⇒ **Asque**), *basidiospores* (⇒ **Baside**), *sporidies**. *Spores des bryophytes* (⇒ **Mousse**), *des ptéridophytes* (⇒ **Fougère**). *Spores mobiles, à flagelles.* ⇒ **Zoospore**. *Spores immobiles. Grandes* (⇒ **Macrospores**) *et petites spores* (⇒ **Microspores**) *de certaines fougères* (donnant des prothalles respectivement femelles et mâles). *Spore bactérienne :* formation arrondie sous laquelle peuvent se présenter certaines bactéries et qui est plus résistante à des conditions défavorables. — *Des types de spores différents peuvent se succéder dans le développement de la même plante.*

Cinq sortes de spores sont donc formées au cours du développement annuel du *Puccinia graminis* : les spermaties, uninucléées, les écidiospores puis les urédospores, binucléées, les téleutospores, aux cellules binucléées et siège d'une caryogamie, enfin les sporidies, nées sur les protobasides et uninucléées.
F. MOREAU, Botanique, *in* Encycl., Pl., p. 435.

♦ **2.** (Chez les végétaux supérieurs : phanérogames). Corpuscule reproducteur produit dans les loges de l'anthère *(spores mâles)* et dans les nucelles* des graines *(spores femelles)* donnant des « prothalles » rudimentaires (mâles : grains de pollen, et femelles : *sac embryonnaire*), dont les produits sont les gamètes*.

DÉR. et COMP. **Macrospore, microspore, zoospore ; ascospore, basidiospore, téleutospore** (V. **Basidiomycètes**); **périsporiacées.** — **Sporagineux, sporange, sporidie, sporifère, sporoblaste, sporocarpe, sporogone, sporogonie, sporophylle, sporophyte, sporozoaires, sporozoïte, sporozoose.** → **Sporotriche.**
HOM. Sport.

SPORIDIE [spᴐʀidi] n. f. — 1842, Landais ; de **spore**, et *-idie.* → *-oïde.*

♦ **1.** Vx. Spore interne (par oppos. à *conidie*).

♦ **2.** Mod. Spore externe produite, chez certains champignons, par un appareil filamenteux cloisonné (protobaside).

SPORIFÈRE [spᴐʀifɛʀ] n. m. — 1879, in *Année sc. et industr.* 1880, p. 502 ; de **spore**, et *-fère.*

♦ Bot. Qui produit ou qui porte des spores.

SPOROBLASTE [spᴐʀᴐblast] n. m. — 1896, *in* D.D.L. ; de **spore**, et *-blaste.*

♦ Biol. Élément reproducteur des protozoaires.

SPOROCARPE [spᴐʀᴐkaʀp] n. m. — 1845 ; de **spore**, et *-carpe.*

♦ Bot. Repli de la feuille, formant indusie*, qui renferme les organes reproducteurs chez les fougères aquatiques. *Chaque sporocarpe peut avoir plusieurs loges contenant les sporanges.*

SPOROGONE [spᴐʀᴐgᴐn] n. m. — Déb. xxᵉ (*in* Larousse, 1904); de **spore**, et *-gone.*

♦ Bot. Appareil producteur des spores (chez les bryophytes, les ptéridophytes...).

SPOROGONIE [spᴐʀᴐgᴐni] n. f. — Déb. xxᵉ (*in* Larousse, 1904); de **spore-**, et *-gonie.*

♦ Biol. Cycle sexué des sporozoaires parasites (en particulier du *plasmodium*, agent du paludisme) qui s'accomplit dans le corps des insectes vecteurs *(anophèles),* aboutissant à la production des sporozoïdes* après l'union des gamètes mâles et femelles. ⇒ **Schizogonie.**

SPOROPHYLLE [spᴐʀᴐfil] n. f. — xxᵉ ; de **sporo-**, et *-phylle.*

♦ Bot. Feuille porteuse de sporanges.

SPOROPHYTE [spᴐʀᴐfit] n. m. — 1897 ; de **spore**, et *-phyte.*

♦ Bot. Appareil asexué, producteur de spores (par oppos. à *l'appareil sexué* ou *gamétophyte*).

Deux plantes bien différentes se partagent successivement leur cycle évolutif *(des Ptéridophytes)* : L'une d'elles possède un appareil végétatif compliqué (...) Une telle plante peut atteindre des dimensions élevées et vivre longtemps (...) Elle a la valeur du sporophyte : certaines de ses feuilles montrent des sporanges, d'où sortent des spores. Le végétal engendré par la spore est ordinairement de courte durée ; il est parfois (...) réduit à quelques cellules (...) on lui donne le nom de prothalle.
F. MOREAU, Botanique, *in* Encycl. Pl., p. 653.

SPOROTRICHE [spᴐʀᴐtʀiʃ] n. m. — 1904 ; *sporotrique,* 1842 ; *sporotric,* xixᵉ ; lat. bot. *sporotrichum,* du grec *spora* (→ **Spore**), et *trix, trikhos* « cheveu ».

♦ Bot. Moisissure (champignon hypomycète) parasite. *Le sporotriche est utilisé dans la fabrication de certains fromages ; certaines espèces sont pathogènes pour l'homme.* ⇒ **Sporotrichose.**

DÉR. **Sporotrichées, sporotrichose.**

SPOROTRICHÉES [spᴐʀᴐtʀiʃe ; spᴐʀᴐtʀike] n. f. pl. — xxᵉ ; *sporotrichés,* n. m. pl., 1874 ; de **sporotriche.**

♦ Bot. Famille de champignons hypomycètes dont certaines espèces

sont parasites de l'homme et des animaux. — Au sing. *Une sporotrichée.*

SPOROTRICHOSE [spᴐʀᴐtʀikoz] n. f. — 1903 ; de **sporotrich(e)**, et 2. *-ose.*

♦ Méd. Mycose provoquée par des sporotriches*, dont les lésions caractéristiques sont des nodules inflammatoires sous-cutanés d'aspect gommeux (⇒ **Gomme**).

DÉR. **Sporotrichosique.**

SPOROTRICHOSIQUE [spᴐʀᴐtʀikozik] adj. — xxᵉ (*in* Larousse, 1923); de **sporotriche.**

♦ Méd. De la sporotrichose. *Chancre sporotrichosique.* — Atteint de sporotrichose. — N. *Un sporotrichosique.*

SPOROZOAIRES [spᴐʀᴐzᴐɛʀ] n. m. pl. — 1890, *in* P. Larousse, *Deuxième Suppl.* ; de **spore**, et *-zoaire.*

♦ Zool. Classe de protozoaires parasites des cellules ou des tissus chez l'homme et les animaux, se reproduisant par deux cycles, asexué (sporulation) et sexué (sporogonie), et comprenant plusieurs divisions : *Cytosporidies,* comprenant les grégarines (⇒ **Grégarine**), les coccidies ; *Sarcosporidies ; Cnidosporidies :* actinomyxidies, myxosporidies... ; *Hémosporidies* (⇒ **Hématozoaire**). — Au sing. *Un sporozoaire. Le parasite du paludisme (Plasmodium) est un sporozoaire.*

SPOROZOÏTE [spᴐʀᴐzᴐit] n. m. — 1899, *in* D.D.L. ; de **spore**, **zo(o)**, et suff. *-ite.*

♦ Biol. Forme infectante de l'hématozoaire du paludisme qui se développe au cours de son cycle sexué (sporogonie) dans le corps du moustique et est inoculée à l'homme par piqûre. *« Si le moustique parasité pique un homme sain, il lui inocule, avec une goutte de salive, les sporozoïtes qui vont assurer l'infestation »* (la Recherche, oct. 1980, p. 1057).

SPOROZOOSE [spᴐʀᴐzooz] n. f. — 1904 ; de **spore**, et grec *zôon* « animal ».

♦ Méd. Maladie provoquée par des sporozoaires (terme générique). *Les sporozooses.*

SPORRAN [spᴐʀan] n. m. — Attesté 1980 ; mot gaélique *sporan* « bourse », empr. par l'angl. au déb. du xixᵉ (Walter Scott, etc.).

♦ Bourse plate attachée à la ceinture, caractéristique du costume masculin traditionnel, en Écosse. *Sporran de cuir gravé, de fourrure.*

SPORT [spᴐʀ] n. m. — 1828, *Journal des haras* ; répandu surtout après la publication du journal *le Sport,* fondé en 1853 par Eugène Chapus ; mot angl., *sport* « divertissement », xvᵉ ; « compétitions, manifestations sportives », fin xviᵉ ; aphérèse de *disport,* de l'anc. franç. *desport,* var. de *deport* « amusement », subst. verbal de l'anc. v. *se deporter* « s'amuser ».

♦ **1.** *Le sport :* activité physique exercée dans le sens du jeu, de la lutte et de l'effort et dont la pratique suppose un entraînement méthodique, le respect de certaines règles et disciplines. — REM. À l'origine, le monde du sport était avant tout celui du turf, et l'idée de pari paraissait liée à celle de sport.

Le sport implique trois choses, soit simultanées, soit séparées : le plein air, le pari et l'application d'une ou de plusieurs aptitudes du corps. [1]
Eugène CHAPUS, *in* P. LAROUSSE, art. *Sport.*

Pratique du sport. Faire du sport. Éloge ou critique du sport (→ Amusement, cit. 12 ; comédie, cit. 13 ; corollaire, cit. 3 ; homme, cit. 157 ; olympique, cit. 1). *Sport « amateur » et sport « professionnel ». La langue, le vocabulaire du sport. Les Olympiques,* ouvrage de Montherlant consacré au sport. *Chronique du sport dans un journal. Chroniqueur de sport. Le sport et l'exercice, l'éducation physique, la gymnastique.*

En tête des importations d'outre-Manche devait nécessairement figurer celle du *sport,* le *sport* qui suffit à occuper la vie tout entière des gentlemen d'outre-Manche, le *sport* qui peut pour eux seul assure intarissable de jouissances, de bras et de jambes cassés. Et qu'on ne s'étonne pas si nous disons que le sport est capable d'absorber une existence d'homme. *Sport* est un de ces mots complexes et collectifs qui renferment dans leurs flancs, en apparence exigus, une énorme quantité de significations diverses (...) [1.1]
Ainsi *sport* signifie tout à la fois courses de chevaux, — courses au clocher, — courses d'hommes, — chasse à tir ou à courre, — tir aux pigeons, — attelages de chevaux, — combats de chiens, de coqs, de rats, de boxeurs, — tours de force nautiques, — paris de toute espèce, et généralement tout ce qui peut fournir l'occasion de déployer de l'adresse, de l'intrépidité et surtout du faste. Le véritable sport, en effet, est presque aussi cher qu'un gouvernement à bon marché.
A. CLER, le Jockey-Club, *in* Ch. PAUL DE KOCK, la Grande Ville, t. II, p. 402 (1842).

Les plus violents de ces plaisirs et les plus profondément nationaux, sont ceux du *sport* (...) Traduisez cette formule par son vrai sens, et vous n'y trouverez plus [1.2] rien de ce que nous y mettons, nous autres Français, qui avons adouci ce terme en l'adoptant. Nous y faisons tenir surtout de l'élégance, de l'aristocratie et de l'adresse. Pour l'Américain, le *sport* ne va pas sans quelque danger, parce qu'il ne va pas sans la conception de la lutte et de l'audace.

Paul BOURGET, Outre-mer, Notes sur l'Amérique, t. II, IX, p. 143 (1895).

1.3 Le sport est le culte volontaire et habituel de l'exercice musculaire intensif, appuyé sur le désir du progrès et pouvant aller jusqu'au risque.

P. DE COUBERTIN, in G. PETIOT, Dict. de la langue des sports, art. *Sport*.

2 Je ne suis pas ennemi du sport (...) J'entends du sport qui ne dérive pas de la seule imitation et de la mode, ni de celui qui fait trop grand bruit dans les journaux. Mais j'aime l'idée sportive. Et je la transporte volontiers dans le domaine de l'esprit. Cette idée conduit à porter au point le plus élevé quelqu'une de nos qualités natives en observant cependant l'équilibre de toutes (...) On pourrait la caractériser par cette formule d'apparence paradoxale en disant qu'il consiste dans · l'éducation réfléchie des réflexes.

VALÉRY, Variété, Essais quasi politiques, Œ., t. I, Pl., p. 1082.

3 Le sport est un art. Une recette morale dont l'exercice est physique. Le sport est l'art par lequel l'homme se libère de soi-même et libère son prochain de la pire des charges, de la moins digne, de la plus encombrante : du corps mal soigné d'un homme.   GIRAUDOUX, De pleins pouvoirs à sans pouvoirs, Le sport, p. 236.

3.1 Le sport : un abcès de fixation que la bourgeoisie a mis du temps à découvrir. Il est vrai que cette religion n'a pu naître et prospérer que grâce à la sécurité, aux loisirs : la place que tient le sport aujourd'hui suffit à témoigner des progrès accomplis dans cet ordre depuis un demi-siècle.

F. MAURIAC, le Nouveau Bloc-notes 1958-1960, p. 397.

... DE SPORT. *Terrain de sport* (⇒ **Stade ; olympique**), utilisé pour l'exercice des sports athlétiques.

Voiture de sport : automobile de tourisme rapide et légère (opposé à *voiture de ville, de route*..., et aussi à *voiture de course*). — *Un petit avion de sport.* — *Vêtements, chaussures, articles de sport.*

3.2 Amateur des avions de sport où l'on porte la tête en plein ciel, je figurais aussi, sur les bateaux, l'éternel promeneur des dunettes.   CAMUS, la Chute, p. 30.

Appos. (Vieilli). *Une voiture grand sport.*

3.3 Ils arrivèrent à midi ; l'apéritif battait son plein. L'auto grand sport de Pierre reçut du public sa chaleureuse appréciation.

R. QUENEAU, le Chiendent, p. 181 (1932).

(1906). T. de mode. *De sport*, se dit de vêtements pour la promenade, le voyage, la campagne, par oppos. à *de ville* ou *habillé*. *Vêtements, chaussures de sport.* ⇒ **Sportswear** (anglic.). — Adj. (1886, in Höfler). Fam. *Des chaussures sport*, de sport (→ Jumeau, cit. 8). *Tailleur sport. Manteau qui fait un peu trop sport.*

4 (...) toute la famille s'était rhabillée, ensemble marron pour Hélène, robe écossaise pour Pierrette et complet sport pour Frédéric.

M. AYMÉ, le Chemin des écoliers, XII.

(1905). Fig., fam. *Ça, c'est du sport !*, expression admirative concernant une activité physique. — (1905). *Il va y avoir du sport*, de la bagarre.

5 — Il y a des moments où tu mériterais tout simplement une bonne gifle, dit Lambert en tournant les talons. — Essaie donc ! je te jure qu'il y aurait du sport.

S. DE BEAUVOIR, les Mandarins, p. 349.

♦ **2.** Adj. invar. (1904, in Höfler). *Être sport* : être loyal et sans rancune, selon l'esprit du sport ; faire preuve de fair-play*. ⇒ **Sportif** (4.).

5.1 L'Allemand crut que César voulait parler de la bagarre de l'autre nuit et prit un air avantageux.
— Allez, grande gueule, sois sport ! dit Barnabé qui enleva sa canadienne mais conserva sa trique. Nous célébrons, M. Dietrich et moi, la réconciliation. On a beau se tabasser, ça n'a pas d'importance.

Francis CARCO, les Belles Manières, VIII, p. 89.

♦ **3.** (*Un, des sports ; les sports*). Forme particulière, plus ou moins réglée, de cette activité. *Les sports* (→ Concurrence, cit. 5 ; mesurer, cit. 9 ; stade, cit. 1). *Pratiquer un, plusieurs sports. Les principaux sports pratiqués en France, au Japon. Sports individuels et sports d'équipes.*

6 (...) on entend par sport individuel tout sport dont les compétitions groupent des sujets qui ne peuvent compter que sur eux-mêmes, bien qu'il puisse exister dans ces mêmes sports des épreuves par équipes (exemple : le tennis ou l'aviron) ou que certaines formules (relais, addition des classements ou des temps) peuvent transformer des sports individuels en sports d'équipes.

Jean DAUVEN, Technique du sport, Introd.

Sports de base. ⇒ **Athlétisme** (course, lancer, marche, saut, décathlon, pentathlon) ; **natation** (nage, plongeon, water-polo). *Sports de combat.* ⇒ **Boxe, escrime** (cit. 3), **judo, karaté, lutte, tir.** *Sports individuels.* ⇒ **Alpinisme, aviron** ou **rowing** (apparentés : canoë, kayak), **cyclisme, cyclo-cross** (sport cycliste), **équitation** (cit. 1), **golf, gymnastique, paume, pelote, poids** (poids et haltères), **ski** (et ski nautique), **surf, tennis** (et apparentés : badminton, decktennis, ping-pong, squash), **yachting.** *Sports mécaniques.* ⇒ **Automobilisme** (sport automobile), **motocyclisme, motonautisme.** *Sports aériens.* ⇒ **Aviation, parachutisme, vol** (à voile). *Sports d'équipes.* ⇒ **Base-ball, basket-ball, cricket, football** (et → Soccer), **handball, hockey, motoball, polo, rugby, volley-ball.** *Sports de ballon, de balle.*

(1891). *Sports d'hiver.* ⇒ **Bobsleigh, hockey** (sur glace), **luge, patinage, ski.** — *Sports équestres.* ⇒ **Équitation, hippisme.** *Sports nautiques.* ⇒ **Aviron, canoë, planche** (à voile), **surf, voile.** *Sports athlétiques et gymniques* (→ ci-dessus). *Haut-commissariat à la Jeunesse et aux Sports. Institut national des sports. Athlète qui se distingue dans un sport.* ⇒ **Champion, crack.**

7 Je reçois un prospectus ronflant pour le progrès du canotage. Ce n'est plus un plaisir, une récréation, un exercice gymnastique ; enfin le canotage : c'est le *sport*

nautique, une institution de progrès qui a des présidents, des secrétaires, qui fabrique des discours aux régates (...)

Ed. et J. DE GONCOURT, Journal, 29 août 1866, t. III, p. 49.

Ce que j'estime surtout dans les sports, c'est la confiance en soi qu'ils procurent à l'homme qui les cultive (...)   8

H. BERGSON, Réponse à une enquête, cité *in* B. GILLET, Hist. du sport, p. 83.

Depuis quelque temps, les sports d'hiver, autrefois réservés à de rares privilégiés, étaient devenus accessibles aux gens de condition modeste qui commençaient à s'y précipiter.   S. DE BEAUVOIR, la Force de l'âge, p. 213.   8.1

Par ext. Activité de plein air ayant un caractère sportif. ⇒ **Chasse, pêche** (cit. 5). *Le sport de la pêche sous-marine.* — Se dit de certains jeux d'adresse organisés sur le modèle d'un sport (billard, boules, bowling, pétanque). — REM. Cet emploi continue l'une des valeurs initiales du mot qui pouvait au XIXᵉ s. s'appliquer, comme l'angl. *sport*, à des activités de plein air variées (→ ci-dessus, cit. 1.1).

Voilà *(la chasse aux alouettes avec la pantière)* la charmante partie d'après-dîner, praticable aujourd'hui même par nos châtelaines et leurs invitées : qu'à l'intention de ces Lectrices, nous indiquait tout à l'heure, un des humoristes les plus exquis et aussi un vieux chasseur, dont le nom, pour notre génération, ne perd rien de son charme ; car nous avons la bonne fortune d'ajouter à cette description d'un Sport peu connu qu'elle vient d'être faite ici.   8.2

MALLARMÉ, la Dernière Mode, Pl., p. 754 (1874).

Ensemble d'activités sportives socialement caractérisées. *Sports de masse, de loisirs* (opposés aux *sports de compétition*). *Sport amateur, professionnel.* — *Sport féminin. Sport scolaire, universitaire, sport corporatif...* ⇒ aussi **Association, club.**

♦ **4.** (1879, in Höfler ; l'emploi absolu est vx). Fig. *(Un sport, le sport de...).* Activité ou exercice comparable à un sport. *Il considérait l'industrie comme un sport guerrier* (cit. 9). — REM. Les emplois du XIXᵉ s. font surtout référence au sens du mot anglais «jeu, distraction, exercice...» ; les emplois modernes sont une métaphore du sens 3.

(...) ils étaient exercés à ce sport de la causerie française fine, banale, aimablement malveillante (...) qui donne une réputation particulière et très enviée à ceux dont la langue s'est assouplie à ce bavardage médisant.   9

MAUPASSANT, Fort comme la mort, I, I.

Simone, tu as pris tellement l'habitude de me taquiner (...) C'est devenu un sport (...) J'en arrive à ne plus savoir ce que tu penses sérieusement (...)   10

J. ROMAINS, les Hommes de bonne volonté, t. X, IV, p. 35.

DÉR. Sporter, sportif.
HOM. Spore.

SPORTER [spɔʀte] v. intr. — 1898, encore en 1941, in Petiot ; de *sport*.

♦ Vx. Faire du sport.

SPORTIF, IVE [spɔʀtif, iv] adj. — 1862 ; *sportique*, 1865, in Höfler ; de *sport*.

♦ **1.** Propre ou relatif au sport, aux différents sports. *Épreuves*, compétitions* sportives* (→ Exister, cit. 25). ⇒ **Performance, record.** *La vie sportive. Journaux sportifs. Chronique sportive. Reportage sportif.* — Par métonymie. *Chroniqueur sportif*, de sport. — *Résultats sportifs. Associations sportives.* ⇒ **Club.** *Esprit* (cit. 173) *sportif. Qualités, joies sportives* (→ 2. Lancer, cit. 1).

Un jour Mˡˡᵉ de Plémeur, à la surprise de tous, se fit largement battre (...) Elle accepta la défaite avec cette loyauté sportive si méritoire dans un génie féminin.   1

MONTHERLANT, les Olympiques, p. 90.

Ces habitudes sportives d'effort brusque coupé de longs loisirs nous désapprennent l'effort médiocre et continu du travail moderne, et nous en dégoûtent. Qui s'adapte trop bien à cette vie sportive met son travail en danger.   1.1

Jean PRÉVOST, Plaisir des sports, p. 200.

Qui a un caractère de sport, d'effort contrôlé ou de compétition, et non de simple exercice. *Natation sportive. Marche sportive. Pêche sportive* (lancer, pêche sous-marine...). *Conduite sportive* : conduite rapide, s'inspirant du style de conduite des rallyes et compétitions automobiles.

(...) depuis la faveur dont jouissent les exercices physiques, l'oisiveté a pris une forme sportive, même en dehors des heures de sport, et qui se traduit non plus par de la nonchalance, mais par une vivacité fébrile qui croit ne pas laisser à l'ennui le temps ni la place de se développer.   1.2

PROUST, le Temps retrouvé, Pl., t. III, p. 699.

♦ **2.** (1872). Qui pratique, qui aime le sport. *Jeunesse sportive.* N. (1889). *Un sportif. C'est une grande sportive. Une nation de sportifs* (→ Bide, cit. 1). ⇒ **Sportsman, résistance, endurance, combativité...** (d'un sportif).

Réflexion et jugement gagnent au sport. Le sportif est appelé à tout moment à évaluer et à comparer, et cela avec une grande rapidité, la promptitude de décision étant presque toujours à la base du geste sportif.   2

P. DE COUBERTIN, cité in MONTHERLANT, les Olympiques, Préface.

Qui atteste la pratique du sport. *Allure sportive.*

♦ **3.** (Mode). De sport, conçu en principe pour le sport. *Un vêtement de coupe sportive* (→ Intelligent, cit. 8).

♦ **4.** (1931). Qui est sport* (2.), conforme à l'esprit du sport. *Soyez sportif, reconnaissez qu'il est le plus fort. Attitude sportive.* ⇒ **Loyal.**

Qui manifeste de la sportivité.

3   (...) la foule subjuguée, applaudit à tout rompre, sportive pour une fois, ces deux exploits qui devaient rester légendaires dans l'histoire du ballon rond.
René FALLET, le Triporteur, p. 383.

CONTR. Antisportif.
DÉR. Sportivement, sportivité.

SPORTIVEMENT [spɔʀtivmɑ̃] adv. — 1893, in Petiot; de sportif.

♦ **1.** D'une manière sportive; par la pratique du sport. *« Nous distraire sportivement »* (*l'Écho des sports*, 1893, *in* G. Petiot).

♦ **2.** Avec une attitude conforme à l'esprit du sport (⇒ **Sportif**, 4.). *Accepter sportivement sa défaite.* ⇒ **Loyalement.**

SPORTIVITÉ [spɔʀtivite] n. f. — 1898, in G. Petiot; de sportif.

♦ **1.** Esprit sportif.
L'olympisme, par définition, est une sportivité choisie et stylisée.
J. DE PIERREFEU, Paterne ou l'Ennemi des sports, 1927, *in* G. PETIOT.

♦ **2.** Attitude sportive (4.), dans un autre domaine que le sport. *Il manque de sportivité.* ⇒ **Fair-play.**

SPORTSMAN [spɔʀtsman] ou SPORTMAN [spɔʀtman] n. m. — 1823; mot angl., seulement *sportsman* (1706, Farquhar) « amateur de "sport" », au sens initial du mot; de *sport* (→ Sport), et *man* « homme ». → Sportswoman.
REM. Jules Verne évoque une étymologie « populaire » et plaisante de *sportman* en forgeant le mot *sportmanie* : *« les gens atteints de sportmanie, d'où l'on a fait évidemment sportman »* (*la Chasse au météore*, p. 272, *in* D.D.L.).

♦ **1.** Vx. Celui qui s'adonne au sport hippique, cavalier, jockey; amateur de courses de chevaux, parieur. ⇒ **Turfiste.** — REM. Ce sens a disparu lorsque le sens 2 l'a emporté.
1   En votre qualité de bon sportsman, vous auriez dû ménager vos chevaux.
ARCIEU, Diorama de Londres, *in* PETIOT.
2   O vanité! rhabillage de tout avec de grands mots! une cuisine est un laboratoire (...) un jockey est un sportman (...)
HUGO, les Misérables, Pl., p. 680 (1862).

♦ **2.** (1872, Littré). Vieilli. Amateur de sports. ⇒ **Sportif.** — REM. Le mot évoque la période 1870-1930.
3   (...) Dites-nous que le Hun (*l'Allemand*) est un barbare, nous approuverons poliment, mais dites-nous qu'il est mauvais sportsman et vous soulèverez l'Empire britannique.
A. MAUROIS, les Silences du colonel Bramble, I.
4   (...) Plus loin une ébauche de diamant évoquait le brillant sportsman en costume de tennis, brandissant gracieusement une raquette prête à frapper.
Raymond ROUSSEL, Impressions d'Afrique, p. 140.

REM. Le pluriel est : *des sportsmen* [spɔʀtsmɛn] ou *sportmen* [spɔʀtmɛn].

SPORTSWEAR [spɔʀtswɛʀ] adj. invar. et n. m. — 1962, in Höfler; de l'angl. des États-Unis *sportwear*, *sportswear*.

♦ Anglic. Se dit des vêtements de sport* réunissant les qualités de confort, de commodité et d'élégance. — On trouve la var. *sportwear*. *Des « tissus sportswear »* (*l'Express*, 2 oct. 1978, p. 148, Publicité).
N. *Le sportswear* : ce genre de vêtement, ces vêtements. *Aimer le sportswear.*

SPORTSWOMAN [spɔʀtswuman] n. f. — 1863, *sportwoman*; *sportswoman*, 1875; angl. *sportswoman*, 1754; de *sport* (→ Sport), et *woman* « femme ». → Sportsman.

♦ Vx. Femme amateur de sport (le mot incluant les exercices de plein air, la chasse...).
Une souplesse de félin animait et brisait ce corps un peu massif de jeune guerrier; la vivacité de ces gestes, leur brusquerie voulue n'en excluaient pas une langueur passionnée et même dans son attitude garçonnière de sportswoman aux jambes croisées, il y avait comme une ardeur offerte.
Jean LORRAIN, le Crime des riches, p. 35 (1905).
REM. Employé entre 1863 et 1920 environ, le mot semble avoir été plus rare que *sportsman* : « les anglomanes illettrés disent tout simplement *des sportsmen femelles* », écrivait Pierre Larousse. Mallarmé (*la Dernière Mode*, 18 oct. 1874) écrit *sportswoman*. — Plur. : *sportswomen* [spɔʀtswimɛn].

SPORTULE [spɔʀtyl] n. f. — XVIIᵉ; « présent offert aux juges, épices », en 1560; lat. *sportula*, de *sporta* « panier ».

♦ **1.** Didact. Don, en nature ou en argent, que les patrons* (1. Patron, II.) romains de l'antiquité accordaient chaque jour à leurs clients* (I.). — Par ext. (Antiq. rom.). Pot-de-vin.

♦ **2.** (1566). Littér., rare. Aumône versée régulièrement.

SPORULATION [spɔʀylasjɔ̃] n.f. — 1875, Littré, *Suppl.*; de *sporule* (1817), ancienne désignation des conidies.

♦ Didact., biol. Émission, production de spores; reproduction par spores de certains protozoaires.

SPORULÉ, ÉE [spɔʀyle] adj. et n. f. — 1877; de *sporule*. → Sporulation.

Didactique, biologie.

♦ **1.** Vx. Pourvu de conidies.

♦ **2.** (Mil. xxᵉ). *Bactéries sporulées,* qui forment des spores. — N. f. pl. Classe des bactéries à spores (charbon, diphtérie, tétanos).

SPORULER [spɔʀyle] v. intr. — 1877, Littré, *Suppl.*; de *sporule*. → Sporulation.

♦ Didact., biol. Se reproduire par spores, produire des spores. *« Au moment où les bactéries sporulent dans les intestins »* (*le Monde*, 23 févr. 1977, p. 19).

SPOT [spɔt] n. m. et adj. — 1889, in Höfler; mot angl., proprt « tache, point ».

★ **I.** N. m. ♦ **1.** Phys. Point lumineux réfléchi par le miroir de certains instruments de mesures (galvanomètre, etc.), qui se déplace le long d'une échelle graduée (→ Index, cit. 5).
1   J'observe la déviation d'un galvanomètre à l'aide d'un miroir mobile qui projette une image lumineuse ou spot sur une échelle divisée. Le fait brut, c'est : je vois le spot se déplacer (...) et le fait scientifique, c'est : il passe un courant dans le circuit.
H. POINCARÉ, la Valeur de la science, III, X, § 3, p. 223.

(1949). Tache lumineuse produite par les électrons qui viennent frapper un écran fluorescent dans un tube cathodique. — (Télév.). *Spot de balayage. Vitesse de spot.* — *Spot d'un arc :* région cathodique où l'émission électronique se présente comme très élevée. — Photogr. Région exposée dans un diagramme de Laue.

♦ **2.** (1925). Petit projecteur à faisceau lumineux assez étroit destiné à éclairer un acteur ou une partie du décor. (Syn. : *projecteur directif*). *Spot de balayage.*
2   Le vertige de la danse fait apparaître la lumière, maintenant, non pas la lumière dure et froide des spots, mais la belle lumière du soleil, quand la terre, les rochers et même le ciel sont blancs.
J.-M. G. LE CLÉZIO, Désert, p. 334.
Projecteur analogue, servant de lampe d'intérieur. *Mettre plusieurs spots dans son salon. Spot orientable, mobile.*

♦ **3.** (1966; 1963, comme mot amér., *in* Höfler). Bref message publicitaire. *Spot publicitaire.* — REM. Recomm. off. : *message publicitaire* (Journ. off., 18 janv. 1973).
2.1   (...) les batailles acharnées pour un spot publicitaire... Six secondes... A la télévision c'est énorme...
Ph. SOLLERS, Femmes, p. 198.
REM. L'anglicisme est surtout critiqué aux sens 2 et 3.

★ **II.** Adj. (1975; angl. *spot market*). Techn. (Comm. du pétrole). Ponctuel (en parlant d'un acte commercial, d'une transaction). *Marché spot.* — Par ext. « *La désescalade des prix "spot" (ceux du marché libre)* » (*l'Express*, 9 juin 1979, p. 94).
3   Le marché spot est un marché sur lequel se traitent des opérations ponctuelles (achat d'une cargaison de brut ou de produits). Certains de ces marchés libres sont organisés (Rotterdam, Gênes, Caraïbes) mais il arrive que les producteurs vendent aussi certaines cargaisons ponctuellement. Le terme *« spot »* est pris par opposition aux *ventes contractuelles* des pays exportateurs (...)
Le Monde, 10 juin 1980, p. 26.

SPOUTNIK [sputnik] n. m. — Oct. 1957; russe *sputnik* « compagnon de route », d'où « satellite ».

♦ Satellite artificiel lancé par l'Union soviétique. *Le premier spoutnik fut placé sur son orbite le 4 octobre 1957. Spoutnik III.* — *Des spoutniks.* — REM. La graphie francisée *spoutnic* ne s'est pas imposée; le mot est limité au contexte des expériences spatiales soviétiques, et surtout des premières (1957-1970).

S.P.Q.R. [ɛspekyɛʀ] abrév. des mots latins *Senatus populusque romanus* « le Sénat et le peuple romain ».

SPRAT [spʀat] n. m. — 1775; *sprot*, 1723; empr. angl. *sprat*, 1597, altér. de *sprot*, mot germanique.

♦ Poisson voisin du hareng et appelé aussi *anchois de Norvège, esprot, harenguet, melette. Sprats fumés.*
Les hommes de ce régiment du Nord étaient exclusivement nourris de sardines, de biftèques et de patates! Tous les autres essais avaient été infructueux et les Chtimis avaient même considéré une distribution de sprats comme une injure personnelle.
Armand LANOUX, le Commandant Watrin, p. 29-30.

SPRAY [spʀɛ] n. m. — 1880, techn., *in* Höfler; répandu 1964, *in* D. D. L.; mot angl. «embruns», «pulvérisateur».

Anglicisme.

◆ **1.** Jet de liquide projeté en fines gouttelettes par pulvérisation.

◆ **2.** (1890, techn.; répandu v. 1965). Le pulvérisateur lui-même et son contenu. *Spray de sac.*

SPRECHGESANG [spʀɛʃgəsãg; spʀɛxgəsaŋ] n. m. — 1964; mot allemand.

◆ Mus. Style de chant déclamé et modulé d'après les intonations de la parole, utilisé par les compositeurs de l'école de Vienne (Schönberg, Berg).

Définissons les principes de ce nouveau moyen d'expression vocal qu'est le *Sprechgesang.*
Voici pour commencer et en résumé ce qu'en dit Schoenberg lui-même dans sa préface à la partition : le rythme doit être observé strictement comme s'il s'agissait de chant, mais alors que la mélodie chantée maintient la hauteur du son, la mélodie parlée ne fait que l'indiquer pour la quitter aussitôt de façon ascendante ou descendante. L'allusion à la hauteur du son a créé de nombreuses équivoques, car on s'est souvent imaginé (et il y a encore aujourd'hui des interprètes qui le croient) qu'il fallait effectivement faire entendre — ne fût-ce que pour un instant — les notes indiquées sur la portée. C'est pourquoi Schoenberg fit écrire à un de ses disciples, Erwin Stein, un important essai sur la manière exacte dont il convenait d'exécuter le *Sprechgesang.* Il en ressort qu'aucune hauteur de son déterminée ne doit jamais être produite et que les intervalles indiqués ne font que suggérer les modulations plus ou moins poussées de la voix parlée.
R. LEIBOVITZ, Schoenberg, p. 85-87.

SPRING [spʀiŋ] n. m. — 1935; mot angl. «ressort».

◆ Anglic. Mar. Câble d'acier dont l'âme est d'une matière extensible.

Enfin arrivait la remorque, un câble d'acier, qui s'en irait sur le remorqué, et le spring, un autre énorme câble, mais fourré, celui-là, d'une tresse de chanvre qui lui donnerait de l'élasticité (...)   Roger VERCEL, Remorques, p. 74.

SPRINGBOK [spʀiŋbɔk] n. m. — 1781, comme mot holl., *in* Buffon citant une communication de Forster, qui avait participé au second voyage de Cook; mot holl. signifiant littéral «bouc sauteur».

◆ Antilope d'Afrique australe. *Le springbok se déplace par grands bonds.*

Les Hollandais du cap de Bonne-Espérance appellent, dit-il *(M. Forster),* ces animaux *springbok,* chèvres sautantes; elles habitent les terres inférieures de l'Afrique, et n'approchent des colonies du Cap que lorsque la grande sécheresse (...) les force de changer de lieu (...)   BUFFON, Hist. nat. des animaux, De la gazelle...

SPRINGER [spʀiŋgœʀ] n. m. — 1867; mot anglais.

◆ Race de chiens de chasse. *Le «cocker et le springer (...) ont pour mission de faire lever le gibier sans l'arrêter»* (l'Écho des pêcheurs, n° 267, p. 23).

SPRINKLER [spʀiŋklɛʀ; spʀiŋklœʀ] n. m. — Mil. xxᵉ (*in* Larousse 1964, au sens 1); mot angl., de *to sprinkle* «répandre, arroser».

Anglicisme, technique.

◆ **1.** Système d'arrosage tournant.

◆ **2.** Dispositif fixe de projection de liquide contre l'incendie. *«Installer des sprinklers et des parois coupe-feu dans une vieille usine»* (*l'Express,* 6 nov. 1972, p. 89). *Sprinklers d'un parc à voitures souterrain.*

SPRINT [spʀint] n. m. — 1895; *sprinting,* 1888; mot angl. «course rapide et brève; effort brusque».

Anglicisme. (Sports, courant).

◆ **1.** Allure, la plus rapide possible, qu'un coureur ou un nageur prend à un moment déterminé et en particulier à la fin de la course ou de l'épreuve; la fin de la course, le moment pendant lequel on sprinte. ⇒ **Emballage** (3.), **enlevage, finish** (*infra* cit.), **pointe** (VI.), **rush.** *Un sprint très rapide.* — *Au sprint. Battre ses adversaires au sprint.* — Aptitude à prendre cette allure. *Manquer de sprint. Perdre son sprint* (→ Fond, cit. 61).

1   Il était très tard. Les sprints de la nuit étaient finis. Les coureurs tournaient, les mains à l'envers, pour se reposer les poignets (...)
Paul MORAND, Ouvert la nuit, p. 144.

Fam. (hors de toute compétition sportive). *Piquer un sprint :* courir très vite sur une distance relativement courte. *Le bus allait partir, j'ai dû piquer un sprint pour ne pas le rater.* ⇒ 2. **Sprinter.**

2   (...) et Emmanuel disparut comme une légère fumée, piqua un sprint terrible dans le couloir et finit par se jucher sur la chasse d'eau des water-closets (...)
B. VIAN, Vercoquin, Folio, p. 185 (1947).

Fig. *Au sprint :* très rapidement. *Achever un travail au sprint.*

◆ **2.** (1923). Par oppos. aux épreuves de *fond*,* V., 6. En athlétisme

et en cyclisme, Course de vitesse sur petite distance. *Sprint court* (le 100 mètres), *long* (le 400 mètres).

DÉR. 2. Sprinter.
HOM. Formes du v. 2. Sprinter.

1. SPRINTER [spʀintœʀ] n. m. — 1887; mot anglais.

◆ Spécialiste des courses de vitesse, en athlétisme et en cyclisme (par oppos. aux *coureurs de fond* et de demi-fond). *Des sprinters.* — Coureur, cycliste spécialiste du sprint. *C'est un bon rouleur, mais ce n'est pas un sprinter.*

D'ailleurs, le croira qui voudra, cet Américain n'était pas l'homme le plus vite du monde. *Sprinter* sans doute, il était en aussi piètre condition que moi.   1
MONTHERLANT, les Olympiques, p. 42.

Les sprinters, qui ne consentent à fournir que quelque secondes d'efforts violents, et qui se passent plus aisément de culture physique générale, sont une race paresseuse et carnassière; j'en ai vu de gourmands, et presque débauchés; à peu près   2
jamais je n'en ai vu de pauvres, ni qui travaillassent durement de leurs mains : produit favori des universités sans études.   Jean PRÉVOST, Plaisir des sports, p. 38.

2. SPRINTER [spʀinte] v. intr. — Fin xixᵉ (1907, *l'Auto, in* G. Petiot); de *sprint.*

◆ **1.** Sports. Courir, nager le plus vite qu'on le peut, dans la dernière partie d'une course, d'une épreuve de natation, etc.

◆ **2.** Fam. Courir à toute vitesse. ⇒ **Courir, détaler, foncer.** Pédaler le plus vite possible (hors de toute compétition sportive).

Il s'amusait à sprinter dans les côtes; je m'essoufflais loin derrière lui; en plat, il pédalait avec tant d'indolence que deux ou trois fois, il atterrit dans le fossé.
S. DE BEAUVOIR, la Force de l'âge, p. 505.

SPRUCE [spʀys] n. m. — 1856; mot angl., «sapin».

◆ Anglic. Comm. Bois d'un épicéa américain, très droit de fil, de texture régulière, homogène, et qui prend lorsqu'il est verni une belle teinte dorée. *La plupart des mâts de yachts étaient naguère en spruce.*

SPRUE [spʀy] n. f. — 1923; mot angl., même sens.

◆ Anglic. Méd. Affection intestinale caractérisée par une diarrhée fréquente et abondante.

SPUMAIRE [spymɛʀ] n. f. — 1839; dér. sav. du lat. *spuma* «écume». → Spume.

◆ Champignon *(Myxomycètes),* parasite des chaumes des graminées.

SPUME [spym] n. f. — V. 1363; lat. *spuma* «écume».

◆ Méd. Salive mêlée d'une écume à grosses bulles. *Spume qui apparaît entre les dents au cours de certains accès d'épilepsie.*

SPUMESCENT, ENTE [spymesã, ãt] adj. — 1817; lat. *spumescens, -entis* «écumant», de *spuma* «écume».

◆ Didact. Qui est semblable à de l'écume, qui produit de l'écume. ⇒ **Écumant.**

SPUMEUX, EUSE [spymø, øz] adj. — V. 1363; du lat. *spumosus* «écumant, écumeux», de *spuma* «écume».

◆ Didact. Qui a l'aspect de l'écume, qui contient de l'écume. ⇒ **Écumeux.** Méd. *Expectoration spumeuse.*

SPUMOSITÉ [spymozite] n. f. — 1752; dér. sav. du lat. *spumosus.* → Spumeux.

◆ Didact., rare. Caractère, aspect de ce qui est spumeux, écumeux.

SPUTATION [spytasjõ] n. f. — 1669, Molière, *Monsieur de Pourceaugnac,* I, 8; dér. sav. du lat. *sputare* «cracher».

◆ Méd. Crachement presque continu que l'on observe dans certains états pathologiques.

Sqq Abrév. du lat. *sequantiaque* «et *(que)* les suivantes *(sequantia)*», employée après un nombre de pagination. *Page 25 sqq :* page 25 et les pages qui suivent.

SQUALE [skwal] n. m. — 1754; lat. *squalus* «requin».

◆ Poisson de grande taille, au corps allongé et cylindrique, avec des fentes branchiales sur les côtés du cou. ⇒ **Requin** (*infra* cit. 3). *Les* *squales sont répandus dans les différentes mers du globe, spécialement dans les mers chaudes. Peau de squale.* ⇒ **Galuchat.**

Zool. *Les squales :* sous-ordre de poissons sélaciens* *(Chondrichthyens).* ⇒ **Requin ; roussette, lamie...**

DÉR. Squalène, squaloïde.

SQUALÈNE [skwalɛn] n. m. — Mil. xxᵉ *(in* Larousse, 1949) ; de *squale,* parce que cette substance est relativement abondante dans le foie des requins.

♦ Chim., biol. Hydrocarbure à longue chaîne carbonée ouverte non saturée, présent dans un grand nombre d'huiles végétales et animales et qui constitue un précurseur dans la synthèse du cholestérol (principalement dans le foie).

SQUALIDE [skwalid] adj. — xviᵉ ; repris 1831 ; lat. *squalidus* « rugueux », et aussi « sale, négligé », de *squalere* « être rude, malpropre ».

♦ Littér., rare. Dont la peau est rugueuse. — Par métaphore (et allus. aux sens latins) :

1 Georges Ohnet, le squalide bossu millionnaire (...)
　　　　　　　　　　Léon BLOY, le Désespéré, p. 240.

2 Mais je suis jaloux de mes découvertes et je me cache profondément de tout cela. Je hais les profanes, les squalides profanes, jusqu'à la mort.
　　　　　　　VILLIERS DE L'ISLE-ADAM, Tribulat Bonhomet, p. 45.

DÉR. (Du même rad.) Squalidité.

SQUALIDITÉ [skwalidite] n. f. — 1538, puis 1842 ; bas lat. *squaliditas,* du lat. class. *squalidus* ou de *squalide.*

♦ Littér., rare. Caractère rugueux, squalide (de la peau).

SQUALOÏDES [skwaloid] n. m. pl. — Mil. xxᵉ ; dér. sav. de *squale,* et *-oïde.*

♦ Zool. Poissons sélaciens de forme allongée (comme les squales). *Les squaloïdes.* Syn. : *pleurotrèmes.* — Au sing. *Un squaloïde.*

SQUAMATES [skwamat] n. m. pl. — xxᵉ ; dér. sav. du lat. *squama* « écaille ».

♦ Zool. Groupe de reptiles diapsides* (superordre des lépidosauriens), à fosses temporales inférieures ouvertes vers le bas (d'où une articulation osseuse mobile de la face). *Les squamates fossiles sont les ancêtres des lézards* (sauriens) *et des serpents* (ophidiens). *« Les squamates et le Sphenodon paraissent avoir entre eux bien plus de points communs qu'avec la plupart des autres grands groupes de reptiles* (à la fin du primaire et au secondaire) » *(la Recherche,* févr. 1974, p. 191). — Au sing. *Un squamate.*

SQUAME [skwam] n. f. — Déb. xivᵉ ; rare av. 1809 ; *esquame,* v. 1265 ; lat. *squama* « écaille ».

♦ **1.** Lamelle qui se détache (⇒ **Desquamer**) de l'épiderme, dans certaines dermatoses (psoriasis, etc.). ⇒ **Écaille** (cit. 7). *Squames farineuses, furfuracées, pityriasiques.*

♦ **2.** (V. 1363). Vx ou littér. Écaille (de poisson, de serpent). — REM. Le mot a parfois été écrit *squamme* (Hugo, *le Rhin,* 38).

1 Le casque semble un crâne, et, de squames couverts,
Les doigts de gantelets luisent comme des vers (...)
　　　　　HUGO, la Légende des siècles, XV, « Éviradnus », VIII.

2 (...) le terne de sa peau *(du serpent)* a disparu sous un vernissage (...) qui fait les squames de son dos pareilles à de l'écaille blonde (...) tandis que les squames jaunâtres du ventre se nuancent du beau jaune impérial d'un émail chinois.
　　　　　Ed et J. DE GONCOURT, Journal, 15 juin 1891, t. VIII, p. 196.

DÉR. et COMP. Squameux, squamiforme. — (Du même rad.) Squamifère, squamule.

SQUAMEUX, EUSE [skwamø, øz] adj. — 1529 ; *scamous,* fin xiiiᵉ ; *scammeux,* xviiᵉ ; lat. *squamosus,* de *squama.* → Squame.

♦ **1.** Vx ou littér. Qui est couvert d'écailles. ⇒ **Écailleux.**

1 Mais qui regarde la nageoire
Et les reins aux squameux replis
En voyant les bustes d'ivoire
Par le baiser des mers polis ? Th. GAUTIER, Émaux et Camées, « Les néréides ».

1.1 (...) une femme-poisson qui souffle dans une trompe et dont la queue se scinde en deux longues branches squameuses, serpents étroitement nattés (...)
　　　　　　　　　　Michel LEIRIS, Fourbis, p. 129.

♦ **2.** Méd. Couvert de squames, caractérisé par la présence de squames. *Dermatose squameuse.* — Anat. *Suture squameuse :* suture entre l'écaille de l'os temporal et l'os pariétal.

♦ **3.** Qui semble couvert d'écailles (se dit d'un épiderme d'apparence dure et ridée).

2 (...) la peau squameuse, toute plissée, de son visage avait viré du noir au gris, comme décolorée par la crainte. J. KESSEL, le Lion, I, X.

SQUAMIFÈRE [skwamifɛr] adj. — 1836 ; « classe de reptiles », 1823 ; *squammifère,* 1839 ; lat. *squamifer,* de *squama,* et *ferre* « porter ».

♦ Sc. nat. Qui est recouvert d'écailles. ⇒ **Écaillé, écailleux, squameux** (1.). *Presque tous les poissons sont squamifères.*

SQUAMIFORME [skwamiform] adj. — 1812 ; adj., 1478 ; de *squame,* et *-forme.*

♦ Didact. En forme d'écaille. *Feuille, cristal squamiforme.*

SQUAMULE [skwamyl] n. f. — 1812 ; *squammule,* 1839 ; lat. *squamula.*

♦ Sc. nat. Très petite écaille. *Squamules qui couvrent le corps des coléoptères, les ailes des papillons.*

SQUARE [skwar] n. m. — 1715, comme mot angl., dans un texte sur Londres, puis mil. xixᵉ ; angl. *square,* littéralt « carré », lui-même issu de l'anc. franç. *esquarre.* → Équerre.

♦ **1.** (1836). Petit jardin public, généralement entouré d'une grille et aménagé au milieu d'une place. *Arbres, pelouses, bancs, allées d'un square. Enfants qui jouent dans un square. Le square Lamartine à Paris. Gardien de square.*

1 Sur la place taillée en mesquines pelouses,
Square où tout est correct, les arbres et les fleurs. RIMBAUD, Poésies, 1870, XI.

2 (...) il fallait alors découvrir cette pensée qui lui était seulement apparue voilée par une vague image (...) soit une pluie froide tombant sur la ville, soit la fraîcheur d'un square feuillu et ombreux dans une ville embrasée par l'été.
　　　　　　　　　　PROUST, Jean Santeuil, Pl., p. 701.

REM. Le mot, en France, n'est plus senti comme un anglicisme.

♦ **2.** (1844). Vx. Espace carré entouré de maisons.

3 (...) et d'abord, où demeurait jadis cette demoiselle ?
— À te dire vrai, je n'en sais plus rien ; c'était, je crois, dans un passage, une espèce de square, de cité.
　　　　　A. DE MUSSET, le Secret de Javotte, in Œ. en prose, Pl., p. 651 (1844).

REM. Ce sens, propre à l'angl., correspond au franç. *place.* Au Québec, on trouve aussi *carré.*

SQUARE DANCE [skwɛrdãs] n. f. — Mil. xxᵉ ; mot angl., de *square* « carré », et *dance* « danse ».

♦ En Amérique du Nord, Danse populaire, sorte de quadrille où les danseurs effectuent des figures, au son d'une musique de violon caractéristique, ponctuée par les ordres d'un meneur de jeu. *« Le héros de l'intrigue* (du film *Urban Cow-boy), fier-à-bras (...) danseur de square dance »* (l'Express, 13 sept. 1980, p. 35).

SQUASH [skwaʃ] n. m. — 1930, *in* Höfler ; mot anglais.

♦ Anglic., sports. « Sport dans lequel deux joueurs côte à côte dans un court fermé aux dimensions déterminées se renvoient à tour de rôle une balle de caoutchouc à l'aide de raquettes légères au manche long et mince, en utilisant les murs pour les rebonds » (Rey-Debove et Gagnon).

Des épaules, des bras charpentés par des dimanches et des dimanches de cricket, des courses collégiennes de canoë sur la Tamise, des gifles violentes infligées aux balles de squash et des placages miraculeux (...)
　　　　　　　　　　Geneviève DORMANN, le Bateau du courrier, p. 123.

1. SQUAT [skwat] n. m. — Mil. xxᵉ ; mot angl., de *to squat* « s'accroupir ».

Anglicisme.

♦ Sports (haltérophilie, culturisme). Le plus souvent au plur. Flexions sur les jambes avec une barre chargée sur les épaules (exercice de musculation). *Faire des squats. Squats sur une jambe.* — Au sing., rare. *Travailler le squat.*

HOM. 2. Squat.

2. SQUAT [skwat] n. m. — V. 1975 ; *squattage,* 1957, *in* Gilbert ; mot angl., de *to squat.* → 1. Squatter.

Anglicisme.

♦ **1.** Occupation d'un immeuble par des squatters. ⇒ aussi 2. **Squatter.** *« Il existe une dizaine de squats dans Paris en ce moment, des squats pépères et des squats durs, des squats homos et des squats autonomes, des sérieux, des rigolos, des doux, des fous... »* (le Nouvel Obs., 26 déc. 1977, p. 51).

♦ **2.** Immeuble occupé par des squatters. — REM. Le mot est parfois écrit *squatt.* *« Des "squatts", immeubles en démolition occupés illégalement »* (le Point, 9 juin 1980, p. 99).

DÉR. 2. Squatter.

HOM. 1. Squat.

SQUATINE [skwatin] n. m. — 1597, n. f., *scatine;* lat. *squatina.*

♦ Zool. Poisson sélacien appelé aussi *ange** (III.) *de mer.* — On trouve aussi la forme *squatina.*

1. SQUATTER [skwatœʀ] n. m. — 1835; mot de l'angl. des États-Unis, dér. de *to squat,* au sens propre «s'accroupir», se blottir» (XIIIᵉ), de l'anc. franç. *esquatir, esquater* «aplatir, écraser».

♦ **1.** Hist. Aux États-Unis, Pionnier* qui s'installait sur une terre, sans titre légal de propriété et sans payer de redevance, dans les régions encore inexploitées de l'Ouest.

1   (...) il avait, à vingt ans, émigré en Amérique, s'était fait squatter dans le Far-West, puis avait fondé un comptoir au Sénégal (...)
Maurice GARÇON, la Justice contemporaine, p. 406.

(1854, in D. D. L.). Hist. En Australie, Propriétaire de troupeaux de moutons occupant par droit de pâturage des terrains sans propriétaires.

♦ **2.** (1948). Anglic. Personne sans logement qui s'installe illégalement dans un local inoccupé. *Occupation par des squatters.* ⇒ 2. **Squat.**

2   (...) avoue que *le roman* est ailleurs, que tu n'as fait, bernard-l'hermite, que te loger comme un squatter dans la coquille d'autrui.
ARAGON, Blanche..., p. 495 (1967).

Var. francisée : *squatteur* (fin XIXᵉ, A. Daudet, au sens 1).

2. SQUATTER [skwate] v. tr. — 1969, le Monde; francisation de *to squat* ou dér. de 2. *squat.*

♦ Anglic. Occuper illégalement et sans payer (un immeuble inoccupé, en démolition, etc.). — Au p. p. *«Un immeuble "squatté" est une maison vide, qu'on occupe sans payer : pratique qui s'est répandue depuis deux ans»* (l'Express, 24 nov. 1979, p. 159).

REM. On trouve aussi la forme *squattériser* (1972) et son dérivé *squattérisation,* n. f. (*le Nouvel Obs.,* 13 avr. 1974, p. 47). — Par ext. (d'un terrain). *«Il a laissé les plus pauvres "squattériser" d'immenses terrains libres»* (le Nouvel Obs., 7 mars 1977, p. 48).

SQUAW [skwo] n. f. — 1686, attestation isolée; 1797; mot angl., empr. à l'algonquin.

♦ En Amérique du Nord, Femme d'un Indien; femme indienne. *Des squaws.* — On a aussi écrit *squau.*

Chien-Rouge releva un pan de sa couverture, la roula autour de son cou et alluma la plante indigène. Pour le sauvage, le cigare a un attrait qui ne le cède qu'à sa passion pour l'eau de feu. Les squaws le regardent en souriant, tout en conservant leur physionomie craintive. L'une a dix-huit ou dix-neuf ans, l'autre quinze à peine; toutes deux ont la large face aplatie, les pommettes saillantes et les yeux noirs des Mongols.
— Vos squaws? demandai-je par l'intermédiaire d'un de ces vagabonds qu'on rencontre toujours sur la piste des Indiens.
— Oui. Vieille squaw, jeune squaw; la grande est la vieille, la petite est la jeune.
Trad. de W. HEPWORTH-DIXON, la Conquête blanche, p. 113-192, in le Tour du monde, 1876, t. I, p. 150.

1. SQUEEZER [skwizœʀ] n. m. — 1876; «presse (en métallurgie)», 1859; mot angl., de *to squeeze* «presser».

♦ Anglic., techn. Cylindre compresseur servant à l'essorage des étoffes sortant des bains de teinture.

2. SQUEEZER [skwize] v. tr. — XXᵉ (*in* Larousse, 1964); adapt. de l'angl. *to squeeze,* employé dans ce sens.

♦ **1.** Jeux (bridge). Obliger (l'adversaire) à se défausser, à supprimer sa garde dans les couleurs qui lui restent. *Se faire squeezer.*

♦ **2.** Fig., fam. Cour. Prendre l'avantage sur (qqn) en le devançant, en le trompant, en parvenant à bénéficier d'une supériorité quelconque. *Le groupe X squeeze son concurrent le plus direct en en devenant l'actionnaire principal. Il a été prévenu avant moi, c'est comme ça qu'il m'a squeezé.*

SQUELETTE [skəlɛt] n. m. — Après 1550, *squelete; scelete,* 1552; grec *skeletos,* proprt «desséché», d'où «momie; squelette»; souvent fém. au XVIIᵉ.

★ **I.** ♦ **1.** ⓐ Ensemble des os* (cit. 1) et des cartilages qui constituent la charpente des vertébrés*. ⇒ **Ossature.** *Squelette de l'homme, des vertébrés* (→ Colonne, cit. 9; métamorphose, cit. 7). *La chair, les muscles et le squelette* (→ Le mou et le dur). *Maladies du squelette.* — *Squelette de la main, de la tête.*

1   Le squelette (...) n'est pas seulement la charpente du corps. Il fait aussi partie des systèmes circulatoire, respiratoire et nutritif, puisqu'il fabrique, grâce à la moelle, des leucocytes et des globules rouges.
Alexis CARREL, l'Homme, cet inconnu, III, XII.

Par ext. Structure rigide jouant un rôle de soutien pour un organe. *Squelette du nez. Squelette de la langue.*

ⓑ Ensemble formé par les os d'un homme ou d'un animal mort,

dépouillés de tous les tissus mous, et conservés dans la position qu'ils ont dans le corps vivant. *Le squelette d'un animal.* ⇒ **Carcasse, os, ossements.** *Trouver des squelettes dans le désert. La mort** (1. Mort), *représentée par un squelette qui tient une faux* (→ aussi Macabre, cit. 2).

2   (...) il est infiniment rare de trouver un squelette fossile *(de quadrupède)* un peu complet; des os isolés, et jetés pêle-mêle, presque toujours brisés et réduits à des fragments, voilà tout ce que nos couches nous fournissent dans cette classe, et la seule ressource du naturaliste.
CUVIER, Disc. sur les révolutions..., p. 96.

3   (...) on trouva parmi toutes ces carcasses hideuses, deux squelettes dont l'un tenait l'autre singulièrement embrassé. L'un de ces deux squelettes, était celui d'une femme (...) L'autre (...) était un squelette d'homme. On remarqua qu'il avait la colonne vertébrale déviée, la tête dans les omoplates, et une jambe plus courte que l'autre. Il n'avait d'ailleurs aucune rupture des vertèbres (...)
HUGO, Notre-Dame de Paris, II, XI, IV.

Squelette articulé (d'un cabinet d'anatomie). *Squelette démontable.*

4   (...) un doigt décharné, plus pâle que celui des squelettes blanchis qui sautillent, au branlement des armoires, sur leurs faux muscles de laiton, dans les cabinets d'anatomie (...)
Charles NODIER, Contes, « Fée aux miettes », XIV.

ⓒ (1669). Par exagér., fam. Personne très maigre, qui n'a plus que la peau sur les os. *C'est un vrai squelette, un squelette ambulant, un squelette vivant.* ⇒ **Décharné, maigre, squelettique** (→ Reclus, cit. 4).

5   Quinze mois (...) avaient fait du frais Tourangeau aux joues satinées et brillantes un squelette parisien, hâve et jaune, presque méconnaissable.
Th. GAUTIER, Portraits contemporains, « Balzac », II.

5.1   Certes si les regards avaient la propriété d'absorber un peu de la substance sur laquelle ils se fixent avec intensité, depuis dix ans que Mᵐᵉ Marmet rencontrait la duchesse sans avoir trouvé le moyen de se faire présenter, on aurait pu croire que c'était sa contemplation ardente et impuissante qui avait réduit la duchesse à ce squelette ratatiné et poussiéreux que sous une vieille robe de laine noire elle offrait à la méditation des snobs, opposant sa grandeur immatérielle à l'humilité de sa chair, la chétive apparence de cette proie peu désirable à l'impossibilité de la saisir.
PROUST, Jean Santeuil, Pl., p. 664.

♦ **2.** Ensemble des tissus plus ou moins durs qui servent d'armature ou de protection au corps d'un invertébré (test chitineux ou calcaire des foraminifères, spicules* des spongiaires, coquille des mollusques, carapace de chitine* des arthropodes, etc.). *Squelette siliceux des radiolaires. Squelette externe.*

★ **II.** ♦ **1.** (1690, *squelet*). Charpente (d'un navire, d'un édifice). ⇒ **Carcasse, ossature.** *Squelette d'un édifice en béton armé. Squelette d'un navire en bois.* — Géol. *Le squelette d'une montagne :* l'ensemble des parties les plus dures, qui résistent le mieux à l'érosion. — Par métaphore. *Le squelette de la terre, l'ossature* (cit. 3) *géologique.*

Littér. *Squelettes d'arbres :* arbres dépouillés de leurs feuilles (→ Ramas, cit. 2).

6   Les squelettes d'arbres morts abondent dans ce verger.
HUGO, les Misérables, II, I, II.

♦ **2.** (1727). Les grandes lignes (d'un ensemble abstrait, d'une œuvre). ⇒ **Architecture, canevas, plan.** *Le squelette d'un exposé, d'une conférence.* ⇒ **Esquisse, schéma.** — Ouvrage où le sujet est présenté de manière trop sèche et abstraite. *« Un dictionnaire* (cit. 3) *sans citation est un squelette »* (Voltaire).

7   Je vous donne seulement l'essentiel des propos abondants et ingénieux de M. Sarcey, — le squelette de sa conférence. — sans chair, sans visage, sans ventre.
Jules LEMAITRE, Impressions de théâtre, Corneille.

♦ **3.** (Mil. XXᵉ). Chim. Le plus souvent déterminé. Structure constituée par les atomes de carbone liés entre eux, dans une molécule organique. *Squelette carboné. Squelette d'une, de la molécule. Le squelette du propane est formé de trois atomes de carbone.*

DÉR. Squeletté, squelettique.

SQUELETTÉ, ÉE [skəlete; skəlɛte] adj. — 1970; de *squelette.*

♦ Rare. Pourvu d'un squelette (II.), d'une armature.

SQUELETTIQUE [skəletik; skəlɛtik] adj. — 1834; de *squelette.*

♦ **1.** Cour. Qui évoque un squelette. *Maigreur squelettique.* — (Êtres animés). *Il est squelettique, d'une maigreur squelettique.* ⇒ **Étique, maigre.** *Un cheval squelettique.*

1   (...) Sophie, immobile, étendue sur son lit de parade, toujours squelettique et pâle, s'est si bien faite à son idée qu'elle pourrait bien ne jamais mourir.
M. JOUHANDEAU, Chaminadour, Contes brefs, VII, « La grande Sophie ».

Fig. Très réduit, peu nombreux. *Des effectifs squelettiques.* — *Le groupe est devenu squelettique.*

2   Macdonald, avec son état-major squelettique, et quelques hommes, n'arriva guère que pour voir les artilleurs poursuivant leur route vers la capitale.
ARAGON, la Semaine sainte, V.

♦ **2.** (1872). Didact., anat. Qui est relatif, qui appartient au squelette. *Les pièces squelettiques :* les os et les cartilages qui composent le squelette (→ Article, cit. 1; muscle, cit. 1).

3   Si la charpente squelettique n'est pas perçue à l'état normal, le drapé musculaire est le siège d'impressions importantes et le dispositif ostéo-musculaire peut être considéré non plus comme un outil, mais comme l'instrument de l'insertion dans l'existence.
A. LEROI-GOURHAN, le Geste et la Parole, t. II, p. 102.

♦ **3.** (1964). Pauvre en substance ; schématique à l'excès. *Un exposé squelettique.*

SQUILLE [skij] n. f. — 1611 ; lat. *squilla.*

♦ Zool. Crustacé *(Malacostracés, Stomatopodes)* pourvu d'une paire de pattes ravisseuses semblables à celles de la mante. *La squille est appelée* cigale, mante *ou* sauterelle de mer ; *elle vit surtout dans les mers chaudes, en Méditerranée notamment.*

SQUINE [skin] n. f. — 1611 ; esquine, v. 1560 ; p.-ê. de *Chine.*

♦ Plante d'Asie orientale *(Liliacées)* à fleurs en ombelles et dont le rhizome était utilisé comme succédané de la salsepareille.

Il se bornait, la plupart du temps, à prescrire des tisanes d'orange des bois, des breuvages de squine et de salsepareille, et quelques gorgées de vieux tafia.
HUGO, Bug-Jargal, *in* Œ. compl., t. VI, p. 81.

SQUIRE [skwajœʀ] n. m. — 1614 ; mot angl., issu de l'anc. franç. *esquier, escuier,* forme anc. d'*écuyer.* → Esquire.

♦ Rare. Gentilhomme campagnard anglais ; propriétaire rural. Titre nobiliaire le moins élevé. ⇒ **Esquire.**

SQUIRRE [skiʀ] n. m. — 1690 ; schirre, 1538 ; grec *skirrhos.*

♦ Méd. Forme de cancer (épithéliome) de consistance dure du fait de la prédominance d'une sclérose avec rétraction des tissus (→ Résolutif, cit. 1). *Squirre du sein.*
On rencontre la graphie *squirrhe* (1835).

(...) la muqueuse s'épaissit, l'induration de la valvule du pylore s'opère et il s'y forme un squirrhe dont il faut mourir.
BALZAC, le Lys dans la vallée, Pl., t. VIII, p. 955.

DÉR. Squirreux.

SQUIRREUX, EUSE [skiʀφ, φz] adj. — Mil. XVIIIᵉ ; scyrrheux, v. 1550 ; de *squirre.*

♦ Méd. Qui est de la nature du squirre, constitue un squirre. *Sarcocèle squirreux. Tumeur, affection squirreuse* (→ Estomac, cit. 7). — Qui est atteint d'un squirre. *Prostate* (1. Prostate, cit. 1) *squirreuse.*
REM. On rencontre la graphie *squirrheux* (Littré, 1872).

sr Symbole du *stéradian*.*

Sr [ɛsɛʀ] Symbole chimique du *strontium*.*

1. S. S. [ɛsɛs] Abrév. de *Sa Sainteté, Sa Seigneurie,* de *Saint-Sacrement.*

2. S. S. [ɛsɛs] n. m. — 1934 ; sigle de l'all. *Schutz-Staffel* « échelon de protection».

♦ Membre des formations de police militarisées de l'Allemagne nazie, devenues en 1940 de véritables unités militaires (sous le nom de *Waffen S. S.*). *Les S. S.* [lɛɛsɛs]. *Uniforme noir, casquette à tête de mort des S. S.* — En appos. *Un officier S. S.*
HOM. 1. S.S., 3. S.S.

3. S. S. [ɛsɛs] n. f. — Mil. XXᵉ.

♦ Sigle de *Sécurité* sociale.*
HOM. 1. S.S., 2. S.S.

S.-S.-E. [sydsydɛst], **S.-S.-O.** [sydsydwɛst] Abrév. de *Sud-Sud-Est, Sud-Sud-Ouest.*

SSS... [sss] — Interj.

♦ Interjection imitant un sifflement et exprimant, selon la manière dont elle est modulée, l'approbation, l'incrédulité (var. : *ts-ts*), etc.

«Ssssss» Sifflement prolongé par quoi l'on montre à l'interlocuteur que l'importance de ce qu'il vous révèle ne vous échappe pas (..)
Pierre DANINOS, Un certain Monsieur Blot, p. 235.

st Abrév. de *stère.*

STABAT [stabat] ou **STABAT MATER** [stabatmatɛʀ] n. m. — 1762, *stabat* ; stabat mater, 1842 ; début d'une prose latine : *Stabat mater dolorosa...* « sa mère se tenait, pleine de douleur... ».

♦ **1.** Liturgie cathol. Prose* (II.) du missel romain qui se chante, en

hommage à la douleur de la Mère du Christ crucifié, le vendredi après le dimanche de la Passion et le 15 septembre.

♦ **2.** Mus. Œuvre musicale sur les paroles de cette prose.

(...) les morceaux vifs du *stabat,* exécutés *gaiement* au concert spirituel, ont paru des contresens à plusieurs de ceux qui les ont entendus.
D'ALEMBERT, De la liberté de la musique, XXXVI, Œ., t. I, p. 542.

STABILE [stabil] n. m. — Mil. XXᵉ ; mot anglo-amér., de *stable* « stable», d'après *mobile*.*

♦ Arts. Construction sculpturale non articulée et immobile (par oppos. aux *mobiles*). *Les stabiles de Calder.*

STABILIMÈTRE [stabilimɛtʀ] n. m. — 1969 ; de *stabili(té),* et *-mètre.*

♦ Méd., psychol. Appareil servant à enregistrer les déplacements involontaires du corps ou d'un membre dans une position déterminée. — On dit aussi *statokinésimètre* [statokinezimɛtʀ].

STABILISANT, ANTE [stabilizã, ãt] adj. et n. m. — 1923 ; de *stabiliser.*

♦ **1.** Adj. Qui rend stable. — Phys. *Champ magnétique stabilisant,* augmentant la stabilité de la configuration du champ d'un plasma*.

♦ **2.** N. m. Chim. Substance qui en rend une autre plus stable. ⇒ **Stabilisateur.**

STABILISATEUR, TRICE [stabilizatœʀ, tʀis] adj. et n. — 1877 ; de *stabiliser.*

♦ **1.** Adj. Propre à stabiliser. *Exercer sur les prix une action stabilisatrice. Jouer un rôle stabilisateur. Appareil, dispositif stabilisateur.*

♦ **2.** N. m. (1902, in *Année sc. et industr.* 1903, p. 92). Dispositif de correction automatique des écarts et des erreurs, assurant à un véhicule la stabilité de route ; mécanisme servant à équilibrer (gyroscope, etc.). — Dispositif destiné à augmenter la stabilité d'un navire. *Stabilisateur de roulis.* — *Stabilisateur d'avion.* ⇒ **Sparry.**
Spécialt. *Stabilisateurs :* paire de petites roues que l'on adapte à l'arrière d'une bicyclette d'enfant pour la rendre plus stable.
Dispositif inclus dans le système de suspension d'une automobile, entre le châssis et les roues (barre de torsion, etc.).
Milit. Dispositif qui maintient un canon pointé sur un objectif malgré les oscillations du véhicule porteur (char, etc.).
Techn. *Stabilisateur de tirage* (d'une chaudière).

♦ **3.** [a] (1907). Chim. Substance employée à stabiliser une autre substance. Syn. : *stabilisant.*

[b] Colonne à plateau servant à éliminer les parties trop volatiles d'une essence pour la stabiliser.

[c] Électr. *Stabilisateur de tension,* permettant d'obtenir une tension électrique constante. Syn. : *régulateur* (de tension), *survolteur-dévolteur.*

STABILISATION [stabilizasjɔ̃] n. f. — 1780 ; de *stabiliser.*

♦ **1.** Action, manière de stabiliser (1.).
(1933). Spécialt. Ensemble de mesures destinées à mettre fin aux variations du pouvoir d'achat d'une monnaie. *Plan de stabilisation. Stabilisation accompagnée d'une dévaluation* (cit. 3 et 4).

♦ **2.** (Fin XIXᵉ). Action, manière d'assurer la stabilité de (un véhicule), de consolider (un sol) ; action de se stabiliser. *Stabilisation d'une voie de chemin de fer.*
(Mil. XXᵉ). *Stabilisation (d'orientation)* ou *stabilisation des fusées :* régulation de la trajectoire d'un engin spatial.

♦ **3.** Sc. Action de stabiliser (une substance, un système), de se stabiliser. — Méd. *Stabilisation d'une maladie, d'un processus morbide,* fait de ne plus évoluer (ni vers une aggravation ni vers la guérison). ⇒ **Consolidation.**

♦ **4.** [a] Chim. Fait de stabiliser (une substance) ; état stabilisé.

[b] Phys. Fait d'assurer la stabilité de (un système). *Stabilisation de fréquence.*
CONTR. Déstabilisation.

STABILISER [stabilize] v. tr. — 1780 ; du rad. lat. de *stable.*

♦ **1.** Rendre stable (la monnaie, les prix, les institutions, une situation). *Stabiliser une monnaie, des prix* (→ Revaloriser, cit.). ⇒ **Assainir** (*supra* cit. 2).

1 L'évolution politique de la nation française sous le règne personnel de Louis XIV consista non à innover, mais seulement à stabiliser les innovations antérieures.
Ch. SEIGNOBOS, Hist. sincère de la nation franç., XV.

Pron. *Le pouvoir, le régime se stabilise.*

2 — (...) il faut que la situation se stabilise dans un sens ou dans l'autre.
A. MAUROIS, Bernard Quesnay, XXV.

♦ **2.** (1845). Assurer la stabilité, l'équilibre de...

🅰 (Concret). *Stabiliser un échafaudage, un assemblage.* ⇒ **Consolider, équilibrer.** *Stabiliser un véhicule, un navire, un avion* (⇒ **Stabilisateur**). *Stabiliser un terrain sablonneux.*

🅱 (Abstrait). Consolider, affermir. ⇒ **Cristalliser, fixer, immobiliser** (→ Reconnaître, cit. 8). — **Pron.** *Se stabiliser.*

♦ **3.** (1933). Rendre stable, assurer la stabilité* de... ; amener (un système, une substance) dans un état d'équilibre ou dans un état plus voisin de son domaine d'équilibre. — **Spécial.** Rendre plus stable en diminuant la réactivité par addition d'une substance spéciale (*stabilisant* ou *stabilisateur*). *La nitroglycérine est stabilisée par addition de kieselguhr* (⇒ **Silice**) ; *le mélange constitue la dynamite.*
Débarrasser (le pétrole) de ses parties les plus volatiles.

▶ **STABILISÉ, ÉE** p. p. adj. *Prix stabilisés. Monnaie stabilisée.* — *Terrain stabilisé. Dunes stabilisées. Bas-côtés stabilisés.*
Sentiments mal stabilisés.
Mélange chimique stabilisé.

3 À propos, comment l'appellera-t-on, cette fameuse substance (...) Il sera toujours temps de la nommer (...) quand on la tiendra, bien définie et stabilisée au fond d'une fiole ou d'un tube (...)
J. ROMAINS, les Hommes de bonne volonté, t. XII, v, p. 64.

CONTR. Changer, désaxer, déséquilibrer. — **Déstabiliser.**
DÉR. Stabilisant, stabilisateur, stabilisation.
COMP. Autostabilisé ; déstabiliser.

STABILITÉ [stabilite] n. f. — V. 1119 ; lat. *stabilitas*, de *stabilis.* → Stable.

♦ **1.** Caractère de ce qui tend à demeurer dans le même état*. ⇒ **Stable ; assiette, certitude** (*infra* cit. 4), **consistance, constance, continuité, équilibre, fermeté, permanence, solidité.** *Stabilité des institutions. La stabilité politique, de la vie politique. Stabilité gouvernementale, ministérielle. Des illusions de stabilité, de durée* (→ Finir, cit. 16). *La stabilité des convictions, des habitudes* (→ Destruction, cit. 3), *de l'attention* (→ Exorde, cit. 3), *des sentiments.* ⇒ **Calme, équilibre.** — **Vieilli.** *La stabilité d'une personne* (→ Inconstance, cit. 11).

1 «(...) la désagrégation du moi est une mort continue», et «la stabilité de nature que nous prêtons à autrui est aussi fictive que la nôtre».
PROUST, cité par A. MAUROIS, À la recherche de M. Proust, VI, I.

2 Le mot *France* évoque l'idée d'une notion politique constante, d'une stabilité inattaquable ; le mot *Français*, l'idée d'une variation et d'une incertitude.
GIRAUDOUX, De pleins pouvoirs à sans pouvoirs, V, p. 115.

(Déb. XVᵉ). **Mod.** *Stabilité d'une monnaie** (→ 2. Douanier, cit.), *d'un marché* (→ Quota, cit. 2), *des cours de la Bourse* (⇒ **Fermeté**). *Rétablir la stabilité de...* ⇒ **Stabiliser.**

♦ **2.** (1549). État d'une construction* capable de demeurer dans un équilibre permanent, sans ruptures ni tassements, et de résister à des contraintes normales. *La solidité* résulte de la stabilité. Stabilité d'un mur.* ⇒ **Aplomb.** *Augmenter par des contreforts la stabilité d'une paroi.*

3 (...) ces massifs piliers donnent, sans lourdeur, une ferme assiette et une stabilité extraordinaire au vaisseau de la cathédrale.
Th. GAUTIER, Voyage en Russie, I, XVII.

4 (...) tous les procédés employés au cours des siècles pour assurer la stabilité des édifices peuvent se ramener à deux systèmes : 1° *stabilité* inerte, obtenue, comme chez les Grecs, par simple superposition de matériaux (...) ne produisant que des pressions verticales, ou, comme chez les Romains, par agglomération de masses concrètes liées par des mortiers ; 2° *équilibre* élastique, obtenu par des forces agissant en sens opposés : ce système (...) est celui de l'architecture française du moyen âge. Louis RÉAU, Dict. d'art et d'archéologie, art. *Stabilité.*
Qualité de ce qui est ou peut rester en équilibre* stable. *La stabilité d'un échafaudage, d'un meuble.* ⇒ **Aplomb.** — *La stabilité d'un navire, d'un véhicule.* — (1912, in D.D.L.). *Stabilité de route d'un avion.*

♦ **3.** (Déb. XIXᵉ). Chim. Le fait de se trouver dans son domaine d'équilibre, de ne donner lieu à aucune réaction ou transformation spontanée. *Stabilité d'un composé chimique, d'une liaison chimique, d'un système physique.* — (1835). Phys. *Stabilité mécanique,* comportant le développement de forces qui s'opposent à la modification d'une position d'équilibre ou d'un mouvement. *Stabilité statique, dynamique. Stabilité positive* (retour à la position d'équilibre, après des perturbations temporaires), équilibre indifférent, et *stabilité négative* (instabilité ou passage d'une position stable à une autre, différente). — Tendance à rester dans un état défini, le fait de posséder les forces nécessaires pour y rester (égales ou supérieures aux forces perturbatrices). *Facteur de stabilité d'un transistor, d'un circuit. Stabilité de fréquence d'un émetteur, d'une émission.*

Stabilité d'un plasma obtenue au moyen d'un champ magnétique. — *Stabilité d'un noyau* (cit. 6) *atomique* (⇒ **Stable**).

♦ **4.** (1964). Sc. (cybern.). Aptitude d'un élément quantifié à retrouver une valeur donnée (normale) lorsqu'il en est accidentellement écarté.

CONTR. Instabilité. Altération, changement, commutation, devenir*, évolution, fragilité, fluctuation, incertitude, inconstance, modification. — Déséquilibre, porte-à-faux.
COMP. Autostabilité.

STABLAT [stablat] n. m. — 1690 ; franco-provençal *establa*, cf. anc. franç. *estable* « étable ».

♦ **Régional.** Petite construction dans laquelle le berger et le troupeau passent l'hiver dans les alpages. → Buron (centre de la France), chalet, mayen (Suisse).

STABLE [stabl] adj. — V. 1120, *estable* ; lat. *stabilis*, de *stare* « se tenir debout ; rester ».
REM. Placé après le nom, en épithète.

♦ **1.** Qui n'est pas sujet à changer ou à disparaître ; qui demeure dans le même état*. ⇒ **Assis, costant, continu, durable, ferme, fixe, inaltérable, permanent, solide.** *Rendre stable, plus stable.* ⇒ **Affermir, ancrer** (fig.), **asseoir** (fig.), **assujettir, consolider, fixer** (cit. 9). *Rendre moins stable.* ⇒ **Déstabiliser.** *D'une manière stable* (→ A demeure). *Équilibre stable,* qui subsiste après une légère perturbation. — N. m. *Le stable et l'instable* (→ Progressif, cit. 3).

1 Rien n'est stable dans la nature ; tout y est dans un perpétuel développement.
RENAN, Dialogues et fragments philosophiques,
Lettre à M. Berthelot, août 1863, Œ. compl., t. I, p. 637.

(Domaine psychologique). *Pensée, caractère stable.* — (Déb. XVᵉ, *estable*). *Personne stable,* d'un bon équilibre psychologique, dont les activités, les affections changent peu. ⇒ **Équilibré.** *Il est affectivement stable. Des relations stables.* — (Activités personnelles). *Une vie stable.* ⇒ **Réglé.** *Un travail stable.* ⇒ **Durable, permanent.**

2 (...) combien elle était peu capable de fixer sa sensibilité malade dans une résolution stable. Paul BOURGET, Un divorce, II.

(Domaine social). *Gouvernement* (cit. 27) *stable. Époque, période stable. Situation politique, économique, sociale peu stable.* — *Monnaie stable.*

3 Dans le monde stable du roman français d'avant-guerre, l'auteur, placé en un point *gamma* qui figurait le repos absolu, disposait de repères fixes pour déterminer les mouvements de ses personnages. SARTRE, Situations II, p. 252.

♦ **2.** (XIIIᵉ, puis fin XVIᵉ). 🅰 Vx. Qui est construit avec solidité. *Édifice stable.*

🅱 Mod. Qui est dans un équilibre stable. ⇒ **Équilibré, solide.** *Ce meuble, cette chaise, cette échelle n'est pas stable, risque de tomber* (→ Ne tient pas debout*). *Rendre stable.* ⇒ **Assurer, consolider, établir, stabiliser.** — Navig. *Élément stable :* instrument, système qui garde son orientation indépendamment du mouvement.

♦ **3.** (Déb. XIXᵉ). Sc. (Correspond à *stabilité*, 3.). Chim. *Composé* (cit. 33), *combinaison* (cit. 10) *stable.* — *Acier, alliage stable,* qui conserve longtemps ses propriétés. — Phys. *Système atomique stable,* incapable de changements rapides. *Atome stable,* non excité, ou ne présentant pas de radioactivité décelable, soit par faiblesse d'émission, soit par suite d'une période extrêmement longue. *Orbite stable :* cercle de rayon constant décrit par des particules, dans certains accélérateurs (synchrotrons...). — Géol. *Aires stables.*

4 Le reflet un peu vague, un peu pâli, suggère une idéalisation. Devant l'eau qui réfléchit son image, Narcisse sent que sa beauté *continue*, qu'elle n'est pas achevée, qu'il faut l'achever. Les miroirs de verre, dans la vive lumière de la chambre, donnent une image trop stable. G. BACHELARD, l'Eau et les Rêves, p. 33.

Math. *Proposition stable,* telle qu'en modifiant peu les hypothèses, on modifie peu les conclusions. *Loi stable pour une équivalence :* dans un ensemble, Loi qui, appliquée à deux éléments respectivement équivalents, donne un résultat équivalent au composé de ces deux éléments. *Partie stable pour une loi de composition :* dans un ensemble muni d'une loi de composition interne, Partie telle que, si l'on applique cette loi à deux éléments de cette partie, le résultat est encore un élément de la partie en question. Syn. : *partie fermée.*

CONTR. Instable ; altérable, changeant, divers, éphémère, fluctuant, fragile, fugace, fugitif, fuyant, incertain, inconsistant, mouvant, ondoyant, précaire. — Branlant, déséquilibré ; ambulant, ambulatoire, déporté, errant.
DÉR. Cf. Stabiliser, stabilité.
COMP. Autostable.

STABULATION [stabylɑsjɔ̃] n. f. — 1833 ; lat. *stabulatio*, de *stabulum.* → Étable.

♦ **1.** Techn. Séjour des bestiaux en étable. *Stabulation d'hiver, en montagne.* ⇒ **Hivernage.** — (1875). Par ext. (Rare). Séjour des poissons en vivier, des huîtres dans un parc.

♦ **2.** Repos d'un malade en chambre.

STACCATO [stakato] adv. et n. m. — 1771, Trévoux ; mot ital. « détaché ».

Musique.

♦ **1.** Adv. En détachant nettement les notes.

♦ **2.** N. m. (1872). Passage joué en détachant les notes. ⇒ **Détaché, piqué** (opposé à *lié ;* ⇒ **Legato**).

1 Aux profondeurs océaniques de chaque section succèdent les envolements aériens des triples croches, par groupes de neuf, qui tourbillonnent en rondes légères, scandées par de vifs *staccato.*
R. ROLLAND, Vie de Beethoven, Le chant de la résurrection, p. 540 (1937).

Par analogie :

2 Tapageuse gaîté, que le claquement froid des billes ponctuait comme un *staccato* d'appareil morse. MARTIN DU GARD, les Thibault, t. IV, p. 10.

STACHYS [stakis] n. m. — 1791 ; mot lat., du grec *stakhus.*

♦ Bot. Épiaire. ⇒ **Crosne.**

STADE [stad] n. m. — 1530 ; *estade,* 1265 ; fém. jusqu'au XVIIᵉ ; lat. *stadium,* grec *stadion.*

♦ **1.** Didact. Mesure de longueur de la Grèce ancienne (environ 190 m).

♦ **2.** [a] (1549). Piste de cette longueur où l'on disputait les courses ; enceinte comprenant cette piste et des emplacements aménagés pour d'autres exercices (→ **Athlète,** cit. 3 ; ôter, cit. 4). *Les jeux* du stade.*

[b] (1896). Mod. Grande enceinte, terrain aménagé pour la pratique des sports (jeux de ballon et athlétisme) et le plus souvent entouré de gradins, de tribunes. *Stade olympique. Pistes*, sautoirs, pelouse, terrains (de basket, de hand-ball...) d'un stade. Terrains d'entraînement, de concours, vestiaires d'un stade. Gradins, tribunes d'un stade. Stade de dix mille places. Un stade de cent mille places. Stade de football :* terrain de football entouré de gradins.

Stade-vélodrome, dont la piste pédestre est doublée d'une piste cycliste.

1 (...) que les sports s'y exercent, non dans des terrains exigus, enclos de palissades et surveillés par des maisons sordides, mais dans des stades entourés de piscines et d'ombrages, dont l'ovale sera pour le sportif la meilleure leçon d'intégrité et de pureté. GIRAUDOUX, De pleins pouvoirs à sans pouvoirs, III, p. 58.

Par ext. *Le stade :* les sports pratiqués dans les stades. ⇒ **Sport.** *Les dieux du stade :* les grands athlètes.

1.1 Pour moi qui n'ai de ma vie, sauf à Bordeaux dans mon extrême jeunesse, assisté à un match de football, la révélation de ces énormes foules creusées, soulevées par les vagues d'une joie ou d'une furie presque toujours chauvines, me donne une vue que je n'avais pas sur les conséquences politiques du sport. Le stade évidemment détourne et fixe des passions au détriment des idéologies.
F. MAURIAC, le Nouveau Bloc-notes 1958-1960, p. 177.

♦ **3.** (1810 ; angl. *stadium,* 1669, en ce sens). Chacune des périodes distinctes (d'une maladie intermittente, d'une fièvre*). *Stade éruptif d'une maladie infectieuse.* — (1878). Chacune des étapes distinctes (d'une évolution) ; chaque forme* que prend une réalité en devenir. ⇒ **Degré, échelon, niveau, palier ; partie, phase, période.** *Stade ultime* (⇒ **Terme**), *intermédiaire* (→ Lutte, cit. 8). *Premier, deuxième stade. Les différents stades du développement de l'embryon* (cit. 3). *Stade larvaire des alevins.*

1.2 Bien plus, il existe, verrons-nous, une connexion étroite entre les stades de l'imitation et les six stades que nous avons distingués jadis dans le développement de l'intelligence sensori-motrice (...)
J. PIAGET, la Formation du symbole chez l'enfant, p. 11.

Psychan. et cour. *Stades libidinaux,* selon Freud : *stades prégénitaux (stade oral* incluant un *stade narcissique primaire* et un *stade anaclitique ; stade anal ; stade phallique) ; stade génital* (caractérisé par l'Œdipe). *Karl Abraham distinguait dans le stade oral un stade primitif et un stade tardif (stade sadique oral) et dans le stade anal un stade sadique-anal et un stade rétentionnel.* — *Le stade du miroir** (Lacan).

1.3 Il y a donc là un bel exemple de l'explication par identification : les stades oral, anal, narcissique primaire, objectal, œdipien, etc. ne sont que les manifestations successives de la même libido, qui déplace ses « charges » énergétiques d'un objet à un autre en partant du corps pour aboutir aux personnes extérieures à lui et finalement à des sublimations variées (...)
J. PIAGET, Épistémologie des sciences de l'homme, p. 183.

Géol. *Stades d'un cycle d'érosion, de glaciation.*

(1878). Cour. (souvent qualifié par un adj. ou un compl.). *Atteindre, dépasser tel stade. Passé un certain stade.* ⇒ **Point.** *« Sa curiosité (...) est demeurée à l'état embryonnaire, au stade de l'indiscrétion »* (→ Dévoyer, cit. 5). — *À quel stade en est-il dans ses études ?* ⇒ **Niveau, degré.**

2 — Tu n'es donc plus pieuse, ma petite fille (...) — Georges m'a aidée à dépasser ce stade (...) Ça vous fait rire, maman ? Thérèse se forçait à rire ; toute la vulga-

rité d'un être tient dans un mot (...) elle souffrait de ce que Marie avait dit : *ce stade.* F. MAURIAC, la Fin de la nuit, II.

DÉR. **Stadial.**

STADHOUDER [statudɛʀ] n. m. ⇒ **Stathouder.**

STADIA [stadja] n. m. — 1865 ; probablt du fém. du grec *stadios* « qui se tient debout, tout droit ».

♦ Techn., sc. Instrument formé d'une mire graduée, que l'on vise au moyen d'un instrument d'optique muni d'un réticule *(lunette à stadia),* et qui est utilisé pour la mesure des distances *(mesure stadimétrique).*

STADIAL, ALE, AUX [stadjal, o] adj. — XXᵉ ; de *stade* (3).

♦ Didact. Relatif à un stade (3), dans une évolution.

Pour les Néanthropiens fossiles (...) qu'il s'agisse de ceux de France, d'Allemagne, de Tchécoslovaquie, de Russie ou de Chine, l'uniformité de type est très frappante. Elle correspond à des traits extérieurs si évidents que les anthropologues ont créé la « race de Cro-Magnon » pour l'exprimer, race qui est en réalité un type stadial. A. LEROI-GOURHAN, le Geste et la Parole, t. I, p. 172 (1964).

STADIMÈTRE [stadimɛtʀ] n. m. — 1877, *stadiomètre ;* de *stadio-,* et *-mètre.*

♦ Techn., sc. Dispositif optique (lunette et mire graduée) pour mesurer les distances.

DÉR. **Stadimétrique.**

STADIMÉTRIQUE [stadimetʀik] adj. — 1902 ; de *stadimètre.*

♦ Techn., sc. Relatif au stadimètre ou à la mesure des distances par procédé optique. *Fils stadimétriques.*

1. STAFF [staf] n. m. — 1884, J. Adeline, *Lexique des termes d'art* — l'invention date de 1876 — ; mot all., de *staffieren* « garnir, orner », de l'anc. franç. *estoffer (étoffer),* par le hollandais.

♦ Techn. Composition plastique de plâtre et de filasse (de chanvre, de jute...), employée dans la décoration d'édifices provisoires, la construction* de décors. ⇒ aussi **Aggloméré, stuc.**

DÉR. **Staffer.**
HOM. 2. **Staff, staffe.**

2. STAFF [staf] n. m. — 1944 ; mot anglo-amér. « état-major », d'abord « bâton (de commandement) ».

Anglicisme.

♦ **1.** [a] Personnel assurant une fonction déterminée dans un service, une catégorie d'activités.

1 (...) le fond des salles à chroniques, où les autres les médecins du « staff » entraient pour ainsi dire jamais (...) CÉLINE, Guignol's band, 1944, p. 127.

[b] Équipe de direction, ensemble des collaborateurs directs d'un cadre supérieur de décision (directeur, etc.). ⇒ **Cadre** (de direction, technique), **personnel.** *« Un staff jeune, optimiste, entreprenant et gagneur »* (le Monde, 12 oct. 1972). *Un staff de 15 personnes. Le patron est entouré de son staff.*

2 Puis, entouré de journalistes, de gardes du corps et de son staff, il est remonté dans sa voiture, et il est retourné à l'hôtel Doral.
Claude ROY, in le Nouvel Obs., 17 juil. 1972, p. 20.

♦ **2.** (Ellipt., de *staff meeting*). Spécialt en méd. Réunion de service, dans un hôpital, au cours de laquelle on présente les malades. *« Fini les cas choisis pour alimenter le staff »* (le Nouvel Obs., 2 juil. 1973).

HOM. 1. **Staff, staffe.**

STAFFE [staf] n. m. — Mil. XXᵉ (in Larousse, 1964) ; p.-ê. de l'angl. *staff* « bâton ».

♦ Techn. Courroie ou anneau servant en acrobatie aux équilibres en renversement aux agrès.

HOM. 1. **Staff,** 2. **staff.**

STAFFER [stafe] v. tr. — 1904 ; de 1. *staff.*

♦ Techn. Construire en staff* (1. Staff). — Au p. p. *Décors staffés.*

DÉR. **Staffeur.**

STAFFEUR, EUSE [stafœʀ, øz] n. — 1904 ; de *staffer.*

♦ Techn. Plâtrier spécialiste du moulage et de la pose d'ouvrages en staff* (1. Staff). *Staffeurs travaillant pour un studio de cinéma.*

1. STAGE [staʒ] n. m. — Av. 1631 ; lat. médiéval *stagium*, anc. franç. *estage* « séjour », de *ester*.

♦ **1.** Anciennt (dr. canon). Résidence d'un nouveau chanoine, avant qu'il puisse jouir de sa prébende.

♦ **2.** (1808). Mod. Période d'études pratiques imposée aux candidats à certaines professions libérales ou publiques. *Stage pédagogique. Stage d'avocat*, d'avoué, d'huissier, de notaire, de juge* (→ Orphelin, cit. 3). *Stages d'instituteur, de professeur* (⇒ **Alumnat, juvénat,** relig.), *de médecin, de pharmacien. Stage d'agrégation.*

1 (...) il venait d'achever son Droit à Paris et se proposait d'y faire son stage, afin d'entrer dans la magistrature. BALZAC, les Paysans, Pl., t. VIII, p. 97.

1.1 Au sortir du lycée, Bobislas entra chez un notaire de Cstwertskst pour s'y former à la pratique du métier, et ce fut au cours de son stage que sa noirceur se dévoila. M. AYMÉ, le Passe-muraille, « Légende poldève », p. 150.

Par ext. Période de formation ou de perfectionnement dans un service d'une entreprise. ⇒ **Apprentissage, formation, préparation.** *Stages commerciaux. Élève ingénieur qui fait un stage pendant les vacances. Stage en entreprise. Un stage de deux mois, d'un an. Stage pratique.*

2 — Vous êtes étudiant à l'Université, sans doute ?
— Non, hélas, je fais un stage dans une maison d'exportation (...) je suis là pour une année entière ; je ne repartirai qu'en fin septembre. Michel BUTOR, l'Emploi du temps, p. 73.

♦ **3.** Période de courte durée pendant laquelle une personne suit des cours de formation à une activité professionnelle ou de loisir. *Stage de ski, de voile, de tennis. Stage linguistique à l'étranger.* ⇒ **Séjour.** *Stage de recyclage aux techniques modernes de l'édition. Stages de formation professionnelle.* ⇒ **Séminaire.** *Stage en internat, en externat. Encadrer, diriger, organiser un stage. Suivre, s'inscrire à un stage. Organiser des stages.*

♦ **4.** (1876). Fig. Séjour temporaire. *Faire un stage de deux ou trois mois en prison* (cit. 5).

3 Tous nos apprentis politiques devraient, au balcon des élèves, faire un stage raisonnable dans quelque salle d'opérations. G. DUHAMEL, Manuel du protestataire, I.

DÉR. Stagiaire.
HOM. 2. Stage.

2. STAGE [staʒ] n. m. — 1823 ; mot amér., abrév. de *stage-coach.* → *infra.*

♦ Anglic., vx. Stage-coach (cit.). « *Les* stages, *les steamers chôment* (le dimanche, en Californie) » (L. Simonin, in *le Tour du monde,* 1862, t. 1, p. 42).

HOM. 1. Stage.

STAGE-COACH [stɛdʒkotʃ] n. m. — 1822, Chateaubriand ; mot amér., de *stage* « étape routière », et *coach* « carrosse, voiture ».

♦ Anciennt. Diligence, dans les pays anglo-saxons (notamment aux États-Unis, dans l'Ouest).

Le « stage » — les Américains, qui abrègent tout, disent « stage » pour « stage coach » — est un vieux véhicule de forme antédiluvienne, une large caisse suspendue très haut sur de fortes courroies de cuir cru (...) Il est traîné par quatre ou six chevaux (...) E. DE LAVELEYE, Excursion aux nouvelles découvertes minières du Colorado, *in* le Tour du monde, 1881, t. II, p. 420.

STAGFLATION [stagflasjɔ̃] n. f. — 1970, *in* P. Gilbert ; mot amér., formé par coupe syllabique, de *stag(nation),* et *(in)flation.*

♦ Écon. Situation économique d'un pays caractérisée par la stagnation de l'activité, de la production, et par l'inflation* des prix.

S'appuyant sur des « capacités de production inemployées », ils *(les spécialistes de l'économie)* sont surpris un jour de voir la hausse des prix coïncider avec le chômage et, pour cacher leur embarras, ne parviennent qu'à trouver le mot nouveau *stagflation.* A. SAUVY, Croissance zéro ?, 1973, p. 27.

STAGIAIRE [staʒjɛʀ] adj. et n. — 1823 ; *stagier,* 1765 ; de 1. *stage.*

♦ **1.** Adj. (Suivant un nom de profession). Qui fait un stage (1. Stage, 2.) dans le cadre de sa formation professionnelle. *Professeur, instituteur, pharmacien stagiaire. Avocat stagiaire. Moniteur stagiaire.*

1 Ce fils, devenu, selon l'expression des paysans, un monsieur, venait de terminer son droit et devait prêter serment à la rentrée comme avocat stagiaire. BALZAC, Ursule Mirouët, Pl., t. III, p. 268.

(1845). Didact. Qui concerne un stage. *Période stagiaire.*

♦ **2.** N. Personne qui fait un stage (1. Stage, 2. ou 4.). *Une jeune stagiaire. Le directeur a réuni les stagiaires. Moniteurs et stagiaires d'une école de voile. — Médecins et stagiaires, dans un hôpital.*

2 (...) des stagiaires attachés à un chef de service, et autorisés par lui à porter le tablier blanc et à aider l'interne dans les pansements. Ed. et J. DE GONCOURT, Sœur Philomène, XLIII, p. 238.

Fig., littér. « *Le nouveau stagiaire de l'éternité* (un mort) » (L. Bloy, *le Désespéré,* p. 57).

STAGIRITE [staʒiʀit] adj. et n. — Attesté XVIIIᵉ, Voltaire ; lat. *stagirites,* mot grec employé par Cicéron pour désigner Aristote, né à *Stagiros,* ville de Macédoine.

♦ Didact. De Stagire. — *Le Stagirite :* Aristote (né à Stagire).

STAGNANCE [stagnɑ̃s] n. f. — 1972, cit. ; de *stagnant.*

♦ Littér., didact. Caractère de ce qui est stagnant. « *Une trop grande discordance entre le progrès de la pensée et la stagnance de la société* » (J. Adamov-Autrusseau, *Histoire de la philosophie,* t. 4, p. 131, *in* D.D.L., II, 7).

STAGNANT, ANTE [stagnɑ̃, ɑ̃t] adj. — 1546 ; lat. *stagnans ;* de *stagnare.* → Stagner.

♦ **1.** a (Fluides). Qui ne s'écoule pas, reste immobile. ⇒ **Dormant.** *Eau stagnante d'un marais*, d'un étang* (→ Déversoir, cit. 1 ; horizontal, cit. 3 ; pilotis, cit. 1). ⇒ **Immobile, mort** (2. Mort : eau morte). — Par métaphore. *Les mares** (cit. 6) *stagnantes* (métaphore, allus. polit.). — Par anal. *Fumée, lumière* (cit. 7) *stagnante.*

1 (...) l'eau stagnante et échauffée qui s'amasse aux digues des moulins. Th. GAUTIER, Souvenirs de théâtre, Statistique industr. départ. Ain.

b Vx, méd. *Humeurs stagnantes,* qui ne circulent pas.

c Par métaphore, littér. « *La paresse des cœurs stagnants* » (Maupassant, Pl., t. II, p. 611).

2 Puis, fantôme lui-même en cette nuit stagnante,
Larve toute effarée et toute frissonnante,
Pâle, il *(Barabbas)* se rapprocha lentement du gibet (...) HUGO, la Légende des siècles, « La fin de Satan », II, II, XXI.

3 Chacune de ces pressions leur disait quelque chose, évoquait une parcelle de leur passé fini, remuait dans leur mémoire les souvenirs stagnants de leur tendresse. MAUPASSANT, Fort comme la mort, VI.

♦ **2.** (1788). Fig. Qui est peu actif, ne fait aucun progrès. *Le commerce est stagnant. La Bourse, stagnante depuis plusieurs mois, se réveillait. — Une vie stagnante et morne.*

Quant au père, c'est un charmant homme, très instruit, très ouvert, très cordial, mais qui aime avant tout le repos, le calme, la tranquillité, et qui a fortement contribué à momifier ainsi sa famille pour vivre à son gré, dans une stagnante immobilité. MAUPASSANT, Mademoiselle Perle, Pl., t. II, p. 670.

DÉR. Stagnance.

STAGNATION [stagnasjɔ̃] n. f. — 1741 ; du lat. *stagnatum,* supin de *stagnare.* → Stagner.

♦ **1.** État d'une eau stagnante, d'un fluide stagnant. *La stagnation des eaux.*

Phys. *Point de stagnation :* pour un liquide non visqueux, Point où la vitesse du fluide est nulle par rapport à une surface limite. *Température de stagnation,* atteinte par un fluide incompressible au point de stagnation. *Pression de stagnation.* — Méd., vx. *La stagnation du sang, des humeurs.* ⇒ **Arrêt, stase.** — Mod. *La stagnation du pus dans une plaie.*

Par métaphore, littéraire :

1 Je crois, si le bonheur est quelque part, qu'il est dans la stagnation. Les étangs n'ont pas de tempêtes. FLAUBERT, Lettre à E. Chevalier, 13 août 1845, *in* Correspondance, Pl., t. I, p. 249.

2 Le regard en arrière sur l'eau grise de sa vie l'entretenait dans le mépris de soi. Quelle stagnation ! Mais sous ces eaux dormantes avait frémi un secret courant d'eau vive (...) F. MAURIAC, le Baiser au lépreux, p. 144.

♦ **2.** (1764 ; cet emploi était à la mode à la fin du XVIIIᵉ ; cf. Brunot, H.L.F.). Fig. État fâcheux d'immobilité, d'inactivité. ⇒ **Arrêt, ankylose, atrophie** (fig.), **immobilisme, inertie, langueur, marasme, piétinement.** *La stagnation des affaires* (→ C'est le calme* plat). — *Stagnation économique* (→ Stagnationniste, cit.). *Stagnation accompagnée d'inflation.* ⇒ **Stagflation.** — (Domaine de la vie individuelle). *La stagnation dans un médiocre bonheur quotidien* (→ Médiocre, cit. 5). *Cette stagnation du passé...* → Immobiliser, cit. 11, Proust.

3 Si l'ignorance et la routine sont invincibles dans les campagnes où l'on abandonne les paysans à eux-mêmes, la ville d'Issoudun est arrivée à une complète stagnation sociale. BALZAC, la Rabouilleuse, Pl., t. III, p. 938.

4 Je ne suis fait pour la stagnation contemplative et ne me plais que dans l'effort. GIDE, Journal, 13 oct. 1942.

CONTR. Développement, essor.
DÉR. Stagnationniste.

STAGNATIONNISTE [stagnasjɔnist] n. — 1973, cit. ; de *stagnation.*

♦ Didact. Économiste partisan de la théorie de la stagnation.

Selon les stagnationnistes, le progrès économique n'aura été, dans la longue durée, qu'un feu de paille. L'humanité a eu la chance de mettre la main, au XVIIᵉ siècle, sur une sorte de filon de progrès économique (vapeur, électricité, etc.) et géographique aussi, qui a alimenté constamment la machine, en même temps que l'accroissement de la population. Ces deux sources de progrès étant taries, l'humanité doit se résigner à voir ralentir son rythme et à entrer dans une période relative de stagnation. Il y a un conflit, une contradiction entre l'accumulation passée de richesses et les créations nouvelles. Une économie est arrivée à l'état de « maturité » ou de « stagnation », lorsqu'elle est incapable de recevoir son apport créateur selon le même rythme.   A. SAUVY, Croissance zéro ?, p. 60.

STAGNER [stagne] v. intr. — 1787 ; lat. *stagnare*.

♦ **1.** Rester immobile sans couler, sans se renouveler (en parlant des fluides). ⇒ **Croupir ; stagnant.** *L'eau stagne dans l'abreuvoir. — La brume stagne au fond de la vallée* (⇒ **Rester**).

1 La mare stagnait, écrasée sous le soleil d'un midi de juin.
                    L. PERGAUD, De Goupil à Margot, p. 133.

(En parlant de gaz, de vapeurs, etc.). Littéraire :

2 (...) cette pièce où stagnait la fumée froide d'un poêle qui ne brûlait plus de tourbe à cette heure.   ARAGON, la Semaine sainte, XI.

3 Le ragoût stagne dans son assiette au lieu de se déverser dans son tube digestif.
                    R. QUENEAU, le Dimanche de la vie, p. 163.

♦ **2.** (1895, des personnes). Par métaphore, fig. Être inerte, languir, en rester au même point, ne pas évoluer (→ Forestier, cit. 2 ; renoncule, cit. 2). *Des vies qui se traînent et stagnent* (→ Anéantir, cit. 16). *Idée* (cit. 34) *qui stagne. Les affaires stagnent.* ⇒ **Languir.**

4 On prolongeait même les remerciements par des propos différents qui permettaient de rester un instant de plus auprès du baron, pendant que ceux qui ne l'avaient pas encore félicité de la réussite de *sa* fête stagnaient, piétinaient.
                    PROUST, la Prisonnière, Pl., t. III, p. 266.

5 En dépit de ce dénuement où il stagnait depuis des mois, il s'était entouré d'une domesticité très compliquée (...)   CÉLINE, Voyage au bout de la nuit, p. 155.

CONTR. Couler. — Bouger, développer (se), évoluer, fluctuer.

STAKHANOVISME [stakanɔvism] n. m. — 1936 ; du nom du mineur russe *Stakhanov*.

♦ En U. R. S. S., Méthode d'augmentation du rendement du travail par des initiatives des travailleurs.

(...) le *Stakhanovisme* a été merveilleusement inventé pour secouer le nonchaloir (...)   GIDE, Retour de l'U. R. S. S., p. 43 (1936).

DÉR. Stakhanoviste.

STAKHANOVISTE [stakanɔvist] n. et adj. — 1936, Gide ; de *stakhanovisme*.

A. N. ♦ 1. Travailleur appliquant les principes du stakhanovisme, en U. R. S. S. — Travailleur à la chaîne particulièrement productif, rapide.

Adj. *Un ouvrier stakhanoviste.*

1 Un coup d'œil sur la femme stakhanoviste : elle est déchaînée, elle commence son quatrième siège vingt minutes après la reprise. Je vois le va-et-vient rapide de ses mains. Le geste répété des deux pouces bandés sur deux caoutchoucs : clac, clac, clac. J'en ai le vertige. La sellerie tourné, scandée par ces deux pouces inlassables. Elle ne voit rien, elle a les yeux fixés sur son cadre (...) Comment fait-elle, cette femme-machine ?   Robert LINHART, l'Établi, p. 43.

♦ **2.** Par ext., fam. Personne dont on juge qu'elle travaille trop, qui fait du zèle, pratique une activité de manière excessivement intensive, avec un grand souci du rendement. *« Un stakhanoviste du gag (Goscinny) » (le Nouv. Obs., 14 nov. 1977). « Des gentlemen (...) qui ont délaissé la chasse au lion ou au tigre pour devenir stakhanovistes du moulinet chromé (la pêche au requin) » (l'Express, 28 avr. 1981). « Tu es une stakhanoviste » (F. Mallet-Joris, le Jeu du souterrain, p. 178).*

B. Adj. (1936). Choses. Relatif au stakhanovisme. *Méthodes stakhanovistes. « Le mouvement stakhanoviste » (N. R. F., n° 268). Un rendement stakhanoviste.*

2 À cette époque où le productivisme allait de soi et où nul ne pensait même à s'interroger sur les dangers d'une croissance matérielle sans limites, personne ne notait que des doctrines nouvelles avaient au moins en commun entre elles et avec le marxisme « stakhanoviste » et même avec le marxisme tout court une sorte de *divinisation du travail social* considéré comme devoir absolu et fin ordonnatrice de l'homme et témoignaient ainsi d'un besoin inconscient mais inverti de sacralité.
                    Raymond ABELLIO, Ma dernière mémoire, t. II, p. 57.

STAKNING [stakniŋ] n. m. — 1939, *in* Petiot ; mot norvégien.

♦ Ski. Progression par une poussée simultanée des deux bâtons, en ski nordique. ⇒ **Stawug.**

STAL [stal] n. m. ⇒ **Stalinien.**

STALACTITE [stalaktit] n. f. — 1718 ; du grec *stalaktos* « qui coule goutte à goutte », du v. *stalassein.*

♦ **1.** Didact., cour. Concrétion calcaire (carbonate de calcium) qui se forme lorsque des eaux filtrant à la voûte d'une caverne, d'une grotte, arrivent dans l'atmosphère de cette caverne ou grotte (aux grandes profondeurs, ces eaux chargées sous pression élevée de gaz carbonique et contenant du bicarbonate de calcium en solution, pro-

duisent un dépôt de carbonate, avec dégagement de gaz carbonique, lorsqu'elles arrivent à l'air sous une pression voisine de la pression atmosphérique normale). *Stalactites excentriques. Stalactite fistulaire*. Stalactites et stalagmites.*

1 (...) nous sommes arrivés à une grotte que les stalactites ont décorée de piliers et de franges merveilleuses (...)   NERVAL, Voyage en Orient, Introd., XVIII.

2 Dans les grottes sans fin brillent les stalactites (...)
(...) Stalactites tombant des voûtes, stalagmites
Montant du sol, partout les orgueilleux glaçons
Argentent de splendeurs l'horizon sans limites.
                    Th. DE BANVILLE, les Stalactites, « Décor ».

♦ **2.** Concrétion, glace qui pend en aiguilles. — Au masc. (fautif) :

3 (...) elle cueillit un des longs stalactites de glace qui frangeaient les balcons (...)
                    Maurice BEDEL, Jérôme 60° latitude nord, X.

♦ **3.** Archit. Motif décoratif qui pend à une coupole, à un encorbellement. *Stalactites d'un pilastre, d'une voûte ; stalactites en bois, en stuc, de l'architecture islamique.*

STALAG [stalag] n. m. — 1940 ; mot all., abrév. de *Stammlager.*

♦ Camp allemand, pendant la guerre de 1939-1945, où étaient internés les prisonniers de guerre non officiers. *Stalags et oflags*.*

Ni la mère Blache ni Berthe n'aimaient les Allemands. En effet, l'une avait son fils et l'autre son mari, prisonniers dans les stalags (...)
                    Francis CARCO, les Belles Manières, I, I.

STALAGMITE [stalagmit] n. f. — 1752 ; *salamite*, av. 1683, J.-B. Colbert ; du grec *stalagmos* « écoulement goutte à goutte ».

♦ Didact. (moins cour. que *stalactite*). Concrétion analogue à la stalactite, mais de forme ascendante produite par la chute d'eaux calcaires* sur le sol d'une caverne (cit. 3), d'une grotte. *Stalactites et stalagmites se forment par écoulement de l'eau* (⇒ **Stillation**) *; elles peuvent se rejoindre et former des colonnes.*

DÉR. Stalagmitique.

STALAGMITIQUE [stalagmitik] adj. — 1846, Bescherelle ; de *stalagmite.*

♦ Didact. Des stalagmites ; formé ou couvert de stalagmites. *« Que les gouttes deviennent un jet ou coulent de plusieurs points du plafond, et la calcite s'étendra sur le sol en largeur pour le couvrir d'un plancher stalagmitique » (Science et Vie, n° 590, p. 91).*

STALAGMOMÈTRE [stalagmɔmɛtʀ] n. m. — 1875 ; du grec *stalagmos* « écoulement goutte à goutte », et *-mètre*, d'après l'angl. *stalagmometer*, 1864.

♦ Phys. Instrument servant à mesurer la tension superficielle d'un liquide par la détermination du nombre de gouttes qui s'écoulent d'un tube gradué en un temps déterminé et pour une quantité totale connue du liquide.

STALAGMOMÉTRIE [stalagmɔmetʀi] n. f. — 1938, Garnier-Delamare ; de *stalagmomètre.*

♦ Phys. Mesure de la tension superficielle au stalagmomètre.

STALINIEN, IENNE [stalinjɛ̃, jɛn] adj. — V. 1930 ; de *Staline*, homme d'État soviétique, 1879-1953.

♦ **1.** De Staline, propre à Staline (régime politique marxiste-léniniste autoritaire jusqu'à la tyrannie, « culte de la personnalité » du chef). *La dictature stalinienne. Conceptions, méthodes staliniennes. Le régime stalinien. Les procès staliniens.*

♦ **2.** Adj. et n. Partisan de Staline et du stalinisme ; spécialt, depuis le xx⁰ Congrès du P. C. de l'U. R. S. S. (1956), Qui reste fidèle à l'esprit stalinien, malgré la « déstalinisation ». *De vieux communistes staliniens, un peu staliniens. Elle est devenue moins stalinienne. — Les staliniens.*

Abrév. fam. : *stal* [stal]. *Un vieux stal. C'est une stal. Les stals.*

COMP. Antistalinien.

STALINISÉ, ÉE [stalinize] adj. — Mil. xxᵉ ; de *Staline.*

♦ Gouverné selon les méthodes staliniennes.

Mais tu ne peux pas comparer ce que serait une France gaulliste et une France stalinisée.   S. DE BEAUVOIR, les Mandarins, 1954, p. 466.

STALINISER [stalinize] v. — D. i. (mil. xxᵉ) ; de *Staline.*

♦ **1.** V. tr. Rendre stalinien. *Staliniser un parti communiste.*

♦ **2.** V. intr. Faire une politique stalinienne.

Staline vit, Staline servit, Levska stalinise et expédie ses meilleurs copains à la mort.
Jacques LAURENT, les Sous-ensembles flous, p. 375.

CONTR. Déstaliniser.

STALINISME [stalinism] n. m. — V. 1930 ; de *Staline.* → Stalinien.

♦ Politique stalinienne d'autorité, de contrainte. Théories et méthodes de Staline.

Chez les individus et dans la politique des États, le marxisme affronté au réel donne ce que nous voyons qu'il a donné, et qui s'est appelé stalinisme.
F. MAURIAC, le Nouveau Bloc-notes 1958-1960, p. 361.

STALLE [stal] n. f. — 1611 ; lat. médiéval *stallum,* latinisation de l'anc. franç. *estal,* fin XIIᵉ, francique **stal.* → Étal.

♦ **1.** Chacun des sièges de bois à dossier élevé qui garnissent les deux côtés du chœur (cit. 13) d'une église cathédrale ou abbatiale, et qui sont réservés aux membres du clergé (→ Antiphonaire, cit. 1 ; coulpe, cit. 2). *Abattant, miséricorde d'une stalle. Stalles hautes, basses* (dans le cas de stalles disposées sur deux rangs).

(...) les deux grands côtés de cette salle célèbre parmi les antiquaires bourguignons (...) étaient garnis de stalles de bois richement sculptées. On y voyait, figurés en bois de différentes couleurs, tous les mystères de l'Apocalypse.
STENDHAL, le Rouge et le Noir, I, XVIII.

♦ **2.** (1826). Vx. Dans un théâtre, Siège séparé et numéroté. *Stalle d'orchestre* (cit. 9) : fauteuil d'orchestre. — Mod. (dans certains théâtres). Siège de bois à abattant, faisant partie des places de côté.

♦ **3.** (1861, *in* D.D.L.). Dans une écurie, Compartiment cloisonné réservé à un cheval. ⇒ **Box, loge.**

(1973, *Journ. off.*). Compartiment réservé à une voiture, dans un garage. ⇒ **Box** (anglicisme).

HOM. Stal (de *stalinien*).

STAMINAL, ALE, AUX [staminal, o] adj. — 1803 ; dér. sav. du lat. *stamen, -inis.* → 2. Étamine.

♦ Bot. Relatif aux étamines. *Filet staminal. Feuille staminale,* l'étamine.

STAMINÉ, ÉE [stamine] adj. — 1791 ; dér. sav. du lat. *stamen, -inis.* → 2. Étamine.

♦ Bot. Se dit des fleurs unisexuées mâles.

STAMINIFÈRE [staminifɛʀ] adj. — 1803 ; comp. sav. du lat. *stamen, -inis* (→ 2. Étamine), et *-fère.*

♦ Bot. Qui porte des étamines.

STAMINODE [staminɔd] n. m. — 1817 ; du lat. *stamen, -inis* (→ 2. Étamine), et *-ode,* grec *eidos* « forme ».

♦ Bot. Organe stérile, étamine avortée.

STAMNOS [stamnɔs] n. m. — 1902, Encycl. Berthelot ; mot grec.

♦ Didact. Archéol. Vase grec utilisé pour conserver le vin.

Le stamnos se distingue par ses petites anses horizontales et son embouchure relativement étroite. On l'employait pour conserver le vin, en particulier à l'occasion des fêtes célébrées devant l'idole de Dionysos.
Henri METZGER, la Céramique grecque, p. 17.

STAMPE [stɑ̃p] n. f. — 1803, mot régional wallon (Liège), de *stamper* « poser, dresser », du francique **stampôn* « piler, écraser ».

♦ Techn. Intervalle entre deux couches de houille, de minerai ; son épaisseur.

STAMPIEN [stɑ̃pjɛ̃] n. m. — 1899 ; du lat. *Stampae* « Étampes ».

♦ Géol. Étage de l'oligocène* contemporain du rupélien*.

1. STANCE [stɑ̃s] n. f. — 1550, *stanse* ; de l'ital. *stanza,* proprt « demeure, séjour », puis « repos », et, par ext., « suite de vers avec repos final ». Cf. les célèbres *Stanze* du Politien, 1494 ; rad. lat. *stare.* → Ester.

♦ **1.** (Jusqu'au XIXᵉ). Vx. Strophe (→ Emblématique, cit. 1 ; jusque, cit. 57).

Les stances avec grâce apprirent à tomber,
Et le vers sur le vers n'osa plus enjamber.
BOILEAU, l'Art poétique, I.

♦ **2.** (XVIIᵉ). Hist. littér. (Au plur.). Poème ou fragment lyrique d'inspiration grave (religieuse, morale, élégiaque) composé d'un nombre variable de strophes habituellement du même type. *Les stances de Desportes, de Malherbe* (à Du Périer, pour Alcandre...), *de Racan*

(à Tircis), *de Musset* (à la Malibran)... *Corneille a introduit des stances dans certaines de ses pièces* (monologues lyriques du *Cid,* de *Polyeucte...*). — *Les Stances,* recueil de poèmes de Moréas (1899).

HOM. 2. Stance.

2. STANCE [stɑ̃s] n. f. — Av. 1924, A. France ; de l'ital. *stanza.*

♦ Didact. (arts). Vaste salle décorée de fresques. *Les stances de Raphaël, au Vatican.*

HOM. 1. Stance.

1. STAND [stɑ̃d] n. m. — 1875, *stand de tir ; stan,* 1542, en Suisse romande ; suisse allemand *Stand.*

♦ Emplacement aménagé pour le tir à la cible. *Stand de tir au pistolet, à la carabine, à l'arc. La baraque d'un stand de tir forain. Les cibles, le pas de tir d'un stand.*

Sous son toit de chaume et ces montants de sapins frais équarris, le stand ressemble, en plus rustique, à un de nos tirs forains, avec cette différence qu'ici les amateurs apportent leurs armes, des fusils à baguette d'ancien système et qu'ils manient assez adroitement.
Alphonse DAUDET, Tartarin sur les Alpes, VI, p. 99 (1885).
Il allongea ses quarante sous et fit un carton. Ce n'était pas brillant.
— Pas fameux, dit-il à la fille qui tenait le stand.
R. QUENEAU, Pierrot mon ami, éd. L. de Poche, p. 21.

HOM. 2. Stand.

2. STAND [stɑ̃d] n. m. — 1883 ; « tribune des spectateurs de courses », 1854, une première fois en 1833, *in* Höfler ; mot angl. (XVIᵉ), même rac. que 1. *stand.*

A. ♦ **1.** Dans une exposition, Emplacement réservé à un exposant, ou à une catégorie de produits ; ensemble des installations et des produits exposés. *Louer un stand dans une foire. Monter, installer un stand. Les hôtesses d'un stand. Tenir un stand. Le stand de la Fédération de voile. Le stand Renault. Le stand des producteurs de vin de l'Hérault. Un stand de chaussures. Le stand de la Bulgarie à la Fête de l'Humanité.*

L'affaire se compliquait, en outre, d'un procès intenté par l'administration de l'Exposition de Trieste, où, ce printemps, la manufacture de papiers peints avait installé un stand tapageur, dont le loyer n'avait jamais été payé.
MARTIN DU GARD, les Thibault, t. V, p. 260.
À l'entrée du stand, le public fait longuement la queue.
R. BARTHES, Mythologies, p. 171.

♦ **2.** (1939, *in* Höfler). *Stand de ravitaillement :* emplacement réservé à un concurrent, à une écurie, dans une course automobile.

B. Techn. ⓐ (1964). Tablette destinée à recevoir une machine de bureau (machine à écrire, etc.).

ⓑ Dispositif destiné à maintenir vertical un instrument de musique dont on ne joue pas. *Stand de contrebasse, de saxophone.*

HOM. 1. Stand.

1. STANDARD [stɑ̃daʀ] n. m. et adj. invar. — 1905 ; mot angl., 1833 (*in* Rey-Debove et Gagnon) ; attestations isolées, 1702 et 1857 ; mot angl., « étalon, type », déjà 1692 en finances (Höfler) ; de l'anc. franç. *estandard,* du francique **standhard* « inébranlable ». → Étendard.

♦ **1.** Type, norme de fabrication. — Spécialt. Ensemble des caractéristiques définissant un système de télévision.

Appos. ou adj. Conforme à un type ou à une norme de fabrication en série. ⇒ **Courant, normalisé.** *Pièces standard. Modèle standard et modèle de luxe. Ces prises, ces fiches sont-elles standard ?*

(...) dans l'industrie, on rencontre (...) les mots de *série* ou *standard,* s'opposant à *de luxe,* et désignant, par exemple, une voiture de présentation moins soignée, moins luxueusement équipée : en 1935, Renault vendait, à côté de sa *Celtaquatre* de luxe, une *Celtastandard.* De même les briquets Flamidor offrent (1947) un *modèle standard,* robuste, élégant, sûr, économique qui, par sa matière et son aspect, se différencie du modèle de luxe (...)
M. GALLIOT, Essai sur la langue de la réclame contemporaine, p. 49, note 41.

Loc. (1931). *Échange standard :* remplacement d'une pièce usée par une autre du même type. *Faire l'échange standard du moteur de sa voiture.*

Sc. *Conditions standard :* conditions type, conditions normales ou conditions de référence ; état idéal (de pression ; de température). *État standard :* (pour les gaz) état idéal à la pression de 1 atmosphère ; — (pour les liquides et solides) pression de 1 atmosphère et température ordinaire. *Volume standard,* de 1 mole à 0 °C sous la pression de 1 atmosphère. *Chaleur standard de formation,* nécessaire pour la formation de 1 mole d'un composé à partir d'éléments dans l'état standard. *Fréquence standard d'un émetteur très stable. Écart standard :* racine carrée de la somme des carrés, dans les écarts moyens. — N. m. *Standard fondamental,* dans la rotation terrestre. *Standard interne :* matériau ajouté à un échantillon pour servir de référence en spectroscopie.

Se dit de l'état socialement dominant et normal (d'une langue, d'un comportement de langage). *L'anglais, le français standard.* ⇒ **Norme.** *Prononciation standard.*

♦ **2.** Fig. Conforme au modèle habituel, sans originalité. *Sourires standard* (→ Politesse, cit. 5). *Des réflexions, une pensée standard.*

2 (...) c'est une déception, lorsque vous arrivez à Wichita, à Saint-Louis, à Albuquerque, à Memphis, de constater que, derrière ces noms magnifiques et prometteurs, se cache la même cité standard, en damier, avec les mêmes feux rouges et verts qui règlent la circulation et le même air provincial.
SARTRE, Situations III, p. 109.

♦ **3.** (1927, *in* Höfler). Anglicisme, vieilli. **STANDARD DE VIE** (angl. : *standard of living,* → Exportation, cit. 2) : niveau* de vie. ⇒ **Standing.**

3 Ces facilités devaient me donner un peu de jeu sans toutefois améliorer beaucoup ce que les économistes modernes appelleraient pompeusement mon standard de vie. G. DUHAMEL, Biographie de mes fantômes, x.

4 (...) oppression constante des petits par les grands, qui regardent la supériorité de leur standard de vie comme une marque de leur appartenance divine (...)
Michel LEIRIS, Fourbis, p. 11.

DÉR. Standardisation, standardiser.
HOM. 2. Standard.

2. STANDARD [stãdaʀ] n. m. — 1893, Höfler ; mot angl. « support, panneau », mais l'angl. dit *switch-board.*

♦ Dispositif permettant, dans un réseau téléphonique peu important, de mettre en relation la ligne du demandeur avec celle du demandé. ⇒ **Central, fiche** (cit. 1), **jack.**

Le téléphoniste plantait ses fiches dans le standard, et notait sur un livre épais les télégrammes. SAINT-EXUPÉRY, Vol de nuit, p. 56.

Spécialt (dans une administration, une entreprise importante). Dispositif permettant de brancher les postes intérieurs sur le réseau urbain ou de les mettre en communication entre eux. *Passer par le standard pour obtenir une communication. Vous obtenez le standard en faisant le 1. Laisser sonner le standard. Être employé au standard.* ⇒ **Standardiste.** — En composé : *sous-standard.* → Standardiste, cit. 1.

DÉR. Standardiste.
HOM. 1. Standard.

STANDARDISABLE [stãdaʀdizabl] adj. — 1981, *infra* ; de standardiser.

♦ Qui peut être standardisé, uniformisé. « *L'épreuve d'anesthésie à l'halothane étant facilement standardisable, elle permet de détecter les sujets sensibles au syndrome de stress aigu* » (*la Recherche,* mars 1981, p. 283).

STANDARDISATION [stãdaʀdizɑsjõ] n. f. — 1904 ; angl. *standardization,* de *to standardize.* → Standardiser.

♦ **1.** Production de modèles standard fabriqués en série. ⇒ **Normalisation** (→ Consommation, cit. 8 ; 1. fer, cit. 7).

Cette uniformité était le fruit même de cette civilisation qui avait imposé à toute activité humaine des traditions rigides comme des cadres où le génie de l'individu s'était figé. *Standardisation.* Voilà le mot qu'il fallait prononcer, exprimant ici une méthode appliquée depuis des millénaires, bien que les Américains aient cru l'inventer à la fin du siècle dernier. Georges LE FÈVRE, la Croisière jaune, Expédition Citroën, p. 311 (1933).

♦ **2.** (1927). Fait de rendre semblable, conforme à un même type. *La standardisation des hommes* (cit. 88). *La standardisation du mode de vie, des loisirs, de l'habillement.* ⇒ **Uniformisation.**

♦ **3.** Spécialt. (Anglic. critiqué). Normalisation* (scientifique, technique, commerciale...).

STANDARDISER [stãdaʀdize] v. tr. — 1904 ; angl. *to standardize,* de *standard.* → 1. Standard.

♦ **1.** Anglic. critiqué. Normaliser*.

♦ **2.** Uniformiser. *Standardiser les modes de vie, les individus.*

▶ **STANDARDISÉ, ÉE** p. p. adj. *Des modèles standardisés.* — « *Le rendement industriel et la satisfaction standardisée* » (→ Hétérogène, cit. 2).

DÉR. Standardisable.

STANDARDISTE [stãdaʀdist] n. — Av. 1933, Larousse ; de 2. standard.

♦ Téléphoniste qui assure le service d'un standard. *La standardiste d'une entreprise.*

1 Des standardistes polyglottes triaient les réceptions, les branchaient par langues sur des sous-standards qui les distribuaient ensuite par genre littéraire.
BARJAVEL, Ravage, p. 19 (1943).

2 Mademoiselle de Nontursac passe à son patron les communications téléphoniques aiguillées sur l'appareil directorial par la standardiste (...)
Robert PINGET, Graal flibuste, p. 58.

1. STAND-BY [stãdbaj] n. et adj. — 1975 ; de l'angl. *stand-by passenger,* de *to stand by* « se tenir prêt », et *passenger* « passager ». Anglicisme.

♦ **1.** N. Personne qui voyage en avion sans avoir réservé sa place. *Faire embarquer un stand-by à la dernière minute.* Équivalent franç. : *voyageur en attente.*

♦ **2.** N. m. Manière de voyager en avion sans réservation préalable. *Voyager en stand-by.*

♦ **3.** Adj. Qui concerne cette façon de voyager. *Réduction sur les billets stand-by.*

HOM. 2. Stand-by.

2. STAND-BY [stãdbaj] n. m. — 1975 ; mot angl., de *to stand by* « soutenir ».

♦ Anglic., écon. Autorisation du Fonds monétaire international à tirer des devises.

HOM. 1. Stand-by.

STANDING [stãdiŋ] n. m. — 1928, Pagnol, *Topaze ;* mot angl., « situation, position ».

♦ **1.** Anglic. Niveau de vie, situation économique et sociale reconnue par l'opinion publique. ⇒ **Position.**

1 (...) c'est l'opinion des autres et non la mienne qui constitue mon standing.
J. ROMAINS, les Hommes de bonne volonté, t. XII, XII, p. 118.

2 Je vous ai fait attendre, dit-il.
— Ça n'a pas d'importance, assura Colin.
— Si... dit le marchand. C'était exprès. C'est pour mon standing.
B. VIAN, l'Écume des jours, XXXV, p. 122.

3 (...) l'argent que nous recevions : il ne pesait pas son poids ; n'étant assujettis à aucun standing, nous le dépensions capricieusement (...)
S. DE BEAUVOIR, la Force de l'âge, p. 371.

4 Comme toujours (je viens de le signaler à propos du *Guide Bleu*), on feint de traiter comme termes comparables, le luxe privilégié et le standing populaire ; on porte au crédit de la France entière, le « chic » inimitable de la toilette parisienne, comme si toutes les Françaises s'habillaient chez Dior ou Balanciaga.
R. BARTHES, Mythologies, p. 132.

♦ **2.** (Choses). Grand confort, luxe. ⇒ **Classe.** *Immeuble, hôtel de bon, de grand standing.* « *Ces nouveaux trains de grand standing* » (*la Vie du Rail,* 11 juin 1972). — En appos. *Villas grand standing.* — Absolt. *Cet appartement n'a pas assez de standing pour le président.* — Recomm. off. : *immeuble, hôtel de standing.* — REM. Par l'excès d'usage, notamment en publicité, le mot évoque plus un bon confort que le luxe et le prestige.

5 Il paraît que je dois maintenir un certain *standing.* Elle rêve d'un appartement *grand standing* (comme disent les annonces immobilières qui ne parlent jamais de petit standing) [...] Pierre DANINOS, Un certain Monsieur Blot, p. 185.

REM. Transcription graphique plaisante des prononciations pop. [stãdiŋ] : *standigne ;* [stãdɛʒ] : *standinge ;* [stãdɛ̃g] : *standingue* (San Antonio). — En emploi adjectival :

6 Évidemment, je paierai plus d'impôts, mais ça fera standigne.
R. QUENEAU, les Fleurs bleues, p. 51 (1965).

STANDOLIE [stãdɔli] n. f. — Mil. xxᵉ (*in* Larousse, 1964) ; de stand(ard), et lat. *oleum* « huile ».

♦ Techn. Huile utilisée en peinture, traitée à haute température pour en augmenter la siccativité, la dureté, la résistance à l'eau.

DÉR. Standolisation.

STANDOLISATION [stãdɔlizɑsjõ] n. f. — 1975 ; de standolie.

♦ Techn. Traitement (d'une huile) à haute température. ⇒ **Standolie.**

STANHOPE [stanɔp] n. m. — 1823 ; du nom de lord Stanhope.

♦ Vx. Petite voiture à cheval, basse, à la mode vers 1830.

STANHOPÉE [stanɔpe] n. f. — 1876 ; lat. mod. *stanhopea,* formé en anglais, du nom de Philip Henry, quatrième comte Stanhope, botaniste anglais mort en 1855.

♦ Orchidée d'Amérique, épiphyte, possédant une seule grande feuille et des fleurs odorantes à sépales quasi égaux, de couleurs variées.

STANITZA [stanitsa] n. f. — 1859, *in* D.D.L., II, 16 : aussi *stanitsa,* 1865 ; mot russe.

♦ Hist. Camp, village d'une garnison de Cosaques au XIXᵉ siècle, en Russie.

STANN- Élément, du lat. *stannum* «étain».

STANNAGE [stanaӡ] n. m. — 1842; du bas lat. *stannum* «étain».

♦ Techn. Préparation d'une étoffe avant la teinture, par imprégnation d'une dissolution d'étain.

STANNATE [stanat] n. m. — 1836; du bas lat. *stannum* «étain».

♦ Chim. Sel (d'un acide stannique).

STANNEUX, EUSE [stanø, øz] adj. — 1831; du lat. *stannum* «étain».

♦ **1.** Chim. Composé stanneux, de l'étain bivalent. *Sulfure stanneux.*

♦ **2.** Didact. Qui évoque l'étain; d'étain.
(...) pas si désagréable que ça cette odeur, un peu voisine du parfum de la mousse humide dans les bois très profonds mais avec un arrière-goût stanneux (...)
R. QUENEAU, *Loin de Rueil*, p. 9.

STANNIFÈRE [stanifɛʀ] adj. — 1829; du lat. *stannum* «étain» (→ Stann-), et *-fère*.

♦ **1.** Minér. Qui contient de l'étain. *Minerai, gîte stannifère. Alluvion stannifère*, contenant de la cassitérite*.

♦ **2.** Techn. À base d'étain. *Émail, glasure stannifère.*

STANNIQUE [stanik] adj. — 1831, Berzélius; du lat. *stannum* «étain».

♦ Chim. Composé stannique, de l'étain quadrivalent. *Oxyde, sulfure stannique.* ⇒ **Étain.** *Acide stannique.*

STANNOÏDE [stanɔid] adj. — 1876; de *stanno-* (→ Stann-), et *-ide*.

♦ Didact. Qui a des propriétés proches de celles de l'étain. *Métaux stannoïdes.*
N. m. pl. *Les stannoïdes :* l'étain, l'antimoine et l'osmium.

STANNOLITE [stanɔlit] n. f. — 1923; de *stann-*, et *-lite*.

♦ Minér. Cassitérite* (minerai d'étain).

STANT [stɑ̃] adj. m. — 1904; lat. *stans, stantis*, p. prés. de *stare* «se tenir debout».

♦ Didact. *Signes stants :* signes du zodiaque dont la figure symbolique n'exprime, n'évoque aucun mouvement. *Les Gémeaux, la Balance, la Vierge, le Scorpion sont stants.*

STAPÉAL [stapeal] n. et adj. m. — 1878; du bas lat. *stapia* «étrier».

♦ **1.** Anat. Osselet de l'oreille. — Adj. *Osselet stapéal.*

♦ **2.** Zool. Opercule* des poissons.

STAPHISAIGRE [stafizɛgʀ] n. f. — 1556; *stafisagre*, 1314; *stafizegre*, XIIIᵉ; du lat. *staphis agria*, mots grecs, proprt «raisin sauvage».

♦ Bot. Variété de dauphinelle* *(delphinium staphisagria; Renonculacées),* dont les graines renferment des alcaloïdes toxiques. ⇒ **Herbe** (aux poux), **insecticide.**

STAPHYL-, STAPHYLO- Élément de mots didactiques, tiré du grec *staphulê* «luette; grain de raisin».

STAPHYLIER [stafilje] n. m. — 1808; *staphilée*, 1732, d'après le lat. *staphylodendron*, mot grec, proprt «arbre à grappes», de *staphulê*, et *dendron* «arbre».

♦ Bot. Arbrisseau *(Sapindacées)* appelé aussi *faux pistachier* parce que ses graines se consomment parfois comme des pistaches.

1. STAPHYLIN [stafilɛ̃] n. m. — 1755; grec *staphulinos*, de *staphulê* «grappe de raisin».

♦ Zool. Insecte coléoptère à élytres très courts *(Staphylinidés),* carnassier et vorace. *Staphylin odorant, à raies d'or.*

Un dieu pour chacun de ces monstres, pour les scarabées-rhinocéros et pour les dynasties Hercule, pour les staphylins et pour les pyrales de la vigne (...)
J.-M. G. LE CLÉZIO, *la Fièvre*, p. 159.
HOM. 2. Staphylin.

2. STAPHYLIN, INE [stafilɛ̃, in] adj. — 1765; en composés, 1752; du grec *staphulê* «luette».

♦ Anat. Qui appartient, qui a rapport à la luette. — REM. S'emploie surtout en composés : *muscle péristaphylin, glossostaphylin,* etc.
HOM. 1. Staphylin.

STAPHYLO- ⇒ Staphyl-.

STAPHYLOCOCCÉMIE [stafilokɔksemi] n. f. — Mil. XXᵉ; de *staphylocoque,* et *-émie*.

♦ Méd. Septicémie* à staphylocoques.

STAPHYLOCOCCIE [stafilokɔksi] n. f. — 1904; de *staphylocoque*.

♦ Méd. Infection par des staphylocoques (terme générique). ⇒ **Anthrax, furoncle, impétigo, pyodermite.** — Spécialt. *Staphylococcie maligne de la face :* tuméfaction indurée qui s'étend autour d'un furoncle (de l'aile du nez, ou de la lèvre supérieure).

STAPHYLOCOCCIQUE [stafilokɔksik] adj. — 1892, *in* D.D.L., II, 8; de *staphylocoque*.

♦ Didact. D'une maladie causée par les staphylocoques. *Une «infection staphylococcique aboutissant à une septicémie»* (V. Vic-Dupont, *la Maladie infectieuse*, p. 48).

STAPHYLOCOQUE [stafilokɔk] n. m. — 1891, cit. *infra;* 1882, *staphylococcus,* Ogston; du grec *staphulê* «grappe de raisin», et suff. *-coque*.

♦ Méd., cour. Nom générique donné à des bactéries de forme ronde, réunies en grappes, très souvent pyogènes, agents de diverses infections et particulièrement des furoncles (cit.). *Les trois principales variétés sont le staphylocoque doré, le blanc et le citrin.*
MM. Rodet et J. Courmont qui ont fait porter spécialement leur attention sur les cultures du staphylocoque pyogène — genre de microbe en forme de grappe de raisin et qui joue un grand rôle dans la production du pus (...)
la Science illustrée, t. II, p. 351 (1891).
Abrév. fam. : *staphylo.* «*Elle est venue, fourmillant de staphylos dorés. On a (...) désinfecté au maximum*» (*l'Express,* 9 juin 1979).
DÉR. Staphylococcémie, staphylococcie, staphylococcique.

STAPHYLOMATEUX, EUSE [stafilɔmatø, øz] adj. — 1876; de *staphylome*.

♦ Pathol. Du staphylome.

STAPHYLOME [stafilom] n. m. — V. 1560; *staphilomate,* 1549; lat. d'orig. grecque *staphyloma*.

♦ Pathol. Saillie de la cornée ou de la sclérotique, due à un affaiblissement local de la paroi du globe oculaire (inflammation, traumatisme, anomalie congénitale). *Staphylome antérieur* (au niveau de la cornée), *postérieur* (au niveau de la sclérotique).
DÉR. Staphylomateux.

STAPHYLOPLASTIE [stafiloplasti] n. f. — 1867, *in* D.D.L., II, 8; de *staphylo-,* et *-plastie*.

♦ Chir. Réfection du voile du palais. — Syn. : *palatoplastie.*

STAPHYLORRAPHIE [stafilɔʀafi] n. f. — 1836; de *staphyl(o)-,* et grec *rhaphê* «couture, suture».

♦ Méd. Reconstitution par suture du voile du palais présentant une division médiane congénitale.

STAR [staʀ] n. f. — 1919, n. m.; 1844 dans un texte français concernant le théâtre, comme mot anglais : «*un acteur d'élite qu'ils appellent leur étoile (star)*» (*in* Höfler); mot angl., proprt «étoile».
Anglicisme.

♦ **1.** Célèbre vedette de cinéma. ⇒ **Étoile** (cit. 28). *Les grandes stars d'Hollywood, du muet. Photos de stars* (→ Feuilleton, cit. 5). *Les stars des années 30.* — «*Les nouvelles stars masculines se remplacent avec une rapidité d'enfer*» (*le Point,* 9 juin 1980,

p. 133). — REM. Le mot, utilisé normalement pour les acteurs, et surtout les actrices des années 30 (époque du *star-system** hollywoodien), donne après 1950 l'image d'un objet de culte assez vain.

1 Elle rit. Un rire parfaitement perlé, rond, régulier, fini. Le rire même des «stars» blondes qui vivent sur les écrans (...)   G. DUHAMEL, Scènes de la vie future, VI.

1.1 (...) des femmes du dernier étage (...) avec de ces manèges grotesques comme on en voit aux stars de cinéma (...)   MONTHERLANT, Pitié pour les femmes, p. 86.

2 (...) dans un immense secteur de la production cinématographique, les films gravitent autour d'un type solaire de vedette justement nommé étoile ou *Star*. Les noms et les visages des stars mangent les placards publicitaires (...) Les stars déterminent souvent l'existence et la fabrication des films. On leur prépare des scénarios sur mesure.   Edgar MORIN, les Stars, I.

3 La création d'un personnage est pourtant moins rare qu'il ne semble : le dédoublement est commun chez les hautes figures religieuses, et frappant chez les stars, non seulement dépossédées de leur personne, mais encore de leur visage, que l'écran métamorphose.   MALRAUX, Antimémoires, p. 154.

♦ **2.** Par ext. Personne très en vue, aux faits et gestes de laquelle le public et les médias attachent beaucoup d'importance. *Les stars de la politique. Ce champion olympique, ce coureur cycliste est devenu une star.*
REM. Dans ses deux acceptions, le mot, féminin, s'applique surtout aux femmes. Lorsqu'il s'agit d'un homme, on emploie parfois l'expression : *star masculine* (*le Point*, 9 juin 1980, p. 133; *l'Express*, 28 août 1978, p. 21).

DÉR. Starifier, stariser.

STARETS [staʀɛts] ou **STARIETS** [staʀjɛts] n. m. — 1922; *staretz, starietz*, 1849; mot russe «vieillard».

♦ Didact. (hist.). Ermite ou pèlerin considéré comme thaumaturge ou prophète, et souvent choisi comme maître spirituel, dans l'ancienne Russie. ⇒ **Gourou**. (Suivi d'un nom propre). «*Le staretz Zozime*, (dans Dostoïevski)» (Malraux, *l'Homme précaire*, p. 135).

Les textes sacrés suffiraient à fonder la pensée de Dostoïevski. Il l'emploie à créer des personnages, au lieu de devenir staretz ou de la clamer sur les routes.   MALRAUX, l'Homme précaire et la Littérature, p. 176.

STARIE [staʀi] n. f. ⇒ **Estarie**.

STARIFIER [staʀifje] v. tr. — 1957, in *Mercure de France*; de *star*, et *-ifier*.

♦ Fam., rare. Transformer en star, en vedette (une actrice). ⇒ **Stariser**.

STARISER [staʀize] v. tr. — 1967; attestation isolée, 1922, in Höfler; de *star*.

♦ Fam. Transformer en star, en vedette. «*Ce poste* (de ministre de l'Information) *offre l'avantage de "stariser" son titulaire*» (*le Monde*, 9 avr. 1967). ⇒ **Starifier**.

STARKING [staʀkiŋ] n. m. — 1960, in Höfler; mot anglais.

♦ Anglicisme. Variété de pomme rouge.

STARLETTE [staʀlɛt] n. f. — 1953, *starlet*; 1922, angl. *starlet*, dimin. de *star*.

♦ Jeune actrice de cinéma qui rêve d'une carrière de star. — On écrit aussi *starlet*.

1 Les femmes étaient beaucoup plus jeunes et plus jolies (...) il y avait beaucoup de mannequins avides de devenir des starlets, et des starlets avides de se muer en stars (...)   S. DE BEAUVOIR, les Mandarins, p. 342.

2 Interrogée (...) une très jeune concierge, coiffée et bichonnée comme une starlette, nous fournit en une seule phrase (...) au moins deux indications (...)   Hervé BAZIN, Cri de la chouette, p. 213.

STAROSTE [staʀɔst] n. m. — 1606; var. *starosta* (1845, in D.D.L.); polonais *starosta*, proprt «plus âgé».
Histoire.

♦ **1.** Dans l'ancienne Pologne, Noble qui avait reçu en fief un domaine de la couronne (*une starostie*) et en percevait les revenus, à charge de verser une redevance au roi. — REM. Le dér. *starostie*, n. f., est attesté (1663, in D.D.L.).

♦ **2.** (1815). Chef d'un *mir**, responsable de la répartition de l'impôt.

STAR-SYSTEM [staʀsistɛm] n. m. — 1948; traduit en *système des étoiles*, 1919, in Höfler; mot angl., «système de la vedette».

♦ Anglic. Organisation de la production et du commerce cinématographiques fondée sur le culte de la vedette.
On écrit souvent *star system* (sans trait d'union) :

On connaît l'effet du star system sur le cinéma. Autrefois, c'était le film qui imposait sa forme à l'interprète. Dorénavant, la star réduite à un simple support ou pré-

sentoir tout spectacle où elle se produit. On ne juge plus l'acteur selon son talent à interpréter le film. On juge le film selon son aptitude à servir l'acteur.
    R.-G. SCHWARTZENBERG, l'État spectacle, p. 14.

START [staʀt] n. m. — 1910; mot anglais.

♦ Anglic. Sports. Rare. Départ (d'une course). *Rater son start.* «*Le start est échelonné*» (*la Montagne*, 1910, in D.D.L., II, 5).

STARTER [staʀtɛʀ] n. m. — 1862; mot angl., de *to start* «faire partir».

♦ **1.** Turf. Personne qui est chargée de donner le départ d'une course de chevaux (en abaissant un drapeau). *Les chevaux sont sous les ordres du starter*, le départ va être donné. — Par anal. (Sports). Officiel chargé de donner aux coureurs le signal du départ (généralement par un coup de pistolet).

1 (...) le premier départ ne fut pas bon, le starter, qu'on apercevait au loin comme un mince trait noir, n'avait pas abaissé son drapeau rouge. Les chevaux revinrent, après un temps de galop. Il y eut encore deux faux départs. Enfin, le starter, rassemblant les chevaux, les lança avec une adresse qui arracha des cris.   ZOLA, Nana, XI.

2 L'une de nos joies les plus grandes, c'était quand le départ de la course était donné à proximité de la «haie des Chênes», c'est-à-dire près de là où nous nous tenions. Le starter, en redingote, sur son cheval aux muscles de lutteur, gros costaud à côté des pur-sang qui prenaient part à l'épreuve (...)   Michel LEIRIS, Fourbis, p. 77.

♦ **2.** (1931). Dispositif spécial incorporé au carburateur, destiné à faciliter le démarrage du moteur (par augmentation de la richesse en carburant du mélange gazeux, ou du taux de compression). *Le starter peut être manuel (commandé par le conducteur) ou automatique. Mettez le starter avant d'actionner le démarreur.*
(Mil. xxᵉ). Techn. Dispositif d'amorçage électronique. *Starter d'une lampe fluorescente.*

♦ **3.** Techn. Mélange d'aliments pour les jeunes animaux. — Culture mère faite pour préparer des levains microbiens.

STARTING-BLOCK [staʀtiŋblɔk] n. m. — 1939, in Petiot; mot angl., proprt «bloc pour partir».

♦ Sports. Anglic. Dispositif formé de deux cales réglables sur un cadre métallique qui sert d'appui aux pieds des coureurs, au départ d'une course de vitesse. *Cales de bois d'un starting-block.* «*Quand il est accroupi sur son starting-block, son dos s'élève*» (J. Dumazedier, in Petiot). — Au plur. (même sens). *Des starting-blocks. Reculer, avancer les starting-blocks.* — Équivalents français : *bloc de départ; cales de départ.*

STARTING-GATE [staʀtiŋgɛt; staʀtiŋget] n. m. — 1900, in Höfler; mot angl., proprt «barrière pour partir».

♦ Anglic. (Turf). Barrière faite de rubans élastiques tendus, qu'on relève au départ d'une course devant les chevaux. *Des starting-gates. Les chevaux s'alignent derrière le starting-gate.*

(...) il sentait les billets palpiter dans son portefeuille comme des pur-sang derrière le starting-gate.   MONTHERLANT, Pitié pour les femmes, p. 172.

STASE [staz] n. f. — 1741; grec *stasis* «arrêt».

♦ **1.** Méd. Arrêt ou ralentissement considérable dans la circulation ou l'écoulement d'un liquide organique. ⇒ **Congestion**. *Stase sanguine, biliaire, laiteuse. Stase papillaire* : stase veineuse au niveau de la papille optique, en général due à une hypertension intracrânienne.

L'examen oculaire pratiqué par M. Cotonnet, médecin-chef du centre ophtalmologique de Cannes, met en évidence une hémianopsie bitemporale typique et complète sans accompagnement de stase ni de paralysies oculaires.   B. CENDRARS, Moravagine, in Œ. compl., t. IV, p. 256.

♦ **2.** Psychan. *Stase libidinale* : «processus économique supposé par Freud comme pouvant être à l'origine de l'entrée dans la névrose ou la psychose : la libido qui ne trouve plus de voie vers la décharge s'accumule sur des formations intrapsychiques; l'énergie ainsi accumulée trouvera son utilisation dans la constitution des symptômes» (Laplanche et Pontalis).

♦ **3.** Zool. Forme prise par un arthropode entre ses différentes mues.
DÉR. (De 3.) Stasique.
COMP. Homostase, ménostase.

STASIQUE [stazik] adj. — Mil. xxᵉ; de *stase*, au lieu de la forme correcte *statique*, pour éviter les ambiguïtés.

♦ Didact. (zool.). Relatif à une stase (3.). *Les formes stasiques d'un arthropode.*

-STAT Élément, du grec *statos* «stable» (ex. : *aérostat, thermostat*).

STATAL, ALE, AUX [statal, o] adj. — 1938, *in* D.D.L., II, 7 ; du lat. *status*. → État.

♦ Didact. Relatif à l'État, à l'autorité gouvernante. *Structures statales.* ⇒ **Parastatal** (Belgique).

1. STATÈRE [statɛr] n. m. — 1376, n. f. ; n. m., 1560 ; bas lat. *stater*, mot grec.

Antiquité grecque.

♦ **1.** Monnaie d'argent valant de deux à quatre drachmes*, selon les époques. *Statère d'or :* étalon monétaire valant de vingt à vingt-huit drachmes.

♦ **2.** Poids de valeur variable, de 8 à 12 grammes.
HOM. 2. Statère.

2. STATÈRE [statɛr] n. f. — V. 1460 ; *estatere* «trébuchet de la balance», XIIIᵉ ; lat. *statera*, du grec *statêr*.

♦ Didact. Ancienne balance du type de la balance romaine.
HOM. 1. Statère.

STATESTHÉSIE [statɛstezi] n. f. — Mil. xxᵉ (*in* Larousse, 1953 ; de *stat-* (grec *statos*, → -stat), et *-esthésie*.

♦ Didact. Sens des attitudes, de la position des diverses parties du corps.

STATHOUDER ou **STADHOUDER** [statudɛr] n. m. — V. 1650, *stathouder ; stadhouder*, 1694 ; mot néerl., «gouverneur» ; «qui tient *(houder)* la place *(stad)* du souverain» (→ Lieutenant).

♦ Hist. Gouverneur de province, dans les Pays-Bas espagnols ; dans les Provinces-Unies, Titre porté par les chefs de l'exécutif (notamment les princes d'Orange-Nassau).
DÉR. Stathoudérat.

STATHOUDÉRAT [statudɛra] n. m. — 1701 ; de *stathouder*.

♦ Hist. Titre, fonction de stathouder.

STATICE [statis] n. f. ou m. — 1615 ; mot lat. *statice*, grec *statikê* «herbe astringente», de *statikos* «capable d'arrêter». → Statique.

♦ Plante à fleurs roses, bleues, herbacée *(Plombaginacées). Statice limonium*, croissant dans les vases maritimes. — *Statice cultivée*, et, absolt, *statice*, variété cultivée sous le nom de *gazon d'Olympe, gazon d'Espagne*, pour faire des bordures. *La statice* (→ Marais, cit. 2, Colette), *le statice. Bouquets secs de statices et d'immortelles.*

Des statices très hauts sur tige, qui de loin semblent des scabieuses (...)
GIDE, Nouveaux prétextes, «Journal sans dates», IX.

STATIF, IVE [statif, iv] n. m. et adj. — 1904 au sens 1 ; adj., «relatif à la station», 1842 ; «qui est debout», 1611 ; «où une armée reste quelque temps», v. 1355 ; lat. *stativus*, de *stare* «rester debout».

Technique.

♦ **1.** N. m. Partie métallique servant de support à un appareil optique. *Statif d'un microscope.*

♦ **2.** Adj. (xxᵉ). Ling. Qui indique la durée d'un état, la permanence relative ou absolue dans le temps. ⇒ **Duratif.** *Verbes statifs* (ex. : *demeurer, durer, perdurer, rester*, etc.). *Formes statives et formes progressives d'un verbe.*

STATION [stɑsjɔ̃ ; stasjɔ̃] n. f. — V. 1170, «lieu où l'on se fixe» ; assez rare au moyen âge, et didact. jusqu'au XIXᵉ ; lat. *statio* «état de ce qui est immobile, vertical», de *stare* «se tenir debout».

★ **I. ♦ 1.** (V. 1190, *estacion*). Le fait de s'arrêter au cours d'un déplacement. ⇒ **Arrêt, halte, pause** (→ Éterniser, cit. 16 ; fascination, cit. 2). *Faire une station, une petite station devant les librairies* (cit. 6). *Courte, longue station* (→ Mémoire, cit. 9). ⇒ **Attente.** — *Les incursions, les stations et les établissements des barbares* (→ Période, cit. 2).

(1876). Spécialt. *Stations de la croix :* les arrêts de Jésus, pendant la montée au Calvaire. ⇒ **Croix** (chemin de croix). — Par ext. Chacune des images représentant les stations du Christ et devant lesquelles on récite des prières.

♦ **2.** (1671). Astron. Arrêt apparent d'une planète* qui passe du mouvement direct au mouvement rétrograde.

♦ **3.** Géod. Arrêt au cours de mesures topographiques. «*On ne

saurait mesurer une hauteur inaccessible que par deux stations» (Furetière, 1690).

★ **II.** (XIVᵉ, «poste militaire» ; xvᵉ-xviᵉ, «rade, mouillage»).

♦ **1.** Littér. Endroit où l'on s'arrête ; lieu aménagé pour qu'on s'y arrête.

Château de cartes, château de Bohème, château en Espagne, — telles sont les premières stations à parcourir pour tout poète.   1
NERVAL, Petits châteaux de Bohème, «Troisième château».

♦ **2.** (1552 ; *estacion*, v. 1190). Relig. **a** Autel, emblème ou image où l'on s'arrête, au cours d'une procession, pour prier. Cérémonie au cours de laquelle on fait des prières devant une station. ⇒ **Office.**

b Église* assignée «pendant le jubilé, pour y gagner les indulgences en les allant visiter» (Furetière). ⇒ **Stationnale.** — *Les stations des sept Églises à Rome.* ⇒ **Pèlerinage.**

c Vx. Chaire accordée à un prédicateur. *Ce religieux a obtenu une station pour prêcher le Carême* (Furetière).

d Ensemble de sermons* prêchés par un même prédicateur (notamment pour l'Avent, le Carême).

♦ **3.** (1690). Mod. (Sc., cour.). Endroit où l'on se place pour effectuer des observations (d'abord t. de géodésie, de topographie, cf. ci-dessus, I., 3.). *Station de nivellement.* — *Station d'observation, de recherche :* ensemble d'installations scientifiques. *Stations d'études biologiques. Stations agricoles, agronomiques. Station météorologique. Station au sol. Station de lâcher de ballons.*

(Mil. xxᵉ). *Station spatiale :* «engin spatial ne disposant que de moyens autonomes de propulsion limités et destiné à assurer une mission déterminée avec une certaine permanence» (*Journ. off.*). *Station spatiale habitée, automatique. Station orbitale :* station spatiale sur orbite.

Lieu où se fait un certain travail technique. (Dans des syntagmes). *Station d'épuration, de pompage. Station de lavage, de graissage :* installation destinée au lavage ou au graissage des véhicules moteurs dans un garage. *Station* (ou *poste*) *d'essence*.* ⇒ **Station-service.**

Station radiophonique. Station d'émission : ensemble des installations d'un émetteur de radio, de télévision. *Station pirate*. Station périphérique*, émettant en France d'un pays proche. *Station spatiale*, située sur un engin spatial ou sur un astre. *Station radar.* Centre de production de courant électrique. *Stations et sous-stations hydroélectriques* (⇒ **Usine**). *Station centrale.* ⇒ **Centrale** (n. f.).

♦ **4.** (1761). Cour. Endroit aménagé pour l'arrêt de véhicules de transport public ; bâtiments et installations qu'il comporte. *Station de fiacres, de voitures de louage, de taxis*.* ⇒ **Place.** *Voiture en station. Station d'avions-taxis.* — *Station de métro*. (→ 2. Parage, cit. 3 ; 1. queue, cit. 25). *Vous descendrez à la prochaine station.* Ellipt. *Je descends à la prochaine*.* Station d'autobus, d'autocar.* ⇒ **Arrêt.** *Chef de station. Station terminus, tête de ligne... — Station de funiculaire* (→ Expirer, cit. 5) ; *de téléphérique. — Station de chemin de fer* («gare», 1827, en concurrence avec *port sec, débarcadère, gare.* → 1. Gare, cit. 2), gare de peu d'importance, simple halte. ⇒ **Arrêt** (→ Omnibus, cit. 2 ; passage, cit. 18).

(...) les paysans plantés sur le bord de la voie, les groupes de gens anxieux qui   2
attendaient le passage des trains, aux petites stations, avec l'espoir d'obtenir des nouvelles (...)   ZOLA, la Débâcle, t. I, II, p. 45.
Place de la Bourse, aucune voiture n'était en station.   3
MARTIN DU GARD, les Thibault, t. VII, p. 206.
Elle (...) ouvrit son parapluie et s'élança du café vers la station d'autobus. Elle eut   4
la chance de ne pas attendre (...)   ARAGON, les Beaux Quartiers, II, IX.
Je me demande à quelle station il va descendre. Grande poussée ; Saint-Denis ; il   4.1
va prendre la correspondance.   R. QUENEAU, le Chiendent, p. 22.

♦ **5.** (1773). Mar. Étendue de mer où des bâtiments (navires de guerre, navires météorologiques...) se tiennent (pour exercer la police maritime, protéger des nationaux à l'étranger, etc.) ; ensemble des bâtiments chargés d'un tel service. *Relever la station.*

♦ **6.** (1680, *in* Année sc. et industr. 1861, p. 347). **a** Vx. *Stations thermales :* «installations établies près des sources thermales à l'effet de permettre d'y séjourner et d'y suivre un traitement...» (Littré). ⇒ **Thermes, thermal.**

b Mod. Lieu de séjour, ville où l'on prend les eaux. *Station balnéaire* (cit. 1 et 2). ⇒ **Bain** (bains, *supra* cit. 9). *Station climatique. Casino, établissement thermal d'une station.*

Quoique les bains eussent commencé à fonctionner dès les premiers jours de juin,   5
l'ouverture officielle de la station avait été remise au 1ᵉʳ juillet (...) La fête devait commencer à trois heures par la bénédiction des sources. Et le soir, une grande représentation suivie d'un feu d'artifice et d'un bal, réunissait tous les baigneurs du lieu avec ceux des stations voisines (...)   MAUPASSANT, Mont-Oriol, II, I.
(...) le père et la mère s'étaient ruinés en remèdes, en docteurs différents, en péré-   6
grinations d'une «station» thermale à une autre (...)
PROUST, le Côté de Guermantes, Pl., t. II, p. 331.

Station de montagne, de sports d'hiver.

Sa femme, malade depuis un an, devait partir le lendemain pour une station de   7
montagne.   CAMUS, la Peste, p. 19.

♦ **7.** (1812). Sc. nat. Lieu où est présente une espèce (végétale ou animale). *Station et habitat* (cit. 1).

(Mil. xxᵉ). Espace, généralement restreint, présentant un ensemble déterminé de conditions d'existence. ⇒ **Biotope.** *La station, associée à son peuplement, est un échantillon d'écosystème*.*

♦ **8.** Lieu où l'on observe des vestiges d'un séjour humain. *Station préhistorique.*

★ **III.** ♦ **1.** (1810). Le fait de se tenir (de telle façon), et, spécialt, de se tenir debout, droit (→ Appui, cit. 3). ⇒ **Attitude, position, posture.** *Station hanchée* (cit. 4). *Station debout.* ⇒ **Orthostatique.** *Station droite.*

7.1 Enfin, il y a mon inaptitude à la station debout. Je n'arriverai jamais, tenant en mains un verre et un sandwich, à me montrer détendu, souriant, disert (...)
Pierre DANINOS, Un certain Monsieur Blot, p. 192.

(1830, *station debout,* in Petiot). Sports. *Station pédestre, tendue, jointe, verticale, talons joints. Station fléchie, mi-fléchie.*

♦ **2.** Le fait de rester (debout). → ci-dessus I., 1.

8 J'espère que cette petite séance ne va pas se prolonger (...) je ne sais pas pourquoi ma femme alimente la conversation. Après cela, c'est elle qui se plaindra d'être fatiguée et moi je ne peux plus supporter ces stations debout.
PROUST, À l'ombre des jeunes filles en fleurs, Pl., t. I, p. 542.

DÉR. Stationnale, stationner. — V. Stationnaire.
COMP. Sous-station, station-service.

STATIONNAIRE [stasjɔnɛʀ] adj. et n. m. — V. 1370; *stacionnaire,* v. 1270; rare jusqu'au xVIIIᵉ; lat. *stationarius,* de *statio-, -onis.* → Station.

★ **I.** Adj. ♦ **1.** Didact. Qui s'arrête, reste un certain temps à la même place. ⇒ **Immobile.** *Dépression stationnaire* (en météorologie). Astron. *Planète stationnaire,* qui fait une station*. — Phys. *Ondes stationnaires.* ⇒ **Onde.** *Atomes, molécules stationnaires,* pour lesquels la probabilité de rencontrer un électron, dans un petit volume entourant un point de leur espace, est indépendante du temps.

♦ **2.** (xVIᵉ). Cour. Qui demeure un certain temps dans le même état; qui ne change, n'évolue pas. ⇒ **Étale, fixe, immobile, invariable.** *Rester stationnaire :* ne pas faire de progrès*. ⇒ **Stagnant.** — (1833, in D. D. L., II, 8). *Maladie stationnaire,* dont l'évolution est insensible. — *Malade dans un état stationnaire.*

1 (...) le goût change à chaque nouvelle production des hommes de talent; tout est progressif, tout marche, et le point stationnaire de perfection n'est point encore atteint; mais est-ce un mal?
Mᵐᵉ DE STAËL, De l'Allemagne, II, XII.

2 Elle s'est couverte *(la Touraine)* de châteaux, de routes, d'étrangers et de mouvement. Le Berry est resté stationnaire, et je crois qu'après la Bretagne et quelques provinces de l'extrême Midi de la France c'est le pays le plus *conservé* qui se puisse trouver à l'heure qu'il est.
G. SAND, la Mare au diable, Appendice, I.

3 — Mais lui! dans quel état est-il?
— Stationnaire.
J. ROMAINS, Volpone, II, II, 3.

Sc. Qui conserve la même grandeur, les mêmes propriétés physiques. *États stationnaires,* correspondant à des niveaux d'énergie caractéristiques de l'état d'un atome ou d'un noyau (dans la théorie des quanta), et entre lesquels le passage s'effectue par émission ou absorption d'énergie.

Phys. nucl. Se dit d'un réacteur thermonucléaire dont la réaction n'est ni instantanée ni explosive (opposé à *impulsionnel*).

Math. Se dit d'une suite dans laquelle on retrouve toujours le même élément à partir d'un certain rang.

Statist. Dont les propriétés statistiques sont constantes. *Processus aléatoire stationnaire.*

★ **II.** N. m. (Fin xVIIᵉ; lat. *stationarius* «qui est de garde», du sens «poste de garde», de *statio*).

♦ **1.** Antiq. rom. Soldat d'un poste de police.

♦ **2.** (1800). Mar. Navire désigné pour exercer une surveillance (⇒ **Station,** I., 5.).

4 (...) prendre passage demain sur le paquebot de Constantinople, et rejoindre le stationnaire anglais le *Deerhound,* qui se promène par là-bas, dans les eaux du Bosphore ou du Danube.
LOTI, Aziyadé, I, XXII.

Navire de guerre d'une flotte stationnant outre-mer.

CONTR. Ambulant, mobile; progressif (cit. 1), variable.
DÉR. Stationnarité.

STATIONNALE [stasjɔnal] adj. f. et n. f. — 1743, adj.; 1834, n.; de *station.*

♦ Relig. *Église stationnale,* ou, n. f., *stationnale :* église assignée pour la visite des stations. ⇒ **Station** (II., 2., b).

STATIONNARITÉ [stasjɔnaʀite] n. f. — Av. 1968, Larousse; de *stationnaire.*

♦ Didact. État d'un facteur, d'un phénomène, d'un processus sta-

tionnaire. *Stationnarité démographique. Stationnarité économique. Stationnarité d'un processus aléatoire.*

Cette stationnarité démographique s'accompagnait fatalement de la stationnarité économique, en un temps où la technique ne bougeait pas.
A. SAUVY, Croissance zéro?, p. 16.

STATIONNEMENT [stasjɔnmɑ̃] n. m. — 1835; de *stationner.*

♦ **1.** Dr. Le fait d'occuper un emplacement sur le domaine public. *Permis de stationnement. Droit de stationnement des riverains.*

♦ **2.** Le fait de stationner (pour un véhicule). *Les longs stationnements d'un train.* → Latéral, cit. 2. *Les stationnements d'un avion.*

Spécialt. Arrêt d'un véhicule sur la voie publique, action de le ranger pour un certain temps. *Problèmes de stationnement au centre des grandes villes* (→ Circulation, cit. 5; déviation, cit. 1; parquer, cit. 7). *Stationnement autorisé, unilatéral, unilatéral alterné, bilatéral* (dans une rue), *limité* (dans certains quartiers : zone bleue*), *réglementé. Voiture en stationnement interdit. Arrêt autorisé, stationnement interdit. Stationnement gênant* (formule administrative, en France). *Disque* de stationnement. Parc* de stationnement. Compteur de stationnement.* ⇒ **Parcmètre.** — Manière de ranger un véhicule sur la voie publique. *Stationnement parallèle au trottoir. Stationnement en bataille*, en épi*.*

1 (...) le stationnement payant, qualifié, aujourd'hui, du terme à la mode de «dissuasion» (...)
A. SAUVY, Croissance zéro?, p. 283.

2 Avec un peu de bonne volonté, on peut décrocher une contravention pour stationnement interdit.
Claude COURCHAY, La vie finira par commencer, p. 18.

Au Canada, Parc de stationnement. *Mettre sa voiture au stationnement.* ⇒ **Parking** (anglic.).

(Avions). *Stationnement nez dedans, nez dehors* (adapt. angl.).

♦ **3.** (1933). Fait d'être à l'arrêt. *Troupes en stationnement.*

STATIONNER [stasjɔne] v. — 1606; de *station.*

★ **I.** V. intr. Faire une station (I.), rester à la même place, ne plus bouger temporairement. *Défense de s'attrouper et de stationner dans la rue* (→ Poulailler, cit. 1). Milit. *Troupes qui stationnent. Bateau qui stationne* (→ Envasement, cit.; goélette, cit. 1).

(D'une voiture). Être rangé le long de la voie publique pour un certain temps, être garé*. *Une voiture stationnait devant ma porte, le long du trottoir* (→ Coucou, cit. 5; habituer, cit. 13).

1 Il y avait alors beaucoup de monde sur le boulevard. D'élégantes voitures, revenant de la promenade du soir, stationnaient depuis le café de Paris jusqu'à la rue Le Pelletier.
BARBEY D'AUREVILLY, Une vieille maîtresse, I, VII.

2 Toute la journée, c'est un bruit sec et pressé de pas sonnant sur la pierre avec une irrégularité irritante; personne ne parle, personne ne stationne (...)
ZOLA, Thérèse Raquin, I.

2.1 Non seulement, il est conseillé de cacher soigneusement tous les papiers de quelque importance, mais il faut encore surveiller les mains agiles du visiteur, aussi longtemps qu'il stationne dans un endroit où quelque chose est à prendre.
Léon BLOY, le Désespéré, p. 206.

Par ext. (Sujet n. de personne). Faire stationner son véhicule. *On ne peut pas stationner au centre de la ville.*

★ **II.** V. tr. Fam. Ranger, garer* (un véhicule) sur la voie publique. *Il cherche un endroit pour stationner sa voiture.*

▶ STATIONNÉ, ÉE p. p. adj. (Emploi critiqué, ce p. p. étant apparu avant l'emploi transitif du verbe; Littré admet la construction avec *être*). « *Les voitures sont stationnées depuis longtemps.* » — « *La force principale stationnée au Tonkin* » (De Gaulle, *Mémoires,* t. II, p. 105).

3 (...) un cabriolet (...) s'arrêta derrière plusieurs équipages stationnés à la grille nouvellement ouverte au milieu de la terrasse des Feuillants.
BALZAC, la Femme de trente ans, Pl., t. II, p. 673.

CONTR. Circuler, courir, écouler (s'), marcher, partir, rouler...
DÉR. Stationnement.

STATION-SERVICE [stasjɔ̃sɛʀvis] n. f. — 1932, in D. D. L.; *station-service de ski,* 1936; d'après l'angl. *service station.*

♦ **1.** Poste de distribution d'essence auquel sont adjoints des ateliers pour l'entretien des automobiles. ⇒ **Garage; essence** (poste, station d'essence). Partie d'un garage, d'un atelier de réparations, consacrée à l'entretien des véhicules (vidange, graissage, vérifications courantes). *Des stations-service.*

N. f. STATION LIBRE-SERVICE : station-service où l'on se sert soi-même.

♦ **2.** (Cf. étym.). Lieu, ensemble d'installations destinées à fournir certains services (réparations, renseignements).

Les engins qui partiront vers la Lune, puis vers les planètes, ne seront pas lancés directement vers la planète ou la Terre, mais à partir de plates-formes préalablement mises en orbite, sorte de *stations-service* de l'espace (*La Croix,* 18 juin 1963). Le chantier naval de B. dispose d'une cale pour les halages, ce qui en fait une véritable *station-service* de la mer (Les Guides Dunlop, 1966)
P. GILBERT, Dict. des mots contemporains, art. *Station-service.*

STATION-WAGON [stasjõvagõ] n. f. — 1949, *in* Höfler; mot amér., de *station* (de même origine que le mot français), et *wagon* «voiture».

♦ Américanisme. Voiture à grande capacité, dont la carrosserie est partiellement en bois. ⇒ **Break**. *« Une voiture pratique, tour à tour familiale ou petite "station-wagon" »* (*l'Express*, 28 avr. 1969). *Des stations-wagons.*

La station-wagon est très grande, avec des sièges profonds en skaï vert sombre. Radicz est content d'être à l'intérieur de l'auto. Il reste un instant assis sur le siège froid, les mains posées sur le volant, et il regarde le parking et les arbres à travers le grand pare-brise. J.-M. G. LE CLÉZIO, *Désert*, p. 367-368.

STATIQUE [statik] n. f. et adj. — 1634, n. f.; grec *statikos*, du rad. de *istanai* «placer, faire tenir».

★ **I.** N. f. Sc. Partie de la mécanique* qui étudie les systèmes de points matériels soumis à l'action de forces, quand elles ne créent aucun mouvement (⇒ **Équilibre**) [opposé à *dynamique*; → Infini, cit. 23; levier, cit. 3]. *Statique des solides* (stéréostatique), *des fluides* (hydrostatique).

(1803). Chim. Étude des conditions d'équilibre (de réactions chimiques, etc.). *La Statique chimique,* de Berthollet (1803). — (V. 1840). Par anal. *La Statique sociale,* d'Auguste Comte, une des parties de sa «physique sociale» (Sociologie).

★ **II.** Adj. (1864; *chiffres statiques* «chiffres arabes», 1732, Trévoux).

♦ **1.** Sc. Relatif à l'équilibre des forces, aux états d'équilibre; qui est en équilibre. *Force statique,* exercée sur un corps par les autres corps avec lesquels il se trouve en équilibre. *Pression statique dans un fluide* (en acoustique). — *Électricité statique,* par oppos. à *l'électricité dynamique* ou courant électrique. ⇒ **Électrostatique**. *Machines statiques,* permettant d'obtenir des voltages très élevés (accélérateurs Van de Graaf, etc.).

[1] Le cadre de l'espace et du temps est essentiellement statique : un corps, une entité physique, qui a une localisation exacte dans l'espace et dans le temps est, par le fait même, privé de toute propriété évolutive. L. DE BROGLIE, *Physique et Microphysique*, p. 138.

(1933). Méd., physiol. *Sens statique* (de l'équilibre), fourni par les canaux semi-circulaires et le labyrinthe.

Météor. *État statique d'une masse d'air ou d'un front,* lorsqu'il ne se produit ni changement ni mouvement.

(1964). Écon. *Analyse statique,* ou *statique* (n. f.) *économique :* analyse de l'équilibre économique à un moment donné.

(1916, Saussure). Ling., vx. *Linguistique statique :* linguistique synchronique*.

♦ **2.** Qui est dans un état d'équilibre, de stabilité; qui n'évolue pas. ⇒ **Stable**. *La logique est statique* (→ Dialectique, cit. 4). *Morale* (cit. 14), *religion statique* [par oppos. à *dynamique* (cit. 3)]. *Représentation statique* (→ Fin, cit. 29). — *Art, style statique.*

[2] (...) même les salons ne peuvent être dépeints dans une immobilité statique qui a pu convenir jusqu'ici à l'étude des caractères, lesquels devront, eux aussi, être comme entraînés dans un mouvement quasi historique. PROUST, *Sodome et Gomorrhe*, Pl., t. II, p. 742.

CONTR. Dynamique.
DÉR. Statiquement, statisme.
COMP. Antistatique, astrostatique, autostatique, hydrostatique.

STATIQUEMENT [statikmã] adv. — 1910; de *statique*.

♦ Didact. D'un point de vue statique, d'une manière statique.

Ces déformations *(dans la peinture de Salvador Dali)* sont souvent mal comprises parce qu'elles sont vues statiquement. Certains critiques *stabilisés* les prennent aisément pour des insanies *(sic)*. G. BACHELARD, *l'Eau et les Rêves*, p. 144.

CONTR. Dynamiquement.

STATISME [statism] n. m. — 1931, *in* D. D. L., II, 15; de *statique*, d'après *dynamisme*.

Didactique.

♦ **1.** État de ce qui est statique.

(...) l'idée d'un dynamisme (...) même une chose formulable, communicable, c'est-à-dire identique à elle-même pendant qu'on l'exprime, est (...) un statisme. SPINOZA, cité par Julien BENDA, *la Trahison des clercs*, Préface de mai 1946, B.

♦ **2.** Sc., techn. Écart permanent entre la vitesse à vide et la vitesse en charge d'un moteur thermique ou hydraulique. *Statisme et asservissement* (écart provisoire servant au réglage).

CONTR. (Du sens 1) Dynamisme.

STATISTICIEN, IENNE [statistisjɛ̃, jɛn] n. — 1805, *in* D. D. L.; de *statistique*.

♦ Sc. Spécialiste qui élabore et analyse des statistiques (→ Géographie, cit. 2).

[1] Pour chiffrer l'importance du salon de mademoiselle Cormon, il suffira de dire que, statisticien né de la société, du Bousquier avait calculé que les personnes qui

le hantaient possédaient cent trente et une voix au Collège électoral et réunissaient dix-huit cent mille livres de rente en fonds de terre dans la province. BALZAC, *la Vieille Fille*, Pl., t. IV, p. 251 (1836).

[2] Mais à vol d'oiseau, comme fait le statisticien qui néglige les raisons sentimentales ou les imprudences évitables qui ont conduit telle personne à la mort, et compte seulement le nombre de personnes qui meurent par an, on voyait que plusieurs personnes parties d'un même milieu, dont la peinture a occupé le début de ce récit, étaient parvenues dans un autre tout différent (...) PROUST, *le Temps retrouvé*, Pl., t. III, p. 969.

STATISTIQUE [statistik] n. f. et adj. — V. 1875; all. *Statistik,* 1749; lat. mod. *statisticus* (xvIIe) «relatif à l'État», du lat. *status,* probablt d'après l'ital. *statista* «homme d'État».

★ **I.** N. f. ♦ **1.** a Vx. Étude méthodique des faits sociaux, par des procédés numériques (classements, dénombrements, inventaires chiffrés, recensements, tableaux...).

b (1832; V. Jacquemont, *Correspondance,* t. II, p. 316). Mod. Ensemble de techniques d'interprétation mathématique appliquées à des phénomènes pour lesquels une étude exhaustive de tous les facteurs est impossible, à cause de leur grand nombre ou de leur complexité. ⇒ **Mesure**. *La statistique* met en œuvre la notion de probabilité et la loi des grands nombres. ⇒ **Stochastique**. *Statistique et sciences sociales* (démographie, ⇒ **Population**; économie, sociologie), *technologie* (industrie...); *psychologie appliquée* (tests, sondages), *biologie, météorologie, astronomie,* etc. *La statistique linguistique, lexicale* (lexicostatistique), *stylistique. Statistique prévisionnelle. Statistique mathématique,* étudiant les moyens de tirer le plus grand parti d'un ensemble de données numériques (fréquences, probabilités, répartitions, distributions, écarts, etc.). Spécialt. Étude des lois de distribution résultant de la mécanique statistique (→ ci-dessous, II., 2.). — *Utilisation des machines* (ordinateurs, etc.) *en statistique.*

[1] Nous entendons par statistique la science qui a pour objet de recueillir et de coordonner des faits nombreux dans chaque espèce de manière à obtenir des rapports numériques, sensiblement indépendants des anomalies du hasard, et qui dénotent l'existence de causes régulières dont l'action s'est combinée avec celle des causes fortuites. COURNOT, *Théorie des chances et des probabilités*, IX, in LALANDE, *Voc. de la philosophie*, art. *Statistique*.

Abrév. fam. : *la stat* [stat]. *Cours de stat. Il fait des stats. Stat et probas* (probabilités).

c Service qui établit des statistiques (2.). *La statistique de la France.*

♦ **2.** *(Une, des statistiques).* Ensemble de données numériques concernant une catégorie de faits, et utilisable selon les méthodes de la statistique (1.). *Statistiques démographiques, économiques, financières* (⇒ **Compte, dénombrement**). *Les statistiques de l'état civil* (→ Immigrant, cit. 2). *Dossiers* (cit. 5) *pleins de statistiques. Statistique périodique.*

[2] (...) Javert était l'effroi de toute cette classe que la statistique annuelle du ministère de la Justice désigne sous la rubrique : *Gens sans aveu.* HUGO, *les Misérables*, I, v, v.

Phys. Loi décrivant à l'aide des techniques statistiques le comportement de certaines particules. *Statistique classique, appliquée aux gaz parfaits. Statistique quantique, appliquée aux particules de spin entier, demi-entier.*
Statistique de Bose-Einstein, conduisant à la loi de Planck lorsqu'elle est appliquée aux photons (répartition spectrale dans l'énergie du corps noir). *Statistique de Fermi-Dirac* (applicable aux particules et électrons), dans laquelle deux particules ne peuvent jamais se trouver exactement dans le même état.

★ **II.** Adj. (1792). ♦ **1.** Relatif à la statistique. *Analyses, lois, méthodes, théories statistiques. Données, variables statistiques. — Ajustement* de données statistiques. *Ensembles, distributions statistiques. Tableau statistique* (→ Indice, cit. 15). *Documents* statistiques. Échantillon statistique.*

[3] (...) un jeune homme fort savant en économie politique, qui désirait avoir des renseignements statistiques sur l'empire ottoman. MÉRIMÉE, *la Double Méprise*, IX.

♦ **2.** Qui concerne les grands nombres, les phénomènes complexes. *Une rationalité* (cit. 1) *statistique.* — Phys. *Mécanique statistique,* destinée à prédire le comportement moyen ou le plus probable des molécules. *La mécanique statistique résulte de l'impossibilité de déterminer exactement le mouvement de chaque molécule* (principe d'indétermination d'Heisenberg). *Étude des problèmes de viscosité, de conductibilité thermique, de diffusion... par la mécanique statistique. Alors que la thermodynamique* part de lois macroscopiques très générales, les méthodes statistiques dépendent toujours du choix du «modèle» moléculaire adopté.*

[4] Bref, les lois de l'hérédité n'autorisent ici que des prévisions de l'ordre statistique, fondées sur la loi des grands nombres. Jean ROSTAND, *l'Homme*, IV.

[5] (...) avec nos organismes d'une effarante complexité, avec nos sens relativement grossiers, nous vivons à l'échelle des moyennes et des effets statistiques et ce n'est

que par les yeux de l'esprit que nous sommes récemment parvenus à entrevoir le monde des phénomènes élémentaires et des processus quantiques (...)
L. DE BROGLIE, Physique et Microphysique, p. 146.

DÉR. Statisticien, statistiquement, statistiquer.

STATISTIQUEMENT [statistikmɑ̃] adv. — 1838, R. Töpffer, *in* D.D.L.; de *statistique*.

♦ **1.** Par des méthodes statistiques. *Établir statistiquement une loi économique.*

♦ **2.** En ce qui concerne les grands nombres (opposé à *individuellement, isolément*). *C'est statistiquement vrai.* « *Statistiquement, vous aurez toujours raison* » (*le Nouvel Obs.*, 2 mars 1981, p. 48). « *Statistiquement, c'est vraisemblable* » (*le Point*, 23 mars 1981, p. 109).

STATISTIQUER [statistike] v. intr. — 1830, Balzac; de *statistique*.

♦ Rare, par plais. Faire des statistiques.

1 La statistique est devenue à la mode, et c'est une position que de statistiquer.
BALZAC, De la mode en littérature, *in* Œ. diverses, t. II, p. 41.

2 — Combien y a-t-il d'unicornus, combien de bicornus parmi eux *(les rhinocéros)*? — Les statisticiens doivent certainement être en train de statistiquer là-dessus. Quelle occasion de savantes controverses! IONESCO, Rhinocéros, III, p. 214.

STATO- Élément, du lat. *status* « fixé », de *stare*, ou du grec *statos* « stationnaire ». — Outre les comp. traités ci-dessous à l'ordre alphabétique, on rencontre des composés plus rares :

À considérer uniquement ma démarche, lente, raide, et qui à chaque pas semblait résoudre un problème statodynamique sans précédent, on m'aurait reconnu, si on m'avait connu. S. BECKETT, Nouvelles, p. 66.

STATOBLASTE [statɔblast] n. m. — 1889, Encycl. Berthelot, art. *Bryozaires*, p. 289; de *stato-*, et -*blaste*.

♦ Zool. Organe de reproduction de certains Bryozaires d'eau douce *(Phylactolèmes)*, formé dans le funicule et se présentant comme une lentille biconvexe à enveloppe chitineuse pourvue d'un anneau flotteur, qui donne naissance au printemps à un ou deux nouveaux individus (⟹ **Zoécie**).

STATOCYSTE [statɔsist] n. m. — 1904; de *stato-*, et -*cyste*.

♦ Zool. Organe sensoriel servant à l'équilibration, chez certains cœlentérés. ⟹ **Otolite**. « *Substituer* (le terme) *de statocyste* (au terme) *incorrect d'otocyste* » (*Rev. gén. des sc.*, 30 sept. 1904, p. 866).

STATOFUSÉE [statofyze] n. f. — Mil. xxᵉ; de *stato-*, et *fusée*.

♦ Techn. Statoréacteur utilisant un gaz combustible alimenté par les gaz provenant d'un générateur.

STATOKINÉSIMÈTRE [statokinezimɛtʀ] n. m. — 1968; de *stato-*, *kinési-*, et -*mètre*.

♦ Sc., techn. Syn. de *stabilimètre*. *Utilisation du statokinésimètre en psychologie expérimentale.*

STATOLIMNIMÈTRE [statolimnimɛtʀ] n. m. — 1975; de *stato-*, et *limnimètre*.

♦ Techn., sc. Limnimètre destiné à effectuer la mesure continue d'un niveau.

STATOLITHE [statɔlit] n. f. — 1903, *Rev. gén. des sc.*, nᵒ 20, p. 1067; de *stato-*, et -*lithe*.
Technique, science.

♦ **1.** Grain d'amidon.

♦ **2.** Grain du statocyste*.

STATOR [statɔʀ] n. m. — 1901; *Année sc. et industr.* 1902, p. 285-286 (1901); du lat. *status* « fixé », d'après *rotor*.

♦ Techn. Partie fixe d'un générateur, d'un moteur électrique (opposé à *rotor*). ⟹ **Induit**.

DÉR. Statorique.

STATORÉACTEUR [statoʀeaktœʀ] n. m. — 1949; du lat. *status* « fixé », et *réacteur*.

♦ Aviat. Réacteur sans organe mobile, composé d'un diffuseur, d'une chambre de combustion et d'une tuyère. ⟹ **Pulsoréacteur**.

STATORIQUE [statɔʀik] adj. — 1952, *in* Höfler; de *stator*.

♦ Techn. D'un stator.

STATOSCOPE [statɔskɔp] n. m. — 1889, cit.; de *stato-*, et -*scope*.

♦ Techn., sc. Instrument fondé sur le principe du baromètre différentiel, utilisé à bord des avions (des aérostats, etc.) pour déterminer les variations d'altitude.

Nous avons aussi construit un Statoscope, appareil beaucoup plus sensible que le baromètre ordinaire. Pour reconnaître en ballon si l'on monte ou si l'on descend, on se sert parfois d'une feuille de papier à cigarettes qu'on laisse tomber de la nacelle; mais ce papier a lui-même un poids appréciable. Le statoscope que nous fabriquons est à cadran ou enregistreur. RICHARD, Congrès aéronautique, *in* l'Aéronaute, déc. 1889, p. 299 (*in* L. GUILBERT, Voc. de l'aviation).

STATTHALTER [statalteʀ] n. m. — 1904; mot allemand.

♦ Germanisme. Gouverneur allemand (spécialt, en Alsace-Lorraine, de 1879 à 1918).

STATUAIRE [statɥɛʀ] n. et adj. — 1495; lat. *statuarius*, n. et adj., de *statua*. → Statue.

★ **I.** N. Sculpteur qui fait des statues (→ Bloc, cit. 1; dégrossir, cit. 1; figure, cit. 6).

1 (...) Et c'est pour cela
Qu'un statuaire ancien sculpta sur cette pierre
Un pâtre sur sa flûte abaissant sa paupière.
HUGO, les Contemplations, « Autrefois », III, XXI.

★ **II.** N. f. (1555, *in* D.D.L.). Art de représenter en ronde bosse la figure humaine ou animale. ⟹ **Sculpture; statue**. *La statuaire antique* (→ Homme, cit. 14), *grecque* (cit. 3).

2 L'exploitation de l'antique par les peintres donnait l'impression d'un style parce qu'il imitait non des peintures, toutes disparues, mais des statues. De la résurrection de la sculpture antique date *la fin* de la grande statuaire occidentale.
MALRAUX, les Voix du silence, p. 87.

★ **III.** Adj. (1552; lat. *statuaria*, n. f.). D'une, des statues; relatif aux statues. *Marbre statuaire*, destiné à faire des statues. *Colonne statuaire*, portant une statue, ou faite d'une statue (atlante, cariatide).

STATUE [staty] n. f. — 1120; lat. *statua*, du rad. de *stare* « se tenir debout ». → Station, stature.

♦ **1.** Ouvrage de sculpture en ronde bosse représentant en entier un être humain ou animal). ⟹ **Figure**. — REM. On emploie parfois *statue* pour des représentations partielles : *statue engainée, tronquée; terme...* → Gaine; mais le mot s'oppose nettement à *tête, buste*. → Sculpture. — *Statue de pierre, de marbre, de bronze, de plâtre... Statue en bois* (→ Mensonge, cit. 2). *Statue chryséléphantine. Statue peinte, polychrome* (cit. 3). *Statue modelée, taillée, moulée, fondue. Modeler* (cit. 1 et 5), *sculpter une statue. Ébauche d'une statue. Couler, jeter en fonte, refondre une statue. — Statue grandeur nature, réduite* (⟹ **Réduction, statuette**), *colossale* (⟹ **Colosse**). *Statue pédestre. Statue équestre. Statue funéraire* (⟹ **Gisant, orant**). *Supports d'une statue* (⟹ **Acrotère, piédestal** [cit. 1], **socle**). *Groupe de statues. Statues sous un dais, dans une niche, supportant un entablement* (⟹ **Atlante, cariatide, télamon**). *Statue-colonne* (→ ci-dessous). *Statues allégoriques, mythologiques, religieuses. Statue ailée, aptère. Statue iconique*, représentant une personne réelle. *Statues de dieux.* ⟹ **Idole, image, simulacre** (vx). *Une statue de l'amour, de Vénus... Adorer les statues* (→ Idolâtre, cit. 2). « *Son regard* (cit. 7) *est pareil au regard des statues* ». — *Statue masculine, féminine* (⟹ **Homme; femme**), *de baigneuse* (→ Couvrir, cit. 4). *Statue dévêtue.* ⟹ **Nu**. *Feuille de vigne sur une statue* (→ Endroit, cit. 11). *Le canon, le galbe d'une statue antique* (→ aussi Épaule, cit. 6). — *Statues isolées. Les statues d'une cathédrale, d'un jardin* (cit. 3). *Une population* (cit. 8) *de statues.* — *Ériger* (cit. 3) *une statue à un homme célèbre.* ⟹ **Statufier**. *Inauguration d'une statue.* — Par métaphore (→ Sculpter, cit. 2, Verlaine). — *Être droit, raide, immobile, comme une statue* (→ ci-dessous, 2.).

1 (...) et ces myriades de statues qui peuplaient tous les entre-colonnements de la nef et du chœur, à genoux, en pied, équestres, hommes, femmes, enfants, rois, évêques, gendarmes, en pierre, en marbre, en or, en argent, en cuivre, en cire même, qui les a brutalement balayées? HUGO, Notre-Dame de Paris, I, III, I.

2 À supposer que les civilisations disparues soient mortes, leur art ne l'est pas : même si l'Égyptien de l'Ancien Empire doit nous demeurer à jamais inconnu, ses statues sont dans nos musées, où elles ne sont pas muettes.
MALRAUX, les Voix du silence, p. 617.

Loc. (De la Bible). *La statue aux pieds d'argile* (cit. 7). *La femme de Loth changée en statue de sel* (→ Métamorphose, cit. 2). *Pygmalion s'éprit de la statue qu'il avait faite de Galatée. La statue du Commandeur*, dans *Don Juan. Surgir comme une statue de Commandeur*, comme l'image de la vengeance.

3 Tout ce que la reine avait de beauté, tout ce qu'on pouvait inventer d'idéal autour des lignes souples de son corps, Démétrios le fit sortir du marbre, et dès ce jour

il s'imagina que nulle autre femme sur la terre n'atteindrait plus le niveau de son rêve. L'objet de son désir devint sa statue. Il n'adora plus qu'elle seule (...)
Pierre LOUŸS, Aphrodite, I, III.

Loc. **STATUE-MENHIR**, n. f. Archéol. Menhir sculpté datant vraisemblablement de l'âge du bronze et de la fin de l'énéolithique.

4 Il existe une catégorie tout à fait spéciale de menhirs, que l'on appelle «menhirs sculptés» ou «statues-menhirs». On en compte une centaine en France (...) mais ce nombre serait considérablement augmenté, si nous faisions intervenir tous les menhirs plus ou moins travaillés de main d'homme, que l'on trouve en Bretagne, et connus sous le nom de *lechs* (...)
La plupart de ces monuments demeurent mystérieux, quant au personnage, à la divinité ou à l'objet qu'ils sont censés représenter.
Fernand NIEL, Dolmens et Menhirs, p. 100.

STATUE-COLONNE, n. f. : colonne sculptée, dans le premier art gothique, représentant un personnage en pied.

5 Mais les plus célèbres statues-colonnes, celles de Chartres, ne viennent pas des colonnes, elles viennent des statues de Toulouse moins étirées qu'elles ; et l'allongement des statues ne suit point l'ascension de l'architecture gothique.
MALRAUX, la Métamorphose des dieux, p. 4.

♦ **2.** (xvᵉ). Par métaphore, fig. Personne immobile, sans expression. *Cette femme est une statue,* une beauté froide* (⇒ **Idole,** vx).
Fig. *La statue de...* : personne figée dans une attitude et qui semble représenter (un sentiment, une abstraction) à la manière d'une statue. *La statue de la douleur* (→ Freiner, cit. 3), *de la pudeur* (→ Languissant, cit. 2).

DÉR. V. Statuaire. — Statuette, statufier.
HOM. Statut.

STATUER [statɥe] v. tr. — Déb. xiiiᵉ ; lat. *statuere* «établir», dans des emplois juridiques.

♦ **1.** Vx. Décider, ordonner, avec l'autorité que confère la loi ou la coutume. ⇒ **Arrêter, établir, juger, ordonner ; statut** (1.). *Statuer des règlements* (Voltaire), *une enquête. Ce qui a été statué par le code...* (Hatzfeld). — Absolt. *Le Conseil d'État est appelé à statuer* (→ Instance, cit. 6).

♦ **2.** V. tr. indir. (xiiiᵉ). Mod. **STATUER SUR** (qqch.) : prendre une décision à propos de... *La matière sur laquelle on statue* (→ 1. Loi, cit. 11 ; et aussi juré, cit. 1 ; lecture, cit. 14). *Statuer sur le fond* (→ Compétence, cit. 1), *sur le tout* (→ Évocation, cit. 1).

1 Il y avait aussi les importants, qui priaient leur visiteur de laisser une note résumant son cas et qui l'informaient qu'ils statueraient sur ce cas (...)
CAMUS, la Peste, p. 122.

♦ **3.** Par ext. Décider avec autorité. ⇒ **Régler, résoudre.** *Statuer que l'essentiel pour le penseur est de savoir s'engager* (cit. 47). — *Statuer sur qqch.*

2 (...) une volonté grave et prudente statuait sur l'état de chacun, son sort, son avenir.
G. DUHAMEL, Récits des temps de guerre, Vie des martyrs, À Verdun.

STATUETTE [statɥɛt] n. f. — 1627, in D.D.L. ; de *statue.*

♦ Statue de petite taille, figurine sculptée (→ Babiole, cit. 5). *Statuette d'alabastrite, d'albâtre, de bronze. Statuette en biscuit. Statuette de Tanagra.* ⇒ **Tanagra.** *Statuette de la Vierge* (→ Marionnette, cit. 2). *Statuette modelée* (cit. 2). *Modeleur* de statuettes.* — Fam. *Un joli bout de femme*, une vraie statuette.*

Le jeune homme put dès lors occuper ses loisirs en modelant, avec sa facilité habituelle, de charmantes statuettes délicieusement campées, qui une fois séchées au soleil prenaient la consistance et l'aspect de la terre cuite.
Raymond ROUSSEL, Impressions d'Afrique, p. 420.

STATUFIER [statyfje] v. tr. — 1888, Villatte ; de *statue.*

♦ **1.** Fam. Représenter (qqn) par une statue, élever une statue à (qqn).

1 Même s'ils statufient un politicien, c'est pour lui faire une litière de femmes nues (...)
J. ROMAINS, les Hommes de bonne volonté, t. IV, XV, p. 154.

Fig. Vouer une grande admiration à (qqn). → Mettre sur un piédestal*.

1.1 Beaucoup d'entre eux (*les lecteurs*) à la fois me statufient et s'identifient à moi.
S. DE BEAUVOIR, Tout compte fait, p. 133.

▶ **STATUFIÉ, ÉE** p. p. adj.
Représenté par une statue, un buste.

1.2 La situation dans laquelle se trouvait le personnage statufié et l'inscription qui ornait le socle intriguèrent Valentin à l'extrême (...)
R. QUENEAU, le Dimanche de la vie, p. 271.

♦ **2.** (Mil. xxᵉ). Fig. (Sujet n. de chose). Rendre semblable à une statue. ⇒ **Figer, pétrifier.**

2 Un silence de mort statufiait les convives.
COCTEAU, la Difficulté d'être, p. 118.

STATU QUO [statykwo] n. m. — 1764, in J. Dubois, Voc. politique et social; de la loc. lat. *in statu quo ante* «dans l'état où (les choses étaient) auparavant», utilisée en diplomatie.

♦ État actuel des choses. *Maintenir le statu quo* (→ Reconduire, cit. 3).

Voici maintenant que l'équilibre de l'Europe paraît prêt à se rompre ; le *statu quo* européen, déjà vermoulu et lézardé, craque du côté de Constantinople.
HUGO, les Orientales, Préface, janv. 1829. 1

(...) car je proposerais des réformes, car je choquerais les riches propriétaires qui abusent du statu quo.
STENDHAL, Mémoires d'un touriste, t. I, p. 36. 2

Dr. *Statu quo ante bellum* : état de fait et de droit tel qu'il existait avant les hostilités.

STATURAL, ALE, AUX [statyʀal, o] adj. — 1980 ; de *stature.*

♦ Didact. De la stature ; relatif à la stature. *«Un ralentissement de la croissance staturale peut signifier qu'une malnutrition a débuté trois à quatre mois auparavant»* (*la Recherche,* oct. 1980, p. 1101).

STATURE [statyʀ] n. f. — Av. 1493 ; *estature,* v. 1155 ; lat. *statura,* même rac. que *statue.*

♦ **1.** Corps humain considéré dans ses dimensions et sa position debout. *Notre stature droite, regardant vers le ciel* (→ Prérogative, cit. 2). *Stature découplée* (→ Épaule, cit. 4). *Haute et forte stature d'un colosse, d'un hercule.* ⇒ **Grandeur, hauteur.** *Stature imposante, impressionnante.* — Corps considéré dans sa hauteur. ⇒ **Taille** (→ Géant, cit. 6). *Court de stature mais large de carrure** (→ Contrefait, cit. 2). *Stature moyenne* (→ Obésité, cit.). — Fig. Dimension, taille.

(...) c'est le propre des grands hommes d'être de la stature des grandes choses. 1
HUGO, Littérature et Philosophie mêlées, 1834, «Sur Mirabeau», II.

(...) sa calvitie, sa moustache, sa haute stature un peu voûtée et le drap marengo 2
du costume, formait un premier plan qui rappelait les peintures de la Nationale sous le vert de l'abat-jour.
ARAGON, les Beaux Quartiers, II, IV.

♦ **2.** Fig. Force, valeur. ⇒ **Carrure, classe, envergure.**

DÉR. Statural, staturopondéral.

STATUROPONDÉRAL, ALE, AUX [statyʀopɔ̃deʀal, o] adj. — Mil. xxᵉ ; de *stature,* et *pondéral.*

♦ Didact. Relatif à la stature et au poids. *«Ces populations présentent un rythme de croissance ralenti avec un développement staturopondéral inférieur à leur potentiel génétique (...)»* (*la Recherche,* oct. 1980, p. 1100).

STATUS [statys] n. m. — Mil. xxᵉ ; mot lat. → Statut.

♦ Didact. (sociol.). Ensemble des positions* sociales occupées par un individu (sexe, âge, métier, position familiale, politique) et des rôles* attachés à ces positions. *Le status et l'habitus*.*

STATUT [staty] n. m. — V. 1250 ; bas lat. *statutum,* de *statutus,* p. p. du v. *statuere.* → Statuer.

★ **I. 1.** ⓐ Vx. Ce qui a été statué ; décision juridique, ordonnance.

ⓑ (1835). Mod., dr. Ensemble des lois qui concernent l'état et la capacité d'une personne (*statut personnel*), les biens individuels (*statut réel*).

♦ **2.** (1918, in D.D.L.). Ensemble de textes qui règlent la situation d'un groupe d'individus, leurs droits, leurs obligations ; par ext., cette situation ; sa forme juridique. *Statut juridique des états* (cit. 92) *ou classes sous l'Ancien Régime.* ⇒ **Contrat** (social). *Le statut de contribuable* (cit.). *Statut des fonctionnaires du corps préfectoral* (cit.). *Personne qui a le statut d'une catégorie sans avoir le titre correspondant.* ⇒ **Assimilé.** *Statut légal de la prostituée* (cit. 7). — Par ext. *Statut donné à un pays* (→ Recès, cit. 2), *à un secteur économique.*

Nous sommes dans un temps d'excessive et bizarre rigueur, où l'on voit, par 1
exemple, des juristes et des sociologues s'inquiéter de trouver ou de forger une bonne «définition» des «intellectuels», qui permette de donner un statut légal et administratif nettement défini aux malheureux qui pensent !
VALÉRY, Regards sur le monde actuel, Œ., t. II, Pl., p. 1120.

♦ **3.** Didact. (Par oppos. à *contrat*). *«Rapports légaux qui s'établissent entre les hommes en l'absence de tout acte de volonté de leur part, et par suite de la situation seule qu'ils se trouvent occuper dans l'organisation familiale, politique, économique»* (Lalande). ⇒ **État, situation.** *Le statut de la femme mariée.*

♦ **4.** Situation de fait, position (sens courant, mais critiqué par certains puristes).

L'insolite vocation de mon père s'explique, je crois, par son statut social. Son nom, 2
certaines relations familiales, des camaraderies d'enfance, des amitiés de jeune homme le convainquirent qu'il appartenait à l'aristocratie ; il en adopta les valeurs.
S. DE BEAUVOIR, Mémoires d'une jeune fille rangée, p. 36.

Didact. *Statut social.* ⇒ **Status.**

★ **II.** (1653). Au plur. Suite d'articles définissant une société (III.) et réglant son fonctionnement. ⇒ **Règlement.** *Les statuts de l'Académie* (→ Autoriser, cit. 11), *d'une association*, d'une société com-*

merciale. Rédiger, déposer les statuts. Défendu par les statuts (→ Étudiant, cit. 2). *Statuts types.*

DÉR. Statutaire.
HOM. Statue.

STATUTAIRE [statytɛʀ] adj. — 1582 ; de *statut.*

♦ **1.** Conforme aux statuts (II.). *Répartition statutaire d'un dividende. Gérant statutaire,* dont le mode de désignation est prévu par les statuts.

♦ **2.** Conforme à une règle. *« Les contemporains croyaient de bonne foi ce régime normal, statutaire »* (Siegfried).

DÉR. Statutairement.

STATUTAIREMENT [statytɛʀmɑ̃] adv. — 1869 ; de *statutaire.*

♦ Dr. Par des statuts, conformément aux statuts. *Président statutairement désigné. Il est statutairement habilité à présider.*

STAURO- Élément, du grec *stauros* « croix ».

STAUROPHORE [stoʀofoʀ] adj. et n. — 1875 ; de *stauro-,* et *-phore.*

♦ Didact. Porte-croix. *Un clerc staurophore.* — N. *Le staurophore de la procession.*

STAUROTHÈQUE [stoʀotɛk] n. f. — 1923 ; de *stauro-,* et *-thèque.*

♦ Didact. Reliquaire contenant un morceau de la vraie croix.

STAUROTIDE [stoʀotid] n. f. — 1872 ; dér. sav. du grec *stauros* « croix ». → Stauro-.

♦ Didact. Silicate naturel d'aluminium et de fer, souvent maclé, appelé aussi *pierre de croix.* Syn. : *staurolithe.*

STAVKA ou **STAFKA** [stafka] n. f. — 1964 ; mot russe. Histoire.

♦ **1.** Tente du commandant en chef de l'armée russe ancienne. — Le commandement de l'armée russe.

♦ **2.** Conseil militaire dirigeant les troupes soviétiques en temps de guerre.

STAWUG [stavyg] n. m. — 1932, *Stavhugg, in* Petiot ; mot norvégien.

♦ Ski. Mode de progression qui combine le stakning* avec les pas alternatifs, en ski nordique.

STAYER [stɛjœʀ ; stɛjɛʀ] n. m. — 1875, *in* Petiot ; mot angl., de *to stay* « soutenir (l'allure) », de l'anc. franç. *étai.*
Anglicisme.

♦ **1.** Turf. Cheval apte aux courses sur longue distance.

♦ **2.** (1895, *in* Petiot). Cycl. Coureur de demi-fond*. (1901, *in* Petiot). Coureur sur piste derrière moto.

STEAK [stɛk] n. m. — 1894, *in* Höfler ; 1872, *le Temps,* à propos de l'Angleterre ; mot anglais.

♦ Anglic. Tranche de bœuf grillée ou à griller. ⇒ **Bifteck** (que *steak* tend à remplacer). *Steak frites,* avec des frites. *Steak salade. Commander un steak saignant, bleu, à point. Acheter du steak dans le filet.* — *Steak haché* ou *hamburger*.* — *Steak tartare*.* — Plur. *Des steaks.*
On nous a servi des steaks délicieux : il est rare au Japon de manger de la viande de bœuf, car elle est extrêmement chère.
S. DE BEAUVOIR, *Tout compte fait,* p. 296.
REM. Graphie francisée (rare et plais.) : *stèque. « Les Huns préparaient des stèques tartares »* (R. Queneau, *les Fleurs bleues,* p. 13).

STEAK HOUSE [stɛkaws] n. f. — Mil. XXᵉ ; mot angl., de *steak* (→ Steak), et *house* « maison ».
Anglicisme.

♦ Restaurant spécialisé dans les grillades (notamment de bœuf), dans un pays anglo-saxon. (Dans un pays de langue française, surtout dans des enseignes, des raisons sociales).

STEAMBOAT [stimbot] n. m. — 1825 ; mot angl., de *steam* « vapeur », et *boat* « bateau ».

♦ Anglicisme, vx. Bateau à vapeur. ⇒ **Steamer.** *Des steamboats.* — On écrit aussi *steam-boat.*
Maintenant, des steamboats parcourent à grande vitesse l'Indus, le Gange, et un chemin de fer, qui traverse l'Inde dans toute sa largeur en se ramifiant sur son parcours, met Bombay à trois jours seulement de Calcutta.
J. VERNE, le Tour du monde en 80 jours, 1873, p. 63.

STEAM-CRACKING [stimkʀakiŋ] n. m. — Mil. XXᵉ (1961, Larousse, art. *Cracking*) ; mot angl., de *steam* « vapeur », et *cracking.* → Cracking.

♦ Techn. Cracking*, craquage en présence de vapeur d'eau. ⇒ **Vapocraquage.**

STEAMER [stimœʀ] n. m. — 1829, Jacquemont ; mot angl., de *steam* « vapeur ».

♦ Anglic., vieilli. Bateau à vapeur. ⇒ **Navire, steamboat, vapeur** (n. m.) ; → Mâture, cit. Mallarmé. *Les steamers fument et mugissent* (cit. 7). *Canot* (cit. 2) *de steamer.*
Pour moi, je me suis dirigé vers le steamer, qui fumait déjà et faisait des manœuvres pour se détacher du quai. [1]
NERVAL, Notes de voyage, « Un tour dans le Nord », I.
Les grands steamers, dragons dégorgeant des flots noirs. [2]
HUGO, les Châtiments, VII, XVI.
Le chemin de fer [3]
Est vraiment trop cher.
Le steamer fendeur de l'onde
Est plus cher encor ;
Il faut beaucoup d'or
Pour aller au bout du monde.
Charles CROS, le Collier de griffes, « Aux imbéciles », Pl., p. 202.

STEAMING [stimiŋ] n. m. — 1960 ; mot angl., p. prés. de *to steam.*

♦ Techn. Injection de vapeur d'eau pratiquée dans les fours de distillation de la houille.

STÉAR-, STÉARO- Élément, du grec *stear, steatos* « graisse ». → Stéat-, stéato-.

STÉARATE [stearat] n. m. — 1823 ; de *stéar-,* et *-ate.*

♦ Chim. Sel ou ester de l'acide stéarique.

STÉARINE [stearin] n. f. — 1814 ; de *stéar-,* et *-ine.*
Chimie.

♦ **1.** Biochim. Ester de l'acide stéarique* et du glycérol.

♦ **2.** Cour. Corps solide, blanc, dur obtenu par saponification des graisses naturelles. *Bougie, cierge en stéarine.*
Les deux portraits lithographiés des mères supérieures dans leur cadre en bois peint en noir, la Vierge en stéarine de la cheminée. [1]
Ed. et J. DE GONCOURT, Sœur Philomène, p. 54.
(...) l'orgue fait trépider l'eau dormante des bénitiers, l'air confiné de la nef où dans l'odeur de stéarine brûlée, qui plaît à Dieu, pousse une belle forêt de luminaire. [2]
Hervé BAZIN, Cri de la chouette, p. 56.

DÉR. Stéarinerie, stéarinier.

STÉARINERIE [stearinʀi] n. f. — 1872 ; de *stéarine.*

♦ Techn. Fabrique de stéarine.

STÉARINIER [steariɲe] n. m. — 1872 ; de *stéarine.*

♦ Techn. Fabricant de stéarine ; ouvrier travaillant dans une stéarinerie.

STÉARIQUE [stearik] adj. — 1819 ; de *stéar-,* et *-ique.*

♦ **1.** Biochim. *Acide stéarique :* acide gras saturé, abondant dans le suif de bœuf et de mouton, présent en plus faibles quantités dans d'autres graisses animales et huiles végétales. *Les phospholipides de l'organisme humain sont riches en acide stéarique.*

♦ **2.** Vx. En stéarine. *Bougies* (cit. 3) *stéariques.*
Les mèches, après plusieurs essais, furent faites de fibres végétales, et, trempées dans la substance liquéfiée, elles formèrent de véritables bougies stéariques, moulées à la main, auxquelles il ne manqua que le blanchiment et le polissage.
J. VERNE, l'Île mystérieuse, t. I, p. 261.

STÉARO- ⇒ Stéar-.

STÉAROL [steaʀɔl] n. m. — 1842, Barré ; de *stéar-*, et *-ol*.

♦ Pharm. Médicament dont l'excipient est une graisse*.
DÉR. Stéarolé.

STÉAROLÉ [steaʀɔle] n. m. — 1842 ; de *stéarol*.

♦ Pharm. Médicament à base de corps gras solides. *Une pommade est un stéarolé.*

STÉARRHÉE [steaʀe] n. f. — 1896, *in* D.D.L., II, 8 ; « séborrhée », 1878, Littré-Robin ; de *stéar-*, et *-rrhée*.

♦ Méd. ⇒ **Stéatorrhée.**

STÉARYLE [steaʀil] n. m. — xxᵉ ; de *stéar-*, et *-yle*.

♦ Chim. Radical univalent résultant de la suppression de l'hydroxyle de l'acide stéarique. *Chlorure de stéaryle.*
DÉR. Stéarylique.

STÉARYLIQUE [steaʀilik] adj. — xxᵉ ; de *stéaryle*.

♦ Chim. Qui contient le radical stéaryle.
Les corps les plus employés comme stabilisants sont : les alcools gras : alcool stéarylique (...)   Charles BOURGEOIS, Chimie de la beauté, p. 79.

STÉAT-, STÉATO- Élément, du génitif *steatos* de *stear* → Stéar-.

STÉATITE [steatit] n. f. — 1747, une première fois en 1562 ; lat. *steatitis*, mot grec, de *stear*, *steatos* « lard, graisse ».

♦ Minér. Silicate de magnésium compact, renfermant aussi du fer, de l'aluminium et de l'eau, de constitution identique à celle du talc, onctueux au toucher, dit *pierre de lard* (vx), *craie de Briançon*. *La stéatite peut être diversement colorée ; les variétés blanches sont utilisées en pharmacie, à faire des crayons de pastel, à écrire sur le verre, le drap* (tailleurs), *comme produit réfractaire.*

STÉATOLYSE [steatɔliz] n. f. — Déb. xxᵉ (→ Stéatolytique) ; de *stéat(o)-*, et *-lyse*.

♦ Didact. Dédoublement des graisses dans l'organisme sous l'action de la lipase.
DÉR. Stéatolytique.

STÉATOLYTIQUE [steatɔlitik] adj. — 1905, *Rev. gén. des sc.*, nº 2, p. 79 ; de *stéatolyse*.

♦ Didact. De la stéatolyse. *Pouvoir stéatolytique d'un acide.*

STÉATOME [steatom] n. m. — V. 1560 ; du lat. *steatoma*, mot grec, de *stear*, *steatos*. → Stéar-, stéat-.

♦ Méd., vx. Kyste sébacé ou lipome de consistance dure. ⇒ **Loupe.**

STÉATOMÉRIE [steatɔmeʀi] n. f. — xxᵉ ; de *stéat(o)-*, et grec *mêros* « cuisse ».

♦ Didact. Forte accumulation de graisse à la face externe des cuisses et aux hanches. ⇒ cour. **Culotte** (de cheval).

STÉATONÉCROSE [steatonekʀoz] n. f. — 1933, Larousse ; de *stéat(o)-*, et *nécrose*.

♦ Méd. Nécrose du tissu adipeux avec décomposition des lipides qu'il renferme.

STÉATOPYGE [steatɔpiʒ] adj. — 1842, Barré, « qui a la base de la queue formée d'une masse de graisse » ; de *stéat(o)-*, et *-pyge*.

♦ Didact. Dont le tissu adipeux est très développé au niveau des fesses ; qui a de très grosses fesses. *La Vénus hottentote est stéatopyge* (⇒ **Callipyge**).

1 Son corset descendant très bas, selon la mode, la faisait paraître stéatopyge (...)
                                      APOLLINAIRE, l'Hérésiarque..., p. 48.
2 Les figures féminines sont ces étranges statuettes qui ont été nommées « vénus aurignaciennes » ou « figures stéatopyges » et dans lesquelles on a cherché un portrait des Paléolithiques. Au corps massif sont accrochés d'énormes seins, la tête

est sans détails, les bras esquissés, les jambes courtes et schématiques terminent les cuisses en s'effilant.
                          A. LEROI-GOURHAN, le Geste et la Parole, t. II, p. 225-226.
DÉR. Stéatopygie.

STÉATOPYGIE [steatɔpiʒi] n. f. — 1872 ; de *stéatopyge*.

♦ Didact. Hypertrophie graisseuse des fesses.
(...) elles avaient changé de race : un substantiel postère noirci les affectait d'une stéatopygie hottentote.   R. QUENEAU, Pierrot mon ami, p. 113.

STÉATORRHÉE [steatɔʀe] n. f. — 1872 ; de *stéat(o)-*, et *-rrhée*.

♦ Méd. Abondance anormale de graisses dans les matières fécales.

STÉATOSE [steatoz] n. f. — 1865, Littré-Robin ; de *stéat(o)-*, et *-ose*.

♦ Pathol. Accumulation anormale de graisses dans les cellules (infiltration simple ou processus dégénératif). *Stéatose du foie due à l'alcoolisme.* ⇒ **Cirrhose.**

STEEL BAND [stilbãd] n. m. — V. 1970 ; mot angl. des Antilles, de *steel* « acier, métal », et *band* « orchestre ».

♦ Anglic. Orchestre de musique traditionnelle des Caraïbes, essentiellement formé d'instruments de percussion faits de tonneaux, de récipients en métal. *« Des chants, des danses des Antilles, de Guyane, de Porto Rico ou de Trinidad, un steel band de dix-huit musiciens et trente-trois vieux tonneaux de fuel vides »* (le Nouvel Obs., 23 juil. 1973, p. 45).

STEEPLE [stipl] ou, rare [stipœl] n. m. — 1884, *in* Petiot ; même orig. que *steeple-chase* ; on a dit *steeple chase pédestre*, 1855, *in* Höfler.

♦ Sports, cour. Course de fond (3 000 m) dans laquelle les coureurs ont à franchir divers obstacles dispersés sur la piste. *Coureur de steeple* (anciennt, *steeple-chaser*). Appos. *Courir le 3 000 mètres steeple.*

Var. graphique. *« Un stiple de 4 500 mètres »* (Romains, les Hommes de bonne volonté, t. I, p. 141).
Je sais bien qu'on ne court pas de steeple cet après-midi. Pourtant, j'ai la sensation que les coureurs vont sauter la haie qui me préserve, retomber dans le fossé où je suis étendu, avec leurs pointes de fer enfoncées dans mon visage et dans mon corps. Et me voici tout sanglant, piétiné par ce que j'aime !
              MONTHERLANT, les Olympiques, éd. L. de Poche, p. 64 (1924).

STEEPLE-CHASE [stipœltʃez] ou **STEEPLE** [stipœl ; stipl] n. m. — 1828 (*in* Petiot) ; *steeple*, 1866 (*in* Rey-Debove et Gagnon) ; angl. « *course (chase)* au clocher *(steeple)* ».

♦ Anglic. Course d'obstacles pour les chevaux comportant haies, murs, fossés.

1 *(Lady Dudley)* est d'une force à ne rien craindre dans une lutte ; nul homme ne peut la suivre à cheval, elle gagnerait le prix d'un *steeple-chase* sur des centaures (...)   BALZAC, le Lys dans la vallée, Pl., t. VIII, p. 947.
2 Vrais jockeys de ce steeple-chase, de cette chasse à l'information, ils enjambaient les haies, ils franchissaient les rivières, ils sautaient les banquettes avec l'ardeur incomparable de ces coureurs pur sang, qui veulent arriver « bons premiers » ou mourir !   J. VERNE, Michel Strogoff, p. 9.

STÉGANOPODES [steganɔpɔd] n. m. pl. — 1819, *in* D.D.L., II, 9 ; du grec *steganopous* « dont les pieds sont recouverts d'une membrane ».

♦ Zool. Ordre d'oiseaux *(Palmipèdes)* appelés aussi *totipalmes* ou *pélécaniformes*, caractérisés par un sac membraneux dilatable sous le bec, et par la membrane qui réunit leurs quatre doigts. — Au sing. *Un stéganopode.*

STÉGO- Élément, du grec *stegos* « toit ».

STÉGOCÉPHALES [stegosefal] n. m. pl. — 1902, Encycl. Berthelot ; « sorte de crustacés », 1842 ; de *stégo-*, et *-céphale*.

♦ Paléont. Ordre d'Amphibiens fossiles, qui apparaissent du dévonien au trias et comprennent des formes géantes. *Les Stégocéphales sont aussi appelés Stéréospondyles, Labyrinthodontes.* — Au sing. *Un stégocéphale.*
DÉR. Stégocéphalien.

STÉGOCÉPHALIEN, IENNE [stegosefaljɛ̃, jɛn] adj. — xxᵉ ; de *stégocéphale*.

♦ Paléont. Des Stégocéphales ; relatif aux Stégocéphales.

L'abondance des restes trouvés dans certains gisements a permis une étude poussée de plusieurs formes stégocéphaliennes (...)
Jean GUIBÉ, les Batraciens, p. 18.

STEGOMYIE [stegɔmii] ou **STEGOMYIA** [stegɔmija] n. f. — 1907; lat. *stegomya* (→ Stégo-), et grec *muia* «mouche», à cause de sa forme.

♦ Zool. Moustique des régions chaudes qui transmet la fièvre jaune, la filariose.

Et savez-vous que le *(sic)* stegomya a radicalement supprimé toute une civilisation au Mexique? VALÉRY, l'Idée fixe, Œ., t. II, Pl., p. 210.

STÉGOSAURE [stegozɔʀ] ou **STEGOSAURUS** [stegosɔʀys] n. m. — 1891, *stegosaurus*, in *la Science illustrée*, t. II, p. 416; de *stégo-*, et *saure*.

♦ Paléont. Grand reptile dinosaurien du crétacé d'Amérique, qui présente sur le dos de grandes plaques osseuses.

STEINBOCK [stɛnbɔk] n. m. — 1904; «bouquetin», 1791; anc. haut all. *Steinboc*, qui a donné les formes anciennes *estainboc, stainbouque* (XIIᵉ-XVIIᵉ) et *boc estaing*; → Bouquetin; mot repris à l'afrikaans.

♦ Petite antilope d'Afrique australe.

STEINKERKE [stɛ̃kɛʀk] n. f. — 1751; Voltaire; déb. XVIIIᵉ, Regnard, *Steinkerque*; de *cravate à la Steinkerke*, nom donné à cette cravate en honneur de la victoire du maréchal de Luxembourg à *Steinkerke* (Hainaut) en 1692.

♦ Vx. Cravate à bouts pendants, nouée négligemment. (Selon la tradition, allus. à la manière dont les officiers français s'étaient hâtivement habillés lors de l'attaque imprévue de Guillaume d'Orange).

STEINMANN [stɛnman] n. m. — 1886; 1868, *steinmānli*; empr. à l'all.; de *Stein* «pierre», et *Mann* «homme».

♦ Alpin. Petite pyramide de pierres dressée par les alpinistes au sommet de la montagne qu'ils viennent d'escalader et indiquant la voie qu'ils vont suivre pour descendre. ⇒ **Cairn, champignon.**

STÈLE [stɛl] n. f. — 1694; lat. *stela*, grec *stêlê*.

♦ **1.** Monument monolithe, colonne, cippe, pierre plate dressée, qui porte une inscription, des ornements sculptés... *Stèle commémorative; stèle d'une tombe, stèle funéraire* (→ Monument, cit. 4). *Stèle de marbre, de granit.*

C'était une de ces spacieuses sépultures familiales où, de lustre en lustre, les places sont âprement réclamées et prises. Une huitaine d'inscriptions couvraient la stèle. G. DUHAMEL, le Voyage de P. Périot, I.

♦ **2.** (1904). Bot. Partie centrale de l'axe d'une plante comportant essentiellement du bois et du liber, et entourée d'un endoderme.

STELLAGE [stɛlaʒ; stelaʒ] n. m. — 1907; 1611, autre sens; de l'all. *stellen* «être ferme, élevé».

♦ Bourse. Marché à terme, où l'acheteur a la faculté de choisir entre l'achat ou la vente à des cours différents.

STELLAIRE [stɛlɛʀ; stelɛʀ; stɛllɛʀ] adj. et n. f. — 1778; bas lat. *stellaris*, de *stella* «étoile».

★ **I.** Adj. ♦ **1.** Des étoiles*, relatif aux étoiles. ⇒ **Astral.** *Masses stellaires* (→ Étoile, cit. 18). *Influences solaires et stellaires* (→ 1. Rayon, cit. 8). *Rayonnements stellaires hertziens* (cit.). *Atmosphère* stellaire. — Vx. *Jour stellaire.* ⇒ **Sidéral.**

(...) quelques vieux exemplaires
De l'infini, tombés des profondeurs stellaires (...)
HUGO, la Légende des siècles, «Dieu», I, II, VII.

♦ **2.** En forme d'étoile, disposé en rayons. ⇒ **Étoilé.**

★ **II.** N. f. (1781; *stellaria*, 1695; à cause de ses fleurs pentamères en étoile). Bot. Plante *(Caryophyllacées)*, dont une variété est le *mouron* des oiseaux.

COMP. **Interstellaire.**

STELLÉRIDE [steleʀid] n. m. — 1808, Boiste; de *stella* «étoile».

♦ Vx. Astérie. ⇒ **Étoile** (de mer).

STELLION [steljɔ̃; stɛljɔ̃] n. m. — 1314; lat. *stellio* «lézard étoilé».

♦ Lézard* gris, large et plat, venimeux, des bords de la Méditerranée orientale, ainsi nommé parce qu'il change de couleur.

Ils franchissent, foulant l'hydre et le stellion,
Ravins, torrents, halliers, sans que rien les arrête (...)
J.-M. DE HÉRÉDIA, les Trophées, «Grèce et Sicile», Fuite des Centaures.

STELLIONAT [steljɔna; stɛljɔna] n. m. — 1680; «fraude», 1577; lat. *stellionatus*, de *stellio* «lézard de couleur changeante», en lat. pop. «fourbe». → Caméléon.

♦ Dr. Fraude consistant à vendre ou hypothéquer un même bien à plusieurs personnes, ou à vendre un bien dont on n'est pas propriétaire. ⇒ **Escroquerie.**

DÉR. Stellionataire.

STELLIONATAIRE [steljɔnatɛʀ; stɛljɔnatɛʀ] n. et adj. — 1655; de *stellionat*.

♦ Dr. Personne coupable de stellionat. ⇒ **Escroc.**

Quelques jours après, il lui demanda s'il n'existait pas de moyens de rentrer dans ses fonds. On pouvait discuter les hypothèques précédentes, attaquer Arnoux comme stellionataire, faire des poursuites au domicile contre la femme.
FLAUBERT, l'Éducation sentimentale, II, IV.

STELLITAGE [stelitaʒ; stɛlitaʒ] n. m. — 1964; de *stelliter.*

♦ Techn. Action de stelliter (une pièce métallique); résultat de cette action.

STELLITE [stelit; stɛlit] n. m. — 1923, Larousse; nom déposé, probablt du lat. *stella*, et *-ite.*

♦ Techn. Alliage à haute teneur de cobalt (plus de 40 %), contenant du chrome, du tungstène, etc. *Les stellites sont utilisés pour recouvrir les pièces soumises à la chaleur et à l'usure.*

DÉR. Stelliter.

STELLITER [stelite; stɛlite] v. tr. — 1964; de *stellite.*

♦ Techn. Recouvrir (une pièce métallique) d'un revêtement de stellite. — Au p. p. *Aciers stellités.*

DÉR. Stellitage.

STÉLOGRAMME [stelogʀam] n. m. — 1975; du grec *stêlê* «colonne d'appui», et *-gramme.*

♦ Techn., sc. Diagramme représentant des valeurs par des rectangles superposés de taille différente.

STEM, (rare) **STEMME** [stɛm] ou **STEM-CHRISTIANIA** [stɛmkʀistjana] n. m. — 1924, *stem; stem-christiania* attesté plus tard (1934, in Petiot); mots norvégiens.

♦ Ski. Virage aval exécuté en écartant le talon du ski amont (les skis formant un V dont la pointe s'oriente vers la vallée), puis en rétablissant le parallélisme des skis après le franchissement de la ligne de plus grande pente. *Apprentissage du stem dans la progression de l'École du ski français* (après le virage chasse-neige* et avant le virage skis parallèles, ou christiania*).

(...) la méthode française avait changé, les moniteurs interdisaient catégoriquement l'usage du stem (...) S. DE BEAUVOIR, la Force de l'âge, p. 579. [1]
Le stem-christiania est un virage assez facile à exécuter mais il peut devenir dangereux dans les neiges difficiles ou à grande vitesse. Il constitue toutefois un très bon intermédiaire pour l'apprentissage des christianias parallèles. [2]
Jean FRANCO, le Ski, p. 31-34.

DÉR. Stemmer.
HOM. Stème.

STEMBOGEN [stɛmbɔgɛn] n. m. — 1929, in Petiot; mot norvégien.

♦ Ski. Vx. ⇒ **Stem.**

STÈME [stɛm] n. m. — Mil. XXᵉ; grec *stêma* «support», probablt par une langue d'emprunt.

♦ Didact. (psychol.). Temps alloué pour l'exécution d'une tâche élémentaire (en psychologie expérimentale).
HOM. Stem.

STEMMATE [stɛmmat; stemat] n. m. — 1839, Boiste; grec *stemma, stemmatos* «couronne».

♦ Zool. Œil simple (des insectes). ⇒ **Ocelle.**

STEMMER [steme ; stɛme] v. intr. — 1930 ; de *stem(m)*.

♦ Ski. Rare. Virer en stem*. — REM. On écrit parfois *stemer*.

STENCIL [stɛnsil] n. m. — 1910 ; angl. *stencil* «pochoir», du v. *to stencil* «enluminer», du franç. *étinceler*.

♦ Papier paraffiné perforé à la main ou à la machine à écrire, et servant de pochoir, de cliché* pour la polycopie*. *Des stencils. Faire, préparer, taper un stencil. Fixer le stencil dans la ronéo, le duplicateur. Stencil électronique,* permettant de reproduire le texte par photographie.

Elles se remirent au travail, et, sous la pression de leurs doigts puissants, les machines à écrire volèrent, une à une, en éclats (...) Les stencils, crevés à la troisième frappe, planaient dans le bureau parmi un nuage de débris de métal surchauffé et l'odeur du corrector rouge se mêlait à celle des femelles enragées.
B. VIAN, Vercoquin, Folio, p. 123 (1947).

DÉR. Stenciliste.

STENCILISTE [stɛnsilist] n. — 1950 ; de *stencil*.

♦ Techn. Personne qui prépare les stencils.

STENDHALIEN, IENNE [stɛ̃daljɛ̃, jɛn] adj. — 1890, P. Bourget, *Essais de psychologie contemporaine* ; de *Stendhal* (Henri Beyle), romancier français, 1783-1842.

♦ Littér. Relatif à Stendhal écrivain, à ses sujets, à sa manière. *Le culte stendhalien de l'énergie.* — N. Critique spécialiste de Stendhal, admirateur de Stendhal (→ Rester, cit. 39). ⇒ **Beylisme, beyliste**. *Le grand stendhalien Henri Martineau*.

STÉNO [steno] n. m. et f. (abrév.). ⇒ **Sténographe, sténographie**.

STÉNO- Élément, du grec *stenos* «étroit», ou de *sténographe, -graphie*.

STÉNOBIOTE [stenobjɔt] adj. et n. — 1964, n. m. ; de *sténo-*, et grec *bios* «vie».

♦ Biol. Qui ne peut vivre que dans un milieu dont les caractéristiques, et notamment les caractéristiques physiques (température, pression, hygrométrie, etc.) et chimiques (concentration en une substance ou en plusieurs, etc.) changent peu. — N. m. *Un sténobiote :* un organisme sténobiote.

STÉNOCARDIE [stenokaʀdi] n. f. — 1833, *in* D.D.L., II, 8 ; de *sténo-*, et *-cardie*.

♦ Méd. Douleur thoracique d'origine cardiaque. ⇒ **Angine** (de poitrine).

STÉNOCHROMIE [stenokʀɔmi] n. f. — 1861, *in* D.D.L., II, 14 ; de *sténo-*, et *-chromie*.

♦ Techn. Impression de figures en plusieurs couleurs en une seule fois.

1. STÉNODACTYLO [stenodaktilo] ou **STÉNODACTYLOGRAPHE** [stenodaktiloɡʀaf] n. (rare au masc.). — 1911, *sténodactylo* ; *sténodactylographe*, 1907, *in Larousse mensuel* ; de *sténo-*, premier élément de *sténographe*, et de *dactylographe* ; *sténodactyle* «machine à sténographier», *sténodactylie* sont attestés en 1903 (*Rev. gén. des sc.,* n° 1, 15 janv. 1903, p. 2-3).

♦ Personne qui pratique la sténodactylographie à titre professionnel ; dactylo qui connaît la sténographie. — REM. De nos jours la seule forme courante est *sténodactylo*. — *Engager une sténodactylo*.

J'ai vu ce matin une jolie rue dont j'ai oublié le nom (...)
Les directeurs les ouvriers et les belles sténo-dactylographes
Du lundi matin au samedi soir quatre fois par jour y passent
APOLLINAIRE, Alcools, p. 8.

2. STÉNODACTYLO [stenodaktilo] ou **STÉNODACTYLOGRAPHIE** [stenodaktiloɡʀafi] n. f. — 1938, *sténodactylo* ; *sténodactylographie*, 1907 ; de *sténo-(graphie)*, et *dactylographie*.

♦ Emploi combiné de la sténographie et de la dactylographie. (On emploie surtout *sténodactylo*).

STÉNOÈCE [stenoɛs] adj. — 1975, *in* Larousse ; de *sténo-*, et grec *oikos* «lieu d'habitation, maison».

♦ Biol. Qui ne peut vivre que dans des milieux, des conditions étroitement limités. *Organisme sténoèce*.

CONTR. Euryèce.

STÉNOGRAMME [stenoɡʀam] n. m. — Déb. XXe ; dans un autre sens, 1876 ; de *sténo-*, et *-gramme*.

♦ Rare ou techn. Tracé qui note en sténographie une syllabe ou un mot. — Texte écrit en sténographie.

Je suis d'ailleurs bien sûr qu'il y aura une sténographe dans un coin. Après, c'est terrible. Corriger le sténogramme, cela demande plus de temps que d'écrire ce qu'on aurait dû écrire.
G. DUHAMEL, le Voyage de P. Périot, I.

STÉNOGRAPHE [stenɔɡʀaf] ou **STÉNO** [steno] n. — 1792 ; de *sténo-*, et *-graphe*.

♦ Personne qui pratique à titre professionnel la sténographie. ⇒ **Sténodactylographe, tachygraphe** (→ Ruban, cit. 7). *Sténographe de presse.*

(...) il en précipitait le débit avec une si surprenante vélocité que jamais ni tironien ni sténographe ne l'eût rattrapé à la course (...)
Charles NODIER, Contes, «la Fée aux miettes», XXI. 1

Par métaphore :

Ce que *nous* appelons roman n'eût pas été concevable sans la diffusion de la lecture à voix basse. D'autant plus lente que l'écrivain reconnaît à peine ses droits : comme Boccace, comme Marguerite de Navarre, il se veut sténographe. Il découvrira tard l'autonomie de l'écrit narratif. On peut douter que la reine de Navarre ait eu pleinement conscience de *raconter des entretiens* (et non de les reproduire) comme elle racontait l'interruption du voyage. 2
MALRAUX, l'Homme précaire et la Littérature, p. 93.

Abrév. cour. : *sténo*. *Dicter un texte, le courrier à une sténo. Elle est sténo.*

STÉNOGRAPHIE [stenoɡʀafi] ou **STÉNO** [steno] n. f. — 1792 ; «cryptographie», 1771 ; angl. *stenography*. → Sténo-, et graphie.

♦ **1.** Écriture abrégée et simplifiée, formée de signes conventionnels qui permettent de noter la parole à la même vitesse qu'elle est prononcée (⇒ **Logographie, sténotypie, tachygraphie** ; → Notes tironiennes*) ; métier de sténographe. *Sténographie commerciale* (⇒ **Sténodactylographie**), *parlementaire, judiciaire.*

Il faut donc qu'elle *(la photographie)* rentre dans son véritable devoir, qui est d'être la servante des sciences et des arts (...) comme l'imprimerie et la sténographie, qui n'ont ni créé ni suppléé la littérature. 1
BAUDELAIRE, Curiosités esthétiques, IX, II.

STÉNO, n. f. *Apprendre la sténo. Prendre le texte d'une conférence en sténo.*

♦ **2.** Compte rendu d'une séance, etc., obtenu par le moyen de la sténographie (au sens 1). *Sténographie intégrale du procès.*

J'affirme que les conversations données par moi, dans les quatre volumes parus, sont pour ainsi dire des sténographies, reproduisant non seulement les idées des causeurs, mais le plus souvent leurs expressions (...) 2
Ed. et J. DE GONCOURT, Journal, Préface, t. V, p. 9.

Le sous-ingénieur principal (...) exigeait en effet que l'on prît une sténo intégrale des débats, mais il interdisait en principe à ses adjoints, chargés de rédiger le procès-verbal, d'utiliser cette sténographie (...) B. VIAN, Vercoquin, p. 139. 3

DÉR. Sténographier ; sténographique.
COMP. V. Sténodactylographe, sténodactylographie.

STÉNOGRAPHIER [stenoɡʀafje] v. tr. — 1792 ; de *sténographie*.

♦ Noter par la sténographie. *Sténographier une conversation.* — Au p. p. *Discours sténographié.*

Par extension :

Le jeune Villemain l'avait-il sténographié *(le discours du maréchal Ney à la Chambre des Pairs),* ou l'avait-il si bien enfoncé dans les sillons de sa jeune mémoire qu'il l'ait conservé jusqu'en 1855 ?
BAUDELAIRE, l'Art romantique, XXVI.

STÉNOGRAPHIQUE [stenoɡʀafik] adj. — 1775 ; de *sténographie*.

♦ **1.** Relatif à la sténographie. *Signes sténographiques. Notation sténographique* (→ Fixer, cit. 5).

♦ **2.** Qui a été recueilli par la sténographie.

Nous devons à la même affaire la publication exacte, historique, de procès-verbaux, de comptes rendus sténographiques, de documents, de papiers, de pièces.
Ch. PÉGUY, la République..., p. 16.

DÉR. Sténographiquement.

STÉNOGRAPHIQUEMENT [stenoɡʀafikmɑ̃] adv. — 1834 ; de *sténographique*.

♦ Au moyen de la sténographie. *Conversation recueillie sténographiquement.*

STÉNOHALIN, INE [stenoalɛ̃, in] adj. et n. — 1904; de *sténo-*, et grec *hals, halos* «sel».

♦ Zool. Qui ne peut vivre que dans des eaux de salinité constante ou voisine. *Espèces sténohalines de poissons* (→ Euryhalin, cit.).

Dans ces régions *(voisines des embouchures des grands fleuves, etc.)*, les animaux dits *sténohalins* languissent et en viennent à périr; et, comme ils sont alors incapables de se défendre contre les animaux dits *euryhalins*, dont ils deviennent inévitablement la proie, les *euryhalins* vivent de préférence sur les confins des grands courants, où la densité des eaux change, là où viennent agoniser les *sténohalins*. Vous avez compris (...) que les *sténo* sont ceux qui ne supportent que toujours le même degré de salaison. Tandis que les *eury*...
GIDE, les Faux-Monnayeurs, I, XVII, *in* Romans, Pl., p. 1052.

CONTR. Euryhalin.
DÉR. Sténohalinité.

STÉNOHALINITÉ [stenoalinite] n. f. — xxᵉ; de *sténohalin*.

♦ Zool. Caractère des organismes sténohalins.

Les facteurs physico-chimiques des eaux abyssales sont à peu près les mêmes sur tout le globe, ce qui explique le cosmopolitisme des espèces qui s'y sont établies (...) La sténothermie et la sténohalinité sont de règle dans ce milieu aux caractéristiques constantes.
R. et M.-L. BAUCHOT, les Poissons, p. 117.

STÉNOL [stenɔl] n. m. — Mil. xxᵉ; de *st(ér)ol*, avec intercalation de *-èn-* qui indique l'insaturation.

♦ Biochim. Stérol insaturé.

STÉNOPÉ [stenɔpe] n. m. — 1904; de *sténo-*, et grec *ôps* «œil».

♦ Photogr. Petit trou faisant office d'objectif photographique (selon le principe de la «chambre noire»).

STÉNOPHAGE [stenofaʒ] adj. — xxᵉ; de *sténo-*, et *-phage*.

♦ Biol. Qui tire sa nourriture d'une seule source. *Animal sténophage.*

STÉNOSAGE [stenozaʒ] n. m. — 1949, Larousse; du grec *stenos* «étroit», et *-age*.

♦ Techn. Traitement des fibres cellulosiques par le formol pour les durcir (les «rétrécir») et les insolubiliser.

STÉNOSE [stenoz] n. f. — 1823; grec *stenôsis*. → Sténo-.

♦ Pathol. Rétrécissement d'un canal ou d'un orifice. *Sténose du pylore. Sténose mitrale* (des valvules mitrales du cœur). *Sténose carotidienne.*

DÉR. Sténosé.

STÉNOSÉ, ÉE [stenoze] adj. — 1895, *in* D.D.L., II, 8; de *sténose*.

♦ Méd. Atteint de sténose. *Rein sténosé. Mitrale sténosée.*

STÉNOTHERME [stenotɛrm] adj. et n. — 1904; de *sténo-*, et *-therme*.

♦ Zool. Qui ne peut vivre que dans un milieu dont la température change peu. *Poissons sténothermes.* — N. m. *Les eurythermes* (cit.) *et les sténothermes.*

CONTR. Eurytherme.
DÉR. Sténothermie.

STÉNOTHERMIE [stenotɛrmi] n. f. — Mil. xxᵉ (*in* Larousse, 1953); de *sténotherme*.

♦ Caractère des organismes sténothermes.

La sténothermie plus ou moins stricte des poissons s'explique par le fait que leur équipement enzymatique fonctionne avec son meilleur rendement à une température donnée. D'autre part, la quantité d'oxygène dissous dans l'eau varie considérablement avec la température, et on ne pourrait faire vivre un Saumon, qui se complaît dans les eaux froides et oxygénées, avec la Carpe qui supporte des eaux tièdes et dormantes beaucoup moins riches en oxygène.
R. et M.-L. BAUCHOT, les Poissons, p. 50.

CONTR. Eurythermie.

STÉNOTYPE [stenotip] n. f. — 1907; de *sténo-*, et *-type*.

♦ Techn. Appareil qui sert à sténographier mécaniquement. *Clavier, touches, caractères, bande de papier d'une sténotype.*

DÉR. Sténotyper, sténotypie, sténotypiste.

STÉNOTYPER [stenotipe] v. tr. — 1911, *Larousse mensuel*; de *sténotype*.

♦ Techn. Sténographier à l'aide d'une sténotype. *Sténotyper un discours. Machine à sténotyper.*

STÉNOTYPIE [stenotipi] n. f. — 1864, *in* D.D.L., II, 14; de *sténotype*.

♦ 1. Sténographie mécanique.

♦ 2. Métier de sténotypiste. *Apprendre la sténotypie.*

STÉNOTYPISTE [stenotipist] n. — 1907; de *sténotype*.

♦ Personne qui sténographie au moyen d'une sténotype. *Un, une sténotypiste.*

STENTOR [stɑ̃tɔr] n. m. — 1610, *à voix de Stentor; cris de Stentor*, 1576; de *Stentor*, nom d'un personnage de l'*Iliade* qui avait une voix très puissante.

★ I. *Voix de stentor :* voix forte, retentissante (→ Ministère, cit. 5). — Par ext. *Un stentor :* un homme à la voix forte.

(...) le père Sorel appela Julien de sa voix de stentor; personne ne répondit.
STENDHAL, le Rouge et le Noir, I, IV.

★ II. (1876). Zool. Protozoaire d'eau douce (*Hétérotriches*) en forme de trompe.

DÉR. (Du sens I) Stentorien.

STENTORIEN, IENNE [stɑ̃tɔrjɛ̃, jɛn] adj. — Av. 1867, Baudelaire; de *stentor*, I.

♦ Littér. De Stentor. *Une voix stentorienne.* — Var. : *stentorique* (1837, Balzac).

STÉPHANIEN, IENNE [stefanjɛ̃, jɛn] adj. — 1878, Mayer-Eymar; du lat. *Stephanus* «Étienne», à cause des terrains houillers du bassin de Saint-Étienne.

♦ Géol. *Étage stéphanien :* étage supérieur du système carbonifère, entre le westphalien et le permien.

STÉPHANITE [stefanit] n. f. — 1923, Larousse; nom donné par Haidinger à ce minerai en l'honneur de l'archiduc Étienne d'Autriche (*Stephanus* en lat., *Stefan* en all.).

♦ Minér. Minerai d'argent du système orthorhombique, qui se présente en prismes à éclat gris fer (on l'appelle *argent noir*, de même que la polybasite, etc.).

STÉPHANOIS, OISE [stefanwa, waz] adj. et n. — D.i.; du lat. *Stephanus* «Étienne».

♦ De Saint-Étienne (ville de France). *L'industrie stéphanoise. Équipe stéphanoise de football.* — N. *Un Stéphanois, une Stéphanoise. Les Stéphanois.*

(...) je photographiais des yeux tous ces truands, corses ou lyonnais, parisiens ou stéphanois, qui bâillaient d'ennui devant les tables de poker.
Roger BORNICHE, Flic story, p. 24.

STEPPAGE [stepaʒ; stɛpaʒ] n. m. — Av. 1893, Charcot; 1888, «dressage d'un cheval à stepper»; de l'angl. *to step* «trotter».

♦ Méd. Façon de marcher d'un sujet qui marque le pas en levant très haut la jambe (le plus souvent, malade qui ne peut relever la pointe du pied par flexion sur la jambe, et qui cherche à éviter des chocs douloureux).

STEPPE [stɛp] n. f. — 1679, *step*; mot exotique et rare avant le xixᵉ; russe *step*, n. f.

♦ 1. Grande plaine* inculte, sans arbres, au climat sec, à la végétation pauvre et herbeuse (plantes xérophiles, graminées). *La steppe russe. Steppes d'Asie centrale. Steppes d'Amérique du Sud* (⇒ **Pampa**), *du Nord* (⇒ **Prairie**), *d'Afrique australe* (⇒ **Veld**). *Steppe herbeuse, steppe désertique. À mesure que le climat devient plus sec, la savane fait place à la steppe, puis au désert. Steppe tropicale. Dans les steppes de l'Asie centrale,* poème symphonique de Borodine. — REM. *Steppe* a été masculin au xixᵉ s. (Balzac, le Contrat de mariage, Pl., t. III, p. 95; → aussi Galop, cit. 6, Loti; pousser, cit. 58, Maupassant).

Ici commençait véritablement ce qu'on appelle la steppe sibérienne, qui se prolonge jusqu'aux environs de Krasnoiarsk. C'était la plaine sans limites, une sorte de vaste désert herbeux, à la circonférence duquel venaient se confondre la terre et le ciel sur une courbe qu'on eût dit nettement tracée au compas.
J. VERNE, Michel Strogoff, p. 174-175.

Les steppes herbeuses ou pierreuses, humides ou sèches, se différencient graduellement des savanes par la moindre hauteur et densité des graminées et la disparition des arbres, puis des broussailles.
E. DE MARTONNE, Traité de géographie physique, t. III, p. 1401.

Archéol., hist. *Civilisation, peuple* (peut-être indo-européen) *des steppes,* des plaines de la Russie méridionale, à l'époque protohistorique. *L'art des steppes.*

♦ **2.** Plaine stérile.

2   On ne voit rien d'abord qu'une steppe crayeuse et pierreuse, jaune et grise, à perte de vue.   H. BARBUSSE, le Feu, II, XX.

Par métaphore :

3   Combien longtemps j'eus à me débattre ! Quelles mornes steppes j'ai traversées !   GIDE, Journal, 27 sept. 1929.

DÉR. Steppique.

1. STEPPER ou STEPPEUR [stɛpœʀ] n. m. — 1842, *stepper;* 1859, *steppeur,* mot angl., de *to step* «trotter».

♦ Anglic., sports (turf). Cheval de trot à l'allure vive, qui lève haut et lance bien en avant ses membres antérieurs.

(...) nous connaissons les magnifiques allures des *steppers* russes qui trottent d'un pied si ferme sur la glace de la Neva (...)
         Th. GAUTIER, Chinois et Russes, *in* le Moniteur universel, 19 mai 1867.

Var. (1859, Gautier, *in* D.D.L.) : *steppeur.*

2. STEPPER [stepe ; stɛpe] v. intr. — 1859 ; de l'angl. *to step* «trotter».

♦ Anglic., sports. (D'un cheval). Trotter vivement en levant haut les jambes de devant.

Le cheval part au grand trot en steppant de manière à toucher ses naseaux avec ses genoux ; on dirait qu'il danse (...)   Th. GAUTIER, Voyage en Russie, I, VI.

STEPPEUR [stɛpœʀ] n. m. ⇒ 1. **Stepper.**

STEPPIQUE [stepik ; stɛpik] adj. — 1909 ; de *steppe.*

Didactique.

♦ **1.** Des steppes, de la steppe. *Flore steppique. Étendues, plaines steppiques.*

♦ **2.** Qui habite les steppes, vit, croît dans une steppe.

(...) c'est ainsi que l'Europe était autrefois menacée d'invasions de rongeurs et d'oiseaux steppiques, qui ont laissé des colonies persistantes (...)
         E. DE MARTONNE, Traité de géographie physique, t. III, p. 1403 (6ᵉ éd.).

STÉRADIAN [steʀadjɑ̃] n. m. — Mil. XXᵉ (*in* Larousse, 1949) ; du grec *stereos* «solide» (→ Stéréo-), et *radian.*

♦ Sc. Unité d'angle solide (symb. *sr*) qui correspond à un angle solide ayant son sommet au centre d'une sphère et découpant sur la surface de cette sphère une aire égale à celle d'un carré qui aurait pour côté le rayon de la sphère.

STÉRAGE [steʀaʒ] n. m. — 1875 ; de *stérer.*

♦ Techn. Opération qui consiste à stérer (du bois). — Quantité, volume (de bois stéré). *Faire rentrer un gros stérage en prévision de l'hiver. Un stérage de charme, de hêtre.*

STERCOBILINE [stɛʀkɔbilin] n. f. — 1972 ; Manuila ; du lat. *stercus* (→ Stercoraire), et *bile.*

♦ Chim., biol. Produit de dégradation de la bile, pigment qui se forme dans l'intestin sous l'action enzymatique des bactéries.

STERCORAIRE [stɛʀkɔʀɛʀ] n. et adj. — 1760 ; 1732, Trévoux, pour désigner une secte ; lat. *stercorarius,* de *stercus, stercoris* «excrément ; fumier».

★ **I.** N. m. ♦ **1.** Oiseau palmipède *(Lariformes, Stercorariidés),* appelé aussi *mouette* pillarde,* qui attaque les oiseaux de mer et les oblige à dégorger le poisson qu'ils viennent de saisir, afin de s'en emparer. ⇒ **Labbe.**

1   *(Les pêcheurs du Nord)* lui ont imposé le nom de *strund-jager,* auquel répond celui de *stercoraire ;* mais (...) il y a toute apparence que cet oiseau ne mange pas la fiente, mais le poisson que la mouette poursuivie rejette de son bec ou vomit (...)
         BUFFON, Hist. nat. des oiseaux, Le labbe ou le stercoraire.

2   Parmi ces palmipèdes, Pencroff reconnut plusieurs labbes, sortes de goélands auxquels on donne quelquefois le nom de stercoraires, et aussi de petites mouettes voraces qui nichaient dans les anfractuosités du granit.
         J. VERNE, l'Île mystérieuse, t. I, p. 38.

♦ **2.** Insecte qui vit sur les excréments (nom commun à de nombreuses espèces : *ateuchus, bousier, géotrupe...*).

♦ **3.** Fig. (En parlant d'un être vivant qui souille de ses excréments).

3   (...) un massif de maçonnerie (...) destiné à préserver ce trop commode recoin des stations de ces stercoraires qu'on appelle les passants.
         HUGO, les Misérables, II, v, v (1862).

Psychiatrie. Pervers sexuel qui obtient une satisfaction érotique de la vue, de l'odeur ou du contact des matières fécales.

★ **II.** Adj. ♦ **1.** (1800). Vx. Relatif aux excréments*. ⇒ **Stercoral.**
— Spécialt. (Méd.). *Matières stercoraires :* matières fécales. *Fistule stercoraire,* livrant passage aux matières fécales.

♦ **2.** Fig., littér. Excrémentiel, ignoble. *Selon Claudel, le roman policier est un « genre stercoraire ».*

♦ **3.** (1768). Sc. nat. Qui croît, qui vit sur les excréments ; qui s'en nourrit. *Plante* (⇒ **Scatophile**), *insecte stercoraire* (⇒ **Coprophage, scatophage,** et ci-dessus, I., 2., *le stercoraire).*

DÉR. Stercoral, stercorite.

STERCORAL, ALE, AUX [stɛʀkɔʀal, o] adj. — 1795, Cullen ; de *stercor(aire).*

♦ Sc., méd. Relatif aux excréments. (On dit aussi parfois *stercoraire). Fistule stercorale.* ⇒ **Stercoraire.** *Matières stercorales.*

Par métaphore :

(...) les stercorales écluses qui menacent évidemment Paris du seul déluge qu'il ait mérité, et qu'on s'étonne de voir si obstinément fermées !
         Léon BLOY, le Désespéré, p. 242.

STERCORITE [stɛʀkɔʀit] n. f. — 1873 ; de *stercor(aire),* et *-ite.*

♦ Chim. Phosphate naturel d'ammonium et de sodium, extrait des guanos.

STERCULIACÉES [stɛʀkyljase] n. f. pl. — 1817 ; de *sterculie,* et *-acée.*

♦ Bot. Famille de plantes *(Dicotylédones dialypétales)* des régions tropicales (arbres, arbustes, herbes et lianes), du même ordre que les *malvacées. Le cacaoyer, le kolatier sont des sterculiacées.* — Au sing. *Une sterculiacée.*

STERCULIE [stɛʀkyli] n. f., ou STERCULIER [stɛʀkylje] n. m. — 1812 ; du lat. *stercus* (→ Stercoraire), à cause de l'odeur excrémentielle de certaines espèces.

♦ Plante *(Malvales, Sterculiacées)* qui comprend plus de quatre-vingts espèces d'arbres des régions chaudes du globe. *Sterculier fétide,* dont les graines sont consommées sous le nom d'*olive de Java.* — *Sterculier acuminé.* ⇒ **Kola.**

DÉR. (De *sterculie*) Sterculiacées.

STÈRE [stɛʀ] n. m. — 1794 ; grec *stereos* «solide». → Stéréo-.

♦ **1.** Unité de mesure (abrév. : *st*), égale à 1 mètre cube, qui est utilisée pour le bois de chauffage et de charpente. *Un stère de bois* (→ Dépenser, cit. 1). *Le décastère* vaut dix stères, le décistère* un dixième de stère.*

Tu sais (...) un stère et un mètre cube, c'est la même chose, ça sert à mesurer le bois (...)   H. BOSCO, l'Âne Culotte, p. 124.

♦ **2.** Techn. Dispositif en bois formé d'une sole carrée d'un mètre de côté portant à chacun de ses angles un poteau d'un mètre de haut, qui sert à mesurer le bois.

DÉR. Stérer.
COMP. Décastère, décistère.

STÉRÉO [steʀeo] n. et adj. invar. — Mil. XXᵉ ; abrév. de *stéréotype,* de *stéréophonique,* de *stéréophonie.*

★ **I.** N. m. Imprim. ⇒ **Stéréotype.**

1   Le *clichage* a pour but d'obtenir, à partir de la forme, le cliché demi-cylindrique ou *stéréo* qui servira à l'impression.
         Philippe GAILLARD, Technique du journalisme, p. 97.

★ **II.** Adj. invar. (1957). Cour. ⇒ **Stéréophonique.** *Disque stéréo* (opposé à *mono). Chaîne hi-fi stéréo. Magnétophones stéréo.* — N. m. Récepteur stéréophonique (opposé à *mono).*

2   Écoutez : une bonne enceinte, sur mono, vaut de six cent mille au million. En stéréo, comptez deux millions. Je vous conseille le mono plutôt qu'un médiocre stéréo.
         S. DE BEAUVOIR, les Belles Images, p. 14.

2.1   Avec les autres, c'était tout de suite un disque ou la radio, et il y en avait même avec des stéréos qui vous tombaient dessus de tous les côtés.
         É. AJAR (R. GARY), l'Angoisse du roi Salomon, p. 199.

★ **III.** N. f. ⇒ **Stéréophonie.** *Émission en stéréo* (opposé à *mono).* Appareil, ensemble d'appareils de reproduction sonore en stéréophonie. *Il a la stéréo dans sa voiture.*

STÉRÉO-, -STÉRIE Éléments, du grec *stereos* «solide» (ex. : *stéréochimie, allostérie).*

Outre les comp. traités à l'ordre alphab., d'autres formes sont attestées (ex. : *stéréo-panoramique,* 1901, *in* D.D.L.).

STÉRÉOBATE [steʀeɔbat] n. m. — 1676 ; lat. *stereobata*.

♦ Archit. Soubassement sans moulure, portant le plus souvent des colonnes sans base.

STÉRÉOCHIMIE [steʀeoʃimi] n. f — V. 1889, «chimie dans l'espace» ; de *stéréo-*, et *chimie*.

♦ Didact. Branche de la chimie «qui a pour objet l'étude des caractéristiques géométriques des molécules, de la façon dont les atomes sont disposés les uns par rapport aux autres dans l'espace, et des répercussions éventuelles de cette disposition sur le comportement chimique» (P. Arnaud, *Cours de chimie organique*). ⇒ **Isomérie.** *La stéréochimie est née en 1874 des recherches de Le Bel et Van't Hoff sur des travaux de Pasteur (1846).*

DÉR. Stéréochimique.

STÉRÉOCHIMIQUE [steʀeoʃimik] adj. — 1903, *Rev. gén. des sc.*, n° 14, p. 758 ; de *stéréochimie*.

♦ Didact. De la stéréochimie ; relatif à la stéréochimie. *Recherches, études stéréochimiques.*

Qui est envisagé du point de vue de la stéréochimie. *Configuration stéréochimique d'une molécule.* ⇒ **Stérique.** *Contraintes stéréochimiques. Variations stéréochimiques.*

Le premier point qu'il importe de mettre en lumière, c'est que le «secret» de la réplication *ne varietur* de l'A.D.N. réside dans la *complémentarité stéréochimique* du complexe *non-covalent* que constituent les deux fibres associées dans la molécule. Jacques MONOD, le Hasard et la Nécessité, p. 140.

STÉRÉOCHROMIE [steʀeokʀɔmi] n. f. — 1874 ; all. *Stereochromie.* → Stéréo-, et -chromie.

♦ Techn. Procédé de peinture murale, fixation chimique des couleurs.

DÉR. Stéréochromique.

STÉRÉOCHROMIQUE [steʀeokʀɔmik] adj. — 1876 ; de *stéréochromie*.

♦ Techn. De la stéréochromie.

STÉRÉOCOMPARATEUR [steʀeokɔ̃paʀatœʀ] n. m. — 1903, *Rev. gén. des sc.*, n° 15, p. 797 ; de *stéréo-*, et *comparateur*.

♦ Topogr. Comparateur utilisé par la photographie dans les levés de plans, pour déduire la position de points topographiques à partir de mesures de coordonnées effectuées sur les clichés.

STÉRÉODUC [steʀeɔdyk] n. m. — 1971 ; de *stéréo-*, et du lat. *ductus* «conduire», d'après *aqueduc*, *oléoduc*, etc.

♦ Techn. Transporteur de matières solides. ⇒ **Convoyeur.** *Stéréoduc à charbon.*

STÉRÉODYNAMIQUE [steʀeodinamik] adj. et n. f. — 1842 ; de *stéréo-*, et *dynamique*.

♦ Didact. De la dynamique des solides. — N. f. Dynamique des solides.

STÉRÉOGNOSIE [steʀeognozi] n. f. — Mil. xxᵉ ; *stéréognostique*, 1906 ; adj., 1898, in D.D.L. ; de *stéréo-*, et *-gnosie*.

♦ Physiol. Sens de la perception de la forme et de la consistance des corps (gnosie tactile).

CONTR. Astéréognosie.

STÉRÉOGRAMME [steʀeogʀam] n. m. — 1894, Sachs-Villatte, *Suppl.* ; de *stéréo-*, et *-gramme*.
Didactique.

♦ **1.** Épreuve photographique double, destinée à la vision stéréoscopique (l'image en relief est dite *stéréomodèle*).

♦ **2.** (1964). Graphique à plus de deux dimensions.

STÉRÉOGRAPHIE [steʀeogʀafi] n. f. — 1721 ; lat. mod. *stereographia*, du grec *stereos*.

♦ Didact. Représentation des solides par projection sur un plan. ⇒ **Ichnographie, orthographie.**

DÉR. Stéréographique.

STÉRÉOGRAPHIQUE [steʀeogʀafik] adj. — 1765 ; attestation isolée, 1613 ; de *stéréographie*.

♦ Didact. Qui appartient à la stéréographie. *Projection stéréographique de la sphère :* perspective de la sphère sur le plan d'un de ses grands cercles, l'œil étant placé à une extrémité du diamètre perpendiculaire à ce plan. *La projection stéréographique est utilisée en cartographie.*

DÉR. Stéréographiquement.

STÉRÉOGRAPHIQUEMENT [steʀeogʀafikmɑ̃] adv. — 1836 ; de *stéréographique*.

♦ Didact. En stéréographie. *Représenter stéréographiquement un solide.*

STÉRÉOISOMÈRE ou (vieilli) **STÉRÉO-ISOMÈRE** [steʀeoizɔmɛʀ] n. m. — 1903, *Rev. gén. des sc.*, n° 17, p. 924 ; de *stéréo-*, et *isomère*.

♦ Didact. (chim.). Forme chimique, molécule qui est en relation de stéréoisomérie avec une autre.

DÉR. Stéréoisomérie.

STÉRÉOISOMÉRIE ou (vieilli) **STÉRÉO-ISOMÉRIE** [steʀeoizɔmeʀi] n. f. — 1904, *Rev. gén. des sc.*, n° 1, p. 44 ; de *stéréoisomère*.

♦ Didact. (chim.). Caractère des isomères «différant par la disposition géométrique de *(leurs)* atomes les uns par rapport aux autres, et seulement par elle» (P. Arnaud, *Cours de chimie organique*).

STÉRÉOME [steʀeom] n. m. — 1904 ; «genre de coléoptères», 1876 ; du grec *stereos* «solide».
Didactique.

♦ **1.** Bot. Ensemble des tissus conférant à un végétal sa rigidité.

♦ **2.** (1964). Zool. Réseau minéral qui soutient les tissus mous d'un échinoderme (homologue du squelette des vertébrés).

STÉRÉOMÈTRE [steʀeomɛtʀ] n. m. — 1836 ; de *stéréométrie*.
Didactique.

♦ **1.** Vx. Instrument de mesure des solides.

♦ **2.** Mod. Appareil de mesure des parallaxes longitudinales et transversales sous stéréoscope*.

STÉRÉOMÉTRIE [steʀeometʀi] n. f. — 1560 ; du lat. mod. *stereometria*, mot grec, de *stereos* (→ Stéréo-), et *-metria* (→ -métrie).

♦ Didact. (sc.). Géométrie pratique qui a pour objet la mesure des solides naturels (→ Cubage, jaugeage, métrage).

DÉR. Stéréomètre, stéréométrique.

STÉRÉOMÉTRIQUE [steʀeometʀik] adj. — 1812 ; de *stéréométrie*.

♦ Didact. (sc.). Qui appartient à la stéréométrie. *Opérations stéréométriques.*

STÉRÉOMICROSCOPE [steʀeomikʀɔskɔp] n. m. — 1954, *Larousse mensuel*, août, p. 511 ; de *stéréo-*, et *microscope*.

♦ Didact. (sc.). Microscope binoculaire qui permet la perception du relief.

DÉR. Stéréomicroscopie.

STÉRÉOMICROSCOPIE [steʀeomikʀɔskɔpi] n. f. — 1979, cit. *infra* ; de *stéréomicroscope*.

♦ Didact. (sc.). Utilisation du stéréomicroscope. «*Accessoire léger, compact et simple, cet appareil ouvrira l'univers de la stéréomicroscopie aussi bien aux botanistes et aux minéralogistes, qu'aux techniciens et aux lycéens*» (*Sciences et Avenir*, mai 1979, p. 28).

STÉRÉOMODÈLE [steʀeomɔdɛl] n. m. — Mil. xxᵉ (in Larousse, 1964) ; de *stéréo-*, et *modèle* ; mot hybride.

♦ Didact. Image en relief fournie par un stéréogramme.

STÉRÉOPHONIE [steʀeofɔni] n. f. — 1949 ; de *stéréo-*, et *-phonie*.

♦ Cour. Ensemble des procédés d'enregistrement, de reproduction et de diffusion permettant de donner l'impression du relief acousti-

que (opposé à *monophonie*). *Émission en stéréophonie* (abrév. cour. ⇒ **Stéréo**). *Stéréophonie et quadriphonie.* ⇒ aussi **Ambiophonie**.
DÉR. Stéréophonique.

STÉRÉOPHONIQUE [steʀeɔfɔnik] adj. — 1940; de *stéréophonie*.

◆ Cour. (moins que *stéréo*). Qui appartient à la stéréophonie (opposé à *monophonique*). *Audition stéréophonique*, obtenue à l'aide de deux haut-parleurs distincts. *Effet stéréophonique. Prise de son, gravure, lecture stéréophonique* (abrév. ⇒ **Stéréo**). *Disque, cassette, bande stéréophonique.*

STÉRÉOPHOTOGRAPHIE [steʀeɔfɔtɔgʀafi] n. f. — 1904; de *stéréo(scopique)*, et *photographie*.

◆ Techn. Photographie stéréoscopique.

STÉRÉORADIOGRAPHIE [steʀeɔʀadjɔgʀafi] n. f. — 1904, *Rev. gén. des sc.*, n° 1, p. 38; de *stéréo(scopique)*, et *radiographie*.

◆ Techn. (méd.). Radiographie stéréoscopique.

STÉRÉORÉGULARITÉ [steʀeɔʀegylaʀite] n. f. — 1973; de *stéréo-*, et *régularité*.

◆ Chim. Caractère d'une polymérisation à structure géométrique régulière.

STÉRÉORÉGULIER, IÈRE [steʀeɔʀegylje, jɛʀ] adj. — 1968, Larousse; de *stéréo-*, et *régulier*.

◆ Chim. Qui a une structure géométrique régulière.

STÉRÉOSCOPE [steʀeɔskɔp] n. m. — 1841; angl. *stereoscope*, 1838; de *stéréo-*, et *-scope*.

◆ Didact. Instrument d'optique qui restitue l'impression de la profondeur et du relief par l'observation de deux images *(couple stéréoscopique)* prises simultanément par deux objectifs parallèles dont la distance est voisine de celle des yeux. *Mesure sous stéréoscope, au stéréomètre*.

1   Peu de temps après, des milliers d'yeux avides se penchaient sur les trous du stéréoscope comme sur les lucarnes de l'infini.
BAUDELAIRE, Curiosités esthétiques, IX, II.

2   Je venais de les glisser dans le stéréoscope intérieur à travers lequel, dès que nous ne sommes plus nous-mêmes, dès que, doués d'une âme mondaine, nous ne voulons plus recevoir notre vie que des autres, nous donnons du relief à ce qu'ils ont dit, à ce qu'ils ont fait.
PROUST, le Côté de Guermantes, Pl., t. II, p. 548.

DÉR. Stéréoscopie, stéréoscopique.

STÉRÉOSCOPIE [steʀeɔskɔpi] n. f. — 1857, *Année sc. et industr.*, p. 271; de *stéréoscope*.

◆ Didact. Procédé permettant d'obtenir l'impression de relief; cette impression.

STÉRÉOSCOPIQUE [steʀeɔskɔpik] adj. — 1856, *in* D.D.L., II, 12; de *stéréoscopie*.

◆ Didact. Relatif au stéréoscope et à la stéréoscopie. *Vision stéréoscopique,* du relief. *Images stéréoscopiques. Couple stéréoscopique :* ensemble de deux images planes associées pour l'examen au stéréoscope. *Effet stéréoscopique,* dû à la différence des images perçues par chacun des yeux. *L'anaglyphe, procédé stéréoscopique. Rayon stéréoscopique :* la plus grande distance à laquelle se perçoit le relief stéréoscopique.
Acuité stéréoscopique : angle mesurant le seuil de perception du relief.

STÉRÉOSPÉCIFICITÉ [steʀeɔspesifisite] n. f. — 1973; de *stéréo-*, et *spécificité*.

◆ Chim. Propriété des catalyseurs qui entraînent la formation d'un isomère spécifique à structure régulière. → Stéréospécifique.

On voit donc que le principe fondamental de stéréospécificité associative, qui rend compte des propriétés discriminatives des protéines, est également à la base des propriétés réplicatives de l'ADN.
Jacques MONOD, le Hasard et la Nécessité, p. 140.

STÉRÉOSPÉCIFIQUE [steʀeɔspesifik] adj. — Mil. xxe (*in* Larousse, 1968); de *stéréo-*, et *spécifique*.

◆ Chim. Relatif à la stéréospécificité. *Catalyseur stéréospécifique. Complexe stéréospécifique.*

Ce sont des protéines, par conséquent, qui canalisent l'activité de la machine chimique, assurent la cohérence de son fonctionnement et la construisent. Toutes ces

performances téléonomiques des protéines reposent en dernière analyse sur leurs propriétés dites "stéréospécifiques", c'est-à-dire leur capacité de "reconnaître" d'autres molécules (y compris d'autres protéines) d'après leur *forme*, qui est déterminée par leur structure moléculaire.
Jacques MONOD, le Hasard et la Nécessité, p. 68.

STÉRÉOSPECTROGRAMME [steʀeɔspɛktʀɔgʀam] n. m. — xxe; de *stéréo-*, et *spectrogramme*.

◆ Didact. (sc.). Méthode de représentation des données spectrales, dans le cas de plusieurs variables.

STÉRÉOSPONDYLES [steʀeɔspõdil] n. m. pl. — Déb. xxe; de *stéréo-*, et *spondyle*.

◆ Paléont. ⇒ **Labyrinthodonte, stégocéphales.** — Au sing. *Un stéréospondyle.*

STÉRÉOTAXIE [steʀeɔtaksi] n. f. — Mil. xxe (*in* Larousse, 1964); de *stéréo-*, et *-taxie*.

◆ Méd. Technique de repérage des structures internes du cerveau au moyen d'un dispositif placé à l'extérieur du crâne, et de guidage des instruments chirurgicaux.
DÉR. Stéréotaxique.

STÉRÉOTAXIQUE [steʀeɔtaksik] adj. — Mil. xxe (*in* Larousse, 1968); de *stéréotaxie*.

◆ Méd. Relatif à la stéréotaxie. *Repérage stéréotaxique.*

STÉRÉOTOMIE [steʀeɔtɔmi] n. f. — 1691; de *stéréo-*, et suff. *-tomie;* p.-ê. par le latin moderne.

◆ Techn. Taille et coupe (des matériaux de construction, et en particulier de la pierre). *Stéréotomie de la pierre, du bois.*
— Cours de perspective, cours de géométrie descriptive, cours de stéréotomie, cours de construction, histoire de l'art, ah! ils vous en font noircir du papier, à prendre des notes (...)
ZOLA, l'Œuvre, II, p. 57.
DÉR. Stéréotomique.

STÉRÉOTOMIQUE [steʀeɔtɔmik] adj. — 1836; de *stéréotomie*.

◆ Techn. Qui appartient à la stéréotomie. *Procédés stéréotomiques.*

STÉRÉOTROPIQUE [steʀeɔtʀɔpik] adj. — 1897, *in* l'Année biol. (1899); de *stéréo-*, et *-tropique*.

◆ Biol. Du stéréotropisme; qui concerne le stéréotropisme ou qui lui est lié. *Caractère stéréotropique des plantes volubiles.*

STÉRÉOTROPISME [steʀeɔtʀɔpism] n. m. — 1897, *in* l'Année biol. (1899), p. 117; de *stéréo-*, et *tropisme*.

◆ Biol. Tropisme qui pousse un organisme à entrer en contact avec un solide. *Stéréotropisme du lierre.*

Une importante condition est la présence, dans le milieu liquide où sont placées les cellules à cultiver, d'un support sur lequel les cellules puissent se déplacer et s'étendre dans l'espace. Des éléments suspendus dans un milieu liquide sont incapables de cultiver *(sic)*. On a donné à cette propriété, sur laquelle Fauré-Frémiet a insisté, le nom de stéréotropisme.
Jean VERNE et Simone HÉBERT, la Culture de tissus, p. 10.

STÉRÉOTYPAGE [steʀeɔtipaʒ] n. m. — 1803; de *stéréotyper*.

◆ Techn. ou didact. Action de stéréotyper. — Vx. Syn. de *stéréotypie*.

STÉRÉOTYPE [steʀeɔtip] adj. et n. m. — 1796, *in* D.D.L., II, 14; de *stéréo-*, et *-type*.

★ I. Adj. Typogr. (Vx). Qui est imprimé avec des planches stéréotypées, clichées.

★ II. N. m. ◆ 1. (1803). Typogr. Cliché stéréotype.

◆ 2. (xxe). Mod., didact. ou littér. Opinion toute faite, cliché*, réduisant les singularités.

1   Les Gaulois? Qui ne les connaît? Qui n'a appris à l'école sur la Gaule et les Gaulois quelques formules fameuses, quelques stéréotypes?
Henri LEFEBVRE, la Vie quotidienne dans le monde moderne, p. 261.

2   Un stéréotype est une représentation à deux dimensions, comme une image, sans profondeur et sans plasticité. Pour que le stéréotype devienne représentation, il faut que les expériences de la relation avec l'étranger soient multiples et variées. L'étranger n'est plus étranger, mais autre, lorsqu'il existe des êtres étrangers non seulement par rapport au sujet qui juge, mais aussi par rapport à d'autres étrangers.
Gilbert SIMONDON, Du mode d'existence des objets techniques, p. 147.

Didact. Ensemble de constantes subsistant à travers les variations individuelles d'un objet, et qui le définit comme tel.

3 (...) nous sommes parvenues à cette notion de l'outil comme une véritable sécrétion du corps et du cerveau des Anthropiens. Il est logique, en ce cas, d'appliquer à un tel organe artificiel les normes des organes naturels : il doit répondre à des formes constantes, à un véritable stéréotype. C'est en effet la règle pour tous les produits de l'industrie humaine aux temps historiques : il existe un stéréotype du couteau, de la hache, du char, de l'avion qui n'est pas seulement le produit d'une intelligence cohérente mais le produit de cette intelligence intégrée dans la matière et la fonction (...)
A. LEROI-GOURHAN, le Geste et la Parole, t. I, p. 132-133.

♦ **3.** Didact. (psychol., ling.). Association stable d'éléments (images, idées, symboles, mots) formant une unité.

DÉR. Stéréotyper.

STÉRÉOTYPÉ, ÉE [steʀeɔtipe] adj. — 1834 ; p. p. de *stéréotyper.*

♦ (Plus cour. que *stéréotype*). Qui paraît sortir d'un moule ; tout fait, figé. *Réponses, formules, phrases stéréotypées* (→ Exprimer, cit. 47). *Jeu stéréotypé d'un acteur. Attitude, conduite stéréotypée.* N. m. *Le stéréotypé des traditions de famille qu'on se lègue* (cit. 4).

1 Ces sottises stéréotypées à l'usage des débutantes paraissent toujours charmantes aux femmes, et ne sont pauvres que lues à froid. Le geste, l'accent, le regard d'un jeune homme, leur donnent d'incalculables valeurs.
BALZAC, le Père Goriot, Pl., t. II, p. 952.

2 Elles restent froides, souriantes de ce froid sourire stéréotypé à leurs lèvres, monnaie banale qu'elles donnent à tous.
BARBEY D'AUREVILLY, Une vieille maîtresse, I, XI.

3 L'orthodoxie, au contraire, pétrifiée, stéréotypée dans ses formes, ne peut jamais se départir de son passé.
RENAN, l'Avenir de la science, III, Œ. compl., t. III, p. 776.

Méd. Se dit d'actes, de gestes habituels répétés involontairement mais ne présentant pas le caractère convulsif des tics. ⇒ **Stéréotypie.** *Désordres stéréotypés dus à une atteinte neurologique. Attitudes stéréotypées.*

STÉRÉOTYPER [steʀeɔtipe] v. tr. — 1797 ; de *stéréotype.*

♦ **1.** Techn., vx. Clicher*, faire un stéréotype de...

♦ **2.** (1845). Fig., rare. Figer, répéter exactement de la même façon (⇒ **Stéréotypé**). — Pron. « *Les gestes se sont peu à peu réduits et stéréotypés* » (Sartre, *in* G. L. L. F.).

DÉR. Stéréotypage.

STÉRÉOTYPIE [steʀeɔtipi] n. f. — 1797 ; de *stéréotype.*

♦ **1.** Vx. Clichage. — Atelier de clichage.

♦ **2.** (1904, *Rev. gén. des sc.*, n° 9, p. 450 : « image stéréotypée »). Psychol., méd. Tendance à conserver la même attitude, à répéter le même mouvement ou les mêmes paroles (quand les circonstances extérieures ne l'exigent pas). ⇒ **Itération.** *Stéréotypies motrices* (parakinésies), *verbales. Stéréotypies d'attitudes, de gestes, chez certains schizophrènes.* ⇒ aussi **Catatonie, maniérisme.**

♦ **3.** Littér. Caractère de ce qui est stéréotypé.

Il faut avoir vu Harry Baur le ventre en avant, les mains à bout de bras, pendantes, le buste roide, la tête tournée de côté, et dans cette tête tournée de côté l'œil qui regarde en avant avec la plus hilarante fixité, pour comprendre à quelles hauteurs de comique l'utilisation maladroite de toute une stéréotypie d'attitudes conventionnelles peut amener.
A. ARTAUD, À propos du cinéma, *in* Œ. compl., t. III, p. 92.

STÉRÉOVISION [steʀeovizjɔ̃] n. f. — 1968, *in* Larousse ; de *stéréo-*, et *vision.*

♦ Techn. Vision en relief de la télévision.

STÉRER [steʀe] v. tr. — Conjug. *céder.* — 1873 ; de *stère.*

♦ Techn. Mesurer (du bois) au stère. *Stérer des bûches, des fagots.*

DÉR. Stérage.

STÉRIDE [steʀid] n. m. — 1941, cit. ; de *stér(ol)*, et *-ide.*

♦ Biochim. Substance lipidique, ester d'un acide gras et d'un stérol. *Les stérides sont des constituants normaux des tissus animaux.*

Il faut faire une place à part aux hormones de la corticosurrénale et à celles des glandes génitales, qui appartiennent à un même groupe, celui des *stérides*. Ce groupe joue en biochimie un rôle fort important : il est représenté principalement par les *stérols* (...)
Pierre REY, les Hormones, p. 28, 1941.

STÉRIGMATE [steʀigmat] n. m. ⇒ **Baside.**

STÉRILE [steʀil] adj. — 1370 ; lat. *sterilis.*

★ **I.** ♦ **1.** (Êtres vivants). Inapte à la génération, à la reproduction. ⇒ **Infécond ; stérilité** (cit. 3). *Homme stérile,* dont le sperme ne contient pas de spermatozoïdes (différent de *impuissant**). *Femme stérile,* qui ne produit pas d'ovules ou dont les ovules ne sont pas

fécondables. ⇒ **Bréhaigne** (vx). *Hybrides* stériles. Abeilles* (cit. 1) *stériles* (→ aussi Parthénogénèse, cit. 1). *Fleur stérile,* impropre à la fécondation.

♦ **2.** (1490). **a** (Du sol). Qui ne produit pas. ⇒ **Aride, désertique, improductif, inculte, incultivable, ingrat, maigre, pauvre, pouilleux, sec.** *Terre, sol stérile* (→ Compenser, cit. 5 ; égyptien, cit. 1 ; nourrice, cit. 10). ⇒ **Désert, lande.** Par métaphore (→ Arroser, cit. 2).
Par ext. Qui ne porte pas de fruits. *Arbre stérile* (→ Espérance, cit. 45). — Par métaphore (→ 1. Fruit, cit. 23.).
Par ext. « *Quand du stérile hiver...* » (Mallarmé, *Sonnets*).

1 Que jamais il ne sorte de fruit de toi. Étrange malédiction sur l'âme dont Dieu se retire : jamais il n'en sort de bonnes œuvres. Qu'est-ce qu'un figuier sans fruit, et un homme sans bonnes œuvres ? Quand on se sent desséché et stérile, qu'on doit craindre alors que Jésus n'ait lâché le mot fatal !
BOSSUET, Méditations sur l'Évangile, Dern. sem. du Sauveur, XXᵉ journée.

2 Toute cette partie du royaume de Tolède que nous traversions est d'une aridité effroyable, et se ressent des approches de la Manche, patrie de Don Quichotte, la province d'Espagne la plus désolée et la plus stérile.
Th. GAUTIER, Voyage en Espagne, p. 137.

b Minér. Qui ne contient pas de minerai exploitable. *Roche stérile.* — N. « *Le charbon brut contient généralement une certaine proportion de stériles* » (*Sciences et Avenir,* juil. 1980, p. 401).

♦ **3.** (1897, D.D.L., II, 8 ; d'abord en parlant des « ballons stériles », → ci-dessous, cit. 3). Exempt de tout germe microbien. *Milieu stérile. Élevage en milieu stérile* (⇒ **Axène**). *Chambre, linge stérile* (opposé à *contaminé, pathogène*).

3 Si leurs ballons, remplis de décoction de foin, donnaient presque constamment des germes alors que ceux de Pasteur, remplis d'eau de levure, étaient toujours stériles, c'est que l'eau de foin renfermait des spores du *bacillus subtilis.* Les spores restaient inactives tant que le liquide demeurait à l'abri de l'air, mais il suffisait de laisser rentrer l'oxygène dans le ballon pour qu'elles pussent se développer.
René VALLERY-RADOT, la Vie de Pasteur, VIII, p. 338.

★ **II.** (1580). Fig. Qui ne produit rien, qui ne donne naissance à aucune création, à aucun résultat positif. ⇒ **Infertile.** *Pensées, observations stériles* (→ Distinguer, cit. 14 ; hypothèse, cit. 3 ; infécondité, cit.). *Sujet stérile* (→ Ostentation, cit. 1). *Faculté* (cit. 6) *impuissante et stérile.* « *L'argent* (cit. 26), *l'argent, dit-on, sans lui tout est stérile.* »
Qui est infructueux et par conséquent inutile. ⇒ **Inefficace, vain.** *Connaissance, effort stérile* (→ Création, cit. 15). *Dispute, discussion stérile.* ⇒ **Oiseux** (→ Devoir, cit. 32 ; gouverner, cit. 31). — « *Fuyez de ces auteurs l'abondance* (cit. 12) *stérile* » (→ aussi Feston, cit. 3).

4 Les vérités découvertes par l'intelligence demeurent stériles. Le cœur est seul capable de féconder ses rêves.
FRANCE, les Opinions de J. Coignard, XXII, Œ., t. VIII, p. 510.

5 À quoi eût servi que, pendant des années encore, j'eusse perdu des soirées à faire glisser sur l'écho à peine expiré de leurs paroles le son tout aussi vain des miennes, pour le stérile plaisir d'un contact mondain qui exclut toute pénétration ?
PROUST, le Temps retrouvé, Pl., t. III, p. 986.

CONTR. Fécond, fertile, généreux, prolifique ; efficace, fructueux, utile.
DÉR. Stérilement, stérilet, stériliser, stériliste. — V. Stérilité.

STÉRILEMENT [steʀilmɑ̃] adv. — XVIᵉ ; de *stérile.*

♦ Littér. D'une manière stérile (I., 2.). ⇒ **Inutilement, vainement.** *Cette forme d'intelligence stérilement calculatrice* (→ Aveugle, cit. 11).

Ce quatrain qui t'a plu pour sa musique triste
Quand je te l'ai donné comme un trèfle flétri
Stérilement dormait au fond de ma mémoire.
ARAGON, le Crève-cœur, p. 68.

STÉRILET [steʀilɛ] n. m. — Av. 1960 ; de *stérile.*

♦ Dispositif anticonceptionnel destiné à être introduit dans l'utérus pour assurer une stérilité permanente mais réversible. ⇒ **Contraceptif.** Syn. : *dispositif intra-utérin* ou *D. I. U.*

1 Déjà la pilule, on le sait, n'est pas seule. Plus récemment mis au point, le stérilet (...) a vite conquis une place de premier plan dans l'arsenal de la régulation des naissances. Il s'agit (...) d'un minuscule dispositif en matière plastique en forme d'anneau, de boucle ou de spirale, qui, placé à demeure dans la cavité utérine, empêche, pour des raisons d'ailleurs mal connues, la fécondation (...) son efficacité est d'à peu près 100 %.
Science et Vie, n° 595, p. 64-65.

2 La plupart des modèles récents (...) ont pour objet de démontrer que la croissance de la population est dangereuse, en particulier dans les pays développés et que la boîte de pilules ou le stérilet coûtent moins cher que l'élevage et l'instruction de l'enfant, dont ils permettent d'éviter la naissance.
A. SAUVY, Croissance zéro ?, p. 83.

3 Je suis allée consulter un ami gynécologue, et il m'a posé un stérilet.
René FALLET, Y a-t-il un docteur dans la salle, p. 115.

STÉRILISANT, ANTE [steʀilizɑ̃, ɑ̃t] adj. et n. m. — 1859 ; *sterilizant* « qui rend impuissant », 1495 ; de *stériliser.*

♦ **1.** Qui rend stérile* (I., 1.). *Technique stérilisante.* — N. m. (Av. 1973). Pharm. Produit pharmaceutique pouvant provoquer la stérilité* (I., 1.).

1 (...) le stérilisant masculin, éternellement annoncé, semble cette fois plus près de voir le jour.
A. SAUVY, Croissance zéro ?, p. 113.

♦ 2. Fig. Qui empêche les facultés intellectuelles, les sentiments de s'épanouir, de se développer.

2 (...) qu'est-ce que la vertu sans imagination ? Autant dire la vertu sans la pitié, la vertu sans le ciel ; quelque chose de dur, de cruel, de stérilisant, qui, dans certains pays, est devenu la bigoterie, et dans certains autres le protestantisme.
BAUDELAIRE, Curiosités esthétiques, IX, III (1859).

3 Il ne connaîtra pas le luxe, et tant mieux. Mais il ne pâtira pas non plus des restrictions stérilisantes de la pauvreté.
MARTIN DU GARD, les Thibault, t. IX, p. 150.

♦ 3. Qui stérilise (4.). *Une attitude philosophique stérilisante.* — REM. On emploie aussi dans ce sens *stérilisateur, trice.*

STÉRILISATEUR, TRICE [steʀilizatœʀ, tʀis] n. m. et adj. — 1894 ; de *stériliser.*

♦ 1. Appareil à stériliser. ⇒ **Étuve** (→ 2. Hydrophile, cit. 1). *Stérilisateur à biberons. Stérilisateur pour matériel médical (stérilisateur de Jouan, de Poupinel).*

♦ 2. Adj. *Stérilisateur, trice.* ⇒ **Stérilisant.**

STÉRILISATION [steʀilizasjɔ̃] n. f. — 1869, « stérilisation du sol » ; de *stériliser.*

♦ 1. Suppression définitive, accidentelle ou intentionnelle, de la capacité de procréer, par des agents chimiques ou physiques, par l'excision des gonades, par la ligature des trompes utérines ou des canaux déférents (vasectomie). ⇒ **Stériliser.** *Stérilisation chirurgicale.*

Stérilisation eugénique (cit. 3) : stérilisation, effectuée dans le but d'améliorer la qualité des populations, des individus susceptibles de transmettre des caractères considérés comme dommageables pour l'espèce. ⇒ **Stériliste.**

♦ 2. (Fin XIXe). Opération qui consiste à détruire les germes. ⇒ **Antiseptie, aseptie, aseptisation, désinfection.** *Stérilisation des denrées alimentaires, du lait, des boissons... pour les conserver* (⇒ **Appertisation ; pasteurisation**). *Stérilisation par le chauffage* (autoclaves, étuves, stérilisateurs), *l'ébullition, le flambage, les antiseptiques, les filtres. Stérilisation des instruments chirurgicaux par rayons gamma.*

Papier à stérilisation (pour emballer les instruments à stériliser). — *Stérilisation à Ultra Haute Température* (U. H. T.), *permettant de conserver les aliments très longtemps* (lait, crème, dits *à longue conservation*).

COMP. **Radiostérilisation.**

STÉRILISER [steʀilize] v. tr. — 1797 ; *stérilizer* (un homme), attestation isolée, 1495 ; de *stérile.*

♦ 1. Rare. Rendre stérile (le sol). ⇒ **Appauvrir, épuiser.**

1 Depuis quelques années, ce sable gagne les terres cultivées et stérilise tout ce qu'il touche. G. SAND, Histoire de ma vie, II, VII, VI.

Par métaphore :

2 (...) la vraie intelligence doit élargir la vie, non la resserrer, féconder la vie, non la stériliser. MONTHERLANT, les Lépreuses, I, IV.

♦ 2. (V. 1876, chez Pasteur et ses disciples). Opérer la stérilisation* de... *Stériliser l'eau, un instrument, un pansement.* ⇒ **Aseptiser, désinfecter, étuver** (→ Gaze, cit. 3). *Stériliser l'eau au chlore, à l'eau de Javel* (⇒ **Javelliser**). — Par métaphore. *Stérilisé des moindres germes* (cit. 15) *de vice.*

3 Pasteur, a écrit M. Roux, n'hésite pas à déclarer que cet organisme microscopique est la cause la plus fréquente des infections chez les femmes accouchées (...) à l'hôpital (...) il critiquait les méthodes de pansement et déclarait que tous les linges devraient passer au four à stériliser.
René VALLERY-RADOT, la Vie de Pasteur, IX, p. 381.

♦ 3. (1872). a Vx. Rendre stérile (qqn) définitivement. ⇒ **Castrer, châtrer, émasculer.** *Dans certains pays on stérilise les aliénés et tarés mentaux.*

b Mod. Rendre provisoirement stérile (un être vivant).

3.1 Cet appareil *(stérilet)* stérilise une femme pour un temps indéfini.
A. SAUVY, Croissance zéro ?, 1973, p. 110.

Pratiquer une stérilisation chirurgicale sur (qqn, un animal). *Faire stériliser une chatte* (fam. et cour., *la faire opérer*).

3.2 Un médecin se trouve devant deux femmes demandant toutes deux à être stérilisées ; mais les moyens ne permettent de donner satisfaction qu'à l'une des deux.
A. SAUVY, Croissance zéro ?, p. 225.

♦ 4. (1801). Frapper de stérilité, d'inutilité. *Stériliser les esprits, toute tentative de changement.* ⇒ **Appauvrir, dessécher, tarir.**

3.3 (...) le pauvre homme stérilisait ses raclées en ne les faisant jamais suivre d'aucun retour de tendresse ni en eût intellectualisé la cuisson.
Léon BLOY, le Désespéré, p. 29.

▶ **STÉRILISÉ, ÉE** p. p. adj. (1891, au sens 2 de l'actif ; *in* D.D.L.). *Lait stérilisé.* ⇒ **Pasteurisé** (→ Frigorifier, cit. ; obstétrique, cit.). *Lait stérilisé et homogénéisé.*

Ils n'absorbent qu'une nourriture de régime, insipide, stérilisée, pasteurisée, qu'ils se préparent avec mille soins et précautions (...) 3.4
N. SARRAUTE, le Planétarium, p. 194.

(Au sens 3). *Femme stérilisée.* — (Au sens 4). *Esprit stérilisé.*

(La Révolution) n'aurait pas eu la triste chute de 1800, où les âmes stérilisées, ou 4 de peur ou de haine, devinrent pour longtemps infécondes.
MICHELET, Hist. de la Révolution franç., IV, I.

CONTR. **Fertiliser ; contaminer.**
DÉR. **Stérilisant, stérilisateur.**

STÉRILISTE [steʀilist] n. — 1973, cit. ; de *stérile*, I., 1.

♦ Didact. Partisan de la stérilisation* des personnes pour combattre la surpopulation.

(...) Stuart Mill est profondément malthusien et, anticipant sur les stérilistes actuels, jusque dans leurs excès, propose d'aller jusqu'à la contrainte (...).
A. SAUVY, Croissance zéro ? p. 42 (1973).

STÉRILITÉ [steʀilite] n. f. — V. 1355 ; *sterilitet*, v. 1050 ; lat. *sterilitas*, de *steriles.* → Stérile.

★ I. ♦ 1. Incapacité pour un être vivant de procréer ou de reproduire. ⇒ **Agénésie, infécondité.** *Stérilité d'une femme, d'un homme* (différente de l'impuissance*), provenant d'un trouble fonctionnel, d'une lésion organique de l'appareil génital ou d'une stérilisation volontaire, définitive ou réversible. *Stérilité due à un contraceptif. Stérilité génétique, chromosomique.* — *Périodes de stérilité chez la femme,* pendant lesquelles l'ovulation est impossible. *Stérilité de nombreux hybrides*, de certaines plantes...* (→ Inversion, cit. 5).

1 Après trois ans de mariage, il n'avait pas encore d'enfant. Dans l'espoir d'en obtenir un, il fit suivre à sa femme les prescriptions des plus grands médecins. Il la mena en vain aux sources réputées merveilleuses contre la stérilité.
APOLLINAIRE, l'Hérésiarque..., p. 88.

2 Puisque les ovulations ne sont pas très nombreuses et que l'ovule n'est fécondable que pendant un temps assez court, il est évident qu'il existe pour la femme des périodes de stérilité (...) Le Japonais Ogino et l'Autrichien Knaus ont essayé de préciser ce problème (...) Jules CARLES, la Fécondation, p. 64.

Par ext. *« L'âpre stérilité de votre jouissance »* (cit. 5, Baudelaire).

♦ 2. État de ce qui ne donne pas de fruits, de production végétale. ⇒ **Aridité, pauvreté.** *Stérilité d'une terre* (→ Glèbe, cit. 2). *« L'âpreté* (cit. 2) *et la stérilité du paysage »* (→ aussi Piste, cit. 1).

♦ 3. (1964). Absence de micro-organismes (sur un objet, dans une matière biologique, ou en un lieu). *Stérilité d'un milieu, des instruments chirurgicaux.*

★ II. Fig. Caractère de ce qui est stérile* (II.), de ce qui ne produit rien. *Stérilité de l'esprit* (→ Médisance, cit. 2), *des idées* (→ Insipide, cit. 6 ; et aussi dru, cit. 4), *d'un raisonnement, d'une théorie. Stérilité d'un écrivain.* — Inefficacité, inutilité. *Frappé* (cit. 32) *de stérilité. La stérilité d'une démarche.*

3 Ce fut à l'infécondité de l'évêque d'Autun que les premières œuvres de la Restauration furent confiées : il frappa cette Restauration de stérilité, et lui communiqua un germe de flétrissure et de mort.
CHATEAUBRIAND, Mémoires d'outre-tombe, t. III, III.

CONTR. **Conception, fécondité ; fertilité ; abondance ; efficacité.**

STÉRIQUE [steʀik] adj. — Mil. XXe (*in* Larousse, 1953) ; du rad. grec *stereos* « solide ». → Stéréo-.

♦ Chim. Relatif à la configuration d'un composé chimique dans les trois dimensions de l'espace. *Étudier la structure stérique d'un complexe.* ⇒ aussi **Stéréochimique.**

La discrimination rigoureuse exercée par l'enzyme entre les isomères optiques ne constitue pas seulement une illustration frappante de la spécificité *stérique* des enzymes. Jacques MONOD, le Hasard et la Nécessité, p. 73.
REM. On trouve dans le même texte l'adverbe *stériquement* (p. 140).

STERLET [steʀlɛ] n. m. — 1575 ; russe *sterlyadi*, même sens.

♦ Esturgeon* d'une variété de la mer du Nord, de la mer Noire et des fleuves russes. *Œufs de sterlet.* ⇒ **Caviar.**

En effet, le sterlet mérite sa réputation : c'est un poisson exquis, à chair blanche et fine, un peu grasse peut-être, qui tient le milieu pour le goût, entre l'éperlan et la lamproie (...) c'est un mets digne des gourmets les plus précieux. Pour une fourchette délicate, le sterlet du *(sic)* Volga vaut le voyage.
Th. GAUTIER, Voyage en Russie, I, X.

STERLING [steʀliŋ] adj. — 1656, *in* Höfler, *livre sterling* ; *sterling*, n. m., 1677, « penny d'argent des Normands » ; déjà en anc. franç. sous les formes *esterlin, estrelin, sterlin, strelin* ; mot angl., p.-ê. de l'anc. angl. *steorling* « monnaie d'argent marquée d'une étoile », de *steorra* « étoile », et *-ling,* suffixe d'orig. germanique.

♦ 1. Adj. invar. *Livre sterling* : monnaie de compte anglaise (2,48828 g d'or fin). → Prélever, cit. 3. *La livre sterling, divisée jusqu'en 1971 en 20 shillings, l'est depuis en 100 nouveaux pence.* — Ellipt. (Dans les milieux boursiers). *Le sterling* : la livre sterling. —

Zone sterling, dans laquelle l'étalon monétaire est la livre sterling. *Balance sterling.*

1 Il feuilletait d'extraordinaires catalogues anglais et rêvait à ces pipes de racine qui n'ont l'air de rien et qui coûtent douze livres sterling.
G. DUHAMEL, Salavin, I, III.

♦ **2.** Adj. variable ou invar. (1691). Fam., vx. Remarquable.

1.1 Un Anglais qui pousse vingt soupirs sterling auprès de la grisette.
D. de MONCHESNAY, Phénix (Dictionnaire général).

2 Et la beauté, n'étant pas d'expression et de grâce, mais une vraie beauté *sterling* et pittoresque, ne perdait presque rien à l'état d'évanouissement.
STENDHAL, Lucien Leuwen, II, LXVII.

3 (...) cette abominable gargote où l'on faisait des sabbats sterlings et où j'ai mangé comme un imbécile tout mon saint-frusquin ! HUGO, les Misérables, III VIII, XX.

STERNAL, ALE, AUX [stɛʀnal, o] adj. — 1812 ; de *sternum.*

♦ **1.** Anat. Qui a rapport au sternum. *Côtes sternales. Fourchette* sternale.*

♦ **2.** Zool. Syn. de *ventral.*

COMP. Asternal.

STERNBERGITE [stɛʀnbɛʀʒit] n. f. — 1874 ; du nom du savant tchèque *J. de Sternberg,* et *-ite.*

♦ Minér. Sulfure d'argent et de fer présent dans certains filons argentifères.

STERNE [stɛʀn] n. f. — 1808 ; xvie, « étourneau », *in* Godefroy ; lat. zool. *sterna* (xvie, Gessner, repris dans la classification de Linné), de l'anc. angl. *stern,* à rapprocher du suéd. *tern.*

♦ Oiseau *(Laridés)* gris et blanc, à calotte noire, vivant au bord de l'eau, communément appelé *hirondelle de mer* (→ Pétrel, cit. 1).

STERNO- Élément, de *sternum.*

STERNO-CLÉIDO-MASTOÏDIEN [stɛʀnɔkleidomastɔidjɛ̃] adj. et n. m. — 1740 ; de *sterno-,* du grec *kleis, kleidos* « clavicule », et *mastoïdien.*

♦ Anat. *Muscle sterno-cléido-mastoïdien,* ou, n. m., *le sterno-cléido-mastoïdien :* muscle qui s'insère d'une part sur le sternum et la clavicule et d'autre part sur l'apophyse mastoïde, et qui assure la mobilité verticale (flexion sur la colonne vertébrale), latérale (inclinaison sur le côté) et horizontale (rotation à droite et à gauche) de la tête. *Sterno-cléido-mastoïdien droit, gauche.*

(...) il lève le menton il tourne la tête complètement de côté le muscle sterno-cléido-mastoïdien se tend la peau est d'une substance vivante mais qu'on imagine végétale. Tony DUVERT, Paysage de fantaisie, p. 165.

STERNUM [stɛʀnɔm] n. m. — 1555 ; lat. méd. *sternum,* grec *sternon.*

♦ **1.** **ⓐ** (Chez l'homme). Os plat, allongé, situé au milieu de la face antérieure du thorax, s'articulant avec les sept premières paires de côtes, et, par son segment supérieur (manubrium), avec les deux clavicules. *Appendice xiphoïde du sternum.*

ⓑ (Chez les autres mammifères, les oiseaux). *Sternum de l'oiseau.* ⇒ **Bréchet.**

♦ **2.** (1845). Région ventrale de chacun des anneaux thoraciques chez les insectes.

DÉR. Sternal, sterno-.

STERNUTATION [stɛʀnytasjɔ̃] n. f. — xvie ; *sternutacion,* xve ; lat. *sternutatio,* de *sternutare,* fréquentatif de *sternuare.* → Éternuer.

♦ Didact. Fait d'éternuer ; suite d'éternuements, éternuements répétés.

STERNUTATOIRE [stɛʀnytatwaʀ] adj. — 1429 ; aussi *sternutatif,* 1690 ; subst. *esternuatore,* attestation isolée, xiiie ; de *sternutation.*

♦ Méd. Qui provoque l'éternuement. *Poudre, médicament sternutatoire.*

Les plus hautes branches (...) jonchaient le sol bouleversé, inextricablement enchevêtrées, leur écorce en charpie, l'aubier haché par la mitraille, leurs feuilles mortes sentant fort et leur bourre cotonneuse qui s'échappait au moindre souffle de leurs cosses, de leurs bourses écrasées ayant une action sternutatoire.
B. CENDRARS, la Main coupée, Œ. compl., t. X, p. 167.

STÉROÏDE [stɛʀɔid] n. m. et adj. — 1936 ; répandu mil. xxe ; de *stér(ol),* et *-oïde.*

♦ Biochim. *Stéroïdes :* corps insolubles dans l'eau, solubles dans les solvants organiques et non saponifiables, caractérisés par un squelette tétracyclique *(noyau stéroïdique* ou *stérolique)* formé de dix-sept atomes de carbone répartis en trois cycles hexagonaux et un cycle pentagonal. *Substances de la famille des stéroïdes :* stérols, hormones sexuelles, corticostéroïdes, acides et alcools biliaires, alcaloïdes, aglycones cardiotoniques... *Stéroïdes naturels et stéroïdes de synthèse. Stéroïdes hormonaux. Un stéroïde.*

Spécialt. Hormone de structure stéroïdique *(stéroïde hormonal). Stéroïde anti-ovulatoire.*

Adj. *Hormones stéroïdes.*

DÉR. Stéroïdien, stéroïdique.
COMP. Corticostéroïde.

STÉROÏDIEN, IENNE [stɛʀɔidjɛ̃, jɛn] adj. — Mil. xxe ; 1975, *in* Porot ; de *stéroïde.*

♦ Didact. Relatif à l'emploi thérapeutique des stéroïdes. *« Les inconvénients du traitement stéroïdien »* (*Science et Vie,* nov. 1977, p. 46). — De la nature des stéroïdes. *Hormones stéroïdiennes.* ⇒ **Stéroïdique.**

STÉROÏDIQUE [stɛʀɔidik] adj. — Mil. xxe ; 1972, *in* Manuila ; de *stéroïde.*

♦ Didact. Relatif aux stéroïdes. *Étude stéréochimique du noyau stéroïdique. « Les œstrogènes d'origine naturelle de structure stéroïdique »* (la Recherche, avr. 1981, p. 489). — De la nature des stéroïdes. *Hormones stéroïdiques.* ⇒ **Stéroïdien.**

STÉROL [stɛʀɔl] n. m. — 1913 ; répandu v. 1930-1935 (*in* Larousse, 1933) ; autonomisation de *-stérol* dans *cholestérol,* etc.

♦ Biochim. *Stérols :* alcools polycycliques de poids moléculaire élevé, très répandus dans les règnes animal *(zoostérols)* et végétal *(mycostérols, phytostérols)* où ils jouent un rôle important. (Ex. : le *cholestérol,* alcool non saturé des tissus animaux ; jaune d'œuf, tissus nerveux, bile, sang... ; l'*ergostérol,* alcool non saturé extrait de certains végétaux — ergot de seigle, etc. — qui donne naissance, par irradiation aux ultraviolets, au mélange constituant la vitamine* D). *Les stérols sont des stéroïdes*. Stérols insaturés.* ⇒ **Sténol.** *Un stérol.*

DÉR. Stérolique.
COMP. Coprostérol, ergostérol, cholestérol. — V. ci-dessus, Mycostérol, phytostérol, zoostérol.

STÉROLIQUE [stɛʀɔlik] adj. — xxe ; de *stérol.*

♦ Biochim. Relatif aux stérols. *Noyau stérolique* (ou *stéroïdique*).

STERTOR [stɛʀtɔʀ] n. m. — 1904 ; dér. sav. de forme latine, du lat. *stertere* « ronfler », cf. anc. franç. *sterteur* « respiration pénible », 1582.

♦ Didact. Respiration bruyante, ronflante. ⇒ **Stertoreux.**

STERTOREUX, EUSE [stɛʀtɔʀø, øz] adj. — 1795 ; du lat. *stertere* « ronfler ».

♦ Didact. (méd.). *Respiration stertoreuse :* respiration bruyante accompagnée de ronflement.

STÉTHO- Élément, du grec *stêthos* « poitrine ».

STÉTHOMÈTRE [stetɔmɛtʀ] n. m. — 1846 ; de *stétho-,* et *-mètre.*

♦ Sc. Vx. Instrument servant à mesurer les dimensions de la poitrine.

STÉTHOSCOPE [stetɔskɔp] n. m. — 1819, Laënnec ; de *stétho-,* et *-scope.*

♦ Cour. Instrument destiné à l'auscultation des bruits à travers les parois du corps. *Stéthoscope biauriculaire comportant une plaque réceptrice où convergent deux tubes flexibles qui s'introduisent dans les oreilles.* — Par compar. :

Le docteur Wolff, dédaigneux de ce qui n'a pas de cœur, la mer, la lune, tendait vers nos conversations une oreille incurvée en stéthoscope.
GIRAUDOUX, Siegfried et le Limousin, p. 226.

DÉR. Stéthoscopique.

STÉTHOSCOPIQUE [stetɔskɔpik] adj. — 1872 ; de *stéthoscope.*

♦ Didact. Relatif au stéthoscope. *Bruits stéthoscopiques.*

STETSON [stɛtsɔn] n. m. — Mil. xxe ; mot américain, *Stetson hat,* de *Stetson,* nom d'une firme.

♦ Chapeau à larges bords relevés. *Un Texan coiffé d'un stetson.*

Les cabines des toilettes sont occupées. Lorsqu'un grand escogriffe aux jambes arquées et au gigantesque stetson lui laisse la place, il examine l'étroit réduit.
Roger BORNICHE, le Ricain, p. 227.

STEVEDORE [stivdɔʀ] n. m. — Av. 1935, *in* D.D.L. II, 14 ; mot anglais.

♦ Anglic. Techn. Entrepreneur de manutention des cargaisons de navires.

STEWARD [stjuwaʀd ; stiwaʀd] n. m. — 1833 ; mot angl., proprt « gardien d'une maison, majordome ».

♦ **1.** Maître d'hôtel ou garçon de service à bord d'un paquebot (→ 2. Ouvreur, cit. 3). — REM. On écrit parfois *stewart.*

1 Un stewart *(En note :* « *Domestique à bord d'un steamer* ») entra. Il nous apportait des vêtements (...) je me hâtai de les revêtir (...) Pendant ce temps, le stewart avait disposé la table et placé trois couverts.
J. VERNE, Vingt mille lieues sous les mers, I, VIII.

2 (...) les gestes économes des stewarts en treillis bleu propulsent une loque humide dans le corridor des premières (...)
Claude LEVI-STRAUSS, Tristes tropiques, p. 50.

♦ **2.** Vx ou rare. Garçon de service, sur certains trains (ne se dit guère que dans un contexte anglophone).

3 À huit heures, un « steward » entra dans le wagon et annonça aux voyageurs que l'heure du coucher était sonnée.
J. VERNE, le Tour du monde en 80 jours, 1873, p. 226.

♦ **3.** Cour. Membre du personnel de cabine d'un avion, chargé avec les hôtesses* de l'air du service des passagers.

4 Il ne sortait pas les objets variés dont le tiroir était plein, mouchoirs sales, chaussettes sales, calepins (...), papiers et cartons de toutes sortes, formulaire d'inscription d'Air France pour un poste de steward sur les grandes lignes (...)
J.-M. G. LE CLÉZIO, le Déluge, p. 48.

Argot de métier : *le stew* [stju]. *Il est stew sur un 747.*

STEWARDESS [stjuwaʀdɛs ; stiwaʀdɛs] n. f. — 1887, *in* Höfler ; 1875, *stuartess,* Hugo ; mot anglais.

♦ Vx. Femme occupant un emploi de steward, sur un bateau (sur un avion, on dit *hôtesse* de l'air*).

Il y avait sur le *Normandy* vingt-huit hommes d'équipage, une femme de service, la stuartess *(sic),* et trente et un passagers, dont douze femmes.
HUGO, Pendant l'exil, « Ce que c'est que l'exil », IX.

STHÈNE [stɛn] n. m. — 1923 ; du grec *sthenos* « force ».

♦ Phys. Unité de force du système M.T.S. (abrév. *Sn*), force qui, appliquée à une masse de 1 tonne, lui communique une accélération de un mètre/seconde par seconde (1 m/s/s). *1 Sn = 10⁸ dynes. Pression d'une force d'un sthène par mètre carré.* ⇒ **Pièze.**

COMP. **Centisthène, décisthène.**

STHÉNIE [steni] n. f. — 1839, « puissance d'une fonction » ; grec *sthenos* « force ».

♦ Didact. (physiol.). État caractérisé par la pleine activité physiologique (opposé à *asthénie*).

-STHÉNIE Élément, du grec *sthenos* « force » (ex. : *asthénie, neurasthénie, psychasthénie...*).

STHÉNIQUE [stenik] adj. — 1826, *in* D.D.L. → -sthénie.
Didact. (médecine).

♦ **1.** Tonique, vigoureux ; qui possède la plénitude de sa capacité fonctionnelle. *Une musculature sthénique.* — (Dans les typologies corporelles). *Un nerveux sthénique.*

♦ **2.** *Substance, agent thérapeutique sthénique,* qui stimule, augmente l'activité fonctionnelle (générale ; d'un système, d'un organe).

STIBIÉ, ÉE [stibje] adj. — 1707 ; du lat. *stibium* « antimoine ».

♦ Didact. Qui contient de l'antimoine*. Pharm. *Médicament, onguent stibié.* Chim. *Hydrogène stibié :* hydrure d'antimoine, gaz toxique (SbH₃).

STIBINE [stibin] n. f. — 1872 ; de *stibi(é).*

♦ Chim. Sulfure naturel d'antimoine Sb₂S₃. *La stibine, minerai d'antimoine.*

STICHOMYTHIE [stikɔmiti] n. f. — 1875 ; du grec *stikhos* « vers », et *muthos* « récit ».

♦ Littér. Poème, dialogue de tragédie où les interlocuteurs se répondent vers pour vers (ex. : Corneille, *le Cid,* v. 215 à 224).

J'ai en moi deux interlocuteurs affairés à monter le ton, de réplique en réplique, comme dans les anciennes stichomythies : il y a une jouissance de la parole dédoublée, redoublée, menée jusqu'au charivari final (scène de clowns).
R. BARTHES, Fragments d'un discours amoureux, p. 192-193.

1. STICK [stik] n. m. — 1846 ; *stic* « outil de fondeur », 1795 ; mot anglais.
Anglicisme.

♦ **1.** Canne mince et souple (d'abord, à l'usage des cavaliers). ⇒ **Badine, baguette, cravache, jonc.** *Des sticks* (→ Incomparable, cit. 4). *Le stick du dandy. Le stick des pilotes de la chasse anglaise* (anciens régiments montés), *pendant la Première Guerre mondiale.*

1 (...) de l'autre coude s'appuyant sur la portière, il continuait à débiter des sottises, le pommeau de son stick dans la bouche, les jambes écartées, les reins tendus.
FLAUBERT, l'Éducation sentimentale, II, IV.

2 (...) la main appuyée sur la barrière de l'écurie et tenant contre son dos un stick, un *gentleman reader (sic ;* au lieu de *rider)* penché au-dessus d'un groupe de femmes (...)
Ed. DE GONCOURT, les Frères Zemganno, XLI.

♦ **2.** Sports. Prolongement articulé de la barre d'un petit voilier. « *Le gouvernail extérieur, à safran relevable, est disposé de telle sorte qu'il peut être engagé — ou dégagé — de ses ferrures (...) Il est muni d'un stick articulé* » (*Bateaux,* n° 100, p. 60).

♦ **3.** (1894). Sports. Crosse de hockey.

♦ **4.** (1903, *in* Höfler, *shaving stick ;* attesté 1957 dans une publicité, *in* D.D.L. ; répandu v. 1960). Cour. Produit cosmétique présenté solidifié, sous forme de bâtonnet. *Déodorant en stick. Stick de fard à paupières.*

La cire de Carnauba s'utilise pour élever le point de fusion des *cold-creams,* des rouges à lèvres, des sticks désodorisants, etc.
Charles BOURGEOIS, Chimie de la beauté, p. 10.

HOM. **2. Stick.**

2. STICK [stik] n. m. — 1956, *Réalités, in* Höfler ; mot angl., au sens propre « canne ». → 1. Stick.

♦ Anglicisme. Équipe de parachutistes sautant du même avion. *Un stick de dix hommes. Premier de stick* (le premier à sauter).

Le commando musulman compte maintenant trente hommes divisés en trois sticks.
Jean LARTÉGUY, les Prétoriens, p. 681.

HOM. **1. Stick.**

STIGMA [stigma] n. m. — 1964 ; mot grec, « piqûre ».

♦ Biol. Élément cellulaire riche en carotène, situé à la base du flagelle de certains protistes.

STIGMATE [stigmat] n. m. — 1403 ; lat. *stigmata,* plur. de *stigma,* mot grec, proprt « piqûre, point ».

★ **I.** Marque, trace. ♦ **1.** (Au pluriel). Blessures du Christ ; cicatrices, marques miraculeuses, disposées sur le corps comme les cinq blessures du Christ. *Les stigmates de saint François d'Assise.* ⇒ **Stigmatisé.** *Recevoir les stigmates* (→ Odeur, cit. 4).

1 (...) ces saints du moyen âge qu'hypnotisait la contemplation des blessures du Sauveur. La force de leur piété faisait apparaître sur leurs mains les stigmates miraculeux (...)
Paul BOURGET, le Disciple, IV, § II.

♦ **2.** (Déb. XVIᵉ). Marque laissée sur la peau par une plaie, une maladie. ⇒ **Cicatrice, marque.** *Les stigmates de la petite vérole* (→ Grenu, cit. 1).

(1847). Méd. (Vx). Signe clinique permanent d'un état morbide peu apparent, qui permet de le diagnostiquer. « *Les stigmates de la syphilis occulte, de l'hystérie. On parlait des stigmates physiques et psychiques des dégénérés* » (cit. 12).

♦ **3.** (1580). Anciennt. Marque au fer rouge, punition corporelle (sous l'Ancien Régime). ⇒ **Flétrissure.**

♦ **4.** (Fin XVᵉ, *stigmac*). Fig. Marque, signe laid ou honteux. ⇒ **Empreinte, trace.** *Les boutonnières crevées, ignobles stigmates de l'indigence* (cit. 3). *Une telle accusation est un stigmate ineffaçable* (→ Marque d'infamie*).

2 Son front, ridé de quelques plis, est marqué d'un stigmate indélébile. Ce stigmate, qui l'a vieilli avant l'âge, est-il honorable, est-il infâme ?
LAUTRÉAMONT, les Chants de Maldoror, I.

3 Notre avenir ! Tous les stigmates de cette civilisation dévorante, nous pourrons, avant vingt ans, les découvrir sur les membres de l'Europe.
G. DUHAMEL, Scènes de la vie future, Préface.

3.1 Julie avait écouté le dialogue en silence, la bouche à moitié ouverte et le visage marqué de tous les stigmates de la stupidité la plus affreuse.
R. QUENEAU, le Dimanche de la vie, p. 172.

★ **II.** Sc. nat. Orifice. ♦ **1.** (1690). Zool. Chez les articulés, et, spécialt, les insectes, chacun des orifices de la région latérale du corps par où l'air pénètre dans les trachées. ⇒ **Respiration.**

♦ **2.** (1749, Dalibard). Bot. Pièce florale formant l'orifice du pistil, partie terminale d'un carpelle qui retient le grain de pollen et où il germe (→ Tube pollinique*) avant de pénétrer jusqu'à l'ovule. ⇒ **Style.** *Stigmates distincts ; soudés et lobés. Enduit visqueux du stigmate* (→ Fécondant, cit. 2). *Les stigmates orangés du safran*.

4   (...) le stigmate est l'ouverture qui donne entrée aux poussières fécondantes étamines, pour arriver aux embryons des semences à travers le stile.
                       DALIBARD, *in* Encycl. (DIDEROT), art. *Fleur.*

♦ **3.** (1904). Histol. Orifice microscopique que font les cellules migratrices de l'organisme en perforant les cellules endothéliales, lorsqu'elles sortent d'un capillaire par diapédèse.

DÉR. (Du sens I.) Stigmatisation, stigmatisé, stigmatiser.

STIGMATEUR [stigmatœʀ] n. m. — 1974 ; du grec *stigma* « point ».

♦ Sc., techn. Dispositif destiné à compenser l'influence des défauts de construction d'un microscope électronique sur la qualité de l'image (permettant d'obtenir le *stigmatisme*).

STIGMATIQUE [stigmatik] adj. — 1949 ; « relatif au stigmate (d'une fleur) », 1808 ; de *(a)stigmatique*, ou angl. *stigmatic* (1896, en angl.). → Astigmatique.

♦ Sc., techn. (opt.). Qui présente la qualité de stigmatisme* (opposé à *astigmatique*).

STIGMATISATION [stigmatizasjɔ̃] n. f. — 1846 ; de *stigmatiser.*

♦ **1.** Relig. Fait de recevoir les stigmates (1.). *La stigmatisation de saint François d'Assise.*

♦ **2.** Littér. Action de stigmatiser, de flétrir. *La stigmatisation d'une attitude, d'un régime, d'une politique.*

STIGMATISÉ, ÉE [stigmatize] adj. — 1752 ; « qui porte les marques de cicatrices », 1532 ; de *stigmatiser.*

♦ **1.** Relig. Qui a reçu les stigmates (1.). — N. *Un stigmatisé, une stigmatisée.*

(...) je leur parlais du Christ et de François d'Assise ou d'autres saints stigmatisés dans la suite, de Thérèse Neumann qui perd le sang de ses mains et de ses pieds les vendredis (...)   Henri MICHAUX, Ailleurs, p. 223.

♦ **2.** Condamné ignominieusement.

♦ **3.** Marqué de stigmates, de blessures, de meurtrissures. → Strangulation, cit. 1.

STIGMATISER [stigmatize] v. tr. — 1611 ; p. p., 1532 ; de *stigmate.*

♦ **1.** Ancienn. Marquer des stigmates (3.). → Égratignure, cit. 1 ; strangulation, cit. 1. *Stigmatiser un voleur, un esclave fugitif.*

♦ **2.** (1611). Mod. Noter d'infamie, condamner définitivement et ignominieusement. *Stigmatiser la conduite, les idées de qqn. Stigmatiser un régime, des exactions, des horreurs* (cit. 54). ⇒ **Blâmer, condamner, flétrir*, foudroyer, fustiger.**

1   (...) un rôle qu'on ne manquerait pas de stigmatiser du nom d'aventurier.
            CHATEAUBRIAND, Mémoires d'outre-tombe, t. VI, p. 91.

2   D'une voix vengeresse, il avait stigmatisé tour à tour les responsabilités de tous les gouvernements européens.   MARTIN DU GARD, les Thibault, t. VI, p. 174.

♦ **3.** Méd. Marquer de stigmates (2.), laisser des traces (en parlant d'une maladie).

DÉR. Stigmatisation, stigmatisé.

STIGMATISME [stigmatism] n. m. — 1949 ; de *(a)stigmatisme* ou angl. *stigmatism* (1890, en anglais).

♦ Didact. Qualité d'un système optique qui donne une image nette d'un point objet (⇒ **Anastigmat**).

CONTR. Astigmatisme.

STILB [stilb] n. m. — 1933 ; du grec *stilbos* « brillant ».

♦ Phys. (optique). Unité de brillance d'une surface, égale à 1 bougie* par cm².

STILBÈNE [stilbɛn] n. m. — 1876 ; dér. sav. du grec *stilbein* « briller ».

♦ Chim. Hydrocarbure benzénique éthylénique. *Le stilbène s'obtient par distillation des sulfures de benzyle.*

STILBŒSTROL [stilbɛstʀɔl] n. m. — Mil. xxᵉ ; de *stilbène, œstrogène,* et *-ol.*

♦ Biochim. Œstrogène de synthèse dérivé du stilbène.

STIL-DE-GRAIN [stildəgʀɛ̃] n. m. — 1664, aussi *stil de grun* ; altér. du holl. *schijtgroen*, proprt « vert *(groen)* d'excrément *(schijt)* ».

♦ Techn. Colorant d'un jaune verdâtre, fourni par le nerprun*.

STILE [stil] n. m. ⇒ Style (B.).

STILLATION [sti(l)lasjɔ̃] n. f. — 1507 ; lat. *stillatio,* de *stillare* « couler goutte à goutte ». → Distiller, instiller.

♦ Didact. Écoulement* d'un liquide qui tombe goutte à goutte. *Formation des stalactites par stillation de l'eau calcaire.*

DÉR. Stillatoire, stilligoutte, stilliréaction.

STILLATOIRE [sti(l)latwaʀ] adj. — 1605 ; de *stillation.*

♦ Didact. Qui tombe goutte à goutte.

STILLER [sti(l)le] v. — xvᵉ ; lat. *stillare* « couler goutte à goutte ». Rare.

♦ **1.** V. tr. Faire couler goutte à goutte. « *Un vieux capitaine (...) fait clapoter la boue de son absinthe en stillant, goutte à goutte dans son verre, l'eau frappée d'une carafe* » (Huysmans, *in* G. L. L. F.).

♦ **2.** V. intr. Couler goutte à goutte.

Nous étions parvenus au pied du glacier translucide, une fontaine claire s'est montrée. Elle stillait doucement de sous la glace.
           GIDE, le Voyage d'Urien, VI, *in* Romans, Pl., p. 30.

STILLIGOUTTE [sti(l)ligut] n. m. — 1903 ; de *stil(lation)* et *goutte.*

♦ Didact. Compte-gouttes.

(Un) nez au bout duquel il semblait que l'on eût adjoint, ainsi qu'au goulot d'un flacon de marchand de vins, un stilligoutte (...)
          HUYSMANS, l'Oblat, p. 231 (1903).

STILLINGIA [stilɛʒja] n. m. — Fin xixᵉ, A. Daudet ; *stillingie,* n. f., 1858 ; mot angl., du nom du botaniste *Stilling.*

♦ Bot. Euphorbiacée, arbre ou arbrisseau à grandes feuilles, dont certaines espèces sont cultivées comme ornementales.

STILLIRÉACTION [sti(l)liʀeaksjɔ̃] n. f. — 1975 ; de *still(ation),* et *réaction.*

♦ Chim. Analyse chimique utilisée pour identifier un corps en mettant en contact une goutte du produit étudié et le réactif.

STILNOVISME [stilnovism] n. m. — Mil. xxᵉ ; de *(dolce) stil novo* (Dante) « nouveau style », expression désignant la poésie italienne du xivᵉ s. illustrée par Dante et Pétrarque.

♦ Hist. littér. Caractère du mouvement d'idées religieuses, philosophiques et poétiques du xivᵉ siècle italien : affinement de l'idéal amoureux, du symbolisme moral exprimé en langue vulgaire (italien) avec sincérité et naturel.

L'amour de Pétrarque revêt là de multiples aspects, passionnels et sentimentaux, sensuels et teintés de stilnovisme (...)
          Paul ARRIGHI, la Littérature italienne, p. 17.

STILNOVISTE [stilnɔvist] adj. et n. — Mil xxᵉ ; de *stil novo.* → Stilnovisme.

♦ Didact. (hist. littér.). Partisan du *stil novo ;* écrivain du xivᵉ siècle italien qui se rattache à cette tendance. ⇒ **Stilnovisme.**

Le poète *(du stil novo)* pratique avec une complexité croissante l'introspection ; il découvre aussi (...) la science qui lui fournit la théorie des « esprits » (...) Aux stilnovistes est due également une innovation métrique : la *ballata.*
          Paul ARRIGHI, la Littérature italienne, p. 9.

STILTON [stiltɔn] n. m. — 1863, *l'Illustration, in* Höfler ; nom de lieu.

♦ Fromage de lait de vache, à pâte dure persillée, fabriqué en Angleterre.

STIMUGÈNE [stimyʒɛn] n. m. et adj. — 1973, adj. ; de *stimuler,* et *-gène.*

♦ Méd., pharm. Stimulant qui augmente les défenses naturelles de l'organisme. *Stimugène atoxique.* — Adj. *Vitamine stimugène.*

STIMULANT, ANTE [stimylɑ̃, ɑ̃t] adj. et n. m. — 1752, adj. ; p. prés. du v. *stimuler.*

♦ **1.** [a] Adj. Qui augmente l'activité physique ou psychique, les fonctions organiques. *L'air marin est stimulant.* ⇒ **Vivifiant.** *Pro-*

priétés stimulantes d'une plante (→ Avoine, cit. 1). *Médicament stimulant.* ⇒ **Analeptique, dopant, excitant, fortifiant, réconfortant.**

b N. m. (1765). *Un stimulant.* ⇒ **Excitant, fortifiant, remontant, psychotonique, tonique.** *Stimulant du cœur* (⇒ **Cordial**), *des nerfs* (⇒ **Nervin**). *Principaux stimulants :* alcool, caféine, cannelle, coca, éther, gingembre, hysope, menthe, poivre, romarin, thé, vanille, etc. — *Stimulant de l'activité mentale.* ⇒ **Psychoanaleptique, psychotonique.**

1   Je crois que, toutes choses d'ailleurs égales, les buveurs d'eau conservent bien plus longtemps la délicatesse des sensations, et en quelque sorte leur première candeur. L'usage des stimulants vieillit nos organes.
           E. DE SENANCOUR, Oberman, LXIV.

2   — (...) L'air vif est un stimulant délicieux.
           G. DUHAMEL, Chronique des Pasquier, V, III.

♦ **2.** **a** Adj. (1772). Qui stimule, augmente l'énergie, l'ardeur de qqn. ⇒ **Encourageant, exaltant.** *Une stimulante émulation. Le regard stimulant d'un être qui vous aime* (→ Heure, cit. 10). *Une rémunération stimulante.*

b N. m. Ce qui stimule, excite. ⇒ **Aiguillon, éperon.** *La vanité, stimulant de la gloire* (cit. 13). *Il n'y a pas de stimulant plus efficace que le plaisir* (cit. 13). *La libre concurrence, stimulant des affaires* (→ Marché, cit. 29). *Complimentez-le, il a besoin de stimulant.* ⇒ **Encouragement.**

♦ **3.** Didact. Vx. Stimulus. *Les stimulants extérieurs* (Bergson; → Contractile, cit.).

CONTR. Aveulissant, décourageant, énervant (vx). — Calmant, stupéfiant.
COMP. Alpha-stimulant, bêta-stimulant.

STIMULATEUR, TRICE [stimylatœʀ, tʀis] adj. et n. m. — 1549, «personne qui excite à faire quelque chose»; repris en 1803 comme adj.; du rad. lat. de *stimuler.*

♦ **1.** Adj. Littér. Qui stimule. ⇒ **Excitateur, stimulant.**

♦ **2.** N. m. Méd. Appareil électrique implanté dans l'organisme pour suppléer une commande nerveuse déficiente. *Stimulateur sphinctérien, anal.* — Cour. **STIMULATEUR CARDIAQUE :** prothèse cardiaque électronique. ⇒ **Pace maker** (anglicisme). *Implanter un stimulateur cardiaque (un stimulateur) à un malade. Stimulateur électrique externe, interne.*

(...) des stimulateurs électriques du cœur. Un petit boîtier électronique (...) envoie des impulsions électriques rythmées, sous un très faible voltage, à deux électrodes fixées dans la paroi des ventricules du cœur. Les deux électrodes «stimulent» le muscle cardiaque (...)
           Cl. D'ALLAINES, la Chirurgie du cœur, p. 60.

STIMULATION [stimylasjɔ̃] n. f. — Déb. xvᵉ; lat. *stimulatio.*

♦ **1.** Action de stimuler (1.). *La stimulation d'un élève hésitant, du zèle de ses collaborateurs. Ils ont besoin d'une petite stimulation.*

♦ **2.** (1833, in D.D.L.). Méd. Action de stimuler (2.). ⇒ **Excitation** (→ Coup de fouet*). *Stimulation de l'appétit par des stimulants. Stimulation du rythme cardiaque par un stimulateur*.*

♦ **3.** Action d'un stimulus sur une structure excitable. *Stimulation de l'œil par la lumière* (→ aussi Émotivité, cit. 1 ; 2. froid, cit. 14 ; réactivation, cit.).

♦ **4.** Techn. Opération par laquelle on empêche le colmatage des pores d'une roche pétrolifère, pour «stimuler» le débit.

STIMULE [stimyl] n. m. — 1842; lat. *stimulus* «aiguillon».

♦ Bot. Petit poil urticant de certaines feuilles de plantes. *Stimulus de l'ortie.*

STIMULER [stimyle] v. tr. — V. 1355; lat. *stimulare,* de *stimulus* «aiguillon».

♦ **1.** Augmenter l'énergie, l'ardeur, l'activité de (qqn); inciter, inviter, pousser (qqn) à faire qqch. — (Sujet et compl. n. de personne). *Stimuler les hésitants et refréner* (cit. 1) *les violents.* ⇒ **Aiguillonner, encourager, éperonner, exciter.** — (Sujet n. de chose). *Une gratification les stimulera. Me sentir admiré stimulait toutes mes facultés* (→ Décision, cit. 9). ⇒ **Animer, enflammer, éveiller, fouetter.** — (Compl. n. de chose). *Stimuler les efforts de qqn* (→ Pécule, cit. 2), *le zèle des employés* (→ Guelte, cit. 1). *Stimuler l'imagination.*

1   — (...) Quoi! faire des cadeaux à un homme dont nous sommes parfaitement contents, et qui nous sert bien? ce serait dans le cas où il se négligerait qu'il faudrait stimuler son zèle.
           STENDHAL, le Rouge et le Noir, I, VII.

2   Les espérances que son père et sa mère, alors retirés du commerce, asseyaient sur sa tête, stimulèrent son amour-propre sans lui donner d'orgueil.
           BALZAC, Mᵐᵉ de la Chanterie, Pl., t. VII, p. 235.

♦ **2.** (V. 1560). Le sujet est fréquemment un n. de chose; le compl. désigne une personne ou une fonction, un organe. Augmenter l'activité de (une fonction organique). ⇒ **Accélérer, activer.** *Le grand air stimule l'appétit.* ⇒ **Aiguiser** (fig. → Mâcher, cit. 4). *Stimuler un animal, qqn.* — *Stimuler le rythme cardiaque* ⇒ **Stimulateur.** —

Absolt. *Narcotique* (cit. 1) *qui stimule et exalte.* ⇒ **Doper, réconforter, remonter** (→ Donner un coup de fouet*).

▶ **STIMULÉ, ÉE** p. p. adj. *Moins stimulé que gêné* (cit. 19) *par la présence des autres.*

(Au sens 2) :

3   Je marchais rapidement, pénétré et comme stimulé par ce bain de lumière, par ces odeurs de végétations naissantes, par ce vif courant de puberté printanière dont l'atmosphère était imprégnée.
           E. FROMENTIN, Dominique, V.

CONTR. Amortir, apaiser, gêner, lasser. — Calmer, endormir, étourdir.
DÉR. Stimulateur, stimuline.

STIMULEUX, EUSE [stimylφ, φz] adj. — 1803; de *stimule.*

♦ Bot. Couvert de stimules*. *Feuilles stimuleuses.*

STIMULINE [stimylin] n. f. — 1904, *Rev. gén. des sc.,* 15 févr., p. 150; de *stimul(er),* et *-ine.*

♦ Physiol. Substance capable d'accroître l'activité d'un organe ou d'un tissu. *Les hormones sécrétées par l'hypophyse sont des stimulines* (stimulant le fonctionnement d'autres glandes endocrines). *Les stimulines de l'hypophyse* (cit. 2).

COMP. Biostimuline.

STIMULUS [stimylys] n. m. — 1795, trad. Cullen; mot lat., proprt «aiguillon». → Stimule.

♦ Agent externe ou interne capable de provoquer la réaction d'un système excitable. ⇒ **Excitant.** *Action du stimulus sur un organe.* ⇒ **Stimulation,** et aussi **excitation.** (Au plur. *des stimulus,* ou plus couramment *des stimuli*). *Stimuli sensoriels et stimuli psychiques du désir sexuel* (→ Érotique, cit. 3). *Stimulus signal,* susceptible de déclencher une réaction chez un animal.

1   (...) les physiologistes se sont crus autorisés à dire dans un langage qu'on pourrait croire métaphysique, que lorsque tel organe, musculaire par exemple, se contracte ou frémit sous le stimulus, c'est parce qu'il en sent l'excitation en vertu du mode spécial de sensibilité qui lui est propre suivant les uns, communiquée, suivant les autres, par les nerfs (...)
           MAINE DE BIRAN, Du physique et du moral de l'homme, I, § V.

2   Le modèle actuel stimulus-réponses (ou S → R), qui a remplacé pour beaucoup d'auteurs l'«association» artificielle du passé, peut, selon les cas, conduire ou ne pas conduire aux mêmes inconvénients atomistiques, et ce seul fait prouve d'emblée qu'organisant son expérience le chercheur y projette toute une problématique dont l'existence même montre la difficulté de s'en tenir strictement à une ascèse associationniste. Si le dispositif expérimental est morcelé en petits stimuli discontinus et indépendants, le schéma S → R ramène au strict associationnisme (mais naturellement entre perceptions et mouvements, sans plus d'allusion à des images problématiques).
           J. PIAGET, Épistémologie des sciences de l'homme, p. 147.

STIPA [stipa] n. m. — 1808, *stipe,* Boiste; du lat. bot. *stuppa* «étoupe», du grec *stupê.*

♦ Bot. Plante *(Graminacées)* herbacée, dont une espèce, le *stipa ienacissima,* s'emploie comme textile. ⇒ **Alfa, sparte.**

STIPE [stip] n. m. — 1778; lat. *stipes* «tige, souche».

★ **I.** Botanique. ♦ **1.** Tige ligneuse des plantes monocotylédones arborescentes et des fougères, qui n'a pas de rameaux inférieurs. *Stipes du palmier nain, du cocotier. Organe porté par un stipe.* ⇒ **Stipité.**

1   Ces palmiers feraient bien dans une serre. Celui-ci, avec son stipe d'un rouge ardent.
           Henri FAUCONNIER, Malaisie, p. 127.

2   Près de l'autel, vers la droite, verdissait un palmier gigantesque, dont l'admirable épanouissement attestait le grand âge; un écriteau, accroché au stipe, présentait cette phrase commémorative : Restauration de l'empereur Talou IV sur le trône de ses pères.
           Raymond ROUSSEL, Impressions d'Afrique, p. 7.

♦ **2.** Pied (d'un champignon) ⇒ **Pédicule.**

★ **II.** Relig. et hist. de l'art. Partie dressée de la croix de la Crucifixion, poutre plantée en terre, par oppos. à la traverse (ou *patibulum*). *Le haut du stipe est généralement représenté avec l'écriteau portant l'inscription* I. N. R. I. — REM. On emploie aussi le mot latin *stipes* [stipεs].

STIPENDIAIRE [stipɑ̃djεʀ] adj. et n. — xivᵉ; lat. *stipendiarus.*

♦ Vx. Qui est à la solde de qqn. — N. *Un, une stipendiaire.*

Ces grandes armées composées d'honnêtes stipendiaires bien élevés, qui décident du destin des États.   VOLTAIRE, Candide, 4, *in* LITTRÉ.

STIPENDIER [stipɑ̃dje] v. tr. — 1581; «prendre à sa solde», 1479; p. p., 1460; lat. *stipendiari,* de *stipendium* «solde».

♦ Vx ou littér. Payer pour une besogne méprisable, ignoble.

1   Rien n'est plus sinistre que ces rues de Rome où courent agitant des torches les gladiateurs stipendiés par le tribun Placidus.
           Th. GAUTIER, Souvenirs de théâtre, Les gladiateurs.

Mod., littér. Corrompre pour de l'argent. ⇒ **Acheter ; stipendié** (ci-dessous).

▶ **STIPENDIÉ, ÉE** p. p. adj.

Mod. Acheté, corrompu. *Soldat stipendié* (⇒ **Mercenaire**) ; *complice stipendié. Un tueur stipendié* (→ **À gage***).

1.1   Durant tout le repas mes hôtes tinrent à montrer que, pour stipendiés qu'ils fussent et rangés plus ou moins dans la catégorie des réprouvés, ils n'étaient pas des soudards.   Michel LEIRIS, Fourbis, p. 198.

N. Littér. *Un stipendié, une stipendiée.*

2   Les banques entendent soutenir, quelle qu'elle soit, la politique du ministre qui a été leur stipendié.   GIRAUDOUX, De pleins pouvoirs à sans pouvoirs, p. 132.

STIPITÉ, ÉE [stipite] adj. — 1803 ; du lat. *stipes, -itis* « stipe ».

♦ Bot. Qui est porté par un stipe* (I., 1.).

STIPLE [stipl] n. m. — Francisation orthographique proposée pour l'anglicisme *steeple,* abrév. de *steeplechase.*

STIPULAIRE [stipylɛʀ] adj. — 1812 ; de *stipule.*

♦ Bot. Stipulé. — Qui est le produit de stipules. *Vrilles, épines stipulaires.*

STIPULANT, ANTE [stipylɑ̃, ɑ̃t] adj. — 1476 ; de *stipuler.*

♦ Dr. Qui stipule. *Les parties stipulantes.* — N. *Les stipulants.*

STIPULATION [stipylasjɔ̃] n. f. — 1231 ; lat. *stipulatio,* de *stipulare* → Stipuler.

♦ **1.** Dr. Clause, condition, convention (énoncée dans un contrat). *Stipulation pour autrui.*

♦ **2.** Cour. Précision donnée expressément. *Il n'a été fait aucune stipulation sur la garantie* (→ Éviction, cit. 1). *Sauf stipulation contraire* (→ Dotal, cit. 2). *Les stipulations d'un accord, d'un traité.*

STIPULE [stipyl] n. f. — 1749 ; lat. *stipula* « chaume, paille ».

♦ Bot. Chacun des deux organes foliacés insérés à la base du pétiole des feuilles (dites *stipulées*), dans certaines espèces. *Une stipule. Stipule feuillée qui protège la jeune feuille ; stipule épineuse du robinier. Stipule amplexicaule.*

DÉR. **Stipulaire, stipulé.**

STIPULÉ, ÉE [stipyle] adj. — 1803 ; de *stipule.*

♦ Bot. Muni de stipules. *Feuille stipulée.*

HOM. **Stipuler.**

STIPULER [stipyle] v. tr. — 1325 ; « contracter (une vente) », 1289 ; lat. jurid. *stipulare,* lat. class. *stipulari* ; peut-être de « rompre la paille », *stipula.* → Stipe, stipule.

♦ **1.** Dr. Énoncer comme condition dans un contrat, un acte. *Stipuler un salaire pour la garde du dépôt* (cit. 4). *Stipuler à son profit des avantages* (cit. 29) *particuliers.* — Au p. p. *Lois stipulées dans le contrat* (cit. 5) *social.* — Par ext. *Stipuler un avantage pour quelqu'un.* Absolt. *La casuistique n'a point stipulé pour la femme.* — *Stipuler que...* (suivi de l'indicatif). Dr. *Les époux stipulent qu'il n'y aura qu'une communauté d'acquêts* (cit. 2 ; → aussi Apport, cit. 3 ; bail, cit. 7). Par ext. *Le contrat stipule que...* ⇒ **Dire, porter.**

♦ **2.** Énoncer comme condition expresse, faire savoir expressément. ⇒ **Préciser.**

1   (...) l'Angleterre proposait provisoirement l'occupation de Belgrade comme un fait, comme un simple gage pris par l'Autriche ; mais d'exiger, en retour, que l'Autriche stipule ouvertement ses intentions.   MARTIN DU GARD, les Thibault, t. VII, p. 94.

Stipuler qqch. Stipuler que... — Impers. *Il est stipulé dans l'annonce qu'il faut répondre au journal.* ⇒ **Spécifier.**

2   (...) on avait stipulé, avant toutes choses, qu'on ne parlerait point de cet article.   RACINE, Port-Royal, II.

3   Comment stipuler que ladite compensation pourra varier, sans faire allusion au risque en fonction duquel elle variera ?   J. ROMAINS, les Hommes de bonne volonté, t. V, XII, p. 88.

DÉR. **Stipulant.** — V. **Stipulation.**
HOM. **Stipulé.**

S. T. O. [ɛsteo] n. m. — Initiales de *Service du Travail Obligatoire.*

♦ Hist. Service créé en 1943 par le gouvernement de Vichy pour fournir de la main-d'œuvre au Reich. *Les réfractaires au S. T. O.*

(...) les Allemands usèrent de contrainte ; mais la plupart des ouvriers visés par le S. T. O. essayaient de se dérober (...)   S. DE BEAUVOIR, la Force de l'âge, p. 539.

STOCHASTIQUE [stɔkastik] adj. et n. f. — 1953, *in* Larousse ; du grec *stokhastikos* « conjectural ».

Didactique.

♦ **1.** Qui est produit par le hasard, au moins en partie ⇒ **Aléatoire.** *Phénomènes stochastiques,* dont le déterminisme* n'est pas connu, et pouvant être étudiés par la statistique* (opposé à *déterministe*).

Le pourquoi de ceux-ci (les itinéraires nerveux utilisés dans un apprentissage, selon FESSARD) s'explique alors par le caractère stochastique du système, le réseau envisagé étant présenté comme un « réseau stochastique subordonné », stochastique parce qu'à chaque élément du système s'attache une certaine probabilité de décharge, et subordonné parce qu'il est connecté avec d'autres champs neuroniques analogues dont il subit les influences.   J. PIAGET, Épistémologie des sciences de l'homme, p. 157-158.

♦ **2.** Math., statist. Qui comporte la présence d'une variable aléatoire. *Variation stochastique,* de quantités soumises à des probabilités de distribution. *Équation stochastique,* contenant des variables aléatoires. *Événement stochastique,* dépendant d'une ou de plusieurs variables aléatoires. *Méthode stochastique.*

♦ **3.** N. f. Branche des mathématiques appliquée au traitement des données statistiques par le calcul des probabilités.

STOCK [stɔk] n. m. — Mil. xviᵉ ; *prendre a stoc* « emprunter à intérêt », 1656 ; rare jusqu'à la fin du xixᵉ ; mot angl., proprt « souche ».

♦ **1.** Quantité de marchandises en réserve. *Stocks d'un magasin permettant de satisfaire à la demande.* ⇒ **Assortiment.** *Constituer, renouveler un stock.*
EN STOCK. *Mettre une marchandise en stock.* ⇒ **Stocker.** *Avoir qqch. en stock. Appareil de mise en stock.*
Être en rupture de stock : ne plus avoir un produit en stock. *Stocks importants des grossistes* (cit.). *Stocks épuisés* (→ Répondre, cit. 12). *Écouler un stock de vêtements démodés* (→ Immunité, cit. 6). ⇒ **Lot.** *Accumulation* (cit. 2) *des stocks et mévente.* ⇒ **Surplus ; surproduction.** *Stock de sécurité,* en temps de pénurie. ⇒ **Provision, réserve.** *Stock entreposé.* ⇒ **Dépôt, entrepôt.** *Stock constitué dans un but spéculatif.* — *Faire diminuer les stocks.* ⇒ **Déstocker.**
— Comptab. Ensemble des produits finis non vendus, des produits semi-œuvrés, des matières premières, détenu par une entreprise à une date donnée. *La rotation des stocks dans un cycle de fabrication. Stock-outil :* stock minimal indispensable pour mesurer l'exploitation d'une entreprise.

1   Il rappela madame Aurélie, s'emporta contre le stock des rotondes, dit qu'il faudrait baisser les prix, et les baisser tant qu'il en resterait une. C'était la règle de la maison, on balayait tout chaque année, on vendait à soixante pour cent de perte, plutôt que de garder un modèle ancien ou une étoffe défraîchie (...) Bourdoncle parla des soies de fantaisie, dont le stock allait être énorme.   ZOLA, Au Bonheur des dames, p. 351.

2   La famine est un fléau toujours redouté en Algérie où les récoltes sont aussi capricieuses que les pluies. Mais en temps ordinaire, les stocks de sécurité prévus par l'administration française compensaient les sécheresses.   CAMUS, Actuelles III, p. 100.

3   Les ventes, depuis près de trois mois, restaient très en dessous de la normale ; si les choses ne s'arrangeaient pas, il lui faudrait dans peu de temps se débarrasser de son stock à bas prix — à perte probablement (...)   A. ROBBE-GRILLET, le Voyeur, p. 27.

(1756). Fonds existant en numéraire. *Le stock monétaire, masse monétaire** (cit.) *d'un pays. Stock d'or, stock métallique d'une banque.*

Par ext. Fam. Choses en réserve. *Un petit stock de cigarettes.* Choses possédées en grande quantité. *Gardez-le, j'en ai tout un stock, un vrai stock.*

Par métaphore ou figuré :

3.1   Il avait gardé de son éducation de séminariste raté tout un stock de ce genre de facéties (...)   Léon BLOY, le Désespéré, p. 160 (1886).

4   Je n'envoie pas la première épreuve, parce que je n'en ai qu'un exemplaire. Cette épreuve est assez belle pour que j'aie entièrement conquis la situation. À mon prochain voyage à Paris j'apporterai un stock de résultats.   Charles CROS, Lettre à Henriette Cros, 8 mars 1877, Pl., p. 638.

♦ **2.** T. de pêche. Ensemble des animaux marins que l'on peut pêcher en un lieu. « *Ces techniques nouvelles, donnant des renseignements continus sur les positions des stocks de poissons* » (A. Boyer, *les Pêches maritimes,* p. 56).

♦ **3.** Biol. Ensemble des animaux issus de la même souche par croisements consanguins. — *Stock chromosomique :* ensemble des chromosomes portés par un gamète normal. ⇒ **Génome, haplome.**

DÉR. 1. **Stocker, stockiste.**

STOCKABLE [stɔkabl] adj. — 1964, Blochwitz ; de 1. *stocker.*

♦ Qui peut être stocké. *Énergie stockable.*

Le progrès technique entre en effet dans un cycle amorcé par la présence de produits alimentaires stockables chez les agriculteurs. Si l'on ne peut comprendre les premières civilisations du Proche-Orient sans faire intervenir les éleveurs dans le complexe évolutif, c'est pourtant au sein de la fraction sédentaire qu'a dû débuter le processus. En effet, deux causes jouent dans les «inventions» de la céramique et des métaux : le rythme des travaux et l'existence des ressources stockées. Les opérations artisanales supposent la libération possible d'un nombre d'heures très important, qu'il s'agisse d'individus producteurs d'aliments, libérés pendant les intervalles des travaux agricoles, ou de véritables spécialistes totalement affranchis des tâches alimentaires.

A. LEROI-GOURHAN, le Geste et la Parole, t. I, p. 239.

STOCKAGE [stɔkaʒ] n. m. — 1918, *in* Höfler ; de 1. *stocker.*

♦ Action de stocker. *Stockage de marchandises en magasin. Problèmes de stockage. Stockage souterrain du gaz. Le stockage de l'électricité, de la chaleur.* — Techn. (Manutention*). *Stockage dynamique :* équipement et techniques assurant le transport des objets stockés. — *Stockage tournant :* équipement de stockage sur plate-forme tournante.

En août 1975, les prix internationaux des grains, notamment du blé, se mettent à monter brusquement. Des dizaines de milliers de personnes meurent au Soudan, en Éthiopie ; ces pays étant incapables de payer les nouveaux tarifs. Qui sont les spéculateurs responsables du stockage international, de la manipulation des prix ?

Jean ZIEGLER, Main basse sur l'Afrique, p. 24.

CONTR. **Déstockage, écoulement.**

STOCK-CAR [stɔkkaʀ] n. m. — 1950, *in* Höfler ; mot amér., «voiture de série gardée en stock» ; de *stock* (→ Stock), et *car* «voiture». Anglicisme.

♦ **1.** Voiture de série spécialement équipée pour résister aux heurts et aux carambolages, utilisée dans une forme de course. *Course de stock-cars.*

(...) les choses étaient arrivées ainsi, et maintenant il se trouvait à peu près dans la position d'un garçon livreur de tartelettes pris au milieu d'une course de stock-cars, avec cette différence qu'au lieu de se contenter d'essayer de tenir son plateau à bout de bras le plus haut possible au-dessus de sa tête et d'éviter la bagarre, il avait fait en sorte de se lancer en plein dedans (...)

Claude SIMON, le Vent, p. 107.

♦ **2.** (1961). Course, spectacle où l'on emploie ces voitures, qui évoluent en se heurtant. *Assister à un stock-car. Piste de stock-car.*

1. STOCKER [stɔke] v. tr. — 1918, *in* Höfler ; de *stock.*

♦ Mettre en stock, faire une réserve de (qqch.). *Stocker des marchandises en magasin.* ⇒ **Emmagasiner.** *Stocker des produits pour spéculer,* pour les vendre au prix fort (→ Épicier, cit. 2). — Au p. p. *Ressources stockées* → Stockage, cit.

CONTR. **Déstocker, écouler.**
DÉR. **Stockable, stockage, stockeur.**
COMP. **Déstocker.**

2. STOCKER [stɔke] n. m. ⇒ **Stoker.**

STOCKEUR, EUSE [stɔkœʀ, øz] n. — 1956, *in* Sachs-Villatte ; de 1. *stocker.*

♦ Comm. Grossiste (et, notamment, grossiste importateur) qui stocke les marchandises qu'il revend au détail. *Un stockeur de jeans américains.* ⇒ **Stockiste.** — Cour. (souvent péj.). Personne qui stocke (des marchandises, des denrées). *Les stockeurs de blé, de sucre. Des stockeurs, des accapareurs !*

STOCK-EXCHANGE [stɔkɛksʃɑ̃ʒ] n. m. — 1923 ; une première fois en 1802 ; angl. *stock exchange ;* de *stock* «valeur, capital», et *exchange* «échange».

♦ Anglic. Bourse des valeurs, dans un pays anglo-saxon. *Des stocks-exchanges.*

STOCKFISCH [stɔkfiʃ] n. m. invar. — 1690 ; *stocqvisch,* 1387 ; moy. néerl. *stocvisch* «poisson *(visch)* séché sur des bâtons *(stoc)*».

♦ Morue séchée à l'air. Poisson salé et séché. *Un, des stockfisch. Du stockfisch.*

(...) il avait chez lui son en-cas de départ toujours prêt. C'était un sac de biscuit, un sac de farine de seigle, un panier de stock-fisch *(sic)* et de bœuf fumé, un grand bidon d'eau douce (...)

HUGO, les Travailleurs de la mer, II, I, I.

STOCKISTE [stɔkist] n. m. — 1904, *in* Höfler ; de *stock.* Commerce.

♦ **1.** Commerçant, industriel qui détient en magasin le stock disponible d'un fabricant. ⇒ **Stockeur.** Agent qui détient en dépôt les pièces détachées de machines, de véhicules d'un constructeur. ⇒ **Dépositaire.**

♦ **2.** Employé chargé des stocks de tissus chez un fabricant.

STOCK-SHOT [stɔkʃɔt] n. m. — 1952 ; mot angl. *stock shot,* de *stock* «réserve», et *shot* «prise de vue».

♦ Anglic. Cin., télév. Série d'images cinématographiques typiques de certaines scènes, susceptibles d'être incorporées à un film (par ex., actualités anciennes incorporées à un film de fiction, plans montrant un ancien train à vapeur, une voiture à chevaux en marche, etc.). — Recomm. off. *Document d'archives, plan d'archives.*

STŒCHIOMÉTRIE [stekjometʀi] n. f. — 1846, Bescherelle ; *stoecologie* «recherche et explication des éléments», en physique 1740, Trévoux ; du grec *stoikheion* «élément», et *-métrie.*

♦ Chim. Étude des rapports de quantité dans lesquels les corps chimiques réagissent entre eux.

DÉR. **Stœchiométrique.**

STŒCHIOMÉTRIQUE [stekjometʀik] adj. — 1846 ; de *stœchiométrie.*

♦ Didact. Relatif à la stœchiométrie ; défini par la stœchiométrie. *Calculs stœchiométriques.* — *Proportions stœchiométriques :* proportions dans lesquelles doivent se trouver les réactants pour que la réaction soit totale. *« Ces deux éléments sont introduits dans des proportions voisines des proportions stœchiométriques »* (J.-F. Théry, *les Carburants nouveaux,* p. 63). *Mélange stœchiométrique,* dont les constituants se trouvent en proportions stœchiométriques.

La combustion d'un mélange liquide n'est totale que dans la mesure où les deux constituants, combustible et comburant, sont présents dans un rapport bien déterminé. Un tel mélange se nomme *mélange stœchiométrique.*

J.-F. THÉRY, les Carburants nouveaux, p. 84.

STOFF [stɔf] n. m. — 1828, *staf,* in *le Français moderne ;* angl. *stuff* «étoffe», du franç. *étoffe.*

♦ Vx. Étoffe de laine à dessins lisses ; toile de laine légère et brillante.

Ce n'était évidemment ni du mérinos, ni de la mousseline, ni du cachemire d'Écosse, ni du stoff, ni du reps, ni du satin de Chine (...) C'était du «feutre lincolnien», et l'île Lincoln comptait une industrie de plus.

J. VERNE, l'Île mystérieuse, t. II, p. 451.

STOÏCIEN, IENNE [stɔisjɛ̃, jɛn] adj. et n. — V. 1300 ; du lat. *stoïcus,* grec *stoikos,* de *stoa* «portique» (du Pécile), lieu où enseignait Zénon de Citium.

♦ **1.** Adj. Philos. Qui suit la doctrine de Zénon de Citium. (⇒ **Stoïcisme**). *Philosophe, sage stoïcien.* — (1669). Qui appartient au stoïcisme. *La doctrine stoïcienne est individualiste* (cit. 1). *Une impassibilité plus stoïcienne que chrétienne* (→ Apathie, cit. 1). — *La sémantique stoïcienne.*

(...) un blanc chalet, dont le fronton portait, gravée en latin, la maxime stoïcienne : Supporte et abstiens-toi.   Maurice BEDEL, Jérôme 60° latitude Nord, IX. [1]

♦ **2.** N. (1580). Philosophe, disciple de Zénon ; philosophe qui professe le stoïcisme, notamment en morale. *Les stoïciens* (→ Heureux, cit. 44). *Le stoïcien Épictète* (→ Fortune, cit. 4). *L'ataraxie** (cit. 1) *du stoïcien.*

Cette dépendance où est l'âme, à l'égard de certains sentiments qu'elle ne se donne pas, et qui pourtant font sa perfection et sa vie, les stoïciens ne l'ont pas reconnue, et c'est aussi ce qui rend leur morale si incomplète, si inférieure à celle des premiers platoniciens, et surtout à celle du christianisme.   [2]

MAINE DE BIRAN, Du physique et du moral de l'homme, Note.

♦ **3.** N. (1694). Littér. Personne stoïque (2.).

STOÏCISME [stɔisism] n. m. — 1688, La Bruyère ; de *stoïque.*

♦ **1.** Philos. Philosophie de Zénon de Citium et de ses disciples, notamment sur le plan moral, doctrine selon laquelle le bonheur est dans la vertu, et qui professe l'indifférence devant ce qui affecte la sensibilité (notamment la fermeté d'âme devant la douleur). *Marc-Aurèle et Julien, grands hommes du stoïcisme* (→ Grabat, cit. 1). ⇒ **Stoïcien.** *Panthéisme du stoïcisme.*

Il a fort bien vu que de tout le monde antique le stoïcisme était seul digne (...) que de lui seul étaient sortis ce qui dans le registre antique répondait à ce qui sont dans le registre chrétien les saints et les martyrs : les héros et peut-être faut-il dire aussi les martyrs.   Ch. PÉGUY, Note conjointe, Sur Descartes, p. 180. [1]

♦ **2.** (1718 ; aussi *stoïcité*). Cour. Courage pour supporter la douleur, le malheur, les privations, avec les apparences de l'indifférence ; attitude des personnes stoïques*. ⇒ **Austérité, courage, héroïsme.** *Stoïcisme muet* (→ Avaler, cit. 10). *Supporter une situation avec stoïcisme.*

— Ah ! grognait-il *(Fouan),* c'est bougrement long de crever et ce n'est pourtant pas la bonne volonté qui manque ! Et il disait vrai, dans son stoïcisme de paysan qui accepte la mort, qui la souhaite, dès qu'il ne lui redevient nu et que la terre le reprend.   ZOLA, la Terre, V, II. [2]

Il y a une sorte de courage qui n'est qu'une forme de refus et qui porte, je crois, le nom de stoïcisme.   BERNANOS, le Scandale de la vérité, p. 8. [3]

STOÏQUE [stɔik] adj. — 1488, n. ; du lat. *stoïcus*. → Stoïcien (étym.).

♦ **1.** (Fin XVᵉ-fin XVIIIᵉ). Vx. Stoïcien. *Les préceptes stoïques* (→ Imperfection, cit. 3). N. m. *Les stoïques, les stoïciens* (→ Degré, cit. 23 ; pitié, cit. 1).

♦ **2.** (N., 1608). Mod. Qui a du stoïcisme (2.). ⇒ **Austère, courageux, dur, ferme, héroïque, impassible, inébranlable.** *Elle fut stoïque quand l'huissier vint pour le procès-verbal* (cit. 3). *Rester stoïque devant le danger, la mort* (→ Reculer, cit. 2). — Par ext. *Rébellion stoïque des enfants* (→ Impassibilité, cit. 2). *Un mâle et stoïque courage* (→ Pleurnichement, cit. 2).

1 Jusqu'à ce haut degré de stoïque fierté.
                    A. DE VIGNY, Poèmes philosophiques, « Mort du loup », III.

2 Il prenait sa large part de la souffrance de tous, stoïque, impassible, silencieux.
                    HUGO, Choses vues, I, 1853, L'espion Hubert.

3 (...) il se remit à crier, il revint vers le vieux, qui, fort de son mauvais droit, restait stoïque sous les injures.   ZOLA, la Terre, II, VI.

N. Personne stoïque (→ Bipolaire, cit. 1). *C'est un stoïque, il a tout supporté.*

4 Qu'un stoïque aux yeux secs vole embrasser la mort,
   Moi je pleure et j'espère (...)
                    André CHÉNIER, Odes, VII.

DÉR. Stoïcisme, stoïquement.

STOÏQUEMENT [stɔikmɑ̃] adv. — 1555 ; de *stoïque*.

♦ D'une manière stoïque (2.), avec un grand courage. ⇒ **Courageusement, héroïquement** (→ Martyr, cit. 5). *Supporter stoïquement les épreuves.*

Nous allons, Morin, de Couchy et moi, partager stoïquement le sort de nos pauvres soldats (...)   G. SAND, Histoire de ma vie, II, VII, II.

STOKER ou **STOCKER** [stɔkœʀ] n. m. — 1948, *stoker* ; *stocker*, 1951 ; mot angl. *stoker* « chauffeur ».

♦ Anglicisme. Techn. Anc. Dispositif (vis d'Archimède dans une gaine entre le tender et la locomotive) assurant l'approvisionnement permanent du foyer, sur certains modèles de machines à vapeur. *Des stokers* ou *des stockers.*

STOKES [stɔks] n. m. — 1953 ; du nom du physicien irlandais George Gabriel *Stokes* (1819-1903), qui étudia la vitesse d'un corps en milieu visqueux.

♦ Phys. Unité C.G.S. de mesure de la viscosité cinématique (symb. : *Sk*) équivalant à 10^{-4} mètre carré par seconde. ⇒ **Poise** (cinématique).

STOL [stɔl] n. m. — 1964 ; sigle angl. de *s(hort) t(ake) o(ff) and l(anding).*

Anglicisme.

♦ Techn. (aviat.). Avion susceptible de décoller ou d'atterrir sur une distance très courte. Appos. *Appareil STOL.* — Équivalent recommandé : *ADAC,* a(vion à) d(écollage et à) a(tterrissage) c(ourts).

STOLA [stɔla] n. f. — 1771 ; *stole*, 1703 ; du lat. *stola*, grec *stolê* « habillement », de *stellein* « équiper ».

Didactique.

♦ **1.** Robe de dames, des matrones romaines. ⇒ **Chiton.**

♦ **2.** (Déb. XIXᵉ, *stole*). Robe de cérémonie des Mèdes, des Perses. — Plur. : *des stolae.*

STOLON [stɔlɔ̃] n. m. — 1808 ; « rejeton d'un noisetier », 1549 ; du lat. *stolo, stolonis* « rejeton ».

♦ **1.** Bot. Tige provenant d'un bourgeon* axillaire, qui croît couchée sur le sol et s'enracine en produisant de nouveaux individus. *Stolons du fraisier. Multiplication végétative d'une plante par stolons.*

♦ **2.** (1872). Zool. Long cordon, tube stomacal du pneumatophore portant les divers individus des colonies de siphonophores (cormidies et cloches natatoires). — Rameau rampant, constitué de zoécies sans polype (*cœnozoécies* ou *cœnocystides*), dans certaines colonies de Bryozoaires (*Stoloniférines*).

(...) un stolon qui, par bourgeonnement, donne les polypes de la colonie.
                    O. TUZET, Siphonophores, *in* Encycl. Pl., Zoologie, t. I, p. 481.

DÉR. et COMP. Stolonial, stolonifère.

STOLONIAL, IALE, IAUX [stɔlɔnjal, jo] adj. — 1933, Larousse ; de *stolon.*

♦ Bot. Du stolon. *Formation stoloniale,* résultant du bourgeonnement d'un stolon.

STOLONIFÈRE [stɔlɔnifɛʀ] adj. — 1803 ; de *stolon*, et *-fère.*

♦ Bot. Qui produit des stolons. *Plante stolonifère.*

STOMA- ⇒ Stomato-.

STOMACAL, ALE, AUX [stɔmakal, o] adj. — 1425, pour *stomachal ;* du lat. *stomachus* « estomac ».

♦ **1.** Vx. Salutaire à l'estomac. ⇒ **Stomachique** (La Boullaye-le-Gouz, *Voyages*, p. 247, 1653).

♦ **2.** (V. 1560). Vieilli. Relatif à l'estomac. ⇒ **Gastrique.** *Colique stomacale. Le chimisme stomacal. Douleurs stomacales.*

STOMACHIQUE [stɔmaʃik] adj. — 1537 ; du bas lat. *stomachicus,* grec *stomakhikos.*

♦ **1.** Vx. Anat. De l'estomac. ⇒ **Gastrique, stomacal** (→ Haut-le-cœur, cit. 1).

♦ **2.** Mod. Salutaire à l'estomac ; qui favorise la digestion gastrique. *Médicament, remède stomachique. Infusion stomachique.*

Toutes les recettes dont j'ai usé d'ailleurs, quoique réputées stomachiques ou stomachales, car leur nom n'est pas plus assuré que leur effet, m'ont fait plus de mal que de bien (...)   D'ALEMBERT, Lettre au roi de Prusse, 17 sept. 1764.

N. m. (1740). *Un stomachique. La badiane, le cachou, la gentiane, la menthe, le thé sont des stomachiques.*

STOMATE [stɔmat] n. m. — 1817 ; n. f., nom d'un mollusque, 1803 ; dér. sav. du grec *stoma, stomatos* « bouche ».

♦ **1.** Bot. Ouverture naturelle sur l'épiderme de la tige ou de la feuille, qui assure certains échanges avec le milieu extérieur (respiration, excrétion). *Stomates aérifères, aquifères.* ⇒ **Pore.**

(*Le picéa, →* Épicéa) boit avidement le soleil par ses quatre rangs de stomates.
                    MICHELET, la Montagne, III.

♦ **2.** Orifice microscopique que provoque l'écartement des cellules endothéliales par des cellules migratrices, dans les tissus animaux.

DÉR. 1. Stomatique.

1. STOMATIQUE [stɔmatik] adj. — Mil. XXᵉ ; Larousse, 1964 ; de *stomate.*

♦ Bot. Du stomate. *Cellules stomatiques. Chambre stomatique.* — (En composition). *Lacune sous-stomatique.*

HOM. 2. Stomatique.

2. STOMATIQUE [stɔmatik] adj. — 1538 ; du grec *stomatikos,* de *stoma, stomatos.*

♦ Vx. Qui traite les affections de la cavité buccale (⇒ **Bouche**). *Médicament stomatique.*

HOM. 1. Stomatique.

STOMATITE [stɔmatit] n. f. — 1830 ; du grec *stoma, stomatos* « bouche ».

♦ Méd. Inflammation de la muqueuse buccale. *Stomatite aphteuse, crémeuse* (muguet), *diphtérique, membraneuse. Stomatite localisée aux gencives.* ⇒ **Gingivite.** *Stomatite des bestiaux.*

STOMATO-, STOMA-, -STOMIE, -STOME Éléments, du grec *stoma, stomatos* « bouche » (ex. : *stomatoplastie, amphistome*).

STOMATOLOGIE [stɔmatɔlɔʒi] n. f. — 1859 ; de *stomato-,* et *-logie.*

♦ Didact. Partie de la médecine qui traite des maladies de la bouche et des dents. ⇒ **Dentisterie.**

DÉR. Stomatologiste.

STOMATOLOGISTE [stɔmatɔlɔʒist] n. — 1933 ; de *stomatologie.*

♦ Syn. de *stomatologue.*

STOMATOLOGUE [stɔmatɔlɔg] n. — Mil. XXᵉ ; *in* Larousse, 1964 ; de *stomato-,* et *-logue.*

♦ Méd. Médecin spécialisé en stomatologie* ou chirurgien-dentiste qualifié pour exercer la stomatologie. (On dit aussi *stomatologiste*). — Abrév. : *stomato* [stɔmato].

STOMATOPLASTIE [stɔmatoplasti] n. f. — 1849, *in* D.D.L., II, 12 ; de *stomato-*, et *-plastie*.
Chirurgie.

♦ **1.** Réfection, par autoplastie, des malformations (congénitales ou accidentelles) de la cavité buccale.

♦ **2.** Intervention chirurgicale destinée à élargir l'orifice externe trop étroit du col de l'utérus.

STOMATORRAGIE [stɔmatɔraʒi] n. f. — 1843, Landais ; de *stomato-*, et *-rragie*. → -rrhagie.

♦ Didact. Hémorragie de la muqueuse buccale.
DÉR. Stomatorragique.

STOMATORRAGIQUE [stɔmatɔraʒik] adj. — 1876 ; de *stomatorragie*.

♦ Méd. Relatif à la stomatorragie ; qui est accompagné de stomatorragie.

STOMATOSCOPE [stɔmatɔskɔp] n. m. — 1846 ; de *stomato-*, et *-scope*.
Médecine.

♦ **1.** Instrument assurant l'ouverture de la bouche durant un examen ou une intervention.

♦ **2.** Instrument muni d'une source lumineuse, qui permet l'examen de la bouche.

-STOME, -STOMIE ⇒ Stomato-.

STOMOCORDÉS [stɔmokɔrde] n. m. pl. — Mil. xxᵉ ; *in* Larousse, 1964 ; de *stomo-*, et *corde*.

♦ Zool. Embranchement d'animaux aquatiques proches des annélides et des échinodermes, qui pourraient figurer parmi les ancêtres des vertébrés. — Au sing. *Un stomocordé.*

STOMODÉAL, ALE, AUX [stɔmodeal, o] adj. — 1903, *Rev. gén. des sc.*, nᵒ 11, p. 617 ; de *stomodéum*.

♦ Didact. Relatif au stomodéum.

STOMODÉUM ou **STOMODÆUM** [stɔmodeɔm] n. m. — 1897, *l'Année biol.* ; de *stomo-*, et grec *odaios* «qui conduit».
Didactique.

♦ **1.** Biol. Dépression de la partie céphalique de l'ectoderme embryonnaire, ébauche de la bouche.

♦ **2.** Zool. Ouverture antérieure du tube digestif des arthropodes.
DÉR. Stomodéal.

STOMOXE [stɔmɔks] n. m. — 1764 ; du grec *stoma, stomatos* «bouche», et *oxos* «aigu».

♦ Zool. Mouche munie d'une trompe rigide armée de stylets, vecteur du bacille du charbon *(mouche charbonneuse)*.

STONED [stɔnd] adj. — V. 1968 ; mot angl., p. p. du v. *to stone* «pétrifier», de *stone* «pierre».

♦ Anglic. Fam. (d'abord, argot de la drogue). Dans un état d'ivresse dû à de la drogue. ⇒ **Défoncé.** *Après deux joints, il était complètement stoned. « La défonce (...) on ne court pas après (...) — Un autre (seize ans, terminale) : Stoned, ça veut dire quoi ? »* (*le Nouvel Obs.*, 16 oct. 1978, p. 68).
REM. Le français québécois emploie le verbe *se stoner* (R. Ducharme, *l'Hiver de force*, p. 87).

STOP [stɔp] interj. et n. m. — 1792, mar. ; n. m., *in* Höfler, 1855 ; mot angl., «arrêt».

A. Interj. Commandement ou cri d'arrêt. ⇒ **Halte.** *Avancez, encore, encore, stop !*

(Il) arrêta la nage en criant : «Stop !». Les huit avirons sortirent de l'eau.
MAUPASSANT, l'Inutile Beauté, «Mouche».
Fig. *Stop à (qqch.)* : il faut mettre un terme à (qqch.). ⇒ **Halte.** *Stop au gaspillage, à la vie chère.*

B. N. m. ♦ **1.** (1923). Mot employé dans les télégrammes pour séparer nettement les phrases. *«Ouragan violent. Stop. Maison dévastée. Stop. Reviens immédiatement. Stop ».*

♦ **2.** (1855). ⓐ Rare. Arrêt.

Tout de même! Si ce n'est pas un arrêt complet du cœur, ça!... Non (...) Tu n'entendrais pas ce que tu entends (...) s'il y avait un véritable stop du cœur.
J. ROMAINS, les Hommes de bonne volonté, t. XII, III, p. 42.

Par appos. (Bourse). *Ordre stop :* ordre d'achat à la hausse ou de vente à la baisse.

ⓑ Arrêt obligatoire pour une voiture au panneau portant *stop* (→ ci-dessous 4.). *Il n'a pas marqué le stop.*

♦ **3.** (1964). Cour. *Signal de stop* ou *feu stop* ou *stop :* feu arrière des automobiles, des cycles, etc., qui s'allume quand on actionne la commande du frein. *Ses feux stop ne marchent pas. Freinez quand vous voyez s'allumer les stops de la voiture qui vous précède.*

♦ **4.** (1927 ; «position d'arrêt pour un appareil», 1888). Obligation faite, à une intersection routière, de marquer un temps d'arrêt complet et de céder le passage à tous les usagers de la route rencontrés. *Ne pas respecter un stop. Brûler un stop. Panneau indicateur de stop.*
Dispositif matérialisant ce signal. *Marquer l'arrêt à la ligne blanche du stop. Ce stop était dangereux, on l'a remplacé par des feux. — Le stop était caché par des branchages,* le panneau indiquant le stop.
L'intersection routière elle-même. *Vous prendrez à droite au stop. Il y a eu un accident au stop.*
REM. Au Canada, les panneaux, bilingues, portent *arrêt* pour le français, *stop* pour l'anglais.

C. N. m. (1953). Fam. Auto-stop. *Faire du stop. Aller à l'étranger en stop. Personne qui fait du stop.* ⇒ 3. **Stoppeur.**

*— Et comment nomadez-vous ? demanda Cidrolin. À pied, à cheval, en voiture ? en hélico, en vélo, en auto ?
— En stop, répondit la fille.
— En auto-stop ?
— Bien sûr en auto-stop.*
R. QUENEAU, les Fleurs bleues, p. 21.

Il pleuvait. Un jeune homme kaki nous fit signe. — On le prend ? demandai-je (....) Il monta (...) Nous pensions qu'il s'agissait d'un touriste qui regagnait Paris. C'était mal connaître notre stoppeur — et notre époque. L'homme venait d'Algésiras et «montait» sur Oslo. Comme je lui demandais ce qu'il faisait... — Du stop..., me répondit-il. J'ai terminé mes études. Je fais le monde en stop.
Pierre DANINOS, Tout Sonia, p. 415.

Par appos. (en parlant de tout moyen de transport accordé gratuitement). *Cargo-stop. Camion-stop. Bateau-stop.* — Par plais. *Chameau-stop,* etc.

DÉR. 3. Stoppeur.

STOP-AND-GO [stɔpɛ̃dgo] n. m. invar. — 1965, *stop-go,* in *l'Express* ; expr. angl., de *stop* «arrêter», *and* «et», et *go* «aller».

♦ Anglic. Comm., écon. Politique économique conjoncturelle par alternance de mesures de freinage et de relance.

STOP-OVER [stɔpɔvœr] n. m. invar. — V. 1975 ; mot amér., de *to stop over* «faire escale».

♦ Anglic. Tourisme. Escale volontairement prolongée par un voyageur en un point d'un parcours aérien. *Trajet direct, sans stop-over possible. Acheter un billet Paris-Tokyo, avec possibilité de stop-over à Bangkok, Hong-Kong. Des stop-over.* — En appos. *Billet stop-over. «Un billet d'avion stop-over pour parcourir le monde»* (*le Point,* 28 août 1978, p. 61).

1. STOPPAGE [stɔpaʒ] n. m. — 1888, E. Lami ; de 1. *stopper*.

♦ Vieilli. Le fait d'arrêter (un véhicule), de s'arrêter. *Le stoppage d'un train.*

2. STOPPAGE [stɔpaʒ] n. m. — 1893 ; de 2. *stopper*.

♦ Réparation (d'un tissu) faite en stoppant. *Stoppage d'une gabardine.* ⇒ **Raccommodage, rentrayage.**

1. STOPPER [stɔpe] v. — 1841, au sens II., *in* Höfler ; de l'angl. *to stop*.

★ **I.** V. tr. ♦ **1.** Faire s'arrêter (un navire, une machine).

L'ordre de stopper (arrêter) la machine fut immédiatement donné.
L. SIMONIN, Un voyage aux mines de Cornouailles, 1862, *in* le Tour du monde, 1865, t. I, p. 377.

Par ext. *Stopper l'ancre.*

Sports. *Stopper une attaque, un attaquant, une balle.*

♦ **2.** (1847). Cour. Fig. Arrêter, juguler ; empêcher de se continuer. *Si la maladie n'est pas stoppée...* (→ Extension, cit. 5).

Pons faisait de vains efforts pour répondre, la Cibot parlait comme le vent marche. Si l'on a trouvé le moyen d'arrêter les machines à vapeur, celui de stoper (sic) la langue d'une portière (d'une concierge) épuisera le génie des inventeurs.
BALZAC, le Cousin Pons, 1847, Pl., t. VI, p. 648.

Les crieurs des journaux du soir annonçaient que l'invasion des rats était stoppée.
CAMUS, la Peste, p. 31.

★ **II.** V. intr. ♦ **1.** (1841, Jal) De navires, de véhicules. S'arrêter. *Une trentaine de bâtiments légers stoppant au milieu d'un champ d'écueils* (cit. 3). *Pour un billet en resquille, elles feraient stopper toute la ligne* (→ Klaxonner, cit. 1).

2.1 À ce cri, l'équipage entier se précipita vers le harponneur, commandant, officiers, maîtres, matelots, mousses, jusqu'aux ingénieurs qui quittèrent leur machine, jusqu'aux chauffeurs qui abandonnèrent leurs fourneaux. L'ordre de stopper avait été donné, et la frégate ne courait plus que sur son erre.
J. VERNE, Vingt mille lieues sous les mers, p. 46.

3 Le train s'arrêta deux heures (...) puis il repartit pour stopper une seconde fois, en pleine montagne (...) Pierre LOUŸS, la Femme et le Pantin, IV.

♦ **2.** Fig. S'interrompre au milieu d'une action, d'un geste. *Soudain, comme si les paroles se bloquaient* (cit. 5) *dans sa gorge, il stoppait net.*

CONTR. Aller, courir, marcher ; accélérer.

2. STOPPER [stɔpe] v. tr. — 1893 ; var. d'*estoper, estouper* en anc. franç. ; cf. *restauper* en flamand (1730), *estauper* dans l'Ouest (1780) ; néerl. *stoppen*, all. *stopfen* « étouper ».

♦ Réparer (une déchirure) en refaisant la trame et la chaîne. ⇒ **Raccommoder, rentraire.** *Stopper un accroc, un vêtement.*

(...) j'avais donné ma veste à stopper aux trois sœurs de la rue des Feuillantines, vous savez : les trois poupées magiciennes qui opèrent dans une vitrine, directement sous l'œil du profane. G. DUHAMEL, Salavin, V, VI.

DÉR. 2. Stoppage, 1. stoppeur.

1. STOPPEUR, EUSE [stɔpœʀ, øz] n. — 1893 ; de 2. *stopper.*

♦ Personne qui stoppe les étoffes, dont le métier est de stopper.

2. STOPPEUR [stɔpœʀ] n. m. — 1848 ; *stopper*, 1846 ; de l'angl. *stopper*, de *to stop* « arrêter ». Technique.

★ **I.** ♦ **1.** Mar. Appareil servant à arrêter une aussière, une chaîne (de mouillage, en particulier). ⇒ **Étrangloir.**

Kerlo regardait la remorque filer jusqu'au couronnement arrière où elle disparaissait dans la mer furieuse. Il fit un signe : le stoppeur grinça, ses mâchoires serrées sur les torons. Roger VERCEL, Remorques, p. 91.

♦ **2.** Dispositif capable d'arrêter un rayonnement, d'absorber un faisceau de particules. « *Le faisceau primaire est absorbé dans un stoppeur (...) produisant un faisceau intense de neutrons* » (la Recherche, mars 1980).

★ **II.** (1940, *in* G. Petiot). Sports. Joueur qui arrête l'attaquant, au football ; spécialt, arrière* central.

3. STOPPEUR, EUSE [stɔpœʀ, øz] n. — 1953, Daninos ; de *stop*, C.

♦ Fam. Auto-stoppeur. *Prendre un stoppeur* (→ Stop, cit. 3), *une stoppeuse.*

STOP TOUT [stɔptu] n. m. — V. 1970 ; marque déposée ; de 1. *stopper*, et *tout.*

♦ Sports. Manchon de toile, guêtre basse empêchant les graviers de pénétrer dans la chaussure.

STORAGE [stɔʀaʒ] n. m. — 1969, cit. ; mot angl., de *to store* « emmagasiner ».

♦ Anglic. Techn. Mise en réserve, en mémoire (par une machine).

Car il manque à la machine la plasticité d'intégration, qui est l'aspect vital de la mémoire par lequel elle se distingue dans l'instant même de la mémoire de la machine : le storage de la machine à calculer ou de la machine à traduire (qui n'est qu'une machine à calculer classique codée d'une certaine façon) est très différent de la fonction du présent par laquelle la mémoire existe, en l'homme, au niveau même de la perception (...)
Gilbert SIMONDON, Du mode d'existence des objets techniques, p. 123.

STORAX [stɔʀaks] ou **STYRAX** [stiʀaks] n. m. — XVIᵉ ; *storiaux*, XIIIᵉ ; altér. de *styrax.*

♦ Didact. et vx. Résine odoriférante du styrax (→ Balsamique, cit. 1). Par appos. *Baume storax*, contenant cette résine. ⇒ **Styrax.**

STORE [stɔʀ] n. m. — 1544 ; *stoire*, v. 1270 ; *estore*, n. f., 1559 ; *estueyra* « natte », XVᵉ ; ital. *stora*, dialectal, pour *stuoja*, du lat. *sotrea* « natte ».

♦ Rideau ou assemblage souple d'éléments, qui s'enroule ou se replie à son extrémité supérieure devant une ouverture (fenêtre, porte-fenêtre). *Store d'étoffe, de coutil ; stores en bambou* (cit. 2), *en bois, en matière plastique. Store protégeant la vitrine d'un magasin.* ⇒ **Banne.** *Baisser un store* (→ 1. Raie, cit. 2). *Les stores*

d'un fiacre (→ Reconduire, cit. 1), *d'une voiture.* — *Stores vénitiens*, à lamelles orientables.

J'avais levé le store aux gothiques couleurs. Je regardais au loin les arbres et les fleurs.
HUGO, les Feuilles d'automne, XXIX. 1

(...) cette chose si extraordinaire en province, une voiture à stores tendus, et qui apparaissait ainsi continuellement, plus close qu'un tombeau et ballottée comme un navire. FLAUBERT, Mᵐᵉ Bovary, III, II. 2

Au midi, des stores de toile barraient une moitié de la nef, blonde sous le soleil.
ZOLA, l'Œuvre, p. 150. 3

Par ext. Grand rideau, à la devanture d'un magasin (→ Peintre, cit. 1). — Rideau intérieur qui coulisse horizontalement.

DÉR. Storiste.

STORISTE [stɔʀist] n. — 1972 ; de *store.*

♦ Comm. Fabricant ou commerçant de stores et dispositifs analogues. « *Un réseau de storistes couvrant toute la France* » (l'Express, 6 nov. 1972).

STOÛPA ou **STÛPA** [stupa] n. m. — 1868, *in* Littré, *Suppl.* ; du sanscrit *stûpa-.*

♦ Monument reliquaire bouddhique de l'Inde et de l'Asie du Sud-Est, pouvant aussi avoir une destination commémorative ou marquer la sainteté d'un lieu, dont la forme première, en Inde, dérivée du tumulus funéraire, est celle d'un hémisphère de maçonnerie pleine surmonté d'un belvédère et de disques empilés figurant des parasols (symboles de dignité), et posé sur un soubassement autour duquel une balustrade ménage un déambulatoire. *Portique* (torana) *d'un stûpa. Stoûpas cinghalais, thaïlandais, cambodgiens, en forme de cloche ; stoûpas javanais, birmans, à soubassement carré. Symbolisme architectural du stûpa dans le bouddhisme du Mahâyâna. Évolution du stûpa au Tibet* (⇒ **Chorten**), *en Extrême-Orient* (⇒ **Pagode**)... — Au plur. *Des stûpa, des stoûpa*, ou *des stûpas, des stoûpa.*

(...) plus loin encore, c'est la cité Rushan de Sirsuk et tout autour sur les hauteurs, les stûpas et monastères bouddhistes de Mohra Moradu, Jaulian, Dharmarâjikâ, hérissés de statues en glaise jadis crue, mais que les incendies allumés par les Huns préservèrent par hasard en la cuisant.
Claude LÉVI-STRAUSS, Tristes tropiques, p. 356.

STOUT [stut ; stawt] n. m. ou f. — 1844, E. Chapus ; mot angl., de *stout ale*, ou *stout beer*, proprt « bière épaisse ».

♦ Bière brune, épaisse et forte, voisine du porter (→ Mélange, cit. 8, Hugo). — Le plur. est parfois invar. : *des stout* (→ Kwas, cit. 1, Huysmans), *des stouts.*

N'ayant sous la main ni opium, ni haschisch, et voulant s'emplir le cerveau de crépuscule, il avait eu recours à cet effrayant mélange d'eau-de-vie, de stout et d'absinthe qui produit des léthargies si terribles.
HUGO, les Misérables, IV, XII, II (1862). 1

Comme je lui demande si, en fait de stout, le « Guiness » est vraiment meilleur que le « Bass », elle m'apprend que la maison Bass fabrique de l'ale et non pas du stout. C'est l'allure sévère du mot « Bass » qui, sans doute, me l'a toujours fait associer fallacieusement — si j'en crois cette amie — à un breuvage couleur presque de café noir. Michel LEIRIS, Fourbis, p. 16. 2

Le fém. est rare.

Ils ronflent même certains... c'est la fatigue et puis la fumée et la Stout qu'est assoupissante... CÉLINE, Guignol's band, p. 53. 3

STOVAÏNE [stɔvain] n. f. — 1903 ; d'après *cocaïne*, du nom de l'inventeur E. Fourneau, traduit en angl. *stove* « poêle, fourneau », et -*ine.*

♦ Chim., pharm. Anesthésique local, chlorhydrate d'amyléine (mélange de carbures éthyléniques isomères).

DÉR. Stovaïnique.

STOVAÏNIQUE [stɔvainik] adj. — 1904, Rev. gén. des sc., nᵒ 18, p. 858 ; de *stovaïne.*

♦ Chim., pharm. De la stovaïne. « *Intoxication stovaïnique* » (Rev. gén. des sc.), par la stovaïne.

STRABIQUE [stʀabik] adj. et n. — 1846 ; de *strabisme.* Didactique.

♦ **1.** Atteint de strabisme. *Un enfant strabique.* N. *Un, une strabique. Les strabiques.* ⇒ **Louchon** (fam.).

♦ **2.** Relatif au strabisme. — Par métaphore :

Entrer dans le jeu, c'est entrer dans un système rituel d'obligation, et son intensité vient de cette forme initiatique — non du tout de quelque effet de liberté, comme nous aimons à le croire, par un effet strabique de notre idéologie, qui louche partout vers cette seule source « naturelle » de bonheur et de jouissance.
J. BAUDRILLARD, De la séduction, p. 182.

STRABISME [stʀabism] n. m. — 1660; *strabismus*, v. 1560; du grec *strabismos*, de *strabos* «louche».

♦ Défaut de convergence des axes visuels, impossibilité de fixer un point avec les deux yeux. ⇒ **Loucherie** (→ 1. Louche, cit. 4). *Strabisme convergent, divergent. Strabisme paralytique. Être affligé, atteint de strabisme.* ⇒ **Strabique.** *Mesure du degré de strabisme au strabomètre. Traitement du strabisme par verres correcteurs, par strabotomie. Amblyopie liée à un strabisme.*

C'est un Oriental à la barbe rousse, ressemblant à un Théophile Gautier, qui aurait du louche, un rien de strabisme dans le regard.
Ed. et J. DE GONCOURT, Journal, 14 sept. 1882, t. VI, p. 154.

DÉR. Strabique.

STRABOTOMIE [stʀabɔtɔmi] n. f. — 1846, *in* D.D.L., II, 8; du grec *strabos* «louche», et *-tomie.*

♦ Méd. Opération consistant en un déplacement de l'insertion d'un muscle oculaire pour remédier au strabisme.

STRADIOT [stʀadjo] ou **STRADIOTE** [stʀadjɔt] n. m. ⇒ **Estradiot.**

STRADIVARIUS [stʀadivaʀjys] n. m. — 1831, Gautier; nom propre; → ci-dessous.

♦ Violon, alto ou violoncelle fabriqué par le célèbre luthier Antonio Stradivari. *Jouer sur un stradivarius.* Par métaphore (→ Baromètre, cit. 4).

Les virtuoses font, sous leurs doigts secs et grêles,
Des stradivarius grincer la chanterelle (...) Th. GAUTIER, Albertus, LXVI (1831).

STRAMBOTTO [stʀãbɔ(t)to] n. m. — 1889, G. Paris; mot ital., d'un lat. pop. **strambus,* lat. class. *strabus* «boiteux».

♦ Hist. littér. Genre poétique italien, constitué par des poèmes lyriques d'une strophe de huit, six ou quatre vers décasyllabes à rimes variables.

STRAMONIUM [stʀamɔnjɔm] ou, plus cour., **STRAMOINE** [stʀamwan] n. f. — 1602, *stramonium; stramoine,* 1776; *stramonia,* 1572; lat. bot.; orig. inconnue.

♦ Bot. Datura *(Solanées)* dont les feuilles contiennent plusieurs alcaloïdes toxiques, dont certains (hyoscyamine, scopolamine) sont employés en thérapeutique pour leurs propriétés sédatives et antispasmodiques.

(...) un homme de cœur qui, las de la vie, a pris une dose de stramonium; il n'agit plus que par ressort, pour ainsi dire (...)
STENDHAL, le Rouge et le Noir, I, XXIII.
On a dit aussi *pomme épineuse.*

STRANGULATION [stʀãgylɑsjɔ̃] n. f. — 1549; du lat. *strangulatio,* de *strangulare* «étrangler».

♦ **1.** Didact. Littér. ou plais. Le fait d'étrangler qqn. ⇒ **Étranglement.** *Asphyxie par strangulation. Strangulation par les mains, par un lien, une corde* (pendaison). *Supplice de la strangulation.* ⇒ **Garrot, garrotte.**

1   (...) la gorge était stigmatisée par des meurtrissures noires et de profondes traces d'ongles, comme si la mort avait eu lieu par strangulation.
BAUDELAIRE, Trad. E. POE, Histoires extraordinaires, «Double assassinat rue Morgue».

2   —(...) Si elle a lu dans la main du jeune homme qu'un danger de mort par strangulation le menaçait (...) GIRAUDOUX, la Folle de Chaillot, I, p. 76.

♦ **2.** (1611). Pathol. Resserrement (d'un conduit anatomique).

STRANGULER [stʀãgyle] v. tr. — 1801; du lat. *strangulare.*

♦ Rare, littér. Étrangler. — Au participe passé :
Une voix éteinte, strangulée comme par l'extinction d'une parole usée et répandue depuis quarante ans.
Ed. et J. DE GONCOURT, Journal, 25 avril 1867, t. III, p. 91.
Par plais. *Il m'énerve, je crois que je vais le stranguler!*

STRANGURIE [stʀãgyʀi] n. f. — 1314, Mondeville; du lat. *stranguria,* grec *straggouria,* de *stragx, straggos* «goutte», et *ourein;* → -urie.

♦ Méd. Miction douloureuse, avec ténesme de la vessie.

STRAPASSER [stʀapɑse] v. tr. — 1684; «maltraiter», 1670; var. de *estrapasser*.*

♦ Vieilli. Peindre, dessiner sans soin, rapidement. — Au p. p. *«Au plafond arrondi en coupole se tordait une allégorie strapassée»* (Gautier, *in* G. L. L. F.).

STRAPONTIN [stʀapɔ̃tɛ̃] n. m. — XVIe, d'abord «hamac»; *strampontin,* XVe; *estrapontin,* jusqu'au XVIIe; *transpontin* (Rabelais) par confusion avec *transpontino;* de l'ital. *strapontino,* de *strapunto* «matelas», var. de *trapunto* «piqué à l'aiguille», du rad. de *puntare* «piquer, pointer».

★ **I.** ♦ **1.** Siège à abattant dans une voiture (→ Fond, cit. 21), une salle de spectacle (→ Évacuer, cit. 6; relever, cit. 33).

On attacha nos malles à l'arrière du frêle véhicule; nous nous assîmes sur l'étroit   1
strapontin, et le cocher lança son attelage au galop.
Th. GAUTIER, Voyage en Russie, I, XXI.
Où qu'il fût assis, il avait toujours l'air d'être sur un strapontin.   2
MARTIN DU GARD, les Thibault, t. VII, p. 153.

♦ **2.** (1967, *in l'Express*). Fig. Place d'importance secondaire et souvent éphémère (dans une assemblée, une conférence, un organisme). *«Peu de place pour* (les poètes) *dans les quotidiens, de rares apparitions dans les hebdomadaires, un strapontin à la télévision»* (le Monde, 23 nov. 1968).

★ **II.** (1904). Hist. du vêtement. Coussinet que les femmes attachaient par derrière, à la taille, et qui faisait bouffer la robe. ⇒ **Faux-cul** (fam.), **tournure;** aussi **vertugadin.**

Les coussins, le «strapontin» de l'affreuse «tournure» avaient disparu, ainsi que   3
ces corsages à basques (...)
PROUST, À l'ombre des jeunes filles en fleurs, Pl., t. I, p. 618.

STRASS [stʀas] n. m. — 1746; de *Stras,* nom de l'inventeur.

♦ Silicoborate de plomb artificiel imitant certaines pierres précieuses. *Strass incolore, coloré.*

Sa chaîne de montre pouvait être en chrysocale, son épingle en strass du Rhin;   1
mais l'effet en était assez riche aux lumières. NERVAL, Nuits d'octobre, X.
REM. On a écrit aussi *stras.*
Fig. Ce qui brille d'un éclat trompeur.

Opposer une indifférence coriace (...) à tout ce strass si vulgaire du faux sublime,   2
de la fausse distinction d'esprit, de l'idéalisme d'alcôve (...)
MONTHERLANT, les Lépreuses, Appendice.

HOM. 1. Strasse, 2. strasse.

1. STRASSE [stʀas] n. f. — 1690; de l'ital. *straccio,* proprt «chiffon».

♦ Techn. Bourre*, rebut de soie. — (1872). Partie du cocon qui fournit la soie la plus grossière. — Papier d'emballage de qualité grossière.

HOM. Strass, 2. strasse.

2. STRASSE [stʀas] n. f. — Mil. XXe; all. *Strasse,* avec prononc. francisée.

♦ Fam. (argot). Rue. *« Voilà que Fernand rallège dans la strasse »* (A. Simonin, *Du mouron pour les petits oiseaux,* p. 55).

HOM. Strass, 1. strasse.

STRATAGÈME [stʀataʒɛm] n. m. — 1564; *stratagemate,* 1532; *stragegeme,* XVe; *strategemmate,* 1372; du lat. *stratagema,* grec *stratêgêma* «manœuvre, ruse de guerre», même rad. que *stratège.*

♦ **1.** Vieilli. Ruse de guerre (→ 1. Garde, cit. 77, Corneille).

Chaque champ était alors une forteresse, chaque arbre méditait un piège, chaque vieux tronc de saule creux gardait un stratagème.
BALZAC, les Chouans, Pl., t. VII, p. 779.

♦ **2.** (1574). Mod. Ruse habile, bien combinée. ⇒ **Combinaison, finesse** (*supra* cit. 12), **ruse, subtilité, tour, truc** (fam.); → Apprenti, cit. 6; retors, cit. 2. *Stratagème amoureux* (→ Esclandre, cit. 4).

STRATE [stʀat] n. f. — 1805; sous la forme lat. plur. *strata,* 1765, Encyclopédie; du lat. *stratum* «chose étendue», neutre du p. p. de *sternere* «étendre».

♦ **1.** Chacune des couches de matériaux constituant (un terrain, et, spécialt, un terrain sédimentaire). ⇒ **Assise, banc, couche** (*supra* cit. 6), **lit** (*infra* cit. 29); → Intrusion, cit. 2; lave, cit. 2. *Les strates d'un ensemble archéologique.*

♦ **2.** Par ext. Couche constitutive (d'un ensemble structuré en couches). Biol. *Strates de cellules* (→ Épithélium, cit. 1).
Techn. Couche constitutive (d'un objet ou d'un panneau stratifié).
Didact. «Classe de hauteur, dans la végétation, ou classe de profondeur, dans le substrat de la végétation» (*Voc. de phytoclimatologie,* in *la Banque des mots,* 17).

♦ **3.** Fig. (abstrait). Niveau, couche. *Les strates de la société.* ⇒ **Classe, couche.** Ensemble homogène d'une population vis-à-vis d'une variable. *Diviser une population en strates.*

Je verrais — sans pour autant atteindre le fond — ma vie entière (dans la mesure où je puis me la rappeler) se convulser, strate après strate, jusqu'à nausée.
Michel LEIRIS, Frêle bruit, p. 126.

STRATÈGE [stRatɛʒ] n. — 1721 ; du grec *stratêgos* « chef d'armée, général », de *stratos* « armée », et *agein* « conduire ».

♦ **1. N. m.** Hist. Dans diverses cités grecques et notamment à Athènes, Magistrat chargé de toutes les questions militaires (enrôlement des soldats, surveillance de l'emploi des impôts de guerre, etc.) et particulièrement de la conduite des opérations terrestres ou navales (→ Démocratie, cit. 7). *Les dix stratèges athéniens étaient élus chaque année.*
Gouverneur d'un thème de l'empire byzantin.
Chef de l'administration d'un nome, dans l'Égypte hellénistique.

♦ **2. N. m.** (1846 ; répandu surtout à partir de la guerre de 1914-1918). Général en chef d'une armée importante, chef militaire qui conduit des opérations de grande envergure. ⇒ **Conducteur** (d'armée), **général.** *Les grands stratèges français de la première guerre mondiale.* — Fam. et iron. *Stratèges en chambre. Les stratèges du Café du Commerce.*

1 Il refaisait les campagnes, il livrait les batailles, il discutait les opérations ; il était de ces stratèges en chambre, pullulant dans les Académies et dans les Universités, qui expliquent Austerlitz et corrigent Waterloo.
R. ROLLAND, Jean-Christophe, Dans la maison, II, p. 1050.

Spécialt (par oppos. au *tacticien**). Celui qui est apte à la conduite générale de la guerre, qui est spécialisé en stratégie* (1.). ⇒ **Stratégiste.**

2 (...) l'antiquité n'a connu que la tactique. Annibal seul est stratège (...)
André SUARÈS, Vues sur Napoléon, XXIII.

♦ **3. N.** Fig. Personne qui organise des plans à longue échéance en fonction de l'ensemble d'une situation qu'elle maîtrise. « *Les stratèges syndicalistes* » (R. Rolland, *in* G. L. L. F.).

3 (...) les uns *(parmi les expérimentateurs)* sont des « stratèges » qui, dominant la situation, aperçoivent d'un coup d'œil l'expérience cruciale qui va trancher une question fondamentale et savent ensuite réaliser cette expérience, tandis que d'autres sont des *tacticiens* (...)
L. DE BROGLIE, Nouvelles perspectives en microphysique, p. 255.

REM. En parlant d'une femme, notamment au sens 3., on dira *un* ou *une stratège.*

STRATÉGICO- Premier élément d'adjectifs composés, de *stratégique.* — Ex. : *stratégicodiplomatique* (1970), *stratégicoéconomique* (1968), *stratégicopolitique* (1968), in *la Banque des mots,* 11, p. 105.

STRATÉGIE [stRateʒi] n. f. — 1803 ; « gouvernement militaire », 1562 ; grec *stratêgia,* de *strategôs.* → Stratège.

♦ **1.** (Opposé à *tactique*). Art de faire évoluer une armée sur un théâtre d'opérations jusqu'au moment où elle entre en contact avec l'ennemi.

1 Mais le combat est l'élément de la bataille générale ; l'exécution tient la conception en état. Si la stratégie veut ignorer la tactique, la tactique ruine la stratégie. La bataille d'ensemble gagnée sur le terrain c'est perdue en détail sur les coteaux.
VALÉRY, Variété, Essais quasi politiques, Œ., Pl., t. I, p. 1108.

(1876). Partie de la science militaire qui concerne la conduite générale de la guerre et l'organisation de la défense d'un pays ; opérations de grande envergure, élaboration des plans offensifs et défensifs en fonction des effectifs, des moyens logistiques, du potentiel industriel, des données géographiques à grande échelle, des facteurs diplomatiques, politiques, etc. *Cours de stratégie à l'École de Guerre. Stratégie atomique, nucléaire.* — *Stratégie navale, aérienne :* conduite générale de la guerre navale, aérienne.

2 Ses indignations, paraît-il, remuent l'opinion publique. Pourtant elles n'ont guère plus de portée que la stratégie en chambre des beloteurs de brasserie (...)
J. DUTOURD, les Taxis de la Marne, I, XXXII.

♦ **2.** (Déb. XIXᵉ). Fig. Ensemble d'actions coordonnées, de manœuvres en vue d'une victoire. *Stratégie électorale, parlementaire.* ⇒ **Tactique.** *La stratégie d'un parti, d'un syndicat.*

(1973). Écon., comm. *Stratégie défensive :* politique de production consistant pour une firme à adopter la gamme de produits la plus complète possible afin de satisfaire toutes les catégories de distributeurs et de consommateurs (opposé à *stratégie offensive*). — *Stratégie de communication :* base schématique servant à l'élaboration du texte et de l'image en publicité.
Manière d'organiser un travail, une action, pour arriver à un résultat. *La stratégie d'un expérimentateur, d'un enseignant. Stratégies de fouilles archéologiques.*

DÉR. **Stratégiste.**

STRATÉGIQUE [stRateʒik] adj. — 1819 ; du grec *stratêgikos,* de *strategôs.* → Stratège.

♦ **1.** (Opposé à *tactique*). Qui concerne la stratégie (1.). *Aviation stratégique,* destinée à bombarder les arrières de l'ennemi pour détruire son infrastructure industrielle, atteindre le moral de la population. *Objectif stratégique d'une opération. Commandement aérien stratégique. Force nucléaire stratégique française. Force*

océanique stratégique. Doctrines, négociations stratégiques. Stratégique et politique. ⇒ **Stratégico-** (stratégicopolitique).

L'importance qu'avait cette ville au temps des guerres religieuses est attestée par ses remparts, par ses portes et par les restes d'une forteresse assise sur le piton du rocher. Sa situation en faisait jadis un point stratégique également précieux aux catholiques et aux calvinistes (...)
BALZAC, Illusions perdues, Pl., t. IV, p. 490.

Par ext. *Un esprit, une intelligence stratégique,* apte à pratiquer la stratégie.

♦ **2.** (1872). Cour. Relatif à l'art de la guerre ; (choses concrètes) qui présente un intérêt militaire (opposé à *politique, économique*). ⇒ **Militaire, tactique.** *Routes lignes, voies stratégiques* (→ Armement, cit. 2). *Point, position stratégique. Importance stratégique d'un fleuve. Matières premières stratégiques.*

♦ **3.** Fig. Qui est d'une importance cruciale pour la réalisation d'un plan. *Le point stratégique d'une entreprise.* — *Position stratégique,* qui donne de grands moyens d'action. *Il est dans une position stratégique pour le syndicat.*
Qui concerne l'organisation d'une action, d'une entreprise. *Manœuvres stratégiques d'une campagne électorale.*

DÉR. **Stratégiquement.**

STRATÉGIQUEMENT [stRateʒikmɑ̃] adv. — 1846 ; de *stratégique.*

♦ **1.** Selon les règles de la stratégie ; du point de vue de la stratégie, de l'art militaire.

On peut être battu stratégiquement (...) on peut être coupé des siens, chassé, traqué (...) on peut tomber, physiquement tomber.
ARAGON, la Semaine sainte, XVI.

♦ **2.** En ce qui concerne la stratégie (3.), l'organisation d'une action. *Stratégiquement, sa position est mauvaise.*

STRATÉGISTE [stRateʒist] n. m. — 1831 ; de *stratégie.*

♦ Vieilli. Stratège.

STRATIFICATION [stRatifikasjɔ̃] n. f. — 1779 ; « couches superposées servant à purifier les matières ou à les fondre », 1578 ; du lat. des alchimistes *stratificatio, -onis,* de *stratificare.* → Stratifier.

♦ **1.** Disposition des matériaux par strates (dans les terrains sédimentaires) ; processus géologique par lequel les matériaux se sont ainsi disposés. *Stratification concordante*, discordante*, entrecroisée, horizontale, inclinée.*

L'un des caractères principaux des roches sédimentaires est la stratification, la disposition en strates ou en couches superposées, qui indique une certaine périodicité dans le dépôt. Mais ce caractère n'a rien d'absolu, car il existe des roches sédimentaires massives, qui ne présentent, sur de grandes épaisseurs, aucune trace de stratification, et, d'autre part, il existe des roches endogènes disposées en coulées stratifiées.
Émile HAUG, Traité de géologie, t. I, p. 95.

Chim. et métallurgie. Fait de déposer en couches superposées et alternées.

♦ **2.** (1872). Biol. Disposition (des cellules) en couches régulières.

♦ **3.** (xxᵉ ; *in* Larousse, 1933). Fig. Disposition en couches superposées. *La stratification des souvenirs.*

♦ **4.** Répartition en niveaux abstraits. *Les stratifications sociales.* Techn. (statist.). Établissement de catégories de populations par sondage statistique.

STRATIFIÉ, ÉE [stRatifje] adj. — Fin xviiiᵉ ; → Stratifier.

♦ **1.** Qui est disposé en couches superposées, en strates. *Roches stratifiées* (⇒ **Stratification**). — Biol. *Épithélium stratifié.*

♦ **2.** Se dit d'un matériau rigide et léger constitué par plusieurs couches d'une matière souple (fibre de verre, papier, toile) imprégnée de résine artificielle. *Polyester stratifié.* — N. m. *Du stratifié.* → Bakéliser, cit. « *Revêtement intérieur des compartiments en stratifié* » (*la Vie du rail,* 14 avr. 1963, p. 23).

♦ **3.** Didact. Divisé en groupes, en couches, en niveaux abstraits. — Psychol. sociale. *Échantillonnage stratifié,* constitué sur une population divisée en strates (3.).

— et il est fort heureux que ce monde *(celui que le cinéma nous présente)* soit à jamais fixé dans son inachèvement, car si par miracle les objets ainsi photographiés, ainsi stratifiés sur l'écran, pouvaient bouger, on n'ose penser à la figure de néant, au trou dans les apparences qu'ils parviendraient ainsi à créer.
A. ARTAUD, À propos du cinéma, in Œ. compl., t. III, p. 97.

STRATIFIER [stRatifje] v. tr. — 1675, chim. ; du lat. alchim. *stratificare.*

♦ Sc. Disposer des substances en couches superposées.

STRATIFORME [stʀatifɔʀm] adj. — xxᵉ ; de *strate*, et -*forme*.

♦ Didact. Qui forme des couches, des strates superposées. *Nuages stratiformes.* ⇒ **Altostratus, stratus**. *Gîtes métallifères stratiformes.*

STRATIGRAPHIE [stʀatigʀafi] n. f. — Av. 1850 ; du rad. de *stratifier*, et -*graphie*.

♦ **1.** Sc. **a** Anciennt. Étude des couches sédimentaires qui se sont disposées à la surface de la Terre.

b Mod. Géol. Étude de la succession chronologique des roches de l'écorce terrestre (syn. : *géologie historique*).

♦ **2.** Sc. Ensemble des couches de sédiments superposées en un lieu. *Étudier la stratigraphie d'un terrain. Stratigraphie du sol d'une grotte. Étude de la stratigraphie dans une famille archéologique.*

♦ **3.** (1964). Méd. Procédé de tomographie* où le tube émetteur reste fixe, le sujet et le film se déplaçant autour de deux axes parallèles.
DÉR. Stratigraphique.

STRATIGRAPHIQUE [stʀatigʀafik] adj. — 1861, *in* D. D. L., **II**, 14 ; *Cours de paléontologie stratigraphique*, 1862, *in Rev. des cours sc.* ; de *stratigraphie*.

♦ Géol. Relatif à la stratigraphie ou aux strates. *Plan stratigraphique inférieur d'une masse argileuse* (→ Glissement, cit. 5). *Paléontologie stratigraphique. Coupe stratigraphique d'un terrain. Étude, description stratigraphique d'un tumulus. Types stratigraphiques* (de terrains). ⇒ **Stratotype**.
DÉR. Stratigraphiquement.

STRATIGRAPHIQUEMENT [stʀatigʀafikmã] adv. — 1872 ; de *stratigraphique*.

♦ Didact. Du point de vue de la stratigraphie, de la superposition des couches. « *Le Périgordien de ce gisement est stratigraphiquement sous l'Aurignacien ancien* » (*la Recherche*, mai 1981, p. 645).

STRATIOME [stʀatjom] ou **STRATIOMYS** [stʀatjomis] n. m. — 1839, *stratiome* ; *stratiomys*, 1875 ; lat. mod. ; du grec *stratiôlês* « soldat », à cause de l'aiguillon de cet insecte, et *muia* « mouche ».

♦ Zool. Insecte diptère (*Stratiomyidés*) à l'abdomen large et aplati, qui vit dans les plantes aquatiques et dont les larves se développent dans l'eau. — REM. On rencontre aussi les formes *stratomyie*, et *stratiomyie*, n. f.

STRATIOTE [stʀatjɔt] n. f. ou m. — 1732, *stratiotes*, *in* Trévoux ; du grec *stratiôtês*, proprt « soldat », parce que cette plante passait pour guérir les blessures faites par les armes.

♦ Bot. Plante monocotylédone (*Hydrocharidées*) qui croît dans les eaux calmes et à laquelle son aspect a fait donner le nom de *faux aloès. La stratiote est utilisée pour la décoration des aquariums.*

STRATO- Élément, du lat. *stratum* « chose étendue ».

♦ **1.** Avec l'idée de « couche ». ⇒ **Strato-cumulus, strato-nimbus, stratovolcan.**

♦ **2.** De *stratosphère*, avec l'idée de « très haute altitude ». ⇒ **Stratodyne, stratopause.**

STRATO-CUMULUS [stʀatokymylys] n. m. — 1842, *in* D. D. L., **II**, 15 ; *cumulo-stratus**, 1830 ; de *strato*- et *cumulus*.

♦ Didact. (météor.). Nuage de l'étage inférieur (jusqu'à 2 000 m) formant des bancs grisâtres ou blanchâtres d'aspect pommelé, parfois soudés en une nappe continue marquée d'ondulations sombres. ⇒ **Stratus.**

STRATODYNE [stʀatodin] n. m. — 1974 ; de *strato*- (2.), et -*dyne*.

♦ Sc. Ballon captif utilisé pour l'exploration de la stratosphère.

STRATO-NIMBUS [stʀatonɛ̃bys] n. m. — Mil. xxᵉ ; de *strato*-, et *nimbus*.

♦ Didact. (météor.). Rare. ⇒ **Nimbostratus** (plus cour.).

Une grosse barre de strato-nimbus arrive et, vers 10 heures c'est le coup de vent de sud-ouest. Bernard MOITESSIER, Cap Horn à la voile, p. 235.

STRATOPAUSE [stʀatopoz] n. f. — V. 1960 ; de *strato*- (2.), et du grec *pausis* « cessation, fin ».

♦ Sc. Limite supérieure de la stratosphère (cit. 1).

STRATOSPHÈRE [stʀatɔsfɛʀ] n. f. — 1898, Teisserenc de Bort ; de *strato*-, et *sphère*.

♦ Couche de l'atmosphère* comprise entre la troposphère (6 à 17 km d'altitude) et la mésosphère (50 km d'altitude). *Ascension dans la stratosphère. Cabine spatiale qui traverse la stratosphère.*

La *stratosphère* (*stratum*, couche) est un domaine atmosphérique que l'on atteint encore par les sondages météorologiques. Elle est tout d'abord caractérisée par une constance ou par une augmentation lente de la température avec l'altitude. Ensuite, l'augmentation de la température devient plus rapide pour atteindre un maximum de l'ordre de 0 °C vers 50 km où se trouve la limite de la stratosphère, c'est-à-dire la *stratopause*.
M. NICOLET, Aéronomie, *in* Encycl. Pl., la Terre, p. 194. [1]

Le sommeil est comme l'eau, personne ne pouvait vraiment dormir loin des sources. Le vent soufflait, pareil au vent de la stratosphère, ôtant toute chaleur de la terre. J.-M. G. LE CLÉZIO, Désert, p. 19. [2]

DÉR. Stratosphérique. — V. **Strato-** (2.).

STRATOSPHÉRIQUE [stʀatɔsfeʀik] adj. — 1931, *l'Illustration*, 6 juin, p. 217 ; de *stratosphère*.

♦ **1.** Relatif à la stratosphère. *Température, air stratosphérique.*

♦ **2.** Qui sert à explorer la stratosphère, qui peut s'y déplacer. *Ballon-sonde, fusée stratosphérique.*

STRATOTYPE [stʀatotip] n. m. — 1961, *les Stratotypes français*, Comité franç. de stratigraphie ; de *strato*-, et *type*.

♦ Didact. Type stratigraphique.

STRATOVISION [stʀatovizjõ] n. f. — V. 1960 ; de *strato*-, et *vision*.

♦ Techn. Diffusion d'émissions de télévision qui se ferait par avions volant à haute altitude (depuis l'utilisation de satellites artificiels, ce procédé a perdu de son intérêt).

STRATOVOLCAN [stʀatovɔlkã] n. m. — 1927 ; de *strato*-, et *volcan*.

♦ Didact. Cône volcanique formé de couches accumulées de lave et de scories.

(*Le volcan de Paricutin*) résultait de l'accumulation des coulées et des scories lancées par le cratère et retombées tout autour, en ce « cône » typique que l'on appelle un « strato-volcan » ; la lave du Paricutin est un basalte fluide (...)
H. TAZIEFF, Histoires de volcans, p. 92.

STRATUM [stʀatɔm] n. m. — xviiiᵉ, chim. ; mot lat., « couche ».

♦ Didact. (histol.). Dans quelques locutions latines. Couche. *Stratum lucidum* : couche claire de l'épiderme. *Stratum intermedium de la pulpe dentaire*, qui sécrète l'émail.

STRATUS [stʀatys] n. m. — 1830, cit. 1 ; mot lat. littéralt « étendu ». → Strate.

♦ Météor. Nuage qui présente l'aspect d'un voile continu ou parfois celui d'une bande mince se découpant sur l'horizon, quand il est vu de loin par son profil. ⇒ **Altostratus.**

Stratus. Bandes de nuages étendues, continues, unies, naissant d'en bas. Ce nuage est d'une densité moyenne ; il comprend ces brouillards bas qui s'élèvent des vallées et des étangs dans les soirées calmes. Il disparaît fréquemment le matin et est alors un indice de très-beau temps.
M.-C. BAILLY DE MERLIEUX, Résumé complet de météorologie, p. 119. [1]

Les nuages inférieurs peuvent également former des couches continues. Lorsque la couche est uniforme on est en présence de stratus, si la nappe est faiblement lumineuse ; si elle est basse, sombre et pluvieuse, on est en présence de nimbostratus. Si au lieu d'être uniforme elle est constituée par des galets ou des bourrelets disposés régulièrement, flous et gris avec des parties sombres, on a des stratocumulus.
J. BRICARD, les Formations nuageuses, *in* Encycl. Pl., la Terre, p. 317. [2]

Au coucher du soleil, c'est le coup de vent d'ouest. Les stratus, nuages tristes, sans contours définis, courent sous un ciel gris, baromètre : 750.
Bernard MOITESSIER, Cap Horn à la voile, p. 195. [3]

COMP. Altostratus, cirrostratus, cumulostratus, nimbostratus. — V. **Strato-** (1.).

STREAKER [stʀikœʀ] n. m. — 1974 ; mot amér., de *to streak* ; → Streaking.

♦ Anglic. Personne qui fait du streaking*. *Des streakers.* — REM. Au Québec, le mot a été francisé en *nu-vite*.

STREAKING [stʀikiŋ] n. m. — 1974 ; mot amér., de *to streak* « filer comme l'éclair ».

♦ Anglic. Manifestation qui consiste à courir entièrement nu dans un lieu public. « *Le streaking, exhibitionnisme de groupe* » (H. Pierre, *le Monde*, 17 mars 1974). *Le streaking « s'apparente plus à l'hystérie, avec son côté spectaculaire, qu'à l'exhibitionnisme* » (Y. Pélicier, *in* Porot, 1975). — REM. Au Québec, le mot a été francisé en *nu-vitisme*.

STREAM-ICE [stʀimajs] ou, plus cour., **STREAM** [stʀim] n. m. — 1851, *in* D. D. L.; mot angl., «glace *(ice)* de courant *(stream)*».

♦ Anglic. Glace flottante mince de forme allongée, formant des champs étendus.

(...) champs *(de glace)* unis et sans limites, drift-ice ou glaces flottantes, packs ou champs brisés, nommés (...) streams lorsqu'ils sont faits de morceaux allongés.
J. VERNE, Vingt mille lieues sous les mers, p. 473-474.

STRELITZ [stʀelits] n. m. — 1731, Voltaire; → Désobéir, cit. 5; russe *strielets* «archer».

♦ Soldat d'un corps d'infanterie moscovite qui constituait la garde des tsars et qui fut supprimé à la fin du XVIIᵉ siècle par Pierre le Grand, après une mutinerie. — Plur. *Les strelitz, les streltsy* (plur. russe).

STRÉLITZIA [stʀelitsja] n. m. — Mil. XXᵉ; probablt de *Strelitz*, nom propre.

♦ Bot. Plante monocotylédone *(Musacées)* d'Afrique tropicale, cultivée comme ornementale pour ses fleurs orangées et bleues. Syn. : *fleur perroquet, perroquet. « Le strélitzia va jusqu'à reproduire les couleurs de l'oiseau qui le féconde pour mieux l'attirer »* (*Sciences et Avenir*, août 1980, p. 48).

STRÉPH-, STRÉPHO- Premier élément de mots savants, du grec *strêpho* «je tourne», utilisé surtout dans la composition de termes d'anatomie pathologique indiquant la déviation d'un membre ou d'une partie de membre.

Il *(Homais)* avait lu dernièrement l'éloge d'une nouvelle méthode pour la cure des pieds-bots; et comme il était partisan du progrès, il conçut cette idée patriotique que Yonville, pour se mettre au niveau, devait avoir des opérations de stréphopodie (...)
Tandis qu'il *(Bovary)* étudiait les équins, les varus et les valgus, c'est-à-dire la stréphocatopodie, la stréphendopodie et la stréphexopodie (ou, pour parler mieux, les différentes déviations du pied, soit en bas, en dedans, ou en dehors), avec la stréphypopodie et la stréphanopodie (autrement dit, torsion en dessous et redressement en haut), M. Homais, par toute sorte de raisonnements, exhortait le garçon d'auberge à se faire opérer. FLAUBERT, Mᵐᵉ Bovary, II, XI.

STRÉPHOPODE [stʀefɔpɔd] n. et adj. — 1839, V. Duval; de *strépho-*, et *-pode*.

♦ Didact. et vx. Personne affectée d'un pied bot avec déviation. (→ Équin, cit. Flaubert).

1. STREPTO- Élément, du grec *streptos* «contourné, recourbé». ⇒ **Streptocoque, streptothrix**.

2. STREPTO- Élément tiré de *streptocoque*. ⇒ **Streptokinase, streptolysine, streptomycine**.

STREPTOBACILLE [stʀɛptobasil] n. m. — Fin XIXᵉ; *in* Larousse, 1933; de 1. *strepto-*, et *bacille*.

♦ Didact. Bacille qui forme des colonies en chaînes.

STREPTOCOCCIE [stʀɛptokɔksi] n. f. — 1893, Littré-Robin; de *streptocoque*.

♦ Méd. Infection par des streptocoques (érysipèle, etc.).
DÉR. Streptococcique.

STREPTOCOCCIQUE [stʀɛptokɔksik] adj. — 1903, *Rev. gén. des sc.*, n° 13, p. 731; de *streptococcie*.

♦ Didact. Relatif aux streptocoques, causé par les streptocoques. *Érythème noueux streptococcique.*

STREPTOCOQUE [stʀɛptokɔk] n. m. — 1890, *la Science illustrée*, t. I, p. 259; *streptococcus*, 1883, Billroth; de 1. *strepto-*, et *-coque*.

♦ Bactérie de forme arrondie (du type coccus) d'un genre (genre *Streptococcus*, ou streptocoque) comportant une trentaine d'espèces, dont plusieurs sont pathogènes. *Les streptocoques sont toujours groupés en chaînettes. Streptocoque agent de l'érysipèle, de la fièvre puerpérale. Streptocoques non pathogènes utilisés comme ferments dans l'industrie laitière.*

(...) Pasteur s'avança vers le tableau noir, dessina le microbe en grains de chapelet, en chaînettes, que Fehleisen avait isolé, et dit : «Tenez, voici sa figure». C'était le streptocoque. Henri MONDOR, Pasteur, VII.
DÉR. Streptococcie.

STREPTOKINASE [stʀɛptokinɑz] n. f. — 1953, *in* Larousse; de 2. *strepto-*, et *kinase*.

♦ Méd. Enzyme extraite de cultures de streptocoques, douée du pouvoir de dissoudre les caillots de sang qui se forment dans l'organisme.

STREPTOLYSINE [stʀɛptolizin] n. f. — Mil. XXᵉ; de 2. *strepto-* et *lysine*.

♦ Chim., biol. Lysine qui apparaît dans le sang d'un sujet atteint d'une infection à streptocoques.

STREPTOMYCÈTE [stʀɛptomisɛt] n. m. — 1971; de 2. *strepto-*, et *mycète*.

♦ Microbiol. Bactérie d'aspect filamenteux (nom générique). *Streptomycètes pathogènes, saprophytes.*

STREPTOMYCINE [stʀɛptomisin] n. f. — 1944; de 2. *strepto-*, *-myce*, et *-ine*.

♦ Antibiotique produit par un actinomycète *(Streptomyces griseus)*, actif sur un grand nombre de bactéries, en particulier sur le bacille de la tuberculose.

STREPTOSARCINE [stʀɛptosaʀsin] n. f. — Mil. XXᵉ; *in* Larousse, 1964; de 1. *strepto-*, et 1. *sarcine*.

♦ Microbiol. Sarcine qui forme des groupes en chaînettes.

STREPTOTHRIX [stʀɛptɔtʀiks] n. m. — 1875; de 1. *strepto-*, et grec *thrix* «poil, cheveu».

♦ Biol. Microbe en forme de filament ramifié, qui donne naissance à des conidies. *Le streptothrix est l'agent pathogène du farcin du bœuf et du «pied de Madura».* ⇒ **Actinomycète**.

STRESS [stʀɛs] n. m. — 1950, *in* Höfler; notion proposée par Hans Selye, 1940; spécialisation d'un mot angl., «effort intense, tension». Anglicisme.

♦ **1.** Didact. (Biol., psychol.). Réponse de l'organisme aux facteurs d'agression* physiologiques et psychologiques ainsi qu'aux émotions (agréables ou désagréables) qui nécessitent une adaptation (élément de la théorie du syndrome général d'adaptation*).

Un choc, quelle que soit sa cause, entraîne une modification brusque, intense et brève, de l'équilibre nerveux et humoral, que Selye a appelée la réaction d'alarme. Des agents variés amènent une réponse identique qui augmente la résistance des organismes exposés à l'agression et mis par le fait même dans une condition nouvelle : la réponse au *stress*. C'est un état de tension aiguë de l'organisme astreint à mobiliser ses défenses pour faire face à une situation menaçante.
Jean DELAY, Introd. à la médecine psychosomatique, p. 69. [1]

Il nous semble qu'il n'y a pas lieu d'essayer de traduire en français par un vocable unique, — et encore moins d'introduire tel quel dans la langue française, — un mot étranger qui correspond à des états physiologiques ou pathologiques divers et mal définis d'ailleurs. Il suffit d'utiliser (...) pour chaque nuance du mot «stress» (...) un terme de la bonne langue courante (...)
Dr Edmond SERGENT, Comment traduire «stress», p. 15. [2]

♦ **2.** Cour. Action brutale sur un organisme (choc infectieux ou chirurgical, décharge électrique, traumatisme psychique). *Réponse préparatoire au stress, ou réaction d'alarme. Stress aigu. « Le stress des conditions de vie moderne »* (F. Cloutier, *la Santé mentale*, 1966, p. 6). ⇒ **Agression**.

Maladies diverses, résultant du mode de vie (stress, tension, infarctus, etc.). [3]
A. SAUVY, Croissance zéro?, p. 10.
DÉR. Stresser.

STRESSANT, ANTE [stʀɛsɑ̃, ɑ̃t] adj. — 1953, *in* Höfler; de *stresser*.

♦ Anglic. Qui détermine, occasionne une agression, un stress. *Agent facteur stressant. « Combien d'individus normaux rencontrons-nous qui ne soient pas à un moment donné dans une situation plus ou moins stressante? »* (P. Schilder, cité par C. Koupernik, *in la Nef*, n° 31, p. 156).

STRESSER [stʀɛse; stʀese] v. tr. — V. 1960; de *stress*.

♦ Anglic. Constituer une agression, un stress (pour un organisme). — Au passif. (cour.). *Être stressé.*
(Répandu v. 1975). Emploi intransitif (fam. et cour.). S'inquiéter, être

angoissé, tendu, etc. *C'est son job qui le mine et il stresse comme c'est pas possible. J'ai commencé à flipper et à stresser.*

STRETCH ou **STRECH** [stʀɛtʃ] n. m. et adj. invar. — 1955, *fil stretch*, in *Elle*; nom déposé, mot angl. des États-Unis, de *to stretch* «étendre».

◆ Anglic. Techn. Procédé de traitement des tissus les rendant extensibles et élastiques dans le sens horizontal. — Par ext. Le tissu ainsi traité. *Du stretch.* — Par appos. *Anorak en lycra stretch. Pantalon en velours stretch. Blouson «en éponge strech»* (*l'Express*, 10 mars 1975, p. 139).

STRETTE [stʀɛt] n. f. — 1831, Hugo; *stretta* «partie d'un morceau de musique où la mesure devient plus serrée, plus vive», 1839, Boiste; de l'ital. *stretta*, proprt «étreinte, resserrement»; «attaque par surprise», 1548; «douleur vive», 1580.

◆ Mus. Partie d'une fugue* qui précède la conclusion et dans laquelle le sujet et la réponse se poursuivent avec des entrées de plus en plus rapprochées.

1 (...) de temps en temps cette masse de bruits sublimes s'entr'ouvre et donne passage à la strette de l'Ave Maria, qui éclate et pétille comme une aigrette d'étoiles.
  HUGO, *Notre-Dame de Paris*, I, III, II.

2 (...) un morceau largement traité dans le style fugué. Un calme imposant règne dans cette partie et fait ressortir encore davantage la fougue entraînante et la majesté triomphale de la *stretta*. NERVAL, *Lorely, Souvenirs de Thuringe*, IV.

STRIAGE [stʀijaʒ] n. m. — 1873, cit.; de *strier*.

◆ Didact. Action de strier, de marquer de sillons parallèles. *Le striage des revêtements routiers.*

La formation des glaciers, leur marche, la création du névé et des dépôts des moraines, les phénomènes du striage et du polissage des roches par les anciens glaciers (...) L. FIGUIER, *l'Année scientifique et industrielle 1874*, p. 561 (1873).

STRIATION [stʀijasjɔ̃] n. f. — 1873; de *strier*.
Didactique.

◆ **1.** Disposition par stries parallèles. Opération qui consiste à tracer des stries sur une surface.

Spécialt. Phys. *Technique de striation :* méthode pour rendre visibles les ondes sonores, en utilisant leur propriété de réfracter individuellement les ondes lumineuses. — Aspect strié de la colonne positive d'un tube de Crookes. — Défaut des matériaux optiques. *La striation est particulièrement gênante pour la taille des lentilles.*

◆ **2.** Ensemble de stries sur quelque chose. «*Les striations des fibres musculaires*» (*Rev. gén. des sc.*, 15 nov. 1904, p. 980). ⇒ **Strié.**

Les chromosomes géants laissent apercevoir une différenciation structurale très nette dans le sens de la longueur. Si, après les avoir soumis à l'action d'un colorant approprié, on les examine au microscope sous un puissant grossissement, on découvre en chacun d'eux une striation transversale d'un caractère irrégulier. Des bandes sombres, plus ou moins accusées, alternent avec des bandes claires, plus ou moins larges. Jean ROSTAND, *Idées nouvelles de la génétique*, p. 15.

STRICAGE [stʀikaʒ] n. m. — 1842; «lainage faible», 1803; de *striquer*.

◆ Techn. Opération par laquelle on strique le drap, pour lui donner son fini.

STRICT, STRICTE [stʀikt] adj. — 1752, répandu xixe; attesté par l'adv. *strictement*, 1503; du lat. *strictus* «serré, étroit; rigoureux».

◆ **1.** Qui est astreignant, qui laisse très peu de liberté d'action ou d'interprétation. ⇒ **Étroit** (*supra* cit. 19). *Obligations strictes.* ⇒ **Assujettissant.** *Préceptes, principes stricts.* ⇒ **Sévère** (→ Mécaniquement, cit.; religieusement, cit. 2. *Règles strictes* (→ Exception, cit. 15). *Un horaire strict. Déterminisme strict* (→ Physiologique, cit.). *Donner une interprétation stricte de la loi.*

1 Les exigences d'une stricte prosodie sont l'artifice qui confère au langage naturel les qualités d'une matière résistante, étrangère à notre âme, et comme sourde à nos désirs. VALÉRY, *Variété, Études littéraires*, in Œ., t. I, Pl., p. 480.

Par ext. Rigoureusement conforme aux règles, à un modèle. ⇒ **Exact.** *Gestion, économie stricte* (→ Étroit, cit. 13). *La stricte observation du règlement.* ⇒ **Rigoureux;** → Inspection, cit. 3. *La stricte application de la loi. Conduite stricte.* ⇒ **Droit.** *Probité stricte.* ⇒ **Parfait** (*supra* cit. 12); → Marche, cit. 1. *La stricte vérité.*

2 Puisque maintenant il est bien entendu qu'il ne s'agit que d'une fin d'ivresse, la cohérence et la vraisemblance strictes importent peu.
  J. ROMAINS, *les Hommes de bonne volonté*, t. V, XXIV, p. 233.

◆ **2.** (Av. 1784). Personnes. Qui ne tolère (pour soi-même ou pour les autres) aucun relâchement, aucune négligence, aucune infraction, aucun écart. *Être strict dans ses dépenses* (cit. 4). *Il est très strict en affaires. Être strict sur le règlement, sur la discipline.* ⇒ **Autoritaire, rigide, sévère.** — *Être très strict dans sa tenue.*

Les gens qui ne connaissent rien du monde (ce dont ils se glorifient en se disant «stricts») ont toujours un peu d'âcreté envers ceux qui ont une expérience humaine. MONTHERLANT, *le Démon du bien*, p. 211. 3

◆ **3.** (1876). Choses. Qui constitue le minimum permis ou exigible. *C'est là son droit strict, le plus strict.*
Qui est réduit, sans atténuation ni exception, à la plus petite valeur. *Le strict nécessaire* (→ Dépouiller, cit. 30; gâterie, cit. 4; pâture, cit. 3). *Se borner au strict minimum.* — *Dans la plus stricte intimité** (*supra* cit. 10).

Emploi concret (rare) :

Une chambre bien close, une table, une chaise,
Un lit strict où l'on pût dormir juste à son aise (...)
  VERLAINE, *Amour*, «Écrit en 1875», Pl., p. 282. 4

◆ **4.** (1853; opposé à *large, infra* cit. 9). *Sens strict d'un mot, d'une expression :* le sens qui a la plus petite extension; le sens propre et primitif du mot (avant toute extension). ⇒ **Fort** (*supra* cit. 29), **littéral.** *Au sens strict.* ⇒ **Stricto sensu** (→ Gouvernemental, cit. 1). *Au sens strict du mot* (→ Infusion, cit. 4, Flaubert).
Math. *Inégalité stricte,* qui exclut la possibilité de l'égalité.

◆ **5.** (Choses). Qui est à la fois correcte et dépourvu d'ornements, de fantaisie; qui est conforme à un type classique et, au plus sévère*. *Langue stricte, épurée* (cit. 12). *Costume, tailleur strict. Robe stricte de pensionnaire. Tenue très stricte. Un tailleur strict.*

CONTR. Élastique, lâche, large; approximatif.
DÉR. Strictement.

STRICTEMENT [stʀiktəmɑ̃] adv. — 1503; rare av. 1758; de *strict*.

◆ **1.** D'une manière stricte (1.), sans aucun écart possible. *Il est strictement interdit de...* ⇒ **Absolument, rigoureusement.** *Se soumettre strictement à un emploi du temps* (→ Départir, cit. 10). *Revenus strictement calculés* (→ Dépasser, cit. 7), au plus juste. *Le caractère strictement monothéiste* (cit. 2) *d'une religion. Affaire strictement personnelle* (cit. 3). *Strictement confidentiel.* — *Nombres strictement positifs,* dont le zéro est exclu.
Sans se permettre d'écart. *Se borner strictement à...* ⇒ **Étroitement, uniquement** (→ Main, cit. 71).
Au sens strict. *Strictement parlant.* ⇒ **Proprement** (*supra* cit. 4); → Absurde, cit. 1.

Emploi concret (rare). *Porte strictement fermée.*

◆ **2.** Sans fantaisie, avec correction et une certaine sévérité. *Être strictement habillé* (→ Gainer, cit. 1).

Elle avait des cheveux châtains, strictement coupés, un grand front, des yeux bleus très clairs et quelque chose d'intrépide.
  S. DE BEAUVOIR, *Mémoires d'une jeune fille rangée*, p. 233.

STRICTION [stʀiksjɔ̃] n. f. — 1761; du lat. *strictio* «pression»; de *strictum*, supin de *stringere* «serrer».

◆ **1.** Méd. Resserrement, constriction. «*Tel autre éprouvera brutalement une gêne ou striction thoracique s'accompagnant d'angoisse par suite d'une crise d'angine de poitrine*» (J. et H. Payenneville, *le Péril vénérien*, p. 33).

La faim, cependant, commençait à se faire durement sentir. Jusqu'alors nous n'avions éprouvé qu'une sensation de «déjeuner-en-retard». Maintenant, une véritable obsession s'installait, accompagnant une crampe à l'estomac, «la sensation de striction et de torsions» dit la question d'internat *(concours de médecine)*. À part ce désagrément, qui ne me surprenait pas, je me sentais parfaitement dispos.
  Alain BOMBARD, *Naufragé volontaire*, p. 71.

Didact. ou littér. Action de serrer; son résultat. «*Je m'éveille d'un rêve, et l'objet que je serrais, cordage, devient mon autre bras, dans un autre monde. La sensation de striction demeurant, la corde que je serrais s'anime...*» (Valéry, in G. L. L. F.).

◆ **2.** (1933). Phys. Resserrement, diminution de section (d'un fluide en écoulement, d'une pièce métallique soumise à une traction, d'un plasma soumis à des forces électromagnétiques). *Coefficient de striction. Période de striction,* de déformation non homogène d'une éprouvette. — *Striction magnétique :* diminution du rayon d'une colonne de plasma sous l'influence d'une force électromagnétique.

COMP. V. Électrostriction.

STRICTO SENSU [stʀiktosɛ̃sy] adv. — Attesté xxe; mots lat., «au sens strict».

◆ Au sens strict. ⇒ **Littéralement, proprement** (*supra* cit. 5); **strict** (*infra* cit. 4).

Mon jeu consiste à pratiquer, précisément, un jeu : le jeu littéraire, plus éloigné de la réalité des jeux impliquant des risques directs (sport dangereux que le jeu d'argent, par exemple, qui ont ceci de réel qu'on peut y perdre la vie ou s'y ruiner). Distinction, qu'il y a lieu de faire, entre le jeu lato sensu et le jeu stricto sensu. Michel LEIRIS, *Frêle bruit*, p. 310.

CONTR. Lato sensu.

STRIDENCE [stʀidɑ̃s] n. f. — 1883; de *strident*.
Littéraire et rare.

◆ **1.** Bruit strident. *La stridence du couteau sur l'aiguisoir* (cit.). ⇒ **Strideur.**

1 Les stridences des sabres cognaient les éperons et les étriers.
Paul ADAM, la Ruse, p. 253.

2 Alors il fut donné au nouvel initié d'entendre l'appel des lémuriens invisibles et mélancoliques, aux étrangetés sonores d'un autre monde. Stridences d'une musique absolument ésotérique et lunaire et qui se font écho (...)
P. GRAINVILLE, les Flamboyants, p. 45.

◆ **2.** (1907). Caractère d'un son strident. *Un grincement d'une stridence insupportable.* — Fig. *« Couleur (...) d'une incomparable stridence »* (Malraux, *les Voix du silence*, p. 554).

STRIDENT, ENTE [stʀidɑ̃, ɑ̃t] adj. — Av. 1502; rare av. le xixᵉ; du lat. *stridens, -entis*, p. prés. de *stridere* «produire un bruit aigu».

◆ **1.** Qui est à la fois aigu et intense, en parlant d'un bruit, d'un cri, etc. ⇒ **Perçant, sifflant.** *Grincement strident. Le cri strident des cigales* (cit. 2). *Le sifflet strident d'une locomotive* (cit. 2). *Rire strident.* ⇒ **Éclatant;** → Attaque, cit. 11; pointu, cit. 1. *Voix stridente.* ⇒ **Fort** (*supra* cit. 23); **aigre, dur.**

1 (...) de la Hourmerie, hors de lui, riposta en clameurs stridentes de jeune cochon qu'on égorge.
COURTELINE, Messieurs les ronds-de-cuir, IVᵉ tableau, III.

2 N'y tenant plus, il éclate de rire (...) d'un rire strident qui s'éparpille dans le jardin, comme un vol de moineaux piaillants (...)
O. MIRBEAU, le Journal d'une femme de chambre, p. 288.

◆ **2.** Rare. Littér. Qui s'accompagne de sons aigus, perçants; qui produit un bruit intense et perçant. *« Comme un essaim de stridentes sauterelles... »* (Leconte de Lisle, *in* G. L. L. F.).

◆ **3.** Didact. (Phonologie). Qui est caractérisé par un bruit d'intensité relativement élevée et, sur le plan articulatoire, par une obstruction supplémentaire (opposé à *mat*). *Consonnes stridentes.*

DÉR. Stridence.

STRIDER [stʀide] v. intr. — 1834; du lat. *stridere*.

◆ Littér. Rare. Produire des sons stridents.

STRIDEUR [stʀidœʀ] n. f. — Av. 1525; *strendor*, fin xiiᵉ; du lat. *stridor*, de *stridere*. → Strident.

◆ Vx. ou littér. Bruit perçant, strident.

O, suprême Clairon plein des strideurs étranges.
RIMBAUD, Poésies, XLII.

STRIDOR [stʀidɔʀ] n. m. — 1914; du lat. *stridor* «sifflement», de *stridere*. → Strident.

◆ Méd. Bruit strident lors de l'inspiration, parfois provoqué par une obstruction partielle du larynx ou de la trachée. *Stridor des nouveau-nés* ou *stridor congénital.*

STRIDULANT, ANTE [stʀidylɑ̃, ɑ̃t] adj. — 1842; n. m. pl., «insectes du genre cigale», 1839; du lat. *stridul(us)*.

◆ **1.** Didact. Qui produit un bruit strident; qui a un cri perçant. *Insectes stridulants.* — Par ext. (des bruits). ⇒ **Strident.**

Il n'y avait plus le bourdonnement, le voltigement, le sifflement, le stridulant murmure d'atomes ailés, la vie invisible et présente qui fait vivre la touffe d'herbe, la feuille, le grain de sable (...)
Ed. et J. DE GONCOURT, Manette Salomon, p. 295.

◆ **2.** (1926). Littér. Qui produit des sons stridents. *« Leurs fantaisies stridulantes »* (Montherlant, *in* G. L. L. F.).

STRIDULATION [stʀidylasjɔ̃] n. f. — 1817, *in* D. D. L., ii, 15; dér. du lat. *stridulus.*
Didactique.

◆ **1.** Bruit strident que produisent certains insectes. *La stridulation des cigales, des grillons.* ⇒ **Cri, chant** (*supra* cit. 8).

Un chemin s'ouvrait devant lui où dans la stridulation lancinante des cigales il s'engagea parmi les chênes verts, des pins, des buis, des oliviers retombés à l'état sauvage.
A. BILLY, Sur les bords de la Veule, p. 75.

Par anal. Vibration sonore émise dans l'eau par certains crustacés (crabes, crevettes).

◆ **2.** Méd. Sifflement strident survenant au cours de la respiration. ⇒ **Stridor.**

◆ **3.** Littér. Bruit strident.

DÉR. Stridulatoire.

STRIDULATOIRE [stʀidylatwaʀ] adj. — 1904; de *stridulation.*

◆ Didact. Qui concerne la stridulation. *Appareil stridulatoire des grillons.*

STRIDULER [stʀidyle] v. — 1846; du rad. lat. *stridul(us).*
Didactique ou littéraire.

◆ **1.** V. intr. Produire une stridulation*. *La cigale stridule. Striduler sur une note.*

◆ **2.** V. tr. (Rare). Produire (un cri, un bruit stridulant). — Au participe passé:

Elles écoutaient le hoquet de la locomotive qui se met en marche, le sifflement saccadé de ses jets, ses cris stridulés, ses ahans rauques.
HUYSMANS, les Sœurs Vatard, 1879, p. 237.

DÉR. Striduleux.

STRIDULEUX, EUSE [stʀidylø, øz] adj. — 1778; de *striduler.*

◆ Méd. Qui a un son aigu et sifflant. *Respiration striduleuse. Laryngite striduleuse.* ⇒ **Croup** (faux croup).

STRIE [stʀi] n. f. — 1545; rare jusqu'à la fin du xviiᵉ; du lat. *stria* «rainure».

◆ **1.** Sc. nat. et cour. (Rare au sing.). *Stries :* petits sillons parallèles, séparés les uns des autres par des arêtes saillantes. ⇒ **Rainure, sillon.** *Les stries d'une coquille* (cit. 4), *de la tige d'une plante, d'une lime. Marqué de stries profondes.* ⇒ **Strié.** *Stries du revêtement d'une autoroute.* — Au sing. *Une strie. Petite strie.* ⇒ **Striole.**

(1872). Rayure d'une roche, due à l'action glaciaire.

◆ **2.** (1779). *Stries :* petites lignes parallèles se détachant sur un fond. ⇒ **Raie, rayure.** *Stries transversales des muscles* (cit. 1) *striés* ou *stries d'Amici*, qui marquent les limites de chaque segment musculaire. *Stries sanguines.* — Spécialt. Petits vaisseaux visibles sur le globe de l'œil. ⇒ **Strier.** — Au sing. *Une strie.*

1 (...) une calotte blanche bordée d'un galon noir et constellée de plusieurs rangs de pièces d'argent trouées se détachant sur une strie rouge (...)
Th. GAUTIER, l'Orient, t. I, p. 36.

2 L'alcool qu'il venait de boire multipliait et avivait les stries rouges de ses yeux.
J. KESSEL, le Lion, p. 69.

3 Judith quitte sa mère et va voir la pluie de plus près. Et la place qui danse dans les stries de la pluie. M. DURAS, Dix heures et demie du soir en été, p. 11.

(1771). Archit. Au plur. Cannelures* parallèles sur une colonne, un pilastre, etc. — Au sing. (Rare). Listel.

DÉR. Strier, striole.
COMP. Strioscopie.

STRIÉ, ÉE [stʀije] adj. — 1534; du lat. *striatus*, de *stria.* → Strie.

◆ **1.** Couvert, marqué de stries, de raies. *Colonne, coquille, tige striée. La peau* (cit. 3) *tantôt lisse et tantôt striée.*

(...) des yeux morts sous des paupières tombantes et striées comme des coquilles (...) Alphonse DAUDET, le Nabab, VII.

Géol. *Roche striée*, qui porte des stries dues à l'action glaciaire. *Caillou, galet strié.*

◆ **2.** (1889). Anat. MUSCLES (cit. 1) STRIÉS, qui présentent, outre les stries longitudinales dues aux fibrilles musculaires, des stries transversales résultant de la succession alternante de disques sombres et de disques clairs qui sont les éléments contractiles du muscle. *Les muscles striés correspondent à la vie de relation* (mouvements volontaires), *à la différence des muscles lisses* (viscéraux) *dont la contraction échappe à la volonté.*

◆ **3.** (1751). Anat. CORPS STRIÉ : structure constituée par les trois amas de substance grise du cerveau : *le noyau caudé*, qui s'enroule autour de la couche optique, *le noyau lenticulaire*, situé en dehors du noyau caudé et de la couche optique, et *l'avant-mur*, mince lame grise à la face externe du noyau lenticulaire. —*Aire striée*, du cortex occipital, qui est la zone de projection visuelle de la rétine.

STRIER [stʀije] v. tr. — Av. 1854, Nerval, cit. 1; de *strie.*

◆ Couvrir, marquer, orner de stries, de raies. ⇒ **Bretter, rayer, vermiculer.**

1 L'eau verdissait et chatoyait de reflets sombres, des bandes violettes striaient les rougeurs du couchant. NERVAL, Promenades et souvenirs, IV.

2 *(La fenêtre)* que la lumière électrique de l'intérieur, segmentée par les pleins des volets, striait de haut en bas de barres d'or parallèles.
PROUST, la Prisonnière, Pl., t. III, p. 330.

▶ STRIÉ, ÉE p. p. adj. *Strié de..., par... :* marqué de stries. — *Dos de poisson strié de brunissures verdâtres* (→ Nacre, cit. 3). *Plumes blanches striées de brun* (→ Milan, cit.).

3   Des yeux de Monsieur, je ne voyais que deux petits globes blancs, striés de rouge.
         O. MIRBEAU, le Journal d'une femme de chambre, p. 19.

DÉR. Striage, striation.

STRIGE [stʀiʒ] n. m. ⇒ Stryge.

STRIGIDÉS [stʀiʒide] n. m. pl. — 1839; du lat. *strix, strigis* → Stryge.

♦ Zool. Famille d'oiseaux qui comprend tous les rapaces nocturnes (on dit aussi : *bubonidés*) et constitue à elle seule l'ordre des *strigiformes*. *Les strigidés ont les yeux placés de face et entourés chacun d'un cercle de plumes formant le disque facial. Les hiboux, les chouettes sont des strigidés.* — Au sing. *Un strigidé.*

STRIGILAIRE [stʀiʒilɛʀ] n. m. — Av. 1872, Gautier; du bas lat. *strigilarius* «fabricant de strigiles», ou du franç. *strigile**.

♦ Didact. Rare. Esclave qui nettoyait les baigneurs à l'aide du strigile, dans les thermes romains.

STRIGILE [stʀiʒil] n. m. — 1544; rare jusqu'au XVIIIᵉ; *strigil*, 1727, Furetière; du lat. *strigilis.* → Étrille.

♦ **1.** Antiq. Racloir, généralement en métal, dont les Anciens se servaient pour nettoyer le corps de la sueur, de l'huile et de la poussière après les exercices de la palestre.

REM. Certains font le mot féminin (Landais, *Dict. gén. et gramm.;* Ed. et J. de Goncourt, *Journal*, 20 avr. 1867).

(...) il pénétrait dans le *caldarium (salle de bains chauds)* où régnait une température aussi élevée, et dans lequel il pouvait, de surcroît, en s'approchant du *labrum* (bassin), asperger sa peau ruisselante de sueur avec de l'eau brûlante et la racler ensuite avec le strigile.
       J. CARCOPINO, la Vie quotidienne à Rome..., p. 302.

♦ **2.** (1872, Littré). Archéol. Cannelure en forme de S qui constitue un motif décoratif fréquent sur les sarcophages antiques.

STRING [stʀiŋ] n. m. — 1977, *Catalogue de la Redoute;* mot angl., proprt «ficelle».

♦ Anglic. Maillot de bain ou sous-vêtement consistant en pièces de tissu très exiguës maintenues par des cordons (angl. *string*). *String de femme* (cache-sexe parfois accompagné d'un haut couvrant seulement la pointe des seins), *d'homme* (maillot de bain). — Appos. *Slip string.*

Quand elle me glisse à l'oreille qu'elle est allée acheter un «string» en pensant à moi (...)
       Ph. SOLLERS, Femmes, p. 209.

STRINGENDO [stʀinʒɛndo] adv. — 1907; mot ital., gérondif du v. lat. *stringere* «serrer».

♦ Mus. (indication d'exécution). En serrant. *Cet arpège doit être joué stringendo.* Abrév. : *string.*

STRINGER [stʀinɡœʀ] n. m. — XXᵉ; mot angl., de *to string* «assembler (des mots)», de *string*, proprt «corde, ficelle».
Anglicisme.

♦ Techn. Informateur local recruté et éventuellement rémunéré par le correspondant d'une agence de presse, d'un grand journal.

Lorsque l'agence compte recevoir d'une région donnée plusieurs nouvelles par semaine, elle installe en général un correspondant particulier. Ailleurs, elle fait appel aux services d'un stringer. C'est un journaliste local qui ne fait pas partie du personnel de l'agence, mais sur qui celle-ci peut compter pour lui communiquer les nouvelles intéressantes ou pour l'alerter lorsqu'on prévoit un événement important de nature à justifier l'envoi d'un spécial. Les stringers sont généralement rémunérés à la pige, en fonction des nouvelles transmises.
       Philippe GAILLARD, Technique du journalisme, p. 42.

STRIOLE [stʀijɔl] n. f. — Mil. XIXᵉ; *striolé*, 1842; de *strie*, et *-ole.*

♦ Didact. Petite strie.

STRIOSCOPIE [stʀijɔskɔpi] n. f. — 1949, *in* Larousse; de *strio-*, de *stri(e)*, et *-scopie.*

♦ Sc. Méthode photographique pour étudier les ondes de choc (produites par exemple dans l'air par un projectile, ou par un profil d'aile d'avion dans une soufflerie).
DÉR. Strioscopique.

STRIOSCOPIQUE [stʀijɔskɔpik] adj. — 1953, *in* Larousse; de *strioscopie.*

♦ Sc. Qui est relatif à la strioscopie. *Méthode strioscopique.*

---

1. STRIP [stʀip] n. m. — 1955; mot angl., abrév. de *strip-tease.*

♦ Strip-tease*.

2. STRIP [stʀip] n. m. — 1947; mot anglo-amér., de *comic strip;* de *strip* «bande», et *comic* «comique».
Anglicisme.

♦ Rare. Bande dessinée disposée en une série horizontale de quelques images (et non pas en page). *Le strip en noir et blanc est caractéristique des quotidiens; il s'oppose à la page en couleur des suppléments* (ou *comic book à l'album*).

Qu'il s'agisse du micro-récit en quelques vignettes en série (le strip des quotidiens) ou de la succession de nombreuses pages (...) l'œuvre se laisse analyser en unités visibles (...)
Dans le strip, la bande n'est subdivisable qu'en les vignettes; dans la page et la narration plus vaste des unités intermédiaires de nature fonctionnelle (séquence, épisode...) sont en général manifestes.
       A. REY, les Spectres de la bande, p. 57-58.
Par ext. Toute bande dessinée.
On trouve aussi la forme *comic strip* (1967).

STRIPAGE [stʀipaʒ] n. m. — 1969; d'après l'angl. *stripping*, pour remplacer cet anglicisme.

♦ Phys. nucl. «Réaction nucléaire dans laquelle un nucléon est arraché d'un noyau projectile et capté par le noyau cible» *(Journ. off.).* ⇒ **Stripping** (3.). «*Le nucléon arraché dans le stripage fusionne avec la cible, tandis que le projectile continue sa course pratiquement dans sa direction initiale*» *(Journ. off.).*

1. STRIPPER [stʀipœʀ] n. m. — 1961; mot angl., de *to strip* «effeuiller». → Strip-tease.
Anglicisme.

♦ **1.** Techn. Machine pour la cueillette du coton.
La machine à cueillir le coton est un vieux rêve d'inventeur, longtemps poursuivi sans succès, aujourd'hui réalisé. Sous les noms de *stripper* (déshabilleur) ou *picker* (cueilleur) un certain nombre de types de machines, mettant en œuvre des techniques variées, sont actuellement en service.
       Pierre DE CALAN, le Coton et l'Industrie cotonnière, p. 19.

♦ **2.** (1964). Chir. Instrument utilisé en chirurgie pour dénuder les veines, dans le traitement contre les varices. Recomm. off. : *tireveine.*

2. STRIPPER [stʀipe] v. tr. — Mil. XXᵉ; *in* Larousse, 1964; de l'angl. *to strip* «dépouiller».

♦ Anglic. Techn. Extraire de (un liquide) ses fractions les plus volatiles (opération de distillation).

STRIPPING [stʀipiŋ] n. m. — 1958, au sens 2.; mot anglais.
Anglicisme.

♦ **1.** Techn. Entraînement des fractions trop volatiles d'un liquide. (⇒ 2. **Stripper**).

♦ **2.** (1958, Garnier-Delamare). Chir. Méthode d'ablation chirurgicale des varices. Équivalents recommandés : *éveinage, phlébectomie, trin+glage.*

♦ **3.** (1968). Phys. nucl. ⇒ **Stripage** (recomm. off.).

STRIP-TEASE [stʀiptiz] n. m. — 1949, cit. 1; d'abord au sens de «strip-teaseuse», 1937, Cocteau, *in* Höfler; mot angl., de *to strip* «déshabiller», et *to tease* «agacer, taquiner».
Anglicisme.

♦ **1.** Spectacle de cabaret au cours duquel une ou plusieurs femmes se déshabillent progressivement, en musique. ⇒ **Effeuillage, strip.** *Numéro de strip-tease. Faire du strip-tease.* ⇒ **Strip-teaseuse.** — (*Un, des strip-teases*). Numéro de ce spectacle.

La direction de «l'Œil de bœuf» a le plaisir d'offrir à sa clientèle une attraction   1
typiquement new-yorkaise : un numéro de strip-tease, traduction : déshabillage-tentation, effectué par une jeune danseuse (...)
       René FALLET, Pigalle, 1949, p. 185-186.

Le strip-tease (...) est fondé sur une contradiction : désexualiser la femme dans   2
le moment même où on la dénude (...) la fin du strip n'est plus d'expulser à la lumière une profondeur secrète, mais de signifier, à travers le dépouillement d'une vêture baroque et artificielle, la nudité comme habit *naturel* de la femme.
       R. BARTHES, Mythologies, p. 166.

(1958). Établissement où l'on propose ce genre de spectacle.

J'irai partout, sur les plages de milliardaires, chez les derniers Indiens, dans les   3
strip-teases minables.   F. REICHENBACH, *in* Arts, nº 685, 27 août 1958.

Par métaphore. Déshabillage.

Il y a le strip-tease de la nuit du 4 août, où les Nobles dans une frénésie de   4
générosité arrachaient leurs chapeaux à plumes, leurs beaux habits, se dénudaient presque entièrement; puis mesurant soudain leurs sacrifices et consternés, ils se hâtaient de ramasser leurs effets et de les emporter.
       S. DE BEAUVOIR, Tout compte fait, p. 220.

♦ 2. (1956). Fig. Confidences, aveux complaisants, comportement exhibitionniste. ⇒ **Déballage.** *« Cette époque de strip-tease politique, social, vestimentaire (...) Cette ère de déballage universel »* (Daninos).

REM. Le mot, pour lequel on a proposé des équivalents français, comme *effeuillage*, a aussi reçu des transcriptions fantaisistes (*stripeutise*, R. Queneau, *les Fleurs bleues*, p. 11, correspond à une prononciation possible) et des formes par à-peu-près (*sliptize*, R. Queneau, *Zazie dans le métro*, p. 151).

DÉR. **Strip-teaseuse.**

STRIP-TEASEUSE [stʀiptizøz] n. f. — 1955; *strip-teaser*, 1951 in Höfler; de *strip-tease*.

♦ Femme qui exécute un numéro de strip-tease. ⇒ **Effeuilleuse.**

1 Et puis, le strip-tease est assimilé à une carrière (débutantes, semi-professionnelles, professionnelles), c'est-à-dire à l'exercice honorable d'une spécialisation (les strip-teaseuses sont des ouvrières qualifiées...)
R. BARTHES, Mythologies, p. 168.

REM. On rencontre, rarement, le nom masculin *strip-teaseur.*

2 Qu'est-ce que nos strip-teaseurs montrent de plus que ce que n'importe quel bonhomme montre sur une plage? F. Magazine, mai 1981, p. 87.

STRIQUER [stʀike] v. tr. — 1803; du néerl. *strijken* « lisser (un drap)»; francique* *strîkan* «frotter».
Technique.

♦ 1. Traiter (le drap) en lui donnant le dernier fini.

♦ 2. Appliquer les fleurs et les ornements à l'aiguille sur (un réseau de tulle mécanique), dans la fabrication de la dentelle.

DÉR. **Stricage, striqueur.**

STRIQUEUR, EUSE [stʀikœʀ, øz] n. — 1876; de *striquer*.
Technique.

♦ 1. N. f. Ouvrière qui strique la dentelle.

♦ 2. N. (1904). Ouvrier, ouvrière qui strique le drap.

♦ 3. N. f. (1964). Machine destinée à striquer le drap.

STRIURE [stʀijyʀ] n. f. — 1751; *strieure*, 1567; du lat. *striatura*, de *stria*. → Strie.

♦ 1. Disposition par stries parallèles; manière dont une chose est striée. *La striure d'un caillou.*

♦ 2. *(Une, des striures).* Strie.
Elle a un beau cadran blanc en métal, avec de petites striures à la place des chiffres. J.-M. G. LE CLÉZIO, le Déluge, p. 126.
(1872, *in* Littré). Archit. Cannelure (d'une colonne).

STRIX [stʀiks] n. m. — 1765, « rapace nocturne »; mot lat. → aussi Stryge.

♦ Zool. Rapace nocturne (terme générique). *Le strix le plus répandu est l'effraie.* ⇒ **Chouette, effraie, hulotte.**

STROBILATION [stʀɔbilasjɔ̃] n. f. — 1904; de *strobile* (2.).

♦ Zool. Segmentation (des ténias) en chaînes de proglottis.
Mode de multiplication asexué des méduses acalèphes; transformation du scyphistome en strobile dont les segments produisent les éphyras ou éphyrules.

STROBILE [stʀɔbil] n. m. — 1798; du lat. *strobilus*, grec *strobilos* «toupie; pomme de pin».

♦ 1. Bot. Vx. Inflorescence ou infrutescence composée (⇒ **Fruit**), en forme de cône. *Strobiles des conifères, du houblon* (inflorescences femelles). ⇒ **Cône.**
Mod. Épi porteur de sporanges (chez les ptéridophytes). *Inflorescence mâle des conifères* («cône» étant réservé à l'inflorescence femelle, surtout après la fécondation).

♦ 2. Zool. ⓐ Chaîne d'anneaux (proglottis) qui forme le corps du ténia. (⇒ **Strobilation**).

ⓑ Forme larvaire des acalèphes (méduses).

DÉR. (De 1.) **Strobilifère, strobiliforme.**

STROBILIFÈRE [stʀɔbilifɛʀ] adj. — 1808, Boiste; de *strobile*, et *-fère*.

♦ Bot. Qui porte des strobiles (1.).

STROBILIFORME [stʀɔbilifɔʀm] adj. — 1808, Boiste; de *strobile*, et *-forme*.

♦ Didact. En forme de strobile (1.), de cône.

STROBO- Élément, du grec *strobos* « rotation, tournoiement ».

STROBOPHOTOGRAPHIE [stʀɔbofɔtɔgʀafi] n. f. — 1974; de *strobo-*, et *photographie*.

♦ Didact. (Photogr.). Procédé de filmage qui permet de régler le nombre de photos par seconde.

STROBORAMA [stʀɔbɔʀama] n. m. — Mil. xxᵉ; de *strobo-*, et *-orama*.

♦ Didact. Appareil stroboscopique extrêmement rapide.
Parmi les appareils à décharge dans le néon, citons le Stroborama (Seguin) qui a donné des instantanés de 1/1 000 000 de seconde et qui a permis la photographie de balles de fusil animées de vitesses de 700 à 1 600 m/sec. Aujourd'hui, on appelle stroborama tout appareil capable de donner des instantanés de moins de 1/10 000 de seconde d'exposition, et *stroboscope* tout appareil cinématographique capable de donner plus de 300 images/seconde.
Lo DUCA, Technique du cinéma, p. 100.

STROBOSCOPE [stʀɔbɔskɔp] n. m. — 1890, P. Larousse, *Deuxième Suppl.*; de *strobo-*, et *-scope*.

♦ 1. Vx. Appareil rotatif (disque, cylindre) donnant l'illusion de mouvement par une suite d'images (grâce à la persistance des images rétiniennes). *Le stroboscope, ancêtre du cinéma, des dessins animés.*

♦ 2. (1933). Milit. (Rare). Périscope mobile de certains chars lourds.

♦ 3. (1964). Phys. et cour. Instrument destiné à faire apparaître immobiles ou animés d'un mouvement lent des objets animés d'un mouvement périodique rapide. *Dans le cas d'un mouvement périodique assez lent, le stroboscope permet d'observer le phénomène à travers des ouvertures pratiquées dans un disque tournant à une vitesse convenable; dans le cas d'un mouvement périodique rapide, une succession d'éclairs à une fréquence bien choisie permettent de ne voir ou de ne photographier qu'une phase déterminée du phénomène.*

♦ 4. Méd. Appareil qui émet des éclairs lumineux de fréquence réglable, employé pour l'étude des crises convulsives des épileptiques.

DÉR. **Stroboscopie, stroboscopique.**

STROBOSCOPIE [stʀɔbɔskɔpi] n. f. — 1890; de *stroboscope*.

♦ Phys. Observation des objets en mouvements, et, spécialt, des objets animés d'un mouvement périodique rapide au moyen du stroboscope.

STROBOSCOPIQUE [stʀɔbɔskɔpik] adj. — 1846, *table stroboscopique* «stroboscope», Bescherelle; de *stroboscope*.

♦ Phys. Relatif à la stroboscopie, à l'observation des objets en mouvement, des phénomènes périodiques rapides au moyen du stroboscope. *Méthode, observation stroboscopique. Mouvement stroboscopique. — Disques stroboscopiques.*
Cour. *Éclairage stroboscopique. Effet stroboscopique.*

STROMA [stʀɔma] n. m. — 1846; du grec *strôma* «tapis, couverture».

♦ 1. Biol. (histologie). Tissu qui constitue la charpente d'un organe, d'une structure anatomique. *Stroma choroïdien, iridien. Stroma globulaire. Stroma conjonctif.*
(...) nombre d'individus vivent normalement en altitude sans offrir d'importantes modifications apparentes de la cytologie sanguine par rapport à leurs congénères des plaines a émis l'hypothèse d'une meilleure dispersion des groupements vecteurs d'oxygène dans le stroma des hématies de ces montagnards, accroissant ainsi la surface active d'échange...)
Jacques GUILLERME, la Vie en haute altitude, p. 65.
Spécialt. (Pathol.). Tissu conjonctif constituant la charpente d'une tumeur cancéreuse.

♦ 2. (1872). Bot. Mycélium massif des thallophytes. (Syn. : *plectenchyme*).

♦ 3. Didact. Pellicule qui se forme à la surface d'un liquide en putréfaction.

STROMATÉE [stʀɔmate] n. m. — 1876; du bas lat. *stroma, stromatis* «tapis». → Stroma.

♦ Zool. Poisson osseux des mers chaudes ou tempérées.

STROMATOLITE [stʀɔmatɔlit] n. f. ou m. — Mil. xxᵉ; du lat. *stroma, stromatis* «tapis», et *-lite* pour *-lithe*.

♦ Sc. Concrétion calcaire à feuillets concentriques, due à des algues bleues, fossile du précambrien supérieur. *Les plus anciens stromatolites remontent à 2300 millions d'années. Mer à stromatolites.* « *Ce sont des êtres vivants qui sont à l'origine de bien des bancs calcaires. Des algues bleues ou bleu-vert ont provoqué, au fil des jours ou des saisons, le dépôt de minces couches de carbonate de chaux, empilées pour former soit des colonnes (certains atteignent plusieurs mètres de haut), lisses ou branchues, soit des amas mamelonnés qui peuvent constituer de vrais récifs (...) L'interprétation de ces édifices connus sous le nom de "stromatolites" est délicate* » (*la Recherche,* févr. 1974, p. 143).

STROMBE [stʀɔb] n. m. — 1808, Boiste; du lat. bot. *strombus,* grec *strimbos* «toupie».

♦ Zool. Mollusque gastéropode *(Prosobranches)* de grande taille, dont la coquille porte une large ouverture en fente (→ Coquillage, cit. 1).

STROMBOLIEN, ENNE [stʀɔbɔljɛ̃, ɛn] adj. — 1874; de *Stromboli,* nom propre.

♦ (1904). Géol. *Volcan du type strombolien,* caractérisé par une lave très fluide et des éruptions violentes avec projection de bombes et de petites pierres. *Laves, projections stromboliennes.*

J'aurais voulu atteindre la lèvre de l'un de ces quatre puits, y jeter un coup d'œil, curieux de savoir si la lave qui mijotait dans leur gorge avait ou non l'aspect de sa cousine strombolienne.   H. TAZIEFF, Histoires de volcans, p. 63.

STRONGLE [stʀɔ̃gl] ou **STRONGYLE** [stʀɔ̃ʒil] n. m. — 1700; du grec *stroggulos* «rond».

♦ Zool. Long ver cylindrique *(Nématodes)* parasite des mammifères. *Strongle géant : parasite de l'appareil urinaire des carnivores, de certains herbivores.*

DÉR. Strongylose.

STRONGYLOÏDÉS [stʀɔ̃ʒilɔide] n. m. pl. — xxᵉ; *strongyliens,* 1876; du grec *strogguloeidḗs* «de forme arrondie», de *stroggulos.*

♦ Zool. Famille de vers cylindriques *(Nématodes),* dont le type est le *strongyle* ou *strongle*. — Au sing. Un strongyloïdé.*

DÉR. Strongyloïdose.

STRONGYLOÏDOSE [stʀɔ̃ʒilɔidoz] n. f. — Mil. xxᵉ; de *strongyloïd(és),* et *-ose.*

♦ Méd. Parasitose provoquée par les larves d'un strongyloïdé (ou anguillule), transportées par le sang dans les poumons ou dans l'intestin. (Syn. : *anguillose*).

STRONGYLOSE [stʀɔ̃ʒiloz] n. f. — 1897, in D.D.L., II, 8; *strongillose,* 1904; de *strongle.*

♦ Vétér. Maladie parasitaire des animaux domestiques, due au strongle*.

STRONTIANE [stʀɔ̃sjan] n. f. — 1795; de *Strontian,* village d'Écosse où l'on découvrit ce minerai.

♦ **1.** Vx. Minerai de strontium. Oxyde de strontium.

♦ **2.** Mod. Chim. Hydroxyde de strontium. — *Jaune de strontiane :* chromate de strontium, couleur minérale.

STRONTIANITE [stʀɔ̃sjanit] n. f. — 1795; de *strontiane.*

♦ **1.** Vx. Minerai de strontium.

♦ **2.** Mod. Carbonate naturel de strontium $(SrCO_3)$.

STRONTIQUE [stʀɔ̃tik] adj. — 1872, Littré; de *strontium.*

♦ Chim. De strontium. *Sels strontiques.*

STRONTIUM [stʀɔ̃sjɔm] n. m. — 1829, Académie, *Suppl.;* mot angl., nom donné par Davy (1807) au métal qu'il venait de découvrir, d'après *strontianite,* de *Strontian.* → Strontiane.

♦ Chim. Élément (nᵒ at. 38; masse at. 87,63; symb. *Sr*), métal alcalino-terreux (dens. 2,6; température de fusion 771°C), blanc argent, mou comme le plomb, ayant de nombreux isotopes, les uns stables, les autres radioactifs (certains de ces derniers ont des applications en biologie et en médecine). *L'isotope du strontium, de masse 90, est un des plus dangereux parmi les « retombées radioactives »*

dues aux explosions d'engins nucléaires. — Les sels de strontium colorent la flamme en rouge; certains sont utilisés en pyrotechnie, parfois en médecine.

DÉR. Strontique.

STROPHAIRE [stʀɔfɛʀ] ou (n. sc.) **STROPHARIA** [stʀɔfaʀja] n. m. — 1904, *Nouveau Larousse illustré;* lat. sc. *stropharia,* d'après *stropharius* «trompeur, imposteur, artificieux».

♦ Bot. Champignon basidiomycète (groupe des *Agaricales,* famille des *Strophariacées*), aux spores d'un pourpre violet. *Strophaire vert-de-gris. Strophaire de Cuba, hallucinogène.*

STROPHANTE [stʀɔfɑ̃t] ou **STROPHANTUS** [stʀɔfɑ̃tys] n. m. — 1808; du lat. bot. *strophantus,* 1802; du grec *strophos* «torsade», et *anthos* «fleur».

♦ Bot. Liane *(Apocynacées)* d'Afrique tropicale, dont les graines renferment des glucosides à propriétés cardiotoniques *(strophantosides,* et leurs dérivés *strophantidines).* ⇒ **Ouabaïne.**

DÉR. Strophantine.

STROPHANTINE [stʀɔfɑ̃tin] n. f. — 1890; de *strophante.*

♦ Chim. L'un des glucoses extraits des divers strophantes. ⇒ **Ouabaïne.** *Une des strophantines est un tonique cardiaque.*

STROPHANTUS [stʀɔfɑ̃tys] n. m. ⇒ **Strophante.**

STROPHARIA [stʀɔfaʀja] ⇒ **Strophaire.**

STROPHE [stʀɔf] n. f. — 1550, Ronsard; du lat. *stropha,* grec *strophē* «évolution du chœur; air chanté par le chœur», de *strephein* «tourner».

♦ **1.** Didact. Dans la littérature grecque antique, Première des trois parties d'une pièce lyrique chantée par le chœur. *Strophes, antistrophes et épodes* (cit.).

♦ **2.** (1669; rare jusqu'au xvIIIᵉ, s'employait en parlant de l'ode*; on disait plutôt *stance** dans les autres cas). Cour. Ensemble formé par plusieurs vers*, avec une disposition déterminée de mètres et de rimes qui assure sa cohésion. ⇒ **Quatrain, quintil, sixain, septain, huitain, dizain, douzain...** — REM. *Strophe* ne se dit guère au-dessous de quatre vers (tercet). *Poème divisé en strophes; division en strophes* (⇒ **Poésie**). *Alternance des strophes. Strophes d'une chanson.* ⇒ **Couplet.** — Poét. « *La strophe a des bâillons (...)* », la poésie (→ Poucette, cit. 2, Hugo).

— Voici (...) deux petits versets, ou couplets, que j'ai composés (...)
— Il veut dire deux strophes.   MOLIÈRE, la Comtesse d'Escarbagnas, 5.   **1**
N.B. Le mot est donné ici pour un hellénisme prétentieux.

Pour qu'une strophe existe, il faut qu'elle soit faite, c'est-à-dire qu'on ne puisse pas en séparer les parties sans la briser, sans la détruire complètement.   **2**
   Th. DE BANVILLE, Petit traité de poésie franç., p. 140.

Le premier vers d'une de ses strophes; et peu à peu toute la strophe se déploie dans l'espace intérieur comme un grand oiseau réveillé.   **3**
   J. ROMAINS, les Hommes de bonne volonté, t. IV, XXII, p. 249.

DÉR. Strophique.
COMP. Antistrophe.

STROPHIQUE [stʀɔfik] adj. — Fin xixᵉ; de *strophe.*

♦ Didact. Relatif à la strophe. *Césure strophique. Chanson strophique,* composée de couplets.

STROPHISME [stʀɔfism] n. m. — 1807; du grec *strophos* «cordon», de *strophein* «tourner».

♦ Bot. Tropisme d'une plante la conduisant à se tordre en hélice.

STROPIAT [stʀɔpja] n. m. — 1580; var. de *estropiat.*

♦ Fam. Vieilli ou régional. Estropié, infirme (→ Parjure, cit. 4).

À vrai dire, ce couple du stropiat farceur et de la belle fille prudente m'inspire des sentiments incertains et contradictoires.   **1**
   Jules LEMAÎTRE, Impression de théâtre, Scarron (1888).

Des stropiats à la démarche disloquée, des nains, des ombres titubantes errent sur le gravier grinçant.   G. DUHAMEL, Récits des temps de guerre, III, I.   **2**

STROSS [stʀɔs] n. m. — 1875, *strosse,* cit. *infra;* de l'all. *Strosse* «gradin».

♦ Techn. Partie d'un terrain située entre le sol d'abattage et le radier (d'un ouvrage).

À 200 ou 300 mètres en arrière des abattages, on ouvre un fossé appelé cunette du strosse, qui descend jusqu'au seuil de la grande section du tunnel (...) ces par-

ties s'appellent, strosse de gauche et strosse de droite. Quand le strosse est enlevé, la section entière du tunnel est excavée (...)
L. FIGUIER, l'Année scientifique et industrielle 1876, p. 281 (1875).

STRUCTEUR [stʀyktœʀ] n. m. — 1836 ; du lat. *structor*, même sens.

♦ Didact. (Antiq. rom.). Esclave affecté à l'ordonnance des repas.

STRUCTURABLE [stʀyktyʀabl] adj. — 1967, cit. *infra* ; de *structurer.*

♦ Didact. Qui peut être structuré. *Pensée, activité structurable.*
— Nom :
(...) le non-symbolisé et le non-symbolisable ont leur place à côté du symbolique, comme le non-structuré à côté du structurable.
J. DUVIGNAUD, l'Impossible Rencontre, *in* la Nef, nᵒ 31, p. 135.

STRUCTURAL, ALE, AUX [stʀyktyʀal, o] adj. — 1877 ; de *structure.*

Didactique.

♦ **1.** De la structure, quant à la structure (2. et 3.). *État structural* (d'un organe), par oppos. à *fonctionnel.* → Organe, cit. 10.
Géol., géogr. *Géologie structurale :* la tectonique. *Coupe, carte structurale.* ⇒ **Structurel.** *Forme, surface structurale* (ou *de structure*), constituée par une couche dure ou exhumée par érosion différentielle (→ Hamada, cit.).

♦ **2.** (1916). Qui étudie les structures (3.), en analyse les éléments. *Psychologie structurale,* qui résout les phénomènes psychologiques en leurs éléments.

♦ **3.** (1929). Mod. Qui étudie les structures (4.), qui relève du structuralisme*. *Phonologie structurale. Linguistique structurale, fonctionnelle.* (⇒ **Structuralisme**). *Sémantique structurale. Anthropologie structurale,* titre d'un ouvrage de Lévi-Strauss. *Histoire structurale. Introduction à l'analyse structurale des récits,* article de R. Barthes (in *Communications,* nᵒ 8, 1966).

1 L'objet de l'analyse structurale comparée n'est pas la langue française ou la langue anglaise, mais un certain nombre de structures que le linguiste peut atteindre à partir de ces objets empiriques et qui sont, par exemple, la structure phonologique du français, ou sa structure grammaticale, ou sa structure lexicale, ou même encore celle du discours, lequel n'est pas absolument indéterminé. À ces structures, je ne compare pas la société française (...) mais un certain nombre de structures, que je vais chercher (...) dans le système de parenté, l'idéologie politique, la mythologie, le rituel, l'art, le « code » de la politesse, et — pourquoi pas ? — la cuisine.
Claude LÉVI-STRAUSS, Anthropologie structurale, p. 98.

2 Dès lors, sur un contenu culturel donné, qu'il soit Dieu, table ou cuvette, une *analyse est structurale* (et *n'est structurale que*) lorsqu'elle fait apparaître ce contenu comme un modèle au sens précisé plus haut, c'est-à-dire lorsqu'elle sait isoler un ensemble formel d'éléments et de relations, sur lequel il est possible de raisonner sans faire appel à la signification du contenu donné.
Michel SERRES, Hermès I, la Communication, p. 32.

♦ **4.** Qui porte sur les structures. *Exercices structuraux. Description structurale,* en grammaire générative. ⇒ **Structurel.**

DÉR. Structuralement, structuralisme.

STRUCTURALEMENT [stʀyktyʀalmɑ̃] adv. — 1964 ; de *structural.*

Didactique.

♦ **1.** De façon structurale. *Étudier structuralement un problème.*

♦ **2.** En ce qui concerne les structures. *Groupes structuralement différents.*

STRUCTURALISME [stʀyktyʀalism] n. m. — V. 1945 ; de *structural.*

Didactique.

♦ **1.** Théorie selon laquelle l'étude d'une catégorie de faits doit envisager principalement les structures (4.). ⇒ **Structural** (3.). *Le structuralisme de la psychologie de la forme, de la linguistique moderne, des sciences humaines* (anthropologie structurale, etc.). « *Fonctionnalisme et structuralisme ne sont pas des points contradictoires, ni même divergents* » (A. Martinet).

♦ **2.** Spécialt. En linguistique, Théorie descriptive et structurale des faits de langue. *Selon les tenants de la linguistique générative, qui s'y opposent, le structuralisme ne tient pas compte de la créativité, du dynamisme du langage.*

♦ **3.** Cour. et abusif. Emploi de concepts et de raisonnements rigoureux ; refus de l'intuition dans les sciences humaines, en théorie

littéraire. *Certains universitaires traditionnalistes ont violemment critiqué le structuralisme.*
DÉR. Structuraliste.

STRUCTURALISTE [stʀyktyʀalist] adj. et n. — Mil. xxᵉ ; de *structuralisme.*

Didactique.

♦ **1.** Adj. Qui relève du structuralisme. ⇒ **Structural.** *Méthodes, analyses structuralistes.*

♦ **2.** Adj. et n. Partisan du structuralisme. *Un anthropologue structuraliste.* — N. *Un, une structuraliste.* — Tenant du structuralisme (3.). *Traditionnalistes et structuralistes,* en théorie littéraire.

STRUCTURANT, ANTE [stʀyktyʀɑ̃, ɑ̃t] adj. — V. 1969 ; de *structurer.*

♦ Didact. Qui favorise, détermine une structuration. *Une relation structurante.*
(...) L. Apostel a dégagé, dans une étude d'ensemble sur les théories de l'apprentissage et en tenant précisément compte de cette notion de « learning sets » de Harlow, une algèbre de l'apprentissage dont les opérateurs essentiels soulèvent cette question des activités structurantes du sujet.
J. PIAGET, Épistémologie des sciences de l'homme, p. 192.

STRUCTURATION [stʀyktyʀasjɔ̃] n. f. — Av. 1962, Foulquié ; de *structurer.*

Didactique.

♦ **1.** Le fait de donner ou d'acquérir une structure. *Structuration de comportement.*

♦ **2.** Manière dont qqch. est structuré. « *La structuration topographique du sur-organisme urbain* » (→ Sur-, cit. 4, Leroi-Gourhan).

STRUCTURE [stʀyktyʀ] n. f. — 1530 ; « construction », xivᵉ ; du lat. *structura,* de *struere* « construire ».

♦ **1.** Manière dont un édifice est construit (⇒ **Construction**) ; agencement des parties d'un bâtiment, du point de vue de la technique architecturale, de la beauté plastique, etc. (→ Étage, cit. 8). Forme, volume qui en résultent. *L'immobile structure des cathédrales* (→ Paraphrase, cit. 1). — Par anal. *La structure d'un navire* (→ Équipement, cit. 1), *d'une voiture* (→ Haquet, cit. 1). Par métaphore. *La structure du monde.*

1
Les planètes s'arrêteront,
Les éléments se mêleront
En cette admirable structure
Dont le ciel nous laisse jouir.
THÉOPHILE DE VIAU, Ode, p. 209.

2
Et de tous nos palais la savante structure
Cède aux simples beautés qu'y forme la nature.
MOLIÈRE, la Princesse d'Élide, II. 1.

(1560). Fig. Disposition, arrangement* des parties (d'une chose comparée à un édifice). ⇒ **Agencement, architectonique, architecture, composition, économie.** « *Notre langue est fameuse pour la clarté* (cit. 14) *de sa structure* ».

♦ **2.** (Fin xviiᵉ ; en parlant des êtres vivants, 1560).

a Manière dont un ensemble concret, spatial, est envisagé dans ses parties*, dans son organisation ; forme* observable et analysable que présentent les éléments d'un objet. ⇒ **Ordre ; constitution, contexture, disposition, forme, organisation, schème** (2.). *Structure et fonctions*. Structure homogène, hétérogène. Structure d'un écosystème.*
Structure végétale (→ Fructification, cit. 1), *structure d'une cellule nerveuse, du tissu osseux* (cit. 1). *Structure histologique, cellulaire, moléculaire... Lésion* de structure,* affectant la structure d'un organe. — *Structure de l'écorce terrestre, des couches géologiques, d'un terrain... Structure concordante, discordante, orogénique, plissée, tabulaire, zonée.* — (Dans les sc. physiques). Groupement de différentes parties d'un ensemble ou de points qui en permettent la cohésion. *Structure de l'atome* (cit. 18 ; → 2. Physique, cit. 2), *du noyau. Structure moléculaire* (atomes, disposition, forces de liaison). *Structure imparfaite des réseaux lacunaires. Structure cristalline,* distribution des ions d'un métal (à l'état solide) en figures polyédriques régulières, dites *réseaux cristallins. Structure d'un cristal.* — *Structures d'un spectre. Structure fine,* pour laquelle les raies spectrales très fines sont distribuées en groupes séparés, correspondant à des niveaux d'énergie différents. *Structure hyperfine,* où l'on distingue dans les raies une structure formée de composantes extrêmement voisines. — REM. Depuis le milieu du xixᵉ s., le concept de *structure* a évolué vers le sens 4 ; de nos jours, tous les emplois scientifiques de *structure* sont influencés par ce dernier sens.

b Ensemble concret considéré dans l'agencement de ses parties. « *Ces structures charmantes et gracieuses* » (de plantes). → Botanique, cit. 3, Rousseau. *Les structures nerveuses* (→ Grégaire, cit. 2).

Une structure géologique (→ Filon, cit. 1). *Structure tabulaire, plissée.*

c Cour. Ce qui donne à qqch. sa forme, sa rigidité, le soutient. ⇒ **Ossature, squelette.** *Structure en bois d'un canapé. Structure à résistance différentielle d'une voiture. Structure gonflable formant le toit d'une piscine.*

♦ **3.** (XIXᵉ, dans les sciences sociales, sous l'infl. de l'angl. : Spencer, Morgan).

a Disposition des « parties » d'un ensemble abstrait, d'un phénomène, d'un système complexe, généralement envisagée comme caractéristique de cet ensemble et comme durable (avec les mêmes valeurs que le sens 4.). *Structure d'une société* (→ Réforme, cit. 4), *d'un État* (→ Droit, cit. 36), *du gouvernement* (cit. 34), *de l'industrie* (cit. 14) *française.* ⇒ **Armature, ossature** (fig.); **régime** (1. Régime, II., 1.). — (V. 1936). Écon. « Proportions et relations caractérisant un ensemble économique localisé dans le temps et dans l'espace » (F. Perroux), « éléments d'un ensemble économique qui (...) apparaissent comme relativement stables » (A. Marchal). *Structures de production et d'échange. Structure et conjoncture.* — REM. Comme le sens 2., cet emploi tend à rejoindre le sens 4.

(Dans le voc. marxiste). La réalité économique, base des rapports sociaux (par oppos. à *superstructure*). ⇒ **Infrastructure.**

b Cour. Organisation complexe et importante, envisagée dans ses éléments essentiels. *Les grandes structures administratives. Réformes de structure.*

(V. 1966). *Structures d'accueil* : ensemble de services d'accueil variés (ravitaillement, dépannage pour les voyageurs; orientation, documentation pour les touristes; activités culturelles, équipements sportifs pour la population).

♦ **4.** (V. 1921). Philos., sc. « Ensemble, système* formé de phénomènes solidaires, tels que chacun dépend des autres et ne peut être ce qu'il est que dans et par sa relation avec eux » (Lalande). ⇒ **Forme** (cit. 79). *La structure, conçue comme ensemble organisé de rapports* (II., 1.), *comme un système de relations* (II.) *qui est latent dans l'objet considéré, ou au contraire comme une partie de l'objet (son « noyau »).* — *Structures algébriques, mathématiques* (cit. 9), *physico-chimiques, biologiques* (→ ci-dessus, 2.), *psychiques* (→ Fonction, cit. 14), *psychopathologiques (structure paranoïaque...). Structures anthropologiques, sociales... Structures spatiales, temporelles. Structures harmoniques et rythmiques de la musique* (→ Jazz, cit. 3).

2.1   Chacun connaît les idées centrales de l'école Bourbaki, qui met à la base de l'édifice mathématique trois grandes « structures-mères » (structures algébriques, d'ordre et topologiques) dont les innombrables structures particulières dérivent par différenciations et combinaisons : or, les travaux psychologiques de Genève ont pu montrer que ces trois structures-mères correspondent, sous des formes concrètes et limitées, aux trois structures opératoires élémentaires que l'on trouve chez l'enfant dès la formation, vers 7 à 8 ans, des premières opérations logicomathématiques.
           J. PIAGET, Épistémologie des sciences de l'homme, p. 228.

2.2   (...) ce que je fantasme dans le système est très modeste (fantasme d'autant plus paradoxal qu'il n'a pas d'éclat) : je veux, je désire, tout simplement, une structure (ce mot, naguère, faisait grincer des dents : on y voyait le comble de l'abstraction).
           R. BARTHES, Fragments d'un discours amoureux, p. 56.

Math. Ensemble de notions (relations, lois de composition, topologies...) qui, associées, permettent de définir et de classer les objets mathématiques (→ ci-dessus, cit. 2.1). *Structures algébriques* (groupe, anneau, corps, espace vectoriel), *structures topologiques*, etc. *Structure de groupe, d'anneau, de corps. Ensemble muni d'une structure de groupe.*

2.3   Cela dit, la notion de structure est une notion *formelle*. Et voici sa définition, dans laquelle nous insistons sur les thèmes où l'on fait généralement contresens : *une structure est un ensemble opérationnel à signification indéfinie* (alors qu'un archétype est un ensemble concret à signification surdéfinie), *groupant des éléments, en nombre quelconque, dont on ne spécifie pas le contenu, et des relations, en nombre fini, dont on ne spécifie pas la nature,* mais dont on définit la fonction et certains résultats quant aux éléments.
           Michel SERRES, Hermès I, la Communication, p. 32.

(1905, Valéry, *Cahiers*). Ling. Agencement interne des unités qui forment un système linguistique. *Structure profonde*, dans une grammaire générative « standard », se dit de la structure des suites produites par les règles de réécriture, que les transformations* feront passer au niveau des *structures de surface* (ou *superficielles*), manifestées dans les phrases observables. *Certains chercheurs rapprochent les structures profondes des structures logiques étudiées par la logique des prédicats* (sémantique générative).

3   On comprend par *linguistique structurale* un ensemble de *recherches* reposant sur une *hypothèse* selon laquelle il est scientifiquement légitime de décrire le langage comme étant *essentiellement une entité autonome de dépendances internes,* ou en un mot, une *structure* (...)   HJELMSLEV, Acta linguistica, IV, 3.

Techn. *Structure logique* : organisation des éléments d'un ordinateur.

DÉR. **Structural, structurel, structurer.**
COMP. **Astructurel. — Structurologie.**

STRUCTURÉ, ÉE [stʀyktyʀe] adj. — Av. 1868; de *structurer*.

♦ **1.** Didact. Qui a une structure propre; qui peut être défini par une structure (opposé à « *amorphe* » ou « *astructuré* »).

♦ **2.** (Mil. XXᵉ). ⇒ **Organisé.** *Mouvement, parti structuré; peu, fortement structuré.*

♦ **3.** N. m. Rare. *Le structuré et l'amorphe.*

STRUCTUREL, ELLE [stʀyktyʀɛl] adj. — V. 1960; de *structure*.

♦ **1.** Écon. Des structures* (3.). *Déséquilibre structurel* (opposé à *conjoncturel**). *Inflation structurelle. Variables structurelles et variables de fonctionnement. Le chômage structurel des pays en voie de développement, en crise.*

♦ **2.** Ling. Qui a une structure* (4.), qui concerne la structure* (4.). ⇒ **Structural.** *Changement structurel; analyse, description structurelle,* en grammaire générative.

DÉR. **Structurellement.**

STRUCTURELLEMENT [stʀyktyʀɛlmɑ̃] adv. — V. 1960; de *structurel*.

♦ Didact. D'une manière structurelle.

STRUCTURER [stʀyktyʀe] v. tr. — Av. 1868; de *structure*.

♦ Didact. Donner une structure à (qqch.). — Par ext. Donner un plan, une organisation à.

▶ **STRUCTURÉ, ÉE** p. p. adj.
Doté d'une structure. *Théorie bien, mal structurée. Sa dissertation, son étude est peu structurée.*

▶ **SE STRUCTURER** v. pron.
Acquérir une structure.

DÉR. **Structurable, structurant, structuration, structuré.**
COMP. **Déstructurer, restructurer.**

STRUCTUROLOGIE [stʀyktyʀɔlɔʒi] n. f. — 1969; de *structure* (2.), en géologie.

♦ Géol. Étude de la structure des roches et de leurs déformations.

STRUDEL [stʀydɛl] n. m. — Attesté XXᵉ; mot allemand.

♦ Pâtisserie feuilletée contenant une préparation aromatisée aux pommes, généralement consommée tiède. « *Pour un repas léger, il faut choisir les délicieux blinis au caviar (...) et le strudel aux pommes* » (*l'Express*, 16 juin 1979, p. 22).

STRUME [stʀym] n. f. — V. 1220, *estrume*; lat. *struma* « scrofule ». Médecine.

♦ **1.** Rare. Goître. *Strume post-branchiale.*

♦ **2.** (1560, *strume*). Vx. Scrofule.

DÉR. et COMP. **Strumectomie, strumite.**

STRUMECTOMIE [stʀymɛktɔmi] n. f. — 1907; de *strume** et *-ectomie*.

♦ Méd. Ablation chirurgicale d'un goître.

STRUMEUX, EUSE [stʀymø, øz] adj. — XVIᵉ; *estrumeus*, XIIIᵉ; lat. *strumosus*, de *struma*. → Strume.

♦ Vx. Scrofuleux.

STRUMITE [stʀymit] n. f. — 1907; de *strume*, et *-ite*.

♦ Méd. Inflammation d'une glande thyroïde affectée d'un goître.

STRUTHIO [stʀytjo] n. m. — 1904; en lat., Linné; mot lat., du grec *strouthion*.

♦ Zool. Autruche, type des *struthionidés*.

STRUTHIONIDÉS [stʀytjɔnide] n. m. pl. — 1848; lat. sc. *struthioidae*, Vigors; → Struthio, et *-idés*.

♦ Zool. Famille de ratites comprenant le seul genre autruche. — Au sing. *Un struthionidé.*

STRUTHIONIFORMES [stʀytjɔnifɔʀm] n. m. pl. — 1904; de *struthio*, et *-forme*.

♦ Zool. Ordre d'oiseaux *(Ratites)* comprenant les *autruches*, les *émeus*, les *casoars*, les *nandous*. — Au sing. *Un struthioniforme.*

STRYCHNÉES [stʀikne] n. f. pl. ou STRYCHNOS [stʀiknos]
n. m. pl. — 1816, de Candolle pour les deux formes, *in* D.D.L.; lat. bot. *strychnos*, mot grec, «vomiquier».

♦ Bot. Arbres ou lianes des régions tropicales *(Loganiacées)*, dont plusieurs variétés contiennent des alcaloïdes toxiques (⇒ **Curare, strychnine, upas**). *Le vomiquier fait partie des strychnos, des strychnées.* — Au sing. *Une strychnée, un strychnos.*

1 Les Nambikwara ont des connaissances toxicologiques. Ils fabriquent du curare pour leurs flèches à partir d'une infusion de la pellicule rouge revêtant la racine de certains strychnos, qu'ils font évaporer au feu jusqu'à ce que le mélange ait acquis une consistance pâteuse; et ils emploient d'autres poisons végétaux que chacun transporte avec soi sous forme de poudres enfermées dans des tubes de plume ou de bambou, entourés de fils de coton ou d'écorce.
Cl. LÉVI-STRAUSS, Tristes tropiques, p. 257.

2 Ici, le calao se nourrit des fruits du strychnos, l'arbre à strychnine. Les noyaux sont l'un des plus forts poisons qui existent. L'oiseau mange la pulpe, jamais le noyau.
MALRAUX, Antimémoires, Folio, p. 474.

STRYCHNINE [stʀiknin] n. f. — 1818; du lat. bot. *strychnos.*
→ Strychnées.

♦ Alcaloïde qui (avec la brucine) se rencontre dans certaines espèces de strychnées (noix vomiques, fèves de Saint-Ignace) ou qui est obtenu par synthèse. *À faible dose, la strychnine stimule le système nerveux; à plus haute dose, elle est toxique* (50 mg suffisent à entraîner la mort d'un adulte). *Utilisation de la strychnine pour tuer les taupes.*
DÉR. Strychnique, strychnisme.

STRYCHNIQUE [stʀiknik] adj. — 1903, *Rev. gén. des sc.*, n° 17,
p. 921; de *strychnine.*

♦ De la strychnine; par la strychnine. *Empoisonnement strychnique.*

STRYCHNISME [stʀiknism] n. m. — 1872, Littré; de *strychn(ine)*,
et -*isme.*

♦ Didact. Intoxication par la strychnine.

STRYCHNOS [stʀiknos] n. m. ⇒ **Strychnées.**

STRYGE [stʀiʒ] n. f. — 1534; *estrie*, v. 1200; lat. *striga*, de *strix,*
strigis, grec *strigx, striggos* «effraie».

♦ Vieilli. Vampire tenant de la femme et de la chienne et qui, selon la légende, errait la nuit et suçait le sang des hommes (→ Évoquer, cit. 4; lémure, cit. 2). — REM. Certains écrivains emploient ce mot au masculin.

1 Ce n'est pas une bête en son gîte éveillée,
Ce n'est pas un fantôme éclos sous la feuillée,
Ce n'est pas un morceau de l'ombre du rocher
Qu'on voit là-bas au fond des clairières marcher;
C'est un vivant qui n'est ni stryge ni lémure (...)
HUGO, la Légende des siècles, XV, «Eviradnus», I, p. 232.

2 J'avoue être, pour ma part, excédé de toute cette diablerie de pacotille, ce pullulement de démons, larves, follets, stryges, goules, vampires, psylles, aspioles et bruccolaques, autant que des têtes de mort et des cimetières, où se complaisait l'imagination des Jeune-France, à la suite de l'Hugo des Odes et ballades.
Émile HENRIOT, les Romantiques, p. 447.

On rencontre la var. *strige* (1868).

3 (...) Bertille, mal habituée aux grincements nocturnes du Bocage — qui à cette heure semble habité de striges — en est toute frémissante à mon bras.
Hervé BAZIN, Cri de la chouette, p. 245.

STUC [styk] n. m. — 1533, *stuck*; *estucq*, 1524; ital. *stucco*, mot
germanique, longobard *stukki, restitué par l'anc. haut all. *stucki* «morceau; croûte, enduit».

♦ **1.** Composition de plâtre* (ou de poussière de marbre) gâché avec une solution de colle forte formant un enduit qui, après polissage, imite le marbre (on l'appelle *marbre artificiel*). ⇒ **Aggloméré;** et aussi **staff** (→ Plâtre, cit. 3). *Décoration en stuc de style Renaissance, baroque, jésuite* (cit. 2)... *Enduire de stuc.* ⇒ **Stucateur, stuquer.** *Motif décoratif en stuc.*

(...) on rencontre quelques filons de fer et de cuivre, des couches d'une certaine argile dont M. Racle, ingénieur, est parvenu, en 1780, à faire une espèce de stuc ou de marbre d'une solidité et d'un brillant singulier (...)
Th. GAUTIER, Souvenirs de théâtre, Statist. industr. départ. Ain.

♦ **2.** *(Un, des stucs).* Décoration en stuc. *De beaux stucs.*
DÉR. Stucage, stucatine, stuquer. — (De l'ital.) Stucateur, stucature.

STUCAGE [stykaʒ] n. m. — 1898; de *stuc.*

♦ Techn. Application de stuc; son résultat.

STUCATEUR [stykatœʀ] n. m. — 1641, Poussin; ital. *stuccatore,*
de *stucco.* → Stuc.

♦ Techn. Ornemaniste spécialisé dans la mise en œuvre du stuc.

Et du Jardin des Plantes, l'on revient encore, avant d'être arrivé, à un architecte de Parthénion qui demeure rue des Marais, de l'architecte à un stucateur du boulevard de l'Opéra, du stucateur à Réveillon.
Ed. et J. DE GONCOURT, la Femme au XVIIIᵉ s., t. I, p. 129.

STUCATINE [stykatin] n. f. — 1907; de *stuc.*

♦ Techn. Revêtement composé de chaux, d'acide phosphorique et d'acide salicylique, qui donne à une matière l'apparence de la pierre à bâtir.

STUCATURE [stykatyʀ] n. f. — xxᵉ; ital. *stuccatura*, de *stucco.*
→ Stuc.

♦ Rare. Ornement de stuc. ⇒ **Stucage.**

Leibniz est le penseur baroque par excellence. Son système — ou plutôt la série de petites maquettes qu'il en donne de préférence à un vaste exposé d'ensemble — rappelle ces gracieuses églises souabes ou autrichiennes tout en stucatures bleues, blanches et roses (...)
M. TOURNIER, le Vent Paraclet, p. 27.

STUD BOOK ou STUD-BOOK [stœdbuk] n. m. — 1828; mot
angl., de *stud* «haras», et *book* «livre».

♦ Registre portant les noms, les généalogies, les victoires des chevaux de race (pur-sang). *Des stud-books.*

1 Phileas Fogg fut inscrit comme un cheval de course, à une sorte de studbook. On en fit aussi une valeur de bourse, qui fut immédiatement cotée sur la place de Londres.
Jules VERNE, le Tour du monde en 80 jours, p. 33 (1873).

2 L'année 1833 fut marquée par un événement très important dans l'histoire chevaline en France. Une ordonnance du 3 mars créa, en effet, le Stud-book français, destiné à enregistrer les généalogies de tous les chevaux de pur-sang anglais nés ou importés en France.
P. ARNOULT, les Courses de chevaux, p. 27.

STUDETTE [stydɛt] n. f. — 1969; dimin. irrég. de *studio.*

♦ Petit studio formant à lui seul un logement. ⇒ **Chambre.** *À louer, studette tout confort.* — REM. Le mot appartient à l'usage de la publicité immobilière, et n'est pas usuel.

STUDIEUSEMENT [stydjøzmɑ̃] adv. — 1541; *studiousement,*
1190; de *studieux.*

♦ **1.** D'une manière studieuse, appliquée et sérieuse.

Il disait, sur les poètes de la Renaissance, des choses qu'il avait studieusement préparées, et qu'il croyait délicates.
J. ROMAINS, les Hommes de bonne volonté, t. IV, xv, p. 146.

♦ **2.** (xxᵉ; Académie, 1935). En travaillant intellectuellement, en étudiant. *Il a studieusement passé ses vacances.*

STUDIEUX, EUSE [stydjø, øz] adj. — V. 1380; *studieux à ...*
«attentif»; *estudius*, v. 1120; lat. *studiosus*, de *studium* «étude, zèle».

♦ **1.** (1552). Qui aime l'étude, le travail intellectuel; qui travaille avec application. ⇒ **Appliqué** (→ Plupart, cit. 11; rural, cit. 2). *Enfant, élève studieux. Un studieux vieillard* (→ 2. Prêt, cit. 1). — *Enfance, jeunesse studieuse* (→ Impunément, cit. 8).

L'aîné de ces enfants, né grave, et studieux,
Lisait et méditait sans cesse (...)
FLORIAN, Fables, II, 12.

Qui atteste le goût de l'étude. *Les grands fronts* (cit. 16) *studieux. Air studieux et attentif* (→ Rabbin, cit.).

♦ **2.** (1723). Favorable ou consacré à l'étude. *Une retraite studieuse* (→ Corporel, cit. 4). *De studieuses vacances. Des heures, des soirées studieuses.*

♦ **3.** (1532). Vx. *Studieux de* (et inf.) : appliqué, attentif à. «*... studieux De ne point offenser les démons ni les dieux*» (Hugo, *in* G.L.L.F.).

CONTR. Dissipé, oisif, paresseux.
DÉR. Studieusement.

STUDIO [stydjo] n. m. — 1830, angl. *studio* «atelier de peintre, de
photographe, etc.», mot ital., *studio* «atelier d'artiste», du lat. *studium* «étude».

★ **I.** ♦ **1.** Vx ou didact. (hist. de l'art; ital. *studio*). Pièce destinée à l'étude, au travail intellectuel. *Saint Jérôme dans son studio.* Atelier* d'artiste. — (1906). Atelier de photographe d'art.

♦ **2.** (V. 1908; angl. *studio*). Mod. et cour. Ensemble des locaux aménagés pour les prises de vue cinématographiques. *Un studio de cinéma. Les grands studios d'Hollywood, de Rome.* — *Tourner en studio* (→ En intérieur*) *ou en extérieur. Plateaux*, terrains extérieurs, équipement électrique, équipement sonore, laboratoires, ateliers de décoration, magasins d'un studio.*

(1949). Local aménagé pour les enregistrements destinés à la radio-diffusion ou à la télévision. *Studio insonorisé* (cit.). *Le studio 104 à la maison de Radio-France.*

♦ **3.** Salle de spectacle de petite dimension où l'on passe des films pour les connaisseurs. *Studios d'art et d'essai* (ou *cinémas d'essai*).

★ **II.** ♦ **1.** (1914). Cour. Pièce* servant de salon, de salle à manger et de chambre à coucher. ⇒ **Living-room.** — (Av. 1949). Logement* formé d'une seule pièce principale (⇒ **Garçonnière**). *Petit studio.* ⇒ **Studette.**

1 C'est le studio qui vous impressionne? Oui, ils appellent cela un studio, il se mit à rire, moi, je veux bien... Mais il ne vous paraît grand que parce que l'autre pièce est toute petite.
J. ROMAINS, les Hommes de bonne volonté, t. XVIII, XI, p. 149.

2 La servante le conduisit dans un studio où turellement *(sic)* jamais l'on estudia mais garni de photos radios bars et de fleurs *(sic).*
R. QUENEAU, Loin de Rueil, p. 145.

♦ **2.** Vieilli (d'après le sens étym.). Cabinet* de travail, d'étude. ⇒ **Studiolo.**

STUDIOLO [stydjɔlo] n. m. — xxᵉ (*in* Larousse, 1964); mot ital., dimin. de *studio.*

♦ Arts. Petit cabinet de travail aveugle, souvent décoré, dans un palais italien.
Ainsi les studiolos du Duc d'Urbino, Federigo da Montefeltre, dans le palais ducal d'Urbino et de Gubbio : sanctuaires minuscules tout en trompe-l'œil au cœur de l'immense espace du palais (...) Le studiolo est un microcosme inverse : coupé du reste de l'édifice, sans fenêtres, sans espace à proprement parler — l'espace y est perpétré par simulation. J. BAUDRILLARD, De la séduction, p. 93.

STUDIOSITÉ [stydjozite] n. f. — xvıᵉ; du lat. *studiosus.* → Studieux.

♦ Vx ou littér. Caractère d'une personne studieuse.
Un intérieur provincial austère, et la jeune fille vivant entre la studiosité de son oncle et la gravité de sa grand'mère (...)
Ed. et J. DE GONCOURT, Journal, 30 oct. 1863, t. II, p. 126.

STUKA [styka; ʃtuka] n. m. — 1940; mot all., abrév. de *Sturzkampf-flugzeug* «avion de combat en piqué».

♦ Hist. Bombardier allemand d'attaque en piqué (le Junkers 87).
Un vrombissement familier lui fit lever la tête. Trois par trois, les stukkas *(sic)* arrivaient. Ils volaient très haut et se mirent à décrire de grands cercles juste au-dessus de lui (...) Robert MERLE, Week-end à Zuydcoote, p. 86.

STUP, STUPS [styp] n. m. pl. ⇒ **Stupéfiant.** (cit. 4, 5 et *supra*).

STÛPA [stupa] n. m. ⇒ **Stoûpa.**

STUPÉFACTION [stypefaksjɔ̃] n. f. — V. 1363, sens 2.; du lat. *stupefactus.* → Stupéfait.

♦ **1.** (1458). État d'une personne stupéfaite. *Profonde stupéfaction. La stupéfaction de qqn, sa stupéfaction. Ma stupéfaction est complète : je m'y attendais si peu.*

1 À mesure que je chantais, la petite pie s'éloignait de moi d'un air de surprise qui devint bientôt de la stupéfaction, puis qui passa à un sentiment d'effroi accompagné d'un profond ennui. A. DE MUSSET, Contes, Hist. merle blanc, III.

2 Je m'aperçus dans cette glace et je puis dire que j'ai vu une fois en ma vie l'image accomplie de la stupéfaction. Mais je me donnai raison à moi-même et je m'approuvai d'être stupéfait d'une chose stupéfiante.
FRANCE, le Crime de S. Bonnard, III, Œ., t. II, p. 364.

♦ **2.** État d'une personne stupéfiée (1.). ⇒ **Engourdissement, stupeur.** *Une stupéfaction générale dans tout votre être* (→ Faiblesse, cit. 4). *Être plongé dans la stupéfaction. À la stupéfaction générale, à la stupéfaction du public ... Quelle ne fut pas notre stupéfaction, quand...*

3 Elle demeura plusieurs minutes immobile, les paupières baissées, dans un état de stupéfaction léthargique qui la rendait presque insensible.
MARTIN DU GARD, les Thibault, t. VI, p. 80.

STUPÉFAIRE [stypefɛR] v. tr. — Conjug. *faire,* rare sauf à la troisième pers. du sing. du prés. et aux temps composés. — 1776, *in* D.D.L.; de *stupéfait,* d'après *faire.*

♦ Frapper de stupeur. ⇒ **Étonner, stupéfier.** *Une telle audace, cette réponse l'avait stupéfait.* (→ Croix, cit. 15, Flaubert; 1. penser, cit. 37, Maurois).

1 (...) le lendemain, elle avait répété avec ravissement : « ma tante d'Uzai » avec cette suppression de l's finale, suppression qui l'avait stupéfaite la veille, mais qu'il lui semblait maintenant si vulgaire de ne pas connaître (...)
PROUST, Sodome et Gomorrhe, Pl., t. II, p. 819.

2 Marie était bien incapable de ce rapprochement d'idées, et on l'eût stupéfaite en prononçant le mot. J. ROMAINS, les Hommes de bonne volonté, t. V, p. 8.

(...) Lulu, cette plate nullité qu'il avait un jour stupéfait de sa grandiloquence. 3
F. MAURIAC, l'Enfant chargé de chaînes, XXI.

STUPÉFAIT, AITE [stypefɛ, ɛt] adj. — 1655; lat. *stupefactus,* p. p. de *stupefieri,* passif de *stupefacere* «étourdir, étonner».

♦ Étonné au point de ne pouvoir agir ou réagir. ⇒ **Étonné, interdit, surpris;** et aussi **anéanti, coi** (→ Grandir, cit. 8; milicienne, cit.; munificence, cit. 2; poupée, cit. 4). *Stupéfait de qqch.* (→ Expier, cit. 6; misérable, cit. 11), *de voir...* (→ 2. Panne, cit. 2). *Il en est resté stupéfait.* ⇒ **Ahuri, bleu** (fam.).

1 Oui, je suis stupéfait de ce dernier prodige (...) MOLIÈRE, l'Étourdi, V, 1.

2 (...) le duc de Richelieu, immobile et stupéfait, regardait encore la place où cette scène s'était passée; il semblait frappé de la foudre, et incapable de voir ou d'entendre ceux qui l'observaient. A. DE VIGNY, Cinq-Mars, XI.

(Fin xvıııᵉ). Par ext. *Un air stupéfait. Une expression, une face stupéfaite et ahurie.*

DÉR. Stupéfaire.

STUPÉFIANT, ANTE [stypefjɑ̃, ɑ̃t] adj. et n. m. — 1606; de *stupéfier.*

A. (Correspond à *stupéfier,* 1.) ♦ **1.** Adj. Littér. Qui stupéfie (1.) (→ Engourdir, cit. 2).

1 Les comprachicos, pendant l'opération, assoupissaient le petit patient au moyen d'une poudre stupéfiante qui passait pour magique et qui supprimait la douleur.
HUGO, l'Homme qui rit, I, Chapitre préliminaire, II, IV.

1.1 La jeune femme était toujours dans une prostration complète. Le guide lui fit boire quelques gorgées d'eau et de brandy, mais cette influence stupéfiante qui l'accablait devait se prolonger quelque temps encore.
J. VERNE, le Tour du monde en 80 jours, p. 106.

Didact. *Toxiques stupéfiants* (→ ci-dessous, 2.).

♦ **2.** (1835). N. m. ⒜ Cour. Substance toxique agissant sur le système nerveux, soit comme narcotique*, soit comme euphorisant*, et dont l'usage abusif provoque des perturbations graves, physiques et mentales, et un état de dépendance et d'accoutumance. ⇒ **Pharmaco-dépendance, toxicomanie** (→ Inhiber, cit. 3). *L'opium et ses dérivés, la cocaïne, le chanvre indien sont des stupéfiants.* ⇒ **Narcotique.** *Trafic de stupéfiants.* ⇒ **Drogue.** *Contrôle des stupéfiants. L'usage des stupéfiants.*

2 Le tabac, ce stupéfiant, la bière, cette boisson d'engourdissement finiraient-ils par endormir, dans les veines de la France, le sang du bourgogne?
Ed. et J. DE GONCOURT, Journal, 15 août 1863, t. II, p. 111.

2.1 Des stupéfiants, tels que la cocaïne et surtout l'héroïne procurent aussi une affolante impression d'imminence que j'évoque tant soit peu — bien que sans la définir — si je parle d'une sorte de tension abstraite qui se nourrit d'elle-même indépendamment de tout objet, tension extrême qui rêve encore de s'accroître et n'est que cet accroissement même rêvant d'atteindre au paroxysme.
Michel LEIRIS, Fourbis, p. 208-209.

(xxᵉ). Par métaphore :
La vie intense, ça s'obtient avec les affaires ou avec l'alcool, à volonté. Le travail aussi est un stupéfiant. L'action, vous savez, c'est une forme du sommeil. 3
F. MAURIAC, le Mal, X.

⒝ Au sens strict. «Substance dont l'administration engendre un état de dépression psychique et/ou psychologique» (Commission de terminologie du ministère de la santé, *Journ. off.,* 29 mars 1979). *Carnet d'ordonnance pour la prescription des stupéfiants. Doses d'exonération* des stupéfiants.*

⒞ Abrév. fam. du sens A. (Au plur.). STUP ou STUPS. «*Les spécialistes de la brigade des "stup" de Paris ont saisi, en 1980, 31,700 kg d'héroïne*» (*le Point,* 23 mars 1981).

4 Comparée aux affaires de stups ou bien de truands, cette mission n'enchantait personne. Martin ROLLAND, la Rouquine, p. 31.

Les stup, les stups : la brigade des stupéfiants. «*Alain a été fiché aux stups et contraint de se désintoxiquer*» (*le Nouvel Obs.,* 3 mars 1975, p. 43).

5 C'est le dernier voyage sur Marseille, y a trop de flics des stups, alors on déménage pour Amsterdam. Pierre GOMBERT, le Prix d'un taxi, p. 113.

B. (1842, Landais). Qui stupéfie* (2.). ⇒ **Étonnant** (→ Batailleur, cit. 3; fantastique, cit. 2). *Nouvelle stupéfiante.* ⇒ **Extraordinaire.**

STUPÉFIER [stypefje] v. tr. — 1478, méd.; *stupefar,* xıvᵉ; du lat. *stupefacere,* d'après les v. en -fier.

♦ **1.** Littér. Engourdir en inhibant les centres nerveux (→ Abrutissement, cit. 4).

1 Abruti par le salicylate, il n'a, depuis un mois, rien pu faire, dit-il. Il se plaint d'avoir le cerveau encore stupéfié (...) GIDE, Journal, 17 janv. 1902.

1.1 Tout ce qu'il pouvait faire, c'était de la stupéfier, elle aussi, pour lui faciliter l'atroce agonie qu'il prévoyait. ZOLA, Lourdes, p. 57.

Rendre moins vif, moins alerte. ⇒ **Accabler, atterrer, étourdir, paralyser.**

2 Toujours le froid l'avait stupéfiée; son caractère changeait, l'hiver (...)
MONTHERLANT, les Lépreuses, I, I.

♦ **2.** (1732, Trévoux). Cour. Rendre stupéfait. ⇒ **Étonner, stupéfaire** (→ Remonter, cit. 2; restauration, cit. 1). *Son attitude me stupéfie!*

3 C'était un fait que le travail fourni par le maître dépassait l'imagination et stupéfiait tous ceux qui l'approchaient.
Louis MADELIN, Hist. du Consulat et de l'Empire, Vers Empire Occident, VI.

CONTR. (Du 1.) **Stimuler.**
DÉR. **Stupéfiant.**

STUPEUR [stypœR] n. f. — 1333 ; lat. *stupor.*

♦ **1.** Didact., littér. État d'inertie et d'insensibilité profondes lié à un engourdissement général. ⇒ **Abattement, abrutissement, anéantissement** (→ Accablement, cit. 10 ; artère, cit. 2 ; intervalle, cit. 14).

1 (...) sa lassitude de la veille au soir était devenue telle, qu'il demeura jusqu'à midi dans sa chambre, assis sur une chaise, au pied de son lit. La stupeur, qui l'envahissait de plus en plus, lui ôtait jusqu'à la sensation de la souffrance.
ZOLA, la Faute de l'abbé Mouret, III, III, XI.

2 (...) Mais tu ne trouves pas que cette stupeur de l'intelligence — chez un garçon qui était, je puis bien le dire, le contraire d'une bête — est assez énigmatique ?
J. ROMAINS, les Hommes de bonne volonté, t. III, IV, p. 64.

Psychiatrie. Suspension apparente de toute activité physique et psychique (avec immobilité, mutisme, visage figé, regard morne, absence de réactions ou parfois négativisme). *Stupeur d'origine névrotique, psychotique. Stupeur observée dans la dépression, la mélancolie aiguë. Stupeur d'un catatonique. Stupeur confusionnelle.* ⇒ **Hébétude, obnubilation, torpeur.**

Méd. « Engourdissement général ou local » (Garnier). *Stupeur des tissus.*

♦ **2.** (1853). Cour. Étonnement profond qui confine à la stupeur (au sens 1). ⇒ **Saisissement, stupéfaction.** *Frappé* (cit. 37) *de stupeur* (→ Improviste, cit. 5). ⇒ **Béant, étonné, immobile, médusé, muet, stupéfait, stupide** (cf. Frappé par la foudre, changé en pierre...). *Avec stupeur* (→ Antenne, cit. 2 ; exalter, cit. 28 ; pacifiste, cit. 3 ; posthume, cit. 1). *Avec un mélange de stupeur et d'admiration* (→ Organique, cit. 1). *À la grande stupeur de...* (→ Écroulement, cit. 4). ⇒ **Stupéfaction.** *La stupeur de ces revirements,* provoquée par ces revirements (→ Étourdissement, cit. 6). *La stupeur de se trouver là* (→ Matériel, cit. 4). *Provoquer la stupeur de qqn.* ⇒ **Stupéfaire, stupéfier** (2.).

3 La masse du peuple accumulé dans la salle ne demandait pas de sang ; il le voyait couler avec stupeur, dit un témoin oculaire. Il regardait bouche béante ce prodigieux spectacle, bizarre, étrange à rendre fou.
MICHELET, Hist. de la Révolution franç., I, VII.

4 Passepartout, l'œil démesurément ouvert, la paupière et le sourcil surélevés, les bras détendus, le corps affaissé, présentait alors tous les symptômes de l'étonnement poussé jusqu'à la stupeur.
J. VERNE, le Tour du monde en 80 jours, p. 25.

STUPIDE [stypid] adj. — 1599 ; « engourdi, paralysé », 1377 ; lat. *stupidus.*

♦ **1.** Vx ou littér. Frappé de stupeur* (2.), paralysé d'étonnement. ⇒ **Étonné, hébété, interdit** (cit. 18 ; → 1. Aune, cit. 3 ; cri, cit. 23 ; étonnement, cit. 7 ; foudroyer, cit. 9 ; immobile, cit. 7). *Rester stupide à l'annonce d'une nouvelle.* — Par ext. « *Douleurs muettes et stupides* » (La Bruyère, III, 79).

1 — Parle, parle, il est temps. — Je demeure stupide ;
Non que votre colère ou la mort m'intimide (...) CORNEILLE, Cinna, V, 1.

2 (...) le ménage Gaudron, l'homme la bouche ouverte, la femme les mains sur son ventre, restaient béants, attendris et stupides en face de la Vierge de Murillo.
ZOLA, l'Assommoir, III, t. I, p. 95.

♦ **2.** (1552). Mod. (Personnes). Qui est atteint d'une sorte d'inertie mentale ; qui a peu d'intelligence et de sensibilité. ⇒ **Bête ; abruti, ahuri, borné, crétin, idiot, inintelligent, sot.** (→ Besoin, cit. 46 ; exercer, cit. 9 ; galérien, cit. 1 ; opiniâtreté, cit. 7 ; recrue, cit. 2). *Bête et stupide* (→ Maltraité, cit. 8). *À moins* (cit. 35) *d'être tout à fait stupide.* — Dénué d'intelligence, d'astuce. ⇒ **Imbécile, inintelligent.** *Un stupide béotien* (cit. 2). *Stupide pécore* (cit. 3). *Je ne serai pas assez stupide pour...*

3 Une femme stupide est donc votre marotte ? MOLIÈRE, l'École des femmes, I, 1.

N. Vx. *Un, une stupide.* ⇒ **Âne, animal** (cit. 15), **brute, huître** (cit. 5).

4 Le stupide est un sot qui ne parle point, en cela plus supportable que le sot qui parle. LA BRUYÈRE, les Caractères, XII, 49.

Par ext. (Groupes). *Une assistance particulièrement stupide. L'humanité devient stupide* → Ineptie, cit. 5.

5 Quel est le terrain de sottise, le milieu le plus stupide, le plus productif en absurdités, le plus abondant en imbéciles intolérants ? La province.
BAUDELAIRE, l'Art romantique, XVII, III.

Un air stupide (→ Pouls, cit. 5). *Têtes stupides* (→ Orchestre, cit. 10). — *Mener une vie stupide.* — Allus. littér. « *Le stupide XIXe siècle* », expression de Balzac (*Lettre à l'Étrangère,* 15 nov. 1838), reprise par Léon Daudet comme titre d'un pamphlet littéraire (1922).

♦ **3.** (1654). Absurde, inepte, insensé, en parlant d'un comportement, d'un propos... *Fureur, orgueil, obstination* (cit. 4) *stupide* (→ Aveuglement, cit. 12 ; fanatisme, cit. 4 ; et aussi humanitarisme, cit. 1). *Illusions* (cit. 15), *rêves stupides* (→ Lourd, cit. 13). *C'est stupide* (→ Changer, cit. 27). — Par ext. *Un accident stupide,* que

rien ne laissait prévoir, qui aurait dû être évité. — *Les paris stupides,* qui entraînent des conséquences fâcheuses, dangereuses.

CONTR. Animé. — Fin, intelligent, judicieux.
DÉR. **Stupidement, stupidifier.**

STUPIDEMENT [stypidmã] adv. — 1588 ; de *stupide.*

♦ D'une manière stupide (2.). ⇒ **Bêtement, sottement.** *Employer stupidement son temps* (→ Loisir, cit. 8). *Livres stupidement impies* (→ Avidement, cit. 4). *Ricaner stupidement.* ⇒ **Niaisement.**

Tu es un mauvais sujet, un joueur, un débauché qui a mangé stupidement ta fortune. BALZAC, le Contrat de mariage, Pl., t. III, p. 198.

(De *stupide* au sens 3). *Il s'est stupidement tué au volant de sa voiture.* ⇒ **Absurdement.**

STUPIDIFIER [stypidifje] v. tr. — 1829, Béranger, in D.D.L. ; de *stupide,* et suff. *-ifier.*

♦ Rare, par plais. Rendre stupide, faire considérer comme stupide (2.). « *Je vous interdis de me stupidifier après ma mort* » (*Charlie-Hebdo,* 8 déc. 1977, p. 7).

Au participe passé :
Je n'en suis pas moins resté, les mains sur mes genoux, comme un Dieu égyptien, statufié, stupéfié, stupidifié.
BARBEY D'AUREVILLY, Théâtre contemporain, p. 352-353, in D.D.L., II, 1.

STUPIDITÉ [stypidite] n. f. — 1541 ; lat. *stupiditas,* de *stupidus.* → Stupide.

♦ **1.** Vx. État d'une personne stupide* (1.). ⇒ **Stupeur.**
Cette stupidité s'est enfin dissipée.   1
CORNEILLE, Cinna, V, 1 (v. 1545, var. remplacée dans l'éd. de 1660).
Méd. Vx. Stupeur (1.). — Stupéfaction.

♦ **2.** Vx (langue class.). Torpeur, affaiblissement de la sensibilité et de l'intelligence.

La stupidité est en nous une pesanteur d'esprit qui accompagne nos actions et nos   2
discours.   LA BRUYÈRE, les Caractères de Théophraste, « De la stupidité ».

♦ **3.** (1587). Mod. Nature du caractère d'une personne stupide* (2.). ⇒ **Bêtise, crétinisme, idiotie** (→ Chimérique, cit. 6 ; distinguer, cit. 15 ; 1. fruit, cit. 45 ; furet, cit. 4 ; 1. mort, cit. 2 ; obscurcissement, cit.). *Il, elle est d'une rare stupidité. Je n'avais pas remarqué sa stupidité.* — (Choses). ⇒ **Absurdité, ineptie** (→ Extravagance, cit. 3 ; hypocrisie, cit. 9).

Quant à la férocité du duc, elle s'explique par sa stupidité. C'était une bête ; ajou-   3
tez féroce.   HUGO, Choses vues, I, 1847, Duc de Praslin, 21 août.

♦ **4.** (1825, in D.D.L.). *Une, des stupidités :* action ou parole stupide. ⇒ **Ânerie, balourdise, crétinerie** (vulg. **connerie, couillonnade**). *Débiter des stupidités.* ⇒ **Ineptie.** *Mais c'est une stupidité ! — Il ne publie plus que des stupidités.*

— (...) Voilà un quart d'heure perdu à des stupidités (...) Oui, des stupidités.   4
Ça n'a pas le sens commun (...)   ZOLA, Nana, IX.

CONTR. Intelligence ; finesse.

STUPOREUX, EUSE [stypɔRø, øz] adj. — xxe (in Larousse, 1933) ; dér. sav. du lat. *stupor.* → Stupeur.

♦ Didact. (surtout en psychiatrie). De la stupeur. *État stuporeux. Mélancolie stuporeuse.*

STUPRE [stypR] n. m. — 1684, D.D.L. ; « viol » 1378 ; lat. *stuprum.*

♦ Littér. Débauche honteuse, humiliante ; souillure (→ Effluence, cit. 2). ⇒ **Luxure.** *Se vautrer, se jeter dans le stupre.*

Sur les quais (de Calvi), un peuple demi-nu circule, la haute société de quelques   1
yachts de plaisance se mêlant aux pêcheurs du petit port ; tout cela respire l'insouciance et la liesse. L'atmosphère invite aux voluptés sommaires, aux jeux, aux stu-
pres, et reste parfaitement impropre à la méditation.
GIDE, Journal, 22 août 1930.

REM. Cet emploi au pluriel est rare.

Le rapprochement sur la scène de deux manifestations passionnelles, de deux   2
foyers vivants, de deux magnétismes nerveux est quelque chose d'aussi entier,
d'aussi vrai, d'aussi déterminant même, que, dans la vie, le rapprochement de deux
épidermes dans un stupre sans lendemain.
A. ARTAUD, le Théâtre et son double, Idées/Gallimard, p. 121.

Elle représente une femme de type africain, couchée à plat ventre et s'appuyant   3
sur ses deux bras, face levée vers le ciel et son corps nu à demi redressé, en une
pose de bacchante ivre qui reprendrait respiration après s'être roulée dans le stupre ou dans le raisin.   Michel LEIRIS, Fourbis, p. 48.

Mod., par plais. (cf. l'emploi similaire de *débauche* dans un sens atténué). *Vous êtes rentrés à cinq heures du matin ! Le stupre, quoi !*

STUQUER [styke] v. tr. — 1893 ; p. p. adj., 1842, D.D.L. ; de *stuc.*

♦ Enduire de stuc. ⇒ **Stucage.**

▶ **STUQUÉ, ÉE** p. p. adj. *Décoration stuquée,* en stuc.

Les colonnes, stuquées et polies, jouaient le marbre à s'y méprendre, et la lumière y coulait en longues larmes brillantes.

Th. GAUTIER, Voyage en Russie, I, XIX (1867).

STURNIDÉS [styʀnide] n. m. pl. — 1875; dér. sav. du lat. *sturnus* «étourneau».

♦ Zool. Famille d'oiseaux de l'ordre des passereaux, comprenant principalement l'étourneau*, le mainate*, le martin* et le pique*-bœuf. — Au sing. *Un sturnidé.*

STYGIEN, IENNE [stiʒjɛ̃, jɛn] adj. — Fin XVIe, Baïf; dér. sav. du lat. *Styx, Stygix* «le Styx».

♦ **1.** Didact. Du Styx, fleuve des Enfers dans le mythe grec.

♦ **2.** (1752). Chim. anc. *Eau stygienne :* liquide (acide) capable d'attaquer un métal.

1. STYLE [stil] n. m. — V. 1400; *estile,* v. 1280, au sens III.; *estilh,* 1350; «manière de parler», XIVe; «formule de procédure», 1346; lat. *stilus,* proprt «poinçon servant à écrire». → 2. Style.

★ **I.** Dans le langage. ♦ **1.** Aspect de l'expression chez un écrivain, dû à la mise en œuvre de moyens d'expression dont le choix, raisonné ou spontané, résulte dans la conception classique des conditions du sujet et du genre (cit. 14), et dans la conception moderne, de la réaction personnelle de l'auteur en situation. ⇒ **Écriture** (B., 2.), **élocution, expression** (cit. 7), **langage, langue** (cit. 39). — REM. Aucun de ces mots n'est synonyme; notamment → Écriture, cit. 18.2. *Approprier* (cit. 4), *assortir le style à la matière qu'on traite* (→ Appropriation, cit. 1). *«Je changerai* (cit. 38) *de style en changeant de matière»* (La Fontaine). *«Le style n'est que l'ordre* (cit. 7) *et le mouvement qu'on met dans ses pensées»* (Buffon; → Harmonie, cit. 23). *«Le style est l'homme même»* (cit. 9), célèbre formule de Buffon. *«Le style n'est que le mouvement* (cit. 33) *de l'âme»* (Michelet). *«Le style est l'habitude* (cit. 46), *la seconde nature de la pensée»* (J. Renard), *«une qualité naturelle comme le son de la voix»* (→ Apanage, cit. 6, Claudel). *«Le style n'est pas, comme la pensée, cosmopolite»* (cit. 2, Chateaubriand). *Un style qui ressemble à l'homme* (→ Cachet, cit. 5; coloris, cit. 4; marquer, cit. 46). *Un homme qui transforme toute son expérience en style* (→ Enfermer, cit. 23). *Chaque auteur* (cit. 40) *a son style. Le style selon Flaubert* (→ Métrique, cit. 1; perle, cit. 1; 1. rocher, cit. 8). *Le travail du style* (→ Faute, cit. 30; 2. loupe, cit. 5; nettoyer, cit. 7; refaire, cit. 2). *Étude, science du style.* ⇒ **Rhétorique, stylistique.** — *Figure* de style.*

1 Presque toujours les choses qu'on dit frappent moins que la manière dont on les dit; car les hommes ont tous à peu près les mêmes idées que ce qui est à la portée de tout le monde. L'expression, le style fait toute la différence (...) Le style rend singulières les choses les plus communes, fortifie les plus faibles, donne de la grandeur aux plus simples. VOLTAIRE, Dict. philosophique, Style.

2 L'élocution a deux parties qu'il est nécessaire de distinguer (...) la *diction* et le *style.* La diction n'a proprement de rapport qu'aux qualités grammaticales du discours, la correction et la clarté : le style au contraire renferme les qualités de l'élocution plus particulières, plus difficiles et plus rares, qui marquent le génie ou le talent de celui qui écrit ou qui parle (...)

D'ALEMBERT, Réflexions sur l'élocution oratoire et sur le style, Œ. compl., t. IV, p. 274.

3 On reconnaît souvent un excellent auteur, quoi qu'il dise, au mouvement de sa phrase et à l'allure de son style, comme on peut reconnaître un homme bien élevé à sa démarche, quelque part qu'il aille. Joseph JOUBERT, Pensées, XXII, LXIV.

4 Le style et il y en a de mille sortes, ne s'apprend pas; c'est le don du ciel, c'est le talent. CHATEAUBRIAND, Mémoires d'outre-tombe, t. II, p. 139.

5 M'interrogeant longuement, j'ai la conviction qu'il *(Jules de Goncourt)* est mort du travail de la forme, *à la peine du style.* Je me rappelle maintenant, après les heures sans repos passées au remaniement, à la correction d'un morceau, après ces efforts et ces dépenses de cervelle, vers une perfection, cherchant à faire rendre à la langue française tout ce qu'elle pouvait rendre et au delà (...)

Ed. et J. DE GONCOURT, Journal, 22 juin 1870, t. III, p. 265.

6 Non seulement le style c'est l'homme, mais le style c'est un homme, une réalité physique et vivante. A. THIBAUDET, Gustave Flaubert, p. 207.

7 Quand le sujet parlant se trouve dans les mêmes conditions que tous les autres membres du groupe, il existe de ce fait une norme à laquelle on peut mesurer les écarts de l'expression individuelle; pour le littérateur, les conditions sont toutes différentes : (...) *il fait de la langue un emploi volontaire et conscient* (...) et surtout, *il emploie la langue dans une intention esthétique* (...) Or cette intention, qui est presque toujours celle de l'artiste, n'est presque jamais celle du sujet qui parle spontanément sa langue maternelle. Cela seul suffit pour séparer à tout jamais le style et la stylistique.

Charles BALLY, Traité de stylistique franç., p. 19.

8 Le style résulte d'une sensibilité spéciale à l'égard du langage. Cela ne s'acquiert pas; mais cela se développe.

VALÉRY, Regards sur le monde actuel, Œ. t. II, Pl., p. 1053.

8.1 Le style pour l'écrivain, aussi bien que la couleur pour le peintre, est une question non de technique mais de vision. Il est la révélation, qui serait impossible par des moyens directs et conscients, de la différence qualitative qu'il y a dans la façon dont nous apparaît le monde, différence qui, s'il n'y avait pas l'art, resterait le secret éternel de chacun. PROUST, le Temps retrouvé, Pl., p. 895.

Hist. littér. *Hiérarchie* (cit. 11), *division traditionnelle des styles : style simple* (ou *familier,* cit. 15), *tempéré* (ou *moyen,* ou *médiocre*), *sublime* (ou *élevé*), ou *grave* (ou *noble,* cit. 12), ou *relevé* (→ Contraster, cit. 1; dithyrambe, cit.; enrichissement, cit. 2; idylle, cit. 1; malgracieux, cit. 1; muraille, cit. 5; noblesse, cit. 8). *Style naturel* (cit. 6) et *style figuré* (cit. 15; et → Figure, cit. 25; nature, cit. 57). ⇒ **Métaphore, périphrase.** *Style marotique* (cit. 1), *poissard* (cit. 5), *burlesque, macaronique, précieux* (→ Gongorisme, cit. 2). *Style descriptif* (cit. 2), *didactique* (cit. 2), *épistolaire* (cit. 1 et 2), *oratoire* (→ Associer, cit. 9), *narratif. Style tragique, comique, épique, lyrique, biblique. Style historique* (→ Correctement, cit. 3).

J'ai entendu souvent demander si, dans nos meilleures tragédies, on n'avait pas trop souvent admis le style familier, qui est si voisin du style simple et naïf. Par exemple, dans *Mithridate,* «Seigneur, vous changez de visage!» cela est simple et même naïf. Ce demis-vers, placé où il est, fait un effet terrible : il tient du sublime. VOLTAIRE, Dict. philosophique, Style. 9

La critique littéraire et le style. Le style de Rabelais, de Chateaubriand, de Pouchkine, des Goncourt... ⇒ **Manière, ton** (→ Cambrure, cit. 3; frémissement, cit. 11; impressionniste, cit. 2). *Le style artiste*. Imiter, pasticher le style d'un auteur. Style abrupt* (cit. 3), *rude* (→ Prédication, cit. 2), *rocailleux, embarrassé* (→ Barbarie, cit. 9), *incohérent* (→ Bond, cit. 4), *rompu, inégal, négligé, incorrect* (cit.)... *Style plat et bouffi* (cit. 4), *affecté, guindé, pompeux, emphatique et ampoulé* (cit. 2), *enflé* (cit. 32), *maniéré, recherché, étudié* (cit. 25), *alambiqué, tarabiscoté... Style diffus* (cit. 7), *monotone, trop égal* (cit. 32), *inexpressif* (cit. 1), *terne, sec, académique* (cit. 1), *livresque* (cit. 2)... *Mauvais style.* ⇒ **Charabia, cacographie, galimatias.** *Défauts du style, fautes* de style.* ⇒ **Cliché, impropriété, lourdeur, redondance...** *Style abondant* (cit. 7), *facile, élégant* (→ Élever, cit. 70). *Style clair* (→ Fatras, cit. 8), *pur* (→ Lettre, cit. 35), *correct, châtié* (cit. 9), *net* (cit. 21)... *Style simple* (→ Complexe, cit. 1), *sobre, concis, laconique... Style orné, fleuri, imagé, coloré, brillant, à facettes* (cit. 6)... *Style baroque, précieux. Les paillettes de son style. Style harmonieux, nombreux* (cit. 6), *poétique... Beau, bon style* (→ Écrire, cit. 52; facilité, cit. 13). *Qualités du style.* ⇒ **Atticisme** (cit. 4), **clarté** (cit. 12), **force, mouvement, poésie, précision, propriété, souplesse, vie, vigueur...**; et aussi **saillie, trait; pureté, purisme.** *Polir, soigner, travailler son style. Varier le style. Du même style.* ⇒ **Encre, plume.**

J'aime l'allure poétique, à sauts et à gambades. Mon style et mon esprit vont vagabondant de même. MONTAIGNE, Essais, III, IX. 10

De là ces phrases décousues, ces entrelacements (...) ce style épineux tout hérissé d'additions inattendues (...) Ajoutez des expressions vieillies, populaires, de circonstance ou de mode, le vocabulaire, fouillé jusqu'au fond (...) et, par-dessus tout, une opulence d'images passionnées dignes d'un poète. Ce style bizarre, excessif, incohérent, surchargé, est celui de la nature elle-même (...) il est la notation littérale et spontanée des sensations. 11

TAINE, Essais de critique et d'histoire, Saint-Simon.

(...) un style qui serait beau, que quelqu'un fera à quelque jour, dans dix ans ou dans dix siècles, et qui serait rythmé comme le vers, précis comme le langage des sciences, et avec des ondulations, des ronflements de violoncelle, des aigrettes de feu; un style qui vous entrerait dans l'idée comme un coup de stylet, et où votre pensée enfin voguerait sur des surfaces lisses, comme lorsqu'on file dans un canot avec bon vent arrière. FLAUBERT, Correspondance, 318, 24 avr. 1852. 12

(Huysmans) s'était assuré le style de ses nerfs; langage visant toujours à l'inattendu et à l'extrême de l'expression, surchargé d'adjectifs pervertis et employés hors d'eux-mêmes (...) Il aimait de brutaliser l'ordre des mots, d'éloigner le qualificatif du nom qu'il qualifie, le complément du verbe (...) Il usait et abusait systématiquement des épithètes non impliquées par l'objet mais suggérées par la circonstance (...) moyen puissant, — mais moyen périlleux et de courte vie, comme tous les moyens de l'art qui se peuvent aisément définir. 13

VALÉRY, Variété, Études littéraires, Œ., t. I, Pl., p. 755.

Absolt. *Le style; du style.* Bon style, style original, présentant des qualités artistiques (→ Écrivain, cit. 16). *«On n'arrive au style qu'avec un labeur atroce»* (cit. 9, Flaubert). *Les bréviaires* (cit. 3) *de style,* de Flaubert. *Apprendre le style* (→ Empreinte, cit. 6). *Exercice* (cit. 10) *de style. Exercices de style,* titre d'une œuvre de R. Queneau. *Hugo n'aimait pas Stendhal, il lui refusait* (cit. 5) *le style. Écrivain, œuvre qui manque de style.*

(J. Renard) a cru toute sa vie que le style était l'art de faire court. Et sans doute est-il vrai que l'expression la plus concise est ordinairement la meilleure. Encore faut-il entendre : relativement à l'idée qu'on exprime. 14

SARTRE, Situations I, p. 296.

Il n'a ni syntaxe, ni style! il n'écrit plus rien ! il n'ose plus! 14.1
Ah, turpitude! menterie éhontée! ... plein de style que je suis! que oui! et pire! ... bien plus! que je les rendrai tous illisibles! ... tous les autres! flétrides impuissants! pourris des prix et manifesses! que je peux comploter bien tranquille, l'époque est à moi! je suis le béni des Lettres! qui m'imite pas existe pas! ... simple! ...

CÉLINE, Rigodon, p. 214.

♦ **2.** (1872). Ling. «Aspect de l'énoncé qui résulte du choix des moyens d'expression déterminé par la nature et les intentions du sujet parlant ou écrivant» (Guiraud, *la Stylistique,* p. 109). — REM. Cette définition très large permet de réunir les conceptions du style, souvent très différentes, qui se sont fait jour en stylistique; elle étend la notion de style au delà du domaine littéraire. → Discours.

Si, comme le définit Herzog remarquablement «le terme de style nous sert à désigner l'attitude que prend l'écrivain vis-à-vis de la matière que la vie lui apporte», il y a dans le style un domaine qui déborde le cadre de la stylistique. Il est vrai que d'autres définitions ont été proposées. Pour L. Spitzer, le style est «la mise en œuvre méthodique des éléments fournis par la langue». Pour M. Marouzeau, le style est «l'attitude que prend l'usager, écrivant ou parlant, vis-à-vis du matériel que la langue lui fournit». Mais qui ne voit que ces deux excellents philologues n'ont voulu retenir du contenu de ce terme de style que ce qui rentrait dans le domaine de la stylistique? 15

M. CRESSOT, le Style et ses techniques, p. 4.

Types de style. Classification (psychologique, sociologique, chronologique, etc.) *des styles. Styles parlé et écrit* (cit. 51). *Style con-*

cret et abstrait, familier et soutenu... Style en usage dans un milieu, une collectivité, à une époque... (→ 1. Argot, cit. 9 ; maestria, cit. 1). *Style populaire* (→ Renforcement, cit. 1), *militaire* (→ Homme, cit. 165). — *Clause* de style. Le style du Palais. Style administratif ; commercial, technique, publicitaire...* ⇒ **Phraséologie, terminologie.** *Document diplomatique d'un style insolite* (cit. 3). *Style héraldique* (→ Noir, cit. 36), *lapidaire* (→ Génie, cit. 12), *télégraphique* (→ Article, cit. 20). *Ce que dans le style du temps nous appelions notre impécuniosité* (cit. 2). *« Style de 1750 »* (→ Marcher, cit. 41, Stendhal). *Styles nationaux* (étudiés par l'*idiomatologie*). ⇒ **Idiome.** — *En style... :* en s'exprimant (de telle manière). *En style d'atelier* → Rapin, cit. 1. *En style pédant...* — (Gramm.). *Style direct*, indirect** (cit. 4), *indirect libre.* ⇒ **Discours, tour.** *Style substantif*.*

★ **II.** (1699). Dans les arts de l'espace et du temps. Manière particulière (personnelle ou collective) de traiter la matière et les formes en vue de la réalisation d'une œuvre d'art ; ensemble des caractères d'une œuvre qui permettent de la classer avec d'autres dans un ensemble constituant un type esthétique. *Style pastiché* (cit. 2), *imité par un faussaire* (cit. 5). *Le style d'un peintre, d'une école.* ⇒ **Facture, faire** (cit. 227.1 et *supra*), **genre, goût, manière, touche** (→ Conjonction, cit. 3 ; écriture, cit. 13 ; imitateur, cit. 5). — *Le style d'un dessin, d'un tableau* (→ Dénoter, cit. 3 ; naïf, cit. 5). *Style d'esquisse* (cit. 2). *Style d'une statue* (→ Fouille, cit. 1 ; intaille, cit.), *d'un édifice* (→ Cintré, cit. ; grec, cit. 8). — *Les styles dans l'art grec ; style dorique, ionique, corinthien,* en architecture (⇒ **Ordre).** *Style byzantin, roman* (cit. 4), *gothique* (cit. 13) ou *ogival* (cit. 2), *Renaissance, baroque et jésuite* (cit. 2) *et platteresque* (cit.), *Louis XIII, Louis XIV, rocaille* (cit. 3) ou *rococo* (cit. 3), *antique, Second Empire, 1900* (⇒ **Modern-style ;** → Chaîne, cit. 25 ; genre, cit. 17 ; restaurateur, cit. 1). *Les styles dans les arts mineurs, décoration, mobilier,* etc. (meubles gothiques, Renaissance, Henri II, Louis XIII, Louis XIV, Régence, Louis XV, Louis XVI, Directoire, Empire, Restauration, Louis-Philippe, Second Empire, 1900...). → Bergère, cit. 1 ; grec, cit. 16 ; ligne, cit. 14 ; merveille, cit. 3. *Meubles de style anglais. Chaises de style bistrot. Style métro* (style 1900 du métro parisien). *Meubles de style Louis XVI* (→ Meubler, cit. 5). *Styles rustiques. Les styles dans l'art arabe, hindou, chinois, japonais... Styles et arts primitifs* (préhistoire, Amérique précolombienne, Afrique...). — **Dans LE STYLE DE...** *Des robes dans le style du Second Empire.*

16   Les poètes aussi bien que les orateurs ont plusieurs styles pour s'exprimer selon le sujet qu'ils ont entrepris de traiter (...) Il en est de même dans la peinture (...) et les peintres comme les poètes ont leur style élevé pour les choses élevées, familier pour celles qui sont ordinaires, pastoral pour les champêtres, et ainsi du reste.
Roger DE PILES, Cours de peinture, p. 52 (1708).

17   (...) on voit peu à peu (...) surgir des déblais des architectures mortes, grecque et romaine, cette mystérieuse architecture romane, sœur des maçonneries théocratiques de l'Égypte et de l'Inde, emblème inaltérable du catholicisme pur (...) Toute la pensée d'alors est écrite en effet dans ce sombre style roman. On y sent partout l'autorité, l'unité, l'impénétrable, l'absolu (...)
HUGO, Notre-Dame de Paris, I, v, II.

17.1   Car Quiquendone possédait un théâtre, bel édifice, ma foi, dont la disposition intérieure et extérieure rappelait tous les styles. Il était à la fois byzantin, roman, gothique, Renaissance, avec des portes en plein cintre, des fenêtres ogivales, des rosaces flamboyantes, des clochetons fantaisistes, en un mot, un spécimen de tous les genres, moitié Parthénon, moitié Grand Café parisien, ce qui ne saurait étonner, puisque, commencé sous le bourgmestre Natalis van Tricasse, on avait mis sept cents ans à le construire, et il s'était successivement conformé à la mode architecturale de toutes les époques. J. VERNE, le Docteur Ox, p. 46.

18   Qu'est-ce donc qui constitue un style ? Les éléments formels, qui ont une valeur d'indice, qui en sont le répertoire, le vocabulaire, et, parfois, le puissant instrument. Plus encore, mais avec moins d'évidence, une série de rapports, une syntaxe. Un style s'affirme par ses mesures. C'est par autrement que le concevaient les Grecs, quand ils le définissaient par les proportions relatives des parties (...) C'est un nombre qui distingue l'ordre ionique de l'ordre dorique. Mais il est d'autres arts, où les éléments constitutifs ont une valeur fondamentale, l'art gothique par exemple. On peut dire qu'il est tout entier dans l'ogive (...) Mais on doit retenir qu'il y a des monuments où l'ogive apparaît sans engendrer un style, c'est-à-dire une série de convenances calculées.
Henri FOCILLON, le Monde des formes, p. 17.

Dans le domaine de la mode :

(...) un de ses éternels costumes de tweed style gentleman-farmer (...)
Claude SIMON, le Vent, p. 110.

Les styles en musique (→ Costume, cit. 1 ; messe, cit. 7). *Style de l'opéra-comique* (cit.), *de l'opérette* (cit. 2). *Les différents styles du jazz* (cit. 2 et 3). *Style d'un metteur en scène de cinéma* (→ Gag, cit. 1). *Danse d'un style brillant* (→ Jota, cit. 2).

19   STYLE : *s. m.* Caractère distinctif de composition ou d'exécution. Ce caractère varie beaucoup selon les pays, le goût des peuples, le génie des auteurs (...) On dit en France le *style* de Lully, de Rameau (...)
ROUSSEAU, Dict. de musique, Style.

DE STYLE : qui appartient à un style ancien bien défini. *Meubles de style et d'époque* (→ Pièce, cit. 10). — *Exécuté de nos jours dans un style ancien. Reliure de style. Robe de style.*

Absolt (sens laudatif). « Qualité supérieure de l'œuvre d'art, celle qui lui permet d'échapper au temps, une sorte de valeur éternelle » (Focillon, *Vie des formes,* p. 16). *Nature idéalisée par le style* (→ 2. Importer, cit. 4). *Volonté d'expression et volonté de style* (→ Expressionniste, cit. 2). *Masques* (1. Masque, cit. 3) *simplifiés jusqu'au style.* ⇒ **Styliser.** *Tableau qui ne manque pas de style* (→ Prétention, cit. 7).

---

20   (...) j'ai trouvé une assez jolie rue ; mais les maisons sont trop basses pour avoir du style. STENDHAL, Mémoires d'un touriste, t. I, p. 267.

21   (...) d'autres se conforment à des règles de pure convention (...) les faux amateurs du style (...) tous les hommes qui par leur impuissance ont élevé le poncif aux honneurs du style. BAUDELAIRE, Curiosités esthétiques, IX, IV.

22   Alors le style ne nous apparaît plus seulement comme un caractère commun aux œuvres d'une école, d'une époque — conséquence ou ornement d'une vision — il nous apparaît comme l'objet de la recherche fondamentale de l'art, dont les formes vivantes ne sont que la matière première. Et à : « Qu'est-ce que l'art ? » nous sommes portés à répondre : « Ce par quoi les formes deviennent style. »
MALRAUX, les Voix du silence, p. 270.

22.1   Notre vie quotidienne se caractérise par la nostalgie du style, par son absence et sa poursuite obstinée. Elle n'a pas de style, elle échoue à se donner un style malgré ses efforts pour se servir des styles anciens ou s'installer dans les restes et ruines et souvenirs de ces styles. À tel point que l'on peut distinguer jusqu'à les opposer style et culture.
Henri LEFEBVRE, la Vie quotidienne dans le monde moderne, p. 60-61.

★ **III.** ♦ **1.** (Fin xıvᵉ ; *estile,* v. 1280). Manière personnelle d'agir, de se comporter, jugée d'après des critères de valeur. — REM. Ce sens, fréquent au xvııᵉ s. (→ Enfariner, cit. 3), subsiste dans certaines expressions. *C'est bien là son style. Style de vie, d'action.* — *De grand style :* mettant en œuvre de puissants moyens d'action. *Opération, offensive de grand style.*

23   Vous dites des merveilles, ma fille, en parlant de la fierté et de la confiance de la jeunesse (...) il vient un temps où il faut changer de style : on trouve qu'on a besoin de tout le monde (...) Mᵐᵉ DE SÉVIGNÉ, 1182, 5 juin 1689.

24   L'ouvrier d'industrie se distingue des autres catégories sociales, moins par son niveau de vie que par son style de vie, moins par sa condition matérielle que par sa condition sociale.
Th. MAULNIER, Au delà du nationalisme, p. 156, *in* FOULQUIÉ, Dict. de la langue philosophique, art. *Style.*

24.1   Un pied-noir ironisa sur les malheureux patrons nouveau style : le matin, servir le déjeuner à messieurs les prolétaires.
Claude COURCHAY, La vie finira bien par commencer, p. 191.

♦ **2.** (1856, Petiot). Sports. Manière personnelle de pratiquer un sport, tendant à l'efficacité et à la beauté. *Style d'un coureur, d'un sauteur, d'un skieur,...* — Absolt. *Nageur qui a du style* (→ Nager, cit. 2).

25   Le style ! don mystérieux ! peut-être au corps ce qu'à l'âme est la grâce (...) sans style, il n'y a pas dans le sport de joie pleine et parfaite. La « performance » satisfait l'esprit ; le style fait du bien dans tout l'être (...) Le style est la caresse du sport. MONTHERLANT, les Olympiques, p. 57.

★ **IV.** Didact. (Mil. xvᵉ). Manière de compter les années. *Ancien style,* celui du calendrier* julien ; *nouveau style,* du calendrier grégorien.

DÉR. (Sens I., II. et III.) **Stylé, styler, styliser, stylisme, styliste.**

2. STYLE [stil] n. m. — V. 1380, *stile ;* lat. *stilus,* au sens concret « poinçon ».

A. ♦ **1.** (V. 1380, *stile*). Antiq. Poinçon de fer ou d'os, dont une extrémité, pointue, servait à écrire sur la cire des tablettes, et l'autre, aplatie, à effacer (→ Géomancie, cit.).

1   (...) une longue table couverte en toile cirée assez grasse pour qu'un facétieux externe y écrive son nom en se servant de son doigt comme de style (...)
BALZAC, le Père Goriot, Pl., t. II, p. 851.

Techn. Tige dont la pointe, imbibée d'encre, trace une courbe dans un appareil enregistreur. *Style d'un barographe.*

2   Le baromètre était suspendu dans un angle. Il s'en approcha : il descendait toujours et marquait 745. La ligne rouge que traçait le style avait même, depuis une heure, amorcé une pente qui ressemblait de plus en plus à une chute verticale.
Roger VERCEL, Remorques, p. 41.

♦ **2.** (Mil. xvıᵉ). Tige (d'un gnomon), dont l'ombre sur le cadran indique l'heure. *Le style d'un cadran solaire.*

B. Choses naturelles. ♦ **1.** Bot. Partie allongée du pistil* (et du carpelle*) entre l'ovaire et le ou les stigmates (→ 1. Fruit cit. 5). *Ovaire à un style, à deux styles.* ⇒ **Distyle.**

♦ **2.** (1904). Zool. Organe de la copulation, chez les araignées.

♦ **3.** (1870). Zool. Soie articulée sur les antennes des insectes diptères.

COMP. Distyle. — Vaccinostyle. — Soustylaire.

STYLÉ, ÉE [stile] adj. — xvııᵉ ; 1382, *stilé ;* de 1. *style.*

♦ **1.** Vieilli. Formé, habitué à se conduire selon les règles qui conviennent.

♦ **2.** Mod. (seul emploi cour. aujourd'hui). Qui accomplit son service dans les formes, en parlant du personnel de maison ou du personnel hôtelier. *Un serveur, un maître d'hôtel stylé.*

STYLER [stile] v. tr. — Fin xvᵉ ; de 1. *style, stylé.*

♦ **1.** Rendre stylé. *Il aura du mal à styler son personnel.*

♦ **2.** Vx. *Styler qqn à qqch., à faire qqch.,* le lui apprendre ; lui donner l'habitude de. *Ses enfants furent stylés à être affables et compatissants* (cit. 2).

♦ **3.** Endoctriner (qqn), faire la leçon à (qqn). — Surtout au passif et participe passé :

1 Mais Harriet, stylée par sa sœur, refusa de nourrir sa fille. Elle engagea une femme pour s'en occuper, une «mercenaire», en style Shelley.
A. MAUROIS, Ariel..., I, XVII.

2 Quant à Parju, convenablement stylé par le maire, il affirma, sans sourciller, reconnaître positivement son agresseur.   A. ALLAIS, l'Affaire Blaireau, p. 24.

♦ **4.** (1606). Vx. Façonner (qqch.) selon un but. *Styler son visage à des postures, des expressions.*
Mod. (au sens I, 1 de 1. *style*). *Styler ses paroles, ses écrits.*

STYLET [stilɛ] n. m. — 1586, *stilet*; ital. *stiletto*, dimin. de *stilo* «poignard», lat. *stilus* «poinçon». → 2. Style.

★ **I.** ♦ **1.** Poignard à lame mince et très pointue. Par métaphore. *Le stylet de la calomnie* (cit. 4).

1 Tout était prêt, et le couteau avait été acheté. Ce stylet était mignon, car j'aime la grâce et l'élégance jusque dans les appareils de la mort; mais il était long et pointu. Une seule blessure au cou, en perçant avec soin une des artères carotides, et je crois que ç'aurait suffi.   LAUTRÉAMONT, les Chants de Maldoror, II.

2 Leur lame, longue de dix centimètres environ, était épaisse du côté non tranchant, mais très aiguisée de l'autre et beaucoup plus effilée que celle des couteaux habituels; ils se rapprochaient davantage de stylets à section triangulaire, avec une seule arête amincie et coupante.   A. ROBBE-GRILLET, le Voyeur, p. 54.

♦ **2.** (1855, Nysten). Chir. Petite tige métallique dont une extrémité est parfois percée d'un chas, destinée à explorer les canaux naturels ou accidentels (plaies).

★ **II.** (1907). Zool. Pièce buccale (mandibule, mâchoire) pointue, aiguë, de certains insectes piqueurs et suceurs. *Les stylets sont contenus dans la trompe.* ⇒ **Rostre.**

STYLISATION [stilizasjɔ̃] n. f. — 1893, D.D.L.; de *styliser*.

♦ Action de styliser; fait d'être stylisé (→ Esthétique, cit. 12; état, cit. 45; 1. masque, cit. 3). *«Un effet de stylisation qui ajoutait encore à l'interprétation* (cit. 10) *du chanteur.»*

1 Tout est de nécessité absolue, métaphysique, donne l'idée du précieux, du rare, stylisation profonde qui vient d'une compréhension profonde des éléments, de la nécessité,
la psychologie est réduite à ses arêtes, à ses couches, à ses pics, à sa nécessité, rien qui donne l'idée de quelque chose de pur, de dépouillé, de détaché (...)
A. ARTAUD, Dossier du Théâtre et son double, Œ. compl., t. IV, p. 303-304.

2 Ce n'est pas qu'on y doive parler comme dans la vie *(dans le roman)*, mais il a sa stylisation propre.   SARTRE, Situations I, p. 54.

STYLISER [stilize] v. tr. — 1907; p. p. adj., 1900, D.D.L.; *stiliser (qqn)* «l'éduquer, le styler», 1700; de 1. *style*.

♦ **1.** Représenter (un objet) en simplifiant les formes en vue d'un effet décoratif.

♦ **2.** Représenter avec une volonté de style.

(...) la recherche de qualité que tout art porte en lui, le pousse bien plus à styliser les formes qu'à se soumettre à elles.   MALRAUX, les Voix du silence, p. 69.

▶ **STYLISÉ, ÉE** p. p. adj. *Fleurs stylisées* (→ Lapis, cit. 4; plafond, cit. 2). — *Formes stylisées.*

DÉR. Stylisation.

STYLISME [stilism] n. m. — 1846; de 1. *style*.

★ **I.** Littér. Souci exagéré du style, de la forme.

★ **II.** (Mil. xxᵉ). Mode. Activité, profession de styliste* (II.). ⇒ **Design.** *«Cette association est un pas important qui fait du stylisme une véritable profession»* (le Nouvel Obs., 21 févr. 1968).

STYLISTE [stilist] n. — 1836; de 1. *style*.

★ **I.** ♦ **1.** Écrivain remarquable par son style, son culte du style. (→ Manquer, cit. 46). *Un grand styliste* (→ Essentiel, cit. 11).

1 J'ai envie d'étudier un peu Buffon, sous les rapports du style, quoique ce styliste ne m'ait jamais plu.   BARBEY D'AUREVILLY, Premier memorandum, 25 oct. 1836.

2 Ces fines qualités de style se présageaient déjà vivement dans le Peintre de Saltzbourg (...) Nodier, grand styliste prédestiné, a de bonne heure excellé à revêtir les formes et les teintes d'alentour (...) On distingue cette belle page sur l'hiver (...)
SAINTE-BEUVE, Portraits littéraires, Nodier, 1ᵉʳ mai 1840.

3 (...) vous me permettez, j'ajoute, écrivain styliste du tonnerre, preuve comme je suis absolument de la «Pléiade» tels La Fontaine, Clément Marot, du Bellay et Rabelais donc! et Ronsard! ... vous dire si je suis un peu tranquille, que dans deux, trois siècles j'en aiderai à passer le bachot...   CÉLINE, Rigodon, p. 292.

♦ **2.** (1909, adj., Petiot). Sports. Athlète, sportif qui recherche, soigne la beauté de ses gestes.

★ **II.** ♦ **1.** (Mil. xxᵉ). Mode. Celui, celle qui a pour tâche d'adapter un style d'habillement (choix des tissus, forme de vêtements) à un marché. *«Le styliste n'invente pas. Il conseille, il sélectionne, il "coordonne"»* (Entreprise, 13 avr. 1968).

---

4 (...) Michèle, elle était mannequin de prêt à porter en même temps que moi, elle est passée styliste dans le grand magasin de son mari.
Christine DE RIVOYRE, Fleur d'agonie, p. 131.

♦ **2.** (1969, *la Vie du rail*). Spécialiste de l'esthétique industrielle. ⇒ **Designer** (anglicisme).

STYLISTICIEN, IENNE [stilistisjɛ̃, jɛn] n. — xxᵉ; de *stylistique*.

♦ Didact. Spécialiste des études stylistiques. *Bally, Spitzer..., célèbres stylisticiens.*

STYLISTIQUE [stilistik] n. f. et adj. — 1872; all. *Stylistik*, fin xviiiᵉ, chez Novalis, *Stylistik oder Rhetorik* «stylistique ou rhétorique».

♦ **1.** N. f. Vieilli ou didact. Connaissance pratique des particularités de style (figure, idiotismes, etc.) propres à une langue. *Stylistique latine.*

(1902). Mod. Ling. Étude scientifique du style (1. Style, I., 2.) de ses procédés comme de ses effets. *Traité de stylistique française* (1902); *Précis de stylistique* (1905), de Ch. Bally. *Précis de stylistique française,* de J. Marouzeau... *Stylistique comparée.*

De ce renouvellement des doctrines linguistiques naissent au début du siècle deux disciplines qui, sous le nom de stylistique, constituent deux études distinctes (...) d'une part une *stylistique de l'expression,* étude des rapports de la forme avec la pensée (...) et correspondant à l'élocution des Anciens. D'autre part une *stylistique de l'individu,* en fait une critique du style, étude des rapports de l'expression avec l'individu, ou la collectivité (...) l'une (...) est descriptive; l'autre (...) est génétique (...)   Pierre GUIRAUD, la Stylistique, p. 41.

(Chez Bally). *Stylistique individuelle,* d'un individu (→ 1. Style, cit. 7).

♦ **2.** Adj. (1905, Bally). Relatif au style et à la stylistique. *Étude, analyse stylistique.* — Qui appartient à l'expressivité, à l'aspect non-logique de l'expression. *Valeurs stylistiques. Variantes, effets stylistiques. Emplois stylistiques et emplois grammaticaux. La phrase* (cit. 8), *unité psychologique, formelle, stylistique et syntaxique.*

La définition d'un fait de langage est la détermination de son sens logique et exact; l'identification a pour but de relier le fait de langage à un équivalent logique, en l'assimilant à une notion simple; la recherche du caractère stylistique consiste à dégager le ou les éléments affectifs qu'il contient et qui lui assignent une place dans le «système expressif» de la langue.
Charles BALLY, Traité de stylistique franç., p. 96.

DÉR. Stylisticien.

STYLITE [stilit] n. m. — 1690, *stilite; stelite,* déb. xviiᵉ; grec *stulites* «de colonne», de *stulos.*

♦ Didact. Solitaire qui vivait au sommet d'une colonne ou d'une tour. ⇒ **Ascète** (cit. 3; et → Stylobate, cit. 1), 2. **dendrite.** — Appos. *Saint Siméon stylite.*

Par métaphore. → Chapiteau, cit. 3.

1 Ah! fourmilière humaine! il vous importe peu
Qu'un immonde stylite offense le ciel bleu.
Faire de la statue une prostituée!   HUGO, la Légende des siècles, XLIX, IX.

2 (...) les laboureurs de la vallée venaient, le dimanche, avec leurs femmes et leurs enfants contempler le stylite. Les disciples de Paphnuce ayant appris avec admiration le lieu de sa retraite sublime, se rendirent auprès de lui et obtinrent la faveur de se bâtir des cabanes au pied de la colonne.   FRANCE, Thaïs, III.

3 (...) comment appelle-t-on ces saints, ces ermites, stylites ou quoi, qui passaient leur vie méditant sur le sommet d'une colonne, vestige d'un temple en ruine dans le désert.   Claude SIMON, le Palace, p. 69.

STYLO [stilo] n. m. — 1923, in Larousse; abrév. de *stylographe.*

♦ **1.** (Aussi *stylo à encre,* par oppos. à *stylo à bille*). Porte-plume à réservoir d'encre. *Stylo à cartouche.* (→ Bloc, cit. 5; instrument, cit. 16). *Plume en or, capuchon d'un stylo. Stylo à plume rentrante, à cartouche. Écrire au feutre ou au stylo. Le réservoir d'un stylo.*
(1948). *Stylo à bille* ou *stylo-bille :* stylo dans lequel la plume est remplacée par une bille de métal, et utilisant une encre de viscosité élevée. ⇒ **Bic** (marque déposée), **crayon** (à bille).

1 Il sort un bout de papier de sa poche et lui fait un dessin avec un stylo à bille.
R. QUENEAU, Zazie dans le métro, 1959, p. 35.

2 Il arrache avec les dents le petit bouchon de plastique creux qui ferme l'extrémité mâchonnée de son stylo-bille il suce la cavité du bouchon en aspirant pour faire le vide et le bouchon colle à sa langue comme une ventouse.
Tony DUVERT, Paysage de fantaisie, p. 112.

♦ **2.** Fig. (En composition). *Caméra*-stylo.*

♦ **3.** *Stylo lance-fusées :* petit appareil en forme de stylo pour lancer des fusées de détresse.

DÉR. Stylographique, stylomine.

STYLO- Premier élément de mots d'anatomie, tiré de *styloïde** au sens de «commun à une apophyse styloïde et à un autre organe», et désignant des muscles (ex. : *muscle stylo-auriculaire; styloglosse,* 1872, Littré; *stylo-hyoïdien,* 1752; *stylo-pharyngien*), des orifices (ex. : *trou stylo-mastoïdien,* 1872).

STYLOBATE [stilɔbat] n. m. — 1545; lat. *stylobata*, grec *stulobatês*, de *stulos* «colonne». → Stylite, et suff. -bate.

♦ **1.** Archit. Soubassement continu, orné de moulures, supportant une colonnade.

1 Oui, je m'attacherai au stylobate de ton temple; j'oublierai toute discipline hormis la tienne; je me ferai stylite sur tes colonnes, ma cellule sera sur ton architrave.
RENAN, Souvenirs d'enfance.., II, I, Œ. compl., t. II, p. 758.

2 Parvenu sur une grande place, il vit le portique d'un palais de style classique dont les colonnes corinthiennes élevaient à soixante-dix mètres au-dessus du stylobate leurs chapiteaux d'acanthe arborescente.
FRANCE, l'Île des pingouins, p. 176.

♦ **2.** (1872). Techn. Plinthe montant à hauteur d'homme.

STYLO-BILLE [stilobij] n. m. ⇒ Stylo.

STYLO-FEUTRE [stilofø̞tʀ] n. m. — 1970, Gilbert; de *stylo*, et *feutre**.

♦ Crayon, stylo dont la pointe est en feutre, en nylon. ⇒ **Feutre, marqueur.**

Une de ces impertinentes à lunettes, enquêteuse d'un Institut de sondages, s'installe chez moi avec ses stylo-feutres et des formulaires remplis de colonnes et de cases. G. CESBRON, Don Juan en automne, p. 108-109.

STYLOGRAPHE [stilɔgʀaf] n. m. — 1902; angl. *stylograph*, 1882; du lat. *stylus*, pour *stilus* (→ 2. Style), et suff. -graphe.

♦ Vx. Porte-plume à réservoir d'encre (on dit aujourd'hui *stylo**).

Le docteur, dodelinant de la tête et près de s'assoupir lui-même, inscrivit le total alors atteint : 70
et rentra son stylographe.
A. JARRY, le Surmâle, in Œ. compl., t. III, p. 200.

DÉR. Stylographique.

STYLOGRAPHIE [stilɔgʀafi] n. f. — 1876, du grec *stulos* «pointe», et *graphie*.

♦ Techn. Vx. Procédé électrotypique de gravure.

STYLOGRAPHIQUE [stilɔgʀafik] adj. — xxᵉ; de *stylographe*.

♦ Didact. et vx. Destiné au stylographe. *Encre stylographique* (mod. : *pour stylos*).

STYLOÏDE [stilɔid] adj. — xviiiᵉ; grec *stuloeidês* «qui ressemble à une colonne», de *stulos* «colonne».

♦ Anat. Se dit de certaines apophyses allongées. *Apophyse styloïde du cubitus, du péroné, de l'os temporal.* — (En composés). ⇒ **Stylo.**

DÉR. Styloïdite.

STYLOÏDITE [stilɔidit] n. f. — Mil. xxᵉ; de *styloïd(e)*, et -ite.

♦ Méd. Inflammation d'une apophyse styloïde et des tissus qui l'entourent. *Styloïdite radiale,* consécutive à des efforts manuels répétés.

STYLOLITHE [stilɔlit] n. m. — 1866, cit.; du grec *stulôs* «colonne», et -lithe.

♦ Sc. Rupture du plan qui sépare deux couches de calcaire, formant une petite colonne. — On écrit aussi *stylolite* (in Larousse, 1964).

(...) pour simuler plusieurs formes organiques ou imiter, en petit, les stylolithes de certains calcaires.
L. FIGUIER, l'Année scientifique et industrielle 1867, p. 132 (1866).

1. STYLOMÉTRIE [stilɔmetʀi] n. f. — 1872, Littré; du grec *stûlos* «colonne», et -métrie.

♦ Didact. et rare. Mesure des colonnes, en architecture.

2. STYLOMÉTRIE [stilɔmetʀi] n. f. — Mil. xxᵉ; de 1. *style*, et -métrie.

♦ Didact. (Ling.) Étude des faits de style par des méthodes statistiques.

STYLOMINE [stilɔmin] n. m. — 1929, D.D.L.; marque déposée; de *stylo*, et *mine*.

♦ Vieilli. Porte-mine. *Écrire au stylomine.*

Il en est aussi *(des choses)* qu'un vieil écrivain qui garde quelque espoir de mourir dans son lit, ne confie même pas à son bicorne, s'il est académicien, et surtout pas à son stylomine. F. MAURIAC, le Nouveau Bloc-notes 1958-1960, p. 103.

STYLOPODE [stilɔpɔd] n. m. — 1872; du grec *stulos*, et *-pode*. Didactique.

♦ **1.** Bot. Support du style (2. Style, B.). — Renflement de la base du style.

♦ **2.** (xxᵉ). Zool. Premier article des membres des vertébrés tétrapodes.

STYMIE [stimi] n. m. — 1924, Petiot; mot anglais.

♦ Sports. Situation d'un joueur de golf auquel un obstacle barre la trajectoire que devrait suivre sa balle.

STYPHNITE [stifnit] n. f. — 1876, P. Larousse; dér. sav. du grec *stuphein* «resserrer», et suff. -ite.

♦ Chim., techn. Explosif, dérivé trinitré de la résorcine.

STYPTIQUE [stiptik] adj. — V. 1560; *stiptique*, 1300; *stitique*, 1265; lat. *stypticus*, grec *stupikos*, de *stuphein* «contracter».

♦ Méd. Astringent. — N. m. *Un styptique.*

STYRACACÉES [stiʀakase] n. f. pl. — 1876; *styracées*, 1845; de *styrax*.

♦ Bot. Famille de plantes dicotylédones gamopétales comprenant des arbres et des arbustes des régions chaudes. — Au sing. *Une styracacée.*

STYRAX [stiʀaks] n. m. — 1611, au sens 2.; au sens 1., 1636; d'abord *storax*; lat. *styrax*, grec *sturax* «arbre», et «baume».

♦ **1.** Bot. Nom scientifique de l'aliboufier* *(Styracées)* dont certaines espèces fournissent des baumes (→ Styrène, cit.). *Styrax benjoin* et *tonkinois*, dont on tire le benjoin. *Styrax officinal,* dont on tirait le baume storax.

♦ **2.** Baume extrait des arbres du genre liquidambar et styrax (aliboufiers), employés en parfumerie et en pharmacie. — Syn., vx. : ⇒ **Storax.**

DÉR. Styracacées; styrène.

STYRÈNE [stiʀɛn] n. m. — 1936, *in* D.D.L.; répandu mil. xxᵉ; contraction de *styrolène* (1867, *Rev. des cours sc.,* t. IV, p. 704), dér. sav. du lat. *styrax* (→ Styrax), suff. *ol-,* et *-ène.*

♦ Chim. Hydrocarbure benzénique ($C_6H_5CH = CH_2$), entrant dans la composition de nombreuses matières plastiques. ⇒ **Polystyrène; polyvinylique.**

Le styrène est produit en grande quantité
À partir de l'éthyl-benzène surchauffé
Le styrène autrefois s'extrayait du benjoin
Provenant du styrax, arbuste indonésien. R. QUENEAU, le Chant du styrène.

COMP. Polystyrène.

STYROL [stiʀɔl] n. m. — 1876; dér. sav. de *styrax,* et suff. -ol.

♦ Vx. Styrène.

SU, SUE [sy] adj. ⇒ Savoir.

1. SUAGE [sɥaʒ; syaʒ] n. m. — 1679; *souage*, 1332; de l'anc. franç. *soue* «corde», bas lat. *soca*. Technique.

♦ **1.** Petit ourlet sur le bord d'un plat, d'une assiette d'étain.

♦ **2.** Partie carrée du pied d'un flambeau.

♦ **3.** (1676). Enclume de chaudronnier. — Outil de serrurier (pour forger en rond).

2. SUAGE [sɥaʒ; syaʒ] n. m. — 1773; *suaige* «sueur», 1611, et aussi «fait de suer»; de *suer*.

♦ **1.** Techn. Eau qui suinte (du bois chauffé, etc.).

♦ **2.** Mar., vx. Humidité qui sort des bois d'un vaisseau neuf.

3. SUAGE [sɥaʒ; syaʒ] n. m. — 1685; *souage*, 1370; de *sieu,* forme anc. de *suif;* cf. anc. franc. *siever* «enduire de suif». Vieux. Technique.

♦ **1.** Suif nécessaire au graissage d'un vaisseau, son coût.

♦ **2.** (1842). Action d'enduire de suif.

SUAIRE [sɥɛʀ] n. m. — V. 1160 ; déb. xɪɪᵉ en parlant du Christ ; lat. *sudarium* «linge pour essuyer la sueur du visage», de *sudare*. → Suer.

♦ **1.** Littér. Linceul* (→ Agonisant, cit. 2). — Spécialt. Linceul blanc avec lequel on se représente les revenants, les fantômes (cit. 4).

1 Les deux spectres qu'un feu dévore,
Traînant leur suaire en lambeaux,
Se cherchent pour s'unir encore,
En trébuchant sur des tombeaux (...)　HUGO, Odes et ballades, Ballade XIII.

2 Tous deux sont morts. — Seigneur votre droite est terrible (...)
Dix ans vous ont suffi pour filer le suaire
Du père et de l'enfant !　HUGO, les Chants du crépuscule, V, v.

3 La neige, sur la plaine où les morts sont couchés,
Comme un suaire étend au loin ses nappes blanches.
LECONTE DE LISLE, Poèmes barbares, «Vent froid de la nuit».

♦ **2.** Loc. (1636). *Saint-Suaire :* relique sacrée, linceul dans lequel le Christ aurait été enseveli. *Le Saint-Suaire de Turin.*

♦ **3.** (xɪxᵉ). Littér. Ce qui enveloppe comme un linceul. *« Le suaire noir de la nuit »* (Hugo, in G. L. L. F.).

SUANT, ANTE [sɥᾶ, ᾶt] adj. — V. 1155 ; p. prés. de *suer.*

♦ **1.** Qui sue, transpire. *Des marcheurs tout suants.*

♦ **2.** [a] (1765, *chaude suante*). Qui fait suer, transpirer. *Chaleur suante.* — Techn. *Chaleur, chaude suante :* température élevée, proche de la température de fusion d'un métal.

La petite pièce, chaude et suante comme une étuve, lui fit monter aux tempes une bouffée de feu.　Ed et J. DE GONCOURT, Sœur Philomène, p. 226.

[b] Vx. Où la chaleur est intense, fait transpirer.

♦ **3.** (Mil. xxᵉ). Fam. Très ennuyeux (choses ; personnes).

SUAVE [sɥav ; syav] adj. — 1490 ; *suaive*, déb. xvᵉ ; réfection de l'anc. franç. *sœf* (v. 1050), *souef* «doux» (→ Féminin, cit. 1) ; lat. *suavis.*

♦ **1.** Qui a une douceur délicieuse. ⇒ **Agréable, délicieux, doux, exquis.** (L'épithète est plus souvent postposée). *Odeur suave* (→ Baguette, cit. 7). *Parfum suave* (→ Contenu, cit. 15) *qui embaume. Le suave roucoulement des tourterelles* (→ Roucouler, cit. 1). *Une musique suave* (→ Aubade, cit. 1 ; 1. frais, cit. 37). ⇒ **Céleste, enchanteur, mélodieux.** *Contours suaves et arrondis* (cit. 9), *fuyants* (cit. 9). ⇒ **Délicat, gracieux, harmonieux.** *Contacts suaves* (→ Main, cit. 16).

Dans cette littérature de mystère et d'iniquité, que le talent et l'imagination ont mise à la mode, nous aimons mieux les figures douces et suaves que les scélérats à effet dramatique.　G. SAND, la Mare au diable, I.

♦ **2.** (Abstrait). Doux, agréable. *La suave tentation de se venger* (→ Frôler, cit. 9).

CONTR. Acide, âcre, aigre, amer, déplaisant, désagréable, écœurant, fétide, rude.
DÉR. Suavement. — V. Suavité.

SUAVEMENT [sɥavmᾶ ; syavmᾶ] adv. — 1503 ; de *suave.*

♦ Littér. D'une manière suave. *Une musique suavement jouée.*

SUAVITÉ [sɥavite] n. f. — xvᵉ ; xɪɪɪᵉ, au sens 2. ; *suaviteit souaviteit* «joie céleste», 1190 ; lat. *suavitas*, de *suavis*. → Suave.

♦ **1.** Qualité de ce qui est suave, douceur* délicieuse. *La suavité des lotus* (cit. 1). *Suavité des formes.* ⇒ **Délicatesse, grâce.** — Littér. Chose, impression douce et agréable. — Myst. Joie céleste pleine de douceur (→ Miel, cit. 7).

1 (...) ses yeux, coupés en amande, auraient peut-être jeté trop d'éclat, si une suavité extraordinaire n'eût éteint à demi ses regards en les faisant briller languissamment, comme un rayon de lumière qui s'éteint en traversant le cristal de l'eau.
CHATEAUBRIAND, Mémoires d'outre-tombe, t. II, p. 184.

♦ **2.** Relig. Joie céleste (→ Miel, cit. 7).

♦ **3.** *(Une, des suavités).* Impression douce et agréable ; chose qui cause une telle impression.

2 Cependant ils consolent les hommes ; la bonté, la piété, le pardon coulent de leurs lèvres en suavités ineffables (...)
TAINE, les Origines de la France contemporaine, I, t. I, p. 9.

3 (...) un étalage de gravures imbéciles, des suavités de romance mêlées à des ordures de corps de garde.　ZOLA, l'Œuvre, III, p. 73.

4 Quoique barbu, le saint avait un délicieux visage d'adolescent, des joues d'une roseur fondante et tant d'autres suavités que les femmes ne se fatiguaient pas de lui mettre des sous dans le tronc.　M. AYMÉ, la Vouivre, p. 18.

CONTR. Acidité, âcreté, aigreur, amertume.

SUB- Préfixe, du lat. *sub* «sous», qui exprime la position en dessous (⇒ **Hypo-, infra-, sous-),** la proximité ou au figuré, la proximité, l'approximation ; il sert à former des adjectifs, et des noms. — Outre les mots traités ci-dessous, on rencontre de nombreux composés moins lexicalisés ou plus rares (→ cit., Leiris). — Ex. a) Adj.

(en géographie). *Subsaharien (le Nouvel Obs.,* 8 juin 1981) ; (avec des adj. de mesure) *submicronique (la Recherche) ; submillimétrique (la Recherche,* juil. 1978). b) N. (*in* P. Gilbert). *Subsurface,* n. f. (méd.) *subinflammation,* n. f. (1826, Broussais, *in* D.D.L.).

REM. *Sub-* est parfois en concurrence avec *sous-* (ex. : *subcontinent ; sub-système,* n. m., E. Morin, 1973).

Il est probablement difficile d'échapper à l'appel de la fable aussitôt qu'il y a grotte, carrière, trou quelconque faisant figure de vestibule — sinon de parcelle domaniale — du monde sub-terrestre confondu avec le monde de la mort dans nos pays où l'on enterre.　Michel LEIRIS, Fourbis, p. 37.

SUBAÉRIEN, IENNE [sybaeʀjɛ̃, jɛn] adj. — 1812 ; de *sub-*, et *aérien.*

♦ Didact. Qui est au contact de la couche inférieure de l'atmosphère. *Plantes subaériennes.* — (xxᵉ). Géol. *Dépôts subaériens,* formés à l'air libre.

SUBAIGU, UË [subegy ; sybɛgy] adj. — 1833 ; de *sub-*, et *aigu.*

♦ Didact. (pathol.). Dont les caractères sont intermédiaires entre l'état aigu et l'état chronique. *Inflammation, maladie subaiguë.*

SUBALAIRE [sybalɛʀ] adj. — 1770 ; lat. *subalaris* (→ Sub- ; alaire), de *ala* «aile».

♦ Didact. Placé sous l'aile. *Plumes subalaires.*

SUBALPIN, INE [sybalpɛ̃, in] adj. — 1800, *in* D.D.L. ; de *sub-*, et *alpin.*

♦ Géogr. Qui est situé au pied des Alpes. *Zone subalpine, située entre 1 500 et 3 000 mètres.*

SUBALTERNAT [sybaltɛʀna] n. m. — xxᵉ ; de *subalterne,* sur le modèle des mots en -at désignant des règnes, des fonctions envisagés dans leur durée : *pontificat, épiscopat.*

♦ Rare, littér. (création d'auteur). État d'une personne subalterne.

Durant son subalternat, il s'était juré de ne jamais oublier le «merci» lorsqu'à son tour il commanderait.　G. CESBRON, Voici le temps des imposteurs, p. 266.

SUBALTERNATION [sybaltɛʀnasjɔ̃] n. f. — 1636 ; de *subalterne.*

♦ Log. Rapport de deux propositions subalternes.

SUBALTERNE [sybaltɛʀn] adj. et n. — 1476 ; lat. *subalternus,* de *sub-*, et *alternus,* de *alter* «autre».

A. Adj. et n. ♦ **1.** Qui occupe un rang inférieur, est dans une position subordonnée, laissant peu de part à l'initiative. *Officier, employé subalterne.* ⇒ **Bas, inférieur, petit.**

1 Je vais avoir communication du dossier Gurau. Grâce à un fonctionnaire subalterne.　J. ROMAINS, les Hommes de bonne volonté, t. II, XIV, p. 141.

♦ **2.** Ordinaire. *Des êtres* (→ Orgueil, cit. 21), *des esprits subalternes* (→ Auteur, cit. 36). ⇒ **Médiocre, mesquin.**

♦ **3.** (Choses). Qui caractérise une position subordonnée. *Un emploi subalterne.* Par ext. *Un rôle subalterne.* ⇒ **Secondaire.**

2 Bien qu'il ne soit pas illettré, son orthographe est aussi capricieuse que son langage, ce qui le maintient dans des emplois subalternes.
G. DUHAMEL, Salavin, Journal, 4 févr.

♦ **4.** N. (V. 1673). Personne subalterne. *Être le subalterne de qqn.* ⇒ **Acolyte, inférieur, second, subordonné.** *Charger de ce soin un subalterne* (→ Discrétion, cit. 15). ⇒ **Sous-fifre, sous-ordre, sous-verge.** *Une subalterne.*

3 — Après m'avoir fait asseoir à table à côté de vous, m'avoir appelé votre ami (...)
— Vous ne savez pas ce que c'est que le nom d'ami donné par un supérieur à son subalterne.　DIDEROT, Jacques le fataliste, Pl., p. 643.

4 Le subalterne est courtisan ; le subalterne ne dit jamais ce qui est, mais seulement ce qui plaît ; cette règle est suivie ingénument.
ALAIN, Propos, 19 déc. 1921, Maîtres et esclaves.

5 En dehors de lui, ils n'avaient jamais vu qu'une vieille femme, préposée à la cuisine et au ménage, et deux hommes qui les surveillaient tour à tour et qui ne leur parlaient point, deux subalternes évidemment, à en juger d'après leurs façons et leurs physionomies.　M. LEBLANC, l'Aiguille creuse, p. 146-147.

B. (1886). Log. Se dit de deux propositions opposées quand elles ne diffèrent que par la quantité ; spécialt, de la proposition particulière par rapport à l'universelle (on désigne aussi respectivement ces deux propositions par les termes *subalternée* et *subalternante*).

CONTR. Chef, maître, supérieur.
DÉR. Subalternation, subalterniser, subalternité.

SUBALTERNISATION [sybaltɛʀnizɑsjɔ̃] n. f. — 1835 ; de *subalterniser*.

Didact. et vieilli.

♦ **1.** Le fait de rendre qqch. dépendant (d'autre chose).

♦ **2.** (Av. 1865, Proudhon). État d'une personne subordonnée (à d'autres).

SUBALTERNISER [sybaltɛʀnize] v. tr. — 1831, P. B. Enfantin ; de *subalterne*.

♦ Didact. et vieilli. Mettre en position subalterne. ⇒ **Subordonner.** — P. p. adj. :
Il ne reste plus que l'art. Un art proscrit, il est vrai, méprisé, subalternisé, famélique, fugitif, guenilleux et catacombal. Léon BLOY, le Désespéré, p. 31.
DÉR. Subalternisation.

SUBALTERNITÉ [sybaltɛʀnite] n. f. — 1675, Mᵐᵉ de Sévigné ; de *subalterne*, et suff. *-ité*.

♦ Rare. Condition subalterne.

SUBANTARCTIQUE [sybɑ̃taʀktik] — 1913, *in* D.D.L. ; de *sub-*, et *antarctique*.

♦ Didact. Situé légèrement au nord de l'Antarctique. ⇒ **Antarctique.** *Les îles subantarctiques.* «*Trois bases subantarctiques françaises du sud de l'océan Indien : Kerguelen, Crozet et Amsterdam*» (*le Monde*, 15 févr. 1973).

SUBAQUATIQUE [sybakwatik] adj. — 1872 ; de *sub-*, et *aquatique*, d'après l'anglais.

♦ Didact. Qui a lieu sous l'eau. ⇒ **Sous-marin** (sens plus restreint). «*À Londres, en octobre 1962, au deuxième Congrès Mondial des activités subaquatiques*» (*Science et Vie*, nº 594, p. 83). *La biologie subaquatique.*
Spécialt (pour remplacer *sous-marin*, trop restrictif dans des syntagmes tels que *plongée sous-marine*). *Plongée subaquatique. Plongeurs subaquatiques explorant le siphon d'une rivière souterraine.*

SUBARCTIQUE [sybaʀktik] adj. — Av. 1970 ; de *sub-*, et *arctique*.

♦ Qui concerne les régions situées immédiatement au sud de l'Arctique ; qui est situé dans ces régions. ⇒ **Arctique.** *Les zones subarctiques, l'écologie subarctique. Météorologie subarctique. Les mers subarctiques.*

SUBATLANTIQUE [sybatlɑ̃tik] adj. — Mil. xxᵉ ; de *sub-*, et *atlantique*.

♦ Géol. *Période subatlantique :* période du quaternaire de l'Europe tempérée (de ~ 600 ans à 1 200-1 300 ans après le début de l'ère chrétienne) où la forêt dominait (avec régression des chênaies de la période *subboréale**).

SUBATOMIQUE [sybatɔmik] adj. — 1903, *Rev. gén. des sc.*, nº 14, p. 794, *modifications sub-atomiques ;* de *sub-*, et *atomique*.

♦ Phys. D'une dimension inférieure à celle de l'atome ; qui concerne les particules élémentaires constituant l'atome (électrons ; nucléons), et plus particulièrement son noyau (protons et neutrons). ⇒ **Nucléaire.**
Les physiciens, ayant effectué ce simple calcul, demeurèrent éblouis : déjà leur apparaissait la voie qui devait conduire à la solution de ce formidable problème, si longtemps réputé insoluble, l'utilisation de l'énergie enfermée dans les atomes, de l'énergie *subatomique*. Pierre ROUSSEAU, De l'atome à l'étoile, p. 59.

SUBBORÉAL, ALE, AUX [sybbɔʀeal, o] adj. — Mil. xxᵉ ; de *sub-*, et *boréal*.

♦ Géol. *Période subboréale :* période du quaternaire, de 2 500 à 600 av. l'ère chrétienne, où l'Europe tempérée était recouverte de forêts de chênes, hêtres, sapins et charmes. → Subatlantique.

SUBCARPATIQUE [sybkaʀpatik] adj. — Déb. xxᵉ, *subkarpathique*, 1904, *Rev. gén. des sc.*, 30 août, p. 792 ; de *sub-*, et *carpatique*, de *Carpates*.

♦ Géogr. Qui est situé au pied des Carpates. *L'Ukraine subcarpatique.*

SUBCAUDAL, ALE, AUX [sybkodal, o] adj. — 1845 ; de *sub-*, et *caudal*.

♦ Didact. Placé sous la queue. *Tectrices subcaudales.*

SUBCELLULAIRE [sybselylɛʀ] adj. — xxᵉ (v. 1970) ; de *sub-*, et *cellulaire*.

♦ Biol. Qui se situe en-deçà de l'unité cellulaire (dans des organismes uni- ou pluricellulaires). «*Organismes sub-cellulaires*» *(la Recherche).*

SUBCLINIQUE [sybklinik] adj. — xxᵉ ; de *sub-*, et *clinique*.

♦ Méd. *Stade subclinique :* stade initial d'une maladie, pendant lequel les manifestations cliniques restent très légères.

SUBCONSCIEMMENT [sybkɔ̃sjamɑ̃] adv. — 1898, *in* D.D.L. ; de *subconscient*.

♦ Didact. De façon subconsciente.

SUBCONSCIENCE [sybkɔ̃sjɑ̃s] n. f. — 1894, *in* D.D.L. ; de *sub-*, et *conscience*.

♦ Vieilli. Conscience diffuse ou «conscience d'arrière-plan» par laquelle sont appréhendés les objets subconscients dont le sujet a connaissance. ⇒ **Demi-conscience, vigilance.** — Contenu de cette conscience. ⇒ **Subconscient** (3.).
La faculté de photographie mentale, dit un auteur, appartient plutôt à la subconscience qu'à la conscience ; elle obéit difficilement à l'appel de la volonté.
H. BERGSON, Matière et Mémoire, p. 94.

SUBCONSCIENT, ENTE [sybkɔ̃sjɑ̃, ɑ̃t] adj. et n. m. — 1890, *in* D.D.L. ; de *sub-*, et *conscient*.
Psychologie, philosophie.

♦ **1.** Qui est faiblement conscient ou affleure la conscience ; qui «contribue à former l'ensemble de l'état d'esprit du sujet à un moment donné, mais (...) n'est pas l'objet d'une conscience claire» (Janet, Dumas et Lalande, *in* Lalande, p. 1036). *Conscience obscure, marginale d'images subconscientes.* — Qui n'est pas conscient mais peut accéder à la conscience. ⇒ **Subliminal, préconscient.**
(...) notre passé tout entier est là, subconscient, — je veux dire présent à nous de telle manière que notre conscience, pour en avoir la révélation, n'ait pas besoin de sortir d'elle-même ni de rien s'adjoindre d'étranger : elle n'a, pour apercevoir distinctement tout ce qu'elle renferme ou plutôt tout ce qu'elle est, qu'à écarter un obstacle, à soulever un voile. [1]
H. BERGSON, l'Énergie spirituelle, 1916, p. 56-57.

♦ **2.** Qui appartient à un autre plan de conscience que celui de la conscience réfléchie ordinaire (⇒ **Subconscience**). Qui, sans entrer dans le champ de conscience, intervient comme élément de processus mentaux actifs. *Processus subconscients utilisés par la suggestion, manifestés dans les conduites automatiques. Actes subconscients, orientés par des phénomènes subconscients.* — Par ext. Caractérisé par l'activité subconsciente. (Avec un nom de personne) :
(...) l'autre M. de Charlus, le subconscient, lequel voulait autant faire envie que l'autre pitié et avait des coquetteries dédaignées par le premier. [2]
PROUST, le Temps retrouvé, Pl., t. III, p. 861.

♦ **3.** N. m. (1895). Vieilli. Inconscient. *Libérer son subconscient* (→ Hypnose, cit. 4). — REM. Le terme n'appartient pas au vocabulaire freudien. — Ce qui est subconscient. ⇒ aussi **Subconscience** (vieilli).
Je sais que ce refus de regarder les choses en face fera immédiatement sourire les avertis et que nul ne peut se porter garant de son subconscient. [3]
R. GARY, la Promesse de l'aube, 1960, p. 78-79.
Spécialt. Didactique :
Ces Hindous d'autrefois (...) avaient découvert l'inconscient (ou le subconscient comme disent les indianistes pour ne pas employer le mot inconscient). Ce qui réside en nous à l'état caché, latent (...) est dénommé *vasanas*. [4]
Arnaud DESJARDINS, Pour une mort sans peur, 1983, p. 51.

DÉR. Subconsciemment, subconscience.

SUBCONTRAIRE [sybkɔ̃tʀɛʀ] adj. — V. 1370, repris xxᵉ ; de *sub-*, et *contraire*.

♦ Log. Se dit de deux propositions particulières opposées, l'une affirmative, l'autre négative. ⇒ **Contradictoire.**

SUBCULTURE [sybkyltyʀ] n. f. — 1966, *la Croix* ; de *sub-*, et *culture*.

♦ Sociol. Culture propre à un sous-ensemble d'un groupe. «*Le marginal vit en marge de la société actuelle, soit parce qu'il n'a pas eu de chance, soit parce qu'il baigne dans une "subculture" elle-même marginale*» (*la Croix*, 21 janv. 1966).

SUBDÉLÉGATION [subdelegasjɔ̃] n. f. — 1550 ; de *subdéléguer*.

A. Admin. ♦ **1.** Action de subdéléguer.

♦ **2.** Fonction d'un subdélégué.

B. Hist. Division d'une généralité*, sous l'Ancien Régime.

SUBDÉLÉGUÉ [sybdelege] n. m. — 1381; p. p. de *subdéléguer*.

♦ Hist., admin. Personne placée à la tête d'une subdélégation*.

SUBDÉLÉGUER [sybdelege] v. tr. — Conjug. *céder*. — XIVe; de *sub-*, et *déléguer*.

♦ Admin. Déléguer (qqn) dans une fonction pour laquelle on a été soi-même délégué (s'emploie surtout au p. p. ou au passif). *Être subdélégué.*

DÉR. Subdélégation, subdélégué, n. m.

SUBDÉLIRE [sybdeliʀ] ou **SUBDELIRIUM** [sybdeliʀjɔm] n. m. — 1904, *subdélire*; *subdelirium*, 1872; de *sub-*, et *délire, délirium*.

♦ Psychol. Délire calme, léger (qu'un stimulus extérieur peut faire cesser).

SUBDÉSERTIQUE [sybdezɛʀtik] adj. — Mil. XXe; de *sub-*, et *désertique*.

♦ Géogr. Dont les conditions biogéographiques sont voisines de celles du désert. ⇒ **Semi-aride**. *Climat subdésertique.*

C'est ainsi que des espèces subdésertiques pratiquent durant la saison sèche une véritable estivation (...)   Jean GUIBÉ, les Batraciens, p. 44.

SUBDIVISER [sybdivize] v. tr. — 1377; *sous-diviser*, 1314; de *diviser*.

♦ **1.** Diviser (un tout déjà divisé). *Subdiviser un lot en parts, un groupe en sous-groupes.* — P. p. *Testament divisé en chapitres et subdivisé en paragraphes* (cit.).

1   (...) des fermes de trente mille hectares, divisées en sections, subdivisées en lots, chaque section sous un surveillant, chaque lot sous un contremaître, pourvues de baraquements pour les hommes, les bêtes, les outils, les cuisines (...)
    ZOLA, la Terre, V, IV.

♦ **2.** Diviser (une partie constituant déjà une division). *Le livre est divisé en titres, chaque titre est subdivisé en fragments* (→ 1. Digeste, cit.).

▶ **SE SUBDIVISER** v. pron. (passif). ⇒ **Ramifier** (se). → Classe, cit. 4.

2   (...) dans chaque partie même, la division allait se subdivisant.
    MICHELET, Hist. de la Révolution franç., VI, VIII.

3   De l'univers ils firent deux grandes parts : d'un côté, ce qui est régulier ; de l'autre, ce qui ne l'est pas ; ici, les gens que l'on peut recevoir ; là les gens que l'on ne peut pas recevoir (...) Et ces deux grandes parts devinrent bientôt des morceaux et les morceaux de menues tranches, lesquelles se subdivisèrent à l'infini. Il y avait ceux chez qui l'on peut dîner, et aussi chez qui l'on peut aller, seulement, en soirée (...) Ceux chez qui l'on ne peut dîner et où l'on peut aller en soirée. Ceux que l'on peut recevoir à sa table et ceux à qui l'on ne permet — et encore dans de certaines circonstances, parfaitement déterminées — que l'entrée de son salon (...)
    O. MIRBEAU, le Journal d'une femme de chambre, p. 214.

▶ **SUBDIVISÉ, ÉE** p. p. adj. *Livre, contrat subdivisé. Archipel subdivisé en dix-sept atolls* (cit. 1).

DÉR. Subdivisible. — V. aussi **Subdivision.**

SUBDIVISIBLE [sybdivizibl] adj. — 1877; de *subdiviser*.

♦ Qui peut être subdivisé. *Lot subdivisible en parts.*

SUBDIVISION [sybdivizjɔ̃] n. f. — 1314, sens 2.; lat. *subdivisio*, de *sub-*, et *divisio*.

♦ **1.** (1690). Action de subdiviser, de se subdiviser. *La subdivision de la matière en corps isolés* (→ Individu, cit. 6). *La subdivision des enveloppes en trois membranes* (→ Méninge, cit.). *Faire des subdivisions successives, hiérarchisées.*

♦ **2.** *(Une, des subdivisions).* Partie obtenue en subdivisant, partie de ce qui se subdivise. ⇒ **Division**. *Les races et les variétés, subdivisions de l'espèce* (cit. 30). ⇒ **Ramification**. *Subdivision militaire* (→ Circonscription), *administrative* (cf. aussi les mots formés avec *sous* : sous-arrondissement, sous-classe, sous-variété...).

♦ **3.** *(Concret).* *Subdivisions d'un classeur, d'une armoire de rangement.* ⇒ **Case, compartiment.**

DÉR. Subdivisionnaire.

SUBDIVISIONNAIRE [sybdivizjɔnɛʀ] adj. — 1865; de *subdivision*.

♦ Admin. Relatif à une subdivision*.

SUBDUCTÉ, ÉE [sybdykte] adj. — Mil. XXe; de *subduction*.

♦ Géol. Caractérisé par la subduction. *« La plaque océanique, dite subductée subit une fusion partielle en s'enfonçant sous le manteau, partie interne de la Terre »* (la Recherche, mai 1979, p. 456).

SUBDUCTION [sybdyksjɔ̃] n. f. — XXe; cf. anc. franç. *suduction* «tromperie», XIIe; «séduction», puis «calcul», XVIe; lat. *subductio*, de *subductum*, supin de *subducere*, de *sub-*, et *ducere* «conduire».

♦ Géol. Situation d'une plaque lithosphérique plongeant sous une autre après avoir été animée d'un mouvement relatif de sens opposé. *Fosse de subduction.* — Friction créée entre les deux plaques lors de ce passage. *Zone de subduction. Subduction productrice de séismes.* *« Il y aurait donc eu subduction, la croûte océanique plongeant sous la croûte continentale précambrienne, et orogenèse — l'ensemble du phénomène rappelant beaucoup la subduction du Pacifique sud-oriental »* (Sciences et Avenir, juil. 1980, p. 41).

DÉR. Subducté.

SUBÉQUATORIAL, ALE, AUX [sybekwatɔʀjal, o] adj. — 1925; de *sub-*, et *équatorial*.

♦ Géogr. Qui est proche de l'équateur; dont les caractères bio-géographiques sont proches de ceux de l'équateur. *Climat subéquatorial.*

SUBER [sybɛʀ] n. m. — 1765; cf. le dér. régional *sieure*, 1374; lat. *suber* «liège».

Botanique.

♦ **1.** Liège.

♦ **2.** (1922; *subier*, 1611). Chêne-liège.

DÉR. Subéreux, subérine, subériser, subérose. — (Du lat. *suber*) Subérification.

SUBÉREUX, EUSE [sybeʀ∅, ∅z] adj. — 1798; de *suber*.

♦ Bot. Qui est de la nature du liège. *Partie subéreuse de l'écorce des arbres. Assise subéreuse de la racine.*

SUBÉRIFICATION [sybeʀifikasjɔ̃] n. f. — 1977; dér. sav. du lat. *suber*.

♦ Bot. Transformation (d'un tissu) en liège.

SUBÉRINE [sybeʀin] n. f. — 1821; de *suber*, et suff. *-ine*.

♦ Chim. Matière imperméable du liège, provenant d'une transformation de la cellulose.

SUBÉRISATION [sybeʀizasjɔ̃] n. f. — 1923; de *subériser*.

♦ Bot. ⇒ **Subérification.**

SUBÉRISER [sybeʀize] v. tr. — Mil. XXe; de *suber*, et *-iser*.

♦ Didact. Imprégner de subérine; transformer en liège (⇒ **Subérification**). — Au p. p. adj. :

Ces diverses lésions des tissus *(dues au froid)* se traduisent, chez les fruits parvenus en fin de croissance, par des dommages se développant verticalement le long des fruits (lignes verticales subérisées plus ou moins larges et profondes)...
    Henri BOULAY, Arboriculture et Production fruitière, p. 63.

DÉR. Subérisation.

SUBÉROSE [sybeʀoz] n. f. — XXe; de *suber*, et 2. *-ose*.

♦ Méd. Maladie pulmonaire professionnelle provoquée par l'inhalation de poussières de liège.

SUBFÉBRILE [sybfebril] adj. — Mil. XXe; de *sub-*, et *fébrile*.

♦ Méd. Qui est légèrement fébrile; supérieur de peu à la température normale du corps. *État subfébrile.*

SUBFOSSILE [sybfosil] adj. — 1872; de *sub-*, et *fossile*.

♦ Didact. Qui comprend des formes disparues à une date relativement récente. *Faune subfossile.*

SUBGRAVITÉ [sybgʀavite] n. f. — Mil. XXe (in Larousse, 1968); de *sub-*, et *gravité*.

♦ Didact. État d'une masse soumise à un champ de gravitation inférieur à celui de la Terre, et pesant moins (ex. : les corps matériels à la surface de la Lune).

SUBHUMAIN, AINE [sybymɛ̃, ɛn] adj. — Mil. xxᵉ; de *sub-*, et *humain*.

♦ Didact. Qui représente un état de l'évolution antérieur à l'Homme.

Mais à mesure que cette évolution conjointe se poursuivait, sa composante idéelle ne pouvait que prendre plus d'indépendance à l'égard des contraintes que levait peu à peu le développement même du système nerveux central. Du fait de cette évolution, l'Homme étendait sa domination sur l'univers subhumain et souffrait moins des dangers qu'il recelait pour lui.
Jacques MONOD, le Hasard et la Nécessité, 1970, p. 204.

SUBICTÈRE [sybiktɛR] n. m. — 1923; probablt fin xixᵉ : *subictérique*, *in* Larousse, 1907; de *sub-*, et *ictère*.

♦ Méd. Jaunisse très légère perceptible en général à l'examen des yeux, dont la conjonctive est de teinte jaunâtre.

SUBIMAGO [sybimago] n. f. — xxᵉ (*in* Larousse, 1933); de *sub-*, et *imago*.

♦ Zool. Stade qui suit le stade de la nymphe et précède le stade adulte, chez les éphémères.

SUBINCISION [sybɛ̃sizjɔ̃] n. f. — Mil. xxᵉ; de *sub-*, et *incision*.

♦ Didact. Incision de la partie inférieure (spécialt, du prépuce). ⇒ **Circoncision**.

(...) couramment enfin la circoncision et la subincision ont pour but de rendre l'individu apte au mariage, d'accroître sa puissance génésique, de lui conférer un pouvoir procréateur ou simplement d'immuniser ses organes sexuels contre les risques mystiques que comporte l'union conjugale.
Roger CAILLOIS, l'Homme et le Sacré, p. 30.

SUBINTRANT, ANTE [sybɛ̃tRɑ̃, ɑ̃t] adj. — 1478, repris 1741; lat. *subintrans*, de *subintrare* «entrer dessous», de *sub-*, et *intrare*. → Entrer.

♦ Méd. Se dit d'accès (de fièvre, de convulsions) dont l'un commence avant que le précédent soit terminé. *Accès subintrants. Crise épileptiques subintrantes.* Par ext. *Fièvre subintrante.*

SUBINVOLUTION [sybɛ̃vɔlysjɔ̃] n. f. — 1923; de *sub-*, et *involution*.

♦ Méd. Hypertrophie de l'utérus après l'accouchement.

SUBIR [sybiR] v. tr. — 1481, *subir jugement* «dépendre d'une juridiction»; sens A., 1., 1567; lat. *subire* «aller (*ire*) sous».

A. ♦ **1.** (Sujet n. de personne). Être l'objet sur lequel s'exerce (une action, un pouvoir qu'on n'a pas voulu). *Subir un joug, une domination, une tutelle* (→ Illégal, cit.). ⇒ **Supporter** (→ Se soumettre* à, courber* la tête). *Subir son destin* (→ Fatalisme, cit. 3; masse, cit. 29), *des calamités, les coups du sort* .*Subir qqch. impatiement; avec calme et résignation.* ⇒ **Accepter, résigner** (se). *Subir qqch. jusqu'au bout* (cf. Boire le calice jusqu'à la lie). *Subir les conséquences*,*le contrecoup de ses fautes* (⇒ **Payer**), *d'un desastre* (⇒ **Trinquer**, fam.) cf. *Faire les frais de... Subir un revers de fortune* (cf. Boire un bouillon, fam.). *Subir la loi* (→ Caprice, cit. 10), *un verdict* (→ Rester, cit. 29), *un interrogatoire* (cit. 2). *Subir une peine, une condamnation* (→ Adultère, cit. 5; coupable, cit. 3). *Subir sa peine dans une prison cellulaire* (cit. 1). ⇒ **Purger.** *Se mettre en situation de subir une peine.* ⇒ **Encourir, exposer** (s'); **passible.** *Subir des violences.* ⇒ **Déguster** (fam.), **écoper, prendre, recevoir; victime.** *Subir la question, la torture. Subir des avanies, des affronts* (cit. 10), *des sarcasmes* (→ Enrichissement, cit. 3). ⇒ **Endurer, éprouver, essuyer, souffrir** (→ Avaler des couleuvres*). *Faire subir les derniers outrages* *à une femme. Subir une corvée* (→ Port, cit. 3). ⇒ **Appuyer** (s'), **passer** (y). — *Subir des influences* (→ Apparaître, cit. 12; inconsciemment, cit.), *le charme* (cit. 13 et 17) *de qqn. Subir ses goûts* (→ Raisonner, cit. 11).

Spécial. Avoir une attitude passive envers (qqch.). *Le faible subit les événements* (→ Imposer, cit. 10). ⇒ **Passif.** — Absolt. *Il faut faire et non subir* (→ Agréable, cit. 18). — N. m. Didact. *L'agir et le subir* (→ On, cit. 59, Valéry).

♦ **2.** (1657). Se soumettre volontairement à (un traitement, un examen). *Subir une opération chirurgicale* (→ Ophtalmie, cit. 3), *une intervention* (→ Intransportable, cit.). ⇒ **Patient.** *Subir la visite médicale. Subir un examen* (cit. 16) *scolaire, les épreuves* de la *licence* (cit. 3). ⇒ **Passer** (II., 2.).

1   Il entretenait une correspondance réglée avec ses parents, et leur annonçait le succès de ses examens au fur et à mesure qu'il les subissait.
A. DE MUSSET, Nouvelles, «Frédéric et Bernerette», I.

♦ **3.** (xixᵉ). Compl. n. de personne. *Subir qqn*, endurer son autorité, son pouvoir. Fam. Supporter effectivement une personne qui déplaît, ennuie, agace. *Il va encore falloir subir cet imbécile; cette péronnelle!* Loc. *On subit sa famille, on choisit ses amis.*

2   À partir de ce jour, Thérèse entra dans sa vie. Il ne l'acceptait pas encore, mais il la subissait.
ZOLA, Thérèse Raquin, VII (1867).

3   Je commence à comprendre que nos amis, nous ne les avons pas choisis, et qu'il nous faut les accepter, les tolérer, les subir, comme les gens de notre famille, comme tous les fardeaux envoyés par le sort.
G. DUHAMEL, Chronique des Pasquier, VI, XVII.

B. (Sujet n. de chose). ♦ **1.** (1783). Être l'objet d'une action, d'une opération. *Subir l'action du feu. Cette matière a subi une calcination* (→ Friable, cit.), *n'a subi aucune préparation* (→ Chair, cit. 64). *Faire subir une opération* (cit. 8) *à...* ⇒ **Soumettre.**

♦ **2.** Être l'objet de (modification). ⇒ **Éprouver.** *Subir des avaries, des pertes. Couleur qui subit une altération* (→ Opaque, cit. 1). *La monnaie a subi une dépréciation* (→ Assignat, cit. 2). *Cet édifice a subi l'épreuve du temps.*

4   Pour devenir en lui passion, il faudra d'abord que tout devienne souvenir, que tout passe sur un plan spirituel, subisse un travail intérieur, une transmutation par la solitude.
A. THIBAUDET, Gustave Flaubert, p. 26.

▶ **SUBI, IE** p. p. adj.
Qui est subi (1.). *La douleur acceptée* (cit. 14), *consentie, subie. Le passif** (cit. 4) *réel est celui de l'action subie.*

5   Il se représenta toutes les hontes du cocuage subi, les défiances qui l'assailleraient maintenant, au moindre mot (...)
HUYSMANS, En ménage, II.

CONTR. Imposer, infliger, prescrire, provoquer; agir, faire.
HOM. Subit.

SUBIT, ITE [sybi, it] adj. — V. 1155; aussi adv. jusqu'au xviᵉ; lat. *subitus* «qui vient à l'improviste», proprt, « par-dessous»; p. p. de *subire*. → Subir.

♦ Qui arrive, se produit, intervient en très peu de temps, de façon soudaine*. — REM. Bien que *subit* et *soudain* aient à peu près les mêmes emplois, *subit* insiste plus sur la rapidité, *soudain* sur l'imprévu. ⇒ **Brusque, fulgurant, rapide, soudain.** *Rougeur subite* (⇒ Exprimer, cit. 15). *Mal, accès subit* (→ Chambre, cit. 8). *Changement subit de la situation.* ⇒ **Péripétie.** *Impression subite, qui saisit* (V. **Saisissement**), *fait sursauter... Apparition* (cit. 8) *subite d'une réalité cachée. Dégel subit. Expirer d'une manière subite.* ⇒ **Inopiné** (→ Attitude, cit. 5). — *Mort* subite. ⇒ **Foudroyant.** *La mort est presque subite* (→ Grisou, cit. 2). ⇒ **Immédiat, instantané.** *Volonté subite.* ⇒ **Caprice.** *Mouvement subit.* ⇒ **Bouffée, coup, éclair** (3.), **vague...** *Amour subit* (→ Coup de foudre*).

CONTR. Graduel, lent, progressif.
DÉR. Subitement.
HOM. Subi (p. p. de **subir**).

SUBITEMENT [sybitmɑ̃] adv. — V. 1190; de *subit*.

♦ D'une manière subite. ⇒ **Coup** (tout à coup), **instantanément** (cf. fam. En un clin d'œil). *Amour qui naît* (cit. 22) *subitement. Être réveillé subitement* (→ En sursaut*). *S'arrêter subitement.* ⇒ **Court.** *Arriver subitement* (cf. À l'improviste). *Partir subitement.* ⇒ **Brusquement, subito.** *Surgir, disparaître subitement* (→ Comme par enchantement*). *Subitement, il éclata en invectives.* ⇒ **Brutalement** (→ Prendre, cit. 43). *On est subitement las dès qu'on craint de l'être* (→ Fatigue, cit. 7). — *Mourir subitement.*

CONTR. Graduellement, peu (peu à peu), progressivement.

SUBITO [sybito] adv. — 1509; mot lat., ablatif de *subitus*. → Subit.

♦ Fam. Subitement. *Partir subito. Subito presto*.*

(...) madame de Maintenon la laissant aller, pour la confondre subito en lui étalant sous les yeux des lettres de sa main (...)
Émile HENRIOT, Portraits de femmes, p. 87.

SUBJACENT, ENTE [sybʒasɑ̃, ɑ̃t] adj. — 1534, Rabelais, repris xixᵉ (*in* Boiste, 1839); de *sub-*, et *jacent*.

♦ Littér. Sous-jacent.

J'avais parfois la sensation, presque physique, d'un autre monde subjacent et dont la matière, tiède et mouvante aussi, affleurait, par-dessous l'étendue morne de ma conscience.
H. BOSCO, le Jardin d'Hyacinthe, p. 28.

SUBJECTIF, IVE [sybʒɛktif, iv] adj. — 1350; repris xviiiᵉ; répandu xixᵉ (1808, Boiste); lat. scolast. *subjectivus*, du lat. class. *subjectus* «sujet».

★ **I.** ♦ **1.** Log. Qui appartient à un sujet d'attributs ou de prédicats. ⇒ **Sujet** (III.). — Gramm. Vx. *Voix subjective*, active. *Cas subjectif nominatif.*

1   Quelques grammairiens modernes ont encore voulu donner à ce cas le nom de subjectif, pour mieux caractériser l'usage qu'il en faut faire. Je crois que l'ancienne dénomination étant sans équivoque, une nouvelle deviendrait superflue, quelqu'expressive qu'elle pût être.
DOUCHET et BEAUZÉE, *in* Encycl. (DIDEROT), art. *Nominatif* (1765).

Mod. Relatif au sujet. *Sens subjectif des adjectifs possessifs.*

♦ **2.** Dr. Relatif au sujet d'un droit (3. Droit, cit. 37).

★ **II.** (Déb. xixᵉ). Du sujet* (IV.). ♦ **1.** Philos. Propre à un ou plusieurs sujets déterminés (et non à tous les autres). ⇒ **Individuel, personnel.**

REM. Ce concept provient de la philosophie cartésienne, mais le mot *subjectif* semble emprunté de l'allemand ou du moins répandu par l'influence de Kant (→ 1. Objectif, cit. 2, Mᵐᵉ de Staël, 1810); sur l'opposition entre *subjectif* et *objectif*, → Objet (cit. 14); et aussi précision, cit. 7. *Conditions subjectives de l'intuition* (Kant). *Considérer la vérité, les valeurs comme subjectives* (⇒ **Subjectivisme**). *Synthèse subjective et connaissance positive*, chez A. Comte. *Idéalisme subjectif de Fichte* (expression de Schelling qui appelle sa propre doctrine un « idéalisme objectif »).

2   Le système de Fichte est appelé (...) l'idéalisme subjectif (...) il est subjectif en ce qu'il place (l') idéal dans le sujet moral considéré comme absolu (...)
                                    FOUILLÉE, Hist. de la philosophie, p. 440,
                              in LALANDE, Voc. de la philosophie, art. *Idéalisme*.

Psychol. *Méthode subjective*, introspective. *Psychologie subjective*, « à la première personne ».

Spécialt. Qui ne correspond pas à un objet extérieur; apparent, illusoire. *Sensations subjectives*, s'est dit des hallucinations (→ Objet, cit. 3).

Méd. Relatif à celui qui éprouve; qui n'est pas observable directement de l'extérieur. *Troubles extérieurs et troubles subjectifs* (⇒ **Symptôme**; → Névrose, cit. 1). *Symptôme subjectif*, non observable par autrui.

♦ **2.** Cour. Qui appartient à la vie psychique (d'un seul individu ou de plusieurs) ou qui dépend d'elle, plutôt que de conditions « extérieures », « objectives ». *Une vision subjective du monde* (→ Expressionnisme, cit. 2). *La poésie est purement subjective* (→ Conséquence, cit. 11). *Les goûts sont subjectifs.* ⇒ **Individuel, personnel.** *Opinions, préférences subjectives*, qui empêchent quelqu'un d'être objectif (II., 5.). *Méthode, attitude subjective.* ⇒ **Subjectivisme.** *Critique subjective*, fondée sur des impressions personnelles. — *Facteurs* (cit. 4) *subjectifs*, dépendant de la conscience des intéressés. *Nécessités* (cit. 3), *faiblesses subjectives* (→ Objectivité, cit. 5).

3   *(Les désirs que je formais)* ne m'apparaissaient plus que comme les créations purement subjectives, impuissantes, illusoires, de mon tempérament.
                                    PROUST, Du côté de chez Swann, Pl., t. I, p. 159.

4   (...) ces fameuses réactions « subjectives », haine, amour, crainte, sympathie, qui flottaient dans la saumure malodorante de l'Esprit, s'en arrachent; elles ne sont que des manières de découvrir le monde. Ce sont les choses qui se dévoilent soudain à nous comme haïssables, sympathiques, horribles, aimables.
                                    SARTRE, Situations I, p. 34.

N. m. (1842). *Le subjectif et l'objectif.*

♦ **3.** Rare. Qui concerne le sujet pensant, l'être conscient; psychique, mental. *Réalité subjective.*

5   Les vérités subjectives sont celles qui découlent de principes dont l'esprit a conscience et qui apportent en lui le sentiment d'une évidence absolue et nécessaire. En effet, les plus grandes vérités ne sont au fond qu'un sentiment de notre esprit; c'est ce qu'a voulu dire Descartes dans son fameux aphorisme.
                                    Cl. BERNARD, Introd. à l'étude de la médecine expérimentale, I, II.

♦ **4.** (Mil. xixᵉ). Personnes. Qui agit selon des critères personnels. *Il est trop subjectif dans ses réactions.*

CONTR. **Objectif.**
DÉR. **Subjectivation, subjectivement, subjectivisme, subjectivité.**
COMP. **Intersubjectif.**

SUBJECTILE [sybʒɛktil] n. m. — xxᵉ; du lat. sav. *subjectus* « placé dessous », et suff. *-ile.*

♦ Techn. Surface (mur, panneau, toile...) servant de support à une peinture.

SUBJECTION [sybʒɛksjɔ̃] n. f. — xviᵉ; lat. *subjectio.* → Sujétion.

♦ **1.** Vx. État d'infériorité, de sujétion (→ Imperfection, cit. 2, Montaigne).

♦ **2.** Rhét. (1765, *Encyclopédie*). Procédé par lequel on interroge l'adversaire, et l'on prévient sa réponse.

SUBJECTIVATION [sybʒɛktivasjɔ̃] n. f. — 1937; de *subjectif*, d'après *objectivation.*

♦ Littér. Fait de devenir subjectif, de prendre un caractère plus subjectif.

1   (...) il se pourrait que, dans ce domaine, le jeu de substitution d'une personne à une autre (...) tende à une légitimation de plus en plus forte de l'aspect physique de l'être aimé, et cela en raison même de la subjectivation toujours croissante du désir.
                                    A. BRETON, l'Amour fou, p. 11.

2   (...) la médiation entre l'homme et le monde s'objective en objet technique comme elle se subjective en médiateur religieux; mais cette objectivation et cette subjectivation opposées et complémentaires sont précédées par une première étape de la relation au monde, l'étape magique, dans laquelle la médiation n'est encore ni subjective ni objective, ni fragmentée ni universalisée, et n'est que la plus simple et la plus fondamentale des structurations du milieu d'un vivant : la naissance d'un réseau de points privilégiés d'échange entre l'être et le milieu.
                                    Gilbert SIMONDON, Du mode d'existence des objets techniques, p. 164.

SUBJECTIVEMENT [sybʒɛktivmɑ̃] adv. — 1610; méd., « de soi-même, sans influence extérieure », 1495; de *subjectif.*

♦ **1.** Didact. D'une manière subjective (II.), d'après les données psychiques. *Les états de conscience expriment subjectivement l'émotion* (cit. 11).

♦ **2.** Cour. D'une façon subjective (II., 2.), toute personnelle. *Envisager les choses trop subjectivement.*

CONTR. **Objectivement.**

SUBJECTIVISME [sybʒɛktivism] n. m. — 1872; de *subjectif.*
Philosophie.

♦ **1.** Tendance ou théorie qui ramène l'existence à celle du sujet ou de la pensée (métaphysique), les jugements de valeur, les certitudes à des états de conscience, à des assentiments individuels (logique, morale, esthétique). *Le subjectivisme est un idéalisme relativiste. Subjectivisme poussé jusqu'au solipsisme** .

♦ **2.** Cour. Attitude de celui qui ne tient compte que de ses sentiments et opinions individuels, qui refuse, méprise ou ignore la réalité objective.

DÉR. **Subjectiviste.**

SUBJECTIVISTE [sybʒɛktivist] adj. et n. — xxᵉ; de *subjectivisme.*

♦ Philos. et cour. Du subjectivisme. *Attitude subjectiviste. Théorie subjectiviste.* — N. Partisan du subjectivisme.

SUBJECTIVITÉ [sybʒɛktivite] n. f. — 1801, dans un texte sur Kant (*in* D. D. L.); all. *Subjecktität*, 1805; de *subjectif.*

♦ **1.** Philos. et cour. Caractère de ce qui appartient au sujet, et, spécialt, au sujet seul (à l'individu ou à plusieurs). *Un mal très réel malgré sa subjectivité* (→ Nerveux, cit. 8). *Éliminer la subjectivité* (→ Matérialisme, cit. 3).

1   Le raisonnement émotionnel, ou contraire, est toujours régi par une tendance, une inclination (...) un état affectif quelconque qui exprime l'état du sujet et rien de plus; il est emprisonné dans la *subjectivité.*
                                    Th. RIBOT, Logique des sentiments, p. 97.

Ling. *Marques de la subjectivité de l'énonciateur.* ⇒ **Énonciation.**

♦ **2.** Spécialt. État de celui qui considère les choses d'une manière subjective, en donnant la primauté à ses états de conscience, volonté subjective.

1.1 Ayant énoncé son désir, d'autant plus légitime qu'il ne dépendait pas d'une subjectivité capricieuse, mais de l'objectivité des plans de défense de l'État (...)
                                    R. QUENEAU, le Dimanche de la vie, p. 244.

1.2 Un étudiant américain (ou positiviste, ou contestataire : je ne puis démêler) identifie, comme si cela allait de soi, subjectivité et narcissisme; il pense sans doute que la subjectivité consiste à parler de soi, et à en dire du bien. C'est qu'il est victime d'un vieux couple, d'un vieux paradigme : subjectivité/objectivité. Cependant, aujourd'hui, le sujet se prend ailleurs, et la « subjectivité » peut revenir à une autre place de la spirale : déconstruite, désunie, déportée, sans ancrage : pourquoi ne parlerai-je pas de « moi », puisque « moi » n'est plus « soi » ?
                                    R. BARTHES, Roland Barthes, p. 170-171.

♦ **3.** Domaine des réalités subjectives; la conscience, le moi (cf. Maritain, Lavelle, etc., *in* Foulquié).

2   (...) puisqu'on ne peut sortir de la subjectivité — non de la subjectivité individuelle mais de celle de l'époque — il faut que le critique renonce à juger à coup sûr et qu'il partage la fortune des auteurs. SARTRE, Situations II, p. 43.

3   Je ne puis pas me connaître *en* autrui si autrui est d'abord objet pour moi et je ne peux pas non plus saisir autrui dans son être vrai, c'est-à-dire dans sa subjectivité.
                                    SARTRE, l'Être et le Néant, p. 299.

COMP. **Intersubjectivité.**

SUBJONCTIF, IVE [sybʒɔ̃ktif, iv] adj. et n. m. — 1660; adj. 1529 (« vocales /voyelles/ subjonctives »); du lat. *subjunctivus* « attaché sous... », subordonné » de *subjunctum*, supin de *subjungere*, d'abord « atteler », de *sub-*, et *jungere* « joindre » (→ Conjonctif).
Grammaire.

♦ **1.** Adj. Vx. Qui exprime la subordination. *Proposition subjonctive* (1765, *Encyclopédie*).

♦ **2.** (xviiᵉ; Maupassant, Oudin emploient *optatif, conjonctif*, dans ce sens). *Mode subjonctif*, et, n. m., *le subjonctif :* mode personnel du verbe, considéré d'abord comme propre à exprimer une relation de dépendance, et, de nos jours, comme mode de la tension psychologique (volonté, sentiment) et de la subjectivité (doute, incertitude) ⇒ aussi **Potentiel**. — *On distingue en indo-européen l'indicatif, le subjonctif et l'optatif. Subjonctif latin.* — *En français, le subjonctif est considéré comme le* « mode de l'éventualité » (S. de Vogel), « mode de l'énergie psychique » (G. et R. le Bidois, *Syntaxe du franç. mod.*, § 821), *comme* « mode du non-jugement » (Damourette et Pichon, *Essai de grammaire*, § 1869), *comme* support du sujet psychologique (Lerch; cf. G. Gougenheim, *les Systèmes grammaticaux*, p. 193). Cf. aussi M. Cohen, *le Subjonctif.*

1 (...) nous ferons voir, au moyen de nombreuses analyses, que le véritable génie du *subjonctif* est d'*indiquer une action ou une chose comme terme d'une volonté* (...)
BESCHERELLE, Grammaire nationale, p. 638 (15ᵉ éd., 1877).

EMPLOIS DU SUBJONCTIF.

1. En principale (ou proposition autonome), le subjonctif peut marquer, surtout à la 3ᵉ personne, le souhait, le désir, le regret; l'ordre, la défense, l'exhortation, avec ou sans *que*. ⇒ **Que** (*supra* cit. 52). — Ex. : *Plût au ciel que...* ⇒ **Plaire** (*supra* cit. 33). *Puisse-t-il...* ⇒ 1. **Pouvoir** (I., 4.). *Vive la France!* ⇒ **Vivre**. *Advienne que pourra, Dieu me garde que...* ⇒ **Garder** (*supra* cit. 22). *Fasse le ciel; Dieu fasse* (cit. 100) *que...* — Il marque aussi l'éventualité (*dût-il...* ⇒ **Devoir**, 8.), la supposition (*soit une droite A B...*), la concession (⇒ **Soit**), l'affirmation atténuée (*je ne sache pas que...* ⇒ 1. **Savoir**, I., B., 5.).

2. En subordonnée. **a** Complétives, antéposées en fonction de sujet. «Comme si cet ordre, qui en effet n'est pas le plus rationnel, supposait un effort spécial..., le verbe se met au subjonctif» (Le Bidois, *Syntaxe du franç. mod.*, § 1269). ⇒ 1. **Que** (I., A., REM. 4). — Complétant le sens de l'«impersonnel» *Il* (II., 1., c. à f.). — Ex. : *Il est curieux, étrange, étonnant* (*supra* cit. 8), *possible que..., il est bon* (cit. 103 et 105), *juste*, *vrai que..., il est temps* que... *il semble que...* (⇒ **Sembler**, 2., b), *il arrive* (*supra* cit. 68), *il faut* (⇒ **Falloir**, III., 2.), *il suffit que...* — Exprimant une croyance incertaine (cf. Croire, imaginer [*supra* cit. 15], supposer, douter que...) ou une ignorance (ignorer que...; ne pas croire, dire, penser que...). ⇒ aussi **Nier** (*supra* et *infra* cit. 13). — En proposition de «sentiment» (crainte, espoir, surprise, etc.). Cf. Craindre, avoir peur (*supra* cit. 23) que... ne, prendre garde (cit. 51) que...; être bien aise, content, heureux (*supra* cit. 7) que...; aimer (cit. 57), se réjouir que...; se plaindre (cit. 25 et *supra*) que...; s'étonner (cit. 28), être surpris que...; espérer que... — En proposition exprimant la volonté. (Cf. Désirer, vouloir que..., ordonner, permettre, tolérer que..., dire, prétendre (cit. 21 et *supra*) que..., empêcher, interdire que..., décider, résoudre (en phrase interrogative ou négative).

b «Conjonctives» ou relatives, exprimant la finalité, la conséquence, parfois l'hypothèse (⇒ 1. **Si**, I., A., 5.), ou dont l'antécédent est un interrogatif, une proposition négative, un superlatif relatif (le premier, le dernier, le seul [→ **Seul**, *supra* cit. 18] ... qui..., que...).

c Circonstancielles. — Temporelles : avant que..., jusqu'à ce que..., d'ici (à ce) que..., le temps que... — Causales, avec un verbe de sentiment, pour exprimer une cause incertaine (soit que..., soit que...), ou écartée (non que..., sans que..., ce n'est pas que...). — Finales : afin que..., pour (II., 5.) que..., de crainte, de peur que..., à seul fin que...). Concessives et «oppositives» : alors que..., bien (*supra* cit. 108) que..., encore (*supra* cit. 24) que..., au lieu (*infra* cit. 34) que..., malgré que, pour (IV.) que..., pour peu (cit. 57) que..., quoique (1.), si (2. Si, IV.)... que, tout... que...

TEMPS DU SUBJONCTIF.

Subjonctif présent (exprime aussi bien le futur que le présent). Ex. : *je veux que tu viennes me voir demain. Le subjonctif présent s'emploie couramment à la place de l'imparfait* (cit. 12 et 13) *du subjonctif* (ex. : *je craignais qu'il ne se fâche*, pour : *je craignais qu'il ne se fâchât*).

Passé, plus-que-parfait du subjonctif (marquant une antériorité par rapport au présent, l'imparfait du v. de la principale). Ex. : *je veux que tu aies terminé à temps; je voulais que tu eusses terminé*.

2 Si c'était vrai, il faudrait que je vous quitte et que je m'en aille bien loin (*En note* : L'espèce de compromis que je hasarde entre le berrichon et le français de nos jours ne m'oblige pas à employer cet affreux imparfait du subjonctif inconnu aux paysans).
G. SAND, Jeanne, cité par K. NYROP, Grammaire historique, t. VI, p. 335.

SUBJUGATION [sybʒygɑsjɔ̃] n. f. — V. 1500, J. Bouchet; bas lat. *subjugatio*, de *subjugatum*, supin de *subjugare*. → Subjuguer.

♦ **1.** Littér. Le fait de subjuguer; état de celui qui est subjugué. — Spécialt, occultisme. État d'un médium possédé par un esprit malfaisant. ⇒ **Envoûtement** (→ Possession).

♦ **2.** Didact. Domination, maîtrise.
Il est indéniable que la subjugation des manifestations de transfert apporte les plus grandes difficultés au psychanalyste.
Daniel LAGACHE, la Psychanalyse, p. 92.

SUBJUGUANT, ANTE [sybʒygɑ̃, ɑ̃t] adj. — Mil. XIXᵉ (av. 1867, Baudelaire); p. prés. de *subjuguer*.

♦ Qui subjugue. *Une attitude subjuguante*.

SUBJUGUER [sybʒyge] v. tr. — XIIᵉ; bas lat. (IVᵉ) *subjugare* «faire passer sous *(sub)* le joug *(jugum)*», au propre et au figuré.

♦ **1.** Vieilli. Réduire par les armes à la soumission complète; mettre sous le joug. ⇒ **Asservir** (cit. 1), **assujettir**, **conquérir**, **dominer** (II., 1.), **dompter**, **réduire** (II., 1.), **soumettre**; servitude, sujétion (→ fig. et vx Attacher, enchaîner au char de...). *Subjuguer un peuple, un*

---

pays... (→ 1. Franc cit. 2; inca, cit. 1). *Envahir* et *subjuguer une nation.*

1 *(Les Spartiates)* subjuguèrent les Messéniens, qui combattaient avec le désordre et l'impétuosité des temps homériques; ils devinrent les modérateurs et les chefs de la Grèce, et, au moment des guerres Médiques, leur ascendant était si bien établi, que,... tous les Grecs et jusqu'aux Athéniens recevaient d'eux, sans murmurer, des généraux.
TAINE, Philosophie de l'art, t. II, p. 189.

Vx. Dompter (un animal).

♦ **2.** (1752). Vieilli ou littér. Mettre (qqn) dans l'impossibilité de résister, par l'ascendant, l'empire qu'on exerce sur (lui). ⇒ **Dominer** (II., 2.), **imposer** (III., 3.; → Inflexible, cit. 4). *Subjuguer les esprits.*

2 Le penchant des femmes ordinaires les porte bien moins à commander directement qu'à se donner un maître, et à le subjuguer. Cette apparente résignation les délivre de toute responsabilité extérieure, sans les priver de l'empire, et c'est pour régner sur les choses qu'elles dépendent de l'homme.
É. DE SENANCOUR, De l'amour, p. 195.

(Sujet n. de chose; compl. n. de personne). *La crainte et la honte me subjuguent.* ⇒ **Envahir** (→ Éclipser, cit. 5). Sujet n. de personne; compl. n. de chose. *Il avait subjugué, enchaîné toutes ses facultés* (→ Éréthisme, cit. 2; et aussi habitude, cit. 5).

3 Ce n'est point parce que nous sommes faibles, mais parce que nous sommes lâches, que nos sens nous subjuguent toujours.
ROUSSEAU, Julie ou la Nouvelle Héloïse, VI, Amours de Mylord Ed. Bomston.

♦ **3.** (V. 1770). Cour. Séduire complètement. ⇒ **Conquérir** (2.), **charmer**, **enchanter**, **envoûter** (2.), **fasciner**, **gagner** (II., 4. : gagner les cœurs), **ravir**, **séduire**. → 2. Charme, cit. 11; cordon, cit. 6. *Orateur habile qui subjugue son auditoire, s'en empare*.

4 Ces hommes à intérêts si divers furent subjugués par l'admirable éloquence sortie bouillante du cœur et de l'âme de cet ambitieux.
BALZAC, Albert Savarus, Pl., t. I, p. 835.

▶ **SUBJUGUÉ, ÉE** p. p. adj. *Esprits subjugués. Un auditoire subjugué.*

Avec allus. au sens étymologique :

5 (...) le mufle baveux et les cornes d'une paire de bœufs, immobiles, subjugués.
Jean GENET, Pompes funèbres, p. 58.

CONTR. **Affranchir, délivrer, émanciper.**
DÉR. **Subjuguant, subjugueur.**

SUBJUGUEUR [sybʒygœR] n. m. — 1642; de *subjuguer*.

♦ Vx. Celui qui subjugue (1.), qui réduit par les armes à la soumission complète (un peuple, une nation). *Louis XIV,* «*subjugueur de provinces*» (La Fontaine).

SUBLATIF [syblatif] n. m. — XXᵉ (1933, Marouzeau); de *sub-*, et *ablatif*.

♦ Ling. Cas des langues finno-ougriennes, indiquant un mouvement de dessous.

SUBLÉTAL, ALE, AUX [sybletal, o] adj. — Mil. XXᵉ; de *sub-*, et *létal*.

♦ Didact. Qui est presque létal, qui risque d'entraîner la mort. *Mutation sublétale. Gène sublétal,* qui provoque la mort tardivement, lorsque l'individu est déjà bien développé. — On dit aussi *semi-létal*.

SUBLIMANT, ANTE [syblimɑ̃, ɑ̃t] adj. — XXᵉ; de *sublimer*, 3.

♦ Psychol. Qui sublime, est de nature à sublimer (3.).
(...) il y a au fond de l'homme un besoin de religion, de relation (...), un besoin de chaleur, d'admiration, d'amour, de passion, de jeu, de beauté, de finalité sublimante, de figuration exaltante de son propre destin et du monde.
L. PAUWELS, *in* Planète, nº 4, févr. 1969, p. 14.

SUBLIMATEUR [syblimatœR] n. m. — Mil. XXᵉ; de *sublimer*, 1.

♦ Chim., techn. Appareil pour la lyophilisation.

SUBLIMATION [syblimɑsjɔ̃] n. f. — XIVᵉ au sens lat. «élévation»; lat. alchimique *sublimatio*, de *sublimare*. → Sublimer.

♦ **1.** **a** (XVᵉ). Alchim. Opération par laquelle «on purge un corps de ses parties hétérogènes» (Furetière) en le chauffant; épuration d'un corps solide qu'on transforme en vapeur. ⇒ **Distillation, vaporisation, volatilisation.**

b (1904). Chim., mod. Passage de l'état solide à l'état gazeux sans passage par l'état liquide (et éventuellement ensuite condensation du gaz à l'état solide sur une paroi froide).

♦ **2.** («Élévation, vertu sublime», 1486; repris XIXᵉ). Par métaphore, fig. Action de purifier, de transformer en élevant. ⇒ **Exaltation, purification; sublimiser.** *Le martyre* (cit. 4, Hugo) *est une sublimation. Sublimation des instincts* (→ Cour, cit. 28), leur dérivation vers des buts altruistes, spirituels.

1   Le sombre univers, froid, glacé, pesant, réclame
    La sublimation de l'être par la flamme,
    De l'homme par l'amour.   HUGO, les Contemplations, VI, XXVI.

2   La sublimation n'est pas toujours la négation d'un désir ; elle ne se présente pas
    toujours comme une sublimation *contre* des instincts. Elle peut être une sublima-
    tion *pour* un idéal.   G. BACHELARD, l'Eau et les Rêves, p. 34.

2.1 Entre nous, la mission que vous croyez devoir accomplir, de quel droit l'accompli-
    riez-vous ? Qui vous en a chargé (...) Oui, quelle puissance, quel idéal, si ce n'est
    « vous » ? Vous, avec votre besoin de rachat et de sublimation.
                                             Pierre GASCAR, les Bêtes, p. 189.

♦ **3.** (1908, cit. 3). Psychan. Transformation des pulsions inaccep-
tables, occasionnant des conflits intérieurs, en valeurs socialement
reconnues. *La sublimation est une défense du moi et permet d'éviter le refoulement, la névrose.*

3   La libido humaine, qu'on ne saurait « supprimer » (...) connaît trois grands modes
    d'utilisation : l'emploi direct par la satisfaction de l'instinct sexuel, l'emploi indi-
    rect dans les diverses sublimations du même instinct, et (...) les névroses.
                    Marie BONAPARTE, Revue franç. de psychanalyse, 1908, p. 127, *in* FOULQUIÉ.

4   — Ça doit être un acte manqué. Il avait des complexes cachés. Il aurait dû se
    faire psychanalyser.
    — Même si c'est un transfert, cela peut être révélateur. Chacun trouve la subli-
    mation qu'il peut.   IONESCO, Rhinocéros, III, p. 191.

CONTR. (De 2.) **Dépravation.**

DÉR. (Du même rad.) **Sublimatoire.**

SUBLIMATOIRE [syblimatwaʀ] adj. — 1573 ; n. m., XVᵉ ; du rad.
de *sublimation.*

♦ **1.** Alchim. Qui sert à opérer la sublimation* (1.). *Vase sublimatoire des alchimistes.* — N. m. *Un sublimatoire.*

Mon fils, me dit-il, il faut que vous sachiez que cet appareil sublimatoire a nom
aludel. Il renferme une liqueur, qu'il convient de regarder avec attention, car je
vous révèle que cette liqueur n'est autre que le mercure des philosophes.
                    FRANCE, la Rôtisserie de la reine Pédauque, XVIII, Œ. t. VIII, p. 187.

♦ **2.** Psychan. Qui permet la sublimation* (3.), propre à sublimer.
Issues sublimatoires de la cure psychanalytique.

SUBLIME [syblim] adj. et n. m. — V. 1461, au sens 2. ; « sublimé »,
t. d'alchim., v. 1400 ; lat. *sublimis* « élevé dans les airs, haut », de *sub,*
et *limes, limus* « qui monte en ligne oblique » (Meillet), plutôt que
de *limen.*

★ **I.** Adj. ♦ **1.** Vx (épithète postposé). Qui est placé très haut, qui
est au premier rang. « *La géométrie, l'astronomie sont des sciences sublimes, où il n'y a que les esprits sublimes qui réussissent* »
(Furetière). ⇒ **Éminent.**

1   En vérité, les gens d'un mérite sublime
    Entraînent de chacun et l'amour et l'estime (...)
                                             MOLIÈRE, le Misanthrope, III, 5.

N. m. (Dans le langage des Précieuses). Le cerveau.

♦ **2.** Mod., littér. ⓐ (Actions, sentiments...). Qui est très haut, dans
la hiérarchie des valeurs (morales, esthétiques) ; qui mérite l'admiration. ⇒ **Beau** (I., cit. 53), **divin** (I., 4.), **élevé** (cit. 71), **éthéré,
extraordinaire, haut** (cit. 51), **noble, parfait, transcendant.**
REM. 1. Le mot a un sens plus fort depuis le XIXᵉ s. ; dans la langue
moderne, où il est réservé au style soutenu, « il exprime un jugement
d'admiration enthousiaste » (Lalande).
2. Dans cette acception, l'épithète est le plus souvent postposé. *De
sublimes beautés* (cit. 48). *Paysages* (cit. 7), *vue* (→ Horizon,
cit. 11), *ruines* (cit. 10) *sublimes.* — *Style* sublime* (⇒ **Pompeux**).
Œuvre sublime (→ Copie, cit. 10). *Événements héroïques, sublimes, dignes d'une épopée.* — *Devoirs* (cit. 22) *simples et sublimes. Sentiments sublimes et raffinés**. ⇒ **Ineffable** (→ Élévation,
cit. 11). *Extases* (cit. 5) *sublimes. Sublime et divine idée* (→ Pâlir,
cit. 7). *Action sublime* (→ 1. Feu, cit. 71).

2   Voltaire paraissait ignorer qu'il y a beaucoup de grâce dans la force, et ce qu'il
    y a de plus sublime dans les œuvres de l'esprit humain est peut-être aussi ce qu'il
    y a de plus naïf.
                    HUGO, Littérature et Philosophie mêlées, 1823-1824, Sur Voltaire.

Iron. *Une gaffe sublime, assez sublime,* remarquable dans son genre.
Par exagér. Fam. *Ce camembert est sublime,* excellent, délicieux.
Ton pinard est sublime !

ⓑ (V. 1530). Personnes. Dont le mérite est immense, qui fait
preuve de génie ou d'une vertu exceptionnelle. — REM. Dans cet
emploi, l'adj. épithète est souvent antéposé. *Ce grand* (cit. 51), *ce
sublime Corneille. Nos sublimes auteurs* (→ Descendre, cit. 18).
Une âme sublime. ⇒ **Ailé** (fig.). — **SUBLIME DE...** (et compl. de
cause). *Un homme sublime de dévouement.* ⇒ **Surhumain.** — Par
ext. *Le lynx est sublime de férocité, de révolte...* (→ Rictus, cit. 1).

3   *(Solange)* a été sublime, et moi j'ai dû l'être aussi, bien que je ne voie pas tout de
    suite en quoi. Alors, si on continuait ça finirait sûrement très mal, car, quand on
    fait joujou à être sublime (...)   MONTHERLANT, les Lépreuses, II, XXI.

Iron. *Il, elle est sublime de niaiserie.*

♦ **3.** (Repris au lat.). Méd. *Muscles sublimes,* superficiels.

★ **II.** N. m. ♦ **1.** (Mil. XVIIᵉ). Ce qu'il y a de plus élevé, dans l'ordre
moral, esthétique, intellectuel. ⇒ **Beau** (cit. 92, 93, 95 et 96), **grand**
(*infra* cit. 72), **grandeur** ; **cime, sommet** (fig.). *Le sublime, c'est l'inu-*

---

tile (→ Monter, cit. 3, Michelet). *Les passions* (cit. 10), *source
de sublime.* — *Le sublime dans la nature, en art, en littérature...*
(→ Art, cit. 32 ; majestueux, cit. 6). *Le Traité du sublime,* de Longin, traduit par Boileau (1664).

4   (...) le sublime veut des pensées élevées, avec des expressions et des tours qui en
    soient dignes.   VAUVENARGUES, De l'esprit humain, XIII.

5   Le sublime vient du cœur, l'esprit ne le trouve pas, et la religion est une source
    intarissable de ce sublime sans faux brillants ; car le catholicisme, qui pénètre et
    change les cœurs, est tout cœur.
                                     BALZAC, le Curé du village, Pl., t. VIII, p. 679.

6   Le sublime n'est point hors nature ; c'est au contraire le point où la nature est le
    plus elle-même, en sa hauteur, profondeur naturelle.
                                     MICHELET, Hist. de France, Préface, p. XXV.

♦ **2.** Hist. littér. Dans l'esthétique classique, le style, le ton qui est
propre aux sujets élevés (ode en poésie, oraison funèbre dans l'éloquence, etc.). → Le style grave*, relevé*. — *Les romantiques ont
préconisé le mélange du grotesque, du vulgaire et du sublime*
(→ Drame, cit. 5).

Philos. (Morale, esthétique). *Opposition classique du Beau** (dont le
caractère est fini et complet) *et du Sublime,* qui suppose une tension, un dépassement, un dynamisme (comme le Tragique).

CONTR. Bas, vil, vulgaire...

DÉR. Sublimement, sublimiser, sublimité.

SUBLIMÉ [syblime] n. m. ⇒ **Sublimer,** p. p. (1., b).

SUBLIMEMENT [syblimmã] adv. — 1564 ; de *sublime.*

♦ Littér. D'une manière sublime.

SUBLIMER [syblime] v. tr. — 1314, alchim. ; « élever, exalter »,
XIVᵉ-XVIᵉ ; lat. *sublimare,* d'abord « élever », de *sublimis.* → Sublime.

♦ **1.** Alchim. Opérer la sublimation de. — (Av. 1690). Chim. Faire passer de l'état solide à l'état gazeux (⇒ **Gazéifier**). — Pron. *En hiver,
par temps sec et froid, la glace, la neige se subliment et passent à
l'état de vapeur d'eau, sans avoir fondu.*

♦ **2.** (1572 ; repris XVIIIᵉ). Épurer, raffiner. ⇒ **Idéaliser, magnifier**
(→ Flamme, cit. 14).

1   Tout change. Nous mûrissons. Papa reste immuable. On dirait que, petit à petit,
    il sublime son personnage au long des années.
                    G. DUHAMEL, Chronique des Pasquier, VII, XXI.

2   (...) Michel-Ange peint des bas-reliefs, et (...) ne vise pas la mise en scène : qu'eût
    fait chez lui le drapeau de la *Montée au Calvaire ?* Il ne représente pas, il sublime.
                    MALRAUX, les Voix du silence, p. 442.

♦ **3.** (V. 1935). Psychan. Transposer (les pulsions) sur un plan supérieur de réalisation (de façon consciente ou non). *Sublimer sa
sexualité.* — Absolt. *Sublimer :* effectuer la (ou une) sublimation*.

▶ **SUBLIMÉ, ÉE** p. p. adj. et n. m.

♦ **1.** ⓐ Adj. (1314). Produit par une sublimation. *Métaux sublimés.*
— (En composé). *Iode bisublimé,* sublimé deux fois.

ⓑ N. m. (V. 1460). UN SUBLIMÉ : solide obtenu par condensation
directe d'un solide vaporisé sans passage à l'état liquide ;
spécialt, composé du mercure obtenu par sublimation. *Sublimé
doux* (chlorure mercureux). ⇒ **Calomel.** — (1680). *Sublimé corrosif*
(bichlorure de mercure), *antiseptique et antisyphilitique* (→ Antisepsie, cit.).

3   (...) le bas poisson, *le sublimé corrosif* de l'esprit français : la blague.
                    Ed. et J. DE GONCOURT, Journal, 26 juin 1868, t. III, p. 164.

♦ **2.** (Au sens 2). *Personnage sublimé,* idéalisé.

♦ **3.** Psychan. *Sexualité sublimée en activités artistiques.*

DÉR. (De 1) Sublimateur. — (De 3) Sublimant.

SUBLIMINAIRE [sybliminɛʀ] adj. — Mil. XXᵉ ; de *sub-,* et *liminaire.*

♦ Psychol. Syn. de *subliminal** (« en dessous d'un seuil »).

1   Un animal peut être dressé à appuyer sur un levier quand il perçoit un stimulus.
    Si celui-ci est subliminaire, l'animal ne répond pas.
                    Paul FRAISSE, la Psychologie expérimentale, p. 24.

2   (...) dans le domaine psychologique, les moyens clandestins ou subliminaires sont
    ceux dont les cheminements s'opèrent au-dessous du seuil de la conscience : ils
    sont subconscients ou infra-conscients.
                    Jean DELAY, Introd. à la médecine psychosomatique,
                    Notes et observations, p. 96 (1961).

SUBLIMINAL, ALE, AUX [sybliminal, o] adj. — 1893, *in*
D.D.L. ; calque de l'all. ; de *sub-,* et lat. *limen, -inis* « seuil ».

♦ Psychol. Qui n'atteint pas un niveau suffisant pour manifester sa
présence (on dit aussi *infraliminal* ou *infraliminaire*). — Spécialt.
Qui est inférieur au seuil de la conscience (⇒ **Subconscient**). *Perception subliminale* (ou *subliminaire**). *Publicité subliminale :*

message publicitaire destiné à être subconsciemment perçu par le destinataire.
N. m. (1903, *Rev. gén. des sc.*, nᵒ 14, p. 683). *Le subliminal.*

SUBLIMISER [syblimize] v. tr. — 1791 ; de *sublime.*
Littéraire.

♦ **1.** Rendre sublime. — Pron. :

1   Plus l'idée de la religion en esprit, de la responsabilité personnelle, progresse, plus cette image du Messie se sublimise.   DANIEL-ROPS, le Peuple de la Bible, III, p. 379.

♦ **2.** Élever par une sublimation (2.). ⇒ **Magnifier.**

2   C'était un acte constructif et d'un bien plus grand courage que la soumission, l'obéissance, l'acte le plus conscient puisqu'il sublimise l'individu et le délivre de la pire des servitudes.   Guy DE POURTALÈS, la Pêche miraculeuse, p. 105.

▶ **SE SUBLIMISER** v. pron.
Sc. Se sublimer (1.). *Les noyaux des comètes « se vaporisent, se sublimisent plus exactement, sous l'action du rayonnement solaire »* (*Science et Vie*, janv. 1974, p. 26).

SUBLIMITÉ [syblimite] n. f. — XIIIᵉ ; v. 1530, au sens 1 ; sens lat. « élévation », XIIIᵉ ; de *sublime.*
Littér. Caractère de ce qui est sublime (avec la même évolution de sens que ce mot).

♦ **1.** Élévation, hauteur* extrême (morale, esthétique ou intellectuelle). — Vx. *La sublimité de la géométrie* (cit. 2). *Grandeur et sublimité de génie* (→ Héros, cit. 22).

♦ **2.** Mod. Caractère de ce qui mérite une admiration enthousiaste, de par sa beauté, sa perfection ou sa valeur morale. *La sublimité de la volonté* (→ Attester, cit. 4), *de l'héroïsme* (cit. 4).

1   (...) le vrai héros fait sa belle action sans se douter qu'elle est belle [du moins sans lui croire ce degré de sublimité que la postérité lui assigne] (...)   STENDHAL, Journal, éd. Charpentier, 1903, p. 21.

♦ **3.** (1829, Berlioz, *in* D.D.L.). *Une, des sublimités.* Chose, pensée ou action sublime.

2   Qu'est-ce que ce géant ? c'est un voleur.
La chose est simple ; tout colosse a toujours deux côtés ;
Et les difformités et les sublimités
Habitant la montagne ainsi que des voisines.
Le prodige et le monstre ont les mêmes racines.   HUGO, la Légende des siècles, XXI, II.

3   Au lieu des sublimités qu'il attendait, il ne rencontra que des platitudes, un style très lâche, de froides images et force comparaisons tirées de la boutique des lapidaires.   FLAUBERT, Bouvard et Pécuchet, IX.

4   Un taciturne semble aisément profond (...) mieux vaut donc qu'il persiste à se taire et que, sans danger d'être déçus, nous restions libres de supputer quelles sublimités se cachent derrière ce masque profond.   Michel LEIRIS, Fourbis, p. 60-61.

SUBLINGUAL, ALE, AUX [syblẽgµal, o] adj. — V. 1560 ; de *sub-*, et *lingual.*
Médecine.

♦ **1.** Anat. Qui est situé sous la langue. *Glande salivaire sublinguale. Artère sublinguale.*

♦ **2.** Qui s'effectue sous la langue. *Adsorption d'un médicament par voie sublinguale. Comprimé sublingual,* à faire fondre sous la langue.

SUBLINGUITE [syblẽgµit] n. f. — Mil. XXᵉ ; de *sub-*, *ling-* (lat. *lingua* « langue »), et *-ite.*
♦ Méd. Inflammation des glandes sublinguales.

SUBLOGIQUE [syblɔȝik] adj. et n. f. — XXᵉ ; de *sub-*, et *logique.*
♦ Didact. Qui présente des caractères logiques partiels, en parlant d'une structure de pensée ou d'expression linguistique. — N. f. *Une sublogique.*

Le linguiste Hjelmslev en est ainsi venu à faire l'hypothèse d'un niveau « sublogique », où les connexions s'établiraient ente les coordinations logiques et les coordinations linguistiques et il semble bien probable que l'analyse de cette sublogique nous ramènera à des questions de coordinations d'action.   J. PIAGET, Épistémologie des sciences de l'homme, 1970, p. 351.

SUBLUNAIRE [syblynɛʀ] adj. — 1548 au sens 2 ; sens 1 au XVIIᵉ ; de *sub-*, et *lunaire.*

♦ **1.** Vx. Situé plus bas que la Lune, entre la Terre et la Lune.

♦ **2.** Littér., plais. *Le peuple sublunaire.* ⇒ **Terrien** (→ Fripouillerie, cit.). *Le monde sublunaire :* la Terre.

1   (...) quelque autre planète à cent millions de lieues de notre boule sublunaire (...)   Th. GAUTIER, Mˡˡᵉ de Maupin, X.

N. *Les sublunaires :* les humains.

---

2   Je vous entends, les sublunaires, bramer vos dédains pâles.   Hervé BAZIN, la Mort du petit cheval, p. 291.

SUBLUXATION [syblyksɑsjɔ̃] n. f. — 1855, Nysten ; de *sub-*, et *luxation.*
♦ Méd. Luxation partielle, incomplète.

SUBMARGINAL, ALE, AUX [sybmaʀȝinal, o] adj. — 1845 ; de *sub-*, et *marginal.*
♦ Didact. Qui est près du bord. *Taches marginales et submarginales d'une aile d'insecte.*

SUBMERGER [sybmɛʀȝe] v. tr. — Conjug. *bouger.* — 1393, au fig. ; *soumargier, somerger*, fin XIIᵉ ; lat. *submergere*, de *sub*, et *mergere* « plonger ».

♦ **1.** (Le sujet désigne un liquide). Recouvrir complètement. — (Le sujet désigne une cause naturelle). Mettre complètement dans un liquide. — REM. Quand le sujet désigne une personne, une cause humaine, on dit *immerger, plonger.* ⇒ **Couvrir, engloutir, inonder, noyer.** *L'inondation, le fleuve, la marée submergea les terres* (⇒ **Envahir...**). *Le torrent submergeait tout* (⇒ **Emporter**). *Étouffer en submergeant.* ⇒ **Noyer.** *Qui peut* (⇒ **Submersible**), *ne peut pas être submergé* (⇒ **Insubmersible**). — P. p. adj. *Terre submergée* (→ 1. Colon, cit. 1). *Barque à demi submergée.* ⇒ **Enfoncer** (dans l'eau). → Encablure, cit. 1 — Géogr. *Récifs submergés.*

1   Puis, ce furent des pluies battantes qui la submergeaient *(la Cité, à Paris),* la cachaient derrière l'immense rideau tiré du ciel à la terre (...)   ZOLA, l'Œuvre, IX, p. 308.

2   La rêverie commence parfois devant l'eau limpide, tout entière en reflets immenses, bruissante d'une musique cristalline.
Elle finit au sein d'une eau triste et sombre, au sein d'une eau qui transmet d'étranges et de funèbres murmures. La rêverie près de l'eau, en retrouvant ses morts, meurt, elle aussi, comme un univers submergé.   G. BACHELARD, l'Eau et les Rêves, p. 66.

Fig. *L'obscurité submergeait tout.* — P. p. *Lieu submergé d'obscurité* (→ Égout, cit. 2). ⇒ **Ensevelir.** — Passif et pron. *Être submergé, se submerger dans...*

3   L'obscurité nocturne est pleine d'un vertige. Qui l'approfondit s'y submerge et s'y débat.   HUGO, les Travailleurs de la mer, II, II, V.

(Sujet n. humain). **a** Envahir. *Les nations que submergaient les armées d'Hitler.* → Libre, cit. 21. *L'ennemi a été submergé.* ⇒ **Déborder.**

b Entraîner, emporter (le sujet désigne une foule). — Surtout passif et p. p. *Être submergé par la foule.*

4   Simon Chavegrand fit quelques pas dans ce hourvari. Tout de suite,il fut entraîné, submergé, tel un fétu dans une cataracte.   G. DUHAMEL, Salavin, VI, III.

♦ **2.** (1680). Fig. Envahir, emplir complètement, en supprimant les autres émotions. *La douleur* (cit. 11) *l'avait submergé.* — Au passif. *Être submergé par la douleur* (→ Plongé* dans sa douleur).

5   Quand il fut à sa place, dans le coupé, au fond, et que la diligence s'ébranla (...) il sentit une ivresse le submerger.   FLAUBERT, l'Éducation sentimentale, II, I.

6   Je fus submergé de pressentiments.   F. MAURIAC, la Robe prétexte, XI.

Spécialt (au passif ou au p. p.). *Être submergé de travail* (cf. Être débordé, ne pas savoir où donner de la tête). *Il est complètement submergé, dépassé.*

7   Ma mère, complètement submergée, éberluée, amusée tout de même par tant de piterrie (...)   GIDE, Si le grain ne meurt, I, VI, p. 161.

▶ **SUBMERGÉ, ÉE** p. p. adj. → ci-dessus, cit. 2 et *supra* cit. 1 ; *supra* cit. 3 ; cit. 7 et *supra.*
DÉR. (Du lat. *submergere*) **Submersible, submersion.**

SUBMERSIBILITÉ [sybmɛʀsibilite] n. f. — 1901 ; de *submersible.*
♦ Didact. Caractère de ce qui est submersible.

Quant au « Liban » *(un bateau),* cette expérience a démontré ses excellentes qualités de submersibilité.   JARRY, Gestes, Naufrageurs, *in* Œ. compl., t. VII, p. 105 (1901).

SUBMERSIBLE [sybmɛʀsibl] adj. et n. m. — 1798 ; dér. sav. du lat. *submersus*, p. p. de *submergere*, et *-ible.*

♦ **1.** Bot. Qui s'enfonce dans l'eau après la floraison. *Certaines plantes aquatiques sont submersibles.*

♦ **2.** (1845). Géogr. Qui peut être submergé. *Terrains submersibles.* — Techn. *Machine (électrique) submersible,* capable de fonctionner sous l'eau.

♦ **3.** (1899). Cour. *Navire submersible,* et, n. m., *un submersible :* sous-marin à ballasts extérieurs. *Les submersibles furent conçus à l'origine pour naviguer mieux, en surface, que les sous-marins.*

Ce qui distingue, paraît-il, entre autres détails les nouveaux submersibles des anciens, c'est un très ingénieux procédé pour revivifier d'une façon continue l'air respirable du petit bâtiment (...)   A. ALLAIS, Contes et chroniques, p. 212.

Tout sous-marin. *Submersible en plongée, qui fait surface.*

CONTR. Insubmersible.
DÉR. Submersibilité.

SUBMERSION [sybmɛʀsjɔ̃] n. f. — 1458; *somersion*, v. 1160; bas lat. *submersio*, du lat. class. *submersum*, supin de *submergere*. → Submerger.

♦ **1.** Didact. Le fait de submerger ou d'être submergé. *La submersion d'un navire* (⇒ **Naufrage**), *d'une terre* (⇒ **Inondation**). Spécialt. *Asphyxie, étouffement, mort par submersion* (⇒ **Noyade**). — Fig. «*Submersion dans la nuit*» (Hugo, *Shakespeare*).

♦ **2.** (1876, P. Larousse). Agric. Irrigation (d'une terre) au moyen d'une nappe d'eau fixe pour protéger la vigne (par exemple, contre le phylloxéra). *La submersion est employée en viticulture.*

— Faudrait peut-être bien un bateau, alors! dit Jean, que cette idée nouvelle de la submersion des plaines par les eaux de vidange amusait et dégoûtait.
    ZOLA, la Terre, V, I.

SUBMINIATURISATION [sybminjatyʀizasjɔ̃] n. f. — Mil. xxᵉ (*in* Larousse 1968); de *sub-*, et *miniaturisation*.

♦ Techn. Miniaturisation extrême. — Réalisation par éléments subminiaturisés.

SUBMINIATURISÉ, ÉE [sybminjatyʀize] adj. — Mil. xxᵉ; de *sub-*, et *miniaturisé*.

♦ Techn. Qui est miniaturisé à l'extrême. *Éléments subminiaturisés entrant dans la composition de circuits intégrés, des microprocesseurs.*

SUBMISSION [sybmisjɔ̃] n. f. — Fin xvIᵉ; «fait de se placer sous la tutelle de qqn», xIIᵉ; lat. *submissio*. → Soumission.

♦ Vx. Soumission*.

DÉR. Submissivité.

SUBMISSIVITÉ [sybmisivite] n. f. — 1973, in *la Clé des mots*; dér. sav. de *submission*.

♦ Didact. Disposition (d'une personne, d'un animal) à la soumission.

SUBNARCOSE [sybnaʀkoz] n. f. — Mil. xxᵉ (*in* Porot, 1952); de *sub-*, et *narcose*.

♦ Méd. État de somnolence provoqué, dans lequel le sujet garde la possibilité de communiquer (on dit aussi *narcose liminaire*). *Subnarcose barbiturique, amphétaminée. Subnarcose à but diagnostique* (⇒ **Narcodiagnostic**), *thérapeutique* (⇒ **Narco-analyse**).

SUBNORMAL, ALE, AUX [sybnɔʀmal, o] adj. — 1926; de *sub-*, et *normal*.

♦ Didact. Qui est au-dessous de la normale, de l'état normal. ⇒ **Anormal.**

SUBOBSCUR, URE [sybopskyʀ] adj. — 1547; de *sub-*, et *obscur*.

♦ Littér. Qui n'est pas tout à fait obscur. — Fig. «*Conversations douces..., subobscures*» (Sainte-Beuve, *in* G. L. L. F.).

SUBODORER [sybodoʀe] v. tr. — 1636; rare av. 1850; lat. *subodorari*, de *sub*, et *odorari* «sentir».

♦ **1.** Cour. Pressentir. ⇒ **Flairer** (fig.), **deviner, douter** (se), **soupçonner** (→ Assombrir, cit. 8). *Subodorer un mauvais coup. Je subodore que ce type nous prépare un mauvais coup.*

1   (...) une sensibilité très fine (...) qui saisit la pensée sous l'accent, la fausseté à travers le sourire, qui subodore en quelque sorte les défauts des autres mieux qu'eux-mêmes (...)
    SAINTE-BEUVE, Portraits littéraires, Bernardin de Saint-Pierre.

2   Je subodore en toi le lecteur de ces publications révoltées (...)
    R. QUENEAU, Zazie dans le métro, XVI.

2.1 Mais ce qui grouille en-dessous et sur quoi il est sans pouvoir, nous le subodorons. La pourriture demeure en plein travail.
    F. MAURIAC, le Nouveau Bloc-notes 1958-1960, p. 83.

♦ **2.** (Mil. xvIIIᵉ). Rare. Flairer (une odeur), sentir de loin à la trace. *Chien qui essaie de subodorer le gibier* (→ Nez, cit. 49).

3   Depuis quelques instants, Béelzébuth (*le chat*) paraissait inquiet, il levait la tête comme s'il subodorait quelque chose d'inquiétant (...)
    Th. GAUTIER, le Capitaine Fracasse, I.

SUBORBITAL, ALE, AUX [sybɔʀbital, o] adj. — 1965, *le Monde*; de *sub-*, et *orbital*.

♦ Didact. Sous-orbital*. *Vitesse suborbitale d'un engin spatial.*

SUBORDINATION [sybɔʀdinasjɔ̃] n. f. — 1610; lat. médiéval *subordinatio*, de *subordinare*. → Subordonner.

♦ **1.** *Subordination de* (*qqn*) *à* (*qqn*) : fait d'être soumis à l'autorité de qqn, spécialt dans un ensemble hiérarchisé. ⇒ **Assujettissement, dépendance, esclavage, infériorité, obédience, obéissance, sous-ordre, tutelle, vassalité**; et aussi **discipline**. *La subordination extrême des citoyens aux magistrats* (cit. 3). *La hiérarchie* (cit. 7), *c'est-à-dire la subordination des fonctionnaires les uns aux autres.* — *La subordination de qqn* (sans compl. en *à*), sa soumission. — *La subordination*, organisation hiérarchisée. ⇒ **Hiérarchie.** *La sainte subordination des puissances ecclésiastiques* (→ Hiérarchie, cit. 2).

1   (...) les grands (...) paraissent debout, le dos tourné directement au prêtre et aux saints mystères, et les faces élevées vers leur roi (...) On ne laisse pas de voir dans cet usage une espèce de subordination, car ce peuple paraît adorer le prince, et le prince adorer Dieu.   LA BRUYÈRE, les Caractères, VIII, 74.

2   Il est impossible de faire le tableau de ces petits détails respectueux, de cet ensemble de conduite, qui annonce la subordination de l'Épouse, sans indiquer l'esclavage.   RESTIF DE LA BRETONNE, la Vie de mon père, IV, p. 241.

Soumission à une chose. *En général, l'insubordination contre les règles* (cit. 2) *vient d'une subordination inintelligente au réalisme.*

♦ **2.** Fait de subordonner* (2.) une chose à une autre; position inférieure d'un élément par rapport à un autre dans un ensemble. *La subordination d'une activité à des principes.* — (Sans complément en *à*). Distribution ordonnée, organisation hiérarchisée de plusieurs choses. ⇒ **Hiérarchie** (3.), **ordre** (*supra* cit. 6).

3   Plus l'artiste se penche avec impartialité vers le détail, plus l'anarchie augmente. Qu'il soit myope ou presbyte, toute hiérarchie et toute subordination disparaissent.
    BAUDELAIRE, Curiosités esthétiques, XVI, v.

Sc. nat. *Principe de la subordination des caractères :* principe, énoncé par Cuvier, selon lequel on doit tenir compte de l'importance inégale des caractères pour le classement des êtres.

♦ **3.** (xIxᵉ; *in* Littré, 1872). Gramm. (Opposé à *juxtaposition*, à *coordination*). Construction dans laquelle une proposition est subordonnée à une autre; emploi de cette construction. ⇒ **Subordonner** (p. p.); → Excepter, cit. 13; moins, cit. 36. *Outil, mot de subordination* (→ Quoi, cit. 13). *Conjonctions, locutions conjonctives de subordination.* ⇒ **Conjonction** (II.), **que** (1. Que, I., 5.).

CONTR. Autorité. — Autonomie. — Insubordination.
COMP. Insubordination.

SUBORDINÉMENT [sybɔʀdinemɑ̃] adv. — 1578; de *subordiné*, p. p. de l'anc. verbe *subordiner* «subordonner».

Vx (langue classique).

♦ **1.** En conséquence.

♦ **2.** (1662, Retz). *Subordinément à qqch.,* en se subordonnant...

SUBORDONNANT, ANTE [sybɔʀdɔnɑ̃, ɑ̃t] adj. et n. m. — 1863, *in* Littré, art. *Conjonction*; de *subordonner*.

♦ Gramm. Qui établit un lien de subordination* entre deux propositions. *Mot subordonnant.* — N. m. *Un subordonnant.*

SUBORDONNÉ, ÉE [sybɔʀdɔne] adj. et n. ⇒ **Subordonner** (p. p., 1.).

SUBORDONNÉE [sybɔʀdɔne] n. f. ⇒ **Subordonner** (p. p., 2.).

SUBORDONNÉMENT [sybɔʀdɔnemɑ̃] adv. — 1677; de *subordonné*.

Littér. ou vx.

♦ **1.** Selon un rapport de subordination, de dépendance.

♦ **2.** (Déb. xvIIIᵉ, Saint-Simon). En tant que subordonné; en sous-ordre.

SUBORDONNER [sybɔʀdɔne] v. tr. — 1496; *subordiner*, 1596 (→ Subordination); rare av. xvIIIᵉ; emprunt, francisé d'après *ordonner**, au lat. médiéval *subordinare*, de *sub*, et lat. class. *ordinare*. → Ordonner.

♦ **1.** SUBORDONNER (qqn) à (qqn) : placer (une personne, un groupe) sous l'autorité de (qqn), dans un ensemble hiérarchisé. ⇒ **Soumettre.** *L'interne qui est subordonné à un chef de service dans un hôpital* (→ aussi Mon, cit. 11).

♦ **2.** SUBORDONNER (qqch.) à (qqch.) : donner à (une chose) une place inférieure ou une importance secondaire par rapport à (une autre); réduire (une chose) à n'être qu'un moyen pour obtenir (un résultat). → Nationaliste, cit. 3. *Subordonner en peinture la*

matière (cit. 11) *et la couleur à des préoccupations de forme.*
⇒ **Soumettre** (*infra* cit. 3); ordre (*supra* cit. 6).

1 Voué sans réserve à son idée, il y a subordonné toute chose à un tel degré que l'univers n'exista plus pour lui.
RENAN, la Vie de Jésus, XXVIII, Œ. compl., t. IV, p. 371.

♦ **3.** Faire dépendre (une chose) en fait ou en droit de l'accomplissement d'une condition. *La victoire finale est subordonnée au succès de l'opération en cours.* ⇒ **Attacher** (*supra* cit. 41).

♦ **4.** Gramm. Mettre en état de subordination (une proposition). *Infra subordonné.*

▶ **SE SUBORDONNER** v. pron. *« Tu t'es subordonné, quand tu es fait pour ordonner »* (cit. 11, Balzac; et → Peuple, cit. 18). — *Se subordonner à...* (→ Aimer, cit. 28; concevoir, cit. 10; dialecte, cit. 1). *Un caractère essentiel* (cit. 10), *auquel les autres se subordonnent.*

▶ **SUBORDONNÉ, ÉE** p. p. adj. et n.

♦ **1.** (1690). **ⓐ** (Personnes; choses). Qui est dans un état de dépendance; qui est soumis à une autorité. ⇒ **Dépendant, inférieur, sujet.** *Le pouvoir intermédiaire subordonné le plus naturel est celui de la noblesse* (→ Monarchie, cit. 1, Montesquieu).

2 Toutes choses sont liées et subordonnées dans ce monde; nous le savons; mais faire chaque chose pour elle-même est le seul moyen de motiver sa valeur.
GIDE, Journal, 1893, Feuillets.

ⓑ N. (1829). Personne placée sous l'autorité d'une autre (quand on la considère du point de vue de sa dépendance hiérarchique). ⇒ **Adjoint, employé, inférieur** (*supra* cit. 9), **sous-ordre, subalterne.** *Obéissance* (cit. 9), *indiscipline* (cit. 2) *des subordonnés. Droits et devoirs d'un chef vis-à-vis de ses subordonnés* (→ 1. Patron, cit. 11). *Couvrir** (*supra* cit. 31) *ses subordonnés.*

3 (...) il ne savait que faire de ce supérieur-là, lui qui n'ignorait pas que le subordonné est tenu de se courber toujours, qu'il ne doit ni désobéir, ni blâmer, ni discuter, et que, vis-à-vis d'un supérieur qui l'étonne trop, l'inférieur n'a d'autre ressource que sa démission.
HUGO, les Misérables, V, IV.

3.1 Mais le plus grave était qu'il prétendît introduire dans son service des réformes d'une portée considérable et bien faites pour troubler la quiétude de son subordonné.
M. AYMÉ, le Passe-muraille, p. 9.

♦ **2.** Adj. et n. f. (1770). *Proposition subordonnée,* qui est dans une relation de dépendance syntaxique (marquée explicitement par la présence d'un mot subordonnant ou par le mode) par rapport à une autre (dite *proposition principale*, I., 2.), et qui ne pourrait former sans cette principale une phrase complète du point de vue grammatical et formel (on dit aussi parfois *proposition dépendante,* opposé à *proposition indépendante*). ⇒ **Subordination** (3.). *Proposition subordonnée à une principale négative* (→ Quand, cit. 14). — Absolt. *Proposition subordonnée* (→ Coordonner, cit. 4; devoir, cit. 30). — N. f. **SUBORDONNÉE** (→ 1. Garde, cit. 51; parce que, cit. 12; rejet, cit. 4). *La subordonnée de* (une autre proposition, une principale). *La principale et sa subordonnée. — Une subordonnée. L'incise n'est pas une subordonnée. Classement des subordonnées selon la place qu'elles occupent par rapport à la principale* (antécédentes *ou* antérieures, coïncidentes *ou* incidentes, conséquentes *ou* postérieures), *selon le mot qui les introduit* (interrogatives indirectes, relatives), *selon leur fonction* (sujet; attribut; complément d'objet — complétives —, de circonstance — circonstancielles), *selon le mode du verbe qu'elles contiennent* (subordonnées à un mode personnel; infinitives; participiales)... ⇒ **Proposition** (I., 3.). *Subordonnées coordonnées, juxtaposées.*

4 La phrase de Renard est ronde et pleine, avec le minimum d'organisation intérieure (...) Point de ces subordonnées qui sont comme des épines dorsales ou des artères ou parfois des ganglions nerveux; tout ce qui n'est pas la proposition principale lui paraît suspect : ce sont des bavardages, des restrictions inutiles, des adjonctions oiseuses, des repentirs.
SARTRE, Situations I, p. 296.

CONTR. (Du p. p. adj.) **Dominant, supérieur. — Autonome, indépendant. — Désobéissant.** — (Du p. p. substantivé) **Chef, directeur, supérieur** (n. m.).
DÉR. Subordonnant. — (Du p. p.) Subordonnément.
COMP. (Du p. p.) **Insubordonné.**

SUBORNATION [sybɔʀnasjɔ̃] n. f. — 1310; lat. médiéval *subornatio,* du lat. *subornare.* → Suborner.

♦ **1.** Littér. Action de suborner (1.) qqn. ⇒ **Corruption.** *La subornation d'une jeune fille innocente.*

1 (...) en butte aux goûts les plus barbares et les plus monstrueux; étourdie des sophismes les plus hardis, les plus spécieux; en proie aux séductions les plus adroites, aux subornations les plus irrésistibles (...)
SADE, Justine, t. I, p. 4.

♦ **2.** (1349). Dr. Action de suborner (2.) un témoin.

2 (...) ce qui me suffit pour renverser, je ne sais quel échafaudage de subornation de le-Jay, que la maison Goëzman a voulu élever contre moi (...)
BEAUMARCHAIS, Mémoires... dans l'affaire Goëzman, p. 181.

SUBORNER [sybɔʀne] v. tr. — V. 1280; lat. *subornare,* littéralt « équiper », d'où « préparer secrètement qqn en vue d'une mauvaise action », de *sub,* et *ornare.* → Orner.

♦ **1.** Vieilli ou littér. Détourner du droit chemin, du devoir. *Suborner*

---

les serviteurs d'une maison, les corrompre, les acheter pour qu'ils trahissent les intérêts de leur maître (→ Foyer, cit. 22).
(V. 1530). Spécialt. Suborner une jeune fille mineure. ⇒ **Corrompre** (*infra* cit. 19), **séduire** (*supra* cit. 3); → Disposer, cit. 13.

1 (...) le perfide, l'infâme,
Tente le noir dessein de suborner ma femme (...)
MOLIÈRE, Tartuffe, V, 3.

Littér. (Sujet n. de chose) :

1.1 (...) J'ai quitté
Les anges vains, abjects, vils, et toi, la clarté,
Qui les corromps, et toi, l'amour, qui les subornes!
Quel bonheur que la haine alors qu'elle est sans bornes!
HUGO, la Fin de Satan, Hors de la Terre, III.

♦ **2.** Dr. *Suborner un témoin,* l'inciter à mentir par intérêt (en l'achetant, etc.). ⇒ **Corrompre** (*supra* cit. 17), **séduire** (vx).

2 (...) le père Voisin, qui avait du crédit auprès du cardinal de Larochefoucauld, suborna des témoins, et, par l'entremise du Père Caussin, jésuite, confesseur du roi, obtint un décret de prise de corps.
Th. GAUTIER, les Grotesques, III, p. 89.

DÉR. Suborneur.

SUBORNEUR, EUSE [sybɔʀnœʀ, øz] n. et adj. — 1488, « trompeur »; de *suborner.*

★ **I.** N. ♦ **1.** Littér. ou vieilli. Personne qui suborne, détourne (qqn) du devoir. ⇒ **Corrupteur.** *Les suborneurs de la jeunesse.* — (1538). Spécialt. N. m. Celui qui suborne, séduit (une jeune fille, une femme). ⇒ **Séducteur** (→ Incitation, cit. 2). — Mod. (Par plais.). *C'est un vil suborneur. Suborneur!*

1 S'il peut rester dans l'âme d'un suborneur quelque sentiment d'honneur et d'humanité, répondez à ce billet d'une malheureuse dont vous avez corrompu le cœur (...)
ROUSSEAU, Julie ou la Nouvelle Héloïse, III, x.

2 — (...) Enfin! (...) je le tiens! Ah! gredin! lâche (...) suborneur!
E. LABICHE, le Clou aux maris, 9.

3 — (...) Plus haut! sa femme est là!
— Raison de plus. Il ferait beau voir qu'elle sache qu'elle demandait à quelqu'un de l'embrasser. Mais, ah, cela! monsieur, seriez-vous un hypocrite, un intrigant, un suborneur? Est-ce que je vais devoir vous apprendre, en vous tirant les oreilles, ce que c'est que l'honneur d'une jeune fille? Déjà, je vous ai vu, mon gaillard, avec la petite femme de chambre que nous avions ici avant. Ne niez pas! je vous dis que je vous ai vu.
J. ANOUILH, Ardèle ou la Marguerite, p. 175.

♦ **2.** Dr. Rare. Personne qui s'est rendue coupable de subornation de témoin. *« On l'a condamnée comme suborneuse »* (Académie).

★ **II.** Adj. ♦ **1.** (1636). Vx (langue class.). Qui détourne du devoir; qui suborne.

4 Et je pourrai souffrir qu'un amour suborneur
Sous un lâche silence étouffe mon bonheur!
CORNEILLE, le Cid, III, 3.

♦ **2.** Vx ou littér. Qui trompe.

SUBPHOTOSPHÉRIQUE [sybfotosfeʀik] adj. — xxᵉ (v. 1970); de *sub-, photosphère,* et *-ique.*

♦ Astron. Qui se situe sous la photosphère solaire. *Région convective subphotosphérique, inobservable directement. Mouvements subphotosphériques révélés par les oscillations photosphériques.*

SUBRÉCARGUE [sybʀekaʀg] n. m. — 1704; *soubrescart,* 1666; esp. *sobrecargo,* de *sobrecargar,* de *sobre* « sur », et *cargar* « charger », bas lat. *carricare.*

♦ Mar. Agent embarqué en supplément de l'équipage normal, qui représente à bord les intérêts de l'armateur ou de l'affréteur et veille à la gestion de la cargaison. — Loc. *Dormir comme un subrécargue,* longuement et profondément (le subrécargue n'étant pas soumis comme à l'équipage à l'obligation du quart, et donc des veilles nocturnes).

SUBRÉCOT [sybʀeko] n. m. — 1642; francisation du provençal mod. *sobrescot,* de *sobre* « sur », et *escot* « écot ».

♦ Vx et fam. Ce qu'on paye en plus de l'écot prévu; supplément de dépense. *« Ils avaient compté de ne dépenser chacun qu'une pistole, il y a eu un écu de subrécot par tête »* (Académie, 1762).

SUBREPTICE [sybʀeptis] adj. — 1346; *surreptice,* XIIIᵉ; lat. *subrepticius* « clandestin »; de *subrepere* « se glisser, ramper dessous », de *sub,* et *repere* « ramper ».

♦ **1.** Dr. canon. Obtenu par dissimulation d'un empêchement important. *Privilège subreptice. Bénéfice obtenu de manière subreptice.* Qu'on a obtenu illicitement, par un faux exposé, en surprenant la bonne foi de l'autorité sollicitée. ⇒ **Obreptice.**

♦ **2.** Cour. Qui est obtenu, qui se fait par surprise, à l'insu de qqn et contre sa volonté. ⇒ **Caché, clandestin, frauduleux, furtif, sournois, souterrain.** *Par un moyen, par une manœuvre subreptice.*

1 (...) je voudrais qu'elle fût prise dans un étourdissement, qu'elle ne se réveillât qu'étendue sous de subreptices baisers, dans l'ombre.
HUYSMANS, Là-bas, X (1891).

2 L'événement capital que j'ai toujours été dans l'incapacité de retrouver (cela pour la simple raison qu'il n'a jamais dû se produire, soit qu'il n'y ait pas même pos-

sibilité de pareille découverte, autrement que de façon toute formelle, tant qu'on n'est pas au pied du mur, soit qu'elle s'opère seulement par degrés et de manière subreptice à mesure que l'échéance se rapproche) est en effet celui qu'aurait constitué pour moi ma prise de conscience de la mort (...)
Michel LEIRIS, Fourbis, p. 22.

CONTR. Légal, licite. — Évident, manifeste, ostensible, visible.
DÉR. Subrepticement.

SUBREPTICEMENT [sybRɛptismɑ̃] adv. — Fin XIVᵉ; *subreptissement*, 1369; de *subreptice*.

♦ **1.** Par des manœuvres subreptices, déloyales.

1 De tous les crimes secrets ensevelis dans les mystères de la vie privée, un des plus déshonorants est celui de briser le cachet d'une lettre ou de la lire subrepticement.
BALZAC, Albert Savarus, Pl., t. I, p. 850.

2 (...) une pièce fausse de deux francs, que le charbonnier lui avait subrepticement passée ce jour même. FRANCE, le Petit Pierre, XXXI.

♦ **2.** Par surprise*, à la dérobée*; d'une manière dissimulée ou insensible. ⇒ **Cachette** (en), **clandestinement, furtivement.** *Passer subrepticement, inconsciemment du sens d'un mot à un autre dans un raisonnement* (→ aussi Possible, cit. 13). *Agir subrepticement* (cf. En cachette; en douce).

CONTR. Franchement, ostensiblement, ouvertement.

SUBREPTION [sybRɛpsjɔ̃] n. f. — Mil. XIVᵉ; *subrection*, déb. XIVᵉ; lat. jur. *subreptio, subreptum*, supin de *subripere* «dérober», de *sub*, et *rapere* «soustraire».

♦ **1.** Dr. canon. Le fait d'obtenir une grâce, un privilège «d'une manière frauduleuse, et par la dissimulation de ce qui s'y opposerait» (Lalande). ⇒ **Obreption.**

♦ **2.** Didact. Allégation fausse.

SUBROGATEUR [sybRɔgatœR] adj. m. et n. m. — 1803; n. m., 1765, «créancier qui en subroge un nouveau en son lieu et place»; de *subroger*.
Droit.

♦ **1.** Adj. *Acte subrogateur,* qui subroge un rapporteur ou un tuteur à un autre. ⇒ **Subrogatoire.**

♦ **2.** N. m. (1836). Deuxième rapporteur.

SUBROGATIF, IVE [sybRɔgatif, iv] adj. — 1872; du rad. de *subroger*, et *-atif.*

♦ Dr. Qui produit ou constitue une subrogation.

SUBROGATION [sybRɔgasjɔ̃] n. f. — 1401; lat. tardif *subrogatio*, de *subrogare*. → Subroger.

♦ Dr. Substitution d'une personne à une autre dans une relation juridique *(subrogation personnelle);* transmission à une chose des qualités juridiques de celle qu'elle remplace dans un patrimoine ou une universalité (→ Hypothèque, cit. 2). *Subrogation dans un droit. Paiement avec subrogation. Subrogation conventionnelle* (consentie par le créancier ou par le débiteur). *Subrogation légale.* — *Subrogation judiciaire à l'hypothèque légale de la femme mariée. Subrogation conventionnelle au profit d'un créancier du mari. Subrogation-cession. Subrogation-renonciation. Acte de subrogation.*

SUBROGATOIRE [sybRɔgatwaR] adj. — 1838; de *subroger*.

♦ Dr. Qui produit subrogation. *Acte subrogatoire.* ⇒ **Subrogateur.**

SUBROGER [sybRɔʒe] v. tr. — Conjug. *bouger.* — V. 1355; *subroguer*, 1332; lat. *subrogare* «proposer un magistrat à la place d'un autre», de *sub*, et *rogare* «demander».

♦ **1.** Vx. Mettre à la place de. ⇒ **Substituer.** «*Jésus-Christ se retirant de ce monde, il subroge les prêtres en sa place...*» (Bossuet, *Sermon sur la satisfaction*).

♦ **2.** (1690). *Subroger un rapporteur :* nommer (un juge) comme rapporteur (2.) à la place d'un autre.
(Déb. XVIᵉ). Substituer (une personne, une chose) à une autre par subrogation*. *Subroger qqn dans les droits de...*

▶ **SUBROGÉ, ÉE** p. p. et adj.

♦ **1.** (1690). Dr. *Rapporteur subrogé.* — Loc. *Subrogé tuteur* ou *subrogé-tuteur :* personne choisie par le conseil de famille dans une ligne autre que celle du tuteur pour représenter les intérêts du pupille et pour surveiller la gestion du tuteur (→ Curateur, cit. 4; renommée, cit. 4). *Une subrogée tutrice.*

Dans toute tutelle, il y aura un subrogé tuteur ou une subrogée tutrice. La femme pourra être nommée subrogée tutrice avec l'autorisation de son mari.
Code civil, art. 420.

N. *Un subrogé, une subrogée,* personne qui en remplace une autre par subrogation*.

♦ **2.** Didact. (Calque de l'angl. *subrogate languages*). *Langages subrogés :* codes subordonnés à une langue naturelle, dont ils transmettent les éléments pertinents par des moyens autres que la voix humaine (ex. : langages sifflés, tambourinés).

DÉR. Subrogateur, subrogatif, subrogatoire. — (Du lat.) Subrogation.

SUBSÉQUEMMENT [sybsekamɑ̃] adv. — V. 1260; de *subséquent.*

♦ Vx ou dr. (ou par plais. : parodie de la langue administrative, juridique). Après cela; en conséquence de quoi. ⇒ **Après** (*supra* cit. 69), **ensuite** (II., 2.).

1 Rancé subséquemment jeta au feu ce qui lui restait du tirage de *l'Anacréon,* dont on trouve néanmoins des exemplaires à la Bibliothèque du roi.
CHATEAUBRIAND, Vie de Rancé, p. 6.

2 Si Léonard n'eût enfanté qu'une œuvre, je ne dis même pas *Saint Jean,* mais seulement *Bacchus,* et qu'il eût voulu subséquemment détruire cette toile (...)
Léonce DE LARMANDIE, Histoire de J.-G.-N. dit Humilis, *in* Germain NOUVEAU, Œ., Pl., p. 1051.

SUBSÉQUENCE [sybsekɑ̃s] n. f. — 1834; de *subséquent.*

♦ Didact. Caractère de ce qui se produit après quelque chose, de ce qui est subséquent.

SUBSÉQUENT, ENTE [sybsekɑ̃, ɑ̃t] adj. — 1370; lat. *subsequens, -entis,* p. prés. de *subsequi* «suivre de près».

★ **I.** ♦ **1.** Vx et littér. Qui suit (la chose dont on parle), qui vient après, dans le temps.
J'avais été témoin, il est vrai, des commencements de la Révolution; mais les grands crimes n'étaient pas alors accomplis, et j'étais resté sous le joug des faits subséquents, tels qu'on les racontait au milieu de la société paisible et régulière de l'Angleterre. CHATEAUBRIAND, Mémoires d'outre-tombe, t. II, p. 170.

♦ **2.** Mod. (Dr.). Qui vient immédiatement après, du point de vue de la succession dans le temps ou du rang dans une série. *Le degré subséquent de parenté* (→ aussi Dévolu, cit. 1).

★ **II.** Géogr. *Rivière subséquente,* qui longe le pied de la côte, dans un relief de côte (plateau structural à double pente inclinée de manière dissymétrique, avec *front* abrupt (côte et *revers* en pente douce).

CONTR. (Du I.) Antécédent, précédent.
DÉR. Subséquemment, subséquence.

SUBSIDE [sybzid] n. m. — V. 1290, «assistance, secours»; *succide*, 1220; lat. *subsidium* «ligne de réserve (dans l'ordre de bataille); renfort; secours, ressources», de *sub*, et *sidere* «s'asseoir, se poser».

♦ **1.** (1314). Vx. Contribution, impôt. *Subside gracieux, levé par Philippe VI de Valois en 1349 avec le consentement du prévôt des marchands.*

Cette inégalité se trouvera encore si la condition des citoyens est différente par rapport aux subsides; ce qui arrive de quatre manières : lorsque les nobles se donnent le privilège de n'en point payer; lorsqu'ils font des fraudes pour s'en exempter; lorsqu'ils les appellent à eux, sous prétexte de rétributions ou d'appointements pour les emplois qu'ils exercent : enfin quand ils rendent le peuple tributaire, et se partagent les impôts qu'ils lèvent sur eux.
MONTESQUIEU, l'Esprit des lois, V, VIII.

♦ **2.** (Mil. XIXᵉ). Mod. Somme versée occasionnellement ou régulièrement à un particulier ou à un groupement, à titre d'aide, de secours, de subvention, en rémunération de certains services, etc. ⇒ 1. **Aide** (I., 2.), **allocation,** 1. **don** (2.), **subvention.** *Solliciter un subside du souverain.* ⇒ aussi **Grâce** (*supra* cit. 1). *Vivre des subsides de qqn* (→ Faveur, cit. 3). *Couper les subsides à qqn.* ⇒ **Vivres.** *Journal qui accepte des subsides privés* (cit. 5).

♦ **3.** (1694). Somme accordée par un État à un autre, à titre d'aide ou de prêt. *Subsides apportés aux pays en voie de développement.*

DÉR. (Du même rad.) Subsidiaire.

SUBSIDENCE [sybzidɑ̃s] n. f. — 1557; empr. du lat. *subsidentia,* de *subsidere* «se baisser; se déposer» (→ Subside), p.-ê. par l'anglais.

♦ **1.** Didact. et vx. Sédiment, dépôt.

♦ **2.** (1874). Géol. et géogr. Affaissement lent d'une partie de l'écorce terrestre sous le poids des sédiments.

Mais la sédimentation la plus caractéristique des géosynclinaux est liée aux déplacements verticaux subis par leurs fonds. Ces mouvements offrent la particularité d'être à la fois continus et saccadés, des affaissements étant séparés par des phases de repos, voire de légères remontées. Ce type ultime, dont le résultat final est un affaissement, est nommé subsidence. On l'attribue au poids des sédiments et des laves, ainsi qu'à la compaction différentielle des couches (...)
H. et G. TERMIER, *in* Encycl. Pl., la Terre, p. 1347.

♦ 3. (xxᵉ). Météor. Descente d'une masse d'air, avec étalement horizontal au contact d'une couche inférieure plus froide. *Surface de subsidence.*

SUBSIDIAIRE [sybzidjɛʀ] adj. — V. 1355, *chevaliers subsidiaires*; lat. *subsidiarius* «de réserve», en parlant de troupes, de *subsidium.* → Subside.

♦ 1. (1580). Qui est destiné à être utilisé en second lieu, à l'appui d'une chose plus importante; qui constitue un élément accessoire.

♦ 2. (1694). Dr. *Conclusions subsidiaires :* conclusions qu'on prend avec les conclusions principales, pour le cas où celles-ci ne seraient pas adjugées. *Caution, hypothèque subsidiaire. Moyen subsidiaire.*

♦ 3. Littér. ⇒ **Accessoire.** *Motif, raison subsidiaire. Les petits faits subsidiaires* (→ Patient, cit. 5). — Cour. *Question subsidiaire, destinée à départager les gagnants d'un concours publicitaire.*

1　Cette société de l'*Oignon*, réunissant et reliant les anciens prix de Rome avec deux grands dîners annuels et quelques petits dîners subsidiaires.
　　　　　Ed. et J. DE GONCOURT, Manette Salomon, p. 168.

2　(...) nous étions trente-trois (sur quarante mille) à avoir trouvé la solution des questions subsidiaires, capitales comme chacun sait dans un concours (...)
　　　　　Pierre DANINOS, Un certain Monsieur Blot, p. 163.

CONTR. Dominant, principal.
DÉR. Subsidiairement.

SUBSIDIAIREMENT [sybzidjɛʀmɑ̃] adv. — 1580, Montaigne; de *subsidiaire.*

♦ Littér. et dr. De manière subsidiaire, accessoire, en second lieu (→ Qualité, cit. 3).

SUBSISTANCE [sybzistɑ̃s] n. f. — 1514; de *subsister.*

★ I. Vx (langue class.). Fait de subsister (1.). «*La subsistance de l'Église*» (Bossuet). ⇒ **Permanence.**

★ II. (Mil. xviiᵉ). **♦ 1.** Littér. ou style soutenu. Fait de subsister* (2.), de pourvoir à ses besoins; ce qui sert à entretenir la vie, à assurer l'existence matérielle d'une personne ou d'une collectivité. ⇒ **Entretien** (3.). *Gagner sa subsistance.* ⇒ **Pain** (supra cit. 6), **pitance** (2.), **vie**; fam. **bifteck, bœuf...** *Contribuer à la subsistance du ménage* (cf. fam. Faire bouillir la marmite). *Avoir la subsistance assurée* (→ fam. La matérielle*). *Moyens de subsistance* (→ Mériter, cit. 2). *Métier, état assez lucratif* (cit. 1) *pour donner une subsistance aisée. L'argent nous presse pour notre subsistance* (→ Aboyer, cit. 5). *Les troupeaux sont la subsistance des peuples pasteurs* (cit. 3). — Vx. *Assurer une subsistance à qqn,* en lui versant une pension. ⇒ aussi **Aliment** (supra cit. 3).

1　On me condamna à une amende considérable, aux frais de gésine, et à pourvoir à la subsistance et à l'éducation d'un enfant provenu des faits et gestes de mon ami le chevalier de Saint-Ouin, dont il était le portrait en miniature.
　　　　　DIDEROT, Jacques le fataliste, Pl., p. 730.

2　Des démarcheurs visitent les pauvres et les persuadent de vendre quelques jours de vie afin d'assurer à leurs familles des moyens de subsistance complémentaires.
　　　　　M. AYMÉ, le Passe-muraille, p. 86.

(En parlant des animaux). ⇒ **Nourriture** (→ Lapin, cit. 2). *Tirer* sa subsistance de qqch. Trouver sa subsistance dans...* (→ Glace, cit. 2).

(D'une collectivité). ⇒ **Approvisionnement, ravitaillement, ressource** (s). *La subsistance de Paris, toujours incertaine* (cit. 5), *dépendait de tel arrivage d'un convoi de la Beauce.*

♦ 2. Écon. *Économie de subsistance,* fondée sur la production des seules denrées essentielles.

Admin. *Prise en subsistance :* fait, pour une caisse de sécurité sociale, de verser des prestations à un assuré dépendant d'une autre caisse. ⇒ **Subsistant.**

Milit. EN SUBSISTANCE : rattaché pour la nourriture et la solde à une autre unité que la sienne.

♦ 3. (1652, Bossuet). Denrées, vivres. **ⓐ** Vx. Au sing. *Assurer la circulation des grains, faire passer la subsistance de province en province* (→ Fédération, cit. 5).

ⓑ (1774). Au plur. *Les subsistances :* l'ensemble de ce qui permet de subsister, de vivre, et qui est détruit par la consommation (denrées, en particulier).

3　Tous les hommes qui travaillent consomment pour subsister. Mais la consommation anéantit les «subsistances». Il faut donc les faire renaître.
　　　　　QUESNAY, Dialogues sur le commerce..., p. 210, *in* BRUNOT, Hist. de la langue franç., t. VI, p. 245, note 4.

(1730). Milit. *Service des subsistances :* service de l'Intendance chargé de fournir ce qui est nécessaire à la nourriture des troupes.

COMP. Autosubsistance.

SUBSISTANT, ANTE [sybzistɑ̃, ɑ̃t] adj. et n. — 1375; de *subsister.*

♦ 1. Didact ou littér. Vx. Qui subsiste, qui existe de manière durable, permanente. — Mod. Qui existe encore après la disparition des autres éléments. *La partie subsistante.*

(...) reconnaîtrez-vous que la seule force subsistante autour de quoi nous puissions nous regrouper ce sont les quarante socialistes et leur chef?
　　　　　F. MAURIAC, le Nouveau Bloc-notes 1958-1960, p. 140.

♦ 2. N. **ⓐ** N. m. (1872). Milit. *Un subsistant :* un militaire en subsistance.

ⓑ (Mil. xxᵉ). Admin. Assuré social qui reçoit des prestations d'une autre caisse que celle à laquelle il est affilié.

SUBSISTER [sybziste] v. intr. — 1541, «se maintenir en vie»; lat. *subsistere* «s'arrêter; rester, demeurer; tenir bon», de *sub-,* et *sistere* «placer; se poser».

♦ 1. (1550). Choses. Continuer d'exister après élimination des autres éléments, ou malgré l'écoulement du temps. ⇒ **Conserver** (se), **demeurer** (II., 2.), **durer** (I., 3.), **exister** (supra cit. 9), **maintenir** (se), **persister, rester** (I., 3.; et II., 1.), **survivre, tenir** (intrans.). → Lin, cit. 1; incorporation, cit. 2. *Les murs de cette ville subsistent encore* (→ Bossage, cit. 2). «*Si une maison est divisée* (cit. 7) *contre elle-même, il est impossible que cette maison subsiste*» (Bible). *Des souvenirs qui subsistent malgré le temps.* ⇒ **Surnager.**

1　En lisant l'histoire du gouvernement de Pologne, on a peine à comprendre comment un État si bizarrement constitué a pu subsister si longtemps.
　　　　　ROUSSEAU, le Gouvernement de Pologne, I.

2　Mort à jamais? Qui peut le dire? Certes, les expériences spirites pas plus que les dogmes religieux n'apportent de preuve que l'âme subsiste.
　　　　　PROUST, la Prisonnière, Pl., t. III, p. 187.

3　Sans vertus militaires un peuple ne subsiste pas; elles ne suffisent pas à le faire subsister.
　　　　　J. BAINVILLE, Hist. de France, I, p. 14.

(En emploi impersonnel). *Il subsiste...* (→ Membre, cit. 12).

4　Il subsistait, en effet, un bout d'inscription, au-dessus du portail, à droite (...) *Celles-les-Eaux.*
　　　　　J. ROMAINS, les Hommes de bonne volonté, t. V, x, p. 82.

♦ 2. (Mil. xviiᵉ). Personnes. Entretenir son existence, pourvoir* à ses besoins. ⇒ **Soutenir** (son existence), **vivre.** *Subsister tant bien que mal.* ⇒ **Vivoter** (→ Écorner, cit. 4). *Donner de l'argent à qqn pour lui permettre de subsister.* ⇒ **Entretenir** (II., 2.). «*La priant de lui prêter Quelque grain pour subsister*» (→ Crier, cit. 34, La Fontaine). «*Il m'a fallu déployer* (cit. 15) *plus de science et de calculs, pour subsister seulement...*» (Beaumarchais). *Il n'avait pour subsister que son métier d'horloger* (cit. 2). — *Subsister de...* (→ Brigandage, cit. 3).

CONTR. Changer, devenir. — Disparaître, périr.
DÉR. Subsistance, subsistant.

SUBSOMPTION [sypsɔ̃psjɔ̃] n. f. — 1876; *subsumption,* 1842; de *subsumer,* d'après lat. *sumptio,* subst. verbal de *sumere* «prendre».

♦ Didact. Action de subsumer; son résultat.

SUBSONIQUE [sypsɔnik] adj. — xxᵉ (*in* Larousse, 1949); de *sub-,* et *sonique.*

Technique.

♦ 1. Inférieur à la vitesse du son. *Vitesse subsonique.*

♦ 2. Qui s'effectue à une vitesse subsonique. «*Lorsque l'appareil est en vol subsonique*» (*Science et Vie,* nᵒ 593, p. 127). — *Avion subsonique,* qui vole au-dessous de la vitesse du son. *Le supersonique* Concorde «*s'intégrera sans difficulté au trafic des avions subsoniques*» (*Science et Vie,* nᵒ 590, p. 111).

CONTR. Sonique, supersonique.

SUBSPONTANÉ, ÉE [sypspɔ̃tane] adj. — 1877, *in* Littré, *Suppl.*; de *sub-,* et *spontané.*

♦ Didact. (bot.). *Espèce subspontanée,* qui se développe après avoir été introduite dans une zone et s'intègre à la flore locale.

SUBSTANCE [sypstɑ̃s] n. f. — V. 1120, au sens II., «être spirituel»; aussi au xiiᵉ, *sustance* «ce qu'on possède»; lat. philos. *substantia,* de *substare* «se tenir (stare) dessous».

★ I. Partie essentielle. **♦ 1.** (1532, Rabelais). Philos. Ce qui constitue le support commun des qualités successives; ce qui est permanent dans un sujet susceptible de changer (opposé à *accident*). ⇒ **Essence** (I., 1.), **nature, substrat; substantiel.** *Substance et apparence.* ⇒ **Réalité** (cit. 2). *Le temps n'est rien parce qu'il n'a ni forme, ni substance* (→ 2. Être, cit. 11).

1　(...) je n'ai point fait abstraction du concept de la cire d'avec celui de ses accidents, mais plutôt j'ai voulu montrer comment sa substance est manifestée par les accidents, et combien sa perception, quand (...) une exacte réflexion nous l'a rendue manifeste, diffère de la vulgaire et confuse.
　　　　　DESCARTES, Cinquièmes réponses aux objections de Gassendi, VIII.

2　(...) il n'est pas possible, après avoir dépouillé une chose de toutes ses qualités, de vouloir qu'il lui reste encore quelque chose (...) on est forcé de conclure que les *substances* nous sont entièrement inconnues, et que nous n'en connaissons que les modes. Encycl. (DIDEROT), art. *Substance.*

3 (...) on conçoit (sans imaginer) la substance comme le sujet identique et permanent de tous les modes composés et variables (...)
MAINE DE BIRAN, Du physique et du moral de l'homme, Examen leçons philos., Introd., III.

4 Il n'y a pas (...) *d'abord* une conscience qui recevrait *ensuite* l'affection « plaisir » (...) Il y a un être indivisible, indissoluble, non point une substance soutenant ses qualités comme de moindres êtres, mais un être qui est existence de part en part. SARTRE, l'Être et le Néant, Introd., p. 21.

Vx. *Substances ou natures* simples d'un corps,* les propriétés qui le définissent.

♦ **2.** (1366). Didact. ou littér. Ce qu'il y a d'essentiel (dans une pensée, un discours, un écrit). ⇒ **Essentiel** (n. m.), **fond, principal** (II.). *Les figures* (cit. 26), *ornements dont la substance du discours* peut se passer. Voici en quelques lignes la substance de cette discussion.* ⇒ **Objet, sujet.** — Vx. S'est dit de l'essence d'un corps matériel. ⇒ **Essence, suc.** *« Tirer la substance des plantes »* (Furetière). — (1651). EN SUBSTANCE : pour ne donner que l'idée essentielle, pour s'en tenir au fond. ⇒ **Gros** (en), **résumé** (en), **sommairement, substantiellement.** *Voilà ce qu'ils auraient dit, en substance* (→ Outrecuidant, cit.).

★ **II.** (V. 1120). Totalité. ♦ **1.** (Par ext. de I., 1., avec une valeur plus ontologique). Didact. (philos.). Ce qui existe par soi-même (n'étant ni un attribut, ni une relation). ⇒ **Soi** (chose en soi); **être.** *Substance matérielle* (→ Immatérialisme, cit.), *immatérielle* (→ Moi, cit. 62). *La substance infinie* (Dieu) *et la substance finie* (l'homme). → Infini, cit. 16. *« Je connus que j'étais une substance dont toute l'essence ou la nature n'est que de penser »* (Descartes ; → Âme, cit. 41). *La substance du moi* (→ Identité, cit. 11). *La langue est une forme* (cit. 41) *et non une substance* (Saussure). → aussi ci-dessous, 3. *Nom de substance.* ⇒ **Substantif.** — Théol. *Changement de substance du pain et du vin.* ⇒ **Transsubstantiation.** *Qui sont un par substance.* ⇒ **Consubstantiel.**

5 Mais nous établissons une espèce d'amour
Qui doit être épuré comme l'astre du jour :
La substance qui pense y peut être reçue,
Mais nous en bannissons la substance étendue.
MOLIÈRE, les Femmes savantes, V, 3.

6 (...) on croyait suffisamment expliquer l'unité parfaite du Père et du Fils par cette expression de l'Écriture, sans qu'il fût nécessaire de dire toujours qu'ils étaient un en substance (...) Ce terme qui n'était point dans l'Écriture, fut jugé nécessaire pour le bien entendre (...) BOSSUET, Hist. des variations, III, XVI.

7 La substance est donc l'être indépendant qui ne se bâtit sur aucun fondement étranger ; c'est l'être solidement établi en lui-même et qui possède en soi ses conditions d'existence : bref, dans l'ordre de la Nature, c'est l'être le plus être, le seul véritablement être. J. DE TONQUÉDEC, *in* FOULQUIÉ, Dict. de la langue philosophique, art. *Substance.*

♦ **2.** (xvᵉ ; *sustance*, xiiiᵉ). Substance matérielle. ⇒ **Matière.** *La substance sèche et dure* (cit. 2) *des os. La substance même des objets* (→ Peintre, cit. 2). *Peindre* (cit. 12) *c'est... constituer une belle substance. Substance organique, organisée, vivante...* (→ Activité, cit. 1 ; escalier, cit. 6).

8 C'est quelque grosse pierre qui foule et consomme la substance de mes rognons (...) MONTAIGNE, Essais, III, XIII.

9 *(Les chirurgiens)* mettent les yeux et les mains dans la substance palpitante de nos êtres. Élucider la misère des corps, trouver la pauvre chair atteinte, sous les plus brillantes apparences sociales, reconnaître le ver qui ronge la beauté, est leur affaire propre. VALÉRY, Variété, Études philosophiques, *in* Œ., t. I, Pl., p. 908.

Loc. Méd. PERTE DE SUBSTANCE : quantité de chair, de tissus manquant dans une plaie. *Greffe pour réparer une perte de substance.*

♦ **3.** Fig. (Du 2.). *La substance d'une chose abstraite,* ce qui la constitue, sa matière, son contenu. ⇒ **Contenu, matière** (III., 1.). *Plaisir* (cit. 22) *pauvre et plaisir riche de substance* (→ aussi Jaculatoire, cit. 1). *La substance verbale d'un poète* (→ Musicalité, cit.). *Perception et souvenir échangent toujours qqch. de leurs substances* (→ Endosmose, cit. 3). *La littérature* (cit. 5) *a pour substance et pour agent la parole.* — REM. Cet emploi procède aussi du sens III, 1, les notions de *matière* et de *nourriture* étant parfois synonymes au figuré.

10 On n'a pas à demander aux poètes de séparer leurs œuvres de leurs passions ; celles-ci sont la substance de celles-là et la seule question est de savoir s'ils font des poèmes pour dire leurs passions ou s'ils cherchent des passions pour faire des poèmes. Julien BENDA, la Trahison des clercs, p. 146.

Ling. Ce qui est mis en œuvre par la forme* (cit. 41). *Substance de l'expression* (les sons), *du contenu* (les concepts). — Opposé à *forme.*

♦ **4.** *(Une, des substances).* Matière caractérisée par ses propriétés. ⇒ **Corps.** *Les substances de la matière* (vx). ⇒ **Élément** (cit. 10). → 1. Feu, cit. 7. — Alchim. *Principe essentiel ou quintessence d'une substance. Substances végétales* (→ Matière, cit. 10), *substance grasse, substances alimentaires* (→ Digestif, cit. 1), *médicamenteuses* (cit. 2), *toxiques.* — Techn. *Substances explosives, pyrotechniques.*

11 Alors la nuit n'est plus une déesse drapée, elle n'est plus un voile qui s'étend sur la Terre et les Mers ; la Nuit est de la nuit, la nuit est une substance, la nuit est la matière nocturne. La nuit est saisie par l'imagination *matérielle.* Et comme l'eau est la substance qui s'offre le mieux aux mélanges, la nuit va pénétrer les eaux, elle va ternir le lac dans ses profondeurs, elle va imprégner l'étang.
G. BACHELARD, l'Eau et les Rêves, p. 137.

(il) prend la seringue, l'enfonce dans la chair, y décharge la substance, retire la seringue (...) R. QUENEAU, Loin de Rueil, p. 82. 11.1

♦ **5.** Anat. SUBSTANCE BLANCHE (des centres nerveux) : substance constituée par des fibres nerveuses à myéline (à la périphérie de la moelle épinière et au centre du cerveau). (1824). SUBSTANCE GRISE (des centres nerveux), représentée par les corps des cellules nerveuses (au centre de la moelle épinière, à la surface du cerveau et à sa partie centrale sous forme de noyau gris). ⇒ **Matière** (grise). — Fig. *Travail qui demande beaucoup de substance grise.*

★ **III.** (V. 1450, « subsistance »). Vx. ♦ **1.** Ce qui nourrit l'esprit, les sentiments. ⇒ **Aliment, nourriture** (fig.) ; **substantifique.** *Sens et substance d'une leçon* (cit. 2). *La substance toute mâchée d'une leçon* (→ Gouverneur, cit. 3). *L'amour est à soi-même sa propre substance* (→ Passionné, cit. 11 ; et ci-dessus, II., 3., REM.).

12 Nous sommes tous creux et vides ; ce n'est pas de vent et de voix que nous avons à nous remplir ; il nous faut de la substance plus solide à nous réparer.
MONTAIGNE, Essais, II, XVI.

♦ **2.** Vx. Ce qui fait vivre. ⇒ **Subsistance.** *On dévore* (cit. 19) *la substance du pauvre* (→ aussi Exaction, cit. 2). ⇒ **Nécessaire.** *Vivre oisif de la substance sociale* (→ Parasite, cit. 5).

CONTR. **Accident, apparence, attribut.** — **Forme.**
DÉR. (Du lat.) **Substantialiser, substantiation, substantifique.**

SUBSTANDARD [sypstādaʀ] adj. — Mil. xxᵉ ; de *sub-,* et *standard.*

♦ Techn. Inférieur au format standard. *Film substandard,* inférieur au format professionnel de 35 mm.

SUBSTANTER [sypstāte] v. tr. — 1382 ; réfection de *sustenter.*

♦ Vx. ⇒ **Sustenter.**

SUBSTANTIALISATION [sypstāsjalizasjɔ̃] n. f. — Av. 1803, *in* D.D.L. ; de *substantialiser.*

♦ Didact. Action de substantialiser.

SUBSTANTIALISER [sypstāsjalize] v. tr. — xxᵉ ; dér. sav. du lat. *substantia.*

♦ Didact. Réduire à une substance, considérer comme une substance.

Autrement dit, *ou bien* on érige en absolus, en Idées platoniciennes, les instances qui se dressent au-dessus du quotidien en prétendant le régenter — *ou bien* on relativise ces entités (État, églises, cultures, etc.), on refuse de les substantialiser (d'y découvrir la substance, l'être caché de la réalité humaine), on les dévalorise, on valorise ce qu'elles déprécient, ce sur quoi elles pèsent en le considérant comme un résidu : le quotidien.
Henri LEFEBVRE, la Vie quotidienne dans le monde moderne, p. 35.

DÉR. **Substantialisation.**

SUBSTANTIALISME [sypstāsjalism] n. m. — 1875 ; dér. sav. du lat. *substantialis,* de *substantia.* → Substance.

♦ Philos. Doctrine qui admet l'existence d'une substance* (I., 2., ou II., 1.). ⇒ **Réalisme.**

CONTR. **Phénoménisme.**
DÉR. V. **Substantialiste.**

SUBSTANTIALISTE [sypstāsjalist] adj. et n. — 1874 ; dér. sav. du lat. *substantialis.*

Philosophie.

♦ **1.** Qui se rapporte au substantialisme.

♦ **2.** Partisan du substantialisme. — N. *Un, une substantialiste.*

SUBSTANTIALITÉ [sypstāsjalite] n. f. — 1706 ; *substancialité,* v. 1501 ; du lat. *substantialis,* de *substantia.* → Substance.

♦ **1.** Philos. Caractère de ce qui est une substance* (I., 1., ou II., 1.).

♦ **2.** Littér. Caractère de ce qui est substantiel (4.). *La substantialité d'une phrase.*

SUBSTANTIATION [sypstāsjasjɔ̃] n. f. — Av. 1880, Flaubert, *in* G.L.L.F. ; du lat. *substantia.*

♦ Théol. Rare. ⇒ **Transsubstantiation.**

SUBSTANTIEL, ELLE [sypstāsjɛl] adj. — V. 1534 ; *substanciel,* v. 1265 ; lat. *substantialis,* de *substantia.* → Substance.

♦ **1.** Vx. Qui est essentiel. ⇒ **Important, principal.**

♦ **2.** (1541). Didact. Qui appartient à la substance (I., 1., ou II.,

1.), à l'essence, à la chose en soi. *Égalité substantielle des races* (cit. 23). — Vx. *Forme substantielle :* nature commune des individus d'une même espèce.

1 (...) il ne nous est pas facile de juger ni de connaître les qualités originales ou substantielles, qui donnent l'être aux qualités sensibles. Nous éprouvons que le feu est chaud ; mais qu'y a-t-il dans le feu qui ne se trouve pas dans la glace.
Encycl. (DIDEROT), art. *Substance.*

1.1 (...) il y a des limites formelles au mythe, il n'y en a pas de substantielles.
R. BARTHES, *Mythologies*, 1957, p. 193.

♦ **3.** (1600). Cour. Qui nourrit beaucoup. *Aliment, nourriture ; repas substantiels.* ⇒ **Nourrissant, nutritif, riche.** — Fig. *Une lecture substantielle.*

2 On voit des familles entières de bourgeois et d'artisans *(viennois),* qui partent à cinq heures du soir pour aller au Prater faire un goûter champêtre aussi substantiel que le dîner d'un autre pays (...)   Mᵐᵉ DE STAËL, De l'Allemagne, I, VII.

♦ **4.** (V. 1673, Retz). Riche en substance, par son contenu. *Un texte très substantiel,* plein de substance. *Une phrase* (cit. 10) *nerveuse, substantielle.*

♦ **5.** Important. ⇒ **Considérable.** *Des avantages substantiels. Un prêt substantiel, une augmentation substantielle.* ⇒ **Appréciable, sérieux.**

CONTR. Formel. — Maigre, pauvre. — Faible, nul.
DÉR. Substantiellement. — (Du lat. *substantialis*) Substantialisme, substantialiste, substantialité.
COMP. Consubstantiel.

SUBSTANTIELLEMENT [sypstɑ̃sjɛlmɑ̃] adv. — XIVᵉ ; de *substantiel.*

♦ **1.** Vx. Abondamment. *Manger substantiellement.*

♦ **2.** (XXᵉ). Philos. Quant à la substance, à ce qui est substantiel (1.). → Fructifier, cit. 3.

♦ **3.** Rare. En substance, pour ne dire que l'essentiel. *Rapporter substantiellement des faits.* — (Par contresens). D'une manière riche en substance, et donc détaillée.

SUBSTANTIF, IVE [sypstɑ̃tif, iv] n. m. et adj. — 1550 ; n., attestation isolée, XIVᵉ ; adj., XIVᵉ (philos.) ; lat. gramm. *substantivum,* dans *verbum substantivum ;* du lat. class. *substantia.* → Substance.

★ **I.** ♦ **1.** **a** Adj. Qui exprime la substance (II., 1.). — Vx. *Verbe substantif* (le verbe *être,* opposé aux autres verbes propres à exprimer l'accident). *Nom substantif* (opposé dans la grammaire classique aux autres sortes de noms, et, spécialt, au « nom adjectif », à l'adjectif). ⇒ **Nom** (III., 2.).

b N. m. (XIVᵉ). Unité du lexique (mot ou groupe de mots) qui peut se combiner avec divers morphèmes exprimant les modalités particulières (articles ; pronoms démonstratifs, possessifs ; marques du genre et du nombre, etc.) et qui correspond sémantiquement à une substance (être ou classe d'êtres, choses, notions). ⇒ **Nom** (cit. 48). *Substantif masculin* (→ Bannir, cit. 7), *singulier. Déclinaison des substantifs latins. Faire un substantif, un nom d'un adjectif.* ⇒ **Substantiver** (→ Postiche, cit. 4). *Adjectiver un substantif. Substantif verbal :* nom dérivé d'un verbe, comme *abaissement* (cit. 3) de *abaisser, gare* de *garer* (→ Garage, cit. 4). ⇒ **Déverbal.** *Substantif sujet, complément, en apposition.*

♦ **2.** Adj. Didact. Qui a rapport au nom. *Proposition substantive ; relative* substantive,* à valeur de nom. *Style substantif,* où dominent les noms employés au lieu de verbes ou d'adjectifs.

★ **II.** (1845 ; de *substance,* II., 2.). Chim. Techn. *Colorant substantif,* qui peut être fixé directement sur les fibres textiles (sans intervention d'un mordant). *Des « colorants directs ou substantifs »* (*Rev. gén. des sc.,* 30 nov. 1930, p. 1148).

DÉR. Substantifier, substantivement, substantiver.

SUBSTANTIFICATION [sypstɑ̃tifikɑsjɔ̃] n. f. — XXᵉ ; de *substantifier.*

♦ **1.** Philos. Action de substantifier* (1.).

♦ **2.** Gramm. Vx. Substantivation.

SUBSTANTIFIER [sypstɑ̃tifje] v. tr. — 1610 ; de *substantif.*

★ **I.** Philos. Transformer en substance*.

★ **II.** (1647). Gramm. Vx. Substantiver.

DÉR. Substantification.

SUBSTANTIFIQUE [sypstɑ̃tifik] adj. — 1534, Rabelais ; du lat. *substantia,* sur le modèle d'adj. en *-fique,* des comp. lat. en *-ficus* « qui produit ».

♦ Allus. littér. « La SUBSTANTIFIQUE MOELLE » (Rabelais ; → 1. Livre,

cit. 24) : ce qu'il y a de plus profitable, de plus riche en substance* (III.) dans un écrit.

1 Ferdinand ne lit qu'un journal, toujours le même. Il sait le lire. Il sait en extraire toute la moelle substantifique.   G. DUHAMEL, la Nuit de la Saint-Jean, p. 173.

2 Cette substantifique moelle qu'est le fric.   R. QUENEAU, Zazie dans le métro, p. 201.

SUBSTANTIVATION [sypstɑ̃tivɑsjɔ̃] n. f. — XXᵉ ; de *substantiver.*

♦ Ling. Transformation en substantif. *La substantivation d'un adjectif.* — REM. Ne pas confondre avec *nominalisation.* — Syn. (vx) : *substantification.*

SUBSTANTIVÉ, ÉE [sypstɑ̃tive] p. p. adj. ⇒ **Substantiver.**

SUBSTANTIVEMENT [sypstɑ̃tivmɑ̃] adv. — 1660 ; de *substantif.*

♦ En tant que substantif. *Adjectif pris substantivement* (→ Impulsif, cit. 2 ; neutre, cit. 7).

SUBSTANTIVER [sypstɑ̃tive] v. tr. — V. 1380 ; de *substantif.*

♦ Gramm. Transformer en nom, en substantif. *Substantiver un adjectif, un infinitif.* — P. p. adj. (1549). Plus cour. que l'actif. *Adjectif, participe passé substantivé* (→ Frais, cit. 4).

DÉR. Substantivation.

SUBSTITUABILITÉ [sypstityabilite] n. f. — Mil. XXᵉ ; de *substituable.*

♦ Didact. Caractère de ce qui peut être substitué (à autre chose). — Ling. Caractère d'un élément qui peut être substitué à un autre élément fonctionnellement analogue, sans que l'énoncé ainsi traité cesse d'être grammatical.

SUBSTITUABLE [sypstityabl] adj. — XXᵉ ; de *substituer.*

♦ Qui peut être substitué. *Cet élément est, n'est pas substituable à tel autre.* ⇒ **Commutable, remplaçable.** — Spécialt. (Ling.). ⇒ **Substituabilité.**

DÉR. Substituabilité.

SUBSTITUANT, ANTE [sypstityɑ̃, ɑ̃t] n. et adj. — XXᵉ (1953, *in* Quillet) ; de *substituer.*

♦ Chim. Atome ou groupe d'atomes qui se substitue dans une molécule à un autre atome ou à un radical (par une réaction dite *de substitution*). — Adj. *Atome substituant, fonction substituante.*

SUBSTITUER [sypstitɥe] v. tr. — 1318 ; *sustituir,* 1270 ; lat. *substituere* « mettre sous », et, par ext., « mettre à la place », de *sub-,* et *statuere* « établir, poser », de *status.*

♦ **1.** Mettre (une chose, une personne) à la place d'une autre, pour lui faire jouer le même rôle. ⇒ **Changer** (de), **remplacer, subroger** (→ Œuf, cit. 3 ; renverser, cit. 5). *Choses égales* (cit. 1), *dont l'une peut être substituée à l'autre.* ⇒ **Substitut.** *Substituer un mot à un autre* (→ Car, cit. 8 ; physicien, cit. 2). *Substituer une peine plus faible à une première peine.* ⇒ **Commuer.** *Substituer un succédané* à...*

1 — (...) et si vous détruisez la religion, que lui substituerez-vous ?
— Quand je n'aurais rien à mettre à la place, ce serait toujours un terrible préjugé de moins (...)   DIDEROT, Entretien d'un philosophe avec la maréchale de***

2 Si ça caché le Dieu sous la face du Sage (...)
(...) substituant partout aux choses le symbole (...)
A. DE VIGNY, Poèmes philosophiques, « Mont des Oliviers », II.

Vx. *Substituer qqch., qqn à la place de...* (Pascal), *en la place de...* (Racine, *Athalie,* v. 608).

♦ **2.** (V. 1355). Dr. Appeler (qqn) à une succession* après un autre ou à son défaut. ⇒ **Héritage.** *Substituer qqn à son héritier principal, en cas de mort.*

♦ **3.** Dr. Laisser en héritage par substitution* (1.). *Substituer un legs.*

♦ **4.** (1904). Chim. Soumettre (un corps) à une substitution* (2.).

▶ **SE SUBSTITUER** v. pron. (Fin XVIIᵉ). *Se substituer à :* se mettre à la place* de..., dans la même situation que (en évinçant, en remplaçant, ou en s'identifiant à...). → Génie, cit. 16 ; métamorphose, cit. 5 ; observation, cit. 2.

3 Puis, il a continué sur ce ton, disant « je » chaque fois qu'il parlait de moi. J'étais très étonné. Je me suis penché vers un gendarme et je lui ai demandé pourquoi. Il m'a dit de me taire, et, après un moment, il a ajouté : « Tous les avocats font ça ». Moi, j'ai pensé que c'était m'écarter encore de l'affaire, me réduire à zéro, et, en un certain sens, se substituer à moi.   CAMUS, l'Étranger, II, IV.

Chim. *Atome, radical qui se substitue à un autre dans une molécule.* ⇒ **Substituant.**

▶ **SUBSTITUÉ, ÉE** p. p. adj. (Déb. XVIIIᵉ, Saint-Simon).
Dr. Qui fait l'objet d'une substitution* (1.). *Biens mobiliers substitués.* — (1748). Personnes. Qui bénéficie de la substitution. *Héritier substitué.* — N. *Un substitué.*

DÉR. **Substituable, substituant.**

SUBSTITUT [sypstity] n. m. — 1332; lat. *substitutus*, p. p. de *substituere.* → Substituer.

★ **I.** ♦ **1.** Dr. Magistrat* du ministère public, chargé de suppléer un autre magistrat, en cas d'absence ou d'empêchement. *Substitut du procureur général*, chargé de l'assister près d'une cour d'appel. *Substitut du procureur de la République*, près d'un tribunal de première instance (→ Absence, cit. 11.4).

Ce jeune avocat, pour employer une dénomination abolie que l'Empereur allait faire revivre, fut en effet nommé substitut du procureur général à Paris après le procès actuel, et devint un de nos plus célèbres magistrats.
BALZAC, Une ténébreuse affaire, Pl., t. VII, p. 586.

♦ **2.** Rare. ⇒ **Agent, remplaçant, représentant.** *« Vous serez mon substitut pendant mon absence »* (Académie).

★ **II.** ♦ **1.** (1819). Ce qui remplace qqch., est substitué à qqch. pour jouer le même rôle (→ Ordinaire, cit. 10). *Un substitut de champagne.* ⇒ **Ersatz, succédané.** *La prothèse, substitut fonctionnel d'un membre.*
Spécialt. Élément perceptible qui joue le rôle d'un signifié absent. ⇒ **Signe, symbole.** Signe qui en remplace un autre; signe second. — Psychan. Formation* substitutive.
(1904). Mar. Pavillon de marine qui en remplace conventionnellement un autre comme signal. *Premier substitut, deuxième substitut.*

♦ **2.** En métrique ancienne, Pied qui en remplace un autre, en substituant deux brèves à une longue. *Le dactyle, substitut du spondée.*

♦ **3.** (1956, Benveniste). Ling. Élément qui peut en remplacer un autre par substitution. *Les pronoms sont des substituts.*

DÉR. **Substitutif.**

SUBSTITUTIF, IVE [sypstitytif, iv] adj. — 1845; de *substitut.*
Didactique.

♦ **1.** Qui peut remplacer, tenir lieu d'autre chose. *Produit substitutif* (→ De remplacement*).

♦ **2.** Méd. ⓐ Vx. *Médication substitutive* (Trousseau et Pidoux), qui substitue une affection moins grave à une autre, plus difficile à guérir.

ⓑ (XXᵉ). Mod. Se dit d'un traitement destiné à suppléer à une déficience fonctionnelle ou organique. *Médication substitutive insulinique*, dans le traitement du diabète sucré.

♦ **3.** Psychan. *Formation* substitutive.

DÉR. **Substitutivité.**

SUBSTITUTION [sypstitysjɔ̃] n. f. — 1377; *sustitution*, XIIIᵉ, au sens 1.; lat. *substitutio*, de *substituere.* → Substituer.

♦ **1.** Dr. Disposition* (7.) par laquelle on désigne une personne qui recueillera le don ou le legs au cas où le donataire, le légataire ne le recueillerait pas (*substitution vulgaire*, Code civil, art. 898). ⇒ **Donation, héritage.** *Substitution fidéicommissaire** (⇒ **Fidéicommis**), prohibée par la loi (Code civil, art. 896). *Les substitutions, avec le droit d'aînesse, étaient la garantie de la stabilité de la noblesse, sous l'Ancien Régime.*

[1] On reçoit en France la plupart des lois des Romains sur les substitutions; mais les substitutions y ont un tout autre motif que chez les Romains (...) La substitution vulgaire (à Rome) n'avait point pour objet de perpétuer l'héritage dans une famille du même nom, mais de trouver quelqu'un qui acceptât l'héritage.
MONTESQUIEU, l'Esprit des lois, XXIX, VIII.

Substitution d'une obligation par novation.* Substitution de noms sur un registre.* ⇒ **Transfert.** — Délégation de pouvoirs ou de fonctions. *Par voie de substitution. Faculté de substitution du mandataire. Substitution d'enfant* (→ ci-dessous, 3.); *substitution de part** (2. Part, 2.); *supposition.* — Hist. *Substitution de numéro*, par laquelle un homme dispensé de service militaire prenait la place d'un autre dans l'obligation de servir, dans le système de la conscription par tirage au sort.

♦ **2.** Spécialt. ⓐ (1690). Méd. Vx. Remplacement d'un médicament par un succédané.

ⓑ (1872). Chim. Remplacement, dans un composé, d'atomes ou de radicaux par d'autres atomes ou radicaux, sans changement de constitution. ⇒ **Permutation.** *Réaction de substitution. Dérivé de substitution.*

C'est quelque chose d'analogue au fait des substitutions chimiques, où des corps analogues peuvent tour à tour remplir les mêmes cadres. [2]
RENAN, l'Avenir de la science, X, Œ. compl., t. III, p. 869.

ⓒ (XVIIIᵉ). Math. Remplacement d'un élément d'un ensemble par un autre, d'une variable par une expression, une fonction la représentant. Passage d'une permutation* à une autre. — Application biunivoque d'un ensemble sur lui-même.

ⓓ Physiol., pathol. Vx. *Substitution d'éléments anatomiques. Génération par substitution* (Littré). — Pathol. *Substitution fibreuse, graisseuse*, dégénérescence.

ⓔ Mus. (Le sens harmonique donné par Littré est vieux). Procédé de doigté consistant à remplacer un doigt par un autre, sur une même touche, sans la quitter.

ⓕ Ling. Phénomène par lequel un élément de la langue (phonème, mot...) prend la place d'un autre de même nature, et le remplace (opposé à *permutation*). — On dit aussi *commutation.*

ⓖ Écon. Remplacement d'une marchandise par une autre, dans le circuit économique (cf. Produit de remplacement).

ⓗ Psychan. Remplacement d'un processus inconscient par une formation* substitutive.

♦ **3.** (1538). Cour. Fait de substituer; son résultat. ⇒ **Remplacement; changement, commutation, compensation** (→ État, cit. 135; 1. rechange, cit. 3). *La substitution de qqch. à qqch., à autre chose (par qqn). Substitution d'équivalents* (→ Identification, cit. 2). *La substitution d'une personne à une autre.* — Dr. *Substitution d'enfant :* délit qui consiste à mettre un nouveau-né à la place d'un autre dont il prendra l'état civil.

Tout ce qui n'est pas purement physiologique dans l'homme aura changé, puisque [3] nos ambitions, notre politique, nos guerres, nos mœurs, nos arts, sont à présent soumis à un régime de substitutions très rapides (...)
VALÉRY, Regards sur le monde actuel, in Œ., t. II, Pl., p. 1025.

L'ivresse n'est jamais qu'une substitution du bonheur. [4]
GIDE, les Nourritures terrestres, V, III.

Fait de se substituer à qqn, de se mettre à sa place (cit. 26).

SUBSTITUTIVITÉ [sypstitytivite] n. f. — Mil. XXᵉ; de *substitutif.*

♦ Chim. Propriété (d'un élément chimique) de pouvoir subir une réaction de substitution.

SUBSTRAT [sypstʁa] n. m. — V. 1820, au sens 3.; sens 1., 1876 (on disait *substratum*); de *substratum.*

♦ **1.** Philos. «Ce qui sert de support* à une autre existence» (Lalande), ce sans quoi une réalité (conçue comme un mode, un accident) ne saurait subsister. ⇒ **Substance; essence, fond.** *Cette phénoménologie capricieuse* (cit. 5) *dont la matière vivante est le substrat.* — Réalité, phénomène que l'on considère comme la condition d'autres phénomènes (→ Diastase, cit. 1).

C'est le hoquet de l'agonie pour la Foi chrétienne, d'abord, ensuite pour toute la [1] spiritualité de ce monde qu'elle a engendré, dont elle est l'unique substrat, et qui ne lui survivra pas un quart d'heure.
Léon BLOY, le Désespéré, p. 144.

C'est à ces actions très nombreuses, mais insignifiantes pour la plupart, que la [2] théorie associationniste s'applique. Elles constituent, réunies, le substrat de notre activité libre (...)
H. BERGSON, Essai sur les données immédiates de la conscience, p. 127.

Jacques estimait donc avoir trouvé là un trésor à exploiter et un substrat solide [3] au développement des ambitions qu'il pouvait concevoir.
R. QUENEAU, Loin de Rueil, p. 103.

♦ **2.** (Fin XIXᵉ). ⓐ Géol. Élément sur lequel repose une couche géologique (→ Glissement, cit. 5).

ⓑ Bot. Sol, substance qui le constitue, en tant que support de la couverture végétale. *Substrat calcaire, siliceux.*

ⓒ Biochim. Substance sur laquelle agit un enzyme en déterminant sa transformation.

ⓓ Techn. Couche de matière servant de support* à une couche de matière active. *Substrat utilisé en électronique.*

♦ **3.** (V. 1820). Ling. Parler supplanté par un autre parler (nettement distinct du premier) sur un territoire donné, dans des conditions telles que son influence est perceptible dans le second (→ Race, cit. 21). *Le substrat gaulois en France. Étude des substrats dans les noms de lieux.* — *Substrat et superstrat, et adstrat.*

SUBSTRATUM [sypstʁatɔm] n. m. — 1745; mot lat., p. p. de *substernere* «étendre sous», de *sub*, et *sternere.*

♦ Didact. et vieilli. *Substrat* (1.).

La terre fournit le substratum, le champ de la lutte et du travail; l'homme four- [1] nit l'âme.
RENAN, Discours et Conférences, Qu'est-ce qu'une nation?, II, Œ. compl., t. I, p. 903.

Alors le personnage regardait et écoutait, mais à une certaine profondeur seule- [2] ment, de sorte que l'observation n'en profitait pas. Comme un géomètre qui, dépouillant les choses de leurs qualités sensibles, ne voit que leur substratum

linéaire, ce que racontaient les gens m'échappait, car ce qui m'intéressait, c'était non ce qu'ils voulaient dire, mais la manière dont ils le disaient, en tant qu'elle était révélatrice de leur caractère ou de leurs ridicules (...)
PROUST, le Temps retrouvé, Pl., t. III, p. 716.

Substrat (2.). *« Le carbonifère marin recouvre directement les roches cristallines (...) qui en forment le substratum »* (*Année sc. et industr.* 1891, p. 323, 1890).

(1882). Ling. Substrat (3.).

DÉR. Substrat.

SUBSTRUCTION [sypstʀyksjɔ̃] n. f. — 1544, au fig., repris XIXᵉ; lat. *substructio*, de *substructum*, supin de *substruere* « construire (*struere*) en dessous ».

♦ **1.** (1813). Archit. Travaux de maçonnerie effectués sous le niveau du sol et destinés à servir de support. ⇒ **Fondation, fondement, infrastructure, soubassement, sous-œuvre.**

1 Le palais s'élevait à la pointe méridionale du Palatin, dominant la voie Appienne et toute la Campagne, au loin, à perte de vue. Il n'en reste que les substructions, les salles souterraines, ménagées sous les arches des terrasses, dont on avait élargi le plateau du mont, devenu trop étroit. ZOLA, Rome, p. 172.

Par analogie :

2 Et quels sont ces maçons-là ? demanda Pencroff.
— Les infusoires du corail, répondit Cyrus Smith. Ce sont eux qui ont fabriqué, par un travail continu, l'île Clermont-Tonnerre, les atolls, et autres nombreuses îles à coraux que compte l'océan Pacifique. Il faut quarante-sept millions de ces infusoires pour peser un grain, et pourtant, avec les sels marins qu'ils absorbent, avec les éléments solides de l'eau qu'ils assimilent, ces animalcules produisent le calcaire, et ce calcaire forme d'énormes substructions sous-marines, dont la dureté et la solidité égalent celles du granit. J. VERNE, l'Île mystérieuse, t. I, p. 275 (1874).

Par ext. Construction (édifice antique, ruine...) servant de base à une autre construction.

3 Les caves de Fourvières sont remplies de substructions romaines. STENDHAL, Mémoires d'un touriste, t. I, p. 119.

♦ **2.** (1544). Fig. Didact. Base, fondement. *Des substructions religieuses* (→ 1. Pensée, cit. 22). ⇒ **Assise, base ; substructure.**
— Philos., log. Déduction des principes d'un ensemble structuré, à partir d'éléments constituants de la structure.

SUBSTRUCTURAL, ALE, AUX [sypstʀyktyʀal, o] adj. — XXᵉ ; de sub-, et *structural.*

♦ Didact. Se dit d'une topographie produite par un phénomène d'érosion, lorsque celui-ci a partiellement entaillé la couche supérieure dure (dans une série de couches sédimentaires concordantes). *Modelé substructural.*

SUBSTRUCTURE [sypstʀyktyʀ] n. f. — 1872, a remplacé *substruction* ; de sub-, et *structure.*

♦ **1.** Archit. Substruction* (1.). Structure inférieure, qui supporte. Construction située sous une autre. ⇒ **Infrastructure** (→ Démolisseur, cit. 2).

♦ **2.** Fig. Substruction* (2.) ; structure servant de base, de fondement. Infrastructure.

(...) il n'est pas possible de coïncider avec une œuvre ; tout au plus peut-on ressaisir à partir d'une constellation de thèmes que monnaie l'intuition et surtout à partir d'un réseau d'articulations qui en constituent en quelque sorte la substructure, la charpente sous jacente (...)
P. RICŒUR, Une interprétation philosophique de Freud, in la Nef, n° 31, p. 112.

SUBSUMER [sypsyme] v. tr. — 1877 ; lat. mod. *subsumere*, de *sub*, et *sumere* « prendre ».

♦ Philos. Penser (un objet individuel) comme compris dans un ensemble (un individu dans une espèce, une espèce dans un genre...). *Subsumer qqch. sous un genre. Subsumer un cas particulier sous un concept.* ⇒ **Subsomption.**

1 (...) la manie du commun dénominateur qui enrôle tous les êtres sous le même uniforme, subsume tous les individus sous le même genre, fait de toute expérience spécifique le cas particulier d'une même loi (...)
V. JANKÉLÉVITCH, Henri Bergson, in FOULQUIÉ, Dict. de la langue philosophique, art. Subsomption.

2 (...) le music-hall est le travail humain mémorialisé et sublimé ; le danger et l'effort sont signifiés dans le même temps qu'ils sont subsumés sous le rire ou sous la grâce. R. BARTHES, Mythologies, p. 178.

P. p. *Notions subsumées sous un mot, sous un terme.*

Spécialt. Appliquer à l'intuition sensible la catégorie de l'entendement qui en assure l'unité, dans la terminologie kantienne.

DÉR. V. Subsomption.

SUBTERFUGE [syptɛʀfyʒ] n. m. — 1316 ; bas lat. *subterfugium*, de *subterfugere* « fuir (*fugere*) en cachette, en dessous (*subter*) ».

♦ **1.** Moyen habile et détourné pour échapper à une situation, pour se tirer d'embarras. ⇒ **Détour, échappatoire, faux-fuyant** (→ Évader, cit. 2 ; éviter, cit. 23). *Subterfuges de conscience* (restrictions mentales, faux prétextes, etc.). ⇒ **Escobarderie** (vx).

1 (...) je suis fâché, en vérité, qu'on ne mette plus de privilèges aux livres, car je me serais servi immanquablement de ce subterfuge laudatif dans mon prochain poème épique. Th. GAUTIER, les Grotesques, IX, p. 313.

2 Un gouvernement (...) résolu à entraîner son peuple dans la guerre trouve toujours un subterfuge pour être attaqué, ou pour le paraître (...)
MARTIN DU GARD, les Thibault, t. VII, p. 52.

♦ **2.** Moyen, procédé habile, plus ou moins recherché. ⇒ **Artifice.** *Se servir de divers subterfuges pour cacher qqch. User de subterfuges dans la discussion* (→ Jouer* au plus fin, finasser*). *Un subterfuge particulièrement habile. Je ne me laisserai pas prendre à son subterfuge.*

3 (...) le subterfuge grâce auquel on dissimule les cornets de sourds dans des montures d'éventails ou de parapluies. Raymond ROUSSEL, Impressions d'Afrique, p. 404.

4 (...) je tendais — malgré mon peu de goût que le clinquant — à me composer une figure derrière laquelle dissimuler tout ce que je sentais chez moi de méprisable et par laquelle m'acquérir quelques suffrages ; mais j'usais de ce subterfuge (si tant est qu'il y eût à un artifice délibéré) avec une sorte d'honnêteté et façonnais cette figure d'une manière telle que je puisse l'endosser sans trop de mauvaise conscience. Michel LEIRIS, Fourbis, p. 121.

SUBTERMINAL, ALE, AUX [syptɛʀminal, o] adj. — 1842 ; de sub-, et *terminal.*

♦ Sc. nat. Placé un peu avant une extrémité. *La partie subterminale est la partie croissante d'une racine.*

SUBTEST [syptɛst ; sybtɛst] n. m. — 1968, *in* Larousse ; de sub-, et *test.*

♦ Didact. (psychol.). Test inclus dans un test général et destiné à vérifier plus précisément un point particulier.

SUBTIL [syptil] adj. — V. 1330 ; réfection, par réemprunt au latin, de l'anc. franç. *soutil, sutil, soutif* (XIIᵉ-XVᵉ) ; d'abord au sens abstrait I. « adroit, habile, rusé », lat. *subtilis* « fin, délié ».

★ **I.** (Abstrait). Avant ou après le nom, en épithète (l'antéposition est marquée, stylistique). ♦ **1.** Personnes. Qui a de la finesse, est apte à percevoir, à sentir des différences, des rapports que la plupart ne discernent pas, ou à agir avec une ingéniosité raffinée. ⇒ **Adroit, habile, fin, perspicace, sagace.** *Un subtil disputeur* (cit. 2), *rhéteur...* ⇒ **Abstracteur** (de quintessence), **casuiste.** *Subtil dissimulateur* (cit.). *Un diplomate, un négociateur subtil. La nécessité les rend subtils* (les pauvres). ⇒ **Inventif** (→ Friche, cit. 7). *Personne subtile et dangereuse.* ⇒ **Renard** (fig.). *Il est subtil et fertile* **ª** *expédients, en subterfuges.* — *Esprit subtil* (→ Finesse, cit. 10), *intelligence subtile* (→ Finement, cit. 2). ⇒ **Aiguisé, clairvoyant, délié, fin, pénétrant, raffiné.**

1 Robespierre était à la fois trop méfiant et trop subtil pour trouver la vérité.
MICHELET, Hist. de la Révolution franç., VI, v.

2 (...) le subtil Ulysse, l'homme avisé, prévoyant, rusé, fertile en expédients, inépuisable en mensonges, l'habile navigateur qui toujours songe à ses intérêts.
TAINE, Philosophie de l'art., t. II, p. 98.

N. (rare, surtout au féminin) :

2.1 Les psychothérapistes *(sic)* m'ont bien expliqué, ces subtils, que si, par exemple, vous recherchez trop les femmes, c'est que vous êtes, en réalité, un homosexuel en fuite (...) R. GARY, la Promesse de l'aube, 1960, p. 80.

♦ **2.** (XVᵉ, *peintre subtil*). **ⓐ** Vx. Qui a une grande habileté manuelle. *Un subtil voleur* (qui « subtilise »). ⇒ **Subtiliser** (2.).

ⓑ Régional (Belgique). Alerte, vif.

♦ **3.** (1636 ; *soutil*, XIVᵉ). Vx ou littér. Qui perçoit, qui sent avec acuité. ⇒ **Aigu.** *Avoir l'ouïe subtile. Les organes deviennent plus forts ou plus subtils* (→ Atrophier, cit. 5). *« Le goût n'est que le plus subtil des sens »* (→ Malpropre, cit. 3).

♦ **4.** (1350, « raffiné » ; *soutil*, XIIIᵉ). Choses. Qui est dit ou fait avec finesse, habileté ; qui témoigne de l'adresse, de la finesse du discernement ou de la perspicacité d'une personne subtile (au sens 1.). ⇒ **Astucieux, délicat, fin, ingénieux, raffiné, sophistiqué** (→ Finesse, cit. 12). *Intuition subtile* (→ Perspicacité, cit. 2). *Mener un jeu subtil. Opinion, conversation subtile* (→ Cour, cit. 28 ; emporter, cit. 44). — Péj. *Argumentation* (cit. 2), *distinction subtile* (→ Dialectique, cit. 1). ⇒ **Alambiqué, quintessencié** (cf. Tiré par les cheveux). *Discours, raisonnements subtils d'un sophiste.* — *Manœuvre* (cit. 10) *subtile et perfide. « Je sais les tours rusés et les subtiles trames »* (→ Planter, cit. 3). *Moyen subtil.* ⇒ **Truc ; malice** (cit. 1).

3 — (...) j'admire (...) la subtile adresse de ma carogne de femme pour se donner toujours raison, et me faire avoir tort. MOLIÈRE, George Dandin, II, 8.

4 — (...) une opinion subtile et nuancée emporte toujours quelque vague soupçon d'hypocrisie. J. PAULHAN, Entretien sur des faits divers, p. 141.

Vieilli (du sens 2.). *Tour subtil*, fait avec dextérité*.

N. m. *Le subtil :* les choses subtiles, la subtilité.

★ **II.** (XVIᵉ, *livre soutive*, opposée à *livre grosse*). Concret. Après le nom, en épithète. ♦ **1.** (1564). Vx. Léger ; petit et léger (en parlant d'une chose matérielle).

Sc. nat. Vieilli. Très fragile, presque imperceptible (avec une idée de pureté, dans un sens voisin de sublime*). ⇒ **Impondérable**. *Effluves, émanations* (cit. 5), *vapeurs subtiles. Fluide subtil*. ⇒ **Éther; éthéré** (cit. 2). « *Un vent très subtil* » (→ Animal, cit. 1, Descartes). — Très fluide. *Un sang trop subtil* (→ Conglutiner, cit. 2).

5   Comme la lumière se propage dans les régions vides de matière pondérable, force lui était donc *(à Fresnel)* d'imaginer que ce que nous nommons le vide est en réalité rempli par un milieu subtil, impondérable et échappant à notre perception, milieu dont les vibrations constituent la lumière.
                    L. DE BROGLIE, Physique et Microphysique, p. 70.

Par métaphore :

5.1   (...) je forçais à ne plus jamais s'échapper ce monde ailé, subtil, de visions et d'odeurs, de bruits et d'images (...)   E. FROMENTIN, Dominique, III.

♦ **2.** (1530). Vieilli ou littér. Aigu, pointu, fin.

6   (...) les plus petites d'entre elles *(des coquilles)* gardent leurs parties les plus délicates, leurs crêtes les plus subtiles, leurs pointes les plus déliées (...)
                  CUVIER, Disc. sur les révolutions..., p. 9.

♦ **3.** (XVIᵉ). Par ext. Qui s'insinue*, pénètre facilement. — Vieilli. *Poison, venin subtil*. — Mod. (mais plutôt compris comme une métaphore du sens psychologique). *Parfum subtil* (→ Contenir, cit. 15). *Odeur subtile* (→ Exhalaison, cit. 4).

♦ **4.** (XXᵉ). Biol. *Bacille subtil* (lat. sc. *bacillus subtilis*) : bacille gram négatif employé dans la thérapeutique des affections intestinales pour ses propriétés bactériostatiques et bactéricides à l'égard des autres espèces.

★ **III.** (Mil. XVIIᵉ; Pascal, 1656). Fig. (Du sens II.). Surtout après le nom, en épithète; l'antéposition est stylistique ou archaïque. Qui est difficile à percevoir, à définir ou à préciser, par suite de son caractère délicat, fugitif ou indiscernable (→ Dénombrer, cit. 2; dépendance, cit. 3; insensible, cit. 18; occulte, cit. 1). — REM. Cette acception tend à être confondue avec le sens I., la difficulté à être perçu provenant souvent d'une intention; le dér. *subtilité* (3.) amalgame les deux valeurs. *Rapports subtils* (→ Harmonie, cit. 25). *Différence, nuance subtile*. ⇒ **Ténu**. *Un péril* (cit. 6) *plus subtil*, non encore apparent. — Vieilli (avec des noms plus précis, moins généraux). *Un subtil vertige* (→ Aliéniste, cit. 2). — *Sa maladie est trop subtile pour les médecins* (→ Consulter, cit. 4).

7   Les lois ne doivent point être subtiles : elles sont faites pour des gens de médiocre entendement (...)   MONTESQUIEU, l'Esprit des lois, XXIX, XVI.

CONTR. **Balourd, bête, borné, grossier, lourd.** — **Épais.** — **Compréhensible, évident, facile.**
DÉR. **Subtilement, subtiliser.** — V. aussi **Subtilité.**

SUBTILEMENT [syptilmɑ̃] adv. — Fin XIIᵉ; *sutilment*, v. 1119; de *subtil.*

Littéraire ou style soutenu. D'une manière subtile.

♦ **1.** En saisissant, en analysant avec finesse; en faisant preuve de subtilité. *Comprendre subtilement les choses, qqch.* (→ Encombrer, cit. 4; flottement, cit. 1). *Pensée subtilement exprimée*. ⇒ **Délicatement.** — Péj. D'une manière alambiquée (→ Raisonner, cit. 7).

♦ **2.** ⓐ Vx. *Vapeurs qui s'élèvent subtilement*. ⇒ **Subtil** (II., 1.). — Par métaphore :

1   Déliées de toute adhérence humaine, deux âmes s'élèvent sans effort jusqu'à la dernière cime de l'amour, s'éteignent subtilement en Dieu.
                 MARTIN DU GARD, Jean Barois, I, Goût de vivre, V.

ⓑ Vx. En s'insinuant. *Reptile qui « s'insinue et se coule subtilement »* (→ Glisser, cit. 48).

♦ **3.** (Mil. XVIIᵉ, Guez de Balzac). Mod. D'une manière difficile à saisir, à définir... ⇒ **Subtil** (III.). ⇒ **Imperceptiblement.**

2   Ses yeux et de petites rides çà et là ne cessaient de rire. Même la peau de son crâne chauve participait subtilement aux incidents de sa pensée.
          J. ROMAINS, les Hommes de bonne volonté, t. III, XVI, p. 209.

CONTR. (Du sens 1.) **Grossièrement, lourdement.** — (Du sens 3.) **Facilement.**

SUBTILISATION [syptilizasjɔ̃] n. f. — 1566; de *subtiliser.*

♦ **1.** Rare. Action de subtiliser (II.); son résultat.

♦ **2.** (XIXᵉ). Action de subtiliser (I., 2.). Vol, escamotage. *La subtilisation de son porte-monnaie par un pickpocket.*

SUBTILISER [syptilize] v. — 1480, « dire, faire d'une manière subtile », et au sens I., 1.; de *subtil.* Cf. *soutillier, sotillier* en anc. français.

★ **I.** V. tr. ♦ **1.** ⓐ (Concret). Vx. Rendre subtil (II., 1.), transformer (qqch.) en matière subtile (→ Atome, cit. 4; esprit, cit. 20).

ⓑ (Abstrait). Vx ou littér. Élever en raffinant (péj.), compliquer à l'extrême ⇒ **Subtil** (I. et III.). → Épaissir, cit. 2. — Absolt. « *Une force qui vivifie, qui élève, qui subtilise* » (→ Régénération, cit. 1).

1   Jamais elle n'avait été et ne m'avait paru si belle. La maladie avait subtilisé et comme extasié ses traits.   GIDE, l'Immoraliste, III.

♦ **2.** (1784, « tromper avec adresse »). Dérober avec adresse; s'emparer avec habileté de (qqch.). ⇒ **Attraper, escamoter, étouffer, voler** (→ Pickpocket, cit. 2). *Subtiliser une lettre à qqn. On lui a subtilisé son portefeuille dans le métro.*

2   Le tour était joué. Après avoir si longtemps extorqué l'argent des actionnaires, la *Caisse territoriale* venait de servir cette fois à subtiliser les votes des électeurs.
               Alphonse DAUDET, le Nabab, XXI.

★ **II.** V. intr. (XVᵉ; « se creuser l'esprit », fin XIVᵉ). Raffiner à l'extrême, à l'excès (dans le raisonnement, la pensée, le style). ⇒ **Alambiquer, quintessencier, sophistiquer** (→ Couper les cheveux* en quatre). « *Une foule de soi-disant grammairiens ont subtilisé sur les mots et les tours de phrase* » (Renan, *l'Origine du langage*).

3   Le jet d'eau laissé libre s'élève en ligne droite; gêné, comprimé, il biaise, il gauchit. De même l'esprit laissé libre s'exerce normalement; comprimé, il subtilise.
        RENAN, l'Avenir de la science, III, Œ. compl., t. III, p. 775.

▶ **SE SUBTILISER** v. pron.

(Du sens I.). Devenir plus subtil. ⓐ (Concret) :

3.1   Et le ciel, ou la fin du jour se subtilise (...)
       Albert SAMAIN, Au Jardin de l'Infante, « Soirs », II, p. 117.

3.2   Elles ne fondaient pas, je suppose *(les glaces)*, mais se dissolvaient dans l'air bleu, insensiblement plus fluides; elles se subtilisaient comme des brumes.
           GIDE, le Voyage d'Urien, *in* Romans, Pl., p. 50.

ⓑ (Abstrait) :

3.3   (...) je propose d'en agir avec les spectateurs comme avec des serpents qu'on charme et de les faire revenir par l'organisme jusqu'aux plus subtiles notions. D'abord par des moyens grossiers et qui à la longue se subtilisent.
       A. ARTAUD, le Théâtre et son double, *in* Œ. compl., t. IV, p. 97-98.

DÉR. **Subtilisation, subtiliseur.**

SUBTILISEUR, EUSE [syptilizœr, øz] n. m. — 1873; de *subtiliser.*

Vieux ou archaïsme stylistique.

♦ **1.** Personne qui subtilise, dérobe habilement. ⇒ **Escamoteur, pickpocket.**

♦ **2.** Fig. Personne qui raffine à l'excès. — REM. Dans ce sens, le fém. n'est pas attesté dans notre documentation.

SUBTILITÉ [syptilite] n. f. — XIIᵉ; réfection, d'après le lat., de *soutilleté, sutilitet* (v. 1119); *subtiliteit*, 1190; d'abord au sens lat., « habileté corporelle, ruse, intelligence »; lat. *subtilitas*, de *subtilis.* → Subtil.

Littéraire ou style soutenu.

♦ **1.** (Abstrait). Caractère d'une personne subtile (I., 1.); aptitude à penser, à parler ou à agir avec finesse et habileté. ⇒ 2. **Adresse, délicatesse, finesse, raffinement** (→ Couper, cit. 8; duperie, cit. 2). *Faire qqch. avec subtilité* (→ Exactitude, cit. 7; perler, cit. 1). *La subtilité d'un penseur, d'un diplomate... Subtilité d'esprit. Subtilité à...* (suivi de l'inf.). → Pénétration, cit. 5.

1   La trop grande subtilité est une fausse délicatesse, et la véritable délicatesse est une solide subtilité.   LA ROCHEFOUCAULD, Maximes, 128.

Caractère de ce qui est subtil* (I., 4.). *Subtilité d'une analyse, d'une distinction, d'une pensée, d'un raisonnement*. Œuvre d'une subtilité insupportable* (→ Longueur, cit. 9). *Subtilité du style.* ⇒ **Préciosité**. *Subtilité d'une manœuvre, d'une ruse, d'un stratagème.* ⇒ **Subtil** (III.). *Subtilité d'un problème, d'une question.* ⇒ **Complication, difficulté.**

♦ **2.** (Concret; → Subtil, II.). Vieilli ou littér. Caractère d'une substance subtile; fluidité extrême. *La subtilité d'une matière, d'une vapeur..., d'une odeur* (→ Rêverie, cit. 10).

♦ **3.** ⓐ Caractère subtil (I., 3. ou III.). *La subtilité de ce rapport, de cette distinction.*

ⓑ (1538). Souvent péj. *(Une, des subtilités)*. Pensée, parole ou action subtile (I., 3. ou III.), habile et fine, ou difficile à percevoir, à comprendre. *Subtilités de langage, de raisonnement...* ⇒ **Abstraction, argutie, artifice, chicane, entortillage, équivoque** (→ Casuiste, cit. 3). *Des subtilités de mandarin* (→ Chinoiserie, cit. 4). *Disputer sur des subtilités, des pointes d'aiguille, d'épingle.* ⇒ **Subtiliser.** *Subtilités captieuses, évasives*, pour éluder une question. ⇒ **Escamoter.**

2   Il arrivait toujours à l'improviste et s'excusait d'un seul mot, en homme qui se juge affranchi des subtilités de la courtoisie.   G. DUHAMEL, Salavin, V, VIII.

CONTR. **Bêtise, balourdise, épaisseur, lourdeur.**

SUBTOTAL, ALE, AUX [syptɔtal, o; sybtɔtal, o] adj. — XXᵉ; de *sub-*, et *total.*

♦ Chir. Qui concerne la quasi-totalité d'un organe ou d'une partie du corps. *Hystérectomie subtotale.*

SUBTROPICAL, ALE, AUX [syptʀɔpikal, o; sybtʀɔpikal, o] adj. — 1876; de *sub-*, et *tropical.*

Géographie.

♦ **1.** Situé sous le tropique (de l'hémisphère nord). *La partie subtropicale de l'Égypte.*

♦ **2.** De la région comprise entre les tropiques. ⇒ **Intertropical.** *Zone tempérée et zone subtropicale* (→ Hiver, cit. 6). *Climat subtropical.*

SUBULE [sybyl] n. f. — Mil. xxᵉ ; lat. *subula* «alène».

♦ Bot. Pointe de l'arête (des graminées).

SUBULÉ, ÉE [sybyle] adj. — 1749 ; dér. sav. du lat. *subula* «alène, poinçon».

♦ Sc. nat. Se dit d'un organe allongé qui s'effile en pointe (comme une alène*). ⇒ **Aigu, pointu.** *Antenne, feuille subulée. À feuilles subulées* (subulifolié) ; *à bec subulé* (subulirostre), etc.

SUBUL-, SUBULI- Élément, du lat. *subula* «alène poinçon». — Ex. : *subulifolié, subulirostre.* ⇒ aussi **Subulé.**

SUBURBAIN, AINE [sybyʀbɛ̃, ɛn] adj. — V. 1380, rare av. 1801, Mercier ; lat. *suburbanus* «sous *(sub)* la ville *(urbs)*».

♦ Qui est près d'une grande ville*, qui l'entoure. *Communes suburbaines :* banlieues, faubourgs. *Une petite gare suburbaine* (→ Promener, cit. 2).

1   Ce pavillon *(d'Issy)* fut la résidence suburbaine de Marguerite de Valois, la première femme de Henri IV (...)
     RENAN, Souvenirs d'enfance..., IV, II, Œ. compl., t. II, p. 832.

2   (...) vingt véhicules (...) pleins d'enfants attifés pour une pastorale suburbaine (...)
     RIMBAUD, Illuminations, XVI.

3   Des sorties fréquentes dans les squares et les bois suburbains, tout cela l'émerveillait (...)   O. MIRBEAU, le Journal d'une femme de chambre, p. 336.

Fam. Qui a les caractères propres aux entours des grandes villes. ⇒ **Banlieusard.**

4   (...) il ne semblait pas que sa renommée dépassât de beaucoup des limites de cette commune passablement suburbaine.   R. QUENEAU, Loin de Rueil, p. 29.

REM. Jouant sur les sens de l'adj. *urbain,* Queneau a forgé le dérivé plaisant *suburbanité : «ce furent des suburbanités exquises»* (*Loin de Rueil,* p. 88).

SUBURBICAIRE [sybyʀbikɛʀ] adj. — 1701 ; lat. *suburbicarius,* de *sub-,* et d'un dér. de *Urbs* «la ville (de Rome)».

♦ Antiq. rom. Soumis à l'autorité du préfet de Rome. — Relig. cathol. Se dit des sept diocèses qui entourent Rome. *Évêques suburbicaires.*

(...) dès son retour, fait nonce à Bruxelles, puis à Vienne et enfin cardinal, sans compter qu'il venait d'obtenir l'évêché suburbicaire de Frascati.
     ZOLA, Rome, p. 95.

SUBVENIR [sybvəniʀ] v. tr. ind. — Conjug. *venir ;* auxiliaire *avoir.* — V. 1370, *subvenir à qqn* «secourir» ; *subvenir à qqch.,* 1541 ; *sovenir* «secourir» v. 1270 ; lat. *subvenire* «venir au secours de...», de *sub-,* et *venire.* → aussi Souvenir.

♦ *Subvenir à :* fournir* (en nature, en argent) ce qui est nécessaire à. ⇒ **Pourvoir, suffire** (à). *Subvenir aux besoins* (cit. 6 ; → Longévité, cit. 3) *de qqn* (par des dons, etc.). *Subvenir aux dépenses, aux frais* (→ Engager, cit. 3 ; ministère, cit. 4). ⇒ **Dépenser** (pour). *Subvenir aux besoins des indigents.* ⇒ **Secourir.** *L'État* subvient aux besoins de certains groupements par des fonds, des subventions.* ⇒ **Subventionner.**

La vérité, c'est que, dès que le besoin d'y subvenir ne nous oblige plus, nous ne savons que faire de notre vie, et que nous la gâchons au hasard.
     GIDE, Journal, Feuillets, 1913.

SUBVENTION [sybvɑ̃sjɔ̃] n. f. — V. 1290 ; *subvencion,* déb. xiiiᵉ ; bas lat. *subventio* (viᵉ), de *subvenire.* → Subvenir.

♦ **1.** Aide financière accordée à titre de secours (→ Jusque, cit. 56). ⇒ **Allocation, contribution, don, subside.**

♦ **2.** Vx. Subside demandé ou exigé par l'État pour subvenir à une dépense imprévue (emprunt, impôt, taxe...). *La subvention territoriale de 1787.*

♦ **3.** (1776). Mod. Aide que l'État, qu'une association de droit public ou privé accorde à (un groupement, une personne). *Subventions accordées par les collectivités publiques à certaines associations, aux théâtres nationaux...* ⇒ **Encouragement, secours.** *Subventions aux cultes, aux écoles libres... Subventions exceptionnelles aux départements. Subventions aux communes sinistrées. Subvention officielle pour une expédition* (cit. 13). *Voter une subvention* (→ Ouverture, cit. 1). *Prêts* et subventions. Subvention destinée à agir sur les prix*.

— (...) il s'agit d'un chemin. Nous consentons bien à en payer la moitié, mais nous voudrions obtenir une subvention de l'État, pour le reste.
     ZOLA, la Terre, II, V.

(xxᵉ). *Subventions économiques. Subvention d'équilibre,* accordée à des entreprises pour compenser des pertes. — *Subvention d'équipement,* accordée à des entreprises pour financer leurs investissements. — *Subvention d'exploitation,* accordée pour compenser une insuffisance de recettes.

DÉR. Subventionnaire, subventionnel, subventionner.

SUBVENTIONNABLE [sybvɑ̃sjɔnabl] adj. — Mil. xxᵉ ; de *subventionner.*

♦ Dr. et admin. Qui peut recevoir une subvention*.

SUBVENTIONNAIRE [sybvɑ̃sjɔnɛʀ] adj. et n. — 1836 ; de *subvention.*

♦ Dr. et admin. Rare. Qui accorde une subvention*. *Organisme subventionnaire.* — REM. On dirait plutôt, conformément au système morphologique dominant : *subventionneur* (absent des dictionnaires).

SUBVENTIONNÉ, ÉE [sybvɑ̃sjɔne] adj. ⇒ **Subventionner.**

SUBVENTIONNEL, ELLE [sybvɑ̃sjɔnɛl] adj. — 1842 ; *subventionnal,* 1775 ; de *subvention.*

♦ Dr. et fin. Qui constitue une subvention ; d'une subvention. *Aide subventionnelle.*

SUBVENTIONNER [sybvɑ̃sjɔne] v. tr. — 1832, Hugo ; de *subvention.*

♦ Aider financièrement, soutenir par une subvention. *Subventionner une commune sinistrée. La République «ne subventionne aucun culte»* (cit. 5).

(...) Mais comment ose-t-on présenter de pareilles turpitudes sur la scène? (...) C'est monstrueux.
Et cela, sur un théâtre que l'État subventionne !
     GIDE, les Faux-monnayeurs, I, XVIII.

P. p. adj. *Théâtres subventionnés. Syndicats subventionnés.*

DÉR. Subventionnable.

SUBVERSIF, IVE [sybvɛʀsif, iv] adj. — 1780 ; *subvertif,* 1455 ; du lat. *subversum,* p. p. de *subvertere.* → Subvertir.

♦ **1.** Qui renverse, détruit l'ordre établi ; qui est susceptible de menacer les valeurs reçues. ⇒ **Démoralisateur, destructeur, dissolvant** (fig.). *Les moyens les plus subversifs* (→ Honnêteté, cit. 1). *Doctrines, idées, opinions subversives.* — *Personnage sarcastique* (cit. 2) *et subversif. Un livre subversif.*

1   À l'intérieur, en haine des idées subversives, l'élite des bourgeois parisiens saccagea deux imprimeries. Le grand parti de l'ordre se formait.
     FLAUBERT, Bouvard et Pécuchet, VI.

Loc. (Mil. xxᵉ). GUERRE SUBVERSIVE : conflit ne mettant pas en jeu les moyens militaires classiques et visant à déstructurer la capacité de résistance d'une nation. *Tactique, procédés subversifs* (employés dans la *guerre subversive*). ⇒ **Psychological, révolutionnaire.**

♦ **2.** (Personnes ; groupes ; œuvres). Qui est susceptible de menacer l'ordre établi. *Un écrivain très subversif.*

2   Un gouvernement, dont un membre a osé écrire qu'Homère était à mettre au rancart, et que le MISANTHROPE de Molière manquait de gaieté, apparaît au bourgeois, plus épouvantant, plus subversif, plus anti-social, que si ce gouvernement décrétait, le même jour, l'abolition de l'hérédité, et le remplacement du mariage par l'*union libre.*
     Ed. et J. DE GONCOURT, Journal, 30 mars 1871, t. IV, p. 191.

DÉR. Subversivement.

SUBVERSION [sybvɛʀsjɔ̃] n. f. — V. 1460 ; «bouleversement, destruction», 1190, saint Bernard ; lat. *subversio,* de *subvertere.* → Subvertir.

♦ Bouleversement, renversement de l'ordre établi, des idées et des valeurs reçues.

1   (...) donner à une comédie de Goldoni un style purement «italien» (arlequinades, mimes, couleurs vives, demi-masques, ronds de jambes et rhétorique de la prestesse), c'est se tenir quitte à bon marché du contenu social ou historique de l'œuvre, c'est désamorcer la subversion aiguë des rapports civiques, en un mot c'est mystifier.   R. BARTHES, Mythologies, 1957, p. 110.

REM. Alors que *subversif* s'emploie surtout en parlant des idées, des opinions, *subversion* désigne souvent les tentatives de bouleversements politiques. — *Tentative de subversion de l'État.* ⇒ **Coup** (d'État), **putsch, révolution.** *Subversion et révolte*.

2   La subversion de ce jour-là *(13 mai 1958)* engage tout notre destin.
     F. MAURIAC, le Nouveau Bloc-notes 1958-1960, p. 88.

Littér. *Des subversions d'habitudes* (→ Déménagement, cit. 3).

3   Le surréalisme (...) a voulu trouver dans la démence et la subversion une règle de construction.   CAMUS, l'Homme révolté, p. 107.

CONTR. Appui, construction, établissement.

SUBVERSIVEMENT [sybvɛʀsivmɑ̃] adv. — 1877, in Littré, Suppl. ; de subversif.

♦ Littér. D'une manière subversive ; par la subversion.

SUBVERTIR [sybvɛʀtiʀ] v. tr. — V. 1120 ; lat. subvertere «retourner, renverser», de sub, et vertere. → Version.

♦ Didact. Bouleverser, renverser, troubler. *Subvertir l'ordre, les idées reçues.* ⇒ **Subversion ; subversif.**

Cependant, il songeait au bonheur de vivre avec elle, de la tutoyer (...) Il aurait fallu, pour cela, subvertir la destinée (...)   1
                         FLAUBERT, l'Éducation sentimentale, I, v.

Toute une vie peut être subvertie (comme celle de Jean Valjean) par ce pari, par cet acte d'amour qui lui donne l'espace de liberté nécessaire pour devenir autre.   2
                     Roger GARAUDY, Parole d'homme, 1975, p. 151.

DÉR. Subvertissement, subvertisseur.

SUBVERTISSEMENT [sybvɛʀtismɑ̃] n. m. — XVIᵉ ; de subvertir.

♦ Didact. et rare. Action de subvertir* ; son résultat.

SUBVERTISSEUR, EUSE [sybvɛʀtisœʀ, ⌀z] n. m. — XIXᵉ ; de subvertir.

♦ Didact. et rare. Personne qui subvertit.

Cet ouvrage
a été réalisé en photocomposition programmée
par M.C.P., 45401 Fleury-les-Aubrais,

imprimé en France par AUBIN, 86000 Poitiers

et relié par la SIRC, 10350 Marigny-le-Châtel,

pour le compte des DICTIONNAIRES LE ROBERT,
107, avenue Parmentier, 75011 Paris.

Dépôt légal : août 1985.
Nᵒ d'impression ; P 13640.

Collection « les usuels du Robert » (volumes reliés) :

— *Dictionnaire des difficultés du français,*
par Jean-Paul COLIN,
prix Vaugelas.

— *Dictionnaire étymologique du français,*
par Jacqueline PICOCHE.

— *Dictionnaire des synonymes,*
par Henri BERTAUD DU CHAZAUD,
ouvrage couronné par l'Académie française.

— *Dictionnaire des idées par les mots*
(dictionnaire analogique),
par Daniel DELAS et Danièle DELAS-DEMON.

— *Dictionnaire des mots contemporains,*
par Pierre GILBERT.

— *Dictionnaire des anglicismes*
(les mots anglais et américains en français),
par Josette REY-DEBOVE et Gilberte GAGNON.

— *Dictionnaire des structures du vocabulaire savant*
(éléments et modèles de formation),
par Henri COTTEZ.

— *Dictionnaire des expressions et locutions,*
par Alain REY et Sophie CHANTREAU.

— *Dictionnaire de proverbes et dictons,*
par Florence MONTREYNAUD, Agnès PIERRON et François SUZZONI.

— *Dictionnaire de citations françaises,*
par Pierre OSTER.

— *Dictionnaire de citations du monde entier,*
par Florence MONTREYNAUD et Jeanne MATIGNON.

Ouvrages édités par les DICTIONNAIRES LE ROBERT
107, avenue Parmentier, 75011 PARIS (France).